中華人民共和國國務院批准的重大文化出版工程

國家文化發展規劃綱要的重點出版工程項目

新聞出版總署列爲『十一五』國家重大工程出版規劃之首

國家出版基金重點支持項目

中華大典

藝術典

岳麓書社·長沙

《中華大典》工作委員會

主　任：柳斌傑

金人慶

副主任：李　彦　于永湛　鄔書林　張少春　李衛紅

周和平　陳金泉　李静海

委　員：張小影　伍　傑　朱新均　吴尚之　孫　明

王家新　徐維凡　劉小琴　毛群安　遲　計

曹清堯　彭常新　王志勇　潘教峰　姜文明

王　正　石立英　安平秋　陳祖武　詹福瑞

戴龍基　宋焕起　孫　顒　陳　昕　魏同賢

王建輝　朱建綱　高紀言　莫世行　段志洪

李　維　何學惠　甄樹聲　馮俊科　譚　躍

羅小衛　王兆成

《中華大典》編纂委員會

總主編： 任繼愈

副主編： 席澤宗　程千帆　戴　逸　吴文俊　柯　俊　傅熹年

編　委： 卞孝萱　任繼愈　李明富　余瀛鰲　林仲湘　郁賢皓　馬繼興　袁世碩　席澤宗　陳美東　黄永年　章培恒　張永言　張晉藩　葛劍雄　董治安　程千帆　傅世垣　曾棗莊　龐　樸　趙振鐸　劉家和　潘吉星　錢伯城　戴　逸　楊寄林　穆祥桐　吴文俊　金正耀　戴念祖　柯　俊　金維諾　白化文　汪子春　周少川　孫培青　朱祖延　傅熹年　李　申　郭書春　熊月之　柴劍虹　吴子勇　寧　可　江曉原　鄭國光　吴征鎰　尹偉倫　魏明孔

《中華大典》前言

《中華大典》是運用我國歷代漢文古籍編纂的一部大型工具書。其目的是爲學術界及願意瞭解中國古代珍貴文化典籍的人士提供準確詳實、便於檢索的漢文古籍分類資料。

中國是世界文明古國之一，幾千年來纂寫和聚集的文化典籍浩如烟海。我國歷代都有編纂類書的優良傳統，具有代表性的《永樂大典》等大多已佚失，現存《古今圖書集成》編就距今也已數百年。爲了適應今天和以後研究和檢索的需要，一九八八年海内外三百多位專家學者和各古籍出版社同仁倡議，在已有類書的基礎上，用現代科學方法編纂一部新的類書《中華大典》。

國務院在關於編纂《中華大典》問題的批覆中指出，編纂《中華大典》『是我國建國以來最大的一項文化出版工程』。本書所收漢文古籍上起先秦，下迄清末，約三萬種，達七億多字，分爲二十四個典，近百個分典，内容廣博，規模宏大，前所未有。

《中華大典》的編纂工作堅持科學態度和百花齊放、百家争鳴方針。儘量採用古精校精刻本，優先採用我國建國後文獻學和考古學的優秀成果。對傳統文化中重要的不同學派的資料，兼收并蓄。運用現代圖書分類的方法，對收集到的資料，精選、精編，力求便於檢索、準確可信。

這項工作從開始起就受到中共中央、國務院和有關部門的重視和支持。國家主席江澤民、國務院總理李鵬分别爲《中華大典》題詞。江澤民的題詞是：『同心同德，群策群力，認真編好中華大典，爲建設有中國特色的社會主義服務。』李鵬的題詞是：『繼承和弘揚民族優秀傳統文化。』全國政協主席李瑞環、國務委員李鐵映也作了重要指示，要求抓緊辦理。一九九〇年五月，國務院批准《中華大典》爲國家重點古籍整理項目。一九九二年九月，正式成立了《中華大典》工作委員會和《中華大典》編纂委員會，召開了《中華大典》工作、編纂會議。自此，《中華大典》的編纂工作由試點轉入正式啓動，逐步鋪開。

編纂《中華大典》，學術性很强，工作量很大，工程十分艱巨，全賴廣大專家學者和全國各有關高等院校、科研院所、圖書館、出版單位的鼎力支持與積極參與。大家本着弘揚中華民族優秀文化的心願，發揚奉獻精神，克服各種困難，團結協作，給這部巨大類書的出版提供了根本保證。在此謹表示誠摯的謝意。

對本書的批評與建議，我們將十分歡迎。

《中華大典》編纂委員會

一九九七年四月

二〇〇六年十一月修訂

《中華大典》編纂通則

一、性質：《中華大典》（以下簡稱《大典》）是對漢文古籍（含已翻譯成漢文的少數民族古籍）進行全面的、系統的、科學的分類整理和彙編總結的新型類書，是在繼承歷代類書優良傳統、考慮漢文古籍固有特點的基礎上，借鑒和參照近代編纂百科全書的經驗和方法編纂而成。編纂《大典》的目的，是爲學術界及願意瞭解中國古代珍貴文化典籍的人士提供各種分門別類的、準確詳細的古代漢文專題資料。

二、規模和體例：《大典》所收古籍的時限，上自先秦，下迄辛亥革命。全書共收各類漢文古籍三萬餘種，七億多字。全書體例，着重汲取清代《古今圖書集成》所採用的經目和緯目相交織這一統一框架結構的模式，同時參照現代科學的學科、目録分類方法，并根據各類學科内容的實際情况，一般將每一大類學科輯爲一典，也有將幾個相關學科共輯爲一典的。對各典名稱，均以現代學科命名，對於所收入的各種古籍資料，亦儘可能納入現代科學分類體系之中。

三、經目：大典共分二十四個典，即哲學典、宗教典、政治典、軍事典、經濟典、法律典、教育典、語言文字典、文學典、藝術典、歷史典、歷史地理典、民俗典、數學典、物理化學典、天文典、地學典、生物學典、醫藥衛生典、農業典、林業典、工業典、交通運輸典、文獻目録典。典以下以分典、總部、部、分部分級，分部之下的標目根據各學科特點由各典自行擬定。

四、緯目：共設置九項緯目，用以包容各級經目的具體内容。

①題解：對有關學科的名稱、概念、含義、特點等作總體介紹的資料。

②論説：有關理論部分的資料。

③綜述：有關學科或事物的系統性資料，凡有關學科或事物的性狀、制度、範疇、特點及學科地位、發展情况等具體内容均編入此緯目中。

④傳記：有關人物的傳記資料。

⑤紀事：有關學科或事物的具體活動或事例的資料。

⑥著録：重要人物或文獻的有關著作資料，如專集介紹、序跋、藏書題記，以及有關著作的成書經過、版本源流等。

⑦藝文：有關屬於文學欣賞性的散文或韻文。

⑧雜録：凡未收入以上各緯目，而又有較高參考價值的資料，均入雜録。

⑨圖表：根據有關經目的内容需要，圖與表附於相關專題之下，或集中匯總於某級經目之後。

《大典》以内容分類安排各級緯目，各級緯目的正文，一般以原書爲單位，按時代順序排列。每一條資料前標明出處，包括書名或作者名、篇名或卷次，以利讀者核對原書。

五、書目：每分典後附有該分典所收書之書目，書目包括書名、作者、時（年）代、版本等内容。時代以成書時代爲準，成書時代不詳者，以作者主要活動時代爲準，并遵從歷史習慣。

六、版本：《大典》在選用版本時儘量採用古人的精校精刻本，亦採用學術界通用的近、現代整理圈點本及現代學者校點整理本。

七、校點：爲儘可能保存古籍原貌，《大典》衹對底本中明顯的脱、訛、衍、倒進行勘正。古本中的避諱字一般不作改動，衹對缺筆字補足筆畫。後人刻書時避當朝人諱而改動的字，據古本改回。《大典》採用新式標點法。

一九九六年八月

二〇〇六年十一月修訂

《中華大典·藝術典》編纂委員會

主　編：金維諾

副主編：李　松

編　委：李之檀　李修生　陳雨前　劉天琪

《中華大典·藝術典》總序

金維諾

《中華大典》是一部沿襲古代傳統而按現代學科分類的新型類書，《藝術典》是其二十四個學科典之一。《中華大典·藝術典》運用現代科學的觀念和方法，輯録一九一一年以前有關藝術方面的文獻資料，進行全面系統的科學分類整理之后加以彙編。

一、本典編纂之目的，在於爲藝術理論研究和藝術實踐提供詳細、準確的專題資料，資料之輯録彙編遵循如下原則：

對於歷史上重要的不同學派、不同觀點的資料，在輯録時兼收并蓄，并做到客觀、完整和全面。

注意版本的選擇，精選古本和善本。做到精心分類、選編，使所收資料不漏不濫。儘可能地吸收和運用近現代學者的研究成果，遵守學術規範，認真點校，防止轉録失誤。

凡藝術活動涉及的制度、政策、設施、思想、理論、現象、範疇等，均在收編之列。

收録的範圍和對象爲一九一一年以前刊印的文獻資料，爲力求全面不遺，除各類藝術專書，包括經、史、子、集諸書，旁及碑傳、石刻中的有關部分。

經目與緯目相交織，統一框架結構。在最小經目之下酌情設置若干緯目，在緯目之下按類别編排資料。

本典屬《中華大典》二級經目，下設的分典屬三級經目。分典之下的經目稱部，按門類劃分。部下設條目，條目爲最小經目。在部與條目之間，根據實際需要可酌情增設分部。受制於藝術類學科專業性强、相關古籍資料分佈廣泛而零散、編纂難度大等各種實際困難，本典擬設定《陶瓷藝術分典》《戲曲文藝分典》《服飾藝術分典》《書法藝術分典》《音樂藝術分典》《繪畫藝術分典》《工藝美術分典》等七个分典。

本典共設如下九个一級緯目：

題解：對本典的名稱、概念、含義、特點等作概括性介紹。

論説：系統歸納和滙集本典中有關理論部分不同學派及觀點的資料。

綜述：全面、系統、準確地滙集有關本典的主要資料。表述學科特點、地位、發展情況。

傳記：真實、全面收録本典有關代表人物的傳記資料。

紀事：真實、全面收録本典有關活動和重大事件。

著録：收録本典中重要人物或文獻的有關著作資料，如專集、序跋、史籍、藏書題記，以及各種著作的成書經過、版本源流等。

藝文：收録本典相關重要的散文和韻文。

雜録：凡未收入題解、論説、綜述、傳記、紀事、藝文，而又具有較高參考價值的資料，一律收入雜録。

圖表：注意《藝術典》的特色，重視各分典的圖表收録。

資料交叉處理原則。各分典内部和各分典之間，可能有交叉、重復問題。處理原則是，以藝術性質、活動的具體特點爲基本選擇原則，儘量安排一處，避免重復。

二、本典編纂工作分爲以下四個步驟：

首先，擬定引用書目。引用書目要在審查基礎上擬定，分人分段起草初稿，廣泛徵求意見，集中討論，由主編最後定稿。引用書目，要注明所採版本，并應選善本作底本；根據工作實際情況，亦可選用適當的常見易得本。

其次，建立數據庫。把引用書目中的全部資料做成電子數據庫，直接爲《藝術典》編纂服務。引用書目中，已有電子數據的，充分加以利用；無電子數據的，則須重新録入。二者都要根據底本認真校對，準確標點，使數據庫的資料可以直接引作依據。爲了便於與底本核對，數據庫做成文字録入和掃描圖像相互對照形式。編委會委托有關人員負責數據庫的施工，同時由編委會和出版社聯合組成數據庫工作小組，全程跟踪和監理數據庫工作，負責學術指導、資料供應和質量檢查。

再次，爲避免重複勞動，材料普查工作打破分典界限，由主編統一安排，分段分類把任務分配到分典，任務落實到參加編纂的工作人員，實行主編與個人雙重負責制。

凡屬框架所設置的部及緯目專題範圍者，均在收集之列，不得重此輕彼。所收資料，均按各分典、部的細目，予以分類。工作開展前，分片組織研討，選取有代表性的文獻，做查閲、分輯、點校、建卡之樣板，使參加人員掌握工作的各項要求。材料以複印件或原書數碼複製者爲准，儘量避免手抄轉録。不得已祇能手抄者，應覆校兩次以上，以保證質量。所選材料，儘量保持完整，但不宜分製過於瑣細。

每則資料，建立一卡，把資料粘貼在統一規格的紙張上，并按統一要求，填好題目、類别、出處、時代等項。經常進行檢查，嚴格把好質量關。

最后，分類編排。

分類編排以分典爲單位進行。材料普查後，集中到典辦公室，典辦公室按類分到各分典；各分典主編再把材料按部分給個人，實行兩級負責制。

各分典在全面展開工作以前，選擇一兩個部編寫樣稿，全典組織討論、交流，明確要求，統一認識，然後全面鋪開。在鋪開編寫之前，由典辦公室組織各分典編寫人員，對全書框架細目進行再一次的審核和考訂，并規定相應字數，然後再按分典、部分派具體編纂任務。

編寫人員對收到的各部材料，要進行篩選，對引用書目以外散見其他典籍的重要材料，亦應收集和補充。編寫人員對單元中入選的材料，第一步按緯目分類，第二步各緯目下材料按時間順序排列，即『以類相從，以時爲序』。在全書的編排上，正文之前有目録和序（或提要），正文之後有書目和索引，具體要求詳見《通則》。

在編寫過程中，分典主編應經常抽查所屬人員工作，典主編和辦公室人員亦應經常抽查各分典工作。

三、審查定稿時，按照《中華大典》編纂審定制度進行，詳見《中華大典》編纂工作總則、審定制度及校點通則。

中華大典·藝術典

戲曲文藝分典

《中華大典·藝術典·戲曲文藝分典》編纂委員會

主　編：李修生

副主編：李真瑜　張大新

《戲曲文藝分典》編纂説明

（一）《戲曲文藝分典》是《中華大典·藝術典》七個分典之一。根據《中華大典》的編纂通則、《藝術典》的凡例和本分典的具體情況，製訂了相應的編纂體例。

（二）經目：《戲曲文藝分典》設理論總部、詞曲總部、演習總部共三個三級經目。

（三）分典各總部，理論總部下設法規部、劇説部、戲史部、編劇部、曲律部、演藝部等六個四級經目，詞曲總部下設戲曲集部、戲劇家部兩個四級經目，演習總部下設體類部、聲腔部、藝人部、戲班部、劇場部等五個四級經目。

法規部：選録該部内關於戲曲文藝發展的詔令、法規、文化政策等的文獻資料。

劇説部：選録該部内歷代有關戲曲文藝及作家作品的重要專論。

戲史部：選録關於戲曲的形成、流變、盛衰等的文獻資料。

編劇部：選録關於戲曲的編劇諸方面的文獻資料。

曲律部：選録關於戲曲的宫調、曲牌、格律、曲譜的文獻資料。

演藝部：選録關於戲曲的藝術本體的文獻資料。

戲曲集部：以集名標目。按所收作品的時段定其歸屬，跨時段者，置於作品所屬的最後時段。

戲劇家部：下設元代戲劇家分部、明代戲劇家分部、清代戲劇家分部三個五級經目。以姓名標目，以戲劇家帶作品，不能確定作者的統一歸屬在無名氏下。大體上按生卒年順序次第排列，生卒年不詳者，遵從歷史習慣排列。跨時段者，視其主要創作活動年代而定。

體類部：選録關於戲曲形式或劇體的文獻資料。

聲腔部：以聲腔、劇種或體類標目。收録關於戲曲聲腔、劇種的文獻資料。

藝人部：下設金前藝人分部、金代藝人分部、元代藝人分部、明代藝人分部、清代藝人分部五個五級經目。以姓名標目。大體上按生卒年順序次第排列，生卒年無考者，遵從歷史習慣排列。跨時段者，視其主要演藝活動年代而定。

戲班部：下設唐代戲班分部、宋元戲班分部、明代戲班分部、清代戲班分部四個五級經目。以戲班名標目。收録關於戲班的文獻資料。

劇場部：下設宋金劇場分部、元代劇場分部、明代劇場分部、清代劇場分部四個五級經目。以劇場（戲臺）名標目。收録關於劇場的文獻資料（文字和圖片）。

（四）緯目：本分典的經目下設題解、論説、綜述、傳記、紀事、著録、藝文、雜録、圖表共九個一級緯目。

題解：對本經目的名稱、概念、涵義、特點等作概括性總體介紹。

論説：可根據條目具體情況下設綜論、分論兩個二級緯目。綜論：收録對總集、體類、劇種、藝人及各理論問題的總體評説、論述。分論：收録對藝人單個劇目或作家單篇作品的評論及各理論分部中某一問題的論述。作家篇幅較長的劇本，還可收録其中某齣（折）、某個人物的評論資料。引用的格式爲劇本標齣目。

綜述：對該部所含内容有較重要研究參考價值的文獻資料。

傳記：資料盡可能選用早出、較詳、具有權威性者。後出而有新意者適當節録，無新意者存目或不用。前人對作家或藝人生平方面的重要考證，酌情收於考證項下，不同的結論兼收并蓄。

紀事：下設作家逸事、作品本事兩個二級緯目。本著求精的原則處理，篇幅長者，一般擇要節録。

著録：選收總集、别集、戲曲等成書經過、版本源流、收藏等資料。

藝文：一般收録與戲曲有關的唱和、紀念、敷衍、詠劇等的資料。

雜録：收録無法歸入以上各緯目而又有參考價值的資料。

圖表：收録與該部有關的書影、圖録等資料。

以上的一、二級緯目，根據資料的實際情況，有則設，無則闕。資料少的，不設緯目，但仍按緯目的順序排列。

（五）引書格式：單篇文章標朝代、作者和篇名。書籍標書名、卷次（或小題）。卷帙浩繁、體例複雜的書籍，標書名、卷次、篇名。不分卷次和異書同名者加標作者和篇名。除個别彙評類書籍外，所輯資料大致按時代先後排列。

（六）所收資料，盡可能據善本複製，或採用可靠的影印本或排印本，並審慎校點，勘正明顯的脱、訛、倒和標點所使用的符號，古籍卷次數字的書寫方式等，一依《藝術典・凡例》。

（七）本書選録的評點資料，不論署名真僞，重在内容的理論等價值。輯録的範圍，限於收序、跋、讀法、總評（含齣評、篇評）及其他有完整觀點的論述。

（八）全書之末，附主要引用書目，包括書名、作者（編者）、版本。對一部古籍，不限於一種版本，擇善而從。

（九）本書爲集體編纂。主編李脩生總領全書，副主編李真瑜兼任《理論總部》及《詞曲總部》主編，副主編張大新兼任《演習總部》主編。

目次

理論總部

詞曲總部

戲劇家部·明代戲劇家分部……六二五

演習總部

聲腔部·弦索梆子系統分部……一五七三

藝人部・金代藝人分部

藝人部・明代藝人分部……一七七九

藝人部·清代藝人分部

附録

理論總部

法規部

元代法規

綜　述

《元典章》卷五七《刑部》一九《雜禁》　至元十一年十一月二十六日，中書兵刑部承奉中書省劄付據大司農呈河北河南道巡行勸農官申順天路束鹿縣頭店見人家内聚約百人，自搬詞傳，動樂飲酒。爲此，本縣官司取訖社長田秀井田、拘驢等各人招伏，不合縱令姪男等攢錢置面戲等物，量情斷罪外，本司看詳，除係籍正色樂人外，其餘農民市户良家子弟，若有不務本業，學習散樂般説詞話人等，並行禁約，是爲長便。乞照詳事都省准呈，除已劄付大司農司禁約外，仰依上施行。

又　至元十八年十一月初二日，御史臺承奉中書省劄付御史呈提點教坊司申閏八月二十五日，有八哥奉御、秃烈奉御傳奉聖旨，道與小李，今後不揀甚麽人，十六天魔休唱者，雜劇裏休做者，休吹彈者，四大天王休粧扮者，骷髏頭休穿戴者，如有違犯，要罪過者，仰欽此。

又　至大十二年□月□日，中書兵刑部承奉中書省判送刑房呈，今體知得【**略**】在都唱琵琶詞貨郎兒人等，聚集人衆，充塞街市，男女相混，不唯引惹門訟，又恐別生事端。蒙都堂議得，擬合禁斷，送部行下合屬，依上禁行，奉此施行。間又端奉都堂鈞旨，唱琵琶詞貨郎兒人等止禁，大都在城外，山客貨藥，遍下隨路禁約者。

又　延祐六年八月二十九日，江浙行省准中書省咨延祐六年五月初二日，拜住怯薛第三日，鹿頂殿裏有時分塔失帖木兒、赤明里、董阿咬住、孛可馬木沙等有來阿散丞相、阿禮海牙平章、燕只哥參政、郄釋鑑郎中、李家奴都事等奏過事内一件，去年爲聚衆唱詞的，祈神賽社的，又立着集場做買賣的，教住罷了者，奏了，各處行了文書有來，如今又夜間聚着衆人，祈神賽社，食用茶飯，夜聚曉散的上頭，昨前似這般聚着衆人，妄説亂言麽道，一兩起事發的上頭，差人問去了也，那人每問了來呵，另奏也者，似這般的，若不嚴切整治呵，慣了去也。今後夜間，聚着衆人唱詞的，祈神賽社的，立集場的，似這般聚衆着妄説大言語做歹勾當的，有呵，將爲頭的重要罪過也者，其餘唱詞賽社立集場的，每比常例加等要罪過。州縣管民官提調若不用心，他每每所管的地面裏，似這般生發呵，官人每根底要罪過呵。怎生奏呵。奉聖旨那般者。欽此。

《元典章新集・刑部・禁聚衆》　延祐六年八月□日，江西行省准中書省咨御史臺呈監察御史呈禁罷集場，蓋爲各處官府，別無失守之責，如蒙議擬通例遵行，相應具呈照詳送刑部，照得延祐六年五月初二日，奏過事内一件，去年爲叙衆唱詞的，祈神賽社的，又立著集場做買賣的，教住罷了者，奏了，各處行了文書來，有如今又夜間叙著衆人祈神賽社，食用茶飯，夜叙曉散的上頭，昨前似這般叙著衆人妄説亂言麽道，一兩起事發的上頭，差人問去了也，那人每問了來呵，另奏也者，似者般的，若不嚴切禁治呵，慣去了也。今後夜間叙著衆人唱詞的，祈神賽社的，立集場的，似這般叙衆著妄説大言語做歹勾當的，有呵，將爲頭的重要罪過也者，其餘祈神賽社立集場的每，比常例加等要罪過。州縣管民官每提調者，若不用心提調，他每所管的地面裏，似這般生發呵，官人每根底要罪過呵。怎生奏呵。聖旨，那般者。欽此。又祈神賽社扶鸞禱聖，夜叙明散，已嘗禁治，除載祀典者，依例致祭外，各處不畏公法之徒，鳩斂錢物，叙衆裝扮，鳴鑼擊鼓，迎神賽社，擬合禁治，若有違犯之人，許諸人告發，爲首正賽笞五十七下，爲從者各減一等，坊里正社長主首有失鈐束，知而不行首告，減爲從者罪一等，其所屬官司，禁治不嚴，有失覺察者又減一等，其元鳩錢物没官，仍於犯人名下均徵中統鈔一百貫，付告人充賞。廉訪司詳加糾察。又照得至元二十八年四月二十一日，欽奉聖旨節該，欽此。本部議得除祈神賽社，已前定例，今後有犯，欽依加等斷罪外，據起意集衆，主集唱詞，在前雖曾禁約，未有定到罪名，各依已擬，爲首犯人決四十七下，禁治不嚴親民州縣正官各決一十七下，當該社長主首鄰佑人等決二十七下，故縱者各加一等，均委路府正官提調，有失覺察者，各罰俸鈔一月。標附，其餘集場買賣人民商旅聽唱人等，皆係蚩蚩愚氓，事干人衆，似難一概論罪。如蒙准呈，遍行照會，排門粉壁曉諭，相應都省准擬，依上禁約施行。

又　延祐六年九月二十四日，江浙行省准中書省咨御史臺呈監察御史呈近爲東安州等處百姓，仍舊起集買賣，取訖，各處官吏人等，禁治不嚴，違錯招伏，呈奉憲臺劄付就便施行。承此，除外。看詳禁罷集場，本爲妨農滋盜，走透課程，生事不便，節次明白奏罷。輦轂之下，尚且奉行不至，何況外路。原其所以，盡爲各處官司，別無失守之責，是以因循苟且，以致若此。如蒙憲臺備呈都省議擬通例遵守，相應具呈。照詳得此送據刑部呈，照得延祐六年五月初二日拜住怯薛、第三日奏過事内一件，去年爲聚衆唱詞的，欽此。又照得至元二十八年四月二十四日，欽奉聖旨節該，在前縣裏村裏唱詞聚衆的，交當有來。前者我蠻子田地裏去，回來時分，見村裏唱詞，聚的人每多，有郵得每根底交當了者呵，怎生麽道，奏呵交當了者。又阿速根底説者交行者當了的，後頭這般唱詞的每根底拿者麽道，聖旨了也。欽此。本部議得除祈神賽社已有定例，今後有犯，欽依加等斷罪外，據起意聚衆立集場唱詞，在前雖曾禁約，未有定到罪名，合依已擬爲首犯人，決四十七下。禁治不嚴親民州縣正官，各決一十七下。當該社長主首隣佑人等，決二十七下。故縱者各加一等。仍委路府正官提調，有失覺察者各罰俸一月。標附，其餘集場買賣人民商旅聽唱人等，皆係蚩蚩愚民，事干人衆，似難一概論罪。如蒙准呈，遍行照會，排門粉壁曉諭，相應具呈。照詳得此都省准擬除外，咨請依上禁約施行。

《通制條格》卷二七《雜令》　至元十一年十一月中書省大司農司呈河北河南道巡行勸農官申順天路束鹿縣鎮頭店聚約百人，搬唱詞話，社長田秀等約量斷罪外，本司看詳，除係籍正色樂人外，其餘農民市户良家子弟，若不務本業習學散樂，般唱詞話，並行禁約。都省准呈。

宋・陳元靚著、元・佚名增補《纂圖增新群書類要事林廣記》戊集上卷《諸條格》　立集場唱淫詞犯人四十七下，社長、主首、隣佑人等二十七下。

《元史・刑法志三》　諸妄撰詞曲，誣人以犯上惡言者處死。

又《刑法志四》　諸民間子弟，不務生業，輒於城市坊鎮演唱詞話、教習雜戲，聚衆淫謔，並禁治之。

又　諸弄禽蛇、傀儡、藏擫、撇鈸、倒花錢、擊魚鼓，惑人集衆，以賣僞藥者禁之，違者重罪之。

又　諸棄本逐末，習用角觝之戲，學攻刺之術者，師、弟子並杖七十七。

又　諸亂製詞曲爲譏議者流。

明・長谷真逸《農田餘話》卷上　後至元丙子，丞相伯顔當國，【略】又禁戲文、雜劇、評話等。

藝　文

明・朱有燉《元宮詞》　《屍諫靈公》演傳奇，一朝傳到九重知。奉旨齎與中書省，諸路都教唱此詞。

又　新頒式様出宮門，不許倡家服用新。伎女紫衣盤小髻，樂工咸著戴青巾。

雜　録

明・朱有燉《元宮詞》　序曰：元起自沙漠，其宮廷事蹟邇夷狄之風，無足觀者。然要知一代之事，以記其實，亦可以備史氏之采擇焉。永樂元年欽賜予家一老嫗，年七十矣，乃元后之乳姆女，常居宮中，能通胡人書翰，知元宮中事最悉。間常細訪之，一一備陳其事。故予詩百篇皆元宮中實事，亦有史未曾載，外人不得而知者，遺之後人，以廣多聞焉。永樂四年春二月朔日，蘭雪軒製。

明代法規

綜述

《大明律》 凡樂人搬做雜劇戲文，不許妝扮歷代帝王后妃、忠臣烈士、先聖先賢神像，違者杖一百，官民之家，容令妝扮者與同罪。其神仙道扮，及義夫節婦、孝子順孫、勸人爲善者，不在禁限。

《英宗實録》 正統七年二月辛未，國子監祭酒李時勉言：近有俗儒，假託怪異之事，飾以無根之言，如《剪燈新話》之類，不惟市井輕浮之徒，争相誦習，至於經生儒士，多舍正學不講，日夜記憶，以資談論。若不嚴禁，恐邪説異端，日新月盛，惑亂人心。乞敕禮部，行文内外衙門，及調提學校僉事御史，並按察司官，巡歷去處，凡遇此等書籍，即令焚毁，有印賣及藏習者，問罪如律，庶俾人知正道，不爲邪妄所惑。從之。

明・李開先《張小山小令後序》 洪武初，親王之國，必以詞曲千七百本賜之。

明・徐充《暖姝由筆》 正統間，北京滿城忽唱《妻上夫墳》曲，有旨命五城兵馬司禁捕。不止。

明・顧起元《客座贅語》卷一〇《國初榜文》 洪武二十二年三月二十五日，奉聖旨：在京但有軍官軍人學唱的割了舌頭，下棋打雙陸的斷手，蹴圓的卸脚，做買賣的發邊遠充軍。府軍衛千户虞讓男虞端，故違吹簫唱曲，將上唇連鼻尖割了。又龍江衛指揮伏顒與本衛小旗姚晏保蹴圓，卸了右脚，全家發赴雲南。

又 永樂九年七月初一日，該刑科署都給事中曹潤等奏乞敕下法司，今後人民倡優裝扮雜劇，除依律神仙道扮義夫節婦孝子順孫，勸人爲善及歡樂太平者不禁外，但有褻瀆帝王聖賢之詞曲駕頭雜劇，非律所該載者，敢有收藏傳誦印賣，一時拿送法司究治。奉聖旨，但這等詞曲，出榜後，限他五日都要乾净將赴官燒毁了，敢有收藏的，全家殺了。

明・沈德符《萬曆野獲編・補遺》卷三 洪武二十二年聖旨：學唱的割了舌頭，下碁打雙陸的斷手，蹴圓者卸脚，犯者必如法施行。

清・李光地《榕村語録》卷二二《歷代》 元時人多恆舞酣歌，不事生産。明太祖於中街立高樓，令卒偵望其上，聞有絃管飲博者，即縛至倒懸樓上，飲水三日而死。雖立法太嚴，然所以激厲頽靡處，志氣規模，果不尋常，竟有一人横行武王耻之之意。不然，天下已定，習俗已久，何苦使偷惰者反有故元寬大之思。但使聖人處之，必當有道，不至如此過於苛急耳。

清・董含《三岡識略》卷一 《遯園贅語》云：洪武二十二年三月二十五日，榜文云：在京軍官軍人，但有學唱的，割了舌頭。娼優演劇，除神仙、義夫節婦、孝子順孫、勸人爲善及歡樂太平不禁外，如有褻瀆帝王聖賢，法司拿究。下棋打雙陸的斷手，蹴圓的卸脚。千户虞讓子虞端，吹笛唱曲，將上唇連鼻尖割去。指揮伏顒與姚晏保蹴毬，卸去右足，全家戍滇。明初立法之酷，何以至此，幾於桀、紂矣。今朝廷雖當改革，禁網疎闊，除數大端外，不復苛求，真生民之大幸也。

清・佚名《松下雜抄》卷下《卧碑》 明太祖洪武二年，詔天下立學，遂命禮部傳諭，立石於學刻之之後，再爲刊定。一、各省廪膳科貢，各有定額；南北舉人名數，亦有定制。近來奸徒利他處寡少，詐冒籍貫，或原係娼優隸卒之家，及曾經犯罪問革，變易姓名，僥倖出身，訪出拏問。

雜録

明・都穆《都公談纂》 吴優有爲南戲于京師者，錦衣門達奏其以男裝女，惑亂風俗。英宗親逮問之。優具陳勸化風俗狀，上令解縛，面令演之。一優前云：國正天心順，官清民自安云云。上大悦曰：此格言也，奈何罪之。遂籍群優於教坊，群優恥之。上崩，遁歸於吴。

明・李東陽《明會典》卷六一 教坊司冠巾服，洪武三年定：樂藝，冠青卍字頂巾，系紅緑褡膊。樂妓則戴明角冠，皂褙子，不許與庶民妻同。歌工，皆服弁冠，紅羅織金胸背大繡袍，紅生絹錦領中單，黑角束帶，紅熟絹錦腳袴，皂皮琴靴白棉布夾襪。樂工，服色與歌工同。又令教坊司伶人，常服緑色巾，以别士庶之服。又令樂人戴鼓吹冠，不用錦條，惟用紅搭膊，服色不懼紅緑。又令教坊司婦人，不許戴冠，穿褙子。又令樂工當承應許穿靴，出外不許。又令樂人衣服，許用明緑、桃紅、玉色、水紅、茶褐色，其餘不得穿用。【略】樂工，俱戴皂頭巾，系雜色條。中宮供奉女樂，奉鑾等官妻，本色鬏髻，青羅圓領。歌章女樂，服黑漆唐巾，大紅羅銷金裙襖胸帶，大紅羅抹額，青緑羅彩畫雲肩，描金牡丹花，皂靴。奏樂女樂服色與歌章同。【略】凡教坊司官，常服冠帶，與百官同。至御前供奉，執粉漆笏，服黑漆襆頭，黑緑羅大袖襴袍，黑角偏帶，皂靴。

又卷一〇四　教坊司額設奉鑾一員，左右韶舞二員，左、右司樂二員，共五員。遇缺以次遞補。又有協同官十員，實授俳長四名，協同俳長辦事色長十二名，及抄案執燈色長等，亦以次遞補。

又　凡耕耤田導駕回。祭先農畢，至耤田所，户部尚書捧鞭跪進。本司官引裝扮裹行十八人，内村田樂，老人四人，禾倈十四人，各念禾詞。外行七十二人，各作樂器攛掇。隨駕行三推禮，畢，駕至儀門，升座，樂止。觀三公九卿耕訖。本司承應用大樂攛掇百戲，院本、探子、筋斗、隊舞，畢。本司跪贊致語。駕至殿内陞座，進湯進膳，俱用樂。順天府官並耆老人等行禮謝恩，樂作，禮畢，樂止。次百官行禮，樂作，禮畢，樂止。賜百官酒飯，復入班行禮，樂作，禮畢，樂止。

又　教坊司承應樂舞：凡大宴，駕出至奉天門，色長唱作樂，丹陛樂作。駕升奉天殿，樂作，鴻臚寺贊，百官四拜，禮畢，樂止。光禄寺進禦筵，樂作。内官設案訖，樂止。進花，進膳，樂作。進訖，樂止。奉鑾奏：一奏《上萬壽之曲》。侑食樂作，斟酒，贊跪，本司官進酒，樂止。各官就坐。奏樂，奏《平定天下之舞》，引舞樂工二人，舞人樂工三十三人，舞畢。奏二奏《仰天恩之曲》。侑食樂作，奏進酒，樂止。殿外導湯樂作，領樂俳長一人，色長四人，攛皆樂工二十四人。殿内迎湯樂作，領色長二人，歌工四人。湯至，奏進湯，樂作，贊饌成。撤湯，樂止。奏黄童白叟鼓腹謳歌承應舞，念禾詞，俳長一人，歌工四人，樂工十五人，白叟六人，黄童八人，舞畢。奏樂奏《撫按四夷之舞》，引舞樂工二人，歌工四人，樂工十七人，高麗舞、琉球舞、北番舞、回回舞，各四人，舞畢。奏三奏《感帝德之曲》。侑食樂作，奏進酒，樂止。奏樂奏《車書會同之舞》，舞人樂工三十四人，舞畢。奏四奏《民樂生之曲》。侑食樂作，奏進酒，樂止。導湯樂作，迎湯樂作如前。奏進湯，樂作，贊饌成。撤湯，樂止。奏樂奏《表正萬邦之舞》，引舞樂工二人，舞人樂工六十四人，舞畢。五奏《感皇恩之曲》。侑食樂作，奏進酒，樂止。導湯樂作，迎湯樂作如前。奏進膳，樂作。撤湯膳並禦筵，樂止。奏樂奏《天命有德之舞》，舞畢。奏《纓鞭得勝蠻夷隊舞》，舞人樂工一百四人，承應内獅子舞五人，舞畢。官二員更迭致語：萬民安樂，天下太平。嵩呼萬歲。再動樂聲，樂作，樂止，百官四拜，禮畢。

明·徐渭《南詞叙録》　我高皇帝即位，聞其名，使使徵之，則誠佯狂不出，高皇不復强。亡何，卒。時有以《琵琶記》進呈者，高皇笑曰：五經、四書，布、帛、菽、粟也，家家皆有；高明《琵琶記》，如山珍、海錯，貴富家不可無。既而曰：惜哉，以宫錦而製鞵也。由是日令優人進演。尋患其不可入絃索，命教坊奉鑾史忠計之。色長劉杲者，遂撰腔以獻，南曲北調，可於箏琶被之；然終柔緩散戾，不若北之鏗鏘入耳也。

明·王圻《續文獻通考》卷一四《樂四》　英宗天順三年十月，【略】選山西、陝西樂户赴京應役。

又卷一〇四《樂考·歷代樂制·賜諸王樂户》　昔太祖封建諸王，其儀制服用俱有定制。樂工二十七户，原就各王境内撥賜，便於供應。今諸王未有樂户者，如例賜之，仍就不足者補之。

明·沈榜《宛署雜記》　聖駕躬耕耤田於地區。先期一月，順天府兩縣，選集老人年高有行者數十人，於本府候氣堂後空處，隨班習儀，預備牛犁，穀種及耕斂器具，良民二百餘人。地壇内搭蓋耕棚，方廣五十余步，土取羅細數次，覆黄土其上。至期，教坊司妝扮優人爲風雲雷雨地土等神，小伶爲村莊男婦，播鞀鼓，唱太平歌。兩縣民執農具，如擔勾掃帚之類，各列耤田左右，以待駕至。左手執鞭，右手執金龍犁。稍前，用導駕官二員牽牛，老人二扶犁，老人二執糞箕浄桶，老人二夾駕左右，名爲幫相臣，凡往回者三。駕升望耕臺御座，公卿以次親耕，多寡有次。耕畢，順天府治中、通判，推官五員，各攜穀種箱一，遍散地上。老人牽牛復土，爲耕種之狀。小優百余，衣田家男女服，奉五穀以進。

明·周暉《金陵瑣事剩録·進詞本》　武宗南幸，好聽新劇及散詞，有進詞本者即蒙厚償，如徐霖與楊循吉、陳符所進，不止數千本焉。此章丘李中麓云。

明・周玄暐《涇林續記》 太祖聞其高壽，特召至京。拜階下，狀甚矍鑠。問今年若干，對云一百七歲。又問平日有何修養而能至此，對曰清心寡欲。上善其對，笑曰：聞昆山腔甚嘉，爾能歌否。曰：不能，但善吴歌。命歌之。歌曰：月子彎彎照九州，幾人歡樂幾人愁，幾人夫婦同羅帳，幾人飄散在他州。上撫掌曰：是個村老。命賞酒飯。

明・沈德符《萬曆野獲編》卷一《節假》 無論兩京教坊爲祖宗所設，即藩邸分封，亦必設一樂院，以供宥食享廟之用。【略】至於中宫王妃合巹及内廷慶賀，俱用樂婦供事。【略】外夷朝貢賜宴，大廷元會，及諸大禮，俱伶官俳長承應。

又《伶官干政》 武宗之寵優伶。【略】臧賢以教坊司右司樂，請告疏云病不能侍左右。上優詔勉留，仍升本司奉鑾。其禮視朝士有加焉，以爲異矣。至中書官光禄卿周惠疇，既已聚劾允其去矣，復托賢懇於上，以家遠難歸，乞暫留京師。詔仍復職。尤曰異途也。編修孫清者，登弘治壬戌一甲第二，以士論不齒去官，復用賢薦，起爲山西提學副使。【略】伶人恣横，至操文學詞臣進退之權。先是賢奉命祀碧霞元君，所過州邑倨坐受謁，肩輿呼殿，官吏望風迎拜。至濟南，三司出城郊勞，俱具賓主禮。

又卷二一《伶人稱字》 惟正德間教坊奉鑾臧賢者，承武宗異寵，扈從行幸至於金陵。處士吴霖、吴郡禮部郎楊循吉，並侍左右。時甯王宸濠，妄窺神器，潛與通書劄，呼爲良之契厚，令伺上舉動。良之，賢字也，蓋賢之婿司鉞者，以罪戍南昌，故寧庶藉以通賢。逆藩之巧，樂工之横，至此極矣。賢至賜一品蟒玉，終不改伶官故銜。

又《教坊官一品服》 武宗朝寵任伶人臧賢，至賜一品服。然雖縈蟒玉，而承應如故也。常欲改教坊司爲方印，改所懸牙牌如朝官，業已得請，有一老伶怒詈之曰：我衙門豈可與縉紳頡頏。若寵眷可長恃耶。行且戮矣。賢憮而止。上南巡時，賢薦致仕禮部主事吴人楊南峰循吉之才。召令供事左右，屢進樂府，上善之。久而不得官，賢爲之請。上欲以伶官與之，南峰大慚。求歸不許，又賴賢力爲之，請得放還。又正官爲奉鑾，秩正九品。左、右韶舞，左、右司樂，俱從九品。

《明史》卷七四《職官三・教坊司》 教坊司：奉鑾一人，正九品。左、右韶舞各一人，左、右司樂各一人，並從九品。掌樂舞承應，以樂户充之。隸禮部。

又《宦官》 鐘鼓司，掌印太監一員，僉書、司房、學藝官無定員。掌管出朝鐘鼓，及内樂、傳奇、過錦、打稻諸雜戲。

又卷九四《刑法二》 成祖起靖難之師，悉指忠臣爲奸黨，甚者加誅族、掘塚。妻女發浣衣局、教坊司。

清・佚名《皇朝通考・食貨略五》 樂籍，因明永樂時不附靖難兵，遂編爲樂籍，世世不得爲良者。

清代法規

綜述

清・孫丹書《定例成案合鈔》卷二五《犯姦》 刑部議，管順天府府尹事施條奏，應行令宛大兩縣并五城司坊官員，將秧歌脚惰民婆，速行盡驅回籍，毋令潛住京城。嗣後若有無籍之徒，將此等婦女容隱在家，并同與飲酒者，有職人員，照挾妓飲酒例議罪，係旗下人鞭一百，民責四十板，婦女亦責四十板，不准收贖，仍行追回原籍。其失察之地方官，交與該部議處。

又 雖禁止女戲，今戲女有坐車進城遊唱者，名雖戲女，乃於妓女相同，不肖官員人等迷戀，以致罄其産業，亦未可定，應禁止進城。如違進城被獲者，照妓女進城例處分。

又卷二六《雜犯》 近見滿洲演戲，自唱彈琵琶弦子，常效漢人約會，攢出銀錢戲耍，今應將此嚴禁。如不遵禁，仍親自唱戲，攢出銀錢約會，彈琵琶弦子者，係官革職，平人鞭一百。

又 凡有狂妄之徒，因事造言，捏成歌曲，鄙俚喋褻，刊刻流傳，沿街唱和者，内外各地方官□□查拿，照不應重律治罪，若有妖言惑衆等詞，仍照律治罪。

《雍正上諭内閣》 雍正二年十二月十八日，奉上諭，外官畜養優伶，殊非好事，朕深知其弊，非倚仗勢力，擾害平民，則送與屬員鄉紳，多方討賞，甚至借此交往，夤緣生事。二三十人，一年所費，不止數千金。如按察使白洵終日以笙歌爲事，諸務俱已廢弛。原任總兵官閻光煒將伊家中優伶，盡入伍食糧，遂致張桂生等有人命之事。夫府道以上官員，事務繁多，日日皆當辦理，何暇及此。家有優伶，即非好官，着督撫不時訪查。至督撫提鎮，若家有優伶者，亦得互相訪查，指明密摺奏聞。雖養一二人，亦斷不可徇隱，亦必即行奏聞。其有先曾畜養，聞此諭旨，不敢存留，即行驅逐者，免其具奏。既奉旨之後，督撫不細心訪察，所屬府道以上官員，以及提鎮家中尚有私自畜養者，或因事發覺，或被揭參，定將本省督撫照徇隱不報之例從重議處。

又 雍正七年九月初一日，奉上諭，周瑛受朕深恩，由微弁用至提督，因伊識見卑鄙，不勝提督之任，是以調回京師，仍復加恩，授爲大員。前年發兵進藏時，因伊熟習西藏情形，特令其領兵前往。伊若具有心胸，自當竭誠盡力，奉公惟謹，以圖報稱。乃伊於領兵之際，擅買蠻婦，並令所轄兵丁等演戲，以供其燕樂，又在藏與邁禄互相參差，不肯和衷辦事，約束兵丁，種種不法，有玷官箴，想伊有心懷怨望之處，故肆意妄行若此，溺職負恩，莫此爲甚。俟伊回至四川，著解任交與提督黄廷桂巡撫憲德將伊各欵，一一嚴審，定擬具奏。

《大清律例》 卷三四 凡樂人搬做雜劇戲文，不許粧扮歷代帝王后妃及先聖先賢忠臣烈士神像，違者杖一百，官民之家，容令粧扮者與同罪。其神仙道扮及義夫節婦孝子順孫勸人爲善者，不在禁限。

又 條例：城市鄉村，如有當街搭臺懸燈唱演夜戲者，將爲首之人，照違制律杖一百，枷號一個月。不行查拏之地方保甲，照不應重律杖八十；不實力奉行之文武各官，交部議處。若鄉保人等有借端勒索者，照索詐例治罪。

《大清世宗憲皇帝實録》 卷一八 雍正二年甲辰夏四月戊申，諭八旗官員等，朕以八旗滿洲等生計，時廑於懷，其縱肆奢靡，歌場戲館，飲酒賭博等事，屢經降旨訓誡，即諸臣條奏，所請應行禁止之處，亦已施行。凡朕所降諭旨，及各項禁約，務將歷年利弊，詳加剖析，明白書寫，每旗每佐領，各頒一張，嚴示衆人。各都統亦宜時加訓誡，謂主上廑念八旗滿洲等生計，種種恩施，不一而足，各宜安分，遵守儉樸之道，力改奢靡，凡賭博縱飲，遨遊園館等事，洗滌惡習，以副主上訓諭仁愛至意。儻不實心感戴，不學爲善，不遵法度，則一生徒自暴棄，不但終身卑賤，且無益於生計，雖主上疊布恩施，何益之有。主上頻勞心慮，諄諄訓飭，爾等誠宜省悟，日夜仰戴，遵行儉樸之道，凡清語、騎射、當差行走、操演技藝、嫻習禮儀等事，皆當盡心努力學之。或有不改前愆，不遵法度之人，一經查出，務必從重治罪，以警衆人。併將此語書寫，不時傳示，始爲有益。不然，但於朕降旨時，暫申禁令，久而遂輟，亦何益哉。將此傳諭八旗都統知之。

又卷二六 雍正二年甲辰十一月庚戌，嚴禁兵民等，出殯時前列諸戲，及前一日，聚集親友，設筵演戲。

又卷三二 雍正三年乙巳夏四月庚辰，諭盛京將軍、滿漢大臣、大凌河副都統、衆城守尉等，邇來盛京諸事隳廢，風俗日流日下。朕前祭陵時，見盛京城内，酒肆幾及千家，平素但以演戲飲酒爲事，稍有能幹者，俱於人參内謀利，官員等亦不以公務爲事，衙門内行走者甚少，其聚會往來，不過彼此相請，食祭肉嬉戲而已，司官竟有終年不一至衙門者，堂官亦置若罔聞，坐臺之人，看守邊口，俱係關東人，伊等雖有押送罪人之差，而當兵者全無當兵之實，爲官者亦無爲官之道。朕深知此等陋習，雖降諭旨數次，竟不悛改，因將將軍大臣内，不及者革退，另簡爾等補授。爾等雖係新任，但能留心細訪，即便知之。應將盛京陋習，極力整飭，令其悛改，復還滿洲舊日儉樸風俗，勤學騎射武藝，若有惡亂之人，即加重處，以儆其餘。將軍大臣，其欽遵朕旨，與下屬官員，同心協力，各自黽勉，力改從前陋習。再，盛京地方，乃本朝創業之地，關係甚重，爾等將聚集惡亂之人，不時稽查，應逐去者，作速逐出境外。大臣等若仍相推諉，不實心効力，朕訪聞治罪之時，勿復怨悔。

又卷三二 雍正三年乙巳五月癸丑，諭内閣，朕軫念民生，蠲租賜復，不過行吾心之所安，使斯民共霑實惠，並無一毫市恩之念，欲以崇尚虚名也。前蠲免江南蘇松兩府浮糧，彼處士民，感激朕恩，爲朕祈福，聞有誦經立碑，葢造龍亭，聚會演戲者，雖或出於愛戴之誠，然實非矢報君親之理。

朕所望於天下者，祇欲各安職業，端本務實，以生以養，庶幾家給人足，共享昇平，仰報我皇考之付託耳。以云祈報，莫大於此。至於誦經禮懺諸事，皆爲粉飾虛文，即謂頌禱致虔，亦於朕躬毫無所益。且聚衆演戲，蓋造碑亭，非徒糜費金錢，兼恐有不肖官吏，及里胥人等，借名私派，乾没肥己，貽累小民，俱未可定。此等陋俗，聖祖仁皇帝久已洞悉，曾屢降諭旨禁止。及朕臨御以來，曉諭天下人民，務本重農，力行節儉，而聚衆演戲諸事，更屬奢靡浪費。蘇松士民，習於華侈，今又爲此虛文，以祈朕福，甚非朕意。著該督撫，嚴行禁飭，其碑亭建造之處，概行停止。仍遍諭士民，各歸本業，以副朕懷。

又卷七一 雍正六年戊申秋七月戊午，江西巡撫布蘭泰參奏，清江縣知縣牛元弼，於需雨之時，並不親身祈禱，屠宰甫禁旋開，張筵唱戲，政務不理，臨江府知府吴恩景，代爲隱飾，請一併革職。得旨，牛元弼於屠宰開禁之後，開筵唱戲，不比祈禱之時。若牛元弼平日好聲歌，躭於逸樂，則布蘭泰何以不早行參奏。至所參政務不理，亦當實指其廢弛者何事。今因一時意見，遽將該縣嚴參，並知府一同革職，《定例》内：屬員犯貪贓重罪者，知府徇庇，及失於覺察，其處分止降級調用。今因屬員唱戲，而遂將知府奏請革職，似此越例之事，幾有作福作威之意矣。朕之待督撫大臣，深加信任，常有督撫參劾尚輕，而朕從重處分者，總以揆情度理，期於公當而已。凡爲督撫者，當爲國家愛惜人才，而於參劾之間，尤當加意慎重，若誤去一幹員，其過更在誤薦劣員之上。蓋薦一劣員而誤用之，異日自然敗露，若將幹員誤行罷斥，則其人終身放廢，不可復振，天下人才幾何，豈可因一時之喜怒，而濫行摧折乎。察吏之道，公明二者，缺一不可，若存心本公，而識見不到，必致爲屬員所欺瞞，浮言所蒙蔽。布蘭泰之存心，雖無私徇，而少知人之明，且瑣屑不識大體。地方雨暘之時，若水旱之爲災，全係乎督撫大臣之感召：若果能布德行仁，安民察吏，自能上感天和，豐亨有慶。若政事有闕，舉劾失宜，以致雨澤不能應時而降，此時徒恃祈禱之虛文，已屬庸鄙之見，而乃欲諉過於屬員，以卸己之責，不亦屈抑之甚乎。牛元弼、吴恩景不必革職。若二人任内，另有虧空劣蹟，著布蘭泰查明續參，再降諭旨。若別無欵蹟可參，著將牛元弼、吴恩景送部引見，候旨另用。

《吏部處分則例》卷二九《禮儀制》 一、滿洲有演戲自唱彈琵琶絃子，效漢人約會攢出銀錢戲耍者，係官革職。一、滿洲蒙古漢軍以及包衣佐領發送靈柩，效漢人於出殯前一日唱戲，及一切戲耍，【略】係官革職。一、民間喪祭之事，誦經禮懺，仍聽自便外，其有違制，加以絲竹管絃，演唱佛戲之處，地方官不嚴行禁止，照失察夜戲例議處。

又卷三〇《禮文詞》 一、凡坊肆市賣一應小説淫詞《水滸傳》，俱嚴查禁絶，將板與書，一併盡行銷燬。如有違禁造作刻印者，係官革職。買看者，係官罰俸一年。若該管官員，不行查出，每次罰俸六個月。仍不得借端出首訛詐。如該管官任其收存租賃，明知故縱者，將該管官降二級調用。

又卷四五《刑雜犯》 一、八旗當差人等，漸改舊習，不守本分，嬉遊於前門外戲園酒館。仍照舊例交八旗大臣步軍統領衙門不時稽查，遇有違禁之人，一經拿獲，官員參處，兵丁責革。並令都察院、五城、順天府各衙門出示曉諭，實貼各戲園酒館，禁止旗人出入。

又 民間婦女中有一等秧歌脚墮民婆及土妓流娼女戲遊唱之人，無論在京在外，該地方官務盡驅回籍。若有不肖之徒，將此等婦女容留在家者，有職人員革職，照律擬罪。其平時失察，窩留此等婦女之地方官，照買良爲娼，不行查拏例罰俸一年。

又 城市鄉村，於當街搭臺酬神者，止許白晝演戲，如深夜懸燈唱戲，男女擁擠，混雜喧嘩，恐致生門毆賭博姦竊等事。責成該地方文武各官嚴禁，將爲首之人，照律治罪。倘該地方文武各官不實力奉行，罰俸一年。

又 乾隆三十四年十月二十一日奉上諭，朕恭閱皇考諭旨，有飭禁外官畜養優伶之事，聖諭周詳，恐其耗費多金，廢弛公務，甚且夤緣生事，勅督撫不時訪查糾參，雖有一二人，亦不可狥隱。聖諭久經編刊頒行，督撫藩臬等並存署交代，自當敬謹遵循，罔敢違越，何以近日尚有揆義託黄肇隆代買歌童之事。豈伊等到官後，於衙門遵藏上諭，庋之高閣，全不寓目耶。一省如此，他省之未經發覺者，恐尚不少。一事如此，他事之不能由舊者，並可類推。皇考十三年整綱飭紀，所爲吏道人心計者，無微不至。朕每披尋謨典，省凛實深。諸臣何竟冥然罔覺於訓型成憲，視若弁髦乎。可見外省惡習錮蔽已深，凡禁令所布，始則具文塞責，久且并具文而忘之，即朕所降諭旨，尚有閲數載而虛應故事者，似此玩不率教，何以副朕孜孜求治之意。思之實可痛恨。著通諭直省督撫藩臬等，各宜正己率屬，於曾奉禁革之事，實力遵行，毋稍懈忽。若再不知警悟，甘蹈罪愆，非特國法難寬，亦天鑒所不容矣。並將此明白宣諭中外知之。欽此。

清·蔣良騏等輯《東華録》 朕檢閲各省呈繳應燬書籍，内有僧澹歸所著《偏行堂集》，系韶州府知府高綱爲之製序，兼爲募資刻行。因查澹歸名金堡，明末進士，曾任知縣，復爲桂王朱由榔給事中，當時稱爲五虎之一。後乃托跡緇流，藉以苟活。其人本不足齒，而所著作文中多悖謬字句，自應銷燬。【略】又查出《喜逢春》傳奇一書，亦有不法字句，系江甯清笑生所撰。曲本既經刊布，外間必尚有流傳。該督撫等從前未經辦及，想因曲本蒐輯不到耳。一併傳諭高晉、薩載，于江甯、蘇州兩處，查明所有刷印紙本及板片，概行呈繳。【略】設或民間尚有藏者，但經獻出，均可免罪。將此由四百里一併諭令知之。欽此。乾隆四十年閏十月十八日。

清·福隆安等纂輯《中樞政考》卷一六《癸部·雜犯》 一在京在外，有將秧歌脚墮民婆土妓流娼女戲遊唱之人，容留在家，有職人員革職，照律治罪，其平時失察窩留此等婦女之該管武職，罰俸六個月。

清·魏晉錫《學政全書》卷七《書坊禁例》 乾隆三年議準，查定例：凡坊肆市賣一應淫詞小説，在内交八旗都統、察院、順天府，在外交督撫等，轉飭所屬官，嚴行查禁，務將書板盡行銷毁，有仍行造作刻印者，系官革職，軍民杖一百，流三千里，市賣者杖一百，徒三年，該管官弁不行查出者，一次罰俸六個月，二次罰俸一年，三次降一級調用。蓋淫詞穢説，最爲風俗人心之害，例禁綦嚴。但地方官奉行不力，致向存舊刻銷毁不盡，甚至收買各種，叠架盈箱，列諸市肆，租賃與人觀看。若不嚴行禁絶，不但舊板仍然刷印，且新板接踵刊行，實非拔本塞源之道。應再通行直省督撫，轉飭該地方官，凡民間一應淫詞小説，除造作刻印，《定例》已嚴，均照舊遵行外，其有收存舊本，限文到三月，悉令銷毁。如過期不行銷毁者，照《買看例》治罪。其有開鋪租賃者，照《市賣例》治罪。該管官員任其收存租賃，明知故縱者，照《禁止邪教不能察緝例》降二級調用。

清·汪啟淑《水曹清暇録》卷一二 内外城向有酒館戲園，酒饌價最貴。初南來者未悉，每受其累，一夕幾費十金，近奉禁止，誠善政也。

清·沈起鳳《蘭桂仙跋》 乾隆辛丑歲，客惕莊全公尚衣署中，時奉旨查勘曲譜，所閲傳奇不下七百餘種。吾友巽穀先生，借宫氏之雙姝，補傳奇之缺陷，音律之細，賓白之工，特餘事耳。惜此本後出，未及選入。

《大清高宗純皇帝聖訓》卷二六一《厚風俗一》 雍正十三年十一月丁酉，上諭總理事務王大臣，朕聞外省百姓，有生計稍裕之家，每遇喪葬之事，多務虚文，侈靡過費。其甚者，至於招集親朋鄰族，開筵劇飲，謂之鬧喪。且有於停喪處所，連日演戲，而舉殯之時，又復在途扮演雜劇戲具者。從來事親之道，生事死祭，皆必以禮，得爲而不爲，與不得爲而爲之者，均爲非孝。是知各循其分，乃能各盡其孝，初不在以奢靡相尚也。況當哀痛迫切之時，而顧聚集親朋，飲酒演劇，相習成風，恬不知怪，非惟於禮不合抑亦於情何忍。此甚有關於風俗人心，不可不嚴行禁止。著各省督撫等，通行明切曉諭，嗣後民間遇有喪葬之事，不許仍習陋風，聚飲演戲，以及扮演雜劇等類，違者按律究處。務在實力奉行，毋得姑爲寬縱。案又見《大清高宗純皇帝實録》卷六。

又 乾隆元年五月，江西巡撫俞兆岳奏，民間斗斛之制宜畫一，禁演扮淫戲以厚風俗。上諭曰：【略】先王因人情而制禮，未有拂人情以發令者。忠孝節義，固足以興發人之善心，而媟褻之詞，亦足以動人心之公憤，此鄭衛之風，夫子所以存而不删也。若能不行抑勒，而令人皆喜忠孝節義之戲，而不觀淫穢之齣，此亦移風易俗之一端也。汝試姑行之。

又卷二六三《厚風俗三》 乾隆十八年癸酉七月壬午，上諭内閣：滿洲習俗純樸，忠義禀乎天性，原不識所謂書籍。自我朝一統以來，始學漢文。皇祖聖祖仁皇帝欲俾不識漢文之人，通曉古事，於品行有益，曾將《五經》及《四書》、《通鑑》等書，繙譯刊行。近有不肖之徒，並不繙譯正傳，反將《水滸》、《西厢記》等小説繙譯，使人閲看，誘以爲惡。甚至以滿洲單字還音抄寫古詞者俱有。似此穢惡之書，非惟無益，而滿洲等習俗之偷，皆由於此。如愚民之惑於邪教，親近匪人者，概由看此惡書所致，於滿洲舊習，所關甚重，不可不嚴行禁止，將此交八旗大臣東三省將軍各駐防將軍大臣等，除官行刊刻舊有繙譯正書外，其私行繙寫并清字古詞，俱著查覈嚴禁，將現有者查出燒燬，再交提督從嚴查禁，將原板盡行燒燬。如有私自存留者，一經查出，朕惟該管大臣是問。

又卷二六四《厚風俗四》 乾隆四十五年十一月乙酉，上諭軍機大臣等，前令各省將違礙字句書籍，實力查繳，解京銷燬。現據各督撫等陸續解到者甚多。因思演戲曲本内，亦未必無違礙之處，如明季國初之事，有關涉本朝字句，自當一體飭查。至南宋與金朝關涉詞曲，外間劇本，往往有扮演過當，以致失實者，流傳久遠，無識之徒，或至轉以劇本爲真，殊有關係，亦當一體飭查。此等劇本，大約聚於蘇揚等處，著傳諭伊齡阿全德留心查察，有應删改及抽徹者，務爲斟酌妥辦。並將查出原本暨删改抽徹之篇，一併黏籤解京呈覽。但須不動聲色，不可稍涉張皇。

《大清會典事例》卷八二九《刑部刑律雜犯》 城市鄉村，如有當街搭臺懸燈唱演夜戲者，將爲首之人，照違制律杖一百，枷號一月。不行查拏之地方保甲，照不應重律杖八十。不實力奉行之文武各官，交部議處。若鄉保人等有藉端勒索者，照索詐例治罪。

又 一、凡旗員赴戲園看戲者，照違制律杖一百。失察之該管上司交部議處。如係閒散世職，將該管都統等交部議處。

又 凡旗人因貧餬口，登臺賣藝，有玷旗籍者，連子孫一併銷除旗檔，毋庸治罪。該管參佐領，限三箇月内據實報出，免議。逾限不報，照例分别處議。

《大清仁宗睿皇帝實録》卷一〇〇 嘉慶七年壬戌秋七月，癸未，諭内閣，本日户部奏，將兵丁扣餉之例，請自本年八月起，永行停止等因一摺，已依議行矣。八旗兵丁，日用所需，惟賴餉銀資給。朕軫念伊等，將應行扣餉之項，加恩停止，原爲伊等生計起見，但伊等用度所以不足者，固由生齒日繁，物價昂貴，亦由平日不知撙節，若能將衣食二者，隨時加意省嗇，即可免於匱乏。乃往往耽於口腹，餉銀一經入手，不爲度日之計，輒先市酒肉，以供醉飽，不旋踵而貲用業已告竭。又支領官米，隨即賤售與鋪家，祇顧目前得錢使用，不肯稍爲儲蓄，而家中食米，轉零星用貴價向鋪户糴買。此皆失算之甚者。我滿洲淳樸舊風，衣服率多布素，近則狃於習俗，兵丁等競尚鮮華，多用紬緞，以穿着不及他人爲恥。誠思旗人原以學習清語騎射爲本，伊等技藝生疏，何以不知愧恥，惟於衣飾欲圖體面耶。國家恩養八旗，體卹周至，即如内城不許開設戲館，亦恐旗人花費銀錢，是以特加禁止。又旗地一項，因伊等屢行典賣，官爲贖回，將所得租銀於年終普行頒賞，所以加惠伊等者，不一而足，現又將扣餉之例，永行停止，無非欲伊等家計有資，漸臻饒裕，伊等亦應仰體朕惠愛懃拳之意，不可習於浮靡，坐耗物力。著交八旗都統等，轉飭參佐領以下各官，諄諭該管兵丁，敦崇節儉，力返淳龐，馴至家給人足，朕實有厚望焉。將此通諭知之。

又卷一六九 嘉慶十一年丙寅十月甲午，諭内閣：前日據御史和順奏稱，風聞旗人中竟有演唱戲文，值戲園演劇之日，戲班中邀同登臺裝演，請旨飭禁一摺：所奏持論甚正。八旗子弟，不務正業，偷閒遊蕩，屢經嚴旨訓諭，若果攙入戲班，登臺演劇，實屬甘爲下賤。御史有言事之責，於此等風俗攸關事件，既有所聞，自應據實入告，因諭令該御史將演劇之旗人按名指出，以便究辦。隨據和順指奏六人，當交步軍統領衙門按名查拏，並召見該御史詢以如何查訪緣由。據稱，伊曾經騎馬行過戲園，遥見演劇時有旗人在内，既又稱係伊家人在戲園看見等語：所奏已屬支離。乃昨據禄康等具奏，將演劇旗人查拏到案，並訊據廣成茶園看座之王大供稱，向有和御史常到園内聽戲。因令軍機大臣會同刑部將王大傳到，令該御史雜入各官隊中，令其指認，王大即能指出，並稱其曾在戲園争占下塲門坐位。經軍機大臣向該御史詢問，伊並不承認，惟稱今年夏天上衙門，路過西單牌樓戲園，曾經進内察看，因欲具奏，是以於新近不記得日子，又曾到園一次，均係未戴頂帽，密爲訪查等語。是該御史赴園看戲，業經屬實，即云查訪具奏，該御史夏間查看確實，即應奏聞，何以至此時又復到園一次，始行具奏。且於召見詢問時，亦未將先後到園情節，據實入告，迨至王大指認質證，始以到園訪查爲辭，意圖抵賴。前曾疊次降旨，諭令八旗官員等，不准私去帽頂，潛赴茶園戲館。今該御史身爲風憲之官，爲朝廷之耳目，竟不知自愛，潛赴茶園聽戲，至爲市儈等所熟識，即此已屬溺職。所奏祇爲私忿争坐起見，假公濟私，快其宿怨，卑鄙已極。若皆似此互相攻訐，豈不蹈明季言官之陋習乎。和順實爲言官中之敗類，玷辱臺諫之職。至筆帖式德馨置買戲箱行頭，賃給戲班，按日收錢，本有不合，且據供認，曾戴便帽，赴園查點箱件，亦屬有乖體制。和順德馨均著先行革職，交軍機大臣會同刑部歸案質訊，定擬具奏。

又 嘉慶十一年丙寅十月甲午，又諭：慶桂等奏審訊旗人圖桑阿等五犯登臺演劇，並已革御史和順潛赴茶園聽戲屬實，分别定擬一摺。八旗風俗素淳，即間有一二不肖子弟，私赴戲館中偷閒佚樂，任意花費，已屬不安本分，乃圖桑阿等均在本旗披甲，輒行登臺裝演，甘與優伶爲伍，實屬有玷旗人顔面，圖桑阿、烏雲珠、德泰、全魁、李惠等五犯，著即照所擬銷去本身户籍，發往伊犂充當苦役。至和順本係工部司員，從前在部時，即不應赴園聽戲，迨今年擢任御史，該衙門職司風憲，乃復私去帽頂，潛赴戲園遊蕩，甚至因與市儈等爭坐口角，假公濟私，託爲正論，請旨飭禁，經朕召見詢問，猶復巧爲支飾，並不將先後赴園情節，據實直陳，其居心尤爲詐妄，言行不符，卑鄙無耻，業經降旨革職。現據慶桂等奏請發往烏嚕木齊當差，因思近來該處風氣日漸繁華，恐伊到彼後，故態復萌，仍不肯安心務正，昨伊於召見時，曾據面奏旗人分應習學騎射清語，然伊於清語，即全未通曉，其騎射自亦必生疏，和順轉不必發往烏嚕木齊，著即發吉林，交與將軍秀林嚴加管教，務令將清語騎射，留心學習。仍著該將軍隨時察看，如果能潛心正業，學習嫻熟，俟三年後據實奏聞，或可酌量施恩，以武職録用。至都察院堂官，有糾察百寮之職，今本衙門有此敗檢臺員，竟未能訪聞參劾，除賡音甫經到任，加恩寬免外，所有和順簡用御史後歷任失察各堂官，著查明交吏部察議具奏。

又 嘉慶十一年丙寅十月甲午，又諭：坤都勒身係宗室，不自檢束，雖訊未登場演戲，但跟隨戲班到館，即屬不守正業，甚至乳名亦被外間傳知，其遊蕩失體，已可概見。若照所請監禁一年，永遠停止錢糧，轉恐其釋放後無以養贍，更致流於曠廢。坤都勒著革去宗室頂帶，同伊本身眷屬，一併發往盛京居住，仍賞錢糧，俾知我國家發祥之地，風氣淳樸，令其涵濡效法，或漸能滌除積習。仍交該將軍富俊嚴加管束，令其學習國語騎射，庶化其紈綺不堪惡習，毋任在外滋事。

又卷二四四 嘉慶十六年辛未六月辛酉，諭内閣：【略】再京城五方輻輳，如茶園酒肆，以及街衢戲伎之類，窮民亦藉以謀生，勢難概行禁絶，苟不藉端滋事，原可聽其自然。至内城開設戲園，引誘旗人日滋游惰，則定例在所飭禁。禄康受人慫慂，曾屢次奏請開設，朕俱駁飭不允，近來查禁未力，恐不能免，必當嚴行禁止。至官員等聞竟有不修邊幅，狎比優伶者，甘近下流，更屬不成品行。試思官員侍衛等，如不戴帽輕入市廛者，尚當加以懲處，又何況挾優馳逐，混入戲園，甚至日暮忘返，有趕城爭道等情，殊屬游蕩無恥；向來該衙門不加禁約，致無顧忌，嗣後有似此放僻邪侈之徒，著步軍統領衙門，嚴拏究辦，立即奏聞，從重懲治，以肅禁令而端風俗。

又卷二八一 嘉慶十八年癸酉十二月癸丑，又諭：陳預奏，整飭吏治一摺。【略】嗣後不准開設小説坊肆，違者將開設坊肆之人，以違制論。至民間演劇，原所不禁，然每喜扮演好勇鬥狠各雜劇，無知小民，多誤以盜劫爲英雄，以悖逆爲義氣，目染耳濡，爲害尤甚。前已有旨查禁，該管地方官，務認真禁止，勿又視爲具文。

清·明亮等纂輯《中樞政考》卷一三《禁令》 嘉慶四年五月内奉上諭：昨據姜晟奏審擬鄭源璹加扣平餘，定擬斬監候一案，已交軍機大臣會同該部覈議具奏矣。朕閲鄭源璹供詞内稱，署中有能唱戲之人，喜慶讌客，與外間戲班一同演唱等語。民間扮演戲劇，原以藉謀生計。地方官偶遇年節，雇覓外間戲班演唱，原所不禁。若署内自養戲班，則習俗攸關，奢靡妄費，並恐啟曠廢公事之漸。況朕聞近年各省督撫兩司署内教演優人，及宴會酒食之費，並不自出己貲，多係首縣承辦，首縣復斂之於各州縣，率皆朘小民之脂膏，供大吏之娱樂，輾轉科派，受害仍在吾民。湖南地方，雖尚未激變，而川楚教匪，藉詞滋事，未必不由於此。現當遏密之時，天下停止宴會，即二十七月後，京城内開設戲館，亦令永遠禁止。嗣後各省督撫司道署内，俱不許自養戲班，以肅官箴而維風化。

又 嘉慶十三年六月内奉上諭：松筠奏遵旨驅逐戲班人等一摺，伊犂等處，爲邊疆重地，且現在官兵駐劄，又係軍營，何得有演戲之事，致兵民被其引誘，大壞習尚。從前皇考高宗純皇帝特頒諭旨，禁約綦嚴。該將軍大臣等，日久因循，奉行不力，現在復有容留戲班之事，恐非伊犂一處爲然。本應治以違禁之罪，此次姑免懲處，但此後不可不力加整頓。着松筠即通傳南北各路，令該處駐劄大臣等，一體凛遵，認真查察。凡有戲班人等，俱著立時攆逐出境，令其各歸内地謀生，毋許逗遛。仍將實力查禁緣由，於每歲年底自行具奏一次，毋庸交伊犂將軍彙奏。設該大臣等陽奉陰違，飾詞具奏，將來經朕查出，必當治其欺罔之罪，不能寬恕，凛之，將此諭令知之，欽此。

清·昭槤《嘯亭續録》卷一 乾隆初，純皇帝以海内昇平，命張文敏製諸院本進呈，以備樂部演習，凡各節令皆奏演。其時典故如屈子競渡，子安題閣諸事，無不譜入，謂之《月令承應》。其於内庭諸喜慶事，奏演祥徵瑞應者，謂之《法宫雅奏》。其於萬壽令節前後奏演羣仙神道添籌錫禧，以及黄童白叟含哺鼓腹者，謂之《九九大慶》。又演目犍連尊者救母事，析爲十本，謂之《勸善金科》，於歲暮奏之，以其鬼魅雜出，以代古人儺祓之意。演唐玄奘西域取經事，謂之《昇平寶筏》，於上元前後日奏之。其曲文皆文敏親製，詞藻奇麗，引用内典經卷，大爲超妙。其後又命莊恪親王譜蜀、漢《三國志》典故，謂之《鼎峙春秋》。又譜宋政和間梁山諸盜及宋、金交兵，徽、欽北狩諸事，謂之《忠義璇圖》。其詞皆出日華遊客之手，惟能敷衍成章，又抄襲元、明《水滸義俠》、《西川圖》諸院本曲文，遠不逮文敏多矣。嘉慶癸酉，上以教匪事，特命罷演諸連臺，上元日惟以《月令承應》代之，其放除聲色，至矣。

清・張際亮《金臺殘淚記》卷三　道光三年，御史□□□奏永禁京師樂部。

清・梁廷枏《曲話》卷四　康熙五十四年，命詹事王奕清等撰《曲譜》十四卷，蓋與《詞譜》同時而成，北曲四卷，南曲八卷，附失宫犯調各曲一卷。曲文每句、注句字，韻、注韻字。每字旁注四聲，按：《九宫大成》每曲文注句，注讀；於用《中原韻》處注韻；沈韻所通，注叶；《中原韻》所無，沈韻不通者，注押。與此少異。於入聲字或宜作三聲者，皆一一詳注。舊譜譌句，亦一一爲之辨證，以附於後。

清・楊静亭《都門紀略詞場門・序》　近閲《綴白裘》一書，採列古今崑弋諸劇至備，然未嘗追溯詞場，始於何代，創自何人。古之歌於朝者，喜起明良，歌於野者，叩缶擊壤，歌之作也，蓋自唐虞已有然矣。又嘗考《周禮》方相氏所掌之儺焉：儺行於鄉人，聖人爲之朝服阼階，故《魯論集註》内稱儺近於戲，蓋以塗面狂歌，藉以驅疫，雖非演戲，而戲即肇端於儺與歌斯二者。及秦二世胡亥，演爲詞場，譜以管絃，歌舞之風，由茲益盛，後世遂號爲秦腔。逮秦以下，歷千有餘年，至於唐世，明皇癖好歌聲，遂闢梨園之地爲教坊，命李龜年雷海青賀懷智馬仙期黄旛綽諸輩掌之，按絲竹之宫商，演以詞曲，是爲崑腔，而梨園子弟由此名焉。故後世秦腔，皆祀胡亥，崑劇皆祀明皇，爲詞場衍派之祖。至元世以填詞取士，崑曲冠絶一時，壓倒盛唐。明季邊大綬《虎口餘生》及《鐵冠圖》等劇，崑弋並演，或者高腔之名，由此漸興與。我朝開國伊始，都人盡尚高腔；延及乾隆年，六大名班，九門輪轉，稱極盛焉。其名班各種脚色，亦復會萃一時，故誠一齋繪十三絶圖像，懸於門額。至嘉慶年盛尚秦腔，盡係桑間濮上之音，而隨唱胡琴，善於傳情，最足動人傾聽，曾經奏明禁止，漸革此風。

清・黄恩彤《大清律例按語》卷二六《刑律雜犯》　原律：搬做雜劇：凡樂人搬做雜劇戲文，不許粧扮歷代帝王后妃及忠臣烈士先聖先賢神像，違者杖一百，官民之家，容令粧扮者與同罪。其神仙道扮及義夫節婦孝子順孫勸人爲善者，不在禁限。【略】臣等謹按，此言褻慢神象神罪也，歷代帝王后妃及先聖先賢忠臣烈士之神像，皆官民所當敬奉瞻仰者，皆搬做雜劇用以爲戲，則不敬甚矣，故違者樂人滿杖，官民容粧扮者同罪。其神仙道扮及義夫節婦孝子順孫，事關風化，可以興起激勸人爲善之念者，聽其粧扮，不在應禁之限。現行例：凡有狂妄之徒，因事造言，捏成歌曲，沿街唱和，及以鄙俚褻慢之詞刊刻傳播者，内外各地方官及時察拏，坐以不應重罪。若係妖言惑衆，仍照律科斷。

又卷六五《刑律雜犯》　續纂：一、凡旗員赴戲園看戲者，照違制律杖一百，失察之該管上司，交部議處，如係閒散世職，將該管都統等交部議處。

又卷九三《刑律雜犯》　續纂：一、凡旗人因貧糊口，登臺賣藝，有玷旗籍者，連子孫一併銷除旗檔，毋庸治罪。該管參佐領限三個月内，據實報出，免議，逾限不報，照例分别議處。臣等謹按，道光五年四月内，管理廂黄旗滿洲都統英和等條奏懲勸旗人摺内聲請，嗣後旗人登臺賣藝，寡廉鮮耻，有玷旗籍者，姑念因貧糊口，免其發遣治罪，連子孫一併銷檔。該管參佐領限三個月内，據實報出，所有以前失察，處分概予寬免，逾限不報，仍照例分别議處。等因，奏准在案，應纂輯爲例，以便遵行。

《大清宣宗成皇帝聖訓》卷六〇《嚴法紀一》　道光二年閏三月甲辰，上諭内閣：此案已革密雲副都統阿隆阿以二品大員【略】於國服之内，在署演唱影戲，辜恩負職，已極，部議發往烏嚕木齊效力贖罪，實屬咎所應得。【略】佐領富昇以職官在市觀看影戲，並與兵丁揪扭，有玷官箴，著即革職。

又卷八四《靖奸宄五》　道光十五年八月甲子，上諭内閣，據御史富爾洪阿奏，近來各城報竊之案，層見疊出，日久不聞弋獲。並有偷竊騾馬遺失幼孩之事。又有扮演高蹺及女金斗爬竿躍索等人，於街市聚集演唱。外來婦女，三五成羣，以算卦爲名，入人家室等語。京師爲輦轂重地，不特内城理宜肅清，即外城地面，亦不容無業遊民肆行溷跡，儻竟有誘拐興販，用藥迷人等事，尤屬大干法紀，不可不嚴行查禁。著步軍統領順天府五城各坊，隨時查察，嚴行驅逐，遇有前項形跡可疑之人，立即拏獲究辦；儻不實力查禁，別經發覺，或有人參奏，定予重處，決不寬貸。

《大清文宗顯皇帝實録》卷五一　咸豐二年壬子，春正月壬戌，諭内閣，御史張煒奏，請嚴禁演戲奢靡積習等語。京師五城，向有戲園戲莊，歌舞昇平，歲時宴集，原爲例所不禁。惟相沿日久，競尚奢華，如該御史所奏，或添夜唱，或列女座，宴會飯饌，日侈一日，殊非崇儉黜奢之道。至所演各劇，原爲勸善懲惡，俾知觀感。若靡曼之音，鬬狠之技，長奸誨盜，流弊滋多，於風俗人心，更有關繫。現在國服將除，必應及早嚴禁，著步軍統領衙門五城御史先期刊示曉諭，屆時認真查辦，如仍蹈前項弊端，即將開設園莊之人，嚴拏懲辦，以振靡俗而除積習。

又卷五二　咸豐二年壬子正月辛巳，上諭内閣，御史倫惠奏京西妙峯山廟宇，每於夏秋二季燒香人衆，有無賴之徒，裝演雜劇，名曰走會，請飭嚴禁等語。鄉民春秋報賽，詣廟燒香，原爲例所不禁。若如所奏，匪徒以走會爲名，裝演雜劇，以致男女混淆，於風化殊有關繫。著步軍統領衙門順天府及西北城各御史先期出示曉諭，如有前項匪徒，即行拏究懲辦，仍不准差役人等藉端擾累。

清・汪棣香《勸毀淫書徵信集》　刑部爲敬陳管見事。議覆廣韶學政王丕烈奏淫詞小説宜申嚴也云云。查淫詞小説，原爲風俗人心之害，故例禁綦嚴。或地方官奉行不力，日久法弛，致向來舊書，至今銷毀未盡，甚至收賣各種，公然疊架盈箱，列諸市肆，租賃與人，供其觀看。若不并行申禁，不但舊板又復刷印，且新板接踵刊行，實非拔本塞源之計。應再通行直省督撫，轉飭該地方官，凡民間一應淫詞小説，除造作刻印，《定例》已嚴，均應照舊遵行外，凡有收存舊本，限文到三個月，悉令銷毀。如過期不行銷毀者，照《買看例》治罪。其有開鋪租賃與人者，照《市賣例》治罪。至該管官員，查《定例》：如有違禁造作刻印者，不行查出，一次，罰俸六個月，二次，罰俸一年，三次，降一級調用等語，失察久經定有處分。如該管官任其收存租賃，明知故縱者，照《禁止邪教不能察緝例》降二級調用。乾隆三年五月十九日題。本月二十一日，奉旨依議。欽此。

《大清文宗顯皇帝聖訓》卷四九《嚴法紀一》　道光三十年庚戌正月癸亥，上諭内閣，前據張芾奏遵查副將知府被參各欵，當奉旨交刑部速議。兹據該部覈議具奏，江西袁州協副將達崇阿身任武職二品大員，不知認真操練，又不能約束兵丁，性好演戲，並縱容子弟演唱，實屬有玷戎行，達崇阿著即革職，發往新疆充當苦差。

《大清穆宗毅皇帝聖訓》卷一〇《聖治三》　同治八年己巳十一月甲申，上諭内閣，御史錫光奏請嚴禁五城寺院演劇招摇婦女入廟，以端風化一摺。寺院庵觀，不准婦女進内燒香，例禁綦嚴，近來奉行不力，以致京城地面，竟有寺院開場演戲藉端歛錢，職官眷屬，亦多前往，城内隆福寺護國寺開廟之期，婦女亦復結隊遊玩，實屬有關風化。著步軍統領衙門順天府五城出示曉諭，嚴切稽查，遇有前項弊端，即將該廟僧尼人等從重懲辦，以挽頽風。

又卷五八《嚴法紀一三》　同治九年七月十一日，上諭，御史秀文奏請嚴禁賣戲一摺。京師内城地面，向不准設立戲園，近日東四牌樓竟有太華茶軒，隆福寺胡同竟有景太茶園，登臺演戲，並於齋戒忌辰日期，公然演唱，實屬有干例禁，著步軍統領衙門嚴行禁止。

又卷五九《嚴法紀一三》　上諭内閣，朕奉慈安皇太后慈禧皇太后懿旨，據御史賈鐸奏風聞内務府有太監演戲，將庫存進貢緞匹，裁作戲衣，每演一日，賞費幾至千金，請飭速行禁止，用以杜漸防微等語。上年七月，因皇帝將次釋服，文宗顯皇帝梓宫尚未永遠奉安，曾特降諭旨，將一切應行慶典，酌議停止，所有昇平署歲時照例供奉，俟山陵奉安後，候旨遵行。並將咸豐十年所傳之民籍人等，永遠裁革。原以皇帝冲齡踐阼，必宜絶戲豫之漸，戒奢侈之萌。乃本日據賈鐸奏稱風聞太監演戲，費至千金，並有用庫存緞匹裁作戲衣之事。覽奏實堪詫異。方今各省軍務未平，百姓瘡痍滿目，庫帑支絀，國用不充，先皇帝山陵未安，梓宫在殯，興言及此，隱慟實殷，又何至有如該御史摺内所稱情事。況庫存銀緞，有數可稽，非奏准不能擅動，兹事可斷其必無。惟深宫耳目，恐難周知，外間傳聞，必非無自，難保無不肖太監人等，假名在外招摇，亦不可不防其漸。著總管内務府大臣等嚴密稽查，如果實有其事，即著從嚴究辦，毋許稍有瞻徇，致干咎戾。

又　同治十一年壬申五月丙戌，上諭内閣，據御史袁承業奏，近聞太監在京城内外，開列多鋪，並蓄養勝春奎戲班，公然於園莊各處演戲等語。我朝紀綱嚴肅，從不准太監任意妄爲，若如所奏各節，實屬大干禁令。著總管内務府大臣步軍統領衙門順天府五城一體嚴行查禁。並著嗣後隨時稽查，如有前項情事，立即據實奏明，從嚴懲辦。經此次訓諭後，儻有太監在外生事，別經發覺，除將該太監嚴行懲辦外，並將該管大臣及地面各官懲處不貸。

清・張燾《津門雜記》卷下《唱落子》 北方之唱蓮花落者，謂之落子，即如南方之花鼓戲也。係妙齡女子登場度曲，雖於妓女外別樹一幟，然名異實同，究屬流娼。貌則誨淫，詞則多褻，一日兩次開演，不下十人。粉白黛緑，體態妖嬈，各衒所長，動人觀聽。彼自命風流者，爭先快覩，趨之如騖，擊節歎賞，互相傳述。每有坐客點曲，爭擲纏頭，是亦大傷風化。前經當道出示禁止，稍知斂跡，乃邇來復有作者，改名爲太平歌詞云。

清・延煦等編《臺規》卷二五 康熙十年又定，凡唱秧歌婦女及惰民婆，令五城司坊等官，盡行驅逐回籍，毋令潛住京城。若有無籍之徒，容隱在家，因與飲酒者，職官照挾妓飲酒例治罪。其失察地方官，照例議處。

又 康熙十年又議准，京師内城，不許開設戲館，永行禁止。城外戲館，如有惡棍借端生事，該司坊官查拏。

又 乾隆二十七年又奏准，五城寺觀僧尼開場演劇，男女概得出資隨附，號曰善會，敗俗釀弊，所關非細，應交步軍統領五城順天府各衙門嚴行飭禁。儻有設爲善會，煽聚婦女者，立將該廟爲首僧尼查拏治罪。至有職人員，罔顧官常，濫興廟會，及縱容妻妾入廟，一經查出，指名糾參。

又 乾隆二十七年又奏准，前門外戲園酒館，倍多於前，八旗當差人等，前往遊戲者，亦復不少，嗣後應交八旗大臣步軍統領衙門，不時稽察，遇有此等違禁之人，一經拏獲，官員參處，兵丁責革。仍令都察五城順天府各衙門出示曉諭，實貼各戲園酒館，禁止旗人出入。

又 乾隆二十七年又奏准，在京如有需次人員，出入戲園酒館，不自愛惜名器者，交步軍統領順天府及五城御史嚴行稽察，指名糾參，以示懲儆。

又 乾隆二十九年奏准，五城戲園，概行禁止夜唱。

又 嘉慶四年奉上諭，現當遏密之時，除城外戲園將來仍准照舊開設外，其城内戲園，著一概永遠禁止，不准復行開設。並令步軍統領先行示諭，俾原開館人等，趁時各營生業，聽其自便，亦不必官爲抑勒。自禁止之後，並著步軍統領八旗滿洲都統，一體查察。如該旗地段，有違禁開設，經該都統查奏，即免置議。儻匿不奏聞，別經發覺者，除將步軍統領及司員等嚴加議罪外，並將該旗都統一併嚴加議處。

又 嘉慶八年又奉上諭，嗣後著步軍統領衙門五城巡城御史，於外城開設酒館戲園處所，隨時查察，如有官員等改裝潛往，及無故於某堂某莊遊宴者，據實查參，即王公大臣，亦不得意存徇隱。

又 嘉慶十一年奉上諭，近來八旗子弟，往往沾染漢人習氣，於清語騎射，不肯專心練習，拋荒正業，甚至私去帽頂，在外遊蕩，潛赴茶園戲館，飲酒滋事，實爲惡習。嗣後八旗官員等，如有不戴頂帽，在外遊蕩者，是既不以職官自待，又與平人何異，該管地方官員，即當查拏究治，以示懲誡。

又 嘉慶十二年奉上諭，給事中嚴烺奏，現在霤雨未沾，請於齋戒期内，飭令大小臣工，凡遇喜慶等事，暫停演戲一摺。向例，齋戒期内，原俱禁止演戲，況值望澤維殷，朕心籲禱，凡在臣工，抑體宵旰勤求，諒亦斷不出此。至外城戲園，於祈雨齋戒日期，未必盡能知悉。但當雨澤愆期之際，節次設壇祈禱，並降旨平糶倉糧，清理庶獄，凡所以關繫民瘼者，無不刻深縈廑，小民等自不當恣意宴樂，然未經明白曉示，伊等亦無由謹避。著五城御史豫行曉諭居民人等，凡遇齋戒日期，並祈雨齋戒及祭日，所有戲園，概不准演唱戲劇，以昭肅敬。惟所稱俟甘雨沾足之後，再聽其便，此則不必。朕齋居默禱，昕夕虔祈，恪恭寅畏之誠，無時不仰希昊鑒，豈閭閻所能深悉，若因朕心夙夜乾惕，謂民間皆宜誠敬，此意未免繩之太過。且恐民間以演戲營生者轉致失業向隅。覈之定例，亦未符合。嗣後若非齋戒之期，無庸飭禁。

又 道光四年内務府奏准，凡太監等，除出城置買什物不禁外，毋許在戲園酒肆飲酒聽戲，以及飛帖邀請善會，如有犯者，即責成該管汛員弁及司坊官員查拏，送交内務府辦理。

又 道光四年，御史郎葆辰奏，【略】又外城戲園戲莊，不下十餘處，嗣後毋許再行開設，又請禁優伶出帖斂分，及婦女戲莊宴會四款，請旨飭下五城御史嚴行禁止，以端風化等語。奉旨，御史郎葆辰奏請除京城時弊一摺，【略】至輦轂重地，理宜整肅，如所稱添開戲莊等款，均於風俗人心，大有關繫，著步軍統領衙門一體嚴禁，毋得視爲具文。

又 道光四年又定：嗣後如有呈請建設戲樓者，俱不准行。

清・李慈銘《荀學齋日記》丙集上 光緒七年閏七月七日《邸鈔》：

上諭，丁鶴年奏内城茶園，違禁演戲，請飭嚴禁一摺。據稱内城丁字街什刹海等處，竟敢開設茶園，違禁演戲，殊屬不成事體，著步軍統領八旗都統即行查明嚴禁，毋稍寬縱。

清·王延熙《皇朝道咸同光奏議》卷二　奏爲敬抒愚忱，仰祈聖鑒事。從來君心之敬肆，關繫天下之安危，故古帝王念兹在兹，時懍非幾之貢，弗畏入畏，常憂耽樂之從，凡所爲好惡有必謹，視聽有必嚴者，雖在國家承平，猶且兢兢業業，無敢戲豫，而況在多事時也。伏查同治二年七月二十二日，奉上諭，本年十月釋服後，除朝廷大典均照常舉行外，至萬壽禮節，向有賞王公大臣聽戲筵宴，着一併停止。所有昇平歲時照例供奉，俟山陵奉安，候旨遵行。其咸豐十年所傳之民籍人等，永遠裁革，欽此。臣恭讀之下，仰見我皇上孝思純篤，崇實黜華之至意。乃近日風聞内務府又有將庫存進貢緞疋裁做戲衣，太監演戲，每演一日，賞費幾至千金。竊思皇上自咸豐十年以來，險阻艱難，備嘗之矣。旋以沖齡踐阼，寅紹丕基，全賴兩宫皇太后勵精圖治，勤求上理，現值逆氛滋擾，生靈塗炭之時，方將宵旰不遑，何暇演戲爲樂。臣再四籌維，或係内監人等，信心誇耀，任時妄談，抑係内務府官員，藉此逢迎，爲侵漁肥己之計，以致道路傳説，紛紛不一。誠恐傳之日久，中外軍民觖望，所關匪淺，請旨密飭總管内務府大臣，速行禁止，用以杜漸而防微，並籲求兩宫皇太后念切時艱，倍加惕厲，庶朝政可期肅穆，外患不難蕩平，則宗社幸甚，天下幸甚。

藝文

清·李調元《七月初一日入安縣界牌，聞禁戲答安令》　言子當年宰武城，割雞能使聖人驚。前言戲耳聊相戲，特送弦歌舞太平。

又　昔日江東有謝安，也曾攜妓遍東山。自慚非謝非攜妓，幾個伶兒不算班。

雜録

清·凌銘麟《新編文武金鏡律例指南》卷一五　爲嚴禁演戲，以靖地方事。照得本邑土瘠民貧，惟勤惟儉，始可聊生，無端演戲，失事廢時，男女溷雜，誨淫誨盗，爲害多端。本縣先經禁諭，而市井惡少，罔知遵守，假以賽願祈福爲名，肆行搬演，鄰里聚觀，扃鑰失謹，以致盗賊乘機蜂起，胠篋探囊，不逞之徒，瀆亂閨閫，深可痛恨。若不嚴加禁止，非惟傷耗民財，抑且招禍起釁。仰地方鋪甲人等，即將戲徒限五日内，驅逐出境，不許阿隱容留。若本土優伶，亟行改業，别營生計。敢再仍前抗違，合行拿究枷號，决不輕貸。

清·尤侗《西堂全集·悔庵年譜》卷一　順治十五年，【略】有以予《讀離騷樂府》獻者，上益讀而善之，令教坊内人，播之管弦，爲宫中雅樂。

清·田文鏡《總督兩河宣化録文移》卷三《爲嚴行禁逐囉戲以靖地方事》　照得欲杜盗源，先查保甲，欲嚴保甲，先逐流民，此一定不易之法也。故凡星相醫卜九流三教，與夫賣膏藥、擺棊勢、打流星、唱傀儡、弄猴、跑解、打拳、打彈、説書、唱曲之流，如係遠方到此，來歷未明，形踪詭祕者，俱應嚴行查禁，立爲驅逐，以靖地方。本部院屢經嚴飭在案。至於民間搭臺演戲，極易招集匪類，貽害民生。況男女混雜，廢事失時。更且全家出看，往往失火延燒。抑有飲醉行兇，每每殺人償命，爲禍原烈。但秋冬報賽田功，小民酬神答願，禮所不廢，情亦宜通。故本部院但禁唱夜戲，不許連日，如有村莊必須演唱者，當豫爲稟明地方印官批准，官爲稽查，至晚即止，使各散歸，管守門户。倘夜深猶唱，或連日不休，即干究處。有本部院行過各案可查。地方官果能奉行不怠，何患宵小之不絶迹，士民之不安堵哉。今更訪有囉戲一種，並非梨園技業，素習優童，不過各處游手好閒之徒，口中亂唱幾句，似曲非曲，似腔非腔音調，携帶妻子爲囮，經州過縣，入寨闖村。遂有一等地頭光棍，衙門人役，貪姦其妻，並留其夫攢錢，搭臺搬唱囉戲。其把持庇護，則多出於頑紳劣衿。其派飯供茶，則多出於地方鄉保。其行頭箱担，則多備於捕役壯丁。是以不懼官，不畏法，違禁公行，肆恣無忌。此等唱囉戲流民，有戲則羣聚而演唱，無戲則四散而行竊，甚而聚黨成羣，商謀劫殺，或入富室而行强，或伏道旁而害命，强盜瓜賊，即此輩也。其妻雖非樂户，實同土娼，賣笑呈姸，亦能鈎魂而攝魄，争姦妬宿，每致奮戟而操戈。且有既賣其婦而得錢，仍誣佔騙，欲棄其夫而謀殺，即犯凌遲，獄訟從此而繁興，風化於焉而敗壞，言之可恨，法所宜懲。至於被强被竊之家，每多出於紳衿富户，而容姦留戲之事，亦即在於劣監頑衿。葢倚護出頭，便可抗官違禁，有錢高興，更能一倡百隨，及至引盜入門，不返悔其自貽伊戚，報官稟緝，恒致怨於縱賊殃民，何其愚也。除密訪查拏外，合行嚴飭，爲此牌仰該司府道州將官吏照牌事理，即便轉飭所屬，將本部院牌文刊刷告示，挨村逐鎮，遍貼曉諭，務將帶妻唱囉戲之人，盡逐出境，不許容留。如有紳衿兵役，把持抗違，該地方官一面通詳斥革，一面嚴拿審擬招解本部院，立置大法，决不稍從寬典。倘鄉保地方，不行查逐，村民將空房賃與居住，或歇店容留，一經事犯，并鄰佑牌甲人等，分别按律連坐。如文武官弁，不實力奉行，嚴行驅逐，該管上司，不時查察揭參，上司徇庇，本部院自行查出，同參并劾，各宜慎之，毋得視爲具文，後悔無及。其尚管捕務之佐貳雜職，一并飭知遵照。文到先取遵依示式報查毋違。

清・李紱《穆堂别稿》卷四八　吴下風俗，每事浮誇粉飾，動多無益之費，外觀富庶，内鮮葢藏，偶遇災祲，救死不贍，本院不勝痛歎。樂之場，傷風敗俗，莫此爲甚。且有喪之家，陷於不知，徒尚奢華，既已自干嚴例。其鬧喪坐夜人等，醉鄉散歸，沿家喧嚷，一經坐卡巡欄兵役查詢，彼乃直指某家鬧喪，公然抗玩，不得過問，以致良歹莫辨，宵小之輩，乘間穿窬，藉爲支飾。本部院訪聞之下，深爲痛恨，除已往不究外，合行出示曉諭。爲此，示諭撫屬軍民人等知悉，自示之後，凡有喪葬之家，務須以禮分相安，照依朱文公《家禮》，每日自行哭泣上飰，以盡其哀，一切親友，止許日間弔問，毋得夤夜聚集，暢飲謳歌，致傷風化，兼啟奸邪。倘敢不遵，復蹈前轍，定行嚴拿，按律重究。保甲鄰人，不行舉首，一體坐罪。各宜凛遵，毋貽後悔，特諭。

清・王植《崇德堂稿》卷八　謀生之道，莫善於勤，節用之方，惟有一儉，勤則有功，戲最無益。查新邑内外城，大小街巷，共計二百有餘，四司屬大小鄉村，不啻千數，可謂庶矣。而外形雖豐，内實多歉，以至奸宄叢生，有如行竊開賭，宰私販私，拐賣私抽等事，雖習染之不醇，亦由民貧無以資生，故迫而至此。本署縣涖兹，將已三載，愧無富教良策，可以實益於民，然亦不敢少有耗民之事，使窮氓益重其困。如城内河道，已奉批飭，令居民按址挑濬，又如内外街道，汙穢傾欹，久欲諭知修理，而皆遲遲不敢行者，誠恐勞民傷財，於心有所不忍。乃觀爾民人等，反若家饒餘資，用之不竭，如演戲一事，耗財爲甚，而鑼鼓之聲，無日不聞，衝僻之巷，無地不有，不知爾民何處得此多財，爲此無益之舉。如云敬神，神祐善人，不在演戲。如云酬愿，則何不愿周宗族，愿濟鄉鄰，愿施孤貧，愿修橋道，凡利人濟物，實在善事，此愿能酬，必有厚福。若演戲，有何可愿，何須必酬。且每見養戲之家，多非安分之人，財物竭於優倡，子姪易於浮蕩，亦何不從農功貿易求本業，而甘爲男優女倡之領袖乎。本署縣每聞喧唱之聲，即有糜財滋事之懼，觸耳心惻，實不樂聞。爲此示諭縣屬民人等，示後當務本尚實，如果家貲裕饒，正有實在善事應行，倘再爲首糾錢演戲者，除不時查處外，許地保里鄰，及凡受派累之人，指名具稟拘究，雖有謂本署不順民情者，不恤也。

清・顧公燮《消夏閑記摘鈔》卷上　治國之道，第一要務在安頓窮人。昔陳文恭公宏謀撫吴，禁婦女入寺燒香，三春遊屐寥寥，輿夫舟子肩挑之輩，無以謀生，物議譁然，由是弛禁。胡公文伯爲蘇藩，禁閉戲館，怨聲載路。金閶商賈雲集，宴會無時，戲館數十處，每日演劇，義活小民，不下數萬人，原非犯法事。如蘇子瞻治杭，以工代賑，今則以風俗之所甚便，而阻之不得行，其害有不可言者。由此推之，蘇郡五方雜處，如寺院、戲館、遊船、賭博、青樓、蟋蟀、鵪鶉等局，皆窮人大養濟院，一旦令其改業，則必至失業，且流爲遊棍，爲乞丐，爲盜賊，害無底止矣。

清・丁大椿《來復堂學内篇・風俗》　今世戲齣，即古樂章，每見有孝子忠臣，激烈悲苦，雖婦豎猶爲感泣，此其動人，原最懇切。惟近時所撰院本，率多淫褻，而世人喜爲搬演，最傷風化，合行諭禁，除非大慶賀，不得演戲外，所有演唱齣牌，總不出忠孝節義四字，違者，定將該戲班及演戲之家，一體重處。

清・佚名《示諭集録》　爲嚴行示禁，以戢澆風事。照得婦女艷遊，誨淫誨盜，閨壼不慎，敗俗傷風。是以禮嚴内外之防，令著冶遊之禁，防微杜漸，立意良深。兹訪近日城厢之民，竟有婦女羣集戲場，艷粧觀劇，更有聽信僧尼説誘，入廟燒香，不畏憲章，殊乖禮教。本縣爲民父母，風紀所司，若不執法嚴懲，必致俗趨日下，合即出示嚴禁。爲此示仰闔邑士庶軍民保甲人等知悉：嗣後務各管教妻女，遵循禮法，深處閨中，毋許艷裝出遊，搭檯看戲，亦不許聽信尼僧説誘，至庵觀寺院燒香。倘有故違，定將不行管教之父兄夫男，及縱放婦女進廟之僧尼道士，嚴拏究處。保甲狥隱，並拏重究。再本城關廂外東嶽廟中，每年三月，多有進香之人，該保甲嚴行稽查，只許男人進香，不許婦女入廟，如有抗違，立即稟究。此本縣爲維持風化起見，示禁之後，犯必嚴懲，其各凜遵，毋自貽戚。特示。

又　爲嚴禁夜戲，以靖地方事。照得祈報原有常期，酬神亦宜白日，豈容無故歛錢，高臺演戲，無分晝夜，雜踏喧闐。近聞關廂内外，有種好事之徒，沿門苛派，勒索錢文，黑夜招摇，扮演影戲，此街彼巷，徹夜不休，無賴棍徒，酗酒生事，不分男女，不辨嫌疑，宵小逞奸，窺伺竊攫，種種滋事，爲害實深。合行出示嚴禁。爲此示仰關廂内外捕保士民人等知悉，不許唱演夜戲，鬨集滋事。倘敢故違，除拏捕保歛頭究處外，聽從出錢附和之人，一並查拏責懲，斷不姑寬，凛之慎之。特示。

又　爲嚴禁僧人之鼓吹，以戢淫聲，以端風化事。照得釋教以清静爲主，禪規以虚寂爲宗，即色即空，視五蘊於非有，不生不滅，舉四大而皆空，本無尚乎音聲，亦何取乎悦耳。是以晨鐘暮鼓，不雜管絃；石磬木魚，未聞絲竹。詎近日浮屠，不持戒律，静居僧舍，梵音作鄭衛之聲，應赴道場，諷誦吐優伶之曲，甚至稱揚佛號，强叶宫商，因而宣讃經文，悉諧節奏。於是男女雜遝，僧俗喧闐，嗟彼狂且，豈能死灰而槁木，顧兹少艾，將無火欲而水貪。似此風化所關，亦且佛門有礙。除行值年僧人嚴行查禁外，合行出示曉諭。爲此示仰闔邑僧衆及士庶軍民人等知悉：嗣後懺經禮佛，只許金鐃法鼓，存釋氏之本來；毋用絲竹管絃，倣優人之淫樂。如有戒僧違犯，立拏大法重懲；倘或俗子包容，並即嚴提究處。本縣務除惡習，以正民風，斷不學大士慈雲，徒憐苦腦；定即效金剛怒目，棒喝當頭。其各凛遵毋違，特示。

又　爲嚴飭查禁事。照得演唱《目蓮》，久奉例禁。蓋以裝神扮鬼，舞弄刀槍，以此酬神，未能邀福，以此辟祟，適致不祥。今聞該地演唱此戲，合亟出示嚴禁。爲此示仰該地保甲里民人等知悉：爾等酬神演戲，不拘演唱何本，揔不許扮演《目蓮》，倘敢故違，立拏保甲戲頭，責懲不恕。特示。

又　照得迎春在即，事屬祈穀大典，自應依例舉行；但除芒神土牛、報春彩旗、導引鼓樂之外，如有鄉農荷鍤，自欲點綴太平景象者，亦所不禁；至於花巧綵樓，以及師巫樂户，扮演故事等項，殊非勸農之意，概行停止，毋事奢靡，虚耗物力。特示。

又　爲嚴禁演唱採茶，以維風化事。照得上元佳節，乃普天同樂之候，故民間演扮雜劇，以及掛燈歌唱，在爲民上者，原不概爲嚴禁，以樂昇平。過此以往，即宜各務本業，士則横經，農則負耒，商則懋遷，工則居肆，婦人女子，則專事紡織針刺，方爲風俗之美。今本縣訪聞梅邑城鄉村鎮，自新正以來，演唱採茶者，迨無虚夜，燈火酒飯，糜費實多。而且誘引良家婦女，貪夜觀看，遊手棍徒，逐隊奔馳，易致滋奸生事。風化攸關，合亟示禁。爲此示仰縣屬城鄉村鎮各士民人等知悉：自示之後，即各務本業，勿得仍得搭臺歛費，演唱採茶。倘有不遵示禁，許該地方保甲人等，立即指名稟縣，定將爲首演唱，並縱令子弟歌唱之父兄，一併重杖不貸。各宜凛遵毋違。特示。

清・錢泳《履園叢話》卷一　雍正間，朱文端公軾，以醇儒巡撫浙江，按古制婚喪祭燕之儀，以教士民，又禁燈棚水嬉，婦女入寺燒香、遊山聽戲諸事。是以小民肩背資生，如賣漿市餅之流，弛擔門，默默不得意。

清・徐棟《牧令書輯要》卷六　春祈秋報，偶一爲之，亦所勿論。而地保棍徒，動輒歛錢，城市闤闠之區，喧聒時聞，有不願者，强派惡取。不知財物竭於優倡，子弟易於浮蕩，賭博翦竊，乘機而起。余在新會，每公事稍暇，即聞鑼鼓喧闐，問知城外河下，日有戲船，即出示嚴禁，拘拏會首究處。有謂爲不順民情者，勿之恤也。久之，有以戲錢修橋道者，余出示獎許，此風遂衰，戲船亦去。

清・余治《得一録》卷一一　爲諭止演淫盜諸戲，以正人心，以消亂萌事。蓋聞聖王治人性情，必以禮樂，禮教起於微眇，而樂之感人尤深，優戲，亦樂類也，演忠孝節義之事，則愚夫愚婦亦感激奮興，或歎息泣下，是有司教化之所不及施者，優戲能動之也，雖謂勝於古樂可也。演妖冶褻狎之狀，則静女良士，亦蕩魂摇魄，不能自主，私奔苟合之醜，往往繇此而成，是有司刑禁之所力爲防者，優戲能敗之也，是甚於鄭聲之亂雅也。且演戲以樂神也，神聰明正直，豈視邪色聽淫聲也者，非直不視不聽而已，必致反干神怒。凡水旱癘疫之不時，祈禱之無應，安知非淫戲瀆神之所致哉。或者謂有玄黄之正色，不廢紅紫，有松柏之貞姿，不廢桃柳，凡忠孝節義與夫男女之悲歡離合，須相雜而成文，豈其事涉風流，在所必絶。然如《折柳》一曲，夫婦依依戀别，能增人伉儷之重，僕婢相窺，不及於亂，此所謂發乎情，止乎禮義者也，何不可娛心意，悦耳目，而乃必《跳牆廟會賣臙脂》，備諸穢態乎。古者，淫聲凶聲有禁，而當今功令，《水滸》一書，亦在禁限。蓋觀《水滸》者，至戕官篡囚，輒以爲快，不知上下有定分，乃天經地義，父雖不慈，子不可忤，官雖失德，民不可犯。宋江等三十六人，横行天下，一夕盡爲張叔夜所殺，載在正史，凡爲不軌者，可以鑒戒。今登場演《水滸》，但見盜賊之縱横得志，而不見盜賊之駢首受戮，豈不長凶悍之氣，而開賊殺之機乎。案優伶爲本學所統管，凡有點淫盜諸戲者，仰班頭即請更换，爾士民亦宜慎擇之，以助本學正人心，消亂萌而迓神貺，是所厚望。

又　爲出示嚴禁事。據紳士陳掌文等呈請，竊照演戲酬神，例所不禁，惟串戲一項，本係遊閑無耻之徒，專習淫褻詞調，扮演男女私情，當街搭檯，備極醜態，以致男女聚觀，乘機誘惑，敗壞風化，莫此爲甚。前於咸豐年間，迭經各紳士呈請示禁，蒙前道府二憲，並縣主會銜出示，並嚴查懲究在案，自此城鄉各處，咸知畏惕，不敢演唱。無如逆擾以後，城中尚知斂迹，四鄉恃以路途廣遠，查察難周，仍然故態復萌，敢聚衆串演。而且奸徒藉此圖利，開場賭博，愚民無知，被其局騙，種種弊端，不堪指屈。因思鄉各有塾，塾必有士，村各有族，族必有長，如果各鄉各村該宗房長，與讀書明理之士，督同地保，互相查禁，豈容奸徒聚衆開場，任意串演，爲此亟亟公叩恩准會銜出示申禁，飭差查拿究辦，並傳各啚地保，到堂嚴諭，飭令各具甘結，以端風化，而靖地方等情。據此，查演唱串客，最爲風俗人心之害，經前道府縣會銜示禁在案，兹據該紳士等呈請申明禁令，合亟查案會銜示禁。爲此，示仰城鄉内外軍民人等知悉，自示之後，爾等務各安分守業，毋再罔顧廉耻，演唱串客，倘敢肆行無忌，一經訪聞，或被指控，立將該啚地保，並行頭主，及爲首斂錢，在場串戲之人，嚴拿究辦，一面追取箱籠衣物樂器等件入官。並令各鄉村宗房長與紳士等，督同地保隨時隨地互爲查禁，訪察得寔，立即指名報告，該地方查禁不嚴，無論該地保有無賄隱情弊，一並從重懲治，决不寬貸，各宜凛遵毋違。特示。

又　爲政令方新，敢萌故智，稟叩籖提究禁事。竊寗波城鄉，往往置辦服箱，扮演串客，寔爲賭博起見，俗所謂廟會塲，其所做戲劇，只有一丑一旦，非勾誘通姦，即私奔苟合，醜態萬狀，淫曲千般，鬨動就地男婦人等，挨肩擦背，混雜其間，從此淫風流行，言難勝述。前經呈明道府縣各憲，歷奉出示嚴禁，並於一啚之内，責成地保，一族之中，責成宗長，如能首先通報者，立予賞給，各在案。兹當仁憲榮任，政令方新，詎有東鄉四都六啚之李沈兩姓，膽於本月初九日，定得混號新友癩頭所置之三星堂串客班，並有四都地方族長邵和俊開設賭塲，圖勾賭脚，膽於本月十二日定得屠寗沛所置之得勝堂串客班，分頭扮演，故智復萌，地保邵太順俞觀成極力理阻，肆無忌憚，來城通報，始得驚知，似此淫劇誘人，大壞風化，在串演者廉耻道喪，無足爲奇，而觀看者惡習移人，伊於胡底，爲此稟叩云云。

又　蓋聞百事以姦爲最醜，萬惡以淫爲最先，吾寗串客一項，耑演男女姦淫，醜態萬狀。既無情節可觀，又無果報可據。不想無知之輩，藉此爲歡，非徹夜狂歌，即連天扮演。遂致男人敗度，女子懷春。或成童情竇初開，頓萌色慾；或寡婦貞操頗固，忽改初心。敗俗傷風，莫如此甚；寡廉鮮耻，無以復加。現奉道府縣三憲會銜各處申禁，誠恐村莊鄉野，未及周知，爰於一啚之内，責成地保，一族之中，責成宗長，務須明白開導，自相警戒，倘啚内怙惡地棍，恃覇不從，即由該地保密稟憲署，族内不肖子孫，執迷不悟，即由該宗長密稟憲轅，庶幾各畏王法，自保門楣，則串客不絶而自絶，風氣不古而自古矣。此啟。賞格附後。

又　蘇松太兵備道應爲通飭示禁事。照得搬演雜劇，律内止許粧扮孝子順孫，義夫節婦，勸人爲善之事。近來戲班所演之戲，非特不能勸人爲善，且多演唱各種淫戲，竭盡醜態，導人爲惡，其情最堪痛恨。然使演戲之家，終不點演，則亦無能惑人，乃有一種浮蕩之徒，往往喜點淫戲，自命風流，不慮觀之者，目炫心迷，蕩魂失魄，甚至害及己家閨閣子弟，誠不知其是何居心。且鄉間演戲，皆爲酬神邀福起見，試思聰明正直之爲神，顧可演淫戲以褻瀆之耶。至花鼓淫戲，本干例禁，班内男女混雜，向後苟且曖昧之防，一切情事，何堪聞問。演之者皆圖誘人聚賭，尤爲風俗人心之害。去年業經通飭嚴禁，兹本道訪聞此風仍未盡絶，各處多有演唱，自應一體嚴加示禁，以正人心而端風俗。除刊刻告示外，合行札發通飭，札到該某，即便遵照，將發來告示，轉發各屬，代爲標刊，遍貼曉諭，並於常年淫戲最多之處，豎立禁碑，俾衆觸目驚心，以垂久遠。其鄉間演唱花鼓淫戲開設賭場之人，應如何拏辦，以靖地方。其尋常戲班演唱淫戲，應如何勸諭，紳士隨時隨地開導禁止，以挽頹風，均即由府、州、廳、縣各就地方情形，酌議具覆，總期事歸實際，毋得徒托空言，是爲至要。切切特札。同治六年十一月□日札。

清・王端履《重論文齋筆録》卷一　吾郡暑月，歲演《目連救母記》，跳舞神鬼，窮形盡相。鐵嶺李西園太守，聞而惡之，勒石示禁通衢。迄今幾六十年，風仍未革。偶閲章苧白楹《諤崖脞説》載：江南風俗，信巫覡，尚禱祀。至禳蝗之法，惟設臺倩優伶搬演《目連救母傳奇》，列紙馬齋供賽之，蝗輒不爲害。又言：自康熙壬寅，在建平，蝗大至，自城市及諸村堡，競賽禳之，親見伶人作劇時，蝗集梁楣甚衆，村氓言神來看戲，半本後去矣。已而果然。如是者匝月，傳食於四境殆遍，然田禾無損者，或賽之稍遲，即轟然入隴，不可制矣。噫。演劇果可禦災，亦當權宜開禁。然吾郡素無蝗孽，有驗與否，固不可得而知，是在良有司因時制宜，不可舉一而廢百也。

清・丁日昌《撫吴公牘》卷二　爲札飭事。照得工歌雖易俗所宜，而聲色乃化民之末。蘇省從前極盛之時，水陸衝衢，商賈駢集，其時地方繁庶，百物豐盈，無業遊民因得鳩集貲財，開設戲館，以爲利藪。而來往富商大賈，亦復騁懷游目，樂極一時。卒之，天道禍淫，兵戈歷劫，舊日歌臺舞榭，盡成蔓草荒煙，固由氣運之乘除，亦風俗之淫靡有以召之也。現逢寰海鏡清，民安其業，創鉅痛深之後，正歸真返樸之時。本部院撫輯是邦，兢兢焉以正人心維風俗爲念，常恐若輩狃於積習，故態復萌，或託詞於果報勸懲，而藉端斂費，或假名於招徠商旅，而引誘愚氓。非特財匱民窮，無暇懲歌選色。即使地方日漸饒裕，而四民各有專業，亦當勿荒於嬉。至因此而演唱淫詞，男女雜遝，傷風敗俗，更無論已。除出示嚴禁，並飭蘇州府勒石永遠禁止外，合行札飭，札到該司道，即便轉飭所屬，一體嚴禁。嗣後，城廂内外，不得再如從前之開設戲館，射利營私。儻有重葺園館，因而鳩集脚色演唱者，無論已未蓋成，一概將房屋基地入官，仍將創造之人從重究辦，地保鄰右，知情不首，並予責處。其外府州縣城鄉，如有點演淫戲者，地方官一併嚴行懲辦。庶民知務本，財不虛糜，於以端風化而正人心，本部院實有厚望焉。毋違，此札。札蘇藩司、蘇松太道、常鎮道。

劇說部

元前劇説

論説

清·錢熙祚《樂府雜録跋》 唐季鍾簴頻移，樂紀廢墜，無復貞觀十部之盛。段氏就其聞見，撰爲此録，語焉不詳，復多舛駁。如警鼓本軍營之樂，隋煬帝嘗一用於晏亨，聲與衆樂不和，唐制惟鼓吹部有警鼓，若宫縣四角之鼓，據《文獻通考》乃應鼓、鼙鼓、鷺鼓、雷鼓，而此以鼙鼓、鷺鼓爲腰鼓、警鼓。《教坊記》：《踏謡娘》北齊有人姓蘇，鮑鼻，不仕，而自號郎中。酗酒毆妻，妻悲訴鄰里。時人弄之。以其且步且歌謂之踏謡。而此謌爲：蘇葩，自號中郎，又别出《踏摇娘》，皆失考。至言舜時調八音，用金、石、絲、竹、匏、土、革、木，計用八百般樂器，周時改用宫、商、角、徵、羽，製五音，減樂器至五百般。説尤妄誕，宜《崇文總目》譏其蕪駁不倫也。然唐時樂制，絶無傳相淆混，有一事分爲二事者，他條誤入此條者。末五音圖云：平聲羽，上聲角，去聲宫，入聲商，上平聲調爲徵聲。語不可解。據徐景安樂書：以上平爲宫，下平爲商，去聲爲羽，入聲爲角，則末七字當作上聲爲徵聲。胡竹軒《樂律表微》，乃謂：上爲變宫，變宫爲角，上平犯下平爲徵。憑臆附會，直郢書燕説耳。又宫、商、羽七運，皆起黄鍾，則七閏宫當首高大石角，今以越角爲首，亦傳寫之譌。蓋二十八調原本圓圖，後人易圖爲説，致錯亂如此。兹訂正其可知者，而姑闕所疑焉。《直齋書録解題》有段安節《琵琶故事》一卷，晁伯宇《續談助》鈔作《琵琶録》，實即此書烏孫公主數條，殆好事竄取，飾以别名，其字句異同處，頗資校訂云。

又 子語魯太師樂，知樂深矣。魯太師者，亦可語此耶。古者，歌工、樂工，皆非庸人，故摯適齊，干適楚，繚適蔡，缺適秦，方叔入河，武入漢，陽、襄入海，孔子録之。八人中，其一又見于《家語》：孔子學琴于師襄子，襄子曰：吾雖以擊磬爲官，然能于琴，今子于琴已習是也。子貢問師乙：賜宜何歌。答曰：慈愛者，宜歌《商》。温良而能斷者，宜歌《齊》。寬而静，柔而正者，宜歌《頌》。廣大而静，疏達而信者，宜歌《大雅》。恭儉而好禮者，宜歌《小雅》。正直而静，廉而謙者，宜歌《風》。師乙，賤工也，學識乃至此。又曰：歌者，上如抗，下如墜，曲如折，止如槁木，倨中矩，勾中鉤，纍纍乎端如貫珠。歌之妙不越此矣。今有過鈞容班教坊者，問曰：某宜何歌。必曰：汝宜唱田中行、曹元寵小令。

藝文

唐·杜牧《樊川集》卷三《西江懷古詩》 魏帝縫囊真戲劇，苻堅投箠更荒唐。

宋·蘇軾《分類東坡詩》卷七《次韻王郎子立風雨有感》 願君付一笑，造物亦戲劇。

元代劇説

論説

元·燕南芝菴《唱論》 三教所唱，各有所尚：道家唱情，僧家唱性，儒家唱理。

又 大忌鄭衛之淫聲。續雅樂之後，絲不如竹，竹不如肉，以其近之也。又云：取來歌裏唱，勝向笛中吹。

元·夏庭芝《青樓集·誌》 唐時有傳奇，皆文人所編，猶野史也，但資諧笑耳。宋之戲文，乃有唱念，有諢。金則院本、雜劇合而爲一。至我朝乃分院本、雜劇而爲二。院本始作，凡五人：一曰副净，古謂參軍。一曰副末，古謂之蒼鶻，以末可扑净，如鶻能擊禽鳥也。一曰引戲。一曰末泥。一曰孤。又謂之五花爨弄。或曰，宋徽宗爨見國來朝，衣裝鞋履巾裹，傅粉墨，舉動如此，使人優之効之，以爲戲，因名曰爨弄。國初教坊色長魏、武、劉三人，魏長於念誦，武長於筋斗，劉長於科泛，至今行之。又有踏段，類院本而差簡，蓋取其如火燄之易明滅也。雜劇則有旦、末。旦本女人爲之，名粧旦色。末本男子爲之，名末泥。其餘供觀者，悉爲之外脚。有駕頭、閨怨、鴇兒、花旦、披秉、破衫兒、緑林、公吏、神仙道化、家長裏短之類。內而京師，外而郡邑，皆有所謂构欄者，辟優萃而隸樂，觀者揮金與之。院本大率不過謔浪調笑，雜劇則不然，君臣如：《伊尹扶湯》、《比干剖腹》，母子如：《伯瑜泣杖》、《剪髮待賓》，夫婦如：《殺狗勸夫》、《磨刀諫婦》，兄弟如：《田真泣樹》、《趙禮讓肥》，朋友如：《管鮑分金》、《范張雞黍》，皆可以厚人倫，美風化。又非唐之傳奇，宋之戲文，金之院本，所可同日語矣。嗚呼。我朝混一區宇，殆將百年，天下歌舞之妓，何啻億萬，而色藝表表在人耳目者，固不多也。僕聞青樓於方名艷字，有見而知之者，有聞而知之者，雖詳其人，未暇紀録，乃今風塵澒洞，羣邑蕭條，追念舊遊，慌然夢境，於心蓋有感焉。因集成編，題曰《青樓集》。遺忘頗多，銓類無次，幸賞音之士，有所增益，庶使後來者知承平之日，雖女伶亦有其人，可謂盛矣。至若末泥，則又序諸別録云。

元・朱經《青樓集序》 君子之于斯世也，孰不欲才加諸人，行足諸己，其肯甘於自棄乎哉。蓋時有否泰，分有窮達，故才或不羈，行或不揜焉。當其泰而達也，園林鐘鼓，樂且未央，君子宜之，當其否而窮也，江湖詩酒，迷而不復，君子非獲已者焉。我皇元初並海宇，而金之遺民若杜散人、白蘭谷、關已齋輩，皆不屑仕進，乃嘲風弄月，留連光景，庸俗易之，用世者嗤之，三君之心，固難識也。百年未幾，世運中否，士失其業，志則鬱矣，酤酒載嚴，詩禍叵測，何以紓其愁乎。小軒居寂，維夢是觀。

雜録

元・鍾嗣成《録鬼簿・序》 賢愚壽夭，死生禍福之理，固兼乎氣數而言，聖賢未嘗不論也。蓋陰陽之詘伸，即人鬼之生死，人而知夫生死之道，順受其正，又豈有巖牆桎梏之厄哉。雖然，人之生斯世也，但以已死者爲鬼，而不知未死者亦鬼也。酒罌飯囊，或醉或夢，塊然泥土者，則其人與已死之鬼何異。此固未暇論也。其或稍知義理，口發善言，而於學問之道，甘於暴棄，臨終之後，漠然無聞，則又不若塊然之鬼爲愈也。予嘗見未死之鬼，弔已死之鬼，未之思也，特一間耳。獨不知天地開闢，亘古及今，自有不死之鬼在，何則。聖賢之君臣，忠孝之士子，小善大功，著在方册者，日月炳焕，山川流峙，及乎千萬劫無窮已，是則雖鬼而不鬼者也。余因暇日，緬懷故人，門第卑微，職位不振，高才博識，俱有可録，歲月彌久，湮没無聞，遂傳其本末，弔以樂章。復以前乎此者，叙其姓名，述其所作，冀乎初學之士，刻意詞章，使冰寒於水，青勝於藍，則亦幸矣。名之曰《録鬼簿》。嗟乎，余亦鬼也。使已死未死之鬼，作不死之鬼，得以傳遠，余又何幸焉。若夫高尚之士，性理之學，以爲得罪於聖門者，吾黨且噉哈蜊，別與知味者道。

明・賈仲明《書録鬼簿後》 余因雨窗逸興，觀其前代故元夷門高士醜齋繼先鍾君所編《録鬼簿》，載其前輩玉京書會燕趙才人，四方名公士夫，編撰當代時行傳奇、樂章、隱語、比詞源諸公卿大夫士，自金之解元董先生，並元初漢卿關已齋叟已下，前後凡百五十一人，編集于簿。前有董解元等，皆省院臺部翰院路府要路、公卿大夫者四十四人，未紀挽詞爲弔。又編集傳奇名公，自關先生等五十六人，惟紀其所編傳奇，亦未弔之。與鍾君相知者，自宮大用以下一十八人，皆作其傳，各各以〔凌波僊〕曲弔挽。已後才人與先生不相識者，王思順等三十三人，止列其姓名，書其學問，俱無詞弔之。余雖才淺名輕，不捨先生盛文高韻，美乎前輩諸賢大夫名公士出處文學列于簿，凡宮大用等已弔之，餘者皆無文焉。余今暮年衰耄，首先公卿大夫四十四人，未敢相挽。自關先生至高安道八十二人，各各勉强次前曲以綴之。嗚呼。未敢於前輩中馳騁，未免拾其遺而補其缺，以此言之，正所謂附驥續貂云也，愧哉。永樂二十年壬寅中秋，淄川八十雲水翁賈仲明書于怡和養素軒。

明代劇説

論説

綜論

明・朱權《太和正音譜・詞林須知・古帝王知音者》 伏羲始製《扶來立本》之音。神農製《扶持下謀》之音。黄帝製《雲門大卷咸池》之音。少皞製太《淵》之音。顓帝製《六莖》之樂。帝嚳製《五英》之樂。堯帝製《大章》之樂。舜帝製《大韶》之樂。禹王製《大夏》之樂。湯王製《大濩》之樂。武王製《大武房中》之樂。周公製《勺》。唐太宗製《秦王破陣》之樂。唐玄宗製《霓裳羽衣》之曲。及乎唐讓皇帝，後唐莊宗，南唐李后主，宋徽宗，金章宗，皆知音者也。

又《古之善歌者》 秦青薛譚、韓秦娥、沈古之、石存符。此五人，歌聲一遏，行雲不流，木葉皆墜，得其五音之正，故能感物化氣故也。

又 古有兩家之唱，芝菴增入喪門之歌爲三家。道家所唱者，飛馭天表，游覽太虚，俯視八紘，志在沖漠之上，寄傲宇宙之間，慨古感今，有樂道徜徉之情，故曰道情。儒家所唱者性理，衡門樂道，隱居以曠其志，泉石之興。僧家所唱者，自梁方有喪門之歌，初謂之頌偈，急急修來急急修之語是也，不過乞食抄化之語，以天堂地獄之説，愚化世俗故也。至宋末，亦唱樂府之曲，笛内皆用之。元初，讚佛亦用之。

又《雜劇十二科》 一曰神仙道化，二曰隱居樂道，又曰林泉丘壑。三曰披袍秉笏，即君臣雜劇。四曰忠臣烈士，五曰孝義廉節，六曰叱奸罵讒，七曰逐臣孤子，八曰鏺刀趕棒，即脱膊雜劇。九曰風花雪月，十曰悲歡離合，十一曰烟花粉黛，即花旦雜劇。十二曰神頭鬼面。即神佛雜劇。

又 雜劇，俳優所扮者，謂之娼戲，故曰勾欄。子昂趙先生曰：良家子弟所扮雜劇，謂之行家生活，娼優所扮者，謂之戾家把戲。良人貴其恥，故扮者寡，今少矣，反以娼優扮者謂之行家，失之遠也。或問其何故哉。則應之曰：雜劇出于鴻儒碩士、騷人墨客所作，皆良人也。若非我輩所作，娼優豈能扮乎。推其本而明其理，故以爲戾家也。關漢卿曰：非是他當行本事，我家生活，他不過爲奴隸之役，供笑獻勤，以奉我輩耳。子弟所扮，是我一家風月。雖是戲言，亦合于理，故取之。

又 良家之子，有通於音律者，又生當太平之盛，樂雍熙之治，欲返古感今，以飾太平。所扮者，隋謂之康衢戲，唐謂之梨園樂，宋謂之華林戲，元謂之昇平樂。

明・王陽明《傳習録》下 古樂不作久矣。今之戲子，尚與古樂意思相近。【略】《韶》之九成，便是舜的一本戲子。《武》之九變，便是武王的一本戲子。聖人一生實事，俱播在樂中，所以有德者聞之，便知他盡善盡美與盡美未盡善處。若後世作樂，只是做些詞調，於民俗風化絶無關涉，何以化民善俗。今要民俗反樸還淳，取今之戲子，將妖淫詞調俱去了，只取忠臣孝子故事，使愚俗百姓人人易曉，無意中感激他良知起來，卻於風化有益。

明・曾璵《樂府餘音小序》 始洲東王石泉先生駐節雪山，召璵講學處賓館者，終歲禮樂之端緒，幸有聞焉。適諸酋納款，有陳樂府賀者，先生命閲之。曰：子知樂府乎。對曰：樂府名起後代，支流紛雜，然音調實緣古法，若長短、雙聲、疊韻其法固在《三百篇》内也。曰：茲所陳何如。曰：可閲也，弗可歌。歌之耳豁極，或耳不收，如昔賢所病。先生曰：何謂。謂：樂府必兼四長：情觸而宣，義協而順，詞俊而妥，調殊而諧，缺其一弗可歌。茲所陳也戾是，故聽之耳豁極，或不收。曰：美哉如斯已乎。曰：其意通乎《三百篇》也，其象通乎干羽舞也，其咨嗟歎息通乎琴瑟笙簧之有聲無詞也。曰：美哉，淵乎。蓋自是幾五十年無談此也。

明・徐渭《南詞叙録》 有人酷信北曲，至以伎女南歌爲犯禁，愚哉是子。北曲豈誠唐、宋名家之遺，不過出於邊鄙裔夷之僞造耳。夷、狄之音可唱，中國村坊之音獨不可唱。原其意，欲强與知音之列，而不探其本，故大言以欺人也。

明・李開先《詞謔》 《西厢記》謂之春秋，以會合以春，別離以秋云耳，或者以爲如《春秋經》筆法之嚴者，妄也。尹太學士直輿中望見書舖標帖有崔氏春秋，笑曰：吾止知《呂氏春秋》，乃崔氏亦有《春秋》乎。亟買一册，至家讀之，始知爲崔氏鶯鶯事。前輩質朴，官至臺閣，猶不知《春秋》詞，宜其自嘆不如丘仲深博洽，又能爲《五倫全備》戲文。宋張洽《春秋解》，又謂之《張氏春秋》，倘總然錯認，則崔、張事俱全矣。國制：《春秋》取士，兼用古註疏、三傳、張氏、胡氏。不知疏及三傳與張氏廢自何時，今惟主用胡傳。又一事亦甚可笑。一貢士過關，把關指揮止之曰：據汝舉止，不似讀書人。因問治何經，答以《春秋》，復問《春秋》首句，答以春王正月。指揮罵曰：《春秋》首句乃遊藝中原，尚然不知，果是詐僞要冒渡關津者。責十下而遣之。貢士泣訴於巡撫臺下，追攝指揮數之曰：奈何輕辱貢士。令軍牢拖泛責打。指揮不肯輸伏，團轉求免。巡撫笑曰：脚跟無線如蓬轉。又仰首聲寃，巡撫又笑曰：望眼連天。知不可免，請問責數，曰：先受了雪窗螢火二十年，須痛責二十。責已，指揮出而謝天謝地曰：幸哉。幸哉。若是雲路鵬程九萬里，性命合休矣。

又《西野春遊詞序》　詞與詩，意同而體異，詩宜悠遠而有餘味，詞宜明白而不難知。以詞爲詩，詩斯劣矣，以詩爲詞，詞斯乖矣。其法備於《中原音韻》，其人詳於《録鬼簿》，其略載於《正音譜》，至於《務頭》、《瓊林》、《燕山》等集，與夫《天機餘錦》、《陽春白雪》、《太平樂府》、《樂府羣玉》、《羣珠》等詞，是皆韻之通用，而詞之上選者也。傳奇戲文，雖分南北，套詞小令，雖有短長，其微妙則一而已。悟入之功，存乎作者之天資學力耳。然俱以金、元爲準，猶之詩以唐爲極也。何也。詞肇於金，而盛於元，元不戍邊，賦税輕而衣食足，衣食足而歌詠作，樂於心而聲於口，長之爲套，短之爲令，傳奇戲文，於是乎侈而可準矣。穆玄菴謂：不可以胡政而少之，亦天下之公言也。國初如劉東生、王子一、李直夫諸名家，尚有金、元風格，迺後分而兩之，用本色者爲詞人之詞，否則爲文人之詞矣。自陳大聲正德丁卯年殁後，惟有王渼陂爲最，陳乃元詞之下者，而王乃文詞之高者也，可爲等儕，有未易以軒輊者，若兼而有之，其元哉，其猶詩之唐而不可上者哉。

又《改定元賢傳奇・後序》　傳奇凡十二科。【略】要之激勸人心，感移風化，非徒作，非苟作，非無益而作之者。

明・何良俊《四友齋叢説》卷三七　古樂之亡久矣，雖音律亦不傳。今所存者惟詞曲，亦只是淫哇之聲，但不可廢耳。蓋當天地剖判之初，氣機一動，即有元聲，凡宣八風，鼓萬籟，皆是物也。故樂九變而天神降，地祇出，則亦豈細故哉。故曰：聲音之道，與政通矣。佛經亦曰：以我所證，音聲爲上。今佛家梵唄，如念真言之類，必和其音者，蓋以和召和，用通靈氣也。正聲之亡，今已無可奈何，但詞家所謂九宫十二則以統諸曲者，存之以待審音者出，或者爲告朔之餼羊歟。

明・王世貞《曲藻・自序》　但大江以北，漸染胡語，時時採入，而沈約四聲遂闕其一。東南之士未盡顧曲之周郎，逢掖之間又稀辨撾之王應。稍稍復變新體，號爲南曲。高拭則誠，遂掩前後。大抵北主勁切雄麗，南主清峭柔遠，雖本才情，務諧俚俗。譬之同一師承，而頓、漸分教，俱爲國臣，而文、武異科。今談曲者往往合而舉之，良可笑也。

又　三百篇亡而後有騷、賦，騷、賦難入樂而後有古樂府，古樂府不入俗而後以唐絶句爲樂府，絶句少宛轉而後有詞，詞不快北耳而後有北曲，北曲不諧南耳而後有南曲。

又　南曲之美者，無過於《題柳》窺青眼，而中亦有牽强寡次序處。《題月》長空萬里，可謂完麗，而苦多蹈襲。人别後是元人作，不免雜以凡語。祝希哲玉盤金餅，是初學人得一二佳句耳。大抵宋詞無累篇，而南北曲少完璧，則以繁簡之故也。

明・茅一相《題詞評曲藻後》　夫一代之興，必生妙才。一代之才，必有絶藝：春秋之辭命，戰國之縱横，以至漢之文，晉之字，唐之詩，宋之詞，元之曲，是皆獨擅其美而不得相兼，垂之千古而不可泯滅者。雖然，即是數者，惟詞曲之品稍劣，而風月烟花之間，一語一調，能令人酸鼻而刺心，神飛而魄絶，亦惟詞曲爲然耳。大都二氏之學，貴情語不貴雅歌，貴婉聲不貴勁氣，夫各有其至焉。覽是編者，可以參二氏之三昧矣。

明・李贄《焚書》卷三《雜述・雜説》　《拜月》、《西厢》，化工也，《琵琶》，畫工也。夫所謂畫工者，以其能奪天地之化工，而其孰知天地之無工乎。今夫天之所生，地之所長，百卉具在，人見而愛之矣，至覓其工，了不可得，豈其智固不能得之歟。要知造化無工，雖有神聖，亦不能識知化工之所在，而其誰能得之。由此觀之，畫工雖巧，已落二義矣。文章之事，寸心千古，可悲也夫。且吾聞之：追風逐電之足，决不在於牝牡驪黄之間，聲應氣求之夫，決不在於尋行數墨之士，風行水上之文，決不在於一字一句之奇。若夫結構之密，偶對之切，依於理道，合乎法度，首尾相應，虚實相生：種種禪病皆所以語文，而皆不可以語於天下之至文也。雜劇院本，遊戲之上乘也，《西廂》、《拜月》，何工之有。蓋工莫工於《琵琶》矣。彼高生者，固已殫其力之所能工，而極吾才於既竭。惟作者窮巧極工，不遺餘力，是故語盡而意亦盡，詞竭而味索然亦隨以竭。吾嘗攬《琵琶》而彈之矣，一彈而歎，再彈而怨，三彈而向之怨嘆無復存者。此其故何耶，豈其似真非真，所以人人之心者不深耶。蓋雖工巧之極，其氣力限量祇可達於皮膚骨血之間，則其感人僅僅如是，何足怪哉。《西廂》、《拜月》，乃不如是。意者宇宙之内，本自有如此可喜之人，如化工之於物，其工巧自不可思議爾。且夫世之真能文者，比其初皆非有意於爲文也。其胸中有如許無狀可怪之事，其喉間有如許欲吐而不敢吐之物，其口頭又時時有許多欲語而莫可所以告語之處，蓄極積久，勢不能遏。一旦見景生情，觸目興嘆，奪他人之酒杯，澆自己之壘塊，訴心中之不平，感數奇於千載。既已噴玉唾珠，昭回雲漢，爲章於天矣，遂亦自負，發狂大叫，流涕慟哭，不能自止。寧使見者聞者切齒咬牙，欲殺欲割，而終不忍藏於名山，投之水火。余覽斯記，想見其爲人，當其時必有大不得意於君臣朋友之間者，故借夫婦離合因緣以發其端。於是焉喜佳人之難得，羨張生之奇遇，比雲雨之翻覆，嘆今人之如土。其尤可笑者，小小風流一事耳，至比之張旭、張顛、羲之、獻之而又過之。堯夫云：唐虞揖讓三杯酒，湯武征誅一局棋。夫征誅揖讓何等也，而以一杯一局覷之，至眇小矣。

明・湯顯祖《宜黄縣戲神清源師廟記》 人生而有情。思歡怒愁，感於幽微，流乎嘯歌，形諸動摇。或一往而盡，或積日而不能自休。蓋自鳳凰鳥獸以至巴渝夷鬼，無不能舞能歌，以靈機自相轉活，而况吾人。奇哉清源師，演古先神聖八能千唱之節，而爲此道。初止爨弄參鶻，後稍爲末泥三姑旦等雜劇傳奇。長者折至半百，短者折才四耳。生天生地生鬼生神，極人物之萬途，攢古今之千變。一勾欄之上，幾色目之中，無不紆徐焕眩，頓挫徘徊。恍然如見千秋之人，發夢中之事。使天下之人無故而喜，無故而悲。或語或嘿，或鼓或疲，或端冕而聽，或側弁而咍，或闚觀而笑，或市湧而排。乃至貴倨弛傲，貧嗇爭施。瞽者欲玩，聾者欲聽，啞者欲歎，跛者欲起。無情者可使有情，無聲者可使有聲。寂可使喧，喧可使寂，飢可使飽，醉可使醒，行可以留，卧可以興。鄙者欲豔，頑者欲靈。可以合君臣之節，可以浹父子之恩，可以增長幼之睦，可以動夫婦之歡，可以發賓友之儀，可以釋怨毒之結，可以已愁憒之疾，可以渾庸鄙之好。然則斯道也，孝子以事其親，敬長而娱死，仁人以此奉其尊，享帝而事鬼，老者以此終，少者以此長。外户可以不閉，嗜欲可以少營。人有此聲，家有此道，疫癘不作，天下和平。豈非以人情之大竇，爲名教之至樂也哉。

又《答凌初成》 上自葛天，下至胡元，皆是歌曲。曲者，句字轉聲而已。葛天短而胡元長，時勢使然。總之，偶方奇圓，節數隨異。四六之言，二字而節，五言三，七言四，歌詩者自然而然。乃至唱曲，三言四言，一字一節，故爲緩音，以舒上下長句，使然而自然也。【略】昔有人嫌摩詰之冬景芭蕉，割蕉加梅，冬則冬矣，然非王摩詰冬景也。其中駘蕩淫夷，轉在筆墨之外耳。若夫北地之於文，猶新都之於曲。餘子何道哉。

明・沈璟《致鬱藍生書》 翰教遠頒，以妙製傳奇十帙及小劇見示，欲委不佞肆評，不佞寡昧，何敢當玄晏也。然世丈既命之，敢卒業以復。《神女記》，東鄰客舍，曲有情境，而音律尚墮時趨。《戒珠記》，王謝風流，足供揮灑，而詞白工整，局勢未圓。《金合記》，載張無頗事，兼及盧杞，富貴神仙，醒世之顛倒，而猶覺未暢。此皆世丈弱冠時筆也。他如《三星記》，自寫壯懷，極工極麗。《神鏡記》，劍俠聶隱娘事，奇秘可喜。《四相記》，揚厲世德，日月爭光。《雙棲記》即《神女》改本，然與前絶不同，高唐之夢，玉夢也，何不改正之。《四元記》，倫氏科名之盛，而驚戒貪淫，大裨風教。《二媱記》，縱述穢褻，足壓王、關，似一幅白描春意圖，真堪不朽。《神劍記》，爲新建發藴，可令道學解嘲。諸小劇各具景趣，數語含姿，片言生態，是稱簇錦綴珠，令人彷徨追賞。總之，音律精嚴，才情秀爽，真不佞所心服而不能及者。此乃世丈一斑，他可知已。不佞老筆俗腸，硜硜守律，謬辱嘉獎，愧與感並。虞生不云乎：有一知己，死無所恨。良然，良然。不敢匿醜，謹以未行稿本馳上，幸教之評之，勿阿好也。

明・吕天成《曲品・自序》 予舞象時即嗜曲，弱冠好填詞。每入市見傳奇，必挾之歸。笥漸滿。初欲建一曲藏，上自前輩才人之結撰，下至腐儒教習之攢簇，悉搜共貯，作山海大觀。既而謂：多不勝收。彼攢簇者，收之污吾篋。稍稍散失矣。壬寅歲，曾著《曲品》，然惟於各傳奇下著評，語意不盡，亦多未得當。尋棄之。十餘年來，頗爲此道所誤，深悔之，謝絶詞曲，技不復癢。今年春，與吾友方諸生劇談詞學，窮工極變，予興復不淺，遂趣生撰《曲律》。既成，功令條教，臚列具備，真可謂起八代之衰，厥功偉矣。予謂曰：曷不舉今昔傳奇而甲乙焉。生曰：褒之則吾愛吾寶，貶之則府怨。且時俗好憎難齊，吾懼以不當之故而累全律，故今《曲律》中略舉一二而已。予曰：傳奇侈盛，作者爭衡，從無操柄而進退之者。矧今詞學大明，妍媸畢照，黄鐘、瓦缶，不容並陳，《白雪》、巴人，奈何混進。子慎名器，予且作糊塗試官，冬烘頭腦，於曲場張曲榜，以快予意，何如。生笑曰：此段科場，讓子作主司也。歸檢舊稿猶在，遂更定之，倣鍾嶸《詩品》、庾肩吾《書品》、謝赫《畫品》例，各著論評，析爲上、下二卷，上卷品作舊傳奇者及作新傳奇者，下卷品名傳奇。其未攷姓字者，且以傳奇附；其不入格者，擯不録。世有知我，按品取閲，亦已富矣；如有罪我，甘受金谷之罰。雖然，古本多湮，時作紛出，管窺蠡測，何能周知。所望同調者出家藏示茂製以啓予，是亦詞社之幸也。

又卷下　傳奇定品，頗費籌量，不無褒貶。蓋總出一人之手，時有工拙，統觀一帙之中，間有長短。故律以一法，則吐棄者多，收以歧途，則闌入者雜。其難其慎，此道亦然。我舅祖孫司馬公謂予曰：凡南劇，第一要事佳，第二要關目好，第三要搬出來好，第四要按宫調、協音律，第五要使人易曉，第六要詞采，第七要善敷衍，淡處做得濃，閑處做得熱鬧，第八要各角色派得勻妥，第九要脱套，第十要合世情、關風化。持此十要以衡傳奇，靡不當矣。但今作者輩起，能無集乎大成，十得六者，便爲璣璧，十得四五者，亦稱翹楚，十得二三者，即非碔砆。具隻眼者，試共評之。括其門數，大約有六：一曰忠孝，一曰節義，一曰風情，一曰豪俠，一曰功名，一曰仙佛。元劇門類甚多，南戲止此矣。

明・陳與郊《王驥德古雜劇序》　後三百篇而有楚之騷也，後騷而有漢之五言也，後五言而有唐之律也，後律而有宋之詞也，後詞而有元之曲也。代擅其至也，六代相降也，至曲而降斯極矣。然三百篇之有尼父也，騷之有紫陽也，五言之有《選》也，律之有高棅氏諸家也，詞之有《草堂》也，非恃傳者，恃傳之者也。而獨元之曲類多散逸，而世不盡見。國以初猶及以北曲名家者，而百年來率尚南之傳奇，業已視爲芻狗，即有其傳之者，而浸假廢閣，終無傳也。夫元之曲以摹繪神理，殫極才情，足抉宇壤之秘。三間而上無論，即令蘇、李、沈、宋、秦、黄諸君子而在，與之按節度曲，角技勝場，未知孰爲左袒。千載而後，語樂于俳諧者，誰能廢之也。

明・臧懋循《元曲選・序一》　世稱宋詞、元曲。夫詞，在唐李白、陳後主皆已優爲之，何必稱宋。惟曲自元始有。南北各十七宫調，而北《西廂》諸雜劇亡慮數百種，南則《幽閨》、《琵琶》二記已耳。或謂元取士有填詞科，若今帖括然，取給風簷寸晷之下，故一時名士，雖馬致遠、喬孟符輩，至第四折往往强弩之末矣。或又謂主司所定題目外，止曲名及韻耳，其賓白則演劇時伶人自爲之，故多鄙俚蹈襲之語。或又謂《西廂》亦五雜劇，皆出詞人手裁，不可增減一字，故爲諸曲之冠。此皆予所不辯。獨怪今之爲曲者，南與北聲調雖異，而過宫下韻一也。自高則誠《琵琶》首爲不尋宫數調之説，以掩覆其短，今遂藉口謂曲嚴於北而疏於南，豈不謬乎。大抵元曲妙在不工而工，其精者採之樂府，而粗者雜以方言，至鄭若庸《玉玦》，始用類書爲之，而張伯起之徒，轉相祖述爲《紅拂》等記，則濫觴極矣。曲白不欲多，唯雜劇以四折寫傳奇故事，其白有累千言者。觀《西廂》二十一折，則白少可見，尤不欲多駢偶，如《琵琶》黄門諸篇，業且厭之，而屠長卿《曇花》白終折無一曲，梁伯龍《浣紗》、梅禹金《玉盒》白終本無一散語，其謬彌甚。湯義仍《紫釵》四記，中間北曲，駸駸乎涉其藩矣，獨音韻少諧，不無鐵綽板唱大江東去之病。南曲絶無才情，若出兩手，何也。何元朗評施君美《幽閨》遠出《琵琶》上，而王元美目爲好奇之過。夫《幽閨》大半已雜贋本，不知元朗能辨此否。元美千秋士也，予嘗於酒次論及《琵琶》〔梁州序〕、〔念奴嬌序〕二曲，不類永嘉口吻，當是後人竄入，元美尚津津稱許不置，又惡知所謂《幽閨》者哉。予家藏雜劇多秘本，頃過黄從劉延伯借得二百種，云録之御戲監，與今坊本不同。因爲參伍校訂，摘其佳者若干，以甲乙釐成十集，藏之名山而傳之通邑大都，必有賞音如元朗氏者。若曰妄加筆削，自附元人功臣，則吾豈敢。

明・周之標《吴歈萃雅・自叙》　夫歌以咏言，古今並尚，聲惟應律，正變難齊。是以絲竹較肉，孟嘉致美于自然，轉喉激聲，繁欽獨推夫妙伎。曲之興也，其來遠矣。惟地異風殊，人分語別。南方水土和柔，音則清舉而佻巧。北地山川重厚，語則沉濁而鈍訛。辟之涇、渭判流，澠、淄各味者也。自《傳奇》始于裴硎，《會真》演于元氏，其間趁拍回環，和聲宛轉，纖如霧縠，艷若霞綺，非不託垂于樂府，嗣響于齊、梁焉者。第其詞出入類乎猛顫，先後逞乎務頭，僅叶朱絲，盡供銀甲，半落胡語，大合秦聲，俾南人驟聞，鮮不似聽樂而思臥也。以故觸非其類，雖疾弗應。感以其方，雖微則順。凡開東第，臨南浦，遊蒼阜，款青樓，揚窈窕之吳歈，紹《陽阿》之雅引。設宫分羽，毋取揭調伊州，經徵列商，必斥平腔入破。傾耳者罷寐，賞心者忘疲，即使綿駒吞聲，伯牙毀弦，宜也。邇者俚詞俳狀，厭聽駭觀，字誤魯魚，詁乖亥豕，知音者恆每病之。抑且歌工巧媛，往往襲舛承訛，而大雅之遺，多湮滅而弗傳。

明・王驥德《曲律》卷一《總論南北曲第二》 曲之有南、北，非始今日也。關西胡鴻臚侍《珍珠船》其所著書名引劉勰《文心雕龍》，謂：塗山歌於候人，始爲南音，《有娀》謠於飛燕，始爲北聲。及夏甲爲東，殷整爲西。古四方皆有音，而今歌曲但統爲南、北。如《擊壤》、《康衢》、《卿雲》、《南風》，《詩》之二《南》，漢之樂府，下逮關、鄭、白、馬之撰，詞有《雅》、《鄭》，皆北音也。《孺子》、《接輿》、《越人》、《紫玉》、吳歈、楚豔，以及今之戲文，皆南音也。豫章左克明《古樂府》載：晉馬南渡，音樂散亡，僅存江南吳歌，荆、楚西聲。自陳及隋，皆以《子夜》、《歡聞》、《前溪》、《阿子》等曲屬吳，以《石城》、《烏棲》、《估客》、《莫愁》等曲屬西。蓋吳音故統東南，而西曲則後之，人概目爲北音矣。以辭而論，則宋胡翰所謂：晉之東，其辭變爲南，北，南音多豔曲，北俗雜胡戎。以地而論，則吳萊氏所謂：晉、宋、六代以降，南朝之樂，多用吳音，北國之樂，僅襲夷虜。以聲而論，則關中康德涵所謂：南詞主激越，其變也爲流麗，北曲主忼慨，其變也爲朴實。惟朴實故聲有矩度而難借，惟流麗故唱得宛轉而易調。吳郡王元美謂：南、北二曲，譬之同一師承，而頓、漸分教，俱爲國臣，而文、武異科。北主勁切雄麗，南主清峭柔遠。北字多而調促，促處見筋，南字少而調緩，緩處見眼。北辭情少而聲情多，南聲情少而辭情多。北力在絃，南力在板。北宜和歌，南宜獨奏。北氣易粗，南氣易弱。此其大較。康北人，故差易南調，似不如王論爲確。然陰陽、平仄之用，南北故絕不同，詳見後説。北曲，《中原音韻》論最詳備。此後多論南曲。

又卷三《雜論第三九上》 詞曲小道。遏雲、落塵，遠不暇論。明皇製《春光好》曲而桃杏皆開，世歌《虞美人》曲而草能按節以舞，聲之所感，豈其微哉。

又 勝國諸賢，蓋氣數一時之盛。王、關、馬、白，皆大都人也，今求其鄉，不能措一語矣。《正音譜》中所列元人，各有品目，然不足憑。涵虚子於文理原不甚通，其評語多足付笑。又前八十二人有評，後一百五人漫無可否，筆力竭耳，非真有所甄別其間也。

又 唐三百年，詩人如林。元八十年，北詞名家亦不下二百人。明興二百四十年，作南曲錚錚者，指不易多屈，何哉。

又 古之優人，【略】未有並曲與白而歌舞登場如今之戲子者。

又卷四《雜論第三九下》 《關雎》、《鹿鳴》，今歌法尚存，大都以兩字抑揚成聲，不易入里耳。漢之《朱鷺》、《石流》，讀尚聱牙，聲定椎樸。晉之《子夜》、《莫愁》，六朝之《玉樹》、《金釵》，唐之《霓裳》、《水調》，即日趨冶豔，然祇是五七詩句，必不能縱横如意。宋詞句有長短，聲有次第矣，亦尚限邊幅，未暢人情。至金、元之南北曲，而極之長套，斂之小令，能令聽者色飛，觸者腸靡，洋洋纚纚，聲蔑以加矣。此豈人事，抑天運之使然哉。

又 宛陵以詞爲曲，才情綺合，故是文人麗裁。四明新采豐縟，下筆不休，然於此道，本無解處。崑山時得一二致語，陳陳相因，不免紅腐。長洲體裁輕俊，快於登場，言言襪線，不成科段。其餘人珠家璧，各擅所長，不能枚舉，第尚達者或跳浪而寡馴，守法者或跼蹐而不化。若夫不廢繩檢，兼妙神情，甘苦匠心，丹雘應度，劑衆長於一冶，成五色之斐然者，則李于鱗有言：亦惟天實生才，不盡後之君子。

又 近之爲詞者，北詞則關中康狀元對山、王太史渼陂，蜀則楊狀元升菴，金陵則陳太史石亭、胡太史秋宇、徐山人髯仙，山東則李尚寶伯華、馮別駕海浮，山西則常廷評樓居，維陽則王山人西樓，濟南則王邑佐舜耕，吳中則楊儀部南峯。康富而蕪。王豔而整。楊俊而葩。陳、胡爽而放。徐暢而未汰。李豪而率。馮才氣勃勃，時見紕纇。常多俠而寡馴。西樓工短調，翩翩都雅。舜耕多近人情，兼善諧謔。楊較粗莽。諸君子間作南調，則皆非當家也。南則金陵陳大聲、金在衡，武林沈青門，吳唐伯虎、祝希哲、梁伯龍，而陳、梁最著。唐、金、沈小令，並斐亹有致。祝小令亦佳，長則草草。陳，梁多大套，頗著才情，然多俗意陳語，伯仲間耳。餘未悉見，不敢定其甲乙也。

又　世無論作曲者難其人，即識曲人亦未易得。《藝苑卮言》談詩談文，具有可采，而談曲多不中窾，何怪乎此道之汶汶也。

又　天之生一曲才，與生一曲喉，一也。天苟不賦，即畢世拈弄，終日咿呀，拙者仍拙，求一語之似，不可幾而及也。然曲喉易得，而曲才不易得，則德成而上與藝成而下之殊科也。吾友季賓王，與余同筆研最久，讀書好古。作文、賦詩，事事頡頏争先，獨不能爲詞曲。嘗謂：我甘北面，子幸教我。余謂：天實不曾賦子此一副腎腸，姑勿妄想。賓王憮然。

又　孫比部諱如法，字世行，别號俟居，吾郡之餘姚人，忠烈公曾孫，而清簡公冢子也。【略】雅精字學，喜校讐。自經史諸子而外，尤加意聲律。詞曲一道，詞隱專釐平仄，而陰陽之辨，則先生諸父大司馬月峯公始抉其竅，已授先生，益加精覈。嘗悉取新舊傳奇，爲更正其韻之訛者，平仄之舛者，與陰陽之乖錯者，可數十種，藏於家塾。時爲鬱藍生言：吾於諸傳奇，咸不難矢筆更定，獨於《玉合》、《題紅》二記，欲稍更一二字，不能施手，以其詞佳，勉更之便失故吾耳。又與湯奉常爲同年友。湯令遂昌日，會先生謬賞余《題紅》不置，因問先生：此君謂余《紫簫》何若。時《紫釵》以下，俱未出。先生言：嘗聞伯良豔稱公才，而略短公法。湯曰：良然。吾茲以報滿抵會城，當邀此君共削正之。既以罷歸，不果，故後《還魂記》中《警夢》折白，有韓夫人得遇于郎，曾有《題紅記》語，以此。先生自謫歸，人士罕見其面，獨時招余及鬱藍生，把酒商榷詞學，娓娓不倦。嘗慫恿余作《曲律》及南韻，曰：此絶學，非君其誰任之。【略】余於陰、陽二字之旨，實大司馬暨先生指授爲多，不敢忘所自得，於其殁也，識以寄痛。

又　勤之《曲品》所載，蒐羅頗博，而門户太多。舊曲列品有四：曰神，曰妙，曰能，曰具。而神品以屬《琵琶》、《拜月》。夫曰神品，必法與詞兩擅其極，惟實甫《西厢》可當之耳。《琵琶》尚多拗字纇句，可列妙品。《拜月》稍見俊語，原非大家，可列能品，不得言神。《荆釵》、《牧羊》、《孤兒》、《金印》，可列具品，不得言妙。新曲列爲九品。以上之上屬沈、湯二君，而以沈先湯，蓋以法論，然二君既屬偏長，不能合一，則上之上尚當虛左。至後八品，亦似多可商略。復於諸人，概飾四六美辭，如鄉會舉主批評舉子卷牘，人人珠玉，略無甄别。蓋勤之雅欲奬飾此道，誇炫一時，故多和光之論。余謂品中止宜取傳奇之佳者，次及詞曲略工、搬演可觀者，總以上中下三等第之，不必多立名目。其餘俚腐諸本，竟黜不存，或盡撡人間所有之本，另列諸品之外，以備查考，未爲不可。至散曲，又當别置一番品題，始爲完局。故夫目具蕭統，筆嚴董狐，勒成不刊之書，以傳信將來，吾則不暇，以俟後之君子。

又　夏文彦《論畫》三品，曰：氣韻生動，出於天成，人莫窺其巧者，謂之神品。謝赫品畫，以陸探微居第一，謂窮理盡性，事絶言象，包前孕後，古今獨立，非復激揚所能稱贊，但價重之極，於上上品之外，無他寄言，故屈標第一。以之方曲，神品與第一，可易言哉。

明・徐復祚《曲論》　近王弇州作《卮言》，作《别集》，湯臨川作《紫簫記》，亦紛紛不免於豬嘴關，乃知古人制作，必藏名山大川，有以也。余小子，何足比數。然亦每以作詞見嫉於人。夫余所作者，詞曲，金、元小技耳，上之不能博高名，次復不能圖顯利，拾文人唾棄之餘，供酒間謔浪之具，不過無聊之計，假此以磨歲耳，何關世事。安所□□，而亦煩李定諸人毒吻耶。庚戌成《紅梨》後，遂燒却筆硯。既而閱《楚記》：當肅皇帝幸楚，胡孝思纘宗爲一律記事，其落句云：穆天八駿空飛電，湘竹英皇淚不磨，刻之石。後以他事坐罷，家居者數載矣。嘗朴一貪令王聯，其人爲户部主事，以不職免，殺人下獄當死，乃指穆天、湘竹爲怨望咒詛，奏之。捕下獄，論死。孝思時將八十矣，了不怖懼，取錦衣獄中杻械之類八，爲詩記之，名《制獄八景》。衆争咎掣其筆曰：君正坐詩至此耳，尚何吾伊爲。孝思澹然吟不輟，曰：坐詩當死，今不作詩，得免死耶。人服孝思意氣。因思：死生禍福，不宰之譏慝，亦寧關乎口語，固自有天公主之。乃復理鉛槧，爲《投梭》記謝幼輿折齒事，又作《梧桐雨》記玉環馬嵬事，而紛紛復如故。未幾，其人死，遂絶無議者。

又　我吴音宜幼女清歌按拍，故南曲委宛清揚。北音宜將軍鐵板歌大江東去，故北曲硬挺直截。今學士大夫凡爲文章、騷、賦、銘、誄、詩、詞，所斤斤奉若三尺，不敢一字相假者，非沈約《四聲韻》乎。其金、元詞曲、傳奇、樂府，始宗周德清《中原音韻》，特作詞人與歌工集之耳，學士大夫不知也。

然二公之韻，大有可商。【略】大率吾輩爲唐律、絶句，自應用唐韻，爲古體，自應用古韻，若夫作曲，則斷當從《中原音韻》，一入沈約四聲，如前所拈出數處，不但歌者棘喉，聽者亦自逆耳。試觀元人馬、關、王、鄭諸公雜劇，有是病否。或曰：若然，則新篁池閣，當作池果唱乎。恐笑破人口也。曰：不然。以閣字輕出，而後收之以果。此在凡入聲皆然，不但一閣字，觸類可通。此唯吾友秦季公知之，近唯松陵沈平輿，若張伯起，則純是庚青零丁齒音矣。

明・程羽文《盛明雜劇序》 凡天地間知愚賢否、貴賤壽夭、男女華夷，有一事可傳，有一節可録，新陳言於牘中，活死迹於場上，誰真誰假，是夜是年，總不出六人搬弄。狀忠孝而神欽，狀奸佞而色駭，狀困窶而心如灰，狀榮顯而腸似火。狀蟬脱羽化，飄飄有凌雲之思，狀玉竊香偷，逐逐若隨波之蕩。可興、可觀、可懲、可勸，此皆才人韻士，以遊戲作佛事，現身而爲説法者也。至於詞白之工，科介之趣，熱腸罵世，冷板敲人，才各成才，韻各成韻。而説者盡推美胡元，不知胡元以此取士，士皆傅粉墨而踐排場，一代人文，類從描眉畫頰中出。宜其曠古亘今，窮工極態，乃僅以北調擅場，而南詞絶響。夫自塗山歌於候人，而南音著，自有娀謡乎飛燕，而北聲傳，兩者偏廢，不成鉅觀。我朝鼓吹文治，叱漢呼秦，吞唐吐宋，高文椽筆之外，間有招弄，亦復含宮嚼羽，出風入騷。其南詞可付輕絲細管，二八女郎，而北調可付丈八將軍，銅琵琶、鐵綽板。今海内盛行元本，而我明全本亦已不減，獨雜劇一種，耳目寥寥。予嘗欲選勝搜奇，爲昭代文人吐氣，以全本當八股大乘，以雜劇當尺幅小品，笥藏頗廣，未命棗梨。而吾友沈林宗顧曲周郎，觀樂吴子，遂先有此舉。其點校評論，又一一傳作者之面目，而遡之爲作者之精神。

明・瓢落生《樂府纏頭百練二集引》 噫。傳奇非小道也。摹神寫照，不直繪人之面目，而當繪其神情。至於邑裏官秩，名因時異，朝廷草野，事以體殊，不得苟焉已也。故人必目窮千古，胸涵二酉，方不失爲詞曲當行。況曲有宫，句有韻，平上去入不可移易，嚴如□甲，黄鍾不容纂而商吕，侵尋不宜溷而真文。乃今之妄語兒，除爲俚爲腐，爲誕爲襲，不足置論。其間以割裂爲新腔者，多至亂宫譜唯諧口耳。爲押句者，多至亂聲韻。印使韓娥揚眉逞頰，抗聲繞梁，周郎必且咲之，寧復能博蒨桃束綾哉。曲表無亘彰，則欲人俛耳遜心，不在度曲而在曲矣。是以予于舊曲賞《拜月》數種，近曲賞《西樓》、《東郭》十許種。其玉茗四刻，雖欽其才，然恠其有兀字，不叶律。環翠六劇，雖合于譜，然薄其少生韻，乏才華。

明・空觀子《冲和居士纏頭百練序》 音律所通，曲爲最。然曲數元，猶詩唐、騷楚、辭六朝，大約云爾。其實，元之後，麗曲實多。元大悉北調聱牙，其妙者，在不工而工。

明・毛晉《六十種曲・演劇首套弁語》 今世倣古先生，正襟皐比，居然道德博聞；矜莊少年，迴旋驥足，揚揚氣魄自用。間有稱述，多因祧盲史而宗腐令，賓蒙吏而友湘靈。嗣復銜官漢季，爰挾唐之伯仲，導鳴騶焉。若迺詞曲，猥云公孫氏且弗諾。嗟乎，幾令純忠孝、真節義黯然不現本來面目，夫何以追維過去，又何以接引未來。俾天下後世啓孝納忠，植節仗義，亦難爲力矣。適按《琵琶》、《荆釵》善本，暨八義、三元名部，卓然絶調。千秋風華，一代緑韞，簡其清真墉城，標其玄箸大都。類休文入釋，理優于詞，右丞證梵，神超于骨。驟聆則轂音與鶴唳交宣，坐挹則安樂窩介墮淚碑相望。雖然，名則陳矣，事則逌矣，賞識家不以窮耳目之官，僅以充戲娱之役，匪第漢中郎諸君子負屈，即勝國東嘉輩，早拈出風化之本原，俱付之雲煙過眼矣。方今世尚取新，人胥炫異，假饒狎昵，百凡無寧。雅正一派，引絲九曲，名誼十全，坐令別陳筐篚，和以塤篪。祇見中州《白雪》，傾壓繁華，勝地《陽春》，應遍下里矣。

又《題演劇五套弁言》 粤稽軒轅張樂，洞庭之魚龍怒飛；神禹治水，山海之怪異畢現。亘上下古今，人事不齊，守株則綿撮易辨，創獲乃出奇無窮。即色聲一綫脈，夫何必屏鄭哇而放吴歈，排燕傖而擯楚缺。若別有妙會，任倒横直豎，覆去翻來，眼底舌端，恣其逸弄，臭腐轉變爲神奇，互開一生面矣。爾迺《拾畫》、《分箋》之離奇也，諸如《明玉》、《緑蕉》之怪誕也。俄見玉階金埒，倏而拾翠縈花，甚者魯山扣瑛，鮫人裂箋，潛虯吟淵，莊騏唳露，既屬幽奇，復資玄發。往往龜毛兔角，似不從人間世來。謾云金閨之弗貯，寧非玉蘢之積埃。從事冶場，不啻飲瑀珉而虹繞，方且叶塤篪以風道，即石丈亦應默頭矣。

明・孟稱舜《古今名劇合選・自序》 迨夫曲之爲妙，極古今好醜、貴賤、離合、死生，因事以造形，隨物而賦象，時而莊言，時而諧諢，狐末靚狚，合傀儡於一場，而徵事類於千載，笑則有聲，啼則有淚，喜則有神，嘆則有氣。非作者身處於百物云爲之際，而心通乎七情生動之竅，曲則□能工哉。吾嘗爲詩與詞矣，率吾意之所到而言之，言之盡吾意而止矣。其於曲，則忽爲之男女焉，忽爲之苦樂焉，忽爲之君主僕妾、僉夫端士焉。其說如畫者之畫馬也，當其畫馬也，所見無非馬者，人視其學爲馬之狀，筋骸骨節，宛然馬也，而後所畫爲馬者，乃真馬也。學戲者，不置身於場上，則不能爲戲，而撰曲者，不化其身爲曲中之人，則不能爲曲，此曲之所以難於詩與辭也。若夫曲之爲詞，分途不同，大要則宋伶人之論柳屯田、蘇學士者盡之，一主婉麗，一主雄爽。婉麗者，如十七八女孃唱楊柳岸，曉風殘月，而雄爽者，如銅將軍鐵綽板唱大江東去詞也。【略】今曲之分南北也，或謂北主勁切，南主柔遠。辟之同一師承，而頓漸分教，俱爲國臣，而文武殊科。是爲北之詞，耑似蘇，而南之詞，耑似柳。柳可爲勝蘇，則北遂不如南歟。夫南之與北，氣骨雖異，然雄爽婉麗，二者之中亦皆有之。即如曲一也，而宮調不同，有爲清新綿邈者，有爲感嘆傷悲者，有爲富貴纏綿者，有爲惆悵雄壯者，有爲飄逸清幽者，有爲旖旎嫵媚者，有爲悽愴怨慕者，有爲典雅沈重者，諸如此類，各有攸當，豈得以勁切柔遠畫南北而分之邪。【略】蓋美生於所尚。元設十二科取士，其所習尚在此。故百年中，作者雲湧，至與唐詩、宋詞比類同工。而明之世，相習爲時文。三百年來，作曲者不過山人俗子之殘瀋，與紗帽肉食之鄙談而已矣。間有一二才人偶爲游戲，而終不足盡曲之妙，故美遜於元也。邇來填詞家更分爲二，沈寧庵耑尚諧律，而湯義仍專尚工辭，二者俱爲偏見。然工辭者，不失才人之勝，而耑尚諧律者，則與伶人教師登場演唱者何異。予此選去取頗嚴，然以辭足達情爲最，而協律者次之，可演之臺上，亦可置之案頭賞觀者，其以此作《文選》諸書讀可矣。崇禎癸酉夏，會稽孟稱舜題。

明·張萱《西園存稿·竹林小記序》　今萩苑記壇彌天匝地，迸珠屑玉，超乘齊驅。文非兩漢以上，詩非三唐以上，不足挂齒頰也。惟是，填詞度曲當家者鮮，以追金元逸軌，瞠乎後矣，輓近勿論。國初詞曲當家者，劉伯温、王子一、劉東生、谷子敬、藍楚芳、蘇復之諸名流，南北争鳴，洋洋盈耳，嘗聞其語矣。以余所藏諸小令爲世膾炙，如趙宗藩《紅梅驛使》，楊邃庵《寂寞過花朝》，陳石亭《梅花序》，顧東槁《單題梅》，王威寧《黄鶯兒》，陳大聲《三弄梅花》，祝希哲《玉盤金餅》數十餘家，及昔者余友汪伯玉《大雅堂》，張伯起《紅拂》，徐文長《四聲猿》，梁伯龍《吳越春秋》，鄭伯庸《玉玦》，湯義仍《紫簫》，屠緯真《曇華》，亦有以小語致巧，麗字取妍，播於北里，豈不自謂當家。第務頭板眼，時或乖剌於元人十法，非惟不能入室，即周德清之十六調亦未升堂，又何問崔令欽之三百二十四曲乎。故填詞則工，度曲則拙，以詞起調，以調按詞，有可興，貫酸齋、馬東籬、喬夢符、鄭德輝輩抗聲並奏乎。夫曲有南北，此天地自然之音也。北曲以北九宮統之，九宮之外，别道宮、高平、般涉三調，故比肉於竹，比竹於絲，既不捩喉，亦不拗指。統南曲者南九宮也，變半二聲，與北稍異，花前彩袖，月下氍毹，足佐觥籌，亦堪演習。獨《房中》、《馬上》，難以搊彈。王司寇元美曰：北字多而調促，南字少而調緩。南則詞情少聲情多，北則詞情多聲情少。北宜和歌，南宜獨奏，北氣易粗，南氣易弱。又謂北主勁切雄麗，南主清峭柔遠。自謂此語爲詞曲三昧，余竊不然。夫字分子母，聲别陰陽，何問南北。元人十法或字多聲少，或字少聲多，南北一也。蓋填詞度曲，别有才情，别有學問。南曲不得著北語，北曲不得著南語，亦猶詩中著詞語不得，詞中著詩語不得。故有才人不能作情語，情人不能作才語，有學問人不能作才情語，才情學問人又不能作諢語，而諢語中有奇語、有巧語，此又古今南北鮮能並美者。獨元美謂北力在絃，南力在板，則詞曲之金科玉條也。余少而宕軼，喜歌舞魯館，穀元美弇園一日，元美爲余徵歌，余因笑謂：元美公嘗欲令吳下教師改楊用脩《洞天玄記》、李伯華《百闋傍粧臺》及《寶劍登壇》諸作，公何不自度一曲，以爲十法、十六調、三百二十四曲金針，豈畏解故不作。如宋武帝畏解，故不奋耶。元美亦笑而不荅。歲戊申，分司吳關，一旦悼亡未免作有情癡梓行《北雅》一編，復幸校書秘閣，得元人院本數十百種，欣然會心，數欲爲《蘇子瞻春夢記》以寄余悼。時馮開之居錢唐，多屏後歌，因以重貲募其屏後師以度余詞，可免王渼陂以物爲護之誤。奈未及卒業，自令見放，行唫澤畔，而故稿遂飽蠹魚，不可復問。今耄矣，名山之藏，尚須焚膏繼晷，不暇作温柔鄉生活，爲韓叔言執板。何幸玄度之《竹林小記》實獲我心也。玄度才情蓋世，爲萩苑詞壇宗工哲匠，其迸珠屑玉，無論有韻無韻，片紙只字，落在人間，皆爲鳳毛麟角。其爲此記也，無亦爲元人〔沈醉東風〕問天公許我閒身，莫居官朝裏，無人買斷青山，隔斷紅塵再下一轉語耶。第

〔沈醉東風〕止一小令，玄度之記竹林，凡一萬六千餘言，才語中有情語，情語中有才語，學問中才情語，故能入麗字，又能入澹字，能入雅字，又能入俗字，能入諢字，又能於諢字中入奇字、巧字，皆前人未經道語，不至如澹黄楊柳帶棲鴉之生剥賀方回愛它風雪奈它寒之熟，撏朱希真業足以轢金躪元，雄視千古。余爲披金揀金，如〔甘州歌〕鍬韆牆外，飄落紅雲一片，〔一剪梅〕燕帶春來，春帶愁來，〔駐馬聽〕澹日輕籠解語花，〔念奴嬌序〕芳心含欲吐未許，蝶蜂知了小桃紅，睡不着，晚將愁鬢整，聽隣笛兩三聲，忽叫雲孤鴈，遥相應，〔東原樂〕殘角踈鍾，恰五更，西風勁，它無情，妾身薄命，即置之涵虚子所稱元詞一百八十七家中，誰復能辨。至於〔二犯傍粧臺〕兩般情况，一樣秋光，正好把三梧遥酹吊沙場，又西風匹馬人千里，南浦孤帆水一方，歌之有不遏雲、聽之有不啜泣者乎。即余《春夢記》成，亦當自廢。所恨不得楊用脩、王元美諸公爲玄度作玄晏先生，而撏撦西園公作崔令欽耳。然玄度此記，行歌樓伎館，無不如郵亭遊女歌王摩詰詩，又何待用脩、元美及西園公之爲介駟也。更恨盈盈一水，欲濟無梁，不獲朝夕酣醉，隣僊樓作周郎顧誤，王應辨撾從胡證尚書，鄭光業補袞裴思謙狀元，鄭合敬先輩覓般般醜事，事宜與崖公蜆斗共相標美，敢寄一聲。玄度能爲西園公香火，兄弟改鏡園作月陂乎。苐從政者新有《過鏡園》，乞主人一書作道地史局，如蜀子楊侍郎者，玄度亦能手琵琶擊胡牀迸碎否。不則，西園公之鐵將軍銅板拍尚在，不作《春夢記》，且作渼陂折桂令，紫羅襴老盡英雄矣。

明・許當世《吴騷合編序》 吾聞之宋無律，非無律也，律不及唐也。唐無選，非無選也，選不及晉魏也。漢無騷，非無騷也，騷不及屈宋也。夫騷不及屈宋，不可謂騷，則騷之體，迄今猶存。而騷之脉，二京以還，其絶也夫矣。雖然未絶也，神而明之，漢之續騷，于楚何必不右。選而唐之續，選于騷抑又何必不右律也。則選與律，一騷也。詞者，律與選之餘也。曲者，詞之變也。以勝國之曲，踵宋之詞，世推宋詞、元曲，良非虚語。曲可續騷，又誰曰不然。涵虚子記元撰曲者百八十七人，其置品題者，八十有二人。董解元而下，凡百五人，品題弗著，而虞道園、張伯雨、楊鐵崖輩，甚至不得與嚴矣。微獨爲曲嚴之也，不嚴，不足以存曲，曲不嚴，不足以存騷也。嗟乎，《三百篇》亡而後有《騷》，有《騷》，《三百篇》不亡也。《三百篇》不可亡，《騷》安可亡。曲安可不采。而采安可不嚴。且詩、賦、文章，歷代所尚，我朝實奄有之，集不勝傳，而曲之一種必之者罕其傳，采之者恒不有其集，間出一二新編，類寄伶人賤工，委巷歌兒之口，學士大夫缺專寓目。工者以散佚而未必見，見者或濫觴而未必工，詎先王采風遺意也。亦維騷者之恫也。然則采風以曲，于樂府爲良史，而于《三百篇》爲功臣。居士號騷隱，責其亂，既爲吴騷之集，所爲繇初編而再而續，而於兹又合而之編也。是編也，詞黜白雪，拍按紅兒，譜合九宫，音諧六律。犯韻，雖豔必點越格，雖巧，亦删俗套，油腔陶汰都盡，殆起三閭而雅頌之，寧論宋元諸公哉。即昭明不輯選，老杜裁律可矣。

明・騷隱居士《吴騷合編・小序》 曲之爲義也，緣於心曲之微，蕩漾盤折，而幽情躍然，故其言語文章，别是一色。從來稱擅場者，引商刻羽，斌媚天成，每好句入人夢，思咀之愈多，味之不盡旨哉，其爲曲也。然而曲有遇焉，作家者流，昔以長言單辭，舒一時怨懟，幸而後來人士起焉。玄賞詠其曲，恍見其人，都雅雍容，盈諸口角，悠揚欸乃，應於肺附，作者謌者，後先稱兩相知，詎非曲之遇歟。爾乃遊腔襍拍，信口酣闐，唫笑溷場，句讀割裂，則曲之窮于唱也。晚近淺俗，見聞側陋，且以香奩湮没之詞，目爲新裁，以詞場手授之曲，謬曰附會，則曲之窮於觀也。甚至終日争作者誰行。而於曲學爲指月，或僞摭他人之剩唾，而於譜法爲操戈，則曲之窮于傳也。若夫檀口空餘藥欄，寂寞行雲，夜冷珠串無聲，則曲之窮於景也。至使梨棗濫觴，傳訛附影，塵蒙本色，閉嗇新詞，則曲之窮于選也。責在我輩矣。是集也，余始博收之，今仲弟旭初嚴覈之，惟其詞弗計其人，課其法斯收其曲，非他刻氾氾比也。丙子冬杪，余病卧無聊，因手拈新本，閲之快然破悶。而師齡姪知音以授諸梓，越二月梓成。余喜，書其端，因撫卷曰：此於曲苑可謂無遺憾矣。

明・沈寵綏《絃索辨訛・序》 昭代填詞者，無慮數十百家，矜格律則推詞隱，擅才情則推臨川。臨川胸羅二酉，筆組七襄，《玉茗四種》，膾炙詞壇，特如龍脯不易入口，宜珍覽未宜登歌，以聲律未諧也。詞隱獨追正始，字叶宫商，斤斤罔失尺寸，《九宫譜》爰定章程，良一代宗工哉，特奉行者過當，或不免逢迎白家老嫗。求乎雅俗愜心，既驚四筵。亦賞獨座，庶幾極則，嗟呼蓋難言之。作者固難，知音者更自不易。世不乏好事，然手、口或難兼長，腕底解語，正不必舌本生香，一任謳伶自爲戛奏，誰復爲之訂定。

予於二者兼愧焉。思既居腕，鯁復在咽，欲强附知音，得乎。然性喜娛耳，每勝朋良會，輒摻耳以從，時遇耳所未然，即退而思，思而考之，知此中意殊深渺。南曲向多坊譜，已略發覆，其北詞之被絃索者，無譜可稽，惟師牙後餘慧。且北無入聲，叶歸平、上、去三聲，尤難懸解。以吴儂之方言，代中州之雅韵，字理乖張，音義逕庭，其爲周郎賞者誰耶。不揣固陋，取《中原韵》爲楷，凡絃索諸曲，詳加釐考，細辨音切，字必求其正聲，聲必求其本義，庶不失勝國元音而止。若夫按節諧聲，潛氣内轉，清音外激，抑揚變化，此自存乎其人。况予不能詞而欲盡詞之妙不能歌而欲窮歌之奥，多見其不知量也。惟是生於吴，習於吴，不啻衆楚之咻，聊以是爲莊嶽假途則可矣。

明·祁彪佳《孟子塞五種曲序》　子曰：詩可以興，可以觀，可以羣，可以怨。然則，詩而不可興、可觀、可羣、可怨者，非天下之真詩也。嗚呼，今天下之可興、可觀、可羣、可怨者，其孰過於曲者哉。蓋詩以道性情，而能道性情者，莫如曲。曲之中有言夫忠孝節義、可忻可敬之事者焉，則雖呆童愚婦見之，無不擊節而忭舞，有言夫奸邪淫慝、可怒可殺之事者焉，則雖呆童愚婦見之，無不耻笑而唾詈。自古感人之深而動人之切，無過於曲者也。故人以詞爲詩之餘，曲爲詞之餘。而余則以今之曲即古之詩，抑非特古之詩，而即古之樂也。樂有歌有舞，凡以陶淑其性情而動蕩其血氣。詩亡而樂亡，樂亡而歌舞俱亡。自曲出而使歌者按節以舞，命之曰樂府。故今之曲即古之詩，抑非僅古之詩，而即古之樂也。特後世爲曲者，多出於宣邪導淫，爲正教者少，故學士大夫遂有諱曲而不道者。且其爲辭也，可演之臺上，不可置之案頭，故譚文家言，有謂詞不如詩而曲不如詞者。此皆不善爲曲之過，而非曲之咎也。會稽孟子塞先生之爲曲，則真古之詩也。抑非僅古之詩，而即古之樂也。

又《遠山堂曲品·叙》　予素有顧悞之僻，見吕鬱藍《曲品》而會心焉。其品所及者，未滿二百種，予所見新舊諸本，蓋倍是而且過之。欲嚽評於其末，懼續貂也，乃更爲之，分爲六品，不及品者，則以雜調黜焉。品成作而嘆曰：詞至今日而極盛，至今日而亦極衰。學究、屠沽，盡傳子墨，黄鍾、瓦缶雜陳，而莫知其是非。予操三寸不律，爲詞場董狐，予則予，奪則奪，一人而瑕瑜不相掩，一帙而雅俗不相貸，誰其能幻我以黎丘哉。然《陽春》調寡，巴人之和者衆，必且不自安其位，齊起而爲楚咻，予舌危，予筆且爲南山之移矣。不知夫予之品也，慎名器，未嘗不愛人材。韻失矣，進而求其調，調譌矣，進而求其詞，詞陋矣，又進而求其事。或調有合於韻律，或詞有當於本色，或事有關於風教，苟片善之可稱，亦無微而不録。故吕以嚴，予以寬，吕以隘，予以廣，吕後詞華而先音律，予則賞音律而兼收詞華。要亦以執牛耳者代不數人，慮詞幟之孤標，不得不奬詡同好耳。世有知者，吾言不與易也。如或罪我，吾亦任之。

又《凡例》　一、品中皆南詞，而《西厢》、《西遊》、《凌雲》三北曲何以入品。蓋以全記故也。全記皆入品，無論南北也。一、文人善變，要不能設一格以待之。有自濃而歸淡，自俗而趨雅，自奔逸而就規矩。如湯清遠他作入妙，《紫釵》獨以艷稱，沈詞隱他作入雅，《四異》獨以逸稱。必使作者之神情，與評者之藻鑑，相遇而成莫遁之面目耳。一、吕《品》傳奇之不入格者，擯不録，故至具品而止。予則概收之，而别爲雜調。工者以供鑒賞，拙者亦以資捧腹也。一、詞曲一經改竄，便與作者爲二。有因改而增其美，如李開先之《寶劍》列能，陳禺陽之《靈寶刀》列雅是也。有因改而失其真，如高則誠之《琵琶》列妙，蓮池師之《琵琶》列雅是也。故凡删改原本數折已上者，别自著評，各爲標目。一、音律之道甚精，解者不易。自東嘉決《中州韵》之藩，而雜韵出矣。自人誤認《中州韵》之分三聲，而南調亦以入聲代上去矣。才如玉茗，尚有拗嗓，况其他乎。故求詞於詞章，十得一二，求詞於音律，百得一二耳。品中雖間取詞章，而重律之思，未嘗不三致意焉。一、才人名妓，詞壇之所艷稱。作者每竊其名以覆短。如盧次楩之《想當然》，韋長實之《箜篌》，馬湘蘭之《三生》，梁玉兒之《合元》，考其真姓名而不可得。未能闕疑，姑以從俗。一、作者如林，大江以南，尤標赤幟。予耳聞既陋，交臂尚寡，故有有姓而無名，有姓名而無别號，有名號而無居地，尚望同志者有所見聞，詳以告我。一、姓字之下繫以傳奇，皆予所已見者。如顧道行之《風教編》，鄭虚舟之《大節》，皆以未見，故不敢雷同吕《品》。且有因傳奇湮没，遂不得表著其姓字，可慨矣。是以旁搜廣羅，不啻饑渴。

明·愛蓮道人《鴛鴦縧傳奇序》　詞曲非小道也。溯所繇來，賡歌五子實爲鼻祖，漸變而之《三百》之《騷》《辯》之《河西》之《十九首》之郊祀鐃歌諸曲，又變而之唐之近體、竹枝、楊枝、清平諸詞。夫凡此猶詩也，而業已曰曲曰詞矣。於是又變而之宋之填詞，元之劇曲。至於今，而操觚之士舉漢魏以降，勝國以往諸歌詩詞曲之可以被絃索者，而總謂之曰樂府。蓋誠有見於上下數千年間，同一人物，同一性情，同一音聲，而其變也，調變而體不變，體變而意未始變也。而世有訾詞曲爲風雅罪人，聞曼聲而掩耳，望徘場而却步者。吁，可悲已。國朝名儒之詞曲行世者，曰用修、曰緯真、曰義仍諸家。而説者謂：案頭之書，與場上之曲，不無差別，或格不行。若夫伯起、伯龍、禹金諸君行矣。而説者又謂：與勝國之關、鄭、馬、白猶爭毫釐，或者其中紗解，有比於雅俗工拙濃淡之外者乎。不穀魯鈍，弗嫺於詞。然遍覽古今傳奇，有愜有不愜。今睹《鴛鴦縧記》，而獨覺其愜於耳且愜於心也。蓋路惠期氏，以英齡敏質，父子荀陳，兄弟軾轍，淵源薰染之餘，飫經藉而涵泓穎，穎其性風情雅之所旁寄，偶逗筆歌墨舞，有不知其所以合而合者焉。《記》中微詞冷語，似諧似讔，若教若誡。最後一偈，婆子心切，則惠期氏救時憫世之微意，概可睹矣。惠期計日驤首名都，執耳詞苑，且凌用修諸君而上之。其調益新，其體益備，而其意不盭於古。於以鼓吹休明，載賡喜起彼世之訾者，抑將謂詞曲小道乎哉。不穀獲從静因先生爲水乳交，而阿戎不我夷鄙，時時度曲稱詩，貽之珠玉，遂樂爲弁其首以傳。

分論

明・朱權《太和正音譜・古今羣英樂府格勢・元一百八十七人》

馬東籬之詞，如朝陽鳴鳳。其詞典雅清麗，可與《靈光景福》而相頡頏。有振鬣長鳴，萬馬皆瘖之意。又若神鳳飛鳴于九霄，豈可與凡鳥共語哉。宜列羣英之上。張小山之詞，如瑤天笙鶴。其詞清而且麗，華而不艷，有不喫烟火食氣，真可謂不羈之材，若被太華之仙風，招蓬萊之海月，誠詞林之宗匠也。當以九方皐之眼相之。白仁甫之詞，如鵬摶九霄。風骨磊磈，詞源滂沛，若大鵬之起北溟，奮翼凌乎九霄，有一舉萬里之志，宜冠于首。李壽卿之詞，如洞天春曉。其詞雍容典雅，變化幽玄，造語不凡，非神仙中人，孰能致此。喬夢符之詞，如神鰲鼓浪。若天吴跨神鰲，噀沫於大洋，波濤洶涌，截斷衆流之勢。費唐臣之詞，如三峽波濤。神風聳秀，氣勢縱横，放則驚濤拍天，斂則山河倒影，自是一般氣象，前列何疑。宮大用之詞，如西風鵰鶚。其詞鋒穎犀利，神彩燁然，若揵翮摩空，下視林藪，使狐兔縮頸於蓬棘之勢。王實甫之詞，如花間美人。鋪叙委婉，深得騷人之趣。極有佳句，若玉環之出浴華清，綠珠之採蓮洛浦。張鳴善之詞，如彩鳳刷羽。藻思富贍，爛若春葩，郁郁焰焰，光彩萬丈，可以爲羽儀詞林者也。誠一代之作手，宜爲前列。關漢卿之詞，如瓊筵醉客。觀其詞語，乃可上可下之才，蓋所以取者，初爲雜劇之始，故卓以前列。鄭德輝之詞，如九天珠玉。其詞出語不凡，若咳唾落乎九天，臨風而生珠玉，誠傑作也。白無咎之詞，如太華孤峯。孑然獨立，巋然挺出，若孤峯之插晴昊，使人莫不仰視也。宜乎高薦。貫酸齋之詞，如天馬脱羈。鄧玉賓之詞，如幽谷芳蘭。滕玉霄之詞，如碧漢閑雲。鮮于去矜之詞，如奎壁騰輝。商政叔之詞，如朝霞散綵。范子安之詞，如竹裏鳴泉。徐甜齋之詞，如桂林秋月。楊澹齋之詞，如碧海珊瑚。李致遠之詞，如玉匣昆吾。鄭庭玉之詞，如珮玉鳴鑾。劉庭信之詞，如摩雲老鶻。吴西逸之詞，如空谷流泉。秦竹村之詞，如孤雲野鶴。馬九皐之詞，如松陰鳴鶴。石子章之詞，如蓬萊瑤草。盍西村之詞，如清風爽籟。朱庭玉之詞，如百卉爭芳。庾吉甫之詞，如奇峯散綺。楊立齋之詞，如風烟花柳。楊西庵之詞，如花柳芳妍。胡紫山之詞，如秋潭孤月。張雲莊之詞，如玉樹臨風。元遺山之詞，如窮崖孤松。高文秀之詞，如金瓶牡丹。阿魯威之詞，如鶴唳青霄。吕止庵之詞，如晴霞結綺。荆幹臣之詞，如珠簾鸚鵡。薩天錫之詞，如天風環珮。薛昂夫之詞，如雪窗翠竹。顧均澤之詞，如雪中喬木。周德清之詞，如玉笛横秋。不忽麻之詞，如閑雲出岫。杜善夫之詞，如鳳池春色。鍾繼先之詞，如騰空寶氣。王仲文之詞，如劍氣騰空。李文蔚之詞，如雪壓蒼松。楊顯之之詞，如瑤臺夜月。顧仲清之詞，如鵰鶚冲霄。趙文寶之詞，如藍田美玉。趙明遠之詞，如太華晴雲。李子中之詞，如清廟朱瑟。李取進之詞，如壯士舞劍。吴昌齡之詞，如庭草交翠。武漢臣之詞，如遠山疊翠。李直夫之詞，如梅邊月影。馬昂夫之詞，如秋蘭獨茂。梁進之之詞，如花裏啼鶯。紀君祥之詞，如雪裏梅花。于伯淵之詞，如翠柳黄鸝。王庭秀之詞，如月印寒潭。姚守中之詞，如秋月揚輝。金志甫之詞，如西山爽氣。沈和甫之詞，如翠屏孔雀。睢景臣之詞，如鳳管秋聲。周仲彬之詞，如平原孤隼。吴仁卿之詞，如山間明月。秦簡夫之詞，如峭壁孤松。石君寶之詞，如羅浮梅雪。趙公輔之詞，如空山清嘯。孫仲章之詞，如秋風鐵笛。岳伯川之詞，如雲林樵響。趙子祥之詞，如馬嘶芳草。李好古之詞，如孤松掛月。陳存甫之詞，如湘江雪竹。鮑吉甫之詞，如山蛟泣珠。戴善甫之詞，如荷花映水。張時起之詞，如雁陣驚寒。趙天錫之詞，如秋水芙蕖。尚仲賢之詞，如山花獻咲。王伯成之詞，如紅鴛戲波。

又《國朝一十六人》 王子一之詞，如長鯨飲海。風神蒼古，才思奇瑰，如漢庭老吏判辭，不容一字增減，老作老作。其高處，如披琅玕而叫□□者也。劉東生之詞，如海嶠雲霞。鎔意鑄詞，無纖翳塵俗之氣，迥出人一頭地，可與王實甫輩並驅，藹然見於言意之表，非苟作者，宜列高選。王文昌之詞，如滄海明珠。遼東指揮。詞源泛灩，凌長空而赴滄海，語音清麗，若玉撞而金春。真樂府中之錚錚者也。谷子敬之詞，如崑山片玉。其詞理溫潤，如璆琳琅玕，可薦爲郊廟之用，誠美物也。藍楚芳之詞，如秋風桂子。陳克明之詞，如九畹芳蘭。李唐賓之詞，如孤鶴鳴皋。穆仲義之詞，如洛神凌波。湯舜民之詞，如錦屏春風。賈仲名之詞，如錦帷瓊筵。楊景言之詞，如雨中之花。蘇復之詞，如雲林文豹。指揮楊彦華之詞，如春風飛花。楊文奎之詞，如匡廬疊翠。夏均政之詞，如南山秋色。唐以初之詞，如仙女散花。

明・朱有燉《清河縣繼母大賢傳奇・自引》 予觀近代文人才士，若喬夢符、馬致遠、宫大用、王實甫之輩，皆其天材俊逸，文學富贍，故作傳奇清新可喜。又其關目詳細，用韻穩當，音律和暢，對偶整齊，韵少重複，爲識者珍。

明・康海《題紫閣山人子美游春傳奇序》 予曩遊京師，曾見館閣諸書，有元人傳奇幾千百種，而所躬自閲涉者，才二三十。意雖假借，而詞靡隱遜，蓋咸有所依焉。予讀之，每終篇而潸然涕焉，曰：嗟乎，士守德抱業，謂可久遠於世，以成名亮節也如此，乃不能當其才，故托而鳴焉。其激昂之氣，若謬乎其毋已也。此其所且何如哉。且何如哉。

明・徐渭《南詞叙録》 南易製，罕妙曲，北難製，乃有佳者。何也。宋時，名家未肯留心，入元又尚北，如馬、貫、王、白、虞、宋諸公，皆北詞手，國朝雖尚南，而學者方陋一是以南不逮北。然南戲要是國初得體。南曲固是末技，然作者未易臻其妙。《琵琶》尚矣，其次則《翫江樓》、《江流兒》、《鶯燕爭春》、《荆釵》、《拜月》數種，稍有可觀，其餘皆俚俗語也，然有一高處：句句是本色語，無今人時文氣。

又 本朝北曲，推周憲王、谷子敬、劉東生，近有王檢討、康狀元，餘如史癡翁、陳大聲輩，皆可觀。惟南曲絶少名家。枝山先生頗留意於此，其《新機錦》亦冠絶一時，流麗處不如則誠，而森整過之，殆勁敵也。

明・何良俊《四友齋叢説》卷三七 金、元人呼北戲爲雜劇，南戲爲戲文。近代人雜劇以王實甫之《西廂記》，戲文以高則誠之《琵琶記》爲絶唱，大不然。夫詩變而爲詞，詞變而爲歌曲，則歌曲乃詩之流別。今二家之辭，即譬之李、杜，若謂李、杜之詩爲不工，固不可，苟以爲詩必以李、杜爲極致，亦豈然哉。祖宗開國，尊崇儒術，士大夫恥留心辭曲，雜劇與舊戲文本皆不傳，世人不得盡見，雖教坊有能搬演者，然古調既不諧於俗耳，南人又不知北音，聽者即不喜，則習者亦漸少，而《西廂》、《琵琶記》傳刻偶多，世皆快覩，故其所知者，獨此二家。余所藏雜劇本幾三百種，舊戲本雖無刻本，然每見於詞家之書，乃知今元人之詞，往往有出於二家之上者。蓋《西廂》全帶脂粉，《琵琶》專弄學問，其本色語少。蓋填詞須用本色語，方是作家，苟詩家獨取李、杜，則沈、宋、王、孟、韋、柳、元、白，將盡廢之耶。

又 元人樂府稱馬東籬、鄭德輝、關漢卿、白仁甫爲四大家。馬之詞老健而乏姿媚，關之詞激厲而少蘊藉，白頗簡淡，所欠者俊語，當以鄭爲第一。鄭德輝雜劇，《太和正音譜》所載總十八本，然入絃索者惟《㑳梅香》、《倩女離魂》、《王粲登樓》三本。

又 南戲自《拜月亭》之外，如《吕蒙正》紅粧豔質，喜得功名遂，《王祥》内夏日炎炎，今日個最關情處，路遠迢遥，《殺狗》内千紅百翠，《江流兒》内崎嶇去路賒，《南西廂》内團團皎皎、巴到西厢，《翫江樓》内花底黄鸝，《子母寃家》内東野翠烟消，《詐妮子》内春來麗日長，皆上絃索。此九種，即所謂戲文，金、元人之筆也，詞雖不能盡工，然皆入律，正以其聲之和也。夫既謂之辭，寧聲叶而辭不工，無寧辭工而聲不叶。

明・王世貞《曲藻》 《西廂》久傳爲關漢卿撰，邇來乃有以爲王實夫者。謂：至郵亭夢而止。又云：至碧雲天黄花地而止，此後乃漢卿所補也。初以爲好事者傳之妄。及閲《太和正音譜》，王實夫十三本，以西廂爲首，漢卿六十一首，不載《西厢》，則亦可據。第漢卿所補商調〔集賢賓〕及〔掛金索〕：裙染榴花，睡損胭脂皺。紐結丁香，掩過芙蓉扣。綫脱珍珠，淚溼香羅袖。楊柳眉顰，人比黄花瘦。俊語亦不減前。今世所演習者：《北西廂記》出王實甫，《馬丹陽度任風子》出馬致遠，《范張鷄黍》出宫大用，《拜月亭》、《單刀會》出關漢卿，《兩世姻緣》出喬夢符，《誶范雎》出高文秀，《㑳梅香》、《王粲登樓》、《倩女離魂》出鄭德輝，《風雪酷寒亭》出楊顯之，《伍員吹簫》、《莊子歎骷髏》出李壽卿，《東坡夢》、《辰鈎月》出吴昌齡，《陳琳抱粧盒》、《王允連環記》、《敬德不伏老》、《黄鶴樓》、《千里獨行》不著姓氏，皆元人詞也。

又　《琵琶記》之下，《拜月亭》是元人施君美撰，亦佳。元朗謂勝《琵琶》，則大謬也。中間雖有一二佳曲，然無詞家大學問，一短也。既無風情，又無裨風教，二短也。歌演終場，不能使人墮淚，三短也。《拜月亭》之下，《荆釵》近俗而時動人，《香囊》近雅而不動人，《五倫全備》是文莊元老大儒之作，不免腐爛。何元朗極稱鄭德輝《㑳梅香》、《倩女離魂》、《王粲登樓》，以爲出《西廂》之上。《㑳梅香》雖有佳處，而中多陳腐措大語，且套數、出没、賓白，全剽《西廂》。《王粲登樓》事實可笑，毋亦厭常喜新之病歟。

又　吾吴中以南曲名者：祝京兆希哲、唐解元伯虎、鄭山人若庸，希哲能爲大套，富才情，而多駁雜。伯虎小詞翩翩有致。鄭所作《玉玦記》最佳，它未稱是。《明珠記》即《無雙傳》，陸天池采所成者，乃兄浚明給事助之，亦未盡善。張伯起《紅拂記》潔而俊，失在輕弱。梁伯龍《吴越春秋》，滿而妥，間流冗長。陸教諭之裘散詞，有一二可觀。吾嘗記其結語：遮不住愁人緑草，一夜滿關山。又：本是個英雄漢，差排做窮秀才。語亦雋爽。其他未稱是。張伯起《紅拂記》一佳句云：愛它風雪耐它寒，不知爲朱希真詞也。其起句云：檢盡曆頭冬又殘，愛他風雪耐他寒。拖條竹杖家家酒，上個籃輿處處山。亦自瀟灑。賀方回〔浣溪紗〕有云：淡黄楊柳帶栖鴉。關漢卿演作四句云：不近諠譁，嫩緑池塘藏睡鴨。自然幽雅，淡黄楊柳帶栖鴉。青出於藍，無並美矣。

明・李卓吾《荆釵記總評》　其曲白的真率，直如家常茶飯，絶無一點文人伎倆，乃所以爲作家也。噫，《荆》、《劉》、《拜》、《殺》四大名家，其來遠矣，後有繼其響者誰也。噫，筆墨之林，獨一《荆釵》大家也，不可及矣。所以詞家嘖嘖《荆》、《劉》、《拜》、《殺》乎。下而《明珠》，則以曲勝，《玉玦》曲亦佳，但其爲學掩耳。若其合處，的是作于介白科諢，亦不入惡道，可取也。《繡襦》曲白，大有自在處，幾可與《荆釵》比肩，不如《玉簪》胡□，依様畫葫蘆也。合評是五家者，亦玉石並陳之意，讀者毋深異焉。

又《金印記總評》　人知季子父母兄嫂炎凉，不知此乃彼蒼一副大鑪冶也。大抵人非上根，不能無激而奮。昔人云，激而戰之，無上之師，此有見之□也。如季子者非父母兄嫂如此激之，又烏能奮乎。余不爲已往季子感恨炎凉，方恐將來季子不得遇如是聖父聖母賢兄賢嫂耳。勢利不在家庭，猶得掩門謝之，惟在自家骨肉，避之不能，受之不可，方思出頭，做個漢子矣。嗚呼。天何仁愛英雄，百計提醒，千方激勸之也。最可憐者是季子之妻，彼受舅姑伯無限楚毒，稍從夫子發洩之，又以下機見誚矣，凡爲季子者須念之。

明・胡應麟《少室山房筆叢》卷四一辛部《莊嶽委談下・〈琵琶記〉與〈西廂記〉之較》　近時左袒《琵琶》者，或至品王、關上。余以《琵琶》雖極天工人巧，終是傳奇一家語，當今家喻户習，故易於動人，異時俗尚懸殊，戲劇一變，後世徒據紙上，以文義摸索之，不幾於齊東下里乎。《西廂》雖饒本色，然才情逸発處，自是盧駱艷歌，温韋麗句，恐將來永傳，竟在彼不在此。金董解元，世幾不聞，而《花間》、《草堂》人口膾炙，是其驗也。

又　《西廂》主韻度風神，太白之詩也。《琵琶》主名理倫教，少陵之作也。《西廂》本金元世習，而《琵琶》特創規矱，無古無今，似尤難至。才情雖《琵琶》大備，故當讓彼一籌也。

明・紀振倫《折桂記叙》　天下懷瑾握瑜士，咸以折桂爲榮。蓋謂其名登天府，步蟾宫直攀仙桂，人人所欣羡者。然或才高矣而德不足，文工矣而志不堅，曷以記爲大素。梁公文光射乎斗牛，豪氣冲乎天地。神僊被結，求救於文曲星，天風掣女，吹送於望僊樓。此其事出奇異，若可驚詫。然德行無愧乎衾影，遑遑爲鬼神護祐。從古已然，又復何疑。蚤歲占二元，迨至師，弟同榜，喬梓聯芳，似亦足以滿志矣。尤自負才高不肯居其次第，赴九科定期玉殿冠先，直至八十有二，首口大魁而後已。得非浩首愈壯，不墮折桂之志歟。若夫祖孫父子，聯登甲第。要皆此德此志，有以玉成之，天之報施善个洵不爽矣。然則今之習舉子業者，勿謂小惡無傷，而自壞其行檢。勿謂少年不第，而墮志於晚節。窮通遲速，各以其時。子牙、伏生，彰彰可紀，觀人者又安得輕視老成而限有志之士也。吾固熟玩此記，正可提醒人心，鼓舞豪傑，使丹桂飄香，不負生平志願，尤爲之深致意焉。

明・吕天成《曲品》卷上《舊傳奇品》 常州邵給諫，既屬青瑣名臣，乃習紅牙曲技。調防近俚，局忌入酸。選聲儘工，宜騷人之傾耳。採事尤正，亦嘉客所賞心。存之可師，學焉則套。烏鎮王雨舟，人以曲稱，曲緣事重。頗知鍊局之法，半寂半喧，更通琢句之方，或莊或逸。我欽高手，世想令名。右妙品。沈鍊川名重五陵，才傾萬斛。紀游適則逸趣寄於山水，表動猷則熱心暢於干戈。元老解頤而進卮，詞豪攦指而擱筆。武康姚靜山，僅存一帙，惟覩《雙忠》。筆能寫義烈之剛腸，詞亦達事情之悲憤。求人於古，足重於今。右能品。李開先銓部貴人，葵邱隱吏。熟謄北曲，悲傳塞下之吹，間著南詞，生扭吴中之拍。才原敏贍，寫寃憤而如生，志亦飛揚，賦逋囚而自暢。此詞壇之飛將，曲部之美才也。沈壽卿蔚以名流，雄乎老學。語或嫌於湊插，事每近於迂拘。然吴優多肯演行，吾輩亦不厭棄。邱瓊山大老雖尊，鴻儒近腐。閒情賦罷，元亮原是趣人，雙文句删，微之且爲薄倖。乍辭講幄，亟譜家詞。造揑不新，知老輩之多鈍，莊諧並寫，庶末俗之可風。右具品。

又 沈璟、湯顯祖。右二人，上之上。沈光禄金、張世裔，王、謝家風，生長三吴歌舞之鄉，沈酣勝國管弦之籍。妙解音律，花、月總堪主盟，雅好詞章，僧、妓時招佐酒。束髮入朝而忠鯁，壯年解組而孤高。卜業郊居，遯名詞隱。嗟曲流之汎濫，表音韻以立防，痛詞法之蓁蕪，訂全譜以闢路。紅牙館内，謄套數者百十章，屬玉堂中，演傳奇者十七種。顧盼而烟雲滿座，咳唾而珠玉在豪。運斤成風，樂府之匠石，游刃餘地，詞壇之庖丁。此道賴以中興，吾黨甘爲北面。湯奉常絶代奇才，冠世博學。周旋狂社，坎坷宦途。當陽之謫初還，彭澤之腰乍折。情癡一種，固屬天生，才思萬端，似挾靈氣。搜奇《八索》，字抽鬼泣之文，摘豔六朝，句疊花翻之韻。紅泉秘館，春風檀板敲聲，玉茗華堂，夜月湘簾飄馥。麗藻憑巧腸而濬發，幽情逐彩筆以紛飛。蘧然破噩夢於仙禪，皭矣銷塵情於酒色。熟拈元劇，故琢調之妍媚賞心，妙選生題，致賦景之新奇悦目。不事刁斗，飛將軍之用兵，亂墜天花，老生公之説法。原非學力所及，洵是天資不凡。此二公者，懶作一代之詩豪，竟成千秋之詞匠，蓋震澤所涵秀而彭蠡所毓精者也。吾友方諸生曰：松陵具詞法而讓詞致，臨川妙詞情而越詞檢。善夫，可謂定品矣。乃光禄嘗曰：甯律協而詞不工，讀之不成句，而謳之始叶，是曲中之工巧。奉常聞之，曰：彼惡知曲意哉。予意所至，不妨拗折天下人嗓。此可以觀兩賢之志趣矣。予謂：二公譬如狂、狷，天壤間應有此兩項人物。不有光禄，詞硎不新，不有奉常，詞髓孰抉。倘能守詞隱先生之矩矱，而運以清遠道人之才情，豈非合之雙美者乎。而吾猶未見其人，東南風雅蔚然，予且旦暮遇之矣。予之首沈而次湯者，挽時之念方殷，悦耳之教甯緩也。略具後先，初無軒輊。允爲上之上。

又 天池湖海豪才，烟霞仙品，壯託元龍之傲，老同正平之狂。著書而問字旗亭，度曲而振聲林木。靈墟烈腸慕俠，雅志采真，汪洋挹叔度之波，軒爽驚孟公之座，稽古搜奇於洞壑，養親絶意於公車。道行俊度獨超，逸才早貴，菁華綴元、白之豔，瀟灑挾蘇、黄之風。曲房姬侍如雲，清閣宫商和雪。伯龍負薪吴市，儲史仇池。相如之病茂陵，王粲之客荆楚。麗調喧傳於《白苧》，新歌紛詠於青樓。虚舟落拓襟期，飄飖踪跡。侯生爲上座之客，郗郎乃入幕之賓。賈賦可索千金，换酒須酣一石。禹金名家雋胄，樂苑鴻裁，貢金同賈誼之入秦，作客似陸機之遊洛。著述不遺鬼、妓，交游幾遍公、卿。大荒博雅名儒，端醇吉士。張衡之精巧絶世，荀爽之俊美無雙。躭奇藴爲國珍，按律蔚爲詞匠。桐柏南宫妙選，東海英流。曼倩倜儻而陸沈，季子揣摩而脱穎。掀髯共推咳唾，折齒不廢嘯歌。此八君者，或爲山人先達，或爲先輩諸生。綺思靈心，各擅風流之致，寄悰賦感，共標游戲之奇。如張，如鄭，尤所服膺，如卜，如葉，素相友善。允爲上之中。

又 屠儀部逸才慢世，麗句驚時。太白以狂去官，子瞻以才蜚譽。偃恣於變姬之隊，驕酣於仙佛之宗。汪鹺使家習惠仁，生多智慧。向平遊嶽而遺累，郭璞餐瀣而懷仙。涌源之霽沸多奇，別墅之逍遥獨勝。龍副憲佛根無染，仙骨不羈。文淵著績於烽烟，長源陶情於籤軸。雅韻炊金饌玉，新裁繡口錦心。鄭進士月露才華，風流雅格。少陵蜚英於粉署，摩詰標題於京曹。以其一片烈腸，雅負千秋俠骨。此四君者，蓺苑之名公，詞場之俊士。即此小技，足徵大才。允爲上之下。

又 戴則綽有雅致，宮韻獨諳。車則蔚有才情，結撰亦富。二顧，蓋文士而抱坎壈之悲，書生而具英雄之概者。祝不知其行藏，亦是流麗之才，工美之筆。周叟著述俱侈，吟咏頗饒，放乎葛天、無懷，解乎《南華》、《道德》。此六君者，俱非凡俗。允爲中之上。

又 涅川長於鍊境。釣叟妙於選題。無從詩酒文豪。海門高曠之吏。華峯以狀元而樂歸隱。九紫以郎署而賦薄遊。禺陽給諫，富而好文。太乙知州，貧而嗜古。屏山才華頗邑。時泉組織儘工。海屋博雅宿儒。金庭倜儻名士。此十二君者，觀其詞學，俱錚錚者也。允爲中之中。

又 高瑞南才譽騰於仕籍。吳叔華逸藻出於世家。【略】允爲中之下。

又 劍池校曲巧多，久沈酣於音藏。永懷談詞侶盛，方鼓吹於騷壇。長儒文字之豪，寄牢騷於客舫。説仲尚書之裔，推競爽於侯家。餘人亦自斐然，各帙有足取者。允爲下之上。

又《不作傳奇而作南劇者》 徐山人玩世詩仙，驚羣酒俠。所著《四聲猿》，佳境自足擅長，妙詞每令擊節。汪司馬一代鉅公，千秋文侣。所著《大雅樂府》，清新俊逸之音，調笑詼諧之致。餘雖染指於斯道，未肯争雄於箇中，然片臠味長，一斑各見。允爲上品。

明・臧懋循《元曲選・序二》 新安汪伯玉，《高唐》、《洛川》四南曲，非不藻麗矣，然純作綺語，其失也靡。山陰徐文長，《禰衡》、《玉通》四北曲，非不伉俠矣，然雜出鄉語，其失也鄙。豫章湯義仍，庶幾近之，而識乏通方之見，學罕協律之功，所下句字往往乖謬，其失也疎。

明・沈德符《萬曆野獲編》卷二五《南北散套》 又同時如康對山、王渼陂二太史，俱以北擅場，並不染指於南。渼陂初學填詞，先延名師，閉門學唱三年，而後出手，其專精不泛及如此。章邱李中麓太常亦以填詞名，與康、王俱石友，而不嫻度曲，即如所作《寶劍記》，生硬不諧，且不知南曲之有入聲，自以《中原音韻》叶之，以致吳儂見誚。

又《填詞名手》 本朝填詞高手如陳大聲、沈青門之屬，俱南北散套，不作傳奇。惟周憲王所作雜劇最夥，其刻本名《誠齋樂府》，至今行世，雖警拔稍遜古人，而調入絃索，穩叶流麗，猶有金、元風範。南曲則《四節》、《連環》、《綉襦》之屬，出於成、弘間，稍爲時所稱。其後則嘉靖間陸天池名采者，吳中陸貞山黄門之弟也，所撰有《王仙客明珠記》、《韓壽偷香記》、《陳同甫椒觴記》、《程德還分鞋記》諸劇，今惟《明珠》盛行。又鄭山人若庸《玉玦記》，使事穩帖，用韻亦諧，内《遊西湖》一套，尤爲時所膾炙，所乏者，生動之色耳。近年則梁伯龍、張伯起，俱吳人，所作盛行於世，若以《中原音韻》律之，俱門外漢也。沈寧菴吏部後起，獨恪守詞家三尺，如庚清、真文、桓歡、寒山、先天諸韻，最易互用者，斤斤力持，不少假借，可稱度曲申、韓，然詞之堪入選者殊尠。梅雨金《玉合記》最爲時所尚，然賓白盡用駢語，餖飣太繁，其曲半使故事及成語，正如設色骷髏、粉揑化生，欲博人寵愛，難矣。湯義仍《牡丹亭夢》一出，家傳户誦，幾令《西廂》減價，奈不諳曲譜，用韻多任意處，乃才情自足不朽也。年來俚儒之稍通音律者，伶人之稍習文墨者，動輒編成一傳，自謂得沈吏部九宫正音之祕，然悠謬麁淺，登場聞之，穢及廣坐，亦傳奇之一厄也。沈寧菴自號詞隱生。按：北宋万俟雅言在徽宗朝直大晟府，亦自稱詞隱，豈偶合耶。抑慕而效之也。

明・王驥德《曲律》卷三《雜論第三九上》 古曲自《琵琶》、《香囊》、《連環》而外，如《荆釵》、《白兔》、《破窰》、《金印》、《躍鯉》、《牧羊》、《殺狗勸夫》等記，其鄙俚淺近，若出一手。豈其時兵革孔棘，人士流離，皆村儒野老塗歌巷詠之作耶。《殺狗》，頃吾友鬱藍生爲釐韻以飭，而整然就理也，蓋一幸矣。

又 元初諸賢作北劇，佳手疊見。獨其時未有爲今之南戲者，遂不及見其風概，此吾生平一恨。作北曲者，如王、馬、關、鄭輩，創法甚嚴。終元之世，沿守惟謹，無敢踰越。而作南曲者，如高如施，平仄聲韻，往往離錯。作法於凉，馴至今日，蕩然無復底止，則兩君不得辭作俑之罪，真有幸不幸也。

又卷四《雜論第三九下》 北人尚餘天巧，今所流傳《打棗竿》諸小曲，有妙入神品者，南人苦學之，决不能入。蓋北之《打棗竿》，與吳人之《山歌》，不必文士，皆北里之俠，或閨闥之秀，以無意得之，猶詩《鄭》、《衛》諸風，修《大雅》者反不能作也。

又 古戲必以《西廂》、《琵琶》稱首，遞爲桓、文。然《琵琶》終以法讓《西廂》，故當離爲雙美，不得合爲聯璧。《琵琶》遺意嘔心，造語刺骨，似非以漫得之者，顧多蕪語、累字，何耶。

又 《西廂》組豔，《琵琶》脩質，其體固然。何元朗並訾之，以爲《西廂》全帶脂粉，《琵琶》專弄學問，殊寡本色。夫本色尚有勝二氏者哉。過矣。

又 《拜月》語似草草，然時露機趣，以望《琵琶》，尚隔兩塵，元朗以爲勝之，亦非公論。

又 嘗戲以傳奇配部色，則《西厢》如正旦，色聲俱絶，不可思議。《琵琶》如正生，或峨冠博帶，或敝巾敗衫，俱嘖嘖動人。《拜月》如小丑，時得一二調笑語，令人絶倒。《還魂》、二夢如新出小旦，妖冶風流，令人魂銷腸斷，第未免有誤字錯步。《荆釵》、《破窑》等如浄，不繫物色，然不可廢。吴江諸傳如老教師登場，板眼場步，□無破綻，然不能使人喝采。《浣紗》、《紅拂》等如老旦、貼生，看人原不苛責。其餘卑下諸戲，如雜脚備員，第可供把盞執旗而已。

明・鄭道圭《紅杏記題詞》 憶昔金蘭之契，道義之交，□辭不傳久矣。茀詞羨於詠歌，情呈於逸思，則有異焉者。大扺興情善類，則義正詞嚴，至觸興柔邪，未免飄飄焉。瀟灑不羈，令百千年後，聞聲靡弗慓然猛省。慶曆而來，争芳競麗，各擅詞場，作者不一，觀而感者亦復不一，每每非詭於正，即互於邪。吁，嗟乎，作之者是耶，非耶。抑亦觀泫者之自即於邪耶。桂秋暇日，偶覩紅杏佳集，三復之而重有慨焉。陳生之於功名也，固甚赫奕，而非袁氏，胡由發祥。非張、黄二三莫逆，誰爲詡成。即蔡中郎之與張廣才也不異。而陳生之於伉儷也，潔貞，慕貞，會合多艱，非袁公誰爲作其合。即張君瑞之於崔鶯鶯也，又曷以異。且也傳其奇者，自是錦心繡口，而於二氏之精美金玉，布帛菽粟，兼而有之。故其致佳，其景現，其事詳而覈。是傳也，直與蔡、張二記，並垂不朽也可。

明・馮夢龍《洒雪堂總評》 是記窮極男女生死離合之情，詞復婉麗可歌，較《牡丹亭》、《楚江情》，未必遠遜，而哀慘動人更似過之，若當場更得真正情人，寫出生面，定令四座泣數行下。是記情節關鎖，緊密無痕，插科亦俱雅致，唯脚色似偏累生旦。然古傳奇如《琵琶》、《金釵》，無不如此。他脚雖稀，亦自不妨見長也。

明・徐復祚《曲論》 何元朗良俊謂施君美《拜月亭》勝於《琵琶》，未爲無見。《拜月亭》宫調極明，平仄極叶，自始至終，無一板一折非當行本色語，此非深於是道者不能解也，弇州乃以無大學問爲一短，不知聲律家正不取于弘詞博學也，又以無風情、無裨風教爲二短，不知拜月風情本自不乏，而風教當就道學先生講求，不當責之騷人墨士也。用脩之錦心繡腸，果不如白沙鳶飛魚躍乎。又以歌演終場不能使人墮淚爲三短，不知酒以合歡，歌演以佐酒，必墮淚以爲佳，將《薤歌》、《蒿里》盡侑觴具乎。

又 《琵琶》、《拜月》而下，《荆釵》以情節關目勝，然純是倭巷俚語，粗鄙之極，而用韻却嚴，本色當行，時離時合。

又 《香囊》以詩語作曲，處處如煙花風柳。如花邊柳邊、黄昏古驛、殘星破暝、紅入仙桃等大套，麗語藻句，刺眼奪魄。然愈藻麗，愈遠本色。《龍泉記》、《五倫全備》，純是措大書袋子語，陳腐臭爛，令人嘔穢，一蟹不如一蟹矣。此後作者輩起，坊刻充棟，而佳者絶無。徐髯仙霖《柳仙記》，事見《幽怪録》，詞亦古質，然寂寥踐淺，斤兩不足。谷子敬先已有《度城南柳》，不堪並觀。

又 邑人孫氏又有名孫柚者，亦有才情，常取司馬長卿以琴心挑文君事作傳奇，名《琴心記》亦俊逸可喜。【略】柚，其從子也，與余善，性粗豪，不修曲謹，喜飲，喜摴蒱，居藤溪，蕭然一室，無儋石儲，而好客不衰。其所著《琴心記》，極有佳句，第頭腦太亂，脚色太多，大傷體裁，不便於登場，曲亦時有未叶，以故反不若梁長名辰魚，字伯龍。《浣紗》之傳，然較之宣城之嵌寶、揀金，臨川之字覡、句鬼，則大有逕庭矣。每欲取而改訂之，有志焉，而未逮也。

又 王雨舟改北《王允連環記》爲南，佳，李日華改北《西厢》爲南，不佳，然其《四景記》亦合觀。陸天池亦有《南西厢》亦不佳，《明珠》却絶有麗句，聞非一手所成，乃兄給事粲亦助之，當不謬，其聲價當在《玉玦》上。沈涅川《雙珠》、《分鞋》，小兒號嗄。

明・許續曾《三奇記前序》 環溪老人病起齋居，旴不得其養，觸物善怒，會遼市獪胠篋，生計蕭然，年饑歲寒，書空咄咄，忽所以懲忿寫憂，計無所出。偶涉稗乘，見《春宵小傳》及《王翹兒傳》，皆嘉靖中逸事，欣然曰是足以消磨貧病矣。泛考其日月，並參《倭亂始末》，合兩傳而編次焉，得二十六則，仿佛如《雙紅記》中崑崙、紅線及車中女子合傳蹊徑，遂分題授簡于諸同人，各填詞以相怡悦。余亦戲成三、四首，以備續貂之選。除夕詞成。甲戌春首，餘年六十有八，家有童子六、七人，飽食終日，計所以約束其放心，乃教以聲歌，畀以釵弁，儼然優孟矣。諸同人朝斯夕斯，各聽其所製新詞，並計論家門，推敲律吕，移晷忘倦，余婆娑其間，不懲忿而忿自蠲，不寫憂而憂自遣矣。抑余迴觀傳奇中有借古人姓氏以諷刺今人者，如《琵琶》

一劇，世稱作者詆毁王四，乃令中郎之母，硬派净婆，中郎之婦，抱琵琶，賣頭髮，重繭長途，望門投阻撓，蔡功其雌黄臧否，不辨可知，今觀墓碣如此，載乘如此，以視元劇所稱月下琴聲，牆頭花影，不大相剌謬乎，此一可笑也。有敘迷古人而畫蛇添足者，如《金印記》之蘇大郎烏有先生也，然記稱季子下第，嫂不爲炊，夫有嫂則必有兄，有兄則爲蘇大無疑矣，有嫂如此，蘇大可知，文人思路綿邈尋踪覓跡，□其理之所慮，有而點綴之似矣。若《香囊記》之張九成，擢第之日，嚴君無恙，後以刑部侍郎忤秦檜，謫郡州，乃終父喪，且未嘗有弟張九思也，推原作者之意，必有一人焉，有弟無父，借名臣以擬之，坐使子韶無弟而有弟，有親而無親矣。此一可笑也。凡此彰彰在人耳目者，荒謬至此，其他吕文穆、王龜齡、薛平陽諸品傳奇，以及戰國之都丞相，西漢之招討使與正史多矛盾者，指不勝屈，至若近代才人，每借子虚無是以自抒其窮愁怨□，考古既無此人，筆之所至，憑空結撰適觀而已矣。是編也，盡去悲歡離合之窠臼，不用恩仇毁譽之機心。不知我者，謂笑世無男子，借娥眉以調侃世人，此並非作者之初心也。作者偶見春宵、翠翹二傳，仝時更有瓦氏東征，躬擐甲胄，合之梨園三旦，人數相當，因就某時之可生、可外、可净、可丑之人物而鋪叙之。愧余十年坊局，旋掌外臺，《明史》、《實録》未窺全豹，祗據野史所書，及學使者谷霖蒼《倭亂始末》，節取成文，登場搬演，欲使觀者動魄凄脾而不失其寔，聊當稗官演義雲爾。客曰：是編也，春宵以雙髻青衣，乃鷙如秋隼，捷若狡兔，手刃倭魁，出萬死一生之中，仍能托身英俊，運籌帷幄以成大功，真奇女子也。瓦氏以蠻方巾幗，掌兵符，涉萬里，鯨鯢築觀，全師而還，又一奇女子也。翠翹以青樓紅袖，憑依尺木，横行五省，又帥府寒盟，渠魁授首，誓不肯再抱琵琶，從容部署，捨身怒濤，又一奇女子也。今諸君子伸繭素，抽兔毫，出其錦心繡口，以成狐腋之裘，直謂之《三奇記》可矣。余□唯唯。

明・陶奭齡《小柴桑喃喃録》卷上　元曲皆四折，或加楔子，惟《趙氏孤兒》五折，又有楔子、生、旦、净、丑。元曲無生之稱，末即生也。今人名刺或稱晚生，或稱晚末、眷末，或稱眷生，然則生與末通稱，爲元人之遺與。

又　余嘗欲第院本作四等：如《四喜》、《百順》之類，頌也，有慶喜之事則演之。《五倫》、《四德》、《香囊》、《還帶》等，《大雅》也。《八義》、《葛衣》等，《小雅也》，尋常家庭燕會則演之。《拜月》、《繡襦》等，《風》也，閑庭別館，朋友小集，或可演之。至于《曇花》、《長生》、《邯鄲》、《南柯》之類，謂之逸品，在四品之外，禪林道院，皆可搬演，以代道場齋醮之事。若夫《西厢》、《玉簪》等，諸淫媟之戲，亟宜放絶，禁書坊不得鬻，禁優人不得學，違則痛懲之，亦厚風俗、正人心之一助也。

明・張萱《西園存稿・白玉樓記序》　嶺南故未有以填詞度曲爲傳奇行家者，輓近韓孟郁始爲《青蓮記》，夫聞其語也。鄧玄度觀察繼爲《竹林記》，余嘗序之以行世矣。二君宏博，自命風雅，皆足以領袖時流。惟填詞差可分元人半席，而度曲以授盧綱、李良辰、蔣康之諸人於華林戲中，徵腔按譜，字或捩語，語或捩聲，聲或捩調。若苦心偏至，則玄度填詞爲長。數語玄度銅將軍鐵綽板唱大江東去，終不如楊柳渡曉風殘月，玄度低首。歲壬戌，宛陵梨園以余友湯嘉賓太史書至，曰：此崑調也。西園幸以《北雅》按之。《北雅》，余所梓行元人小令以悼亡，馮開之太史序而擊節者也。余嘉其意，亟爲開場，則四平調中稍知抗墜掩抑頂疊關轉者。余因胡盧以報嘉賓。夫崑調且非南北兩九宫之正始，欲以十一調出於四平之嗓，其部頭、板眼於九宫有不捩乎。是江以南且不可數得，趙宗藩《紅梅驛》使楊邃庵寂寞過花朝，陳石亭梅花序余嶺以南，又何必以良工示拙也。夫絲不如竹，竹不如肉，此行家語。然肉不能比於竹，竹不能比於絲，即遏雲繞梁，亦魁蛤吠村而已。余所梓行《北雅》，無論長篇短什，每令囀春鶯度之，未有不可比絲竹者，今耄及之矣。有情不□□弦可續，不能以黛玉軒行家生活，付囑乾荷□，即王十六秀才見貽拍板一串，亦陪傅大士唱《金剛經》耳。一日陳集生太史以《白玉樓記》屬余爲序，【略】余爲展卷三嘆屏後無人，且花似霧中看，不能廻環諷詠，第數行甫下，瑰詞麗語，擲玉迸珠，綽態柔情，溢於毫楮。咄咄，喬生尚未勝冠，而遊戲翰墨輒如此，安得起玄度于九原，令舒雅輩拍板分場而角乎。園公鑿坏久矣，太史寫葉齋頭，時以孔李之好，歲一至焉。文止與瑩兒比舉恩選，蓋世講也。遥聞聲而相思，文止未嘗爲余一賦高軒，過余亦不獲，如權璩楊敬之王恭元一探古錦囊，覓文止嘔心物往往有當前不御之嘆。嗟哉。文止薰以香，自僥膏以明自煎，便覺風流頓盡，亟爲掩卷，河山雖邈，風景不殊，聞笛披帷，蘭摧玉折，惟此記時在案頭，神理綿綿，寄我冥契，何必撫塵而遊以犀柄麈尾著棺中也。第不知鬼詩王孫地下能承當否。曹文姬何物，亦幸而著籍《鬱輪袍》乎。余故攬筆攡目者久之。君家笏已滿牀，戟皆列户。集生太史不媿科名，爲文壇宗匠。喬生後發先至，欲令貫酸齋、喬夢符、鄭德輝諸公無處生活。是千秋大業，皆已占斷，一時即雲韶僊樂，亦都將去，又不知往日穎陰德星聚，時君家穎川將車者持杖者載著，後車者有文止復有喬生否。請以詢之韓吏部。壬申初夏西園公題於品花軒，時紅渠粧就，鶯錦淩波，緑樹帷成，鶯簧出谷，珠槽忽沸，午夢初醒，懽伯登場，穎生噴案。

明・凌濛初《譚曲雜劄》　《白兔》、《殺狗》二記，即四大家之二種也，今世所傳，誤謬至不可讀。蓋其詞原出以太質，索解人正難，而妄人每於字句不屬、方言不諳處，輒加竄改，真面目全失矣。《荆》、《拜》二記雖亦經塗削，而其所存原筆處，猶足以見其長，非後來人所能辨也。元美責《拜月》以無詞家大學問，正謂其無吴中一種惡套耳，豈不冤甚。然元美於《西厢》而止取其雪浪拍長空、東風摇曳垂楊線等句，其所尚可知已，安得不擊節於新篁池閣、長空萬里二曲，而謂其在《拜月》上哉。《琵琶》全傳，自多本色勝場，二曲正其稍落游詞，前輩相傳謂爲贋入者，乃以繩《拜月》，何其不倫。

又　近世作家如湯義仍，頗能模倣元人，運以俏思，儘有酷肖處，而尾聲尤佳，惜其使才自造，句脚、韻脚所限，便爾隨心胡凑，尚乖大雅。至於填調不諧，用韻龐雜，而又忽用鄉音，如子與宰叶之類，則乃拘於方土，不足深論，止作文字觀，猶勝依樣畫葫蘆而類書填滿者也。義仍自云：駘蕩淫夷，轉在筆墨之外，佳處在此，病處亦在此。彼未嘗不自知。祇以才足以逞而律實未諳，不耐檢核，悍然爲之，未免護前，況江西弋陽土曲，句調長短，聲音高下，可以隨心入腔，故總不必合調，而終不悟矣。而一時改手，又未免有斵小巨木、規圓方竹之意，宜乎不足以服其心也。如留一道畫不口耳的愁眉待張敞，改爲留着雙眉待敞之類。

明・陳弘緒《方外司馬雜劇序》　屈原之後無騷，子美之後無詩歌。屈原之騷，子美之詩歌，皆其幽愁抑鬱，悲憤感慨，不容自己而後見者也。去屈原千年至子美，去子美更千年至於今，士之幽愁抑鬱悲憤感慨者，未嘗不同，其所爲詩騷之類，既不能如兩人之雄偉，則其才宜别有所寄，以獨出而不可揜。小説、彈詞、詩餘、雜劇之流，皆其繼詩騷之餘，别有所寄以自洩其懷者也。然以是數者論之，備小説之奇，攬詩餘之秀，去彈詞之鄙者，則惟雜劇尤不易工。方外司馬何人乎，《蔡跎路雜劇》何爲而作乎。其幽愁抑鬱悲憤感慨，誠不可知，然其技則幾與屈原之騷、子美之詩争勝矣。夫其技何以至于此也，可嘆也。嘗試於高堂静夜，燈燭交熒，鼉鼓逢逢，譁呼雷發之際，進俳優發場而歌之，當必有髮上指而鬚怒張者。有之其爲我謝曰：休明之時，士無不平之意，幸毋爲諸俳優所動也。

明・佚名《梨花記序》　余見《梨花》傳奇兩種：一爲武林，一爲琴川，實一事也。第曲白似琴川者勝，而結構武林者勝之。武林曲白，非不佳也，不如琴川者爲快心耳。若通篇結構，琴川以最後會合爲鬼，失之太奇，不如武林只于賈園侍女見之。趙郎謝女，没後相逢，預先説破，更爲近情。奇快琴川有之，當行則讓武林也。予以評章如此，不知兩家以我爲知音否也。

明・佚名《梨花記總評》　《梨花》，曲有絶句之工，局無不盡之奇。《梨花》結構最爲奇幻，卻不假託鬼神，捏名妖怪，一歸之敦友誼，重交情，又何平實也。固知舍平實爲奇幻者，非奇幻也。金蓮以一妓女，奏功于銀箏，立節于横狄，亦丈夫也哉。作者打罵朱文公，最爲可恨，然卻亦朱文公弟子，未足以厭其心也。倘今之講學者，有趙郎之才，復有謝女之操，劉太守之生故敦友，又何不厭其心也哉。侍女假託金蓮，歸身相府，相府以之釋怨。復歸之狀元，並胡公子、王媽媽，一時收拾，亦見結構苦心也。

明・佚名《快活庵批評紅梨花記總評》　製詞有卻虜從胡一聯，方不爲主恩濫及。一部從真得幻，因拙成奇。拙者太守之謀，而奇者趙謝之事也。吾秖怪趙生錯認王參軍女，而遂忘金蓮，一時病都好了，此處殊覺負心。此本傳奇妙在從不曾見郎，見亦錯認者，遂到頭不變。重重磨折，箇箇癡迷，所以爲佳。吾總斷之曰：謝女時時有，劉公世世無。通部曲調雖有不協處，陰陽平仄，唤押轉點及起調换頭，儘多可議，而時有佳句，足聳毛骨。介亦好，諢不惡俗，亦劇之選矣。

藝文

明・祝允明《枝山文集》卷三《觀戲有感》　燈火烘堂語笑濃，杏梁餘韻轉雍容。春秋花月何時了，兒女悲歡總是空。豪客多情傷感易，佳人薄命古今同。今宵只合酕醄去，惆悵無因倒玉鐘。

又 花燭樓臺夜宴深，尊前相對思難禁。每看離合悲歡事，卻動功名富貴心。歌拍慢催三寸象，舞釵斜溜一行金。歸來尚喜乘燈市，走馬長街月未沉。

明・李開先《夜宴觀戲》 扮戲因開宴，坐深夜已闌。一人分貴賤，數語有悲歡。剪燭增殊態，停杯更改觀。優旃曾諷諫，獲譴歎言官。

明・張萱《西園存稿・白玉樓記傳奇題詞》 文筆翩翩羨雁群，錦心綺歲更推君。東山嘯傲同安石，南海揚靈有陸雲。見説洛妃曾解佩，可容大令再書裙。瑶天笙鶴今盈耳，黛玉軒中硯已焚。

清代劇説

論説

綜論

清・宋徵璧《棣萼香詞・客問十則》 客問宋子曰：凡有文章者，號爲樂府，則北曲爲然。南曲限於尺幅，似不可爲文章，於樂府何居。予曰：曲者，《騷》之苗裔也。《騷》不有《九歌》《九辨》乎。以唐人《竹枝》《柳枝》，音調最爲短促，樂府且登之，又何疑於南曲。客問宋子曰：江南歌不緩，此楚歌乎。吴歈乎。予曰：南曲宜於吴、越。夫吴歈其細已甚，細則不得不緩，緩則不得不承之以急。非特吴、越也，即燕、趙、河朔之悲歌，未有不始於緩，而終於急者。故不敢迭換宫商，每闋次序，一依舊譜，即有承襲之訛，可不任罪。客問宋子曰：散套與戲曲有異乎。予曰：無以異也，然有以異。戲曲宜於通俗，散套貴乎大雅，譬之戾家把戲，與梨園子弟難可同年而語。魚龍角觝，戾家可造精能，淡月輕雲，梨園方入神妙。散套佳趣，譬之乳水初涣，而萬象俱涵，鳳簫獨舉，而衆籟皆寂。此則巧笑倩盼，不同市門，而玉潤珠圓，可縈夢想者矣。客問宋子曰：詆呵前輩，賢者不免，此通習乎。予曰：何其陋歟。何其陋歟。夫穿魯縞者不謂之善射，舉一羽者不謂之多力。曲果工也，不爲加崇，苟其拙也，不爲加損。曾何足較量，而異同横生，其大惑也夫。客問宋子曰：規格創自先民，何獨嚴於南曲。予曰：夫才多則泛濫而溢格，才短則單弱而不及格。故其發端也貴渾，其承遞也貴圓，其用韻也貴和，其鎖尾也貴矯健而有餘思。夫以湯臨川之才調，而昧於準繩，不可爲典要，則不能不爲之惜矣。客問宋子曰：南曲果生於情乎。予曰：夫無情則木偶人與土偶人各相笑耳。臨春剪綵，生動之韻幾何。情固其本也，聲情並擅，擲地金石，其庶無遺恨。客問宋子曰：夫丹青不同色而悦目，甘酸不同味而適口。信若子言，奉一先生之言，凛凛如嚴家之餓隸，不太苦乎。予曰：是非然也。夫天下獨往獨來之情少，可上可下之才多，所以逢素絲則泣，見岐路則悲。今夫猶是人也，遇《巴人下里》，則掩耳而走，若《陽春白雪》之調，能使飛鳥翱翔，而游魚出聽，何大相徑庭耶。故夫之此焉，之彼焉，是所謂染素絲而引岐路也。我也，是以不敢侈，不敢牽率而傅會。亦言其理而已矣。客問宋子曰：雲間自大樽、舒章共奮詞賦，同學景從。若小令南曲，特一時戲作，何推之太過。予曰：以予質之伯氏，殆無溢美也。伯氏曰：南曲自則誠以降，作者指不勝屈，詞非不工也，乃飛燕、玉環一出，而六宫粉色如土，其奈之何哉。惟大樽曲稿，好事之家，傳寫甚少，恐久而湮没。偶從王季倫處索得副本，借爲弁冕，爲詞壇千古佳話，斯編亦藉以不朽云。客問宋子曰：曲貴簡練，子多舉一家之言，何耶。予曰：曩者詩文之會，西河、大樽，壇坫精整，故侵晨珥筆而往，午夜載酒而歸，連鑣接席，家握隋珠。曾幾何時，風流雲散，諸子相繼淪喪，存者十不二三。又各處窮僻，罕睹玉面。惟予兄弟卜築浦濱，憂患餘生，嘯歌間作。近者，子建遁迹東郊，轅文宦遊京洛，倡和漸稀矣。惟我友子璧及端木、轅生，相與晨夕，藉以不孤。予以親把鋤犁，學農學圃。每當好天良夜，聞漁樵之音，未嘗不爲色喜。又自恨老而疏狂，意氣頹放，匿影不敢通賓客。聞剥啄之音，則怖愕失措，以是遠而四方，近而同郡，多彬彬之彦，竟以荒陋，未獲奉教諸君子。詩云：嚶其鳴矣，求其友聲。予兄弟之謂也。若此集裒集整齊，俱係伯氏爲政。或嫌篇章稍冗，則以伯氏不能割愛，盡載予新舊之作，學書紙費，亶其然乎。客問宋子曰：《十九首》有云：不惜歌者苦，但傷知音稀。此何爲而傷也。予曰：夫曲非當家弗善也，非當家弗賞也。鑒無玉尺，詎別妍媸。劍乏龍淵，何言斷割。非子野之聽，孰號審音。闕周郎之顧，豈成信史。吾儕藉短歌以代博弈，藉敝帚以送窮年，蓋於此道，委係浮涉，未嘗深思。知音實難，能無望於同調。歇浦村農漫述。

清·吴偉業《北詞廣正譜序》 今之傳奇，即古者歌舞之變也。然其感動人心，較昔之歌舞更顯而暢矣。蓋士之不遇者，鬱積其無聊不平之概于胸中，無所發抒，因借古人之歌呼笑罵，以陶寫我之抑鬱牢騷；而我之性情，爰借古人之性情，而盤旋于紙上，宛轉于當場。于是乎熱腔罵世，冷板敲人，令閱者不自覺其喜怒悲歡之隨所觸而生，而亦于是乎歌呼笑罵之不自已，則感人之深，與樂之歌舞，所以陶淑斯人而歸于中正和平者，其致一也。而元人傳奇，又其最善者也。蓋當時固嘗以此取士，士皆傅粉墨而踐排場。一代之人文，皆從此描眉畫頰、詼諧調笑而出之，固宜其擅絶千古。而士之困窮不得志，無以奮發于事業功名者，往往遁于山巔水湄，亦恆借他人之酒杯，澆自己之塊壘。其馳騁千古，才情跌宕，幾不減屈子離憂、子長感憤，真可與漢文、唐詩、宋詞連鑣並轡。而其中屬辭比事，引宫刻羽，不爽尺寸，渾然天成。仍自雕劃衆形，細若毫髮。而意象豪邁，不爲法律拘縛者，又多以北調擅場。

又《雜劇三集序》 如《三百篇》中不删《鄭》、《衛》，聖人以爲男女情欲之事，不必過遏；詞人狂肆之言，未嘗無意。貞淫並載，可以爲勸，可以爲鑒。有其文，則傳其文而已。【略】詩餘又變而爲曲，蓋金、元之樂嘈雜凄緊，緩急之間，詞不能按。一時才子，如關、鄭、馬、白輩，更創爲新聲以媚之。傳奇雜劇，體雖不同，要於縱發欲言。而止一事之傳，文成數萬，而筆墨之巧，迺不可勝窮也。元詞無論已。明興，文章家頗尚雜劇，一集不足，繼以二集。余常閱之，大半多綺靡之語，心頗不然，以爲此選家之過也。已而思之，人苟不爲名教束縛，則淫佚之事，何所不有。有其事，則不能禁其傳；有其傳，則不能禁其選。如長卿之於文君，衛公之於紅拂，非人間越禮之事乎。而風流家言，反以爲絶好一椿公案，至願效之而不可得。【略】近時多以帖括爲業。窮研日夕，詩且不知，何有於曲。余以爲曲亦有道也。世路悠悠，人生如夢，終身顛倒，何假何真。若其當場演劇，謂假似真，謂真實假。真假之間，禪家三昧，惟曉人可與言之。

清·高奕《新傳奇品·序》 傳奇至於今，亦盛矣。【略】余欲一一品定，以紀一時之盛，奈聞見未廣爲憾耳。偶檢笥中所藏傳奇數百種，自明迄今，考其姓氏，細加評定，識以一二語，足以想見其人矣。此亦善與人同之意，非有心去取也。至其文理、宫調、格式、聲韻、風化、勸懲之義，惟於本傳奇咏之可也，亦不敢贅。此但取現在所見聞者記之云爾。

清·李漁《閒情偶寄》卷三 《詞曲部·格局第六·填詞餘論》讀金聖歎所評《西厢記》，能令千古才人心死。夫人作文傳世，欲天下後代知之也，且欲天下後代稱許而贊歎之也。殆其文成矣，其書傳矣，天下後代既羣然知之，復羣然稱許而贊歎之矣，作者之苦心，不幾大慰乎哉。予曰：未甚慰也。譬人而不得其實，其去毁也幾希。但云千古傳奇，當推《西厢》第一，而不明言其所以爲第一之故，是西施之美，不特有目者贊之，盲人亦能贊之矣。自有《西厢》以迄於今，四百餘載，推《西厢》爲填詞第一者，不知幾千萬人，而能歷指其所以爲第一之故者，獨出一金聖歎。是作《西厢》者之心，四百餘年未死，而今死矣。不特作《西厢》者心死，凡千古上下，操觚立言者之心，無不死矣。人患不爲王實甫耳，焉知數百年後不復有金聖歎其人哉。聖歎之評《西厢》，可謂晰毛辨髮，窮幽晰微，無復有遺議於其間矣。然以予論之，聖歎所評，乃文人把玩之《西厢》，非優人搬弄之《西厢》也。文字之三昧，聖歎已得之；優人搬弄之三昧，聖歎猶有待焉。如其至今不死，自撰新詞幾部，由淺及深，自生而熟，則又當自火其書而别出一番詮解。甚矣，此道之難言也。聖歎之評《西厢》，其長在密，其短在拘。拘即密之已甚者也。無一句一字不逆溯其源而求命意之所在，是則密矣，然亦知作者於此，有出於有心，有不必盡出於有心者乎。心之所至，筆亦至焉，是人之所能爲也。若夫筆之所至，心亦至焉，則人不能盡主之矣。且有心不欲然，而筆使之然，若有鬼物主持其間者，此等文字，尚可謂之有意乎哉。文章一道，實實通神，非欺人語。千古奇文，非人爲之，神爲之、鬼爲之也。人則鬼、神所附者耳。

清·周亮工《賴古堂集》卷二〇《復余澹心》 填詞一道，在昔爲難，於今尤甚。徐青藤尚有雜出鄉語之誚，湯玉茗亦來音韻不諧之譏。鄭若庸、張伯起後人極詆其開類書之門，諸君英英自異，後人尚苛求若此，况下焉者乎。近日新詞競出，非不靡靡可聽，但賓白益工，詞曲益艷，其去元人日益遠。讀廣霞君《集翠裘》，覺馬致遠、喬夢符一燈猶未滅也，純用本色，絕去纖巧。廣霞君不屑與世人鬭巧爭能，祇欲以本色二字，挽回風氣耳。三十年來，弟最心許者，錢塘沈孚中之《息宰河》，孚中名乘，雖未登峰造極，而一落筆便有證人元人三昧，狠心辣手。近日博山堂、粲花齋皆不及也，石巢又勿論矣。惜其早死，未見其成，使天假此君以年，沉雄老靠，或亦不減吾廣霞也。聞此中有解事優人，竟能演此，旗亭中不乏雙鬟妙女，廣霞君遂欲呼天下詞人爲田舍奴矣。如尚不行，當呼來以一卮爲廣霞君壽。

清・吴喬《答萬季野詩問》 問：《尚書》云：詩言志，歌永言，聲依永。則詩乃樂之根本也。樂既變而爲元曲，則詩全不關樂事，不關樂事，何以爲詩。答曰：古今之變難言，夫子云：雅、頌各得其所。則三百篇莫不入於歌喉。漢人窮經，聲歌、意義，分爲二途。太常主聲歌，經學之士主意義，即失夫子雅頌正樂之意。而唐人《陽關三疊》，猶未離於詩也。迨後變爲小詞，又變爲元曲，則聲歌與詩，絕不相關矣，尚可以《尚書》之意求之乎。詩在今日，但可爲文人遺興寫懷之作而已。漢人五言古詩，平淡高遠，而樂府則濃謠吞吐。意者樂府入歌喉，而古詩已是遣興寫懷之作也。古今事變不能窮究矣。

清・鄭賡唐《空齋遺集・皖人傳奇序》 慧業文人，縱筆騷雅。託聲歌以言志，叶宫徵而入神。群夸百種之繁，孰識九歌之妙。迺者江南皖渚，鹿園異人，績學弘文，蒿時藏器。以嘻咲怒罵之筆，抒磊落英多之才。謂天地等戲棚，緣法皆前定。【略】緇衣巷伯，人所同也，流水高山，茲殆有異。愾濁流昧目，裙釵卻秋水垂青，皆醉貪癡，長老獨先機静照。以是纏綿情種，舞雪廻風，點綴墨茵，落花依草。讀之者曠怡忘倦，歌之者悠永多姿。《八寶簪》既已行世，《衲珠緣》更出新裁。嗟乎，樅金拾翠之辭，不弦歌于廟瑟，倚馬馳檄之伎，徒聲振于排場。斯善咲之陸雲，豈度曲之賀鑄。

清・毛先舒《詩辯坻・詞曲》 《西厢》傳奇凡四種，王、關稱最，而詞多出董解元記。董詞稍質於王，風趣不及，沉刻過之。李日華、陸天池俱稚兒號嗄耳。然董詞今失其腔，雖老樂工不辨入絃索。至於綺思雋語，窮工極幽，而仍不失本色，即元明大家，辨此亦少。又曲至臨川，臨川曲至《牡丹亭》，驚奇瓌壯，幽艷淡沲，古法新製，機杼遞見，謂之集成，謂之詣極。音節失譜，百之一二，而風調流逸，讀之甘口，稍加轉換，便已爽然。雪中芭蕉，政自不容割綴耳。不妨拗折天下人嗓子。直爲抑臧作過矯語。今唱臨川諸劇，豈皆嗓折耶。而世之短湯者，遂謂其了不解音；又有劣手，鋪詞全乖譜法，借湯自解，擬托後塵。顰里之形，政資一噱。又如使事造語，不求盡解，托寄諧諢，故作迂痴，皆神化所至，匪夷之思。乃有苦駁開棺謂是明制律例，入宋不合者。此類頗多。抑又從呆人談夢，不足道矣。又偶於客坐，聞論漢蔡邕不孝、不義、不忠者，詰其故，則據《琵琶記》及《三國演義》諸書耳。予時徵引蔚宗書，欲爲邕解，而客刺刺不得休，遂不復辯。因念伯喈忠孝之士，載在舊史，本末昭然，奚足深辯。第悲逢掖之士而目不親書，漫述傳奇，據爲掌故，乃噫既誕，曾無恧顔，昔沈長卿嘗嗤客談韓信與項羽搏戰事甚轟赫，以爲讀《史記》不熟，十面埋伏等事，非正史，客談乃本於《千金記》耳。語載《弋説》中，與客詈伯喈政相類。至於有才之士，往往苛於尚論，鍛煉古人，多獲陰譴，如稗官所載楊鐵崖改詩得子，及書生題漢高祖廟被殛事。予之書此，一爲不學妄語之箴，一爲多才逸口之戒，既以自省，亦欲傳之家子弟也。

清・劉廷璣《在園雜志》卷三《評琵琶記》 何元朗評施君美《幽閨》出高則誠《琵琶》之上，王元美目爲好奇之過。臧晋叔謂《琵琶》〔梁州序〕、〔念奴嬌〕二曲不類則誠口吻，當是後人竄入。王元美大不以爲然，津津稱許不置。晋叔笑曰：是烏知所謂《幽閨》者哉。以予持衡而論，《琵琶》自高於《幽閨》，譬之於詩，《琵琶》，杜陵也，《幽閨》，義山也，比之時藝，《琵琶》，程墨也，《幽閨》，房書也。《琵琶》語語至情，天真一片，曲調合拍，皆極自然，真是天衣無縫。至於才人點染，淺深濃淡，何事不然。豈〔梁州序〕、〔念奴嬌〕二曲，遂謂各一手筆乎。觀少陵詩，何法不備。何態不呈。烏可以一家之管見測之哉。

又《文章幻變體裁由人》 前人云：鄭若庸《玉玦》、張伯起《紅拂》以類書爲傳奇，屠長卿《曇花》終折無一曲，梁伯龍《浣紗》、梅禹金《玉合》道白終本無一散語，皆非是。如此論曲，似覺太苛。安見類書不可填詞乎。興會所至，托以見意，何拘定式。若必泥焉，則彩筆無生花之夢矣。況文章幻變，體裁由人，《公》、《穀》短奧，《史》、《漢》冗長，各出己意，何難自我作古，所謂不可無一，不可有二也。《水滸》多用典故，未嘗不與《荆》、

《劉》、《拜》、《殺》四種白描者並傳。又汪伯玉南曲失之靡，徐文長北曲失之鄙，唯湯義仍庶幾近之，而失之疏。然三君已臻至妙，猶如此訾議，誠太刻矣。近今李笠翁漁十種填詞，洪昉思昇《長生殿》亦大手筆，各有妙處，但李之賓白似多，洪之曲文似冗，又不知後人作何評論也。

清・任弘業《後一捧雪序》 傳奇，古樂府之遺也。託物諷諭，寓言什九。諧音叶律，婉而入情。其上則賢士大夫之所陶泳，下之而委巷編氓，婦人孺子，皆能聞風興起，祛慝遷善。其效可以輔象魏爰書之所不及。而或者沿流失原，雜以輕豔，導淫增欲，靡靡而不可止，是又傳奇中之鄭、衛矣。

清・佚名《醉高歌序》 元人雜劇止有四折，其題目正名，止各一句。至《西厢記》乃用四劇十六折，而題目正名，於篇首既總立四句，每劇又各立四句，且叶之以韻。蓋既變襍劇而爲傳奇，則其體制自不得不與之俱變。然細按之實甫有未妥，如以張君瑞巧作東牀壻爲題目是矣，而開口先説法本，是豈可以爲題目耶。以崔鶯鶯待月西厢記爲正名是矣，而老夫人一句豈可以爲正名耶。其未妥者一。且篇首既有題目正名，則一部傳奇，大義已該括於此，無容又分出四箇題目，四箇正名也，其未妥者二。若謂劇中每折各有其意，則一劇四折之中，折折皆可爲題目，亦皆可爲正名，乃以兩折派作題目，兩折派作正名，其未妥者三。題目正名，既有一十六句，以應一十六折，則必挨其次第，使名目一一皆與篇合方可。今按第一劇中《鬧齋》爲第二折，而小紅娘傳好事乃作第三句，聯吟爲第三折，而崔鶯鶯燒夜香又作第二句，其未妥者四。此等處，人以無關於傳奇之工拙，往往忽略，殊不知此政體裁所在，不可不辨也。

清・厲鶚《太平樂府序》 方輿員蓋都爲爨演之場，古往今來，不盡梨園之唱。使非移宫換羽，魚里何觀，若無妙手妍辭，虎賁曷肖。況復升平巷陌，淡冶樓臺，風月任其佃漁，花鳥供其驅使。邵康節之名詩集，竊取餘音，楊朝英之選曲林，仍標舊目。此延陵主人玉勾書屋十二種傳奇所由作也。昔者蔡中郎天宫受福，爭説是非，元相公月地，會真誰知假托。莫不播於弦管，膾炙千年，侑彼尊罍，流連五夜。或者懽愉意少，愁苦詞多，或者兒女情長，英雄氣短，大抵拾其殘瀋，疇能翻彼陳言，主人逸情雲上，壯采風高，掐盤古髓，思填世界之不平，發菩薩心願，補人生之至欲，於是采甘脥于正史，搜痛快于稗官，粉侯香尉，陋措大之宫袍，豔雨奢雲，笑尋常之花燭，男兒變化遠徵，蜀國蛾眉文士，尊榮近數楊家，狗腳誅姦諛於彩筆，鬼妾横牀殲寇盜於火旗，女郎傅粉，斯並鏗鏘，樂府傾倒名流，按歌字則不殊，澉水新聲，呈諢衣則何礙鄱陽暴謔。氍毹鋪處，定須吕仙鶴之變身，檀板敲時，勝圖黄幡綽之兩耳。

清・吴可堂《太平樂府・自序》 鍾嗣成序《録鬼簿》，極言元人雜劇，非才子不能作。余既于楊柳莊外搆誰園收伶伎，偶爲生平足一劇付所善優師演之。已而憶眉公作文之訣，一曰歡喜，深以爲然。又有通潤之士，往還觴詠，香銷燭□，舍筆墨將無所寄。每日一齣，遂至如是之多焉。雖恐見黜於登場，遂命題之從俗。且自傷湮没無所見才欲，姑以此小技備雲韶一日之用，不得不取人間歡幸，喧豗之境，譜入宫商，庶契乎貢禹之言，是爲賢耳。蕭閒多暇，亦嘗與朋儕持論，謂史册甘脥，世曾不覽，傳奇家尚忍，其雖有而若無，復何暇索諸烏有之鄉，爲子虛無味之劇。冀以無而爲有也。曲分陰陽清濁，讀來拗者，唱來方順。而應去用上，則不合腔。應上用去，則不起調。傾八斗才，一斗而已。僅十二折者，四序一年之數，時尚雜單爲留餘地。顧文章之筆筆風來，層層空到。意則孤沉而深往，氣則奔放而飄飛。覽古今綺語，先後英辭六合以外。方寸以内，遂無才之所不能盡者。戲用李本而動吾天機，不知所以然。如天廚禁臠，異方雜俎有旁出之味。與氍毹熟，習諸本，霄壤殊别，縱俗説膠固，亦真見在人心目，自有不約而同者。嗚呼，穹鑱鉅刻無能爲役，乃似以此自鳴，其亦可愧也已。如龍湖所云：世之真能文者，其初皆非有意於爲文也。當其時必有大不得意於朋友伉儷之間者，蓄極積久，勢不能遏，一旦見景生情，觸目興歎，奪他人之酒盃，澆自己之磊塊，訴心中之不平，感數奇於千載。其喉間有如許欲吐而不敢吐之物，其口頭又時有如許欲語而莫可告語之處。意者宇宙之内，本有如此可詫可喜之人。既已噴玉吐珠，昭回雲漢，爲章於天矣。遂亦自負，發狂大叫，流涕痛哭，不能自止，則非所敢承。

清・笠閣漁翁《笠閣批評舊戲目》 若專以傳奇論，則曲者，歌之變，樂聲也，戲者，舞之變，樂容也。將夜爲年，混真以假，使俊傑有所寄其思，雖欲廢之，可得乎。《拜月》、《荆釵》，元之南曲也。北音爲曲，南音爲歌。北人不歌，南人不曲。北力在弦，南力在板。南便獨奏，北便和歌。北氣易粗，南氣易弱。北字多而調促，促處見筋，南字少而調緩，緩處見眼。北舞情多而聲情少，南舞情少而聲情多。故造語忌硬、忌澁、忌嫩、忌粗、忌文，調聲則必辨去上，審音則必析陰陽。前人因曲謚名，後人按名造曲，以腔板既定，不敢創易也。【略】玉茗情禪，而曲調則多聱牙，吴中老伶師加以減裁垛叠之功，方可按拍。即《花判》之〔混江龍〕與原調全不相合，才雖茂美，音律徑庭，〔邯鄲打番〕，亦名〔混江〕，尤風馬牛，時流竟以爲定格，依而填之，大可噴飯，覺地下亂音諸老，竟爲魔國津梁矣。能文而毁裂宫調，與好音而束殺文章，皆誤也。然腔板不换，而其中或增字或減字，亦隨人詞意筆勢所到，聯絡成文。近時歌人，或數字咯口，則謬爲裁補，甚至代爲删芟，文闕理荒，爲禍非細。不知曲聖板師，自有兩借之法，上作去唱尤易。且場上雜白混唱之俚詞膚曲，聊以代言，老餘姚雖有德色，固不足齒，吴人清唱，亦因其腔板熟落，窮力吟詠至奉爲終身首調，若抽絲獨繭，綺語神行，即疵爲太繁，不合時蹊。余謂：代話之曲，雜白唱或尚可曉，一入清唱，如啖木屑，即使龍陽、襄成歌之，亦濕鼓啞缶而已。須合白即戲，拆白即詞，縱使簫板閒綴，亦皆雅俗首肯方妙。又謂：他書不可借人名，惟傳奇家不嫌。或鉅公恐以輕狎損賢，不妨托無名子；或孤特恐無以動俗眼，不妨托老詞翁：以此等文章，重在售意，不重沽名也。他書不可易人面，惟曲與白無拘，或人名事境同，而更换串頭，頓祛庸雜，或人名事境異，而借用舊曲，順溜優喉，以此等事業，得失既小，人己何分也。況事本陋，而思路一新，曲白俱隨生色。曲本凡，而人境一妙，臭腐且化神奇，豈向沈約集中作賊者比。顧可爲解事道，不必與俗人言耳。如《盛德記》所演，文正公二歲而孤，隨其母育於長山朱氏，既第始歸范村，而待朱備極恩意，既貴，則用南郊恩贈。朱氏父及其異母兄、同母弟之喪，皆爲卜葬。朱氏以公廕爲官者，二人。歲時奉祀，則別作饗。雖載在遺事，世所共知，庸手寫之，恰似無理，經名手一换曲白，便覺合於天理人情，可謂得其厚矣。親愛惇篤，發於自然，表而出之，亦使鄙夫寬、薄夫敦也。良由先將朱氏寫得繼絶心誠，寶愛至極，偏訪真實名師，設措重禮附學，代修坟墓，虔備祭儀，更覺此劇實可救世。太夫人竟不出場，尤改得通。竟以文正二字代公原諱，亦合理。越得鬻薪之女二：曰施，曰旦，教以步容，習於土城，臨於都巷，三年而後獻吴。改《浣紗》者，以山郡非無骨佳、形姱、曼容、皓齒之人，不教不能麗都意作主，又添鄭旦陪襯，亦妙。《妒婦記》改本，采葛元直、房玄齡、桓範、王琰、柳惔、苗介子事歸於一人，尤其惹看。傳《紅線》，以通經史，號内記室爲主，自妙。

清·李克明《綴白裘新集序》 嘗觀宇宙之間，六合之内，人生一大戲場耳。其中否泰窮通，悲歡離合，雖聖賢不肖焉，克踰之然同是人也。而善惡邪正形如冰蟲，色若墨殊，其可遁情哉。聖人作《春秋》褒貶賢愚，后人工傳奇優劣善惡，則劇之來，始由優孟之感楚王，繼因緇綽之奉天寶，風日隆矣，於此益盛。玩花主人所編《綴白裘》，廣蒐博採，羅如綺綉，非僅悦人心目，深可醒豁後起，豈與豔史淫詞踊人蕩檢者同例語也。第其中去取損益，猶未盡美。乾隆癸未夏，有錢子沛思删繁補漏，循其舊而復綴其新，欲證當世之知音者。向予索序，以付梨棗，隨閱而玩之。辭調雖不類於詩歌，意旨固自殊乎。雅頌其所以感發懲創，似可與篇章三百異道同歸也。是編未出，天下之明詞曲者有之，不明詞曲亦有之。是編復出，天下明詞曲者益明，即不明詞曲者亦可得而漸明矣。優人藉以善其技，學士假以攄其懷，謂爲明劇編固可也，謂爲明詞編亦可也。

清·西泠詞客《點金丹·凡例》 傳奇所以闡幽光也。凡忠臣孝子、義夫節婦萬不得已之苦心孤詣，以及佳人才子之奇緣巧合，譜之宫商，以維風教，以葆天真，美不勝收矣，又何用更拾牙慧而妄續貂尾哉。余非有意傳奇，亦並不知絲竹，偶讀《聊齋·辛十四娘》一段，似可寄吾與知能行焉，遂借譜倚聲，成若干篇。顧既握筆，又不肯潦草了事，凡五易稿而成。意在顯露秘旨。毋俟臘月三十日驚悔耳，蓋傳奇之變調也。

清·韓錫胙《漁村記·凡例十則》 九、寫忠孝者，易於激烈，寫風花者，易於輕佻。二者不相能也。兹《漁村記》，寫忠孝處，可歌可泣，無非絶艷風花，寫風花處，不即不離，愈見透宗忠孝。擷經籍之精英，作騷壇之鼓吹，聊以消磨歲月，流連景光而已。若以仙經佛偈比之，贅矣，過矣。

又《序》 《漁村記》傳奇者，妙有山人遊戲之筆也。其書，傳慕孝子廬墓思親，感動神祇，遣淑女爲配，教以黄白丹竈之術，卒能脱胎遐舉。其事，爲寓言，未可知。其意，以爲天上無不忠不孝之神仙。故鋪張揚厲，備陳天人感應之理。欲人知反本追遠，無愧人子耳。然其大要指歸，又若爲攝生者，掃陳言而軌於正，於進退刑德三致意焉。挨諸金碧《参同》，敲爻

《悟真》，往往有發所未發者。是則《孝經》之緒餘，抑亦仙壇之鼓吹也。夫丹經萬卷，假借譬喻，各持一説，以是其所非，而非其所是，求其何爲陰陽，何爲離坎，尚無一明文可見，而况其在符火之際乎。填詞賓白，如燃燈以照暗，打諢插科，俱立竿以見影。播諸樂府，傳步虚聲，奔自丹房，即入藥鏡。非静探天根者，其孰能與於此歟。世傳宋范文正公遇異人授漁莊記爐火，以廣置義田，而仁其三族。兹山人所稱漁村，豈范漁莊遺法。今《范集》俱在，無神仙修煉之事。而山人記中，義莊贍族，踪迹偶相類，不必强爲附會也。或曰外者内之證也，又安得知者而叩之。

清・黄振《石榴記・凡例》 詞曲，譬畫家之顔色，科白，則勾染處也。勾染不清，不幾將花之瓣、鳥之翎，混而爲一乎。故折中如彼此應答，前後綫索，轉灣承接處，必挑剔得如鬚眉畢露，不敢稍有模棱，致多沉晦。

清・晴浦居士《綴白裘八集序》 傳奇者，何所以傳世□□□□□，果無奇又何必傳。故《西厢》爲詞曲之首，推而援其故，以其筆法之奇，誠有奇於人之意表者。元人續譜，□真醜矣。故與其無可傳之奇，□名，搜羅□□之奇也編之，雖非特出之奇，不啻以古之奇者而奇於今也，斯曾奇中之奇矣。

清・永瑢等《四庫全書總目提要》 自五代至宋，詩降而爲詞。自宋至元，詞降而爲曲，文人學士，往往以是擅長。如關漢卿、馬致遠、鄭德輝、宫大用之類，皆藉以知名於世，可謂敝精神於無用。然其抒情寫景，亦時能得樂府之遺。小道可觀，遂亦不能盡廢。

清・李調元《劇話・序》 劇者何。戲也。古今一戲場也，開闢以來，其爲戲也，多矣。巢、由以天下戲，逢、比以軀命戲，蘇、張以口舌戲，孫、吴以戰陣戲，蕭、曹以功名戲，班、馬以筆墨戲，至若偃師之戲也以魚龍，陳平之戲也以傀儡，優孟之戲也以衣冠，戲之爲用大矣哉。孔子曰：詩可以興，可以觀，可以羣，可以怨。今舉賢奸忠佞，理亂興亡，搬演於笙歌鼓吹之場，男男婦婦，善善惡惡，使人觸目而懲戒生焉，豈不亦可興、可觀、可羣、可怨乎。夫人生，無日不在戲中，富貴、貧賤、夭壽、窮通，攘攘百年，電光石火，離合悲歡，轉眼而畢，此亦如戲之傾刻而散場也。故夫達而在上，衣冠之君子戲也，窮而在下，負販之小人戲也。今日爲古人寫照，他年看我輩登場。戲也，非戲也，非戲也，戲也。尤西堂之言曰：《二十一史》一部大傳奇也。豈不信哉。夫百間之屋，非一木之材也，五侯之鯖，非一鷄之跖也。書不多不足以考古，學不博不足以知今，此亦讀書者之事也。予恐觀者徒以戲目之而不知有其事遂疑之也，故以《劇話》實之，又恐人不徒以戲目之因有其事遂信之也，故仍以《劇話》虚之。故曰：古今一戲場也。又《劇話》卷上劉念臺《人譜類記》：今之院本，即古之樂章。每演戲時，見有孝子、悌弟、忠臣、義士，雖婦人牧豎，往往涕泗横流。此其動人最切，較之老生擁皋比、講經義，老衲登上座、説佛法，功効百倍。近時所撰院本，多是男女私蝶之事，深可痛恨，而世人喜爲搬演，聚父子兄弟，並幃其婦人而觀之。稍不自制，便入禽獸之門，可不深戒。

清・張衢《芙蓉樓・自叙》 情不痴不深，不痴不奇，不痴不艷。文嫵娘始以畫自媒，尋而隨人奔波，困於逆旅而不悔，深也，馬妙娘鍾情於余，生不如所願而病，病而死，死而借屍，奇也，皆痴也。嫵娘、妙娘易地，則皆然。使二女者，其情不痴，或倉皇道途，始從而終背焉，或生而不能死，死而不能復生焉，爲之者不鮮，傳之者不艷矣。雖然，此未必有之事也。齲齒折腰，金夫是媚，酒肉之側，脂粉皆腥。何物書生，敢作倚翠偎紅想耶。是以折齒誰憐，誦歌不廢，登墻人杳，摇落深知。殆將焚長卿之緑綺，烹阿母之青鸞，捨彼色香，投之空苦，但能離恨，即是生天。故曰：嫵娘，此女無也，妙娘，此女少也。越鄂君，今無其人，大中大夫、江都相，今無其官。借子虚之事，寫獨至之情。謂才子必配佳人，寒士必當奮發，離散必有團圓。嗚呼，此豈事之所必然耶。夫以事之所不必然而寫其必然，余亦痴矣。痴之所至，不覺其寫之深、寫之奇、寫之艷，名士盡其態，傾城極其妍，靡致艷情，揮灑盡致，蓋急欲爲書生吐氣，故不畏爲大方笑也。乾隆辛亥暮春，蕭山病痱道人張衢題於艮心軒。

清・程煐《讀曲偶評》 曲雖小道，亦有至、有不至焉。王實甫《北西厢》，聖矣，則誠中行，若士狂，石渠狷，其賢矣乎。元人百種，最顯者《荆釵》《拜月》等。然音律極嚴、板眼極正，而以直白語爲本色，如不文何。故高者似腐儒，卑者若鄉願也。《四聲猿》幽而傷促，《桃花扇》爽而傷直，《長生殿》縟而傷凡，《鈞天樂》激而傷怒。均才人，特偏才耳。李笠翁，市隱士也，其詞巧而纖，不稱其品，如闈秀然，萬紅友，石渠甥也，其詞濁而膩，不似其舅，如富傖然。最可異者，百子山樵以填詞自命，《燕子箋》世傳其由此以推，思可過半。

清・莊肇奎《胥園居士贈黄旛綽先生梨園原序》 鬼門道者，乃戲房出入之所。謂之鬼門道者，言其扮演者代鬼行事，故謂之鬼門道。愚俗不知，因戲場置鼓於門，即訛傳爲鼓門道，於理無據，又曰古門道，皆非也。東坡詩云扮演古人事，出入鬼門道，正此謂也。趙子昂曰：戲曲，良家子弟所扮演者，謂之行家生活，娼優所扮者，謂之戾家把戲。或問其故，予曰：戲文者，出於鴻儒、碩士、騷人、墨客，其所作者，娼優豈能扮乎。推其門，正其理，娼優故以爲戾家也。良家子弟扮者，雖亦有風花雪月，然均合乎情理。當太平之盛，雍熙之治，欲追昔感今，故取良家子弟通於音律者，扮演戲曲，以飾太平，隋謂之康衢戲，唐謂之梨園戲，宋謂之華林戲，元謂之昇平樂。梨園樂者，唐明皇所賜，至於娼優，乃勾欄中樂工也。愚俗不明，呼爲一類，實未明其原耳。

清・焦循《易餘籥録》卷一七 元人曲止正旦、正末唱，餘不唱。其爲正旦、正末者，必取義夫貞婦忠臣孝子厚德有道之，他宵小市井不得而干之。余謂八股文口氣，代其人論説，實原本於曲劇，而如陽貨，臧倉等口氣之題宜斷作，不宜代其口氣。吾見工八股者作此種題文，竟不啻身爲孤裝邦老，甚至助爲訕謗口角，以逼肖爲能。是當以元曲之格爲法。

清・梁廷枏《曲話》卷一 古人作曲本，多自隱其名氏，而鄙俚不文之作，又往往詭託於古之詞人及當代名流而出之，又或原有姓名，相傳既久，不免失脱者。故曲本之考證最難也。

又 元人之曲，如今之制義，當時作者累萬盈千，不可數計，此五百餘種，大抵皆噪名一時，所以能傳之明代。觀晉叔所選之百種，不必其盡爲絶唱，懸知所遺而不刻者，亦未必盡屬巴詞也。蓋傳與否，固有幸、有不幸矣。同一故事，且同一正名，而人各一本，疑爲當時主司所定題目。今傳世者，即其科場之選本，若今之魁墨然。

又卷四 樂府興而古樂廢，唐絶興而樂府廢，宋人調詞興而唐之調詩又廢，元人曲調興而宋人調詞之法又漸積於廢。詩詞空其聲音。元曲則描寫實事，其體例固别爲一種，然《毛詩・氓之蚩蚩》篇綜一事之始末而具言之，《木蘭詩》事蹟首尾分明，皆已開曲伎之先聲矣。作曲之始，不過止被之管絃，後且飾以優孟。元人院本，至今傳者寥寥數種，其實雜劇爲多。

工，然其用韻，每以真文、庚青、侵尋通押。夫《琵琶》、《還魂》二記，或合用支思、齊微，或不分家麻、歌戈。然本係詩之通韻，於理未礙，若真文之開口，庚青之鼻音，侵尋之閉口，可混而一乎。其品原非端人，故其文亦放蕩規格，風調雖佳，直浪子耳。近有金陵張漱石者，格律才氣俱高，《梅花簪》一劇，希聖或遠，希賢已近。雖後出，吾獨有取焉。

清・王懋昭《三星圓・例言》 凡傳奇家，主情者麗而易，主理者樸而難。故《西厢》之月下，《牡丹亭》之香夢，千古稱爲艷曲，近世《長生殿》之摹繪太真，《桃花扇》之借香君，以寫南都泡影，亦並有哀艷，推爲絶唱。惟高東嘉《琵琶記》，意在忠孝節義四字，畢竟難於出色。然其有裨於世道人心，迥非諸家所及也。是書仿其意，而以敬老憐貧、矜孤恤寡爲主。縱其間虬鸞鏖兵，鳳眉棄鴆，秀蓮賣主，種種點綴春風，而總不離乎四者近是。詞之工拙，不暇計也。

又 自來傳奇，不取書卷之氣。然一味空衍則既滑，全用俚語則又粗。集中詞白，使事頗多，要皆典而且切，以歸大雅，非關書生掬筆，結習未忘也。

又 名手所製，原在意緒，不肯如《目連》、《西遊》，有《搜神記》、《窮怪録》之誚。然畢竟傳奇是戲耳，戲則何嫌鬧熱，以炫時人之觀。茲集間以意緒運用鬼神，非以鬼神滅裂意緒也。故雖怪怪奇奇，多所搬演，而不詭於正。

清・陳棟《北涇草堂曲論》 笠翁賓白，縱横變幻，獨步數朝，迄今《憐香伴》各種傳奇，流行海内，幾於家絃户誦。其《慎鸞交》開場曲曰：可惜元人個個都亡了，若使至今還壽考，遇余定不題凡鳥。余謂笠翁填詞實非當行，不知何所恃而自信若此。大抵私智勝則規模不闊大，巧句多則筆墨不莊重。以此劘切，笠翁當亦心服。近人刻《十種曲》，有殿以盧、淳二夢者，吾恐簸之揚之，且不啻糠秕在前矣。

又 詩餘興而樂府廢，雜劇興而詩餘又廢。絃索之用，愈變愈卑。今雜劇雖廢，有志紹述。古人不遠，尚有門徑可尋。詞家目不見元曲，偶以南詞變北劇，人輒譽之曰宮、喬，曰鄭、馬。問以孤裝、參軍名色，往往目瞪舌撟。不知南北徑途，判然各别，既名稱仿古，無論賓白詞章諸大者，即小小排場，譬如飾古彝鼎，座匣必須雅樸，摹晉唐名畫，著不得一件時用器物。

明以後則傳奇盛行，下筆動至數十折，一人多至數本、十數本、數十本。其始大旨亦不過歸於勸善、懲惡而已，及其末流，淫侈競尚。蓋自明中葉以後，作者按譜填字，各逞新詞，此道遂變爲文章之事，不復知爲律吕之舊矣。推此以論，則雖謂今曲盛而元曲之聲韻廢，亦無不可也。

又 元人百種，佳處恆在第一、二折，奇情壯采，如人意所欲出。至第四折，則了無意味矣。世遂謂：元人以曲試士。百種雜劇，多出於場屋。第四折爲强弩之末，故有工拙之分。然考之《元史·選舉志》，固無明文。或亦傳聞之誤也按：明沈德符撰《顧典雜言》，謂：元人未滅南宋以前，以雜劇試士。吴梅村序《廣正譜》亦謂：當時以此取士，皆傳粉墨而踐排場，一代之人文，皆從此描眉、畫頰、詼諧、調笑而出之，固宜其擅絶千古。是二説者，固當有所本也。雕蟲館《曲選》亦謂：元取士有填詞科，主司所定題目外，止曲名及韻。其賓白出於演劇伶人一時所爲，故鄙俚蹈襲之語爲多。予謂：此蓋論百種雜劇然耳。若《西厢》等本，其白爲曲人所自作，關目恰好，字句亦長短適中，迥不侔也。

清·李黼平《曲話序》 《扶犂》、《擊壤》後有三百篇，自是而《騷》，而漢、魏、六朝樂府，而唐絶，而宋詞，元曲，爲體屢遷，而其感人心移風易俗一爾。蓋文之至者，傾肺腑而出，其詞明白坦易，雖婦人孺子莫不通曉，故聞忠、孝、節、義之事，或軒鬟而舞，或垂涕泣而道。而南北曲者，復以妙伶登場，服古冠巾，與其聲音笑貌而畢繪之，則其感人尤易入也。顧世之論曲者，不以文，以律，曰某字宜平而仄，與五聲乖也，曰某字宜陽而陰，與九宫戾也，夫律則何譜之有。三百篇之與《韶》、《武》，不啻遠矣，而孔子絃歌以合之律，果有譜乎。予觀《荆》、《劉》、《拜》、《殺》暨玉茗諸大家，皆未嘗斤斤求合於律。俗工按之，始分出襯字，以爲不可歌，其實得國工發聲，愈增韻折也。故曲無定，以人聲之抑揚抗墜以爲定。是書亦間論律，而終以文爲主，其所見尤偉，誠足爲曲家之津梁也已。

清·湯貽汾《審音鑑古録序》 傳奇雖小道，别賢奸，明治亂，善則福，惡則殃，天道昭彰，驗諸俄頃，無智愚賢不肖，皆足動其觀感之心。其爲勸懲感發者良便，未始非輔翌名教之一端也。元明以來，作者無慮千百家，近世好事尤多。

清·包世臣《藝舟雙楫·書桃花扇傳奇後》 傳奇體雖晚出，然其流出於樂。樂之爲教也，廣博易良，廣博則取類也遠，易良則起興也切。故傳奇之至者，必深有得于古文隱顯回互激射之法，以屬思鑄局，若徒於聲容求工，離合見巧，則俳優之技而已。

清·劉熙載《藝概·詞曲概》 北曲原本樂府歌行，胡應麟《莊嶽委譚》：宋詞、元曲，咸以昉于唐末，然實陳、隋始之。蓋齊、梁《月露》之體，矜華角麗，固已兆端，至陳、隋二主，並富才情，俱湎聲色，叔寶之《後庭花》，煬之《春江玉樹》，宋、元人沿襲濫觴也。又《弦索辨訛》：三百篇後，變而爲詩，詩變而爲詞，詞變而爲曲。詩盛于唐，詞盛于宋，曲盛于元之北。北曲不諧于南而始有南曲，南曲則大備于明。

又《雙娶》 傳奇戲劇，一生多娶二旦，且有三、四、五、六不止者，人率以無稽非真事置之。復卿謂予：前朝似此者，實多有之。《紹興府志》：孟桓初二女並妻潛夫，同日合巹。非盡不經。國朝亦有此實事可譜入傳奇，演諸戲劇者乎。予曰：《西河合集》書卷四云：李孚青兒時聘順治戊戌進士王□□女文定同年未娶。會三藩兵變，王任四川，阻絶有年，遂聘兵部尚書宋德宜女即是年座主。庚申臨娶，而王師收復雲南，四川先闢，王已還朝。宋大憾。行聘者：毛檢討奇齡、錢編修中諧、陳檢討維崧。毛上書於宋，遂用其語，宋爲長，王爲次焉。此事稍加點染，付之鞠部，豈亞《燕子箋》乎。若《在園雜志》卷二云：孟翰林端士亮揆先聘張守戎之女。張官雲南，兵戈阻隔，音問不通。及孟貴，遂結婚世族。未期年，滇省蕩平，先聘復至。不能卻謝，乃分宅而居。張美而端，善文翰，尤工詩。世族之女，祖、父、兄、弟皆貴顯。孟厚世族而薄單寒，張氏所居屢月僅一至焉。張賦《秋閨怨》八首，內云：落落秋風班女扇，團團明月竇家機。其詩偏傳。孟不少悔。忽傳旨：孟亮揆行止不端，著革職。一時快之。此則端士薄倖，有負故劍，不能爲悔過之連波，止可譜入樂府，與《寮妒羹》閲者尚爲切齒戟手，未便於氍毹搬演矣。三藩兵擾，同時如李、孟者不一其人，惜匙爲記載，日久無傳，而填詞小説，大都亡是子虚，矮人觀場，遂並以爲世間無此等事耳。

清·余治《庶幾堂今樂·自序》 古樂衰而梨園之典興，原以傳忠孝節義之奇，使人觀感激發於不自覺，善以勸，惡以懲，殆與《詩》之美刺、《春秋》之筆削無以異，故君子有取焉。賢士大夫主持風教者固宜默握其權，時與厘定，以爲警瞶覺聾之助，初非徒娛心適志已也。無如沿習既久，本旨漸失。賢士大夫既不暇留心及此，一任優伶子弟顛倒錯雜於其間，所演者遂多不甚切於懲勸。近世輕狂佻達之徒，又作爲誨淫誨盜諸劇，以悦時流之耳目：演《水滸傳》則以盜賊爲英雄，而奸民共生艷羡，演《西厢記》則以狹邪爲韻事，而少年群效風流。其他一切導慾增悲不可爲訓者，且紛然雜出，使觀之者蕩心失魄，以假爲真，而古人立教之意，遂蕩焉無存，風教亦因以大壞。甚矣，樂章之興廢，實人心風化轉移向背之機，亦國家治亂安危之所繫也。周子《通書》有云：移風易俗，莫善於樂。又云：不復古禮，不變今樂，而欲至於治者遠矣。竊以爲周子名世大儒，所見必非世故。古禮之復，誠非易易，若變今樂，則祇在賢士大夫一反手之間耳。當有宋之初，樂章之敗壞，未有甚於今日也，誨淫誨盜之風，亦未有如今日之極也。周子已重慮及此，則今日今樂之當變更何可緩耶。

又《答客問》 賭風、訟風、詐風，通病也。地方官無不切齒痛恨者也。試問：舊戲中有足爲賭風、訟風、詐風小懲大誡者否。無有也。他如墮胎、溺女、焚棺、搶孀、騙寡、宰牛、捕蛙、輕生自盡、藉尸圖害、争田奪産，無一非世俗通病也，亦官長所屢出示諭，思欲嚴行禁止者也。而舊戲中及此者，亦不多見。其它作孽造罪之事不一端，如輕棄字紙五穀，殺生害命，好談閨闥，奢華暴殄，虐婢虐媳，皆通病也。而按之舊戲中，總屬寥寥，又何異合藥施送者，多合奇病、怪病之藥，而於時氣通病之藥，反不多爲之備也，概目之爲忠孝節義，恐囫圇吞棗，而於古人，隨方立教，委實裁成之意殊無當也。客又以爲何如也。客固好施藥，至是乃恍然稱快曰：吾過矣。吾鄉者所言，真隨聲附和、囫圇吞棗，而未及悉心考核者矣。不意眼前道理一經説破，有如此之切中時弊者也。乃相與把臂劇談者竟日。

清·許葉芬《進瓜記識語》 此乾隆初大内節戲院本。時海宇乂安，每内廷演劇，輒命張文敏制詞，如《屈子競渡》、《子安題閣》，各依時令演之，謂之《月令承應》。其于内廷諸慶事，奏演祥征瑞應者，謂之《法宫雅奏》。其於萬壽令節前後，奉演羣仙諸佛添籌錫禧及白叟黄童會腹鼓腹者，謂之《九九大慶》。又演目連尊者救母事，析爲十本，謂之《勸善金科》，於歲暮之，以其鬼魅雜出，代古人儺祓之意。演唐元奘和尚西域取經事，謂之《昇平寶筏》，於上元前後日演之。禮親王《嘯亭雜録》載之甚詳。文敏制詞，引用内典經卷，深得禪家三昧，大爲超妙。此册雪廬太史所貽，不知得之誰氏。蓋當時進禦副本，故抄訂極工。凡牌名黄字，曲文墨字，科白緑字，場未注□紅字，承平樂□前輩詞體。酒之餘，除爲響往。惜只开場兩記，未能得睹其全，心誠闕如。此曲坊間不致有刻本，會向内城藏書家物色之。

清·醉齋繼主《梅花夢贅言十四則》 一、傳奇百種，不外言情。此書寫情，全在骨肉室家之間，愈覺懇切不浮。惟梅花仙子，不無托諸神仙縹緲之談。然理之所無，未必非情之所有，人視爲太虚浮雲，空中樓閣也。予仍不視爲太虚浮雲、空中樓閣也。

清·楊恩壽《詞餘叢話》卷一《原律》 昔人謂：詩變爲詞，詞變爲曲，體愈變則愈卑。是説謬甚。不知詩、詞、曲，固三而一也，何高卑之有。風琴雅管，三百篇爲正樂之宗，固已芝房寶鼎，奏響明堂，唐賢律、絶，多入樂府，不獨宋、元諸詞，喝唱則用關西大漢，低唱則用二八女郎也。後人不溯源流，强分支派。《大雅》不作，古樂云亡。自度成腔，固不合拍，即古人遺製，循塗守轍，亦多聱牙。人援知其當然，不知其所以然之説以解嘲，今竝當然者亦不知矣。詩、詞、曲界限愈嚴，本真愈失。

又卷二《原文》 王陽明先生《傳習録》：古樂不作久矣。今之戲学，尚與古樂意思相近。《韶》之九成，便是舜一本戲学。《武》之九變，便是武王一本戲学。聖人一生實事，俱播在樂中，所以有德者聞之，便知其盡善盡美與盡美未盡善處。若後世作樂，只是做詞調，於民俗風化絶不干涉，何以化民善俗。今要民俗反樸還淳，取今之戲本，將妖淫詞調删去，只取忠臣孝子故事，使愚俗人人易曉，無意中感發他良知起來，卻於風化有益。

又 劉念臺先生《人譜類記》曰：梨園唱劇，至今日而濫觴極矣。然而敬神宴客，世俗必不能廢，但其中所演傳奇，有邪正之不同。主持世道者，正宜從此設法立教。雖無益之事，未必非轉移風俗之一端也。先輩陶石梁曰：今之院本，即古之樂章也。每演戲時，見有孝子、悌弟、忠臣、義士，激烈悲苦，流離患難，雖婦人、牧豎，往往涕泗横流，不能自已。旁觀左右，莫不皆然。此其動人最懇切，最神速，較之老生擁皋比講經義，老衲登上座説佛法，功效百倍。至於《渡蟻》、《還帶》等劇，更能使人知因果報應，秋毫不爽。盜、殺、淫、妄，不覺自化，而好生樂善之念，油然生矣。此則雖戲而有益者也。

清・沈振炤《雙奇傳・序》　嘗見前輩先生作詞之法，種種不一，極其快樂。吾友不識其法，委余述幾曲名以快其心。余亦不識律呂，謹效惺齋先生之法，擇録百餘全詞，編一《爲善終得吉》之名耳。何爲《爲善終得吉》，亦不過兩箇極奸極庸之人，奸者自有天誅，庸者得其天助，斯以曲名，勾介、句點、韻圈，使吾友觸目了然也。

清・董標《鏡中圓傳奇序》　蓋聞詩詞之道，足遭理學之絀，而遺文人之辜，何也。夫漢唐之際，以策問取士，有學術即可應仕，而才華無論矣。至六朝則尚詞賦，宋王荆公出，始興文章，明時因之，國朝因之，以此取士而學術不講矣。然尚有可諉者，曰代聖賢立言也。乃后世竟徒尚聲調而無真實之功，又以詩詞相尚，風流之士多能爲之，以致以詩詞沽名譽，涉淫亂，各種之事無一不至，緣與褻穢近也。胸中所有藉此□出，而全身之禍，名教之誅，風流之士，鮮不如此。如斯言之，則詩詞非正道也。即非正道，緣何興之。蓋始興之時，不過文人藉此以陶淑性情，非以沽名譽涉淫亂也。后人因之以爲各種之事，后世之風俗使然，非是道故欲害人，亦非興之者故欲遺患於後世焉。如上所言，是詩詞之道，不可爲也。然亦視爲之者爲何如人，風流之士以之涉淫亂，肫誠之士以之陶性情，非僅能唫壇贈答已耳。若傳奇者，褒貶善惡，是鑑史也，名分筆削，是麟經也，抑揚反正，是文章也，清新綺麗，是詩賦也。嗚呼，斯道大矣、廣矣。不知者輒曰優伶之事何可以爲學業，豈知此道可以警世人，可以供唫詠。付之梨園則韻叶宫商，聲傳簫管聽迭奏笙簧。元音孰和，看形分善惡，殷鑒在茲。詩腸俗耳，積學應呑篆之才，白雪陽春，吉夢垂生花之筆。今之樂猶古之樂也，優伶之事，何可爲學業云爾哉。

清・管興寶《鏡中圓・自序》　今夫詞賦之學，始於六朝，迨於元而填詞之道興焉。國朝自定鼎以來，名士迭興，多因填詞成傳奇者，《桃花扇》等書是也。迨后洪君昉思、張君齊元等又有《長生殿》、《夢中緣》各種行于世。時殊世異，于是茲道漸廢矣。寶自入大學以來，詩書之暇，輒取諸名士之傳奇細讀而玩味之。時既久，覺是道與心微有所合，而苦於不得其門。歲庚子，董捷臣司馬自山右歸里，寓居於寶之別墅。董君爲子寘太守喆嗣，與寶爲兩世交，且居僅一牆之隔，誦讀之餘，就與談論今古，茅塞頓開。董君工詩詞，寶與唱和有日，漸及詞答。以未能，董君爲寶開導講解，少發其矇，以詞唱和者又有日矣。是歲秋，洋寇入犯，遍地滋擾。寶因暫綴學閑居，有暇取《青瑣記》讀之，見有《樂昌合鏡》一事，讀其詩有新官對舊官之句。夫記載舍人言主之貌美，國亡必入權貴之家，是早知其不能完璧矣，無以乃破一照以爲相會之證，斯時舍人亦無他求，惟得相會爲冀耳。后主果入於越公之家，寵遇甚厚。市照得會賦詩，如此璧乎其尚能完乎。合前后之情，度之公主之不爲完人也，可知矣。寶讀罷因自悲感，轉而復恨，悲感者何也。公主爲陳國之女，國亡被虜，其耳所聞，目所睹，已非陳國之景象，其凄楚已不可言矣，乃又失身於人，上之無顔可對于祖宗，下之空惹旁人之談笑，彼時公主所以不死者，非貪生也，特因前約在耳。完不完無暇顧論，亦惟以得相會爲冀焉，人誠可怨，志誠可感矣。轉而復恨者何也。陳國雖微，亦一代也。公主雖被虜，陳國之女也。彼蒼不惟不迴護公主，乃竟坐視公主之失身不爲一救刼乎，抑公主有罪而當然乎。寶益不解而難釋也，於是援筆而草此傳奇，上以雪公主之恥，下即少洩胸中之抑鬱，非敢變亂舊曲也。然不過一時之戲玩，不可以示于人。而董君欲爲編次，推却再四，總不獲釋。無已，其獻醜于人矣。因草數語質之董君，董君其以爲何如。

清・三愛《論戲曲》　戲曲者，普天下人類所最樂睹、最樂聞者也，易入人之腦蒂，易觸人之感情。故不入戲園則已耳，茍其入之，則人之思想權未有不握於演戲曲者之手矣。使人觀之，不能自主，忽而樂，忽而哀，忽而喜，忽而悲，忽而手舞足蹈，忽而涕泗滂沱，雖些少之時間，而其思想之千變萬化，有不可思議者也。故觀《長板坡》、《惡虎村》，即生英雄之氣概，觀《燒骨計》、《紅梅閣》，即動哀怨之心腸，觀《文昭關》、《武十回》，即起報仇之觀念，觀《賣胭脂》、《蕩湖船》，即長淫慾之邪思，其他神仙鬼怪，富貴榮華之劇，皆足以移人之性情。由是觀之，戲園者，實普天下人之大學堂也，優伶者，實普天下人之大教師也。雖然，若以迂腐之儒士觀之，則必曰：世界上有用之學多矣，何必獨取俚俗淫靡游蕩無益之戲曲耶。況倡優吏卒，朝廷功令，不許其過考爲官，即常人亦莫不以無用待之，今爾讚優伶，誠謬論矣。雖然，此乃知二五而不知一十之言也。人類之貴賤，係品行善惡之別，而不在於執業之高低。我中國以演戲爲賤業，不許與常人平等，泰西各國則反是，以優伶與文人學士同等，蓋以爲演戲事，與一國之風俗教化極有關係，決非可以等閑而輕視優伶也。即考我國戲曲之起點，亦非賤業。古代聖賢均習音律，如《雲門》、《咸池》、《韶濩》、《大武》等之各種音樂，上自郊廟，下至里巷，皆奉爲圭臬。及周朝遂爲雅頌，劉漢以後，變爲樂府，唐宋變爲詞曲，元又變爲崑曲。迄至近二百年來，始變爲戲曲。故戲曲原與古樂相通者也。戲曲之類，分梆子、二簧、西皮三種曲調，南北通行，已非一日，若聲色俱佳，則更易感人矣。孔子曰：移風易俗，莫善乎樂。孟子曰：今之樂，猶古之樂也。戲曲，即今樂也。若必云戲曲不善，而墨守尊重古樂，是猶使今人不用楷書，而代以篆體，能乎不能，不待智者而後知也。抑音樂者，亦由時而更易，今古不同，以今之人，聞古之樂，固知其莫諳，即知今之崑曲者亦寥寥也。昔時魏文侯耳古樂之聲即欲卧，而楚莊王睹優孟之狀即動心，何也。蓋亦由開古樂中之風俗言語，均與當時差異，聞之不知不識而使人生厭也。故今奏以古樂，言語曲調與今異，亦必使人生厭心，而現之西皮、二簧均用官話，人皆能知之，故遂易感人矣。若云俚俗，此即使俚俗人知之也。若云遊蕩無益，則戲曲無非演古勸今之虚設事。不但此也，且有三長所焉。吾儕平日不能見，而於演戲始能見之，一即古代之衣冠，一即綠林之豪客，如《穆桂英》、《樊梨花》、《韓夫人》等類。一即兒女之英雄，如《花蝴蝶》、《一枝桃》、《鬧嘉興》等類。欲知三者之情態，則始知戲曲之有益，知戲曲之有益，則始知迂儒之語誠臆譚矣。

又　演戲雖爲有益，然現演者之中，亦有不善處，以致授人口實，謂戲曲爲無益，亦不足怪也。故不能持盡善盡美之説，以袒護今日之俳優，不善者宜改絃而更張之，若因微劣而遂以無益視之，亦非通論矣。今條述其優劣於左：一，宜多新編有益風化之戲。以吾儕中國昔時荆軻、聶政、張良、南霽雲、岳飛、文天祥、陸秀夫、方孝孺、王陽明、史可法、袁崇焕、黄道周、李定國、瞿式耜等大英雄之事蹟，排成新戲，做得忠孝義烈，唱得激昂慷慨，於世道人心極有益。舊戲中之《吃人肉》、《長板坡》、《九更天》、《换子》、《替死》、《刺梁》、《魚藏劍》等類，亦可以發生人之忠義之心。二，採用西法。戲中有演説，最可長人之見識，或演光學、電學各種戲法，則又可練習格致之學。三，不可演神仙鬼怪之戲。鬼神一語，原屬渺茫，煽惑愚民，爲害不淺。庚子之義和拳，即是舊戲中天兵、天將。例如《泗州城》、《五雷陣》、《南天門》之類，荒唐可笑已極。其尤可惡者，《武松殺嫂》，元爲報仇主義之善戲，而又施以鬼神。武松才藝過人，本非西門慶所能敵，又何必使鬼助而始免於敗。則武二之神威一文不值。此等鬼怪事，大不合情理，宜急改良。四，不可演淫戲。如《月華緣》、《蕩湖船》、《小上墳》、《雙搖會》、《海潮珠》、《打櫻桃》、《下情書》、《送銀燈》、《翠屏山》、《烏龍院》、《縫褡褳》、《廟會》、《拾玉鐲》、《珍珠衫》等戲，傷風敗俗，莫此爲盛。有謂戲曲爲淫靡，優俳爲賤業，職是之故，青年婦女觀男優演淫戲，已不能堪，何況女優亦現身説法，演其醜態，不知羞恥，而易入人其腦，使其情慾不能自禁，故是等戲決宜禁止。五，除富貴功名之俗套。吾儕國人，自生至死，只知己之富貴功名，至於國家之治亂，有用之科學，皆勿知之。此所以人才缺乏，而國家衰弱。若改去《封龍圖》、《回龍閣》、《紅鸞禧》、《天開榜》、《雙官誥》等戲曲，必有益於風俗。我國戲曲，若能依上五項改良，則演戲決非爲遊蕩無益事也。現今國勢危急，内地風氣不開，慨時之士，遂創學校。然教人少而功緩。編小説，開報館，然不能開通不識字人，益亦罕矣。惟戲曲改良，則可感動全社會，雖聾得見，雖盲可聞，誠改良社會之不二法門也。

清·蔣觀雲《中國之演劇界》　嗚呼，我中國萬事皆今不如古，古之樂變而爲今之戲，古之樂官變而爲今之戲子，其間數千年間，升降消長，退化之感，曷禁其棖觸於懷抱也。抑我古樂之盛，事屬既往，姑不必言。方今各國之劇界，皆日益進步，務造其極而盡其神。而我國之劇，乃獨後人而爲他國之所笑，事稍小，亦可恥也。且夫我國之劇界中，其最大之缺憾，誠如砦者所謂無悲劇。曾見有一劇焉，能委曲百折，慷慨悱惻，寫貞臣孝子仁人志士，困頓流離，泣風雨動鬼神之精誠者乎。無有也。而惟是桑間濮上之劇爲一時王，是所以不能啓發人廣遠之理想，奥深之性靈，而反以舞洋洋，笙鏘鏘，盪人魂魄而助其淫思也。其功過之影響於社會間者，豈其微哉。【略】今歐洲各國，最重沙翁之曲，至稱之爲惟神能造人心，惟沙翁能道人心。而沙翁著名之曲，皆悲劇也。要之，劇界佳作，皆爲悲劇，無喜劇者。夫劇界多悲劇，故能爲社會造福，社會所以有慶劇也，劇界多喜劇，故能爲社會種孽，社會所以有慘劇也。其效之差殊如是矣。嗟呼，使演劇而果無益於人心，則某竊欲從墨子非樂之議。不然，而欲保存劇界，必以有益人心爲主，而欲有益人心，必以有悲劇爲主。國劇刷新，非今日劇界所當從事哉。曩時識汪笑儂於上海，其所編《黨人碑》固切合時勢一悲劇也。余曾撰聯語以贈之。顧其所編情節，多可議者。望其能知此而改良耳。

清・天僇生《劇場之教育》 天僇生曰：國之興亡，政之理亂，由風俗生也。風俗之良窳，由匹夫匹婦一二人之心起也，此一二人之心，由外物之所濡，耳目之所觸，習而成焉者也。是一二人者，習於貞則貞，習於淫則淫，習於非則非，習於是則是。其始也起點於一二人，其終也被於全國。造因至微，而取效甚巨。此義也，孔子知之，司馬遷知之。孔子曰：聲音之道，與政通矣。司馬遷曰：雅頌之音理而民正，噭噭之音興而人奮，鄭衛之音動而心淫。是以古之聖王，設官以世守之。本之性情，稽之度數，而制爲五音，以化成天下。春秋之世，王失其綱，聖人不作，雅樂喪缺，譎諫之士，漸有扮古衣冠，登場笑謔，以諷時政者。蓋樂歌僅有聲，而演劇則兼有色，其大旨要不外懲惡而勸善。歷數千載，暨於隋氏，戲劇乃大興於時。隋謂之康衢戲，唐謂之梨園樂，宋謂之華林戲，元謂之昇平樂。元之撰劇演者，皆鴻儒碩士，窮其心力以爲之。趙子昂謂良家子弟所扮者，謂之行家生活，倡家所扮者，謂之戾家把戲。關漢卿亦言扮演戲劇，須士夫自爲之。蓋古人之重視演劇也如此。明承元後，作者代起，如王渼陂、康對山、梁少白、陳所聞諸人，凡所撰新劇，皆自行登場，無有敢從而非議之，呼之賤行薄伎，如今世之所爲者，誠以其所關大也。至本朝雍乾中，以演劇爲大戒，士夫不得自畜聲伎。自此以降，而後移風易俗之權，乃操之於里嫗村優之手。其所演者，則淫褻也、劫殺也、神仙鬼怪也，求其詞曲訓雅者，十無一二焉，求其與人心世道有關者，百無一二焉。吾聞元人雜劇，向有十二科，忠臣烈士，孝義廉恥，叱奸罵讒，逐臣孤子，居其四，而以神頭鬼面，煙花粉黛爲最下下乘。可知戲劇之所重，固在此而不在彼也。又元人分配脚色，咸有深意存其中。曰，正末，當場男子，能指事者也。曰，副末，昔謂之蒼鶻，鶻者，能擊賊者也。曰，狚，狚狐屬，好淫，後譌爲旦。曰，狐，妝官者也，後譌爲孤。曰，靚，傅粉墨，供笑諂之義，後譌爲净。曰，猱，妓之通稱也，猱亦狐屬，能食虎腦，以喻少年愛色者，如虎之愛猱，非殺其身不止也。由是以觀，是古人之於戲劇，非僅借以怡耳而懌目也，將以資勸懲、動觀感。遷流既久，愈變而愈失其真。昔之所謂雜劇，寖假而爲京調矣，寖假而爲西皮、二簧矣，寖假而爲弋陽、梆子矣。於古人名作，其下者讀而不之解，其上者則以是爲娛悅之具，無敢公然張大之者。於是而戲劇一途，乃爲雅士所不道也。而世之觀劇者，不得不以婦人孺子及細民占其多數。是三種類者，其腦海中皆空洞無物，而忽焉以淫褻、劫殺、神仙、鬼怪之説中之，施者既不及知，而受者亦不自覺，先入爲主，習與性成。觀夫此，則吾國風俗之敝，其關係於戲劇者，爲故非淺鮮矣。昔者法之敗於德也，法人設劇場於巴黎，演德兵入都時之慘狀，觀者感泣，而法以復興。美之與英戰也，攝英人暴狀於影戲，隨到傳觀，而美以獨立。演劇之效如此。是以西人於演劇者則敬之重之，於撰劇者更敬之重之。自十五六世紀以來，若英之蒿來庵，法之莫禮蔼、那錫來諸人，其所著曲本，上而王公，下而婦孺，無不人手一編。而諸人者，亦往往現身説法，自行登場，一齣未終，聲流全國。夫西人之重視戲劇也如此，而吾國則如彼，即此一端，可以覘强弱之由矣。吾以爲今日欲救吾國，當以輸入國家思想爲第一義。欲輸入國家思想，當以廣興教育爲第一義。然教育興矣，其効力之所及者，僅在於中上社會，而下等社會無聞焉。欲無老無幼，無上無下，人人能有國家思想，而受其感化力者，舍戲劇末由。蓋戲劇者，學校之補助品也。今海上諸梨園，亦稍稍知改良戲曲矣。然僅在上海之一部分，而所演新劇，又爲諸劇中之一部分，即此一部分中，去其詞曲鄙劣者十之三，去其宗旨乖謬者十之三，去其所引證事實與時局無涉者十之三，則夫異日所穫之實亦僅矣。吾聞華嚴入法界品，有所謂婆須密多者，吾願吾國戲劇家咸知此義，以其一身化億萬身，以救此衆生。吾尤願吾內地十八行省，省省得志士，設劇場，收廉值，以灌輸文明思想。吾更願吾海上諸名伶，取舊日劇本而更訂之，凡有害風化，窒思想者，舉黜弗庸，以爲我民造無量幸福。僕也不才，夕夕而祝之，且且而祈之。

清・淵實譯《中國詩樂之遷變與戲曲發展之關係》 劃成一新紀元於中國文學史上，放陸離之光彩者，元代之雜劇及傳奇也。【略】欲知樂府詩餘傳奇雜劇之性質，宜先自上古至於今日上下四千餘年間，於歷史上研究音樂之變遷興亡，不然則無由知其真相。【略】及元之亡，而明興焉，天下復爲南人所有。南人者，漢人也，南人之耳，慣於柔遠緩和之調，不諧於北曲，故北曲自此時乃漸衰，五家之村，十户之邑，到處盛行者，南曲而已。巨擘如《琵琶記》，涵虚子選擇元詞之名家，無一語及高則誠者。由此觀之，則在元代，或有爲世所不知，至於此而聲價百倍，朱門綺席，茶寮酒館，非此曲則不歌，以至於明之末，河南侯雪苑南闈下第，出金陵時，名妓李香君送至桃葉渡上，奏其一闋，詩爲盛事，概可證也。如彼之北曲《西厢記》，明代樂師李日華改爲南調，以便梨園之演唱，可推想時俗之嗜好，於南曲何如也。但雜記所傳，有金陵當樂院之名妓劉麗華，於世宗嘉靖二十年，以口授刻《西厢》古本，海陽之黄嘉惠，以隆慶某年刻董解元絃索《西厢》，以傳於世，則他曲雖未盡絶，然此寥寥者，亦可謂好事之特癖也。雖然，久經歲月，時勢遷移，樂律亦隨之變，今日非昨日也。故後之演南曲者，先以現世所變遷之樂譜爲基礎，更填補削改其詞曲。故把明代所翻刻之《西厢記》、《琵琶記》諸傳奇，與古本相比較，則詞曲之間，必有見及於其文字增減之跡者。然後之論者，或云無學文盲、優伶之徒，爲便口耳，玷破此精金美玉，爲文字累如此。夫以優伶之惡筆，增減原詞，誠不可也。雖然，若不增減，則不協律，不可歌，即萬不得已爲之，亦少假矣。明之末，自湯臨川出《玉茗堂四夢》以降，江湖之名士，倣之作者極多。及福王南京即位，一代之奢侈，學六朝亡國之故態，建興寧宫，起慈禧殿，詩酒宴樂，朝夕歌舞，取快一時。上之所好，下必甚焉，舊院之花，秦淮之月，茶寮酒舍之繁華，隨時俗之要求，致前代未有之盛。雖然，以作者多則亦如宋末之詩餘，將衰亡之時，中間或多有味於音節者，亦頻流行於世，且以清兵南下，社稷覆亡，樓閣付兵燹，衣冠歸塵土，優伶舞妓，離散四方，同時樂譜之散亡，舊本失其師傳，至不復可歌者亦不少。今舉其一例：如清初尤西堂《黑白衛》之自序：

王阮亭最喜《黑白衛》，攜赴如皋，付冒辟疆之家伶，欲親爲顧曲，吴中士大夫家往往購求抄本，輒授教坊，爲宫譜之失傳，雖梨園之父老，亦不能爲樂，良可慨也。若即此語而按之，則尤西堂所作傳奇，此《黑白衛》之外，有《讀離騷》、《弔琵琶》、《桃花源》、《清平調》、《鈞天樂》等凡五種。此五種者，皆於清初得付演奏，唯此《黑白衛》之一種，元爲明末之著作，依於當時所存之宫譜而填詞者，其宫譜則於明之亡而殉之亡，故今不能協和也。由此觀之，地覆天翻，衣冠塗炭，沐猴竊位，風月傷情，其如何於傳奇大發展時生一大頓挫，良可慨也。及清康熙三十九年，山東曲阜孔尚任著《桃花扇》傳奇，爲其填詞也，先以曲本示於前明之末金陵秦淮之伶人歌客名播遠邇者丁繼之之朋友王壽熙者，待其熟解，始依譜而填之，及成一曲，則壽熙按節而歌之，不穩之處，即就改製之，其苦心可稱也。雖然，此亦清初之填詞耳，若比於前代已足證如何之衰微。況也，更經二百餘年，其間閱幾多摧殘顛倒刻剥之星霜，以至於今日如《西厢記》、《琵琶記》、《玉茗堂四夢》，雖典麗高雅之歌辭，依然千古，而樂律失傳，不復可歌。文人學士，酒後茶餘，花前月下，徒爲爲目之詞，與詩賦並論而已。其改竄面目，試演氍毹，大抵醜陋淺易，於前代殆無聞者，僅由於村優里娼之口歌於酒旗歌扇之間者而已矣。要之雜劇傳奇，自宋之詩餘出，詩餘自漢之樂府出。樂府、詩餘樂也，曲也，傳奇，亦樂也，曲也。縱其腳色，雖分生旦正副，是特由於技舞之動作以顯之，然其所主者，在歌唱而已。如俳優者，自有識者視之，則計其色藝之巧妙，無仍取其歌喉之宛轉，此所謂非以目取，乃以耳求者也。是則中國音樂之發達，固已夙矣。然今日則實可謂之爲絶滅之時代則又何也。是亦諸君所喜研究者乎。滿清之入關也，其英武達略不如元人，其小慧術智，固遠勝於元人。然自明太祖之逐元也，首提倡民族主義。加以自宋以來，理學日盛，其間莫不含有復仇思想，明之學者，更推而揚之。故明之亡也，東南之起義兵，倡光復者不絶，清人經百戰汗血始克統一。其間監謗之功，自不得不厲，故康乾之間，文字之獄，數見不鮮。考其傳記，時有内廷演劇，有傷感情，戮及供奉者。故一時内廷樂部，凡有裝演，必爲牛鬼蛇神，千變萬化，如孫行者、楊二郎、飛天夜叉、金龍四大王等類，一時金鼓喧嗒，旗馬雜踢，方以爲快。蓋清人之起也，由於小部落，不知音樂美術爲何物，宜其出此。特其所長者，在射御技擊，其所短者，在政治文學。其大酋欲利用其所長，以壓制多數之民族，故使其全族皆兵，不得入詞林，不得爲商賈，讀《東華録》康熙一朝時事，則每下明諭，諄諄然以此相戒勉，宜其重視彼，而輕視此也。然至今日，北京之炎族民兵，遊手遊食，衣食概不完，尚多口唱梆子，手提鳥籠，終日沉醉於茶園者，此爲作者所目擊，豈嚴氏所謂將欲愛之，適以害之乎。然而結果，則使漢人有朝不保夕之虞，不暇一商量於美學，以陶寫其性情，使清人有口糧豢養之習，造成一不識不知木石鹿豕之人，是亦慎矣。雖然，今日更非昔比矣，泰西之新聲，共太平洋澎湃而來，其諸乎，復有唐太宗時代，元世祖時代之結果，而發明者乎。固爲今日一般社會之所必要，示爲一般之學者有一研究之價值乎。方還《崑曲粹存序》邑人集《崑曲粹存》，都十二集，屬爲弁言。方還素不諳聲律，顧嘗考之里巷，聽之鄉父老，凡數百年流俗，聲音之好尚，與夫崑曲盛衰之沿革，可得而述焉。元尚詞曲，明承其後，流風益暢，文人學士往往自撰院本。而吾鄉魏氏良輔，遂以崑曲得名正始元音，雍容揄揚，此一時也。明季以迨國朝，海内靡然，樂其詞而歌演之，幾於家吴歈而户南音，而吾鄉玉山之麓，廣不逾數里，梨園五六部，甲於東南，其風肆好輝雲而麗日，此又一時也。下迨吾世，國家當極熾而半之後，民生其間，物力不繼，而又承粤寇之敝，海内彫殘陵夷，舊時聲律，遂闕焉未遑董理。然歲時，鄉里報賽所歌演者，猶率皆鄉音。距今數十年，寖衰寖微，四方好尚日趨于北音，而吾鄉亦復罕有能歌崑曲者。此又一時也。夫風尚之異，原於政教。世之崑曲，已非三代古音。然氣和而節舒，宅中而履雅，聞其音可以宣湮導鬱，調燥劑暴，而無放恣之心。故當其盛也，士大夫皆崇節義，敦禮教，民氣安和。雖有變亂，率不踰常度。迄乎今日，南風不競，四方之人，率皆肆口而歌爲燕、趙、秦、隴間音。柔之，則妖冶，剛之，則忿鷙。而朝野間大夫士庶，亦皆囂赦善動，已非向日數百年之風尚。吾崑山以百里下邑，亦與乎盛衰得失之數覘世變者，觀乎政教，非第雅樂淪亡之感焉，矧其爲崑之人乎。

清·佚名《論戲劇彈詞之有關於地方自治》 竹籬茅舍，帶水抱山六七家，胡琴咿呀，村姑抱子而走集，稻赤麥黄，萬頃一望，鑼鼓其鏜，鄉人釋耒，問有一村一町一區一集而無説書者乎。曰無有。問有一村一町一區一集而無演戲者乎。曰無有。事之有害于地方也，莫如戲曲，事之有益于地方也，亦莫如戲曲。聽《寄簡》、《追舟》諸戲，則歸而踰牆，而婚姻太自由矣，觀《刼法場》、《打擂台》諸劇，則歸而厲刃，而民權太平等矣。戲曲良，則風俗與之俱良，戲曲窳，則風俗與之俱窳，戲曲退步，則風俗與之俱退，戲曲進步，則風俗與之俱進。講治地方，必自風俗始，講治風俗，必自戲劇、彈詞始。主嚴義則曰禁，主寬義則曰改，而吾謂禁之不若改之之善。戲劇哉，彈詞哉，具一切心，具一切法，一切衆生以爲眼耳口鼻色聲香味觸發，一切衆生以爲腦者也。吾若讕言，則入拔舌地獄。魏武非英主耶。《三國志》演而萬口齊罵奸臣。潘美非名將耶。《楊家將》演而千眼攢視佞帥。有《封神榜》而後有青獅、白象諸大菩薩，有《目連傳》而後有劍樹、刀山、十殿閻羅、龍父耳蛭、水母目蝦。以今之民，具今之智，雖曰禁之，禁可盡乎。此村撤鑼，而彼村開台矣，此巷投板，而彼巷點鼓矣。民生之好樂也，而必議捐議罰以苦惱衆生，休論禁之不能盡也，縱使能盡，抑何樂于爲此耶。況小弦急則大弦絶，必有鄉曲父老，推倒柴堆，抛卻煙筒，起而與君爲難，而爲地方自治生一大阻力也。

分論

清·王國維《戲曲考原》 戲曲者，謂以歌舞演故事也。

清·鄭賡唐《三忠記序》 文人筆鋒，走奇踪于腕下；壯夫熱血，雪公案于生前。蒼素既分，忠邪如鏡，見之者形語舞蹈，聞之者不禁怒嘻。此性情寄託，有攸備也。李師婁先生，才高績學，性癖躭佳，蹭蹬名場，放懷山水。晚年遇益窮，情益曠，著有《鸚鵡記》爲女俠宣憾，幾令鬚眉媿死。乃讀史至土木之際，慨然有懷于人倫之際，欷歔往事，責備賢者。獎借批鱗，喜君子之類聚；誅殛權奸，信天道之好還。正氣昌言，腸深孤憤，微文冷語，淚濺感時。且掖一新進而爲肅滑救過，憾極罪弁而爲恭懿闡幽。眼光千古，深意孤騫。以爲雜劇，則登場之董狐；察其義類，殆漢紀之荀悦也。嗟乎，先生記事即絶筆矣。故老諸君，悼亡念故，各爲表章。余棘人也，何能讀此，以先生遺命，亦妄附數言爲巫陽之大招，後有作者追先生之志，干城名教，豈小補哉。

又《鸚鵡傳奇序》 花譜新翻，琵琶再續，蘭社稽古，錦車唱吟。既相胥而巾幗，亦何有乎鬚眉。況乃破鏡仍圓，匪高唐之巫雨，幻形立起，羡茅山之押衙。邂逅班荆，不期伉儷遊戲，子墨遂開，藥籠奇哉如許。此括蒼主人所爲寓言也。主人性哲高騫，辭場擴落，罹人間之憂患，發物外之渺思。謂世局何常之有，男女悲歡，顛倒似關造物，死生倏忽，廸吉終異逆凶。以是達觀，演爲高調。託飛禽之解語，架騷管以情深。作者剡紙如蕉，讀者亦感懷自遠。《牡丹亭》夢，不專美于玉茗，明月夜香，且嗣響于《幽閨》矣。

清·葉燮《己畦集·乘龍鼎劇本題辭》 《詩》三百篇之爲經也，説詩者謂其發乎情，止乎禮義，故雖《鄭》、《衛》之詩，其始不正，終則要歸乎正，聖人猶有取焉。蓋發者，發其端，猶六義之有興，以情發端，端見而情已謝，由是循循以歸乎禮義，猶爲學者之循序漸進，弃故就新，故君子以爲無害。若其始也，依乎情則以情爲本，求其止乎禮義，則難矣。後世詩賦之家，屢變而爲詞曲。原詞曲所由來，先依其情而後有其言，於是言出而徵諸事，事未必應也，遂憑空結撰，無一可徵，莫須有、亡是公，情與事兩乖，而欲其止乎禮義，得乎。於是淫詞邪説，爲禮義之罪人，是在所亟詘者耳。京口姜子二公，嗜古好奇之士也。其胸中眼中，若有所不可者，若有所欲吐者，才情横溢，蓄於中而不能舒，而爲磈壘，往往借詞曲以寫之。爲《乘龍鼎》劇本，以寄其嘯傲。事在南宋慶元、嘉泰年間，述吕氏兄弟直諫死竄始末。其中如理宗之遜野龍潛，侂胄之權姦誤國，許趙之諂媚喪心，金人之乘釁南牧，以及趙希瀘、全保長諸逸事，其大者確徵之史，細者亦見於稗官，無有爲亡是公者。忠孝備唱，隨完友恭，得無非人心之正，尚得謂爲發乎情者乎。直可謂發乎禮義以止乎禮義者矣。至其述京口之江山，遡南徐之形勝，千秋憑弔，恍然在目。昔人謂少陵之詩爲詩史，余則謂姜子之詞爲詞志，亦庶幾無媿於作者耶。至其措辭都雅，律吕精嚴，尤爲倚聲家所推重，此又姜子能事之餘，而未足以窺姜子矣。

清·尤侗《西堂全集·詒燕堂樂府序》 昔王美陂作《杜甫遊春》，馬東田作《中山狼》，徐文長作《漁陽三弄》，三子者，皆心有怨毒，鬱結而不伸，故借填詞發不平之鳴，所謂奪他人酒杯，澆自己塊壘，亦才人狡獪之常態也。若越雪山人，始於困阨，終於榮華，志已得矣，冤已消矣，而復屑屑焉筆之、墨之、歌之、舞之，不已甚乎。解之者曰：凡山人爲此者非以自快，蓋警世也。吾觀二十一史，大抵恩怨之事十居八九，而載記者不遺焉。故齊襄復九世之仇，《春秋》大之。句踐洗會稽之恥，《越絶》韙之。至於伍胥鞭平王之屍，范雎頸魏齊之首，疑乎倒行逆施，矯枉過正，而太史公立爲列傳，摹寫情狀，悲壯淋漓，使千載之下，讀者慷慨感激而不能已。方其危機交急，雖操刀必割，烈丈夫不憚爲之。然山人未嘗出此，只以福善禍淫，時乃天道，故假手於造物，得以推蕩險阻，開拓功名。今痛定之後，觀身説法，留此一篇公案，寄託於琵琶綽板間，雖遊戲三昧，要有深意存焉。蓋言之者無罪，聞之者足以戒也。若其音律之協，賓白之工，上掩東籬，下方海若，則周郎之顧，爲江東擅場久矣。予又何以贊之。

又《梅村詩序》 有明才人，莫過於楊用修、湯若士。用修親抱琵琶，度北曲，而詞顧寥寥。若士四夢爲南曲野狐精，而填詞自賓白外無聞焉，即詞與曲，亦有不相兼者，不可解也。

清·安致遠《神仙棗·題詞》 予齊人也，世家海上，譜牒遥遥，尚祖安期，理或非誣。按劉向《神仙傳》，期生爲琅邪阜鄉亭人，秦皇東巡，與之語三日夜，留赤玉舄以報，又以篋千項羽不用，時人謂之千歲公。壬申春暮，予遊九仙，登望海臺，於煙波没滅間，髣髴遇之。今年丁丑，齒居七袠，擬欲倩人貌安期生食巨棗圖以自壽，以時無善手，點染難工，兒箕因作小賦以獻，予賞之，又以其餘材演爲雜劇四折，名曰《神仙棗》。夫元人十二科，以神仙道化爲第一，玆或其不戾於作者之旨歟。邑有眉瞻崔子者，家畜雛伎，雅善新聲，令其按譜而調之，既以自娱，亦以娱人。歌成，客有過而謂予者曰：子以歲儉苦饑，乞米有帖，指困無人，而乃流連於歌場酒社，紅牙紫拍之間，無乃爲陶胡奴輩所笑。予應吾自有吾家之巨棗在。

清·叢澍《唐堂樂府序》 粤自吹嶰聽鴻以後，肇始宫商；和聲依永以還，權輿詞賦。寶鼎赤鴈之歌，作開樂府於齊梁；紅鹽白苧之調，興極倚聲於唐宋。葢詞變爲曲，體兼乎小令長歌；而曲别有音，務叶乎鵝笙象板。穠情豔質，須周柳之香柔；鐵撥鵾絃，尚蘇辛之感激。苟非慧業，鮮辨舌脣齒齶之微；自是才人，能通清濁高下之妙。然而情難蹠實，事比鏤塵。暮雨朝雲，要亦虚無之説；鴆媒魚媵，詎常真有其人。達者喻之空花，愚者求之楮葉。已今讀《四才子》傳奇一編，事以奇而足採，言復信而有徵。名士之溷迹多微，文人之鍾情倍篤。侈狂飲則濡首潑墨，醉草龍蛇；詠姻眷則月姊雲君，諧成琴瑟。藉彼幽事，抒君微言，間亦寓其不平之感。慷慨悲歌，要自發其難已之情，淋漓痛快。夫俳優爲致身之始，功名漫羡輞川；雲雨鮮作合之緣，紅紫安歸小杜。獨醒何益，算來不若糟丘；是色俱空，何處能尋玉杵。言中指點，宛爾拈花；象外形容，居然印月。至其敲金戛玉，刻羽引商，窮節拍之精，極排場之雅。上如抗，下如墜，爲樂至斯；倨中矩，句中鉤，移情不淺。此璧月瓊樹，難誇江令才華；而風片雨絲，不數臨川麗製也。然而不逢賞識，那得長嘶；幸遇知音，寧辭酬唱。大中丞公建牙西粤，製昇平樂府，以時事而播管絃；石牧黄君載書東閣，以才子傳奇，借古事而揮豔藻。一則生民清廟，雅頌宏音；一則沅芷湘蘭，屈宋逸響。惟聯吟刻燭，以相得而益彰；故白雪陽春，自有美之必達。他日薦以上林長楊之手，晋於金馬石渠之間。行將鼓吹休明，賡颺景運；豈其紅牙拍按，但付船娘。黄督調工，聊填瑟部，已乎傳之四國。人間織元稹之詞，詔下三台，天上寫韓翃之句。

清·陳元龍《唐堂樂府序》 數聲羯鼓，花萼皆舒。一曲烏棲，鬼神欲泣。苟極聲音之妙，可通造化之靈。江南梅子，獨擅歌詞。西苑桃花，爭傳樂府。才子之心似錦，金碧宛然。文人之吻如珠，宮商自合。緣情摛藻，既有色而有聲。望古興懷，皆可歌而可舞。嬌鶯百囀，並入毫端。妙伎千妍，悉陳紙上。雖曰文章餘事，實由慧業。前因若夫事韻遇奇，香流青簡，情深思邈，名在丹臺。或混迹以炫才，或任狂而得麗，或縱酒而成趣，或慕色而登仙，在昔相傳，無須影射於今，若覯悅接風流，此四才子傳奇所由作也。夫猱雜何人。狹斜何地。糟丘豈終老可營。玉洞豈塵容可即。然而偶逢翦拂，何惜長鳴。倘遇溫柔，寧辭同夢。莫笑衆人皆醉，醉以全天。誰言太上忘情，情能契道。借梨園之生面，標藝圃之美談。故實可稽，風姿如繪，豈與妄想成緣，子虛託興者比哉。加以引商刻羽，如夜光之瀉盤。含英咀華，若流雲之暈月。宜乎濡毫按節，已落梁塵。展卷聞歌，旋飄庭葉。不待車子當筵，順郎啓口也。嗟乎，孟初中千秋詩話忽聽，白紵新翻。周景元數幅畫圖，總入紅牙。舊譜奇才絶豔，天假之緣。書淫酒狂，吾從所好。雖復名餘一障道隔兩塵，而蓬萊仙吏尚記前生碧落。侍郎現生凡境，遊戲圖書之府，流連金粉之場，君患才多，吾嗟觀止矣。

清・沈樹本《唐堂樂府序》 製曲之難，有甚於詩文者。文可任意卷舒，詩限聲韻，其律猶寬。曲則調有宮，句有板，字有音節，稍未協合，雖文詞雅麗，而一入歌喉，直如棘刺，適爲伶工笑耳。故知詩文之得失者甚多，而知曲之工拙者絶少。世人競稱臨川湯義仍之填詞，然其《四夢》傳奇，不知仙吕、商調爲何體，不知唇舌齒齶何聲，偭規越矩，顛倒踳駁，曾不能窺此道之藩籬，迺以其時露俊語，遂一唱百和，以爲詞家能品，豈不慎乎。丙申夏，余遊桂林，晉謁大中丞陳公，以余通家子時留座隅，復招遊疊綵巖，置酒風洞，得遇雲間黃子石牧。推襟送抱，恨相見晚。酒半，公出近刻《昇平樂府》示余，余受而讀之。琅琅乎撚金考石，聲徹九霄，不勝觀止之嘆。公曰：黃子雅善填詞，所著尤夥，洵藝林之奇寶也。翌日，黃子過余寓齋，出增雜劇數種。標新領異，動魄驚魂，幾欲與公爭勝。蓋公之作，皆雅頌之音，宜奏諸明堂清廟，而黃子之作，則體會人情，牢籠物態，備極風人之致。此實其地不同。而調無累句，句無誤字，則皆合於尺度，歌之無有不諧，非若玉茗堂中强作解事，徒博耳食者之傳誦已也。嗟乎，黃子以抑塞磊落之才，半生失志，而乃借古人之佳話，寫自己之愁腸，其亦有不得已焉者矣。世第見其所言，皆神仙兒女之事，以爲文人樂境，而不知其皆不平之鳴也。雖然士附青雲，則名施後世。陳公愛賢若渴，行且以上林長楊薦諸黼座。他日公賡歌於前，黃子從而和之於後，必有和其聲以鳴國家之盛者。區區文章小技，惡足以窮其所造也哉。

清・王吉武《唐堂樂府序》 古者詩以言志，而咏歌之即爲樂，所以鳴悦豫，宣湮鬱也。顧詩之爲義，貴於涵畜不盡。迨詩變爲詞，詞變爲曲，於是作者之心思，乃發洩而無餘留矣。何者。通雅俗之閒情，極悲歡之殊致，嬉笑怒罵，盡屬波瀾，劇語方言，咸資點染，以至絲簧按拍，爨弄登場，歌哭如生，須眉欲活，摹忠孝則頑懦聳心，斥姦諛則婦孺戰□手，故才士往往樂爲之。然即事寫懷，無非寄託，大抵出於坎壈失職、牢騷激發者爲多。前代名家如對山、渼陂、義仍、文長諸公，或盛年放廢，或高才轗軻，並藉引商刻羽之詞，以自抒其抑鬱。雖感興不同，而其有所寄託則一也。是説也，予素嘗及之，乃今讀石牧黃子所著四種樂府而益信。石牧文采清門，異姿天挺，含華摛藻，學無所不窺，生機雲之鄉，正所謂君患才多者。【略】其中殆有不舍然者。於是援据舊事，攄發新詞，笑坦率之誤身，悵無媒之失路。而覺文章之動人，不如琵琶之悦耳也。至若寫樊川之跌蕩，憑詩句而見風流。狀長史之顛狂，借酒杯而澆塊壘。即神仙伉儷，契合三生，亦是宋玉之微詞，景純之感遇。蓋文至傳奇，都無定準。共寫一人，而儘可移步換形。並拈一事，而不妨同牀各夢。即以《鬱輪袍》言之，家綖山先生所作，秪自明其萋菲之無端，而黃子所製，則深示以吹噓之有力。亦各吐其胸中所欲言耳。或者猶執一説，而拘文牽義以求之，不亦固乎。若夫才力之雄奇，詞華之芳贍，陶鎔珠玉，翦刻風雲，以及審音按律之嚴，科段排場之細，海內詞家應共識之，予不復道也。

清・張令儀《夢覺關・自題》 乾坤一大夢場也。自混沌初分，至於今日，篡殺爭奪，恩仇不爽，無往而非夢。試問漢寢誰存，秦灰安在。豈必鹿藏蕉葉，飯熟黃粱，而始謂之夢哉。蓋夢生於情，人孰無情，豈能無夢。惟老萊子、嚴子陵輩，如醒客之對醉人，如醫家之處病者。雖不能拯其沉溺，猶能脱略自如。雖在夢中，不爲夢所苦耳。其間顛顛倒倒，困殺多少英雄，空陷百世之迷途，誰識三生之覺路，良可悲夫。予偶閱稗官家所謂《歸蓮夢》者，見其癡情幻境，宛轉纏綿，幾欲隨紫玉成煙，白花飛蝶。忽而明鏡塵空，澄潭心徹。借老僧之棒喝，挽倩女之離魂，得證無上菩提，登彼覺岸。於是芟其蕪穢，編爲劇本，名曰《夢覺關》，吾願世之讀者，要當知夢幻泡影，水月空花，本來無著。佛經有云：無我相，無眾生相，受者相，四大本空，情生何處。編是劇者，亦本我佛慈悲之意云爾。

又《乾坤圈・自題辭》 造物忌才，由來久矣。自古才人淪落不偶者，可勝言哉。至若閨閣塗鴉，雕蟲小伎，又何足道。必致窮困以老，甚而轗軻失意，顛沛流離，豈非造物之不仁之甚與。故東坡詩云：但願我兒愚且魯，無災無難到公卿，蓋深於閱世者之言也。蠹窗主人偶于長夏翻閲唐詩，因感黄崇嘏之事。崇嘏以一弱女子，以詩謁蜀相周庠，甚稱美，薦攝府掾，政事明敏，吏胥畏服。庠愛其才，欲妻以女。乃獻詩云云。庠得詩大驚，始知爲黄使君之女，原未從人，與老嫗同居。因歎崇嘏具如此聰明才智，終未竟其業，卒返初服。寧復調朱弄粉，重執巾櫛，向人乞憐乎。故托以神仙作間雲高鳥，不受乾坤之拘縛，乃演成一劇，名曰《乾坤圈》，使雅俗共賞，亦足爲蛾眉生色，豈不快哉。

清・松石間人《揚州鶴序》 杜子春爲守丹，不知丹是何藥。予往來揚州者三年，偶憩瓊華觀黄鶴樓上，往見雙屋此編，乃恍然曰：此非丹藥方邪。方即是丹，丹本天藥。藥所以已病，如意謂天藥，則病者危矣。病固不一，而通受其病者莫如錢。予即指錢以爲藥。諺所謂心病心藥醫，又所謂毒攻毒也。其《本草》云：錢味甘，大熱有毒，偏能駐顔，采擇流涌，善療饑寒困阨之患，能利邦家，惡賢達，畏清廉。貪婪者食之，以均平爲良，如不均平，則冷熱霍亂。其藥采無時，采至非理，則味臭。及既流行，能役神靈，通鬼氣。如積而不散，則水火盗賊之災生，如散而不積，則饑寒困阨之患至。一積一散，謂之道，不以爲珍謂之德，取與合宜謂之義，使無非分謂之禮，博施濟衆謂之仁，出不失期謂之信，入不妨已謂之智。以此七術精煉，方可云而服之，令人長壽。服之非理，則溺志喪神，切須忌之。張燕公著《千秋全鑒》，《本草》亦出其手。良醫、良相相兼善者，誰能不一唱而三歎也哉。

清・于振《揚州鶴序》 若夫春秋代序，乾坤本傀儡之場，泡影無端，爾我亦魚龍之戲。問郭家之金穴，衰草寒荆，過石氏之珠樓，殘酷剩粉。偃師奚怒，偶然屬目于空花，猗頓何權，暫爾假錢于司命。意者壺中日月，差可消遥，海上風光，聊堪把玩者乎。則有柘館名流，蕪城才子，索居無事，到處爲歡。寄本意于倚聲，寫閒情于理曲。窗開朱鳥，侍兒捧硯匣而來，帳啓青牛，歌者挾箏床而至。財夙輕其十万，名不愧乎半千。以道人解脱之心，傳游子窮愁之況。故夫《揚州鶴》之緣起也。癡郎年少，未曉治生，仙客情長，深憐落魄。爾輪爾載，既仆仆以不辭，予取予求，亦多多而益善。全疑點出，恒河沙可隨手以揮，錯以鑄成，刹那頃便立身無所。可是法華窮子，思諸寶城，勾漏仙方，偕游福地。俾安心于金鼎，將翹首于玉京。風雷虎豹，曾不經懷，牛鬼蛇神，何嘗眴目。然而夔蚿世界，蕉鹿光陰。情尚戀于愛河，習未除于净域。三生石上，重締良緣，百步障前，忽携愛子。妄非息女，懷故宫而不言，郎類賈君，索如皋之一笑。豈意鼓琴趙治，難望夫憐，争博齊姬，能令公怒。心頓傷于碎璧，口忽忘其緘金。早地裂而山摧，竟丹飛而鼎竭。恍如隔世，誰爲兒女之情，勘破機關，即是神仙之路。此所以芒鞵行杖，願脱浮生，石室丹臺，終題姓字者也。仆也霜酣紅藥，曾停邗上之車，尊卷白波，得醉余杭之酒。猶憶筵前，雙豆憐記拍之，衛娘燈下，千觴感轉喉之。車子仙緣，塵夢瞥眼皆空，魔障道心，聞聲而寂。借筆花于名士，當棒喝于禪人。喜聽新聲，謬爲庾語。文章江左，自今玉種家家，煙月揚州，重見花開樹樹。

清・李來泰《蓮龕集・玉山記題辭》 憶少年旺躁場屋，友人傅平叔輒舉歐陽子芳語以自廣，時子芳已建大將旗鼓，肘金印如門大，及滄桑遞改，黄冠無恙，偶一出山，鄉里倚以重活，即脱屣去之。昔人雲，神仙者，英雄退步，詎不然與。有客持示《玉山》傳奇，敘次子芳本末甚悉，餘不覺掩卷三歎也。勝國之季，胡粉飾面，搔頭弄姿者，大不乏人，霜降水落，不堪黄旖綽輩一番指點耳。子芳經奇男子振臂一呼，瘡痍盡起，大淮南北，戰壘猶存。摩挲斯編，亦青海白翎之往因，東京夢華之遺録也，豈僅向三尺氍毹現身説法而已。

清・黄圖珌《看山閣集閒筆・文學部》 《琵琶》爲南曲之宗，《西厢》乃北調之祖，調高辭美，各極其妙。雖《琵琶》之諧聲、協律，南曲未有過於此者，而行文布置之間，未嘗盡善。學者維取其調暢音和，便於歌唱，較之《西厢》，則恐陳腐之氣尚有未銷，情景之思猶然不及。噫，所謂畫工，非化工也。

又《雙痣記・序》 聞昔年有萊姓者，忘其名，爲人誠篤，□□硜硜。

欲挾貲客嶺南，裹中人共訕其非良賈才，必蹈反薛故事。萊生奮其言而果行，卒爲奸儈所獲，遂淹留不歸。先曾向人言：必盡復其本。人亦笑之。無何，而衣食不給，遂隱姓名，肩輿糊口。風餐露宿，一十八年。即鄉中人之久客於此者，亦莫知其蹤跡也。其妻本儒家女，痛夫不返，恐墮家聲，乃盡散其貲業，課子成名。後爲嶺南司馬，赴任之初，萊生應募，適荷其妻。蓋萊生頸上有赤痣，如豆大，遂爲其妻物色得之，共偕老焉。予初哀其遇，繼喜其終於遇也，因援筆而敷衍成文。言雖過實，事逼真耳。是爲記。

清・赤柏子《也春秋傳奇序》 《也春秋》者，海陽之新劇也。劇何以名春秋。意蓋有所寓也。抑亦仿古人定褒貶、彰善惡，而托賞罰之權于穹蒼，以明報應之由，人胡不自省哉。合觀斯編，葛公卦任，微員也，詞中已□忠君救民之心。既而耕耘勸家，剪凶堂鞠，不遜黄綬。更□青絳，案定蕭何之律。岱岳難移，民興子産之歌。蒼凉遍誦，所以感天錫麟，題荐升任，二子登庸以慶團圓，理當然也。若夫余門四虎，大惡也。《虎壽》之曲，繪其肆行無忌之情。繼而鬧花燈，謀孽會，以蜂媒、蝶約、根圖、逼休，則天良没盡，魍魎公行矣。更可以者，占孤身招贅之妻，家傳妙法。欺子形無輔之老，夜逞凶鋩。所以天人共憤，神鬼皆嗔。陰魂之告，是啓天發怒之階。虎遁之謀，是彰天誅凶之兆。春既陽誅，而秋不可無陰譴，則雷之殛共全家，而人心于以大快，夫非以有同然者乎。其寫趙、汪之任俠也，實映春、秋之用謀。寫宋尉之儒也，正對葛公之英杰。机似綫，而意似珠，非苦心以揣摩，烏能若是之縝密與。予年老矣，久違城市，隱迹山林。虎案既成，予聞之亦不覺擲杖掀髯而稱快。及覽茲新編，竊喜諸君子之腋集成裘，何其渾然合也。予不揣老拙，謬以涂鴉之筆，序諸繡虎之文，得無忘其陋耶。

清・藥園灌夫《也春秋傳奇跋》 從來博雅，爭誇二酉、三倉。此日傳奇，乍睹一門四虎。名皆征寔，八九或屬寓言，筆可生花，百一無非警世。爾者借蝶使蜂媒之地，作蛇心蝎尾之場。鬧春燈而搶劫無端，幾使青閨體辱，施毒藥而尸踪莫問，復令碧海冤沉。固已郡邑通聞，神人共憤矣。乃淫坑不滿，既因妾以眠妻，欲壑難填，遂緣財而害命。刀鋒索絞，早已加身，砒豉蛇羹，幾乎入腹。苟非天水高隣，從空而下，誰爲打救衰翁。若匪丹砂仙尉，攝篆以行，安得盡鋤惡黨。此闔邑所以稱神明之宰，而吾朋因而哇絕妙之詞也。是以竊月偷花，翻譜出班香宋豔，轟雷激電，悉揮成陸海潘江。《四聲猿》悲壯淋漓，《十種曲》詼諧謔浪。臨川居士急與言情，粲花主人必當把臂。傳之藝圃，洵咳玉而吐珠，散入歌場，總引商而刻羽。僕爲誦此，更有進焉。則以名雖託諸歌劇，義實比之《春秋》。一字之褒，几榮華袞而威鐵鉞，全篇之唱，嘆起痿痺而豁矇聾。刺心之筆既多，怵目之言不少。雖逃世網，難逃天網恢恢，縱免人誅，不免冥誅隱隱。此又余殃余慶，犧易之垂訓同辭，而其事其文，麟經之直出無礙。豈徒曉風殘月，争妍于歌扇酒旗，不僅鐵板銅鉦，竟響于紅濤壁浪而已也。付之梨棗，以警凶頑。

清・王士禛《帶經堂詩話・叢譚門二・瑣綴類》 元曲之本色當行者不必論，近如徐文長《漁陽三弄》、《木蘭從軍》，沈君庸之《霸亭秋》，梅邨先生之《通天臺》，尤悔庵之《黑白衛》、《李白登科》激昂慷慨，可使風雲變色，自是天地間一種至文，不敢以小道目之。

又 宗柟案：詞餘爲曲，盛於元明。我朝自孔東塘《桃花扇》、洪稗畦《長生殿》二曲之外，指不多屈。

清・燕子京《鳳凰樓・序》 余幼家陪京，多聞鄉先輩稱説苗先生軼事，慕其志行高潔，輒神往者久之。稍長，得讀其詩《知白齋集》，益好之不已。而一時所交游俠輩，多又祖述姚君崇广，迹其行事，乃亦慷慨丈夫流也。今兩人並載省志，叙次簡略，存姓氏而已，心竊憾焉。時表弟幹子梁，同學王子久，雅有同志，欲余别爲立傳，以補未逮。既諾之矣，而十年以來，奔走道路，愿久弗遂。既又移家京師，潦倒科場，心爲境累，更忽忽置之。丁亥春夏五，子梁以事來京，聯榻草堂，尋及舊諾，意興復振。顧念筆性劣弱，文章盛事，似難勉强。傳奇一道，體近小説，得失之數，無足重輕，或可塞責。子梁故喜度曲，特慫恿之。時值酷暑，揮汗命筆，間以他務，作輟參半，殆及三月，草創始就。昔人論填詞有云：案頭場上，交相爲譏。蓋謂詞體聲律，罕能兼善。茲則詞既非工，律亦未協，揆之所云，幾于兩失。幸意義明顯，索解爲易。使百年遺韻，由此得以播諸雅俗，傳十傳百，樂道不衰，則于初心，固大快也。嗟乎知音遇合，政復何定，桃園金印幸者，斯傳獨恨。脱稿未半，子梁已别我東歸，子久復遘于家難，屏迹方園。風帘月燭，樽酒誰論。倍以增思人懷土之感耳。

清・張鵬《天燈記叙》 昔宋廣平鐵心石腸，無斌媚態，而作《梅花賦》，清新富豔，得南朝徐庾體。今觀於石恂齋，若有相似者。然石君與余交幾五十年矣，學問迥軼輩流，挹其心腸，饒有金石風。與余談論經史，上下數千載事，瞭如指掌。其于元、白、温、李詩集，歐、蘇、黄、秦詞譜，元董解元北曲九宫十三調，靡不綜覽。故出其餘暇，雅好填詞以傳奇，悲壯激烈，縱横跌宕，繪聲肖貌，無不應弦而合節。偶成一劇，授諸梨園，按紅牙以歌之，觀者如堵牆，不脛而走，風行四國。由是所著之本最多，綜其生平，不下二十種。今擇其尤者五本，將付剞劂，問序於余。余流連三復，爲之繫節長歎曰：四大本空，萬緣俱幻。知其爲空爲幻而后，可萬變以用其情。知其爲空爲幻而后，可不變以正其情。情之所觸，善者可以感發人之善心，惡者可以懲創人之逸志。然則是譜也，以爲詩人風騷之遺也可，即以爲壁經降祥降殃之説也，亦無不可。雖遊戲之筆墨，寓有維風化、植綱常之義存焉，豈漫爲靡漫之音以娱耳快目也哉。而其譜曲之擅場，遠追若士，近掩笠翁，正如廣平之《梅花賦》，膾炙人口已久，不待予之復贊之辭也。

清·張纛《雙叩閽傳奇·自序》 憶余丙戌秋應徵北上，設帳於王府。館課之暇，奉内主命草撰雜劇數種，悉授家優演習，竊念素不解音律，恐終未能合腔叶調耳。今春有姻親授余以馮氏伉儷叩閽情節，大聳耳目，屬余爲劇以誌之，然當事者則欲述其真實，以顯厥志，操管者或稍避嫌於涉世，故易其朝代更其姓氏而隱括焉。其中或前後開合處，較真事稍有舛錯，一則顧事理之浹洽，一則祈觀場之悦目，且習演者限於脚色必花派均匀，庶能各盡其長。噫嘻。戲者戲而已矣，閲斯劇者，當會斯意，或不罪作者之妄臆也。

清·夏秉衡《詩中聖·自叙》 詩莫盛于三唐，而唐詩以李、杜爲鼻祖。太白天下奇特，故發爲詩歌，壯浪縱恣，擺去拘束，實有仙才。少陵則詞氣豪邁，屬對細密，其寓意遣詞，哀而不傷，懟而不怨，得風人忠厚之遺，非太白所能窺其堂奥。此李、杜詩體之概論也。若少陵境遇轗軻，更足爲才人酸鼻。天寶末獻三大禮賦，見賞於明皇，此其受知之始。嗣則禄山之變，宵遁靈武。房琯之敗，貶官鄜州。其間負薪採梠，兒女餓者，數人境亦若矣。得嚴季鷹之薦，宦遊西蜀，種竹植樹，結構錦江野亭於浣花裏，日與田夫野老相狎蕩，此少陵一生最樂之境。季鷹死，蜀中復有崔甯、楊子琳之亂，乃客游來陽，又爲暴水所阻，不得食者旬日，其遇更惡。然屢嘗寇亂，挺節無所汙，其爲詩文，情詞悱惻，忠不忘君，則少陵不獨爲一代之詩人，實亦一代之忠臣耳。余撮其生平顛末，播爲歌詞。其中略有潤色，以合傳奇家關目，而姓名事實，悉從本傳脱胎，非類俗本一味駕空，竟作海市蜃樓觀也。少陵爲一朝巨手，千古詩人，何待予言爲發揮。特足院本登場，最易感發人之性情。傳奇中多載太白事，未見少陵，無怪愚夫愚婦知有李白而不知有杜甫也。急爲被之管弦，欲使牧豎販夫皆知李、杜並重，是則予填詞之旨矣。□□□□□□□□暇論，以俟賞識家之指南云爾。

清·謝蘭階《綵毫緣·自序》 原夫鴛鴦制曲，吹罷瓊簫，鸚鵡填詞，題殘翠管。郢傳白雪，宋大夫之雅調猶存，笛弄斜陽，桓野王之清歌不少。或戲拋紅豆，樹號相思，或笑擲茱萸，藥稱獨活。固知烏絲麗句，鳳毫寫芍藥之篇，紫蕫雄文，龍杼織葡萄之綿。僕本有鵝洲狂客，蛟水愁人。泉石吟哦，時載酒於玉潭山下，煙霞嘯傲，常掛帆於笠澤湖邊。偶翻弦管新聲，竊仿宫商舊譜，南北引彈成别調。敢謂移情長短句，搜剩吟囊，差堪銷恨。然而本義雖辨，競病粗諧。刻鵠難工，未許唾壺之擊碎，造鵝易敗，何勞玉磬之敲殘。空歌回紇而倚聲，羞付雪兒以度曲。縱有千枝玳瑇，難誇烏角紅鹽，即饒七尺珊瑚，亦遜後庭玉樹。况夫沉香花落，捧硯無人，結綺春殘，劈箋少侣。吴季子之知音不遇，誰複傾心，陸士衡之把臂無聞，聊資撫掌。徒使橋頭紅杏，空攜來檀板銀箏，溪畔臼萍，止唱罷曉風殘月。自愧街談巷議，那堪貯以帳中，敢煩禍棗災梨，漫欲行諸世上。竊思左思傖父，未免貽譏，沈約中材，亦嘗致誚。【略】即或偶逢韻士，間過騷人，詠蝴蝶之佳章，誦鷓鴣之麗制，鮮不訶關、鄭爲詩詞之餘技，訾高、施爲製作之外篇。不知貶惡褒賢，即文人豈殊此意，揚風扢雅，雖小道亦有可觀。矧夫演出淋漓，座客聞而起舞，歌來宛轉，行雲過以不流。固非徒錦帶銷魂，共識斷腸之句，紅牙緩拍，才知杳渺之音。洵爲案間破夢之書，實亦席上閒情之助。嗟乎，芙蓉帳裏，帶結同心，朱鳥窗前，枝名連理。始信雀爐清怨，女亦憐才，絨榻愁吟，士真好色。加以邊軍奏凱，征人歌楊柳而來思，淑女于歸，之子向桃花而索笑。凡兹勝事，共集毫端，一切癡情，胥歸筆底。庶使青天碧海，長留蠲忿之方，繡幕紅氍，共唱銷愁之曲。

清·李調元《雨村曲話》卷上 《白兔》、《殺狗》二記，今世所傳本，謬誤至不可讀，皆後人竄改。蓋其詞原太質，人於方言不諳處，輒改之，面目全失矣。《荆》、《拜》二記亦然，然所存原筆處，多有後人不能辨也。元美責《拜月》，以爲無詞家大學問，正謂其無吳中一種惡套耳，豈不寃甚。觀元美於《西厢》衹取雪浪拍長空、東風摇曳垂楊線等句，其所尚可知矣，安不擊節於新篁池閣、長空萬里二曲，而謂其在《拜月》上乎。

又卷下 而屠長卿《曇花》白終折無一曲，梁伯龍《浣紗》、梅禹金《玉盒》終本無一散語，其謬彌甚。

又 張漱石有《玉燕堂四種》：《夢中緣》、《梅花簪》、《懷沙記》、《玉獅墜》也。《懷沙》撮合《國策》而成，堪稱曲史。杭州夏綸有《無瑕璧》、《杏花村》、《瑞筠圖》、《廣寒梯》、《南陽樂》、《花萼吟》六種。其《南陽樂》作諸葛武侯禳星獲生，滅魏、吳以成一統，意本之《翻精忠》，以平人心，詞更慷慨激昂，可歌可頌。全椒闌皐所撰《旗亭記》，爲詩人争聲價。詞雖欠老，亦樂府中之一大楔子也。鉛山編修蔣心畬士銓曲，爲近時第一。以腹有詩書，故隨手拈來，無不蘊藉，不似笠翁輩一味優伶俳語也。余往粤東，過南昌，其時蔣已入京，其子知廉來謁，問其詩，已付水伯。以所著《空谷香》、《冬青樹》、《香祖樓》、《雪中人》四本見貽。余詩曾有《空谷香》中人去遠之句，蓋懷心餘也。舟中爲批點一過，不覺日行數百里，但見青山紅樹，雲烟奔湊，應接不暇，揚帆直過十八灘，渾忘其險也。心畬與余交最契。其再補官也，爲貧而仕，非其本懷。壬寅相見於順城門之撫臨館，歡甚。曾許題余《醒園圖》。未幾，病痺，右手不能書。今已南歸矣。然聞其疾中尚有左手所撰十五種曲，未刊。蔣與武陵袁枚，時人有兩才子之目。晚年俱落落不得志。余嘗欲選二家詩爲《袁蔣探驪》，不果。袁詩曾爲選刊粤中。蔣詩竟棄波濤，良可惜也。

清·袁枚《後西厢序》 《西厢》一書，膾炙人口，由來尚矣。厥後，後金聖歎批定，宛如畫龍點睛，幾欲飛去。即彼作者，亦不知其技之神妙有若此。最恨者不知何傖父，漫將狗尾而續貂，宜乎聖歎有何用續、何可續、何能續之語矣。然愚以爲謂其不能續則可，謂其不可續則不可，何則。蓋不能續而偏要續，必至如前所續者之俗惡不堪矣。若能續而必謂其不可續，則亦未知《西厢》自是前人未成之書，要未可因其絶筆於《驚夢》一編，而遂謂其必欲如是而止也，何以言之。蓋嘗觀夫一切傳奇之書，不妨無其人而無其事，而斷不可有其始而無其終。若使《西厢》不續，則人與事俱無結局，奈之何而可謂之成書也。曷爲人與事俱無結局。比如張生與雙文，人也，人之中最着重者也。而長亭一别，張生果何結局乎。雙文果何結局乎。此二人無結局，則其餘之人可勿問矣。比如男婚女嫁事也，亦事之中最着重者，而長亭一别，男婚者果何結局乎。女嫁者果何結局乎。此二事無結局則其餘之事可勿問矣。由是言之，《西厢》固不可不續，而特未遇能續之者爲憾耳。已酉孟秋，有自號梅庵逸叟者赴試金陵，來予旅邸，出其手纂《西厢後傳》以示余。余不及展玩，留置案頭，約其試畢歸趙。因不憚廢寢忘飡，詳加披閱。夫乃歎斯人之作《後傳》，其功有難於前傳也。蓋前傳不過我作我之妙文而已，後傳則將前傳缺陷之處而一一爲之彌補，一一爲之照應，而又能别出機杼，與前傳迥不相侔。此其所以爲難也。昔人云：莫爲之前，雖美不彰，莫爲之後，雖盛不傳。今而後，前傳賴《後傳》而後成爲完本，斯《後傳》亦與前傳而永垂不朽矣。

清·梅齋《後西厢·自序》 一曰雪人不白之寃：《西厢記》所載鄭恒乃鄭尚書之子，崔相國之壻，老夫人之侄，而雙文之夫也。因相國棄世，孝服未除，故未成合。攷之十六篇中，並無有一句一字厭而惡之者，若果可厭可惡，相國在時，曷爲以傾城之愛女字之哉。寺警變後，老夫人何爲不賴鄭恒之婚，而賴張生之婚哉。吾不知《續西厢》者果何所見而喪心病狂，必欲致之死地而後快，即聖歎評者亦指之之爲人人厭惡之惡物，甚至以□比之，學唱公雞比之，以吃蝨猴猻比之。嗟乎。人孰無妻。無論鄭恒，未必庸陋。即使庸陋，而其妻被人踰牆而摟去，而復欲致之死地，而復欲傳其惡名，此固鄭恒累世不白之寃也。余故願比死者一灑之，而實爲作此傳之第一大綱領也。二曰完人未了之事：老夫人因停喪於普救之别院，遂結成才子佳人一段夙緣。夙緣既結，乃不久而遂戀戀而不能復合，是才子佳人終身未了之事也。雙文是鄭恒原配，藉端復許張生。鄭恒果甘心乎。一拈俗筆，必至如前。續者之相争而威逼，致其死矣，如其不死，則是鄭恒與雙文亦終身未了之事也。張生既知鄭恒不來，而相國靈柩停在寺中，不得歸葬，此又老夫人一門未了之事也。種種未了之事，前人不能了，余前后打算一一完結，此又是書之第二綱領也。三曰成人一生之志：人若有才而無志，又若有志而無才，是二者功名之得失無足重輕者也。若夫張生因有才而又有志者，而乃使之泯没而無聞。此因成人之美者，所不能超然者也。余嘗觀其未遇雙文之前，其志全在功名，及其既遇雙文之后，才則猶是也。而志若爲情所奪，而要之非奪也，蓋始則志在功名，後則志在國色也。國色既得而功名不得，可謂有志者乎。功名雖得而非鼇頭獨占，可謂有志者乎。觀其哭宴之時，鶯曰：得官不得官，疾便回來。張云：小姐放心，狀元不是小姐家的是誰家的。蓋其臨別之時，早已將狀元自命矣。而前之續者何所見，而偏言其中探花，宜乎。鶯鶯言曰：慚愧，探花郎是第三名。蓋鶯鶯志亦望張之中狀元，若中探花，是兩人之志俱未遂也。成人之美者，必不然也。余故不妨如願以償，而必此書之第之第三綱領也。四曰覺人三世之迷：客有問於余曰：汝知前乎。余曰：不知也。再問曰：汝知後世乎。余曰：不知也。又問曰：汝知今世乎。余亦曰：不知也。客曰：汝前世不知，後世不知，因也奈何今世而亦不知也。余對曰：余惟不知今世，所以不知前世、後世也。若知今世，則前後世豈難知哉。客曰：似子之言，似非迷而不怪者，奈何見世之迷者，競任其迷而不一覺之也。余曰：如覺之，而人即不迷，余亦何樂而不覺之也，倘覺之而仍迷，則不如不覺之爲愈也。客曰：天下之大，四海之廣，豈盡皆覺之而迷者，子何輕量天下士哉。余曰：余一人之口舌，焉得人人而覺之。客怒曰：似子所言，汝尚迷而不怪，安能以覺人哉。余不禁憮然爲尚，曰：客勿罪余得覺人之法矣。遂於第十六篇之末而設法以覺之，此又西厢前後傳之一大收場也。

清・尤泉山人《夢中因傳奇・序》 人生一蝨耳，而暫寄於乾坤大禪之中，與蜉蝣争朝夕，與蟪蛄争春秋，蠕然雜處，所歷幾何。役役者奚自苦焉。然人生而有形，有形即有神，有神即有想，有想即有因。一有因，則肉塊墮地，便葬五慾窖中，吾不能禁。其迷於心者之不能不眩於目，又烏能禁其眩於目者之不能不呈於夜。夫然後上入九天，下入九地，並攝其魄，入於無何有之鄉，而夢生焉。以故因色貪花，則夢蝴蝶，因僊求道，則夢黄粱，因利務得，則夢蕉鹿，因聲聞樂，則夢鈞天，因微致顯，則夢槐安，因安思逸，則夢華胥。當其夢也，栩栩然不知所謂覺也。及其覺也，蘧蘧然不知其所謂夢也。昔樂令對衛洗馬，曰夢者因也，未嘗夢乘車入鼠穴，擣齏啖鐵杵者，無因故也。雖然人知蝴蝶、黄粱、蕉鹿、等夢之爲夢，而不知因色、因僊、因利等因之爲夢。人知因色、因仙、因利等因之爲夢，而不知非蝴蝶、黄粱、蕉鹿等夢之，亦可爲夢。今夫人生千奇百怪，舉一切倏忽變幻之狀，與夫可涕可笑可憐可憫可賞可罰之事，不過好色好仙好得好聲好顯好逸數大端而已。好色者心多懽，即是喜夢，即非蝴蝶亦可作蝴蝶觀。好僊者心已覺，即是寤夢，即非黄粱亦可作黄粱觀。好利、好聲者，心且驚且勞，即是噩夢、思夢，雖非蕉鹿、鈞天亦可作蕉鹿，鈞天觀。好顯、好逸者，心一動一静，即是懼夢、平夢，雖非槐安、華胥亦可作槐安、華胥觀。嗚乎，據《周禮》之六夢，悟石上之三生。人生住偌大乾坤，究竟如蜃樓焉，如鏡花焉，如水月焉，如泡影焉。瞬息而來，彈指而去。所謂浮生若夢者，是耶，非耶。推而衍之，天有元有會有運有世，總計十二萬九千六百年，吾烏知其誰假而誰真也，夢也。地有南有北有東有西，總計四十三萬七千百餘里，吾烏知其誰是而誰非也，夢也。朗朗宇宙，竟成一黑甜世界，言念及此，未始不儲淚三升，慨然太息。謂盤古多事，鑿開渾沌一竅，幾令億萬千嗑睡漢子日夜沉浮，竟據大地爲鼾睡所也。雖然吾亦夢耳，將邀彌勒佛説八千偈，解脱一切正覺，而吾不得將進黄冠子誦五千言，喚醒世上昏寐，而吾不得將咒韋馱尊者，持降魔杵向大千世界内掃除一切睡魔，而吾更不得無已，則毋寧傚癡人説夢，假優孟之衣冠，狀傀儡之啼笑，惝惝恍恍，杳杳茫茫，卧榻之旁，現出種種變相，豈囈語哉。夫亦曰夢中占夢，彼彼夢夢者當下塲頭，大開眼孔，視世間一切生活，俱作如是觀，則雖謂之至人無夢也可。

清・文峯《夢中因傳奇序》 人爲萬物之靈，秉偉然七尺之軀，與蜾蟲而共寄夢也。然才智徵逐於物欲，身名銷磨於虚無，亦夢也。蓋隙駒易老，色色成空，乃馳騖于聲色貨利之塲，甘爲徵逐，甘爲銷磨，烏知此徵逐者，皆浪花泡影，而銷磨者，盡石火電光哉。於斯云夢真夢矣，於斯云非夢，尤夢。無于斯，溯其何爲而夢更夢，夢之不已矣。雖然，至人無夢，夢亦無因，下此者無論其爲巨爲細，爲久暫爲順逆，爲尋常爲幻杳，魔障深而情眩，無夢非因，芥蒂深而孽生，無因非夢，而且因中生因，夢中遊夢。當跳丸之日月，而姑泛苦海之波，争投慾焚之刼，舉普天大衆，終沉於黑甜鄉中。而若能少悟，即有靈醫調清凉散，安能替此夢中人盡除睡魔，即有佛子持無盡鑑，安能引引夢中人悉開覺路。識者知其所以，夢别具法力。借筆上之花，授出迷陣；揮舌端之劍，闢透禪関。研之心血，寄諸管絃，假優孟衣冠以洩胸中壘塊，其欲唤醒塵寰，而不啻大聲疾呼者，又豈無端戲謔哉。彼夫蝴蝶以色而夢，蕉鹿以貪而夢，黄粱之夢仙何由，槐安之夢國奚自，而且聲樂嗜而鈞天之夢忽來，安逸思而華胥之夢適至。舉一切緣情入夢之源，若振以鐸，若正以鼓，不憚歷歷以相詔者，吾烏知其咲耶。啼耶。戲耶。嘆耶。抑明知無益而漫以嘻嬉爲怒罵耶。令欲續蝴蝶、蕉鹿諸夢未了之緣，爲之會其全，而惜先我者之空捫婆心也。則謂之痛哭古人也，可發蝴蝶、蕉鹿諸夢未洩之奇，爲之闡其藴而幸踵座者之自有大覺也。則謂之留贈後人也，可萃蝴蝶、蕉鹿諸夢故有之精，爲之積腋，爲之成裘，爲之流連慷慨，而相勗于靡窮。則一線天光已近，青蓮之座半生，迷覺無非舍利之丹，即謂之現身説法也，亦無不可。此傳之因，亦曠觀斯人之傀儡而獨醒乎。奇其傳，更奇其人。無世之覽者，亦將有感于斯，試諸之，以爲知音待。

清・瞿頡《元圭記・自序》 余從未制曲，又不善歌，聲律非所習也。然古今傳奇之工拙，以及梨園子弟之優劣，輒能辨之。今春，有名部自姑蘇來，演友人所製新劇，觀之意頗弗愜。值余足疾杜門，雨窗無事，旬日而成《元圭記》一部。益嘗論之，夷羿篡夏，寒浞殺羿，實爲人倫第一大變。而少康以一旅中興，祀夏配天，不失舊物，亦屬三代第一英主。且其事散見于《左傳》、《離騷》，非盡無徵，而《史記》僅以兩言畢之，宜乎孟堅有疏略之譏也。余爲此記，實欲爲龍門補其闕略。記成，質之余友少霞氏，少霞固今之顧曲周郎也。猥蒙見賞，錫以題詞，獎借過情。嗟乎，其次致曲，雖昔人之戲言，然慘澹經營，匠心獨運，欲使娱目騁懷，雅俗共賞，不亦難乎。此記雖無足觀，然于世俗所演盲詞習氣，則庶乎一洗而空之矣。

清・夢能子《龍沙劍傳奇序》 《北西厢》、《牡丹亭》，天下之至妙也，然所傳者狡童泆女之事。鄭衛不删，可爲戒不可爲法也。《琵琶記》侈談忠孝，意較正矣，其中關目，何多敗闕耶。是書高華雄麗，兼實甫、若士之長。而結構嚴密，絶不似則誠之滲漏。洵乎美錦之無纇，白璧之無瑕也。乃若救世安民，指爲大道。燒丹服氣，目以旁門。則是登優孟之場，實足闡聖賢之藴。述神仙之事，正以辟道書之誣。粹然名理，可興可觀，何必通書正蒙，乃有功於聖學乎。世有鍾期，請手此一編，於海水洞湧、山林杳冥之處，俛唱遥吟，刺船而去。

清・二吾居士《龍沙劍傳奇序》 何物頭陀，墮綺語業，又舍本教而談仙怪。大雄先生不摽之門外乎。蓋頭陀非頭陀也。非頭陀，何必不頭陀。傳奇非傳奇也。非傳奇，何必不傳奇。仙非仙、怪非怪也。非仙非怪，何必不言仙、言怪。仙之非仙也，非非仙也，夫人而能爲仙也。怪之非怪也，非非怪也，夫人而能爲怪也。古往今來，立德立功謂之不朽。不朽，非仙乎。故曰夫人而能爲仙。凶人爲不善謂之不祥，不祥，即怪耳，故曰夫人而能爲怪也。傳奇之非傳奇也，天下之妙文，天下之至理也。筆精矣，墨良矣，窗明几净矣，而胡不爲李、杜之詩。而胡不爲韓、蘇之文。而胡不爲周、程、張、朱之語録講義。下之愈下，而乃至於傳奇。傳奇亦文也，傳奇亦理也。理不謬于聖道，即文不愧於古人。於是乎戲者見之謂之戲，文者見之謂之文，理者見之謂之理矣。頭陀之非頭陀也，於意云何而曰頭陀。昔果是，今果非耶。知之者奴之，不知者儒之。儒其名，奴其實也。名不敢居，實不可道，名實兩忘，逃諸空虛，則曰頭陀而已爾。其境幻，其志悲矣。雖然，托於頭陀，人莫之憐。托於傳奇，人莫之賞。托於仙怪，人莫之省。作猶不作，胡取乎作。仆所甚不解於頭陀者此也。叩之頭陀，笑而不應。

清・程屺山《龍沙劍傳奇跋》 予與瑞屏兄皆自新安出，兄籍石梁，予籍皖桐，相去九百余里，素未謀面。然於朱笥河、秦端厓諸學使所刻試牘中，見兄文賦歌行，讀而慕焉。庚申春，予从將軍景公蒞黑龍江任，時兄在副都統恒公幕，因得按宗譜序昆弟誼。朝夕過从，盡讀其所爲詩、古文詞及製藝，率天骨開張，雄才拔俗。乃知全豹可珍，正不獨楓落吴江也。既又出其《龍沙劍傳奇》相示，則驚才絶豔，直淩《琵琶》、《還魂》而上之，更歎吾兄之余技尚有深造自得如此者。因借録以爲枕秘，俟歸而刊傳之。

清・虞卿《龍沙劍傳奇跋》 引商刻羽，小道可觀。儷白妃紅，大人弗尚。蓋聲容雖悦耳目，而理趣或累於身心。是以古詩三千，尚謡哇之必黜。元人百種，豈正始之所存。作者多桑間濮上之音，演者悉下里巴人之調。宜乎繁絃急管，直將比之蛙鳴。綺語淫詞，謂當墮入馬腹。言雖已甚，理實非誣也。吾兄騷情雅思，經熔史鑄。掣鯨魚於碧海，何知翡翠蘭苕。截云錦於銀潢，奚事天吴紫鳳。樂府直源於漢魏，歌行不入於宋元。鐃歌橫吹，三疊足壯乎軍色。云和雷鼓，六變可格夫天神。斯即聚名部于旗亭，氣淩少伯。携雙鬟於柳岸，品壓耆卿。以彼其才，尚多不屑。又何貴以中原韻譜，辨陰陽上去於梨園。南北宫腔，競清濁高低於樂部哉。然而命途多蹇，侘傺無聊，觸景興懷，寤言不寐。身已投於有北，情猶協夫以南。寄懷優孟之場，略舉神仙之事。文雖戲筆，理實名言。指燒丹服氣爲旁門，謂救世安民爲内景。入穴而乃得其子，刺盾而即用其矛。蓋以昌黎《原道》之篇，讀者只便於時藝。濂溪通書之説，經生久目爲常談。卒之佛老難排，心源莫續。性命謬傳夫圭旨，文章或附於華嚴。是用藉彼元談，伸吾篤論。俾婦人孺子，知言空、言幻爲非經。學士文人，務立德、立功以不朽。以視西厢月下，掩冉花陰。南安園中，纏綿香夢。孰邪孰正，誰是誰非。又况勃窣文心，兼蘇海韓潮之氣。琤瑽逸響，集金聲玉振之成。更足使實甫傾心，臨川咋舌。摘其零章斷句，可代箴銘。挹彼古豔幽光，如觀尊斝。人謂樹詞壇之幟，見諸妙舞清歌。吾謂放鄭聲之淫，仍是高文典册云爾。

清・石丐《一合相・引》 云亭山人曰：傳奇雖小道，其旨本於《三百篇》，而義則《春秋》，用筆行文又《左》、《國》、太史公也。是則才非《左》、《史》，不得妄作傳奇矣。【略】與其真晦於文，不若直陳其情事。苟可傳，何必拘拘於飣餖月露也哉。《一合相》一劇，乃元季明初事，先見於鳳洲散稿。有機山樵者豔其情，採置奚囊，歷有年歲，今秋與余相遇石頭城下，出以見眎。不惟氣節風概卓然可傳，其間興邦、喪邦，功罪皎皎。惜《明史》獨不及尤雲，意當時賢豪輩出，翊贊興王如雲之功列，尚厠斗量而不足數耶。然則松陽逸事，賴弇州燼餘之文以傳。設入梨園，洵可維世俗而發人深省也。余雖丐者，寧獨無意於扢揚風雅乎。爰徵鑑目編年記述之譬，彼演義盲詞，甘爲巷舞，本非曉風殘月，不奪詞壇，他日五父衢頭有人濫聽，則是三生石上於我有緣耳。

清・陳棟《北涇草堂曲論》 明人曲自當以臨川、山陰爲上乘。玉茗《還魂》，較實甫而又過之。特溟涬已穿，頗纇未除。《南柯》、《邯鄲》二種，歛才就範，風格遒上，實足前無古人，後無來者。青藤音律間亦未諧，其詞如怒龍挾語，騰躍霄漢間，千古來不可無一，不能有二。

清・劉大懿《桃花影傳奇弁言》 法舡普渡，六根統無念之源。愛草難耘，大地盡相思之種。夭桃穠李，花含笑以年年。碧海青天，月流光以夜夜。是以禽傳共命，木號同生，繁主簿有定情之詩，李參軍咏無題之句。天台路近，飽洞口之胡麻。洛水波微，要麗人以玉珮。固知紅豆拋處，無間於九閣十樓。青衫濕時，不禁其千呼萬唤矣。然而神女是夢，小姑無郎，鑽穴隙以相窺，乘垝垣其奚望。長生殿裏，半夜無人。宋玉墻東，三年未許。采蘼蕪於山脚，或逢故夫。挑王孫以琴心，適當新寡。豈非橋成七夕牛女，亦悲夫飄蓬海湧。三山神仙，尤訝其裹繭者哉。則有高平才子，揚國騷人，粉壁填詞。髫年工白苧之曲，紅牙按拍。醉後聽紫綃之歌，看劍引盃。唾壺欲醉，披風抹月。墨瀋如流，不苐傳佳話於人間，而且搆奇思於天上。鳩盤茶出，廣長舌舐開煩惱之芽。司花使舉，歸宗拳招入歡喜之地。坤靈實扇，分明帳引紅絲。道子仙毫，髣髴屏開綷羽。五百年風流冤業，結成綵線千條。三千品解脱禪宗，散作桃花數瓣。凡茲魔障，盡是心塵，果識繫境非真，自爾觸言不累。嗟乎，麻姑搔背，不少頑仙。玉杵搗霜，豈非異事。東方朔之諧謔，不妨鏡裏看花。淳于髡之滑稽，竟敢佛頭着糞。

清・朱彝尊《静志居詩話》卷一五《臧懋循》 何元朗、臧晉叔皆精曲律。元朗評施君美《幽閨》，出高則誠《琵琶》之上，王元美目爲好奇之過。晉叔謂：《琵琶》《梁州序》、《念奴嬌序》二曲，不類高則誠口吻，當是後人竄入。元美大不以爲然，津津稱詡不置。晉叔笑曰：是惡知所謂《幽閨》者哉。嘗從黄州劉延伯借元人雜劇二百五十種，又購得楊廉夫《仙遊》、《夢遊》、《俠遊》、《冥遊》彈詞，悉鏤板以行。序言：鄭若庸《玉玦》、張伯起《紅拂》等記，用類書爲傳奇。屠長卿《曇花》，道白終折無一曲。梁伯龍《浣紗》、梅禹金《玉合》，道白終本無一散語。均非是。且言：汪伯玉南曲失之靡，徐文長北曲失之鄙，惟湯義仍庶幾近之，而失於疎。其持論斷斷不爽。詩亦不墮七子之習，故雖從元美讌游，不入四十子之目，亦磊落之士也。

清・真意子《花月痕評辭》 傳奇全部可讀者，惟《西厢》、《琵琶》僅得半，《牡丹亭》僅數折，餘則聚精會神，不過一二折而已，率多耐看不耐讀也。此傳可全讀者，竟有十餘折，誠洋洋大觀矣。

清・黄以旂《丹桂傳序》 傳奇之作，以其人奇事奇，傳之於世，足以激發人心，維持世道，其所關匪細也。吾友江晴帆昆仲與予同墅受業於樊軫亭先生，與余秋農同學。晴帆因舉業不遂，隨糧艘抵京師，在舟中譜《玉珮記》數曲，法時帆大司成見而悦之，授諸歌伶。蔣心餘太史過合肥，在同年李明府署内教演，心餘擊節稱賞。詢之主人，知江晴帆義田爲金陵名族，渡江後過訪於秦淮煙柳湖，相與討論，傳以衣缽，此乾隆辛丑年事也。先生老隱湖上，徵士陳寶田與先生至戚，偶談前明王海日事迹，因本《明紀》填《丹桂集》傳奇一部，囑予爲序。予筆墨荒蕪，勉書應命，未免佛頭著糞。然以奇以奇事奇文，又所關係甚鉅，不得辭，因爲之序。

清・萬榮恩《丹桂傳叙》　國朝傳奇作者林立，首推蔣苕生太史，慷慨淋漓，原本史鑑。吾友江君晴帆出先生門下，亦雅善填詞，所作傳奇膾炙都門甚久。茲因暇日撰《夢筆樓》院本，言情而宗旨忠孝，不屑喁喁兒女子語，誠情之得其正者。余素抱曲癖，罕覯知音，荷承不棄，見示瓊章，按拍之餘，不勝拜伏。茲略誌數言以弁編首，使知窮愁著書，甘作氍毹上生活，且不使瑯琊王伯輿獨擅情死之。幸如晴帆外有玉卿，玉卿外有晴帆，各得其情，各寄其情於絲竹閒足矣，他何計焉。

清・彭邦疇《丹桂傳叙》　治世之道，莫大於禮樂，禮樂之用尚矣。然移風易俗，足以感發人之善心者，又莫切於傳奇。自院本盛行於世，其摹寫忠孝節烈之人品，賢奸邪正之心術，是非得失，能使愚夫愚婦一見而知其孰爲善，孰爲惡，爲之流涕，爲之快意，爲之不平，不善者怒之罵之，其善者則愛之慕之，且欲從而效法之。然則世之賢士大夫，思欲移風易俗，使民觀感興起油然爲善之心者，其道固有藉於傳奇矣。考詞曲院本，自元明以至國朝，不下千有餘種，名作林立，論者獨推高東嘉《琵琶記》爲第一者，蓋以琵琶所以教孝也，亦即所以教忠也。百行莫乎忠孝，維風化而裨治道，厥功甚鉅。若王實甫、湯臨川之倫類，以烏有子虛之事謗□而騁豔詞，儇薄之子極賞其風流香豔，其不肖者目眩神迷，甚至縱邪思而敗風化，故其詞愈工其爲害亦愈甚，謂非東嘉之罪人乎。鉛山蔣苕生太史才大學博，以史筆填詞，表揚忠孝，實詞曲之正宗。上元江子晴帆擅倚聲之妙，其學實瓣香於太史。戊子秋，余請告展墓。己丑春，家望廬弟適因公於役，相遇河干，出晴帆所譜明王文成公父子事實演爲傳奇，名曰《丹桂傳》。詞直理正，無靡曼之音，大旨以忠孝爲指歸。蓋爲士之立身揚名，必先自砥行者勸也。篷窗憑睡之餘，輒手此編扣舷而歌，尤愛其《拒色》、《招忠》、《珠沈》、《謝宴》諸篇，怨慕情深，低徊欲絶，繚繞於煙波浩渺之間，令人慷慨唏噓，不知涕之何從焉，其足以維風化而裨治道者，固不在東嘉下也。因亟囑其付梓，以爲士之立身揚名必先砥行者勸。

清・楊兆璜《丹桂傳序》　慕則懷，懷則傳，傳則久。志士仁人愛惡循義，踐繩之節，非以獵浮譽而後之慕其行者。方將流連慨想，歌思感喟，甚者髣髴其聲音笑貌於數千百年之前，以庶乎聖人於琴見文王之意，而名臣碩彥本傳，秘諸黌舍，別史藏在名山，未能家著而人見之。自金元院本出，於是大而經天緯地，細而兒女閨房，凡一言一事之可節所得，而譜諸聲歌，播之閭巷，雖於古人之立身制行，無所增損，而其傳古人之心，可謂苦而工矣。上元江君晴帆以明王文成公並太公遺事，編爲傳奇，名曰《丹桂傳》。文成於明三百年言理學者，最爲體用賅備，或者乃譏爲禪悟，此小人不樂成人之美，顧於公之磊磊軒天地何傷乎。江君年滿，敘勞當得簿尉，乃棄而不就。所著既成，命其猶子畊畬茂才囑予序之。余惟康對山、王渼陂皆以才士拙於宦遇，以聲伎自逸而後之讀其書思其人者，每如白雲在霄，舒卷無迹。今君家六朝佳山水，腰鼓匡床，引商刻羽，時時自放於巔厓浦溆之間，庶幾於戴安道、桓伊之風板橋笛步，乘興而來，餘音嫋嫋，挐舟竟去。吾將於煙波縹渺遇之云。

清・陳懋齡《丹桂傳序》　陽明先生功業文章，獨闢町畦，人不可學，而至要其行，皆不離於正者也。跡其下南昌，擒宸濠，交張永，可與權矣，然一本陽明之心學。心學者，何致良知也。其源出於孟氏。有陽明之心學，迺克建陽明之事功，他人效其爲不得也。然則侈宋人之語録，辨朱陸之異同，而一物無所見，一步不可行，亦可以滋媿已。吾友江君晴帆端人也，幼出蔣心餘太史門下。因舉業不遂，遨遊京洛，獻賦都門，與法時帆大司成、吳穀人學士、孫淵如觀察、楊蓉裳、蔣蓮友、袁蘭邨、黄秋舲諸君子唱和往來，故詞曲之學大進。按《明史》填王文成公，並太公父子實事，以其人奇事奇，有以傳其奇，依譜填宫，爲若干折。使庸夫孺子曉然知陽明建豎在方寸間，則有功於世道人心者，豈淺鮮哉。

清・梁廷枏《曲話》卷一　古今曲本有命名相同者。元喬孟符雜劇有《揚州夢》而國朝嵇留山亦有《揚州夢》，關漢卿有《玉鏡臺》而明朱鼎亦有《玉鏡臺》傳奇，朱凱有《昊天塔》而國朝李元玉亦有《昊天塔》傳奇，關漢卿有《蝴蝶夢》而國朝無名氏亦有《蝴蝶夢》傳奇，白仁甫有《梧桐雨》而國朝徐復祚亦有《梧桐雨》傳奇，明陸采傳奇有《分鞋記》而沈鯨亦有《分鞋記》，張鳳翼傳奇有《紅拂記》，而張太和亦有《紅拂記》，端鏊傳奇有《扊扅記》而張鳳翼亦有《扊扅記》，程文修傳奇有《望雲》而金懷玉亦有《望雲》，康海雜劇有《中山狼》而國朝林於閣亦有《中山狼》，王衡雜劇有《鬱輪袍》而國朝黄石牧亦有《鬱輪袍》，許潮雜劇有《赤壁游》而國朝無名氏傳奇亦有《赤壁游》，破慳道人雜劇有《一文錢》而國朝徐復祚亦有《一文錢》，葉憲祖傳奇有《玉麟記》而國朝張世漳亦有《玉麟記》，王翊傳奇有《紅情言》而國朝王介人亦有《紅情言》，明鄭之文傳奇有《旗亭記》而國朝盧見曾亦有《旗亭記》，明無名氏傳奇有《綵樓記》而國朝無名氏亦有《綵樓記》，湯顯祖傳奇有《還魂記》而國朝無名氏亦有《還魂記》，國朝尤侗雜劇有《讀離騷》而嵇留山亦有《讀離騷》，李漁傳奇有《鳳求凰》而無名氏亦有《鳳求凰》，李漁傳奇有《意中緣》而李元玉亦有《意中緣》，薛既揚傳奇有《狀元旗》而無名氏亦有《狀元旗》。

又　一曲而數人合作者：王實甫作《西厢記》，關漢卿續之。國朝西泠野史與無枝甫合作雜劇四種，一曰《鈿盒奇緣》，二曰《蟾蜍佳偶》，三曰《義妾存孤》，四曰《人鬼夫妻》。失曜、過孟起、盛國琦三人同作傳奇一種，曰《定蟾宫》。

又　以曲牌名名曲，如元人之《風光好》，國朝人之《天下樂》、《錦上花》、《快活三》、《齊天樂》之類，頗覺耳目一新。閨秀撰曲：國朝吴江女史葉小紈作《鴛鴦夢》，錢塘女史梁夷素作《相思硯》，錢夫人林亞青作《芙蓉峽》，長安女史王筠作《繁華夢》。

又　方外撰曲：明僧湛然作《魚兒佛》，國朝僧智達作《傳燈録》，即《歸元鏡》也。

又　女道士姜玉潔作《鑑中天》，此又方外而兼閨秀者。又娼夫撰曲，元人多有之。趙明鏡作《啞觀音》、《錯立身》、《武王伐紂》，張酷貧作《合汗衫》、《薛仁貴》、《高祖還鄉》，紅字李二作《板踏兒》、《病楊雄》、《武松打虎》，花李郎作《相府院釘一釘》。

又　元曲同本而異名者：《誤入桃源》即《誤入桃園》，《望江亭》即《切鱠旦》，《對玉釵》即《對玉釧》，《黄花峪》即《萬花堂》，《錢太尹》即《鬼報錢太尹》，《單鞭奪槊》即《三奪槊》，《黑旋風三獻功》即《三獻頭》，《㑳梅香》即《翰林風月》，《玉壺春》即《玉堂春》，《救孝子》即《不認屍》，《留鞋記》即《才子佳人悮元宵》，《張天師》即《辰勾月》，《賞黄花》即《黄花峪》按：此爲吴昌齡撰，與《萬花堂》不同。《史魚屍諫》即《衛雲公》，《東堂老》即《破家子弟》，《楚昭公》即《疎者下船》，《四馬投唐》即《䮫馬奔陳》，《悮入桃源》即《劉阮天台》，《花間四友》即《燕鶯蜂蝶》，《羅李郎》即《大鬧相國寺》，《謝金吾》即《私下三關》，《朱砂擔》即《朱砂記》，《桃花女》即《智賺花女》，《昊天塔》即《孟良盜骨》，《神奴兒》即《大鬧開封府》，《飛刀對箭》即《跨海東征》，《相府院》即《勘吉平》，《金銀交鈔》即《三告狀》。以上各種，元人本各異名，至臧晉叔刻《元曲選》，始以其可合者合之，如《楚昭公疎者下船》之類是也。

又卷五　董解元《西厢》，今傳者爲楊升菴定本，繪象則唐伯虎筆，刻極工緻。石華最賞其愁何似，似一川烟草黄梅雨二語，謂似南唐人絶妙好詞，可謂擬於其倫。其後王實甫所作，蓋探源於此。然未免瑜瑕不掩，不如解元之玉璧全完也。石華手録佳音十餘調，附刻所定《西厢記》後，較元本詞字，略有增損。如燈兒一點被風吹滅，元作【略】甫能吹滅，又披衣獨步冷清清，看那斷橋月色，元作披衣獨步在月明中，凝睛看天色，又待趕上個夢兒，睡也再睡不着，元作媚媚的不乾，抑也抑得着。所改特饒神韻，雹白邵子言學博亦亟稱之。又世傳實甫作《西厢》，至碧雲天，黄花地，西風緊，北雁南飛，搆想甚苦，思竭，扑地遂死。平心論之，四語非不佳妙，然此等句法，元人所不尚，故元曲中亦少見，今則以爲小家取巧矣。

清・林昌彝《林子萊浣紗石傳奇序》　辛卯孟陬，予假館於雲水山莊，課徒之暇，取林子萊所爲《浣紗石》填詞讀之，覺矙然喜，懌然思，倏而悄然悲，瞿然興，繼而不忍卒讀，復藏之篋中。如是者忽忽旬日，花朝前四日，天微雨，適某孝廉過予館，論詩賦詞章，而獨痛詆填詞，予聞其言，乃向之所謂矙然喜者，復愕然駭，徐詰之，某曰：詞專言情，去道學遠矣。余曰：然則有道之士，必不以詞聞乎。某曰：然。余曰：范文正公何人也。曰：有道之士也。余曰：碧雲天黄葉地一闋，何人之詞也。曰：不知也。余曰：此則范文正公之詞也。某無以應，徐退去。余復取子萊所爲詞往復讀之，知子萊之深於詞正其深於情而深於道也。嗟乎。人之諱言情者，皆趨而言道。余謂僞託於道者，恐並不可與言情，未聞有道之士而不近於情者。子萊長於情，其所爲詞能曲達乎情之藴者也。倘徒執其詞曰：此傳情也，去道已遠。余恐無以服子萊之心，即難免爲有道者所竊笑。余謂今之世無真紫陽，亦無真陽明，若謂有道之士不爲詞，是則不然。余聞范文正公爲秀才時，即以天下爲己任，而碧雲天黄葉地之句，即作於爲秀才之時，豈得執文正之詞而謂非有道之士之所爲乎。子萊素慕文正之爲人，鏘鏘乎美於詞，而復駸駸乎合於道。其所著《浣紗石》填詞，力辨西施必死，無從范蠡游五湖事，援據确鑿，十有二證。皇皇乎忠孝之旨，欸欸然出於情。是子萊之詞，傳忠孝之詞，乃傳情之詞也。夫人口不言財者，其利藪必深，口不言色者，其嗜慾必勝。子萊不諱言情而不肯假託於道，而其忠孝之旨噴溢於楮墨間，使人展卷讀之，覺情即生於忠孝者，非有道之士能道，人之所不能道乎。余與子萊交，頗知其事，事必出於情，且事事不離首道，讀其詞者，謂子萊之長於情也，可謂子萊之不足於道也，則不可，若如某孝廉所云，不知所謂情又烏知所謂道。彼舍詞不爲，而曰有道，殆昌黎子所云道其所道，非吾所謂道也。

清・芙蓉山樵《合浦珠・自序》 嗚呼，歐陽生尚得謂之有情人乎。爲名諸生，不能有一小星受制，僉壬致挾堂上，命刼之以去，去則已耳，又荷荷書空形諸歌詠。大江南北和者百數十人。一病瀕死而竟不死，有情人固如是乎。余倚聲寫之，所以實歐陽之過，非望三千大千憐而迴護之也。脱槀在己丑夏，知者纔三數人。藏之巾箱，蓋八閱年矣。今劉子蒲泉助以鐫貲，屬授剞劂，誠盛舉也。雖然聲音之道甚微，工如玉茗，當時尚謂拗斷人顙子，予何人，能免人之訾議乎。嗟嗟，宇宙蒼茫，元音具在，嶧陽桐孤，柯亭竹盡，安得與天下後世知音之有情人一討論之。

清・徐鶴孫《秣陵秋・自序》 《秣陵秋》者，以秋露之筆，寫秋花之情，而又值群英秋試之時，處六代秋城之地者也。其地秋，其時秋，其情秋，其筆秋，故一切升沉之感，離合之緣，無不與秋相系屬。或曰秋之爲言揫也。揫者愁也。子何愁乎秣陵而爲此。噫，人孰無愁，即非秣陵愁且莫釋，況秣陵乎哉。然而善言愁者即可以解愁。余因愁秣陵而有《秣陵秋》之作，此余之所以解愁也。則凡見吾之《秣陵秋》而素有愁乎秣陵者，亦可同解已夫。

清・劉伯友《花裏鐘傳奇・序》 甲辰春偶遊古寺，與老僧握塵花下。午鐘猝動，燕雀驚飛，余亦瞿然。歸而憶之，覺鍠鍠鏗鏗者，厥聲猶在耳也。迨夏曝書，於敝簏中得一劇本，題曰《鴇姥訓妓詞》，甚鄙俚。余覽之嘆曰：此亦欲鼓鐘而驚花間之燕雀也，奈鐘啞何。抵暮有客來，言某青樓買良女爲娼，女入門自縊死。余悲之，因作劇十折，以《花裏鐘》名焉。雖聲不甚啞，究未若向所聞者之洪而大也。伏祈才士詞客俯賜改正，化玎玎琤琤爲鍠鍠鏗鏗，使酣卧花間者與燕雀而俱驚，則余將焚香百拜以謝之。

清・朱鳳鳴《花裏鐘序》 人之相知，貴相知心。言，心之聲也，不知其言，心烏由知。予與劉君竹齋同居于阜之曹家店，相去僅八里耳。歷四十餘年而後知，何相知之晚歟。予之始知竹齋也，以杜亦邨。亦村仁人也，因知竹齋爲仁人。亦村義士也，因知竹齋爲義士。亦村孝子、悌弟、忠臣、良友也，因知竹齋爲孝子、悌弟、忠臣、良友。然猶未深知其心也。所以深知竹齋之心者，其以《花裏鐘》乎。夫《花裏鐘》一書，不過嬉笑焉已耳，怒罵焉已耳，未嘗言仁，未嘗言義，未嘗言孝悌忠良，然一展卷而仁義、孝悌、忠良之心昭然若揭。因知言爲心聲，非虚語矣。蓋嬉笑非嬉笑也，皆竹齋之血淚也。怒罵非怒罵也，皆竹齋之婆心也。不知者或以爲近於刻毒，豈足語竹齋者哉。竹齋年踰知命，而不能青一衿，終歲訓蒙而不足糊其口，債主盈門而嘯歌自得，是真解寬放鋼錫、健撑鐵骨者，而世之知者幾人也耶。

清・幻園居士《靈山會傳奇・自序》 甲寅暮冬，客居南塘，荒村風雪，觸目無聊，俯仰身世，忽忽不樂，漫填詞爲傳奇。率日一齣，齣成，則以酒澆之，歌呼自若。已而殘年逼促，未及卒業。今春試事牽率，輒復置之。五月中，重赴邨舍，長日炎炎，盤旋一室中，煩悶欲絶，因復從事於斯。揮汗握管，不自知其苦也，閱旬日而事竣，前後共約三十六齣。質諸懺癡道人借緑龕主，頗蒙許可。然予竊縱恧焉。夫予於詩致力多年，故凡樂府歌行，頗能涉筆成趣，至於詞曲一道，實未嘗學問。明知此中腔調未必盡協，有不能强梨園子弟而使被諸筦絃者。然敝帚自珍，雅不欲使潦倒伶工斟酌，我輩祇藏篋中，與二三知己浮白歌呼，以消塊礧。蓋惟作者別有深意，在哀絲豪竹之外，初不於區區節奏間求工也。後子君子覽是編者，因之有感，或者垂涕想見其爲人。

清・沈善寶《梅花引序》 雲槎外史逸才天縱，雅抱霞蒸。著作等身，溯詞源于漢魏，文章余事，仿樂府于金元。慨塵夢之迷離，晨鐘忽警，念幻緣之生滅，慧劍初揮。此《梅花引》所由作也。是以章後素學博情癡，爰且寓名乎五柳，羅浮仙冰肌玉骨，允宜托姓于孤梅。當夫竹屋紙窗，嬙姝入夢，清溪幽谷，起士尋蹤。二百載舊約新諧，遂良緣於暗香疏影，卅六旬于飛共樂，結連理於月下水邊。以世外之仙姿，作人間之美眷。宜其笑彼師雄，聞翠羽而酒醒人杳，勝他和靖，調素琴而雪冷山空，誠豔福之無雙，洵清才之第一矣。方其鴛偶綢繆，鈔閨房之靜好，駒陰匆促，歎露電之空虛，幸迷途其未遠，思覺岸以同登。適逢好事維摩，當頭棒喝，多情天女，著手春生。天花散兮生天，佛果圓而成佛。君歸極樂，五蘊皆空，妾領群芳，萬緣俱寂。劇雖六出，能含離合悲歡，制出一編，不愧清新俊逸。花本美人小影，月爲才子前身。玩花韻於午晴，騁妍抽秘，對月明于子夜，换羽移宫。以璓閨之彩筆，奏碧落之新聲，將見不脛而走。播管弦，有目同珍，貴於璆壁雲爾。

清・佚名《雙清影・自序》 歲丙午，余年十二，甫學臨池。一日得道州所書陳恭人墓銘，輒爲臨摹。因而讀其文，爲今湘鄉侯相所撰，紀恭人封臂療太守甚悉，心識其事，擬爲詩以章之，卒未果。越八年而太守及於難。先是粤匪東犯，覆安慶，吏議行省，改設廬州，江忠烈拜巡撫之命。舒桐告陷，廬城孤立。忠烈雅重太守，亟檄之來，偕繕守備。時太守正知池州也。太守至，以戰爲守，支三十餘日而城陷。太守與忠烈皆死之。規復後，求太守遺骸不得，媒櫱者二三其説，數年未邀卹典。廬州父老有目擊其縊於明倫堂者，争之大府，始得彙奏請卹，易名之典尚缺如也。士君子不幸至於執節死，綏人猶以無稽之言肆其污衊，是何心哉。湘鄉挽以楹帖云：衆口鑠兼金，誰知烈士丹心苦，大江養明月，長照忠臣白骨寒。烏虖，可以悲矣。余生也晚，未獲親炙太守，顧悉其死事最烈，亟思一雪浮言，並恐恭人封臂事久而就湮。爰牽掇成章，衍南北曲若干，成《雙清影》院本。時束裝將北上，日間人事叢沓，夜就篝燈伸紙，創稿麗譙，三促猶未已。朔風怒號，卷窗外芭蕉，破葉悽悽，作繁響宛然。與吟聲相應，輒不禁淚涔涔與筆俱下。信至性之感人哉。編中姓名爵里，仿鉛山《桂林霜》例，據實書之。凡生存者概不闌入。至明徐從賊則據李氏《先正事略》、徐氏《廬陽戰守記》，非故甚其辭也。

清・彭玉麟《風雲會傳奇題詞》 盥讀大著一過，出風入雅，齒頰生香。洵才子文章，英雄氣概，敬佩敬佩。時將赴金陵，倚裝書此。

清・王鳳池《風雲會序》 《風雲會》固奇，得天風鼓籟嘘氣成雲之奇，筆傳之益奇矣。玉泉樵子之譜斯詞也，其有情於當世者乎。世有英賢蹭蹬，巾幗能識之，而卿相不能禮之，亦有名花荒雜，於蜂狂蝶癡之間，而不見賞於高人者，指不勝屈。乃張紅拂以權貴内寵，瞰無數軒冕矣，而獨心李衛公於布衣。衛公具將相才，能物色天下士，不以紅拂之私奔屈節，而慨然納之。是偉衛公於偉人之上，佳紅拂於佳人之外者。情以識深也。造物有情，兩全其福，而又恐天下萬世之情薄者乖，情暱者邪。遂以律吕中和之氣付諸多情之才子，播之聲調，傳其款曲，呼之吸之，抑之揚之，如怨如慕，若斷若續，暢其人其事之大有情者，以動凡有情者之情。歌者悱惻，聽者纏綿，覺乾坤萬里，豈無文賦未召之相如，使第締契於文君則可，惜亦有勳績未侯之韓信，使僅見飯於漂母則可。歎情之所託，不止爲一二人一二事而言，古之樂府樂曲，大屬類此。玉泉樵子西湖大雅，今古情含，檢六十家詞而撮其要，龢八十四調而叶於和。前譜《瘞雲巖》，即離騷美人之意也。兹復標《風雲會》之奇而傳之，即廣平賦梅花之意也。玉泉樵子其有情於當世者乎。至其鏤月裁雲，移宫换羽，則又非姜白石、柳屯田諸公所能嵩美於前者。乙亥夏午章門多雨，起歌挑鐙以亂其譜曰：我獨何心，按拍沈吟。風定雨歇，無音有音。又曰：奇書借鈔，百慮俱清。日再韻之，心氣和平。風雲萬古，人孰無情。

清・徐鼎讓《梨花雪跋》 午閣從叔祖流覽百家，多所研究，向不句於著述。去年冬，忽因表禪幽潛，作此十四篇洋洋灑灑文字，郵寄來都。受而讀之，忽而神化如蒙莊，忽而離奇如左國，忽而幽雅如離騷，忽而謹嚴如遷史。意到筆隨，文成法立。其摹寫諸人性情口吻，始終一律，與夫起伏迴應，層折波瀾，大都得力於古來名大家文。乃知食古而化者，原無施而不可也。誰謂詞曲乃小道哉。爰綴數語，以誌景行。

清・楊恩壽《詞餘叢話》卷二《原文》 尤西堂樂府流傳禁中，世祖親加評點，稱爲真才子者再。吴園次奉敕譜《忠愍記》，由中書遷武選司員外郎，即以椒山原官官之。二公固極儒生榮遇已。康熙時，《桃花扇》、《長生殿》先後脱稿，時有南洪北孔之稱。其詞氣味深厚，渾含包孕處藴藉風流，絶無纖褻輕佻之病。鼎運方新，元音迭奏，此初唐詩也。《藏園九種》，爲乾隆時一大著作，專以性靈爲宗。具史官才學識之長，兼畫家皴瘦透之妙，洋洋灑灑，筆無停機。乍讀之，幾疑發洩無餘，似少餘味，究竟無語不鍊，無意不新，無調不諧，無韻不響。虎步龍驤，仍復周規折矩，非蕘西、笠翁所敢望其肩背。其詩之盛唐乎。

又 《空谷香》、《香祖樓》兩種，夢蘭、若蘭同一淑女也，孫虎、李蚓同一繼父也，吳公子、扈將軍同一樊籠也，紅絲、高駕同一介紹也，成君美、裴畹同一故人也，姚、李兩小婦同一短命也，王、曾兩大婦同一賢媛也，各爲小傳，尚同難免雷同，作者偏從同處見異，夢蘭啓口便烈，若蘭啓口便恨，孫虎之愚，李蚓之狡，吳公之之戇，扈將軍之俠，紅絲之忠，高駕之智，王夫人則以賢御下，曾夫人則因愛生憐。此外如成、裴諸君，各有性情，各分口吻。無他，由於審題真，措辭確也。兩種均有〔混江龍〕長調：一則就情字生議，經史皆成注脚，引商刻羽，居然蘇海韓潮。一則醜詆鹺商，即《牡丹亭》所謂紙銅錢夜市揚州界也。

清・錫五《雙奇傳序》 余嘗讀《惺齋先生六種曲》，調調有法。余亦嘗記三五以濟餘興，意爲不復有此。余今釣於伊濱，有執斯書命余以序，余疑爲惺齋門徒。查其年，相隔數輩，觀其法，調調有律。是門徒也。非門徒也。然則心亮先生讀書之巧也。觀其《爲善終得吉》，意欲平心行，如許善事，百般修煉始末，未見其 念之善，一朝之修，始知爲字當讀去聲。又有《雙奇》之名，以平心中得奇，元吉生得奇。平心中得奇，不如元吉生得奇。或曰世無此事。有此事也。無此事也。寔情禮之所有也，並非捏造。半路出神，空中降仙，斷而復斷，續而復續，何言無此事也。何言有此事也。是先生有斯心也。先生心亮，果心亮也，心如皓月，眼如明鏡。惜乎博學而無所成名，識者必以先生有出世之心，但不知先生高人也，天人也。爲友人樂以自樂，可謂快樂君子也。

清・俞樾《題演劇五套弁言》 粵稽軒轅張樂，洞庭之魚龍怒飛，神禹治水，山海之怪異畢現。亘上下古今，人事不齊，守株則綿撮易辦，創獲乃出奇無窮。即色聲一綫脈，夫何必屏鄭哇而放吳歈，排燕傖而擯楚鴃。若別有妙會，任倒横直豎，覆去翻來，眼底舌端，恣其逸弄，臭腐轉變爲神奇，互開一生面矣。爾迺《拾畫》、《分箋》之離奇也，諸如《明玉》、《緑蕉》之怪誕也。俄見玉階金埒，倏而拾翠縈花，甚者魯山扣瑛，鮫人裂箋，潛虬吟淵，莊騏唳露，既屬幽奇，復資玄發。往往龜毛兔角，似不從人間世來。謾云金閨之弗貯，寧非玉韞之積埃。從事冶場，不啻飲瑞珉而虹繞，方且叶塤篪以風道，即石丈亦應默頭矣。

清・紀昌文《鏡中圓傳奇序》 蓋聞星輝雲爛，盛世之元音，白雪陽春，騷人之韻事。梨園曲譜，足寫風流。桃扇歌傳，如聞太息。古之有詞，由來尚已。管君蘊珩，吾甥也，祖居金陵，父以名進士宰畿輔，擢東西路郡守。蘊珩聰穎過人，幼隨侍讀書，淵源家學，年未及冠，靡書不讀，腹笥便便，窮經之暇，究心史鑑，詳察夫興衰治亂之由，細參夫忠佞賢奸之品，深悉悲歡離合之情，切按夫美刺貞淫之俗。於陳隋鼎革時，編輯《鏡中圓》傳奇一書，索序於余。余不諳律吕聲音一道，自認爲門外漢，保敢妄贊一辭。惟細心披閱，而無語不典，無字不新。用筆之參伍錯綜，用法之反正開合，簡練揣摩，不難力追古人，置之古詞中，幾無以辨。此不過管中窺豹，畧見一斑，即可卜將來之經濟文章，必有大爲世用者，取青紫如拾芥耳。倘從此播爲謳歌，叶以絃管，未始非國家和聲鳴盛之一助也。

清・思齊主人《汜黃濤・小引》 夫劇者，始於漢而盛于唐，始於漢白登之傀儡，盛于唐天寶之梨園，相延奕葉，以迄於今。靡不四海同風，千秋共俗。或酹神貺以將誠，或燕賓朋而伸敬。期劇之盛行於世也，曰崑、曰衛、曰梆、曰絃、曰囉，雖名目有不同，要皆各盡其所長而已。雖然引商刻羽，下里巴人，大有《三百篇》之意趣存焉。迹其衣冠人物，聚散合離，庸夫愚婦，寓目警心。某某忠孝節義，某某奸盜邪淫，某某祥，某某殃，黑白分明，從中向化，以發其固有之天良，亦或有補于世俗人心之一道哉。《汜黃濤》一劇，乃中州實事，皆博採於朱青巖先生《明紀輯略》、李氏《守汴志》、《崇祀録》。其間鬚眉巾幗，人情事勢，鑿鑿可據。至於黃濤滂汴後，預伏南朝新政，稍加點染，以爲過脈。而别開夢境，又不得不假夢真描，爲童、李抒其憤懣。此亦人各有以，勿盡謂空中樓閣也。斯劇既成，或付優伶奏場，而之笙簧。或共知己充盤中之棃棗，不亦可乎。

清・佚名《一帘春・自序》 三春獨步，花鳥依人。心游目想，如有所悟。夫嫩蕊未雕，新英驟吐，怙恃者誰耶。老竹婆娑，清嚴操挺，俯視柔姿媚態，隔籬相覆，已不啻母之矣。紅舒一瓣，緑衛千層。位以花婢，葉亦何辭。惜乎闌于獨靠，妾爲誰容。老大不嫁，心實傷之。枝頭眷戀，楚楚衣裳。雖饒風韻，未免顛狂。蝶非花匹也，故故斜飛。訂盟在昔，晚節不改。金谷園中，銜泥以葬。庶几其燕乎。雀羽族之仙。花朝月夕，蕭然清唳，使人作出塵想。蜂，花之蟊賊，不可以不懲。霜雪雨風，得一皆足以敗花，況一朝而叢集之。所愛惜而保護之者，惟月耳。無何金風呵影，玉露雕翎，花尋入土，燕亦謝堂，離多會少，曷可勝歎。閱明年而春光依舊，好事重圓，疇昔之愿，于今暫慰。嗟嗟，一朵瓊花，帳繡思郎之鳥；三聲嬌鳥，燈燒恨妾之花。調鸚鵡于樓頭，春宵夢短；映芙蓉于奩畔，秋水情長。花耶，鳥耶，抑非花鳥耶。浣花叟，飼雀翁，玳瑁藏書，珊瑚映腹。顧束筆不爲之一傳，亦花鳥之恨人也。仆素拙四聲，于九宮引曲，尤屬盜鐘掩耳。顧以曠覽之餘，興與景並。歡生愛，愛生憐，憐生惜，既惜其離，復歡其合。因拈韻作《一帘春》三十二齣，付諸笙管，資爲笑談。花鳥有知，亦當稱快。至運調之未工，遣詞之鮮當，謹以俟知音之一顧也已。

藝文

清・王鳳詔《唐堂樂府題詞》 利市題箋翰墨香，衣冠優孟亦荒唐。詩懷沖澹維摩詰，庶咲功名太熱腸。題《鬱輪袍》。

烟景揚州三月時，當年專閫擁旌麾。愛才惜少牛丞相，風調堪憐杜牧之。題《夢揚州》。

飲中草聖記張顛，不學劉伶荷鍤眠。我是前身狂李白，拚教百榼醉花前。題《飲中僊》。

瑶島瓊樓別有春，藍橋小住結朱陳。神仙不少風流福，搗盡元霜話夙因。題《藍橋驛》。

清・唐英《陶人心語》卷五《觀劇》 戲前場外人心熱，戲後局中人不忙。傀儡漫嗤無意義，隱然一度小滄桑。

清・厲鶚《奉題可堂先生太平樂府》 風情垂老尚能兼，試掐檀痕幾折添。更買小伶親教取，不妨留客出重簾。

閉門風雨動經旬，寒勒梅花放未匀。不是吴家新樂府，將何消遣寂寥春。

音律平生足散懷，除書酒外不相諧。箇中賞偏酸甜味，應笑鮮于號苦齋。元人有貫酸齋、徐甜齋號，酸甜樂府又有鮮于、苦齋，困學翁子也。

彩筆淋漓譜舊聞，健來紙上掃千軍。先生自信心無妓，不唱秦淮白練帬。吴非熊作《白練帬傳》，馬湘蘭即其族中先輩云。

清・孔廣林《璿璣錦自題》〔仙吕宮過曲〕〔桂枝香〕 新春佳勝，儂偏多病，煞恨冷熱交纏，没甚的游心存性。漫璿璣製譜，璿璣製譜，尋宫成詠，元人律令。敢信從繩，怎得遇奮響騷壇友，推敲庶依永。

〔仙吕調近詞〕〔惜花賺〕 滔鎮襄城，淑慧齊眉遠在京，凄凉景，織成文錦思縱横，鴈南征，孤鸞心逐孤鴻影，思把將軍魔障清，心遥映，前愆一悟添悲哽，重圓鸞鏡。

〔仙吕宮過曲〕〔長拍〕 溺色連波，拈酸蘇蕙，久把兩人評定，狂蜂癡蝶，幾許繾綣，那能片刻呼醒，須察箇中情，這回文小錦，不盈尺徑，假彼遊鱗遠寄得，他經眼便心傾，卻早解伊三酲。知連波溺色，話不公平。

〔短拍〕 襄水城中，芙蓉院裏，雙雙兩美同行，樛木性非馨。怎便得使他依枝附梗，漫説拈酸蘇女，那解殺狗一般情。

〔情未斷煞〕 没來由，言難聽，古人冤枉辨分明，也消我新春無妄眚。

清・張鴻恩《珊瑚鞭題詞》 填詞作傳百千家，流傳寰海供紛披。爭纖門巧摭事實，纖極穿鑿終未奇。就中《西厢》極才豔，優伶南北多異宜。《琵琶》大帙冠詞壇，行路一齣人猶疑。《還魂》設想自奇幻，餘情弩末嫌支離。芑塘先生知名士，文宗屈宋超儔夷。昨歲杏園空看花，溷跡津門下董帷。讀書餘暇覽稗史，寄情聲調沁心脾。偶拈《玉嬌梨》一編，絶無奇處尋端倪。手擎吟鞭兆驪珠，神龍變化蟠蛟螭。二十八日雕鏤成，一時紙貴抄恐遲。題籤即名《珊瑚鞭》，意新詞麗猶纖微。曲盡人情戲是真，嬉笑怒駡皆箴規。楚相衣冠付優孟，語言口吻如相遺。嗜奇才子王明府，評論再四酬棗梨。和聲鳴盛不多有，前得云亭與昉斯。今君此編入鼓吹，詞林風雅相鼎支。

清・王友亮《題趙明經克勤金谷傳奇》 石氏豪華古無有，珊瑚論尺珠論斗。金貂上客坐揮毫，錦障佳人行勸酒。就中緑珠尤擅名，新歌妙舞何輕盈。踏香不著驚鴻跡，截玉能爲雛鳳聲。憂樂從來相倚伏，仲容遺命猶堪讀。渠能自致豈人情，早識財多定非福。多財已使奴輩讎，况有尤物能招尤。賊兵圍第徑相刼，驚散鴛鴦不並頭。翠袖啣悲前致語，受主恩深甘殉主。拚將薄命比桃花，千片隨風作紅雨。北邙遺跡草芊芊，至今過者猶哀憐。驕縱空垂千載戒，繁華才得一時傳。多君下筆開生面，俠氣嬌姿儼重見。借將往事寫淋漓，巧與多情填缺陷。紅氍象板燦生新，一曲傳將金谷春。坐看明珠還合浦，不須重憶墜樓身。

清・佚名《都門竹枝詞》 某日某園演某班，紅黃條子貼通闤。太平鑼鼓灘黃調，更有三堂十不閑。

又 最好京腔李老公，狐狸特聘内城中。聽完雜耍閒携手，扁食樓中我的東。

又 譜得燕蘭韻事傳，年年歲歲出新編。《聽春新詠》《看花記》，濫調浮詞竟賣錢。

又 善會心憂客不來，寫明三慶與春臺。禿驢那解人難受，也向人前敬一杯。

又 公會筵開白晝間，嗷嘈絲管動歡顔。新排一曲《桃花扇》，到處閧傳四喜班。

又 園中官坐列西東，坐褥平鋪一片紅。雙表對時交未刻，到來恰已過三通。

又 坐時雙脚一齊盤，紅紙開來窄戲單。左右並肩人似玉，滿園不向戲臺看。

又 簾子纔掀未出臺，齊聲唱采震如雷。樓頭飛上迷離眼，訂下今宵晚飯來。

又 軸子剛開便套車，車中裝得幾花枝。前門一帶都該賑，恆德堂中尚可賒。

又 義興天德厭喧嘩，小有餘芳問酒家。不是春光解領略，南西門外跑飛車。

又 乾爹愛吃南邊菜，請到兒家仔細嘗。每味上來誇不絶，那知依舊慶雲堂。

又 席錢戲價不嫌多，分子原來只爲他。循例一杯空爾爾，長聲猶説費張羅。

又 各種秋風不可當，揚州新到載家香。春茶冬笋尋常事，更有年羹票幾張。

又 典到無衣興未衰，三分九扣借將來。可憐短票都花盡，暫向今宵漂一回。

又 洩底依然不下臺，一回漂慣兩三回。明朝説補何曾補，包管從今叫不來。

清・得碩亭《草珠一串》 茶園樓上最消魂，老斗錢多氣象渾。但得隔簾微獻笑，千金難買下場門。

又 頑笑人能破酒顔，無分籍貫與京蠻。而今雜耍風斯下，到處俱添十不閒。

又 都言戲子會當看，擡閣中旛也壯觀。惡少花娘齊亂擠，不興訟獄看來難。

清・淩廷堪《校禮堂詩集》卷三《論曲絶句》 傳奇作祖施君美，散曲嗣音陳大聲。待到故明中葉後，吾家詞客有初成。

清・嚴保庸《曲目新編題詞》 此是詞家麗寶船，幾人銷滅幾人傳。阿誰不是傷心客，今古相望五百年。

我亦曾傳法曲來，新聲流寓滿燕臺。千秋同付雙鬟唱，誰是旗亭第一才。

清・湯貽汾《曲目新編題詞》 宰官仕女總非真，卌二金仙司相頻。寵辱從來各天定，可憐傀儡慣由人。

笑而韡皮僞也真，無端欲泣怪伊頻。榮枯一瞬雲烟散，多少登場過去人。

清・包世臣《曲目新編題詞》 總干蹈厲傳奇始，破陣形容砌末俱。逮及握奇珍法曲，古今人總上氍毹。

不須剿説下場難，離合誰能破此關。我亦上場裝老外，歸來仍看六朝山。

清・阮亨《曲目新編題詞》 歌管年年慶太平，悲歡離合寄深情。世間院本無徵久，難得新編曲目成。

盛世元音響遏雲，紅牙按譜盡新聞。喜將畫舫書頻補，不數揚州月二分。

清・韓崇《曲目新編題詞》 院本紛紛按譜陳，元明昭代各争新。請君再列功臣表，付與旗亭畫壁人。

孰爲兒女孰英雄。都賦相如亡是公。急管繁絃多少事，一時收拾笑談中。

清・魯頌《曲目新編題詞》 半涉荒唐半的真，哀絲急管總怡神。當場顧曲今誰似。前度周郎我替身。

法曲飄零一網收，就中無限古今愁。儂家也譜《千金壽》，付與吴伶已十秋。

清・張鴻卓《**買陂塘・曲目新編題詞**》 拾東風碎花零錦，裁縫巧試鍼線。干卿底事關情甚，歌海搜羅欲徧。牋五彩，想幾輩流傳，幾輩烟雲散。梨園妙選任屢换，滄桑迥殊，南北渾未雅音變。 梅花叟，垂老風懷不淺，妍詞爲品黄絹。秦淮酒煖香温夜，知我寄情絃管。貽一卷，較舊譜重尋，分付雙鬟，按桂秋小院。待何日邀君，紅燈白髮，扶醉羽商辨。

清・雷浚《**曲目新編題詞**》 好替詞人著姓名，開編示我最分明。幾時盡洗筝琶耳，來聽《霓裳》第一聲。

風雪旗亭畫壁時，也曾傾耳到清絲。笠翁滑熟臨川拗，畢竟誰爲絶妙詞。

清・程爾亨《**曲目新編題詞**》 舊曲新詞一例收，元人百種讓風流。他年傳出支家譜，忙殺江南菊部頭。

幾年嚼徵復含商，編出新書字字香。莫怪梅花溪上客，戲場原可做文場。

清・吴規臣《**曲目新編題詞**》 梅花觀裏拜瞿雲，曾與諸姑半日譚。譚到精忠丞相傳，一時清淚落春衫。

百種元人本最先，清歌檀板和三絃。笑將曲目從頭數，絶勝南華第一篇。

清・周綺《**曲目新編題詞**》 今古才人聚一編，尤吴李蔣最堪憐。世人莫認爲兒戲，不比桃花燕子箋。

人生離合等浮萍，夢到邯鄲便不醒。滿眼旌旗場欲散，空留江上數峯青。

清・楊静亭《**都門雜詠**》 茶園樓上列紛紛，宦欵遊來氣燄熏。坐褥横鋪盤腿坐，手摇團扇假斯文。《觀劇》

又 面目何分黑與麻，衣裳總是要豪華。身無百萬黄金鍵，老斗名難買到家。《老斗》

又 捐班新到快嬉遊，戲館長宵醉不休。博得黄金買歌舞，終歸潛夜渡蘆溝。《官座》

又 典衣看戲是京師，誼重親朋莫可辭。恰遇辰齋戒日，算來還是佔便宜。《齋戒》

又 名班總仗票幫扶，全勝新興甚可虞。不見印軒不上座，果然子弟勝江湖。《玩票》

清・芝蘭室主人《**都門新竹枝詞**》 廣和成出氣揚揚，票友人多盡在行。排得《畫春園》一齣，留心獨在九花娘。

又 大老錢雄也請安，陪君一笑盡君歡。包頭却唱三髯戲，十不閑中帶亂彈。

又 車邊人跨面如桃，公子王孫興致高。川馬串鈴相配合，韓家潭内走周遭。

又 頗有相知愛小郎，諸璉門外可飛觴。黄墳配有乾燒酒，絶勝華筵到飯莊。

又 門前小立髩婆娑，縱費青銅却不多。但得今宵能盡興，何拘曲巷是私窩。

清・伴花齋《**都門雜詠**》 入門齊嚷這邊瞧，空座隨憑自己挑。最是棹頭容易賣，絶無人貼也黏條。《賣座》蜨花

又 查堂櫃上一聲呼，罵得閑人片語無。跟座車夫齊站起，此時威勢比金吾。《查堂》韻珊

又 當十青銅八百全，付來觀劇也怡然。恨他有意相欺哄，牌上偏書小制錢。《茶票》伯軒

又 黄報黏來《思志誠》，諸公可去驗人情。不然誤入迷香洞，箇裏原依樣式行。《思志誠》蜨花

又 携來絶好雨前芽，苦水烹煎味迥差。何物最能消酒渴，提壺人賣杏仁茶。《戲園》蜨花

又 斜街曲巷趁香車，隱約雛伶貌似花。應怕路人争看殺，簾垂一幅子兒紗。《像姑車》蜨花

又 老斗從來體貼周，雛伶偏自解風流。不知果是朱衣未，上座居然也點頭。《老斗》蜨花

清・醉春山房主人《**都門蟲語**》 前頭幾齣怪偏長，倦極思歸轉自商。拈起戲單重檢點，《洪洋洞》是四箴堂。京都呼程長庚不提名，但曰：四箴堂。《觀劇》

又　拍案驚奇快若何，休言賞識定無訛。不然請看知名士，大抵虛聲附和多。《叫好》

又　今天茶票不須收，我寓前門頗北頭。明請同鄉邀内眷，要包對面五間樓。京都説話，往往露一字，而下一字含而不出諸口。如明日二字，細按之，止一明字，而特於聲音之間，略傳日字之意。《包樓》

又　相邀觀劇甚歡娛，入座回頭左右呼。香片幾包拿得去，斟來皮紙蓋茶壺。《倒茶》

又　靡肩促膝最堪嫌，春日渾如酷暑嚴。莫怪汗流真浹背，箇中大半好趨炎。《散座》

又　黄白綿煙任客挑，呼呼吸罷手微摇。輪挨此位頭方擺，火紙燃來與一條。《賣水煙》

又　包子凉羔奶捲兒，悶爐燒餅細酥皮。端來問遍仍端去，怪底今朝客不飢。《賣點心》

又　風流癡子甚堪憐，花柳場中誤少年。顧我多情猶似昔，人情已不似從前。《思志誠》

清·俞樾《春在堂詩編》卷二一《讀元人雜劇》　喬馬關王各擅場，須知雜劇即文章。流傳百種元人曲，抵得明時十八房。臧晉叔云：元時取士有填詞科，主司出題目，限曲調及韵，取辦於風簷寸晷之中，故至第四折，雖喬孟符、馬致遠亦成强弩之末。余讀之，頗以其言爲信。

何處傳來委巷言，儘堪袍笏演梨園。蔡邕竟是漢丞相，柳永居然宋狀元。元人《王粲登樓》劇稱蔡中郎爲丞相，又關漢卿《謝天香》劇謂柳耆卿狀元及第，真戲劇語也。

張千李萬本非真，日日登場不厭頻。只怪輕浮兩年少，一胡一柳究何人。劇中凡官府祇候人皆曰張千，如有二人則曰張千、李萬，皆寓名也。惟有兩浮浪子弟曰柳隆卿，曰胡子傳，既見於《崔府君斷冤家債主》劇，又見於《楊氏女殺狗勸夫》劇，又見於《東堂老勸破家子弟》劇，似非寓名，不知何以相傳，有此二人也。胡子傳，或作胡子轉，蓋由傳刻之訛。

嘯聚梁山卅六人，至今婦豎望如神。何來孔目李榮祖，大可遺聞補《癸辛》。宋江三十六人，詳見《癸辛雜識》。乃元人李致遠《風雨還牢末》雜劇，有東平府都孔目李榮祖，亦梁山頭目，《癸辛雜識》所無也。余意此即《雜識》中之李英，傳聞異辭，少一祖字，而榮英聲近，遂誤李榮爲李英。今《水滸傳》作李應，則又李英之誤也。

狙靚狐猱各鬬工，新奇頗足眩兒童。王蟬老祖桃花女，都入彈詞演義中。鬼谷子姓王名蟬，見《馬陵道》雜劇，乃悟彈詞中有王蟬老祖，即此人也。《桃花女鬬法嫁周公》劇，尤爲怪誕，不知所本。明人《西游演義》，以桃花女先生、鬼谷子先生並稱，明時猶傳有此語。

八洞神仙本渺茫，流傳曹佾與韓湘。徐神翁已無人識，何處飛來張四郎。谷子敬《城南柳》劇八仙有徐神翁，無何仙姑，范子安《竹葉舟》劇有何仙姑，無曹國舅，獨岳伯川《鐵拐李》劇有張四郎，無何仙姑，不知張四郎何人也。

豈果蓬山有秘函，仙踪踳駁甚於凡。邯鄲兩度黄粱夢，一是盧生一吕巖。邯鄲吕翁尚在純陽之前，此事人多知之。乃元馬致遠《黄粱夢》雜劇，竟謂是鍾離度純陽事，夢境不同，又不言有枕。此非不知有盧生事，蓋因盧生事而謂純陽亦然。疑元時别有此一説也。

秋胡妻死千年後，更有何人知姓名。今日始知羅氏女，閨中小字唤梅英。石君寶《秋胡戲妻》雜劇，載其妻姓名曰羅梅英，不知何所本也。

連環計定錦雲堂，演義還輸雜劇詳。木耳村中尋艷跡，可能訪取任紅昌。貂蟬連環計，《三國演義》中事也。乃元人《錦雲堂連環計》雜劇，并載貂蟬爲木耳村任昂之女，本名紅昌，因選入漢宫掌貂蟬冠，故名貂蟬。此則並非演義所知矣。

流落文姬塞上笳，曾傳有妹嫁羊家。誰知更有王郎婦，留得香名是桂花。蔡中郎女文姬，人所知也，羊祜之母亦中郎之女，知者已罕。乃讀元人《王粲登樓》雜劇，則中郎又有女名桂花，嫁王仲宣，亦盲詞俗説也。

琵琶女子姓名無，未可娟娟好好呼。元道相逢不相識，何曾知有李興奴。香山《琵琶行》偶然寄託，元馬致遠作《青衫泪》雜劇，杜撰姓名曰李興奴，謂是樂天長安舊識，真癡人説夢矣。

買臣當日困塗泥，最苦家中婦勃谿。何意忽翻羞冢案，居然不愧樂羊妻。元人《風雪漁樵記》言：買臣妻之求去，乃故激勵之，以成其名。又陰資助之，以成其行。故其後仍完聚如初。不知何意忽翻此案也。

素口蠻腰妝點工，當年曾伴樂天翁。不圖演久梅香劇，白樂天爲白敏中。小蠻素爲香山姬侍人，所共知也。乃元人鄭德輝《㑳梅香》雜劇，以小蠻爲裴晉公之女，嫁白敏中，樊素其婢也，不知何據。

《宋史》《唐書》總不收，何來故事儘風流。御園妃子尋金彈，相府嬌兒抛繡球。元人《陳琳抱妝盒》雜劇，言宋真宗於三月十五日，在御園向東南方打金彈，使宫妃往尋之，得者即有子。此不知出何書。又《梧桐葉》雜劇言，唐宰相牛僧孺女金哥抛綉球，打中武狀元。然則彈詞小説所言彩樓招親，亦有本也。

踏青拾翠儘游行，行樂隨時總有名。見説重三修禊日，當時也唤作清明。元李文蔚《燕青博魚》雜劇云：清明三月三，重陽九月九，又云三月三清明令節，同樂院前王孫士女，好不華盛，疑當時流俗相傳，上巳、清明，並爲一節也。

仕宦原同傀儡棚，棚中關節逐時更。偶然留得排衙様，人馬平安喏一聲。元雜劇每包龍圖出場，必有張千先上，排衙云：喏，本衙人馬平安。他官亦多如此。想必宋、元時，排衙舊式也。

卜兒孛老各登場，名目於今半未詳。喜看徠兒最伶俐，怕逢邦老太强梁。元雜劇中老婦謂之卜兒，老夫謂之孛老，兒童謂之徠兒，盜賊謂之邦老。此等腳色，與今絶異。

尋常稱謂頗離奇，數百年來盡改移。夫豈小郎偏大嫂，奴雖老僕亦孩兒。各劇中凡夫稱其妻皆曰大嫂，至奴之於主必稱孩兒，如《桃花女》劇彭祖年已六十九，然於其主周公，仍稱孩兒也。

舊本流傳校勘精，偶拈奇字辨形聲。銅鏩官府頒來重，紙鎞兒童蹴去輕。《包龍圖銅鏩》雜劇中屢見鏩，即鍘字，而喬孟符《金錢記》劇則音茶，殆因一聲之轉，隨文而異讀也。紙鎞子，見馬致遠《薦福碑》劇，《帝京景物略》字本作毽。此字從金從皮從毛，字書不載，乃當時俗體也。

絶代才華洪昉思，長生一曲擅當時。誰知天淡雲閒句，偷取元人粉蝶兒。洪昉思《長生殿》小宴劇中天淡雲閒一曲，膾炙人口，今讀元人馬仁甫《秋夜梧桐雨》雜劇，有，《粉蝶兒》曲，與此正同，但字句有小異耳。乃知其襲元人之舊也。

清・顧雲臣《題韋伯謙同年業祥江烈女傳奇》 恨骨久蒿萊，豪奴未冷灰。門庭皆鬼域，冰玉自泉台。貞木心先死，奇花禍竟胎。香名傳樂府，多謝鳩爲媒。

雜録

清・姚燮《今樂考證・緣起・元以詞曲取士》 沈德符云：元人未滅南宋時，以此定士子優劣。每出一題，任人填曲，如宋宣和畫學，出唐詩一句，恣其渲染，選其能得畫外趣者登高第。以故宋畫、元曲，千古無匹。元曲有一題傳至四五本者，予皆見之。

又 吴偉業云：元時以曲取士，皆傅粉墨而踐排場。一代之人文，皆從此描眉、畫頰、詼諧、調笑而出之，固宜其擅絶千古。梁廷枏云：元人百種佳處，恆在第在第一二折，奇情壯采，如人意所欲出，至第四折，則了無意味矣。世遂謂元人以曲試士。百種雜劇，多出於場屋，第四折爲强弩之末，故有工拙之分。然攷之《元史・選舉志》，固無明文，或亦傳聞之誤也。又云：雕蟲館《曲選》，亦謂：元取士有填詞科，主司所定題目外，止曲名及韵。其實白出於演劇伶人一時所爲，故鄙俚蹈襲之語爲多。予謂：此蓋論百種雜劇然耳。若《西厢》等本，其白爲曲人所自作，關目恰好，字句亦長短適中，迥不侔也。梁兆壬云：相傳元人以詞曲取士，而考《選舉志》及《典章》皆無之。或另設一門，如今攷天文、算學，一律特以備梨園供奉耳。惟試録中一條云：軍、民、僧、尼、道、客、官、儒、回回、醫、匠、陰陽、寫、算、門、廚、典、僱、未完等户願試者，以本户籍貫赴試。僧道應試，已屬可笑。尼亦赴試，更怪誕矣。

戲史部

淵源

論說

《尚書・舜典》 帝曰：夔，命汝典樂，教胄子。【略】夔曰：於。予擊石拊石，百獸率舞。

《論語・鄉黨》 孔子於鄉黨，恂恂如也，似不能言者。【略】鄉人儺，朝服而立於阼階。

《呂氏春秋・古樂》 昔葛天氏之樂，三人操牛尾，投足以歌八闋。

又 湯乃命伊尹作爲《大護》，歌《晨露》，脩《九招》、《六列》，以見其善。

《史記》卷二四《樂書》 賓牟賈侍坐於孔子，孔子與之言，及樂。【略】子曰：居，吾語汝。夫樂者，象成者也。總干而山立，武王之事也。發揚蹈厲，太公之志也。武亂皆坐，周召之治也。且夫《武》，始而北出，再成而滅商，三成而南，四成而南國是疆，五成而分陝，周公左，召公右，六成復綴，以崇天子，夾振之而四伐，盛振威於中國也。分夾而進，事蚤濟也。久立於綴，以待諸侯之至也。

又 太史公曰：夫上古明王舉樂者，非以娛心自樂，快意恣欲，將欲爲治也。正教者皆始於音，音正而行正。故音樂者，所以動盪血脈，通流精神而和正心也。故宮動脾而和正聖，商動肺而和正義，角動肝而和正仁，徵動心而和正禮，羽動腎而和正智。故樂所以內輔正心而外異貴賤也，上以事宗廟，下以變化黎庶也。琴長八尺一寸，正度也。弦大者爲宮，而居中央，君也。商張右傍，其餘大小相次，不失其次序，則君臣之位正矣。故聞宮音，使人溫舒而廣大。聞商音，使人方正而好義。聞角音，使人惻隱而愛人。聞徵音，使人樂善而好施。聞羽音，使人整齊而好禮。夫禮由外入，樂自內出。故君子不可須臾離禮，須臾離禮則暴慢之行窮外。不可須臾離樂，須臾離樂則姦邪之行窮內。故樂音者，君子之所養義也。夫古者，天子、諸侯聽鐘磬未嘗離於庭，卿大夫聽琴瑟之音未嘗離於前，所以養行義而防淫佚也。夫淫佚生於無禮，故聖王使人耳聞《雅》、《頌》之音，目視威儀之禮，足行恭敬之容，口言仁義之道。故君子終日言而邪辟無由入也。

又卷八七《李斯列傳》 是時二世在甘泉，方作觳抵優俳之觀。

又卷一二三《大宛列傳》 初，漢使至安息，安息王令將二萬騎迎於東界。【略】漢使還，而後發使隨漢使來觀漢廣大，以大鳥卵及黎軒善眩人獻于漢。【略】是時上方數巡狩海上，乃悉從外國客，大都多人則過之，散財帛以賞賜，厚具以饒給之，以覽示漢富厚焉。於是大觳抵，出奇戲諸怪物，多聚觀者。行賞賜，酒池肉林，令外國客偏觀各倉庫府藏之積，見漢之廣大，傾駭之。及加其眩者之工，而觳抵奇戲歲增變，甚盛益興，自此始。

又卷一二六《滑稽列傳》 優孟，故楚之樂人也。長八尺，多辯，常以談笑諷諫。楚莊王之時，有所愛馬，衣以文繡，置之華屋之下，席以露牀，啗以棗脯。馬病肥死，使羣臣喪之，欲以棺槨大夫禮葬之。左右爭之，以爲不可。王下令曰：有敢以馬諫者，罪至死。優孟聞之，入殿門，仰天大哭。王驚而問其故。優孟曰：馬者王之所愛也，以楚國堂堂之大，何求不得，而以大夫禮葬之，薄，請以人君禮葬之。王曰：何如。對曰：臣請以彫玉爲棺，文梓爲槨，楩楓豫章爲題湊，發甲卒爲穿壙，老弱負土，齊趙陪位於前，韓魏翼衛其後，廟食太牢，奉以萬户之邑。諸侯聞之，皆知大王賤人而貴馬也。王曰：寡人之過一至此乎。爲之柰何。優孟曰：請爲大王六畜葬之，以壠竈爲槨，銅歷爲棺，齎以薑棗，薦以木蘭，祭以糧稻，衣以火光，葬之於人腹腸。於是王乃使以馬屬太官，無令天下久聞也。

楚相孫叔敖知其賢人也，善待之。病且死，屬其子曰：我死，汝必貧困。若往見優孟，言我孫叔敖之子也。居數年，其子窮困負薪，逢優孟，與言曰：我孫叔敖子也，父且死時，屬我貧困往見優孟。優孟曰：若無遠有所之。即爲孫叔敖衣冠，抵掌談語。歲餘，像孫叔敖，楚王及左右不能別也。莊王置酒，優孟前爲壽。莊王大驚，以爲孫叔敖復生也，欲以爲相。優孟曰：請歸與婦計之，三日而爲相。莊王許之。三日後，優孟復來。王曰：婦言謂何。孟曰：婦言慎無爲，楚相不足爲也。如孫叔敖之爲楚相，盡忠爲廉以治楚，楚王得以霸。今死，其子無立錐之地，貧困負薪以自飲食。必如孫叔敖，不如自殺。因歌曰：山居耕田苦，難以得食。起而爲吏，身貪鄙者餘財，不顧恥辱。身死家室富，又恐受賕枉法，爲姦觸大罪，身死而家滅。貪吏安可爲也。念爲廉吏，奉法守職，竟死不敢爲非。廉吏安可爲也。楚相孫叔敖持廉至死，方今妻子窮困，負薪而食，不足爲也。於是莊王謝優孟，乃召孫叔敖子，封之寢丘四百户，以奉其祀。後十世不絶。

又 優旃者，秦倡侏儒也。善爲笑言，然合於大道。秦始皇時，置酒而天雨，陛楯者皆沾寒。優旃見而哀之，謂之曰：汝欲休乎。陛楯者皆曰：幸甚。優旃曰：我即呼汝，汝疾應曰諾。居有頃，殿上上壽呼萬歲。優旃臨檻大呼曰：陛楯郎。郎曰：諾。優旃曰：汝雖長，何益，幸雨立。我雖短也，幸休居。於是始皇使陛楯者得半相代。始皇嘗議欲大苑囿，東至函谷關，西至雍、陳倉。優旃曰：善。多縱禽獸於其中，寇從東方來，令麋鹿觸之足矣。始皇以故輟止。二世立，又欲漆其城。優旃曰：善。主上雖無言，臣固將請之。漆城雖於百姓愁費，然佳哉，漆城蕩蕩，寇來不能上。即欲就之，易爲漆耳，顧難爲蔭室。於是二世笑之，以其故止。

又卷一二九《貨殖列傳》 中山地薄人衆，猶有沙丘紂淫地餘民，民俗懁急，仰機利而食。丈夫相聚游戲，悲歌忼慨，起則相隨椎剽，休則掘冢作巧姦冶，多美物，爲倡優。

《禮記·郊特牲》 天子大蜡八，伊耆氏始爲蜡。【略】蜡之祭也，主先嗇而祭司嗇也。祭百種，以報嗇也。饗農，及郵表畷，禽獸，仁之至，義之盡也。古之君子，使之必報之。迎貓，爲其食田鼠也。迎虎，爲其食田豕也。迎而祭之也。祭坊與水庸，事也。

漢·劉向《列女傳·孽嬖傳·夏桀末喜》 夏桀既棄禮儀，求倡優、侏儒、狎徒，爲奇偉之戲。

《周禮·春官》 司巫掌羣巫之政令，若國大旱，則帥巫而舞雩。

又《夏官》 方相氏，掌蒙熊皮，黄金四目，玄衣朱裳，執戈揚盾，帥百隸而時難，以索室毆疫。

《漢書》卷二二《禮樂志第二》 漢興，樂家有制氏，以雅樂聲律世世在大樂官，但能紀其鏗鎗鼓舞，而不能言其義。高祖時，叔孫通因秦樂人制宗廟樂。大祝迎神于廟門，奏《嘉至》，猶古降神之樂也。皇帝入廟門，奏《永至》，以爲行步之節，猶古《采薺》、《肆夏》也。乾豆上，奏《登歌》，獨上歌，不以筦弦亂人聲，欲在位者徧聞之，猶古《清廟》之歌也。《登歌》再終，下奏《休成》之樂，美神明既饗也。皇帝就酒東廂，坐定，奏《永安》之樂，美禮已成也。又有《房中祠樂》，高祖唐山夫人所作也。周有《房中樂》，至秦名曰《壽人》。凡樂，樂其所生，禮不忘本。高祖樂楚聲，故《房中樂》楚聲也。孝惠二年，使樂府令夏侯寬備其簫管，更名曰《安世樂》。

又 高廟奏《武德》、《文始》、《五行》之舞。孝文廟奏《昭德》、《文始》、《四時》、《五行》之舞。孝武廟奏《盛德》、《文始》、《四時》、《五行》之舞。《武德舞》者，高祖四年作，以象天下樂己行武以除亂也。《文始舞》者，曰本舜《招舞》也，高祖六年，更名曰《文始》，以示不相襲也。《五行舞》者，本周舞也，秦始皇二十六年更名曰《五行》也。《四時舞》者，孝文所作，以示天下之安和也。蓋樂己所自作，明有制也。樂先王之樂，明有法也。孝景采《武德舞》以爲《昭德》，以尊大宗廟。至孝宣，采《昭德舞》爲《盛德》，以尊世宗廟。諸帝廟皆常奏《文始》、《四時》、《五行舞》云。高祖六年，又作《昭容樂》、《禮容樂》。《昭容》者，猶古之《昭夏》也，主出《武德舞》。《禮容》者，主出《文始》、《五行舞》。舞人無樂者，將至至尊之前不敢以樂也。出用樂者，言舞不失節，能以樂終也。大氐皆因秦舊事焉。

又 初，高祖既定天下，過沛，與故人父老相樂，醉酒歡哀，作《風起》之詩，令沛中僮兒百二十人習而歌之。至孝惠時，以沛宫爲原廟，皆令歌兒習吹以相和，常以百二十人爲員。文景之間，禮官肄業而已。至武帝定郊祀之禮，祠太一於甘泉，就乾位也。祭后土於汾陰，澤中方丘也。乃立樂府，采詩夜誦，有趙、代、秦、楚之謳。以李延年爲協律都尉，多舉司馬相如等數十人造爲詩賦，略論律吕，以合八音之調，作十九章之歌。以正月上辛用事甘泉圜丘，使童男女七十人俱歌，昏祠至明。夜常有神光如流星止集于祠壇，天子自竹宫而望拜，百官侍祠者數百人皆肅然動心焉。

又卷九六《西域傳·贊》 作巴俞、都盧、海中、魚龍、角觝之戲，以觀視之。

漢·張衡《西京賦》 總會僊倡，戲豹舞羆，白虎鼓瑟，蒼龍吹篪。女娥坐而長歌，聲清暢而蜲蛇。洪崖立而指麾，被毛羽之襳襹。度曲未終，雲起雪飛，初若飄飄，後遂霏霏。【略】東海黄公，赤刀粤祝，冀厭白虎，卒不能救。挾邪作蠱，於是不售。

《孔子家語·觀鄉》 子貢觀於蜡。孔子曰：賜也，樂乎。對曰：一國之人皆若狂，賜未知其爲樂也。孔子曰：百日之勞，一日之樂，一日之澤，非爾所知也。

《三國志》卷三《魏書·明帝紀》裴松之注 《魏略》曰：又於芳林園中起陂池，楫櫂越歌。【略】帝常遊宴在内，乃選女子知書可信者六人，以爲女尚書，使典省外奏事，處當畫可。自貴人以下至尚保，及給掖庭灑掃，習伎歌者，各有千數。通引穀水過九龍殿前，爲玉井綺欄，蟾蜍含受，神龍吐出。使博士馬均作司南車，水轉百戲。歲首建巨獸，魚龍曼延，弄馬倒騎，備如漢西京之制。

又卷四《魏書·三少帝紀》裴松之注 《魏書》曰：皇帝即位，【略】日延小優郭懷、袁信等於建始芙蓉殿前裸袒游戲。【略】又於廣望觀上，使懷、信等於觀下作遼東妖婦，嬉褻過度，道路行人掩目，帝於觀上以爲讌笑。

又卷四二《蜀書·許慈傳》 許慈字仁篤，南陽人也。師事劉熙，善鄭氏學，治《易》、《尚書》、《三禮》、《毛詩》、《論語》。【略】時又有魏郡胡潛，字公興，不知其所以在益土。潛雖學不沾洽，然卓犖彊識，祖宗制度之儀，喪紀五服之數，皆指掌畫地，舉手可采。【略】慈、潛並爲學士，與孟光、來敏等典掌舊文。值庶事草創，動多疑議，慈、潛更相克伐，謗讟忿爭，形於聲色。書籍有無，不相通借。時尋楚撻，以相震撼。其矜己妒彼，乃至於此。先主愍其若斯，羣僚大會，使倡家假爲二子之容，傚其訟鬩之狀，酒酣樂作，以爲嬉戲。初以辭義相難，終以刀杖相屈，用感切之。

晉·葛洪《西京雜記》 有東海人黄公，少時爲術能制蛇禦虎。佩赤金刀，以絳繒束髮，立興雲霧，坐成山河。及衰老，氣力羸憊，飲酒過度，不能復行其術。秦末有白虎見於東海，黄公乃以赤金刀往厭之。術既不行，遂爲虎所殺。三輔人俗用以爲戲，漢帝亦取以爲角觝之戲焉。

又 京兆有古生者，學縱橫、揣摩、弄矢、摇丸、樗蒲之術，爲都掾史四十餘年。善訑謾。二千石隨以諧謔，皆握其權要而得其歡心。【略】京師至今俳戲，皆稱古掾曹。

《宋書》卷一九《樂志一》 民之生，莫有知其始也。含靈抱智，以生天地之間。夫喜怒哀樂之情，好得惡失之性，不學而能，不知所以然而然者也。怒則争鬭，喜則詠歌，夫歌者，固樂之始也。詠歌不足，乃手之舞之，足之蹈之，然則舞又歌之次也。詠歌舞蹈，所以宣其喜心，喜而無節，則流淫莫反。故聖人以五聲和其性，以八音節其流，而謂之樂，故能移風易俗，平心正體焉。昔有娀氏有二女，居九成之臺，天帝使燕夜往，二女覆以玉筐，既而發視之，燕遺二卵，五色，北飛不反。二女作歌，始爲北音。禹省南土，嵞山之女令其妾候禹於嵞山之陽，女乃作歌，始爲南音。夏后孔甲田於東陽萯山，天大風晦冥，迷入民室，主人方乳，或曰：后來是良日也，必大吉。或曰：不勝之子，必有殃。后乃取以歸，曰：以爲余子，誰敢殃之。後析橑，斧破斷其足。孔甲曰：嗚呼，有命矣。乃作《破斧》之歌。始爲東音。周昭王南征，殞於漢中，王右辛餘靡長且多力，振王北濟，周公乃封之西翟，徙宅西河，追思故處作歌，始爲西音。此蓋四方之歌也。黄帝、帝堯之世，王化下洽，民樂無事，故因擊壤之歡，慶雲之瑞，民因以作歌。其後《風》衰《雅》缺，而妖淫靡漫之聲起。周衰，有秦青者善謳，而薛談學謳於秦青，未窮青之伎而辭歸。青餞之於郊，乃撫節悲歌，聲震林木，響遏行雲。薛談遂留不去，以卒其業。又有韓娥者東之齊，至雍門，匱糧，乃鬻歌假食，既而去，餘響繞梁，三日不絶。左右謂其人不去也。過逆旅，逆旅人辱之，韓娥因曼聲哀哭，一里老幼，悲愁垂涕相對，三日不食。遽而追之，韓娥還，復爲曼聲長歌，一里老幼，喜躍抃舞，不能自禁，忘向之悲也。乃厚賂遣之。故雍門之人善歌哭，效韓娥之遺聲。衛人王豹處淇川，善謳，河西之民皆化之。齊人綿駒居高唐，善歌，齊之右地，亦傳其業。前漢有虞公者善歌，能令梁上塵起。若斯之類，並徒歌也。《爾雅》曰：徒歌曰謠。凡樂章古詞，今之存者，並漢世街陌謠謳，《江南可采蓮》、《烏生》、《十五》、《白頭吟》之屬是也。吴歌雜曲，並出江東，晉宋以來，稍有增廣。

又 《子夜歌》者，有女子名子夜，造此聲。晉孝武太元中，琅邪王軻之家有鬼歌《子夜》。殷允爲豫章時，豫章僑人庾僧度家亦有鬼歌《子夜》。殷允爲豫章，亦是太元中，則子夜是此時以前人也。《鳳將雛歌》者，舊曲也。應璩《百一詩》云：爲作《陌上桑》，反言《鳳將雛》。然則《鳳將雛》其來久矣，將由訛變以至於此乎。《前溪歌》者，晉車騎將軍沈充所制。《阿子》及《歡聞歌》者，晉穆帝升平初，歌畢輒呼阿子，汝聞不。語在《五行志》。後人演其聲，以爲二曲。《團扇歌》者，晉中書令王珉與嫂婢有情，愛好甚篤，嫂捶撻婢過苦，婢素善歌，而珉好捉白團扇，故制此歌。《督護歌》者，彭城內史徐逵之爲魯軌所殺，宋高祖使府内直督護丁旿收斂殯埋之。逵之妻，高祖長女也，呼旿至閤下，自問斂送之事，每問，輒歎息曰：丁督護。其聲哀切，後人因其聲，廣其曲焉。《懊憹歌》者，晉隆安初，民間謳謡之曲。語在《五行志》。宋少帝更制新歌，太祖常謂之《中朝曲》。《六變》諸曲，皆因事制歌。《長史變》者，司徒左長史王廞臨敗所制。《讀曲歌》者，民間爲彭城王義康所作也。其歌云死罪劉領軍，誤殺劉第四是也。凡此諸曲，始皆徒歌，既而被之弦管。又有因弦管金石，造歌以被之，魏世三調歌詞之類是也。

又 《鞞舞》，未詳所起，然漢代已施於燕享矣。傅毅、張衡所賦，皆其事也。曹植《鞞舞歌序》曰：漢靈帝《西園故事》有李堅者，能《鞞舞》。遭亂，西隨段煨。先帝聞其舊有技，召之。堅既中廢，兼古曲多謬誤，異代之文，未必相襲，故依前曲改作新歌五篇，不敢充之黄門，近以成下國之陋樂焉。晉《鞞舞歌》亦五篇，又《鐸舞歌》一篇，《幡舞歌》一篇，《鼓舞伎》六曲，並陳於元會。今《幡》、《鼓》歌詞猶存，舞並闕。《鞞舞》，即今之《鞞扇舞》也。又云晉初有《杯槃舞》、《公莫舞》。史臣按：杯槃，今之《齊世寧》也。張衡《舞賦》云：歷七槃而縱躡。王粲《七釋》云：七槃陳於廣庭。近世文士顔延之云：遞間關於槃扇。鮑昭云：七槃起長袖。皆以七槃爲舞也。《搜神記》云：晉太康中，天下爲《晉世寧舞》，矜手以接杯槃反覆之。此則漢世唯有槃舞，而晉加之以杯，反覆之也。《公莫舞》，今之巾舞也。相傳云項莊劍舞，項伯以袖隔之，使不得害漢高祖。且語莊云：公莫。古人相呼曰公，云莫害漢王也。今之用巾，蓋像項伯衣袖之遺式。按《琴操》有《公莫渡河曲》，然則其聲所從來已久。俗云項伯，非也。

又 江左初，又有《拂舞》。舊云《拂舞》，吳舞。檢其歌，非吳詞也。皆陳於殿庭。揚泓《拂舞序》曰：自到江南，見《白符舞》，或言《白凫鳩舞》。云有此來數十年，察其詞旨，乃是吳人患孫晧虐政，思屬晉也。

又 有《白紵舞》，按：舞詞有巾袍之言，紵本吳地所出，宜是吳舞也。晉《俳歌》又云：皎皎白緒，節節爲雙。吳音呼緒爲紵，疑白紵即白緒。《鞞舞》故二八，桓玄將即真，太樂遺衆伎，尚書殿中郎袁明子啓增滿八佾，相承不復革。宋明帝自改舞曲歌詞，並詔近臣虞龢並作。

又 有西、傖、羌、胡諸雜舞。隨王誕在襄陽，造《襄陽樂》，南平穆王爲豫州，造《壽陽樂》，荆州刺史沈攸之又造《西烏飛歌曲》，並列於樂官。歌詞多淫哇不典正。

又 前世樂飲，酒酣，必起自舞。《詩》云屢舞僊僊是也。宴樂必舞，但不宜屢爾。譏在屢舞，不譏舞也。漢景帝樂飲，長沙定王舞又是也。魏晉已來，尤重以舞相屬，所屬者代起舞，猶若飲酒以杯相屬也。謝安舞以屬桓嗣是也。近世以來，此風絶矣。

《南齊書》卷一一《樂志》 南郊樂舞歌辭，二漢同用，見《前漢志》，五郊互奏之。魏歌舞不見，疑是用漢辭也。晉武帝泰始二年，郊祀明堂，詔禮遵用周室肇稱殷祀之義，權用魏儀。後使傅玄造《祠天地五郊夕牲歌》詩一篇，《迎神歌》一篇。宋文帝使顔延之造《郊天夕牲》、《迎送神》、《饗神歌》詩三篇，是則宋初又仍晉也。建元二年，有司奏，郊廟雅樂歌辭，舊使學士、博士撰，搜簡採用，請敕外，凡義學者普令製立。參議：太廟登歌宜用司徒褚淵，餘悉用黄門郎謝超宗辭。超宗所撰，多删顔延之、謝莊辭以爲新曲，備改樂名。永明二年，太子步兵校尉伏曼容上表，宜集英儒，删纂雅樂。詔付外詳，竟不行。

又 太廟樂歌辭，《周頌·清廟》一篇，漢《安世歌》十七章是也。永平三年，東平王蒼造《光武廟登歌》一章二十六句，其辭稱述功德。建安十八年，魏國初建，侍中王粲作登歌《安世詩》，説神靈鑒饗之意。明帝時，侍中繆襲奏：《安世詩》本故漢時歌名，今詩所歌，非往詩之文。襲案：《周禮》注云，《安世樂》猶周房中樂也。往昔議者以房中歌后妃之德，宜改《安世》名《正始之樂》，後讀漢《安世歌》，亦説神來宴饗，無有后妃之言。思惟往者謂房中樂爲后妃歌，恐失其意。方祭祀娱神，登歌先祖功德，下堂詠宴享，無事歌后妃之化也。於是改《安世樂》曰《饗神歌》。散騎常侍王肅作宗廟詩頌十二篇，不入於樂。晉泰始中，傅玄造《廟夕牲昭夏》歌一篇，《迎送神肆夏》歌詩一篇，登歌七廟七篇。玄云：登歌歌盛德之功烈，故廟異其文。至於饗神，猶《周頌》之《有瞽》及《雍》，但説祭饗神明禮樂之盛，七廟饗神皆用之。夏侯湛又造宗廟歌十三篇。宋世王韶之造七廟登歌七篇。昇明中，太祖爲齊王，令司空褚淵造太廟登歌二章。建元初，詔黄門侍郎謝超宗造廟樂歌詩十六章。永明二年，尚書殿中曹奏：太祖高皇帝廟神室奏《高德宣烈之舞》，未有歌詩，郊廟須歌辭。穆皇后廟神室，亦未有歌辭。案，傅玄云：登歌廟異其文，饗神七室同辭。此議爲允。又尋漢世歌篇，多少無定，皆稱事立文，並多八句，然後轉韻。時有兩三韻而轉，其例甚寡。張華、夏侯湛亦同前式。傅玄改韻頗數，更傷簡節之美。近世王韶之、顔延之並四韻乃轉，得賒促之中。顔延之、謝莊作三廟歌，皆各三章，章八句，此於序述功業詳略爲宜，今宜依之。郊配之日，改降尊作主，禮殊宗廟，穆后母儀之化，事異經綸。此二歌爲一章八句，別奏事御奉行。詔可。尚書令王儉造太廟二室及郊配辭。

又 藉田歌辭，漢章帝元和元年，玄武司馬班固奏用《周頌·載芟》祠先農。晉傅玄作祀《先農先蠶夕牲歌詩》一篇八句，《迎送神》一篇，《饗社稷》、《先農》、《先聖》、《先蠶歌詩》三篇，前一篇十二句，中一篇十六句，後一篇十二句，辭皆叙田農事。胡道安《先農饗神詩》一篇，並八句。樂府相傳舊歌三章。永明四年藉田，詔驍騎將軍江淹造《藉田歌》。淹製二章，不依胡、傅，世祖口勑付太樂歌之。

又 《宣烈舞》，執干戚，郊廟奏，平冕黑介幘，玄衣裳，白領袖，絳領袖中衣，絳合幅袴，絳袜。朝廷則武冠赤幘，生絳袍，單衣，絹領袖，皁領袖中衣，虎文畫合幅袴，白布彩，皆黑韋鞮。周《大武舞》，秦改爲《五行》。漢高造《武德舞》，執干戚，象天下樂己除亂。按，《禮》云：朱干玉戚，冕而舞《大武》。是則漢放此舞而立也。魏文帝改《五行》還爲《大武》，而《武德》曰《武頌舞》。明帝改造《武始舞》。晉世仍舊。傅玄六代舞，歌有《武》辭，此《武舞》非一也。宋孝建初，朝議以《凱容舞》爲《韶舞》，《宣烈舞》爲《武舞》。據《韶》爲言，《宣烈》即是古之《大武》，非《武德》也。今世諺呼爲武王伐紂。其冠服，魏明帝世尚書所奏定《武始舞》服，晉宋承用，齊初仍舊，不改宋舞名。其舞人冠服，見魏尚書奏，後代相承用之。

又 《凱容舞》，執羽籥，郊廟，冠委貌，服如前。朝廷進賢冠，黑介幘，生黄袍，單衣，白合幅袴，餘如前。本舜《韶舞》，漢高改曰《文始》，魏復曰《大韶》。又造《咸熙》爲《文舞》。晉傅玄六代舞有《虞韶舞》辭。宋以《凱容》繼《韶》爲《文舞》。相承用魏咸熙冠服。

又 《前舞》、《後舞》，晉泰始九年造。《正德大豫舞》，傅玄、張華各爲歌辭。宋元嘉中，改《正德》爲《前舞》，《大豫》爲《後舞》。

又 角抵、像形、雜伎，歷代相承有也。其增損源起，事不可詳，大略漢世張衡《西京賦》是其始也。魏世則事見陳思王樂府《宴樂篇》，晉世則見傅玄《元正篇》、《朝會賦》。江左咸康中，罷紫鹿、跂行、鼈食、笮鼠、齊王捲衣、絶倒、五案等伎，中朝所無，見《起居注》，並莫知所由也。太元中，苻堅敗後，得關中檐橦胡伎，進太樂，今或有存亡，案此則可知矣。

《魏書》卷一〇九《樂志》 夫大樂與天地同和，苟非達識至精，何以體其妙極。自漢以後，舞稱歌名，代相改易，服章之用，亦有不同，斯則不襲之義也。永嘉已下，海内分崩，伶官樂器，皆爲劉聰、石勒所獲，慕容儁平冉閔，遂克之。王猛平鄴，入於關右。苻堅既敗，長安紛擾，慕容永之東也，禮樂器用多歸長子，及垂平永，並入中山。自始祖内和魏晉，二代更致音伎。穆帝爲代王，愍帝又進以樂物。金石之器雖有未周，而絃管具矣。逮太祖定中山，獲其樂縣，既初撥亂，未遑創改，因時所行而用之。世歷分崩，頗有遺失。天興元年冬，詔尚書吏部郎鄧淵定律吕，協音樂。及追尊皇曾祖、皇祖、皇考諸帝，樂用八佾，舞《皇始》之舞。【略】六年冬，詔太樂、總章、鼓吹增修雜伎，造五兵、角觝、麒麟、鳳皇、仙人、長蛇、白象、白虎及諸畏獸、魚龍、辟邪、鹿馬仙車、高絙百尺、長趫、緣橦、跳丸、五案以備百戲。大饗設之於殿庭，如漢晉之舊也。太宗初，又增修之，撰合大曲，更爲鍾鼓之節。世祖破赫連昌，獲古雅樂，及平凉州，得其伶人、器服，並擇而存之。後通西域，又以悦般國鼓舞設於樂署。高宗、顯祖無所改作。諸帝意在經營，不以聲律爲務，古樂音制，罕復傳習，舊工更盡，聲曲多亡。太和初，高祖垂心雅古，務正音聲。時司樂上書，典章有闕，求集中祕羣官議定其事，並訪吏民，有能體解古樂者，與之修廣器數，甄立名品，以諧八音。詔可。雖經衆議，於時卒無洞曉聲律者，樂部不能立，其事彌缺。然方樂之制及四夷歌舞，稍增列于太樂。金石羽旄之飾，爲壯麗於往時矣。

又 初，侍中崔光臨淮王彧並爲郊廟歌詞而迄不施用，樂人傳習舊曲，加以訛失，了無章句。後太樂令崔九龍言於太常卿祖瑩曰：聲有七聲，調有七調，以今七調合之七律，起於黄鍾，終於中吕。今古雜曲，隨調舉之，將五百曲。恐諸曲名，後致亡失，今輒條記，存之於樂府。瑩依而上之。九龍所録，或雅或鄭，至於謠俗、四夷雜歌，但記其聲折而已，不能知其本意。又名多謬舛，莫識所由，隨其淫正而取之。樂署今見傳習，其中復有所遺，至於古雅，尤多亡矣。

又　初，高祖討淮漢，世宗定壽春，收其聲伎。江左所傳中原舊曲，《明君》、《聖主》、《公莫》、《白鳩》之屬，及江南吴歌，荆楚四聲，總謂《清商》。至於殿庭饗宴兼奏之。其圜丘、方澤、上辛、地祇、五郊、四時拜廟、三元、冬至、社稷、馬射、籍田，樂人之數，各有差等焉。

《周書》卷七《宣帝紀》　散樂雜戲、魚龍爛漫之伎常在目前。

《晉書》卷二三《樂志下》　永嘉之亂，海内分崩，伶官樂器，皆没於劉、石。江左初立宗廟，尚書下太常祭祀所用樂名。太常賀循答云：魏氏增損漢樂，以爲一代之禮，未審大晉樂名所以爲異。遭離喪亂，舊典不存。然此諸樂皆和之以鍾律，文之以五聲，詠之於歌辭，陳之於舞列。宫懸在庭，琴瑟在堂，八音迭奏，雅樂並作，登歌下管，各有常詠，周人之舊也。自漢氏以來，依倣此禮，自造新詩而已。舊京荒廢，今既散亡，音韻曲折，又無識者，則於今難以意言。于時以無雅樂器及伶人，省太樂並鼓吹令。是後頗得登歌，食舉之樂，猶有未備。太寧末，明帝又訪阮孚等增益之。咸和中，成帝乃復置太樂官，鳩集遺逸，而尚未有金石也。庾亮爲荆州，與謝尚修復雅樂，未具而亮薨。庾翼、桓温專事軍旅，樂器在庫，遂至朽壞焉。及慕容儁平冉閔，兵戈之際，而鄴下樂人亦頗有來者。永和十一年，謝尚鎮壽陽，於是採拾樂人，以備太樂，並制石磬，雅樂始頗具。而王猛平鄴，慕容氏所得樂聲又入關右。太元中，破苻堅，又獲其樂工楊蜀等，閑習舊樂，於是四廂金石始備焉。乃使曹毗、王珣等增造宗廟歌詩，然郊祀遂不設樂。

又　漢時有短簫鐃歌之樂，其曲有《朱鷺》、《思悲翁》、《艾如張》、《上之回》、《雍離》、《戰城南》、《巫山高》、《上陵》、《將進酒》、《君馬黄》、《芳樹》、《有所思》、《雉子班》、《聖人出》、《上邪》、《臨高臺》、《遠如期》、《石留》、《務成》、《玄雲》、《黄爵行》、《釣竿》等曲，列於鼓吹，多序戰陣之事。及魏受命，改其十二曲，使繆襲爲詞，述以功德代漢。改《朱鷺》爲《楚之平》，言魏也。改《思悲翁》爲《戰滎陽》，言曹公也。改《艾如張》爲《獲吕布》，言曹公東圍臨淮，擒吕布也。改《上之回》爲《克官渡》，言曹公與袁紹戰，破之於官渡也。改《雍離》爲《舊邦》，言曹公勝袁紹於官渡，還譙收藏死亡士卒也。改《戰城南》爲《定武功》，言曹公初破鄴，武功之定始乎此也。改《巫山高》爲《屠柳城》，言曹公越北塞，歷白檀，破三郡烏桓於柳城也。改《上陵》爲《平南荆》，言曹公平荆州也。改《將進酒》爲《平關中》，言曹公征馬超，定關中也。改《有所思》爲《應帝期》，言文帝以聖德受命，應運期也。改《芳樹》爲《邕熙》，言魏氏臨其國，君臣邕穆，庶績咸熙也。改《上邪》爲《太和》，言明帝繼體承統，太和改元，德澤流布也。其餘並同舊名。是時吴亦使韋昭制十二曲名，以述功德受命。改《朱鷺》爲《炎精缺》，言漢室衰，孫堅奮迅猛志，念在匡救，王迹始乎此也。改《思悲翁》爲《漢之季》，言堅悼漢之微，痛董卓之亂，興兵奮擊，功蓋海内也。改《艾如張》爲《攄武師》，言權卒父之業而征伐也。改《上之回》爲《烏林》，言魏武既破荆州，順流東下，欲來争鋒，權命將周瑜逆擊之於烏林而破走也。改《雍離》爲《秋風》，言權悦以使人，人忘其死也。改《戰城南》爲《克皖城》，言魏武志圖並兼，而權親征，破之於皖也。改《巫山高》爲《關背德》，言蜀將關羽背棄吴德，權引師浮江而擒之也。改《上陵曲》爲《通荆州》，言權與蜀交好齊盟，中有關羽自失之愆，終復初好也。改《將進酒》爲《章洪德》，言權章其大德，而遠方來附也。改《有所思》爲《順曆數》，言權順籙圖之符，而建大號也。改《芳樹》爲《承天命》，言其時主聖德踐位，道化至盛也。改《上邪曲》爲《玄化》，言其時主修文武，則天而行，仁澤流洽，天下喜樂也。其餘亦用舊名不改。及武帝受禪，乃令傅玄製爲二十二篇，亦述以功德代魏。改《朱鷺》爲《靈之祥》，言宣帝之佐魏，猶虞舜之事堯，既有石瑞之徵，又能用武以誅孟達之逆命也。改《思悲翁》爲《宣受命》，言宣帝禦諸葛亮，養威重，運神兵，亮震怖而死也。改《艾如張》爲《征遼東》，言宣帝陵大海之表，討滅公孫氏而梟其首也。改《上之回》爲《宣輔政》，言宣帝聖道深遠，撥亂反正，網羅文武之才，以定二儀之序也。改《雍離》爲《時運多難》，言宣帝致討吴方，有征無戰也。改《戰城南》爲《景龍飛》，言景帝克明威教，賞順夷逆，隆無疆，崇洪基也。改《巫山高》爲《平玉衡》，言景帝一萬國之殊風，齊四海之乖心，禮賢養士，而纂洪業也。改《上陵》爲《文皇統百揆》，言文帝始統百揆，用人有序，以敷太平之化也。改《將進酒》爲《因時運》，言因時運變，聖謀潛施，解長蛇之交，離羣桀之黨，以武濟文，以邁其德也。改《有所思》爲《惟庸蜀》，言文帝既平萬乘之蜀，封建萬國，復五等之爵也。改《芳樹》爲《天序》，言聖皇應曆受禪，弘濟大化，用人各盡其才也。改《上邪》爲《大晉承運期》，言聖皇應籙受圖，化象神明也。改《君馬黄》爲《金靈運》，言聖皇踐阼，致敬宗廟，而孝道行於天下也。改《雉子班》爲《於穆我皇》，言聖皇受禪，德合神明也。改《聖人出》爲《仲春振旅》，言大晉申文武之教，畋獵以時也。改《臨高臺》爲《夏苗田》，言大晉畋狩順時，爲苗除害也。改《遠如期》爲《仲秋獮田》，言大晉雖有文德，不廢武事，順時以殺伐也。改《石留》爲《順天道》，言仲冬大閱，用武修文，大晉之德配天也。改《務成》爲《唐堯》，言聖皇陟帝位，德化光四表也。《玄雲》依舊名，言聖皇用人，各盡其材也。改《黄爵行》爲《伯益》，言赤烏銜書，有周以興，今聖皇受命，神雀來也。《釣竿》依舊名，言聖皇德配堯舜，又有吕望之佐，濟大功，致太平也。

又 《鼙舞》，未詳所起，然漢代已施於燕享矣。傅毅、張衡所賦，皆其事也。舊曲有五篇，一《關東有賢女》，二《章和二年中》，三《樂久長》，四《四方皇》，五《殿前生桂樹》，其辭並亡。曹植《鼙舞詩序》云：故漢靈帝西園鼓吹有李堅者，能鼙舞，遭世荒亂，堅播越關西，隨將軍段煨。先帝聞其舊伎，下書召堅。堅年踰七十，中間廢而不爲，又古曲甚多謬誤，異代之文，未必相襲，故依前曲作新歌五篇。及泰始中，又製其辭焉。其舞故常二八，桓玄將僭位，尚書殿中郎袁明子啓增滿八佾。

又 《拂舞》，出自江左，舊云吴舞，檢其歌，非吴辭也。亦陳於殿庭。楊泓序云：自到江南，見《白符舞》，或言《白鳧鳩舞》，云有此來數十年矣。察其辭旨，乃是吴人患孫晧虐政，思屬晉也。

又 鼓角横吹曲。鼓，案：《周禮》以鼖鼓鼓軍事。角，説者云，蚩尤氏帥魑魅與黄帝戰於涿鹿，帝乃始命吹角爲龍鳴以禦之。其後魏武北征烏丸，越沙漠而軍士思歸，於是減爲中鳴，而尤更悲矣。

又 胡角者，本以應胡笳之聲，後漸用之横吹，有雙角，即胡樂也。張博望入西域，傳其法於西京，惟得《摩訶兜勒》一曲。李延年因胡曲更造新聲二十八解，乘輿以爲武樂。後漢以給邊將，和帝時，萬人將軍得用之。魏晉以來，二十八解不復具存，用者有《黄鵠》、《隴頭》、《出關》、《入關》、《出塞》、《入塞》、《折楊柳》、《黄覃子》、《赤之楊》、《望行人》十曲。案：魏晉之世，有孫氏善弘舊曲，宋識善擊節唱和，陳左善清歌，列和善吹笛，郝索善彈箏，朱生善琵琶，尤發新聲。故傅玄著書曰：人若欽所聞而忽所見，不亦惑乎。設此六人生於上世，越今古而無儷，何但夔牙同契哉。案：此説則自茲以後，皆孫、朱等之遺則也。

又 《相和》，漢舊歌也，絲竹更相和，執節者歌。本一部，魏明帝分爲二，更遞夜宿。本十七曲，朱生、宋識、列和等復合之爲十三曲。

又 《但歌》四曲，出自漢世。無絃節，作伎最先唱，一人唱，三人和。魏武帝尤好之。時有宋容華者，清徹好聲，善唱此曲，當時之特妙。自晉以來不復傳，遂絶。

又 凡樂章古辭，今之存者，並漢世街陌謡謳，《江南可採蓮》、《烏生十五子》、《白頭吟》之屬也。吴歌雜曲並出江南，東晉以來，稍有增廣。【略】凡此諸曲，始皆徒歌，既而被之管絃。又有因絲竹金石，造歌以被之，魏世三調歌辭之類是也。

又 《杯柈舞》，案太康中天下爲《晉世寧舞》，務手以接杯柈反覆之。此則漢世惟有柈舞，而晉加之以杯反覆之也。

又 《公莫舞》，今之《巾舞》也。相傳云項莊劍舞，項伯以袖隔之，使不得害漢高祖，且語項莊云：公莫。古人相呼曰公，言公莫害漢王也。今之用巾蓋像項伯衣袖之遺式。然案《琴操》有《公莫渡河曲》，然則其聲所從來已久，俗云項伯，非也。

又 《白紵舞》，案舞辭有巾袍之言，紵本吴地所出，宜是吴舞也。晉《俳歌》又云：皎皎白緒，節節爲雙。吴音呼緒爲紵，疑白紵即白緒也。

又 後漢正旦，天子臨德陽殿受朝賀，舍利從西方來，戲於殿前，激水化成比目魚，跳躍嗽水，作霧翳日。畢，又化成龍，長八九丈，出水遊戲，炫燿日光。以兩大絲繩繫兩柱頭，相去數丈，兩倡女對舞，行於繩上，相逢切肩而不傾。魏晉訖江左，猶有《夏育扛鼎》、《巨象行乳》、《神龜抃舞》、《背負靈嶽》、《桂樹白雪》、《畫地成川》之樂。

又 成帝咸康七年，尚書蔡謨奏：八年正會儀注，惟作鼓吹鐘鼓，其餘伎樂盡不作。侍中張澄、給事黄門侍郎陳逵駁，以爲王者觀時設教，至於吉凶殊斷，不易之道也。今四方觀禮，陵有儐弔之位，庭奏宫懸之樂，二禮兼用，哀樂不分，體國經制，莫大於此。詔曰：今既以天下體大，禮從權宜，三正之饗，宜盡用吉禮也。至娱耳目之樂，所不忍聞，故闕之耳。事之大者，不過上壽酒，稱萬歲，已許其大，不足復闕鐘鼓鼓吹也。

又 散騎侍郎顧臻表曰：臣聞聖王制樂，讚揚政道，養以仁義，防其淫佚，上享宗廟，下訓黎元，體五行之正音，協八風以陶物。宫聲正方而好義，角聲堅齊而率禮，絃歌鐘鼓金石之作備矣。故通神至化，有率舞之感，移風易俗，致和樂之極。末世之伎，設禮外之觀，逆行連倒，頭足入筥之屬，皮膚外剥，肝心内摧，敦彼行葦，猶謂勿踐，矧伊生靈，而不惻愴。加四海朝覲，言觀帝庭，耳聆《雅》、《頌》之聲，目睹威儀之序，足以蹋天，頭以履地，反天地之至順，傷彝倫之大方。今夷狄對岸，外禦爲急，兵食七升，忘身赴難。過泰之戲，日廩五斗。方掃神州，經略中甸，若此之事，不可示遠。宜下太常，纂備雅樂，簫《韶》九成，惟新於盛運。功德頌聲，永著于來葉。此乃所以燕及皇天，克昌厥後者也。諸伎而傷人者，皆宜除之。流簡儉之德，邁康哉之詠，清風既行，下應如草，此之謂也。愚管之誠，惟垂採察。於是除《高絙》、《紫鹿》、《跂行》、《鼈食》及《齊王捲衣》、《笮兒》等樂，又減其廩。其後復《高絙》、《紫鹿》焉。

《隋書》卷一三《音樂志上》 鼓吹，宋齊並用漢曲，又充庭用十六曲。高祖乃去四曲，留其十二，合四時也。更制新歌，以述功德。其第一，漢曲《朱鷺》改爲《木紀謝》，言齊謝梁升也。第二，漢曲《思悲翁》改爲《賢首山》，言武帝破魏軍於司部，肇王迹也。第三，漢曲《艾如張》改爲《桐柏山》，言武帝牧司，王業彌章也。第四，漢曲《上之回》改爲《道亡》，言東昏喪道，義師起樊鄧也。第五，漢曲《擁離》改爲《忱威》，言破加湖元勳也。第六，漢曲《戰城南》改爲《漢東流》，言義師克魯山城也。第七，漢曲《巫山高》改爲《鶴樓峻》，言平郢城，兵威無敵也。第八，漢曲《上陵》改爲《昏主恣淫慝》，言東昏政亂，武帝起義，平九江、姑熟，大破朱雀，伐罪弔人也。第九，漢曲《將進酒》改爲《石首局》，言義師平京城，仍廢昏定大事也。第十，漢曲《有所思》改爲《期運集》，言武帝應籙受禪，德盛化遠也。十一，漢曲《芳樹》改爲《於穆》，言大梁闡運，君臣和樂，休祚方遠也。十二，漢曲《上邪》改爲《惟大梁》，言梁德廣運，仁化洽也。天監七年，將有事太廟。詔曰：《禮》云齋日不樂，今親奉始出宮，振作鼓吹。外可詳議。八座丞郎參議，請輿駕始出，鼓吹從而不作，還宮如常儀。帝從之，遂以定制。初，武帝之在雍鎮，有童謡云：襄陽白銅蹄，反縛揚州兒。識者言，白銅蹄謂馬也。白，金色也。及義師之興，實以鐵騎，揚州之士，皆面縛，果如謡言。故即位之後，更造新聲，帝自爲之詞三曲，又令沈約爲三曲，以被絃管。帝既篤敬佛法，又制《善哉》、《大樂》、《大歡》、《天道》、《仙道》、《神王》、《龍王》、《滅過惡》、《除愛水》、《斷苦輪》等十篇，名爲正樂，皆述佛法。又有法樂童子伎、童子倚歌梵唄，設無遮大會則爲之。

又卷一四《音樂志中》 鼓吹二十曲，皆改古名，以叙功德。第一，漢《朱鷺》改名《水德謝》，言魏謝齊興也。第二，漢《思悲翁》改名《出山東》，言神武帝戰廣阿，創大業，破尒朱兆也。第三，漢《艾如張》改名《戰韓陵》，言神武滅四胡，定京洛，遠近賓服也。第四，漢《上之回》改名《殄關隴》，言神武遣侯莫陳悦誅賀拔岳，定關隴，平河外，漠北款，秦中附也。第五，漢《擁離》改名《滅山胡》，言神武屠劉蠡升，高車懷殊俗，蠕蠕來向化也。第六，漢《戰城南》改名《立武定》，言神武立魏主，天下既安，而能遷於鄴也。第七，漢《巫山高》改名《戰芒山》，言神武斬周十萬之衆，其軍將脱身走免也。第八，漢《上陵》改名《擒蕭明》，言梁遣兄子貞陽侯來寇彭、宋，文襄帝遣太尉、清河王岳，一戰擒殄，俘馘萬計也。第九，漢《將進酒》改名《破侯景》，言文襄遣清河王岳，摧殄侯景，克復河南也。第十，漢《君馬黄》改名《定汝潁》，言文襄遣清河王岳，擒周大將軍王思政於長葛，汝、潁悉平也。第十一，漢《芳樹》改名《克淮南》，言文襄遣清河王岳，南翦梁國，獲其司徒陸法和，克壽春、合肥、鍾離、淮陰，盡取江北之地也。第十二，漢《有所思》改名《嗣丕基》，言文宣帝統纘大業也。第十三，漢《稚子班》改名《聖道洽》，言文宣克隆堂構，無思不服也。第十四，漢《聖人出》改名《受魏禪》，言文宣應天順人也。第十五，漢《上邪》改名《平瀚海》，言蠕蠕盡部落入寇武州之塞，而文宣命將出征，平殄北荒，滅其國也。第十六，漢《臨高臺》改名《服江南》，言文宣道洽無外，梁主蕭繹來附化也。第十七，漢《遠如期》改名《刑罰中》，言孝昭帝舉直措枉，獄訟無怨也。第十八，漢《石留行》改名《遠夷至》，言時主化霑海外，西夷諸國遣使朝貢也。第十九，漢《務成》改名《嘉瑞臻》，言時主應期，河清龍見，符瑞總至也。第二十，漢《玄雲》改名《成禮樂》，言時主功成化洽，制禮作樂也。古又有《黄雀》、《釣竿》二曲，略而不用。並議定其名，被於鼓吹。諸州鎮戍，各給鼓吹樂，多少各以大小等級爲差。諸王爲州，皆給赤鼓、赤角，皇子則增給吴鼓、長鳴角，上州刺史皆給青鼓、青角，中州已下及諸鎮戍，皆給黑鼓、黑角。樂器皆有衣，並同鼓色。

又 雜樂有西涼鼙舞、清樂、龜茲等。然吹笛、彈琵琶、五絃及歌舞之伎，自文襄以來，皆所愛好。至河清以後，傳習尤盛。後主唯賞胡戎樂，耽愛無已。於是繁手淫聲，爭新哀怨。故曹妙達、安未弱、安馬駒之徒，至有封王開府者，遂服簪纓而爲伶人之事。後主亦自能度曲，親執樂器，悅玩無倦，倚絃而歌。別採新聲，爲《無愁曲》，音韻窈窕，極於哀思，使胡兒、閹官之輩，齊唱和之，曲終樂闋，莫不殞涕。雖行幸道路，或時馬上奏之，樂往哀來，竟以亡國。

又 周太祖迎魏武入關，樂聲皆闕。恭帝元年，平荆州，大獲梁氏樂器，以屬有司。及建六官，乃詔曰：六樂尚矣，其聲歌之節，舞蹈之容，寂寥已絶，不可得而詳也。

又 太祖輔魏之時，高昌款附，乃得其伎，教習以備饗宴之禮。及天和六年，武帝罷掖庭四夷樂。其後帝娉皇后於北狄，得其所獲康國、龜茲等樂，更雜以高昌之舊，並於大司樂習焉。採用其聲，被於鍾石，取《周官》制以陳之。

又 明帝武成二年正月朔旦，會羣臣於紫極殿，始用百戲。武帝保定元年，詔罷之。及宣帝即位，而廣召雜伎，增修百戲。魚龍漫衍之伎，常陳殿前，累日繼夜，不知休息。好令城市少年有容貌者，婦人服而歌舞相隨，引入後庭，與宫人觀聽。戲樂過度，遊幸無節焉。

又 武帝以梁鼓吹熊羆十二案，每元正大會，列於懸間，與正樂合奏。宣帝時，革前代鼓吹，制爲十五曲。第一，改漢《朱鷺》爲《玄精季》，言魏道陵遲，太祖肇開王業也。第二，改漢《思悲翁》爲《征隴西》，言太祖起兵，誅侯莫陳悦，掃清隴右也。第三，改漢《艾如張》爲《迎魏帝》，言武帝西幸，太祖奉迎，宅關中也。第四，改漢《上之回》爲《平竇泰》，言太祖擁兵討泰，悉擒斬也。第五，改漢《擁離》爲《復恒農》，言太祖攻復陝城，關東震肅也。第六，改漢《戰城南》爲《克沙苑》，言太祖俘斬齊十萬衆於沙苑，神武脱身至河，單舟走免也。第七，改漢《巫山高》爲《戰河陰》，言太祖破神武於河上，斬其將高敖曹，莫多婁貸文也。第八，改漢《上陵》爲《平漢東》，言太祖命將平隨郡安陸，俘馘萬計也。第九，改漢《將進酒》爲《取巴蜀》，言太祖遣軍平定蜀地也。第十，改漢《有所思》爲《拔江陵》，言太祖命將擒蕭繹，平南土也。第十一，改漢《芳樹》爲《受魏禪》，言閔帝受終於魏，君臨萬國也。第十二，改漢《上邪》爲《宣重光》，言明帝入承大統，載隆皇道也。第十三，改漢《君馬黄》爲《哲皇出》，言高祖以聖德繼天，天下向風也。第十四，改漢《稚子班》爲《平東夏》，言高祖親率六師破齊，擒齊主於青州，一舉而定山東也。第十五，改古《聖人出》爲《擒明徹》，言陳將吴明徹侵軼徐部，高祖遣將盡俘其衆也。宣帝晨出夜還，恒陳鼓吹。嘗幸同州，自應門至赤岸數十里間，鼓樂俱作。祈雨仲山還，令京城士女，於衢巷奏樂以迎之。公私頓敝，以至於亡。

又卷一五《音樂志下》 始開皇初定令，置《七部樂》，一曰《國伎》，二曰《清商伎》，三曰《高麗伎》，四曰《天竺伎》，五曰《安國伎》，六曰《龜茲伎》，七曰《文康伎》。又雜有疏勒、扶南、康國、百濟、突厥、新羅、倭國等伎。其後牛弘請存《鞞》、《鐸》、《巾》、《拂》等四舞，與新伎並陳。因稱四舞。按漢、魏以來，並施於宴饗。《鞞舞》，漢巴渝舞也。至章帝造《鞞舞辭》，云關東有賢女。魏明代漢曲，云明明魏皇帝。《鐸舞》，傅玄代魏辭云振鐸鳴金，成公綏賦云《鞞》、《鐸》舞庭，八音並陳是也。《拂舞》者，沈約《宋志》云：吴舞，吴人思晉化，其辭本云白符鳩是也。《巾舞》者，《公莫舞》也。伏滔云：項莊因舞，欲劍高祖，項伯紆長袖以扞其鋒，魏晉傳爲舞焉。檢此雖非正樂，亦前代舊聲。故梁武報沈約云：《鞞》、《鐸》、《巾》、《拂》，古之遺風。楊泓云：此舞本二八人，桓玄即真，爲八佾。後因而不改。齊人王僧虔已論其事。平陳所得者，猶充八佾，於懸内繼二舞後作之，爲失斯大。檢四舞由來，其實已久。請並在宴會，與雜伎同設，於西涼前奏之。帝曰：其聲音節奏及舞，悉宜依舊，惟舞人不須捉鞞、拂等。

又 及大業中，煬帝乃定《清樂》、《西涼》、《龜茲》、《天竺》、《康國》、《疏勒》、《安國》、《高麗》、《禮畢》，以爲《九部》。樂器工衣創造既成，大備於茲矣。《清樂》其始即《清商三調》是也，並漢來舊曲。樂器形制，並歌章古辭，與魏三祖所作者，皆被於史籍。屬晉朝遷播，夷羯竊據，其音分散。苻永固平張氏，始於涼州得之。宋武平關中，因而入南，不復存於内地。及平陳後獲之。高祖聽之，善其節奏，曰：此華夏正聲也。昔因永嘉，流於江外，我受天明命，今復會同。雖賞逐時遷，而古致猶在。可以此爲本，微更損益，去其哀怨，考而補之。以新定律吕，更造樂器。其歌曲有《陽伴》，舞曲有《明君》、《並契》。其樂器有鍾、磬、琴、瑟、擊琴、琵琶、箜篌、筑、箏、節鼓、笙、笛、簫、篪、塤等十五種，爲一部。工二十五人。《西涼》者，起苻氏之末，呂光、沮渠蒙遜等據有凉州，變龜茲聲爲之，號爲秦漢伎。魏太武既平河西得之，謂之《西凉樂》。至魏、周之際，遂謂之《國伎》。今曲項琵琶，豎頭箜篌之徒，並出自西域，非華夏舊器。《楊澤新聲》、《神白馬》之類，生於胡戎。胡戎歌非漢魏遺曲，故其樂器聲調，悉與書史不同。其歌曲有《永世樂》，解曲有《萬世豐》，舞曲有《于闐佛曲》。其樂器有鍾、磬、彈箏、搊箏、臥箜篌、豎箜篌、琵琶、五絃、笙、簫、大篳篥、長笛、小篳篥、橫笛、腰鼓、齊鼓、擔鼓、銅拔、貝等十九種，爲一部。工二十七人。《龜茲》者，起自呂光滅龜茲，因得其聲。呂氏亡，其樂分散，後魏平中原，復獲之。其聲後多變易。至隋有《西國龜茲》、《齊朝龜茲》、《土龜茲》等，凡三部。開皇中，其器大盛於閭閈。時有曹妙達、王長通、李士衡、郭金樂、安進貴等，皆妙絶弦管，新聲奇變，朝改暮易，持其音技，估衒公王之間，舉時爭相慕尚。高祖病之，謂羣臣曰：聞公等皆好新變，所奏無復正聲，此不祥之大也。自家形國，化成人風，勿謂天下方然，公家家自有風俗矣。存亡善惡，莫不繫之。樂感人深，事資和雅，公等對親賓宴飲，宜奏正聲。聲不正，何可使兒女聞也。帝雖有此勑，而竟不能救焉。煬帝不解音律，略不關懷。後大製豔篇，辭極淫綺。令樂正白明達造新聲，創《萬歲樂》、《藏鈎樂》、《七夕相逢樂》、《投壺樂》、《舞席同心髻》、《玉女行觴》、《神仙留客》、《擲磚續命》、《鬬雞子》、《鬬百草》、《汎龍舟》、《還舊宮》、《長樂花》及《十二時》等曲，掩抑摧藏，哀音斷絶。帝悦之無已，謂幸臣曰：多彈曲者，如人多讀書。讀書多則能撰書，彈曲多即能造曲。此理之然也。因語明達云：齊氏偏隅，曹妙達猶自封王。我今天下大同，欲貴汝，宜自修謹。六年，高昌獻《聖明樂》曲，帝令知音者，於館所聽之，歸而肄習。及客方獻，先於前奏之，胡夷皆驚焉。其歌曲有《善善摩尼》，解曲有《婆伽兒》，舞曲有《小天》，又有《疎勒鹽》。其樂器有豎箜篌、琵琶、五弦、笙、笛、簫、篳篥、毛員鼓、都曇鼓、答臘鼓、腰鼓、羯鼓、雞婁鼓、銅拔、貝等十五種，爲一部。工二十人。《天竺》者，起自張重華據有凉州，重四譯來貢男伎，《天竺》即其樂焉。歌曲有《沙石疆》，舞曲有《天曲》。樂器有鳳首箜篌、琵琶、五弦、笛、銅鼓、毛員鼓、都曇鼓、銅拔、貝等九種，爲一部。工十二人。《康國》，起自周武帝娉北狄爲后，得其所獲西戎伎，因其聲。歌曲有《戢殿農和正》，舞曲有《賀蘭鉢鼻始》、《末奚波地》、《農惠鉢鼻始》、《前拔地惠地》等四曲。樂器有笛、正鼓、加鼓、銅拔等四種，爲一部。工七人。《疎勒》、《安國》、《高麗》，並起自後魏平馮氏及通西域，因得其伎。後漸繁會其聲，以别於太樂。《疎勒》，歌曲有《亢利死讓樂》，舞曲有《遠服》，解曲有《鹽曲》。樂器有豎箜篌、琵琶、五弦、笛、簫、篳篥、答臘鼓、腰鼓、羯鼓、雞婁鼓等十種，爲一部。工十二人。《安國》，歌曲有《附薩單時》，舞曲有《末奚》，解曲有《居和祇》。樂器有箜篌、琵琶、五弦、笛、簫、篳篥、雙篳篥、正鼓、和鼓、銅拔等十種，爲一部。工十二人。《高麗》，歌曲有《芝栖》，舞曲有《歌芝栖》。樂器有彈箏、臥箜篌、豎箜篌、琵琶、五弦、笛、笙、簫、小篳篥、桃皮篳篥、腰鼓、齊鼓、擔鼓、貝等十四種，爲一部。工十八人。《禮畢》者，本出自晉太尉庾亮家。亮卒，其伎追思亮，因假爲其面，執翳以舞，象其容，取其謚以號之，謂之爲《文康樂》。每奏《九部樂》，終則陳之，故以禮畢爲名。其行曲有《單交路》，舞曲有《散花》。樂器有笛、笙、簫、篪、鈴槃、鞞、腰鼓等七種，三懸爲一部。工二十二人。

又　始齊武平中，有魚龍爛漫、俳優、朱儒、山車、巨象、拔井、種瓜、殺馬、剥驢等，奇怪異端，百有餘物，名爲百戲。周時鄭譯有寵於宣帝，奏徵齊散樂人，並會京師爲之。蓋秦角抵之流者也。開皇初，並放遣之。及大業二年，突厥染干來朝，煬帝欲誇之，總追四方散樂，大集東都。初於芳華苑積翠池側，帝帷宮女觀之。有舍利先來，戲於場内，須臾跳躍，激水滿衢，黿鼉龜鼇，水人蟲魚，徧覆于地。又有大鯨魚，噴霧翳日，倏忽化成黄龍，長七八丈，聳踊而出，名曰《黄龍變》。又以繩繫兩柱，相去十丈，遣二倡女，對舞繩上，相逢切肩而過，歌舞不輟。又爲夏育扛鼎，取車輪、石臼、大甕器等，各於掌上而跳弄之。並二人戴竿，其上有舞，忽然騰透而換易之。又有神鼇負山，幻人吐火，千變萬化，曠古莫儔。染干大駭之。自是皆於太常教習。每歲正月，萬國來朝，留至十五日，於端門外，建國門内，綿亘八里，列爲戲場。百官起棚夾路，從昏達旦，以縱觀之，至晦而罷。伎人皆衣錦繡繒綵。其歌舞者，多爲婦人服，鳴環佩，飾以花毦者，殆三萬人。初課京兆、河南製此衣服，而兩京繒錦，爲之中虚。三年，駕幸榆林，突厥啓民，朝于行宫，帝又設以示之。六年，諸夷大獻方物。突厥啓民以下，皆國主親來朝賀。乃於天津街盛陳百戲，自海内凡有奇伎，無不總萃。崇侈器玩，盛飾衣服，皆用珠翠金銀，錦罽絺繡。其營費鉅億萬。關西以安德王雄總之，東都以齊王睞總之，金石匏革之聲，聞數十里外。彈弦擫管以上，一萬八千人。大列炬火，光燭天地，百戲之盛，振古無比。自是每年以爲常焉。

又 故事，天子有事於太廟，備法駕，陳羽葆，以入于次。禮畢，升車而鼓吹並作。開皇十七年，詔曰：昔五帝異樂，三王殊禮，皆隨事而有損益，因情而立節文。仰惟祭享宗廟，瞻敬如在，罔極之感，情深茲日。而禮畢升路，鼓吹發音，還入宮門，金石振響。斯則哀樂同日，心事相違，情所不安，理實未允。宜改茲往式，用弘禮教。自今以後，享廟日不須設鼓吹，殿庭勿設樂懸。在廟内及諸祭，並依舊。其王公已下，祭私廟日，不得作音樂。

又 至大業中，煬帝制宴饗，設鼓吹，依梁爲十二案。案别有錞于、鉦、鐸、軍樂鼓吹等一部。案下皆熊羆貙豹，騰倚承之，以象百獸之舞。其大駕鼓吹，並朱漆畫。大駕鼓吹、小鼓加金鐲、羽葆鼓、鐃鼓、節鼓，皆五采重蓋。其羽葆鼓，仍飾以羽葆。長鳴、中鳴、大小横吹，五采衣幡，緋掌，畫交龍，五采脚。大角幡亦如之。大鼓、長鳴、大横吹、節鼓及横吹後笛、簫、篳篥、笳、桃皮篳篥等工人服，皆緋地苣文，爲袍袴及帽。金鉦、棡鼓，其鉦鼓皆加八角紫傘。小鼓、中鳴、小横吹及横吹後笛、簫、篳篥、笳、桃皮篳篥等工人服，並青地苣文袍袴及帽。羽葆鼓、鐃及歌、簫、笳工人服，並武弁，朱褠衣，革帶。大角工人，平巾幘，緋衫，白布大口袴。其鼓吹督帥服，與大角同。以下準督帥服，亦如之。

唐・崔令欽《教坊記》 西京右教坊在光宅坊，左教坊在仁政坊。右多善歌，左多工舞，蓋相因成習。東京兩教坊俱在明義坊，而右在南、左在北也。坊南西門外，即苑之東也，其間有頃餘水泊，俗謂之月陂，形似偃月，故以名之。

又 《大面》，出北齊。蘭陵王長恭，性膽勇而兒若婦人，自嫌不足以威敵，乃刻木爲假面，臨陣著之。因爲此戲，亦入歌曲。

又 《踏謡娘》，北齊有人姓蘇，鮑鼻，實不仕，而自號爲郎中，嗜飲酗酒，每醉輒毆其妻。妻銜悲，訴於鄰里。時人弄之。丈夫著婦人衣，徐行入場。行歌，每一疊，傍人齊聲和之云：踏謡和來，踏謡娘苦和來。以其且步且歌，故謂之踏謡，以其稱寃，故言苦。及其夫至，則作毆鬭之狀，以爲笑樂。今則婦人爲之，遂不呼郎中，但云阿叔子。調弄又加典庫，全失舊旨。或呼爲談容娘，又非。

又 《烏夜啼》，彭城王義康、衡陽王義季，帝因之潯陽。後宥之，使未達，衡王家人扣二王所因院，曰：昨夜烏夜啼，官當有赦。少頃使至，故有此曲，亦入琴操。

又 《安公子》，隋大業末，煬帝將幸揚州，樂人王令言以年老不去，其子從焉。其子在家彈琵琶，令言驚問：此曲何名。其子曰：内裏新翻曲子，名《安公子》。令言流涕悲愴，謂其子曰：爾不須扈從，大駕必不回。子問其故，令言曰：此曲宮聲，往而不返。宮爲君，吾是以知之。

又 《春鶯囀》，高宗曉聲律，晨坐聞鶯聲，命樂人白明達寫之，遂有此曲。

又 **《教坊記補録・教坊記序》** 昔陰康氏之王也，元氣肇分，災沴未弭，水有襄陵之變，人多腫膇之疾，思所以通利關節，於是制舞。舜作歌以平八風，非慆心也。春秋之時，齊遺魯以女樂，晉梗陽之大宗亦以上獻子，始淫聲色矣。施及漢室，有若衛子夫以歌進，趙飛燕以舞寵，自茲厥後，風流彌盛。晉氏兆亂，塗歌是作，終被諸管絃，載在樂府。吕光之破龜茲，得其樂，名稱多亦佛曲百餘成。我國家元元之允，未聞頌德，高宗乃命樂工白明達造道曲、道調。玄宗之在蕃邸，有散樂一部，戢定妖氛，頗藉其力。及膺大位，且羈縻之，常於九曲閲太常樂。卿姜晦，嬖人楚公皎之弟也，押樂以進。凡戲輒分兩朋，以判優劣，則人心競勇，謂之熱戲，於是詔寧王主蕃邸之樂以敵之。一伎戴百尺幢，鼓舞而進，太常所戴即百餘尺，比彼一出，則往復矣，長欲半之，疾仍兼倍。太常羣樂鼓噪，自負其勝。上不悦，命内養五六十人，各執一物，皆鐵馬鞭，骨檛之屬也，潛匿袖中，雜於聲兒後立，復候鼓噪，當亂捶之。皎、晦及左右初怪内養麐至，竊見袖中有物，於是奪氣褫魄，而戴幢者方振摇其幢，南北不已，上顧謂内人者曰：其竿即自當折。斯須中斷，上撫掌大笑，内伎咸稱慶，於是罷遣。翌日，詔曰：太常禮司，不宜典俳優雜伎。乃置教坊，分爲左右而隸焉，左驍衛將軍范安及爲之使。開元中，余爲左金吾倉曹，武官十二三是坊中人，每請禄俸，每加訪問，盡爲予説之。

唐・趙璘《因話録》卷一 肅宗宴於宮中，女優有弄假官戲，其緑衣秉簡者，謂之參軍樁。

唐・李綽《尚書故實》 章讎兼瓊鎮蜀日，佛寺設大會，百戲在庭，有十歲童兒舞於竿杪。

唐・段成式《酉陽雜俎續集・貶誤》 予太和末，因弟生日觀雜戲，有市人小說。【略】市人言，二十年前嘗於上都齋會設此。

唐・范攄《雲溪友議》卷下 元稹廉問浙東，有俳優周季南、季崇及妻劉采春，自淮甸而來，善弄《陸參軍》，歌聲徹雲。

唐・段安節《樂府雜録》《黄驄疊》，太宗定中原時所乘戰馬也。後征遼，馬斃，上歎惜，乃命樂工撰此曲。

又《離别難》，天后朝，有士人陷冤獄，籍没家族。其妻配入掖庭，本初善吹觱篥，乃撰此曲以寄哀情。始名《大郎神》，蓋取良人行第也。既畏人知，遂三易其名，亦名《悲切子》，終號《怨迴鶻》。

又《夜半樂》，明皇自潞州入平内難，正夜半，斬長樂門關，領兵入宫翦逆人，後撰此曲。

又《雨霖鈴》，《雨淋鈴》者，因唐明皇駕迴至駱谷，聞雨淋鑾鈴，因令張野狐撰爲曲名。

又《還京樂》，明皇自西蜀返，樂人張野狐所製。

又《康老子》，康老子者，本長安富家子，酷好聲樂，落魄不事生計，常與國樂游處。一旦家產蕩盡，因詣西廊，遇一老嫗，持舊錦褥貨鬻，乃以半千獲之。尋有波斯見，大驚，謂康曰：何處得此至寶。此是冰蠶絲所織，若暑月陳於座，可致一室清涼。即酬價千萬。康得之，還與國樂追歡，不經年復盡，尋卒。後樂人嗟惜之，遂製此曲。亦名《得至寶》。

又《得寶歌》，一曰《得寶子》，又曰《得鞛子》。明皇初納太真妃，喜謂後宫曰：朕得楊氏，如得至寶也，遂製曲，名《得寶子》。

又《文叙子》，長慶中，俗講僧文叙善吟經，其聲宛暢，感動里人。樂工黄米飯依其念四聲觀世音菩薩，乃撰此曲。

又《望江南》，始自朱崖李太尉鎮浙西日，爲亡妓謝秋娘所撰。本名謝秋娘，後改此名。亦曰《夢江南》。

又《楊柳枝》，白傅閒居洛邑時作，後入教坊。

又《新傾盃樂》，宣宗喜吹蘆管，自製此曲，内有數拍不均，上初捻管，令俳兒辛骨䶥拍，不中，上瞋目瞠視之，骨䶥憂懼，一夕而殞。

又《道調子》，懿皇命樂工敬約吹觱篥，初弄道調，上謂是曲誤拍之，敬約乃隨拍撰成曲子。

又《傀儡子》，自昔傳云，起於漢祖在平城，爲冒頓所圍，其城一面即冒頓妻閼氏，兵强於三面，壘中絶食。陳平訪知閼氏妬忌，即造木偶人，運機關，舞於陴間。閼氏望見，謂是生人，慮下其城，冒頓必納妓女，遂退軍。史家但云陳平以祕計免，蓋鄙其策下爾。後樂家翻爲戲，其引歌舞有郭郎者，髮正禿，善優笑，閭里呼爲郭郎，凡戲場必在俳兒之首也。

《舊唐書》卷一七《文宗本紀》 太和六年，【略】雜戲人弄孔子。

又卷二八《音樂志一》 自永嘉之後，咸洛爲墟，禮壞樂崩，典章殆盡。江左掇其遺散，尚有治世之音。而元魏、宇文，代雄朔漠，地不傳於清樂，人各習其舊風。雖得兩京工胥，亦置四厢金奏，殊非入耳之玩，空有作樂之名。隋文帝家世士人，鋭興禮樂，踐祚之始，詔太常卿牛弘、祭酒辛彦之增修雅樂。弘集伶官，措思歷載無成，而郊廟侑神，黄鐘一調而已。開皇九年平陳，始獲江左舊工及四懸樂器，帝令廷奏之，歎曰：此華夏正聲也，非吾此舉，世何得聞。乃調五音爲五夏、二舞、登歌、房中等十四調，賓祭用之。隋氏始有雅樂，因置清商署以掌之。既而協律郎祖孝孫依京房舊法，推五音十二律爲六十音，又六之，有三百六十音，旋相爲宫，因定廟樂。諸儒論難，竟不施用。隋世雅音，惟清樂十四調而已。隋末大亂，其樂猶全。高祖受禪，擢祖孝孫爲吏部郎中，轉太常少卿，漸見親委。孝孫由是奏請作樂，時軍國多務，未遑改創，樂府尚用隋氏舊文。武德九年，始命孝孫修定雅樂，至貞觀二年六月奏之。太宗曰：禮樂之作，蓋聖人緣物設教，以爲撙節，治之隆替，豈此之由。御史大夫杜淹對曰：前代興亡，實由於樂。陳將亡也，爲《玉樹後庭花》。齊將亡也，而爲《伴侣曲》。行路聞之，莫不悲泣，所謂亡國之音也。以是觀之，蓋樂之由也。太宗曰：不然，夫音聲能感人，自然之道也，故歡者聞之則悦，憂者聽之則悲。悲歡之情，在於人心，非由樂也。將亡之政，其民必苦，然苦心所感，故聞之則悲耳。何有樂聲哀怨，能使悦者悲乎。今《玉樹》、《伴侣》之曲，其聲具存，朕當爲公奏之，知公必不悲矣。尚書右丞魏徵進曰：古人稱，禮云禮云，玉帛云乎哉。樂云樂云，鐘鼓云乎哉。樂在人和，不由音調。太宗然之。孝孫又奏：陳梁舊樂，雜用吴楚之音；周齊舊樂，多涉胡戎之伎。於是斟酌南北，考以古音，作爲大唐雅樂。以十二律各順其月，旋相爲宫。按，《禮記》云：大樂與天地同和。故制十二和之樂，合三十一曲，八十四調。祭圜丘以黄鍾爲宫，方澤以林鍾爲宫，宗廟以太簇爲宫。五郊、朝賀、饗宴，則隨月用律爲宫。初，隋但用黄鍾一宫，惟扣七鍾，餘五鍾虚懸而不扣。及孝孫建旋宫之法，皆徧扣鍾，無復虚懸者矣。祭天神奏《豫和》之樂，地祇奏《順和》，宗廟奏《永和》。天地、宗廟登歌，俱奏《肅和》。皇帝臨軒，奏《太和》。王公出入，奏《舒和》。皇帝食舉及飲酒，奏《休和》。皇帝受朝，奏《政和》。皇太子軒懸出入，奏《承和》。元日、冬至皇帝禮會登歌，奏《昭和》。郊廟俎入，奏《雍和》。皇帝祭享酌酒、讀祝文及飲福受胙，奏《壽和》。五郊迎氣，各以月律而奏其音。又郊廟祭享，奏《化康》、《凱安》之舞。《周禮》旋宫之義，亡絶已久，時莫能知，一朝復古，自此始也。

又　貞觀元年，宴羣臣，始奏《秦王破陣》之曲。太宗謂侍臣曰：朕昔在藩，屢有征討，世間遂有此樂，豈意今日登於雅樂。然其發揚蹈厲，雖異文容，功業由之，致有今日，所以被於樂章，示不忘於本也。尚書右僕射封德彝進曰：陛下以聖武戡難，立極安人，功成化定，陳樂象德，實弘濟之盛烈，爲將來之壯觀。文容習儀，豈得爲比。太宗曰：朕雖以武功定天下，終當以文德綏海内。文武之道，各隨其時，公謂文容不如蹈厲，斯爲過矣。德彝頓首曰：臣不敏，不足以知之。其後令魏徵、虞世南、褚亮、李百藥改制歌辭，更名《七德》之舞，增舞者至百二十人，被甲執戟，以象戰陣之法焉。六年，太宗行幸慶善宫，宴從臣於渭水之濱，賦詩十韻。其宫即太宗降誕之所。車駕臨幸，每特感慶，賞賜閭里，有同漢之宛、沛焉。於是起居郎吕才以御製詩等於樂府，被之管絃，名爲《功成慶善樂》之曲，令童兒八佾，皆進德冠、紫袴褶，爲《九功》之舞。冬至享讌，及國有大慶，與《七德》之舞偕奏于庭。七年，太宗制《破陣舞圖》，左圓右方，先偏後伍。魚麗鵝貫，箕張翼舒。交錯屈伸，首尾迴互。以象戰陣之形。令吕才依圖教樂工百二十人，被甲執戟而習之。凡爲三變，每變爲四陣，有來往疾徐擊刺之象，以應歌節，數日而就，更名《七德》之舞。癸巳，奏《七德》、《九功》之舞，觀者見其抑揚蹈厲，莫不扼腕踴躍，凛然震竦。武臣列將咸上壽云：此舞皆是陛下百戰百勝之形容。羣臣咸稱萬歲。蠻夷十餘種自請率舞，詔許之，久而乃罷。十四年，有景雲見，河水清。張文收採古《朱鴈》、《天馬》之義，制《景雲河清歌》，名曰讌樂，奏之管絃，爲諸樂之首，元會第一奏者是也。

又　永徽二年十一月，高宗親祀南郊，黄門侍郎宇文節奏言：依儀，明日朝羣臣，除樂懸，請奏《九部樂》。上因曰：《破陣樂舞》者，情不忍觀，所司更不宜設。言畢，慘愴久之。顯慶元年正月，改《破陣樂舞》爲《神功破陣樂》。二年，太常奏《白雪》琴曲。先是，上以琴中雅曲，古人歌之，近代已來，此聲頓絶，雖有傳習，又失宫商，令所司簡樂工解琴笙者修習舊曲。至是太常上言曰：臣謹按《禮記》、《家語》云：舜彈五絃之琴，歌《南風》之詩。是知琴操曲弄，皆合於歌。又張華《博物志》云：《白雪》是大帝使素女鼓五十絃瑟曲名。又楚大夫宋玉對襄王云：有客於郢中歌《陽春白雪》，國中和者數十人。是知《白雪》琴曲，本宜合歌，以其調高，人和遂寡。自宋玉以後，迄今千祀，未有能歌《白雪曲》者。臣今準敕，依於琴中舊曲，定其宫商，然後教習，並合於歌。輒以御製《雪詩》爲《白雪》歌辭。又按：古今樂府奏正曲之後，皆别有送聲，君唱臣和，事彰前史。輒取侍臣等奉和雪詩以爲送聲，各十六節，今悉教訖，並皆諧韻。上善之，乃付太常編於樂府。六年二月，太常丞吕才造琴歌《白雪》等曲，上製歌辭十六首，編入樂府。六年三月，上欲伐遼，於屯營教舞，召李義府、任雅相、許敬宗、許圉師、張延師、蘇定方、阿史那忠、于闐王伏闍、上官儀等，赴洛城門觀樂。樂名《一戎大定樂》。賜觀樂者雜綵有差。

又　麟德二年十月，制曰：國家平定天下，革命創制，紀功旌德，久被樂章。今郊祀四懸，猶用干戚之舞，先朝作樂，韜而未伸。其郊廟享宴等所奏宫懸，文舞宜用《功成慶善》之樂，皆著履執拂，依舊服袴褶、童子冠。其武舞宜用《神功破陣》之樂，皆被甲持戟，其執纛之人，亦著金甲。人數並依八佾，仍量加簫、笛、歌鼓等，並於懸南列坐，若舞即與宫懸合奏，其宴樂内二色舞者，仍依舊别設。

又　玄宗在位多年，善音樂，若讌設酺會，即御勤政樓。先一日，金吾引駕仗北衙四軍甲士，未明陳仗，衛尉張設，光禄造食。候明，百僚朝，侍中進中嚴外辦，中官素扇，天子開簾受朝，禮畢，又素扇垂簾，百僚常參供奉官、貴戚、二王後，諸蕃酋長，謝食就坐。太常大鼓，藻繪如錦，樂工齊擊，聲震城闕。太常卿引雅樂，每色數十人，自南魚貫而進，列於樓下。鼓笛雞婁，充庭考擊。太常樂立部伎、坐部伎依點鼓舞，間以胡夷之伎。日旰，即內閑廄引蹀馬三十匹，爲《傾杯樂曲》，奮首鼓尾，縱横應節。又施三層板牀，乘馬而上，抃轉如飛。又令宫女數百人自帷出擊雷鼓，爲《破陣樂》、《太平樂》、《上元樂》，雖太常積習，皆不如其妙也。若《聖壽樂》，則迴身換衣，作字如畫。又五坊使引大象入場，或拜或舞，動容鼓振，中於音律，竟日而退。玄宗又於聽政之暇，教太常樂工子弟三百人爲絲竹之戲，音響齊發，有一聲誤，玄宗必覺而正之，號爲皇帝弟子，又云梨園弟子，以置院近於禁苑之梨園。太常又有别教院，教供奉新曲。太常每凌晨，鼓笛亂發於太樂署。别教院廩食常千人，宫中居宜春院。玄宗又製新曲四十餘，又新製樂譜。每初年望夜，又御勤政樓，觀燈作樂，貴臣戚里，借看樓觀望。夜闌，太常樂府縣散樂畢，即遣宫女於樓前縛架出眺歌舞以娱之。若繩戲竿木，詭異巧妙，固無其比。天寶十五載，玄宗西幸，禄山遣其逆黨載京師樂器、樂伎衣盡入洛城。尋而肅宗克復兩京，將行大禮，禮物盡闕。命禮儀使太常少卿于休烈使屬吏與東京留臺領，赴於朝廷，詔給錢，使休烈造伎衣及大舞等服，於是樂工二舞始備矣。

又 貞元三年四月，河東節度使馬燧獻《定難曲》，御麟德殿，命閱試之。十二年十二月，昭義軍節度使王虔休獻《繼天誕聖樂》。十四年二月，德宗自製《中和舞》，又奏《九部樂》及禁中歌舞，伎者十數人，布列在庭，上御麟德殿，會百僚觀新樂詩，仍令太子書示百官。貞元十六年正月，南詔異牟尋作《奉聖樂舞》，因韋皋以進。十八年正月，驃國王來獻本國樂。大和八年十月，宣太常寺，準《雲韶樂》舊用人數，令於本寺閱習進來者。至開成元年十月，教成。三年，武德司奉宣索《雲韶樂縣圖》二軸進之。

又卷二九《音樂志二》 高祖登極之後，享宴因隋舊制，用九部之樂，其後分爲立坐二部。今立部伎有《安樂》、《太平樂》、《破陣樂》、《慶善樂》、《大定樂》、《上元樂》、《聖壽樂》、《光聖樂》，凡八部。《安樂》者，後周武帝平齊所作也。行列方正，象城郭，周世謂之城舞。舞者八十人，刻木爲面，狗喙獸耳，以金飾之，垂線爲髮，畫猰皮帽，舞蹈姿制，猶作羌胡狀。《太平樂》，亦謂之五方師子舞。師子鷙獸，出於西南夷天竺、師子等國。綴毛爲之，人居其中，像其俛仰馴狎之容。二人持繩秉拂，爲習弄之狀。五師子各立其方色，百四十人歌《太平樂》，舞以足，持繩者服飾作崑崙象。《破陣樂》，太宗所造也。太宗爲秦王之時，征伐四方，人間歌謡《秦王破陣樂》之曲。及即位，使吕才協音律，李百藥、虞世南、褚亮、魏徵等製歌辭。百二十人披甲持戟，甲以銀飾之。發揚蹈厲，聲韻慷慨，享宴奏之，天子避位，坐宴者皆興。《慶善樂》，太宗所造也。太宗生於武功之慶善宫，既貴，宴宫中，賦詩，被以管絃。舞者六十四人，衣紫大袖裙襦，漆髻皮履。舞蹈安徐，以象文德洽而天下安樂也。《大定樂》，出自《破陣樂》。舞者百四十人，被五彩文甲，持槊。歌和云，八紘同軌樂，以象平遼東而邊隅大定也。《上元樂》，高宗所造。舞者百八十人，畫雲衣，備五色，以象元氣，故曰上元。《聖壽樂》，高宗武后所作也。舞者百四十人，金銅冠，五色畫衣。舞之行列必成字，十六變而畢。有聖超千古、道泰百王、皇帝萬年、寶祚彌昌字。《光聖樂》，玄宗所造也。舞者八十人，烏冠，五綵畫衣，兼以《上元》、《聖壽》之容，以歌王跡所興。自《破陣舞》以下，皆雷大鼓，雜以龜茲之樂，聲振百里，動蕩山谷。《大定樂》加金鉦，惟《慶善舞》獨用西涼樂，最爲閑雅。《破陣》、《上元》、《慶善》三舞，皆易其衣冠，合之鐘磬，以享郊廟。以《破陣》爲武舞，謂之《七德》。《慶善》爲文舞，謂之《九功》。自武后稱制，毁唐太廟，此禮遂有名而亡實。《安樂》等八舞，聲樂皆立奏之，樂府謂之立部伎，其餘總謂之坐部伎。則天、中宗之代，大增造坐立諸舞，尋以廢寢。

又 坐部伎有《讌樂》、《長壽樂》、《天授樂》、《鳥歌萬壽樂》、《龍池樂》、《破陣樂》，凡六部。《讌樂》，張文收所造也。工人緋綾袍，絲布袴。舞二十人，分爲四部：《景雲樂》，舞八人，花錦袍，五色綾袴，雲冠，烏皮靴。《慶善樂》，舞四人，紫綾袍，大袖，絲布袴，假髻。《破陣樂》，舞四人，緋綾袍，錦衿褾，緋綾褲。《承天樂》，舞四人，紫袍，進德冠，並銅帶。樂用玉磬一架，大方響一架，搊箏一，臥箜篌一，小箜篌一，大琵琶一，大五絃琵琶一，小五絃琵琶一，大笙一，小笙一，大篳篥一，小篳篥一，大簫一，小簫一，正銅拔一，和銅拔一，長笛一，短笛一，楷鼓一，連鼓一，鞉鼓一，桴鼓一，工歌二。此樂惟《景雲舞》僅存，餘並亡。《長壽樂》，武太后長壽年所造也。舞十有二人，畫衣冠。《天授樂》，武太后天授年所造也。舞四人，畫衣五采，鳳冠。《鳥歌萬歲樂》，武太后所造也。武太后時，宫中養鳥能人言，又常稱萬歲，爲樂以象之。舞三人，緋大袖，並畫鸜鵒，冠作鳥像。【略】《龍池樂》，玄宗所作也。玄宗龍潛之時，宅在隆慶坊，宅南坊人所居，變爲池，望氣者亦異焉。故中宗季年，汎舟池中。玄宗正位，以坊爲宫，池水逾大，瀰漫數里，爲此樂以歌其祥也。舞十有二人，人冠飾以芙蓉。《破陣樂》，玄宗所造也。生於立部伎《破陣樂》。舞四人，金甲胄。自《長壽樂》已下皆用龜茲樂，舞人皆著靴，惟《龍池》備用雅樂，而無鐘磬，舞人躡履。

又《清樂》者，南朝舊樂也。永嘉之亂，五都淪覆，遺聲舊制，散落江左。宋梁之間，南朝文物，號爲最盛，人謠國俗，亦世有新聲。後魏孝文、宣武，用師淮漢，收其所獲南音，謂之《清商樂》。隋平陳，因置清商署，總謂之《清樂》，遭梁陳亡亂，所存蓋鮮。隋室已來，日益淪缺。武太后之時，猶有六十三曲，今其辭存者，惟有《白雪》、《公莫舞》、《巴渝》、《明君》、《鳳將雛》、《明之君》、《鐸舞》、《白鳩》、《白紵》、《子夜吴聲四時歌》、《前溪》、《阿子》及《歡聞》、《團扇》、《懊憹》、《長史》、《督護》、《讀曲》、《烏夜啼》、《石城》、《莫愁》、《襄陽》、《棲烏夜飛》、《估客》、《楊伴》、《雅歌驍壺》、《常林歡》、《三洲》、《採桑》、《春江花月夜》、《玉樹後庭花》、《堂堂》、《泛龍舟》等三十二曲。《明之君》、《雅歌》各二首，《四時歌》四首，合三十七首。又七曲有聲無辭，《上林》、《鳳雛》、《平調》、《清調》、《瑟調》、《平折》、《命嘯》，通前爲四十四曲存焉。

又《白雪》，周曲也。《平調》、《清調》、《瑟調》，皆周房中曲之遺聲也。漢世謂之三調。《公莫舞》，晉宋謂之巾舞。其説云：漢高祖與項籍會於鴻門，項莊劍舞，將殺高祖。項伯亦舞，以袖隔之，且云公莫害沛公也。漢人德之，故舞用巾，以象項伯衣袖之遺式也。《巴渝》，漢高帝所作也。帝自蜀漢伐楚，以版楯蠻爲前鋒，其人勇而善鬬，好爲歌舞，高帝觀之曰：武王伐紂歌也。使工習之，號曰《巴渝》。渝，美也。亦云巴有渝水，故名之。魏晉改其名，梁復號《巴渝》，隋文廢之。《明君》，漢元帝時，匈奴單于入朝，詔王嬙配之，即昭君也。及將去，入辭，光彩射人，聳動左右，天子悔焉。漢人憐其遠嫁，爲作此歌。晉石崇妓緑珠善舞，以此曲教之，而自製新歌曰：我本漢家子，將適單于庭。昔爲匣中玉，今爲糞上英。晉文王諱昭，故晉人謂之《明君》。此中朝舊曲，今爲吴聲，蓋吴人傳受訛變使然。《鳳將雛》，漢世舊歌曲也。《明之君》，本漢世《鞞舞曲》也。梁武時，改其辭以歌君德。《鐸舞》，漢曲也。《白鳩》，吴朝《拂舞曲》也。楊泓《拂舞序》曰：自到江南，見《白符舞》，或言《白凫鳩》，云有此來數十年。察其辭旨，乃是吴人患孫皓虐政，思屬晉也。隋牛弘請以鞞、鐸、巾、拂等舞陳之殿庭，帝從之，而去其所持巾拂等。《白紵》，沈約云：紵本吴地所出，疑是吴舞也。梁帝又令約改其辭，其《四時白紵》之歌，約集所載是也。今中原有《白紵曲》，辭旨與此全殊。《子夜》，晉曲也。晉有女子夜造此聲，聲過哀苦，晉日常有鬼歌之。《前溪》，晉車騎將軍沈玩所製。《阿子》及《歡聞》，晉穆帝升平初，歌畢，輒呼阿子汝聞否，後人演其聲以爲此曲。《團扇》，晉中書令王珉與嫂婢有情，愛好甚篤。嫂捶撻婢過苦，婢素善歌，而珉好捉白團扇，故云：團扇復團扇，持許自遮面。憔悴無復理，羞與郎相見。《懊憹》，晉隆安初民間訛謠之曲。歌云：春草可攬結，女兒可攬擷。齊太祖常謂之《中朝歌》。《長史變》，晉司徒左長史王廞臨敗所製。《督護》，晉宋間曲也。彭城内史徐逵之爲魯軌所殺，徐，宋高祖長婿也。使府内直督護丁旿殯斂之。其妻呼旿至閣下，自問斂逵之事，每問輒歎息曰：丁督護。其聲哀切，後人因其聲廣其曲焉。今歌是宋孝武帝所製，云：督護上征去，儂亦惡聞許。願作石尤風，四面斷行旅。《讀曲》，宋人爲彭城王義康所製也，有死罪之辭。《烏夜啼》，宋臨川王義慶所作也。元嘉十七年，徙彭城王義康於豫章。義慶時爲江州，至鎮，相見而哭，爲帝所怪，徵還宅，大懼。妓妾夜聞烏啼聲，扣齋閤云：明日應有赦。其年更爲南兗州刺史，作此歌。故其和云：籠窗窗不開，烏夜啼，夜夜望郎來。今所傳歌似非義慶本旨。辭曰：歌舞諸少年，娉婷無種跡。菖蒲花可憐，聞名不相識。《石城》，宋臧質所作也。石城在竟陵，質嘗爲竟陵郡，於城上眺矚，見羣少年歌謠通暢，因作此曲。歌云：生長石城下，開門對城樓。城中美年少，出入見依投。《莫愁樂》，出於《石城樂》。石城有女子名莫愁，善歌謡，《石城樂》和中復有莫愁聲，故歌云：莫愁在何處，莫愁石城西。艇子打兩槳，催送莫愁來。《襄陽樂》，宋隨王誕之所作也。誕始爲襄陽郡，元嘉二十六年，仍爲雍州，夜聞諸女歌謡，因作之。故歌和云：襄陽來夜樂。其歌曰：朝發襄陽來，暮至大堤宿。大堤諸女兒，花豔驚郎目。裴子野《宋略》稱：晉安侯劉道彦爲雍州刺史，有惠化，百姓歌之，號《襄陽樂》。其辭旨非也。《棲烏夜飛》，沈攸之元徽五年所作也。攸之未敗之前，思歸京師，故歌和云：日落西山還去來。《估客樂》，齊武帝之製也。布衣時常遊樊、鄧，追憶往事而作歌曰：昔經樊、鄧役，阻潮梅根渚。感憶追往事，意滿情不叙。使太樂令劉瑤教習，百日無成。或啓釋寶月善音律，帝使寶月奏之，便就。敕歌者常重爲感憶之聲。梁改其名爲《商旅行》。《楊伴》，本童謡歌也。齊隆昌時，女巫之子曰楊旻，旻隨母入内，及長，爲后所寵。童謡云：楊婆兒，共戲來。而歌語訛，遂成楊伴兒。歌云：暫出白門前，楊柳可藏烏。歡作沉水香，儂作博山爐。《驍壺》，疑是投壺樂也。投壺者謂壺中躍矢爲驍壺，今謂之驍壺者是也。《常林歡》，疑是宋梁間曲。宋梁世，荆、雍爲南方重鎮，皆皇子爲之牧，江左辭詠，莫不稱之，以爲樂土。故隨王作《襄陽》之歌，齊武帝追憶樊、鄧。梁簡文樂府歌云：分手桃林岸，送别峴山頭。若欲寄音信，漢水向東流。又曰：宜城投音豆。酒令行熟，停鞍繫馬暫栖宿。桃林在漢水上，宜城在荆州北。荆州有長林縣。江南謂情人爲歡。常、長聲相近，蓋樂人誤謂長爲常。《三洲》，商人歌也。商人數行巴陵三江之間，因作此歌。《採桑》，因《三洲曲》而生此聲也。《春江花月夜》、《玉樹後庭花》、《堂堂》，並陳後主所作。叔寶常與宫中女學士及朝臣相和爲詩，太樂令何胥又善於文詠，採其尤豔麗者以爲此曲。《汎龍舟》，隋煬帝江都宫作。餘五曲，不知誰所作也。其辭類皆淺俗，而綿世不易，惜其古曲，是以備論之。其他集録所不見，亦闕而不載。當江南之時，《巾舞》、《白紵》、《巴渝》等衣服各異。梁以前舞人並二八，梁舞省之，咸用八人而已。令工人平巾幘，緋袴褶。舞四人，碧輕紗衣，裙襦大袖，畫雲鳳之狀，漆鬟髻，飾以金銅雜花，狀如雀釵，錦履。舞容閑婉，曲有姿態。沈約《宋書》志江左諸曲哇淫，至今其聲調猶然。觀其政已亂，其俗已淫，既怨且思矣，而從容雅緩，猶有古士君子之遺風，他樂則莫與爲比。

又 自長安已後，朝廷不重古曲，工伎轉缺，能合于管絃者，唯《明君》、《楊伴》、《驍壺》、《春歌》、《秋歌》、《白雪》、《堂堂》、《春江花月》等八曲。舊樂章多或數百言，武太后時，《明君》尚能四十言，今所傳二十六言，就之訛失，與吳音轉遠。劉貺以爲宜取吳人使之傳習，以問歌工李郎子，李郎子北人，聲調已失，云學於俞才生。才生，江都人也，今郎子逃，《清樂》之歌闕焉。又聞《清樂》唯《雅歌》一曲，辭典而音雅，閱舊記，其辭信典。漢有《盤舞》，今隸《散樂》部中。又有《幡舞》、《扇舞》，並亡。

又 自周、隋已來，管絃雜曲將數百曲，多用西涼樂，鼓舞曲多用龜茲樂，其曲度皆時俗所知也。惟彈琴家猶傳楚漢舊聲，及《清調》、《瑟調》，蔡邕雜弄，非朝廷郊廟所用，故不載。《西涼樂》者，後魏平沮渠氏所得也。晉宋末，中原喪亂，張軌據有河西，苻秦通涼州，旋復隔絶。其樂具有鐘磬，蓋涼人所傳中國舊樂，而雜以羌胡之聲也。魏世共隋咸重之。

又 後魏有曹婆羅門，受龜茲琵琶於商人，世傳其業，至孫妙達，尤爲北齊高洋所重，常自擊胡鼓以和之。周武帝聘虜女爲后，西域諸國來媵，於是龜茲、疏勒、安國、康國之樂，大聚長安。胡兒令羯人白智通教習，頗雜以新聲。張重華時，天竺重譯貢樂伎，後其國王子爲沙門來遊，又傳其方音。宋世有高麗、百濟伎樂。魏平馮跋，亦得之而未具。周師滅齊，二國獻其樂。隋文帝平陳，得《清樂》及《文康禮畢曲》，列九部伎，百濟伎不預焉。煬帝平林邑國，獲扶南工人及其匏琴，陋不可用，但以《天竺樂》轉寫其聲，而不齒樂部。西魏與高昌通，始有高昌伎。我太宗平高昌，盡收其樂，又造《讌樂》，而去《禮畢曲》。今著令者，惟此十部。雖不著令，聲節存者，樂府猶隸之。德宗朝，又有驃國亦遣使獻樂。

又 《高麗樂》，工人紫羅帽，飾以鳥羽，黄大袖，紫羅帶，大口袴，赤皮靴，五色綹繩。舞者四人，椎髻於後，以絳抹額，飾以金璫。二人黄裙襦，赤黄袴，極長其袖，烏皮靴，雙雙並立而舞。樂用彈箏一，搊箏一，卧箜篌一，豎箜篌一，琵琶一，義觜笛一，笙一，簫一，小篳篥一，大篳篥一，桃皮篳篥一，腰鼓一，齊鼓一，檐鼓一，貝一。武太后時尚二十五曲，今惟習一曲，衣服亦寖衰敗，失其本風。《百濟樂》，中宗之代，工人死散。岐王範爲太常卿，復奏置之，是以音伎多闕。舞二人，紫大袖裙襦，章甫冠，皮履。樂之存者，箏、笛、桃皮篳篥、箜篌、歌。此二國，東夷之樂也。

又 《扶南樂》，舞二人，朝霞行纏，赤皮靴。隋世全用《天竺樂》，今其存者，有羯鼓、都曇鼓、毛員鼓、簫、笛、篳篥、銅拔、貝。《天竺樂》，工人皂絲布頭巾，白練襦，紫綾袴，緋帔。舞二人，辮髮，朝霞袈裟，行纏，碧麻鞋。袈裟，今僧衣是也。樂用銅鼓、羯鼓、毛員鼓、都曇鼓、篳篥、横笛、鳳首箜篌、琵琶、銅拔、貝。毛員鼓、都曇鼓今亡。《驃國樂》，貞元中，其王來獻本國樂，凡一十二曲，以樂工三十五人來朝。樂曲皆演釋氏經論之辭。此三國，南蠻之樂。

又 《高昌樂》，舞二人，白襖錦袖，赤皮靴，赤皮帶，紅抹額。樂用答臘鼓一，腰鼓一，雞婁鼓一，羯鼓一，簫二，横笛二，篳篥二，琵琶二，五絃琵琶二，銅角一，箜篌一。箜篌今亡。《龜茲樂》，工人皂絲布頭巾，緋絲布袍，錦袖，緋布袴。舞者四人，紅抹額，緋褏，白袴帑，烏皮靴。樂用豎箜篌一，琵琶一，五絃琵琶一，笙一，横笛一，簫一，篳篥一，毛員鼓一，都曇鼓一，答臘鼓一，腰鼓一，羯鼓一，雞婁鼓一，銅拔一，貝一。毛員鼓今亡。《疏勒樂》，工人皂絲布頭巾，白絲布袴，錦襟褾。舞二人，白褏，錦袖，赤皮靴，赤皮帶。樂用豎箜篌、琵琶、五絃琵琶、横笛、簫、篳篥、答臘鼓、腰鼓、羯鼓、雞婁鼓。《康國樂》，工人皂絲布頭巾，緋絲布袍，錦領。舞二人，緋褏，錦領袖，緑綾渾襠袴，赤皮靴，白袴帑。舞急轉如風，俗謂之胡旋。樂用笛二，正鼓一，和鼓一，銅拔一。《安國樂》，工人皂絲布頭巾，錦褾領，紫袖袴。舞二人，紫褏，白袴帑，赤皮靴。樂用琵琶、五絃琵琶、豎箜篌、簫、横笛、篳篥、正鼓、和鼓、銅拔、箜篌。五絃琵琶今亡。此五國，西戎之樂也。

又 南蠻、北狄國俗，皆隨髮際斷其髮，今舞者咸用繩圍首，反約髮杪，内於繩下。又有新聲河西至者，號胡音聲，與《龜茲樂》、《散樂》俱爲時重，諸樂咸爲之少寢。《北狄樂》，其可知者鮮卑、吐谷渾、部落稽三國，皆馬上樂也。鼓吹本軍旅之音，馬上奏之，故自漢以來，《北狄樂》總歸鼓吹署。後魏樂府始有北歌，即《魏史》所謂《真人代歌》是也。代都時，命掖庭宫女晨夕歌之。周隋世，與《西涼樂》雜奏。今存者五十三章，其名目可解者六章：《慕容可汗》、《吐谷渾》、《部落稽》、《鉅鹿公主》、《白淨王太子》、《企喻》也。其不可解者，咸多可汗之辭。按：今大角，此即後魏世所謂《簸邏迴》者是也，其曲亦多可汗之辭。北虜之俗，呼主爲可汗。吐谷渾又慕容别種，知此歌是燕魏之際鮮卑歌，歌辭虜音，竟不可曉。梁有《鉅鹿公主歌辭》，似是姚萇時歌，其辭華音，與北歌不同。梁樂府鼓吹又有《大白淨皇太子》、《小白淨皇太子》、《企喻》等曲。隋鼓吹有《白淨皇太子》曲，與北歌校之，其音皆異。開元初，以問歌工長孫元忠，云自高祖以來，代傳其業。元忠之祖，受業於侯將軍，名貴昌，并州人也，亦世習北歌。貞觀中，有詔令貴昌以其聲教樂府。元忠之家世相傳如此，雖譯者亦不能通知其辭，蓋年歲久遠，失其真矣。絲桐，惟琴曲有胡笳聲大角，金吾所掌。

又 《散樂》者，歷代有之，非部伍之聲，俳優歌舞雜奏。漢天子臨軒設樂，舍利獸從西方來，戲於殿前，激水成比目魚，跳躍嗽水，作霧翳日，化成黄龍，修八丈，出水遊戲，輝耀日光。繩繫兩柱，相去數丈，二倡女對舞繩上，切肩而不傾。如是雜變，總名百戲。江左猶有《高絙紫鹿》、《跂行鼈食》、《齊王捲衣》、《笊鼠》、《夏育扛鼎》、《巨象行乳》、《神龜抃戲背負靈嶽》、《桂樹白雪》、《畫地成川》之伎。晉成帝咸康七年，散騎侍郎顧臻表曰：末世之樂，設外方之觀，逆行連倒。四海朝覲帝庭，而足以蹈天，頭以履地，反天地之順，傷彝倫之大。乃命太常悉罷之。其後復《高絙紫鹿》。後魏、北齊，亦有《魚龍辟邪》、《鹿馬仙車》、《吞刀吐火》、《剥車剥驢》、《種瓜拔井》之戲。周宣帝徵齊樂並會關中，開皇初，散遣之。大業二年，突厥單于來朝洛陽宫，煬帝爲之大合樂，盡通漢、晉、周、齊之術，胡人大駭。帝命樂署肄習，常以歲首縱觀端門内。大抵《散樂》雜戲多幻術，幻術皆出西域，天竺尤甚。漢武帝通西域，始以善幻人至中國。安帝時，天竺獻伎，能自斷手足，刳剔腸胃，自是歷代有之。我高宗惡其驚俗，敕西域關令不令入中國。苻堅嘗得西域倒舞伎。睿宗時，婆羅門獻樂，舞人倒行，而以足舞於極銛刀鋒，倒植於地，低目就刃，以歷臉中，又植於背下，吹篳篥者立其腹上，終曲而亦無傷。又伏伸其手，兩人躡之，旋身遶手，百轉無已。漢世有《橦木伎》，又有《盤舞》。晉世加之以杯，謂之《杯盤舞》。樂府詩云：妍袖陵七盤。言舞用盤七枚也。梁謂之《舞盤伎》。梁有《長蹻伎》、《擲倒伎》、《跳劍伎》、《吞劍伎》，今並存。又有《舞輪伎》，蓋今戲車輪者。《透三峽伎》，蓋今《透飛梯》之類也。《高絙伎》，蓋今之戲繩者是也。梁有《獼猴幢伎》，今有《緣竿》，又有《獼猴緣竿》，未審何者爲是。又有《弄椀珠伎》、《丹珠伎》。

又 歌舞戲，有《大面》、《撥頭》、《踏摇娘》、《窟礧子》等戲。玄宗以其非正聲，置教坊於禁中以處之。《婆羅門樂》與四夷同列。《婆羅門樂》用漆篳篥二，齊鼓一。《散樂》，用横笛一，拍板一，腰鼓三。其餘雜戲，變態多端，皆不足稱。《大面》出於北齊，北齊蘭陵王長恭，才武而面美，常著假面以對敵。嘗擊周師金墉城下，勇冠三軍，齊人壯之，爲此舞以效其指麾擊刺之容，謂之《蘭陵王入陣曲》。《撥頭》出西域，胡人爲猛獸所噬，其子求獸殺之，爲此舞以像之也。《踏摇娘》，生於隋末，隋末河内有人貌惡而嗜酒，常自號郎中，醉歸必毆其妻。其妻美色善歌，爲怨苦之辭。河朔演其曲而被之絃管，因寫其妻之容。妻悲訴，每摇頓其身，故號《踏摇娘》。近代優人頗改其制度，非舊旨也。《窟礧子》，亦云《魁礧子》，作偶人以戲。善歌舞，本喪家樂也。漢末始用之於嘉會，齊後主高緯尤所好，高麗國亦有之。

宋·王溥《唐會要》卷三三　光化四年正月，宴於保寧殿，上制曲，名《贊成功》。時鹽州雄毅軍使孫德昭等，殺劉季述反正，帝乃制曲以褒之，仍作《樊噲排軍難》，戲以樂之。

《太平御覽》卷五六九引《趙書》　石勒參軍周延，爲館陶令，斷官絹數百匹，下獄，以八議宥之。後每大會，使俳優著介幘、黄絹單衣。優問：汝爲何官，在我輩中。曰：我本爲館陶令。鬥數單衣，曰：政坐取是，故入汝輩中。以爲笑。

《新五代史》卷三七《伶官傳》　莊宗【略】常身與俳優雜戲於廷。

《資治通鑑》卷二一二《唐紀二八·玄宗開元八年》　侍中宋璟疾負罪而妄訴不已者，悉付御史臺治之。謂中丞李謹度曰：服不更訴者出之，尚訴未已者且繫。由是人多怨者。會天旱有魃，優人作魃狀戲於上前。問魃：何爲出。對曰：奉相公處分。又問：何故。魃曰：負冤者三百餘人，相公悉以繫獄抑之，故魃不得不出。

宋·王辟之《澠水燕談録》卷一〇　頃有秉政者，深被眷倚，言事無不從。一日御宴，教坊雜劇爲小商，自稱姓趙，以瓦賣砂糖。

宋·陳暘《樂書》　或曰蚩尤氏頭有角，與黄帝鬭，以角觝人。今冀州有樂名《蚩尤戲》，其民兩兩戴牛角而相觝，漢造此戲，豈其遺象邪。

又　角觝戲本六國時所造，秦因而廣之。【略】角者，角其伎也，兩兩相當，角及伎藝、射禦也，蓋雜伎之總稱云。

又　聖朝戲樂，鼓吹部雜劇員四十二，雲韶部雜劇員二十四，鈞容直雜劇員四十。亦一時之制也。

宋·蘇軾《東坡志林》卷三　八蜡，三代之戲禮也。【略】今蜡謂之祭，蓋有尸也。貓虎之尸，誰當爲之。置鹿與汝，誰當爲之。非倡優而誰。

宋·陳師道《談從》　王荆公改科舉，暮年乃覺其失，曰：欲變學究爲秀才，不謂變秀才爲學究也。蓋舉子專誦《王氏章句》而不解其義，正如學究專誦注疏爾。教坊雜戲亦曰：學《詩》于陸農師，學《易》于龔深之。蓋譏士之寡聞也。

宋·邵伯温《邵氏聞見録》卷一〇　潞公謂温公曰：吾留守北京，遣人入大遼偵事。回云：見遼主大宴群臣，伶人劇戲，作衣冠者，見物必攫取懷之。

宋·孟元老《東京夢華録》卷五《京瓦伎藝》　崇、觀以來，在京瓦肆伎藝：張廷叟、孟子書。主張小唱：李師師、徐婆惜、封宜奴、孫三四等，誠其角者。嘌唱弟子：張七七、王京奴、左小四、安娘、毛團等。教坊減罷并温習：張翠蓋、張成，弟子薛子大、薛子小、俏枝兒、楊總惜、周壽奴、稱心等。般雜劇：杖頭傀儡任小三，每日五更頭回小雜劇，差晚看不及矣。懸絲傀儡：張金綫、李外寧。藥發傀儡：張臻妙、温奴哥、真個强、没勃臍、小掉刀。筋骨上索雜手伎：渾身眼、李宗正、張哥。毬杖踢弄：孫寬、孫十五、曾無黨、高恕、李孝詳。講史：李慥、楊中立、張十一、徐明、趙世亨、賈九。小説：王顔喜、蓋中寶、劉名廣。散樂：張真奴。舞旋：楊望京。小兒相撲、雜劇、掉刀、蠻牌：董十五、趙七、曹保義、朱婆兒、没困駝、風僧哥、俎六姐。影戲：丁儀、瘦吉等。弄喬影戲：劉百禽。弄蟲蟻：孔三傳、耍秀才。諸宮調：毛詳、霍伯醜。商謎：吴八兒。合生：張山人。説諢話：劉喬、河北子、帛遂、吴牛兒、達眼五、重明喬、駱駝兒、李敦等。雜班：外人孫三神鬼，霍四究，説《三分》。尹常賣，《五代史》。文八娘，叫果子。其餘不可勝數，不以風雨寒暑。諸棚看人，日日如是。教坊鈞容直，每遇旬休按樂，亦許人觀看。每遇内宴前一月，教坊内勾集弟子小兒，習隊舞，作樂雜劇節次。

又卷六《元宵》　正月十五日元宵，大内前自歲前冬至後，開封府絞縛山棚，立木正對宣德樓，遊人已集御街兩廊下。奇術異能，歌舞百戲，鱗鱗相切，樂聲嘈雜十餘里。擊丸蹴踘，踏索上竿。趙野人倒吃冷淘，張九哥吞鐵劍，李外寧藥法傀儡，小健兒吐五色水，旋燒泥丸子，大特落，灰藥，榾柮兒，雜劇。温大頭、小曹嵇琴，党千簫管，孫四燒煉藥方，王十二作劇術，鄒遇、田地廣雜扮，蘇十、孟宣築毬，尹常賣《五代史》，劉百禽蟲蟻，楊文秀鼓笛。更有猴呈百戲，魚跳刀門，使唤蜂蝶，追呼螻蟻。其餘賣藥、賣卦，沙書地謎，奇巧百端，日新耳目。至正月七日，人使朝辭出門，燈山上綵，金碧相射，錦繡交輝。面北悉以綵結，山沓上皆畫神仙故事。或坊市賣藥賣卦之人，横列三門，各有綵結金書大牌，中曰都門道，左右曰左右禁衛之門，上有大牌曰宣和與民同樂。綵山左右，以綵結文殊、普賢，跨獅子、白象，各於手指出水五道，其手摇動。用轆轤絞水上燈山尖高處，用木櫃貯之，逐時放下，如瀑布狀。又於左右門上，各以草把縛成戲龍之狀，用青幕遮籠，草上密置燈燭數萬盞，望之蜿蜒如雙龍飛走。自燈山至宣德門樓横大街，約百餘丈，用棘刺圍繞，謂之棘盆，内設兩長竿，高數十丈，以繒綵結束，紙糊百戲人物，懸於竿上，風動宛若飛仙。内設樂棚，差衙前樂人作樂雜戲，并左右軍百戲，在其中駕坐一時呈拽。宣德樓上，皆垂黄緣，簾中一位，乃御座。用黄羅設一綵棚，御龍直執黄蓋掌扇，列於簾外。兩朶樓各挂燈毬一枚，約方圓丈餘，内燃椽燭，簾内亦作樂。宫嬪嬉笑之聲，下聞於外。樓下用枋木壘成露臺一所，綵結欄檻，兩邊皆禁衛排立，錦袍，幞頭簪賜花，執骨朶子，面此樂棚。教坊鈞容直、露臺弟子，更互雜劇。近門亦有内等子班直排立。萬姓皆在露臺下觀看，樂人時引萬姓山呼。

又卷七《駕幸臨水殿觀争標錫宴》 駕先幸池之臨水殿錫燕群臣。殿前出水棚，排立儀衛。近殿水中，横列四綵舟，上有諸軍百戲，如大旗、獅豹、棹刀、蠻牌、神鬼、雜劇之類。又列兩船，皆樂部。又有一小船，上結小綵樓，下有三小門，如傀儡棚，正對水中樂船。上參軍色進致語，樂作，綵棚中門開，出小木偶人，小船子上，有一白衣人，垂釣，後有小童舉棹划船，遼繞數回，作語，樂作，釣出活小魚一枚，又作樂，小船入棚。繼有木偶築毬、舞旋之類，亦各念致語，唱和，樂作而已，謂之水傀儡。又有兩畫船，上立鞦韆，船尾百戲人上竿，左右軍院虞候監教，鼓笛相和。又一人上蹴鞦韆，將平架，筋斗擲身入水，謂之水鞦韆。水戲呈畢，百戲樂船，并各鳴鑼鼓，動樂舞旗，與水傀儡船分兩壁退去。

又《駕登寶津樓諸軍呈百戲》 駕登寶津樓，諸軍百戲，呈於樓下。先列鼓子十數輩，一人摇雙鼓子，近前進致語，多唱青春三月驀山溪也。唱訖，鼓笛舉，一紅巾者弄大旗，次獅豹入場，坐作進退，奮迅舉止畢。次一紅巾者，手執兩白旗子，跳躍旋風而舞，謂之撲旗子。及上竿、打筋斗之類訖，樂部舉動，琴家弄令，有花妝輕健軍士百餘，前列旗幟，各執雉尾、蠻牌、木刀，初成行列，拜舞，互變開門、奪橋等陣，然後列成偃月陣。樂部復動《蠻牌令》，數内兩人出陣對舞，如擊刺之狀，一人作奮擊之勢，一人作僵仆。出場凡五七對，或以槍對牌、劍對牌之類。忽作一聲如霹靂，謂之爆仗，則蠻牌者引退，烟火大起，有假面披髮，口吐狼牙烟火，如鬼神狀者上場。着青帖金花短後之衣，帖金皂褲，跣足，携大銅鑼隨身，步舞而進退，謂之抱鑼。繞場數遭，或就地放烟火之類。又一聲爆仗，樂部動《拜新月》慢曲，有面塗青碌，戴面具金睛，飾以豹皮錦繡看帶之類，謂之硬鬼。或執刀斧，或執杵棒之類，作脚步蘸立，爲驅捉視聽之狀。又爆仗一聲，有假面長髯展裹緑袍靴簡如鍾馗像者，傍一人以小鑼相招和舞步，謂之舞判。繼有二三瘦瘠，以粉塗身，金睛白面如髑髏狀，繫錦繡圍肚看帶，手執軟仗，各作魁諧趨蹌，舉止若排戲，謂之啞雜劇。又爆仗響，有烟火就涌出，人面不相睹，烟中有七人，皆披髮文身，着青紗短後之衣，錦繡圍肚看帶，内一人金花小帽，執白旗，餘皆頭巾，執真刀，互相格鬥擊刺，作破面剖心之勢，謂之七聖刀。忽有爆仗響，又復烟火出，散處以青幕圍繞，列數十輩，皆假面異服，如祠廟中神鬼塑像，謂之歇帳。又爆仗響，捲退。次有一擊小銅鑼，引百餘人，或巾裹，或雙髻，各着雜色半臂，圍肚看帶，以黄白粉塗其面，謂之抹蹌。各執木棹刀一口，成行列，擊鑼者指呼，各拜舞起居畢，喝喊變陣子數次，成一字陣，兩兩出陣格鬥，作奪刀擊刺之態百端訖，一人棄刀在地，就地擲身，背著地有聲，謂之扳落。如是數十對訖，復有一裝田舍兒者入場，念誦言語訖，有一裝村婦者入場，與村夫相值，各持棒杖互相擊觸，如相毆態。其村夫者以杖背村婦出場畢，後部樂作，諸軍繳隊雜劇一段，繼而露臺弟子雜劇一段。是時，弟子蕭住兒、丁都賽、薛子大、薛子小、楊總惜、崔上壽之輩，後來者不足數。

又卷八《六月六日崔府君生日，二十四日神保觀神生日》 六月六日，州北崔府君生日，多有獻送，無盛如此。二十四日，州西灌口二郎生日，最爲繁盛。廟在萬勝門外一里許，敕賜神保觀。二十三日，御前獻送後苑作與書藝局等處製造戲玩，如毬杖、彈弓、弋射之具，鞍轡、銜勒、樊籠之類，悉皆精巧，作樂迎引至廟，於殿前露臺上設樂棚，教坊鈞容直作樂，更互雜劇舞旋。太官局供食，連夜二十四盞，各有節次。至二十四日夜五更，争燒頭爐香，有在廟止宿，夜半起以争先者。天曉，諸司及諸行百姓獻送甚多。其社火呈於露臺之上，所獻之物，動以萬數。自早呈拽百戲，如上竿、趯弄、跳索、相撲、鼓板、小唱、鬥鷄、説諢話、雜扮、商謎、合笙、喬筋骨、喬相撲、浪子雜劇、叫果子、學像生、倬刀、裝鬼、砑鼓、牌棒、道術之類，色色有之。至暮呈拽不盡。殿前兩幡竿，高數十丈，左則京城所，右則修内司，搭材分占上竿呈藝解。或竿尖立横木列於其上，裝神鬼，吐烟火，甚危險駭人。至夕而罷。

又《中元節》 七月十五中元節，【略】構肆樂人，自過七夕，便般《目連救母》雜劇，直至十五日止，觀者增倍。

又卷九《宰執親王宗室百官入内上壽》 十二日，宰執、親王、宗室、百官，入内上壽，大起居搢笏舞蹈。樂未作，集英殿山樓上教坊樂人效百禽鳴，内外肅然，止聞半空和鳴，若鸞鳳翔集。百官以下謝坐訖，宰執、禁從、親王、宗室、觀察使已上，並大遼、高麗、夏國使副，坐於殿上。諸卿少百官、諸國中節使人，坐兩廊。軍校以下，排在山樓之後。皆以紅面青緻黑漆矮偏釘。每分列環餅、油餅、棗塔爲看盤，次列果子。惟大遼加之猪、羊、鷄、鵝、兔連骨熟肉爲看盤，皆以小繩束之。又生葱韭蒜醋各一碟。三五人共列漿水一桶，立杓數枚。教坊色長二人，在殿上欄干邊，皆諢裹寬紫袍金帶義襴看盞，斟御酒，看盞者舉其袖唱引曰綏御酒，聲絶，拂雙袖於欄干而止。宰臣酒則曰綏酒，如前。教坊樂部，列於山樓下綵棚中，皆裹長脚幞頭，隨逐部服紫、緋、緑三色寬衫黄義襴，鍍金凹面腰帶，前列拍板，十串一行。次一色畫面琵琶五十面，次列箜篌兩座，箜篌高三尺許，形如半邊木梳，黑漆鏤花金裝畫，下有臺座，張二十五絃，一人跪而交手擘之。以次高架大鼓二面，綵畫花地金龍，擊鼓人背結寬袖，别套黄窄袖，垂結帶金裹鼓棒，兩手高舉互擊，宛若流星。後有羯鼓兩座，如尋常番鼓子，置之小卓子上，兩手皆執杖擊之，杖鼓應焉。次列鐵石方響，明金綵畫架子，雙垂流蘇。次列簫、笙、塤、篪、觱篥、龍笛之類，兩旁對列杖鼓二百面，皆長脚幞頭、紫繡抹額，背繫紫寬衫，黄窄袖，結帶，黄義襴。諸雜劇色皆諢裹，各服本色紫、緋、緑寬衫，義襴，鍍金帶。自殿陛對立，直至樂棚。每遇舞者入場，則排立者叉手，舉左右肩，動足應拍，一齊群舞，謂之挼曲子挼字，仍回反。第一盞御酒，歌板色一名，唱中腔一遍訖，先笙與簫笛各一管和，又一遍，衆樂齊舉，獨聞歌者之聲。宰臣酒，樂部起《傾杯》。百官酒，《三臺》舞旋，多是雷中慶。其餘樂人舞者，諢裹寬衫，唯中慶有官，故展裹。舞曲破攧前一遍。舞者入場，至歇拍，續一人入場，對舞數拍。前舞者退，獨後舞者終其曲，謂之舞末。第二盞御酒，歌板色唱如前。宰臣酒，慢曲子。百官酒，《三臺》舞如前。第三盞左右軍百戲入場，一時呈拽。所謂左右軍，乃京師坊市兩廂也，非諸軍之軍。百戲乃上竿、跳索、倒立、折腰、弄碗注、踢瓶、筋斗、擎戴之類，即不用獅豹大旗神鬼也。藝人或男或女，皆紅巾綵服。殿前自有石鐫柱窠，百戲入場，旋立其戲竿。凡御宴至第三盞，方有下酒肉、鹹豉、爆肉、雙下駝峰角子。第四盞如上儀。舞畢，發譚子，參軍色執竹竿拂子，念致語口號，諸雜劇色打和，再作語，勾合大曲舞。下酒榼：炙子骨頭、索粉、白肉胡餅。第五盞御酒，獨彈琵琶。宰臣酒，獨打方響。凡獨奏樂，並樂人謝恩訖，上殿奏之。百官酒，樂部起《三臺》舞，如前畢。參軍色執竹竿子作語，勾小兒隊舞。小兒各選年十二三者二百餘人，列四行，每行隊頭一名，四人簇擁，並小隱士帽，著緋、緑、紫、青生色花衫，上領四契義襴束帶，各執花枝排定，先有四人裹捲脚幞頭、紫衫者，擎一綵殿子，内金貼字牌，擂鼓而進，謂之隊名牌，上有一聯，謂如《九韶》翔綵鳳，《八佾》舞青鸞之句。樂部舉樂，小兒舞步進前，直叩殿陛。參軍色作語，問小兒班首，近前，進口號，雜劇人皆打和畢，樂作，群舞合唱，且舞且唱。又唱破子畢，小兒班首入進致語，勾雜劇入場，一場兩段。是時，教坊雜劇色鱉膨劉喬、侯伯朝、孟景初、王顔喜而下，皆使副也。内殿雜戲，爲有使人預宴，不敢深作諧謔，惟用群隊裝其似像，市語謂之拽串。雜戲畢，參軍色作語，放小兒隊。又群舞《應天長》曲子出場。下酒：群仙炙、天花餅、太平畢羅、乾飯、縷肉羹、蓮花肉餅。駕興，歇座，百官退出殿門幕次。須臾，追班起居，再坐。第六盞御酒，笙起慢曲子。宰臣酒慢曲子，百官酒《三臺》舞。左右軍築毬，殿前旋立毬門，約高三丈許，雜綵結絡，留門一尺許。左軍毬頭蘇述，長脚幞頭，紅錦襖，餘皆捲脚幞頭，亦紅錦襖，十餘人。右軍毬頭孟宣，並十餘人，皆青錦衣。樂部哨笛杖鼓斷送。左軍先以毬團轉衆，小築數遭，有一對次毬頭，小築數下，待其端正，即供毬與毬頭，打大膁過毬門。右軍承得毬，復團轉衆，小築數遭，次毬頭亦依前供毬與毬頭，以大膁打過，或有即便復過者勝。勝者賜以銀碗錦綵，拜舞謝恩，以賜錦共披而拜也。不勝者毬頭吃鞭，仍加抹搶下酒，假黿魚，密浮酥捺花。第七盞御酒，慢曲子。宰臣酒皆慢曲子，百官酒《三臺》舞訖，參軍色作語，勾女童隊入場。女童皆選兩軍妙齡容艷過人者四百餘人，或戴花冠，或仙人髻，鴉霞之服，或捲曲花脚幞頭，四契紅黄生色銷金錦繡之衣，結束不常，莫不一時新妝，曲盡其妙。杖子頭四人，皆裹曲脚向後指天幞頭，簪花，紅黄寬袖衫義襴，執銀裹頭杖子，皆都城角者。當時乃陳奴哥、俎姐哥、李伴奴、雙奴，餘不足數。亦每名四人簇擁，多作仙童，丫髻仙裳，執花舞步，進前成列。或舞《採蓮》，則殿前皆列蓮花。

檻曲亦進隊名。參軍色作語問隊，杖子頭者進口號，且舞且唱。樂部斷送《採蓮》訖，曲終復群舞，唱中腔畢，女童進致語，勾雜戲入場，亦一場兩段訖，參軍色作語，放女童隊，又群唱曲子，舞步出場。比之小兒節次增多矣。下酒：排炊羊、胡餅、炙金腸。第八盞御酒，歌板色一名，唱踏歌。宰臣酒慢曲子，百官酒《三臺》舞。合曲破舞旋。下酒：假沙魚、獨下饅頭、肚羹。第九盞御酒慢曲子，宰臣酒慢曲子，百官酒《三臺》舞。曲如前。左右軍相撲。下酒：水飯、簇飣下飯。駕興。

宋・王灼《碧雞漫志》卷一　或問歌曲所起，曰：天地始分而人生焉，人莫不有心，此歌曲所以起也。《舜典》曰：詩言志，歌永言，聲依永，律和聲。《詩序》曰：在心爲志，發言爲詩，情動于中而形于言。言之不足，故嗟歎之。嗟歎之不足，故永歌之。永歌之不足，不知手之舞之，足之蹈之。《樂記》曰：詩言其志，歌咏其聲，舞動其容：三者本于心，然後樂器從之。故有心則有詩，有詩則有歌，有歌則有聲律，有聲律則有樂歌。永言，即詩也，非于詩外求歌也。今先定音節，乃製詞從之，倒置甚矣。而士大夫又分詩與樂府作兩科，古詩或名曰樂府，謂詩之可歌也，故樂府中有歌，有謠，有吟，有引，有行，有曲。今人于古樂府，特指爲詩之流，而以詞就音，始名樂府，非古也。舜命夔教胄子，詩歌聲律，率有次第。又語禹曰：予欲聞六律、五聲、八音在治，忽以出納五言。其君臣賡歌，《九功》、《南風》、《卿雲》之歌，必聲律隨具。古者采詩，命太師爲樂章，祭祀、宴射、鄉飲皆用之，故曰：正得失，動天地，感鬼神，莫近于詩。先王以是經夫婦，成孝敬，厚人倫，美教化，易風俗。詩至于動天地，感鬼神，移風俗，何也，正謂播諸樂歌，有此效耳。然中世亦有因筦弦金石造歌以被之，若漢文帝使慎夫人鼓瑟，自倚瑟而歌，漢魏作三調歌辭，終非古法。

又　古人初不定聲律，因所感發爲歌，而聲律從之，唐、虞禪代以來是也，餘波至西漢末始絶。西漢時，今之所謂古樂府者漸興，晉魏爲盛，隋氏取漢以來樂器、歌章、古調併入清樂，餘波至李唐始絶。唐中葉雖有古樂府，而播在聲律則尠矣。士大夫作者，不過以詩一體自名耳。蓋隋以來，今之所謂曲子者漸興，至唐稍盛，今則繁聲淫奏，殆不可數。古歌變爲古樂府，古樂府變爲今曲子，其本一也。後世風俗益不及古，故相懸耳。而世之士大夫，亦多不知歌詞之變。

又　子語魯太師樂，知樂深矣。魯太師者，亦可語此耶。古者，歌工、樂工，皆非庸人，故摯適齊，干適楚，繚適蔡，缺適秦，方叔入河，武入漢，陽、襄入海，孔子録之。八人中，其一又見于《家語》，孔子學琴于師襄子，襄子曰吾雖以擊磬爲官，然能于琴，今子于琴已習是也。子貢問師乙：賜宜何歌。答曰：慈愛者，宜歌《商》。温良而能斷者，宜歌《齊》。寬而静，柔而正者，宜歌《頌》。廣大而静，疏達而信者，宜歌《大雅》。恭儉而好禮者，宜歌《小雅》。正直而静，廉而謙者，宜歌《風》。師乙，賤工也，學識乃至此。又曰：歌者，上如抗，下如墜，曲如折，止如槁木，倨中矩，勾中鉤，纍纍乎端如貫珠。歌之妙不越此矣。今有過鈞容班教坊者，問曰：某宜何歌。必曰：汝宜唱田中行、曹元寵小令。

又　劉、項皆善作歌。西漢諸帝，如武、宣類能之。趙王幽死，諸王負罪死，臨絶之音，曲折深迫。廣川王通經，好文辭，爲諸姬作歌尤奇古。而高祖之戚夫人，燕王旦之容華夫人，兩歌又不在諸王下，兩，一作所。蓋漢初古俗猶在也。東京以來，非無作者，大概文采有餘，性情不足。高歡玉壁之役，士卒死者七萬人，慚憤發疾，歸使斛律金作《勅勒歌》，其辭略曰：山蒼蒼，天茫茫，風吹草低見牛羊。歡自和之，哀感流涕。金不知書，能發揮自然之妙如此，當時徐、庾輩不能也。吾謂：西漢後，獨《勅勒歌》暨韓退之十《琴操》近古。

又　荆軻入秦，燕太子丹及賓客送至易水之上，高漸離擊筑，軻和而歌，爲變徵之聲，士皆涕淚。又前爲歌曰：風蕭蕭兮易水寒，壯士一去兮不復還。復爲羽聲慷慨，士皆瞋目，髮上指冠。軻本非聲律得名，乃能變徵換羽於立談間，而當時左右聽者亦不憒憒也。今人苦心造成一新聲，便作幾許大知音矣。

又　或問：元次山補伏羲至商十代樂歌，皮襲美補《九夏歌》，是否。曰：名與義存，二子補之無害，或有其名而無其義，有其義而名不可强訓，吾未保二子之全得也。次山曰：嗚呼，樂聲自太古始，百世之後，盡亡古音。樂歌自太古始，百世之後，遂亡古辭。次山知之晚也。孔子之時，三皇五帝樂歌已不及見，在齊聞《韶》，至三月不知肉味。戰國秦火，古器與音辭亡缺無遺。

又　漢時《雅》、《鄭》參用，而《鄭》爲多。魏平荆州，獲漢雅樂，古曲音辭存者四，曰《鹿鳴》、《騶虞》、《伐檀》、《文王》。而李延年之徒，以新聲被寵，復改易音辭，止存《鹿鳴》一曲，晉初亦除之。又漢代短簫鐃歌樂曲，三國時存者有《朱鷺》、《艾如張》、《上之回》、《戰城南》、《巫山高》、《將進酒》之類，凡二十二曲。魏、吴稱號，始各改其十二曲。晉興，又盡改之，獨《玄雲》、《釣竿》二曲名存而已。漢代鼙舞，三國時存者有《殿前生桂樹》等五曲，其辭則亡。漢代胡角《摩訶兜勒》一曲，張騫得自西域，李延年因之更造新聲二十八解，魏晉時亦亡。晉以來，新曲頗衆，隋初盡歸清樂。至唐武后時，舊曲存者，如《白雪》、《公莫舞》、《巴渝》、《白紵》、《子夜》、《團扇》、《懊憹》、《石城》、《莫愁》、《楊叛兒》、《烏夜啼》、《玉樹後庭花》等，止六十三曲。唐中葉，聲辭存者又止三十七，有聲無辭者七。今不復見。唐歌曲比前世益多，聲行于今、辭見于今者，皆十之三四，世代差近爾。大抵先世樂府，有其名者尚多，其義存者，十之三。其始，辭存者十不得一。若其音，則無傳，勢使然也。

又　石崇以《明君曲》教其妾緑珠曰：我本漢家子，將適單于庭。昔爲匣中玉，今爲糞上英。緑珠亦自作《懊憹歌》曰：絲布澀難縫。澀，一作溼。元伊侍孝武飲讌，撫弦而歌怨詩曰：爲君既不易，爲臣良獨難。忠信事不顯，乃有見疑患。周旦佐文武，金縢功不刊。推心輔王政，二叔反流言。熊甫見王敦委任錢鳳，將有異圖，進説不納，因告歸。臨與敦别，歌曰：徂風飈起蓋山陵，氛霧蔽日玉石焚。往事既去可長歎，念别惆悵會復難。陳安死隴上，歌之曰：隴上壯士有陳安，軀幹雖小腹中寬。愛養將士同心肝，驪驄文馬鐵鍛鞍。七尺大刀奮如湍，丈八蛇矛左右盤。十盪十決無當前，戰始三交失蛇矛。棄我驪驄竄巖幽，爲我外援而懸頭。西流之水東流河，一去不還奈子何。奈子何，一作復奈何。劉曜聞而悲傷，命樂府歌之。晉以來歌曲見于史者，蓋如是耳。

又　唐時，古意亦未全喪。《竹枝》、《浪淘沙》、《拋毬樂》、《楊柳枝》乃詩中絶句，而定爲歌曲，故李太白《清平調》詞三章，皆絶句。元、白諸詩，亦爲知音者協律作歌。白樂天守杭，元微之贈云：休遺玲瓏唱我詩，我詩多是别君辭。自注云：樂人高玲瓏能歌，歌予數十詩。樂天亦醉戲諸妓云：席上争飛使君酒，歌中多唱舍人詩。又《聞歌妓唱前郡守嚴郎中詩》云：已留舊政布中和，又付新詩與豔歌。元微之《見人詠韓舍人新律詩戲贈》云：輕新便妓唱，凝妙入僧禪。沈亞之送人序云：故友李賀，善撰南北朝樂府古詞，其所賦尤多怨鬱悽豔之句。誠以蓋古排今，使爲詞者莫得偶矣，惜乎其中亦不備聲歌弦唱。然《唐史》稱：李賀樂府數十篇，雲韶諸工皆合之弦筦。又稱：李益詩名與賀相捋，每一篇成，樂工争以賂求取之，被聲歌，供奉天子。又稱：元微之詩，往往播樂府。舊史亦稱：武元衡工五言詩，好事者傳之，往往被于筦弦。又舊説：開元中詩人王昌齡、高適、王之涣詣旗亭飲，梨園伶官亦招妓聚燕。三人私約曰：我輩擅詩名，未定甲乙，試觀諸伶謳詩分優劣。一伶唱昌齡二絶句云：寒雨連江夜入吴，平明送客楚帆孤。洛陽親友如相問，一片冰心在玉壺。奉帚平明金殿開，强將團扇共徘徊，玉顔不及寒鴉色，猶帶昭陽日影來。一伶唱適絶句云：開篋淚沾臆，見君前日書。夜臺何寂寞，猶是子雲居。之涣曰：佳妓所唱，如非我詩，終身不敢與子争衡，不然，子等列拜牀下。須臾，妓唱：黄河遠上白雲間，一片孤城萬仞山。羌笛何須怨楊柳，春風不度玉門關。之涣揶揄二子曰：田舍奴，我豈妄哉。以此知李唐伶伎，取當時名士詩句入歌曲，蓋常俗也。蜀王衍召嘉王宗壽飲宣華苑，命宫人李玉簫歌衍所撰《宫詞》云：輝輝赫赫浮五雲，宣華池上月華春。月華如水映宫殿，有酒不醉真癡人。五代猶有此風，今亡矣。近世有取陶淵明歸去來、李太白把酒問明月、李長吉將進酒、大蘇公赤壁前後賦協入聲律，此暗合其美耳。元微之序《樂府古題》云：操、引、謡、謳、歌、曲、詞、調八名，起於郊祭軍賓，吉凶苦樂之際。在音聲者，因聲以度詞，審調以節唱，句度長短之數，聲韻平上之差，莫不由之準度。而又别其在琴瑟者爲操引，採民甿者爲謳謡。備曲度者，總謂之歌、曲、詞、調。斯皆由樂以定詞，非選詞以配樂也。詩、行、詠、吟、題、怨、歎、章、篇九名，皆屬事而作，雖題號不同，而悉謂之爲詩可也。後之審樂者，往往取其詞，度爲歌曲，蓋選詞以配樂，非由樂以定詞也。微之分詩與樂府作兩科，固不知事始，又不知後世俗變。凡十七名，皆詩也。詩即可歌，可被之筦弦也。元以八名者近樂府，故謂由樂以定詞。九名者本諸詩，故謂選詞以配樂。今樂府古題具在，當時或由樂定詞，或選詞配樂，初無常法，習俗之變，安能齊一。

又　古人善歌得名，不擇男女。戰國時男有秦青、薛談、王豹、綿駒、瓠梁，女有韓娥。漢高祖《大風歌》，教沛中兒歌之。武帝用事甘泉、圜丘，使童男女七十人歌。漢以來，男有虞公發、李延年、朱顧仙、朱子尚、吳安泰、韓發秀，女有麗娟、莫愁、孫瑣、陳左、宋容華、王金珠。唐時男有陳不謙、謙子意奴、高玲瓏、長孫元忠、侯貴昌、韋青、李龜年、米嘉榮、李袞、何戡、田順郎、何滿、郝三寶、黎可及、柳恭，女有穆氏、方等、念奴、張紅紅、張好好、金谷里葉、永新娘、御史娘、柳青娘、謝阿蠻、胡二姉、寵妲、盛小叢、樊素、唐有熊、李山奴、任智方四女、洞雲。今人獨重女音，不復問能否，而士大夫所作歌詞，亦尚婉媚，古意盡矣。政和間，李方叔在陽翟，有攜善謳老翁過之者，方叔戲作《品令》云：唱歌須是玉人，檀口皓齒冰膚，意傳心事，語嬌聲顫，字如貫珠。老翁雖是解歌，無柰雪鬢霜鬚，大家且道，是伊模樣，怎如念奴。方叔固是沈於習俗，而語嬌聲顫，那得字如貫珠，不思甚矣。或問《雅》、《鄭》所分，曰：中正則《雅》，多哇則《鄭》，至論也。何謂中正，凡陰陽之氣，有中有正，故音樂有正聲，有中聲。二十四氣，歲一周天，而統以十二律。中正之聲，正聲得正氣，中聲得中氣，則可用，中正用則平氣應，故曰中正以平之。若乃得正氣而用中律，得中氣而用正律，律有短長，氣有盛衰，太過不及之弊起矣。自揚子雲之後，惟魏漢津曉此。東坡曰：樂之所以不能致氣召和如古者，不得中聲故也。樂不得中聲者，氣不當律也。東坡知有中聲，蓋見孔子及伶州鳩之言，恨未知正聲耳。近梓潼雍嗣侯者作《正笙訣》、《琴數還相爲宫解》、《律吕逆順相生圖》，大概謂知音在識律，審律在習數，故師曠之聰，不以六律，不能正五音。諸譜以律通不過者，率皆淫哇之聲。嗣侯自言得律吕真數，著説甚詳，而不及中正。

又 或曰：古人因事作歌，輸寫一時之意，意盡則止，故歌無定句。因其喜怒哀樂，聲則不同，故句無定聲。今音節皆有轄束，而一字一拍，不敢輒增損，何與古相戾歟。予曰：皆是也。今人固不及古，而本之性情，稽之度數，古今所尚，各因其所重。昔堯民亦擊壤歌，先儒爲搏拊之説，亦曰所以節樂。樂之有拍，非唐虞創始，實自然之度數也。故明皇使黄幡綽寫拍板譜，幡綽畫一耳於紙以進，曰：拍從耳出。牛僧孺亦謂拍爲樂句。嘉祐間，汴都三歲小兒在母懷飲乳，聞曲皆撚手指作拍，應之不差。雖然，古今所尚治體風俗，各因其所重，不獨歌樂也。古人豈無度數，今人豈無性情，用之各有輕重，但今不及古耳。今所行曲拍，使古人復生，恐未能易。

宋・洪邁《夷堅志》 蔡京作相，弟卞爲元樞。卞乃王安石婿，尊崇婦翁。當孔廟釋奠時，躋於配享而封舒王。優人設孔子正坐，顔、孟與安石侍坐側。孔子命之坐，安石揖孟子居上。孟辭曰：天下達尊，爵居其一，軻近蒙公爵，相公貴爲真王，何必謙光如此。遂揖顔子。曰：回也陋巷匹夫，平生無分毫事業，公爲名世真儒，位號有間，辭之過矣。安石遂處其上。夫子不能安席，亦避位，安石惶懼拱手，云不敢。往復未決，子路在外，憤憤不能堪，徑趨從祀堂，挽公冶長臂出。公冶長爲窘迫之狀，謝曰：長何罪。乃責數之曰：汝全不救護丈人，看取别人家女婿。其意以譏卞也。時方議欲陞安石於孟子之右，爲此而止。

宋・灌圃耐得翁《都城紀勝・瓦舍衆伎》 瓦者，野合易散之意也，不知起於何時，但在京師時，甚爲士庶放蕩不羈之所，亦爲子弟流連破壞之地。

又 散樂，傳學教坊十三部，唯以雜劇爲正色。舊教坊有篳篥部、大鼓部、杖鼓部、拍板色、笛色、琵琶色、箏色、方響色、笙色、舞旋色、歌板色、雜劇色、參軍色。色有色長，部有部頭，上有教坊使、副鈐轄、都管、掌儀範者，皆是雜流命官。其諸部分紫、緋、緑三等寬衫，兩下各垂黄義襴。雜劇部又戴諢裹，其餘祗是帽子、幞頭。以次又有小兒隊，並女童採蓮隊。又别有鈞容班，今四孟隨在駕後，乘馬動樂者，是其故事也。紹興三十一年，省廢教坊之後，每遇大宴，則撥差臨安府衙前樂等人充應，屬修内司教樂所掌管。教坊大使，在京師時，有孟角毬，曾撰雜劇本子。又有葛守成，撰四十大曲詞。又有丁仙現捷才知音。紹興間，亦有丁漢弼、楊國祥。雜劇中，末泥爲長，每四人或五人爲一場，先做尋常熟事一段，名曰艷段。次做正雜劇，通名爲兩段。末泥色主張，引戲色分付，副淨色發喬，副末色打諢，又或添一人裝孤。其吹曲破斷送者，謂之把色。大抵全以故事，世務爲滑稽，本是鑒戒，或隱爲諫諍也，故從便跣露，謂之無過蟲。

又 諸宫調，本京師孔三傳編撰，傳奇、靈怪，入曲説唱。細樂比之教坊大樂，則不用大鼓、杖鼓、羯鼓、頭管、琵琶、箏也，每以簫管、笙、篆、稽琴、方響之類合動。小樂器祇一二人合動也，如雙韻合阮咸，稽琴合簫管，鍬琴合葫蘆琴，單撥十四絃，吹賺動鼓板，《渤海樂》一拍子，至於拍番鼓子、敲水盞鑼板、和鼓兒，皆是也。今街市有樂人三五爲隊，專趕春場，看潮，賞芙蓉，及酒坐祗應，與錢亦不多，謂之荒鼓板。清樂比馬後樂，加方響、笙、笛，用小提鼓，其聲亦輕細也。

又 淳熙間，德壽宫龍笛色，使臣四十名，每中秋或月夜，令獨奏龍笛，聲聞於人間，真清樂也。唱叫、小唱，謂執板唱慢曲、曲破，大率重起輕殺，故曰淺斟低唱，與四十大曲舞旋爲一體，今瓦市中絶無。

又 嘌唱，謂上鼓面唱令曲小詞，驅駕虚聲，縱弄宫調，與叫果子、唱耍曲兒爲一體，本衹街市，今宅院往往有之。

又 叫聲，自京師起撰，因市井諸色歌吟賣物之聲，採合宫調而成也。若加以嘌唱爲引子，次用四句就入者，謂之下影帶。無影帶者，名散叫。若不上鼓面，衹敲盞者，謂之打拍。

又 唱賺，在京師日，有纏令、纏達，有引子、尾聲爲纏令，引子後衹以兩腔遞且循環間用者，爲纏達。中興後，張五牛大夫因聽動鼓板中，又有四片《太平令》或賺鼓板，即今拍板大篩揚處是也。遂撰爲賺。賺者，誤賺之義也，令人正堪美聽，不覺已至尾聲，是不宜爲片序也。今又有覆賺，又且變花前月下之情及鐵騎之類。凡賺最難，以其兼慢曲、曲破、大曲、嘌唱、耍令、番曲、叫聲諸家腔譜也。

又 雜扮或名雜旺，又名紐元子，又名技和，乃雜劇之散段。在京師時，村人罕得入城，遂撰此端，多是借裝爲山東、河北村人，以資笑。今之打和鼓、捻梢子、散耍皆是也。

又 百戲，在京師時，各名左右軍，並是開封府衙前樂營。相撲争交，謂之角觝之戲，别有使拳，自爲一家，與相撲曲折相反，而與軍頭司大士相近也。

又 踢弄，每大禮後宣赦時，搶金鷄者用此等人，上竿、打筋斗、踏蹺、打交輥、脱索、裝神鬼、抱鑼、舞判、舞斫刀、舞蠻牌、舞劍，與馬打毬並教船水鞦韆、東西班野戰，諸軍馬上呈驍騎、北人乍柳。街市轉焦館爲一體。

又 雜手藝皆有巧名：踢瓶、弄碗、踢磬、弄花鼓捶、踢墨筆、弄毬子、拶築毬、弄斗、打硬、教蟲蟻，及魚弄熊、燒烟火、放爆仗、火戲兒、水戲兒、聖花、撮藥、藏壓藥法傀儡、壁上睡，小則劇術射穿、弩子打彈、攢壺瓶、即古之投壺。手影戲、弄頭錢、變綫兒、寫沙書、改字。弄懸絲傀儡、起於陳平六奇解圍。杖頭傀儡、水傀儡、肉傀儡，以小兒後生輩爲之。凡傀儡敷演烟粉靈怪故事、鐵騎、公案之類，其話本或如雜劇，或如崖詞，大抵多虚少實，如巨靈神、朱姬大仙之類是也。

又 影戲，凡影戲乃京師人初以素紙雕鏃，後用彩色裝皮爲之，其話本與講史書者頗同，大抵真假相半，公忠者雕以正貌，奸邪者與之醜貌，蓋亦寓褒貶於市俗之眼戲也。

宋·張端義《貴耳集》卷下 壽皇賜宰執宴，御前雜劇，妝秀才三人。

又 史叔同爲相日，府中開宴，用雜劇人。作一士人念詩。

宋·吴自牧《夢粱録》卷一九《瓦舍》 瓦舍者，謂其來時瓦合，去時瓦解之義，易聚易散也。不知起於何時。頃者京師甚爲士庶放蕩不羈之所，亦爲子弟流連破壞之門。杭城紹興間駐蹕於此，殿巖楊和王因軍士多西北人，是以城内外創立瓦舍，招集妓樂，以爲軍卒暇日娱戲之地。今貴家子弟郎君，因此蕩遊，破壞尤甚於汴都也。其杭之瓦舍，城内外合計有十七處，如清冷橋西熙春樓下，謂之南瓦子。市南坊北三元樓前，謂之中瓦子。市西坊内三橋巷名大瓦子，舊呼上瓦子。衆安橋南羊棚樓前名下瓦子，舊呼北瓦子。鹽橋下蒲橋東謂之蒲橋瓦子，又名東瓦子，今廢爲民居。東青門外菜市橋側名菜市瓦子。崇新門外章家橋南名薦橋門瓦子。新開門外南名新門瓦子，舊呼四通館。保安門外名小堰門瓦子。候潮門外北首名候潮門瓦子。便門外北謂之便門瓦子。錢湖門外南首省馬院前名錢湖門瓦子，亦廢爲民居。後軍寨前謂之赤山瓦子。靈隱天竺路行春橋側曰行春瓦子。北郭税務曰北郭瓦子，又名大通店。米市橋下米市橋瓦子，石碑頭北麻綫巷内則曰舊瓦子。

又卷二〇《妓樂》 散樂傳學教坊十三部，唯以雜劇爲正色。舊教坊有篳篥部、大鼓部、拍板部。色有歌板色、琵琶色、箏色、方響色、笙色、龍笛色、頭管色、舞旋色、雜劇色、參軍等色。但色有色長，部有部頭。上有教坊使、副鈐轄、都管、掌儀、掌範，皆是雜流命官。其諸部諸色，分服紫、緋、緑三色寬衫，兩下各垂黄義襴。雜劇部皆諢裹，餘皆幞頭帽子。更有小兒隊、女童採蓮隊。其外别有鈞容班人，四孟乘馬從駕後動樂者是也。御馬院使臣，凡有宣唤或御教，入内承應奏樂。紹興年間，廢教坊職名，如遇大朝會、聖節，御前排當及駕前導引奏樂，並撥臨安府衙前樂人，屬修内司教樂所集定姓名，以奉御前供應。向者，汴京教坊大使孟角毬曾做雜劇本子，葛守誠撰四十大曲，丁仙現捷才知音。南渡以後，教坊有丁漢弼、楊國祥等。

景定年間至咸淳歲，衙前樂撥充教樂所都管、部頭、色長等人員，如陸恩顯、時和、王見喜、何雁喜、王吉、趙和、金寶、范宗茂、傅昌祖、張文貴、侯端、朱堯卿、周國保、王榮顯等。且謂雜劇中末泥爲長，每一場四人或五人。先做尋常熟事一段，名曰艷段。次做正雜劇，通名兩段。末泥色主張，引戲色分付，副净色發喬，副末色打諢。或添一人，名曰裝孤。先吹曲破斷送，謂之把色。大抵全以故事，務在滑稽，唱念應對通遍。此本是鑒戒，又隱於諫諍，故從便跣露，謂之無過蟲耳。若欲駕前承應，亦無責罰，一時取聖顔笑。凡有諫諍，或諫官陳事，上不從，則此輩妝做故事，隱其情而諫之，於上顔亦無怒也。又有雜扮，或曰雜班，又名紐元子，又謂之拔和，即雜劇之後散段也。頃在汴京時，村落野夫，罕得入城，遂撰此端。多是借裝爲山東、河北村叟，以資笑端。今士庶多以從省，筵會或社會，皆用融和坊、新街及下瓦子等處散樂家女童裝末，加以絃索賺曲，祗應而已。大凡動細樂，比之大樂，則不用大鼓、杖鼓、羯鼓、頭管、琵琶等，每祗以簫、笙、篳篥、嵇琴、方響，其音韻清且美也。若合動小樂器，祗三二人合動尤佳，如雙韻合阮咸，嵇琴合簫管，鍬琴合葫蘆琴，或彈撥下四絃，獨打方響，吹賺動鼓板，一拍子至十拍子。又有拍番鼓兒，敲水盞，打鑼板，和鼓兒，皆是也。街市有樂人三五爲隊，擎一二女童舞旋，唱小詞，專沿街趕趁。元夕放燈，三春園館賞玩，及遊湖看潮之時，或於酒樓，或花衢柳巷妓館家祗應，但犒錢亦不多，謂之荒鼓板。若論動清音，比馬後樂加方響、笙與龍笛，用小提鼓，其聲音亦清細輕雅，殊可人聽。更有小唱，唱叫，執板唱慢曲，曲破，大率輕起重殺，正謂之淺斟低唱。若舞四十六大曲，皆爲一體。但唱令曲小詞，須是聲音軟美，與叫果子、唱耍令不犯腔一同也。朝廷御宴，是歌板色承應。如府第富户，多於邪街等處，擇其能謳妓女，顧倩祗應。或官府公筵及三學齋會、縉紳同年會、鄉會，皆官差諸庫角妓祗直。自景定以來，諸酒庫設法賣酒，官妓及私名妓女數内，揀擇上中甲者，委有娉婷秀媚，桃臉櫻唇，玉指纖纖，秋波滴溜，歌喉宛轉，道得字真韻正，令人側耳聽之不厭。官妓如金賽蘭、范都宜、唐安安、倪都惜、潘稱心、梅醜兒、錢保奴、吕作娘、康三娘、桃師姑、沈三如等，及私名妓女如蘇州錢三姐、七姐，文字季惜惜，鼓板朱一姐，媳婦朱三姐、吕雙雙，十般大胡憐憐，婺州張七姐，蠻王二姐，搭羅邱三姐，一丈白楊三媽，舊司馬二娘，裱背陳三媽，屐片張三娘，半把傘朱七姐，轎番王四姐，大臂吳三媽，浴堂徐六媽，沈盼盼、普安安、徐雙雙、彭新等。後輩雖有歌唱者，比之前輩，終不如也。說唱諸宫調，昨汴京有孔三傳編成傳奇靈怪，入曲說唱。今杭城有女流熊保保及後輩女童皆效此，說唱亦精，於上鼓板無二也。蓋嘌唱爲引子四句就入者，謂之下影帶。無影帶，名爲散呼。若不上鼓面，止敲盞兒，謂之打拍。唱賺在京時，祗有纏令、纏達。有引子、尾聲爲纏令。引子後祗有兩腔迎互循環，間有纏達。紹興年間，有張五牛大夫，因聽動鼓板中有《太平令》，或賺鼓板，即今拍板大節抑揚處是也，遂撰爲賺。賺者，誤賺之之義也，正堪美聽中，不覺已至尾聲，是不宜爲片序也。又有覆賺，其中變花前月下之情及鐵騎之類。今杭城老成能唱賺者，如竇四官人、離七官人、周竹窗、東西兩陳九郎、包都事、香沈二郎、雕花楊一郎、招六郎、沈媽媽等。凡唱賺最難，兼慢曲、曲破、大曲、嘌唱、耍令、番曲、叫聲，接諸家腔譜也。若嘌唱，耍令，今者如路岐人王雙蓮、吕大夫唱得音律端正耳。今街市與宅院，往往效京師叫聲，以市井諸色歌叫賣物之聲，採合宫商成其詞也。

又《百戲伎藝》 百戲踢弄家，每於明堂郊祀年分，麗正門宣赦時，用此等人，立金鷄竿，承應上竿搶金鷄。兼之百戲，能打筋斗、踢拳、踏蹺、上索、打交輥、脱索、索上擔水、索上走裝神鬼、舞判官、斫刀蠻牌、過刀門、過圈子等。理廟時，有路岐人，名十將宋喜、常旺兩家。有踢弄人，如謝恩、張旺、宋寶哥、沈家强、自來强、宋達、楊家會、宋賽歌、宋國昌、沈喜、張寶哥、常家喜、小娘兒、李顯、沈喜、湯家會、湯鐵柱、莊德、劉家會、小來强、鮑老兒、宋定哥、李成、莊寶、潘貴、宋慶哥、湯家俊等。遇朝家大朝會、聖節，宣押殿庭承應。則官府公筵，府第筵會，點喚供筵，俱有大犒。又有村落百戲之人，拖兒帶女，就街坊橋巷，呈百戲使藝，求覓鋪席宅舍錢酒之資。且雜手藝，即使藝也，如踢瓶、弄碗、踢磬、踢缸、踢鐘、弄花錢、花鼓、槌踢筆墨、壁上睡、虚空挂香爐、弄花毬兒、拶築毬、弄斗、打硬、教蟲蟻、弄熊、藏人、燒火、藏劍、吃針、射弩端、親背、攢壺瓶等。綿包兒、撮米酒、撮放生等藝，淳祐以後，藝術高者有包喜、陸壽、施半仙、金寶、金時好、宋德、徐彦、沈興、趙安、陸勝、包壽、范春、吳順、金勝等。此藝施呈，委是奇特，藏去之術，則手法疾而已。凡傀儡，敷演烟粉、靈怪、鐵騎、公案、史書歷代君臣將相故事話本，或講史，或作雜劇，或如崖詞。如懸綫傀儡者，起於陳平六奇解圍故事也。今有金綫盧大夫、陳中喜等，弄得如真無二，兼之走綫者尤佳。更有杖頭傀儡，最是劉小僕射家數果奇，大抵弄此多虛少實，如巨靈神、姬大仙等也。其水傀儡者，有姚遇仙、賽寶哥、王吉、金時好等，弄得百憐百悼。兼之水百戲，往來出入之勢，規模舞走，魚龍變化奪真，功藝如神。更有弄影戲者，元汴京初以素紙雕簇，自後人巧工精，以羊皮雕形，用以綵色妝飾，不致損壞。杭城有賈四郎、王昇、王閏卿等，熟於擺布，立講無差。其話本與講史書者頗同，大抵真假相半，公忠者雕以正貌，奸邪者刻以醜形，蓋亦寓褒貶於其間耳。

宋・周密《武林舊事》卷一〇《官本雜劇段數》　《爭曲六幺》、《扯攔六幺》、《教聲六幺》、《鞭帽六幺》、《衣龍六幺》、《廚子六幺》、《孤奪旦六幺》、《王子高六幺》、《崔護六幺》、《骰子六幺》、《照道六幺》、《鶯鶯六幺》、《大宴六幺》、《驢精六幺》、《女生外向六幺》、《慕道六幺》、《三偌慕道六幺》、《雙攔哮六幺》、《趕厥夾六幺》、《羹湯六幺》、《索拜瀛府》、《厚熟瀛府》、《哭骰子瀛府》、《醉院君瀛府》、《懊骨頭瀛府》、《賭錢望瀛府》、《四僧梁州》、《三索梁州》、《詩曲梁州》、《頭錢梁州》、《食店梁州》、《法事饅頭梁州》、《四哮梁州》、《領伊州》、《鐵指甲伊州》、《鬧五伯伊州》、《裴少俊伊州》、《食店伊州》、《桶擔新水》、《雙哮新水》、《燒花新水》、《簡帖薄媚》、《請客薄媚》、《錯取薄媚》、《傳神薄媚》、《九妝薄媚》、《本事現薄媚》、《打調薄媚》、《拜褥薄媚》、《鄭生遇龍女薄媚》、《土地大明樂》、《打毬大明樂》、《三爺老大明樂》、《列女降黃龍》、《雙旦降黃龍》、《柳玭上官降黃龍》、《趕厥胡渭州》、《單番將胡渭州》、《銀器胡渭州》、《看燈胡渭州》、《入寺降黃龍》、《榆標降黃龍》、《打地鋪逍遙樂》、《病鄭逍遙樂》、《崔護逍遙樂》、《□湎逍遙樂》、《單打石州》、《和尚那石州》、《趕厥石州》、《塑金剛大聖樂》、《單打大聖樂》、《柳毅大聖樂》、《霸王中和樂》、《馬頭中和樂》、《大打調中和樂》、《喝貼萬年歡》、《託合萬年歡》、《迓鼓兒熙州》、《駱駝熙州》、《二郎熙州》、《大打調道人歡》、《會子道人歡》、《雙拍道人歡》、《越娘道人歡》、《打勘長壽仙》、《偌賣旦長壽仙》、《分頭子長壽仙》、《棊盤法曲》、《孤和法曲》、《藏瓶兒法曲》、《車兒法曲》、《病爺老劍器》、《霸王劍器》、《黃傑進延壽樂》、《義養娘延壽樂》、《扯籃陳刻檻兒賀皇恩》、《催妝賀皇恩》、《封陟中和樂》、《唐輔採蓮》、《雙哮採蓮》、《病和採蓮》、《諸宮調霸王》、《諸宮調卦册兒》、《相如文君》、《崔智韜艾虎兒》、《王宗道休妻》、《李勉負心》、《四鄭舞楊花》、《四偌皇州》、《檻偌寶金枝》、《浮漚傳永成雙》、《浮漚暮雲歸》、《老孤嘉慶樂》、《兩相宜萬年芳》、《□筆慶雲樂》、《裴航相遇樂》、《能知他泛清波》、《三釣魚泛清波》、《五柳菊花新》、《夢巫山彩雲歸》、《青陽觀碑彩雲歸》、《四小將整乾坤》、《四季夾竹桃花》、《禾打千秋樂》、《牛五郎罷金征》、《新水爨》、《三十拍爨》、《天下太平爨》、《百花爨》、《三十六拍爨》、《門子打三教爨》、《孝經借衣爨》、《大孝經孫爨》、《喜朝天爨》、《説月爨》、《風花雪月爨》、《醉青樓爨》、《宴瑶池爨》、《錢手帕爨》、《詩書禮樂爨》、《醉花陰爨》、《錢爨》、《□□爨》、《借聽爨》、《大徹底錯爨》、《黃河賦爨》、《睡爨》、《門兒爨》、《上借門兒爨》、《抹紫粉爨》、《夜半樂爨》、《火發爨》、《借衫爨》、《燒餅爨》、《調燕爨》、《棹孤舟爨》、《木蘭花爨》、《月當聽爨》、《醉還醒爨》、《鬧夾棒爨》、《撲胡蝶爨》、《鬧八妝爨》、《鍾馗爨》、《銅博爨》、《戀雙雙爨》、《惱子爨》、《像生爨》、《金蓮子爨》、《思鄉早行孤》、《睡孤》、《迓鼓孤》、《論禪孤》、《諱藥孤》、《大暮故孤》、《小暮故孤》、《老姑遺姐》、《孤慘》、《雙孤慘》、《三孤慘》、《四孤醉留客》、《四孤夜宴》、《四孤好》、《四孤披頭》、《四孤擂》、《病孤三鄉題》、《王魁三鄉題》、《强偌三鄉題》、《文武問命》、《兩同心卦鋪兒》、《一井金卦鋪兒》、《滿皇州卦鋪兒》、《變貓卦鋪兒》、《白苧卦鋪兒》、《探春卦鋪兒》、《慶時豐卦鋪兒》、《三哮卦鋪兒》、《三哮揭榜》、《三哮上小樓》、《三哮文字兒》、《三哮好女兒》、《三哮一檐脚》、《檻哮合房》、《檻哮店休妲》、《檻哮負酸》、《秀才下酸擂》、《急慢酸》、《眼藥酸》、《食藥酸》、《風流藥》、《黃元兒》、《論淡》、《醫淡》、《醫馬》、《調笑驢兒》、《雌虎》、《解熊》、《鶻打兔變二郎》、《二郎神變二郎神》、《毀廟》、《入廟霸王兒》、《單調霸王兒》、《單調宿》、《單背影》、《單頂戴》、《單唐突》、《單折洗》、《單兜》、《單搭手》、《雙搭手》、《雙厥送》、《雙厥投拜》、《雙打毬》、《雙頂戴》、《雙園子》、《雙索帽》、《雙三教》、《雙虞候》、《雙養娘》、《雙快》、陳刻抉。《雙捉》、《雙禁師》、《雙羅羅啄木兒》、《賴房錢啄木兒》、《圍城啄木兒》、《大雙頭蓮》、《小雙頭蓮》、《大雙慘》、《小雙慘》、《小雙索》、《雙排軍》、《醉排軍》、《雙賣妲》、《三入舍》、《三出舍》、《三笑月中行》、《三登樂院公狗兒》、《三教安公子》、《三社爭賽》、《三頂戴》、《三偌一賃驢》、

《三盲一偌》、《三教鬧著棊》、《三借窯貨兒》、《三獻身》、《三教化》、《三京下書》、《三短蹬》、《打三教菴宇》、《普天樂打三教》、《滿皇州打三教》、《領三教》、《三姐醉還醒》、《三姐黄鶯兒》、《賣花黄鶯兒》、《大四小將》、《四小將》、《四國朝》、《四脱空》、《四教化》、《泥孤》。

又《癸辛雜識》别集上《祖傑》 温州樂清縣僧祖傑，自號斗崖，楊髡之黨也。無義之財極豐，遂結托北人，住永嘉之江心寺，大刹也。爲退居，號春雨菴，華麗之甚。有寓民俞生，充里正。不堪科役，投之爲僧，名如思。有三子，其二亦爲僧於雁蕩。本州總管者與之至密，托其訪尋美人。傑既得之，以其有色，遂留而蓄之。未幾有孕，衆口藉藉，遂令如思之長子在家者娶之爲妻，然亦時往尋盟。俞生者不堪鄰人嘲誚，遂挈其妻往玉環以避之。傑聞之大怒，遂俾人伐其墳木以尋釁。俞訟於官，反受杖。遂訴之廉司，傑又遣人以弓刀置其家，而首其藏軍器，俞又受杖。遂訴之行省。傑復行賂，押下本縣，遂得甘心焉，復受杖。意將往北求直，傑知之，遣悍僕數十，擒其一家以來，二子爲僧者亦不免。用舟載之僻處，盡溺之，至刳婦人之孕以觀男女，於是其家無遺焉。雁蕩主首真藏叟者不平，越境擒二僧殺之，遂發其事於官。州縣皆受其賂，莫敢誰何。有印僧録者，素與傑有隙，詳知其事，遂挺身出，告官司，則以不干己却之。既而遺印鈔二十錠，令寢其事，而印遂以賂首，於是官始疑焉。忽平江録事司移文至永嘉云：據俞如思一家七人，經本司陳告事官司，益疑以爲其人未嘗死矣，然平江與永嘉無相干，而録事司無牒他州之理，益疑之。及遣人會問於平江，則元無此牒，此傑所爲，欲覆而彰耳，姑移文巡檢司追捕一行人。巡檢乃色目人也，夜夢數十人皆帶血訴泣，及曉，而移文已至，爲之悚然。即欲出門，而傑之黨已至，把盞而賂之，甫開樽而瓶忽有聲如裂帛，巡檢恐而却之。及至地所，寂無一人，鄰里恐累而皆逃去，獨有一犬在焉。諸卒擬烹之，而犬無驚懼之狀，遂共逐之，至一破屋，嘷吠不止。屋山有草數束，試探之，則三子在焉，皆惡黨也。擒問，不待捶楚，皆一招即伏辜，始設計招傑。凡兩月餘始到官，悍然不伏供對，蓋其中有僧普通及陳轎番者未出官。普已賫重貨入燕求援，以此未能成獄。凡數月，印僧日夕號訴不已，方自縣中取上州獄，是日解囚上州之際，陳轎番出覘，於是成擒，問之即承。及引出對，則尚悍拒，及呼陳證之，傑面色如土。陳曰：此事我已供了，奈何推托。於是始伏，自書供招，極其詳悉，若有附而書者。其事雖得其情，已行申省，而受其賂者，尚玩視不忍行。旁觀不平，惟恐其漏網也，乃撰爲戲文，以廣其事。後衆言難掩，遂斃之於獄，越五日而赦至。

又《齊東野語》 宣和中，童貫用兵燕薊，敗而竄。一日内宴，教坊進伎。爲三四婢，首飾皆不同。其一當額爲髻，曰：蔡太師家人也。其二髻偏墜，曰：鄭太宰家人也。又一人滿頭爲髻如小兒，曰：童大王家人也。問其故。蔡氏者曰：太師覲清光，此名朝天髻。鄭氏者曰：吾太宰奉祠就第，此懶梳髻。至童氏者曰：大王方用兵，此三十六髻也。

元·劉塤《水雲村稿》卷四《詞人吴用章傳》 吴用章，名康，南豐人，生宋紹興間。敏博逸群，課舉子業擅能名而試不利，乃留情樂府，以舒憤鬱。當是時，去南渡未遠，汴都正音、教坊遺曲猶流播江南。用章博採精探，悟徹音律，單詞短韻，字徵協諧。性愛梅，爲賦詞，自訪梅至結實，凡十有二闋，自紅梅至蠟梅，凡六闋。又取古人梅咏可命題者，自南枝先暖至粉薄香殘，凡四十四闋，總爲六十有二。鄉寓公仙源趙學士師有爲名之曰雪香絶唱，且亟稱其《紅梅》之句曰：試問海棠健否，海棠雖似減清香。又稱其《蠟梅》之句曰：凌空蜂翼遞香來，驚破蜜房幽夢。聞者以趙爲知言。乾道丁亥歲，用章携以見劉季高侍郎，岑侍郎，負重名，靳許可特爲之序，而稱其意密詞清，上達古人用心未到處。夷陵尉胡舜良夢賡，文士也，又序其詞爲有所感而發，蓋亦見用章浮沉困厄，托之詞咏，往往借梅自況爾。其賦此也，年逾强仕矣，不知又逾幾年而終，子孫無述焉，悲哉。用章殁，詞盛行於時，不惟伶工歌妓以爲首唱，士大夫風流文雅者酒酣興發輒歌之。由是與姜堯章之《暗香》、《疏影》，李漢老之《漢宮春》，劉行簡之《夜行船》並喧競麗者殆百十年。至咸淳、永嘉戲曲出，潑少年化之，而後淫哇盛，正音歇，然州里遺老猶歌用章詞不置也。其苦心蓋無負矣。用章善謔，嘗坐繫，得釋，或詢以獄中風景。用章憮然曰：種種不便。聞者絶倒。因是里人祖以爲俚語至今云。詞集久磨滅，惟余手鈔一本幸存。

《遼史》卷五四《樂志》 遼有國樂，有雅樂，有大樂，有散樂，有鐃歌、横吹樂。舊史稱聖宗、興宗咸通音律，聲氣、歌辭、舞節，徵諸太常、儀鳳、教坊不可得。

又 散樂，殷人作靡靡之樂，其聲往而不反，流爲鄭衛之聲。秦漢之間，秦楚聲作，鄭衛寖亡。漢武帝以李延年典樂府，稍用西凉之聲。今之散樂，俳優、歌舞雜進，往往漢樂府之遺聲。晉天福三年，遣劉昫以伶官來歸，遼有散樂，蓋由此矣。遼册皇后儀：呈百戲、角觝、戲馬以爲樂。皇帝生辰樂次：酒一行，觱篥起，歌。酒二行，歌，手伎入。酒三行，琵琶獨彈。餅、茶，致語，食入，雜劇進。酒四行，闕。酒五行，笙獨吹，鼓笛進。酒六行，筝獨彈，築毬。酒七行，歌曲破，角觝。曲宴宋國使樂次：酒一行，觱篥起，歌。酒二行，歌。酒三行，歌，手伎入。酒四行，琵琶獨彈。餅、茶，致語，食入，雜劇進。酒五行，闕。酒六行，笙獨吹，合《法曲》。酒七行，筝獨彈。酒八行，歌，擊架樂。酒九行，歌，角觝。

又　散樂，以三音該三才之義，四聲調四時之氣，應十二管之數。截竹爲四竅之笛，以叶音聲，而被之絃歌。三音，天音揚，地音抑，人音中，皆有聲無文。四時，春聲曰平，夏聲曰上，秋聲曰去，冬聲曰入。散樂器：觱篥、簫、笛、笙、琵琶、五絃、箜篌、筝、方響、杖鼓、第二鼓、第三鼓、腰鼓、大鼓、鞚，拍板。

又　雜戲，自齊景公用倡優、侏儒，至漢武帝設魚龍曼延之戲，後漢有繩舞、自刳之伎，杜佑以爲多幻術，皆出西域，哇俚不經，故不具述。

又　鼓吹樂，一曰短簫鐃歌樂，自漢有之，謂之軍樂。《遼雜禮》，朝會設熊羆十二案，法駕有前後部鼓吹，百官鹵簿皆有鼓吹樂。

《金史》卷三九《樂志上》　金初得宋，始有金石之樂，然而未盡其美也。及乎大定、明昌之際，日修月葺，粲然大備。其隸太常者，即郊廟、祀享、大宴、大朝會宫縣二舞是也。隸教坊者，則有鐃歌鼓吹，天子行幸鹵簿導引之樂也。有散樂，有渤海樂，有本國舊音，世宗嘗寫其意度爲雅曲，史録其一，其俚者弗載云。

又　雅樂，凡大祀、中祀、天子受册寶、御樓肆赦、受外國使賀則用之。初，太宗取汴，得宋之儀章、鐘磬、樂簴，挈之以歸。皇統元年，熙宗加尊號，始就用宋樂，有司以鐘磬刻晟字者犯太宗諱，皆以黄紙封之。大定十四年，太常始議歷代之樂各自爲名，今郊廟社稷所用宋樂器犯廟諱，宜皆刮去，更爲製名。於是命禮部、學士院、太常寺撰名，乃取大樂與天地同和之義，名之曰太和文武二舞。皇統年間，定文舞曰《仁豐道洽之舞》，武舞曰《功成治定之舞》。《貞元儀》又改文舞曰《保大定功之舞》，武舞曰《萬國來同之舞》。大定十一年又有《四海會同之舞》，於是一代之制始備。

又　散樂，元日、聖誕稱賀，曲宴外國使，則教坊奏之。其樂器名曲不傳。皇統二年宰臣奏：自古並無伶人赴朝參之例，所有教坊人員只宜聽候宣唤，不合同百寮赴起居。從之。章宗明昌二年十一月甲寅，禁伶人不得以歷代帝王爲戲及稱萬歲者，以不應爲事重法科。泰和初，有司又奏太常工人數少，即以渤海、漢人教坊及大興府樂人兼習以備用。

又　鼓吹樂，馬上樂也。天子鼓吹、横吹各有前後部，部又各分二節。金初用遼故物，其後雜用宋儀。海陵還燕及大定十一年鹵簿，皆分鼓吹爲四節，其他行幸惟用兩部而已。

又　本朝樂曲。世宗大定九年十一月庚申，皇太子生日，上宴于東宫，命奏新聲，謂大臣曰：朕製此曲，名《君臣樂》，今天下無事，與卿等共之，不亦樂乎。辭律不傳。十三年四月乙亥，上御睿思殿，命歌者歌女直詞，顧謂皇太子曰：朕思先朝所行之事，未嘗暫忘，故時聽此詞，亦欲令汝輩知女直醇質之風。至於文字、語言或不通曉，是忘本也。二十五年四月，幸上京，宴宗室于皇武殿，飲酒樂，上諭之曰：今日甚欲成醉，此樂不易得也。昔漢高祖過故鄉，與父老歡飲，擊筑而歌，令諸兒和之。彼起布衣，尚且如是，况我祖宗世有此土，今天下一統，朕巡幸至此，何不樂飲。于時宗室婦女起舞，進酒畢，羣臣故老起舞，上曰：吾來故鄉數月矣，今迴期已近，未嘗有一人歌本曲者，汝曹來前，吾爲汝歌。乃命宗室子叙坐殿下者皆上殿，面聽上歌。曲道祖宗創業艱難，及所以繼述之意。上既自歌，至慨想祖宗音容如覩之語，悲感不復能成聲，歌畢，泣下數行。右丞相元忠暨羣臣、宗戚捧觴上壽，皆稱萬歲。於是諸老人更歌本曲，如私家相會，暢然歡洽。上復續調歌曲，留坐一更，極歡而罷。

《宋史》卷一四二《樂志十七》　燕樂，古者燕樂自周以來用之。唐貞觀增隋九部爲十部，以張文收所製歌名燕樂而被之管絃。厥後至坐部伎琵琶曲，盛流于時，匪直漢氏上林樂府縵樂不應經法而已。宋初置教坊，得江南樂，已汰其坐部不用。自後因舊曲創新聲，轉加流麗。政和間，詔以大晟雅樂施於燕饗，御殿按試，補徵、角二調，播之教坊，頒之天下。然當時樂府奏言：樂之諸宫調多不正，皆俚俗所傳。及命劉昺輯《燕樂新書》，亦惟以八十四調爲宗，非復雅音，而曲燕昵狎，至有援君臣相說之樂以藉口者。末俗漸靡之弊，愈不容言矣。紹興中，始蠲省教坊樂，凡燕禮，屏坐伎。乾道繼志述事，間用雜攢以充教坊之號，取具臨時，而廷紳祝頌，務在嚴恭，亦明以更不用女樂，頒旨子孫守之，以爲家法。於是中興燕樂比前代猶簡，而有關乎君德者良多。

又 教坊自唐武德以來，置署在禁門内。開元後，其人寖多，凡祭祀、大朝會則用太常雅樂，歲時宴享則用教坊諸部樂。前代有宴樂、清樂、散樂，本隸太常，後稍歸教坊，有立、坐二部。宋初循舊制，置教坊，凡四部。其後平荆南，得樂工三十二人。平西川，得一百三十九人。平江南，得十六人。平太原，得十九人。餘藩臣所貢者八十三人。又太宗藩邸有七十一人。由是，四方執藝之精者皆在籍中。

又 每春秋聖節三大宴：其第一，皇帝升坐，宰相進酒，庭中吹觱栗，以衆樂和之。賜羣臣酒，皆就坐，宰相飲，作《傾盃樂》，百官飲，作《三臺》。第二，皇帝再舉酒，羣臣立於席後，樂以歌起。第三，皇帝舉酒，如第二之制，以次進食。第四，百戲皆作。第五，皇帝舉酒，如第二之制。第六，樂工致辭，繼以詩一章，謂之口號，皆述德美及中外蹈詠之情。初致辭，羣臣皆起，聽辭畢，再拜。第七，合奏大曲。第八，皇帝舉酒，殿上獨彈琵琶。第九，小兒隊舞，亦致辭以述德美。第十，雜劇罷，皇帝起更衣。第十一，皇帝再坐，舉酒，殿上獨吹笙。第十二，蹴踘。第十三，皇帝舉酒，殿上獨彈箏。第十四，女弟子隊舞，亦致辭如小兒隊。第十五，雜劇。第十六，皇帝舉酒，如第二之制。第十七，奏鼓吹曲，或用法曲，或用《龜兹》。第十八，皇帝舉酒，如第二之制，食罷。第十九，用角觝，宴畢。

又 其御樓賜酺同大宴。崇德殿宴契丹使，惟無後場雜劇及女弟子舞隊。每上元觀燈，樓前設露臺，臺上奏教坊樂、舞小兒隊。臺南設燈山，燈山前陳百戲，山棚上用散樂、女弟子舞。餘曲宴會、賞花、習射、觀稼，凡游幸但奏樂行酒，惟慶節上壽及將相入辭賜酒，則止奏樂。都知、色長二人攝太官令，升殿對立，逡巡周，大宴則酒，唱徧，曲宴宰相雖各舉酒，通用慢曲而舞《三臺》。

又 所奏凡十八調、四十大曲：一曰正宫調，其曲三，曰《梁州》、《瀛府》、《齊天樂》。二曰中吕宫，其曲二，曰《萬年歡》、《劍器》。三曰道調宫，其曲三，曰《梁州》、《薄媚》、《大聖樂》。四曰南吕宫，其曲二，曰《瀛府》、《薄媚》。五曰仙吕宫，其曲三，曰《梁州》、《保金枝》、《延壽樂》。六曰黄鍾宫，其曲三，曰《梁州》、《中和樂》、《劍器》。七曰越調，其曲二，曰《伊州》、《石州》。八曰大石調，其曲二，曰《清平樂》、《大明樂》。九曰雙調，其曲三，曰《降聖樂》、《新水調》、《採蓮》。十曰小石調，其曲二，曰《胡渭州》、《嘉慶樂》。十一曰歇指調，其曲三，曰《伊州》、《君臣相遇樂》、《慶雲樂》。十二曰林鍾商，其曲三，曰《賀皇恩》、《泛清波》、《胡渭州》。十三曰中吕調，其曲二，曰《绿腰》、《道人歡》。十四曰南吕調，其曲二，曰《绿腰》、《罷金鉦》。十五曰仙吕調，其曲二，曰《绿腰》、《綵雲歸》。十六曰黄鍾羽，其曲一，曰《千春樂》。十七曰般涉調，其曲二，曰《長壽仙》、《滿宫春》。十八曰正平調，無大曲，小曲無定數。不用者有十調：一曰高宫，二曰高大石，三曰高般涉，四曰越角，五曰大石角，六曰高大石角，七曰雙角，八曰小石角，九曰歇指角，十曰林鍾角。樂用琵琶、箜篌、五弦琴、箏、笙、觱栗、笛、方響、羯鼓、杖鼓、拍板。

又 法曲部，其曲二，一曰道調宫《望瀛》，二曰小石調《獻仙音》。樂用琵琶、箜篌、五弦、箏、笙、觱栗、方響、拍板。龜兹部，其曲二，皆雙調，一曰《宇宙清》，二曰《感皇恩》。樂用觱栗、笛、羯鼓、腰鼓、揩鼓、雞樓鼓、鼗鼓、拍板。鼓笛部，樂用三色笛、杖鼓、拍板。

又 隊舞之制，其名各十。小兒隊凡七十二人：一曰柘枝隊，衣五色繡羅寬袍，戴胡帽，繫銀帶。二曰劍器隊，衣五色繡羅襦，裹交脚幞頭，紅羅繡抹額，帶器仗。三曰婆羅門隊，紫羅僧衣，緋掛子，執錫鐶拄杖。四曰醉鬍騰隊，衣紅錦襦，繫銀鞊鞢，戴氊帽。五曰諢臣萬歲樂隊，衣紫、緋、绿羅寬衫，諢裹簇花幞頭。六曰兒童感聖樂隊，衣青羅生色衫，繫勒帛，總兩角。七曰玉兔渾脱隊，四色繡羅襦，繫銀帶，冠玉兔冠。八曰異域朝天隊，衣錦襖，繫銀束帶，冠夷冠，執寶盤。九曰兒童解紅隊，衣紫緋繡襦，繫銀帶，冠花砌鳳冠，綬帶。十曰射鵰回鶻隊，衣盤鵰錦襦，繫銀鞊鞢，射鵰盤。

又 女弟子隊凡一百五十三人：一曰菩薩蠻隊，衣緋生色窄砌衣，冠卷雲冠。二曰感化樂隊，衣青羅生色通衣，背梳髻，繫綬帶。三曰抛毬樂隊，衣四色繡羅寬衫，繫銀帶，奉繡毬。四曰佳人剪牡丹隊，衣紅生色砌衣，戴金冠，剪牡丹花。五曰拂霓裳隊，衣紅僊砌衣，碧霞帔，戴仙冠，紅繡抹額。六曰採蓮隊，衣紅羅生色綽子，繫暈裙，戴雲鬟髻，乘綵船，執蓮花。七曰鳳迎樂隊，衣紅僊砌衣，戴雲鬟鳳髻。八曰菩薩獻香花隊，衣生色窄砌衣，戴寶冠，執香花盤。九曰綵雲仙隊，衣黄生色道衣，紫霞帔，冠仙冠，執旌節、鶴扇。十曰打毬樂隊，衣四色窄繡羅襦，繫銀帶，裹順風脚簇花幞頭，執毬杖。大抵若此，而復從宜變易。

又 百戲有蹴毬、踏蹻、藏擫、雜旋、獅子、弄鎗、鈴瓶、茶盌、氈龊、碎劍、踏索、上竿、筋斗、擎戴、拗腰、透劍門、打彈丸之類。錫慶院宴會，諸王賜食及宰相筵設時賜樂者，第四部充。

又 建隆中，教坊都知李德昇作《長春樂曲》，乾德元年，又作《萬歲升平樂曲》。明年，教坊高班都知郭延美又作《紫雲長壽樂》鼓吹曲，以奏御焉。太宗洞曉音律，前後親制大小曲及因舊曲剏新聲者，總三百九十。

又 真宗不喜鄭聲，而或爲雜詞，未嘗宣布于外。太平興國中，伶官蔚茂多侍大宴，聞雞唱，殿前都虞候崔翰問之曰：此可被管弦乎。茂多即法其聲，製曲曰《雞叫子》。又民間作新聲者甚衆，而教坊不用也。太宗所製曲，乾興以來通用之，凡新奏十七調，總四十八曲：黄鍾、道調、仙吕、中吕、南吕、正宫、小石、歇指、高平、般涉、大石、中吕、仙吕、雙越調、黄鍾羽，其急慢諸曲幾千數。又法曲、《龜茲》、鼓笛三部，凡二十有四曲。

又 仁宗洞曉音律，每禁中度曲，以賜教坊，或命教坊使撰進，凡五十四曲，朝廷多用之。天聖中，帝嘗問輔臣以古今樂之異同，王曾對曰：古樂祀天地、宗廟、社稷、山川、鬼神，而聽者莫不和悦。今樂則不然，徒虞人耳目而蕩人心志。自昔人君流連荒亡者，莫不繇此。帝曰：朕於聲技固未嘗留意，内外宴遊皆勉强耳。張知白曰：陛下盛德，外人豈知之，願備書時政記。

又 教坊本隸宣徽院，有使、副使、判官、都色長、色長、高班、大小都知。天聖五年，以内侍二人爲鈐轄。嘉祐中，詔樂工每色額止二人，教頭止三人，有闕即填。異時或傳詔增置，許有司論奏。使、副歲閱雜劇，把色人分三等，遇三殿應奉人闕，即以次補。諸部應奉及二十年，年五十已上，許補廟令或鎮將，官制行，以隸太常寺。同天節，寶慈、慶壽宮生辰，皇子、公主生，凡國之慶事，皆進歌樂詞。熙寧九年，教坊副使花日新言：樂聲高，歌者難繼。方響部器不中度，絲竹從之。宜去噍殺之急，歸嘽緩之易，請下一律，改造方響，以爲樂準。絲竹悉從其聲，則音律諧協，以導中和之氣。詔從之。十一月，奏新樂於化成殿，帝諭近臣曰：樂聲第降一律，已得寬和之節矣。增賜方響，爲架三十，命太常下法駕、鹵部樂一律，如教坊云。初，熙寧二年五月，罷宗室正任以上借教坊樂人，至八年，復之，許教樂。政和三年五月，詔：比以《大晟樂》播之教坊，嘉與天下共之，可以所進樂頒之天下。八月，尚書省言：大晟府宴樂已撥歸教坊，所有諸府從來習學之人，元降指揮令就大晟府教習，今當並就教坊習學。從之。四年正月，禮部奏：教坊樂，春或用商聲，孟或用季律，甚失四時之序。乞以大晟府十二月所定聲律，令教坊閲習，仍令祕書省撰詞。高宗建炎初，省教坊。紹興十四年復置，凡樂工四百六十人，以内侍充鈐轄。紹興末復省。孝宗隆興二年天申節，將用樂上壽，上曰：一歲之間，只兩宮誕日外，餘無所用，不知作何名色。大臣皆言：臨時點集，不必置教坊。上曰：善。乾道後，北使每歲兩至，亦用樂，但呼市人使之，不置教坊，止令修内司先兩旬教習。舊例用樂人三百人，百戲軍百人，百禽鳴二人，小兒隊七十一人，女童隊百三十七人，築毬軍三十二人，起立門行人三十二人，旗鼓四十人，以上並臨安府差。相撲等子二十一人。御前忠佐司差。命罷小兒及女童隊，餘用之。

又 雲韶部者，黄門樂也。開寶中平嶺表，擇廣州内臣之聰警者，得八十人，令於教坊習樂藝，賜名簫韶部。雍熙初，改曰雲韶，每上元觀燈，上巳、端午觀水嬉，皆命作樂於宫中。遇南至、元正、清明、春秋分社之節，親王内中宴射，則亦用之。奏大曲十三：一曰中吕宫《萬年歡》。二曰黄鍾宫《中和樂》。三曰南吕宫《普天獻壽》，此曲亦太宗所製。四曰正宫《梁州》。五曰林鍾商《汎清波》。六曰雙調《大定樂》。七曰小石調《喜新春》。八曰越調《胡渭州》。九曰大石調《清平樂》。十曰般涉調《長壽仙》。十一曰高平調《罷金鉦》。十二曰中吕調《緑腰》。十三曰仙吕調《綵雲歸》。樂用琵琶、箏、笙、觱栗、笛、方響、杖鼓、羯鼓、大鼓、拍板。雜劇用傀儡，後不復補。

又 鈞容直，亦軍樂也。太平興國三年，詔籍軍中之善樂者，命曰引龍直。每巡省遊幸，則騎導車駕而奏樂。若御樓觀燈、賜酺，則載第一山車。端拱二年，又選捧日、天武、拱聖軍曉暢音律者，增多其數，以中使監視，藩臣以樂工上貢者亦隸之。淳化四年，改名鈞容直，取鈞天之義。初用樂工，同雲韶部。大中祥符五年，因鼓工温用之請，增《龜茲》部，如教坊。其奉天書及四宮觀皆用之。有指揮使一人、都知二人、副都知二人、押班三人、應奉文字一人、監領內侍二人。嘉祐元年，係籍三百八十三人。六年，增置四百三十四人，詔以爲額，闕即補之。七年，詔隸班及二十四年、年五十以上者，聽補軍職，隸軍頭司。其樂舊奏十六調，凡三十六大曲，鼓笛二十一曲，並他曲甚衆。嘉祐二年，監領內侍言，鈞容直與教坊樂並奏，聲不諧。詔罷鈞容舊十六調，取教坊十七調肄習之，雖間有損益，然其大曲、曲破並急慢諸曲，與教坊頗同矣。紹興中，鈞容直舊管四百人，楊存中請復收補，權以舊管之半爲額，尋聞其召募騷擾，降詔止之。及其以應奉有勞，進呈推賞，又申諭止於支賜一次，庶杜其日後希望。紹興三十年，復詔鈞容班可蠲省，令殿司比擬一等班直收頓，內老弱癃疾者放停。教坊所嘗援祖宗舊典，點選入教，雖暫從其請，紹興三十一年有詔，教坊即日蠲罷，各令自便。

又 東西班樂，亦太平興國中選東西班習樂者，樂器獨用銀字觱栗、小笛、小笙。每騎從車駕而奏樂，或巡方則夜奏於行宮殿庭。諸軍皆有善樂者，每車駕親祀回，則衣緋緑衣，自青城至朱雀門，列於御道之左右，奏樂迎奉，其聲相屬，聞十數里。或軍宴設亦奏之。

又 四夷樂者，元豐六年五月，召見米脂砦所降戎樂四十二人，奏樂於崇政殿，以三班借職王恩等六人差監在京閑慢庫務門及舊城門敢勇三十六人，與茶酒新任殿侍。《大晟樂書》曰：前此宮架之外，列熊羆案，所奏皆夷樂也，豈容淆雜大樂。乃奏罷之。然古鞮鞻氏掌四夷樂，韎師、旄人各有所掌，以承祭祀，以供宴享。蓋中天下而立，得四海之歡心，使鼓舞焉，先王之所不廢也。《漢律》曰：每大朝會宜設於殿門之外。天子御樓，則宮架之外列於道側，豈可施於廣庭，與大樂並奏哉。

元·夏庭芝《青樓集·誌》 唐時有傳奇，皆文人所編，猶野史也，但資諧笑耳。宋之戲文，乃有唱念，有諢。金則院本、雜劇合而爲一。至我朝，乃分院本、雜劇爲二。院本始作，凡五人：一曰副净，古謂參軍。一曰副末，古謂之蒼鶻，以末可撲净，如鶻能擊禽鳥也。一曰引戲。一曰末泥。一曰孤。又謂之五花爨弄。或曰，宋徽宗見爨國來朝，衣裝鞋履巾裹，傅粉墨，舉動如此，使人優之效之以爲戲，因名曰爨弄。國初教坊色長魏、武、劉三人，魏長於念誦，武長於筋斗，劉長於科泛，至今行之。又有焰段，類院本而差簡，蓋取其如火焰之易明滅也。雜劇則有旦、末。旦本女人爲之，名粧旦色。末本男子爲之，名末泥。其餘供觀者，悉爲之外腳。

元·楊維楨《東維子文集》卷一一《朱明優戲序》 百戲有魚龍、角觝、高絙、鳳皇、都盧、尋橦、戲車、走丸、吞刀、吐火、扛鼎、象人、怪獸、舍利、潑寒、蘇木等伎，而皆不如俳優、侏儒之戲，或有關於諷諫，而非徒爲一時耳目之玩也。窟礧家起於偃師獻穆王之伎，漢户牖侯祖之，以解平城之圍，運機關，舞埤間，閼支以爲生人。後翻爲倍者戲具，其引歌舞亦不過借吻角吣唧聲，未有引以人音。至於嬉笑怒駡，備五方之音，演爲諧諢嘸唖而成劇者也。玉峰朱明氏世習窟礧家，其大父應俳首駕前。明手益機警，而辨舌歌喉，又悉與手應，一談一笑，真若出於偶人肝肺間，觀者驚之若神。松帥韓侯宴余偃武堂，明供群木偶爲尉遲平寇，子卿還朝於降臣民辟之際，不無諷諫所係，而誠非苟爲一時耳目玩者也。韓侯既賚以金，諸客各贈之詩，而侯又爲乞吾言以重厥伎，於是乎書以遺之。時至正二十六年三月二十有三日。

元·陶宗儀《南村輟耕録》卷二五《院本名目》 唐有傳奇，宋有戲曲，唱諢、詞説。金有院本、雜劇、諸宮調。院本、雜劇，其實一也。國朝，院本、雜劇，始釐而二之。院本則五人，一曰副净，古謂之參軍。一曰副末，古謂之蒼鶻，鶻能擊禽鳥，末可打副净，故云。一曰引戲，一曰末泥，一曰孤裝，又謂之五花爨弄。或曰：宋徽宗見爨國人來朝，衣裝、鞵履、巾裹，傅粉墨，舉動如此，使優人效之以爲戲。又有焰段，亦院本之意，但差簡耳，取其如火焰，易明而易滅也。其間副净有散説，有道念，有筋斗，有科汎。教坊色長魏、武、劉三人，鼎新編輯。魏長於念誦，武長於筋斗，劉長於科汎，至今樂人皆宗之。偶得院本名目，用載于此，以資博識者之一覽。和曲院本：《月明法曲》、《鄆王法曲》、《燒香法曲》、《送使法曲》、《上墳伊州》、《燒花新水》、《熙州駱駝》、《列良瀛府》、《病鄭逍遥樂》、《四皓逍遥樂》、《四酸逍遥樂》、《賀貼萬年歡》、《摒麇降黄龍》、《列女降黄龍》。上皇院本：《壺春堂》、《太湖石》、《金明池》、《戀鰲山》、《六變妝》、《萬歲山》、《打草陣》、《賞花燈》、《錯入内》、《問相思》、《探花街》、《斷上皇》、《打毬會》、《春從天上來》。題目院本：《柳絮風》、《紅索冷》、《牆外道》、《共粉淚》、《楊柳枝》、《蔡消閑》、《方偷眼》、《呆太守》、《晝堂前》、《夢周公》、《梅花底》、《三笑圖》、《脱布衫》、《呆秀才》、《隔年期》、

《賀方回》、《王安石》、《斷三行》、《競尋芳》、《雙打梨花院》。霸王院本：《悲怨霸王》、《范增霸王》、《草馬霸王》、《散楚霸王》、《三官霸王》、《補塑霸王》。諸雜大小院本：《喬託孤》、《旦判孤》、《計算孤》、《雙判孤》、《百戲孤》、《哨咕孤》、《燒棗孤》、《孝經孤》、《菜園孤》、《貨郎孤》、《合房酸》、《麻皮酸》、《花酒酸》、《狗皮酸》、《還魂酸》、《別離酸》、《三纏酸》、《謁食酸》、《三棵酸》、《哭貧酸》、《插撥酸》、《酸孤旦》、《毛詩旦》、《老孤遣旦》、《纏三旦》、《禾哨旦》、《哮賣旦》、《貧富旦》、《書櫃兒》、《紙襴兒》、《蔡奴兒》、《剁毛兒》、《喜牌兒》、《卦册兒》、《綉篋兒》、《粥碗兒》、《似娘兒》、《卦鋪兒》、《師婆兒》、《教學兒》、《雞鴨兒》、《黄丸兒》、《稜角兒》、《田牛兒》、《小丸兒》、《醜奴兒》、《病襄王》、《馬明王》、《鬧學堂》、《鬧浴堂》、《寬布衫》、《泥布衫》、《趕湯瓶》、《紙湯瓶》、《鬧旗亭》、《芙蓉亭》、《壞食店》、《鬧酒店》、《壞粥店》、《莊周夢》、《花酒夢》、《蝴蝶夢》、《三出舍》、《三入舍》、《瑶池會》、《八仙會》、《蟠桃會》、《洗兒會》、《藏鬮會》、《打五臟》、《蘭昌宫》、《廣寒宫》、《鬧結親》、《倦成親》、《强風情》、《大論情》、《三園子》、《紅娘子》、《太平還鄉》、《衣錦還鄉》、《四論藝》、《殿前四藝》、《競敲門》、《都子撞門》、《呆大郎》、《四酸擂》、《問前程》、《十樣錦》、《長慶館》、《癩將軍》、《兩相同》、《競花枝》、《五變妝》、《洪福無疆》、《白牡丹》、《赤壁鏖兵》、《窮相思》、《金壇謁宿》、《調雙漸》、《官吏不和》、《鬧巡鋪》、《判不由己》、《大勘刀》、《同官不睦》、《鬧平康》、《趕門不上》、《賣花容》、《同官賀授》、《無鬼論》、《四酸諱偌》、《鬧棚闌》、《雙藥盤街》、《鬧文林》、《四國來朝》、《雙捉壻》、《酒色財氣》、《醫作媒》、《風流藥院》、《監法童》、《漁樵問話》、《鬭鵪鶉》、《杜甫遊春》、《鴛鴦簡》、《四酸提猴》、《滿朝歡》、《月夜聞箏》、《鼓角將》、《鬧芙蓉城》、《雙鬬醫》、《張生煮海》、《賒饅頭》、《文房四寶》、《謝神天》、《陳橋兵變》、《雙揭牓》、《矇啞質庫》、《雙福神》、《院公狗兒》、《告和來》、《佛印燒猪》、《酸賣倈》、《琴劍書箱》、《花前飲》、《五鬼聽琴》、《白雲菴》、《迓鼓二郎》、《壞道場》、《獨脚五郎》、《賣花聲》、《進奉伊州》、《錯上墳》、《醫五方》、《打五鋪》、《拷梅香》、《四道姑》、《隔簾聽》、《硬行蔡》、《義養娘》、《咕師姨》、《論秋蟬》、《劉盼盼》、《牆頭馬》、《刺董卓》、《鋸周朴》、《四柏板》、《大論談》、《捧龍舟》、《擊梧桐》、《滓藍橋》、《入桃園》、《雙防送》、《海棠春》、《香藥車》、《四方和》、《九頭頂》、《鬧元宵》、《趕村禾》、《眼藥孤》、《兩同心》、《更漏子》、《陰陽孤》、《提頭巾》、《三索債》、《防送哨》、《偌賣旦》、《是耶酸》、《怕水酸》、《回回梨花院》、《晉宣成道記》。院么：《海棠軒》、《海棠園》、《海棠怨》、《海棠院》、《魯李王》、《慶七夕》、《再相逢》、《風流壻》、《王子端捲簾記》、《紫雲迷四季》、《張與夢孟楊妃》、《女狀元春桃記》、《粉牆梨花院》、《妮女梨花院》、《龐方温道德經》、《大江東注》、《吴彦舉》、《不抽關》、《不掀簾》、《紅梨花》、《玎璫天賜暗姻緣》。諸雜院爨：《鬧夾棒六幺》、《鬧夾棒法曲》、《望瀛法曲》、《分拐法曲》、《送宣道人歡》、《逍遥樂打馬鋪》、《撦綵延壽樂》、《諱老長壽仙》、《夜半樂打明星》、《歡呼萬里》、《山水日月》、《集賢賓打三教》、《打白雪歌》、《地水火風》、《夜深深三磕胞》、《佳景堪遊》、《琴棋書畫》、《喜遷鶯剁草鞋》、《太公家教》、《十五郎》、《滕王閣鬧八妝》、《春夏秋冬》、《風花雪月》、《上小樓衮頭子》、《噴水胡僧》、《打注論語》、《恨秋風鬼點偌》、《詩書禮樂》、《論語謁食》、《下角瓶大醫淡》、《再遊恩地》、《累受恩深》、《送羹湯放火子》、《擂鼓孝經》、《香茶酒果》、《船子和尚四不犯》、《徐演黄河》、《單兜望梅花》、《皇都好景》、《四偌大提猴》、《雙聲疊韵》、《上皇四軸畫》、《三偌一卜》、《調猿卦鋪》、《倬刀饅頭》、《河轉迓鼓》、《背箱伊州》、《酒樓伊州》、《簑衣百家詩》、《埋頭百家詩》、《偷酒牡丹香》、《雪詩打樊噲》、《抹麨長壽仙》、《四偌賣諢》、《四偌祈雨》、《松竹龜鶴》、《王母祝壽》、《四偌抹紫粉》、《四偌劈馬樁》、《截紅鬧浴堂》、《和燕歸梁》、《蘇武和番》、《羹湯六幺》、《河陽舅舅》、《偌請都子》、《雙女賴飯》、《一貫質庫兒》、《私媒質庫兒》、《清朝無事》、《豐稔太平》、《一人有慶》、《四海民和》、《金皇聖德》、《皇家萬歲》、《背鼓千字文》、《變龍千字文》、《摔盒千字文》、《錯打千字文》、《木驢千字文》、《埋頭千字文》、《講來年好》、《講聖州序》、《講樂章序》、《講道德經》、《神農大説藥》、《食店提猴》、《人參腦子爨》、《斷朱温爨》、《變二郎爨》、《講百果爨》、《講百花爨》、《講蒙求爨》、《講百禽爨》、《講心字爨》、《變柳七爨》、《三跳澗爨》、《打王樞密爨》、《水酒梅花爨》、《調猿香字爨》、《三分食爨》、《煎布衫爨》、《賴布衫爨》、《雙棵紙爨》、《謁金門爨》、《跳布袋爨》、《文房四寶爨》、《開山五花爨》。衝撞引首：《打三十》、《打謝樂》、《打八哥》、《錯打了》、《錯取鬼》、《説狄青》、《憨郭郎》、《枝頭巾》、《小鬧擲》、《鶯哥貓兒》、《大陽唐》、《小陽唐》、《歇貼韵》、《三般尿》、《大驚睡》、《小驚睡》、《大分界》、《小分界》、《雙雁兒》、《唐韻六貼》、《我來也》、《情知本分》、《喬捉蛇》、《鐺鍋釜竈》、《代元保》、《母子御頭》、《嘴苗兒》、《山梨柿子》、《打淡的》、《一日一箇》、《村城詩》、《胡椒雖小》、《蔡伯喈》、《遮截架解》、《窄磚兒》、《三打步》、《穿百倬》、《盤榛子》、《四魚名》、《四坐山》、《提頭帶》、《天下樂》、《四怕水》、《四門兒》、《說古人》、《山麻稭》、《喬道場》、《黃風蕩蕩》、《貪狼觀》、《通一母》、《串梆子》、《拖下來》、《啞伴哥》、《劉千劉義》、《歡會旗》、《生死鼓》、《搗練子》、《三羣頭》、《酒糟兒》、《浄瓶兒》、《賣官衣》、《苗青根白》、《調笑令》、《鬪鼓笛》、《柳青娘》、《論句兒》、《請車兒》、《身邊有藝》、《調劉衮》、《霸王草》、《難古典》、《左必來》、《香供養》、《合五百》、《孄孄嗔》、《一借一與》、《已巳己》、《舞秦始皇》、《學像生》、《支道饅頭》、《打調劫》、《驢城白守》、《呆木大》、《定魂刀》、《說罰錢》、《年紀大小》、《打扇》、《盤蛇》、《相眼》、《告假捉記》、《照淡》、《矇啞》、《投河略通》、《調賊》、《多筆》、《僉押》、《扯狀》、《羅打》、《記水求楞》、《燒奏》、《轉花枝》、《計頭兒》、《長嬌憐》、《歇後語》、《蘆子語》、《迴且語》、《大支散》。拴搐艷段：《襄陽會》、《驢軸不了》、《拋綉毬》、《鞭敲金鐙》、《門簾兒》、《天長地久》、《眼藥里》、《衙府則例》、《金含楞》、《天下太平》、《歸塞北》、《春夏秋冬》、《鬪百草》、《叫子蓋頭》、《大劉備》、《石榴花詩》、《啞漢書》、《說古棒》、《唱拄杖》、《日月山河》、《胡餅大》、《嘴搵地》、《屋裏藏》、《罵吕布》、《張天覺》、《打論語》、《十果頑》、《十般乞》、《還故里》、《劉金帶》、《四草蟲》、《四厨子》、《四妃艷》、《望長安》、《長安住》、《罵江南》、《風花雪月》、《錯寄書》、《睡起教柱》、《打婆束》、《三文兩撲》、《大對景》、《小護鄉》、《少年遊》、《打青提》、《千字文》、《酒家詩》、《三拖旦》、《睡馬杓》、《四生屬》、《喬唱諢》、《桃李子》、《麥屯兒》、《大菜園》、《喬打聖》、《杏湯來》、《謝天地》、《十隻脚》、《請生打納》、《建成縛食》、《毬棒艷》、《破巢艷》、《開封艷》、《鞍子艷》、《打虎艷》、《四王艷》、《蝗蟲艷》、《撅子艷》、《七捉艷》、《修行艷》、《般調艷》、《棗兒艷》、《蠻子艷》、《快樂艷》、《慈烏艷》、《眼裏喬》、《訪戴衆半》、《陳蔡》、《范蠡》、《扯休書》、《鞭塞》、《金鈴》、《感吾智》、《諸宮調》、《杴杴掃竹》、《彫出板來》、《套靴》、《舌智》、《俯飯》、《釵髮多》、《襄陽府》、《仙哥兒》。打略拴搐：星象名》、《果子名》、《草名》、《軍器名》、《神道名》、《燈火名》、《衣裳名》、《鐵器名》、《書集名》、《節令名》、《虀菜名》、《縣道名》、《州府名》、《相撲名》、《法器名》、《樂人名》、《草名》、《軍名》、《門名》、《魚名》、《菩薩名》。賭撲名：《照天紅》、《著棋名》、《衮骰子》、《琴家弄》、《悶葫蘆》、《握龜》。官職名：《說駕頑》、《敲待制》、《上官赴任》、《押刺花赤》。飛禽名：《青鳿》、《老鴉》、《厮料》、《鷹鶻鵰鶻》。花名：《石竹子》、《調狗》、《散水》。喫食名：《厨難偌》、《蘑菇菜》。佛名：《成佛板》、《爺娘佛》。難字兒：《盤驢》、《害字》、《劉三》、《一板子》。酒下拴：《數酒》、《三元四子》。唱尾聲：《孟姜女》、《遮蓋了》、《詩頭曲尾》、《虎皮袍》。猜謎：《杜大伯》、《大黃》。和尚家門：《禿醜生》、《窗下僧》、《坐化》、《唐三藏》。先生家門：《入口鬼》、《則耍胡孫》、《大燒餅》、《清閑真道本》。秀才家門：《大口賦》、《六十八頭》、《拂袖便去》、《紹運圖》、《十二月》、《胡說話》、《風魔賦》、《療丁賦》、《捧著駱駝》、《看馬胡孫》。列良家門：《說卦象》、《由命賦》、《混星圖》、《柳簸箕》、《二十八宿》、《春從天上來》。禾下家門：《萬民快樂》、《咬得響》、《莫延》、《九斗一石》、《共牛》。大夫家門：《三十六風》、《傷寒賦》、《合死漢》、《馬屁勃》、《安排鍬钁》、《三百六十骨節》、《撒五穀》、《便癱賦》。卒子家門：《針兒線》、《甲仗庫》、《軍鬧》、《陣敗》。良頭家門：《方頭賦》、《水龍吟》。邦老家門：《脚言脚語》、《則是便是賊》。都子家門：《後人收》、《桃李子》、《上一上》。孤下家門：《朕聞上古》、《刁包待制》、《絹兒來》。司吏家門：《罷筆賦》、《事故榜》。仵作家門：《一遍生活》。撅倈家門：《受胎成氣》。諸雜砌：《模石江》、《梅妃》、《浴佛》、《三教》、《姜武》、《救駕》、《趙娥娥》、《石婦吟》、《變貓》、《水母》、《玉環》、《走鸚哥》、《上料》、《瞎脚》、《易基》、《武則天》、《告子》、《拔蛇》、《鹿皮》、《新太公》、《黃巢》、《恰來》、《蛇師》、《没字碑》、《卧草》、《衲襖》、《封碑》、《鋸周朴》、《史弘肇》、《懸頭梁上》。

又卷二七　稗官廢而傳奇作，傳奇作而戲曲繼。金季、國初樂府猶宋詞之流，傳奇猶宋戲曲之變，世傳謂之雜劇。金章宗時，董解元所編《西廂記》，世代未遠，尚罕有人能解之者。況今雜劇中曲調之冗乎。因取諸曲名，分調類編，以備後來好事稽古者之一覽云。

元・熊夢祥《析津志・歲紀》　儀鳳、教坊諸司樂工戲伎，竭其巧藝呈獻，豐悅天顏。

《元史》卷六八《禮樂志二·制樂始末》 太祖初年，以河西高智耀言，徵用西夏舊樂。太宗十年十一月，宣聖五十一代孫衍聖公元措來朝，言於帝曰：今禮樂散失，燕京、南京等處，亡金太常故臣及禮册、樂器多存者，乞降旨收録。於是降旨，令各處管民官，如有亡金知禮樂舊人，可並其家屬徙赴東平，令元措領之，於本路税課所給其食。十一年，元措奉旨至燕京，得金掌樂許政、掌禮王節及樂工翟剛等九十二人。十二年夏四月，始命製登歌樂，肄習於曲阜宣聖廟。十六年，太常用許政所舉大樂令苗蘭詣東平，指授工人，造琴十張，一絃、三絃、五絃、七絃、九絃者各二。

又 憲宗二年三月五日，命東平萬户嚴忠濟立局，製冠冕、法服、鐘磬、筍簴、儀物肄習。五月十三日，召太常禮樂人赴日月山。八月七日，學士魏祥卿、徐世隆，郎中姚樞等，以樂工李明昌、許政、吳德、段楫、寇忠、杜延年、趙德等五十餘人，見于行宫。帝問制作禮樂之始，世隆對曰：堯舜之世，禮樂興焉。時明昌等各執鐘、磬、笛、簫、篪、塤、巢笙，於帝前奏之。曲終，復合奏之，凡三終。十一日，始用登歌樂祀昊天上帝于日月山。祭畢，命驛送樂工還東平。三年，時世祖居潛邸，命勾當東平府公事宋周臣兼領大樂禮官、樂工人等，常令肄習，仍令萬户嚴忠濟依已降旨存恤。六年夏五月，世祖以潛邸次灤州，下教命嚴忠濟督宋周臣以所得禮樂舊人肄習，宜如故事勉行之，毋忽。冬十有一月，敕樂工老不堪任事者，以子孫代之，不足者，以他户補之。

又 中統元年春正月，命宣撫廉希憲等，召太常禮樂人至燕京。夏六月，命許唐臣等製樂器、公服、法服。秋七月七日，工畢。十一日，用新製雅樂，享祖宗于中書省。禮畢，賜預祭官及禮樂人百四十九人鈔有差。八月，命太常禮樂人復還東平。二年秋九月，敕太常少卿王鏞領東平樂工，常加督視肄習，以備朝廷之用。

又 至元元年冬十有一月，括金樂器散在寺觀民家者。先是，括到燕京鐘、磬等器，凡三百九十有九事，下翟剛辨驗給價。至是，大興府又以所括鐘、磬樂器十事來進。三年，【略】十有二月，籍近畿儒户三百八十四人爲樂工。先是，召用東平樂工凡四百一十二人。中書以東平地遠，惟留其户九十有二，餘盡遣還，復入民籍。十一年秋八月，製内庭曲舞。中書以上皇帝册寶，下太常太樂署編運〔無射宫〕、〔大寧〕等曲，及上壽曲譜。當時議殿庭用雅樂，後不果用。十三年，以近畿樂户多逃亡，僅得四十有二，復徵用東平樂工。十六年冬十月，命太常卿忽都于思召太常樂工。是月十一日，大樂令完顔椿等以樂工見于香閣，文郎魏英舞迎神黄鐘宫曲，武郎安仁舞亞獻無射宫曲，順聖皇后室曲舞。

又 仁宗皇慶二年秋九月，用登歌樂祀太上皇睿宗。于真定玉華宫。自是歲用之，至延祐七年春三月奏罷。延祐五年，命各路府宣聖廟置雅樂，選擇習古樂師教肄生徒，以供春秋祭祀。六年秋八月，議置三皇廟樂，不果行。七年，仁宗祔廟，命樂正劉瓊等編運酌獻樂譜舞節，翰林譔樂章，曲名曰〔歆成之曲〕。

又 英宗至治二年冬十月，用登歌樂于太廟。是月，英宗祔廟，下大樂署編運樂譜舞節，翰林譔樂章，曲曰〔獻成之曲〕。文宗天曆二年春三月，明宗祔廟，下大樂署編運樂譜舞節，翰林定譔樂章，曲曰〔永成之曲〕。

又卷七一《禮樂志五·樂隊》 樂音王隊，元旦用之。引隊大樂禮官二員，冠展角幞頭，紫袍，塗金帶，執笏。次執戲竹二人，同前服。次樂工八人，冠花幞頭，紫窄衫，銅束帶。龍笛三，杖鼓三，金鞚小鼓一，板一，奏〔萬年歡〕之曲。從東階升，至御前，以次而西，折繞而南，北向立。後隊進，皆倣此。次二隊，婦女十人，冠展角幞頭，紫袍，隨樂聲進至御前，分左右相向立。次婦女一人，冠唐帽，黄袍，進北向立定，樂止，念致語畢，樂作，奏〔長春柳〕之曲。次三隊，男子三人，戴紅髮青面具，雜綵衣，次一人，冠唐帽，緑襴袍，角帶，舞蹈而進，立於前隊之右。次四隊，男子一人，戴孔雀明王像面具，披金甲，執叉，從者二人，戴毗沙神像面具，紅袍，執斧。次五隊，男子五人，冠五梁冠，戴龍王面具，繡氅，執圭，與前隊同進，北向立。次六隊，男子五人，爲飛天夜叉之像，舞蹈以進。次七隊，樂工八人，冠霸王冠，青面具，錦繡衣，龍笛三，觱栗三，杖鼓二，與前大樂合奏〔吉利牙〕之曲。次八隊，婦女二十人，冠廣翠冠，銷金緑衣，執牡丹花，舞唱前曲，與樂聲相和，進至御前，北向，列爲九重，重四人，曲終，再起，與後隊相和。次九隊，婦女二十人，冠金梳翠花鈿，繡衣，執花鞚稍子鼓，舞唱前曲，與前隊相和。次十隊，婦女八人，花髻，服銷金桃紅衣，摇日月金鞚稍子鼓，舞唱同前。次男子五人，作五方菩薩梵像，摇日月鼓。次一人，作樂音王菩薩梵像，執花鞚稍子鼓，齊聲舞前曲一闋，樂止。次婦女三人，歌〔新水令〕、〔沽美酒〕、〔太舞唱與前隊相和。次十隊，婦女八人，冠翠花唐巾，服錦綉衣，執寶蓋，舞唱前曲。次男子八人，冠鳳翅兜牟，披金甲，執金戟。次男子一人，冠平天冠，服繡鶴氅，執圭，齊舞唱前曲一闋，樂止。次婦女三人，歌〔新水令〕、〔沽美酒〕、〔太平令〕之曲終，念口號畢，舞唱相和，以次而出。

又　説法隊，引隊禮官、樂工大樂冠服，並同樂音王隊。次二隊，婦女十人，冠僧伽帽，服紫禪衣，皂絛。次婦女一人，服錦袈裟，餘如前，持數珠，進至御前，北向立定，樂止，念致語畢，樂作，奏〔長春柳〕之曲。次三隊，男子三人，冠服、舞蹈，並同樂音王隊。次四隊，男子一人，冠隱士冠，服白紗道袍，皂絛，執麈拂。從者二人，冠黄包巾，服錦繡衣，執令字旗。次五隊，男子五人，冠金冠，披金甲，錦袍，執戟，同前隊而進，北向立。次六隊，男子五人，爲金翅雕之像，舞蹈而進，樂止。次七隊，樂工十有六人，冠五福冠，服錦繡衣，龍笛六，觱栗六，杖鼓四，與前大樂合奏〔金字西番經〕之曲。次八隊，婦女二十人，冠珠子菩薩冠，服銷金黄衣，纓絡，佩綬，執金浮屠白傘蓋，舞唱前曲，與樂聲相和，進至御前，分爲五重，重四人，曲終，再起，與後隊相和。次九隊，婦女二十人，冠金翠菩薩冠，服銷金紅衣，執寶蓋，舞唱與前隊相和。次十隊，婦女八人，冠青螺髻冠，服白銷金衣，執金蓮花。次男子八人，披金甲，爲八金剛像。次一人，爲文殊像，執如意。一人爲普賢像，執西番蓮花。一人爲如來像，齊舞唱前曲一闋，樂止。次婦女三人，歌〔新水令〕、〔沽美酒〕、〔太平令〕之曲終，念口號畢，舞唱相和，以次而出。

元·葉子奇《草木子》卷四　俳優戲文始於《王魁》，永嘉人作之。識者曰：若見永嘉人作相，宋當亡。及宋將亡，迺永嘉陳宜中作相。其後元朝南戲尚盛行，及當亂，北院本特盛，南戲遂絶。

明·朱權《太和正音譜》卷上　雜劇之説，唐爲傳奇，宋爲戲文，金爲院本、雜劇合而爲一，元分院本爲一，雜劇爲一。雜劇者，雜戲也。院本者，行院之本也。

明·徐渭《南詞叙録》　南戲始於宋光宗朝，永嘉人所作《趙貞女》、《王魁》二種實首之，故劉后村有死後是非誰管得，滿村聽唱蔡中郎之句。或云：宣和間已濫觴，其盛行則自南渡，號曰永嘉雜劇，又曰鶻伶聲嗽。其曲，則宋人詞而益以里巷歌謡，不叶宫調，故士夫罕有留意者。元初，北方雜劇流入南徼，一時靡然向風，宋詞遂絶，而南戲亦衰。順帝朝，忽又親南平令〕之曲終，念口號畢，舞唱相和，以次而出。

又　壽星隊，天壽節用之。引隊禮官、樂工大樂冠服，並同樂音王隊。次二隊，婦女十人，冠唐巾，服銷金紫衣，銅束帶。次婦女一人，冠平天冠，服繡鶴氅，方心曲領，執圭，以次進至御前，立定，樂止，念致語畢，樂作，奏〔長春柳〕之曲。次三隊，男子三人，冠服舞蹈，並同樂音王隊。次四隊，男子一人，冠金漆弁冠，服緋袍，塗金帶，執笏。從者二人，錦帽，繡衣，執金字福禄牌。次五隊，男子一人，冠捲雲冠，青面具，緑袍，塗金帶，分執梅、竹、松、椿、石，同前隊而進，北向立。次六隊，男子五人，爲烏鴉之像，作飛舞之態，進立於前隊之左，樂止。次七隊，樂工十有二人，冠雲頭冠，銷金緋袍，白裙，龍笛三，觱栗三，札鼓三，和鼓一，板一，與前大樂合奏〔山荆子〕，帶〔袄神急〕之曲。次八隊，婦女二十人，冠鳳翹冠，翠花鈿，服寬袖衣，加雲肩，霞綬，玉佩，各執寶蓋，舞唱前曲。次九隊，婦女三十人，冠玉女冠，翠花鈿，服青銷金寬袖衣，加雲肩、霞綬、玉佩，各執樱毛日月扇，舞唱前曲，與前隊相和。次十隊，婦女八人，服雜綵衣，被槲葉、魚鼓、簡子。次男子八人，冠束髮冠，金掩心甲，銷金緋袍，執戟。次爲龜鶴之像各一。次男子五人，冠黑紗帽，服繡鶴氅，朱履，策龍頭藜杖，齊舞唱前曲一闋，樂止。次婦女三人，歌〔新水令〕、〔沽美酒〕、〔太平令〕之曲終，念口號畢，舞唱相和，以次而出。

又　禮樂隊，朝會用之。引隊禮官、樂工大樂冠服，並同樂音王隊。次二隊，婦女十人，冠黑漆弁冠，服青素袍，方心曲領，白裙，束帶，執圭。次婦女一人，冠九龍冠，服繡紅袍，玉束帶，進至御前，立定，樂止，念致語畢，樂作，奏〔長春柳〕之曲。次三隊，男子三人，冠服舞蹈同樂音王隊。次四隊，男子三人，皆冠捲雲冠，服黄袍，塗金帶，執圭。次五隊，男子五人，皆冠三龍冠，服紅袍，各執劈正金斧，同前隊而進，北向立。次六隊，童子五人，三髻，素衣，各執香花，舞蹈而進，樂止。次七隊，樂工八人，皆冠束髮冠，服錦衣白袍，龍笛三，觱栗三，杖鼓二，與前大樂合奏〔新水令〕、〔水仙子〕之曲。次八隊，婦女二十人，冠籠巾，服紫袍，金帶，執笏，歌〔新水令〕之曲，與樂聲相和，進至御前，分爲四行，北向立，鞠躬拜，興，舞蹈，叩頭，山呼，就拜，再拜，畢，復趁聲歌〔水仙子〕之曲一闋，再歌〔青山口〕之曲，與後隊相和。次九隊，婦女二十人，冠車髻冠，服銷金藍衣，雲肩，佩綬，執孔雀幢，而疎北，作者蝟興，語多鄙下，不若北之有名人題詠也。永嘉高經歷明，避亂四明之櫟社，惜伯喈之被謗，乃作《琵琶記》雪之，用清麗之詞，一洗作者之陋，於是村坊小伎，進與古法部相參，卓乎不可及已。

明・王圻《續文獻通考》卷八八《職官考》 其雅樂備。【略】俗樂有百戲承應、隊舞承應、謳歌承應。祭祀用雅樂，太常領之。宴享朝會兼用俗樂，領於伶人。

明・沈德符《萬曆野獲編》卷二五《俗樂有所本》 武宗南巡，自造《靖邊樂》，有笙，有笛，有鼓，有歇、落、吹、打諸雜樂，傳之南教坊，今吴兒遂引而伸之。

明・王驥德《曲律》卷一《論曲源第一》 曲，樂之支也。自《康衢》、《擊壤》、《黄澤》、《白雲》以降，於是《越人》、《易水》、《大風》、《瓠子》之歌繼作，聲漸靡矣。樂府之名，昉於西漢，其屬有鼓吹、横吹、相和、清商、雜調諸曲。六代沿其聲調，稍加藻豔，於今曲略近。入唐而以絶句爲曲，如《清平》、《鬱輪》、《凉州》、《水調》之類，然不盡其變，而於是始創爲《憶秦娥》、《菩薩蠻》等曲，蓋太白、飛卿輩，實其作俑。入宋而詞始大振，署曰詩餘，於今曲益近，周待制、柳屯田其最也。然單詞隻韻，歌止一闋，又不盡其變。而金章宗時，漸更爲北詞，如世所傳董解元《西廂記》者，其聲猶未純也。入元而益漫衍其製，櫛調比聲，北曲遂擅盛一代。顧未免滯於絃索，且多染胡語，其聲近噍以殺，南人不習也。迨季世入我明，又變而爲南曲，婉麗嫵媚，一唱三嘆，於是美善兼至，極聲調之致。始猶南北畫地相角。邇年以來，燕趙之歌童、舞女，咸棄其捍撥，盡效南聲，而北詞幾廢。何元朗謂：更數世後，北曲必且失傳。宇宙氣數，於此可覘。至北之濫流而爲《粉紅蓮》、《銀紐絲》、《打棗竿》，南之濫流而爲吴之《山歌》，越之《採茶》諸小曲，不啻《鄭》聲，然各其致。繇兹而往，吾不知其所終矣。

又卷四《雜論第三九下》 即金章宗時，董解元所爲《西廂記》，亦第是一人倚絃索以唱，而間以説白。至元而始有劇戲，如今之所搬演者是。此竅由天地開闢以來，不知越幾百千萬年，俟夷狄主中華，而於是諸詞人一時林立，始稱作者之聖，嗚呼，異哉。

明・許當世《白雪齋選訂樂府吴騷合編序》 詞者，律與選之餘也。曲者，詞之變也。以勝國之曲踵宋之詞，世推宋詞元曲，良非虚語。曲可續《騷》，又誰曰不然。

清・佚名《如夢録・爵秩紀》 周府舊有敕撥御樂，男女皆有。色長其下俱演吹彈、七奏、舞旋、大戲、雜記，女樂亦彈唱官戲。宮中有席，女樂伺候。朝殿有席，只扮雜記、吹彈、七奏，不敢做戲。宮中女子也學演戲。

清・姚思《南曲九宮正始序》 蓋自宋始有院本，金元從而廣之。雜劇之行，人懷蒼璧，家蓄玄珠，及明猶備。

清・李元玉《南音三籟序言》 原夫詞者詩之餘，曲者詞之餘也。自太白《憶秦娥》一闋，遂開百代詩餘之祖。趙宋時，黄九、秦七輩競作新詞，字戛金玉。東坡雖有鐵綽板之誚，而豪爽之致，時溢筆端。南渡後，争講理學，間爲風雲月露之句，遂遜前哲。迨至金元，詞變爲曲。實甫、漢卿、東籬諸君子，以灝瀚天才，寄情律吕，即事爲曲，即曲命名，開五音六律之秘藏，考九宮十三調之正始，或爲全本，或爲雜劇，各立赤幟，旗鼓相當。盡是騷壇飛將，然皆北也，而猶未南。于是高則誠、施解元輩，易北爲南，構《琵琶》、《拜月》諸劇，沉雄豪勁之語，更爲清新綿邈之音。脣尖舌底，娓娓動人，絲竹管弦，嫋嫋可聽。然此皆傳奇也，非散曲也。即偶爲詠物紀勝，隻詞單曲，然此猶小令也，非全套也。南曲之傳，尚未浩衍。至明初，亦有作南曲者，大都傖父之談，樸而不韻。延及嘉、隆間，枝山、伯虎、虚舟、伯龍諸大才人，吟詠連篇，演成長套，或一宮而自始至終，或各宮而湊成合錦，其間慢緊之節奏，轉度之機關，試一歌之，恍若天然巧合，並無拗嗓棘耳之病，全套渾如一曲，一曲渾如一句。况復寫景描情，鏤風刻月，借宮商爲雲錦，諧音節于珠璣。亦如詩際盛唐，于斯立極，時曲一道，無以復加矣。

清・王正祥《新定十二律京腔譜・自序》 北曲者，隋開其徑，唐繼其美，而大備於元。至於南曲之所從來也，果安在哉。《三百篇》後因而有詩，詩餘爲詞，詞又變而爲曲。詩盛於唐，詞行於宋，而曲始興於明，排場既具，崑弋遂分，是爲南曲。

清・徐大椿《樂府傳聲・源流》 曲之變，上古不可考。自唐虞之賡歌，擊壤以降，凡朝廷草野之間，其歌、詩、謡、諺不可勝窮，兹不盡述。若今日之聲存而可考者，南曲北曲二端而已。北曲之始，金之董解元《西廂記》，元之馬致遠《岳陽樓》之類。南曲之傳，如元人高則誠《琵琶記》，施君美《拜月亭》之類。宮調既殊，排場亦異，然當時之唱法，非今日之唱法也。北曲如董之《西廂記》，僅可以入弦索，而不可以協簫管。其曲以頓挫節奏勝，詞疾而板促。至王實甫之《西廂記》及元人諸雜劇，方可協之簫管，近世之所宗者是也。若北曲之西腔、高腔、梆子、亂彈等腔，此乃其别派，不在北曲之列。南曲之異，則有海鹽、義烏、弋陽、四平、樂平、太平等腔。至明之中葉，崑腔盛行，至今守之不失。其偶唱北曲一二調，亦改爲崑腔之北曲，非當時之北曲矣。此乃風氣自然之變，不可勉强者也。如必字字句句，皆求同於古人，一則莫可考究，二則難於傳授，况古人之聲，已不可追，自吾作之，安知不有杜譔不合調之處，即使自成一家，亦仍非真古調也。故風氣之遞變，相仍無害，但不可依樣葫蘆，盡失聲音之本，並失後來改調者之意，則流蕩不知所窮矣。故可變者腔板也，不可變者口法與宫調也。苟口法宫調得其真，雖今樂猶古樂也。蓋天地之元聲，未嘗一日息於天下，《記》云：禮樂不可斯須去身。人生而有此形，即有此聲，亦即有此履中蹈和之具，但無人以發之，則汩没而不能自振。後世之所以治不遵古者，樂先亡也。樂之亡，先王之教失也。我謂欲求樂之本者，先從人聲始。

清・李調元《劇話》卷上《樂府雜録》 雜劇自唐、宋、金、元迄明皆有之。唐所謂優伶雜劇，裝服套數，觀蘇中郎、踏摇娘二事可見。宋雜劇亦然。元世曲調大興，凡諸雜劇，皆名曲寓焉。教坊名妓多習之。清歌妙舞，悉隸是中。一變而贍縟，遂爲戲文。《西廂》，戲文之祖也。《西廂》雖出金董解元，然猶絃唱、小説之類，至元王、關所撰，乃可登場搬演。高氏又一變而爲南曲。嗣是作者迭興，古昔所謂雜劇、院本，幾于盡廢。【略】葉子奇《草木子》：戲文始于《王魁》，永嘉人作之。識者曰：若見永嘉人作相，宋當亡。及宋將亡，乃永嘉陳宜中作相。其後元朝南戲尚盛行，及當亂，北院本特盛，南戲遂絶。《莊岳委談》：今《王魁》本不傳而傳《琵琶》。《琵琶》亦永嘉人作，遂爲今南曲首。然葉當國初著書，而云南戲絶，豈《琵琶》尚未行世耶。按：南戲肇始，實在北戲之先，而《王魁》不傳，胡氏、王實甫、關漢卿《西廂》爲戲文祖耳。今戲曲合用南北腔調，又始于杭人沈和甫，見鍾氏《點鬼簿》。

又 沈寵綏《度曲須知》北化爲南，凡腔俱起于洪武而兼祖中州，一時有海鹽腔、義烏腔、弋陽腔、青陽腔、四平腔、樂平腔、太平腔之殊，雖口法不等，而北曲消亡矣。嘉、隆間有豫章魏良輔者，流寓婁東、鹿城之間，生而審音，憤南曲訛陋，别開堂奥，調用水磨，拍捱冷板，聲則平、上、去、入婉協，字則頭、腹、尾音畢匀，啓口輕圓，收音純細，所度曲皆《折梅逢使》、《昨夜春歸》諸名筆，採于傳奇則有《拜星月》、《花陰夜静》等詞，氣無煙火，别有腔板，絶非戲場聲口，名曰崑腔。自有良輔，而曲詞已極抽秘逞妍，後世依爲鼻祖，洵曲聖也。據此，則崑腔者，實魏良輔一人所創也。

又 《樂郊私語》：海鹽少年多善歌，蓋出于澉浦楊氏。其先人康惠公梓與貫雲石交善，得其樂府之傳。今雜劇中《豫讓吞炭》、《霍光鬼諫》、《敬德不伏老》，皆康惠自製。家僮千指，皆善南北歌調，海鹽遂以擅歌名浙西。今俗所謂海鹽腔者，實法于貫酸齋，源流遠矣。

又 弋腔始弋陽，即今高腔，所唱皆南曲。又謂秧腔，秧即弋之轉聲。京謂京腔，粤俗謂之高腔，楚、蜀之間謂之清戲。向無曲譜，祇沿土俗，以一人唱而衆和之，亦有緊板、慢板。王正祥謂板皆有腔，作《十二律京腔譜》十六卷，又有《宗北歸音》四卷以正之，謂：高腔即《樂記》一唱三歎，有遺風之意也。凡曲藉乎絲竹者曰歌，一人發其聲曰唱，衆人成其聲曰和，其聲聯絡而雜于唱和之間者曰嘆，俗謂接腔。嘆，即今滚白也。曲本混淆，罕有定譜，所以後學憒憒，不知整曲，犯調者有之，予故定爲十二律，以爲唱法，亦竊擬正樂之各得其所云。皆立論甚新，幾欲家諭而户曉。然欲以一人、一方之腔，使天下皆欲倚聲而和之，亦必不得之數也。

又 俗傳錢氏《綴白裘》外集，有秦腔。始于陝西，以梆爲板，月琴應之，亦有緊、慢，俗呼梆子腔，蜀謂之亂彈。金陵許苞承云：事不皆有徵，人不盡可考。有時以鄙俚俗情，入當場科白，一上氍毹，即堪捧腹。此殆如冬烘相對，正襟捉肘，正爾昏昏思睡，忽得一詼諧訕笑之人，爲我羯鼓解穢，快當何如。此外集所不容已也。其論亦確。按：《詩》有正風、變風，史有正史、霸史，吾以爲曲之有弋陽、梆子，即曲中之變曲、霸曲也。又有吹腔，與秦腔相等，亦無節奏，但不用梆而和以笛爲異耳。此調蜀中甚行。

又 胡琴腔起于江右，今世盛傳其音，專以胡琴爲節奏，淫冶妖邪，如怨如訴，蓋聲之最淫者。又名二簧腔。

又 女兒腔亦名弦索腔，俗名河南調。音似弋腔，而尾聲不用人和，以絃索和之，其聲悠然以長。

清・汪汲《雜劇待考・序》 稗官廢而傳奇作，傳奇作而戲曲繼。金季明初，樂府猶宋詞之流，傳奇猶宋戲曲之變，世傳謂之雜劇。予因取諸曲名，分門別類，更録院本名目外，贅列雜劇曲名，俾後之好學稽古者延委討源，廣搜博覽，以勸歌詠太平之盛焉。

清・黄旛綽《梨園原・謝阿蠻論戲始末》 戲者，以虚中生戈。漢陳平刻木人禦城退白登事，後爲之效，名曰傀儡。至唐明皇，選良家子弟，於梨園中演習戲文，分爲生、旦、净、末、丑、外、小旦、小生，此八名爲正，而後增付净、作旦、貼旦、老旦，共十二人爲全角，餘皆供侍從者。現身説法，表揚忠孝節義，才子佳人，離合悲歡，揚善懲惡，此亦大美事也。至宋、元則尤盛矣。董解元有曰：扮演古人事，出入鬼門道。以四方之音傳戲，各從土語所傳，不可訛錯。習者擇之而取焉。

又《論戲統》 古時戲，始一出鬼門道，必先唱《紅芍藥》一詞。何也，因傳奇内必有神、佛、仙、賢、君王、臣宰及説法、宣咒等事，故先持一咒，以釋其罪，兼利諸己，隔宿昧爽，因喉音閉塞，故齊聲而揚。古製云：太子千秋歲，春圍畫錦堂。一株紅芍藥，開遍滿庭芳。取其曲牌名爲引口詞。後人因其單薄，添《倒垂蓮》，套其體也。

又《老郎神》 老郎神即唐明皇。逢梨園演戲，明皇亦扮演登場，掩其本來面目。惟串演之下，不便稱君臣，而關於體統，故尊爲老郎之稱。今遺有唐帽，謂之老郎盔，即此義也。戲中所抱小娃，謂之喜神，取其善而利於技，非即老郎。今人供翼宿星君爲老郎，其義未詳。

又《論鼓板樂式》 雷海青傳古樂器云：瑟、管、絃、絲、竹、塤、篪、鼓，文廟祀丁之日，合全樂奏之。漢武帝時，有東方曼倩其人，能識神鳥，能解鳥語，善戲謔談笑，帝寵爲大夫。同朝之臣，惡其諂主，遣其他出。忽一日，鳥至殿，身羽五色，尾長三尺，朗鳴於庭。鳴時，雙目開閉不定，昂頭，立一足，伸一足，鳥尾摇擺。良久始去。帝詔朝臣問之，無一能識者。乃詔曼倩歸。帝述神鳥，曼倩答曰：此神鳥，名十二鴻也。其鳴，乃歌也，其立，乃舞也。歌之時閉左目，出陽聲，閉右目，出陰聲。擺尾，乃分板眼。其尾分十二支，乃按十二月之數，加閏月生者，則十三支也。立一足伸一足者，乃舞耳。帝未深信。又過旬日，其鳥復至，朗鳴如前。帝使曼倩聽之。倩曰：其所歌者，昇平之詞也。帝命記其詞，大悦。即日命諸臣作歌，作詞，而使曼倩作曲。於是曼倩按天文、地理、人物、宮室，分門編其牌名，依名填詞。其後有毘陵蔣維忠先生，名孝，嘉靖進士，製《十三詞調譜》，又有松陵詞隱先生，姓沈，名璟，萬曆進士，撰《九宮曲譜》，辨陰陽，爲世所傳。此乃曲詞之始。至笙、管、笛、簫，古製有鳥頭，掩孔出字，即如十二鴻閉目出陰、陽聲。笛有兩垂鬚，蓋即鳥足之義。琴、瑟在同時就有，始三十六絃、二十四絃、二十六絃，後九絃、七絃。月琴四絃。琵琶四絃，彈出曰琵，彈進曰琶。琴、瑟調和，取仙翁二字和協。絃子等調，俗曰堂。諸樂器分爲尺、工、五、凡、六、合、四、一、上九字，而一、凡爲半音，六、合爲高低合音。此外尚有鼓、板、鑼。鼓之式，中心記黑紅月，分陰陽釘，蓋即取十二鴻眼眶肉粟。古製有數尺見圓者，後來愈化愈小，故失釘數。板，古式十二塊，刻羽文在上，即如十二鴻鳥尾。鑼乃點静塞鬧，古製：進兵鼓，退兵鑼。今人亂爲敲鑼，可謂非法極矣。總之，各種樂器，均仿於十二鴻神鳥，依式草創耳。

清・管庭芬《重訂曲海總目跋》 雜劇傳奇之名，古無所聞。自宋有爨弄之目，亦罕見其詞。至元人以填南北曲調者，不乏其材，且加賓白，而傳奇、雜劇始大行于世。

清・姚燮《今樂考證・緣起・戲之始》 涵虚子云：戲曲之隋始盛。在隋謂之康衢戲，唐謂之梨園樂，宋謂之華林戲，元謂之昇平樂。王驥德云：古之優人，第以諧謔滑稽供人主喜笑，未有並曲與白而歌舞登場。如今之戲子者，又皆優人自造科套，非如今日習現成本子，俟主人揀擇，而日日此伎倆也。如優孟、優旃，後唐莊宗，以迨宋之靖康，紹興，史籍所記，不過葬馬、漆城、李天下、公冶長、二聖環等諧語而已。即金章宗時，董解元所爲《西厢記》，亦第是一人倚絃索以唱，而間以説白。至元而始有劇戲，如今之所般演者。胡應麟云：優伶戲文，自優孟抵掌孫叔敖，實始濫觴。至後唐莊宗自傅粉墨稱李天下，而盛其般演，大率與近世同，特所演多是雜劇，非如近日之戲文也。汪汲云：《綱目》，唐明皇開元二年甲寅，置左右教坊。舊制，雅俗之樂，皆隸太常。明皇以太常禮樂之司，不應典倡優雜伎，乃更置左右教坊，以教俗樂。又選樂工、宮女數百人自教之，謂之皇帝梨園子弟。又云：唐崔令《教坊記》：凡欲出戲，所司先進曲名。上以墨點者即舞，不點者即否，謂之點戲。

又《雜劇院本傳奇之稱》 涵虚子云：雜劇有十二科：一曰神仙道化，二曰林泉邱壑，三曰披袍秉笏，四曰忠臣烈士，五曰孝義廉節，六曰叱姦罵讒，七曰逐臣孤子，八曰鏺刀趕棒，九曰風花雪月，十曰悲歡離合，十一曰煙花粉黛，十二曰神頭鬼面。豐山王棠云：唐有傳奇，宋有戲曲、諢、詞説，金有院本、雜劇，其實一也。元朝院本、雜劇始分爲二之。院本則五人，又謂之五花爨弄。或曰：宋徽宗見爨國人來朝，衣裝、鞵履、巾裹，傅粉墨，舉動如此，使優人效之以爲戲。又有焰段，亦院本之意，但差簡耳，取其如火焰，易明而易滅也。其間副净有散説，有道念，有筋斗，有科汎。今世有爨段二字，疑起於此。本陶宗儀説。陶宗儀又云：稗官廢而傳奇作，傳奇作而戲曲繼。金季、國初，樂府猶宋詞之流，傳奇猶宋戲曲之變，世傳謂之雜劇。金章宗時，董解元所編《西厢記》，世代未遠，尚罕有人能解之者，况今雜劇中曲調之冗乎。又云：合生，即院本雜劇也。《唐書・武一平傳》曰：中宗宴殿上，胡人襪子、何懿唱合生，而歌言淺穢。一平上書曰：比來妖伎、胡人，街童、市子，或言妃主情貌，或列王公名賢，歌咏舞蹈，號曰合生，始自王公，稍及閭巷。按此，則知唐玄宗梨園之戲，又本於此。梅鼎祚《青泥蓮花記》云：江浙間路歧女，有慧黠，知文墨，能於席上指物題詠，應命輒成者，謂之合生。其滑稽含翫諷者，謂之喬合生，蓋京都遺風也。胡應麟云：雜劇自唐、宋、金、元迄明皆有之。唐時所謂優伶雜劇，粧服套數，觀蘇中郎、踏搖娘二事可見。宋雜劇亦然。元世曲調大興，凡諸雜劇，皆名曲寓焉，教坊名妓多習之，清歌妙舞，悉隸是中。一變而贍縟，遂爲戲文。《西厢》，戲文之祖也。而《西厢》雖出董解元，然猶絃唱小説之類，至元王、關所撰，乃可登場般演。高氏一變而爲南曲，嗣是作者迭興，古昔所謂雜劇、院本，幾於盡廢。沈德符云：元曲摠祇四折，自北有《西厢》，南有《拜月》，雜劇變爲戲文，以至《琵琶》遂演爲四十餘折，幾十倍於雜劇矣。翟灝云：《輟耕録》謂國朝院本用五人般演，謂之五花爨弄，始于宋徽宗。按：院本只般演而不唱，今學般演者，流俗謂之串戲，當是爨字。李斗《畫舫録》有府串班、司串班、引串班、邵伯串班諸名。沈德符又云：本朝院本不傳久矣，今尚稱院本，猶沿宋、金之舊也。金章宗時，董《西厢》尚是院本模範，在元末已無人能按譜唱演者，况後世乎。梁廷枏云：作曲之始，不過止被之管絃，後且飾以優孟。元人院本，至今傳者，寥寥數種，其實雜劇爲多。明以後，則傳奇盛行，下筆動至數十折，一人多至數本、十數本、數十本。其始，大旨亦不過歸於勸善懲惡而已，及其末流，淫佚競尚。蓋自明中葉以後，作者按譜填字，各逞新詞，此道遂變爲文章之事，不復知爲律吕之舊矣。推此以論，則雖謂今曲盛，而元曲之聲韻廢，亦無不可也。梁兆壬云：小説起於宋仁宗時，太平已久，國家閒暇，日進一奇怪之事以娱之，名曰小説，而今之小説，則記載矣。傳奇者，裴鉶著小説，多奇異可以傳示，故號傳奇，而今之傳奇，則曲本矣。

清・楊恩壽《詞餘叢話》卷一《原律》　《漢・禮樂志》：武帝定郊祀之禮，乃立樂府，采詩夜誦，有趙、代、秦、楚之謳。劉舍人所謂武帝崇禮，始立樂府也。案：孝惠二年，夏侯寬已爲樂府令，則樂府之立，未必始於武帝也。

又　院本乃宋徽宗時五花爨弄之遺，有散説，有道念，有筋斗，有科汎。初與雜劇本一種，至元世始分爲兩，明則院本不傳久矣。今尚稱院本，猶沿宋、金之舊。

清・王國維《曲録・自序》　戲曲之興，由來遠矣。宣和之末，始見萌芽，乾淳以還，漸多纂述。泗水潛夫紀武林之雜劇，南村野叟録金人之院本。醜齋《點鬼》，丹邱《正音》，著録斯開，蒐羅尤盛。上自洪武諸王就國之裝，見李開先《張小山小令跋》。下訖天崇私家插架之軸，則有若章邱之李，《列朝詩集》李開先小傳。臨川之湯，姚士粦《見只編》卷中。黄州之劉，《静志居詩話》卷十五臧懋循條下。山陰之澹生，同上，卷十六祁承爜條下。海虞之述古，錢曾《也是園書目》。富者千餘，次亦百數。然中麓諸家未傳目録，《也是》一編僅窺崖略，存什一于千百，或有録而無書。暨乎國朝亦有撰著，然《傳奇彙考》之作，僅見殘鈔，廣陵進御之書，惟存《總目》。放失之厄，斯爲甚矣。鄙薄之原，抑有由焉。粤自貿絲抱布，開叙事之端，織素裁衣，肇代言之體。追原戲曲之作，實亦古詩之流。所以窮品性之纖微，極遭遇之變化，激盪物態，抉發人心，舒軫哀樂之餘，摹寫聲容之末，婉轉附物，惆悵切情，雖雅頌之博徒，亦滑稽之魁桀。惟語取易解，不以鄙俗爲嫌，事貴翻空，不以謬悠爲諱。庸人樂于染指，壯夫薄而不爲。遂使陋巷言懷，人人青紫，香閨寄怨，字字桑間。抗志極于利禄，美談止于蘭芍，意匠同于千手，性格歧于一人，豈託體之不尊，抑作者之自棄也。然而明昌一編，盡金源之文獻，吴興《百種》，抗皇元之風雅。百年之風會成焉，三朝之人文繫焉。况乎第其卷帙，軼兩宋之詩餘；論其體裁，開有明之制義。考古者徵其事，論世者觀其心，游藝者玩其辭，知音者辨其律。此則石渠存目，不廢雍熙，洙泗删《詩》，猶存鄭、衛者矣。國維雅好聲詩，粗諳流別。痛往籍之日喪，懼來者之無徵，是用博稽故簡，撰爲總目。存佚未見，未敢頌言，時代姓名，粗具條理。爲書六卷，爲目三千有奇，非徒爲考鏡之資，亦欲作搜討之助。補三朝之志，所不敢言，成一家之書，請俟異日。

又《優語録·自序》 元錢唐王曄日華，嘗撰《優諫録》，楊維楨爲之序，顧其書不傳。余覽唐、宋傳説，復輯優人戲語爲一篇。顧輯録之意，稍與曄殊。蓋優人俳語，大都出于演劇之際，故戲劇之源與其遷變之跡，可以考焉，非徒其辭之足以裨闕失、供諧笑而已。吕本中《童蒙訓》云：作雜劇，打猛諢入，卻打猛諢出。吴自牧《夢粱録》謂：雜劇全託故事，務在滑稽。洪邁《夷堅志》謂：俳優侏儒，周伎之最下且賤者，然亦能因戲語而箴諫時政，世目爲雜劇。然則宋之雜劇，即屬此種。是録之輯，豈徒足以考古，亦以存唐宋之戲曲也。若其囿于聞見，不遍不賅，則俟他日補之。

又《戲曲考原》 《楚詞》之作，《滄浪》、《鳳兮》二歌先之。詩餘之興，齊梁小樂府先之。獨戲曲一體，崛起于金元之間，於是有疑其出自異域，而與前此之文學無關係者，此又不然。嘗攷其變遷之跡，皆在有宋一代，不過因金元人音樂上之嗜好，而日益發達耳。

又 戲曲者，謂以歌舞演故事也。古樂府中，如《焦仲卿妻》詩、《木蘭辭》、《長恨歌》等，雖詠故事，而不被之歌舞，非戲曲也。《柘枝》、《菩薩蠻》之隊，雖合歌舞，而不演故事，亦非戲曲也。唯漢之角抵，於魚龍百戲外，兼搬演古人物。張衡《西京賦》曰：東海黄公，赤刀粤祝，冀厭白虎，卒不能救。又曰：總會仙倡，戲豹舞羆，白虎鼓瑟，蒼龍吹篪。女娥坐而長歌，聲清暢以逶蛇。洪崖立而指麾，被羽毛之襳襹。度曲未終，雲起雪飛。則所搬演之人物，且自歌舞。然所演者實仙怪之事，不得云故事也。演故事者，始于唐之大面、撥頭、《踏摇娘》等戲。代面即大面。出于北齊，北齊蘭陵王長恭，才武而面美，常著假面以對敵。嘗擊周師金墉城下，勇冠三軍，齊人壯之，爲此舞以效其指麾擊刺之容，謂之《蘭陵王入陣曲》。撥頭出西域，胡人爲猛獸所噬，其子求獸殺之，爲此舞以象之也。踏摇娘生于隋末。隋末，河内有人貌惡而嗜酒，常自號郎中，醉歸必毆其妻。其妻美色，善歌，爲怨苦之辭。河朔演其曲而被之絃管，因寫其夫之容，妻悲訴，每摇頓其身，故號踏摇娘。右見《舊唐書·音樂志》、《樂府雜録》及《教坊記》，所載略同。及昭宗光化中，孫德昭之徒及劉季述，始作《樊噲排闥》劇。宋陳暘《樂書》第一百八十六卷。唐時戲劇可攷者僅此。至宋初，搬演較爲任意。宋孔道輔奉使契丹，契丹宴使者，優人以文宣王爲戲，道輔艴然徑出。《宋史·孔道輔傳》。又祥符天禧中，楊大年、錢文僖、晏元獻、劉子儀以文章立朝，爲詩皆宗李義山，後進多竊義山語句。嘗内宴，優人有爲義山者，衣服敗裂，告人曰：吾爲諸館職撏撦至此。聞者歡笑。劉攽《中山詩話》。至南宋時，洪邁《夷堅志》、葉紹翁《四朝聞見録》所載優伶調謔之事，尚與此相類。雖搬演古人物，然果有歌詞與故事否。若有歌詞，果與故事相應否。今不可攷。要之此時尚無金元間所謂戲曲，則固可決也。雜戲之名，始起于宋。宋制，每春秋聖節三大宴，小兒隊、女弟子隊，各進雜劇。隊舞及雜劇之制，具見《宋史·樂志》及宋孟元老《東京夢華録》。《宋志》謂舞隊之制，其名各十，小兒隊凡七十二人，女弟子隊凡一百五十三人。每春秋聖節三大宴，其第一，皇帝升座，宰相進酒，庭中吹觱篥，以衆樂和之。賜羣臣酒，皆就座，宰相飲，作《傾盃》，百官飲，作《三臺》。第二，皇帝再舉酒，羣臣立于席後，樂以歌起。第三，皇帝舉酒如第二之制，以次進食。第四，百戲皆作。第五，皇帝舉酒如第二之制。第六，樂工致辭，繼以詩一章，謂之口號，皆述德美及中外蹈詠之情。第七，合奏大曲。第八，皇帝舉酒，殿上獨彈琵琶。第九，小兒隊舞，亦致辭以述德美。第十，雜劇，罷，皇帝起更衣。第十一，皇帝再坐，舉酒，殿上獨吹笙。第十二，蹴踘。第十三，皇帝舉酒，殿上獨彈箏。第十四，女弟子隊舞，亦致辭，如小兒隊。第十五，雜劇。第十六，皇帝舉酒，如第二之制。第十七，奏鼓吹曲，或用法曲，或用龜茲。第十八，皇帝舉酒，如第二之制。第十九，用角觝，宴畢。而隊舞制度，《東京夢華録》所載尤詳。初，參軍色作語，勾小兒隊舞。小兒各選年十二三者二百餘人，列四行，每行隊頭一名，四人簇擁，並小隱士帽。著緋、緑、紫、青生色花衫，上領四契義襴，束帶，各執花枝排定。先有四人，裹卷脚帕頭、紫衫者，擎一綵殿子，内金貼字牌，擂鼓而進，謂之隊名。牌上有一聯，謂如：九韶翔綵鳳，八佾舞青鸞之句。樂部舉樂，小兒隊舞步進前，直叩殿陛。參軍色作語問，小兒班首近前進口號，雜劇人皆打和。畢，樂作，羣舞合唱。且舞且唱。又唱破子畢，小兒班首入，進致語，句雜劇入場，一場兩段。内殿雜戲，爲有使人在座，不敢深作諧謔，惟用羣隊，裝其似像，市語謂之拽串。雜戲畢，參軍色作語，放小兒隊。又羣舞《應天長》曲子，出場。女弟子隊舞，雜劇，與小兒略同，唯節次稍多。此徽宗聖節典禮也。若宴遼使，其典禮與三大宴同，惟無後場雜劇及女弟子隊舞。遼宴宋使，則酒一行，觱篥起歌。酒二行，歌。酒三行，歌，手伎入。酒四行，琵琶獨彈，餅茶致語，食入，雜劇進。《遼史・樂志》。由此觀之，則宋之搬演李義山，遼之搬演文宣王，既在宴時，其爲雜劇無可疑也。

又　雜劇亦有歌詞，《宋史・樂志》謂真宗不喜鄭聲，而或爲雜劇辭，未嘗宣布于外是也。其詞如何，今不可攷。唯三大宴之致辭，則由文臣爲之。故宋人集中多樂語一種，又謂之致語，又謂之念語。【略】今以之與樂語相比較，則樂語但勾放舞隊，而不爲之製詞，而轉踏不獨定所搬演之人物，併作舞詞。唯闋數之多少，則無一定。如上鄭僅之調笑，多至十三闋，秦、毛二家各八闋，而晁無咎作，則僅七闋耳。秦、晁、鄭三家調笑均見《樂府雅詞》，毛作見《宋六十一家詞》東堂詞中。其但作句隊、遣隊辭，而不爲作歌詞者，亦有之，如洪適之《句降黄龍舞》及《句南吕薄媚舞》是也。見《盤洲文集》卷七十八。然諸家調笑，雖合多曲而成，然一曲分詠一事，非就一人一事之首尾而詠之也。惟石曼卿作《拂霓裳轉踏》，述開元天寶遺事，見王灼《碧雞漫志》卷三。是爲合數闋詠一事之始。今其辭不傳，傳者惟趙德麟令畤。之《商調・蝶戀花》，述《會真記》事，凡十闋，並置原文于曲前。又以一闋起、一闋結之視後世戲曲之格律，幾於具體而微。德麟於子瞻守潁州時，爲其屬官，至紹興初尚存。其詞作於何時，雖不可攷，要在元祐之後，靖康之前。原詞具載《侯鯖録》中，録之如左。【略】德麟此詞，毛西河《詞話》已視爲戲曲之祖。然猶用通行詞調，而宋人所歌，除詞調外，尚有所謂大曲者。王灼《碧雞漫志》曰：凡大曲，有散序、靸、排徧、攧、正攧、入破、虚催、實催、衮徧、歇指、殺衮，始成一曲，謂之大徧。而《涼州》排徧，予曾見一本，有二十四段。後世就大曲製詞者，類從簡省，而管絃家又不肯從首至尾吹彈，甚者學不能盡。云云。此種大曲，自唐已有之，如郭茂倩《樂府詩集》所載《水調歌》、《涼州》、《伊州》等，疊數多寡不等，皆借名人之詩以入曲。兹録《水調歌》十一疊如左。【略】此大曲之《水調歌頭》，與詞之《水調歌頭》字數、韻數，均不相合，又間有平仄通押之處。稍後，有董穎者，穎字仲達，紹興間人，嘗從汪彦章、徐師川游，彦章爲作字，説見陳振孫《書録解題》。作《道宫・薄媚》大曲，詠西子事亦然。陳氏《樂書》謂：優伶常舞大曲，唯一工獨進，但以手袖爲容，蹋足爲節，其妙串者，雖風騫鳥旋，不踰其速矣。然大曲前緩疊不舞，至入破則羯鼓、襄鼓、大鼓與絲竹合作，句拍益急，舞者入場，投節制容，故有催拍、歇拍，姿制俯仰，百態横出。《樂書》一百八十五卷。曾氏《水調歌》至排徧第七而止，故併以舞與否，尚未可知。董氏《薄媚》則自排徧第八起，經入破以至殺衮，其必兼具歌舞，無可疑者。其詞見曾慥《樂府雅詞》，兹録之如左。【略】曲文迄于宋南渡之初，所可攷見者，僅此。宋吴自牧《夢粱録》載謂：汴京教坊大使孟角毬，曾做雜劇本子，葛守誠撰四十大曲，殆即此類。此後如周密《武林舊事》所載南宋官本雜劇段數，陶宗儀《輟耕録》所載金人院本名目中，其目之兼舉曲調名者，猶當與曾、董大曲不甚相遠也。今以曾、董大曲與真戲曲相比較，則舞大曲時之動作，皆有定制，未必與所演之人物所要之動作相適合。其詞亦係旁觀者之言，而非所演之人物之言，故其去真戲曲尚遠也。至由叙事體而變爲代言體，由應節之舞蹈而變爲自由之動作，北宋雜劇已進步至此否，今闕無攷。以後楊誠齋之《歸去來辭》引《誠齋集》卷九十七。其爲大曲，抑自度腔，均不可知。然已純用代言體，兹録於左。【略】此曲不著何調，前後凡四調，每調三疊，而十二疊通用一韻。其體于大曲爲近。雖前此如東坡《哨遍》隱栝《歸去來辭》者，亦用代言體；然以數曲代一人之言，實自此始。要之曾、董大曲開董解元之先，此曲則爲元人套數雜劇之祖。故戲曲之不始于金元，而於有宋一代中變化者，則余所能信也。若宋末之戲曲，則具於《曲録》卷一，兹不復贅。

藝　文

唐・常非月《詠談容娘》　舉手整花鈿，翻身舞錦筵。馬圍行處匝，人壓看場圓。歌要齊聲和，情教細語傳。不知心大小，容得許多憐。

清・凌廷堪《校禮堂詩集》卷三《論曲絶句》　誰鑿人間曲海源，詩餘一變更銷魂。倘從五字求蘇李，憶否完顏董解元。

清・舒位《瓶水齋詩集》卷一四《論曲絶句十四首並示子筠孝廉》 天寶梨園有舊風，湘潭紅豆老伶工。莫將一段霓裳序，闌入元人北九宫。

連厢司唱似妃豨，蒼鶻参軍染緑衣。比作教坊雷大使，歌衫舞扇是耶非。

雜録

《明史》卷六一《樂志一》 古先聖王，治定功成而作樂，以合天地之性，類萬物之情，天神格而民志協。蓋樂者，心聲也，君心和，六合之内無不和矣。是以樂作於上，民化於下。秦漢而降，斯理浸微，聲音之道與政治不相通，而民之風俗日趨於靡曼。明興，太祖鋭志雅樂。是時，儒臣冷謙、陶凱、詹同、宋濂、樂韶鳳輩皆知聲律，相與究切釐定。而掌故闊略，欲還古音，其道無由。太祖亦方以下情偷薄，務嚴刑以束之，其於履中蹈和之本，未暇及也。文皇帝訪問黄鍾之律，臣工無能應者。英、景、憲、孝之世，宫縣徒爲具文。殿廷燕享，郊壇祭祀，教坊羽流，慢瀆苟簡，劉翔、胡瑞爲之深慨。世宗制作自任，張鶚、李文察以審音受知，終以無成。蓋學士大夫之著述止能論其理，而施諸五音六律輒多未協，樂官能紀其鏗鏘鼓舞而不曉其義，是以卒世莫能明也。稽明代之制作，大抵集漢、唐、宋、元人之舊，而稍更易其名。凡聲容之次第，器數之繁縟，在當日非不燦然俱舉，第雅俗雜出，無從正之。

又 太祖初克金陵，即立典樂官。其明年置雅樂，以供郊社之祭。吴元年命自今朝賀，不用女樂。先是命選道童充樂舞生，至是始集。太祖御戟門，召學士朱升、范權引樂舞生入見，閲試之。太祖親擊石磬，命升辨五音。升不能審，以宫音爲徵音。太祖哂其誤，命樂生登歌一曲而罷。是年置太常司，其屬有協律郎等官。元末有冷謙者，知音，善鼓瑟，以黄冠隱吴山。召爲協律郎，令協樂章聲譜，俾樂生習之。取石靈璧以製磬，採桐梓湖州以製琴瑟。乃考正四廟雅樂，命謙較定音律及編鐘、編磬等器，遂定樂舞之制。樂生仍用道童，舞生改用軍民俊秀子弟。又置教坊司，掌宴會大樂。設大使、副使、和聲郎，左、右韶樂，左、右司樂，皆以樂工爲之。後改和聲郎爲奉鑾。

又 洪武三年，又定朝會宴饗之制。凡聖節、正旦、冬至、大朝賀，和聲郎陳樂於丹墀百官拜位之南，北向。駕出，仗動。和聲郎舉麾，奏《飛龍引之曲》，樂作，陞座。樂止，偃麾。百官拜，奏《風雲會之曲》，拜畢，樂止。丞相上殿致詞，奏《慶皇都之曲》，致詞畢，樂止。百官又拜，奏《喜昇平之曲》，拜畢，樂止。駕興，奏《賀聖朝之曲》，還宫，樂止。百官退，和聲郎，樂工以次出。凡宴饗，和聲郎四人總樂舞，二人執麾，立樂工前之兩旁，二人押樂，立樂工後之兩旁。殿上陳設畢，和聲郎執麾由兩階升，立於御酒案之左右。二人引歌工、樂工由兩階升，立於丹陛上之兩旁，東西向。舞師二人執旌，引武舞士立於西階下之南。又二人執翿，引文舞士立於東階下之南。又二人執幢，引四夷舞士立於武舞之西南，俱北向。武舞曰《平定天下之舞》，象以武功定禍亂也。文舞曰《車書會同之舞》，象以文德致太平也。四夷舞曰《撫安四夷之舞》，象以威德服遠人也。引大樂二人，執戲竹，引大樂工陳列於丹陛之西，文武二舞樂工列於丹陛之東，四夷樂工列於四夷舞之北，俱北向。駕將出，仗動，大樂作。升座，樂止。進第一爵，和聲郎舉麾，唱奏《起臨濠之曲》。引樂二人引歌工、樂工詣酒案前，北面，重行立定。奏畢，偃麾，押樂引衆工退。第二，奏《開太平之曲》。第三，奏《安建業之曲》。第四，奏《削羣雄之曲》。第五，奏《平幽都之曲》。第六，奏《撫四夷之曲》。第七，奏《定封賞之曲》。第八，奏《大一統之曲》。第九，奏《守承平之曲》。其舉麾、偃麾，歌工、樂工進退，皆如前儀。進第一次膳，和聲郎舉麾，唱奏《飛龍引之樂》，大樂作。食畢，樂止，偃麾。第二，奏《風雲會之樂》。第三，奏《慶皇都之樂》。第四，奏《平定天下之舞》。第五，奏《賀聖朝之樂》。第六，奏《撫安四夷之舞》。第七，奏《九重歡之樂》。第八，奏《車書會同之舞》。第九，奏《萬年春之樂》。其舉麾、偃麾如前儀。九奏三舞既畢，駕興，大樂作。入宫，樂止，和聲郎執麾引衆工以次出。

又 凡大朝賀，教坊司設中和韶樂於殿之東西，北向。陳大舞於丹陛之東西，亦北向。駕興，中和韶樂奏《聖安之曲》。陞座進寶，樂止。百官拜，大樂作。拜畢，樂止。進表，大樂作。進訖，樂止。宣表目，致賀訖，百官俯伏，大樂作。拜畢，樂止。宣制訖，百官舞蹈山呼，大樂作。拜畢，樂止。駕興，中和韶樂奏《定安之曲》，導駕至華蓋殿，樂止。百官以次出。

又 其大宴饗，教坊司設中和韶樂於殿内，設大樂於殿外，立三舞雜隊於殿下。駕興，大樂作。陞座，樂止。文武官入列於殿外，北向拜，大樂作。拜畢，樂止。進御筵，樂作。進訖，樂止。進花，樂作。進訖，樂止。進第一爵，教坊司奏《炎精開運之曲》，樂作。内外官拜畢，樂止。散花，樂作。散訖，樂止。第二爵，教坊司奏《皇風之曲》。樂止，進湯。鼓吹響節前導至殿外，鼓吹止，殿上樂作。羣臣湯饌成，樂止。武舞入，教坊司請奏《平定天下之舞》。第三爵，教坊司請奏《眷皇明之曲》，進酒如前儀。樂止，教坊司請奏《撫安四夷之舞》。第四爵，奏《天道傳之曲》，進酒進湯如前儀。樂止，奏《車書會同之舞》。第五爵，奏《振皇綱之曲》，進酒如前儀。樂止，奏百戲承應。第六爵，奏《金陵之曲》，進酒進湯如前儀。樂止，奏《八蠻獻寶》承應。第七爵，奏《長楊之曲》，進酒如前儀。樂止，奏《採蓮隊子》承應。第八爵，奏《芳醴之曲》，進酒進湯如前儀。樂止，奏《魚躍於淵》承應。第九爵，奏《駕六龍之曲》，進酒如前儀。樂止，收爵。進湯，進大膳，樂作。供羣臣飯食訖，樂止，百花隊舞承應。宴成徹案。羣臣出席，北向拜，樂作。拜畢，樂止。駕興，大樂作，鳴鞭，百官以次出。此朝賀宴饗之樂歌節奏也。

又 當太祖時，前後稍有增損。樂章之鄙陋者，命儒臣易其詞。二郊之作，太祖所親製。後改合祀，其詞復更。太社稷奉仁祖配，亦更製七奏。嘗諭禮臣曰：古樂之詩，章和而正。後世之詩，章淫以誇。故一切諛詞豔曲皆棄不取。嘗命儒臣撰回鑾樂歌，所奏《神降祥》、《神貺》、《酣酒》、《色荒》、《禽荒》諸曲，凡三十九章，命曰《御鑾歌》，皆寓諷諫之意。然當時作者，惟務明達易曉，非能如漢、晉間詩歌，鏗鏘雅健，可録而誦也。殿中韶樂，其詞出於教坊俳優，多乖雅道。十二月樂歌，按月律以奏，及《進膳》、《迎膳》等曲，皆用樂府、小令、雜劇爲娛戲。流俗諠譊，淫哇不逞。太祖所欲屏者，顧反設之殿陛間，不爲怪也。

又 永樂十八年，北京郊廟成，其合祀合享禮樂，一如舊制。更定宴饗樂舞，初奏《上萬壽之曲》，《平定天下之舞》。二奏《仰天恩之曲》，《撫四夷之舞》。三奏《感地德之曲》，《車書會同之舞》。四奏《民樂生之曲》，《表正萬邦之舞》。五奏《感皇恩之曲》，《天命有德之舞》。六奏《慶豐年之曲》。七奏《集禎應之曲》。八奏《永皇圖之曲》。九奏《樂太平之曲》。奏曲膚淺，舞曲益下俚。景泰元年，助教劉翔上書指其失。請敕儒臣推演道德教化之意，君臣相與之樂，作爲詩章，協以律呂，如古《靈臺》、《辟雍》、《清廟》、《湛露》之音，以振勵風教，備一代盛典。時以襲用既久，卒莫能改。其後教坊司樂工所奏中和韶樂，且多不諧者。成化中，禮官嘗請三倍其額，博教而約取之。

又 弘治之初，孝宗親耕藉田，教坊司以雜劇承應，間出狎語，都御史馬文升厲色斥去。給事中胡瑞嘗言：御殿受朝，典禮至大，而殿中中和韶樂乃屬之教坊司，嶽鎮海瀆，三年一祭，乃委之神樂觀樂舞生，褻神明，傷大體。望敕廷臣議嶽瀆等祭，當以縉紳從事。中和韶樂，擇民間子弟肄習，設官掌之。年久，則量授職事。帝以奏樂遣祭，皆國朝舊典，不能從也。馬文升爲尚書，因災異陳言，其一，訪名儒以正雅樂，事下禮官。禮官言：高皇帝命儒臣考定八音，修造樂器，參定樂章。其登歌之詞，多自裁定。但歷今百三十餘年，不復校正，音律舛訛，釐正宜急。且太常官恐未足當製器協律之任，乞詔下諸司，博求中外臣工及山林有精曉音律者，禮送京師。會禮官熟議至當，然後造器正音，庶幾可以復祖制，致太和。帝可其奏。末年詔南京及各王府，選精通樂藝者詣京師，復以禮官言而罷。

又 嘉靖元年，御史汪珊請屏絶玩好，令教坊司毋得以新聲巧技進。世宗嘉納之。是時更定諸典禮，因亦有志於樂。建觀德殿以祀獻帝，召協律郎肄樂供祀事。後建世廟成，改殿曰崇先。乃親製樂章，命大學士費宏等更定曲名，以别於太廟。其迎神曰《永和之曲》，初獻曰《清和之曲》，亞獻曰《康和之曲》，終獻曰《冲和之曲》，徹饌曰《泰和之曲》，送神曰《寧和之曲》。宏等復議，獻皇生長太平，不尚武功，其三獻皆當用《文德舞》。從之。已而太常復請，乃命禮官會張璁議。璁言：樂舞以佾數爲降殺，不聞以武文爲偏全。使八佾之制，用其文而去其武，則兩階之容，得其左而闕其右。是皇上舉天子禮樂，而自降殺之矣。乃從璁議，仍用二舞。九年二月，始祈穀於南郊，帝親製樂章，命太常協於音譜。是年，始祀先蠶，下禮官議樂舞。禮官言：先蠶之祀，周、漢所同。其樂舞儀節，經史不載。唐開元先蠶儀注，大樂令設宫縣於北郊壇壝内，諸女工咸列於后，則祀先蠶用女樂可知。《唐六典》：宫縣之舞八佾，軒縣之舞六佾。則祀先蠶用八佾又可知。然止言舞生冠服，而不及舞女冠服。陳暘《樂書享先蠶圖》下，止有《宫架登歌圖》，而不及舞。夫有樂有舞，雖祀禮之常，然周、漢制度既不可考，宋祀先蠶，代以有司，又不可據。惟開元略爲近古，而陳氏《樂書》考據亦明。前享先農，既以佾數不足，降八爲六，則今祀先蠶，止用樂歌，不用樂舞，亦合古制，且以見少殺先農之禮。帝以舞非女子事，罷不用。使議樂女冠服以聞，禮官言：北郊陰方，其色尚黑。同色相感，事神之道。漢蠶東郊，魏蠶西郊，色皆尚青，非其色矣，樂女冠服宜黑。乃用樂六奏，去舞。其樂女皆黑冠服，因定享先蠶樂章。又以祀典方釐定南北郊，復朝日夕月之祭，命詞臣取洪武時舊樂歌，一切更改。禮官因請廣求博訪，有如宋胡瑗、李照者，具以名聞。授之太常，考定雅樂。給事中夏言乃以致仕甘肅行太僕寺丞張鶚應詔。

清・姚燮《今樂考證・緣起・西曲》 翟灝云：《南史・徐勉傳》：武帝擇後宮吴聲、西曲女妓各一部賚勉。《通典》：梁有吴安泰善歌，後爲樂令，初改西曲，以別江南《上雲樂》。《樂府詩集》謂：西曲歌於荆郢樊鄧之間，因其方俗，謂之西曲。按：今以山西所唱小曲曰西曲，與古絶殊，亦因其方俗有之。

又《小曲》 《文選・長笛賦》云：聽簉弄者，遥思于古昔。注云：簉弄，蓋小曲。翟氏謂漢樂府《滿歌行》等篇，謂之大曲。小曲，當對大曲言之，非若今之小曲也。宋王楙《野客叢書》載：陳伏知《從軍五更轉曲》，後教坊以五更演爲五曲，爲街市唱。今小曲《鬧五更》、《五更相思》之類，知由來已久。

又《山歌》 明崑山陸容云：吴中鄉村唱山歌，大率多道男女情致而已。惟一歌云：南山脚下一缸油，姊妹兩個合梳頭。大個梳做盤龍髻，小個梳做楊籃頭。不知何意。朱廷評樹之嘗以問予，予思之，翌日，報云：此歌得非言人之所業本同，厥初惟其心之趣向稍異，則其成就遂有大不同者。作如是觀，可乎。樹之云：君之穎悟，過我矣，作如是觀。此山歌第一曲也。《菽園雜記》。陸務觀《老學庵筆記》載小娘子，葉底花，無事出來喫盃茶之曲，以爲《竹枝》之類。今之山歌似之。翟灝云：《湘山野録》，吴越王大陳鄉飲，高揭呈喉，唱山歌以見意。《水東日記》云：吴人耕作或舟行之勞苦，多作謳歌以自遣，皆名山歌。其中亦有可爲警勸者。按：今又有秧歌，本饁婦所唱也，《武林舊事》元夕舞隊之《村田樂》即此。江浙間雜扮諸色人跳舞，失其意，江北猶存舊風。

又《陶真》 翟灝云：《堯山堂外紀》：杭州瞽女唱古今小説、評話，謂之陶真。《七修類稿作》淘真，起處每曰太祖太宗真宗帝，四祖仁宗有道君。蓋始宋時也。姜南《洗硯雜録》：翟存齋詩，陌頭盲女無窮恨，能撥琵琶唱趙家。今瞽者彈琵琶演説小説以覓衣食，蓋自昔如是。《夢粱録》有女荒鼓板，想亦其屬。阮葵生云：盲女琵琶，元時已有之，至今江淮尤甚。近年亦多少年游閑者藉以佐酒消遣，不異青樓。吾鄉楊幼鳧廣文，年七十，致仕回里，飢餓不能出門户。後羣盲日造其門，資其飲饌，筠籠蠻猛，窮極豐腆，人不解其故。久之，知廣文以歌曲擅長，多取耳聞目見之事，演爲彈詞，新聲倚調。盲女以先得者聲價頓高，廣文遂藉以娱老。翟存齋詩：陌頭盲女無愁恨，能撥琵琶説趙家。放翁詩：斜陽古柳趙家莊，負鼓盲翁正作場。盲女、瞽男，由來舊矣。汪汲云：《猗覺寮雜記》，彈曲起於唐懿宗時。《曹確傳》云：優人李可及能新聲，自度曲，號爲拍彈。方外畸人《相思鏡彈詞序例》云：彈詞始於北宋安定郡王趙德麟。按：唐元微之《會真記》，撰商調《蝶戀花》十二章，號鼓子詞，俾歌工彈唱，已倡其端。至金章宗朝，董解元變詞爲曲，亦按《會真》作《西厢記》，科白互施，厥體乃備。元王伯成有《開元天寶遺事》，皆搊彈本也。自後南北曲盛行，斯道遂廢。近世沈元英工此，遣詞命韻，能備取長短句體。兹詞惟取《鷓鴣天》爲式，取便歌，口韻必以《中原》爲式。

又《連厢》 毛奇齡曰：金作清樂，仿遼時大樂之製，有所謂連厢詞者，帶唱帶演。以司唱一人，琵琶一人，筝一人，笛一人，列坐唱詞，而復以男名末泥女名旦兒者，隨唱詞作舉止，如《參了菩薩》，則末泥祗揖，《只將花笑撚》，則旦兒撚花之類。北人至今謂之連厢，曰打連厢、唱連厢，又曰連厢搬演。大抵連四厢舞人而演其曲，故云然。先司馬從甯庶人處得其例。梁廷枬云：古人歌者、舞者各自爲一，兩不照應。至唐人《柘枝詞》、《蓮花鏇歌》，則舞者所執，與歌人所歌之詞，稍有相應矣，猶羌無故實也。至宋趙令時作商調鼓子詞譜《西厢傳奇》，始有事實矣，然尚無演白也。至董解元作《西厢搊彈詞》，曲中夾白，搊彈念唱，統屬一人，然尚未以人扮演也。金人仿遼大樂之製而作清樂，中有連厢詞，則扮演有人矣，猶然司舞者不唱，司唱者不舞也。至元曲則歌舞合於一人，然一折自首至末，皆以其人專唱，非正末則正旦，唱者爲主，而白者爲賓，連厢之法未盡變也。今之雜色上場，無不可唱，此實起于元末明初，其由來亦已久矣。

又《傀儡》 王棠云：魁櫑本喪家樂，漢時嘉會用之。唐時窟儡子，一作窟礧子。唐戲之首舞也，即傀儡是也。漢高困平城，陳平秘計造木偶人，用機關舞於陣間，樂家翻爲戲。《顔氏家訓》曰：古有秃人名郭，好詼諧戲謔，今云傀儡郭郎。汪汲云：傀儡，北齊後主高緯尤所好。翟灝云：《顔氏家訓》云，俗名傀儡爲郭秃。《風俗通》謂諸郭皆諱秃，當是前代有姓郭而病秃者，滑稽調戲，故後人爲其象耳。《西河詞話》云：宫戲本水傀儡，其製用偶人立板上，浮大池面，用屏障其下，而以機運之。杖頭傀儡，以人持其足，俗謂之捏脚摳。懸絲傀儡，俗謂之提線摳。

又《舞》 沈括《筆談》云：《柘枝舞》遍數極多，如《羯鼓録》所謂渾脱解之類，舞必盡日。寇萊公好之，今遇一萊公舊妓，云，當時尚有數十遍，今日所舞十不得二三，惜無傳之者。翟灝云：字舞，《舊唐書・音樂志》：《上元聖壽樂》，武后作也，舞者百四十人，行列必成字，十六變而畢。有聖超千古、道泰百王、皇帝萬年、寶祚彌昌字。《樂録》：舞人亞身於地而成字，謂之字舞。王建《宫詞》：每遇舞頭分兩向，太平萬歲字當中。按：今劇場中擺列爲天下太平等字，乃其具體。王棠云：嘗聞孔廟祭丁時，奏樂舞大哉孔子四字，初謂事不經，以爲近于兒戲。後讀王建《宫詞》，知舞字之制，由來已久。

流變

論説

元・楊維楨《東維子文集・周月湖今樂府序》 士大夫以今樂府成鳴者，奇巧莫如關漢卿、庾吉甫、楊澹齋、盧疏齋。豪爽則有如馮海粟、滕玉霄。醖藉則有如貫酸齋、馬昂父。其體裁各異，而宫商相宜，皆可被於弦竹者也。繼起者不可枚舉，往往泥文采者失音節，諧音節者虧文采，兼之者實難也。夫詞曲本古詩之流，既以樂府名編，則宜有風雅餘韻在焉。苟專逐時變，競俗趨，不自知其流於街談市諺之陋，而不見夫錦臟繡腑之爲懿也，則亦何取於今之樂府，可被於弦竹者哉。

又《沈氏今樂府序》 然樂府出於漢，可以言古，六朝而下皆今矣，又況今之今乎。吁，樂府曰今，則樂府之去漢也遠矣。士之操觚于是者，文墨之游耳。其以聲文綴於君臣、夫婦，仙釋氏之典故，以警人視聽。使癡兒女知有古今美惡成敗之勸懲，則出於關、庾氏傳奇之變。或者以爲治世之音，則辱國甚矣。吁，《關雎》、《麟趾》之化，漸漬於聲樂者，固若是其班乎。故曰今樂府者，文墨之士之游也。然而媟雅邪正，豪俊鄙野，則亦隨其人品而得之。楊、盧、滕、李、馮、貫、馬、白，皆一代詞伯，而不能不游於是。雖依比聲調，而其格力雄渾正大，有足傳者。邇年以來，小葉俳輩，類以今樂府自鳴，往往流於街談市諺之陋，有漁樵欸乃之不如者。吾不知又十年、二十年後，其變爲何如也。

又《沈生樂府序》 我朝樂府，辭益簡，調益嚴，而句益流媚不陋，自疏齋、酸齋以後，小山局於方，黑劉縱於圓。局於方，拘才之過也。縱於圓，恣情之過也。二者胥失之。

明・祝允明《猥談》 數十年來，所謂南戲盛行，更爲無端。【略】愚人蠢工徇意更變，妄名餘姚腔、海鹽腔、崑山腔之類。

明・東圃主人《大雅堂雜劇序》 襄王孫曰：《國風》變而爲樂府，樂府變而爲傳奇。卑卑甚矣，然或譚言微中。其滑稽之流，與迺若江漢之間，湘纍郢客之遺，猶有存者。頃得兩都遺事，而文獻足徵。竊比吴趨被之歌舞，實既卒爵，迺令部下陳之□，在屬饜一臠足矣。彼或端冕而卧，其無求多於予哉。

明・何良俊《四友齋叢説》卷三七 楊升菴曰，《南史》：蔡仲熊云，五音本在中土，故氣韻調平，東南土氣偏詖，故不能感動木石。斯誠公言也。近世北曲，雖《鄭》、《衛》之音，然猶古者總章，北里之韻，梨園、教坊之調，是可證也。近日多尚海鹽南曲，士夫禀心房之精、從婉孌之習者，風靡如一，甚者北士亦移而耽之，更數世後，北曲亦失傳矣。

明・王世貞《曲藻・序》 曲者，詞之變。自金、元入主中國，所用胡樂，嘈雜凄緊，緩急之間，詞不能按，乃更爲新聲以媚之。而諸君如貫酸齋、馬東籬、王實甫、關漢卿、張可久、喬夢符、鄭德輝、宫大用、白仁甫輩，咸富有才情，兼善聲律，以故遂擅一代之長。所謂宋詞、元曲，殆不虚也。但大江以北，漸染胡語，時時採入，而沈約四聲遂闕其一。東南之士，未盡顧曲之周郎。逢掖之間，又稀辨撾之王應。稍稍復變新體，號爲南曲。

明・臧懋循《荆釵記引》 今樂府盛行於世，皆知王大都《西廂》、高東嘉《琵琶》爲元曲，無敢置左右袒。然予觀《琵琶》，多學究語耳，瑕瑜各半，於曲中三昧尚隔一頭地。而得與《西廂》並稱者，何也，往遊梁，從友人王延氏得周府所藏《荆釵》秘本，云是丹邱生手筆，搆調工而穩，運思婉而匝，用事雅而切，布格圓而整。今坊本大異，循環把玩，幾至忘肉，乃知元人所傳，總一衣鉢，分南北二宗，世人自闇見解，繆相祖述，尊臨濟而薄曹溪，蔽也久矣。夫璧有兩色澤皆同，而價懸絶特甚，惟識玉者能就其側而辨之，何況彼此相形低昂立判者哉。尹夫人一望見邢夫人，心折氣沮，直欲自毁其面。於乎，此觀《荆釵》、《琵琶》之喻也。

明・胡應麟《少室山房筆叢》卷四一辛部《莊嶽委談下・戲文之變》 今世俗搬演戲文，蓋元人雜劇之變。而元人雜劇之類戲文者，又金人詞説之變也。雜劇自唐、宋、金、元迄明皆有之。獨戲文《西廂》作祖。《西廂》出金董解元，然實弦唱小戲之類。至元王、關所撰，乃可登場搬演。高氏一變而爲南曲。承平日久，作者迭興，古昔所謂雜劇院本，几于盡廢，僅教場中存什二三耳。

明・吕天成《曲品》卷上 自昔伶人傳習，樂府遞興。爨段初翻，院本繼出。金、元創名雜劇，國初沿作傳奇。雜劇北音，傳奇南調。雜劇折惟四，唱止一人。傳奇折數多，唱必匀派。雜劇但摭一事顛末，其境促。傳奇備述一人始終，其味長。無雜劇則孰開傳奇之門，非傳奇則未㬚雜劇之趣也。傳奇既盛，雜劇寖衰，北里之管絃，播而不遠。南方之鼓吹，簇而彌喧。國初名流，曲識甚高，作手獨異。造曲腔之名目，不下數百。定曲板之高下，不淆二三。乍見寧不駭疑，習久自當遵服。所謂規矩設矣，方圓因之。數其人，有大家、名家之别。按其帙，有極老、半舊之分。故賞其絶技，則描畫世情，或悲或笑。存其古風，則湊泊常語，易曉易聞。有意駕虚，不必與實事合。有意近俗，不必作綺麗觀。不尋宫數調，而自解其弢。不就拍選聲，而自鳴其籟。極質樸而不以爲俚，極膚淺而不以爲疎。

明・周之標《吴歈萃雅・題詞》 當今制科，率取時文。而士子窮年矻矻，精力都用之八股中矣。舉秦、漢、唐、宋以來，所謂工詞賦、工詩、工策者，一切棄置，即有高才逸致，除却八股，安所自見，而人亦安所見之。顧詞賦之客，與夫詩之友、策之士，雖已靡極，不堪採用，間有一二騷人，祖昔人之所謂曲者，而殫精力焉。夫曲，則近淫，如昔人《大堤曲》、《採蓮曲》，令人聽之忘倦，況今時之曲，尤極其宛轉流麗乎。袁石公所云千人石上，每度一字幾一刻者，此類是也。斯即飛鳥聞之，亦且徘徊欲下，而幽人壯士，概可知已。嗟呼，世道日衰，人心日下，毋論真文章，真事業，不可多得。即最下如淫詞艷曲，求其近真者絶少，惟是閨中思婦，塞外征人，情真境真，尚堪摹畫，而騷人以自己筆端，代他人口角，或燈之前，或月之下，或花之旁，或柳之畔，或山水之間，洋洋出之，宛然真也。歌之者亦宛然真也。然則八股何如十三腔，而學士家雖謂讀爛時文，不如讀真時曲也可。

明・顧啓元《客座贅語・戲劇》 南都萬曆以前，公侯與縉紳及富家，凡有讌會小集，多用散樂，或三四人，或多人。唱大套北曲，樂器用筝、篆、琵琶、三絃子、拍板，若大席則用教坊打院本，乃北曲大四套者，中間錯以撮墊圈舞觀音，或百丈旗，或跳隊子，後乃變而盡用南唱，歌者祇用一小拍板，或以扇子代之，間有用鼓板者，今則吴人益以洞簫及月琴，聲調屢變，益爲悽惋，聽者殆欲墮淚矣。大會則用南戲，其始止二腔，一爲弋陽，一爲海鹽。弋陽則錯用鄉語，四方士客喜閲之。海鹽多官語，兩京人用之。後則又有四平，乃稍變弋陽而令人可通者。今又有崑山，校海鹽又爲清柔而婉折，一字之長，延至數息，士大夫稟心房之精，靡然從好，見海鹽等腔，已白日欲睡。至院本北曲，不啻吹篪擊缶，甚且厭而唾之矣。

明・沈德符《萬曆野獲編》卷二五《南北散套》 南詞自陳、沈諸公外，如《樓閣重重》、《因他消瘦》、《風兒疎刺刺》等套，尚是成、弘遺音。此外吴中詞人如唐伯虎、祝枝山，後爲梁伯龍、張伯起輩，縱有才情，俱非本色矣。【略】近代南詞散套盛行者，如張伯起《燈兒下》，乃依《幽窗下》舊腔，贈一孌童，即席取辦，宜其用韻之雜。

又《雜劇》 北雜劇已爲金、元大手擅勝場，今人不復能措手。曾見汪太函四作，爲《宋玉高唐夢》、《唐明皇七夕長生殿》、《范少伯西子五湖》、《陳思王遇洛神》，都非當行。惟徐文長渭《四聲猿》盛行，然以詞家三尺律之，猶河漢也。梁伯龍有《紅線》、《紅綃》二雜劇，頗稱諧穩，今被俗優合爲一大本南曲，遂成惡趣。近年獨王辰玉太史衡所作《真傀儡》、《没奈何》諸劇，大得金、元蒜酪本色，可稱一時獨步。然此劇但四折，用四人各唱一折，或一人共唱四折，故作者得逞其長，歌者亦盡其技。王初作《鬱輪袍》，乃多至七折，其《真傀儡》諸劇，又衹以一大折了之，似尚隔一塵。頃黄貞甫汝亨以進賢令内召還，貽湯義仍新作《牡丹亭記》，真是一種奇文。未知於王實甫、施君美如何，恐斷非近日諸賢所辦也。湯詞係南曲，因論北詞附及之。

又《雜劇院本》 涵虚子所記雜劇名家凡五百餘本，通行人間者，不及百種。然更不止此。今教坊雜劇約有千本，然率多俚淺，其可閲者十之三耳。元人未滅南宋時，以此定士子優劣，每出一題，任人填曲，如宋宣和畫學，出唐詩一句，恣其渲染，選其能得畫外趣者登高第，於是宋畫、元曲，千古無匹。元曲有一題而傳至四五本者，余皆見之。總衹四折。蓋才情有限，北調又無多，且登場雖數人而唱曲衹一人，作者與扮者力量俱盡現矣。自北有《西厢》，南有《拜月》，雜劇變爲戲文，以至《琵琶》遂演爲四十餘折，幾十倍雜劇。然《西厢》到底描寫情感。予觀北劇，儘有高出其上者，世人未曾遍觀，逐隊吠聲，咤爲絶唱，真井蛙之見耳。本朝能雜劇者不數人，自周憲王以至關中康、王諸公，稍稱當行。其後則山東馮、李亦近之，然如《小尼下山》、《園林午夢》、《皮匠參禪》等劇，俱太單薄，僅可供笑謔，亦教坊耍樂院本之類耳。雜劇如《王粲登樓》、《韓信胯下》、《關大王單刀會》、《趙太祖風雲會》之屬，不特命詞之高秀，而意象悲壯，自足籠蓋一時。至若《㑳梅香》、《倩女離魂》、《牆頭馬上》等曲，非不輕俊，然不出房幃窠臼，以《西厢》例之可也。他如《千里送荆娘》、《元夜鬧東京》之屬，則近粗莽。《華光顯聖》、《目蓮入冥》、《大聖收魔》之屬，則太妖誕。以至《三星下界》、《天官賜福》種種喜慶傳奇，皆係供奉御前，呼嵩獻壽，但宜教坊及鐘鼓司肄習之，並勛戚、貴璫輩贊賞之耳。若所謂院本者，本北宋徽宗時五花爨弄之遺，有散説，有道念，有筋斗，有科汎。初與雜劇本一種，至元始分爲兩。迨本朝，則院本不傳久矣。今尚稱院本，猶沿宋、金之舊也。金章宗時，董解元《西厢》，尚是院本模範，在元末已無人能按譜唱演者，況後世乎。

明・潘之恒《亙史・雜篇》卷四 長洲、崑山、太倉，中原之音也，名曰崑腔。以長洲、太倉皆崑山所分而旁出者，無錫媚而繁，吴江柔而清，上海勁而疏，三方猶或鄙之。而毗陵以北達江，嘉禾以南迄於濱浙，皆愈淮之橘，入穀之鶯也。遠而夷之，無論矣。

明・王驥德《曲律》卷二《論腔調第一〇》 夫南曲之始，不知作何腔調。沿至於今，可三百年。世之腔調，每三十年一變，由元迄今，不知經幾變更矣。大都創始之音，初變腔調，定自渾樸，漸變而之婉媚，而今之婉媚極矣。舊凡唱南調者，皆曰海鹽。今海鹽不振，而曰崑山。崑山之派，以太倉魏良輔爲祖。今自蘇州而太倉、松江，以及浙之杭、嘉、湖，聲各小變，腔調略同，惟字泥土音，開閉不辨，反譏越人呼字明確者爲浙氣，大爲詞隱所疵。詳見其所著《正吴編》中。甚如唱火作呵上聲，唱過爲箇，尤爲可笑。過之不得爲箇，已載編中，而火之不可爲呵上聲，詞隱猶未之及也。然其腔調，故是南曲正聲。數十年來，又有弋陽、義烏、青陽、徽州、樂平諸腔之出。今則石臺、太平梨園，幾遍天下，蘇州不能與角什之二三。其聲淫哇妖靡，不分調名，亦無板眼，又有錯出其間，流而爲兩頭蠻者，皆《鄭》聲之最，而世争羶趨痂好，靡然和之，甘爲《大雅》罪人，世道江河，不知變之所極矣。

又《論家數第一四》 曲之始，止本色一家，觀元劇及《琵琶》、《拜月》二記可見。自《香囊記》以儒門手脚爲之，遂濫觴而有文詞家一體。近鄭若庸《玉玦記》作，而益工修詞，質幾盡掩。夫曲以模寫物情，體貼人理，所取委曲宛轉，以代説詞，一涉藻繢，便蔽本來。然文人學士，積習未忘，不勝其靡，此體遂不能廢，猶古文六朝之於秦漢也。大抵純用本色，易覺寂寥，純用文調，復傷琱鏤。《拜月》質之尤者，《琵琶》兼而用之，如小曲語語本色，大曲引子如《翠減祥鸞羅幌》、《夢遶春闈》，過曲如《新篁池閣》、《長空萬里》等調，未嘗不綺繡滿眼，故是正體。《玉玦》大曲，非無佳處，至小曲亦復填垛學問，則第令聽者憒憒矣。故作曲者須先認其路頭，然後可徐議工拙。至本色之弊，易流俚腐。文詞之病，每苦太文。雅俗淺深之辨，介在微茫，又在善用才者酌之而已。

又卷三《雜論第三九上》 胡鴻臚言：元時，臺省元臣、郡邑正官，皆其國人爲之，中州人每沈抑下僚，志不獲展，如關漢卿乃太醫院尹，馬致遠江浙行省務官，宫大用均臺山長，鄭德輝杭州路吏，張小山首領官，於是多以有用之才，寓於聲歌，以紓其拂鬱感慨之懷。所謂不得其平而鳴也。然其時如貫酸齋、白無咎、楊西庵、胡紫山、盧疏齋、趙松雪、虞邵庵輩，皆昔之宰執貴人也，而未嘗不工於詞。以今之宰執貴人與酸齋諸公角而不勝，以今之文人墨士與漢卿諸君角而又不勝也。蓋勝國時，上下成風，皆以詞爲尚，於是業有專門。今吾輩操管爲時文，既無暇染指，迨起家爲大官，則不勝功名之念。致仕居鄉，又不勝田宅子孫之念，何怪其不能角而勝之也。

又　南戲曲，從來每人各唱一隻。自《拜月》以兩三人合唱，而詞隱諸戲遂多用此格。畢竟是變體，偶一爲之可耳。

又　古戲如《荆》、《劉》、《拜》、《殺》等，傳之幾二三百年，至今不廢。以其時作者少，又優人戲單，無此等名目，便以爲缺典，故幸而久傳，若今新戲日出，人情復厭常喜新，故不過數年，即棄閣不行，此世數之變也。

又　唐之絶句，唐之曲也，而其法宋人不傳。宋之詞，宋之曲也，而其法元人不傳。以至金、元人之北詞也，而其法今復不能悉傳。是何以故哉，國家經一番變遷，則兵燹流離，性命之不保，遑習此太平娛樂事哉。今日之南曲，他日其法之傳否，又不知作何底止也。爲慨，且懼。

又卷四《雜論第三九下》　吾越故有詞派，古則越人《鄂君》，越夫人《烏鳶》，越婦《采葛》，西施《采蓮》，夏統《慕歌》，小海《河女》尚已。迨宋，而有《青梅》之歌，志稱其聲調宛轉，有《巴峽》、《竹枝》之麗。陸放翁小詞閒豔，與秦、黄並驅。元之季有楊鐵崖者，風流爲後進之冠，今《伯業艱危》一曲，猶膾炙人口。近則謝泰興海門之《四喜》，陳山人鳴野之《息柯餘韻》，皆入逸品。至吾師徐天池先生所爲《四聲猿》，而高華爽俊，穠麗奇偉，無所不有，稱詞人極則，追躅元人。今則自縉紳、青襟，以迨山人、墨客，染翰爲新聲者，不可勝紀。以余所善，史叔考撰《合紗》、《櫻桃》、《鶼釵》、《雙鴛》、《孿甌》、《瓊花》、《青蟬》、《雙梅》、《夢磊》、《檀扇》、《梵書》，又散曲曰《齒雪餘香》，凡十二種。王澹翁撰《雙合》、《金椀》、《紫袍》、《蘭佩》、《櫻桃園》，散曲曰《欸乃編》，凡六種。二君皆自能度品登場，體調流麗，優人便之，一出而搬演幾遍國中。姚江有葉美度進士者，工儁摹古，撰《玉麟》、《雙卿》、《鸞鎞》、《四豔》、《金鎖》，以及諸雜劇，共十餘種。同舍有吕公子勤之，曰鬱藍生者，從髫年便解摛掞，如《神女》、《金合》、《戒珠》、《神鏡》、《三星》、《雙棲》、《雙閣》、《四相》、《四元》、《二媱》、《神劍》，以迨小劇，共二三十種。惜玉樹早摧，齎志未竟。自餘獨本單行，如錢海屋輩，不下一二十人。一時風尚，概可見已。

明・馮夢龍《曲律叙》　凡物，以少整，以多亂，故横議繁而一炬至，卷弨雜而五厄乘，人事濫則天概之，必然之勢也。近代之最濫者，詩文是已。性不必近，學未有窺。犬吠驢鳴，貽笑寒山之石。病諳夢囈，争投苦海之箱。獨詞曲一途，竄足者少，豈非以道疑小而不争，竅未鑿而幸免乎。數十年來，此風忽熾，人翻窠臼，家畫葫蘆，傳奇不奇，散套成套。訛非關舊，誣曰從先。格喜創新，不思乖體。飣餖自矜其設色，齊東妄附於當行。乃若配調安腔，選聲酌韻，或略焉而弗論，或涉焉而未通。令上帝下清問於周郎，則今日之聲歌，其先詩文而受概也必矣。

明・史玄《舊京遺事》　内臣鐘鼓司，專一統領俳優，如古梨園伶官之職。【略】舊止有打稻、過錦諸宫戲。按：宫中西内秋成之時，設打稻之戲，聖駕幸旋磨台、無逸殿，親賜觀覽。【略】神廟時，始特設玉熙宫，近侍三百餘員，兼學外戲。外戲，吴歈曲本戲也。

明・張元徵《盛明雜劇序》　且天下何之非戲，俄冠進賢，俄返初服，萍水奇遭，把臂忽訣。現前一段悲歡離合搬演正熟，但身在場中，錯認真耳。子瞻云：休言萬事轉頭空，未轉頭時是夢。此語覷破。或又謂：漢文、唐詩、宋詞、元曲，各絶一時，後有作者，難乎其繼。此又大不然。我明風氣弘開，何所不有。詩文若李、王崛起，已不媿西京大曆。而詞曲名家，何遽遜美酸齋、東籬、漢卿、仁甫。余友沈林宗深心嗜古，博綜之暇，爰集盛明雜劇數十種，與《元人百種》並傳，此亦騷雅鼓吹，風流勝事矣。

明・張琦《衡曲麈譚・作家偶評》　騷賦者，三百篇之變也。騷賦難入樂而後有古樂府，古樂府不入俗而後以唐絶句爲樂府，絶句少宛轉而後有詞。自金、元入中國，所用胡樂，嘈雜緩急之間，詞不能按，乃更爲新聲以媚之，作家如貫酸齋、馬東籬輩，咸富於學，兼喜聲律，擅一代之長，昔稱宋詞，元曲，非虚語也。大江以北，漸染胡語。而東南之士，稍稍變體，别爲南曲，高則誠氏赤幟一時，以後南詞漸廣，二家鼎峙。大抵北主勁切雄壯，南主清峭柔脆。北字多而調促，促處見筋。南字少而調緩，緩處見眼。各有三昧，難以淺窺。譬之同一師承，而頓漸分受，不可同日語也，乃製曲者往往南襲北辭，殊爲可笑。今麗曲之最勝者，以王實甫《西廂》壓卷，日華翻之爲南，時論頗弗取。不知其翻變之巧，頓能洗盡北習，調協自然，筆墨中之鑪冶，非人官所易及也。國初作者王子一輩十六人，僅傳其名，詞未及見。後起如楊升菴，頗有才情，所著有《洞天玄記》、《陶情樂府》，流膾人口，但楊本蜀人，調不甚諧，而摘句多佳。楊夫人亦饒才學，最佳者如《黄鶯兒》積雨釀輕寒一曲，字字絶佳，楊別和三詞，俱不能勝，固奇品也。北人如王渼陂、康對山，翩翩佳致。其後推山東李伯華，伯華以《傍妝臺》百闋爲對山所欣賞，今其詞尚在，不足道。所爲《寶劍》、《登壇記》，亦是改其鄉先輩之作，固自平平，而自負不淺，弇州嘗譏其腔律未協，非苛求也。大聲，金陵將家子，所爲散套，尚多借襲，而才情亦淺，然句字流麗，可入絃索，如《三弄梅花》一闋，頗稱作家，固知好句不在多得。王舜耕《西樓樂府》，較爲警健，題贈亦善調謔，而少風人之藴藉。常樓居自有樂府，詞氣豪逸，亦未當行。谷繼宗、謝茂秦輩，皆有逸韻，尚居諸君之下。徐髯仙所爲樂府，不能如大聲穩協，而情思過之。吴中以南曲名者，祝希哲、唐伯虎、鄭若庸三人媲美。京兆能爲大套，富麗而多駁雜。解元小詞，纖雅絶倫。鄭所爲《玉玦記》，見其一斑。它未足道。《明珠記》乃陸天池采所成者，其兄浚明給事助之，非一手之烈。張伯起素喜梁伯龍博雅擅場，《吴越春秋》善述史學而不平實，且賓白工緻，具見名筆，第其失在冗長。若《江東白苧》一辭，讀之有學士風，張伯起評以擲地金聲，殆非虛語。與伯龍相後先者，吾鄉之沈青門，峻志未就，托迹醉鄉，其辭冶豔出俗，韻致諧和，入南聲之奧室矣。伯起好古文辭，尤一時名宿，所爲《紅拂》傳奇，俠逸秀朗，雖論者有輕弱之嫌，孰知意態修美，如翔禽之羽毛，正自難得。陸南門、張少谷語亦雋冷悠然，八音中之有笙、竽，又何可少。臨川學士，旗鼓詞壇，今玉茗堂諸曲，爭膾人口，其最者，《杜麗娘一劇》，上薄《風》、《騷》，下奪屈、宋，可與實甫《西厢》交勝，獨其宫商半拗，得再調協一番，辭調兩到，詎非盛事與，惜乎其難之也。越之屠赤水，爲辭古鬱，《曇花》一記，憤懣淒爽，寓言立教，具見婆心。史叔考亦起越中，心手精湛，集中句多佳勝，再得洗刷，一開生面，幾幾乎大雅矣。至沈寧菴則究心精微，羽翼譜法，後學之南車也。苕中吴載伯、凌初成，詞林之彦，清言楚楚，頗爲歙袥。載伯與吴門王伯穀姻契雅善，往還酬和，咸都雅可觀。近之佳者如龍子猶、王伯良、卜大荒諸君，皆生動圓轉，領異取新，脉接《金荃》，聲傳三籟。而袁凫公奉譜嚴整，辭韻恬和，《西樓》一帙，即能引用譜書以暢己欲言，筆端之有慧識者，《九宮詞譜》爲聲音滯義，藉作者流通之，凫公與有力焉。近之奇崛者，有范香令，結搆玄暢，可追元人步武，惜乎不永，一時絶嘆。邇來作手輩出，雖未必盡稱擅場，要多才藻新聲，葩爛映發，奈何傳誦未徧，不能擇其尤者被諸聲歌，兹拈論亦弗概及，第舉諸所見者偶一評隲焉爾。

明・凌濛初《譚曲雜劄》 曲始於胡元，大略貴當行不貴藻麗。其當行者曰本色。蓋自有此一番材料，其脩飾詞章，填塞學問，了無干涉也。故《荆》、《劉》、《拜》、《殺》爲四大家，而長材如《琵琶》猶不得與，以《琵琶》間有刻意求工之境，亦開琢句脩詞之端，雖曲家本色故饒，而詩餘弩末亦不少耳。國朝如湯菊莊、馮海浮、陳秋碧輩，直闖其籓，雖無耑本戲曲，而製作亦富，元派不絶也。自梁伯龍出，而始爲工麗之濫觴，一時詞名赫然。蓋其生嘉、隆間，正七子雄長之會，崇尚華靡，弇州公以維桑之誼，盛爲吹噓，且其實於此道不深，以爲詞如是觀止矣，而不知其非當行也。以故吴音一派，兢爲勦襲。靡詞如《綉閣羅幃》、《銅壺銀箭》、《黄鶯紫燕》、《浪蝶狂蜂》之類，啓口即是，千篇一律。甚者使僻事，繪隱語，詞須累詮，意如商謎，不惟曲家一種本色語抹盡無餘，即人間一種真情話，埋没不露已。至今胡元之竅，塞而未開，間以語人，如錮疾不解，亦此道之一大劫哉。

又 周德清《中原音韻》，舌本甚調，聯叶甚協，自是明白可依，知者可以闇合無訛，非若休文詩韻龐雜乖離也，故元人北劇一準而用之。今人作詩，必不能跳越休文韻，以唐人遵之之故。乃曲之於德清韻，不能如元人遵之，何哉，此自《琵琶》等舊曲，皆不免旁犯，則以轉韻、借叶易於成章耳。然北曲僅存者，無一失韻。南曲盛行者，反不能然。正恐流傳竄改，未必皆作者之故也。其廉纖、監咸、侵尋閉口三韻，舊曲原未嘗輕借。今會稽、毘陵二郡，土音猶嚴，皆自然出之，非待學而能者，獨東西吴人懵然，亦莫可解。近來知用韻者漸多，則沈伯英之力不可誣也。

又 沈伯英審於律而短于才，亦知用故實、用套詞之非宜，欲作當家本色俊語，却又不能，直以淺言俚句，掤拽牽凑，自謂獨得其宗，號稱詞隱。而越中一二少年，學慕吴趨，遂以伯英開山，私相服膺，紛紜競作。非不東鍾、江陽，韻韻不犯，一稟德清，而以鄙俚可笑爲不施脂粉，以生梗雉率爲出之天然，較之套詞，故實一派，反覺雅俗懸殊。使伯龍、禹金輩見之，益當千金自享家筩矣。

清·吳偉業《雜劇三集序》　造化絪緼之氣，分陰分陽，貞淫各出。其貞氣所感，則爲忠孝節烈之事。其淫氣所感，則爲放蕩邪慝之事。二氣并行宇宙間，光怪百出，情狀萬殊，而總繇文人之筆傳之。文人之筆，或寓言，或紀實，想像形容，千載如見。由是貞者傳，淫者亦傳。如《三百篇》中不删《鄭》、《衛》，聖人以爲男女情欲之事，不必過遏，詞人狂肆之言，未嘗無意。貞淫并載，可以爲勸，可以爲鑒。有其文，則傳其文而已。漢、魏以降，四言變爲五七言，其長者乃至百韻。五七言又變爲詩餘，其長者乃至三四闋。其言益長，其旨益暢。唐詩、宋詞，可謂美備矣，而文人猶未已也。詩餘又變而爲曲，蓋金、元之樂嘈雜凄緊，緩急之間，詞不能接。一時才子，如關、鄭、馬、白輩，更創爲新聲以媚之。傳奇、雜劇，體雖不同，要于縱發，欲言而止。一事之傳，文成數萬，而筆墨之巧，迺不可勝窮也。元詞無論已。明興，文章家頗尚雜劇，一集不足，繼以二集。余常閱之，大半多綺靡之語，心頗不然，以爲此選之過也。已而思之，人苟不爲名教所縛，則淫佚之事，何所不有。有其事，則不能禁其傳，有其傳，則不能禁其選。如長卿之於文君，衛公之於紅拂，非人間越禮之事乎，而風流家言，反以爲絶好一樁公案，至願效之而不可得。噫，氣運日降，淫倍於貞。文人無賴，詩變爲曲。諷一勸百，時勢使然。

清·黄周星《製曲枝語》　曲至元人，尚矣。若近代傳奇，余惟取湯臨川《四夢》。而《四夢》之中，《邯鄲》第一，《南柯》次之，《牡丹亭》又次之，若《紫釵》，不過與《曇華》、《玉合》相伯仲，要非臨川得意之筆也。近日如李笠翁十種，情文俱妙，允稱當行。此外儘有才調可觀，而全不依韻，將真文、庚青、侵尋一概混押者，無異彈唱盲詞，殊爲可惜。愚見如此，附識以質周郎。

清·清泉主人《毛西河定本西厢記序》　古樂之失傳久矣。《皇華》四篇亡于晉，《樂安世》軼于魏，六季三唐，凡詩歌之播樂者，五調相沿，盡遺其契注拍序之法。而宋樂引慢變爲搊彈，金元樂院本、雜劇又變爲道念、筋斗、科汎，然猶雜劇之遺也。今南曲興而北音衰，院本、雜劇又亡矣。舊傳院本祇《西厢記》耳。

清·胡彦穎《樂府傳聲序》　自元以來，有北曲，有南曲，而善歌者首推三吴，南曲習于南耳，故視北曲尤爲盛行。然明之中葉以後，于南曲刻意求工，别爲清曲，漸非元人之舊。

清·焦循《花部農譚·序》　梨園共尚吴音。花部者，其曲文俚質，共稱爲亂彈者也，乃余獨好之。蓋吴音繁縟，其曲雖極諧於律，而聽者使未覩本文，無不茫然不知所謂。其《琵琶》、《殺狗》、《邯鄲夢》、《一捧雪》十數本外，多男女猥褻，如《西樓》、《紅樓》之類，殊無足觀。花部原本於元劇，其事多忠孝節義，足以動人，其詞直質，雖婦孺亦能解，其音慷慨，血氣爲之動盪。郭外各村，於二、八月間，遞相演唱，農叟漁父，聚以爲歡，由來久矣。自西蜀魏三兒倡爲淫哇鄙謔之詞，市井中如樊八、郝天秀之輩，轉相效法，染及鄉隅。近年漸反於舊。余特喜之，每攜老婦幼孫，乘駕小舟，沿湖觀閲。天既炎暑，田事餘閒，羣坐柳陰豆棚之下，侈譚故事，多不出花部所演，余因略爲解説，莫不鼓掌解頤。有村夫子者筆之於册，用以示余，余曰：此農譚耳，不足以辱大雅之目。爲芟之，存數則云爾。

清·支豐宜《曲目新編·國朝雜劇·補遺》　内廷諸戲俱隸鐘鼓司，習相傳院本，沿金、元之舊，以故其事多與教坊相通。至今上始設諸劇于玉熙宫以習外戲，如弋陽、海鹽、崑山諸家俱有之。其人員以三百爲率，不復屬鐘鼓司。

清·錢梅溪《曲目新編小序》　今詞曲多門，南北異調，家絃户誦，幾至傳習九州，而欲問歌者之所自出，輒謝曰不知也。譬諸讀唐詩者，罔知有漢、魏、六朝，讀古文者，罔知有《左》、《國》、《史》、《漢》以及唐、宋諸家也。我朝聖德巍巍，右文稽古，儒林輩出，著作如山，雖里巷小民，亦聽弦歌之化，是以文章鉅公，山林墨客，莫不有賦頌典策之文，以鳴國家之盛。即詞曲亦多於前代，皆足以發揚徽美而歌詠太平，若國初之尤侗、毛奇齡、吴偉業、袁令昭、馮猶龍、洪昉思、李漁及蔣士銓，其最著者也。

清·謝元淮《碎金詞譜·自序》　蓋唐人之詩以入唱爲佳。自宋以詞鳴，而歌詩之法廢。金、元以北曲鳴，而歌詞之法廢。明以南曲鳴，而北曲之法又廢。其廢也，世風迭變，舍舊翻新，勢有不得不然。

清·楊静亭《都門紀略》　近閲《綴白裘》一書，采列古今崑、弋諸劇至備，然未嘗追溯詞場始于何代，創自何人。古之歌于朝者，喜起明良。歌于野者，叩缶擊壤。歌之作也，蓋自唐、虞已有然矣。又嘗考《周禮》方相氏所掌之儺焉，儺行于鄉人，聖人爲之朝服阼階，故《魯論集注》內稱儺近于戲，蓋以涂面狂歌，借以驅疫，雖非演戲，而戲即肇端于儺與歌。斯二者，及秦二世胡亥，演爲詞場，譜以管弦，歌舞之風，由茲益盛，後世遂號爲秦腔。俗名梆子腔。逮秦以下，歷千有餘年。至于唐世，明皇癖好歌聲，遂辟梨園之地爲教坊，命李龜年、雷海青、賀懷智、馬仙期、黄旛綽諸輩掌之。按絲竹之宮商，演以詞曲，是爲崑腔，而梨園子弟由此名焉。故後世秦腔，皆祀胡亥，崑劇皆祀明皇，爲詞場衍派之祖。至元世以填詞取士，昆曲冠絶一時，壓倒盛唐。明季邊大綬《虎口餘生》及《鐵冠圖》等劇，崑、弋并演，或者高腔之名，由此漸興歟。我朝開國伊始，都人盡尚高腔，延及乾隆年，六大名班，九門輪轉，稱極盛焉。其名班各種腳色，亦復薈萃一時，故誠一齋繪《十三絶圖像》，懸于門額。至嘉慶年盛尚秦腔，盡繫桑間濮上之音，而隨唱胡琴，善于傳情，最足動人傾聽。曾經奏明禁止，漸革此風。近日又尚黄腔，黄腔始于湖北黄陂縣，一始于黄岡縣，故曰二黄腔。鐃歌妙舞，響遏行雲，洵屬鼓吹休明，借以鳴國家之盛，故京都及外省之人，無不歡然附和，争傳部曲新奇，不獨崑腔闃寂，即高腔亦漸同《廣陵散》矣。雖内城尚有學步高腔者，然亦碩果之僅存也。

清·王德暉、徐沅徵《顧誤録·南北曲總説》 曲源肇自《三百篇》，《國風》《雅》《頌》變爲五言、七言，詩詞樂章，化爲南歌北劇。自元以填詞制科，詞章既夥，演唱尤工，往代未之踰也。迨至世换聲移，風氣所變，北化爲南。蓋詞章既南，則凡腔調與字面皆南，韻則遵《洪武》，而兼祖《中州》。腔則有海鹽、義烏、弋陽、青陽、四平、樂平、太平之分派。嘉、隆間，有豫章魏良輔，憤南曲之陋，别開堂奥，謂之水磨腔、冷板曲，絶非戲場聲口，腔名崑腔，曲名時曲，歌者宗之，於今爲烈。至北曲之被絃索，始於金人完顔，勝於婁東，然巧於彈頭，未免疎於字面，而又弦繁調促，向來絶鮮名家。邇來詞人頗懲紕謬，釐聲析調，務本《中原》各韻，於是絃索之曲，始得於南曲並稱盛軌。於今爲初學淺言之，南曲務遵《洪武正韻》，北曲須遵《中原音韻》，字面庶無遺憾。唱法，北曲以遒勁爲主，南曲以圓湛爲主。北曲字多而調促，促處見筋，詞情多而聲情少。南曲字少而調緩，緩處見眼，詞情少而聲情多。故有磨腔、絃索之分焉。至於南曲用五音，北曲多變宮變徵，南曲多連，北曲多斷，南曲有定板，北曲多底板。南曲多於正字落板，而襯字亦少，北曲襯字甚多，皆可一望而知者也。

清·姚燮《今樂考證·緣起·今曲流派》 徐渭云：今崑山以笛管、琵琶按節而唱南曲者，字雖不應，頗相諧和，殊爲可聽，亦吴俗敏妙之事。或者非之，以爲妄作，請問《點絳唇》、《新水令》是何聖人所作。又云：今唱家稱弋陽腔，則出於江西，兩京、湖南、閩、廣用之。稱餘姚腔，出於會稽，常、潤、池、太、揚、徐用之。稱海鹽腔者，嘉、湖、温、台用之。惟崑山腔止行於吴中，流麗悠遠，出乎三腔之上，聽之最足蕩人，妓女尤妙此，如宋之嘌唱，即舊聲而加以泛豔者也。今宿倡曰嘌，宜用此字。隋、唐正雅樂，詔取吴人充子弟習之，則吴之善謳，其來久矣。徐大椿云：北曲之西腔、高腔、梆子、亂彈等腔，此乃其别派，不在北曲之列。南曲之異，則有海鹽、義烏、弋陽、四平、樂平、太平等腔。至明之中葉，崑腔盛行，至今守之不失。其偶唱北曲一二調，亦改爲崑腔之北曲，非當時之北曲矣。祝允明云：南戲出于宣和之後，南渡之際，謂之温州雜劇。予見舊牒，有趙閎牓禁，頗著名目，如《趙貞女》、《蔡二郎》等，亦不甚多。以後日增，今遂遍滿四方，輾轉改益，蓋已略無音律、腔調。愚人蠢工，狥意更變，妄名如餘姚腔、海鹽腔、弋陽腔、崑山腔之類，趁逐悠揚，杜撰百端，真胡説耳。葉子奇云：戲文始於《王魁》，永嘉人作之。識者曰：若見永嘉人作相，宋當亡。及宋將亡，乃永嘉陳宜中作相。其後元朝，南戲尚盛行，及當亂，北院本特盛，南戲遂絶。胡應麟云：今《王魁》本不傳而傳《琵琶》。《琵琶》亦永嘉人作，遂爲今南曲首。然葉當國初，著書而云南戲絶，豈《琵琶》尚未行世耶。翟灝云：南戲肇始，實在北戲之先，而《王魁》不傳，胡氏乃以王、關《西厢》爲戲文祖耳。今戲曲合用南北腔調，又始於杭人沈和甫，見鍾氏《録鬼簿》。又云：《香祖筆記》引《樂郊私語》云：海鹽少年多善歌，蓋出於澉浦楊氏。其先人康惠公梓與貫雲石交善，得其樂府之傳。今雜劇中《豫讓吞炭》、《霍光鬼諫》、《敬德不伏老》，皆康惠自製。家僮千指，皆善南北歌調，海鹽遂以善歌名浙西。今俗所謂海鹽腔者，實發於貫酸㪚，源流遠矣。李斗云：戲有花、雅兩部，以備大戲祝釐。雅部即崑山腔。花部爲京腔、秦腔、弋陽腔、梆子腔、羅羅腔、二簧調，統謂之亂彈。查岩門岐昌《古鹽官》云：艷説長安佳子弟，熏衣高唱弋陽腔。又云：秦腔并京腔之尤者，如《滚樓》、《抱孩子》、《賣餑餑》、《送枕頭》之類。越東人呼弋陽腔曰調腔，二字不見所出。及讀《陶菴夢憶》云：甲戌十月，攜楚生住不繫園，集者八人：南京曾波臣，東川趙純卿，金壇彭天錫，諸暨陳章侯，杭州楊與民、陸九、羅三，女伶陳素芝。余留飲。章侯爲純卿畫古佛，波臣爲純卿寫照，楊與民彈三弦子，羅三唱曲，陸九吹簫。與民復出寸許界尺，據小梧用北調説《金瓶梅》一劇，使人絶倒。是夜，彭天錫與羅三、與民串本腔戲，與楚生、素芝串調腔戲。章侯唱村落小歌，余取琴和之，牙牙如話。純卿跳身起，取其竹節鞭，重三十斤，作胡旋舞數纏，大噱而去。調腔二字始見此。安樂山樵《燕蘭譜》云：山西勾腔，似崑曲而音啌亮，介乎京腔之間。又云：京班多高腔。自魏三變梆子腔，盡爲靡靡之音矣。又云：蜀伶新出秦腔，即甘肅調，名西秦腔。其器不用笙、笛，以胡琴爲主，月琴副之，工尺咿唔如語。旦色之無歌喉者，每借以藏拙。《金臺殘淚記》云：蜀伶西秦腔，始乾隆末歲，後徽伶盡習之。道光三年，御史奏禁。又云：亂彈，即弋陽腔，南方又謂之下江調。謂甘肅腔曰西皮調。李斗云：句容以梆子腔，安慶以二簧調，弋陽以高腔，湖廣以羅羅腔。京腔用湯鑼，不用金鑼。秦腔用月琴，不用琵琶。又云：揚州亂彈以旦爲正色，丑爲間色。正色必聯間色爲侣，謂之搭夥。跳虫，又丑、净之最貴者也。

清・何鏞《乘龍佳話・自序》 自有京調梆子腔，而崑曲不興，大雅淪亡，正聲寥寂。此雖關乎風氣之轉移，要亦維持挽救者之無其人也。崑班所演，無非舊曲，絶少新聲。京班常以新奇彩戲炫人耳目。以紫奪朱，朱之失色也宜矣。三雅崑班，近年來無人過問。去年秋，諸同志有欲振興正雅者，招崑班來滬開演。初時亦不乏顧曲之人，兩月以後，座客漸稀，生涯落寞，漸將不支。班中人以爲舊戲不足娱目，爰將舊稿翻新，而卒無補於事。

清・無涯生《觀戲記》 近年有汪笑儂者，撮《黨人碑》，以暗射近年黨禍，爲當今劇班革命之一大巨子。意者其法國、日本維新之悲劇，將見於亞洲大陸歟。且夫班本者，古樂府之遺也，樂府者，古詩之遺也。《詩》三百五篇，皆被之管絃，以正風俗，以宣教化，樂者感人最深，故歲終使者采風以入樂，使知民間疾苦，而時變其政。是故十五《國風》之詩，皆十五國所演之班本也。《漢書・禮樂志》、《房中歌》、《郊祀歌》、《大風歌》、《秋風歌》、《匏子歌》等，類漢時所演之班本也。至於魏、晉、隋、唐，凡士大夫有佳篇雅什，纔經脱稿，即播人間，如王之渙、王昌齡、高適等，旗亭飲酒，女優偏唱各人詩，始及黄河遠上白雲間，一片孤城萬仞山。是魏、晉、隋、唐之曲本，即當時之詩詞也。宋元以後，詩與樂離，士大夫所詠者，不可譜之於樂，於是始創曲本《西廂記》、《明珠記》、《琵琶記》出焉。源流滋多，又有南腔北腔、南曲北曲之分。行於燕、趙、秦、晉間者，謂之北曲。行於吴越者，謂之南曲。南北之方音既不同，而中原樂器，經三國、五胡之亂，散失無存。北方所用之樂，大都由東胡、北狄、西域而來。南方所用之樂，大都由滇南、川西邊界而來，年遠代湮，不可殫述。乃自元以來，華夷無限，賢人君子不得志於時者，思爲移風易俗之助，往往作爲曲本，以傳播民間，如湯玉茗之《牡丹亭》、《臨川四夢》，孔雲亭之《桃花扇》傳奇，蔣心餘之《冬青樹》、《一片石》、《香祖樓》、《空谷香》、《臨川夢》等類，共成九種曲，皆於一時之人心風俗，有所關係焉。蔣心餘之言曰：天下之治亂，國之興衰，莫不起於匹夫匹婦之心，莫不成於其耳目之所感觸，感之善則善，感之惡則惡，感之正則正，感之邪則邪。感之既久，則風俗成而國政亦因之固焉。故欲善國政，莫如先善風俗，欲善風俗，莫如先善曲本。曲本者，匹夫匹婦耳目所感觸易入之地，而心之所由生，即國之興衰之根源也。記者曰：蔣君其知本哉，雖然，豈特此哉。夫感之舊則舊，感之新則新，感之雄心則雄心，感之暮氣則暮氣，感之愛國則愛國，感之亡國則亡國，演戲之移易人志，直如鏡之照物，靛之染衣，無所遁脱。論世者謂學術有左右世界之力，若演戲者，豈非左右一國之力者哉。中國不欲振興則已，欲振興可不於演戲加之意乎。加之意奈何，一曰改班本，二曰改樂器。改之之道如何，曰請詳他日，曰請自廣東戲始。於是乎記。

又 記者生於廣東之惠州，面山而背海，伏處窮鄉，見聞謭陋。然聞吾廣東戲班有五種：曰廣州班，曰南海班，曰潮州班，曰惠州班，曰過山班。南海班吾未之見，惠州不脱廣東窠臼，且聲不逮之，無足觀者。廣州班爲全省人士所注目，其名優工價，至於二三千金，聲價甚高，然大概以善演男女私情，善鼓動人淫心，爲第一等角色。故其日戲尚有《無風起浪》、《事急招兵》、《奸臣當國》、《太子回朝》、《盡誅奸黨》、《國泰民安》等節段，以觸人分别奸賢之心。至於夜間，所謂出頭者，則盡是小姐、丫環、公子，專顯花旦、小生之手面，繪影繪聲，牽連撮合，皆野合、私奔、匀脂粉、挂蚊帳等事。深夜沉沉，淫情勃勃，以淫夫淫婦之行爲，反而致狀元夫人之榮貴，愚夫愚婦何知，有不怦怦心動，相率爲桑間濮上之行者哉。雖其間亦有一二如《蘇武牧羊》、《李陵碑》等，述忠臣義士之遺跡，其詞可泣可歌者，然《蘇武牧羊》不演其拒衛律、李陵之招降，十九年嚙雪吞氈，抱漢節之苦心，而因其娶有胡婦，妄造猩猩女追夫之事以亂之，或且連《昭君出塞》而爲一齣。夫蘇武武帝時人，昭君元帝時人，相去百餘年矣，乃演者以二人連轡歸國，儼若同時，以上取之，則無精神，以下取之，則非事實。其他陳陳相因，毫無新詞，聲音靡靡，鄭衛衰亡，又不其論矣。此有心人觀戲，所以不能終曲也。潮州班用福潮佬方音，故鄉俗謂之福佬班。其所演乃與廣州班大異。廣州班往往取小説之一節、一莖、一花、一木而牽合之，潮州班其所演小説，積日累月，盡其全部而後已。《三國演義》、《水滸》、《隋唐演義》等書，當其常演之本，不獨隻字不遺，即其聲音笑貌偶有差錯，萬目閧之，故觀其演《三國》也，如置身於鼎足之場，而親其雄君、桀士、武臣、健卒，設謀致勇，以爭割據土地也。其演《水滸》也，如與宋江、武松爲伍，殺貪官，誅淫婦，民權興，官權滅也。其演《隋唐演義》也，如親見昏君以天下爲已私産，採致良家子女無數，日夜縱淫於内，興土木，建宫室，使民帶刑作工，草菅兆姓於外，英雄混混，乃羣思撥亂而爲治，開新國，除淫昏也。

又 蓋嘗論之：廣州班似於尚文，潮州班近於尚武。廣州班多淫氣，潮州班多殺氣。以是之故，其人民之感召，與山川風俗，極爲影響焉。廣州受珠江之流，故其民聰明豁達，衣冠文物，勝於他土，然智過則流於詐僞，文多則流於柔弱，此其蔽也。惠、潮、嘉以東，稟山澤之氣，故其民剛健猛烈，朴魯耿介，勝於他土。然過猛則戰鬥時作，過介則規模太隘，此其蔽也。記者自有知識以來，見我州中倡革命者，蓋十數起矣。其視革命之事，如食飲衣服之不可離，其視死於戰鬥，若榮慶焉，官雖痛剿殺之，毫不能也。然而打家劫舍之事，則不屑爲之也。若夫省會之地，搶劫如林，省城以西州縣，夜不安寢，行水之收，歲至數萬，而揭竿之舉，鮮有聞焉。東江有會黨而無緑林，西江有緑林而無會黨，此廣東東西江人種性情之大别也。然而於當今萬國競争自存優勝劣敗之際，求其有軍國民之性質，尚武剛烈之氣象，則吾雖東江人，不能不私贊之，私喜之，以爲吾東江人稍有近於是也。雖然，東西江大别所由來，何自始乎，曰：亦始於潮州班、廣州班所演宗旨不同而已矣。潮州班重鼓鼙，廣州班重絃笛，鼓鼙之聲，使人聞之之壯，絃笛之聲，使人聞之心頹。然而潮州班守其方音，不能通行於全省，且專演前代時事，全不知當今情形，其於激發國民之精神，有乎古而遺乎今者也。廣州班則無精神，無事實，聞有如仙花法新華者，能撮《紅樓夢》、《晴雯補裘》爲一齣，《三國演義》、《劉備招親》爲一齣，既戛戛乎難得，至於陳腐之曲本，誨淫誨盗之毒風，尤數見不鮮，足以傷風敗類，皆不可不大加改革者也。若夫過山班，則俗謂之雜班。自檜以下無譏焉。廣東之戲盡此矣。廣東之於中國，言語特殊於各省，習尚特殊於各省，下至民間所演之戲，亦特殊於各省，蓋中國之視廣東如一外國焉。北清之人，多稱廣東省爲廣東國者，幾於名稱其實矣。昔法國名士評拿破崙之文曰：生於哥塞牙深山大澤，議論自存國風。廣東之人愛其國風，所至莫不攜之，故有廣東人足跡，即有廣東人戲班。海外萬埠，相隔萬里，亦如在廣東之祖家焉。中國京師，吾未至，吾弗知。昔在上海，聞有同慶茶園者，廣東戲也，與春仙、丹桂各外江班抗行，未久即歸消滅。蓋外江班能變新腔，令人神旺，廣東班徒拘舊曲，令人生厭，宜其敗也。外江班所演多悲壯慷慨之詞，其所重在武生。廣東班所演多牀笫狎褻之狀，其所重在花旦。武生有英雄氣象，花旦有腐儒氣象。英雄使人敬，腐儒使人憎。廣東班若不從新整頓，吾恐十年後，皆歸消滅無疑也。外江班所演《打鼓罵曹》、《大紅袍》等戲，頗有誅奸滅惡之心。所撮《鐵公鷄》，述洪楊與滿清戰争時事，兩軍兵士皆無紀律，紮營則彼此聚賭，聞戰則歸隊伍，官軍淫掠無異洪軍，於滿清中興國史外，稍存一公道信史，使漢人耳目不至全爲所蔽。噫嘻，成敗雖曰天命，豈非人事哉。

藝文

清・得碩亭《草珠一串》 班中崑弋兩嗟嗟，新到秦腔粉戲多。近時班中每寫新到秦腔。男女傳情真惡態，野田草露竟如何。

徽班老板矚龍陽，傅粉薰香座客旁。甚於當年圉子。多少寃家寃到底，爲伊争得一身瘡。

清・醉里生《都門新竹枝詞》 豔説京華曲繞梁，滿城徵逐馬蹄忙。二奎黄土長庚老，近日惟推袁富堂。

清・蘭陵憂患生《京華百二竹枝詞》 園自文明創始修，開通破例萃名優。各家援例齊開演，男女都分上下樓。自文明茶園創立，始有婦女赴園觀劇之事，男女只以上下樓別之。嗣後，内城外城諸戲園争援此例。戲劇改良本熱懷，此中大有出羣材。報端樂爲徵詩句，這箇靈芝却姓崔。西腔班中有崔靈芝者，名重一時，頗有改良戲劇思想，屢經報紙稱贊，且有爲之徵詩者。

雜録

明・沈德符《萬曆野獲編》卷一四《教坊官》 教坊官，在前元最爲尊顯，秩至三品，階曰雲韶大夫，以至和聲郎，蓋亦與士人絶不相侔。我朝教坊之長，曰奉鑾，雖止正九品，然而御前供役，亦得用襆頭公服，望之儼然朝士也。按：祖制，樂工俱戴青卍字巾，系紅緑搭膊，常服則緑頭巾，以別於士庶。此會典所載也。又有穿帶毛豬皮靴之制。今進賢冠束帶，竟與百官無異，且得與朝會之列。

又《園陵設教坊》 世宗入紹，報恩所生，如尊興邸舊園爲顯陵，此情也，亦禮也。至推恩蔣氏，命爲世都督僉事，令專典祀事，以比魏國公徐氏，世奉孝陵故事，已爲濫典。至嘉靖二十七年，增設伶官左右司樂，以及俳長、色長，鑄給顯陵供祀教坊司印。獨異天壽山諸陵。

清・王國維《盛明雜劇初集跋》 雜劇唯元人擅場，明代工此者寥寥。宣、正之間，周憲王號爲作者，然規摹元人，了無生氣，且多吉祥、頌禱之作，其庸惡殆與宋人壽詞相等。又元人雜劇止于四折，或加楔子，唯紀君祥之《趙氏孤兒》、張時起之《賽花月秋千記》多至六折，實非通例。至于不及四折者，更未之前聞，亦無雜以南曲者。《録鬼簿》謂：南北合腔，自沈和甫始，如《瀟湘八景》、《歡喜冤家》等曲，極爲工巧。乃散套，非雜劇也。憲王雜劇如《呂洞賓花月神仙會》，雜以南曲，殊失體裁。至明中葉後，不知北劇與南曲之分，但以長者爲傳奇，短者爲雜劇。如此書中，汪伯玉、陳玉陽、汪昌朝諸作，皆南曲也，且折數多至七八，少則一二，更屬任意。獨康對山《中山狼》四折，確守元人家法。餘如沈君庸等，雖用北曲，而折數次第，均失元人之舊。其中文詞，亦唯康對山、徐文長尚可誦，然比之元人，已有自然、人工之別。餘則等之自鄶而已。元代雜劇作者，名概不著，此編所集，如康對山海、徐文長渭、汪伯玉道昆、陳玉陽與郊、王辰玉衡、葉六桐憲祖、沈君庸自徵、孟子若稱舜、梁伯龍辰魚、梅禹金鼎祚、卓珂月人月、徐野君翽、汪昌朝廷訥，其姓字爵里，均在人耳目，或且正史有傳，遺著尚存，而其人之顯晦如彼，曲之工拙如此。信乎文章之事，一代自有一代之長，不能以常理論也。

盛衰

論説

明・龍洞山農《題北宮詞紀》 今樂府近體，北以九宮統之。九宮之外，別有道宮、高平、般涉三調。南人之歌亦有九宮，被之管絃，間多未叶。昔人所云土氣偏假不喈喈鐘律者也。然自金元以後，競尚南音，而中原之聲調日微，祝希哲嘗歎今惟樂爲大壞，無論雅俗之日用十七宮調，知其美劣是非者幾人，數十年前尚有之，今殆絶矣，豈非惜哉。金陵故邑有南北之中擅場斯藝者，嵦嵦而是陳大聲、金扗衡，皆卓然能名其家。余友陳君藎卿，經子之暇，旁及樂律，其所撰造，業已無遜古人矣。優閔今昔名篇，日就湮没，迺銓擇其合作，裒而録之，用示同好。蓋君如荀勖之闇解，兼周郎之簫顧，博采前籍，時延佳論，假此以泄胸中之奇。自籍茀令肆而歌之，挽南音而還疇昔之盛，安知不自此也邪。

明・何良俊《四友齋叢説》卷三七 祖宗開國，尊崇儒術，士大夫恥留心詞曲，雜劇與舊戲文本皆不傳，世人不得盡見。雖教坊有能搬演者，然古調既不諧於俗耳，南人又不知北音，聽者既不喜，則習者亦漸少。而《西廂》、《琵琶記》傳刻偶多，世皆快覩，故其所知者獨此二家。

又 余家小鬟記五十餘曲，而散套不過四五段，其餘皆金、元人雜劇詞也，南京教坊人所不能知。老頓言：頓仁在正德爺爺時隨駕至北京，在教坊學得，懷之五十年。供筵所唱，皆是時曲，此等辭並無人問及。不意垂死，遇一知音。是雖曲藝，然可不謂之一遭遇哉。

明・吕天成《曲品》卷上　博觀傳奇，近時爲盛。大江左右，騷雅沸騰，吴浙之間，風流掩映。第當行之手不多遇，本色之義未講明。當行兼論作法，本色只指填詞。當行不在組織餖飣學問，此中自有關節局段，一毫增損不得，若組織正以蠹當行。本色不在摹勦家常語言，此中别有機神情趣，一毫妝點不來，若摹勦正以蝕本色。今人不能融會此旨，傳奇之派，遂判而爲二，一則工藻繢以擬當行，一則襲樸澹以充本色。甲鄙乙爲寡文，此嗤彼爲喪質。殊不知果屬當行，則句調必多本色矣，果具本色，則境態必是當行矣。今人竊其似而相敵也，而吾則兩收之。即不當行，其華可擷。即不本色，其質可風。進而有宫調之學。類以相從，聲中緩急之節，紛以錯出，詞多礙戾之音。難欺師曠之聰，莫招公瑾之顧。按譜取給，故自無難。逐套注明，方爲有緒。又進而有音韻平仄之學，句必一韻而始協，聲必迭置而後諧。響落梁塵，歌翻扇底。味者不少，解者漸多。又進而有八聲陰陽之學，吹以天籟，協乎元聲。律吕所以相宣，神人用以允翕。抑揚高下，發調俱圓。清濁宫商，辨音最妙。此韻學之缺典，曲部之秘傳，柳城啓其端，方諸闡其教。必究斯義，厥道乃精，考之今人，褎如充耳。《廣陵散》已落人間，《霓裳曲》重翻天上。後有作者，不易吾言矣。

明・沈德符《萬曆野獲編》卷二五《弦索入曲》　嘉、隆間度曲知音者，有松江何元朗，蓄家僮習唱，一時優人俱避舍，以所唱俱北詞，尚得金、元遺風。予幼時猶見老樂工二三人，其歌童也，俱善弦索。今絶響矣。何又教女鬟數人，俱善北曲，爲南教坊頓仁所賞。頓曾隨武宗入京，盡傳北方遺音，獨步東南，暮年流落，無復知其技者，正如李龜年江南晚景。

又《北詞傳授》　自吴人重南曲，皆祖崑山魏良輔，而北詞幾廢，今惟金陵尚存此調。然北派亦不同，有金陵，有汴梁，有雲中；而吴中以北曲擅場者，僅見張野塘一人，故壽州産也，亦與金陵小有異同處。頃甲辰年，馬四娘以生平不識金閶爲恨，因挈其家女郎十五六人來吴中，唱《北西廂》全本。其中有巧孫者，故馬氏粗婢，貌甚醜而聲遏雲，於北詞關捩竅妙處，備得真傳，爲一時獨步。他姬曾不得其十一也。四娘還曲中，即病亡。諸妓星散。巧孫亦去爲市媪，不理歌譜矣。今南教坊有傳壽者字靈脩，工北曲，其親生父家傳，誓不教一人。壽亦豪爽，談笑傾坐。若壽復嫁去，北曲真同《廣陵散》矣。

又《雜劇院本》　雜劇如《王粲登樓》、《韓信胯下》、《關大王單刀會》、《趙太祖風雲會》之屬，不特命詞之高秀，而意象悲壯，自足籠蓋一時。至若《謅梅香》、《倩女離魂》、《牆頭馬上》等曲，非不輕俊，然不出房幃窠臼，以《西廂》例之可也。他如《千里送荆娘》、《元夜鬧東京》之屬，則近粗魯。《華光顯聖》、《目連入冥》、《大聖收魔》之屬，則太妖誕。以至《三星下界》、《天官賜福》，種種喜慶傳奇，皆系供奉御前，呼嵩獻壽，但宜教坊及鐘鼓司肄習之，並勳戚、貴璫輩讚賞之耳。

明・王驥德《曲律》卷一《論曲源》　邇年以來，燕、趙之歌童舞女咸棄其捍撥，盡效南聲，而北詞幾廢。

明・馮夢龍《雙雄記叙》　詞家於今日，僉謂南音盛，北音衰，蓋時尚則然，余獨以爲不。北音幸而衰，南音不幸而盛也。夫北詞暢於金元，雜劇本勾欄之戲，後稍推廣爲傳奇，而南詞代興，天下便之。《荆》、《劉》、《蔡》、《殺》而後，坊本彗出，日益濫觴。高者濃染牡丹之色，遺却精神。卑者學畫葫蘆之樣，不尋根本。甚至村學究手摭一二椿故事，思漫筆以消閒。老優施腹爛數十種傳奇，亦效顰而奏技。《中州韻》不問，但取口内連羅。《九宫譜》何知，只用本頭活套。作者逾亂，歌者逾輕。調罔别乎宫商，惟憑口授。音不分乎清濁，只取耳盈。或因句長而板妄增，如《荆釵記》小梅香之類。或認調差而腔並失。如《琵琶記》把土泥獨抱之類。弄聲隨意，平上去入之不精，如讀忿爲上聲，髒爲去聲之類。識字未真，脣舌齒喉之無辨。如孃、你爲舌尖音，宜北不宜南。又不可以《中州韻》爲據也。語云童而習之，白首不解。南詞之謂與。而世多耳食，謬謂南詞易，北詞難。嗚呼，南詞豈獨易哉，時尚在南，而爲南者多，時尚不在北，而爲北者少。爲南者多，則易之，爲北者少，則難之。易南而南之瀼已壞，難北而北之體猶存。繇此言之，南非盛，北非衰也。孰幸孰不幸，亦可知也已。説者又謂北調入於弦索，南調便於簫管。吴人賤絃索而貴簫管，以故南詞最盛。是又不然，吴人直不知弦索耳，寧賤之耶。若簫管是何足貴，夫填詞之法，謂先有其音，而以字肖之。故聲與音戾，謂之不協，不協者絀。今簫管之曲，反以歌者之字爲主，而以音肖之，隨聲作響，共曲傳訛，雖曰無簫管可也。然則，簫管之在今日，是又南詞之一大不幸矣。

明·徐樹丕《識小録》 吴中曲調，起魏氏良輔。隆、萬間精妙益出。四方歌曲必宗吴門，不惜千里重資致之，以教其伶、妓。

明·沈寵綏《度曲須知》上卷《曲運隆衰》 粤徵往代，各有專至之事以傳世，文章矜秦漢，詩詞美宋唐，曲劇侈胡元。至我明則八股文字姑無置喙，而名公所製南曲傳奇，方今無慮充棟，將來未可窮量，是真雄絶一代，堪傳不朽者也。顧曲肇自《三百篇》耳，《風》、《雅》變爲五言、七言，詩體化爲南詞北劇。自元人以填詞制科，而科設十二，命題惟是韻脚以及平平仄仄譜式，又隱厥牌名，俾舉子以意揣合，而敷平配仄，填滿詞章。折凡有四，如試牘然。合式則標甲榜，否則外孫山矣。夫當年磨穿鐵硯，斧削螢窗，不減今時帖括，而南詞惟寥寥幾曲，所云院本北劇者，果堪紀量乎哉。且詞章既夥，演唱尤工，凡偷吹、待拍諸節奏，頂疊、躲换，以及縈紆、牽繞諸調格，推敲罔不備至，而優伶有戾家把戲，子弟有一家風月，歌風之勝，往代未之有踰也。明興，樂惟式古，不祖夷風，程士則《四書》、《五經》爲式，選舉則七義三場是較，而僞代填詞往習，一掃去之。雖詞人間踵其轍，然世换聲移，作者漸寡，歌者寥寥，風聲所變，北化爲南。名人才子，踵《琵琶》、《拜月》之武，競以傳奇鳴。曲海詞山，於今爲烈。而詞既南，凡腔調與字面俱南，字則宗《洪武》而兼祖《中州》。腔則有海鹽、義烏、弋陽、青陽、四平、樂平、太平之殊派。雖口法不等，而北氣總已消亡矣。嘉、隆間有豫章魏良輔者，流寓婁東、鹿城之間，生而審音，憤南曲之訛陋也，盡洗乖聲，别開堂奥，調用水磨，拍捱冷板，聲則平上去入之婉協，字則頭腹尾音之畢匀，功深鎔琢，氣無煙火，啓口輕圓，收音純細。所度之曲，則皆《折梅逢使》、《昨夜春歸》諸名筆。採之傳奇，則有《拜星月》、《花陰夜静》等詞。要皆别有唱法，絶非戲場聲口，腔曰崑腔，曲名時曲，聲場稟爲曲聖，後世依爲鼻祖。蓋自有良輔，而南詞音理，已極抽秘逞妍矣。惟是北曲元音，則沉閣既久，古律彌湮，有牌名而譜或莫考，有曲譜而板或無徵，抑或有板有譜，而原來腔格，若務頭、顛落，種種關捩子，應作如何擺放，絶無理會其説者。試以南詞喻之，如《集賢賓》中，則有伊行短與休笑恥，兩曲皆是低腔。《步步嬌》中，則有仔細端詳與愁病無情，兩詞同揭高調，而此等一成格律，獨於北詞爲缺典。祝枝山，博雅君子也，猶歎四十年來接賓友，鮮及古律者。何元朗亦憂更數世後，北曲必且失傳，而音隨澤斬，可慨也夫。至如絃索曲者，俗固呼爲北調，然腔嫌嬝娜，字涉土音，則名北而曲不真北也，年來業經釐剔，顧亦以字清腔逕之故，漸近水磨，轉無北氣，則字北而曲豈盡北哉。試觀同一《恨漫漫》曲也，而彈者僅習彈音，反不如演者別成演調。同一《端正好》牌名也，而絃索之《碧雲天》，與優場之《不念法華經》，聲情迥判，雖净旦之脣吻不等，而格律固已逕庭矣。夫然則北劇遺音，有未盡消亡者，疑尚留於優者之口，蓋南詞中每帶北調一折，如《林冲投泊》、《蕭相追賢》、《虬髯下海》、《子胥自刎》之類，其詞皆北，當時新聲初改，古格猶存，南曲則演南腔，北曲固仍北調，口口相傳，燈燈遞續，勝國元聲，依然滴派。雖或精華已鑠，顧雄勁悲壯之氣，猶令人毛骨蕭然。特恨詞家欲便優伶演唱，止《新水令》、《端正好》幾曲，彼此約略扶同，而未慣牌名，如原譜所列，則騷人絶筆，伶人亦絶口焉。予猶疑南土未諳北調，失之江以南，當留之河以北，乃歷稽彼俗，所傳大名之《木魚兒》，彰德之《木斛沙》，陝右之《陽關三疊》，東平之《木蘭花慢》，若調若腔，已莫可得而問矣。惟是散種如《羅江怨》、《山坡羊》等曲，彼之篥、箏、渾不似即今之琥珀。諸器者，彼俗尚存一二。其悲悽慨慕，調近於商。惆悵雄激，調近正宫。抑且絲揚則肉乃低應，調揭則彈音愈渺，全是子母聲巧相鳴和。而江左所習《山坡羊》，聲情指法，罕有及焉。雖非正音，僅名侉調，然其愴怨之致，所堪舞潛蛟而泣釐婦者，猶是當年逸響云。還憶十七宫調之劇本，如漢卿所謂我家生活，當行本事，其音理超越，寧僅僅梨園口吻已哉。惜乎舞長袖者，靡於唐，至宋而幾絶。工短劇者，靡於元，入我明而幾絶。律殘聲冷，亘古無徵，當亦騷人長恨也夫。

清·郭浚昆《一江風傳奇序》 填詞自洪、孔以來，如李笠翁輩，濫觴所及，未免太過。叙事則嗜啞咄叱，言情則猥瑣鄙穢，而填詞幾於亡矣。夫自元明以迄洪、孔，皆極正變之妙，如必取法於笠翁輩，真舍羊而掘鼠也。洪、孔出而推尊若士，頡頏犨菴，於是扇底月中之曲，人競傳之，笠翁之習一洗。顧文章之道，其興廢如時序之消長，晚春之花，暮秋之葉。人之心目既蠱，而造化之力且窮。百餘年來，聲銷響絶，酒□茶榻，絶口不講填詞矣，而填詞幾底於亡。夫風雲月露，綺羅香澤之語，文章之末緒，而或亡於謬戾靡曼，或亡於歇絶銷沉。何作者之不復也，且填詞亦烏可亡。自古詩有長短句，見於琴操雅頌，以至郊祀樂章、短簫鐃吹之歌，即爲填詞之原，被之伶官樂部，迄今廟社宴會，無不用之，則填詞固近代之樂也。勞人思婦，觸物抒懷，長短遞更，曲折相引，出之不迫而感之有緒，詩詞所不能達者，若或達之，俾愚夫愚婦皆知興起，填詞烏可亡也。

清・小鐵笛道人《日下看花記・自序》 自僞伎興而聲容競爽，由來舊矣。唐有雅樂部。宋時院本始標花旦之名，南北部恒參用之。每部多不過四，三人而已。有明肇始崑腔，洋洋盈耳。而弋陽、梆子、琴、柳各腔，南北繁會，笙磬同音，歌詠昇平，伶工薈萃，莫盛於京華。往者，六大班旗鼓相當，名優雲集，一時稱盛。嗣自川派擅場，蹈蹻競勝，墜髻争妍，如火如荼，目不暇給，風氣一新。邇來徽部迭興，踵事增華，人浮於劇，聯絡五方之音，合爲一致，舞衣歌扇，風調又非卅年前矣。

清・焦循《劇説》卷一引《蝸亭雜訂》 嘉、隆間，松江何元朗畜家僮習唱，一時優伶俱避舍，然所唱俱北詞，尚得蒜酪遺風。何又教女鬟數人，俱善北曲，爲南教坊頓仁所賞。頓隨武宗入京，盡傳北方遺音，獨步東南，暮年流落，無復知其伎者。其論曲，謂：南曲簫管，謂之唱調，不入弦索，不可入譜。沈吏部《南九宫》譜盛行，而北九宫反無人問。頓老又云：弦索九宫，或用滚弦，或用花和、大和，釤弦皆有定則，若南九宫，無定則可依。且笛管稍長短其聲，便可就板，弦索若多一彈，少一彈，即竹板矣。吴下以三弦合南曲，而又以簫管叶之，此唐人所云錦襖上著簑衣也。簫管可入北詞，而弦索不入南詞，蓋南曲不仗弦節奏也。北詞中亦有不叶弦索者，如鄭德輝、王實甫，間亦不免。

清・昭槤《嘯亭雜録》卷八 自魏長生以秦腔首倡於京都，其繼之者如雲。有王湘雲者，湖北沔陽人。善秦腔，貌疏秀，爲士大夫所賞識。有宗臣某，嘗拆其園中樓閣爲其償逋債。

清・王國維《曲録・自序》二 戲曲之興，由來遠矣。宣和之末，始見萌芽。乾淳以還，漸多纂述。泗水潛夫紀武林之雜劇，南村野叟録金人之院本。醜齋《點鬼》，丹邱《正音》，著録斯開，蒐羅尤盛。上自洪武諸王就國之裝，見李開先《張小山小令跋》。下訖天崇私家插架之軸，則有若章邱之李，《列朝詩集》李開先小傳。臨川之湯，姚士粦《見只編》卷中。黄州之劉，《静志居詩話》卷十五臧懋循條下。山陰之澹生，同上，卷十六祁承爜條下。海虞之述古，錢曾《也是園書目》。富者千餘，次亦百數。然中麓諸家未傳目録，《也是》一編僅窺崖略，存什一于千百，或有録而無書。暨乎國朝，亦有撰著，然《傳奇彙考》之作，僅見殘鈔。廣陵進御之書，惟存總目。放失之厄，斯爲甚矣。鄙薄之原，抑有由焉。粤自貿絲抱布，開叙事之端。織素裁衣，肇代言之體。追原戲曲之作，實亦古詩之流。所以窮品性之纖微，極遭遇之變化，激蕩物態，抉發人心，舒軫哀樂之餘，摹寫聲容之末，婉轉附物，惆悵切情，雖雅頌之博徒，亦滑稽之魁桀。惟語取易解，不以鄙俗爲嫌。事貴翻空，不以謬悠爲諱。庸人樂于染指，壯夫薄而不爲。遂使陋巷言懷，人人青紫。香閨寄怨，字字桑間。抗志極于利禄，美談止于蘭芍。意匠同于千手，性格歧于一人。豈託體之不尊，抑作者之自棄也。然而明昌一編，盡金源之文獻，吴興百種，抗皇元之風雅，百年之風會成焉，三朝之人文繫焉。況乎第其卷帙，軼兩宋之詩餘。論其體裁，開有明之制義。考古者徵其事，論世者觀其心，游藝者玩其辭，知音者辨其律，此則石渠存目，不廢雍熙。洙泗删詩，猶存鄭衛者矣。

藝　文

明・高啟《聽教坊舊妓郭芳卿弟子陳氏歌》 文皇在御昇平日，上苑宸游駕頻出。仗中樂部五千人，能唱新聲誰第一。燕國佳人號順時，姿容歌舞總能奇。中官奉旨時宣唤，立馬門前催畫眉。建章宫里長生殿，芍藥初開敕張宴。龍笙罷奏鳳弦亭，共聽嬌喉一鶯囀。

明・朱有燉《元宫詞》 江南名伎號穿針，貢入天家抵萬金。莫向人前唱南曲，内中都是北方音。

又 内中演樂教師教，凝碧池頭日色高。女伴不來情思懶，海棠花下共吹簫。

又 風調雨順四海寧，丹墀大樂列優伶。年年正旦將朝會，殿内先觀玉海青。

又 宫女新傳御制詞，人人争唱門歌時。矯嗔不識伊州譜，錯把腔兒念作詩。

明・張琦《梨園教曲圖》《明詩綜》卷二七下 梨花千樹雨初收，上苑春風吹未休。新制樂章音調澀，敕教依舊唱伊州。

明・王鏊《絶句》《列朝詩集》丙集六　賡歌千載盛明良，宸翰如今更煒煌。漫衍魚龍看未了，梨園新部出西厢。

明・顧璘《武皇南巡舊京歌》《列朝詩集》丙集一四　白髮梨園老樂師，錦胸花帽對彈絲。行宫只奏中和調，解厭南朝玉樹詞。

明・王昆侖《王逸人集・宫詞》　椎鬢胡粉紫貂裘，送别昭君出塞秋。翻到龍荒新樂府，琵琶猶似漢宫愁。

明・王世貞《弘治宫詞》　琵琶雙鴿暗凝塵，玉指生疎調未均。自是經年舞曲宴，不愁供奉數中人。

又《正德宫詞》　仙韶别院奏新聲，不按唐山曲裏名。青鷂白翎俱入破，十三弦底似雷鳴。

又《西城宫詞》　梨園弟子鬢如霜，十部龜兹九部荒。妒殺女冠諸侍長，大羅天上奏霓裳。

明・張正聲《永安王宫人梨園行》　崇禎二年，予客武昌，有爲予話永安王宫人作梨園之妙者，盍往觀之。既至，果有高堂數丈，供歌舞地。頃乃宫人三十餘，振繡衣，被袿裳，形繽紛綺麗，曲悲惋清長。若白日之破乎青煙，若羽衣之翩而欲仙。醜教坊之漫靡，類毛女之生憐。響出聽而躍魚，影翱翔而墮鳶。王黄發長眉，集宴堂中，洞開洪門，恣人遊賞。觀者咸曰：茂矣豔矣，諸好備矣。余久客楚中，兼因重雨。王作梨園，大都以不炎不雨爲期。天和景輝，凝陰豁除，又一快也。予謂觀者曰：向使豺虎爲亂，不可得也。蛾眉不改，歌舞長在，則太平可知者。

王家美女畫宫妝，束素含貝倪粉芳。清姿寶態傾群玉，極服奇彩焕七襄。已見神女雒中降，又會姮娥月窟翔。細舞遲聲希一笑，由來天半有霓裳。妝成少婦想春閨，粉紅黛緑不須借。有時徑作武人身，吴王宫裏能騎射。漢儀秦聲君須識，纖婀曆落摹不得。上將頭上進賢冠，大夫腰間黄金色。鉦鼓喧喧舞淪猗，羽林旗幟嚴如織。金蓮著步亂中催，誰云腰細輕無力。靜中一曲想陽春，馬上琵琶更堪論。嘈嘈鈿頭揮玉指，雙雙女華啟朱唇。數聲弦長知柱足，滿座掩涕淚沾巾。少與曲終佳人罷，複令觀者重歎咨。漢陽樹影婦人散，江夏城邊金勒遺。遊子花間輕羅轉，少年眼底亂如絲。喜兼洞庭張樂地，况逢陶唐擊壤時。神游仿佛隨佳麗，歸來浩歌忘旅悲。若使謫仙徒步輦，醉後應獻清平詞。

明・秦徵蘭《天啟宫詞》　懋勤春煖御筵開，細演東窗事幾回。日暮歌闌牙板歇，蟒襴珠總出屏來。上設地坑於懋勤殿，御宴演戲，恒臨幸焉。嘗演《金牌記》，至風魔和尚罵秦檜，魏忠賢趨匿壁後，不欲正視。

又　機運銅池繡幔張，玉桃偷罷下西洋。中宫性僻嫌簫鼓，翠輦還宫未夕陽。上創造水傀儡戲，用方銅池縱横各三丈，貯水浮竹板，板承傀儡，池側設帳障之。習爲此者，鐘鼓司官也。數人隱身帳内，引其機，輒應節轉動。左右宣題目鳴鑼鼓者，代傀儡問答者，又數人。所演有《東方朔偷桃》、《三寶太監下西洋》諸事。張后數辭召不欲觀，上曾强邀之至，不久回宫。

又　駐蹕回龍六角亭，海棠花下有歌聲。葵黄雲字猩紅辮，天子更裝踏雪行。回龍觀多種海棠，旁有六角亭。每歲花發時，上臨幸焉。常于庭中自裝宋太祖，同高永壽輩演《雪夜訪普》之戲。民間護帽，宫中稱雲字披肩。時有外吏所貢，不知制以何物。其色淡黄，加之冠上，遥望與秋葵花無異，特爲上所鍾愛。扁辮，絨織潤帶也。值雨雪，内臣用此束衣離地，以防泥汙。演戲當初夏，時兩物咸非所宜，上欲肖雪夜戎裝，故服之。

又　美人眉黛月同彎，侍駕登高薄暮還。共訝洛陽橋下曲，年年聲遶兔兒山。兔兒山即旋磨臺，乙丑重陽，聖駕臨幸。鐘鼓司掌印邱印執板唱《洛陽橋記・攢眉黛鎖不開》一闋。次年復如之。

又　分明角勝厭棋枰，井字羅邊鬭掉城。十五燕姬偏慧黠，雙拋常占上中營。神廟中葉，御意創爲掉城之戲。用色羅一方，繡井字，界作九營。中一營爲上營，四方四營爲中營，四角四營爲下營。命宫人用銀線或小銀毬擲之，落上營賞銀九兩，中營六兩，下營三兩。雙拋則雙賞，落營外或壓井字，罰銀六兩。於是諸宫争效之。至戊午，奴酋弄兵。説者謂掉城者，遼城也。殆先徵也。天啟年間，相沿未息。今上在潛邸已聞遼城之説，既登極，禁止不行。

明・蔣之翹《天啟宫詞》　歌徹咸安分外妍，白翎青鷂入冰弦。四齋供奉先朝事，華嶽新編可尚傳。神廟孝養兩宫，設有四齋。近侍二百余名，習戲承應。一日，兩宫升座，神宗侍側，演新編《華嶽賜環記》，中有權臣驕横，甯宗不振，云政歸寧氏，祭則寡人。神廟矚目不言久之。

又　宣索尋常院本看，紅衣抹額按吹彈。擅長最是王瘸子，合殿春風笑紫蘭。五年後，御前凡撒科打院本，有鐘鼓司僉書王瘸子名朝進，抹臉詼諧。多稱頌忠賢，獲賢賞賚，帝顔亦爲之霽。

又 角觝魚龍總是雲，昭忠漫演岳家軍。風魔何獨嘲長腳，長舌東牕迥不聞。帝好閲武戲，于懋勤殿設宴，多演岳忠武傳奇，至風魔罵秦檜，忠賢時避之。

清・李漁《**虎丘千人石上聽曲**》《笠翁一家言全集》卷七 並無梁可繞，只有雲堪遏。唱與月中聽，嫦娥應咄咄。

清・唐宇昭《**擬故宮詞**》 旋見花廊月色過，教師歸後興偏多。齊抛絃索調簫管，偷理南腔白苧歌。

清・孔尚任《**孔尚任詩文集**》**卷二**《**有事維揚，諸開府大僚招宴觀劇**》 東南繁華揚州起，水陸物力盛羅綺。朱桔黄橙香者橼，蔗仙糖獅如茨比。一客已開十丈筵，客客對列成肆市。鈞天鼓樂何震駭，絮語熱言須附耳。須臾禮成各舉觴，一箸一匕聽侑史。江瑶施乳曾耳聞，訝紫疑紅試舍齒。酒味法傳太尉厨，雪水書生愧欲死。一尊未盡兩部齊，雙聲疊作異宮徵。座客總厭清商歌，院本斟酌點鳳紙。曲曲盛事太平春，烏帽牙笏雜劍履。亦有侏儒喜諧多，粉墨威儀博眾喜。無情哭難笑不易，人歡亦歡乃絶技。

清・何絜《**晴江閣集**》**卷三**《**四憶詩**》 陽彭山上遊覽多，陽彭山下風日和。華堂傑閣矗空起，梨園選勝早征歌。點染雙文王實父，玉茗堂空粲花主。吐納宮商誤後生，檀板低敲因按譜。南調流傳梁伯龍，紛紛相和許誰同。懷甯尚書荆州守，演出新聲李笠翁。種種傳奇翻不足，緑鬟子弟喉如玉。鳳羽裁成翡翠妝，驪珠轉出胭脂曲。二八歌姬勝小蠻，螺黛纖纖柳葉彎。蓮步蹁躚羡長袖，花枝婀娜舞輕鬟。絳唇鶯吐成黄絹，嬌羞閃映桃花扇。曲罷歌台夜似霜，樓頭早下雙銅箭。自古繁華不相待，桑田尚爾變滄海。燕舞鶯歌能幾時，雕欄繡榭須臾改。回首華筵逐斷雲，歌場開府總千軍。十年習慣伊凉調，玉樹霓裳那處聞。

清・程正揆《**孟冬詞二十首**》 傳奇鳴鳳動宸顔，髮指分宜父子奸。重譯二十四大罪，特呼内院説椒山。

清・查慎行《**敬業堂詩集**》**卷一**《**金陵雜詠**》 頓老琵琶擅教坊，供筵法曲别歌章。故須小技通文義，垂老知音付漫郎。

清・程嗣章《**明宮詞**》 關山駐蹕塞塵黄，趙女新聲擁靚妝。聞道美人新進入，一朝蒙幸忽專房。武宗劉美人，亦稱劉夫人，太原民劉良之女，晉王府樂户楊騰名下妓也。正德十二年，上幸大同，駐蹕偏頭關，遍索女樂於太原。美人偕眾妓雜進，上遥見悦其色，及聆謳，大喜，遂從榆林還，再召之，載以歸，命爲美人，大見寵倖。初居豹房，後漸入西内，專寵，飲食起居，必與偕。言事輒聽。左右或觸上怒，陰求之，輒一笑而解。江彬諸近幸，雖甚貴倨，見必觸首，以母事之，呼之曰劉娘娘。

又 内廷來往任羊車，記注無官尚寢除。官局進來無一事，昭陽夜飲拜恩初。故事，宮中六局官，有尚寢者，司尚寢處事。而文書房内官，記上幸宿所在，及所幸宮嬪年月，以俟稽考。武宗悉令除卻省記注，挈去尚寢諸所司事。遂遍游宮中，日率小黄門爲角觝、蹋趣之戲，遂所駐輒飲宿不返。

又 錦衣秘術獻君王，初進佳人回鶻裝。妙舞清歌看未足，一時供奉盡殊方。有言錦衣衛都督同知于永善陰道秘術，武宗召入豹房與語，大悦。永，色目人。進言回回女皙潤而瑳璨，大勝中土。時都督吕佐亦色目人，永矯旨索佐家回女善西域舞者，得十二人以進。歌舞達晝夜，顧猶以爲不足，乃諷上，請召諸侯伯中故色目籍家婦人入内，駕言歌舞，而擇其美者留之，不令出。

又 玉熙宮女細腰肢，舞態能含鐙影隨。身是大梁儒士配，忽傳懿旨得佳期。玉熙宮女妓能戴鐙舞，自言家大梁，曾許里中人儒生。慈聖遣還其家，使配焉。

清・沈德潛《**歸愚詩鈔**》**卷一〇**《**淩氏如松堂文燕觀劇**》 置酒高堂夜撾鼓，錦帷卷處紛歌舞。霓裳拍序鐵板聲，傳出英雄與兒女。梨園子弟聲價高，法曲親聞天尺五。座中半是人中龍，盛名煜爚推南東。鴻文素積玄圃玉，榮遇直上長楊宮。妙年聯翩擅豪氣，俊邁似欲無終童。而我頹齡亦在列，何異春苑飛秋蓬。憶昔康熙歲辛巳，橫山先生執牛耳。堂開如松延眾英，一時冠蓋襄陽裏。酒酣樂作翻新曲，時朱翁素臣制曲，有《杜少俠獻三大禮賦》、《琴操問禪》、《楊升庵伎女游春》諸劇。龍笛鵾弦門聲伎。雲鬟小隊舞柘枝，雪面參軍墮簪珥。流風無跡彩雲散，花月歡場曾有幾。側身天地念前塵，日月奔波一指彈。雪中鴻爪記當初，重上華堂三紀餘。此日庭前喬木在，往時筵上故人無。封胡羯末逢公姓，樹蕙滋蘭憶左徒。弦管聲中增歎息，綺筵慚愧白髭須。

清・蔣士銓《**忠雅堂詩集**》**卷八**《**京師樂府詞**》 三面起樓下覆廊，廣庭十丈台中央。魚鱗作瓦蔽日光，長筵界畫分畛疆。僮僕虎踞豫守席，主客魚貫來觀場。充樓塞院簪履集，送珍行酒傭保忙。衣冠紛紜付典守，酒胡編記皆有章。砧刀過處雨毛血，酒肉臭時連士商。台中奏伎出優孟，座上擊碟催壺觴。淫哇一歌眾耳側，狎昵雜陳群目張。雷同交口讚歎起，解衣側弁號呶將。曲終人散日過午，別求市肆一飯充饑腸。我聞示奢以儉有古訓，惰遊侈逸不可無隄防。近來茗飲之居亦復貯雜戲，遂令家無擔石且去尋旗槍。百日之蠟一日澤，歌詠勞苦歲有常。有司張弛之道宜以古爲法，毋令一國之人皆若狂。

清·紀昀《烏魯木齊雜詩》 竹馬如迎郭細侯，山童丫角轉清謳。琵琶彈徹明妃曲，一片紅燈過彩樓。元夕，各屯十歲内外小童扮竹馬燈，演昭君琵琶雜劇，亦頗可觀。

又 玉笛銀箏夜不休，城南城北酒家樓。春明門外梨園部，風景依稀憶舊遊。酒樓數處，日日演劇，數錢買座，略似京師。

清·洪亮吉《洪北江詩文集·卷施閣詩》卷九《萬壽樂歌·昇平寶筏》 三層樓，百盤砌，上干青雲下無際。上有立部伎，坐部伎，其下回皇陳百戲。蟠天際地不足名，特賜大樂名升平。考聲動復關民事，不特壽人兼濟世。萬方一日登春台，快看寶筏從天來。

清·張際亮《金台殘淚記》卷三《閱〈燕蘭小譜〉諸詩，有慨於近事者，綴以絶句》 空作花枝照酒卮，蘭生往日已堪悲。如今那見梁溪隊，月曉風殘又一時。今都下徽班皆習亂彈，偶演昆曲亦不佳。

清·楊靜亭《都門雜詠》 時興嵩祝戲新鮮，都下傳聞數十年。永慶徽班剛唱座，如何賣票就抽錢。嵩祝成。

清·伴花齋《都門雜詠》 二奎今日已淪亡，三勝由來沒準常。若向詞場推巨擘，箇中還讓四箴堂。每有貼戲，長庚必爲四箴堂程，餘直書名而已。黄腔蜨花。

又 緣何玩票異江湖，車籠當年自備儲。爲問近來諸子弟，輕財還似昔時無。玩票蜨花。

清·韓又黎《都門贅語》 詞曲元人最擅場，梨園舊譜叶宮商。陽春白雪知音少，近日歌樓盡二簧。《戲園》。

清·饒智元《明宮雜詠·成化宮詞》 絃管紛紛畫鼓催，結綵燈影射樓臺。伶官博得君王笑，玉殿西頭雙鉞來。《貂璫史鑒》：中官阿丑善詼諧，每於上前作院本，頗有方朔之風。汪直用事，勢傾中外。一日，丑作醉人酗酒，一人佯曰：某官至。酗罵如故。又曰：駕至。酗亦如故。又曰：汪太監來矣。醉者驚迫帖然。傍一人曰：駕至不懼，而懼汪太監，何也。曰：吾知有汪太監，不知有天子。時王越、陳鉞媚直，丑復作直，持雙斧趨蹌而行。或問故，答曰：吾將兵惟仗此兩鉞耳。問：鉞何名。曰：王越、陳鉞也。上微哂焉。朱永掌十二團營，役兵治私第，丑作儒生高吟曰：六千兵散楚歌聲。一人曰：八千。爭之不已。丑徐曰：汝不知，二千在保國家蓋房子。上密遣尚銘察之，保國即撤工。成化末年，刑政多頗，丑於前作六部差遣狀，命精擇之，即得一人，問其姓名，曰：公論主者。曰：公論如今無用。次一人曰：公道主者。曰：公道如今亦難行。最後一人曰：糊塗主者。首肯曰：糊塗如今儘去得。上亦微哂而已。

又《正德宮詞》 榆林絶塞破重圍，白草黄沙萬騎飛。元帥凱旋功第一，鋒車載得美人歸。《武宗外紀》：上在陽和，時西部五萬騎營玉林，將入寇。上命諸將分佈諸要地。又明日寇來攻，上復督諸將禦之。自辰迄酉，戰至百餘合，寇退。明日引而西，上與諸將且戰且追，至平鹵、朔州等邊。上復進兵，會大風黑霧，晝晦。我軍亦疲困，遂還。又初上駐偏頭時，大索女樂於太原。偶於眾妓中，遥見色姣而善謳者，拔取之。詢其籍，本樂户劉良之女，晉府樂工楊騰妻也。賜與之飲，試其伎，大悅。後自榆林還，再召之，遂載以歸。《烏鼠山人集》：驚喜君王至，西華夜啟扉。後車三百乘，載得美人歸。

又 蹴毬場外步廊紆，不許樓羅注起居。三十六宮行樂秘，竹枝無處引羊車。《武宗外紀》：故事，宮中六局官，有尚寢者，司尚寢處事。而文書房内官，每記上幸宿所在，及所幸宮嬪年月，以俟稽考。武宗悉令除卻省記注，掣去尚寢諸所司事，遂遍游宮中，日率小黄門爲角觝、蹋趨之戲。隨所駐輒飲宿不返。

又《内場教歌》 高昌兵馬本如霜，十丈龍旗映日黄。天子親撾珠絡鼓，來迎破陣小秦王。正德初，内臣于喜以鐘鼓司選入。舊入此者，例無他選，謂之東衙門，諸監局所不齒。于以長軀偉貌，偶得選，改爲傘扇長隨。

又《萬曆宮詞》 黄羅井字繡分明，宜喚宮娥學掉城。嬌怯每邀天一笑，銀毬抛出上中營。

又 四齋清樂慰慈顔，過錦連番夜色闌。宣進玉堂雙白燕，君王長奉兩宮歡。《彤史拾遺記》：神宗既嗣，后稱仁聖，貴妃稱慈聖。兩宮既同尊，而後與慈聖皆賢，素無嫌猜，至是益親謐。神宗又孝事兩宮，嘗設四齋，近侍二百餘人陳百戲，爲兩宮歡。每遇令節，先于乾清宮大殿設兩宮座，使貴嬪請導，上預俟雲臺門下，拱而立，北向久之。仁聖輿至景運門，慈聖輿至隆宗門。上居中北向跪。少頃，兩輿齊來前，已，復齊至乾清門，上起。於是中宫王皇后扶仁聖輿，皇貴妃鄭氏扶慈聖輿，導而入。少憩，請升座。自捧觴安几，以及獻饌更衣，必膝行稽首，皆從來儀注所未有。於是始陳戲，劇歡乃罷，凡大饗多此類。

又《天啟宫詞》 懋勤前殿暖融融，歌舞中宵蠟炬紅。演到金牌心膽破，元臣趨避錦屏風。《天啟宫詞注》：上設地坑於懋勤殿，御宴演戲。嘗演《金牌記》，至風魔和尚罵秦檜，魏忠賢趨匿屏後，不欲正視。又上命御用監鑄金印賜二奸，各重三百兩。一曰欽賜顧命元臣忠賢印，一曰欽賜奉聖夫人客氏印。

又 蓬萊觀閣鬱岧嶢，紫蟹初肥酒興驕。新製登高承應曲，一聲聲唱洛陽橋。

又 回龍觀裏海棠開，六角亭前拍板催。雲字披肩絨角帶，太平天子雪中來。【略】周契《天啟宫詞》：煖風吹護海棠枝，六角亭中駐蹕時。扁鞨披肩翻冒暑，戎裝踏雪夜行遲。

又《崇禎宫詞》 千秋令節御筵張，朝罷姮娥各進觴。催喚沈香新法部，未央前殿演西厢。《甲申小紀》：五年，皇后千秋節，諭沈香班優人演《西厢記》五六齣。十四年，演《玉簪記》一二齣。十年之中，止此兩次。

又 玉熙涼月浸珠樓，鳳紙簽名喚主謳。抱出琵琶金鏤柄，清商側調唱涼州。《霜猨集》：上在玉熙宫，命梨園奏水嬉、過錦諸伎。

又 水嬉過錦絶歡娱，内殿宣傳罪己書。憂及萬方多涕淚，比來長御省愆居。《甲申小記》：鐘鼓司時節奏水嬉、過錦諸戲，上每爲之歡笑。後寇氛不靖，恒論免之。

又 姑蘇歌舞爛生光，旁午軍書動八方。紅印緑綈封事進，微聞妃子諫君王。《甲申小記》：蘇州織造局進女樂，上頗惑之，田貴妃疏諫云：當今中外多事，非皇上燕樂之秋。批答云：久不見卿，學問大進。但先朝有之，既非朕始，卿何慮焉。

又 涼風香熟玉山禾，西苑秋成樂事多。旋磨臺連無逸殿，年年蓑笠唱農歌。《甲申小記》：舊例，秋收時，鐘鼓司有打稻之戲。駕幸旋磨臺無逸殿。【略】十年後，凡時節遊幸多廢，此獨舉行，重農事也。《禁籞秘聞》：内庭設立鐘鼓司至西内，秋收之時，有打稻戲。《人海記》：甲申秋，南教坊不足充下陳，私徵之遠境。阮大鋮、楊文驄、馮可宗輩，各購進大内。嘗演麒麟傳奇，劇未終，妓人首戴金鳳者三。蓋宫中例，承幸者戴金花，以自別也。

又《弘光宫詞》 半壁河山月滿輪，玄輝新殿似臨春。麒麟戲罷君王起，自拔金花賞妓人。

又 新築西宫館翠嬪，官家何事暗傷神。自言不是思先帝，供奉霓裳少麗人。《明季遺聞》：除夕，弘光在興甯宫，色忽不怡。韓贊周言：新宫宜歡。弘光曰：梨園殊少佳者。贊周泣曰：臣以陛下令節，或思皇考，或念先帝，乃作此想耶。《人海記》：司禮監韓贊周，字象雲，賢内侍也。弘光帝始而憚，中而疏，末且厭之。十二月，西宫成，臨御。色不怡，贊周請其故。上曰：無佳優人，奈何。贊周泣曰：臣意官家思先帝，乃如此抱恨乎。上嘗責太監馬永芳：爾但知印堂，安知我。印堂指贊周也。

又 夜半鐘聲下九天，轉呼法部閤門前。相公奏罷天顔喜，初進新詞燕子箋。《小腆紀年》：故事，宫中有大變，則夜半鳴鍾。一夕，鐘鳴，外廷大駭。須臾，内監啟門出，則索鬼面頭子，欲演戲也。《帶經棠集・秦淮雜詩》：新歌細字寫冰紈，小部君王帶笑看。千載秦淮嗚咽水，不應仍恨孔都官。自注：弘光時，阮司馬以吴綾作朱絲闌，書《燕子箋》諸劇進宫中。《續倖存録》：弘光狎近匪人，梨園子弟供奉後庭，教坊樂官出入朝房，諸大老無以目之，共呼爲老神仙。《池北偶談》：金陵丁胤嘗與予游祖堂寺，憩皇劍堂。指示予曰：此阮懷甯度曲處也。阮於此山，每夕與狎客飲，以三鼓爲節。客倦罷去，阮挑燈作傳奇。《燕子箋》、《雙金榜》、《獅子賺》皆成於此。《秦淮聞見録》曹偉謨詩云：輕輕斷送南朝事，一曲春燈燕子箋。

又 慈熙新殿敞氍毹，百寶華燈綴綺疏。三十六簧齊度曲，承恩誰似阮尚書。《小腆紀年》十一月戊子，明西宫成，賜名慈禧殿。又福王時，夜有書長安門者，曰：福人沈醉未醒，全憑馬上胡謅。幕府凱歌已休，猶聽阮中曲變。《扶荔堂集・弘光宫詞》吴姬織手擘鶤絃，國色傾城倍可憐。三十六簧齊奏曲，個中誰識李龜年。九微華燭吐清光，碧甃銀瓶列御床。大官捧進紅虬脯，敕與宫人次第嘗。

又 簫鼓中流發棹歌，輕舠飛燕競淩波。君王欲習昆明戰，殿腳三千盡翠娥。《聖安本紀》：初五日丙戌，上不視朝，端陽節也，上以演戲，故不視朝。《扶荔堂集・弘光宫詞》：續命朱絲五色裁，龍舟競渡五湖回。一行簫鼓樓前過，阿監傳呼採藥來。

又 芳年十四但司花，萬歲樓頭望眼賒。無數青山煙雨裏，暗將幽怨入琵琶。《扶荔堂集・弘光宫詞》：十四新承雨露私，雙娥微汗透胭脂。六宫更置司花女，不用羊車引竹枝。平陽歌舞未曾休，回鶻新排萬歲樓。特愛教坊諸樂妓，大家親賜與纏頭。別院排當第一班，魚龍百戲雜中間。臂環金粟都宣賜，獨付琵琶教阿蠻。

又《周藩王宫詞》 金梁橋下月華明，楊柳絲絲出汴城。記得憲王新樂府，碧簫吹作斷腸聲。

清・王述祖《韓家潭詞》 昔日櫻桃芍藥家，家家座上醉流霞。梨園子弟今零落，半掩朱扉月未斜。

又 韓家潭邊明月圓，韓家潭裏笙歌繁。金尊夜夜娛賓客，寂寞誰尋芥子園。

又 大車驅馬響四輪，小車推推推以人。共道金吾不禁夜，暢園爭買玉壺春。

又 醉瓊林與宴春園，隔巷笙簫不斷聞。歌罷酒闌歡會散，燈火淡白月黄昏。

清・蘭陵憂患生《京華百二竹枝詞》 三十年間尚記曾，戲園加橙偶然能。而今日日都如此，中國真堪富庶稱。當年戲園必遇極著名之脚色，演極得意之戲劇，始有加橙之事，今則戲園日日加橙。

又 夜戲公然見帝京，爭將歌舞繪承平。緣何不許金吾禁，都有章章義務名。京師向無夜戲，現各班均以義務開演，爭奇鬭勝，日盛月增，從此夜夜演唱，不復禁止。

雜録

《明英宗實録》卷三〇八 天順三年，教坊司奏：【略】合用樂工二千餘人，今本司止存樂户八百餘。

又 乞行南京並順天等府、陝西等布政司樂户內選閑習樂藝者送京備用。

明・宋懋澄《九籥集》卷九 御戲：院本皆作傀儡舞，雜劇即金、元人北九宮，每將進花及時物，則教坊作曲四折，送史官校定，當御前致詞呈伎，數日後復有別呈，舊本更不復進。

又 南九宮亦演之內庭，至戰爭處，兩隊相角，旗杖數千，別有女伎。

又卷一〇《狻猊舞以下俱隸鐘鼓司伎》 狻猊舞，【略】獅子頻伸凡四十八人，百骸五官無不流轉應節舞，跳高十丈餘。擲索，大索過於門，凡數十丈，擲於空中，直如矢，群兒爭走上跳躍，良久與繩俱下。疊七桌，身一轉，便疊一桌於堂中，不失尺寸。凡六轉，桌疊如浮屠，第七桌，設五斝五核及醯鹽若干器於上，又一轉而第七桌已居最上矣。須臾，忽翼之而下，斝核整設如初。齒跳板，艅艎上跳板，長二丈餘，闊二尺，厚五六寸，一人用齒支之，使小兒立其上，歌舞一闋。雜技，美人纖足似新月，弄路鼓大於五石瓠，飛旋若弄丸。至於吞刀出腹，嚼火一爐，皆厭勝也。

明・謝肇淛《五雜俎》卷八 今時娼妓滿布天下，其大都會之地，動以千百計。其他偏州僻邑，往往有之。終日倚門賣笑，賣淫爲活。【略】而京師教坊官收其税錢。隸郡縣者，則爲樂户，聽使令而已。

明・沈德符《萬曆野獲編》卷一《釋樂工夷婦》 宣德十年，英宗即位。諭禮部曰：教坊樂工數多，其擇堪用者量留，餘悉發爲民。凡釋教坊樂工三千八百餘人。

又《口外四絶》 大同府爲太祖第十三子代簡王封國，又納中山王徐達之女爲妃，于太宗爲僚婿。當時事力繁盛，又在極邊，與燕遼二國鼎峙。故所蓄樂户較他藩多數倍，今以漸衰落，在花籍者尚二千人。歌舞管弦，晝夜不絶。今京師內外，不隸三院者，大抵皆大同籍中溢出流寓，宋所謂路歧散樂者是也。

明・劉若愚《酌中志》卷一六 過錦之戲，約有百回，每回四十餘人不拘。濃淡相間，雅俗並陳，全在結局有趣，如說笑話之類。又如雜劇、故事之類，各有引旗一對，鑼鼓送上所扮者，備及世間騙局醜態，並閨閫拙婦騃男，及市井商匠，刁賴詞訟，雜耍把戲等項，皆可承應。

又 木傀儡戲，其制用輕木雕成海外四夷蠻王及仙聖、將軍、士卒之類，約高二尺餘，止有臀以上，無腿足，五色油漆彩畫如生。每人之下，平底安一隼卯，用三寸長竹板承之。用長丈餘、闊數尺、深二尺餘方木池一個，錫鑲不漏，添水七分滿，下用凳支起，又用紗圍屏隔之，經手動機之人，皆在圍屏之內，自屏下游移動轉。水內用活魚、蝦、蟹、螺、蛙、鰍、鱔、萍、藻之類浮水上。聖駕陞殿，座向南，則鐘鼓司官在圍屏之南，將節次人物各以竹片托于水上游鬥玩耍，鼓樂喧哄。另有一人執鑼在旁宣白題目，贊傀儡登答，道揚喝彩。或《英國公三敗藜王》故事，或《孔明七擒七縱》或《三寶太監下西洋》、《八仙過海》、《孫行者大鬧龍宮》之類，惟暑天白晝作之，如耍把戲耳。其人物器具，御用監也。水池魚蝦，內官監也。圍屏帳帷，司設監也。大鑼大鼓，兵杖局也。乍觀之，似可喜，如頻作之，亦覺煩費無餘矣。

又 神宗孝養聖母，設有四齋，近侍二百餘員，以習宮戲、外戲。凡慈聖老娘娘陞座，則不時承應外邊新編戲文，如《華嶽賜環記》亦曾演唱。

又 神廟又自設玉熙宮，近侍三百餘員，習宮戲、外戲，凡聖駕陞座，則承應之。

清・毛奇齡《明武宗外紀》 上稱豹房曰新宅，日召教坊樂人如新宅承應。久之，樂工訴言樂户在外府多有，今獨居京者承應，不均。乃敕禮部移文，取河間諸府樂户精技業者，送教坊承應，於是有司遣官押送伶人日以百計，皆乘傳給食。及到京，留其技精者給與口糧，敕工部相地結房室大小有差。

清・楊恩壽《詞餘叢話》卷三《原事》 明烈帝每宴玉熙宮，作過錦、水嬉之戲。一日宴飲，報至，汴梁失守，親藩被害，遂大慟而罷。自是不復幸玉熙宮矣。

編劇部

立意

論説

明・沈德符《萬曆野獲編》卷二五《填詞有他意》 填詞出才人餘技，本遊戲筆墨間耳，然亦有寓意譏訕者。如王渼陂之《杜甫遊春》，則指李西涯及楊石齋、賈南塢三相。康對山之《中山狼》，則指李空同。李中麓之《寶劍記》，則指分宜父子。近日王辰玉之《哭倒長安街》，則指建言諸公是也。又聞湯義仍之《紫簫》，亦指當時秉國首揆，纔成其半，即爲人所議，因改爲《紫釵》。而屠長卿之《彩毫記》，則竟以李青蓮自命，第未知果愜物情否耳。

明・王驥德《曲律》卷四《雜論第三九下》 古人往矣，吾取古事，麗今聲，華袞其賢者，粉墨其慝者，奏之場上，令觀者藉爲勸懲興起，甚或扼腕裂眦，涕泗交下而不能已，此方爲有關世教文字。若徒取漫言，既已造化在手，而又未必其新奇可喜，亦何貴漫言爲耶。此非腐談，要是確論。故不關風化，縱好徒然，此《琵琶》持大頭腦處，《拜月》祇是宣淫，端士所不與也。

清・吳偉業《北詞廣正譜序》 今之傳奇，即古者歌舞之變也。然其感動人心，較昔之歌舞更顯而暢矣。蓋士之不遇者，鬱積其無聊不平之概於胸中，無所發抒，因借古人之歌呼笑罵，以陶寫我之抑鬱牢騷。而我之性情，爰借古人之性情，而盤旋於紙上，宛轉於當場。於是乎熱腔罵世，冷板敲人，令閲者不自覺其喜怒悲歡之隨所觸而生，而亦於是乎歌呼笑罵之不自已，則感人之深，與樂之歌舞，所以陶淑斯人而歸於中正和平者，其致一也。

清・李漁《閒情偶寄》卷一《詞曲部・結構第一》 武人之刀，文士之筆，皆殺人之具也。刀能殺人，人善知之，筆能殺人，人則未盡知也。然筆能殺人，猶有或知之者，至筆之殺人，較刀之殺人，其快、其凶，更加百倍，則未有能知之而明言以戒世者。予請深言其故。何以知之，知之於刑人之際。殺之與剮，同是一死，而輕重別焉者，以殺止一刀，爲時不久，頭落而事畢矣。剮必數十百刀，爲時必經數刻，死而不死，痛而復痛，求爲頭落事畢而不可得者，只在久與暫之分耳。然則筆之殺人，其爲痛也，豈止數刻而已哉。竊怪傳奇一書，昔人以代木鐸。因愚夫愚婦識字知書者少，勸使爲善，誡使勿惡，其道無由，故設此種文詞，借優人説法，與大衆齊聽，謂善者如此收場，不善者如此結果，使人知所趨避，是藥人壽世之方，救苦弭災之具也。後世刻薄之流，以此意倒行逆施，借此文報讐洩怨。心之所喜者，處以生、旦之位。意之所怒者，變以淨、丑之形。且舉千百年未聞之醜行，幻設而加於一人之身，使梨園習而傳之，幾爲定案，雖有孝子慈孫，不能改也。噫，豈千古文章，止爲殺人而設，一生誦讀，徒備行凶造孽之需乎。蒼頡造字而鬼夜哭，造物之心，未必非逆料至此也。凡作傳奇者，先要滌去此種肺腸，務存忠厚之心，勿爲殘毒之事。以之報恩則可，以之報怨則不可。以之勸善懲惡則可，以之欺善作惡則不可。人謂《琵琶》一書，爲譏王四而設，因其不孝於親，故加以入贅豪門，致親餓死之事。何以知之，因琵琶二字，有四王字冒於其上，則其寓意可知也。噫，此非君子之言，齊東野人之語也。凡作傳世之文者，必先有可以傳世之心，而後鬼神效靈，予以生花之筆，撰爲倒峽之詞，使人人贊美，百世流芬。傳非文字之傳，一念之正氣使傳也。五經、四書、《左》、《國》、《史》、《漢》諸書，與大地山河同其不朽，試問當年作者，有一不肖之人、輕薄之子厠於其間乎。但觀《琵琶》得傳至今，則高則誠之爲人，必有善行可予，是以天壽其名，使不與身俱没，豈殘忍刻薄之徒哉。即使當日與王四有隙，故以不孝加之，然則彼與蔡邕未必有隙，何以有隙之人止暗寓其姓，不明叱其名，而以未必有隙之人，反蒙李代桃僵之實乎。此顯而易見之事，從無一人辯之，創爲是説者，其不學無術可知矣。予向梓傳奇，嘗埒誓詞於首，其略云：加生、旦以美名，原非市恩於有託。抹淨、丑以花面，亦屬調笑於無心。凡以點綴詞場，使不岑寂而已。但慮七情以内，無境不生。六合之中，何所不有。幻設一事，即有一事之偶同。喬命一名，即有一名之巧合。焉知不以無基之樓閣，認爲有樣之葫蘆。是用瀝血鳴神，剖心告世，倘有一毫所指，甘爲三世之瘖，即漏顯誅，難逋陰罰。此種血忱，業已沁入梨棗，印政寰中久矣。而好事之家，猶有不盡相諒者，每觀一劇，必問所指何人。噫，如其盡有所指，則誓詞之設已經二十餘年，上帝有赫，實式臨之，胡不降之以罰。茲以身後之事，且置勿論，論其現在者，年將六十，即旦夕就木，不爲殀矣。向憂伯道之憂，今且五其男二其女，孕而未誕，誕而待孕者，尚不一其人。雖盡屬景升豚犬，然得此以慰桑榆，不憂窮民之無告矣。年雖邁而筋力未衰，涉水登山，少年塲往往追予弗及。貌雖癯而精血未耗，尋花覓柳，兒女事猶然自覺情長。所患在貧，貧也，非病也，所少在貴，貴豈人人可熱致乎，是造物之憫予，亦云至矣。非憫其才，非憫其德，憫其方寸之無他也。生平所著之書，雖無裨於人心世道，若止論等身，幾與曹交食粟之軀，等其高下。使其間稍伏機心，略藏匕首，造物且誅之，奪之不暇，肯容自作孽者老而不死，猶得徉狂自肆於筆墨之林哉。吾於發端之始，即以諷刺戒人，且若囂囂自鳴得意者，非敢故作夜郎。竊恐詞人不究立言初意，謬信《琵琶》王四之説，因謬成真，誰無恩怨，誰乏牢騷，悉以填詞洩憤，是此一書者，非闡明詞學之書，乃教人行險播惡之書也。上帝討無禮，予其首誅乎。現身説法，蓋爲此耳。

又《立主腦》 古人作文一篇，定有一篇之主腦。主腦非他，即作者立言之本意也。傳奇亦然。一本戲中，有無數人名，究竟俱屬陪賓，原其初心，止爲一人而設。即此一人之身，自始至終，離合悲歡，中具無限情由，無窮關目，究竟俱屬衍文，原其初心，又止爲一事而設。此一人一事，即作傳奇之主腦也。然必此一人一事，果然奇特，實在可傳，而後傳之，則不媿傳奇之目，而其人其事與作者姓名，皆千古矣。如一部《琵琶》，止爲蔡伯喈一人，而蔡伯喈一人，又止爲重婚牛府一事，其餘枝節，皆從此一事而生。二親之遭凶，五娘之盡孝，拐兒之騙財、匿書，張大公之疎財仗義，皆由於此。是重婚牛府四字，即作《琵琶記》之主腦也。一部《西廂》止爲張君瑞一人，而張君瑞一人，又止爲白馬解圍一事，其餘枝節，皆從此一事而生。夫人之許婚，張生之望配，紅娘之勇於作合，鶯鶯之敢於失身，與鄭恒之力争原配而不得，皆由於此。是白馬解圍四字，即作《西廂記》之主腦也。餘劇皆然，不能悉指。後人作傳奇，但知爲一人而作，不知爲一事而作，盡此一人所行之事，逐節鋪陳，有如散金碎玉。以作零齣則可，謂之全本，則爲斷線之珠，無梁之屋，作者茫然無緒，觀者寂然無聲，無怪乎有識梨園望之而却走也。此語未經提破，故犯者孔多。而今而後，吾知鮮矣。

清·潘廷章《西來意》卷首《西廂説意》 《西廂》何意，意在西來也。以佛殿始，以旅夢終，于空生，即于空滅，全爲西來示意也。生自西來，滅亦從西去，來前去後，烏容一字，而其中所構諸緣，俱在西廂，故即以西廂名之。西廂者何，普救佛殿之西偏也。佛殿爲大乘，其偏則爲小乘。繫之佛殿以西，是雖小乘，猶不失西來之意云爾。大乘者，無上覺也。其法不由緣覺聲聞而得，曾何有乎悲思聚散，提唱衍演，作諸勞塵幻影，礙彼虛空乎。而無明作勞，無由斷滅，因于有生滅心，求無生滅義，遂以悲思聚散，提唱衍深，極諸勞塵幻影，而終歸無有。蓋從緣覺覺，從聲聞聞，以彼上乘，通于大乘云爾。其俱繫之普救者，愍彼一切世間，魔女魔民，無明作勞，慾海茫茫，愛河浮溢，顛倒沈溺，莫能超脱，特爲現象覺聲，聞身説法，而使皆得度，故以普救爲義救之如何。世尊曾言之，觀彼世間解結之人，不見所結，云何能解。便當諦審，煩惱根本，何生何滅，不知生滅，云何知有不生滅性。因于六結而現六塵，因于六塵而得六入，因于六入而返六根，何意《西廂》也，揭示此旨，佛殿撚花，空王示艷，則色入也。入一。于時明暗相發，結爲狂華。結一。名爲見知，則有蓉面柳腰，髩雲眉月，來何所從，去猶未遠，爲嗔爲喜，爲笑爲顰，流逸奔目，若彼虛空，曾何色相。當其無相，而入有相，當其有相，而入變相，眼亂魂飛，不可撲滅，得一妄塵，塵一。非真覺性。聯詩送意，聞琴感心，則聲入也。入二。于時動静相擊，結爲幻音。結二。名爲聞知，則有鶯聲燕語，別鵠離鸞，贈怨無端，寫愁難已。非肉非絲，非金非竹，流逸奔耳。若彼虛空，曾何音響，當其此響，而感彼響。當其後響，而續前響。錐耳裂腸，不可鎖歇。得一妄塵，塵二。非真覺性。園夜焚燒，齋壇拈爇，則香入也。入三。于時吹息相感，結爲幻臭。結三。名爲齅知，則有金爐寶鼎，結雲成蓋，因心動摇，隨風飄緲。非霧非烟，非蘭非麝，流逸奔鼻。若彼虛空，曾何氣息。當其無息，而成有息，當其滅息，而復生息。展幽達冥，不可斷絶，得一妄塵，塵三。非真覺性。東閣酬勞，長亭宴別，則味入也。入四。于時恬變相參，結爲妄味。結四。名爲嘗知，則有鳳膏龍炙，玉液金波，臟神失驚，輪腸塞滿，爲土爲泥，爲愁爲淚，流逸奔口。若彼虛空，曾何滋味。當其無滋，而後有滋，當其有滋，而若無滋。飲苦茹酸，無能辨別。得一妄塵，塵四。非真覺性。明月佳期，幽懽定愛，則觸入也。入五。于時離合相摩，結爲妄體。結五。名爲覺知，則有羅襦薌澤，墜珥開襟。

愛戀無已，驚魂難定。疑雨疑風，疑雲疑月，流逸奔身。若彼虛空，曾何體受，當其無體，而至有體，當其異體，而至合體。魄併魂交，不可離遏。得一妄塵，塵五。非真覺性。草橋旅夢，曠野幽尋，則法入也。入六。于時寤寐相感，結爲妄因。結六。名爲意知，則有馭風奔月，打草驚蛇，城不能閾，水不能限，疑鬼疑人，疑兵疑馬，流逸奔意。若彼虛空，曾何憶想，當其是想，而入非想，當其非想，入非非想。離無造有，生有滅無，不可億量。得一妄塵，塵六。非真覺性。忽焉曉鐘初動，荒鷄非惡，遽然寐成然覺，猛醒回顧，昭昭大夢。非覺而惡知其夢，非大覺而又惡知其大夢。因念前者，種種勞塵，無邊幻影，皆屬流根，非本根出。一旦業盡緣空，愛消幻滅，煩惱破除，識想何有。即色滅色，色空真見。根一。即聲滅聲，聲空真聞。根二。即香滅香，香空真齅。根三。即味滅味，味空真嘗。根四。即觸滅觸，觸空真覺。根五。即意滅意，意空真知。根六。流根既净，本根乃現。乃始得以真覺性，證無上覺路也已。夫《西厢》，始于佛空，終于夢覺，除是空則忽夢，夢則未覺耳。當其空前無色也，覺後無緣也，則其間之爲色與緣者，曾幾何時，而忘色與緣者，無窮期矣。然則，有生滅者暫，而無生滅者常也。以有生滅心，求諸無生滅義，而使夢者皆覺，覺不復夢，咸登大覺焉，此固西來之本意，而命西厢者所由託始也。是雖小乘，詎不終歸于大乘乎。故曰：《西厢》可以入藏。

清・洪昇《長生殿・自序》 余覽白樂天《長恨歌》及元人《秋雨梧桐》劇，輒作數日惡。南曲《驚鴻》一記，未免涉穢。從來傳奇家非言情之文，不能擅場。而近乃子虛烏有，動寫情詞贈答，數見不鮮，兼乖典則。因斷章取義，借天寶遺事，綴成此劇。凡史家穢語，概削不書，非曰匿瑕，亦要諸詩人忠厚之旨云耳。然而樂極哀來，垂戒來世，意即寓焉。且古今來逞侈心而窮人欲，禍敗隨之，未有不悔者也。玉環傾國，卒至隕身。死而有知，情悔何極。苟非怨艾之深，尚何證仙之與有。孔子删《書》而録《秦誓》，嘉其敗而能悔，殆若是歟。第曲終難於奏雅，稍借月宫足成之。要之廣寒聽曲之時，即游仙上升之日。雙星作合，生忉利天，情緣總歸虛幻。清夜聞鐘，夫亦可以蘧然夢覺矣。

又《例言》 憶與嚴十定隅坐皋園，談及開元、天寶間事，偶感李白之遇，作《沉香亭》傳奇。尋客燕臺，亡友毛玉斯謂排場近熟，因去李白，入李泌輔肅宗中興，更名《舞霓裳》，優伶皆久習之。後又念情之所鍾，在帝王家罕有。馬嵬之變，已違夙誓，而唐人有玉妃歸蓬萊仙院、明皇遊月宫之説，因合用之，專寫釵合情緣，以《長生殿》題名，諸同人頗賞之。樂人請是本演習，遂傳于時。蓋經十餘年，三易稿而始成，予可謂樂此不疲矣。史載楊妃多污亂事，予撰此劇，止按白居易《長恨歌》、陳鴻《長恨歌傳》爲之。而中間點染處，多采《天寶遺事・楊妃全傳》。若一涉穢跡，恐妨風教，絶不闌入，覽者有以知予之志也。今載《長恨歌傳》，以表所由，其《楊妃本傳》、《外傳》及《天寶遺事》諸書，既不便删削，故概置不録焉。棠村相國嘗稱予是劇乃一部鬧熱《牡丹亭》，世以爲知言。予自惟文采不逮臨川，而恪守韻調，罔敢稍有踰越。蓋姑蘇徐靈昭氏爲今之周郎，嘗論撰《九宫新譜》，予與之審音協律，無一字不慎也。曩作《鬧高唐》、《孝節坊》諸劇，皆友人吴子舒鳧爲予評點。今《長生殿》行世，伶人苦于繁長難演，竟爲傖輩妄加節改，關目都廢。吴子憤之，效《墨憨十四種》，更定二十八折，而以虢國、梅妃別爲饒戲兩劇，確當不易。且全本得其論文，發予意所涵蘊者實多。分兩日唱演殊快，取簡便當覓吴本教習，勿爲傖輩可耳。

清・孔尚任《桃花扇・小引》 傳奇雖小道，凡詩賦、詞曲、四六、小説家，無體不備。至於摹寫鬚眉，點染景物，乃兼畫苑矣。其旨趣實本於《三百篇》，而義則《春秋》，用筆行文，又《左》、《國》、太史公也。於以警世易俗，贊聖道而輔王化，最近且切。今之樂，猶古之樂，豈不信哉。《桃花扇》一劇，皆南朝新事，父老猶有存者。場上歌舞，局外指點，知三百年之基業，隳於何人，敗於何事，消於何年，歇於何地，不獨令觀者感慨涕零，亦可懲創人心，爲末世之一救矣。蓋予未仕時，山居多暇，博採遺聞，入之聲律，一句一字，抉心嘔成。今攜遊長安，借讀者雖多，竟無一句一字着眼看畢之人，每撫胸浩歎，幾欲付之一火。轉思天下大矣，後世遠矣，特識焦桐者，豈無中郎乎，予姑俟之。

又《凡例》 劇名《桃花扇》，則桃花扇譬則珠也，作《桃花扇》之筆譬則龍也，穿雲入霧，或正或側，而龍睛龍爪，總不離乎珠。觀者當用巨眼。

又《小識》 傳奇者，傳其事之奇焉者也，事不奇則不傳。桃花扇何奇乎，妓女之扇也，蕩子之題也，遊客之畫也，皆事之鄙焉者也。爲悦己容，甘瘥面以誓志，亦事之細焉者也。宜其相謔，借血點而染花，亦事之輕焉者也。私物表情，密痕寄信，又事之猥褻而不足道者也。桃花扇何奇乎，其不奇而奇者，扇面之桃花也。桃花者，美人之血痕也。血痕者，守貞待字，碎首淋漓，不肯辱於權奸者也。權奸者，魏閹之餘孽也。餘孽者，進聲色，羅貨利，結黨復仇，隳三百年之帝基者也。帝基不存，權奸安在。惟美人之血痕，扇面之桃花，嘖嘖在口，歷歷在目，此則事之不奇而奇，不必傳而可傳者也。人面耶。桃花耶。雖歷千百春，豔紅相映，問種桃之道士，且不知歸何處矣。

清・蔣士銓《香祖樓・自序》 或謂藏園主人曰：子題《愍烈記》云，安肯輕提南董筆，替人兒女寫相思。今乃成《轉情關》一編，豈非破綺語之戒，涉欲海之波，踐情塵之迹耶。主人聽然而笑曰：否、否。《風》、《雅》首於《二南》，其閨房式好之詞，巾幗懷人之什，長言而嗟歎之。何爲者，蓋得乎性情之正者也，惟然故冠於三百之篇。或曰：敢問《香祖樓》情何以正。主人曰：曾氏得《螽斯》之正者也，李氏得《小星》之正者也，仲子得《關雎》之正者也，發乎情，止乎禮義，聖人弗以爲非焉，豈兒女相思之謂耶。或曰：敢問兒女相思則何若。主人曰：才色所觸，情欲相維，不待父母媒妁之言，意耦神構，自行其志，是淫奔之萌蘖也，君子惡焉。或曰：然則兹編仍南董之筆歟。主人曰：知言哉。於是，以情關正其疆界，使言情者弗敢私越焉。

又《香祖樓録功》 情字包羅天地，把三才穿貫總無遺。情光彩是雲霞日月，情慘戚是雨雪風雷，情厚重是泰華嵩衡摇不動，情活潑是江淮河海挽難回，情變幻是陰陽寒暑，情反復是治亂安危，情順逆是征誅揖讓，情忠敬是夾輔維持，情剛直是忠臣龍比，情友愛是兄弟夷齊，情中倫是顔曾父子，情合式是梁孟夫妻，情結納是綈袍墓劍，情感戴是敝蓋車帷，情之正有堯舜軒羲，情之變有桀辛幽厲，情之正有禹稷臯夔，情之變有廉來奡羿。更有那蹇叔、祁奚、申公、伯嚭、聶政、要離、汪錡、鉏麑、妲己、褒姒、吕雉、驪姬，數不盡豺聲烏喙狐首蛾眉。一半兒有情癡，一半是無情鬼。一班兒形骸齒髮，一班兒胎卵毛皮。

又《珊瑚鞭・序》 原大詩編樂府，事同古史之特書。曲變詞家，聲繼遺音於協律。字存褒貶，凛直筆於陽秋。意屬勸懲，等法言於象魏。矧文兼各體，綜箴銘志傳，互見剪裁。態合衆情，極怒罵笑嬉，皆含美刺，羌抑鬱於誰語，載笑載言。不得志者所爲，或歌或哭。必待文章大手，乃能寫萬物之生。苟無仙佛靈光，難與拭千秋之鑒。第金元院本，陋習既多，而風月良家，名篇絶少。僅使參軍、蒼鶻，冒庸鄙之衣冠。逌豹孤猱，演淫邪之男女。遂令腐儒掉舌，斥文體爲俳優。俗子效颦，扮戾家之把戲。豈但又詞章之辱，實足傷楮墨之心已。

又《臨川夢・自序》 予恐天下如客者多矣，乃雜采各書及《玉茗集》中所載種種情事，譜爲《臨川夢》一劇，摹繪先生人品，現身場上，庶幾癡人不以先生爲詞人也歟。嗟乎，先生以生爲夢，以死爲醒，予則以生爲死，以醒爲夢。於是引先生既醒之身，復入於既死之夢，且令《四夢》中人與先生周旋於夢外之身，不亦荒唐可樂乎。獨惜婁江女子，爲公而死，其識力過於當時執政遠矣。特兼寫之，以爲醉夢者愧焉。然而予但爲夢中人説夢而已，固無與於醒者。

清・梁廷枏《曲話》卷二 近日高伯陽作《續琵琶記》，空虚結撰，出奇無窮，一雪中郎之冤。吴穀人先生爲之序云：伯陽借一家之衣鉢，拓千古之心胸，姱飾勝緣，掞張廢事，如織女之酬郭令，如青洪之贈歐明。遂使銀鹿坐兒，金龜得壻，科名草長，旌節花開。但争春夢之長，不厭夏雲之幻。數語，曲中大致，包括無遺矣。

清・余治《庶幾堂今樂・答客問》 庶幾堂主人既作新戲，合班試演，客有見而嗤之者謂：曲必求高，陽春白雪所以見重於世也。若吾子之所爲，下里巴人耳。村歌野曲，何足登大雅之堂，而子顧斤斤以此爲務，覥然播諸絃管，妄冀賞音，毋乃太不自量。予聞之，蹶然起曰：唯唯，客責我良是。顧鄙人尚有下情，可容一畢其説乎。客曰：嘻，子姑言之，我姑聽之。予乃前席而請曰：古人作戲之意，非將欲以忠孝節義故事當場演出，使人觀而感乎。客曰：是固然矣。予曰：既欲以忠孝節義使人觀感，則欲使觀而感者以多爲貴乎，以少爲貴乎。客曰：自宜多多益善。予曰：吾子既欲使觀感者多，則巴人下里屬和者數千人，豈不足以資烘動。既欲求其多而仍從事陽春白雪，何異緣木求魚也，客亦可以諒我矣。客又問：舊時梨園雜齣，所演忠孝節義，多有善惡果報，何一不可勸人爲善。今吾子必欲另開局面，竊恐標新領異，總不脱前人窠臼，毋乃畫蛇添足。予又應之曰：客所言亦是。請問古人作戲爲上等人説法耶，爲下等人説法耶。客曰：大約上下兼該耳。予曰：上等人讀書明理，有經史訓言，儒先格論在，無取乎戲也。即中等人，亦有近時所傳勸善諸書在，亦無取乎戲也。所以演戲者，爲不識字之愚夫愚婦耳。彼愚夫愚婦既不能讀書明理，又不能看善書，即宣講鄉約以曉愚蒙，而近世人情又皆厭聽，故特借戲以感動之。譬如醫者之用藥，須對病立方，乃得見效，既爲下等人説法，自須切定下等人用意，乃爲對病。予之所作，大約按切近日下等人所犯惡習，多作對病，方期以補舊時梨園所未備耳。若以云標新領異，吾又何敢。客顧而笑曰：有是哉。予既以下里巴人自居，吾亦不多求於爾。顧俚辭巷語，賞俗而不能賞雅，子竟自以爲對病方可乎。予因再詰之曰：醫家治病，膏粱之體、藜藿之體有異治乎。客曰：膏粱藜藿，體既不同，用藥安得不異。予乃曰：吾子既知此，即可知近日梨園雜劇大都藥不對病者矣。古人作傳奇，命意各有所在，如《長生殿》立意在諷諭人主，是爲居南面者作前車之鑒，宜演於宮闈，與鄉民無涉。《精忠記》立意在勸戒人臣，是爲食禄者作當頭棒喝，宜演於官場，與鄉民亦無涉。至一切戰陣勝負、設計用謀之戲，是皆爲行伍兵勇，激發忠勇而作，宜演於戎行，鄉民觀之，適以開好勇鬥狠之習，是何異以治膏粱之體者治藜藿之體耶。不特此也，古人立方，君臣佐使等分，各協其宜，如應用一二分者，或用至一二錢，已嫌太過，若用至一二兩，則非但不能愈病，害且立見矣。古人傳奇又往往牢騷感憤，借題發揮，畸重畸輕，未免形容太過，不適寫人之惡，必寫到十二分非理非情，無不人人髮指，竊恐爲惡者見之，非特不引以爲戒，必反藉以自寬。若謂古人之惡，過我十倍，以我之過輕之特小焉者耳，庸何傷。是何異應用一二分之藥而用至一二錢，或竟用至一二兩，恐適足以益其病而速之死也。徒有妙方，若不對病，此予所由忘其鄙，不禁怦然勃然，竊欲一貢其愚也。客佛然起曰：噫，子言過矣。古之人心思才力百倍於今人，舊劇中所演忠孝節義，豈無爲鄉曲小民作對病方者。如子言，毋乃以良藥自居，而爲古人所作無一句可取也。坐井觀天，夜郎自大，何其妄也。予以客素好合藥施送，因復進而詰之曰：吾子喜合藥濟人，請問：所合之藥治何病居多。客曰：大約時疫急痧，瘧痢瘡瘍，世人常犯之病爲多耳。予又問客：有奇病、怪病，如人面瘡、百鳥朝王之藥乎。客曰：此奇怪之病，千萬人中所僅見，何煩製備耶。予乃曉之曰：客更見及此，亦知近日梨園所演，皆奇病、怪病，而非人人共犯之通病乎。予之所作新戲，雖俚俗不文，却頗切近人病，而奇病、怪病不與焉，非與古人爭勝也。客又問予：所言通病，可一一聞乎。予乃爲屈指數之曰：五刑之屬三千，罪莫大於不孝，故王法最重，而逆倫大案，尤爲地方官第一干忮事，無不思設法化導者。近世鄉里間不孝子媳不少，通病也，問舊戲中有足爲逆子逆媳警戒者否。客曰：古來傳奇中，如《琵琶記》、《蘆林記》、《尋親記》，均屬孝子孝婦，何得云無。予曰：此皆有勸無懲，終難悚動。且《琵琶記》爲狀元夫人，《尋親記》則事值其變，而《蘆林》亦屬古賢人之事，皆小民所不敢望，且不常有，非對病方也。客又言：逆婦戲却少見，至逆子雜齣，則《清風亭》雷打張繼寶，豈非佳劇乎。予笑問曰：是矣，然試問天下古今有如張繼寶其人者乎，世人有犯此病者乎，是奇病也，怪病也，千萬人中所不一見者也，天下古今亦斷無有其人其事者也。戲場千百人中，豈無一二不孝子，及觀此戲以狀元而遭雷殛，不孝子何嘗不同聲稱快。而描寫逆狀，出於情理之外，竊恐撫掌之餘，適足爲逆子自寬之地，豈非非徒無益而又害之耶。

雜録

明·湯顯祖《董解元西厢題詞》 余於聲律之道，瞠乎未入其室也。《書》曰：詩言志，歌永言，聲依永，律和聲。志也者，情也。先民所謂發乎情，止乎禮義者是也。嗟乎，萬物之情，各有其志。董以董之情而索崔、張之情於花月徘徊之間，余亦以余之情而索董之情於筆墨煙波之際。董之發乎情也，鏗金戛石，可以如抗而如墜。余之發乎情也，宴酣嘯傲，可以以翱而以翔。然則余於定律和聲處，雖於古人未之逮焉，而至如《書》之所稱爲言爲永者，殆庶幾其近之矣。清遠道人書於玉茗堂。

又《玉茗堂尺牘·復甘義麓》 弟之愛宜伶學《二夢》，道學也。性無善無惡，情有之。因情成夢，因夢成戲。戲有極善極惡，總於伶無與，伶因錢學《夢》耳。弟以爲似道，憐之以付仁兄慧心者。

明·王驥德《曲律》卷三《雜論第三九上》 元人作劇，曲中用事，每不拘時代先後，馬東籬《三醉岳陽樓》，賦吕純陽事也。《寄生草》曲：這的是燒猪佛印待東坡，抵多少騎驢魏野逢潘閬。俗子見之，有不訾以爲傳唐人用宋事耶。畫家謂王摩詰以牡丹、芙蓉、蓮花同畫一景，畫《袁安高卧圖》有雪裏芭蕉，此不可易與人道也。

明·馮夢龍《酒家傭叙》 蓋書成而因歎清議之可畏也。馬季常經術名儒，一爲不義，千載而下討不得一副乾净面孔。而文姬、王成、郭亮、吴佑，至今凛凛有清霜烈日之色，令當場奏伎，雖婦人女子，胸中好醜亦自了了。傳奇之衮鉞，何減《春秋》筆哉。世人勿但以故事閲傳奇，直把作一具青銅，朝夕照自家面孔可矣。

明·王光魯《想當然·叙》 大江以南有一君子，城愁以居，啖字爲飽，滛滛於睡夢之鄉，則常嘆曰：人生幾何，少治難繫，功名事業，會須有時。獨此遲之不得、錯之不可者，死心一佳麗耳。子牙垂老，猶發磻溪之夢。未聞會稽太守，綬纍纍後更遇佳人也。閑居抱此，似失一物，骨酸心痛，魂悸眼花，恍惚有人，歌笑迎我，胸中枕上，結爲佳景。欲合欲離，驕我失意。歷數古人，盡謬師襄之所教。一日偶閲稗乘，見劉一春覓蓮事，則拋書狂叫曰：是矣，是矣，人生有此一日，千屋後可無活也。煩卿作念，無用相酬，則酬之以歌。王顛齡、蔡伯喈，荒謬無味事，猶煩傳不朽。有情如此，與後世文人，毫無干涉者乎。既慨許之，此數人者，遂坐我喉間不去。於是花酣月大，濁酒自澆，則按其事歌一闋。或好思不來，窮鬼相搏，則歌一闋。或大堤游冶，鑽我心肺，見之則歌一闋。腹已負我，室尚關人，聞之則歌一闋。甚至鬼不助靈，筆與衆肖，忽不自得，則燭昏觸柱，面壁如死灰。或身在衆中，咿唔出字，如呻所痛，要期於避俗，避膚，避肉麻，避弋陽聲口，每成一歌，則裂原傳一帋，囑付鼠塵。總之情自我生，境由他轉，閲數月而盡矣。然有納茶甕者，有書赫蹏者，有呀帛側理、楷書粘壁上者，雜舉子業稿中者，傳歌人板拍上者，一日纂匯成帙，潤以賓白，胸中數人，始出而拱揖咲啼於帋上。仍覺有幾頃情波，貯我半腸，汩汩欲作千百言，借乃公心血湧出，主人翁甚不耐煩，急用煖酒盪去。嗚呼，天下文人多矣。奇緣佳遇，未必是我，即是我，亦不能盡畫。要以心想取之，染作墨雲，繡爲聲譜，按拍觀塲，嗚嗚作彌大王有驢耳爾。則此三十八折者，非劉郎蓮姊、曹郎許氏之詞，而予之想也。遂命曰《想當然》。

清·梁廷枏《曲話》卷二 若士本此，演爲《邯鄲記》，其中層折，一依《枕中記》所載而稍潤色之。馬致遠《黄粱夢》乃作漢鍾離度脱吕公，一夢十八年黄粱未熟，豈漢鍾離度吕而吕復度盧，皆此邯鄲道耶。抑統是一事，而元人所演爲空中樓閣耶。范子安《竹葉舟》亦作吕仙自云：偶然間經過邯鄲，逢師點化，黄粱醒後，因此上把塵心一筆都勾。據此，則元人多主度吕一説，非致遠所獨創矣。

清·平步青《小棲霞説稗·觀劇詩》 伶人演劇扮用古事，然多顛到賢奸，蓋皆不識字者所爲。如《唐傳》之張士貴，《楊家將》之潘美，《平西傳》之龐籍，率與史傳不合。《冬夜箋記》：每閲傳奇，輒歎前賢父母妻妾爲其溷亂，如《荆釵記》王曾、吕蒙正。《持雅堂詩集》卷一有《觀劇》五古一篇，中云：《莊》、《列》愛荒唐，寓言著十九。傳奇祖其意，顛到賢與否。蔡邕孝廉人，《琵琶》遭擊掊。借以諷王四，於義猶有取。俗人不知書，逞肊造烏有。桓桓張士貴，功出仁貴右。無端目爲奸，毅魄遂含垢。楊業雖健將，潘美亦其偶。不制王侁兵，天馬變家狗。勸懲義何在，妖言惑黔首。可爲正人吐氣。湘侍曰：今劇中有所謂二十八宿歸天者，蓋《賜繡旗》之後齣。光武保全功臣，古今所罕，而大反其事，何耶，璱妣曰：此必明初人所爲，蓋以譏太祖誅僇功臣，爲傅、藍諸公而發。浣霞以爲然。

創新

論説

明·王驥德《曲律》卷三《雜論第三九上》 元人雜劇，其體變幻者固多，一涉麗情，便關節大略相同，亦是一短。又古新奇事迹，皆爲人做過。今日欲作一傳奇，毋論好手難遇，即求一典故新采可動人者，正亦不易得耳。

又 作散套較傳奇更難。傳奇各有本等事頭鋪襯，散套鑿空爲之。散套中登臨、遊賞之詞較易，閨情尤難，蓋閨情古之作者甚多，好意好語，皆爲前人所道，不易脱此窠臼故也。白樂天作詩，必令老嫗聽之，問曰：解否。

曰解則録之，不解則易。作劇戲，亦須令老嫗解得，方入衆耳，此即本色之說也。

又《雜論第三九下》 余昔譜《男后》劇，曲用北調，而白不純用北體，爲南人設也。已爲《離魂》，並用南調，鬱藍生謂：自爾作祖，當一變劇體。既遂有相繼以南詞作劇者。後爲穆考功作《救友》，又於燕中作《雙鬟》及《招魂》二劇，悉用南體，知北劇之不復行於今日也。

明・張岱《瑯嬛文集》卷三《答袁籜庵》 傳奇至今日，怪幻極矣。生甫登場，即思易姓，旦方出色，便要改妝。兼以非想非因，無頭無緒，只求鬧熱，不論根由，但要出奇，不顧文理。近日作手，要如阮圓海之靈奇，李笠翁之冷雋，蓋不可多得者矣。吾兄近作《合浦珠》，亦犯此病。蓋鄭生關目，亦甚尋常。而狠求奇怪，故使文昌武曲、雷公電母奔走趨蹌，鬧熱之極，反見淒涼，兄看《琵琶》、《西廂》，有何怪異，布帛菽粟之中，自有許多滋味，咀嚼不盡傳之永遠，愈久愈新，愈淡愈遠。東坡云：凡人文字務使和平知足，餘溢爲奇怪，蓋出於不得已耳。今人於開場一齣，便欲異人，乃妝神扮鬼，作怪興妖，一番鬧熱之後，及至正生冲場，引子稍長，便覺可厭矣。兄作《西樓》，只一情字，講技、錯夢、搶姬、泣試，皆是情理所有，何嘗不鬧熱，何嘗不出奇，何取於節外生枝，屋上起屋耶。總之，兄作《西樓》正是文章入妙處，過此則便思遊戲三昧，信手拈來，自亦不覺其熟滑耳。湯海若初作《紫釵》，尚多痕迹，及作《還魂》，靈奇高妙，已到極處。《蟻夢》、《邯鄲》，比之前劇，更能脱化一番，學問較前更進，而詞學較前反爲削色。蓋《紫釵》則不及，而《二夢》則太過，過猶不及，故總於《還魂》遜美也。今《合浦珠》是兄之《二夢》，而《西樓記》爲兄之《還魂》。《二夢》雖佳，而《還魂》爲終不可及也。

清・劍嘯閣主人《玉茗堂批評焚香記序》 樂府之淫濫，無如今日矣。所稱江南勝部，自王實甫、高則誠而下，王弇州首推《拜月亭》，猶曰：所嫌者，曲終不能使人淚下。斯言也，真得詞家三昧。蓋劇場即一世界，世界只一情人。以劇場假而情真，不知當場者有情人也。顧曲者尤屬有情人也。即從旁之堵牆而觀聽者，若童子，若瞽叟，若村嫗，無非有情人也。倘演者不真，則觀者之精神不動。然作者不真，則演者之精神亦不靈。兹傳之總評，惟一真字，足以盡之耳。何也，桂英守節、王魁辭姻無論，即金壘之好色、謝媽之愛財，無一不真。所以曲盡人間世態炎凉暄寂景狀，令周郎掩泣，而童叟村嫗亦從而和之，良有以已。然又有幾段奇境不可不知。其始也，落魄萊城，遇風鑑操斧，一奇也。及所聯之配，又屬青樓，青樓而復出於閨幃，又一奇也。新婚設誓，奇矣，而金壘套書，致兩人生而死，死而生，復有虚訃之傳，愈出愈奇，悲歡沓見，離合環生。讀至卷盡，如長江怒濤，上湧下溜，突兀起伏，不可測識，真文情之極。其紆曲者，可概以院本目之乎。

清・丁耀亢《赤松遊・題辭》 唐稱樂府，宋稱詩餘，元稱詞曲，一漸而分，淺深各别。若使詩餘再用樂府，則仍涉唐音；若聽詞曲再拈詩餘，則不爲元調，故同一意也。詩餘必出以尖新，同一語也。元曲必求其穩貼，要使登場扮戲，原非取異工文，必令聲調諧和，俗雅感動。堂上之高客解頤，堂下之侍兒鼓掌。觀俠則雄心血動，話别則淚眼涕流，乃製曲之本意也。故《琵琶》以白描難效，優伶之丹朱易摹。古云：丹青女易描，真色人難學。又曰：畫鬼易，畫美人難。豈非以真人莫肖，而假態能工乎。自元本久湮，《殺狗》、《荆釵》，既涉俗而無當於文人之觀，故時曲日競，越吹吴歈，僅纂組而止可爲案頭之賞，較之元本，大逕庭矣。愚謂：凡作曲者，以音調爲正，妙在辭達其意，以粉飾爲次。勿使辭掩其情，既不傷詞之本色，又不背曲之元音，斯爲文質之平，可作名教之助。近見自稱作者，妄擬臨川之《四夢》，遂使夢多於醒；因摹元海之《十錯》，又令錯亂其真。不知自出機杼，總是寄人籬下。仙俠爲以人而補天，無非過脈；忠孝乃觀風以化俗，妙在不板。士女風流，又作離合套本；刀馬熱鬧，最忌清濁雜倫。詞病多端，傷巧傷格，同一病也；曲妙各種，用雅用俗，同一妙也。時曲既多，新聲爭豔，至有琢字鏤詞，截脂割粉，落韻不求穩而求生，立意不用平而用怪。故曲曰傳奇，乃人中之奇，非天外之事。五倫外豈有奇人，三昧中捻完至性。若以李賀鬼才，何不以之作詩；柳七豔情，止可因爲散曲。不得已而用典襯題，無奈何而加青敷色，豈必以類書爲繪事，借客爲正主乎。至於白語關目，尤貴自然。近多開口即排，直至結尾，皆成四六者，尤爲不情。如能忽散忽整，方合古今，半雅半俗，乃諧觀聽。步元曲而困其範圍，愧成畫虎；摹時詞而流爲堆砌，未免雕猴。有好句而律苦難調，欲填詞而語多傷弱。語曰：何以聽，何以射，必如馬上擊毬，庭中滚彈，巧不傷格，俗可入古。甚矣，詞家之難也。予素不知曲，近取南北譜元人各種而觀之，略窺當年作者之心，方識後人趨文之弊，妄爲商榷，以候公瑾。

清·李漁《閒情偶寄》卷一《詞曲部·結構第一·脱窠臼》 人惟求舊，物惟求新。新也者，天下事物之美稱也。而文章一道，較之他物，尤加倍焉。戛戛乎陳言務去，求新之謂也。至於填詞一道，較之詩、賦、古文，又加倍焉，非特前人所作，於今爲舊，即出我一人之手，今之視昨，亦有間焉。昨已見而今未見也，知未見之爲新，即知已見之爲舊矣。古人呼劇本爲傳奇者，因其事甚奇特，未經人見而傳之，是以得名，可見非奇不傳。新，即奇之别名也。若此等情節，業已見之戲場，則千人共見，萬人共見，絶無奇矣，焉用傳之。是以填詞之家，務解傳奇二字。欲爲此劇，先問古今院本中曾有此等情節與否，如其未有，則急急傳之，否則枉費辛勤，徒作效颦之婦。東施之貌，未必醜於西施，止爲效颦於人，逐蒙千古之誚。使當日逆料至此，即勸之捧心，知不屑矣。吾謂：填詞之難，莫難於洗滌窠臼，而填詞之陋，亦莫陋於盜襲窠臼。吾觀近日之新劇，非新劇也，皆老僧碎補之衲衣，醫士合成之湯藥，取衆劇之所有，彼割一段，此割一段，合而成之，即是一種傳奇，但有耳所未聞之姓名，從無目不經見之事實。語云：千金之裘，非一狐之腋。以此贊時人新劇，可謂定評。但不知前人所作，又從何處集來。豈《西厢》以前，别有跳牆之張珙，《琵琶》以上，另有剪髮之趙五娘乎。若是，則何以原本不傳，而傳其抄本也。窠臼不脱，難語填詞。凡我同心，急宜參酌。

清·孔尚任《桃花扇·凡例》 排場有起伏轉折，俱獨闢境界，突如而來，倏然而去，令觀者不能預擬其局面。凡局面可擬者，即厭套也。

清·黄圖珌《看山閣集閒筆》 余自小性好填詞，時窮音律。所編諸劇，未嘗不取古法，亦未嘗全取古法。每於審音、綴字之間，出神入化，超塵脱俗，和混元自然之氣，吐先天自然之聲，浩浩蕩蕩，悠悠冥冥，直使高山、巨源、蒼松、修竹，皆成異響，而調亦覺自協。頗有空靈杳渺之思，幸無浮華鄙陋之習。毋失古法，而不爲古法所拘。欲求古法，而不期古法自備。竊恐才思漸窮，情瀾益湧，雖不能自出機杼，亦聊免竊人餘唾。不抹東村本色，何必效颦而反增其醜也。戊辰春三月之望，峯泖守真子重識。

雜録

清·劉廷璣《在園曲志》 前人云：鄭若庸《玉玦》，張伯起《紅拂》，以類書爲傳奇。屠長卿《曇花》，終折無一曲。梁伯龍《浣紗》，梅禹金《玉合》，道白終本無一散語，皆非是。如此論曲，似覺太苛。安見類書不可填詞乎。興會所至，托以見意，何拘定式。若必泥焉，則彩筆無生花之夢矣。况文章幻變，體裁由人，《公》、《穀》短奥，《史》、《漢》冗長，各出己意，何難自我作古，所謂不可無一，不可有二也。《水滸》多用典故，未嘗不與《荆》、《劉》、《拜》、《殺》四種白描者並傳。又汪伯玉南曲失之靡，徐文長北曲失之鄙，唯湯義仍庶幾近之，而失之疏。然三君已臻至妙，猶如此訾議，誠太刻矣。近今李笠翁漁十種填詞，洪昉思昇《長生殿》亦大手筆，各有妙處。但李之賓白似多，洪之曲文似冗，又不知後人作何評論也。

清·梁廷枏《曲話》卷二 《灰闌記》、《留鞋記》、《蝴蝶夢》、《神奴兒》、《生金閣》等劇，皆演宋包待制開封府公案故事，賓白大半從同。而《神奴兒》、《生金閣》兩種，第四折魂子上場，依樣葫蘆，略無差别。相傳謂扮演者臨時添造，信然。《漁樵記》劇劉二公之於朱買臣，《王粲登樓》劇蔡邕之於王粲，《舉案齊眉》劇孟從叔之於梁鴻，《凍蘇秦》劇張儀之於蘇秦，皆先故待以不情，而暗中假手他人以資助之，使其鋭意進取，及至貴顯，不肯相認，然後旁觀者爲説明就裏。不特劇中賓白同一板印，即曲文命意遣詞，亦幾如合掌，此又作曲者之故尚雷同，而非獨扮演者之臨時取辦也。

又 百種中，第一折必用仙吕《點絳唇》套曲，第二折多用南吕《一枝花》套曲，餘則多用正宫《端正好》、商調《集賢賓》等調。蓋一時風氣所尚，人人習慣其聲律之高下，句調之平仄，先已熟記於胸中，臨文時或長或短，隨筆而赴，自無不暢所欲言。不然，何以元代才人輩出，心思才力，日趨新異，獨於選調一事，不厭黨同也。

結構

論說

明・袁宏道《紫釵記總評》 元之大家，必胸中先具一大結構，玲玲瓏瓏，變變化化，然後下筆，方得一齣變幻一齣，令觀者不可端倪，乃爲作手。

清・李漁《閒情偶寄》卷一《詞曲部・結構第一》 填詞一道，文人之末技也，然能抑而爲此，猶覺愈於馳馬試劍、縱酒呼盧。孔子有言：「不有博弈者乎，爲之猶賢乎已。」博弈雖戲具，猶賢于飽食終日，無所用心。填詞雖小道，不又賢于博弈乎。吾謂：技無大小，貴在能精。才乏纖洪，利于善用。能精善用，雖寸長尺短，亦可成名，否則才誇八斗，胸號五車，爲文僅稱點鬼之談，著書惟供覆瓿之用，雖多亦奚以爲。填詞一道，非特文人工此者足以成名，即前代帝王，亦有以本朝詞曲擅長，遂能不泯其國事者。請歷言之：高則誠、王實甫諸人，元之名士也，舍填詞一無表見。使兩人不撰《西厢》、《琵琶》，則沿至今日，誰復知其姓字。是則誠、實甫之傳，《琵琶》、《西厢》傳之也。湯若士，明之才人也，詩、文、尺牘，儘有可觀，而其膾炙人口者，不在尺牘、詩、文，而在《還魂》一劇。使若士不草《還魂》，則當日之若士，已雖有而若無，況後代乎。是若士之傳，《還魂》傳之也。此人以填詞而得名者也。歷朝文字之盛，其名各有所歸，漢史、唐詩、宋文、元曲，此世人口頭語也。《漢書》、《史記》，千古不磨，尚矣。唐則詩人濟濟，宋有文士蹌蹌，宜其鼎足文壇，爲三代後之三代也。元有天下，非特政、刑、禮、樂一無可宗，即語言、文學之末，圖書翰墨之微，亦少概見。使非崇尚詞曲，得《琵琶》、《西厢》以及《元人百種》諸書傳於後代，則當日之元，亦與五代、金、遼同其泯滅，焉能附三朝驥尾，而掛學士文人之齒頰哉。此帝王國事，以填詞而得名者也。由是觀之，填詞非末技，乃與史傳詩文同源而異派者也。近日雅慕此道，刻欲追蹤元人，配饗若士者儘多，而究竟作者寥寥，未聞絕唱。其故維何，止因詞曲一道，但有前書堪讀，並無成法可宗，暗室無燈，有眼皆同瞽目，無怪乎覓途不得，問津無人，半途而廢者居多，差毫釐而謬千里者亦復不少也。嘗怪天地之間，有一種文字，即有一種文字之法脈準繩，載之于書者，不異耳提面命，獨于填詞製曲之事，非但略而未詳，亦且置之不道。揣摩其故，殆有三焉：一則爲此理甚難，非可言傳，止堪意會。想入雲霄之際，作者神魂飛越，如在夢中，不至終篇，不能返魂收魂。談真則易，説夢爲難，非不欲傳，不能傳也。若是，則誠異誠難，誠爲不可道矣。吾謂此等至理，皆言最上一乘，非填詞之學節節皆如是也，豈可爲精者難言，而麤者亦置弗道乎。一則爲填詞之理，變幻不常，言當如是，又有不當如是者。如填生、旦之詞，貴于莊雅，製净、丑之曲，務帶詼諧，此理之常也。乃忽遇風流放佚之生、旦，反覺莊雅爲非。作迂腐不情之净、丑，轉以詼諧爲忌。諸如此類者，悉難膠柱，恐以一定之陳言，誤泥古拘方之作者，是以寧爲闕疑，不生蛇足。若是，則此種變幻之理，不獨詞曲爲然，帖括、詩、文皆若是也。豈有執死法爲文，而能見賞于人，相傳于後者乎。一則爲從來名士以詩賦見重者，十之九，以詞曲相傳者，猶不及什一，蓋千百人一見者也。凡有能此者，悉皆剖腹藏珠，務求自秘，謂此法無人授我，我豈獨肯傳人。使家家製曲，户户填詞，則無論白雪盈車，陽春遍世，淘金選玉者，未必不使後來居上，而覺糠粃在前，且使周郎漸出。顧曲者多攻出瑕疵，令前人無可藏拙，是自爲后羿而教出無數逢蒙，環執干戈而害我也，不如仍做前人緘口不提之爲是。吾揣摩不傳之故，雖三者並列，竊恐此意居多。以我論之，文章者，天下之公器，非我之所能私。是非者，千古之定評，豈人之所能倒。不若出我所有，公之于人，收天下後世之名賢，悉爲同調。勝我者，我師之，仍不失爲起予之高足。類我者，我友之，亦不媿爲攻玉之他山。持此爲心，遂不覺以生平底裹，和盤托出。並前人已傳之書，亦爲取長棄短，别出瑕瑜，使人知所從違，而不爲誦讀所誤。知我罪我，憐我殺我，悉聽世人，不復能顧其後矣。但恐我所言者，自以爲是，而未必果是。人所趨者，我以爲非，而未必盡非。但矢一字之公，可謝千秋之罰。噫，元人可作，當必貰予。

又 填詞首重音律，而予獨先結構者，以音律有書可考，其理彰明較著。自《中原音韻》一出，則陰陽、平仄，畫有塍區，如舟行水中，車推岸上，稍知率由者，雖欲故犯而不能矣。《嘯餘》、《九宮》二譜一出，則葫蘆有樣，粉本昭然。前人呼製曲爲填詞。填者，布也，猶棋枰之中，畫有定格，見一格，布一子，止有黑白之分，從無出入之弊。彼用韻而我叶之，彼不用韻而我縱横流蕩之。至於引商刻羽，戛玉敲金，雖曰神而明之，匪可言喻，亦由勉强而臻自然，蓋遵守成法之化境也。至於結構二字，則在引商刻羽之先，拈韻抽毫之始，如造物之賦形，當其精血初凝，胞胎未就，先爲製定全形，使點血而具五官百骸之勢。倘先無成局，而由頂及踵，逐段滋生，則人之一身，當有無數斷續之痕，而血氣爲之中阻矣。工師之建宅亦然，基址初平，間架未立，先籌何處建廳，何方開户，棟需何木，梁用何材，必俟成局了然，始可揮斤運斧。倘造成一架，而後再籌一架，則便於前者不便於後，勢必改而就之，未成先毁，猶之築舍道旁，兼數宅之匠資，不足供一廳一堂之用矣。故作傳奇者，不宜卒急拈毫。袖手於前，始能疾書於後。有奇事，方有奇文。未有命題不佳，而能出其錦心，揚爲繡口者也。嘗讀時髦所撰，惜其慘澹經營，用心良苦，而不得被管絃、副優孟者，非審音協律之難，而結構全部規模之未善也。詞采似屬可緩，而亦置音律之前者，以有才、技之分也。文詞稍勝者，即號才人。音律極精者，終爲藝士。師曠止能審樂，不能作樂。龜年但能度詞，不能製詞。使與作樂、製詞者同堂，吾知必居末席矣。事有極細，而亦不可不嚴者，此類是也。

又《密針線》 編戲有如縫衣，其初則以完全者剪碎，其後又以剪碎者湊成。剪碎易，湊成難。湊成之工，全在針線緊密，一節偶疎，全篇之破綻出矣。每編一折，必須前顧數折，後顧數折。顧前者，欲其照映，顧後者，便於埋伏。照映、埋伏，不止照映一人。埋伏一事，凡是此劇中有名之人，關涉之事，與前此、後此所説之話，節節俱要想到。寧使想到而不用，勿使有用而忽之。吾觀今日之傳奇，事事皆遜元人，獨於埋伏照映處，勝彼一籌。非今人之太工，以元人所長，全不在此也。若以針線論，元曲之最疎者，莫過於《琵琶》。無論大關節目，背謬甚多。如子中狀元三載，而家人不知。身贅相府，享盡榮華，不能自遣一僕，而附家報於路人。趙五娘千里尋夫，隻身無伴，未審果能全節與否，其誰證之。諸如此類，皆背理妨倫之甚者。再取小節論之，如五娘之剪髮，乃作者自爲之，當日必無其事。以有疎財仗義之張大公在，受人之託，必能忠人之事，未有坐視不顧，而致其剪髮者也。然不剪髮不足以見五娘之孝，以我作《琵琶》，《剪髮》一折亦必不能少，但須回護張大公，使之自留地步。吾讀《剪髮》之曲，並無一字照管大公，且若有心譏刺者。據五娘云：前日婆婆没了，虧大公周濟。如今公公又死，無錢資送，不好再去求他，祇得剪髮。云云。若是，則剪髮一事，乃自願爲之，非時勢迫之使然也。奈何曲中云：非奴苦要孝名傳，祇爲上山擒虎易，開口告人難。此二語雖屬恒言，人人可道，獨不宜出五娘之口。彼自不肯告人，何以言其難也。觀此二語，不似懟怨大公之詞乎。然此猶屬背後私言，或可免於照顧。迨其哭倒在地，大公見之，許送錢米相資，以備衣衾棺槨，則感之，頌之，當有不啻口出者矣。奈何曲中又云：祇恐奴身死也兀自没人埋，誰還你恩債。試問：公死而埋者何人，姑死而埋者何人，對埋殮公、姑之人而自言暴露，將置大公於何地乎。且大公之相資，尚義也，非圖利也，誰還恩債一語，不幾抹倒大公，將一片熱腸付之冷水乎。此等詞曲，幸而出自元人，若出我輩，則羣口訕之，不識置身何地矣。予非敢於讐古，既爲詞曲，立言必使人知取法，若扭於世俗之見，謂事事當法元人，吾恐未得其瑜，先有其瑕。人或非之，即舉元人藉口，烏知聖人千慮，必有一失，聖人之事猶有不可盡法者，况其他乎。《琵琶》之可法者原多，請舉所長以蓋短，如《中秋賞月》一折，同一月也，出於牛氏之口者，言言歡悦，出於伯喈之口者，字字凄凉。一座兩情，兩情一事，此其針線之最密者。瑕不掩瑜，何妨並舉其略。然傳奇，一事也，其中義理，分爲三項：曲也，白也，穿插聯絡之關目也。元人所長者，止居其一，曲是也。白與關目，皆其所短。吾於元人，但守其詞中繩墨而已矣。

又《減頭緒》 頭緒繁多，傳奇之大病也。《荆》、《劉》、《拜》、《殺》之得傳於後，止爲一線到底，並無旁見側出之情。三尺童子，觀演此劇，皆能了了於心，便便於口，以其始終無二事，貫串只一人也。後來作者，不講根源，單籌枝節，謂多一人可增一人之事。事多則關目亦多，令觀場者如入山陰道中，人人應接不暇。殊不知戲場脚色，止此數人，使换千百箇姓名，也只此數人裝扮。止在上場之勤不勤，不在姓名之换不换。與其忽張忽李，令人莫識從來，何如只扮數人，使之頻上頻下，易其事而不易其人，使觀者各暢懷來，如逢故物之爲愈乎。作傳奇者，能以頭緒忌繁四字刻刻關心，則思路不分，文情專一。其爲詞也，如孤桐勁竹，直上無枝，雖難保其必傳，然已有《荊》、《劉》、《拜》、《殺》之勢矣。

清·洪之則《三婦評牡丹亭還魂記跋》　吴與予家爲通門。吴山四叔，又父之執也。【略】大人與四叔持論每不能相下。予又聞論《牡丹亭》時，大人云：肯綮在死生之際。記中《驚夢》、《尋夢》、《診祟》、《寫真》、《悼殤》五折，自生而之死。《魂遊》、《幽媾》、《歡撓》、《冥誓》、《回生》五折，自死而之生。其中搜抉靈根，掀翻情窟，能使赫蹏爲大塊，隃糜爲造化，不律爲真宰，撰精魂而通變之。語未畢，四叔大叫歎絶。

雜録

明·李贄《三刻五種傳奇·總評》　《浣紗》尚矣。匪獨工而已也，且入自然之境，斷稱作手無疑。若《金印》、若《香囊》，俱書生之技，學究之能，去詞人遠矣。可喜者《錦箋》一傳，組局既工，填詞亦美。雖未入元人之室，亦已升梁君之堂，近來一作家也。如《鳴鳳》，原出學究之手，曲白盡佳，不脱書生習氣。而大結構處極爲龐雜無倫，可恨也。噫，安得《荊》、《劉》、《拜》、《殺》而與之言傳奇也哉，不獨傳奇已也。若至今日，詩文舉子業皆不可言矣。奈何奈何，付之長嘆而已矣。

明·凌濛初《譚曲雜劄》　戲曲搭架，亦是要事，不妥則全傳可憎矣。舊戲無扭捏巧造之弊，稍有牽强，略附神鬼作用而已，故都大雅可觀。今世愈造愈幻，假託寓言，明明看破無論，即真實一事，翻弄作烏有子虚。總之，人情所不近，人理所必無，世法既自不通，鬼謀亦所不料，兼以照管不來，動犯駁議，演者手忙脚亂，觀者眼暗頭昏，大可笑也。沈伯英搆造極多，最喜以奇事舊聞，不論數種，扭合一家，更名易姓，改頭换面，而又才不足以運棹布置，掣衿露肘，茫無頭緒，尤爲可怪。環翠堂好道自命，本本有無無居士一折，堪爲齒冷。裒集故實，編造亦多，草草苟完，鼠朴自貴，總未成家，亦不足道。

清·孔尚任《桃花扇·凡例》　每齣脈絡聯貫，不可更移，不可減少。非如舊劇，東拽西牽，便湊一齣。

格局

論說

清·李漁《閒情偶寄》卷三《詞曲部·格局第六》　傳奇格局，有一定而不可移者，有可仍可改、聽人自爲政者。開場用末沖場，用生開場，數語包括通篇。沖場一齣，藴釀全部，此一定不可移者。開手宜静不宜喧，終場忌冷不忌熱，生、旦合爲夫婦，外與老旦，非充父母，即作翁姑，此常格也。然遇情事變更，勢難仍舊，不得不通融兑换而用之，諸如此類，皆其可仍可改、聽人爲政者也。近日傳奇，一味趨新，無論可變者變，即斷斷當仍者，亦加改竄以示新奇。予謂：文字之新奇，在中藏不在外貌，在精液不在渣滓，猶之詩、賦、古文以及時藝，其中人才輩出，一人勝似一人，一作奇於一作，然止别其詞華，未聞異其資格，有以古風之局而爲近律者乎，有以時藝之體而作古文者乎，繩墨不改，斧斤自若，而工師之奇巧出焉。行文之道，亦若是也。

又《家門》　開場數語，謂之家門。雖云爲字不多，然非結構已完，胸有成竹者，不能措手。即使規模已定，猶慮做到其間，勢有阻撓，不得順流而下，未免小有更張，是以此折最難下筆。如機鋒鋭利，一往而前，所謂信手拈來，頭頭是道，則從此折做起，不則姑缺首篇，以俟終場補入。猶塑佛者不即開光，畫龍者點睛有待，非故遲之，欲俟全像告成，其身向左，則目宜左視，其身向右，則目宜右觀，俯仰低徊，皆從身轉，非可預爲計也。此是詞家討便宜法，開手即以告人，使後來作者，未經捉筆，先省一番無益之勞，知笠翁爲此道功臣，凡其所言，皆真切可行之事，非大言欺世者比也。未説家門，先有一上場小曲。如《西江月》、《蝶戀花》之類，總無成格，聽人拈取。此曲向來不切本題，止是勸人對酒忘憂、逢場作戲諸套語。予謂詞曲中開場一折，即古文之冒頭，時文之破題，務使開門見山，不當借帽覆頂。即將本傳中立言大意，包括成文，與後所說家門一詞，相爲表裏。前是暗說，後是明說。暗說似破題，明說似承題。如此立格，始爲有根有據之文。場中閱卷，看至第二三行而始覺其好者，即是可取可棄之文。開卷之初，能將試官眼睛一把拏住，不放轉移，始爲必售之技。吾願才人舉筆盡作是觀，不止填詞而已也。

又　元詞開場，止有冒頭數語，謂之正名，又曰楔子，多則四句，少則二句，似爲簡捷。然不登場則已，既用副末上場，脚纔點地，遂爾抽身，亦覺張皇失次。增出家門一段，甚爲有理。然家門之前，另有一詞。今之梨園，皆略去前詞，只就家門說起。止圖省力，埋没作者一段深心。大凡說話、作文，同是一理，入手之初，不宜太遠，亦正不宜太近。文章所忌者，開口罵題，便說幾句閒文，纔歸正傳，亦未嘗不可，胡遽惜字如金，而作此鹵莽滅裂之狀也。作者萬勿因其不讀而作省文，至於末後四句，非止全該，又宜別俗。元人楔子，太近老實，不足法也。

又《冲場》　開場第二折，謂之冲場。冲場者，人未上而我先上也。必用一悠長引子。引子唱完，繼以詩詞及四六排語，謂之定場白，言其未說之先，人不知所演何劇，耳目搖搖；得此數語，方知下落，始未定而今方定也。此折之一引一詞，較之前折家門一曲，猶難措手。務以寥寥數言，道盡本人一腔心事，又且蘊釀全部精神，猶家門之括盡無遺也。同屬包括之詞，而分難易於其間者，以家門可以明說，而冲場引子及定場詩詞，全用暗射，無一字可以明言故也。非特一本戲文之節目，全於此處埋伏，而作此一本戲文之好歹，亦即於此時定價。何也，開手筆機飛舞，墨勢淋漓，有由自得之妙，則把握在手，破竹之勢已成，不憂此後不成完璧。如此時此際，文情艱澁，勉强支吾，則朝氣昏昏，到晚終無晴色，不如不作之爲愈也。然則開手鋭利者，寧有幾人，不幾阻抑後輩而塞填詞之路乎。曰：不然，有養機使動之法在。如入手艱澁，姑置勿填，以避煩苦之勢。自尋樂境，養動生機，俟襟懷略展之後，仍復拈毫。有興即填，否則又置。如是者數四，未有不忽撞天機者。若因好句不來，遂以俚詞塞責，則走入荒蕪一路，求闢草昧而致文明，不可得矣。

又《出脚色》　本傳中有名脚色，不宜出之太遲。如生爲一家，旦爲一家，生之父母隨生而出，旦之父母隨旦而出，以其爲一部之主，餘皆客也。雖不定在一齣、二齣，然不得出四五折之後。太遲則先有他脚色上場，觀者反認爲主，及見後來人，勢必反認爲客矣。即浄、丑脚色之關乎全部者，亦不宜出之太遲。善觀場者，止於前數齣所見，記其人之姓名。十齣以後，皆是枝外生枝，節中長節，如遇行路之人，非止不問姓字，並形體面目，皆可不必認矣。

又《小收煞》　上半部之末齣，暫攝情形，略收鑼鼓，名爲小收煞。宜緊忌寬，宜熱忌冷。宜作鄭五歇後，令人揣摩下文，不知此事如何結果。如做把戲者，暗藏一物於盆、盎、衣、禎之中，做定而令人射覆，此正做定之際，衆人射覆之時也。戲法無真假，戲文無工拙，只是使人想不到，猜不着，便是好戲法、好戲文。猜破而後出之，則觀者索然，作者赧然，不如藏拙之爲妙矣。

又《大收煞》　全本收場，名爲大收煞。此折之難，在無包括之痕，而有團圓之趣。如一部之内，要緊脚色共有五人，其先東西南北，各自分開，到此必須會合。此理誰不知之，但其會合之故，須要自然而然。水到渠成，非由車戽。最忌無因而至，突如其來，與勉强生情，拉成一處，令觀者識其有心如此，與恕其無可奈何者，皆非此道中絶技，因有包括之痕也。骨肉團聚，不過歡笑一場，以此收鑼罷鼓，有何趣味。水窮山盡之處，偏宜突起波瀾，或先驚而後喜，或始疑而終信，或喜極信極而反致驚疑，務使一折之中，七情俱備，始爲到底不懈之筆，愈遠愈大之才，所謂有團圓之趣者也。予訓兒輩，嘗云：場中作文，有倒騙主司入彀之法。開卷之初，當以奇句奪目，使之一見而驚，不敢棄去，此一法也。終篇之際，當以媚語攝魂，使之執卷留連，若難遽别，此一法也。收場一齣，即勾魂攝魄之具，使人看過數日而猶覺聲音在耳、情形在目者，全虧此齣撒嬌，作臨去秋波那一轉也。

雜録

明・馮夢龍《永團圓叙》　一笠庵穎資巧思，善於布景，如太守喬主婚事，情節本妙，添作二女志鹿得麈，遂生出多少離合悲歡段數。文人機杼，何讓天孫。江翁一女是靳，乃至絜雙璧而歸之。又俱作太守人情，自己全不討好，所謂小人枉自做小人也。中間投江遇救近《荆釵》，都府挜婚近《琵琶》，而能脱落皮毛，掀翻窠臼，令觀者耳目一新，舞蹈不已。邇來新劇充棟，率多戲筆，不成佳話，兼之韻律自負，實則蕩然，視此不啻霄壤隔矣。

清·孔尚任《桃花扇·凡例》　全本四十齣，其上本首試一齣，末閏一齣，下本首加一齣，末續一齣，又全本四十齣之始終條理也。有始有卒，氣足神完，且脱去離合悲歡之熟徑，謂之戲文，不亦可乎。

叙事

論説

明·呂天成《曲品》卷下　傳奇定品，頗費籌量，逐帙置評，不無褒貶。蓋總出一人之手，時有工拙，統觀一帙之中，間有短長。故律以一法，則吐棄者多，收以歧途，則闌入者雜。其難其慎，此道亦然。我舅祖孫司馬公謂予曰：凡南戲，第一要事佳。第二要關目好。第三要搬出來好。第四要按宫調，協音律。第五要使人易曉。第六要詞采。第七要善敷演，淡處作得濃，閒處做得熱鬧。第八要各角色分得匀妥。第九要脱套。第十要合世情，關風化。持此十要，以衡傳奇，靡不當矣。第今作者輩起，無能集乎大成，十得六者，便爲璣璧。十得三四者，亦稱翹楚。十得一二者，即非碔砆。具隻眼者，試共評之，括其門類，大約有六：一曰忠孝，一曰節義，一曰仙佛，一曰功名，一曰豪俠，一曰風情。元劇門類甚多，南戲止此矣。

明·湯顯祖《董解元西廂記題詞》　眉批前數幅寫盡愁煩光景，至此無可下手，便捏出法本閒話一段，轉到紅娘，大是作家。

又　文章之妙，全在借客形主。若只寫崔之奇豔，張之風狂，人皆能之。此却把衆和尚鬧鬧攘攘處極力指畫，正爲張生張本。

明·王驥德《曲律》卷三《論劇戲第三》　劇之與戲，南北故自異體。北劇僅一人唱，南戲則各唱。一人唱則意可舒展，而有才者得盡其春容之致。各人唱則格有所拘，律有所限，即有才者，不能恣肆於三尺之外也。於是，貴剪裁，貴鍛鍊，以全帙爲大間架，以每折爲折落，以曲白爲粉堊，爲丹艧，勿落套，勿不經，勿太蔓，蔓則局懈，而優人多刪削。勿太促，促則氣迫，而節奏不暢達。毋令一人無著落，毋令一折不照應。傳中緊要處，須重著精神，極力發揮使透。如《浣紗》遺了越王嘗膽及夫人採葛事，紅拂私奔，如姬竊符，皆本傳大頭腦，如何草草放過。若無緊要處，只管敷演，又多惹人厭憎，皆不審輕重之故也。又用宫調，須稱事之悲歡苦樂，如遊賞則用仙呂、雙調等類，哀怨則用商調、越調等類，以調合情，容易感動得人。其詞格俱妙，大雅與當行參間，可演可傳，上之上也。詞藻工，句意妙，如不諧里耳，爲案頭之書，已落第二義。既非雅調，又非本色，掇拾陳言，湊插俚語，爲學究，爲張打油，勿作可也。

明·陳繼儒《陳眉公批評幽閨記》　《拜月》曲都近自然，委是天造，豈曰人工。妙在悲歡離合，起伏照應，線索在手，弄調如是。興福遇蔣，一奇也，即伏下賊寨逢迎，文武並贅。曠野兄妹離，而夫妻合，即伏下拜月緣由。商店夫妻離而父子合，驛舍而子母夫妻俱合，又應前曠野之離。商店兄弟合，又起下文武團圓，夫妻兄妹總成奇逢結局。豈曰人力，蓋天合也，命曰天合記。

明·金聖歎《貫華堂第六才子書西廂記》卷首《讀第六才子書西廂記法》　一、有人來説：《西廂記》是淫書，此人後日定墮拔舌地獄。何也，《西廂記》不同小可，乃是天地妙文。自從有此天地，他中間便定然有此妙文，不是何人做得出來，是他天地真會自己劈空結撰而出。若定要説是一個人做出來，聖歎便説，此一個人即是天地現身。二、《西廂記》斷斷不是淫書，斷斷是妙文。今後若有人説是妙文，有人説是淫書，聖歎都不與做理會。文者見之謂之文，淫者見之謂之淫耳。三、人説《西廂記》是淫書，他止爲中間有此一事耳。細思此一事，何日無之，何地無之，不成天地中間有此一事，便廢卻天地耶。細思此身自何而來，便廢卻此身耶。一部書，有如許灑灑洋洋無數文字，便須看其如許灑灑洋洋是何文字，從何處來，到何處去，如何直行，如何打曲，如何放開，如何捏聚，何處公行，何處偷過，何處慢摇，何處飛渡，至於此一事，直須高閣起不復道。四、若説《西廂記》是淫書，此人只須撲，不必教。何也，他也只須從幼學一冬烘先生之言，一入於耳，便牢記在心。他其實不曾眼見《西廂記》，撲之還是冤苦。五、若眼見《西廂記》了，又說是淫書，此人則應撲之乎。曰：撲之亦是冤苦。此便是冬烘先生耳，當初造《西廂記》時，原發願不肯與他讀，他今日果然不讀。六、若說《西廂記》是淫書，此人有大功德。何也，當初造《西廂記》時，發願只與後世錦繡才子共讀，曾不許販夫皂隸也來讀。今若不是此人揎拳捋臂，拍櫈槌葙罵是淫書時，其勢必至無人不讀，洩盡天地妙秘，聖歎大不歡喜。七、《世說新語》云：《莊子・逍遥遊》一篇，舊是難處。開春無事，不自揣度，私與陳子瑞躬風雨聯葙，香爐酒杯，縱心縱意，處得一上。自今以後，普天下錦繡才子，同聲相應，領異拔新，我二人便做支公許史去也。八、聖歎《西廂記》，秖貴眼照古人，不敢多讓。至於前後著語，悉是口授小史，任其自寫，並不更曾點竄一遍，所以文字多有不當意處。蓋一來雖是聖歎天性貪懶，二來實是《西廂》本文，珠玉在上，便教聖歎點竄殺，終復成何用，普天下後世，幸恕僕不當意處，看僕眼照古人處。九、聖歎本有才子書六部，《西廂記》乃是其一。然其實六部書，聖歎只是用一副手眼讀得。如讀《西廂記》，實是用讀《莊子》、《史記》手眼讀得。便讀《莊子》、《史記》，亦只用讀《西廂記》手眼讀得。如信僕此語時，便可將《西廂記》與子弟作《莊子》、《史記》讀。十、子弟至十四五歲，如日在東，何書不見，必無獨不見《西廂記》之事，今若不急將聖歎此本與讀之，便是真被他偷看了《西廂記》也，他若得讀聖歎《西廂記》，他分明讀了《莊子》、《史記》。十一、子弟欲看《西廂記》，須教其先看《國風》，蓋《西廂記》所寫事，便全是《國風》所寫事。然《西廂記》寫事，曾無一筆不雅馴，便全學《國風》寫事，曾無一筆無雅馴。《西廂記》寫事，曾無一筆不透脱，便全學《國風》寫事，曾無一筆不透脱。敢療子弟筆下雅馴不透脱、透脱不雅馴之病。十二、沈潛子弟，文必雅馴，苦不透脱。高明子弟，文必透脱，苦不雅馴。極似分道揚鑣，然實同病別發。何謂同病，只是不換筆。蓋停而不換筆，便道其不透脱，不換筆，便道其不雅馴也。何謂別發，一是停而不換筆，一是走而不換筆。蓋停而不換筆，便有似于雅馴，而實非雅馴。走而不換筆，便有似於透脱，而實非透脱也。夫真雅馴者，必定透脱，真透脱者，必定雅馴。問誰則能之，曰《西廂記》能之。夫《西廂記》之所以能之，只是換筆也。十三、子弟讀得此本《西廂記》後，必能自放異樣手眼，另去讀出別部奇書。遥計一二百年之後，天地間書，無有一本不似十日並出。此時則彼一切不必讀，不足讀，不耐讀等書，亦既廢盡矣，真一大快事也。然實是此本《西廂記》爲始。十四、僕昔因兒子及甥姪輩，要他做得好文字，曾將《左傳》、《國策》、《莊》、《騷》、《公》、《穀》、《史》、《漢》、韓、柳、三蘇等書，雜撰一百餘篇，依張侗初先生《必讀古文》舊名，只加才子二字，名曰《才子必讀》書，蓋致望讀之者之必爲才子也。久欲刻布請正，苦因喪亂，家貧無資，至今未就。今既呈得《西廂記》，便亦不復更念之矣。十五、文章最妙，是目注彼處，手寫此處。若有時必欲目注此處，則必手寫彼處，一部《左傳》，都用此法。若不解其意，而目亦注此處，手亦寫此處，便一覽已盡。《西廂記》最是解此意。十六、文章最妙，是目注此處，卻不便寫，卻去遠遠處發來，迤邐寫到將至時，便且住。卻重去遠遠處更端再發來，再迤邐，又寫到將至時，便又且住。如是更端數番，皆去遠遠處發來，迤邐寫到將至時，即便住，更不復寫出目所注處，使人自於文外瞥然親見。《西廂記》純是此一方法。《左傳》、《史記》亦純是此一方法。最恨是《左傳》、《史記》急不得呈教。十七、文章最妙，是先覷定阿堵一處已，卻於阿堵一處之四面，將筆來左盤右旋，右盤左旋，再不放脱，卻不擒住。分明如獅子滾毬相似，本只是一個毬，卻教獅子放出通身解數，一時滿棚人看獅子，眼都看花了，獅子卻是並没交涉。人眼自射獅子，獅子眼自射毬。蓋滾者是獅子，而獅子之所以如此滾，如彼滾，實都爲毬也。《左傳》、《史記》，便純是此一方法，《西廂記》亦純是此一方法。十八、文章最妙，是此一刻被靈眼覷見，便於此一刻放靈手捉住。蓋於略前一刻，亦不見，略後一刻，便亦不見。恰恰不知何故，卻於此一刻忽然覷見，若不捉住，便更尋不出。今《西廂記》若干文字，皆是作者於不知何一刻中，靈眼忽然覷見，便疾捉住，因而直傳到如今。細思千萬年以來，知他有何限妙文，已被覷見，卻不曾捉得住，遂總付之泥牛入海，永無消息矣。十九、今後任憑是絶代才子，切不可云此本《西廂記》，我亦做得出也。便教當時作者而在，要他燒了此本，重做一本，已是不可復得。縱使當時作者，他卻是天人，偏又曾做得一本出來，然既是別一刻所覷見，便用別樣捉住，便是別樣文心，別樣手法，便別是一本，不復是此一本也。二十、僕今言靈眼覷見，靈手捉住，卻思人家子弟，何曾不覷見，只是不捉住，蓋覷見是天付，捉住須人工也。今《西廂記》，實是又會覷見，又會捉住。然子弟讀書時，不必又學其覷見，一味只學其捉住。聖歎深恨前此千萬年，無限妙文，已是覷見，卻捉不住。遂成泥牛入海，永無消息。今刻此《西厢記》，遍行天下，大家一齊學得捉住。僕實遥計一二百年後，世間必得平添無限妙文，真乃一大快事。【略】二十二、僕之爲此言，何也，僕嘗思萬萬年來，天無日無雲，然决無今日雲與某日雲曾同之事。何也，雲只是山川所出之氣，升到空中，卻遭微風，蕩作縷縷。既是風無成心，便是雲無定規，都是互不相知，便乃偶爾如此。《西厢記》正然，並無成心之與定規，無非此日，佳日閒窗，妙腕良筆，忽然無端，如風蕩雲，若使異時更作，亦不妨另自有其絶妙。然而無奈此番已是絶妙也，不必云異時不能更妙於此，然亦不必云異時尚將更妙於此也。二十三、僕幼年最恨鴛鴦繡出從君看，不把金針度與君之二句，謂此必是貧漢自稱王夷甫口不道阿堵物計耳。若果知得金針，何妨與我略度。今日見《西厢記》，鴛鴦即繡出，金針亦盡度。益信作彼語者，真是脱空漫語漢。【略】二十五、僕思文字不在題前，必在題後。若題之正位，决定無有文字。不信但看《西厢記》之一十六章，每章只用一句二句寫題正位，其餘便都是前後摇之曳之可見。【略】二十九、子弟解得無字，亦能爲一章，因而回思初布之十來多句爲一章，盡成撒吞，則其體氣便自然異樣高妙，其方法便自然異樣變換，其氣色便自然異樣姿媚，其避忌便自然異樣滑脱。《西厢記》之點化子弟不小。三十、若是字，便只是字。若是句，便不是字。若是章，便不是句。何但不是字，一部《西厢記》，真乃並無一字。豈但並無一字，真乃並無一句。一部《西厢記》，只是一章。三十一、若是章，便應有若干句。若是句，便應有若干字。今《西厢記》不是一章，只是一句，故並無若干字。《西厢記》其實只是一字。三十二、《西厢記》是何一字，《西厢記》是一無字。趙州和尚，人問：狗子還有佛性也無。曰：無。是此一無字。三十三、人問趙州和尚：一切含靈，具有佛性，何得狗子卻無。趙州曰：無。《西厢記》是此一無字。三十四、人若問趙州和尚，露柱還有佛性也無。趙州曰：無。《西厢記》是此一無字。三十五、若又問，釋迦牟尼還有佛性也無。趙州曰：無。《西厢記》是此一無字。三十六、人若又問，無字，還有佛性也無。趙州曰：無。《西厢記》是此一無字。【略】三十八、人若又問某甲不會，趙州曰：你是不會，老僧是無。《西厢記》是此一無字。三十九、何故《西厢記》是此一無字，此一無字，是一部《西厢記》故。四十、最苦是人家子弟，未取筆，胸中先已有了文字。若未取筆，胸中先已有了文字，必是不會做文字人。《西厢記》無有此事。四十一、最苦是人家子弟，提了筆，胸中尚自無有文字。若提了筆，胸中尚自無有文字，必是不會做文字人。《西厢記》無有此事。【略】四十四、《西厢記》正寫《驚艷》一篇時，他不知道《借厢》一篇應如何。正寫《借厢》一篇時，他不知道《酬韻》一篇應如何。總是寫前一篇時，他不知道後一篇應如何。用煞二十分心思，二十分氣力，他只顧寫前一篇。四十五、《西厢記》寫到《借厢》一篇時，他不記道《驚艷》一篇是如何。寫到《酬韻》一篇時，他不記道《借厢》一篇是如何。總是寫到後一篇時，他不記道前一篇是如何。用煞二十分心思，二十分氣力，他又只顧寫後一篇。四十六、聖歎舉趙州無字説《西厢記》，此真是《西厢記》之真才實學，不是禪語，不是有無之無字。須知趙州和尚無字，先不是禪語，先不是有無之無字，真是趙州和尚之真才實學。四十七、《西厢記》止寫得三個人，一個是雙文，一個是張生，一個是紅娘。其餘如夫人，如法本，如白馬將軍，如歡郎，如法聰，如孫飛虎，如琴童，如店小二，他俱不曾著一筆半筆寫。俱是寫三個人時，所忽然應用之家伙耳。四十八、譬如文字，則雙文是題目，張生是文字，紅娘是文字之起承轉合。有此許多起承轉合，便令題目透出文字，文字透入題目也。其餘如夫人等，算只是文字中間所用之乎者也等字。四十九、譬如藥，則張生是病，雙文是藥，紅娘是藥之炮製。有此許多炮製，便令藥往就病，病來應藥也。其餘如夫人等，算只是炮製時所用之薑、醋、酒、蜜等物。五十、若更仔細算時，《西厢記》亦止爲寫得一個人。一個人者，雙文是也。若使心頭無有雙文，爲何筆下卻有《西厢記》。《西厢記》不止爲寫雙文，止爲寫誰，然則《西厢記》寫了雙文，還要寫誰。五十一、《西厢記》止爲要寫此一個人，便不得不又寫一個人。一個人者，紅娘是也。若使不寫紅娘，卻如何寫雙文，然則《西厢記》寫紅娘，當知正是出力寫雙文。五十二、《西厢記》所以寫此一個人者，爲有一個人要寫此一個人也。有一個人者，張生是也。若使張生不要寫雙文，又何故寫雙文，然則《西厢記》又有時寫張生者，當知正是寫其所以要寫雙文之故也。五十三、誠悟《西厢記》寫紅娘，止爲寫雙文，寫張生，亦止爲寫雙文。便應悟《西厢記》，决無暇寫他夫人、法本、杜將軍等人。五十四、誠悟《西厢記》止是爲寫雙文，便應悟《西廂記》決是不許寫到鄭恆。五十五、《西廂記》寫張生，便真是相府子弟，便真是孔門子弟，異樣高才，又異樣苦學，異樣豪邁，又異樣淳厚，相其通體自内至外，並無半點輕狂，一毫奸詐。年雖二十有餘，卻從不知裙帶之下有何緣故。雖自説顛不剌的見過萬千，他亦只是曾不動心。寫張生直寫到此田地時，須悟全不是寫張生，須悟全是寫雙文，錦繡才子必知其故。五十六、《西廂記》寫紅娘，凡三用加意之筆：其一，於《借廂》篇中，峻拒張生。其二，於《琴心》篇中，過尊雙文。其三，於《拷艷》篇中，切責夫人。一時便似周公制禮，乃盡在紅娘一片心地中，凜凜然，侃侃然，曾不可得而少假借者。寫紅娘直寫到此田地時，須悟全不是寫紅娘，須悟全是寫雙文。錦繡才子必知其故。五十七、《西廂記》亦是偶爾寫他佳人才子。我曾細相其眼法、手法、筆法、墨法，固不單會寫佳人才子也。任憑換卻題，教他寫，他俱會寫。五十八、若教他寫諸葛公《白帝受託》、《五丈出師》，他便寫出普天下萬萬世無數孤忠老臣滿肚皮眼淚來。我何以知之，我讀《西廂記》知之。五十九、若教他寫王明君慷慨請行，琵琶出塞，他便寫出普天下萬萬世無數高才被屈人滿肚皮眼淚來。我讀《西廂記》知之。六十、若教他寫伯牙入海，成連徑去，他便寫出普天下萬萬世無苦身力學人滿肚皮眼淚來。我讀《西廂記》知之。六十一、《西廂記》，必須掃地讀之。掃地讀之者，不得存一點塵於胸中也。六十二、《西廂記》，必須焚香讀之。焚香讀之者，致其恭敬，以期鬼神之通之也。六十三、《西廂記》，必須對雪讀之。對雪讀之者，資其潔清也。六十四、《西廂記》必須對花讀之。對花讀之者，助其娟麗也。六十五、《西廂記》，必須盡一日一夜之力，一氣讀之。一氣讀之者，總攬其起盡也。六十六、《西廂記》，必須展半月一月之功，精切讀之。精切讀之者，細尋其膚寸也。六十七、《西廂記》，必須與美人並坐讀之。與美人並坐讀之者，驗其纏綿多情也。六十八、《西廂記》，必須與道人對坐讀之。與道人對坐讀之者，嘆其解脱無方也。六十九、《西廂記》，前半是張生文字，後半是雙文文字，中間是紅娘文字。七十、《西廂記》，是《西廂記》文字，不是《會真記》文字。七十一、聖歎批《西廂記》，是聖歎文字，不是《西廂記》文字。七十二、天下萬世錦繡才子讀聖歎所批《西廂記》，是天下萬世才子文字，不是聖歎文字。七十三、《西廂記》不是姓王字實父此一人所造。但是平心斂氣讀之，便是我適來自造，親見其一字一句都是我心裏恰正欲如此寫，《西廂記》便如此寫。七十四、想來姓王字實父此一人，亦安能造《西廂記》，他亦只是平心斂氣，向天下人裏，偷取出來。七十五、總之世間妙文，原是天下萬世人人心裏公共之實，決不是此一人自己文集。七十六、若世間又有不妙之文，此則非天下萬世人人心裏之所曾有也。便可聽其爲一人自己文集也。七十七、《西廂記》，便可名之曰《西廂記》。舊時見人名之曰《北西廂記》，此大過也。七十八、讀《西廂記》，便可告人曰讀《西廂記》。舊時見人諱之曰看閒書，此大過也。七十九、《西廂記》，乃是如此神理。舊時見人教諸忤奴於紅氍毹上搶演之，此大過也。八十、讀《西廂記》畢，不取大白酬地賞作者，此大過也。八十一、讀《西廂記》畢，不取大白自賞，此大過也。

又《第一本第一折·驚艷總評》 今夫提筆所寫者，古人。而提筆寫古人之人爲誰乎，有應之者曰，我也。聖歎曰：然，我也。則吾欲問此提筆所寫之古人，其人乃在十百千年之前，而今提筆寫之之我，爲信能知十百千年之前，真曾有其事乎否乎，乃至真曾有其人乎否乎。曰：不能知。不知而今方且提筆曲曲寫之，彼古人於冥冥之中，爲將受之乎否乎。曰：古人實未曾有其事也，乃至古亦實未曾有其人也。即使古或曾有其人，古人或曾有其事，而彼古人既未嘗知十百千年之後，乃當有我將與寫之，而因以告我，我又無從排神御氣，上追至於十百千年之前，問諸古人。然則今日提筆而曲曲所寫，蓋皆我自欲寫，而於古人無與。與古人無與，則古人又安所復論受之與不受哉。曰：古人不受，然則誰受之。曰：我寫之，則我受之矣。夫我寫之，即我受之，而於提筆將寫未寫之頃，命意吐詞，其又胡可漫然也耶。論語傳曰：一言智，一言不智，言不可以不慎。蓋言我必愛我，則我必宜自愛其言。我而不自愛其言者，是直不愛我也。我見近今填詞之家，其於生、旦出場，第一引中，類皆肆然，蚤作狂蕩無禮之言。生必爲狂且，旦必爲倡女。夫然後愉快於心，以爲情之所鍾，在於我輩也如此。夫天下後世之讀我書者，彼豈不悟此一書中，所撰爲古人名色，如君瑞、鶯鶯、紅娘、白馬，皆是我一人心頭口頭，吞之不能，吐之不可，搔爬無極，醉夢恐漏，而至是終竟不得已，而忽然巧借古之人之事，以自傳道其胸中若干日月以來，七曲八曲之委折乎。其中如徑斯曲，如夜斯黑，如緒斯多，如蘗斯苦，如痛斯忍，如病斯諱。設使古人昔者真有其事，是我今日之所決不與知，則今日我有其事，亦是昔者古人之所决不與知者也。夫天下後世之讀我書者，彼則深悟君瑞非他君瑞，殆即著書之人焉是也。鶯鶯非他鶯鶯，殆即著書之人之心頭之人焉是也。紅娘、白馬悉復非他，殆即爲著書之人力作周旋之人焉是也。如是，而提筆之時不能自愛，而竟肆然自作狂蕩無禮之言，以自愉快其心，是則豈非身自願爲狂且，而以其心頭之人爲倡女乎。讀《西廂》第一折，觀其寫君瑞也如彼，夫亦可以大悟古人寄托筆墨之法也矣。

亦嘗觀於烘雲托月之法乎。欲畫月也，月不可畫，因而畫雲。畫雲者，意不在於雲也。意不在於雲者，意固在於月也。然而意必在於雲焉，於雲略失則重，或略失則輕，是雲病也，雲病即月病也。於雲輕重均停矣，或微不慎，漬少痕如微塵焉，是雲病也，雲病即月病也。於雲輕重均停，又無纖痕漬如微塵，望之如有，攬之如無，即之如去，吹之如蕩，斯雲妙矣。雲妙而明日觀者沓至，咸曰：良哉月與。初無一人歎及於雲，此雖極負作者昨日慘淡旁皇畫雲之心，然試實究作者之本情，豈非獨爲月，全不爲雲。雲之與月正是一幅神理，合之固不可得而合，而分之乃决不可得而分乎。《西廂》第一折之寫張生也是已。《西廂》之作也，專爲雙文也。然雙文國艷也，國艷則非多買臙脂之所得而塗澤也。抑雙文天人也，天人則非下土螻蟻工匠之所得而增減雕塑也。將寫雙文，而寫之不得，因置雙文勿寫，而先寫張生者，所謂畫家烘雲托月之秘法。然則寫張生必如第一折之文云云者，所謂輕重均停，不得纖痕漬如微塵也。設使不然，而於寫張生時，釐毫夾帶狂且身分，則後文唐突雙文乃極不小。讀者於此，胡可以不加意哉。

又《第一本第二折·借廂總評》 吾嘗遍觀古今人之文矣，有用筆而其筆不到者，有用筆而其筆到者，有用筆而其筆之前，筆之後，不用筆處無不到者。夫用筆而其筆不到，則用一筆而一筆不到，雖用十百千乃至萬筆，而十百千萬筆皆不到也，茲若人毋寧不用筆可也。用筆而其筆到，則用一筆，斯一筆到，再用一筆，斯一筆又到，因而用十百千乃至萬筆，斯萬筆並到，如先生是真用筆人也。若夫用筆而其筆之前，筆之後，不用筆處無處不到，此人以鴻鈞爲心，造化爲手，陰陽爲筆，萬象爲墨，心之所不得至，筆已至焉。筆之所不得至，心已至焉。筆所已至，心遂不必至焉。心所已至，筆遂不必至焉。讀其文，其文如可得而讀也，然而能讀者讀之而讀矣，不能讀者讀之而未曾讀也。何也，其文則在其文之前之後之四面，而其文反非也。故用筆而其筆不到者，如今世間横災梨棗之一切文集是也。用筆而其筆到者，如世傳韓、柳、歐、王、三蘇之文是也。若用筆而其筆之前後不用筆處無不到者，舍《左傳》吾更無與歸也。《左傳》之文，莊生有其駘宕，《孟子》七篇有其奇峭，《國策》有其匝緻，太史公有其龍嵸。夫莊生、《孟子》、《國策》、太史公又何足多道，吾獨不意《西廂記》傳奇也，而亦用其法。然則作《西廂記》者，其人真以鴻鈞爲心，造化爲手，陰陽爲筆，萬象爲墨者也。

何也，如夜來張生之瞥見鶯艷也，如天邊月，如佛上華，近之固不可得而近，而去之乃决不可得而去也。决不可得而去，則務必近之，而近之之道，其將從何而造端乎。通夜無眠，通夜思量。夫張生絶世之聰明才子也，彼且忽然而得算矣，謂天下之事，有鬭筍，有合縫。鬭筍，其始也。合縫，其終也。今日之事，不圖合縫，且圖鬭筍。夫鶯艷之在深深别院中也，此縫未易合也。而相國别院之在無遮大刹中也，此筍或可鬭也。天明矣乎，胡天正未明也。鷄唱矣乎，胡鷄正未唱也。鼓終矣乎，胡鼓正未終也。我不圖合縫，我且圖鬭筍。夫他日縫之終合與不合，事則在他日，我不敢料也。若夫今日筍之必鬭，而不可不鬭，乃至必宜急鬭，而不可遲鬭，事則在今日矣，我安得鷄唱，鼓終，天明，入寺而一問法聰乎。鷄不唱，鼓不終，天不明，則不得入寺而問聰，此其心亂如麻可知也。設也倏忽之間，而鷄唱矣，鼓終矣，天明矣，乃入寺問聰，而聰不我應，此又當奈之何哉。夫聰之必我應，而不不我應，固也。然聰之雖必我應，而萬一竟不我應，亦或然之事也。再思量之，則聰之或我應，或不我應，皆有之道也。再思量之，則聰之不我應也，其數多，其我應，乃數之少者也。再思量之，則聰必不我應者也，於是事急矣，心死矣，神散亂矣，發言無次矣，入寺見聰便發極云：不做周方，我必埋怨殺你。蓋聰聞之而斗然驚焉。何則，張生固未嘗先云借房，則聰殊不知其不做周方之爲何語也。張生未嘗先云借房，而便發極云不做周方者，此其一夜心問口，口問心，既經百千萬遍，則更不計他人之知與不知也。只此起頭一筆二句十三字，便將張生一夜無眠，盡根極底，生描活現。所謂用筆在未用筆前，其妙則至於此，是惟《左傳》往往有之。借曰不然，而或順文寫之曰：你借我半間客舍僧房。然後乃繼之曰，不做周方，只略倒轉，便成惡札。嗟乎，文章之事，通於造化，當世不少青蓮花人，吾知必於千里萬里外，遥呼聖歎，酹酒於地曰：汝言是也，汝言是也。則聖歎亦於千里萬里外，遥呼青蓮花人，酹酒於地曰：先生，汝是作得《西厢記》出人也。

又《第二本第一折·寺警總評》　文章有移堂就樹之法。如長夏讀書，已得爽塏，而堂後有樹，更多嘉蔭，今欲棄此樹於堂後，誠不如移此樹來堂前。然大樹不可移而至前，則莫如新堂可以移而去後。不然，而樹在堂後，非不堂是好堂，樹亦好樹，然而堂已無當於樹，樹尤無當於堂。今誠相厥便宜，而移堂就樹，則樹固不動，而堂已多蔭，此真天下之至便也。此言鶯鶯之於張生，前於酬韻夜，本已默感於心，已又於鬧齋日，復自明覩其人，此真所謂口雖不吐，而心無暫忘也者。今乃不端不的，出自意外，忽然鼓掌應募，馳書破賊，乃正是此人，此時則雖欲矯情箝口，假不在意，其奚可得。其理其情其勢，固必當感天謝地，心蕩口説，快然一瀉其胸中沉憂，以見此一照眼之妙人，初非兩廊下之無數無數人所可得而比。然而一則太君在前，不可得語也。二則僧衆實繁，不可得語也。三則賊勢方張，不可得語也。其夫不可得語，而竟不語，彼讀書者至此，不將疑鶯鶯此時其視張生應募，不過一如他人應募，淡淡焉了不繫於心乎。作者深悟文章舊有移就之法，因特地於未聞警前，先作無限相關心語，寫得張生已是鶯鶯心頭之一滴血，喉頭之一寸氣，並心並膽，並身並命。殆至後文，則只須順手一點，便將前文無限心語，隱隱然都借過來。此爲後賢所宜善學者，其一也。

又有月度迴廊之法。如仲春夜和，美人無眠，燒香捲簾，玲瓏待月。其時初昏，月始東昇，冷冷清光，則必自廊簷下度廊柱，又下度曲欄，然後漸漸度過間階，然後度至瑣窗，而後照美人。雖此多時，彼美人者亦既久矣，明明竚立暗中，略復少停，其勢月亦必不能不來相照。然而月之必由廊而欄，而階而窗，而後美人者，乃正是未照美人以前之無限如迤如邐，如隱如躍，别樣妙境。非此即將極嫌此美人，何故突然便在月下，爲了無身分也。此言鶯鶯之於張生，前於酬韻夜，雖已默感於心，已於鬧齋日，復又明覩其人。然而身爲千金貴人，上奉慈母，下凛師氏，彼張生則自是天下男子，此豈其珠玉心地中所應得念，豈其蓮花香口中所應得誦哉。然而作者則無奈何也，設使鶯鶯真以慈母師氏之故，而珠玉心地終不敢念，蓮花香口終不敢誦，則將終《西厢記》乃不得以一筆寫鶯鶯愛張生也乎。作者深悟文章舊有漸度之法，而於是閒閒然先寫殘春，然後閒閒然寫有隔花之一人，然後閒閒然寫到前後酬韻之事。至此却忽然收筆云，身爲千金貴人，吾愛吾寶，豈須别人隄備。然後又閒閒然寫獨與那人兜的便親。要知如此一篇大文，其意原來却只要寫得此一句於前，以爲後文張生忽然應募，鶯鶯心照眼作地。而法必閒閒漸寫，不可一口便説者，蓋是行文必然之次第。此爲後賢所宜善學者，又一也。

文章有羯鼓解穢之法。如李三郎，三月初三坐花萼樓下，敕命青玻瓈酌西凉葡萄酒，與妃子小飲。正半酣，一時五王、三姨適然俱至，上心至喜，命工作樂。是日恰值太常新製琴操成，名曰《空山無愁》之曲，上命對御奏之。每一段畢，上攢眉視妃子，或視三姨，或視五王，天顔殊悒悒不得暢。既而將入第十一段，上遽躍起，口自傳敕曰：花奴取羯鼓速來，我快欲解穢。便自作漁陽摻撾淵淵之聲，一時欄中未開衆花，頃刻盡開。此言鶯鶯聞賊之頃，法不得不亦作一篇。然而勢必淹筆漬墨，了無好意。作者既自折盡便宜，讀者亦復乾討氣急也。無可如何，而忽悟文章舊有解穢之法，因而放死筆，捉活筆，斗然從他遞書人身上，憑空撰出一莽惠明，以一發洩其半日筆尖嗚嗚咽咽之積悶。杜工部詩云：豫章翻風白日動，鯨魚跋浪滄溟開。又云：白摧朽骨龍虎死，黑入太陰雷雨垂。便是此一副奇筆，便使通篇文字立地焕若神明。此爲後賢所宜善學者，又一也。

又《第二本第二折·請宴總評》　前文一大篇《破賊》也，後文一大篇《賴婚》也。《破賊》之一大篇，則有鶯鶯尋計，惠明遞書，皆是生成必有之大波大浪也。《賴婚》之一大篇，則有鶯鶯失驚，張生發怒，亦是生成必有之大哭大笑也。今此，則於《破賊》之後，《賴婚》之前矣，此際其安得又有一大篇也乎。作者細思久之，細思彼張生之於鶯鶯，其切切思思，如得旦暮遇之，固不必論也。即彼鶯鶯之於張生，其切切思思，如得旦暮遇之，殆亦非一口之所得説，一筆之所得寫也。無端而孫飛虎至，無端而老夫人許，欻然二無端自天而降，此時則彼其一雙兩好之心頭口頭，眠中夢中，茶時飯時，豈不當有如雲浮浮，如火熱熱，如賊脉脉，如春蕩蕩者乎。乃今前文之一大篇，纔破賊，後文之一大篇，便賴婚。《破賊》之一大篇，既必無暇與彼一雙兩好，寫此如雲如火，如賊如春一段神理，而《賴婚》之一大篇，即又何暇與彼一雙兩好，寫此如雲如火，如賊如春之一段神理乎。千不得已，萬不得已，算出賴婚必設宴，設宴必登請，而因於兩大篇中間，忽然閒閒寫出一紅娘請宴，亦不於張生口中，亦不於鶯鶯口中，只閒閒於閒人口中，恰將彼一雙兩好之無限浮浮熱熱，脉脉蕩蕩，不覺兩邊都盡。嗚呼，此謂之女媧氏不難補天，難於尋五色石。今既專門會尋五色石，其又何天之不補乎。然聖歎又細思之，細思前一大篇《破賊》，是真有一大篇，後一大篇《賴婚》，是亦真有一大篇。今紅娘承夫人命請客走一遭，此豈不至輕至淡，至無聊，至不意。而今觀其但能緩緩隨筆而行，亦便真有此一大篇。然則如頃所云，一水一村，一橋一樹，一籬一犬，無不奇奇妙妙，又秀，又皺，又透，又瘦，不必定至於洞天福地而始有奇妙，此豈不信乎。普天下及後世錦繡才子，將欲操觚作史，其深念老氏當其無有文之用之言哉。

又《第二本第三折・賴婚總評》《賴婚》一篇，當時若寫作夫人唱，得乎。曰：不得。然則寫作張生唱，得乎。曰：不得。然則寫作紅娘唱，得乎。曰：不得。胡爲其皆不得也。夫作者當時，吾則知其必已熟思之也。如使寫作夫人唱而得，寫作張生唱、紅娘唱而得者，彼亦不必定於寫作鶯鶯唱者也。蓋事只一事也，情只一情也，理只一理也，問之此人，此人曰果然也，問之彼人，彼人曰果然也，是誠其所同也。然事一事，情一情，理一理，而彼發言之人，與夫發言之人之心，與夫發言之人之體，與夫發言之人之地，乃實有其不同焉。有言之而正者，又有言之而反者，有言之而婉者，又有言之而激者，有言之而盡者，又有言之而半者。不觀魯敬姜之不哭公父文伯乎，實同一言也，自母之口，則爲賢母，自婦之口，即爲妬婦。觀其發於何人之口，人即分爲何人之言，雖其故與今之故不同，然而發言之人之不可不辨，此亦其一大明驗也。有言之而正者，如賴婚之事之情之理，自張生言之，則斷斷必不可賴。如云：非吾所敢望也，實夫人之許也。曾口血之未乾，而遽忘於心與，此其正也。若自夫人言之，則必斷斷必不可不賴。如云：非吾之食言也，惟先夫之故也。雖大恩之未報，奈先諾於心與，此則言之而必至於反者也。有言之而婉者，如此事此情此理，自鶯鶯言之，則賴已賴矣，夫復何言。如云：欲不啼，則無以處張生也。今欲啼，又無以處吾母也。母得無曰，母一而已，人盡夫也，故不啼與，此其婉也。若自張生言之，則賴已賴矣，夫復何忌。在夫人既不能以禮而自處也，安望我獨能以禮而處人也。夫人得無曰，雖速吾訟，亦不汝從，而怙終與，此則言之而必至於激者也。有言之而盡者，如此事此情此理，自鶯鶯言之，則夫人賴矣，吾奈何賴。如云：母之賴之，是賴其口中之言也。若我賴之，是直賴吾心中之人也。吾賴吾心中之人，將使彼亦賴彼心中之人與，此其盡也。若自紅娘言之，則夫人賴矣，誰又不賴。如云：夫人之口中，則不合曾有此言也。若小姐之心中，必不合曾有此人也。使小姐心中遂已真有此人，豈小姐亦早願爲此人心中之人與，此則言之而止得其半者也。是何也，事固一事也，情固一情也，理固一理也，而無奈發言之人，其心則各不同也，其體則各不同也，其地則各不同也。彼夫人之心與張生之心不同，夫是故有言之而正，有言之而反也。乃張生之體與鶯鶯之體又不同，夫是故有言之而婉，有言之而激也。至於紅娘之地與鶯鶯之地又不同，夫是故有言之而盡，有言之而半也。夫言之而半是不如勿言也，言之而激是亦適得其半也，至於言之而反，此真非復此書之言也。彼作者當時，蓋熟思之，而知《賴婚》一篇，必當寫作鶯鶯唱，而不得寫作夫人唱、張生唱、紅娘唱者也。

又《第二本第四折・琴心總評》作《西廂記》人，吾偷相其用筆，真是千古奇絶。前《請宴》一篇，祇用一紅娘，他却是張生、鶯鶯兩人文字。此《琴心》一篇，雙用鶯鶯、張生，反走過紅娘，他却正是紅娘文字。寄語茫茫天涯，何處錦繡才子，吾欲與君挑燈促席，浮白歡笑，唱之，誦之，講之，辨之，叫之，拜之，世無解者，燒之，哭之。

又《第三本第一折・前候總評》上《琴心》一篇，紅娘既得鶯鶯的耗，則此篇不過走覆張生，而張生苦央代遞一書耳。題之枯淡窘縮，無踰於此。乃吾讀其文，又見其灑灑然有如許六七百言之一大篇。吾嘗春晝酒酣，閒坐櫻桃花下，取而再四讀之，忽悟昨者陳子豫叔，則曾教吾以此法也。蓋陳子自論雙陸也，聖歎問於豫叔曰：雙陸亦有道乎，何又有人於其中間稱曰高手耶。豫叔曰：否否，唯唯，吾能知之，吾能言之，然而其辭不雅馴，我難使他人聞之。獨吾子性好深思鄙事者也，吾不妨私一述之。今夫天下一切小技，不獨雙陸爲然，凡屬高手，無不用此法已，曰：那輾，那之爲言搓那，輾之爲言輾開也。搓那得一刻，輾開得一刻，搓那得一步，輾開得一步。於第一刻第一步，不敢知第二刻第二步，況於第三刻第三步也。於第一刻第一步，真有其第一刻第一步，莫貪第二刻第二步，坐失此第一刻第一步也。聖歎聞之，已不覺灑然異之。豫叔又曰：凡小技，必須與一人對作。其初，彼人大欲作，我乃那輾如不欲作。夫大欲作，必將有作有不及作也，而我之如不欲作，則固非不作也。其既彼以大欲作故，將多有所不及作，其勢不可不與補作。至於補作，則先之所作將反棄如不作也。我則以那輾故，寸寸節節而作，前既不須補作，今又無刻不作也。其後，彼以補作故，彼所先作既盡棄如不作，而今又更不及得作也。我則以不煩補作故，今反聽我先作，乃至竟局之皆我獨作也。聖歎聞之，不覺大異之。豫叔又曰：所貴於那輾者，那輾則氣平，氣平則心細，心細則眼到。夫人而氣平、心細、眼到，則雖一黍之大，必能分本分末，一咳之響，必能辨聲辨音。人之所不覩，彼則瞻矚之，人之所不存，彼則盤旋之，人之所不悉，彼則入而抉剔，出而敷布之。一刻之景，至彼而可以如年，一塵之空，至彼而可以立國。展一聲而驗涼風之所以西至，玄雲之所以北來。落一子而審直道之所以得一，横道之所以失九，如斯人則真所謂無有師傳都由心悟者也。聖歎聞之，愈大異之。豫叔又曰：那輾之妙，何獨小技爲然哉，一切世間凡所有事，無不用之。古之人有行之者，如陶朱之所以三累萬金也，瀛王之所以身相立朝也，孫武行軍所以有處女脱兔之能也，伊尹於桐所以有啟心沃心之効也。更進而神明之，則抽添火符，成就大還，安庠徐步，入出三昧，除此一法，更無餘法。何則，天下但有極平易底下之法，是爲天下奇法、妙法、秘密之法，而天下實更無有奇妙秘密法也，於是聖歎瞿然起立曰：嘻，果有是哉。是日始識豫叔乃真正絶世非常過量智人，然而豫叔則獨不言此法爲文章之妙門。聖歎異日，則私以其法教諸子弟曰：吾少即爲文，横塗直描，吾何知哉。吾中年而始見一智人，曾教我以二字法，曰那輾。至矣哉，彼固不言文，而我心獨知其爲作文之高手。何以言之，凡作文必有題，題也者，文之所由以出也。乃吾亦嘗取題而熟覩之矣，見其中間全無有文。夫題之中間全無有文，而彼天下能文之人，都從何處得文者耶。吾由今以思，而後深信那輾之爲功，是惟不小。何則，夫題有以一字爲之，有以三五六七乃至數十百字爲之，今都不論其字少之與字多，而總之題則有其前，則有其後，則有其中間。抑不寧惟是已也，且有其前之前，且有其後之後。且有其前之後，而尚非中間，而猶爲中間之前。且有其後之前，而既非中間，而已爲中間之後。此真不可以不致察也。誠察題之有前，又察其有前前，而於是焉先寫其前前，夫然後寫其前，夫然後寫其幾幾欲至中間，而猶爲中間之前，夫然後始寫其中間。至於其後，亦復如是。而後信題固蹙，而吾文乃甚舒長也。題固急，而吾文乃甚紆遲也。題固直，而吾文乃甚委折也。題固竭，而吾文乃甚悠揚也。如不知題之有前，有後，有諸迤邐，而一發遂取其中間，此譬之以橛擊石，确然一聲，則遽已耳，更不能多有其餘響也。蓋那輾與不那輾，其不同有如此者。而今紅娘此篇，則正用其法，吾是以不覺有感而漫識之。文章之事，關乎至微，其必有人驟聞之，而極大不然，殆於久之，而多察於筆墨之間，而又不覺其冥遇而失笑也。此篇如《點絳唇》、《混江龍》，詳叙前事，此一那輾法也，甚可以不詳叙前事也，而今已如更不可不詳叙前事也。《油葫蘆》雙寫兩人一樣相思，此又一那輾法也，甚可以不雙寫相思也，而今已如更不可不雙寫相思也。《村裏迓鼓》不便敲門，此又一那輾法也，甚可以即便敲門也。《上馬嬌》不肯傳去，此又一那輾法也，甚可以便與傳去也。《勝葫蘆》怒其金帛爲酬，此又一那輾法也。《後庭花》驚其不用起草，此又一那輾法也。乃至《寄生草》，忽作莊語相規，此又一那輾法也。夫此篇除此數番那輾，固别無有一筆之得下也。而今止因那輾之故，果又得灑灑然如許六七百言之一大篇。然則文章真如雲之膚寸而生，無處不有，而人自以氣不平，心不細，眼不到，便隨地失之。夫自無行文之法，而但致嫌於題之枯淡窘縮，此真不能不爲豫叔之所大笑也。

又《第三本第二折・鬧簡總評》　此篇寫紅娘，凡有四段，每段皆作當面斗然變换，另是一樣章法。

第一段，寫紅娘帶得書回，一時將張生分明便如座主之於門生，心頭平增無限溺愛，無限照顧，意思不難便取鶯鶯登時雙手親交與之。看他走入房來，其於鶯鶯，便比平日亦自另樣加倍珍惜。所以然者，意謂鶯鶯真乃一朵鮮花，却是我適間已許過我門生了也。門生是我之實，此一朵鮮花便是我門生之實也。只因心頭與張生别成一條線索，便自眼中看鶯鶯别起一番花樣。是爲第一段。

第二段，寫鶯鶯斗然變容，紅娘出自不意，遂忽自念，適間容易過人簡帖，誠然是我不是。只是我自信平日精靈，又兼夜來鄭重仔細躊躇此事，何得逢彼之怒耶。豈有滿盤已都算過，乃於一子失着耶。明明隔墻酬韻，蚤漏春光，明明昨夜聽琴，傾囊又盡，我本非聾非瞎，悉屬親聞親見。而今忽然高至天邊，無梯可捫，深至海底，無縫可入。此豈前日鶯鶯是鬼，抑亦今日鶯鶯是鬼，豈紅娘今日在夢，抑亦紅娘前日在夢。本意揚揚然弄馬騎，何意跎毂地却被驢子撲。於是三分羞慚，七分怨憤，遂不自禁其口中之叨叨絮絮。是爲第二段。

第三段，寫紅娘昨日於張生前滿心滿意，滿口滿語，輕將一擔千金，兩肩都任者，實是其胸中默默然牢有一篇把柄耳，初不自意鶯鶯極大不然也。諺蓋有之，行船無有久慣，生産無有久慣，今日方知傳遞簡帖無有久慣。紅娘此時，真無面目又見江東父老。祇有一萬年不復到書院中，永取此事寄之高高天上，埋之深深地下，更不容一人提起，便如連日我不在世間者然。何意鶯鶯又必强之投以回簡，自鶯鶯又有回簡，而紅娘遂不得不重入書院，再見張生。夫而後一面慚，兩脇憤，真更非一時三言兩句之所得而發脱也者。而張生不察，方且又如臂邊饑鳥，乳下嬌兒，百樣哀鳴，千般央及。此時我爲紅娘，真除非抽刃自決，以明我不負人。蓋從來任天下事，兩邊俱無以自解，實有如此苦事。是爲第三段。

第四段，寫紅娘初焉以退賊，故方德張生。既焉以賴婚，故方憐張生。既焉以揮毫，故方愛張生。既焉以不效，故方羞張生。至此乃忽然以苦纏，故不覺惱張生。夫以紅娘之於張生，固決無有惱之之事，而直以自己胸前煩悶無理，遂爾更不得顧，便唐突之。此真李白所云：淚亦不能爲之墮，聲亦不能爲之出時也。何意拆書念出，乃是户風花影之句。若説是鬼，鬼中亦無如此之鬼。若説是賊，賊中亦無如此之賊。若説兵不厭詐，諸葛亦無如此之陣圖。若説幻不厭深，偃師亦無如此之機械。此時虚空過往，天地鬼神，聰明正直，盡知盡見。紅娘真欲拔髮投地，搥胸大叫，自今以後，我更不能與天下女兒同居也。是爲第四段。

又《第三本第四折・後候總評》 傖近日所作傳奇，例必用四十折，吾真不知其何故，不可多，不可少，必用四十折也。蓋南華老人言之也，曰：鵬之飛於南溟也，絶雲氣，負青天，其去地既九萬里，則其視地，猶如地上之人之視之蒼蒼也，不知其爲正色耶，抑爲遠而無所至極之色耶。以言諸王貴人，生於後宫，氣體高妙，則不知白屋之下，寒乞之士，何故終日竟夜。嚄嚄唶唶，其聲不絶也。諸葛忠武，以一身任天下之重，統百萬之軍，兵馬糧糗，器仗圖籍，天文地形，賓客刑獄，無不獨經于心，則不知傲然野生，疎巾單衣，步行來前，抵掌言事，其胸中有何等陳乞也。十住菩薩，於佛性義，能了了見，則不知一切衆生，於生死海，没已得出，出已還没，雖經千佛世尊，雲興於世，出家成道，説法度生，乃至入於涅槃甚久甚久，而彼方復出没如故，此是取何快樂也。蓋諸王貴人之不知，真猶如嚄唶寒士之不知諸王者也。諸葛忠武之不知，真猶如徒步野生之不知忠武者也。十住菩薩之不知，真猶如没海衆生之不知菩薩者也。故曰：亦若是則已矣。惟孔子亦曰：道不同，不相爲謀。馬牛風於澤，理豈互及哉。而獨不謂文章之事，亦復有然。昨讀《西廂》，因而諦思傖所作傳奇，其不可多，不可少，必用四十折，吾則真不知其遵何術，而必如此。若夫《西廂》之爲文一十六篇，則吾實得而言之矣。有生有掃，生如生葉生花，掃如掃花掃葉。何謂生，何謂掃。何謂生，如生葉生花。何謂掃，如掃花掃葉。今夫一切世間太虚空中，本無有事，而忽然有之。如方春，本無有葉與花，而忽然有葉與花。曰生。既而一切世間妄想顛倒，有若干事，而忽然還無。如殘春花落，即掃花。窮秋葉落，即掃葉。曰掃。然則如《西廂》，何謂生，何謂掃。最前《驚艷》一篇謂之生，最後《哭宴》一篇謂之掃。蓋《驚艷》已前，無有《西廂》，無有《西廂》則是太虚空也。若《哭宴》已後，亦復無有《西廂》，無有《西廂》則仍太虚空也。此其最大之章法也。而後於其中間，則有此來彼來。何謂此來，如《借廂》一篇是張生來，謂之此來。何謂彼來，如《酬韻》一篇是鶯鶯來，謂之彼來。蓋昔者鶯鶯在深閨中，實不圖墻外乃有張生借廂來。是夜張生在西廂中，亦實不圖墻内遂有鶯鶯酬韻來。設使張生不借廂，是張生不來，張生不來，此事不生。即使張生借廂，而鶯鶯不酬韻，是鶯鶯不來，鶯鶯不來，此事亦不生。今既張生慕色而來，鶯鶯又慕才而來，如是謂之兩來。兩來則南海之人已不在南海，北海之人已不在北海也。雖其事殊未然，然而於其中間，已有輕絲暗縈，微息默度，人自不覺，勢已無奈也。而後則有三漸。何謂三漸，《鬧齋》第一漸，《寺警》第二漸，今此一篇《後候》第三漸。第一漸者，鶯鶯始見張生也。第二漸者，鶯鶯始與張生相關也。第三漸者，鶯鶯始許張生定情也。此三漸，又謂之三得。何謂三得，自非《鬧齋》之一篇，則鶯鶯不得而見張生也。自非《寺警》之一篇，則鶯鶯不得而與張生相關也。自非《後候》之一篇，則鶯鶯不得而許張生定情也。何也，無遮道場，故得微露春妍，諱曰營齋，故得親舉玉趾。舍是則尚且不得來，豈真不得見也。變起倉卒，故得受保護備至之恩，母有成言，故得援一醮不改之義。舍是則於何而得有恩，于何而得有義也。聽琴之夕，鶯鶯心頭之言，紅娘而既聞之。賴簡之夕，張生承詩之來，紅娘而又見之。今則不惟聞之見之，彼已且將死之。細思彼既且將死之，而紅娘又聞之見之，而鶯鶯尚安得不悲之，尚安得復忌之，尚安得再忍之，尚安得不許之。舍是則不惟紅娘所見不得令紅娘見，乃至紅娘所聞烏得令紅娘聞也。而後則又有二近，三縱。何謂二近，《請宴》一近，《前候》一近。蓋近之爲言，幾幾乎如將得之也。幾幾乎如將得之之爲言，終于不得也。終于不得，而又如此幾幾乎如將得之之言者，文章起倒變動之法也。三縱者，《賴婚》一縱，《賴簡》一縱，《拷艷》一縱。蓋有近則有縱也，欲縱之故近之，亦欲近之故縱之。縱之爲言，幾幾乎如將失之也。幾幾乎如將失之之爲言，終於不失也。終於不失，而又爲此幾幾乎如將失之之言者，文章起倒變動之法，既已如彼，則必又如此也。而後則有兩不得不然。何謂兩不得不然，聽琴不得不然，鬧簡不得不然。聽琴者，紅娘不得不然，鬧簡者，鶯鶯不得不然。設使聽琴不然，則是不成其爲紅娘，不成其爲紅娘，即不成其爲鶯鶯。何則，嫌其如機中女兒，當户歎息，阿婆得問今年消息也。鬧簡不然，則是不成其爲鶯鶯，不成其爲鶯鶯，即不成其爲張生。何則，嫌其如碧玉小家，迴身便抱，瑯琊不疑，登徒大喜也。而後則有實寫一篇。實寫者，一部大書，無數文字，七曲八折，千頭萬緒，至此而一齊結穴。如衆水之畢赴大海，如群真之咸會天闕，如萬方捷書齊到甘泉，如五夜火符親會流珠。此不知於何年月日，發願動手欲造此書，而今於此年此月此日，遂得快然而已閣筆，如後文《酬簡》之一篇是也。又有空寫一篇。空寫者，一部大書，無數文字，七曲八折，千頭萬緒，至此而一無所用。如楚人之火燒阿房，如莊惠之快辯鰷魚，如臨濟大師肋下三拳，如成連先生刺船徑去。此亦不知於何年月日，發願動手造得一書，而即於此年此月此日，立地快然其便裂壞，如最後《驚夢》之一篇是也。凡此，皆所謂《西厢》之文一十六篇，吾實得而言之者也。謂之十六篇可也，謂之一篇可也，謂之百千萬億文字，總持悉歸於是可也，謂之空無點墨可也。若僉近日所作傳奇，不可多，不可少，必用四十折，吾則誠不能知其遵何術，而必如此也。彼視《西厢》蒼蒼然正色耶，遠而無所至極耶。《西厢》視彼亦蒼蒼然正色耶，遠而無所至極耶。蓋南華老人言之也曰：亦若是則已矣。

又《第四本第四折・驚夢總評》　舊時人讀《西厢記》，至前十五章既盡，忽見其第十六章，乃作《驚夢》之文，便拍案叫絶，以爲一篇大文，如此收束，正使烟波渺然無盡。於是以耳語耳，一時莫不畢作是説。獨聖歎今日心竊知其不然。語云：太上立德，其次立功，其次立言。何謂立德，如黄帝、堯、舜、禹湯、文武、周公、孔子，以其至德，參天贊化，俾萬萬世，食福無厭，此立德也。何謂立功，如禹平水土，后稷布穀，燧人火化，神農嘗藥，乃至身護一城，力庇一鄉，智造一器，工信一藝，傳之後世，利用不絶，此立功也。何謂立言，如周公製《風》、《雅》，孔子作《春秋》。《風》、《雅》爲昌明和懌之言，《春秋》爲剛强苦切之言。降而至於數千年來，鉅公大家攄胸奮筆，國信其書，家受其説。又降至於荒村老翁，曲巷童妾，單詞居要，一字利人，口口相授，稱道不歇，此立言也。夫言與功德，事雖遞下，乃信其壽世，同名曰立。由此論之，然則言非小道，實有可觀。文王既没，身在於兹，必恐不免，不可以不察也。《西厢記》一書，其中不過皆作男女相慕悦之辭，如誠以之爲無當者而已，則便可以拉雜摧燒，不復留迹。趙威后有言，此相率而出於無用者，胡爲至今不殺也。如猶食之棄之，戀同雞跖，則計必當反覆案驗，尋其用心。蓋烏知彼人之一日成書，而百年猶在，且能家至户到、無處無之者，此非其大力以及其深心，既自作流傳，又自作呵護者也。昨者因亦細察其書，既已第一章無端而來，則第十五章亦已無端而去矣。無端而來也，因之而有書。無端而去也，因之而書畢。然則過此以往，真成雪淡。譬如風至而竅號，風濟即竅虚，胡爲不憚煩又多寫一章，蛇本自無足，卿又爲之足哉。及我又再細細察之，而後知其填詞雖爲末技，立言不擇伶倫，此有大悲生於其心，即有至理出乎其筆也。今夫天地，夢境也，衆生，夢魂也。無始以來，我不知其何年齊入夢也，無終以後，我不知其何年同出夢也。夜夢哭泣，旦得飲食，夜夢飲食，旦得哭泣。我則安知其非夜得哭泣，故旦夢飲食，夜得飲食，故旦夢哭泣耶。何必夜之是夢，而旦之獨非夢耶。鄭之人夢得鹿，置之於隍中，採蕉而覆之，彼以爲非夢，故採蕉而覆之也。不採蕉而覆之，則畏人之取之，彼以爲非夢，故畏人之取之也。使鄭之人，正於夢時而知夢之爲夢，則彼豈惟不採蕉而覆之，乃至不復畏人取之。豈惟不復畏人取之，乃至不復置之隍中。豈惟不復置之隍中，乃至不復以之爲鹿。《傳》曰：至人無夢。至人無夢者，非無夢也，同在夢中而隨夢自然，我於其事蕭然焉耳。《經》曰：一切有爲法，應作如是觀。是以謂之無夢也。無何而鄭之人夢覺，順塗而歸，口歌其事，其鄰之人聞之，不問而遽信之。往觀於隍中，發蕉而鹿在此。則非禦寇氏之寓言也，天下之事，實有之也。《傳》曰：愚人無夢。愚人無夢者，非無夢也，實在夢中而不以爲夢，所有幻化皆據爲實。《經》曰：世間虚空，本自不有，業力機關，和合即有。是以謂之無夢也。既而鄰人烹鹿，而鄭人争鹿，則極可哀也已。彼固不以爲夢，故真得鹿也。子則已知是夢而無鹿者也。若誠夢中之鹿，則是子乃欲争其無鹿也。如將争其有鹿，則是争其非子之鹿也。甚矣，此人之愚也，夢鹿一夢也，今争鹿是又一夢也。然則頃者之夢覺無鹿，是猶一夢也。幸也，禦寇氏則猶未欲言之而盡也，脱正争之而夢又覺，則不將又大悔此一争乎哉。而鄭之君方且與之分之，夫今日之鹿其何事分之與有。如使此鹿而無鹿也者，則全歸之鄭人，鄰人本無與焉。若使此鹿而真鹿也者，則全歸之鄰人，鄭人又無與焉。如之何其與之分之者也，爲分無鹿與鄰人與，爲分真鹿與鄭人與。如分無鹿，則是鄰人今日又夢得半鹿也。如分有鹿，則是鄭人前日祇夢失半鹿也。蓋甚矣，夢之難覺也，夢之中又有夢，則於夢中自占之，乃覺而後悟其猶夢焉。因又欲占夢中，占夢之爲何祥乎。夫彼又烏知今日之占之，猶未離於夢也耶。善乎，南華氏之言曰：莊周夢爲蝴蝶，栩栩然蝴蝶也。自喻適志與，不知周也，及其覺，則蘧蘧然周也。不知莊周夢爲蝴蝶與，不知蝴蝶夢爲莊周與。莊周與蝴蝶，其必有分也。何謂分，莊周則莊周也，蝴蝶則蝴蝶也。既已爲莊周，何得是蝴蝶，既已是蝴蝶，何得爲莊周。且蝴蝶既覺而爲莊周，而猶憶其夢爲蝴蝶之時，則真不知莊周正夢蝴蝶之蝴蝶，之曾不自憶爲莊周也。何也，夫夢爲蝴蝶，誠夢也，今憶其夢爲蝴蝶，是又夢也。若莊周不憶蝴蝶，則莊周覺矣。若莊周並不自憶莊周，則莊周大覺矣。彼蝴蝶不然，初不自憶爲莊周，遂並不自憶爲蝴蝶，不自憶爲莊周，則是蝴蝶覺也。因不自憶爲莊周，遂並不自憶爲蝴蝶，蝴蝶並不自憶爲蝴蝶，則是蝴蝶大覺也。此之謂物化也者。我烏知今身非我之前身，正夢爲蝴蝶耶。我烏知今身非我之前身，已覺爲莊周耶。我幸不憶我之前身，則是今身雖爲蝴蝶，雖未發于阿耨多羅三藐三菩提心，而已稱大覺也。我不幸猶憶我之今身，則是今身雖爲莊周，雖至發於阿耨多羅三藐三菩提心，而終然大夢也。《經》云：諸佛身金色，百福相莊嚴。聞法爲人説，常有是好夢。我則謂夢之胡爲乎哉。又云：又夢作國王，捨宫殿眷屬，及上妙五欲，行詣于道場。我則又謂夢之何爲乎哉。至矣哉，我先師仲尼氏之忽然而歎也，曰：甚矣，吾衰也久矣，我不復夢見周公。夫先師則豈獨不夢見周公焉而已，惟先師此時實亦不復夢見先師。先師不復夢見先師也者，先師則先師焉而已。可以仕則仕，可以止則止，可以久則久，可以速則速，可以蟲則蟲，可以鼠則鼠，可以卵則卵，可以彈則彈，無可無不可，此天地之所以爲大者也。借曰不然，而必謂人生世上，天地必是天地，夫婦必是夫婦，富貴必是富貴，生死必是生死，則是未嘗讀於《斯干》之詩者也。《詩》曰：下莞上簟，乃安斯寢。乃寢乃興，乃占我夢。吉夢維何，維熊維羆，維虺維蛇，泰人占之。維熊維羆，男子之祥。維虺維蛇，女子之祥。嗟乎，嗟乎，夫男爲君王，女爲后妃，而其最初，不過夢中飄然忽然一熊一蛇。然則人生世上，真乃不用邯鄲授枕，大槐葉落，而後乃今歇擔喫飯，洗脚上床也已。吾聞《周禮》歲終，掌夢之官，獻夢於王。夫夢可以掌，又可以獻，此豈非《西廂》第十六章立言之志也哉。

又《第五本第一折·捷報總評》 此續《西廂記》四篇，不知出何人之手。【略】嘗有狂生題半身美人圖，其末句云：妙處不傳。此不直無賴惡薄語，彼殆亦不解此語爲云何也。夫所謂妙處不傳云者，正是獨傳妙處之言也。停目良久睇之，睇此妙處。振筆迅疾取之，取此妙處。累百千萬言曲曲寫之，曲曲寫而至於妙處，只用一二言斗然直逼之。便逼此妙處，然而又必云不傳者，蓋言費却無數筆墨，祇爲妙處，乃既至妙處，即筆墨都停。夫筆墨都停處，此正是我得意處，然則後人欲尋我得意處，則必須於我筆墨都停處也。今相續之四篇，便似意欲獨傳妙處。夫意欲獨傳妙處，則是祇畫下半截美人也，亦大可嗤已。此皆神而明之之言，彼其烏知，祇如章則無章法，句則無句法，字則無字法，卑卑如此等事，猶尚不知，奈何乎言及其他哉。

又《第五本第四折·榮歸總評》 《西廂》爲才子佳人之書，故其費筆費墨處，俱是寫張生、鶯鶯二人，餘俱未嘗少用其筆之一毛，墨之一瀋也。其有時亦寫紅娘者，以紅娘正是二人之針線關鎖。寫紅娘，正是妙於寫二人。其他即尊如夫人，亦不與寫，何況歡郎。慈如法本，亦不與寫，何況法聰。恩如白馬，亦不與寫，何況卒子。此譬如寫花，決不寫到泥，非不知花定不可無泥。寫酒，決不寫到壺，非不知酒定不可無壺。蓋其理甚明，決不容寫，人所共曉，不待多説也。故有時亦寫紅娘者，此如寫花却寫蝴蝶，寫酒却寫監史也。蝴蝶實非花，而花必得蝴蝶而逾妙。監史實非酒，而酒必得監史而逾妙。紅娘本非張生、鶯鶯，而張生、鶯鶯必得紅娘而逾妙。蓋自張生自説生辰八字起，直至夫人不必苦苦追求止，曾無一句一字中間可以暫廢紅娘者也。若夫人、法本、白馬等人，則皆偶然借作家伙，如風吹浪，浪息風休，如桴擊鼓，鼓歇桴罷，真乃不必更轉一盼，重廢一唾也。今續之四篇，乃忽因鄭、恒二字，既與獨作一篇，後又覆請多人，再遞花名手本，凡《西厢》所有偶借之家伙，至此重復，一一畫卯過堂。蓋必使普天下錦繡才子，讀《西厢》正至飄飄凌雲之時，則務盡吹之到於鬼門關前，使之覩諸變相，遍身極大不樂，而後快於其心焉。嗟乎，杜工部《畫鶻》詩有云：寫此神俊姿，充君眼中物。彼一何其極善與之相反如是也。

清·高奕《新傳奇品·序》 傳奇至於今，亦盛矣。作者以不羈之才，寫當場之景，惟欲新人耳目，不拘文理，不知格局，不按宫商，不循聲韻，但能便於搬演。發人歌泣，啓人豔慕，近情動俗，描寫活現，逞奇争巧，即可演行，不一而足。其於前賢關風化勸懲之旨，悖焉相左，欲求合於今，亦已寥寥矣。【略】偶檢笥中所藏傳奇數百種，自明迄今，考其姓氏，細加評定，識以一二語，足以想見其人矣。此亦善與人同之意，非有心去取也。至其文理、宫調、格式、聲韻、風化、勸懲之義，惟於本傳奇詠之可也，亦不敢贅。

清·潘廷章《西來意》卷首《西厢三大作法》 一、用大起落。大起處，在正撞着五百年風流業冤一句。大落處，在嬌滴滴玉人何處也一句。前一句陡然而入，後一句嗒然而盡。未有前一句時，無《西厢》也。自有此一句，而凡自《假寓》以至《驚夢》，皆自空中撰出，所謂五百年業冤，自生煩惱。既有後一句時，又無《西厢》也。自有此一句，而凡自《長亭》以上至《佛殿》，又皆從空中滅去。所謂嬌滴滴玉人，原無實相，花從空生，即從空滅，業冤不盡，大覺不開。觀其一起一落，作書者具何等心眼也。

一、具大體段。合全部爲十六折，其意止有八折。因而重之爲十六折，猶夫《易》理止有八卦，因而重之爲六十四卦焉。如《奇逢》一折，因而重之有《鬧會》一折。《奇逢》，崔、張初會於佛殿也，《鬧會》，崔、張再會於佛殿也。初會無心，再會有心，無心妄緣，有心緣妄。皆佛殿之業也，作一遥對。《假寓》一折，因而重之有《請宴》一折。《假寓》，紅娘奉夫人之命而來也，《請宴》，紅娘又奉夫人之命而來也。前命請僧，後命請張。請僧而藉寇，請張而揖盜。皆夫人之疏也，作一遥對。《聯吟》一折，因而重之有《聽琴》之一折。《聯吟》，雙文月下至花園也，《聽琴》，雙文月下再至花園也。初至而賡句，再至而聞琴，詩以送志，琴受心挑。皆雙文之不戒也，作一遥對。《踰牆》一折，因而重之有《佳期》之一折。《踰牆》，雙文召張生也，《佳期》，雙文就張生也。召張生以詩，就張生亦以詩，彼詩何以忽厲其色，此詩何以忽昵其情，此雙文之不測也，作一遥對。《停婚》一折，因而重之有《送別》之一折。《停婚》，夫人宴張生也，《送別》，夫人又宴張生也。前宴而盟解，後宴而交離，彼亦一把盞，此亦一把盞，皆張生之勞塵也，作一遥對。《解圍》一折，因而重之有《驚夢》之一折。《解圍》，掠雙文也，《驚夢》，又掠雙文也，作一遥對。《傳情》一折，因而重之有《問病》之一折。《傳情》，雙文遣紅過張生也，《問病》，雙文又遣紅過張生也。前過而以東來，後過而以方去，東以誠投，方從假使，紅之所由受顛倒也，作一遥對。《窺簡》一折，因而重之有《巧辯》之一折。《窺簡》，雙文詰紅也，《巧辯》，夫人詰紅也。雙文詰而雙文之假破，夫人詰而夫人之怒降。假破而始成，怒降而姻定，紅之所由稱敏辯也，作一遥對。此皆作者顯然相犯，隱然相生，立一以定體，兼兩以至用，而與《大易》十六卦反對之用，同其變化者也。至若以佛殿始，以草橋終，則又乾父坤母，孕藏六子，雖與互對，而不爲互對者矣。此《西厢》之至奇也。

一、作大開闔。凡文字必先開而後合，傳奇尤必始開而終合。而《西厢》不然，先合後開，始合終開，小合則小開，大合則大開，蓋直以合爲開，以開爲合者也。通本有四開合，而崔也，張也，紅也，皆求爲合者也。法本也，惠明也，白馬將也，孫飛虎也，亦皆爲合之人也。不爲合者，止一夫人耳，而亦終爲合者也。當張生至逆旅，不過一宿，乃急求閒散而走寺中。小姐之在居停，諒已有日，適又思閒散而遊殿上。瞥然一見，臨去回顧，何其不謀而同，無端而合，此即從合爲入手者也。及偶寓東牆，託憑青鳥，忽得峻拒之詞，幾疑昨所見人，隔在巫山，遠在天上，視之若近，圖之甚難，遂借紅娘作一閃，以逆起向後之勢也，此一小開合也。乃未幾而牆陰贈答，未幾而花宫目成，又未幾而退賊壘門，許婚堂上，公私相協，旦夕乘龍，浸浸乎其合矣。忽而夫人敗盟，大勢盡去，此借夫人作一閃，以截斷前後之勢也，是又一開合也。幸而侍兒善誘，書生至誠，挑之以琴而心動，達之以簡而心益動。崔雖善假，終于報章，明月三五，昭昭彤管，此非母氏所得禁當，而侍妾所能慫恿者也，又浸浸乎其合矣。及玉人飛渡，金宵頓失，如江如漢而不可求，胡帝胡天而不可即，而張始氣盡于此也已，此就雙文作一閃，以擲起從前之勢也，是又一開合也。逮靈藥偷傳，秘辛顯授，兩人之真心假意，一時折證，半年之萬想千思，一筆勾除，勢固已大合矣。況乎鳩媒舌巧，抵節爭盟，夫人因而悔心予婚，雖有誠議，勢固已大合而無不合矣。乃贈策求名，星言夙駕，攬袪道路，把酒離筵，向以爲室邇而人遐者，今且人遐而室更遠矣。追陽關暮出，故國雲迷，旅舍青燈，不堪回首，而邯鄲一枕，遽然夢破。于是歡愉悲戚，綢繆繾綣，一時都盡，此又就張生作一閃，以放散通前通後之勢也，是一大開合也。蓋不合則不開，不大合則不大開。他書段段以合作結，《西厢》段段以開作結。他書煞尾以大合作大結，《西厢》煞尾以大開作大結。《易傳》曰：物不可窮也，故受之以《未濟》終焉。而不謂作《西厢》者，竟悟其旨，此不可于傳奇中求之，尤不易於著書中求之，此《西厢》之至奇也。

清·毛聲山、毛宗崗《第七才子書琵琶記·總論》 讀書者當先觀作者所注意之處，如一部《琵琶記》，其前所注意，只在《官媒議婚》一篇，其後所注意，只在《書館相逢》一篇。蓋前則寫其辭婚相府，後則寫其不棄糟糠，如是而已。乃欲寫其辭婚，不得不寫其辭官。將寫其辭官，不得不先寫其辭試。既寫其辭試，因寫一逼試之蔡公，寫一留試之蔡母，更寫一勸試之鄰叟。凡此種種，皆因辭婚而添設者也。欲寫其不棄妻，不得不先寫其念妻。欲寫其念妻，不得不寫其念親。既寫其念親，因寫一代夫葬親之趙氏，寫一從夫省親之牛女，更寫一聽女迎親之牛相。凡此種種，皆因不棄妻而點染者也。而實則其所注意之處，只在一二篇，且不獨一部之中，其注意只在一二篇，即一篇之中，其注意亦只在一二句。得其注意之所在，然後知何處是陪客，何處是正主，何處是埋伏，何處是照應，何處是正描，何處是傍襯，何處是倒插在前，何處是順補在後。豈特《琵琶》爲然，古今才子之文皆如是，惟有心者自解之。才子之文，有着筆在此而注意在彼者。譬之畫家，花可畫，而花之香不可畫，於是捨花而畫花傍之蝶，非畫蝶也，仍是畫花也。雪可畫，而雪之寒不可畫，於是捨雪而畫雪中擁爐之人，非畫爐也，仍是畫雪也。月可畫，而月之明不可畫，於是捨月而畫月下看書之人，非畫書也，仍是畫月也。高東嘉作《琵琶記》，多用此法。而彼傖父者，不知其慘淡經營，於畫花、畫雪、畫月之妙，乃漫然以爲畫蝶、畫爐、畫書而已也，則深没作者之工良心苦也。

又 高東嘉作《琵琶記》，直是左丘明、司馬遷現身。看他正筆，首寫伯喈，次寫趙五娘，次寫牛小姐，次寫蔡公、蔡母，次寫牛丞相，次寫張大公，既極情盡致，而更閒筆寫花，寫月，寫雪，寫琴，寫酒，寫寒門，寫閥閲，寫旅次，寫考場，寫瓊林，寫早朝，寫花燭，寫義倉，寫墳墓，寫寺院，寫道場，寫書館，寫院子，寫梅香，寫老嫗，寫媒婆，寫里正，寫社長，寫糧官，寫試官，寫赴試秀才，寫陪宴官，寫黄門官，寫山神，寫鬼使，寫拐兒，寫和尚，寫馬，無不描頭畫角，色色入妙，真所謂搏兔搏象，俱用全力者也。雖云搏兔搏象，俱用全力，而正筆、閒筆又有輕重詳略之分。正筆宜重宜詳，閒筆宜輕宜略。畫家之法，遠水無波，遠山無皴，遠人無目，遠樹無枝，非輕之略之，其理應如是也。蓋其注意者，只在最近之一山、一水、一人、一樹，而其餘則止淡淡着墨而已。今人作傳奇，往往手忙脚亂，不知輕重詳略之理，遂至賓主莫辨，其與《琵琶》何啻天淵。

又 《琵琶》用筆之難，難於《西厢》，何也。《西厢》寫佳人才子之事，則風月之詞易好。《琵琶》寫孝子義夫之事，則菽粟之詞難工也。不特此也，《西厢》純用北曲，每折自始至末，止是一人所唱，則其章法次第，井然不亂，猶易易耳。若《琵琶》則純用南曲，每套必用衆人分唱，而其章法次第，亦自井然不亂，若出一口，真大難事。試看李日華改《西厢》曲爲南調，雖便於梨園之唱演，然將原曲顛倒前後，畢竟不免支離錯亂，然後嘆《琵琶》之妙爲不可及。

又 作文不難以豔語爲渲染，而難以淡語爲渲染。填詞不難以麗句入宫商，而難以平句入宫商，何也。蓋曲之體，與詩不同。詩體直，直則貴其曲，能運曲於直中，乃爲妙詩。曲體本曲，曲則又貴其直，能運直於曲中，乃爲妙曲。不然而謳者循腔按板，抑揚頓挫，每至有一字數疊者，若更以雕琢堆砌之詞入之，幾令聽者不知其作何語矣。《琵琶》歌曲之妙，妙在看去值是説話，唱之則協律吕，平淡之中有至文焉。然《琵琶》之平淡則佳，後人學《琵琶》之平淡則不佳。夫唯執筆學之而不能佳，斯不得不以雕琢堆砌掩其短耳。

又 《琵琶》之平淡，後人勉强學之，究竟不能學者，何也。曰：惟其勉强學之，所以不能學也。文章之妙，妙在自然。昔人論草書法，謂如古釵脚，不若如屋漏痕，以其有自然而然之神化也。夫屋漏痕，豈可執筆而摹之者哉。古之孝子、義夫、貞婦、淑女，其人與骨俱朽矣，而能肖其面目，傳其謦欬，描其神情，令人如覩古人於今日者，獨賴有梨園一技之存耳。奈之何今日作傳奇之人，但好寫神仙幽怪、男女風流之事，而不好寫孝子、義夫、貞婦、淑女之事耶。故傳奇必如《琵琶》，始可謂之不負梨園。

又 善讀書者一眼看去，便看出書中緊要處，因悟當時著書之人，亦只覷得此緊要之處，一手抓住，一口噙住，更不一毫放空，於是其書遂成絶世妙文。今觀《琵琶記》無一處不緊要，故無一處不妙，乃其所以妙處，只是抓得住，噙得住耳。文章緊要處，只須一手抓住，一口噙住，斯固然矣。然使才子爲文，但一手抓住，一口噙住，則一語便了，其又安能洋洋纚纚，著成一部大書，而使讀者流連諷詠於其間乎。夫作者下筆著書之時，必現出十分文致，然後書成而人讀之，領得十分文情。是故才子之爲文也，既一眼覷定緊要處，却不便一手抓住，一口噙住，却於此處之上下四旁千迴百折，左盤右旋，極縱横排宕之致，使觀者眼光霍霍不定，斯稱真正絶世妙文。今觀《琵琶》文中，每有一語將逼攏來，一筆忽漾開去，漾至無可攏處，又復一逼，及逼到無可漾處，又復一開，如是者幾番方纔了結一篇文字。正如獅子弄毬，貓狸戲鼠，偏不便抓住噙住，偏有無數往來撲跌，然後獅子之意樂，貓之意滿，而人觀之之意亦大快也。

又 才子作文，有衹就本題一二字播弄，更不必別處請客者。如《琵琶記》、《吃糠》、《剪髮》兩篇，只就一糠字、一髮字，便層層折折，播弄出無限妙意。如韓退之《送王秀才序》，始終只拈一酒字爲播弄。蘇老泉《文甫字説》，始終只拈一水字爲播弄。豈非出神入妙之筆。《琵琶記》亦用此法，而其出神入妙，更爲過之。《琵琶》出神入妙處，不特其運意只就本題一字播弄，不必別處請客，即其運曲亦嘗就本調一腔播弄，更不多换别腔。近日填詞家，每喜换腔，此皆因才短手拙。前曲只此一意，後曲亦只此一意，意無轉變，故不得已而借换腔，以爲轉變。且不但前曲與後曲不敢不换腔，只一曲中而依本腔轉接不來，便思犯入別腔，甚至有二犯、三犯者。此非其腔之多，正其筆之窘耳。若東嘉之慣用前腔，而腔同而意不同，愈轉愈妙，愈出愈奇，斯其才大手敏，誠有不可及者。《琵琶》文中，有疑合忽離、疑離忽合者。即如《幾言諫父》一篇，偏不寫其從諫，偏寫其語言觸忤，却不料有《聽女迎親》一篇，徒然一悔。又如《寺中遺像》一篇，偏不寫其相會，偏寫其當面錯過，却不料有《兩賢相會》一篇，突如其來。大約文章之妙，妙在人急而我緩之，人緩而我急之。人急而我不故示之以緩，則文瀾不曲，人緩而我不故示之以急，則文勢不奇。今觀《琵琶》，其緩處如迴廊渡月，其急處如疾雷破山。其緩處如王丞相營建康，多其紆折，其急處如亞夫將軍從天而降，出人意外，豈非希有妙文。《琵琶》文中，有隨筆生來、隨手抹倒者。如正寫春花，便接説春事已無有。正寫夏景，便接説西風又驚秋。正寫嫦娥，却云此事果無憑。正寫囑別，却云空自語惺惺。正寫感歎，却云也不索氣苦。正寫遺囑，却云與甚生人做主。正寫才俊無書不讀，却云没有一字。正寫御苑名馬無數，却云没有一匹。正寫杏園春宴，却云今宵已醒繁華夢。正寫黄門待漏，却云算來名利不如閒。至於寫彈琴，却是不曾彈。寫寄書，却是不曾寄。寫賣髮，却是不曾賣。寫築墳，却是不曾築。寫山鬼，却云没有鬼。寫松樹，却云没有樹。寫請官糧，偏失了官糧。寫負真容，偏失了真容。寫諫父，而諫時偏諫不聽。寫迎親，而迎時偏迎不着。寫抱琵琶，而牛趙門笥偏不用琵琶。寫入佛寺，而夫婦相會偏不在佛寺。此皆隨筆生來、隨手抹倒者也。隨筆生來，本無忽有。隨手抹倒，是有却無。此中饒有禪意，何必《西厢》臨去秋波之句，始可以悟禪耶。

又 予嘗聞善弈者之言矣。其言曰：凡下第一着時，先算到三着四着，未足爲善弈也。下第一着時，不但算到三着四着，更能算到五六七八着，亦稱高手矣，然而猶未足爲盡善也。善弈者必算到十數着，乃至數十百着，直到收局而後已。如王積薪夜半聽姑婦談弈，不過十數着而全局已竟。然則當其下此十數着時，其心力眼力不止在此十數着而已，在數十百着之後也。人若不能算到全局，而但看此十數着，則無一着不是閒着。若能算到全局，而後看此十數着，則無一着是閒着。《琵琶》之爲文，亦猶是已。嘗見其閒閒一篇，淡淡數筆，由前而觀，似乎極冷，極緩，極没要緊，乃由後而觀，竟爲全部收局中極緊，極要，極不可少之處。知此者，庶幾可與縱讀古今才子之文。

又 文章有步驟不可失、次序不可闕者。如《牛氏規奴》爲《金閨愁配》張本，《金閨愁配》爲《幾言諫父》張本，《臨妝感歎》爲《勉食姑嫜》張本，《勉食姑嫜》爲《糟糠自厭》張本。若無《才俊登程》，則杏園之思家爲單薄。若無《激怒當朝》，則陳情之不許爲突然。若無《再報佳期》，則强效鸞凰爲無序。若無《丞相教女》，則《聽女迎親》爲無根。若無《路途勞頓》，則《寺中遺像》爲急遽。若無《孝婦題真》，則《書館悲逢》爲無本。總之，才子作文，一氣貫注，增之不成文字，減之亦不成文字。韓昌黎之《雜説》、《獲麟解》、《送董邵南序》，王荆公之《讀孟嘗君傳》，即欲增之，惡得而增之。賈誼《治安策》，董仲舒《天人策》，蘇長公《上神宗皇帝書》，即欲減之，又焉得而減之。最可怪者，人以《西廂》之十六折爲少，而欲續之，以《琵琶》之四十二齣爲多，而欲删之。夫誠知《西廂》之不必續，則知《琵琶》之不可删矣。鳧脛雖短，續之則傷。鶴頸雖長，斷之則悲。文之妙者，一句包得數篇，則短亦非短。數篇只如一句，則長亦非長。湯若士先生《牡丹亭》傳奇，長至五十餘折，至今膾炙人口，讀之不厭其多。近日吾友悔庵先生有《讀離騷》、《吊琵琶》、《桃花源》、《黑白衛》等樂府數種，每種止三四折，亦復膾炙人口，讀之不覺其少，又何獨疑於《琵琶》。

又《參論》 文章不曲折，則不妙。《西廂記》張生終得與鶯鶯配合，全賴紅娘之力，乃妙在鶯鶯偏要瞞着紅娘。《琵琶記》趙氏再得與伯喈團圓，全賴牛氏之賢，乃妙在伯喈偏要瞞着牛氏。其曲折處，正是一樣筆墨。然鶯鶯瞞紅娘，紅娘不曾猜破，却是張生道破。伯喈瞞牛氏，伯喈不曾當面説破，却被牛氏背地聽破。一樣筆墨，又是兩樣文法。

又 吾友蔣新又嘗云：文章但有順而無逆，便不成文章，傳奇但有歡而無悲，亦不成傳奇。誠哉是言也。然所以有逆有悲者，必用一人從中作鯁，以爲波瀾。如《西廂》有崔夫人作鯁，《琵琶》有牛丞相作鯁。乃夫人作鯁是賴婚，丞相作鯁是逼婚。夫人賴婚到底賴不成，丞相逼婚竟逼成了。同一波瀾，而《琵琶》文法又變。

又《琵琶》文中寫時序先後，一筆不亂。如《臨妝感歎》一篇，先云羅襟淚漬，錦被羞鋪，此整襟揔帶、推被起床之時。次云緑雲懶去梳，鏡鸞羞自舞，此方是臨妝理髮、對鏡整容之時。後云輕移蓮步，堂前問舅姑，然後是梳妝已畢，問寢高堂之時。又如夢繞親闈一曲，先云重門半掩黄昏雨，是寫黄昏。次云枕邊萬點思親淚，伴漏聲到曉方歇，然後從黄昏寫到五更。次云慵臨青鏡，頓添華髮，然後又從五更伏枕寫到天明照鏡。又如《琴訴荷池》一篇，先寫晝長，日永，是天正午。次寫晚來雨過，是天已晚。次寫新月一鈎，是天將暝。次寫玉漏催銀箭，是夜已闌。又如《中秋望月》一篇，先云誰駕玉輪來海底，是月初起。次云十二闌幹光滿處，是月正午。次云斗轉星横，是月已斜。此皆逐篇中之次序也。若總全部而計之，如朝來峭寒輕透，是寫早春。然後再寫清明時候，然後再寫風光正暮春，然後再寫坐對南薰，然後再寫秋容光浄，然後再寫黄葉飄飄，然後再寫大雪添悽楚，雖不必在一年之中，而自春而夏而秋而冬，寫來亦復循循有序。嘗讀《五才子書》，將寫六月生辰綱，便先於説三阮時，寫阮小五鬢邊一朵石榴花，用筆最閒細。竊怪今人作文，胡亂下筆，前不顧後，後不顧前。想其讀古人文章，草草看過，故自己下筆，亦草草耳。

又《琵琶》將寫長空萬里，先寫楚天雨過，亦如將寫新月一鈎，先寫晚來雨過。蓋以月在雨後，分外皎潔，故寫月必從雨後寫之。然夏月不如秋月，初生之月，不如既滿之月。長空萬里，舍花而獨寫月者，意專在乎月也。新月一鈎，因荷香而旁及之，是寫花而帶寫月者，意不在乎月也。不惟意不在月，且亦並不在花。夫既不在花，又不在月，則《荷池》一篇，意將安屬。曰：前之注意在琴，而後之注意在枕與扇。借琴以寫其念妻之情，借枕與扇，以寫其思親之志，如是而已。唯後之注意在枕與扇，故於前文先寫夢到家山，先寫簟展湘波紈扇冷，又於丑净口中寫打扇。寫上眠床以引起之，後文又連寫數眠字，數風字，以映帶而襯染之。唯前之注意在琴，故篇首先寫翠竹敲風聲，以引起之，後幅又寫棋聲以陪之，又寫雨過聲、輕雷聲、柳中新蟬聲、菱歌唱晚聲、玉漏聲、笙歌聲，以宕漾而迤逗之。其用筆迴環交互，精妙如此，豈非才子之文。

又《**批語・第一齣〈副末登場〉總評**》 文章之妙，不難於令人笑，而難於令人泣。蓋令人笑者，不過能樂人，而令人泣者，實有以動人也。夫動人而至於泣，必非佳人才子、神仙幽怪之文，而必其爲忠貞節孝之文可知矣。顧或學爲忠貞節孝之文，而竟不能動人，遂反不如佳人才子、神仙幽怪之文之足樂，則甚矣。樂人易，而動人難也。今觀《琵琶》一書，所以繪天性之親者，抑何其無不逼真，無不曲至乎。於父母之愛子，則一寫其逼試，一寫其嗟兒。於舅姑之愛媳，則一寫其見糠而悲，一寫其遺筆而逝。於子之念父母，則寫其却婚，寫其辭官，寫其思鄉，寫其寄書，寫其臨風而悼。於新篁池閣之時，寫其對月而嗟。於萬里長空之夜，於媳之奉舅姑，則寫其請糧，寫其進藥，寫其剪髮，寫其築墳，寫其畫真容於紙上，何啻愾聞僾見之誠。寫其抱琵琶於道中，不減行哭過市之慘。其描畫慈父慈母、孝子孝媳，可謂曲折淋漓，極情盡致矣。至若寫妻之憶夫，則春闈催赴之曲，雖《草蟲》之嗟未見，《殷雷》之念還歸，不是過也。寫夫之憶妻，則舊絃欲斷之歌，雖《衛風》之傷契闊，《豳人》之懷婦歎，不是過也。他如寫張公之恤鄰，有賢者好施之風。寫牛氏之規親，有孝子幾諫之意。寫丞相之悔過，有貴人遷善之美。無不足以發人深省，而起人長思，所裨於風化者，豈淺鮮哉。

又《第二齣〈高堂稱慶〉總評》 敘事之佳者，將敘其歡合，必先敘其悲離。不有別離之苦，不見聚首之樂也。乃將敘其悲離，又必先敘其歡合。不有聚首之樂，亦不見別離之苦也。此《琵琶·高堂稱慶》一篇，所爲反襯後文者也。然反襯之説，人所易知。若既以反墨襯之，又即以正墨逗之，既用反墨於正墨之前，又即伏正墨於反墨之内，使觀者見其反墨之襯，覺後文俱出意外，察其正墨之伏，覺後文又未嘗不在意中，則才子之才，高出於凡手數倍矣。如驊騮欲騁，魚龍將化，爲狀元及第伏筆也。光前耀後，青雲萬里，爲蔡公逼試伏筆也。樂在田園，何必公侯，爲蔡母嗟兒伏筆也。時光催人，桑榆暮景，爲雙親俱喪伏筆也。蓋即極歡極合之中，而悲離之幾，已兆於此。從來世事，大抵如斯，豈獨《琵琶記》爲然哉。每怪今人作傳奇，效顰《琵琶》，靡不有家門上壽之文，陳陳相因，遂成爛套。不知《琵琶》之稱慶，祇一筆兩筆，而全部線索，俱爲之動，非若他人之家門上壽，止是家門上壽而已。然則讀《琵琶》者，慎勿以此一篇爲學步邯鄲者，同類而其觀也。

又《第三齣〈牛氏規奴〉總評》 將寫牛氏之賢於後，先寫牛氏之貞於前。寫其賢於後者，正筆也。寫其貞於前者，旁筆也。而旁筆之中，又有旁筆焉。牛氏之貞不能自述，則於奴僕口中述之。牛氏自守之貞不可見，則於其規奴見之。自言其貞，不若使人言其貞。唯能使人盡言其貞，而其貞不待自言而明矣。【略】大約文章之法，於正筆則着墨無多，全賴旁筆爲之襯染。至於襯染既精，覺旁筆皆成正筆，則才子之才，真有化工之手也。

又《第七齣〈才俊登程〉總評》 思量那日之曲，思家於既中狀元，既婚牛氏之後者也。衷腸悶損之歌，思家於未中狀元，未婚牛氏之前者也。未中狀元，未婚牛氏，則其思家也易。既中狀元，既婚牛氏，則其思家也難。將寫其難者，先寫其易者，所以爲後文作引也。然思量那日，思家於離家既久之時者也。衷腸悶損，思家於離家未久之時者也。離家未久，則離別之悲尚淺。離家既久，則離別之悲已深。將寫其深而深者，先寫其淺而深者，亦以爲後文作引也。總之，由易入難，由淺入深，文章之法，當如是爾。

又《第九齣〈臨妝感歎〉總評》 臨鏡緑雲撩亂，此將別時之緑雲也。緑雲懶去梳，此既別後之緑雲也。寫五娘而必寫其對鏡，必寫其臨妝，何耶。蓋爲有剪髮、賣髮兩段文字在後，故此處獨於緑雲三致意焉爾。試讀一從鸞鳳分，誰梳鬢雲，及看青絲細髮，剪來堪愛等語，然後知斯篇之描畫梳頭，非無謂也。可見作文之法，後筆必應前筆，前筆必伏後筆。今之隨口胡謅，順手亂寫者，若取吾所批《琵琶記》觀之，知其必閣筆而焚硯矣。

又《第十齣〈春宴杏園〉總評》 善文者，有一篇全部大文於胸中，則其於每段小文之内，必處處提照章旨，回顧本色。若有一處疏漏，即全部線索皆脱矣。如此篇寫宫花，寫紅樓，寫玉鞭，寫笙歌，寫題詩，寫飲酒，無數絢爛文字，皆旁筆也。其正筆祇在未許嫦娥愛少年一句，爲後文辭婚伏線。又祇在高堂菽水誰供奉一句，爲後文辭官伏線。極濃豔處，忽着一極淡之語，極熱鬧處，偏下一極冷之言，點睛着眼，賴有此耳。苟其不然，於南浦之别則曰我肯戀花柳，甘爲萍梗，而於杏園則忘之。於登程之日則曰衷腸悶損，日日思親，而於春宴則忘之。寫伯喈而若此，豈得爲妙人；以東嘉寫伯喈而若此，又豈得爲妙文哉。

又《第一一齣〈蔡母嗟兒〉總評》 唐詩排偶，有以一氣滚下者，最爲佳妙。《琵琶》曲中多有之。如人老去星星非故，春又來年年依舊。只爲着一領藍袍，却落後五彩斑衣。高堂已添雙鬢雪，客路空瞻一片雲。皆是也。若盡作閬苑三千、巫山二六之句，有何趣味乎。至於信口説來，只是家常言語，而看去自成對偶，則莫如此篇所云心中愛子，指望功名遂。眼下無兒，因此埋怨你二語矣。夫設色之文易好，白描之文難工，使今人學三千、二六等詞，則猶能爲之。苟欲執筆强學嗟兒一篇，不知何故便俚便醜，安得不令我歎古今人之不相及也。

又《第一二齣〈奉旨招婿〉總評》　至於文章之妙，妙在反跌。嘗讀《西厢》，有崔夫人《賴婚》一段文字在後，則先有《請宴》一篇，兩口相同，欣欣然以爲姻之必就，以反跌之。今讀《琵琶》，有蔡狀元却婚一段文字在後，則先有《招婿》一篇，三口相同，欣欣然以爲媒之必成，以反跌之。蓋作文之法，不正伏，則下文不現，不反跌，則下文不奇，正處用實，反處用虛。今人但能於實處寫，東嘉却偏於虛處寫。如此篇之中，並無蔡狀元登場，而試讀其文，全是極寫蔡狀元，並不是寫牛丞相。嗟乎，才子之才，洵非凡手所能及也。

又《第一四齣〈激怒當朝〉總評》　文章之法，以前篇反跌後篇，斯固然矣。而一篇之內，又有以上文逆跌下文者。前篇於丑末口中，有一場好事，管取團圓之語，乃見蔡狀元苦苦辭之之出於意外。此篇於丑末口中，有書生命窮，別選佳婿之語，乃見牛丞相苦苦招之之出於意外。且也寫牛丞相之一聞而輒怒，則曰少甚貴戚豪家爲配，再聞而愈怒，則曰敢與我廝挺相持。試掩卷猜之，必謂下文有屏棄貶斥之意，而孰知其殊不然耶。是皆作者特特爲此奇幻之筆，使讀者驚疑不定。蓋文至妙處，讀上文，便知有下文。此非聖於文者不能，而文至幻處，讀上文，更不料其有後文，則又非神於文鬼於文者不能也。

又《第一五齣〈金閨愁配〉總評》　文有正生之法，亦有倒生之法，有順補之法，亦有逆補之法。因下文而倒生一段文字在上，是先有下文而後有上文者也。因後文而逆補一段文字在前，是先有後文而後有前文者也。如欲寫牛氏之不妒，先寫牛氏之能貞，則因《兩賢相覯》一篇，而倒生出《牛氏規奴》一篇也。欲寫牛氏之請歸，先寫牛氏之疑賚，則又因《幾言諫父》一篇，而逆補出《金閨愁配》一篇也。其注意在下文後文，則所倒生而逆補者不過一筆兩筆、有意無意之間。故規奴之文，但借院子、老姥姥、惜春以襯染小姐，而小姐口中着墨無多。今此篇寫愁配，亦不甚着意，雖云愁配，而又曰婚姻事女孩兒家怎提，則其薄描淺寫，第如微雲過岫，細雨點窗而已。於倒生逆補處，見其用筆之密，於有意無意處，見其落筆之輕。

又《第一九齣〈强就鸞凰〉總評》　孝子之孝，義夫之義，寫之於《官媒議婚》之時不難，寫之於《丹陛陳情》之時不難，寫之於《再報佳期》之時亦不難，而所最難下筆者，莫如《强就鸞凰》之一篇矣。夫就而曰强，寫其歡笑不得，强而既就，寫其啼哭又不得，然則將作何等寫法而寫之。今看東嘉偏能逞好手，寫出狀元此時既不敢啼，又不忍笑，一段真情至理，如絲蘿附喬木，聊爲勉强應酬之言。而對華堂而念高堂，對新人而思舊人，亦略見其俛首斂容，無聊無賴之致。此真文之濃淡適宜，重輕合度者也。夫既具如此妙筆，其又何有難寫之題，足以窘其文致也耶。

又《第二一齣〈糟糠自厭〉總評》　詩三百篇，賦中有比、比中有賦者多矣。然文思之靈變，文情之婉折，未有如《琵琶》之寫吃糠者也。看他始以糠之苦，比人之苦。繼以糠與米之分離，比婦與夫之相別。繼又以米貴而糠賤，比婦賤而夫貴。繼又以米去而糠不可食，比夫去而婦不能養。末又以糠有人食，猶爲有用，而己之死而無用，並不如糠。柔腸百轉，愈轉愈哀，妙在不脱本題，不離本色。不謂一吃糠之中，生出如許文情，翻出如許文思，才子之才，真何如也。

又《第二四齣〈宦邸憂思〉總評》　文章有單行法，有雙關法。單行之分，不若雙關之合，則斯篇稱最善焉。前文對琴而念妻，對扇而念親，此分寫之，而親是親，妻是妻者也。即云親衰老，妻幼嬌，又云妻室青春，那更親鬢垂雪。亦有時並寫之，而究竟思親是思親，思妻是思妻者也。乃斯篇獨不然，如攜手共那人不廝放，本是念妻，而曰教他好看承我爹娘，則念妻却是念親。忽聞鷄唱，問寢堂上，本是念親，而曰錯呼舊婦，則念親却是念妻。此爲至有雙關之法者矣。夫吁嗟闊兮、吁嗟信兮之悲，即爲瞻望父兮、瞻望母兮而發。而陟彼屺兮、陟彼岵兮之歎，即在麋枕粲兮、錦衾爛兮之中。有令人不能分指其何語爲孝子之言，何語爲義夫之言者。無縫天衣，望之但成雲錦一片，豈復人間所能有哉。

又　從來最得意之語，莫如洞房花燭夜，金榜掛名時。於是有作極失意之語以反之者，曰：失恩妃子面，下第舉人心。乃從未有即以得意爲失意，而極失意之歎，反在極得意之事者也。如斯篇所云閃殺人洞房花燭，愁殺我掛名金榜，豈非創見之奇情，絶無之奇句乎。予嘗謂久旱逢甘雨，他鄉遇故知二語當以倒轉爲妙，洞房、金榜二語又當以交互爲妙。何謂倒轉，蓋旱久而雨，雨誠足喜，而或冒雨中途，失攜雨具，容有慨歎之人，若雨久而晴，人情無有不悦者，是不若改之曰久雨逢晴日之爲尤快也。飄泊他鄉，得遇故知，不過苦中得樂，若有故人遠出，久不知其存亡，而一旦來歸，卒然相逢，歡然道故，其樂何如，是不若改之曰舊知歸故鄉之爲尤快也。此倒轉之説也。何謂交互。人生孰無婚娶，洞房固是平常，讀書皆望科名，金榜豈爲過分，分之不異，合之斯難，是不若改之曰佳配因金榜，君恩賜洞房之爲尤快也。此則交互之説也。今以狀元而奉旨成婚，二者亦既交互矣。將天下之得意滿志，宜無有過於此日者，而乃加之以閃殺人、愁殺我六字，則非復讀者之所能測也。試令讀者將此二語，各掩下半句猜之，正不知當做若何苦語。又試各掩上半句猜之，不知當做若何快語。而不謂上下兩截，一至於此。夫上下兩截之在一曲中者，前文往往有之，猶未足爲奇，若其在一句中者，則斯爲僅見，即欲不歸以才子之名，惡可得哉。

又《第三一齣〈幾言諫父〉總評》 讀《西廂》者，讀至堂前巧辯之文，未有不拍案稱快者也。讀《琵琶》者，讀至《幾言諫父》之文，亦未有不拍案稱快者也。然紅娘之對夫人，折辯衹一兩言，文妙於簡。小姐之對丞相，往復至十餘遍，文又妙於詳。夫人之聽紅娘，當下即便回嗔，文妙於速。丞相之聽小姐，一時不肯遽納，文又妙於遲。求其分毫之相似，不可得已。大約才子用筆，必使人猜不着，必不使人猜得着。以侍婢觸主母，宜其難入也，而反易從。以愛女勸親父，宜其易從也，而反難入。此其所以爲奇耳。若令東嘉於此，亦學《西廂》之簡且速，則一人順口説之，一人順口應之。此以數語了之，彼以數語悟之，將見波瀾不生，一覽而盡，又何以見才子之才哉。

又《第三五齣〈兩賢相遘〉總評》 寫五娘不寫其先見丈夫，而寫其先見牛氏，亦如寫狀元，不寫其先見五娘，而寫其先見真容也。此文心之曲也。然使狀元既見真容，告知牛氏，訪求道姑，然後道姑得入相府，先與牛氏相見，又何足爲奇乎。唯五娘之見牛氏，乃在狀元未見真容之前，斯爲曲折之至耳。且其託言抄化，不即説出尋夫，及説出尋夫，又不即説出丈夫真姓名，其曲折處更爲入妙。蓋文之幻者，詩中評詩。景之幻者，畫中看畫。想之幻者，夢中述夢。影之幻者，鏡中照鏡。今既以蔡邕影菜傭，復以祭白諧影蔡伯喈，於影之中，又添一影，幻莫幻於此矣。

又《第三七齣〈書館悲逢〉總評》 文有急接不如緩接者。將看真，先看書，將看詩，先看畫，此用緩之法也。文有順接不如逆接者。趙氏以反言試牛氏，牛氏亦以反言試伯喈，趙氏以題詩激丈夫，牛氏又以解詩激丈夫，此用逆之法也。文有層層脱卸者。因嘆文章誤我，遂撇却几上文章，起看壁間圖畫。及看着真容，遂撇却圖畫，單玩真容。因猜不出真容，便放過真容，去看標題。及見標題，却放過畫中之人，專問題詩之人。詩中兼説棄親棄妻故事，牛氏又撇下棄親之事，單辨棄妻之事，此借客引主，得主棄客之法也。文有步步跌頓者。見拾來之像，不得不認是爹娘，又不得便認是爹娘。若但寫其哀，不寫其疑，何由轉到標題。見標題之句，並不指畫中之人，偏指着看畫之人。若但寫其愧，不寫其怒，何由喚出趙氏。趙氏罵其棄妻而怒，牛氏勸其棄妻而亦怒。罵其棄妻而怒者，幾欲以棄妻自認。勸以棄妻而亦怒者，又斷不肯以棄妻自居。惟不肯以棄妻自居，而後趙氏之出愈遲，其門笥乃愈緊。牛氏之言愈左，其接縫乃愈捷。此欲合故離，因離得合之法也。文章之妙，備於此矣。問今日傳奇中，有能髣髴其一二否。

又《第三九齣〈散髮歸林〉總評》 文有不與前文相避，而故與前文相犯者。不相犯，不見文心之巧也。文有既與前文相犯，而又與前文相避者。不相避，不見文心之變也。如小姐初聞其父之招婿，嘗私語老嫗。今牛相初聞其女之奔喪，亦私問老嫗。斯則同矣。而老嫗前則不敢諫丞相，後則敢於諫丞相，是又一變。丞相前之聽女，初拒後從，今之聽女，亦初拒後從，斯則同矣。而前則拒於小姐面前，今則拒於小姐背後。前則女欲同歸，而但許其迎親，今則女欲同歸，而竟許其同歸，是又一變。至於同一强，而逼試則子强從父，奔喪則父强從女。同一別，而赴選則以一人別三人，廬墓則以三人別一人，極相類處，偏不分毫合掌。夫作文之難，非善避之難，而犯而避之之難。又非能犯之難，而以避者犯之之難。《琵琶》此篇，既能犯，又能避，欲不謂之才子之文，何可得耶。

又《第四二齣〈一門旌獎〉總評》 人謂《琵琶》之結於旌門，是以有結爲結。吾謂《琵琶》之結於旌門，猶之以無結爲結也。何也，今之傳奇，悲則極悲，歡亦極歡，離則皆離，合亦皆合，此常套也。而《琵琶》獨寫一不全之事以終篇，大異乎今之傳奇之終也。今之傳奇善必獲福，惡必蒙禍，死者必惡，生者必善，此常套也。而《琵琶》獨寫一不平之事以終篇，又大異乎今之傳奇之終也。何謂不全之事。若論團圓之樂，則連理既得重諧，高堂亦必再慶，斯爲快耳。乃趙氏不死，雖膺封誥於生前，而二親已仙，空錫綸章於身後，豈非事之不全者乎。何謂不平之事。若論報反之正，則子離親而親既亡，女別父而父亦殞，斯爲快耳。乃以久困清貧、望子成名之蔡翁，偏不得與親兒相見，以自恃富貴、奪人骨肉之牛相，反得與親女重逢，豈非事之不平者乎。嗚呼，從來人事多乖，天心難測，團圓之中，每有缺陷，報反之理，嘗致差訛，自古及今，大抵如斯矣。今人惟痛其不全，故極寫其全，惟恨其不平，故極寫其平，而東嘉則仍以不全歸之運數，以不平還之造物，故曰《琵琶》之以有結爲結，猶之以無結爲結也。

清・焦循《花部農譚》　花部中有劇，名《賽琵琶》，余最喜之。爲陳世美棄妻事。陳有父母兒女。入京赴試，登第，贅爲郡馬，遂棄其故妻，並不顧其父母，於是父母死，妻生事死葬，一如《琵琶記》之趙氏。已而挈其兒女入都，陳不以爲妻，並不以爲兒女，皆一時豔羨郡馬之貴所致。蓋既爲郡馬，則斷不容有妻有兒女也。妻在都，彈琵琶乞食，即唱其爲夫棄之事。爲王丞相所知，適陳生日，王往祝，曰：有女子善彈琵琶，當呼來爲君壽。至，則故妻也。陳彷徨，彊斥去之，乃與王相詬。王盡退其禮物，令從人送旅店與夫人、公子，陰謂其故妻曰：爾夫不便於廣衆中認爾，余當於昏夜送爾去，當納也。果以王相命，其閽人不敢拒。陳亦念故，乃終以郡主故，仍强不納。妻跪曰：妾當他去，死生唯命。兒女則君所生，乞收養之耳。陳意亦愴然動，再三思之，竟大詈，使門者搯之出。念妻在非便，即夜遣客往旅店刺殺妻及兒女。幸先知之，店主人縱之去，匿於三官堂神廟中。妻乃解衣裙覆其兒女，自縊求死。三官神救之，且授兵法焉。時西夏用兵，以軍功，妻及兒女皆得顯秩。王丞相廉知陳遣客殺妻事，甚不平，竟以陳有前妻欺君事劾之，下諸獄。適妻帥兒女以功歸，上以獄事若干件令决之。陳世美在焉，妻乃據皋比高坐堂上，陳因服縲絏至，匍匐堂下，見是其故妻，慚怍無所容。妻乃數其罪，責泳之，洋洋千餘言。說者謂：《西厢・拷紅》一齣，紅責老夫人爲大快，然未有快於《賽琵琶・女審》一齣者也。蓋《西厢》男女猥褻，爲大雅所不欲觀。此劇自三官堂以上，不啻坐凄風苦雨中，咀茶齧檗，鬱抑而氣不得申，忽聆此快，真久病頓甦，奇癢得搔，心融意暢，莫可名言，《琵琶記》無此也。然觀此劇者，須於其極可惡處，看他原有悔心。名優演此，不難摹其薄情，全在摹其追悔。當面詬王相，昏夜謀殺子女，未嘗不自恨失足。計無可出，一時之錯，遂爲終身之咎，真是古寺晨鐘，發人深省。高氏《琵琶》，未能及也。

清・陳琅《花月痕評辭》　傳奇雖小道，要是作者有許多文法，借此發洩，不理會他文法，但作詞曲看，便是買櫝還珠。今略舉數則，可窺意匠處。作文先要認題。題是《花月痕》，痕者，有影無形之謂也。男曰步月，女曰映花，明男女之緣，全是鏡花水月，認真不得。故開手著一影字，影即痕也。中間照水窺鏡，皆影邊事，夢遇畫會，皆影中緣，甚至離魂魂會，影字迷離極矣。到末册曰：影在何處，連影字亦掃去，更爲超無上乘，試看洋洋三十二折，有一字不是痕否。因説是痕，故男女二人，始終不令見面，此是作者立定主意處。於水中見，鏡中見，夢中見，畫中見，宴會中見，鏡中自照見，見亦屢矣，究竟不曾覿面相見。到杵擊後，實實相見一面，然已解脱，不是蕭霍色身矣。一部男女傳奇，卻始終不曾見面，煞是奇絕。説見面，卻不曾見面，説不見面，又不曾不見面，妙絕。男女之歡，至《重夢》、《畫會》兩折，爛漫極矣。然《重夢》折是夢中事，又是夢中聽出，又是聽不見，憑空想出。《畫會》折是畫中事，又是畫中夢見事，又是醒後追想出來。真虛之又虛，幻之又幻，文心直在縹緲峰頭矣。始終無一毫沾染，亦是作者主意處。不如此，便完不得痕字。《魂會》折可以暢敘幽歡，卻一執手便撒開，此是避俗處。且《重夢》、《畫會》折已寫，此若又寫，便恐多嚼口臭也。事是鏡花水月，文亦純是鏡花水月。或從縫中窺出，或從背後聽出，或用追思，或用逆探，或用遥想，或用淩空揣度，總無一筆呆寫，蓋古來文章妙處，全不是呆寫得也。惟《試奩》折總束上文，用大排調，似乎拈實，然意在反激下文，句句實處，正是句句虛處。羊腸九折，武彝九曲，大而黄河，小而蟻珠，無不以曲勝者，文心亦然。曲故妙曲，絕故妙絕也。一部三十二折，折折關生，折折兜鎖，合來是大曲折。一折一折，又各有無限迴環處。分開又各具小曲折，即一闋中，亦必三回四轉，絕無一句直致處，真旋磨轉輪，不足爲喻也。要曲折，莫妙於轉，愈轉則愈靈，故篇中有轉必勝。文字要有大頭腦，以慧觀色界，唤醒迷途，此是作者立身分處。文莫妙於本地風光。李卓吾云：凡人爲文，皆從外邊攻進裏去。我爲文章，只就裏面攻打出來。只自各人自有個人之事，各人題目不同，各人只就題目裏滾出去，無不妙者。作者深得此法，故替一个人説話，即用他本色語，無一字可以移掇，又前後回環入妙。文字有小處生波法，此正得《史記》妙處。鬧中拈一杏花，生出無數波折。須知不是寫杏花，正是寫人。蓋寫入須寫不盡，寫得杏花出色，則人自加倍出色，所謂冷處傳神也。文字有整齊處，有變化處，不整齊則散，不變化則板。然整齊易，變化難。傳中《重夢》與《畫會》對，《畫夢》與《題畫》對，《試奩》與《誑娶》對，《牆怨》與《憶霍》對，二離二錯，更顯然相對，皆一彼一此，相準而立，整齊極矣。然命意製局，脱换殆盡，求一毫相犯不可得，其變化又復何似，閱者須兩兩對勘，方識其妙。文妙在絶處逢生，令人猜測不出。傳中離而合，合而又離，至《釋鸞》折，則前此葛藤盡斷，只須生旦一會，便完局矣。忽轉出男離女離，舟行若窮，忽又無際，此豈復意想所及。作文託之魂夢鬼神，是力量不濟處。虚幻無憑，易於遮掩也。乃不善寫者，即實寫人事，全無真意。此則繪水欲波，畫風有聲，令人欲泣欲歌，其精實轉無以過。蓋筆不入，則真處亦幻，筆入，則幻處皆真耳。文不能動情，便是死文字，能動情，方是活文字。傳中悲痛淋漓處，不知是筆，是墨，是血，是淚。作文有專攻一路法。全部有全部題目，一折有一折題目，一闋又有一闋題目。當其寫此折，不復知有下折。寫此闋，不復知有下闋。所以，章無累句，句無累字，可謂精能之至。若可分而不可合，可合而不可分，皆非好文字。文最難是起、結。起須疾雷驟雨，結須流水桃花。傳中起處尚工拙半，結則皆峰青江上矣。線索是傳奇筋節，須要逼清，一處逗漏，全局皆散矣。傳中千奇百變，不可端倪，而線索一一分明。蓋將三十二折，打算周疊，然後下筆，非隨時鬬凑得來。傳奇最怕中間弄不來，忽生个人來扭合，令看者驀然眼生。傳於下半應用的人，早於起手伏下一筆，到應用時，便令看者皆廝熟了。至乞婆、蘇氏二人，前半借作波折，到下半卻是得力的人。不知是因下半方有前半，因前半方有下半，但覺回環入妙。《梅洩》、《釋鸞》二折，另是一種筆意。他折如江，如河，如花，如繡，此則如繁絃急管，輕脆絶倫。《男錯》折多用本色語，雅近元人。傳奇最易是末折，亦最難是末折。到此波浪已平，無可播弄，即收拾兜裹得好，亦令人可想而知。比則翻空出奇，臨了又生出峰巒無數，末着更出人意外矣。只男女互换處，舌本瀾翻，抽出無窮妙緒，虧得題目好，方有此好文字，然無此好文字，亦辜負了好題目也。末折一合即離，閱者謂是脱胎《桃花扇》，誠然。但《桃花扇》原無定要離的根原，只是一時看破。此則與《談因》折相應，不離不完，故題曰《圓影》。非圓簫、霍二人，乃圓龍華會上二人之影也。因離得合，與《桃花扇》同床異夢。

清·楊恩壽《詞餘叢話》卷二《原文》 香山《琵琶行》，不過自寫其淪落耳。《青衫記》以香山曾妮此伎，送客時始得重見，納爲篷室，命意遺辭，齷齪可鄙。苕生先生嘗客揚州，偶見是劇，遂别填《四絃秋》院本，七日而成。就本詩布局，組織香山本傳、憲宗時事，絶無添設，自具波瀾，洵足洗《青衫記》之陋。《送客》一齣，老伎口吻宛然。近日旗亭，惟此齣傳唱更夥。

〔新水令〕弄冰絃遺悶撥金釵，驚動了官船主客。招邀偏急促，梳裹欠安排。掠鬢提鞋。一面舊琵琶，遮不住洗退的桃花色。

〔折桂令〕住平康十字南街，下馬陵邊。貼翠門開，十三齡五色衣裁。試舞宜春，掌上飛來。第一所煙花錦寨，第一面風月牙牌。颭鴉鬟紫燕横釵，蹴羅裙金縷兜鞋。這朵雲不借風行，這枝花不倩人栽。

〔雁兒落帶得勝令〕老伶工梨園兩善才，小忽雷樂府雙渠帥。五陵兒同催百寶粧，錦纏頭一笑千金買。但歌成擊節碎金釵，但妝成信手添螺黛。甚冬郎媚得眼兒乖，甚秋娘妬的心兒壞。筵開，酒涴了芙蓉色，花開，香迷了荳蔻胎。

〔收江南〕算一年間歡笑一年來，把春花秋月漸丟開。可憐人福過定生災，歎從軍弟幼姨衰邁。赴黄泉死埋，葬沙場活該，只留下江湖憔悴一裙釵。

〔沽美酒帶太平令〕冶遊稀，閉緑苔。冶遊稀，閉緑苔。洗紅粧，嫁茶客。他一去浮梁不見來，守空船難耐。歡娱夢，好傷懷。把四絃收一聲裂帛，曲終時低鬟重拜。料西舫東船不解，只一片江心月白。做官人榮哉美哉，爲甚的青衫淚灑，把一箇白江州無端哭壞。

〔尾聲〕年華不改人相代，歎兒女收場一樣哀，天下不得意的人兒淚同灑。

案：伎名花退紅，亦寓言也。梁應來詩云：夜半琵琶發曼聲，青衫有客淚縱横。空江一箇商人婦，傳到而今没姓名。

藝文

明・劉鳳《劉子威雜稿》卷一《觀作劇》 挑弄參軍試作倡，雙雙小隊兩鴛鴦。盤旋舞袖郎當甚，擲倒分行宮様裝。 聽盡鬱輪袍未解，歌殘哨遍賺還長。化人安得來西極，眩惑能窮爲樂方。

明・湯顯祖《玉茗堂集・玉茗堂詩・見改竄〈牡丹〉詞者失笑》 醉漢瓊筵風味殊，通仙鐵笛海雲孤。總饒割就時人景，却愧王維舊雪圖。

清・李漁《笠翁一家言全集》卷五《予改〈琵琶〉、〈明珠〉、〈南西厢〉諸舊劇，變陳爲新，兼正其失，同人觀之，多蒙見許，因呈以詩，所云爲知者道也》 我本他山石，匪玉能玉攻。當世忌鑿枘，古人資磨礱。稍爲效一得，感曰睛點龍。但覺微翳去，青天益穹窿。我亦多撰著，瑕瑜互相蒙。焉得千載後，再生狂笠翁。一一施針砭，啟我地下聾。聖賢重三益，何必曾相逢。

又《四方諸友書來，無不訊及新制填詞者，不能盡答，二詩共之》 熱鬧場中哄水難，只宜初夢到邯鄲。近詞頗似西湖水，縱好誰人耐冷看。

白雪陽春世所嗔，滿場洗耳聽巴人。調高尤喜非春雪，冷熱同觀但未勻。

清・蔣士銓《忠雅堂詩集》卷四《中州湣烈記題詞》 斯文知女有正色，此語前賢已道之。安肯輕提南董筆，替人兒女訴相思。

清・黄周星《擬作雜劇四種》 美人才子與英雄，更著神仙四座中。演作傳奇隨意唱，柳枝風月大江東。

雜録

明・臧懋循《元曲選・序二》 今南曲盛行於世，無不人人自謂作者，而不知其去元人遠也。元以曲取士，設十有二科，而關漢卿輩争挾長技自見，至躬踐排場，面傅粉墨，以爲我家生活偶倡優而不辭者。或西晉竹林諸賢託杯酒自放之意，予不敢知。所論詩變而詞，詞變而曲，其源本出於一，而變益下，工益難，何也。詞本詩而亦取材於詩，大都妙在奪胎而止矣。曲本詞而不盡取材焉，如六經語、子史語、二藏語、稗官野乘語，無所不供其採掇，而要歸斷章取義，雅俗兼收，串合無痕，乃悦人耳。此則情詞穩稱之難。宇内貴賤妍媸、幽明離合之故，奚啻千百其狀，而填詞者必須人習其方言，事肖其本色，境無旁溢，語無外假，此則關目緊湊之難。【略】總之，曲有名家，有行家。名家者，出入樂府，文彩爛然，在淹通閎博之士，皆優爲之。行家者，隨所妝演，無不摹擬曲盡，宛若身當其處，而幾忘其事之烏有，能使人快者掀髯，憤者扼腕，悲者掩泣，羨者色飛，是惟優孟衣冠，然後可與於此。故稱曲上乘首曰當行。不然，元何必以十二科限天下士，而天下士亦何必各占一科以應之，豈非兼才之難得而行家之不易工哉。

明・王驥德《曲律》卷三《雜論第三九上》 劇戲之行與不行，良有其故。庸下優人，遇文人之作，不惟不曉，亦不易入口。村俗戲本，正與其見識不相上下。又鄙猥之曲，可令不識字人口授而得，故争相演習，以適從其便。以是知過施文彩，以供案頭之積，亦非計也。

明・馮夢龍《三會親風流夢總評》 兩夢不約而符，所以爲奇。原本生出場，便道破因夢改名，至三四折後，旦始入夢，二夢懸截，索然無味。今以改名緊隨旦夢之後，方見情緣之感。合夢一折，全部結穴於此。俗優仍用癩頭黿發科收場，削去《江頭》、《金桂》二曲，大是可恨。凡傳奇最忌支離，一貼旦而又翻小姑姑，不贅甚乎。今改春香出家，即以代小姑姑，且爲認真容張本，省却葛藤幾許。又李全原非正戲，借作線索，又添金主，不更贅乎，去之良是。生謁苗舜賓時，旦尚無恙也，途中一病，距投觀爲時幾何。而《薦亡》一折，遂以爲三年之後，遲速太不相熠，今改周年較妥。真容叫唤，一片血誠，一遇魂交，置之不問，生無解於薄情矣。《阻歡》折添《忒忒令》一曲，爲生補過，且借此懸挂真容，以便旦之隱身，全無痕迹。原本如《老夫人祭奠》，及《柳生投店》等折，詞非不佳，然折數太煩，故削去。即所改竄諸曲，盡有絶妙好辭，譬如取飽有限，雖龍肝鳳髓，不得不爲罷箸，觀者幸勿以點金成鐵而笑余也。

又《邯鄲夢總評》 玉茗堂諸作，《紫釵》、《牡丹亭》以情，《南柯》以幻，獨此因情入道，即幻悟真，閲之令凡夫濁子俱有厭薄塵埃之想，四夢中當推第一。【略】通記極苦、極樂、極癡、極醒，描摩盡興，而點綴處亦復熱鬧，關目甚緊。吾無間然。惟填詞落調及失韻處，不得不爲一竄耳。貴女安得獨處，花誥豈可偷填，招賢榜非一人可袖，千片葉非一人可刺，記中種種俱礙理，然不如此，不肖夢境。

清・黄宗羲《胡子所藏院本序》 詩降爲詞，詞降爲曲，非曲易於詞，詞易於詩也。其間各有本色，假借不得。近見爲詩者襲詞之嫵媚，爲詞者侵曲之輕佻。徒爲作家之所俘虜耳。余外舅葉六桐先生工於填詞，嘗言：語入緊要處不可着一毫脂粉，越俗越家常越警醒。若於此一恧縮打扮，便涉分該婆婆猶作新婦少年，正不入老眼也。至散白與整白不同，尤宜俗宜真，不可着一文字，與扭捏一典故事，及截多補少作整句。錦糊燈籠，玉鑲刀口，非不好看，討一毫明快，不知落在何處矣。正法眼藏似在吾越中，徐文長、史叔考、葉六桐皆是也。此外則湯義仍、梁少白、吴石渠，雖濃淡不同，要爲元人之衣鉢。張伯起、梅禹金終是肉勝於骨，顧近日之最行者，阮大鋮之偷竊，李漁之蹇乏，全以關目轉折，遮傖父之眼，不足數矣。

虛實

論説

明・謝肇淛《五雜俎》 凡爲小説及雜劇、戲文，須是虛實相半，方爲遊戲三昧之筆。亦要情景造極而止，不必問其有無也。古今小説家，如《西京雜記》、《飛燕外傳》、《天寶遺事》諸書，《虬髯》、《紅線》、《隱孃》、《白猿》諸傳，雜劇家如《琵琶》、《西厢》、《荆釵》、《蒙正》等詞，豈必真有是事哉。近來作小説，稍涉怪誕，人便笑其不經，而新出雜劇，若《浣紗》、《青衫》、《義乳》、《孤兒》等作，必事事考之正史，年月不合，姓字不同，不敢作也。如此則看史傳足矣，何名爲戲。

又 戲與夢同。離合悲歡，非真情也。富貴貧賤，非真境也。人世轉眼，亦猶是也。而愚人得吉夢則喜，得凶夢則憂。遇苦楚之戲，則愀然變容。遇榮盛之戲，則歡然嘻笑。總之，不脱處世見解耳。近來文人，好以史傳合之雜劇，而辨其謬訛，此正是癡人前説夢也。

明・周之標《吴歈萃雅・又題辭》 余謂時曲，而惟取其情真境，則凡真者盡可採，不問戲曲、時曲也。時曲者，無是事有是情，而詞人曲摩之者也。戲曲者，有是情且有是事，而詞人曲肖之者也。有是情，則不論生旦丑净，須各按情，情到而一折便盡其情矣。有是事，則不論悲歡離合，須各按事，事合而一折便了其事矣。自古忠臣之忠，烈士之烈，義士之義，節婦之節，以至於佞臣之口，讒人之舌，昏主之喪國，蕩子之喪家，冶婦之喪節，何一不具，何一不真，令觀之者忽而眦盡裂，忽而頤盡解，又忽而若醉若狂，又忽而若醒若悟，曷故哉，真故也。余嘗謂戲場面目，差足代涕笑一二者是也。然則《詩》三百篇，褒美刺惡，勸懲凜然，何獨傳奇而不然，又何獨傳奇之一二折而不然，睹茲編也，如讀全本矣。遂令與時曲並付棗氏。

明・王驥德《曲律》卷三《雜論第三九上》 古戲不論事實，亦不論理之有無可否，於古人事多損益緣飾爲之，然尚存梗概。後稍就實，多本古史傳雜説，略施丹堊，不欲脱空杜撰。邇始有捏造無影響之事，以欺婦人小兒者，然類皆優人及里巷小人所爲，大雅之士，亦不屑也。

又 劇戲之道，出之貴實，而用之貴虛。《明珠》、《浣紗》、《紅拂》、《玉合》，以實而用實者也。《還魂》、二夢，以虛而用實者也。以實而用實也易，以虛而用實也難。

清・李漁《閒情偶寄》卷一《詞曲部・結構第一・審虛實》 傳奇所用之事，或古或今，有虛有實，隨人拈取。古者書籍所載，古人現成之事也。今者耳目傳聞，當時僅見之事也。實者就事敷陳，不假造作，有根有據之謂也。虛者空中樓閣，隨意構成，無影無形之謂也。人謂古事多實，近事多虛。予曰不然，傳奇無實，大半皆寓言耳。欲勸人爲孝，則舉一孝子出名，但有一行可紀，則不必盡有其事，凡屬孝親所應有者，悉取而加之，亦猶紂之不善不如是之甚也。一居下流，天下之惡皆歸焉。其餘表忠、表節，與種種勸人爲善之劇，率同於此。若謂古事皆實，則《西厢》、《琵琶》，推爲曲中之祖，鶯鶯果嫁君瑞乎。蔡邕之餓莩其親，五娘之幹蠱其夫，見於何書，果有實據乎。孟子云：盡信書不如無書。蓋指武成而言也，經史且然，矧雜劇乎。凡閲傳奇而必考其事從何來、人居何地者，皆説夢之癡，人可以不答者也。然作者秉筆，又不宜盡作是觀。若紀目前之事，無所考究，則非特事跡可以幻生，並其人之姓名，亦可以憑空捏造，是謂虚則虚到底也。若用往事爲題，以一古人出名，則滿場脚色，皆用古人，捏一姓名不得。其人所行之事，又必本於載籍，班班可考，創一事實不得。非用古人姓字爲難，使與滿場脚色同時共事之爲難也。非查古人事實爲難，使與本等情由貫串合一之爲難也。予既謂傳奇無實，大半寓言，何以又云姓名事實，必須有本。要知古人填古事易，今人填古事難。古人填古事，猶之今人填今事，非其不慮人，考無可考也。傳至於今，則其人其事，觀者爛熟於胸中，欺之不得，罔之不能，所以必求可據，是謂實則實到底也。若用一二古人作主，因無陪客，幻設姓名以代之，則虚不似虚，實不成實，詞家之醜態也，切忌犯之。

清・孔尚任《桃花扇・凡例》 朝政得失，文人聚散，皆確考時地，全無假借。至於兒女鍾情，賓客解嘲，雖稍有點染，亦非烏有子虚之比。

藝文

清・趙翼《甌北詩鈔》七言古四《戲本所演八仙不知起於何時，按王氏〈續文獻通考〉及胡氏〈筆叢〉俱有辨論，則前明已有之，蓋演自元時也》 何人學作王老志，劾召鬼神示遊戲。把他多少古仙人，亂點鴛鴦集冠帔。韓湘張果吕洞賓，此外載籍無其人。由來化城本荒幻，何必捫籥求其真。

又絶句二《揚州觀劇》 故事何須出史編，無稽小説易喧闐。武松打虎崑崙犬，直與關張一樣傳。

清・楊芳燦《真率齋初稿》卷五《消夏偶檢填詞數十種，漫題斷句，仿元遺山論詩體》 紈扇桃花血未乾，哀絲急管集悲歡。世人莫笑雕蟲伎，當作南朝野史看。

清・凌廷堪《校禮堂詩集》卷三《論曲絶句》 仲宣忽作中郎婿，裴度曾爲白相翁。若使硜硜征史傳，元人格律逐飛蓬。

又 博望燒屯亮葛才，隔江鬥智玳宴開。至今委巷談三國，都自元人曲子來。

又 是真是戲妄參詳，撼樹蚍蜉不自量。信否東都包待制，金牌智斬魯齋郎。

又 弇州碧管傳鳴鳳，少白烏絲述浣紗。事必求真文必麗，誤將剪綵當春花。

清・尚鎔《持雅堂詩集》卷一《觀劇五古》 莊列愛荒唐，寓言著十九。傳奇祖其意，顛倒賢與否。蔡邕孝廉人，琵琶遭擊掊。藉以諷王四，於義猶有取。俗人不知書，逞臆造烏有。桓桓張士貴，功出仁貴右。無端目爲奸，毅魄遂含垢。楊業雖健將，潘美亦其偶。不制王侁兵，天馬變家狗。勸懲義何在，妖言惑黔首。

雜録

明・胡應麟《少室山房筆叢》辛部《莊嶽委談下・戲文非實》 凡傳奇以戲文爲稱也，亡往而非戲也，故其事欲謬悠而亡根也，其名欲顛倒而亡實也。反是而求其當焉，非戲也。故曲欲熟而命以生也，婦宜夜而命以旦也，開場始事而命以末也，塗汙不潔而命以浄也。凡此咸以顛倒其名也。中郎之耳順而壻卓也，相國之絶交而娶崔也，《荆釵》之詭而夫也，《香囊》之幻而弟也。凡此咸以謬悠其事也，繇勝國而迄國初一轍。近爲傳奇者若良史焉，古意微矣。

明・湯顯祖《玉茗堂批評異夢記》 從來劇園中説夢者，始於《西廂・草橋》。《草橋》，夢之實者也。今世復有《牡丹亭》，《牡丹亭》，夢之幽者也。復有《南柯》、《黄粱》，《南柯》、《黄粱》，夢之大者也。復有《西樓・錯夢》，《錯夢》，夢之似幻實真、似奇實確者也。然而總未異也。既曰夢，則無不奇幻，何異之足云。若此傳之環珮詩箋，醒時俱燦然在手，斯足異矣。事出《豔異編》，兹經作者叙次點綴，實妙有化工。雖張曳白拾環冒親，頗似釵釧，然境界又覺一新。曳白復向博平求配，似屬重贅。而有吴學士復送雲容於范夫人處，李中丞復向范夫人説瓊瓊親事，遂覺關目交錯，情致紆回，而妙在千絲一縷，毫無零亂之病。至後又有《入宮》一折，如山盡處，轉一坡巒，正與輦真選女照應。又有雲容俠烈，雖愈出愈奇，不覺其多也。《花月外史》曰：曳白之頑鈍無恥，獸心賊行，無論矣。獨王生之目，其眸子安往，而與此等人交契，即欲資其路費，亦何至傾心吐膽於其前。且甸環及夢中詩句，乃鴛鴦牒也，宜剖腹藏之，緘唇毖之。即遇古押衙，亦可以容徐告，何疏虞之若是，其縲絏之禍，蓋自取之也，我所不取者，其王生乎。若雲容之貞烈，瓊瓊之賢淑，范夫人之慈愛，吴學士之惻隱，李中丞之氣誼，種種使人動心豁目，則他傳之扭捏舊事，杜撰無出者，皆不足觀矣。是爲評。

作詞

論説

元・周德清《中原音韻・正語作詞起例・作詞十法・造語》 可作樂府語，經史語，天下通語。未造其語，先立其意。語意俱高爲上。短章辭既簡，意欲盡。長篇要腰腹飽滿，首尾相救。造語必俊，用字必熟。太文則迂，不文則俗。文而不文，俗而不俗，要聳觀，又聳聽，格調高，音律好，襯字無，平仄穩。不可作俗語、蠻語、謔語、嗑語、市語、方語、各處鄉談也。書生語、書之紙上，詳解方曉，歌則莫知所云。譏誚語、諷刺，古有之。不可直述，託一景，託一物可也。全句語、短章樂府，務頭上不可多用全句，還是自立一家言語爲上。全句語者，惟傳奇中務頭上用此法耳。拘肆語、不必要上紙，但只要好聽，俗語、謔語、市語皆可。前輩云，街市小令唱尖新茜意，成文章曰樂府是也。樂府小令兩途，樂府語可入小令，小令語不可入樂府。張打油語。吉安龍泉縣泳湙米倉，有于志能號無心者，欲縣官利塞其口，作《水仙子》示人，自謂得意，末句云：早難道水米無交。觀其全集，自名之曰樂府，悉皆此類。士大夫評之曰：此乃張打油乞化出門語也，敢曰樂府。作者當以爲戒。

又《語病》 如達不着主母機，有答之曰：燒公鴨亦可。似此之類，切忌。語澁，句生硬而平仄不好。語粗，無細膩俊美之言。語嫩，謂其言太弱，既庸且腐，又不切當，鄙猥小家而無大氣象也。

又《用事》 明事隱使，隱事明使。

又《務頭》 要知某調、某句、某字是務頭，可施俊語於其上，後註於定格各調内。

又《對耦》 逢雙必對，自然之理，人皆知之。扇面對，《調笑令》、第四句對第六句，第五句對第七句。《駐馬聽》。起四句是也。重疊對，《鬼三臺》。第一句對第二句，第四句對第五句，第一、第二、第三句，却對第四、第五、第六句是也。救尾對，《紅繡鞋》、第四句、第五句、第六句爲三對。《寨兒令》。第九句、第十句、第十一句爲三對。二調若是末句稍弱，即以此法救之。

元・陶宗儀《南村輟耕録》卷八 喬孟符吉，博學多能，以樂府稱。嘗云：作樂府亦有法，曰鳳頭，猪肚，豹尾六字是也。大科起要美麗，中要浩蕩，結要響亮。尤貴在首尾貫穿，意思清新。苟能若是，斯可以言樂府矣。此所謂樂府，乃今樂府，如《折桂令》、《水仙子》之類。

元・顧瑛《製曲十六觀》 古之樂章、樂府、樂歌、樂曲，皆出於雅正。粤自隋唐以來，聲詩間爲長短句。至唐人則有《尊前》、《花間集》。迄於崇寧，周美成諸家，討論古音，審之古調。淪落之後，少得存者。由此八十四調之聲稍傳，即諸家後增演慢曲引近，或移宫换羽，爲三犯、四犯之曲，按月令爲之，其曲遂繁。求其可歌可誦者，指不多屈。間惟秦少遊、高竹屋、姜白石、史邦卿、吴夢窗數家格調不凡，句法挺異，俱能特立清新之意，删削靡蔓之詞，自成一家，各名於世。作者能取諸人之所長，去其所短，精加鍛煉，像而爲之，豈不能與美成輩争雄長哉。余疏陋譾才，生平好爲詞曲，僭述管見，仿《十六觀》以列次於左，知音者願同商之。

製曲看是甚題目，先擇曲名，然後命意。命意既了，思其頭何如起，尾何如結，方後選韻，而後述曲。最是過變不要斷了曲意，須要承上接下。如姜白石詞云：曲曲屏山，夜凉獨自甚情緒。於過變則云：西窗又吟暗雨。此則曲意不斷。製曲者當作此觀。

曲中須要精煉句法，於好發揮筆力處，極要用工，不可輕放過，相答襯副便了。如東坡詞云：似花還似非花，也無人惜從教墜。又云：春色三分，二分塵土，一分流水。如美成《風流子》云：鳳幄繡幃深幾許，聽得理絲簧。如史邦卿《春雨》云：臨斷岸新緑生時，是落紅帶愁流處。如吴夢窗《登靈岩》云：連呼酒，上琹臺去，秋與雲平。《閏九重》云：簾半卷，帶黄花人在小樓。姜白石《揚州慢》云：二十四橋仍在，波心蕩，冷月無聲。此皆平易中有句法。製曲者當作此觀。

句法中有字面，若遇中有生硬字用不得，須是深加鍛煉，字字敲打得響，歌誦妥溜，方爲本色語。如賀方回、吴夢窗皆善於煉字面者，多於李長吉、温庭筠詩中來。製曲者當作此觀。

曲與詩不同。曲之句語，有兩字，有三字、四字至七八字者。若惟疊實字，讀之且不通，況付雪兒乎。合用虚字呼唤。一字如正、但之類，兩字如莫是、又還之類，三字如更能消、最無端之類。此等虚字，却要用之得其所，若用非宜，自語自話，觀者寧無掩卷之誚。製曲者當作此觀。

曲要清空，不可質實。清空則古雅峭拔，質實則凝澀晦昧。姜白石如野雲孤飛，去留無迹。吴夢窗如七寶樓台，眩人眼目，折碎下來，不成片段。此清空質實之説。又如《聲聲慢》云：檀欒金碧，婀娜蓬萊，浮雲不蘸芳洲。前八字恐亦大澀。如《唐多令》云：何處合成愁，離人心上秋，縱芭蕉不雨也颼颼。都道晚風凉天氣好，明日怕登樓。把前事夢中休，花開煙水流，燕辭歸尚淹留。垂柳不縈裙帶住，漫長是，繫行舟。此曲疏快不質實，恨不多見。白石如《疏影》、《暗香》、《揚州慢》、《一萼紅》、《琵琶仙》、《探春》、《春八歸》、《淡黄柳》等曲，不惟清虚，又且騷雅。製曲者當作此觀。

曲以意爲主，要不蹈襲前人語。如東坡《中秋・水調歌頭》云：明月幾時有，把酒問青天。《夏夜・洞仙歌》云：冰肌玉骨，自清凉無汗。王荆公《金陵・桂枝香》：候館吟秋，離宫吊月，别有傷心無數。幽歡慢與，笑離落呼燈世間兒女，寫入素絲，一聲聲更苦。皆全章精粹。所詠暸然在目，且不留滯於物。作者必在心傳，傳以心會意。有誤入處，然須跳出窠臼外，時加新意，自成一家。若屋下架屋，則爲人之臣僕矣。製曲者當作此觀。

曲之難於令，猶詩之難於絶。不過十數句，一句一字閒不得。末句最當留心，有有餘不盡之意。如陳簡齋杏花疏影裏，吹笛到天明之句，乃自然而然。大抵前輩不留意於此，有一兩曲膾炙人口，餘多鄰乎率易。近或有用力於此者，倘以爲專門之學，亦詞家之射雕手。製曲者當作此觀。

曲之語句，太寬則容易，太工則苦澀。如起頭八字相對，中間八字相對，却須用工着一字眼，如詩眼一同。若八字既工，下句便合少寬，庶不窒塞，莫太寬易。又着一句工致者，便精粹。製曲者當作此觀。

曲欲雅而正。志之所之，一爲物所役，則失其雅正之音。耆卿輩不必論，雖美成亦有所不免。如爲伊淚落，如最苦夢魂，今宵不到伊行，如天便教人霎時厮見何妨，又如伊尋消問息，瘦損容光，如許多煩惱，只爲當時一餉留情，所謂淳樸舊變如澆風矣。製曲者當作此觀。

曲中用事最難，要緊着題，融化不澀。如東坡《永遇樂》云：燕子樓空，佳人何在，空鎖樓中燕。用張建封事。白石《疏影》云：猶記深宫舊事，那人正睡裏，飛近娥緑。用壽陽事。又云：昭君不慣胡沙遠，但暗江南江北。想佩環月下飛來，化作此花幽獨。用少陵詩。此皆用事不爲所使。製曲者當作此觀。

詩難於詠物，曲爲尤難。體認稍真，則拘而不暢。摹寫差遠，則晦而不明。要須收縱聯密，用事合題，一段意思全在結尾。如史邦卿《東風第一枝・詠春雪》云：巧剪蘭心，偷粘草甲。《春雨》云：做冷欺花，將煙困柳，千里偷催春暮。盡日冥迷，愁裏欲飛還住。驚粉重蝶宿西園，喜泥潤燕歸南浦。最妨他佳約風流，鈿車不至杜陵路。沈沈江上望極，還被春潮晚急，難尋官渡。隱約遥峰，和淚謝娘眉嫵。臨斷岸新緑生時，是落紅帶愁流處。記當日門掩梨花，剪燈深夜語。《雙雙燕・詠題》云：過春社了，度簾幕中間，去年塵冷。皆清空中有意思。製曲者當作此觀。

曲不可强和人韻，【略】製曲者當作此觀。

簸風弄月，陶寫性情，曲婉於詩。蓋聲出鶯吭燕舌之間，稍近乎情可也。若鄰乎鄭衛，與纏令何異焉。如陸雪窗《瑞鶴仙》云：臉霞紅印枕，睡起來，冠兒猶是不整。屏間麝煤冷，但眉山壓翠，淚珠彈粉，堂深晝永。燕交飛，風簾露井。悵無人與説相思，近日帶圍寬盡。重省，殘燈朱幌，淡月疏星，那時風景。陽台路遠，雲雨便無準。待歸來，先指花梢教看，却把心期細問。因循過了青春，怎生意穩。辛稼軒《祝英台近》云：寶釵分，桃葉渡，楊柳暗南浦。怕上層樓，十日九風雨。斷腸片片飛紅，都無人管，憑誰勸啼鶯聲住。在鬢邊覷，試把花卜歸期，才簪又重數。羅帳燈昏，哽咽夢中語。是他春帶愁來，春歸何處，却不解帶將愁去。皆景中帶情，而存騷雅。故晏酣之樂，別離之愁，回文題葉之思，峴首西湖之感，一寓於曲。若能屏去浮豔，樂而不淫，是亦漢魏之遺。製曲者當作此觀。

曲中詠節序者，不惟不少，概見類皆塵腐，不過爲時納佑之作。所謂清明折桐花爛漫，端午梅霖乍歇，七夕炎光謝，若律以詞家調度，則皆未然。豈如美成《解語花·詠元夕》：風銷燄蠟，露浥烘爐，花市燈相射。桂花流月纖雲散，耿耿素娥欲下。衣裳淡雅，看楚女纖腰一把。簫鼓喧闐，人影參差，滿路風飄麝。史邦卿《東風第一枝·賦立春》云：草脚愁回，花心夢醒，鞭香拂散牛土。舊歌空憶朱簾，翠筆倦題緑户。畫鷄貼燕，想立斷東風來處。暗想一掬相思，亂藏翠盤紅樓。今夜覓夢池秀句，明日動探花芳緒。寄聲沽酒人家，款約戲遊伴侶。憐他梅柳，怎忍潤天街酥雨。待過了一月燈期，醉扶歸去。《黃鍾調·喜遷鶯·賦燈夕》云：月波疑滴，碧玉壺天近，了無塵隔。翠眼圈花，冰綜織練，黃道寶光相，自憐詩酒瘦，難應接許多春色。最無賴，隨香燭，曾伴狂客，蹤迹謾計約。老了杜郎，忍聽東風笛。柳院燈疏，梅廳雪在，誰與細傾春碧。舊情未定，猶自學當年遊歷。怕萬一，誤玉人夜寒簾隙。如此詞不獨精粹，又且見時景之感家宴。如李易安《永遇樂》云：不如向簾兒下，聽人笑語。此亦不惡。而以俚詞歌於坐花醉月之際，似乎擊缶韶外，良可歎也。製曲者當作此觀。

曲中最難離情。情至於離，則哀怨必至，苟能調感愴於融會中，斯爲得矣。白石《琵琶仙》云：收槳來時，有人似舊曲桃根桃葉。歌扇輕約飛花，蛾眉正愁絶。春漸遠汀洲白緑，更添了幾聲啼鴂。十里揚州，三生杜牧，前事休説。又還是宫燭分煙，奈愁裏匆匆换時節。都把一襟芳思，與空階榆莢。千萬縷藏鴉細柳，爲玉尊起舞回雪。想西出陽關，故人初别。秦少遊《八六子》云：倚危亭，恨如芳草，凄凄剗盡還生。念柳外青驄别後，水邊紅袂分時，愴然暗驚。無端天與娉婷，夜月一簾幽夢，春風十里柔情。怎奈向歡娱漸隨流水，素弦聲斷。翠綃香減，那堪片片飛花弄晚。濛濛殘雨籠晴，正消凝，黃鸝又啼數聲。離情必如此，乃爲情景交煉，得意言外。製曲者當作此觀。

明·朱權《太和正音譜·樂府體式》 丹邱體，豪放不羈。宗匠體，詞林老作之詞。黃冠體，神遊廣漠，寄情太虚，有飡霞服日之思，名曰道情。承安體，華觀偉麗，過於洪樂。承安，金章宗正朔。盛元體，快然有雍熙之治，字句皆無忌憚。又曰不諱體。江東體，端謹嚴密。西江體，文采煥然，風流儒雅。東吴體，清麗華巧，浮而且豔。淮南體，氣勁趣高。玉堂體，公平正大。草堂體，志在泉石。楚江體，屈抑不伸，攄衷訴志。香奩體，裙裾脂粉。騷人體，嘲譏戲謔。俳優體，詭喻婬虐。即婬詞。

又《對式》 合璧對，兩句對者是。連璧對，四句對者是。鼎足對，三句對者是。俗呼爲三鎗。聯珠對，句多相對者是。隔句對，長短句對者是。鸞鳳和鳴對，首尾相對。如《叨叨令》所對者是也。燕逐飛花對。三句對作一句者是。疊句，重用兩句者是。如《晝夜樂》、《停驂停驂》是也。疊字。重疊字者是也。《醉春風》第四句是。

又 凡作樂府，古人云：有文章者謂之樂府，如無文飾者，謂之俚歌，不可與樂府共論也。

明·李開先《詞謔》《中原音韻·作詞十法》：造語不可作張打油語，士夫不知所謂，多有問予者。乃汴之行省掾一參知政事，廳後作一粉壁。雪中陞廳，見有題詩於壁上者：六出飄飄降九霄，街前街後盡瓊瑤。有朝一日天晴了，使掃箒的使掃箒，使鍬的使鍬。參政大怒曰：何人大膽，敢汚吾壁。左右以張打油對。簇擁至前，答以某雖不才，素頗知詩，豈至如此亂道，如不信，試别命一題如何。時南陽被圍，請禁兵出救，即以爲題。打油應聲曰：天兵百萬下南陽。參政曰：有氣概，壁上定非汝作。急令成下三句，云：也無援救也無糧。有朝一日城破了，哭爺的哭爺，哭娘的哭娘。依然前作腔範。參政大笑而捨之，以是遠邇聞名。詩詞但涉鄙俗者，謂之張打油語，用以垂戒。

又 世稱詩頭曲尾，又稱豹尾，必須急併響亮，含有餘不盡之意。作詞者安得豹尾，滿目皆狗尾耳。況所續者又非貂耶。古之詩人無算，而起句高者，可屈指數也。六朝人稱謝朓工於發端，如大江流日夜，客心悲未央，楊升菴稱其雄壓千古。又謂《三體詩選》取酒渴愛江清，餘酣漱晚汀，又江天清更愁，風柳入江樓。句工而氣衰颯。惟柳惲汀洲采白蘋，日落江南春，吴均咸陽春草芳，秦帝捲衣裳，又春從何處來，拂水復驚梅，梁元帝山高巫峽長，垂柳復垂楊，晉陶潛結廬在人境，而無車馬喧，謝靈運莫辨洪波極，誰知大壑東，唐蘇頲北風吹早雁，日日渡河飛，張柬之淮南有小山，嬴女隱其間，王維風勁角弓鳴，將軍獵渭城，又積水不可極，安知滄海東，杜子美將軍膽氣雄，臂懸兩角弓，孟浩然八月湖水平，涵虚混太清，可並謝作。近唐荆川自謂：吾詩每起處多不著迹，陳後岡便有兩句沾帶。觀其作，如《寓居城西寺》緇塵坐自染，白社偶相尋，《分祀孔廟》後聖禮先師，斯文今在兹等句，誠不愧其言。而後岡《送人中舉歸》，有日下藉聲名，雲間别陸生，《江夜别兄》暢飲適不醉，强懽翻慘神，《春日渡漢陽》春風淡微雨，了了見前川，亦豈病於沾滯者。詩人多而好句尚少，詞尾不尤爲難事耶。據所見併平日拙作交録之。所見則竢法眼，而拙作只可入肉眼耳。

又 元人曲，如紅塵不向門前惹，緑樹偏宜屋角遮。青山正補牆東缺。枯藤老樹昏鴉，小橋流水人家。古道西風瘦馬，夕陽西下，斷腸人在天涯。景中雅語也。池中星玉盤，亂灑水晶丸。松梢月蒼龍，捧出軒轅鏡。紅葉落火龍褪甲，蒼松蟠怪蟒張牙。水面雲山，山上樓臺。山水相連，樓臺上下，天地安排。景中壯語也。仙翁何處煉丹砂，一縷白雲下。客去齋餘，人來茶罷。歎浮生，數落花。楚家，漢家，做了漁樵話。黄蘆岸白蘋渡口，緑楊堤紅蓼灘頭。雖無刎頸交，頗有忘機友。點秋江白鷺沙鷗，傲殺人間萬户侯，不識字烟波釣叟。意中爽語也。十二玉欄天外倚，望中原，思故國。感慨傷悲，一片鄉心碎。情中快語也。笑撚花枝比較春，輸與海棠三四分。再偷匀，一半兒胭脂，一半兒粉。情中冶語也。參旗動，斗柄挪，爲多情攬下風流禍。眉攢翠蛾，裙拖絳羅，襪冷凌波。耽驚怕萬千般，得受用些兒個。側耳聽門前去馬，和淚看簾外飛花。怕黄昏不覺又黄昏，不銷魂怎地不銷魂。新啼痕間舊啼痕，斷腸人送斷腸人。春將去，人未還，這其間，殃及殺愁眉淚眼。把團圓夢兒生喚起。誰，不做美，呸，却是你。情中悄語也。怨青春，捱白晝，怕黄昏。一聲梧葉一聲秋，一點芭蕉一點愁，三更歸夢三更後。情中緊語也。五眼鷄丹山鳴鳳，兩頭蛇南陽卧龍，三脚貓渭水非熊。糟醃兩個功名字，醅淹千古興亡事，囯埋萬丈虹霓志。不達時皆笑屈原非，但知音便説陶潛是。諢中奇語也。搊殺銀箏韻不真，揉癢天生鈍。縱有相思淚痕，索把拳頭揾。諢中巧語也。

明・徐渭《南詞叙録》 以時文爲南曲，元末、國初未有也，其弊起於《香囊記》。《香囊》乃宜興老生員邵文明作，習《詩經》，專學杜詩，遂以二書語句匀入曲中，賓白亦是文語，又好用故事作對子，最爲害事。夫曲本取於感發人心，歌之使奴童婦女皆喻，乃爲得體。經、子之談，以之爲詩且不可，况此等耶。直以才情欠少，未免輳補成篇。吾意與其文而晦，曷若俗而鄙之易曉也。

又 填詞如作唐詩，文既不可，俗又不可，自有一種妙處，要在人領解妙悟，未可言傳。名士中有作者，爲予誦之，予曰：齊、梁長短句詩，非曲子。何也，其詞麗而晦。

又 最喜用事當家，最忌用事重沓及不著題。枝山《燕曲》云：蘇小道：伊不管流年，把春色銜將去了，却飛入昭陽姓趙。兩事相聯，殊不覺其重複，此豈尋常所及。末趙字，非靈丹在握，未易鎔液，予竊愛而效之，《宫詞》云：羅浮少個人兒趙，恨不及也。

又 晚唐五代，填詞最高，宋人不及。何也，詞須淺近，晚唐詩文最淺，鄰於詞調，故臻上品。宋人開口便學杜詩，格高氣粗，出語便自生硬，終是不合格，其間若淮海、耆卿、叔原輩，一二語入唐者有之，通篇則無有。元人學唐詩，亦淺近婉媚，去詞不甚遠，故曲子絶妙。《四朝元》、《祝英臺》之在《琵琶》者，唐人語也，使杜子撰一句曲，不可用，况用其語乎。

又 《香囊》如教坊雷大使舞，終非本色，然有一二套可取者，以其人博記，又得錢西清、杭道卿諸子幫貼，未至瀾倒。至於效顰《香囊》而作者，一味孜孜汲汲，無一句非前場語，無一處無故事，無復毛髮宋、元之舊。三吴俗子，以爲文雅，翕然以教其奴婢，遂至盛行。南戲之厄，莫甚於今。

又《徐文長佚草・西厢序》 世事莫不有本色，有相色。本色猶俗言正身也，相色替身也。替身者，即書評中婢作夫人，終覺羞澀之謂也。婢作夫人者，欲塗成主母，而多插帶，反掩其素之謂也。故余於此本中賤相色，貴本色。

又《題〈崑崙奴〉雜劇後》 語入要緊處，不可着一毫脂粉，越俗越家常，越警醒，此才是好水碓，不雜一毫糠衣，真本色。【略】至散白，與整白不同，尤宜俗宜真，不可着一文字與扭捏一典故事，及截多補少，促作整句。錦糊燈籠，玉鑲刀口，非不好看，討一毫明快，不知落在何處矣。此皆本色不足，仗此小做作以媚人，而不知誤入野狐作嬌冶也。

又 凡語入緊要處，略着文采，自謂動人，不知減却多少悲歡。此是本色不足者乃有此病，乃如梅叔造詣，不宜隨衆趨逐也。點鐵成金者，越俗越雅，越淡薄越滋味，越不扭捏動人越自動人。務濃鬱者，如鸞雜牲而炙以蔗漿，非不甘旨，却頭頭不切當，不痛快，便須報一食單。

明・何良俊《四友齋叢説》卷三七 《拜月亭》是元人施君美所撰。

【略】余謂其高出於《琵琶記》遠甚。蓋其才藻雖不及高，然終是當行。其拜新月二折，乃檃栝關漢卿雜劇語。他如《走雨》、《錯認》、《上路》、館驛中相逢數折，彼此問答，皆不須賓白，而叙説情事，宛轉詳盡，全不費詞，可謂妙絶。

明・湯顯祖《玉茗堂集・玉茗堂尺牘・答孫俟居》 兄以二夢破夢，夢竟得破耶。兒女之夢難除，尼父所以拜嘉魚，大人所以占維熊也，更爲兄向南海大士祝之。曲譜諸刻，其論良快。久玩之，要非大了者。莊子云：彼烏知禮意。此亦安知曲意哉。其辨各曲落韻處，粗亦易了。周伯琦作《中原韻》，而伯琦於伯輝、致遠中無詞名。沈伯時指樂府迷，而伯時於花庵、玉林間非詞手。詞之爲詞，九調四聲而已哉。且所引腔證，不云未知出何調，犯何調，則云又一體，又一體，彼所引曲未滿十，然已如是，復何能縱觀而定其字句音韻耶。弟在此自謂知曲意者，筆懶韻落，時時有之，正不妨拗折天下人嗓子。兄達者，能信此乎。何時握兄手，聽海潮音，如雷破山，砉然而笑也。

又《答吕姜山》 寄吴中曲論良是。唱曲當知，作曲不盡當知也，此語大可軒渠。凡文以意、趣、神、色爲主，四者到時，或有麗詞俊音可用。爾時能一一顧九宫四聲否。如必按字摸聲，即有窒滯迸拽之苦，恐不能成句矣。弟雖郡住，一歲不再謁有司。異地同心，惟與兒輩時作磻溪之想。

又《答凌初成》 不佞生非吴越通，智意短陋，加以舉業之耗，道學之牽，不得一意横絶流暢於文賦律吕之事。獨以單慧涉獵，妄意誦記操作。層積有窺，如暗中索路，闖入堂序，忽然霤光得自轉折，始知上自葛天，下至胡元，皆是歌曲。曲者，句字轉聲而已。葛天短而胡元長，時勢使然。總之，偶方奇圓，節數隨異。四六之言，二字而節，五言三，七言四，歌詩者自然而然。乃至唱曲，三言四言，一字一節，故爲緩音，以舒上下長句，使然而自然也。獨想休文聲病浮切，發乎曠聰，伯琦四聲無入，通乎朔響。安詩填詞，率履無越。不佞少而習之，衰而未融。乃辱足下流賞，重以大制五種，緩隱濃淡，大合家門。至於才情，爛熳陸離，歎時道古，可笑可悲，定時名手。不佞《牡丹亭》記，大受吕玉繩改竄，云便吴歌。不佞啞然笑曰，昔有人嫌摩詰之冬景芭蕉，割蕉加梅，冬則冬矣，然非王摩詰冬景也。其中駘蕩淫夷，轉在筆墨之外耳。若夫北地之於文，猶新都之於曲。餘子何道哉。

又《與宜伶羅章二》 章二等安否，近來生理何如。《牡丹亭記》，要依我原本，其吕家改的，切不可從。雖是增減一二字以便俗唱，却與我原做的意趣大不同了。往人家搬演，俱宜守分，莫因人家愛我的戲，便過求他酒食錢物。如今世事總難認真，而況戲乎。若認真，並酒食錢物也不可久。我平生只爲認真，所以做官做家，都不起耳。《廟記》可覓好手鐫之。

明・沈德符《萬曆野獲編》卷二五《拜月亭》 何元朗謂《拜月亭》勝《琵琶記》，而王弇州力争以爲不然，此是王識見未到處。《琵琶》無論襲舊太多，與《西廂》同病，且其曲無一句可入絃索者。《拜月》則字字穩帖，與彈搊膠黏，蓋南詞全本可上絃索者惟此耳。至於《走雨》、《錯認》、《拜月》諸折，俱問答往來，不用賓白，固爲高手。即旦兒髻雲堆小曲，模擬閨秀嬌憨情態，活脱逼真，《琵琶・咽糠》、《描真》亦佳，終不及也。向曾與王房仲談此曲，渠亦謂乃翁持論未確，且云：不特别詞之佳，即如聶古、陀滿争遷都，俱是兩人胸臆見解，絶無奏疏套子，亦非今人所解。余深服其言。若《西厢》，才華富贍，北詞大本未有能繼之者，終是肉勝於骨，所以讓《拜月》一頭地。元人以鄭、馬、關、白爲四大家而不及王實甫，有以也。《拜月亭》後小半已爲俗工删改，非復舊本矣，今細閲拜新月以後，無一詞可入選者，便知此語非謬。

明・王驥德《曲律》卷二《論須讀書第一三》 詞曲雖小道哉，然非多讀書，以博其見聞，發其旨趣，終非大雅。須自《國風》、《離騷》、古樂府及漢、魏、六朝、三唐諸詩，下迨《花間》、《草堂》諸詞，金、元雜劇諸曲，又至古今諸部類書，俱博蒐精採，蓄之胸中。於抽毫時，掇取其神情標韻，寫之律吕，令聲樂自肥腸滿腦中流出，自然縱横該洽，與勦襲口耳者不同。勝國諸賢，及實甫、則誠輩，皆讀書人，其下筆有許多典故，許多好語襯副，所以其製作千古不磨。至賣弄學問，堆垛陳腐，以嚇三家村人，又是種種惡道。古云：作詩原是讀書人，不用書中一箇字。吾於詞曲亦云。

又《論章法第一六》 作曲，猶造宫室者然。工師之作室也，必先定規式，自前門而廳，而堂，而樓，或三進，或五進，或七進，又自兩廂而及軒寮，以至廩庾、庖湢、藩垣、苑榭之類，前後左右，高低遠近，尺寸無不了然胸中，而後可施斤斲。作曲者，亦必先分段數，以何意起，何意接，何意作中段敷演，何意作後段收煞，整整在目，而後可施結撰。此法，從古之爲文，爲辭賦，爲歌詩者皆然。於曲則在劇戲，其事頭原有步驟。作套數曲，遂絶不聞有知此竅者，只漫然隨調，逐句湊拍，掇拾爲之，非不間得一二好語，顛倒零碎，終是不成格局。古曲如《題柳》窺青眼，久膾炙人口，然弇州亦訾爲牽强而寡次序，他可知矣。至閨怨、麗情等曲，益紛錯乖迕，如理亂絲，不見頭緒，無一可當合作者。是故修辭當自鍊格始。

又《論句法第一七》 句法，宜婉曲不宜直致，宜藻豔不宜枯瘁，宜溜亮不宜艱澀，宜輕俊不宜重滯，宜新采不宜陳腐，宜擺脱不宜堆垛，宜温雅不宜激烈，宜細膩不宜粗率，宜芳潤不宜噍殺。又，總之，宜自然不宜生造。意常則造語貴新，語常則倒换須奇。他人所道，我則引避，他人用拙，我獨用巧。平仄調停，陰陽諧叶。上下引帶，減一句不得，增一句不得。我本新語，而使人聞之，若是舊句，言機熟也。我本生曲，而使人歌之，容易上口，言音調也。一調之中，句句琢鍊，毋令有敗筆語，毋令有欺嗓音，積以成章，無遺恨矣。

又《論字法第一八》 下字爲句中之眼，古謂百鍊成字，千鍊成句，又謂前有浮聲，後須切響。要極新，又要極熟。要極奇，又要極穩。虚句用實字鋪襯，實句用虚字點綴。務頭須下響字，勿令提挈不起。押韻處要妥貼天成，换不得他韻。照管上下文，恐有重字，須逐一點勘换去。又 閉口字少用，恐唱時費力。今人好奇，將劇戲標目，一一用經史隱晦字代之。夫列標目，欲令人開卷一覽，便見傳中大義，亦且便繙閱，却用隱晦字樣，彼庸衆人何以易解。此等奇字，何不用作古文，而施之劇戲，可付一笑也。

又《論襯字第一九》 古詩餘無襯字，襯字自南、北二曲始。北曲配絃索，雖繁聲稍多，不妨引帶。南曲取按拍板，板眼緊慢有數，襯字太多，搶帶不及，則調中正字，反不分明。大凡對口曲，不能不用襯字，各大曲及散套，只是不用爲佳。細調板緩，多用二三字，尚不妨，緊調板急，若用多字，便躲閃不迭。凡曲自一字句起，至二字、三字、四字、五字、六字、七字句止。惟《虞美人》調有九字句，然是引曲，又非上二下七，則上四下五，若八字、十字以外，皆是襯字。今人不解，將襯字多處，亦下實板，致主客不分。如《古荆釵記·錦纏道》：說甚麽晋陶潛認作阮郎。說甚麽三字，襯字也。《紅拂記》却作我有屠龍劍釣鼇鈎射雕寶弓，增了屠龍劍三字，是以說甚麽三字作實字也。《拜月亭·玉芙蓉》末句望當今聖明天子詔賢書，本七字句，望當今三字係襯字。後人連襯字入句，如我爲你數歸期畫損掠兒梢，遂成十一字句。至金爐寶篆消曲末句，算人心不比往來潮，此是正格，心字當疊，詞隱謂心字下缺去聲、平聲二字，以爲此死腔活板，故是大誤。又《琵琶記·三换頭》，原無正腔可對，前調這其間只是我不合來長安看花，後調這其間只得把那壁廂且都拚捨，每句有十三字，以爲是本腔耶，不應有此長句，以爲有襯字耶，不應於襯字上著板。《浣紗》却字字效之，亦是無可奈何。殊不知這其間只是我與這其間只得把是兩正句，以我字、把字叶韻。蓋東嘉此曲，原以歌戈、家麻二韻同用，他原音作拖，上我字與調中鎖、挫、他、墮、何五字相叶，下把字與調中罵、挂二字相叶。歷查遠而《香囊》、《明珠》、《雙珠》，近而《竊符》、《紫釵》、《南柯》，凡此二句皆韻，皆可爲《琵琶》用韻之證，故知《浣紗》之不韻，殊謬也。又如散套《越恁好·鬧花深處》一曲，純是襯字，無異〔纏令〕。今皆著板，至不可句讀。凡此類，皆襯字太多之故，訛以傳訛，無所底止。周氏論樂府，以不重韻，無襯字，韻險，語俊爲上。世間惡曲，必拖泥帶水，難辨正腔，文人自寡此等病也。

又《論對偶第二〇》 凡曲遇有對偶處，得對方見整齊，方見富麗。有兩句對，如簾幙風柔、庭闈書永，及惟願取百歲椿萱、長似他三春花柳類。有三句對，如《蝶戀花》鳳棲梧鸞停竹類。有四句對，如亂荒荒不豐稔的年歲，四段相對類。有隔句對，如耶多福及娘介福兩段相對類。有疊對，如翠減祥鸞羅幌二句一對，下楚館雲閑二句又一對，下目斷天涯雲山遠二句又一對類。有兩韻對，如春花明綵袖，春酒滿金甌類。有隔調對，如書生愚見二調，各末二句相對類。當對不對，謂之草率。不當對而對，謂之矯强。對句須要字字的確，斤兩相稱方好。上句工寧下句工，一句好，一句不好，謂之偏枯，須棄了另尋。借對得天成妙語方好，不然反見才窘，不可用也。

又卷三《論用事第二一》 曲之佳處，不在用事，亦不在不用事。好用事，失之堆積。無事可用，失之枯寂。要在多讀書，多識故實，引得的確，用得恰好，明事暗使，隱事顯使，務使唱去人人都曉，不須解說。又有一等事，用在句中，令人不覺，如禪家所謂撮鹽水中，飲水乃知鹹味，方是妙手。《西廂》、《琵琶》用事甚富，然無不恰好，所以動人。《玉玦》句句用事，如盛書櫃子，翻使人厭惡，故不如《拜月》一味清空，自成一家之爲愈也。又用得古人成語恰好，亦是快事。然只許單用一句，要雙句，須別處另尋一句對之。如《琵琶·月雲高》曲末二句，第一調，正是西出陽關無故人，須信家貧不是貧。第二調，他須記一夜夫妻百夜恩，怎做得區區陌路人。第三調，他不到得非親却是親，我自須防人不仁。如此方不堆積，方不蹈襲，故知此老胸中，別具一副爐錘也。

又《論詠物第二六》 詠物毋得駡題，却要開口便見是何物。不貴說體，只貴說用。佛家所謂不即不離，是相非相，只於牝牡驪黄之外，約略寫其風韻，令人髣髴中如燈鏡傳影，了然目中，却摸捉不得，方是妙手。元人王和卿《詠大蝴蝶》：掙破莊周夢，兩翅駕東風。三百座名園，一採一箇空。誰道風流種，諕殺尋芳的蜜蜂。輕輕飛動，把賣花人搧過橋東。只起一句，便知是大蝴蝶。下文勢如破竹，却無一句不是俊語。古詞《詠柳》窺青眼，開口便知是柳，下偏宜向朱門羽戟，畫橋遊舫，又倚闌凝望，消得幾番暮雨斜陽等，皆從柳外做去，所以渺茫多趣。他如祝京兆《詠月》、陶陶區《詠雁》、梁伯龍《詠蛺蝶》等，非無一二佳語，只夾雜凡俗，便是不成片段。小令北調，王西樓最佳，如《詠浴裙》、《睡鞋》等曲，首首尖新。王渼陂、馮海浮《詠鞋杯》諸曲，亦多巧句。海浮月兒芽彎環在腮上，筍兒尖穿破了鼻梁，及環兒脚一彎，花兒瓣兩邊，又心坎兒裏踢蹬，肚囊兒裏款行，腸襀兒裏穿芳徑等，尤稱妙絶，亦未免間以粗豪語，不無遺恨耳。問：如何是說體，如昔人《詠柳絮》一似半天飄粉，遠樹疑酥，平地飛瓊堵是也。如何是說用，如《詠草》斜陽外，幾家斷橋村塢，又池塘雨歇，夢回南浦，又王孫何事在長途，好歸去，又鶯春暮是也。

又《論俳諧第二七》 俳諧之曲，東方滑稽之流也，非絶穎之姿，絶俊之筆。又運以絶圓之機，不得易作。著不得一箇太文字，又著不得一句張打油語。須以俗爲雅，而一語之出，輒令人絶倒，乃妙。元人嘲《禿指甲》詞：十指如枯筍，和袖棒金尊。搊殺銀箏字不真，揉癢天生鈍。縱有相思淚痕，索把拳頭搵。《中原音韻》及弇州皆極賞之，然首語及揉癢天生鈍句，尚覺著相。【略】吾鄉徐天池先生，生平諧謔小令極多，如《嘲少髮大脚妓·黄鶯兒》中二句，妝臺上省油，廝打處省揪。未下妝樓，金蓮一步，佔著兩塊大磚頭。《嘲瘦妓》，四兩麪條搓，抹胸膛三寸羅，俏郎君一手擒平聲。三箇。《嘲歪嘴妓》，一箇海螺兒在腮邊不住吹，面前說話倒與傍人對。未抹胭脂，櫻桃一點搓去聲。過鼻梁西等曲，大爲士林傳誦，今未見其人也。

又《論巧體第二九》 古詩有離合、建除、人名、藥名、州名、數目、集句等體。元人以數目入曲，作者甚多，句首自一至十，有順去逆回者。《輟耕録》載《折桂令》起句博山銅細裊香風，一句兩韻，名曰短柱，爲極難作。虞邵菴作《鑾輿三顧茅廬》一曲擬之，則二字一韻，蓋尤難矣。喬夢符有《當時處士山祠》一曲，亦用此體。嘉靖間，北都有劉憲副效祖者用此體，凡平聲每韻各賦一首，可稱一癖。《詞林摘豔》有《粉蝶兒》從東隴風動松呼長套，句句兩字一韻，然不見佳。藥名詩，須字則正用，意却假借，讀去不覺，詳看始見，方得作法，如所謂四海無遠志，一溪甘遂心是也。陳大聲有《藥名》散套，首句今年牡丹開較遲，便是直用其名，更無別意。又後多借同音字爲用，如借霜梅爲雙眉，茴香爲回鄉，其語猶俏。至借白芨爲北極，滑石爲化石，政可發一胡盧矣。今《紅葉》用藥名、牌名、五色、五聲、八音及瀟湘八景、離合、集句等體，種種皆備，然不甚合作。倘不能窮極妙境，不如毋添蛇足之爲愈也。

又《論引子第三一》 引子，須以自己之腎腸，代他人之口吻。蓋一人登場，必有幾句緊要說話，我設以身處其地，模寫其似，却調停句法，點檢字面，使一折之事頭，先以數語該括盡之，勿晦勿泛，此是上諦。《琵琶》引子，首首皆佳，所謂開門見山手段。《浣紗》如范蠡而曰尊王定霸，不在桓文下，施之越王則可。越夫人而曰金井轆轤鳴，上苑笙歌度，簾外忽聞宣召聲，忙蹙金蓮步，是一宮人語耳。只苧羅山下一引頗佳，中春風無那，却不可解，餘俱非腐則漫。《玉玦》諸引，雖傷過文，然語俊調雅，不失爲才士之作。近惟《還魂》二夢之引，時有最俏最當行者，以從元人劇中打勘出來故也。《明珠》引子，時用詩餘，《寶劍》引子，多出己創，皆不足爲法。自來唱引子，皆於句盡處用一底板。詞隱於用韻句下板，其不韻句止以鼓點之，譜中只加小圈讀斷，此是定論。

又《論過曲第三二》 過曲體有兩途，大曲宜施文藻，然忌太深。小曲宜用本色，然忌太俚。須奏之場上，不論士人閨婦，以及村童野老，無不通曉，始稱通方。最要落韻穩當。如《琵琶》手指上血痕尚在衣麻，衣麻是何話說，《紅拂》髫雲擦下無亂字，是歇後語矣。皆謂趁韻。又不可令有敗筆語。《琵琶·僥僥令》，既云但願歲歲年年人長在，父母共夫妻相勸酬，下却又云夫妻長廝守，父母願長久，説過又説，至兩山排闥二句，與上何干，大是請客。尾聲惟有快活是良謀，直張打油語矣。用韻須是一韻到底方妙，屢屢換韻，畢竟才短之故，不得以《琵琶》、《拜月》藉口。若重韻，則正不必拘，古劇皆然。避而牽强，不若重而穩俏之爲愈也。

又《論尾聲第三三》 尾聲以結束一篇之曲，須是愈著精神，末句更得一極俊語收之，方妙。凡北曲煞尾，定佳。作南曲者，只是潦草收場，徒取完局，所以戲曲中絶無佳者，以不知此竅故耳。各宮調尾聲，或平煞，或仄煞，各有定格，詞隱雖臚列譜中，然衹是檢舊曲訂出。舊曲實未必皆是，必如《十三調譜》中舊定諸格，方是不差，惜原曲有不能盡見者耳。今録於後：情未斷煞仙吕、羽調同此尾。衷腸悶損，尾文是也。三句兒煞黄鍾尾。春容漸老尾文是也。尚輕圓煞正宮、大石同尾。祝融南度尾文是也。尚遶梁煞商調尾。那日忽覩多情尾文是也。尚如縷煞中吕有二様，此係低一格尾。料峭東風尾文是也般涉同。喜無窮煞中吕高一格尾。子規聲裏尾文是也。尚按節拍煞道宮尾。新篁池閣尾文是也。不絶令煞南吕尾。明月雙溪尾文是也。有餘情煞越調尾。炎光謝了尾文是也。收好姻煞小石尾。花底黄鸝尾文是也。有結果煞雙調尾。簫聲喚起尾文是也。又有本音就煞，謂之隨煞。又有雙煞，又有借音煞，又有和煞。

又 凡一調作二曲，或四曲、六曲、八曲，及兩調各止一二曲者，俱不用尾聲。

又卷三《雜論第三九上》 詞曲本文人能事，亦有不盡然者。周德清撰《中原音韻》下筆便如葛藤，所作《辛金頭黑脚天鵝》、《折桂令》、《燕子來海棠開》、《寨兒令》、《臉霞鬢鴉》、《朝天子》等曲，又特警策可喜，即文人無以勝之，是殊不可曉也。南北二曲，用字不得相混。今南曲中有用者字、兀字、您字、喒字，及南曲而用北韻，以白爲排，以壑爲好之類，皆大非體也。

又 北曲方言時用，而南曲不得用者，以北語所被者廣，大略相通，而南則土音，各省、郡不同，入曲則不能通曉故也。

又 論曲，當看其全體力量如何，不得以一二語偶合，而曰某人、某劇、某戲、某句似元人，遂執以概其高下。寸瑜自不掩尺瑕也。

又 曲之尚法固矣，若僅如《卜算子》、《畫格眼》、《垛死屍》，則趙括之讀父書，故不如飛將軍之横行匈奴也。當行本色之説，非始於元，亦非始於曲，蓋本宋嚴滄浪之説詩。滄浪以禪喻詩，其言：禪道在妙悟，詩道亦然。惟悟乃爲當行，乃爲本色。有透徹之悟，有一知半解之悟。又云：行有未至，可加工力；路頭一差，愈騖愈遠。又云：須以大乘正法眼爲宗，不可令墮入聲聞辟支之果。知此説者，可與語詞道矣。

又 作詞守成法，尺尺寸寸，句翾字研，俾無累功令，易耳。然其至爾力，其中非爾力，故入曲三昧，在巧之一字。

又 唱曲欲其無字，即作曲者用綺麗字眼，亦須下得恰好，全不見痕迹礙眼，方爲合作。若讀去而煙雲花鳥，金碧丹翠，横垛直堆，如攤賣古董，鋪綴百家衣，使人種種可厭，此小家生活，大雅之士所深鄙也。

又 上去、去上之間，用有其字，必不可易，而强爲避忌，如易地爲土，改宇作廈，致與上下文生拗不協，甚至文理不通，不若順其自然之爲貴耳。

又 世多可歌之曲，而難可讀之曲。歌則易以聲掩詞，而讀則不能掩也。

又 世有不可解之詩，而不可令有不可解之曲。曲之不可解，非入方言，則用僻事之故也。胡廝藿、兩喬才，此方言也。韓景陽、大來頭，此僻事也。作南戲，而兩語皆南人所不識，皆曲之病也。

又 作曲如生人耳目口鼻，非不犂然各具，然西施、嫫母，妍醜殊觀，王公、廝養，貴賤異等，墮地以來，根器區別，欲勉强一分，幾而及之，必不可得也。

又 詞之異於詩也，曲之異於詞也，道迥不侔也。詩人而以詩爲曲也，文人而以詞爲曲也，誤矣，必不可言曲也。

又卷四《雜論第三九下》 作曲如美人，須自眉目齒髮，以至十笱雙鈎，色色妍麗，又自笄黛衣履，以至語笑行動，事事襯副，始可言曲，是故以是繩曲，而世遂無曲也。

又 詞曲不尚雄勁險峻，只一味嫵媚閒豔，便稱合作，是故蘇長公、辛幼安並寘兩廡，不得入室。曲之道，廣矣，大矣，自王公士人，以迨山林閨秀，人人許作，而特不許僧人插手。

又 作閨情曲，而多及景語，吾知其窘矣。此在高手，持一情字，模索洗發，方挹之不盡，寫之不窮，淋漓滲漫，自有餘力，何暇及眼前與我相二之花鳥煙雲，俾掩我真性，混我寸管哉。世之曲，詠情者强半，持此律之，品力可立見矣。

又 晉人言：絲不如竹，竹不如肉。以爲漸近自然。吾謂：詩不如詞，詞不如曲，故是漸近人情。夫詩之限於律與絶也，即不盡於意，欲爲一字之益，不可得也。詞之限於調也，即不盡於吻，欲爲一語之益，不可得也。若曲，則調可累用，字可襯增。詩與詞，不得以諧語方言入，而曲則惟吾意之欲至，口之欲宣，縱横出入，無之而無不可也。故吾謂：快人情者，要毋過於曲也。

又 曲以婉麗俏俊爲上。詞隱譜曲，於平仄合調處，曰某句上去妙甚，某句去上妙甚。是取其聲，而不論其義可耳。至庸拙俚俗之曲，如《卧冰記・古皂羅袍》理合敬我哥哥一曲，而曰質古之極，可愛可愛。王焕傳奇《黄薔薇》三十哥央你不來一引，而曰大有元人遺意，可愛。此皆打油之最者，而極口贊美，其認路頭一差，所以已作諸曲，略墮此一劫，爲後來之誤甚矣。不得不爲拈出。

明・陳繼儒《秋水庵花影集叙》 夫曲者，謂其曲盡人情也。詩人人可學，而詞曲非才子决不能。子野才太俊，情太癡，膽太大，手太辣，腸太柔，心太巧，舌太纖。抓搔痛癢，描寫笑啼，太逼真，太曲折。當其志敞意得，摇筆如風雨，强半爲旁人製去，或寫素屏紈扇，或題郵壁旗亭，或流播於紅綃麗人、黄衣豪客之口，而猶未睹子野之大全也。

明・馮夢龍《太霞曲語》 幔亭歌者云：詞才天賦不同，梁伯龍以豪爽，張伯起以纖媚，沈伯英以圓美，龍子猶以輕俊，至於秀麗，不得不推伯良。

又 王伯良之詞，由爛熟中來，故水到渠成，瓜熟蒂脱，手口和調處，自有一種秀色，不似小家子，以字句争奇已也。

又 子猶諸曲，絶無文彩，然有一字過人，曰真。

又《太霞新奏》 凡集曲名、牌名、花名、藥名作詞，須以己意鎔化點綴，不露痕迹，方爲作手，最忌牽强生拗。

又 硯齋主人評云：凡紀事之詞，全要節次清楚，而過脈絶無痕迹。如太史公伯夷、屈原等傳以事實議論相御而行，其敘事又須明顯，使人一覽而知，方妙。此是子猶勝場。

又 詞家有當行、本色二種。當行者，組織藻繪而不涉於詩賦。本色者，常談口語而不涉於粗俗。

明・程羽文《程氏曲藻》 情語。如喬夢符《兩世姻緣》：他説起淒涼話，和我也淚不做行兒下。馬東籬《青衫淚》：聽的行雁來也我立盡吹簫院，聞得聲馬嘶也目斷垂楊線。

又 怨語。關漢卿《蝴蝶夢》：爲甚我教你看詩書習經史，俺待學孟母三移教子。不能够金榜上分明題姓字，則落得犯由牌書寫名兒。又：想着你結怨心懷，和那横死爺相逢在分界牌。你兩個施逞手策，把那殺人賊推下望鄉臺。

又 誚語。李行道《灰闌記》：自喪了親爺撇下個娘，偏你敢不姓張。怎教咱辱門敗户的妹子去支當，敢今日你便安排着這一句甜話兒來尋訪。喬夢符《兩世姻緣》：賣虚脾眉尖眼角，散和氣席上尊前。

又 醒語。如鄭廷玉《後庭花》：可知道錢是人之膽，則你那口是禍之門。【略】鄭廷玉《忍字記》：我從今後看錢眼辨個清濁，愛錢心識個低高。

又 憤語。如宫大用《范張鷄黍》：將鳳凰池攔了前路，麒麟閣頂殺後門。便有那渴相如獻賦難求進，賈長沙痛哭誰瞅問，董仲舒對策無公論。便有那公孫宏撞不開昭文館内虎牢關，司馬遷打不破編修院裏長蛇陣。

又 達語。如秦簡夫《趙禮讓肥》：但平生我和他有何知遇，多則是天也有安排我處。【略】王實甫《麗春堂》：水聲山色兩模糊，閒看雲來去，則我怨結愁腸對誰訴。自躊躕，想這場煩惱都也由咱取。感今懷古，舊榮新辱，都裝入酒葫蘆。

又 諧語。如楊顯之《酷寒亭》：謝天地小人剛道的這淫邪貨，並不曾道甚孔目哥哥。【略】白仁甫《牆頭馬上》：枉教他遥授着尚書，則好教管着那普天下姻緣簿。

又 景語。賈仲名《金童玉女》：看春江鴨頭緑皺，接行雲雁翅紅嬌，酒旗向青杏園林挑。佳人鬬草，公子裝幺，鞦韆料峭，鼓吹遊遨。上新黄柳曳金條，綻嫣紅花簇冰綃。芳叢内採嫩蕊粉蝶隊隊身輕，迴塘畔點香芹紫燕翩翩翅裊，碧陰中弄清音流鶯恰恰聲交。難挑，怎描，便那女娘行心思十分巧，其實的刺不成繡不到。丹青手雖然百倍高，也畫不出這重疊周遭。

又　隱語。岳伯川《鐵拐李》：爲甚我今日身不正，則爲我往常心不直，和那鬼魂靈不能够兩脚踏實地。至如省裏部裏，臺裏院裏，咱只説府裏州裏，他官人們一個個要爲國不爲家，怎知道也似我説的行不的。

明・張琦《衡曲麈譚・填詞訓》　古士大夫聽琴瑟之音，弗離於前，性情之通絃歌而治，吟詠可已歟。客曰：詞餘之興也，多以情癖，大抵皆深閨永巷、春傷秋怨之語，豈鬚眉學士所宜有。況文辭之貴，期於渾涵，若夫雕心琢句，柔脆纖巧，披靡淫蕩，非鼓吹之盛事，曲固可廢也。騷隱生曰：嘻，子陋矣。尼山説《詩》，不廢《鄭》、《衛》。聖世采風，必及下里。古之亂天下者，必起於情種先壞，而慘刻不衷之徒興。使人而有情，則士愛其緣，女守其介，而天下治矣。且子亦知夫曲之道乎，心之精微，人不可知，靈竅隱深，忽忽欲動，名曰心曲。曲也者，達其心而爲言者也，思致貴於綿渺，辭語貴於迫切。長門之詠，宜於官様而帶岑寂。香閨之語，宜於閨藏而饒綺麗。倚門嚬笑之聲，務求纖媚而顧盼生姿。學士騷人之賦，須期慷慨而嘯歌不俗。故詠春花勿牽秋月，吟朝雨莫溷夜潮。瑶臺玉砌，要知雪部之套辭。芳草輕煙，總是郊原之汎句。又如命題雜詠，而直道本色，則何取於寓言。觸物興懷，而雜景揣摹，則安在其即事。甚且士女之吻無辨，睽合之意多乖，人情斷續而忽入俚言，筆致拗違而生吞成語，又曲之最病者也。乃若傳奇之曲，與散套異。傳奇有答白，可以轉换，而清曲則一線到底。傳奇有介頭，可以變調，而清曲則一韻到底。人第知傳奇中有嬉笑怒罵，而不知散曲中亦有離合悲歡。古傷逝惜别之詞，一披詠之，愀然欲淚者，其情真也。故曲不貴擄實而貴流麗，不貴尖酸而貴博雅，不貴剽襲而貴冶翃，不貴熟爛而貴新生，不貴文飾而貴真率肖吻，不貴平敷而貴選句走險。有作者起，必首肯吾言矣。客曰：子之爲辭，未必其無弊也，乃執月旦以平章曲府，司三寸管而低昂之，得無過當乎。居士曰：人之妍媸，人也，不必其己之妍也。雙眸具在，存其論而已矣。今日者之評次，雖謂作家之豸史，亦誰曰不可。

明・凌濛初《譚曲雜劄》　元曲源流古樂府之體，故方言、常語，沓而成章，着不得一毫故實。即有用者，亦其本色事，如藍橋、祆廟、陽臺、巫山之類。以拗出之爲警俊之句，决不直用詩句，非他典故填實者也。一變而爲詩餘集句，非當可矣，而未可厭也。再變而爲詩學大成、羣書摘錦，可厭矣，而未村煞也。忽又變而文詞説唱，胡謅蓮花落，村婦惡聲，俗夫褻謔，無一不備矣。今之時行曲，求一語如唱本《山坡羊》、《刮地風》、《打棗竿》、《吴歌》等中一妙句，所必無也。故以藻繢爲曲，譬如以排律諸聯入《陌上桑》、《董妖嬈》樂府諸題下，多見其不類。以鄙俚爲曲，譬如以三家村學究口號、歪詩，擬《康衢》、《擊壤》，謂自我作祖，出口成章，豈不可笑。而又攘臂自命，日新不已，直是有靦而目。

又　尾聲，元人尤加之意，而末句最緊要。北曲尚矣，南曲如《拜月》，可見一斑。大都以詞意俱若不盡者爲上，詞盡而意不盡者次之。若詞意俱盡，則平平耳，猶未舛也。而今時度曲者，詞未盡而意先盡，亦有詞既盡而句未盡，則復强綴一語以完腔，未必貂不足，真所謂狗尾續也。

又　本曲調有不用尾聲，則煞句即是尾，唱法亦然，故舊曲亦必於此用老句、妙句煞之。如《琵琶》下絲綸不愁無處，笑伊村煞，《拜月》知他唤愁是甚的，總不解愁滋味，《金印》男兒好和歹，都是這番命裏之類是也。今人於尾聲且漫然塗塞，況於煞句，尤不通此竅矣。大凡過曲至末，緊板緊腔調不可舒者，則以尾聲漸舒其調以收之。若過曲有四曲二曲，而末處調可舒者，即不可用尾，唯唱時略舒末句以作尾而已。此自一定之法。今填曲者不知，以爲凡曲必宜有尾矣，而唱曲者見無尾舊曲，即造一尾以添之，以至《琵琶》、《拜月》紛紛多有續貂，良可笑也。

又　改北調爲南曲者，有李日華《西廂》。增損句字以就腔，已覺截鶴續鳧，如秀才們閒道請，下增先生二字等是也。更有不能改者，亂其腔以就字句，如來回顧影，文魔秀士欠酸丁是也。無論原曲爲風欠而删其風字爲不通，即《玉抱肚》首二句而强欲以句字平仄叶，亦須云來回顧影，秀文魔風酸欠丁。蓋第二句乃三字一節、四字一節，而四字又須平平仄平者。今四字一節、三字一節如一句七言詩，豈本調耶。今唱者恬不知怪，亦可笑也。至《西廂》尾聲，無一不妙，首折煞尾，豈無情語、佳句可採，以褒括南尾，使之悠然有餘韻，而直取東風摇曳垂楊線，遊絲牽惹桃花片兩詞語填入耶，真是點金成鐵手。乃《西廂》爲情詞之宗，而不便吴人清唱，欲歌南音，不得不取之李本，亦無可奈何耳。陸天池亦作《南西廂》，悉以己意自創，不襲北劇一語，志可謂悍矣，然元詞在前，豈易角勝，況本不及其所爲《明珠記》，今亦不行。

又　《明珠記》尖俊宛展處，在當時固爲獨勝，非梁、梅輩派頭。聞其爲乃兄儀部點竄居多，故《南西厢記》較不及遠甚耳。元美以未盡善一語概之，以其不甚用故實，不甚求麗藻，時作真率語也。賴有鳳尾箋、鮫鮹帕、芙蓉帳、翡翠堆等語未脱時尚，故猶得與伯龍輩同類而共評，不然，幾至不齒及矣。我謂未盡善正在此，不在彼。其北尾云：君王的兀自保不得親家眷，窮秀才空望着京華淚痕滿。直逼元人矣。此等句，近世唯湯義仍間有之耳，豈當時餘子所及乎。

又 《玉環記》隔紗窗日高花弄影，改元劇喬夢符筆也。喬煞尾末句云：比及你見我那負心薄倖，多管我一靈先到洛陽城。此等語不但慘慽回環，抑且以之作收，力有萬鈞。今以混入《貓兒墜》中，急腔唱過，大減分數矣。而尾聲末句，則以專聽春雷第一聲收之，豈不村殺。然此記賓白及曲中佳處，亦能彷佛，非近時脚手。

清·丁耀亢《赤松遊》卷首《嘯臺偶著詞例·詞有三難》 一布局，繁簡合宜難。二宫調，緩急中拍難。三修詞，文質入情難。

又《詞有十忌》 一忌死悶，畫葫蘆全無生面。二忌堆砌，假字面不近人情。三忌犯葛藤，客多主少。四忌直鋪叙，不生情態。五忌押韻求尖得拗，不入宫商。六忌誇麗，對類塞白，聱牙難唱。七忌白語板整，不肖本脚。八忌關目太俗，難諧雅調。九忌做作有心，易涉酸澀。十忌悲喜失竅，觀聽起厭。

又《詞有七要》 一要曲折。有全部中之曲，有一齣中之曲，有一曲中之曲，有一句中之曲。二要安詳。生旦能安詳，丑净亦有安詳，插科打諢，皆有安詳處。三要關犯。布局修詞皆有度世之音，方關名教，有助風化。四要聲律亮。去澀就圓，去纖就宏，如順水之溜，調舌之鶯。五要情景真。凡可挪借，即爲泛涉，情景相貫，不在襯貼。六要串插奇。不奇不能動人，如《琵琶》糟糠，即接賞夏望月，又接描容等類。七要照應密。前後線索，冷語帶挑，水影相涵，方爲妙手。

又《詞有六反》 清者以濁反，喜者以悲反，福者以禍反，君子以小人反，合者以離反，繁華者以凄凉反。

明·金聖歎《貫華堂第六才子書西厢記》卷七《第四本第三折·哭宴》 正宫《端正好》，鶯鶯唱：碧雲天，黄花地，西風緊，北雁南飛。曉來誰染霜林醉，總是離人淚。恰借范正公窮塞主語作起，純寫景，未寫情。

又《滚繡毬》：恨成就得遲，怨分去得疾。柳絲長，玉驄難繫。此遲疾二句，方寫情，通篇反反覆覆，曲曲折折，都只寫此遲疾二句也。又添柳絲一句者，只是甚寫其疾也。

又 馬兒慢行，車兒快隨。二句十字，真正妙文，直從雙文當時又稚小，又憨癡，又苦惱，又聰明，一片微細心地中，的的描畫出來。蓋昨日拷問之後，一夜隔絶不通，今日反借餞别，圖得相守一刻。若又馬兒快行，車兒慢慢隨，則是中間仍自隔絶，不得多作相守也。即馬兒慢慢行，車兒慢隨，或馬兒快快行，車兒快快隨，亦不成其爲相守也。必也馬兒則慢慢行，車兒則快快隨，車兒既快快隨，馬兒仍慢慢行。於是車在馬右，馬在車左，男左女右，比肩並坐，疎林掛日，更不復夜，千秋萬歲，永在長亭。此真小兒女又稚小，又苦惱，又聰明，又憨癡，一片的的微細心地。不知作者如何寫出來也。

又 脱布衫下西風黄葉紛飛，染寒烟衰草凄迷，酒席上斜簽着坐的。須知其風葉烟草四句，非複寫《端正好》中語，乃是特寫雙文眼中，曾未見坐於如是之地也。《端正好》是寫别景，此是寫坐景也。

又 我見他蹙愁眉，死臨侵地。《小梁州》閣淚汪汪不敢垂，恐怕人知。猛然見了把頭低，長吁氣，推整素羅衣。真寫殺張生也，然是寫雙文看張生也，然則真看殺張生也。寫雙文如此看張生，真寫殺雙文也。《打棗竿》歌云：捎書人出得門兒驟，趕梅香，唤轉來，我少吩咐了話頭。見他時，切莫説我因他瘦。現今他不好，説與他又擔憂。他若問起我的身中也，只説災悔從没有。已是妙絶之文，然亦只是自説。今却轉從雙文口中，體貼張生之體貼雙文，便又多得一層。文心漩復，真有何限。

又〔雙調·新水令〕，張生唱：望蒲東蕭寺暮雲遮，慘離情半林黄葉。只用二句文字，便將上來一部《西厢》一十五篇，若干淚點血點，香痕粉痕，如風迅掃，隔成異域。最是慈悲文字也。

清·查繼佐《九宫譜定總論》 凡聲情既以宫分，而一宫又有悲歡、文武、緩急等，各異其致。如燕飲陳訴、道路車馬、酸凄調笑，往往有專曲，約略分記第一過曲之下，然通徹曲義，勿以爲拘也。

清·李漁《閒情偶寄》卷一《詞采第二》 曲與詩餘，同是一種文字。古今刻本中，詩餘能佳而曲不能盡佳者，詩餘可選而曲不可選也。詩餘最短，每篇不過數十字，作者雖多，入選者不多，棄短取長，是以但見其美。曲文最長，每折必須數曲，每部必須數十折，非八斗長才，不能始終如一。微疵偶見者有之，瑕瑜並陳者有之，尚有踴躍於前、懈弛於後，不得已而爲狗尾貂續者亦有之。演者、觀者，既存此曲，只得取其所長，恕其所短，首尾並録，無一部而删去數折，止存數折，一齣而抹去數曲，止存數曲之理。此戲曲不能盡佳，有爲數折可取而挈帶全篇，一曲可取而挈帶全折，使瓦缶與金石齊鳴者，職是故也。予謂既工此道，當如畫士之傳真，閨女之刺繡，一筆稍差，便慮神情不似，一針偶缺，即防花鳥變形。使全部傳奇之曲，得似詩餘選本，如《花間》、《草堂》諸集，首首有可珍之句，句句有可寶之字，則不媿填詞之名，無論必傳，即傳之千萬年，亦非僥倖而得者矣。吾於古曲之中，取其全本不懈，多瑜鮮瑕者，惟《西厢》能之。《琵琶》則如漢高用兵，勝敗不一，其得一勝而王者，命也，非戰之力也。《荆》、《劉》、《拜》、《殺》之傳，則全頼音律。文章一道，置之不論可矣。

又《貴顯淺》 曲文之詞采，與詩文之詞采非但不同，且要判然相反。何也，詩文之詞采貴典雅而賤粗俗，宜蕴藉而忌分明。詞曲不然，話則本之街談巷議，事則取其直説明言。凡讀傳奇而有令人費解，或初閲不見其佳、深思而後得其意之所在者，便非絶妙好詞，不問而知，爲今曲，非元曲也。元人非不讀書，而所製之曲，絶無一毫書本氣，以其有書而不用，非當用而無書也，後人之曲，則滿紙皆書矣。元人非不深心，而所填之詞，皆覺過于淺近，以其深而出之以淺，非借淺以文其不深也，後人之詞，則心口皆深矣。無論其他，即湯若士《還魂》一劇，世以配饗元人，宜也。問其精華所在，則以《驚夢》、《尋夢》二折對。予謂二折雖佳，猶是今曲，非元曲也。《驚夢》首句云：裊晴絲吹來閒庭院，摇漾春如線。以遊絲一縷，逗起情絲，發端一語，即費如許深心，可謂慘澹經營矣。然聽歌《牡丹亭》者，百人之中有一二人解出此意否。若謂製曲初心，並不在此，不過因所見以起興，則瞥見遊絲，不妨直説，何須曲而又曲，由晴絲而説及春，由春與晴絲而悟其如線也，若云作此原有深心，則恐索解人不易得矣。索解人既不易得，又何必奏之歌筵，俾雅人俗子同聞而共見乎。其餘停半晌，整花鈿，没揣菱花，偷人半面及良辰美景奈何天，賞心樂事誰家院，遍青山啼紅了杜鵑等語，字字俱費經營，字字皆欠明爽。此等妙語，止可作文字觀，不得作傳奇觀。至如末幅似蟲兒般蠢動把風情搧，與恨不得肉兒般團成片也，逗的箇日下胭脂雨上鮮，《尋夢》曲云明放着白日青天，猛教人抓不到夢魂前，是這答兒壓黄金釧匾，此等曲則去元人不遠矣。而予最賞心者，不專在《驚夢》、《尋夢》二折，謂其心花、筆蕊，散見于前後各折之中。《診祟》曲云：看你春歸何處歸，春睡何曾睡，氣絲兒怎度的長天日。夢去知他實實誰。病來只送得箇虚虚的你。做行雲，先渴倒在巫陽會。又不是困人天氣，中酒心期，魆魆的常如醉。承尊覷，何時何日來看這女顔回。《憶女》曲云：地老天昏，没處把老娘安頓。你怎撇得下萬里無兒白髮親。賞春香還是你舊羅裙。《玩真》曲云：如愁欲語，只少口氣兒呵。叫的你噴嚏似天花唾。動凌波，盈盈欲下，不見影兒那。此等曲則純乎元人，置之《百種》前後，幾不能辨以其意深詞淺，全無一毫書本氣也。若論填詞家宜用之書，則無論經傳子史，以及詩賦、古文，無一不當熟讀，即道家佛氏、九流百工之書，下至孩童所習《千字文》、《百家姓》無一不在所用之中。至於形之筆端，落於紙上，則宜洗濯殆盡。亦偶有用着成語之處，點出舊事之時，妙在信手拈來，無心巧合，竟似古人尋我，並非我覓古人。此等造詣，非可言傳，只宜多購元曲，寢食其中，自能爲其所化。而元曲之最佳者，不單在《西厢》、《琵琶》二劇，而在《元人百種》之中。《百種》亦不能盡佳，十有一二可列高、王之上，其不致家絃户誦，出與二劇争雄者，以其是雜劇而非全本，多北曲而少南音，又止可被諸管絃，不便奏之場上。今時所重皆在彼而不在此，即欲不爲紈扇之捐，其可得乎。

又《重機趣》 機趣二字，填詞家必不可少。機者，傳奇之精神。趣者，傳奇之風致。少此二物，則如泥人土馬，有生形而無生氣。因作者逐句湊成，遂使觀場者逐段記憶，稍不留心，則看到第二曲不記頭一曲是何等情形，看到第二折不知第三折要作何勾當，是心口徒勞，耳目俱澁，何必以此自苦而復苦百千萬億之人哉。故填詞之中，勿使有斷續痕，勿使有道學氣。所謂無斷續痕者，非止一齣接一齣，一人頂一人，務使承上接下，血脈相連，即於情事截然絶不相關之處，亦有連環細笋，伏于其中，看到後來方知其妙。如藕於未切之時，先長暗絲以待，絲於絡成之後，纔知作繭之精，此言機之不可少也。所謂無道學氣者，非但風流跌宕之曲，花前月下之情，當以板腐爲戒，即談忠孝節義與説悲苦哀怨之情，亦當抑聖爲狂，寓哭於笑，如王陽明之講道學，則得詞中三昧矣。陽明登壇講學，反覆辨説良知二字，一愚人訊之曰：請問良知這件東西，還是白的，還是黑的。陽明曰：也不白，也不黑。只是一點帶赤的，便是良知了。照此法填詞，則離合悲歡，嬉笑怒罵，無一語、一字不帶機趣而行矣。予又謂填詞種子，要在性中帶來。性中無此，做殺不佳。人問性之有無，何從辨識。予曰：不難觀其説話、行文即知之矣。説話不迂腐，十句之中定有一二句超脱。行文不板實，一篇之内但有一二段空靈，此即可以填詞之人也。不則另尋別計，不當以有用精神，費之無益之地。噫，性中帶來一語，事事皆然，不獨填詞一節，凡作詩、文、書、畫，飲酒、鬬棋與百工技藝之事，無一不具夙根，無一不本天授。强而後能者，畢竟是半路出家，止可冒齋飯喫，不能成佛作祖也。

又《戒浮泛》 詞貴顯淺之説，前已道之詳矣。然一味顯淺，而不知分別，則將日流粗俗，求爲文人之筆而不可得矣。元曲多犯此病，乃矯艱深隱晦之弊而過焉者也。極粗極俗之語，未嘗不入填詞，但宜從脚色起見。如在花面口中，則惟恐不粗不俗，一涉生、旦之曲，便宜斟酌其詞。無論生爲衣冠仕宦，旦爲小姐、夫人，出言吐詞，當有雋雅舂容之度。即使生爲僕從，旦作梅香，亦須擇言而發，不與净、丑同聲。以生、旦有生、旦之體，净、丑有净、丑之腔故也。元人不察，多混用之。觀《幽閨記》之陀滿興福，乃小生脚色，初屈後伸之人也，其《避兵》曲云：遥觀巡捕卒，都是棒和鎗。此花面口吻，非小生曲也。均是常談俗語，有當用於此者，有當用於彼者。又有極粗極俗之語，止更一二字，或增減一二字，便成絶新絶雅之文者。神而明之，只在一熟。當存其説，以俟其人。填詞義理無窮，説何人肖何人，議某事切某事，文章頭緒之最繁者，莫填詞若矣。予謂總其大綱，則不出情、景二字。景書所睹，情發欲言。情自中生，景由外得。二者難易之分，判如霄壤。以情乃一人之情，説張三要像張三，難通融于李四。景乃衆人之景，寫春夏盡是春夏，止分別於秋冬。善填詞者，當爲所難，勿趨其易。批點傳奇者，每遇遊山玩水、賞月觀花等曲，見其止書所見不及中情者，有十分佳處，只好算得五分，以風雲月露之詞，工者儘多，不從此劇始也。善詠物者，妙在即景生情。如前所云《琵琶・賞月》四曲，同一月也，牛氏有牛氏之月，伯喈有伯喈之月。所言者月，所寓者心。牛氏所説之月可移一句于伯喈，伯喈所説之月可挪一字于牛氏乎。夫妻二人之語，猶不可挪移混用，况他人乎。人謂此等妙曲，工者有幾，强人以所不能，是塞填詞之路也。予曰不然，作文之事，貴於專一。專則生巧，散乃入愚。專則易於奏工，散者難於責效。百工居肆，欲其專也。衆楚羣咻，喻其散也。舍情言景，不過圖其省力，殊不知眼前景物繁多，當從何處説起。詠花既愁遺鳥，賦月又想兼風。若使逐件鋪張，則慮事多曲少。欲以數言包括，又防事短情長。展轉推敲，已費心思幾許。何如只就本人生發，自有欲爲之事，自有待説之情，念不旁分，妙理自出。如發科發甲之人，窻下作文，每日止能一篇二篇，場中遂至七篇。窻下之一篇二篇，未必盡好，而場中之七篇，反能盡發所長而奪千人之幟者，以其念不旁分，舍本題之外，並無別題可做，只得走此一條路也。吾欲填詞家舍景言情，非責人以難，正欲其舍難就易耳。

又《忌填塞》 填塞之病有三：多引古事，疊用人名，直書成句。其所以致病之由亦有三，借典核以明博雅，假脂粉以見風姿，取現成以免思索。而總此三病，與致病之由之故，則在一語。一語維何，曰從未經人道破。一經道破，則俗語云説破不值半文錢，再犯此病者鮮矣。古來填詞之家，未嘗不引古事，未嘗不用人名，未嘗不書現成之句，而所引、所用，與所書者則有別焉。其事不取幽深，其人不搜隱僻，其句則採街談巷議。即有時偶涉詩書，亦係耳根聽熟之語，舌端調慣之文，雖出詩書，實與街談巷議無別者。總而言之，傳奇不比文章，文章做與讀書人看，故不怪其深，戲文做與讀書人與不讀書人同看，又與不讀書之婦人小兒同看，故貴淺不貴深。使文章之設，亦爲與讀書人、不讀書人及婦人小兒同看，則古來聖賢所作之經傳，亦只淺而不深，如今世之爲小説矣。人曰文士之作傳奇，與著書無別，假此以見其才也，淺則才於何見。予曰能於淺處見才，方是文章高手。施耐菴之《水滸》，王實甫之《西厢》，世人盡作戲文、小説看，金聖歎特標其名曰五才子書、六才子書者，其意何居，蓋憤天下之小視其道，不知爲古今來絶大文章，故作此等驚人語以摽其目。噫。知言哉。

清・黄周星《製曲枝語十條》 詩降而詞，詞降而曲，名爲愈趨愈下，實則愈趨愈難。何也。詩律寬而詞律嚴，若曲，則倍嚴矣。按格填詞，通身束縛，蓋無一字不由湊泊，無一語不由扭捏而能成者。故愚謂曲之難有三：叶律一也，合調二也，字句天然三也。嘗爲之語曰：三仄更須分上去，兩平還要辨陰陽。詩與詞曾有是乎。

詞壇之推服魁奇者，必曰神童、才子。夫神童之奇，奇在出口成章，才子之奇，奇在立掃千言也。然僅可施之於詩文耳，設或命之製曲，出口可以成章乎，千言可以立掃乎。故才者至此無所騁其才，學者至此無所用其學，此所謂最下之文字，實最上之工力也。以此思難，難可知矣。

愚謂曲有三難，亦有三易。三易者，可用襯字襯語，一也。一折之中，韻可重押，二也。方言俚語，皆可驅使，三也。是三者，皆詩文所無，而曲所有也。然亦顧其用之何如，未可草草。即如賓白，何嘗不易，亦須順理成章，方可動聽，豈皆市井遊談乎。

余最恨今之製曲者，每折之中，一調或雜數調，一韻或雜數韻，不問而陋劣可知。即東嘉《琵琶》，正自不免。至於次曲换頭，無端增減數字，亦復何奇。余於此類，皆一概禁絶之。

余尤恨今之割湊曲名以求新異者，或割二爲一，或湊三爲一，如《朱奴插芙蓉》、《梁溪劉大娘》之類。夫曲名雖不等於聖經賢傳，然既已相沿數百年，即遵之可矣。所貴乎才人者，於規矩準繩之中，未始不可見長，何必以跳越穿鑿爲奇乎。且曲之優劣，豈係於曲名之新舊乎，故余於此類，皆深惡而痛絶之。至於二犯、三犯、六犯、七犯諸調，雖從來有之，亦皆不取。

有一老友語余云：製曲之難，無才學者不能爲，然才學却又用不着。旨哉斯言。余見新舊傳奇中，多有填砌彙書，堆垛典故，及琢鍊四六句，以示博麗精工者，望之如餖飣牲筵，觸目可憎。夫文各有體，曲雖小技，亦復有曲之體。若典彙、四六，原自各成一家，何必活剥生吞，强施之於曲乎。若此者，余甚不取。

愚嘗謂曲之體無他，不過八字盡之，曰少引聖籍，多發天然而已。製曲之訣無他，不過四字盡之，曰雅俗共賞而已。論曲之妙無他，不過三字盡之，曰能感人而已。感人者，喜則欲歌欲舞，悲則欲泣欲訴，怒則欲殺欲割，生趣勃勃，生氣凜凜之謂也。噫，興觀羣怨，盡在於斯，豈獨詞曲爲然耶。

製曲之訣，雖盡於雅俗共賞四字，仍可以一字括之，曰趣。古云：詩有别趣。曲爲詩之流派，且被之絃歌，自當專以趣勝。今人遇情境之可喜者，輒曰有趣，有趣，則一切語言文字，未有無趣而可以感人者。趣非獨於詩酒花月中見之，凡屬有情，如聖賢豪傑之人，無非趣人，忠孝廉節之事，無非趣事。知此者，可與論曲。

清・孔尚任《桃花扇・凡例》 各本填詞，每一長折，例用十曲，短折例用八曲。優人删繁就減，只歌五六曲，往往去留弗當，辜作者之苦心。今於長折，止填八曲，短折或六或四，不令再删故也。

又 曲名不敢新奇，其套數皆時流諳習者，無煩探討，入口成歌。而詞必新警，不襲人牙後一字。

又 詞曲皆非浪填，凡胸中情不可説，眼前景不能見者，則借詞曲以詠之。又一事再述，前已有説白者，此則以詞曲代之。若應作説白者，但入詞曲，聽者不解，而前後間斷矣。其已有説白者，又奚必重入詞曲哉。

又 製曲必有旨趣，一首成一首之文章，一句成一句之文章。列之案頭，歌之場上，可感可興，令人擊節歎賞，所謂歌而善也。若勉强敷衍，全無意味，則唱者聽者，皆苦事矣。

又 詞曲入宫調，叶平仄，全以詞意明亮爲主。每見南曲艱澀扭捏，令人不解，雖强合絲竹，止可作工尺字譜，何以謂之填詞耶。

又 詞中所用典故，信手拈來，不露餖飣堆砌之痕。化腐爲新，易板爲活。點鬼垛屍，必不取也。

又 上下場詩，乃一句之始終條理，倘用舊句、俗句，草草塞責，全出削色矣。時本多尚集唐，亦屬濫套。今俱創爲新詩，起則有端，收則有緒，著往飾歸之義，彷彿可追也。

清・劉廷璣《在園雜志》 何元朗評施君美《幽閨》，出高則誠《琵琶》之上。王元美目爲好奇之過。臧晉叔謂《琵琶・梁州序》、《念奴嬌》二曲，不類則誠口吻，當是後人竄入。王元美大不以爲然，津津稱許不置。晉叔笑曰：是烏知所謂《幽閨》者哉。以予持衡而論，《琵琶》自高於《幽閨》。譬之於詩，《琵琶》杜陵也，《幽閨》義山也。比之時藝，《琵琶》程墨也，《幽閨》房書也。《琵琶》語語至情，天真一片，曲調合拍，皆極自然，真是天衣無縫。至於才人點染，淺深濃淡，何事不然，豈《梁州序》、《念奴嬌》二曲，遂謂各一手筆乎。觀少陵詩，何法不備，何態不呈，烏可以一家之管見測之哉。

清・毛聲山、毛宗崗《第七才子書琵琶記・參論》 元人詞曲之佳者，雖《西廂》與《琵琶》並傳，而《琵琶》之勝《西廂》也有二，一曰情勝，一曰文勝。所謂情勝者何也，曰《西廂》言情，《琵琶》亦言情，然《西廂》

之情則佳人才子、花前月下、私期密約之情也，《琵琶》之情則孝子賢妻、敦倫重誼、纏綿悱惻之情也。亦有似乎風之爲風，多采蘭贈芍之詞，而雅之爲雅，則唯忠孝廉貞之旨。是以同一情也，而《西厢》之情而情者，不善讀之，而情或累性，《琵琶》之情而性者，善讀之，而性見乎情。夫是之謂情勝也。所謂文勝者何也，曰《西厢》爲妙文，《琵琶》亦爲妙文，然《西厢》文中往往雜用方言土語，如呼美人爲顛不剌，呼僧人爲老潔郎之類，而《琵琶》無之。亦有似乎采風則言不遺乎里巷，而歌雅則語多出於薦紳。是以同一文也，而《西厢》之文豔，乃豔不離野者，讀之反覺其文不勝質。《琵琶》之文真，乃真而能典者，讀之自覺其質極而文。夫是之謂文勝也。

又　《琵琶》曲中所謂言之重，詞之複，再三唱歎，以足其意者，如《高堂稱慶》一篇，連歌共祝眉壽，正爲自此以往，祝壽不可復得，故於此頻頻道之。又如《琴訴荷池》一篇，連歌清世界幾人見，是言對景爲歡者，能有幾人，見苦樂不同，正打動孝子思家之意，故言之重也。又頻歌曰：不覺暗中流年換，見光陰易去，省親無時。正打動孝子愛日之誠，故詞之複也。又如《中秋望月》一篇，頻歌曰：年年此夜，人月雙清。此在牛氏眼中，見爲人與月俱圓，而伯喈意中，則人正有不能與月俱圓者，故再三唱歎，以寄懷也。又如《拐兒紿誤》一篇，頻祝曰：一家賀喜，只説他日再相見。《聽女迎親》一篇，頻祝曰：耳聽好消息，相逢處好筵席。《寺中遺像》一篇，頻祝曰：龍神護持，護持他登山渡水。正以後來不得再相見，無好消息，無好筵席，並不能登山渡水，故連歌之以反襯後文。蓋唯有前之祝，愈覺後之悲，必如是而文情始足也。乃若《廬墓》一篇，頻歌：覷真容形衰貌枯，想靈魂悲咽痛苦。則以墓中之人，其形容不可復睹，可睹者唯真容耳，故對墳墓不得不復覽真容，此皆從孝子心坎中摹寫出來。至於末篇，頻歌曰：料天也會相憐憫。此則一部書之大結穴也，何也，一部書首篇便有付之天也、俟命於天、謝天相佑等語；中間又有天付與、天須鑒、天降災、天憐念、復把蒼天禱、天教夫婦再和諧、問天天怎生結果，無數天字，於是終篇亦頻呼天字以總結之。大歷山之淚，號泣於父母，必號泣於旻天，孝子能事親，必能格天。故《琵琶》以天始，以天終也。

又　《琵琶記》曲白中，極閒處都有針線。如《選士》一篇，試官口中誇稱長安富貴，却只將食味來説，是正與陳留饑饉，蔡家缺食、里正奪糧、孝婦吃糠等事作反襯。又如寫牛氏富麗，却云金鳳斜飛鬢雲矗，又云起來攜素手，鬢雲亂，又云香霧雲鬟，是正與五娘臨妝感歎、剪髮、賣髮等事作反襯。寫伯喈及第，却云布袍脱下換羅衣，又云嫦娥剪就緑雲衣，又云荷衣穿緑，又云紫羅襴，白玉帶，是正與五娘之典賣衣衫，寸絲不挂，蔡公蔡母之衣衫敝垢，穿着破損衣裳作反襯。至若首篇有連理芳年、烏飛兔走之語，於是中間亦有隔牆花强攀做連理、與連理無旁枝、廝趕的皆狐兔等語，以映帶之，而末篇便以連枝異木、白兔如馴雙結之。此皆極閒中有針線處，讀者勿忽爲閒筆，而不尋其針線之所伏也。

又　嘗讀唐人詩，有一首之内而上下迴別者。如：越王勾踐破吴歸，義士還家盡錦衣。宫女如花滿春殿，只今唯有鷓鴣飛。上三句，何等熱鬧，末一句，何等悲凉。又如：魚鳥猶疑畏簡書，風雲應爲護儲胥。二語何等聲勢。忽接云：徒勞上將揮神筆，終見降王出傳車。何等掃興。又如：千門柳色垂青鎖，三殿花香入紫薇。何等華麗。末乃云：官拙自悲頭白盡，不如岩下掩荆扉。何等冷淡。又如：欲取蕪城作帝家，錦帆應自到天涯。忽接云：於今腐草無熒火，終古垂楊有暮鴉。前二語何等雄壯，後二語何等慘寂。諸如此類，未可枚舉。而《琵琶》文中，亦多用此法。試觀《十載親燈火》一曲，上半似豔科目，下半忽樂隱淪。《鳳凰池上歸環珮》一曲，上半是丞相罷朝，下半是老叟獨歎。《官居宫苑》一曲，上半是侍臣隨駕，下半是高士歸林。《月淡星移》一曲，上半是早朝待漏，下半是客邸思家。此等筆法，正與唐詩相類者也。不但此也，唐詩有即兩句内，而上下迴別者。如：蜀主窺吴向三峽，崩年亦在永安宫。又如：千尋鐵鎖横江岸，一片降旗出石頭。上句皆極其雄，下句皆極其憊。又如：高館張燈酒復清，鐘鳴月落雁歸聲。只言黄鳥堪求侣，無那春風欲送行。第一句似喜，第二句似悲，第三句又似喜，第四句又似悲。如此之類，亦不可枚舉。而《琵琶》文中，又往往有之。試觀《才俊登程》一篇：雲梯月殿圖貴顯，水宿風餐莫厭貧。上句熱，下句寒。思鄉遠，愁路貧，肯如十度謁侯門。行看取，朝紫宸，鳳池鰲禁聽絲綸。是又上語寒，下語熱。此等用筆，又與唐詩相類者也。不但此也，唐詩又有即一句内而上下迴別者。如：回首可憐歌舞地。歌舞本是樂事，乃上着回首可憐四字，便黯然銷魂。又如：露冷蓮房墜粉紅。蓮房、粉紅字，本極香豔，乃着一冷字、墜字，亦便黯然銷魂。又又《詞宜化俗》 元人白描，純是口頭言語，化俗爲雅。亦不宜過於高遠，恐失詞旨。又不可過於鄙陋，恐類乎俚下之談也。其所貴乎清真，有元人白描本色之妙也。

又《贈字》 詞無贈字，而曲有贈字。如曲無贈字，則調不變，唱者亦無處生活，但不宜太多，使人棘口。

又《曲有合情》 落筆務在得情，擇詞必須合意。如譙飲、陳訴、道路、軍馬、酸凄、調笑，自有專曲。用之不得其宜，雖才情生色，亦不足取也。

又《情不斷》 情不斷者，尾聲之别名也，又曰餘音，曰餘文，似文字之大結束也。須包括全套，有廣大清明之氣象，出其淵衷靜旨，欲吞而又吐者，誠所謂言有盡而意無窮也。

清・徐大椿《樂府傳聲・元曲家門》 元曲爲曲之一變，自元以前，歌已有南北之分，其法不傳，而聲調大略亦可想見。至元曲則分宫别調，獨成一家，清濁陰陽，以别其聲，長短徐疾，以定其節，宏細幽顯，以分其調。其體例如出一手，其音節如出一口，雖文之高下各殊，而音調無有不合者，歌法至此而大備，亦至此而盡顯。能審其節，隨口歌之，無不合格調，可播管絃者，今人特不知深思耳。若其體則全與詩詞各别，取直而不取曲，取俚而不取文，取顯而不取隱，蓋此乃述古人之言語，使愚夫愚婦共見共聞，非文人學士自吟自詠之作也。若必鋪敘故事，點染詞華，何不竟作詩文，而立此體耶。譬之朝服遊山，艫妝玩月，不但不雅，反傷俗矣。但直必有至味，俚必有實情，顯必有深義，隨聽者之智愚高下，而各與其所能知，斯爲至境。又必觀其所演何事，如演朝廷文墨之輩，則詞語仍不妨稍近藻繪，乃不失口氣。若演街巷村野之事，則鋪述竟作方言可也。總之，因人而施，口吻極似，正所謂本色之至也。此元人作曲之家門也。知此，則元曲用筆之法曉然矣。

清・梁廷枏《曲話》卷二 予幼時戲作《了緣記》，有云：聲喚不如歸，恰似孤燈枕畔。寒風窗裏，怯聽子規啼。有曲客見之，笑曰：是必從尤展成《鈞天樂》教我琵琶怎抱，行不得也哥哥句脱化來也。不知此等句法，元曲中已先有之。石君寶《秋胡戲妻》雜劇云：你待要諧比翼，你也曾聽杜宇。他那裏口口聲聲，攛掇先生不如歸去。鄭德輝《倩女離魂》云：只聽的花外杜鵑聲，催起歸程。此在元曲，偶一見之，尚覺新巧動人。近時人如：暎階碧草自春色，隔葉黄鸝空好音。碧草、春色、黄鸝、好音，豈非美麗字樣，而着一自字、空字，便覺神情蕭索。又如：翠華想像空山外，金殿虚無野寺中。翠華、金殿，十分尊貴，野寺、空山，十分荒凉，乃並在一句，又着虚無、想像字，令人愴然傷懷。如此之類，亦復不可枚舉。而《琵琶》文中，又往往有之。試觀《宦邸憂思》一篇，其云：悲傷鷺序鴛行。鷺序鴛行之上，着悲傷二字，甚奇。又云：怨香愁玉，香字、玉字上，着愁字、怨字，甚奇。又云：把歡娱翻成悶腸。歡娱與悶腸並説，甚奇。至於新人鳳衾和象床，可謂最樂，而上着依然二字，其辭若有憾焉，則又甚奇。乃其所尤奇者，悶殺人花燭洞房，愁殺我挂名金榜，洞房、金榜之上，忽着悶殺、愁殺等字，此從來未有之創句，即唐詩中亦不可易得。今人熟唱《琵琶》，等閒看過，故不覺其新異耳。夫操縵者將爲人解愠，則寫虞室之琴，將使人墮淚，則奏雍門之瑟，若欲以虞琴與雍瑟雜彈，必不能矣。染翰者，將寫嚴寒，則繪北風之圖，將寫炎暑，則描雲漢之象，若欲以北風與雲漢並畫，必不能矣。薦味者，將爲人養生，則調甘飴之鼎，將爲人去病，則進苦口之劑，若欲以飴甘與荼苦交陳，必不能矣。獨有文人之筆，可於悲中見喜，可於喜中見悲，可於冷中寓熱，可於熱中寓冷，可於苦中得甘，可於甘中得苦。予初不信，乃於唐詩信之，今於《琵琶》，愈信之也。

清・黄圖珌《看山閣集閒筆・文學部・詞采》 詞雖詩餘，然貴乎香艫清幽，有若時花美女，乃爲神品，不在詩家蒼勁古樸間而論其工拙也。

又《詞旨》 字須婉麗，句欲幽芳，不宜直絶痛決，純在吞吐包含，且婉且麗，又幽又芳，境清調絶，骨韻聲光，一洗浮滯之氣，其謂妙旨得矣。

又《詞音》 用字須活，用筆須鬆。活則亮，鬆則清。清如風，亮如月。其音節烏烏然，宛若在於風月光霽間也，寧不出於能活、能鬆之筆邪。

又《詞氣》 詞之有氣，如花之有香，勿厭其穠艫，最喜其清幽，既難其纖長，猶貴其純細。風吹不斷，雨潤還凝。是氣也，得之於造物，流之於文運，繚繞筆端，盤旋紙上，芳菲而無脂粉之俗，藴藉而有麝蘭之芳，出之於鮮花活卉，入之於絶響奇音也。

又《詞情》 情生於景，景生於情。情景相生，自成聲律。

又《有情有景》 心静力雄，意淺言深。景隨情至，情繇景生。吐人所不能吐之情，描人所不能描之景，華而不浮，麗而不淫，誠爲化工之筆也。

則多解爲此，反索然矣。

又　元曲多有以本人名姓直入句中，讀之愈覺情文真切者，然亦止可一部中偶爾一用，多則易傷俚俗。如武漢臣之《玉壺春》云：願你個李素蘭常風韻，則這個玉壺生永結緣。又云：則這個玉壺生更和這素蘭女，則索告你個柳青娘。又云：這的是玉壺生小詞章。又云：玉壺生拜辭了素蘭香。一劇中凡數見，固不如其已也。

又　《四書》語入曲，最難巧切，最難自然，惟元人每喜爲之。《西厢》仁者能仁等語，固屬大謬不倫。馬致遠《薦福碑》云：我猶自不改其樂，後來便爲官也富而無驕。又云：誰似晏平仲善與人交。又云：誰肯學有朋自遠方來。又云：想吾豈匏瓜也哉。又云：無錢的子張學干禄。又云：又不會巧言令色。鄭德輝《㑳梅香》云：他文質彬彬才有餘，和俺這相府潭潭德不孤，更怕甚文不在茲乎。又云：留心在九大經，吾日三省。又云：早掙個束帶立於朝。尚仲賢《單鞭奪槊》云：尉遲恭威而不猛。以上等語，幾成笨伯矣。

又　《㑳梅香》〔混江龍〕云：孔安國傳《中庸》、《語》、《孟》，馬融集《春秋》祖述着左丘明，演《周易》關西夫子，治《尚書》魯國伏生。校《禮記》舛謁揚子雲，作《毛詩箋注》鄭康成。無過是闡大道發揚中正，紀善言答問詳明。元人曲詞，每多腐語，如此等類，直是一幅策論，豈復成聲律耶。又況其出自閨閣兒女之口也。

又卷四　元曲疊字多新異者，今摘録之：響丁丁、冷清清、黑嘍嘍、虚飄飄、各刺刺離輪碾落花、撲騰騰、寬綽綽、笑呷呷、香馥馥、鬧炒炒、輕絲絲黄柳帶棲鴉、碧茸茸、煖溶溶、静巉巉的緑愁紅怨、氣昂昂、醉醺醺、呆鄧鄧把衣裳袒裸、亂蓬蓬、叫吖吖、白鄧鄧、黑突突、戰欽欽、慌張張、昏慘慘、疎刺刺的風雨節、舞旋旋、叫喳喳、撲碌碌、惡狠狠、哭啼啼、淚紛紛、黑黯黯、戰兢兢、白茫茫、寒森森、滴溜溜絆我個合撲地、篤簌簌、密濛濛、亂紛紛、稀刺刺草户扃、破殺殺磚窰静、喜孜孜、明晃晃、眼睁睁、可撲撲膽驚心懼、亂慌慌、忙劫劫、慌速速、急煎煎、翻滚滚、悲切切、痛煞煞、急忙忙、苦孜孜、淚絲絲、磣可可停着老子、撲咚咚、窮滴滴、淚漣漣、亂烘烘、粗坌坌幾根柴、顫欽欽惹的我心兒渾、冷丁丁、羞答答、實丕丕與你情親、心恐恐、清耿耿、番滚滚、赤歷歷那電光掣、不明明在這門額上顯、分朗朗、雄赳赳、喜都都、瘦懨懨、乾剥剥、足律律、鏍脊脊開聖旨、黄甘甘、惡哏哏、撲碌碌、篤速速眼跳、心切切、眼巴巴、困騰騰、惡款款、慢脊脊愁萬縷、信拖拖、另巍巍手中擎、曲躬躬、翻滚滚、可丕丕、甘剥剥、悶懨懨、沉默默、淚汪汪、青滲滲、黄穰穰、嗔忿忿、急攘攘、淚盈盈、夜迢迢、星耿耿、笑欣欣、暖溶溶、苦懨懨、悶沈沈、火匝匝把衣服緊揝着、鬧抄抄、凍欽欽、病懨懨、天澄澄、人紛紛、鬧火火、静悄悄、困騰騰、步遲遲、恨緜緜、笑哈哈、酸溜溜、韻悠悠、笑哈哈、舞飄飄、撲簌簌、骨碌碌、合刺刺轆轤響、各琅琅的搗碓聲、淅零零、急騰騰、急旋旋、碧遥遥、喝嘍嘍、七林林過曲檷、沈默默、勢雄雄、威糾糾、齊臻臻、鬧垓垓、濕浸浸、磕擦擦登山驀嶺、緝林林、志昂昂、氣騰騰、興悠悠、嬌滴滴、樂陶陶、曲彎彎、高聳聳、明朗朗、響潺潺、香噴噴、鬱沈沈、碧油油、黑漫漫、啖騰騰、絮叨叨、假惺惺、不鄧鄧、撲鼕鼕、響璫璫、忽刺刺、不騰騰、磣磕磕、密匝匝、笑微微、立欽欽、醉醄醄、支楞楞、低矮矮、羞怯怯、風颯颯、怒忿忿、顫兢兢、黄登登、氣撲撲、淚籟籟、沸瀼瀼、直挺挺、鬧嚷嚷、緑茸茸、吃登登催着玉驄、恨匆匆、廝踏踏、赤力力、骨都都、各支支、烟支支的撇滯殢、涎鄧鄧、情默默、望迢迢、青湛湛、細濛濛、忒楞楞、氣哈哈、冷清清、意懸懸、嘴巴巴、碧泠泠、玉鏗鏗、緑依依、碎紛紛、可擦擦、穩丕丕、粗刺刺、黑婁婁、鐵屑屑。

清·彭翊《無近名齋文集》卷二《與友人論曲書》　自詩降而詞，詞降而曲，皆有自然之節奏。天籟與人籟，參焉者也。皆本乎性情，而假物以鳴，各得其性之所近，所以一往而深。近於詩則詩，近於詞則詞，近於曲則曲，豈有異理哉。大匠必以規矩，而射必以彀，何事不然，乃獨於曲而難之。足下特以詩分平仄，而此則陰、陽、平、上、去、入，不可混淆。詞限字數，此則宫調有南有北，牌名有犯有攤破，拍板有頭有腰有底。不得其綱領，則紛然雜亂，觸手皆錯，宜其一步不可行也。能於自然之節奏有所會心，則某某處一定而不可易，某某處可以變化從心，而後知此中有樂境，非特因難見巧而已。欲於自然之節奏有所會心，無他，在乎多讀舊曲，自可神而明之。

又　至於詞藻，則取詩詞中最新最豔者，否則取人人意中所有者，而翻案用之。旁面著筆，反面著筆，不如對面著筆更能新豔，無他巧妙也。然其佳處，全在白描。白描能手，其輕倩處，不著一字，盡得風流，其渾厚處，沈鬱蒼凉，淋漓歌泣，是非寢饋於元人者不能。初學填曲，且勿深求詞藻，取其新豔，而筆墨務求娟潔。若填北曲，於入聲字加意考覈焉可矣。芻蕘之獻，不禁言之娓娓者。深喜足下出筆娟秀，無擁腫拳曲之病，稍加學力，納之規矩之中，自無有斷鶴續鳧之誚，幸勿畏難而中止也。

清·王德暉、徐沅澂《顧誤録·襯字論》　古詩餘無襯字。曲之有襯字，猶語助也。凡對口曲，不能不用襯字，以暢達文理，而不可當作正文。俗譜不能辨別，將襯字亦下實板，致主客不分，體格錯亂，句法參差，後人認作實字，襲謬承訛，伊於胡底。

又《尾聲論》　尾聲乃經緯十二律，故定十二板。式律中積零者爲閏，故亦有十三板者。句僅三句，字自十九字至二十一字止，多即不合式矣。如《四夢》傳奇之尾聲，多不入格局，至有三十餘字者。度曲不顧文義，刪落字句，遵依尾聲格式，則兩失之矣。

又《煞尾論》　北調煞尾，最爲緊要，以之收拾一套之音節，結束一篇之文情。宮調既分，體裁各判，在仙吕調曰賺煞，在中吕調曰賣花聲煞，在大石角曰催拍煞，在越角曰收尾。諸如此類，皆秩然不紊。至於慶餘，乃諸調煞尾之别名，用者尋其本而自得之。

清·楊恩壽《續詞餘叢話》卷二《原文續》　朱子曰：古人作詩，只是説他心下所存事。説出來，人便將他詩來歌。其聲之清濁、長短，各依他詩之語言，却將律來調和其聲。今人却先安排下腔調了，然後作語言去合腔子，豈不是倒了，却是永依聲也。古人是以樂去就他詩，後世是以詩去就他樂，如何解興起得人。余謂按曲者照譜填詞，不敢意爲增損，以詩就樂是也。興之所至，犯一曲、兩曲，至十餘曲而成一曲者，以樂就詩是也。

填詞一道，雖爲大方家所竊笑，殊不知此中自有樂也，惟好事者始能得之。大凡功名富貴中人，大而致君澤民，小而趨炎附勢，惟日不足，何暇作此不急之需。必也漂泊江湖，沉淪泉石之輩，稍負才學而又不遇於時，既苦宋學之拘，又覺漢學之鑿，始於詩、古文辭之外，别成此一派文章，非但鬱爲之舒，愠爲之解，而且風霆在手，造化隨心。我欲作官，則頃刻之間便臻榮貴。我欲致仕，則轉盼之際又入山林。我欲作人間才子，則爲杜甫、李白之後身。我欲娶絶代佳人，即諧西子、王嬙之佳偶。我欲成仙、作佛，則西天、蓬島，即在筆床硯匣之旁。我欲盡忠、致孝，則君治、親年，可駕堯、舜、彭籛之上。

又　填詞誠足樂矣，而其搜索枯腸，撚斷吟髭，其苦其萬倍於詩文者。曲詞一道，句之長短，字之多寡，聲之平、上、去、入，韻之清濁、陰陽，皆有一定不移之格，長者短一句不能，少者增一字不可。又復忽長忽短，時少時多，當平者用仄則不諧，當陰者換陽而不協。儘有新奇之句，因一字不合，便當毅然去之。非無捏湊之詞，爲格律所拘，亦必隱忍留之。調得平仄成文，又慮陰陽反覆。分得陰陽清楚，又與聲韻乖張。作者處此，但能布置得宜，安頓極妥，已是萬幸之事，尚能計詞品之低昂，文情之工拙乎。能於此種艱難文字，顯出奇能，字字在聲音律法之中，言言無資格拘攣之苦，如蓮花生在火上，仙叟弈於橘中，始爲盤根鑿節之才，八面玲瓏之筆，壽名千古，夫復何慚。

又　《笠翁十種曲》，意在通俗，失之鄙俚，然其中亦有俊語也。《奈何天》下場詩云：奈何人不得，且去奈何天。又云：饒他百計奈何天，究竟奈何天不得。語妙乃爾。至《風箏誤·逼婚·尾聲》云：怕你不做卧看牽牛的織女星。本是成句，略改句讀，用意各别，尤爲巧不可階。

藝文

清·凌廷堪《校禮堂詩集》卷三《論曲絶句》　一字沉吟未易安，此中層折解人難。試將雜劇標新異，莫作詩詞一例看。

又　語言辭氣辨須真，比似詩篇别樣新。拈出進之金作句，風前抖擻黑精神。

賓白

題解

明·王驥德《曲律》卷三《論賓白第三四》　賓白，亦曰説白。有定場白，初出場時，以四六飾句者是也。有對口白，各人散語是也。定場白稍露才華，然不可深晦。《紫簫》諸白，皆絶好四六，惜人不能識。《琵琶》黄門白，只是尋常話頭，略加貫串，人人曉得，所以至今不廢。對口白須明白簡質，用不得太文字，凡用之乎者也，俱非當家。《浣紗》純是四六，寧不厭人。又凡者字，惟北劇有之，今人用在南曲白中，大非體也。句字長短平仄，須調停得好，令情意宛轉，音調鏗鏘，雖不是曲，却要美聽。諸戲曲之工者，白未必佳，其難不下於曲。《玉玦》諸白，潔净文雅，又不深晦，與曲不同，只稍欠波瀾。大要多則取厭，少則不達，蘇長公有言：行乎其所當行，止乎其所不得不止。則作白之法也。

清·李調元《劇話》卷上《菊坡叢話》 北曲中有全賓、全白。兩人對説曰賓，一人自説曰白。《西河詞話》：元曲唱者衹一人，若他雜色人，第有白而無唱，謂之賓白。賓與主對，以説白在賓，而唱者自有主也。按：曲白不欲多。惟雜劇以四折寫傳奇故事，其白有累千言者。觀《西厢》二十一折，則白少可見。

論説

明·王驥德《曲律》卷三《雜論第三九上》 元人諸劇，爲曲皆佳，而白則猥鄙俚褻，不似文人口吻。蓋由當時皆教坊樂工先撰成間架説白，却命供奉詞臣作曲，謂之填詞。凡樂工所撰，士流恥爲更改，故事款多悖理，辭句多不通。不似今作南戲者盡出一手，要不得爲諸君子疵也。

又卷四《雜論第三九下》 白謂之賓白，蓋曲爲主也。《戒菴漫筆》曰：兩人對説曰賓，一人自説曰白。未必確。古戲之白，皆直截道意而已，惟《琵琶》始作四六偶句，然皆淺淺易曉。蓋傳奇初時本自教坊供應，此外止有上臺勾欄，故曲白皆不爲深奥。其間用詼諧曰俏語，其妙出奇拗曰俊語。自成一家言，謂之本色，使上而御前，下而愚民，取其一聽而無不了然快意。今之曲既鬬靡，而白亦競富。甚至尋常問答，亦不虚發閒語，必求排對工切。是必廣記類書之山人，精熟策段之舉子，然後可以觀優戲，豈其然哉。又可笑者，花面丫頭，長脚髯奴，無不命詞博奥，子史淹通，何彼時比屋皆康成之婢、方回之奴也。總來不解本色二字之義，故流弊至此耳。或曰：然則如《琵琶》黄門、早朝等語亦非乎。曰：説書家非不是通俗演義，而但見云云，儘有偶句描寫工妙者，此自是其一種鋪排本色，人自不識其體耳。

清·李漁《閒情偶寄》卷三《詞曲部·賓白第四》 自來作傳奇者，止重填詞，視賓白爲末着。常有白雪、陽春其調而巴人、下里其言者，予竊怪之。原其所以輕此之故，殆有説焉。元以填詞擅長，名人所作，北曲多而南曲少。北曲之介白者，每折不過數言。即抹去賓白而止閲填詞，亦皆一氣呵成，無有斷續，似併此數言亦可略而不備者。由是觀之，則初時止有填詞，其介白之文，未必不係後來添設。在元人則以當時所重不在於此，是以輕之。後來之人又謂元人尚在不重，我輩工此何爲。遂不覺日輕一日，而竟置此道於不講也。予則不然，嘗謂曲之有白，就文字論之，則猶經文之於傳註，就物理論之，則如棟梁之於榱桷，就人身論之，則如肢體之於血脈，非但不可相無，且覺稍有不稱，即因此賤彼，竟作無用觀者。故知賓白一道，當與曲文等視。有最得意之曲文，即當有最得意之賓白。但使筆酣墨飽，其勢自能相生。常有因得一句好白而引起無限曲情，又有因填一首好詞而生出無窮話柄者，是文與文自相觸發，我止樂觀厥成，無所容其思議。此係作文恒情，不得幽渺其説而作化境觀也。

又《聲務鏗鏘》 賓白之學，首務鏗鏘。一句聱牙，俾聽者耳中生棘。數言清亮，使觀者倦處生神。世人但以音韻二字用之曲中，不知賓白之文，更宜調聲協律。世人但知四六之句，平間仄，仄間平，非可混施疊用，不知散體之文，亦復如是。平仄仄平平仄仄，仄平平仄仄平平，二語乃千古作文之通訣，無一語一字可廢聲音者也。如上句末一字用平，則下句末一字定宜用仄。連用二平，則聲帶喑啞，不能聳聽。下句末一字用仄，則接此一句之上句，其末一字定宜用平。連用二仄，則音類咆哮，不能悦耳。此言通篇之大較，非逐句逐字皆然也。能以作四六平仄之法，用於賓白之中，則字字鏗鏘，人人樂聽，有金聲擲地之評矣。聲務鏗鏘之法，不出平仄、仄平二語是已。然有時連用數平，或連用數仄，明知聲欠鏗鏘，而限於情事，欲改平爲仄，改仄爲平，而决無平聲、仄聲之字可代者，此則千古詞人未窮其秘。予以探驪覓珠之苦，入萬丈深潭者既久而後得之。以告同心，雖示無私，然未免可惜。字有四聲，平、上、去、入是也，平居其一，仄居其三。是上、去、入三聲，皆麗於仄。而不知上之爲聲，雖與去、入無異，而實可介於平、仄之間，以其別有一種聲音，較之於平則略高，比之去、入則又略低。古人造字審音，使居平、仄之介，明明是一過文，由平至仄，從此始也。譬如四方聲音，到處各別，吳有吳音，越有越語，相去不啻天淵。而一至接壤之處，則吳、越之音相半，吳人聽之覺其同，越人聽之亦不覺其異。晉、楚、燕、秦以至黔、蜀，在在皆然，此即聲音之過文，猶上聲介於平、去、入之間也。作賓白者，欲求聲韻鏗鏘，而限於情事，求一可代之字而不得者，即當用此法以濟其窮。如兩句三句皆平，或兩句三句皆仄，求一可代之字而不得，即用一上聲之字介乎其間，以之代平可，以之代去、入亦可。如兩句三句皆平，間一上聲之字，則其聲是仄不必言矣。即兩句三句皆去聲、入聲，而間一上聲之字，則其字明明是仄，而却似平，令人聽之不知其爲連用數仄者。此理可解而不可解，此法可傳而實不當傳。一傳之後，則遍地金聲，求一瓦缶之鳴而不可得矣。

又《語求肖似》 文字之最豪宕，最風雅，作之最健人脾胃者，莫過填詞一種。若無此種，幾於悶殺才人，困死豪傑。予生憂患之中，處落魄之境，自幼至長，自長至老，總無一刻舒眉。惟於製曲填詞之頃，非但鬱藉以舒，慍爲之解，且嘗僭作兩間最樂之人，覺富貴榮華，其受用不過如此，未有真境之爲所欲爲，能出幻境縱横之上者。我欲做官，則頃刻之間便臻榮貴。我欲致仕，則轉盼之際又入山林。我欲作人間才子，即爲杜甫、李白之後身。我欲娶絶代佳人，即作王嬙、西施之元配。我欲成仙作佛，則西天蓬島，即在硯池筆架之前。我欲盡孝輸忠，則君治親年，可躋堯、舜、彭籛之上。非若他種文字，欲作寓言，必須遠引曲譬，醞藉包含。十分牢騷，還須留住六七分。八斗才學，止可使出二三升。稍欠和平，略施縱送，即謂失風人之旨，犯佻達之嫌。求爲家絃户誦者，難矣。填詞一家，則惟恐其蓄而不言，言之不盡。是則是矣，須知暢所欲言，亦非易事。言者，心之聲也，欲代此一人立言，先宜代此一人立心。若非夢往神遊，何謂設身處地。無論立心端正者，我當設身處地，代生端正之想，即遇立心邪辟者，我亦當舍經從權，暫爲邪辟之思。務使心曲隱微，隨口唾出，説一人肖一人，勿使雷同，弗使浮泛。若《水滸傳》之叙事，吳道子之寫生，斯稱此道中之絶技。果能若此，即欲不傳，其可得乎。

又《詞别繁減》 傳奇中賓白之繁，實自予始。海内知我者與罪我者半。知我者曰：從來賓白，作説話觀，隨口出之即是。笠翁賓白，當文章做，字字俱費推敲。從來賓白，只要紙上分明，不顧口中順逆。常有觀刻本極其透徹，奏之場上便覺糊塗者。豈一人之耳目有聰明、聾聵之分乎。因作者只顧揮毫，並未設身處地，既以口代優人，復以耳當聽者，心口相維，詢其好説不好説，中聽不中聽，此其所以判然之故也。笠翁手則握筆，口却登場。全以身代梨園，復以神魂四繞，考其關目，試其聲音，好則直書，否則擱筆，此其所以觀聽咸宜也。罪我者曰：填詞既曰填詞，即當以詞爲主。賓白既名賓白，明言白乃其賓，奈何反主作客，而犯樹大於根之弊乎。笠翁曰：始作俑者，實實爲予，責之誠是也。但其敢於若是，與其不得不若是者，則均有説焉。請先白其不得不若是者。前人賓白之少，非有一定當少之成格。蓋彼祇以填詞自任，留餘地以待優人，謂引商刻羽我爲政，飾聽美觀彼爲政。我以約略數言，示之以意，彼自能增益成文。如今世之演《琵琶》、《西廂》、《荆》、《劉》、《拜》、《殺》等曲，曲則仍之，其間賓白、科諢等事，有幾處合於原本，以寥寥數言塞責者乎。且作新與演舊有别，《琵琶》、《西廂》、《荆》、《劉》、《拜》、《殺》等曲，家絃户誦已久，童叟男婦皆能備悉情由。即使一句賓白不道，止唱曲文，觀者亦能默會。是其賓白繁減，可不問也。至於新演一劇，其間情事，觀者茫然。詞曲一道，止能傳聲，不能傳情。欲觀者悉其顛末，洞其幽微，單靠賓白一着。予非不圖省力，亦留餘地以待優人，但優人之中，智愚不等，能保其增益成文者，悉如作者之意，毫無贅疣、蛇足於其間乎。與其留餘地以待增，不若留餘地以待減。減之不當，猶存作者深心之半，猶病不服藥之得中醫也。此予不得不若是之故也。至其敢於若是者，則謂：千古文章，總無定格，有創始之人，即有守成不變之人，有守成不變之人，即有大仍其意，小變其形，自成一家而不顧天下非笑之人。古來文字之正變爲奇，奇翻爲正者，不知凡幾，吾不具論，止以多寡、增益之數論之。《左傳》、《國語》，紀事之書也，每一事不過數行，每一語不過數字，初時未病其少。殆班固之作《漢書》，司馬遷之爲《史記》，亦紀事之書也，遂益數行爲數十百行，數字爲數十百字，豈有病其過多而廢《史記》、《漢書》於不讀者乎。此言少之可變爲多也。詩之爲道，當日但有古風。古風之體，多則數十百句，少亦十數句，初時亦未病其多。殆近體一出，則約數十百句爲八句，絶句一出，又斂八句爲四句，豈有病其漸少，而選詩之家，止載古風，删近體、絶句於不録者乎。此言多之可變爲少也。總之，文字短長，視其人之筆性。筆性遒勁者，不能强之使長。筆性縱肆者，不能縮之使短。文患不能長，又患其可以不長而必欲使之長。如其能長而又使人不可删逸，則雖爲賓白中之古風，《史》、《漢》，亦何患哉。予則烏能當此，但爲糠粃之導，以俟後來居上之人。

又 予之賓白，雖有微長，然初作之時，竿頭未進，常有當儉不儉，因留餘幅以俟剪裁，遂不覺流爲散漫者。自今觀之，皆吴下阿蒙手筆也。如其天假以年，得於所傳十種之外，别有新詞，則能保爲犬夜、鷄晨。嗚乎。其所當鳴，默乎其所不得不默者矣。

又《字分南北》 北曲有北音之字，南曲有南音之字，如南音自呼爲我，呼人爲你，北音呼人爲您，自呼爲俺、爲咱之類是也。世人但知曲内宜分，烏知白隨曲轉，不應兩截。此一折之曲爲南，則此一折之白，悉用南音之字。此一折之曲爲北，則此一折之白，悉用北音之字。時人傳奇，多有混用者。即能間施於净、丑，不知加嚴於生、旦。止能分用於男子，不知區别於婦人。以北字近於粗豪，易入剛勁之口。南音悉多嬌媚，便施窈窕之人。殊不知聲音駁雜，俗語呼爲兩頭蠻。説話且然，况登場演劇乎。此論爲全套南曲、全套北曲者言之。南北相間如《新水令》、《步步嬌》之類，則在所不拘。

又《文貴潔净》 白不厭多之説，前論極詳，而此復言潔净。潔净者，簡省之别名也。潔則忌多，减始能净，二説不無相悖乎。曰：不然，多而不覺其多者，多即是潔，少而尚病其多者，少亦近蕪。予所謂多，謂不可删逸之多，非唱沙作米、强鳧變鶴之多也。作賓白者，意則期多，字惟求少，愛雖難割，嗜亦宜專。每作一段，即自删一段，萬不可删者始存，稍有可削者即去。此言逐齣初填之際，全稿未脱之先，所謂慎之於始也。然我輩作文，常有人以爲非，而自認作是者，又有初信爲是，而後悔其非者。文章出自己手，無一非佳，詩賦論其初成，無語不妙。迨易日經時之後，取而觀之，則妍媸、好醜之間，非特人能辨别，我亦自解雌黄矣。此論雖説填詞，實各種詩文之通病，古今才士之恒情也。凡作傳奇，當於開筆之初，以至脱稿之後，隔日一删，逾月一改，始能淘沙得金，無瑕瑜互見之失矣。此説予能言之，不能行之者，則人與我中分其咎。予終歲飢驅，杜門日少，每有所作，率多草草成篇。章名急就，非不欲删，非不欲改，無可删、可改之時也。每成一劇，纔落毫端，即爲坊人攫去。下半猶未脱稿，上半業已災梨。非止災梨，彼伶工之捷足者，又復災其肺腸，災其唇舌，遂使一成不改，終爲錮疾難醫。予非不務潔净，天實使之，謂之何哉。

又《意取尖新》 纖巧二字，行文之大忌也，處處皆然，而獨不戒於傳奇一種。傳奇之爲道也，愈纖愈密，愈巧愈精。詞人忌在老實，老實二字，即纖巧之讐家敵國也。然纖巧二字，爲文人鄙賤已久，言之似不中聽。易以尖新二字，則似變瑕成瑜。其實尖新即是纖巧，猶之暮四朝三，未嘗稍異。同一話也，以尖新出之，則令人眉揚目展，有如聞所未聞。以老實出之，則令人意懶心灰，有如聽所不必聽。白有尖新之文，文有尖新之句，句有尖新之字，則列之案頭，不觀則已，觀則欲罷不能。奏之場上，不聽則已，聽則求歸不得，尤物足以移人。尖新二字，即文中之尤物也。

又《少用方言》 填詞中方言之多，莫過於《西厢》一種。其餘今詞古曲，在在有之。非止詞曲，即《四書》之中，《孟子》一書，亦有方言。天下不知，而予獨知之。予讀《孟子》五十餘年不知，而今知之。請先畢其説。兒時讀自反而縮，雖褐寬博，吾不惴焉，觀朱註云：褐，賤者之服。寬博，寬大之衣。心甚惑之。因生南方，南方衣褐者寡。間有服者，强半富貴之家，名雖褐而實則絨也。因訊蒙師，謂：褐乃貴人之衣，胡云賤者之服。既云賤矣，則當從約，短一尺省一尺購辦之資，少一寸免一寸縫紉之力，胡不窄小其製，而反寬大其形，是何以故。師默然不答。再詢，則顧左右而言他。具此狐疑，數十年未解。及近遊秦塞，見其土著之民，人人衣褐。無論絲羅罕覯，即見一二衣布者，亦類空谷足音。因地寒不毛，止以牧養自活。織牛羊之毛以爲衣，又皆粗而不密，其形似毯。誠哉，其爲賤者之服，非若南方貴人之衣也。又見其寬則倍身，長復掃地，即而訊之。則曰：此衣之外，不復有他衫、裳、襦、袴，總以一物代之。日則披之當服，夜則擁以爲衾，非寬不能周遭其身，非長不能盡覆其足。《魯論》：必有寢衣，長一身有半。即是類也。予始憣然大悟曰：太史公著書，必遊名山大川，其斯之謂歟。蓋古來聖賢，多生西北，所見皆然，故方言隨口而出。朱文公南人也，彼烏知之。故但釋字義，不求甚解，使千古疑團，至今未破。非予遠遊絶寒，親覿其人，烏知斯言之不謬哉。由是觀之，《四書》之文，猶不可盡法，況《西厢》之爲詞曲乎。凡作傳奇，不宜頻用方言，令人不解。近日填詞家見花面登場，悉作姑蘇口吻，遂以此爲成律，每作净、丑之白，即用方言。不知此等聲音，止能通于吴、越。過此以往，則聽者茫然。傳奇天下之書，豈僅爲吴越而設。至於他處方言，雖云入曲者少，亦視填詞者所生之地。如湯若士生於江右，即當規避江右之方言。粲花主人吴石渠生於陽羨，即當規避陽羨之方言。蓋生此一方，未免爲一方所囿，有明是方言，而我不知其爲方言，及入他境，對人言之而人不解，始知其爲方言者，諸如此類，易地皆然。欲作傳奇，不可不存桑弧蓬矢之志。

又《時防漏孔》 一部傳奇之賓白，自始至終，奚啻千言萬語。多言多失，保無前是後非，有呼不應，自相矛盾之病乎。如《玉簪記》之陳妙常，道姑也，非尼僧也，其白云姑娘在禪堂打坐，其曲云從今孽債染緇衣。禪堂、緇衣，皆尼僧字面，而用入道家，有是理乎。諸如此類者，不能枚舉。總之，文字短少者，易爲檢點，長大者難於照顧。吾於古今文字中，取其最長、最大，而尋不出纖毫滲漏者，惟《水滸傳》一書。設以他人爲此，幾同笊籬貯水，珠箔遮風，出者多而進者少，豈止三十六個漏孔而已哉。

清・孔尚任《桃花扇・凡例》 説白則抑揚鏗鏘，語句整練，設科打諢，俱有别趣。寧不通俗，不肯傷雅，頗得風人之旨。

又 舊本説白，止作三分，優人登場，自增七分。俗態惡謔，往往點金成鐵，爲文筆之累。今説白詳備，不容再添一字。篇幅稍長者，職是故耳。

科諢

論説

明・王驥德《曲律》卷三《論插科第三五》 插科打諢，須作得極巧，又下得恰好。如善説笑話者，不動聲色，而令人絶倒，方妙。大略曲冷不鬧場處，得净、丑間插一科，可博人哄堂，亦是劇戲眼目。若略涉安排勉强，使人肌上生粟，不如安静過去。古戲科諢，皆優人穿插，傳授爲之，本子上無甚佳者。惟近顧學憲《青衫記》有一二語咄咄動人，以出之輕俏，不費一毫做造力耳。黄山谷謂：作詩似作雜劇，臨了須打諢，方是出場。蓋在宋時已然矣。

清・李漁《閒情偶寄》卷三《詞曲部・科諢第五》 插科打諢，填詞之末技也。然欲雅俗同歡，智愚共賞，則當全在此處留神。文字佳，情節佳，而科諢不佳，非特俗人怕看，即雅人韻士，亦有瞌睡之時。作傳奇者，全要善驅睡魔。睡魔一至，則後乎此者，雖有《鈞天》之樂，《霓裳羽衣》之舞，皆付之不見不聞，如對泥人作揖，土佛談經矣。予嘗以此告優人，謂戲文好處，全在下半本。只消三兩個瞌睡，便隔斷一部神情。瞌睡醒時，上文下文已不接續，即使抖起精神再看，只好斷章取義，作零齣觀。若是，則科諢非科諢，乃看戲之人參湯也。養精益神，使人不倦，全在於此，可作小道觀乎。

又《戒淫褻》 戲文中花面插科，動及淫邪之事，有房中道不出口之話，公然道之戲場者。無論雅人塞耳，正士低頭，惟恐惡聲之污聽，且防男女同觀，共聞褻語，未必不開窺竊之門。鄭聲宜放，正爲此也。不知科諢之設，止爲發笑。人間戲語儘多，何必專談慾事。即談慾事，亦有善戲謔兮，不爲虐兮之法，何必以口代筆，畫出一幅春意圖，始爲善談慾事者哉。人問善談慾事，當用何法，請言一二以概之。予曰：如説口頭俗語，人盡知之者，則説半句，留半句，或説一句，留一句，令人自思，則慾事不掛齒頰，而與説出相同，此一法也。如講最褻之話，慮人觸耳者，則借他事喻之，言雖在此，意實在彼，人盡了然，則慾事未入耳中，實與聽見無異，此又一法也。得此二法，則無處不可類推矣。

又《忌俗惡》 科諢之妙，在於近俗，而所忌者又在於太俗。不俗則類腐儒之談，太俗即非文人之筆。吾於近劇中取其俗而不俗者，《還魂》而外，則有《粲花五種》，皆文人最妙之筆也。《粲花五種》之長，不僅在此。才鋒筆藻，可繼《還魂》，其稍遜一籌者，則在氣與力之間耳。《還魂》氣長，《粲花》稍促。《還魂》力足，《粲花》略虧。雖然，湯若士之《四夢》，求其氣長力足者，惟《還魂》一種，其餘三劇，則與《粲花》比肩。使粲花主人及今猶在，奮其全力，另製一種新詞，則詞壇赤幟，豈僅爲若士一人所攫哉。所恨予生也晚，不及與二老同時。他日追及泉臺，定有一番傾倒，必不作妒而欲殺之狀，向閻羅天子掉舌，排擠後來人也。

又《重關係》 科諢二字，不止爲花面而設，通場脚色皆不可少。生、旦有生、旦之科諢，外、末有外、末之科諢。净、丑之科諢，則其分内事也。然爲净、丑之科諢易，爲生、旦、外、末之科諢難。雅中帶俗，又於俗中見雅。活處寓板，即於板處證活。此等雖難，猶是詞客優爲之事，所難者要有關係，關係維何，曰：於嘻笑詼諧之處，包含絶大文章，使忠孝節義之心，得此愈顯，如老萊子之舞斑衣，簡雍之説淫具，東方朔之笑彭祖面長，此皆古人中之善於插科打諢者也。作傳奇者苟能取法於此，則科諢非科諢，乃引人入道之方便法門耳。

又《貴自然》 科諢雖不可少，然非有意爲之。如必欲於某折之中，插入某科諢一段，或預設某科諢一段，插入某折之中，則是覓妓追歡，尋人賣笑，其爲笑也不真，其爲樂也亦甚苦矣。妙在水到渠成，天機自露。我本無心説笑話，誰知笑話逼人來，斯爲科諢之妙境耳。如前所云簡雍説淫具、東方朔笑彭祖，即取二事論之。蜀先主時，天旱禁酒，有吏向一人家索出釀酒之具，論者欲置之法。雍與先主遊，見男女各行道上，雍謂先主曰：彼欲行淫，請縛之。先主曰：何以知其行淫。雍曰：各有其具，與欲釀未釀者同，是以知之。先主大笑而釋蓄釀具者。漢武帝時，有善相者，謂人中長一寸，壽當百歲。東方朔大笑，有司奏以不敬。帝責之，朔曰：臣非笑陛下，乃笑彭祖耳。人中一寸則壽百歲，彭祖歲八百，其人中不幾八寸乎。人中八寸，則面幾長一丈矣，是以笑之。此二事，可謂絶妙之詼諧。戲場有此，豈非絶妙之科諢。然當時必親見男女同行，因而説及淫具，必親聽人中一寸壽當百歲之説，始及彭祖面長，是以可笑，是以能悟人主。如其未見、未聞，突然引此爲喻，則怒之不暇，笑從何來。笑既不得，悟從何有。此即貴自然，不貴勉强之明證也。吾看演《南西厢》，見法聰口中所説科諢，迂奇誕妄，不知何處生來，真令人欲逃、欲嘔，而觀者、聽者絶無厭倦之色，豈文章一道，俗則争取，雅則共棄乎。

清·孔尚任《桃花扇·凡例》 設科之嬉笑怒駡，如白描人物，鬚眉畢現，引人入勝者，全借乎此。今俱細爲界出，其面目精神，跳躍紙上，勃勃欲生，况加以優孟摹擬乎。

藝文

清·楊芳燦《真率齋初稿》卷五《消夏偶檢填詞數十種，漫題斷句，仿元遺山論詩體》 仄語纖詞院本中，惡科鄙諢亦何窮。石渠尚是文人筆，不解俳優李笠翁。

曲律部

宮調

題解

《舊唐書》卷二二《禮樂志一二》 自周、陳以上，雅鄭淆雜而無別。隋文帝始分雅、俗二部，至唐更曰部當。凡所謂俗樂者，二十有八調：正宮、高宮、中吕宮、道調宮、南吕宮、仙吕宮、黄鍾宮，爲七宮。越調、大食調、高大食調、雙調、小食調、歇指調、林鍾商，爲七商。大食角、高大食角、雙角、小食角、歇指角、林鍾角、越角，爲七角。中吕調、正平調、高平調、仙吕調、黄鍾羽、般涉調、高般涉，爲七羽。皆從濁至清，迭更其聲，下則益濁，上則益清，慢者過節，急者流蕩。其後聲器寖殊，或有宮調之名，或以倍四爲度，有與律吕同名而聲不近雅者。其宮調乃應夾鍾之律，燕設用之。

明・王驥德《曲律》卷二《論宮調第四》 宮調之説，蓋微眇矣，周德清習矣而不察，詞隱語焉而不詳。或問曲何以謂宮調，何以有宮又復有調，何以宮之爲六，調之爲十一。既總之有十七宮調矣，何以今之用者，北僅十三，南僅十一，又何以别有十三調之名也。曰：宮調之立，蓋本之十二律，五聲，古極詳備，而今多散亡也。其説雜見歷代樂書：杜佑《通典》，鄭樵《樂略》，沈括《筆談》，蔡元定《律吕新書》，歐陽之秀《律通》，陳暘《樂考》，朱子《語類》，馬端臨《文獻通考》，及唐、宋諸賢樂論。近閩人李文利《律吕元聲》，嶺南黄泰泉《樂典》，吾鄉季長沙《樂律纂要》、《律吕别書》諸書，宏博浩繁，無暇殫述，第撮其要，則律之自黄鍾以下，凡十二也。聲之自宮、商、角、徵、羽而外，有變宮、變徵凡七也。古有旋相爲宮之法，以律爲經，復以聲爲緯，乘之每律得十二調，合十二律得八十四調。此古法也，然不勝其繁，而後世省之爲四十八宮調。四十八宮調者，以律爲經，以聲爲緯。七聲之中，去徵聲及變宮、變徵，僅省爲四。以聲之四，乘律之十二，於是每律得五調，而合之爲四十八調。四十八調者，凡以宮聲乘律，皆呼曰宮，以商、角、羽三聲乘律，皆呼曰調。

論説

元・周德清《中原音韻・正語作詞起例・樂府共三百三十五章》 大凡聲音，各應於律吕分於六宮十一調，共計十七宮調。仙吕調清新綿邈，南吕宮感嘆傷悲，中吕宮高下閃賺，黄鍾宮富貴纏綿，正宮惆悵雄壯，道宮飄逸清幽。大石風流醖藉，小石旖旎嫵媚，高平條拗滉漾，般涉拾掇坑塹，歇指急併虚歇，商角悲傷宛轉，雙調健棲激裊，商調悽愴怨慕，角調嗚咽悠揚，宮調典雅沉重，越調陶寫冷笑。

又 有子母調，有字多聲少，有聲多字少，所謂一串驪珠也。

明・朱權《太和正音譜・音律宮調》 五音：宮屬土，性圓，爲君。其色黄，在天符土星，於人曰信，分旺四季。商屬金，性方，爲臣。其色白，在天符金星，於人曰義，應秋之節。角屬木，性直，爲民。其色青，在天符木星，於人曰仁，應春之節。徵屬火，性明，爲士。其色赤，在天符火星，於人曰禮，應夏之節。羽屬水，性閏，爲物。其色黑，在天符水星，於人曰智，應冬之節。六律：捺大簇、姑洗、蕤賓、夷則、無射、黄鍾。六吕：捶大吕、應鍾、南吕、林鍾、中吕、夾鍾。六宮：仙吕宮、南吕宮、黄鐘宮、仲吕宮、正宮、道宮。十一調：大石調、小石調、高平調、揭指調、般涉調、商角調、宮調、商調、角調、越調、雙調。

明・徐渭《南詞叙録》 今南九宮不知出於何人，意亦國初教坊人所爲，最爲無稽可笑。夫古之樂府，皆叶宮調。唐之律詩、絶句，悉可絃詠，如渭城朝雨演爲三疊是也。至唐末，患其間有虚聲難尋，遂實之以字，號長短句，如李太白《憶秦娥》、《清平樂》，白樂天《長相思》，已開其端矣。五代轉繁，考之《尊前》、《花間》諸集可見。逮宋，則又引而伸之，至一腔數十百字，而古意頗微。徽宗朝，周、柳諸子以此貫彼，號曰側犯、二犯、三犯、四犯，轉輾波蕩，非復唐人之舊。晚宋，而時文、叫吼，盡入宮調，益爲可厭。永嘉雜劇興，則又即村坊小曲而爲之，本無宮調，亦罕節奏，徒取其畸農、市女順口可歌而已，諺所謂隨心令者，即其技歟。間有一二叶音律，終不可以例其餘，烏有所謂九宮。必欲窮其宮調，則當自唐宋詞中别出十二律、二十一調，方合古意。是九宫者，亦烏足以盡之，多見其無知妄作也。

又 今之北曲，蓋遼、金北鄙殺伐之音，壯偉很戾，武夫馬上之歌，流入中原，遂爲民間之日用。宋詞既不可被絃管，南人亦遂尚此，上下風靡，淺俗可嗤。然其間九宫、二十一調，猶唐宋之遺也，特其止於三聲，而四聲亡滅耳。至南曲，又出北曲下一等，彼以宫調限之，吾不知其何取也。或以則誠也不尋宫數調之句爲不知律，非也，此正見高公之識。夫南曲本市里之談，即如今吴下《山歌》，北方《山坡羊》，何處求取宫調。必欲宫調，則當取宋之《絶妙詞選》，逐一按出宫商，乃是高見。彼既不能，盍亦姑安於淺近。大家胡説可也，奚必南九宫爲。

又 南曲固無宫調，然曲之次第，須用聲相隣以爲一套，其間亦自有類輩，不可亂也。如《黄鶯兒》則繼之以《簇御林》，《畫眉序》則繼之以《滴溜子》之類，自有一定之序，作者觀於舊曲而遵之可也。

又 南之不如北有宫調，固也，然南有高處，四聲是也。北雖合律，而止於三聲，非復中原先代之正，周德清區區詳訂，不過爲胡人傳譜，乃曰《中原音韻》，夏蟲井蛙之見耳。

明・徐大業《書南詞全譜後》 自宋以來，四十八調不能具存，北曲僅存《中原音韻》所載之六宫十一調。南曲僅存毘陵蔣維忠所譜之《九宫十三調》，每調各録舊詞爲式，又駸駸失傳。詞隱先生乃增補而校定之，辨别體制，分釐宫調，詳核正犯，考定四聲，指摘誤韻，校勘同異，句梳字櫛，至嚴至密。而腔調則悉遵魏良輔所改昆腔，以其宛轉悠揚，品格在諸腔之上，其板眼、節奏一定，不可假借，天下翕然宗之。又有《論詞六則》、《唱曲當知》、《正吴編》諸作，皆爲度曲家楷模，百餘年來，莫敢稍易。其挽回南曲之功，可謂多矣。若先生所自著調曲，則有《紅蕖》、《桃符》等十七記，《詞隱新詞》諸散曲，皆依宫循調，不失矩度。當時與臨川湯若士齊名。湯以才藻勝，而矩度不甚協，故兩人相齟齬云。

明・臧懋循《元曲選・序二》 北曲有十七宫調，而南止九宫，已少其半，至于一曲中有突增數十句者，一句中有襯貼數十字者，尤南所絶無，而北多以是見才。自非精審於字之陰陽，韻之平仄，鮮不劣調，而况以吴儂强效傖父喉吻，焉得不至河漢。此則音律諧叶之難。【略】予嘗見王元美《藝苑巵言》之論曲，有曰：北曲字多而聲調緩，其筋在絃，南曲字少而聲調繁，其力在板。夫北之被絃索，猶南之合簫管，摧藏掩抑，頗足動人。而音亦嫋嫋與之俱流，反使歌者不能自主，是曲之别調，非其正也。若板以節曲，則南北皆有力焉。如謂北筋在絃，亦謂南力在管可乎。惜哉，元美之未知曲也。繇斯以評，新安汪伯玉《高唐》、《洛川》四南曲，非不藻麗矣，然純作綺語，其失也靡。山陰徐文長《禰衡》、《玉通》四北曲，非不伉傸矣，然雜出鄉語，其失也鄙。豫章湯義仍，庶幾近之。而識乏通方之見，學罕協律之功，所下句字，往往乖謬，其失也疎。他雖窮極才情，而面目愈離。按拍者既無繞梁遏雲之奇，顧曲者復無輟味忘倦之好。此乃元人所唾棄而戾家畜之者也。予故選雜劇百種，以盡元曲之妙，且使今之爲南者，知有所取則云爾。

明・王驥德《曲律》卷二《論宫調第四》 今列其目：黄鍾。宫，俗呼正宫。商，俗呼大石調。角，俗呼大石角調。羽，俗呼般涉調。大吕。宫，俗呼高宫。商，俗呼高大石調。角，俗呼高大石角。羽，俗呼高般涉。太簇。宫，俗呼中管高宫。商，俗呼中管高大石。角，俗呼中管高大石角。羽，俗呼中管高般涉。夾鍾。宫，俗呼中吕宫。商，俗呼雙調。角，俗呼雙角調。羽，俗呼中吕調。姑洗。宫，俗呼中管中吕宫。商，俗呼雙調。角，俗呼中管雙角調。羽，俗呼中吕調。仲吕。宫，俗呼道宫調。商，俗呼小石調。角，俗呼小石角調。羽，俗呼正平調。蕤賓。宫，俗呼中管道宫調。商，俗呼中管小石調。角，俗呼中管小石角調。羽，俗呼中管正平調。林鍾。宫，俗呼南吕宫。商，俗呼歇指調。角，俗呼歇指角調。羽，俗呼高平調。夷則。宫，俗呼仙吕宫。商，俗呼商調。角，俗呼商角調。羽，俗呼仙吕調。南吕。宫，俗呼中管仙吕宫。商，俗呼中管商調。角，俗呼中管商角調。羽，俗呼中管仙吕調。無射。宫，俗呼黄鍾宫。商，俗呼越調。角，俗呼越角調。羽，俗呼羽調。應鍾。宫，俗呼中管黄鍾宫。商，俗呼中管越調。角，俗呼中管越角調。羽，俗呼中管羽調。此所謂四十八調也。自宋以來，四十八調者不能具存，而僅存《中原音韻》所載六宫十一調，其所屬曲聲調，各自不同。仙吕宫清新綿邈，南吕宫感歎悲傷，中吕宫高下閃賺，黄鍾宫富貴纏綿，正宫惆悵雄壯，道宫飄逸清幽。以上皆屬宫。大石調風流蘊藉，小石調旖旎嫵媚，高平調條拗滉漾，拗舊作拘，誤。般涉調拾掇坑塹，歇指調急併虛歇，商角調悲傷宛轉，雙調健捷激裊，商調悽愴怨慕，角調嗚咽悠揚，宮調典雅沈重，越調陶寫冷笑。以上皆屬調。此總之所謂十七宮調也。自元以來，北又亡其四，道宮、歇指調、角調、宮調。而南又亡其五，商角調、並前北之四。自十七宮調而外，又變爲十三調。十三調者，蓋盡去宮聲不用，其中所列仙吕、黄鍾、正宮、中吕、南吕、道宮，但可呼之爲調，而不可呼之爲宮。如曰仙吕調、正宮調之類。然惟南曲有之，變之最晚，調有出入，詞則略同，而不妨與十七宮調並用者也。其宮調之中，有從古所不能解者。宮聲於黄鍾起宮，不曰黄鍾宮，而曰正宮。於林鍾起宮，不曰林鍾宮，而曰南吕宮。於無射起宮，不曰無射宮，而曰黄鍾宮。其餘諸宮，又各立名色。蓋今正宮，實黄鍾也，而黄鍾實無射也。沈括亦以爲今樂聲音出入，不全應古法，但略可配合，雖國工亦莫知其所因者，此也。又古調聲之法，黄鍾之管最長，長則極濁。無射之管最短，應鍾又短於無射，以無調，故不論。短則極清。又五音宮、商宜濁，徵、羽用清。今正宮曰惆悵雄壯，近濁。越調曰陶寫冷笑，近清。似矣。獨無射之黄鍾，是清律也，而曰富貴纏綿，又近濁聲，殊不可解。問各曲之分屬各宮調也，亦有説乎。曰：此其法本之古歌詩者，而今不得悖也。蓋古譜曲之法，一均七聲，旋宮以七聲爲均。均言韻也，古無韻字，猶言一韻聲也。其五正聲，除去變宮、變徵而言。皆可謂調，如叶之樂章，則止以起調一聲爲首尾。其七聲兼變宮、變徵而言。則考其篇中上下之和，而以七律參錯用之，初無定位，非曰某句必用某律，某字必用某聲，但所用止於本均，而他宮不與焉耳。唐宋所遺樂譜，如《鹿鳴》三章，皆以黄鍾清宮起音，畢曲，而總謂之正宮。《關雎》三章，皆以無射清商起音，畢曲，而總謂之越調。今譜曲者，於北黄鍾《醉花陰》首一字，亦以黄鍾清六譜之，六，樂家譜字。如凡、工、尺、合之類。凡清黄，皆曰六。下却每字隨調以叶，而即爲黄鍾宮曲，沈括所謂凡曲止是一聲，清濁高下，如縈縷然，正此意也。然古樂先有詩而後有律，而今樂則先有律而後有詞，故各曲句之長短，字之多寡，聲之平仄，又各準其所謂仙吕則清新綿邈，越調則陶寫冷笑者以分叶之。各宮各調，部署甚嚴，如卒徒之各有主帥，不得陵越，正所謂聲止一均，他宮不與者也。宋之詩餘，亦自有宮調。姜堯章輩皆能自譜而自製之，其法相傳，至元益密，其時作者踵起，家擅專門，今亡不可考矣。所沿而可守，以不墜古樂之一線者，僅今日《九宮十三調》之一譜耳。南北之律一轍，北之歌也，必和以絃索，曲不入律，則與絃索相戾，故作北曲者，每凜凜遵其型範，至今不廢。南曲無問宮調，衹按之一拍足矣，故作者多孟浪，其調至混淆錯亂，不可救藥。不知南曲未嘗不可被管絃，實與北曲一律，而奈何離之。夫作法之始，定自毖眘，離之蓋自《琵琶》、《拜月》始。以兩君之才，何所不可，而猥自貰於不尋宮數調之一語，以開千古厲端，不無遺恨。吴人祝希哲謂：數十年前接賓客，尚有語及宮調者，今絶無之。由希哲而今，又不止數十年矣。或問：子言各宮調譜不出一均，而奈何有云與某宮某調出入而並用者也。曰：此所謂一均七聲，皆可爲調，第易其首一字之律，而不必限之一隅者。故北曲中吕、越調皆有《鬬鵪鶉》，中吕、雙調皆有《醉春風》，南曲雙調多與仙吕出入，蓋其變也。此宮調之大略也。

又卷三《雜論第三九上》 《中原音韻》：十七宮調，所謂仙吕宮清新綿邈等類，蓋謂仙吕宮之調，其聲大都清新綿邈云爾。其云十七宮調各應於律吕，於字以不嫻文理之故。《太和正音譜》於仙吕等各宮調字下加一唱字，係是贅字。然猶可以唱代曲字，謂某宮之曲，其聲云云也。至弇州加一宜字，則大拂理矣。豈作仙吕宮曲與唱仙吕宮曲者，獨宜清新綿邈，而他宮調不必然，以是知蛇足之多，爲本文累也。

又 凡曲之調，聲各不同，已備載前十七宮調下。至各韻爲聲，亦各不同。如東鍾之洪，江陽、皆來、蕭豪之響，歌戈、家麻之和，韻之最美聽者。寒山、桓歡、先天之雅，庚青之清，尤侯之幽，次之。齊微之弱，魚模之混，真文之緩，車遮之用雜入聲，又次之。支思之萎而不振，聽之令人不爽。至侵尋、監咸、廉纖，開之則非其字，閉之則不宜口吻，勿多用可也。

又卷四《雜論第三九下》 南九宮蔣氏舊譜，每調各輯一曲，功不可誣。然似集時義，只是遇一題，便檢一文備數，不問其佳否何如，故率多鄙俚及失調之曲。詞隱又多仍其舊，便注了平仄，作譜其間，是者固多，而亦有不能盡合處。故作詞者遇有杌隉，須别尋數調，仔細參酌，務求字字合律，方可下手，不宜盡泥舊文。余非敢以翹先生之過，蓋先生雅意，原欲世人共守畫一，以成雅道，余稍參一隙，亦爲先生作忠臣意也。作譜，余實慫恿先生爲之，其時恨不曾請於先生，將各宮調曲，分細、中、緊三等，類置卷中，似更有次第，今無及矣。

明・張琦《衡曲麈譚・曲譜辨》 心感物而成聲，聲逐方而生變，音之所以分南北也。君子審聲以知音，而律吕辨矣。古律數九九八十一以爲宮，三分而損益之以爲徵、商、羽、角，此律呂之大較也。復之一陽始生，律應黃鍾，遞而推之爲大呂、太簇、夾鍾、姑洗、仲呂、蕤賓、林鐘、夷則、南呂、無射、應鐘，凡十有二律，所謂氣始於長至，周而復生，聖人合符節，調鐘律，造度數，繇此其選也。樂府之制，字辨陰陽，調協平仄，然未有舍十二律而自爲神明者。今按之曲譜，大抵譸張附會者什之八九，夷考其調，僅有黃鐘、南呂二家，諸如仙呂、大石、越調、雙調之名，不知從何根據。如謂舍十二律別有流暢，則此黃鐘、南呂猶然十二律中之名義也，而曲譜竟別剏爲仙呂諸調，又何說耶。如仍出諸十二律，則宮調之首，當敘自黃鐘始，今南曲譜獨首仙呂，又何說耶。且也黃鐘爲宮，不必更有正宮之名矣。夾鐘、姑洗、無射、應鐘爲羽，不必更有羽調之名矣。夷則爲商，不必更有商調之名矣。今譜之有宮、商、羽三調，而又無角、徵二聲，獨何歟。說者曰：軒轅之法，及今淼矣，此流傳者之殘闕也。但不知仙呂、大石、越調、雙調，究竟自誰伊始。余竊揣之，意者，十二律之仲呂，或因仲字與中字、仙字相肖，遂誤傳爲中呂、仙呂乎。又或呂字與石字相似，遂誤傳大呂爲大石乎。善讀書者，盡信不如其無，則九宮譜之謂矣。然則何以處曲乎。曰：曲者，末世之音也，必執古以泥今，迂矣。曲者，俳優之事也，因戲以爲戲，得矣。然則譜可廢乎。曰：因其道而治之，適於自然，亦已無憾，何必不譜也。蓋九九者，天地自然之數也，律呂因此諧，腔調繇此出，譬如今日此曲之腔唱爲彼曲，聽者笑之，謂其失於自然也。然則按譜而作之，亦按譜而唱和之，期暢血氣心知之性，而發喜怒哀樂之常，斯已矣。况譜法之妙，專在平仄間究心，乃學之而陋焉者。僅如其字數逐句櫛比，而所以平仄之故卒置弗講，似此者，如土偶人，止還其頭面手足，而心靈變動毫弗之有，於譜奚當焉。及學之而失焉者，每一套中以此調之過曲，忽接他調，譬諸冬行夏令，南走北轅，即名家大手，往往有之，於譜又奚裨焉。昔人歌蕤賓之聲而景風至，震易水之響而白虹貫，所云動已而天地應焉，聲音之感，豈其微哉。古之譚曲者曰：曲如折，止如槀木，曲之道思過半矣。客曰：今子伯仲之選本，其於譜書固兢兢矣，而重翻此義，可謂世行世法，我行我法者夫。余然其言，遂併識之。

明・沈標《度曲須知續序》 聲音之學，不由師傅則獨悟惟艱哉。然而有口者任歌，有耳者任節，雖吳札、晉曠之能事，胥此萃焉。古者登歌在上，匏竹在下，貴人聲焉耳，非是則無以召休祥而感靈祇。後世雅闋凌澌，工師徒記其鏗鏘鼓舞而不能明其義，儒者又深求之殘編遺器而未始審其音，嘗考《皇極音韻》之説，其原委不猶哲哉。蓋聲以律天而主陽，音以呂地而主陰，聲有平、上、去、入之辨而翕闢因之，音有開發收閉之辨而清濁分之，總之爲十二圖，縱三，横四，以字記數，而變不可勝窮。標幼侍先君子側，聞緒論，每慨正始淪缺而詞曲宮調猶存，復古之功，端在于斯。顧北曲九宮十三則，皆總章北里遺音，元人珥筆者多，素嫻律呂，妙協宮商。南之九宮，原不入調，詞人就板牽合尤甚，故釐正以北音爲首。恒病摛詞者類不解律，而按曲者又不識字，爰著《度曲須知》爲詞家秉金科，《絃索辨訛》爲時師懸玉律。二書成，天下始知有聲音之正事，豈微妙哉。先君子讀書賞音，雅有神解，嘗得檇李陳子《四聲經緯圖》，爲之反覆紬繹，以韻儷母，適得翻切天然諧合之妙，雖爲此圖者，亦未能洞曉本末至此也。乙酉歲，手著《中原正韻》一書，未竣，會避兵搶攘，齎憤永昔，於乎恨哉。予小子，慧業復短，精微莫究，洊遭燹餘，手澤僅存。恐久遂湮没，讀《禮》之暇，稍稍捃拾散亡，校理前緒，非敢妄贊一詞，庶幾備陳三篋，並述所聞於簡端，用志棘人孺慕之痛云。

清・王正祥《新定十二律京腔譜・自序》 原夫六經皆載道之書也，而樂之寓義綦大，蓋古昔聖賢格神人，協上下，胥賴乎樂。樂也者，可以驗氣數之盛衰，推政治之得失者也。以故季札往觀周樂，預識興亡。太史徧採國風，懸知消長。厥後秦火之餘，樂經既失，罕覯其傳。秦漢而還，猶取璇璣玉衡之説，以合五音詮次，如宮、商、角、徵、羽，分屬君、臣、民、事、物是也。即漸而流爲樂府，即今郊社享祀之歌章，多出於此。遞相紛更，遂有北曲。北曲者，隋開其徑，唐繼其美，而大備于元。至于南曲之所從來也果安在哉，《三百篇》後因而有詩，詩餘爲詞，詞又變而爲曲。詩盛于唐，詞行于宋，而曲始興于明。排場既具，崑弋遂分，是爲南曲。由此觀之，則曲分南北，相去霄壤，未可同日語也。按：及元人宮調，仙呂等宮，是爲六宮，大石等調，是爲十一調。即今《百種》諸書，其所彰明較著者，如是而已。然而考其所本，則甚謬也。嘗觀律呂相合河圖、洛書之數，無非陰陽相配之義，無關論樂取裁。至于五音律呂之論，考其宮聲七調，乃有正宮、高宮、中呂宮、道宮、南呂宮、仙呂宮、黃鐘宮，皆生於黃鐘者也。商聲七調，乃有大石調、高大石調、雙調、小石調、揭指調、商調、越調，皆生於太簇者也；羽聲七調，乃有般涉調、高般涉調、中呂調、平正調、南呂調、仙呂調、黄鐘調，皆生於南呂者也。角聲七調，乃有大石角、高大石角、雙角、小石角、揭指角、商角、越角，皆生於應鍾者也。而惟獨徵音七調則缺之，或以其變徵而不能成聲乎。夫變徵而無其調似也，而宮音爲變宮，何獨仍有其調乎。是可疑也。更可異者，既名七調，何以宮聲之調皆謂之宮，商羽聲之調乃謂之調，角聲之調則又謂之角。夫此等宮調，皆北曲所取法者，已混淆如是。更觀其以黄鐘爲宮，太簇爲商，姑洗爲角，蕤賓爲變徵，林鐘爲徵，南呂爲羽，應鐘爲變宮，其所見如是者，蓋不過君、臣、民、事、物，一歲之事也，無關于樂也。及閲蔡氏新書，其説又復不同，其五調皆用外轉。黄鐘爲宮，則無射爲商，夷則爲角，中呂爲徵，夾鐘爲羽，大呂爲變宮。蕤賓爲變徵，以其在宮調之内，故俱謂之宮。惟夷則爲正角不用，而用南呂爲宮，餘皆依其本律。黄鐘宮一也，無射爲高宮二也，南呂宮三也，蕤賓爲道宮四也，中呂宮五也，夾鐘爲正宮六也，大呂爲仙呂宮七也。其商、角、羽調皆倣此，其説如是。夫以在天之五行配乎言樂之五音，秩然羅列，猶有難解。而蔡氏之言，又從而紛更倒置之，是其臆見，妄爲贅解，予甚不滿焉。且其言宮而非專屬乎宮，言調而非專屬乎調，甚無謂也。及查《宮調總論》旋相爲宮，以律爲經，復以律爲緯，每律得十二調，合之十二律，共得八十四調。蓋其時未有牌名，因調而爲之歌章，故有諸宮、諸調之稱謂。即如《古歌行》、《少年行》等類，存其名，以便于歌者。自盛唐以來始有牌名，後復甚繁。而北曲所唱者，較之八十四調，與牌名迥異，唱頭原以牌名。當是時也，及至欲去其宮調之名，而奈因優伶之輩借正樂而爲糊口之計，豈可舍其宮調之名歟。因而於中生巧，言宮調太繁，省其八十四爲四十八，可見愚蠢之至也。按其數八十四、四十八，並無成數關礙，無非四字那上，八字移下，文人可不哂哉。大抵既有牌名，則斷乎不可更以宮調稱謂之矣。乃元人所分六宮十一調，雜亂無章，已非後學典則。至若曲分南北，聲音迥異，又不啻秦越人之相去遠也。大抵北曲宗派，乃係樂府歌章，以及院本源流，故隋謂之康衢戲，唐謂之梨園樂，宋謂之華林戲，元謂之昇平樂，又有行家生活、戾家把戲之别。其有煞尾者謂之套數，時行小令謂之葉兒套數。當是時也，傅粉墨而登場者亦有之，而搬演之輩寥寥無幾。若狚，若靚，若狐，若鴇，若猱，若邃譏，若引戲，若正末，又謂之末泥。若執磕爪以撲靚之副末，皆與南曲劇場宗派大相逕庭。是南北曲各别之故，大略可見矣。明時雖有南曲，而其所尚，猶有絃索官腔。至嘉隆間，乃漸改舊習。玉步既更，始備衆樂器，而劇場乃爲大成。以此論之，則南北曲大不相侔者，夫人而知之矣。何以詞隱所定九宮，亦以北曲宮調而彷彿之乎。夫南曲通行，幾三百年矣。而曲譜之行於世者，則無不競宗九宮。此則予之所不可解者也。夫北曲所取宮調已屬大謬，況乎南北異音，豈可又宗其謬。而究不得指歸，蓋既欲另定南曲之譜，自當探索本原，另分曲部，何得亦拾北曲宮調之唾餘，而爲南曲之條目乎。查其仙呂、正宮、黄鐘、南呂、中呂，乃五宮也。彼若欲以北宮爲宮，予則不解其缺其一也。又查其商調、越調、羽調、大石調、小石調、般涉調、雙調、仙呂入雙調，乃八調也。彼若欲以北調爲調，則不解其既缺其四，而又謬添一仙呂入雙調也。不特此也。彼名曰九宮，而僅有其五，附十三調，而僅有其八。此皆更不可解者也。或曰：彼欲以月令爲宮也。而揆之月令，則忘其九。蓋止有黄鐘、中呂、南呂也。欲以五音爲調也，而按以五音，則失其三，蓋止有商與羽也。此於不可解之中，而恨不能起詞隱而質其故也。況其曲體不一，每存又一體之名，註解支離，常有姑闕之等語。至於叙聯套，不辨緊慢，或稱過曲者有之，或稱慢詞、近詞者有之。即使詞隱自思及此，恐亦不可解也。其他如犯調之考核未協，牌名之整犯交錯，襯字混入正文，平仄彼此各異，其不可解處，指不勝屈。而欲居然爲詞曲之儀型也，不亦難乎。若夫《南音三籟》雖能博採聯套，而其不可宗者，在乎兼存岐路。《南詞新譜》雖能較查犯調，而其不足取者，在乎偏論旁枝。皆非所以爲九宮補過，而適足爲九宮滋弊者也。然則九宮之固陋如是，而通行已久，亦獨何歟。蓋幸也譜中有崑板存焉，所以填詞之士，奉爲章程；歌曲之儔，遵爲模範耳。殊不知雖定其板，未辨其腔，其于審聲，以知音之説，亦已不可問矣。協律之謂，何忍令其紊雜如斯乎。

清・徐大椿《樂府傳聲・序》 樂之成，其大端有七：一曰定律呂，二曰造歌詩，三曰正典禮，四曰辨八音，五曰分宮調，六曰正字音，七曰審口法。七者不備，不能成樂。何謂定律呂。考黄鐘大呂之本，窮宮、商、徵、羽之變是也。何謂歌詩，上極《雅》、《頌》，下至謡諺，與凡詞曲有韻之文皆是也。何謂典禮，郊天祭地，宴饗贈答，房中、軍中之所宜用是也。何謂八音，金石、絲竹匏土革木，古今樂器是也。何謂宮調，旋宮之六十調，與今所存北曲之六宮十一調，南曲之九宮十三調是也。何謂字音，一字有一字之正音，不可雜以土音。又北曲有北曲之音，南曲有南曲之音是也。何謂口法，每唱一字，則必有出聲、轉聲、收聲，及承上接下諸法是也。七者不盡通，不得名專精之士。然七音之學，非一人所能兼，則亦有可分習者。律吕、歌詩、典禮，此學士大夫之事也。其八音之器，各精一技，此樂工之事也。惟宮調、字音、口法，則唱曲者，不可不知。然宮調大端難越，即有失傳，而一爲更换，即能循板歸腔，至字音亦一改即能正其讀，惟口法則字句各别。長唱有長唱之法，短唱有短唱之法，在此調爲一法，在彼調又爲一法，接此字一法，接彼字又一法，千變萬殊，此非若律吕、歌詩、典禮之可以書傳，八音之可以譜定，宮調之可以類分，字音之可以反切，别全在發聲吐字之際，理融神悟，口到音隨。顧昔人之聲已去，誰得而聞之，即一堂相對，旋唱而聲旋息，欲追其已往之聲，而已不復在耳矣。此口法之所以日變而日亡也。上古之口法，三代不傳。三代之口法，漢魏六朝不傳。漢魏六朝之口法，唐宋不傳。唐宋之口法，元明不傳。若今日之南北曲，皆元明之舊，而其口法亦屢變。南曲之變，變爲崑腔，去古浸遠，自成一家。其法盛行，故腔調尚不甚失，但其立法之初，靡慢模糊，聽者不能辨其爲何語，此曲之最違古法者。至北曲則自南曲甚行之後，不甚講習，即有唱者，又即以南曲聲口唱之，遂使宮調不分，陰陽無别，去上不清，全失元人本意。又數十年來，學士大夫全不究心，將來不知何所底止，嗟夫，樂之道久已喪失，猶存一線於唱曲之中，而又日即消亡，余用憫焉，爰作傳聲法若干篇，借北曲以立論，從其近也。而南曲之口法，亦不外是焉。古人作樂，皆以人聲爲本，《書》曰：詩言志，歌詠言，聲依詠，律和聲。人聲不可辨，雖律吕何以和之，故人聲存而樂之本自不没於天下。傳聲者，所以傳人聲也，其事若微而可緩，然古之帝王聖哲，所以象功昭德，陶情養性之本，實不外是，此學問之大端，而盛世之所必講者也。乾隆甲子秋八月既望，吴江徐大椿書於洄溪草堂。

又《宮調》　古人分立宮調，各有鑿鑿不可移易之處。其淵源不可得而尋，而其大旨，猶可按詞而求之者，如黄鐘調，唱得富貴纏綿，南吕調，唱得感歎悲傷之類。其聲之變，雖係人之唱法不同，實由此調之平仄陰陽，配合成格，適成其富貴纏綿，感歎悲傷，而詞語事實，又與之合，則宮調與唱法須得矣。故古人填詞，遇富貴纏綿之事，則用黄鐘宮，遇感歎悲傷之事，則用南吕宮，此一定之法也。後世填詞家，不明此理，將富貴纏綿之事，亦用南吕調，遇感歎悲傷之事，亦用黄鐘調，使唱者從調則與事違，從事則與調違，此作詞者之過也。若詞調相合，而唱者不能尋宮别調，則咎在唱者矣。近來傳奇，合法者雖少，而不甚相反者尚多，仍宜依本調如何音節，唱出神理，方不失古人配合宮調之本，否則盡忘其所以然，而宮調爲虚名矣。

清·李瀚章《樂府傳聲序》　樂備於八音，成於人聲。人聲以音均爲體，以歌曲爲用。漢初詔樂府令夏侯寬備簫管，而樂府之三正調曰平，曰清，曰瑟，二變調曰楚，曰側，始著聲於協律。至齊梁而樂府盡，至宋元而樂府復興。其以燕樂宮、商、羽十五調施於用，與漢之三調名異實同。至崑山之魏良輔之南曲水磨腔出，而人聲之著於歌曲也尤準。【略】光緒辛巳仲春，督楚使者合肥李瀚章題。

清·愛新覺羅·允禄《太古傳宗序》　蓋聞聲音之道，發乎自然。天地兩間，四時萬籟之流宣，□若不各有其勝，而惟人爲最精。言者，心之聲也。長言之不足，則從而歌詠之。合之五音十二律吕，宣之於八風，而樂以作，然則樂尤人聲之最精者乎。大樂之製，肇自軒轅，六代相承，九春載備，夐乎尚已。《三百篇·雅》、《頌》之外，有十五《國風》。漢晉樂府，音節至爲近古，其篇章傳於世者，有歌曲舞曲。練時日天馬，唐山夫人等作歌曲也。宣武、拂翔諸舞詞，舞曲也。三唐專以聲律取士，一時學士大夫所詠性情之作，多爲諸梨園取去，被之管絃，舞席歌筵，互相誇尚，故有唐聲律之學爲獨盛。宋一變而爲詞，元再變爲北曲。有明中葉，磨調出而南北曲並行。自是套數、傳奇、絃索諸調，雜然爭勝矣。自宋迄明，屢變屢新，去古稍遠，然天地自然之音，則未嘗不於是存。今之流傳詞曲，雖云雅俗不同，而要以聲音之道求之，古今樂之相去，又豈有殊途哉。茂苑徐興華，古吴朱廷鏐，以詞學知名當世，嘗手出《琵琶調宮譜》，請正於余，題曰《太古傳宗》。余惟琵琶製自西漢，昔人嘗以箏琶合調，斯譜音節，既與今世所行絃索稍異，則按之於古昔，其亦猶有相近者歟。沿流以溯源，固未可疑其標題爲誕也。余深嘉其用言之不苟，因爲據之擇而弁以是言。時乾隆十四年歲次己巳十月十五日，和碩莊親王愛月居士題並書。

清・朱廷璋《太古傳宗序》 乾隆六年，歲次辛酉，我皇上特修《律呂正義》後篇，釐訂雅樂，莊親王殿下總理鉅任，廷璋猥蒙汲引，得厠校讐之末。既蕆事，凡梓樂書，俾加參閲，以次列名，榮幸已極。今《太古傳宗》剞劂甫竣，又奉王論，識諸簡端，顧維蓬蓽下士，曷敢輒陳蕪陋之辭。第此遭逢，實生抃舞，謹拜手稽首而言其畧曰：溯自周陳以上，雅鄭淆雜而無別。隋文帝始分爲二部。金、元院本，蓋根於燕樂之二十八調，至於工尺字譜，未詳起於何時，而《楚辭・大招》，即有四上競氣之句，其從來久矣。間考《宋史・燕樂》書，以工尺十字分配十二律呂，而勾爲低尺，合爲低六，四爲低五，是字雖有十，而音原止於七，究與五聲二變之理相通，况吾夫子删詩，其所存者，太史公謂，皆絃歌以合《韶》、《武》之音。循是説也，《三百篇》而下，曰詞，曰曲，一皆接武風騷，惟管律絃音，生聲取分，有不可比而同者。斯譜六引遞奏，其聲嘽緩而疏越，其調温雅而沖泰，今之樂由古之樂，其信然耶。乃思燕樂者，律呂之支流也。雅樂者，律呂之宿海也。譬如神禹治水，豈有專事疏瀹决排，而井溝成洫，毋庸盡力者乎。兹譜一出，浩浩乎無遠之不集，淵淵乎靡幽之不通矣。雖然周覽之下，竊不禁三致意焉。何則，夫舊編具在，若非賢王好古蒐羅，奚能嗣徽於雅樂，行將懸播宇内，微特操縵安絃，别開生面，抑仰見我朝其功大者其樂備，所關詎淺鮮哉。廷璋愚同捫籥，數年以來，恭聆王之訓廸，漸得發矇，更復依光館閣沐浴聖澤，不揣覼縷管蠡之識，補綴無文，用比《擊壤》於《康衢》，詠歌德化於弗諼云耳。乾隆十四年孟冬中浣，朱廷璋謹識。

清・梁廷枏《曲話》卷四 樂以詩爲本，詩以聲爲用。隋唐以來，《三百篇》中僅傳《鹿鳴》、《關雎》十二章。宋趙彦肅將句子配協律呂，因垂作譜。於《鹿鳴》等六詩爲黄鍾清宫。注云：俗稱正宫。《關雎》等六詩爲無射清商。注云：俗稱越調。人但知南北曲有正宫、越調，而不知實麗於《風》、《雅》也。説本虞山周祥鈺。四聲二十八調者，宫聲七調，曰正宫、高宫、中呂宫、道宫、南呂宫、仙呂宫、黄鍾宫。商聲七調，曰大石調、高大石調、雙調、小石調、歇指調、商調、越調。羽聲七調，曰般涉調、高般涉調、中呂調、平調、南呂調、仙呂調、黄鍾調。角聲七調，曰大石角、高大石角、雙角、小石角、歇指角、商角、越角。此二十八調之分，統於四聲也。按，《宋志》：以夾鍾收宫、商、角、閏四聲。閏爲角，其正角、變徵、正徵皆不收，而獨用夾鍾爲律本。

又 調有大石，大石本外國名。有般涉，般涉即般瞻，譯言般瞻，華言曲也。語見《續文獻通考》。按：《顧曲雜言》謂《遼史・樂志》大食調，曲譜誤作大石，因有小石以配之。不知小石之名，自宋已有。王珪詩號至寶丹，秦觀詩號小石調，不由曲譜之譌也。四時聲律，其分配各有所宜。如春季屬木，其氣疎達，則聲宜嘽緩而駘宕，若仙呂之〔醉扶歸〕、〔桂枝香〕，中呂之〔石榴花〕、〔漁家傲〕，大石之〔長壽仙〕、〔芙蓉花〕、〔人月圓〕之類是也。夏季屬火，其氣恢台，則聲宜洪亮震動，若越調之〔小桃紅〕、〔亭前柳〕，正宫之〔錦纏道〕、〔玉芙蓉〕、〔普天樂〕之類是也。秋之氣，颯爽而清越，若南呂之〔一江風〕、〔浣溪紗〕，商調之〔山坡羊〕、〔集賢賓〕之類爲宜。冬之氣，嚴凝而静止，若雙調之〔朝元令〕、〔柳摇金〕，黄鍾之〔絳都春〕、〔畫眉序〕，羽調之〔四季花〕、〔勝如花〕之類爲宜。

又 合南北曲所存燕樂二十三宫調諸牌名，審其聲音以配十二月。正月用仙呂宫、仙呂調，二月用中呂宫、中呂調，三月用大石調、大石角，四月用越調、越角，五月用正宫、高宫，六月用小石調、小石角，七月用高大石調、高大石角，八月用南呂宫、南呂調，九月用商調、商角，十月用雙調、雙角，十一月用黄鍾宫、黄鍾調，十二月用羽調、平調。按：羽調，即黄鍾調。蓋調缺其一，故兩用之。而十一月爲子，子當夜半，介兩日之間，於義亦宜。閏月則用仙呂入雙角。按：仙呂，即正月所用。雙角，十月所用。合而一之，履端於始，歸餘於綠之義也。如此，則聲音、氣象，自與四序相合矣。

清・王德暉、徐沅澂《顧誤録・南北宫調説》 宫調之説微渺矣，周德清習焉而不察，沈詞隱語焉而不詳，其雜見於歷代韻書者，筆難殫述，第撮其要：蓋古以十二律乘七音，得八十四調，復以律自爲經緯乘之，得百四十有四聲。後世不勝其繁，減去徵音及二變，省爲四音，乘十二律而爲四十八宫調。自宋以後，仍不能具存，而僅存《中原音韻》所載六宫十一調，曰仙呂宫，南呂宫，中呂宫，黄鍾宫，正宫，道宫，大石調、小石調、高平調、般涉調、歇指調、商角調、雙調、商調、角調、宫調、越調，總之所謂十七宫調也。自元以來，北亡去道宫、歇指調、角調、宫調，南亡去商角調，僅存十二宫調，惟北曲用之。南曲又變爲九宫十三調，盡去宫聲不用，其中所列仙呂等六宫，皆呼爲調。蓋以仙呂爲一宫，羽調附之，正宫爲一宫，大石調附之，中呂爲一宫，般涉調附之，南吕爲一宫，黄鍾爲一宫，越調爲一宫，商調爲一宫，小石調附之，雙調爲一宫，仙吕入雙角爲一宫，共十三宫調，變之最晚。調有出入，詞則略同，而與十七宫調，不妨並用者也。

又《聲調論》 古制律吕，陰陽各六。其生聲之理，陽律六音而繼以半律，陰吕六音而繼以半吕，各得七聲，至八而原聲復，是律吕雖有十二，而用之於七也。五聲二變，合爲七音。近代用工尺等字以名聲調，四字調乃爲正調，即宫音也。是調皆從正調而翻。七調之中，乙字調最下，上字調次之，五字調最高，六字調次之。今度曲者，用工字調最多，以其便於高下。惟遇曲音過抗，則用尺字調，或上字調。曲音過哀，則用凡字調，或六字調。今譜中仙吕調爲首調。工尺調法，七調俱備，高不過五，下不過乙，旋宫轉調，自可相通。

清・楊恩壽《詞餘叢話》卷一《原律》 乾隆六年開律吕正義館，莊親王董其事。王撰《分配十二月令宫調論》，最爲精核。因備録之。《宋史・燕樂志》：以夾鍾收四聲，曰宫，曰商，曰羽，曰閏。閏爲角，其正角聲、變徵聲、徵聲皆不收，而獨用夾鍾爲律本。宫聲七調，曰正宫、高宫、中吕宫、道宫、南吕宫、仙吕宫、黄鍾宫。商聲七調，曰大石調、高大石調、雙調、小石調、歇指調、商調、越調。羽聲七調，曰般涉調、高般涉調、中吕調、平調、南吕調、仙吕調、黄鍾調。角聲七調，曰大石角、高大石角、雙角、小石角、歇指角、商角、越角。此其四聲二十八調之略也。顧世傳曲譜，北曲宫調凡十有七，南曲宫調凡十有三，其名大抵祖二十八調之舊，而其義多不可考。又其所謂宫調者，非如雅樂之某律起宫、某聲起調，往往一曲可以數宫，一宫可以數調。其宫調名義既不可泥，且燕樂以夾鍾爲黄鍾，變徵爲宫，變宫爲閏，其宫調聲字亦未可據。按，騷隱居士曰：宫調當首黄鍾，而今譜乃首仙吕。且既曰黄鍾爲宫矣，何以又有正宫。既曰夾鍾、姑洗、無射、應鍾爲羽矣，何以又有羽調。既曰夷則爲商矣，何以又有商調。且宫、商、羽各有調矣，而角、徵獨無之。此皆不可曉者。或疑仙吕之仙，乃仲字之譌，大石之石，乃吕字之譌，亦尋聲揣影之論耳。《續通考》謂：大石本外國名，般涉即般瞻，譯言般瞻，華言曲也。夫南北風氣固殊，曲律亦異，然宫調則皆以五聲旋轉於十二律之中。廖道南曰：五音者，天地自然之聲也。在天爲五星之精，在地爲五行之氣，在人爲五藏之聲。由是言之，南北之音節雖有不同，而其本之天地之自然者，不可易也。且如春月盛德在木，其氣疏達，故其聲宜嘽緩而駘宕，始足以象發舒之理，若仙吕之〔醉扶歸〕、〔桂枝香〕，中吕之〔石榴花〕、〔漁家傲〕，大石之〔長壽仙〕、〔芙蓉花〕、〔人月圓〕等曲是也。夏月盛德在火，其氣恢台，其聲宜洪亮震動，始足以肖茂對之懷，若越調之〔小桃紅〕、〔亭前柳〕，正宫之〔錦纏道〕、〔玉芙蓉〕、〔普天樂〕等曲是也。秋之氣颯爽而清越，若南吕之〔一江風〕、〔浣溪沙〕，商調之〔山坡羊〕、〔集賢賓〕等曲是也。冬之氣嚴凝而静正，若雙調之〔朝元令〕、〔柳摇金〕，黄鍾之〔絳都春〕、〔畫眉序〕，羽調之〔四季花〕、〔勝如花〕等曲是也。以蓋聲氣之自然，本於血氣心知之性而適當於喜怒哀樂之節，有非人之智力所能與者。我聖祖仁皇帝考定元音，審度制器，黄鍾正而十二律皆正，則五音皆中聲，八風皆元氣也。今合南北曲所存燕樂二十三宫調諸牌名，審其聲音，以配十有二月。正月用仙吕宫、仙吕調，二月用中吕宫、中吕調，三月用大石調、大石角，四月用越調、越角，五月用正宫、高宫，六月用小石調、小石角，七月用高大石調、高大石角，八月用南吕宫、南吕調，九月用商調、商角，十月用雙調、雙角，十一月用黄鍾宫、黄鍾調，十二月用羽調、平調。如此，則不必拘拘於宫調之名，而聲音意象，自與四序相合。羽調即黄鍾調，蓋調闕其一，故兩用之，而子當夜半，介乎兩日之間，於義亦宜也。閏月則用仙吕入雙角，仙吕即正月所用，雙角即十月所用，合而用之，履端於始，歸餘於終之義也。

清・楊恩壽《續詞餘叢話》卷一《原律續》 朱子曰：古樂之亡久矣。吾友建陽蔡君元定季通，著書兩卷，凡若干言，雖多出於近世之所未講，而實無一字不本於古人已試之成法。其於蔡氏《律吕新書》，可謂推許之至矣。其《六十調圖説》，尤爲因聲起調探源之論。審音者稍識古人正變本旨，實於此開其基，因備録之。十二律旋相爲宫，各有七聲，合八十四聲。宫聲十二，商聲十二，角聲十二，徵聲十二，羽聲十二，凡六十聲，爲六十調。其變宫十二，在羽聲之後，宫聲之前。變徵十二，在角聲之後，徵聲之前。宫不成宫，徵不成徵，凡二十四聲，不可爲調。黄鍾宫至夾鍾羽，並用黄鍾起調，黄鍾畢曲。大吕宫至姑洗羽，並用大吕起調，大吕畢曲。太簇宫至仲吕羽，並用太簇起調，太簇畢曲。夾鍾宫至蕤賓羽，並用夾鍾起調，夾鍾畢曲。姑洗宫至林鍾羽，並用姑洗起調，姑洗畢曲。仲吕宫至夷則羽，並用仲呂起調，仲呂畢曲。蕤賓宫至南宫羽，並用蕤賓起調，蕤賓畢曲。林鐘宫至無射羽，並用林鐘起調，林鐘畢曲。夷則宫至應鐘羽，並用夷則起調，夷則畢曲。南吕宫至黄鐘羽，並用南吕起調，南吕畢曲。無射宫至大吕羽，並用無射起調，無射畢曲。應鐘宫至太簇羽，並用應鐘起調，應鐘畢曲。是爲六十調。六十調，即十二律也。十二律，即一黄鐘也。黄鐘生十二律，十二律生五聲、二變，五聲各爲綱紀，以成六十調，六十調皆黄鐘損益之變也。按：此圖雖全列七聲，然取以名調者，止一聲耳。如首行黄鐘居宫位，故以黄鐘宫名調。次行黄鐘居商位，故以無射商名調。餘可類推。所謂起調者，曲之起聲一字也。所謂畢曲者，曲之收聲一字也。

曲牌

論説

元・周德清《中原音韻・正語作詞起例・樂府共三百三十五章》

自軒轅製律一十七宫調，今之所傳者一十有二。

黄鍾二十四章：〔醉花陰〕、〔喜遷鶯〕、〔出隊子〕、〔刮地風〕、〔四門子〕、〔水仙子〕、〔寨兒令〕、〔神仗兒〕、亦作煞。〔節節高〕、〔者刺古〕、〔願成雙〕、〔賀聖朝〕、〔紅錦袍〕、即〔紅衲襖〕。〔晝夜樂〕、〔人月圓〕、〔綵樓春〕即抛毬樂。〔侍香金童〕、〔降黄龍衮〕、〔雙鳳翹〕、即〔女冠子〕。〔傾盃序〕、〔文如錦〕、〔九條龍〕、〔興隆引〕、〔尾聲〕。

正宫二十五章：〔端正好〕、〔衮繡毬〕、亦作子母調。〔倘秀才〕、亦作子母調。〔靈壽杖〕、即〔呆骨朵〕。〔叨叨令〕、〔塞鴻秋〕、〔脱布衫〕、〔小梁州〕、〔醉太平〕、〔伴讀書〕、即〔村裏秀才〕。〔笑和尚〕、〔白鶴子〕、〔雙鴛鴦〕、〔貨郎兒〕、入南吕，轉調。〔蠻姑兒〕、〔窮河西〕、〔芙蓉花〕、〔菩薩蠻〕、〔黑漆弩〕、即〔學士吟〕、〔鸚鵡曲〕。〔月照庭〕、〔六幺遍〕、即〔柳稍青〕。〔甘草子〕、〔三煞〕、〔啄木兒煞〕、亦入中吕。〔煞尾〕。

大石調二十一章：〔六國朝〕、〔歸塞北〕、即〔望江南〕。〔卜金錢〕、即〔初問口〕。〔怨别離〕、〔雁過南樓〕、〔催花樂〕、即〔擂鼓體〕。〔净瓶兒〕、〔念奴嬌〕、〔喜秋風〕、〔好觀音〕、亦作煞。〔青杏子〕、〔蒙童兒〕、即〔憨郭郎〕。〔還京樂〕、〔荼蘼香〕、〔催拍子〕、〔陽關三疊〕、〔蔦山溪〕、〔初生月兒〕、〔百字令〕、〔玉翼蟬煞〕、〔隨煞〕。

小石調五章：〔青杏兒〕、即〔青杏子〕，亦入大石調。〔天上謡〕、〔惱煞人〕、〔伊州遍〕、〔尾聲〕。

仙吕四十二章：〔端正好〕、楔兒。〔賞花時〕、〔八聲甘州〕、〔點絳唇〕、〔混江龍〕、〔油葫蘆〕、〔天下樂〕、〔那吒令〕、〔鵲踏枝〕、〔寄生草〕、〔六幺序〕、〔醉中天〕、〔金盞兒〕、即〔醉金琖〕。〔醉扶歸〕、〔憶王孫〕、〔一半兒〕、〔瑞鶴仙〕、〔憶帝京〕、〔村裏迓古〕、〔元和令〕、〔上馬嬌〕、〔遊四門〕、〔勝葫蘆〕、〔後庭花〕、亦作煞。〔柳葉兒〕、〔青哥兒〕、〔翠裙腰〕、〔六幺令〕、〔上京馬〕、〔祆神急〕、〔大安樂〕、〔綠窓愁〕、〔穿窓月〕、〔四季花〕、〔鴈兒〕、〔玉花秋〕、〔三番玉樓人〕、亦入越調。〔錦橙梅〕、〔雙鴈子〕、〔太常引〕、〔柳外樓〕、〔賺煞尾〕。

中吕三十二章：〔粉蝶兒〕、〔叫聲〕、〔醉春風〕、〔迎仙客〕、〔紅繡鞋〕、即〔朱履曲〕。〔普天樂〕、〔醉高歌〕、〔喜春來〕、即〔陽春曲〕。〔石榴花〕、〔鬭鵪鶉〕、〔上小樓〕、〔滿庭芳〕、〔十二月〕、〔堯民歌〕、〔快活三〕、〔鮑老兒〕、〔古鮑老〕、〔紅芍藥〕、〔剔銀燈〕、〔蔓菁菜〕、〔柳青娘〕、〔道和〕、〔朝天子〕、即〔謁金門〕。〔四邊静〕、〔齊天樂〕、〔紅衫兒〕、〔蘇武持節〕、即〔山坡裏羊〕。〔賣花聲〕、即〔昇平樂〕，亦作煞。〔四換頭〕、〔攤破喜春來〕、〔喬捉蛇〕、〔煞尾〕。

南吕二十一章：〔一枝花〕、即〔占春魁〕。〔梁州第七〕、〔隔尾〕、〔牧羊關〕、〔菩薩〕、〔梁州〕、〔玄鶴鳴〕、即〔哭皇天〕。〔烏夜啼〕、〔罵玉郎〕、〔感皇恩〕、〔採茶歌〕、即〔楚江秋〕。〔賀新郎〕、〔梧桐樹〕、〔紅芍藥〕、〔四塊玉〕、〔草池春〕、即〔鬬蝦蟆〕。〔鵪鶉兒〕、〔閲金經〕、即〔金字經〕。〔翠盤秋〕、亦入中吕，即〔乾荷葉〕。〔玉交枝〕、〔煞〕、〔黄鍾尾〕。

雙調一百章：〔新水令〕、〔駐馬聽〕、〔喬牌兒〕、〔沉醉東風〕、〔步步嬌〕、即〔潘妃曲〕。〔夜行船〕、〔銀漢浮〕、即〔喬木查〕。〔慶宣和〕、〔五供養〕、〔月上海棠〕、〔慶東原〕、〔撥不斷〕、即〔續斷絃〕。〔攪箏琶〕、〔落梅風〕、即〔壽陽曲〕。〔風入松〕、〔萬花方三臺〕、〔鴈兒落〕、即〔平沙落鴈〕。〔德勝令〕、即〔陣陣贏〕、

〔凱歌回〕。〔水仙子〕、即〔凌波仙〕、〔湘妃怨〕、〔馮夷曲〕。〔大德歌〕、〔鎮江迴〕、〔殿前歡〕、即〔小婦孩兒〕、〔鳳將雛〕。〔滴滴金〕、即〔甜水令〕。〔折桂令〕、即〔秋風第一枝〕、〔天香引〕、〔蟾宫曲〕、〔步蟾宫〕。〔清江引〕、〔春閨怨〕、〔牡丹春〕、〔漢江秋〕、即〔荆襄怨〕。〔小將軍〕、〔慶豐年〕、〔太清歌〕、〔小陽關〕、〔搗練子〕、即〔胡搗練〕。〔秋蓮曲〕、〔掛玉鈎序〕、〔荆山玉〕、即〔測磚兒〕。〔竹枝歌〕、〔沽美酒〕、即〔瓊林宴〕。〔太平令〕、〔快活年〕、〔亂柳葉〕、〔豆葉黄〕、〔川撥棹〕、〔七弟兄〕、〔梅花酒〕、〔收江南〕、〔掛玉鈎〕、即〔掛搭沽〕。〔早鄉詞〕、〔石竹子〕、〔山石榴〕、〔醉娘子〕、即〔醉也摩挲〕。〔駙馬還朝〕、即〔相公愛〕。〔胡十八〕、〔一錠銀〕、〔阿納忽〕、〔小拜門〕、即〔不拜門〕。〔慢金盞〕、即〔金盞兒〕。〔大拜門〕、〔也不羅〕、即〔野落索〕。〔小喜人心〕、〔風流體〕、〔古都白〕、〔唐兀歹〕、〔河西水仙子〕、〔華嚴讚〕、〔行香子〕、〔錦上花〕、〔碧玉簫〕、〔祅神急〕、〔驟雨打新荷〕、〔駐馬聽近〕、〔金娥神曲〕、〔神曲纏〕、〔德勝樂〕、〔大德樂〕、〔楚天遥〕、〔天仙令〕、〔新時令〕、〔阿忽令〕、〔山丹花〕、〔十棒鼓〕、〔殿前喜〕、〔播海令〕、〔大喜人心〕、〔醉春風〕、〔間金四塊玉〕、〔減字木蘭兒〕、〔高過金盞兒〕、〔對玉環〕、〔青玉案〕、〔魚游春水〕、〔秋江送〕、〔枳郎兒〕、〔河西六娘子〕、〔皂旗兒〕、〔本調煞〕、〔鴛鴦煞〕、〔離亭宴帶歇指煞〕、〔收尾〕、〔離亭宴煞〕。

越調三十五章：〔鬭鵪鶉〕、〔紫花兒序〕、〔金蕉葉〕、〔小桃紅〕、〔踏陣馬〕、〔天净紗〕、〔調笑令〕、即〔含笑花〕。〔秃廝兒〕、即〔小沙門〕。〔聖藥王〕、〔麻郎兒〕、〔東原樂〕、〔絡絲娘〕、〔送遠行〕、〔綿荅絮〕、〔拙魯速〕、〔雪裏梅〕、〔古竹馬〕、〔鄆州春〕、〔眉兒彎〕、〔酒旗兒〕、〔青山口〕、〔寨兒令〕、即〔柳營曲〕。〔黄薔薇〕、〔慶元貞〕、〔三臺印〕、即〔鬼三臺〕。〔凭闌人〕、〔耍三台〕、〔梅花引〕、〔看花回〕、〔南鄉子〕、〔糖多令〕、〔雪中梅〕、〔小絡絲娘〕、〔煞〕、〔尾聲〕。

商調十六章：〔集賢賓〕、〔逍遥樂〕、〔上京馬〕、〔梧葉兒〕、即〔知秋令〕。〔金菊香〕、〔醋葫蘆〕、〔掛金索〕、〔浪來裏〕、亦作煞。〔雙鴈兒〕、〔望遠行〕、〔鳳鸞吟〕、〔玉抱肚〕、亦入雙調。〔秦樓月〕、〔桃花娘〕、〔高平煞〕、〔尾聲〕。

商角調六章：〔黄鶯兒〕、〔踏莎行〕、〔蓋天旗〕、〔垂絲釣〕、〔應天長〕、〔尾聲〕。

般涉調八章：〔哨遍〕、〔臉兒紅〕、即〔麻婆子〕。〔牆頭花〕、〔瑶臺月〕、〔急曲子〕、即〔促拍令〕。〔耍孩兒〕、即〔魔合羅〕。〔煞〕、〔尾聲〕。與中呂〔煞尾〕同。

名同音律不同者一十六章：黄鍾〔水仙子〕，雙調〔水仙子〕，黄鍾〔寨兒令〕，越調〔寨兒令〕，仙呂〔端正好〕，正宫〔端正好〕，仙呂〔祅神急〕，雙調〔祅神急〕，仙呂〔上京馬〕，商調〔上京馬〕，中呂〔鬭鵪鶉〕，越調〔鬭鵪鶉〕，中呂〔紅芍藥〕，南呂〔紅芍藥〕，中呂〔醉春風〕，雙調〔醉春風〕。

句字不拘可以增損者一十四章：正宫〔端正好〕、〔貨郎兒〕、〔煞尾〕。仙呂〔混江龍〕、〔後庭花〕、〔青哥兒〕。南呂〔草池春〕、〔鵪鶉兒〕、〔黄鍾尾〕。中呂〔道和〕。雙調〔新水令〕、〔折桂令〕、〔梅花酒〕、〔尾聲〕。

元·陶宗儀《南村輟耕録》卷二七《雜劇曲名》 稗官廢而傳奇作，傳奇作而戲曲繼。金季國初，樂府猶宋詞之流，傳奇猶宋戲曲之變，世傳謂之雜劇。金章宗時，董解元所編《西厢記》，世代未遠，尚罕有人能解之者，况今雜劇中曲調之冗乎。因取諸曲名，分調類編，以備後來好事稽古者之一覽云。

正宫：〔端正好〕、〔衮綉毬〕、〔倘秀才〕、〔脱布衫〕、〔小梁州〕、〔朝天子〕、〔四换頭〕、〔十二月〕、〔堯民歌〕、〔收尾〕、〔叨叨令〕、〔醉太平〕、〔呆古朵〕、〔笑和尚〕、〔蠻姑兒〕、〔伴讀書〕、〔剔銀燈〕、〔道和〕、〔柳青娘〕、〔雙鴛鴦〕、〔攤破滿庭芳〕、〔月照庭〕、〔塞鴻秋〕、〔白鶴子〕、中呂出入。〔快活三〕、中呂出入。

黄鍾：〔願成雙〕、〔醉花陰〕、〔喜遷鶯〕、〔出隊子〕、〔刮地風〕、〔四門子〕、〔神仗兒〕、〔挂金索〕、〔水仙子〕、〔興龍引〕、〔金殿樂三臺〕、〔侍香金童〕、〔降黄龍衮〕、〔塞雁兒〕、〔接接高〕。

南呂：〔一枝花〕、〔梁州第七〕、〔賀新郎〕、〔牧羊關〕、〔隔尾〕、〔紅芍藥〕、〔菩薩〕、〔梁州〕、〔三煞〕、〔罵玉郎〕、〔感皇恩〕、〔采茶歌〕、〔隨煞尾〕、〔鬭蝦蟆〕、〔四塊玉〕、〔哭皇天〕、〔烏夜啼〕、〔隔尾〕、〔黄鍾煞〕、〔攤破采茶歌〕、〔楚天秋〕、〔隔尾〕、〔隨煞〕。

中呂：〔粉蝶兒〕、〔醉春風〕、〔迎仙客〕、〔石榴花〕、〔鬭鵪鶉〕、〔上小樓〕、〔快活三〕、正宫出入。〔鮑老兒〕、〔般涉〕、〔哨遍〕、〔耍孩兒〕、〔收尾〕、〔紅繡鞋〕、〔喜春來〕、〔堯民歌〕、〔滿庭芳〕、〔鮑老衮〕、〔醉高歌〕、〔十二月〕、〔普天樂〕、〔叫聲〕、〔雙鴛鴦〕、〔白鶴子〕、正宫出入。〔窮河西〕、

〔朝天子〕、〔乾荷葉〕、〔剔銀燈〕、〔菩薩蠻〕、〔牆頭花〕、〔喬捉蛇〕、〔鶻打兔〕、〔酥棗兒〕、〔鎮江回〕、〔鵪鶉兒〕、〔鴛鴦兒〕、〔風流體〕、〔賣花聲〕、〔蔓菁菜〕。

仙呂：〔賞花時〕、〔點絳唇〕、〔油葫蘆〕、〔天下樂〕、〔哪吒令〕、〔鵲踏枝〕、〔六幺序〕、〔後庭花〕、〔青哥兒〕、〔賺煞〕、〔混江龍〕、〔金盞兒〕、〔醉中天〕、〔村裏迓鼓〕、〔元和令〕、〔上馬嬌〕、〔聖葫蘆〕、〔江西後庭花〕、〔柳葉兒〕、〔寄生草〕、〔賺煞尾〕、〔攤破天下樂〕、〔醉扶歸〕、〔低過金盞兒〕、〔八聲甘州〕、〔遊四門〕、〔賺尾〕、〔憶王孫〕、〔一半兒〕、〔得勝樂〕、〔雁兒〕、〔祆神急〕、〔翠裙腰〕、〔六幺遍〕、〔大安樂〕、〔柳葉兒〕。

商調：〔集賢賓〕、〔逍遥樂〕、〔梧葉兒〕、〔後庭花〕、〔雙雁兒〕、〔金菊香〕、〔浪來裏〕、〔醋葫蘆〕、〔青哥兒〕、〔上京馬〕、〔隨調煞〕、〔柳葉兒〕仙呂出入、〔黄鶯兒〕、〔踏莎行〕、〔垂絲釣〕、〔蓋天旗〕。

大石：〔青杏子〕、〔好觀音〕、〔六國朝〕、〔念奴嬌〕、〔歸塞北〕、〔初問口〕、〔怨别離〕、〔擂鼓體〕、〔雁過南樓〕、〔憨郭郎〕、〔催拍子〕、〔玉翼蟬〕、〔茶蘼香〕、〔女冠子〕、〔林裏雞近〕、〔驀山溪〕、〔喜秋風〕、〔净瓶兒〕、〔鷓鴣天〕。

雙調：〔新水令〕、〔駐馬聽〕、〔甜水令〕、〔折桂令〕、〔落風花〕、〔沈醉東風〕、〔小將軍〕、〔清江引〕、〔碧玉簫〕、〔雁兒落〕、〔德勝令〕、〔喬牌兒〕、〔撥不斷〕、〔慶東原〕、〔沽美酒〕、〔太平令〕、〔一錠銀〕、〔荆湘怨〕、〔阿納忽〕、〔夜行船〕、〔鎮江回〕中呂出入、〔胡十八〕、〔掛玉鈎序〕、〔五供養〕、〔掛玉鈎〕、〔川撥棹〕、〔殿前歡〕、〔七弟兄〕、〔梅花酒〕、〔收江南〕、〔水仙子〕、〔滴滴金〕、〔鴛鴦煞〕、〔步步嬌〕、〔攪箏琶〕、〔豆葉黄〕、〔風入松〕、〔行香子〕、〔梧桐樹〕、〔離亭宴煞〕、〔鴛鴦兒煞尾〕、〔太平歌〕、〔十棒鼓〕、〔小婦孩兒〕、〔掛打燈〕、〔喬木查〕、〔蝶戀花〕、〔慶宣和〕、〔棗卿調〕、〔石竹子〕、〔山石榴〕、〔山丹花〕、〔醉娘子〕、〔駙馬還朝〕、〔大拜門〕、〔鵰刺鵠〕、〔不拜門〕、〔喜人心〕、〔忽都白〕、〔倘兀歹〕、〔風流體〕。中呂出入。

明・徐渭《南詞叙録》　曲有本平韻者亦可作入韻，〔高陽臺〕、〔黄鶯兒〕、〔畫眉序〕、〔蝦蟇序〕之類是也。有本入韻不可作平者，〔四邊静〕是也。其他平韻不可作入者甚多。

又　今曲用宋詞者，〔尾犯序〕、〔滿庭芳〕、〔滿江紅〕、〔鷓鴣天〕、〔謁金門〕、〔風入松〕、〔卜算子〕、〔一剪梅〕、〔賀新郎〕、〔高陽臺〕、〔憶秦娥〕，餘皆與古人異矣。

又　凡曲引子，皆自有腔，今世失其傳授，往往作一腔直唱，非也。若〔晝錦堂〕與〔好事近〕，引子同，何以爲清濁高下，然不復可考，惜哉。

明・王驥德《曲律》卷一《論調名第三》　曲之調名，今俗曰牌名。始於漢之《朱鷺》、《石流》、《艾如張》、《巫山高》，梁、陳之《折楊柳》、《梅花落》、《雞鳴高樹巔》、《玉樹後庭花》等篇，於是詞而爲《金荃》、《蘭畹》、《花間》、《草堂》諸調，曲而爲金、元劇戲諸調。北調載天台陶九成《輟耕録》及國朝涵虚子《太和正音譜》，南調載毘陵蔣維忠《南九宫十三調詞譜》。今吴江詞隱先生又釐正而增益之者，諸書臚列甚備。

然詞之與曲，實分兩途。間有采入南、北二曲者。北則於金而小令如〔醉落魄〕、〔點絳唇〕類，長調如〔滿江紅〕、〔沁園春〕類，皆仍其調而易其聲。於元而小令如〔青玉案〕、〔搗練子〕類，長調如〔瑞鶴仙〕、〔賀新郎〕、〔滿庭芳〕、〔念奴嬌〕類，或稍易字句，或止用其名而盡變其調。南則小令如〔卜算子〕、〔生查子〕、〔憶秦娥〕、〔臨江仙〕類，長調如〔鵲橋仙〕、〔喜遷鶯〕、〔稱人心〕、〔意難忘〕類，止用作引曲。過曲如〔八聲甘州〕、〔桂枝香〕類，亦止用其名而盡變其調。至南之於北，則如金〔玉抱肚〕、〔豆葉黄〕、〔剔銀燈〕、〔繡帶兒〕類，如元〔普天樂〕、〔石榴花〕、〔醉太平〕、〔節節高〕類，名同而調與聲皆絶不同。

其名則自宋之詩餘，及金之變宋而爲曲，元又變金而一爲北曲，一爲南曲，皆各立一種名色，視古樂府，不知更幾滄桑矣。其義則有取古人詩詞句中語而名者，如〔滿庭芳〕則取吴融滿庭芳草易黄昏，〔點絳唇〕則取江淹明珠點絳唇，〔鷓鴣天〕則取鄭嵎家在鷓鴣天，〔西江月〕則取衛萬只今惟有西江月，曾照吴王宫裏人，〔浣溪沙〕則取少陵詩意，〔青玉案〕則取〔四愁〕詩語，〔粉蝶兒〕則取毛澤民粉蝶兒共花同活，〔人月圓〕則用王晉卿年年此夜，華燈盛照，人月圓時之類。有以地而名者，如〔梁州序〕、〔八聲甘州〕、〔伊州令〕之類。有以音節而名者，如〔步步嬌〕、〔急板令〕、〔節節高〕、〔滴溜子〕、〔雙聲子〕之類。其他無所取義，或以時序，或以人物，或以花鳥，或以寄托，或偶觸所見而名者，紛錯不可勝紀。而又有雜犯諸調而名者，如兩調合成而爲〔錦堂月〕，三調合成而爲〔醉羅歌〕，四五調合成而爲〔金絡索〕，四五調全調連用而爲〔雁魚錦〕。或明曰〔二犯江兒水〕、〔四犯黄鶯兒〕、〔六犯清音〕、〔七犯玉瓏瓏〕，又有八犯而爲〔八寶粧〕，九犯而爲〔九疑山〕，十犯而爲〔十樣錦〕，十二犯而爲〔十二紅〕，十六犯而爲〔一秤金〕，三十犯而爲〔三十腔〕類。又有取字義而二三調合爲一調，如〔皂袍罩黄鶯〕、〔鶯集御林春〕類。有每調只取一字，合爲一調，如〔醉歸花月渡〕、〔浣沙劉月蓮〕類。又有一調，分屬二宫，而聲各不同，如〔小桃紅〕一在正宫，一在越調，〔紅芍藥〕一在南吕宫，一在中吕宫類。有一調二名，如〔素帶兒〕又名〔白練序〕，〔黄鶯兒〕又名〔金衣公子〕類。有初本一調，後各傳而致句字增減不同，如〔普天樂〕、〔錦纏道〕類。有古體無考，俗傳增減句字，至繁聲過多，不可遵守，如〔越恁好〕、〔雌雄畫眉〕類。有其調存而宫調無可考，如〔三仙橋〕、〔勝如花〕類。有調名傳訛，字義不通，無可考正，如〔奉時春〕、〔十破四〕類。有其名存而本調無可考，如〔小秀才〕、〔大夫娘〕類。有其名存而腔久不傳，如〔四塊金〕、〔嬌鶯兒〕類。有二調句字相似，無可分別，如〔青衲襖〕、〔紅衲襖〕類。有各宫調有〔賺〕，而僅存一二，餘無可考類。有字面差訛，致失本意，如〔生查子〕，查，古槎字，用張騫乘槎事。〔玉抱肚〕唐人呼帶爲抱肚，宋真宗賜王安石有玉抱肚，今訛爲〔玉胞肚〕。〔醉公子〕，唐人以詠公子，今訛爲〔醉翁子〕。〔朝天紫〕，本牡丹名，見陸遊《牡丹譜》，今訛爲〔朝天子〕類。至古有所謂纏令、入破、出破之類，則按沈括《筆談》謂：古樂府皆有聲有詞，連屬書之，如曰賀賀賀，何何何之類，皆和聲也。今絃管纏聲，亦其遺法，則董解元古《西厢記》中所謂醉落魄纏令、點絳唇纏令，正此法，絃索有和聲故也。《明皇雜録》載：天寶中多以邊地名曲，如涼州、甘州、伊州之類，其曲遍繁聲，名入破，後其地皆爲西番破没，則今曲所謂入破、出破，蓋以調有繁聲故也。又古曲有豔、有趨，豔在曲之前，趨在曲之後，楊用脩謂豔在曲前，即今之引子，趨在曲後，即今之尾聲是也。沈括又言：曲有犯聲、側聲、正殺、寄殺、偏字、傍字、雙字、半字之法。《樂典》言：相應謂之犯，歸宿謂之煞。今十三調譜中，每調有賺犯、攤犯、二犯、三犯、四犯、五犯、六犯、七犯、賺、道和、傍拍，凡十一則，係六攝，每調皆有因，其法今盡不傳，無可考索，蓋正括所謂犯聲以下諸法。然此所謂犯，皆以聲言，非如今以此調犯他調之謂也。至有一調名而兩用，以此引曲，即以此爲過曲，如《琵琶記》之〔念奴嬌〕引曲楚天過雨云云，而下過曲長空萬里，則省曰〔本序〕，言本上曲之〔念奴嬌〕也。《拜月亭》之〔惜奴嬌〕引曲禍不單行云云，而下過曲〔自與相别〕，亦省曰〔本序〕。又〔夜行船〕引曲〔六曲闌干〕云云，而下過曲〔春思懨懨〕，亦省曰〔本序〕，亦言本上之〔惜奴嬌〕與《夜行船》也。然則《琵琶記》之〔祝英臺〕、〔尾犯〕、〔高陽臺〕三曲，皆以此引，以此過，皆可謂之〔本序〕。今却不然，而或於新篁池閣一曲，則亦署曰〔本序〕，不知前有〔梁州令〕引，則此可曰〔本序〕，今前引係他曲，而亦以〔本序〕名之，則非也。

又登場首曲，北曰楔子，南曰引子。引子曰慢詞，過曲曰近詞。曲之第二調，北曰幺，南曰前腔，曰换頭。前腔者，連用二首，或四五首，一字不易者是也。换頭者，换其前曲之頭，而稍增減其字，如〔錦堂月〕、〔念奴嬌序〕，則换首句，〔鎖南枝〕、〔二郎神〕則並换其腹之第四、第五句，〔朝元令〕則第一、第二、第三、第四，通調各自全换，只合前兩句與首調相同。〔梁州序〕則至第三、第四調而始换首二句之類是也。煞曲曰尾聲，或曰餘文，或曰意不盡，或曰十二時，其實一也。爲格句字，稍有不同，當各隨上用宫調。今多混用，非是，詳見後《論尾聲》條中。

大略南調之創，稍次北調。《拜月》之作，稍先《琵琶》。今二記調絶不同，《拜月》諸調又絶不見他戲，是知創調之始，當不止如今譜中所載者，特時代久遠，多致湮没，即其存者，而又腔調多不可考，惜哉。又世多以南之〔點絳唇〕、〔粉蝶兒〕、〔二犯江兒水〕作北調唱者，詞隱辯之甚詳，見譜中。然〔大迓鼓〕之迓改作呀，〔撼亭秋〕之撼仍誤作感，殊未當也。北詞各調，載《輟耕録》、《中原音韻》、《太和正音譜》三書，迄今藉可考見。南詞舊有蔣氏《九宫十三調》二譜，《九宫譜》有詞，十三調無詞。詞隱於《九宫譜》參補新調，又並署平仄，考定訛謬，重刻以傳。却削去十三調一譜，間取有曲可查者，附入《九宫譜》後。

又《九宫詞譜共六百八十五章》　仙吕宫曲八十二章。仙吕引子十六章：〔卜算子〕、〔番卜算〕、〔劍器令〕、〔小蓬萊〕、〔探春令〕、〔醉落魄〕、〔天下樂〕、〔鵲橋仙〕、〔金鷄叫〕、〔奉時春〕、〔紫蘇丸〕、〔唐多令〕、〔梅子黄時雨〕、〔似娘兒〕、〔望遠行〕、〔鷓鴣天〕。仙吕過曲六十六章：〔光光乍〕、〔鐵騎兒〕、〔碧牡丹〕、〔大齋郎〕、〔勝葫蘆〕、〔青歌兒〕、〔胡女怨〕、

〔五方鬼〕、〔望梅花〕、〔上馬踢〕、〔月兒高〕、〔二犯月兒高〕、〔月雲高〕、〔月照仙〕、〔月上五更〕、〔鑾江令〕、〔涼草蟲〕、〔蠟梅花〕、〔撼亭秋〕、〔望吾鄉〕、〔喜還京〕、〔美中美〕、〔油核桃〕、〔木丫牙〕、〔長拍〕、〔短拍〕、〔醉扶歸〕、〔皂羅袍〕、〔皂羅罩黃鶯〕、〔醉羅袍〕、〔醉羅歌〕、〔醉花雲〕、〔醉歸花月渡〕、〔羅袍歌〕、〔羽調排歌〕、〔三疊排歌〕、〔傍妝臺〕、〔二犯傍妝臺〕、〔八聲甘州〕、〔甘州解酲〕、〔甘州歌〕、〔十五郎〕、〔一盆花〕、〔桂枝香〕、〔二犯桂枝香〕、〔天香滿羅袖〕、〔河傳序〕、〔拗芝麻〕、〔一封書〕、〔一封歌〕、〔一封羅〕、〔安樂神犯〕、〔香歸羅袖〕、〔解三酲〕、〔解酲帶甘州〕、〔解酲歌〕、〔解袍歌〕、〔解酲望鄉〕、〔掉角兒序〕、〔掉角望鄉〕、〔番鼓兒〕、〔惜黃花〕、〔西河柳〕、〔春從天上來〕、〔古皂羅袍〕、〔甘州八犯〕。仙呂調慢詞五章：〔河傳〕、〔聲聲慢〕、〔八聲甘州〕、〔杜韋娘〕、〔桂枝香〕。仙呂調近詞五章：〔賺〕、〔薄媚賺〕、〔天下樂〕、〔三囑付〕、〔喜還京〕。羽調近詞八章：〔金鳳釵〕、〔四時花〕、〔四季花〕、〔勝如花〕、〔慶時豐〕、〔馬鞍兒〕、〔浪淘沙〕、〔歸仙洞〕。

正宮曲六十二章。正宮引子十章：〔燕歸梁〕、〔七娘子〕、〔梁州令〕、〔破陣子〕、〔齊天樂〕、〔破齊陣〕、〔瑞鶴仙〕、〔喜遷鶯〕、〔緱山月〕、〔新荷葉〕。正宮過曲五十二章：〔玉芙蓉〕、〔刷子序〕、〔刷子帶芙蓉〕、〔錦纏道〕、〔朱奴兒〕、〔朱奴插芙蓉〕、〔朱奴剔銀燈〕、〔朱奴帶錦纏〕、〔普天樂〕、〔普天帶芙蓉〕、〔普天樂犯〕、〔錦芙蓉〕、〔芙蓉紅〕、〔錦庭樂〕、〔錦庭芳〕、〔錦纏落〕、〔雁過聲〕、〔風淘沙〕、〔四邊靜〕、〔福馬郎〕、〔小桃紅〕、〔綠襴衫〕、〔三字令〕、〔一撮棹〕、〔三字令過十二橋〕、〔陽關三疊〕、〔泣秦娥〕、〔傾杯序〕、〔傾杯賞芙蓉〕、〔長生道引〕、〔彩旗兒〕、〔滿江紅急〕、〔白練序〕、〔醉太平〕、〔雙鸂鶒〕、〔洞仙歌〕、〔雁漁錦〕、〔山漁燈〕、〔三漁燈犯〕、〔雁過沙〕、〔雁來紅〕、〔沙雁揀南枝〕、〔金殿喜重重〕、〔花藥欄〕、〔賺〕、〔怕春歸〕、〔春歸犯〕、〔薔薇花〕、〔醜奴兒近〕、〔黃鍾賺〕、〔普天唱朱奴〕、〔錦芙蓉〕。正宮調慢詞二章：〔安公子〕、〔長生到引〕。正宮調近詞二章：〔划秋令〕、〔湘浦雲〕。

大石調曲十三章。大石引子五章：〔東風第一枝〕、〔碧玉令〕、〔少年遊〕、〔念奴嬌〕、〔燭影搖紅〕。大石過曲八章：〔沙塞子〕、〔本宮賺〕、〔沙塞子急〕、〔念奴嬌序〕、〔催拍〕、〔賽觀音〕、〔人月圓〕、〔長壽仙〕。大石調慢詞三章十三調：〔驀山溪〕、〔烏夜啼〕、〔醜奴兒〕。大石調近詞一章：〔插花三臺〕。

中呂宮曲六十二章。中呂引子十二章：〔粉蝶兒〕、〔四園春〕、〔思園春〕、〔醉中歸〕、〔滿庭芳〕、〔行香子〕、〔菊花新〕、〔青玉案〕、〔尾犯〕、〔遶紅樓〕、〔剔銀燈引〕、〔金菊對芙蓉〕。中呂過曲五十章：〔泣顏回〕、〔好事近〕、〔石榴花〕、〔榴花泣〕、〔駐馬聽〕、〔馬蹄花〕、〔駐馬泣〕、〔番馬舞秋風〕、〔駐馬摘金桃〕、〔駐雲飛〕、〔古輪臺〕、〔撲燈蛾〕、〔念佛子〕、〔大和佛〕、〔鵲打兔〕、〔大影戲〕、〔兩休休〕、〔好孩兒〕、〔粉孩兒〕、〔紅芍藥〕、〔耍孩兒〕、〔會和陽〕、〔縷縷金〕、〔越恁好〕、〔漁家傲〕、〔剔銀燈〕、〔攤破地錦花〕、〔麻婆子〕、〔尾犯序〕、〔尾犯芙蓉〕、〔丹鳳吟〕、〔十破四〕、〔水車歌〕、〔永團圓〕、〔耍鮑老〕、〔瓦盆兒〕、〔喜漁燈〕、〔漁家燈〕、〔石榴挂漁燈〕、〔雁過燈〕、〔茶蘼香傍拍〕、〔舞霓裳〕、〔山花子〕、〔千秋歲〕、〔紅繡鞋〕、〔添字紅繡鞋〕、〔馱環著〕、〔合生〕、〔風蟬兒〕、〔倚馬待風雲〕。中呂宮調慢詞四章十三調：〔醉春風〕、〔賀聖朝〕、〔沁園春〕、〔柳梢青〕。中呂調近詞七章：〔迎仙客〕、〔杵歌〕、〔阿好悶〕、〔呼喚子〕、〔太平令〕、〔德勝序〕、〔宮娥泣〕。般涉調慢詞一章：〔哨遍〕。

南呂宮曲一百十八章。南呂引子二十五章：〔大勝樂〕、〔金蓮子〕、〔戀芳春〕、〔女冠子〕、〔臨江仙〕、〔女臨江〕、〔一剪梅〕、〔臨江梅〕、〔一枝花〕、〔折腰一枝花〕、〔薄媚〕、〔虞美人〕、〔意難忘〕、〔稱人心〕、〔三登樂〕、〔轉山子〕、〔薄倖〕、〔生查子〕、〔哭相思〕、〔于飛樂〕、〔步蟾宮〕、〔滿江紅〕、〔上林春〕、〔滿園春〕、〔挂真兒〕。南宮過曲九十三章：〔梁州序〕、〔梁州新郎〕、〔賀新郎〕、〔賀新郎衮〕、〔纏枝花〕、〔節節高〕、〔大勝樂〕、〔柰子花〕、〔柰子落瑣牕〕、〔柰子宜春〕、〔青衲襖〕、〔紅衲襖〕、〔一江風〕、〔單調風雲會〕、〔梅花塘〕、〔香柳娘〕、〔女冠子〕、〔孤飛雁〕、〔石竹花〕、〔解連環〕、〔風檢才〕、〔呼喚子〕、〔大迓鼓〕、〔引駕行〕、〔薄媚衮〕、〔竹馬兒〕、〔番竹馬〕、〔繡帶兒〕、〔繡太平〕、〔繡帶宜春〕、〔宜春樂〕、〔太師引〕、〔醉太平〕、〔太師垂繡帶〕、〔瑣牕寒〕、〔瑣牕郎〕、〔阮郎歸〕、〔繡衣郎〕、〔宜春令〕、〔三學士〕、〔學士解酲〕、〔刮鼓令〕、〔羅鼓令〕、〔癡冤家〕、〔金蓮子〕、〔金蓮帶東甌〕、〔香羅帶〕、〔羅帶兒〕、〔二犯香羅帶〕、〔羅江怨〕、〔五樣錦〕、〔三換頭〕、〔香遍滿〕、〔懶畫眉〕、〔浣溪沙〕、〔秋夜月〕、〔東甌令〕、〔劉潑帽〕、

〔潑帽落東甌〕、〔金錢花〕、〔五更轉〕、〔五更轉犯〕、〔二犯五更轉〕、〔劉袞〕、〔紅衫兒〕、〔本宮賺〕、〔梁州賺〕、〔紅芍藥〕、〔古針線箱〕、〔針線箱〕、〔滿園春〕、〔八寶妝〕、〔九疑山〕、〔春瑣牕〕、〔浣沙劉月蓮〕、〔梁溪劉大香〕、〔繡帶引〕、〔懶針線〕、〔醉宜春〕、〔瑣牕繡〕、〔大節高〕、〔東甌蓮〕、〔浣溪樂〕、〔春太平〕、〔宜春樂〕、〔太師帶〕、〔學士解酲〕、〔潑帽令〕、〔宜春引〕、〔針線牕〕、〔柰子樂〕、〔秋夜令〕、〔浣溪蓮〕。南呂調慢詞三章十三調：〔賀新郎〕、〔木蘭花〕、〔烏夜啼〕。南呂調近詞四章：〔賺〕、〔春色滿皇州〕、〔搗白練〕、〔恨蕭郎〕。

黄鍾宮曲五十二章。黄鍾引子十章：〔絳都春〕、〔疎影〕、〔瑞雲濃〕、〔女冠子〕、〔點絳唇〕、〔傳言玉女〕、〔玉女步瑞雲〕、〔翫仙燈〕、〔西地錦〕、〔玉漏遲〕。黄鍾過曲四十二章：〔絳都春序〕、〔出隊子〕、〔鬧樊樓〕、〔下小樓〕、〔耍鮑老〕、〔畫眉序〕、〔畫眉上海棠〕、〔畫眉姐姐〕、〔滴滴金〕、〔滴溜子〕、〔出隊滴溜子〕、〔神仗兒〕、〔滴溜神仗〕、〔鮑老催〕、〔雙聲子〕、〔雙聲滴〕、〔啄木兒〕、〔啄木鸝〕、〔啄木叫畫眉〕、〔三段子〕、〔三段催〕、〔歸朝歡〕、〔水仙子〕、〔刮地風〕、〔春雲怨〕、〔三春柳〕、〔降黄龍〕、〔黄龍醉太平〕、〔黄龍捧燈月〕、〔黄龍袞〕、〔獅子序〕、〔太平歌〕、〔賞宮花〕、〔玉漏遲序〕、〔玉絳畫眉序〕、〔恨蕭郎〕、〔燈月交輝〕、〔恨更長〕、〔侍香金童〕、〔傳言玉女〕、〔月裏嫦娥〕、〔天仙子〕。

越調曲五十二章。越調引子七章：〔浪淘沙〕、〔霜天曉角〕、〔金蕉葉〕、〔靈蕉葉〕、〔杏花天〕、〔祝英臺近〕、〔桃柳争春〕。越調過曲四十五章：〔小桃紅〕、〔下山虎〕、〔山桃紅〕、〔蠻牌令〕、〔山虎嵌蠻牌〕、〔二犯排歌〕、〔五般宜〕、〔本宮賺〕、〔鬬蛤蟆〕、〔五韻美〕、〔羅帳裏坐〕、〔江頭送别〕、〔章臺柳〕、〔醉娘子〕、〔雁過南樓〕、〔山麻稭〕、〔花兒〕、〔鏵鍬兒〕、〔繫人心〕、〔道和〕、〔包子令〕、〔梅花酒〕、〔亭前柳〕、〔亭前送别〕、〔一疋布〕、〔撲頭錢〕、〔梨花兒〕、〔水底魚兒〕、〔吒精令〕、〔引軍旗〕、〔丞相賢〕、〔趙皮鞋〕、〔禿厮兒〕、〔喬八分〕、〔繡停針〕、〔祝英臺〕、〔望歌兒〕、〔鬬寶蟾〕、〔蠻牌嵌寶蟬〕、〔憶多嬌〕、〔鬬黑麻〕、〔憶花兒〕、〔憶鶯兒〕、〔江神子〕、〔園林杵歌〕。越調慢詞一章：〔養花天〕。越調近詞四章：〔入賺〕、〔綿搭絮〕、〔入破〕、〔出破〕。

商調曲六十九章。商調引子九章：〔鳳凰閣〕、〔風馬兒〕、〔高陽臺〕、〔憶秦娥〕、〔逍遥樂〕、〔遶池遊〕、〔三臺令〕、〔二郎神慢〕、〔十二時〕。商調過曲六十章：〔字字錦〕、〔滿園春〕、〔高陽臺〕、〔山坡羊〕、〔山羊轉五更〕、〔水紅花〕、〔水紅花犯〕、〔梧葉兒〕、〔梧蓼弄金風〕、〔梧蓼金羅〕、〔梧桐花〕、〔金梧桐〕、〔金梧繫山羊〕、〔金絡索〕、〔金甌線解酲〕、〔梧桐樹〕、〔梧桐樹犯〕、〔梧桐半折芙蓉花〕、〔喜梧桐〕、〔擊梧桐〕、〔二郎神〕、〔二賢賓〕、〔二鶯兒〕、〔二犯二郎神〕、〔集賢賓〕、〔集賢聽畫眉〕、〔集鶯兒〕、〔集賢聽黄鶯〕、〔鶯啼序〕、〔鶯啼春色中〕、〔黄鶯兒〕、〔黄鶯學畫眉〕、〔四犯黄鶯兒〕、〔鶯花皂〕、〔黄鶯穿皂袍〕、〔黄鶯帶一封〕、〔囀林鶯〕、〔簇御林〕、〔攤破簇御林〕、〔簇袍鶯〕、〔鶯集御林春〕、〔鶯鶯兒〕、〔琥珀貓兒墜〕、〔貓兒出隊〕、〔貓兒墜玉枝〕、〔貓兒墜桐花〕、〔五團花〕、〔吴小四〕、〔三臺令〕、〔半面二郎神〕、〔攤破集賢賓〕、〔鶯斷鶯啼序〕、〔歇拍黄鶯兒〕、〔減字簇御林〕、〔偷聲貓兒墜〕、〔紅葉襯紅花〕、〔梧葉墜羅袍〕、〔黄鶯逐山羊〕、〔貓兒入御林〕、〔貓兒逐黄鶯〕。商調慢詞五章：〔集賢賓〕、〔永遇樂〕、〔熙州三臺〕、〔解連環〕、〔秋夜雨〕。商調近詞一章：〔漁父第一〕。商黄調詞五章：〔二郎試畫眉〕、〔集賢觀黄龍〕、〔啼鶯捎啄木〕、〔貓兒戲獅子〕、〔御林轉隊子〕。小石調近詞一章：〔驟雨打新荷〕。

雙調曲三十二章。雙調引子二十一章：〔真珠簾〕、〔真珠馬〕、〔花心動〕、〔謁金門〕、〔惜奴嬌〕、〔寶鼎硯〕、〔金瓏璁〕、〔搗練子〕、〔胡搗練〕、〔風入松慢〕、〔海棠春〕、〔夜行船〕、〔夜遊船〕、〔四國朝〕、〔玉井蓮後〕、〔新水令〕、〔五供養〕、〔賀聖朝〕、〔秋蕋香〕、〔船入荷花蓮〕、〔梅花引〕。雙調過曲十一章：〔晝錦堂〕、〔紅林檎〕、〔錦堂月〕、〔醉公子〕、〔僥僥令〕、〔醉僥僥〕、〔孝順歌〕、〔鎖南枝〕、〔二犯孝順歌〕、〔孝南枝〕、〔孝順兒〕。仙吕入雙調過曲九十七章：〔桂花遍南枝〕、〔柳摇金〕、〔柳摇金犯〕、〔四塊金〕、〔淘金令〕、〔金風曲〕、〔五馬江兒水〕、〔江頭金桂〕、〔二犯江兒水〕、〔金犯令〕、〔月上海棠〕、〔海棠醉春風〕、〔姐姐插海棠〕、〔玉枝帶六幺〕、〔撥棹入江水〕、〔園林帶僥僥〕、〔三月海棠〕、〔攤破金字令〕、〔夜雨打梧桐〕、〔金水令〕、〔朝天歌〕、〔嬌鶯兒〕、〔朝元令〕、〔風雲會四朝元〕、〔柳梢青〕、〔古江兒水〕、〔銷金帳〕、〔錦法經〕、〔灞陵橋〕、〔疊字錦〕、〔山東劉袞〕、〔雌雄畫眉〕、〔夜行船序〕、〔曉行序〕、〔黑蠊序〕、〔惜奴嬌〕、〔錦衣香〕、〔漿水令〕、〔嘉慶子〕、〔尹令〕、〔品令〕、〔豆葉黄〕、〔川豆葉〕、〔六幺令〕、

〔六幺梧葉〕、〔六幺姐兒〕、〔二犯六幺令〕、〔福青歌〕、〔窣地錦襠〕、〔哭岐婆〕、〔雙勸酒〕、〔字字雙〕、〔三捧鼓〕、〔破金歌〕、〔柳絮飛〕、〔普賢歌〕、〔雁兒舞〕、〔打球場〕、〔倒拖船〕、〔風入松〕、〔風送嬌音〕、〔好姐姐〕、〔姐姐帶僥僥〕、〔金娥神曲〕、〔桃紅菊〕、〔一機錦〕、〔錦上花〕、〔步步嬌〕、〔忒忒令〕、〔沈醉東風〕、〔沉醉海棠〕、〔園林好〕、〔園林沉醉〕、〔江兒水〕、〔江兒撥棹〕、〔五供養〕、〔五供養犯〕、〔五枝供〕、〔二犯五供養〕、〔玉交枝〕、〔玉抱肚〕、〔玉抱交〕、〔玉山供〕、〔玉雁子〕、〔川撥棹〕、〔絮婆婆〕、〔元卜算〕、〔十二嬌〕、〔玉劄子〕、〔流拍〕、〔松下樂〕、〔步步入江水〕、〔江水遶園林〕、〔園林見姐姐〕、〔姐姐插嬌枝〕、〔嬌枝催撥棹〕、〔玉蘭花〕已上六調，方諸生新製。雙調慢詞二章：〔紅林檎〕、〔泛蘭舟〕。雙調近詞三章：〔兩蝴蝶〕、〔賽紅娘〕、〔武陵花〕。

附録不知宮調及犯各調曲四十六章。附録引子八章：〔宴蟠桃〕、〔三疊引〕、〔甲馬引〕、〔牧犢歌〕、〔帝臺春〕、〔西河柳〕、〔接雲雁〕、〔顆顆珠〕。附録過曲三十八章：〔燒夜香〕、〔犯胡兵〕、〔三仙橋〕、〔風帖兒〕、〔柳穿魚〕、〔四換頭〕、〔恁麻郎〕、〔貨郎兒〕、〔十捧鼓〕、〔小引〕、〔望妝臺〕、〔攪羣羊〕、〔七賢過關〕、〔多嬌面〕、〔二犯朝天子〕、〔水唐歌〕、〔川鮑老〕、〔清商七犯〕、〔鶴翀天〕、〔鵝鴨滿渡船〕、〔赤馬兒〕、〔拗芝麻〕、〔一秤金〕、〔撼動山〕、〔中都俏〕、〔駿甲馬〕、〔滿院榴花〕、〔紅葉兒〕、〔小措大〕、〔桃花紅〕、〔步金蓮〕、〔踈影〕、〔六犯清音〕、〔七犯瓏瓏〕、〔薄媚曲破〕、〔三十腔〕、〔九迴腸〕、〔巫山十二峯〕。

右合九宮十三調曲，共七百四十七章。蔣氏舊譜序云：〔九宮十三調〕二譜，得之陳氏、白氏，僅有其目，而無其辭。蔣爲輯古戲及散曲，合數十家，每調各譜一曲。迨詞隱又增補新調之未收者，並署平仄音律，以廣其傳，益稱大備。蔣，毘陵人，名孝。登嘉靖甲辰進士，蓋好古博雅士也。其書世多不傳，恐久而遂泯其人，略志所自。詞隱校定新譜，較蔣氏舊譜，大約增益十之二三，即〔十三調〕諸曲，有爲世所通用者，亦間採並列其中矣。舊譜今既不傳，世將不復能覩〔十三調〕諸曲名目，爲別録一過，以寄存餼羊之意。是譜蔣氏元不譜曲，似不易悉爲蒐輯，世遠樂亡，陵夷漸爾，惜哉。

又《十三調南曲音節譜》 仙吕：與羽調互用，出入道宮、高平、南吕，俱無詞。〔賺犯〕、〔攤破〕、〔二犯〕、〔三犯〕、〔四犯〕、〔五犯〕、〔六犯〕、〔七犯〕、〔賺〕、〔道和〕、〔傍拍〕。已上十一則，係六攝，每調皆有因。〔河傳〕、〔小蓬萊〕、〔聲聲慢〕、〔鵲橋仙〕、〔點絳唇〕、〔薄倖〕、〔聚八仙〕、〔天下樂〕、〔八聲甘州〕、〔轉山子〕、亦在南吕。〔杜韋娘〕、〔大勝樂慢〕、亦在南吕。〔道宮〕、〔臨江仙〕、亦在南吕。〔踈簾淡月〕。即〔桂枝香〕，亦在羽調。已上俱係慢詞。〔賺〕、一名〔惜花賺〕，與〔婆羅門薄媚賺〕同。〔八聲甘州〕、亦在道宮。〔天下樂〕、亦在中吕。〔勝葫蘆〕，即〔大河蟹〕，亦在羽。〔青歌〕、〔三祝付〕、〔六幺序〕、一作〔六幺令〕。〔醉扶歸〕、亦在羽。〔大迓鼓〕、即〔村裏迓鼓〕，亦在羽。〔光光乍〕、〔聚八仙近〕、〔三學士〕、〔美中美〕、亦在越調、小石。〔針線箱〕、亦在南吕、道宮。〔大勝樂〕、亦在南吕、道宮。〔油核桃〕、〔木丫叉〕、〔解三酲〕、亦在南吕、道宮。〔告雁兒〕、〔人月圓〕、亦在南吕。〔拗芝麻〕、亦在道宮。〔喜還京〕。與高平、雙調出入。已上俱係近詞。

羽調，六攝十一則，見前仙吕調下。〔燕歸梁〕、即〔風馬兒〕，與越調不同。〔醉落魄〕、〔望遠行〕、〔桂枝香〕、即〔踈簾淡月〕，亦在仙吕。〔金蓮子〕、〔小蓬萊〕。亦在仙吕。已上俱係慢詞。〔賺〕、名〔本調賺〕。〔一封書〕、即〔秋江送別〕。〔金鳳釵〕、即〔四時花〕。〔撼亭秋〕、〔排歌〕、〔桂枝香〕、即〔月中花〕。〔一盆花〕、〔馬鞍兒〕、〔浪淘沙〕、即〔賣花聲〕。〔惜黃花〕、〔櫻桃花〕、亦在雙調。〔皂羅袍〕、〔錢擔兒〕、〔樂安神〕、〔掉角兒序〕、〔大迓鼓〕、即〔村裏迓鼓〕，亦在南吕。〔道和排歌〕、〔傍妝臺〕、〔望吾鄉〕、〔慶時豐〕、〔醉扶歸〕、亦在仙吕。〔勝葫蘆〕、即〔大河蟹〕，亦在仙吕。〔刮鼓令〕、〔玉抱肚〕、亦在雙調。〔耍鮑老〕。即〔永團圓〕，亦在黃鍾。已上俱係近詞。黃鍾，與商調、羽調出入。六攝十一則，見前仙吕調下。〔喜遷鶯〕、亦在南吕。〔瑞雲濃〕、〔傳言玉女〕、即〔步虛聲〕。〔女冠子〕、即〔雙鳳翹〕，與道宮、般涉不同。〔快活年〕、〔絳都春慢〕、〔巫山十二峯〕、〔生查子〕、亦在雙調。〔踈影〕、〔探春令〕。已上俱係慢詞。〔賺〕、名〔連枝賺〕。〔出隊子〕、在大石，正宮謂之〔風淘沙〕，俱字同、句同，音調不同。〔刮地風〕、在正宮、中吕謂之〔緑襴踢〕，惟雙調及在此名〔刮地風〕，出入。〔神仗兒〕、〔啄木兒〕、〔滴滴金〕、〔鮑老催〕、亦在仙吕。〔歸朝歡〕、〔降黃龍〕、〔黃龍衮〕、〔胡女怨〕、〔玉漏遲〕、〔三段子〕、〔宜春令〕、〔賞宮花〕、〔賞宮花序〕、〔太平令〕、亦在道宮。〔連理枝〕、〔排遍第五〕、餘在徵調，無考。〔天下同〕、〔燈月交輝〕、〔畫眉序〕、〔絳都春近〕、有二樣。〔鬧樊樓〕、〔玉翼蟬〕、〔下小樓〕、〔滴溜子〕商調名〔鬬雙雞〕。〔耍鮑老〕、一名〔永團圓〕，亦在羽。〔雙聲疊韻〕、〔團圓旋〕、〔古水仙子〕。

已上俱係近詞。

商調，與仙吕、羽調、黄鍾皆出入。六攝十一則，見前仙吕調下。〔集賢賓〕、〔逍遥樂〕、〔永遇樂〕、〔二郎神〕、〔伊州三臺〕、〔解連環〕、〔高陽臺〕，即〔慶青春慢〕。〔鳳凰閣〕、〔遶池遊〕、〔十二時〕、〔三登樂〕。已上俱係慢詞。〔賺〕，名〔二郎賺〕。〔集賢賓〕、〔黄鶯兒〕、〔鶯啼序〕、〔二郎神近〕、〔高陽臺近〕，即〔慶青春序〕。〔山坡羊〕、〔水紅花〕，一名〔折紅蓮〕。〔簇御林〕，有二樣。〔梧葉兒〕，一名〔知秋令〕。〔琥珀貓兒墜〕、〔鬭雙雞〕，即〔滴溜子〕，亦在黄鍾。〔漁父第一〕、〔刮地風〕，亦在黄鍾。〔金字令〕，即〔淘金令〕，亦在雙調。已上俱係近詞。

商黄調，此係合犯，乃商調、黄鍾各半隻，或各一隻合成者，皆是也。但不許黄鍾居商調之前，曲無前高後低之理，古人無此式也。

正宫調，與大石、中吕出入。六攝十一則，見前仙吕調下。〔梁州令〕、〔尾犯慢〕、〔安公子〕、〔齊天樂〕、〔緱山月〕、〔粉蝶兒〕，與中吕音異字同。〔滿堂春〕，亦在大石。已上俱係慢詞。〔賺〕，名〔傾杯賺〕。〔梁州令近〕，即〔小梁州〕。〔忉忉令〕、〔划鍬兒〕，與越調不同。〔普天樂〕，與中吕不同。〔催拍〕，亦在大石。〔雁過聲〕，一名〔大擺袖〕，即〔塞鴻秋〕。〔湘浦雲〕，即〔刷子序〕。〔尾犯序〕，一作近。〔玉芙蓉〕、〔漁家傲〕，亦在中吕。〔丹鳳吟〕、〔朱奴兒〕，亦在中吕。〔長壽仙三臺〕、〔小桃紅〕，一作〔山桃紅〕，與越調不同。〔傾杯序〕、〔風淘沙〕，字雖與〔緑襴踢〕同，調則不同。〔梁州第七〕，亦在南吕、道宫、中吕。又名〔梁州小序〕，與〔小梁州〕不同。〔四邊静〕，亦在中吕。此曲在大石調來，故音高。〔刮地風〕同，而腔調則不同也。〔緑襴踢〕，此曲自中吕來，故音低。見上。〔雙鸂鶒〕、〔玉濠寨〕、〔僥僥令〕，與雙調不同。〔福馬郎〕，亦在大石，本在中吕。〔地錦花〕，亦在中吕。〔麻婆子〕。亦在中吕。已上俱係近詞。

大石調，與正宫出入。六攝十一則，見前仙吕調下。〔念奴嬌慢〕，即〔百字令〕，一名〔酹江月〕。〔夜合花〕、〔新荷葉〕、〔金菊對芙蓉〕，一名〔東風第一枝〕。〔鷓鴣天〕、〔驀山溪〕、〔燭影摇紅〕、〔滿堂春〕，亦在正宫。〔醜奴兒〕、〔西地錦〕。已上俱係慢詞。〔賺〕，一名〔太平賺〕。〔念奴嬌〕，即〔酹江月〕。〔紅羅襖〕、〔新荷葉近〕、〔金殿喜重重〕、〔小秀才〕、〔還京樂〕、〔伊州令〕、〔西地錦近〕、〔插花三臺〕、〔花壓欄〕、〔怕春歸〕、〔歇滿〕，一名〔煞〕。〔催拍〕，亦在正宫。〔風淘沙〕、亦在正宫。〔福馬郎〕、〔醜奴兒近〕、〔一撮棹〕。已上俱係近詞。

中吕調，與正宫、道宫出入。六攝十一則，見前仙吕調下。〔粉蝶兒〕，與正宫句同音異。〔醉春風〕，作〔醉中天〕者，非。〔滿庭芳〕、〔賀聖朝〕、〔沁園春〕、〔菊花新〕、〔柳梢青〕、〔奉時春〕、〔紫蘇丸〕、〔破陣子〕、〔七娘子〕。已上俱係慢詞。〔賺〕，名〔鼓板賺〕。〔普天樂〕，與正宫不同。〔滚繡毬〕、〔迎仙客〕、〔天下樂〕，亦在仙吕。〔石榴花〕、〔泣顔回〕，即〔好事近〕，一名〔杏壇三操〕。〔剔銀燈〕、〔凭欄人〕、〔紅繡鞋〕，即〔朱履曲〕，亦在雙調，名〔羊頭靴〕。〔大環著〕、〔山花子〕、〔紅衫兒〕，與南吕不同。〔鮑老催〕、〔梁州大序〕，即〔梁州第七〕。亦在正宫、南吕、道宫。〔千秋歲〕、〔柳梢青〕、〔錦纏道〕，亦出入正宫。〔大影戲〕、〔大夫娘〕、〔喬合笙〕、〔福馬郎〕，亦在正宫、大石。〔瓦盆兒〕、〔杵歌〕、〔粉蝶兒近〕、〔好孩兒〕，與〔耍孩兒〕不同。〔紅芍藥〕，與南吕不同。〔阿好悶〕、〔呼喚子〕、〔會河陽〕，有二樣。〔舞霓裳〕、〔和佛兒〕、〔縷縷金〕、〔古輪臺〕、〔荼蘼香〕，又名〔絞茶蘼〕。〔朱奴兒〕，亦在正宫。〔剪梨花〕，即〔梨花頭〕。〔番鼓兒〕、〔耍孩兒〕、本在般涉。〔太平令〕，與黄鍾不同。〔四邊静〕，亦在正宫。〔三字令〕、〔麻婆子〕，亦在正宫。〔越恁好〕、〔撲燈蛾〕，與雙調不同。〔鶻打兔〕、〔緑襴踢〕，亦在正宫。〔兩休休〕、〔漁家傲〕，亦在正宫。已上俱係近詞。

般涉調，與中吕出入。無曲，六攝十一則，見前仙吕調下。〔哨遍〕。右係慢詞。〔賺〕，名〔賺煞〕，即〔太平賺〕。〔耍孩兒〕、〔女冠子〕，一名〔孤雁飛〕，與道宫、黄鍾不同。已上俱係近詞。

道宫調，與南吕、仙吕、高平出入。六攝十一則，見前仙吕調下。〔女冠子〕、與黄鍾、般涉不同。一名〔蓬萊仙〕。〔梅子黄時雨〕，即〔黄梅雨〕。〔應時明〕、〔四國朝令〕、〔大勝樂〕。亦在南吕。已上俱係慢詞。〔賺〕，名〔漁兒賺〕。〔八聲甘州〕，亦在仙吕。〔玉山槐〕、〔魚兒耍〕、〔太平令〕，亦在黄鍾。〔大勝樂近〕、亦在仙吕、南吕。〔針錢箱〕，亦在仙吕、南吕。〔解三酲〕，亦在仙吕、南吕。〔芳草渡序〕、〔應時明近〕、〔解紅〕、〔謝秋風〕、〔梁州第七〕，即〔梁州小序〕。亦在正宫、南吕、中吕。〔黄梅雨近〕、〔拗芝麻〕，亦在仙吕。已上俱係近詞。

南吕調，與道宫、仙宫出入。六攝十一則，見前仙吕調下。〔一枝花〕，即〔滿路花〕。〔滿江紅〕、〔卜算子〕、〔瑶臺月〕、〔賀新郎慢〕、〔臨江仙〕，亦在仙吕。〔喜遷鶯〕，亦在黄鍾。〔憶秦娥〕，即〔秦樓月〕。〔大勝樂慢〕、〔戀芳春〕，亦在道宫。〔一剪梅〕、〔挂真兒〕、〔稱人心〕、〔轉山子〕，亦在仙吕。〔薄媚令〕、〔似娘兒〕、〔金雞叫〕、〔胡搗練〕、〔金蓮子慢〕，亦在羽調。〔唐多令〕、〔行香子〕。亦在雙調。已上俱係慢詞。〔賺〕、名〔婆羅門賺〕，又名〔薄媚賺〕。〔梁州第七〕、即〔梁州小序〕，與〔小梁州〕不同。亦在正宮、仙呂、道宮。〔浪淘沙〕、亦在羽調。〔牧羊關〕、〔賀新郎近〕、〔感皇恩〕、〔浣沙溪〕、〔草堂詩餘〕作〔浣溪沙〕者，非。〔望江南〕、〔梧桐樹〕、〔大勝樂近〕、〔紅芍藥〕、與中呂不同。〔人月圓〕、〔紅衲襖〕、〔青衲襖〕、〔香羅帶〕、〔寄生子〕、〔洞中仙〕、即〔洞仙歌〕。〔石竹花〕、〔春色滿皇州〕、〔金絡索〕、〔上馬踢〕、〔月兒高〕、即〔誤佳期〕。〔簇仗〕、〔懶畫眉〕、〔銷金帳〕、〔瑣牕寒〕作寒牕，非。〔太師引〕、〔搗白練〕、即〔搗練子〕。〔恨蕭郎〕、〔五更轉〕、〔香遍滿〕、〔西河柳〕、〔獅子序〕、〔秋夜月〕、〔劉潑帽〕、〔東甌令〕、〔蠻江令〕、〔望梅花〕、〔白練序〕、〔醉太平〕、〔繡帶兒〕、即〔癡冤家〕。〔金蓮子〕。〔香柳娘〕、亦在雙調。〔紅衫兒〕、與中呂不同。〔少不得〕、〔十五郎〕、〔柰子花〕、一名〔玉梅花〕。〔針線箱〕、亦在道宮、仙呂。〔生薑芽〕、即〔節節高〕。〔解三酲〕、亦在道宮、仙呂。〔大金錢〕、即〔金錢花〕。〔吴小四〕。已上俱係近詞。

高平調，與諸調皆可出入。其調曲名，皆就引各調曲名合入，不再録出。其六攝十一則，皆與諸調同。用賺，以取引曲爲血脈而用也。其過割褡頭圓混，自有妙處，試觀畫眉人遠、夢回風遶圍屏二套可見。

越調，與小石調、高平調出入。六攝十一則，見前仙呂調下。〔金蕉葉〕、〔梅花引〕、即〔江城子〕。〔夜行船〕、本在小石。〔霜天曉角〕、〔杏花天〕、〔枕屏兒〕、〔風馬兒〕。與羽調〔燕歸梁〕不同。已上俱係慢詞。〔賺〕、名〔竹馬兒賺〕。〔小桃紅〕、與正宮不同。〔玉簫令〕、即〔玉簫〕，亦在雙調。〔鬬蝦蟆〕、〔章臺柳〕、〔雁過南樓〕、〔醉娘子〕、〔鏵鍬兒〕、〔繡停針〕、〔下山虎〕、〔三換頭〕、〔吒精令〕、〔繫人心〕、〔山麻客〕、即〔麻耶兒〕。〔綿打絮〕、作〔綿搭序〕，非。〔亭前柳〕、〔五韻美〕、〔望歌兒〕、〔四國朝序〕、〔蠻牌令〕、即〔四般宜〕。〔憶多嬌〕、〔更時令〕、〔江頭送別〕、〔羅帳裏坐〕、〔竹馬兒〕、〔雁過沙〕、〔雁兒舞〕、〔入破〕、一至九。〔出破〕、一至七。〔歇滿〕、又名〔煞〕。已上俱係近詞。

小石調，與越調、雙調出入。六攝十一則，見前仙呂調下。〔花心動〕、〔夜行船〕、亦在雙調、越調。〔惜奴嬌令〕、〔風入松慢〕、亦在雙調。〔祝英臺慢〕。已上俱係慢詞。〔賺〕、名〔蓮花賺〕。〔風入松近〕、亦在雙調。〔夜行船近〕、〔惜奴嬌〕、〔祝英臺近〕、亦在雙調。〔蝦蟆序〕、俗訛爲〔黑麻序〕，一名〔鬥寶蟾〕。〔賞佛蓮〕、〔遍地花影〕、〔四犯江兒水〕、與雙調不同。〔驟雨打新荷〕、即〔荷葉鋪水面〕。〔錦衣香〕、亦在雙調。〔漿水令〕、亦在雙調。〔梅花酒〕、亦在雙調。已上俱係近詞。

雙調，中有夾鍾宮俗歌，與小石出入。六攝十一則，見前仙呂調下。〔新水令〕、〔夜行船〕、本在小石。〔風入松慢〕、亦在小石，本夾鍾宮。〔五供養慢〕、〔謁金門〕、〔生查子〕、亦在黄鍾。〔瑞鶴仙〕、〔海棠令〕、即〔月上海棠慢〕。〔紅林檎慢〕、〔寶鼎現〕、〔珍珠簾〕、〔泛蘭舟〕、〔脱銀袍〕、〔虞美人〕、〔金瓏璁〕、〔青玉案〕、〔行香子〕。亦在南呂。已上俱係慢詞。〔賺〕、名〔海棠賺〕。〔駐馬聽〕、夾鍾宮。〔沈醉東風〕、〔步步嬌〕、即〔潘妃曲〕。〔金娥神〕、即〔好姐姐〕。〔風入松近〕、亦在小石、夾鍾宮。〔碧玉簫〕、亦在越調。〔岷江緑〕、即〔江兒水〕，與小石〔四犯〕不同。又有入夾鍾宮者，與此亦不同。〔月上海棠〕、〔川撥棹〕、〔梅花酒〕、亦在小石。〔荳葉黄〕、〔嘉慶子〕、〔五供養〕、〔水仙子〕、亦在黄鍾。〔孝順歌〕、〔孝南歌〕、比〔鎖南枝〕句字少不同，音調則一，正猶中呂、正宮中之〔普天樂〕之類也。一名〔操南枝〕，其實一也。〔鎖南枝〕、即〔婆羅枝〕，見〔孝南歌〕下。〔淘金令〕、即〔金字令〕，夾鍾宮。〔二犯江兒水〕、夾鍾宮。〔玉交枝〕、〔晝錦堂〕、〔燕穿簾〕、〔紅林檎〕、〔忒忒令〕、〔鬭踏花〕、即〔桃紅菊〕。〔兩蝴蝶〕、即〔雙蝴蝶〕。〔園林好〕、〔喜還京〕、與仙呂、高平出入。〔鬭桃花〕、亦在羽調。〔香柳娘〕、亦在南呂。〔醉翁子〕、〔海榴花〕、夾鍾宮。〔朝元歌〕、夾鍾宮。〔柳搖金〕、〔五韻美〕、〔泛蘭舟〕、〔駐雲飛〕、夾鍾宮。〔一江風〕、夾鍾宮，即〔渦團兒〕。〔品令〕、〔尹令〕、〔琴家令〕、〔漿水令〕、〔花犯撲燈蛾〕、即〔海棠枝上撲燈蛾〕，一名〔麥裏蛾〕，與中呂不同。〔吃時令〕、〔帳兒裏燈〕、〔雙韻子〕、〔十六娘〕、〔哭岐婆〕、〔窣地錦襠〕、一作〔綿襠〕。〔打毬場〕、〔一泓兒水〕、〔趙皮鞋〕、〔柳絮飛〕、夾鍾宮。〔羊頭靴〕、即〔紅繡鞋〕。〔三月桃〕、〔阿家嬌〕、〔繡鴛鴦〕、〔步沙堤〕、〔熙熙令〕、〔撒金沙〕、〔尉遲杯〕、〔彩旗兒〕、即〔僥僥令〕。〔大齋郎〕、〔臘梅花〕、〔賽紅娘〕、〔一機錦〕、〔武陵春〕。已上俱係近詞。

清・查繼佐《九宫譜定總論》 犯者，割此曲而合於彼之謂也，採集一名命之，此製曲以後知音者之事，然未免有安有不安。余以只犯本宮爲便，或偶犯別宮，則音調必稍異。如〔醉太師〕、〔貓兒出隊〕之類，只宜直作本曲之名，不必分作犯體。至有犯而失其所自來者亦然，或有即犯本宮而不甚安者，亦宜慎用之。

又 犯則新聽，或犯而不考何調，從來相習，仍係本宮，作詞者亦只因之。至明犯別宮，且一曲而三四宮雜者，不可復存本宮，因別載於後，以第一句屬何調領之，至有習用，斷不可少。如〔金絡索〕、〔九迴腸〕等曲，聲情俱妙，又似不宜以互犯黜之。如〔羽調排歌〕之在仙吕，〔黄鍾賺〕之在正宫，明是錯亂，既正之矣。

清・梁廷枏《曲話》卷四 北曲有名同詞異者，如黄鍾宫有〔古水仙子〕，而商調及雙調皆有〔水仙子〕。有〔古神仗兒〕，而仙吕亦有〔神仗兒〕。有〔古寨兒令〕，而越調亦有〔寨兒令〕。有〔柳葉兒〕，而仙吕及商調皆有〔柳葉兒〕。有〔侍香金童〕，而商調亦有〔侍香金童〕。有〔賀聖朝〕，而中吕及商調皆有〔賀聖朝〕。有〔女冠子〕，而大石亦有〔女冠子〕。正宫有〔端正好〕，而仙吕亦有〔端正好〕。仙吕有〔上京馬〕，而商調亦有〔上京馬〕。有〔祆神急〕，而雙調亦有〔祆神急〕。中吕有〔鬬鵪鶉〕，而越調亦有〔鬬鵪鶉〕。有〔紅芍藥〕，而南吕亦有〔紅芍藥〕。有〔思三臺〕，而越調亦有〔思三臺〕。工、尺、四、上，樂之聲也，而不知其字已見於〔楚詞〕。〔大招〕云工尺字譜四上競氣，則來歷已久矣。

又 紅友院本中有佛曲，甚佳。按：佛曲、佛舞，在隋唐時已有之。李唐樂府有〔普光佛曲〕、〔日光明佛曲〕等八曲，入婆陀調。〔釋迦文佛曲〕、〔妙花佛曲〕等九曲入乞食調。〔大妙至極曲〕、〔解曲〕入越調，〔摩尼佛曲〕入雙調，〔蘇密七俱佛曲〕、〔日光騰佛曲〕入商調，〔邪勒佛曲〕入徵調，〔婆羅樹佛曲〕等四曲入羽調，〔遷星佛曲〕入般涉調，〔提梵〕入移風調。固不始於金元也。

雜録

清・李漁《閒情偶寄》卷二《音律第三・凛遵曲譜》 曲譜無新，曲牌名有新。蓋詞人好奇嗜巧，而又不得展其技倆，無可奈何，故以二曲、三曲合爲一曲，鎔鑄成名，如〔金索掛梧桐〕、〔傾盃賞芙蓉〕、〔倚馬待風雲〕之類是也。此皆老於詞學文人善歌者能之，不則上調不接下調，徒受歌者揶揄。然音調雖協，亦須文理貫通，始可串離使合。如〔金絡索〕、〔梧桐樹〕是兩曲，串爲一曲，而名曰〔金索掛梧桐〕，以金索掛樹，是情理所有之事也。〔傾盃序〕、〔玉芙蓉〕是兩曲，串爲一曲，而名曰〔傾盃賞芙蓉〕，傾盃酒而賞芙蓉，雖係捏成，猶口頭語也。〔駐馬聽〕、〔一江風〕、〔駐雲飛〕是三曲，串爲一曲，而名曰〔倚馬待風雲〕，倚馬而待風雲之會，此語即入詩文中，亦自成句。凡此，皆係有倫，有脊之言，雖巧而不厭其巧。竟有只顧串合，不詢文義之通塞，事理之有無，生扭數字作曲名者，殊失顧名思義之體，反不若前人不列名目，只以犯字加之。如本曲〔江兒水〕而串入二别曲，則曰〔二犯江兒水〕，本曲〔集賢賓〕而串入三别曲，則曰〔三犯集賢賓〕。又有以攤破二字概之者，如本曲〔簇御林〕，本曲〔錦地花〕而串入别曲，則曰〔攤破簇御林〕、〔攤破錦地花〕之類，何等渾然，何等藏拙。更有以十數曲串爲一曲，而標以總名，如〔六犯清音〕、〔七賢過關〕、〔九迴腸〕、〔十二峯〕之類，更覺渾雅。予謂串舊作新，終是填詞末着。只求文字好，音律正，即牌名舊殺，終覺新奇可喜。如以極新極美之名，而填以庸腐乖張之曲，誰其好之，善惡在實，不在名也。

清・楊恩壽《續詞餘叢話》卷一《原律續》 曲譜無新，曲牌名有新。然其名狡獪文人，好奇鬥巧，以二曲三曲串爲一曲，别立新名，以炫耳目。然其名非無文義可尋也，如〔金絡索〕、〔梧桐樹〕，本兩名也，串而爲一，名曰〔金索掛梧桐〕，以金索掛樹，亦事之所或有。〔傾盃序〕、〔玉芙蓉〕本兩曲也，串而爲一，名曰〔傾盃賞芙蓉〕，傾盃酒而賞芙蓉，固是韻事。〔駐馬聽〕、〔一江風〕、〔駐雲飛〕本三曲也，串而爲一，名曰〔倚馬待風雲〕，倚馬而待風雲之會，功名中人語也。此皆巧思綺合，非强爲之解者，要不若前人並不列名，僅加犯字，最爲簡便，如本曲〔江兒水〕，串入二别曲，則曰〔二犯江兒水〕，本曲〔集賢賓〕，串入三别曲，則曰〔三犯集賢賓〕。又有以攤破二字概之者，如本曲〔簇御林〕、本曲〔錦地花〕而串入别曲，則曰〔攤破簇御林〕、〔攤破錦地花〕之類，較更渾脱。至於以十數曲串爲一曲，如〔六犯清音〕、〔七賢過關〕、〔九迴腸〕、〔十二峯〕則視串合之曲，計數立名，尤指不勝僂矣。

格律

題解

元・虞集《中原音韻序》 高安周德清，工樂府，善音律，自著《中州音韻》一帙，分若干部，以爲正語之本，變雅之端。其法以聲之清濁，定字爲陰陽，如高聲從陽，低聲從陰，使用字者隨聲高下，措字爲詞，各有攸當，則清濁得宜，而無凌犯之患矣。以聲之上下，分韻爲平仄，如入聲直促，難諧音調成韻之入聲，悉派三聲，誌以黑白，使用韻者隨字陰陽，置韻成文，各有所協，則上下中律，而無拘拗之病矣。

論説

元・周德清《中原音韻・自序》 泰定甲子，存存托友張漢英以其説問作詞之法於予，予曰：言語一科，欲作樂府，必正言語，欲正言語，必宗中原之音。樂府之盛，之備，之難，莫如今時。其盛，則自搢紳及閭閻歌咏者衆。其備，則自關、鄭、白、馬一新製作，韻共守自然之音，字能通天下之語。字暢語俊，韻促音調，觀其所述，曰忠，曰孝，有補於世。其難，則有六字三韻，忽聽一聲猛驚是也。諸公已矣，後學莫及。何也，蓋其不悟聲分平仄，字別陰陽。夫聲分平仄者，謂無入聲，以入聲派入平、上、去三聲也。作平者最爲緊切，施之句中，不可不謹。派入三聲者，廣其韻耳，有才者本韻自足矣。字別陰陽者，陰陽字平聲有之，上去俱無。上去各止一聲，平聲獨有二聲，有上平聲，有下平聲。上平聲非指一東至二十八山而言，下平聲非指一先至二十七咸而言。前輩爲《廣韻》，平聲多分爲上下卷，非分其音也。殊不知平聲字字俱有上平、下平之分，但有有音無字之別，非一東至山皆上

平，一先至咸皆下平聲也。如東、紅二字之類。東字下平聲屬陰，紅字上平聲屬陽。陰者，即下平聲，陽者，即上平聲。試以東字調平仄，又以紅字調平仄，便可知平聲陰陽字音，又可知上、去二聲各止一聲，俱無陰陽之别矣。且上、去二聲，施於句中，施於韻脚，無用陰陽，惟慢詞中僅可曳其聲爾，此自然之理也。妙處在此，初學者何由知之。乃作詞之膏肓，用字之骨髓，皆不傳之妙，獨予知之，屢嘗揣其聲病於桃花扇影而得之也。吁，考其詞音者，人人能之，究其詞之平仄、陰陽者，則無有也。彼之能遵音調，而有協音俊語可與前輩頡頏，所謂成文章，曰樂府也。不遵而增襯字，名樂府者，自名之也。（德勝令）綉字、怨字，（殿前歡）八句白字者，若以綉字是珠字誤刊，則烟字唱作去聲，爲沉宴裊珠簾，皆非也。呵呵，忺忺者，何等語句，未聞有如此平仄，如此開合韻脚（德勝令），亦未聞有八句（殿前歡），此自己字之開合、平仄，句之對偶，短長，俱不知，而又妄編他人之語，奚足以知其妍媸歟。嗚呼，言語可不究乎。以板行謬語，而指時賢作者，皆自爲之詞。將正其己之是，影其己之非，務取媚於市井之徒，不求知於高明之士，能不受其惑者幾人哉。使真時賢所作，亦不足爲法。取之者之罪，非公器也。韻脚用三聲，何者爲是。不思前輩某字、某韻必用某聲，却云也唱得，乃文過之詞，非作者之言也。平而仄，仄而平，上去而去上，去上而上去者，諺云鈕折嗓子是也，其如歌姬之喉咽何。入聲於句中不能歌者，不知入聲作平聲也。歌其字，音非其字者，合用陰而陽，陽而陰也。此皆用盡自己心，徒快一時意，不能傳久，深可哂哉，深可憐哉。惜無有以訓之者。予甚欲爲訂砭之文以正其語，便其作，而使成樂府，恐起争端，矧爲人之學乎。因重張之請，遂分平聲陰陽及撮其三聲同音，兼以入聲派入三聲，如鞾字次本聲後，葺成一帙，分爲十九，名之曰《中原音韻》，并《起例》以遺之，可與識者道。

元・羅宗信《中原音韻序》 世之共稱唐詩、宋詞、大元樂府，誠哉。學唐詩者，爲其中律也。學宋詞者，止依其字數而填之耳。學今之樂府則不然，儒者每薄之。愚謂迂闊庸腐之資無能也，非薄之也。必若通儒俊才，乃能造其妙也。其法四聲無入，平有陰陽，每調有押三聲者，有各押一聲者，有四字二韻、六字三韻者，皆位置有定，不可倒置而逆施，愈嚴密而不容於忽易，雖毫髮不可以間也。當其歌詠之時，得俊語而平仄不協，平仄協語則不俊，必使耳中聳聽，紙上可觀爲上，太非止以填字而已，此其所以難於

宋詞也。國初混一，北方諸俊新聲一作，古未有之，實治世之音也。後之不得其傳，不遵其律，襯墊字多於本文，開合韻與之同押，平仄不一，句法亦粗，而又妄亂板行。某人號即某人名，分之爲二。甲之詞爲乙之作，以此太多。感東道而欲報者，非詞人而有爵者並取之，列名於諸俊之前，公乎，私乎，詞乎，爵乎，徒惑後人，皆不得其正。遺山有云嬴牸老羝之味也。高安友人周德清，觀其病焉，編葺《中原音韻》並《起例》以砭醬之。余因覘其著作，悉能心會，但無其筆力耳，乃正人語，作詞法，其可秘乎。毋使如陽春，白雪，徒稱寡和，而有不傳之嘆也。矧吾吉素稱文郡，非無賞音，自有樂府以來，歌詠者如山立焉，未有如德清之所述也。予非過言，爭壽諸梓以廣其傳，與知音者共之，未必無補於將來。

元・周德清《中原音韻・正語作詞起例》 一、平、上、去、入，四聲，《音韻》無入聲，派入平、上、去三聲。前輩佳作中間，備載明白，但未有以集之者，今撮其同聲，或有未當，與我同志改而正諸。一、入聲派入平、上、去三聲者，以廣其押韻，爲作詞而設耳，然呼吸言語之間，還有入聲之别。一、入聲派入平、上、去三聲，如韓字次本韻後，使黑白分明，以别本聲外來，庶使學者，有才者，本韻自足矣。一、平聲如尤侯韻浮字、否字、阜字等類，亦如韓字收入本韻平、上、去字下，以别本聲外來，更不别立名頭。一、《中原音韻》的本内平聲陰如此字，陽如此字，蕭存存欲鋟梓以啓後學，值其早逝。泰定甲子以後，嘗寫數十本，散之江湖，其韻内平聲陰如此字，陽如此字，陰陽如此字。夫一字不屬陰則屬陽，不屬陽則屬陰，豈有一字而屬陰又屬陽也哉，此蓋傳寫之謬。今既的本刊行，或有得余墨本者，幸毋譏其前後不一。一、分别陰陽二義，熟看諸序。一、東鍾韻三聲内轟字，許與庚青韻出入通押。一、音韻内每空是一音，以易識字爲頭。止依頭一字呼吸，更不别立切脚。一、《漢書》：東方朔滑稽。滑字讀爲骨。金日磾，日字讀爲密。諸韻皆不載，亦不敢擅收，況不可押於韻脚，姑録以辨其字音耳。一、《漢書》曹大家之家字，讀爲姑，可押，然諸韻不載，亦不敢擅收，附此以備採取。一、《廣韻》入聲緝至乏，《中原音韻》無合口，派入三聲亦然。切不可開合同押。《陽春白雪集・水仙子》：壽陽宫額得魁名，南浦西湖分外清。横斜疎影窗間印，惹詩人説到今。萬花中先綻瓊英，自古詩人愛騎驢踏雪尋凍在前村。開合同押，用了三韻，大可笑焉。詞之法度全不知，妄亂編集板行，其不恥者如是，作者緊戒。一、逐一字解註《中原音韻》見行刊雕。一、齊微韻璽字，前輩《剮王莽》傳奇與支思韻通押。一、有客謂世有稱往爲網，桂爲寄，羨爲選，到爲豆，叢爲從，此乃與稱陶淵明之淵字爲烟字之所同也。一、亳州友人孫德卿長於隱語，謂《中原音韻》三聲，乃四海所同者，不獨正語作詞。夫曹娥義社，天下一家，雖有謎韻，學者反被其誤，半是南方之音，不能施於四方，非一家之義。今之所編，四海同音，何所往而不可也，詩禪得之，字字皆可爲法。余曰：嘗有此恨，切謂言語既正，謎字亦正矣。從葺音韻以來，每與同志包猜，用此爲則。平、上、去本聲則可，但入聲作三聲，如平聲伏與扶，上聲拂與斧，去聲屋與誤字之類，俱同聲，則不可。何也，入聲作三聲者，廣其押韻，爲作詞而設耳，毋以此爲比，當以呼吸言語還有入聲之别而辨之可也。德卿曰：然。一、歡娱之娱，《廣韻》音愚。四海之人皆讀爲吴；提撕之撕，《廣韻》音西。四海之人皆讀爲斯，有誚之者謂讀白字。依其邊傍字音也。犁牛之子騂且角之騂《廣韻》：息營切，音星。字，而讀爲辛，却依其邊傍字者，誚之者而不誚之，蓋知其彼之誤而不知此之謬。前輩編字，有云日月衆形，江河諧聲，止戈爲武，如此取義。娱、撕二字依傍有吴、斯讀之又何害於義理，豈不長於傍是辛而讀爲星字之音乎。一、余嘗於天下都會之所，聞人間通濟之言，世之泥古非今，不達時變者衆，呼吸之間，動引《廣韻》爲證，寧甘受鴂舌之誚而不悔，亦不思混一日久，四海同音，上自縉紳講論治道，及國語翻譯，國學教授，言語，下至訟庭理民，莫非中原之音。不爾，止依《廣韻》呼吸，上、去、入聲姑置，未暇殫述，略舉平聲如靴許戈切。在戈韻，車、邪、遮、嗟却在麻韻，靴不協車，車却協麻。元、暄、鴛、言、褰、焉俱不協先，却與魂、痕同押。煩、翻不協寒、山，亦與魂、痕同押。靴與戈、車與麻、元與煩、煩與魂，其音何以相着。佳、街同音，與皆同押，不協咍，咍却與灰同押。灰不協揮，杯不協碑，梅不協麋，雷不協嬴，必呼梅爲埋，雷爲來，方與咍協。如此呼吸，非鴂舌而何。不獨中原，盡使天下之人俱爲閩海之音，可乎。切聞《大學》、《中庸》，乃《禮記》中語，程子取爲二經，定其闕疑，如在親民之親字，當作新字之類是也。聖經尚然，況於韻乎。合於四海同音，分豁而歸併之，與堅守《廣韻》方語之徒，轉其喉舌，換其齒牙，使執而不變，迂闊庸腐之儒，皆爲通儒，道聽塗説，輕浮市廛之子，悉爲才子矣。余曰：若非諸賢公論如此，區區獨力，何以争之。一、依後項呼吸之法，庶無之、知不辨，王、楊不分，及諸方語之病矣。

又　凡作樂府，古人云：有文章者謂之樂府。如無文飾者謂之俚歌，不可與樂府共論也。又云：作樂府，切忌有傷於音律。且如女真《風流體》等樂章，皆以女真人音聲歌之，雖字有舛訛，不傷於音律者，不爲害也。大抵先要明腔，後要識譜，審其音而作之，庶無劣調之失。而知韻、造語、用事、用字之法，名人詞調可爲式者，並列於後。

又《作詞十法》　知韻。無入聲，止有平、上、去三聲。平聲、有陰，有陽，入聲作平聲，俱屬陽。上聲、無陽，無陰，入聲作上聲亦然。去聲。無陰，無陽，入聲作去聲亦然。

又　雙聲疊韻語：如故國觀光君未歸是也。夫樂府貴在音律瀏亮，何乃反入艱難之鄉。此體不可無，亦不可專意作而歌之，但可拘肆中白念耳。

又　六字三韻語：前輩《周公攝政》傳奇〔太平令〕云：口來豁開兩腮。《西厢記・麻郎么》云：忽聽一聲猛驚、本宫始終不同。韻脚俱用平聲，若雜一上聲，便屬第二著，皆於務頭上使。近有〔折桂令〕，皆二字一韻，不分務頭，亦不能唱采，全淳則已，若不淳，則句句急口令矣，所謂畫虎不成反類犬也。殊不知前輩止於全篇中務頭上使，以别精粗，如衆星中顯一月之孤明也。可與識者道。

又　入聲作平聲：施於句中，不可不謹。皆不能正其音。澤國江山入戰圖，第一，澤字，無害。紅白花開烟雨中，第二，白字。瘦馬獨行真可哀，第三，獨字。若施於仄仄平平仄仄平之句則可，施於他調皆不可。人生七十古來稀，第四，十字。點溪荷葉叠青錢，第五，叠字。劉項元來不讀書，第六，讀字。鳳凰不共雞争食。第七，食字。

又　陰陽：用陰字法：〔點絳唇〕首句韻脚必用陰字，試以天地玄黄爲句歌之，則歌黄字爲荒字，非也，若以宇宙洪荒爲句，協矣。蓋荒字屬陰，黄字屬陽也。用陽字法：〔寄生草〕末句七字内，第五字必用陽字，以歸來飽飯黄昏後爲句，歌之協矣，若以昏黄後歌之，則歌昏字爲渾字，非也，蓋黄字屬陽，昏字屬陰也。

又　末句：詩頭曲尾是也。如得好句，其句意盡，可爲末句。前輩已有某調末句是平煞，某調末句是上煞，某調末句是去煞。照依後項用之。上去者，必要上去。去上者，必要去上。仄仄者，上去、去上皆可。上上、去去，若得迴避尤妙。若是造句且熟，亦無害。去上：去平屬第二着，切不可上平。〔慶宣和〕。仄平平：〔鴈兒落〕、〔漢東山〕。平去平：平去上屬第三着。〔山坡羊〕、〔四塊玉〕。仄仄平平：〔折桂令〕、〔水仙子〕、〔殿前歡〕、〔喬木查〕、〔普天樂〕。平平去上：〔醉太平〕。仄仄仄平平：〔金盞兒〕、〔賀新郎〕、〔喜春來〕、〔滿庭芳〕、〔小桃紅〕、〔寨兒令〕、〔小梁州〕、〔賞花時〕。平平上去平，仄平平去平：亦可。〔呆古朵〕、〔牧羊關〕、〔德勝令〕。仄平平去平：〔喬牌兒〕。上平平去平：〔凭闌人〕。仄平平去上：〔紅繡鞋〕、〔黄鍾尾〕。仄仄平平去：上聲屬第二着。〔醉扶歸〕、〔迎仙客〕、〔朝天子〕、〔快活三〕、〔四換頭〕、〔慶東原〕、〔笑和尚〕、〔白鶴子〕、〔堯民歌〕、〔碧玉簫〕、〔端正好〕、〔步步嬌〕。仄仄仄平平：〔新水令〕、〔胡十八〕。平平去平上：〔越調尾〕、〔離亭宴〕、〔歇指鴛鴦煞〕。平平仄仄平平：〔天净沙〕、〔醉中天〕、〔調笑令〕、〔風入松〕、〔袄神急〕。仄平平仄平平去：〔落梅風〕、〔上小樓〕、〔夜行船〕、〔撥不斷〕、〔賣花聲〕。平仄仄平平去：〔太平令〕。平仄仄平平去上：去平屬第二着。〔村裏迓鼓〕、〔醉高歌〕、〔梧葉兒〕、〔沈醉東風〕、〔願成雙〕、〔金蕉葉〕。平平仄仄仄平平：〔賺煞尾聲〕、〔採茶歌〕。平平仄平平去平：〔攪箏琶〕。平去仄平平去上：〔江兒水〕。平平仄仄平平去：上聲屬第二着。〔寄生草〕、〔塞鴻秋〕、〔駐馬聽〕。仄仄平平去平上：正宫、中呂、雙調〔尾聲〕。

又　定格：四十首。仙呂：〔寄生草・飲〕：長醉後方何礙，不醒時有甚思。糟醃兩箇功名字，醅渰千古興亡事，麯埋萬丈虹蜺志。不達時皆笑屈原非，但知音盡説陶潛是。評曰：命意、造語、下字，俱好。最是陶字屬陽，協音，若以淵明字，則淵字唱作元字，蓋淵字屬陰。有甚二字上、去聲，盡説二字去、上聲，更妙。虹蜺志、陶潛是務頭也。

〔醉中天〕：疑是楊妃在，怎脱馬嵬災。曾與明皇捧硯來，美臉風流殺。叵奈揮毫李白，覷着嬌態，洒松烟點破桃腮。評曰：體詠最難，音律調暢。捧硯、點破，俱是上、去聲，妙。第四句、末句是務頭。

〔醉扶歸・禿指甲〕：十指如枯笥，和袖捧金樽。搊殺銀箏字不真，揉痒天生鈍。縱有相思淚痕，索把拳頭揾。評曰：筍字若得去聲字，好。字不二字去上聲，便不及前詞音律，餘無玼。第四句、末句是務頭。

〔雁兒〕：你有出世超凡神仙分。一抹條，九陽山，君敢做箇真人。評曰：此調極罕，伯牙琴也。妙在君字屬陰。

〔一半兒·春粧〕：自將楊柳品題人，笑撚花枝比較春，輸與海棠三四分。再偷勻，一半兒胭脂，半兒粉。評曰：一樣八首，臨川陳克明所作，俊詞也。此調作者雖衆，音律獨先。

〔金盞兒·岳陽樓〕據胡床，對瀟湘，黄鶴送酒仙人唱。主人無量醉何妨，若捲簾邀皓月，勝開宴出紅粧。但一樽留墨客，是兩處夢黄粱。評曰：此是《岳陽樓》頭摺中詞也。妙在七字黄鶴送酒仙人唱，俊語也，況酒字上聲以轉其音，務頭在其上。有不識文義，以送爲齎送之義，言黄鶴豈能送酒乎，改爲對舞，殊不知黄鶴事。仙人用榴皮畫鶴一隻，以報酒家。客飲，撫掌則所畫黄鶴舞以送酒。初無雙鶴，豈能對舞，且失飲酒之意。送者，如吴姬壓酒之謂。甚矣，俗士不可醫也。

中吕：〔迎仙客·登樓〕：雕簷紅日低，畫棟彩雲飛，十二玉闌天外倚。望中原，思故國，感慨傷悲，一片鄉心碎。評曰：妙在倚字上聲起音，一篇之中，唱此一字，況務頭在其上。原、思字屬陰，感慨上去，尤妙。〔迎仙客〕累百無此調也，美哉，德輝之才，名不虚傳。

〔朝天子·廬山〕：早霞，晚霞，粧點廬山畫。仙翁何處鍊丹砂，一縷白雲下。客去齋餘，人來茶罷，嘆浮生指落花。楚家，漢家，做了漁樵話。

〔紅繡鞋·隱士〕：嘆孔子嘗聞俎豆，羡嚴陵不事王侯。百尺雲帆洞庭秋，醉呼元亮酒。懶上仲宣樓，功名不掛口。評曰：二詞對偶、音律、語句、平仄俱好。前詞務頭在人字，後詞妙在口字上聲，務頭在其上，知音傑作也。

〔普天樂·别友〕：浙江秋，吴山夜，愁隨潮去，恨與山疊。鴻鴈來，芙蓉謝，冷雨青燈讀書舍，怕離别又早離别。今宵醉也，明朝去也，留戀些些。評曰：妙在芙字屬陽，取務頭。造語、音律、對偶、平仄皆好。看他用疊字與别字，俱是入聲作平聲字，下得妥貼，可敬。冷雨二字，去上爲上，平上、上上、上去次之，去去屬下着。讀書舍，方是别友也。又第八句是務頭。也字上聲，妙。

〔喜春來·春思〕：閒花醖釀蜂兒蜜，細雨調和燕子泥，緑窓蝶夢覺來遲。誰喚起，簾外曉鶯啼。評曰：調字、遲字俱屬陽，妙。蜜字去聲，好，切不可上聲。但要喚字去聲。起字平、上皆可。

〔滿庭芳·春晚〕：知音到此，舞雩點也，脩禊羲之。海棠春已無多事，雨洗胭脂。誰感慨蘭亭古紙，自沉吟桃扇新詞。急管催銀字，哀絃玉指，忙過賞花時。評曰：此一詞，但取其平仄，庶幾。若此字是平聲，屬第二着。喜羲字屬陰，妙。可惜第四、第五句，上下失粘。妙在紙字上聲起音，扇字去聲取務頭。若是紙字平聲，屬第二着。扇字上聲，止可作〔折桂令〕中一對。多了急管二字，不成調，得一意結之方好。吁，今之樂府，難而又難，爲格之詞不多見也。

〔十二月堯民歌·别情〕：自别後遥山隱隱，更那堪遠水粼粼。見楊柳飛綿袞袞，對桃花醉臉醺醺。透内閣香風陣陣，掩重門暮雨紛紛。怕黄昏忽地又黄昏，不銷魂怎地不銷魂。新啼痕壓舊啼痕，斷腸人憶斷腸人。今春，香肌瘦幾分，摟帶寬三寸。評曰：對偶、音律、平仄、語句皆妙，務頭在後詞起句。

〔四邊净·西厢〕：今宵歡慶，軟弱鶯鶯可曾慣經。欵欵輕輕，燈下交鴛頸。端詳着可憎，好殺無乾净。評曰：務頭在第二句及尾。可曾，俊語也。

〔醉高歌·感懷〕：十年燕市歌聲，幾點吴霜鬢影。西風吹老鱸魚興，晚節桑榆暮景。評曰：妙在點、節二字上聲起音，務頭在第二句及尾。

南吕：〔四塊玉〕：買笑金，纏頭錦，得遇知音可人心。怕逢狂客天生沁，紐死鶴，劈碎琴，不害磣。評曰：纏字屬陽，妙。對偶、音調俱好，詞也可宗，務頭在第二句及尾。

〔駡玉郎〕、〔感皇恩〕、〔採茶歌·得書〕：長江有盡思無盡，空目斷楚天雲。人來得紙真實信，親手開，在意讀，從頭認。織錦回文，帶草連真。意誠實，心想念，話慇懃。佳期未準，愁黛長顰。怨青春，捱白晝，怕黄昏。叙寒温，問緣因，斷腸人憶斷腸人。錦字香粘新泪粉，彩箋紅漬舊啼痕。評曰：音律、對偶、平仄俱好，妙在長字屬陽。紙字上聲起音，務頭在上，及〔感皇恩〕起句至斷腸句上。正宫。

〔醉太平·感懷〕：人皆嫌命窘，誰不見錢親。水晶丸入麵糊盆，纔粘拈便衰。文章糊了盛錢囤，門庭改做迷魂陣。清廉貶入睡餛飩，葫蘆提倒穩。評曰：窘字若平，屬第二着，平仄好。務頭在三對，末句收之。

〔塞鴻秋・春怨〕：腕冰消鬆却黄金釧，粉脂殘淡了芙蓉面。紫霜毫蘸濕端溪硯，斷腸詞寫在桃花扇。風輕柳絮天，月冷梨花院，恨鴛鴦不鎖黄金殿。評曰：音律瀏亮，貴在却、濕二字上聲，音從上轉，取務頭也。韻脚若用上聲，屬下着，切不可以傳奇中全句比之。若得天字屬陽，更妙。在字上聲，尤佳。

商調：〔山坡羊・春睡〕：雲鬆螺髻，香温鴛鴦被，掩春閨一覺傷春睡。柳花飛，小瓊姬，一片聲雪下呈祥瑞。把團圓夢兒生喚起，誰，不做美。呸，却是你。評曰：意度、平仄俱好，止欠對耳。務頭在第七句至尾。

〔梧葉兒・別情〕：別離易，相見難，何處鎖雕鞍。春將去，人未還，這其間，殃及殺愁眉泪眼。評曰：如此方是樂府。音如破竹，語盡意盡，冠絶諸詞。妙在這其間三字，承上接下，了無瑕玼。殃及殺三字，俊哉語也。有言六句俱對，非調也，殊不知第六句止用三字，歌至此，音促急，欲過聲以聽末句，不可加也。兼三字是務頭，字有顯對展才之調。眼字上聲，尤妙。平聲屬第二着。

越調：〔天净沙・秋思〕：枯藤老樹昏鴉，小橋流水人家，古道西風瘦馬。夕陽西下，斷腸人在天涯。評曰：前三對。更瘦、馬二字去上，極妙。《秋思》之祖也。

〔小桃紅・情〕：斷腸人寄斷腸詞，詞寫心間事。事到頭來不由自，自尋思，思量往日真誠志。志誠是有，有情誰似。似俺那人兒。評曰：頂真妙，且音律諧和。

〔凭闌人・章臺行〕：花陣贏輸隨鏝生，桃扇炎凉逐世情。雙郎空藏瓶，小卿一塊冰。評曰：陣有贏輸，扇有炎凉，俊語也。妙在小字上聲，務頭在上。鏝、世二字去聲，皆妙。

〔寨兒令・漁夫〕：烟艇閒，雨簑乾，漁翁醉醒江上還。啼鳥關關，流水潺潺，樂似富春山。數聲柔櫓江灣，一鈎香餌波寒。回頭觀兔魄，失憶放魚竿。看，流下蓼花灘。評曰：緊要在兔魄二字，去上取音，且看字屬陰，妙。還字平聲，好。若上聲紐，屬下下着。

雙調：〔沉醉東風・漁夫〕：黄蘆岸白蘋渡口，緑楊堤紅蓼灘頭。雖無刎頸交，却有忘機友。點秋江白鷺沙鷗，傲殺人間萬户侯，不識字烟波釣叟。評曰：妙在楊字屬陽，以起其音，取務頭。殺字上聲，以轉其音。至下户字去聲，以承其音。緊在此一句，承上接下，末句收之。刎頸二字，若得上去聲，尤妙。萬字若得上聲，更好。

〔落梅風・切鱠〕：金刀利，錦鯉肥，更那堪玉葱纖細。若得醋來風韻美，試嘗着這生滋味。評曰：第三句承上二句，第四句承上三句，生末句，緊要。美字上聲爲妙，以起其音，切不可不平聲。錦鯉二字，若得上去聲，尤妙。

〔撥不斷・隱居〕：利名竭，是非絶。紅塵不向門前惹，緑樹偏宜屋上遮。青山正補牆頭缺，竹籬茅舍。評曰：務頭在三對，急以尾收之。

〔水仙子・夜雨〕：一聲梧葉一聲秋，一點芭蕉一點愁。三更歸夢三更後，落燈花棊未收，嘆新豐逆旅淹溜。枕上十年事，江南二老憂，都到心頭。評曰：賦者甚多，但第二句第五字、第六字，及棊未二字，并二老二字，但得上去爲上，平去次之，平上下下着。惜哉，此詞語好，而平仄不稱也。

〔慶東原・奇遇〕：參旗動，斗柄挪，爲多情攬下風流禍。眉攢翠蛾，裙拖絳羅，韈冷凌波。耽驚怕萬千般，得受用些兒个。評曰：冷字上聲，妙。務頭在上，轉，急以對收。斗柄二字上去，妙。〔落梅風〕得此起二句平仄，尤妙。

〔鴈兒落〕、〔德勝令・指甲摘〕：宜將鬭草尋，宜把花枝浸。宜將綉線尋，宜把金針紝。宜操七絃琴，宜結兩同心。宜託腮邊玉，宜圈鞋上金。難禁，得一掐通身沁。知音，治相思十個針。評曰：俊詞也。平仄、對偶、音律，皆妙。務頭在〔德勝令〕起句，頭字要屬陽，及在中一對後，必要扇面對方好。

〔殿前歡・醉歸來〕：醉歸來，入門下馬笑盈腮。笙歌接至朱簾外，夜宴重開。十年前一秀才，黄虀菜，打敖做文章伯。江湖氣慨，風月情懷。評曰：妙在馬字上聲，笑字去聲，一字上聲，秀字去聲。歌至才字，音促，黄字急接，且要陽字，好。氣慨二字，若得去上尤妙。三對者，非也，自有三對之調。伯字若得去聲，尤妙。

〔慶宣和・五柳莊〕：五柳莊前陶令宅，大似彭澤。無限黄花有誰戴，去來，去來。評曰：妙在彭字屬陽。僅二十二字，愈字少，愈難作，五字絶句法也。佳詞，與〔鴈兒〕同意。

〔賣花聲・香茶〕：細研片腦梅花粉，新剥真珠豆蔻仁，依方修合鳳團春。醉魂清爽，舌尖香嫩，這孩兒那些風韻。評曰：俊詞也。務頭在對起及尾。

〔清江引・九日〕：蕭蕭五株門外柳，屈指重陽又。霜清紫蟹肥，露冷黄花瘦，白衣不來琴當酒。評曰：柳、酒二字上聲，極是，切不可作平聲。曾有人用拍拍滿懷都是春，語固俊矣，然歌爲都是蠢，甚遭譏誚。若用之於〔攪箏琶〕，以四字承之，有何不可。第三句切不可作仄仄平平，屬下着。

〔折桂令・金山寺〕：長江浩浩西來，水面雲山，山上樓臺。山水相連，樓臺上下，天地安排。詩句就雲山失色，酒杯寬天地忘懷。醉眼睁開，回首蓬萊，一半雲遮，一半烟埋。評曰：此詞稱賞者衆，妙在色字上聲以起其意，平聲便屬第二着。平聲若是陽字，僅可，若是陰字，愈無用矣。歌者每歌天地安排爲天巧安排，失色字爲用色，取其便於音而好唱也，改此平仄，極是。然前引雲山、天地，後説雲山失色、天地忘懷，若此則損其意，失其對矣。安排上天地二字，若得去上爲上，上去次之，餘無用矣，蓋務頭在上。失色字若得去上爲上，餘者風斯下矣。若全句是平平上上，歌者不能改矣。嗚呼，前輩尚有此失，後學可不究乎。

元・陶宗儀《南村輟耕録》卷四 虞邵庵先生集在翰苑時，宴散散學士家。歌兒郭氏順時秀者，唱今樂府，其〔折桂令〕起句云：博山銅細裊香風。一句而韻，名曰短柱，極不易作。先生愛其新奇，席上偶談蜀漢事，因命紙筆，亦賦一曲曰：鸞輿三顧茅廬，漢祚難扶。日莫桑榆，深度南瀘。長驅西蜀，力拒東吴。美乎周瑜妙術，悲夫關羽云殂。天數盈虚，造物乘除。問汝何如，早賦歸歟。蓋兩字一韻，比之一句兩韻者爲尤難。先生之學問該博，雖一時娱戲，亦過人遠矣。〔折桂令〕一名〔廣寒秋〕，一名〔天香第一枝〕，一名〔蟾宫引〕。今中州之韻，入聲似平聲，又可作去聲，所以蜀、術等字皆與魚、虞相近。

元・顧瑛《製曲十六觀》 十二、曲不可强和人韻，若倡者曲韻寬平，庶可賡和。倘韻險，又爲人所先，而必欲牽强賡和，則句意安能融貫。未盡苦思，未見有全妥溜者。東坡和楊質夫《水龍吟》起句便合讓東坡一頭地，況後片愈出愈奇，真是壓倒今古。吾輩倘遇險韻，不若祖其元韻，隨意换易。或易韻答之，亦古人三不同之説。或引他意入來，捏合成章，必無一唱三歎。如少遊《水龍吟》：小樓連苑横空，下窺繡轂雕鞍驟。猶且不免東坡誚，製曲者當作此觀。【略】十六、曲中用字有清濁法，人聲自然音節，到音當輕清處，必用陰字，音當重濁處，必用陽字，方合腔調。用陰字法，《點絳唇》首句韻脚，必用陰字。試以天地玄黄爲句歌之，則歌黄字爲荒字，非也。若以宇宙洪荒爲句，協矣。蓋荒字屬陰，黄字屬陽也。用陽字法，如《寄生草》末句七字内，第五字必用陽字。以歸來飽飯黄昏後爲句歌之，協矣。若以昏黄後歌之，則歌昏字爲渾字，非也。蓋黄字屬陽，昏字屬陰也，製曲者當作此觀。

明・朱權《太和正音譜・古今群英樂府格式》 大概作樂府切忌有傷於音律，乃作者之大病也。且如女真《風流體》等樂章，皆以女真人音聲歌之，雖字有舛訛，不傷於音律者，不爲害也。大抵先要明腔，後要識譜。審其音而作之，庶不有忝於先輩焉。且如詞中有字多難唱處，横放傑出者，皆是才人拴縛不住的豪氣。然此若非老於文學者，則爲劣調矣。

明・王世貞《曲藻》 周德清云：關、鄭、白、馬一新製作，韻共守自然之音，字能通天下之語，字暢語俊，韻促音調。又云：諸公已矣，後學莫及。蓋不悟聲分平仄，字别陰陽。此二言者，乃作詞之膏肓，用字之骨髓，皆不傳之妙，獨予知之，屢嘗揣其聲病于桃花扇影而得之也。

又 虞伯生云：吴楚傷於輕浮，燕冀失於重濁，秦隴去聲爲入，梁益平聲似去，河北、河東取韻尤遠。

明・沈璟〔商調・二郎神・論曲〕 何元郎，一言兒啓詞中寶藏。道欲度新聲休走樣，名爲樂府，須教合律依腔。寧使時人不鑒賞，無使人撓喉捩嗓。説不得才長，越有才越當着意斟量。〔前腔〕參詳，含宫泛徵，延聲促響，把仄韻平音分幾項。倘平音窘處，須巧將入韻埋藏。這是詞隱先生獨秘方，與自古詞人不爽。若是調飛揚，把去聲兒填他幾字相當。〔囀林鶯〕詞中上聲還細講，比平聲更覺微茫。去聲正與分天壤，休混把仄聲字填腔。析陰辨陽，却只有那平聲分黨。細商量，陰與陽還須趁調低昂。〔前腔〕用律詩句法當審詳，不可斷混詞場。〔步步嬌〕首句堪爲樣，又須將〔懶畫眉〕推詳。休教鹵莽，試比類，當知趨向。豈荒唐，請細閲《琵琶》，字字平章。〔啄木鸝〕《中州韻》，分類詳。《正韻》也因他爲草創，今不守《正韻》填詞，又不遵中土宮商。製詞不將《琵琶》倣，却駕言韻依東嘉樣。這病膏肓，東嘉已誤，安可襲爲常。（前腔）北詞譜，精且詳，恨殺南詞偏費講。今始信舊譜多訛，是鯫生稍爲更張。改絃又非翻新樣，按腔自然成絶唱。語非狂，從教顧曲，端不怕周郎。（金衣公子）奈獨力怎提防，講得口唇乾，空鬧攘。當筵幾度添惆悵，怎得詞人當行，歌客守腔，大家細把音律講。自心傷，蕭蕭白發，誰與共雌黄。（前腔）曾記少陵狂，道細論文晚節詳。論詞亦豈容疏放，縱使詞出繡腸，歌稱遶梁，倘不諧律吕也難褒奬。耳邊廂，訛音俗調，羞問短和長。（尾聲）吾言料没知音賞，這流水高山逸響，直待後世鍾期也不妨。

明・王驥德《曲律》卷二《論平仄第五》　今之平仄，韻書所謂四聲也，而實本始反切。古無定韻，詩樂皆以叶成，觀《三百篇》可見。自西域梵教入，而始有反切。自沈約《類譜》作，而始有平仄。欲語曲者，先須識字，識字先須反切。反切之法，經緯七音，旋轉六律。釋氏謂：七音一呼而聚，四聲不召自來。言相通也。今無暇論切，第論四聲。四聲者，平、上、去、入也。平謂之平，上、去、入總謂之仄。曲有宜於平者，而平有陰陽。陰陽説，見下條。有宜於仄者，而仄有上、去、入。乖其法，則曰拗嗓。蓋平聲聲尚含蓄，上聲促而未舒，去聲往而不返，入聲則逼側而調不得自轉矣。故均一仄也，上自爲上，去自爲去，獨入聲可出入互用。北音重濁，故北曲無入聲，轉派入平、上、去三聲，而南曲不然，詞隱謂入可代平，爲獨洩造化之秘。又欲令作南曲者，悉遵《中原音韻》，入聲亦止許代平，餘以上、去相間，不知南曲與北曲正自不同，北則入無正音，故派入平、上、去之三聲，且各有所屬，不得假借。南則入聲自有正音，又施於平、上、去之三聲，無所不可。大抵詞曲之有入聲，正如藥中甘草，一遇缺乏，或平、上、去三聲字面不妥，無可奈何之際，得一入聲，便可通融打諢過去，是故可作平，可作上，可作去。而其作平也，可作陰，又可作陽，不得以北音爲拘。此則世之唱者由而不知，而論者又未敢拈而筆之紙上故耳。其用法，則宜平不得用仄，宜仄不得用平，此仄兼上去。宜上不得用去，宜去不得用上，宜上去不得用去上，宜去上不得用上去。去上二字尤重。如《琵琶》（三學士）首句謝得公公意甚美，《玉玦》（集賢賓）首句青歸柳葉顰尚小，末二字皆須去上，一用上去，則不可唱。若他曲有無關繫，不妨通用者，則上去亦可，去上亦可，不必泥此。上上、去去，不得疊用。上上二字尤重。蓋去去即不美聽，然唱出尚是本音。上上疊用，則第一字便似平聲。如《玉玦》（泣顔回）第九句想何如季布難歸，季布兩去聲，雖帶勉强，仍是季布。（雁來紅）第五句奈李廣未侯真數奇，李廣兩上聲，李字稍不調停，則開口便是離廣矣。故遇連綿現成字，如宛轉、酩酊、嬝嬝、整整之類，不能盡避。凡一應生造字，只宜避之爲妙。單句不得連用四平、四上、四去、四入。《琵琶》（念奴嬌序）月下歸來飛瓊，若用四平聲字，此以中有截板間之故也，然終不可爲法，觀上珠箔銀屏，吾廬三徑可見。若第四折（繡帶兒）難道是庭前森森丹桂，庭前森森丹五字，連用平聲，真不可唱矣。雙句合一不合二，合三不合四。押韻有宜平而亦可用仄者，有宜仄而亦可用平者，有宜平不得已而以上聲代之者。韻脚不宜多用入聲代平上去字。一調中有數句連用仄聲者，宜一上、一去間用。詞隱謂：遇去聲當高唱，遇上聲當低唱，平聲、入聲，又當斟酌其高低，不可令混。或又謂：平有提音，上有頓音，去有送音。蓋大略平、去、入啓口便是其字，而獨上聲字，須從平聲起音，漸揭而重以轉入，此自然之理。至調其清濁，叶其高下，使律吕相宣，金石錯應，此握管者之責，故作詞第一喫緊義也。

又《論陰陽第六》　古之論曲者曰：聲分平仄，字别陰陽。陰陽之説，北曲《中原音韻》論之甚詳，南曲則久廢不講，其法亦淹没不傳矣。近孫比部始發其義，蓋得之其諸父大司馬月峯先生者。夫自五聲之有清濁也，清則輕揚，濁則沈鬱。周氏以清者爲陰，濁者爲陽，故於北曲中，凡揭起字皆曰陽，抑下字皆曰陰，而南曲正爾相反。南曲凡清聲字皆揭而起，凡濁聲字皆抑而下。今借其所謂陰陽二字而言，則曲之篇章句字，既播之聲音，必高下抑揚，參差相錯，引如貫珠，而後可入律吕，可和管絃。倘宜揭也，而或用陰字，則聲必欺字。宜抑也，而或用陽字，則字必欺聲。陰陽一欺，則調必不和。欲詘調以就字，則聲非其聲，欲易字以就調，則字非其字矣。毋論聽者迕耳，抑亦歌者棘喉。《中原音韻》載歌北曲（四塊玉）者，原是綵扇歌青樓飲，而歌者歌青爲晴，謂此一字欲揚其音，而青乃抑之，於是改作買笑金纏頭錦而始叶，正聲非其聲之謂也。此上陰陽，皆就北曲以揭爲陽，以抑爲陰論。下文南曲陰陽反此，以揭者爲陰，以抑者爲陽論。南調反此，如《琵琶記》（尾犯序）首調末公婆没主一旦冷清清句，冷字是掣板，唱須抑下，宜上聲，清字須揭起，宜用陰字清聲，今並下第二、第三調末句，一曰眼睁睁，一曰語惺惺，冷、眼、語三字皆上聲，清清、睁睁、惺惺皆陰字，叶矣。末調末句，却曰相思兩處一樣淚盈盈，淚字去聲，既啓口便氣盡，不可宛轉，下盈盈又屬陽字，不便於揭，須唱作英字音乃叶。（玉芙蓉）末三字，正與此冷清清三字相同。《南九宫》用《拜月》聖明天子詔賢書作譜，詞隱評云：子、詔上去妙，殊誤。蓋詔賢二字，法用上、陰而詔賢是去陽，唱來却似沼軒故也。兩平聲，則如（高陽臺）宦海沈身句，沈字是陽，身字是陰，此句當作仄仄、陰陽。仄仄，或作平仄，亦可。今曰沈身，則海字之上聲，與沈之陽字相戾，須作身沈乃叶之類。此句用前引子夢遶親闈四字，則正叶。以此推之，他調可互而見。大略陰字宜搭上聲，陽字宜搭去聲，如長空萬里（换頭），孤影、光瑩、愁聽，孤字以陰搭上，愁字以陽搭去，唱來俱妙，獨光字唱來似狂字，則以陰搭去之故。若易光爲陽字，或易瑩爲上聲字，則又叶矣。（祝英臺换頭），春晝、知否、今後，上三字皆陰，而獨知否好聽，春字則似脣，今字則似禽，正以下去上二聲不同之故。若易春、今爲陽，或易晝、後爲上，則又無不叶矣。此下字活法也。又平聲陰則揭起，而陽則抑下，固也，然亦有揭起處，特以陽字爲妙者。如（二郎神）第四句第一字亦是揭調，《琵琶》誰知别後，《連環》繁華庭院、《浣紗》蹉跎到此，《明珠》徘徊燈側，誰字、繁字、徘字，揭來俱妙。而蹉字揭來却似矬字，蓋此字之揭，其聲吸而入，其揭向内，所以陽字特妙，而陰字之揭，其聲吐而出，如去聲之一往而不返故也。又（梁州序）第三句第三字，亦似揭起，而亦以陽爲妙，如日永紅塵與一點風來，風不如紅妙。（勝如花）第三句第三字亦然。《荆釵》之登山驀嶺與《浣紗》之登山涉水，兩登字俱欠妙，餘可類推。此天地自然之妙，呼吸抑揚，宛轉在幾微間，又不可盡謂揭處决不可用陽也。然古曲陰陽皆合者，亦自無幾，即《西廂》音律之祖，開卷第一句遊藝中原之原，法當用陰字，今原却是陽，須作淵字唱乃叶，他可知已。周氏以爲陰陽字惟平聲有之，上、去俱無。夫東之爲陰，而上則爲董，去則爲凍。籠之爲陽，而上則爲隴，去則爲弄，清濁甚别。又以爲入作平聲皆陽，夫平之陽字，欲揭起甚難，而用一入聲，反圓美而好聽者，何也，以入之有陰也。蓋字有四聲，以清出者亦以清收，以濁始者亦以濁歛，以亦自然之理，惡得謂上去之無陰陽，而入之作平者皆陽也。又言：凡字不屬陰則屬陽，無陰陽兼屬者。余家藏得元燕山卓從之《中原音韻類編》與周韻凡類皆同，獨每韻有陰有陽，又有陰陽通用之三類。如東鍾韻中，東之類爲陰，戎之類爲陽，而通、同之類並屬陰陽，或五音中有半清半濁之故耶。夫理輕清上浮爲陽，重濁下凝爲陰，周氏以清爲陰，以濁爲陽，所不可解。或以陰之字音屬清、陽之字音屬濁之故，然分析倒置，殊自不妥。序《琵琶記》者爲河間長君，至謂陽宜於男，陰宜於女，益杜撰可嗤矣。宋鄱陽張世南《遊宦紀聞》云：字聲有清濁，非强爲差别。蓋輕清爲陽，陽主生物，形用未著，故字音常輕。重濁爲陰，陰主成物，形用既著，故字音必重。此亦以清爲陽，以濁爲陰之一證也。

又《論韻第七》 韻書之夥也，作辭賦騷選則用古韻，有通韻，有叶韻，有轉注。作近體則用今韻，始沈約《類譜》，今裁於唐而爲《禮部韻略》。作曲則用元周德清《中原音韻》，古樂府悉係古韻，宋詞尚沿用詩韻，入金未能盡變，至元人譜曲，用韻始嚴。德清生最晚，始輯爲此韻，作北曲者守之，兢兢無敢出入。獨南曲類多旁入他韻，如支思之於齊微、魚模，魚模之於家麻、歌戈、車遮，真文之於庚青、侵尋。或又之於寒山、桓歡、先天，寒山之於桓歡、先天、監咸、廉纖。或又甚而東鍾之於庚青，混無分别，不啻亂麻，令曲之道盡亡，而識者每爲掩口。北劇每折只用一韻，南戲更韻，已非古法，至每韻復出入數韻，而恬不知怪，抑何窘也。古詞惟王實甫《西廂記》，終帙不出入一字。今之偶有一二字失韻，皆後人傳訛。至眼横秋水無塵數語，原不用韻，元人故有此體，以其偶與侵尋本韻相近，何元朗遂訾爲失韻，世遂羣然和之，實甫抱抑良久。余新刻考正《西廂記》注中，辯之甚詳，不特爲實甫洗冤，亦以爲世之庸瞽而妄肆譏評者下一針砭耳。南曲自《玉玦記》出，而宫調之飭，與押韻之嚴，始爲反正之祖。邇詞隱大揚其瀾，世之赴的以趨者比比矣。然《中原》之韻，亦大有説。古之爲韻，如周顒、沈約、毛晃、劉淵、夏竦、吴棫輩，皆博綜典籍，富有才情，一書之成，不知更幾許歲月，費幾許考索，猶不能盡愜後世之口。德清淺士，韻中略疏數語，輒已文理不通，其所謂韻，不過雜採元前賢詞曲，掇拾成編，非真有晰於五聲七音之旨，辨於諸子百氏之奥也。又周江右人，率多土音，去中原甚遠，未必字字訂過，是欲憑影響之見，以著爲不刊之典，安保其無離而不叶於正者哉。蓋周之爲韻，其功不在於合而在於分，而分之中猶有未盡然者。如江陽之於邦王，齊微之於歸回，魚居之於模吴，真親之於文門，先天之於鵑元，試細呼之，殊自逕庭，皆所宜更析。而其合之不經者，平聲如肱、轟、兄、崩、烹、盲、弘、鵬，舊屬庚、青、蒸三韻，而今兩收東鍾韻中。浮與蜉蝣之蜉同音，在《説文》亦作縛牟切，今却收入魚模韻中。音之爲扶，而於尤侯本韻，竟並其字削去。夫浮之讀作扶，此方言也。呼字須本之六經，即《詩・菁莪》曰載沈載浮，下文以我心則休叶。《角弓》曰雨雪浮浮，下文以我是用憂叶。《生民》曰烝之浮浮，上文以或簸或蹂叶。夫《三百篇》，吾宣尼氏所删而存者，不此之從，而欲區區以方言變亂雅音，何也，且周之韻，故爲北詞設也，今爲南曲，則益有不可從者。蓋南曲自有南方之音，從其地也，如遵其所爲音且叶者，而歌龍爲驢東切，歌玉爲御，歌緑爲慮，歌宅爲柴，歌落爲潦，歌握爲杳，聽者不啻羣起而唾矣。至每一聲之字，亦漫並太多，如《菽園雜記》所譏者，各韻而是。吴興王文璧，嘗字爲釐别，近檇李卜氏，復增校以行於世，於是南音漸正，惜不能更定其類，而入聲之鴂舌，尚仍其舊耳。涵虚子有《瓊林雅韻》一編，又與周韻略似，則亦五十步之走也。或謂周韻行之已久，今不宜易更，則漁模一韻，《正韻》業已離之爲二矣。德清可更沈約以下諸賢之詩韻，而今不可更一山人之詞韻哉。且今之歌者，爲德清所誤，抑復不淺，如横之爲紅，鵬之爲蓬，止可於韻脚偶押在東鍾韻中者，作如是歌可耳，若在句中，却當仍作庚青韻之本音。今歌者概作紅蓬之音，而遇有作庚青本音歌者，輒笑以爲不識中州之音矣，敝至此哉。即就其所謂東鍾二字，立作韻目，亦又自不通。夫詩韻之一東、二冬，止取一字。今取二字作目，非以聲有陰陽二字之故耶，則惟是取一於陰，取一於陽可也。乃東鍾、支思、先天、歌戈、車遮、庚青則兩陰字，齊微、魚模、尤侯則兩陽字，寒山、桓歡、廉纖則陰陽兩倒。僅江陽、皆來、真文、蕭豪、家麻、侵尋、監咸七韻不誤。要亦其偶合，而非真有涇渭於其間也。既兩取而曰江陽，則陰字當即首江字，而今首姜字。又真文而首分鄰，侵尋而首針林，監咸而首菴南，則其所謂偶合者，而目與韻，又自相矛盾也，亦何取而以二字目之也。至謂平聲之有上下，皆以字有陰陽之故，遂以陰字屬下平，陽字屬上平，尤爲可笑。詞隱先生欲别創一韻書，未就而卒。余之反周，蓋爲南詞設也。而中多取聲《洪武正韻》，遂盡更其舊，命曰《南詞正韻》，别有蠡見，載《凡例》中。

又《論閉口字第八》 字之有開、閉口也，猶陽之有陰，男之有女。古之製韻者，以侵、覃、鹽、咸次諸韻之後，詩家謂之啞韻，言須閉口呼之，聲不得展也。詞曲禁之尤嚴，不許開、閉並押。閉口者，非啓口即閉，從開口收入本字，却徐展其音於鼻中，則歌不費力，而其音自閉，所謂鼻音是也。詞隱於此，尤多喫緊，至每字加圈。蓋吴人無閉口字，每以侵爲親，以監爲奸，以廉爲連，至十九韻中，遂缺其三。此弊相沿，牢不可破，爲害非淺。惟入聲之緝，若合、若葉、若洽等字，閉其口則聲不可出，散叶於齊微、歌戈、家麻、車遮四韻中，其勢不得不然。若平聲，則侵尋之與監咸、廉纖，自可轉闢其聲，以還本韻，惟歌者調停其音，似開而實閉，似閉而未嘗不開。此天地之元聲，自然之至理也，乃欲概無分别，混以鄉音，俾五聲中無一閉口之字，不亦冤哉。

又《論務頭第九》 務頭之説，《中原音韻》於北曲臚列甚詳，南曲則絶無人語及之者。然南北一法，係是調中最緊要句字，凡曲遇揭起其音，而宛轉其調，如俗之所謂做腔處，每調或一句，或二三句，每句或一字，或二三字，即是務頭。《墨娥小録》載務頭調侃曰喝采。又詞隱先生嘗爲余言：吴中有唱了這高務語，意可想矣。舊傳〔黄鶯兒〕第一七字句是務頭，以此類推，餘可想見。古人凡遇務頭，輒施俊語，或古人成語一句其上，否則詆爲不分務頭，非曲所貴，周氏所謂如衆星中顯一月之孤明也。涵虚子有《務頭集韻》三卷，全摘古人好語輯以成之者。弇州嗤楊用修謂務頭爲部頭，蓋其時已絶此法。余嘗謂詞隱《南譜》中，不斟酌此一項事，故是缺典。今大略令善歌者，取人間合律腔好曲，反覆歌唱，諦其曲折，以詳定其句字，此取務頭一法也。

又《論聲調第一五》 夫曲之不美聽者，以不識聲調故也。蓋曲之調，猶詩之調。詩惟初盛之唐，其音響宏麗圓轉，稱大雅之聲。中、晚以後，降及宋、元，漸萎薾偏詖，以施於曲，便索然卑下不振。故凡曲調，欲其清，不欲其濁。欲其圓，不欲其滯。欲其響，不欲其沈。欲其俊，不欲其痴。欲其雅，不欲其麤。欲其和，不欲其殺。欲其流利輕滑而易歌，不欲其乖剌艱澀而難吐。其法須先熟讀唐詩，諷其句字，繹其節拍，使長灌注融液於心胸口吻之間，機括既熟，音律自諧，出之詞曲，必無沾唇拗嗓之病。昔人謂孟浩然詩，諷詠之久，有金石宫商之聲。秦少遊詩，人謂其可入大石調，惟聲調之美故也。惟詩尚爾，而矧於曲，是故詩人之曲與書生之曲、俗子之曲，可望而知其概也。

又卷三《論曲禁第二三》 曲律，以律曲也。律則有禁，具列以當約法：重韻。一字二三押。長套及戲曲不拘。借韻。雜押傍韻，如支思，又押齊微類。犯韻。有正犯，句中字，不得與押韻同音，如冬犯東類。有傍犯，句中即上去聲不得與平聲相犯，如董凍犯東類。犯聲。即非韻脚。凡句中字同聲，俱不得犯，如上例。平頭。第二句第一字，不得與第一句第一字同音。合脚。第二句末一字，不得與第一句末一字同音。上上疊用。上去字須間用，不得用兩上、兩去。上去、去上倒用。宜上去，不得用去上。宜去上，不得用上去。活法，見前論平仄條中。入聲三用。疊用三入聲。一聲四用。不論平上去入，不得疊用四字。陰陽錯用。宜陰用陽字，宜陽用陰字。閉口疊用。凡閉口字，只許單用。如用侵，不得又用尋，或又用監咸、廉纖等字。雙字如深深、毿毿、懨懨類，不禁。韻脚多以入代平。此類不免，但不許多用。如純用入聲韻，及用在句中者，俱不禁。疊用雙聲。字母相同，如瓌瓏、皎潔類，止許用二字，不許連用至四字。疊用疊韻。二字同韻，如逍遥、燦爛，亦止許用二字，不許連用至四字。開閉口韻同押。凡閉口，如侵尋等韻，不許與開口韻同押。陳腐。不新采。生造。不現成。俚俗。不文雅。蹇澀。不順溜。粗鄙。不細膩。錯亂。無次序。蹈襲。忌用舊曲語意。若成語，不妨。沾脣。不脱口。拗嗓。平仄不順。方言。他方人不曉。語病。聲不雅，如《中原音韻》所謂達不著主母機，或曰燒公鴨亦可類。請客。如詠春而及夏，題柳而及花類。太文語。不當行。太晦語。費解說。經史語。如《西厢》靡不有初，鮮克有終類。學究語。頭巾氣。書生語。時文氣。重字多。不論全套單隻，凡重字俱用檢去。襯字多。襯至五六字。堆積學問。錯用故事。宮調亂用。緊慢失次。對偶不整。右諸禁，凡四十條。不爾在知音高手，自然不犯。如不能盡免，須檢點去其甚者，令不礙眼。不爾終難爲識者，非法家曲也。

又《論險韻第二八》　作曲好用險韻，亦是一僻。須韻險而語則極俊，又極穩妥，方妙。《西厢》之不念《法華經》，不禮《梁王懺》，及彩筆題詩，迴文織錦，何語不俊，何韻不妥。又國初人《蕭淑蘭》劇，全押廉纖、監咸、侵尋、桓歡四韻，亦字字穩俏。近見押此等韻者，全無奇怪峭絶處，只是湊得韻來，便以爲難事。夫欲借險韻以見難，而止是平通趁韻，無以異於人也，亦何取此等韻爲耶。故知百尺竿頭逞技，非古所謂肉飛仙手段不可，庸衆人故當以此爲戒。

又《雜論第三九上》　南曲之有陰陽也，其竅今日始闢。然此義微之又微，所不易辨，不能字字研其至當。當亦如前取務頭法，將舊曲子令優人唱過，但有其字是而唱來却非其字本音者，即是宜陰用陽、宜陽用陰之故，較可尋繹而得之也。

又　揭調之説，不特今曲爲然。楊用修《詩話》云：樂府家謂揭調者，高調也。高駢詩：公子邀歡月滿樓，佳人揭調唱伊州。便從席上西風起，直到蕭關水盡頭。則唐時之歌曲，可想見矣。

又卷四《雜論第三九下》　南曲之必用南韻也，猶北曲之必用北韻也，亦由丈夫之必冠幘而婦人之必笄珥也。作南曲而仍紐北韻，幾何不以丈夫而婦人飾哉。吾之爲南韻，自有南曲以來，未之或省也。吾之分姜、光、堅、涓諸韻，自有聲韻以來，未之敢倡也。吾又嘗作聲韻分合之圖，蓋以洩天地元聲之秘，聖人復起，不能易吾言矣。

又　各調有宜遵古以正今之訛者，有不妨從俗以就今之便者。〔九宮新譜〕所載〔步步嬌〕之第一句，〔玉交枝〕之第五句，〔好姐姐〕之第五句，〔江兒水〕之第四句，〔啄木兒〕之第六句，〔懶畫眉〕之第一句，〔醉扶歸〕之第三句，其所署平仄，正今失調，斷所宜遵。至〔皂羅袍〕第三句之平仄平平，〔解三醒〕之第四六字句與第五七字句下三字之平仄平，〔一江風〕之第五六重用四字句，〔瑣牕寒〕之第八七字句，〔山坡羊〕之第七七字句，〔步步嬌〕之第五句第二字用仄聲，從古可也。即從俗，亦不害其爲失調也。若〔玉芙蓉〕之第六句用平平仄平，〔白練序〕之首句作四字，〔畫眉序〕之首句作三字，〔石榴花〕之首四句盡作七字，〔梁州序犯〕之第九句作七字，〔劉潑帽〕之第四句作四字，〔駐雲飛〕之第六句作三字，〔綿搭絮〕首句七字與第三句之六字，〔鎖南枝〕之第三句六字與〔換頭〕第一二句之五字、第三句下之多六字一句，則世俗之以新調相沿舊矣，一旦盡返之古，必羣駭不從。又〔水底魚兒〕之八句，即剖爲二人唱，似亦無妨。〔風入松〕之每調繼以兩〔急三槍〕，與末調之單用本調，雖古有此格，然《琵琶》後八折耳，安在其必當而拘拘以此爲法也。拈出與秉筆者商之。

又　詞隱論北詞，謂〔朝天子〕一調，自《龍泉記》出，而此曲失真。《浣紗》往江干水鄉盛行，而此曲盡晦，却取《太和正音譜》所收張小山〔瘿杯玉醅〕一首爲譜。其詞飽似伯夷一句係失調，不如《中原音韻》所收〔早霞晚霞〕一首爲確。蓋《浣紗》實倣《龍泉》，較原調多著襯字，其聲尚可考見也，今並列於此。元人《題廬山》〔朝天子〕云：早霞晚霞，妝點廬山畫。仙翁何處鍊丹砂，一縷白雲下。客去齋餘，人來茶罷。歎浮生，指落花。楚家，漢家，做了漁樵話。《浣紗》〔朝天子〕云：往江干水鄉，過花溪柳塘，看齊齊綵鷁波心放。鼕鼕疊鼓起鴛鴦，一雙戲清波浮輕浪。青山兒幾行，綠波兒千狀，渺茫渺茫渺渺茫。趁東風蘭橈畫槳，蘭橈畫槳，採蓮歌齊聲唱。南人爲北詞，而失其本調者，即此曲可類見矣。余頃與孫比部談及此調，比部指摘《浣紗》陰陽之舛。余因字字分別陰陽，並盡用律中諸禁，作《春遊》詞一闋，鬱藍生序刻以傳好事者，今存別本。然爲法苛刻，益難中之難。要以遊三尺之中，而不見一毫勉强，乃佳。若一爲界限所拘，讀去礙口，便非高手也。

明・馮夢龍《太霞新奏・發凡共十三則》 詞學三法，曰調，曰韻，曰詞。不協調則歌必捩嗓，雖爛然詞藻無爲矣。自東嘉沿詩餘之濫觴，而效顰者遂藉口不韻，不知東嘉寬於南，未嘗不嚴於北。謂北詞必韻，而南詞不必韻，即東嘉亦不能自爲解也。

又 《中原音韻》原爲北曲而設，若南韻又當與北稍異。如龍之驢東切，娘之尼姜切，此平韻之不可同於北也。白之爲排，客之爲楷，此入韻之不可廢於南也。詞隱先生發明韻學，尚未及此，故守韻之士，猶謂南曲亦可以入韻代上、去之押，而南北聲自茲混矣。《墨憨齋新譜》謂入聲在句中可代平，亦可代入，若用之押韻，仍是入聲，此可謂精微之論。

又 韻或借或重，則先標本韻，而次之曰重幾韻，借某韻幾字。要之，重祇貽字貧之誚，借則比越境之誅。與其借也，寧重即不借，而牽强未妥，吾亦寧重也。

又 《批語》〔八聲甘州〕第六句，以《金釵記》平生頗讀書幾行，微名幸登龍虎榜爲正。行、榜用韻，幾字虎字仄聲，方叶。《琵琶記》高堂已添雙鬢雪四曲，俱不用韻，然第六字必用仄。蓋韻可偷，而調必不可改也。近來作者都不解此，《墨憨齋新定詞譜》已辨之詳矣。

又 墨憨子云，周德清《中原音韻》原爲北曲而作，北無入聲，故配入平、上、去三聲之中，若南曲自有入韻，不宜以北字入南腔也。如詞隱先生《片時情》一套，以窄側叶上，莇叶平，終不可爲訓。精於律者自當戒之。

又 宋人不講韻學，唯作詩宗沈韻，其詩餘率皆出入，但取諧音而已。自《中原音韻》既定，北劇奉之唯謹，南音從北而來，調可變而韻不可亂也。沈伯英譜詩餘爲曲，共百餘章，然未能盡更其韻。

又 〔半面二郎神〕、〔攤破集賢賓〕、〔鶯斷鶯啼序〕、〔歇拍黃鶯兒〕、〔減字簇御林〕、〔偷聲貓兒墜〕、〔小尾〕，方諸生自創，每曲減一二句。何所取義，此亦好奇之過。既可減，何不可增，遂有〔兩條江水兒〕、〔雙聲貓兒墜〕，並〔尾聲〕亦添句，如近日蕉帕所刻者。文人作誦，不可不慎。

又 墨憨齋評王伯良〔夜行船序〕百尺荒臺套云：入聲派入平、上、去三韻，在北曲用三聲者則然，若南曲仍有四聲，自不得借北韻而廢入聲一韻也。如皆來韻，時曲每以客、色等字押上，額、墨等字押去，使周郎聽之，有不笑爲兩頭蠻者乎。伯良此曲，絕不借北韻一字，可以爲法。

又 沈伯英〔巫山十二峯〕曲，仿梁少白院落清明左右作。詞隱先生評云：〔三換頭〕前二句是五韻美，中二句是臘梅花，今用於此，是〔巫山十三峯〕，非〔十二峯〕矣。須用南吕别曲幾句以代之，方得。先生既駁少白，而躬自蹈之，吾所不解。大抵作套者每多因襲之病，總以爲舊曲已經行世，若改調必置弗歌。夫因陋仍弊，以求不廢於俗，此亦作者之羞也。

明・沈寵綏《度曲須知・序言》 六律、五聲、八音何昉乎，昉天地之自然也。自然者，爲於莫爲，行所不得行，古聖因而律呂之，聲歌之，格帝感神，宣風導化，象德昭功，非此無藉。故季子觀魯，十五國之風歷然。尼父聞齊，千餘年之盛如睹。非夫神妙無方，其能爾乎。漢魏以降，道喪樂崩，聲音之道荒矣。然《房中》之曲，郊廟之樂，猶存十一於千百，樂府諸篇，蓋其遺音乎。自時厥後，變聲代作，繁響競臻，帝王稱知音者，唐玄宗、南唐後主、宋道君、金章宗，其班班也。於時伶人樂工，無不極意盡妍，播爲新聲，然按之鮮不協律者。聲之有律，其諸刑法之金科玉條乎。陳隋以前，肇名爲曲，王令言聽翻調《安公子》曲，驚其往而不返。王右丞見度曲圖，知爲《霓裳羽衣》第二拍，固繇神解，亦豈非曲有常均耶。特古調不傳，今可考者，《清平》三調，旗亭四絕，大都即詩爲曲，才人一章脱手，樂部即登管絃，居然風雅獨絕。嗣乃短長其體，號爲詩餘，亦稱填詞。有宋最盛，沿及勝國，遂以制科取士，格律惟嚴，情才咸集，用以笙簧一代，鼓吹千載，安得不於今爲烈哉。院本有南北二種，六宮十一調，初無異格，特南無唱，北無歌，不得不分胡越。吾吳魏良輔，審音而知清濁，引聲而得陰陽，爰是引商刻羽，循變合節，判毫杪於翕張，別玄微於高下，海內翕然宗之。顧鴛鴦繡出，金針未度，學者見爲然，不知其所以然。習舌擬聲，沿流忘初，或聲乖於字，或調乖於義，刻意求工者，以過泥失真。師心作解者，以臆斷遺理，予有慨焉。小窗多暇，聊一拈出，一字有一字之安全，一聲有一聲之美好，頓挫起伏，俱軌自然，天壤元音，一綫未絶，其在斯乎，其在斯乎。世有秦青、薛譚，將無嗤予强作曉事，亦曰消我長夏，公彼同好云爾。

又上卷《俗訛因革》 越稽《正吴編》載：娘字爲女良切，女字爲尼吕切，尼字爲年題切，年字爲寧田切，寧字爲奴經切，奴字爲農都切。蓋詞隱先生沈寧菴别號。本之洪武韻也。要終原始，遞考貼切，數字皆舌舐上腭而出，此在弋陽優者。口氣誠然不爽，而按之時唱，大不其然。及考《中原音韻》，則娘爲尼姜切，女爲尼矩切，年爲尼堅切，寧爲尼經切。至於尼字，乃是濃雞切，濃字又是尼容切，濃尼交相反切，莫窮字母源流。但《正韻》濃爲女容切，亦是舐舌出口，則兩韻書大約不相違謬。他如你、禰、念、紐、甯、溺等字，口法皆然，聽之不協俗耳，似應姑隨時唱，以俟俗换時移，徐徐返正，今則或未可强也。又《中原韻》熬字爲訛高切，訛字爲吴哥切，傲字爲昂告切，昂字爲吴岡切，乃考吴字竟是王姑切，則昂乃叶杭，傲乃叶浩，訛乃叶和，熬乃叶豪無疑矣。杭、和、豪、浩，俱陰出陽收。昂、訛、熬、傲，俱陽出陽收。雖口法略異，因係同音，姑借叶之。正韻叶切，仍復相倣。他如梧、娥、誤、臥等類，亦與吴音相近，絶非時俗口法，此則確應遵韻，不可狥時。況北曲口氣撇吴，叶太上聲。尤與韻音相宜者乎，惟是我爲昂咢切，唱之頗不協聽，似又暫應通俗者也。夫昂咢、寧田諸切，雖合韻音，反似諸方土音，故於俗耳不入。乃《絃索》曲中，又有萬字唱患，望字唱旺，問字唱溷，文字唱魂，武字唱五，微字唱圍之類，北方認爲正音，江南疑爲土音，其間孰非孰是，斷案别詳訛説，兹姑不贅。獨維、遺兩字之呼作圍音，韻《中原》與圍字同收一處，何今人曾不細考，乃概以他方土音目之也哉。

又《宗韻商疑》 昔方諸生王伯良别號。有曰：周氏作《中州音韻》，其功不在於合而在於分，乃分之中猶有未盡然者，如江陽之於邦王，齊微之於歸回，魚居之於模吴，真親之於文門，先天之於鶻元，試細呼之，殊自逕庭，皆宜更析。至其合之不經者，如肱、轟、兄、崩、烹、盲、弘、鵬等字，舊屬庚、青、蒸三韻，而今且兼收之東鐘韻中。又浮字本縛牟切，俗讀爲扶，方言也。周則反收魚模韻中，而於尤侯本韻，竟並其字削去，抑何謬至此哉。余故别創《南詞正韻》，盡更德清之舊，而多取聲於《洪武正韻》焉。是伯良所遵者惟《正韻》，而周韻則其所甚加訾議者也。又聞之詞隱生曰：國家《洪武正韻》，惟進御者規其結構，絶不爲填詞而作。至詞曲之於《中州韻》，猶方圓之必資規矩，雖甚明巧，誠莫可叛焉者。是詞隱所遵惟周韻，而《正韻》則其所不樂步趨者也。然而兩先生雖各持其説，而意則何嘗矛盾哉。伯良謂：江陽各韻中，邦、王、歸、回等字，德清析之猶未精審。至於浮之叶扶，與崩、横諸字之收入東鐘韻者，皆北音也。北音不可入南詞，惟有《正韻》字音，與南音諧合，故宜遵用，初不謂北詞亦可廢却周韻也。詞隱謂：周韻惟魚居與模吴，尾音各别。齊微與歸回，腹音較異。餘如邦、王諸字之腹尾音，原無不各與本韻諧合。至《洪武韻》雖合南音，而中間音路未清，比之周韻，尤特甚焉。且其他别無南韻可遵，是以作南詞者，從來俱借押北韻，初不謂句中字面，並應遵倣《中州》也。予故折中論之。凡南北詞韻脚，當共押周韻。若句中字面，則南曲以《正韻》爲宗，而朋、横等字，當以庚青音唱之。北曲以周韻爲宗，而朋、横等字，不妨以東鐘音唱之。但周韻爲北詞而設，世所共曉，亦所共式，惟南詞所宗之韻，按之時唱，似難捉摸。以言乎宗《正韻》也，乃自來唱太山崩裂，晚渡横塘，猛然心地熱，羨鵬摶何年化鵾，可知道朋友中間争是非，諸凡朋、横字音，合東鐘者什九，合庚青者什一，則未嘗不以周韻爲指南矣。以言乎宗周韻也，乃入聲原作入唱，矛原不唱繆，謀原不唱謨，彼原不唱比，皮原不唱培，避原不唱被，披原不唱丕，袖原不唱叶囚去聲，龍原不唱驢東切之音，則又未嘗不以《正韻》爲模楷矣。且韻脚既祖《中州》，乃所押入聲，如《拜星月》曲中熱、拽、怯、説諸韻脚，並不依《中州韻》借叶平、上、去三聲，而一一原作入唱，是又以周韻之字，而唱《正韻》之音矣。《正韻》、周韻，何適何從，諺云兩頭蠻者，正此之謂。予不敏，未敢遽出畫一之論，以約時趨，於後之執牛耳者，不能無望焉。抑余於兄字、浮字，竊有疑於伯良之言也。伯良謂兄本蒸青字眼，收之東鐘者爲不經。夫然則兄不叶胸，必應叶熏而收鼻音者爲是，此惟用之韻脚則可，若句中字面作如是唱，殊不雅聽。又謂浮之叶扶，乃德清雜用方言，變亂雅音。夫誠以方言爲病，則今之所唱詳字、辭字，以及繩、尋、徐、緒、蛇、謝、像、旋等字，其音皆與方言絶肖。如或詳唱墻音，辭唱慈音，寧不反成别字，則方言奚拘。且扶爲方言，在吴下誠然，安必《中州》之亦以扶音爲土音哉。余則謂南唱蜉音，北唱扶音，自兩無違礙。至兄之不可作熏唱，豈惟北曲，即南詞亦有然者。況《洪武》東庚兩韻，原並收兄字，又安得獨詆周氏之非也乎。是則前人立論偶偏，不得不一置喙云爾。按：《洪武韻》玉字爲魚欲切，叶獄。着爲職略切，叶灼，止讀入聲。今南曲多有玉唱預音，着唱潮音者，此尚祖《中原》音叶耳。至查廝字，則兩韻以及《海篇》、《篇海》、《玉篇》、《廣韻》、《直音》、《集成》等書，皆叶平聲，乃詞隱《正吳編》載廝役、廝養、小廝之類，當叶思。廝守、廝見、廝打、廝纏之類，當叶嗇。則平聲之外，仍有應唱入聲者，在詞隱必有所本，但從來詞曲，止祖《洪武》、《中州》兩韻，而他書不與焉。且《正吳》一編，明謂謹照《洪武》叶切，而以遵制爲名，今相悖如此，其故云何，姑存其疑，以俟釐訂之者。又考《洪武韻》，閒暇之間，何艱切，叶閑。中間之間，居顏切，叶奸。俱從月不從日，俗作間非，寫法則同，字音各別，乃《正吳編》即以中間之間作何艱切，則將畫屏間，與朋友中間爭是非，並作閒音唱可乎。又簪，本尋侵字眼，《正吳編》兼列真文韻，與尊字同音，是閉口字混入開口韻矣。珊，本寒山字眼，《正吳編》謂闌珊之珊，則叶三，是開口字反混入閉口韻矣。細查《正韻》，初無此等音切，而詞隱云爾，豈其有錯謬者乎，抑豈災木者之誤筆歟。予之集是編也，自揣頗覺精當，乃詞隱尚以正訛致訛，則予失簡處，或亦不少，惟後之君子正之。

又《字釐南北》 北曲肇自金人，盛於勝國。當時所遵字音之典型，惟《中原韻》一書已爾，入明猶踵其舊。迨後填詞家競工南曲，而登歌者亦尚南音，入聲仍歸入唱，即平聲中如龍、如皮等字，且盡反《中原》之音，而一祖《洪武正韻》焉。其或祖之未徹，如朋唱蓬音，玉唱預音，着唱潮音，此則猶帶《中原》音響，而翻案不盡者也。邇年來，沈寧菴、王伯良諸公，恪遵王制，釐整字音，而《正韻》愈爲南字指南。奈時俗趨承之過，甚或以南音溷投北調者有之。如醿字，《中原》叶梅，《洪武》叶迷。彼字，《中原》叶妣，《洪武》叶卑上聲。謀字，《中原》叶謨，《洪武》叶茂平聲。棼字，《中原》叶焚，《洪武》叶分。袖字，《中原》叶囚去聲，《洪武》似救切。倫字，《中原》驢敦切，《洪武》龍春切。犬字，《中原》虛遠切，叶萱上聲，《洪武》苦遠切，叶勸上聲。鳳字，《中原》夫貢切，叶諷，屬陰，《洪武》馮貢切，屬陽。話字，《中原》叶化，屬陰，《洪武》胡挂切，屬陽。幼字，《中原》叶右，屬陽，《洪武》伊謬切，屬陰。向字，《中原》奚降切，屬陽，《洪武》許亮切，屬陰。愛字，《中原》昂蓋切，屬陽，《洪武》於蓋切，屬陰。待字，《中原》叶帶，屬陰，《洪武》度耐切，屬陽。智字，《中原》中智切，屬陰，《洪武》時智切，屬陽。按字，《中原》昂幹切，屬陽，《洪武》於幹切，屬陰。擋字，《中原》徒浪切，屬陽，《洪武》丁浪切，屬陰。甚字，《中原》叶深，去聲，屬陰，《洪武》時鴆切，屬陽。歷稽叶切，音響逕庭，確當北準《中原》，南遵《洪武》。乃今度北曲者，遇此等字面，往往涉《洪武》南音，乖謬不已甚乎。又考避字，《中原》叶庳，亦叶備，《洪武》叶庳。袂字，《中原》叶謎，亦叶昧，《洪武》叶謎。是南北俱可唱庳唱謎，而備、昧二音，則宜北不宜南矣。悔字，《中原》叶毀，《洪武》叶毀，亦叶晦。劘字，《中原》叶摩，《洪武》叶摩，亦叶迷。貓字，《中原》叶毛，《洪武》叶毛，亦叶苗。檻字，《中原》叶陷，《洪武》叶陷，亦叶陷上聲。脣字，《中原》池論切，叶陳，撮口，《洪武》殊倫切，叶人，撮口。是叶晦，叶迷，叶苗，與叶陷上聲，叶人，撮口，又宜南不宜北矣。至如皮字，《中原》叶培，《洪武》叶琵。披字《中原》叶丕，《洪武》叶批。浮字，《中原》叶扶，《洪武》房鳩切。龍字，《中原》驢東切，《洪武》盧容切。眸字，《洪武》叶謀，《中原》叶謬平聲。兩韻殊音，南北迥異。此則唱家亦既熟曉，不必更防淆溷。惟是湮本叶因，俗唱煙。緡本叶民，俗唱綿。擋本叶蕩，俗唱黨。睹本叶朵，俗唱妬。妄本叶望，俗唱罔。睽本叶奎，俗唱葵。逵本叶葵，俗唱癯。鞾本叶璉，俗唱撚。項本叶向，俗唱杭字去聲。勁本叶敬，俗唱檠字去聲。馴本叶旬，俗唱閏字平聲。誦本詞縱切，俗唱慈縱切。蕤本兒追切，俗唱雖。綰本叶彎上聲，俗唱叶官上聲。婉本於捲切，叶遠，俗唱椀。患本黄慣切，以本銀紀切，也本叶爺上聲，夜本叶爺去聲，俱屬陽，俗並作陰唱。此又韻兩同音，南北匪異，所當概矯俗訛者也。嘗思詞曲先有北，後有南，韻書先有《中州》，後有《洪武》，南字之間涉《中原》，雖不當窾，然相仍已非一日。又《正韻》字音，如着字，職略切。是字，時吏切。似字，相吏切等類。俱覺不諧時唱，姑借用《中原》音叶，亦未爲不妥。至北曲字面，所爲自勝國以來，久奉《中原韻》爲典型，一旦以南音攙入，此爲別字，可勝言哉。志釐剔者，其留意焉。

又《絃律存亡》 昔王元美評曲，謂北筋在絃，南力在板。而吳興臧晉叔譏爲不知曲理，且謂北之被絃索，猶南之合叶簫管，不過隨聲附和，非有成律可憑。若云北筋在絃，將謂南力在管可乎。至板以節曲，則北亦有力，奚獨稱南。此論出而元美要當齒冷矣。粤稽北曲，肇自完顏，於時董解元《西厢記》，亦但一人倚絃索以唱，故何元朗謂北詞有大和、花和之絃，王伯良謂邇年燕趙歌童舞女，咸棄桿撥，盡效南聲。又謂南詞無問宫調，只按一拍，故作者多孟浪其詞，北必和入絃索，曲文少不協律，則與絃音相左，故詞人凛凛遵其型範。然則當時北曲，固非絃弗度，而當時曲律實賴絃以存也。請得而詳言之：古之被絃應索者，於今較異。今非有協應之宫商，與抑揚之定譜，惟是歌高則彈者亦以高和，曲低則指下亦以低承，真如簫管合叶葛。南詞，初無主張於其際，故晉叔以今泥古，遂訾爲曲之别調耳。若乃古之絃索，則但以曲配絃，絶不以絃和曲。凡種種牌名，皆從未有曲文之先，預定工尺之譜，夫其以工尺譜詞曲，即如琴之以鈎剔度詩歌。又如唱家簫譜，所爲《浪淘沙》、《沽美酒》之類，則皆有音無文，立爲譜式者也。而其間宫調不等，則分屬牌名亦不等，抑揚高下之彈情亦不等，如仙吕牌名，則彈得新清綿邈。商調牌名，則彈得悽愴悲慕。派調釐宫，涇渭楚楚。指下彈頭既定，然後文人按式填詞，歌者準徽度曲，口中聲響，必倣絃上彈音。每一牌名，製曲不知凡幾，而曲文雖有不一，手中彈法，自來無兩，即如今之以吴歌配絃索，非不疊换歌章，而千篇一律，總此四句指法概之。又如簫管之孔，數僅五六，而百千其曲，且合叶葛。和無有遺聲，豈非曲文雖夥，而曲音無幾，曲文雖改，而曲音不變也哉。惟是絃徽位置，其近鼓者，亦猶上半截簫孔，音皆漸揭而高，近軫者，亦猶下半截簫孔，音並轉低而下，而欲以作者之平仄陰陽，叶彈者之抑揚高下，則高徽須配去聲字眼，平亦間用，至上聲固枘鑿不投者也。低徽宜配上聲字眼，平亦間用，至去聲又枘鑿不投者也。且平聲中仍有涇渭，陽平則徽必微低乃叶，陰平則徽必微高乃應。倘陰陽奸用，將陽唱陰而陰唱陽，上去錯排，必去肖上而上肖去，以故作者歌者兢兢，共稟三尺，而口必應手，詞必諧絃。凡夫字櫛句比，安腔布調，一準所爲仙吕之清新綿邈、商調之悽愴悲慕者，以分叶之，而格律部署之嚴，總此彈徽把定，平仄所以恒調，陰陽用是無慝，則筋之一字，元美良有深情，乃區區簫管例之，豈不謬哉。慨自南調繁興，以清謳廢彈撥，不異匠氏之棄準繩。況詞人率意揮毫，曲文非盡合矩，唱家又不按譜相稽，反就平仄例填之曲，刻意推敲，不知關頭錯認，曲詞先已離軌，則字雖正而律且失矣。故同此字面，昔正之而仍合譜，今則夢中認醒而惟格是叛。同此絃索，昔彈之確有成式，今則依聲附和而爲曲子之奴。總是牌名，此套唱法，不施彼套，總是前腔，首曲腔規，非同後曲，以變化爲新奇，以合掌爲卑拙，符者不及二三，異者十常八九，即使以今式今，且毫無把捉，欲一一古律繩之，不逕庭哉。雖然，古律湮矣，而還按詞譜之仄仄平平，原即是彈格之高高下下，亦即是歌法之宜抑宜揚。今優子當場，何以合譜之曲，演唱非難，而平仄稍乖，便覺沾脣拗嗓，且板寬曲慢，聲格尚有遊移，至收板緊套，何以一牌名，止一唱法，初無走樣腔情，豈非優伶之口，猶留古意哉。至其間有得力關捩子，則全在一板之牢束，蓋曲音高下，本無涉於板，而曲候緊舒，實腔定於拍，板拍相延，初無今古，謂原來曲候，雖至今存可也。又況緩促業經準量，則高下聲情，亦不至浸淫無紀，而古腔古調，庶猶有合，故元美謂南力在板，即晉叔亦未嘗不以爲然。惟是晉叔之評北曲，謂力不在絃，則於絃索曲理，尚有一班未睹。夫北詞絃索，何異南詞鼓板，板則其正，鼓則其贈，若絃索則兼正贈合鼓板而備之者也。姑以今時絃索喻，彼歌聲每度一板，而指法之最清者，彈數約之凡四，雖其間或彈密而爲滚，又或滚密而爲促，似乎簡煩懸異。然總之節節排匀，彈彈有準，稍着乘除，拍不入眼矣。試觀南詞之板，緊曲則正一而贈亦一，慢曲則正一而贈乃三，斯即一板四彈之榜樣也。更加以滚促之多彈，隱然常拍之外，倍添贈拍，豈非贈且復贈，較之鼓板，尤密尤均乎。故魏良輔有北絃索南鼓板之喻，何元朗有慢板大和絃，與緊板花和絃之評。絃板相提而較，正元美之深於知曲，乃晉叔反致譏彈，不能不爲洗冤矣。嘗思疾徐高下之節，曲理大凡也。而南有拍，北有絃，非不可因板眼慢緊以逆求古調疾舒之候。北有《太和正音》，南有《九宫曲譜》，又非不可因譜上平仄以逆考古音高下之宜。奈何哉，今之獨步聲場者，但正目前字眼，不審詞譜爲何事。徒喜淫聲聒聽，不知宫調爲何物，踵舛承訛，音理消敗，則良輔者流，固時調功魁，亦叛古戎首矣。按：良輔《水磨調》，其排腔配拍，榷字釐音，皆屬上乘，即予編中諸作，亦就良輔來派，聊一描繪，無能跳出圈子。惟是向來衣鉢相傳，止從喉間舌底度來，鮮有筆之紙上者，姑特拈出耳。偶因推原古律，覺梨園脣吻，彷彿一二，而時調則以翻新盡變之故，廢却當年聲口，故篇中偶齒及之，要以引商刻羽，居然絶調，况生今不能反古，夫亦氣運使然乎。覽者謂予卑磨腔而賞優調，則失之矣。

清・查繼佐《九宫譜定總論》 凡諸曲之叶處，平而可以使仄者不多，必能自謳，而或任意用之，無礙也。至每句所定四聲，或於上、去、入統用一仄字代之，此平仄斷不可淆也。且有數曲上、去亦不可易，蓋上聲之腔自下而上，去聲之腔自上而下，大見不同。若入聲作叶，借北音爲腔，不得已也。其或一曲而譜彼此平仄異，則從其當者，毋以愛文字而强置之，致不協調。

又 板有四節，贈板則有八節，如一歲之四時而分八候，聲與氣通，自然之理也。但製曲便有文理，不免加數贈字。贈字之上，斷不可下板。然無贈字曲便不變，唱者無處作巧，而贈字過多，使人棘口。或以實字作贈字，尤不合律。至於接調，原無贈板，至後必快，若贈字太多，益不可唱，作者慎之。

又 用韻之雜，無礙於謳，然而聲不工矣。先天之溷於監咸，固不辨閉口與否之異，即先天溷於桓歡，爲微開，爲中空，豈一律哉。如支思之列於齊微，頗爲詩韻所惑，以庚青而奸真文，則尤不可解矣。作者須知大齣便用廣韻，不至以險字自苦，亦一法也。

清・李漁《閒情偶寄》卷二《音律第三》 作文之最樂者，莫如填詞，其最苦者，亦莫如填詞。填詞之樂，詳後賓白之第二幅，上天入地，作佛成仙，無一不隨意到，較之南面百城，洵有過焉者矣。至説其苦，亦有千態萬狀，擬之悲傷、疾痛、桎梏、幽囚諸逆境，殆有甚焉者。請詳言之，他種文字，隨人長短，聽我張弛，總無限定之資格。今置散體弗論，而論其分股、限字與調聲叶律者。分股，則帖括時文是已。先破後承，始開終結，内分八股，股股相對，繩墨不爲不嚴矣。然其股法、句法，長短由人，未嘗限之以數，雖嚴而不謂之嚴也。限字，則四六排偶之文是已。語有一定之字，字有一定之聲，對必同心，意難合掌，矩度不爲不肅矣。然止限以數，未定以位，止限以聲，未拘以格。上四下六可，上六下四亦未嘗不可。仄平平仄可，平仄仄平亦未嘗不可，雖肅而實未嘗肅也。調聲叶律，又兼分股、限字之文，則詩中之近體是已。起句五言，則句句五言。起句七言，則句句七言。起句用某韻，則以下俱用某韻。起句第二字用平聲，則下句第二字定用仄聲，第三、第四又復顛倒用之。前人立法，亦云苛且密矣。然起句五言，句句五言，起句七言，句句七言，便有成法可守。想入五言一路，則七言之句不來矣。起句用某韻，以下俱用某韻。起句第二字用平聲，下句第二字定用仄聲。則拈得平聲之韻，上、去、入三聲之韻皆可置之不問矣。守定平仄、仄平二語，再無變更，自一首以至千百首，皆出一轍，保無朝更夕改之令阻人適從矣。是其苛猶未甚，密猶未至也。至於填詞一道，則句之長短，字之多寡，聲之平、上、去、入，韻之清濁、陰陽，皆有一定不移之格。長者短一綫不能，少者增一字不得，又復忽長忽短，時少時多，令人把握不定。當平者平，用一仄字不得。當陰者陰，换一陽字不能。調得平仄成文，又慮陰陽反覆，分得陰陽清楚，又與聲韻乖張。令人攪斷肺腸，煩苦欲絶。此等苛法，儘勾磨人。作者處此，但能布置得宜，安頓極妥，便是千幸萬幸之事，尚能計其詞品之低昂，文情之工拙乎。予襁褓識字，總角成篇，於《詩》、《書》、六藝之文，雖未精窮其義，然皆淺涉一過。總諸體百家而論之，覺文字之難，未有過於填詞者。予童而習之，於今老矣，尚未窺見一班。祇以管窺蛙見之識，謬語同心。虚赤幟於詞壇，以待將來作者。能於此種艱難文字，顯出奇能，字字在聲音律法之中，言言無資格拘攣之苦，如蓮花生在火上，仙叟弈於橘中，始爲盤根錯節之才，八面玲瓏之筆，壽名千古，衾影何慚。而千古上下之題品文藝者，看到傳奇一種，當易心换眼，别置典刑。要知此種文字，作之可憐，出之不易。其楮墨筆硯，非同己物，有如假自他人。耳目心思，效用不能，到處爲人掣肘。非若詩、賦、古文，容其得意疾書，不受神牽鬼制者，七分佳處，便可許作十分，若到十分，即可敵他種文字之二十分矣。予非左袒詞家，實欲主持公道。如其不信，但請作者同拈一題，先作文一篇，或詩一首，再作填詞一曲，試其孰難孰易，誰拙誰工，即知予言之不謬矣。然難易自知，工拙必須人辨。

又 詞曲中音律之壞，壞於《南西廂》。凡有作者，當以之爲戒，不當取之爲法。非止音律，文藝亦然。請詳言之。填詞除雜劇不論，止論全本，其文字之佳，音律之妙，未有過於《北西廂》者。自南本一出，遂變極佳者爲極不佳，極妙者爲極不妙。推其初意，亦有可原，不過因北本爲詞曲之豪，人人贊羨，但可被之管絃，不便奏諸場上，但宜於弋陽、四平等俗優，不便强施於崑調，以係北曲而非南曲也。兹請先言其故。北曲一折，止隸一人。雖有數人在場，其曲止出一口，從無互歌迭詠之事。弋陽、四平等腔，字多音少，一泄而盡。又有一人啓口，數人接腔者，名爲一人，實出衆口。故演《北西廂》甚易。崑調悠長，一字可抵數字。每唱一曲，又必一人始之，一人終之，無可助一臂者。以長江大河之全曲，而專責一人，即有銅喉鐵齒，其能勝此重任乎。此北本雖佳，吳音不能奏也。作《南西廂》者，意在補此缺陷，遂割裂其詞，增添其白，易北爲南，撰成此劇，亦可謂善用古人、喜傳佳事者矣。然自予論之，此人之於作者，可謂功之首而罪之魁矣。所謂功之首者，非得此人，則俗優競演，雅調無聞，作者苦心，雖傳實没。所謂罪之魁者，千金狐腋，剪作鴻毛，一片精金，點成頑鐵，若是者，何以其有用古之心而無其具也。今之觀演此劇者，但知關目動人，詞曲悦耳，亦曾細嘗其味，深繹其詞乎。使讀書作古之人，取《西廂》南本一閲，句櫛字比，未有不廢卷掩鼻而怪穢氣熏人者也。若曰詞曲情文不浹，以其就北本增删，割彼湊此，自難貼合，雖有才力，無所施也。然則賓白之文，皆由己作，並未依傍原本，何以有才不用，有力不施，而爲俗口鄙惡之談以穢聽者之耳乎。且曲文之中，儘有不就原本增删，或自填一折以補原本之缺略，自撰一曲以作諸曲之過文者，此則束縛無人，操縱由我，何以有才不用，有力不施，亦作勉强支吾之句以混觀者之目乎。使王實甫復生，看演此劇，非狂叫怒罵，索改本而付之祝融，即痛哭流涕，對原本而悲其不幸矣。嘻，續《西廂》者之才，去作《西廂》者止爭一間，觀者羣加非議，謂《驚夢》以後諸曲，有如狗尾續貂。以彼之才，較之作《南西廂》者，豈特奴婢之於郎主，直帝王之視乞丐。乃今之觀者，彼施責備，而此獨包容，已不可解。且令家尸户祝，居然配饗《琵琶》，非特實甫呼冤，且使則誠號屈矣。予生平最惡弋陽、四平等劇，見則趨而避之，但聞其搬演《西廂》，則樂觀恐後。何也，以其腔調雖惡，而曲文未改，仍是完全不破之《西廂》，非改頭、换面、折手跛足之《西廂》也。南本則聾瞽、瘖啞、駝背、折腰諸惡狀，無一不備於身矣。此但責其文詞，未究音律。從來詞曲之旨，首嚴宫調，次及聲音，次及字格。九宫十三調，南曲之門户也。小齣可以不拘其成套，大曲則分門别户，各有依歸，非但彼此不可通融，次第亦難紊亂。此劇只因改北成南，遂變盡詞場格局。或因前曲與前曲字句相同，後曲與後曲體段不合，遂向别宫别調，隨取一曲以聯絡之，此宫調之不能盡合也。或彼曲與此曲牌名巧湊，其中但有一二句字數不符，如其可增可减，即增减就之，否則任其多寡，以解補湊不來之厄，此字格之不能盡符也。至於平仄、陰陽，與逐句所叶之韻，較此二者，其難十倍，誅之將不勝誅，此聲音之不能盡叶也。詞家所重在此三者，而三者之弊，未嘗缺一，能使天下相傳，久而不廢，豈非咄咄怪事乎。更可異者，近日詞人因其熟於梨園之口，習於觀者之目，謂此曲第一當行，可以取法，用作曲譜。所填之詞，凡有不合成律者，他人執而訊之，則曰我用《南西廂》某折作對子，如何得錯。噫，玷《西廂》名目者此人，壞詞場矩度者此人，誤天下後世之蒼生者，亦此人也。此等情弊，予不急爲拈出，則《南西廂》之流毒，皆至何年何代而已乎。

又 《南西廂》翻本既不可無，予又因此及彼，而有志於《北琵琶》一劇。蔡中郎夫婦之傳，既以《琵琶》得名，則琵琶二字，乃一篇之主。而當年作者，何以僅標其名，不見拈弄其實。使趙五娘描容之後，果然身背琵琶，往别張大公，彈出北曲哀聲一大套，使觀者、聽者涕泗横流，豈非《琵琶記》中一大暢事。而當年見不及此者，豈元人各有所長，工南詞者不善製北曲耶。使王實甫作《琵琶》，吾知與千載後之李笠翁必有同心矣。予雖乏才，亦不敢不當斯任。向填一折付優人，補則誠原本之不逮，兹已附入四卷之末。尚思擴爲全本，以備詞人採擇。如其可用，譜爲絃索新聲。若是則《南西廂》、《北琵琶》二書，可以並行。雖不敢望追踪前哲，並轡時賢，但能保與自手所填諸曲，如已經行世之前後八種，及已填未刻之内外八種，合而較之，必有淺深疎密之分矣。然著此二書，必須杜門累月，竊恐飢來驅人，勢不由我，安得雨珠雨粟之天，爲數十口家人籌生計乎，傷哉貧也。

又《恪守詞韻》 一齣用一韻到底，半字不容出入，此爲定格。舊曲韻雜，出入無常者，因其法制未備，原無成格可守，不足怪也。既有《中原音韻》一書，則猶畛域畫定，寸步不容越矣。常見文人製曲，一折之中，定有一二出韻之字。非曰明知故犯，以偶得好句，不在韻中，而又不肯割愛，故勉强入之，以快一時之目者也。杭有才人沈孚中者，所製《綰春園》、《息宰河》二劇，不施浮采，純用白描，大是元人後勁。予初閲時，不忍釋卷。及考其聲韻，則一無定軌，不惟偶犯數字，竟以寒山、桓歡二韻合爲一處用之，又有以支思、齊微、魚模三韻並用者，甚至以真文、庚青、侵尋三韻，不論開口、閉口，同作一韻用者，長於用才而短於擇術，致使佳調不傳，殊可痛惜。夫作詩、填詞，同一理也。未有沈休文詩韻以前，大同小異之韻，或可叶入詩中，既有此書，即《三百篇》之風人復作，亦當俯就範圍。李白詩仙，杜甫詩聖，其才豈出沈約下，未聞以才思縱横而躍出韻外，况其他乎。設有一詩於此，言言中的，字字驚人，而以一東、二冬並叶，或三江、七陽互施，吾知司選政者，必加擯黜，豈有以才高句美而破格收之者乎。詞家繩墨，只在《譜》、《韻》二書。合譜合韻方可言才。不則八斗難克升合，五車不敵片紙，雖多雖富，亦奚以爲。

又《魚模當分》 詞曲韻書，止靠《中原音韻》一種，此係北韻，非南韻也。十年之前，武林陳次升先生欲補此缺陷，作《南詞音韻》一書，工垂成而復輟，殊爲可惜。予謂南韻深渺，卒難成書，填詞之家即將《中原音韻》一書，就平、上、去三音之中，抽出入聲字，另爲一聲，私置案頭，亦可暫備南詞之用。然此猶可緩，更有急於此者，則魚模一韻，斷宜分別爲二。魚之與模，相去甚遠，不知周德清當日何故比而同之，豈倣沈休文詩韻之例，以元、繁、孫三韻合爲十三元之一韻，必欲於純中示雜，以存大音希聲之一線耶。無論一曲數音，聽到歇脚處，覺其散漫無歸，即我輩置之案頭，自作文字讀，亦覺字句聱牙，聲韻逆耳。倘有詞學專家，欲其文字與聲音媲美者，當令魚自魚而模自模，兩不相混，斯爲極妥。即不能全齣皆分，或每曲各爲一韻，如前曲用魚，則用魚韻到底，後曲用模，則用模韻到底，猶之一詩一韻，後不同前，亦簡便可行之法也。自愚見推之，作詩用韻，亦當倣此，另鈔元字一韻，區別爲三。拈得十三元者，首句用元，則用元韻到底，凡涉繁、孫二韻者勿用，拈得繁、孫者亦然。出韻則犯詩家之忌，未有以用韻太嚴，而反來指謫者也。

又《廉監宜避》 侵尋、監咸、廉纖三韻，同屬閉口之音。而侵尋一韻，較之監咸、廉纖，獨覺稍異。每至收音處，侵尋閉口，而其音猶帶清亮。至監咸、廉纖二韻，則微有不同。此二韻者，以作急板小曲則可，若填悠揚大套之詞，則宜避之。《西廂》不念《法華經》、不理《梁王懺》一折用之者，以出惠明口中，聲口恰相合耳。此二韻宜避者，不止單爲聲音，以其一韻之中，可用者不過數字，餘皆險僻艱生，備而不用者也。若惠明曲中之揝字、攙字、燂字、獖字、諂字、醃字、颩字，惟惠明可用，亦惟才大如天之王實甫能用。以第二人作《西廂》，即不敢用此險韻矣。初學填詞者不知，每於一折開手處誤用此韻，致累全篇無好句。又有作不終篇，棄去此韻而另作者。失計妨時，故用韻不可不擇。

又《合韻易重》 句末一字之當叶者，名爲韻脚。一曲之中，有幾韻脚，前後各別，不可犯重。此理誰不知之，誰其犯之，所不盡知而易犯者，惟有合前數句。茲請先言合前之故。同一牌名而爲數曲者，止於首隻列名。其後在南曲則曰前腔，在北曲則曰么篇，猶詩題之有其二、其三、其四也。末後數語，有前後各別者，有前後相同，不復另作，名爲合前者，此雖詞人躲懶法，然付之優人，實有二便。初學之時，少讀數句新詞，省費幾番記憶，一便也。登場之際，前曲各人分唱，合前之曲必通場合唱，既省精神，又不寂寞，二便也。然合前之韻脚，最易犯重，何也，大凡做首曲，則知查韻，用過之字，不肯復用。迨做到第二、三曲，則止圖省力，但做前詞，不顧後語，置合前數句於度外，謂前曲已有，不必費心，而烏知此數句之韻脚，在前曲則語語各別，湊入此曲，焉知不有偶合者乎。故作前腔之曲，而有合前之句者，必將末後數句之韻脚，緊記在心，不可復用，作完之後，又必再查，始能不犯此病。此就韻脚而言也。韻脚犯重，猶是小病。更有大於此者，則在詞意與人不相合，何也，合前之曲，既使同唱，則此數句之詞意，必有同情。如生、旦、净、丑四人在場，生、旦之意如是，净、丑之意亦如是，即可謂之同情，即可使之同唱。若生、旦如是，净、丑未盡如是，則兩情不一，已無同唱之理，況有生、旦如是，净、丑必不如是，則豈有相反之曲而同唱者乎。此等關竅，若不經人道破，則填詞之家，既顧陰陽、平仄，又調角、徵、宫、商，心緒萬端，豈能復籌及此。予作是編，其於詞學之精微，則萬不得一，如此等麤淺之論，則可謂知無不言，言無不盡者矣。後來作者，當錫予一字，命曰詞奴，以其爲千古詞人嘗效紀綱奔走之力也。

又《慎用上聲》 平、上、去、入四聲，惟上聲一音最別。用之詞曲，較他音獨低，用之賓白，又較他音獨高。填詞者每用此聲，最宜斟酌。此聲利於幽静之詞，不利於發揚之曲。即幽静之詞，亦宜偶用、間用，切忌一句之中連用二、三、四字。蓋曲到上聲，字不求低而自低，不低則此字唱不出口。如十數字高，而忽有一字之低，亦覺抑揚有致。若重複數字皆低，則不特無音，且無曲矣。至於發揚之曲，每到吃緊關頭，即當用陰字而易以陽字，尚不發調，況爲上聲之極細者乎。予嘗謂：物有雌雄，字亦有雌雄。平、去、入三聲以及陰字，乃字與聲之雄飛者也。上聲及陽字，乃字與聲之雌伏者也。此理不明，難於製曲。初學填詞者，每犯抑揚倒置之病。其故何居，正爲上聲之字，入曲低而入白反高耳。詞人之能度曲者，世間頗少。其握管撚髭之際，大約口内吟哦，皆同説話。每逢此字，即作高聲。且上聲之字，出口最亮，入耳極清。因其高而且清，清而且亮，自然得意疾書，孰知唱曲之道與此相反，念來高者唱出反低，此文人妙曲利於案頭而不利於場上之通病也。非笠翁爲千古癡人，不分一毫人我，不留一點渣滓者，孰肯盡出家私底蘊，以博慷慨好義之虚名乎。

又《少填入韻》 入聲韻脚，宜於北而不宜於南。以韻脚一字之音，較他字更須明亮，北曲止有三聲，有平、上、去而無入，用入聲字作韻脚，與用他聲無異也。南曲四聲俱備，遇入聲之字，定宜唱作入聲，稍類三音，即同北調矣，以北音唱南曲可乎。予每以入韻作南詞，隨口念來，皆似北調，是以知之。若填北曲，則莫妙於此，一用入聲，即是天然北調。然入聲韻脚最易見才，而又最難藏拙。工於入韻，即是詞壇祭酒。以入韻之字，雅馴自然者少，麄俗倔彊者多，填詞老手，用慣此等字樣，始能點鐵成金。淺乎此者，運用不來，鎔鑄不出，非失之太生，則失之太鄙。但以《西厢》、《琵琶》二劇較其短長，作《西厢》者，工於北調，用入韻是其所長，如《鬧會》曲中二月春雷響殿角。早成就幽期密約。內性兒聰明，冠世才學。扭捏著身子百般做作。角字、約字、學字、作字，何等馴雅，何等自然。《琵琶》工於南曲，用入韻是其所短，如《描容》曲中兩處堪悲，萬愁怎摸。愁是何物，而可摸乎。入聲韻脚宜北不宜南之論，蓋爲初學者設。久於此道而得三昧者，則左之右之，無不宜之矣。

又《别解務頭》 填詞者，必講務頭。然務頭二字，千古難明。《嘯餘譜》中載《務頭》一卷，前後臚列，豈止萬言，究竟務頭二字，未經説明，不知何物。止於卷尾開列諸舊曲，以爲體樣，言某曲中第幾句是務頭，其間陰陽不可混用，去上、上去等字不可混施。若跡此求之，則除却此句之外，其平仄、陰陽皆可混用，混施而不論矣。又云：某句是務頭，可施俊語於其上。若是則一曲之中，止該用一俊語，其餘字句皆可潦草塗鴉，而不必計其工拙矣。予謂立言之人，與當權秉軸者無異。政令之出，關乎從違。斷斷可從，而後使民從之，稍背於此者，即在當違之列，鑿鑿能信，始可發令。措詞又須言之極明，論之極暢，使人一目了然。今單提某句爲務頭，謂陰陽、平仄斷宜加嚴，俊語可施於上，此言未嘗不是，其如舉一廢百，當從者寡，當違者衆，是我欲加嚴，而天下之法律反從此而寬矣。況又囁嚅其詞，吞多吐少，何所取義而稱爲務頭，絶無一字之詮釋，然則葫蘆提三字，何以服天下。吾恐狐疑者讀之，愈重其狐疑，明了者觀之，頓喪其明了，非立言之善策也。予謂務頭二字，既然不得其解，只當以不解解之。曲中有務頭，猶棋中有眼，有此則活，無此則死。進不可戰，退不可守者，無眼之棋，死棋也。看不動情，唱不發調者，無務頭之曲，死曲也。一曲有一曲之務頭，一句有一句之務頭，字不聱牙，音不泛調，一曲中得此一句，即使全曲皆靈，一句中得此一二字，即使全句皆健者，務頭也。由此推之，則不特曲有務頭，詩、詞、歌、賦以及舉子業，無一不有務頭矣。人亦照譜按格，發舒性靈，求爲一代之傳書而已矣，豈得爲謎語欺人者所惑，而阻塞詞源，使不得順流而下乎。

清·張潮《製曲枝語跋》 製曲之難，《枝語》中已詳之矣。於難之中求其易之之法，則有二焉。一在善歌，善歌則不必對譜，其聲調之高下抑揚，可以調之於口吻之際。一在采用詩餘，詩餘中頗多有與曲調平仄相同之句，《浣紗》諸劇，亦復如是。余戊辰歲秋學填詞，悟而得之，惜其時九煙先生已殁，不能就正其可否也。

清·毛先舒《南曲入聲客問》 客問：子著《南曲正韻》，凡入聲俱單押，不雜平、上、去三聲韻中，是已。然單押仍是作三聲唱之，如〔畫眉序〕單押入聲者，首句韻便應作平聲唱，末句韻便應作去聲唱，〔絳都春序〕單押入聲者，首句韻便應作上聲唱，豈非仍以入作平、上、去耶，則又何不仍隷入三聲中邪。余曰：此論極妙，然却又有説，北曲之以入隷於三聲也，音變腔不變，南曲之以入唱作三聲也，腔變音不變。何謂音變腔不變。如元人《張天師》劇〔一枝花〕老老實實，實字《中原音韻》作平聲，繩知切，是變音也。〔一枝花〕第五句，譜原應用平聲，而此處恰填平字，平聲字以平聲腔唱，是不須變腔也。《東堂老》〔醉春風〕倘來之物，物字《中原》作務，是變音也。《醉春風》末句韻，譜應去聲，而此處恰填去字，去聲字以去聲腔唱，是不須變腔者也。若南曲〔畫眉序〕、《明珠記》金巵泛蒲緑，緑字直作緑音，不必如北之作慮，此不變音也；〔畫眉序〕首句韻，應是平聲，歌者雖以入聲吐字，而仍須微以平聲作腔也，此變腔也。其〔尾聲〕云：可惜明朝又初六，六字竟作六音，不必如北之作溜，此不變音也。然〔畫眉序〕、〔尾聲〕末句韻，應是平聲，則歌者雖以入聲吐字，而仍須微以平聲作腔者也。此北之與南，雖均有入作三聲之法，而實殊者也。又北曲之以入隸三聲，派有定法，如某入聲字作平聲，某入作上，某入作去，一定而不移。若南之以入唱作三聲也，無一定法，凡入聲字俱可以作平，作上，作去，但隨譜耳。如用轂字，而此字譜當是平聲，則吐字唱轂，而作腔便可唱如窩。譜當上聲，則吐字唱轂，而作腔便可唱如窩之上聲。譜當去聲，則吐字唱轂，而作腔便可唱如窩之去聲。非如北曲轂字之定作古也。餘皆可推。此又與北曲殊者也。故混入三聲，則與北無別，且亦難於分派。如北曲法，竟廢却入聲，又四聲不完，所以別出單押之法，而隨譜變腔爲定論也。又南曲係本填詞而來，詞家原備有四聲，而平、上、去韻可以通用，入聲韻則獨用，不溷三聲。今南曲亦通三聲，而單押入聲，政與填詞家法脗合，益明源流之有自也已。

客曰：子之《説韻》，微哉工已，抑何不更設一法，令歌者入作入唱，不變三聲，詎不善邪。曰：斯固事理之不得已者也，夫入之爲聲，詘然以止，一出口後，無復餘音，而歌必窈裊而作長聲，勢必流入於三聲而後始成腔，是固自然而然，不可遏也。今試口中念一入字，而稍遲其聲，則已非復入音矣，況歌者必爲曼聲也哉。

客問：北曲既可派入聲入三聲，南曲何故又難派入聲入三聲。曰：北之入作平、上、去也，方音也。北人口語無入聲，凡入聲皆作平、上、去呼之。即如轂字，北人云呼爲古，北曲自應從北音，故《中原音韻》轂字當以入作上而音古。凡入聲皆然。此周挺齋氏之以入派歸於三聲，非任臆强造也。若南曲，自應從南音。南人呼轂與穀、谷等音同，原不呼古，凡入聲皆然，原未嘗作平、上、去呼也，則南曲安得强派之入三聲也。既難强派，別無歸著，則自應更爲標部而單押矣。歌須曼聲，入便難唱，則自應隨譜之三聲作腔矣。客詳斯理，夫復何疑。

客問：南曲入聲，既可隨通三聲，則凡應用三聲者，皆可用入聲邪。曰：否。音有四聲，而大段尤重平仄。上、去、入，皆仄聲。凡用入聲，在曲頭、腹者，止可於通上、去二聲，若平聲則不可以入聲代之，若以入聲押韻尾者，方可以平、上、去隨叶耳。然亦須相牌名，不可浪施，亦仍須用入聲部單押，不可與三聲通押如北曲法。《幽閨記》胸中書富五車、山徑路幽僻、拜新月諸曲，皆入與三聲通押，是施君美作南曲，亦沿襲北曲之法，他家如此者亦多，然皆非也。君美《春風紫陌》齣，引子、過曲，俱單押入聲，此得之耳。且余謂南曲入可通三聲，亦謂作腔耳。若吐字，亦自須分明，豈可竟混唱邪。

客曰：子著《南曲正韻譜》，以爲四聲咸備，今平、上、去皆有閉口音，而入聲獨無，何也。余曰：勢不可也，入之爲聲，詘然而止。凡曲出字之後，必須作腔，若入聲而又閉口，則竟無腔矣。故三聲可用閉口，而入聲無之也。即據《詩韻》緝、合、葉、洽四部爲閉口入聲，而填詞則已雜通他韻，不啻於閉口中互通與獨用。至元周德清皆隸入支思、齊微、歌戈、家麻、車遮諸韻，而不隸於侵尋、監咸、廉纖三韻者，亦此意耳。

客曰：南曲入聲既可以唱作平、上、去，而此三聲原有閉口，則唱入聲者，又何不可依三聲而收閉口歟。余曰：覈哉斯駁，然又有兩截、三截之分焉。唱入聲不閉口，止是兩截，唱入聲閉口，便是三截。如質字，入之不閉口者也，唱者以入聲吐字，仍須照譜以三聲作腔，已是兩截，兩截猶可也。若緝字，是入之閉口者也，唱者以入聲吐字，而仍須以三聲作腔，作腔後又要收歸閉口，便是三截，脣舌既已遽難轉折，而亦甚不中於聽矣，則廢之。誠是，而又符填詞與北曲之例，當何疑焉。

客曰：三聲之唱也，有吐字，有作腔，有收韻，亦是三截，而唱入聲者獨兩截，且三聲既可三截唱，而乃謂唱入聲者，三截即不便，何也。曰：又覈哉，然凡入聲之唱也，無穿鼻、展輔、斂脣、抵齶、閉口，而止有直喉。直喉，不收韻者也。都無收韻，故止兩截也。三聲有穿鼻諸條，是收韻也。收韻，故三截也。有收韻而三截，所以曰便，無收韻而收韻，是强爲之也。强爲之，故不便也。且三聲作腔，止就其本聲，故自然相屬，而不費力。入聲之作腔，必轉而之三聲，則費力。若更收韻，則益以不便。

客曰：然子著《韻學通指》、《唐人韻四聲表》，何以但曰入聲無穿鼻、抵齶韻，不曰無展輔、斂脣、閉口也。曰：詩與曲不同也。曰：然則柴氏《古韻通》，何以標十四緝爲獨用，而合、葉、洽祇自相通，無別通邪。曰：余固云詩與曲不同，柴氏亦爲詩、辭言之，而余爲曲言之。蓋聲音之道，古與今自不無間殊云。

又《歌席解紛偶記附》 酒客或作《黄鶯兒》，首句云：纖手白於綿。即席善歌者歌之，謂白字不入調，却難上口。歌者頗精音韻，而作者又自負曲學，兩人辯之不已。余適入坐，叩知其故，笑謂歌者曰：此字譜當用仄聲，而白是仄聲字，作者非誤，但君守《中原音韻》太專，而不知通變於南曲耳。蓋南曲唱入聲，與北曲異。北曲白字定作平聲，巴埋切；南曲白字不定作平，唱時但以入聲吐字，而作腔則隨譜之平、上、去三聲可爾。據譜，《黄鶯兒》首句第三字當用上聲，則白字當以入聲之白音吐字，而以上聲作腔，不應如北曲之唱作平聲也。今君泥北韻以唱南曲，故枘鑿耳。余語是已，又持《南曲入聲客問》共閱之，兩俱爽然云。

清・黄圖珌《看山閣集閒筆・文學部・詞曲》 宋尚以詞，元尚以曲，春蘭秋菊，各茂一時。其有所不同者，曲貴乎口頭言語，化俗爲雅，詞難於景外生情，出人意表。字字清新，筆筆芳韻，方爲絶妙好辭，其聲諧法嚴處，不過取平、仄二聲，較曲而有平、上、去、入，有開發收閉，有陰陽清濁，有呼吸吐茹，審五音之精微，協六律於調暢，務在窮工辯別，刻意探求，稍有錯誤，致不叶調，如玉茗之《牡丹亭》，調雖靈化，而調甚不工，令歌者低眉蹙目，有礙於喉舌間也。蓋曲之難，實有與詞倍焉。因録數則，以博知音者一哂云爾。

又《曲調宜高》 陽春白雪，言其調之高，有不可及者也。然亦不過在審音辯字之間。如字有五音，爲脣，爲舌，爲齒，爲鼻，爲喉，又爲撮口，爲滿口，爲開口，爲閉口，爲穿牙、縮舌，爲半滿、半撮是也。窮工極思，纖毫不爽，即平讀去，亦即清響超越，又何讓其陽春白雪之獨高妙哉。

又《南北宜別》 南有南調，北有北音，不可混雜。如四聲中上作去、去作上、入作去、上又作平、去上作平更作入等類，借音叶調，元爲北曲地步，南曲斷乎不宜。若南曲仿此，則聲不清圓，音無閃賺，其腔裏字、字矯腔、肉多骨勝之處，又何從得而知也。所以南、北宜別。北曲妙在雄勁悲激，南曲工於秀婉芳妍，不出詞壇老手。

清・周祥鈺《新定九宫大成・南詞宫譜・凡例》 各宫調牌名，曲本所無，選詞以補之。元以後之曲，即宋以前之詞，非有二也。但詞韻與曲韻不同，度曲者仍用《中原韻》填之可也。

又《北詞宫譜・凡例》 北曲字音，與南音稍異。元周德清《中原音韻》，入聲分隸平、上、去三聲之內，可謂得其梗概。但止於平聲分陰陽，而上、去不分，尚欠精析。今譜以工尺，陰陽自分，知音者宜辨諸舌、脣、齒、齶之間，用以輔《中原音韻》之所未逮也。

又 曲之爲句，長短不齊。要其句法，不過自一字以至七字而止。句有平拈仄拈、平押仄押之異，押韻處最爲緊要。句法者，體格所由辨也，平仄拈押妥協，腔調所由生也。神明其法，可以類推。體格腔調既定，襯字自明也。遍考諸舊譜，俱限七字爲句，無論文義，皆截爲襯字，幾不成文矣。今多留一二正字，全其文義，除去正文中間作讀，章句益覺完美。

又 北調〔煞尾〕，最爲緊要。所以收拾一套之音節，結束一篇之文情。宫調既分，體裁各別。在仙吕調曰〔賺煞〕，在中吕調曰〔賣花聲煞〕，在大石角曰〔催拍煞〕，在越角曰〔收尾〕。諸如此類，皆秩然不紊。今譜中之〔慶餘〕，乃諸調〔煞尾〕之別名，用者尋其本而自得之。

清・徐大椿《樂府傳聲・四聲各有陰陽》 字之分陰陽，從古知之。宋人填詞極重，只散見於諸家論説，而無全書。惟《中原音韻》，將每韻分出，最爲詳盡。但只平聲有陰陽，而餘三聲皆不分陰陽，不知以三聲本無分乎，抑難分乎，抑可以不分乎。或又以爲去入有陰陽，而上聲獨無陰陽，此更悖理之極者。蓋四聲之陰陽，皆從平聲起，平聲一出，則四呼皆來，一貫到底，不容勉强，亦不可移易，豈有平聲有陰陽，而三聲無陰陽者，亦豈有平、去、入有陰陽，而上聲獨無陰陽者。此等皆極荒唐之説，後人竟不深求，不得不急爲拈出，使天下後世作曲與唱曲之人，確然有所執持，而審音不惑。如宗字爲陰，宗、總、縱、足，皆陰也。戎字爲陽，戎、冗、誦、族，皆陽也。上八字豈可删去一字，亦豈可互易一字，亦豈可宗、戎有陰陽，而下六字無陰陽，更豈可縱、足與誦、族有陰陽，而總與冗無陰陽。此有耳者之所共察，不必明於度曲者而後知之也。余常欲以《中原音韻》四聲之陰陽，每字皆爲分定，以息千古紛紛之説，尚未遑而有待。但作曲者能別平聲之陰陽，已屬難事，若併三聲而分之，則尤艱於措筆，不必字字苛求，然不可以作曲之難而併字之陰陽亦泯之也。

清・梁廷枏《曲話》卷二 今人每一曲中疊用一字爲韻脚，其法亦本元人。《揚州夢》〔那吒令〕云：倒金缾鳳頭，捧瓊漿玉甌。蹴金蓮鳳頭，並凌波玉鈎。整金釵鳳頭，露春纖玉手。《氣英布》〔那吒令〕云：嗜道你這三對面先生來瞰我，那裏是八拜交仁兄來訪我，多應是兩賴子隨何來説我。《薦福碑》〔叨叨令〕云：往常我青燈黄卷學王道，剗地來紅塵紫陌尋東道。如今十個九個人都道，都道是七月八月長安道。

又卷四 曲譜長短句法，自一字至十餘字，其源皆起於古之歌詞，可取而證。賡歌都、俞，一字之始也。《風》之祈父，《雅》之肇禋，二字之始也。江有沱、思無繹，三字之始也。五、六、七字爲句，所在多有，姑不具論。我不敢效我友自逸爲八字之始。唐堯山垤之戒曰：人莫躓於山而躓於垤。爲九字之始。《孔氏銘》曰：饘於是粥於是以餬予口。爲十字之始。七字而外，句法雖長，皆可讀矣。

又 曲有句譜短促，又爲平仄所限，最難諧叶者。李笠翁謂：遇此等處，當以成語了之。是固一説，但强押亦難巧合。如《還魂記》之《煙波畫船》，何嘗不是絶妙好詞，何嘗不平仄諧叶，較《春蕪》之心愁意慵等語，豈止上下床，直是天淵之隔矣。國朝惟萬紅友長此，如仙吕之《長拍》中，有四上聲字爲句，最難自然，紅友則肆應不竭，愈出愈奇，如睍睆好鳥、祇我與爾、我有斗酒等句，皆異常巧合，能奪天工者。

又卷五 周德清《中原音韻》，全爲北曲而設，以入聲叶入三聲，亦有所本。《檀弓》：子辱與彌牟之弟遊。注謂：文子名木，緩讀之則爲彌牟。古樂府《江南曲》，以魚戲蓮葉北韻魚戲蓮葉西，注亦稱北讀爲悲，是以入叶平也。《春秋》盟于蔑，《穀梁傳》作盟于昧。定姒卒，《公羊傳》作定弋卒。是方言相近，上、去、入可以轉通也。蓋北方之音，舒長遲重，不能作收藏短促之聲，凡入聲皆讀入三聲，自是風土使然。作北曲自宜歌以北音，德清之書，亦因其節之自然而爲之耳。

清・彭翊《無近名齋文集》卷二《與友人論曲書》 僕少好弄，自負天姿不劣，於醫卜、星算、陰陽、禽遁諸書頗多涉獵，旋即棄去，獨於此道歷久不厭，已十數年矣，所見不下三四百種。臨川、粲花不徒賞其穠麗，《荆釵》、《殺狗》亦勿厭其鄙俚。醖釀久之，而後知於詩詞中爲佶屈聱牙處，皆曲中一定之節奏，而斷不可易者也。所謂變化從心者，則在乎襯字，視板之疏密，爲襯之多寡。製曲靈妙，全在乎此，非獨使曲文條暢也。又在乎分宫製調，分宫，則情景求無乖戾，製調則變换不失自然。若者宜疾，若者宜緩，若者宜板，若者宜絃。工夫至此，自有文成法立之妙，尚何繁苛之足畏乎。昔臨川自言，不顧拗盡天下人嗓子。今其詞具在，宫調頗雜，腔板頗亂，藉非後人曲爲遷就，幾幾乎不可唱矣。然與爲笠翁之油濫，無寧臨川之生澀。僕於二者，知所趨避，雖無師承，而謹守前人矩矱，頗可自信也。

清・王德暉、徐沅澂《顧誤録・毛先舒陰陽略》 四聲俱有陰陽，惟上聲不講，可以無礙，其餘三聲，俱當細細體認，使之判然有別，方不致拗喉棘耳。其法每部以四字爲準，諧聲尋理，逐類可通。

又《陰去聲摘録》 《中原》十九韻，上、去、入三聲，不分陰陽。《中州》二十二韻，四聲盡分陰陽。不分者未免混淆，盡分者又多牽涉，學者幾於無所適從。因思曲字陰陽，惟去聲辨之宜審，而北人口中，盡係陽去，並無陰聲。

清・楊恩壽《詞餘叢話》卷一《原律》 曲中重句爲疊，始於《江沱》之不我與也。其稱爲格者，《三百篇》中或用之，或用兮，或用止，或用只，《楚辭》則用些，其鼻祖也。如〔水紅花〕也囉二字，韻在其上，也囉爲語助，皆此類耳。至若一字既不叶韻，又無其義，如〔駐雲飛〕之嗏字，則古詩妃、呼、豨之屬也。

句字長短，古無定限。如二字爲句，則祈父、肇禋之類是也。三字爲句，則思無邪、於繹思之類是也。四、五、六、七字，六代以來所常用，不具論。若八字，則我不敢效我友自逸之類是也。九字人莫躓於山而躓於垤，十字饘於是粥於是以糊余口，皆其類也。十一字以上，荀卿《成相》辭備有之。至少至一字，則雖都、俞、吁、咨載在二《典》，而於歌辭，不少概見，惟宋詞《十六字令》第一句，乃一字一韻也。《漢》曲故春非我春夏非我夏秋非我秋冬非我冬，以十七字爲句，千古罕偶。

又 古人製曲，神明規矩，無定而有定，有定仍無定也。樂譜：《鹿鳴》之詩，首章我爲蕤，有爲林，嘉爲應，賓爲南。次章我爲林，有爲南，嘉爲應，賓爲黄。同一我有嘉賓，初無高下輕重之別，何以互異若是，可見諸律原可通，不必拘拘工尺也。旨哉沈賓漁之言曰：遷字就調，可以恕古而不可以恕今。

《舊唐書・音樂志・享龍池》樂章十首，姚崇、蔡孚等十人之作，皆七律也。沈佺期之《盧家少婦》一章，即樂府之獨不見也。陳標《飲馬長城窟》一篇，亦是七律。楊升菴《草堂詞選序》曰：唐七言律，即填詞之《瑞鷓鴣》，七言仄韻，即填詞之《玉樓春》也。至於醉草《清平》，旗亭畫壁，絶句入樂府者，尤指不勝屈。此曲與詩、詞異流同源也。

元曲音韻，講求最細。膾炙人口者莫若《琵琶》，猶不免借用太雜之譏。

昔歐陽永叔謂：退之古詩，工於用韻，得寬韻則波瀾橫溢，泛入旁韻，得窄韻則不復旁入，因難見巧。填詞者何獨不然。

清・楊恩壽《續詞餘叢話》卷一《原律續》 《經世聲音圖》以平、上、去、入定聲，以開、發、收、閉定音。鍾氏遇曰：天之體數四十，地之體數四十八。天數以日、月、星、辰相因爲一百六十，地數以水、火、土、石相因爲一百九十二。於天數内去地之體數四十八，得一百一十二，是謂天之用聲。於地數内去天之體數四十，得一百五十二，是謂地之用音。凡日、月、星、辰四象爲聲，水、火、土、石四象爲音。聲有清濁，音有闢翕。遇奇數則聲爲清，音爲闢。遇偶數則聲爲濁，音爲翕。聲皆爲律，音皆爲吕。以律倡吕，以吕和律。天之用聲，别以平、上、去、入者一百一十二，皆以開、發、收、閉之音和之。地之用音，别以開、發、收、閉者一百五十二，皆以平、上、去、入之聲倡之。謹案，《御纂性理精義》：以經世四音分開、發、收、閉，意亦《等韻》開口、齊齒、合口、撮齒之呼。然以類求之，多不合者，當以《等韻》爲正。

張子曰：古樂不可見，蓋爲今人求古樂太深，始以古樂爲不可知。只以《虞書》詩言志，歌永言，聲依永，律和聲求之，得樂之意，蓋盡於是。詩只是言志，歌只是永其言而已，只要轉其聲令人可聽。今日歌者亦以轉聲而不變字爲善歌。長言後却要入於律，律則知音者知之，知此聲入得何律，古樂所以養人德性中和之氣，後之言樂者，只以求哀。故晉平公曰：音無哀於此乎。哀則止以感人不善之心，歌亦不可以太高，亦不可以太下，太高則入於噍殺，太下則入於嘽緩。蓋窮本知變，樂之情也。朱子曰：古樂亦難遽復，且如今樂中，去其噍殺促數之音，並考其律吕，令得其正，更令掌辭命之官，製撰樂章，其間略述教化訓戒，及賓主相得之情，人主待臣下恩意之類，令人歌之，亦足以養人心之和平。

詞曲韻書，止有《中原音韻》可從，然此係北韻，非南韻也。南曲《洪武韻》後，國初武林陳次升嘗輯《南詞音韻》以補其缺。功垂成而復輟，殊爲可惜。李笠翁欲就《中原音韻》平、上、去三聲之中，抽出入聲字，另爲一聲，亦可備南詞之用，未爲無見。至於辨魚、模二韻宜分不宜合，其論甚精。蓋魚、模二音，相去甚遠，不知周德清何故合而爲一，豈亦仿沈休文詩韻之例，以元、繁、孫三韻合爲十三元，必欲於純中示雜耶。無論一曲數音，聽到歇脚處散漫無歸，即我輩置之案頭，自作文字讀，亦覺字句聱牙，聲韻逆耳也。填詞用此韻，縱不能全套皆分，亦宜曲各一韻。如此曲用魚，則用魚韻到底。彼曲用模，則用模韻到底。雖合實分，亦簡便之一法。

侵尋、監咸、廉纖，同是閉口之音，其實各異。侵尋一韻，每至收音處，雖閉口而音猶清亮。若監咸、廉纖，則沉鬱而溷，作急板小曲則可，若填悠揚大套之詞，甚不相宜。《西厢》不唸《法華經》，不禮《梁王懺》一折用之者，以出自浄脚口中，聲口相合耳。曲中之揞字、攙字、燂字、臢字、餡字、蘸字、颭字，惟浄脚可用，亦惟才大如海之王實甫可用。使生、旦口中用此等字，驅鶯燕與鷹隼齊飛，强桃李與松柏競秀，不倫甚矣。韓昌黎之詩，蘇東坡之詞，王實甫之曲，俱善用險韻，要皆相題行文，偶一爲之，不可無一，不能有二也。

萬紅友論詞慎用去聲，以其聲獨脆於上、入也。李笠翁論曲慎用上聲，以其聲獨低於去、入也。上聲之字，宜於幽静之詞，不宜於發揚之曲。即幽静之詞，只可偶用、間用，不可連用、多用，蓋上聲字不求低而自低也，低則此字唱不出。如十數字高，而忽有一字之低，亦覺抑揚有致，若連用數字皆低，不獨無音，亦無曲矣。至於發揚之曲，每到喫緊之處，即當用陰字以傾吐之。倘用陽字，尚且不能發調，况極低之上聲字乎。

務頭二字，千古難明，《嘯餘譜》辨論萬言，都爲一卷，非不詳晰，究竟莫定指歸。尾卷援引舊曲，言某曲中第幾句、第幾字是務頭，其間陰陽不可混用，上去、去上不可亂施，似乎是一定之體矣。而或同此曲也，亦有不必盡然者，豈施於此套中，則此句第幾字爲務頭，施於彼套中，則此句第幾字即非務頭耶。誠然，則有定，仍無定也。笠翁謂：曲中有務頭，猶棋中有眼。此論最確。有眼則活，無眼則死，稍知布子者，無不知之。然必拘拘何着是眼，當下子之初，雖國手不知也。必待數着數十着，不必有心作眼，而自然有眼矣。填詞者非不知看不動情，唱不發調。無務頭之死曲，亦猶無眼之死棋。使必欲於某句安務頭，其去甫下子即定何着是眼者幾希。須知一曲有一曲之務頭，一句有一句之務頭。一曲中得此一句使全曲皆活者，即一曲之務頭也。一句中得此數字使一句皆活者，即一句之務頭也。由是推之，不獨曲有務頭，凡詩、詞、歌、賦以及時文、古文，莫不有務頭，可意會不可言傳也。余嘗謂曲之定格，人籟也，曲之務頭，天籟也。陶令不求甚解，神於解矣。

又 貴筑傅青餘先生，咸豐癸丑庶常，上書言兵事，稱旨，發往河南差遣，迭以軍功奏，留館授檢討，異數也。由知府擢河南按察使，解組後，僑寓長沙，構止園，極亭館之盛。善導引之術，年七十，猶健飯。性喜客，春秋佳日，選勝遨頭，望之若陸地神仙云。著述甚富，著有《古音類表》，以天、地、人三統定聲，其説甚微。余尤愛其《韻分五聲説》，深得要眇，因備録之：太極元氣備於五六，天地之中數也。相倡相和，聲生焉。其爲物也，氣禦以行，空虛處也，渾實處也，觸即發。萬有一千五百二十不能備，於是乎紀之於九千三百五十有三之文。文賾也，於是乎齊之以二百有六之韻。韻賾也，於是乎歸之以一十有五之部。部也，韻也，猶賾也，於是乎貫之以宮、商、角、徵、羽之五聲。班固曰：宮，中也，居中央，暢四方。唱始施，爲四聲綱也。其於字也，爲反喉入鼻之音。其於韻也，爲東、冬、鍾、江，爲陽、唐、庚，爲耕、清、青三部。商之爲言，章也。物成孰可章度也。其於字也，爲舌抵上腭之音。其於韻也，爲真、臻、先，爲諄、文、欣、魂、痕，爲元、寒、桓、刪、山、仙三部。角，觸也。觸地而出，戴芒角也。其於字也，爲懸舌向腭之音。其於韻也，爲歌、戈、麻，爲魚、模，爲虞三部。徵，祉也。物盛大而繁祉也。其於字也，爲銜脣接齒之音。其於韻也，爲脂、微、齊、皆、灰，爲之、咍，爲支、佳三部。羽，字也。物繁聚，宇覆之也。其於字也，爲闔脣之音。其於韻也，爲侯，爲尤、幽，爲宵、蕭、肴、豪三部。

音律之難，不難於鏗鏘順口之句，而難於倔强聱牙之句。鏗鏘順口者，如此字聲韻不合，隨取一字換之，縱横順逆，皆可成文。至於倔强聱牙之句，即不拘音律，任意揮寫，尚難妥貼，況有清濁、陰陽及明用韻、暗用韻又斷不可用韻之成格，一定而不可移乎。詞牌之最易填者，如〔皂羅袍〕、〔醉扶歸〕、〔解三醒〕、〔步步嬌〕、〔園林好〕、〔江兒水〕等曲，韻脚雖多，字句雖有長短，然讀之順口，作者自能隨筆而成。即有一二句作拗體，亦如詩之古風，無才者亦可勉强成章，稍有才思即動目矣。如〔小桃紅〕、〔下山虎〕等曲，則有最難下筆之句。《幽閨記》〔小桃紅〕之中段云，輕輕將袖兒掀，露春纖，盞兒拈，低嬌面也。每句只三字，末句叶韻，而每句之第二字又應用平，不可用仄。此等處似難，猶未甚難也。至〔下山虎〕云：大人家體面，委實多般。有眼何曾見，嬾能向前。弄盞傳杯，恁般腼腆。這裏新人忒煞虔，待推怎地展。主婚人不見憐，配合夫妻，事事非偶然。好惡姻緣總在天。只須嬾能向前，待推怎地展、事非偶然之三句，平仄拗口，撚斷吟髭，方能成句。若嬾能向前，雖勉諧平仄，而文義甚不可解。南曲中若此類者，指不勝僂。避難就易，惟有引用成語，便覺順口。即如此折嬾能向前與事非偶然，同一仄平仄平之句，事非偶然，成語也，試與嬾能向前相較，孰順孰拗，一啓口便知矣。設或所引成語，平仄未能相協，即顛倒更换數字，仍較自造之句，大不相同。笠翁嘗教人引用成語之法：拈一口頭語試之，如柴米油鹽醬醋茶，因平仄不協，或改用油鹽柴米醬醋茶，或改爲油鹽柴米茶醬醋，未有不解其文義者，不辨其聲音者。此説雖淺，實此中三折肱語也。余嘗製曲，偶未翻覽韻書，有句云：不知是愛烏，不知是愛屋。平仄兩協，又引用經書，甚爲得意。亡友黄幼吾選拔工於倚聲，抹以出韻，悚然改去。後見顧亭林氏論近代入聲之語，屋、烏實可並協，悔改此妙句之速。其論甚爲精確，因備録之：韻書之序，平聲一東二冬，入聲一屋二沃，若將以屋承東，以沃承冬者，久仍其誤而莫察也。屋之平聲爲烏，故《小戎》以韻驅、馵，不協於東、董、送可知也。沃之平聲爲夭，故《揚之水》以韻鑿、襮、樂，不協於冬、腫、宋可知也。術轉去而音遂，故《月令》有審端徑術之文。曷轉去而音害，故《孟子》有時日害喪之引。質爲傳質爲臣之質，覺爲尚寐無覺之覺。没音妹也，見於子産之書。燭音主也，著於孝武之紀。此皆載之經傳，章章著明者。至其韻中之字，隨部而誤者，十之八，以古人兩韻混併爲一而誤者，十之二。是以審音之士，談及入聲，便茫然不解，而以意爲之，遂不勝其舛互矣。兹既本之五經，參之傳説，而亦略取説文形聲之指，不惟通其本音，而又可轉之於平、上、去。三代之音久絶而復存，其必自今日始乎。

顧氏之學，貫徹天人，豈屑爲詞章末技等而下之至於詞曲乎。然其論四聲一貫也，實足補《中原音韻》之闕，含商嚼徵者，不可不知。逐章録之，以代針指。四聲之論，雖起於江左，然古人之詩，已自有遲疾輕重之分，故平多韻平，仄多韻仄。亦有不盡然者，而上或轉爲平，去或轉爲平、上，入或轉爲平、上、去，則在歌者之抑揚高下而已。故四聲可以並用。騏騮是中，騧驪是驂。龍盾之合，鋈以觼軜。言念君子，温其在邑。方何爲期，胡然我念之合、軜、邑、念四字，皆平而韻驂。一之日觱發，二之日栗烈。無衣無褐，何以卒歲。發、烈、褐三字皆去而韻歲。今之學者，必曰此字原有三音，有兩音，故可通用。原注：吴才老《韻補》實始此説。不知古人何嘗屑屑於此哉。一字之中，自有平、上、去、入，今一一取而注之，字愈多，音愈雜，而學者愈迷不識其本，此所謂大道以多歧亡羊者也。陳氏之書，蓋多此病。至其末卷，乃曰：四聲之辨，古人未有《中原音韻》，此類實多。舊説必以平叶平、仄叶仄也，無亦以今而泥古乎。斯言切中肯綮。原注：季立《毛詩古音考》，《邶谷風》怒字下注曰：四聲之説，起於後世。古人之詩，取其可歌可詠，豈屑屑毫釐，著經生爲耶。且上、去二音，亦輕重之間耳。《綢繆》隅字下注曰：或問：二平而接以去聲，可乎。《中原音韻》聲多此類，其音節未嘗不和暢也。二條所論至當。但全書之中，隔閡四聲，多爲注釋，瑣碎殊甚。不知季立既發此論，而何以猶扞格於四聲，一一爲之引證，亦所謂勞脣吻而費簡册者也。方子謙原注：名日升。之《小補》，抑又甚焉。今之爲書，取前人一字而叶兩三聲者，盡併之，使學者之視聽一而不亂，其庶乎守約之旨也夫。五方之音，有遲疾、輕重之不同。《淮南子》云：輕土多利，重土多遲。清水音小，濁水音大。陸法言《切韻序》曰：吴楚則時傷輕淺，燕趙則多傷重濁，秦隴則去聲爲入，益梁則平聲爲去。約而言之，即一人之身，而出辭吐氣，先後之間，已有不能齊者。其重，其疾，則爲去，爲入，爲上。其輕，其遲，則爲平。遲之又久，則一字而爲二字，茨爲蒺藜，椎爲終葵是也。原注：亦有二字併爲一字者。《舊唐書》云：吐谷渾，俗多謂之退渾，蓋語急而然。恩壽按：吐本有去聲，谷音肉，肉好之肉亦去聲，皆與退近，故併之。故注家多有疾言、徐言之解。而劉勰《文心雕龍》謂：疾呼中宫，徐呼中徵。原注：《韓非子·外儲説右上篇》有此語。夫一字而可以疾呼、徐呼，此一字二音、三音之所由昉已。平、上、去、入之名，漢時未有。然《公羊》莊二十八年傳曰：春秋，伐人者爲客，伐者爲主。何休注於伐人者爲客下曰：伐人者爲客，讀伐，長言之，齊人語也。於伐者爲主下曰：見伐者爲主，讀伐，短言之，齊人語也。長言，則今之平、上、去聲也，短言，則今之入聲也。恩壽按：長言則今之南曲也，短言則今之北曲也。此條尤與曲相近。平、上、去三聲，因多通貫，惟入聲似覺差殊。然而祝之爲州，見於《穀梁》。蒲之爲亳，見於《公羊》。趨之爲促，見於《周禮》。提是支反。之爲折，常列反。見於《檀弓》。若此之類，不可悉數。迨至六朝，詩律漸工，韻分已密，而唐人功令，猶許通用，故《廣韻》中有一字而收之三聲、四聲者，非謂一字而有此多音，乃以示天下作詩之人，使隨其遲疾、輕重而用之也。後之陋儒，未究厥旨，乃謂四聲之設，考諸五行、四序，如東西之易向，晝夜之異位，而不相合也，豈不謬哉。且夫古之爲詩，主乎音者也，江左諸公之爲詩，主乎文者也。文者，一定而難移。音者，無方而易轉。夫不過喉舌之間，疾徐之頃而已諧於音，順於耳矣故或平或仄，時措之宜，而無所窒礙。《角弓》之反上，《賓筵》之反平，《桃夭》之室入，《東山》之室去，惟其時也。《大東》一篇兩言來，而前韻疚，後韻服。《離騷》一篇兩言索，而前韻妬，後韻迫。惟其當也。有定之四聲，以同天下之文。無定之四聲，以協天下之律。聖人之所以和順於道德而理於義，非達天德者，其孰能知之。

余嘗謂入聲無音，以平、上、去之音爲音。北曲多用入韻，反之，即平韻也，頗與顧氏入爲閏聲之論相合。顧氏之言曰：平聲音長，入聲音短。恩壽按：惟其音短，故宜北曲。平聲字多，入聲字少，長者多，短者少，此天地自然之理也。故入聲之部，合之三聲，但有其四。原註：見《古音表》。而五方之音，或有或無，尚不能齊，必欲以配三聲，或以其無是聲也而削之，原註：元周德清《中原音韻》併作三聲。則均之不遠矣。《詩三百篇》中，亦往往用入聲之字。其入與入爲韻者，什之七八，入與平、上、去爲韻者，什之三。恩壽按：曲之四聲併協者，實權輿是。以其什之七，而知古人未嘗無入聲也。以其什之三，而知入聲可轉爲三聲也。恩壽按：詞中入可作平，已成定例，曲則可作三聲，此詞、曲分寬、嚴處。故入聲，聲之閏也，猶五音之有變宫、變徵而爲七也。

李笠翁發明北曲宜用入韻，其説甚辨，蓋爲初學而言，若久於此道而得三昧者，則左之右之皆宜矣。然稍不經心，亦不無聱牙結舌之弊。試以《西廂》、《琵琶》兩記較之，作《西廂》者，工於北曲，則入韻是其所長。如《鬧齋》曲中二月春雷響殿角，早成就幽期密約，内性兒聰明，冠世才學，扭捏着身子百般做作，角字、約字、學字、作字，何等雅馴，何等自然。《琵琶》工於南曲，用入韻是其所短。如《描容》曲中兩處堪悲，萬愁怎摸，愁是何物，而可摸乎。

藝文

清·凌廷堪《校禮堂詩集》卷三《論曲絶句》　即空三籟訂南聲，騷隱吴騷亦有情。更與殷勤編曲品，羡他東海鬱藍生。

又 五聲清濁杳難分，去上陰陽考辨勤。韻是劉臻當日訂，周郎錯怨沈休文。

曲譜

論說

元・瑣非復初《中原音韻序》 余勳業相門，貂蟬滿座，列伶女之國色，歌名公之俊詞，備嘗見聞矣。【略】吾友高安挺齋周德清，以出類拔萃通濟之才，爲移宮換羽製作之具，所編《中原音韻》並諸起例，平分二義，入派三聲，能使四方出語不偏，作詞有法，皆發前人之所未嘗發者。所作樂府、回文、集句、連環、簡梅、雪花諸體，皆作今人之所不能作者。略舉回文：畫家名有數家嗔，人門閉却時來問。皆往復二意。《夏日》詞：蟬自潔其身，螢不照他人。有古樂府之風。《紅指甲》詞：朱顏如退却，白首恐成空。有言外意。俊語有合掌玉蓮花未開，笑靨破香腮。切對有殘梅千片雪，爆竹一聲雷。雪非雪，雷非雷，佳作也。長篇短章，悉可爲人作詞之定格。贈人黄鍾云：篇篇句句靈芝，字字與人爲樣子。其亦自道也。以余觀京師之目，聞雅樂之耳。而公議曰：德清之韻，不獨中原，乃天下之正音也。德清之詞，不惟江南，實當時之獨步也。然德清不欲矜名於世，青原友人羅宗信能以具眼識之，求鋟諸梓，噫，後輩學詞之福耳。西域拙齋瑣非復初序。

元・歐陽玄《中原音韻序》 高安周德清，通聲音之學，工樂章之詞，嘗自製聲韻若干部，樂府若干篇，皆審音以達詞，成章以協律，所謂詞律兼優者。青原好事君子，有繡梓以廣其傳，且徵予序。予謂：孫吴時有周公瑾者，善音律，故時人有曲有誤，周郎顧之語。宋季有周清真者，善樂府，故時人有美誠繼妙詞之稱。今德清兼二者之能，而皆本於家學如此，予故表諸其端云。翰林學士歐陽玄序。

元・周德清《中原音韻・後序》 泰定甲子秋，予既作《中原音韻》並起例以遺青原蕭存存。未幾，訪西域友人瑣非復初，讀書是邦，同志羅宗信見餉，攜東山之妓，開北海之樽，英才若雲，文筆如槊。復初舉杯，謳者歌樂府《四塊玉》，至彩扇歌，青樓飲，宗信止其音而謂予曰：彩字對青字，而歌青字爲晴。吾揣其音，此字合用平聲，必欲揚其音，而青字乃抑之，非也。疇昔嘗聞蕭存存言，君所著《中原音韻》，迺正語作詞之法，以別陰陽字義，其斯之謂歟。細詳其調，非歌者之責也。予因大笑，越其席，捋其鬚而言曰：信哉，吉之多士，而君又士之俊者也。嘗遊江海，歌臺舞榭，觀其稱豪傑者，非富即貴耳，然能正其語之差，顧其曲之誤，而以才動之之者，鮮矣哉。語未訖，復初前驅紅袖而白同調歌曰：買笑金，纏頭錦，則是矣。乃復嘆曰：予作樂府三十年，未有如今日之遇宗信知某曲之非，復初知某曲之是也。舉首四顧，螺山之色，鷺渚之波，爲之改容。遂捧巨觴於二公之前，口占《折桂詞》一闋，煩皓齒歌以送之，以報其能賞音也。明當盡攜《音韻》的本並諸起例以歸知音。調曰：宰金頭黑脚天鵝，客有鍾期，座有韓娥。吟既能吟，聽還能聽，歌也能歌。和白雪新來較可，放行雲飛去如何。醉覩銀河，燦燦蟾孤，點點星多。歌既畢，客醉，予亦醉，筆亦大醉，莫知其所云也。挺齋周德清書。

元・卓從之《中州樂府音韻類編・序》 海宇盛治《朔南同聲中州小樂府》，今之學詞者輒用其調，音歌者即按其聲，然或押韻未通其出入變換，調音未合其平仄轉切，此燕山卓氏《韻編》所以作也。是用録刊予樂府之前，庶使作者、歌者皆有所本，而識音韻之奇，合律度之正，雖引商刻羽雜以流徵之曲，亦當有取於斯焉。

明・朱權《太和正音譜・自序》 猗歟盛哉，天下之治也久矣。禮樂之盛，聲教之美，薄海内外，莫不咸被仁風於帝澤也，於今三十有餘載矣。近而侯甸郡邑，遠而山林荒服，老幼瞶盲，謳歌鼓舞，皆樂我皇明之治。夫禮樂雖出於人心，非人心之和，無以顯禮樂之和，禮樂之和，自非太平之盛，無以致人心之和也。故曰治世之音，安以樂，其政和。是以諸賢形諸樂府，流行於世，膾炙人口，鏗金戛玉，鏘然播乎四裔，使鴃舌雕題之氓，垂髮左衽之俗，聞者靡不忻悦。雖言有所異，其心則同，聲音之感於人心大矣。余因清讌之餘，採摭當代羣英詞章，及元之老儒所作，依聲定調，按名分譜，集爲二卷，目之曰《太和正音譜》。審音定律，輯爲一卷，目之曰《瓊林雅韻》。蒐獵羣語，輯爲四卷，目之曰《務頭集韻》。以壽諸梓，爲樂府楷式，庶幾便於好事，以助學者萬一耳。吁，譬之良匠，雖能運於斤斧，而未嘗不由於繩墨也歟。

明·康海《太和正音譜序》 古詩歌謡，道性情，陳風俗，心之所之，假言而通，言之所指，因歌而永。是以陳之列國，采之樂官，以考其政治得失。及乎世道既降，歌詩變爲樂府，隋唐以來，益變益異。而治之汚隆，音之美惡，猶具以存。近世歌曲所傳，唯十二調，三百三十五章，然音律之本，亦稍見矣。明興，丹邱先生采輯元賢暨今之詞客所撰，彙爲斯譜。閒居有作，率譜擬調，法度宛然。歌詠之餘，情之所欲，宣暢略盡。吁，亦奇矣。原本前卷載古今作者名氏，及傳奇種數與元人雜論。雖搜括甚多，而於後作，初無少益，今悉删去，但取周德清《作詞七法》，列諸篇首。若曰曲固有譜，作亦有法云耳。開卷之際，指趣咸備，顧非詞林之一快乎。

明·蔣孝《南詞舊譜序》《九宮十三調》者，南詞譜也。《國風》鄭衛之變，而南宮北里，競爲靡曼。開元、天寶之間，妙選梨園法曲，温、李之徒，始著《金筌》等集。至宋，則歐、蘇大儒，每每留意聲律，而行家所推詞手，獨云黄九、秦七。是則聲樂之難久矣。完顔之世，有董解元者以北曲擅場，騷人墨客，一時宗尚。類能抒思發聲，下至矇瞍賤工，亦皆通曉其義。於是樂府之家，有門户，有體式，有格勢，有劇科，有聲調，有引序，作者非是不取，以故音韻之學，行於中州。南人善爲豔詞，如花底黄鸝等曲，皆與古昔媲美。然崇尚源流，不如北詞之盛。故人各以耳目所見，妄有述作。遂使宫、徵乖誤，不能比諸管絃，而諧聲依永之義遠矣。余當鉛槧之暇，因思大雅不作，而樂之所生，皆由人心。古之聲詩，即今之歌曲也。昔二南國風，出於民俗歌謡。而南風《擊壤》之詠，實彰《韶濩》之治，是烏可以下里淫豔廢哉。適陳氏、白氏出其所藏《九宮十三調》二譜，余遂輯南人所度曲數十家，其調與譜合，及樂府所載南小令者彙成一書，以備詞林之闕。嗚呼，世無倫曠，則古樂之興廢不可知。苟得其人，則由粗及精，固可以上求聲氣之元，又安知不有神解心悟，因牛鐸而得黄鐘者耶。是集也，余實有俟於陳採，以充清廟明堂之薦。彼旹以爲慆湮心耳之具者，斯下矣。

明·李鴻《南詞全譜原叙》 詞隱先生少仕於朝，嘗從禮官侍祠典樂，慨然有意於古明堂之奏。而自以居恒善病去，而隱於震澤之濱，息軌杜門，獨寄情於聲韻。常以爲吴歈即一方之音，故當自爲律度。豈其矢口而成，漫然無當，而徒取要眇之悦里耳者。性雖不食酒乎，然間從高陽之侣，出入酒社間。聞有善謳，衆所屬和，未嘗不傾耳而注聽也。逌淫儫充耳，習以成非，縱令遏行雲繞梁欐，非其傷於趨數，則已溺於嘽緩。比之絲竹，終不足以諧五音而調律吕。果信陽春之難，而歎世之爲下里巴人者衆也。於是始益采摘新舊諸曲，不顓以詞爲工，凡合於四聲、中於七始，雖俚必録，大要本毗陵蔣氏舊刻而益廣之。俗所名爲板眼，亦必尋聲校定。一人倡，萬人和，可使如出一轍。是蓋有數存焉，亦人所胥習而不察者也。此書既成，微獨歌工杜口，亦幾令文人輟翰。如規矩之設而不可欺以方員，詎不爲詞海之偉觀乎。有可可生前而稱曰：先生真苦心哉，然是吴歈也，不越方數百里，輒不能相通。又近而婁江，相去一衣帶水耳。其東則主於婉轉，故其音率多繚繞，而旹合拍者之粗。其西則主於投節，故其音率多迅直，而毁弄聲者之拙。彼惟不知不可廢一，猶然是其所非而非其所是。矧欲令作者引商刻羽，盡棄其學。而是譜之從，彼不怛然而驚，則且嗑然而笑。何也，煩奏之溺人已深，追趨逐嗜，靡靡成風，有未可驟然使之易聽而約之於度者。先生上之不能躋虞庭，賡喜起於明良。次之不能爲牧守，宣中和於職事。而乃與瞽工、矇瞍議工拙於脣吻之間，猶恐知音者未可冀一遇於旦莫也。先生逌爾而笑曰：吾固知吾之落落難合，然惟子與吾應答如響，世之所稱同調，豈必取材異世，苟非漫然無當，自可懸書以俟知者。夫《高山流水》，豈爲子期發奏。《蘇門長嘯》，豈爲步兵遺響哉。吾與子不暇扣角以干時，亦和歌以拾穗，聊共適其適耳，又何慮之深耶。顧曲散人聞之，疾言於可可生曰：先生善寓意，子亦善寓言哉。請載之於編，以俟世之善賞音者。

明·李維楨《南曲全譜題辭》 自樂府詩餘遞變而爲雜劇，爲戲文，而南北體遂分。北多絃唱，詞不甚繁。南曲則所謂絲不如竹，竹不如肉，所謂其聲嘽以緩，和以柔，所謂吴音妖冶者，套齣累數十，須盡日申旦方竟。後進好事競爲新奇，有借有犯，而糅雜乖越多矣。沈光禄伯英，輯陳、白兩家《九宮十三調譜》，以南人度曲、小令合者爲《南曲全譜》，而永新龍太學仲房稍補綴而版行之。以視余，余於此殊未通曉。昔宋武帝不解音樂，殷仲文言，屢聽自然解。曰：正以解則好之故，不習余每持此論自恕，獨異夫大江以西儒者薄視藝文，況花間草堂，出雕蟲小技之下，豈所屑意。惟永叔、介甫、魯直諸君子饒爲之，故不妨作。名臣仲房，少年復精此，其風致超越，可爲江國吐氣矣。余又觀陶九成論南人不唱，北人不歌，有格調節奏，一曲中各有聲，一聲有四節，一句有聲韻，一曲有數調，與夫三過變件，唱聲添字諸病，一串驪珠，殺唱劊子之説。是時，南曲未大行，皆專爲北聲而發，以北度南，亦當如是。似有出於譜外者，而應律呂，分六宮十一調，共十七宮調，與今譜不盡同，未審何如。夫不知聲，不可與言音。不知而妄談，第爲大方家供諢噱耳。

清・程若水《嘯餘譜・自序》 人有嘯而後有聲，有聲而後有律有樂，流而爲樂府，爲詞曲，皆其聲之緒餘也。故邵子謂：物理無窮，而聲音之道亦無窮。以聲起數，禦天地古今萬物之變。黄冠符咒，亦有其聲而無其字。梵門密語，雖有其字而難其聲，往往宗司馬等韻，吾儒反鮮有及者。第希一脉不絶如線，吾甚惜之。故集若干卷，首嘯旨，次聲音數，次律呂，次樂府，次詩餘，致語南北曲，而終之以切韻，名曰《嘯餘譜》，庶幾旦暮遇之。嗟夫，聲音之道神矣哉。鐸聲振而黄鍾應，温氣至而寒谷生。登樓清嘯，胡騎解圍。池上聲調，蕤賓躍出。至於走電奔雷，興雲致雨，閉洩陰陽，役使神鬼，孰非聲爲之耶。師曠歌《南風》，而知楚師之不競。竇常聞新樂，而識隋祚之不長。大抵盛世之聲安以樂，其氣和，其風平。衰世之聲哀以厲，其情佚，其志淫。聲自可知，而人自不知之，安能望其通天地質鬼神哉。《易》曰：同聲相應，同氣相求。良有以也。世有審聲以知音，審音以知樂，則《九原》可作，面訂一堂。不則一聲長嘯，海山皆秋，足慰渴衷，夫復何憾。

清・馬鳴霆《嘯餘譜序》 大塊噓氣而爲風，風無區别也。迺卒然相遭而以爲刁，而以爲調，以爲解愠，以爲怒號。甚至竹梢樹顛，空中籟答，以爲奏笙簧而鼓球鍾，總之一機吹萬，初何分别。自混濛初闢，而語言文字漸開，至唐堯、伯益，《擊壤》、《康衢》、《卿雲》、《南風》，以次興焉。遂聞六律、五聲、八音以察治忽，蓋天地之精氣，結聚於人心，而發越於聲歌，故審聲者，就心聲之描寫以諗氣候。然此際微矣渺矣，非探天地之元，豈易辨此。新安程若水，雅意好古，樹幟吟壇，彙古來韻致若干卷，而總顔其編曰《嘯餘》。蓋見天地之精氣，嘯散於風，而人心彙天地之精氣，嘯散於韻。孔明躬耕南陽，抱膝長嘯，杜工部稱其不露文章，而世已驚，濟世巨力，養於一嘯。至若蘇門半嶺，嘯嘯于于，而聞者以爲鸞鳳。夫嘯不同也，而隱而見，而文章，而風流標樹，總於音聲中券之。蓋鳥啼花落，水緑山青，古今同此嘯圃，神而明之，長短合間，存乎其人。總是一氣一機，自相輸寫，前後暎發，韻致不同，而同歸於嘯。猶之吹萬不同，而同鼓於風。善乎坡公之韻，有云：累盡吾何言，風來竹自嘯。此可以徵《嘯餘譜》之註脚矣。程君盱衡千載，俯仰一世，大而音樂之微，細及詞曲之渺，無不殫精研究，分門部居，各極其至，有夔龍之功臣，而師曠之良友哉。當令空谷音而土鼓韻，不必被金石而奏管絃也。必待被之奏之而成聲，則大塊之風幾於不靈矣。

清・沈自南《重定南九宫新譜序》 歲乙酉之孟春，馮子猶龍氏過垂虹，造吾伯氏君善之廬，執手言曰：詞隱先生爲海内填詞祖，而君家家學之淵源也。《九宫曲譜》，今兹數十年耳。詞人輩出，新調劇興。幸長康作手與君在不及，今訂而增益之，子豈無意先業乎。余即不敏，容作老蠹魚，其問敢爲筆墨佐。兹有雲川之役，返則聚首留侯齋，以卒斯業。於時梅萼未舒，春盤初薦，弟侍坐側，喜謝幸甚。方謂士衡茅屋，可代西園之榻，淵明斗酒，聊當北海之尊。按紅牙，歌白雪，數墨分籌，蓋有待也。而雲間范子樹鋑聞之，悉出家藏香令先生秘帙，來正宫商，相與竊弄遺珠，歌呼永日，心醉筆花，淋漓襟袖。一時樂府之盛，雖曲度《霓裳》，歌傳天馬，斯無逾矣。無何，而鼎沸塵飛，人鳥獸散。言念勝友，桃源已迷，回首故居，松徑遂蕪。已而馮子溘先朝露，而善兄亦騎尾不回。曾幾何時，玉折星頹，翰藻靡屬。巋然靈光，獨吾長康兄一人耳。羊曇西州之慟，子期山陽之思。撫弄遺編，悲感交集。而康兄曰：吾舌在，必不使人琴俱没。乃搜羅雅什，咨訪騷壇。採華挹秀，片羽不遺。按節尋聲，真珠莫混。凡用若干載，録成若干卷。憶搶攘時，鶉衣芒屩，每坐不煖席。而吾兄丹黄一束，雖倉皇朝夕，未嘗離手。及今，撫新編，奏新聲，使染翰者流芳，登歌者不咽，繄誰之力歟。雖緬彼芝蘭，堪悽神於往事，而播兹金石，每志喜於他年。若地下有知，善兄、馮子亦當擊節於詞隱先生之側也。弟愧疎庸，無能評隲，聊述所由，以志譜刻緣艱如此。

清・沈自繼《重輯南九宫十三調詞譜述・上篇》 我詞隱先生，宦榮九館大夫，籍富九天材料。詞擴蔣生《南譜》，解愠襄九叙《九歌》。韻嚴周子《中州》，反騷奪《九懷》、《九辯》。若吾輩胎藏九鶴，雖慚母夢佳兒。齒列九龍，却喜兄矜難弟。竊叨九代卿族，濫遊九老仙都。間避俗而獨作九吟，每呼朋而共成九弄。聯套數宛線通蟻，巧旋九曲之珠。割牌名恍劍分蛇，利切九華之玉。其奈衰相百年而九退，柔腸一刻而九迴。琴九引漸歎人亡，墓九原頻嗟地裂。爰思借九孔針穿去，泣收遺稿內新聲。假九環帶圍來，飽輯戲文中別調。庶幾采芝含紫，編可備九莖薦廟之章。摘李噴黄，帙堪資九影居城之句云爾。

又《下篇》 蓋自王伯良節協象車，更條十三人以鼓吹；范香令馥凝鷄舌，還添十三種而壇嚴。珍斷簡如十三行之寫洛神，購遥篇似十三尊之覓羅漢。顧忽遇耿恭所擊之十三降而俱叛，文昇所救之十三戰而齊奔。壑委十三棺，疇扶吳艷。獄埋十三劍，孰拄梁傾。余與家鞠通，逃十三日外而津迷，渴殺劉晨阮肇，寤十三世前而刦换，喚醒蘇軾鄒陽。十三之徒死，十三之徒生，豹變宜乎隱矣。十三之齋硬，十三之齋軟，狼貪或者消焉。悔年十三而未學書，今始叩養朔之兄嫂。幸詩十三而輒預數，後終嗤貽潞之耆英。提正腔於十三聖師，覈傍犯於十三相法。將見風散牡丹十三瓣，疑傳驪曲縈盤。月籠百合十三重，儼覩粉優臨鏡。抑且響溺河之悲於麗玉，奚啻箜篌十三弦。嗚縊蜀之痛於肥環，豈但《霓裳》十三疊也耶。弟自繼敬題。

清・沈自晉《重定南詞全譜・凡例・遵舊式》 先吏部隱於詞而聖於詞，詞家奉爲律令，豈惟家法宜然。是譜凡正書，襯字標註旁。音悉從遺教，但於曲中，字之平可用仄，仄可用平，而另標於上者，即去本字之旁音，而竟填可平可仄於左。則對譜調聲一覽而悉，殊覺簡便。其旁音四聲，知音家已不煩悉註。但正音轉音，及作某音等字，一寓目亦即了然。皆從省文，自足取認。

凡曲，每句有韻有不韻，即於句讀點斷處爲別。其用韻者從白點，不用韻者從黑點。間有不韻而亦可用韻者，即隨填可叶二字於旁，皆不煩另標。其有字之不可用韻，及偶用韻而云不韻亦可，則仍細標於上，不相混也。

大字有開閤，凡尋侵合口三韻，原譜以大圍別之。今予止於用韻處，仍加圈別，餘不復遵此例以炫目。是在知音，當解之早矣。

曲之次闋，每稱前腔，但换頭體格不同。有第一即换者，有第二如前，至第三始换。更有三四各自换頭，又與前調不同者。今以前腔更作其二，其三四，即分註换頭二字於下，反覺直捷，更似雅正。意義本同，非輒改絃也。

又《稟先程》 先詞隱三尺既懸，吾輩尋常足守，倘一字一句，輕易動摇，將變亂而無底止，作聰明以紊舊章，予則何敢，偶或一二疎畧，尤在善爲調劑，勿自矜窺豹，而任意吹毛也。見他集中，有苛求詞隱先生者，故論及之。

友人謂予：先生之譜，雖本於毘陵，然出自手筆，損益任情。子於今日，豈不能與時更新，隨俗冶化，乃拘拘宫調而苦守舊腔，爲刻舟膠柱之見乎。予曰：先生既以作爲述，予何不以述述之，所謂魯男子善學柳下惠者也。

又《重原詞》 原譜考訂精確，所録舊曲，義取不祧。傳奇如永嘉、武林，散曲如金陵、吳郡諸名家。近來諸作，縱能新藻出藍，毋得先采後素。蓋譜原以律重，不以詞夸。况舊所録詞，自是渾金璞玉，古色闇然，知音者當不必以彼易此。

或曰：譜之從舊是矣。然中間古詞若干，於新查補板之外，餘腔板無傳者，既不能悉經手裁，以佐其所不逮，乃復存敝帚何。予謂先生既以無傳闕疑，予敢强不知爲知乎。間有不去者，譬若希奇骨董，雖不適用，置案頭時一摩挲，亦復不俗。

又《參增註》 先詞隱以精思妙裁，成一代之樂府，予則何能而妄增論註。然一得之愚，未必無補於前哲。凡先生意所未及，或意所已及，而語尚未及者，輒敢以膚見一二附書註中，以俟知音者參考。

各曲有初未及細考而今始查出者，或出自己見，或參諸友生，須確有成説，乃敢註明。然必以先生原註爲準，而以己見附及，不敢毅然去其所疑，而竟從予之所信也。

凡所發明，於舊註中，作一小尖圈以别之。似此，庶不混於原註，敢自表其寸長。若於新入之詞，則不復加圈别。

又《嚴律韻》 語曲以律，其在天人相與之際乎。長短未勻，則紅牙莫按。高下未節，則絲竹誰調。夫泛言平仄易易，而深求微妙實難。精之在上去、去上之發於恰當，更精之尤在陽舒陰斂之合於自然。此詞家三昧。所謂詩言歌永，聲依律和，千載如是，非臆説也。予不敢責備作者，亦無取貽譏大方。凡遇諸名家合律之詞，亟録取爲法以備新體。或全瑜稍玷，即摘取一二字之失，隨標註之。他如詞采可觀，而律法未合者，概不及混入。

夫律固難言之，曰韻，則一覽而得，何多憒憒也。《葩經》三百篇，何字不叶，試觀其清濁不混，開闔必分可知。【略】非寬於古而嚴於今也，厥後，四聲以詩韻唐矣，《中原》以曲韻北矣。夫曲也，有不奉《中原》爲指南者哉，奈何南詞之草草若是。原本所載舊詞，古樸多雜韻，今所收則多叶矣。然尚有傳奇家好新製曲名，而目不識《中原音韻》爲何物者，殊可笑。然亦間取其曲名頗佳，曲律不拗，或稍借一二字者收之，隨標註其訛，弗誤後學。止從周氏舊韻，未及會稽新編。

又《慎更删》 是集既仍舊貫，何以復有改削，不知原本亦有曲同而並載，及調冗而多訛者，可删也。亦有律拗而尚存，及韻雜而難法者，可更也。此亦百中之二三，亦必明註其説，而删且更之，不一擅改而頓忘其舊。

譜中舊曲其删者甚少，即所當更，大都取先輩名詞，及先詞隱傳奇中曲補之。因先生屬玉堂諸本，未遍流傳，尚有藏稿幾種未刻，特表見其一二云。

又《採新聲》 先生定譜以來，又經四十餘載，而新詞日繁矣。搦管從事，安得不肆情搜討哉。然恐一涉濫觴，便成躍冶，寖失先進遺矩，則棄置非苛也。夫是以取舍各求其當，而寬嚴適得其中。

前輩諸賢不暇論，新詞家諸名筆如臨川、雲間、會稽諸家。古所未有，真似寶光陸離，奇彩騰躍。及吾蘇同調如劍嘯、墨憨以下。皆表表一時，先生亦讓頭籌。見《墜釵記》、《西江月》詞中，推稱臨川云。予敢不稱膺服，凡有新聲，已採取什九。其他僞文采而爲學究，假本色而爲張打油，誠如伯良氏所譏，亦或時有。特取其調不强入，音不拗嗓，可存以備一體者，悉參覽而酌收之。

人文日靈，變化何極。感情觸物，而歌詠益多。所採新聲，幾愈出愈奇，然一曲每從各曲相湊而成。其間情有苦樂，調有正變，拍有緩急，聲有疾徐，必於鬬筍合縫之無跡，過腔接脈之有倫，乃稱當行手筆。若夫勉强湊插，聲情乖互，即或牌名巧合，勿取濫收。

又《稽作手》 詞何以必表姓字，蓋聲音之道通乎微，一人有一人手筆，一時有一時風氣，歷歷盡然。昔維先詞隱《南詞韻選》，近則猶龍氏《太霞新奏》，所録姓字爲確。其他諸集，不過草草從坊本傳訛，總屬烏有。即如先詞隱《繡帶引》一套，誰不知之，而漫書他人姓字，更可笑。予茲集，乃博訪諸詞家，實核其作手，可一覽而知其人，論其世，非止浪傳姓字已也。

詞家作曲而每諱之，或曰無名氏，或稱別號某以當之。嗟乎，曲則何罪，而諱之若是。試思新聲一傳，羣響百和，維時授以清歌，則嬌喉吐珠，協比絲竹，飛花逗月，震坐傾懷。更令習而登毬，則鏇絲在握，遞笑傳顰，骨節寸靈，雅俗心醉。夫以雕蟲薄技，迺能博此榮施，正如唐諸伎上酒樓，爭歌怨柳，何必李青蓮逼御座，歡對名花，曲何負於我，而藐忽視之也哉。然則先詞隱於諸集中，每稱無名氏以相掩覆，亦復未能免俗耳。今悉改正，而表其姓氏云。即原譜初刻，止稱詞隱，至龍氏翻板，而先吏部之名始著。

又《從詮次》 凡曲之序，當從鱗次，無取積薪。每調各以舊曲主盟，而佐以新聲，無容攙越。或爲全套所牽，或爲二三搭曲所帶。間有參差，亦各從其類以便查閱。

又《俟補遺》 是集於兵燹之餘，勉爾成帙，殘闕頗多，未免掛漏。於諸名家著作，尚有聞而未及見，見而未及録。更有備諸案頭，倉惶攜走而失却者。復種種再期廣求，爲續編之計。時丙戌小至日寓吴山，沈自晉漫書於盧氏園亭。姪永馨較録。

又《續紀》 重修《詞譜》之役，昉於乙酉仲春。而烽火須臾，狂奔未有寧趾。丙戌夏，始得僑寓山居。猶然旦則攤書搜輯，夕則捲束置床頭，以防宵遁也。漸爾編次，乃成帙焉。春來病軀，未遑展卷。擬於長夏，將細訂之。適顧甥來屏寄語，曾入郡，訪馮子猶先生令嗣贊明，出其先人易簀時手書致囑，將所輯《墨憨詞譜》未完之稿，及他詞若干，畀我卒業。六月初，始攜書併其遺筆相示。翰墨淋漓，手澤可挹。展玩愴然，不勝人琴之感。雖遺編失次，而典型具存，其所發明者多矣。先是甲申冬杪，子猶送安撫祁公。至江城，祁公前來巡按時，托子猶遍索先詞隱傳奇，及余拙刻，併吾家諸弟姪輩諸詞殆盡，嚮以知音特善。子猶是日送及平川而別。即諄諄以修譜促予，予唯唯。越春初，子猶爲苕溪武林遊。道經垂虹言別，杯酒盤桓，連宵話榻，寅夜不知倦也。別時與予爲十旬之約，不意鼙鼓動地，逃竄經年，想望故人，鱗鴻杳絶。迨至山頭，友人爲余言，馮先生已騎□尾去，予大驚惋。即欲一致生芻往哭，而以展轉流離，時作獐狂鼠竄，未能行也。予忘故人乎，而故人乃以臨死未竟之業相授，迺不潛心探索，尋其遺緒，而更進竿頭，不幾幽冥中負我良友。於是即予所哀輯，印或爲即。合於墨憨。凡論列未備者，時從其說，且捐己見而裁註之。必另註馮稿云何，非予見所及也。附和子猶《辭世》原韻二律：憶昔離筵思黯然，別君猶是太平年。杯深吐膽頻忘醉，漏盡論詞劇未眠。計日幸瞻行旆返，踰期驚聽訃音傳。生芻一束烽煙阻，陽斷蒼茫山水邊。一。感托遺編倍愴然，填修樂府已經年。豕訛幾字疑成夢，棗到三更喜不眠。詞隱琴亡憑汝寄，墨憨薪盡問誰傳。芳魂逝矣猶相傍，如在長歌短歎邊。二。

閲來稿，自《荆》、《劉》、《拜》、《殺》迄元劇古曲若干，無不旁引而曲證。及所收新傳奇，止其手筆《萬事足》，並袁作《真珠衫》、李作《永團圓》幾曲而已。餘無論諸家種種新裁，即玉茗、博山傳奇，方諸樂府，竟一詞未及，豈獨沉酣於古，而未遑寄興於今耶，抑何輕置名流也。子猶嘗語予云：人言香令詞佳，我不耐看。傳奇曲，只明白條暢，説却事情出便觳，何必雕鏤如是。噫，此亦從膚淺言之，要非定論。愚謂以臨川之才，而時越於幅，且勿論，乃如范如王，以巧筆出新裁，縱横百變，而無踰先詞隱之三尺。固當多取芳模，爲詞壇鼓吹。染指斯道者，其舍諸。今既從馮參舊，且不惜以所收新曲，時取證墨憨，仍恐作者趨今忘古，失我友遺意耳。來籍中，得華亭徐君所録古曲若干，辨論頗析，予雖不甚解徐君論古意義，然亦間取其合格而可備用者，入譜以資今云。

大抵馮則詳於古而忽於今，予則備於今而略於古。考古者謂不如是則法不備，無以盡其旨而析其疑。從今者謂不如是則調不傳，無以通其變而廣其教。兩人意不相若，實相濟以有成也。雖然，先詞隱傳流此書以來，填詞家近守規繩，尚憂蕩簡。歌曲家人傳畫一，猶恐踰腔。至文士不知音律，漫以詞理樸塞爲恨者有之。乃今復如馮，以拙調相錯論駁太苛，令作者、歌者益覺對之惘然，絶不揀取新詞一二，點綴其間，爲詞林生色。吾恐此書即付梨棗，不幾乎愛者束之高閣，否則置之覆瓿也。敢以是質諸知音。

因憶乙酉春，予承子猶委托，而從弟君善實慫恿焉。知雲間荀鴨多佳詞，訪其兩公子於金閶旅舍，以傾蓋交，得出其尊人遺稿相示。其刻本爲《花筵賺》、《鴛鴦棒》、《夢花酣》。録本爲《勘皮靴》、《生死夫妻》。稿本爲《花眉旦》、《雌雄旦》、《金明池》、《歡喜冤家》。及閲其目録，尚有《鬧樊樓》、《金鳳釵》、《晚香亭》、《緑衣人》等記數種未見。乃悉簡諸稿，得曲様新奇者，謄及百餘闋，珍重而歸。君善謂予：頃不見《勘皮靴》及《生死夫妻》末齣捲場詩乎，云：曲學年來久已荒，新推袁沈擅詞場。又云：幸有鍾期沈袁在，何須摔碎伯牙琴。以知音似此推許，而兄不早繼詞隱芳規，纘成一代之樂府，復因循歲月何。乃急取新詞，幸填譜稿，其遲迴未入者，尚存種種。不意轉盼狂奔，付之烏有矣。惜哉。

清·沈永隆《南詞新譜後叙》

《南九宫譜》，譜南人之曲也，曷言乎，南異北也。何異乎北，蓋自我明祖回百六，躋三五，始風吴會，嗣格幽燕。以故播諸詩歌，奏諸明堂清廟，咸取南詞以載賡明德。顧其流及下，聲律允和，去抗激，趨婉柔，卑疎莽，崇綿麗，誠猶江漢化美，歌始二南也。暨我郢隆，惠風融暢，人樂管絃，學士大夫竊從烟雲花月之間舒寫情思，於是旗鼓騷壇。如臨川先生時方諸李供奉。我先詞隱時比諸杜少陵。兩家意不相侔，蓋兩相勝也。豪儁之彦，高步臨川，則不敢畔松陵三尺。精研之士，刻意松陵，而必希獲臨川片語。亦見夫合則雙美，離則兩傷矣。迨乎鄭衛風淆，麗則乖雅。巴人高唱，郢客響沉。家君於是奮然以釐定樂章，用爲繼美。時惟雲間荀鴨，雅推家君漢大，而自號夜郎，見《博山堂傳奇》、《勘皮靴》捲場詩句。然兩人並沾沾以各得鍾期，無慚鼓吹。不若臨川與先詞隱，私心猶共軒輊也。於是決筴鳩編，廣羅諸名詠，而删繁留當，十不一二。適范公令子以尊人秘稿見遺，詞態欲仙，應聲而舞，家君藉是以益勵丹黄。所謂見西施之容，歸而衆飾其粧者也。顧集未半而烽煙飆起，鼠竄狼奔。從叔君善，冒鋒鏑走書家君，以促令卒業。顧乃挾此而夙興夜寐，於茆店孤舟，啼風號雨之下，秃筆枯拈，殘芸碎點，蓋兩閲寒暑而始告成。嗟乎，南國鼎移，東遷禍烈，太史灑淚於陳編，國人吞聲於閭諺。一代鴻章，數王休問，不滋懼流風歇絶哉。夫子反魯正樂，其在蹟熄詩亡之後乎，家君亦猶是志也。《譜》既成，乃呼隆而命之曰：向者，若肄舉子時，是譜也吾不若見。妄意若之異日隸太常詔雅樂，當進而洞析黄鐘，肇明律曆，庶幾煌煌煒煒，以勿墜我十五帝風，安用此遊人冶女之什，唱和花間耶。不謂轉眼滄桑，功名灰冷，秦淮明月與煙霧同銷，玉樹清歌並悲笳互奏，能不顧懷周道傷心昔遊也。今而後，若姑從事此，以卒我志。言未既淚且交下，隆亦不敢仰視。第勉草數章，用附入《譜》，聊見我南人歌南之意，且以當萊舞高堂，詠言卒歲云爾。若乃風情軼宕，奇藻遐標，爲家君之左文舉而右德祖，則有楊子景夏與顧子來屏在，隆何敢望焉。

清・吴偉業《北詞廣正譜序》 李子元玉，好奇學古士也。其才足以上下千載，其學足以囊括藝林。而連厄於有司，晚幾得之，仍中副車。甲申以後，絶意仕進。以十郎之才調，效耆卿之填詞。所著傳奇數十種，即當場之歌呼笑罵，以寓顯微闡幽之旨。忠孝節烈，有美斯彰，無微不著。間以其餘閒，採元人各種傳奇、散套，及明初諸名人所著中之北詞，依宫按調，彙爲全書。復取華亭徐於室所輯，參而訂之。此真騷壇鼓吹，堪與漢文、唐詩、宋詞並傳不朽矣。予至郡城，嘗過其廬，出以相示，喜其能成前人所未有之書也，爲序其始末云。

清・鈕少雅《南曲九宫正始・自序》 凡事之成，莫不有運數主張之。當其遲之日，不得迫其速，速之日，不得更其遲，豈人力所能造耶。請毋論今日之荆山徒泣，良璧誰知，即前此者之閱歷，益不知幾艱辛而至今日也。予少抱巴人之好，長逢白雪之傳。弱冠時聞婁東有魏良輔者，厭鄙海鹽四平等腔，而自製新聲，腔用水磨，拍捱冷板，每度一字，幾盡一刻。飛鳥爲之徘徊，壯士聞之悲泣，雅稱當代。余特往之，何期良輔已故矣。計余之生，與彼相去已久。訪聞衣拂之授，則有張氏五雲先生，字銘盤，萬曆丁丑進士，北京都水司郎中，加贈奉政大夫，然今閒居林下。余即具刺奉謁，幸即下榻數旬，且又情投意愜。不意適有河梁恨促，幸而臨别以余同里芍溪吴公相薦。芍溪者，迺先生之得意上首也。余歸即具刺謁之，幸亦無拒，余仍以五雲之禮事之，彼亦以五雲之道教我，彼此相得，先後三年。何意彩雲易散，芍溪驀逝矣，悲哉。越歲餘，不意幸復識小泉任翁、懷仙張老，然此二公，亦皆良輔之派也。賴其晨夕研磨，繼以歲月，但雖不能入魏君之室，而亦循循乎登魏君之堂。雖然，余本薄劣鄙夫，何承薦紳先生相愛，時有醉月之邀，不絶登山之約。筐篚載道，奉命奔馳。致遇武陵黄海、荆溪魏塘之招，共延及二十載。至是長卿遊倦，馬齒加衰，思欲掩息窮廬。何其本里又值鄭、郭、徐三宅相愛，又延及九年，此時年將耳順矣。神疲力倦，致敢苦却杜門，焚香禮佛。日感受業諸公之惠，時窮疑信詞源。雖然，但向來有仙吕宫之〔渡江雲〕，南吕宫之〔寄生子〕，又中吕宫之〔滿庭芳〕，自來無所考訂。且蔣、沈二譜皆然。致諸先師，亦皆久礫於心。豈意近日天賜其然，今敢試備其源於下。適一日，余訪友東鄉，返棹中途，驀值狂風驟雨，舟人亦爲驚怖，忙即艤舟依岸。遥見竹扉下侍一老翁，古貌皤髯，似乎故識。俟近，即遣僕相邀，余即應命奉揖。即邀至一室，明窻净几，潔然可愛。問及姓字，僅言王姓，不言其字。茶畢，復邀至内，余再三却之，彼即攜手偕行。不數步，即有朱闌曲徑，媚柳喬松，池魚戲水，林鳥相鳴，似乎一洞天也。復又攜手登堂，見多古玩奇書，觸目可愛。呼童復茗畢，余即信手於架上檢書一帙，外有錦袱包函，啓之，見簿面上有皇帝萬歲萬萬歲七字，余即束手不敢啓之。扣懇其源，彼曰：此書乃漢武帝及唐玄宗之曲譜也，凡今之詞調，多從上古之樂府來源。然今此書，致多有式無文者。上古名曰《骷髏格》，至漢易爲《蛤蟆貫》。後唐玄宗鄙其不雅，易作《歌樓格》，又曰《詞輿》，又曰《詞林説統》。今之歌謳腔板，始於滑稽摩擬十二紅鳥飛鳴舉動之態，流傳至今者也。余□將信將疑，堅懇求其展視。幸即啓之，果多有式無文者；或式文俱備者，什之二三也。但幸此〔渡江雲〕及〔寄生子〕、〔滿庭芳〕、〔漁父第一〕等調，文式俱備，不勝之喜。隨即録此告歸，似乎貧人獲寶也。久懷瓦礫於心，今始釋之。但余戀久，欲以從來疑信之詞，彙成一集，以俟參考。因慮無所博教，故屢欲止之。不意半載後，適有雲間子室徐公相招。徐公者，字子室，諱慶卿，乃嘉靖朝宰輔文貞公之曾孫也。風流藴藉，酷好音律。嘗曰：我明三百年，無限文人才士，惜無一人得創先人之藩奥者。且蔣、沈二公，亦多從坊本創成曲譜，致爾後學無所考訂。於是遍訪海内遺書，適遇元人《九宫十三調詞譜》一集，依宫按調，規律嚴明，得意之極，時不釋手，時值天啓乙丑歲也。又越載餘，豈意復得明初選詞一部，名曰《樂府羣珠》，亦皆按調依宫，多與元譜相似。意欲輯爲一部，猶恐一人所見有限，欲而復止。與客議之，客即欣然道余驀識漢唐古譜之源，彼即拍案驚羨，隨即扣謁，似乎故知，情投意密，時刻不離。日共搜羅剔抉，刮垢摩光。且復以漢唐古譜之源，從其體而增入，輯成一部。計炎霜，易稿七遍，而猶未愜。不意至丙子上巳焉，子室亦溘焉朝露，不亦痛耶。當易簀時，以是書泣付余，余亦大慟領之，敢不夙夜皇皇，終其所託，但此時亦七旬外矣。耳目半昏，悲憤猶然不減垂髫之攻苦。歷至壬午菊月，始得脱稿。雖然，但心猶未愜。一日適值天雨，復啓味之，然其間瑕玷，果無全妥。慚羞無地，且恨負徐公之託也。寧死必欲再啓，豈意世變人荒，不亦痛哉。苦捱至干戈稍息，時大清順治己丑七夕後，方復堅心苦志，寢食俱忘，每事不復介意。歷至辛卯清和，始得辭筆。幸此仍賴徐公陰祚，毫不致有舛訛也。計前後共歷二十四年，易稿九次，方始成之。余其年八十有八矣，直似風中燭也。嗚呼，子室之去何其早，古譜之遇何其遲，知音好學何其少，譏人羨己何其多，於是天數然也。悲哉。

清・徐慶卿、鈕少雅《南曲九宮正始・凡例》　一、精選。詞曲始於大元，兹選俱集大曆、至正間諸名人所著傳奇數套，原文古調，以爲章程，故寧質毋文。間有不足，則取明初者一二以補之。至如近代名劇名曲，雖極膾炙，不能合律者，未敢濫收。

二、嚴别。元之《王十朋》，今之《荆釵》也。元之《吕蒙正》，今之《綵樓》也。元之《趙氏孤兒》，今之《八義》也。元之《王仙客》，今之《明珠》也。亟須别白，無彼此混，無新故混。

三、定排名歸宿。大凡題之爲宫爲調，小令不足憑也，必得套數迺確。如一〔吴小四〕，南吕調固有，九宫商調亦有，彼此俱可那用，何見而此收彼置乎。特緣兩處俱是小令，無峕屬耳。豈如一〔望梅花〕，仙吕宫、南吕調雖皆有之，而南吕調乃套數，其前後爲一門數調夾定逼出，是調不容不隨全套借出借入，他處奚能假借也。何况〔耍鮑老〕之不黄鍾而中吕，〔永團圓〕之不中吕而黄鍾，有定在而偶他趨，此等自可按籍而稽也。

四、正字句的當。大凡章句幾何，句字幾何，長短多寡，原有定額，豈容出入。自作者信心信口，而字句戹矣。自優人冥趨冥行，而字句益戹矣。試就《琵琶》一記，夫句何可妄增也。南吕宫〔紅衲襖〕末煞，妄增一句，不幾爲同宫之〔青衲襖〕乎，夫句何可妄減也。南吕調〔繫梧桐〕末煞，妄減一句，不幾爲同調之〔芙蓉花〕乎，夫字何可妄增也。仙吕宫〔解三醒〕第四句下截妄增一字，不幾爲南吕宫之〔針線箱〕乎，夫字何可妄減也。正宫〔普天樂〕第一句上截妄減一字，不幾爲雙調之〔步步嬌〕乎。况乎不當家而戾家，不作者而歌者，越矩矱而亂步趨，此等吾將據律以問也。

又《臆論・論備格》　格有爲本調者，如〔紅衫兒〕不備《裴少俊》、《張協》二格，則《琵琶・尋親》何由分明。格有爲犯調者。如〔月雲高〕、〔寄生子〕，不訪識《詞林説統》，則《琵琶記》路途勞倦，區區一個兒，焉得其實。

又《論定韻》　有必該韻者，則註韻。有或偶失韻者，則註應韻，或可韻，或失字。有不應韻者偶用韻。則註不必二字。

又《論審音》　有似仄而平者，如《拜月亭》〔排歌〕：叫地不聞天怎應。能知應字平去二音一義，則可不捩聲。有似平而仄者。如《凍蘇秦》之〔貓兒墜〕：教世態炎凉莫輕寒儒，能知輕字去平二音一義，則不至改字。

又《論用字》　音雖平仄二途，而上去相隔天淵。如平煞之窮，或以上聲代之，以上聲輕清，與平不甚相遠也。若疑上爲仄音，直换去聲，則不叶甚矣。然平聲亦有必不可以上聲者，此義不可不辨也。

又《論增減》　一字增減，關係一格。有應增而不增者，如《琵琶記》〔普天樂〕第一句首有我字，今沈譜所無，今據元本增之，庶起頭六字之式。有不當增而增者。如《琵琶記》〔滴溜子〕首句無有事字，沈譜所有，今據元本減之，庶起頭二句相對。有應減而不減者，如《拜月亭》〔嘉慶子〕第二句，沈譜存勢字，則此詞與〔川撥棹〕何别。今從元本去之。有不當減而減者。如《拜月亭》〔剔銀燈〕末句，沈譜去其尚字，則此格與常格同耳。今據元本存之。

又《論句讀》　有從未之句而句之者，如《拜月亭》〔凉草蟲〕，沈譜以首二句皆五字，第三句爲六字，今從元本。勁風寒句、四合暮烟句、昏慘慘彤雲布句、晚風變句，下皆同。有從未之讀而讀之者，如《琵琶記》〔雁魚錦〕第六七句，據今時唱，皆從强字讀。按：古本及元譜，皆被親强求讀。赴選場句，被君强官讀，爲議郎句。

又《論核實》　如〔羅鼓令〕，令乃〔朝元令〕及〔刮鼓令〕。又〔太平令〕與〔包子令〕何干。如〔梧桐歌〕，歌乃〔六么歌〕，即〔六么令〕别名也，與〔孝順歌〕何涉。

又《論檢訛》　有係句法者，如《拜月亭》〔三月海棠〕第八句，一躍龍門變，查正則五字句，依然。有係章法者。如《綵樓記》〔賽紅娘〕，查增第四句休怨憶，則本調固在。

又《論訂正》　有腔調從未著明者，如天長地久套，〔應時明近〕等曲，今始得著落。有彼此嘗相疑似者。如霍索起披襟套，〔馬鞍兒〕、〔皂羅袍〕二調，今始得分明。

又《論引證》　一調有不知句之幾何者，如《琵琶記》〔紅衲襖〕，有《吕蒙正》七句可證。一句有不知字之幾何者。如《拜月亭》〔豆黄葉〕，除去第三、第七二句之七字，全章皆四字成句者，有咏朱買臣曲可證。

又《論尋真》 真在善格，務微顯闡幽。如《王十朋》〔黄鶯兒〕末句六字是正體，忽略至今，致後人但知有五字者，何異於〔簇御林〕。真在善本，務去非從是。如暗思金屋套〔憶多嬌〕，全曲經纂筆，沿習至今，但知贋本，托以〔江神子〕。

又《論闕疑》 有闕所非闕者，如《琵琶記》〔惜奴嬌〕，體少變矣，中少二字，原本如是，非闕也。今沈譜空之。唱者不能停腔，閱者不能妄益。此失之太泥。有闕所當闕者。如《琵琶記》底折〔煞尾〕，原本原脱一字，今坊本擅加一字，而曰盡説孝男拜孝女，固非。至時譜直抹去之，而曰顯文明開盛治，説孝男並義女，使學者昧。一故格雜一新格，此又失之太率。

又《論襯字》 修補襯字，以便填詞。當正音聲，不拘文理。有未必襯而襯者，襯爲是。如《琵琶記》〔懶畫眉〕第四句，人必襯在字，而曰殺聲絃中見。此因在字去聲，不惟發調，且音律和諧耳。此但取音聲而畧文理，余所稱服。有不當襯而襯之者，襯爲非。如《琵琶記》〔古輪臺〕换頭第二句，必應七字，非若下句可七可六。沈譜取東坡詩餘圓缺陰晴、離合悲歡之義，致以與字襯之，徒顧文理而壞格式，今所不敢聞命。但據詞中襯字，實詞家不得已而用之者，原係虚文也。凡今歌者，萬不可以其與正字同列。甚至有於其上用板者，益謬也。按：古人舊詞，即如三節之暗襯，亦無沾一於上者。若然，調律、章規、句體皆亂矣，學者切宜慎之。

清·馮旭《南曲九宫正始序》 今天下操觚家，以制義餘功，留心典册，於秦漢晉魏唐宋之書，靡不博觀。然或者曰：百川學海，思選中於青錢。立就千言，冀效能於天禄。晨昏尋味，手口臨摹，總不出經世文章。外於敲金戛石，刻羽引商，審辨於聲歌，訂定乎律吕。閒情逸韻，諉曰未遑。予曰：否，否。夫樂之大本，與政化通。自五英六莖，雲門大章而後，周人制爲樂章，漢人製爲樂府。《朱鷺》、《黄驄》諸奏，洋洋其可聽也。至唐而用十二鍾，製十二和。李白之調，龜年之曲，並重開元。樂興，則有和峴竇儀之章焉，范鎮、劉幾之律焉。歷觀名流才士，其所著述，真可垂千古不磨。迨聲之變也，月露風雲，艷其詞而未工其調。金花玉樹，美其聽而未正其音。宫商之雜亂者多有，聲詩之慝者多有，曠古元音，邈乎難再。桐涇少雅鈕翁，品卓行芳，有古君子風。少時即善音律，凡薦紳先生、高人逸士，蔑不傾心嚮慕之。歷多年而識更精，學愈廣，孜孜焉有正樂之思。博覽奇書，精詳字母，魯魚亥豕之訛，自翁而定之矣。復得一玄宗手製律譜，有律無詞，名爲《歌樓格》，非臆創也。漢孝武時，有鳥降於庭，身被五綵，戛然長鳴，其音中律。惟滑稽識之曰：此西池鳥也，名十二紅。遂爲之摹聲諧韵焉。厥後漁陽唐師其音，因定爲《十二紅詞》，以月令相比，故此書悉準其傳。厥後漁陽之變，幾至焚遺，幸有黄番綽存之，其苗裔贈焉。蓋世人所目不及接，耳不及聞者。方期鳌輯歌章，不意忽逢同志雲間子室徐君，慕翁而招之。徐君者，宰輔文貞公之曾孫也，風流瀟灑，有志詞壇。爰將大元天曆間《九宫十三調譜》與明初曲《樂府羣珠》一集與翁朝夕參稽，俾今詞悉協於古調，十餘年業未竣，而後君逝矣。易簀時，以此書囑翁。翁以故友之托，勿敢忘，又歷寒暑者三而告厥成。今天授遐齡，九十有二矣。歲月研窮，彙成兹帙，名曰《南曲九宫正始》，蓋綱舉而目張焉。播之笙簧柷敔間，殆非凡音雜響，其猶聆《紫雲》而聽《霓裳》也。使求通於古樂者，考而識之，庶幾濟川而得筏乎。予也豈曰《高山流水》，自負知音，誠不忍《白雪陽春》，曲高寡和，請亟付之剞劂氏，懸之國門，與天下之爲鍾期者共賞焉。竊不揣，亦爲數語以弁斯編。

清·吴亮中《南曲九宫正始序》 夫詞爲詩之變，曲又爲詞之變，屢變而終非始義矣。所以令變而還正，終而復始者，則有律在。苟徒騁其花上盈盈，桑中嫋嫋，而律不隨焉，或亦播之桔槔牛背間可耳。何至辱我桃花扇底，楊柳樓頭耶。況乎信史不傳而情史傳，雅音不永而騷音永。濺莽操以風雪之劍，贈張韓以楊郭之姬。英靈可起黄泉，義魄欲凌青漢。韻侵蕭瑟，則脾沁辛酸。調入泓峥，則神登霽朗。現笑啼於八角壇中，醒醉夢於〔六么〕聲裏。非曲爲之，律爲之也。律不明，其無曲矣。安得度曲如李延年，顧曲如周公瑾者，而始一遇之乎。惟元有童童學士善度曲，每以不及見董解元爲恨。又薛昂夫詞句瀟灑，自命千古一人。深憂斯道不傳，乃廣求繼己業者，至禱祀天地，遍歷百郡，卒不可得。昂夫之後百年，至明而始有劉東生，頗爲得之。嘗撫膺自嘆曰：薛昂夫其在兹矣。夫童童學士、薛昂夫之二人者，一慕夫往古，一慕夫將來，揆越皆百有餘歲。其間正始之緒幾湮，如是乎其危。得人之難，又若是乎其遠也。原其故，咎在歌者不必解意，作者不必審音。此自矜流風回雪，彼自負墜葉停雲，幾於同床各夢，渺渺氍毹，摇摇檀掌，縱有代抃如黄翻綽，樂句如牛僧孺，請從何處下拍。雲間徐子室先生，殆詞家龍象也。吳門鈕翁少雅，則又律中鼻祖矣。兩人相遭，五音在手，以韻合詞，以詞合調，正使童童不恨不見董，而昂夫應禱而得東生。今子室雖赴召玉樓，且以未了之業，泣付少雅。少雅復敲商戛徵，更寒暑以成之。不特子室不泯，尚能見董、薛諸家，按板摘詞於一室。持此編以往，快覩五部奇文，叶九人之雋曲，而出以鸚鵡惺惺慧舌，付杜鵑滴滴清喉，庶不致具眼人悮向甕蜜房中，聽蠅聲蜂唱，其功何異與聾以聽，啞以音乎。假令有强作解事者，謂曲不如詞，詞不如詩。以黄鍾大吕，總屬李三郎羯鼓邊事，去正始甚遠。猶宋寶國謂華嚴菩薩語不若佛語，而東坡云沂陽之豬，尚未敗耳。果屬解者，皆説無上法，而謂佛語深妙，菩薩不及，豈非夢中語乎。今以詞曲爲詩之下乘，其人不特未覩《三百篇》，即《黄門》、《陌上》諸歌，猶未夢見。在蘇門嘯侶，以正始名是編，吾從之，吾從之。

清·姚思《南曲九宮正始序》 聲音之道與政通，平成天地，感格鬼神。古先聖王，功垂典籍。嗣後太和日遠，元氣不留。《郊廟》、《房中》之作，漢初得失，已有難知。沿及六朝，遂莫問。隋唐之際，始多審機測玄之士。然一轉而下，變爲梨園。夫古樂之不可得而聞，與古人之不可得而見，古治之不可得而復，非獨其勢使然，亦由理應如此。爲吾黨者，宜在今言今。蓋自宋始有院本，金元從而廣之。雜劇之行，人懷蒼璧，家蓄玄珠，及明猶備，作者輩出，相望若林。才大者或難於制伏，華盛者多昧其本原。初則忽於填詞，繼迺訛於演唱。不有憂者，誰挽其流。不有明者，誰繩其過。雲間徐子室氏，縈結於懷，搆搜遺書，得其秘本，摩娑體格，差覩一斑，考究淵微，靡從就正。久之，遇我姑蘇鈕少雅氏。少雅氏固精於律學者，慨世風之下趨，傷習俗之難變，每存救正之思，力未能逮。迨與子室氏相對，而後喜可知也。既共案以忘餐，亦連床而不寐。按讐商畧，殫厥苦心。歷十餘年，凡九易稿，然後宫無舛節，調有歸宗，一準金元之舊焉。《譜》成，子室氏急謀梓行，弗克遂意，賫恨而殁。易簀時，含淚囑少雅，少雅亦含淚領之。顧此梨棗，須費中人五家之産，少雅之不能勝，無待言之矣。用是中懷迫切，又十餘年，且不暇以追復古音爲務，而惟恐負此良友臨訣之言，爲大可懼者。少雅今年八十有八，余始拜而識之。有道之士，丰神不凡，飄飄乎有凌雲仙氣，非人間壽算可以限之。然以大事在心，皇皇未釋。今得努力刊成，不惟慰子室氏未成之志於地下，而自此操觚者，與夫按板者，一旦同還正始，其不謂之騷壇之元勳也歟。

清·李漁《閒情偶寄》卷二《音律第三·凛遵曲譜》 曲譜者，填詞之粉本，猶婦人刺繡之花樣也。描一朵，刺一朵。畫一葉，綉一葉。拙者亦不可稍減，巧者亦不能略增。然花樣無定式，儘可日異月新，曲譜則愈舊愈佳，稍稍趨新，則以毫釐之差，而成千里之謬。情事新奇百出，文章變化無窮，總不出譜内刊成之定格。是束縛文人，而使有才不得自展者，曲譜是也。私厚詞人，而使有才得以獨展者，亦曲譜是也。使曲無定譜，亦可日異月新，則凡屬淹通文藝者，皆可填詞，何元人我輩之足重哉。依樣畫葫蘆一語，竟似爲填詞而發。妙在依樣之中，別出好歹。稍有一線之出入，則葫蘆體樣不圓，非近於方則類乎匾矣，葫蘆豈易畫者哉。明朝三百年，善畫葫蘆者，止有湯臨川一人，而猶有病其聲韻偶乖，字句多寡之不合者，甚矣，畫葫蘆之難，而一定之成樣不可擅改也。

清·王正祥《新定十二律京腔譜·自序》 乃若弋曲之與崑曲並行也，實行於未有崑腔之先，於今爲盛。詞隱自藏其拙，竟不能定板核腔，而後人亦無有能著弋譜者。無怪乎世俗之弋曲，以信手之板爲板，而以信口之腔爲腔者也。頹波泛濫之下，不有砥柱於中流，詎不爲詞壇欠事耶。予不自遜，因欲成一弋腔譜，蓋以從前之所未有而亟爲指南也。但詞曲一道，雖非古樂矣，而不得不以五音十二律定之。蓋五音各異，其於分貼十二律最爲詳確。如春行木令，而太簇、夾鍾、姑洗，皆宜屬角焉。夏行火令，而中吕、蕤賓、林鍾，皆宜屬徵焉。秋行金令，而夷則、南吕、無射，皆宜屬商焉。冬行水令，而應鍾、黄鍾、大吕，皆宜屬羽焉。惟土令分旺于四時之季月，是則姑洗、林鍾、無射、大吕，俱有宫音也。然而應鍾爲陰將盡而陽生之始，故其律實爲變宫。蕤賓爲陽已盡而陰生之始，是徵也而實爲變徵矣。黄鍾乃一陽初動，本屬於羽，而旺于四季，故又得宫音之名也。予今所定新譜，惟以曲腔之低昂揚抑而細爲審度之。分其門，別其類，若者爲陽生之曲，則宜歸于黄鍾也，若者爲陰生之曲，則宜歸于蕤賓也。其他如由一陽而至於過盛，由少陰而至於當復，皆以曲情之若何而體認精明以分晰之，使歌聲者領會于其間，自不致出入乖違也。曲類既別，後正曲體。定其一定之板，分其各異之腔。不襲夫古法，不狃于偏見，較核精詳，名曰《十二律京腔譜》。蓋即子輿氏所謂不以六律，不能正五音之微意也。至如《音韻大全》，則切音精晰，分合得宜也。《問奇一覽》，則註釋詳明，典故兼備也。是亦有心詞學之一助也。均附譜後，不亦宜乎。卷次既列，因欲申明予所以定譜之意，故更贅數語以序之。序之者，有得於心而紀之也。

又《總論》 堯民鼓缶而歌，夷斯一唱三嘆，歌唱之所由來也舊矣。自卿雲有歌以成揖讓，箕山有歌以成隱逸。厥後《麥秀歌》、《滄浪歌》、《龜山操》、《蟪蛄吟》，皆古人感其遇而暢其心之所欲言耳。《傳》曰：子與人歌而善，必使反之而後和之。韓昌黎云：燕趙多感慨悲歌之士。則歌之曰唱。古人所以別歌唱之各異也。歌之聲也柔和委婉，唱之聲也慷慨激昂。古之樂府歌章，院本源流，規模已列。迨乎有明，乃宗其遺意，而崑、弋分焉。崑曲之相傳也，猶賴有諸詞名家，如高則誠、唐六如、沈青門、梁少白輩，較羽論商，而腔板始備。若夫弋曲之失度也，則其音雖存而知者鮮矣。嘗閲《樂志》之書，有唱、和、嘆之三義：一人發其聲曰唱，衆人成其聲曰和，字句聯絡，純如繹如，而相雜于唱和之間者曰嘆。兼此三者乃成弋曲。由此觀之，則唱者即起調之謂也，和者即世俗所謂接腔也，嘆者即今之有滾白也。精于弋曲者，猶存其意于腔板之中，固泠然善也。無如曲本混淆，罕有定譜。所以後學惘憒，不較腔板，不分曲滾者有之，不辨牌名，不知整曲犯調者有之矣。夫崑、弋既已並行，而弋曲之板既無傳，腔多乖紊，予心怒焉，而忍令其蕩廢如是乎。爰操三寸不律管，而孳孳焉從事于不容已也。夫平章日月，檢點歌聲，誠非予事。然而際兹盛世，賡歌吁嘆之餘，正不妨考律研詞，而神遊於羲皇以上也。顧弋曲蕩廢如是，而一旦以爲己任，果何從而定乎。予則屏去北曲之六宫十一調等名，而以月令之全律定之。蓋以曲既分爲南北，所以變其成法，即如整衣者必挈其領，而得手應心之道在是矣。十二律既定，而閏月律附之。至于各律之外，更別其爲通用附録犯調，列此三等之曲，皆名曰調。予蓋以月令之目次而定諸律之曲，所以改《九宫》之按律未全也。分別曲腔之相似者合爲一律，所以較《南詞新譜》之爲《九宫》翻案，而究致叙曲紊雜也。曲體則考核之而歸于一格，襯字則删去之而止存正文，所以改《九宫》之曲文字句不一也。聯套則品第之，兼用與慢詞緊詞則條分之，縷晰之，所以正《南音三籟》之爲《九宫》補過，而猶有重載同一牌名之曲也。重句止按通行而不循其舊格，牌名整犯無混，引尾聯屬成章，所以改《九宫》之乖謬而無倫次也。曲有與各律俱不相似者，則另歸一調，所以正《南音三籟》之復蹈《九宫》之前轍而不辨岐音也。曲有流通取用者，則另歸一調，所以正《南音三籟》之尚守《九宫》之鄙見而不知變通也。曲有未經通行者，細爲選擇于其間，載之而不遺，所以較《南詞新譜》之既爲《九宫》輔佐而又無匡救之術，卒致混雜遺漏也。犯調所犯句數考對確當，而犯之不能自然與夫任意牽合者，概不濫收。勉強註疏者，即爲重核，所以較《南詞新譜》之既爲《九宫》演派，而徒多蔓延之葛藤也。無所可用之曲，不堪入選者，概爲删除，所以改《九宫》之僅存虚名也。如是參考，罔或缺畧，乃又從而慎選其詞，必求其曲體正格，以便行于今，以便傳于後。是譜也，不謂之弋腔譜而謂之京腔譜者，言非世俗之腔所可同年語也，蓋庶幾哉。填詞家有所宗矣，高唱者有所法矣。一切臆見紛紜妄爲聚訟者，與夫隨意下板信口成腔者，亦可憬然如有獲矣。而予前此之怒焉不安者，今始快然無憾也已。律之既定之，予豈樂爲之問世哉。或名山藏焉可也，或枕中秘焉可也，置之座右而爲娱心志之一助焉可也。然而吾知其必不能藏之、秘之，而止自娱者也。則知我者其惟此《十二律京腔譜》也。

又《凡例》 詞隱《九宫》，茫無定見，乃竊取北曲宫調，强爲列次，又且舛錯不倫。殊不知北曲宫調，已屬效法乖謬。既定南曲全譜，豈可襲其陋習。予今所定新譜，何所憑而定乃盡善乎。予思曲乃樂之緒餘，言樂者自不能舍五音十二律而他求也。今以十二律合五音之宗旨，以分諸曲部之紀綱。全律既定，又定閏月律，以叙與各律俱不相似之曲。蓋太簇以逾大吕，一歲推遷，人所易辨也。然而此譜之自黄鍾始者何也，一取其天統以肇基，一取其一陽初動，爲詞音發源也。六律屬于陽，六吕屬於陰，但云律而不及吕者，陽兼乎陰之意也。但云十二律，而不及閏律諸調者，名既正而言自順也。

又 凡音有五，宫、商、角、徵、羽是也。宫爲土，爲君，附於月令之姑洗、林鐘、無射、大吕，其聲也典雅沉重。商爲金，爲臣，合于月令之夷則、南吕、無射，其聲也嗚咽悽愴。角爲木，爲民，合于月令之太簇、夾鐘、姑洗，其聲也富貴纏綿。徵爲火，爲事，合于月令之中吕、蕤賓、林鐘，其聲也雄壯激昂。羽爲水，爲物，合于月令之應鐘、黄鐘、大吕，其聲也輕清隱逸。更如應鐘爲變宫，陽將盡而數當變。蕤賓爲變徵，陰復始而數當變。黄鐘爲一陽初動，屬于子，亦附于宫，此即十二律吕，分貼五音之本原。其他如隔八相生，所論黄鐘爲宫，太簇爲商，姑洗爲角，林鐘爲徵，南吕爲羽。蓋黄鐘乃一陽初動，君象也。太簇爲春之首月，庶職初舉，臣也。姑洗爲春之季月，農工伊始，民也。林鐘爲夏之季月，耕耘孔亟，事也。南吕爲秋之仲月，萬有告成，物也。此等疏解，頗稱切當。然其所詳者，不過言及君、臣、民、事、物之大義而已。至于璇璣玉衡，其説本之于《書》；河圖洛書，其説本之于《易》。暨及所云隔八相生之説，則又諸子相傳，以爲如是。雖皆配合律吕，各有圖識，然其所指證之處，專在天文，實與論樂一道，俱無干涉也。因而不概細載。兹譜中各律之内，俱按五行之陰陽升降，而以各曲分析于其間，蓋亦審之至精，而辨之至微矣。

又　弋腔之名何本乎，蓋因起自江右弋陽縣，故存此名，猶崑腔之起于江左之崑山縣也。但弋陽舊時宗派，淺陋猥瑣，有識者已經改變久矣。即如江浙間所唱弋腔，何嘗有弋陽舊習。況盛行于京都者，更爲潤色，其腔又與弋陽迥異。予又不滿其腔板之無準繩也，故定爲十二律，以爲曲體唱法之範圍，亦竊擬如正樂者之雅頌，各得其所云爾。況乎集衆美而歸大成，出新裁而闢鄙俗，則又如製錦者之必求其華贍也，尚安得謂之弋腔哉。今應顔之曰《京腔譜》，以寓端本行化之意，亦以見大異于世俗之弋腔者。

又　定律之大意雖出新裁，而叙曲之有法原宗舊派。蓋京腔故老所傳來派，其腔板雖非畫一，而曲音儘可入耳。故譜内一律之曲，以其音調彷彿者以類而叙。即如〔長、短拍〕之與〔排歌〕同律，〔獅子序〕之與〔宜春令〕同律，豈有毫髮之舛錯乎。可見京腔乃詞曲正宗，而定律者非有矯强于其間也。若夫《九宫》所分宫調，一宫之中，曲音高低不等，一調之内，曲情徐疾不同。此皆叙曲失于考核，詞家又無所權衡，刻意奉爲成法，以致一劇之中，音調參差，豈不爲知音者長歎息乎。今兹譜内所叙之曲，最爲詳慎，原不與《九宫》之叙法相同。由此觀之，即以崑腔而論，《九宫》亦不可宗，愈見京腔新譜爲不可少。而此譜之既成，誠可爲知者道也。

又　京腔詞曲，雖通行于外者，每有混淆字句。此無他故也，一則淺學詞人未能究心于其間，或損或益，漸失曲體之真。而歌聲者識見不廣，亦竟不爲之探討而强諧腔調，甚至以襯字認爲曲文、滚白混入詞句者，謬而又謬，皆因無譜相傳之故也。夫曲文之中，何句不可用襯，然而論其正體，何常有一襯字，即如五言絶、七言律、詩餘、諸調令中，豈有一字之襯乎。京腔無譜，所以混淆如是。而崑腔現有《九宫》，而襯字多寡不一，並無一定之格，豈可爲詞學典章。今特查明，各曲字眼之過多者，即係襯字，而爲減去，字少者即爲添準，斯爲全璧而可傳矣。又如《九宫》中有襯字之曲，儘有不必去襯而連襯爲曲者，如〔紅衲襖〕一曲，《九宫》之丈人行一體，若再去其襯字，則字句短促，腔調難于舒展。兹故將吃的是煮猩唇一體併襯字而合正文，以成〔紅衲襖〕之正格，庶使情文兼備，腔板相協，永垂模範可也。此又于務必去襯之外，而又有此以襯入曲之例也。

又　古傳奇中，即如《荆》、《劉》、《拜》、《殺》，其中曲文句頭，襯字多寡，猶可不較，蓋彼時並無曲譜之故也。乃《九宫》既定之後，尚有二曲同名，實則句頭多寡不等，如〔博頭錢〕一曲，《金印》之與《卧冰》，大不相同。查《金印》之曲通行，《卧冰》者不可爲法，予則概取其通行，不必存又一體之説也。所以譜中之曲，止取一體爲格，而將又一體之字句多寡、平仄背謬者，或另改其名。如〔小桃紅〕之又一體改爲〔小紅桃〕，〔五韻美〕之又一體改爲〔五美韻〕是也。又或查明，句頭之所犯何調而存于犯調之中，如〔太師引〕之又一體改爲〔太師令〕，〔漁家傲〕之又一體改爲〔漁家掛山燈〕是也。如是考核妥切，以便後之好學深思者。凡遇舊本傳奇，每有一樣牌名而曲文各别者，不妨按律而更改之，蓋止正其曲體，而無礙其詞藻也。又如《九宫》之曲旁，分註平、上、去、入，亦爲畫蛇添足。夫曲體之文平仄已列，何必另外附及。況若不識曲文之平仄，安敢填詞乎。兹譜概不載及以礙行欵。

又　前人所著聯套之曲，接續得宜，排場始覺接洽。《九宫》無聯套之曲，亦無緊慢之分，豈非詞部缺陷。觀其過曲慢詞，近詞之名，皆係院本雜劇。隊舞細舞，絃索官腔，以及各方俗尚所記曲名，此乃北曲源流，無關南曲之體也。大抵聲音之道，與時偕行。即使清廟明堂，郊社雅奏，而時移世改，亦有變更矣。孰謂詞曲而可仍舊貫乎，乃若《南音三籟》，雖有聯套，其所分宫調，亦按《九宫》偏見，殊未妥叶。況其所載聯套，每將一套之曲載及兩套曲文。或選于傳奇，或選于時曲，甚至載及三四套不等者，彼不過欲分天、地、人三等詞曲，以爲評章高下之計耳。殊不知選曲不論其詞華，但取其當行可法，平仄相宜，以便于歌唱而已。如有俚鄙之曲，而可以爲曲體者，即當録用。苟非然者，即字字珠璣，行行錦繡，而于曲體正格實爲背謬，又何足取。即如湯臨川四大夢諸作，詞語隱僻，而于曲律一道，全然不諳。世俗以爲拱璧奇珍，妄加嘆賞，而有識者視之，不啻如覆甕之需耳。况乎選曲以爲法則，原不專重詞華。如但以其文采流麗而選之，則藝林充棟，文翰如林，何書不可入選，而乃沾沾焉必以劇場歌唱之備，爲耗費心思之具歟。是其識見不廣，學問卑靡可知，而不爲大方非笑者幾希矣。且其兼用之與單用一概不辨，凡在必需之曲未能詳載，此又較之《九宫》而更不如者也，豈可爲度曲之津梁也。至于彼所取《三籟》之名，先已失體。夫籟乃因風成韻，天地間自然之音。如天籟者，風聲動也。地籟者，草木萬物爲風所撼也。人籟者，言語喧囂，自遠而聞于近，無非風之所從來也。若夫詞曲皆由唇齒間出之，又安得以籟爲比擬乎。更查《南詞新譜》，亦無聯套，其舛錯與《九宫》相類，其固陋與《三籟》依希。灾梨禍棗，俱無取裁，予所以掩卷而不勝三嘆也。兹譜叙明聯套，以便詞家取用。今故先列次序以定聯套規模，以見某律某調之中，有此幾套也。次定目録以查曲體名數，以見某律某調之中，有此幾曲也。但各律各調所載，每有一二套數，其中所用之曲大同小異。即如〔園林好〕爲首，而套内有〔江兒水〕、〔玉交枝〕等曲，亦有〔沉醉東風〕爲首，而套内亦有〔江兒水〕、〔玉交枝〕等曲。諸如此類，若將曲文按套全載，則恐猶是牌名。而曲文平仄稍異，猶非定格矣。况乎猶是一曲，除止宜套數中用，止宜單用之外，更有套數、單用俱宜者。用處雖有不同，而曲文字句無非一格，所以不必重載。無論套數單用，揔之即查一曲之體以爲法則也。至若所叙聯套牌名，寧叙其全，概不減省。或者劇場聯絡之處，不須用及全套者，自可于中少爲減去一二，但不可以不在套内之曲而添入之也。今各律各調所叙曲體，先叙聯套，再叙兼用，更叙慢詞，終叙緊詞，總無重載以辨曲文之定格也。十二整律，一例而叙。惟閏月律止有慢詞。曲體通用，調皆通用，曲體附録，調無兼用。緊詞曲體犯調，無緊詞曲體種種區别，俱具深思。

又　京腔獨無點板之曲譜，以致今人隨意下板。夫西調小令尚有一定腔板，豈南北通行之曲而獨無一定之腔板乎。然則京腔舊唱，自信有板，而問其板，則漠然不知，信口成腔，而究其腔則惘然無本。舊派唱頭，止將一二偶然走板出調者恣意譏評，殊不知整曲尚無準板，何獨以此相糾，是不知大綱而專求小節者也。即如曲中〔園林好〕，乃各本傳奇皆有，伶人常唱之曲。而《尋親》之念卑人，唱頭則有似〔解三醒〕。《琵琶》之兒今去，唱頭又似〔風入松〕矣。猶是一曲，唱頭各異，豈非腔板無傳之故歟。今將各曲點定其板，以示一定成規。更計曲中每句末字，乃是詞句段絡之處，應當止點頭、腰、底三板者，逐一點明。倘或遇此一字，乃是上、去二聲，則較之平、入二聲字，其腔稍長，而板數難以盡載。如欲與行腔比例，而唱又覺稍短。兹于譜内，凡遇句頭之上、去二聲字，但點一頭板，而註一短竪，有如一式，以明其不拘板數也。更如一律之中各曲，末句幾字不等，而臨了板數則一。今將諸律曲終，不論句段，止取末句幾字點定，一樣模範，惟有臨了一字止點頭板，不點腰、底，亦不點上、去之一竪者，何也，蓋因或有聯套牌名曁及其二牌名之接板者，常有不用前曲臨了一字腰、底之板，而板數多寡難以一概而定也。更計凡在一律之曲，以其曲終臨了幾字板數相同之故，皆以〇爲式而先爲點明于某某律，首篇綱領之下，其通用調、附録調，各種之板各異，又不與以前各律同論。若夫犯調之板，例遵整曲句頭，查明某句，一例而點，故不贅及。至于所定全譜之板一定慢唱者，止載一曲之曲文，而點明慢板。更有一等之曲，每有其一、其二皆唱慢板者，曲中板數雖同，而惟獨首句唱法有所不同。蓋其一之首句或者無板，而其二之首句一定有板，是以不得不辨。今兹譜内，凡有應當兩曲皆慢唱而無換頭者，查其首句無板者止載一曲，而將首句雙行載之，各自點明其板，如首句業已有板，則不必雙行載矣。若夫聯套之曲，乃是一定規模，所以不必載及。緊板若遇兼用、單用之曲，或情景不同之處，未可與聯套一概而論，必有緊板、慢板各别者，故必將前詞重載之。而點明緊板，即于前詞之下註明緊板二字，猶之崑腔之有贈板、無贈板之説也。更如有換頭者，則必另寫一曲，以見換頭之起句不同也。除換頭幾字另點板數外，以下曲文字句與前詞相同，亦有照前一例而點。然亦有另點一種板數者，何也，蓋因曲文既爲換頭，不妨亦換其板，使伶人另成巧腔耳。如是分析妥切，而定板之苦心可知矣。

又　譜内之曲，皆以京腔唱爲正格，而或間有可以崑腔唱者，如〔朝元令〕、〔二犯江兒水〕、〔賽觀音〕、〔人月圓〕之類。若用在宴會同場，原可京腔唱。若用在起兵演陣之處，全以威武取勝者，必須崑腔唱。庶使樂器相助而便于排場。以故凡遇此等之曲，雖點京腔板，而于牌名之下註明亦可點崑板五字。又如緊詞之曲腔本來短促，難以成其妙音，故此斷不可與京腔板之曲同列。況點綴排場，正需此等小曲，以便接續劇場上下，原不必京腔唱也。所以各律之有緊詞者，皆點崑腔板。

又 板既有定，則腔調亦當區別，而曲乃大成。茲將腔分三種，曰行，曰緩轉，曰急轉。調分三種，曰翻高，曰落下，曰平高。行腔者，句頭之中，止餘一字，勢在難行，而其腔又纍纍乎如貫珠者，然于斯時也，必擊鼓二聲以下餘兩三字，則于其間頓挫成聲，故謂之行腔也。緩轉腔者，曲文句頭，止諧音調，故謂之緩轉腔也。急轉腔者，曲文句頭，止餘一字，而其腔亦僅不絶如縷，腔宜急轉乃可收聲，二聲之鼓可以不擊，故謂之急轉腔也。翻高調者，從低唱而至高之謂也。落下調者，從高唱而至低之謂也。平高調者，從高唱而至本句之終之謂也。以上各種，分疆别界之處，若不註明，恐無所辨。若欲於曲中字旁詳明註疏，奈爲行欵，字句所限，難以羅列。茲故概以圈、點、竪分析之。如遇//式者，行腔也。●式者，緩轉腔也。、●式者，急轉腔也。○——○之式者，翻高調也。——●之式者，落下調也。——之式者，平高調也。又計諸律曲腔，各有相似之曲，此亦如引尾之有統轄也。各律表明相似，以便後學易知。又恐一律之曲，頗有世俗未經通行者，故獨舉人所共知之一曲，以示本律之曲。其腔大約類此，如黄鐘律曲腔皆似〔二郎神〕，大吕曲腔皆似〔八聲甘州〕也，所謂舉一可以概百也。若夫當行、當轉，與夫宜翻、宜落、宜平各律，俱有不同之處。每有高低一調而收者，又有由高而就高者，更有由低而就低者。又有無行腔者，亦有無緩急轉腔者。更有無翻高、落下、平高等調者。十二整律與閏月律種種不一，故爲逐一註載于某某律首篇綱領之下。

又 論滚白，乃京腔所必需也。蓋崑曲之悦耳也，全憑絲竹相助而成聲。京腔若非滚白，則曲情豈能發揚盡善。但滚有二種，不可不辨。有某句曲文之下加滚已畢，然後接唱下句曲文者，謂之加滚。亦有滚白之下重唱滚前一句曲文者，謂之合滚。然而曲文之中何處不可用滚，是在乎填詞慣家用之得其道耳。如係寫景、傳情、過文等劇，原可不滚。如係閨怨離情，死節悼亡，一切悲哀之事，必須暢滚一二段，則情文接洽，排場愈覺可觀矣。今茲譜内諸曲，用滚關鍵概不拘定，以見是曲可滚。而宜加宜合，惟精明詞學者量度而用之。予又謂凡著傳奇，宜于曲文段落之處，或用四六詩句，或用長短文法，語句聯屬，近情切理，不拘幾段雙行，另載于其間。在京腔即作滚白用，即使崑唱開演亦可作賓白用。或者嫌其太繁，詞家寧可全備，使後人自可酌量删改。至于滚白之界限，既可通融，而句數長短亦無一定，所以板數多寡亦無一格也。若夫合滚之後再唱前句曲文，則此句曲板，又不同前唱之板矣。亦如滚白一例隨聲下板可也，故不另載板數。

又 查《九宫》曲文，有重句處，似乎一定不移。然而京腔唱頭，但要腔板相協，可重則重，不必拘定古法也。即以崑腔而論，如〔雙聲子〕之九句十句，《九宫》皆有重句，而通行則不重唱。〔入破〕套内並無重句，而通行必須重唱。由此以知重句之不可拘泥也。今于各律各調之曲逐一較閲，如遇應當重唱之句，正文雖無此格，唱頭則有此體，重之可也。如遇《九宫》雖重，而通行之京腔崑派皆不重唱者，譜内概不重載。

又 天道有盈虚消息之數，故閏月所由成。譜中另有一種之曲，其音與十二律各不相似者，如〔鎖南枝〕、〔孝順歌〕之類是也。即以崑腔論之，每遇此等之曲，笛音相和，必須出調而唱。至若京腔唱之于收腔末字等處，另須泛出一調，乃得其音之正，所以有異于諸曲也。惟其有異于諸曲，故于整律之後置一閏月律，以叙此等之曲。

又 曲中如〔紅衲襖〕、〔不是路〕、〔入賺〕、〔鷓鴣天〕之類，諸套曲文，前後俱可取用。《九宫》必分列于某宫。甚矣，其不知通融也。茲譜内將此等曲，以類叙之，另成一卷，謂之通用調。調之云者，蓋云律外之曲，以備各律通行取用之選也。但本調曲腔不能如一，亦有崑板者，亦有無板者，今爲分列點明，以爲詞部取裁而已。其末句幾字之板，亦不能歸于一格，所以不比以前諸律而詳載也。

又 詞隱所訂《九宫》，未能索本探原，所以止定崑譜，而且尚有遺漏之曲。如〔漁燈兒〕一套，雖爲北調宗派，而準作南曲。自《露綬》、《水滸》用之，膾炙人口久矣。何以《九宫》譜中與《南詞新譜》皆不載入。予細審其音，原可京腔唱，何忍棄置。但其曲腔與諸律以及通用又不相似，故另行叙爲附録，而亦名之曰調者，外之之辭也。然調中之曲不無拗體，未免板數多岐，所以末句幾字之板，亦不能歸于一格，亦不比以前諸律而詳載也。

又 《九宫》更有未點崑板之曲，詞人視爲虚器。予爲于中採擇，點明京腔板，而亦歸于附録調。但此等曲體頗拗，偶有幾句稍似某律者，即於牌名之下註明。稍與某律相似，然不附入本律者何也，蓋因曲係變格，不可混入各律也。此調將〔河傳序〕等類列爲聯套，其〔疊字錦漁父第一〕等曲，叙爲慢詞，以見崑腔無板之曲，兹亦可傳，不使滄海遺珠耳。

又 查〔雁魚錦〕一曲，其中句頭所犯各律最多，崑腔以爲犯調而叙之。及至逐一考較，頗有不貼切之句，不知所犯何調也。若欲徹底較正，勢必添減字句，此亦何難，然而京腔舊派思鄉，全劇加以滾白通行已久，似無庸損益其詞也。兹故連曲帶滾仍存舊名〔雁魚錦〕，而不必糾其雜犯。然而此曲既不可混在整律，閏月又不可入于通用犯調，置之附録，殊爲得所。

又查《綵樓》、《祭竈》之〔銷金帳〕、〔灞陵橋〕二曲，頗堪入耳。但其句數長短，與曲體甚是不同，疑爲曲中帶滚以致越格耳，若欲棄之，又覺可惜。今查《詞林萬選》，乃知此二曲即詩餘之〔春霽〕、〔秋霽〕也。今正此名，而録其《封神》之《暗想》、《慈親》二曲，亦存爲附録，以定楷模。

又 犯調之曲，《九宫》有分爲本宫犯，以及各宫互犯者。夫曲文既犯，何必强爲分别。况詞曲而至犯調，無非學士騷人遣興炫才，以發難端于歌者，原非詞曲正體。而《九宫》每將犯調各曲，或相雜于整曲之間，或妄置于某宫之後，皆不得其宜也。至于《南詞新譜》，務以多集犯調爲能事，夫展轉凑箔，犯之不已，將來何所限量，豈能是犯皆收。况其所註句頭，亦有不叶之處，何以服衆。兹譜録及犯調，止爲採擇其通行可用者。或接筍吻合如無縫天衣者，或聯絡成章如一氣呼吸者，始爲重較所犯某曲某句而選入之。至于叙曲之法，亦查其可以聯套者，叙明前後聯成套數。其他如兼用慢詞，亦如各律各調之例，挨次叙之，但無緊詞耳。若夫犯調之板數，以及三種腔調，俱查所犯某曲第幾句，句頭遵依整曲，一例而點之，一例而詳載之。更如整曲，曲終常有重唱之句，但犯調所取句頭，俱在曲文之中，難以重唱，故並無重句，而惟獨末句當重則重。以故每有重句，蓋亦遵定各律各調之整曲，一例而收聲也。

又 查《九宫》犯調曲内，所註犯及某曲之某句，儘有並無本曲者。如〔月雲高〕末二句，註爲犯及〔渡江雲〕，而《九宫》全部，並無〔渡江雲〕之曲。予則核其字句，實與《駐雲飛》末二句相合，今註爲犯及《駐雲飛》可也。又如〔錦庭樂〕所註第五、六、七句，註爲犯及〔滿庭芳〕，而《九宫》全部，止有〔滿庭芳〕之《引子》。則辨其無，本歸爲整曲而叙可也。又如〔金絡索〕末三句，註爲犯及〔寄生子〕，而《九宫》全部，並無〔寄生子〕之曲。〔三换頭〕第四、五、六、七句註爲犯及〔蠟梅花〕，而細查本曲，並無相似句頭。予則各歸爲整曲，以類而叙可也。又如〔風雲會〕、〔四朝元〕以及〔漁家燈〕等曲，據《九宫》小註所犯，與各曲句頭比對，甚不貼切。予乃考較允協，改其名爲〔水柳圍橋〕、〔江風令〕者有之，改句〔兩紅燈〕者有之。蓋核實其所犯某曲句頭，而不得不改其名也。諸如此類，《九宫》耕名犯調，予所以改正之。至若《九宫》整曲之又一體，亦有詳核句頭而歸于犯調者，予于較正曲體，一例言之詳矣。

又 曲之有引，自宜冠在曲前。然一律有一律之引，各有聯屬。如黄鐘之引，不可用于大吕曲前是也。是譜將各律之引，各叙本律之首，使引得其所而不相奸，所以提綱挈領也。其通用附録犯調俱無引。

又 詞家易視尾聲，隨筆而書，未嘗不諧絲竹。殊不知一律之曲，自有一律之煞，平仄上下，分别最微。如應用〔尚輕圓煞〕者，不可用〔情未斷煞〕也。兹將各律之煞考核妥切，止列平仄之式，概不載及句語，亦爲分派詳明。凡有一律，即將本律之煞附後。至于通用附録犯調，既無其引，所以亦無其煞。

又 引尾之用十二整律以及閏月律，既各分别矣。若夫通用附録犯調劇場詩句，上下原可不必引尾，或者排場局勢，亦須引尾，則當如何曰有道焉。通用附録，可視本劇緊慢若何，而于十三等引尾之中，選擇借用。至于犯調，即視所犯某律句頭多者，即查某律引尾用之，以示不忘水源木本也。

又 《九宫》附載之曲，除可以京腔唱者，虚衷遴選，點明京腔板外，更有如〔雌雄畫眉〕、〔山東劉衮〕、〔三十腔〕之類，板既難明，腔亦難辨。予嘗反覆討論，終不能以諧音調。猶如異域瑰麗之物，莫得而識之也。或者世有周郎，必欲使之成聲。則《九宫》具在，較之可也。兹譜删而不載，勿使傳信之書，更令人傳疑耳。

又 查《九宫》内之〔番竹馬〕、〔玉劄子〕、〔道合〕三曲，按其腔調，無論崑腔、京腔，皆有似乎北調。兹故删去而不存，以見傳奇中遇此三曲，皆當北唱也。如欲查此三曲之崑板，則亦考之《九宫》。

又　按：《中原音韻》，久爲詞曲權衡。然其中亦有岐音、紊雜，殊不諧于歌唱，亦予所歉然者也。況其一韻之中，儘有可分爲二者，或二韻、三韻可合爲一者。今爲考核字音之母，因悟衆音之正，不能自秘。因將各韻改移，音有各別者分之，部伍安其所也。音有相似者合之，位置得其宜也。務使罔或遊移，無相越俎，而更叙明先陽後陰，更其名，正其義，加之以切音，按之以次序，另成全帙，以附曲部之後，亦以見書必同文，而不爲偏隅異域、聚訟饒舌者之所惑也。此其間有至理存焉，故名之曰《音韻大全》，非獨填詞歌曲者所當知也。

又　字有音，音歸韻。韻中遇有鼻音、滿口音、撮口等音，在崑唱者或致不辨，而京腔所唱，人人皆知，是以概不贅註。惟有閉口音最易悞認，是以不得不辨。今兹所定《音韻大全》，有嚴兼、吟心二韻，乃閉口音也。譜内一應曲中，如遇此二韻中之字，皆于字外加圈，使人觸目會心，以寓考核精詳之意。

又　四方音有不齊，故韻或稍異。前人填詞，皆按《中原音韻》，尚且不無臆見參差，多致出入者。如齊微偶借支思，魚模濫混歌戈之類，亦姑存其曲而不爲較正。蓋《中原音韻》本不可宗，而予既定《音韻大全》，識者自能遵奉，所以不必苛求舊曲之舊韻也。

又　嘗閲豫章張氏所著《問奇集》，其中考較字音，有一字而數音者，以明各有所宜。誤讀諸字，以正前人之咎。異音駢字，以警習俗之非。凡在留心學問者不可不知，而填詞歌曲之人尤不可不解也。予因其藍本而更爲探討，于其間援據確典，附彙成書，以備參考。至于原集所載怪誕諸字，自有《字彙海篇》可查，兹故不録。若夫切韻捷法，猶屬未妥。各方鄉音，何庸比對，分毫字辨，人所易知。凡此三者，皆不具載。

清·王奕清《康熙曲譜·凡例》　詞者，詩之餘，而曲者，又詞之餘也。揆歌之所昉，曰詩言志，歌永言，則《三百篇》實爲濫觴，一變而爲樂府，再變而爲詩餘，寖假而爲歌曲矣。當爲樂府之時，雖亦名之曰古詩，而《三百篇》之音不傳。當爲詩餘之時，雖亦號之曰樂府，而古樂府之音不傳。自傳奇、歌曲盛行於元，學士大夫多習之者。其後日就新巧，而必屬之專家。近則操觚之士，但填文辭，惟梨園歌師，習傳腔板耳。即欲考元人遺譜，且不可得，況唐宋詩餘之宫調哉。故斯譜另編於詞譜之後，無庸妄合。

《嘯餘》舊譜前載玉川子《嘯旨》，又廣及《皇極經世》聲音之數。律吕本原，樂府原題，唐宋詩餘，樂府至語，皆别爲卷帙，於本譜無所發明，故概删不録。至《中原音韻》、《洪武正韻》二書，久行於世，亦不更載。

北曲宜準《中原音韻》，南曲宜準《洪武正韻》，舊譜出入處甚多，悉爲訂正。

每曲字句多寡，音聲高下，大都不出本宫調，而填者之縱横見長，歌者之疾徐取巧，全在偷襯互犯，譜中不過成法大略耳。在善用譜者神而明之，斯無印板之病。

自崑腔作後，絃索之學，講者漸衰，所以《南九宫譜》雖不擇詞章，足爲科律。《北六宫譜》絶少師傳，不點板眼。蓋板有三：曰頭板，迎聲而下者是也。曰掣板，節於字腹者是也。曰截板，煞於字尾者是也。然亦隨宜消息，欲曼衍則板可增，欲徑净則板可減，欲變换新巧，則板可移，南北曲皆然。

譜中右旁四聲，就現在本字加註，非果字字易不得也。然在句内入括發調之字，斷不可易，習者審之。

字有陰聲、陽聲、齊齒、捲舌、收鼻、開口、合口、撮口、閉口之别，惟閉口極難得法也。侵尋混真文，覃咸混寒删，廉纖混先天，三者最易，故獨加圈以識别焉。

北譜六宫十一調，内缺道宫、高平調、歇指調、角調，宫調，僅十二宫調。南曲九宫十三調，蓋以仙吕爲一宫，而羽調附之。正宫爲一宫，而大石調附之。中吕爲一宫，而般涉調附之。南吕爲一宫，黄鐘爲一宫，越調爲一宫，商調爲一宫，而小石調附之。雙調爲一宫，仙吕入雙調爲一宫，共爲九宫十三調也。

宫調雖分，互有出入，《嘯餘》舊譜，於曲名下偶註一二，殊未詳核。今據《元人宫調全目》，逐一註明，庶今作者不患拘閡。

《嘯餘》舊譜，北曲每首列作者姓名，下註所出傳奇。南曲則但列傳奇名目，都無作者姓名。又多有起調、接調兩首出自兩調者，不得不另列一行。今既難遍註作者姓名，止將傳奇名目，註每曲之尾，亦便於連合么篇，不使若又一體也。

疊前曲昔爲之么，亦曰么篇，即前腔、换頭也。有起處增減字句者，則曰換頭。有一字不異者，止曰前腔。但起調首句，句盡下一截板，接調，即通句點板耳。只宜連貫一處，而以么字，或前腔，或換頭二字隔之，不可分行立，使若另爲一體。

書中作者，例應書名。舊譜都以字行，或著别號。今欲概易以名，而不可考者，十有二三，恐反致錯雜，遂姑仍其舊。

入聲在北曲，悉準《中原音韻》，派作平上去三聲，不可互易。而在南曲，則與上去同爲仄聲，故應用仄而遇入聲，但註入聲。一如上去，惟應用平而借入聲者，註云作平。其有宜平而仄，宜仄而平，宜上宜去而入，則註曰宜某聲云。

舊譜既於句首右偏小書襯字，又於句下雙行小書韻句，相連不斷，使觀者目眩。今句韻皆别其色，一覽瞭然。至每句字數，有目共知，不必更註。

曲譜從無善本，元有《太平樂府》，明有《雍熙樂府》，世所盛推，然皆選擇詞章，薈萃名作，與製譜無涉。《嘯餘》舊譜，又多舛謁。今北曲考選《元人百種》所載諸家論説，南曲稍採近日所行《九宫譜定》一書，擇其根柢雅馴者，附之於此。

清・楊緒《新編南詞定律序》 憶三十載前，薄遊山左，時隨園胡公爲廉使，聽讞之暇，徵歌選音，遂博採諸家舊譜，斟酌考訂，浹歲而成，書曰《隨園譜》，藏爲秘笈。緒時留連衙署，忝與校閲，因得乞其全稿而歸。後來京師，寢食斯道，每與同儕考索律調，悉以此譜爲準繩，以其較坊刻所行爲詳且贍也。今庚子歲，諸識音者一時振作，採取諸譜，然亦多取《隨園》。

清・吕士雄《新編南詞定律・序》 今操觚之士，各以意見，創爲新詞，傳爲譜曲，自元迄今，不下數千百本矣。若《九宫譜》，則有沈伯英、馮猶龍、張心其、蔣惟忠、楊升菴、鈕少雅、譚儒卿，諸家所作不一，大意皆同。而板式正襯字眼，多致舛誤。【略】操觚者不屑與梨園共議，而梨園中又無能捉筆成文，遽自著作，是以苟延至今，終不能令人開卷一快。今姑蘇吕子乾，【略】同里劉子秀、唐心如，錢塘楊震英，莞江金輔佐，則各有所長，或諳於律，或審於音，皆不易得之才，而翕然彙聚，斟酌成書，亦詞律之幸也。於中或删或補，或增或減，務使前後正犯相同，不致矛盾。又有少年好學，如鄒景僖魯臣、張志麟熙瑞、李芝雲紫芳、周嘉謨昌言等，併力檢校，不數月間，編類集成，名之曰《新編南詞定律》。

又《凡例》 凡各宫之賺，諸譜不一，然亦無甚差别，惟句之長短，字之多寡，少有互異，今仍依其舊，分列各宫。殊不知賺者，乃掇賺之意，如《拜月亭》之山徑路幽僻，係中吕（尾犯序）四曲唱畢，若即以黄鍾《耍鮑老・朝廷當時》之曲接唱，非但宫調不同，亦且難按板拍，故善於詞曲者，即用且與我留人之一賺以間之。諸如此類頗多，實作家之巧意，亦歌者之方便門也。切不可因差一二字，拘殢云某宫賺係幾字，《不是路》係幾字，則大乖前人之旨矣。

清・愛新覺羅・允録《新定九宫大成序》 裁雲鏤月，擫玉笛於風前；滴粉搓酥，炙銀笙於華底。唐宋以詩餘奪席，輒付歌喉；金元則樂府專家，斯垂院本。關漢卿如瓊筵醉客，王實甫如花塢佳人。三峽波濤，費唐臣之壯采；九天珠玉，鄭德輝之清辭。以至張雲莊玉樹臨風，商政叔朝霞散彩。莫不家藏拱璧，户握蛇珠。然而古調淪亡，新聲代起。李延年一十九章，既無遺譜；蘇祇婆八十四調，絶少傳人。杜夔能記鏗鏘，而三百篇中僅存其四；鄭譯考尋鐘律，而七聲之内又失其三。自非妙解神機，心通内譜；何以淄澠雅鄭，鼓吹咸英者哉。髓有原夫《子夜》、《前溪》之後，支派實繁；《霓裳》、《白紵》以還，源流差别。自歌樓有格，圖其譜而不有其辭；樂髓有經，詳其綱而未悉其目。雖魏良輔獨步騷壇，長日春林，囀黄鸝之睍睆；梁伯龍專精藝苑，和風翠幕，點紅豆於嬋娟。而寒山有譜，未免病於偏；隨園有譜，未免傷於雜。甚者以宫爲調，以調爲宫，徒滋踳駁；以板從腔，以腔借板，愈覺紛糅。矩矱云亡，譌訛競起。標無準的，人自爲師。逢此太平風月之場，況乃皇都佳麗之地，向司其事，爰成是書。晴牕檢點，析繭分絲。午夜徵歌，窮豪極杪。聊同棄日，上下五百年間；揚彼餘風，郁烈三千界裏。勒爲條例，訂厥章程。義準旋宫，貫珠焉自成一串；旨歸協律，琢玉者盡結雙環。清角發而陽氣潛孚，清商奏而風雨驟至。哀曼則雲凝空白，樂操則榮反寒慄。節度森然，丹鉛備矣。從此漱芳蘭畹，有字皆馨；擷秀梅溪，無言不潔。足令齊謳趙瑟，波横睇而流光；越豔吴歈，黛發蛾而斂色。猗歟蘭笑，麗矣鸞迴。是爲序。時乾隆十一年丙寅春夾鐘月既望，愛月居士識併書。

清・于振《新定九宫大成序》 乾隆六年，天子懋建中和，有事於禮樂，命開律吕正義館，而和碩莊親王實總其事。於時，選儒臣之嫻習者分掌校讐之役，振得與焉。至九年書成，天子嘉獎，議叙有差。雖然，振等何勞焉。嗟，乃王之教也。王博綜典籍，尤留心於音律之奥藴，能窮其變而會其通。既蕆事，乃出《九宫大成》一編，命振叙其大概。振受而卒業，喟然歎曰：甚哉，樂之難言也。非樂之難言，而言樂者之過也。蓋儒者之議，主於義理。故考據該博，而諧協則難。工藝之術，溺於傳習，而義理多舛，二者交譏，樂之所以晦也。且如南北二曲，宫調繁多。自《嘯餘譜》行世，而填詞家奉爲指南，其實踳駁不少。至北曲九宫，舊無善本。填詞者大都取《吴騷合編》套數，敷衍成曲而已，其訛誤更不可言。然而舉世無訾之者，蓋學士大夫洛誦陳編，或高談古樂而鄙棄新聲，或識謝周郎而罔能顧曲，或溺於辭藻而不解宫商。至於音分平仄，字判陰陽，其理至微，其用不易。從來讀書稽古之士，分平仄者十得八九，辨陰陽者十無二三。無怪乎音律之學，愈微而愈晦也。是編溯聲律之源，極宫調之變。正沿襲之謬，匯南北之全。以義理言之，依然《風》、《雅》之遺也。以音節言之，釐然律法之比也。士大夫知此，不至是古而非今。工伎知此，不至師心而自用。謂之大成，信乎其大成也。已嘗慨三代而下，莫盛於漢文。其時刑措不用，幾致太平矣。獨於禮樂之事，顧謙讓未遑及。至孝武奮發有爲，河間獻王又號最賢，來朝以雅樂獻顧，僅令太常存肄。歲時備數而不常御，其常御者，皆非雅聲。豈樂之興廢，固有時耶。今聖人御宇，咸五登三，稽古右文，禮明樂備，固非西京所得比擬。而朱邸親賢，恪恭藩服，又非河間所能頡頏也。然則是編之刻，豈徒博大雅之稱云爾哉。用以導揚聖化，鼓鬯休明，胥於是乎。在振得厠名簡末，顧不幸歟。乾隆十一年歲次丙寅六月朔，律吕館纂修、翰林院侍讀學士于振鶴泉謹序。

清・周祥鈺《新定九宫大成・序》　莊親王既蒙上命，纂輯《律吕正義》，因念雅樂、燕樂實相爲表裏，而南北宫調，從未有全函。歷年既久，魚魯亥豕，不無淆訛，乃新定《九宫大成》，而祥鈺等既在轄屬，實分任其事。書既成，王諭曰：書之有序例也，汝其序之。顧鈺也何人，厠名其間，已爲厚幸，敢言序乎。然蒙恩諭，不敢辭。輒弗揣弇陋，而謹言其畧。蓋古人律其辭之謂詩，聲其詩之謂歌。詞曲之作，豈權輿是耶。太史公謂：古詩三千餘篇，孔子删取三百五篇，皆絃歌以合《韶》、《武》之音。迨漢武時，創立樂府，采詩入樂，而聲律寖盛。方今聖人御世，禮樂修明。我王之修是書，蓋亦黼黻昇平之意也。鈺等忝列内廷，蒙命較録。乃於三極九變之節，畧窺奥突。博弋羣編，分宫別調。缺者補之，失者正之，參酌損益，務極精詳。每一卷成，輒呈睿覽而折衷焉。猥蒙獎許，進鈺等而教之曰：夫樂以詩爲本，詩以聲爲用。隋唐以來，《三百篇》中，僅傳《鹿鳴》、《關雎》十二章。宋時，趙彦肅將句字配協律吕，因垂作譜於《鹿鳴》等六詩，爲黄鍾清宫，註云：俗稱正宫。《關雎》等六詩，爲無射清商，註云：俗稱越調。今人但知南北曲有正宫、越調之名，而不知亦麗於《風》、《雅》。至於工尺字譜，四上競氣之語，見諸《楚辭》、《大招》，洎乎《宋史》。是書之輯，非予創爲，一依古以爲程，殆與雅樂相爲表裏者歟。於是鈺等曠若發蒙，誠肰心服。顧鈺尚有進者，古人温樹不言，示謹秘也。是書所輯，如《法宫雅奏》、《月令承應》諸篇，皆禁庭清燕之供。而登之簡編，毋乃於古人相逕庭乎。蓋古人所言事也，是書所輯詞也。且九重旰食宵衣，籌雨暘而疎宴賞，天下所共知也。則遇歲時而呈謳歌，司其事者之職分，亦何不可於天下共知之有。一時同事，則有毗陵鄒金生漢泉、茂苑徐興華紹榮、古吴王文禄武榮、徐應龍御天、朱廷鏐嵩年。虞山周祥鈺南珍謹序。乾隆十一年歲次丙寅桂月穀旦。

又《南詞宫譜・凡例》　舊譜句段不清，今將韻句讀詳悉註出。又舊譜不分正襯，以致平仄句韻不明，今選《月令承應》、《法宫雅奏》作程式，舊譜體式不合者删之，新曲所無，仍用舊曲。

南譜舊有仙吕入雙調，夫仙吕、雙調，聲音迥別，何由可合。今將仙吕歸仙吕，雙調歸雙調，但古有是名，不可竟廢。今用〔南仙吕・步步嬌〕、〔北雙角・新水令〕等曲，合成套數，以存其舊。

引本於詩餘，或半或全不同，舊譜不定工尺，今俱譜出。夫詩餘本可加板作曲，譜入管絃，向來雌雄俗説，不足據。

舊譜一牌名重用者，皆曰〔前腔〕。夫腔不由句法相同，即使平仄同，其陰陽斷不能同。何云〔前腔〕乎，《九宫大成》稱爲又一體者是。其首句有多字少字處，舊名〔前腔换頭〕，今總稱爲〔又一體〕。

重句爲疊，始於江沱之不我與也。其稱爲格者，亦有由來。《三百篇》中，或用之、或用兮、或用止、或用祇，《楚辭》則用些，其鼻祖矣。是皆〔水紅花〕也囉之類，韻在其上，本字爲語助也。至若一字爲句，而無其義，若〔駐雲飛〕之嗏者，則古詩妃、呼、豨之屬也，今並註明爲疊爲格云。

又　凡曲中一字成句者，有格與韻之不同。如〔駐雲飛〕之嗏字，此則本體，必應如是者也。或換字換韻，總註爲格。他如〔誤佳期〕之一字句，正體所無，乃屬又一體，則註爲韻。不叶韻者，即註爲句。蓋格者，一定不移之理。註韻註句者，變動不拘之謂也。

襯字無正板，蓋板固有定式也。俗云死腔活板者，非但詞先而板後，若詞應上三下四句法，而悞填上四下三，則又不得不挪板以就之。修好詞句，究屬遷就，非端使然也。

譜中所收《殺狗記》、《卧冰記》，文句鄙俚。《拜月亭》差勝，而用韻亦復夾雜。蓋詩濫觴而爲詞，詞濫觴而爲曲。此則曲之崑崙墟，故歷來用爲程式，但取音聲，不問字句。今若盡行削去，則牌名體式不具，不得已而收之。

又　詞家標新領異，以各宮牌名彙而成曲，俗稱犯調，其來舊矣。然於犯字之義，實屬何居，因更之曰集曲。譬如集腋以成裘，集花而釀蜜，庶幾於五色成文，八風從律之旨，良有合也。

唐宋詩餘，無相集者，後人創立新聲，乃有集調。妃青媲白，去真素遠矣。顧有其舉之，亦所不廢。今以《曲譜大成》、《南詞定律》，蔣、沈諸譜，擇而用之，未善者稍爲更改。起句必用首句，中用中句，末用末句。假如正宮集曲內〔三十腔〕之類，如集一首，須集一末相應，不在此例。

各宮集調，假如中呂宮起句，中間所集別宮幾句，末又集別宮幾句，至曲終必須皆協入中呂宮，音調始和。若起句是中呂宮，次句集黃鍾宮，即度黃鍾宮之音聲，便是合錦清吹，不宜用之度曲。譜中〔風雲會〕、〔四朝元〕，有集各宮者，首句乃雙調內〔四朝元〕，至曲終皆是雙調之音聲，可證。

集曲命名，初無一定。往往有名義可取而聲律失調者，亦有節奏克諧而名義欠雅者，今則悉爲釐正。或曲則猶是也，而中間所集之句，其舊註小牌名句段，庸有與本體不合，則另擇別曲句段相對者易之。如〔梅花樓〕之桂香轉紅馬，曲中所集〔紅葉兒〕、〔上馬踢〕，今易以〔誤佳期〕，其總名是當另改。夫既換去〔紅〕、〔馬〕二曲之集句，使仍存其舊，名義何居，閱者不得謂舊曲而立新名，誠所貴乎纍纍如貫珠耳。抑命名原取合義，倘一曲有兩名者，不妨各自取裁。如〔好事近〕，一名〔杏壇三操〕。若集曲曰〔好銀燈〕、〔好事有四美〕，則當註〔好事近〕。若集曲曰〔榴花三和〕，則當註〔杏壇三操〕。否則名義不貫。由此類推，莫能枚舉。間有新製集曲採入，以見心花競粲，墨徑旁開，不得拘拘於古人成式也。

〔尾聲〕乃經緯十二律，故定十二板式。律中積零者爲閏，故亦有十三板者。而〔尾聲〕三句，或十九字至二十一字止，多即不合式。如《四大夢》傳奇之〔尾聲〕，有三十多字，度曲者不顧文義，删落字眼，遵依〔尾聲〕格式，擊板兩失之矣，今俱不録。

曲之高下疾徐，俱從板眼而出。板眼斯定，節奏有程。今頭板用、，即實板，拍於音始發也。腰板用L，即掣板，拍於音之半也。底板用一，即截板，拍於音乍畢也。其襯板之頭板則用/，腰板則用/，以別於正板者，易於識認也。至於一板分註七眼，太覺繁瑣。今正眼則用□，徹眼則用/，舉目瞭然，樂行而倫清已。

又《北詞宮譜·凡例》　定譜中曲式，謹以《月令承應》、《元人百種》、《雍熙樂府》、《北宮詞紀》及諸譜傳奇中選擇，各體各式，依次備列。

《雍熙樂府》不同《元人百種》，每折皆有命名。其彙收之曲，既非一體，有不入雜劇，偶成散套，與時曲相同者，則當分註散曲。亦有《元人百種》止載雜劇目録，而《雍熙樂府》內節録數曲者，則當分註原名。更有有曲無題者，則當分註《雍熙樂府》。至於套曲，例用四字爲題，如字數或多或寡，則亦概註《雍熙樂府》。餘外傳奇套曲，不拘此例，閱者不得謂同一是書而中間分註互異，如此良有故也。若夫《元人百種》並無散曲以及無題者，使亦照《雍熙樂府》格式，則《元人百種》總名，幾無所用作題頭矣，學者何從而識元人之面目乎。是以不行分註原名，統註爲《元人百種》。《禮記》曰：無勦説，毋雷同。爲此不膠於一，俾條分而縷晰，可溯流以窮源，猶之一事而再見者，前目而後，凡之旨云耳。

北詞隻曲，猶如南詞正曲，亦可隨分接調，不必拘於成套也。若概欲規仿前人，則向來未收入套之牌名，將棄置不復用乎，此亦其顯而易見者也。故譜中先列隻曲在前，便於填詞審用。成套者另彙爲卷，以示矩範。

套曲諸譜，止列其名目。今將每宮調套式各舉數套，始得體備。內中或有用別宮調者，前人已定之規範，聲以類從，惟其變化生心，益覺宮商在手，細溯其流，自可洞鑒其源也。

南北合套，元人舊體，各宮調俱有套格，今通行者，不過〔新水令〕、〔步步嬌〕套，〔粉蝶兒〕、〔好事近〕套，〔醉花陰〕、〔畫眉序〕套，餘體失傳。今於各宮調之後，各列二套。且南曲俱可接調，本無專用一宮。今合套內以北曲爲主，其南曲或有移商換羽之處，閱者審之。

又 北曲落板，與南曲不同。一起三四調，俱作底板。其落板之曲，或有於第三四句方落實板，或一兩曲已落實板，而忽又搜板不落，或煞尾前半闋已落實板，後半闋作收煞，每句用一底板，此皆度曲之跌賺處。總之，北曲貴乎跌宕閃賺，故板之緩急，亦變動不拘。常有一字而下三四板者，至襯字多處，亦不妨增一二底板以就之。聲初出即下者，曰迎頭板，亦曰實板，則用、。字半而下者，曰掣板，亦曰腰板，則用∟。聲盡而下曰底板，亦曰截板，則用一。板之細節曰眼，一板原有七眼，連板爲八數，細節不能盡列，止將正眼註出，□爲一板一眼。凡腔之緊慢，眼之遲疾，知音識譜者自能會意。或云襯字不加正板，原屬正理。但元人曲中多用方言俚語，每冠於正文之上，此即落板歎下之處。如〔百字折桂令〕、〔百字堯民歌〕、〔百字知秋令〕、〔增字鴈兒落〕，襯字倍於正文。諸如此類，拘之以理，難以合度。即勉增一二板度之，使其文句清楚，不致躲閃不迭，良爲方便。見者勿謂其正、襯不分，然亦不可爲例。今祇取備體合格，襯字雖繁，不能一一淘汰。

又 曲之分別宮調，全在腔板。如仙呂調，套中有借中呂調一二曲，其腔板稍異，必依仙呂調之聲音，始爲妥協。有字數句法雖同，而腔板迥異，即截然兩調。今悉依宮調以定腔板，或轉因腔板以正宮調。腔之高下，按以工尺，而腔之遲疾，限以板眼。既考歷來相傳之成規，復參以國工修改之新法，舉向之無板者，悉爲點出，向之有板者，重爲釐正。按板循腔，無不可付之歌謳，被之絃管也。

曲之有襯字，猶語助也，藉以暢達文理，而不可當作正文。舊譜不能辨析，以致句法參差，體格凌亂。後人認作實字，承訛襲謬，伊於何底。今細考句法，詳定體格，將襯字逐一分出，字體略小，使填詞者知所稟程焉。

北詞不同於南詞，凡遇呀字、嗏字，本曲换韻不换字處，皆註爲格。他如〔上馬嬌〕之儂字，〔醉鴈兒〕之天字、君字，本曲换字不换韻處，概註爲韻，失韻者即註爲句。略舉其端，填詞者不致眩目也。

工尺字譜，古制十二律呂，陰陽各六。其生聲之理，陽律六音而繼以半律，陰呂六音而繼以半呂，各得七聲，至八而原聲復。是律呂雖有十二，而用之止於七也。五聲二變，合而爲七音。近代皆用工尺等字以名聲調，四字調乃爲正調。是譜皆從正調，而翻七調。七調之中，乙字調最下，上字調次之，五字調最高，六字調次之。今度曲者，用工字調最多，以其便於高下。惟遇曲音過抗，則用尺字調，或上字調。曲音過衰，則用凡字調，或六字調。今譜中仙呂調爲首調，工尺調法，七調俱備，下不過乙，高不過五。旋宮轉調，自可相通，抑可便俗。以下各宮調，俱從正調出。

曲有一體二名，或三、四名，總以最初之名爲正。或有別名，或名同而體格異，或某宮調亦有，俱詳列於本題之下。

曲出於詞，故曲之牌名，亦大半本諸詩餘。其詞句大異者，不便附會牽引。其詞句吻合，及稍有增損而格調仍髣髴者，皆從詞譜摘選，以爲考證世尚。王實甫《西厢》，諸譜皆收，但彼係絃索，音調另成一家，今譜中只取其格，詞句不録。又諸譜所載各曲之正體，不能畫一，今選字句最少者爲正格，凡增句、增字、平仄拈異者，皆爲又一體。

〔仙呂入雙調〕之名，南北諸譜皆載。此名不知何昉，在於宮調，並無是名。假仙呂宮有雙調曲，是名仙呂入雙調。若商調有仙呂宮調曲，即爲商調入仙呂調，此訛傳也。今選仙呂宮之南詞，雙角之北詞，南北合套者爲閏月，另成一帙，是爲仙呂入雙角，以證舊日之訛。

北調〔煞尾〕最爲緊要，所以收拾一套之音節，結束一篇之文情。宮調既分，體裁各別。在仙呂調曰〔賺煞〕，在中呂調曰〔賣花聲煞〕。在大石角曰〔催拍煞〕，在越角曰〔收尾〕。諸如此類，皆秩然不紊。今譜中之〔慶餘〕，乃諸調〔煞尾〕之別名，用者尋其本而自得之。

曲韻須遵周德清《中原音韻》，但今所選，不能盡符，未便因咽廢食。今於用《中原音韻》處，則書韻。如《中原音韻》所無，而沈約韻所通者，則書叶。《中原音韻》所無，沈約韻亦無者，則書押。假如齊微韻，凡收入齊微者，應書韻。如《中原》齊微韻所無，而沈約韻五微八齊內所有，及沈約本稱古韻通者，則書叶。倘混入東鍾，則書押。餘仿此。叶者，古本有是音而叶也。押者，强押之辭言，但取其格不可法，其用韻夾雜也。南詞同。

清・湯彬和《太古傳宗・序》 粵自倚聲創製，宮譜載興，既詞質而韻嚴，亦聲諧以調穩，手隨心得，志以聲宣。聽江上之琵琶，青衫欲濕；按橋頭之曲譜，玉笛偷傳。王昭儀一卷《金陀》，恨留隔代；汪水雲三聲石鼓，怨絶當年。積以流傳，漸多譌誤。遂使金閨麗句，亥豕溷淆；菊部遺音，宫商舛錯。况自絃索調分，僅覩雲中片玉。《歌樓格》出，尤推吴下千狐。苟不辨其妍媸，豈能定以規式。予不敏，少而從事歌曲，晚益留心宫調，嘗將時下所行元音數曲，核之《辨訛》諸録，不揣愚狂，逐加考訂，去句字之冗舛，正腔板之乖異，註譜一卷，用以自私。戊戌仲夏，適與顧子峻德相遇，閒窗論次，偶及《西厢》一劇，由來膾炙人口，惜乎爲好奇者删改，殊乖正格正音。近得《絃索辨訛》一書，曷不與《六才子外書》合參，使其字不厭襯，句不犯格，音必求其協律，調不可以溷腔。因復相與參核，譜成全書，彙爲兩帙，將以公諸同好，專祈斧正，非敢自鳴杼軸以矜人，亦不欲爲依様葫蘆以自誤。庶脱吻傳音，不失秦娥之舊，捧心效病，無增鄰女之羞云爾。

清・孫鵬《太古傳宗序》 蓋惟律吕之道，協天地自然之氣，合之人聲，宣之于器，數而後可以得其中和之則。苟天時與地氣不審，人聲與樂音不比，雖以古之詩章，用古之器數，亦徒見其乖戾而不合，侵替而不倫，手擊之而不得于心，口歌之而非出于志，是人與樂判然而爲二矣，欲其動天地，感鬼神，洽人情，不亦難乎。夫古之知音者，聞聲而可以知其人之性情，辨其事之得失，識其所感之邪正，論其所存之是非，而操縵安絃，音旨之相觸，或至于游魚出聽，六馬仰秣，此豈非聞者之能盡其精微，作者之有以得其旨要哉。蓋樂之爲用，音聲動静，感人性情之變甚速，先生慎樂之感，擇其正者以布化于生民。故聖人有云：興于詩，立于禮，成于樂。樂之爲道，顧云重矣。苟有毫髮之不善，又烏能造其理窟而得神融之至也歟。己亥夏日，偶遇湯子彬和，視其人恂恂然，窺其動容言貌，温粹以和，似亦深有得于樂中三昧之益者。語次，袖一卷，曰《太古傳宗譜考》，其義蓋倣古之琴絃有音無文之樂，而以時尚相傳之散曲，按配宫商，彙成一譜。其説有一板八眼，重以一十六彈，以符一時八刻十五分之義。且云：是書鑽研久矣，嘗訂于顧子式。子式，蘇郡之名師也，意將畢一生之精力，而以公之於天下，惜乎採求未竟，遽云徂謝。譜傳於姪孫峻德，繼先人之貽志，復參互而集成之，共分《西厢譜》二卷，《宫詞譜》二卷，洋洋灑灑，數十餘闋，字字搜括，不遺餘奥，斯亦深有得于五音六律之髓，可不爲近時音樂準繩。固將不秘其傳，公之以行于當世。余固不知樂也，聊以見聞古説爲之弁言，以俟世之知音君子採取焉。

清・徐興華、朱廷鏐《太古傳宗後序》 舊有《琵琶調宫詞》一書，係古吴湯彬和、顧峻德重訂工尺譜也。彼二人者，蓋欲纂成公之同好，惜事未竣而相繼謝世。十餘年來，幸底稿尚存，今恭遇莊親王殿下審定元音，心通律吕，呈覽而稱善，遂命徐興華、朱廷鏐復加校訂，付諸剞劂，以備《韶樂》之一助。彬和，係興華之外舅。峻德，係廷鏐之受業師。書成，深喜樂譜之不致散佚，而含商吐角，直繼美前徽，爰贅言簡末，以誌慶幸云爾。

清・朱珩《太古傳宗序》 夫聲音之道，發乎自然，達乎天地，通乎朝政，非細故也。昔者李謩於天津橋擫笛，自謂以爪畫譜記之，乃知曲之藉譜以度其聲也，由來尚矣。溯元迄今，如馮猶龍之《曲律》，王元美之《曲藻》，並《南音三籟》、《太和正音》諸譜行世，皆各得其説，若夫絃索之譜，古今罕見。吴中湯子彬和，顧子峻德，並鍾期之知音，繼周郎之顧悮，嘗著《太古傳宗》一編，品法精良，卓越恒谿，按宫商配以合套，加工尺晰其斷續，始於絃索，立諸準繩。喜遇徐、朱二子，復商榷增訂於内廷，侍直之暇，謹呈莊親王殿下，仰蒙鑒賞，隨授剞劂氏，工甫竣，王命珩爲序。珩何人耶，敢當言序。珩以垂老之年，昧道懵學，數十年來，雖究心於古今二韻，未能諳習聲律。恭聆王之訓示周詳，得一知半解，譬如不登泰山，不觀滄海，烏知其高而深者，有如是哉。春秋暇日，敬閲《九宫大成》，其間廣收博採，涵古包今。向之珍馮、王各譜爲隋壁者，兹則其□石耳。珩又讀《太古傳宗》，向之嗜《絃索辨訛》等書爲禁臠者，兹則其塵飯耳。珩躬逢明備，歌詠昇平，緊非我皇上鑒定雅樂，王之總理襄贊，乃能如斯之美善也哉。

清・王文治《納書楹曲譜序》 組紃之事，必有經有緯，以成其文章。在天則列宿，經也。五星，緯也。在人則六經，經也。諸史，緯也。樂以九宫爲經，而向所謂九宫者，類皆荒率舛訛，難以遵守。自《大成宫譜》出，而後採擇宏富，考核詳明，度曲之家始有所折衷焉。然九宫，經也。若無雜曲之協律者以緯之，則無以窮其變化，而觀其會通於曲之旨趣，或者其未盡歟。吾友葉君懷庭，究心於宫譜者幾五十年。曲皆有譜，譜必協宫。而文義之淆訛，四聲之離合，辨同淄澠，析及芒杪，蓋畢生之精力專工於斯，不少間斷，始成此書。頃相遇於吴門，頹然老矣。同人欲鋟板以廣其傳，苦篇帙浩繁，不能盡付剞氏。於是擇雜曲之尤雅者，除《北西厢》、臨川《四夢》全本先已行世外，自《琵琶記》而降，凡如干篇，命之曰《納書楹曲譜正集》。然世俗之所流通者，或不能盡載。又廣之曰續集，曰外集，殆猶《莊子》之有内、外、雜篇也。䣕風華者玩其詞，審音律者詳其格。從俗而可通於雅，準古而可法於今。以此爲九宮之緯，其殆庶幾乎。懷庭始訂譜時，有與俗伶不叶者，或羣起而議之。至今日翕然宗仰，如出一口，然懷庭初不以毁譽介於懷也。屏衆議而克自樹立，久則必彰。學古人之學者，益當自信也已。

清・葉堂《納書楹曲譜・自序》 聲音之道甚微，字母等韻之法，童子能辨之。或有白首而莫明其故者，倘亦稟諸性生歟。然而達士通人，矢口成韻，靡不應絃合節，和若球鍠。則莊子所謂天籟無方者是也。樂譜之有九宮舊矣，本朝《大成宮譜》出，而度曲之家奉若律令無異詞。顧念自元明以來，法曲流傳，無慮數百種，其膾炙人口者，鼎中一臠爾。而俗伶登場，既無老教師爲之按拍，襲繆沿譌，所在多有，余心弗善也。暇日，搜擇討論，準古今而通雅俗，文之舛淆者訂之，律之未諧者協之。而於四聲、離合、清濁、陰陽之芒杪，呼吸關通，自謂頗有所得。蓋自弱冠至今，靡他嗜好，露晨月夕，側耳摇脣，究心於此事者垂五十年，而余亦既老矣，點畫叢殘，蠹編堆案。爰取雜曲之尤雅者，除《西厢記》、臨川《四夢》，全本單行問世外，自《琵琶記》以降，凡如干篇都爲一集，又徇世俗所通行者，廣爲二集，統命之曰《納書楹曲譜》。嗟乎，曲者，樂之迹也。今之曲雖不可以言樂，而其爲五音所筦攝，則同古之人有以顧曲稱者，又或號曲子相公。彼其人皆身都將相，彪炳一時，出其餘力以游於藝。而余瓠落不材，特以閉門無事，徜徉於歌扇之間，詠太平而酬清景，斯亦如候蟲時鳥之生而能鳴，而不自知其所以然也。偉人鉅公，幸無譏焉。

又《凡例》 此譜分正、續、外三集。正集之末近乎續，續集之末近乎外。至外集所選，因向來家絃户誦，膾炙人口者，故不忍遽棄。

諸曲因非全本，引皆不録。若四夢係趙璧隋珠，故取其備。

譜中有題名一齣，而曲則合二三套者。如《琵琶記・分別》之類，今遵原本，概不妄增名目。其有俗名與原本異者，亦姑從衆，以便披覽。

此譜與宮譜不同，蓋宮譜字分正襯，主備格式。此譜欲盡度曲之妙，間有挪借板眼處，故不分正襯，所謂死腔活板也。

譜中丶者爲頭板，ㄴ者爲腰板，一者爲底板，×者爲頭贈板，Ⅸ者爲腰贈板，〇者爲中眼，△者爲腰眼。字之左有ㄴ者，乃鈎住再起。工尺下有/者，因非實板，或重一字。如《分別》内怕回來之怕字，本非曲文應有者，乃搬演家起聲發調之法。

板眼中另有小眼，原爲初學而設。在善歌者自能生巧，若細細註明，轉覺束縛。今照舊譜，悉不加入。

抽板取其簡便。如首曲、次曲，牌名俱同，俱有贈板，則次曲可以抽板矣。有贈板中唱散板一句者，或贈板中忽唱無贈板者，又或末兩句唱無贈板者，此皆搬演家取便處，今姑從之。

浪板，如《活捉》、《思凡》、《羅夢》等曲，必不可少。其他遇欲加浪板處，必須斟酌。即如曲中有天地、爹娘、夫妻等字樣，亦要審度聲勢，不可濫用，恐其近乎對白耳。

譜中間有曲文太長，一人之力不能卒歌者，不妨節去幾曲，以博其趣。

譜中有一套用兩調者，註明上方，若始終一調，則不贅。

此譜工尺，已斟酌盡善，校勘詳明。如遇不能順口處，須細心紬繹，不可輒改。

翻刻係俗人射利事，最足痛恨。賈者或幸其價之稍廉，而不知舛誤錯謬處，不可勝計。况此譜不比他書，易於校讐。即在一板一眼，有失毫釐而謬千里者，知音之士必能識別，則翻刻不究自息矣。

清・葉堂《納書楹曲譜・自序》 往余梓正、續、外三集曲譜問世，或謂是譜計文字之工拙，辨音律之淆譌，善矣。而於梨園家搬演尚多遺置，恐世之愛新聲者心未饜也。夫古曲之不諧於俗，非自今日始。追新逐變，衆嗜同趨，若別成一風，會焉而不可解。余既不能違曹好而獨彈古調，又安用靳此戔戔者爲哉。冬日多暇，薈萃紬檢，上自《琵琶》，下至時劇，凡梨園家搬演而手曾製譜者，悉付剞劂。中附時人散曲，及黄石牧《四才子》等套，蓋余一生手口所涉獵，畢綴諸此，寶之者爲鼠璞耶，賤之者爲雞肋耶，皆不敢知。若夫妙契筌蹄，而尋味於酸鹹之外，悠悠終古，當有諒余不得已之苦心者矣。

清・梁廷枏《曲話》卷四 吴門李元玉有《一笠菴廣正九宮譜》，採元人各種傳奇散套及明初諸名人所著之北詞，依宮按調，彙爲全書。於牌名、體格同異處，辨證甚屬精詳。所收尤博，多今未見者。先是，華亭徐于室輯有原稿，李氏取而參討之。吳梅村爲之序，稱爲騷壇鼓吹，堪與漢文、唐詩並傳不朽，可謂知言。按：《雍熙樂府》列黃鍾、正宮、大石、小石、仙呂、中呂、南呂、雙調、越調、商調、商角、般涉十二調，其商角及般涉有目無詞。李氏書雖多道宮、高平、歇指、宮調、角調五類，而歇指及宮、角三調皆有目無詞，核其體例，實以《雍熙樂府》爲本，偶有增益，亦因彼而推廣之耳。

《九宮譜定》，不知誰氏所作，但署東山釣史、兇湖逸者仝輯，蓋隱其名矣。所論皆南曲。篇首諸論，多能切中。其論務頭云：凡曲遇揭起其音而宛轉其調，如俗之所謂做腔處，即是務頭。其論甚創。按：《中原音韻》於北曲之務頭臚列甚詳，而南曲務頭絶無道及。又按：《嘯餘譜》載務頭一卷，然於務頭二字究未説明。李笠翁謂二字既不得其解，當以不解解之，不得爲謎語欺人者所惑。此説良當。如云：各調皆有引子，獨羽調無引子，當借仙呂引子用之。又云：犯曲只宜犯本宮。或偶犯別宮，則音調必稍異。如〔醉太師〕、〔猫兒出隊〕之類，只宜直作本曲之名，不必分作犯體。又云：大套必用尾，惟仙呂之〔木丫牙〕等調，大石之〔一撮棹〕等調，商呂之〔鎖窗寒〕等調，黃鍾之〔刮地風〕等調，商調之〔啄木鸝〕等調，或二或四，皆可不必用尾。擇取亦清，洵稱善本，非深入其域者不能道也。是書論平仄有過寬者，如引《幽閨》之〔黃鍾・絳都春〕云：得到今朝。謂可用平平平去。〔正宮・普天樂〕云：割得斷兄妹腸肚。謂可用入平平平入平平。〔仙呂・卜算子〕云：病染身着地。謂可用仄仄仄平平。《琵琶》之〔中呂・菊花新〕云：封書遠寄到親闈，又見關河朔雁飛。謂二句可用仄仄平平仄仄平，平平平仄平仄平。《荆釵》之〔南呂・臨江仙〕云：渡水登山須子細。謂可用仄仄平平平仄仄平。《牧羊》之越調云：甚日信復中郎將。謂可用仄仄平平平仄仄。《卧冰》之〔商調・逍遥樂〕云：人阻陽臺煙霞暝，謂後三字可用去平平。〔雙調・真珠簾〕云：停針久。謂可用上平平。《綵樓》之〔仙呂入雙調・金水令〕云，娘子志誠，兩意相投二句，謂可用仄仄平平，平仄平仄。《幽閨》之〔羽調・排歌〕云：不忍聽。謂可用平平仄。如此類可以互易者，不可枚舉。須知曲有一定之平仄；中有數曲，並仄中之上去亦不可改。其平可以使仄、仄可以使平者，必古曲音律不諧，而後善謳者酌而改之，此雖有，而不多見，豈能任意互易，而云無礙耶。持論雖活，然或病其過活也。

莊親王博綜典籍，尤精通音律，能窮其變而會其通，所著《九宮大成南北宮譜》，多至數十卷，前此未有也。其持論有特識，精卓不刊，能闢數百年詞家未闢之秘。如南譜舊有仙呂入雙調一門，其音聲迥不相合。今譜中將仙呂歸仙呂，雙調歸雙調，而用南〔仙呂・步步嬌〕、北〔雙調・新水令〕等曲合成套數，別爲閏卷。又詞家以各宮牌名彙而成曲，俗稱犯調。譜中以犯字意義無本，更其名曰集曲，其集曲有名義可取，而聲律失調者，有節奏克諧而名義欠雅者，悉爲釐正，不拘於古人成式。又《中原音韻》入聲分派三聲之内，但止於平聲分陰陽，而上去不分，尚欠精晰。譜中每字定以工尺，而陰陽自分，可補周德清之所未備。又舊譜俱限七字爲句，無論文義如何，皆截爲襯字，幾不成文理。今譜中多留一二正字，全其文義，除去正文中間作讀，章句益覺完美。又譜中有一牌名同字異者，以至先者爲正體，餘爲又一體，亦洗《嘯餘譜》第一體、第二體之陋，確爲有見。凡此皆創例也。

又卷五　詞曲本里巷之樂，初無正聲。其體雖創自唐代，然唐無詞韻。初唐《回波》諸篇，唐末《花間集》，所用韻皆與詩同。至宋始有以入代平、以上代平之例，然三百年來，絶無《詞韻》一書，不過稍叶以方音而已。蓋唐時去古尚未遠，方言猶與韻合。宋雖去古已遠，而諸方各隨其土語，不能定爲一格，故兩代均無專書。元則北曲立爲專門，勢不得不定爲韻譜。義各有當，時使之然也。

周韻以上支、紙、寘分作支思韻，下支、紙、寘分作齊微韻。上麻、馬、禡分作家麻韻，下麻、馬、禡分作車遮韻。而入聲隸之平、上、去三聲，則曲韻不可與詞韻混也。乃胡文煥《文會堂詞韻》，平、上、去三聲用曲韻，入聲用詩韻。是韻行而作曲者或捨周韻而就之，而此道漸有歧途之惑。沈去矜著《詞韻》，以正當世誤用曲韻之病。如肱、轟、崩、烹、盲、弘、鵬等字，沈韻收入庚梗韻而周韻收入東鐘韻。浮字沈韻收入尤有韻，而周韻收入魚模韻。《詞韻》平聲獨用，上、去通用，有三聲通押者而入聲不與，周韻則四聲通用。是周韻之斷不可通於詞韻明矣，而近時詞家間以周韻爲詞韻。夫作詞可用周韻，作曲何不可用胡韻乎。此中界限，原易明悉，而誤者紛出，所不解也。

毛西河作《韻學要指》，謂：古今無二韻，自上古至今，經史載籍，以至矢口所誦，俱無有二，所歸然特出，別成一例者，秖元人北曲韻耳。若詩餘、南曲，即無一不與五部、三聲、兩界、兩合、四門相符，故宋人亦並無有造詞曲韻者。今人妄作詞韻以律宋、元人爲詩餘者，且有以南曲無韻，强將《中原音韻》北曲之韻責之南曲，如《西樓記》以《中原音韻》註每折下，《南詞新譜》反判古曲爲失韻之類。是欲冠夏人以幧頭、衣周嬪以窮袴也。又云：詩餘、南曲，亦俱有支、魚一界。嘗誦元人曲詞：迢迢路不知是那裏，前途去未審安身在何處。此界韻也。後在白門聽伎，有歌何處爲何地者，此又近論韻家所改竄字。按：南曲固無專韻，然如西河言，則南曲韻究無定主，故《九宮大成》選古詞以補南曲所無。其《南詞》凡例謂：詞韻與曲韻不同，度曲者仍用《中原韻》填之。夫南曲既可用《中原韻》，是仍以四聲通用爲正矣。《梅嶺記》之《傾杯序》云：霧鎖烟林映峭壁，巖壑峯巒翠。散曲之《傾杯賺》云：紅裝素態擎清露，景堪録。繫百索，衫裁艾虎。此皆南曲以入聲與三聲並押之證。

順治末，武林陳次升作《南曲詞韻》，欲與周韻並行，緣事中輟。李笠翁謂：南韻深渺，卒難成書。填詞家即將周韻就平、上、去三音中，抽出入聲字另爲一聲，備南曲之用。是又一説。南北曲聲調雖異，而過宮、下韻則一。自高則誠作《琵琶》，創爲不尋宮數調之説，以掩己所短，後人遂藉口謂北曲嚴而南曲疎，臧晉叔譏之是也。

清·王德暉、徐沅澂《顧誤録·韻書源流》 漢魏以上無韻書。晉陸機《文賦》曰：收百世之闕文，采千載之遺韻。文人言韻，始見於此。隋陸法言撰《切韻》五卷，唐郭知元附益之。天寶末，陳州司馬孫愐，以《切韻》爲謬，復略加刪正，別爲《唐韻》之名。宋真宗祥符元年，改《唐韻》爲《廣韻》，以行於世。學者多言韻書本於沈約，《隋書·藝文志》，有約所著《四聲類譜》一卷。不知約書實本於齊中書郎周彦倫《四聲切韻》而作。《隋志》、《舊唐志》亦載《聲類》等凡十餘家，末有李登《聲類》，吕静《韻集》，始判清濁宮羽。是約之前，已有此書，約特小有更定耳。宋景祐四年，著《禮部韻略》五卷。淳熙監本《禮部韻略》五卷，乃翰林學士丁度所修，止九千五百九十字，申明續降一百八十三字，止爲科舉之用，其曰略者，不備之稱也。又按：宋時有《集韻》一書，乃寶元二年詔宋祁、鄭戩同修，而丁度、李淑典領之，書成，賜名《集韻》。元初黄公紹纂《韻會舉要》一百七卷，後之詞人相承用之。

雜録

清·石韞玉《長生殿曲譜序》 陳鴻作《長恨傳》，白居易作《長恨歌》，國朝洪昉思兩取而點綴之。鶯花兩部，慶天子之無愁。風雨一杯，弔美人之薄命。其意致深遠也。百餘年來，歌舞場中，傳爲佳話，流播人間，何待論哉。而吾獨思夫李明皇，風流教主也，設立梨園，分今古之樂，嘗於宮闈燕寢時，令太真度新曲，己擫玉笛倚聲而和之。當時聞者，如至天帝所聽《鈞天廣樂》，雖《玉樹》、《金蟬》之曲，不是過也。後之人欲弄斧班門，彎弓羿室，藉非嬴女吹簫，馮夷擊鼓，何能使笑者解頤，泣者頫首如是哉。今吾吴馮丈以縹緲之音，度娟麗之語，凡聲律欵致，宮調節拍，胥考訂無遺者，誠善本也。昔崑山魏良輔鏤心曲理，不下樓者十年，力掃凡響，變爲新聲，於是乎乃有崑腔名目。今讀此本，迎頭拍字，按板隨腔，如雛鳳之鳴，如流鶯之囀，此真會心人與。異日者，廿四橋邊，二分明月，聽玉人吹簫之處，恍若身入廣寒宮中，聆《霓裳羽衣》一曲也。乾隆己酉春三月下澣，平江石韞玉題序。

清·石韞玉《牡丹亭曲譜序》 湯臨川作《牡丹亭》傳奇，名擅一時。當其脱稿時，翌日而歌兒持板，又翌日而旗亭已樹赤幟矣。然而年來舞榭歌臺，工同曲異，而卒無人引其商而刻其羽，致使燕筑趙瑟妙處不傳，亦詞人之恨事也。今雲章馮丈，取臨川舊本，詳註宮商，點定節拍，譜既就，索序於余。余生平愛讀傳奇院本，心竊許《牡丹亭》爲第一種。每當風月良宵，手執一卷，坐衆花深處，作洛生詠。餘音鏗然，縹緲雲霄。則起謂人曰：此中自有佳趣，何必冷雨幽窗，致令其聲不可聽乎。今觀此本，凡佳人才子，輕憐愛惜之致。以及嬉笑怒駡，里巷褻媟之語，與夫歡娱愁苦之音，靡不傳神於栩栩之中，設使九京可作，臨川當亦首肯。微特僕擊節歎賞爲無窮也。

清·葉堂《納書楹重訂西厢記譜·自序》 乾隆甲辰歲，余譜《西厢記》問世，以從來未歌之曲付之管絃，縱未敢云盡善，然推敲於聲律之微，抑亦大費苦心矣。迄今已閱十有二年，而購者寥寥，心竊自疑，豈其中尚有未盡者耶。或謂余曰：世之號爲能歌者，非能諳譜，乃趁譜者也。作譜者必點定小眼，始有繩尺可依。今子之譜有板而無眼，此購者之所以裹足而不前也。余應之曰：嘻。爲此説者，非深於斯道者也。夫曲雖小道，至理存焉。曲有一定之板，而無一定之眼。假如某曲某句，格應幾板，此一定者也。至於眼之多寡，則視乎曲之緊慢。側直，則從乎腔之轉折。善歌者自能心領神會，無一定者也。若必强作解事，而曰某曲三眼一板，某曲一眼一板，以至鬬接收煞，盡露痕跡，而於側直又處處誌之。是殆所謂活腔死唱者歟。或又曰：宋玉有言，曲高和寡。如子之説，恐非所以諧俗也。盍稍貶損焉，以悦時人之耳目可乎。余笑曰：余非鬻技者，然子言亦大有理。邇因原版日久散失，復加校訂，於可用小眼處，一一增入，以付剞劂。亦不得已從俗之所爲，究非余之本心也。其楔子《絡絲娘》既非正曲，輒從芟汰，知音者其鑒諸。乾隆六十年乙卯三月，懷庭居士識。

清・葉堂《納書楹四夢全譜・凡例》 南曲之有犯調，其異同得失，最難剖析，而臨川四夢爲尤甚。譜中遇犯調諸曲，雖已細注某曲某句，然如〔雙梧鬥五更〕、〔三節鮑老〕等名，余所創始，未免穿鑿。第欲求合臨川之曲，不能謹守宫譜集曲之舊名，識者亮之。

臨川用韻，間亦有筆誤處。如歡撓中嗚嘬之嘬字，以皆來押歌戈。番釁中零逋之逋字，以魚模押家麻，未免乖謬。至其字之平仄聱牙，句之長短拗體，不勝枚舉。特以文詞精妙，不敢妄易，輒宛轉就之。知音者即以爲臨川之韻也可，以爲臨川之格也可。

是譜依原本校録，除引之不用笛，和者不加工尺，餘雖隻曲、小引，亦必斟酌盡善，未嘗忽略。惟《冥判》之〔混江龍〕，不録全譜，蓋此曲才大如海，把讀且不易窮，豈能一一按歌，故僅照時派譜定。

譜中所有工尺、板眼等式，備載雜曲譜中，兹不贅。

清・王文治《納書楹玉茗堂四夢曲譜序》 吾友葉君懷庭，誠哉玉茗之功臣也。《楞嚴經》云：琴瑟箜篌，雖有妙音，若無妙指，終不能發。玉茗四夢不獨詞家之極則，抑亦文律之總持。及被之管絃，又别有一種幽深艷異之致，爲古今諸曲所不能到。俗工依譜諧聲，何能傳其旨趣於萬一。非吾懷庭有以發之，千載而下，孰知玉茗四夢聲音之妙一至於此哉。懷庭於古今諸曲，皆有訂本。同人欲選其尤著者刊板，以廣其傳。四夢皆在首選中，顧束於方幅，弗能多載。余欲將《牡丹亭》全本另刊以行，力争乃可。頃余自吴返里，懷庭忽寓書於余，欲併刊四夢全本，乞余爲序。善夫有此盛舉，余何惜一序之勞乎。顧《牡丹亭》之佳處雖曰難知，然昔人表章者多。《紫釵》穠麗精工，佳處易見，然世已罕能知之。至《邯鄲》、《南柯》，囊括古今，出入仙佛，詞義幽深，洵玉茗入聖之筆，又玉茗度世之文，而世人絶無知者。加以刊本弗精，魯魚難辨，且玉茗興到疾書，於宫譜復多隕越。懷庭乃苦心孤詣，以意逆志，順文律之曲折，作曲律之抑揚頓挫綿邈，盡玉茗之能事，可謂塵世之仙音，古今之絶業矣。此書成，薄海以内，定有賞音。如或不然，請俟諸五百年以後。

演藝部

部色

題解

元·陶宗儀《南村輟耕録》卷二五　金有院本、雜劇、諸宮調，院本、雜劇，其實一也。國朝，院本、雜劇始厘而二之。院本則五人：一曰副浄，古謂之參軍。一曰副末，古謂之蒼鶻，鶻能擊禽鳥，末可打副浄，故云。一曰引戲。一曰末泥。一曰裝孤。又謂之五花爨弄。

明·朱權《太和正音譜》卷上《詞林須知》　雜劇、院本，皆有正末、付末、狚、孤、靚、鴇、猱、捷譏、引戲九色之名。

明·王驥德《曲律》卷三《論部色第三七》　《夢遊録》云：今教坊開場，先引一段尋常事，名曰豔段，次正雜劇，爲兩段。末泥色主張，引戲色分付，副浄色發喬，副末色打諢，又或添一人裝孤。其次曲破斷送者，謂之把香。【略】一説：曲貴熟而曰生，婦宜夜而曰旦，末先出而曰末，浄喧鬧而曰浄，反言之也，其貼則旦之佐，丑則浄之副，外則末之餘，明矣。【略】又按：元雜劇中，名色不同，末則有正末、副末、冲末、即副末。砌末、小末，旦則有正旦、副旦、貼旦、即副旦。茶旦、外旦、小旦、旦兒。即小旦。卜旦，亦曰卜兒。即老旦。又有外，有孤，裝官者。有細酸，亦裝生者。有孛老。即老雜。小廝曰徠，從人曰祗從，雜脚曰雜當，裝賊曰邦老。凡廝役，皆曰張千，有二人，則曰李萬。凡婢皆曰梅香。凡酒保皆曰店小二。今之南戲，則有正生、貼生，或小生。正旦、貼旦、老旦、小旦、外、末、浄、丑、即中浄。小丑。即小浄。共十二人，或十一人，與古小異。古孤以裝官，《夢遊録》所謂裝孤即旦，非也。又丹丘以狚、孤、鴇、猱並列，即孤當亦是孤字之誤耳。

論説

唐·崔令欽《教坊記》　妓女入宜春院，謂之内人，亦曰前頭人，常在上前頭也。其家猶在教坊，謂之内人家，四季給米。其得幸者，謂之十家，給第宅，賜無異等。初，特承恩寵者有十家，後繼進者，敕有司給賜同十家。雖數十家，猶故以十家呼之。每月二十六日，内人母得以女對。無母則姊、妹若姑一人對。十家就本落，餘内人並坐内教坊對。内人生日，則許其母、姑、姊、妹皆來對，其對所如式。樓下戲出隊，宜春院人少，即以雲韶添之。雲韶謂之宫人，蓋賤疑也，非直美惡殊貌，居然易辨明：内人帶魚，宫人則否。平人女以容色選入内者，教習琵琶、三絃、箜篌、箏等者，謂之搊彈家。

又　坊中諸女，以氣類相似，約爲香火兄弟，每多至十四五人，少不下八九輩。有兒郎聘之者，輒被以婦人稱呼，既所聘者兄見，呼爲新婦，弟見，呼爲嫂也。兒郎有任宫僚者，官參與内人對同日。垂到内門，車馬相逢，或搴車簾呼阿嫂若新婦者，同黨未達，殊爲怪異。問被呼者，笑而不答。兒郎既娉一女，其香火兄弟多相奔，云：學突厥法。又云：我兄弟相憐愛，欲得嘗其婦也。主者亦不妒。他香火即不通。

唐·段安節《樂府雜録·雅樂部》　宫懸四面，天子樂也。軒懸三面，諸侯樂也。判懸二面，大夫樂也。特懸一面，士樂也。宫懸四面，每面五架，架即簨簴也。其上安金銅仰陽，以鷺鷥、孔雀羽裝之，兩面綴以流蘇，以綵翠絲絨爲之也。十二律上鐘九乳，依月排之。每面石磬及編鐘各一架，每架列鐘十二所，亦依律編之。四角安鼓四座：一曰應鼓，四旁有兩小鼓，爲輔鼓也。二曰腰鼓，三曰警鼓，四曰雷鼓，皆彩畫，上各安寶輪，以珠翠妝之。樂即有簫、笙、竽、塤、篪、籥、跋膝、琴、瑟、筑。【略】凡奏曲，登歌先引，諸樂逐之。其樂工皆戴平幘，衣緋大袖，每色十二，在樂懸内，已上謂之坐部伎。《八佾舞》則六十四人，文武各半，皆著畫幘，俱在樂懸之北。文舞居東，手執翟，狀如鳳毛。武舞居西，手執戚。文衣長大，武衣短小。其鐘師及磬師、登歌、《八佾舞》并諸色舞，通謂之立部伎。柷、敔、樂懸既陳，太常卿押樂在樂懸之北面，太樂令、鼓吹令俱在太常卿之後，太樂在東，鼓吹居西。

協律郎二人，皆執翬竿，亦用綵翠妝之，一人在殿上，翬竿倒，殿下亦倒，遂奏樂。協律郎皆緑衣大袖，戴冠。

又《雲韶樂》用玉磬四架。樂即有琴、瑟、筑、簫、篪、籥、跋膝、笙、竽、登歌、拍板。樂分堂上、堂下。登歌四人，在堂下坐。舞童五人，衣繡衣，各執金蓮花引舞者。金蓮，如仙家行道者也。舞在階下，設錦筵。宫中有雲韶院。

又《清樂部》樂即有琴、瑟、雲和筝、笙、竽、箏、簫、方響、篪、跋膝、拍板。戲即有弄《賈大獵兒》也。

又《鼓吹部》即有鹵簿、鉦、鼓及角。樂用絃、鞚、笳、簫。又即用哀笳，以羊角爲管，蘆爲頭也。警鼓二人，執朱旛引樂，衣文，戴冠。已上樂人皆騎馬，樂即謂之騎吹。俗樂亦有騎吹也。天子鹵簿用大全仗，鼓一百二十面，金鉦七十面。郊天謁廟吉禮，即衣雲花黄衣，鼓四，鉦二。下山陵凶禮，即衣雲花白衣，鼓二，鉦二。下册太后，皇后及太子，用鼓七十面，金鉦四十面，謂之小全仗。公主出降及册三公，并祔廟禮葬，並用大半仗，鼓四十面，鉦二十面。諸侯用小半仗，鼓三十面，鉦十四面，吉凶如上。自太子已下，册禮及葬祔廟，並無警鼓。

又《驅儺》右十二人，皆朱髮，衣白□畫衣。各執麻鞭，辮麻爲之，長數尺，振之聲甚厲。乃呼神名，其有甲作，食殃者，胇胃，食虎者，騰簡，食不祥者，攬諸，食咎者，祖明，强梁，共食磔死寄生者，騰根，食蠱者等。侲子五百，小兒爲之，衣朱褶、素襦，戴面具。以晦日於紫宸殿前儺，張宫懸樂。太常卿及少卿押樂正到西閤門，丞并太樂署令、鼓吹署令、協律郎並押樂在殿前。事前十日，太常卿并諸官於本寺先閱儺，并遍閱諸樂。其日，大宴三五署官，其朝寮家皆上棚觀之，百姓亦入看，頗謂壯觀也。太常卿上此。歲除前一日，於右金吾龍尾道下重閱，即不用樂也。御樓時，於金雞竿下打赦鼓一面，鉦一面，以五十人，唱色十下，鼓一下，鉦以千下。

又《熊羆部》其熊羆者有十二，皆有木雕之，悉高丈餘，其上安版床，復施寶幰，皆金彩裝之，於其上奏雅樂。含元殿方奏此樂也，奏唐《十二時》、《萬宇清》、《月重輪》三曲。亦謂之十二案。

又《鼓架部》樂有笛、拍板、答鼓，兩杖鼓。【略】即有《踏摇娘》。《羊頭渾脱》、《九頭獅子》，弄《白馬益錢》，以至尋橦、跳丸、吐火、吞刀、旋槃、筋斗，悉屬此部。

又《龜茲部》樂有觱篥、笛、拍板、四色鼓、揩羯鼓、雞樓鼓。【略】。舞《太平樂》曲。《破陣樂》曲，亦屬此部，秦王所制，舞人皆衣畫甲，執旗旆。外藩鎮春冬犒軍亦舞此曲，兼馬軍引入場，尤甚壯觀也。《萬斯年》曲，是朱崖李太尉進此曲名，即《天仙子》是也。

又《胡部》樂有琵琶、五絃、筝、箜篌、觱篥、笛、方響、拍板。合曲時，亦擊小鼓、鈸子。合曲後立唱歌，凉府所進，本在正宫調大遍、小遍。至貞元初，康崑崙翻入琵琶玉宸宫調，初進曲在玉宸殿，故有此名合諸樂，即黄鍾宫調也。《奉聖樂》曲，是韋南康鎮蜀時南詔所進，在宫調，亦舞伎六十四人，遇内宴，即於殿前立奏樂，更番替换，若宫中宴，即坐奏樂。俗樂亦有坐部、立部也。

元·吴自牧《夢粱録》卷二〇《妓樂》 散樂傳學教坊十三部，唯以雜劇爲正色。舊教坊有篳篥部、大鼓部、拍板部。色有歌板色、琵琶色、筝色、方響色、笙色、龍笛色、頭管色、舞旋色、雜劇色、參軍等色。但色有色長，部有部頭。上有教坊使，副鈐轄，都管，掌儀，掌範，皆是雜流命官。其諸部諸色，分服紫、緋、緑三色寬衫，兩下各垂黄義襴。雜劇部皆諢裹，餘皆幞頭帽子。更有小兒隊、女童採蓮隊。其外别有鈞容班人，四孟乘馬從駕後動樂者是也。御馬院使臣，凡有宣唤或御教，入内承應奏樂。

元·夏庭芝《青樓集·志》 國初教坊色長魏、武、劉三人，魏長於念誦，武長於筋斗，劉長於科泛，至今行之。又有焰段，類院本而差簡，蓋取其如火焰之易明滅也。雜劇則有旦、末。旦本女人爲之，名妝旦色。末本男子爲之，名末泥。其餘供觀者，悉爲之外脚。

元·張擇鳴《青樓集叙》 《青樓集》者，紀南北諸伶之姓氏也。名以青樓者何。蓋取秦少游之語也。記以諸伶者誰。吴淞夏君之集也。【略】兹記諸伶姓氏，一以見盛世芬華，元元同樂，再以見庸夫溺濁流之弊，遂有今日之大亂，厥志淵矣哉。《史》列伶官之傳，侍兒有集，義倡司書，稗官小説，君子取焉。伯和記其賤者末者，後猶匪企及，况其碩氏巨賢乎。當察夫集外之意，不當求諸集中之名也。

元·楊維楨《東維子文集》卷二《優戲録序》 侏儒奇偉之戲，出於古亡國之君。春秋之世，陵轢大諸侯。後代離析文義，至侮聖人之言爲劇，蓋在誅絶之法。而太史公爲滑稽者作傳，取其謹言微中，則感世道者深矣。錢唐王曄集歷代之優辭有關於世道者，自楚國優孟而下，至金人玳瑁頭，凡若干條。太史公之旨，其有概於中者乎。予聞仲尼論諫之義有五：始曰譎諫，終曰諷諫，且曰：吾從者諷乎。蓋一諷之效，從容一言之中，而龍逢、比干不獲稱良臣者之所不及也。觀優之寓於諷者，如漆城、瓦衣、雨税之類，皆一言之微，有回天倒日之力，而勿煩乎牽裾、伏蒲之勃也。則優戲之伎，雖在誅絶，而優諫之功，豈可少乎。他如安金藏之剖腸，申漸高之飲鴆，敬新磨之勉戮疲令，楊花之飛易亂主於治，君子之論，且有謂臺官不如伶官。至其錫教及於獮猴，解愁具死也，足以愧北面二君者，則憂世君子不能不喟喟於此矣。故吾於曄之編爲叙之如此，使覽者不徒爲軒渠一噱之助，則知曄之感，太史氏之感也歟。

明・朱權《太和正音譜》卷上《雜劇十二科》 雜劇，俳優所扮者，謂之娼戲，故曰勾欄。子昂趙先生曰：良家子弟所扮雜劇，謂之行家生活，娼優所扮者，謂之戾家把戲。良人貴其恥，故扮者寡，今少矣，反以娼優扮者謂之行家，失之遠也。或問其何故哉。則應之曰：雜劇出于鴻儒碩士、騷人墨客所作，皆良人也。若非我輩所作，娼優豈能扮乎。推其本而明其理，故以爲戾家也。

明・徐渭《南詞叙録》 生：即男子之稱。史有董生、魯生，樂府有劉生之屬。旦：宋伎上場，皆以樂器之類置籃中，擔之以出，號曰花擔。今陝西猶然。後省文爲旦。或曰：小獸能殺虎，如伎以小物害人也。未必然。外：生之外又一生也，或謂之小生。外旦、小外，後人益之。貼：旦之外貼一旦也。丑：以墨粉塗面，其形甚醜。今省文作丑。净：此字不可解。或曰：其面不净，故反言之。予意：即古參軍二字，合而訛之耳。優中最尊。其手皮帽，有兩手形，因明皇奉黄旛綽首而起。末：優中之少者爲之，故居其末。手執搕爪。起於後唐莊宗。古謂之蒼鶻，言能擊物也。北劇不然，生曰末泥，亦曰正末，外曰孛老，末曰外，净曰俫，亦曰净，亦曰邦老，老旦曰卜兒，其他或直稱名。

明・沈德符《萬曆野獲編》卷二五《詞曲部・戲旦》 自北劇興，名男爲正末，女曰旦兒。相傳入於南劇，雖稍有更易，而旦之名不改，竟不曉何義。今觀《遼史・樂志》：大樂有七聲，謂之七旦。凡一旦，管一調，如正宫、越調、大食、中吕之屬。此外又有四旦二十八調，不用黍律，以琵琶叶之。按此即今九宫譜之始。所謂旦，乃司樂之總名，以故金、元相傳，遂命歌妓領之，因以作雜劇。流傳至今，旦皆以娼女充之，無則以優之少者假扮，漸遠而失其真耳。大食，今曲譜中訛作大石。【略】元人云：雜劇中用四人：曰末泥色，主引戲、分付。曰副净色，主發喬。曰副末色，主打諢。又或一人裝孤老。而旦獨無管色，益知旦爲管調，如教坊之部頭、色長矣。

明・王驥德《曲律》卷三《雜論第三九上》 古之優人，第以諧謔滑稽供人主喜笑，未有並曲與白而歌舞登場如今之戲子者，又皆優人自造科套，非如今日習現成本子，俟主人揀擇，而日日此伎倆也。如優孟、優旃、後唐莊宗，以迨宋之靖康、紹興，史籍所記，不過葬馬、漆城、李天下、公治長、二聖環等諧語而已。

清・孔尚任《桃花扇・凡例》 脚色所以分别君子小人，亦有時正色不足，借用丑、净者。潔面花面，若人之妍媸然，當賞識於牝牡驪黄之外耳。

清・李調元《劇話》卷上 胡應麟《莊嶽委談》：優伶戲文，自優孟抵掌孫叔敖，實及漢宦者傳脂粉侍中郎，後世裝旦之漸。

又《莊嶽委談》：今優伶輩大率八人爲朋，生、旦、净、末，副亦如之。元院本無所謂生、旦者。雜劇旦有數色：謂裝旦，即今正旦也。小旦，即今副旦也。或以墨點其面，謂之花旦，今惟净、丑爲之。觀安節《樂府雜録》稱范傳康等弄假婦人，則唐末有旦名。宋雜劇名惟《武林舊事》足徵。每甲八人者，有戲頭，有引戲，有次净，有副末，有裝旦，五人者，第有前四色，而無裝旦。蓋旦之色目，宋已有之，而未盛。元雜劇多用妓樂名妓，如李嬌兒爲温柔旦，張奔兒爲風流旦，時旦色直以婦人爲之也。以今憶之，宋之所謂戲頭，即生也，引戲，即末也，副末，即外也，次净，即丑，裝旦，即旦。而元雜劇之末，乃今戲中之生，即宋所謂戲頭也。鄭德輝《倩女》、關漢卿《竇娥》，皆以末爲生。今《西厢》以張珙爲生，當是國初所改。又傳奇以戲爲稱，其名欲顛倒而無實也。故曲欲熟而命以生也，婦宜夜而命以旦也，開場始事而命以末也，塗污不潔而命以净也。《猥談》：生、净、旦、末等名，有謂反稱，又或托之唐莊宗，皆謬也。此本金、元闤闠談吐，所謂鶻伶聲嗽，今云市語者也。生即男子，旦曰裝旦色，净曰净兒，末乃末泥，孤乃官人。即其土音，何義理之有。《太和譜》曾略言之。

《堅瓠集》：《樂記》注謂：優俳雜戲，如獮猴之狀。乃知：生，狌也。旦，狚也。《莊子》：猨猵狚以爲雌。浄，狰也。《廣韻》：似豹一角五尾。丑，狃也。《廣韻》：犬性驕。謂俳優如獸，所謂獶雜子女也。丹邱云：雜劇有正末、副末、狚、狐、靚、鴇、猱、捷譏、引戲九色之名。正末者，當場男子能指事者也，俗謂之末泥。副末執磕瓜以扑靚，即昔所謂蒼鶻是也。當場之妓曰狚。狚，猵之雌者，其性好淫。今俗訛爲旦。狐，當場妝官者是也。今俗訛爲孤。靚，敷粉墨獻笑供諂者也。粉白黛緑，古稱靚妝，故謂之妝靚色。今俗訛爲浄。妓女之老者曰鴇，似鴈而大，無後趾，虎文，喜淫而無厭，諸鳥求之即就，是呼獨豹者是也。凡妓女總稱曰猱。猱亦猵屬，喜食虎肝腦。虎見而愛之，輒負背。猱乃取蝨遺虎首，即死，取其肝腦食焉，以喻少年愛色者亦如遇猱然，不致喪身不止也。捷譏，古謂之滑稽，雜劇中取其便捷譏謔，故云。引戲，即院本中之狚也。

清·李斗《揚州畫舫録》卷五《新城北録下》 梨園以副末開場。爲領班。副末以下老生、正生、老外、大面、二面、三面七人，謂之男脚色。老旦、正旦、小旦、貼旦四人，謂之女脚色。打諢一人，謂之雜。此江湖十二脚色，元院本舊制也。

又 小旦謂之閨門旦。貼旦謂之風月旦，又名作旦。兼跳打，謂之武小旦。

又 凡花部脚色，以旦、丑、跳蟲爲重，武小生、大花面次之。若外、末不分門，統謂之男脚色。老旦、正旦不分門，統謂之女脚色。丑以科諢見長，所扮備極局騙俗態，拙婦、騃男，商賈、刁賴，楚咻、齊語，聞者絶倒。然各囿於土音鄉談，故亂彈致遠不及崑腔。惟京師科諢皆官話，故丑以京腔爲最。

清·程煐《龍沙劍傳奇·色目》 傳奇之始，只生、旦、末、净，後增外、老旦、貼、丑爲八色，後復增小生、副净、小旦爲十一色。近人於末之外增副末，外之外增小外，丑之外增小丑。猶不敷用，又加雜色。踵事日繁，伊於胡底。今袛用十一色。

北曲絃索調無各色之名。觀《西厢記》張生上、鶯鶯上等文可見。《琵琶記》袛七色，無老旦。蔡母及牛府奶娘俱用浄扮。《牡丹亭》袛八色，無副净、小生、小旦。近日孔東塘《桃花扇·閧丁》一折，既用末扮司業，又用副末扮老贊禮，是二末矣。

傳奇以生、旦爲主。外末、小生，所以陪生也。老旦、小旦、貼，所以陪旦也。近日梨園凡遇生、旦風流之劇，類以小生、小旦代之，而生、旦反置閑處。惟《雙珠》、《尋親》、《白兔》、《爛柯山》等苦戲始用正生、正旦。對此，令人發觚哉之歎也。

傳奇所謂才子、佳人，正生、正旦也。既曰佳人，則正旦一色當有上等資貌。近日梨園稱貼爲花旦，以極美者充之。稱小旦爲閨門旦，以次美者充之。至正旦則謂之青衣旦，又曰苦旦，率用黄瘦僝愁之貌，謂與苦戲相宜，此最可笑。

清·黄旛綽《梨園原·王大梁詳論角色》 角色者，言其本角之物色也。生者，主也，凡一劇由主而起，一軼之事在其主終始，故曰生。旦者，乃於寅刻之先，以男扮女，是男非男，似女非女，見時不能分，因其扮粧時在天甫黎明，故曰旦。丑者，即醜字，言其醜陋匪人所及，撮科打諢，醜態百出，故曰丑。浄者，静也，言其鬧中取静，静中取鬧，故曰浄。外者，以外姓人有尊崇之色者，故曰外。老旦，其所司母、姑、乳婆，亦應於黎明扮粧，老少雖不同，以其男女則一也，故曰老旦。末者，道始末也，先出場述其家門，言其始末，故曰末。小生或作主之子姪，或作良朋故舊，或作少年英雄，或作浪蕩子弟，故曰小生。小旦或作侍妾，或養女，或娼妓，或不貞之婦，故曰小旦。貼旦，即副旦也。凡男女角色，既粧何等人，即當作何等人自居。喜、怒、哀、樂、離、合、悲、歡，皆須出於己衷，則能使看者觸目動情，始爲現身説法，可以化善懲惡，非取其虚戈作戲，爲嬉戲也。

清·張際亮《金臺殘淚記》卷三《雜記》 宰輔曰相公，援公孤之義。秀才曰相公，援宰輔之義，其來久矣。北方市人通曰爺，訊其子弟或曰相公。南方市人通曰相公。吴下自呼其子弟亦曰相公。京師梨園旦色曰相公，不知何時始，意亦子弟之義邪。

羣趨其豔者，曰紅相公，反是，曰黑相公。緣京師居勢要者曰紅人，尤者曰紅人頭兒，反是，曰黑人故耳。近日勢要轉曰闊人，反是，曰麋，腐義。煤聲。而相公或曰先生矣。

南方梨園，旦色半曰某官。攷《燕蘭小譜》所記，京師昔亦然矣。當時又有曰某兒者，今皆去樸而文，風尚可嘆。

《燕蘭小譜》所記諸伶，太半西北。有齒垂三十、推爲名色者，餘者弱冠上下，童子少矣。今皆蘇、揚、安慶產，八九歲。其師資其父母，券其歲月，挾至京師，教以清歌，飾以豔服，奔塵侑酒，如營市利焉。券歲未滿，豪客爲折券柝廬，則曰出師。昂其數至二三千金不等，蓋盡在成童之年矣。此後弱冠無過問者。自乙巳至今，爲日幾何，人心風俗轉變若此。青薌言其離家亦九歲，其父引至閶門茶園，其師先在，出十數緡，署券即行，不以別母，心嘗惘惘然。

清・楊懋建《夢華瑣簿》 俗呼旦角曰包頭。蓋昔年俱戴網子，故曰包頭。今則俱梳水頭，與婦人無異，乃猶襲包頭之名，觚不觚矣。

清・姚燮《今樂考證・緣起・部色》 柯九思云：雜劇有正末、副末、狚、狐、靚、鴇、猱、捷譏、引戲九色之名。正末者，當場男子能指事者也，俗謂之末泥。副末執磕瓜以扑靚，即古所謂蒼鶻是也。當場之妓曰狚，狚，猵之雌者也，其性好淫，今俗訛爲旦。狐，當場粧官者是也，今俗訛爲孤。靚，傅粉墨獻笑供諂者也，粉白黛緑，古稱靚粧，故謂之粧靚色，今俗訛爲浄。妓女之老者曰鴇，鴇似雁而大，無後趾，虎文，喜淫而無厭，諸鳥求之即就，世呼獨豹者是也。凡妓女總稱曰猱，猱亦猵屬，喜食虎肝腦，虎見而愛之，輒負於背，猱乃取蝨遺虎首，虎即死，取其肝腦食焉，以喻少年愛色者亦如遇猱然，不至喪生不止也。捷譏，古謂之滑稽，雜劇中取其便捷譏謔，故云。引戲，即院本中之狚。

又 王棠云：《懷鉛録》云：古梨園傅粉墨者，謂之參軍，亦謂之靚。靚，音静。《廣韵》：艶，粧飾也。今傅粉墨謂之浄，蓋靚之訛也。扮婦人謂之狚，音旦，又音達，又與獺通。《南華經》云：猨猵狚以爲妻。束廣微云：猨以獺爲婦。蓋喻婦人意，遂省作旦也。蒼鶻謂之末者，末，北方國名。《周禮》：四夷之樂有靺。《東都賦》云：倸休兜離，罔不畢集。蓋優人作外國粧束者也。一曰末泥，蓋倡家隱語，如爆炭、崖公之類，省作末。又云：末泥色主張，引戲分付，副末色打諢。又《都城紀勝》：雜扮或名雜旺，又名鈕元子，又名拔和，乃雜劇之散段，多是借裝爲山東、河北村人，以資笑，今之打和鼓、撚梢子、散耍，皆是也。今之丑脚，蓋鈕元子之省文。《古杭夢遊録》作雜班、鈕元子、拔和。

又云：白水潛夫《武林舊事》：宋雜劇三甲内，有戲頭，有引戲，有次浄，有副末，有裝旦。少不過五人，多不過八人。按：今世有生，有外，有丑。宋時末，則今日之丑也。

翟灝云：《猥談》謂：生、浄、旦、末等名，有謂反稱，又或托之唐莊宗，皆謬也。此本金、元闤闠談吐，所謂鶻伶聲嗽今云市語者也。生即男子，旦曰裝旦色，浄曰浄兒，末乃末泥，孤乃官人。即其土音，何義理之有。《太和譜》曾略言之。《堅瓠集》謂：《樂記注》：優俳雜戲，如獮猴之狀。乃知生，狌也。旦，狚也。《莊子》：猨猵狚以爲雌。浄，猙也。《廣韵》云：似豹，一角，五尾。丑，狃也。《廣韵》：犬性驕。謂俳優如獸，所謂獶雜子女也。

釀花使者云：凡妓以墨點面者，號花旦，蓋是女妓之名，非今之伶人也。《鹽鐵論》有胡蟲奇旦之語，方密之以奇姐爲小旦。余按漢《郊祀志》樂人有飾女伎者，此乃今之小旦、花旦。奇旦二字，亦未必作小旦解。

又《班》 王棠云：演戲而以班名，自宋雲韶班起。考宋教坊外，又有鈞容直、雲韶班二樂。宋太祖平嶺表，得劉氏閹官聰慧者八十人，使學於教坊，初賜名簫韶部，後改名雲韶班。鈞容直，軍樂也，在軍中善樂者，初名引龍直，以備行幸騎導。淳化初，改爲鈞容直。後世總稱爲班也。按：宋開寶中平嶺南，擇廣州内臣教坊習樂，賜名簫韶部。雍熙改雲韶部。

翟灝云：《雲麓漫鈔》謂：金源官制，有文官、武官，若醫、卜、倡、優，謂之雜班。每演集，伶人進，曰雜班上。按：此優伶呼班之始。《武林舊事》載宋雜劇每一甲有八人者，有五人者，甲猶班也。五人，蓋院本之制。八人爲班，明湯顯祖撰《牡丹亭》猶然。多至十人，乃近時所增益。至夏歇班，曰散班。亂彈不散，曰火班。或各處土人集班，曰土班。

新班於廟中試演，曰掛衣，一曰晾臺。團班之人，蘇州曰戲螞蟻，揚州曰班攬頭，或稱戲包頭。

清・楊恩壽《詞餘叢話》卷一《原律》 自北劇興，名男曰末、女曰旦。南劇雖稍有更易，而旦之名不改，不解何義。按《遼史・樂志》：大樂有七聲，謂之七旦。凡一旦，司一調，如正宮、越調、大石、中吕之屬。此外又有四旦二十八調，不用黍律，以琵琶叶之，即今九宮譜之始。所謂旦者，乃司樂之總名。金、元相沿，遂命歌伎領之。後改爲雜劇，不皆以倡伎充旦，則以優之少者假扮爲女，漸失其真。

元人云：雜劇中用四人：曰末泥色，主引戲、分付。曰副浄色，主發喬。曰副末色，主打諢。又一人裝孤老。獨無旦之色目，益知旦爲司調，如教坊部頭，色長類也。

梁茝鄰中丞《浪跡續談》：生、旦、净、末之名，自宋有之。然《武林舊事》亦多不可解者。惟《莊嶽委談》云：傳奇以戲爲稱，謂其顛倒而無實耳。故曲欲熟而命以生也，婦宜夜而命以旦也，開場始事而命以末也，塗污不潔而命以净也。枝山《猥談》則云：生、旦、净、末等名，有謂反稱，又或託之唐莊宗者，皆謬也。此本金、元闤闠談吐，所謂鶻伶聲嗽，今云市語者也。生即男子，旦曰裝旦色，净曰净兒，末乃末泥，孤乃官人。即其土音，何義理之有。

清・王國維《古劇脚色考》 戲劇脚色之名，自宋元迄今，約分四色，曰：生、旦、净、丑，人人之所知也。然其命名之義，則説各不同。胡應麟曰：凡傳奇以戲文爲稱也，亡往而非戲也。故其事欲謬悠而無根也，其名欲顛倒而亡實也，反是而欲求其當焉，非戲也。故曲欲熟而命以生也，婦宜夜而命以旦也，開場始事而命以末也，塗污不潔而命以净也。凡此，咸以顛倒其名也。《少室山房筆叢》卷四十。此一説也。然胡氏前已有爲此説者，故祝允明《猥談》駁之曰：生、净、旦、末等名，有謂反其事而稱，又或託之唐莊宗，皆繆云也。此本金元闤闠談唾，所謂鶻伶聲嗽，今所謂市語也。生即男子，旦曰妝旦色，净曰净兒，末曰末尼，孤乃官人，即其土語，何義理之有。《太和譜》略言之。《續説郛》卷四十六。此又一説也。國朝焦循又爲之説曰：元曲無生之稱，末即生也。今人名刺，或稱晚生，或稱晚末、眷末，或稱眷生，然則生與末爲元人之遺。《易餘籥録》卷十七。此又一説也。胡氏顛倒之説，似最可通。然此説可以釋明脚色，而不足以釋宋元之脚色。元明南戲，始有副末開場之例，元北劇已不然，而末泥之名，則南宋已有之矣。净之傅粉墨，明代則然，元代已不可考。而副靖之名，則北宋已有之矣。此皆不可通者也。焦氏釋末，理或近之，然末之初，固稱末尼。至净、丑二色，則又何説焉。三説之中，自以祝氏爲稍允。但其説至簡，無所證明，而《太和正音譜》、《堅瓠集》所舉各解又復支離怪誕，不可究詰。今就唐宋迄今劇中之脚色，考其淵源變化，并附以私見，但資他日之研究，不敢視爲定論也。

又《參軍、副靖、副净、净》 參軍之源，其説有二：《樂府雜録》云：始自後漢館陶令石躭，躭有贓犯，和帝惜其才，免罪。每宴樂，即令衣白夾衫，命俳優弄辱之，經年乃放，後爲參軍。誤也。《趙書》曰：石勒參軍周延，爲館陶令，斷官絹數萬匹，下獄，以八議宥之。後每大會，使俳優著介幘、黄絹、單衣。優問：汝何官，在我輩中。曰：我本爲館陶令。斗數單衣曰：正坐取是，入汝輩中。以爲笑。《太平御覽》卷五百六十九引。二説未知孰是。或謂後漢未有參軍官，故段説不足信。案司馬彪《續漢志》雖無參軍一官，然《宋書・百官志》則謂參軍後漢官，孫堅爲車騎參軍事是也。則和帝時或已有此官，亦未可知。要之，唐以前已有此戲，但戲名而非脚色名也。《雜録》又云：開元中，有黄幡綽、張野狐弄參軍，又有李仙鶴善此戲，明皇時授韶州同正參軍，以食其禄。其爲戲名或脚色名，尚未可定。惟趙璘《因話録》云：肅宗宴於宮中，女優有弄假官戲，其緑衣秉簡者，謂之參軍樁。卷一。則似已爲脚色之稱。至五代猶然。《吴史》云：徐知訓怙威驕淫，調謔王楊隆演無敬長之心。嘗登樓狎戲，荷衣木簡，自號參軍，令王髽髻鶉衣爲蒼頭以從。宋姚寬《西溪叢語》卷下引。又《五代史・吴世家》略同。又謂之陸參軍。《雲溪友議》云：元稹廉訪浙東，有俳優周季南、季崇及妻劉採春自淮甸而來，善弄陸參軍，歌聲徹雲，卷九。是也。北宋則謂之參軍色，《東京夢華録》。爲俳優之長。又觀《夷堅志》、丁集卷四。《桯史》、卷七及卷十。《齊東野語》卷十三及卷二十。所載參軍事，其所搬演，無非官吏，猶即唐之假官戲也。其服色，在唐以前，則或白、或黄、或緑，宋亦謂之緑衣參軍。《桯史》卷十。唐時，則手執木簡，宋則手執竹竿拂子，《東京夢華録》。或執扙，《齊東野語》卷一十。故亦謂之竹竿子，史浩《鄮峯真隱漫録》卷四十五。又謂之副净。陶宗儀云：副净，古謂之參軍。《輟耕録》卷二十五。甯獻王云：靚，古謂參軍。《太和正音譜》卷首。然考之北宋，已有副靖之名。黄山谷詞所謂副靖傳語木大是也。又謂之次净《武林舊事》卷四。宋元人書中，但有副净而無净。單云净者，始於《太和正音譜》。《元曲選》有净，然恐經明人删改。余疑净即參軍之促音，參與净爲雙聲，軍與净似疊均，參軍之爲净，猶勃提之爲披，邾婁之爲鄒也。

副净之爲參軍，惟《輟耕録》、《太和正音譜》始言之。其説果可信否，亦在所當研究者。今以二書所云副净事，較之宋人所紀參軍事，頗相符合。《輟耕録》云：鶻能擊禽鳥，末可打副净。《正音譜》云：副末執磕瓜以撲靚。今案《夷堅志》丁志卷四。云：崇寧初，伶者對御爲戲，推一參軍作宰相，中略。副者舉所挺杖擊其背。《桯史》卷七。云：紹興十五年，就秦檜第賜宴。假以教坊優伶，中略。有參軍者，前褒檜功德，一伶以荷葉交倚從之，中略。參軍將就椅，忽墜其幞頭，中略。伶遽以朴擊其首。《齊東野語》卷十三。云：內宴日，參軍四筵張樂，胥輩請僉文書，中略。胥擊其首。由此三事，則副浄之爲參軍，無可疑也。惟《齊東野語》卷二十。別記一事，則適與之反。云：宣和間，徽宗與蔡攸輩在禁中，自爲優戲。上作參軍趨出，攸戲上曰：陛下好箇神宗皇帝。上以杖鞭之云：你也好箇司馬丞相。豈因徽宗自作參軍，臣不可擊君，故變其例歟。然《容齋隨筆》卷十四。云：士之處世，視富貴利禄，當如優伶之爲參軍，方其據几正坐，噫嗚訶箠，羣優拱而聽命，戲罷，則亦已矣。則參軍自訶箠之事，至《東京夢華録》所云，參軍色手執竹竿拂子，此當用以指揮，非用以擊人。又細繹《夷堅志》所云，推參軍一人作宰相，中略。其副者舉所挺杖擊之，其副者三字，當指參軍之副，即謂副浄也。如此則擊人者爲副浄，而被擊者爲浄。副浄本參軍之副，故宋人亦呼爲參軍。此説雖屬想像，或足證浄爲參軍之促音歟。

又《末尼、戲頭、副末、次末、蒼鶻》 末之名，始見於《武林舊事》卷四所記雜劇三甲，每甲各有戲頭、引戲、次浄、副末，或加裝旦。又有單稱末者，同卷載乾淳教坊樂部雜劇色，德壽宮有蓋門慶，下注云末是也。《夢粱録》卷二十謂之末泥，曰：雜劇中，末泥爲長，每一場四人或五人。中略。末泥色主張，引戲色分付，副浄色發喬，副末色打諢，或添一人，名曰裝孤。《輟耕録》所載院本五人，同。以此與《武林舊事》相比較，則四人中有末泥而無戲頭，然既云末泥爲長，則末泥即戲頭也。案《宋史·樂志》：大樂有舞頭、引舞、戲頭、引戲，殆倣大樂爲之。末泥之名，不知所自出。隋龜茲部歌曲，有《善善摩尼》，《隋書·音樂志》。唐羯鼓食曲此二字有訛闕有《居摩尼》。《南卓羯鼓録》。案摩尼，梵語謂珠。《翻譯名義集》云：摩尼，正云末尼。末尼之名，或自曲名出。而至南宋初，始見載籍。又似後起之名矣。然《夢華録》卷九云：聖節大宴，第一盞，御酒，舞旋多是雷中慶，舞曲破擷前一遍，舞者入場，至歇拍，續一人入場，對舞數拍，前舞者退，獨後舞者終其曲，謂之舞末。此條言舞大曲，似與脚色無涉。然脚色中戲頭、引戲，均出于舞頭、引舞，見前。則末泥之名，亦當自舞末出。長言之則爲末泥，短言之則爲末。前疑其出于曲名者，非也。

副末之名，北宋已有之。《漁隱叢話》前集卷三十引王直方《詩話》：歐陽公《歸田樂》四首，祇作二篇，餘令聖俞續之。又聖俞續成，歐陽公一簡謝之云：正如雜劇人上名下韻不來，須副末接續。家人見誚，好時節將詩去人家厮攪，不知吾輩用以爲樂。云云，可證也。《武林舊事》又作次末。《輟耕録》云：副末，古謂之蒼鶻。又云：鶻能擊禽鳥，末可打副浄。《太和正音譜》亦云。今案《李義山集·驕兒》詩：忽復學參軍，案聲喚蒼鶻。《五代史·吴世家》云：徐氏之專政也，隆演幼懦，不能自持，而知訓尤淩侮之。嘗飲酒樓上，命優人高貴卿侍酒，知訓爲參軍，隆演鶉衣髽髻爲蒼鶻。《西溪叢語》引《吴史》作蒼頭，復據《五代史》正之。則唐五代時，與參軍相對演者爲蒼鶻，如宋時副末之對副浄也。《輟耕録》之説，殆以此二事爲根據，其他則不能證之矣。

顧事有不可解者，則宋時但見副靖、次浄之名，而不見有浄。又多云次末、副末，而罕云末是也。竊疑浄苟爲參軍之促音，而宋之參軍色恒爲俳優之長。至南宋之季，則末泥爲長，職在主張，故入場搬演者，只有副浄、副末，而浄、末反罕聞，其故或當如此歟。

又《引戲、郭郎、郭秃》 引戲之名，始見于《武林舊事》、《夢粱録》。然其實則唐已有之。《樂府雜録》傀儡條云：其引歌舞有郭郎者，髮正秃，善優笑，閭里呼爲郭郎，凡戲場必在俳兒之首。案《顔氏家訓·書證》篇：或問俗名傀儡子爲郭秃，有故實乎。答曰：《風俗通》云，諸郭皆諱秃，當是前世有姓郭而病秃者，滑稽調戲，故後人爲其象呼爲郭秃，猶文康象庾亮爾。如此則北朝已有郭郎之戲，且其人當在漢世矣。宋之引戲即郭郎之遺否，今不可考。《太和正音譜》云：引戲，院本中狚也。考《武林舊事》，則雜劇三甲中，劉景長一甲，有引戲，又有裝旦，則其説殆不可信。或此色可兼扮男女歟。

又《旦、妲、狚》 旦、妲二名，始見于《武林舊事》、《夢粱録》。然搬弄婦女，其事頗古。《漢書·郊祀志》：紫壇僞設女樂。裴松之《三國志注》引《魏書》司馬景王奏永寧宮曰：皇帝日延小優郭懷、袁信於廣望觀下，作遼東妖婦。而北齊《踏謡娘》戲，亦以丈夫著婦人衣爲之。《教坊記》。《隋書·音樂志》：周宣帝即位，廣召雜伎，增修百戲，中略。好令城市少年有容貌者，婦人服而歌舞相隨，引入後庭，與宮人觀聽。又云：大業中，每歲正月，萬國來朝，留至十五日，於端門外建國門內，綿亘八里，列爲戲場，中略。其歌舞者，多爲婦人，服鳴環佩，飾以花毦者，殆三萬人。初課京兆、河南，製此衣服，而兩京繒錦爲之中虚。故柳彧請禁正月十五日角抵戲，曰：人戴獸面，男爲女服。《柳彧傳》。訖于唐初，此風猶盛。武德元年，萬年縣法曹孫伏伽上書曰：百戲、散樂，本非正聲，有隋之季，始見崇用，此謂淫風，不可不改。近者，太常官司於人間，借婦女裙襦五百餘具，以充散樂之服。云云。《唐會要》卷三十四并兩《唐書》《孫伏伽傳》。後謂之弄假婦人。《樂府雜録》云：咸通以來，即有范傳康、上官唐卿、吕敬遷三人弄假婦人是也。則旦之實，唐以前既有之矣。至旦之名所由起，則説又不一。近人長沙楊恩壽云：自北劇興，男曰末，女曰旦，南曲雖稍有更易，而旦之名不改。不解其義。案《遼史·樂志》：大樂有七聲，謂之七旦，凡一旦司一調，中略。此外又有四旦二十八調，中略。所謂旦者，乃司樂之總名，金元相沿，遂命歌伎領之，後改爲雜劇，不皆以倡伎充旦，則以優之少者假扮爲女，漸失其真。《詞餘叢話》卷一。此説全無根據。其誤解《遼志》，又大可驚異也。《遼志》所謂婆陀力旦、雞識旦、沙識旦沙侯加濫旦者，皆聲之名，猶言宫聲、商聲、角聲、羽聲也。楊氏謂爲司樂之總名，殊屬杜撰。且旦之名，豈獨始見于《遼志》而已。《隋書·音樂志》已有之。《隋志》云：蘇祇婆父在西域，稱爲知音，代相傳習，調有七種，以其七調，勘校七聲，冥若合符。一曰婆陁力，華言平聲，即宫聲也。中略。就此七調，又有五旦之名，旦作七調，以華言譯之，旦者則謂均也。其聲亦應黄鍾、大簇、林鍾、南吕、姑洗，五均已外，七律更無調聲。以此觀之，則《遼志》所謂旦，即《隋志》所謂聲。《隋志》之旦，以律吕爲經，而以宫商緯之。鄭譯之八十四調是也。《遼志》之旦，以宫、商、角、羽四聲爲經，而以律吕緯之。隋唐以來之燕樂二十八調是也。此點雖異，而其以旦統調則所同也。核此二解，都非司樂之名。即使旦之名果出于遼，則或由婦人之聲，多用四旦中之某旦，而婆陀力旦、雞識旦之名，本爲雅言，伶人所不能解，故後略稱旦耳。此想像之説，或較楊説爲通。要之，旦名之所本雖不可知，然宋金之際，必呼婦人爲旦，故宋雜劇有裝旦，裝旦之爲假婦人，猶裝孤之爲假官也。至於元人，猶目張奔兒爲風流旦，李嬌兒爲温柔旦，《青樓集》。此亦旦本伎女之稱之一證。若《堅瓠集》引莊子爰猵狚以爲雌之説，則更無譏焉。

又《沖末、小末、二末、老旦、大旦、小旦、細旦、色旦、搽旦、花旦、外旦、貼旦、外、貼》 前論四色，乃宋金脚色之最著者，至元劇，而末、旦二色支派彌多。正末副末之外，有沖末、小末，而小末又名二末。旦則正旦外，有老旦、大旦、小旦、色旦、搽旦、外旦、旦兒，焦循《易餘籥録》曾從元曲鉤稽出之，兹據其説。而《武林舊事》、《夢粱録》尚有細旦，《青樓集》又有軟末泥、駕頭、花旦之名。又云：凡妓以墨點破其面者爲花旦。蓋即元曲之色旦、搽旦也。元曲有外旦無外末，而又有外。外則或扮男，或扮女，外末、外旦之省爲外，猶貼旦之後省爲貼也。案宋制，凡直館、史館院崇文院則謂之館職，以他官兼者，謂之貼職。《宋史·職官志》。又《武林舊事》卷四載乾淳教坊樂部，有衙前，有和顧，而和顧人如朱和、蔣寧、王原全下，皆注云次貼衙前。意當與貼職之貼同，即謂非衙前而充衙前也。然則曰沖，曰外，曰貼，均係一義，謂於正色之外，又加某色以充之也。至明代傳奇，但省作貼，則義不可通。幸《元曲選》尚存外旦、貼旦之名，得以考外與貼之本義。但南宋官本雜劇段數，已有《喝貼萬年歡》，《輟耕録》金院本名目，有《賀貼萬年歡》。賀貼，喝貼，或有他義，或宋金已省作貼，則不可考矣。

又《孤》 《太和正音譜》云：孤，當場裝官者。證以院本名目之孤下家門及現存元曲，其説是也。《輟耕録》謂之孤裝，而《夢粱録》則作裝孤。以《武林舊事》之裝旦例之，則裝孤爲長。孤之名或官之訛轉，或以其自稱孤名之也。

又《捷機、捷譏》 《太和正音譜》脚色中有捷譏，此名亦始於宋《武林舊事》。卷六。諸色伎藝人，商謎條有捷機和尚。捷機即捷譏，蓋便給有口之謂。明周憲王《吕洞賓花月神仙會》雜劇所載古院本，猶有捷譏色，所扮者爲藍采和，自號樂官，則《正音譜》所謂俳優稱爲樂官者是也。

又《癡大、木大、鹹淡、婆羅、鮑老、孛老、卜兒、鴇》 此外古脚色之可考者，則有癡大，有鹹淡，有婆羅，皆始于唐。《朝野僉載》謂散樂高崔嵬善弄癡大，而宋亦有木大，陶穀《清異録》：卷二。長沙獄掾任興祖，擁騶吏出行，有賣藥道人行吟曰：無字歌，呵呵亦呵呵，哀哀亦呵呵，不似荷葉參軍子，人人與个拜，木大作廳上假閻羅。黄山谷詞：副靖傳語木大，鼓兒裏且打一和。金院本名目有《呆木大》。木大，疑即唐之癡大，又與副靖對舉，其爲脚色無可疑也。《樂府雜録》俳優條，弄參軍外，又云：武宗朝，有曹叔度、劉泉水鹹淡最妙。咸通以來，即有范傳康、上官唐卿、吕敬遷三人，弄假婦人。如此二句相承，則鹹淡爲假婦人。旦之音當由鹹淡之淡出。

若作二事解，則鹹淡亦一種脚色。今宋官本雜劇有《醫淡》、《論淡》二本，金院本名目有《下角瓶大醫淡》、《打淡的》、《照淡》三本。淡或猶鹹淡之略也。《雜録》又云：弄婆羅，大中初有康迺、李百魁、石寶山。婆羅，疑婆羅門之略。至宋初轉爲鮑老。楊大年《傀儡詩》云：鮑老當筵笑郭郎，笑他舞袖太郎當。若教鮑老當筵舞，轉更郎當舞袖長。陳師道《後山詩話》。至南宋時，或作抱鑼。《夢華録》卷七。云：寶津樓前百戲，有假面披髮，口吐狼牙烟火，如鬼神狀者上場，著青帖金花短後之衣，帖金皁袴，手攜大銅鑼，隨身步舞而進退，謂之抱鑼。遶場數遭，或就地放烟火之類。抱鑼即鮑老，以此際偶攜鑼，遂訛爲抱鑼耳。然舞隊猶有《大小斫刀鮑老》、《武林舊事》。《倬刀鮑老》《夢粱録》。等名，又南北曲調以鮑老名者殆以十數。金元之際，鮑老之名分化而爲三：其扮盜賊者，謂之邦老。扮老人者，謂之孛老。扮老婦者，謂之卜兒。皆鮑老一聲之轉，故爲異名以相別耳。《太和正音譜》之鴇，則又卜兒之略云。

又《俫、爺老、曳剌、酸、細酸、邦老》 孛老、卜兒，皆脚色之表示年齒者。俫兒之表童子亦然。俫，始見金院本名目，及元曲，其義未詳。此外脚色，又有表所扮之人之職業地位者，如曳剌、細酸、邦老是也。曳剌，本契丹語，唐人謂之曳落河。《舊唐書・房琯傳》：琯臨戎謂人曰：逆黨曳落河雖多，豈能當我劉秩等。《遼史》作拽剌，《百官志》有拽剌軍詳穩司，旗鼓拽剌詳穩司，千拽剌詳穩司，猛拽剌詳穩司。又云，走卒謂之拽剌。《武林舊事》作爺老，其所載官本雜劇，有《三爺老大明樂》、《病爺老劍器》二本，當即遼之拽剌也。元馬致遠《薦福碑》雜劇中，尚有曳剌爲胥役之名，此即《遼志》走卒謂之拽剌之證。細酸始見元曲，前單稱酸。宋官本雜劇之《急慢酸》，金院本名目之《合房酸》等是也。胡氏《筆叢》卷四十云：世謂秀才爲措大，元人以秀才爲細酸，《倩女離魂》首折，末扮細酸爲王文舉是也。今臧刻《倩女離魂》無細酸字，當經明人删改。余所見明周憲王《張天師明斷長勾月》雜劇，猶有末扮細酸上云云，則明初猶用此語矣。邦老之名，見于元人《黄粱夢》、《合汗衫》、《硃砂擔》諸劇，皆殺人賊，其所自出，當如上節所云。而金人院本名目所載邦老家門二本，一曰《脚言脚語》，一曰《則是便是賊》，則此語確爲金元人呼盜賊之稱矣。

又《厥、偌、哮、鄭、和》 宋金雜劇院本中，有似脚色而非脚色，且其名義不可解者，如厥，如偌，如哮，如鄭，如和是也。宋官本雜劇之以厥名者，如《趕厥夾六么》、《趕厥胡渭州》、《趕厥石州》、《雙厥投拜》是。其以偌名者，則宋官本雜劇有《催妝賀皇恩》，下注云三偌，又有《三偌慕道六么》、《偌賣旦長壽仙》、《四偌皇州》、《檻偌保金枝》、《强偌三鄉題》、《三偌一賃驢》，金院本名目亦有《偌賣旦》、《恨秋風鬼點偌》、《四偌大提猴》、《三偌一卜》、《四偌賈諢》、《四偌祈雨》、《四偌抹紫粉》、《四偌劈馬椿》、《偌請都子》諸本。其以哮名者，則官本雜劇《扯攔六么》下，注云三哮，又有《四哮梁州》、《雙哮新水》、《雙哮採蓮》、《三哮卦鋪兒》、《三哮揭榜》、《三哮上小樓》、《三哮文字兒》、《三哮好女兒》、《三哮一擔脚》諸本，此外又有《雙攔哮六么》、《檻哮合房》、《檻哮店休妲》、《檻哮負酸》四本，則哮殆攔哮或檻哮之略。其以鄭名者，則有《病鄭逍遥樂》、《四鄭舞楊花》二本。以和名者，則有《孤和法曲》、《病和採蓮》二本。以《雙旦降黄龍》、《病孤三鄉題》諸本例之，謂厥、偌、哮、鄭、和等，非脚色之名或假脚色如爺老邦老之類。之名不可也。至其名義，則尤晦澀。厥之爲義，雖宋人亦所不解。歐陽公《六一詩話》云：陶穀尚書嘗曰：尖簷帽子卑凡厮，短靿靴兒末厥兵。末厥，亦當時語，余天聖景祐間，已聞此句，時去陶公尚未遠，人皆莫曉其義。劉貢父《詩話》云：今人呼秃尾狗爲厥，衣之短後者亦曰厥。故歐公記陶尚書語末厥兵，則此兵正謂末賊耳。李治《敬齋古今黈》卷八。則曰：末厥，蓋俗語也。猶今俚語俗言木厥云耳。木厥者，木强刁厥之謂。劉、李二説，不同如是。余意末厥兵必三字相連爲一俗語，厥之名或自此出。至偌之音則與查近，《封氏聞見記》：卷十。近代流俗，呼丈夫婦人縱放不拘禮度者爲查。又有百數十種語，自相通解，謂之查談。大抵近猥僻云云。則偌或爲輕薄子之稱。若哮、鄭、和，則其意全不可解，姑舉於此，以俟後日之研究耳。

又《丑、生》 宋元戲劇脚色之可舉者如左。惟丑之名，雖見《元曲選》，然元以前諸書，絶不經見。或係明人羼入。然丑雖始于明，其名亦必有所本。余疑丑或由五花爨弄出。《輟耕録》云：院本又謂之五花爨弄。或曰，宋徽宗見爨國人來朝，衣裝鞋履，巾裹，傅粉墨，舉動皆如此，使優人效之以爲戲。卷二十五。而宋官本雜劇、金院本名目之以爨名者，不可勝數。爨與丑本雙聲字，又爨字筆畫甚繁，故省作丑，亦意中事。其傅粉墨一事，亦恰與丑合。則此色亦宋世之遺。至明代以後，脚色除改末爲生外，固不出元脚色之外矣。

又《餘説一》 綜上文所考者觀之，則隋唐以前，雖有戲劇之萌芽，尚無所謂脚色也。參軍所搬演，係石躭或周延故事。唐中葉以後，乃有參軍、蒼鶻，一爲假官，一爲假僕，但表其人社會上之地位而已。宋之脚色，亦表所搬之人之地位、職業者爲多。自是以後，其變化約分三級：一表其人在劇中之地位，二表其品性之善惡，三表其氣質之剛柔也。宋之脚色，以副净爲主，副末次之。然宋劇之以旦，以孤名者，不一而足，知他色亦有當場者矣。元雜劇中，則當場唱者惟正末、正旦。如《氣英布》、《單鞭奪槊》二劇，第四折均以探子唱，則以正末扮探子。《柳毅傳書》第二折，用電母唱，則以正旦扮電母。雖劇中之主人翁，苟於此折中不唱，則亦退居他色，故元劇脚色，全以唱不唱定之。南曲既出，諸色始俱唱，然一劇之主人翁，猶必爲生，旦，此皆表一人在劇中之地位，雖在今日，猶沿用之者也。至以脚色分別善惡，事亦頗古。《夢粱録》紀南宋影戲曰：公忠者雕以正貌，奸邪者刻以醜形，蓋亦寓褒貶於其間。卷二十。影戲如此，真戲可知。元明以後，戲劇之主人翁，率以末、旦或生、旦爲之，而主人之中多美鮮惡，下流之歸，悉在净、丑。由是脚色之分，亦大有表示善惡之意。國朝以後，如孔尚任之《桃花扇》，於描寫人物，尤所措意。其定脚色也，不以品性之善惡，而以氣質之陰陽剛柔，故柳敬亭、蘇崑生之人物，在此劇中，當在復社諸賢之上，而以丑、净扮之，豈不以柳素滑稽，蘇頗崛强，自氣質上言之當如是耶。自元迄今，脚色之命意，不外此三者，而漸有自地位而品性，自品性而氣質之勢，此其進步變化之大略也。

夫氣質之爲物，較品性爲著。品性必觀其人之言行而後見，氣質則於容貌、舉止、聲音之間，可一覽而得者也。蓋人之應事接物也，有剛柔之分焉，有緩急之殊焉，有輕重强弱之别焉。此出於祖父之遺傳，而根於身體之情狀，可以矯正而難以變革者也。可以之善，可以之惡，而其自身非善非惡也。善人具此，則謂之剛德柔德。惡人具此，則謂之剛惡柔惡。此種特性，無以名之，名之曰氣質。自氣質言之，則億兆人非有億兆種之氣質，而可以數種該之。此數種者，雖視爲億兆人氣質之標本可也。吾中國之言氣質者，始於《洪範》三德，宋儒亦多言氣質之性，然未有加以分類者。獨近世戲劇中之脚色，隱有分類之意，雖非其本旨，然其後起之意義如是，不可誣也。脚色最終之意義，實在於此。以品性，必觀其人之言行而後見，而氣質則可於容貌、聲音、舉止間，一覽而得故也。故既考其淵源，復附論之如此。

藝文

清・紅蕉館主人峴仙氏《聽春新詠題詞》 雲衣月扇門娉婷，名到能題眼自青。多少才人多少淚，爲他攜酒訪旗亭。

墨花燦燦灑金壺，百幀新辭幼婦呼。一樣人間珊網密，那須象罔更求珠。

名花繁豔日邊栽，花史瑶宫手譜來。親向下方傳法曲，一時齊聽紫雲迴。

清・孫丹五《蜨花吟館詩鈔》 斜街曲巷騁香車，隱約雛伶貌似花。應怕路人争看煞，簾垂一幅子兒紗。

清・伴花齋《都門雜詠》 裊裊鶯嬌響更高，梨園子弟不辭勞。若非日出東方亮，隔巷分明是鬼嚎。《喊嗓子》。樂山。

清・醉里生《都門新竹枝詞》 桂枝老小各如仙，小鳳軒雲亦並妍。畢竟掄才誰第一，豔儂早占百花先。

清・賦艷詞人《梨園竹枝詞・像姑》 脂柔粉膩近仙姝，兩字馳名是像姑。不信頭銜臻絶貴，聲聲贏得相公呼。

又《學戲》 自從樂籍掛芳銜，雛鳳新聲總不凡。爲問教坊何所尚，部居第一是青衫。

又《試喉》 曉雞未唱發清謳，面壁聲聲試玉喉。一曲漫誇兒技熟，耐寒憐煞五更頭。

又《出臺》 一聲唱采打簾開，小鳳誰家新出臺。喉似貫珠人似玉，芳名有客費疑猜。

又《改籍》 鷗鳥無心任所依，一枝暫寄莫高飛。移花接葉分明是，出谷遷喬殆庶幾。

又《出籍》 身價千金客爲償，天空獨鶴任翱翔。而今不寄人籬下，秋月春花自主張。

又《老班》 鶯花隊裏稱仙伯，風月場中作主人。回首十年春絢爛，舞衫歌扇證前因。

清·韓又黎《都門贅語》 門前燈火徹宵紅，逐隊尋幽曲徑通。老板呼聲傳見客，花枝擁出一叢叢。《堂名》。

凉棚高聳接雲樓，車馬門前去似流。早起魏魏驚鬼嘯，伊家趁曉試歌喉。《相公下處》。

春臺喜四喜慶三慶號徽班，脚色新添遍陝山。怪道遊人争貼坐，長庚明日演《昭關》。《觀劇》。

優孟衣冠各擅長，高擡聲價罕登場。掀簾快睹争呵彩，度曲周郎是小香。《名優》。

清·王述祖《韓家潭詞》 南園佳人字莫愁，鬱金堂北彈箜篌。胭脂奪我無顔色，趙女燕姬妒未休。

清·佚名《新增都門雜詠》 優伶早把姓名傳，甫出場門叫好連。若是無人來指道，任他絶技阿誰憐。名優鶴泉。

厚底靴兒彳亍行，入門一笑最關情。三拳兩勝匆匆去，十吊京錢改日清。如當時局錢係短客，叫像姑，並且人謂外行也。樂山。

清·戚震瀛《京華百六竹枝詞》 宛轉珠喉服靚妝，弋腔秦調雜宜黄。銀官去後湘雲老，腸斷詞曹粉署郎。

鞠部名伶豔叫天，氍毹匝地譜宮弦。君恩莫漫分新舊，白髮梨園供奉年。

鈞天廣樂闢新場，换羽移宮細較量。樓上美人樓下客，自由花蕊兩郎當。

清·蘭陵憂患生《京華百二竹枝詞》 善唱青衣兼老生，是何老嫗産甯馨。西腔時調稱雙絶，塞滿京華馬五名。小馬五，天津人，年僅十三四，唱西腔之青衣、老生，絶無僅有，其唱時調，又獨出冠時。

像姑堂子久馳名，一旦滄桑有變更。試看櫻桃斜巷裏，當門不見角燈明。舊日像姑堂子門内，必懸角燈一盞，櫻桃斜街素稱繁盛之區，今已寂無一家，即韓家潭、陝西巷等處，亦落落晨星矣。

供奉内廷恩遇隆，金錢屢賜未醫窮。就中最有愉心事，確是堂堂四品翁。老伶譚鑫培供奉内廷，有年賞四品頂戴，時蒙厚賜，而性喜揮霍，每嘆空囊。

日月梨園聲價值，呼名一改舊時稱。硃紅牋寫黄金字，雅篆高超無上乘。昔日梨園名脚，或稱綽號，或稱小名，或稱某脚色，而加其姓於上。其因玩票而改業者，則稱某處。近日一律改稱名號，如譚鑫培、汪桂芬，不復有叫天、大頭之稱矣。西腔名脚，尚仍其舊。

後來居上耐觀瞻，漸入纔知佳境甜。名脚登場特優異，電燈不點不挑簾。京城戲園舊習，開場者，不堪入目。入後，一齣勝於一齣，引人入勝，最後一齣，日暮始演，即第一名脚也。今則日晚一日，非上燈後不露矣。一挑簾，電燈忽耀，輝煌齊整，振人精神，優待名脚，可謂已極。

雜録

清·衆香主人《衆香國·敘》 慚非荀令，未聞三日留衣；亦異韓嫣，詎有千金買笑。佩蘭室裏，之子難逢；搴杜洲邊，美人何處。若夫神遊香國，通妙偈於華嚴；多因夢想春臺，浥餘馨於篤耨。人同卍字，情外勾情；果擬側生，味中得味。遂托微詞於宋玉，聊賡小譜於燕蘭。印來鴻雪之踪，別畫鶯花之様。曰艷、曰媚、曰幽、曰慧、曰小有、曰别有，盡歸把子蓮中；如沉、如麝、如檀、如芸、如百和、如四和，幸到多羅樹下。品題一過，口角含芬；領略移時，鼻根滋馥。特是徒垂冷眼，豈容韓掾之偷；争進纏頭，誰擅韋青之妙。逆風聞處，廣場之歌扇偏遮；邀月來時，秘室之重簾不捲。皆堪敗興，何計留芳。又或媛非燕玉，枯甚鮑魚。避惡無方，虚然豆寇；通靈有術，亦駭神犀。葉是知時，每過時而自落；草非懷夢，雖入夢其不芳。此則雞舌徒含，檀心未許。更未易縱薰心之欲，而適以增掩鼻之羞矣。樸山遊羣玉臺上，黄金間作冶遊，遂多綺語。借雲煙之過眼，述花月之新聞。夢異南柯，人憐西笑。贈來芍葯，况是將離；修到梅花，真成大隱。庶幾韓偓所云：春動七情，香生九竅者歟。敢言月旦，聊作風狂。幸賞音於菊部，五色成文；續好事於旗亭，萬花作障。

清·留春閣小史《聽春新詠·例言》 一、是編專集詩詞，非爲評花起見，故長吟短咏俱入搜羅，淡思濃情無分去取。人亦不許妍媸，有詩即録。間有芳姿豔質，名噪歌壇，而集翠有徵，花詩無句，姑從割愛，願識者無誚遺珠也。

一、集中小傳，祇取登場情景，衆所共見者，鋪叙數語。至性情嗜好，雜技兼長，已於諸公題咏自爲註出，故寥寥寸幅，絶少波瀾。間作一二點綴，神之所注，筆亦隨之，非自亂其例也。

一、集中褒多貶少，故偶見所優即爲繪出，善善從長也。至有藝臻神化不可枚舉者，第標數劇以見一斑，立言居要也。至於別集諸人，稍涉感慨，亦有觸而然爾。

一、梁谿派衍，吴下流傳，本爲近正。二簧、梆子，娓娓可聽，各臻神妙，原難强判低昂。然既編珠而綴錦，自宜部別而次居。先以崑部，首雅音也。次以徽部，極大觀也。終以西部，變幻離奇，美無不備也。至蔣、陶諸人，音藝兼全，盛名久享，自不屑與噲等伍，特以別集標之。

一、各部中羣芳林立，霞蔚雲蒸，孰輊孰軒，難以强定。今惟以得詩之先後爲次第。至若兼詠羣花，一時並集，不得不稍分位置，然亦遍採輿評，不敢略存私臆。識者諒之。

一、前人已刻之詩，概不録入。是以各部名花，止登什之一二。倘諸君子不吝珠玉，惠以瑶章，再圖續刻，幸甚。

清・半標子《鶯花小譜・自叙》 種成山玉，來從羣玉之山；服媚國香，去訪衆香之國。閬風緤馬，則俯視九煙；滄海揚颿，遂難爲一勺。蓋探奇必聚所好，而攬勝當拔其尤。况大地茫茫，偶爾飛鴻印雪；予懷渺渺，因而落絮沾泥。杜牧之到處多愁，謝安石中年易感。有佳人兮在空谷，宜名士之悦傾城。將種樹以忘憂，聊借花而寫照。此半標子所以戀游仙之夢，惟四喜班乃可稱選佛之場也。爾其雅致宜人，好音惠我。如搴蘭茝，沾衣散十步之芬；譬種萱蘇，見面愈三年之疾。價重連城之璧，未知璧可能完；光騰照乘之珠，但覺珠皆有慧。情中之情斯寄，味外之味誰諳。維彼月香，冠兹雲隊。鶴性閑而識字，鷗情逸而凌波。蘆笳發車子喉聲，玉麈混王郎手色。偷學昌宗之貌，除非出水新蓮；巧傳張緒之神，祇許當風弱柳。又有發寶，厥名雨香。秀自骨成，品以韻勝。前身金粟，相逢忉利天宫；半夜蘅蕪，留作相思種子。故推袁者有如附驥，而御李者亦號登龍。雙桂姓袁，發寶姓李。倘並坐乎尹、邢，洵一時之瑜、亮。別有心如淡菊，號擅清蓉。冰壺濯而益顯冰姿，綺曲新而略無綺習。林下孤標燈下影，自鶯琴心；雨中神女月中仙，謂月香，雨香。堪稱鼎足。至于妖韶穠艷，則芸舫之脩蛾斂怨，湘雲之寶靨含春也；旖旎芊眠，則蕊仙之朗月投懷，天秀之好風入座也。楊蕙卿雙聲宛轉，能爲絳樹之歌；葉秀芝百節玲瓏，欲繫麗娟之袂。南朝憨態，王花農自是可兒；西子矉眉，瞿桂林居然静女。胡晴霞之艷質，風流自賞，劇憐合德温柔；項天録之豪情，兀奡難馴，轉覺魏公嫵媚。斯爲美矣，餘無譏焉。我所思兮，見此粲者，莫不嬌能解語，清可辟塵。八音競奏而各具宫商，五味異和而並陳醯醬。雪兒座上，饞猧食猫子腥耶；雲母屏前，居士聞木樨香否。兹誠尤物，僕本恨人。春雨纏綿，長春心於紅豆；秋風落拓，發秋思於青蓮。逝者斯夫，後視今猶今視昔；言之戲耳，人中景生景中情。適當風月良辰，爰録《鶯花小譜》。言求鶯友，同聽鶯囀一聲；替寫花神，試看花開四照。祝花身兮不老，報花信兮無愆。作什麼生，向空際現來優鉢；説如是法，願人間灑徧楊枝。念此如狂，呼之欲出。見惠允宜阿紫，傷心豈獨小青。漫明快意，當前笑買櫝還珠，先生休矣；但使解人，可索將按圖覓駿，何日忘之。或謂此外豈乏賞心，又云從前正多佳士。則將應曰：汝不聞乎。何哉雖是故人，前魚毋寧姑棄；宋玉唯知臣里，他樂不敢請觀爾。

清・楊懋建《辛壬癸甲録》 余讀馮子猶所作《愛生傳》，不禁痛哭流涕，長太息也。子猶之言曰：天之縱生以慧者，適以禍生。而啬生以壽者，安知非所以憐生而脱之。嗚呼，千古傷心人，當萬萬無可奈何之時，往往故作達觀，强爲排遣，大都有此奇想矣。余自壬辰入春明門，日居月諸，歲不我與。鬱鬱無聊，頽然自放。所識第一仙人曰韻香。韻香者，林姓，吴人。來京師隸嵩祝部。於時京城歌樓擅名者，分爲四部：曰春臺、曰三慶、曰四喜、曰和春，各擅勝場，以爭雄長。嵩祝部既寥落不能自存，部中人稍稍散去。其教師父老，乃復招集後生子弟別爲一隊，曰小嵩祝部，其中皆雛鶯乳燕，呢喃學語。當筵顧曲，聊資笑噱。但堪撫掌，不值纏頭也。韻香新從姑蘇來，居傳經堂，名曰鴻寶。傳經堂故多佳子弟，道光初年二雙、三法皆出其門。自乾隆間，蜀伶魏長生在雙慶部，其徒陳渼碧在宜慶部，相繼作秦聲以媚人，京腔以次銷歇。尋又有侍御於酒座批小生頰，遽登白簡，落職去。由是朋酒之宴，相戒無敢復聽王府大班者。今日惟和春尚是王府班，然吹律不競久矣。四喜爲嘉慶間名部，乃道光以來，部中人又多轉入春臺、三慶部。《都門竹枝詞》所云新排一曲《桃花扇》，到處閧傳四喜班者，今亦歌板酒旗，零落盡矣。一時徵歌者必推春臺、三慶，翕然無異詞。辛卯，儀慎親王生辰，徵嵩祝部入府承值。鴻寶與上壽，捧紅紙目録乞賞戲。吾鄉林大令星舫時爲王子師，一見詫曰：此子不似若輩中人。王夫人有林下風，庶幾近之矣。鴻寶學歌舞才兩月，即出臨紅氍毹上，按節度刌，銖黍不爽。而其穠纖得中，脩短合度，進止動静，妙出天然。樓上下萬目、萬口、萬手，嘖嘖稱歎：是好郎子。嵩祝部一時聲譽頓起。座上客常滿。有隔日預約，不得入坐者。從此徵歌舞者，首數嵩祝，不復顧春臺、三慶矣。今距韻香之没，踰三年。春臺、三慶，名輩林立，且多後來之秀。望之如芝蘭玉樹，森列庭階。而嵩祝座中人，不少減於疇昔者，韻香爲之也。韻香既數奇，失身舞裙歌扇間，居恒鬱鬱不自得。雖在香天翠海中，往往如嵇中散土木形骸，不假修飾。而何郎湯餅彌見，自然知安仁羊車，良非虚語也。既工愁，復善病。日日來召者，紙片如山積。困於酒食，至夜漏將盡，猶不得已。每攬鏡自語曰：叔寶璧人，則吾豈敢。然看殺衛玠，是大可慮。歲甲午，三年期滿，將脱籍去。其師黠人也，密遣人自吴召其父來，閟之别室。父子不相見，啗以八百金，再留三年。既成券，韻香始知之。慨然曰：錢樹子固在，顧不能少忍須臾耶。乃廣張華筵，集諸貴游子弟，籌出籠計。得三千金，盡畀其師，乃得脱籍去。於是定居臧家橋玉皇廟側，署所居室曰梅鶴堂。其父故庖人也，時自入厨下調度，以故韻香家殽饌清旨冠諸郎。於時文酒之會、茶瓜清話，必在梅鶴堂。韻香周旋其間。或稱水煮茶，或按拍倚竹。言笑宴宴，誠昇平之樂國，欲界之仙都矣。而愁根久種，病境已深，居三月而疾作矣。疾不半載，竟死。死之日，扶病起，誓佛曰：淚痕洗面，此生已了。願生生世世，勿再作有情之物矣。嗚呼哀哉。先是香山鄭舍人雲巢廷檢，以韻香幽憂之疾不得瘳，謀所以樂之者。因授之以阿芙蓉膏，曰：此泰西雋品，嵇含《南方草木狀》、劉恂《嶺表録異記》所未及詳者也。夏之日，冬之夜，歡愉嫌短，寂寞怨長。

清・楊懋建《長安看花記》 道光初年，京師有集芳班。仿乾隆間吴中集秀班之例，非崑曲高手不得與。一時都人士争先聽睹爲快。而曲高和寡，不半載竟散。其中固大半四喜部中人也。近年來，部中人又多轉徙入他部，以故吹律不競。然所存多白髮父老，不屑爲新聲以悦人。笙、笛、三絃，拍板聲中，按度刌節。韻三字七，新生故死。吐納之間，猶是先輩法度。若二簧、梆子，靡靡之音，《燕蘭小譜》所云臺下好聲鴉亂，四喜部無此也。每茶樓度曲，樓上下列坐者落落如晨星可數。而西園雅集，酒座徵歌，聽者側耳會心，點頭微笑，以視春臺、三慶登場，四座笑語喧闐，其情況大不相侔。部中人每言：我儕升歌，座上固無長鬚奴、大腹賈。偶有來入座者，啜茶一甌未竟，聞笙、笛、三絃、拍板聲，輒逡巡引去。雖未敢高擬陽春白雪，然即欲自貶如巴人下里，固不可得矣。眉仙嘗演《紅樓夢・葬花》，爲瀟湘妃子。珠笠雲肩，荷花鋤，亭亭而出，曼聲應節，幽咽纏綿，至這些時，拾翠精神都變做了傷春證候句，如聽春鵑，如聞秋猿，不數一聲河滿矣。余目之曰幽豔。嘗論紅豆村樵《紅樓夢》傳奇盛傳於世，而余獨心折荆石山民所撰《紅樓夢》散套爲當行作者。後來陳厚甫在珠江按譜填詞，命題皆佳。余最愛《畫薔》一齣、《繡鴛》一齣情景亦妙。而詞曲徒砌金粉，絶少性靈。與不知誰何所撰袖珍本四册者，同爲無足重輕。故歌樓惟仲雲澗本傳習最多。散套則有自譜工尺，故旗亭間亦歌之。然瑣瑣餘子，無堪稱作瀟湘館主人者。雖有佳品，非過於穠，即失之勁。蓋冷豔幽香，固自與夭桃郁李不同。惟眉仙差能近似耳。《療妬羹・小青題曲》一齣，爲小桐擅場，惜不令眉仙演之。三和堂主者曰葉老四，太湖人。其弟子在眉仙前者，有皖人丁春喜，字梅卿，後别居浣香堂。其面目性情皆與眉仙絶相似。安詳静穆，對之令人躁釋矜平。晉宋人所謂春日攜雙柑，斗酒聽黄鸝，可以爲俗耳鍼砭，詩腸鼓吹，正謂斯人。當時評者，以春喜爲詩品中神品。所云不著一字，盡得風流者也。吾聞其語，未見其人，每對眉仙，輒起虎賁之思。四喜部，寓韓家潭三和堂，雙壽移居石頭胡同椿年堂，春喜移居浣香堂。

清・楊懋建《夢華瑣簿》 前門外戲園多在中城，故巡城口號有中城珠玉錦繡之語。中部尉所治地或且因緣爲利。東城布帛菽粟，西城牛馬柴炭，南城禽魚花鳥，北城衣冠盗賊，中城珠玉錦繡，此五城口號也。各舉重者爲言。

宣武門外大街南行，近菜市口，有財神會館。少東，鐵門有文昌會館。皆爲宴集之所。西城命酒徵歌者，多在此。皆戲園也。內城禁開設戲園。止有雜耍館。外城小戲園，徽班所不到者，分日演西班、小班，又不足，則以雜耍補之。故外城亦多雜耍館。西城菓子巷内，街西舊有戲園，曰太和軒。西草廠胡同有吉陽樓。皆雜耍館。一年中演戲無幾日。或云朝陽門外另有戲園，非東嶽廟西之芳草園。余不知也。

城外小園凡五，在南城者二：崇文門外廣興，宣武門外曰慶順。東城一，在齊化門外，曰芳草。西城一，在平則門外，曰阜成。北城一，在德勝門外，曰德勝。皆徽班所不到。惟嵩祝偶一莅之。亦但分下包而已。

舊時檔子班打采，多在正陽門外鮮魚口内天樂園。今爲小戲園矣。

《都門竹枝詞》云：謹詹帖子印千張，浙紹鄉祠禄壽堂。謂酒莊也。禄壽堂在打磨廠，今尚存浙紹鄉祠。未嘗日日宴會，特堂會偶然借用其地。在虎坊橋之東。《藤陰雜記》言：向不知衆樂園何在，後見李自實筆帖，云在虎坊橋衆樂園口，乃知之。今道光年，李自實筆店乃在珠寶市，而虎坊橋則固無有知衆樂園之名者。《竹枝詞》又云：每味上來詩不絶，那知依舊慶雲堂。又云：恒德堂中尚可賒。今日酒莊、酒館，俱無此二家矣。往日銀官爲李海門召客於宜慶堂，今觀音寺前有承慶堂，大柵欄有衍慶堂，然皆酒莊，非戲莊也。湘舟云：小李紗帽胡同口慶雲堂，猶及見之。今承慶堂即其地。

今日三慶園，乾隆年間宴樂居也。其地昔甚廣大，今當舖亦從此析出。又其旁有六合居，亦其地也。

樂部各有總寓，俗稱大下處。春臺寓百順胡同，三慶寓韓家潭，四喜寓陝西巷，和春寓李鐵拐斜街，嵩祝寓石頭胡同。諸伶聚處其中者，曰公中人。聘歌師，食用俸者，曰拿包銀。司事者，曰管班。管班職掌分爲三：曰掌銀錢，曰掌行頭，衣箱爲行頭。曰掌派戲。生旦别立下處，自稱曰堂名中人。堂名中人初入班，必納千緡或數百緡有差，曰班底。班底有整股，有半股。整股者四日得登場演劇一齣，半股者八日，曰轉子。諸部周流赴戲園，大園四日、小園三日一易地，亦曰輪轉子。堂名中人有班底者，許償其值相授受。其堂名多承襲前人舊號。彼往此來，鵲巢鳩居。雖繫以姓氏，不嫌張冠李戴。也間有自立門户，别命堂名者。曰新堂名，必其人能自樹立，到處知名者矣。然自納班底外，宴部中父老及諸鐘磬笙笛師，所費不貲。不如頂堂名者，有班底及一切屋宇器用，俱坐享其成，可免勞民傷財也。

又 《竹枝詞》云：園中官座列西東，坐褥平鋪一片紅。案：紅色爲一、二品官坐褥，今園中惟用藍布坐具。慶樂園新葺，最華眩，亦止用回回錦。士大夫惟戲莊公宴，尊卑咸集。至於茶園嬉戲，説平等法，貴官例得用紅坐褥者，亦當持體，不便降尊從諸俠少冶游矣。即如長安酒家速客者，在酒莊則達官貴人，鳴騶張蓋來會。若酒館小集，從無公卿效袁尹屏車騎看竹者。蓋脱巾獨步，買醉數錢，情之所鍾，正在我輩。大僚顧惜官箴，動以恒舞酣歌，沈湎冒色爲戒。長安市上酒家眠，不得不讓謫仙人矣。豪客車中，皆自攜坐具。官座倚闌干，前設短榻，後列高几，各施錦褥，别於客座。後設高座，以坐僕從。撤園中藍布坐具，施之其散座，則座兒錢外加坐褥、茶壺錢百二十。又《竹枝詞》云：三寸紅箋窄戲單。案：今戲園無戲單，諸伶或書片紙置懷袖，備相識者顧問。惟堂會仍用紅紙戲目。堂會，謂戲莊公宴及第宅家宴、會館團拜也。堂會點戲、放賞，仍用短足炕几舁錢陳筵前。戲園亦偶有點戲者，但以一紙錢帖畀之而已。

又 京城極重馬頭調，游俠子弟必習之。硜硜然，斷斷然，幾與南北曲同其傳授。其調以三絃爲主，琵琶佐之。呼韻曰轍，謂换韻曰换頭，所用韻即元人周德清《中原音韻》。南中歌伎唱馬頭調，皆小曲。北道郵亭抱琵琶入店小女子，唱九連環，帶都魯。每卸裝，酤村釀解乏，聽之亦資笑樂。皆與京城馬頭調不同也。孔東塘《桃花扇・聽稗》一齣，演説太師摯適齊一章，云是賈凫西刑部所製鼓兒詞也。京城馬頭調即此意。

伶人序長幼，前輩、後輩各以其師爲次。兄、叔、祖、師，稱謂秩然，無敢紊者。如沙門法嗣然。堂名中人主家爲事者，其傔僕呼之曰當家的，或曰老板。對之肅肅然如主人翁。檀天禄嘗於酒座遇秋芙，沈醉，側戴花邊小氈帽，蟠大髮辮於頂，披衣趿鞵，作軟棚裝。稱娓而前，笑曰：檀師爺看我竟當何如。天禄噤不能言，良久但期期曰：我長汝師傅一輩，奈何取笑。彼中人長幼之别蓋如此。

堂名中人，其徒皆稱之曰師傅。師傅有内行、外行之别。如翰林諸公之分内班、外班也。翰林以起家不由庶吉士官編檢，徑由别衙門轉入者，爲外班。後輩待之，但視庶常前輩，用紅侍生帖。樂部中師傅，如秋芙之師李三，故竹香僕，是外行也。即檀順林之父，本非京城歌樓中人，自南中攜其子北來，納班底錢入三慶部。如是者，亦外行也。

又 目前南城酒館，以觀音寺前福興居、如松館爲要。裕興居，在楊梅竹斜街。浪得名耳。福興居即昔日義興居。庖人能識美人嗜好，奔走者又能伺主人喜怒。某饌爲某郎設，作何烹治，無弗當意者。東偏有小院，許金橋兵部目爲醉鄉深處，梁翰屏太史書榜揭楣端。余往來既熟，以尋常行處四字易之。又書太白酒樓，集唐一聯曰：勸君更盡一杯酒，與爾同銷萬古愁。凡我同人，卧甕頭眠壚側者，見之莫不大笑。丁酉夏秋間，又闢後院，葺屋五間。規模閎敞，酒人亦多來者。如松館廚中殽品不逮福興居，而西北隅別有一院，重房複室，境極幽邃，促膝談心，無慁乃公事者，游人多樂之也。打磨廠西口東勝居，有窗室，後臨護城河。入其中如伯有，飲酒亦是別趣。但恨膳夫不佳，且東城無美釀，是缺典耳。東城多沽湧金樓酒，絶少陳醖，遂全城遠甚。

近日酒人登座，必先屬曰：全城，帶票。蓋全城鳳記在觀音寺前陳醖最佳。來酤者以一紙署酒價，冪壺口，俾持歸爲驗。故曰帶票。余戲謂東坡有調水符，此調酒符也。

京師歌樓楹帖多佳者。虎坊橋浙紹鄉祠一聯云：地居韋杜城南，日下衣冠，共聽謳歌來上國；人在枌榆社裏，風流裙屐，恍攜絲竹到山陰。吳學博師最賞心，亟述之謂無一字虚設。元本上國衣冠，共聽謳歌來日下，余稍爲移易之。慶樂園一聯云：大千秋色在眉頭，看遍翠暖珠香，重遊贍部；十萬春華如夢裏，記得丁歌甲舞，曾醉崑崙。相傳爲吳梅村祭酒手筆。

又 金魚池在昔盛時，幾如唐之杏園、曲江池。今則已無酒肆，但有窰舍。人皆掩鼻而過之。能無今昔盛衰之感。惟市人鬻生魚者寄畜池中耳。京師最重白鱔，一頭直數緡。潞河鯉魚、灤河鯽魚，價亦不貲。何曾日食萬錢猶嫌無下箸處，非虚語也。市中日過午，即以白鱔及諸生魚寄金魚池，筍而畜之。早起復貯以盆、盎、擔入市。過酒家者，必清晨先諭留之，乃得供晚餐。否則魚已入池，不可復出，未免彈鋏而歎矣。

入伎館閒遊者，曰打茶圍。赴諸伶家閒話者，亦曰打茶圍。有改一去二三里詩者曰：一去二三里，堂名四五家。燈籠六七個，八十九十碗茶。伶人家備小紙燈數百，客有徒步來者，臨去則各予一燈，囊火以行。

又 常州陳少逸，撰《品花寶鑑》。【略】《紅樓夢石頭記》出，盡脱窠臼，別闢蹊徑。以小李將軍金碧山水、樓臺、樹石、人物之筆，描寫閨房小兒女喁喁私語，繪影繪聲，如見其人，如聞其語。《竹枝詞》所云：開談不説《紅樓夢》，縱讀詩書也枉然。記一時風氣，非真有所不足於此書也。余自幼酷嗜《紅樓夢》，寢饋以之。十六七歲時，每有所見，記於別紙，積日既久，遂得二千餘籤。擬汰而存之，更爲補苴掇拾，葺成《紅樓夢注》。凡朝章國典之外，一切鄙言瑣事，與是書關涉者，悉匯而記之。不賢者識其小者，似不無小補焉。其禪悦文法，託諸空言，概在所屏。似與耳食者不同。今匆匆十餘年，未能脱稿，殊自慚也。嘉慶間新出《鏡花緣》一書，《韻鶴軒筆談》亟稱之，推許過當。故獨竊不謂然。作者自命爲博物君子，不惜獺祭填寫。是何不徑作類書，而必爲小説耶。即如放榜謁師之日，百人羣飲，行令糾酒，乃至累三四卷，不能畢其一日之事。閱者昏昏欲睡矣，作者猶津津有味，何其不憚煩也。《紅樓夢》叙述兒女子事，真天地間不可無一、不可有二之作。陳君乃師其意而變其體，爲諸伶人寫照。吾每謂文人以擇題爲第一義，正謂此也。正如《金瓶梅》極力摹繪市井小人，《紅樓夢》反其意而師之，極力摹繪閥閲之家，如積薪然，後來居上矣。顧余有私見欲獻而商之者：《寶鑑》中所稱士大夫，我輩爲尊親賢者諱，禮固宜之。至其中小人，如奚老士之類，夫也不良，歌以誶之，不忍斥言，亦忠厚之至。獨至杜琴言等十伶官，亦別立名目。此大不必。若輩方幸得附驥尾而名益顯，奈何忍使湮没弗彰乎。桐仙爲余言：杜琴言即桐仙也。書中推爲第一，未知信否。其十人者，曰杜琴言、袁寶珠、蘇蕙芳、陸素蘭、金漱芳、林春喜、李玉林、王蘭保、桂保、秦琪官。十人者皆不知所指，不能求其人以實之。素蘭、春喜、玉林，雖有其人，皆與此書所述不稱，必別有所謂也。余丁酉夏從嚴州友吳立臣達案頭見之，迫欲借抄，未得其便。聞季卿言：少逸館内城一尚書郎家。咫尺天涯，未能一握手爲笑，殊恨無緣。暇日作尺一書致少逸，述鄙見質之。方把筆而難作，書未及達也。立臣亦緣事論城旦。所謂《品花寶鑑》者不知落誰何人之手。或者如歐公文，有蛟龍妒且護之耶。《寶鑑》是年僅成前三十回，及己酉，少逸遊廣西歸京，乃足成六十卷。余壬子乃見其刊本。戊辰九月，掌生記。

吳中舊有集秀班。其中皆梨園父老，切究南北曲，字字精審。識者歎其聲容之妙，以爲魏良輔、梁伯龍之傳未墜，不屑與後生子弟爭朝華夕秀。而過集秀班之門者，但覺夭桃郁李，鬭妍競豔，蒹葭倚玉，惟慚形穢矣。道光初，京師有仿此例者，合諸名輩爲一部，曰集芳班。皆一時教師、故老，大半四喜部中舊人。約非南北曲不得登場般演。庶幾力返雅聲，復追正始。先期遍張帖子，告都人士。都人士亦莫不延頸翹首，争先聽睹爲快。登場之日，座上客常以千計。聽者凝神攝慮，雖池中育育羣魚，寂然無敢譁者。蓋有訂約，四五日不得與坐者矣。於時名譽聲價，無過集芳班。不半載，集芳班子弟散盡。張樂於洞庭，鳥高翔，魚深藏，又曰西子駭麋。豈誑語哉。《燕蘭小譜》記有伶人自京師歸，謀入集秀班，納重賄始收之。論者或謂有志之士，或謂是監生捐孔目，居然翰林老先生矣。集秀班名重一時，即此可見。聞常熟蔣聽松言：吴中集秀班，道光年間亦已散去云。

伶人所祀之神，笠翁十種曲《比目魚》傳奇但稱爲二郎神，而不知其名。《比目魚·入班》齣賓白：凡有教，就有一教的宗主。二郎神是我做戲的祖宗。就像儒家的孔夫子，釋家的如來佛，道家的李老君。我們這位先師，極是靈顯，又極是操切。不像儒、釋、道的是主都有涵養，不記人的小過。凡是同班裏面有些暗昧不明之事，他就會覺察出來。大則降災禍，小則生病、生瘡。你們都要緊記教心，切不可在犯他的忌。紀文達公《灤陽消夏録》曰：伶人祀唐明皇，以梨園子弟也。余案：灌口二郎神，爲天帝貴戚。元人作《西遊記》，盛稱二郎神靈異，非伶人所祀也。伶人所祀乃老郎神。粤東省城梨園會館，世俗呼爲老郎廟。安次香曰：伶人所祀神，乃後唐莊宗，非明皇也。次香蓋聞之宋碧筠。然亦但以《新五代史》有《伶官傳》，故臆度當然。實亦未有確據。余每入伶人家，諦視其所祀老郎神像，皆高僅尺許，作白皙小兒狀貌，黄袍被體。祀之最虔。其拈香，必以丑脚。云昔莊宗與諸伶官串戲，自爲丑脚，故至今丑脚最貴。今入班訪諸伶者，如指名訪丑脚，則諸伶奔走列侍。其但與生旦善者，諸伶不爲禮也。今召伶人侑酒者，間呼丑脚入座湊趣，斯爲行家。每演劇，必丑脚至乃敢啟箱。俟其調粉墨筆塗抹已，諸花面始次第傅面。廣州佛山鎮瓊花會館，爲伶人報賽之所，香火極盛，每歲祀神時，各班中共推阿脚一人，生平演劇未充厮役、下賤者，捧神像出龕入綵亭，數十年來，惟武小生阿華一人捧神像，至今無以易之。阿華聲容技擊並皆佳妙，在部中歲俸蓋千餘金云。然老郎神爲何人，卒無定論。余嘗見伶人家堂，有書祖師九天翼宿星君神位者，問之不能言其故。小霞爲余言：聞諸父老，老郎神耿姓，名夢。昔諸童子從教師學歌舞，每見一小郎，極秀慧，爲諸郎導。固非同學中人也。每肄業時，必至。或集諸郎按名索之，則無其人。諸郎既與之習，樂與游。見之則智慧頓生。由是相驚以神，後乃肖像祀之。說頗不經。然吴人晨起禁言夢，諸伶尤甚，不解其故。如小霞言是，禁言夢者，諱其神名也。此事載籍無可考，所傳聞又多不盡可信。姑附記，以俟博物君子。區心廬言：梨園會館有碑，載老郎神事甚悉，惜不記其文。梨園會館在廣州城歸德門内魁巷。心廬此言在岳州，時戊戌中秋也。異日當寓書家弟藴生，使就其地拓文。但恐秉筆者言之無文，未免令人有楓落吴江之慨耳。壬寅立夏日記。

清·張際亮《金臺殘淚記》卷三《雜記》　茶園左右前後，皆有酒館，又曰酒莊。一食萬錢，誠銷金帳邪。謂貰酒曰記帳。嘉慶間曾禁挾優入館，未幾復故。

京師樂部登場，先散演三四齣，始接演三四齣，曰中軸子，又散演一二齣，復接演三四齣，曰大軸子。而忽忽日暮矣。貴人於交中軸子始來，豪客未交大軸子已去。《都門竹枝詞》所云軸讀紂子剛開便套車，車中裝得幾枝花者是也。《燕蘭小譜》作胄子，誤。宜作軸。

地安門外茶園一，宣武門外茶園一，崇文門外茶園一，正陽門外東茶園四，西茶園七。大柵欄凡五園，即正陽門之西也。

《燕蘭小譜》據元院本色目云：旦之命名，義取於狚，蓋狐之淫者。余憶唐樂部稱天子爲崖公蜆斗，殆豪客稱斗之濫觴邪。

《燕蘭小譜》記甘肅調即琴腔，又名西秦腔。胡琴爲主，月琴爲副。工尺咿唔如語。此腔當時乾隆末始蜀伶，後徽伶盡習之。道光三年，御史奏禁。

《燕蘭小譜》記京班舊多高腔。自魏長生來，始變梆子腔，盡爲淫靡。然當時猶有保和文部，專習崑曲。今則梆子腔衰，崑曲且變爲亂彈矣。亂彈即弋陽腔，南方又謂下江調。謂甘肅腔曰西皮調。

嘉慶間，御史某車過大柵欄，路壅不前。見美少年成羣，疑爲旦色。叱之。羣怒，毁其車。今大柵欄，諸伶之車遍道，幾不可行。

乾隆末，魏長生車騎若列卿。出入和珅府第，遇某御史，杖之途。此風因息。今車行皆障以青帷。

魏長生舊宅，在西珠市口。今爲梨園館，士大夫於此宴會焉。

魏長生於和珅有斷袖之寵。《燕蘭小譜》所詠阿翁瞥見也魂消是也。長生，金堂人。其徒陳銀官，成都人。故當時蜀伶而外，秦、楚、滇、黔、晉、粤、燕、趙之色，萃於京師，化二人也。

數年前，有某伶爲滿洲二等侍衛某所寵。一夕在侍衛宅侑酒，問伶嗜何食物。伶戲云：嗜二等蝦耳。侍衛怒，遽令家奴數輩掖出遞污焉。故諸伶自矜惜者，多諱言入内城。内城即正陽門内四隅也，多滿洲貴家。蕙香善滿郎中某，予畫十數幅，每幅下蠅頭楷書署曰臣某恭進，蓋皆乾隆間内府所藏。

先朝諸王多畜樂部，父老云然。攷《燕蘭小譜》，有所云王府大部者。可見數十年來，此風已息。近年嵩祝部習小生某郎，有寵於□□王，王今薨矣。

又 紉香居小火神廟。□殿撰署其臥室曰葆貞。

韻香居陝西巷，室無纖塵。名書法畫外，古琴一、洞簫一、自鳴鐘一而已。

三月十八日，諸旦色賽會迎神，曰相公會。

四月初一日，禮神於通州丫髻山。

又 嘉慶初，四喜部旦色某郎，何姓，絶豔。長蘆鹽賈查友圻，歲予萬金。約以值查侑酒，毋許先客罷。時□□殿撰方年少，見而悦之。招之至再，何悵然曰：君京朝士大夫子弟，安所得阿通銅山。此後毋庸，但見手書，來矣。每在查所，□□招即去。查怪之。而兩人暇則相要，致出入飲食如家人焉。查轉輾諷□□父□□□□。一日，何使人要□□，遇□□於門，始詢其實。怒甚。持其人徒步至何寓。何出見□□，瞪視不能言。乃歸痛笞□□。何使人探知，大慟。貽書自引咎，且勸學辭甚摯。□□感動，後竟及第。查以虧帑數百萬，入獄。查未及四十之年，耗白金至二千萬。天下稱查三標子。自大學士□文端以下，多與通兒女姻。

又 道光三年，御史□□□奏永禁京師樂部。余竊謂教坊歌舞，唐代已詳，院本流傳，元人最著。然宋有營伎，明有樂户。故前朝達官侑酒，狎客看花。對泣青衫，總憐紅粉。於優伶助諧謔而已。

本朝脩明禮義，杜絶苟且。挾妓宿娼，皆垂例禁。然京師仕商所集，貴賤不齊，豪奢相尚。趙李狹斜，既恐速獄，田何子弟，乃共嬉春。蓋大欲難防，流風易扇。制之於此，則趨之於彼。政俗遞轉之機，即天地自然之勢。今欲毀竹焚絲，憑權藉力未嘗不行，然以數十里之區，聚數百萬之衆，游閒無所事，耳目無所放，終日飽食，誨盗圖奸，或又甚焉。故聖人之爲治也，嘗順人情、馴民氣、忍細故、全大體。夫優伶如海焉，狎者或溺，涉者或沈。雖無禁令，智者不褰裳焉。若以之納溝瀆之污，混鱗介之肆，則亦文武弛張之道，老氏谿谷之旨也。況大德曰生，習而相安，固賤貧自養之業；與民同樂，降而雖下，猶市井咸若之娱邪。今天下大計，在用申韓之法，核名實，嚴刑賞；用管商之法，理財用、强軍國。若家習節儉，人懷教富，則本振而末無不畢，源澄而流無不清。蠹政者皆將自革，何待動白簡哉。從前伯相即和珅貪擅，婉卿妖淫。《燕蘭小譜》一書雖侈狐媚，可徵龜鑑。及今利權，視昔斂抑。然汰侈未革，故余深致譏詞；風俗所存，故余閒爲紀録。若其無聊之語，有會之作，皆藉以寫其抑塞之懷，消其豪宕之性。存而不廢，天下可共知其過；婉而多怨，天下可共原其情。嗟乎，□君之意，未始非君子，惜未及大端，尚多急務。余之此編，未始非不肖，然新書猶在，罪言久緘。窮者，時也；困者，命也。酣嬉以保其生者，酒場歌板也。感激而出之予者，誰爲之邪。嗟乎，嗟乎。

清・癡琴生《曇波序》 大千世界，無非傀儡之場；第一功名，亦等俳優之戲。嘆世間顛倒，儘容巴客濫觴；笑我輩婆娑，未免矮人逐隊。衆人皆醉，舉國若狂，是戲是真，即空即色。然而衣冠優孟，其中正大有人；絃管樓臺，此間得少佳趣。幾行玉立，體段風流；一串珠穿，歌喉雲遏。現女郎身説法，爲古人事傳情。盡態極妍，燕瘦與環肥並妙；新聲逸韻，秦箏與趙瑟同工。洵日下之繁華，萃人間之艷麗。固宜書之銀管，用識雛鶯乳燕之名；貯以錦囊，合有問柳評花之句者也。況復心枯秋士，夢醒春婆，感絲竹於中年，觸琵琶於此日。胸中磊塊，借盃酒以頻澆；眼底珍奇，操鑑衡而自定。作梨園主宰，居然榜列珠宫；爲菊部平章，何異才量玉尺。經品題而增價，留姓字以皆馨。色藝俱傳，兼寫性情之春煦；評量各當，詎嗤頭腦之冬烘。君意良深，我心先得。蓋以絶艷驚才之筆，繪香珠暖翠之神；以熱腸冷眼之思，爲惜玉憐香之作。人皆好色，誰是知音。此《曇波》之所以成書，四不頭陀之所以寄興也。僕長安羈滯，短劍飄零；一名未成，萬里空涉。孫興公戲頭自著，態笑狂奴；狄武襄銅具常隨，面慚故我。任揶揄於鬼物，學游戲於神仙。偶爾逢場，翩然入座。花驚郎目，漫誇秋菊、春松；釵挂臣冠，無取鄂香、董袖。自分心如木石，未免有情；相看貌似蓮花，不禁忍俊。顧春蠶力薄，恒抽獨繭之絲；秋燕情多，空繫銷金之縷。殷段留客，楚楚依人。愛同掌上之珍，因結意中之果。縱使未能免俗，何須真箇銷魂。事有同心，言皆愜意。讀丁卯花間之集，真成香國春秋；題甲乙簿上之名，不負璚臺月旦。吹皺一池春水，何事干卿；聽殘滿樹秋風，多愁似我。敢陳蕪語，聊綴簡端。搔首問天，好句誰如謝朓；哀歌斫地，何期乃有王郎。共此呻吟，相爲慰藉。翻去伶倫舊譜，看青蓮學士之章；編來樂府新篇，寓香草美人之意云爾。

清・四不頭陀《曇波・自叙》 三十年來，高搴蘭芷；四千里外，倦賦琵琶。易水變聲，燕雲作態。玉珂斷其消息，珠樹領其風情。氣短英雄，聊取青梅煮酒；歌傳懊惱，且看紅杏裁衫。蓋與其桂窟含寃，空對友朋扼腕；何如梨園買笑，猶邀子弟傾心也。不選良辰，但憑正午。浮將緑蟻，醉游消夏之園；撲得青蚨，飛入争春之館。笙簫沸地，樓榭排雲。有菊部之芳卿，上蘭臺而惱我。幾回蝶板，三度霓裳。怪他裹足纏頭，較勝青衣侍者；對此歌裙舞扇，逼真紅粉佳人。固已耳繞八音，目迷五色。洎乎下場，於焉上座。紛披花柳，各露天姿。浄洗鉛華，好看本質。當之以冷眼，繞之以熱腸。渠皆顧影自憐，我則縱心孤往。就中麗者，果然霞舉軒軒；以外童兮，豈足竽吹一一。效王龍標畫壁，佳品冥搜；擬張燕國摩珠，香名暗記。當夫金烏西墜，玉兎東升，共訂雅遊，更饒餘興。唤得佳兒似雪，邀來勝友如雲。馬足蓬飛，向燈樓而解脱；車輪雷動，過酒肆以招摇。把臂傾談，猜枚鬥勝。觴令行而點翠，燭影照而揺紅。自非顧盼生姿，安得風流相賞。柳腰低折，何珊珊其來遲；鶴膝微彎，遂緩緩而歸矣。玉樓歇賞，金屋藏嬌。浄窈窕之房櫳，盪迷離之金碧。歡未終而夜步，盃重把以筵開。清寫龍頭，香吹象口。今宵何處，唱曉風殘月之詞；此中有人，稱緩帶輕裘之度。拍紅牙而再按，腔白雪以閒調。凉雲滿空，微霜點鬢，則又愁宴娱之易逝，嘆良會之難陳者也。無端生感，有爲而言；閲歷既多，品題難已。可人姓字，胥歸夾袋之中；騷客心靈，半貯錦囊之内。描出群芳一譜，不負甯馨；妝成衆美全圖，何嫌優孟。問兒聲價，從此登龍；殫我才華，真如脩鳳。笑人間穢史，但付幾命之官；看世上讒碑，徒遺萬年之臭。閒情似此，快意奚如。況復蒿艾不收，芝蘭是採。分雁行之次第，陋魚目之混淆。既定鑑衡，始精品藻。蓋徵歌而選舞，必遺貌以取神。相馬有真，在牝牡驪黄之外；好龍非假，豈常鱗凡介之儔。我是知音，卿應解語。百年鼎鼎，誰脩皮裏之春秋；四海茫茫，難别胸中之涇渭。無惑乎量才玉尺，顛倒而持；何異乎司命朱衣，鬼神是聽。嗟乎，世多怪事，僕本恨人。淪落既同，悲歌何極。看眼前之兒女，即是蒼生；擎掌上之珍珠，都宜憐惜。倘或漫誇斷袖，自詡纏腰，前席方虚，後庭重問。强下陳蕃之榻，直登子反之床，是又搴芳公子别具肺腸，逐臭庸夫毫無顧忌者也。狂瀾既倒，雅道宜存。佛歡喜而皈依，天有情其奚補。婆心不死，生面自開。撫兹月旦平章，聊當香花供養。庶幾沈沈黑海，來度苦之慈航；滚滚紅塵，變聞香之浄域。噫嘻乎，老夫耄矣，少者懷之。敢拂花箋，用成小引，强分流品，貽笑大方。

清・南國生《曇波跋》 京師爲人才薈萃之區，笙歌之美，甲於天下。乾嘉以來，此風尤盛。間嘗訪故老之傳聞，覽私家之紀載，風流佳話播於南北。蓋其時海内殷富，士大夫吟風弄月，亦不以是相詬病。而一二妙伶尚知風雅，故豔而傳之也。遞至今日，餘韻稍衰。然以物色所及，如所稱蓮芬、燕仙諸伶，清資妙質，倘受鎔冶，又豈出徐紫雲、李桂官下哉。吾友四不頭陀冷眼看花，婆心護法，寄懷高曠，移情綿緲。於是寫曼衍之戲，作狡獪之珠。悟色相於菩提，徵因緣於現在。而各伶之性情色藝，與夫二三同志流連贈答之作，畢著於篇。假再閲數十年，名花已老，春夢重尋。則此一編也，又將感慨繫之矣。

清・寄齋寄生《燕臺花史・序》 曾聞樓居盡是仙人，國色可當名士。是以洛陽三月，争登蹴踘之場；建業千秋，猶結探花之隊。過邯鄲之里，耳熱鳴箏；經燕市之臺，心傾度曲。蓋子南之在鄭國，擲果偏多；城北之有徐公，搴裳不去。豈獨環肥燕瘦，莫御鉛華；然而代馬越禽，各宜水土。當其遲遲麗日，牡丹占四序之先；靄靄長安，鼓吹沸五都之會。邈矣中原之蒼莽，適乎西蜀之繁華。路迴織錦，坊東簸金錢於芳樹；月上吹簫，市外横磁笛於旗亭。天寶宫人，流出數聲羯鼓；岐王門客，傳來一曲琵琶。是知燕子頡頏，只舞宜春之苑；蕪蘼絡繹，唯栽長信之宫。觀夫鬥雞韋曲之閒，走馬章臺之候。乃有翩翩愛子，簇簇花鄉。孃楊柳之腰，相携裁紅而暈碧；拭芙蓉之面，每疑滴粉與搓酥。迎叔寶之羊車，翩其綿羽；挾安仁之雀彈，蹮彼圓吭。極樂世間，抹倒三千游女；莫愁湖畔，羣誇二八阿侯。況乎霧髩風鬟，百媚齊生，天乎帝矣；星宫月殿，衆仙同詠，是也非耶。酒果忘憂，漫灑南朝金粉；花堪長樂，莫非北地胭脂。奈何百子池頭，蓮難一色；三珠樹上，鶴久羣栖。晻靄毬堂，縱春人之似織；參差繡幄，須風剪以裁成。於是僕本情儂，愧居知己，爲列風流小隊，暫膺花月分司。誇江左之風流，似曾相識；持汝南之月旦，自詡無私。唯其名不挂於春官，安容附驥；世共賞爲奇士，自應登龍。然而卵墜覆巢，猶非窮鳥；石填滄海，原有寃禽。待他薄命吟詩，盟心白水；續我登科有記，再造青天。即此一百五日之風光，緑飛蝴蝶；二十四番之花信，紅綻櫻桃。故將蕊榜高張，以賞梨園佳製。播後之代，居然雁塔題名；詢其前身，恰是鴛箋小譜。

清・圓嶠花主《燕臺花史跋》 帝里笙歌，乾坤春靄；燕臺風月，錦繡才多。聚荆豔與越吟，來吴頭兮楚尾。梨園韻事，菊部佳伶。夫固有待譜向吟箋，品資彩筆者也。彼夫編侍兒之名牘，豔溯南朝；搜俠妓之錦緘，志留北里。何況三生慧業，修道□梅；一度新聲，爭傳玉樹。墜情天之浩刼，參色界之菩提。聽説法於遠公，彌天花雨；助吟情於劉子，鋪户梨雲。樣換花坊，悲青琴之易老；調翻鴛譜，憐絳樹之絶倫。如水鑑衡，難淆軒輊；爭春梅雪，殊費平章。此蜃橋諸公所由誌以傳贊，而雜以謳吟也。余臺賦黄金，詞慙白雪。值彈鋏吹簫之境，倣鏤金錯采之章。蕊榜高搴，陰濃桃李；蘭言雅集，露盥薔薇。寫小品以遺情，不覺春風滿座；譜大羅之雅韻，恰當明月連橋。

清・蜀西樵也《燕臺花事録・序》 《燕臺花事録》何爲而作也。明人有言，窮措大抱牀頭黄面婆子，自云好色，豈不羞死。此言固也，而義未盡。人間真色，要不當於巾幗中求之。不則歷遍青樓，亦祇得贋物耳。京師女閭，視臨淄奚啻十倍。瞢騰過眼，尤覺無花。而選笑徵歌，必推菊部。其間不無粉飾，亦判媸妍。所謂天然美好者，歲要得一二人焉。豈西山多白櫻桃花，秀氣所鍾，故生尤物耶。良由人間真色，固在此不在彼也。燈窗無俚，冥想前遊，一夕成此。蓋懼美人遲暮，藉以稍留顔色。雖然，人情無正色，悦目即爲姝，香山早經道破。遺珠之憾，僕也先羣芳而雪涕矣。長安道上，大半看花。各舉所知，是望諸寓公之好事者。

清・雲居山人《懷芳記序》 京師歌伶甲於天下。人原是璧，室盡如蘭，一經品題，聲價何止十倍。記咸豐丙辰，吾友餘不釣徒展覲入都，招勝侣，萃吟朋，選伎徵歌，尋花問柳，曾有《明僮小録》之刊。勤搜珊網，廣纂瑶編。盛事一時，貽芳千載。可以按圖索驥，執鏡招鸞焉。茲蘿摩老人《懷芳記》一記，成于丙子仲秋。相去十年，用情一致。舞衫歌扇，當年之舊雨無多；寵柳驕花，出谷之新鶯更貴。想見軟紅十丈，珠温玉暖之鄉；拾翠三春，蝶醉蜂迷之候。清眸皓齒，發其瑶思。瑋態瓌姿，鏤之銀管。盛矣，麗矣。幻耶。真耶。竊恐陳迹之難追，所貴手民之是付。傳來日下，何殊千佛之經；唱遍人間，猶是羣芳之譜。

清・藝蘭生《側帽餘譚》 時下盛尚黄腔。黄腔起於湖北黄岡縣，詞意俚鄙，皆若輩隨口謅成。不經文人筆墨，宜無當於大雅。其中亦具音節，使改竄稍順，則歌者轉覺聱牙。然亦有以調舊厭聞，新易一二句，便覺鏗鏘動聽，但此非老協律不辨。

崑腔曲譜，出自玉峰魏良輔。後遂盛行于蘇。種種傳奇，音律精細。豪貴妙選名伶，扮演惟肖，遂爾軼類超群。京師自尚亂彈，崑部頓衰。惟三慶、四喜、春臺三部帶演，日祇一二齣，多至三齣，更蔑以加。曲高和寡，大抵然也。

子弟教成歌舞，將出應客。先輸錢於菊部，按節出費，謂之搭班。搭班之首日，例演劇敬神，且以動坐客。子弟無論學崑與黄，必隸三慶等三部。故崑曲之於三部，藉延一綫耳。

搭班之前，歌扇舞衫，預爲自製。其間唱崑者十之五。而五之中，唱旦者居其三，唱生者居其二。大約生旦之曲，宜於淺斟低唱。雛伶喉氣未充，僅能隨簫管聲依約附和。而觀此等劇者，亦以色不以聲也。

雛伶崑劇，惟四喜最多，三慶次之，春臺幾如廣陵散矣。

自掛籍樂部後，日日進園，立於戲臺之東西房，謂之站臺。蝶使分巡坐間，似曾相識者通眉語，使侍坐，坐時久暫不等。大抵錚錚有聲者，略一周旋即便别去。護花尉故廣交，每顧曲前後，左右紛然雜陳，艷之者擬於肉屏風云。

善材授徒，亦視其性之所近。如純正明艷者宜旦，淡雅雄健者宜生，狡黠者宜貼、宜丑，頑蠢者宜凈、宜末。習與性成，不可勉强。諸堂自配脚色，得成一戲者，向推岫雲、春華、聞德。今則景和、瑞春、杏春也。

雛伶本曰像姑，言其貌似好女子也。今訛爲相公。按此名古惟宰相得而稱之，至大家子弟及茂才亦膺是稱，然已嫌其濫。今竟加之至賤之伶，致京官子弟，其僕轉不敢以此相稱。以同音之故，而使冠履倒置，正不獨伍髭鬚、杜十姨之足資人笑柄也。

又　亂彈中以青衫、鬚生爲最難。蓋上等脚色，唱處極多，非喉氣充實則坐客不能動聽。若輩之充是色者，往往于五更黎明時，面壁引吭，啾啾長嘯。常止宿五雲深處，東方未白，聞此聲四起，遠近響應，不知者幾疑鬼嘯。

以所部不競，而遷地爲良者，則改籍是也。試言其故：一因本人中材，而所部上材居多，未免爲所凌轢而不能自振。一經改籍，既足新尋芳者之耳目，且他部或純係中材，或參以下材，則斯人一出，大可嘯傲其儕矣。一因所部以津貼細故不洽，故改絃易轍，以省費也。

清・謝素聲《杏林擷秀・序》　流水斜陽之地，豈必桃李始芳；曉風殘月之場，原許棠梨並植。列羽霓之隊，曲帳愈光；賦鐵石之腸，令名何損。矧乃稚龍挺秀，雛鳳振聲。文杏宋牆，春意十分之鬧；櫻桃鄭圃，秋容一抹之輪。乍逢羣玉山頭，身疑月是；同詠大羅天上，仙欲衆呼。首善蜚聲，名流交口。可乏羣芳之譜，誌將側豔之詞。則有終童年少，陸子才多。豐城之氣燭霄，秋水之文暈遠。絳雲舒卷，萬象俱空；銀漢光明，一塵不到。白太傅前身兜率，從應彩鳳文鸞；蘇子瞻風骨神仙，住合瓊樓玉宇。屯田楊柳，徵旖旎於臨風；康樂芙蓉，擅光華於映日。爾乃皎如玉樹，望若瓊枝。鳴鳳集於朝陽，振鷺翔於林表。七襄錦織，天孫欲失其妍；百寶裝成，神女亦輸其豔。賦閒情於陶令，應教墮落勿辭；起重色之漢皇，直使温柔欲築。吴宫花滿，子夜飛聲；蜀道鈴霖，行雲度響。髫齡竟起，同調可賡。譜翻賀老之垂，誤鮮周郎之顧。仙韶合冠，作菊部之上頭；門業克承，信桂林之獨秀。五月江城之譜，一聲河滿之歌。聞者傾心，觀者擊節。大江東去，銅琶鐵板之音；一鶴南飛，金管玉簫之奏。鼓孺悲之瑟，應許升堂；受安道之琴，要推入室。翩翩慘緑，落落軟紅。門巷豈出烏衣，子弟如來素族。笑言胥寡人，菊影而淡如；馨逸自成月，梨花而静著。似此清泉石上，允稱佳士座中。在昔船號總宜，竊淡濃之湖；比人稱蘊藉，詠平遠之山。如共此芳馨，不隨塵俗。周黨清談之作，真率時形；齊髠豪飲之能，詼諧間作。芝蘭入室，徵欣賞之僉同；芍藥當階，亦風華之别具。空谷蕭蘭之韻，譜出南湘；春江花月之陰，移來北部。碧桃楚楚，絳樹聲聲。淞濱雲影，如逢海上風光。倘若接西施之裝點，唐突何嫌；即北里之争馳，齊驅奚讓。犀角之鍾靈，見説鳳毛之濟美。曾聞此中有人，乃逢香士；未能免俗，不共凡葩。屏啓金鵝，好畫圖之省識；座張銀鹿，覺少小之争憐。嬌癡之態猶存，偏多佳趣；聲價之增可俟，行見他年。議者謂簫吹何處，二分明月催來；簾捲不如，十里香塵步去。襄成君翠衣之立，綽約終輪；曲逆侯冠玉之如，芬芳總遜。不知枝開南北，實相羣推；澗列東西，清光並著。音有齊梁之别，色無燕趙之區。除却目無，一任煙雲之過；倘非心死，誰能風月之忘。況琴如静對，令百慮之皆清；香等妙聞，愈六根之俱净。最宜揮麈，偕松下之談；絶好當筵，共花間之酌。而且仙吏蓬萊，無俟翠羽之飾；空山姑射，不藉朱粉之施。披五嶽之圖，真形眼底；疊九天之錦，秀色斗旁。紅牙按而描畫入神，白紵歌而風流盡得。珠如索貫，氣更蘭吹。以視玉佩明璫，結石家之錦幛；雲鬟花影，列唐帝之金釵。譬之簫勺鏗鏘，雜以桑間之奏；蕙蘭郁烈，移偕春檻之中。清濁見矣，雅俗分焉。僕愧多才，偏希好事。卧棠下而顛任人喚，坐篁裏而影每對邀。東堂之風景依然，攬欲百花之帶；南内之月明如故，披將萬斛之沙。序新詠於玉臺，圖陳穆駿；誌芳踪於金谷，譜續燕蘭。深情太令之書，閒坐開元之説。雪鴻聊誌，琴鶴漫評。如謂冀北已空，汝南即是。則僕風花影裏，塊磊借澆；雲水光中，麻茶待洗。回雖不敏，敢云正法眼藏；由也闕如，容有遺珠憾抱。宏珊網而收取，請俟紅豆詞人；持玉尺而準量，還待彩毫才客。餘姚謝素聲自識於海王村畔。

圖表

清・佚名《昇平署戲曲人物扮相譜・生行》

《取滎陽》陳平

《渭水河》太子

《借趙雲》劉備

《借趙雲》趙雲

《借趙雲》公孫瓚

《借趙雲》中軍

《探營》姜維

《探營》將官

《南陽關》伍雲召

《南陽關》韓擒虎

《南陽關》尚師徒

《斷密澗》王伯當

《斷密澗》李世民

《斷密澗》唐太祖

《四郎探母》楊六郎

《艷陽樓》花逢春

《泗洲城》狀元

《泗洲城》知府

《泗洲城》哪吒

《泗洲城》韋馱

《泗洲城》孫悟空

《太平橋》李存勖

《太平橋》李廣

《太平橋》師敬司

《空城計》司馬懿

《空城計》司馬昭

《空城計》諸葛亮

《空城計》王平

《空城計》趙雲

《空城計》黃忠

《玉玲瓏》王成

《玉玲瓏》韓世忠

《落馬湖》黄天霸

《落馬湖》萬君照

《落馬湖》李大成

《落馬湖》關泰

《落馬湖》李五

《落馬湖》郭起鳳

《普天樂》城隍

《普天樂》柳員外

《普天樂》知縣

《普天樂》顏查散

《普天樂》家人閻義

《千秋嶺》李世民

《千秋嶺》徐茂公

《千秋嶺》羅成

《千秋嶺》秦瓊

《蔡天化》黄天霸

《蔡天化》賀人傑

《蔡天化》關泰

《蔡天化》郭起鳳

《蔡天化》王殿臣

《反西凉》馬超

《反西凉》馬騰

《反西凉》馬岱

《反西涼》馬夫

《反西涼》太守

《高平關》趙匡胤

《沙陀國》李晉王

又《旦行》

《南陽關》韓氏

《斷密澗》河陽公主

《探母》八姊

《艷陽樓》徐小姐

《泗洲城》水母

《泗洲城》化身

《玉玲瓏》梁紅玉

《太平橋》公主

《玉玲瓏》節氏

《普天樂》柳金嬋

《普天樂》丫環

《普天樂》刁氏

《普天樂》柳夫人

《普天樂》閻夫人

《四傑村》花碧蓮

《牧羊卷》嬸娘

《擊掌》王寶釧

《竹林記》劉金定

《玉堂春》玉堂春

又《净行》

《渭水河》姜子牙

《取滎陽》項羽

《南陽關》麻叔謀

《南陽關》伍保

《斷密澗》李密

《艷陽樓》高登

《艷陽樓》徐世英

《艷陽樓》呼延豹

《泗洲城》靈官

《泗洲城》玄壇

《泗洲城》伽藍

《泗洲城》青龍

《泗洲城》白虎

《太平橋》老大王

《太平橋》朱温

《太平橋》卞宜隨

《空城計》夏侯霸

《空城計》司馬師

《空城計》馬謖

《玉玲瓏》龐勳

《落馬湖》李佩

《落馬湖》何路通

《落馬湖》于亮

《普天樂》千里眼

《普天樂》順風耳

《普天樂》閻王

《普天樂》陰陽判官

《普天樂》判官張魁

《普天樂》夜遊神

《千秋嶺》尉遲敬德

《蔡天化》道人蔡天化

《蔡天化》老道

《蔡天化》老道

《蔡天化》老道

《蔡天化》老道

《反西涼》曹操

《反西涼》許褚

《反西涼》爵宜

《反西涼》曹洪

《反西涼》龐德

《樊城》申包胥

《取滎陽》隨何

又《丑行》

《高平關》高行周

《艶陽樓》秦仁

《斷密澗》太監

《太平橋》旗牌郭義

《空城計》老軍

《玉玲瓏》土地

《落馬湖》朱光祖

《普天樂》門神

《普天樂》門神

《普天樂》判官

《普天樂》遊流鬼

《普天樂》李保兒

《普天樂》閻福

《普天樂》風旗

《千秋嶺》程咬金

《蔡天化》院子

《蔡天化》朱光祖

做功

論説

唐・崔令欽《教坊記》 開元十一年，初製《聖壽樂》，令諸女衣五方色衣以歌舞之。宜春院女，教一日便堪上場，惟搊彈家彌月不成。至戲日，上令宜春院人爲首尾，搊彈家在行間，令學其舉手也。宜春院亦有工拙，必擇尤者爲首尾。既引隊，衆所屬目，故須能者。樂將闋，稍稍失隊，餘二十許人舞曲終，謂之合殺老，尤要快健，所以更須能者也。

又 凡欲出戲，所司先進曲名。上以墨點者即舞，不點者即否，謂之進點。戲日，内伎出舞，教坊人惟得舞《伊州》、《五天》，重來疊去，不離此兩曲，餘盡讓内人也。《垂手羅》、《回波樂》、《蘭陵王》、《春鶯囀》、《半社渠》、《借席》、《烏夜啼》之屬，謂之軟舞。《阿遼》、《柘枝》、《黄麞》、《拂林》、《大渭州》、《達摩》之屬，謂之健舞。

唐・段安節《樂府雜録・舞工》 舞者，樂之容也，有大垂手、小垂手，或如驚鴻，或如飛燕。婆娑，舞態也，蔓延，舞綴也。古之能者，不可勝記。即有健舞、軟舞、字舞、花舞、馬舞。健舞曲有《稜大》、《阿連》、《柘枝》、《劍器》、《胡旋》、《胡騰》，軟舞曲有《凉州》、《緑腰》、《蘇合香》、《屈柘》、《團圓旋》、《甘州》等。

元・胡祇遹《紫山大全集》卷八《黄氏詩卷序》 女樂之百伎，惟唱説焉。一、姿質濃粹，光彩動人。二、舉止閑雅，無塵俗態。三、心思聰慧，洞達事物之情狀。四、語言辨利，字真句明。五、歌喉清和圓轉，纍纍然如貫珠。六、分付顧盼，使人人解悟。七、一唱一説，輕重疾徐，中節合度，雖記誦閑熟，非如老僧之誦經。八、發明古人喜怒哀樂、憂悲愉佚、言行功業，使觀聽者如在目前，諦聽忘倦，惟恐不得聞。九、温故知新，關鍵詞藻，時出新奇，使人不能測度，爲之限量。九美既具，當獨步同流。近世優於此者，李心心、趙真、秦玉蓮。今黄氏始追踪前學，可喜，可喜。

元・杜仁傑〔般涉調・耍孩兒〕《莊家不識構闌》 風調雨順民安樂，都不似俺莊家快活。桑蠶五穀十分收，官司無甚差科。當村許下還心願，來到城中買些紙火。正打街頭過，見吊個花碌碌紙榜，不似那答兒鬧穰穰人多。

〔六煞〕見一個人手撐著椽做的門，高聲的叫請、請，道遲來的滿了無處停坐。説道前截兒院本《調風月》，背後幺末敷演《劉耍和》。高聲叫：趕散易得，難得的妝哈。

〔五〕要了二百錢放過咱，入得門上個木坡，見層層疊疊團團坐。抬頭覷是個鐘樓模樣，往下覷却是人旋窩。見幾個婦女向臺兒上坐，又不是迎神賽社，不住的擂鼓篩鑼。

〔四〕一個女孩兒轉了幾遭，不多時引出一夥。中間裏一個央人貨，裹著枚皂頭巾，頂門上插一管筆，滿臉石灰更著些黑道兒抹。知他待是如何過。渾身上下，則穿領花布直裰。

〔三〕念了會詩共詞，説了會賦與歌，無差錯。唇天口地無高下，巧語花言記許多。臨絶末，道了低頭撮脚，爨罷將么撥。

〔二〕一個妝做張太公，他改做小二哥，行、行、行説向城中過。見個年少的婦女向簾兒下立，那老子用意鋪謀待取做老婆。教小二哥相説合，但要的豆穀米麥，問甚布絹紗羅。

〔一〕教太公往前那不敢往後那，抬左脚不敢抬右脚，翻來覆去由他一個。太公心下實焦燥，把一個皮棒槌則一下打做兩半個。我則道腦袋天靈破，則道興詞告狀，剗地大笑呵呵。

〔尾〕則被一胞尿，爆的我没奈何。剛捱剛忍更待看些兒個，枉被這驢頽笑殺我。

明・李開先《詞謔・詞樂》 顔容，字可觀，鎮江丹徒人，全之同時也，乃良家子。性好爲戲，每登場，務備極情態，喉喑響喨，又足以助之。嘗與衆扮《趙氏孤兒》戲文，容爲公孫杵臼，見聽者無戚容，歸即左手捋鬚，右手打其兩頰盡赤，取一穿衣鏡，抱一木雕孤兒，説一番，唱一番，哭一番，其孤苦感愴，真有可憐之色，難已之情。異日復爲此戲，千百人哭皆失聲。歸，又至鏡前，含笑深揖曰：顔容，真可觀矣。

明・沈德符《萬曆野獲編》卷二五《詞曲部・舞名》 頃在梁溪鄒彦吉家觀舞，因論：皆婦人盤中、掌上之遺耳，乃古人之舞不傳久矣。古有《鞞舞》、《鼙舞》、《鐸舞》、《笛舞》、《肇舞》，固絶不知何狀，即最後如唐太宗《七德舞》、明皇之《龍池舞》、《傾杯舞》及《霓裳羽衣》之舞，在宋已亡。然古人酒歡起舞多男子。如唐張錫等《談容娘舞》，楊再思之《高麗舞》，祝欽明之《八風舞》，則大臣亦爲之。安禄山之《胡旋舞》，僕固懷恩爲宦官駱奉仙舞，則胡虜亦爲之。若和哥起舞與張存業求纏頭，則儲君亦爲之矣。唐開成間，樂人崇胡子，其人能軟舞，其舞容有大垂手、小垂手、驚鴻、飛燕、婆娑之屬，其腰肢不異女郎，則知唐末已全重婦人。而唐時教坊樂，又有《垂手羅》、《迴波樂》、《蘭陵王》、《春鶯囀》、《半社》、《渠借席》、《烏夜啼》之屬，謂之軟舞，《阿遼》、《柘枝》、《黄麞》、《拂林》、《大渭州》、《達摩叉》之屬，謂之健舞，又不專用女郎也。宋時宗廟朝享之外，亦用婦人，其所謂女童隊、小兒隊、教坊隊者，已如今俗舞。至金、元益以虜習，彌不可問。今世學舞者，俱作汴梁與金陵，大抵俱軟舞。雖有南舞、北舞之異，然皆女妓爲之，即不然，亦男子女妝以悦客。古法澌滅，非始本朝也。至若舞用婦人，實勝男子，彼劉、項何等帝王，尚屬戚、虞爲之舞。唐人謂：教坊雷大使舞，極盡工巧，終非本色。蓋本色者，婦人態也。鄒深是予言。

明・潘之恒《鸞嘯小品・神合》 神何以觀也。蓋由劇而進於觀也，合於化矣。然則劇之合也有次乎。曰：有。技先聲，技先神。神之合也，劇斯進已。會之者固難，而善觀者尤鮮。余觀劇數十年，而後發此論也。其少也，以技觀進退步武，俯仰揖讓，具其質爾。非得嘹亮之音，飛揚之氣，不足以振之。及其壯也，知審音而後中節合度者，可以觀也。然質以格囿，聲以調拘。不得其神，則色動者形離，目挑者情沮。微乎。微乎。生於千古之下，而游於千古之上，顯陳跡於乍見，幻滅影於重光，非旃、孟之精通乎造化，安能悟世主而警凡夫。所謂以神求者以神告，不在聲音笑貌之間。今垂老，乃以神遇。然神之所詣，亦有二途：以摹古者遠志，以寫生者近情。要之，知遠者降而之近，知近者溯而之遠。非神不能合也。吴儂之寓秦淮者，坐進此道，吾以觀微得之。甚矣。劇之難言，何惑乎秦漢之君褰裳濡足也。

又《情癡》 古稱優孟、優施能寫人之貌，尚能動主，而況以情寫情，有不合文人之思致者哉。余友臨川湯若士，嘗作《牡丹亭還魂記》，是能生死死生，而別通一竇於靈明之境，以遊戲於翰墨之場。【略】而最難得者，解杜麗娘之情人也。夫情之所之，不知其所始，不知其所終，不知其所離，不知其所合。在若有若無、若遠若近、若存若亡之間，其斯爲情之所必至，而不知其所以然。不知其所以然，而後情有所不可盡。而死生生死之無足怪也。故能癡者而後能情，能情者而後能寫其情。杜之情癡而幻，柳之情癡而蕩。一以夢爲真，一以生爲真。惟其情真，而幻蕩將何所不至矣。二孺者，蘅紉之江孺、荃子之昌孺，皆吴閶人。各具情癡，而爲幻爲蕩，若莫知其所以然者。主人越石，博雅高流，先以名士訓其義，繼以詞士合其調，複以通士標其式。【略】江孺情隱於幻，登場字字尋幻，而終離幻。昌孺情蕩於揚，臨局步步思揚，而未能揚。政以杜當傷情之極，而忽值鍾情之夢。雖天下致情，無有當於此者。柳當失意之時，忽逢得意之會，雖一生如意，莫有過於此者。或尋之夢而不得，尋之溟漠而得，其偶合於幽而不暢，合於昭昭而表其微。雖父母不之信，天下莫之信，而兩人之自信尤真也。臨川筆端，直欲戲弄造化。水田豪舉，且將淩轢塵寰，足以鼓吹大雅，品藻藝林矣。

又《仙度》 人之以技自負者，其才、慧、致三者，每不能兼。有才而無慧，其才不靈。有慧而無致，其慧不穎。穎之能立見，自古罕矣。楊之仙度，其超超者乎。賦質清婉，指距纖利，辭氣輕揚，才所尚也，而楊能具其美。一目默記，一接神會，一隅旁通，慧所涵也，楊能蘊其真。見獵而喜，將乘而蕩，登場而從容合節，不知所以然，其致仙也，而楊能以其閒閒而爲超超，此之謂致也。所以靈其才而穎其慧者也。余始見仙度於庭除之間，光耀已及於遠。既覯於壇坫之上，佳氣遂充于符。三遇於廣莫之野，縱橫若有持，曼衍若有節也。西施淡妝，而矜豔者喪色。仙乎，仙乎，美無度矣。

又《鳳姝》 夫元氣之真，莫全於姹女。其含苞於胎，伏氣於乳，至十三而盈，十四而溢，十五而餘。若既散既離之後，比于全盛時，不可得已。余曩喜顧曲，謂女笄以往，始有可觀，必俟其氣和，其學純，其機熟爾。而今乃知其不然。歌喉舞態，於盈溢間自然流動完足，不假師傳，不由人籟，此先天之極致，滿月之豔都也。

又《與楊超超評劇五則》 蔣六、王節才長而少慧。宇四、顧筠具慧而乏致。顧三、陳七工於致而短於才。兼之者流波君楊美，而未盡其度。吾願仙度之盡之也。盡之者度人，未盡者自度。余於仙度滿志而觀止矣，是烏能盡之。一之度。西施之捧心也，思也，非病也。仙度得之，字字皆出於思。雖有善病者，亦莫能仿佛其捧心之妍。嗟乎，西施之顰於裏也，裏人顰乎哉。二之思。步之有關於劇也，尚矣。邯鄲之學步，不盡其長，而反失之。孫壽之妖豔也，亦以折腰步稱。而吴中名旦，其舉步輕揚，宜於男而慊於女，以纏束爲矜持，神斯窘矣。若仙度之利趾而便捷也，其進若翔鴻，其轉若翻燕，其止若立鵠，無不合規矩應節奏。其豔場尤稱獨擅，令巧者見之，無所施其技矣。三之步。曲引之有呼韻，呼發於思，自趙五娘之呼蔡伯喈始也。而無雙之呼王家哥哥，西施之呼范大夫，皆有凄然之韻，仙度能得其微矣。四之呼。白語之寓歎聲，法自吴始傳。緩辭勁節，其韻悠然，若怨若訴。申班之小管，鄒班之小潘，雖工一唱三歎，不及仙度之近自然也。呼歎之能警場也，深矣哉。五之歎。朱子青，與仙度競爽者，音其音，白其白，步其步，歎其歎。所不及者，思與度耳，然已近顧筠當年，接傅壽芳塵矣。可易得哉。西來有極音，而不能奏技。周蓮生有雅度，而音不振。劇之難言若此耶。

又《筠喻》 評曰：筠雪之爲劇也，韻既朗閒，情亦蕩譎。不戒而嚴，不律而逸。氣和調肅，神凝志一。其爲音也，乍揚若抑。其爲步也，進三退一。其爲態也，當境以出。其來也若飛而集，其去也若滅而入。其爲度也，百不爽失。人謁其長，神效其力。起金鳳有作容，儷仙度而讋魄，真有愧于丈夫，而開劇之內則，羌感夫禮魂，而心乎爲國者哉。

又《技尚》 梁溪之奏技也，主人肅客，不煩不苛，行酒不嘩，加豆不疊。專耳目，一心志以向技，故技窮而莫能逃。其爲技也，不科不諢，不塗不穢，不傘不鑼，不越不和，不疾不徐，不擗不掉，不復不聯，不停不續。拜趨必簡，舞蹈必揚，獻笑不排，賓白有節。必得其意，必得其情。升於風雅之壇，合於雍熙之度。此清貴之獨尚者也。

又《曲餘》 推本所自，《琵琶》之爲思也，《拜月》之爲錯也，《荆釵》之爲亡也，《西廂》之爲夢也。皆生於情，而未致也。杜麗娘情窮於幻，湯臨川曲極於變，而登場爲劇，或未致其技於真，則謂之何善乎。吴人王渭臺之言曰：此未得曲之餘也。未得曲之餘，不可以言劇。夫所謂餘者，非長而羨之之謂。蓋滿而後溢，乃可以謂餘也。大喜大悲，必多溢於形，爲舞蹈，爲叫號。小喜小嗔，亦少溢於色，爲嬉靡，爲顰蹙。何所溢之。溢於音也。故爲劇必自調音始。音也者，聲與樂之管也。聲之微爲音，音之宣爲樂。故曰：知聲而不知音，不能識曲。知音而不知樂，不能宣情。音既微矣，悲喜之情已具曲中。一顰一笑，自有餘韻，故曰曲餘。今之爲劇者不能審音，而欲劇之工，是愈求工而愈遠矣。余一夕見渭台之劇，於《思親》之〔雁魚錦〕、《悼亡》之南、北，才吐一字，而形色無不之焉。此之謂能致曲，而得曲之餘也。群孺部中亦工爲夢，而未詣音之境，亦工爲錯，而未涉音之津。則其爲津、爲境，亦未致乎音之量也。未致乎音之量，而强於音外索之，安能夢之若驚，而錯之必緒乎。此所貴乎餘者以此也。山無餘則雲不生，海無餘則蜃不結，詩無餘則詞不豔，詞無餘則曲不調。雲也，蜃也，山海之劇也。豔也，調也，詩詞之劇也。知渭臺之曲餘，而後可以語致曲也。

明・馮夢龍《酒家傭總評》 李固門人，執義相殉者甚多，不能備載，聊存王成、郭亮等一二。演李固，要描一段忠憤的光景。演文姬、王成、李燮，要描一段憂思的光景。演吴祐、郭亮，要描一段激烈的光景。

明・張岱《陶庵夢憶・朱楚生》 朱楚生，女戲耳，調腔戲耳，其科白之妙，有本腔不能得十分之一者。蓋四明姚益城先生精音律，與楚生輩講究關節，妙入情理，如《江天暮雪》、《霄光劍》、《畫中人》等戲，雖崑山老教師，細細摹擬，斷不能加其毫末也。班中脚色，足以鼓吹楚生者方留之，故班次愈妙。楚生色雖不甚美，雖絶世佳人無其風韻，楚楚謖謖，其孤意在眉，其深情在睫，其解意在煙視媚行。性命於戲，下全力爲之，曲白有誤，稍爲訂正之，雖後數月，其誤處必改削如所語。

明・張岱《瑯嬛文集・與何紫翔》 昨聽松江何鳴臺、王本吾二人彈琴。何鳴臺不能化板爲活，其蔽也實。王本吾不能練熟爲生，其蔽也油。二者皆是大病，而本吾爲甚。何者。彈琴者，初學入手，患不能熟，及至一熟，患不能生。夫生，非澀勒離歧，遺忘斷續之謂也。古人彈琴，唫揉綽注，得手應心。其間勾留之巧，穿度之奇，呼應之靈，頓挫之妙，真有非指非弦、非勾非剔，一種生鮮之氣，人不及知，己不及覺者。非十分純熟，十分陶洗，十分脱化，必不能到此地步。蓋此練熟還生之法，自彈琴撥阮、蹴踘吹簫、唱曲演戲、描畫寫字、作文做詩，凡百諸項，皆藉此一口生氣。得此生氣者，自致清虚，失此生氣者，終成渣穢。吾輩彈琴，亦惟取此一段生氣已矣。今蘇下之人彈琴者，一字音絶，方出一聲，停擱既久，脈絡既斷，生氣全無。此是死法，吾輩不學之可也。吾兄素以鐘期自任，其以弟言爲然否。

清・李漁《閒情偶寄》卷四《演習部・選劇第一》 填詞之設，專爲登場。登場之道，蓋亦難言之矣。詞曲佳而搬演不得其人，歌童好而教率不得其法，皆是暴殄天物，此等罪過，與裂繒、毁璧等也。方今貴戚通侯，惡談雜技，單重聲音，可謂雅人深致，崇尚得宜者矣。所可惜者，演劇之人美，而所演之劇難稱盡美，崇雅之念真，而所崇之雅未必果真。尤可怪者，最有識見之客，亦作矮人觀場，人言此本最佳，而輒隨聲附和，見單即點，不問情理之有無，以致牛鬼蛇神，塞滿氍毹之上。極長詞賦之人，偏與文章爲難，明知此劇最好，但恐偶違時好，呼名即避，不顧才士之屈伸，遂使錦篇繡帙，沉埋瓿甕之間。湯若士之《牡丹亭》、《邯鄲夢》得以盛傳於世，吴石渠之《緑牡丹》、《畫中人》得以偶登於場者，皆才人僥倖之事，非文至必傳之常理也。若據時優本念，則願秦皇復出，盡火文人已刻之書，止存優伶所撰諸抄本，以備家絃户誦而後已。傷哉，文字聲音之厄，遂至此乎。吾謂：《春秋》之法，責備賢者。當今瓦缶雷鳴，金石絶響，非歌者投胎之誤，優師指路之迷，皆顧曲周郎之過也。使要津之上，得一二主持風雅之人，凡見此等無情之劇，或棄而不點，或演不終篇而斥之使罷，上有憎者，下必有甚焉者矣。觀者求精，則演者不敢浪習，黄絹色絲之曲，外孫虀臼之詞，不求而自至矣。吾論演習之工，而首重選劇者，誠恐劇本不佳，則主人之心血、歌者之精神皆施於無用之地，使觀者口雖贊歎，心實咨嗟，何如擇術務精，使人心、口皆羨之爲得也。

又《别古今》 選劇授歌童，當自古本始。古本既熟，然後間以新詞。切勿先今而後古。何也。優師教曲，每加工於舊，而草草於新。以舊本人人皆習，稍有謬誤，即形出短長，新本偶爾一見，即有破綻，觀者、聽者未必盡曉，其拙儘有可藏。且古本相傳至今，歷過幾許名師，傳有衣鉢，未當而必歸於當，已精而益求其精，猶時文中大學之道、學而時習之諸篇，名作如林，非敢草草動筆者也。新劇則如巧搭新題，偶有微長，則動主司之目矣。故開手學戲，必宗古本，而古本又必從《琵琶》、《荆釵》、《幽閨》、《尋親》等曲唱起。蓋腔板之正，未有正於此者。此曲善唱，則以後所唱之曲，腔板皆不謬矣。舊曲既熟，必須間以新詞。切勿聽拘士腐儒之言，謂新劇不如舊劇，一概棄而不習。蓋演古戲如唱清曲，衹可悦知音數人之耳，不能娱滿座賓朋之目。聽古樂而思卧，聽新樂而忘倦，古樂不必《簫》、《韶》、《琵琶》、《幽閨》等曲即今之古樂也。但選舊劇易，選新劇難。教歌習舞之家，主人必多冗事，且恐未必知音，勢必委諸門客，詢之優師。門客豈盡周郎，大半以優師之耳目爲耳目。而優師之中，淹通文墨者少，每見才人所作，輒思避之，以鑿柄不相入也。故延優師者，必擇文理稍通之人，使閲新詞，方能定其美惡。又必藉文人墨客，參酌其間，兩議僉同，方可授之使習。此爲主人多冗、不諳音樂者而言。若係風雅主盟，詞壇領袖，則獨斷有餘，何必知而故詢。噫。欲使梨園風氣，丕變維新，必得一二縉紳長者，主持公道，俾詞之佳者必傳，劇之陋者必黜，則千古才人心死，現在各流，有不以沉香刻木而祀之者乎。

又《劑冷熱》 今人之所尚，時優之所習，皆在熱鬧二字。冷靜之詞，文雅之曲，皆其深惡而痛絶者也。然戲文太冷，詞曲太雅，原足令人生倦。此作者自取厭棄，非人有心置之也。然盡有外貌似冷，而中藏極熱，文章極雅，而情事近俗者。何難稍加潤色，播入管絃。乃不問短長，一概以冷落棄之，則難服才人之心矣。予謂：傳奇無冷、熱，衹怕不合人情。如其離合悲歡，皆爲人情所必至，能使人哭，能使人笑，能使人怒髮沖冠，能使人驚魂欲絶，即使鼓板不動，場上寂然，而觀者叫絶之聲，反能震天動地。是以人口代鼓樂，贊歎爲戰争，較之滿場殺伐，鉦鼓雷鳴，而人心不動，反欲掩耳避喧者爲何如。豈非冷中之熱，勝於熱中之冷，俗中之雅，遜於雅中之俗乎哉。

又《變調第二》 變調者，變古調爲新調也。此事甚難，非其人不行，存此説以俟作者。才人所撰詩、賦、古文，與佳人所製錦綉花樣，無不隨時更變。變則新，不變則腐。變則活，不變則板。至於傳奇一道，尤是新人耳目之事，與玩花、賞月，同一致也。使今日看此花，明日復看此花，昨夜對此月，今夜復對此月，則不特我厭其舊，而花與月亦自愧其不新矣。故桃陳則李代，月滿即哉生。花、月無知，亦能自變其調，矧詞曲出生人之口，獨不能稍變其音，而百歲登場，乃爲三萬六千日雷同合掌之事乎。吾每觀舊劇，一則以喜，一則以懼。喜則喜其音節不乖，耳中免生芒刺，懼則懼其情事太熟，眼角如懸贅疣。學書、學畫者，貴在彷彿大都，而細微曲折之間，正不妨增減出入。若止爲依樣葫蘆，則是以紙印紙，雖云一綫不差，少天然生動之趣矣。因創二法，以告世之執郢斤者。

又《縮長爲短》 觀場之事，宜晦不宜明。其説有二：優孟衣冠，原非實事，妙在隱隱躍躍之間。若於日間搬弄，則太覺分明，演者難施幻巧。十分音容，止作得五分。觀聽以耳目，聲音散而不聚故也。且人無論富貴貧賤，日間盡有當行之事，閲之未免妨工。抵暮登場，則主客心安，無妨時失事之慮。古人秉燭夜遊，正爲此也。然戲之好者必長，又不宜草草完事，勢必闡揚志趣，摹擬神情，非達旦不能告闋。然求其可以達旦之人，十中不得一二，非迫於來朝之有事，即限於此際之欲眠，往往半部即行，使佳話截然而止。予嘗謂：好戲若逢貴客，必受腰斬之刑。雖屬謔言，然實事也。與其長而不終，無寧短而有尾，故作傳奇付優人，必先示以可長可短之法。取其情節可省之數折，另作暗號記之，遇清閒無事之人，則增入全演，否則拔而去之，此法是人皆知，在梨園亦樂於爲此。但不知減省之中，又有增益之法，使所省數折雖去若存，而無斷文截角之患者，則在秉筆之人，略加之意而已。法於所删之下折，另增數語，點出中間一段情節，如云昨日某人來，説某話，我如何答應之類是也。或於所删之前一折，預爲吸起，如云我明日當差某人去幹某事之類是也。如此，則數語可當一折，觀者雖未及看，實與看過無異。此一法也。予又謂：多冗之客，併此最約者亦難終場，是删與不删等耳。嘗見貴介命題，止索雜單，不用全本，皆爲可行即行，不受戲文牽制計也。予謂：全本太長，零齣太短。酌乎二者之間，當仿《元人百種》之意，而稍稍擴充之，另編十折一本，或十二折一本之新劇，以備應付忙人之用。或即將古本舊戲，用長房妙手，縮而成之。但能沙汰得宜，一可當百，則寸金丈鐵，貴賤攸分，識者重其簡貴，未必不棄長取短，另開一種風氣，亦未可知也。此等傳奇，可以一席兩本。如佳客並坐，勢不低昂，皆當在命題之列者，則一後一先，皆可爲政。是一舉兩得之法也。有暇即當屬草，請以下里巴人爲《白雪》《陽春》之倡。

又《變舊成新》 演新劇如看時文，妙在聞所未聞，見所未見。演舊劇如看古董，妙在身生後世，眼對前朝。然而古董之可愛者，以其體質愈陳愈古，色相愈變愈奇。如銅器、玉器之在當年，不過一刮磨光瑩之物耳，迨其歷年既久，刮磨者渾全無跡，光瑩者斑駁成文，是以人人相寶。非實其本質如常，寶其能新而善變也。使其不異當年，猶然是一刮磨光瑩之物，則與今時旋造者無別，何事什伯其價而購之哉。舊劇之可珍，亦若是也。今之梨園，購得一新本，則因其新而愈新之，飾怪妝奇，不遺餘力。演到舊劇，則千人一轍，萬人一轍，不求稍異。觀者如聽蒙童背書，但賞其熟，求一換耳換目之字而不得，則是古董便爲古董，却未嘗易色生斑，依然是一刮磨光瑩之物。我何不取旋造者觀之，猶覺耳目一新，何必定爲村學究聽蒙童背書之爲樂哉。然則生斑易色，其理甚難，當用何法以處此。曰：有道焉，仍其體質，變其丰姿。如同一美人，而稍更衣飾，便足令人改觀，不俟變形易貌，而始知別一神情也。體質維何，曲文與大段關目是已。丰姿維何，科諢與細微説白是已。曲文與大段關目不可改者，古人既費一片心血，自合常留天地之間，我與何讐，而必欲使之埋没。且時人是古非今，改之徒來訕笑。仍其大體，既慰作者之心，且杜時人之口。科諢與細微説白不可不變者，凡人作事，貴於見景生情。世道遷移，人心非舊，當日有當日之情態，今日有今日之情態。傳奇妙在入情，即使作者至今未死，亦當與世遷移，自囀其舌，必不爲膠柱鼓瑟之談，以拂聽者之耳。況古人脱稿之初，便覺其新，一經傳播，演過數番，即覺聽熟之言，難於複聽，即在當年，亦未必不自厭其繁而思陳言之務去也。我能易以新詞，透入世情三昧，雖觀舊劇，如閲新篇，豈非作者功臣。使得爲鷄皮三少之女，前魚不泣之男，地下有靈，方頌德歌功之不暇，而忍以矯制責之哉。但須點鐵成金，勿令畫虎類狗，又須擇其可增者增，當改者改。萬勿故作知音，强爲解事，令觀者當場噴飯。而罪作俑之人，則湖上笠翁不任咎也。此言潤澤枯槁，變易陳腐之事。予嘗痛改《南西厢》，如《游殿》、《問齋》、《踰牆》、《驚夢》等科諢，及《玉簪·偷詞》、《幽閨·旅婚》諸賓白，付伶工搬演，以試舊新，業經詞人謬賞，不以點竄爲非矣。

尚有拾遺補缺之法，未語同人，兹請並終其説。舊本傳奇，每多缺略不全之事，刺謬難解之情。非前人故爲破綻，留話柄以貽後人，若唐詩所謂欲得周郎顧，時時誤拂絃，乃一時照管不到，致生漏孔。所謂至人千慮，必有一失。此等空隙，全靠後人泥補，不得聽其缺陷而使千古無全文也。女媧氏煉石補天，天尚可補，況其他乎。但恐不得五色石耳。姑舉二事以概之。趙五娘於歸兩月，即别蔡邕，是一桃夭新婦。算至公姑已死，别墓尋夫之日，不及數年，是猶然一冶容誨淫之少婦也。身背琵琶，獨行千里，即能自保無他，能免當時物議乎。張大公重諾輕財，資其困乏，仁人也，義士也。試問衣食、名節，二者孰重。衣食不繼則周之，名節所關則聽之，義士仁人曾若是乎。此等缺陷，就詞人論之，幾與天傾西北，地陷東南無異矣，可少補天塞地之人乎。若欲於本傳之外，劈空添出一人，送趙五娘入京，與之隨身作伴，妥則妥矣，猶覺傷筋動骨，太涉更張。不想本傳内現有一人，儘可用之而不用，竟似張大公止圖卸肩，不顧趙五娘之去後者。其人爲誰。着送錢米助喪之小二是也。《剪髮》白云：你先回去，我少頃就着小二送來。則是大公非無僕從之人，何以吝而不使。予爲略增數語，補此缺略，附刻於後，以政同心。此一事也。《明珠記》之《煎茶》，所用爲傳消遞息之人者，塞鴻是也。塞鴻一男子，何以得事嬪妃。使宫禁之内可用男子煎茶，又得密談私語，則此事可爲，何事不可爲乎。此等破綻，婦人小兒皆能指出，而作者絶不經心，觀者亦聽其疎漏。然明眼人遇之，未嘗不啞然一笑而作無是公看者也。若欲於本家之外，鑿空搆一婦人，與無雙小姐從不謀面，而送進驛内煎茶，使之先通姓名，後説情事，便則便矣，猶覺生枝長節，難免贅瘤。不知眼前現有一婦，理合使之而不使，非特王仙客至愚，亦覺彼婦太忍。彼婦爲誰。無雙自幼跟隨之婢，仙客現在作妾之人，名爲采蘋是也。無論仙客覓人將意，計當出此，即就采蘋論之，豈有主人一别數年，無由把臂，今在咫尺，不圖一見，普天之下有若是之忍人乎。予亦爲正此迷謬，止换賓白，不易填詞，與《琵琶》改本並刊於後，以政同心。又一事也。其餘改本尚多，以篇帙浩繁，不能盡附。總之，凡予所改者，皆出萬不得已，眼看不過，耳聽不過，故爲剷削不平，以歸至當，非勉强出頭，與前人爲難者比也。凡屬高明，自能諒其心曲。

插科打諢之語，若欲變舊爲新，其難易較此奚止百倍。無論劇劇可增，齣齣可改，即欲隔日一新，逾月一換，亦誠易事。可惜當世貴人，家蓄名優數輩，不得一詼諧弄筆之人，爲種詞林萱草，使之刻刻忘憂。若天假笠翁以年，授以黄金一斗，使得自買歌童，自編詞曲，口授而身導之，則戲場關目，日日更新，氈上詼諧，時時變相。此種技藝，非特自能，誇之天下，人亦共信之。然謀生不給，遑問其他。只好作貧女縫衣，爲他人助嬌，看他人出閣而已矣。

又《脱套第五·科諢惡習》 插科打諢處，陋習更多，革之革不勝革。

途遇一腐儒，同宿旅店，爲群妓所誘。始則演論理學，以舉人自負，繼則爲聲色所惑，衣巾盡爲騙去，曲盡迂態。又有《毛把總到任》一齣，爲把總以守汛之功，開府作副將。當其見經略，爲畏縮狀，臨兵丁，作傲倨狀，見屬兵升總兵，作欣羨狀、妒狀、愧恥狀，自得開府，作謝恩感激狀，歸晤同僚，作滿足狀，述前事，作勞苦狀，教兵丁鎗箭，作發怒狀，揖讓時，作失儀狀，聞經略呼，作驚愕錯落狀，曲曲如繪。

清・鐵橋山人等《消寒新詠・題徐才官戲〈玉簪記・探病〉》 演劇雖小道，亦必原情寫意，方不落俗套。即如《探病》一齣，妙常伴觀主同來，無限熱心腸，因避嫌疑，不便遽達，只得傍椅而立。此時猛見可憎模樣，神傾意注，似呆似癡。忽然移椅，卒不及覺。方有驚撲情狀，但只折腰俯首，略作欹斜乃妙。邇來常演是劇，玉齡太過，雙慶不及，惟才官出之自然，是又純以態勝者。

又《翠屏山・反誑》 戲無真，情難假。使無真情，演假戲難，即有真情，幻作假情又難。《反誑》一齣，真真假假。諸旦中無有形似者，惟才官粧嗔作笑，酷肖當年，一時無兩。

又《紫釵記・灞橋》 傷離泣別，傳奇借爲抒寫者屢矣。梨園以此見長者亦多矣。惟才官演《紫釵記・灞橋》一齣，其傳杯贈柳，固亦猶人。乃當登橋遥望，心與目俱，將無限別緒離情，於聲希韻歇時傳出。以窈窕之姿，寫幽深之致。見者那得不魂消。

又《西厢記・寺警》 戲有從淡中取致者，非妙伶摹彷不真。如《寺警》全爲君瑞寫生，紅娘等不過作驚慌狀。獨才官雋致可人，極恁張惶，轉多靈敏。其妙處詩中達之。

又《金雀記・喬醋》 是劇作者設想固巧，演者摹擬難工。惟會得曲中意外之意，方能繪出當日神外之神。才官質秀心靈，假己嬌客，傳他醋意。一顰一笑，無不逼真。是誠得此中三昧者。

又《題范二官戲〈彩毫記・吟詩〉》 明皇愛貴妃之色，重李白之才，於宫中飲酒，召白填詞，誠千古韻事。但此劇專寫李白之奇才雋致，最難摹做傳神。惟范於原詞雲想衣裳花想容及名花傾國兩相歡之句，作濡毫落筆狀，有意無意間，頻頻注視玉環，可謂體貼入微。及賜酒作醉態，他伶不失之呆，即失之放，惟範拜賜已露酒意，跪跌若難自持。不漫不呆，純是儒臣且見過即忘，不能悉記，略舉數則而已。如兩人相毆，一勝一敗，有人來勸，必使被毆者走脱而誤打勸解之人，《連環・擲戟》之董卓是也。主人偷香竊玉，館童吃醋拈酸，謂尋新不如守舊，説畢，必以臀相向，如《玉簪》之進安、《西厢》之琴童是也。戲中串戲，殊覺可厭，而優人慣增此種，其腔必效弋陽，《幽閨・曠野奇逢》之酒保是也。

清・洪昇《長生殿・例言》 是書義取崇雅，情在寫真，近唱演家改換有必不可從者，如增虢國承寵、楊妃忿争一段，作三家村婦醜態，既失蕴藉，尤不耐觀。其哭像折，以哭題名，如禮之凶奠，非吉祭也。今滿場皆用紅衣，則情事乖違，不但明皇鍾情不能寫出，而阿監宫娥泣涕皆不稱矣。至於舞盤及末折演舞，原名霓裳羽衣，只須白襖紅裙，便自當行本色。細繹曲中舞節，當一二自具。今有貴妃舞盤學浣紗舞，而末折仙女或舞燈、舞汗巾者，俱屬荒唐，全無是處。

清・李斗《揚州畫舫録》卷五《新城北録下》 白面之難，聲音氣局，必極其勝，沉雄之氣，寓於嘻笑怒罵者，均於粉光中透出。二面之難，氣局亞於大面，温暾近於小面，忠義處如正生，卑小處如副末，至乎其極。又服婦人之衣，作花面丫頭，與女腳色争勝。務功兼工副净，能合大面、二面爲一氣，此所以白面擅場也。

又 大面范松年爲周德敷之徒，盡得其叫跳之技，工《水滸記評話》，聲音容貌，摸寫殆盡。後得嘯技，其嘯必先斂之，然後發之，斂之氣沉，發乃氣足。始作驚人之音，繞於屋梁，經久不散，散而爲一溪秋水，層波如梯。如是又久之，長韻嘹亮不可遏，而爲一聲長嘯。至其終也，仍嘐嘐然作洞穴聲。

又 鼓板之座在上鬼門，【略】此技徐班朱念一爲最，聲如撒米，如白雨點，如裂帛破竹。【略】絃子之座後於鼓板，【略】此技有二絶：其一在做頭斷頭，曲到字出音存時謂之腔，弦子高下急徐謂之點子。點子隨腔爲做頭，至曲之句讀處如昆吾切玉爲斷頭。其一在弦子讓鼓板，板有没板、贈板、撤贈、撤板之分。鼓隨板以呈其技，若弦子複隨鼓板以呈其技。於鼓板空處下點子謂之讓，惟能讓鼓板，乃可以蓋鼓板，即俗之所謂清點子也。

又 丑以科諢見長，所扮備極局騙俗態，拙婦騃男，商賈刁賴，楚咻齊語，聞者絶倒。【略】劉八之妙，如演《廣舉》一齣，嶺外舉子赴禮部試，中豐致，略露才子酒狂。梨園無能學步者。

又《鳴鳳記·吃茶》 椒山爲阻奸謀不遂，反被相僕奚落一番。不得已咨及文華，胸中多少憤懣。及文華當獻茶時，偏誇爲嚴相所賜，此刻因物嫉奸之心，自必露於顔面。范二官當擎杯欲飲，一聽此言，忽然目赤腮紅，真是含怒者。以後諍辯忿別，無不確肖當年。若非會悟忠臣梗概，焉能繪出全神。

又《雙官誥·誥圓》 此齣爲全劇結局。舉馮生之由貧困而富貴，大娘、二娘之變節蒙恥，碧蓮、老僕之苦守膺榮，皆於誥贈時傳出。所難表者，當馮生雙酬節義，歡喜中隱含悲楚，感謝處寓有怨傷。固應兩面都到，方不是潦草過場。惟范二官能知曲意，故贈冠而顔帶寂，酬酒而淚雙垂，皆從中情流露，則真做半面而得全神者。

又《妝瘋》 此劇演者屢矣，然或故意顯假，又或故意粧真，俱未得宜。惟范二官有意無意之間，最爲入妙。

又《張三寶官序》 夫古人抒懷詠物，托景寫情，未嘗沾沾摹似。而即境傳神，每流露於字句外，令讀者玩其詞如睹是物，抑或即是物見所況之人，因而擷其緒餘，緣爲注腳。雖屬架空翻新，不嫌旁引借證，則亦義取諸比，物惟其肖也。

又《題王百壽官戲〈玉簪記·秋江〉》 人生傷情之事，最是年少別離。況屬私效鸞凰，忽爾强爲拆散。心中無限愁腸，未便明言剖訴，所以對面含意難伸，只好眉頭暗傳痛楚。百壽演此劇，於別離後，强作乘舟狀。意難舍舉步行遲。心多酸低頭氣喪。將當日別緒離情，從無詞曲處體會出來，真能傳不傳之神者。

又《長生殿·埋玉》 百壽官演戲，每於空處傳神。即如《長生殿·埋玉》一齣，事窮勢迫，妝出莫可如何之態，或人所能學步。獨其垂頭喪氣，不言不語，又怨恨，又悲哀，種種難顯之情，則此中難索解人也。

又《題毛二官戲〈牡丹亭·離魂〉》 毛二官聲音本小，面色微黄。扮作病人，不假雕飾，而自合度也。且當連聲呼苦，唇索口張，確是不治之症。無怪福壽扮春香，一望而卻步者數次。

又《李增官序》 化工賦物，濃淡相成。聲色娱人，雋雅尤永。以其妍媚殊俗，感人情趣，别有超於冶豔淫聲外者。且俗尚雖易溺繁華，本性亦自分涇渭。往往紅堆紫簇，瞥見質雋香清；鵲噪鴉喧，忽聽音和韻雅。人即不知其雋而必飫其芬，抑或未解其音而共喜其雅。殆猶味飽濃鮮，樂得青子含酸以解穢也。

清·紀昀《閱微草堂筆記》卷一二《槐西雜志二·煉氣先煉心》 因憶丁卯同年某御史，嘗問所昵伶人曰：爾輩多矣，爾獨擅場，何也。曰：吾曹以其身爲女，必並化其心爲女，而後柔情媚態，見者意消。如男心一線猶存，則必有一線不似女，烏能争蛾眉曼睩之寵哉。若夫登場演劇，爲貞女則正其心，雖笑謔亦不失其貞。爲淫女則蕩其心，雖莊坐亦不掩其淫。爲貴女則尊重其心，雖微服而貴氣存。爲賤女則斂抑其心，雖盛妝而賤態在。爲賢女則柔婉其心，雖怒甚無遽色。爲悍女則拗戾其心，雖理詘無巽詞。其他喜怒哀樂，恩怨愛憎，一一設身處地，不以爲戲而以爲真，人視之竟如真矣。他人行女事而不能存女心，作種種女狀而不能有種種女心，此我所以獨擅場也。李玉典曰：此語猥褻不足道，而其理至精，此事雖小，而可以喻大。天下未有心不在是事，而是事能詣極者，亦未有心心在是事，而是事不詣極者。心心在一藝，其藝必工；心心在一職，其職必舉。小而僚之丸，扁之輪，大而皋、夔、稷、契之營四海，其理一而已矣。此與煉氣煉心之説，可互相發明也。

清·黄旛綽《梨園原·明心鑑》 詞曰：閑來仔細看端詳，關心音韻論幾莊：三仄還應分上去，兩平要辨陰陽。辨一番形狀、腔、白、情、文理，揣摩曲意詞合章。要將關目作家常，宛若古人一樣。樂處顔開喜悦，悲哉眉目怨傷，聽者鼻酸淚兩行，直如真事在望。個個點頭稱讚，人人拍手聲揚，余前多受良方，今日始知無恙。

夫除恙者，非除人染病之恙，乃除梨園藝病之恙也。人病用藥療之，藝病豈可不求療治之法。求療治之法如何。必須於書中求之。可嘆人不知自己之藝病，不肯虚心，遂染成各種難改之藝病。病根一深，則雖欲再治，但恐不易耳。我梨園子弟務須慎之謹之。不必求其有功，只求無有藝病，日久技術必精，則可成爲上好之角色。即如人，不必求身體何等强壯，如能善養，使其永久無病，則自然日見强壯矣。技藝之道亦然。

又《藝病十種》 曲踵。腿彎也。白火。説白過火。錯字。認字不真。訛音。將字音念訛。口齒浮。口齒無力。强頸。項頸不動。扛肩。聳肩。腰硬。

腰不活動。大步。行步太忙。面目板。臉上不分喜怒。曲踵：無論踢腿、抬腿、坐時，立時，必須將腿伸直，不可曲灣。而行走時更須腿直，身不動，方能合乎台步。萬不可如平人隨便走路，曲直不定也。【略】强頸：凡唱念之時，總須頭頸微摇，方能傳出神理，若永久不動，則成傀儡矣。扛肩：聳肩則覺項短，於台下視之，尤不美觀。腰硬：腰硬則全身不靈活。文則如上馬、下馬，武則如舞弄刀、槍，皆仗腰間之靈活，方能出色。大步：台步須大、小合宜。大則野，小則遲。行走過忙，勢必全身摇動，冠帶散亂，殊不雅觀。面目板：凡演戲之時，面目上須分出喜、怒、哀、樂等狀。面目一板，則一切情狀俱難發揮，不足以感動人心，則觀者非但不啼不笑，反生厭惡也。以上十病，皆係平素怠惰而得，切宜早日醫治。有詩如下：藝病渾身染，多因舊日惰。虚心當藥餌，病則立除却。

又《身段八要》 辨八形。分四狀。眼先引。頭微俛。步宜穩。手爲勢。鏡中影。無虚日。辨八形：身段中有八形，須細心分清。貴者：威容，正視，聲沉，步重。富者：歡容，笑眼，彈指，聲緩。貧者：病容，直眼，抱肩，鼻涕。賤者：冶容，邪視，聳肩，行快。痴者：呆容，吊眼，口張，摇頭。瘋者：怒容，定眼，啼笑，亂行。病者：倦容，淚眼，口喘，身顫。醉者：困容，糢眼，身軟，脚硬。分四狀：四狀爲：喜、怒、哀、驚。喜者：摇頭爲要，俊眼，笑容，聲歡。怒者：怒目爲要，皺鼻，挺胸，聲恨。哀者：淚眼爲要，頓足，呆容，聲悲。驚者：開口爲要，顔赤，身戰，聲竭。但看兒童有事物觸心，則面發其狀，口發其聲。喜、怒、哀、驚現於面，歡、恨、悲、竭發於聲。眼先引：凡作各種狀態，必須用眼先引。故昔人有曰：眼靈睛用力，面狀心中生。頭微俛：頭須微俛，方顯活潑，然只能微俛，不可大俛及亂俛也。步宜穩：台步不可大，盡人皆知矣，然而亦不可過小。總之，須求其適中，以穩爲要，雖於極快、極忙時，亦要清楚。手爲勢：凡形容各種情狀，全賴以手指示。鏡中影：學者宜對大鏡演習，自觀其得失，自然日有進益也。無虚日：言其日日用功，不可間斷，間斷一日，則三日不能復原。學者切記之。

又《寶山集八則》 聲。曲。白。勢。觀相。難易。寶山集。宜勉力。聲：聲歡：降氣，白寬，心中笑。聲恨：提氣，白急，心中燥。聲悲：噎氣，白硬，心中悼。聲竭：吸氣，白緩，心中惱。各聲雖皆從口出，若無心中意，萬不能切也。曲：曲者，勿直。按情行腔。陰陽緩急，板眼快慢，當時情理如何，身段如何，與曲合之爲一，斯得之矣。白病數字。數字者，即按字直念也。昔人有詞曰：說白病數字，佳者四聲全。四聲乃歡、恨、悲、竭。長短高低語，官私緊慢言。有如家常語，還同事樣般。聽者有興趣，能泣亦能歡。勢：樣勢也。昔人有詞曰：勢貴如真，要在虚心。對鏡去病，日見增新。觀相：學者於私下妝作古人，對鏡自觀。其品行忠直者，正直爲之。奸逆者，邪曲爲之。有意有情，一臉神氣兩眼靈。喜則令人悦，怒則使人惱，哀則動人慘，驚則叫人怯，如同古人一樣，始謂之真戲。視聽之學，寔私下工夫也。有等登場者，意亂心荒，膽怯神散，雖認真演唱，觀者惡之矣。難易：概曰：難。余曰：不難。夫學者，必先難而後易。除是跨海、越山，餘無難事耳。能篤志學習，時時不倦，未登場之前慎思之，既歸場之後審問之，焉有不日新日精者。若私下無工而妄想得大名者，未之有也。寶山集：《寶山集》云：曲唱千回腔自轉，白將四聲練如真。狀多鏡里形容也，勢向三光觀影身。三光乃日、月、燈之光也。影中勤練，看勢好歹。曲唱千遍，其身自轉。宜勉力：《寶山集》云：生、旦、净、丑、末，雖分理一般。少年宜勉力，廢寢與忘餐。苦心天不負，技藝日加善。一朝聞妙道，夕死心也干。

清・梁廷枏《曲話》卷四 北人有所謂打連廂、唱連廂者。蓋連廂詞作於元曲未作之先。其例：專設司唱者一，雜設諸執器色者，笙、笛、琵琶各一人，排坐場端，吹彈數曲。而後敷白道唱，男名末尼，女名旦兒，并雜色人等，上場扮演，依唱詞而作舉止。毛西河有擬連廂詞，曰《賣嫁》，曰《放偷》，古法猶存。今人不復能也。古人歌者、舞者各自爲一，兩不照應。至唐人《柘枝詞》、《蓮花鏇歌》，則舞者所執與歌人所歌之詞稍有相應矣，猶羌無故實也。至宋趙令畤作商調鼓子詞，譜《西廂》傳奇，始有事實矣，然尚無演白也。至董解元作《西廂》搊彈詞，曲中夾白，搊彈、念、唱統屬一人，然尚未以人扮演也。金人仿遼大樂之製而作清樂，中有連廂詞，則扮演有人矣，猶然司舞者不唱、司唱者不舞也。至元曲則歌舞合於一人，然一折自首至末皆以其人專唱，非正末則正旦，唱者爲主而白者爲賓，則連廂之法未盡變也。今之雜色上場，無不可唱，此實起於元末、明初，其由來亦已久矣。

清・王國維《古劇脚色考・餘説三塗面考》 塗面起於何世，今不可考。其見于載籍者，則《樂府雜録》云：後周士人蘇葩，嗜酒落魄，自號中郎，每有歌場，輒入獨舞。今爲戲者，著緋戴帽，面正赤，蓋狀其醉也。《教坊記》載《踏謡娘》與此略同。但云：北齊有人姓蘇，鮑鼻。案《玉篇》云：鮑，面瘡也。蓋當時演此戲者，通作赤面，故《雜録》以爲狀其醉，《教坊記》以爲狀其鮑鼻也。又温庭筠《乾𦠆子》，載陸象先爲馮翊太守參軍等，多名族子弟，以象先性仁厚，於是與府僚共約劇賭，中略。一參軍曰：中略。吾能于使君廳前，墨塗其面，著碧衫子作神，舞一曲慢趨而出。中略。便爲之，象先亦如不見。《太平廣記》卷四百九十六引。則唐時舞人，固有塗面之事。至後唐莊宗，自傅粉墨稱李天下，《五代史・伶官傳》。則又在其後。宋時則五花爨弄，亦傅粉墨。見上。又蔡攸侍曲宴，短衣窄袖，塗抹青紅，雜倡優侏儒，《宋史・姦臣傳》。足爲五采塗面之證。元則以黑點破其面者爲花旦。見上。至五采塗面，雖元時無聞，然唐宋既行，元固不能無之矣。

又《餘説四男女合演考》 歌舞之事，合男女爲之，其風甚古。《樂記》云：今夫新樂進俯退俯，姦聲以亂，溺而不止，及優侏儒，獶雜子女。孔《疏》：獶雜，謂獼猴也，言舞戲之時，狀若獼猴，間雜男子婦人。言似獼猴，男女無别也。自漢以後，殊無所聞。至隋唐之際，歌舞之伎漸變而爲戲劇，而《踏摇娘》戲，以男子著婦人服爲之，《教坊記》。此男女不合演之證。《舊唐書・高宗紀》：龍朔元年，皇后請禁天下婦人爲俳優之戲，詔從之。蓋此時男優、女伎，各自爲曹，不相雜也。開元以後，聲樂益盛。《舊書志》云：玄宗於聽政之暇，教太常樂工子弟三百人，爲絲竹之戲。中略。號爲皇帝弟子，又云梨園弟子。中略。太常又有别教院。中略。廩食常千人，宫中居宜春院。夫梨園弟子，既云樂工，子弟當係男子，而宜春院則盡婦人。《教坊記》云：妓女入宜春院，謂之内人，亦曰前頭人，常在上前也。其家猶在教坊，謂之内人家。蓋唐時樂工，率舉家隸太常，故子弟入梨園，婦女入宜春院。又各家互相嫁娶。《教坊記》云：筋斗裴承恩妹，大娘善歌，兄以配竿木侯氏是也。然則梨園、宜春院人，悉係家人姻戚，合作歌舞，亦意中事。故元稹《連昌宫辭》詠念奴歌曰：飛上九天歌一聲，二十五郎吹管逐。至合演戲劇，惟上文參軍條，所引《雲溪友議》一則近之，此外無他證也。宋初則教坊小兒舞隊與女童舞隊，各自爲曹，亦各有雜劇，《宋史・樂志》及《東京夢華録》。惟《武林舊事》卷六載南宋雜劇色九十九人，内有慢星子、王雙蓮二人，注云女流。人數既少，不能自爲一曹，則容有合演之事。然或《舊事》但舉雜劇色之有名者，不必諸色盡于此也。元劇既興，男優與女伎並行，如《青樓集》所載珠簾秀，工駕頭、花旦、軟末泥，又如趙偏惜、朱錦繡、燕山秀，皆云旦末雙全。女子既兼旦、末，則亦各自爲曹，不相混矣。又云：宋六嫂與其夫合樂，妙入神品。蓋宋善謳，其末能傳其父之藝。觱栗。則合樂亦合奏之義，非合演戲劇也。蓋宋元以後，男可裝旦，女可爲末，自不容有合演之事。或據宋六嫂事，謂元劇有男女合演者，殆不然矣。

藝文

金・元好問《遺山詩集》卷一八《杜生絶藝》 杜生絶藝兩弦彈，〔穆護沙〕詞不等閒。莫怪曲終雙淚落，數聲全似古陽關。

明・朱有燉〔正宫・醉太平〕《風流樂官》《雍熙樂府》卷一七 開呵時運寬，發焰處堪觀，薦子粱把戲數十般，盡都曾教管。能歌時曲能踏爨，能翻古本能妝判，能收新韻助情歡，是一個風流樂官。

清・錢謙益《初學集》卷九《冬夜觀劇歌爲徐二爾從作》 金鋪著霜月上楹，高堂綺席陳吴羹。撞鐘伐鼓催嚴更，促尊合坐飛兕觥。蘭膏明燭凝銀燈，釭花夜笑春風生。氍毹蹴水光盈盈，繡屏屈膝圍小伶。十三不足十一零，金花繡領簇隊行。行列參差機體輕，宛如傀儡登平城。《涉江》、《采菱》發新聲，紅牙檀板縱復横。絲肉交奮梁塵驚，歌喉徐引一線清，江城素月流雛鶯。歌闌曲罷呈妙戲，倀童當筵廣場沸。安西師子金塗眥，擲身倒投不觸地。尋橦上索巧相背，須臾技盡腰鼓退。西凉假面複何在，險竿兒女心猶悸。滿堂觀者争愕眙，人生百年一戲笥。郭郎鮑老多憔悴，今夕何夕良宴會。主人擕酒坐客位，秉燭歡娱笑惜費。舞衣卻卷光綷縩，歌場尚圓聲揺曳。眼花耳熱各放意，客歌未唏主既醉。

清・李漁《笠翁一家言全集》卷八〔花心動〕《王長安席上觀女樂》 此曲只應天上有，今日創來人世。聽有餘音，看有餘妍，演處卻全無意。當年作者來場上，描寫出毫端筆底。雖愛飲，只愁忽略，不教沉醉。我亦逢場作戲。歎院本雖多，歌聲盡沸。曲止聞聲，態不摹情，但使終場而已。焉能他日盡如斯，俾逝者常留生氣。借君酒，權代古人收淚。

又《端陽後七日，諸君子重集寓齋，備觀新劇，澹心又疊前韻，即席和之》 忘羞才覺露天真，顰不矜持笑有神。誰是夷光誰嫫姆，自安常態便宜人。

清・陳維崧《贈歌者袁郎》《本事詩後集》卷一二 袁郎十五餘，生小愛弦索。作人未入侯王門，相逢便傾金鑿落。憶昔當筵一再彈，鵾弦鐵撥掃秋籜。側身横坐紅氍毹，夜闌目轉飛烏鵲。袁郎袁郎我具陳，古來一物皆有神。郎遊聲伎非末藝，况遇興亡必寫真。琵琶音派出王府，調雜金元頗凄苦。嘉隆之間張野塘，名屬中原第一部。是時玉峰魏良輔，紅顔嬌好持門户。一從張老來婁東，兩人相得説歌舞。邇來萬事不足道，何獨梨園歎潦倒。練川雅宗不復傳，姑蘇子弟自言好。袁郎玉貌世所佳，何愁弦索聲不諧。檀槽豈是尋常物，要令豪傑開胸懷。君不見潁川陳生懶無匹，老大青樓聽音律。黄昏騎馬城北門，萬騎千營吹觱栗。

清・尤侗《看雲草堂集》卷三《同諸子宴珍示堂中，觀静容演西子、紅娘雜劇，再疊前韻》 錦瑟迎歡金犢車，《霓裳》一部本仙家。鐘聲曉寺來傳簡，花影清溪出浣紗。珠箔驟飛白雪下，畫梁常嫋彩雲斜。都疑此夜魂銷盡，背語教人剪燭花。

清・查慎行《敬業堂詩集》卷一《金陵雜詠》 雷雨隨弦四座驚，秀之絶調自泠泠。隔簾傳語催停頓，頭白扶來制淚聽。

清・趙翼《甌北詩鈔》絶句一《觀劇即事》 明識悲歡是戲場，不堪唱到可憐傷。假啼翻爲流真淚，人笑癡翁太熱腸。

清・得碩亭《草珠一串》 猛聽樓頭唱一聲，迷離眼色認多情。夜來説盡温柔趣，豈只蘭陵解宿酲。

名班小曲最迷人，一轉秋波萬象春。豈止有情腮上笑，絶風流處善能顰。如唱至雨淚偷彈等句，則眼中墮淚，聲若斷腸，真絶技也。

秦樓趕座不堪誇，小曲之下賤者。定府莊中數幾家。不及寒暄通姓字，見人聲已入琵琶。

一聞溝調此調始自熱河西溝故便開顔，無綉荷包不算班。更愛舌尖聲韻碎，上塲先點《九連環》。此曲每折將終必作滚舌音以擅長。

清・楊静亭《都門雜詠》 歌童粉旦妙娉婷，小戲多從嵩祝聽。賣藝最宜燈下演，夜間看耍火流星。賣藝。

時興小戲得人和，四大徽班勢倒弋。雖是園中不上座，原因堂會綵錢多。賣座。

清・芝蘭室主人《都門新竹枝詞》 亂彈巨擘屬長庚，字譜崑山鑒别精。引得翩翩佳子弟，不妨受業拜師生。

巧齡雅致久相傳，活脱楊妃在眼前。一笑拈花尤嫵媚，春風紅紫遜暄妍。

清・賦艷詞人《梨園竹枝詞・站臺》 隱約簾櫳半面窺，亭亭玉立雁行隨。秋波最是傳情處，一笑瓠犀微露時。

又《唱戲》 鬟眉巾幗偶無猜，裝罷登場試一回。離合悲歡渾未解，也從就裏演將來。

又《上座》 輕移玉趾步翩翩，數語寒暄對客前。一握柔荑無限喜，好花相映各爭妍。

唱功

論説

唐・段安節《樂府雜録・歌》 歌者，樂之聲也，故絲不如竹，竹不如肉，迥居諸樂之上。古之能者，即有韓娥、李延年、莫愁。善歌者必先調其氣，氤氲自臍間出，至喉乃噫其詞，即分抗墜之音。既得其術，即可致遏雲響谷之妙也。明皇朝有韋青，本是士人，嘗有詩：三代主綸誥，一身能唱歌。青官至金吾將軍。開元中，内人有許和子者，本吉州永新縣樂家女也，開元末選入宫，即以永新名之，籍於宜春院。既美且慧，善歌，能變新聲。韓娥、李延年殁後千餘載，曠無其人，至永新始繼其能。遇高秋朗月，臺殿清虚，喉囀一聲，響傳九陌。明皇嘗獨召李謨吹笛逐其歌，曲終管裂，其妙如此。又一日，賜大酺於勤政樓，觀者數千萬衆，諠譁聚語，莫得聞魚龍百戲之音。上怒，欲罷宴。中官高力士奏請命永新出樓歌一曲，必可止諠。

上從之。永新乃撩鬢舉袂，直奏曼聲，至是廣場寂寂，若無一人，喜者聞之氣勇，愁者聞之腸絕。洎漁陽之亂，六宮星散，永新爲一士人所得。韋青避地廣陵，因月夜憑闌于小河之上，忽聞舟中奏《水調》者，曰：此永新歌也。乃登舟與永新對泣久之。青始亦晦其事。後士人卒與其母之京師，竟歿於風塵。及卒，謂其母曰：阿母，錢樹子倒矣。大歷中有才人張紅紅者，本與其父歌於衢路丐食。過將軍韋青所居，青於街牖中聞其歌者喉音寥亮，仍有美色，即納爲姬。其父舍於後户，優給之。乃自傳其藝，穎悟絕倫。嘗有樂工自撰一曲，即古曲《長命西河女》也，加減其節奏，頗有新聲。未進聞，先印可於青，青潛令紅紅於屏風後聽之。紅紅乃以小豆數合，記其節拍。樂工歌罷，青因入問紅紅如何。云已得矣。青出，紿云：某有女弟子，久曾歌此，非新曲也。即令隔屏風歌之，一聲不失，樂工大驚異，遂請相見，歎伏不已。再云：此曲先有一聲不穩，今已正矣。尋達上聽。翊日，召入宜春院，寵澤隆異，宮中號記曲娘子，尋爲才人。一日，内史奏韋青卒，上告紅紅，乃於上前嗚咽奏云：妾本風塵丐者，一旦老父死有所歸，致身入内，皆自韋青，妾不忍忘其恩。乃一慟而絕。上嘉歎之，即贈昭儀也。貞元中有田順郎，曾爲宮中御史娘子。元和、長慶以來，有李貞信、米嘉榮、何戡、陳意奴。武宗已降，有陳幼奇、南不嫌、羅寵。咸通中，有陳彥暉。

元・燕南芝菴《唱論》 竊聞古之善唱者三人：韓秦娥，沈古之，石存符。

又 歌之格調：抑揚頓挫，頂疊垛換，縈紆牽結，敦拖嗚咽，推題丸轉，捶欠遏透。

又 歌之節奏：停聲，待拍，偷吹，拽棒，字真，句篤，依腔，貼調。

又 凡歌一句，聲韻有一聲平，一聲背，一聲圓。聲要圓熟，腔要徹滿。

又 凡一曲中，各有其聲：變聲，敦聲，杌聲，啀聲，困聲，三過聲。有偷氣，取氣，換氣，歇氣，就氣。愛者有一口氣。

又 歌聲變件，有：慢，滚，序，引，三臺，破子，遍子，攧落，實催，全篇。尾聲，有：賺煞，隨煞，隔煞，羯煞，本調煞，拐子煞，三煞，七煞。

又 凡唱曲之門户，有：小唱，寸唱，慢唱，壇唱，步虚，道情，撒煉，帶煩，瓢叫。

又 凡歌曲所唱題目，有曲情，鐵騎，故事，採蓮，擊壤，叩角，結席，添壽。有宮詞，禾詞，花詞，湯詞，酒詞，燈詞。有江景，雪景，夏景，冬景，秋景，春景。有凱歌，棹歌，漁歌，挽歌，楚歌，杵歌。

又 凡歌之所：桃花扇，竹葉樽，柳枝詞，桃葉怨，堯民鼓腹，壯士擊節，牛僮馬僕，閭閻女子，天涯遊客，洞裏仙人，閨中怨女，江邊商婦，場上少年，闤闠優伶，華屋蘭堂，衣冠文會，小樓狹閣，月館風亭，雨窗雪屋，柳外花前。

又 一曲入數調者，如：〔啄木兒〕、〔女冠子〕、〔抛毬樂〕、〔鬥鵪鶉〕、〔黄鶯兒〕、〔金盞兒類也〕。

又 凡唱曲有地所：東平唱〔木蘭花慢〕，大名唱〔摸魚子〕，南京唱〔生查子〕，彰德唱〔木斛沙〕，陝西唱〔陽關三疊〕、〔黑漆弩〕。

又 凡歌之所忌：子弟不唱作家歌，浪子不唱及時曲；男不唱艷詞，女不唱雄曲。南人不曲，北人不歌。

又 凡人聲音不等，各有所長。有川嗓，有堂聲，背合破簫管。有唱得雄壯的，失之村沙。唱得蘊拭的，失之乜斜。唱得輕巧的，失之閑賤。唱得本分的，失之老實。唱得用意的，失之穿鑿。唱得打掐的，失之本調。

又 凡歌節病，有唱得困的，灰的，涎的，叫的，大的。有樂官聲，撒錢聲，拽鋸聲，貓叫聲。不入耳，不着人，不撒腔，不入調，工夫少，遍數少，步力少，官場少，字樣訛，文理差，無叢林，無傳授。嗓拗〔四六〕。劣調。落架。漏氣。

又 有唱聲病：散散，焦焦。乾乾，洌洌。啞啞，嗄嗄。尖尖，低低。雌雌，雄雄。短短，憨憨。濁濁，赸赸。有：格嗓，囊鼻，摇頭，歪口，合眼，張口，撮脣，撇口，昂頭，咳嗽。

又 凡添字節病：則他，兀那，是他家，俺子道，我不見，兀的，不呢。一條了，脣撒了，一片了，團圞了，破孩了，茄子了。

明・朱權《太和正音譜》卷上《知音善歌者三十六人娼夫不取》 凡唱最要穩當，不可做作，如：咂唇，摇頭，彈指，頓足之態；高低，輕重，添減太過之音，皆是市井狂悖之徒，輕薄淫蕩之聲，聞者能亂人之耳目，切忌不可。優伶以之，唱若遊雲之飛太空，上下無礙，悠悠揚揚，出其自然，使人聽之，可以頓釋煩悶，和悅性情，通暢血氣，此皆天生正音，是以能合人之性情，得者以之，故曰：一聲唱到融神處，毛骨蕭然六月寒。

又《詞林須知》 歌之格調：抑揚頓挫，頂疊垛換，縈紆牽結，敦拖嗚咽，推題丸轉，摇欠遏透。

又 凡歌一聲，聲有四節：起末，過度，揾簪，攧落。

凡歌一句，聲自有一聲平，一聲背，一聲圓。聲要圓熟，腔要澈滿。

凡一曲中，各有其聲：變聲，敦聲，杌聲，啀聲，困聲。

三過聲：有偷氣，取氣，換氣，歇氣，就氣，愛者有一口氣。

歌聲變件，有：衮，序，引，三臺，破子，遍子，攧落，實催。

全篇尾聲：有賺煞，隨煞，隔煞，羯煞，本調煞，拐子煞，三煞，七煞。

又 有愛唱的。有學唱的。有能唱的。有會唱的。有高不揭，低不咽。有排字兒。打截兒。放褙兒。唱意兒。有明褙兒，暗褙兒，長褙兒，短褙兒，碎褙兒。

明・徐渭《南詞叙録》 今唱家稱弋陽腔，則出於江西，兩京，湖南，閩，廣用之；稱餘姚腔者，出於會稽，常，潤，池，太，揚，徐用之；稱海鹽腔者，嘉，湖，温，台用之。惟崑山腔止行於吴中，流麗悠遠，出乎三腔之上，聽之最足蕩人，妓女尤妙此，如宋之嘌唱，即舊聲而加以泛豔者也。今宿倡曰嘌，宜用此字。隋，唐正雅樂，詔取吴人充弟子習之，則知吴之善謳，其來久矣。

又 凡唱，最忌鄉音。吴人不辨清，親，侵三韻，松江支，朱，知，金陵街，該，生，僧，揚州百，卜，常州卓，作，中，宗，皆先正之而後唱可也。

明・李開先《詞謔・詞樂》 徐州人周全，善唱南北詞。一日，在酒肆唱〔賞花時〕，聲既洪亮，節有低昂。隣一老賈，生平以知音自負，少有可其意者，聞唱，方困卧，即起而據床顰眉，愁第五句最難，或無下落。已而轉折放頓，如賈之素所操習者，乃跳身於地，迴視几上有白銀十兩，青蚨千孔，色絹二端，以一盤盛之，雙手扶於頂上，膝行至全所，聲：祖翁，某年已垂死，始聞此音，願以微物將敬。賈非豐裕者，全以此名聞天下。曾授二徒：一徐鎖，一王明，皆兖人也，亦能傳其妙。人每有從之者，先令唱一兩曲，其聲屬宫屬商，則就其近似者而教之。教必以昏夜，師徒對坐，點一炷香，師執之，高舉則聲隨之高，香住則聲住，低亦如之。蓋唱詞惟在抑揚中節，非香，則用口說，一心聽説，一心唱詞，未免相奪，若以目視香，詞則心口相應也。吴學士惠教人作舉業，每受一徒，先出數篇無文枯淡題，觀其雄弱短長，隨其資而順導之，亦全之法也。高不結，低不噎，此其緊關。所傳音節，一筆之於詞傍，如琴譜之勾踢。二十年曾一見之，今求之，無存者矣。

又 絃索不惟有助歌唱，正所以約之，使輕重疾徐不至差錯耳。人有絃索上學來者，單唱則窒，善單唱者，以之應絃索則不協。清彈亦然。今世能兼擅者，實難其人。琵琶有河南張雄，鳳陽高朝玉，曹州安廷振，趙州何七。三絃則曹縣伍鳳喈，亳州韓七，鳳陽鍾秀之。長於箏者，則有兖府周卿，汴梁常禮，歸德府林經。古北詞清彈六十餘套。簫則姑蘇陳姓，管則崑山唐姓，兩人皆善吹者。就中張雄更出人一頭地：有客請聽琵琶者，先期上一副新絃，手自撥弄成熟，臨時一彈，令人盡驚。如《拿鵝》，雖五楹大廳中，滿廳皆鵝聲也。然皆不以歌名。如餘姚董鸞，豐縣李敬，穀亭王真，徐州鄒文學，濟寧周隆，鳳陽張周，錢塘毛士光，臨清崔默泉，鹿頭店董羅石，崑山陶九官，太倉魏上泉，而周夢谷，滕全拙，朱南川俱蘇人也，皆長於歌而劣於彈。統而較之，毛秦亭南北皆優，《北西厢》擊木魚唱徹，無一曲不穩者。鸞則妝生，做手尤高。真善浄。敬極清軟。文學善南北，猶夫秦亭。周平之乃一富室，不以累心，而好清音。周係縫衣人，聲態俱一佳旦，年且甚少，必待人具禮求之，而後出一扮之。扮既，見者無不忻羡。魏良輔兼能醫。滕，朱相若，滕後喪明。周孟谷字子儀者，能唱官板曲，遠邇馳聲，效之者洋洋盈耳。樂人濟南張慶，在京尹明，彈唱皆妙，可與之爲敵者，西寧人揮使李寧二僕：一李福，一李時春，并在京。人州守康世臣僕康溱，無論其彈，止據歌聲，雖秦府周歧，李易，湯陰遏雲，剪雪，皆不能及。然亦有出其上者，濟南胡春，無論其彈唱，只以鵝管作笛，有穿雲裂石之聲，名爲欺壓樂官，素長於竹聲者，惟旁觀嘆羡而已。

明・何良俊《四友齋叢説》卷三七《詞曲》 老頓於《中原音韻》、《瓊林雅韻》終年不去手，故開口，閉口與四聲陰，陽字，八九分皆是。然文義欠明，時有差處，如馬東籬《孤鴈漢宮秋》，其〔雙調・尾聲〕云：載離恨的氈車半坡裏響。氈字，他教作閉口。余言：氈字當開口。他說：頓仁於韻上考索極詳，此字從占，當作閉口。余曰：若是從占，果當作閉口。但此是寫書人從省耳，此字原從亶，亶是開口，汝試檢氈字正文，無從占者。渠始信，教作開口。

老頓云：南曲中如雨歇梅天，《吕蒙正》内紅妝豔質，《王祥》内夏日炎炎，《殺狗》内千紅百翠，此等謂之慢詞，教坊不隸琵琶箏色，乃歌章色所肄習者。南京教坊歌章色久無人，此曲都不傳矣。

又 余令老頓教《伯喈》一二曲，渠云：《伯喈》曲，某都唱得，但此等皆是後人依腔按字打將出來，正如善吹笛管者，聽人唱曲，依腔吹出，謂之唱調，然不按譜，終不入律。況絃索九宫之曲，或用滚絃、花和、大和釤絃，皆有定則，故新曲要度入亦易。若南九宫原不入調，間有之，只是小令。苟大套數，既無定則可依，而以意彈出，如何得是。且笛管稍長短其聲，便可就板。絃索若多一彈，或少一彈，則不在板矣，其可率意爲之哉。

又 曲至緊板，即古樂府所謂趨。趨者，促也。絃索中大和絃是慢板，至花和絃則緊板矣。北曲如中吕至〔快活三〕臨了一句，放慢來接唱〔朝天子〕，正宫至〔呆骨都〕，雙調至〔甜水令〕，仙吕至〔後庭花〕，越調至〔小桃紅〕，商調至〔梧葉兒〕，皆大和，又是慢板矣。緊慢相錯，何等節奏。南曲如〔錦堂月〕後〔僥僥令〕，〔念奴嬌〕後〔古輪臺〕，〔梁州序〕後〔節節高〕，一緊而不復收矣。

清彈琵琶，稱正陽鍾秀之。徽州查八十有厚貲，好琵琶，縱浪江湖，至正陽訪之，持侍生刺投謁。鍾令人語之曰：使尋常人來見，則宜稱侍生。吾聞查八十以琵琶遊江湖，今日來謁，非執弟子禮，我斷不出。查言：吾固聞秀之名，然未見其佳。使果奇，執弟子禮未晚。鍾取琵琶於照壁後一曲，查膝行而前，稱弟子。留處數月，盡鍾之伎而歸。友人王亮卿，徽州人，有俊才，能詩，嘗言：昔年入試留都，聞查八十在上河，往訪之，相期飲於妓館，欲聽其琵琶。查曰：妓人琵琶，吾一掃即四絃俱絶，須攜我串用者以往。亮卿設酒於舊院楊家，楊亦世代以琵琶名。酒半，查取琵琶彈之，有一妓女占板，甫一二段，其家有瞎媽媽最知音，連使人來言：此官人琵琶與尋常不同，汝占板俱不是。半曲後，使女子扶憑而出，問查來歷，查云是鍾秀之徒弟。此媽媽舊與秀之相處，與查相持而泣，留連不忍别。

明·魏良輔《南詞引正》 一、初學不可混雜多記，如學〔集賢賓〕，祇唱〔集賢賓〕，學〔桂枝香〕，祇唱〔桂枝香〕。如混唱别調，則亂規格。久久成熟，移宫换吕，自然貫串。

二、拍乃曲之餘，最要得中。如迎頭板隨字而下，輳板隨腔而下，句下板，即絶板，腔盡而下。有迎頭板慣打輳板，乃不識字戲子，不能調平仄之故。

三、清唱謂之冷唱，不比戲曲。戲曲藉鑼鼓之勢，有躲閃省力，知者辨之。

四、生詞要細玩，虚心味之，未到處再精思。不可自做主張，終爲後累。

五、腔有數樣，紛紜不類。各方風氣所限，有崑山、海鹽、餘姚、杭州、弋陽。自徽州、江西、福建俱作弋陽腔。永樂間，云、貴二省皆作之，會唱者頗入耳。惟崑山爲正聲，乃唐玄宗時黄旛綽所傳。元朝有顧堅者，雖離崑山三十里，居千墩，精於南辭，善作古賦。擴廓帖木兒聞其善歌，屢招不屈。與楊鐵笛、顧阿瑛、倪元鎮爲友。自號風月散人。其著有《陶真野集》十卷，《風月散人樂府》八卷行於世。善發南曲之奥，故國初有崑山腔之稱。

六、雙疊字，上兩字接上腔，下兩字稍離下腔。如〔字字錦〕中思思想想、心心念念，又如〔素帶兒〕中它生得齊齊整整、裊裊停停語。

七、單疊字又不比雙疊字，如冷冷清清等，要抑揚。

八、北曲與南曲大相懸絶，無南腔南字者佳。要頓挫，有數等。五方言語不一，有中州調、冀州調、古黄州調。有磨調、弦索調，乃東坡所傳，偏於楚腔。唱北曲，宗中州調者佳。伎人將南曲配弦索，直爲方底圓蓋也。關漢卿云：以小冀州調按拍傳弦，最妙。

九、士夫唱不比慣家，要恕。聽字到腔不到也罷，板眼正腔不滿也罷。意而已，不可求全。

十、五音以四聲爲主，但四聲不得其宜，五音廢矣。平、上、去、入，務要端正。有上聲字扭入平聲，去聲唱作入聲，皆做腔之故，宜速改之。《中州韻》詞意高古，音韻精絶，諸詞之綱領。切不可取便苟簡，字字句句，須要唱理透徹。

十一、唱曲俱要唱出各様曲名理趣，宋元人自有體式。如〔玉芙蓉〕、〔玉交枝〕、〔玉山頹〕、〔不是路〕，俱要馳騁。如〔針綫箱〕、〔黄鶯兒〕、〔江頭金桂〕，要規矩。如〔二郎神〕、〔集賢賓〕、〔月雲高〕、〔本序〕、〔刷子序〕、〔獅子序〕，要悠揚。如〔撲燈蛾〕、〔紅綉鞋〕、〔麻婆子〕，雖疾而無腔有板，板要下得匀净，方好。

十二、長腔貴圓活，不可太長。短腔要遒勁，不可就短。

十三、過腔接字，乃關瑣之地，最要得體。有遲速不同，要穩重嚴肅，如見大賓之狀，不可扭捏弄巧。

十四、將《伯喈》與《秋碧樂府》，從頭至尾熟玩，一字不可放過。《伯喈》乃高則誠所作。《秋碧》，姓陳氏。

十五、聽曲尤難，要肅然，不可喧譁。聽其唾字、板眼、過腔得宜，方妙。不可因其喉音清亮，就可言好。

十六、南曲要唱〔二郎神〕、〔香遍滿〕與〔本序〕、〔集賢賓〕熟，北曲唱得〔呆骨朵〕、〔村裏迓鼓〕、〔胡十八〕精，如打破兩重關也。亦有訛處，從權。

十七、蘇人慣多唇音，如冰、明、娉、清、亭之類。松人病齒音，如知、之、至、使之類，又多撮口字，如朱、如、書、廚、徐、胥。此土音一時不能除去，須平旦氣清時漸改之。如改不去，與能歌者講之，自然化矣。殊方亦然。

十八、曲有三絶：字清爲一絶，腔純爲二絶，板正爲三絶。

五音：宮、商、角、徵、羽。俱要正，不宜偏側。

四實：平、上、去、入。俱要着字，不可泛，然不可太實，則濁。

十九、五不可：不可高，不可低，不可重，不可輕，不可自主張。

五難：閉口難，過腔難，出字難，低難，高不難。

二十、兩不辨：不知音者，不可與之辨。不好者，不可與之辨。

兩不雜：南曲不可雜北腔，北曲不可雜南字。

明・臧懋循《元曲論》 凡唱最忌做作。如哂唇、搖頭、彈指、頓足之態，高低、輕重、添減太過字面，此皆市井狂放輩輕薄淫蕩之聲，徒能亂人耳目。所貴者若遊雲之飛太虛，上下無礙，悠悠揚揚，出其自然。使人聽之，可以消釋煩悶，和悅性情，通暢血氣，斯爲天地正音。故曰：一聲唱到融神處，毛骨蕭然六月寒。

明・潘之恒《鸞嘯小品・正字》 夫曲先正字，而後取音。字訛則意不真，音澀則態不極。能諳之音，惟李氏之玉華乎。吾聞其奏曲矣，吐字如串珠，於意義自會。寫音如霏屑，於態度愈工。令聽者淒然感泣訴之情，僾然見離合之景，咸于曲中呈露。【略】他人奏曲而無音，非病音也，態不浹也。同音而無字，非病字也，意不融也。故欲尚意態之微，必先字音之辨。

明・潘之恒《亘史・叙曲》 甚矣，吴音之微而婉，易以移情而動魄也。音尚清而忌重；尚亮而忌澀，尚潤而忌類；尚簡捷而忌漫衍；尚節奏而忌平鋪。有新腔而無定板；有緣聲而無轉字；有飛度而無稽留。【略】曲之本也，調不欲緩，緩令人怠；不欲急，急令人躁；不欲有餘，有餘則煩；不欲軟，軟則气弱。

明・王驥德《曲律》卷二《論腔調第一〇》 樂之筐格在曲，而色澤在唱。古四方之音不同，而爲聲亦異，於是有秦聲，有趙曲，有燕歌，有吴歈，有越唱，有楚調，有蜀音，有蔡謳。在南曲，則但當以吴音爲正。

古之語唱者曰：當使聲中無字。謂字則喉、唇、齒、舌等音不同，當使字字輕圓，悉融入聲中，令轉換處無磊塊，古人謂之如貫珠，今謂之善過度是也。又曰：當使字中有聲。謂如宮聲字，而曲合用商聲，則能轉宮爲商歌之也。又曰：有聲多字少。謂唱一聲而高下、抑揚，宛轉其音，若包裹數字其間也。有字多聲少，謂搶帶、頓挫得好，字雖多，如一聲也。又云：善歌者謂之內裏聲，不善歌者聲無抑揚，謂之念曲聲，無含韞，謂之叫曲。

又《論板眼第一一》 古無拍。魏、晉之代，有宋纖者，善擊節，始製爲拍。古用九板，今六板，或五板。古拍板無譜，唐明皇命黄番綽始造爲之。牛僧孺目拍板爲樂句，言以句樂也。蓋凡曲，句有長短，字有多寡，調有緊慢，一視板以爲節制，故謂之板眼。

初啓聲即下者爲實板，又曰劈頭板。遇緊調，隨字即下，細調亦俟聲出，徐徐而下。字半下者爲掣板，亦曰枵板。蓋腰板之誤。聲盡而下者爲截板，亦曰底板。場上前一人唱前調末一板，與後一人唱次調初一板齊下爲合板。其板先於曲者，病曰促板，板後於曲者，病曰滯板，古皆謂之斧音祈拍，言不中拍也。

唐《霓裳羽衣曲》，初散聲六遍無拍，至中序始有拍，今引曲無板，過曲始有板，蓋其遺法。古今之腔調既變，板亦不同，於是有古板、新板之說。詞隱於板眼，一以反古爲事。其言謂清唱則板之長短，任意按之，試以鼓板夾定，則錙銖可辨。又言：古腔古板，必不可增損。歌之善否，正不在增損腔板間。又言：板必依清唱，而後爲可守。至於搬演，或稍損益之，不可爲法。具屬名言。其所點板《南詞韻選》及《唱曲當知》、《南九宮譜》，皆古人程法所在，當慎遵守。

聞之先輩，有傳腔遞板之法，以數人暗中圜坐，將舊曲每人歌一字，即以板輪流遞按，令數人歌之如一聲，按之如一板，稍有緊緩腔、先後板之誤，輒記字以罰，如此庶不致腔調參差，即古所謂纍纍如貫珠者。今至弋陽、太平之衮唱，而謂之流水板，此又拍板之一大厄也。

又《論須識字第一二》 識字之法，須先習反切。蓋四方土音不同，其呼字亦異，故須本之中州，而中州之音，復以土音呼之，字仍不正。惟反切能該天下正音，只以類韻中同音第一字，切得不差，其下類從諸字，自無一字不正矣。

至於字義，尤須考究，作曲者往往誤用，致爲識者訕笑。如梁伯龍《浣紗記》〔金井水紅花〕曲波冷濺芹芽，溼裙靫，靫字，法用平聲。然靫，箭袋也。若衣衩之衩，屬去聲。唐李義山《無題詩》八歲偷照鏡，長眉已能畫，十歲去踏青，芙蓉作裙衩，足爲明證。此其失亦自陳大聲散套〔節節高〕之蓮舟戲女娃，露裙衩始。然伯龍不獨《浣紗》，散套〔歸仙洞〕荆棘抓裙衩又爾。近日湯海若《還魂記》〔懶畫眉〕睡荼蘼抓住裙衩線，亦以衩字作平音，皆誤。僅陳玉陽《詅癡符記》〔玉抱肚〕曲打毬回，紛紛衩衣，獨是。又《浣紗》〔劉潑帽〕曲：娘行聽俊還嬌倩，勝江南萬馬千兵。不知倩有二音，一雇倩之倩，作清字去聲讀，一音茜，即巧笑倩兮之倩，言美也。此曲字義，當作茜音，今却押庚青韻中，即童習時《論語》亦不記憶，何淺陋至此。又車字之有二音也，蓋此字本音尺遮切，隸《正韻》十六遮類中，至漢以後，始有作居字音者。《莊子》惠施多方，其書五車，此自當作尺遮切。《拜月》〔玉芙蓉〕曲：胸中書富五車，筆下句高千古。此調法，當兩句各押一韻，下曰高千古，則上作居音乃叶，而世無呼作五車居書之理。今歌者皆從尺遮切，寧韻不叶，而不唱作居音，是歌者不誤，而作者誤也。歎字之亦有二音也，一平聲作灘音，一去聲作炭音。《琵琶記・赴選》折，末白：仗劍對尊酒，恥爲遊子顏，所志在功名，離別何足歎，此歎字當作平音，與上顔字叶。後〔玉芙蓉〕曲別離休歎，此歎字當作去音，與下輕拆散之散字叶。今優人於何足歎之歎，皆作去聲白，是作者不誤，而習者誤也。他若癭之音爲穎，頸瘤也。鄭虚舟《玉玦記》却教愧殺癭瘤婦，是認作平聲矣。又《莊子》藐姑射山之射音亦，巾櫛之櫛音卒，而汪南溟《高唐記》，與雪、滅同押。至以纖、殲、鹽三字并押車遮韻中，是徽州土音也。又云：招魂未得，空歌楚些。些字本宋玉《大招》，見《楚辭》，音蘇箇切，作梭字去聲讀，惟些少之些，乃作平聲，今亦作平，以與車遮同押，何也。伯龍又以盡道輕盈略作胖些，與三尺小脚走如飛同押，蓋認些字作西字音，又蘇州土音矣。至婦字，世皆作負字音，惟詩韻作阜字音。《玉玦》癭瘤婦、秋胡婦押在尤侯韻中，音幾不可辨矣。

又有舉世皆誤而爲不可解之字。今列戲目而曰第一齣、第二齣，問何字，則曰摺字，或曰悔字，問從何來。則默不能對也，蓋字書從無此字，惟近《泠癡符傳》言：牛食已，復出嚼，曰齝，音笞。傳寫者誤台爲句，以齝作齣，遂終帙作第幾齝、第幾齝，殊不知齝原作⿰齒司，通作齝，以⿰齒司作齣，在屈筆毫釐之間，遂致轉展傳誤；然古劇，亦絶無作第幾⿰齒司者，只作第幾折可也。影響之誤如此，則作曲與唱曲者，可不以考文爲首務耶。

又卷三《論過搭第二二》 過搭之法，雜見古人詞曲中，須各宫各調，自相爲次。又須看其腔之粗細，板之緊慢。前調尾與後調首要相配叶，前調板與後調板要相連屬。古每宫調皆有〔賺〕，取作過度而用。緣慢詞即引子止著底板，驟接過曲，血脈不貫，故〔賺〕曲前段，皆是底板，至末二句始下實板。戲曲中已間賓白，故多不用。

諸宫調惟仙吕許與雙調相出入，其餘界限甚嚴，不得陵犯。惟《十三調譜》類多出入，中商黄調以商調、黄鍾二調合成，高平調與諸調皆可出入。其餘各調出入，詳見《十三調譜》中。或謂南曲原不配絃索，不必拘拘宫調，不知南人第取按板，然未嘗不可取配絃索。又譬置目眉上，置鼻口下，亦何妨視嗅，但不成人面部位，終非造化生人意耳。

凡一調中，有取各調一二句合成，如〔六犯清音〕、〔七犯玲瓏〕等曲，雖各調自有唱法，然既合爲一，須唱得接貼融化，令不見痕迹，乃妙。何元朗謂：北曲大和絃是慢板，花和絃是緊板。如〔中吕・快活三〕臨了來一句，放慢來接唱〔朝天子〕，皆大和，又是慢板。緊慢相錯，何等節奏。南曲如〔錦堂月〕後〔僥僥令〕、〔念奴嬌〕後〔古輪臺〕、〔梁州序〕後〔節節高〕，一緊而不復收矣。然戲曲亦有中段却放緩唱者，不可一律論也。

明・沈寵綏《絃索辨訛・凡例》 一、南曲不可雜北腔，北曲不可雜南字，誠哉良輔名語。顧北曲字音，必以周德清《中原韻》爲準，非如南字之別遵《洪武韻》也。是集一照周韻詳註音切於曲文之下。或一聲無叶，仍借叶三聲，如些字叶寫平聲，色字叶篩上聲是也。且平常易曉字面，亦並註明，毋使覽者開卷茫然。

一、閉口、撮口、鼻音，向來曲譜固於文旁點圈記認。然更有開口張唇字面，如花字、把字、話字，初學俱作滿口唱。又有穿牙縮舌字面，如追字、楚字、愁字，初學俱照土音唱。又有陰出陽收字面，如和字、回字、絃字，俱作吴、圍、言之純陽實唱，聽之殊可噴飯。今閉口、撮口、鼻音，仍舊於文之左旁記之。閉口則□，撮口則○，鼻音則△。其開口穿牙、陰出陽收，乃更於文之右旁記之。開口則■，穿牙則●，陰出陽收則：庶俾塵杪無差，而宫商咸叶。

一、開口字面，慮作滿口，固矣，然有介乎開口、滿口之間，如潘字、半字等類，又不可着情牽泥。倘或半字唱扮，伴字唱辦，瞞字唱蠻，潘字唱攀，暖字唱赧，此則反失字面本音，所謂過猶不及也。作家體此，自能出口諧律。

一、《中原韻》字音，間有難從者。如我之叶五、兒之叶時、他之叶拖等類，不敢照韻音切。此則勢應通俗，未可膠瑟，而固以遵韻爲辭者也。

一、集中字面，有《中原韻》未收者，不敢逞臆音切，皆博考散集，註明書頭，仍標所自出。又諸名家參訂《西厢》曲文，互相同異，間可並從者，亦標書頭，以備參覽。

一、南曲板，自有蔣氏《九宫譜》後，迄今無改。惟絃索板，則添減不常，久未遵譜。年來業經幾换，繼此應難畫一，故集中概不定板，以循常套云。

一、是編自《西厢》全部外，其他雜曲止録得近時習彈者十套。餘曲雖多名筆，緣非時尚，未敢混選。

一、集中應註字面，有一曲幾見者，止於每套之首音註一□。餘可類推，故不重複。

一、集中沙、波、麽三字，俱作語助解。俺、喒、咱三字，俱作我字解。恁是這般，您同你義。您、恁二字，往往混謄，茲爲釐別。

又《度曲須知》上卷《四聲批窾》 昔詞隱先生曰：凡曲去聲當高唱，上聲當低唱，平、入聲又當酌其高低，不可令混。其説良然。然去聲高唱，此在翠字、再字、世字等類，其聲屬陰者，則可耳。若去聲陽字，如被字、淚字、動字等類，初出不嫌稍平，轉腔乃始高唱，則平出去收，字方圓穩。不然，出口便高揭，將被涉貝音，動涉凍音，陽去幾訛陰去矣。上聲固宜低出，第前文間遇揭字高腔，及緊板時曲情促急，勢有拘礙，不能過低，則初出稍高，轉腔低唱，而平出上收，亦肖上聲字面。古人謂去有送音，上有頓音。送音者，出口即高唱，其音直送不返也。而頓音，則所落低腔，欲其短，不欲其長，與丢腔相倣，一出即頓住。夫上聲不皆頓音，而音之頓者，誠警俏也。又先賢沈伯時有曰：按譜填詞，上去不宜相替，而入固可以代平，則以上去高低逈異，而入聲長吟，便肖平聲。讀則有入，唱即非入。如一字、六字，讀之入聲也，唱之稍長，一即爲衣，六即爲羅矣。故入聲爲仄，反可代平。然予謂善審音者，又可使入不肖平而還歸入唱。則凡遇入聲字面，毋長吟，毋連腔，連腔者，所出之字，與所接之腔，口中一氣唱下，連而不斷是也。出口即須唱斷。至唱緊板之曲，更如丢腔之一吐便放，略無絲毫粘帶，則婉肖入聲字眼，而愈顯過度顛落之妙。不然，入聲唱長，則似平矣。抑或唱高，則似去。唱低，則似上矣。是惟平出可以不犯去、上，短出可以不犯平聲，乃絶好唱訣也。至於北曲無入聲，派叶平、上、去三聲，此廣其押韻，爲作詞而設耳。然呼吸吞吐之間，還有入聲之別，度北曲者須當理會。若夫平聲自應平唱，不忌連腔，但腔連而轉得重濁，且即隨腔音之高低，而肖上、去二聲之字，故出字後，轉腔時，須要唱得純細，亦或唱斷而後起腔，斯得之矣。又陰平字面，必須直唱，若字端低出而轉聲唱高，便肖陽平字面。陽平出口，雖從低轉高，字面乃肖，但輪着高徵揭調處，則其字頭低出之聲，簫管無此音響，合叶葛和不着，俗謂之拿，亦謂之賣，若陽平遇唱平調，而其字頭低抑之音，原絲竹中所有，又不謂之拿矣。最爲時忌。然唱揭而更不拿不賣，則又與陰平字眼相像。此在陽喉聲闊者，摹肖猶不甚難，惟輕細陰喉，能揭唱，能直出不拿，仍合陽平音響，則口中勔節，誠非易易。其他陰出陽收字面，更能簡點一番，則平聲唱法，當無餘藴矣。凡此，名曰四聲批窾，并後收音問答，搜剔曲理，思且過半。然施之南曲，則腔舒板緩，儘堪摇擺推敲，非如絃索之調促絃繁，捓縛太緊，雖有能者，忙中多錯。若於見長，必一一按吕相規，則安得人皆李龜年而責之乎。惟鮮其人，不得不存其説。

又《附四聲宜忌總訣》 陰去忌冒。陽平忌拿。上宜頓腔。入宜頓字。陰去如翠、世等字，遇唱高調，須用送音直揭。若字端邪撇，聳上而仍滑下，則其音閃在半調中間，使操管絃者，上下徽孔，兩凑不着，俗名曰冒，唱家並忌之。至陽平之拿，則又字端邪撇，蕩下而後轉高，亦在半調中間，總不入簫管。頓腔者，一落腔即頓住。頓字者，一出字即停聲，俱以輕俏找絶爲良。

又《絃索題評》 我吴自魏良輔爲崑腔之祖，而南詞之布調收音，既經創闢，所謂水磨腔、冷板曲，數十年來，遐邇遜爲獨步。至北詞之被絃索，向來盛自婁東，其口中嬝娜，指下圓熟，固令聽者色飛，然未免巧於彈頭，而或疎於字面，如碧雲天曲中狀元之狀字，與望蒲東曲中侍妾之侍字，梵王宫曲中金磬之磬字，及多愁多病之病字，晚風寒峭曲中花枝低亞之亞字，本皆去聲，反以上聲收之。此等訛音，未遑枚舉，而又煩絃促調，往往不及收音，早已過字交腔，所爲完好字面，十鮮二三。此則前無開山名手，如良輔之於南詞者，故向來絶少到家，而衣鉢所延，遂多乖舛。邇年聲歌家頗懲紕繆，競效改絃，謂口隨手轉，字面多訛，必絲和其肉，音調乃協。於是舉向來腔之促者舒之，煩者寡之，彈頭之雜者清之，運徽之上下，婉符字面之高低，而釐聲析調，務本《中原》各韻，皆以磨腔規律爲準，一時風氣所移，遠邇翕然鳴和，蓋吴中絃索，自今而後始得與南詞並推隆盛矣。雖然，今之北曲，非古北曲也。古曲聲情，雄勁悲激，今則盡是靡靡之響。今之絃索，非古絃索也。古人彈格，有一成定譜，今則指法游移，而鮮可捉摸。誠使度曲者，能以邇來磨琢精神，分用之討究古律，則其於絃索曲理，不庶稱美備也哉。

又《中秋品曲》 從來詞家祇管得上半字面，而下半字面，須關唱家收拾得好。蓋以騷人墨士，雖甚嫻律吕，不過譜釐平仄，調析宫商，俾徵歌度曲者，抑揚諧節，無至沾唇拗嗓，此上半字面，填詞者所得糾正者也。若乃下半字面，工夫全在收音，音路稍譌，便成别字。如魚模之魚，當收于音，倘以噫音收，遂訛夷字矣。庚青之庚，本收鼻音，若舐腭收，遂訛巾字矣。其理維何。在熟曉《中原》各韻之音，斯爲得之。蓋極填詞家通用字眼，惟《中原》十九韻可該其概，而極十九韻字尾，惟噫、嗚數音可筦其全。故東鐘、江陽、庚青三韻，音收於鼻。真文、寒山、桓歡、先天四韻，音收於舐腭。廉纖、尋侵、監咸三韻，音收於閉口。齊微，皆來二韻，以噫音收。蕭豪、歌戈、尤侯與模，三韻有半，以嗚音收。魚之半韻，以于音收。其餘車遮、支思、家麻三韻，亦三收其音。但有音無字，未能繪之筆端耳。唱者誠舉各音涇渭，收得清楚，而鼻、舌不相侵，噫、於不相紊，則下半字面，方稱完好。猶憶客歲中秋，有從千人石畔，度花陰夜静之曲，吐字極圓净，度腔儘觔節，高高下下，恰中平、上、去、入之窽要，閉口、撮口，與庚青字眼之收鼻者，無不合吕。但細察字尾，殊欠收拾，凡東鐘、江陽字面，一概少收鼻音。瓏字半近於羅，桐字半溷於徒，廣或疑於寡，王或疑於華。此其人但知庚青之字出於口，音便收鼻，而不知東鐘、江陽之字尾，固自有天然鼻音在也。又有唱拜星月曲者，聽之亦犯此病，其忙字尾似麻，則音不收鼻也。其軍字尾似居，親字尾似妻，先字尾似些，此音不收舐腭也。拜止以愛音收，腮止以哀音收，海止以靄音收，並無有噫音結局。此皆字面之没了當者也。其他絃索之音，亦能收者什一，不收者什九，方駭聲場勝會，何以敗筆偏多。未幾，有皤然老翁，危坐啓調，聽之亦拜星月曲也。其排腔則古朴而無媚巧，其運喉則頹澁而少清脆，然出口精確，良爲絶勝。至下半字面，則無音不收，亦無誤收别韻之音，倘所稱曹崐崙之流乎。越宵，復有女郎唱瑶琴鎮日之曲，見其發調高華，出口雅麗，吐字歸音，各各絶頂，堪勝鬚眉百倍。設使中秋無是老翁女子，寧有完音哉。予因是而思平、上、去、入之交付明白，向來詞家譜規，語焉既詳，而唱家曲律，論之亦悉。至下半字面，不論南詞北調，全係收音，乃概未有講及者，無怪今人徒工出口，偏拙字尾也。予故特著《收音譜訣》，舉各音門路，徹底釐清，用使唱家知噫音之收齊微者，并收於皆來，鼻音之收庚青者，并收於東鐘、江陽，嗚音之收歌戈、模韻者，并收於蕭豪、尤侯。其他真文各韻，亦復音音歸正，字字了結。夫乃當今對症良劑乎。彼尾音欠收者，能受一砭否。

又《出字總訣》 管上半字面。 一、東鐘，舌居中。二、江陽，口開張。三、支思，露齒兒。四、齊微，嘻嘴皮。五、魚模，撮口呼。六、皆來，扯口開。七、真文，鼻不吞。八、寒山，喉没擱。九、桓歡，口吐丸。十、先天，在舌端。十一、蕭豪，音甚清高。十二、歌戈，莫混魚模。十三、家麻，啓口張牙。十四、車遮，口略開些。十五、庚青，鼻裏出聲。十六、尤侯，音出在喉。十七、尋侵，閉口真文。十八、監咸，閉口寒山。十九、廉纖，閉口先天。此訣，出詞隱《正吴編》中，今略參較一二字。

又《收音總訣》 此下二訣，管下半字面。 曲度庚青，急轉鼻音。江陽東鐘，緩入鼻中。模及歌戈，載重收嗚。模韻收重，歌戈收輕。 蕭豪尤侯，也病嗚收。魚模之魚，厥音乃于。皆來齊微，非于是噫。先天真文，舐舌舒音。舐舌者，舌舐上腭也。 寒山桓歡，亦舐舌端。音出尋侵，閉口謳吟。廉纖監咸，口閉依然。車遮之音，遏叶平聲。遏，入聲爲哀葛切，平聲爲哀奢切，與車遮音絶肖。 若問支思，反切醫詩。醫詩切，即支思之音。 惟有家麻，音切哀巴。 士音唱捱，勿切衣皆。捱，本衣皆切，今吴中捱字土音，乃是哀巴切，與家麻音絶肖。通了前訣，字面無別。別者，別字也，俗呼白字。記此後訣，字尾清潔。收鼻何音，吴字土音。吴江呼吴字，不作胡音，另有土音，與鼻音相似。閉口何音，無字土音。吴俗呼無字，不作巫音，另有土音，與閉口音相似。舐舌何音，你字土音。吴俗有我儂、你儂之稱，其你字不作泥音，另有土音，與舐舌音相似。以上土音凡四，緣無本字，又無叶切，故借用之。然惟吴俗能喻其音，概之他方，有漠不相通者，姑亦在吴言吴云爾。

又《入聲收訣》 平上去聲，北南略等。平、上、去三聲之音，南北曲大略相同。入聲入唱，南獨異音。南曲入聲字面，仍唱入音，不照《中原韻》派叶平、上、去三聲，故與北曲異音。首韻曰屋，音却云何。《洪武韻》入聲，其目有十，屋字乃首韻之目也。嗚乃其音，略類歌模。《洪武》屋韻，與《中原》歌戈模韻，俱收嗚音。曰屑曰葉，音却有説。車遮無兩，哀奢反切。《洪武》屑葉韻，與《中原》車遮韻，其音皆哀奢切。曰質曰緝，音須覈實。噫帶濁聲，齊微彷彿。《洪武》質緝韻，與《中原》齊微韻，共收噫音，但質緝出音，微帶濁耳。曰曷曰合，音須旁叶。叶却平聲，便是捷訣。曷、合之平聲，即曷、合之尾音，故但長吟其字，便是平聲，豈不直捷。韻目有藥，其音何若。丫字土音，方有着落。丫，本於家切。今丫枝、丫叉、丫頭之類，俗呼別有土音，即是藥韻之音。韻目有陌，其音何出。劾叶平聲，轉腔斯得。劾，本胡得切，以平聲叶劾字，即是陌韻之音。韻目有轄，其音何法。家麻帶濁，哀杷其切。《洪武》轄韻，與《中原》家麻韻，其音略同，但家麻音稍清，轄字音爲哀杷切，稍濁。北叶《中原》，南遵《洪武》。北曲字面皆遵《中原韻》，若南曲字面又遵《洪武韻》，故入聲亦從之。詞隱先生有《遵制正吴編》可考。音韻分清，乃稱合譜。

夷考《中原》各韻，涇渭甚清，惟魚模一韻兩音，伯良王氏猶或非之。然曰魚、曰模，標目已自顯著，收于收嗚，混中亦自有分。至若《洪武韻》入聲中，覈、没、忽、骨等字，乃與疾、七、逸、一等字，同列質韻，似難概以噫音帶濁收之。又平聲中悲、衣、池、希等字，與思、慈、時、兒等字，共收支韻中，是支思、齊微，並混爲一。音路未清，如此良多。緣夫《正韻》一書，原不爲填詞度曲而設，且按之《皇極聲韻》中，亦有不能不混者耳。伯良祖《洪武韻》改緝《南詞正韻》，必有可觀，惜未得睹也。

又《收音譜式》 前訣内東鍾、江陽，及屋、質、曷、葉等字，乃各韻之標目。標目以下字面，厥音與目音並同，故但演字目之音，餘字之音可概。然在詩詞家，韻脚熟演，無難一睹曉然，若度曲者流，不皆文墨，奚遑考韻，區區標目，未知餘字可該，一字偶提，未解應歸何韻，口訣雖拈，幾同射覆矣。用簡《西厢》北曲，類派《中原》各韻，逐套韻脚，摘出詳列於後，總註應收何音，仍各録曲一首，將句中字面，分記兩旁，右旁記韻，俾字有歸門，左旁記音，令收無雜濫。更舉南詞一折，摘出入聲字眼，旁釋左右，一如前式，可使覽者，徐徐誦演，久久滑熟，入門之後，涇渭了然，邦王不異江陽，歸知總是齊微。南北兩曲，平仄四聲，韻各釐清，音皆收正，此誠接引愚蒙良法，非敢爲賢智作津梁也。

又《收音問答》 客有問余者曰：東鍾、江陽兩韻，自來曲譜，不記鼻音，吾子收鼻之説，毋乃誕與。余應曰：唯唯否否。夫《詞腴》諸集，獨於庚青字眼，旁記鼻音者，緣吴俗庚青皆犯真文，鼻音並收舐腭，所謂兵、清諸字，每溷賓、親之訛，自來莫有救正，於是字旁記點以別之。此作譜者，正音之津筏也。若以東鍾、江陽，其音天然歸鼻，無煩矯正，但有不收之慮，却鮮別犯之憂，故字旁無復記點，豈真不須收鼻哉。惟是庚青之收鼻略早，兩韻之收鼻較遲，是則微有異耳。總之，皆鼻者也。客曰：兩韻之歸鼻固矣。所慮不收之説，可得聞與。余曰：凡敷演一字，各有字頭、字腹、字尾之音。頭尾姑未釐指，而字腹則出字後，勢難遽收尾音，中間另有一音，爲之過氣接脈，如東鍾之腹，厥音爲翁紅，陰腹爲翁，陽腹爲紅。下倣此。先天之腹，厥音爲煙言，皆來之腹，厥音爲哀孩，尤侯之腹，厥音即侯歐，寒山、桓歡之腹，厥音爲安寒。餘即有音無字，未便描寫皆所謂字腹也。由腹轉尾，方有歸束，今人誤認腹音爲尾音，唱到其間，皆無了結，以故東字有翁音之腹，無鼻音之尾，則似乎多。先字有煙音之腹，無舐腭音之尾，則似乎些。種種訛舛，鮮可救藥。至於支思、齊微、魚模、歌戈、家麻、車遮數韻，則首尾總是一音，更無腹音轉換，是又極徑極捷，勿慮不收者也。若夫江陽諸韻之不收尾音，有兩種人犯之：一種自負喉音嘹喨，縱情使去，往而莫返，如是者不收。又梨園子弟當場，務欲四筵聳聽，一味浩歌闊唱，如是者不收。乃若月下花陰，名山勝會，賞音畢集，自宜輕謳緩按，緊收細吐，真如袁石公所云：千人石畔，度一字，捱一刻者，方爲入彀。安得任却喉音，放情賣弄，致同優者之音闊鮮收哉。客又曰：今人既犯認腹爲尾之病，則將去其腹音，亦如齊微等韻早收尾音，不亦可乎。曰：不可。聲調明爽，全係腹音，且如蕭、豪二字，何等高華，若不用字腹，出口便收嗚音，則幽晦不揚，而字欠圓整，故尾音收早，亦是病痛，而閉口韻尤忌犯之，是字腹誠不可廢也。客曰：字腹字尾，括説既明，所云字頭之音，亦有説歟。曰：凡字音始出，各有幾微之端，似有如無，俄呈忽隱，於蕭字則似西音，於江字則似幾音，於尤字則似奚音，此一點鋒鋩，乃字頭也。繇字頭輕輕吐出，漸轉字腹，徐歸字尾，其間從微達著，鶴膝蜂腰，顛落擺宕，真如明珠走盤，晶瑩圓轉，絶無穎濁偏歪之疵矣。然字頭尤自有辨：今人每唱離字、樓字、陵字等類，恒有一兒音冒於其前。又如唱一那字，則字先預贅一舐腭之音，俗云裝柄，又云摘鈎頭，極欠乾净，此又可名曰字疣，不可誤認爲字頭也。諸凡論説，及已前歌訣，可與明者道，難與俗人言，必能心中體會，口内丹嗚，逐字逐音，細細試演，其理自得。若粗心浮氣，見此話頭，不病爲幽渺，即笑爲支離，就中玄奥，孰從喻之，則知我罪我，其惟此書乎。客又問曰：上半字與下半字，總是一字，其理當非懸絶，乃今人業能出字，復昧尾音，其故何歟。曰：世之樂工歌客，字且不識，奚能審音。間有從字面中着意稽研者，不過於聲之平、上、去、入，調得洽妥，腔之頓挫悠揚，吐得觔節，更於開口、撮口、鼻音之旁註曲譜者，記得清楚，則遂儼然曲師自命，而王孫公子，争先延聘，試問其某字應歸某韻，某韻應收某音，彼固茫然也。若乃文人墨士，則工於填詞，而拙於度曲，亦且卑其事而不屑究討，間有稍稍涉獵者，其聰明問學所及，亦但使叶切無訛，平仄無舛，而韻脚雖媚，音理未熟，試問其字頭何音，字腹何音，字尾何音，彼又茫然也。世鮮收音，職此故歟。嘗思今之曲譜，即古之樂章，故填詞一事，勝國以之制科取士，而放榜之後，即以中式詞章，賜之樂府，演之伶官，勸厥瓊林佳宴，何等鄭重其事，今人乃卑之不肯習也，是不可解矣。

又《字母堪删》　今人盡攻舉子業，而字學一脈，幾乎息矣。彼其音關脣、舌、齒、喉，理寓陰、陽、清、濁，儒紳士苴弗講，猶賴度曲者僅留一緒於聲歌之中，則以儒者工章句，謳者擅音聲，而呫嗶則忙不細討，嘯歌則音堪徐度耳。予嘗考字於頭、腹、尾音，乃恍然知與切字之理相通也。蓋切法，即唱法也。曷言之。切者，以兩字貼切一字之音，而此兩字中，上邊一字，即可以字頭爲之，下邊一字，即可以字腹、字尾爲之。如東字之頭爲多音，腹爲翁音，而多翁兩字，非即東字之切乎。簫字之頭爲西音，腹爲鏖音，而西鏖兩字，非即簫字之切乎。翁本收鼻，鏖本收嗚，則舉一腹音，尾音自寓。然恐淺人猶有未察，不若以頭、腹、尾三音共切一字，更爲圓穩找捷。試以西鏖嗚三字連誦口中，則聽者但聞徐吟一簫字，又以幾哀噫三字連誦口中，則聽者但聞徐吟一皆字，初不覺其有三音之連誦也。夫儒家翻切，釋家等韻，皆於本切之外，更用轉音二字，即因、煙、人、然之類。總是以四切一，則今之三音合切，奚不可哉。至若家麻諸韻之本無字腹者，祇須首尾兩音爲切。然又有首尾無異音者，但可以本字入聲當字首，如齊字之頭，止有疾音，疾即齊之入聲也，故齊字可以疾、噫兩音唱之，亦可疾、噫兩音切之。他如支思、魚模、歌戈，其理總不外是。惟是腹、尾之音，一韻之所同也，而字頭之音，則逐字之所换也。如哉、腮等字，出皆來韻中，而其腹共一哀音，其尾共一噫音，與皆來無異，至審其字頭，則哉字似兹，腮字似思，初不與皆字之幾音同也。又如操、腰等字，出蕭豪韻中，而其腹共一鏖音，其尾共一嗚音，與蕭豪無異，至考其字頭，則操字似雌，腰字似衣，初不與蕭字之西音同也。惟字頭有推移之妙，亦惟字頭有涇渭之分，哉、腮不溷皆來，操、腰細别蕭豪，非此一點鋒鋩爲之釐判也乎。顧其間，有同音也而清濁殊，則亦並字也而陰陽異。如尤本陽字，而頭、腹、尾爲奚侯胡之音，則皆陽音矣，以尤調憂，乃陰字也，而頭、腹、尾爲衣歐嗚之音，則又皆陰音矣。字頭難以枚舉，而腹音之在東鐘者，陰則翁而陽則紅，在皆來者，陰則哀而陽則孩，在真文者，陰則恩而陽則痕，在先天者，陰則煙而陽則言，推之各韻，其腹皆然。更稽其尾，亦何獨不然。有嗚即有胡，有噫即有奚，有於即有于，而至於鼻音、閉口音、舐腭音，與夫車遮等韻之有音無字者，曾有不具一陰一陽之理者乎。又況各韻之頭、腹、尾，何一不分平、上、去。而其平、上、去，又何一不分陰與陽者乎。故凡陽字，則當以陽音之頭、腹、尾唱之，凡陰字，則當以陰音之頭、腹、尾唱之。轉腔之後，又勿論矣。守此唱法，便是切法，而精於切字，即妙於審音，勿謂曲理不與字學相關也。嘗思當年集韻者，誠能以頭、腹、尾之音，詳切各字，而造成一韻書，則不煩字母，一誦了然，豈非直捷快事。特中多有音無字，礙於落筆，則不能不追慨倉頡諸人之造字不備也已。抑篇中字頭名相，擬議頗煩，則以三字切法，其腹、尾之音，一定不改，而丸轉變化全在字頭，與度曲之音出微渺者迥異，蓋云切非云唱也，第恐將來不審，而愚流之信字頭者，泥作着情之唱，高明之疑字頭者，横加着相之譏，則誤人處在此，訾我處亦在此，於是特作字頭辨解於後，以示疑信之兩非云。

又《字頭辨解》 予嘗刻算磨腔時候，尾音十居五六，腹音十有二三，若字頭之音，則十且不能及一。蓋以腔之悠揚轉折，全用尾音，故其爲候較多。顯出字面，僅用腹音，故其爲時少促。至字端一點鋒鋩，見乎隱，顯乎微，爲時曾不容瞬，使心浮氣滿者聽之，幾莫辨其有無，則字頭者，寧與字疣同語哉。予向恐世人之認字疣爲字頭也，特舉離字、那字之着痕者，拈出示之，俾字先無贅音之冒雜，乃又有慕托淘洗，過求乾浄，反認字頭爲字疣者，則其審音察字，猶鮮精到也。蓋字疣之音，添出字外，而字頭之音，隱伏字中，勢必不可去，且理亦不宜去。凡夫出聲圓細，字頭爲之也，粘帶不清，字疣爲之也。若其頽濁多而藴藉少，則又强去字頭之故也。試聽字音乍出，其齒舌間一點微風，略帶音響，原天然隱躍字端，雖善淘洗，能去之哉。客有病予字頭之説，謂所云字腹，可當字頭，而所云字頭，乃直字疣。予請其試謳一曲，將逐一字端，細細察審，無不另成聲響，有絶與腹、尾音各别者。客蓋專於歌，而略於聽，故音出口中而習焉不察也。此亦字頭不能去之一證也。雖然，蛇足之患，夫豈無之。今日既立一字頭之名，他日便泥一字頭之唱，着情賣弄，作態長吟，舌端不免牽帶，開口便多齷齪，大叛立言之旨，將貽作俑之尤，客之慮，非淺鮮也。夫惟十分滌洗字疣，乃存真正字頭，而一意描寫字頭，反成真正字疣。音本生成，非關做作，有心去之即非，有心存之亦非。善唱則口角輕圓，而字頭爲功不少，不善唱則吐音龐雜，字疣着累偏多。吾故作此辨解，以唤醒夫認字疣爲字頭者，更以唤醒夫認字頭爲字疣者。

又《鼻音抉隱》 雲間某客，工於絃索，審於字面，其字尾收音，雖則未解厥故，然皆自然合式，不犯錯收。聞練川一巨室主人，豪華好士，通曉音律，客心慕之，挾技往謁，爲奏曲一闋。主人不甚賞鑒，而私於他客曰：雲間兄誠佳，惜未得其全耳。某客聞之，未審致疵之繇。翌日，倩友往詢。主人曰：此君出字良勝，閉口、撮口，亦復合竅，但按《吳歈萃雅》諸譜，惟庚青一韻，應收鼻音，今則東鐘、江陽字面，一概混收，技雖佳，惜此竿頭未進。客聞，忽忽自失，歸而語余曰：細按曲譜，東鐘、江陽，果然不記鼻音，但無奈唱到轉腔過氣處，不覺暗收於鼻，然亦竟以收鼻故，覺得字面完整。而練川主人云云，此何説歟。余聞其説，捧腹者久之，因歎曰：曲譜之設，原以照盲，不謂因譜受盲有如此主人翁者，然譜亦何罪哉。緣夫吳俗承訛既久，庚青皆犯真文，鼻音誤收舐腭，故譜旁乃有記認。彼東鐘、江陽，本無他犯，曷爲仍記鼻音以添蛇足。且《中原》十九韻，厥音凡九，曷爲不記他音乃獨於收鼻、撮口、閉口三音而記之。曷爲不記他韻，而獨於庚青、廉纖四韻而記之。蓋閉口三韻，海虞字字合竅，鼻音、撮口，松陵約略無乖，惟郡城於三等口法，大都偏與韻戾，故作譜者急懲時弊，創此文旁鈐記耳。即如閉口字面，設非記認譜旁，則廉纖必犯先天，監咸必犯寒山，尋侵必犯真文，訛謬糾牽，將無底止，夫安得不記。若云東鐘兩韻，譜無鼻音，不應收鼻，則他如魚模等韻，譜中不記嗚音，曷爲唱者收嗚。不記于音，曷爲唱者收于。不記噫音，曷爲唱者收噫。不記舐腭音，曷爲唱者收舐腭哉。甚矣主人翁之盲於閱譜也。又余嘗按十九韻之音，不特東鐘兩韻，應收於鼻，即閉口、舐腭，其音亦非與鼻無關，試於閉口、舐腭時，忽然按塞鼻孔，無有不氣閉而聲絶者，則雖謂廉纖、真文等七韻，總是音從鼻出，奚不可哉。但其中猶自有辨，蓋舐腭、閉口唱者無心收鼻，而聲情原向口達，無奈脣閉舌舐，氣難直走，於是回轉其聲，徐從鼻孔而出，故音乃帶濁，婉肖無你兩字土音。（吳俗呼無字不作巫音，另有土音，與舐腭音相似。又有我儂、你儂之稱，其你字不作泥音，另有土音，與閉口音相似。）至庚青三韻，則是開口收鼻，用意爲之，聲響直透腦門而出。故其音較清，又肖吳字土音。（吳俗呼吳字不作胡音，另有土音，與鼻音相似。）試於庚青開口收鼻時，忽然閉口，亦不全肖閉口之音，蓋緣聲情不向口出，盡納鼻孔，故雖閉口，不甚鬱塞，第覺半似吳字土音，半似無、你兩字土音。又試於閉口舐腭之收鼻時，忽然開口舒舌，則又絶非庚青收鼻之音，蓋緣音之收鼻，非其本情，故脣關一啓，其音原向口出，不從鼻轉，而細察聲響，全不似吳字土音，亦全不似無、你兩字土音，同中有異，異中有同，總皆借徑於鼻，則夫閉口舐腭七韻，尚算收鼻之例，曷云東鐘兩韻，反非鼻音哉。甚矣主人翁之盲於閱譜也。抑今人庚青鼻音，每犯驟收之病，夫庚青，非齊微諸韻比也，齊微諸韻，天然無腹，一出口便轉尾音，即欲緩收，無聲可度，乃若庚青之腹，明明有一恒音則必首、腹、尾擺得調勻，字方丸轉，今人急急早收，口中便多痕跡，此亦太泥曲譜之故也。夫庚青之有記認而收鼻太早，與東鐘兩韻之無記認而終於不收，豈非病則一般哉。余因是不免有憂焉。前收音口訣中，謂曲度庚青，急轉鼻音，亦不過較東鐘之緩收者，略促其候耳。若覽者以辭害意，則又是主人翁識見矣。岳侯運用之妙，存乎一心，趙括徒讀父書，敗乃公事，則曲譜何罪。吾子亦何罪哉。客於是欣然頤解，大悟而去。

又《鼻音抉隱續篇》 有客謂：曲譜流行甚廣，若云三等鈐記，特爲姑蘇而設，將無坐井觀天歟。予曰：從來磨調曲，惟姑蘇絶盛，而詞譜亦姑蘇編較者多，以蘇人之譜，砭蘇音之病，故閉口始記《詞腴》，鼻音則廣于《吴歈萃雅》，撮口則添自《詞林逸響》，繇來漸矣。子疑鼻音之説，請以撮口證之，夫裙、許、淵、娟等字，理應撮口呼唱，乃歷稽譜傍，何以書、住、朱、除，則記撮口，而裙、許、淵、娟，絶少鈐認乎。蓋有記有不記，因蘇城人之有撮有不撮耳。試觀松陵、玉峯等處，于書、住、朱、除四字，天然撮口，譜傍似可無記，而必記無遺者，豈非以蘇城之呼書爲詩，呼住爲治，呼朱爲支，呼除爲池之故乎。吴興土俗以勤讀裙，以喜讀許，以煙讀淵，以堅讀娟，似乎譜傍不應無記，乃竟無一記者，又豈非以蘇城於此四字天然撮口，無須更添蛇足也乎。然則庚青之記收鼻，即如朱、住、書、除之不可不記撮口也。東、江兩韻之本鼻音而不記鼻音者，即如裙、許、淵、娟之本撮口而不記撮口也。若謂東、江兩韻譜無一記不應收鼻，將淵、娟等字之不記撮口者，必不撮口呼唱，一如吴興之煙、堅土語，乃爲帖切耶。惟閉口韻姑蘇全犯開口，故譜中無字不記。撮口則僅乖其半，故亦什記其伍。至所記鼻音第爲三之一者，則以庚青獨犯舐腭，而東鐘、江陽，乃仍字字收鼻故耳。曲譜鈐認，不爲姑蘇，而爲誰哉。近有聲塲名宿，所唱雲雨阻巫峽曲中傷字，竟不敢收鼻而硬收舐腭之音，後學習響師聲，深苦嗓子拗窒，則以天然音韻審之傷字，初無舐腭音耳。試考不做周方與雲歛晴空兩曲韻脚，一江陽，一東鐘，彼其方、尚、房、香，以及空、湧、紅、桐等字，今之絃索家，果收舐腭乎。抑收鼻音乎。蓋此人深拘曲譜之無記，故驚疑不敢收鼻，若使《吴歈萃雅》至今未出，則此人庚青字眼不幾終無收鼻之時也哉。客不覺撫掌大笑曰：君勿言，予悉之矣。

又下卷《翻切當看》 伯良氏曰：度曲先須識字，識字先須反切。反切之法，經緯七音，旋轉六律，釋氏所謂七音一呼而聚，四聲不召自來，言相通也。今疑難字面，韻中或少同音，每下不註叶，但憑切脚翻調，則調切之法，政宜探討。用録字韻圖訣，以詔來學焉。

又《律曲前言》 凡曲須要唱出各樣曲名理趣，宋元人自有體式。如〔玉芙蓉〕、〔玉交枝〕、〔玉山供〕、〔不是路〕，要馳驟。〔鍼線箱〕、〔黄鶯兒〕、〔江頭金桂〕，要規矩。〔二郎神〕、〔集賢賓〕、〔月兒高〕、〔念奴嬌序〕、〔刷子序〕，要抑揚。〔撲燈蛾〕、〔紅繡鞋〕、〔麻婆子〕，雖疾而無腔，然而板眼自在，妙在下得匀净。

生曲貴虚心玩味，如長腔雖要流活，不可太長。短腔雖要簡捷，却忌太短。至如過腔接字，乃關鎖之地，有遲速不同，要穩重嚴肅，方無佻軼之病。

五音以四聲爲主，四聲不得其宜，則五音廢矣。平、上、去、入，逐一考究，務得中正，如或苟且舛誤，雖具遶梁，終不足取。其或上聲扭做平，去聲混作入，交付不明，皆做腔賣弄之故，知者辨之。

又 清唱俗謂之冷板櫈，不比登場演劇，藉金鼓以藏拙，全要閒雅整肅，清俊温潤。其有專於磨擬腔調而不顧板眼，又有專主板眼而不審腔調，二者病則一般。惟腔與板兩工者，乃爲上乘。

北曲以遒勁爲主，南曲以宛轉爲主。北曲字多而調促，促處見筋，詞情多而聲情少。南曲字少而調緩，緩處見眼，詞情少而聲情多，故有磨調、絃索調之分焉。

曲有格調：抑揚頓挫，頂疊垛換，縈紆牽結，敦拖嗚咽，推題丸轉。

曲有節奏：停聲，待拍，字真，句篤，依腔，貼調，偷氣，取氣，換氣，歇氣，就氣。

曲有三絶：字清爲一絶，腔純爲二絶，板正爲三絶。

曲有五難：開口難，出字難，過腔難，低難，轉收入鼻音難。

曲有兩不辨：不知音者不可與之辨，不好者不可與之辨。

初學曲先須引發其聲響，次辨別其字面，又次理正其腔調，不可混雜强記，以亂規格。如學〔集賢賓〕，祇唱〔集賢賓〕，學〔桂枝香〕，祇唱〔桂枝香〕，久久成熟，移宫换吕，自然貫串。

又 曲品尤宜端重，不可合眼、摇頭、咂唇、歪口、囊鼻、昂首、咳嗽。又或高低輕重，添減太過，所謂撒錢聲，拽鋸聲，貓叫聲，種種惡態，切須避之。必出口若游雲之飛太空，悠悠揚揚，發於自然，此皆天生正音。總之，可以解煩釋悶，和悦性情，故曰：一聲唱到融神處，毛骨蕭然六月寒。是前人渺論，學者須要識得。

又《亨屯曲遇》 昔王伯良論曲亨屯曰：迂愚叟之志牡丹也，有榮辱藉焉。夫曲曷嘗不藉所遇以爲幸不幸哉。遇則亨，不遇則屯者也，偶次其事數十則，以當好事者一噱。

曲之亨：華堂。青樓。名園。水亭。雪閣。畫舫。花下。柳邊。佳風日。清宵。皎月。嬌喉。佳拍。美人歌。變童唱。名優。姣旦。名士集。座有麗人。佳公子。知音客。鑒賞家。詩人賦贈篇。座客能走筆立度新聲。閨人繡幕中聽。玉卮。美醞。佳茗。好香。珠箔障。繡履點拍。倚簫管。配絃索。主婦不惜纏頭。廝僕勤給事。精刻本。新豔詞出。

曲之屯：醵錢。和爭。公府會。家宴。酒樓。村落。炎日。淒風。苦雨。老醜優伶人。唱猥詞。沙喉。訛字。錯拍。刪落。傖父與席。下妓侑尊。新錫酒敗喉。惡客鬨座。客至犬嚎。酗酒人罵座。席上行酒政。將軍作調笑人。三脚貓人妄譏彈。小兒啼。村人喝采。主人惜燭。家僮告酒竭。

清・李漁《閒情偶寄》卷五《演習部・授曲第三》 聲音之道，幽渺難知。予作一生柳七，交無數周郎，雖未能如曲子相公，身都通顯，然論其生平製作，塞滿人間，亦類此君之不可收拾。然究竟於聲音之道，未嘗盡解。所能解者，不過詞學之章句，音理之皮毛。比之觀場矮人，略高寸許，人贊美而我先之，我憎醜而人和之，舉世不察，遂羣然許爲知音。噫，音豈易知者哉。人問：既不知音，何以製曲。予曰：釀酒之家，不必盡知酒味，然秫多水少則醇醲，麯好蘗精則香冽，此理則易諳也。此理既諳，則杜康不難爲矣。造弓造矢之人，未必盡嫻决拾，然曲而勁者利於矢，直而鋭者宜於鵠，此道則易明也。既明此道，即世爲弓人矢人可矣。雖然，山民善跋，水民善涉，術踈則巧者亦拙，業久則粗者亦精。填過數十種新詞，悉付優人，聽其歌演，近硃者赤，近墨者黑，況爲硃墨所從出者乎。粗者自然拂耳，精者自能娱神，是其中菽麥亦稍辨矣。語云：耕當問奴，織當訪婢。予雖不敏，亦曲中之老奴、歌中之黠婢也。請述所知，以備裁擇。

又《解明曲意》 唱曲宜有曲情。曲情者，曲中之情節也。解明情節，知其意之所在，則唱出口時，儼然此種神情。問者是問，答者是答，悲者黯然魂消而不致反有喜色，歡者怡然自得而不見稍有瘁容，且其聲音齒頰之間，各種俱有分別，此所謂曲情是也。吾觀今世學曲者，始則誦讀，繼則歌詠，歌詠既成而事畢矣。至於講解二字，非特廢而不行，亦且從無此例。有終日唱此曲，終年唱此曲，甚至一生唱此曲，而不知此曲所言何事、所指何人，口唱而心不唱，口中有曲而面上、身上無曲，此所謂無情之曲，與蒙童背書，同一勉强而非自然者也。雖腔板極正，喉、舌、齒、牙極清，終是第二、第三等詞曲，非登峯造極之技也。欲唱好曲者，必先求明師講明曲義。師或不解，不妨轉詢文人。得其義而後唱，唱時以精神貫串其中，務求酷肖。若是，則同一唱也，同一曲也，其轉腔、换字之間，别有一種聲口，舉目回頭之際，另是一副神情。較之時優，自然迥别。變死音爲活曲，化歌者爲文人，只在能解二字。解之時義大矣哉。

又《調熟字音》 調平仄，别陰陽，學歌之首務也。然世上歌童，解此二事者，百不得一。不過口傳心授，依樣葫蘆，求其師不甚謬，則習而不察，亦可以混過一生。獨有必不可少之一事，較陰陽、平仄爲稍難，又不得因其難而忽視者，則爲出口、收音二訣竅。世間有一字，即爲一字之頭，所謂出口者是也。有一字，即有一字之尾，所謂收音者是也。尾後又有餘音，收煞此字，方能了局。譬如吹簫、姓蕭諸簫字，本音爲簫，其出口之字頭，與收音之字尾，並不是簫。若出口作簫，收音作簫，其中間一段正音，並不是簫，而反爲别一字之音矣。且出口作簫，其音一洩而盡，曲之緩者，如何接得下板。故必有一字爲之頭，以備出口之用，有一字爲之尾，以備收音之用，又有一字爲餘音，以備煞板之用。字頭爲何，西字是也。字尾爲何，夭字是也。尾後餘音爲何，烏字是也。字字皆然，不能枚紀。《絃索辨訛》等書，載此頗詳，閲之自得。要知此等字頭、字尾及餘音，乃天造地設，自然而然，非後人扭捏而成者也。但觀切字之法，即知之矣。《篇海》、《字彙》等書，逐字載有註脚，以兩字切成一字。其兩字者，上一字即爲字頭，出口者也，下一字即爲字尾，收音者也，但不及餘音之一字耳。無此上下二字，切不出中間一字，其爲天造地設可知。此理不明，如何唱曲。出口一錯，即差謬到底。唱此字而訛爲彼字，可使知音者聽乎。故教曲必先審音。即使不能盡解，亦須講明此義，使知字有頭、尾以及餘音，則不敢輕易開口。每字必詢，久之自能慣熟。曲有誤，周郎顧，苟明此道，即遇最刻之周郎，亦不能拂情而左顧矣。

字頭、字尾及餘音，皆爲慢曲而設。一字一板，或一字數板者，皆不可無。其快板曲，止有正音，不及頭尾。

緩音長曲之字，若無頭尾，非止不合韻，唱者亦大費精神。但看青衿贊禮之法，即知之矣。拜、興二字，皆屬長音。拜字出口以至收音，必俟其人揖畢而跪，跪畢而拜，爲時甚久。若止唱一拜字到底，則其音一洩而盡，不當歇而不得不歇，失儐相之體矣。得其竅者，以不愛二字代之。不乃拜之頭，愛乃拜之尾，中間恰好是一拜字。以一字而延數晷，則氣力不足，分爲三字，即有餘矣。興字亦然，以希、因二字代之。贊禮且然，况於唱曲。婉譬曲喻，以至於此，總出一片苦心。審樂諸公，定須憐我。

字頭、字尾及餘音，皆須隱而不現。使聽者聞之，但有其音，並無其字，始稱善用頭、尾者。一有字迹，則沾泥帶水，有不如無矣。

又《字忌模糊》 學唱之人，勿論巧拙，衹看有口、無口。聽曲之人，慢講精粗，先問有字、無字。字從口出，有字即有口。如出口不分明，有字若無字，是説話有口，唱曲無口，與啞人何異哉。啞人亦能唱曲。聽其呼號之聲，即可見矣。常有唱完一曲，聽者止聞其聲，辨不出一字者，令人悶殺。此非唱曲之料，選材者任其咎，非本優之罪也。舌本生成，似難强造，然於開口學曲之初，先能净其齒頰，使出口之際，字字分明，然後使工腔板，此回天大力，無異點鐵成金。然百中遇一，不能多也。

又《曲嚴分合》 同場之曲，定宜同場，獨唱之曲，還須獨唱，詞意分明，不可犯也。常有數人登場，每人一隻之曲，而衆口同聲以出之者，在授曲之人，原有淺、深二意：淺者慮其冷静，故以發越見長，深者示不參差，欲以翕如見好。嘗見《琵琶·賞月》一折，自長空萬里以至幾處寒衣織未成，俱作合唱之曲。諦聽其聲，如出一口，無高低、斷續之痕者。雖曰良工心苦，然作者深心，於茲埋没。此折之妙，全在共對月光，各談心事。曲既分唱，身段即可分做，是清淡之内，原有波瀾。若混作同場，則無所見其情，亦無可施其態矣。惟峭寒生二曲，可以同唱。首四曲，定該分唱，况有合前數句，振起神情，原不慮其太冷。他劇類此者甚多，舉一可以概百。戲場之曲，雖屬一人而可以同唱者，惟行路、出師等劇，不問詞理異同，皆可使衆聲合一。場面似鬧，曲聲亦宜鬧，静之則相反矣。

又《吹合宜低》 絲、竹、肉三音，向皆孤行獨立，未有合用之者。合之自近年始。三籟齊鳴，天人合一，亦金聲玉振之遺意也，未嘗不佳。但須以肉爲主，而絲、竹副之，使不出自然者亦漸近自然，始有主行客隨之妙。邇來戲房吹合之聲，皆高於場上之曲，反以絲、竹爲主，而曲聲和之，是座客非爲聽歌而來，乃聽鼓樂而至矣。從來名優教曲，總使聲與樂齊，簫、笛高一字，曲亦高一字，簫、笛低一字，曲亦低一字。然相同之中，即有高低、輕重之别，以其教曲之初，即以簫、笛代口，引之使唱，原係聲隨簫、笛，非以簫、笛隨聲，習久成性，一到場上，不知不覺而以曲隨簫、笛矣。正之當用何法。曰：家常理曲，不用吹合，止於場上用之，則有吹合亦唱，無吹合亦唱，不靠吹合爲主。譬之小兒學行，終日倚牆靠壁，捨此不能舉步，一旦去其牆壁，偏使獨行，行過一次兩次，則雖見牆壁而不靠矣。以予見論之，和簫、和笛之時，當比曲低一字。曲聲高於吹合，則絲、竹之聲亦變爲肉，尋其附和之痕而不得矣。正音之法，有過此者乎。然此法不宜概行，當視唱曲之人之本領。如一班之中，有一二喉音最亮者，以此法行之。其餘中人以下之材，俱照常格。倘不分高下，一例舉行，則良法不終，而怪予立言之誤矣。

吹合之聲，場上可少，教曲學唱之時，必不可少，以其能代師口而司鎔鑄變化之權也。何則。不用簫笛，止憑口授，則師唱一遍，徒亦唱一遍，師住口則徒亦住口，聰慧者數遍即熟，資質稍鈍者非數十百遍不能，以師徒之間，無一轉相授受之人也。自有此物，衹須師教數遍，齒牙稍利，即用簫、笛引之。隨簫、隨笛之際，若曰無師，則輕重疾徐之間，原有法脈準繩，引人歸於勝地。若曰有師，則師口並無一字，已將此曲交付其徒。先則人隨簫、笛，後則簫、笛隨人，是金蟬脱殼之法也。庾公之斯，學射於尹公之他，尹公之他，學射於我。簫、笛二物，即曲中之尹公他也。但庾公之斯與子濯孺子，昔未見面，而今同在一堂耳。若是，則吹合之力，詎可少哉。予恐此書一出，好事者過聽予言，謬視簫、笛爲可棄，故復補論及此。

清·徐大椿《樂府傳聲·出聲口訣》 天下有有形之聲，有無形之聲。無形之聲，風雷之類是也，其聲不可爲而無定。有形之聲，絲竹金鼓之類是也，其聲可爲而有定。其形何等，則其聲亦從而變矣。欲改其聲，先改其形，形改而聲無弗改也。惟人之聲亦然。喉、舌、齒、牙、唇，謂之五音。開、齊、撮、合，謂之四呼。欲正五音，而不於喉、舌、齒、牙、唇處著力，則其音必不真。欲準四呼，而不習開、齊、撮、合之勢，則其呼必不清。所以欲辨真音，先學口法。口法真，則其字無不真矣。譬之簫管，欲吹尺字，必放尺字之眼，欲吹工字，必放工字之眼，若放工而欲吹尺，放尺而欲吹工，雖神瞽不能也。所謂其聲可爲而有定者也。今則口法皆不能知，而欲其聲之真得乎。又喉、舌、齒、牙、唇，雖分五層，然吐聲之法，不僅五也。有喉底之喉，有喉中之喉，有近舌之喉，餘四音亦然。更不僅此也，即喉底之喉，亦有淺、深、輕、重。其餘皆有淺深輕重。千絲萬縷，層層扣住，方爲入細。其開、齊、撮、合之中，亦有半開、全開、半合、全合之不同。其外又有鼻音、半鼻、抵腭、抵齒等法。其形亦皆有定。總之，呼字十分真，則其形自從，其形十分真，則其字自協，此自然之理。若不知其形，而求其聲，則終身不能呼準一字也。

又《聲各有形》 凡物有氣必有形，惟聲無形。然聲亦必有氣以出之，故聲亦有聲之形。其形惟何。大、小、闊、狹、長、短、尖、鈍、粗、細、圓、扁、斜、正之類是也。古聖作字諧聲，皆由天籟，絶無一毫勉强，其義精微奇妙，不可思議。如大字之形大，小字之形小，闊字之形闊，狹字之形狹，餘數字無不皆然。惟口訣得傳，則字形宛肖。不得口訣，則大非大，而小非小，出聲之際已偏，引長其音，遂不知何字矣。能將上數字鍊準口訣，則餘字盡可類推。如東鍾韻，東字之聲長，終字之聲短，風字之聲扁，宫字之聲圓，蹤字之聲尖，翁字之聲鈍。江陽韻，江字之聲闊，臧字之聲狹，堂字之聲粗，將字之聲細。潛心分别，其形顯然。其口訣大端，雖不外開、齊、撮、合、喉、舌、齒、牙、唇，而細分之則無盡，有張口者，有半張者，有閉口者，有半閉者，有先張後閉者，有先閉後張者，有喉出唇收者，有喉出舌收者，有全喉全舌者，有半喉半舌者。以上諸條，互相出入，不可勝計。其外又有落腮、穿齒、穿牙、覆唇、挺舌、透鼻、過鼻，種種諸法，不可枚舉。總在將此字識真念準，審其字聲從口中何處著力，則知此字必如何念法方確，即知其形於長短闊狹之内居何等矣。然後人之聽之，無不知其爲何字，雖絲竹雜和，不能奪而亂之矣。此千古未發之微義也。

又《五音》 喉、舌、齒、牙、唇，謂之五音。此審字之法也。聲出於喉爲喉，出於舌爲舌，出於齒爲齒，出於牙爲牙，出於唇爲唇，其詳見《等韻》《切韻》等書。最深爲喉音，稍出爲舌音，再出在兩旁牝齒間爲齒音，再出在前牝齒間爲牙音，再出在唇上爲唇音。雖分五層，其實萬殊，喉音之淺深不一，舌音之淺深亦不一，餘三音皆然。故五音之正聲皆易辨，而交界之間甚難辨。然其界限，又復井然，一口之中，並無疆畔，而絲毫不可亂，此人之所以爲至靈，造物之所以爲至奇也。能知其分寸之所在，一線不移，然後其音始的，而出聲之際，不致眩惑遊移，再參之以開、齊、撮、合之法，自然辨晰秋毫矣。

又《四呼》 開、齊、撮、合，謂之四呼。此讀字之口法也。開口謂之開，其用力在喉。齊齒謂之齊，其用力在齒。撮口謂之撮，其用力在唇。合口謂之合，其用力在滿口。欲讀此字，必得此字之讀法，則其字音始真，否則終不能合度，然此非喉、舌、齒、牙、唇之謂也。蓋喉、舌、齒、牙、唇者，字之所從生，開、齊、撮、合者，字之所從出。喉、舌、齒、牙、唇，各有開、齊、撮、合，故五音爲經，四呼爲緯。今人雖能知音之正，而呼之不清者，皆開、齊、撮、合之法不習故也。

又《喉有中旁上下》 喉、舌、齒、牙、唇爲五音者，從内至外言之也。其位實有五層，其音雖皆本於喉，而用力之地，則層層各别，此人人所知者也。至五音中，又各有五音，則前人之所未道者。天下之理，有縱必有横，喉、舌、齒、牙、唇縱也，喉音中之五音横也。何謂。音高而清之字，則從喉之上面用力。低而濁之字，則從喉之下面用力。歛而扁之字，則從喉之兩旁用力。正而圓之字，則從喉之中間用力。故出聲之時，欲其字清而高，則將氣提而向喉之上，欲濁而低，則將氣按而著喉之下，欲歛而扁，則將氣從兩旁逼出，欲正而圓，則將氣從正中透出，自然各得其真，不煩用力而自響且亮矣。此非特喉音之字如此，凡舌、齒、牙、唇之字呼法皆然。但舌、齒、牙、唇，雖著力之地各殊，而總不能離乎喉也，故喉、舌、齒、牙、唇爲經，上下、兩旁、正中爲緯，經緯相生，五五二十有五，而出聲之道備矣。此千古之所習而不察者也。

又《鼻音、閉口音》 喉、舌、齒、牙、唇之外，又有鼻音、閉口音者，何也。蓋聲音之道，所以暢發天地之和氣，雖以清明疎亮爲主，但皆清明疎亮，一往不返，則律吕之氣有張無翕，不能備四氣之和，此鼻音、閉口音所以不能無也。如庚青二韻，乃正鼻音也。東鐘、江陽，乃半鼻音也。尋侵、監咸、廉纖，則閉口音也。正鼻音則全入鼻中，半鼻音則半入鼻中，即閉口之漸也。閉口之音，自侵尋至廉纖而盡矣。故《中原音韻》以東鍾起，以廉纖終，終之以閉口者，猶四時之令窮於冬也。東鐘則春令之始也，但立春之時，陽氣初動，故猶稍帶鼻音，有出而未舒之象。自庚青正鼻音之後，即從尤侯之合口喉音，轉入尋侵閉口，亦以漸而收藏。此天地自然之理，編韻之人，雖未必有意爲之，而天地之音之終始，其序自然，而不可紊也。故能知鼻音、閉口音法，則曲中之開合呼翕，皆與造化相通，然後清而不噍，放而不濫，有深厚和粹之妙。故鼻音、閉口音之法，不可不深講也。

又《北字》 凡唱北曲者，其字皆從北聲，方爲合度。若唱南音，即爲別字矣。然北字之異乎南者，十居四五，若必字字從北，則南方之人，竟有全不解者，此亦不必盡泥也。蓋當時之北曲，以北人造之，北人唱之，彼自唱彼之音，自然皆從北讀，若南人唱之，南人聽之，則即唱南人之音，似亦無害於理，但以北字改作南音，則聲必不和。何則。當時原以北字配調故也。況南人以土音雜之，祇可施之一方，不能通之天下，同此一曲而一鄉有一鄉之唱法，其弊不勝窮矣。愚有說焉：凡北曲之字，有天下盡通之正音，唱又不失此調之音節者，不必盡從北字也。如崇字本音戎，而北讀爲蟲，重字本音蟲去聲，北讀爲中去聲，事字本時至切，北讀爲世，杜本音渡，北讀爲妬之類。如此者不一而足，若必盡從北者，則唱者與聽者，俱不相洽，反爲無味，譬之南北兩人，相遇談心，各操土音，則兩不相通，必各遵相通之正音，方能理會，此人情之常，何不可通於度曲耶。但不可以土音改北音耳。至於北字中，人人能曉，或此宮此調，必如此方合者，則必不可以南曲之字易之也。

又《平聲唱法》 四聲之中，平聲最長，入聲最短。何以驗之。凡三聲拖長之後，皆似平聲，入聲則一頓之外，全無入象，故長者平聲之本象也。但上、去皆可唱長，即入聲派入三聲，亦可唱長，則平聲之長，何以別於三聲耶。蓋平聲之音，自緩、自舒、自周、自正、自和、自静，若上聲必有挑起之象，去聲必有轉送之象，入聲之派入三聲，則各隨所派成音。故唱平聲，其尤重在出聲之際，得舒緩周正和静之法，自與上、去迥別，乃爲平聲之正音，則聽者不論高低輕重，一聆而知其爲平聲之字矣。

又《上聲唱法》 上聲亦祇在出字之時分別。方開口時，須略似平聲，字頭半吐，即向上一挑，方是上聲正位。蓋上聲本從平聲來，故上聲之字頭，必從平聲起。若竟從上起，則其聲一響已竭，不能引而長之，若聲竭而復拖下，則反似平聲字矣。故唱上聲極難，一吐即挑，挑後不復落下，雖其聲長唱，微近平聲，而口氣總皆向上，不落平腔，乃爲上聲之正法。雖數轉而聽者仍知爲上聲，斯得唱上聲之法矣。

又《去聲唱法》 今北曲之最失傳者，其唱去聲盡若平聲。蓋北曲本無入聲，若併去聲而無之，則祇有兩聲矣。夫兩聲豈能成調耶。況北曲之所以別於南者，全在去聲。南之唱去，以揭高爲主，北之唱去，不必盡高，惟還其字面十分透足而已。笛中出一凡字合曲者，惟去聲爲多。如唱涷字，則曰涷紅翁，唱問字，則曰問恒恩，唱秀字，則曰秀喉漚，長腔則如此三腔，短腔則去第三腔，再短則念完本字即收，總不可先帶平腔。蓋去聲本從上聲轉來，一著平腔，便不能復振，始終如平聲矣。非若上聲之本從平聲轉出，可以先似平聲，轉到上聲也。譬如四時從春轉夏則可，從春轉秋則不可，此自然之理也。況去聲最有力，北音尚勁，去聲真確，則曲聲亦勁而有力，此最大關係也。今之所以唱去聲似平聲者，何也。自南曲盛行，曲尚柔靡，聲口已慣，不能轉勁，又去聲唱法，頗須用力，不若平讀之可以隨口念過，一則循習使然，一則偷氣就易，又久無審音者爲之整頓，遂使去聲盡亡，北音絕響，最可慨也。

又《入聲派三聲法》 北曲無入聲，將入聲派入三聲，蓋以北人言語，本無入聲，故唱曲亦無入聲也。然必分派入三聲者，何也。北曲之妙，全在於此。蓋入聲本不可唱，唱而引長其聲，即是平聲，南曲唱入聲無長腔，出字即止，其間有引長其聲者，皆平聲也。何也。南曲唱法，以和順爲主，出聲拖腔之後，皆近平聲，不必四聲鑿鑿，故可稍爲假借。惟北曲則平自平，上自上，去自去，字字清真，出聲、過聲、收聲，分毫不可寬假，故唱入聲，亦必審其字勢，該近何聲，及可讀何聲，派定唱法，出聲之際，歷歷分明，亦如三聲之本音不可移易，然後唱者有所執持，聽者分明辨別，非若南曲之皆似平聲，無相徑庭也。故觀派入三聲之法，則北曲之出字清真，益可徵據，此探微之論也。至派入三聲異同之法，又別有論。

又《入聲讀法》 北曲皆遵《中州音韻》，其平、上、去三聲，皆與《唐韻》及《洪武正韻》等相同，其有異者，百中之一耳。其五音四呼，亦不相遠，若入聲之字皆派入三聲，竟有大相徑庭，全非其字者。何也。蓋三聲多連合一貫，獨至入聲而別，有有三聲而無入聲之字，亦有有入聲而無三聲之字。今北曲無入聲之唱，盡將入聲唱作三聲，而三聲中無此字，則不得不另作一聲矣。如曲字，本邱六切，若本音之平聲，則邱都切，是有聲無字矣，故變而作區。樂字，本盧各切，若本音之平聲，則盧沙切，亦有聲無字矣，故變而作勞。其餘如削之爲宵，鶴之爲浩，不一而足。自六經、子、史皆同，不獨《中州音韻》爲然也。惟古韻從無此讀法，而五音四呼又不通者，此乃當時之土音，則不妨或從古音，或從今音，不必悉遵其讀也。又其派入三聲，有一定之法，與古音亦稍殊。如鹿字，《中州韻》作去聲音露，古音露，亦音盧，出字《中州韻》作上聲音杵，古音作平聲，則赤知切，作去聲，則赤至切，三聲多有通融之處。蓋入之讀作三聲者，緣古人有韻之文，皆以長言咏嘆出之，其聲一長，則入聲之字自然歸入三聲，此聲音之理，非人所能强也。故古人有此讀法者，三聲原可通用，不必盡從《中州韻》，如從無此音者，則不可自我亂之，恐人之難辨也。試從古音，一一考之，則入聲派入三聲之故可明，而三代已前之歌法，亦可推測而知矣。

又《歸韻》 唱曲能令人字字可辨，不但平、上、去、入四聲準，開、齊、撮、合四呼清而已。四聲四呼，止能於出聲之時，分别字頭，使人明曉，至出字之後，引長其聲，即屬公共之響，況有絲竹一和，尤易混入。譬如簫管之音，雖極天下之良工，吹得音調明亮者，祗能分别工尺，令聽者一聆而知其爲何調，斷不能吹出字面，使聽者知其何字也。蓋簫管止有工尺，無字面，此人聲之所以可貴也。四聲四呼清，則出口之字面已正，而不知歸韻之法，則引長之字面，仍與簫管同，故尤以歸韻爲第一。歸韻之法如何。如東鐘字，則使其聲出喉中，氣從上腭鼻竅中過，令其聲半入鼻中，半出口外，則東鐘歸韻矣。江陽，則聲從兩頤中出，舌根用力，漸開其口，使其聲朗朗如叩金器，則江陽歸韻矣。支思，則聲從齒縫中出，而收細其喉，徐放其氣，切勿令上下齒牙相遠，則支思歸韻矣。能歸韻，則雖十轉百轉，而本音始終一線，聽者即從出字之後，驟聆其音，亦鑿鑿然知爲某字也。況字真則義理切實，所談何事，所説何人，悲歡喜怒，神情畢出。若字不清，則音調雖和，而動人不易，譬如禽獸之悲鳴喜舞，雖情有可相通，終與人類不能親切相感也。但人之喉嚨，靈頑不一，靈者則各韻自能分出各韻之音，頑者一味響亮，不能鑿鑿分别，即字面不差，而一放則不甚相遠，又有幾韻能分，幾韻不能分，各因其聲之所近，以爲優劣。若十九韻，俱能分者絶少。此又得之天分，非人力所能强也。

又《收聲》 天下知出聲之法爲最重，而不知收聲之法爲尤重。蓋出一字，而四呼、四聲、五音無誤，則其字已的確可辨，猶人所易知而易能也。惟收聲之法，則不但當審之極清，尤必守之有力。自出聲之後，其口法一定，則過腔、轉腔，音雖數折，而口之形與聲所從出之氣，俱不可分毫移動。蓋聲雖同出於喉，而所著力之處，在口中各有地位，字字不同。如開口之喉音，其聲始終從喉著力，其口始終開而不閤。閉口之舌音，其聲始終從舌著力，其口始終閉而不開。其餘字字皆然，斯已難矣。至收足之時尤難，蓋方聲之放時，氣足而聲縱，尚可把定，至收末之時，則本字之氣將盡，而他字之音將發，勢必再換口訣，略一放鬆，而咿啞嗚叱之聲隨之，不知收入何宫矣。故收聲之時，尤必加意扣住，如寫字之法，每筆必有結束，越到結束之處，越有精神，越有頓挫，則不但本字清真，即下字之頭，亦得另起峯巒，益覺分明透露，此古法之所極重，而唱家之所易忽，不得不力爲剖明者也。然亦有二等焉：一則當重頓，一則當輕勒。重頓者，煞字煞句，到此嶄然劃斷，此易曉也。輕勒者，過文連句，到此委宛脱卸，此難曉也。蓋重者其聲濁而方，輕者其聲清而圓，其界限之分明則一，能知此，則收聲之法，思過半矣。

又《交代》 凡曲以清朗爲主，欲令人人知所唱之爲何曲，必須字字響亮。然有聲極響亮，而人仍不能知爲何語者，何也。此交代不明也。何爲交代。一字之音，必有首、腹、尾，必首、腹、尾音已盡，然後再出一字，則字字清楚。若一字之音未盡，或已盡而未收足，或收足而於交界之處未能劃斷，或劃斷而下字之頭未能矯然，皆爲交代不清。況聲音愈響，則聲盡而音未盡，猶之叩百石之鐘，一叩後之，即鳴他器，則鐘聲方震，他器必若無聲，故聲愈響，則音愈長，必尾音盡而後起下字，而下字之頭，尤須用力，方能字字清澈，否則反不如聲低者之出口清楚也。凡響亮之喉，宜自省焉。不得恃聲高字真，必謂人人能曉也。

又《陰調、陽調》 古人唱法，所謂陰陽者，乃字之陰陽，非人聲之陰陽也。字之陰陽者，如東爲陰，同爲陽，二字自有清濁輕重之别。至人聲之陰陽，則逼緊其喉，而作雌聲者，謂之陰調，放開其喉，而作雄聲者，謂之陽調。遇高字則唱陰，遇低字則唱陽，此大謬也。大堂堂男子，唱正大雄豪之曲，而逼緊其喉，不但與其人不相稱，即字面斷不能真。蓋喉間逼緊，則字面皆從喉中出，而舌、齒、牙、唇，俱不能著力，開、齊、撮、合，亦大半不能收準，即使出聲之後，作意分清，終不若即從舌、齒、牙、唇者之親切分明也。

惟優人之作旦者，欲效女聲，則不得不逼緊其喉，此則純用陰調者。然即陰調之中，亦有陰陽之別，非一味逼緊也。若陽調中之陰陽，放開直出者爲陽之陽，將喉收細揭高，世之所謂小堂調者，爲陽之陰，此則一起一倒，無曲不有，而逼緊之陰不與焉。今之逼緊喉嚨者，乃欲唱高調而不能，故用力夾住吊起，不覺犯逼緊之病，一則喉本不佳，一則不善用喉之故也。然逼緊之字，亦間有之，高調之曲，連轉幾字幾腔，層層泛起，愈轉愈高，則音必愈細，陽聲已竭，喉底之真氣出而接之，自然聲出至深，與逼緊相似，此乃自然而然，非有意爲之，若世俗之所謂陰調也。至近日之所謂時曲、清曲者，則字字逼緊，俱從喉中一絲吐出，依然講五音、四呼之法，實則五音、四呼何處著力，以至聽者一字不能分辨，此曲之下賤，風流掃地矣。

又《字句不拘之調亦有一定格法》　北曲中，有不拘句字多少，可以增損之格，如黄鐘之〔黄鍾·尾〕，仙吕之〔混江龍〕，南吕之〔草池春〕之類。世之作此調者，遂隨筆寫去，絶無格式，真乃笑談。要知果可隨意長短，何以仍謂之〔黄鍾·尾〕，而不名之爲〔混江龍〕，又不謂之〔草池春〕，且何以〔黄鍾·尾〕不可入仙吕，〔混江龍〕不可入南吕耶。此真不思之甚。而訂譜者，亦僅以不拘字概之，全無格式，令後人易誤也。蓋不拘字句者，謂此一調字句不妨多寡，原謂在此一調中增減，並不謂可增減在他調也。然則一調自有一調章法句法及音節，森然不可移易，不過謂同此句法，而此句不妨多增，同此音節，而此音不妨叠唱耳。然亦衹中間發揮之處，因上文文勢趨下，才高思湧，一瀉難收，依調循聲，鋪叙滿意，既不踰格，亦不失調。至若起調之一二句，及收調之一二句，則陰陽平仄，一字不可移易增減，如此，則聽者方能確然審其爲何調，否則竟爲無調之曲，荒謬極矣。細考舊曲，自能悟之，不能悉録也。

又《曲情》　唱曲之法，不但聲之宜講，而得曲之情爲尤重。蓋聲者衆曲之所盡同，而情者一曲之所獨異，不但生、旦、丑、净，口氣各殊，凡忠義奸邪，風流鄙俗，悲歡思慕，事各不同，使詞雖工妙，而唱者不得其情，則邪正不分，悲喜無別，即聲音絶妙，而與曲詞相背，不但不能動人，反令聽者索然無味矣。然此不僅於口訣中求之也。《樂記》曰：凡音之起，由人心生也。必唱者先設身處地，摹倣其人之性情氣像，宛若其人之自述其語，然後其形容逼真，使聽者心會神怡，若親對其人，而忘其爲度曲矣。故必先明曲中之意義曲折，則啓口之時，自不求似而自合。若世之止能尋腔依調者，雖極工亦不過樂工之末技，而不足語以感人動神之微義也。

又《起調》　唱法之最緊要不可忽者，任於起調之一字。通首之調，皆此字領之。通首之勢，皆此字蓄之。通首之神，皆此字貫之。通首之喉，皆此字開之。如治絲者，引其端而後能竟其緒，此一字，乃端也。未有失其端而緒不紊者。人但知調從此字爲始，高則入某調，低則入某調，七調從此而定，此語誠然，不知此乃其大端耳。其轉變之法，蓋無窮盡焉。有唱高調，而此字反宜低者。有唱低調，而此字反宜高者。亦有唱高宜高，唱低宜低者。有宜陰起翻陽者，有宜陽起翻陰者。亦有宜先將此字輕輕蓄勢，唱過二三字，方起調者。此字一梗，則全曲皆梗，此字一和，則全曲自和。故此一字者，造端在此，關鍵在此。其詳審安頓之法，不可不十分加意也。

又《斷腔》　南曲之唱，以連爲主。北曲之唱，以斷爲主，不特句斷字斷，即一字之中，亦有斷腔，且一腔之中，又有幾斷者，惟能斷，則神情方顯，此北曲第一喫緊之處也。而其法則非一端：有另起之斷，有連上之斷，有一輕一重之斷，有一收一放之斷，有一陰一陽之斷，有一口氣而忽然一斷，有一連幾斷，有斷而换聲吐字，有斷而寂然頓住。以上諸法，南曲亦間有之，然不若北曲之多。《禮記》所云：曲如折，止如槁木，正此之謂也。近時南曲盛行，不但字法皆南，即有斷法，亦是南曲之斷，與北曲迥別。蓋南曲之斷，乃連中之斷，不以斷爲重，北曲未嘗不連，乃斷中之連，愈斷則愈連，一應神情，皆在斷中頓出。故知斷法之精微，則北曲之神理，思過半矣。然斷與頓挫不同。頓挫者，曲中之起倒節奏。斷者，聲音之轉折機關也。

又《頓挫》　唱曲之妙，全在頓挫，必一唱而形神畢出，隔垣聽之，其人之裝束形容，顔色氣象，及舉止瞻顧，宛然如見，方是曲之盡境。此其訣全在頓挫。頓挫得款，則其中之神理自出，如喜悦之處，一頓挫而和樂出，傷感之處，一頓挫而悲恨出，風月之場，一頓挫而艷情出，威武之人，一頓挫而英氣出，此曲情之所最重也。况一人之聲，連唱數字，雖氣足者，亦不能接續，頓挫之時，正唱者因以歇氣取氣，亦於唱曲之聲，大有補益。今人不通文理，不知此曲該於何處頓挫。又一調相傳，守而不變，少加頓挫，即不能合着板眼，所以一味直呼，全無節奏，不特曲情盡失，且令唱者氣竭，此文理所以不可無也。要知曲文斷落之處，文理必當如此者，板眼不妨略爲伸縮，是又在明於宫調者爲之增損也。

又《輕重》 聲之高低，與輕重全然不同。今則誤以輕重爲高低，所以唱高字則用力叫呼，唱低字則隨口帶過。此大謬也。高低之法，詳於《高腔輕過》篇。今先明輕重之法：輕者，鬆放其喉，聲在喉之上一面，吐字清圓飄逸之謂。重者，按捺其喉，聲在喉之下一面，吐字平實沈著之謂。凡從容喜悦，及俊雅之人，語宜用輕；急迫惱怒，及粗猛之人，語宜用重。又有一句之中，某字當輕，某字當重，亦有一調之中，某句當輕，某句當重，總不一定。但輕重又非響不響之謂也，有輕而不響者，有輕而反響者，有重而響者，有重而反不響者。蓋高低者，調也，輕重者，氣也，響不響者，聲也，似同而實異，細别之自顯然，但不明言之，則習而不察耳。

又《徐疾》 曲之徐疾，亦有一定之節。始唱少緩，後唱少促，此章法之徐疾也。閒事宜緩，急事宜促，此時勢之徐疾也。摹情玩景宜緩，辨駁趨走宜促，此情理之徐疾也。然徐必有節，神氣一貫。疾亦有度，字句分明。倘徐而散漫無收，疾而糊塗一片，皆大謬也。然太徐之害猶小，太疾之害尤大。今之疾唱者，竟隨口亂道，較之常人言語更快，不特字句不明，並唱字之義全失之矣。惟演劇之場，或有重字叠句，形容一時急迫之象，及收曲幾句，其疾宜更甚於尋常言語者，然亦必字字分明，皎皎落落，無一字輕過，内中遇緊要眼目，又必跌宕而出之，聽者聆之，字句甚短，而音節反覺甚長，方爲合度，捨此則寧徐無疾也。曲品之高下，大半在徐疾之分，唱者須自審之。

又《重音、叠字》 重音者，二字之音相近，如逢蒙、希夷之類，聽者易疑爲兩字相同是也。叠字者，如飄飄、隱隱之類，聽者易疑爲一字兩腔是也。此等最宜留意。凡唱重音之字，則必將字頭作意分别，如陰陽、輕重、四呼、五音，必有不同之處，剔清字面，則聽者鑿鑿知爲兩音矣。唱叠字之音，則必界限分明，念完上字之音，鈎清頓住，然後另起字頭，又必與前字略分異同，或一輕一重，一高一低，一徐一疾之類，譬之作書之法，一帖之中，其字數見，無相同者，則聽者鑿鑿知爲兩字矣。此等雖係曲中之末節，而口訣之妙，反於此見長。若工夫不到，至此竟無把握也。

又《高腔輕過》 腔之高低，不係聲之響不響也。蓋所謂高者，音高，非聲高也。音與聲大不同。用力呼字，使人遠聞，謂之聲高。揭起字聲，使之向上，謂之音高。即如同是一曲，唱上字、尺字調，則聲雖用力而音總低，唱正調、乙字調，則聲雖不用力而音總高，此在喉中之氣向上、向下之别耳。凡高音之響，必狹、必細、必鋭、必深；低音之響，必闊、必粗、必鈍、必淺。如此字要高唱，不必用力儘呼，惟將此字做狹、做細、做鋭、做深，則音自高矣。今人不會此意，凡遇高腔，往往將細狹深鋭之法，變成陰調，此又似是而非也。蓋陽調有陽調之高低，陰調有陰調之高低，若改陽爲陰謂之高，則陰之當高者，又何改耶。且調有斷不可陰者，若改陽爲陰，又失本調之體矣。能知唱高音之法，則下等之喉，亦可進於中等，中等可進於上等。凡遇當高揭之字，照上法將氣提起透出，吹者按譜順從，則聽者已清晳明亮，唱者又全不費力。蓋字之高下一定，而人之聲音各别，能知此，則人人可唱高音之曲，各如其人之分量，而無脱調之慮，否則唱高調之曲，必極響之喉方可，而喉之稍次者祇宜唱低調之曲，是調以人分，而一人之聲，只可限以一調，略高即屬勉强矣。此不知高腔輕過之法也。

又《低腔重煞》 低腔與輕腔不同。輕腔者，將字音微逗，其聲必清細而柔媚，與重字反對。若低腔則與高字反對，聲雖不必響亮，而字面更須沈著。凡情深氣盛之曲，低腔反最多，能寫沈鬱不舒之情，故低腔宜重、宜緩、宜沈、宜頓，與輕腔絶不相同。今之唱低腔者，反以爲偷力之地，隨口念過，遂使神情涣漫，語氣不續，不知曲之神理，全在低腔也。

又《一字高低不一》 字之配入工尺，高低本無一定，如世所傳《儀禮》通傳樂譜，《鹿鳴》之我有嘉賓，首章則我爲蕤，有爲林，嘉爲應，賓爲南；次章則我爲林，有爲南，嘉爲應，賓爲黄。諸律旋用，則高低互易，從古如此，所以天下有不入調之曲，而無不可唱之曲。曲之不入調者，字句不准，陰陽不分，平仄失調是也。無不可唱者，遷低就高，遷高就低，平聲仄讀，仄聲平讀，凡不合調不成調之曲，皆可被之管絃矣。然必字字讀真，而能不失宫調，諧和絲竹，方爲合度之曲耳。故曲之工不工，唱者居其半，而作曲者居其半也。曲盡合調，而唱者違之，其咎在唱者。曲不合調，則使唱者依調則非其字，依字則非其調，勢必改讀字音，遷就其聲以合調，則調雖是而字面不真，曲之不工，作曲者不能辭其責也。故字聲之高下，可以通融者，如《鹿鳴》所譜之類，原可以出入轉移，其不可通融之處，則斷不得用此一字，而離宫失調，亦不得因欲合調，而出韻乖聲，故作曲者與唱曲者，不可不相謀也。

又《出音必純》 凡出字之後，必始終一音，則腔雖數轉，聽者仍知爲即此一字，不但五音、四呼，不可互易，並不可忽陰忽陽，忽重忽輕，忽清忽濁，忽高忽低，方爲純粹。凡犯此病者，或因沙澁之喉，不能一線到底，或因隨口轉换，漫不經心，以致一字之頭、腹、尾，往往互異，不但聽者不清，即絲竹亦難合和。故必平日先將喉嚨，洗剔清明，使聲出一線，則隨其字之清濁高下，俱不至一字數聲矣。

又《句韻必清》 牌調之别，全在字句及限韻。某調當幾句，某句當幾字，及當韻不當韻，調之分别，全在乎此。唱者遵此不失，自然事理明曉，神情畢出，宫調井然。今乃祇顧腔板，句韻蕩然，當連不連，當斷不斷，遇何調則依工尺之高低，唱完而止，則古之鑿鑿分别幾句、幾字、幾韻，全然可以不必也。蓋言語不斷，雖室人不解其情，文章無句，雖通人不曉其義，況於唱曲耶。如《琵琶·辭朝》折〔啄木兒〕事親事君一般道，人生怎全忠和孝。却不道母死王陵歸漢朝。近時唱者，道字拖腔，連下人字，孝字急疾，並接却字，是句韻皆失矣。如此者十之四五。試令今之登場者，依崑腔之唱法，聽者能辨其幾句幾韻，百不能得一也。句韻之法，不幾盡喪耶。惟北曲尚有句可尋，有韻可辨，然亦不能收清收足，此亦漸染於崑腔所致。崑腔作法之始，原不至如此之極，而流弊不可不亟拯也。餘見《頓挫》、《斷腔》諸篇。

又《定板》 板之設，所以節字句，排腔調，齊人聲也。南曲之板，分毫不可假借，惟北曲之板，竟有不相同者。蓋南曲惟引子無板，餘皆有板，北曲則祇有底板，無實板之曲極多。又南曲之字句，無一調無定格，而北曲則不拘字句之調極多。又南曲襯字極少，少則一字幾腔，板在何字何腔，千首一律。若北曲則襯字極多，板必有不能承接之處，中間不能不增出一板。此南之所以有定，北之所以無定也。且元人之曲，不但以虚字爲襯，且有以實字爲襯者，如本調當用天地人三實字爲句，若祇襯一二虚字在三字上，仍是三字句，乃竟用春夏秋冬四實字爲句，則將以何字作襯字耶。則不但襯多難簇，且正襯不分，此板之所以尤無定也。然無定之中，又有一定者，蓋板殊則腔殊，腔殊則調殊，板一失，則宫調將不可考矣。故惟過文轉接之間，板可略爲增損，所以便歌也。至緊要之處，板不可少有移易，所以存調也。此北曲之板雖寬而實未嘗不嚴也。

又《底板唱法》 南曲惟引子用底板，餘皆有定板。北曲則底板甚多。何也。蓋南曲之板以節字，不以節句，北曲之板以節句，不以節字。節字則板必繁，節句則一句一板足矣。惟著議論描寫，及轉折頓挫之曲，亦用實板節字，然亦不若南曲之密。凡唱底板之曲，必音節悠長，聲調宏放，氣緩辭舒，方稱合度。又必於轉接出落之間，自生頓挫，無節之中，處處皆節，無板之處，勝於有板，如鶴鳴九皋，干雲直上，又如天際風箏，宫商自協，方爲能品。此可意會，非可言罄也。

清·無我道人《樂府傳聲序》 崑腔，南北曲之所由來者，從古樂而變新聲也。大凡度曲，必須以四聲、五音，南北字面，用氣、用喉諸色，則考證明晰，然後歌之，方不失新聲，即古樂之旨也。今之唱崑者，心傳口授，襲謬承訛，是徒得其貌，而未得其真也。余賦性耽斯，摸索已四十年，其聲音字面，尚有書可證可參，不難意會，惟用氣、用喉，審情度理，全在心領神會，刻意揣摩，日久月深，始識自然之妙，而自然之妙，亦實實難以言傳也。

清·王德暉、徐沅澂《顧誤録·四聲紀略》 蓋聞四聲之分，始於齊周彦倫《四聲切韻》，沈約因之作《四聲類譜》，而四聲始判。梁武帝以之詢周捨，捨以天子聖哲對之。至隋陸法言著《切韻》一書，唐孫愐增損之而爲《唐韻》，其學始盛行。《元和韻譜》云：平聲哀而安，上聲厲而舉，去聲清而遠，入聲直而促。後人爲切韻而設，又分平聲爲陰陽，陰平聲低而悠，陽平聲高而揚。樊氏《五方元音》，以陰平爲上平，陽平爲下平，誤矣。昔詞隱先生論曲，謂去聲當高唱，上聲當低唱，平聲當酌其高低，不可令混。其説良然。凡唱平聲，第一須辨陰陽，陰平必須平唱，直唱，若字端低出而轉聲唱高，便肖陽平字面矣。陽平由低而轉高，陰出陽收，字面方准，所謂平有提音者是也。上聲字固宜低唱，第前文遇揭字高腔，及曲情促急時，勢難過低，則初出口不妨稍高，轉腔即可低唱，平出上收。亦有上聲字面，所落低腔，宜短不宜長，與丢腔相倣，一出即頓住，所謂上有頓音者是也。去聲宜高唱，尤須辨陰陽。如翠、再、世、殿、到等字，屬陰聲者，則宜高出，其發音清越之處，有似陰平，而出口即歸去聲，方是陰腔。如被、敗、地、動、義等字，屬陽聲者，其音重濁下抑，直送不返，取其一去不回，是以名去。然初出口不妨稍平，轉腔乃始高唱，則平出去收，字面方能圓穩，所謂去有送音者是也。若出口便高揭，必將被涉貝音，敗涉拜音，地涉帝音，動涉凍音，義涉意音，陽去幾訛陰去矣。俗云：逢去必滑。是送足必有餘音上挑，方是去聲口氣，然宜小不宜大，一有痕跡，失之穿鑿矣。入聲唱法，毋長吟，毋連腔，出口即斷。至緊板之曲，更宜一出便收，要無絲毫粘滯，方是入聲字面。否則，唱長則似平，唱高則似去，唱低則似上矣。惟平出可以不犯上去，短出可以不犯平聲。至於北曲無入聲，派叶平、上、去三聲中，此爲詞家廣其押韻而設，非爲歌者而言，然詞中既叶三聲，歌時已無入韻。神明於北曲者，尤宜於呼吸之間，別其爲北曲之入，斯爲上乘。凡此皆登歌者所宜亟講，苟能細加體會，四聲當無遺憾，稍不經意，或賣弄太過，必致扭上作平，混入爲去，雖具繞梁，終不足取，吾願質之同好者。

又《五音總論》 按五行之在天地間，無往不具。音之有五，亦猶行之有五也。天以五行化生萬物，物各具一五行。人之五音，即合乎五行，並應乎四時，配乎五方，通乎性情，准乎政事，動乎五臟，故《宋史·樂志》云：盛德在木，角聲乃作。盛德在火，徵聲乃作。盛德在金，商聲乃作。盛德在水，羽聲乃作。盛德在土，宮聲乃作。此合乎五行也。《禮記·月令》云：春其音角，夏其音徵，中央土其音宮，秋其音商，冬其音羽。角在東，徵在南，宮在中，商在西，羽在北，此應乎四時，配乎五方也。劉向《五經通義》云：聞宮聲使人溫良而寬大，聞商聲使人方廉而好義，聞角聲使人惻隱而好仁，聞徵聲使人恭儉而好禮，聞羽聲使人樂養而好施。《白虎通》云：宮者容也，含也，商者張也，角者躍也，徵者止也，羽者舒也，此通乎性情也。《魏書·樂志》云：宮爲君，商爲臣，角爲民，徵爲事，羽爲物。《樂記》云：聲音之道，與政相通，必君、臣、民、物、事，五者各得其理而不亂，則聲音和諧而無怗懘矣。此准乎政事也。《史記·樂書》云：宮動脾而正聖，商動肺而正義，角動肝而正仁，徵動心而正禮，羽動腎而正智，此動乎五臟也。可見聲音之道，感發性天，純乎天籟。昔者堯廷奏樂，百獸率舞，垓下聞歌，楚兵盡散，信有然也。

又《五音口訣》 楊升菴曰：合口通音謂之宮，開口吐聲謂之商，張牙湧唇謂之角，齒合唇開謂之徵，齒開唇聚謂之羽。至於二變音，蓋因五音之中，宮與商，商與角，徵與羽，相去各一律，角與徵，羽與宮，相去二律。相去一律，則其音和，相去二律，則其音遠。故角、徵之間，近徵收一律，故謂之變徵，比徵稍殺。羽、宮之間，近宮收一律，故謂之變宮，比宮稍高。統謂七音。周以黃鍾爲宮，太簇爲商，姑洗爲角，林鍾爲徵，南吕爲羽，應鍾爲變宮，蕤賓爲變徵。後人謂：宮音舌居中，商音口開張，角音舌縮卻，徵音舌拄齒，羽音撮口聚，與升菴之論吻合。今摘録樊騰鳳《五方元音》一則，分列於左，以便初學。

喉音土脾宮，如烘、荒、呼、昏、歡是也。

齒音金肺商，如春、窗、初、攙、抄是也。

牙音木肝角，如經、堅、交、加、姜是也。

舌音火心徵，如丁、當、都、低、端是也。

唇音水腎羽，如崩、班、包、奔、波是也。

又《度曲得失》 凡人聲音不等，見解亦不同，或於此有所長，於彼即不能無所短。如唱得雄壯的，往往失之村沙。唱得醞藉的，失之乜斜。唱得纖巧的，失之寒賤。唱得本分的，失之老實。唱得用意的，失之穿鑿。又有專於磨擬腔調，而不顧板眼。或又專主板眼，而不審腔調，均係一偏之病。惟腔與板兩工，唱得出字真，行腔圓，歸韻清，收音准，節奏細體乎曲情，清濁立判於字面，久之嫻熟，則四聲不召而自來，七音啓口而即是，洗盡世俗之陋，傳出古人之神，方爲上乘。以下十病，八法，六戒，乃爲初學不求甚解者針砭，知音者幸勿以其淺近而忽之也。

又《度曲十病》 方音：天下之大，百里殊音，絶少無病之方，往往此笑彼爲方言，彼嗤此爲土語，實因方音乃其天成，苦於不自知耳。入門須先正其所犯之土音，然後可與言曲。西北方音之陋，犯字固不可更僕數。南方吴音，所稱犯字最少，而庚青盡犯真文。其餘各處土音，亦難枚舉。愚竊謂中原實五方之所宗，使之悉歸《中原音韻》，當無僻陋之誚矣。

犯韻：同一方音，又有各人單犯某韻。如北人多犯支思，南人多犯江陽，只須較正數字，其餘盡可隅反。未經道破時，更正似難，一經指明，易如反掌也。

截字：一字出口，無論幾許工尺，必得唱完，口不改樣，至尾方收本字之韻，方是此字音節。若中間略一張合，已將字截爲兩處，單字唱成叠字矣。或工尺未完，收口太早，下餘工尺，僅有餘腔，並無字面，此病最易忽略，亟宜審究。

破句：句法乃文理所關，切忌誤連誤斷，割裂詞旨，稍不經意，識者笑之。

誤收：某字收某韻，乃一定之理，人所盡知。常有出字並不舛誤，及至行腔，自恃喉音清亮，縱情使去，遂至往而莫返，收音時信口所之，不知念成何字。此爲曲中第一大病，雖名優老伶，皆所不免。

不收：一字唱完，須交代清楚，再唱下字，方是本字之音。如出而不收，張而不閉，是僅有上半字，無下半字，欲其入聽，不亦難乎。此病與上誤收，犯者極多。然最易治，一經道破，即可立改，稍爲留意，即不再犯。

爛腔：字到口中，須要留頓，落腔須要簡净。曲之剛勁處，要有棱角，柔軟處，要能圓湛。細細體會，方成絶唱，否則棱角近乎硬，圓湛近乎緜，反受二者之病。如細曲中圓軟之處，最易成爛腔，俗名緜花腔是也。又如字前有疣，字後有贅，字中有信口帶腔，皆是口病，都要去净。

包音：即音包字是也。出字不清，腔又太重，故字爲音所包，旁人聽去，有聲無辭，竟至唱完，不知何曲。此係僅能用喉，不能用口之病。喉音到口，須用舌、齒、唇、鼻，別其四聲，判其陰陽，全在口上用勁，方能字清腔正。若聽喉發音，不用齒、頰，雖具繞梁，終成笑柄。

尖團：北人純用團音，絶鮮穿齒之字，少成習慣，不能自知。如讀湘爲香，讀清爲輕，讀前爲乾，讀焦爲交之類，實難備舉。入門不爲更正，終身不能辨別。然而不難，要知有風即尖，無風即團，分之亦甚易易。

陰陽：四聲皆有陰陽，惟平聲陰陽，人多辨之。上聲陰陽，判之甚微，全在字母別之，曲家多未議及。入聲陰陽，《中州全韻》分之甚細，可以逐類旁通。至於去聲陰陽，最爲要緊，輕清爲陰，重濁爲陽，如凍、洞、壯、狀、意、義、帝、地、到、道之類，不可不審。

又《度曲八法》　審題：曲有曲情，即曲中之情節也。解明情節，知其中爲何如人，其詞爲何等語，設身處地，體會神情而發於聲，自然悲者黯然魂銷，歡者怡然自得，口吻齒頰之間，自有分別矣。觀今之度曲者，大抵背誦居多，有一生唱此曲，而不知所言何事，所指何人者，是口中有曲，心内無曲，此謂無情之曲，與童蒙背書無異。縱令字正音和，終未能登峯造極，此題之不可不審也。

叫板：曲牌不同，故起板各異。如〔集賢賓〕、〔二郎神〕、〔傾盃序〕、〔繡帶兒〕、〔小桃紅〕等曲，起板在一二句之後。如〔桂枝香〕、〔解三酲〕、〔鎖南枝〕、〔駐馬聽〕等曲，一二字即起板。其未起板之前，無論幾字，萬不可拖長，務須連唱、快唱，使之一氣呵成，緩則節奏散漫，上板處不能扼要矣。須於上板之前一字，蓄勢叫板，庶緩急可以自操，不受管弦束縛，否則爲和我者所制，緩急焉能自主。

出字：每字到口，須用力從其字母發音，然後收到本韻，字面自無不准。如天字則從梯字出，收到焉字，巡字則從徐字出，收到雲字，小字則從西字出，收到咬字，東字則從都字出，收到翁字之類。可以逐字旁通，尋繹而得，久之純熟，自能啓口即合，不待思索，但觀反切之法，即知之矣。若出口即是此字，一洩而盡，如何接得以下工尺。此乃天籟自然，非能扭捏而成者也。

做腔：出字之後，再有工尺則做腔。闊口曲腔須簡净，字要留頓，轉彎處要有棱角，收放處要有安排，自然入聽，最忌粗率村野。小口曲腔要細膩，字要清真。南曲腔多調緩，須於静處見長。北曲字多調促，須於巧處討好。最忌方板，更忌乜斜。大都字爲主，腔爲賓。字宜重，腔宜輕。字宜剛，腔宜柔。反之，則喧客奪主矣。至於同一工尺，有宜大宜小，宜連宜斷，宜申宜縮之處，則在歌者之自爲變通，隨時理會。

收韻：何字歸何韻，乃一定之理，往往一不經意，信口開合，則歸入別韻，不成此字，實爲笑談。此條最易忽略，犯者十居八九，差之毫釐，失之千里，歌者盲心，聽者棘耳。常有名優老伶，以此貽羞而不自覺者，皆苦於無人道破也。

換板：曲之三眼一眼，本係一體，原可無須頭、末眼，如《納書楹》僅載中眼，已足爲法。蓋緣頭、末眼本無定處，可以聽人自用，今譜爲初學立法，故增之爲容易地步。至換板之説，乃配宫調者，此牌板數不足，須加板方合格局，或板數已足，須撤板以符定數，度曲到此，須將氣勢搬足，順其自然節奏，褪成一板，方無拗折之患。凡尾聲疊板之下，接唱處皆然。

散板：曲之有板者易，無板者難。有板者，聽命於板眼，尺寸自然合度。無板者，須自己斟酌緩急，體會收放，過緩則散慢無律，過急則短促無情。須用梅花體格，錯綜有致，有停頓，有連貫，有抑有揚，有申有縮，方能合拍。

擻聲：曲之擻處，最易討好。須起得有勢，做得圓轉，收得飄逸，自然入聽。最忌不合尺寸，並含混不清，似有如無，令人莫辨。即善於用擻者，亦不可太多，多則數見不鮮矣。

又《學曲六戒》 不就所長：人聲不同，須取其與何曲相近，就而學之，既易得口氣，又省氣力。往往有絶細喉嚨，而喜闊口曲冠冕，嫌生旦曲扭捏者。又有極洪聲音，而喜生旦曲細膩，嫌闊口粗率者。捨其所長，用其所短，焉能盡善。是首戒也。

手口不應：初學入門，必宜手拍板眼，口隨音節，方易純熟。且板路一順，日後不致有舛。若自負口有尺寸，竟不拍板，或信手亂拍花點，最爲誤事，經久必有板眼糢糊之病。又有手雖拍板點眼，而與口中不合，不能手口如一者。須先令其將手習准，不至爲口之累，然後再爲授曲。

貪多不純：此人之通病，穎悟者爲尤甚。曲詞並未成誦，板眼亦未記清，即要看譜上笛。略能記憶，即想再排二支，此套未完，又想新曲。如此學法，焉能盡善。且轉眼即忘，必至一生之曲，並無一套完全者。切宜戒之。

按譜自讀：此穎悟者之病。略解工尺之高下，即謂無須口授，自己持曲按讀，於細膩小腔，纖巧唱頭，不知理會，縱能合拍，不過背誦而已。甚至有左腔別字，缺工少尺之處，罔不自覺。而於曲情字眼，節奏口氣，全然未講，不知有何意味。

不求盡善：今人聲歌，雖屬陶情之事，然既性躭於此，爲何不求甚解。苟能曲盡其妙，亦人生快事也。何以半生所好，猶不解四聲，莫辨陰陽，甚至油口爛腔，俗伶別字，俱不更正，同流合污，有何樂趣。識者告之，反覺多事，吾不解其何心也。

自命不凡：亦人之通病。恃自己聲音稍勝於人，加以門外漢贊揚，箇中人事故，遂真覺此中之能事畢矣。其實並未入門。此等人，於人之長處，必漠不關心，己之短處，更茫不自解。又復逢人技癢，不肯藏拙，從此學盡詞山曲海，永無進境，實爲可惜。

又《中原韻出字訣》 一東中，舌居中。二江陽，口開張。三支思，露齒兒。四齊微，嘻嘴皮。五魚模，撮口呼。六皆來，扯口開。七真文，鼻不吞。八寒山，喉没攔。九桓歡，口吐丸。十先天，在舌端。十一蕭豪，音甚清高。十二歌戈，莫混魚模。十三家麻，啓口張牙。十四車遮，口略開些。十五庚青，鼻裏出聲。十六尤侯，音出在喉。十七浸尋，閉口真文。十八監咸，閉口寒山。十九廉纖，閉口先天。

又《辨聲捷訣》 切韻先須辨四聲，五音六律次兼行。難呼語句皆爲濁，易紐言詞盡屬清。闢口班豹碧邠剥，舐舌當帝滴都丁。口含呼虎烏胡顧，舌捲伊幽乙謁英。口撮尊春書吕出，齒齊之時始實成。正齒止征真志只，穿牙租摘塞筝笙。通喉勾狗侯鷗厄，逆鼻蒿豪好赫亨。齶上嚚妖嬌矯轎，舌根機結計堅經。縱唇休朽求鳩九，送氣查拏詫宅棖。口合甘含咸監甲，唇開何可我哥嚲。字母貫通三十六，要分清濁重和輕。會得此中真妙訣，世間無字不知音。

又《南北方音論》 方音之不同，或誤於不分母，或誤於不分韻。如北音尖團倒置，則香、廂、姜、將、羌、槍之類，無所區別。南音雖辨尖團，而於商、桑、章、臧、長、藏之類，亦不能分。此母不分也。北音於陳、程、銀、盈、勤、檠、神、繩、林、靈、貧、平、民、鳴、親、青、賓、兵、奔、崩、根、庚、真、蒸、新、星、賀、貨、個、過等字，分之甚細，南或合而爲一。南於饅、蠻、剜、彎、官、關、氈、詀、潘、攀、般、班、堅、艱、賢、閑、延、顔等字，分之甚清，北或合而爲一。此韻不分也。又如詳、徐、鼠、初四字，北音讀邪洋、邪于、審五、穿烏切，皆與等韻同。南音則讀晴陽、全魚、喘武、村舒切，皆與等韻異。又如詩、書、知、朱、城、池六字，南音則讀如思、蘇、茲、租、層、慈，此不同之顯者。如年、娘、女三字，北音舌舐上腭而出，南音則舌舐下腭，疑北方爲土音。幸詞隱先生追考正韻，窮源到底，而土音之冤始辨，此不同之微者。其餘天下之大，百里異音，即南與南，北與北，亦有大相懸絶之處，何可勝言哉。

又《工尺即反切論》 反切始於魏孫炎，其實出於西域梵僧。以兩字相合而成一聲，上字爲母，取其反母，故謂之反，下字爲韻，取其切韻，故謂之切。《禮部韻略》云：音韻展轉相協謂之反，亦作翻，兩字相摩以成聲謂之切，其實一也，蓋取反覆切摩以成音之義也。愚謂曲之工尺以度其音，猶字之反切以得其韻，如曲中有二工尺之字，乃天然反切，絶無纖毫假借。即字用一工尺者，亦出口之字，與收音之字，與反切脗合，不殊此理。至工尺多者，無論幾字，試去其中間工尺，祇取首字之音，與末字之音，合而讀之，即本字之反切也。出乎天籟，毫髮不差，如明晳其理，尚有未准之字音乎。

又《頭腹尾論》 字各有頭、腹、尾，謂之聲、音、韻。聲者出聲也，是字之頭，音者度音也，是字之腹，韻者收韻也，是字之尾。三者之中，韻居其殿，最爲重要。計算磨腔時刻，尾音十居五六，腹音十有二三，若字頭之音，則十且不能及一。蓋以腔之悠揚，全用尾音，故爲候較多，顯出字面，僅用腹音，故爲時稍促。至於字頭，乃幾微之端，發於字母，爲時曾不容瞬，於蕭字則似西音，於江字則似幾音，於尤字則似衣音，即字頭也。由字頭輕輕發音，漸轉字腹，徐歸字尾。其間運化，既貴輕圓，猶須熨貼，腔裏字則肉多，字矯腔則骨勝，務期停勻適聽爲妙。

又《紅黑板論》 板，即古之拍也。魏晉之代，有宋纖者善擊節，始製爲拍，唐黄番綽造爲之。蓋凡曲句有長短，字有多寡，調有緊慢，一視板以爲節制，故謂之板眼。初啓口即下者爲實板，亦曰劈頭板。字半下者爲掣板，亦曰腰板。聲盡而下者爲截板，亦曰底板。場上前人唱前調末一板，與後人接唱次調頭一板，齊下爲合板。此古法也。後人分板爲五：丶爲頭板，∟爲腰板，一爲底板，三者皆爲正板。×爲頭贈板，Ⅸ爲腰贈板。葉廣明《納書楹》分之最細，俗稱紅黑板。是以正板爲紅板，贈板爲黑板也。惟南曲用之。大抵紅黑間用，無論何様板起，末字必須紅板住也。次曲抽去贈板，取其便易，如首、次曲牌名俱同，再次曲可以抽板矣。有贈板中唱散板一句者，或贈板中忽唱無贈板者，又或末二句唱無贈板者，此皆演家取其便處，並非正格。至於浪板，原爲跌宕曲情而設，雖清唱亦不可少，如《活捉》、《思凡》、《撈月》、《羅夢》之類，被弦索者，皆宜用之。

又《沈衣仲養氣論》 度曲者得四聲之是，雖拙亦佳，非徒取媚於聽者之耳也。如陽平拖音稍長即類陰，陰平發音稍重即類陽矣。去聲亢矣，過文宜抑而復揚。入聲促矣，出字貴斷而後續。雖有一定之腔，亦有鏗鏘以就韻，雖有不移之板，亦宜辨別以成文。而其要領，在於養氣。譚子《化書》云：氣由聲也，聲由氣也。氣動則聲發，聲發則氣振。如陽音以單氣送之則薄，陰音以雙氣送之則滯。將收鼻音，先以一絲之氣引入，而以音繼之，則悠然無跡矣。

又《曲中厄難》 聽曲者，須於字面腔調，及收放齒頰之間，辨歌者工拙，若一聞喉音清亮，便擊節稱賞，人早知其爲門外漢矣。或有並不聽歌者優劣，稍記曲詞，即從旁隨聲附和，其聲反高於歌者之聲，不容歌者盡其所長。又或强作解事，信手代拍板眼，以致歌者節奏不能自主。甚至從旁喧嘩鬨鬧，行令猜枚，以及烟氣薰人，使吹唱者氣咽不能張口，凡此皆是曲中厄難。遇此等時，只好停歌罷吹，不必免强從事。

藝文

明・朱有燉《元宫詞》 二弦聲裏實清商，只許知音仔細詳。阿忽令教諸伎唱，北來腔調莫相忘。

明・李東陽《燕長沙府席上作》 郡庭開宴倒銀缸，綺席朱簾玳瑁窗。愧我孱軀真倚玉，看君雄飲欲吞江。西陽影墮仍浮水，南曲聲低屢變腔。既醉不知豪已甚，題詩那有筆如杠。

清・李漁《笠翁一家言全集》卷七《虎丘千人石上聽曲》 一贊一回好，一字一聲血。幾令善歌人，唱殺虎丘月。

清・冒襄《觀劇》《明遺民詩》卷五 最無消息是清音，竹肉喧闐未易尋。唱到情來生意思，一絲嫋嫋碧雲心。

清・凌廷堪《校禮堂詩集》卷二《己亥・論曲絶句三十二首》 工尺須從律吕求，纖兒學語亦能謳。區區竹肉尋常事，認取崑崙萬里流。

清・佚名《都門雜詠》 信口狂歌亦太癡，青衫正旦却應時。滿街喊叫聲嬌嫩，陰勝陽衰理可知。《學唱青衫》，樂山。

清・醉里生《都門新竹枝詞》 新腔梆子效山西，粉墨登場類木雞。有客南來聽未慣，隔牆疑作鷓鴣啼。

念功

論説

清・李漁《閒情偶寄》卷五《演習部・教白第四》 教習歌舞之家，演習聲容之輩，咸謂唱曲難，説白易。賓白念熟即是。曲文念熟而後唱，唱必數十遍而始熟，是唱曲與說白之工，難易判如霄壤。時論皆然。予獨怪其非是。唱曲難而易，說白易而難。知其難者始易，視爲易者必難。蓋詞曲中之高低、抑揚、緩急、頓挫，皆有一定不移之格，譜載分明，師傳嚴切，習之既慣，自然不出範圍。至賓白中之高低、抑揚、緩急、頓挫，則無腔板可按、譜籍可查，止靠曲師口授。而曲師入門之初，亦係暗中摸索。彼既無傳於人，何從轉授於我。訛以傳訛，此說白之理，日晦一日而人不知，人既不知，無怪乎念熟即以爲是，而且以爲易也。吾觀梨園之中，善唱曲者，十中必有二三，工說白者，百中僅可一二。此一二人之工說白，若非本人自通文理，則其所傳之師，乃一讀書明理之人也。故曲師不可不擇。教者通文識字，則學者之受益，東君之省力，非止一端。苟得其人，必破優伶之格以待之，不則鶴困鷄羣，與儕衆無異，孰肯抑而就之乎。然於此中索全人，頗不易得。不如仍苦立言者，再費幾升心血，創爲成格以示人，自製曲、選詞以至登場、演習，無一不作功臣，庶於爲人爲徹之義，無少缺陷。雖然，成格即設，亦止可爲通文達理者道。不識字者聞之，未有不噴飯胡盧，而怪迂人之多事者也。

又《高低抑揚》 賓白雖係常談，其中悉具至理。請以尋常講話喻之。明理人講話，一句可當十句，不明理人講話，十句抵不過一句，以其不中肯綮也。賓白雖係編就之言，說之不得法，其不中肯綮等也。猶之倩人傳語，教之使說，亦與念白相同。善傳者以之成事，不善傳者以之僨事，即此理也。此理甚難，亦甚易。得其孔竅則易，不得孔竅則難。此等孔竅，天下人不知，予獨知之。天下人即能知之，不能言之，而予復能言之。請揭出以示歌者。白有高低抑揚。何者當高而揚。何者當低而抑。曰：若唱曲然。曲文之中，有正字，有襯字，每遇正字，必聲高而氣長，若遇襯字，則聲低氣短而疾忙帶過，此分別主客之法也。說白之中，亦有正字，亦有襯字。其理同，則其法亦同。一段有一段之主客，一句有一句之主客。主高而揚，客低而抑，此至當不易之理，即最簡極便之法也。凡人說話，其理亦然。譬如呼人取茶、取酒，其聲云：取茶來，取酒來。此二句既爲茶、酒而發，則茶、酒二字爲正字，其聲必高而長，取字、來字爲襯字，其音必低而短。再取舊曲中賓白一段論之。《琵琶·分別》白云：雲情雨意，雖可拋兩月之夫妻；雲鬟霜鬢，竟不念八旬之父母。功名之念一起，甘旨之心頓忘，是何道理。首四句之中，前二句是客，宜略輕而稍快；後二句是主，宜略重而稍遲。功名、甘旨二句亦然。此句中之主客也。雖可拋、竟不念六個字，較之兩月夫妻、八旬父母，雖非襯字，却與襯字相同，其爲輕快，又當稍別。至於夫妻、父母之上二之字，又爲襯中之襯，其爲輕快，更宜倍之。是白皆然。此字中之主客也。常見不解事梨園，每於四六句中之之字，與上下正文同其輕重疾徐，是謂菽、麥不辨，尚可謂之能說白乎。此等皆言賓白，蓋場上所說之話也。至於上場詩、定場白，以及長篇大幅叙事之文，定宜高低相錯，緩急得宜，切勿作一片高聲，或一派細語，俗言水平調是也。上場詩四句之中，三句皆高而緩，一句宜低而快。低而快者，大率宜在第三句。至第四句之高而緩，較首二句更宜倍之。如《浣紗記》定場詩云：少小豪雄俠氣聞，飄零仗劍學從軍。何年事了拂衣去，歸卧荆南夢澤雲。少小二句，宜高而緩，不待言矣。何年一句，必須輕輕帶過。若與前二句相同，則煞尾一句，不求低而自低矣。末句一低，則懈而無勢，況其下接着通名道姓之語，如下官姓范名蠡，字少伯，下官二字，例應稍低，若末句低而接者又低，則神氣索然不振矣。故第三句之稍低而快，勢有不得不然者。此理此法，誰能窮究至此。然不如此，則是尋常應付之戲，非孤標特出之戲也。高低抑揚之法，盡乎此矣。

優師既明此理，則授徒之際，又有一簡便可行之法：索性取而予之，但於點脚本時，將宜高宜長之字，用硃筆圈之。凡類襯字者，不圈。至於襯中之襯，與當急急趕下、斷斷不宜沾滯者，亦用硃筆抹以細紋，如流水狀。使一一皆能識認，則於念劇之初，便有高低抑揚，不俟登場摹擬。如此教曲，有不妙絶天下，而使百千萬億之人贊美者，吾不信也。

又《緩急頓挫》 緩急頓挫之法，較之高低抑揚，其理愈精。非數言可了，然了之必須數言。辯者愈繁，則聽者愈惑，終身不能解矣。優師點脚本，授歌童，不過一句一點。求其點不刺謬，一句還一句，不致斷者聯而聯者斷，亦云幸矣，尚能詢及其他。即以脚本授文人，倩其畫文斷句，亦不過每句一點，無他法也。而不知場上說白，儘有當斷處不斷，反至不當斷處而忽斷，當聯處不聯，忽至不當聯處而反聯者。此之謂緩、急、頓、挫。此中微渺，但可意會，不可言傳，但能口授，不能以筆舌喻者。不能言而强之使言，祇有一法：大約兩句三句而止言一事者，當一氣趕下。中間斷句處，勿太遲緩。或一句止言一事，而下句又言別事，或同一事而另分一意者，則當稍斷，不可竟連下句。是亦簡便可行之法也。此言其粗，非論其精，此言其略，未及其詳。精、詳之理，則終不可言也。

當斷當聯之處，亦照前法，分別於脚本之中當斷聯處，用硃筆一畫，使至此稍頓，餘俱連讀，則無緩、急相左之患矣。

婦人之態，不可明言。賓白中之緩、急、頓、挫，亦不可明言，是二事一致。輕盈嬝娜，婦人身上之態也，緩、急、頓、挫，優人口中之態也。予欲使優人之口，變爲美人之身，故爲講究至此。欲爲戲場尤物者，請從事予言，不則仍其故步。

又《脱套第五·聲音惡習》 花面口中，聲音宜雜，如作各處鄉語，及一切可憎、可厭之聲，無非爲發笑計耳。然亦必須有故而然。如所演之劇，人係吴人，則作吴音，人係越人，則作越音，此從人起見者也。如演劇之地在吴，則作吴音，在越則作越音，此從地起見者也。可怪近日之梨園，無論在南在北，在西在東，亦無論劇中之人生於何地，長於何方，凡係花面脚色，即作吴音。豈吴人盡屬花面乎。此與净、丑着藍衫，同一覆盆之事也。使范文正、韓襄毅諸公有靈，聞此劇，觀此劇，未有不抱恨九原，而思痛革其弊者也。今三吴縉紳之居要路者，欲易此俗，不過啓吻之勞，從未有計及此者，度量優容，真不可及。且梨園盡屬吴人，凡事皆能自顧，獨此一着，不惟不自爭氣，偏欲故形其醜，豈非天下古今一絶大怪事乎。且三吴之音，止能通於三吴，出境言之，人多不解，求其發笑，而反使聽者茫然，亦失計甚矣。吾請爲詞場易之，花面聲音，亦如生、旦、外、末，悉作官音，止以話頭惹笑，不必故作方言。即作方言，亦隨地轉，如在杭州，即學杭人之話，在徽州，即學徽人之話，使婦人小兒，皆能識辨。識者多，則笑者衆矣。

又《語言惡習》 白中有呀字，驚駭之聲也。如意中並無此事而猝然遇之，一向未見其人而偶爾逢之，則用此字開口，以示異也。近日梨園，不明此義，凡見一人，凡遇一事，不論意中、意外，久逢、乍逢，即用此字開口。甚有差人請客而客至，亦以呀字爲接見之聲者。此等迷謬，尚可言乎。故爲揭出，使知斟酌用之。

戲場慣用者，又有且住二字。此二字，有兩種用法：一則相反之事，用作過文，如正說此事，忽然想及彼事。彼事與此事勢難並行，纔想及而未曾出口，先以此二字截斷前言。且住者，住此說以聽彼說也。一則心上猶豫，假此以待沉吟，如此說自以爲善，恐未盡善。務期必妥，當於是處尋非，故以此代心口相商。且住者，稍遲以待不可竟行之意也。而今之梨園，不問是非、好歹，開口說話，即用此二字作助語詞。常有一段賓白之中，連說數十個且住者，此皆不詳字義之故。一經點破，犯此病者鮮矣。

上場引子下場詩，此一齣戲文之首尾。尾後不可增尾，猶頭上不可加頭也。可怪近時新例，下場詩念畢，仍不落臺，定增幾句淡話。以極緊湊之文，翻成極寬緩之局。此義何居，令人不解。曲有尾聲及下場詩者，以曲音散漫，不得幾句緊腔，如何截得板住。白文冗雜，不得幾句約語，如何結得話成。若使結過之後，又復說起，何如不收竟下之爲愈乎。且首尾一理，詩後既可添話，則何不於引子之先，亦加幾句說白，說完而後唱乎。此積習之最無理、最可厭者，急宜改革。然又不可盡革。如兩人三人在場，二人先下，一人說話未了，必宜稍停以盡其說。此謂弔場，原係古格。然須萬不得已，少此數句，必添以後一齣戲文，或少此數句，即埋没從前說話之意者，方可如此。是龍足，非蛇足也。然祇可偶一爲之。若齣齣皆然，則是是貂皆可續矣，何世間狗尾之多乎。

清·黄旛綽《梨園原·曲白六要》 音韻。句讀。音逗。文義。典故。五聲。尖團。

音韻：每發一字，先審其唇、齒、喉、舌、鼻，或半唇、半喉，或半舌、半齒，或半齒、半鼻，均須辨明。各有一定部分，不可强使歸於他部。特製出一表列下。按表類推，則不致有誤矣。

唇—非夫奉微。

齒—至恥是射。

喉—號奥靠歐。

舌—黎樓亮列。

鼻—無純乎鼻音，皆係與他音相輔者。如：西一令進。

按上表所列類推之，則發出之音，自然字正音圓，不致有唱者爲天聽者爲焉，唱者爲地聽者爲息，唱者爲元聽者爲言，唱者爲黄聽者爲旁之弊也。

句讀：句者，一整句也，讀音逗者，半句也。唱曲時不分句、讀，尚有腔調以繩之。惟說白必須句、讀分明，方能達出本意。如豈不知聖人云，豈不知三字爲讀，至聖人云始爲一句。説白至讀時，略微一頓，不可過久，至一句，則稍久亦無妨也。

文義：曲白須先知其講解。又有字同義不同、字同音不同之别。字同義不同：容易，從容，容貌。字同音不同：華山，音畫。華夏，音划。華蕚，音花。以此類推，虚心研習，可免訛字、訛音之疵。

典故：詞曲説白之内，往往引用古人典故，務須查明出處，心中了了，則可以傳神。

五聲：五聲係陰平、陽平、上、去、入是也。唱曲不知發聲、收聲之理，則其字音出口即變。要知五音之别，須將下列之表讀熟千遍，然後逢字即知陰陽矣。【略】凡工尺短者，可以脱口而出。工尺長者，須將一字分爲數音，如人字，若工尺長，則可分爲任、惡、恩，徐徐吐之。惟陰平字不宜分音。神而明之，得其三昧矣。

尖團：尖字、團字之分，近日罕有知其據者，往往團字變爲尖字，實爲曲白之大病。夫尖字係半齒音，如酒、箭、線，乃半齒音，故應用尖，久、劍、現則不然，非隨意可以念成尖字也。近時多不察之。

穿關砌末

題解

明·王驥德《曲律》卷三《論部色第三七》　嘗見元劇本，有於卷首列所用部色名目，並署其冠服、器械，曰某人冠某冠，服某衣，執某器，最詳。然其所謂冠服、器械名色，今皆不可復識矣。

清·李調元《劇話》卷上　元雜劇，凡出場所應有持、設、零雜，統謂砌末，如《東堂老》、《桃花女》以銀子爲砌末，《兩世姻緣》以鏡、畫爲砌末，《灰闌記》以衣服爲砌末，《楊氏勸夫》以狗爲砌末，《度柳翠》以月爲砌末。今都下戲園猶有關砌末語。

論説

唐·崔令欽《教坊記》　《聖壽樂》舞衣，襟皆各繡一大窠，皆隨其衣本色製純縵衫，下纔及帶，若短汗衫者以籠之，所以藏繡窠也。舞人初出樂次，皆是縵衣。舞至第二疊，相聚場中，即於衆中從領上抽去籠衫，各内懷中。觀者忽見衆女咸文繡炳焕，莫不驚異。

清·李漁《閒情偶寄》卷五《演習部·衣冠惡習》　記予幼時觀場，凡遇秀才赴考，及謁見當塗貴人，所衣之服，皆青素圓領，未有着藍衫者。三十年來，始見此服。近則藍衫與青衫並用，即以之别君子、小人。凡以正生、小生及外、末脚色而爲君子者，照舊衣青圓領，惟以净、丑脚色而爲小人者，則着藍衫。此例始於何人，殊不可解。夫青衿，朝廷之名器也。以賢愚而論，則爲聖人之徒者，始得衣之，以貴賤而論，則備縉紳之選者，始得衣之。名宦大賢，盡於此出，何所見而爲小人之服，必使净、丑衣之。此戲場惡習，所當首革者也。或仍照舊例，止用青衫而不設藍衫，若照新例，則君子、小人互用。萬勿獨歸花面，而令士子蒙羞也。

近來歌舞之衣，可謂窮奢極侈。富貴娱情之物，不得不然，似難責以儉樸。但有不可解者：婦人之服，貴在温柔，而近日舞衣，其堅硬有如盔甲。雲肩大而且厚，面夾兩層之外，又以銷金錦緞圍之。其下體前後二幅，名曰遮羞者，必以硬布裱骨而爲之。此戰場所用之物，名爲紙甲者是也，歌臺舞榭之上，胡爲乎來哉。易以輕軟之衣，使得隨身環繞，似不容已。至於衣上所綉之物，止宜兩種，勿及其他，上體鳳鳥，下體雲霞，此爲定製。蓋霓裳羽衣四字，業有成憲，非若點綴他衣，可以渾施色相者也。予非能創新，但能復古。方巾與有帶飄巾，同爲儒者之服。飄巾儒雅風流，方巾老成持重，以之分别老少，可稱得宜。近日梨園，每遇窮態患難之士，即戴方巾，不知何所取義。至紗帽中之有飄帶者，制原不佳，戴於粗豪公子之首，果覺相稱。至於軟翅紗帽，極美觀瞻，曩時張生踰牆等劇，往往用之，近皆除去，亦不得其解。

清·李斗《揚州畫舫録》卷五《新城北録下》　戲具謂之行頭。行頭分衣、盔、雜、把四箱。衣箱中有大衣箱、布衣箱之分。大衣箱文扮則富貴衣、五色蟒服、五色顧繡披風、龍披風、五色顧繡青花五彩綾緞襖褶、大紅圓領、辭朝衣、八卦衣、雷公衣、八仙衣、百花衣、醉楊妃、當場變、補套藍衫、五綵直擺、太監衣、錦緞敞衣、大紅金梗一樹梅道袍、緑道袍、石青雲緞掛袍、青素衣、袈裟、鶴氅、法衣、鑲領袖雜色夾緞襖、大紅雜色紬小襖。武扮則紥甲、大披掛、小披掛、丁字甲、排鬚披掛、大紅龍鎧、番邦甲、緑蟲甲、五色龍箭衣、背搭、馬褂、劊子衣、戰裙。女扮則舞衣、蟒服、襖褶、宫裝、宫搭、披蓮衣、白蛇衣、古銅補子、老旦衣、素色老旦衣、梅香衣、水田披風、採蓮裙、白綾裙、帕裙、緑綾裙、秋香綾裙、白繭裙。又男女襯褶衣、大紅袴、五色顧繡袴、桌圍、椅披、椅墊、牙笏、鸞帶、絲線帶、大紅紡絲帶、紅藍絲綿帶、絲綫帶、絹綫腰帶、五色綾手巾、巾箱、印箱、小鑼、鼓、板、弦子、笙、笛、星湯、木魚、雲鑼。布衣箱則青海衿、紫花海衿、青箭衣、青布褂、印花布棉襖、敞衣、青衣、號衣、藍布袍、安安衣、大郎衣、斬衣、鬃色老旦衣、漁婆衣、酒招、牢子帶。盔箱文扮平天冠、堂帽、紗貂、圓尖翅、尖尖翅、葷素八仙巾、汾陽帽、諸葛巾、判官帽、不論巾、老生巾、小生巾、高方巾、公子巾、净巾、綸巾、秀才巾、蚯聊巾、圓帽、吏典帽、大縱帽、小縱帽、皂隸帽、農吏帽、梢子帽、回回帽、牢子帽、涼冠、涼帽、五色氈帽、草帽、和尚帽、道士冠。武扮紫金冠、金紥鐙、銀紥鐙、水銀盔、打仗盔、金銀冠、二郎盔、三義盔、老爺盔、周倉帽、中軍帽、將巾、抹額、過橋勒邊、雉鷄毛、武生巾、月牙金箍、漢套頭、青衣紥頭、箍子、冠子。女扮觀音帽、昭容帽、大小鳳冠、妙常巾、花帕紥頭、湖縐包頭、觀音兜、漁婆纈、梅香絡、翠頭髻、銅餅子簪、銅萬卷書、銅耳挖、翠抹眉、蘇頭髮及小旦簡妝。雜箱鬍子則白三髯、黑三髯、蒼三髯、白滿髯、黑滿髯、蒼滿髯、虬髯、落腮、白吊、紅飛鬢、黑飛鬢、紅黑飛鬢、辮結、一撮一字。靴箱則蟒襪、妝緞棉襪、白綾襪、皂緞靴、戰靴、老爺靴、男大紅鞋、雜色綵鞋、滿幫花鞋、緑布鞋、踩蹻鞋、僧鞋。旗包則白綾護領、妝緞紥袖、五色綢傘、連幌腰子、小絡斗、連幌幌子、人車、搭旗、背旗、飛虎旗、月華旗、帥字旗、清道旗、精忠報國旗、認軍旗、雲旗、水旗、蜘蛛網、大帳前、小帳前、布城、山子、又加官臉、皂隸臉、雜鬼臉、西施臉、牛頭、馬面、獅子、全身玉帶、數珠、馬鞭、拂塵、掌扇、宫燈、叠摺扇、紈扇、五色串枝、花鼓、花鑼、花棒槌、大蒜頭、勅印、虎皮、令箭架、令牌、虎頭牌、文書、鋤硯、籤筒、梆子、手靠、鐵鍊、招標、撕髮、人頭草、鸞帶、燭臺、香爐、茶酒壺、筆硯、筆筒、書、水桶、蓆、枕、龍劍、掛刀、短把子刀、大鑼、鎖哪、啞叭、號筒。把箱則鑾儀兵器備焉。此之謂江湖行頭。鹽務自製戲具，謂之内班行頭。自老徐班全本《琵琶記》、《請郎花燭》，則用紅全堂，《風木餘恨》則用白全堂，備極其盛。他如大張班，《長生殿》用黄全堂，小程班《三國志》用緑蟲全堂。小張班十二月花神衣，價至萬金。百福班一齣《北餞》，十一條通天犀玉帶。小洪班燈戲，點三層牌樓，二十四燈，戲箱各極其盛。若今之大洪、春臺兩班，則聚衆美而大備矣。

清·姚燮《今樂考證·緣起·砌末行頭》 翟灝云：元雜劇，凡出場所應有持設、零雜，統謂砌末，如《東堂老》以銀子爲砌末，《兩世姻緣》以鏡、畫爲砌末，《灰闌記》以衣服爲砌末，《楊氏勸夫》以狗兒爲砌末，《度柳翠》以月兒爲砌末。今都下戲園，猶有鬧砌末之語。

清·王國維《古劇脚色考·餘説二面具考》 面具之興古矣。周官方相氏，掌蒙熊皮，黄金四目，玄衣，朱裳，執戈，揚盾，似已爲面具之始。《漢書·禮樂志》：朝賀置酒爲樂，有常從象人四人，秦倡象人員三人。孟康曰：象人，若今戲魚、蝦、師子者也。韋昭曰：著假面者也。張衡《西京賦》：總會仙倡，戲豹舞羆，白虎鼓瑟，蒼龍吹箎。李善注曰：仙倡，僞作假形。謂如神仙，羆豹、熊虎，皆謂假頭也。《顔氏家訓·書證篇》：《文康》象庾亮。《隋書·音樂志》：禮畢者，出于晉太尉庾亮家。亮卒後，其伎追思亮，因假爲其面，執翳，以舞象其容，取其謚以號之，謂之爲《文康樂》。《舊唐書·音樂志》：《代面》，出于北齊。北齊蘭陵王長恭，才武而面美，常著假面以對敵。《北齊書》及《北史》本傳不云假面，但云免胄示之面耳。又云：《安樂》者，周武帝平齊所作也。舞者八十人，刻木爲面，狗喙獸耳，以金飾之，垂線爲髮，畫猰皮帽，舞蹈姿制，猶作羌胡狀。是北朝與唐散樂中，固盛行面具矣。《宋史·狄青傳》：常戰安遠，臨敵，被髮帶銅面具，出入賊中。而陸游《老學庵筆記》載，政和中，大儺，下桂府進面具。比到，稱一副，初訝其少，乃是以八百枚爲一副，老少研醜，無一相似者，乃大驚。面具之見於載籍者，大略如此。其用諸散樂，始于漢之象人，而《文康樂》、《代面》戲、《安樂》踵之。宋之面具雖極盛於政和，而未聞用諸雜戲。蓋由塗面既興，遂取而代之歟。

明・趙琦美《脈望館鈔校古今雜劇・破窰記》穿關。頭折：劉員外：一字巾、茶褐直身、鈎子困帶、蒼白髯。家童：紗包頭、青衣、褡膊。寇準：一字巾、圓領縧兒、三髭髯。呂蒙正：一字巾、補納直身、縧兒、三髭髯。正旦劉月娥：花箍、補子襖兒、裙兒、布襪、鞋。梅香：髽髻箍兒、比甲襖兒、裙兒、布襪、鞋。左尋：纓子大帽、膝襴曳撒、比甲、鑾帶。右趓：雙簷鋼叉帽、補子貼裏、比甲、鑾帶。寇準、呂蒙正又上：同前。劉員外又上：同前。雜當：紗包頭、青衣、褡膊。正旦劉月娥、梅香又上：同前。

第二折：長老：僧帽、僧衣、袈裟、數珠。行者：僧陀頭、僧衣。劉員外、呂蒙正：同前。正旦劉月娥：手帕、補納襖、裙兒、布襪、鞋。劉員外又上：同前。卜兒：塌頭手帕、眉額、襖兒、裙兒、布襪、鞋。呂蒙正又上、寇準：同前。

第三折：呂蒙正：一字巾、補子圓領、帶、三髭髯。張千：攢頂、圓領項帕、褡膊。媒婆：鬏髻手帕、比甲襖兒、裙兒、布襪、鞋。正旦劉月娥、媒婆又上：同前。呂蒙正又上：同頭折。

第四折：寇準：兔兒角幞頭、補子圓領、帶、三髭髯。長老、行者：同前。呂蒙正：同三折。正旦劉月娥：鬏髻頭面、補子襖兒、膝襴裙、布襪、鞋。劉員外、卜兒、寇準又上：同前。

又《裴度還帶》穿關。頭折：王員外：一字巾、圓領縧兒、三髭髯。旦兒：鬏髻、手帕、比甲襖兒、裙兒、布襪、鞋。家童：紗包頭、青衣、褡膊。正末裴度：散巾、補納直身、縧兒、三髭髯。

第二折：長老：僧帽、僧衣、數珠。行者：僧陀頭、僧衣。王員外、正末裴度：同前。趙野鶴：散巾、道袍、縧兒、三髭髯、裙扇。韓夫人：塌頭手帕、補納襖兒、補納裙、布襪、鞋。韓瓊英：手帕、補納襖兒、補納裙、布襪、鞋。李邦彥：一字巾、補子圓領、帶、三髭髯。張千：攢頂、圓領項帕、褡膊。韓瓊英又上：同前，提灰罐。

第三折：山神：鳳翅盔、膝襴曳撒、袍、項帕直纏、褡膊、帶、三髭髯。韓瓊英、正末裴度、韓瓊英、夫人：同前。

楔子：長老、行者、趙野鶴、正末裴度、夫人：同前。

第四折：韓太守：一字巾、補子圓領、帶、蒼白髯。張千：同前。媒人：同前旦兒。山人：方巾、青直身、縧兒。韓瓊英：花箍、補子襖兒、膝襴裙、布襪、鞋。正末裴度：幞頭、襴、偏帶、三髭髯、笏。韓太守又上：同前。夫人：塌頭手帕、補子襖兒、裙兒、布襪、鞋。趙野鶴、長老、王員外、旦兒、李邦彥：同前。

又《哭存孝》穿關。頭折：李存信、康君立：練垂狐帽、皮襖、戰裙、皮條茄袋、刀。李克用：煙墩帽、蟒衣曳撒、毛襖闊粧茄袋、帶劍、三髭髯。劉夫人：罟罟帽、補子襖兒、毛襖、裙兒、布襪。番卒子：練垂帽、虎兒斑丟袖貼裏、皮條茄袋。周德威：奓簷帽、蟒衣曳撒、袍、項帕、直纏、褡膊、帶、帶劍、三髭髯。李存信、康君立又上：同前。鄧夫人：塌頭手帕、襖兒裙兒、布襪、鞋。李存孝：虎磕腦盔、蟒衣曳撒、虎皮袍、項帕、直纏、褡膊帶、猛髯、鐵燕撾。

第二折：李存孝、番卒子、李存信、康君立、李克用、劉夫人：同前。李存信、康君立、李存孝、正旦鄧夫人、卒子：同前。孛老兒：一字巾、茶褐直身、縧兒、蒼白髯、拄杖。小末尼：一字巾、圓領縧兒、三髭髯。劉夫人又上、李克用、李存信、康君立又上：同前。劉夫人、李存孝又上、周德威：同前。

第三折：劉夫人：同前。正旦莽古歹：同前。

第四折：李克用、李存信、康君立、番卒子、劉夫人：同前。正旦鄧夫人：同前挐引魂旛。劉夫人又上：同前。李克用、周德威、番卒子挐李存信、康君立又上：同前。

又《五侯宴》穿關。楔子：李嗣源：煙墩帽、蟒衣曳撒、毛襖闊粧茄袋、帶劍、三髭髯。番卒子：練垂帽、虎兒斑丟袖貼裏、皮條茄袋、刀。趙太公：雙簷氈帽、青直身縧兒、拄杖。正旦李氏：塌頭手帕、補衲襖、裙兒、布襪、鞋。

第一折：趙太公：同前。正旦李氏：塌頭手帕、襖兒、裙兒、布襪、鞋，抱一倈。

第二折：李嗣源、番卒子、正旦李氏：同前，抱倈兒。李嗣源又上：同前。

第三折：葛從周：奓簷帽、蟒衣曳撒、袍、項帕、直纏、褡膊、帶、帶劍、三髭髯。卒子：紅碗子盔、青布釘甲兒、褡膊、劍。王彥章：披廈冠、蒼白髮陀頭、抹額、錦襖、皂袍、項帕、如意裙、直纏、褡膊、帶、帶劍、行纏、八荅鞋、蒼白髯。李嗣源、番卒子：同前。李亞子、石敬瑭：狐帽、膝襴曳撒、毛襖、闊粧茄袋、帶劍、三髭髯。孟知祥：煙墩帽、膝襴曳撒、毛襖闊粧茄袋、帶劍、三髭髯。劉知遠：煙墩帽、蟒衣曳撒、比甲、闊粧茄袋、帶劍、三髭髯。李從珂：狐帽、蟒衣曳撒、毛襖、闊粧茄袋、帶劍。王彥章又上、李亞子、石敬瑭、孟知祥：俱同前。劉知遠、李嗣源、李從珂、趙太公：俱同前。趙脖揪：氈帽、青衣、褡膊。正旦李氏、李從珂、番卒子又上：同前。

第四折：李嗣源、番卒子、李亞子、孟知祥、石敬瑭、劉知遠、李從珂、李嗣源、四將又上：俱同前。正旦劉夫人：罟罟帽、補子襖兒、毛襖、裙兒、布襪、鞋、拄杖。李從珂又上：同前。

第五折：趙脖揪、正旦李氏、李從珂、番卒子、李嗣源、四將：俱同前。

又《澠池會》穿關。楔子：秦昭公：簪纓公子冠、上衫袍、方心曲領、火裙、錦綬牌子、褡膊、玎璫、帶、三髭髯、執圭。卒子：紅碗子盔、青布釘兒甲、褡膊、劍。白起：三叉冠、抹額、蟒衣曳撒、袍、項帕、直纏、褡膊、帶、帶劍、三髭髯。趙成公：同前秦昭公。卒子：同前。使命：一字巾、補子圓領、帶、三髭髯。廉頗：奓簷帽、蟒衣曳撒、袍、項帕、直纏、褡膊、帶、帶劍、三髭髯。正末藺相如：三叉冠、抹額、補子圓領、帶、帶劍、三髭髯。

第一折：秦昭公、卒子、正末藺相如：同前。親隨：攢頂、圓領項帕、褡膊。白起、秦昭公、卒子、白起又上：同前。

第二折：趙成公、卒子、正末藺相如、親隨、廉頗、使命：同前。

第三折：秦昭公、卒子：同前。康皮力：皮奓簷帽、膝襴曳撒、掩心甲、項帕、直纏、褡膊、劍。范當災：皮盔、膝襴貼裏、掩心甲、項帕、直纏、褡膊、劍。白起、正末藺相如、趙成公、卒子、廉頗：同前。

楔子：趙成公、卒子、廉頗、正末藺相如、親隨：同前。秦昭公、卒子、康皮力、范當災、廉頗、卒子：同前。呂成：同前廉頗。

第四折：虞候：同前親隨。正末藺相如：小帽、手帕、藍曳撒、絛兒、三髭髯、拄杖。廉頗、呂成、卒子、康皮力、范當災：同前。正末藺相如、廉頗又上、趙成公、卒子：同前。正末藺相如、廉頗又上：同前。

又《襄陽會》穿關。頭折：劉備：奓簷帽、蟒衣曳撒、黃袍、項帕、直纏、褡膊、帶、帶劍、三髭髯。趙雲：三山帽、膝襴曳撒、袍、項帕、直纏、褡膊、帶、帶劍、三髭髯。卒子：紅碗子盔、青布釘兒甲、褡膊、劍。關末：滲青巾、蟒衣曳撒、紅袍、項帕、直纏、褡膊、帶、帶劍、三髭髯。張飛：包巾、蟒衣曳撒、皂袍、項帕、直纏、褡膊、帶、竹節鞭、猛髯。簡雍：奓簷帽、膝襴曳撒、袍、項帕、直纏、褡膊、帶、帶劍、三髭髯。劉琮：皮奓簷帽、膝襴曳撒、項帕、直纏、褡膊。蒯越：皮盔、膝襴曳撒、掩心甲、項帕、直纏、褡膊、劍。蔡瑁：皮盔、膝襴貼裏、掩心甲、項帕、直纏、褡膊、劍。劉表：奓簷帽、蟒衣曳撒、袍、項帕、直纏、褡膊、帶、帶劍、三髭髯。卒子：同前。劉備又上：同前。正末劉琦：奓簷帽、蟒衣曳撒、袍、項帕、直纏、褡膊、帶、帶劍、三髭髯。劉琮：同前。蒯越、蔡瑁又上：同前。

第二折：蒯越、蔡瑁：同前。正末王孫：鳳翅盔、膝襴曳撒、袍、項帕、直纏、褡膊、帶、帶劍、三髭髯。劉備：同前。蒯越、蔡瑁又上：同前。

楔子：司馬徽：散巾、邊襴道袍、絛兒、樓扇、三髭髯。劉備：同前。龐德公：散巾、邊襴道袍、絛兒、裙扇、三髭髯。道童：秦巾、邊襴道袍、絛兒。寇封：鳳翅盔、膝襴曳撒、項帕、直纏、褡膊、帶、三髭髯。卜兒：塌頭手帕、襖兒、裙兒、布襪、鞋、拄杖。正末徐庶：散巾、邊襴道袍、絛兒、樓扇。道童：同前。趙雲：同前。卜兒又上：同前。

第三折：曹操：兔兒角幞頭、補子圓領、帶、帶劍、三髭髯。卒子：同前。曹仁：鳳翅盔、膝襴曳撒、項帕、直纏、褡膊、帶、三髭髯。曹章：皮盔、膝襴曳撒、項帕、掩心甲、直纏、褡膊。劉備、關末、張飛、趙雲：同前。正末徐庶、劉備、關末、張飛、趙雲又上：同前。許褚：皮盔、膝襴曳撒、掩心甲、項帕、直纏、褡膊、劍。

楔子：曹仁、曹章、卒子：同前。張飛：同前。劉封：同寇封。麋竺、麋芳、鞏固：鳳翅盔、膝襴曳撒、袍、項帕、直纏、褡膊、帶、帶劍、三髭髯。簡雍：同前。正末徐庶、關末：同前。

第四折：劉備：同前。卒子：同前。正末徐庶：同前。衆將拿曹章：同前。

又《圯橋進履》穿關。頭折：李斯：兔兒角幞頭、補子圓領、帶、三髭髯。祇從：攢頂、圓領、項帕、褡膊。蒙恬：鳳翅盔、蟒衣曳撒、袍、項帕、直纏、褡膊、帶、帶劍、三髭髯。正末張良：散巾、圓領、絛兒、三髭髯。虎：虎衣。喬仙：雙髻髽髮陀頭、邊襴道袍、絛兒、漁鼓簡子。太白金星：散巾、邊襴道袍、執袋、絛兒、白髮、白髯、裙扇。

第二折：黃石公：秦巾、白髮陀頭、邊襴道袍、執袋、絛兒、布襪、履鞋、白髯、拄杖。李長者：一字巾、圓領、絛兒、三髭髯。行錢：紗包頭、青衣、褡膊。正末張良、正末張良又上：同前。福星扮貨卜先生：散巾、邊襴道袍、絛兒、三髭髯。黃石公又上、黃石公又上：同前。正末張良又上、正末張良又上、黃石公又上：同前。

楔子：李長者、行錢、正末張良：同前。

第三折：蕭何：兔兒角幞頭、補子圓領、帶、三髭髯。樊噲：皮奓簷帽、膝襴曳撒、掩心甲、項帕、直纏、褡膊、劍。卒子：紅碗子盔、青布釘兒甲、褡膊、劍。韓信：爹簷帽、蟒衣曳撒、袍、項帕、直纏、褡膊、帶、帶劍、三髭髯。灌嬰、張耳：鳳翅盔、膝襴曳撒、袍、項帕、直纏、褡膊、帶、帶劍、三髭髯。正末張良：一字巾、補子圓領、帶、三髭髯。中陽：爹簷帽、蟒衣曳撒、袍、項帕、直纏、褡膊、帶、帶劍、三髭髯。卒子：同前。陸賈：一字巾、補子圓領、帶、三髭髯。張仝：皮盔、膝襴曳撒、掩心甲、項帕、直纏、褡膊、劍。正末張良：散巾、邊襴道袍、縧兒、三髭髯、裙扇。張耳又上、陸賈、卒子拏正末張良又上：同前。灌嬰、卒子又上：同前，打楚字旗號。張耳、樊噲、卒子拏中陽又上：同前。鍾離昧：皮盔、膝襴曳撒、掩心甲、項帕、直纏、褡膊、劍。卒子：同前。季布：皮盔、膝襴貼裏、掩心甲、項帕、直纏、褡膊、劍。張耳又上、鍾離昧、季布、卒子又上：同前。張耳、灌嬰、樊噲、卒子又上：同前。

第四折：蕭何、卒子：同前。韓信、卒子、灌嬰、張耳、樊噲，同前。正末張良：同三折。蕭何又上：同前。

又《蔣神靈應》穿關。頭折：苻堅：爹簷帽、蟒衣曳撒、袍、項帕、直纏、褡膊、帶、帶劍、三髭髯。卒子：紅碗子盔、青布釘兒甲、褡膊、劍。正末王猛：兔兒角幞頭、補子圓領、帶、蒼白髯。苻融：兔兒角幞頭、補子圓領、帶、三髭髯。梁成：皮爹簷帽、膝襴曳撒、掩心甲、項帕、直纏、褡膊、劍。慕容垂：皮盔、膝襴貼裏、掩心甲、項帕、直纏、褡膊、劍。

第二折：桓沖：兔兒角幞頭、補子圓領、帶、三髭髯。卒子：同前。王坦之：一字巾、補子圓領、帶、三髭髯。謝安：兔兒角幞頭、補子圓領、帶、三髭髯。卒子：同前。王坦之又上：同前。正末謝玄：爹簷帽、蟒衣曳撒、袍、項帕、直纏、褡膊、帶、帶劍、三髭髯。

楔子：蔣神：鳳翅盔、膝襴曳撒、袍、項帕、直纏、褡膊、帶、帶劍、三髭髯。鬼力：鬼頭、錦襖、項帕、直纏、褡膊。廟官：道冠、道衣、縧兒、笏。謝石：爹簷帽、膝襴曳撒、袍、項帕、直纏、褡膊、帶、帶劍、三髭髯。卒子：同前。劉牢之、桓伊、謝琰：鳳翅盔、膝襴曳撒、袍、項帕、直纏、褡膊、帶、帶劍、三髭髯。正末謝玄：同前。

第三折：慕容垂、梁成、卒子：同前，躧馬兒。劉牢之、卒子：同前，躧馬兒。苻堅、卒子：同前，躧馬兒。正末謝玄、謝石、劉牢之、桓伊、謝琰、卒子、同前。躧馬兒。蔣神、苻堅又上：同前。梁成、慕容垂又上：同前。

第四折：桓沖、卒子、王坦之、謝安：同前。正末謝玄、謝石、謝琰、桓伊、劉牢之：同前。

又《降桑椹》穿關。頭折：殿頭官：兔兒角幞頭、補子圓領、帶、三髭髯。張千：攢頂、圓領項帕、褡膊。蔡員外：一字巾、茶褐直身、鈎子困帶、蒼白髯、拄杖。卜兒：塌頭手帕、眉額、襖兒、裙兒、布襪、鞋。家童：攢頂、青衣項帕、褡膊。興兒：紗包頭、青衣、褡膊。劉普能：一字巾、茶褐直身、縧兒、蒼白髯。周景和：攢頂、青直身縧兒、蒼白髯。夏德閏：一字巾、茶褐直身、縧兒、蒼白髯。仇彥達：攢頂、青直身縧兒、蒼白髯。王伴哥：雙簷氈帽、綿布直身、褡膊。白厮賴：氈帽、青衣、褡膊。正末蔡順：一字巾、圓領縧兒、三髭髯。旦兒：塌頭手帕、襖兒、裙兒、布襪、鞋。解子：攢頂、補子直身、項帕、褡膊、拏棍。延岑：攢頂、補納直身、綿布搭、猛髯、帶枷鎖。

第二折：卜兒：同前手帕、拄杖。蔡員外、興兒、旦兒、正末蔡順：同前。太醫：方巾、圓領縧兒、藥包。糊突蟲：同太醫。增福神：展角幞頭、紅襴、偏帶、三髭髯、笏。鬼力：鬼頭、錦襖、項帕、法墨搭、直纏、褡膊。門神：鳳翅盔、膝襴曳撒、袍項帕、直纏、褡膊、帶、帶劍、金羃、三髭髯、鉞斧。户尉：鳳翅盔、膝襴曳撒、袍、項帕、直纏、褡膊、帶、帶劍、烏羃、猛髯、金瓜。土地：方巾、邊襴道袍、縧兒、白髯、拄杖。井神：枕頭冠、上衫袍、方心曲領、火裙、錦綬牌子、褡膊、玎璫、帶、黑髮、三髭髯、執圭。竈神：弁冠、上衫袍、方心曲領、火裙、錦綬牌子、褡膊、玎璫、帶、黑髮、三髭髯、執圭。廁神：展角幞頭、緑襴、偏帶、笏。旦兒又上：同前。

第三折：桑樹神：同廁神。風伯：鬼頭、錦襖、項帕、法墨搭直纏、褡膊、風布袋。鬼力：同前。雪神：雲冠、玉色蟒衣、玉色袍、項帕、直纏、褡膊、帶、白髮、白髯、雪光、執圭。雨師：如意冠、鶴氅、牌子、玎璫、三髭髯、柳枝、水盞。鬼力：同前。雷公：雷公頭、錦襖、項帕、法墨搭直纏、褡膊、飛翅、雷光、雷楔。電母：花箍、襖兒、裙兒、香串、布襪、鞋、雙鏡。鬼力：同前。延岑：萬字巾、蟒衣曳撒、項帕、直纏、褡膊、帶、帶劍、猛髯。僂儸：萬字巾、錦襖、項帕、法墨搭、直纏、褡膊、劍。正末蔡順、興兒、延岑、僂儸又上：同前。

第四折：卜兒、蔡員外、家童：同前。正末蔡順、興兒，同前，捧桑椹子，背砌末。使命：一字巾、補子圓領、帶、三髭髯。

第五折：殿頭官、張千：同前。延岑：爹簷帽、蟒衣曳撒、袍、項帕、直纏、褡膊、帶、帶劍、猛髯。劉普能、周景和、夏德閏、仇彥達：同前。王伴哥、白厮賴、蔡員外、卜兒、旦兒：同前。正末蔡順：一字巾、補子圓領、帶、三髭髯。

又《伊尹耕莘》穿關。楔子：東華子：如意蓮花冠、鶴氅、牌子、玎璫、三髭髯、執圭。仙童：秦巾、邊襴道袍、縧兒。正末文曲星：如意冠、鶴氅、牌子、玎璫、三髭髯、執圭。

頭折：旦兒：手帕、襖兒、裙兒、布襪、鞋、抱俫兒。王留：雙簷氈帽、綿布襖、綿布踅、花手巾、鞝鞋。伴哥：氈帽、綿布襖、綿布踅、花手巾、鞝鞋。正末伊員外：一字巾、茶褐直身、鈎子困帶、蒼白髯、拄杖。李老人：攢頂、茶褐直身、縧兒、蒼白髯、拄杖。王留、伴哥又上：同前。

第二折：陶去南：皮奓簷帽、膝襴曳撒、掩心甲、項帕、直纏、褡膊、劍。喬卒子：纏氈帕、青布釘兒甲、褡膊、劍。趓入巢：皮盔、膝襴貼裹、掩心甲、項帕、直纏、褡膊、劍。方伯天乙：簪纓公子冠、上衫袍、方心曲領、火裙、錦綬牌子、褡膊、玎璫、帶、三髭髯、執圭。卒子：紅碗子盔、青布釘兒甲、褡膊、劍。仲虺：兔兒角幞頭、補子圓領、帶、三髭髯。汝方：一字巾、補子圓領、帶、三髭髯。正末伊尹：散巾、補納直身、縧兒、三髭髯。隱士余章：一字巾、圓領縧兒、三髭髯。汝方、卒子：同前捧勑書禮物、躧馬兒。

第三折：陶去南、喬卒子、趓入巢：同前。方伯、仲虺、卒子、正末伊尹、汝方、卒子：同前。費昌：奓簷帽、蟒衣曳撒、袍、項帕、直纏、褡膊、帶、帶劍、三髭髯。

楔子：趓入巢、喬卒子、費昌、卒子、陶去南、卒子：同前躧馬兒。正末伊尹：兔兒角幞頭、補子圓領、帶、帶劍、三髭髯、躧馬兒。方伯、卒子：同前，打旗號，躧馬兒。

第四折：殿頭官：兔兒角幞頭、補子圓領、帶、三髭髯。仲虺、汝方、卒子、正末伊尹、費昌：同前。

又《三戰呂布》穿關。頭折：袁紹：奓簷帽、蟒衣曳撒、袍、項帕、直纏、褡膊、帶、帶劍、三髭髯。卒子：紅碗子盔、青布釘兒甲、褡膊、劍。曹操：兔兒角幞頭、補子圓領、帶、帶劍、三髭髯。孫堅：皮奓簷帽、膝襴曳撒、掩心甲、項帕、直纏、褡膊、劍。劉表：奓簷帽、蟒衣曳撒、袍、項帕、直纏、褡膊、帶、帶劍、三髭髯。孔融、韓昇、鮑信、喬梅、王曠、韓俞、吳慎、張秀：鳳翅盔、膝襴曳撒、袍、項帕、直纏、褡膊、帶、帶劍、三髭髯。陶謙：鳳翅盔、膝襴曳撒、袍、項帕、直纏、褡膊、帶、帶劍、蒼白髯。袁術、趙莊、劉羽、公孫瓚、田客：鳳翅盔、膝襴曳撒、袍、項帕、直纏、褡膊、帶、帶劍、三髭髯。呂布：三叉冠雉雞翎、抹額、蟒衣曳撒、袍、項帕、直纏、褡膊、帶、三髭髯、簡。楊奉：皮盔、膝襴曳撒、掩心甲、項帕、直纏、褡膊、劍。侯成、高順、李肅、李儒、何蒙、陳廉、韓先：鳳翅盔、膝襴曳撒、袍、項帕、直纏、褡膊、帶、帶劍、三髭髯。袁紹、曹操、孫堅、卒子又上：同前，躧馬兒。劉表、孔融、韓昇、卒子又上：同前，躧馬兒。鮑信、喬梅、王曠、卒子又上：同前，躧馬兒。韓俞、吳慎、張秀、卒子又上：同前，躧馬兒。陶謙、袁術、趙莊、卒子又上：同前，躧馬兒。劉羽、公孫瓚、田客、卒子又上：同前，躧馬兒。呂布、八健將、卒子又上：同前，躧馬兒。孫堅又上：同前。漾門卒子：紅碗帽、青布釘兒甲、褡膊、劍。曹操又上：同前。劉末：奓簷帽、蟒衣曳撒、黃袍、項帕、直纏、褡膊、帶、帶劍、三髭髯。卒子：同前。曹操、卒子又上：同前。正末張飛：包巾、蟒衣曳撒、皂袍、項帕、直纏、褡膊、帶、猛髯、竹節鞭。關末：滲青巾、蟒衣曳撒、紅袍、項帕、直纏、褡膊、帶、帶劍、三髭髯。

第二折：呂布、卒子：同前。孫堅、卒子：同前。劉末、關末、正末張飛：同前。曹操：同前。

楔子：孫堅、卒子、呂布、卒子：同前。孫堅又上、呂布又上、楊奉：同前。正末張飛、卒子：同前。

第三折：呂布、卒子、楊奉、李肅、侯成：同前。李儒、高順、何蒙、陳廉、韓先：同前。曹操、劉末、關末、卒子：同前。孫堅：襯盔帽、藍貼裹、褡膊。正末張飛、卒子：同前，拏衣袍鎧甲。

楔子：呂布、八健將、劉末、關末：同前。劉末又上、關末又上：同前，躧馬兒。

第四折：袁紹、卒子、曹操：同前。正末張飛、劉末、關末：同前。

又《老君堂》穿關。楔子：劉文靜：兔兒角幞頭、補子圓領、帶、三髭髯。卒子：紅碗子盔、青布釘兒甲、褡膊、劍。袁天罡：一字巾、補子圓領、帶、三髭髯。李淳風：一字巾、補子圓領、帶、三髭髯。段志玄：鳳翅盔、膝襴曳撒、袍、項帕、直纏、褡膊、帶、帶劍、三髭髯。馬三寶：鳳翅盔、膝襴曳撒、袍、項帕、直纏、褡膊、帶、帶劍、三髭髯。正末秦王：奓簷帽、蟒衣曳撒、黃袍、項帕、直纏、褡膊、帶、弓箭、三髭髯。

頭折：李密：三山帽、蟒衣曳撒、袍、項帕、直纏、褡膊、帶、帶劍、猛髯。卒子：同前。徐懋功：兔兒角幞頭、補子圓領、帶、三髭髯。程咬金：四縫笠子盔、膝襴曳撒、袍、項帕、直纏、褡膊、帶、猛髯、開山斧。正末秦王、袁天罡：同前。白鹿：鹿衣。程咬金又上：同前。秦叔寶：三叉冠、抹額、蟒衣曳撒、袍、項帕、直纏、褡膊、帶、鐧、三髭髯。

第二折：劉文靜、卒子：同前。袁天罡：同前。李密、卒子：同前。劉文靜又上：同前。徐懋功、卒子：同前。魏徵：兔兒角幞頭、補子圓領、帶、三髭鬚。秦叔寶：同前。正末秦王：小帽、手帕、青直領、搭兒、枷鎖。劉文靜：小帽、手帕青直領、搭兒、枷鎖。

楔子：蕭銑：麥簷帽、蟒衣曳撒、袍、項帕、直纏、褡膊、帶、帶劍、三髭鬚。蕭虎：皮麥簷帽、膝襴曳撒、掩心甲、項帕、直纏、褡膊。蕭彪：皮盔、膝襴曳撒、掩心甲、項帕、直纏、褡膊。卒子：同前。高熊：皮盔、膝襴曳撒、掩心甲、項帕、直纏、褡膊。劉文靜：同頭折楔子。正末秦王：同頭折楔子。秦叔寶：同前。段志玄：同前。蕭銑、蕭虎、蕭彪又上：同前。高熊又上、馬三寶、卒子：同前。

第三折：李靖：兔兒角幞頭、補子圓領、帶、三髭鬚。正末探子：碗子盔、錦襖、項帕、如意裙、直纏、褡膊、藍絹褌、腿綳護膝、布襪、八答鞋、旗。

第四折：殿頭官：兔兒角幞頭、補子圓領、帶、三髭鬚。卒子：同前。正末秦叔寶、段志玄：同前。李靖、卒子拏程咬金：同前。使命：一字巾、補子圓領、帶、三髭鬚。

又《黄鶴樓》穿關。頭折：諸葛亮：捲雲冠、紅雲鶴道袍、絛兒、三髭鬚、羽扇。卒子：紅碗子盔、青布釘兒甲、褡膊、劍。周瑜：麥簷帽、蟒衣曳撒、袍、項帕、直纏、褡膊、帶、帶劍、三髭鬚。卒子：同前。魯肅：鳳翅盔、膝襴曳撒、袍、項帕、直纏、褡膊、帶、帶劍、三髭鬚。劉末：麥簷帽、蟒衣曳撒、黄袍、項帕、直纏、褡膊、帶、帶劍、三髭鬚。卒子、魯肅又上：同前。劉封：皮麥簷帽、膝襴曳撒、掩心甲、項帕、直纏、褡膊、劍。正末趙雲：三山帽、蟒衣、曳撒、袍、項帕、直纏、褡膊、帶、帶劍、三髭鬚。

第二折：諸葛亮、卒子：同前。關平：三山帽、膝襴曳撒、袍、項帕、直纏、褡膊、帶、帶劍、三髭鬚。伴姑兒：髽髻箍兒、比甲襖兒、裙兒、布襪、鞋。正末禾俫：紗包頭、綿布襖、綿布搭、花手巾、鞝鞋。關平又上：同前，躧馬兒。

第三折：周瑜、卒子、劉末、關平：同前。俊俏眼：紅氈帽、青布釘兒甲、褡膊。正末姜維：散巾、補納直身、絛兒、三髭鬚。

第四折：劉封、卒子、諸葛亮：同前。關末：滲青巾、蟒衣曳撒、紅袍、項帕、直纏、褡膊、帶、帶劍、三髭鬚。正末張飛：包巾、蟒、衣曳撒、皂袍、項帕、直纏、褡膊、帶、猛鬚、竹節鞭。劉末：同前。

又《鎖魔鏡》穿關。第一折：驅邪院主：撒髮陀頭、鶴氅、牌子、玎璫、三髭鬚、執圭、背光。靈官：梁冠、上衫袍、方心曲領、火裙、錦綬牌子、玎璫、褡膊、帶、蒼白鬚、執圭。玉女：花箍、補子襖兒、裙兒、布襪、鞋。執旗：披廈冠、束髮陀頭、膝襴曳撒、皂袍、項帕、直纏、褡膊、帶、猛鬚。捧劍：秦巾、邊襴道袍、絛兒。二郎神：三山帽、四花圓領、帶、如意。郭牙直：鐵幞頭、膝襴曳撒、袍、項帕、直纏、褡膊、帶、帶劍、紅鬚。奴厮兒：黄髮陀頭、茶褐直身、絛兒、彈弓。狗：狗衣。掌洞魔軍：披廈冠、黑髮陀頭抹額、膝襴曳撒、袍、項帕、直纏、褡膊、帶、帶劍、三髭鬚。鬼力：鬼頭、錦襖、項帕、法墨搭、直纏、褡膊。天魔女、地魔女、色魔女、運魔女：鬏髻、虎兒斑手帕、結彩襖、裙兒、褡膊、布襪、鞋、彩光、劍。野馬大聖、藥師大聖：披廈冠、紅髮陀頭抹額、膝襴曳撒、袍、項帕、直纏、褡膊、帶、帶劍、紅鬚。正末那吒：鈴杵冠、蟒衣曳撒、比甲、闊粧茄袋、繡毬。鬼力：同前。金睛百眼鬼：百眼鬼頭、錦襴、項帕、法墨搭、直纏、褡膊、枷鎖。牛魔王：披廈冠、紅髮笄角陀頭抹額、錦襖袍、項帕、如意裙、直纏、褡膊、帶、帶劍、行纏、布襪、八答鞋、紅鬚、枷鎖。

第二折：牛魔王、百眼鬼：同前。韓元帥：弁冠、上衫袍、方心曲領、火裙、錦綬牌子、玎璫、褡膊、帶、黑髮、三髭鬚、執圭。驅邪院主、鬼力、韓元帥、二郎神、奴厮兒、狗、鬼力：同前。抱刀鬼：鬼頭、錦襖、項帕、法墨搭、直纏、褡膊、執刀。正末天神：鐵幞頭、蟒衣曳撒、袍、項帕、直纏、褡膊、帶、帶劍、三髭鬚、背㓨、旗。郭牙直：同前。梅山大聖、梅山二聖、梅山三聖、梅山四聖、梅山五聖、梅山六聖、梅山七聖：撒髮陀頭抹額、膝襴曳撒、袍、項帕、直纏、褡膊、帶、帶劍、三髭鬚。

第三折：牛魔王、百眼鬼：同前。正末那吒、二郎、掌洞魔軍、四魔女、野馬大聖、藥師大聖、郭牙直、奴厮兒、衆神將：同前。牛魔王、百眼鬼、鬼力又上：同前。梅山大聖、二聖、鬼力：同前。梅山三聖、四聖、六聖、七聖、鬼力：同前。牛魔王、百眼鬼又上：同前。正末那吒、二郎、衆神將又上：同前。

第四折：刻本無穿關。

第五折：驅邪院主、鬼力：同前。正末那吒、二郎、四魔女、藥師大聖、野馬大聖、郭牙直、奴厮兒、七聖、衆神拏牛魔王、百眼鬼：同前。

又《博望燒屯》穿關。頭折：劉末：麥簷帽、蟒衣曳撒、黄袍、項帕、直纏、褡膊、帶、帶劍、三髭鬚。關末：滲青巾、蟒衣曳撒、紅袍、項帕、直纏、褡膊、帶、帶劍、三髭鬚。張飛：包巾、蟒衣曳撒、皂袍、項帕、直纏、褡膊、帶、猛鬚、竹節鞭。卒子：紅碗子盔、青布釘兒甲、褡膊、劍。正末諸葛亮：捲雲冠、紅雲鶴道袍、絛兒、三髭鬚、羽扇。道童：雙髻鬅髮陀頭、邊襴道袍、絛兒。劉末、關末、張飛又上：同前。趙雲：三山帽、蟒衣曳撒袍、項帕、直纏、褡膊、帶、帶劍、三髭鬚。

第二折：曹操：兔兒角幞頭、補子圓領、帶、帶劍、三髭鬚。許褚：皮盔、膝襴貼裹、掩心甲、項帕、直纏、褡膊、劍。卒子：同前。張遼：鳳翅盔、膝襴曳撒、袍、項帕、直纏、褡膊、帶、帶劍、三髭髯。夏侯惇：皮奓簷帽、膝襴曳撒、掩心甲、項帕、直纏、褡膊、劍。劉末、關末、張飛、趙雲：同前。劉封、糜竺、糜芳：鳳翅盔、膝襴曳撒、袍、項帕、直纏、褡膊、帶、帶劍、三髭髯。正末諸葛亮、道童：同前。

第三折：夏侯惇、卒子：同前。趙雲、卒子、趙雲又上：同前躧馬兒。夏侯惇又上、糜竺、糜芳、卒子、劉封、卒子：同前。夏侯惇又上、關末、卒子、夏侯惇又上：同前。張飛、卒子、夏侯惇又上、劉末、正末諸葛亮、卒子：同前。趙雲又上、糜竺、糜芳又上、劉封又上：同前。關末又上：同前。張飛又上：同前。

第四折：曹操、卒子：同前。管通：散巾、邊襴道袍、絛兒、三髭髯、裙扇。正末諸葛亮、劉末、關末、張飛、趙雲、糜竺、糜芳、卒子：同前。管通又上、趙雲又上、劉封又上：同前。張飛又上、關末又上、劉末又上：同前。

又《飛刀對箭》穿關。頭折：徐懋功：兔兒角幞頭、補子圓領、帶、蒼白髯。卒子：紅碗子盔、青布釘兒甲、褡膊、劍。孛老兒：一字巾、茶褐直身、絛兒、蒼白髯、拄杖。卜兒：塌頭手帕、襖兒、裙兒、布襪、鞋。旦兒：花箍、襖兒、裙兒、布襪、鞋。正末薛仁貴：攢頂、玉色直身、項帕、褡膊、三髭髯。

第二折：張士貴：皮奓簷帽、膝襴曳撒、掩心甲、項帕、直纏、褡膊、劍。卒子、正末薛仁貴、徐懋功：同前。

楔子：摩利支：三叉冠、抹額、膝襴曳撒、袍、項帕、直纏、褡膊、帶、飛刀、三髭髯。卒子、張士貴、卒子、摩利支、卒子又上：同前。正末薛仁貴：銀鳳翅盔、玉色蟒衣曳撒、玉色袍、項帕、直纏、褡膊、帶、三髭髯、弓箭、騎馬兒。卒子：同前。

第三折：高麗將：犀角帶、蟒衣曳撒、袍、海鮫項帕、直纏、褡膊、錦手巾、帶劍、三髭髯。正末探子：四大巾、錦襖、項帕、如意裙、直纏、褡膊、藍絹褲。腿綳護膝、布襪、八答鞋、弓。

第四折：徐懋功、卒子、張士貴：同前。孛老兒、卜兒、旦兒、正末薛仁貴：同楔子。

又《衣襖車》穿關。頭折：范仲淹：兔兒角幞頭、補子圓領、帶、蒼白髯。張千：攢頂、圓領、項帕、褡膊。狄青：攢頂、藍曳撒、項帕、褡膊、三髭髯。正末王環：一字巾、茶褐直身、絛兒、蒼白髯。狄青又上：同前。

第二折：范仲淹、張千：同前。店小二：雙簷氈帽、綿布襖、綿布踅、花手巾、鞥鞋。狄青：同前。正末飛山虎劉慶：錦大帽、錦襖、項帕、法墨踅、直纏、褡膊、行纏、布襪、八答鞋、猛髯。昝雄：三叉冠、抹額、白手巾、膝襴曳撒、海鮫項帕、錦手巾、鬧粧、帶、劍、三髭髯、躧馬兒。回回卒：回回帽、白手巾、比里罕、花手巾、回回鼻、刀。狄青又上：撒髮盔抹額、蟒衣曳撒、袍、項帕、直纏、褡膊、帶、三髭髯、竹節鞭、弓箭、躧馬兒。正末飛山虎劉慶又上：同前。卒子：紅碗子盔、青布釘兒甲、褡膊、劍。車頭：攢頂、青衣、項帕、褡膊、三髭髯、車扛。史牙恰：回回錦帽、白手巾、膝襴曳撒、海鮫項帕、間道手巾、鬧粧、帶、劍、三髭髯、躧馬兒。回回卒：同前。狄青又上：同前，躧馬兒。正末飛山虎劉慶又上：同前。

楔子：黄軫：皮盔、膝襴曳撒、掩心甲、項帕、直纏、褡膊、劍。正末飛山虎劉慶又上：同前。

第三折：李滚：犀角冠、白手巾、蟒衣曳撒、比甲、海鮫項帕、錦手巾、鬧粧、帶、劍、三髭髯。正末探子：回回帽、白手巾、錦襖、海鮫項帕、如意裙、直纏、褡膊、腿綳護膝、布襪、八答鞋、皂旗。

第四折：范仲淹、張千：同前。黄軫：同前。狄青：同前。正末飛山虎劉慶：同前。

又《射柳捶丸》穿關。頭折：耶律萬户：狐帽、膝襴曳撒、毛襖、鬧粧茄袋、帶刀、撒袋弓箭、三髭髯。小番：練垂帽、虎兒班丟袖貼裹、皮條茄袋、刀。韓魏公、范仲淹：兔兒角幞頭、補子圓領、帶、蒼白髯。祗從：攢頂、圓領項帕、褡膊。吕夷簡：兔兒角幞頭、補子圓領、帶、三髭髯。文彦博：一字巾、補子圓領、帶、三髭髯。葛監軍：皮奓簷帽、膝襴曳撒、掩心甲、項帕、直纏、褡膊、劍。陳堯佐、正末唐介：一字巾、補子圓領、帶、三髭髯。

第二折：李信：奓簷帽、膝襴曳撒、袍、項帕、直纏、褡膊、帶、帶劍、三髭髯。卒子：紅碗子盔、青布釘兒甲、褡膊、劍。正末延壽馬：四大巾、蟒衣曳撒、比甲、鬧粧茄袋、鞭子髯。陳堯佐：同前。

楔子：范仲淹、文彦博、吕夷簡、葛監軍、祗從：同前。正末延壽馬、陳堯佐、李信：同前。

第三折：耶律萬户、小番：同前。阻孛、党項：練垂帽、皮襖、戰裙、皮條茄袋、刀。葛監軍、卒子、阻孛、党項、小番又上：同前，躧馬兒。耶律萬户、小番、正末延壽馬、李信：同前，撒袋弓箭、躧馬兒。

第四折：范仲淹、祗從、吕夷簡、文彦博、陳堯佐：同前。葛監軍、正末又《十探子》穿關。頭折：孛老兒：攢頂、茶褐直身、絛兒、蒼白髯、拄杖。卜兒：塌頭手帕、眉額、襖兒、裙兒、布襪、鞋。卜兒、旦兒又上：同前。葛彪：雙簷、鋼叉帽、膝襴曳撒、比甲、纏帶。張千：攢頂、圓領項帕、褡膊。孛老兒又上：同前。街坊：同前孛老兒。龐衙内：紗帽、補子圓領、帶。孛老兒又上：同前。劉彥芳：一字巾、圓領絛兒、三髭髯。孛老兒又上：同前。正末廉使李圭：一字巾、笠子、補子圓領、帶、補納直身、絛兒、三髭髯。張千：同前。

第二折：范仲淹：兔兒角幞頭、補子圓領、帶、三髭髯。張千：同前。經歷：一字巾、補子圓領、帶、三髭髯。張千：同前。廚子：方巾、青布直身、絛兒、護衣。呂夷簡：同前范仲淹。回回官人：回回帽、白手巾、比里罕、海鮫項帕、錦手巾、鬧粧、回回鼻髯。漢兒官人：同前經歷。女直官人：四大巾、膝襴曳撒、比甲、鬧粧茄袋、緶子髯。達達官人：狐帽、膝襴曳撒、毛襖、鬧粧茄袋、三髭髯。龐衙内：同前。正末廉使：一字巾、補子圓領、帶、三髭髯。孛老兒：同前。

第三折：范仲淹、張千、葛彪、張千、張千：同前。李萬：同前張千。葛監軍：參簷帽、蟒衣曳撒、袍、項帕、直纏、褡膊、帶、帶劍、三髭髯。卒子：紅碗子盔、青布釘兒甲、褡膊、劍。正末李廉使、張千：同前衙杖。葛彪、張千、李萬又上：同前。探子李得中：皮碗子盔、青布釘兒甲、褡膊、手索。胡亂歇：紅氈帽、青衣、戰裙。探子飯當災：同前探子。世不飽：紅氈帽、青衣、戰裙。探子佯不睬：同前探子。不知道：紅氈帽、青衣、戰裙。探子喬搗碓：同前探子李得中。任傻瓜：紅氈帽、青衣、戰裙。探子疙疸頭：同前探子。壁虱臉：紅氈帽、青衣、戰裙。

第四折：范仲淹、張千、葛監軍、卒子、正末李圭、張千：同前。葛監軍又上、范仲淹又上：俱同前。張千拏劉彥芳、孛老兒、龐衙内：同前。

又《臨潼鬬寶》穿關。頭折：秦穆公：簪纓公子冠、上衫袍、方心曲領、火裙、錦綬牌子、褡膊、玎璫、帶、三髭髯、執圭。卒子：紅碗子盔、青布釘兒甲、褡膊、劍。百里奚：展角幞頭、紅襴、偏帶、蒼白髯、笏。楚平公：同前秦穆公。卒子：同前。正末伍奢：同前百里奚。

楔子：展雄：四縫笠子盔、蟒衣曳撒、袍、項帕、直纏、褡膊、帶、帶劍、猛髯。傻儸：萬字巾、錦襖、項帕、法墨氈、直纏、褡膊、劍。來皮豹：皮盔、膝襴曳撒、掩心甲、項帕、直纏、褡膊、劍。吳公子姬光：同前楚平公。卒子、來皮豹、卒子又上：同前。正末伍子胥：三山帽、玉色蟒衣曳撒、玉色袍、項帕、直纏、褡膊、帶、帶劍、三髭髯。楚平公、卒子、來皮豹、卒子又上：同前，躧馬兒。

延壽馬、李信：同前。部署：小帽、膝襴貼裏、纏帶、紫腕、閃竿。打拳四人：小帽、藍貼裏、纏帶、紫腕。韓魏公：同前。

又《劉弘嫁婢》穿關。楔子：李遜：一字巾、手帕、補子直身、三髭髯、拄杖。旦兒：塌頭手帕、襖兒、裙兒、布襪、鞋。李春郎：一字巾、圓領、絛兒。李春郎、旦兒又上：同前。太白：散巾、邊襴道袍、絛兒、白髮、白髯、裙扇。正末劉弘：一字巾、茶褐直身、鈎子困帶、蒼白髯、拄杖。

頭折：卜兒：塌頭手帕、眉額、襖兒、裙兒、布襪、鞋。王秀才：儒巾、圓領、絛兒。正末劉弘、李春郎：同前。

第二折：蘭孫：手帕、補納襖、裙兒、布襪、鞋。媒婆：鬏髻手帕、比甲襖兒、裙兒、布襪、鞋。正末劉弘、卜兒、王秀才、媒婆、蘭孫又上、旦兒、李春郎：同前。蘭孫又上：花箍、襖兒、裙兒、布襪、鞋。王秀才又上：同前。

第三折：李遜增福神、裴使君城隍：展角幞頭、紅襴、偏帶、三髭髯、笏。正末劉弘、卜兒：同前。倈兒：銀錠、青衣、項帕。褡膊。李遜、裴使君又上：同前。

第四折：李春郎官人：一字巾、補子圓領、帶、三髭髯。祗從：攢頂、圓領項帕、褡膊。正末劉弘、卜兒：同前。雜當：紗包頭、青衣、褡膊。王秀才、祗從：同前。倈兒：一字巾、補子圓領、帶。李春郎又上、旦兒：同前。蘭孫：鬏髻頭面、襖兒、裙兒、布襪、鞋。桂花：花箍、襖兒、裙兒、布襪、鞋。李遜、裴使君：同前。

又《病劉千》穿關。頭折：孛老兒：一字巾、茶褐直身、絛兒、蒼白髯、拄杖。折拆驢：雙簷氈帽、青衣、褡膊。快喫飯：氈帽、青衣、褡膊。世不飽：氈紅帽、青衣褡膊。正末劉千：攢頂、藍直身、項帕、褡膊、三髭髯。禾倈：紗包頭、綿布襖、綿布氈、花手巾、鞝鞋。孛老兒又上：同前。

第二折：旦兒：塌頭手帕、襖兒、裙兒、布襪、鞋。獨角牛：白氈大帽、銀錠、補納直身、錦襖項帕、如意裙、直纏、褡膊、猛髯。快喫飯、世不飽、孛老兒、折拆驢、旦兒、折拆驢：同前。正末劉千：攢頂、手帕、藍直身絛兒、三髭髯、拄杖。

第三折：香官：一字巾、補子圓領、帶、三髭髯。張千：攢頂、圓領項帕、褡膊。部署：小帽、膝襴貼裏、纏帶、紫腕、閃竿。打擂四人：小帽、藍貼裏、纏帶、紫腕。獨角牛：同前。正末劉千：銀錠、錦襖、項帕、如意裙、直纏、褡膊、藍絹袴、腿絣護膝、布襪、八答鞋、紫腕、三髭髯。折拆驢：同前。

第四折：孛老兒：同前。正末出山彪：攢頂、藍直身、項帕、褡膊、三髭髯。

第二折：展雄、僂儸：同前，躧馬兒。鄭成公、齊釐公、宋桓公、晉襄公、蔡莊公、曹簡公、陳共公、杞武公、韓康公、魏獻公、趙景公、魯懿公、燕莊公、越允公、梁孝公：簪纓公子冠、上衫袍、方心曲領火裙、錦綬牌子、褡膊、玎璫、帶、三髭髯、執圭。華茂：同前來皮豹。秋胡：同前百里奚。正末伍子胥、楚平公、姬光、卒子、正末伍子胥又上：同前。

第三折：秦穆公、百里奚、卒子：同前。秦姬輦：鳳翅盔、蟒衣曳撒、袍、項帕、直纏、褡膊、帶、帶劍、三髭髯。魯懿公、鄭成公、齊釐公、宋桓公、晉襄公、蔡莊公、曹簡公、陳共公、杞武公、韓康公、魏獻公、趙景公、燕莊公、越允公、梁孝公、吳姬光、正末伍子胥、楚平公：同前。卞莊、蒯瞶、甘蠅：同前來皮豹。展雄、卒子：同前，躧馬兒。

第四折：十七國公子、卒子、正末伍子胥：同前。

又《伐晉興齊》穿關。頭折：晉平公：簪纓公子冠、上衫袍、方心曲領、火裙、錦綬牌子、褡膊、玎璫、帶、執圭、三髭髯。卒子：紅碗子盔、青布釘兒甲、褡膊、劍。晏嬰：兔兒角幞頭、補子圓領、帶、三髭髯。卒子：同前。正末田穰苴：散巾、補納直身、絛兒、三髭髯。御者：攢頂、圓領項帕、褡膊。晏嬰、卒子又上、正末田穰苴、御者又上：同前。

第二折：齊景公：簪纓公子冠、上衫袍、方心曲領、火裙、錦綬牌子、褡膊、玎璫、帶、執圭、三髭髯。卒子、晏嬰、正末田穰苴：同前。莊賈：皮奓簷帽、膝襴曳撒、掩心甲、項帕、直纏、褡膊、劍。

第三折：晉平公：同前。蘇子皮：皮盔、膝襴曳撒、掩心甲、項帕、直纏、褡膊、劍。喬卒子：紅氈帽、青布釘兒甲、褡膊、劍。晏嬰：同前。正末田穰苴：奓簷帽、蟒衣曳撒、袍、項帕、直纏、褡膊、帶、帶劍、三髭髯。軍正：鳳翅盔、膝襴曳撒、袍、項帕、直纏、褡膊、帶、帶劍、三髭髯。慶舍：鳳翅盔、膝襴曳撒、袍、項帕、直纏、褡膊、帶、帶劍、三髭髯。卒子、莊賈：同前。鄒大夫：紗帽、補子圓領、帶。使命：一字巾、補子圓領、帶、三髭髯、持節騎馬兒。

楔子：蘇子皮、喬卒子：同前。正末田穰苴、軍正、卒子：同前，騎馬兒。

第四折：齊景公、卒子：同前。晏嬰、卒子：同前。正末田穰苴、軍正、卒子：同前。

又《孟母三移》穿關。頭折：齊檀子：披廈冠、補子圓領、帶、蒼白髯。祇從：攢頂、圓領項帕、褡膊。子思：散巾、茶褐直身、絛兒、蒼白髯。社長：雙簷氈帽、綿布直身、絛兒、拄杖。四牧童：紗包頭、綿布襖、綿布裩、花手巾、鞝鞋。孟少哥：銀錠、青衣項帕、褡膊。社長又上：同前。正旦孟母仉氏：塌頭手帕、眉額、襖兒、裙兒、布襪、鞋。侍女：髽髻箍兒、比甲襖兒、裙兒、布襪、鞋。卜兒：同前孟母仉氏。眾牧童拖孟少哥又上：同前。社長又上：同前。

第二折：大屠户：雙簷氈帽、綿布直身、褡膊。二屠户：氈帽、青衣、褡膊。孟少哥：攢頂、青衣項帕、褡膊。正旦孟母、侍女：同前。二屠户、孟少哥又上：同前。

楔子：子思：同前。學生六人：銀錠、青衣項帕、褡膊。家童：攢頂、青衣項帕、褡膊。正旦孟母、孟少哥：同前。

第三折：正旦孟母、侍女：同前。孟軻：一字巾、圓領絛兒、三髭髯。旦兒：塌頭手帕、襖兒、裙兒、布襪、鞋。

第四折：魯公子：簪纓公子冠、上衫袍、方心曲領、火裙、錦綬牌子、褡膊、玎璫、帶、三髭髯、執圭。卒子：紅碗子盔、青布釘兒甲、褡膊、劍。臧倉：披廈冠、補子圓領、帶、三髭髯。樂正子：一字巾、補子圓領、帶、三髭髯。孟軻、家童：同前。樂正子又上：同前。齊使陳賈：同前樂正子裝扮。齊公子：同前魯公子式。卒子：同前。陳賈又上：同前。孟軻又上：同前。臧倉又上：同前。正旦孟母、侍女：同前。家童：同前。孟軻：披廈冠、補子圓領、帶、三髭髯。齊公子田忌、齊檀子、陳賈又上：同前。臧倉又上：同前，背荊杖。

又《吳起敵秦》穿關。楔子：秦昭公：簪纓公子冠、上衫袍、方心曲領、火裙、錦綬牌子、褡膊、玎璫、帶、執圭、三髭髯。卒子：紅碗子盔、青布釘兒甲、褡膊、劍。卜兒：塌頭手帕、襖兒、裙兒、布襪、鞋、拄杖。家童：紗包頭、青衣、褡膊。正末吳起：散巾、補納直身、絛兒、三髭髯。

頭折：魏文侯：簪纓公子冠、上衫袍、方心曲領、火裙、錦綬牌子、褡膊、玎璫、帶、執圭、三髭髯。卒子：同前。李克：兔兒角幞頭、補子圓領、帶、三髭髯。季仲：披廈冠、補子圓領、帶、三髭髯。公孫鐸：皮奓簷帽、膝襴曳撒、掩心甲、項帕、直纏、褡膊、劍。正末吳起、家童：同前。李克、季仲、公孫鐸又上：同前。

第二折：秦昭公、卒子：同前。姬成：三叉冠、抹額、蟒衣曳撒、袍、項帕、直纏、褡膊、帶、帶劍、三髭髯。淑簡：鳳翅盔、膝襴曳撒、袍、項帕、直纏、褡膊、帶、帶劍、三髭髯。蒙彪：鳳翅盔、膝襴曳撒、袍、項帕、直纏、褡膊、帶、帶劍、三髭髯。王雄：鳳翅盔、膝襴曳撒、袍、項帕、直纏、褡膊、帶、帶劍、三髭髯。張虎：鳳翅盔、膝襴曳撒、袍、項帕、直纏、褡膊、帶、帶劍、三髭髯。姬樂：皮盔、膝襴曳撒、掩心甲、項帕、直纏、褡膊、劍。魏文侯、卒子、公孫鐸：同前。李克、季仲：同前。皇甫連：三叉冠、抹額、蟒衣曳撒、袍、項帕、直纏、褡膊、帶、帶劍、三髭髯。澹臺豹：鳳翅盔、膝襴曳撒、袍、項帕、直纏、褡膊、帶、帶劍、三髭髯。西門受：鳳翅盔、膝襴曳撒、袍、項帕、直纏、褡膊、帶、帶劍、三髭髯。正末吴起：同前。

第三折：公孫鐸：同前，躧馬兒。姬樂：同前，躧馬兒。皇甫連、西門受、澹臺豹、公孫鐸：同前，躧馬兒。淑簡、張虎、蒙彪、王雄、姬樂：同前，躧馬兒。正末吴起：參簷帽、蟒衣曳撒、袍、項帕、直纏、褡膊、帶、帶劍、三髭髯，躧馬兒。卒子：同前。姬成、淑簡：同前，躧馬兒。

第四折：魏文侯、卒子：同前。李克、季仲：同前。卜兒：同前。皇甫連、澹臺豹、西門受：同前。公孫鐸：同前。正末吴起：同前。

又《樂毅圖齊》穿關。頭折：齊公子：簪纓公子冠、上衫袍、方心曲領、火裙、錦綬牌子、褡膊、玎璫、帶、三髭髯、執圭。卒子：紅碗子盔、青布釘兒甲、褡膊、劍。蘇代：披厦冠、補子圓領、帶、三髭髯。淖齒：皮參簷帽、膝襴曳撒、掩心甲、項帕、直纏、褡膊。正末田單：簪纓三叉冠、紅抹額、膝襴曳撒、袍、項帕、直纏、褡膊、帶、帶劍、三髭髯。王孫賈：披厦冠、補子圓領、帶、三髭髯。

第二折：孫臏：散巾、邊襴道袍、絛兒、三髭髯、裙扇。道童：秦巾、邊襴道袍、絛兒。使命：一字巾、補子圓領、帶、三髭髯。燕公子：簪纓公子冠、上衫袍、方心曲領、火裙、錦綬牌子、褡膊、玎璫、帶、三髭髯、執圭。孫臏又上：同前。樂毅：參簷帽、膝襴曳撒、袍、項帕、直纏、褡膊、帶、帶劍、三髭髯。騎刼、騎能：皮盔、膝襴貼裏、掩心甲、項帕、直纏、褡膊。齊公子、蘇代、王孫賈、卒子、正末田單：同前。

第三折：騎刼、騎能、卒子、王孫賈、正末田單、卒子：同前。王孫賈又上、騎刼、騎能、卒子又上：同前。正末田單、王孫賈、蘇代又上、騎刼、騎能、卒子：同前。正末田單、王孫賈、蘇代又上：同前。火牛。

第四折：齊公子：同前。從人：攢頂、圓領項帕、褡膊。正末田單、王孫賈、蘇代：同前。

又《暗度陳倉》穿關。頭折：項羽：鳳翅盔、蟒衣曳撒、皂袍、項帕、直纏、褡膊、帶、帶劍、烏靠、三髭髯。卒子：紅碗子盔、青布釘兒甲、褡膊、劍。桓楚：鳳翅盔、膝襴曳撒、袍、項帕、直纏、褡膊、帶、帶劍、三髭髯。虞英、季布：鳳翅盔、膝襴曳撒、袍、項帕、直纏、褡膊、帶、帶劍、三髭髯。鍾離昧：鳳翅盔、膝襴曳撒、袍、項帕、直纏、褡膊、帶、帶劍、三髭髯。范增：散巾、邊襴道袍、絛兒、蒼白髯、裙扇。周殷：鳳翅盔、膝襴曳撒、袍、項帕、直纏、褡膊、帶、帶劍、三髭髯。丁公：皮參簷帽、膝襴曳撒、掩心甲、項帕、直纏、褡膊、劍。雍齒：皮盔、膝襴貼裏、掩心甲、項帕、直纏、褡膊、劍。沛公：紗尾帽、補子圓領、帶、帶劍、三髭髯。卒子：同前。蕭何、曹參：兔兒角幞頭、補子圓領、帶、三髭髯。卒子：同前。灌嬰、盧綰：鳳翅盔、膝襴曳撒、袍、項帕、直纏、褡膊、帶、帶劍、三髭髯。王陵、周勃、靳强、柴武：鳳翅盔、膝襴曳撒、袍、項帕、直纏、褡膊、帶、帶劍、三髭髯。吕凱：皮盔、膝襴貼裏、掩心甲、項帕、直纏、褡膊、帶。正末韓信：參簷帽、蟒衣曳撒、袍、項帕、直纏、褡膊、帶、帶劍、三髭髯。卒子：同前，拏令牌法刀。蕭何又上：同前。英蓋：皮盔、膝襴曳撒、掩心甲、項帕、直纏、褡膊、劍。

楔子：沛公、卒子：同前。樊噲：皮盔、膝襴曳撒、掩心甲、項帕、直纏、褡膊、劍。蕭何、曹參、卒子、灌嬰、盧綰、周勃、王陵、靳强、柴武：同前。正末韓信、蕭何、樊噲又上：同前。

第二折：蕭何、卒子：同前。樊噲、桓楚、虞英、卒子、季布、鍾離昧、丁公、雍齒：同前。外卒子：紅氈帽、青布釘兒甲、褡膊、劍。正末韓信、王陵、周勃、樊噲、卒子：同前，躧馬兒。桓楚、虞英、季布、鍾離昧、丁公、雍齒、卒子：同前，躧馬兒。灌嬰、盧綰、靳强、柴武、卒子：同前，躧馬兒、拏撓鈎。桓楚、虞英、季布、鍾離昧、丁公、雍齒又上：同前，躧馬兒。

第三折：張良：散巾、邊襴道袍、絛兒、三髭髯、裙扇。正末探子：碗子盔、金釘甲、錦襖、項帕、如意裙、直纏、褡膊、藍絹褲、腿綳護膝、布襪、八答鞋、旗。

第四折：蕭何、卒子、張良、曹參、灌嬰、盧綰：同前。周勃、王陵、靳强、柴武、樊噲：同前。正末韓信、卒子拏丁公、雍齒：同前。

又《騙英布》穿關。頭折：蕭何：兔兒角幞頭、補子圓領、帶、三髭髯。卒子：紅碗子盔、青布釘兒甲、褡膊、劍。張子房：散巾、邊襴道袍、絛兒、三髭髯、裙扇。周勃、樊噲、王陵：鳳翅盔、膝襴曳撒、袍、項帕、直纏、褡膊、帶、帶劍、三髭髯。正末隨何：一字巾、補子圓領、帶、三髭髯。

楔子：費客：同前隨何。正末隨何：帶劍。費客又上：同前。

第二折：英布：四縫子笠盔、蟒衣曳撒、袍、項帕、直纏、褡膊、帶、帶劍、猛髯。卒子、費客：同前。軍政司小軍：紅碗子盔、青布釘兒甲、褡膊、劍。費客、卒子又上：同前。全不濟、爛没用：氈帽、青衣、褡膊。正末隨何、小軍又上：同前。

第三折：英布、卒子、小軍、費客、小軍拏正末隨何：同前。楚使命：一字巾、補子圓領、帶、三髭髯。

第四折：蕭何、張子房、周勃、王陵、樊噲、卒子：同前。正末隨何、英布、費客：同前。

又《衣錦還鄉》穿關。頭折：項羽：鳳翅盔、蟒衣曳撒、皂袍、項帕、直纏、褡膊、帶、帶劍、烏靠、三髭髯。卒子：紅碗子盔、青布釘兒甲、褡膊、劍。韓信：披廈冠、膝襴曳撒、袍、項帕、直纏、褡膊、帶、帶劍、三髭髯。曹參：兔兒角幞頭、補子圓領、帶、三髭髯。韓信、卒子又上：同前。正末張良：散巾、邊襴道袍、絛兒、三髭髯、背劍。

楔子：蕭何：兔兒角幞頭、補子圓領、帶、三髭髯。卒子：同前。韓信：參簷帽、蟒衣曳撒、袍、項帕、直纏、褡膊、帶劍、三髭髯。灌嬰、盧綰、高起、王陵、周勃、柴武：鳳翅盔、膝襴曳撒、袍、項帕、直纏、褡膊、帶、帶劍、三髭髯。正末英布：四縫笠子盔、蟒衣曳撒、袍、項帕、直纏、褡膊、帶、帶劍、猛髯。彭越：撒髮盔抹額、蟒衣曳撒、袍、項帕、直纏、褡膊、帶、帶劍、三髭髯。酈商、樊噲：同前灌嬰。

第二折：項羽、卒子：同前。季布、鍾離昧：皮盔、膝襴曳撒、掩心甲、項帕、直纏、褡膊、劍。彭越、卒子、季布、鍾離昧又上、項羽、卒子：同前，躧馬兒。虞姬：鬏髻頭面、補子襖兒、裙兒、布襪、鞋。彭越、高起、王陵、周勃、柴武、灌嬰、盧綰、正末英布：同前。船公：斗笠、蓑衣、挐篙子、駕船。項羽又上：同前。

第三折：曹參、卒子：同前。韓信、英布、彭越、灌嬰、盧綰、高起、王陵、周勃、柴武、酈商、樊噲：同前。正末張良、蕭何：同前。

第四折：老人：攢頂、茶褐直身、絛兒、蒼白髯、拄杖。禾俫：雙簷氈帽、綿布襖、綿布搭、花手巾、鞝鞋、打彩旗。正末王子安：一字巾、茶褐直身、絛兒、蒼白髯、拄杖。蕭何同衆：同前，躧馬兒。

又《聚獸牌》穿關。頭折：蘇獻：鳳翅盔、蟒衣曳撒、袍、項帕、直纏、褡膊、帶、帶劍、三髭髯。卒子：紅碗子盔、青布釘兒甲、褡膊、劍。蘇虎：皮盔、膝襴曳撒、掩心甲、項帕、直纏、褡膊、劍。王尋：參簷帽、蟒衣曳撒、袍、項帕、直纏、褡膊、帶、帶劍、三髭髯。卒子、蘇獻、蘇虎又上：同前。王邑：同前蘇獻。劉希古：同前蘇虎。巨無霸：簪纓披廈冠、抹額、錦襖、袍、項帕、如意裙、直纏、褡膊、帶、帶魚鞘刀、紅髮、紅髯、三尖兩刃刀、聚獸牌。劉文叔：同前王尋。卒子：同前。鄧禹：撒髮盔抹額、蟒衣曳撒、袍、項帕、直纏、褡膊、帶、三髭髯、雙鴈翎刀。馬武：獅磕腦盔、蟒衣曳撒、袍、項帕、直纏、褡膊帶、紅髯、鐧。銚期：鐵幞頭、蟒衣曳撒、皂袍、項帕、直纏、褡膊、帶、猛髯、竹節鞭。郅惲：四縫笠子盔、錦襖、皂袍、項帕、如意裙、直纏、褡膊、帶、行纏、布襪、八荅鞋、猛髯、火葫蘆、雙狼牙棒、鴉兵旗。傅俊、堅鐔：同前王邑。正末馬援：鳳翅盔、蟒衣曳撒、袍、項帕、直纏、褡膊、帶、三髭髯、飛撾。卒子：同前。

第二折：巨無霸、卒子、堅鐔、傅俊、卒子：同前，躧馬兒。狼：狼衣。虎：虎衣。豹：豹衣。嚴子陵：散巾、邊襴道袍、絛兒、三髭髯、裙扇。道童：雙髻鬅髮陀頭、邊襴道袍、絛兒。馬武、劉文叔、鄧禹、銚期、馬武、郅惲、堅鐔、傅俊、卒子：同前。賈復：鳳翅盔、玉色膝襴曳撒、玉色袍、項帕、直纏、褡膊、帶、帶劍、三髭髯。臧宮：同前蘇獻。杜茂：虎磕腦盔、膝襴曳撒、虎皮袍、項帕、直纏、褡膊帶、銷虎口、三髭髯。正末馬援、嚴子陵又上：同前。

第三折：巨無霸、蘇虎、劉希古、卒子：同前，躧馬兒。正末馬援、嚴子陵、郅惲、杜茂、臧宮、卒子：同前，躧馬兒。劉文叔、鄧禹、馬武、銚期、賈復、堅鐔、傅俊、卒子：同前。

第四折：劉文叔、卒子、嚴子陵、鄧禹、傅俊、郅惲：同前。馬武、堅鐔、杜茂、銚期、賈復、臧宮：同前。正末馬援：同前。

又《定時捉將》穿關。頭折：劉秀：參簷帽、蟒衣曳撒、黃袍、項帕直纏、褡膊、帶、帶劍、三髭髯。卒子：紅碗子盔、青布釘兒甲、褡膊、劍。任光：鳳翅盔、膝襴曳撒、袍、項帕、直纏、褡膊、帶、帶劍、三髭髯。馬成：鳳翅盔、膝襴曳撒、袍、項帕、直纏、褡膊、帶、帶劍、三髭髯。王常：鳳翅盔、膝襴曳撒、袍、項帕、直纏、褡膊、帶、帶劍、三髭髯。鄧禹：撒髮盔抹額、蟒衣曳撒、袍、項帕、直纏、褡膊、帶、三髭髯、雙鴈翎刀。馬武：獅磕腦盔、蟒衣曳撒、袍、項帕、直纏、褡膊帶、紅髯、鐧。岑彭：鳳翅盔、蟒衣曳撒、袍、項帕、直纏、褡膊、帶、三髭髯、標槍。正末銚期：鐵幞頭、蟒衣曳撒、皂袍、項帕、直纏、褡膊、帶、猛髯、竹節鞭。

第二折：彭寵：皮參簷帽、膝襴曳撒、掩心甲、項帕、直纏、褡膊、劍。卒子：同前。馮政：散巾、邊襴道袍、絛兒。邳順：一字巾、茶褐直身、絛兒、蒼白髯。卜兒：塌頭手帕、眉額、襖兒、裙兒、布襪、鞋。邳岩：皮盔、膝襴曳撒、掩心甲、項帕、直纏、褡膊、劍。鄧禹、馬成、任光、王常、卒子：同前。邳彤：鳳翅盔、蟒衣曳撒、紅袍、項帕、直纏、褡膊、帶、紅髯、鐧，躧馬兒。卒子：同前。任光、馬成、王常又上：同前，躧馬兒。岑彭：同前。馬武：同前提鑼。正末銚期、卒子：同前，躧馬兒。馬武、卒子：同前，躧馬兒。邳岩又上：同前。

第三折：鄧禹、任光、馬成、王常、卒子：同前。岑彭：同前。馬武挐邳岩：同前。郅惲：四縫笠子盔、錦襖、皂袍、項帕、如意裙、直纏、褡膊、帶、行纏、布襪、八答鞋、猛髯、火葫蘆、雙狼牙棒、鴉兵旗。寇恂：散巾、邊襴道袍、縧兒、三髭髯、裙扇。道童：雙髻髯髮陀頭、邊襴道袍、縧兒。劉末：同前。邳彤、卒子：同前，躧馬兒。正末銚期、卒子：同前，躧馬兒。

第四折：鄧禹：同前。正末探子：碗子盔、錦襖、項帕如意裙、直纏、褡膊。

又《捉彭寵》穿關。頭折：劉末：奓簷帽、蟒衣曳撒、黃袍、項帕、直纏、褡膊、帶、三髭髯、雙鴈翎刀。鄧禹：撒髮盔抹額、蟒衣曳撒、袍、項帕、直纏、褡膊、帶、三髭髯、雙鴈翎刀。馮異：鳳翅盔、膝襴曳撒、袍、項帕、直纏、褡膊、帶、帶劍、三髭髯。卒子：紅碗子盔、青布釘兒甲、褡膊、劍。銚期：鐵幞頭、蟒衣曳撒、皂袍、項帕、直纏、褡膊帶、猛髯、竹節鞭。馬武：獅磕腦盔、蟒衣曳撒、袍、項帕、直纏、褡膊、帶、紅髯、鐧。岑彭：鳳翅盔、蟒衣曳撒、袍、項帕、直纏、褡膊、帶、三髭髯、標槍。卒子：同前。正末吴漢：鳳翅盔、蟒衣曳撒、袍、項帕、直纏、褡膊、帶、帶劍、三髭髯。卒子：同前，推糧草。

第二折：彭寵：奓簷帽、蟒衣曳撒、袍、項帕、直纏、褡膊、帶、帶劍、三髭髯。卒子：同前。彭容：皮盔、膝襴曳撒、掩心甲、項帕、直纏、褡膊、劍。王梁、萬脩、徐彦黨、吴加：鳳翅盔、膝襴曳撒、袍、項帕、直纏、褡膊、帶、帶劍、三髭髯。馮政：散巾、邊襴、道袍、縧兒。馮真：皮盔、膝襴貼裏、掩心甲、項帕、直纏、褡膊、劍。正末吴漢、馮異：同前。馮異又上：同前，躧馬兒。馮真、卒子又上：同前。銚期、馬武、岑彭：同前。

第三折：彭寵、彭容、吴加、徐彦黨、萬脩：同前。彭忠：鳳翅盔、膝襴曳撒、袍、項帕、直纏、褡膊、帶、帶劍、三髭髯。馮政、正末吴漢、王梁：同前。何太夫人：塌頭手帕、眉額、補子袍兒、襖兒、裙兒、布襪、鞋、拄杖。劉末、鄧禹、卒子、銚期、馬武、岑彭、馮異：同前。彭寵、馮政、徐彦黨、吴加、彭容、彭忠、卒子又上：同前，躧馬兒。劉末、鄧禹、銚期、馬武、岑彭、馮異、卒子又上：同前，躧馬兒。

第四折：劉末、鄧禹、銚期、馬武、岑彭、馮異：同前。正末吴漢、王梁、萬脩：同前。

又《單戰呂布》穿關。頭折：冀王：奓簷帽、蟒衣曳撒、袍、項帕、直纏、褡膊、帶、帶劍、三髭髯。卒子：紅碗子盔、青布釘兒甲、褡膊、劍。劉表：奓簷帽、蟒衣曳撒、袍、項帕、直纏、褡膊、帶、帶劍、三髭髯。陶謙、公孫瓚、袁術、韓俞：鳳翅盔、膝襴曳撒、袍、項帕、直纏、褡膊、帶、帶劍、蒼白髯。曹操：兔兒角幞頭、補子圓領、帶、帶劍、三髭髯。韓昇、孔融、王曠、趙莊、鮑信、張秀、喬梅、吴慎、田客、劉羽：鳳翅盔、膝襴曳撒、袍、項帕、直纏、褡膊、帶、帶劍、三髭髯。孫堅：皮奓簷帽、膝襴曳撒、掩心甲、直纏、褡膊、劍。劉末：奓簷帽、蟒衣曳撒、黃袍、項帕、直纏、褡膊、帶、帶劍、三髭髯。關末：滲青巾、蟒衣曳撒、紅袍、項帕直纏、褡膊、帶、帶劍、三髭髯。正末張飛：包巾、蟒衣曳撒、皂袍、項帕、直纏、褡膊、帶、猛髯、竹節鞭。

第二折：呂布：三叉冠雉雞翎、抹額、蟒衣曳撒、袍、項帕、直纏、褡膊、帶、三髭髯。卒子：同前。李肅、陳廉、高順、楊奉、魏悦、何蒙、侯成、陳宫：鳳翅盔、膝襴曳撒、袍、項帕、直纏、褡膊、帶、帶劍、三髭髯。關末、卒子、劉末、正末張飛、卒子、劉末、關末：同前。

第三折：呂布、卒子、正末張飛、卒子、八健將：同前，躧馬兒。冀王、十八路諸侯、劉末、關末：同前。

第四折：王允：兔兒角幞頭、補子圓領、帶、三髭髯。從人：攢頂、圓領項帕、褡膊。冀王、卒子、劉表、鮑信、王曠、張秀：同前。公孫瓚、趙莊、田客、劉羽、孔融、喬梅、韓昇、吴慎：同前。曹操、韓俞、陶謙、袁術、孫堅：同前。劉末、關末、正末張飛、王允又上：同前。

又《石榴園》穿關。頭折：曹操：兔兒角幞頭、補子圓領、帶、帶劍、三髭髯。卒子：紅碗子盔、青布釘兒甲、褡膊、劍。夏侯惇：皮奓簷帽、膝襴曳撒、掩心甲、項帕、直纏、褡膊、劍。張遼：鳳翅盔、膝襴曳撒、袍、項帕、直纏、褡膊、帶、帶劍、三髭髯。許褚：皮盔、膝襴貼裏、掩心甲、項帕、直纏、褡膊、劍。廚子：方巾、青衣護衣、褡膊。劉末：奓簷帽、蟒衣曳撒、黃袍、項帕直纏、褡膊、帶、帶劍、三髭髯。卒子：同前。許褚又上：同前。正末簡雍：奓簷帽、蟒衣曳撒、袍、項帕、直纏、褡膊、帶、帶劍、三髭髯。

第二折：關末：滲青巾、蟒衣曳撒、紅袍、項帕直纏、褡膊、帶、帶劍、三髭髯。卒子：同前。關平：三山帽、膝襴曳撒、袍、項帕、直纏、褡膊、帶、帶劍、三髭髯。正末張飛：包巾、蟒衣曳撒、皂袍、項帕、直纏、褡膊、猛髯、竹節鞭。

第三折：曹操、夏侯惇、張遼、卒子：同前。許褚：同前。劉末卒子：同前。正末楊修：奓簷帽、蟒衣曳撒、袍、項帕、直纏、褡膊、帶、帶劍、三髭髯。

第四折：曹操、張遼、夏侯惇、許褚、卒子：同前。劉末：同前。正末張飛、關末、卒子：同前。

又《龐掠四郡》穿關。頭折：周瑜：三叉冠、抹額、手帕、蟒衣曳撒、袍、項帕、直纏、褡膊、帶、三髭髯。甘寧、淩統：鳳翅冠、膝襴曳撒、袍、項帕、直纏、褡膊、帶、帶劍、三髭髯。卒子：紅碗子盔、青布釘兒甲、褡膊、劍。正末龐統：散巾、邊襴道袍、縧兒、三髭髯、裙扇。孔明：捲雲冠、紅雲鶴道袍、縧兒、三髭髯羽扇。關末：滲青巾、蟒衣曳撒、紅袍、項帕直纏、褡膊、帶、帶劍、三髭髯。卒子：同前。

楔子：魯肅：兔兒角幞頭、補子圓領、帶、三髭髯。卒子、正末龐統：同前。道童：雙髻髽髮陀頭、邊襴道袍、縧兒。

第二折：簡雍：麥簷帽、膝襴曳撒、袍、項帕、直纏、褡膊、帶、帶劍、三髭髯。卒子、正末龐統、道童：同前。

第三折：金全：皮麥簷帽、膝襴曳撒、掩心甲、項帕、直纏、褡膊、劍。黄忠：鳳翅盔、膝襴曳撒、袍、項帕、直纏、褡膊、帶、帶劍、蒼白髯。簡雍：同前。主簿：紗帽、圓領、角帶。張千：攢頂、圓領項帕、褡膊。正末龐統、道童：同前。張飛：包巾、蟒衣曳撒、皂袍、項帕、直纏、褡膊、帶、猛髯、竹節鞭。黄忠又上、簡雍、孔明、張飛、關末：俱同前。趙雲：三山帽、膝襴曳撒、袍、項帕、直纏、褡膊、帶、帶劍、三髭髯。劉封：同前黄忠。張飛又上、黄忠、劉封、孔明又上：俱同前。首將：同前黄忠。

第四折：正末龐鳳雛、黄忠、張飛、趙雲、劉封：同前。孔明、關末、正末龐鳳雛又上：同前。孔明、關末、張飛、趙雲、劉封、卒子：同前。簡雍：同前。

又《五馬破曹》穿關。楔子：曹操：兔兒角幞頭、補子圓領、帶、帶劍、三髭髯。卒子：紅碗子盔、青布釘兒甲、褡膊、劍。張遼：鳳翅盔、膝襴曳撒、袍、項帕、直纏、褡膊、帶、帶劍、三髭髯。諸葛亮：捲雲冠、紅雲鶴道袍縧兒、三髭髯、羽扇。卒子：同前。麋竺、麋芳：鳳翅盔、膝襴曳撒、袍、項帕、直纏、褡膊、帶、帶劍、三髭髯。正末黄忠：鳳翅盔、蟒衣曳撒、袍、項帕、直纏、褡膊、帶、帶劍、蒼白髯。

頭折：夏侯淵：皮盔、膝襴曳撒、掩心甲、項帕、直纏、褡膊、劍。卒子：同前。韓溫：皮盔、膝襴貼裏、掩心甲、項帕、直纏、褡膊。麋竺、麋芳、卒子、韓溫、卒子又上、麋竺、麋芳又上、韓溫又上、正末黄忠、卒子、韓溫又上：俱同前。麋竺、麋芳又上、夏侯淵又上、韓溫又上：同前。正末黄忠、衆又上、諸葛、卒子：同前。趙雲：三山帽、蟒衣曳撒、袍、項帕、直纏、褡膊、帶、帶劍、三髭髯。張飛：包巾、蟒衣曳撒、皂袍、項帕、直纏、褡膊、帶、猛髯、竹節鞭。楊豹：同前夏侯淵。卒子：同前。傅亮：同前韓溫。張飛、卒子又上、傅亮、卒子又上、張飛又上：同前。傅亮又上：同前。

第二折：楊豹、卒子：同前。趙雲：同前，許打傅亮旗號。傅亮、張飛：同前。諸葛、麋竺、麋芳、卒子：同前。正末馬超：獅磕腦盔、蟒衣曳撒、袍、項帕、直纏、褡膊、帶、紅髯、飛撾。張魯：同前夏侯淵。卒子、正末馬超、卒子、張魯、卒子又上：同前。諸葛、張飛、趙雲又上：同前。馬良、馬忠、馬謖、馬岱：同前張遼。

第三折：曹操、張遼、卒子：同前。許褚：同前夏侯淵。夏侯惇：皮麥簷帽、膝襴曳撒、掩心甲、項帕、直纏、褡膊、劍。正末楊脩：麥簷帽、蟒衣曳撒、袍、項帕、直纏、褡膊、帶、帶劍、三髭髯。張魯：同前。卒子：同前，托茶飯鷄。趙雲、卒子、曹操、衆將、卒子、張飛、卒子：同前，躧馬兒。曹操、許褚、張遼、夏侯惇、卒子：同前，躧馬兒。曹虎：同前夏侯淵。

楔子：正末馬超、馬良、馬忠、馬謖、馬岱、卒子：同前，躧馬兒。曹操、四將、卒子：同前，躧馬兒。

第四折：諸葛、卒子、趙雲、張飛：同前。正末馬超、馬良、馬忠、馬謖、馬岱、卒子、卒子拏曹虎：同前。使命：一字巾、補子圓領、帶、三髭髯。

又《怒斬關平》穿關。頭折：簡雍：麥簷帽、蟒衣曳撒、袍、項帕、直纏、褡膊、帶、帶劍、三髭髯。卒子：紅碗子盔、青布釘兒甲、褡膊、劍。張飛：包巾、蟒衣曳撒、皂袍、項帕、直纏、褡膊、帶、猛髯、竹節鞭。馬超：獅磕腦盔、蟒衣曳撒、袍、項帕、直纏、褡膊、帶、紅髯、飛撾。趙雲：三山帽、蟒衣曳撒、袍、項帕、直纏、褡膊、帶、帶劍、三髭髯。黄忠：鳳翅盔、蟒衣曳撒、袍、項帕、直纏、褡膊、帶、帶劍、蒼白髯。正末諸葛亮：捲雲冠、紅雲鶴道袍縧兒、三髭髯、羽扇。關平：三山帽、膝襴曳撒、袍、項帕、直纏、褡膊、帶、帶劍、三髭髯。馬忠：鳳翅盔、膝襴曳撒、袍、項帕、直纏、褡膊、帶、帶劍、三髭髯。張苞：包巾、膝襴曳撒、袍、項帕、直纏褡膊、帶、猛髯、竹節鞭。趙沖：鳳翅盔、膝襴曳撒、袍、項帕、直纏、褡膊、帶、帶劍、三髭髯。黄越：鳳翅盔、膝襴曳撒、袍、項帕、直纏、褡膊、帶、帶劍、三髭髯。

第二折：張虎：皮麥簷帽、膝襴曳撒、掩心甲、項帕、直纏、褡膊、劍。張彪：皮盔、膝襴曳撒、掩心甲、項帕、直纏、褡膊、劍。關平四將：同前，躧馬兒。李老兒王榮：一字巾、茶褐直身、縧兒、蒼白髯、拄杖。卜兒：塌頭手帕、眉額、襖兒、裙兒、布襪、鞋。俫兒：銀錠、青衣項帕、褡膊。關平又上：同前，躧馬兒。張苞、趙沖、黄越、馬忠：同前。官人：紗帽、圓領、角帶。令史：吏巾、圓領、縧兒。張千：攢頂、圓領、項帕、褡膊、衙杖。孛老兒又上：同前。正末關西、曳剌：白氈帽、錦襖、項帕、法墨踅、直纏、褡膊、行纏、猛髯、牽馬。

第三折：張苞、趙沖、黃越、馬忠：同前。正末關雲長：滲青巾、蟒衣曳撒、紅袍、項帕直纏、褡膊、帶、帶劍、三髭髯。卒子：同前。孛老兒：同前。關平：同前。張苞、趙沖、黃越、馬忠又上：同前。

第四折：黃忠、馬超、張飛、趙雲、卒子：同前。張苞、馬忠、黃越、趙沖：同前。王夫人：塌頭手帕、眉額、補子袍兒、襖兒、膝襴裙、布襪、鞋。曳剌：白氈帽、補納直身項帕、褡膊、猛髯。姜維：一字巾、補子圓領、帶、三髭髯。正末關雲長、張苞、馬忠、黃越、趙沖、卒子：同前。關平：小帽、手帕、藍直身、綿布踅、帶枷鎖。趙雲又上：同前。馬超又上：同前。黃忠又上：同前。曳剌又上：同前送飯。張飛又上：同前。卒子拏孛老兒：同前。姜維又上：同前。

又《娶小喬》 穿關。頭折：孫權：奓簷帽、蟒衣曳撒、袍、項帕、直纏、褡膊、帶、帶劍、三髭髯。卒子：紅碗子盔、青布釘兒甲、褡膊、劍。喬公：一字巾、茶褐直身、鯀兒、蒼白髯。家童：紗包頭、青衣、褡膊。大喬、小喬：花箍、襖兒、裙兒、布襪、鞋。梅香：髽髻箍兒、比甲襖兒、布襪、鞋。正末周瑜：散巾、補納直身、鯀兒、三髭髯。魯子敬：一字巾、圓領鯀兒、三髭髯。興兒：同家童。

第二折：喬公：兔兒角幞頭、補子圓領、帶、三髭髯。家童、魯子敬、正末周瑜、魯子敬、興兒又上：同前。

第三折：孫權、卒子：同前。魯肅、呂蒙、韓當、程普：鳳翅盔、膝襴曳撒、袍、項帕、直纏、褡膊、帶、帶劍、三髭髯。正末周瑜：奓簷帽、蟒衣曳撒、袍、項帕、直纏、褡膊、帶、帶劍、三髭髯。魯肅、呂蒙、韓當、程普、卒子：同前表裏。

第四折：諸葛瑾：兔兒角幞頭、補子圓領、帶、三髭髯。卒子、喬公、家童、正末周瑜、卒子：同前。小喬：鬏髻頭面、補子圓領、膝襴裙、布襪、鞋。魯子敬、喬公、家童又上、諸葛瑾：同前。

又《東籬賞菊》 穿關。頭折：檀道濟：一字巾、補子圓領、帶、三髭髯。張千：攢頂、圓領項帕、褡膊。正末陶淵明：方巾、圓領、鯀兒、三髭髯。沙三：紗包頭、布襖、布踅、花手巾、鞝鞋。伴哥：雙簷氈帽、布襖、布踅、花手巾、鞝鞋。家童：紗包頭、青衣、褡膊。俫兒五人：銀錠、青衣項帕、褡膊。使命：一字巾、補子圓領、帶、三髭髯。卜兒：塌頭手帕、襖兒裙兒、布襪、鞋。

第二折：外郎：吏巾、圓領、鯀兒。正末陶淵明：紗帽、補子圓領、角帶、三髭髯。張千：同前。縣丞：紗帽、圓領、角帶。

第三折：王弘：一字巾、補子圓領、帶、三髭髯。龐通之：一字巾、圓領鯀兒、三髭髯。琴童：紗包頭、青衣、褡膊。王弘又上：同前。正末陶淵明：同頭折。家童：同前。龐通之、琴童：同前，挑酒樽食壘。王弘又上：同前。顏延之：一字巾、補子圓領、帶、三髭髯。張千：同前。

第四折：檀道濟：同前。正末陶淵明、家童：同前。王弘、龐通之、琴童：同前，挑酒果。檀道濟又上：同前。

又《魏徵改詔》 穿關。頭折：唐元帥：奓簷帽、蟒衣曳撒、黃袍、項帕、直纏、褡膊、帶、帶劍、三髭髯。卒子：紅碗子盔、青布釘兒甲、褡膊。劉文靜：一字巾、補子圓領、帶、三髭髯。段志玄：皮盔、膝襴貼裏、掩心甲、項帕、直纏、褡膊、劍。元吉：皮奓簷帽、膝襴曳撒、掩心甲、項帕、直纏、褡膊、劍。正末李靖：兔兒角幞頭、補子圓領、帶、三髭髯。

楔子：李密：三山帽、蟒衣曳撒、袍、項帕、直纏、褡膊、帶、帶劍、三髭髯。卒子：同前。程咬金：四縫笠子盔、膝襴曳撒、袍、項帕、直纏、褡膊、帶、帶劍、猛髯。裴仁基：鳳翅盔、膝襴曳撒、袍、項帕、直纏、褡膊、帶、帶劍、三髭髯。蔡健得：鳳翅盔、膝襴曳撒、袍、項帕、直纏、褡膊、帶、帶劍、三髭髯。王伯當：奓簷帽、膝襴曳撒、袍、項帕、直纏、褡膊、帶、帶劍、三髭髯。正末秦叔寶：三叉冠、抹額、蟒衣曳撒、袍、項帕、直纏、褡膊、帶、三髭髯、鐧。

第二折：唐元帥、元吉、卒子：同前，躧馬兒。段志玄：同前。正末秦叔寶、卒子：同前，躧馬兒。程咬金、四將：同前。唐元帥又上：同前。正末秦叔寶又上：同前。程咬金、裴仁基、蔡健得、王伯當：同前。

楔子：正末李靖、卒子：同前。元吉、段志玄：同前。劉文靜：同前。

第三折：李密、卒子：同前。劉文靜：同前。孟海公：奓簷帽、蟒衣曳撒、袍、項帕、直纏、褡膊、帶、帶劍、三髭髯。李密、卒子又上：同前。孟海公、卒子又上：同前，躧馬兒。李密、卒子又上：同前，躧馬兒。孟海公又上：同前。李密、卒子又上：同前。徐懋功：一字巾、補子圓領、帶、三髭髯。卒子：同前。正末魏徵：一字巾、補子圓領、帶、三髭髯。正卒子：同前。司吏：吏巾、圓領、鯀兒。衆囚：紗包頭、青衣綿布踅、枷鎖。張千：攢頂、圓領項帕、褡膊。唐元帥：小帽、手帕、藍曳撒、綿布踅、三髭髯、枷鎖。劉文靜：小帽、手帕、藍直身、綿布踅、三髭髯。殷開山：鳳翅盔、膝襴曳撒、袍、項帕、直纏、褡膊、帶、帶劍、三髭髯。卒子：同前。

第四折：元吉、段志玄、卒子：同前。正末李靖：同前。唐元帥、劉文靜、殷開山：同頭折。房玄齡：兔兒角幞頭、補子圓領、帶、三髭髯。

又《智降秦叔寶》 穿關。頭折：殿頭官：兔兒角幞頭、補子圓領、帶、三髭髯。卒子：紅碗子盔、青布釘兒甲、褡膊、劍。唐元帥：參簷帽、蟒衣曳撒、黄袍、項帕、直纏、褡膊帶、帶劍、三髭髯。房玄齡：兔兒角幞頭、補子圓領、帶、三髭髯。李靖、徐懋功、正末魏徵：同前。元吉：皮參簷帽、膝襴曳撒、掩心甲、項帕、直纏、褡膊、劍。

楔子：馬三寶、牛進達、劉弘基、卒子、元吉、蘇威、卒子、正末秦叔寶、卒子：鳳翅盔、膝襴曳撒、袍、項帕、直纏、褡膊、帶、帶劍、三髭髯、躧馬兒。

第二折：楚王：參簷帽、蟒衣曳撒、袍、項帕、直纏、褡膊、帶、帶劍、三髭髯。卒子：同前。王世充、卒子：同前。陸德明、程知節：一字巾、補子圓領、帶、三髭髯。蘇威：皮盔、膝襴曳撒、掩心甲、項帕、直纏、褡膊、劍。正末秦叔寶：三叉冠、抹額、蟒衣曳撒、袍、項帕、直纏、褡膊、帶、帶劍、三髭髯。外卒子：紅氈帽、青布釘兒甲、褡膊、劍。

楔子：馬三寶、牛進達、劉弘基、卒子、元吉、蘇威、卒子、正末秦叔寶、卒子：鳳翅盔、膝襴曳撒、袍、項帕、直纏、褡膊、帶、帶劍、三髭髯、躧馬兒。

第三折：唐元帥、徐懋功、卒子：同前。馬三寶、牛進達、劉弘基、元吉：同前。陸德明、卒子：同前。李均實：鳳翅盔、膝襴曳撒、袍、項帕、直纏、褡膊、帶、帶劍、三髭髯。田留安：同前。徐懋功：同前。正末秦叔寶、程知節：同前。徐懋功又上：同前。

楔子：唐元帥、徐懋功、卒子：同前，躧馬兒。王世充、蘇威、卒子：同前，躧馬兒。正末秦叔寶、程知節：同前，躧馬兒。

第四折：殿頭官、卒子：同前。唐元帥、徐懋功：同前。陸德明、程知節：同前。牛進達、劉弘基、馬三寶：同前。元吉：同前。正末秦叔寶：同前。李均實、田留安：同前。

又《四馬投唐》 穿關。楔子：王世充：參簷帽、蟒衣曳撒、袍、項帕、直纏、褡膊、帶、帶劍、三髭髯。卒子：紅碗子盔、青布釘兒甲、褡膊、劍。單雄信：鳳翅盔、膝襴曳撒、袍、項帕、直纏、褡膊、帶、帶劍、三髭髯。李密：三山帽、蟒衣曳撒、袍、項帕、直纏、褡膊、帶、帶劍、三髭髯。卒子：同前。使命：一字巾、補子圓領、帶、三髭髯。程咬金：四縫笠子盔、膝襴曳撒、掩心甲、項帕、直纏、褡膊、劍、猛髯。徐懋功：一字巾、補子圓領、帶、三髭髯。王世充、卒子又上、使命又上、李密、卒子又上、使命又上：同前。柳周臣、賈閏甫：鳳翅盔、膝襴曳撒、袍、項帕、直纏、褡膊、帶、帶劍、三髭髯。正末王伯當：參簷帽、蟒衣曳撒、袍、項帕、直纏、褡膊、帶、帶劍、三髭髯。程咬金又上、程咬金又上、單雄信又上：同前，躧馬兒。頭折：李密、正末王伯當、柳周臣、賈閏甫、卒子：同前，躧馬兒。單雄信、卒子：同前，躧馬兒。天兵：披廈冠、紅髮陀頭抹額、錦襖、項帕、法墨氈、直纏、褡膊、臉子、拏槍。鬼力：鬼頭、錦襖、項帕、法墨氈、直纏、褡膊、拏槍。柳周臣又上、李密又上、正末王伯當又上：同前。賈閏甫又上：同前。

第二折：李靖：散巾、邊襴道袍、縧兒、三髭髯、裙扇。李密、柳周臣、賈閏甫、卒子：同前。唐使命：一字巾、補子圓領、帶、三髭髯。館驛子：氈帽、青衣、褡膊。李密、正末王伯當、柳周臣、賈閏甫又上：同前。廚子：方巾、青直身、縧兒、護衣帶刀。殷開山、馬三寶、段志玄：鳳翅盔、膝襴曳撒、袍、項帕、直纏、褡膊、帶、帶劍、三髭髯。唐元帥：參簷帽、蟒衣曳撒、黄袍、項帕、直纏、褡膊、帶、帶劍、三髭髯、躧馬兒。虞世南：一字巾、補子圓領、帶、三髭髯、躧馬兒。

楔子：李靖、卒子、唐元帥、殷開山、段志玄、馬三寶：同前。盛彦古：皮盔、膝襴曳撒、掩心甲、項帕、直纏、褡膊、劍。卒子、李密、正末王伯當、賈閏甫、柳周臣：同前。殷開山、卒子又上：同前。

第三折：柳周臣、賈閏甫、唐元帥、衆將、卒子、李密：同前。正末王伯當、唐元帥、衆將、卒子又上：同前。山神：鳳翅盔、膝襴曳撒、袍、項帕、直纏、褡膊、帶、三髭髯。鬼力：同前。樵夫：雙簷氈帽、補納襖、綿布氈、花手巾、鞝鞋、拘繩、匾擔斧。李密、正末王伯當又上：同前。黎山老母：塌頭手帕、補納襖、裙兒、布襪、鞋、拄杖。李密、正末王伯當又上、唐元帥、衆將又上：同前。盛彦師：鳳翅盔、膝襴曳撒、袍、項帕、直纏、褡膊、帶、帶劍、三髭髯。

第四折：徐懋功、卒子、程咬金、盛彦師、卒子：同前。唐元帥、衆將、卒子、李靖：同前。正末魏徵：一字巾、補子圓領、帶、三髭髯。盛彦師、徐懋功、程咬金又上：同前。

又《慶賞端陽》 穿關。頭折：房玄齡：兔兒角幞頭、補子圓領、帶、三髭髯。卒子：紅碗子盔、青布釘兒甲、褡膊、劍。秦叔寶：三叉冠、抹額、蟒衣曳撒、袍、項帕、直纏、褡膊、帶。尉遲敬德：鐵幞頭、蟒衣曳撒、皂袍、項帕、直纏、褡膊、帶、猛髯、竹節鞭。李道宗：紗帽、補子圓領、帶。馬三保、段志賢：鳳翅盔、膝襴曳撒、袍、項帕、直纏、褡膊、帶、帶劍、三髭髯。建成、元吉：皮參簷帽、膝襴曳撒、掩心甲、項帕、直纏、褡膊、劍。正末柴紹：參簷帽、蟒衣曳撒、袍、項帕、直纏、褡膊、帶、帶劍、三髭髯。

第二折：夫人：塌頭手帕、眉額、膝襴袍兒、襖兒、裙兒、布襪、鞋。家童：攢頂、青衣項帕、搭膊。正末柴紹、李道宗：同前。

第三折：馬三保、卒子、正末柴紹、家童：同前。馬三保、段志賢又上：同前。

第四折：房玄齡、卒子：同前。尉遲敬德、秦叔寶、馬三保、段志賢：同前。李道宗、建成、元吉：同前。正末柴紹：同前。

又《龍門隱秀》穿關。楔子：蓋蘇文：三叉帽、抹額、膝襴曳撒、袍、項帕、直纏、搭膊、帶、飛刀、三髭髯。卒子：紅碗子盔、青布釘兒甲、搭膊、劍。薛仁貴：攢頂、補納直身、項帕、搭膊、三髭髯。正旦柳迎春：花箍、紅襖兒、裙兒、布襪、鞋。梅香：髽髻箍兒、比甲襖兒、裙兒、布襪、鞋。

頭折：梅香：同前。柳孛老兒：一字巾、茶褐直身、鈎子困帶、蒼白髯、拄杖。卜兒：塌頭手帕、眉額、襖兒、裙兒、布襪、鞋。大末：一字巾、圓領、絛兒、三髭髯。大旦：塌頭手帕、襖兒裙兒、布襪、鞋。梅香又上：同前。正旦柳迎春：同前。薛仁貴：同前。

第二折：房玄齡：兔兒角幞頭、補子圓領、帶、三髭髯。卒子：同前。徐懋功：兔兒角幞頭、補子圓領、帶、蒼白髯。張士貴：皮爹簷帽、膝襴曳撒、掩心甲、項帕、直纏、搭膊、劍。薛孛老兒：攢頂、補納直身、絛兒、蒼白髯、拄杖。卜兒：塌頭手帕、眉額、襖兒、裙兒、布襪、鞋。正旦柳迎春：塌頭手帕、襖兒裙兒、布襪、鞋。薛仁貴：同前。

第三折：房玄齡、卒子：同前。張士貴：同前。薛仁貴：鳳翅盔、玉色膝襴曳撒、玉色袍、項帕、直纏、搭膊、帶、帶劍、三髭髯。薛孛老兒、卜兒：同前。柳孛老兒、卜兒：同前。正旦柳迎春：同前。大末、大旦：同前。

第四折：張士貴：同前。喬卒子：紅氈帽、青布釘兒甲、搭膊、劍。蓋蘇文、卒子：同前，躧馬兒。張士貴、卒子：同前，躧馬兒。薛仁貴、卒子：同前，帶弓箭、躧馬兒。房玄齡、卒子：同前。薛仁貴：同前。旦兒：鬏髻頭面、補子襖兒、裙兒、布襪、鞋。薛孛老兒、卜兒：同前。薛仁貴、旦兒、卒子又上：同前。正旦柳迎春：同前。柳孛老兒、卜兒：同前。大末、大旦：同前。壯王二：雙簷氈帽、綿布襖、綿布韈、花手巾、鞝鞋。房玄齡、卒子又上：同前，躧馬兒。

又《南極登仙》穿關。頭折：殿頭官：幞頭、補子圓領、帶、三髭髯。祇從：攢頂、圓領項帕、搭膊。尉遲恭：鐵幞頭、膝襴曳撒、皂袍、項帕、直纏、搭膊、帶、猛髯。正末孫真人：散巾、邊襴道袍、絛兒、三髭髯、裙扇。盧照隣：秦巾、邊襴道袍、絛兒。道童：雙髻陀頭、邊襴道袍、絛兒。尉遲恭又上：同前。

楔子：尉遲恭：同前。卒子：紅碗子盔、青布釘兒甲、搭膊。正末孫真人：同前。道童：同前。

第二折：龍神：枕頭冠、上衫袍、方心曲領、火裙、錦綬牌子、搭膊、帶、黑髮、黑冲髯、執圭。水卒：水卒頭、錦襖、項帕法墨韈、直纏、搭膊。正末孫真人：同前。道童：同前，背執袋藥籃。虎：虎衣。龍神：一字巾、圓領絛兒、三髭髯。水卒：紗包頭、青衣、搭膊。

第三折：龍神：同二折。水卒：同二折。龜使者：幞頭、綠襴、偏帶、龜殼、笏。鱉使者：幞頭、綠襴、偏帶、鱉殼、笏。正末孫真人：同前。道童：同前。虎：同前。龜使者：紗包頭、青衣、搭膊。鱉使者：紗包頭、青衣、搭膊。龍神又上：同前。正末孫真人、龜鱉使者、道童、虎又上：同前。樂人：紗包頭、青衣、搭膊。

第四折：南極星：如意蓮花冠、鶴氅、牌子、玎璫、白髯、執圭。青衣童子：秦巾、邊襴道袍、絛兒。福星：如意冠、鶴氅、牌子玎璫、三髭髯、執圭。祿星：同前福星。正末孫真人、虎：同前。福祿二星又上：同前。四毛女：髽髻箍兒、襖兒、裙兒、布襪、鞋、漁鼓。南極星又上：同前。福祿二星、孫真人又上：同前。鍾離：雙髻陀頭、紅雲鶴道袍、錦襖不老葉、法墨韈、喬兒、網裙雜彩絛、執袋、行纏八答鞋、猛髯、棱扇。洞賓：九陽巾、茶褐雲鶴道袍、錦襖、不老葉、法墨韈、喬兒、網裙、絛兒、執袋、腿綳護膝、八答鞋、雙劍、三髭髯、裙扇。鐵拐：陀頭、皁補納、錦襖、不老葉、法墨韈、喬兒、網裙、執袋、雜彩絛、行纏、八答鞋、鐵拐、猛髯。張果老：方巾、邊襴道袍、不老葉、執袋、絛兒、白髮、白髯、驢扇。徐神翁：秦巾、雲鶴道袍、不老葉、執袋、絛兒、笛。韓湘子：雙髻陀頭、雲鶴道袍、不老葉、執袋、絛兒、花籃。曹國舅：雙髽髻陀頭、雲鶴道袍、不老葉、執袋、絛兒、金牌笊籬。藍彩和：韶巾、綠襴、偏帶。仙童鶴舞五人、龍王：同前。水卒：同前進寶。

又《破風詩》穿關。頭折：韓愈：一字巾、補子圓領、帶、三髭髯。祇從：攢頂、圓領項帕、搭膊。正末賈島：散巾、補納直身、絛兒、三髭髯、騎驢。陳皓古：一字巾、補子圓領、帶、三髭髯、躧馬兒。祇從：同前。

第二折：秀雲長老：僧帽、僧衣袈裟、數珠。行者：僧陀頭、僧衣。正末賈島：同前。韓愈：一字巾、圓領絛兒、三髭髯。長老又上：同前。

第三折：韓愈、祇從：同頭折。慶雲長老：僧帽、僧衣袈裟、數珠。行者：僧陀頭、僧衣。正末賈島：攢頂、茶褐直身、縧兒、三髭髯。白侍郎：一字巾、補子圓領、帶、三髭髯。慶雲長老又上：同前。

第四折：韓愈、祇從：同前。陳皓古：同前。正末賈島：展角幞頭、紅襴、偏帶、三髭髯、笏。白侍郎：同前。

又《打董達》穿關。頭折：鄭恩：白氈帽、皂補納、錦襖、項帕、法墨氈、褡膊、行纏、猛髯、棗棍。正末趙匡胤：攢頂、綠曳撒、項帕褡膊、三髭髯、桿棒。柴榮：攢頂、補納、項帕、褡膊、三髭髯、傘車。鄭恩又上：同前。

第二折：董達：氈帽、銀錠、錦襖、半袖補納、項帕、直纏、褡膊、法墨氈、行纏、猛髯、哨棒。單潮虎：紅氈帽、青衣、褡膊。歪蹄虎：紅氈帽、青衣褡膊。正末趙匡胤、柴榮、鄭恩：同前。店小二：雙簪氈帽、補納襖、綿布氈、花手巾。正末趙匡胤、柴榮、鄭恩又上：同前。單潮虎、歪蹄虎又上：同前。

第三折：董達、單潮虎、歪蹄虎、店小二：同前。正末趙匡胤、柴榮、鄭恩、董達、單潮虎、歪蹄虎又上、鄭恩又上、董達、單潮虎、歪蹄虎又上、正末趙匡胤又上、鄭恩又上、柴榮又上：同前。

第四折：董太公：雙簪氈帽、青直身、縧兒、拄杖、蒼白髯。單潮虎、歪蹄虎：同前。趙老人：一字巾、青直身、縧兒、拄杖、蒼白髯。正末趙匡胤、柴榮、鄭恩、董太公、單潮虎、歪蹄虎又上：同前。

第五折：郭彥威：奓簷帽、膝襴曳撒、袍、項帕、直纏、褡膊、帶劍、三髭髯。卒子：紅盔、青甲、褡膊、劍。正末趙匡胤、柴榮、鄭恩：同前。

又《開詔救忠》穿關。頭折：韓延壽：狐帽、膝襴曳撒、毛襖、闊粧茄袋、帶劍、三髭髯。番卒子：練垂帽、虎兒斑丟袖貼裏、皮條茄袋、刀。土金宿：練垂帽、皮襖、戰裙、皮條茄袋、刀。殿頭官：兔兒角幞頭、補子圓領、帶、三髭髯。八大王：兔兒角幞頭、補子圓領、帶、帶簡、三髭髯。卒子：紅碗子盔、青布釘兒甲褡膊、劍。潘太師：奓簷帽、蟒衣曳撒、袍、項帕、直纏、褡膊、帶、帶劍、三髭髯。賀懷簡：皮奓簷帽、膝襴曳撒、掩心甲、項帕、直纏、褡膊、劍。劉君期：皮盔、膝襴曳撒、掩心甲、項帕、直纏、褡膊、劍。陳林、柴敢：攢頂、藍曳撒、項帕、褡膊、三髭髯。卒子：同前。呼延贊：鐵幞頭、蟒衣曳撒、袍、項帕、直纏、褡膊、帶、猛髯、竹節鞭。楊令公：奓簷帽、蟒衣曳撒、袍、項帕、直纏、褡膊、帶、帶劍、蒼白髯。正末楊景：三山帽、玉色蟒衣曳撒、玉色袍、項帕、直纏、褡膊、帶、帶劍、三髭髯。七郎：同前呼延贊。

第二折：土金宿、番卒子：同前。正末楊景、楊令公、七郎、卒子、土金宿、番卒子：同前。土金宿又上、正末楊景、七郎又上：同前。

楔子：楊令公、正末楊景、楊七郎：同前。潘太師、賀懷簡、劉君期、陳林、柴敢、楊七郎又上：同前。正末楊景又上、楊七郎又上、楊令公又上：同前。韓延壽、韓延壽又上、正末楊景又上：同前。

第三折：潘太師、賀懷簡、劉君期、卒子：同前。党彥進：鐵幞頭、膝襴曳撒、袍、項帕直纏、褡膊、帶、帶劍、猛髯。長老：僧帽、僧衣、數珠。潘太師、賀懷簡、劉君期又上：同前。正末寇萊公：同前殿頭官。長老又上、陳林、柴敢：同前。

第四折：八大王、卒子、正末楊景、正末楊景又上：同前。劉達：攢頂、圓領項帕、褡膊。祇候：同前劉達。劉達又上：同前。江廉、孟德：同前劉達。潘仁美：小帽、手帕、藍曳撒、綿布氈、三髭髯、帶刑法。賀懷簡：手帕、青直身、綿布氈、帶刑法。劉君期：紗包頭、藍直身綿布氈、帶刑法。正末楊景、劉達、殿頭官、祇候、八大王又上：同前。

又《破天陣》穿關。楔子：寇萊公：兔兒角幞頭、補子圓領、帶、蒼白髯。卒子：紅碗子盔、青布釘兒甲、褡膊、劍。正末苗士安：一字巾、補子圓領、帶、三髭髯。呼延必顯：鐵幞頭、蟒衣曳撒、袍、項帕直纏、褡膊、帶、帶劍、猛髯。

頭折：韓延壽：狐帽、膝襴曳撒、毛襖闊粧茄袋、帶、三髭髯。番卒子：練垂帽、虎兒班丟袖貼裏、皮條茄袋、刀。都骨林：練垂狐帽、皮襖、戰裙、皮條茄袋、刀。耶律灰：練垂狐帽、毛襖、戰裙、皮條茄袋、刀。忽里歹：練垂狐帽、皮襖、戰裙、皮條茄袋、刀。土金宿：練垂狐帽、毛襖、戰裙、皮條茄袋、刀。蕭天佐：練垂狐帽、皮襖、戰裙、皮條茄袋、刀。蕭天佑：練垂狐帽、毛襖、戰裙、皮條茄袋、刀。蕭虎：練垂狐帽毛襖、戰裙、皮條茄袋、刀。蕭彪：練垂狐帽、毛襖、戰裙、皮條茄袋、刀。顏洞賓：散巾、皮襖、縧兒。胡祥：一字巾、補子圓領、帶、三髭髯。祇候：攢頂、圓領項帕、褡膊。呼延必顯：同前。呼延必顯又上：同前。正末楊景：攢頂、玉色曳撒、項帕、褡膊、三髭髯。

第二折：岳勝：萬字巾、膝襴曳撒、項帕、直纏、褡膊、帶、帶劍、三髭髯。傻儸：萬字巾、錦襖、項帕、法黑氈、直纏、褡膊、劍。焦贊：髯髮陀頭抹額、膝襴曳撒、皂袍、項帕、直纏、褡膊、帶、帶劍、猛髯。孟良：萬字巾、膝襴曳撒、項帕、直纏、褡膊、帶、帶劍、紅髯。寇萊公、卒子：同前。正末楊景：三山帽、玉色蟒衣、玉色袍、項帕直纏、褡膊、帶、帶劍、三髭髯。岳勝：鳳翅盔、膝襴曳撒、袍、項帕、直纏、褡膊、帶、帶劍、三髭髯。焦贊：同前。孟良：四縫笠子盔、膝襴曳撒、紅袍、項帕、直纏、褡膊、帶、帶劍、紅髯、火葫蘆。李瑜：鳳翅盔、膝襴曳撒、袍、項帕、直纏、褡膊、帶、帶劍、三髭髯。張蓋：鳳翅盔、膝襴曳撒、袍、項帕、直纏、褡膊、帶、帶劍、三髭髯。楊宗保：鳳翅盔、膝襴曳撒、袍、項帕、直纏、褡膊、帶、帶劍、三髭髯。呼延必顯、卒子：同前。都骨林、番卒子：同前。韓延壽、顔洞賓、都骨林、忽里歹、耶律灰、蕭虎、蕭彪、蕭天佐、蕭天佑、土金宿、番卒子：同前。

第三折：韓延壽、顔洞賓、都骨林、忽里歹、耶律灰、土金宿、蕭天佐、蕭天佑、蕭虎、蕭彪、番卒子：同前，躧馬兒。正末楊景、岳勝、焦贊、孟良、張蓋、李瑜、楊宗保、呼延必顯、卒子：同前，躧馬兒。

第四折：寇萊公、卒子：同前。正末楊景、岳勝、焦贊、孟良、張蓋、李瑜、呼延必顯、楊宗保：同前。

又《大破蚩尤》穿關。頭折：范仲淹：兔兒角幞頭、補子圓領、帶、蒼白髯。張千：攢頂、圓領項帕、褡膊。呂夷簡：兔兒角幞頭、補子圓領、帶、三髭髯。張千：同前。正末寇準：同前范仲淹扮式。

楔子：正末張天師：雷巾、道衣、絛兒、三髭髯、笏。道童：雙髻鬅髮陀頭、邊襴道袍、絛兒。使命：一字巾、補子圓領、帶、三髭髯、躧馬兒。張千：同前。

第二折：蚩尤神：披廈冠、紅髮陀頭抹額、錦襖、袍、項帕、如意裙、直纏、褡膊、帶、帶劍、行纏、布襪、八答鞋、紅髯。鬼力：鬼頭、錦襖、項帕、法墨氈、直纏、褡膊。呂夷簡、張千：同前。正末天師、使命、道童：同前。

第三折：長老：僧帽、僧衣袈裟、數珠。行者：僧陀頭、僧衣。呂夷簡：同前，躧馬兒。正末關將：滲青巾、蟒衣曳撒、紅袍、項帕、直纏、褡膊帶、帶劍、三髭髯。

楔子：蚩尤神、鬼兵：同前，打旗號。正末關將：同前，躧馬兒。關平：三山帽、膝襴曳撒、袍、項帕、直纏、褡膊、帶、帶劍、三髭髯。周倉：四縫笠子盔、錦襖、皂袍、項帕、如意裙、直纏、褡膊、帶、魚鞘刀、行纏、猛髯、執刀。天丁：鐵幞頭、膝襴曳撒、袍、項帕、直纏、褡膊、帶、三髭髯、背栜、旗。神兵：披廈冠、紅髮陀頭抹額、錦襖、項帕、法墨氈、直纏、褡膊、劍、打旗號、吹畫角。蚩尤神、鬼力：同前，騎猛獸。

第四折：范仲淹、張千：同前。老人：攢頂、茶褐直身、絛兒、蒼白髯、拄杖。莊客：雙簷氈帽、綿布襖、綿布氈、花手巾、鞝鞋。社長：雙簷氈帽、綿布直身、褡膊、拄杖。范仲淹、張千又上：同前。正末關將、鬼力：同前。天丁拏蚩尤：同前。驅邪院主：撒髮陀頭、鶴氅、牌子、玎璫、三髭髯、執圭、背光。執旗：披廈冠束髮陀頭、膝襴曳撒、皂袍、項帕、直纏、褡膊、帶、猛髯。捧劍：秦巾、邊襴道袍、絛兒。

又《女姑姑》穿關。楔子：官人：一字巾、補子圓領、帶、蒼白髯。張千：攢頂、圓領項帕、褡膊。張端甫：一字巾、補納直身、絛兒、三髭髯。官人、張千又上：同前。夫人：塌頭手帕、眉額、補子襖兒、裙兒、布襪、鞋。梅香：鬆髻箍兒、比甲襖兒、裙兒、布襪、鞋。官人、張千又上、張端甫又上：同前。正旦鄭瓊梅：花箍、補子襖兒、裙兒、布襪、鞋。

頭折：張端甫：一字巾、圓領絛兒、三髭髯。梅香、正旦鄭瓊梅、張端甫、梅香又上：同前。

第二折：官人、夫人、張千、梅香：同前。王懷：攢頂、圓領項帕、褡膊。孛老兒：攢頂、茶褐直身、絛兒、蒼白髯、拄杖。正旦鄭瓊梅：一字巾、圓領、絛兒。張端甫：同前。禾旦：鬆髻箍兒、比甲襖兒、裙兒、布襪、鞋。伴哥：雙簷氈帽、綿布襖、綿布氈、花手巾、鞝鞋。張端甫、孛老兒又上、王懷又上：同前。

楔子：女姑姑：僧帽、僧衣、數珠。正旦鄭瓊梅：全真冠、腦搭兒邊襴道袍、絛兒。張端甫：同前。

第三折：官人、張千：同前。正旦鄭瓊梅：僧帽、僧衣、數珠。行童：僧陀頭、僧衣。官人又上、夫人、官人、張千又上：同前。張端甫：一字巾、補子圓領、帶、三髭髯。祗從：攢頂、圓領項帕、褡膊。祗從拏王懷：同前。

第四折：闍黎：僧陀頭、僧衣、數珠。女僧四人：僧帽、僧衣。正旦：僧帽、僧衣袈裟、數珠。行童：同前。官人、夫人、王懷、張端甫、張千：同前。

又《岳飛精忠》穿關。頭折：金兀朮：狐帽、蟒衣曳撒、毛襖、闊粧茄袋、帶刀、撒袋弓箭、三髭髯。番卒子：練垂帽、虎兒斑丟袖貼裏、皮條茄袋、刀。粘罕、鐵罕：練垂狐帽、皮襖、戰裙、皮條茄袋、刀。李綱：兔兒角幞頭、補子圓領、帶、三髭髯。卒子：紅碗子盔、青布釘兒甲、褡膊、劍。秦檜：同前李綱。正末岳飛：滲青巾、蟒衣曳撒、袍、項帕、直纏、褡膊、帶、帶劍、三髭髯。韓世忠、張俊、劉光世：鳳翅盔、膝襴曳撒、袍、項帕、直纏、褡膊、帶、帶劍、三髭髯。

第二折：正末岳飛、韓世忠、張俊、劉光世、卒子：同前。岳雲：同前韓世忠。張憲：同上。番卒子：同前。

楔子：粘罕、番卒子：同前，躧馬兒。正末岳飛、岳雲、張憲、卒子：同前，躧馬兒。

第三折：兀朮、番卒子、粘罕、鐵罕：同前。兀朮、番卒子又上：同前，躧馬兒，拐子馬旗號鑼鼓。正末岳飛、岳雲、張憲、韓世忠、劉光世、張俊、卒子：同前，躧馬兒。卒子十人：同前，拏麻扎刀。粘罕、鐵罕又上：同前。兀朮、番卒子又上：同前。正末岳飛、岳雲、張憲、卒子又上：同前。韓世忠、張俊、劉光世又上：同前。

第四折：李綱、卒子、正末岳飛、衆將：同前。卒子拏粘罕、鐵罕：同前。

又《大刼牢》穿關。頭折：宋江：卍字巾、蟒衣曳撒、項帕、直纏、褡膊、帶、帶劍、三髭髯。吴學究：唐巾、補子圓領、帶、三髭髯。僂儸：卍字巾、錦襖、項帕、法墨踸、直纏褡膊劍。正末李應：卍字巾、膝襴曳撒、項帕、直纏、褡膊、帶、帶劍、三髭髯。

第二折：韓伯龍：攢頂、藍直身、項帕、褡膊、三髭髯。旦兒：塌頭手帕、襖兒、裙兒、布襪、鞋。倈兒：銀錠、青衣項帕、褡膊。興兒：紗包頭、青衣、褡膊。店小二：雙簷氈帽、綿布襖、綿布踸、花手巾、鞝鞋。正末李應：攢頂、手帕、補納直身、項帕、三髭髯。

第三折：宋江、吴學究、僂儸：同前。魯智深：僧陀頭、僧衣、錦襖、項帕、法墨踸、直纏、褡膊、行纏、布襪、八答鞋。武松：髯髮陀頭、皂補納錦襖、項帕、法墨踸、直纏、褡膊、猛髯。劉唐、阮小五：卍字巾、膝襴曳撒、項帕、直纏、褡膊、帶、帶劍、三髭髯。正末李應：同前。魯智深：僧帽、僧衣、數珠。武松：僧帽、僧衣。

第四折：韓伯龍、正末李應、興兒：挑擔兒。魯智深、武松：同前，拏禪杖。旦兒、倈兒、正末李應又上：同前。官軍：黑氈大帽、青衣、戰裙、手索。

第五折：宋江、吴學究、僂儸：同前。魯智深、武松、劉唐、阮小五拏韓伯龍：同前。官軍二人、宋江、魯智深、武松、劉唐、阮小五又上：同前。張千、祇候：攢頂、圓領項帕、褡膊。韓伯龍、旦兒、倈兒又上：同前帶枷。正末李應、武松、魯智深、阮小五、劉唐：同前。宋江、吴學究、僂儸又上：同前。正末李應、魯智深、武松、劉唐、阮小五、韓伯龍、旦兒、倈兒又上：同前。

又《鬧銅臺》穿關。楔子：宋江：卍字巾、蟒衣曳撒、項帕、直纏、褡膊、帶、帶劍、三髭髯。僂儸：卍字巾、錦襖、項帕、直纏、褡膊、劍。蕭讓：卍字巾、膝襴曳撒、項帕、直纏、褡膊、帶、帶劍、三髭髯。林冲：卍字巾、膝襴曳撒、項帕、直纏、褡膊、帶、帶劍、猛髯。正末張順：卍字巾、皂補納、綿襖、項帕、如意裙、直纏、褡膊、藍絹褲、腿綳護膝、布襪、八荅鞋、帶劍、三髭髯。

頭折：監倉官：紗帽、圓領、角帶。弓兵：氈帽、青衣、褡膊。正末張順：攢頂、藍直身、項帕、褡膊、三髭髯。正末張順又上：同前。旦兒：鬏髻手帕、比甲襖兒、裙兒、布襪、鞋。李固：氈帽、綿布直身、褡膊。燕青：攢頂、藍直身、項帕、三髭髯，拏弩弓。宋江、僂儸：同前。雷橫：卍字巾、膝襴曳撒、項帕、直纏、褡膊、帶、帶劍、三髭髯。正末張順又上：同前。

第二折：盧俊義：一字巾、圓領、鈎子困帶、三髭髯。燕青：同前。李固：同前。正末吴用：散巾、邊襴道袍、絲兒、三髭髯、裙扇。道童：雙髻髯髮陀頭、邊襴道袍、絲兒。宋江、雷橫、僂儸：同前。李逵：卍字巾、皂補納、錦襖、項帕、法墨踸、直纏、褡膊、藍絹褲、腿綳護膝、布襪、八荅鞋猛髯、斧。張橫：卍字巾、膝襴曳撒、項帕、直纏、褡膊、帶、帶劍、三髭髯。正末吴用又上：同前。李逵、僂儸又上：同前。雷橫、僂儸又上：同前。張橫又上：斗笠、簑衣駕船、拏篙。正末吴用又上：同前。盧俊義、李固又上：同前，擔行李。盧俊義又上：同前。正末吴用又上：同前。宋江、僂儸又上：同前。正末吴用、盧俊義又上：同前。

第三折：旦兒、燕青：同前。李固：同前。盧俊義：同前。旦兒、李固又上：同前。王太守：紗帽、圓領、角帶。弓兵：同前。旦兒、李固拏盧俊義：同前。宋江、僂儸：同前。正末吴用：唐巾、補子圓領、帶、三髭髯。燕青又上：同前。徐寧：卍字巾、膝襴曳撒、項帕、直纏、褡膊、帶、帶劍、三髭髯。雷橫：同前。秦明：卍字巾、膝襴曳撒、項帕、直纏、褡膊、帶、帶劍、猛髯。朱仝：卍字巾、膝襴曳撒、項帕、直纏、褡膊、帶、帶劍、三髭髯。李逵：同前。

第四折：王太守、弓兵：同前。鋪兵：紅氈帽、青衣、戰裙、響鈴、棍。徐寧、僂儸：同前，躧馬兒。朱仝：同前。燕青：卍字巾、膝襴曳撒、項帕、直纏、褡膊、帶、帶劍、三髭髯。正末吴用、李逵、僂儸：同前，躧馬兒。王太守：同前，躧馬兒。卒子：紅碗子盔、青布釘兒甲、褡膊、劍。雷橫、秦明：同前。李固、旦兒：同前。朱仝、燕青、盧俊義：同前。

第五折：宋江、僂儸：同前。正末吴用、徐寧、朱仝、燕青、李逵、雷橫、秦明、林冲、盧俊義：同前。

又《東平府》穿關。頭折：宋江：萬字巾、蟒衣曳撒、項帕、直纏、褡膊、帶、帶劍、三髭髯。吴學究：唐巾、補子圓領、帶、三髭髯。小僂儸：萬字巾、錦襖、項帕、法墨踸、直纏褡膊、帶。關勝：萬字巾、膝襴曳撒、項帕、直纏、褡膊、帶、帶劍、三髭髯。呼延綽：萬字巾、膝襴曳撒、項帕、直纏、褡膊、帶、竹節鞭、猛髯。武松：髯髮陀頭、皂補納、錦襖、項帕、法墨踸、直纏、褡膊、猛髯。李逵：萬字巾、皂補納、錦襖、項帕、法墨氊、直纏、褡膊、猛髯、斧。張青、華榮、張順、燕青、徐寧：萬字巾、膝襴曳撒、項帕、直纏、褡膊、帶、帶劍、三髭髯。正末王矮虎：萬字巾、皂補納、錦襖、項帕、法墨氊、直纏、褡膊、腿絣護膝、布襪、八答鞋、猛髯。一丈青：手帕、結彩襖、褡膊、裙兒、布襪、鞋。

第二折：社頭：攢頂、圓領、項帕、褡膊、三髭髯。店主：攢頂、茶褐直身、絛兒、蒼白髯。店小二：雙簷氈帽、綿布襖、綿布氊、花手巾、鞝鞋。正末王矮虎：攢頂、藍直身、項帕、褡膊、猛髯。徐寧：攢頂、玉色直身、項帕、褡膊、三髭髯。

第三折：宋江、吴學究、小僂儸、關勝、呼延綽、社頭：同前。里長：方巾、綿布直身、褡膊。沙三：氈帽、綿布襖、綿布氊、花手巾、鞝鞋。牛表：紗包頭、綿布襖、綿布氊、花手巾、鞝鞋。王留：氈帽、綿布襖、綿布氊、花手巾、鞝鞋。伴哥：紗包頭、綿布襖、綿布氊、花手巾、鞝鞋。旦兒：塌頭、手帕、襖兒、裙兒、布襪、鞋。伴姑：鬏髻箍兒、比甲、襖兒、裙兒、布襪、鞋。呂彥彪：白氈大帽、銀錠、補納直身、錦襖、項帕、如意裙、直纏、褡膊、猛髯。大趕、小趕：小帽、膝襴貼裏、鸞帶、紮腕、執槍。正末王矮虎、徐寧、小僂儸：同前，拏各樣花燈。楊衙內：纓子大帽、膝襴曳撒、比甲、鸞帶。從人：攢頂、圓領項帕、褡膊。呂彥彪、衆又上：同前。關勝、呼延綽、小僂儸又上：同前，躧馬兒。正末王矮虎、徐寧、小僂儸又上：同前，拏花燈。知府：一字巾、補子圓領、帶、三髭髯、躧馬兒。衙內、里長、社頭：同前。卒子：紅碗子盔、青布釘兒甲、褡膊、劍。正末王矮虎、關勝、呼延綽、徐寧、小僂儸：同前。知府、里長、衙內社頭、卒子又上：同前。

第四折：宋江、吴學究、小僂儸：同前。李逵、張青、燕青、張順、華榮、武松、一丈青：同前。正末王矮虎、徐寧挑花燈、關勝、呼延綽、小僂儸綁縛楊衙內、里長、社頭、知府：同前。

又《九宮八卦陣》 穿關。頭折：兀顔統軍：狐帽、蟒衣曳撒、毛襖、鬧妝茄袋、帶劍、三髭髯。番卒子：練垂帽、虎兒斑丟袖貼裏、皮條茄袋、刀。兀顔受：狐帽、膝襴曳撒、毛襖、鬧妝茄袋、帶劍、三髭髯。李金吾：練垂狐帽、皮襖、戰裙、皮條茄袋、刀。戴真慶：練垂狐帽、皮襖、戰裙、皮條茄袋、刀。宿太尉：一字巾、補子圓領、帶、三髭髯。卒子：紅碗子盔、青布釘兒甲、褡膊、劍。宋江：麥簷帽、蟒衣曳撒、袍、項帕、直纏、褡膊、帶、帶劍、三髭髯。盧俊義：鳳翅盔、膝襴曳撒、袍、項帕、直纏、褡膊、帶、帶劍、三髭髯。楊志：鳳翅盔、膝襴曳撒、袍、項帕、直纏、褡膊、帶、帶劍、三髭髯。吴用：唐巾、補子圓領、帶、帶劍、三髭髯。公孫勝：散巾、邊襴道袍、執袋、絛兒、三髭髯、裙扇。正末李逵：包巾、皂補納、錦襖、項帕、法墨氊、直纏、褡膊、腿絣護膝、布襪八答鞋、猛髯、斧。

第二折：兀顔受、李金吾、戴真慶：同前。羅真人：全真冠、邊襴道袍、執袋、絛兒、三髭髯、裙扇。道童：雙髻鬅髮陀頭、邊襴道袍、絛兒。公孫勝：同前。宋江、吴用：同前。戴宗：鳳翅盔、膝襴曳撒、袍、項帕、直纏、褡膊、帶、帶劍、三髭髯。正末李逵：同前。

第三折：朱武：鳳翅盔、膝襴曳撒、袍、項帕、直纏、褡膊、帶、帶劍、三髭髯。卒子：同前。宋江、吴用、公孫勝：同前。韓滔：鳳翅盔、膝襴曳撒、袍、項帕、直纏、褡膊、帶、帶劍、三髭髯。彭起：鳳翅盔、膝襴曳撒、袍、項帕、直纏、褡膊、帶、帶劍、三髭髯。秦明：鳳翅盔、膝襴曳撒、袍、項帕、直纏、褡膊、帶、帶劍、猛髯。索超：鳳翅盔、膝襴曳撒、袍、項帕、直纏、褡膊、帶、帶劍、三髭髯。朱仝：鳳翅盔、膝襴曳撒、袍、項帕、直纏、褡膊、帶、帶劍、三髭髯。雷横：鳳翅盔、膝襴曳撒、袍、項帕、直纏、褡膊、帶、帶劍、三髭髯。陳達：鳳翅盔、膝襴曳撒、袍、項帕、直纏、褡膊、帶、帶劍、三髭髯。盧俊義：同前。楊志：鳳翅盔、膝襴曳撒、袍、項帕、直纏、褡膊、帶、帶劍、三髭髯。杜千：鳳翅盔、膝襴曳撒、袍、項帕、直纏、褡膊、帶、帶劍、三髭髯。宋萬：鳳翅盔、膝襴曳撒、袍、項帕、直纏、褡膊、帶、帶劍、三髭髯。解珍：鳳翅盔、膝襴曳撒、袍、項帕、直纏、褡膊、帶、帶劍、三髭髯。解寶：鳳翅盔、膝襴曳撒、袍、項帕、直纏、褡膊、帶、帶劍、三髭髯。薛永：鳳翅盔、膝襴曳撒、袍、項帕、直纏、褡膊、帶、帶劍、三髭髯。施恩：鳳翅盔、膝襴曳撒、袍、項帕、直纏、褡膊、帶、帶劍、三髭髯。鄭天壽：鳳翅盔、膝襴曳撒、袍、項帕、直纏、褡膊、帶、帶劍、三髭髯。王矮虎：鳳翅盔、膝襴曳撒、袍、項帕、直纏、褡膊、帶、帶劍、猛髯。正末李逵：同前。

楔子：宋江、朱武、公孫勝、卒子：同前，躧馬兒。正末李逵、楊志、朱仝、雷横、索超、秦明、韓滔、彭起：同前，躧馬兒。杜千、宋萬、解珍、解寶、施恩、薛永、陳達、鄭天壽、王矮虎：同前，躧馬兒。兀顔受、戴真慶、李金吾：同前，躧馬兒。

第四折：宿太尉、卒子：同前。盧俊義、卒子：同前。宋江、吴用：同前。公孫勝、朱武：同前。韓滔、彭起：同前。朱仝、索超：同前。雷横、秦明：同前。杜千、宋萬：同前。解珍、解寶：同前。施恩、薛永、陳達：同前。王矮虎、鄭天壽、楊志、卒子拏戴真慶：同前。正末李逵、卒子拏李金吾：同前。

又《村樂堂》 穿關。頭折：同知：四大巾、補子圓領、鬧裝茄袋、纓子髯。

大旦：鬏髻頭面、補子襖兒、裙兒、布襪、鞋。王六斤：氈帽、青衣、搭膊。搽旦：鬏髻手帕、比甲襖兒、裙兒、布襪、鞋。王六斤：氈帽、青衣、搭膊。張千：攢頂、圓領、項帕、搭膊。防禦：一字巾、補子圓領、帶、三髭髯。正末張孝友：一字巾、補子圓領、鉤子困帶、蒼髯拄杖。

第二折：搽旦、王六斤：同前。正末曳剌：白氈帽、補納直身、項帕、搭膊、猛髯。王六斤、搽旦又上、同知：同前。

楔子：同知、搽旦、王六斤、正末曳剌、搽旦又上、王六斤：同前。同知又上、大旦：拏湯。大旦又上、防禦、同知：同前。

第三折：牢子：攢頂、圓領項帕、搭膊。大旦、搽旦、王六斤：同前。正末令史：一字巾、圓領絛兒、三髭髯。同知：同前。倈兒：銀錠、青衣、項帕、搭膊、飯罐。倈兒又上、防禦、同知又上：同前。

第四折：張千：同前衙杖。府尹：同前防禦。正末張仲、同知、大旦、防禦：同前。府尹、張千又上、拏王六斤、搽旦、大旦、同知、張仲：同前。

又《下西洋》穿關。頭折：殿頭官：兔兒角幞頭、補子圓領、帶、三髭髯。祗候：攢頂、圓領、項帕、搭膊。定國公：展角幞頭、紅襴、偏帶、三髭髯、笏。思恩侯、寧陽伯、蹇尚書、夏尚書：均與定國公同。正末太監三保：官帽、補子圓領、帶。

楔子：定國公、思恩侯、寧陽伯、祗候：同前。正末太監三保：同前。王景弘：官帽、膝襴曳撒、鸞帶。曹銓：官帽、膝襴曳撒、鸞帶。潘子成：官帽、膝襴曳撒、鸞帶。牛金住：官帽、膝襴曳撒、鸞帶。劉林保：官帽、膝襴曳撒、鸞帶。平江伯：展角幞頭、紅襴、偏帶、三髭髯、笏。蹇尚書、夏尚書：同前捧勑。

第二折：西洋國王：犀角冠、白手巾、蟒衣曳撒、比甲、海鮫項帕、錦手巾、鬧粧、帶劍、三髭髯。波斯：鬅髮金箍陀頭、錦襖、海鮫項帕、如意裙、直纏、搭膊。端木叉：錦大帽、間道直身、海鮫項帕、錦手巾。阿牙賜：黃草大帽、間道直身、海鮫項帕、錦手巾。波斯：同前。阿羅定：錦大帽、間道直身、海鮫項帕、錦手巾。金也的：黃草大帽、間道直身、海鮫項帕、錦手巾。波斯：同前。天妃娘娘：金冠、仙衣、玎璫、布襪、鞋、執圭。執扇、掌扇：花箍、補子襖兒、裙兒、香串、布襪、鞋。廟官：道冠、道衣、絛兒、笏。王景弘、曹銓：同前，響器得勝鼓。卒子：紅碗子盔、青布釘兒甲、搭膊、劍。潘子成、牛金住：同前。劉林保：同前。平江伯：纓子大帽、蟒衣曳撒、鸞帶、三髭髯。正末太監三保：官帽、蟒衣曳撒、鸞帶。王景弘、曹銓、劉林保、潘子成、牛金住、平江伯、卒子又上：同前。衆水手：斗笠、蓑衣、拏篙子、駕三隻船。

楔子：蘇禄國王：黃草大帽、間道紬直身、海鮫項帕、錦手巾、鬧粧、三髭髯。吉剌卜：撒髮陀頭、印花直身、花手巾。吉剌都：紗包頭、印花直身、花手巾。彭亨國王：黃草大帽、間道紬直身、海鮫項帕、錦手巾、鬧粧、三髭髯。大椎髻：撒髮陀頭、印花直身、花手巾。小椎髻：撒髻陀頭、印花直身、花手巾。穿心國王：黃草大帽、間道紬直身、海鮫項帕、錦手巾、鬧粧。玳瑁頭：雜髮陀頭、印花直身、花手巾。鮎魚嘴：紗包頭、印花直身、花手巾。王景弘、曹銓、劉林保、潘子成、牛金住、卒子：同前，響器得勝鼓駕船。平江伯、卒子：同前，響器駕船。正末太監三保、卒子：同前，響器駕船。蘇禄國王、吉剌卜、吉剌都：駕船。彭亨國王、大椎髻、小椎髻：駕船。穿心國王、玳瑁頭、鮎魚嘴：駕船同前。

第三折：西洋國王、波斯：同前。端木叉、阿牙賜、波斯：同前，托寶物。阿羅定、金也的、波斯：同前，托寶物。王景弘、曹銓、劉林保、潘子成、牛金住、卒子：同前，響器得勝鼓駕船。平江伯、卒子：同前，駕船響器。正末太監三保：同前駕船。

第四折：殿頭官、祗候：同前。定國公：同前。寧陽伯、思恩侯：同前。蹇尚書、夏尚書：同前。王景弘、曹銓、劉林保：同前。潘子成、牛金住：同前。平江伯：同前。端木叉、阿牙賜、阿羅定、金也的：同前。西洋國王、波斯：同前。正末太監三保、卒子：同前，擡各樣寶物。

又《魚籃記》穿關。楔子：釋迦佛：旋螺陀頭、僧衣、袈裟、數珠。阿難：僧陀頭、僧衣。迦葉：僧陀頭、僧衣。正旦觀音菩薩：柳葉冠、袈裟、膝襴襖、項帕、膝襴裙、瓔珞、搭膊、捧帶、布襪、鞋、數珠、背光。張無盡：一字巾、補子圓領、帶、三髭髯。張千：攢頂、圓領、項帕、搭膊。

頭折：正旦觀音菩薩：塌頭手帕、補納襖兒、裙兒、布襪、鞋、提魚籃。張無盡、張千：同前。鬼力：鬼頭、錦襖、項帕、法墨氈、直纏、搭膊。張無盡又上、張千、正旦觀音又上：同前。寒山：鬅髮陀頭、邊襴道袍、錦襖、不老葉、法墨氈、喬兒、網裙、絛兒、執袋、腿綳護膝、布襪、八答鞋、拏如意。拾得：鬅髮陀頭、邊襴道袍、錦襖、不老葉、法墨氈、喬兒網裙、絛兒、執袋、腿綳護膝、布襪、八答鞋、拏手卷。

第二折：張無盡、張千：同前。土地：方巾、邊襴道袍、絛兒、白髯、拄杖。鬼力、張千又上、正旦觀音菩薩：同前。梅香：鬏髻箍兒、比甲襖兒、裙兒、布襪、鞋。張千又上、土地、鬼力又上、張無盡又上：同前。

第三折：布袋和尚：僧陀頭、僧衣、肉紅絹肚、法墨氈、喬兒、絛兒、錦脚褲、數珠、布袋、拄杖。寒山、拾得、正旦觀音菩薩：同前。布袋和尚、寒山、拾得又上、張無盡、張千：同前。韋天：鳳翅盔、膝襴曳撒、袍、項帕、直纏、褡膊、帶、金蕫、降魔杵。

第四折：正旦觀音菩薩：同楔子。文殊：同前楔子觀音菩薩。普賢：同前楔子觀音菩薩。韋天：同前。善財：銀錠、錦襖、雲肩、如意裙、直纏、褡膊。獅：獅衣。吼：吼衣。白象：白象衣。布袋和尚、張無盡：同前。

又《拔宅飛昇》穿關。頭折：東華仙：如意蓮花冠、鶴氅、牌子、玎璫、三髭髯、執圭。仙童：秦巾、邊襴道袍、絛兒。縣丞：紗帽、圓領、角帶。外郎：吏巾、圓領、絛兒。張千：攢頂、圓領、項帕、褡膊。正末許遜：一字巾、補子圓領、帶、三髭髯。衆百姓：攢頂、補納直身、絛兒、三髭髯。張千、衆百姓又上：同前，挐金子。

第二折：蛟精：蛟頭、蛟衣、錦襖、項帕、法墨氈、直纏、褡膊。蛇精：蛇頭、蛇衣、錦襖、項帕、法墨氈、直纏、褡膊。吴猛：散巾、邊襴道袍、執袋、絛兒、三髭髯、背劍。正末許遜：全真冠、邊襴道袍、執袋、絛兒、三髭髯、裙扇。道童：雙髻髽髮陀頭、邊襴道袍、絛兒。蛟精、蛇精又上：同前。

楔子：蛟精、正末許遜、道童、吴猛：同前。施岑：秦巾、邊襴道袍、執袋、絛兒、三髭髯。蛟精變黄牛：黄牛衣。吴猛又上：同前。黑牛：黑牛衣。蛟精又上：同前。

第三折：賈玉：一字巾、茶褐直身、絛兒、蒼白髯、拄杖。卜兒：塌頭手帕、眉額、襖兒、裙兒、布襪、鞋。賈旦：塌頭手帕、眉額、襖兒、裙兒、布襪、鞋。家童：攢頂、圓領、項帕、褡膊。倈兒：銀錠、青衣、項帕、褡膊。蛟精：一字巾、手帕、蛟衣、圓領、絛兒。正末許遜、吴猛、施岑：同前帶劍。賈旦、蛟精又上：同前。

楔子：社長：雙簷氈帽、青布直身、絛兒、拄杖。衆老人：攢頂、茶褐直身、絛兒、蒼白髯、拄杖、彩旗鼓樂撞祭物。外郎：同前。觀主：道冠、道衣、絛兒、笏。正末許遜、施岑、吴猛：同前。天蓬帥：三叉冠、抹額、膝襴曳撒、袍、項帕、直纏、褡膊、帶、帶劍、三髭髯。天丁：鐵幞頭、膝襴曳撒、袍、項帕、直纏、褡膊、帶、三髭髯、背勅、旗。蛟精、觀主又上：同前。

第四折：東華仙、仙童：同前。崔子文：秦巾、邊襴道袍、執袋、絛兒、三髭髯。瑕丘仲：同前崔子文。正末許遜、倈兒、道童、吴猛、施岑：同前。許旦：同前卜兒。崔子文、瑕丘仲、天丁：同前，執幢旛。東華仙又上：同前。

又《度黄龍》穿關。楔子：東華仙：如意蓮花冠、鶴氅、牌子、玎璫、三髭髯、執圭。金童：秦巾、雲鶴道袍、不老葉、執袋、絛兒。玉女：花箍、補子襖兒、裙兒、香串、布襪、鞋。鍾離：雙髻陀頭、紅雲鶴道袍、錦襖、不老葉、法墨氈、喬兒、網裙、雜彩絛、執袋、行纏、布襪、八答鞋、猛髯、樓扇。正末吕洞賓：九陽巾、茶褐雲鶴道袍、錦襖、不老葉、法墨氈、喬兒、網裙、絛兒、執袋、腿絣護膝、布襪、八答鞋、雙劍、三髭髯、裙扇。

頭折：行者、僧陀頭：僧衣。士：一字巾、圓領、絛兒、三髭髯。農：雙簷氈帽、綿布襖、綿布氈、花手巾、鞝鞋。工：攢頂、青衣、褡膊、三髭髯。商：攢頂、藍直身、項帕、褡膊、三髭髯。黄龍禪師：僧陀頭、僧衣、袈裟、數珠。正末吕洞賓：同前。白衣老人：散巾、茶褐直身、絛兒、白髮、白髯、拄杖。

第二折：首座：僧帽、僧衣、袈裟、數珠。行者：同前。黄龍禪師、正末吕洞賓：同前。道童：雙髻髽髮陀頭、邊襴道袍、絛兒。

第三折：觀主：道冠、道衣、絛兒、三髭髯、笏。道童、行者、道童又上、首座、黄龍禪師：同前。正末吕洞賓：同前。

第四折：黄龍禪師、行者、東華仙、金童、玉女、鍾離：同前。鐵拐李：髽髮陀頭、皂補納、錦襖、不老葉、法墨氈、喬兒、網裙、雜彩絛、執袋、行纏、布襪、八答鞋、猛髯、鐵。張果老：方巾、邊襴道袍、不老葉、執袋、絛兒、白髮、白髯、驢扇。韓湘子：雙髻陀頭、雲鶴道袍、不老葉、執袋、絛兒、花籃。曹國舅：雙髽髻陀頭、雲鶴道袍、不老葉、執袋、絛兒、金牌笊籬。張四郎：秦巾、雲鶴道袍、不老葉、執袋、絛兒、笛。藍彩和：韶巾、綠襴偏帶、板。正末吕洞賓、黄龍禪師：同前。東華仙又上：同前。

又《洞玄昇仙》穿關。頭折：東華仙：如意蓮花冠、鶴氅、牌子、玎璫、三髭髯、執圭。仙童：秦巾、邊襴道袍、絛兒。鍾離：雙髻陀頭、紅雲鶴道袍、錦襖、不老葉、法墨氈、喬兒網裙、雜彩絛、執袋、行纏、布襪、八答鞋、猛髯、樓扇。吕洞賓：九陽巾、茶褐雲鶴道袍、錦襖、不老葉、法墨氈、喬兒、網裙、絛兒、執袋、腿絣護膝、布襪、八答鞋、雙劍、三髭髯、裙扇。馬道姑：全真冠、腦搭兒、邊襴道袍、絛兒、布襪、鞋。女道童：秦巾、腦搭兒、邊襴道袍、絛兒、布襪、鞋。小旦高玄一：全真冠、腦搭兒、邊襴道袍、絛兒、布襪、鞋。正旦邊洞玄：全真冠、腦搭兒、邊襴道袍、執袋、絛兒、布襪、鞋。

楔子：喬道姑：道冠、腦搭兒、邊襴道袍、絛兒、布襪、鞋。正旦邊洞玄：同前。

第二折：正旦邊洞玄、喬道姑、鍾離、洞賓：同前。

第三折：喬道姑、正旦邊洞玄、鍾離、洞賓：同前。馬元帥：㕘簷帽、蟒衣曳撒、黄袍、項帕、直纏、褡膊、帶、三髭髯、白蛇槍。趙元帥：鐵幞頭、蟒衣曳撒、皂袍、項帕、直纏、褡膊、帶、猛髯、竹節鞭。温元帥：吏巾、蟒衣曳撒、青袍、項帕、直纏、褡膊、帶、紅髮、紅髯、狼牙棒。關元帥：滲青巾、蟒衣曳撒、紅袍、項帕、直纏、褡膊、帶、三髭髯、刀。

第四折：金母：金冠、仙衣、玎璫布襪、鞋、執圭。金童：秦巾、雲鶴道袍、不老葉、執袋、絛兒。玉女：花箍、補子襖兒、裙兒、香串、布襪、鞋。青衣童子：秦巾、邊襴道袍、絛兒。鐵拐李：鬅髮陀頭、皂補納、錦襖、不老葉、法墨踶、喬兒、網裙、雜彩絛、執袋、行纏、布襪、八答鞋、猛髯、鐵拐。曹國舅：雙髽髻陀頭、雲鶴道袍、不老葉、執圭、絛兒、金牌笊籬。藍彩和：韶巾、綠襴、偏帶、板。張果老：方巾、邊襴道袍、不老葉、執袋、絛兒、白髮、白髯、驢扇。張四郎：秦巾、雲鶴道袍、不老葉、執袋、絛兒、笛。韓湘子：雙髻陀頭、雲鶴道袍、不老葉、執袋、絛兒、花籃。鍾離、洞賓、正旦邊洞玄：同前。東華仙：同前。

又《李雲卿》穿關。頭折：東華仙：如意蓮花冠、鶴氅、牌子、玎璫、三髭髯、執圭。仙童：秦巾、邊襴道袍、絛兒。混元真人：如意冠、鶴氅、牌子、玎璫、三髭髯、執圭。張果老：方巾、邊襴道袍、不老葉、執袋、絛兒、白髮、白髯、驢扇。廣成子：秦巾、白髮陀頭、邊襴道袍、執袋、絛兒、白髯、羽扇。劉海蟾：鬅髮陀頭、皂補納、不老葉、執袋、絛兒、三足蟾。正末張紫陽：全真冠、邊襴道袍、錦襖、不老葉、如意裙、喬兒、網裙、執袋、絛兒、行纏、布襪、八答鞋、三髭髯、椶扇。

第二折：總虚子：道冠、邊襴道袍、絛兒。東華仙、仙童、混元真人、張果老、廣成子、劉海蟾：同前。正末張紫陽：同前。

第三折：李雲卿：全真冠、邊襴道袍、執袋、絛兒、三髭髯。香童：雙髻鬅髮陀頭、邊襴道袍、絛兒。正末張紫陽：散巾、邊襴道袍、執袋、絛兒、三髭髯、椶扇。道童：雙髻鬅髮陀頭、邊襴道袍、絛兒。

第四折：東華仙、仙童：執幢旛。混元真人、廣成子、張果老：同前。劉海蟾、總虚子、正末張紫陽、李雲卿：同前。四毛女：花箍、襖兒、裙兒、布襪、鞋、花棚竹籃。

又《齊天大聖》穿關。頭折：元始天尊：如意蓮花冠、鶴氅、牌子、玎璫、三髭髯、執圭。仙童：秦巾、邊襴道袍、絛兒。齊天大聖：三山帽、爽兒臉、錦襖、如意裙、項帕、直纏、褡膊、腿綳護膝、布襪、八答鞋、藍絹褲、鐲環、爽扇。乾天大仙：如意冠、鶴氅、牌子、玎璫、三髭髯、執圭。鬼力：鬼頭、錦襖、項帕、法墨踶、直纏、褡膊。天丁神：鐵幞頭、膝襴曳撒、袍、項帕、直纏、褡膊、帶、三髭髯、旗、勅書。正末二郎神：三山帽、四花圓領、帶、如意。郭牙直：鐵幞頭、膝襴曳撒、袍、項帕、直纏、褡膊、帶、帶劍、紅髯。抱刀鬼：鬼頭、錦襖、項帕、法墨踶、直纏、褡膊、執刀。奴廝兒：黄髮、頭陀、茶褐直身、絛兒、彈弓。狗：狗衣。

第二折：齊天大聖：同前。猿精：猿頭、錦襖、項帕、法墨踶、直纏、褡膊。石精：鬼頭、錦襖、項帕、法墨踶、直纏、褡膊。正末二郎神、奴廝兒、抱刀鬼、鬼力、狗、郭牙直：同前。天丁神：同前。梅山大聖、二聖、三聖、四聖、五聖、六聖、七聖：撒髮陀頭抹額、膝襴曳撒、袍、項帕、直纏、褡膊、帶、帶劍、三髭髯。

第三折：通天大聖：三山帽、爽兒臉、錦襖、如意裙、項帕、直纏、褡膊、腿綳護膝、布襪、八答鞋、藍絹褲、鐲環、爽扇。耍耍三郎：爽兒頭、錦襖、如意裙、項帕、直纏、褡膊、腿綳護膝、布襪、八答鞋、藍絹褲、鐲環、爽扇。猿精、石精：同前。老獮猿：爽兒頭、錦襖、如意裙、項帕、直纏、褡膊、腿綳護膝、布襪、八答鞋、藍絹褲、鐲環、爽扇。齊天大聖、通天大聖、耍耍三郎、猿精、石精又上：同前。巨靈神：束髮冠、紅髮笄角、陀頭抹額、紅膝襴曳撒、紅火袍、項帕、直纏、褡膊、紅髯、帶、斧。齊天大聖、通天大聖、耍耍三郎、猿精、石精又上：同前。正末二郎神、郭牙直、七聖、抱刀鬼、奴廝兒、天丁、狗：同前。巨靈神又上：同前。

第四折：驅邪院主：撒髮陀頭、鶴氅、牌子、玎璫、三髭髯、背光、執圭。鬼力：同前。正末二郎神、巨靈神、七聖、郭牙直、抱刀鬼、奴廝兒、天丁、鬼力拏齊天大聖、通天大聖、耍耍三郎、狗：同前。

又《斬健蛟》穿關。頭折：驅邪院主：撒髮陀頭、鶴氅、牌子、玎璫、三髭髯、執圭、背光。鬼力：鬼頭、錦襖、項帕、法墨踶、直纏、褡膊。天丁：鐵幞頭、膝襴曳撒、袍項帕、直纏、褡膊、帶、三髭髯、背勅、旗。正末太守趙煜：一字巾、補子圓領、帶。祗從：攢頂、圓領、項帕、褡膊。老人：方巾、茶褐直身、絛兒、拄杖。社長：雙簷氈帽、青布直身、絛兒、拄杖。甲首：氈帽、青衣、褡膊。天丁、鬼力又上：同前，執幢旛寶蓋。

第二折：健蛟神：蛟陀頭抹額、錦襖、項帕、如意裙、直纏、褡膊、帶、帶劍、行纏、布襪、八答鞋、紅髯。鬼力：同前。正末二郎：三山帽、四花圓領、帶、如意。奴廝兒：黄髮陀頭、茶褐直身、絛兒、彈弓。抱刀鬼：鬼頭、錦襖、項帕、法墨踶、直纏、褡膊、執刀。鬼力：同前。狗兒：狗衣。天丁：同前。郭牙直：鐵幞頭、膝襴曳撒、袍、項帕、直纏、褡膊、帶、帶劍、紅髮、紅髯。眉山大聖：撒髮陀頭抹額、膝襴曳撒、袍、項帕、直纏、褡膊、帶、帶劍、三髭髯。二聖：同前。三聖：同前。四聖：同前。五聖：同前。六聖：同前。七聖：同前。

第三折：健神：水卒頭、錦襖、項帕、法墨揸、直纏、褡膊。健鬼：同前。健蛟神：同前。健蛟神、健神、健鬼又上：同前，躧馬兒。正末二郎：穿同前紅髯。郭牙直、奴厮兒、七聖、抱刀鬼、鬼力：同前，躧馬兒。

第四折：驅邪院主、鬼力：同前。正末二郎、郭牙直、七聖、抱刀鬼、鬼力鎖健蛟神、健神、健鬼：同前。

又《寶光殿》穿關。頭折：東華仙：如意蓮花冠、鶴氅、牌子、玎璫、三髭髯、執圭。仙童：秦巾、邊襴道袍、絛兒。白玉蟾：髯髮陀頭、皂補納、不老葉、執袋、絛兒、三足蟾。王重陽：全真冠、邊襴道袍、不老葉、執袋、絛兒、三髭髯、裙扇。瓊真大仙：如意冠、鶴氅、牌子、玎璫、三髭髯、執圭。紫霄大仙：同前瓊真妝式。鍾離：雙髻陀頭、紅雲錦道袍、錦襖、不老葉、法墨揸、喬兒、網裙、雜彩絛、執袋、行纏、布襪、八答鞋、猛髯、樱扇。呂洞賓：九陽巾、茶褐雲鶴道袍、錦襖、不老葉、法墨揸、喬兒、網裙、絛兒、執袋、腿綳護膝、布襪、八答鞋、雙劍、三髭髯、裙扇。脱空祖師：道冠、邊襴道袍、絛兒。正末玄虚真人：全真冠、邊襴道袍、執袋、絛兒、三髭髯、樱扇。

楔子：孫公遠：一字巾、茶褐直身、鈎子困帶、蒼白髯。家童：攢頂、青衣、項帕、褡膊。夫人：塌頭手帕、眉額、襖兒、裙兒、布襪、鞋。正末孫彦弘：一字巾、圓領、絛兒、三髭髯。鍾離：同前。

第二折：山神：鳳翅盔、膝襴曳撒、袍、項帕、直纏、褡膊、帶、三髭髯。鍾離、呂洞賓：同前。道童：同頭折仙童扮。心猿：爽兒頭、錦襖、項帕、法墨揸、直纏、褡膊、腿綳護膝、布襪、八答鞋、鐲環、爽扇。意馬：馬頭、錦襖、項帕、法墨揸、直纏、褡膊、腿綳護膝、布襪、八答鞋。正末虚玄真人、道童：同頭折。心猿、意馬又上：同前。護法神：鳳翅盔、膝襴曳撒、袍、項帕、直纏、褡膊、帶、金靠、三髭髯、拏劍。鍾離、洞賓又上：同前。山神又上：同前。

第三折：心猿、意馬：同前。眼賊：銀錠、錦襖、項帕、法墨揸、直纏、褡膊。耳賊：同前。鼻賊：同前。舌賊：同前。身賊：同前。意賊：同前。正末華光：奓簷帽、四花圓領、帶天眼、三髭髯、拏金瓶。千里眼：鬼頭、錦襖、項帕、法墨揸、直纏、褡膊。順風耳：同前。鬼力：同前。

第四折：彌羅洞主：全真冠、邊襴道袍、不老葉、執袋、絛兒、三髭髯、樱扇。長生大帝：如意蓮花冠、鶴氅、牌子、玎璫、三髭髯、執圭。仙童：同前。東華仙、白玉蟾、王重陽：同前。紫霄大仙、瓊真大仙：同前。福星：如意冠、鶴氅、牌子、玎璫、三髭髯、執圭。禄星：同前福星。壽星：如意蓮花冠、鶴氅、牌子、玎璫、白髮、白髯、執圭、捧寶籙。虎：虎衣。鹿：鹿衣。猿：猿衣。鶴：鶴衣。鍾離、呂洞賓：同前。脱空祖師：同前。正末虚玄真人：同二折，幢旛寶蓋龍車鳳輦。山神、心猿、意馬、六賊：同前，擡寶塔。

又《獻蟠桃》穿關。頭折：太上老君：如意蓮花冠、鶴氅、牌子、玎璫、白髮、白髯、執圭。仙童：秦巾、邊襴道袍、絛兒。金母：金冠、仙衣、玎璫、布襪、鞋、執圭。玉女王子登：花箍、補子襖兒、膝襴裙、香串、布襪、鞋。金童：雙髻髯髮陀頭、邊襴道袍、絛兒。正末遊奕使：鐵幞頭、蟒衣曳撒、袍、項帕、直纏、褡膊、帶、三髭髯、背勑旗。

第二折：殿頭官：兔兒角幞頭、補子圓領、三髭髯。祗從：攢頂、圓領、項帕、褡膊。道士：道冠、道衣、絛兒、笏。李少君：雷巾、道衣、絛兒、三髭髯、笏。東方朔：一字巾、補子圓領、帶、三髭髯。正末衛叔卿：散巾、邊襴道袍、絛兒、執袋、三髭髯、樱扇。

第三折：金母、金童：同前。鍾離：雙髻陀頭、紅雲鶴道袍、錦襖、不老葉、法墨揸、喬兒、網裙、雜彩絛、執袋、行纏、八答鞋、樱扇、猛髯。呂洞賓：九陽巾、茶褐雲鶴道袍、錦襖、不老葉、法墨揸、喬兒、網、裙、絛兒、執袋、腿綳護膝、八答鞋、雙劍、三髭髯、裙扇。鐵拐李：髯髮陀頭、皂補納、錦襖、不老葉、法墨揸、喬兒、網裙、雜彩絛執袋、行纏、八答鞋、猛髯、鐵拐。張果老：方巾、邊襴道袍、不老葉、執袋、絛兒、白髮、白髯、驢扇。張四郎：秦巾、雲鶴道袍、不老葉、執袋、絛兒、笛。曹國舅：雙髻髯陀頭、雲鶴道袍、不老葉、執袋。藍彩和：韶巾、緑襴、偏帶、板。韓湘子：雙髻陀頭、雲鶴道袍、不老葉、絛兒、執袋、花籃。玉女王子登：同前。正末南極星：如意冠、鶴氅、牌子、玎璫、白髮、白髯、執圭。仙童：同前。玉女王子登又上：同前。

第四折：殿頭官、李少君、東方朔：同前。金母、正末南極星、八仙、玉女王子登：同前。許飛瓊：花箍、襖兒、裙兒、香串、布襪、鞋。董雙成：花箍、襖兒、裙兒、香串、布襪、鞋。太上老君：同前。

又《八仙過海》穿關。頭折：白雲仙：如意蓮花冠、鶴氅、牌子、玎璫、執圭、三髭髯。青衣童子：秦巾、邊襴道袍、絛兒。神廚仙童：髽髻陀頭、邊襴道袍、絛兒。白雲仙、青衣童子又上：同前。移山大聖：爽兒頭、錦襖、法墨揸、直纏、褡膊、布襪、八答鞋、鐲環、藍絹褲、爽扇。齊天大聖、通天大聖：三山帽、爽兒臉、錦襖、如意裙、項帕、直纏、褡膊、腿綳、護膝、布襪、八答鞋、鐲環、藍絹褲、爽扇。攪海大聖、翻江大聖：爽兒頭、錦襖、如意冠、項帕、直纏、褡膊、腿綳、護膝、布襪、八答鞋、鐲環、藍絹褲、爽扇。鍾離：髪髻陀頭、紅雲鶴道袍、錦襖、不老葉、法墨髭、喬兒、網裙、雜綵縧、執袋、行纏、八答鞋、棱扇、猛髯。鐵拐李：陀頭、皂補納、錦襖、不老葉、法墨髭、喬兒、網裙、雜彩縧、執袋、行纏、八答鞋、鐵拐、猛髯。徐神翁：秦巾、雲鶴道袍、不老葉、執袋、縧兒、笛。韓湘子：雙髻陀頭、雲鶴道袍、不老葉、執袋、縧兒、花籃。張果老：方巾、邊襴道袍、不老葉、執袋、縧兒、白髮、白髯、驢扇。曹國舅：雙髻陀頭、雲鶴道袍、不老葉、執袋、雜彩縧、金牌笊籬。藍彩和：韻巾、緑襴、偏帶玉板。正末吕洞賓：九陽巾、茶褐雲鶴道袍、錦襖、不老葉、法墨髭、喬兒、網裙、雜彩條、執袋、腿綳、護膝、八答鞋、藍絹褲、雙劍、三髭髯、裙扇。

第二折：摩揭：太子巾、膝襴曳撒、比甲、鬧裝茄袋、帶劍。龍毒：四大巾、膝襴曳撒、比甲、鬧裝茄袋、帶劍。水卒：水卒頭、錦襖、法墨髭、直纏、項帕、褡膊。夜叉：夜叉頭、錦襖、法墨髭、直纏、項帕、褡膊、飛翅。正末、七仙：同前。

楔子：龜丞相、鱉大夫：幞頭、緑襴、偏帶、龜殼、鱉殼、笏。東海龍王：弁冠、青髮、上衫袍、火裙、方心曲領、錦綬牌子、帶、執圭、青冲髯。水卒、龍毒：同前。南海龍王：枕頭冠、紅髮、上衫袍、火裙、方心曲領、錦綬牌子、帶、執圭。西海龍王：捲雲冠、白髮、上衫袍、火裙、方心曲領、錦綬牌子、帶、執圭。北海龍王：乳冠、黑髮、上衫袍、火裙、方心曲領、錦綬牌子、帶、執圭、黑冲髯。四海龍王、龜丞相、鱉大夫、水卒、正末、八仙：同前。

第三折：水官：乳冠、黑髮、上衫袍、火裙、方心曲領、錦綬牌子、玎璫、帶、執圭、三髭髯。鬼力：鬼頭、錦襖、項帕、法墨髭、直纏、褡膊。東海龍王、水卒：同前。天官：捲雲冠、上衫袍、火裙、方心曲領、錦綬牌子、玎璫、帶、執圭、三髭髯。地官：弁冠、上衫袍、火裙、方心曲領、錦綬牌子、玎璫、帶、執圭、三髭髯。鍾離、仙童：同前。藍彩和：同前。老君：白束髮蓮花冠、鶴氅、牌子、玎璫、執圭、白髮。仙童、鍾離、齊天大聖、通天大聖、翻江大聖：同前。攪海大聖、移山大聖、鍾離、七仙、五大聖：同前。三官、四海龍王、龜丞相、鱉大夫、夜叉、水卒：同前。

第四折：釋迦佛：旋螺陀頭、僧衣、袈裟、數珠。阿難、迦舍：僧陀頭、僧衣。四海龍王、鍾離、七仙：同前。

又《鬧鍾馗》 穿關。楔子：知縣：一字巾、補子圓領、帶、三髭髯。張千：攢頂、圓領、項帕、褡膊。社長：方巾、青布直身、縧兒、拄杖。正末鍾馗：唐巾、襴衫、偏帶、三髭髯。

頭折：五道將軍：鳳翅盔、膝襴曳撒、袍、項帕、直纏、褡膊、帶、三髭髯。判官：韶巾、緑襴、偏帶、笏。睡魔鬼：鬼頭、錦襖、項帕、法墨髭、直纏、褡膊。正末鍾馗：同前。大耗、小耗：同前睡魔鬼。青黄赤白黑五方鬼：五色鬼頭、錦襖、項帕、法墨髭、直纏、褡膊。

第二折：殿頭官：兔兒角幞頭、補子圓領、帶、三髭髯。張千：同前。張伯循：同前知縣。楊國忠：紗帽、補子圓領、帶。常風、發傻：儒巾、襴衫、縧兒。正末鍾馗：同前。

第三折：殿頭官、張千、張伯循、大耗、小耗、五方鬼：俱同前。正末鍾馗：韶巾、紅襴、偏帶、紅髮、紅髯、笠子、笏、竹節鞭。

第四折：天福神、地福神：展角幞頭、紅襴、偏帶、三髭髯、笏。鬼力：同前睡魔鬼。春福神、壽禄神：同前天福神。五道將軍、判官、睡魔鬼：同前。土地：方巾、邊襴直身、縧兒、拄杖。竈神：弁冠、上衫袍、方心曲領、火裙、錦綬牌子、玎璫、褡膊、帶、黑髮、三髭髯、執圭。井神：枕頭冠、上衫袍、方心曲領、火裙、錦綬牌子、玎璫、褡膊、帶、黑髮、三髭髯、執圭。廚神：同竈神。門神、户神：鳳翅盔、膝襴曳撒、袍、項帕、金靠、直纏、褡膊、帶、三髭髯、斧。上陽真君：如意蓮花冠、鶴氅、牌子、玎璫、三髭髯、執圭。中陽真君：如意冠、鶴氅、牌子、玎璫、三髭髯、執圭。下陽真君：同前中陽真君。綿羊太子：狐帽、膝襴曳撒、比甲、鬧粧茄帶、梅枝鵲籠。三羊：羊衣。正末鍾馗、大耗、小耗、五方鬼：同前。

又《五龍朝聖》 穿關。楔子：捲簾大將軍：鳳翅盔、膝襴曳撒、袍、項帕、直纏、帶、帶劍、三髭髯。鬼力：鬼頭、錦襖、項帕、直纏、褡膊。福星、禄星：如意冠、鶴氅、牌子、玎璫、三髭髯、執圭。壽星：如意蓮花冠、鶴氅、牌子、玎璫、白髮、白髯、執圭。正末飛天神王：鐵幞頭、蟒衣曳撒、袍、項帕、直纏、褡膊、帶、三髭髯、背勅、旗。

頭折：東海龍王：弁冠、上衫袍、方心曲領、火裙、錦綬牌子、褡膊、玎璫、帶、青髮、青髯、執圭。巡海夜叉：夜叉頭、錦襖、項帕、法墨髭、直纏、褡膊、飛翅。巡海大聖：披廈冠、鬅髮陀頭抹額、膝襴曳撒、袍、項帕、直纏、褡膊、帶、帶劍、三髭髯。巨風大聖：同前巡海大聖。赤旦公：紗帽、圓領、角帶。鼈長者：黑漆幞頭、緑襴、項帕、偏帶、鼈殼、笏。蛤蠣大夫：展角幞頭、緑襴、項帕、偏帶、笏。正末飛天神王：同前。

第二折：南海龍王：枕頭冠、上衫袍、方心曲領、火裙、錦綬牌子、褡膊、玎璫、帶、紅髮、紅髯、執圭。水卒：水卒頭、錦襖、項帕、法墨髭、直纏、褡膊。攪海大聖、翻江大聖：同前巡海大聖。水部判官：韶巾、緑襴、項帕、偏帶、笏。蛤蠣大夫：同前。北海龍王：乳冠、上衫袍、方心曲領、火裙、錦綬牌子、褡膊、玎璫、帶、黑髮、三髭髯、執圭。西海龍王：捲雲冠、上衫袍、方心曲領、火裙、錦綬牌子、褡膊、玎璫、帶、白髮、白髯、執圭。東海龍王、正末飛天神王：同前。江瀆神、河瀆神、淮瀆神、濟瀆神：枕頭冠、上衫袍、方心曲領、火裙、錦綬牌子、褡膊、玎璫、帶、黑髮、三髭髯、執圭。

楔子：癩頭大聖：癩頭黿頭、膝襴貼裹、項帕、直纏、褡膊。鬼力：同前。鮎魚精：魚頭、錦襖、項帕、法墨趄、直纏、褡膊。黿精：黿頭、錦襖、項帕、法墨趄、直纏、褡膊、龜殼。鼈精：鼈頭、錦襖、項帕、法墨趄、直纏、褡膊、鼈殼。蟹精：卒頭、錦襖、項帕、法墨趄、直纏、蟹殼。蝦精：蝦頭、錦襖、項帕、法墨趄、直纏、褡膊。金脊龍王：枕頭冠、上衫袍、方心曲領、火裙、錦綬牌子、褡膊、玎璫、帶、黃髮、黃髯、執圭。巡海夜叉：同前。蝦蟆長史：蝦蟆頭、補子圓領、帶。都水先鋒：水卒頭、膝襴貼裹、項帕、直纏、褡膊。癩頭大聖、鮎魚精、黿精、蟹精、蝦精又上：同前擡酒。正末飛天神王、蛤蠣大夫、水部判官、金脊龍王、巡海夜叉：同前。

第三折：癩頭大聖、鬼力、鮎魚精、黿精、鼈精、蟹精、蝦精：同前。蝦蟆長史、都水先鋒、癩頭大聖、鮎魚精、黿精、鼈精、蟹精、蝦精、鬼力又上：同前。正末飛天神王、鬼力、蝦蟆長史、都水先鋒：同前。癩頭大聖、衆精又上、四瀆神又上：同前。

第四折：水官：枕頭冠、上衫袍、方心曲領、火裙、錦綬、牌子、褡膊、玎璫、帶、三髭髯、執圭。鬼力、福禄壽三星：同前。四瀆神、鬼力：同前，擡珊瑚樹四株。攪海大聖、翻江大聖、水部判官：同前，擡玻瓈瓶一對牡丹花。巡海大聖、巨風大聖、赤旦公、鼈長者、蛤蠣大夫、巡海夜叉：同前，捧金盤八寶。正末飛天神王：同前。蝦蟆長史、都水先鋒：同前。癩頭大聖、衆精：同前，擡小金牌、香爐、花瓶、靈芝。五龍：同前，擡金牌。

又《長生會》穿關。頭折：殿頭官：兔兒角幞頭、補子、圓領、帶、三髭髯。張千：攢頂、圓領、項帕、褡膊。東華仙：如意蓮花冠、鶴氅、牌子、玎璫、三髭髯、執圭。金童：秦巾、邊襴道袍、縧兒。董雙成、正旦許飛瓊：花箍、補子圓領、裙兒、香串、布襪、鞋。

第二折：蓼花先生、虛頭居士：道冠、邊襴道袍、縧兒。白居易：一字巾、茶褐直身、縧兒、不老葉、白髯、拄杖。胡杲、吉敏、李真、鄭據：秦巾、邊襴道袍、縧兒、不老葉、蒼白髯。盧真、張輝：全真冠、邊襴道袍、縧兒、不老葉、蒼白髯、椶扇。李元爽：散巾、邊襴道袍、縧兒、不老葉、三髭髯、椶扇。僧如滿：僧衣、僧陀頭、數珠。正旦許飛瓊、董雙成：同前。

第三折：仙童：雙髻鬅髮陀頭、邊襴道袍、縧兒。鍾離：雙髻陀頭、紅雲鶴道袍、錦襖、不老葉、法墨趄、喬兒、網裙、雜彩縧、執袋、行纏、布襪、八答鞋、猛髯、椶扇。張四郎：秦巾、雲鶴道袍、不老葉、執袋、縧兒、笛。呂洞賓：九陽巾、茶褐雲鶴道袍、錦襖、不老葉、法墨趄、喬兒、網裙、縧兒、執袋、腿綳護膝、布襪、八答鞋、雙劍、三髭髯、裙扇。曹國舅：雙髽髻陀頭、雲鶴道袍、不老葉、執袋、縧兒、金牌、笊籬。鐵拐李：鬅髮陀頭、皂補納、錦襖、不老葉、法墨趄、喬兒、網裙、雜彩縧、執袋、行纏、布襪、八答鞋、猛髯、鐵枴。張果老：方巾、邊襴道袍、不老葉、執袋、縧兒、白髮、白髯、驢扇。韓湘子：雙髻陀頭、雲鶴道袍、不老葉、縧兒、執袋、花籃。藍彩和：韶巾、綠襴、偏帶、板。松旦、竹旦：花箍、襖兒、裙兒、香串、布襪、鞋。正旦梅花仙子：柳葉冠、膝襴襖兒、膝襴裙、香串、布襪、鞋。

第四折：福星、禄星：如意冠、鶴氅、牌子、玎璫、三髭髯、執圭。壽星：如意蓮花冠、鶴氅、牌子、玎璫、白髮、白髯、執圭。正旦荷花仙子：柳葉冠、補子襖兒、裙兒、香串、布襪、鞋。凌波仙女：花箍、補子襖兒、裙兒、香串、布襪、鞋。

第五折：殿頭官、張千、白居易、九老、東華仙、福禄壽、八仙：同前。正旦金母：金冠、仙衣、玎璫、布襪、鞋、執圭。金童：同前，捧仙桃。玉女：花箍、襖兒、裙兒、香串、布襪、鞋、執羽扇。凌波仙女、松旦、竹旦、董雙成：同前，捧靈芝、松、竹、梅花。

又《羣仙祝壽》穿關。頭折：南極仙：如意蓮花冠、鶴氅、牌子、玎璫、白髮、白髯、執圭。仙童：秦巾、邊襴道袍、縧兒。鍾離：雙髻陀頭、紅雲鶴道袍、錦襖、不老葉、法墨趄、喬兒、網裙、雜彩縧、執袋、行纏、八答鞋、猛髯、椶扇。鐵拐李：陀頭、皂補納、錦襖、不老葉、法墨趄、喬兒、網裙、執袋、雜彩縧、行纏、八答鞋、鐵拐、猛髯。韓湘子：雙髻陀頭、雲鶴道袍、不老葉、縧兒、執袋、花籃。張四郎：秦巾、雲鶴道袍、不老葉、執袋、縧兒。張果老：方巾、邊襴道袍、不老葉、執袋、縧兒、白髮、白髯、驢扇。藍彩和：韶巾、綠襴、偏帶、板。曹國舅：雙髽髻陀頭、雲鶴道袍、不老葉、執袋、縧兒、金牌笊籬。正末呂洞賓：九陽巾、茶褐雲道袍、錦襖、不老葉、法墨趄、喬兒、網裙、縧兒、執袋、腿綳護膝、八答鞋、雙劍、三髭髯、裙扇。

第二折：山神：鳳翅盔、膝襴曳撒、袍、項帕、直纏、褡膊、帶、三髭髯。鬼力：鬼頭、錦襖、項帕、法墨趄、直纏、褡膊。柳樹精：樹枝陀頭、綠襴、項帕、偏帶、拄杖。海蟾：鬅髮陀頭、補納道袍、不老葉、執袋、縧兒、三足蟾。仙童：同前。任風子：散巾、補納道袍、不老葉、執袋、絛兒、猛髯。陳戚子：散巾、道袍、不老葉、執袋、絛兒、三髭髯。王喬：散巾、補納道袍、不老葉、執袋、拘繩匾擔。畢卓：紗帽、圓領、帶。陳摶：散巾、邊襴道袍、不老葉、執袋、絛兒、三髭髯、裙扇。劉伶：散巾、邊襴道袍、不老葉、執袋、絛兒、三髭髯。徐神翁：秦巾、邊襴道袍、不老葉、執袋、絛兒。正末呂洞賓：同前。柳樹精又上：同前。

第三折：虎精：虎頭、錦襖、項帕、法墨趖、直纏、褡膊。鹿精：鹿頭、錦襖、項帕、法墨趖、直纏、褡膊。猿精：猿頭、錦襖、項帕、法墨趖、直纏、褡膊。鶴精：鶴頭、錦襖、項帕、法墨趖、直纏、褡膊。山神：同前。鬼力：同前。正末呂洞賓：同前。柳樹精：同前。

第四折：天使：弁冠、上衫袍、火裙、方心曲領、錦綬、牌子、褡膊、帶、黑髮、三髭髯、執圭。南極仙：同前。仙童：同前。鍾離：同前，拏金蓮花。鐵拐李：同前，拏煙葫蘆。韓湘子：同前，拏花籃、鐵笛。曹國舅：同前，拏笊籬、金牌。張果老：同前，拏漁鼓、簡子。藍彩和：同前拏板。張四郎：同前，拏輪竿、金魚。海蟾：同前，拏蟾、金錢。任風子：同前，拏壽籙。陳摶：同前，領啣花鹿。陳戚子：同前，領獻果猿。王喬：同前，領玄鶴。畢卓：同前，執酒盞。劉伶：同前，執酒壺。徐神翁：同前，捧表裏。山神、鬼力：同前，拏壽香一段。虎精、鹿精、猿精、鶴精：同前，擡靈芝、雙穗穀並頭麥。柳樹精：同前。正末呂洞賓：同前。桃旦：花箍、膝襴襖兒、膝襴裙、香串、布襪、鞋、桃。松旦：花箍、補子襖兒、膝襴裙、香串、布襪、鞋、松。竹旦：花箍、襖兒、裙兒、香串、布襪、鞋、竹。梅旦：花箍、襖兒、裙兒、香串、布襪、鞋、梅。天使又上：同前。

又《廣成子》穿關。頭折：殿頭官：兔兒角幞頭、補子圓領、帶、三髭髯。祇從：攢頂、圓領、項帕、褡膊。風后：散巾、邊襴道袍、絛兒、三髭髯、裙扇。力牧、公孫玄、伏輝：一字巾、補子圓領、帶、三髭髯。常璧：三叉冠、抹額、膝襴曳撒、袍、項帕、直纏、褡膊、帶、三髭髯。無影道人：道冠、邊襴道袍、絛兒。道童：雙髻髯髮陀頭、邊襴道袍、絛兒。九靈大仙：全真冠、邊襴道袍、執袋、絛兒、三髭髯、裙扇。玄真大仙：散巾、邊襴道袍、執袋、絛兒、三髭髯。正末廣成子：秦巾、白髮陀頭、邊襴道袍、執袋、絛兒、白髯、拄杖。常璧又上：同前持詔。

第二折：殿頭官、祇候、常璧：同前。威山鼠精：披廈冠、紅髮抹額、鼠嘴、錦襖、項帕、如意裙、直纏、褡膊、藍絹褲、腿綳護膝、布襪、八答鞋、鐲環。鬼力：鬼頭、錦襖、項帕、法墨趖、直纏、褡膊。大倉山鼠精：鼠嘴頭、錦襖、項帕、如意裙、直纏、褡膊、藍絹褲、腿綳護膝、布襪、八答鞋、鐲環。鬼力、道童、九靈大仙、玄真大仙：同前。無影道人、正末廣成子、二鼠精又上、常璧又上：同前。

第三折：中嶽神：弁冠、上衫袍、方心曲領、火裙、錦綬牌子、褡膊、帶、三髭髯、執圭。鬼力：同前。東嶽、西嶽、南嶽、北嶽：弁冠、上衫袍、方心曲領、火裙、錦綬牌子、褡膊、帶、三髭髯、執圭。江瀆神、河瀆神、淮瀆神、濟瀆神：枕頭冠、上衫袍、方心曲領、火裙、錦綬牌子、褡膊、帶、黑髮、三髭髯、執圭、背光。殿頭官、祇候：同前。張雄、李豹：鳳翅盔、膝襴曳撒、袍、項帕、直纏、褡膊、帶、帶劍、三髭髯。解能：皮爹簷帽、膝襴曳撒、掩心甲、項帕、直纏、褡膊、劍。常璧、無影道人、道童、九靈大仙、玄真大仙：同前。正末廣成子、殿頭官、常璧、解能又上：同前。

第四折：李信甫：雷巾、道衣、絛兒、三髭髯、笏。道童：同前。蔡宗伯：紗帽、補子、圓領、帶。吳全節：全真冠、邊襴道袍、執袋、絛兒、三髭髯、裙扇。張伯雨：散巾、邊襴道袍、執袋、絛兒、三髭髯、樓扇。薛玄卿：全真冠、邊襴道袍、執袋、絛兒、三髭髯。方玉壺：散巾、邊襴道袍、執袋、絛兒、三髭髯。宰淵徵：全真冠、邊襴道袍、執袋、絛兒、三髭髯。衆道士：道冠、道衣、絛兒、拏法器。殿頭官、張雄、李豹、祇從、風后、力牧：同前。公孫玄、伏輝、常璧、解能：同前。正末廣成子：秦巾、白髮陀頭、鶴氅、牌子、玎璫、白髯、笏。九靈大仙、玄真大仙、無影道人：同前，捧法盞、令牌。直符：鐵幞頭、膝襴曳撒、袍、項帕、直纏、褡膊、帶、三髭髯、背刺、旗。中岳四瀆神：同前，各持壽物。

又《慶千秋》穿關。頭折：殿頭官：兔兒角幞頭、補子圓領、帶、三髭髯。張千：攢頂、圓領、項帕、褡膊。太乙真人：如意蓮花冠、鶴氅、牌子、玎璫、三髭髯、執圭。冲虛真人：同。仙童：秦巾、邊襴道袍、絛兒。正末直符使者：鐵幞頭、蟒衣曳撒、袍、項帕、直纏、褡膊、帶、三髭髯、背刺、旗。

第二折：城隍：展角幞頭、紅襴、偏帶、三髭髯、笏。判官：詔巾、緑襴、項帕、偏帶。鬼力：鬼頭、錦襖、項帕、法墨趖、直纏、褡膊。正末直符使者：同前。

第三折：金母：金冠、仙衣、玎璫、布襪、鞋、執圭。董雙成、許飛瓊：花箍、襖兒、裙兒、香串、布襪、鞋。金童：秦巾、雲鶴道袍、不老葉、執袋、絛兒。正末增福神：展角幞頭、紅襴、偏帶、三髭髯、笏。鬼力：同前。

第四折：殿頭官、張千：同前。陳平：兔兒角幞頭、補子圓領、帶、三髭髯。周勃：兔兒角幞頭、補子圓領、帶、三髭髯。金母、董雙成、許飛瓊、金童：同前，捧蟠桃、仙酒、靈芝、檜柏。正末南極星：如意蓮花冠、鶴氅、牌子、玎璫、白髮、白髯。太乙真人、冲虛真人、仙童：同前。

又《太平宴》 穿關。頭折：諸葛：捲雲冠、雲鶴道袍、絛兒、三髭髯、羽扇。卒子：紅碗子盔、青布釘兒甲、褡膊、劍。黄忠：鳳翅盔、蟒衣曳撒、袍、項帕、直纏、褡膊、帶、帶劍、蒼白髯。趙雲：三山帽、蟒衣曳撒、袍、項帕、直纏、褡膊、帶、帶劍、三髭髯。馬超：獅磕腦盔、蟒衣曳撒、袍、項帕、直纏、褡膊、帶、帶劍、紅髯、飛撾。劉封：皮盔、膝襴曳撒、掩心甲、項帕、直纏、褡膊、劍。簡雍：爹簷帽、膝襴曳撒、袍、項帕、直纏、褡膊、帶、帶劍、三髭髯。鞏固、糜竺、糜芳：鳳翅盔、膝襴曳撒、袍、項帕、直纏、褡膊、帶、帶劍、三髭髯。正末姜維：爹簷帽、蟒衣曳撒、袍、項帕、直纏、帶、帶劍、三髭髯。

第二折：劉備：兔兒角幞頭、補子圓領、帶、三髭髯。卒子：同前。關末：滲青巾、蟒衣曳撒、紅袍、項帕、直纏、褡膊、帶、帶劍、三髭髯。關平：三山帽、膝襴曳撒、袍、項帕、直纏、褡膊、帶、帶劍、三髭髯。關興：同前鞏固。周倉：四縫笠子盔、錦襖、皂袍、項帕、如意裙、直纏、褡膊、帶、魚鞘刀、行纏、猛髯、執刀。卒子：同前。正末張飛：包巾、蟒衣曳撒、皂袍、項帕、直纏、褡膊、帶、竹節鞭、猛髯。馬超：同前。劉德然：包巾、膝襴曳撒、袍、項帕、直纏、褡膊、帶、帶劍、三髭髯。范羌：同劉德然。周瑜：同前姜維。甘寧：同前鞏固。卒子：同前。于覆：同前劉封。

第三折：周瑜、于覆、甘寧、卒子：同前，躧馬兒。正末關末、衆將：同前，躧馬兒。

第四折：劉備、諸葛、卒子：同前。正末關末、周倉、馬超、校刀手：同前。

又《黄眉翁》 穿關。頭折：楊景：三山帽、玉色蟒衣、玉色袍、項帕、直纏、褡膊、帶、帶劍、三髭髯。卒子：紅碗子盔、青布釘兒甲、褡膊、劍。岳勝：鳳翅盔、膝襴曳撒、袍、項帕、直纏、褡膊、帶、帶劍、三髭髯。焦贊：鬅髮陀頭抹額、膝襴曳撒、皂袍、項帕、直纏、褡膊、帶、帶劍、猛髯。張蓋、關津、關伯、劉朝、解用、楊清、孟德、封海、姜廉、岳弘、党萬、党千、焦順、柰欽、陳林、柴敢、郎千、郎萬：鳳翅盔、膝襴曳撒、袍、項帕、直纏、褡膊、帶、帶劍、三髭髯俱同。正末孟良：四縫笠子盔、錦襖、紅袍、項帕、如意裙、直纏、褡膊、帶、帶劍、紅髯、火葫蘆。金龍、金虎、封廣：鳳翅盔、膝襴曳撒、袍、項帕、直纏、褡膊、帶、帶劍、三髭髯。

第二折：寇萊公：兔兒角幞頭、補子圓領、帶、蒼白髯。祇從：紗包頭、青衣、褡膊。正末孟良、金龍、金虎、封廣：同前。

楔子：楊景、衆將、卒子：同前。正末孟良、金龍、金虎、封廣：同前。

第三折：佘太君：塌頭手帕、眉額、補子袍兒、襖兒、膝襴裙、布襪、鞋、拄杖。八娘：花箍、補子襖兒、裙兒、布襪、鞋。都管：氈帽、青衣、褡膊。楊景、張蓋、陳林、柴敢、楊清：同前。正末黄眉翁：散巾、邊襴道袍、執袋、絛兒、白髮、白髯、裙扇。第四折：岳勝、衆將、卒子：同前。正末孟良、楊景、四將：同前。寇萊公、祇從：同前，躧馬兒。

清・佚名《穿戴題綱》上册《節令、開場、弋腔、目連、大戲・喜朝五位》 五男喜神：金貂、扎紅、五色蟒、帶、喜字旂。五女喜神：鳳冠、五色蟒、帶、喜字旂。八方神：馬夫巾、額子、蟒、箭袖、門神愷旂。執旗使者：馬夫巾、額子、蟒、箭袖、門神愷旂。十和合：線髮、金箍。

又《歲發四時》 太歲：線髮、紅出襬換八角冠、扎紅、紅蟒、帶。二童：線髮、紅道袍、絛子。開鑼人：紅氈帽、布箭袖、褡膊。捐牌人：紅氈帽、布箭袖、褡膊。四執事：大頁巾、蟒、箭袖、排穗。執日將：功曹帽、蟒、箭袖、門神愷。勅印官：小頁巾、箭袖、排穗。文武執事：大頁巾、蟒、箭袖、排穗。春官：紗帽、紮紅、綠元領、金帶。夏官：紗帽、紮紅、紅元領、金帶。秋官：紗帽、扎紅、月白元領、金帶。冬官：紗帽、扎紅、青元領、金帶。

又《東皇佈令》 四仙童：線髮、紅道袍、絛子。東皇帝君：冕旒、黄八團帶。

又《歛福錫民》 王子登：過翹、仙姑巾、紅蟒、絛子。吕嵒：純陽巾、紅蟒、絛子。四仙童：線髮、紅道袍、絛子。西池王母：鳳冠、黄八團帶、仙姑巾。四仙童：前。東皇帝君：前。雷公：髮、額子、紅蟒、帶。電母：鳳冠、紅蟒、帶、黑色頭。風伯：馬夫巾、額子、紅蟒、帶。雨師：馬夫巾、額子、紅蟒、帶。雪女：魔女髮、宫衣。霜女：魔女髮、宫衣。雲女：魔女髮、宫衣。露女：魔女髮、宫衣。高禖夫人：鳳冠、紅蟒、帶。衛生夫人：鳳冠、紅蟒、帶。保嬰夫夫：鳳冠、紅蟒、帶。廣嗣夫人：鳳冠、紅蟒、帶。語忘神：貂、紮紅、紅蟒、帶。敬遺神：貂、紮紅、紅蟒、帶。司弓：線髮、紅壽字氅、絛子。司矢：線髮、紅壽字氅、絛子。

又《聖母巡行》 四女仙：魔女髮、宫衣。北陰聖母：鳳冠、仙姑巾、黄蟒、帶。四儀從：大頁巾、蟒、箭袖、排穗。四星官：小朝冠、紅蟒、帶。二仙童：線髮、紅道袍、絛子。吕純陽：巾、八仙衣、背劍。

又《羣仙赴會》 韓湘子：巾、八仙衣。藍采和：照前。李孔目：陀頭髮、金箍、八仙衣。張果老：照前。何仙姑：過翹、仙姑巾、舞衣。曹國舅：照前。鍾離權：盔腦、八仙衣。四儀從：前。四仙官：前。二仙童：前。吕純陽：前。四女仙：前。北陰聖母：前。

又《千春燕喜》四儀從：大頁巾、蟒、箭袖、排穗、神旗。八仙童：髮線、紅紬道袍、縧子。牡丹花王。海棠花妃。

又《六祖講經》四儀從：大頁巾、蟒、箭袖、排穗。四仙女：魔女髮、宫衣。張仙：武生巾、出繼、帑帶。送聖郎君：套頭、蟒、箭袖、卒褂。九子聖母：鳳冠、黄蟒、帶、仙姑巾。六祖：和尚帽、五佛冠、紅蟒、袈裟。

又《長沙求子》八僧人：和尚帽、僧衣、縧子。官員：紗帽、紅元領、金帶。士人：各色巾、緞道袍。商人：氈帽、袖道袍。農人：氈帽、布道袍。旦婦人：袖衫。醜婦人：牡丹頭藍、布衫、汗巾。小旦婦人：衫子、背心、縧子。四儀從：前。四仙女：前。張仙：前。九子聖母：前。送聖郎君：前。

又《佛化金身》老僧：和尚帽、僧衣、縧子。一沙彌：和尚帽、僧衣、縧子。頭陀：陀頭帽、衲衣、褡膊。冶人：氈帽、布通袖。

又《光開寶座》八侍者：和尚帽、僧衣、縧子、手旛。沙彌：前。老僧：和尚帽、僧衣。四抬佛人：氈帽、布通袖。一小佛。進香人：雜扮。一差官：小頁巾、箭袖。四將校：馬夫巾、蟒、箭袖、飛虎旗。中軍：帽、褂。郄恢之：紗帽、紅蟒、帶。

又《靈符濟世》道士：緞道巾、藍寧紬道袍、縧子、背劍、口袋、符、筆。男女鄉民：巾、氈帽、紬布道袍、女衫。丑道士：布道巾、土布道袍。盤、符、筆。

又《採藥降魔》二鬼卒：布臉、布箭袖、虎皮卒褂。道士：前。五毒：髮、額子、雉尾、狐尾。金甲神：扎巾、額子、靠。

又《佛旨度魔》八沙彌：和尚帽、金箍、僧衣、縧子、手旛。大目健連：和尚帽、五佛冠、香色蟒、袈裟。八小鬼：布臉、箭袖、虎皮卒褂。判官：帽、蟒、箭褂、卒褂。金童：紫金冠、紅道袍、氅、手旛。十閆君：冕旒、紅蟒、帶。

又《魔王答佛》調達：陀頭髮、鬼衣、小扎扮。八沙彌：前。大目健連：前。

又《丹桂飄香》八花神：帽、出繼。四仙女：魔女髮、宫衣。嫦娥：鳳冠、紅蟒、帶、仙姑巾。

又《霓裳獻舞》八男仙：玉蟬巾、紅蟒、縧子。四仙女：前。嫦娥：前。八花神：前。八舞雲童：云衣、云帽。八舞鏡仙女：魔女髮、宫衣。六桂花童子

又《花甲天開》八儀從：大頁巾、蟒、箭袖、排穗。三靈台星：闊龍撲頭、扎紅、紅蟒、帶。天壽星：套頭、紅蟒、帶、黄包。天福星：帽、紅蟒、帶。天祿星：帽、紅蟒、帶。天喜星：貂、紅蟒、帶、扎紅。天貴星：貂、紅蟒、帶、扎紅。五星：耳不聞、紅蟒、帶。

又《鴻禧日永》四星官：小朝冠、紅蟒、帶、黄包。四宫官：宫官帽、紅蟒、縧子。執扇仙童。執扇仙女。太陽星：冕旒、黄蟒、帶。太陰星：冕旒、黄蟒、帶。五星：前。天壽星：前。天福星：前。天祿星：前。天喜星：前。天貴星：前。福字童：線髮、紅道袍、彩蓮福字衣。祿字童：線髮、紅道袍、祿字衣。壽字童：線髮、紅道袍、壽字衣。三持字人：云衣、云帽。

又《金仙奏樂》四仙童：線髮、紅紬道袍、縧子。賈屈庭、宋聯涓：過梁、紅蟒、縧子。烟景珠、鮮于虚：過梁、紅蟒、縧。玉虚道人、南極老人：玉蟬巾、紅蟒、縧。陽谷神王、青童：玉蟬巾、紅蟒、縧。四儀從：大頁巾、蟒、箭袖、排穗。四星官：小朝冠、紅蟒、帶。太陽星：冕旒、黄八團、紅鞓。八雲童：線髮、云衣。四仙童：前。四仙女：前。明星玉女：前。

又《綵線添長》八宫女：過梁、宫衣。四小太監：帽、各色紬道袍、汗巾。四小太監：帽、綾道袍、汗巾。老太監：帽、紅蟒、帶。

又《太僕陳儀》四鷄人：大頁巾、蟒、箭袖、排穗。二從人：鷹翎帽、青緞箭袖。宋綬：高紗帽、紅蟒、帶。四文官：紗帽、紅蟒、帶。四武官：貂、紅蟒、帶。一内監：帽、紅蟒、帶。四衛士：大頁巾、蟒、箭袖、排穗。四太監：帽、貼里衣。四宫官：帽、紅元領、縧子。宋仁宗：王帽、黄蟒、紅鞓。女學士：紗帽、紅元領、金帶。傘：馬夫巾、箭袖。馬夫：馬夫巾、箭袖、卒褂。

又《太和報最》太和君：貂、扎紅、紅蟒、帶。玉池夫人：鳳冠、紅蟒、帶。硼上童子：線髮、紅紬道袍、紅壽字氅。紫宫君：線髮、紅道袍、紅壽字氅。四屬神：貂、紫紅、紅蟒、帶。

又《司命錫禧》灶君：髮、額子、紅蟒、帶。夫人：鳳冠、紅蟒、帶。六女：四个鳳冠、紅蟒、帶。两个紅衫、紅壽字氅。四屬神：前。太和君：前。玉池夫人：前。硼上童子：前。紫宫君：前。四天將：大頁巾、蟒、箭袖、排穗。金星：蓮花冠、紅蟒、帶。

又《佛國讃揚》四金剛：小頁巾、額子、金線愷、劍、傘、琵琶。十八羅漢：和尚帽、金箍、採蓮襖、袈裟。四揭諦：馬夫巾、額子、箭袖、門神愷。四侍者：和尚帽、紅紬道袍、縧子、袈裟。四沙彌：和尚帽、紅紬道袍、縧子。觀音：盔腦、月白蟒、

袈裟。地藏：盔腦、香色蟒、袈裟。文殊：盔腦、紅蟒、袈裟。普賢：盔腦、紫蟒、袈裟。阿難：毘盧帽、紅緞道袍、袈裟。迦葉：毘盧帽、紅紬道袍、袈裟。無量佛：盔腦、黄蟒、佛衣。韋馱：帥盔、黄靠、杵。

又《紅蝠雲臻》十六雲：云衣、線髮。四金童：線髮、紫金冠、採蓮襖、汗巾、紅紬道袍。四儀從：大頁巾、蟒、箭袖、排穗、神旂、天官：□蟒、紅鞓、黑三、平頂冠。一金童：線髮、紫金冠、採蓮襖、紅紬道袍。五紅蝠：衣子。

又《長生祝壽》八仙童：花、黄紗、採蓮襖、線髮、紅紬道袍、紅褲、絲子。八仙女：魔女髮、小宮衣、花。八雲使：云帽、云衣、絲子、花。木公：大朝冠、黄蟒、帶。金母：鳳冠、仙姑巾、素珠、黄蟒、帶。

又《三壽作朋》場上用云布條一、九壽、太極畐卅二。十二仙童：紅福字、採蓮襖、紅紬道袍、線髮、絲子、太極畐。延壽仙：出擺、白髮、玉蟬巾、絲子、出彩元瓶一个。長壽仙：出擺、白髮、方朔巾、絲子、出彩桃一支。八仙童：紅福字、採蓮襖、紅紬道袍、線髮、絲子、四如意、四黄旛。天壽仙：黄蟒、壽星套頭、出彩太極圖。

又《羣芳獻舞》八仙女：魔女髮、宮衣、松竹梅花。花神：花神帽、紅出擺。八仙童：線髮、紅道袍、採蓮衣、絲子、靈芝。芝仙：葦玉蟬巾、出擺。

又《天官祝福》四仙童：線髮、紅紬道袍、絲子。天官：大朝冠、黄蟒、玉帶。地官：小朝冠、紫蟒、帶。水官：小朝冠、緑蟒、帶。奏書：竪翅、相帽、扎紅、紅蟒、帶。博士：竪翅、相帽、扎紅、紅蟒、帶。蚕室：鳳冠。力士：馬夫巾、額子。大將軍：金貂、扎紅、紅蟒、帶。勾芒神：金貂、扎紅、紅蟒、帶。雷公：臉子。電母：鳳冠。風伯：馬夫巾、額子。雨師：馬夫巾、額子。

又《吉曜承歡》四福神：竪翅相帽、扎紅、紅元領、褚子、褡膊。福星：有翅王帽、紅蟒、帶。四壽仙：玉蟬巾、紅壽字氅絲子。壽星：套頭、黄蟒、絲子。四小回回：帽、衣。玄壇：黑貂、扎紅、黑蟒、帶。八喜童：線髮、紅喜字襖。天喜星：金貂、扎紅、紅蟒、帶。

又《祝福呈祥》四功曹：帽、門神愷。四福神：竪翅、相帽、扎紅、紅元領、穗子、褡膊。招財童：扎金冠、出擺、帶。利市仙：紗帽、扎紅、出擺、帶。寒山：線髮、金箍、氅。石德：線髮、金箍氅。四仙童：線髮、紅道袍、絲子。四儀從：大頁巾、箭袖、排穗。八雲使：云帽、云衣。天官：大朝帽、黑三、黄蟒、帶。五小鬼：髮、額子、劉唐衣褲、虎皮裙。鐘馗：扮。陳氏：鳳冠、補服、老旦衣。報事院子：羅帽、院子衣。梁灝：紗帽、紅蟒、帶。梁固：紗帽、紅蟒、帶。梁材：矮紗帽、紅蟒、帶。梁棟：紗帽、紅蟒、帶。四院子：羅帽、紅紬道袍。四梅香：紅衫。四媳婦：鳳冠、紅蟒、帶。

又《遣仙》百花仙：過翹、仙姑巾、舞衣。張仙：武生巾、出擺、鸞帶。劉海：陀頭髮、金箍、氅。方朔：道童巾、出擺。四仙童：線髮、紅道袍、絲子。福星：帽、紅蟒、帶。禄星：帽、緑蟒、帶。壽星：頭、黄蟒、絲子。

又《三代》王曾元：紗帽、紅蟒、帶。老旦：鳳冠、紅蟒、帶。王曾：相帽、紅蟒、帶。正旦：鳳冠、紅蟒、帶。王繹：紗帽、紅蟒、帶。小旦：鳳冠、紅蟒、帶。報事人：羅帽、寧紬道袍。四院子：紅紬道袍。四梅香：紅衫。

又《仙圓》漢鐘離：盔腦、仙衣。盧生：老生巾。曹國舅：仙巾、仙衣。李鐵拐：陀頭髮、金箍、仙衣。韓相子：仙巾、仙衣。藍采和：仙巾、仙衣。何仙姑：過翹、仙姑巾、舞衣。吕洞賓：仙巾、仙衣。張果老：仙巾、仙衣。

又《孟良求救》佘太君：花包頭、藍花氅裙。孟良：扎巾、額子、靠、葫蘆、紅飛鬢。楊洪：羅帽、院子衣。二拍風：花襖、花背心、汗巾、彩褲。一梅香：衫子、背心、汗巾。

又《灝不服老》董多聞：圓翅紗帽、香色青花、帶、白飛鬢。董一院子：羅帽、院子衣。一院子：照前扮。梁固：紗帽、紅蟒、帶、三髯。梁灝：金綿老兒巾、行衣、白三髯。報事人：鷹翎帽、布箭袖。梁棟：紗帽、帶花紅圓領、金帶。二手下：紅氈帽、布箭袖、紅褡膊、執狀元及第。

又《萬里封侯》二中軍：中軍帽、中軍褂、紅蟒、箭袖。班超：金貂、紅蟒、玉帶、白三髯。旨意官：紅圓領、金花帶、紗帽、黑三髯、旨意。四執事：壽字箭袖、卒褂、馬夫巾、執金瓜月斧。二父老：氈帽、布道袍、白髯。徐老爺：紗帽、雜色蟒、角帶、三髯。八卒子：紅蟒、箭袖、卒褂、馬夫巾、標鎗、旂。四將官：箭袖、打仗甲、馬夫巾、額子、標鎗、旂。傘：壽字箭袖、卒褂、馬夫巾。

又《怒斬丁香》四傻儸：傻儸帽、箭袖、肚膿子、布卒褂。愛娟：衫子、花氅裙。瓶兒：衫子、花背、汗巾、裙、書。黄巢：馬夫巾、額子、黑瞞髯、馬、打仗甲、掛劍、箭袖神。車夫：傻儸帽、布箭袖、肚膿子。丁婆：布老旦衣裙。

又《請美猴王》通臂猿：打仗甲、大頁巾、額子、令字旗。八戒：青緞通袖、束腰、和尚帽、鈀、八戒臉、金箍。衆猴：衣子。悟空：黄蟒、黄鞓帶、王帽、雉翎、鑽天帽、黄通袖、虎皮裙。

又《逢人拐騙》拐子：圓帽、青素、大黑瞞髯。丑：喜鵲衣、打腰、宗帽、小髯。

又《張旦借靴》張旦：矮方巾、綾道袍。劉二公：方巾、緞道袍。小子：腦包、布通袖。

又《廉藺争功》四卒子：馬夫巾、箭袖、卒褂。廉頗：黑貂、黑髯、紫蟒、帶。丑郎官：圓翅紗帽、青素。四卒子：馬夫巾、箭袖、卒褂。藺相如：相貂、月白蟒、三髯。生郎官：紗帽、青素。

又《負荆請罪》四卒子：馬夫巾、箭袖、卒褂。廉頗：黑貂、黑髯、紫蟒、帶、後换藍鑲領箭袖、背荆杖。丑郎官：圓翅紗帽、青素。生郎官：紗帽、青素。藺相如：相貂、月白蟒、三髯。二中軍：中軍衣帽。

又《瞎子拜年》鄒小胡：藍布箭袖。胡小鄒：水田衣、打腰裙、氈帽。樵夫。

又《十朋祭江》王十朋：月白青花、金花帶、紗帽。老安人：香色道袍、裙。李成：羅帽、院子衣。

又《拷打紅娘》老夫人：道袍、裙氅。紅娘：衫子裙、背心、汗巾。鶯鶯：紅衫子裙、小云肩。張生：小生巾、紅道袍。

又《剪賣髮》趙五娘：青紬衫裙。貨郎：水田衣、打腰、打頭、氈帽。張公：藍道袍、蒼三髯、高方巾。

又《江流撇子》殷氏：青衫裙、包頭。丑：布通袖、氈帽。四水卒：箭袖、布鬼臉。龍王：龍王冠、蟒、帶。

又《宫花報喜》劉小姐：青衫子裙、包頭、汗巾。梅香：衫子、背心、汗巾。院子：羅帽、院子衣、白三髯。丑梅香：襖、花背心、彩褲、汗巾、梅香箍。四轎夫：青布箭袖、紅氈帽。

又《姜女哭城》孟姜女：青衫子、打腰、包頭。二夫頭：布通袖、氈帽。四軍士：箭袖、卒褂、太監帽。管工頭：氈帽、通袖。始皇：唐帽、蟒、玉帶、三髯。土地：土地巾、藕袖道袍、絲子。

又《擊鼓鳴冤》二指揮：大葉巾、鑲領、箭袖、鸞帶。四校尉：箭袖、黄馬褂、黄羅帽、小額子。張問政：官紗帽、紅元領、帶。張氏：衫子、搭腰裙。

又《長亭囑别》趙五娘：青紬衫裙。蔡伯喈：老生巾、青素、蒜絲。

又《蒙正邏齋》二和尚：和尚衣帽、僧衣、絲子。蒙正：貧衣、長方巾、扎頭、紅鞋。

又《浪暖桃香》張生：小生巾、月白衫。琴童：院子衣、鸞帶。船家：布通袖、氈帽、草帽、圈打腰裙。

又《草橋驚夢》張生：小生巾、月白衫。琴童：院子衣、鸞帶。白馬將軍：靠、背壺、帥盔、三髯、鎗。店家：水田衣、小宗帽、喜鵲衣裙。鶯鶯：綠裙、小云肩、汗巾。孫飛虎：黑靠、背壺、黑貂、鵮令、狐尾、刀。

又《蒙正祭竈》蒙正：富貴衣、長方巾、扎頭、紅鞋。劉小姐：青衫裙。

又《達摩渡江》蕭生：老生巾、青紬道袍、絲。達摩：和尚帽、紅緞道袍、金披科袚一分。四金剛：金凱、裨光、馬夫巾、大額子、蛇、傘、劍。參辰：剪袖、布鬼臉。二風鬼：壽字箭袖、鬼布臉。善才：線髮、絲子、紅道袍、柳葉、云肩。龍女：紅衫子裙。觀音：月白蟒、伽紗、拂塵、觀音兜、素珠。

又《敬德釣魚》新　二院子：院子衣、羅帽、鸞帶。敬德：藕紬道袍、打腰裙、氈帽、草帽圈、白滿、魚杆、筐、魚。四卒子：箭袖、卒褂、馬夫巾、鏢鎗、旂。二小軍：箭袖、卒褂、馬夫巾、鏢鎗、旂。仁貴：帥盔、白蟒、玉帶、劍、三髯。

又《敬德釣魚》舊　敬德：藕紬道裙、打腰裙、氈帽、草帽圈、白滿、竹竿、魚、筐。四軍士：箭袖、卒褂、馬夫巾、鏢鎗、旗。仁貴：帥盔、白蟒、帶、劍、黑三。

又《敬德賞軍》張士貴：矮紗帽、香色元領、帶。二小軍：鷹翎帽、布箭袖。四將官：大頁巾、蟒、箭袖、排穗。四卒子：馬夫巾、箭袖、卒褂。敬德：幞頭、黑蟒、帶、白滿。纛：馬夫巾、箭袖。禮生：儒巾。二中軍：帽、褂。

又《回回指路》二小回回：回回衣帽。二沙彌：僧衣、和尚帽、絲子、旛。唐僧：紅緞道袍、伽紗、皮羅帽、五佛冠、素珠、拂塵。老回回：獅子盔、鵮翎、狐尾、鼻子、黄蟒、斗篷、白滿、拐杖。

又《河梁赴會》二中軍：中軍褂、中軍帽、箭袖。周瑜：白蟒、紗帽。一小軍：箭袖、馬夫巾、卒褂。四水手：馬夫巾、緑彩蓮衣、彩褲。関公：扎巾、厢領、前神啗喇帳、鸞帶、劍。劉備：香色蟒、套翅紗帽、玉帶。

又《縫靴拐騙》馬騙三：布通袖、布帶、宗帽、大髯。可知道：短布巾、青紬道袍、小髯、絲絲。院子：院子衣、羅帽。蔡伯喈：圓領、金花帶、紗帽。皮匠：布通袖、氈帽。

又《下海投文》二手下：青布箭袖、鷹帽。下得海：皂吏帽、布箭袖。一皂吏：照前。蔡狀元：圓領、紗帽、花帶。老王：龜。亱叉：蟒、箭袖、鬼布臉。龍王：龍王冠、蟒、玉帶。

又《懶婦燒鍋》懶婦：藍布衫裙、衫褲。丑：彩褲、藍布箭袖、氈帽。老王：布通袖、氈帽。小孩子：喜鵲衣裙、腦包。

又《勸問吉平》四手下：青布箭袖、紅氈帽。四小軍：軍牢帽、青布箭袖、紅布帶。曹操：鬧龍幞頭、紫蟒、玉帶、黑滿。張遼：青花硬盔、帶、一撮。許褚：雜色青花盔、帶、飛鬂。小生：月白蟒、紗帽、帶。丑：銀紅蟒、圓翅紗帽、帶、白髯。董承：相貂、香色蟒、帶、白三。馬騰：石青蟒、金貂、帶、蒼滿。吉平：道袍、打腰裙、包頭。

又《六國封相》黄門官：紅圓領、帶、紗帽、執笏、三髯。蘇秦：紅蟒、鬧龍幞頭、玉帶、執笏。齊使臣：雜色蟒、盔、帶。楚使臣：照前。燕使臣：照前。韓使臣：照前。趙使臣：照前。本國使臣：照前。

又《五娘描容》趙五娘：青紬衫、打腰裙、包頭。張廣才：藍紬道袍、高二吊、蒼髯、緑縧。

又《牛氏規奴》牛氏：裙、衫子、氅。惜春：裙、衫子、花背心、汗巾、兜、扇。

又《虎撞窑門》玉女：常形。閆王：常形。秦檜魂：喜鵲衣、打腰披、包頭、黑蒼髯。岳飛：紅蟒、荷葉盔、扎紅、三髯、帶。

又《功宴争花》韓安國：紗帽、紅蟒、帶、黑髯。公孫融：相貂、香色蟒、帶、白三。竇英：蟒、紗帽。鉄勒奴：金貂蟒。中軍：常行。開門刀：常行。衛青：帥盔、蟒。陳午：出襬、紫金冠。

又《單刀赴會》魯肅：蟒、紗帽、三髯。周倉：常行。関公：靠、蟒、扎巾、額子。二小軍：箭袖、卒褂、馬夫巾。二旗牌：小葉巾、箭袖、牌歲。

又《敬德闖宴》二手下：箭袖、馬夫巾、卒褂。敬德：蟒、黑貂、白髯、玉帶。四小軍：箭袖、馬夫巾、卒褂。二中軍：常行。薛宗顕：圓翅紗帽、蟒、小髯。張士貴：尖翅紗帽、蟒。徐勣：蟒、相貂、白髯。

又《敬德耕田》敬德：氈帽、打頭、繡紬道袍、打腰。童兒：水田衣、喜鵲衣、打腰、線髮、草帽、圈。鄒大：布通袖、打腰、氈帽、草帽、圈。安氏：藍布衫、打頭。

又《敬德探山》敬德：貂、靠。四内侍：常行。唐王：常行。徐勣：相貂、蟒。一小校：箭袖、卒褂、馬夫巾。

又《醉打山門》智深：僧衣、誇衣褲、大素珠、拂塵。酒保：喜鵲衣、打腰、草帽、圈、桶二个。二和尚：綢僧衣、和尚帽。長老：香色道袍、和尚帽、白素珠、拂塵、艮包書。

又《夜看春秋》関公：鑲領、箭袖、羅帽、打頭。韓守義：喜鵲衣、打腰、三髯、扭鎖。四家丁：羅帽、黑緞箭袖。丑：紅花衫、公子巾。正旦：黑綢衫、打腰。

又《灞橋餞别》四軍校：馬夫巾、彩褲、萬字襖。関公：緑靠、背壺、扎巾、套翅。二夫人：衫子裙、錦氅。二梅香：衫子、背心、汗巾。二車夫：壽字箭袖。四小軍：箭袖、馬夫巾、卒褂。張遼：靠、縧子、荷葉盔、一撮鬚。許褚：靠、硬盔、縧子、黑滿髯。曹操：鬧龍幞頭、帶翅、紫蟒、玉帶、蒼滿髯。

又《古城相會》四旗牌：大葉巾、箭袖、牌、穗。張飛：扎巾、額子、飛鬂、黑蟒、玉帶。劉備：套翅、紗帽、三髯、香色蟒、玉帶。四軍校：箭袖、卒褂、馬夫巾。周倉：靠、盔、飛鬂。関公：蟒、扎巾、套翅、五髯。

又《華容釋曹》四將官：箭袖、卒褂、馬夫巾。周倉：靠、蟒。関公：靠、背壺、扎巾、套翅、五髯。四小軍：壽字箭袖、卒褂、馬夫巾。張遼：靠、盔。許褚：靠、盔。曹操：鬧龍幞頭、紫蟒、玉帶、滿髯。

又《雪夜訪賢》趙太祖：黄蟒、玉帶、斗篷、堂帽、滿髯。張全：青素、角帶、圓翅、紗帽。趙普：紫蟒、玉帶、相貂、蒼三髯。夫人：鳳冠、蟒帶裙。曹彬：硬盔、帶、青花圓領、三髯。王全斌：前，三髯。石守信：前，三髯。潘仁美：前，滿髯。

又《大戰石猴》四丁甲神：箭袖、牌、穗、馬夫巾、額子。二十八宿：盔、靠。九曜元辰：箭袖、凱、盔。馬帥：荷葉盔、靠。趙帥：黑靠、黑貂、飛鬂、彩褲。温帥：藍靠、温帥帽、藍飛鬂。関帥：緑靠、扎巾、套翅、五髯。二郎：靠、八九冠、三髯。哪吒：彩褲、花襖、樹葉云肩、線髮。捧犬神將：馬夫巾、彩庫、彩蓮襖、卒褂。犬：衣子。李靖：靠、批蟒、帥盔、五佛冠、黑滿、玉帶。四天將：馬夫巾、額子、箭袖、凱。四小猴。悟空：白猴帽、彩黄襖、彩褲、鳶帶。

又《遣成拜月》外：老兒巾、行衣、蒼髯。李成：腦包、喜鵲衣、打腰、傘。貼旦：青紬衫。生：青紬道袍、老生巾。旦：老旦衣。

又《平章拷姬》賈平章：相貂、紫蟒、玉帶、蒼滿髯。四院子：院子衣、羅帽、鳶帶。慧娘：衫、背心、兜、帕、汗巾。

又《善門集慶》四院子：羅帽、紅紬道袍。四梅香：紅衫子、背心、汗巾。益利：羅帽、寧袖道袍。傅相：紗帽、紅圓領、帶、數珠。金奴：衫子、背心、汗巾。羅卜：老生巾、出襬、數珠。劉氏：鳳冠、紅圓領、帶、數珠。

又《奮勇王家》韓遊環：帥盔、靠。范克孝：帥盔、靠。戴休顔：帥盔、靠。駱元光：帥盔、靠。四軍士：馬夫巾、蟒箭袖。四大刀手：大頁巾、蟒箭袖、排穗。二中軍：中軍衣帽。李晟：帥盔、靠、半披。報子：扎巾、報子衣、卒褂。

又《遺子經商》羅卜：老生巾、青緞道袍。劉氏：青衫子、青氅、數珠。金奴：青衫子、青背心、汗巾。土地：巾氅、絛子。益利：羅帽、院子衣、數珠、傘包。

又《羅卜行路》羅卜：老生巾、青緞道袍、數珠。益利：羅帽、院子衣、數珠、傘包。和尚：和尚帽、僧衣、木魚。漁翁：草帽圈、十納衣、打腰。牧童：腦包、作衣、打腰、水田衣。

又《二厨争顧》安童：羅帽、綾道袍。臧厨：雜扮。毛厨：雜扮。

又《劉氏辱尼》劉氏：青衫、錦氅。尼姑：和尚帽、紬老旦衣、數珠。金奴：衫子、背心、汗巾。安童：羅帽、院子衣。

又《劉氏憶子》劉氏：青衫子、青氅、數珠。金奴：青衫、背心、汗巾。安童：羅帽、道袍。益利：羅帽、院子衣、數珠、傘包。

又《尼姑思凡》尼姑：妙嫦巾、衫子、鬧背心、氅絛子、數珠。

又《本無思春》本無：和尚帽、綾道袍、背心、絛子、又綾道袍。

又《僧尼相調》本無：和尚帽、綾道袍、背心、絛子、素珠。尼姑：妙嫦巾、衫子、鬧背心、數珠、絛子。

又《益利討油》劉氏：青衫、青氅。益利：羅帽、院子衣、數珠。土地：巾、氅。

又《益利掃地》劉氏：青衫、青氅。益利：羅帽、院子衣、數珠。羅卜：老生巾、藍寧紬道袍。金奴：衫子、背心、汗巾。土地。

又《花園盟誓》劉氏：青衫。羅卜：老生巾、寧紬道袍。益利：羅帽、院子衣。金奴：衫子、背心、汗巾。五鬼：髮、鬼衣。金童：紫金冠、紅道袍、氅、手旛。玉女：過梁仙姑巾、紅衫氅、絛子、手旛。魂子：青衫。土地：巾氅。傅相：外巾氅。

又《五瘟魔障》五瘟神：大瘟神帽、靠、衆瘟神帽、青素。劉氏：青衫、褡腰。金奴：衫子、背心、汗巾。益利：羅帽、院子衣。羅卜：老生巾、寧紬道袍。

又《過清油山》五鬼：竪髮、蟒箭袖、虎皮卒褂、褡膊。劉氏：青衫、褡腰。

又《劉氏望鄉》看台鬼：髮、小額子、彩蓮襖、小扎扮。五鬼：竪髮、蟒箭袖、虎皮卒褂、褡膊。一風鬼。劉氏：青衫、褡腰。

又下册《昆腔雜戲·遊園》杜麗娘：月白衫子、小云肩、裙。春香：衫子、背心、裙。

又《胖姑》老頭：白氈帽、花布包頭、紫花布道袍、搭腰裙、白短髯。胖姑：花衫褲、花襖、背心、汗巾。王六兒：彩褲、喜鵲衣、水田衣。

又《冥判》鬼卒：青布箭袖、布鬼臉、虎皮褂。大鬼：藍蟒箭袖、三尖絛子、鬼髮、額子。吏典：青素、鑾帶、吏典帽。花判：判帽、金花、藍蟒、紅圓領、帶。四男犯：布通袖、氈帽、兜帕。杜麗娘：青紬衫裙、兜帕。花神：花神帽、花神衣、三髯。

又《學堂》陳最良：藍道袍、長方巾。杜麗娘：月白紬襖、云肩、裙。春香：裙、紬襖、花背褡、汗巾。

又《相約》雲香：紬襖、素背褡、汗巾、裙。老安人：香色布老旦衣、花帕、汗巾、裙。

又《相罵》雲香：紬襖、素背褡、汗巾、裙。老安人：香色布老旦衣、花帕、汗巾、裙。

又《促試》觀主：香色紬老旦衣、素珠、絲絛裙。進安：院子衣、素鸞帶勒邊。必正：月白紬道、小生巾。妙常：花裙、道姑衣、仙姑巾、絲絛、素珠。尼姑：雜色紬老旦衣、素珠、絲絛裙。

又《秋江》必正：照前。進安：照前。觀主：照前。船家：通袖、鸞帶、氈帽。妙常：照前。船婆：布衫子裙。

又《賜環》王允：寶藍披兒、紗帽、黑三鬚。夫人：寶藍被兒、裙。貂蟬：紅襖、月白紬花被兒、云肩、裙。二歌妓：紬襖、花背褡、汗巾、裙。

又《梳粧》專房：紬襖、花肩褡、汗巾、裙。呂布：紫金冠、雉鶏翎、蟒箭袖、綉排穗、小玉帶。董卓：金貂、錦幣、蒼滿髯。貂蟬：大紅襖、打腰、場上換月白花披風。

又《擲戟》貂蟬：照前。呂布：照前。董卓：照前。李儒：青緞剪袖、小頁巾、鸞帶、短鬚。李肅：照李儒扮、黑三髯。四甲士：紅剪袖、卒褂、馬夫巾、月華旂。車夫：壽字剪袖、馬夫巾。

又《藏舟》烏飛霞：藍布衫、打腰裙、藍布打頭、魚籃。劉秀：老生巾、元色裙、絛子、背包。

又《盗令》差官：寶藍箭衣、將巾、鸞帶、小胡子不拘、令牌。院子：羅帽、元緞海青、令牌。翠娘：媒婆衣、元色裙、手帕。翡娘：襖披風、雲肩、捧鳳。院子：羅帽、元緞海青、燈。長史：矮緯出襬、黑滿。王饅首：皂隸帽、藍布箭衣、皂隸帶、狗嘴。差人：照差官、掛刀。舒得溥：因搭作衣、打腰、黑三、手杻。趙大娘：元色襖、打頭、打腰。舒大娘：硬丫吉、花帕、打頭、老旦衣、打腰、櫓。禁子：羅帽、布箭衣、四喜、匙牌。

又《題曲》喬小青：元色打頭、元色襖、月白背心、宮絛、書。

又《倖恩》號夫人：半官衫子、氅、扇子。梅香：衫子、背心、汗巾。韓夫人：半官衫子、氅、扇子。院子：羅帽、院子衣、白短滿。

又《昭君》四小校：青布箭袖、搭胯、紅氈帽、紅旗。王龍：矮紗帽、狐尾、八角冠、國老巾、藍蟒帶、蟒箭袖、帝帶、紅花道袍、絛子、背劍。昭君：半官舞衣、銀紅蟒、玉帶、扎袖、鴈哥尾、雉尾扇子。馬童：扎巾、採蓮襖、扎口、卒褂、肚囊、大同鈴、套馬杆、鞭子。二達子：時扮、黄馬褂。

又《規奴》牛氏：紅襖、軟披雲肩、插鳳。惜春：色襖、背心、汗巾、兜扇。

又《觀畫》程嬰：圓帽、藍出穲、鸞帶、蒼三、圖。孤兒：紫金冠、雉鳮翎、銀紅蟒、玉帶、掛劍。駙馬：老生巾、元色褶子、黑三。宫主：元色襖。

又《驚夢》睡魔神：公子巾、土地臉、花褶子、鳶帶、陰陽鏡、白飛鬢。杜麗娘：紅襖、軟披云肩、插鳳。柳夢梅：晋巾、紅褶子、柳枝。花神：花神帽、花神衣、黑三、拂塵。甄氏：襖硬披。

又《尋夢》杜麗娘：紅襖、軟披、雲肩插鳳扇。春香：襖、背心、汗巾。

又《拜月》瑞蓮：顔色襖、軟披風雲肩、插鳳。瑞蘭：紅襖、雲肩、月白綉軟披風、插鳳。

又《獨占》秦種：鴨尾巾、元色褶、傘、鞋。花魁：色襖、背心、宮絛、手帕，外罩元色襖。王九媽：硬髩髻、花帕打頭、老旦衣。

又《琴挑》陳妙常：妙常巾、襖鬪披風、宮絛、念珠、拂塵、琴。潘必正：晋巾、顔色褶子、扇。

又《寫本》楊繼盛：紗帽、元領、黑三、金花帶。夫人：寶藍緞襖、蠟竿。

又《殺惜》宋江：長方巾、藍緞褶、黑三、招文袋。閆婆惜：紅襖、元色背心、繫汗巾、元色打頭。閆婆：紬老旦衣、緑裙。

又《喫茶》楊繼盛：寶青花、金花帶、紗帽、黑三。長班：布海青、哨子帽、牢子帶、一字。牛信：羅帽、青素鸞帶、黑滿髯。趙文華：雜色青花、矮緯、黑夾嘴、坐山帶。院子：羅帽、緞海青。

又《漁樵》朱買臣：長方巾、打頭、衣打腰、蒼三、扁担、斧。王安道：氈帽、草帽圈、布海青、打腰、蒼夾嘴、櫓。楊孝先：氈帽、打頭、作衣打腰、小胡子。

又《三溪》黄向堅：堂巾、紫花布海青、宮絛、赤脚草鞋、傘。末：羅帽、布箭衣、素鳶帶、蒼短胡、棍。丑：氈帽、草帽圈、作衣打腰、小髯子、櫓。

又《打棍》煞神：靠、髮額子、鞭、黑飛髯。范仲虞：高方巾、青紅道袍二件、紅鞋、三髯。葛安：羅帽、打頭、彩褲、誇衣。四家人：布剪袖、羅帽。葛登雲：氅、九梁巾、蒼滿。

又《出箱》陸榮：英雄衣、誇褲、扁担氈帽、打頭、草帽。四報録人：鷹翎帽、剪袖、卒褂。四家人：前。范仲虞：照前。老旦：布老旦衣裙。小生：豆腐巾、青道袍。

又《尋夫》周氏：元色襖、打腰、打頭、燈籠。

又《刺股》蘓秦：老生巾、書。周氏：照前。蘓三老：藍褶子打腰裙、氈帽、打頭、蒼三。丫環：藍巾衫、背心、梅香絡、汗巾。

又《前逼》朱買臣：長方巾、窮衣、大蒜頭、蒼三。崔氏：藍布衫、縐紗、包頭、繫腰。王媽媽：布老旦衣。

又《後逼》崔氏：照前。道姑：和尚帽、老旦衣。朱買臣：照前。隣舍：氈帽、布海青、小髯。

又《前索》周羽：長方巾、元色褶、黑三、藍緞褶子、蒼三、書。郭氏：藍布衫、藍緞襖、封書。張千：羅帽、藍紬褶、黑短髯、扇子。丑。

又《後索》周羽：照前。郭氏：照前。净：羅帽、緞海青、小髯。末：翻轉羅帽、破蔴絲海青、蒼短胡、草轡帶、草鞋。老旦：布老旦衣、念珠。

又《倒旗》東方旺：靠、扎額子、黑飛鬢、雙刀。四小軍：剪袖、卒褂、馬夫巾、鏢鎗。四將官：打仗甲、馬夫巾、額子、鏢鎗。羅成：靠、披蟒、紫金冠、鎗、馬鞭子。四小軍：馬夫巾、箭袖、卒褂、刀。差官。秦瓊：靠、荷業盔、三髯、雙鐧。四小軍：前。程咬金：靠、盔、斧、藍髯。尤俊達：靠、盔。齊國元：靠、盔。侯君集：靠、盔。

又《斬子》一中軍：圓領中軍帽。一中軍：前。四小軍：剪袖、馬夫巾、卒褂。羅成：紫金冠、剪袖、牌歲。劊子手：照角扮。開門刀：大葉巾、剪袖、凱。羅藝：襆頭、蟒。四將官：盔、蟒。羅夫人：鳳冠、蟒。

又《點將》頭目：馬夫巾、額子、雉尾狐、打仗甲、標鎗旗。四大將：扎巾、額子、狐尾、靠、背壺。四僂儸：盔、襯箭袖、卒褂、飛虎旂。四侍女：額子、雉尾狐、縩蓮襖、坎肩、汗巾。十八姨：七星額子、雁哥尾、女靠、半報玉帶、鎗。纛：馬夫巾、箭袖。四纛：馬夫巾、箭袖。

又《肅苑》陳最良：高生巾、寧紬道袍、蒼三。春香：扇子、背心、汗巾。

又《上朝》程嬰：羅帽、緞海青、蒼三、素鸞帶。趙盾：相貂、紫蟒、玉帶、蒼滿。張千：矮緯青素角帶、紅褲、黑一撮、宮燈、笏板。屠岸賈：紫金冠、鵝毛、紅蟒、玉帶、黑滿。狗。提彌明：帥盔、大披掛、黑一字金瓜。

又《撲犬》靈徹：氈帽、緞海青、草鸞帶、蒼短胡。趙盾：照前。程嬰：照前。

又《議劍》四軍牢：黑牢子帽、布海青、牢子帶。曹操：矮緯淺色青花、黑短胡。王允：紗帽、香色青花、雀頂帶、黑三。院子：照。

又《獻劍》董卓：金踏鐙、出襬、蒼滿。曹操：照前。呂布：紫金冠、雉翎、龍箭衣、排穗。

又《寫狀》賈主文：堂巾、沉香繭褶子、絛子、白夾嘴、念珠。劉文玉：長方巾、藍緞褶子、黑滿、扇子、銀一錠。

又《問探》四小軍：小軍盔、鎧、開門刀。呂布：頭上照前，蟒帶。探子：軟扎巾、紅褲、採蓮衣、小披褂、響鈴、令字旂。

又《鬧綱》趙盾：相貂、紫蟒、玉帶、蒼滿、笏。屠岸賈：紫金冠、雉翎、紅蟒、玉帶、黑滿、笏。

又《送京》趙匡胤：哈拉氈、鑲領箭衣、奅帶、黑滿、棍、掛劍。京娘：紗罩、元色襖、打腰、馬鞭子。店家：氈帽、布海青、小髯。地方：氈帽、布海青、黑一字。四僂儸。周進：紅氈帽、布海青、披戰裙、一撮、背壺、刺刀。張光：小軍盔、插一根雉翎、布海青、小披掛、槓子一根、四喜。趙信：長方巾、繭紬褶、白滿。趙信妻繭紬老旦衣。

又《鴻門》陳平：紗帽、黑三、紅元領、金帶。項羽：金王帽、黑滿、黑蟒、玉帶、靠、拍子，換紅蟒。范增：紗帽、白滿、香色元領、帶、印綬，換紅元領。二小太監：帽、貼裹衣、金瓜。沛公：素王帽、紅蟒、玉帶。樊噲：矮紗帽、有補青元領、角帶、黑弔搭、黑貂、靠、劍。張良：綸巾、行衣、絛子。丁公：帥盔、靠、大刀。雍齒：帥盔、靠、大刀。項莊：馬夫巾、額子、打扙甲、雙劍。項伯：馬夫巾、額子、打仗甲、劍。

又《撇斗》張良：綸巾、行衣、絛子、符節。樊噲：黑貂、靠、盤玉斗。四小軍：馬夫巾、剪袖、白卒褂。范增：果老巾、白滿、出襬。項羽：王帽、白蟒、玉帶。

又《盜韓》劉虎：雜扮。老道：布老巾、土布道袍、絛子。更夫：氈帽、作衣搭腰。

又《劉唐》朱仝：英翎帽、布剪袖、奅帶、腰刀。雷橫：英領帽、布箭袖、奅帶。劉唐：長宗帽、扎頭、劉唐衣褲、艮包、掛刀。酒保：宗帽做衣搭腰

又《合圍》高嚴秀：馬夫巾、額子、雉尾、狐尾、打扙甲、弓箭。何千年：馬夫巾、額子、雉尾、狐尾、打扙甲、弓箭。史思明：馬夫巾、額子、雉尾、狐尾、打扙甲、弓箭。催乾祐：馬夫巾、額子、雉尾、狐尾、打扙甲、弓箭。四番兵：軟打仗盔、箭袖、卒褂。四毛女：額子、雉尾、月白箭袖、汗巾。安禄山：黑貂、雉尾、狐尾、蟒、帶、黑滿。四番將：軟打扙盔、打扙甲。衆獸：衣子。架鷹：膺翎帽、箭袖。捧犬人：膺翎帽、箭袖。犬。

又《望鄉》蘇武：老生巾、藍寧紬道袍、黃坎肩、符莭、剩一掛、黑三、劍。李陵：紗帽、套翅、月白蟒、帶。四小番：鈸帽、布剪袖、勇字卒褂、標鎗旂。番官：晉巾、紅花道袍、鼻子扎板子。二侍女：過梁額子、雉尾、月白鑲領、剪袖、汗巾。

又《打差》末：高方巾、藍寧紬道袍、扇子。小旦：豆腐巾、青紬道袍。净：時扮。付：時扮，雨傘、護封。丑：有英帽、藍剪袖。

又《反誑》楊雄：羅帽、黑短滿、青布箭袖潘巧雲：紅衫、背心、絛子。迎兒：青衫、搭腰裙。

又《追信》四卒：紅氈帽、布海青、戰裙、燈、開棍。蕭何：相貂、紅圓領、鶴頂帶、蒼滿、馬鞭子。船家：氈帽、草帽、圈、作衣、打腰、櫓、小髯。韓信：武生巾、出襬、鴦帶、背劍、挽手。

又《夜奔》林冲：羅帽、打頭、布箭袖、素奅代、劍。

圖表

清・佚名《昇平署戲曲人物扮相譜》

《渭水河》文王

大鐙、黲三髯、紅蟒

《渭水河》散宜生

方翅紗帽、黑三髯、黑蟒、牙笏

《渭水河》太子

太子盔、紅蟒

《渭水河》武吉
青羅帽加額子、八字髯、黑色花箭衣、坎肩、令旗

《摔琴》俞伯牙
高方巾、黑三髯、藍褶子、絲條

《摔琴》鍾元甫
白氊帽、藍綢條、白三髯、老斗衣繫腰裙、拐杖

《取滎陽》劉邦
王帽、黑三髯、紅蟒

《取滎陽》紀信
王帽、黑三髯、白蟒、寶劍

《取滎陽》張良
純陽巾、黑三髯、八卦衣、雲箒

《十面》霸王
帥盔、黑滿髯、黑硬靠、寶劍、單鞭、長把斧

《樊城》伍子胥
水髮、茨菰葉、黑三髯、箭衣、黑地團花馬褂、寶劍

《樊城》伍夫人
戴抹額、勒黄色綢條、老旦香色色蟒

《樊城》伍奢
高方巾繫藍綢條、白滿髯、古銅褶子

《樊城》家將
扎巾、素白箭衣、單刀

《昭關》東皋公
員外巾、白滿髯、團鶴帔

《昭關》皇甫訥
高方巾、黑三髯、黑褶子

《魚藏劍》姬光
大鐙、黑三髯、紅蟒

《魚藏劍》伍子胥
高方巾、白三髯、富貴衣、簫

《定軍山》劉備
九龍冠、黪三髯、黄帔

《定軍山》諸葛亮
八卦巾、髟參三髯、八卦衣、朝珠、羽扇

《定軍山》夏侯淵
額子、黑蓮頭抓髻、翎子、狐尾、黑扎髯、耳毛、黑硬靠、寶劍

《鳳鳴關》趙子龍
扎巾、白三髯、白硬靠、寶劍

《鳳鳴關》諸葛亮
純陽巾、髟參三髯、八卦衣、羽扇

《鳳鳴關》韓豹
太子盔、白鎧、弓箭

《桑園寄子》金榮成
帥盔、黑三髯、紅硬靠、纓槍

《白壁關》李世民
太子盔、箭衣、黑馬卦、寶劍、弓箭

《白壁關》秦瓊
金盔、黑三髯、黃硬靠、鐗、寶劍

《訴功》李淵

大鐙、黪三髯、綠蟒

《訴功》秦瓊

青素羅帽、茨菰葉、黑三髯、黑箭衣、大帶、絲條、雙鐧

《四傑村》于千

軟羅帽、鬢插絨球、青侉衣扎絲條、大帶、外罩花褶子、板斧

《四傑村》鮑金花

梳頭、風帽、茨菰葉、鬢插絨球、紅戰襖外披斗蓬、寶劍

《牧羊卷》朱老夫人
藍包頭巾、白髮鬏、老斗衣加白腰裙、拐杖

《牧羊卷》朱春科
方翅紗帽搭孝巾、黑褶子

《沙陀國》程敬思
方翅紗帽、黲三髯、緑蟒

《沙陀國》大皇娘
梳頭、小過翹、女紅蟒披雲肩、令旗

《沙陀國》二皇娘
梳頭、小過翹、簪花、紅色宮裝加雲肩、寶劍

《回獵》劉智遠
方翅紗帽、黑三髯、黑繡花褶子

《回獵》咬臍郎
紫金冠加翎子、箭衣馬褂、寶劍

《六殿》傅羅卜
五佛冠、藍僧衣披袈裟、九環錫杖、盂藍鉢

《高平關》高懷德
紫金冠插翎子、箭衣馬褂、印

《高平關》高懷亮
紫金冠插翎子、箭衣馬褂、寶劍

《竹林記》高懷德
扎巾盔、黑三髯、紅軟靠、長槍

《清官册》八千歲
金大鐙、緑蟒、金鐧上繫紅綢彩球

《清官册》寇準
方翅紗帽、黑三髯、紅官衣

《清官册》潘洪
高方巾繫藍綢條、白滿髯、古銅褶子、藍腰巾繫腰裙、酒盃

《五臺》楊延昭
藍板巾、茨菰叶、黑三髯、箭衣馬褂、寶劍

《五臺》長老
僧帽、白一字髯、僧衣繫條子、拂塵

《三岔口》任堂惠

白硬羅帽插鬢花、茨菰葉、繡皮球白抱扎絲球、大帶

《三岔口》刁氏

梳頭、髯插絨球、茨菰葉、簪花、戰襖加披肩、單刀

《青龍棍》青龍

青龍盔、白抱衣扎絲絛外套龍鱗甲、青龍棍

《青龍棍》楊排風

梳頭、茨菰葉、簪花、花戰襖加披肩、棍棒

《四郎探母》佘太君
勒抹額、黄綢條、香色老旦蟒、龍頭拐杖、朝珠

《四郎探母》楊宗保
紫金冠、翎子、箭衣、團花黑馬褂、令旗、寶劍

《四郎探母》蕭太后
梳旗頭、鈿子、團花旗蟒、朝珠

《四郎探母》關督
頂翎冠帽、團花黄馬褂

《四郎探母》九妹
梳頭、金簪、小過翹、花帔加披肩

《四郎探母》孟金榜
梳頭、頂花、金簪、花帔

《洪洋洞》楊景
方翅紗帽、黪三髯、繡花帔

《黑風帕》公主
七星額子、翎子狐尾、簪花、宮裝加雲肩、纓槍

《黑風帕》老夫人
抹額、藍綢條、繡團鶴藍帔

《黑風帕》張保
紫金管家領子、箭衣馬褂、寶劍

《掃雪》周員外
高方巾繫綢條、黲滿髯、老斗衣外繫腰裙、藍腰巾

《掃雪》保柱
文生巾、藍大袖、擊腰裙、披淡色褶子、打彩

《掃雪》定生
水髮、茶衣內繫腰裙、笤箒

《釣金龜》張氏夫人
藍包頭巾、白髮鬏、紫花老斗衣繫腰巾、拐杖

《釣金龜》張義
荷葉巾、藍大袖外繫腰裙、釣魚竿

《烏盆記》張別古
白氈帽、白八字弔耷髯、老斗衣繫腰巾、烏盆

《偷鷄》石秀
軟羅帽、黑箭衣、大帶、外穿褶子

《青峯嶺》徐鳳英
七星額子、翎子、緑硬靠、纓槍、寶劍

《雙賣藝》遊人
文生巾、淡色花褶子、折扇

《鎮潭州》楊再興
紅扎巾額子、翎子狐尾、紅硬靠、長槍

《鎮潭州》王貴
扎巾盔、黑三髯、黄硬靠、寶劍

《鎮潭州》石權
扎巾盔、黑一字髯、藍硬靠、寶劍

《寶蓮燈》神仙
老人巾、黪三髯、黄繡花褶子、紅絨球

《寶蓮燈》陳香
文生巾、淡色花褶子

《寶蓮燈》王貴英
梳頭、綫尾子、珠花、繡花藍帔

《胭脂血》白懷
青素羅帽、黪滿髯、黑箭衣繫大帶

《胭脂血》白起
青素羅帽、白滿髯、黑褶子

《打嵩》常寶童
紫金冠、繡花黄箭衣、繫紅綢金鐧

《玉堂春》張能仁
方翅紗帽、黲三髯、紅官衣

《打嵩》太監
太監帽、淡色褶子

《玉堂春》大夫
涼帽、白小辮、白八字弔耷、黑外褂子、朝珠

《玉堂春》院子
青素羅帽、黑褶子

《惡虎村》醜夫人

梳頭、簪花、茨菰葉、紫戰襖、腰裙繫腰巾、單刀

《惡虎村》黄天霸

硬羅帽、繡皮球白抱衣、扎絲絛繫大帶、外套淡色花褶、鏢囊

臉譜

論説

唐·崔令欽《教坊記》《大面》，出北齊。蘭陵王長恭，性膽勇而貌婦人。自嫌不足以威敵，乃刻木爲假面，臨陣著之，因爲此戲，亦入歌曲。

又 龐三娘善歌舞。其舞頗脚重，然特工裝束。又有年，面多皺。貼以輕紗，雜用雲母和粉蜜塗之，遂若少容。嘗大酺汴州，以名字求雇。使者造門，既見，呼爲惡婆，問龐三娘子所在。龐紿之曰：龐三是我外甥，今暫不在，明日來。書奉留之。使者如言而至。龐乃盛飾。顧客不之識也，因曰：昨日已參見娘子阿姨。其變裝如此，故坊中呼爲賣假臉賊。

唐·段安節《樂府雜録·驅儺》 用方相四人，戴冠及面具，黄金爲四目，衣熊裘，執戈揚眉，口作儺儺之聲，以驅逐也。

又《鼓架部》 樂有笛、拍板、答鼓即腰鼓也、兩杖鼓。戲有《代面》，始自北齊神武帝，有膽勇，善戰鬥，以其顔貌無威，每入陣即著面具，後乃百戰百勝。戲者衣紫腰金執鞭也。鉢頭，昔有人父爲虎所傷，遂上山尋其父屍，山有八折故曲八疊，戲者被髮素衣，面作啼，蓋遭喪之狀也。蘇中郎，後周士人蘇葩，嗜酒落魄，自號中郎，每有歌場，輒入獨舞。今爲戲者，著緋戴貌帽，面正赤，蓋狀其醉也。

明·朱權《太和正音譜》卷上《詞林須知》 傅粉墨者，謂之靚，獻笑供詔者也。古謂參軍，書語稱狐爲田參軍。

明·徐渭《南詞叙録》 醜，以墨粉塗面，其形甚醜，今省文作丑。

明·胡應麟《莊嶽委談》卷下 以墨點破其面，謂之花旦，今惟净丑爲之。

明·王驥德《曲律》卷四《雜論第三九下》 古人往矣，吾取古事，麗今聲，華袞其賢者，粉墨其慝者，奏之場上，令觀者藉爲勸懲興起，甚或扼腕裂眥，涕泗交下而不能已，此方爲有關世教文字。

清・李漁《閒情偶寄》卷二《詞曲部・結構第一・戒諷刺》　加生、旦以美名，原非市恩於有託；抹净、丑以花面，亦屬調笑於無心。

明・游潛《夢蕉詩話》　優工義髹塑爲神鬼面像而戴之以弄，叫嘯踴躍百狀惟怪，望之可爲辟易，然其本來面目終莫得而□焉。李若虚常與席間戲爲吟云：鐵面虬髯戟似霜，人人道是四金剛。一回戲臉都抛卻，仍是郎當老郭郎。

清・李斗《揚州畫舫録》卷五《新城北録下》　大面周德敷，小名黑定，以紅黑面笑、叫、跳擅場。笑如《宵光劍》鐵勒奴，叫如《千金記》楚霸王，跳如《西川圖》張將軍諸齣。同時劉君美、馬美臣并勝。馬文觀，字務功，爲白面，兼工副净，以《河套》、《參相》、《遊殿》、《議劍》諸齣擅場。白面之難，聲音氣局，必極其勝，沉雄之其欲寓於嬉笑怒罵者，均於粉光中透出。二面之難氣局亞於大面，温暾□近於小面。忠義處如正生，卑小處如副末，至乎其極。又服婦人之衣，作花面丫頭，與女脚色争勝。務功兼工副净，能合大面二面爲一氣，此所以白面擅場也。

清・焦循《劇説》卷一　《教坊記》又云：大面出北齊蘭陵王長恭，性膽勇而貌婦人，自嫌不足以威敵，乃刻木爲假面，臨陣著之，因爲此戲，亦入歌曲。按：今净稱大面，其以粉墨丹黄塗於面以代木而有是稱耶。然戲中亦兼用假面。

清・焦循《花部農譚》　夏侯玄、何晏名盛于時，司馬景王亦預焉。晏嘗曰：惟深也，故能通天下之志，夏侯太初是也。惟幾也，故能成天下之務，司馬子元是也。惟神也，不疾而速，不行而至，吾聞其語未見其人。蓋欲以神況諸己也。子元即司馬師也。師在正始間，與泰初、平叔並稱名士，則其風流元謐，可想見矣。今平叔《論語集解》，高列學官，與聖經同不朽，而泰初所爲《樂毅論》，得王右軍書之，學俚具能習字，皆旦夕撫臨，無不知有夏侯泰初者。而子元則花部中大净爲之，粉墨青紅，縱横於面，雄冠劍佩，跋扈指斥于天子之前，居然高洋、爾朱容一流，所謂幾能成務之風，摸之或識矣。《晉書・景帝紀》稱子元饒耳風采，沈毅多大略，設令准此而以生、末爲之，幅巾鶴氅，白面疏髭，誰復信爲司馬師乎。

綜述

漢・劉安《淮南子・原道訓》　九嶷之南，陸事寡而水事眾，於是人民斷髮紋身，以像鱗蟲。

《周禮・夏官》　方相氏掌蒙熊皮，黄金四目，玄衣朱裳，執戈揚眉帥百隸而時儺，以索室驅疫。

漢・班固《漢書・禮樂志》　朝賀，置酒爲樂，有常以象人四人，秦倡象人負三人。

漢・張衡《西京賦》　臨迥望之廣場，程角觝之妙戲。【略】總會仙倡，戲豹舞羆。

南朝梁・宗懔《荆楚歲時記》　十二月八日爲臘日。諺語：臘鼓鳴，春草生。村人並擊細腰鼓，戴胡頭，及作金剛力士以驅疫。

北周・庾信《舞媚娘》　朝來户前照鏡，含笑盈盈自看。眉心濃黛直點，額角輕黄細安。只疑落花慢去，復道春風不還。少年惟有歡樂，飲酒那得留殘。

隋・薛道衡《和許給事善心戲場轉韻詩》　假面飾金銀，盛服摇珠玉。

《北齊書》卷一一《蘭陵武王孝瓘傳》　突厥入晉陽，長恭盡力擊之，芒山之敗，長恭爲中軍，率五百騎入周軍，遂至金墉之下，被圍甚急，城上人弗識，長恭免胄示之面，乃下弩手救之，於是大捷。武士共歌謡之，爲《蘭陵王入陣曲》是也。

唐・顔師古《隋遺録》卷上　吴繹仙善畫長蛾眉，司宫吏日給螺子黛五斛，號爲蛾緑。

《隋書》卷一三《音樂志上》　禮畢者，出於晉太尉庾亮家，亮卒後，其妓追思亮，因假爲其面，執翳以舞，像其容，取其謚以號之，謂之《文康樂》。

又卷六二《柳彧傳》　竊見京邑，爰及外州，每以正月望夜充街塞陌。【略】人戴獸面，男爲女服，倡優雜技，詭狀異形。以穢嫚爲歡娱，用鄙褻爲笑樂，内外共觀，曾不相避。

《北史》卷九七《西域傳・女國》　男女皆以彩色塗面，而一日中或數度變改之。

唐・王建《宮詞》　舞來汗濕羅衣徹，樓上人扶下玉梯。歸到院中重洗面，金華盆裏潑銀泥。

唐・杜佑《通典》卷一四六　《鉢頭》出西域。胡人爲猛獸所噬，其子求獸殺之，爲此舞以象之。

唐・慧琳《一切經音義》卷一　《蘇莫遮》，帽覆人面首，令諸有情，見即戲弄。

又卷四一　《蘇莫遮》，西戎胡語也，正云颯麽遮。此戲本出西龜茲國，至今猶有此曲。此國《渾脱》、《大面》、《撥頭》之類也。或作獸面，或象鬼神，假作種種面具形狀。或以泥水沾灑行人，或持絹索搭鉤，捉人爲戲。每年七月初，公行此戲，七日乃止。土俗相傳常以此法禳厭，驅趁羅刹惡鬼食啗人民之災也。

唐・孟郊《弦歌行》　驅儺擊鼓吹長笛，瘦鬼染面惟齒白。

唐・白居易《西凉伎》　假面胡人假獅子，刻木爲頭絲作尾，金鍍眼睛銀帖齒，奮迅毛衣擺雙耳。如從流沙來萬裏，紫髯深目兩胡兒。鼓舞跳梁前致辭。

唐・白居易《上陽白髮人》　小頭鞋履窄衣裳，青黛點眉眉細長。

唐・趙璘《因話録》卷一　肅宗宴於宫中，女優有弄假官戲，其緑衣秉簡者，謂之參軍椿。天寶末，番將阿布思伏法，其妻配掖庭，善爲優，因使隸樂工。是日遂爲假官之長。

唐・韋絢《劉賓客嘉話録》　好事者乃爲假面，以寫其狀，呼爲《踏摇娘》。

唐・温庭筠《乾𦠆子・趙存》　一人曰：我能旋舞於庭前，硬努眼眶，衡揖使君，唱喏而出，可呼。【略】又一參軍曰：爾所爲全易。吾能於使君庭前墨塗其面，著碧衫子，作神舞一曲，慢趨而出。【略】其第三參軍又曰：爾之所爲絶易。吾能於使君庭前作女人嫁妝，學新嫁女拜舅姑四拜，則如之何。【略】遂施粉黛，高髻笄釵，女人衣，疾入，深深四拜。

唐・羅虬《比紅兒詩》　一抹濃戲傍臉斜。

唐・段安節《樂府雜録・龜茲部》　戲有五方獅子，高丈餘，各衣五色，每一獅子，有十二人，戴紅抹額，衣畫衣，執紅拂子，謂之獅子郎舞。

《舊唐書》卷一九八《西戎傳》　俗輕男子，女貴者或有侍男，被髮，以青塗面，惟務戰與耕而已。

宋・孫光憲《北夢瑣言》卷一八　先是，莊宗自爲俳優，名曰李天下，雜於塗粉優雜之間，時爲諸優撲抶摑搭，竟爲嚚婦恩憐之傾玷，有國者得不以爲前鑒。

《新五代史》卷三七《伶官傳》　後唐莊宗【略】自傅粉墨，與優人共嬉於庭。

宋・鄭文寶《江南餘載》卷上　知訓爲宣州帥苛暴斂下，百姓苦之。因入覲，侍宴。伶人戲作緑衣大面胡人，若鬼神狀。傍一人問曰：何爲。此緑衣人對曰：我宣州土地神，王入覲，和地皮掠來，因求於此。

宋・孟元老《東京夢華録》卷七《駕登寶津樓諸軍呈百戲》　忽作一聲如霹靂，謂之爆仗，得蠻牌者引退。煙火大起，有假面披髮，口吐狼牙、煙火，如鬼神狀者上場。著青帖金花短後之衣，帖金皂袴，跣足，攜大銅鑼隨身，步舞而進退，謂之抱鑼。繞場數遭，或就地放煙火之類。又一聲爆仗，樂部動拜《新月慢曲》，有面塗青碌戴面具金睛，飾以豹皮錦繡看帶之類。謂之硬鬼。或執刀斧，或執杵棒之類，作腳步蘸立，爲驅捉視聽之狀。又爆仗一聲，有假面長髯展裹緑袍靴簡，如鍾馗像者，傍一人以小鑼相招和舞步，謂之舞判。繼有二三瘦瘠，以粉塗身，金睛白面而如髑髏狀，系錦繡圍肚看帶，手執軟仗，各作魁諧，趨蹌舉止若俳戲，謂之啞雜劇。又爆仗響，有煙火就湧出，人面不相睹，煙中有七人，皆披髮文身，著青紗短後之衣，錦繡圍肚看帶，内一人金花小帽，執白旗，餘皆頭巾，執真刀，互相格鬥擊刺，作破面剖心之勢，謂之七聖刀。忽有爆仗響，又後煙火出，散處以青幕圍繞，列數十輩，皆假面異服，如祠廟神鬼塑像，謂之歇賬。又爆仗響，卷退。

又卷一〇《除夕》　至除日，禁中皇大儺儀，並用皇城親事官，諸班直戴假面，繡畫色衣，執金槍龍旗。教坊使孟景初身品魁偉，貫全副金鍍銅甲，裝將軍。用鎮殿將軍二人，亦介胄，裝門神。教坊南河炭醜惡魁肥，裝判官，又裝鍾馗小妹、土地、灶神之類共千餘人，自禁中驅祟出南薰門外轉龍彎，謂之埋祟，而罷。是夜禁中爆竹山呼，聲聞於外。

宋・吴曾《能改齋漫録》卷二《佛妝》　張芸叟《使遼録》云：胡婦以黄物塗面如金，謂之佛妝。予按：後周宣帝傳位太子，自稱天元皇帝，禁天下婦人不得施粉黛。自非宫人，皆黄面墨妝，是以知虜妝尚黄久矣。

宋・周去非《嶺外代答・樂器門・桂林儺》 桂林儺隊，自承平時名聞京師，曰静江諸軍儺，而所在坊巷村落，又自有百姓儺，嚴身之具甚飾。進退言語，鹹有可觀，視中州裝隊仗似優也。推其所以然，蓋桂人善制戲面，佳者一值萬錢，他州貴之如此，宜其聞矣。

宋・陸游《老學庵筆記》卷一 政和中大儺，下桂府進面具。比進到，稱一副。初訝其少，乃是以八百枚爲一副，老少妍陋無一相似者，乃大驚。

宋・徐夢莘《三朝北盟會編・邵虎破周虎於蕪湖縣》 李成之党有周虎者，據蕪湖縣。【略】彼以紅巾軟纏，與我之號一同，故與戰則不能分彼我，所以必敗。宜易其號則勝矣。青然之，乃令其衆皆作鑽風角子，各銜墨而行。遇戰，則去其紅巾，惟見鑽風角子，又用墨抹搶於眼下，如伶人雜劇之戲者。

又《政宣上帙》卷二〇引《宣和乙巳奉使行程録》 又有五、六婦人，塗丹粉，豔衣，立於百戲後，各持兩鏡，高下其手，鏡光閃爍如祠廟所畫電母，此爲異爾。

又卷六《靖康中帙》 黼面潔白若美婦人，而目睛鬚髯盡金黄，且豺聲。【略】黼又同蔡攸每朝罷出省，時時乘宫中小輿，召入禁中，爲談笑，或塗粉墨作優戲，各道市井淫言諜語，以媚惑上。

宋・西湖老人《西湖老人繁盛録》 國忌日分，有無樂社會。恃田樂、喬謝神、喬做親、喬迎酒、喬教學、喬捉蛇、喬焦錘、喬賣藥、喬像生、喬教象、習待詔、青果社、喬宅眷、穿心國進奉、波斯國進奉。禁中大宴，親王試燈，慶賞元宵，每須有數火，或有千餘人者。全場傀儡、陰山七騎、小兒竹馬、蠻牌獅豹、胡女番婆、踏蹺竹馬、交衮鮑老、快活三郎、神鬼聽刀。

宋・洪邁《夷堅志》補四《程氏諸孫》 入郡，適逢塵市有摇小鼓而售戲面具者。

宋・蘭溪道隆《大覺禪師語録》 戲出以棚川雜劇，神頭鬼面幾多般。夜深燈火闌珊甚，應是無人笑倚欄。

宋・劉克莊《觀社行》 祖公加之章浦飾，鳩盤謬以脂粉塗。

宋・陳元靚《歲時廣記》卷四〇引《歲時雜記》 除日作面具，或作鬼神，或作兒女形，或施於門楣，驅儺者以蔽其面，或小兒以爲戲。

宋・劉鏜《觀儺》 寒雲岑岑天四陰，畫堂燭影紅簾深。鼓聲淵淵管勝脆，鬼神變化供劇戲。【略】夜叉蓬頭鐵骨朵，赭衣藍面眼迸頭。【略】翻筋踢鬥臂膊寬，張頤吐舌唇吻幹。【略】青衫舞蹈忽屏營，彩雲揭帳森麾旌。紫雲金章獨據案，馬鬢牛奴兩披判。【略】白面使者竹筱槍，自誇搜捕無遺藏。【略】終南進士破靴綺，嗜酒不悟鬼看覷。奮鬢矘目起婆娑，衆邪一正將那何。披髮將畢飛一訣，風卷雲收鼓簫歇

元・佚名《張協狀元》第一齣 若會插科使砌，何吝搽灰抹土，歌笑滿堂中。

又第二齣 一個若抹土搽灰，趨槍出没人皆喜。

又第一九齣 我搽脂抹粉，著裙系衫。

又第四五齣 大抵須還規格好，不搽紅粉也風流。

元・劉唐卿《白兔記》第二出 蜜蜂見我臉花斑斑的，在我臉上采花。

元・杜善夫〔般涉調・耍孩兒〕《莊家不識勾欄》套曲（四煞） 一個女孩兒轉了幾遭，不多時引出一夥。中間裹一個央人貨，裹著枚皂頭巾頂門上插管筆，滿臉石灰更著些黑道兒抹。知他待是如何過。渾身上下，則穿領花布直裰。

元・胡祗遹《紫山大全集》卷七《贈伶人趙文益詩》 抹土搽灰滿面座，難猜公案這番新。世間萬事誰真假，要學長安陌上人。

元・關漢卿《尉遲恭單鞭奪槊》第四折 若非真武臨凡世，遍應黑煞下天臺。

元・楊顯之《鄭孔目風雪酷寒亭》第二折 這婦人搽的青處青，紫處紫，白處白，黑處黑，恰便似成精的五色花花鬼。

元・高文秀《黑旋風雙獻功》第一折 恰便似那煙熏的子路，墨染的金剛。

又《趙元好酒遇上皇》第一折 者末爲經紀，做貨郎，使牛作豆將田耩。搽灰抹土學搬唱，剃頭削髮爲和尚。

元・李壽卿《伍員吹簫》第一折 費得雄云：【略】我做將軍只會掩，兵書戰策没半點。我家不開粉鋪行，怎麽爺兩個盡搽臉。

元・柯丹丘《荊釵記》第七出 蒙見招，打扮十分俏。走到門前人都

道，道奴奴臉上胭脂少。搽些又好，抹些又俏。末云：搽多了，好與關大王作對。

元・夏庭芝《青樓集・李定奴》 凡妓，以墨點破其面者爲花旦。

元・陶宗儀《南村輟耕録》卷九 今婦人面飾用花子，起自唐昭容上官氏所制，以掩其黥跡。大曆以前，士大夫妻多妒悍，婢妾小不如意，輒印面，故有月黥。事見《酉陽雜俎》。

又卷一一 凡面色，先用三朱膩粉方粉藤黄檀子土黄京墨合和襯底，上面仍用底粉薄籠，然後用檀子墨水斡染。面色白者，粉入少土黄，燕支不用，胭脂則三朱。紅者，前件色入少土朱。紫堂者，粉檀子老青入少胭脂。黄者，粉土黄入少土朱。青黑者，粉入檀子土黄老青各一點，粉薄罩，檀墨斡。已上看顔色清濁加減用，又不可執一也。口角：燕支淡。如要帶笑容，口角兩筆略放起。眼中：白染瞳子外兩筆，次用煙子點睛，墨打圈，眼梢微起，有折，便笑。口唇上：胭脂奪。鼻色：紅胭脂微籠。面雀斑：淡墨水斡。麻：檀水斡。髯色：黑者，依鬢髮渲，紫者，檀墨間渲，黄紅者，藤黄檀子渲。發色：先用墨染，次用煙子渲，有間渲、排渲、亂渲，當自取用。手指甲：先用胭脂染，次用粉染根。凡染婦女面色，胭脂粉襯，薄粉籠，淡檀墨斡。凡染法，白紙上先染後卻罩粉，然後再染提掇。絹則先襯背後。凡調合服飾器用顔色者，緋紅，用銀朱紫花合。○桃紅，即銀朱胭脂合。○肉紅，用粉爲主，入胭脂合。○柏枝緑，用枝條緑入漆緑合。○黑緑，用漆緑入螺青合。○柳緑，用枝條緑入槐花合。○官緑，即枝條緑是。○鴨頭緑，用枝條緑入高漆緑合。○月下白，用粉入京墨合。○柳黄，用粉入三緑標並少藤黄合。○鵝黄，用粉入槐花合。○磚褐，用粉入煙合。○荆褐，用粉入槐花螺青土黄標合。○艾褐，用粉入槐花螺青土黄檀子合。○鷹背褐，用粉入檀子煙墨土黄合。○銀褐，用粉入藤黄合。○珠子褐，用粉入藤黄胭脂合。○藕絲褐，用粉入螺青胭脂合。○露褐，用粉入少土黄檀子合。○茶褐，用土黄爲主，入漆緑煙墨槐花合。○麝香褐，用土黄檀子入煙墨合。○檀褐，用土黄入紫花合。○山谷褐，用粉入土黄標合。○枯竹褐，用粉土黄入檀子一點合。○湖水褐，用粉入三緑合。○葱白褐，用粉入三緑標合。○棠梨褐，用粉入土黄銀朱合。○秋茶褐，用土黄入三緑槐花合。○油裹墨，用紫花土黄煙墨合。○玉色，用粉入高三緑合。○邢色，用粉漆緑標墨入少土黄合。○氁子，用粉土黄檀子入墨一點合。○藍青，用三青入高三緑合。○金黄，用槐花粉入胭脂合。○雅青，用蘇青襯，螺青罩。○鼠毛褐，用土黄粉入墨合。○不老紅，用紫花銀朱合。○葡萄褐，用粉入三緑紫花合。○丁香褐，用肉紅爲主，入少槐花合。○杏子絨，用粉墨螺青入檀子合。○氁綾，用紫花底，紫粉搭花樣。○番皮，用土黄銀朱合。○鹿胎，用白粉底，紫花樣。○水獺顫，用粉土黄合。○牙笏，用好粉一點，土黄粉凝。○皂靴，用煙墨標。○柘木交椅，用粉檀子土黄煙墨合。○金絲柘同上，不入墨。○紫袍，用三青胭脂合。○其餘一一不能備載，在對物用色可也。凡合用顔色細色，頭青、二青、三青、深中青、淺中青、螺青與蘇青、二緑、三緑、花葉緑、枝條緑、南緑、油緑、漆緑、黄丹、飛丹、三朱、土朱、銀朱、枝紅、紫花、藤黄、槐花、削粉、石榴、顆綿、胭脂、檀子，其檀子用銀朱淺入老墨胭脂合。

又卷二五 院本則五人：【略】又謂之五花爨弄。或曰：宋徽宗見爨國人來朝，衣裝鞵履，巾裹，傅粉墨，舉動如此，使優人效之以爲戲。

元・武漢臣《包待制智賺生金閣》第二折 龐衙内云：【略】就我看，我這嘴臉盡也看的過。你道我臉上搽粉，你又不搽粉。

元・李潛夫《灰闌記》第一折 我這嘴臉實是欠，人人道我能嬌豔。只用一盆净水洗下來，到也開的胭脂花粉店。

元・佚名《蘭采和》第二折 倚仗著粉鼻凹五七並。

元・佚名《諸葛亮博望燒屯》第一折 生的高聳聳俊鶯鼻，長挽挽卧蠶眉，紅馥馥雙臉胭脂般赤，黑蓁蓁三縷美髯垂。

元・佚名《劉關張桃園三結義》第四折 屠户云：那個姓劉的臉便白，姓關的臉便紅，俺哥哥便臉黑，我要做四哥，嫌我花臉不要我，不要的也是。外呈答云：怎麽也是。屠户云：皆因我色道不對。

元・佚名《宦門子弟錯立身》第五齣 一意隨它去，情願爲路歧，管甚麽抹土搽灰。

明・楊景賢《西遊記》第二本第六齣 見一個粉搽白麵皮，紅捻鬏髻，笑一聲打一棒槌，跳一跳，高似天地。

明・湯舜民《筆花集・新建勾欄教坊求贊》〔二煞〕捷劇每善滑稽戲設，引戲每葉宮商解禮儀。妝孤的貌堂堂雄赳赳口吐虹電氣。副末色説前朝，論後代，演長篇，歌短句，江河口頰隨機變。副净色腆器龐，張怪臉，發喬科，惦冷諢，立木形骸與世違。要採每未東風先報花消息。妝旦色舞態嫋三眠楊柳，末泥色歌喉撒一串珍珠。

明・朱有燉《宣平巷劉金兒復落娼》〔混江龍〕捷譏的扮官員穿靴戴帽，付净的取歡笑抹土搽灰。

又《李妙清花裏悟真如》〔耍孩兒〕將恁這半生風月收拾罷，歎塵世光陰没揣拿，清閒冷淡作生涯，便休去排場上土抹灰搽。

明・李開先《詞謔・〔黄鶯兒〕三曲》《副净》：粉嘴又胡腮，墨和朱臉上排，戲衫加上香羅帶。【略】打歪歪，摻科打諢，笑口一齊開。

明・李日華《南西廂》第六齣　咦，你道我嘴臉不好，做不得長老，我一生虧了這花臉。

明・沈采《千金記》第一〇齣　原來還是那黑臉老官説的明白。

明・楊慎《丹鉛續録・十眉圖》　唐明皇令畫工畫十眉圖。一曰鴛鴦眉，又名八字眉；二曰小山眉，又名遠山眉；三曰五嶽眉；四曰三峰眉；五曰垂珠眉；六曰月稜眉，又名卻月眉；七曰分梢眉；八曰還煙眉，又名涵煙眉；九曰横雲眉，又名横煙眉；十曰倒暈眉。

明・單本《蕉帕記》第一八齣　净黑臉雙鞭，末紅臉，老丑旗手引上。

明・屠隆《曇花記》第一四齣　净扮盧杞藍面上。

明・王玉峰《焚香記》第四齣　區區相貌異乎人，妝出加花粉墨勻。

明・祁彪佳《遠山堂曲品・具品》《寶釧記》：以諸神誅妖僧，而必匯戲場之赤面者七人，以實七紅之名。【略】《劍丹記》：載八黑誅妖。

明・湯顯祖《紫釵記》第三〇齣　大河西回回粉面大鼻須上，小河西回回青面鼻翳鬚上。

明・湯顯祖《南柯記》第一四齣　檀羅王赤臉引隊衆上。

明・孫鍾齡《東郭記》第一四齣　這花面覺道冠裳頗爲衆。

明・佚名《目蓮救母》第二五折　生掛須伴三眼馬元帥執蛇槍舞上，立東一位，末伴黑面趙元帥執鐵鞭鐵鎖舞上，立西一位。末伴藍面温元帥執查槌舞上，立東二位，外伴紅面關元帥執偃月刀舞上，立西二位。

清・李漁《連城璧》卷一《譚楚玉戲裏傳情，劉藐姑曲終死節》　別的女旦只做的一種腳色，獨是他有兼人之才，忽而做旦，忽而做生，隨那做戲的人家，要他裝男就裝男，要他扮女就扮女。更有一種不羈之才，到那正戲做完之後，忽然填起花面來，不是做净，就是做丑，那些插科打諢的話，都是簇新造出來的，句句鑽心，言言入骨，使人看了分外銷魂，没有一個男人不想和他相處。【略】只説做大净的人不是扮關雲長，就是扮楚霸王，雖然塗幾筆臉，做到那慷慨激昂之處，還不失我英雄本色。哪里曉得十本戲文之中，還没有一本作君子，倒有九本作小人。

又卷三《乞兒行好事，皇帝做媒人》　這樁奇事將來必傳，萬一有人做起戲來，我面上這兩筆水粉，是兄們見惠的了。

清・金圣嘆《水滸傳》第四一回總批　三段文字，凡作三樣筆法，不似他人小兒舞鮑老，只有一副面具也。

清・蒲松齡《聊齋志異》卷一一《織成》　相傳唐柳毅遇龍女，洞庭君以爲婿，後遜位於毅，又以毅貌文，不能攝服水怪，付以鬼面，晝戴夜除。久之漸習忘除，遂與面合而爲一。毅攬鏡自慚。

清・厲鶚《樊榭山房文集・書項生事》　凡飾歌舞具，金繒錦翠，珠鐺犀鉑，刻意精麗，至玉環馬嵬縊後，明皇泣玉環像，則令好手雕沈水香，肖項生像，傅以粉黛，飾之如生。

清・史承謙《菊莊新話》　陳始胠其囊，出一帛抱肚，中實以絮，束於腹，已大數圍矣；出其靴，下厚二寸餘，履之，軀漸高；援筆攬鏡，蘸粉墨，爲黑面，面轉大。群優乃稍釋，曰：其畫面頗勿村。

清・李斗《揚州畫舫録》卷五《新城北録下》　大面馮士奎，以水滸記劉唐擅場。韓興周以紅黑面擅場。

又　白面以洪季保擅場，紅黑面以張明誠擅場。

清・焦循《劇説》卷五　陳玉陽《文姬入塞》一折，南山逸史亦作《中郎女》雜劇，曹瞞不用粉面。以外伴之，亦取其片善之意云云。

又卷六　海鹽有優者金鳳，少以色幸於嚴東樓。東樓晝非金不食，夜非金不寢也。嚴敗，金亦衰老，食貧裏中。比有所謂《鳴鳳記》。金復塗粉墨扮東樓矣。

清・錢泳《履園叢話・藝能・演戲》　近則不然，視金釵琵琶諸本爲老戲，以亂彈、灘玉小調爲新腔，多搭小旦，雜以插科，多置行頭，再添面具，方稱新奇，而觀者益衆。如老戲一上場，人人星散矣，豈風氣使然耶。

雜録

元・施耐庵《水滸傳》回八二　第五個貼净的，忙中九伯，眼目張狂，隊額角塗一道明戧，劈面門抹兩色蛤粉，裹一頂油油膩膩舊頭巾，穿一頂邋邋遢遢潑戲襖，吃六棒枒板不嫌疼，打兩杖麻鞭渾似耍。

明・佚名《英烈傳》回四六　史義直入營中，但聞得笙歌聒耳，嬉戲的妝生妝旦，抹粉塗朱，在堂中搬演雜劇。

明・天然癡叟《石點頭》卷四　這猢猻雖是獸類，善解人意，聽了花子曲兒，便去開籠，取臉子戴上，扮一個李三娘挑水。

清・李緑園《歧路燈》回七八　風流秀士，潘安、衛玠丰姿。婀娜閨娃，西施、南威情態。忠孝節義，飄著三綹長髯，真正是冰心鐵膽。佞幸權奸，擎著一副花面，果爾犬肺狼肝。

又回一〇一　總之，張桓侯風雅儒將，叫唱梆子戲的，唱作黑臉白眉，直是一個粗蠢愚魯的漢子。桓侯《刁斗銘》，真漢人風味，《閫外春秋》稱其不獨以武功顯，文墨亦自佳。總因打戲的窠臼，要一個三髯，一個紅臉，一個黑臉，好配腳色。唐則秦叔寶、程知節，一個紅臉，一個黑臉。宋則宋太祖紅臉，而鄭子明是黑臉。

清・東魯古狂生《醉醒石》回七　奈是人兒矬小，面孔瘦，妝旦妝生不風月，妝外不冠冕，妝净不魁偉，只有丑相宜些。況且從來醜没甚大曲子，他這喉嚨還可捱去。他就硬記五七日，也記有一二出。弋陽腔〔駐雲飛〕，極是好唱好聽，他就做個招商店酒保，衆陪堂幫襯。喜的這副面皮，不扮也就是，拜跪也活脱，這段是他一生長技了。家中每做戲，這一出他定是要做的。一日正在那廂妝這醜態，不期父親到來，遠遠見了，甚是大惱，到場上大罵。他不慌不忙，呆看這花面道：老爺講的，拼的個軟膝蓋跪人諂人。今日試演一試演，想你們這些做官的，在堂上面孔還花似我，門背後膝蓋軟似我，逢場作戲，當甚麽真。

清・留春閣小史《聽春新詠・徽部》　桂保，姓郝，字秋卿，又字叢香，年十八，皖江人。四喜部。芳姿獨絶，秀骨天成。瓊樹一枝，英英玉立。珠塵十斛，冉冉波生。唯清標艷質之兼優，斯濃抹淡妝之俱稱。至其丹唇外朗，皓齒内鮮，意有所得，則嫣然一笑，令人緒亂心迷，不自知情之何以忽蕩也。

圖表

明・佚名《臉譜》《梅蘭芳藏戲曲史料圖畫集・明代臉譜》

焦贊

單雄信

惠岸

鍾馗

判臉

揭諦

金剛

煞神

金角

金角

火卒

龍王

白虎

白虎

豹精

象譜

鬼臉

鬼臉

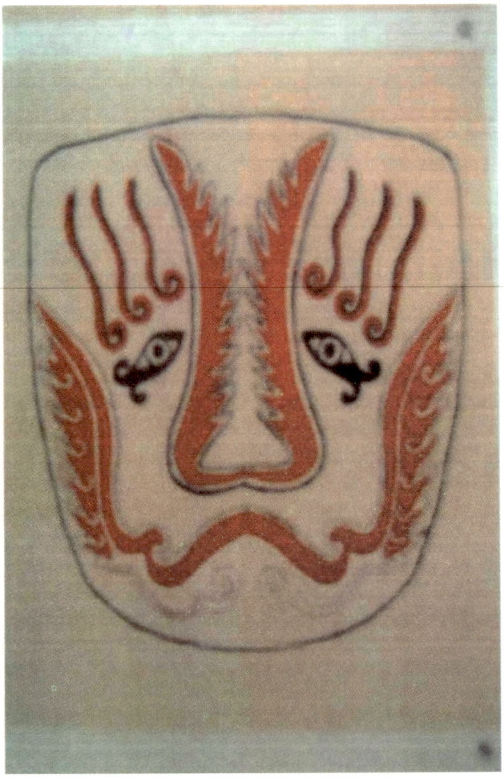

鬼臉

鬼臉

鬼臉

鬼臉

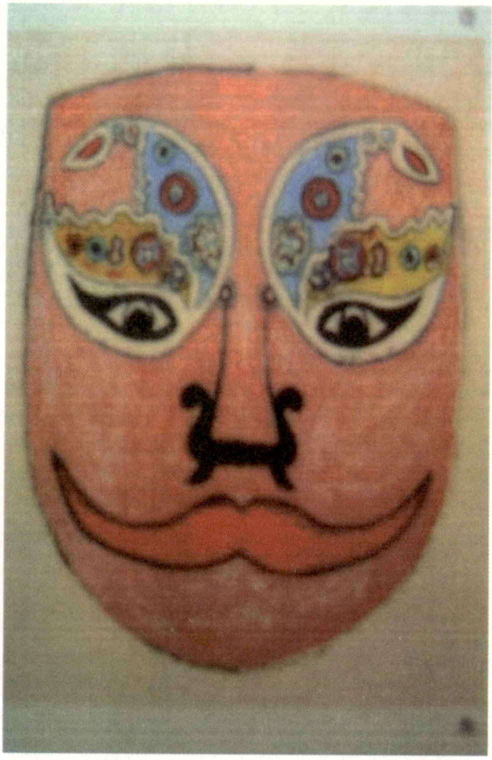

鬼臉

鬼臉

清・沈蓉圃《羣英會戲畫》

俊扮《羣英會》諸葛亮

清・沈蓉圃《虹霓關戲畫》

《羣英會》周瑜
俊扮

《群英會》魯肅
俊扮

《虹霓關》王伯當
俊扮

《虹霓關》東方夫人
俊扮

清·佚名《昇平署戲曲人物扮相譜》

《虹霓關》丫鬟
俊扮

《渭水河》姜子牙
油白臉

《渭水河》太子
俊扮

《慶陽圖》李剛
花三塊瓦臉

《慶陽圖》李虎
碎花臉

《取滎陽》陳平
俊扮

《取滎陽》隨何
三花臉

《取滎陽》項羽
無雙臉

《十面》韓信
俊扮

《樊城》費無忌
水白臉

《樊城》伍尚
俊扮

《樊城》烏成黑
十字門臉

《昭關》伍員
俊扮

《昭關》米南凹
油白臉

《魚藏劍》姬寮
花三塊瓦臉

《魚藏劍》專諸
三塊瓦臉

《取洛陽》姚期
十字門臉

《定軍山》劉封
俊扮

《定軍山》黃忠
俊扮

《定軍山》嚴顏
俊扮

《定軍山》夏侯尚
三花臉

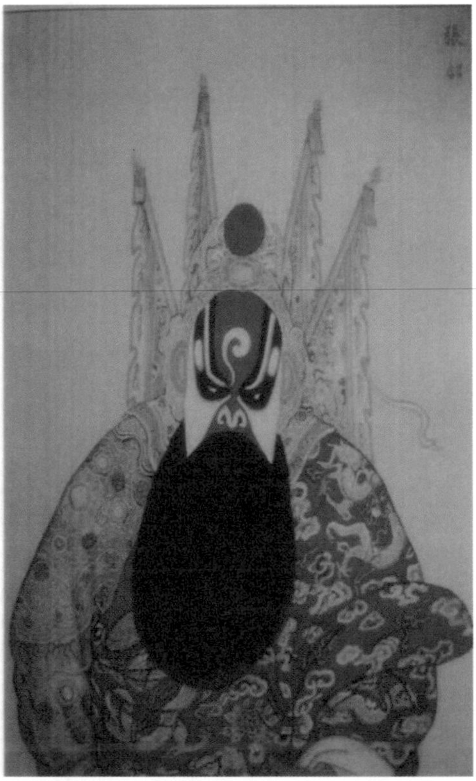

《定軍山》張郃
花三塊瓦臉

《鳳鳴關》韓德
三塊瓦臉

《鳳鳴關》鄧芝
俊扮

《鳳鳴關》韓龍
俊扮

《鳳鳴關》韓虎
俊扮

《鳳鳴關》韓彪
油白臉

《桑園寄子》石勒
歪臉

《白壁關》尉遲敬德
六分臉

《白壁關》程咬金
三花臉

《四傑村》濮天鵬
花三塊瓦臉

《四傑村》駱紅勳
俊扮

《四傑村》鮑自安
三塊瓦臉

《四傑村》花振芳
三塊瓦臉

《四傑村》廖錫寵
三塊瓦臉

《牧羊卷》朱春登
俊扮

《牧羊卷》中軍
元寶臉

《牧羊卷》趙錦棠
俊扮

《繫掌》王允
俊扮

《沙陀國》李嗣源
俊扮

《沙陀國》太監
俊扮

《沙陀國》老卒
三花臉

《沙陀國》老卒
三花臉

《六殿》何志照
碎花臉

《竹林記》余洪
碎花臉

《竹林記》趙太祖
三塊瓦臉

《竹林記》火神
花三塊瓦臉

《竹林記》高君保
俊扮

《清官册》妓女
俊扮

《五臺》楊延德
和尚臉

《五臺》韓昌
花三塊瓦臉

《三岔口》琉璃滑
三塊臉

《三岔口》焦贊
花三塊瓦臉

《四郎探母》楊六郎
俊扮

《四郎探母》八姊
俊扮

《洪洋洞》孟良
三塊瓦臉

《洪洋洞》焦贊
三塊瓦臉

《洪洋洞》陳宣
三花臉

《洪洋洞》佘太君
俊扮

《洪洋洞》柴氏
俊扮

《洪洋洞》八千歲
俊扮

《洪洋洞》楊宗保
俊扮

《黑風帕》高旺
十字門臉

《掃雪》丑氏
三花臉

《烏盆記》劉世昌
俊扮

《偷鷄》楊雄
俊扮

《偷鷄》時遷
三花臉

《偷鷄》店家
俊扮

《青峯嶺》李虎
花三塊瓦臉

《雙賣藝》遊人
三花臉勾眼鏡

《鎮潭州》岳飛
俊扮

《鎮潭州》牛皋
花三塊瓦臉

《鎮潭州》吉青
俊扮

《寶蓮燈》秦璨
水白臉

《胭脂血》金祥瑞
三花臉

《胭脂血》白簡
俊扮

《打嵩》鄒應龍
俊扮

《打嵩》嚴嵩
水白臉

《玉堂春》王金龍
俊扮

《玉堂春》劉炳義
俊扮

《九龍盃》黄三太
三塊瓦臉

《九龍盃》周應龍
花三塊瓦臉

《惡虎村》俊夫人
俊扮

《惡虎村》濮天雕
花三塊瓦臉

《惡虎村》李公髯 三塊瓦臉

《惡虎村》武天虬 花三塊瓦臉

詞曲總部

戲曲集部

《改定元賢傳奇》

論説

明・李開先《改定元賢傳奇・序》 南宮劉進士濂，嘗知杞縣事，課士策題，問漢文、唐詩、宋理學、元詞曲，不知以何者名吾明。刻示其取卷，題曰《風教録》。夫漢、唐詩文，布滿天下，宋之理學諸書，亦已沛然傳世，而元詞鮮有見之者。見者多尋常之作，胭粉之餘。如王實甫在元人，非其至者，《西廂記》在其平生所作，亦非首出者，今雖婦人女子，皆能舉其辭，非人生有幸不幸耶。選者如《二段錦》、《四段錦》、《十段錦》、《百段錦》、《千家錦》，美惡兼蓄，雜亂無章。其選小令及套詞者，亦多類此。予嘗病焉，欲世之人得見元詞，并知元詞之所以得名也，乃盡發所藏千餘本，付之門人誠菴張自慎選取，止得五十種，力又不能全刻，就中又精選十六種，删繁歸約，改韻正音，調有不協，句有不穩，白有不切及太泛者，悉訂正之，且有代作者，因名其刻，爲《改定元賢傳奇》。泰泉黄詹事，所謂以奇事爲傳者是已。然又謂之行家及雜劇、昇平樂，今捨是三者，而獨名以傳奇，以其字面稍雅致云。竢有餘力，當再刻套及小令。然此猶細事也，如經學止知尊朱子，便舉業，勿論漢疏，雖宋儒之説，悉置之不問，問之不知，每經止舉一家，如楊慈湖之易，林之奇之書，詩則王氏總聞，春秋則木訥經筌，及魏湜之禮記集説，多有高出朱註之上者。此外能發明經旨者，抑又不止四五十家。宋刻已古，抄册漸訛，再過百年，俱失傳矣，必須題請之，後有京板，以及各書坊有鏤板，始可遍行天下，不然，則以拘拘背朱爲嫌，而經術不幸，不減秦火矣。天朝興文崇本，將兼漢文、唐詩、宋理學、元詞曲而悉有之，一長不得名吾明矣。敬因序刻傳奇，有所感而爲是説云。

又《後序》 傳奇凡十二科，以神仙道化居首，而隱居樂道次之，忠臣烈士，逐臣孤子又次之，終之以神佛、煙花、粉黛。要之激勸人心，感移風化，非徒作，非苟作，非無益而作之者。今所選傳奇，取其辭意高古，音調協和，與人心風教俱有激勸感移之功。尤以天分高而學力到，悟入深而體裁正者，爲之本也。同時編改者，更有高筆峯、弭少菴、張畏獨三詞客，而始終之者，乃誠菴也。譬諸修書，有總裁、有纂修，試場，有考試、有同考，而予則忝爲總裁與考試官云。

《雜劇選》

論説

明・息機子《雜劇選・自序》 一代之興，必有鳴乎其間者。漢以文，唐以詩，宋以理學，元以詞曲。其鳴有大小，其發於靈竅一也。畏佳之吸詨、叫譹不同，疇非木竅；石鍾之噌吰、鏜鞳不同，疇非石竅邪。余少時，見雲間何氏藏元人雜劇千□，羨不及録也，因以爲缺。既而，□□□□友人自京師來，所攜□□□□□□續梓之。夫危言極諫，不□□成公賈之設譎；巧譬廣喻，不捷於優孟之請封。何者。迎好之投易，而肖貌之動人實也。則夫理學之所不能喻，詩文之所不能訓且戒者，詞曲不有獨收其功者乎。焉得小之。刻之以傳可也。

著録

清・黄丕烈《也是園藏書・古今雜劇目録》 刻《元人雜劇選》。

清・王國維《曲録》卷六 《元人雜劇選三十卷》，明萬曆戊戌息機子編刻，内二十八卷，與《元曲選》復出，唯羅貫中《龍虎風雲會》、無名氏《符金錠》二種爲《元曲選》所未刻。

《古名家雜劇》

綜　述

明·徐氏《古名家雜劇跋》 小泉程君，漁獵百家，縱步詞林舊矣。間者復出是製示余，而程仲子、吴伯子綴之以語，以屬余書。余覽之，晉唐汴宋，千載目前，天子公卿，賞心樂事，宛如也。不惟音節快人視聽，抑亦情文得其奥旨，以小雅堂名，夫誰匪然。

著　録

清·黄丕烈《也是園藏書·古今雜劇目録》 《古名家雜劇》：文集【略】。行集【略】。忠集【略】。信集【略】。

清·王國維《曲録》卷六 《古名家雜劇》八集、《續古名家雜劇》五集，共五十二卷。明陳與郊編刻，亦多與《元曲選》復出，并刊及徐渭、汪道昆之作。

《古雜劇》

論　説

明·陳與郊《王驥德古雜劇序》 然三百篇之有尼父也，《騷》之有紫陽也，五言之有《選》也，律之有高棅氏諸家也，詞之有《草堂》也，非恃傳者，恃傳之者也。而獨元之曲類多散逸，而世不盡見。國以初猶及以北曲名家者，而百年來率尚南之傳奇，業已視爲芻狗，即有其傳之者，而浸假廢閣，終無傳也。夫元之曲以摹繪神理，殫極才情，足抉宇壤之秘。三閭而上無論，即令蘇、李、沈、宋、秦、黄諸君子在，與之按節度曲，角技騰場，未知孰爲左袒。千載而後，語樂于俳諧者，誰能廢之也。嗟夫，新聲代變，古樂幾亡。今傳奇之家無兼充棟，然率多猥鄙，古法掃地，每令見者掩口。是編也，即未竟大全，顧典刑具在，庶幾吾孔氏存餼羊意耳。

《元曲選》

論　説

明·臧懋循《元曲選·自序一》 予家藏雜劇多祕本。頃過黄，從劉延伯借得二百種，云録之御戲監，與今坊本不同。因爲參伍校訂，摘其佳者若干，以甲乙釐成十集，藏之名山而傳之通邑大都，必有賞音如元朗氏者。若曰妄加筆削，自附元人功臣，則吾豈敢。

又《自序二》 按拍者既無繞梁遏雲之奇，顧曲者復無輟味忘倦之好。此乃元人所唾棄而戾家畜之者也。予故選雜劇百種，以盡元曲之妙，且使今之爲南者，知有所取則云爾。

明·徐復祚《曲論》 晉叔不聞有所搆撰，然其刻元人雜劇，多至百種，一一手自删定，功亦不在沈先生下矣。

明·凌濛初《譚曲雜劄》 吾湖臧晉叔，知律當行在沈伯英之上，惜不從事於譜。使其當筆訂定，必有可觀。晚年校刻元劇，補缺正訛之功，故自不少，而時出己見，改易處亦未免露出本相，識有餘而才限之也。

清·梁廷枏《曲話》卷一 然以予論之，元人之曲如今之制義，當時作者累萬盈千，不可數計，此五百餘種，大抵皆噪名一時，所以能傳之明代。觀晉叔所選之百種，不必其盡爲絶唱，懸知所遺而不刻者，亦未必盡屬巴詞也。

清・楊恩壽《詞餘叢話》 葉廣平謂：《元人百種》，元氣淋漓，直與唐詩、宋詞争衡。惜今之傳者絶少。百種乃臧晉叔所編，觀所删改，直是孟浪。文律曲律，皆非所知。不知埋没元人許多佳曲。

著録

清・王國維《曲録》卷六 《元曲選》一百卷，俗名《元人百種曲》。明臧懋循編。【略】所録亦不盡元人之作。

雜録

明・王驥德《曲律》卷四《雜論第三九下》 近吴興臧博士晉叔校刻元劇，上下部共百種。自有雜劇以來，選刻之富，無踰此。讀其二序，自言蒐選之勤，多從秘本中遴出。至其雌黄評駁，兼及南詞，於曲家儼任賞音；獨其躋《拜月》於《琵琶》，故是何元朗一偏之説。又謂：臨川南曲，絶無才情。夫臨川所詘者，法耳，若才情，正是其勝場，此言亦非公論。其百種之中，諸上乘從來膾炙人口者，已十備七八。第期於滿百，頗參中駟，不免魚目夜光之混。又句字多所竄易，稍失本來，即音調亦間有未叶，不無遺憾。晉叔故儁才，詩文並楚楚，乃津津曲學，而未見其一染指，豈亦不敢輕涉其藩耶。要之，此舉蒐奇萃涣，典刑斯備，厥勳居多，即時露疵繆，未稱合作，功過自不相掩。若其妍媸差等，吾友吴郡毛允遂每種列爲關目、曲、白三則，自一至十，各以分數等之，功令犂然，錙銖畢析。其間全具足數者，十不得一，既嚴且確，不愧其家董狐。行當縣之國門，毋庸贅一辭矣。

清・王國維《元曲選跋》 元人雜劇罕見別本，《元人雜劇選》久不可見，即以單行本言，平生僅見鄭廷玉《楚昭王疏者下船》一種，乃錢唐丁氏善本書室所藏明初寫本，曲文拙劣，尚在此本下，蓋經優伶改竄也。此百種巋然獨存。嗚呼，晉叔之功大矣。晉叔，名懋循，長興人，官南京太常博士。錢東澗、朱梅里亟稱之。宣統庚戌仲春，將全書評點一過，略以《雍熙樂府》校之，不能遍也。

《陽春奏》

論説

明・于若瀛《陽春奏序》 自伏羲畫卦而文字肇興，宇宙景色翕然焕矣。六經森布，炳如日星，此聖人立言垂訓之大法也。降至《三百篇》，率皆采閭巷歌謡而播之聲詩，宣尼父所謂可興、可觀，良有旨矣。《離騷》則楚之變也，五言則漢之變也，律則唐之變也，至宋詞、元曲，又其變也。時代既殊，風氣亦異。元典興而其變極矣。蓋金元以外夷據我中華，所用胡樂，嘈嘈雜雜，凄緊緩急，詞不能按。乃復更爲新聲，其抑揚高下，足媚人耳。一時名士如馬東籬輩，咸富有才情，兼善音律，以故遂擅一代之長。要而言之，寔所以宣其牢騷不平之氣也者。彼腥膻當國，丸秉樞要，悉任醜虜，而中原懷才抱藝之夫，僅僅辱在僚佐，此其所以慷慨悲歌於仙吕諸宫、南吕諸調，悉詣其至極也。年來專尚南音，而北劇俱廢。吾友黄叔氣稟醇和，志嘐慕古，往所鐫《草玄》、《虞初》諸書，懸之國門，組價爲高矣。茲復選名家雜劇，付之剞劂。乃以雜劇之名爲未雅也，而顯之曰《陽春奏》。《陽春白雪》和者素寡。黄叔以是命名，豈不爲元時諸君子吐氣乎。

雜録

明・黄正位《新刻陽春奏・凡例》 是編也，俱選金、元名家，鐫之梨棗。【略】矧世遠年湮、烟火灰燼之餘，所存無幾，茲特取情思深遠、詞語精工，洎有關風教、神仙拯脱者。如《蕭淑蘭情寄菩薩蠻》、《玉清菴錯送鴛鴦被》，率皆淫奔可厭，故不入録。

又 次序以《龍虎風雲會》居先，而《陳華山》次之，取其君明臣良，太和景象，爲可臻嘉，而時代前後，則在勿論。

又 曲中拆白等語，是皆金、元習音，不必求其洞燭，若以己意强解，至或妄爲佳句，反失其真矣。今盡依舊本攷定。

又 卷内俱是元曲，末以明曲附之，亦見我明作者一斑。且司馬爲昭代詞宗，全陽寔東吴英哲，故并存之，以新盛美。

又 卷内俱是北調，末乃附以南音。蓋北音峻勁，恐爲世僞取憎，特附新聲以快時眼，博雅君子，其尚鑒焉。

明・于若瀛《陽春奏序》 吾友黄叔氣稟醇和，志嘐慕古，【略】博學而才高。【略】，兹箕踞北窗之下，潛心著刻，以嘉惠後人，其志蓋有足多矣。余行能淺薄，慙非顧曲之周郎；且抑鬱秦關，有類思鄉之張翰。以黄叔數千里之請，遂僭爲論議如此云。

《盛明雜劇》

論説

明・張萲珠《盛明雜劇序》 或曰雜劇非古也，雖唐宋代有之，然宋祗有詞無曲，浸淫至勝國而始盛，王關諸子，擅美一時，今考其爵里，滅没不傳，此豈詞林不朽事。弇州云：詞興而樂府亡，曲興而詞亡，即詞亦鄙其婉孌而近情也，何有雜劇。余謂不然，亡，近情不至耳。情至，如柳郎故事，生可之死，死復可之生，此即宇宙間一種奇絶文字，庸非不朽。或又曰：雜劇稱引事情，多謬悠不經，取姗惇史。余謂又不然。優倣優孟，抵掌叔敖，業云戲矣，正以戲絶爲妙。觀其命意稱名，原取顛倒謔諢，如曲欲熟而命以生，婦宜夜而名以旦，開場始事而爲末，塗汙不潔而云净，不過取當場閧然一噱，而技售矣。且天下何之非戲。俄冠進賢，俄返初服，萍水奇遭，把臂忽訣，現前一段悲歡離合，搬演正熟，但身在場中，錯認真耳。子瞻云：休言萬事轉頭空，未轉頭時是夢。此語覷破。或又謂：漢文唐詩，宋詞元曲，各絶一時，後有作者，難乎其繼。此又大不然。我明風氣弘開，何所不有，詩文若李王崛起，已不愧西京大曆，而詞曲名家，何遽遜美酸齋、東籬、漢卿、仁甫。余友沈林宗，深心嗜古，博綜之暇，爰集《盛明雜劇》數十種，與元人百種並傳，此亦騷雅鼓吹、風流勝事矣。余拈一二戲語叙之。崇禎己巳仲春虎林張元徵萲珠父題於西湖一曲。

明・徐翽《盛明雜劇序》 余俯仰詞壇，大約元人傳十之七，明人傳十之三，元人歌寡而曲繁，明人歌存而曲佚。歌曲者，南與北之辨也。氣陽則出於嘽諧，慢易寬裕，因好而爲南，氣陰則流於噍殺，猛起奮末，廣賁而爲北。聲音之道接於隱微，信哉。今之所謂南者，皆風流自賞者之所爲也。今之所謂北者，皆牢騷骯髒不得於時者之所爲也。文長之曉峽猿聲，暨不佞之夕陽影語，此何等心事，寧漫付之李龜年及阿蠻輩，草草演習，供綺宴酒闌所憨跳。他若康對山、汪南溟、梁伯龍、王辰玉諸君子，胸中各有磊磊者，故借長嘯以發舒其不平，應自不可磨滅。顧諸臧先生，向爲大盟主，未追於兹。余友沈林宗急起任之，續千古一快事，當留餘地待我後人，以集中數家爲之首，林宗執麈尾，示余曰：如某某那得不傳。余曰：昭代新聲，明戾家把戲十倍，信如關漢卿所云：簡子遺意耳。

明・程羽文《盛明雜劇序》 曲者，歌之變，樂聲也；戲者，舞之變，樂容也。【略】上古有歌舞而無戲曲，戰國秦漢始創優伶，唐作梨園教坊。王右丞以此得解頤，而莊宗自號李天下，厥後流風大暢，變歌之五音以成聲，變舞之八佾以成數，而曰外、曰末、曰净、曰丑、曰生、曰旦，六人者出焉。凡天地間知愚、賢否、貴賤、壽夭、男女、華夷，有一事可傳，有一節可録，新陳言於牘中，活死迹於場上，誰真誰假，是夜是年，總不出六人搬弄。狀忠孝而神欽，狀奸佞而色駭，狀困窶而心如灰，狀榮顯而腸似火，狀蟬脱羽化，飄飄有凌雲之思，狀玉竊香偷，逐逐若隨波之蕩，可興可觀，可懲可勸，此皆才人韻士以遊戲作佛事，現身而爲説法者也。至於詞白之工，科介之趣，熱腸罵世，冷板敲人，才各成才，韻各成韻，而説者盡推美胡元，不知胡元以此取士，士皆傳粉墨而踐挑場，一代人文，悉從描眉畫頰中出，宜曠古亘今，窮工極態。乃僅以北調擅論，而南詞絶響，夫自塗山歌於候人，而南音著，自有娀謠乎飛燕，而北聲傳，兩者偏廢，不成鉅觀。我朝鼓吹文治，叱漢呼秦，吞唐吐宋，高文椽筆之外，間有拈弄，亦復含宮嚼羽，出風入騷，其南詞可傳輕絲細管，二八女郎，而北調可傳丈八將軍、銅琵琶鐵綽板。今海內盛行元本，而我明全本亦已不減，獨雜劇一種，耳目寥寥。予嘗欲選勝搜奇，爲昭代文人吐氣，以全本當八股大乘，以雜劇當尺幅小品，笥藏頗廣，未命棗梨，而吾友沈林宗，顧曲周郎，觀樂吴子，遂先有此舉，其點校評論，又一一傳作者之面目，而遡之爲作者之精神。然則睹是編者，當知曲以詮情性之徵，不爲曲解，戲以節作止之序，不同戲觀，樂其可知矣。聲應氣求，聊弁數行，以誌林宗首唱。練江社弟程羽文書於西湖舟次。

清·袁于令《盛明雜劇序》 善采菌者，於其含苞如卵，取味全也。至擎張如蓋，昧者以爲形成，識者知其神散。全部傳奇，如養之蕈也，襍劇小記，在苞之蕈也。繪事亦然，文章以無盡爲神，以似盡爲形。袁中郎詩有小石含山意一語，予甚嘉之。如畫石竟而可旁添片墨，非畫矣，天柱地首之嵯峨，惟卷石能收之，雜劇之謂也。兵仗亦然。長鎩大戟，非不雄逞，至渾而木棍，命曰械王，又約而尺八短劍，又約而飛丸，又約而魚腸，其器益小，力益全，爲伎益難。雜劇，詞場之短兵也。或以寄悲憤、寫跅弛，紀妖冶、書忠孝，無窮心事，無窮感觸，借四折爲寓言，減之不得，增之不可，作者情之所含，辭之所畫，音之所合，即具大法程焉。不知者輒欲化爲全部，不惟失其指歸，具蒙以蕪穢，易一字，即爲點金成鐵，增多字，則又狗尾爲主，而貂失其處，羔皮爲君，而狐反爲緣，禍雜劇者多矣。自濫本横行，而雜劇隱於塵庋，知者傷之。近有元劇之刻，勝國諸君子，重開生面，於詞壇固稱大觀，然聲音之道，不絶於天下。國朝崇正教，放淫哇，天下握不律者，咸不敢爲左道之言，而物感於外，情動于中，不能鬱其元聲，故窮廬曲房，朱門戚里，以至旗亭酒舘，每多遺音，就中不無至文，可以補野史之闕，爲採風之資，飾文氣之陋，而於四聲七始，繼別爲宗者。沈林宗兄，博蒐明劇，彙而選之，鏗然一部鼓吹，勝國詞林，不能專美於前矣。索劇於余，余向未撰此，苦無以應，復命予弁首。序成，復爲郵筒沉閣，因載於二集。追憶其畧曰：黄鍾損益之妙，合之文章，未必盡當，余謂行空天馬，非造父裔冏，鮮不委轡決銜者。文人填詞，即如控行空之駿，而範以馳驅也。余生前數十年以來，大江南北，文獻寥寥，通聞氷天之北，桂海之南，有兩神人，知曆數、辨風氣鳥獸之聲，草木水石之響，皆其所詣。余將邀致詞壇，起地下亂音，諸老北面而跽，左侍以倫，右侍以曠，宣揚律元，以正其亂音之罪，使當世之好音而束殺文章，與夫能文而毁裂宮調者，伏地流汗，稽顙皈依，各出所藏詞本，付之祖龍，揚其灰於莽浪之野，人跡不至之地，惟以七情求風氣，以風氣求律吕，則聲教明而我心愜矣，林宗以爲然否。

著録

清·王國維《曲録》卷六 《盛明雜劇》二集，共六十卷。明沈泰撰。

雜録

明·沈泰《盛明雜劇·凡例》 一、此集祇詞人一臠，然非快事韻事，奇絶趣絶者不載。出風入雅，戛玉鏘金，何多讓焉。至若偶收鄙穢，似中時俗之肓；又如旁及詼諧，足捧滑稽之腹，亦附集末。其他俗本雖多，未堪解酲，豈敢災梨。一、集中固有去取，實無低昂。但就著姓氏而種數特多者，置之前茅，其無姓氏而一種偶見者，取爲後殿。總成狐腋之裘，詎云狗尾之續。一、作者如林，管窺有限。如舊刻馮北海有《梁太素》，及友人袁鳧公有《雙鶯傳》，一時散軼，未及推爲冠玉。況目所未見，耳所未聞者乎。海內同好倘有家藏名本，或獨剏新聲，毋吝千里郵筒，共襄百種快事。望真引領，感切銘心。西湖福次居主人泰識。

清·王國維《盛明雜劇初集跋》 《盛明雜劇》三十卷，崇禎己巳錢唐沈泰林宗刊本。前有張元徵、徐翽、程羽文三序。案戲曲總集，除臧懋循《元曲選》、毛晉《六十種曲》外，若《元人雜劇選》、《古名家雜劇》及此書，世人雖知其名，均在存佚之間。曩見日本内閣圖書寮書目，有《盛明雜劇》二集三十卷，驚爲祕笈。己酉冬日，得此書於廠肆，是爲初集，而二集在日本内閣，始知世間尚有完書也。雜劇唯元人擅場，明代工此者寥寥。宣、正之間，周憲王號爲作者，然規摹元人，了無生氣，且多吉祥、頌禱之作，其庸惡殆與宋人壽詞相等。又元人雜劇止于四折，或加楔子，唯紀君祥之《趙氏孤兒》，張時起之《賽花月秋千記》多至六折，實非通例。至于不及四折者，更未之前聞，亦無雜以南曲者。憲王雜劇如《吕洞賓花月神仙會》，雜以南曲，殊失體裁。至明中葉後，不知北劇與南曲之分，但以長者爲傳奇，短者爲雜劇。如此書中，汪伯玉、陳玉陽、汪昌朝諸作，皆南曲也；且折數多至七八，少則一二，更屬任意。獨康對山《中山狼》四折，確守元人家法。餘如沈君庸等，雖用北曲，而折數次第，均失元人之舊。其中文詞，亦唯康對山、徐文長尚可誦，然比之元人，已有自然、人工之别。餘則等之自鄶而已。元代雜劇作者，名概不著，此編所集，如康對山海、徐文長渭、汪伯玉道昆、陳玉陽與郊、王辰玉衡、葉六桐憲祖、沈君庸自徵、孟子若稱舜、梁伯龍辰魚、梅禹金鼎祚、卓珂月人月、徐野君翽、汪昌朝廷訥，其姓字爵里，均在人耳目，或且正史有傳，遺著尚存，而其人之顯晦如彼，曲之工拙如此。信乎文章之事，一代自有一代之長，不能以常理論也。

《六十種曲》

論説

明·毛晉《六十種曲·演劇首套弁語》 今世仿古先生，正襟皐比，居然道德博聞；矜莊少年，迴旋驥足，揚揚氣魄自用。間有稱述，多因桃盲史而宗腐令，賓蒙吏而友湘靈，嗣復衙官漢季，爰挾唐之伯仲，導嗚騶焉。若逎詞曲猥云，公孫氏且弗諾。嗟乎，幾令純忠孝、真節義黯然不現本來面目，夫何以追維過去，又何以接引未來。俾天下後世啓孝納忠，植節仗義，亦難爲力矣。適按《琵琶》、《荆釵》善本，暨《八義》、《三元》名部，卓然絶調。千秋風華，一代緑韞，簡其清真墉城，標其玄箸大都，類休文入釋，理優於詞，右丞證梵，神超於骨，驟聆則觳音與鶴唳交宣，坐挹則安樂窩介墮淚碑相望。雖然名則陳矣，事則遒矣，賞識家不以窮耳目之官，僅以充戲娱之役，匪第漢中郎諸君子負屈，即勝國東嘉輩，早拈出風化之本原，俱付之雲煙過眼矣。方今世尚，取新人，胥炫異，假鐃狎昵，百凡無寧。雅正一派，引絲九曲，名誼十全，坐令别陳，筐篚和以塤篪，祇見中州《白雪》，傾壓繁華勝地，《陽春》應徧下里矣。

明·得閑主人《題演劇二套弁言》 世宙逆旅也，今昔駒隙也，春花秋月，寔無常主，閒志便是主人。予喜無閒事，得手握閒書，坐銷閒日，逗露閒情，茶香鶴夢之餘，非約束鶯花，則平章風月，何者爲真，何者是幻。碌碌焉生，無過遞開生面，一登場游演云爾。會日長至，惜年暗銷，偕二三同志，就竹林花榭，携尊酒、引清謳，復捻合《會真》以下十劇，挑逗文心，開發筆陣，乃知此類寔情種，非書酒也。其宛轉闔合，鶯之歌，蝶之舞，麗情流逸，如中酒，如着魔，上自高人韻士，下至馬卒牛童，以迄雞林象胥之屬，對之無不剔鬚眉，無不醒肝脾。今翻故帙度新聲，雨花雲葉，紛紛噴薄，人間政未有歇拍，寧第三元四節，五倫八義，兩兩配合哉。客嘲余曰：昔山客遇秀，鐵面道人訶其筆墨勸淫，恐墮犁舌，應以爲戒。因戲謂：謔浪皆是文章，演唱亦是説法，從來風流罪過，早已向古佛前懺悔竟矣。

明·静觀道人《題演劇三套弁言》 昔汾陽王嗣□，雅尚文墨，爰集諸名雋觴詠昇平，公主幃而觀之，得少佳趣，内貽寶錦駿馬，捷相慰藉。洵矣憐才一脉，匪第天下有心人，即兒女子聊汶爾爾。古來文心道氣之流，寧止屈、宋振藻於三湘，司馬揚鑣於兩漢。諸如供奉霏霏玄屑，坡仙煒煒彩虹之數子者，早已有其散落，嗣復作劇人間，往往曲臺記責，華館徵歌，動泣鬼神，俄資訟笑。彩雲初度，引長庚之斗漿，夜色將闌，分太乙之藜火。噫嘻。始賦雖工，安比新聲入座也。早秋梧桐，初下一葉，鈎月引人，勝地轉際納凉，因拈取數種，披對一過，不禁志縣思潘，蘋洲弔柳，雖六朝之金粉渺矣，而數部之玉葉爛焉。初謂鎮方懷玉，究且媚若貫珠，文明閏位，應次於室間，微風乍迴，適披於蘋末，不啻腹有三千，貯紫書而養翮，何憾胸藏二酉，殆雜俎以樂飢，廣霞神風之音，充斥耳目，視架上西清日彙，和堂備抄，覺漫焉無序，黯然削色矣。

明·閒閒道人《題演劇四套弁言》 春雨新晴，增一番佳麗：水邊林下，雕車延緑，寶馬印紅，頃游衍其際，亦雅意憐風，心期漏月。爰睨采香徑，半是紅綃麗人，薄倖頻頻，有心落落，特未遇黄衫豪客，一垂顧盼耳。指畫翡翠圖，鴛鴦牒，當年不知淹留幾許紗人。俄循桃葉渡，聽柳陌新鶯，斯一部鼓吹，當不減山水清音。夫何好事輩，日演《繡襦》諸劇，會見十錦塘，摩肩擊轂，令畫眉郎、椒花女各揜鼻，旋復合掌碧翁，予不禁目挑心招，踏歌向賓。幙曲几方床，茶煙繚繞，朱絃緑管，酒氣淋漓。因稍稍點次數種，不覺眼快手鬆，時而美滿，時而缺陷，時而現青精氣，時而逗黄鸝縹緲之音。乃今而知畫魂陣中，政不少繡旗女將也。寄語解意人，須索此十劇合爲一派，佐以異錦名香，出入懷袖，不啻枕中鴻寶。從來煙花小史，名媛錢囊，俱可束之高閣矣。

明·思玄道人《題演劇五套弁言》 粤稽軒轅張樂，洞庭之魚龍怒飛，神禹治水，山海之怪異畢現。亘上下古今，人事不齊，守株則綿撮易辨，創獲乃出奇無窮。即色聲一線脉，夫何必屏鄭哇而放吴歈，排燕傖而擯楚缺。若别有紗會，任倒横直竪，覆去翻來，眼底舌端，恣其逸弄，臭腐傳變爲神奇，互開一生面矣。爾迺《拾畫》、《分箋》之離奇也，諸如《明玉》《緑蕉》之怪誕也。俄見玉階金埒，倏而拾翠縈花，甚者魯山扣瑛，鮫人裂箋，潛虬吟淵，莊騏唳露，既屬幽奇，復資玄發，往往龜毛兔角，似不從人間世來。謏云金閨之弗貯，寧非玉蘢之積埃，從事治場，不啻飲璠珉而虹繞，方且叶塤篪以風遒，即石丈亦應默頭矣。

著録

清·王國維《曲録》卷六 《六十種曲》一百二十卷，明毛晉編。

《雜劇三集》

論説

清·鄒式金《雜劇三集·自作小引》 《詩》亡而後有《騷》，《騷》亡而後有樂府，樂府亡而後有詞，詞亡而後有曲，其體雖變，其音則一也。聲音之道，本諸性情，所以協幽明，和上下，在治忽，格鳥獸，故《卿雲》歌而鳳凰儀，《淋鈴》作而馬嵬走。夫子删《詩》曰：《雅》、《頌》得所，然後樂正。未嘗分詩樂爲二。其後士大夫高談詩學，不復稽古永言和聲之旨，遂專以抑揚抗墜、清濁長短責之優伶，淫哇相襲，《大雅》淪亡，而五音、六律、九宮、十三調，漸作《廣陵散》。雖以鐵崖之才，酸齋之學，不得與王、白、關、鄭輩並驅爭先，而張打油、胡釘鉸，幾幾乎厠足詞壇，亦可哂矣。自憲府先賡，王康嗣和，士大夫始知章甫端冠外，别有此一種風流教化。於是有詞隱先生起而主持風雅，明陰洞陽，引商刻羽，争衡於調之全半，較辨於板之寸分，窮工極巧，究竟自然，嗣後作者波委雲屬。司馬標秀於新安，玉茗稱雄於江右，山陰以瑰奇自異，荀令以尖冷鳴新；婁水王、吴，痛决與濃麗爭驅，吴江沈、孟，雋永與縱横競爽，究其所得，各擅專長。邇來世變滄桑，人多懷感，或抑鬱幽憂，抒其禾黍銅駝之怨；或憤懣激烈，寫其擊壺彈鋏之思；或月露風雲，寄其飲醇近婦之情，或蛇神牛鬼，發其問天遊僊之夢。雲璈疊奏，玉屑紛飛，以至字忌重押，韻黜互犯，固足踵元人之音，奪前輩之席矣。然而北曲南詞，如車舟各有所習，北曲調長而節促，組織易工，終乖紅豆；南詞調短而節緩，柔靡傾聽，難協絲絃；又全部宏编，意在搬演，不重修詞。臨川而外，佳者寥寥，不若雜劇足以極一時之致。辟之狹巷短兵，殺人如草。東坡所云數尺而有干霄之勢者，令人目炫眉飛也。幽居無事，郵筒往來，得若干種。先梓行之，用公同好。或有桃花扇動，竹葉尊開，黛舺春山，齲呈皎雪，低徊宛轉，頂疊關生如香雲捲雨，寒玉嘶風，欲歌，欲泣，欲眥裂，欲魂銷，言之者無罪，聞之者足以戒，倘亦《小雅》之志，風人之遺乎。憶幼時侍家愚谷老人，稍探律吕；後與叔介弟教習紅兒，每盡四折，天鼓已動。今風流雲散，舞衫歌扇，皆化爲異物矣。是刻亦過雁之一唳也，爲之三嘆。辛丑秋，香眉主人鄒式金題。

清·吴偉業《雜劇三集序》 造化絪緼之氣，分陰分陽，貞淫各出。其貞氣所感，則爲忠孝節烈之事；其淫氣所感，則爲放蕩邪慝之事。二氣並行，宇宙間光怪百出，情狀萬殊，而總繇文人之筆傳之。文人之筆，或寓言、或紀實，想像形容，千載如見。由是貞者傳，淫者亦傳。如《三百篇》中不删《鄭》、《衛》，聖人以爲男女情欲之事，不必過遏。詞人狂肆之言，未嘗無意。貞淫並載，可以爲勸，可以爲鑒。有其文，則傳其文而已。漢、魏以降，四言變爲五七言，其長者乃至百韻。五七言又變爲詩餘，其長者乃至三、四闋。其言益長，其旨益暢，唐詩宋詞，可謂美備矣，而文人猶未已也。詩餘又變而爲曲，蓋金、元之樂嘈雜，凄緊緩急之間，詞不能接。一時才子，如關、鄭、馬、白輩，更創爲新聲以媚之。傳奇雜劇，體雖不同，要於縱發欲言。而止一事之傳，文成數萬，而筆墨之巧，廼不可勝窮也。元詞無論已。明興，文章家頗尚雜劇，一集不足，繼以二集。余常閲之，大半多綺靡之語，心頗不然，以爲此選家之過也。已而思之，人苟不爲名教束縛，則淫佚之事，何所不有。有其事，則不能禁其傳。有其傳，則不能禁其選。如長卿之於文君，衛公之於紅拂，非人間越禮之事乎。而風流家言，反以爲絶好一樁公案，至願效之而不可得。噫，氣運日降，淫倍於貞。文人無賴，詩變爲曲。諷一勸百，時勢使然。言之者無罪，選之者豈任過乎。近時多以帖括爲業。窮研日夕，詩且不知，何有於曲。余以爲曲亦有道也。世路悠悠，人生如夢，終身顛倒，何假何真。若其當場演劇，謂假似真，謂真實假。真假之間，禪家三昧，惟曉人可與言之。木石鄒年兄，梁谿老學，宿有契悟，旁通聲律，近選《雜劇三集》成，囑袁子重其索余言。余閲其三十餘種，近今名流鉅公之筆，搜採殆遍。達情叙事，闓暢詳明，貞淫錯出，各遵至妙。殆真所謂有其文則傳其文，可以爲鑒，可以爲勸者也。是其爲雜劇也，可以傳也。袁子歸，其以此言告吾木石可乎。

雜録

清·鄒綺《雜劇三集跋》 自有天地，即有元音。而其言情者，則莫過乎詩。詩《三百篇》不删《鄭》、《衛》，一變而爲詞，再變而爲曲。體雖不同，情則一致。正如川瀆之歸海，洋洋乎大觀也。其傳於世者，《元人百種》鳴盛於前，明代兩集繼孅於後，類皆膾炙人口，鼓吹詞壇，所謂情之所鍾，蓋在是矣。嗣後作者代興，而全帙尚缺，每與同志愁然傷之。家大人幼侍愚公先叔祖於歌舞之場，魯於桃花扇影中悉其三昧。而余亦過庭之餘，習聞緒論。用是留心博採，凡壇坫之所哀，及郵筒之所致，得若干首，選付梓人。或清商迭奏，傳軼韵於金、元，或錦繡紛披，踵妍思於關、董；或以筆代指，如月明滄海之聲，或翻譜爲新，有木落洞庭之怨。洵元龜之非實，知大貝之無奇，而天地元音，亦藉此復振矣。近世詩學大興，選家競出，而南北九宫，棄置不講，以爲此優伶之能事，非儒雅之兼長，淫哇雜進，風雅云亡。余既有《百名家詩選》，力追盛唐之響，茲復有三十種雜劇，可奪元人之席，庶幾詩樂合一，或有當於吾夫子自衛反魯之意乎。故於刻成，妄識簡端如此。

戲劇家部·元代戲劇家分部

關漢卿

論説

綜論

元·貫雲石《陽春白雪序》　關漢卿【略】造語妖嬌，卻如小女臨杯，使人不忍對殢。

元·周德清《中原音韻自序》　樂府之盛，之備，之難，莫如今時。【略】其備，則關、鄭、白、馬，一新製作，韻共守自然之音，字能通天下之語，字暢語俊，韻促音調。觀其所述，曰忠曰孝，有補於世。

元·楊維楨《周月湖今樂府序》　士大夫以今樂府鳴者，奇巧莫如關漢卿。

明·朱權《太和正音譜》卷上《古今群英樂府格勢》：關漢卿之詞，如瓊筵醉客。觀其詞語，乃可上可下之才。蓋所以取者，初爲雜劇之始，故卓以前列。

明·何良俊《四友齋叢説》卷三七　元人樂府，稱馬東籬、鄭德輝、關漢卿、白仁甫爲四大家。【略】關之詞激厲而少蘊藉。

明·王驥德《新校注古本西厢記》卷五　漢卿之不逮實甫，無論才情遠近，實甫直以自然爲騰塌，漢卿極力刻畫，遂損天成，去之更遠。

明·凌濛初《西厢記凡例》　至漢卿諸本，則老筆紛披，時見本色。

清·李玉《南音三籟序》　迨至金元，詞變爲曲，實甫、漢卿、東籬諸君子，以灝瀚天才，寄情律吕，即事爲曲，即曲命名，開五音六律之秘藏，考九宫十三調之正始，或爲全本，或爲雜劇，各立赤幟，旗鼓相當，盡是騷壇飛將。

清·黃宗羲《靳熊封詩序》　從來豪傑之精神不能無所寓。【略】王實甫、關漢卿之院本，皆其一生之所寓也。苟不得其所寓，則若龍亦攣虎跛，壯士囚縛，擁勇鬱遏，坌憤激訐，溢而四出，天地爲之動色，而況於其他乎。

清·焦循《易餘籥録》　詞之体盡於南宋，而金元乃變爲曲。關漢卿、喬夢符、馬東籬、張小山等，爲一代巨手。

分論

明·何良俊《四友齋叢説》卷三七　李直夫《虎頭牌》雜劇十七換頭，關漢卿散套二十換頭，王實甫《歌舞麗春堂》十三換頭，在雙調中别是一調。牌名如《阿那忽》、《相公愛》、《也不羅》、《醉也摩挲》、《忽都白》、《唐兀歹》之類，皆是胡語，此其證也。三套中惟十七換頭，其調尤叶，蓋李是女真人也。十三換頭《一錠銀》内，他將《阿那忽》腔兒來合唱，《麗春堂》亦是金人之事。則知金人於雙調内，慣填此調，關漢卿、王實甫因用之也。又，二十換頭臨了一句：煞强似應底關河路兒遠。余疑應字文義不通，思欲正之，終不得其字。一日，偶看《太和正音譜》，觀關漢卿《侍香金童》内，有雁底關河，馬頭明月之句，蓋雁無不到其底下之關河，言其遠也。二十換頭亦關漢卿詞，蓋漢卿慣用此事，其爲雁底無疑。

明·李贄《施惠拜月亭序》　此記關目極好，説得好，曲亦好，真元人手筆也。首似散漫，終致奇絶，以配《西厢》，不妨相追逐也，自當與天地相終始。有此世界，即離不得此傳奇，肯以爲然否。縱不以爲然，吾當自然其然。詳試讀之，當使人有兄兄妹妹、義夫節婦之思焉。蘭比崔重名，猶爲閒雅，事出無奈，猶必對天盟誓，願終始不相背負，可謂貞正之極矣。興福投竄林莽，知恩報恩，自是常理，而卒結以良緣，許之歸妹，興福爲妹丈，世隆爲妻兄。無德不酬，無恩不答，天地之報施善人，又何其巧與。凌延喜《拜月亭傳奇跋》：《拜月亭》一記，屬元詞四大家之一。王元美先生訾其有三病，然詞林家至今膾炙之，何也。蓋其度曲不以駢麗爲工，而樸真蘊古，動合本色，與中原紫氣之習判不相入，非近日作手所能振腕者。

明·劉宗周《人譜類記》卷下　陶石梁曰：今之院本，即古之樂章也。【略】至于《渡蟻》、《還帶》等劇，更能使人知因果報應，秋毫不爽，殺盜淫妄，不覺自化，而好生樂善之念，油然生矣。此則雖戲而有益者也。

明・祁彪佳《遠山堂劇品・雅品》《單刀會》，其意致與常調迥別，此必是元人所作。大江東一折，可以正今日歌者之訛。

清・梁廷枏《曲話》卷二 關漢卿《玉鏡臺》，温嶠上場，自《點絳唇》接下七曲，衹將古今得志不得志兩種人鋪叙繁衍，與本事没半點關照，徒覺滿紙浮詞，令人生厭耳。

傳記

元・鍾嗣成《録鬼簿》卷上 關漢卿，大都人。太醫院尹。號已齋叟。

元・熊夢祥《析津志・名宦》 關一齋，字漢卿。燕人。生而倜儻，博學能文，滑稽多智，藴藉風流，爲一時之冠。

元・朱右《元史補遺》 關漢卿，解州人，工樂府，著北曲六十本。世稱宋詞元曲，然詞在唐人已優爲之，惟曲自元始，有南北十七宫調。

明・蔣一葵《堯山堂外紀》卷六八 關漢卿，號已齋叟，大都人。金末爲太醫院尹，金亡不仕，好談妖鬼，所著有《鬼董》。

清（乾隆）《祁州志》卷八 元時祁之伍仁村人也。高才博學而艱於遇，因取《會真記》作《西厢》以寄憤，脱稿未完死，棺中作哭泣之聲。狀元董君章往吊，異之，乃檢遺稿，得《西厢記》十六齣，曰：所以哭者爲此耳。吾爲子續之。携去，而哭聲遂息。續後四齣以行於世。此言雖云無稽，然伍仁寺旁有高基一所，相傳爲漢卿故宅，至今豎子庸夫猶能道其遺事。故特記之，以俟博考。

清（乾隆）《解州全志》卷九一 工樂府，著北曲六十本，文致曰：關漢卿如瓊筵醉客。

清（光緒）《祁州鄉土志・人物志》 元人關漢卿墓在伍仁橋東南，近滋河。同治十年，公奉札修堤，時胥役劉狗私自令人剗平，墓石遂沉於河，民無敢違者。至今數數尋之，不可得。嗟乎。漢卿一代文人，科名既扼於生前，墓石又沉於身後，豈非命之窮歟。

紀事

明・楊慎《詞品》卷一 元關漢卿嘗見一從嫁媵婢，作小令云：髩鴉臉霞，屈殺了，將陪嫁。

清・佚名《曲海總目提要》卷一《救風塵》 元關漢卿撰。記趙盼兒救宋引章于風塵之中，故曰《救風塵》也。小説家所載諸女子，有能識别英雄於未遇者，如紅拂之於李衛公，梁夫人之於韓蘄王也。有能成人之美者，如歐陽彬之歌人、董國度之妾也。有爲豪俠而誅薄情者，女商荆十三娘也。劇中所稱趙盼兒，似乎兼擅衆長。至其事之有無，則無可據。略云：汴梁歌者宋引章，與鄭州人周同知之子周舍暱。周舍願娶，引章願嫁，而秀才安秀實亦曾與引章爲約。引章義妹趙盼兒，妓中之豪也。秀實浼盼兒通辭於引章以探其意，引章方與周舍情甚濃，盼兒力勸其當從秀實，而引章不聽，竟嫁周舍。於是秀實欲赴京應舉，盼兒曰：姑緩，我當有以相復也。周舍挾引章歸鄭州，不半載，日加鞭撻，引章不能堪，作書與盼兒求救，且深悔不從昔日之言。盼兒乃盛設裝具，買車遊鄭州，止宿店家，濃妝艷抹，囑張小閑者往勾周舍。周舍果至，欲娶盼兒，盼兒羅箱篋，陳酒饌，而勒舍休引章，始以貲嫁。陰使引章至店相鬧，周舍既貪盼兒，又怒引章，遂以休書付引章而逐之。盼兒預約引章至店，相挈潛行。索引章所得休書，易以他紙。周舍知盼兒、引章俱去，追及於路，奪引章休書毁之，而告於官，不知書之已易也。舍謂盼兒設計誑其婦，盼兒亦告舍强占有夫之婦，且既已願休，又復誣告，因出真休書爲據，而指秀實爲引章原夫，盼兒其媒證。舍辨不能勝，官乃杖舍，以引章歸秀實云。

又《金綫池》 記杜蕊娘金綫池事。【略】濟南府尹石敏，有同窗友韓輔臣，洛陽人也。遊學至齊，謁敏。設宴款待，有妓杜蕊娘，濟南人，酒次相慕悦。輔臣遂留蕊娘家，賦定情《南鄉子》詞云：裊裊復盈盈，都是宜描上翠屏。語若流鶯聲似燕，丹青，燕語鶯聲怎畫成。難道不關情。欲語還羞便似曾。占斷楚城歌舞地，娉婷，天上人間第一名。蕊娘既傾心，假母亦知府尹貴客，又多金，甚敬禮之。未幾金盡，府尹復以滿考朝京，遂下肯留。

輔臣負氣，移寓他所。蕊娘尚有餘情，假母詒云：輔臣別有所暱。輔臣復至，蕊娘遂下禮焉。輔臣心悦蕊娘，而復憤其母女之下情，適敏復任濟南，輔臣往訴。敏以顯加之罪，則難再合，下若善處。於是陰以資給眾妓，使置酒於金綫池，諭之以意。眾妓勸蕊娘醉，而令輔臣往見。蕊娘終下爲禮，輔臣愈憤，敏亦怒，乃收其母女，欲置之法。蕊娘急，求之輔臣。輔臣爲請釋，敏取俸銀百金與母，以蕊娘歸輔臣。蕊娘曲中有云：俺這下義之門，全憑五個字，無過是惡、劣、乖、毒、狠，横寫盡情。又云：無錢的要親近，則除是佛留下四百八門衣飯，俺占着七十二位凶神。《唐詩紀事》云：杜牧佐宣城，遊湖州，刺史崔君張水戲，使州人畢觀。令牧閑行閱奇麗，得垂髫者十餘歲。劇中石府尹爲韓作合，蓋仿佛崔刺史之意。

又《切鱠旦》 元關漢卿撰。演譚記兒望江亭切鱠給楊衙内事，係空中結撰。潭州理官白上中之任，過清安觀，觀主即其姑也。往謁，訴以失偶。時學士李希顔妾譚記兒新寡，美而多才，與白姑善，常相過從。姑遂爲作合，令與士中諧伉儷，攜之潭州。黠弁楊衙内者，初欲占譚爲妾，聞歸於白，甚銜之。奏白戀花酒曠職，請勢劍金牌文書，自往潭州殺白。白母知其事，甚驚懼，修書遣蒼頭報白。譚云：彼欲謀我，不足累君，請毋憂。楊弁欲掩白，獨攜二僕，泊舟望江亭。中秋玩月，忽見一漁舟鼓棹而至，漁家婦甚美，藍提金色鯉，登楊舟云：爲官人獻新切鱠。楊睹其美，心甚蕩，命坐與痛飲。婦問至潭何爲，楊以實告。婦爲作歌勸飲，楊沈醉，乃誘楊以勢劍金牌出玩，楊不覺其詐，遂付與觀。婦醉楊及二僕，竊之去。及旦，楊大駭，欲縛白則無所據。白出勢劍金牌云：漁女告汝中秋欲奸占爲妾事。楊猶抵飾，白令婦出見。楊知中計，大愧。湖南都御史李秉忠訪得其事，奏于朝。詔杖楊，奪其職，白仍理潭州。

又《蝴蝶夢》 元關漢卿撰。略云：包拯爲開封府尹，一日晝寐，夢見一蝴蝶墜在蛛網中。一大蝴蝶飛來救出，次者亦然。後來一小蝴蝶亦墜網中，大蝴蝶雖見之而不救，飛騰而去。拯夢醒驚訝。適中牟縣解送人命一案，有老人王姓爲葛彪打死，其子三人，曰王大、王二、王三，亦打死葛彪。大曰金和、二曰鐵和、三曰石和，中牟縣論三人并抵罪。及拯覆讞，其母自認己罪，三人亦各認己罪。拯第令一人認罪，先定金和，其母下可。次定鐵和，其母亦不可。次定石和，其母首肯。拯疑石和非其所生，委曲審問，則金、鐵乃前妻之子，而石和乃其親生也。復並下三人獄而默令胥役于獄中細察之，果無異情。蓋母寧殺己子，不忍殺前妻之子。於是拯大感動，以他死囚代幼子盆死獄中，而盡釋三子，且爲具題旌獎焉。齣中言三子報父仇，則其罪本不當誅，蓋作者但設此事，以見兄弟既争死不推諉，而母復力救前妻之子，皆人所極難，不復計其犯由若何也。元人雜劇往往如此。《列女傳》：齊宣王時，有人鬬死道者，被一創，齊義母二子立其傍，吏問之，兄曰：我殺之。弟曰：非兄，乃我殺之。期年相推不決。召其母，問所欲殺、活，母子泣對曰：殺少者。相曰：少子人之所愛，欲殺之何也。對曰：少者妾之子，長者前妻之子。子雖痛，謂行何。宣王美其義，皆赦之。

又《魯齋郎》 演包拯戮魯齋郎事。略云：魯齋郎素强暴，離汴之許州，覘銀匠李四妻張氏美，欲占爲妾。托以銀酒器令修整，詒其家劫張而去。其子曰喜童、女曰嬌兒，慟哭仆地。李匠尾至鄭州，欲控理，投都孔目張珪，忽心痛殯絶。珪以藥治之，詢其姓與珪妻同，即認爲妻弟。李訴齋郎劫妻事，珪畏魯勢，贈以資斧，令且歸慰兒女。李至家，不見喜童、嬌兒。其鄰告云：因出覓汝，遂不知所往。李悲益不勝。節屆清明，張珪與妻子掃墓，魯郊外試彈，中珪子金郎。珪不知爲魯也，詬之。魯怒責珪，珪懼謝罪。魯睹珪妻美，謂珪云：速獻汝妻，免爾罪。珪慮禍，給妻暫至舅家，竟以獻魯。魯以初所掠張氏賞珪，令撫其兒女，及歸，男女皆散失。李詣珪探問，見其妻，驚問云：何自至此。珪告之故，還其妻，遂以家事付李，出家雲遊。初，包拯爲湖南采訪使，過許州，遇李四兒女，訴母被魯劫，無所歸，包收而撫之。還過鄭州，復遇張珪兒女，亦訴母被魯奪，包亦留養，皆令讀書。憤魯稔惡，欲除之，以其有奧援，恐倖脱，乃書魯齋郎爲魚齊，即奏其罪。得旨批斬，包遂擒魯誅之。復書魯齋郎以覆，云即其人也，士庶皆大悦，且服其智。及喜童入試，擢大魁，金郎第進士。兩家兄妹，皆于雲臺觀薦父母。李四攜其妻，亦詣觀薦喜童、嬌兒。張珪妻因魯誅，亦走脱，詣觀薦珪及子金郎、女玉姐。適珪雲遊至觀，見薦疏姓名，大驚異，父子夫婦皆相認。包聞甚奇之，令以張女配喜童，李女配張子。珪不願歸俗，包與其妻子皆勸慰，始從之。二姓深感包德云。

清・焦循《劇説》卷二 《茶餘客話》又云：石崇《明君詞》叙：昔公主嫁烏孫，令琵琶馬上作樂，以慰其道路之思。其送明君用琵琶，不過爾爾。觀此，則琵琶自是烏孫公主事，今人作詩專以昭君爲故實，豈非雜劇誤之耶。又云：大業間杜寶常修《水飾圖經》十五卷，煬帝觀於曲水，有神龜負八封進伏羲。黄龍負圖、元龜銜符、大鱸銜籙授黄帝，丹甲靈龜銜書獻蒼頡，鳳皇負圖、赤龍載籙授堯，龍馬銜中赤文授舜，舜觀河渚五老人來告，帝期陶河濱，黄龍負黄文符璽之圖，禹濟江而黄龍負舟，元夷蒼水使者以《山海經》來，【略】其類七十有二，以七十二航貯之，此水戲之始。元人關漢卿有《隋煬帝牽龍舟》樂府即此。

著録

元·鍾嗣成《録鬼簿》卷上 關漢卿：《關張雙赴西蜀夢》、《董解元醉走柳絲亭》、《丙吉教子立宣帝》、《薄太后走馬救周勃》、《太常公主認先皇》、《曹太后死哭劉夫人》、《荒墳梅竹鬼團圓》、《徐夫人雪恨萬花堂》、《閨怨佳人拜月庭》、《吕蒙正風雪破窑記》、《風月狀元三負心》、《晏叔元風月鷓鴣天》、《没興風雪瘸馬記》、《錢大尹智勘謝天香》、《金銀交鈔三告狀》、《姑蘇臺范蠡進西施》、《蘇氏進織錦回文》、《開封府蕭王勘龍衣》、《介休縣敬德降唐》、《杜蘂娘智賞金線池》、《昇仙橋相如題柱》、《金谷園緑珠墜樓》、《漢匡衡鑿壁偷光》、《柳花亭李婉復落娼》、《風雪狄梁公》、《望江亭中秋切膾旦》、《甲馬營降生趙太祖》、《賢孝婦風雪雙駕車》、《屈勘宣華妃》、《雙提屍冤報汴河冤》、《月落江梅怨》、《老女壻金馬玉堂春》、《煙月救風塵》、《宋上皇禦斷姻緣簿》、《管寧割席》、《隋煬帝牽龍舟》、《晉國公裴度還帶》、《隋煬帝牽龍舟》、《白衣相高鳳漂麥》、《唐明皇哭香囊》、《孫康映雪》、《唐太宗哭魏徵》、《鄧夫人哭存孝》、《關大王單刀會》、《温太真玉鏡臺》、《武則天肉醉王皇后》、《翠華妃對玉釵》、《漢元帝哭昭君》、《劉盼盼鬧衡州》、《劉夫人救啞子》、《吕無雙銅瓦記》、《風流孔目春衫記》、《萱草堂玉簪記》、《錢大尹鬼報緋衣夢》、《醉娘子三撇嵌》、《楚雲公主酹江月》、《詐妮子調風月》、《魯元公主三噉赦》。

清·凌延喜《拜月亭傳奇跋》 《拜月亭》一記，【略】獨歲月久湮，迄無善本，舛錯較他曲滋甚。迺家仲父即空觀主人，素與詞隱生伯英沈先生善，雅稱音中埧篪。每晤時，必相與尋宫摘調，訂疑考誤。因得渠所抄本，大約時本所紕繆者，十已正七八；而真本所不傳者，十亦缺一二，或止存牌名，不悉其詞，或姑仍沿習，不核其寔。余竊有志，蔑由正焉。今兹刻悉遵是本，板眼悉依《九宫譜》，至臆見確有證據者，亦間出之，以補詞隱生之不及。其缺疑猶是也，儻世謂予除此記一塵劫，予何敢任。若謂予不獲聯此記于全璧，猶留餘誤以俟後人，予亦何敢辭。

清·佚名《曲海總目提要》卷一 關漢卿，號已齋叟，大都人，所作雜劇，今存《金綫池》、《切鱠旦》、《救風塵》、《蝴蝶夢》、《調風月》、《哭存孝》、《單刀會》、《拜月亭》、《雙赴夢》、《玉鏡臺》、《緋衣夢》、《竇娥冤》、《謝天香》、《陳母教子》等十四種。

清·焦循《易餘籥録》卷一七 《趙盼兒風月救風塵》，關漢卿作，《點鬼簿》作《烟月舊風塵》，舊蓋救之訛。兩風字相復，則烟字爲是。

清·黄丕烈《也是園藏書·古今雜劇目録》 元關漢卿：《杜蕊娘智賞金線池》、《劉夫人慶賞五侯宴》、《關大王獨赴單刀會》、《趙盼兒風月救風塵》、《温太真玉鏡臺》、《望江亭中秋切鱠旦》、《錢大尹智寵謝天香》、《鄧夫人苦痛哭存孝》、《錢大尹智勘緋衣夢》、《包待制三勘蝴蝶夢》、《感天動地竇娥冤》、《山神廟裴度還帶》、《尉遲恭單鞭奪槊》、《太和正音》作《敬德降唐》、《狀元堂陳母教子》。

清·支豐宜《曲目新編·元人雜劇》 《玉鏡臺》、《謝天香》、《望江亭》、《救風塵》、《金綫池》、《竇娥冤》、《蝴蝶夢》、《魯齋郎》，右八種關漢卿作。

清·姚燮《今樂考證·著録一·元雜劇》 關漢卿六十四種：《關張雙赴西蜀夢》、《董解元醉走柳絲亭》、《丙吉教子立宣帝》、《薄太后走馬救周勃》、《太常公主認先皇》、《曹太后死哭劉夫人》、《荒墳梅竹鬼團圓》、《風月狀元三負心》、《閨怨佳人拜月庭》臧氏《元曲選》目作《拜月亭》，錢氏《也是園藏書目》作《王瑞蘭私禱拜月亭》、《没興風雪瘸馬記》、《金銀交鈔三告狀》、《蘇氏進織錦回文》、《介休縣敬德降唐》一本作歸唐、《昇仙橋相如題柱》、《金谷園緑珠隊樓》、《漢匡衡鑿壁偷光》、《劉夫人書寫萬花堂》一作黄花峪、《吕蒙正風雪破窑記》有二本、《晏叔元風月鷓鴣天》、《錢大尹智寵謝天香》、《姑蘇臺范蠡進西施》、《開封府蕭王勘龍衣》、《杜蕊孃智賞金綫池》、《柳花亭李婉復落娼》、《望江亭中秋切鱠旦》、《甲馬營降生趙太祖》、《賢孝婦風雪雙駕車》、《雙提屍冤報汴河冤》、《老女婿金馬玉堂春》、《宋上皇御斷姻緣簿》、《崔玉簫擔水澆花旦》、《晉國公裴度還帶》《也是園目》作《山神廟裴度還帶》、《隋煬帝牽龍舟》、《風雪狄梁公》、《屈勘宣華妃》、《月落江梅怨》、《烟月舊風塵》《元曲選》作《趙盼兒風月救風塵》、《管寧割席》、《白衣相高鳳漂麥》、《孫康映雪》、《唐明皇哭香囊》、《唐太宗哭魏徵》、《温太真玉鏡臺》、《鄧夫人哭存孝》《也是園目》作《鄧夫人痛苦哭存孝》、《關大王單刀會》《也是園目》作《關大王獨赴單刀會》、《翠華妃對玉釵》《元曲選》作對玉梳，一本作對玉釧、《武則天肉醉王皇后》、《漢元帝哭昭君》、《劉夫人救啞子》、《劉盼盼鬧衡州》一作邢州、《吕無雙銅瓦記》瓦一作丸、《風流孔目春衫記》、《萱草堂玉簪記》、《楚雲公主酹江月》、《錢大尹鬼報緋衣夢》《也是園目》鬼報作智勘，《元曲選》目分《緋衣夢》與《鬼報錢大尹》爲二種，誤、《魯元公主三曔赦》、《醉孃子三撒嵌》、《詐妮子調風月》以上《録鬼簿》目、《劉夫人慶賞五侯宴》、《包待制三勘蝴蝶夢》、《感天動地竇娥冤》、《狀元郎陳母教子》以上四種，見《也是園書目》、《包待制智斬魯齋郎》《元曲選》。

清・王國維《曲録》卷二 《關張雙赴西蜀夢》、《董解元醉走柳絲亭》、《丙吉教子立宣帝》、《薄太后走馬救周勃》、《太常公主認先皇》、《曹太后死哭劉夫人》、《荒墳梅竹鬼團圓》、《劉夫人寫恨萬花堂》、《閨怨佳人拜月亭》《也是園書目》作《王瑞蘭私禱拜月亭》，《太和正音譜》亦作《拜月亭》即《幽閨記》，祖本、《吕蒙正風雪破窑記》、《風月狀元三負心》、《晏叔原風月鷓鴣天》、《没興風雪瘸馬記》、《錢大君智寵謝天香》《元曲選》本、《古名家雜劇》本、《金銀交鈔三告狀》、《姑蘇臺范蠡進西施》、《蘇氏造織錦回文》、《開封府蕭王勘龍衣》、《介休縣敬德降唐》、《杜蘂娘智賞金綫池》《元曲選》本、《古名家雜劇》本、《昇仙橋相如題柱》、《金谷園緑珠墜樓》、《漢匡衡鑿壁偷光》、《柳花亭李婉復落倡》、《風雪狄梁公》、《望江亭中秋切鱠旦》《元曲選》本、《元人雜劇選》本、《甲馬營降生趙太祖》、《賢孝婦風雪雙駕車》、《屈勘宣華妃》、《雙提屍冤報汴河冤》、《月落江梅怨》、《老女壻金馬玉堂春》、《煙月舊風塵》、《宋上皇御斷鴛鴦簿》、《管寧割席》、《崔玉簫擔水澆花》、《晉國公裴度還帶》、《隋煬帝牽龍舟》、《白衣相高鳳漂麥》、《唐明皇哭香囊》、《孫康映雪》、《唐太宗哭魏徵》、《鄧夫人哭存孝》、《關大王單刀會》、《温太真玉鏡臺》、《武則天肉醉王皇后》、《翠華妃封玉釵》、《漢元帝哭昭君》、《劉盼盼鬧衡州》、《劉夫人救啞子》、《吕無雙銅瓦記》、《風流孔目春衫記》、《萱草堂玉簪記》、《錢太尹鬼報緋衣夢》、《醉孃子三撒》、《楚雲公主酹江月》、《詐妮子調風月》、《魯元公主三曔赦》右五十八本見《録鬼簿》、《感天動地竇娥冤》、《包待制三勘蝴蝶夢》、《狀元堂陳母教子》右三本見《太和正音譜》《也是園書目》、《劉夫人慶賞五侯宴》右見《也是園書目》、《包待制智斬魯齋郎》、《姻緣簿》一本見《太和正音譜》，疑即《録鬼簿》之《宋上皇御斷兇央簿》，附録於此。右六十三種，元關漢卿撰。

藝文

明・賈仲明《凌波仙・補關漢卿吊詞》 珠璣語唾自然流，金玉詞源即便有，玲瓏肺腑天生就。風月情，忒慣熟。姓名香四大神物。驅梨園領袖，總編脩師首，捻雜劇班頭。

清・凌廷堪《論曲絶句》 時人解道漢卿詞，關馬新聲競一時。振鬣長鳴驚萬馬，雄才端合讓東籬。

清・楊芳燦《真率齋初稿》卷五《消夏偶檢填詞數十種，漫題斷句，仿元遺山論詩體》 沙羅檀槽唱北宮，詞場關馬足稱雄。豹頭鳳尾當時體，大有幽並俠士風。

雜録

元・陶宗儀《南村輟耕録》卷二三《嗓》 大名王和卿，滑稽挑達，傳播四方。中統初，燕市有一蝴蝶，其大異常。王賦〔醉中天〕小令云：掙破莊周夢，兩翅駕東風，三百處名園，一採一箇空。難道風流種，諕殺尋芳蜜蜂。輕輕的飛動，賣花人搧過橋東。由是其名益著。時有關漢卿者，亦高才風流人也。王常以譏謔加之，關雖極意還答，終不能勝。王忽坐逝，而鼻垂雙涕尺餘，人皆歎駭。關來吊唁，詢其由。或對云，此釋家所謂坐化也。復問鼻懸何物。又對云，此玉箸也。關云：我道你不識，不是玉箸，是嗓。咸發一笑。或戲關云，你被王和卿輕侮半世，死後方才還得一籌。凡六畜勞傷，則鼻中常流膿水，謂之嗓病。又愛訐人之短者，亦謂之嗓，故云爾。

明·蔣一葵《堯山堂外紀》 關漢卿嘗見一從嫁媵婢，作小令〔朝天子〕云：鬢鴉，臉霞，屈殺了將陪嫁。規模全是大人家，不在紅娘下。巧笑迎人，文談回話，真如解語花。若咱得他，倒了蒲桃架。

圖表

明（萬曆）顧曲齋刊《古雜劇》本《望江亭》插圖

又《玉鏡臺》插圖

又《金線池》插圖

又《緋衣夢》插圖

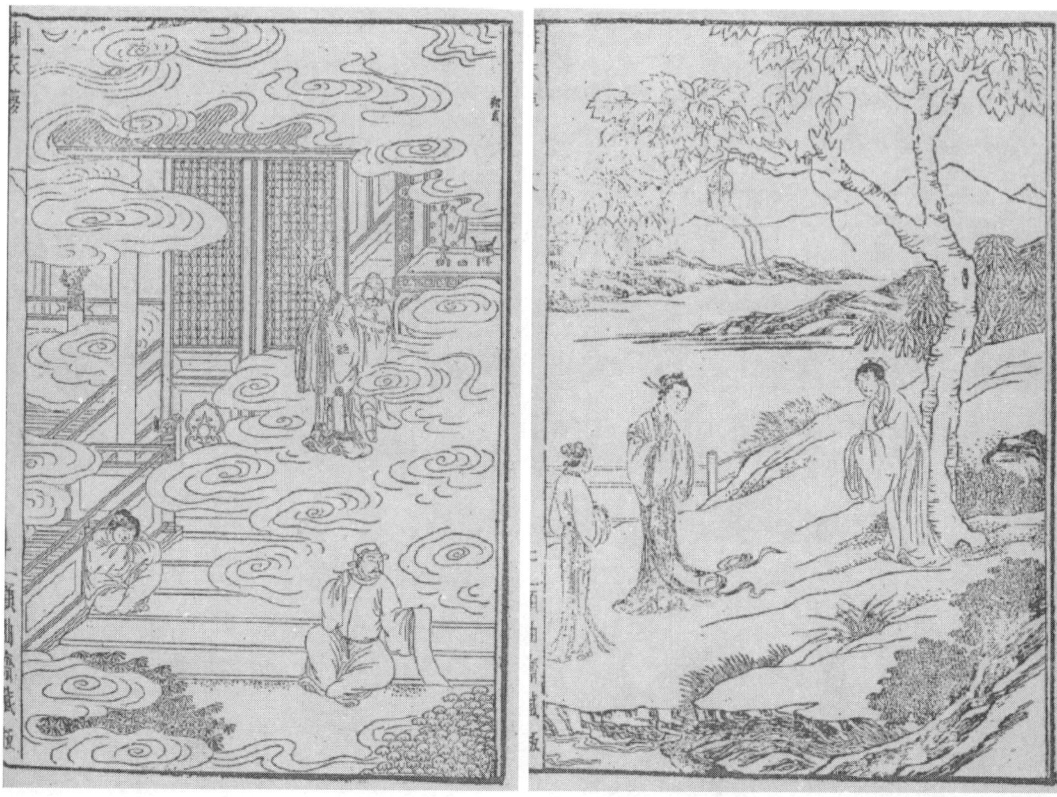

高文秀

論説

明・朱權《太和正音譜》卷上 高文秀之詞，如金瓶牡丹。

明・祁彪佳《遠山堂曲品・具品》《綈袍》：詞氣庸弱，失韻處不可指屈。何不取元人《誶范叔》劇、太史公《范雎傳》，合訂之爲善本。

傳記

元・鍾嗣成《録鬼簿》卷上 高文秀，東平府學生員，早卒。都下人號小漢卿。

紀事

清・佚名《曲海總目提要》卷一《雙獻功》 元高文秀撰。演孫榮、郭念兒、白衙内事。皆《水滸》所無。《水滸》七十二回目云《梁山泊雙獻頭》，則與李逵負荆事合，與此不符。而逵殺奸夫王小二及狄太公女，則所謂《黑旋風喬捉鬼》，亦與此劇關目迥異。劇或借此，因别有所指也。劇云：鄆城縣孔目孫榮與妻郭念兒，曾許泰安州神廟香願三年，欲往還願。時多盜賊，畏路難行。榮舊與宋江相識，因至梁山泊借一人防護。江下令，李逵願行。江令立軍狀，改姓名，易農家服，偕榮去。榮妻念兒與白衙内通奸，設計令衙内先往店相候，以眉兒鎮常紇皺，夫妻每醉了還依舊二語爲口號，欲乘榮不備，互聽口號，相率而逃。榮與逵同念兒行至店，留念兒于店，榮、逵往廟中，擇房爲念兒宿處。念兒遂與衙内逃，榮返知之，與逵追不及。榮急而訴之官，官即白也，下榮于獄。逵聞，念在山寨立狀保榮，不救榮，難以回寨。因僞爲榮義弟，入獄中送飲，陰置蒙汗藥於食物中，賺獄卒食。卒倒，脱榮，使先馳歸寨。逵又僞作祇候，以酒入衙内室，殺念兒及衙内，取其頭獻之山寨，故曰《雙獻功》也。

又《誶范叔》 元高文秀撰。大略與《綈袍》同，情節已詳載。此則名《須賈大夫誶范叔》，添出鄒衍，以作關目。魏公子申在齊，丞相魏齊使中大夫須賈貢齊，求放申歸，賈薦館客范雎字叔者同往。齊王喜兩國復歡好，歸申。令中大夫鄒衍於驛亭宴雎，賜以金帛，雎辭不受。賈亦至，衍重雎才，甚恭謹，而頗謾賈。賈疑雎以魏陰事告齊，然知其不受金，則又疑雎避嫌也。歸告魏、齊。值大雪會飲，擒雎拷訊。雎與辨，賈質之。剥衣痛笞，飼以糞草，遂悶絶，舁置廁中。睢復蘇，懇一蒼頭濯穢，蒼頭贈衣一襲，銀五兩，縱之遠遁。易姓名曰張禄，入秦，代穰侯爲相，召六國大夫入賀。賈入秦，適遇風雲，詣相府，不令見，車避檐下。睢忽至，如舊日狀，衣甚敝。賈疑睢入秦必得志，詢之，睢云：觀衣即知矣。賈云：范叔一寒如此。遂贈以綈袍，云欲見張君。睢云：與張君有舊，先入見，爾姑待之。賈詢諸僕，即張丞相也。賈惶悚甚，睢召諸大夫會宴，鄒衍在坐。賈入，負荆伏罪。睢謂衍曰：睢昔曾以魏陰事告齊耶。衍曰：無之。睢遂笞賈，亦飼以穢草，欲誅之，衆爲懇恕，蒼頭亦入懇，睢乃釋之。令歸獻魏齊頭來，賈唯唯而出。

著録

元·鍾嗣成《録鬼簿》卷上 高文秀：《黑旋風鬭鷄會》、《黑旋風詩酒麗春園》、《黑旋風窮風月》、《黑旋風大鬧牡丹園》、《黑旋風喬教學》、《黑旋風敷演劉耍和》、《黑旋風雙獻頭》、《老郎君養子不及父》、《病樊噲打呂胥》、《黑旋風借屍還魂》、《劉先主襄陽會》、《禹王廟霸王舉鼎》、《窮秀才雙棄瓢》、《忠義士班超投筆》、《五鳳樓潘安擲果》、《須賈誶范睢》、《烟月門神訴冤》、《好酒趙元遇上皇》、《周瑜謁魯肅》、《木叉行者鎖水母》、《伍子胥棄子走樊城》、《豹子尚書謊秀才》、《豹子秀才不當差》、《太液池兒女並頭蓮》、《豹子令史干請俸》、《風月害夫人》、《相府門廉頗負荆》、《鄭元和風雪打瓦罐》、《御史臺趙堯辭金》、《醉秀才戒酒論杜康》、《志公和尚開啞禪》、《宣帝問張敞畫眉》。

清·佚名《曲海總目提要》 高文秀，東平人。所作雜劇，今存《雙獻功》、《誶范叔》、《襄陽會》、《遇上皇》等四種。

清·黄丕烈《也是園藏書·古今雜劇目録》 元高文秀：《須賈誶范睢》、《雙獻頭武松大報讐》、《保成公徑赴澠池會》、《好酒趙元遇上皇》、《劉玄德獨赴襄陽會》

清·支豐宜《曲目新編·元人雜劇》 《雙獻功》，高文秀作。

清·姚燮《今樂考證·著録一·元雜劇》 高文秀三十三種：《黑旋風詩酒麗春園》、《黑旋風大鬧牡丹園》、《黑旋風敷演劉耍和》、《老郎君養子不及父》、《黑旋風鬭雞會》、《黑旋風窮風月》、《黑旋風喬放學》、《黑旋風雙獻頭》、《黑旋風借屍還魂》、《禹王廟霸王舉鼎》、《忠義士班超投筆》、《五鳳樓潘安擲果》、《好酒趙元遇上皇》、《木叉行者鎖水母》、《豹子令史干請俸》、《豹子秀才不當差》、《窮秀才雙棄瓢》、《病樊噲打呂胥》、《豹子尚書慌秀才》、《劉先主襄陽會》、《烟月門神訴冤》、《須賈誶范睢》、《周瑜謁魯肅》、《風月害夫人》、《伍子胥棄子走樊城》、《太液池兒女並頭蓮》、《鄭元和風雪打瓦罐》、《醉秀才戒酒論杜康》、《相府門廉頗負荆》、《御史臺趙充辭金》、《志公和尚開啞禪》、《宣帝問張敞畫眉》、《保成公竟赴澠池會》。

清·王國維《曲録》卷二 《黑旋風鬭雞會》、《黑旋風詩酒麗春園》、《黑旋風窮風月》、《黑旋風大鬧牡丹園》、《黑旋風喬教學》、《黑旋風敷衍劉耍和》、《黑旋風雙獻頭》、《老郎君養子不及父》、《病樊噲打呂胥》、《黑旋風借尸還魂》、《劉先主襄陽會》、《禹王廟霸王舉鼎》、《窮秀才雙弃瓢》、《忠義士班超投筆》、《煙月門神訴冤》、《五鳳樓潘安擲果》、《須賈誶范睢》、《好酒趙元遇上皇》、《周瑜謁魯肅》、《木義行者鎖水母》、《伍子胥弃子走樊城》、《豹子尚書謊秀才》、《豹子秀才不當差》、《豹子令史自請俸》、《太液池兒女並頭蓮》、《風月害夫人》、《相府門廉頗負荆》、《鄭元和風雪打瓦罐》、《御史臺趙堯辭金》、《醉秀才戒酒論杜康》、《志公和尚開啞禪》、《宣帝問張敞畫眉》右三十二本見《録鬼簿》、《雙獻頭武松大報讐》、《保成公竟赴澠池會》右二本見《也是園書目》右三十四種元高文秀撰。

藝文

明·賈仲明《凌波仙·補高文秀吊詞》 花營錦陣統干戈，謝館秦樓列舞歌。詩壇酒社閒談嗑，編敷演、劉耍和。早年六十不登科，除漢卿一個，將前賢疏駁，比諸公，么末極多。

鄭廷玉

論說

明・祁彪佳《遠山堂曲品・艷品》　《靈寶符》：予向閲元人《看錢奴》、《來生債》二劇，喟然異之曰：是可以砭錢虜矣。乃摭爲傳，寄示伯彭，不一月而新聲遂爾繞梁，北詞之雄，南詞之婉，兼極其致。

傳記

元・鍾嗣成《録鬼簿》卷上　鄭廷玉，彰德人。

紀事

清・佚名《曲海總目提要》卷一《楚昭公》　元鄭廷玉撰。鄭廷玉，彰德人，所作雜劇，今存《楚昭公》、《後庭花》、《忍字記》、《看錢奴》、《金鳳釵》等五種。劇中吴楚事，詳見《伍員吹簫》及《浣紗記》。此則重在申包胥乞師復楚。所演關目，有實有虚。按《左傳》，伍員與申包胥友，其亡也，謂包胥曰：我必覆楚。申包胥曰：勉之，子能覆之，我必能興之。及昭王在隨，申包胥如秦乞師曰：吴爲封豕長蛇，以薦食上國，虐始於楚。寡君失守社稷，越在草莽，使下臣告急。秦伯使辭曰：寡人聞命矣，子姑就館。對曰：寡君越在草莽，未獲所伏，下臣何敢即安。立依於庭牆而哭，日夜不絶聲，勺飲不入口七日。秦哀公爲之賦《無衣》，九頓首而坐，秦師乃出。魯定公五年六月，申包胥以秦師至，敗吴師，楚子入於郢。劇云：吴有寶劍，曰魚腸、純鈞、湛盧，伐越所得，吴王常珍之。按《吴越春秋》，歐冶子作名劍五，一曰純鈞，二曰湛盧，三曰豪曹，四曰魚腸，五曰巨闕。又《蜀志》薛燭曰：造此劍時，赤堇山破出錫，若耶溪出銅，雖城量金珠，猶不可得湛盧飛入楚，吴索諸楚，楚不與，吴遂興師。傳曰：伍員爲行人以謀楚，伯州犂之孫嚭爲吴太宰以謀楚。楚自昭王即位，無歲不有吴師。蔡侯因之。定公四年冬，蔡侯以吴子，及楚人戰于柏舉，楚師敗績。劇稱求劍事不實。以孫武爲軍師，伍員爲元帥，軍師、元帥，時無此名。將兵四十萬伐楚。申包胥勸昭公堅守不戰，已則往秦乞師。昭公使費無忌率師拒吴，無忌與員戰敗，被擒。傳序左司馬戌與子常分師抗吴，史皇説子常速戰，吴師大敗之，子常奔鄭，無被擒事。劇叙戰事亦不詳。吴師入郢，楚昭公與其弟坐旋，及夫人公子出奔。渡江遭大風，舟人以舟小不能盡載，請棄一人。坐旋欲下，昭公曰：疏者下。謂妻之親不敵弟也，夫人投于江。風愈大，舟人復請棄一人，旋又欲下，昭公曰：疏者下。攬旋袂曰：子之親亦不敵弟也。公子復投於江，乃行濟岸。兄弟各投他國。按傳，吴破郢，楚子取其妹季羋畀我以出，涉睢，鍼尹固與王同舟，王使執燧象以奔吴師，楚子涉睢濟江，入於雲中。王寢，盗攻之，以戈擊王，王孫由于以背受之，中肩。王奔鄖，鍾建負季羋以從。則從王奔者乃妹季羋，無所謂弟坐旋也。劇特假女弟爲王弟耳。申包胥至秦乞師，秦昭公不允。傳載哀公，非昭公也。包胥止驛亭中，依牆而哭，七晝夜不絶。秦君臣感動，乃命姬輦將兵十萬，同包胥救楚。傳載子蒲、子虎帥五百乘以救楚，此云姬輦，失考。吴師退，昭公復入郢，坐旋亦歸。夫人、公子之投於江也，江神以其賢孝，救入蘆葦中，投申屠氏。申屠氏知爲貴人，奉養半年，至是聞楚復，皆來歸。於是兄弟夫婦父子皆得合。賞申包胥，與秦結婚姻，永爲唇齒。傳曰：楚子入於郢，賞申包胥，曰：吾爲君也，非爲身也。君即定矣，又何求。遂逃賞。王將嫁季羋，季羋辭曰：所以爲女子，遠丈夫也。鍾建負我矣。以妻鍾建，以爲樂尹。劇中事雖不盡實，然申包胥之志，楚昭王之友愛，夫人、公子之賢孝，皆足以勸世也。楚僭稱王，劇稱公，遵經也。然吴則稱王，又不可解。

又《後庭花》　元鄭廷玉作。劉天義與翠鸞唱和《後庭花》詞，故以爲名。後人增改作《桃符記》。按《妒記》載，唐兵部尚書任瓌，賜二女，妻爛具髮禿，太宗賜金瓶酒，云飲之立死，不護不須飲。柳氏拜敕曰：誠不如死。乞飲盡。太宗謂瓌曰：人不畏死，卿其奈何。二女别宅安置。劇云：趙廉訪妻妒欽賜之女，蓋影借其事。略云：廉訪使趙忠《桃符》作傳忠，妻張氏無子《桃符》作雲氏，欽賜一女翠鸞爲侍婢《桃符》作裴青鸞，與母劉氏偕。張密令僕王慶殺之。慶謀於祇候李順《桃符》作賈順，順嗜酒，其妻張舊與慶私，有子福童，幼而啞。慶告張以翠鸞事，張設計使順縱鸞，使慶詰順，因逼順休妻嫁慶。順强從之，而有怨詞。慶聞，殺順投井中，遂據順妻。翠鸞母子逃出，巡卒衝散，鸞投獅子店，爲店小二擊殺，以桃符插髻沉諸井。秀才劉天義《桃符》作天儀，應舉宿店，與鸞倡和《後庭花詞》。鸞母叩門相索，女忽不見。見詞，以天義匿其女，執送府包拯。而趙廉訪亦疑翠鸞事，以慶送尹。拯因井底蛙句窮治李順。井中得屍，啞童證是其父，乃定王慶、張氏罪。天義宿店中，得桃符，於小二井中獲鸞。乃定小二罪，而天義得釋。皆與《桃符》相合。惟獅子店、黄公店小異。劉裴團圓，亦與此異。

又《忍字記》 元鄭廷玉撰。考無生法忍，出《大藏般若經》，則忍字本釋典要旨。略云：靈山會上第十三尊羅漢，聽佛講經，凡心忽動，罰往下方，投胎於汴梁劉氏，曰劉均佐。佛恐其迷卻正道，囑彌勒尊佛，化爲布袋和尚，點化證果。均佐爲汴梁第一富户，妻曰王氏，子曰佛留，女曰僧奴。而均佐慳吝苦克，以錢爲命。一日大雪中，見有凍人，不覺惻然動念，以酒灌醒。問其里居姓氏，據云洛陽人，姓劉名均佑。均佐以其姓名與己相似，留之家，結爲兄弟。均佐生日，均佑方爲置酒，門首一胖和尚負布袋，大笑大呼曰：劉均佐看財奴供我一齋，當以大乘佛法傳爾。且索紙書佛法，均佐吝紙，伸手掌與之書。遂書一忍字。頃之，和尚忽不見，均佐呼水洗手，愈洗而字愈明，以手巾拭之，滿巾皆忍字，方大怪異。俄有乞者劉九兒，亦呼均佐名而索錢，謂均佐負錢也，均佐不能忍，舉手推九兒，九兒立殞。均佐窘甚，欲自首於官，而布袋和尚忽至，責均佐不忍。爲救九兒甦，而勸均佐出家，均佐辭未能，願即所居屋後結庵修持，以妻子産業托均佑。居久之，其子佛留來告其母與均佑同坐而飲，均佐復不能忍，持刀排闥，欲殺妻與均佑。至則不見均佑，而刀柄有忍字。復見和尚云：劉均佐須忍著也。於是再勸均佐，休妻棄子女出家。均佐强從之，和尚引至嶽林寺，命其徒定慧爲師，教之參禪念佛，以忍爲上。均佐方打坐，忽憶其家貲萬貫，不知若何，慧師訶之。稍間，均佐復憶其妻之美，又憶其子女之嬌，屢爲慧所訶。俄而均佐夢與其妻相見叙綢繆，見其妻手中有忍字，見子若女額上皆有忍字，俄而似夢非夢。又見布袋和尚率其妻子繞場而走，遂疑和尚之賺己出家，而奄有其妻子也，更不能忍。辭慧還鄉。過祖塋小憩，見一人年可八十餘，呵均佐曰：至我墓，何所爲。均佐謂：此我家墓也，何反被呵。細詰之，則此人乃是均佐之孫，去均佐出家時百十餘年矣。其妻與子女，皆已入土。旁設虚墓，爲均佐也。均佐乃大悟浮生之幻。而布袋和尚亦至，告以前世乃賓頭盧尊者，妻王氏爲驪山老母，子爲金童，女爲玉女，已爲彌勒尊佛。恐汝墮落，而來度脱也。遂各念佛而去。【略】特其所撰，足以破除鄙吝，警醒癡愚，不可謂無補於世耳。

又《看錢奴》 元鄭廷玉撰。近時有《狀元旗》，大略本此。《漢書·五行志》：客謂鄧彪曰：終不如臨沮鄧生，爲守錢奴。又馬援曰：凡多財貴能賑施，否則守錢奴耳。蓋以頌昆弟故舊。作者蓋本此意，以勸世也。其事則見小説，又與周讎借車子財事相同。按《搜神記》曰：有周讎者，家貧。天帝問司命曰：此可富乎。司命曰：命當貧。有車子財可借之。期曰：車子生，急還之。後稍富，夫婦輦其財以逃。因寄宿車下，夜生子名車子，從是貧困。劇名周榮祖，蓋指此也。其略云：曹州秀才周榮祖者，世富，祖周奉記，敬重釋門，曾蓋佛院一所，爲薰修之地。其父爲修理宅舍，需木石，毁之，旋得疾而亡，人皆以爲不信三寶之故。《太平廣記》載李虚還魂事云：唐開元十五年，有敕，天下佛堂小者并坼，大者封閉，不信之徒，望風毁坼。新息令李虚，嗜酒倔强，方醉而州符至，限三日報。虚怒，約胥界内毁坼者死，于是一界并全。虚病死三日而蘇曰：初爲兩卒拘至王前，未見王，見典吏曰：長官平生嗜殺害，今當受報，若何。虚懼請救，吏曰：去歲坼佛堂，長官界内獨全，此功德彌大。少間王問，更勿多言，但以此對。虚見王索善惡簿，即有人持一通案至，大合抱，吏讀曰：專好割羊脚，合割其身肉百斤。虚曰：去歲坼佛堂，界内獨存，此可折罪否。王驚曰：審有此否。速檢福簿。吏至天堂檢得，惟一紙，讀曰：去歲坼毁佛堂，新息一境獨全，合折一生中罪，延年三十，仍生善道。言畢，罪簿軸中火出，焚燒之盡。王曰：送李明府歸。仍敕兩吏推之，遂得蘇。觀此，則以毁佛院致災，洵有之也。後榮祖學成，欲應舉，以祖遺金悉藏地窖中，率妻及子長壽偕行。有打牆人賈仁者，不勝窮苦，至東嶽廟中，訴於廟神靈派侯，求小富貴。侯問之增福神，核其籍應餓死。會聖帝有旨，以曹州周家世積陰功，宜享福報。而榮祖之父一念差池，子孫合受折罰。今以其家藏金，暫借與仁，期以二十年後還本主。仁於夢中受命，醒而爲人打牆，果於牆下忽得藏金，遂致富。然慳吝異常，一錢不輕出，其目奉之薄，無異打牆時也。榮祖赴舉不第，歸求藏金于故處，不復見。復投烟故，皆不遇。流落不堪，過賈仁門，見其門客陳德甫，知仁無子，欲求他人子爲義兒。乃鬻其子長壽于仁，仁又吝，不肯多出錢。德甫支己俸錢，并給榮祖。越二十年，賈仁死，長壽盡有其業。至岳廟燒香，與榮祖遇。相離已久，兩不相識，夢神告之，不悟。越明，榮祖之婦患心痛，至藥鋪中求藥。而藥鋪主人，陳德甫也，引與長壽相見，爲道其詳，于是厚酬德甫，父子重合。檢其鏹上，有奉記字云。

著録

元・鍾嗣成《録鬼簿》卷上 鄭廷玉：《楚昭王疏者下船》、《宋上皇禦斷金鳳釵》、《齊景公驅馬奔陣》、《包待制智勘後庭花》、《采石渡漁父辭劍》、《吹簫女悔教鳳凰兒》、《冷臉劉斌料到底》、《尉遲公鞭打李道煥》、《布袋和尚忍字記》、《子父夢秋夜欒城驛》、《孟縣宰因禍致福》、《賣兒女没興王公綽》、《風月郎君雙教化》、《一百二十行販揚州》、《冤報冤貧兒乍富》、《看錢奴冤家債主》、《曹伯明復勘贓》、《漢高祖哭韓信》、《風月七真堂》、《蕭丞相復勘贓》、《孫恪遇猿》、《孟姜女送寒衣》、《奴殺主因禍折福》。

清・黄丕烈《也是園藏書・古今雜劇目録》 元鄭廷玉：《宋上皇御斷金鳳釵》、《布袋和尚忍字記》、《楚昭公疎者下船》、《看財奴買冤家債主》、《包龍圖智勘後庭花》、《斷冤家債主》。

清・支豐宜《曲目新編・元人雜劇》 《楚昭公》、《後庭花》、《忍字記》。右三種鄭廷玉作。

清・姚燮《今樂考證・著録一・元雜劇》 鄭廷玉二十三種：《楚昭王疎者下船》、《齊景公驅馬奔陣》、《采石渡漁父辭劍》、《冷臉劉斌料到底》、《布袋和尚忍字記》、《孟縣宰因禍致福》、《風月郎君雙教化》、《冤報冤貧兒乍富》、《宋上皇御斷金鳳釵》、《包待制智勘後庭花》、《吹簫女悔教鳳皇兒》、《尉遲公鞭打李道煥》、《子父夢秋夜欒城驛》、《賣兒女没興王公綽》、《一百二十行販揚州》、《看錢奴冤家債主》、《奴殺主因禍折福》、《曹伯明復勘贓》、《漢高祖哭韓信》、《蕭丞相復勘贓》、《孟姜女送寒衣》、《風月七真堂》、《孫恪遇猿》。

清・王國維《曲録》卷二 《楚昭王疎者下船》、《宋上皇御斷鳳皇釵》、《齊景公驅馬奔陣》、《包待制智勘後庭花》、《采石渡漁父辭劍》、《吹簫女悔教鳳皇兒》、《冷臉劉斌料到底》、《尉遲公鞭打李道煥》、《布袋和尚忍字記》、《子父夢秋夜欒城驛》、《孟縣宰因禍致福》、《賣兒女没興王公綽》、《風月郎君雙教化》、《一百二十行販揚州》、《冤報冤貧兒乍富》、《看錢奴買冤家債主》、《曹伯明復勘贓》、《漢高祖哭韓信》、《風月七真堂》、《蕭丞相復勘贓》、《孫恪遇猿》、《孟姜女送寒衣》、《奴殺主因禍折福》二十三本見《録鬼簿》、《崔府君斷冤家債主》《元曲選》題元無名氏撰，今從《也是園書目》定爲廷玉撰。右二十四本元鄭廷玉撰。

藝文

明・賈仲明《凌波仙・補鄭廷玉吊詞》 《金鳳釵》、《打李煥》、《後庭花》，《忍字記》、《欒城驛》、《雙教化》，《鳳凰兒》、《料到底》，偷閑暇。《因禍致福》關目冷，《貶揚州》、《債主冤家》。《漁父辭劍》才情壯，《孫恪遇猿》節脈佳，《疎者下船》安頓精華。

白樸

論說

綜論

元·王博文《天籟集序》 樂府始于漢，著于唐，盛于宋。大概以情志爲主。秦、晁、賀、晏，雖得其體，然哇淫靡曼之聲勝。東坡、稼軒矯之以雄詞英氣，天下之趨向始明。近時元遺山每遊戲于此，掇古詩之精英，備諸家之體制，而以林下風度消融其膏粉之氣。白樞判寓齋序云：裕之法度最備。誠爲確論。宜其獨步當代，光前人而冠來者也。元、白爲中州世契，兩家子弟，每舉長慶故事，以詩文相往來。太素即寓齋仲子，于遺山爲通家侄。甫七歲，遭壬辰之難，寓齋以事遠適。明年春，京城變，遺山遂挈以北渡。自是不茹葷血，人問其故，曰：俟見吾親則如初。嘗罹疫，遺山晝夜抱持，凡六日，竟于臂上得汗而愈，蓋視親子弟不啻過之。既讀書，穎悟異常兒，日親炙遺山，謦欬談笑，悉能默記。數年，寓齋北歸。以詩謝遺山云：顧我真成喪家狗，賴君曾護落巢兒。居無何，父子卜築于滹陽。律賦爲專門之學，而太素有能聲，號後進之翹楚者。遺山每過之，必問爲學次第。嘗贈之詩曰：元白通家舊，諸郎獨汝賢。未幾增長見聞，學問博覽。然自幼經喪亂，蒼皇失母，便有山川滿目之嘆。逮亡國，恒鬱鬱不樂，以故放浪形骸，期于適意。中統初，開府史公將以所業力薦之于朝，再三遜謝，棲遲衡門，視榮利蔑如也。太素與予三十年之舊，曩會于江東，嘗與予言：作詩不及唐人，未可輕言詩。平生留意于長短句，散失之餘，僅二百篇，顧吾子序之。讀之數過，辭語遒嚴，情寄高遠，音節協和，輕重穩愜。凡當歌對酒，感事興懷，皆自肺腑流出，予因以《天籟》名之。噫，遺山之後，樂府名家者何人，殘膏剩馥，化爲神奇，亦于太素集中見之矣。然則繼遺山者不太素而奚屬哉。知音者覽其所作，然後知余言之下爲過。

元·周德清《中原音韻·自序》 樂府之盛，之備，之難，莫如今時。【略】其備，則關、鄭、白、馬，一新製作，韻共守自然之音，字能通天下之語，字暢語俊，韻促音調。觀其所述，曰忠曰孝，有補於世。

元·楊維楨《沈氏今樂府·序》 今樂府者，文墨之士之遊也。然而媟雅邪正，豪俊鄙野，則亦隨其人品而得之。【略】馬、白，皆一代詞伯，皆不能不遊於是。雖依比聲調，而其格力雄渾正大，有足傳者。

明·孫大雅《天籟集後叙》 余惟先生詞章翰墨，揮灑奮迅，出于天才。既以得名當時，板行于世，余又何足以輕重哉。然有不可以不一言者，先生出處大節，微而婉，曲而肆，庸人孺子所不能識，非志和、龜蒙、林君復往而不返之儔可同日語，故序以著其出處之大較云。

明·朱權《太和正音譜》卷上 古今群英樂府格勢：白仁甫之詞，如鵬摶九霄。風骨磊魄，詞源滂沛。若大鵬之起北溟，奮翼凌乎九霄，有一舉萬里之志，宜冠於首。

明·陳霆《渚山堂詞話》卷三 吊白太素詞：酒邊爲賦《酹江月》一詞吊之。【略】吊詞云：滑稽玩世，知胸藏多少，春花秋月。天籟有詞人有像，還是遺山風格。松下巢由，竹間逸少，氣韻真高潔。坐談抵掌，溪山等是詩訣。　見説多景樓前，鳳凰臺上，醉帽風吹裂。千古英豪消歇盡，江水至今悲咽。九死投荒，三年坐困，一樣成愁絶。寄聲知否，酒盃當酹松雪。凡白之大略，詞頗該之。

明·何良俊《四友齋叢説》卷三七 元人樂府，稱馬東籬、鄭德輝、關漢卿、白仁甫爲四大家。【略】白頗簡澹，所欠者俊語。

清·朱彝尊《天籟集跋》 蘭谷詞源出蘇、辛，而絶無叫囂之氣，自是名家。元人擅此者少，當與張蛻庵稱雙美，可與知音道也。

清·戴名世《天籟集序》 詩餘莫盛于元，而仁甫所作，尤稱雋妙。【略】至于仁甫詩賦之雋妙，則當元時已有稱爲如鵬摶九霄，而今詞家所共宗仰者也，故不著。

清·紀昀《四庫全書總目》卷一九九 《天籟集》二卷。【略】樸詞清雋婉逸，意愜韻諧，可與張炎玉田詞相匹。惟以製曲掩其詞名，故沈晦者越數百年，詞家選本遂均不載其姓字。朱彝尊輯《詞綜》時，亦尚未見其本，書成之後乃得之。書雖晚出，而倚聲家未有疑其僞者，蓋其詞采氣韻皆非後人之所能，固一望而知爲宋元人語矣。

清・王鵬運《天籟集跋》 仁甫詞洵如《提要》所云清儁婉逸，調適韻諧，足與張玉田相匹。乃沈晦越數百年，始得竹垞、希洛之表襮，而別集孤行，流傳絶鮮。

清・王國維《人間詞話刪稿》 白仁甫《秋夜梧桐雨》劇，沉雄悲壯，爲元曲冠冕。然所作《天籟詞》，粗淺之甚，不足爲稼軒奴隸。豈創者易工，而因者難巧歟。抑各有能有下能也。讀者觀歐、秦之詩遠不如詞，足透此中消息。

又 言氣質，言神韻，不如言境界。有境界，本也；氣質、神韻，末也，有境界而二者隨之矣。西風吹渭水，落葉滿長安，美成以之入詞，白仁甫以之入曲，此借古人之境界爲我之境界者也。然非自有境界，古人亦不爲我用。

分論

明・李開先《詞謔・詞套・二九》 《梧桐雨》中《中吕》，白仁甫所製也，亦甚合調。但其間有數字誤入先天、桓歡、監減等韻，悉爲改之。

明・閔遇五《蘇小小月夜錢塘夢跋》 錢塘、博陵，風馬牛也，何緣埋玉于此。君亦渡南耶，不知昔人何以置諸《會真》後也。以其筆機流動，墨花真艷，姑仍存之。既已夢幻，豈容思議。

清・梁廷枏《曲話》卷二 元人每作傷春語，必極情極態而出。白仁甫《牆頭馬上》云：誰管我衾單枕獨數更長。則這半牀錦褥枉呼做鴛鴦被。流落的男遊別郡，躭閣的女怨深閨。偶爾思春，出語那便如許淺露。況此時尚未兩相期遇，不過春情偶動相思之意，并未實着誰人，則男遊別郡語，究竟一無所指。至云：休道是轉星眸上下窺，恨不的倚香腮左右偎，便錦被翻紅浪，羅裙作地席。既待要暗偷期，咱先有意。愛別人，可捨了自己。此時四目相覷，閨女子公然作此種語，更屬無狀。大抵如此等類，確爲元曲通病，不能止摘一人一曲而索其瑕也。又：其《鵲踏枝》一曲云：怎肯道負花期，惜芳菲，粉悴胭憔也緑暗紅稀。九十春光如過隙，怕春歸又早春歸。如此，則情在意中，意在言外，含蓄不盡，斯爲妙諦。惜其全篇不稱也。

傳記

元・鍾嗣成《録鬼簿》卷上 白仁甫，文舉之子。名樸。真定人，號蘭谷先生。贈嘉議大夫、太常禮儀院卿。

明・孫大雅《天籟集叙》 謹按：先生諱樸，字仁甫，後改字太素，姓白氏，號蘭谷。金季寓齋先生樞密院判之子也。寓齋先生三子，先生其仲子也。先生生長兵間，流離竄逐，父子相失，遂鞠于元遺山先生所。遺山教之成人，始歸其家。先生少有志天下，已而事乃大謬。顧其先爲金世臣，既不欲高蹈遠引以抗其節，又不欲使爵禄以干其身。于是屈己降志，玩世滑稽，徙家金陵，從諸遺老放情山水間，日以詩酒優遊，用示雅志以忘天下。詩詞篇翰，在在有之。

明・陳霆《渚山堂詞話》卷三 太素號蘭谷，趙之真定人，故金世家也。生長兵間，流落竄逸，父子相失，遂鞠於父執元遺山所。元公教之讀書，既長，問學宏博，後以詩詞顯。金亡，恒鬱鬱不樂，遂不復求仕。以詩酒自放于山水間。

清（乾隆）《江南通志》卷六九 字仁甫，六安人。少隨父樞判真定，遭元兵，父子相失，自是不茹葷酒。人問其故，曰：俟見吾親乃下咽耳。宋亡不仕。所著有《朝野新聲》、《太和正韻》、《天籟集》。

清（乾隆）《正定府志》卷五〇 《雕邱雜録》云：元人鍾嗣成《録鬼簿》載有傳奇行於世者，白仁甫號蘭谷，李文蔚、侯正卿號艮齋先生，尚仲賢、戴善甫、江澤民俱正定人，才學之士也。今郡邑無傳焉。記之以俟考。

紀事

元・夏庭芝《青樓集》 天然秀，姓高氏，行第二，人以小二姐呼之。

母劉，嘗侍史開府。高丰神靚雅，殊有林下風致，才藝度越流輩。閨怨雜劇，爲當時第一手。花旦、駕頭、亦臻其妙。始嫁行院王元俏，王死，再嫁焦太素治中。焦後没，復落樂部，人咸以國香深惜。然尚高潔凝重，尤爲白仁甫、李溉之所愛賞云。

清・佚名《曲海總目提要》卷一《梧桐雨》 元白仁甫撰。采白居易《長恨歌》中秋雨梧桐葉落時句，以爲標目也。略云：張守珪爲幽州節度使，裨將安禄山失機當斬，惜其驍勇，械送至京。丞相張九齡請誅之，明皇不從，召見授以官。時貴妃方寵幸，命以禄山爲義子，賜洗兒錢。後與楊國忠不叶，出爲范陽節度使。七月七日，妃陪上宴於長生殿，賜金釵鈿盒。酒酣，感牛女事，對星而盟，願生生世世爲夫婦。天寶十四載，方食荔枝，禄山反報至。倉皇幸蜀，次馬嵬驛，軍嘩不行，龍武將軍陳元禮請誅楊國忠。既誅，軍嘩不止，元禮復以貴妃爲請。明皇不得已，令高力士引至佛堂中自盡，六軍始行。肅宗收京，上皇居西宮，懸貴妃像於宮中，朝夕相對。一夕，夢與妃相見，而爲梧桐雨驚醒。追思往事，怨梧桐不置云。前後皆據正史及他傳記，不妄按：《太真外傳》及《長恨歌傳》、《開元天寶遺事》、《明皇十七事》，諸所載太真事甚詳，此特十之二三耳。曲終言畫像入夢，則本之《元虚子》所志道士王舟事也。志云：太真生而有玉環在臂，環上墳起，故小字玉環。馬嵬變後，明皇朝夕思維，道士王舟以少君術求見，上極寵待。舟出袖中筆墨，索細黄絹誦咒呵筆，畫一女人，僅類人形。使上齋戒懷之，想其平日，三日夜不懈。舟曰：得之矣。上出像觀之，乃真貴妃面貌也。上喜甚，舟曰：未也。請具五色帳，結壇壁而供之。索十五六聰慧端正之女二十四人，齊聲歌子建《步虚詞》。復焚符誦咒，吸烟呵像上。次命諸女如方呵之。至昏時，請上自秉燭入帳中。先是舟以五色石示上，謂之衡遥，以少許研極細，和以諸藥，令作燭，外畫五色花，謂之還形燭。上既入，舟命侍者出，反閉金扉，以葳蕤鎖鎖之。于是太真在帳中，見上泣曰：以天下之主，不能庇一弱女，何面顔復見妾乎。沉香亭下月中之誓何在也。上亦淚下，言馬嵬之變，出於不意。言甚多，太真意稍釋，與上曲盡綢繆，勝於平日。脱臂上玉環内上臂。天未明，舟曰：宜别矣。上出帳，回視不復見，惟玉環宛然在臂。舟具言太真所以屍解，今見爲某洞仙甚悉。説與《長恨歌》異。存之備考。

又《牆頭馬上》 元白仁甫撰。全係北曲，明時有人改作南曲，南戲有《裴少俊牆頭馬上》，見《南詞叙録》。增飾成劇，情節亦稍添，而名不改。按此劇，蓋因白居易樂府有牆頭馬上句而作。居易雖作此詩，未必果有實事，即有實事，亦未指出姓名。仁甫以居易乃中唐人，則所咏之事當在其前，故以裴行儉子當之，非其真也。彼時有拜住于馬上見秋千會事，當已流傳，疑暗指此。然拜住以正合，非少俊比也。稗史又有《青梅歌》，言室女金英，閑步後園，因戲青梅，竊見牆外俊士，騎馬經過。彼此相顧，女背其親相從。及後相棄，悔恨無及，乃作《青梅歌》以自解。此與仁甫所撰恰合。仁甫所撰女詩，亦有手捻青梅句。但金英之説，未知確否。其《青梅歌》即居易樂府，或此女誦居易之作，而人誤以爲女詩，未可知也。李白詩：妾髮初覆額，折花門前劇。郎騎竹馬來，繞床弄青梅。同居長干里，兩小無嫌猜。十四爲君婦，羞顔未嘗開。此詞人作男女慕悦事，用青梅之根也。白居易《長慶集》内有新題樂府，其《井底引銀瓶詩》，小序云：止淫奔也。詩云：井底引銀瓶，銀瓶欲上絲繩絶。石上磨玉簪，玉簪欲成中央絶。瓶墜簪折兩若何。似妾今朝與君别。劇中磨簪汲瓶，逼子寫休書逐女，即此。憶昔在家爲女時，人言舉止有殊姿。嬋娟兩鬢秋蟬翼，宛轉蛾眉繞山色。笑隨戲伴後園中，此時與君未相識。君騎白馬傍垂楊，妾折青梅倚短牆。牆頭馬上遥相顧，一見知君即斷腸。爲君斷腸共君語，君指南山松柏樹。感君松柏化爲心，暗合雙鬟逐君去此劇中之正面也。去到君家五六年，君家大人頻有言。聘則爲妻奔則妾，不堪主祀奉蘋蘩。劇云女至裴宅七年，與此詩相彷彿。又裴尚書云：聘則爲妻，奔則爲妾。是引此語。終知君家不可住，其奈出門無去處。豈無父母在高堂亦有親情滿故鄉。潛來竟不通消息，此日悲羞歸不得。感君一日恩，誤妾百年身。寄言癡小人家女，慎勿將身輕許人。劇云：裴尚書行儉，子少俊，奉高宗命，往洛陽買花栽子。嘗過洛陽總管李世傑園，馬上見其女千金，霧鬢雲鬟，冰肌玉骨，作詩投入云：只疑身在武陵遊，流水桃花隔岸羞。咫尺劉郎腸已斷，爲誰含笑倚牆頭。女答詩云：深閨拘束暫閑遊，手捻青梅半掩羞。莫負後園今夜約，月移初上柳梢頭。少俊遂于牆頭跳入。爲千金乳媪所知，密令二人遁去。至長安，不告父母，匿于後花園七年。生子端端，六歲；女重陽，四歲。清明祭奠，裴夫人柳氏，率少俊同往，而行儉以小恙在家，偶至花園，見端端兄妹，詢得其由。令少俊作休書逐女歸，而留其男女。千金歸，其父母已殁，守節于家。少俊舉進士，適官洛陽令，迎父母至任所。行儉亦憐李守節，且知是世傑之女，曾與議婚，遂使爲夫婦終其身。元人《秋千會記》：大德二年，孛羅拜宣徽院使，生自相門，窮極富貴。私居後有杏園一所，取春色滿園關不住，一枝紅杏出牆來之意。花卉之奇，亭榭之好，冠于諸貴家。每年春，宣徽諸妹諸女，邀院判經歷宅眷，于園中設秋千之戲，二月末至清明後方罷。謂之秋千會。適樞密同僉帖木耳不花子拜住，過園外聞笑聲，於馬上欠身望之，正見秋千競就，歡哄方濃。潛于柳陰中窺之，睹諸女皆絶色，遂久不去。爲閽者所覺，走報宣徽，索之亡矣。拜住歸，具白于母。母遣媒求親，宣徽曰：得非窺牆兒乎。遣來一觀，果佳則當許也。同僉飾拜住以往，宣徽見其美少年，心喜，試之曰：爾喜觀秋千，以此爲題，《菩薩蠻》爲調，賦南詞一闋，能乎。拜住以國字寫之曰：紅繩畫板柔荑指，東風燕子雙雙起。誇俊要争高，更將裙繫牢。牙床和困睡，一任金釵墜。推枕起來遲，紗窗月上時。宣徽恐是預構，再命作《滿江紅·詠鶯》，拜住用漢字書呈宣徽，其末云：入柳穿花來又去，欲求好友真無計。望上林，何日得雙棲，心迢遞。既而同僉以墨敗，拜住財散人亡，宣徽將呼回家，教而養之。三夫人不肯，宣徽遂面許第三夫人女速哥失里爲姻，擇日遣聘。喧傳都下，以爲盛事。决意悔親。速哥力諫不聽，別議平章闊闊出之子。暨成婚，速哥行至中道，潛解脚紗縊于轎中。夫人悉傾家奩及夫家聘物殮之，暫寄清安僧寺。拜住聞變，夜往哭之。扣棺曰：拜住在此。應曰：我活矣。乃謀于僧，斧其蓋，女果活。挈走上都。居一年，宣徽出尹開平，下車求館客召之，則拜住也。問娶誰氏，拜住實告，舁至則真速哥。夫婦愧嘆，待之彌厚，收爲贅婿，終老其家。

清·李調元《雨村劇話》卷下　白仁甫《祝英臺》劇，見《宣室志》。英臺上虞祝氏女，僞爲男裝遊學，與會稽梁山伯者同肄業。山伯字處仁，祝先歸，二年，山伯訪之，方知其爲女子。悵然如有所失，告其父母求聘，而祝已字馬氏子矣。山伯後爲鄞令，病死，葬鄮城西。祝適馬氏，再過墓所，風濤不能進，問知有山伯墓。祝登號慟，地忽自裂并埋焉。晉丞相謝安奏表其墓曰義婦冢。

清·焦循《劇説》卷二　《録鬼簿》載白仁甫所作劇目，有《祝英臺死嫁梁山伯》，宋人詞名亦有《祝英臺近》。《錢塘遺事》云：林鎮屬河間府，有梁山伯、祝英臺墓。乾隆乙卯，余在山左，學使阮公修《山左金石志》，州縣各以碑本來，嘉祥縣有《祝英臺墓碣文》，爲明人刻石。丙辰，客越，至寧波，聞其地亦有祝英臺墓，載於志書者詳其事云：梁山伯、祝英臺墓，在鄞西十里接待寺後，舊稱義婦冢。又云：晉梁山伯，字處仁，家會稽。少遊學，道逢祝氏子，同往肄業。三年，祝先返。後山伯歸，訪之上虞，始知祝爲女子，名曰英臺。歸告父母，求姻，時已許鄮城馬氏。山伯後爲縣令，嬰疾弗起，遺命葬鄮城西清道原。明年，祝適馬氏，舟經墓所，風濤不能前。英臺臨冢哀痛，地裂而埋壁焉。事聞於朝丞相謝安，封義婦冢。此説不知所本，而詳載志書如此。乃吾郡城北槐子河旁有高土，俗亦呼爲祝英臺墳。余入城必經此，或曰此隋煬帝墓，謬爲英臺也。

清·丁丙《善本書室藏書志》卷四〇　樸字仁甫，又字太素，蘭谷其號也，真定人。甫七歲，遭壬辰之難，明年京城變，元遺山遂挈以北渡，後卜築於滹陽。

著録

元·鍾嗣成《録鬼簿》卷上　白仁甫：《秋江風月鳳凰船》、《唐明皇秋夜梧桐雨》、《鴛鴦簡牆頭馬上》、《韓翠蘋御水流紅葉》、《唐明皇遊月宫》、《董秀英花月東牆記》、《漢高祖斬白蛇》、《祝英臺死嫁梁山伯》、《閻師道趕江》、《楚莊王夜宴絶纓會》、《蕭翼智賺蘭亭記》、《泗上亭長》、《崔護謁漿》、《蘇小小月夜錢塘夢》、《薛瓊瓊月夜銀筝怨》。

明·孫大雅《天籟集叙》　余以洪武甲寅春，掾姑孰郡文學時，真定白溟子南分教諸生，間示其祖蘭谷先生《天籟集》。【略】是編計詞二百餘首，名《天籟集》。兵燹散失，其孫溟得之。姑孰士大夫家傳寫失真，字多謬誤，余既考訂一二歸之。比召赴京，復求語以叙之。

明·陳霆《渚山堂詞話》卷三　《天籟詞集》，爲白樸太素所作。又：予謫倅六安，於其裔孫庠生白永盛家獲瞻其遺像。【略】永盛因出《詞集》，囑予爲登梓。宦跡蓬轉，未及諧所語。今屏退林下，無力復辨此矣。感今追昔，是不惟辜永盛之託，且不肖於此，夙昔不淺，當復負此老於地下也。

明·趙琦美《董秀英花月東牆記跋》　萬曆四十三年乙卯二月十九

日，校抄于小谷藏本。于即東阿谷峰于相公子也。

清・朱彝尊《天籟集序》 明寧獻王權譜元人曲，作者凡一百八十有七人，白仁甫居第三。雖次東籬、小山之下，而喻之鵬摶九霄，其矜許也至矣。余少日避兵練浦，村舍無書，覽金元院本，最喜仁甫《秋夜梧桐雨》劇，以爲出關、鄭之上。及輯唐宋元人詩餘爲《詞綜》，憾未得仁甫只字，意世無復有儲藏者。康熙庚辰八月之望，六安楊希洛氏千里造余。袖中出蘭谷《天籟集》，則仁甫之詞也。前有王尚書子勉序，述仁甫家世本末頗詳。始知仁甫名樸，又字太素，爲樞判寓齋之子。後又有洪武中國子助教江陰孫大雅序及安丘儒學教諭松江曹安贊。余因考元人諸集，則匪獨遺山元氏與樞判衿契，若秋澗王氏、雪樓程氏，皆有與白氏父子往來贈送之詩。蓋寓齋子三人，仁甫，仲氏也。其伯叔則誠甫、敬甫。敬甫官江西理問，雪樓送其之官，有思君還讀寓齋詩之句。此亦敬甫昆弟之父執矣。白氏于明初由姑孰徙六安，是集希洛得之于裔孫駒，將刊行，屬余正其誤，乃析爲二卷，序其端。

清・朱彝尊《天籟集跋》 康熙庚辰八月既望，江湖載酒詞客朱彝尊校過。又：蘭谷先生集，環溪王皓重校，并手書。始康熙戊子早春，至己丑冬補成全卷。風晨月夕，時一披吟，如對先生絶塵邁俗之標格也。書隱不傳已數百載，吾友希洛氏一旦命工鏤刻，與天下後世共之，洵快舉哉。

清・戴名世《天籟集序》 《天籟集》者，元初白仁甫所作詩餘也。【略】至今留傳人間者無多，而此集乃仁甫自定，藏于家，距今逾四百年，屢經兵火，其子　孫皆能守之不失。而今裔孫某，懼其磨滅，乃介其鄉人楊君希洛請序于余，而屬爲刊而行之于世。余惟子孫之欲不朽其先人者，其情無所不至。至于文字之可以公之于世者，即殘編斷簡，而不忍其没焉，必思所以流傳于不朽。故古之作者，賴有賢子孫爲表彰，不致泯滅而無聞。如白氏之世守其先人遺書數百年，而卒顯于世，此孝子慈孫之所爲效法者也。頃余有志于先朝文獻，欲勒爲一書，所至輒訪求遺編，頗略具。而今僑寓秦淮之上，聞秦淮一二遺民，所著書甚富。當其存時，冀世有傳之者而不得，深懼零落，往往悲涕不能自休，死而付其子孫。余詣其家，殷勤訪謁，欲得而爲雕刻流傳之，乃其子孫拒之甚堅，惟恐其書之流布，而姓名之彰者。嗚呼，祖父死不幾年，而其子孫視之不啻爲仇讎，其終必至磨滅。倘其見此集而比量于白氏之裔孫，吾不知其顙有泚而汗浹于背否也。余故感某之意而牽連及之。

清・佚名《曲海總目提要》卷一 白仁甫【略】所作雜劇，今存《梧桐雨》、《牆頭馬上》、《東牆記》等三種。

清・吴焯《繡谷亭薰習録・集部・二》 《天籟詞集》二卷，元真定白樸太素著。凡録詞一百八首。

清・紀昀《四庫全書總目》卷一九九 《天籟集》二卷，編修汪如藻家藏本。金白樸撰。【略】是本乃所作詞集，世久失傳。康熙中，六安楊希洛始得于白氏之裔，凡二百篇。前有王博文序，後有孫作序及曹安贊。希洛以示朱彝尊，彝尊分爲二卷，序而傳之。

清・黄文暘、佚名《重訂曲海總目・元人雜劇》 白仁甫：《牆頭馬上》、《梧桐雨》。

清・焦循《易餘籥録》卷一七 《裴少俊牆頭馬上》，白仁甫作，《點鬼簿》作《鴛鴦簡牆頭馬上》。

清・黄丕烈《也是園藏書・古今雜劇目録》 元白仁甫：《唐明皇秋夜梧桐雨》、《董秀英花月東牆記》、《裴少俊牆頭馬上》。

清・支豐宜《曲目新編・元人・雜劇》 《梧桐雨》、《牆頭馬上》，右二種，白仁甫作。

清・姚燮《今樂考證・著録一・元雜劇》 白仁甫十五種：《秋江風月鳳凰船》、《鴛鴦簡牆頭馬上》（也是園目作《裴少俊牆頭馬上》）、《蕭翼智賺蘭亭記》、《唐明皇秋夜梧桐雨》、《韓翠蘋御水流紅葉》、《楚莊王夜讌絶纓會》、《祝英臺死嫁梁山伯》、《董秀英花月東牆記》、《蘇小小月夜錢唐夢》、《薛瓊月夜銀箏怨》、《唐明皇遊月宫》（一本遊作幸）、《漢高祖斬白蛇》、《閻師道趕江》有二本、《泗上亭長》（選目作《高祖歸莊》）、《崔護謁漿》俱《録鬼簿》。

清・莫友芝《藏園訂補郘亭知見傳本書目》卷一六下 《天籟集》二卷，金白樸字太素，舊字仁甫，號蘭谷。康熙中六安楊希洛刊。補：《天籟集》二卷，元白樸撰。清康熙四十九年楊友敬刊本，【略】前朱彝尊序，稱楊希洛得本於其裔孫駒，屬余正誤，乃析爲二卷云云。後有王鎬識語，言爲其重校手書上版。此本字體秀美，朱彝尊序以手書入木，印章套硃色，爲清初精刻本中名品。清光緒十四年王鵬運輯刻《四印齋所刻詞》本。余據曹寅舊藏本校。補：《蘭谷先生天籟集》一卷，元白樸撰。清初寫本。

清・王鵬運《天籟集跋》 右白仁甫《天籟集》二卷。按仁甫工度曲，明涵虚子評論元曲，品居第三。其詞則未見著録，諸家選本亦均不載。國朝康熙中，六安楊氏希洛以曝書亭訂本授梓。《四庫全書提要》、《御選歷代詩餘》復盛推之，名始人顯。此本從皕宋樓藏書迻鈔，即楊刻也。【略】其由顯而晦，又將二百年矣。楊刻卷首有仁甫小像，末附摭遺，爲所製曲，兹刻皆未之及。卷中訛闕，以無可校正，悉仍其舊云。

清・丁丙《善本書室藏書志》卷四〇 《天籟詞》二卷，舊鈔本。白樸蘭谷著。【略】散失之餘僅一百篇。至元丁亥御史中丞王博文子勉序之，孫大雅、曹安並爲像贊，李道純、陳霆並題詞其後。

清・王國維《曲録》卷二 《秋江風月鳳皇船》、《唐明皇秋夜梧桐雨》、《鴛鴦簡牆頭馬上》、《韓翠蘋御水流紅葉》、《唐明皇遊月宮》、《董秀英花月東墻記》、《漢高祖斬白蛇》、《祝英臺死嫁梁山伯》、《閻師道趕江》、《楚莊王夜宴絶纓會》、《蕭翼智賺蘭亭記》、《泗上亭長》、《崔護謁漿》、《蘇小小月夜錢唐夢》、《薛瓊瓊月夜銀箏怨》、《李克用箭射雙雕》。右十七種，元白朴撰。

藝文

元・侯克中《答白仁甫》 別後人空老，書來慰所思。溪塘連轡日，風雨對牀時。我愛香山曲，君奇石鼎詩。何當湖上路，同賦鷓鴣詞。

明・賈仲明《凌波仙・補白仁甫吊詞》 峨冠博帶太常卿，嬌馬輕衫館閣情。拈花摘葉風詩性，得青樓、薄倖名。洗襟懷，剪雪裁冰，閒中趣，物外景，蘭谷先生。

雜録

清（光緒）《安徽通志稿・藝文考・集部提要》卷三四 《天籟集》，金白樸撰。其後人於明初由姑孰徙六安州。事迹具州志《孝友傳》。是集凡二百篇，乃樸自定。前有元至正二十四年王博文序。清康熙三十九年州人楊希洛得於白氏裔孫，以示朱彝尊，屬爲正誤，彝尊析爲二卷，并序，四十九年刻。《四庫》著録。光緒十八年，王佑遐重刻，删小像并摭遺。三十一年，江陰繆荃孫以錢塘丁丙舊鈔本與楊本合校，並跋，刻入《金人遺集》中。元好問贈樸詩曰：元白通家舊，諸郎獨汝賢。博文謂其語詞遒麗，情寄高遠，音節協和，輕重穩愜。凡當歌對酒，感事興懷，皆自肺腑流出，因以天籟名之。

庾天錫

論説

元・貫雲石《陽春白雪序》 庾吉甫造語妖嬌，卻如小女臨杯，使人不忍對殢。

元・楊維楨《周月湖今樂府序》 士大夫以今樂府成鳴者，奇巧莫如關漢卿、庾吉甫【略】體裁各異，而宮商相宣，皆可被於絃竹者也。

明・朱權《太和正音譜》卷上 庾吉甫之詞，如奇峰散綺。

傳記

元·鍾嗣成《録鬼簿》卷上 庾吉甫，名天錫。大都人。中書省掾，除員外郎，中山府判。

紀事

清·李調元《雨村劇話》卷下 庾吉甫《買臣負薪》劇，見《漢書》。今俗傳此事，大略相符，而言買臣既貴，妻再拜馬前求合，買臣取盆水覆地，示其不能更收之意。妻遂抱恨死。此則太公望事，詞家所撮合也。

著録

元·鍾嗣成《録鬼簿》卷上 庾吉甫：《隋煬帝江月錦帆舟》、《孟嘗君雞鳴度關》、《會稽山買臣負薪》、《薛昭誤入蘭昌宫》、《封騭先生罵上元》、《英烈士周處三害》、《楊太真霓裳怨》、《楊太真華清宫》、《常何薦馬周》、《裴航遇雲英》、《列女青綾臺》、《玉女琵琶怨》、《秋夜湊波夢》、《秋月蕊珠宫》、《蘇小春麗春園》。

清·姚燮《今樂考證·著録一·元雜劇》 庾吉甫十五種：《隋煬帝江月錦帆舟》、《孟嘗君雞鳴度關》、《會稽山買臣負薪》、《薛昭誤入蘭昌宫》、《封隲先生罵上元》、《英烈士周處三害》、《楊太真霓裳怨》、《楊太真華清宫》、《常何薦馬周》、《裴航遇雲英》、《列女青綾臺》、《玉女琵琶怨》、《秋夜湊波夢》、《秋月蕊珠宫》、《蘇小春麗春園》。

清·王國維《曲録》卷二 《常何薦馬周》、《隋煬帝江月錦帆舟》、《裴航遇雲英》、《孟嘗君雞鳴度關》、《列女青綾臺》、《會稽山買臣負薪》、《玉女琵琶怨》、《薛昭誤入蘭昌宫》、《秋夜湊波夢》、《封隲先生罵上元》、《英烈士周處三害》、《蘇小卿麗春園》、《秋月蕊珠宫》、《楊太真霓裳怨》、《楊太真華清宫》。右十五種，元庾天錫撰。

藝文

明·賈仲明《凌波仙·補庾吉甫吊詞》 語言脱灑不粗疏，翰墨清新果自如。胸懷倜儻多清楚，戰文場、一大儒。上紅筆，没半點塵俗。尋章摘句，騰今换古，噀玉噴珠。

馬致遠

論説

綜論

明·朱權《太和正音譜》卷上 馬東籬之詞，如朝陽鳴鳳。其詞典雅清麗，可與《靈光》、《景福》而相頡頏，有振鬣長鳴、萬馬皆瘖之意。又若神鳳飛鳴於九霄，豈可與凡鳥共語哉。宜列群英之上。

明·蔣一葵《堯山堂外紀》卷六八 馬致遠，號東籬，元人樂府稱關、馬、鄭、白爲四大家。鄭名德輝，白名仁甫。涵虚子《詞紀》謂漢卿如瓊筵醉客，致遠如朝陽鳴鳳，德輝如九天珠玉，仁甫如鵬摶九霄。

明·何良俊《四友齋叢説》卷三七 元人樂府，稱馬東籬、鄭德輝、關漢卿、白仁甫爲四大家。馬之辭老健而乏姿媚。

明·王驥德《曲律》卷三 世稱曲手，必曰關、鄭、白、馬。又：勝國諸賢，蓋氣數一時之盛。王、關、馬、白，皆大都人也，今求其鄉，不能措一語矣。又：作北曲者，如王、馬、關、鄭輩，創法甚嚴。終元之世，沿守惟謹，無敢逾越。

又卷四　李中麓序刻元喬夢符、張小山二家小令，以方唐之李、杜。夫李則實甫，杜則東籬，始當。喬張蓋長吉、義山之流。

清・李調元《雨村曲話》卷上　馬致遠之朝陽鳴鳳，則豪爽一路；王實甫之花間美人，則細膩一路。各自成體，不必拘也。又：《雕蟲館曲選》論元取士，有填詞科，若今括帖然。取給風檐寸晷之下，故一時名士，雖馬致遠、喬夢符輩，至第四折，往往强弩之末。又：致遠曲多俊語，霜清紫蟹肥，露冷黄花瘦，《九日》俊語也；細研片腦梅花粉，新剥真珠豆蔻仁，《咏茶》俊語也；天地安排詩句就，雲山失色酒杯寬，《金山寺》俊語也。

清・劉熙載《藝概・詞曲概》　北曲名家，不可勝舉，如白仁甫、貫酸齋、馬東籬、王和卿、關漢卿、張小山、喬孟符、鄭德輝、宫大用，其尤者。諸家雖未開南曲之體，然南曲正當得其神味。觀彼所製，圓滿瀟灑，纏綿蘊藉，於此事固若有别材也。

清・王國維《録曲餘談》　元初名公，喜作小令套數。【略】此外雜劇大家，如關、王、馬、鄭等，皆名位不著，在士人與倡優之間，故其文字誠有獨絶千古，然學問之弇陋與胸襟之卑鄙，亦獨絶千古。

分論

元・周德清《中原音韻・作詞十法》：《金盞兒・岳陽樓》，【略】評曰：此是《岳陽樓》頭摺中詞也。妙在七字黄鶴送酒仙人唱，俊語也，况酒字上聲以轉其音，務頭在其上。有不識文義，以送爲齎送之義，言黄鶴豈能送酒乎。改爲對舞，殊不知黄鶴事一仙人用榴皮畫鶴一隻，以報酒家，客飲，撫掌則所畫黄鶴舞以送酒。初無雙鶴，豈能對舞。且失飲酒之意。送者，如吴姬壓酒之謂。甚矣，俗士不可醫也。王驥德《曲律》卷三：人之賦才各有所近，馬東籬、王實甫，皆勝國名手。馬於《黄粱夢》、《岳陽樓》諸劇，種種妙絶，而一遇麗情，便傷雄勁。王於《西廂》、《絲竹芙蓉亭》之外，作他劇多草草不稱。尺有所短，信然。又：元人作劇，曲中用事，每不拘時代先後。馬東籬《三醉岳陽樓》，賦吕純陽事也，《寄生草》曲：這的是燒豬佛印待東坡，抵多少騎驢魏野逢潘閬。俗子見之，有不訾以爲傳唐人用宋事邪。畫家謂王摩詰以牡丹、芙蓉、蓮花同畫一景，畫《袁安高卧圖》有雪裡芭蕉，此不可易與人道也。梁廷楠《曲話》卷二：元人雜劇多演吕仙度世事，叠見重出，頭面强半雷同。馬致遠之《岳陽樓》即谷子敬之《城南柳》，不惟事迹相似，即其中關目、綫索，亦大同小異，彼此可以移换。其第四折，必於省誤之後，作列仙出場，現身指點，因將群仙名籍，數説一過。此岳伯川之《鐵拐李》、范子安之《竹葉舟》諸劇皆然，非獨《岳陽樓》、《城南柳》兩種也。

明・李開先《詞謔・詞套》　《雙調》三套：一、《范蠡歸湖》，范子安所作；一、《夜月追韓信》，作者乃費唐臣；一、《昭君和番》，則亦東籬也，較之百歲光陰，不及遠甚。三詞唱者極多，雖是元人氣魄，然太不整搠。姑載之，以隨時好。

明・吕天成《曲品》卷下　《牧羊》，元馬致遠有劇。此詞亦古質可喜，令人想念子卿之節。梨園演之，最可玩。馬致遠作。

清・佚名《曲海總目提要》卷一　《任風子》，元馬致遠撰。記任屠從馬真人成道事。按《徑山書》：廣屠兒，在涅會上，放下屠刀，立便成佛。屠兒既可作佛，自可成仙，總在一念轉移耳。此作者意也。

清・李調元《雨村曲話》卷上　致遠《黄粱夢》，周德清取《雁兒落》爲定格云：洞賓出世超凡，本有神仙分。一抹條，九陽巾。君人，真人。謂此調極罕，伯牙琴也。今《曲譜》首句無洞賓二字。分字下作繫一條一抹條，戴一頂九陽巾。君，敢作個真人，與此不同。

又　東籬《陳摶高卧》云：紙窗明覺曉，布被暖如春。又：丹砂好煉養閑身，黄金不鑄封侯印。【略】字句音律，瀏亮動人。

清・焦循《劇説》卷五　王昭君事，見《漢書》，《西京雜記》有誅畫工事。元、明以來，作昭君雜劇者有四家，馬東籬《漢宫秋》一劇，可稱絶調。臧晉叔《元曲選》取爲第一，良非虚美。

清・梁廷枏《曲話》卷二　《薦福碑》云：如今這聰明越受聰明苦，越癡呆越享了癡呆福，越糊塗越有了糊塗富。則這有銀的陶令不休官，無錢的子張學干禄。此雖憤時嫉俗之言，然言之最爲痛快。讀至此，不泣數行下者，幾希矣。又：《四書》入曲，最難巧切，最難自然。惟元人每喜爲之，《西厢》仁者能仁等語，固屬大謬不倫。馬致遠《薦福碑》云：我猶自不改其樂，後來便爲官也富而無驕。又云：誰似晏平仲善與人交。又云：誰肯學有朋自遠方來。又云：想吾豈匏瓜也哉。又云：無錢的子張學干禄。又云：又不會巧言令色。【略】以上等語，幾成笨伯矣。

傳記

元·鍾嗣成《録鬼簿》卷上 馬致遠，大都人。號東籬。任江浙行省務官。

明（嘉靖）《河間府志》卷二六 馬致遠，東光人，舉進士。

清（乾隆）《河間府志》卷九 東光人。主事。致遠在元世以詞曲擅譽，與關漢卿、王實甫齊名，人稱馬東籬，見涵虚子詞評。《通志》載元進士馬視遠，又載馬致遠於明洪武戊辰科榜，以爲滄州人，恐未免其多誤也。

清（光緒）《東光縣志》卷一二 邑令蕭德宣撰《馬東籬先生碑記》：馬東籬先生，東光人。工長短句，與關漢卿、王實甫齊名。嘗閱其所著，幽雅淡遠，一空凡響，當時稱爲朝陽鳴鳳，有以也。辛丑余調理玆土，得悉馬氏爲宋以來舊家。先生於元季應詞科，取進士，由司教而縣令，而部署，仕途偃蹇，大猷未展，而胸襟灑脱，惟以銜杯擊缶自娱。後其孫經，其曾孫孔惠者，俱以家學捷南宫。尤足見先生工於詞而不止於詞也。第舊邑誌載先生《雙調秋思》闋，今已逸。按《雙調秋思》套，今存。問詢及邑内青衿，雖習其號，而先生之詞所爲卓然成家，冠絶一時者，多未之知。豈以制舉文者不暇好古，好古者又專崇詩古文，而詞曲非所尚耶。夫詩、古文猶天地之有日星山嶽也，詩餘、詞曲猶天地之有風露、烟雲、禽鳥、花木也。藝雖有别，總爲造化必有之奇。以故自李供奉有《憶秦娥》、《菩薩蠻》二闋，而詞學遂曼衍於南唐、五代，盛於兩宋，以逮元明，復盛於我朝。微論風雅之士，不廢宫商，即德望勳業諸鉅公，亦時復倚聲選調以適志，蓋有未可少者矣。況先生之詞冠絶一時，而謂泯泯不之知耶。夫表揚前哲，守士者之責也。余嘗過先生之祠，因題額曰千古詞宗懸其上，並爲記。屬其裔以勒石，庶後來友士，知鄉先生擅美於前，而深宗仰之。

紀事

元·馬致遠《吊昭君·序》 予暇日喜觀書畫，客有示二圖，乃昭君出塞、楊妃入蜀，悉是宣和名筆。客以詩請，就書卷尾。

清·佚名《曲海總目提要》卷一 《青衫淚》，元馬致遠撰。謂白居易、裴興奴江州相遇，其事不實。因居易《琵琶行》江州司馬青衫濕，故以爲名也。劇云：白居易，太原人，唐憲宗時爲吏部侍郎，與元稹賈島、孟浩然相契厚。長安名妓裴興奴有才技，尤善琵琶。居易與賈、孟訪之，裴重居易才，往來契密，願以終身相托。後以他事左遷江州司馬，辭裴，之貶所，約娶裴。江西茶商劉一聞裴美，欲娶之，母利其財，强裴嫁商，裴堅拒以俟居易。母與商計，令人紿爲居易書，若病篤時與裴决者。復紿云居易已斃，以絶裴念，遂强娶之。商攜裴過江州夜泊，裴知居易任江州，欲謁不能，月下撥琵琶以自遣。適元稹采訪江南，過居易，相與泛舟江中。聞琵琶聲，疑必裴所彈也。過舟訪之，果是裴。泣訴始末，稹令畢其詞，聲甚凄惋，居易遂作《琵琶行》。乘商醉卧，稹令裴過居易舟，載歸，商踪迹之。稹采訪回京，奏居易罪可原，詔復起爲侍郎；稹又奏劉僞書誑妄，詔以裴賜居易而懲劉。按：居易與稹最善，然居易在江州，稹亦方貶官，無采訪江南之事。居易由中書舍人貶，非爲侍郎，亦未嘗爲吏部也。賈島雖同時，頗少贈答。孟浩然，開元、天寶時人，相去懸絶矣。蓋因樂天《琵琶行》有老大嫁作商人婦及商人重利、買茶等語，遂求其人以實之，借名於裴興奴也。興奴以攏捻擅名，故設想當然耳。洪邁之論，以爲居易官其地，豈有唤商婦至船，與客飲酒之事。蓋係假托。此則竟謂奪之以歸，更失《官箴》矣。

又 《岳陽樓》，元馬致遠撰。考純陽子《吕巖集》，有詩曰：朝遊碧海暮蒼梧，袖裏青蛇膽氣粗。三醉岳陽人不識，朗吟飛過洞庭湖。此劇之張本也。按：各種稗乘，吕真人留題處甚多，而楚中爲最。真人嘗行巴陵市，太守怒其不避，頃忽失之。留詩曰：暫别蓬萊海上遊，偶逢太守問根由。身居北斗星杓下，劍挂南宫月角頭。道我醉來真個醉，不知愁是怎生愁。相逢何事不相認，卻駕白雲歸去休。《襄陽雪中劍畫詩》曰：峴山一夜玉龍寒，鳳林千樹梨花老。襄陽城裏没人知，襄陽城外江山好。《洞庭湖君山頌》：午夜君山玩月回，西鄰小圃碧蓮開。天香風露蒼華冷，雲在青霄鶴未來。又有《贈太平觀道士詩》、《鄂渚悟道歌》，又有《遊長沙持小瓦罐乞錢，得錢無算，而罐常不滿，口占詩》，皆見本集。又韻書載吕真人憩岳州白鶴寺前，有老人自松梢冉冉而下，曰：某松之精也，見先生過，禮當候見。吕書壁云：獨自行來獨自坐，無限世人不識我。惟有城南老樹精，分明知道神仙過。與劇中所載頗相類。略云：吕真人望氣，知岳陽郡當有神仙得度。遂至岳陽樓，以墨换酒一醉。樓下有老柳樹一株，千年成精。又有杜康廟前白梅花一株，亦成精，在樓作祟。而柳精常至樓巡徼，惟恐梅精之傷人也。柳遇真人，真人勸之修道，柳以未得人身，土木形骸，不能成道爲辭。真人令其投胎樓下賣茶人郭姓家爲男，復令梅花精往賀家，托生爲女，共成夫婦，約三十年後來度。其後，郭馬與賀臘梅夫婦在岳陽樓下開茶坊，真人再至，欲度郭馬，馬不悟。真人三至樓，則郭已易茶坊業賣酒，真人飲其酒，以劍授馬，令殺妻出家。馬攜劍至家，臘梅頭忽落。馬遂控真人於官，欲償臘梅命。真人謂臘梅未死，官問何在，真人一呼而至，官以誣告坐馬。馬甚急，賴真人救獲免，熟視問官，乃鍾離先生也。於是馬亦自悟前生爲老柳，臘梅前生爲梅花，皆從真人入道。按：范仲淹作《岳陽樓記》，以示尹洙。洙曰：此傳奇體也。見《燕閒録》然則以岳陽樓作傳奇，適相宜耳。魏武帝詩：何以解憂，惟有杜康。杜康，古之造酒者，後世遂目酒爲杜康。東南州縣，往往有杜康廟、杜康橋。又按《劉伶傳》云：伶土木形骸。此以指柳精，亦是影借。

又《陳摶高卧》，元馬致遠撰。《宋史・隱逸傳》云：陳摶，字圖南，亳州真源人。後唐長興中，舉進士不第，遂不求禄仕，以山水爲樂。服氣辟穀二十餘年，但日飲酒數杯。居華山雲臺觀，又止少華石室。每寢處，多百餘日不起。太平興國中，來朝，太宗待之甚厚。九年，復來朝，上益加禮重，謂宰相宋琪等曰：摶獨善其身，不干勢利，所謂方外之士也。摶居華山已四十餘年，度其年近百歲。自言經承五代離亂，幸天下太平，故來朝覲。因遣中使送至中書，琪等問曰：先生得修養之道，可以教人乎。對曰：摶山野之人，於時無用，亦不知神仙黄白之事、吐納養生之理，非有方術可傳。假令白日冲天，亦何益於世。今聖上龍顔秀異，有天人之表，真有道仁聖之主也。正君臣協心同德，興化致治之秋。勤行修煉，無出於此。琪等以其語白上，上益重之，下詔賜號希夷先生。仍賜紫衣一襲，留摶闕下。令有司增葺所止雲臺觀。上屢與之屬和詩賦。數月，放還山。端拱二年卒。又龐覺《希夷先生傳》云：唐僖宗時，封先生爲清虚處士，仍以宫女三人賜先生。先生爲奏謝書云：性如麋鹿，迹若萍蓬，飄然從風之雲，泛若無纜之舸，臣遣女復歸清禁。及有詩《上逸聽覽》，詩云：雪爲肌體玉爲腮，深謝君王送到來。處士不生巫峽夢，虚勞雲雨下陽臺。以奏付宫使，即時遁去。本朝真宗皇帝聞之，特遣使就山中宣召先生。先生曰：極荷聖恩，臣且乞居華山。意甚堅。使回具奏其事，真宗再遣使齎手詔、茶藥等，仍令所屬太守縣令禮以遣之。先生回奏謝上，中有云：數行紫詔，徒煩彩鳳銜來；一片閑心，卻被白雲留住。當時有一學士，以先生累詔不起，因爲詩譏之云：抵是先生詔不出，巨還出也没般人。先生復答云：萬頃白雲獨自有，一枝仙桂阿誰無。後亦稀到人間。《青瑣集》所載，與此略。按《宋史》以摶爲太宗時自至京師，後於真宗端拱二年卒。而《龐傳》則以爲真宗時累召不起。正史是也。劇中演此事，又以爲太祖時召至京，尤屬不合。鄭恩黨紀恩，亦係撮撰。竹橋同卜事，見小説家。《翰府名談》云：陳希夷先生每睡，則半載或數月，近亦不下月餘。

又《漢宫秋》，元馬致遠撰。記王昭君事。以漢元帝於宫中憶之，故云《漢宫秋》。後人所作《和戎記》，本此增飾，互有異同。略云：單于呼韓邪請公主和婚，時元帝以後宫寂寞，毛延壽請選良家女入宫，圖形以進，按圖臨幸。延壽大索賄賂，王嫱獨無，延壽毁其狀，嫱不得幸。後於宫中彈琵琶，帝聞召見，遂獲大寵。知延壽納賄，將殺之。延壽逃歸單于，圖嫱以獻。單于呼韓邪來朝，請居光禄塞下，求公主和婚。按圖索嫱，帝不許。朝臣皆請從之，嫱亦願以身報國，遂從之。出塞行至黑水，嫱投水死。單于感其義，葬之，而縛延壽送漢。元帝在宫中，秋夜憶嫱，形諸夢寐，醒而單于解延壽至，乃斬延壽祭嫱。中外和好如初。唐、宋以來，《明妃曲》最多。白居易云：君王若問妾顔色，莫道不如宫裡時。王安石云：意態由來畫不成，當時枉殺毛延壽。似爲最佳。《畫譜》據《西京雜記》等書云：元帝後宫既多，不得常見，乃使畫工圖形，按圖召幸之。諸宫人皆賂畫工，多者十萬，少者亦不減五萬，獨王嫱不肯，遂不得見。匈奴入朝，求美人爲閼氏。於是上按圖以昭君行，及去召見，貌爲後宮第一，應對擧止閑雅。帝悔之，而名籍已定，帝重信於外國，故不復更。乃窮案其事，畫工皆棄市，籍其家貲皆巨萬。畫工有杜陵毛延壽，爲人形，妍媸老少，必得其真。安陵陳敞，新豐劉白、龔寬，并工牛馬飛鳥衆勢，人形好醜，不逮延壽。下杜陽望亦善畫，尤善布色。樊育亦善布色，同日棄市。名畫工於是差稀。按：杜甫詩：群山萬壑赴荆門，生長明妃尚有村。一去紫臺連朔漠，獨留青冢向黄昏。畫圖省識春風面，環佩空歸月夜魂。千載琵琶作胡語，分明怨恨曲中論。指此事也。歸州有昭君村，故云。北地草皆白，惟昭君冢上草獨青，故名青冢。在今歸化城，即古豐州，唐爲五原郡地。光禄塞者，光禄卿徐自爲所築，在今神木。琵琶，馬上所彈，推手爲琵，卻手爲琶也。樂府有《明妃引》，晉石崇所作，入《琴操》中。崇避司馬昭諱，故改昭君曰明妃。後人作明妃詞甚衆。

又 《薦福碑》，元馬致遠撰。事有根據，但碑本歐陽詢書，今作顔真卿。打碑本范仲淹事，今作寺僧。其張鎬姓名，及觸龍神怒以致雷擊，又有張浩以姓名相同，冒認之官，且謀殺鎬，俱憑空造出。宋公序即宋庠之字，亦是隨意點入。《堯山堂外紀》：饒州魯公亭在薦福山，山有唐歐陽詢所書《薦福寺碑》，魯公真卿嘗覆以亭，後人因名。范希文鎮鄱陽日，有書生獻詩甚工，希文頗優禮之。書生自言天下至寒餓者無在某右。時盛重歐陽《薦福寺碑》，墨本直千錢，希文欲爲打千本，售於京師。紙墨已具，一夕雷擊碎其碑。時人爲之語曰：有客打碑來薦福，無人騎鶴上揚州。東坡《窮措大詩》曰一夕雷轟薦福碑本此。《一統志》：薦福山在饒州府上城東三里，上有薦福寺魯公亭。又云：薦福寺，元季毁，永樂間重建。《范仲淹傳》：景德中知饒州，興學校，明教化，一以豈弟爲政；賑濟饑民，賴全活者以萬計。按：唐王勃自馬當赴南昌，七百餘里，山神借以便風，一夕而至，得與閻都督之宴。後人以此事相較，作諺曰：時來風送滕王閣，運去雷轟薦福碑。言窮通得失，皆有定數，且有鬼神主之，人無所容心於其間也。

又 《任風子》：考馬丹陽，一云名裕，字義輔，道號丹陽抱一真人。王真人喆弟子，所謂丘、劉、譚、馬、郝、孫、王之一也。一云名從義，寧海萊陽人，馬伏波之後。遇祖師得道，身挂一瓢，頂分三髻，授白雲洞主、丹陽抱一無爲普化真人。神仙變化無常，姓名不一，未知孰是。略云：真人馬丹陽，中宵望氣，知終南山甘河鎮有一任屠，號曰風子，有半仙之分。因至鎮中點化，以此人本操刀屠户，先化一鎮之人，皆斷葷茹素，使其賣不行，必來傷害，因而引之入道。任屠果與衆屠謀，謂屠行折本，皆此三髻道人化人吃齋之故，必殺之而後快。衆推任屠勇，任屠遂持刀至草庵，欲殺真人，反爲護法神所殺。向真人索頭，真人令其自摸，頭固在也，不覺猛然省悟，投刀于地，願隨真人出家。真人命其擔水潑畦，誦經修道。任屠之妻率其子弟，到庵勸屠還俗，任屠皆不顧。後屢經真人指示，去盡酒色財氣，一空人我是非，竟得證果云。《元史・丘處機傳》：年十九，爲全真學于寧海之昆侖山，與馬鈺、譚處端、劉處玄、王處一、郝大通、孫不二同師重陽王真人。按：馬鈺即馬丹陽。唐時釋教有南北兩宗，宋、元時道教亦有南北兩宗，丘處機七人，謂之七真，乃北宗也。

清・李調元《劇話》卷下 張時起《昭君出塞》、馬致遠《漢宮秋》劇，見韓子蒼《昭君圖序》。漢時，呼韓邪來朝，言願婿漢氏。元帝以後宮良家子嬙者配之，生二子，株累立，復妻之，生二女。至范書，始言入宮久不見御，因掖庭令請行，單于臨辭，大會，昭君丰容靚飾，竦動左右，帝驚悔，欲復留，而重大信。班書皆不合。《西京雜記》又言：元帝使畫工圖宮人，昭君獨不行賂，乃惡圖之。既行，遂按誅毛延壽。《琴操》又言本齊國王襄女，願妻其子，吞藥而卒。蓋其事雜出，無所考正。至元人《琵琶》劇：石崇《王明君辭序》云：昔公主嫁烏孫，令琵琶馬上作樂，以慰其道路之思，其送昭君亦必爾也。石崇既有此言，後人遂以實之昭君，誤矣。

著録

元・鍾嗣成《録鬼簿》卷上 馬致遠：《劉阮誤入桃源洞》、《吕太后人彘戚夫人》、《江州司馬青衫淚》、《風雪騎驢孟浩然》、《吕洞賓三醉岳陽樓》、《王祖師三度馬丹陽》、《太華山陳摶高卧》、《孟朝雲風雪歲寒亭》、《凍吟詩踏雪尋梅》、《吕蒙正風雪飯後鐘》、《大人先生酒德頌》、《孤雁漢宮秋》。

清・高奕《新傳奇品》附録《古人傳奇總目》 《牧羊》,馬致遠作,蘇武事。

清・佚名《曲海總目提要》卷一 《青衫淚》:按:馬致遠,號東籬,大都人。所作雜劇,今存《青衫淚》、《岳陽樓》、《陳摶高卧》、《漢宮秋》、《薦福碑》、《任風子》、《黄粱夢》等七種。

清・黄文暘、佚名《重訂曲海總目・元人雜劇》 馬致遠:《漢宮秋》、《薦福碑》、《三醉岳陽樓》、《踏雪尋梅》、《陳摶高卧》、《黄粱夢》、《青衫淚》、《三度任風子》。

清・焦循《易餘籥録》卷一七 《半夜雷轟薦福碑》,馬致遠作,《包待制三勘胡蝶夢》,關漢卿作,《點鬼簿》馬、關無此目。

清・黄丕烈《也是園藏書・古今雜劇目録》 元馬致遠:《破幽夢孤雁漢宮秋》、《馬丹陽三度任風子》、《呂洞賓三醉岳陽樓》、《江州司馬青衫淚》、《半夜雷轟薦福碑》、《西華山陳摶高卧》、《孟浩然踏雪尋梅》、《開壇闡教黄粱夢》。

清・支豐宜《曲目新編》 元人雜劇:《漢宮秋》、《薦福碑》、《三醉岳陽樓》、《陳摶高卧》、《黄粱夢》、《青衫淚》、《三度任風子》,右七種,馬致遠作。

清・姚燮《今樂考證・著録一・元雜劇》 馬致遠十三種:《劉阮誤入桃源洞》一作《悮入桃園》、《江州司馬青衫淚》、《風雪騎驢孟浩然》《録鬼簿》載此目,又載《凍吟詩踏雪尋梅》,當是一劇誤分爲二,今删去,《也是園書目》作《孟浩然踏雪尋梅》、《太華山陳摶高卧》、《大人先生酒德頌》、《呂太后人彘戚夫人》、《呂洞賓三醉岳陽樓》《選》目云:第三折花李郎作,第四折紅字李二作、《王祖師三度馬丹陽》《也是園書目》作《馬丹陽三度任風子》、《孟朝雲風雪歲寒亭》、《呂蒙正風雪飯後鐘》一本作《齋後鐘》、《孤雁漢宮秋》《也是園目》作《破幽夢孤雁漢宮秋》。以上《録鬼簿》、《開壇闡教黄粱夢》、《半夜雷轟薦福碑》二種見《也是園目》。

清・王國維《曲録》卷二 《劉阮誤入天台洞》、《呂太后人彘戚夫人》、《江州司馬青衫淚》、《風雪騎驢孟浩然》、《呂洞賓三醉岳陽樓》、《王祖師三度馬丹陽》、《太華山陳摶高卧》、《孟朝雲風雪歲寒亭》、《凍吟詩踏雪尋梅》、《呂蒙正風雪齋後鐘》、《大人先生酒德頌》、《破幽夢孤雁漢宮秋》、《半夜雷轟薦福碑》、《馬丹陽三度任風子》。右十四種,元馬致遠撰。

藝文

元・張小山《雙調・慶東原・次馬致遠先輩韻九篇》 燒丹竈,洗藥瓢,樂清閑幾個人知道。閑欠鳳簫,悶拈兔毫,焉用牛刀。他得志笑閑人,他失脚閑人笑。

門長閉,客任敲,山童不唤陳摶覺。袖中六韜,鬢邊二毛,家裏簞瓢。他得志笑閑人,他失脚閑人笑。

殺三士,因二桃,不如五柳莊前傲。文魔賈島,詩窮孟郊,酒困山濤。他得志笑閑人,他失脚閑人笑。

繁華夢,貧賤交,唐堯不改巢由調。紛紛紫袍,區區緑袍,戀戀綈袍。他得志笑閑人,他失脚閑人笑。

詩情放,劍氣豪,英雄不把窮通較。江中斬蛟,雲間射雕,席上揮毫。他得志笑閑人,他失脚閑人笑。

難開眼,懶折腰,白雲不應蒲輪召。解組漢朝,尋詩灞橋,策杖臨皋。他得志笑閑人,他失脚閑人笑。

依山洞,結把茅,清風兩袖長舒嘯。問江邊老樵,訪山中故交,伴雲外孤鶴。他得志笑閑人,他失脚閑人笑。

蒼頭哨,驕馬驕,放轡頭也只到長安道。説家門盡教,守齏鹽慢熬,請荆布休焦。他得志笑閑人,他失脚閑人笑。

山容瘦,木葉雕,對西窗盡是詩材料。蒼烟樹杪,殘雪柳條,紅日花梢。他得志笑閑人,他失脚閑人笑。

元・元淮《金困集・吊昭君・馬智遠詞》 昔年上馬衣貂裘,不慣胡沙萬里愁。閣淚無言窺漢將,偷生陪笑和箜篌。環珮影摇青塚月,琵琶聲斷黑河秋。當時若賂毛延壽,安得高名滿薊幽。

明・賈仲明《凌波仙・補馬致遠吊詞》 萬花叢裏馬神仙,百世集中説致遠,四方海内皆談羨。戰文場曲狀元,姓名香貫滿梨園。《漢宮秋》、《青衫淚》、《戚夫人》、《孟浩然》，共庾、白、關老齊肩。

又《凌波仙・補李時中吊詞》 元貞書會李時中，馬致遠、花李郎、紅字公，四賢高合捻《黄粱夢》。東籬翁頭折冤，第二折商調相從，第三折大石調，第四折是正宮，都一般愁霧悲風。

清・楊芳燦《真率齋初稿》卷五《消夏偶檢填詞數十種，漫題斷句，仿元遺山論詩體》 蕃馬胡笳血淚流，誰歌《孤雁漢宮秋》。李陵臺上黄昏月，訴盡明妃去國愁。

清・凌廷堪《論曲絶句》 大都詞客本風流，百歲光陰老更遒。文到元和詩到杜，月明孤雁《漢宮秋》。

圖表

明（萬曆）顧曲齋刊《古雜劇》本《漢宮秋》插圖

又《青衫淚》插圖

李文蔚

論説

明・朱權《太和正音譜》卷上　李文蔚之詞，如雪壓蒼松。

傳記

元・鍾嗣成《録鬼簿》卷上　李文蔚，真定人。江州路瑞昌縣尹。

紀事

清・佚名《曲海總目提要》卷一《燕青博魚》　元李文蔚撰。劇中姓名，借用《水滸傳》燕青等，其事則憑空捏造，絶無可據。考元取士有填詞科，主司所定題目外，止曲名及韻耳，其賓白則演劇者自爲之，或多鄙俚蹈襲之語。如此劇是也。古者烏曹作博，以五木爲子，有梟盧雉犢，爲勝負之采。《楚辭》：箟蔽象棋有六博，分曹并進尤相迫，成梟而盧呼五白。《晉書》：劉毅樗蒲大擲數百萬，人并黑犢，惟毅得雉，大喜，褰衣繞床叫曰：非不能盧，不事此爾。劉裕因接五木曰：老兄試爲卿答之。而四子俱黑，一子轉躍未定，裕厲聲喝之，即成盧。毅殊不悅。又宋武帝與侍中顔師伯樗蒲，帝得雉大悦，師伯後得盧，帝失色。師伯遽斂手曰：幾得盧。又《事始》載明皇與貴妃采戲，將北，惟重四可轉，上連呼叱之，骰子轉成重四。上悦，賜四緋也。又《莊子》：以瓦注者巧，以鈎注者憚，以金注者殙。注云：注，射也。射而賭物曰注，即孤注之注。又後漢梁冀意錢之戲，即攤錢也。按劇中曲云：則這新染來的頭錢，不甚昏，可不算先道的準，心手裡明明白白，攧定一文文。則所謂博者，蓋攤錢、博魚，以魚爲注也。略云：梁山泊宋江，以重陽節，給假放衆頭領下山遊賞，仍立限回山。燕青逾限當誅，吳用等爲之請免，受責，青以氣憤而目失明。江令下山覓醫，青遂流落汴梁。汴梁人燕和，妻王臘梅有淫行，和弟捲毛虎燕順惡其嫂，棄家去。臘梅與奸夫楊衙内約，三月三日會於同樂院。及期，楊跨馬赴院，撞倒盲人燕青。青欲牽馬，反爲楊所毆。楊馳去，青誤扭一人，乃燕順也。順善鍼，憐青以盲受辱，爲下鍼治盲，青目復明。通姓名，結爲兄弟。青方困，借本販鮮魚以自給。時復三月三日，青至酒店博魚，燕和夫婦在店飲。青與和博，和得魚，青告苦於和，和還其魚，負擔欲去。值楊衙内至店，以青不回避，奪其擔。青知即前毆己之人，還毆之，楊狼狽走。和見青拳勇，亦與結兄弟，引至家留養。中秋節，臘梅又約楊到園飲，爲青所見，報和，持刀將殺楊，楊軼去。又欲殺臘梅，和猶豫未决。楊統衆至，縛和及青，付官下獄。青與和越獄走，楊與臘梅復率衆追。將及，青、和遇順。時順已入梁山寨，聞和及青受冤，挾貲來救，遂并力擒楊及臘梅而殺之。俱歸梁山。又《補遺》一五：《燕青博魚》，元李文蔚撰，關目以燕青爲主，以燕順穿插之，實影射《水滸傳》二潘之事，紐合爲一也。略云：宋江哨聚梁山，頭目燕青給假誤限，當斬。循吳用之請，免死，杖脊，削其籍。青氣憤，雙目失明。江念其功，令衆各贈金釵一股，下山療治，愈時復回。青至汴梁，宿逆旅中，汴梁有燕和，與弟順同居。順鬚髮戟張，號捲毛虎。和繼室王臘梅，性淫蕩，與楊衙内有染，爲順所憎惡，叔嫂之間，時常勃谿。順棄家，別營藥肆生理。歲暮大雪，楊策騎訪臘梅。時青以窮困被逐於逆旅主人，在途乞討，楊撞青跌。青起遮馬理争，楊毆青，青亦扭楊，楊掙脱馳去。順適至，青誤扭順，順曰：彼騎而我步也。青謝罪。順詢其致瞽之由，邀至肆中，爲之針治，目忽明。論齒，青認順爲兄，述及梁山聚義事，順亦欣慕。復告以雪中相毆爲楊，平居怙勢，屬勿較。青別去，重理賣魚之業。清明日，和挈家赴同樂院遊春，青至彼博魚，和與博，勝之。青言魚貲出自他人，乞魚轉博，復納還，和憐而予之。青感謝，負擔欲行，楊踵至，怒擔阻路，折擔并碎魚盆。青探知爲楊，觸宿忿，拳之幾斃，楊逸去。和賞青之身手，詰問邦族，結爲昆弟，邀至家中。秋節，臘梅期楊幽會，慮青與和礙目，醉以酒，各先寢。楊乘夜至，相將赴花園凉亭，傳觴遣懷，證星設誓，青因煩熱，亦赴園納凉解醒。窺見，呼和捉姦，楊自窗欞脱走，召祇從入捕青等，投之獄，謀斃之。青等脱獄，楊偕臘梅率衆窮追。時順已赴梁山落草，訪悉前事，賫金珠下山營救，與青等遇，協力將楊與臘梅捕獲。而江亦督衆接應，彼此會合，回山，戮姦夫淫婦，張筵爲青等慶賀云。據劇中第二折《油葫蘆》曲文，博乃擲錢爲之，今齊豫之間尚盛行。殆即後漢梁冀意錢之戲也。

著録

元・鍾嗣成《録鬼簿》卷上　李文蔚【略】《張子房圯橋進履》、《漢武帝死哭李夫人》、《謝安東山高卧》、趙公輔次本，監咸韻。《盧亭亭擔水澆花旦》、《謝玄破苻堅》、《燕青射雁》、《金水題紅怨》、《報冤臺燕青撲魚》、《風雪推車記》、《濯錦江魚雁傳情》。

明・趙琦美《李文蔚張子房圯橋進履・跋》　乙卯三月二十三日校内本，清常道人。

又《李文蔚破苻堅蔣神靈應・跋》　校抄内本，乙卯二月廿一日，清常記。

清・佚名《曲海總目提要》卷一　李文蔚，真定人，所作雜劇，今存《燕青博魚》，《圯橋進履》等二種。

清・焦循《易餘籥録》卷一七　《同樂院燕青博魚》，李文蔚作，《點鬼簿》題有《報冤臺燕青撲魚》及《燕青射雁》二目，無《燕青博魚》。

清・黄丕烈《也是園藏書・古今雜劇目録》　元李文蔚：《張子房圯橋進履》、《同樂院燕青博魚》、《破苻堅蔣神靈應》。

清・姚燮《今樂考證・著録一・元雜劇》　李文蔚十二種：《漢武帝死哭李夫人》、《蔡逍遥醉寫石州慢》、《盧亭亭擔水澆花旦》、《張子房圯橋進履》、《報冤臺燕青博魚》、《濯錦江魚雁傳情》、《謝安東山高卧》、《金水題紅怨》、《秋夜芭蕉雨》、《謝玄破苻堅》、《風雪推車記》、《燕青射雁》。

清・王國維《曲録》卷二　《張子房圯橋進履》、《漢武帝死哭李夫人》、《謝安東山高卧》、《蔡逍遥醉寫石州慢》、《謝玄破苻堅》、《盧亭擔水澆花》、《金水題紅怨》、《秋夜琵琶雨》、《燕青射雁》、《報冤臺燕青撲魚》、《風雪推車記》、《濯錦江魚雁傳情》。右十二種，元李文蔚撰。

藝文

明・賈仲明《凌波仙・補李文蔚吊詞》　《石州情》醉寫蔡蕭閒。《芭蕉雨》秋宵周素蘭。《澆花旦》才并《推車旦》。《破苻堅》淝水間，晉謝安得卧東山。瑞昌縣，爲新令；真定府，是故關。月落花殘。

李直夫

論説

明・朱權《太和正音譜》卷上　李直夫之詞，如梅邊月影。

明・何良俊《曲論》　李直夫《虎頭牌》雜劇十七换頭，關漢卿散套二十换頭，王實甫《歌舞麗春堂》十二换頭，在雙調中别是一調，排名如〔阿那忽〕、〔相公愛〕、〔也不羅〕、〔醉也摩挲〕、〔忽都白〕、〔唐兀歹〕之類，皆是胡語，此其證也。三套中唯十七换頭其調尤叶，蓋李是女真人也。

傳記

元・鍾嗣成《録鬼簿》卷上　李直夫，女真人。德興府住。即蒲察李五。

紀事

清・佚名《曲海總目提要》卷一《虎頭牌》 元李直夫撰。劇中地理官名。蓋指金源時事。山壽馬罰不避親，見其時軍法之嚴也。漢制，郡國兵必有虎符，而後發。金制，軍中符驗，有金牌銀牌木牌。金牌以授萬户，銀牌以授猛安，猛安，千人長也。木牌則謀克蒲輦所佩者也，謂之曰信牌，軍中傳遞以爲信。元因之，萬户金虎符，千户金，百户銀符。略云：金牌上千户山壽馬者，完顔氏也，世居渤海，幼孤，其叔銀住馬撫之成立。襲職千户，鎮守夾山口，累著功績，擢爲兵馬大元帥行樞密院事。按史，天會十三年立三省樞密院。賜雙虎符金牌，便宜行事；又許以前所授金牌，隨舉一人授之，守夾山口。會其叔銀住馬自渤海來探之，聞有是命，使其妻與壽馬之妻茶茶言，欲得金牌守夾山口。而山壽馬以其篤嗜酒恐誤軍政，難之。茶茶告其妻，其妻告。銀住馬願得官，誓止酒不飲，山壽馬乃以牌委之而去。親友來賀，銀住馬不覺復醉，其兄金住馬切戒之。銀住馬恃其姪爲元帥，不以爲意，中酒屢失事。中秋夕，方痛飲，而夾山口爲敵所破，掠去人口牛馬。銀住馬乘醉上馬奪回，而山壽馬已行文至勾之。銀住馬復毆役不聽勾，山壽馬復遣曳刺縛詣帥府，使畫供，銀住馬醉中具服。山壽馬將按法誅之，其嬸及茶茶來求免，叱退之。軍吏皆爲之請，俱不聽。銀住馬醒，始追憶其奪回人口牛馬事，願以功抵罪，山壽馬始釋而杖之。山壽馬既申軍法，乃置酒殺羊，向其叔請罪，叔姪相好如初。

著録

元・鍾嗣成《録鬼簿》卷上 李直夫：《念奴教樂府》、《武元皇帝虎頭牌》、《穎考叔孝諫莊公》、《鄧伯道棄子留姪》、《風月郎君怕媳婦》、《尾生期女渰藍橋》。《宦門子弟錯立身》、《歹鬬娘子勸丈夫》、《俏郎君占斷風光好》、《謊郎君敗壞盡風光好》、《晏叔原風月夕陽樓》。

明・朱權《太和正音譜・群英所編雜劇》 李直夫：《孝諫鄭莊公》、《念奴教樂》、《水渰藍橋》、《虎頭牌》、《伯道棄子》、《歹鬬娘子勸丈夫》、《錯立身》二本、《夕陽樓》、《風月郎君怕媳婦》、《火燒祆廟》、《壞盡風光》、《占斷風光》。

明・晁瑮《寶文堂書目》卷中 《便宜行事虎頭牌》。

清・黄文暘、佚名《重訂曲海總目》 《虎頭牌》。

清・黄丕烈《也是園藏古今雜劇目録・待訪古今雜劇存目》 《便宜行事虎頭牌》、《鄧伯道棄子留姪》。

清・梁廷枏《曲話》卷一 《虎頭牌》。

清・支豐宜《曲目新編》 《虎頭牌》。

清・姚燮《今樂考證・著録一・元雜劇》 李直夫十二種：《念奴教樂府》、《武元皇帝虎頭牌》、一作便宜行事虎頭牌。《穎考叔孝諫莊公》一本作孝諫鄭莊公、《鄧伯道棄子留姪》、《風月郎君怕媳婦》、《尾生期女渰藍橋》、□目作水渰藍橋。《宦門子弟錯立身》、□目有二本。也是□入無名氏。《俏郎君占斷風光好》、《謊郎君壞盡風光好》、《歹門娘子勸丈夫》、歹門，一作反門。《晏叔原風月夕陽樓》、以上《録鬼簿》。《火燒祆廟》《曲□》目補入。

清・王國維《曲録》卷二 《武元皇帝虎頭牌》、《穎考叔孝諫莊公》、《風月郎君怕媳婦》、《鄧伯道棄子留姪》、《宦門子弟錯立身》、《尾生期女渰藍橋》、《歹鬬娘子勸丈夫》、《念奴教樂府》、《晏元叔風月夕陽樓》、《俏郎君占斷風光好》、《謊郎君敗壞盡風光好》、《火燒祆廟》。右十二種元李直夫撰。

藝文

明・賈仲明《凌波仙・補李直夫吊詞》 蒲察李五大金族，《鄧伯道》、《夕陽樓》、《勸丈夫》。《虎頭牌》、《錯立身》、《怕媳婦》，《諫莊公》穎考叔。俏郎君　謊郎君，各自乘除。《渰藍橋》尾生子，教天樂　黄念奴，是德興秀氣直夫。

吴昌齡

論說

明・朱權《太和正音譜》卷上 吴昌齡之詞，如庭草交翠。

清・梁廷枏《曲話》卷二 吴昌齡《風花雪月》一劇，雅馴中饒有韻致，吐屬亦清和婉約。帶白能使上下串連，一無滲漏，佈局排場，更能濃淡疏密相間而出。在元人雜劇中，爲全璧，洵不可多觀也。

傳記

元・鍾嗣成《録鬼簿》卷上 吴昌齡，西京人。

紀事

清・佚名《曲海總目提要》卷二《辰鉤月》 元吴昌齡撰。云長眉仙遣梅菊荷桃，張天師斷風花雪月，蓋必當時舉子秋榜獲雋，而不能得志于春闈者。故劇中以桃桂二仙偕至，桂仙留而桃仙不留，是其寄託也。鄉闈得雋必以折桂爲比，唐人詩桂花香處同高第，領取嫦娥攀取桂皆此意也。桃仙封姨本之《博異記》，但記有楊氏、李氏、石醋，并陶氏爲四。其封十八姨，以指春風，此則兼四時言。故添梅荷菊與雪天王，曰風花雪月。月即指桂花，謂月中仙也。略云：洛陽太守陳全忠，西洛人也。有姪曰世英，以應舉經洛陽，全忠留住園中。值中秋節，世英醉後翫月題詩鼓琴。時羅睺計都星纏月，而元英琴聲感動婁宿，得救月宫之難。于是月中桂花仙子深感元英，且與元英有宿緣，潛下人間，與封姨桃花仙子叩世英館，飲酒而去，訂以明年此夕再來。世英思仙子不置，染疾伏枕。適張天師道元過洛，謂全忠園有花月之妖，遂爲結壇，勾攝梅菊荷桃風花雪月諸仙，畢至壇所勘問。諸仙皆怨桂花一人思凡，而波累及衆，各以詞折辨。天師勘問既明，牒往西池長眉仙處問罪。長眉仙者，群仙之總也。以桂花仙子，本爲酬恩起見，又念其從無匹配，思凡下世，情有可矜，竟得釋免其餘衆仙各歸本位。而世英疾亦平。張衡《靈憲》曰：羿請不死藥於王母，姮娥竊之奔月宫。又《虞喜安天論》曰：俗傳月中仙人桂樹，今視其初生，見仙人之足；漸已成形，桂樹復生。按天文書，火之餘爲羅睺，土之餘爲計都，又計都犯羅睺則日食，羅睺侵計都則月食。奎婁胃昴畢觜參七星，金星主之以司秋。婁星明則郊祀得禮，天子有福，多子孫，臣忠子孝。劇中張天師云祖傳三十七代。按《元史・釋老傳》，正一天師者，始自漢張道陵。其後四代孫曰盛來，居信之龍虎山相傳至三十六代孫宗演，當至元十三年。世祖召之，待以客禮，特賜玉芙蓉冠組金無縫服命主領江南道教，仍賜銀印。嘗命取其祖天師所傳玉印寶劍觀之。二十九年卒。子與棣嗣，爲三十七代，襲掌江南道教。三十一年入覲，卒於京師。陳世英白云：三十三天，離恨天最高；四百四病，相思病最苦。三十三天，四百四病，皆出内典。天師白云引誘嫦娥，輒入五姓之家。又天師白中菊花詩云東坡昔貶黄州道，吹落黄花滿地金。按：此本稗史之說，謂王安石三難蘇軾，有黄州菊花落地之說。然此誤也。史正志《菊花敘》云：荆公詩黄菊飄零滿地金，歐陽曰：秋花不比春花落，憑仗詩人仔細看。荆公笑曰：歐九不學故也，不見楚詞云餐秋菊之落英云噫，荆公蓋拗性自文耳。詩之訪落訓落爲始蓋謂花始敷也。殘芳剩馥，豈堪咀嚼乎。嘗詢楚黄士人，實無此種，據此乃歐陽事，非蘇軾也。白中菊花仙，本之《夷堅志》。志云：成都府學有神曰菊花仙，相傳爲漢宫女。諸求名者往祈影響，神必明告。仙爲漢宫女，蓋在漢宫飲菊花酒者。或云：成都府漢文翁石室壁間畫一婦人，手持菊花，前對一猴，號菊花娘子。大比之歲，士人多乞夢，頗有靈異。

又《東坡夢》 元吴昌齡撰。記蘇軾與佛印相問答事。用白牡丹點綴，蓋借用琴操事也。考蘇軾詩，有《贈金山寺長老了元絶句》二首云：病骨難堪玉帶圍，鈍根仍落箭鋒機。欲教乞食歌妓院，故與雲山舊衲衣。此帶閲人如傳舍，流傳到我亦悠哉。錦袍錯落真相稱，乞與佯狂老萬回。世所傳東坡、佛印問答語甚多，此其最著者，但在金山事。劇内言廬山問答，則無可考。蘇軾遊廬山，至東林，贈總師二偈曰：溪聲便是廣長舌，山色豈非清浄身。夜來八萬四千偈，他日如何舉似人。横看成嶺側成峰，遠近看山了不同。不識廬山真面目，只緣身在此山中。黄庭堅曰：此老於般若，横説豎説，了無剩語。非筆端有口，安能吐此不傳之妙乎。又考《西湖志餘》：蘇子瞻守杭州日，有妓名琴操，頗通佛書，解言辭，子瞻喜之。一日遊西湖，戲語琴操曰：我作長老，汝試參禪。琴操敬諾。子瞻問曰：何謂湖中景。對曰：落霞與孤鶩齊飛，秋水共長天一色。何謂景中人。對曰：裙拖六幅湘江水，髻挽巫山一段雲。何謂人中意。對曰：隨他楊學士，鱉殺鮑參軍。如此究竟如何。子瞻曰：門前冷落車馬稀，老大嫁作商人婦。琴操言下大悟，削髮爲尼。與劇中了元度白牡丹事頗相類，然地里人名皆不合。略云：東坡以諫阻青苗法，觸王安石，謫居黄州。於太守席見一歌妓，曰白牡丹，云是樂天之後，聰慧異常。東坡挈之遊廬山，時廬山東林住持了元，東坡之故人也。坡欲使牡丹招之還俗，元終不爲動，而以神通遣花間四友曰夭桃、嫩柳、翠竹、紅梅，引東坡入夢飲以酒。坡盡醉，爲各賦詩。明日，了元昇座説法，東坡不能難。及與白牡丹問答數語，牡丹言下有省，願披剃爲尼。坡本欲以牡丹魔障了元，今反爲了元度脱。坡不覺爽然，益悟色即是空，空即是色也。《吴中紀聞》載：張敏叔嘗以牡丹爲貴客，梅爲清客，菊爲香客，瑞香爲佳客，丁香爲素客，蘭爲幽客，蓮爲浄客，荼蘼爲雅客，薔薇爲野客，桂爲仙客，茉莉爲遠客，芍藥爲近客。各賦一詩，吴中至今傳播。《東坡外集》：東坡元豐末年，得請歸耕陽羨。舟次瓜步，以書抵金山了元禪師曰：不必出山，當學趙州三等接人。元得書徑來，東坡迎笑問之。以偈爲獻曰：趙州當日少謙光，不出山門見趙王。争似金山無量相，大千都是一禪床。東坡拊掌稱善。

著録

元·鍾嗣成《録鬼簿》卷上　吴昌齡：《唐三藏西天取經》、《張天師夜祭辰鈎月》、《浣花女抱石投江》、《哪吒太子眼睛記》、《浪子回回賞黄花》、《鬼子母揭鉢記》、《月夜走昭君》、《狄青撲馬》、《貨郎末泥》。

明·晁瑮《寶文堂書目》卷中　《張天師斷風花雪月》、《花間四友東坡夢》。

明·朱權《太和正音譜·群英所編雜劇》　吴昌齡：《賞黄花》、《搜胡洞》、《眼睛記》、《抱石投江》、《東坡夢》、《辰鈎月》、《貨郎末泥》、《西天取經》、《夜月走昭君》、《狄青搏馬》。

清·黄文暘、佚名《重訂曲海總目》　《風花雪月》、《東坡夢》。

清·黄丕烈《也是園藏古今雜劇目録·待訪古今雜劇存目》　《花間四友東坡夢》、《唐三藏西天取經》。

清·梁廷枏《曲話》卷一　《風花雪月》、《東坡夢》。

清·支豐宜《曲目新編》　《風花雪月》、《東坡夢》。

清·姚燮《今樂考證·著録一·元雜劇》　吴昌齡十一種：《張天師夜祭辰勾月》、《張天師斷風花雪月》、《浣花女抱石投江》、《哪吒太子眼睛記》、《浪子回回賞黄花》、《鬼子母揭鉢記》、《月夜走昭君》、《狄青撲馬》、《貨郎末泥》、《搜胡洞》、《花間四友東坡夢》。

清·王國維《曲録》卷二　《唐三藏西天取經》、《張天師夜祭辰鈎月》、《浣紗女抱石投江》、《鬼子母揭鉢記》、《哪吒太子眼睛記》、《狄青撲馬》、《浪子回回賞黄花》、《貨郎末泥》、《月夜走昭君》、《花間四友東坡夢》、《搜胡洞》。右十一種，元吴昌齡撰。

藝文

明·賈仲明《凌波仙·補吴昌齡吊詞》　西京出屯俊英傑，名姓題將《鬼簿》寫。《走昭君》、《東坡夢》、《辰勾月》，《探狐洞》、《賞黄花》、《色目佳》。《西天取經》行用全别。《眼睛記》、《狄青撲馬》、《抱石投江》、《貨郎末泥》。十段錦，段段和協。

王實甫

論說

綜論

明・朱權《太和正音譜》卷上　王實甫之詞，如花間美人。鋪叙委婉，深得騷人之趣，極有佳句。若玉環之出浴華清，緑珠之採蓮洛浦。

明・王世貞《曲藻》　北曲故當以《西廂》壓卷。如曲中語：雪浪拍長空。【略】只此數條，他傳奇不能及。又：《西廂》久傳爲關漢卿撰，邇來乃有以爲王實夫者。謂至《郵亭夢》而止。又云至碧雲天黄花地而止。此後乃漢卿所補也。初以爲好事者傳之妄。及閲《太和正音譜》，王實夫十三本，以《西廂》爲首，漢卿六十一首，不載《西廂》，則亦可據。第漢卿所補《商調・集賢賓》及《挂金索》裙染榴花，【略】俊語亦不減前。今世所演者，《北西廂記》出王實甫，【略】皆元人詞也。

明・李贄《李卓吾先生批評西廂記真本雜記》　《拜月》、《西廂》，化工也；《琵琶》，畫工也。夫所謂畫工者，以其能奪天地之化工。【略】雜劇院本，此遊戲之上乘也。《西廂》、《拜月》，何工之有蓋工莫工於《琵琶》矣。【略】《西廂》、《拜月》乃不如是。意者宇宙之内，本自有如此可喜之人，如化工之於物，其工巧自不可思議爾。且夫世之真能文者，比其初，皆非有意於爲文也。其胸中有如許無狀可怪之事，其喉間有如許欲吐而不敢吐之物，其口頭又時時有許多欲語而莫可所以告語之處，蓄極積久，勢不能遏。一旦見景生情，觸目興嘆，奪他人之酒杯，澆自己之壘塊，訴心中之不平，感數奇於千載。既噴玉唾珠，昭回雲漢，爲章於天矣；遂亦自負，發狂大叫，流涕慟哭，不能自止。寧使見者聞者，切齒咬牙，欲殺欲割，而終不忍藏於名山，投之水火。予覽斯記，想見其爲人，當其時，必有大不得意于君臣、朋友之間者，故借夫婦離合因緣以發其端。於是焉喜佳人之難得，羨張生之奇遇，比雲雨之翻覆，嘆今人之如土，其尤可笑者，小小風流一事耳。至比之張旭、張顛、羲之、獻之，而又過之。堯夫云：唐虞揖讓三杯酒，湯武征誅一局棋。夫征誅、揖讓，何等也，而以一杯一局覷之，至渺小矣。嗚呼，今古豪杰，大抵皆然。小中見大，大中見小，舉一毛端建寶王刹，坐微塵裏轉大法輪，此自至理，非干戲論。倘爾不信，中庭月下，木落秋空，寂寞書齋，獨自無賴，試取《琴心》一彈再鼓，其無盡藏不可思議，工巧固可思也。嗚呼。若彼作者，吾安能見之與。

清・佚名《刻李王二先生批評北西廂記序》　勝國時王實夫、關漢卿簸弄天□□□□爲崔張傳奇。【略】雖《西廂》殘霞零露，亦謂得宇宙中一段光怪，剔精抉微，義所不厭。曾已大發其武庫之森森戈戟者，既而施墨研朱，一點一綴，王、關譜之曲中，李、王評之曲外，皮髓韻神、濃淡有無之間，延壽之所不能臆寫，昭君之所不能色授也。自來《西廂》富於才情見豪，一得二公評後，更令千古色飛，浮屠項上助之風鈴，一角響不其遠歟。朝品評夕播傳，難禁購求，千金不得，慕者遺憾。頃余挾篋吴越間謁掌故，得二先生家藏遺草，歸以付之殺青，爲□矣。□□□□第恐二先生精神又躁動，今日之域中，怪見洛陽紙貴也，籍以風化，見垢宋理儒腐氣。

明・張鳳翼《西廂記考序》　先生據王性之辨證其事爲元微之之事，而傳奇亦即微之所作。微之生于唐大曆己未，至貞元庚辰年，正廿二，既與記中所稱脗合，而楊阜公櫝微之所作《姨母鄭氏墓誌》，則所云喪夫遭亂，與其所保護周旋者，無不備至，要皆微之自己實事。則其後之踰東家牆而適所欲者，其爲微之無疑也。獨微之後自娶韋，而崔亦竟適他人，與記中成婚還鄉者不同。然悲歡離合，傳奇不可缺一，其誣而合也，亦多矣，亦久矣，何足深辨。余獨愛其詞旨婉麗，則開襟豁緒之傀儡也；音調諧適，則引商激羽之指南也；雅俗兼收，則援古證今之珠肆也；情興逸宕，則破拘摘攣之斧斤也，君子取節焉可也。第其窮妍極態，則踰檢蕩制者將奄袂矣；鉤挑引攝，則竊穴隙窺者將攘臂矣；傳書遞簡，則驤蜂驟蝶者將塞途矣。此余病其爲宣淫導欲之囮窟也。雖然，有説焉：蕭寺非孀嫠寄跡之處，僧寓非佳冶藏身之所。臨園無割愛之命，則頷珠弭覬覦之端；歃盟無共席之觴，則窺香杜目成之竇。木朽而蛀生之，罅不窒而堤防隨之，自古記之矣。然則攬《西厢》者宜奈何。睹佛殿之相逢，則琳宫梵宇，窈窕毋投足可也；口食言之啓釁，則知輕諾詭盟，非防微杜漸之道也。懲杯酒之釀奸，則男女之分，慎不可以中表戚屬而輕于聚會也。睇往來之情詞，則下婢之賊，慎不可以佻儇慧捷而使得參貳于閨姝之側也。余謂惟君子爲能感發，亦惟君子爲能懲創，此之謂也。蓋以古人立教之意望人，而非直以傳奇爲《傳奇》也。江東洵美鍾情歌曲，尤于《西厢》一集企慕之。一日，手是編謂予曰：崔、張奇傳，倡自元微之，宋王性之《辨》可證。然而是集有南北之分焉。董解元、王實甫演爲北調，李日華、陸天池演爲南調，此四君者，轄字束句，磨韻諧聲，能發微之所未發。其詞大都蹁躚婉麗，語意含蓄，才藻高華，缺一不可者。余見今之輕儇子弟，惟捨艷媚新詞，冀以炫耳目，娱心志，毫不諳作者勸懲大義。名流校正始末，徒以崔張奇遇侈爲美談，詎知聖人删《詩》，不廢淫風，則古人立教，常寓意於音聲外也。以故赤水屠先生、義仍湯先生均爲當世博洽宏覽君子，亦于《西厢》訂證擬閲，蓋不以曲詞口視之也。然訂正者非一人，又徐文長得實父本而校，梁少白得日華本而校，余以爲口餖飣鋪掇傳奇之雅調也，觀者能會作者之意，則庶幾得古人立教之旨矣。此《西厢》合併也，校既成矣，子其爲我序之。因書此以弁諸首。

明・張鳳翼《新刻合併西厢敘》 詞家之有傳奇也，詩之流委也。而傳奇之有《西厢》也，變風之濫觴也。吾夫子與顔氏子斟酌禮樂，既矢口曰放鄭聲，而鄭衛之淫風，如所謂男悦女悦，惑男之辭，較然布諸方策，與《三百篇》共著。余嘗睹逸詩之散見於雜帙中者，多微言警句，彼之是删，而顧此之久存，何無倫耶。自古載籍極博，皆爲君子之畏聖言者設，不爲小人之侮聖言者爲宣淫導欲之資也。蓋善者感發善心，惡者懲創逸志。然惟君子爲能感發，亦惟君子爲能懲創，如易之咸，初咸拇，二咸腓，三咸股，伍咸脢，上六乃咸其輔頰舌。咸之言皆也。以人身取象，又少男少女，兩體相悦相應，自足至首，無不與皆，明示人以交感之象，然惟君子爲能觀象玩辭，知其如此則往口，如此則居貞，如此則悔亡。若小人則想像其形容，而求與之皆焉耳。惡知悔惡知吝，又惡知有吉而屋之哉知此道者，可與口西厢，目西厢。雖日日而口之，而目之，亦何害已西厢之記，爲崔張交懽而作。然張爲惡，有先生據王性之辨，證其事爲元微之之事，而傳奇亦即微之所作。微之生於唐大曆己未，至貞元庚辰年，正廿二，既與記中據稱脗合，而楊阜公禯微之所作《姨母鄭氏墓誌》，則所云喪夫遭亂，與其所保護周旋者，無不備至，要皆微之自己實事。則其後之踰東家牆而適所欲者，共爲微之無疑也。獨微之後自娶韋，而崔亦竟適他人，與記中成婚還鄉者不同。然悲歡離合，傳奇不可缺一，其誣而合也，亦多矣，亦久矣，何足深辨余獨愛其詞旨宛麗，則開襟豁緒之傀儡也。音調諧適，則引商激羽之指南也。雅俗兼收，則援古證今之珠肆也。情興逸宕，則破拘摘攣之斧斤也。君子取節焉可也。第其窮妍極態，則踰檢蕩制者將奮袂矣。鉤挑引攝，則窮穴隙窺者將攘臂矣。傳書遞簡，則驪蜂騾蝶者將塞途矣。此余病其爲宣淫導欲之囮窟也。雖然有説焉，蕭寺非孀嫠寄跡之處，僧寓非佳冶藏身之所。臨園無割愛之命，則頷珠弭覬覦之端。飲盟無共席之觴，則窺香杜目成之竇。木朽而蛀生之，罅不窒而堤防隨之，自古記之矣。然則攬《西厢》者宜奈何睹佛殿之相逢，則琳宫梵宇，窈窕毋投足可也。口食言之啓釁，則知輕諾詭盟，非防微杜漸之道也。懲杯酒之釀奸，則男女之分，慎不可以中表戚屬而輕於聚會也。睇往來之情詞，則下婢之賊，慎不可以佻儇慧捷而使得參貳於閨姝之側也。余謂惟君子爲能感發，亦惟君子爲能懲創，此之謂也。蓋以古人立教之意，望人而非直以傳奇爲傳奇也，江東洵美鍾情歌曲，尤於《西厢》一集企慕之。一日，手是編謂予曰：崔張奇傳，倡自元微之，宋王性之辨可證。然而是集有南北之分焉，董解元、王實甫演爲北調，李日華、陸天池演爲南調，此四君者，轄字束句，磨韻諧聲，能發微之所未發。其詞大都蹁躚婉麗，語意含蓄，才藻高華，蓋缺一不可者。余見今之輕儇子弟，惟拾豔媚新詞，冀以炫耳目，娱心志，毫不諳作者勸懲大義。名流校正始末，徒以崔張奇遇侈爲美譚，詎知聖人删詩，不廢淫風，則古人立教，常寓意於音聲外也。以故赤水屠先生、義仍湯先生均爲當世博洽宏覽君子，亦於《西厢》訂證擬閲，蓋不以曲詞口視之。然訂正者非一人，又徐文長得實父本而較，梁少白得日華本而校，余以爲直餖飣補掇傳奇中之雅調也。觀者能會作者之意，則庶幾得古人立教之旨矣。此《西厢》合併也，校既成矣，子其爲我序之。因書此以弁諸首。

明・王驥德《新校注古本西厢記自序》 於是，實甫者起，沿用爨弄諸色，組織董《記》，倚之新聲。董詞初變詩餘，多椎樸而寡雅馴。實甫斟酌才情，緣飾藻艷，極其致于淺深濃淡之間，令前無作者，後掉來喆，遂擅千古絶調。自王公貴人，逮閨秀里孺，世無不知有所謂《西廂記》者。又：兩君子關、王他作，實甫以描寫，而漢卿以琱鏤。描寫者遠攝風神，而琱鏤者深次骨貌。持此以當兩君子三尺，思且過半。即有具眼者，或不以余言爲孟浪也。

明・王驥德《曲律》 世稱曲手，必曰關、鄭、白、馬，顧不及王，要非定論。又：古戲必以《西廂》、《琵琶》稱首，遞爲桓、文。然《琵琶》終以法讓《西廂》，故當離爲雙美，不得合爲聯璧。《琵琶》遣意嘔心，造語刺骨，似非以漫得之者，顧多蕪語累字，何耶。又：《西廂》組艷，《琵琶》修實，其體固然。何元朗并訾之，以爲《西廂》全帶脂粉，《琵琶》專弄學問，殊寡本色。夫本色尚有勝二氏者哉。過矣。又：人之賦才各有所近，馬東籬、王實甫，皆勝國名手。馬於《黄粱夢》、《岳陽樓》諸劇，種種妙絶，而一遇麗情，便傷雄勁。王於《西廂》、《絲竹芙蓉亭》之外，作他劇多草草不稱。尺有所短，信然。又：作曲好用險韻，亦是一僻。須韻險而語則極俊，又極穩妥，方妙。《西廂》之不念《法華經》，不禮《梁王懺》，及彩筆題詩，回文織錦，何語不俊，何韻不妥。

明・王驥德《西廂記評語》 《西廂》，《風》之遺也；《琵琶》，《雅》之遺也。《西廂》似李，《琵琶》似杜，二家無大軒輊。然《琵琶》工處可指，《西廂》無所不工。《琵琶》宫調不倫，平仄多舛。《西廂》繩削甚嚴，旗色不亂。《琵琶》之妙，以情以理；《西廂》之妙，以神以韻。《琵琶》以大，《西廂》以化。又：《西廂》妙處，不當以字句求之。其聯絡顧盼，斐亹英發，如長河之流、率然之蛇，是一部片段好文字，他曲莫及。又：《西廂》概言，無所不佳。就中摘其尤者，則相國行祠、風静簾閒、晚風寒峭、彩筆題詩、夜去明來數曲，窮工極妙，更超越諸曲之上，巧有獨至，即實甫要亦不知所以然而然。又：諸曲平仄，較《正音譜》，或時有出入，然自不妨諧叶。試錯綜按之，無不皆然，所謂柳下惠則可也。又：《中原音韻》所謂字别陰陽，曲中精髓。然以繩《西廂》，亦不能皆合。如《點絳脣》首句第四字，合用陰字，而遊藝中原之原，與相國行祠之祠，皆是陽字；《寄生草》末句第五字，合用陽字，而海南水月觀音院之觀，與玉堂金馬三學士之三，何時再解香羅帶之香，皆是陰字。以是知求精于律，政自不易。又：《西廂》用韻最嚴，終帙不借押一字。其押處，雖至窄至險之韻，無一字不俊，亦無一字不妥。若出天造，匪由人巧，抑何神也。又：記中諸曲，生旦伯仲間耳。獨紅娘曲，婉麗艷絶，如明霞爛錦，爍人目眥，不可思議。又：《西廂》諸曲，其妙處正不易摘。王元美《藝苑卮言》，至類舉數十語，以爲白眉，殊未得解。又其旨本《香奩》、《金荃》之遺，語自不得不麗。何元朗《四友齋叢説》，至訾爲全帶脂粉，然則必銅將軍持鐵綽板，唱大江東去而始可耶。又：涵虚子品前元諸詞手，凡八十餘人，未必皆當。獨于實甫，謂如花間美人，故是確評。又：董解元倡爲北詞，初變詩餘，用韻尚間浴詞體，獨以俚俗口語譜入弦索，是詞家所謂本色當行之祖。實甫再變，粉飾婉媚，遂掩前人。大抵董質而俊，王雅而艷，千古而後，并稱兩絶。陸生倉父，復譜爲《會真》，寧直蛇足。故是螳臂，多見其不知量耳。又：實甫要是讀書人，曲中使事，不見痕迹，益見爐錘之妙。今人胸中空洞，曾無數百字，便欲摇筆作曲，難矣哉。又：元人稱關、鄭、白、馬，要非定論，四人，漢卿稍殺一等第之，當曰王、馬、鄭、白，有幸有不幸耳。又：往聞凡北劇皆時賢譜曲，而白則付優人填補，故率多俚鄙，至詩句益復可唾。《西廂》諸白，似出實甫一手，然亦不免猥淺，相沿而然，不無遺恨。又：今曲以《西廂》、《琵琶》爲青鳳吉光，而二曲不幸，皆遭俗子竄易。又不幸坊本一出，動稱古本云云，實不知古本爲何物。余嘗戲謂時刻一新，是二曲更落一劫。客曰：今寧必無更挾彈子後者耶。余謂余固不爲此輩設也。又：《西廂》，韻士而爲淫詞，第可供騷人俠客賞心快目，抵掌娱耳之資耳。彼端人不道，腐儒不能道，假道學心賞慕之，而噤其口不敢道，李卓吾至目爲其人必有大不得意于君臣朋友之間，而借以發其端。又比之唐虞揖讓，湯武征誅，變亂是非，顛倒天理如此，豈講道學佛之人哉。異端之尤，不殺身何待。獨云《西廂》化工，《琵琶》畫工，二語似稍得解。又以《拜月》居《西廂》之上，而究謂《琵琶》語盡而詞亦盡，詞竭而味索然亦隨以竭，此又竊何元朗殘沫，而大言以欺人者，死晚矣。頃俗子復因《焚書》中有評二傳及《拜月》、《紅拂》、《玉合》諸語，遂演爲亂道，終帙點汚，覓利瞽者。余戲謂客，是此老阿鼻之報。客爲一笑。

明・吴炳《新校注古本西廂記序》 《西廂》、《桑間》、《濮上》之遺也，然幾與吾姬孔之籍并傳不朽。李獻吉至謂當直繼《離騷》。夫非以其辭藻濃至，即涉淫靡有不可得而屏斥者哉。

明・朱朝鼎《新校注古本西厢記跋》 至如古本《西厢》，元劇也。劇尚元，元諸劇尚《西厢》，盡人知之。其辭鮮穠婉麗，識者評爲化工，洵矣。但元屬夷世，每雜用本色語，而《西厢》本人情描寫，此刺骨語，不特艷處沁人心髓，而其冷處着神，閒處寓趣，咀之更自雋永。一二俗子以本語難認別，而意竄易之，徒取艷調，形諸歌吟，而冷與肖，茫然未有會也。是不足爲《西厢》冤哉。且遇崔者，微之也。而《會真記》以張易元，此古來瀟灑之士，善隱現以俟自明，苟聽其移甲乙、混彩花，而不爲闡晰，則微之與崔娘一片映對心情，鬱勃不得達。昔人有靈，當必嘆百年無知己也。

明・臧懋循《元曲選序・一》 或又謂《西厢》亦五雜劇，皆出詞人手裁，不可增減一字，故爲諸曲之冠。

明・何璧《校西厢記序》 《西厢》者，字字皆擊開情竅，刮出情腸，故自邊會都，猶及荒海窮壤，豈有不傳乎自王侯士農，而商賈皂隸，豈有不知乎然一登場，即耆耋婦孺，瘖聾疲癃，皆能拍掌，此豈有曉諭之耶情也。予尚論情有四種：而多情則爲才子佳人，情之剛處則爲俠，情之玄處則爲仙，情之空處則爲佛。進乎此，又可以論《西厢》口。【略】視世之淫而好色者，不過如花中蛺蝶，月下杜宇耳。客撫案曰：是真論情也。然非所以論《西厢》也。《西厢》固劇也，其人其事固烏有也。予曰：唯唯。予曾致諸客觀劇，予指劇曰：此假劇也，予與子乃真劇也。復指場曰：此小戲場也，予與子所處乃大戲場也。諸客茫然。噫庸詎知《西厢》之果劇耶果假耶予之序《西厢》，果非劇耶果真耶

明・陳繼儒《西厢序》 文章自正體四六外，有詩賦□，行律絶諸體，曲特一剩技□□，然人不數作，作不數工，其□寫神情不露斧斤、筆□痕莫如《西厢記》。以君□割不下崔氏女，以鶯鶯□獨鍾一張生，第琴可□□可傳，圖可解，隔牆之花□逋也，迎風之户徒開也，其所以遇合甚有奇致焉。若不會描寫，則鶯鶯一宣淫婦人耳，君瑞一放蕩俗子耳。其于崔張佳趣，不望若河漢哉。予嘗取而讀之，其文反反覆覆，重重叠叠，見精神而不□字，即所稱千古第一□亶其然乎。間以膚意評□□之，期與好事者代□與水月景色天然妙□也。

清・蕅槃碩人《玩西厢記評》 夫《西厢》傳奇，不過詞臺一曲耳。而至與《四書》、五經并流天壤不朽，何哉。大凡物有臻其極者，則其精神，【略】子有《南華》，詞有《西厢》，□□□，□□□□。兩者局雖不同，而其神氣則頗相似。昔人稱《南華》每篇段中，綂中引綫，草裏眠蛇。試詳味《西厢》每篇段中，變幻斷續，悠然傳換，焂然掩映，令人觀其奇情，不可捉摹，則見真與《南華》似。拘儒者謂《西厢》第婬詞而已。然依優人口吻歌詠，妄肆增減，臺上備極諸醜態，以博傖父頑童之一笑，如是則謂之淫也亦宜。誠于明窗净几，琴牀燭影之間，與良朋知音者細按是曲，則風味固飄飄乎欲仙也，婬也乎哉。《西厢》曲中實有難解處，學不博則不解，趣不活則不解。惟博則知其援引之所自來，惟活則不爲虚字轉境之所礙。看《西厢》者，人但知觀生、鶯，而不知觀紅孃。紅固女中之俠也，生、鶯開合難易之機，寔操于紅手，而生、鶯不知也。倘紅而帶冠佩劍之士，則不爲荆、諸，即爲儀、秦。王實甫著《西厢》至《草橋驚夢》而止，其旨微矣。蓋從前迷戀，皆其心未醒處，是夢中也。逮至覺而曰嬌滴滴玉人何處也，則大夢一夕唤醒。空是色而色是空，天下事皆如此矣。關漢卿紐于俗套，必欲終以晝錦完娶，則王醒而關猶夢。

又 讀《會真記》，及白樂天所廣《會真詩》百韻，俱是始迷終悟，夢而覺也。玩《西厢》至《草橋驚夢》，即可以悟從前情致，皆屬夢境，河愛海慾，一朝拔而登岸無難者。不然，則是書真導慾之媒，即以付之秦焰也可。

又 有伉儷嬌美，其相愛之情，不減鶯、生，而又以迓輪正合。則遇猶善而德猶完也，但其中便不見許多媚景，男子堂堂七尺之軀，只一個婦人可以斷送。

清・蕅槃碩人《刻西厢定本・凡例》 從來元本，皆分二十摺。茲從前後文事想玩，欲求其事圓而意接，則或從元摺内分段，或另爲新增，演爲三十摺。

又 元本實甫創調頗高，但間有未體貼處。如《鬧道場》一摺，合宅哀慘，而張生獨于老夫人前，直以私情之詞始終唱之，此果人情乎。果禮體乎。又如餞別之時，鶯、生共于夫人僧人之前，直唱出許多綣戀私情，其于禮體安在。今皆另立機局，巧爲脱活，而曲則依其原韻，善之善矣。至各摺中如此類者，皆如此正之，以成全雅。

又 元本白語，類皆詞陋味短，且帶穢俗之氣，蓋實甫亦工于曲，而因

略于此耳。今并易以新卓之詞，整雅之調，綽有風味。至其關會情致處，間注以擔帶語。且諸所增間，又不失之於艱深，而皆明顯，可便于觀場者。

又　此中詞調原極清麗，且多含有神趣。特近來刻本，錯以陶陰豕亥，大失其初。而梨園家優人不通文義，其登臺演習，妄于曲中插入諢語，且諸醜態雜出。如念小生隻身獨自處，捏爲紅教生跪見形狀，并不想曲中是如何唱來意義，而且惡濁難觀。至于佳期之會，作生跪迎態，何等陋惡。茲一換而空之，庶成雅局。

又　它本傳奇，唱依曲牌名轉腔，獨此書不然。故每段雖列牌名，而唱則北人北體，南人南體。大都北則未失元音，而南則多方變易矣。

又　《中原音韻》有陰陽，有開闔，不容混用。第八摺《綿答絮》幽室燈清，幾恍疏櫺，八庚入一東，十二摺秋水無塵，十一真入十二侵，俱屬白璧之瑕。恨無的本正之，姑仍。

又　歌《西厢》者，不得一一拘曲中常牌名。玩《西厢》者，亦不可以常牌名拘者字句之長短，律其語調之多寡。如《攪筝琶》、《四邊静》，其前後不同，可見。

明・凌濛初《西厢記校・凡例》　院本止四折，其中有餘情，難概入四折者，則又有楔子。楔子止一二小令，非長套也。其牌名，止有《賞花時》、《端正好》耳。四折，首必《仙吕》，末必《雙調》，中二折雜用，此一定之規也。亦有二三折，先用《雙調》，而末用別調者，其變耳，十不得一也。人有見余雜劇，而疑余折數少者。余曰：此元體，不可多也。又或有詰之者，曰：《西厢》何以二十折。不知《西厢》是五本，正是四折之體。故每四折完，則有題目正名四句，如老夫人閑春院，崔鶯鶯燒夜香，小紅娘傳好事，張君瑞鬧道場是也。是一本之體完，故亦小具首尾。前有《賞花時》二段，楔子也。遊藝中原，首折《仙吕》也。梵王宫殿月輪高，末折《雙調》也。而尾聲終則又別取一韻，以《絡絲娘煞尾》結之，多爲承上接下之詞，以引起下本。如：祇因閉月羞花容貌，幾致得翦草除根大小。爲下飛虎張本是也。考元劇有一事而各爲數本者，則情同而本異，如《李亞仙》、《陳琳》、《崔護》之類，余《紅拂》亦然；有數本而共衍一事者，則情聯而本分，如《西厢》之類，余所未脱稿《吴保安》亦然。人自目前草草忽過，不知其體，而妄作妄議，止可爲識者一笑。新坊刻以題目正名及《絡絲娘煞尾》爲贅而刪之，則尤可笑。又，不識何物，而有存有去，則更可笑。

明・徐復祚《曲論》　馬東籬、張小山自應首冠，而王實甫之《西厢》直欲超而上之，蓋諸公所作止於四折，而《西厢》則十六折，多寡不同，骨力更陡，此其所以勝也。昔人評者謂玉環之出浴華清，綠珠之採蓮洛浦，信不誣也。實甫之傳，本於董解元，解元爲説唱本，與實甫本可稱雙璧。實甫《麗春堂》劇不及《西厢》。又：《西厢》後四出，定爲關漢卿所補，其筆力迥出二手，且雅語、俗語、措大語、白撰語層見疊出。至於馬户、尸巾云云，則真馬户尸巾矣。且《西厢》之妙，正在於《草橋一夢》，似假疑真，乍離乍合，情盡而意無窮。何必金榜題名、洞房花燭而後乃愉快也。丹丘評漢卿曰：觀其詞語，乃在可上可下之間，蓋所以取者，初爲雜劇之始，故卓以前列。則王、關之聲價，在當時已自有低昂矣。王弇州取《西厢》雪浪拍長空諸語，亦直取其華艷耳，神髓不在是也。語其神，則字字當行，言言本色，可爲南北之冠。王渼陂句：望東華人亂擁，紫羅襴老盡英雄。此《水仙子》也，弇州題作《折桂令》，鹵莽可知矣。至於實甫之意，謂元微之通於姑之子，而託名張生，是不必核。

明・澂園主人《徐文長先生批評西厢敘》　《西厢》，單行之書也。其和雅温純，則《國風》之亞；幽奇委婉，則屈、宋之儔；俊逸清新，則參軍、開府；悠閒秀麗，則彭澤、宣城。至其筆幻心靈，情真景肖，令人詠之躍然，思之未罄。世人無目，猥駕《琵琶》于其上。余謂東嘉摭實，實甫凌虚。如苧羅麗質，較姑射仙姿，自有邢尹之別。或云：《琵琶》厲俗，《西厢》導淫，子何譽此而抑彼是則然矣，抑誠有説。余讀《國風》，知惟聖人而後能好色；讀《西厢》，知惟才人而後能好色。世無聖人，并乏才人，區區俗輩，敢云好色乎哉。然則非以導之，實以懲之也。

明・閔遇五《會真六幻本西厢記序》　云何是一切世出世法。曰真曰幻；云何是一切非法非非法。曰即真即幻，非真非幻。元才子記得千真萬真，可可會在幻境。董、王、關、李、陸，窮描極寫，擷翻簸弄，洵幻矣。那知箇中倒有真在耶。曰微之記真得幻，即不問且道箇中，落在甚地。昔有老禪，篤愛斯劇。人問佳境安在。曰：怎當他臨去秋波那一轉。此老可謂善入戲場者矣。第猶是句中玄，尚隔玄中玄也。我則曰及至相逢一句也，無舉似西來意有無差別。古德有言：頻呼小玉元無事，只要檀郎認得聲。不數德山歌，壓倒雲門曲。會得此意，逢場作戲可也，袖手旁觀可也。黃童白叟朝夕把翫，都無不可也。不然，鶯鶯老去矣，詩人安在哉。眈眈熱眼猒矣。

明・徐奮鵬《西厢記序》　天下惟情而已。然情爲才者用也。倘不才而情，則俊邁婆娑，扮里蘆阪登徒子，迥然笑之已。天下孰有才情兼極其至如崔張兩人者，兩人事見唐人《會真記》，至董、王、關三氏編而爲《西厢》傳奇，此無論其事之有無、真僞，而書生旅魂牽留洛浦峽雲之間，其詩意琴心，逸致遐悰，自不能已。寒儒卧青氈上，大抵楚況多如此，彼孌情弱思，不下章臺、臨邛，矧遇君平、長卿能介然已耶。此兩人者，造物實富其情，而用之於才，才又足以爲情用也。董、王、關三氏，蓋善於選情而長於標才者也。獨惜奇人哲士，往往困守孤廬，永抱荀子難得之恨而傳，予易安之姿至有以嫫母擯者，可勝歎哉。世有謂《西厢記》近鄭聲而當放者，此必其情不摰而才自局也。予謂傳奇如此，兩人事其才情當自不没於天壤，予能無愛其情而高其才。

明・湯顯祖《西厢記敘》　茲崔張一傳，微之造業于前，實甫、漢卿續業于後，人靡不信其事爲實事。余讀之，隨評之，人信亦信，茫不解其事之有無。好事者，輒以旦暮不能自必之語，直欲公行海内，冤哉。毒哉。陷余以無間罪獄也。嗟乎。事之所無，安知非情之所有。情之所有，又安知非事之所無。余評是傳，惟在有有無無之間。讀者試作如是觀，則無聊點綴之言，庶可不坐以無間罪獄；而有有無無之相，亦可與病鬼宦情而俱化矣。

明・毛晉《題演劇二套弁言》　會日長至，惜年暗銷，偕二三同志，就竹林花榭，攜尊酒、引清謳，復捻合《會真》以下十劇，挑逗文心，開發筆陣，乃知此類，實情種，非書酒也。其宛轉關合，鶯之歌，蝶之舞，麗情流逸，如中酒，如着魔，上自高人韻士，下至馬卒牛童，以迄雞林象胥之屬，對之無不剔鬚眉，無不醒肝脾。

明・王思任《三先生合評元本西厢記序》　實甫、漢卿，胡元絶代儁才。其描摹崔張情事，絶處逢生，無中造有。本一俚語，經之即韻；本一常境，經之即奇；本一冷情，經之即熱。人人靡不膾炙之而尸祝之，良由詞與事各擅其奇，故傳之世者永久不絶。

清・金聖歎《貫華堂第六才子書西厢記》卷四　《聖歎外書》、《西厢記》何書名也，書曷爲乎名曰《西厢》也。書以紀事，有其事，故有其書也，無其事，必無其書也。今其書有事，事在西厢，故名之曰《西厢》也。西厢者，普救寺之西偏屋也。普救寺則武周金輪皇帝所造之大功德林也。普救寺有西厢，而是西厢之西又有別院，別院不隸普救，而附於普救，蓋是崔相國出其堂俸之所建也。先是法本者，相國之所剃度，是即相國之門徒也。相國因念誠得一日避賢罷相，而芒鞋竹杖，舍佛安適矣。然身願爲倉卒客，不願門徒爲倉卒主人，而於是特占此一袈裟，以爲老人菟裘。而不虞落成之日，不善頌禱，不聞歌，乃聞哭，不得以玉帶睹鎮山門，而竟以丹旐將諸甇獨，此老夫人所以停喪得於寺中之故也。故西厢者，普救寺之西偏屋也。西厢之西又有別院，則老夫人之停喪所也。乃喪停而艷停，艷停而才子停矣。夫才子之停於西厢也，艷停於西厢之西也，喪停故也。乃喪之停於西厢之西也，則實爲相國有自營菟裘故也。夫相國營菟裘於西厢之西，而普救寺之西厢遂以有事，乃至因事有書，而令萬萬世人傳道無窮。然則出堂俸建別院又可不慎乎哉。又聖歎之爲是言也，有二故焉。其一，教天下以慎諸因緣也。佛言：一切世間皆從因生，有因者則得生，無因者終竟不生。不見有因而不生，無因而反忽生。亦不見瓜因而豈生，豈因而反瓜生。是故如來教諸健兒，慎勿造因。嗚呼，胡可不畏哉。語云：其父報仇，子乃行劫。蓋言報仇必殺人也。而其子者不見負仇，但見殺人，則亦戲學殺人。殺人而國且以法繩之，子畏抵法也，遂逃命萑蒲中，萑蒲中又無所得食也。則不得已仍即以殺人爲業矣。若是乎仇亦慎勿報也。蓋聖歎現見其事已數數矣。現見其父，中年無歡，聊借絲竹，陶寫情抱也。不眴眼而其子手執歌板，沿門唱曲。若是乎謝太傅亦慎勿學也。現見其父，憂來傷人，願引聖人，托於沉宴也。不眴眼而其子罵座被驅，墜車折脇。若是乎阮嗣宗亦慎勿學也。現見其父，家居多累，竹院尋僧，略商古德也。不眴眼而其子引諸髡奴，污亂中冓。若是乎張無垢亦慎勿學也。現見其父，希心避世，物外田園，方春勸耕也。不眴眼而其子擔糞服牛，面目黧黑。若是乎陶淵明亦慎勿學也。如彼崔相國，當時出堂俸建別院，一時座上賓客，夫孰不嘖嘖賢者，是真謂之内秘菩薩，外現宰官而已。不覺不知親爲身後之西厢月下，遠遠作因。不然而豈其委諸曰雙文爲之乎，委諸曰才子爲之乎。委之雙文，雙文無因，委之才子，才子無因。然則西厢月下之事，非相國爲因，又誰爲之。嗚呼，人生世間，舉手動足，又有一毫可以漫然遂爲乎哉。其一，教天下以立言之體也。夫老夫人，守禮謹嚴，一品國太君也。雙文，千金國艷也。即阿紅，亦一時上流姿首也。普救寺者，河中大刹，則其堂内堂外，僧徒何止千計。又況八部海湧，十方雲集，此其目視手指，心動口説，豈復人意之所能料乎哉。今以老猶未老，幼已不幼，雖在斬然衰絰之中，而其縱縱扈扈，終非外人習見之恒儀也。而儼然不施帟幕而逼處此，爲老夫人者，豈三家村燒香念佛傴乎，不然，胡爲無禮至此。聖歎詳覩作者，實於西廂之西，别有别院。此院必附於寺中者，爲挽弓逗緣，而此院不混於寺中者，爲雙文遠嫌也。君子立言，雖在傳奇，必有禮焉，可不敬與。

清・清泉主人《毛西河定本西廂記序》 舊傳院本祇《西廂記》耳，雖不能歌，猶幸宫譜未滅，伊羊令吾，庶幾鐸音灰綫，可以尋其派而會其義。【略】嘗按元制，以填詞十二科取士，其間所傳遺劇，如東籬、漢卿、德輝、仁甫，彬彬稱盛。然欲如《西廂》之經文緯質，出風入雅，粹然一歸于美善，仍亦罕有。蓋一代之文所傳有幾，而今俗人以竄易亡之可乎。世有以《西廂》爲艷曲者，吾不得知。若以謂才子之書，唯才子能解之，則世不乏才，毋亦慎爲其真者而已矣。

明・錢酉山《繡像西廂・自序》 《西廂》傳奇一書，不識元稹何所感而爲此，而句雕字琢，傳神寫照，膾炙人口，由來久矣。彼執拘墟之見者，以爲淫詞艷曲，詼諧謔浪，屏不涉目。嗚乎，天下情文交至者，孰如《西廂》。況遊戲神通，爲兩教之妙用，而遊藝工夫，又吾儒之精義耶。余嘗於花朝月夕，酒後燈前，取所謂《西廂》者，恬吟蜜咏，而探索其所以然。因嘆古之才人，觸乎心，動乎情，發而爲文章，其變幻離奇，不可方物，儼若天造地設，鬼斧神工。就此一時之妙境，撰成絶世之奇書，俾學者讀之，心醉神怡，縱有錦心繡口，亦爲之閣筆而不能贊一詞。

明・鄭鵬舉《錢酉山繡像西廂序》 天下惟有情之人，能爲有情之事，能撰有情之書，能作有情之文章、詩歌。爲有情之事者，莫如張君瑞、崔雙文一段奇緣；而撮合有情之事，則小紅，真妙婢也。撰有情之書者，莫如《西廂記》，而其中勝境奇觀，令人目不給賞者，則元公輩真曠世才也。【略】夫天下惟情之真者，堪垂不朽耳。嘗思天地之大，日月星辰，隱現出没，仰觀者無已焉。名山大瀆，曲折浩渺，登臨者忘倦焉。以及名花妙樹，異草奇葩，芬芳疏秀，輪困離奇，玩賞者觀覽而不絶焉。夫天地之日月星辰、山川草木，亦有何奇。而古今來名人才士，往往寓意其間者，非以日月星辰、山川草木爲天地之妙文妙景，而爲情之最真者耶。故《西廂》一編，崔張悲歡離合，與紅娘針穿綫引，其事爲古今才子佳人所樂聞者，蓋以情深兒女，沉艷頓挫，披閲之下，幾不知文生情，情生文。於是此讀之，彼聽之，并坐而歡笑之。豈非以其情之最真，寔爲天地古今之所必不可少，而賞心快目如是哉。然則酉山於此，以《西廂》成文成詩而兼成詞，其致杳然而深其味，幽然而長其思，飄飄然而欲仙，以錦繡心腸，吐出董麝香氣，令人展卷拜讀，喜而忘卧，樂而忘餐，而戀戀不忍釋手者，其與天地之日月星辰、山川草木，變態奇幻，真景真情者，復何以異。特是作者有情，識者亦必有情。余固情人也，於崔張之事，嘗憶而羨之；於《西廂》之書，嘗吟而咏之。所以於酉山之文章、詩歌，嘗伏而誦之，嘆賞而嘉善之，而不能以稍輟。雖然，天下有情人獨余與酉山乎哉。風流才士，俊雅名人，料鍾情多在吾輩，必不肯以佳話讓君瑞、雙文，以及元公輩，又何肯以知情讓余與酉山耶。【略】願天下有情人，共賞《西廂》之文，識《西廂》之情。

清・佚名《西廂記序》 龍圖既啓，縹緗成千古之奇觀，鳥跡初分，翰墨繼百年之勝事，文稱漢魏，迺漸及乎風謡，詩備晉唐，爰遞通於詞曲。潘江陸海，筆有餘妍。宋豔班香，事傳奇態。遂以兒女之微情，寫崔張之故事，或離或合，結構成左穀文章。爲抑爲揚，鼓吹比廟堂清奏。既出風而入雅，亦領異而標新。錦繡横陳，膾炙騷人之口。珠璣錯落，流連學士之衷。而傳刻之文，祇從漢本，謳歌之子，未覩清書。謹將鄴架之陳編，飜作一朝之别本。根柢于八法六書，字工而意盡。變化乎蝌文鳥篆，詞顯而意揚。此曲詞可謂銀鈎鐵□，見龍虎于毫端。蜀紙麝煤，鴛鴦于筆底，付之剞劂，以壽棗梨。既使三韓才子，展卷情怡，亦知海内名流，開函色喜云爾。

清・郜鵾《西廂記跋》 《西廂記》至此已告終，但市之所售多有續本，蓋使讀者以團圓而終，俾以喜劇留於腦際，取天下有情人皆成眷屬之意，故亦不失作者原意。希閲者取而讀之，有益無害。

清・陳玉《繡像西廂序》 《西廂》一编，傳奇之祖也。其作者不知何人，而説者以爲唐元微之所撰。考其姻譜，與《會真詩》話及鶯鶯燕燕之句，似乎確鑿可據。且其文詞風流俊雅，時鳴其愀苦之音，時發其歡娱之意，皆哀而不怨，樂而不淫，麗而不靡，情而不纖，猶有《三百篇》、古樂府之遺韻，自非五季後人之所能及者。則是此編即非微之親撰，而亦慧業文人，錦繡子輩筆墨也。自浪蕩好事之徒，演爲優俳雜劇，遂使人并疑此爲淫詞，爲浪曲，有悞少年情性，群相戒勿復寓目。而不知讀其文，遊戲神通，可以發胸中之慧思，舒筆下之靈趣。余素性最鄙拙拘迂，亦嘗披而閲之，不禁爲之擊節稱快。如謂淫邪好色，汙穢不正之辭，有悞子弟，不可觀覽，何以古昔盛時，《桑間》、《溱洧》諸詩聖人不删，而《大易》、《春秋》亦載見金夫之象、姜氏會齊侯之文。且《子夜》、《吴歌》，又胡爲譜入宫商，而謳吟弗置乎。審是，則《西廂記》雖非大有益於人，而不足以悞人也明甚。

清・佚名《曲海總目提要》卷一 《西廂記》：據《會真記》，張爲崔卻亂兵，崔母乃俾鶯見張，事以仁兄之禮。張見而不能定情，於是慫紅爲蜂蝶。劇中遊殿相逢，秋波微轉；孫飛虎圍寺，老夫人許退兵者，不論僧俗即以鶯婚，張生乃踴躍修書，激慧明請兵。杜確解圍之後，改婚姻爲兄妹，于是張怨而紅亦忿，寄柬、探病以就佳期。至被拷而甘心無怨，蓋巧作波瀾，以飾鶯、紅之過也。跳牆燒香，亦是點綴；長亭送別，草橋驚夢，已非《記》中所有；關漢卿又添登第歸家，蓋收局必然之勢。而鄭恒求親不得，至于身殉，似覺過情。《記》云委身于人，則鶯實歸鄭也。

清・佚名《文昌帝君天戒録・論西廂》 《西廂》等書，人以爲文才絶世，風流藴藉，未甚淫褻，無大害也。那知他文筆太妙，竟害了天下多少文人。蓋其書處處以痴情幻景，勾引淫媒，非比鄉里山歌，滿紙淫詞穢語，自非中人以下者，鮮不憎而棄之。惟《西廂》等記，以極靈極巧之文心，寫至微至渺之春思，只須淡淡寫來，曲曲引進，目數行下，便覺戀戀，遊思相擾，情興頓濃，如飲醇醪，不覺自醉，心神動蕩，機械漸生，習慣自然，情不自禁。醇謹者暗中斫喪，放蕩者另覓邪緣，其味愈甘，其毒愈盛。則《西廂》等記，乃所以引誘聰俊之人，是淫書之尤者也，安可不毀。又：施耐庵成《水滸傳》誰教你做，奸盜之事，描寫如畫賣弄好手段，子孫三世俱啞子孫如此，耐庵可知，金聖嘆評而刻之幸有絶大椽筆，奈何評刻邪書，復評刻《西廂記》等書此種邪書，一經才子品評，其描寫愈工，其聲價愈重，其流傳愈廣，其陷溺愈深，卒陷大辟你以文詞殺人，天以文詞殺你，無子從此斷絶書香種子。

清・李調元《雨村曲話》卷上 《西廂》工於駢麗，美不勝收。如：雪浪拍長空，天際秋雲捲；竹索纜浮橋，水上蒼龍偃。又：法鼓金鐃，二月春雷響殿角；鐘聲佛號，半天風雨灑松梢。又：繫春心，情短柳絲長；隔花陰，人遠天涯近。又：哭聲兒似鶯囀喬林，淚珠兒似露滴花梢。又：香銷了六朝金粉，瘦減了三楚精神。又：玉容寂寞梨花朵，胭脂淺淡櫻桃顆。又：他做了影兒裡情郎，我作了畫兒裡愛寵。他傳奇不能道其隻字，宜乎爲北曲壓卷也。又：《西廂》：淡黄楊柳帶棲鴉。本宋賀方回《浣溪紗》詞也，王實甫用之，與嫩緑池塘藏睡鴨作對，天然巧妙，可謂青出于藍。

清・潘廷章《西廂只有三人》 《西廂》只有三人，張生、雙文、紅娘也。三人有三副性情，三種作用。雙文性情，即張生所道多情二字；其作用，即紅娘所稱撒假二字。觸處看來多情，撒處看來撒假。張生性情，即雙文所稱志誠二字；其作用，即雙文所謂懦字。一味志誠，所以成得事來；一味懦，所以急成不得事來。紅娘性情，即張生所云鶻伶二字；其作用，即紅娘自道殷勤二字。惟鶻伶則心眼尖利，事事瞞他不得；惟殷勤則意思周密，事事缺他不得。一個多情，一個志誠，兩相遇也。一個撒假，一個懦，又兩相制也。中間放着一個鶻伶殷勤的，一邊去憐懦，一邊去捉假，一邊爲懦用，一邊爲假用。《西廂》只有三人，故只有三人唱。唱者，與其有辭也，有情而後有辭，欲盡其情，而後能盡其辭。張生有詞，所以寫張生之情，尤以寫崔之情；崔之有詞，所以寫崔之情，尤以寫張之情。而崔之情，有崔之詞所不能盡；張之情，有張之詞所不能盡者，紅則爲之旁寫之。而崔之情，有張之詞所不能盡；張之情，有崔之詞所不能盡者，紅則爲之參寫之。而紅之詞盡，而紅之情亦盡，而崔、張之情，亦遂無不盡。是故夫人，家督也，而不必有詞也。法本，居停主也，亦不必有詞也。白馬將，大功臣也，亦不必有辭也。何也，情不與存焉也。獨其間惠明之得唱，則與惠明有詞矣。惠明寧有情乎，然惠明不去，則白馬不來；白馬不來，則山門不守；山門不守，則崔、張必死。崔、張必死，則情緣不盡。情緣不盡，則劫業不銷。故特與之高唱獨喝，作獅子吼聲，爲《西廂記》説法也，非夫人、法本、白馬之所得例也。《西廂》有三人，其實只爲兩人而設。然無紅，則崔、張之事必不成，崔、張之情亦不出。夫崔、張之事，不過男女之事，亦不過男女之情，然其間之或喜或悲，或怨或慕，或迎或離，非此一人，則挑逗不靈，亦旋轉不捷，故必有此一人，而後兩人之情出，兩人之事亦成。譬如天地之理，不外陰陽，陰陽之體，成于對待。其間或盈或虚，或消或息，則成于參互錯綜之用。是故，崔、張對待之體也，紅娘參互錯綜之用也。紅爲之參互錯綜，有以極情之變而生其文。不然，崔、張便如奇偶兩體，扳扳對待，即陡然作合，不過如村老爲兒女完姻，拜堂已畢，生事都盡，惡知男女情中，有如許消息盈虚之致，足以成變化而行鬼神哉。然則，《西厢》爲二人而設，又未必不爲一人而用也。又《讀西厢須其人》 讀《西厢》當别具心眼，非尋章摘句可求也，非舞文弄筆可學也，當于坐雪窮源處得之，當于鏡花水月中遇之。樸直人讀不得，雕巧人尤讀不得；優俳家讀不得，稗乘家尤讀不得；跳浪子讀不得，冬烘先生尤讀不得。須騷賦名家讀，須良史才讀，須伶俐聰明人讀，須真正風流才子讀，須蓋世英雄讀，須理學純儒讀，須大善智識讀。又：《西厢》一書，昔人稱爲化工，一字一句，都有天然節奏。其旨温厚，一些尖纖用不着；其氣和雅，一些叫囂用不着；其味沈凝，一些浮滑用不着；其思深曲，一些經遂用不着。卻亦委實難讀，驚彩絶艷有之，佶屈聱牙有之，婉細和柔有之。其婉細和柔，似《古詩十九首》；驚彩絶艷，似《離騷》；佶屈聱牙，則似《左傳》。宇宙自有文字來，《十三經》外，凡子史騷賦、樂府律詩，以及填詞歌曲，繁然并興，每一格中，必有一至極者，冠絶群流。如歌曲中《西厢》，允爲方員之至，譬猶時鳥變聲，水風成縠，偶然神會所成，非擬義思維可到，極耐人尋思，極耐人咀味，當如獨繭抽絲，漫尋端絮，雪寶烹茶，辨之色味之外可也。

清・焦循《董西厢跋》 王實甫《西厢記》，全藍本于董解元。談者未見董書，遂極口稱道實甫耳。如《長亭送别》一折，董解元云：莫道男兒心如鐵，君不見滿川紅葉，盡是離人眼中血。實甫則云：曉來誰染霜林醉，總是離人淚。淚與霜林，不及血字之貫矣。又董云：且休上馬，苦無多淚與君垂，此際情緒你争知。王云：閣淚汪汪不敢垂，恐怕人知。董云：馬兒登程，坐車兒歸舍。馬兒往西行，坐車兒往東拽。兩口兒一步兒離得遠如一步也。王云：車兒投東，馬兒向西，兩處徘徊，落日山横翠。董云：我郎休怪强牽衣，問你西行幾日歸。著路裏小心呵，且須在意。省可里晚眠早起，冷茶飯莫吃。好將息，我專倚著門兒專望你。王云：到京師，服水土，趁程途，節飲食，順時自保揣身體。荒村雨露宜眠早，野店風霜要起遲。鞍馬秋風裏最難調護，須要扶持。董云：驢鞭半裊，吟肩雙聳。休問離愁輕重，向個馬兒上駝也駝不動。王云：四圍山色中，一鞭殘照裏，人間煩惱填胸臆。量這大小車兒，如何載得起。董云：帝里酒釅花濃，萬般景媚，休取次共别人便學連理。少飲酒，省遊戲，記取奴言語，必登高第。妾守空閨，把門兒緊閉。不拈絲管，罷了梳洗。你咱是必把音書頻寄。王云：你休憂文齊福不齊，我只怕停妻再娶妻，一春魚雁無消息。我這裏青鸞有信頻宜寄，你切莫金榜無名誓不歸。君須記，若見異鄉花草，休再似此處棲遲。董云：一箇止不定長吁，一箇頓不開眉黛。兩邊的心緒，一樣的情懷。王云：他在那壁，我在這壁，一遞一聲長吁氣。兩相參玩，王之遜董遠矣。若董之寫景語，有云：聽塞鴻啞啞的飛過暮雲重。有云：回首孤城，依約青山擁。有云：柳隄兒上把瘦馬兒連忙解。有云：一徑入天涯，荒凉古岸，衰草帶霜滑。有云：駝腰的柳樹上有魚槎，一竿風旆茅簷上挂。澹煙消灑，横鎖著兩三家。有云：淅零零地雨打芭蕉葉，急煎煎的促織兒聲相接。有云：燈兒一點，甫能吹滅。雨兒歇，閃出昏慘慘的半窗月。有云：披衣獨步，在月明中凝睛看天色。有云：野水連天天竟白。有云：東風兩岸緑楊摇，馬頭西接著長安道。正是黄河津要，用寸金竹索纜著浮橋。前人比王實甫爲詞曲中思王、太白，實甫何敢當。當用以擬董解元。

清・楊恩壽《詞餘叢話》 昔金聖嘆賞贊《西厢記》俺去也三字，千古猶響。余於此三字亦然。又：《西厢》套曲不能演唱，相傳國初，蘇州俗伶删改，始可登場。又：古今填詞家，動謂美人、才子，所謂美者，姿色在其次，第一則在風致也。風致非姿色可比，可意會不可言傳。雖以實甫之才，僅能寫雙文之姿，不能傳雙文之致。觀其嫋嫋婷婷，差有致矣，又加以齊齊整整，夫以齊整。贊美人，不過虎丘山泥美人耳，尚何致之有。

分論

明・何良俊《四友齋叢説》卷三七 王實甫《絲竹芙蓉亭》雜劇，《仙呂》一套，通篇皆本色語，殊簡淡可喜。其間如《混江龍》内想着我懷兒中受用，怕甚麼臉兒上搶白，《元和令》内他有曹子建七步才，還不了龐居士一分債，《勝葫蘆》内兀的般月斜風細，更闌人静，天上巧安排，《寄生草》内你莫不一家兒受了康禪戒，此等皆俊語也。夫語關閨閣，已是穠艷，須得以冷言剩句出之，雜以詼笑，方纔有趣。若既着相，辭復濃艷，則豈畫家所謂濃鹽赤醬者乎。畫家以重設色爲濃鹽赤醬，若女子施朱傅粉，刻畫太過，豈如靚妝素服天然妙麗者之爲勝耶。

又　王實甫不但長於情辭，有《歌舞麗春堂》雜劇，其十三换頭《落梅風》内：對青銅，猛然間兩鬢霜，全不似舊時模樣。此句甚清淡。偶然言及老頓，即稱此二句，此老亦自具眼。

明・李開先《詞謔・詞套・八》　王實甫《芙蓉亭》，摘出《仙吕》一套，他套亦可，不能多及。

明・金聖歎《貫華堂第六才子書西廂記》卷五《二之三・賴婚》　一篇文，初落筆便先擡出張解元三字，表得此人，已是雙文芳心繫定，香口噙定，如膠入漆，如日射壁，雖至於天終地畢，海枯石爛之時，而亦决不容移易者也。聖歎每言作文最争落筆，若落筆落得着，便通篇增氣力，如落筆落不着，便通篇減神彩。東坡先生作韓文公潮州廟碑時，云曾悟及此事，最是難解之事也。别一箇，妙。只除張解元外，彼茫茫天下之人，誰是别一箇哉。既已漫無所指，而又自云别一箇，然則口中自間嗑别一箇，心中實蕩漾這一箇也。古樂府云：座中數千人，皆言夫婿殊。吾嘗欲問何處座中，誰數千人，誰聞其言，誰又告卿，殆於卿自心憐卿之夫婿殊也。正與此别一箇之三字，遥遥千載，交輝互映。識人多，措辭妙絶。便以吾張解元爲宰相不愧耳。看他只三字，豈復三百字、三千字、三萬字所得换哉。怎字又妙。一似曾代此别一箇深算也者，而其實一片只是將他張解元驕奢天下人。蓋寫雙文此日之得意，真寫殺也。試看其只得二句十。六字，而出神入化，乃至於此。普天下後世錦繡才子，讀至此處，幸必滿浮一大白，先酹雙文，次酹作西廂者，次酹聖歎，次即自酹焉。又先從雙文意中，吩咐是日華筵之盛必須如此，以反剔後文之草草也。一節只是一句，猶言是日殷勤欽敬之故，則必應捲起簾幕，而後排列酒菓笙歌。而是日之簾幕之可以捲起，則又以香烟花氣霏微不動，而驗東風淡蕩之故也。又此真異樣筆墨也。蓋欲寫雙文方始梳妝，則此日雙文不應一如平日遲起。然欲寫雙文梳妝已畢，則雙文又自有雙文身分，不可過於早起。於是而舒俏筆，蘸淺墨，輕輕只寫其梳妝之後一半。而雙文之此日起身，遂覺遲固不遲，早亦不早。早雖不早，遲已不遲。翩翩然便有一位及瓜解事千金小姐，活現於此雙開一幅玉版箋中，真非世傖之所夢得也。另找猶壓一句者，非寫雙文自家文飾，乃是深明他日决無如此早起，以見雙文今日之得意殺也。又雙文快哉，便敢縱口呼一他字，敢問他之爲他，乃誰耶。自謙未必做夫人，而公然牽連及人云，看他福命，何意卿之與他，同福共命遂至此耶。快哉雙文，此爲是卿心頭幾日語，何故前曾不説，今忽然説，豈卿今日之與他，便得更無羞澀耶。甚至暢然承認云，我相思，他相思。甚矣，雙文此日之無顧無忌，滿心滿願也。我之與他，最是世間口頭常字，然獨不許未嫁女郎香口輕道，此則正將此字翻剔出異樣妙文來。作西廂記人，真是第八童真住菩薩，無法不悟者也。如是即止，不可信筆便恁麼去也。又上寫雙文快，此又忽寫雙文不快。寫快，所以反襯後文不快也。寫不快，所以反襯後文大不快也。蓋雙文於筵席草草，便已不快，殊未知筵席之所以草草，後文則有其故，而雙文方在夢中也。此我他二字，更奇更妙。便將自己母親之一副家緣過活，立地情願雙手奉與解元。自古云：女生外向，豈不信哉。只不知作者如何寫得到，真是第八童真住菩薩，無法不悟者也。又分明一對新人，兩雙俊眼，千般傳遞，萬種羞慚，一齊紙上活靈生現也。寫雙文出來，爲欲快出來，反得遲出來。又解元看見雙文出來，方將等不得快出來，不意反弄成不出來。妙，妙。蓋美人出來，本是難寫，何況新人出來，加倍難寫。因而極力寫之，不意其直寫至此，作者真是第八童真住人也。

又《二之四・琴心》　紅娘之教張生以琴心，何也。聖歎喟然歎曰：吾今而後知禮之可以坊天下也。夫張生，絶代之才子也，雙文，絶代之佳人也。以絶代之才子，驚見有絶代之佳人，其不辭千死萬死，而必求一當，此必至之情也。即以絶代之佳人，驚聞有絶代之才子，其不辭千死萬死，而必求一當，此亦必至之情也。何也，夫才子天下之至寶也，佳人又天下之至寶也。天生一至寶於此，天亦知其難乎爲之配也。天又生一至寶於彼，天又知其難乎爲之配也。無端一日而兩寶相見，兩寶相憐，兩寶相求，兩寶相合，而天乃大快。曷快爾，快一事遂，即兩事遂。言以此一寶配彼一寶也者，即以彼一寶配此一寶者也。天豈其曰不然，而顧强一寶以配一朴，又别取一朴以配一寶，而反以爲快乎哉。然而吾每念焉，彼才子有必至之情，佳人有必至之情。然而才子必之之情，則但可藏之才子心中，佳人必至之情，則但可藏之佳人心中。即不得已久之久之，至於萬萬無幸，而才子爲此必至之情，而才子且死，則才子其亦竟死，佳人且死，則佳人其亦竟死。而才子終無由能以其情通之於佳人，而佳人終無由能以其情通之於才子。何則，先王制禮，萬萬世不可毀也。禮曰：外言不敢或入於閫，内言不敢或出於閫。斯兩言者，無有照鑒，如臨鬼神，童而聞之，至死而不容犯也。夫才子之愛佳人則愛，而才子之愛先王則又愛者，是乃才子之所以爲才子。佳人之愛才子則愛，而佳人之畏禮則又畏者，是乃佳人之所以爲佳人也。是故，男必有室，女必有家，此亦古今之大常，如可以無諱者也。然而雖有才子佳人，必聽之於父母，必先之以媒妁，棗栗嘉脩，敬以將之，鄉黨僚友，酒以告之。非是則父母國人先賤之，非是則孝子慈孫終羞之。何則，徒惡其無禮也。故才子如張生，佳人如雙文，是真所謂有唐貞元天地之間之兩至寶也者。才子愛佳人，如張生之於雙文，佳人愛才子，如雙文之於張生，是真所謂不辭千死萬死，而幾幾乎各願以其兩死併爲一死也者。然而其於未有賊警許婚以前，張生之愛雙文，即誠有之，然終不知雙文其果亦知我之愛之，且至於如是矣乎，抑竟不之知乎。雙文之愛張生，即誠有之，然終不知張生其果亦知我之愛之，且至於如是矣乎，抑竟不之知乎。夫張生之無由出於其口而入雙文之耳，猶之雙文之無由出於其口而入張生之耳，其事則同也。然則其互不得知信也。夫兩人之互愛蓋至於如是之極也，而竟亦互不得知，則是兩人雖死焉可也。然兩人死則寧竟死耳，而終亦無由互出於口，互入於耳者，所謂禮在則然，不可得而犯也。殆至於萬萬無幸，而大幸猝至，而忽然賊警，而忽然許婚。我謂惟當是時，則張生之情，竟可不復通於雙文，雙文之情，竟可不復通於張生。何則，既已母氏諾之，兩廊下三百人證之矣，而今而後，雙文真張生之雙文也。兩人一種之情，方不難竟日夜自言之，乃至竟一月自言之，乃至竟一歲自言之，乃至竟百年自言之。是其中間奚煩別有一介之使，又爲將之於此，而致之於彼焉者，天亦不圖老嫗之又有變計也。自老嫗之計倏然又變，而後乃今雙文仍非張生之雙文。夫雙文仍非張生之雙文，則是張生亦仍非雙文之張生。而後乃今於其中間真不得不別煩一介之使，先將之此，以致之彼，冀得之彼，以復之此矣。雖在雙文，我必代之謀曰：是但可含怨賫怒，汝終不得明以告之人也。然其在張生，則有何所忌憚，尚不敢仗義執辭，明以告之人也。諺有之曰：心不負人，面無慚色。夫夫人而未之嘗許，則張生雖死，實應終亦不敢，此自爲禮在故也。若夫人而既許之矣，張生雖至無所忌憚，而儼然遂煩一介之使，排闥以明告之雙文，我謂此已更非禮之所得隨而議之。何則，曲已在彼，不在此也。而獨不知此一介之使，則將何以應之也哉。夫夫人之許之耳，實聞之也，夫人之賴之耳，又實聞之也，此不必張生言之也。夫張生即不言，我獨非人不欲恨於吾心乎哉，此又不必張生求之也。夫張生即不求，我獨非人不能爲一援手乎哉。且我今以張生之言言於雙文之前，猶之以水入水焉耳。何則，頃者怨念之誠，動於顔色，我既亦察之審矣。然則我以張生之言言於雙文之前，真猶之以雙文之言言於雙文之前焉耳，此真所謂天下之不難更無有不難於此也者。然而阿紅則獨以爲有至難至難者焉。何則，今夫崔家，則潭潭赫赫，當朝一品，調元贊化之相國府中也。崔之夫人，則先既堂堂巍巍一品國太，而今又爲斬斬稜稜之冰心鐵面孀居嚴母也。崔夫人之女雙文，則雍雍肅肅，胡天胡帝，春風所未得吹，春日所未得照之千金一品小姐也。若夫紅之爲紅，則不過相國府中有夫人，夫人膝下有小姐，小姐位側有侍妾，而特於侍妾隊中，翩翩翾翾有此一鬟也云爾。小姐而苟尋常遇之，此小姐之體也。小姐而獨國士目之，是小姐之恩也。如以小姐之體論之，則其不敢輕以一無故之言干冒尊嚴者，是不獨一紅爲然，凡侍小姐之側無不盡然，而紅則亦不得不然者也。若以小姐之恩論之，則其尤不敢輕以一無故之言干冒尊嚴者。吾意必當獨此一紅爲能然耳。不則胡爲小姐平日珠玉之心，恪不肯輸一人者，而獨於紅乎垂注乎哉。由斯言之，然則紅之諾張生，雖在所必不得不諾，而紅之告雙文，乃在所必不可得告。蓋其至難至難，非獨紅娘難之，雖當日張生亦已爲之難之。非獨聖歎難之，雖今日普天下錦繡才子亦當無不爲之難之。此見先王制禮有外有内，有尊有卑，不但外言之不敢或聞於内，而又卑言之不敢或聞於尊。蓋其嚴重不苟有如此者，凡以坊天下之非僻奸邪，使之必不得伏於側，乘於前，亂於後，潰敗於無所底止，其用意爲至深遠也。然後則知紅娘之教張生以琴心，其意真非欲張生之以琴挑雙文也，亦非欲雙文之於琴感張生也。其意則徒以雙文之體尊嚴，身爲下婢，必不可以得言。夫必不可以得言，而頃者之諾張生，將終付之沉浮矣乎。又必不忍，而因出其陰陽狡獪之才，斗然托之於琴，而一則教之彈之，而一則教之聽之。教之聽之而詭去之，詭去之而又伏伺之，伏伺之而得其情與其語，則突如其出，而使莫得賴之，夫而後緩緩焉從而鈎得之。嗚呼，向使千金雙文，深坐不來，乃至來而不聽，與聽而無言，其又誰得行其狡獪乎哉。蓋聖歎於讀《西廂》之次，而猶慨然重感於先王焉，後世之守禮尊嚴千金小姐，其於心所垂注之愛婢，尚慎防之矣哉。

又卷六《三之三·賴簡》 文章之妙，無過曲折。誠得百曲千曲萬曲，百折千折萬折之文，我縱心尋其起盡，以自容與其間，斯真天下之至樂也。何言之，我爲雙文賴簡之一篇言之。夫雙文之於張生，其可謂至矣，獨驚艷之一日，張生自見雙文，雙文或未見張生耳。過此以往，我親覩其酬韻之夜，絕歎清才，既又觀其鬧齋之日，極賞神俊。此其胸中一片珠玉之心，真於隔墻，乃不啻如鈎鎖綿纏。而況無何又重之以破賊，而況無何又重之以賴婚，此誠不得一屏人之地，與之私一握手，低一致問也。誠得一屏人之地，與之私一握手，低一致問，此其時，此其際，我亦以世間兒女之心，平斷世間兒女之事。古今人其未相遠，即亦何待必至於酬簡之夕，而後乃令微聞薌澤哉。何則，感其才，一也。感其容，二也。感其恩，三也。感其怨，四也。以彼極嬌小、極聰慧、極淳厚之一寸之心，而一時容此多感，其必萬萬無已，而不自覺，忽然溢而至於閫之外焉。此亦人之恒情恒理，無足爲多怪也。夫然則紅娘以聽琴走覆，而張生以折簡爲寄，我謂雙文此日，真如天邊朵雲，忽墮纖手，其驚其喜，快不可喻，固其所耳。即如之何而忽大怒，果大怒矣，何不閉關絕客，命紅娘胥疏前庭，與之杳不復通。即如之何而復以手書回之，而書中又皆鄙靡之辭，而致張生惑之。而至於感帨驚尨，而後始以端服儼容，大數責之，而後拒之。如是者，我甚惑焉。如曰，相國之女也，春風之所未得吹，春日之所未得曬也。不祥之言，胡爲來哉，是安得不驚，驚矣安得不怒。則夫張生之簡之於雙文，其非胡爲之來也明甚。此紅娘於前夜聽琴之隔窗，而實親聞之者也。如曰，聽琴之隔窗之眷眷於張生也，内戢其恩也，外慚其負也，人實肉骨予，而道旁置之，我何以爲心。若其忽以不祥之言來加於我，則是無禮於我。無禮於我，則是以亂易亂也，其相去也真幾何矣，是安得而不怒。則我以爲誠怒之，而不能復與顧之，則執書以鳴於高堂，先痛懲其不令之婢，而復厚酬以立遣之。彼必亦以醜辭之唐突也，而不能以靦顔更留，此其策之上也。若猶未忍其德也者，則毀書，而掩閨薄治其婢，而其事則且容隱而寢擱之。詩亦有之，無忘大德，而思小怨，此亦策之萬無奈何者也。如之何而顧乃有復寄手書之事。如曰，必欲數之，則能絕之，不數之，其終未必能絕之。必欲面數之，則能絕之不面數之，彼婢之肯爲彼持書以來者，必不肯爲我痛切而陳也。則天下固無中表之兒，又屬異派，又新有其婚姻之言，又其間連日正多參差，又彼方以淫泆之語來相勾引，而我則反復招之黃夜深入，以受我之面數者也。且語有之曰：言爲心聲。我今觀其盛怒之時，而又能爲婉麗之章，其聲嘽以緩，是果爲何心之所感哉。抑我徒以人之無禮，故不得不一數之焉耳。而今我則命之踰墻以入以就數，數畢而仍命之踰墻以出以改。過天下之有禮，又新有如是之事乎哉。曰：然則雙文之有是舉也，其奈何。曰：雙文，天下之至尊貴女子也，雙文，天下之至有情女子也，雙文，天下之至靈慧女子也，雙文，天下之至矜尚女子也。雙文，先以尊貴之故，而於大族所有之群從昆弟，以至戚黨僚吏之間之所往來，而既見之夥矣。如昔王氏所稱阿大中郎，封胡羯末之徒，是即不無一二，然初未有如張生其人焉者。一旦忽覩天壤之間，而又有張生其人，此其照眼動心，方極不可奈何。誠亦何意出於慈母之口，入於嬌女之耳，即又宛然同車携手，從心適願之言也乎。此天爲之，爲人爲之。此時雙文有情，真將梳新髻，試新裙，唧唧消息，已謂旦暮佳期。蓋自古至今，女兒之快，無有更快於雙文者。而忽然開宴，而忽然賴婚，此則何爲也。此真不必張生之以簡來也，即使張生讀書學禮，過爲拘謹，終亦不以簡來，而雙文實且欲以簡往。我於何知之，我於聽琴之夜知之，不聞其有綿搭絮之辭曰：一層紅紙，幾眼疎櫺，又不隔雲山萬重，怎得人來信息通。此豈非欲寄簡之言哉。抑不寧惟是而已，前此猶爲初酬韻之後，未許婚之前也，不聞其有《鵲踏枝》之辭曰：兩首新詩，一段迴文，誰做針兒將線引，向東鄰通一殷勤。此豈非欲寄簡之言哉。夫雙文而方將自欲寄簡，而適猶未及，然則其於張生今日之簡之寄，是最樂也。是日夜之所望，而不得見也。是開而讀，讀而捲，捲而又開，開而又捲，至於紙敝字滅，猶不能以釋然於手者也。其如之何而有勃然大怒之事。夫雙文之勃然大怒，則又雙文之靈慧爲之也。其心以爲張生真天下之才子，夫使張生非真天下之才子，而我奈之何於彼乎傾倒，則至於如是之甚哉。然而其心默又以爲身爲相國千金貴女，其未可以才子之故，而一時傾倒遂至於是也。即我自以才子之故，而一時傾倒不免遂至於是，其未可令餘一人得聞我則遂至於是也。是故雙文之欲簡張生，何止一日之心，然而目顧紅娘，則遂已焉。又目顧紅娘，則又遂已焉。乃至屢屢目顧紅娘，則屢屢皆遂已焉。此無他，天下亦惟有我之心，則張生之心也。張生之心，則我之心也。若夫紅娘之心則何故而能爲張生之心。紅娘之心，既無故而不能爲張生之心，然則紅娘之心，何故而能爲我之心。故夫雙文之久欲寄簡，而終於紅娘難之者，彼誠不欲以兩人一心之心，旁吐于別自一心之人也。故夫雙文之久欲寄簡，而獨於紅娘礙之者，彼誠不欲令竊窺兩人之人，忽地得其間一人之心也。無何一朝而深閨之中，妝奩之側，而宛然簡在，此則非紅娘爲之，而誰爲之。夫紅娘而既爲之，則是張生而既言之矣。夫張生而既言之，則是張生不惜於紅娘之前，遂取我而罄盡言之矣。我固疑之也，其歸而如行不行以行也，如笑不笑以笑也，如言不言以言也。昔曾未敢彈帳，而今舒手而彈也。昔曾未敢偷看，而今揭簾而看也。昔曾未敢於我乎輕言，而今儼然謂我懶懶也。凡此悉是張生罄盡言之之後之態甚明明也。夫以我爲千金貴人，下臨一小弱青衣，顧獨不能遂示之以我之心哉。我亦徒以此態之不可以堪，故且自忍而直至于今日。至于今日，而不謂此小弱青衣，乃遂敢以至是。然則我寧於張生焉，便付決絕，都無不可，我其誰能以千金貴人，而顧甘心於是也耶。蓋雙文之天性矜尚，又有如此。然而其於張生，則必不能以真遂付之決絕也。豈惟不能付之決絕而已，乃至必不能以更遲一日二日不見之也。取筆力疾而書之，而題之，而封之，而手自授之，謾之曰：我欲其勿更出此，則固並非欲其不更出此者也。其詩具在，詩曰：待月西廂下，迎風户半開。拂墻花影動，疑是玉人來。欲人勿更出此，則其語固當如是者乎。且一詩之不足，而又有其題，題曰：月明三五夜。欲人勿更出此，則固當詩之不足，而又題之者乎。蓋雙文有情，則既謂人之有情皆如我也。而雙文靈慧，則又謂人之靈慧皆如我也。夫我之大怒，頃者實惟不可向邇，我則計紅娘是必訴之者也。又我授書之言，頃者實惟致再致三，囑云：勿更出此。我則又計紅娘是必又述之者也。夫張生而知我之大怒，至於不可向邇且如此，又聞我授書之言，致再致三，囑云：勿更出此又如此，然則啟書而讀，而又見其中云云。我意其驟焉雖驚，少焉雖疑，姑再思焉，其誰有不快然大悟也者。夫張生快然大悟，而疾捲書而袖之，更多詭作咨嗟而漫付之，敬謝紅娘而遣還之，然後或坐或卧而徐待之，待至深更而悄焉赴之。彼爲天下才子，何至獨不能作三翻手，三竪指，如崔千牛之於紅綃妓之事哉。今也不然，更未深，人未靜，我方燒香，紅娘方在側，而突如一人則已至前。夫更未深，人未靜，我方燒香，紅娘方在側，而突如一人則已至前，則是又取我詩于紅娘前，不惜罄盡而言之也。此真雙文之所決不料也，此真雙文之所決不肯也，此真雙文之所決不能以少耐也。蓋雙文之尊貴矜尚，其天性既有如此，則終不得而或以少貶損也。由斯以言，而鬧簡豈雙文之心，而賴簡尤豈雙文之心。而讀西廂者不察，而總漫然置之。夫天下百曲千曲萬曲，百折千折萬折之文，即孰有過於《西廂・賴簡》之一篇，而奈何不縱心尋其起盡，以自容與其間也哉。

又〔沉醉東風〕是槐影風摇暮鴉，是玉人帽側烏紗。槐影烏紗，寫張生來，却作兩句。只寫兩句，却有三事。何謂三事，紅娘喫驚，一也。張生膽怯，二也。月色迷離，三也。妙絶，妙絶。又：你且潛身曲檻邊，他今背立湖山下。妙絶，妙絶。昨與一友初看，謂此句是紅娘放好張生。此友人便大賞歎，謂真是妙事妙人，妙情妙態也。今日聖歎偶爾又復細看，却悟此句乃是紅娘放好自家。蓋昨日祇因一簡，便受無邊毒害，今若適來闖門，而反放入一人，安保雙文變計多端，不又將捉生替死，别起波瀾乎。故因特命張生且復少停，得張生少停，而紅娘蚤已抽身遠去。便如聳身雲端，看人厮殺者，成敗總不相干矣。諺云：千年被蛇咬，萬年怕麻繩。真是寫絶紅娘也。

又卷七《四之一・酬簡》 古之人有言曰：國風好色而不淫。比者聖歎讀之而疑焉。曰：嘻，異哉，好色與淫相去則又有幾何也耶。若以爲發乎情，止乎禮，發乎情之謂好色，止乎禮之謂不淫，如是解者，則吾十歲初受毛詩，鄉塾之師早既言之，吾亦豈未之聞，亦豈聞之而遽忘之。吾固殊不能解，好色必如之何者謂之好色，好色又必如之何者謂之淫。好色又如之何謂之幾於淫，而卒賴有禮，而得以不至於淫。好色又如之何謂之賴有禮得以不至於淫，而遂不妨其好色。夫好色而曰吾不淫，是必其未嘗好色者也。好色而曰吾大畏乎禮而不敢淫，是必其并不敢好色者也。好色而大畏乎禮，而不敢淫，而猶敢好色，則吾不知禮之爲禮將何等也。好色而大畏乎禮，而猶敢好色，而獨不敢淫，則吾不知淫之爲淫必何等也。且國風之文具在，固不必其皆好色，而好色者，往往有之矣。抑國風之文具在，反不必其皆好色，而淫者往往有之矣。信如國風之文之淫，而猶謂之不淫，則必如之何而後謂之淫乎。信如國風之文之淫，而猶望其昭示來許，爲大鑒戒，而因謂之不淫，則又何文不可昭示來許，爲大鑒戒，而皆謂之不淫乎。凡此，吾比者讀之而實疑焉。人未有不好色者也，人好色未有不淫者也，人淫未有不以好色自解者也。此其事，内關性情，外關風化，其伏至細，其發至鉅。故吾得因論《西厢》之次，而欲一問之，夫好色與淫，相去則真有幾何也耶。

【略】自古至今，有韻之文，吾見大抵十七皆兒女此事。此非以此事真是妙事，故中心愛之，而定欲爲文也。亦誠以爲文必爲妙文，而非此一事則文不能妙也。夫爲文必爲妙文，而妙文必借此事，然則此事其真妙事也。何也，事妙故文妙，今文妙必事妙也。若此事真爲妙事，而爲文竟非妙文，然則此事亦不必其定妙事也。何也，文不妙必事不妙，今事不妙故文不妙也。甚矣，人之相去，不可常理計也。同此一手，手中同此一筆，而或能爲妙文焉，或不能爲妙文焉。今而又知豈獨是哉，乃至同此一男一女，而或能爲妙事焉，或不能爲妙事焉。曰：何用知其同此一男一女，而獨不能爲妙事。曰：吾讀其文而知之矣。曰：彼其必争吾亦妙事也。曰：彼猶必争吾亦妙文也。書竟不覺大笑。又有人謂西厢此篇，最鄙穢者，此三家村中冬烘先生之言也。夫論此事，則自從盤古至於今日，誰人家中無此事者乎。若論此文，則亦自從盤古至於今日，誰人手下有此文者乎。誰人家中無此事，而何鄙穢之與有。誰人手下有此文，而敢謂其有一句一字之鄙穢哉。曰：一句一字都不鄙穢，然則自元和令起，直至青歌兒盡，如是若干，皆何等言語耶。曰：固也，我正謂如使真成鄙穢，則只須一句一字而其言已盡，決不用如是若干言語者也。今自元和令起，直至青歌兒盡，乃用如是若干言語，吾是以絶歎其真不是鄙穢也。蓋事則家家家中之事也，文乃一人手下之文也。借家家家中之事，寫吾一人手下之文者，意在於文，意不在於事也。意不在事，故不避鄙穢。意在於文，故吾真曾不見其鄙穢。而彼三家村中冬烘先生，猶呶呶不休，詈之曰鄙穢，此豈非先生不惟不解其文，又獨甚解其事故耶。然則天下之鄙穢，殆莫過先生，而又何敢呶呶爲。

又附録 《才子西厢文醉心篇》怎當他臨去秋波那一轉想雙文之目于臨去，情以轉而通焉。蓋秋波非能轉，情轉之也。然則雙文雖去，其猶有未去者存哉。張生若曰：世之好色者吾知之，來相憐，去相捐也。此無他，情動而來，情盡而去耳。鍾情者，正于將盡之時，露其微動之色，故足致人思焉。有如雙文者乎，最可念者，囀鶯聲于花外，半晌方言。而今餘音歇矣，乃口不能傳者，目若傳之。更可戀者，襯玉趾于殘紅，一步漸遠。而今香塵滅矣，乃足不能停者，目若停之。唯見瀠瀠者，波也，脉脉者，秋波也，乍離乍合者，秋波之一轉也。吾向未之見也，不意于臨去遇之。吾不知未去之前，秋波何屬。或者垂眺于庭軒，縱觀于花柳，不過良辰美景，偶爾相遭耳。獨是庭軒已隔，花柳方移，而婉兮清揚，忽徘徊其如送者奚爲乎。所云含睇宜笑轉，正有轉于笑之中易者，雖使靚修𥈭于覿面，不若此際之銷魂矣。吾不知既去之後，秋波何往。意者凝眸于深院，掩淚于珠簾，不過怨粉愁香，凄其獨對耳。惟是深院將歸，珠簾半閉，而嫣然美盼，似恍惚其欲接者奚爲乎。所云眇眇愁予轉，有轉于愁之中者，雖使開羞目于燈前，不若此時之心蕩矣。此一轉也，以爲無情耶，轉之不能忘情可知也。以爲有情耶，轉之不爲情滯又可知也。人見爲秋波轉，而不見波之心思有與爲轉者，吾即欲流睞相迎，其如一轉之不易受何。此一轉也，以爲情多耶，吾惜其止此一轉也。以爲情少耶，吾又恨其餘此一轉也。彼知爲秋波一轉，而不知吾之魂夢有與爲千萬轉者，吾即欲閉目不窺，其如一轉之不可却何。噫嘻，招楚客于三年，似曾相識。傾漢宫于一顧，無可奈何。有雙文之秋波一轉，宜小生之眼花撩亂也哉。又穿一套縞素衣裳厥衣惟素，與淡粧而齊妍已。夫衣裳亦何足異，然有穿此縞素者，而遂覺其異也。豈曰無衣，蓋亦猶是淡粧云耳。張若曰：大凡色之可人者，不必其盡在容貌也，即一服飾間，而雅俗分焉矣。夫濃艷之章，非不足以悦世，乃亦有寧爲其淡，而轉覺可愛者，然後知其淡也，乃其所以爲艷也。以予今日之所見是已。丰姿嫵媚，已令人一見而生憐，然而憐其人，並憐其衣也。想曉粧初罷，幾爲開篋而躊躕矣。容光淡蕩，已令人乍遇而動愛，然而愛其衣，並愛其裳也。想蘭麝微熏，早已對鏡而安排矣。不見夫衣裳乎，伊所穿者，非縞素乎。衣必有裳，猶淑女侍兒之相依焉，故合之而成套也。嘗有顧影自嫌，而借此以掩其陋者，茲則無容掩矣。腰肢本自柔脆，一若有人與服稱者，雅淡之至，五采當之而失艷，縞素焉已耳，蓋不必紅紫之悦人，而倍覺蕭疎矣。裳以襲衣，猶夫人婢子之相隨也，故配之而成套也。嘗有芳姿過人，而借此益盛其飾者，茲則無容飾矣。體態本自輕盈，一若有色與物宜者，白賁之至，美錦對之而含羞，縞素焉已耳，蓋不必纂組之多事，而別有丰神矣。論玉骨冰肌，應似夜月之梨花，不謂如此縞素者兩相襯也，是綺羅中之太羹元酒也。嬌容如洗，亦惟是國色天真，而不屑以競鬬紅裙，襲香奩之餘習。素風其猶存乎，何幸於襟帶間遇之也。抑香腮粉臉，應似春雨之海棠，不謂於此縞素者遥相映也，是閨閣中之元裳縞衣也。纖質無塵，亦頗似大家舉止，而並非若憔悴青衣，少林下之幽致。素心其可白乎，何幸於粧束間傳之也。然則邂逅相逢，幸覩衣香之在目，倘得殷勤笑語，奚慮素志之難通。所見若此，所思者愈可知矣。又隔墻兒酬和到天明願酬和之久者，墻雖隔而情已通矣。夫酬和豈易到天明哉，然其情相共也，雖到天明，亦無慮乎墻之隔耳。且從來兩情之相違者天也，而兩情之相合者亦天。天能使兩情之相合，而又限之以不得合，不幾疑天之厄人甚乎。雖然不必謀面，而唱酬之下，已有天緣，亦惟期東方之既白，以永今夕之歡，斯已矣。吾得爲今茲之酬和者思之，方其清音嚦嚦，恍如月下聞鶯，而字斟句酌，不禁取原韻而奉酬也，芳心頓作錦心。當其環珮珊珊，幾疑花外仙來，而韻和律叶，不禁出新詩而相和也，香口兼成繡口。斯時也，此歌彼和，不過隔墻而酬和耳，一唱一歎，亦祇酬和於片時耳，敢曰依永和聲，直到天明乎哉。雖然，乘彼垝垣，以望復關，固有望之而心傷者。今雖色笑未親，而音律相接，其室甚邇，其人亦不遠也。東鄰巧笑，踰墻而從，亦有從之而快意者。今雖芝顔未近，而歌咏情深，秉燭夜遊，良有以也。柔姿行露，羅衣豈耐五更風也。使我欲酬焉，而爾無和焉，雖片刻不相親也，遑曰到天明乎。況又有墻以爲之隔也，然而爾與我已心相契矣。果爾也賦三星之篇，我也咏窈窕之章，循墻步韻，宇宙内惟我二人默默賡同調也，則雖明星有爛，而敢問夜之何其乎。弱質多芳，露珠易濕淩波襪也。使我欲和焉，而爾無酬焉，雖須臾不相洽耳，遑曰到天明乎。況又有墻以爲之隔也，然而我與爾已志相通矣。果爾也歌卬須於舟子，我也賦美人於西方，面墻審音，天壤間惟我兩人寂寂稱雅奏也，則雖曙色將啓，而敢卜夜于方永乎。此所以願酬和到天明也。天下賞心之處，大都不限於時，故倚歌而和，既幸兩美之相遭，尤幸兩情之畢達。則瞻望雲衢，即東有啓明，猶惜五更之未長耳。吾人得意之境，大都形之于言，故恬吟密咏，非爲見才之地，實爲寫心之語。則側耳蕭寺，即東方明矣，猶恨達旦之甚短耳。隔墻人，能使惺惺惜惺惺否耶。又：我是個多愁多病身，怎當他傾國傾城貌。愛其貌之美者，自慮身之不能持焉。夫張之身，因崔之貌而多愁病耳，今一見之，能不慮其何以當之哉。若曰：天之於人，誠不可解也。以素所愛慕之人，而邂逅相遇，情幾慰矣。然以素所愛慕之人，而邂逅相遇，而情反難持矣。何則，他鄉之客，顧影堪憐，而一當如玉者之縈懷焉，則愛慕之下，轉不勝其顧慮焉耳。彼來清醮者，乃可意種焉。而我亦何幸哉，我之棲遲蕭寺也，亦謂其飄飄而欲仙者，玉骨焉耳，冰肌焉耳，他之貌足令我情牽也。我之佇立湖山也，亦謂其溶溶而疎流者，梅之清焉耳，菊之淡焉耳，他之貌足令我意移也，而不意其爲傾國傾城貌也。以如是之貌，而今既覩止，則他之貌與我之身，天假之緣矣，我何如欣幸乎。以如是之貌，而亦既見止，則我之身與他之貌，兩美之合矣，我何如快慰乎。然其如我之多愁多病何矣。夫我之愁何自來也，婉孌季女，望之而勞心焉忉忉，愁不禁自此多矣。今佳冶窈窕，覿面而相逢，向之眉上愁庶幾解乎。然而國色天香，可以比其貌而不足以盡其貌也，則睠顧之下，愁有悒悒而添者。夫以我多愁之身，而值佳人之在望，不復能支矣。我之病何自昉也，彼美淑姬，思之而勞心悄兮，病不覺自茲多矣。今秀質芬芳，聚處於一堂，今之心頭病庶有瘳乎。然而姤月羞花，可以擬其貌而不足以傳其貌也，則契想之餘，病有懨懨而深者。夫以我多病之身，而適玉人之遥臨，其何以堪此乎。前此梵王宫前，凝眸一眺，未嘗親炙其光耳。茲之蹁躚而來者，幽揚婉轉，即欲不魂消而不得。是則傾國傾城者，彷彿素娥之雲雨，而我愁病孤踪，怎敢比襄王之夢耶。前此月下聯吟，隔墻唱和，不過望見顔色耳。茲之嬝娜而至者，容與淡雅，即欲不腸斷而不能。是則傾國傾城者，恍如文君之風韻，而我愁病微軀，怎能効司馬之跡耶。噫，莫克當他矣，然則他將何時慰我愁而藥我病耶。又：繫春情短柳絲長，隔花人遠天涯近。情有不得遽通者，爲即景以寫其怨焉。夫春欲其繫也，而情偏短，花不欲其隔也，而人偏遠，其怨恨之意，反覺柳絲長而天涯近矣。雙文若曰：夫人有所係屬者，非緣物而來，亦不因境而去，惟默存此一綫以相通耳。雖然願與事違，而輾轉者，至堪自喻，則有懷莫訴，曠覽當前，能無惆悵耶。今日者滿目殘春，方寸亂矣，惹恨牽情，翻羨草木無知，不比柔腸之寸結。抑幾番風雨，香雪紛然，倚花注目，正恐山川雖隔，不如素志之難通。是故春之繫也，情短而柳絲較長，花之隔也，人遠而天涯較近，我其若之何哉。向以爲柳絲之拂拂也，棲暮雨而含愁，挂春禽而無力，孰若依依心曲者，叠山而難窮乎。獨至今日，春閨静悄，撫孤影以自憐，抑鬱無聊之況，有不若畫樓金線，尚能絆春色于將歸也已。向以爲天涯之渺渺也，思伊人而不見，欲奮飛焉無能，孰若居址相向者，會合之有期乎。獨至今日，花影參差，聽書聲于隔院，傷心咫尺之間，反不若王孫芳草，有可倚朱門而遥望也已。雖弱質清癯，應似垂楊之瘦，奈芳心如結，偏爾遜其舒長也。針神綉罷，而翠幕香消，夫豈不欲此春光之繫乎。而無端而忽來者，又無端而欲去，徒令我欲斷楚山焉耳。即夢魂嬌怯，難堪道理之遥，奈良晤多難，偏爾生其間阻也。茶癖香來，而輕衫淚滿，夫豈樂此花陰之隔乎。而有時而有意者，又有時而無情，徒令我倚遍闌于焉耳。嗟嗟，寸心空切，愁看柳色之輕黄，之子難忘，意若花魂之無主。悠悠我思，悲何如矣。又：我從來心硬，一見了也留情。情有動于所見者，不得復言心之硬矣。夫心硬則情難移矣，乃一見而留情焉，張乎其亦知紅此意耶。若曰：今而知天下之足以移情者，匪直佳人爲然，即才郎亦復爾也。蓋丰姿韶秀，無論有心者，見而相思相愛焉，即淡然無意于斯，而當猝焉相接之時，情亦有不能自禁者矣。據張生之相貌才情，豈獨引動我鶯鶯乎。鶯鶯之色，國色也，既有其色，必有其情，幾見有窈窕淑女，而不願好逑于君子者乎，其見張生而留情焉，宜也。鶯鶯之才，天才也，既有其才，即露其情，幾見有閨中俊秀，而不思鸞交于美士者乎，其見張生而留情焉，固也。若夫我則何如乎，名門婢子，我貌亦甚平耳，既非若傾國傾城者，擅美于當時，雖值良辰美景，而對花柳而傷心，非吾事矣。深閨侍妾，我才亦甚拙耳，又非若柳絮舞風者，著聞于一世，雖遇風流人士，而一覿面而神馳，非吾事矣。何也，我從來心硬故也。乃一見張生而竟何如哉，雙蛾不畫，默鎖春山，豈真寂然無情乎，第以心匪石而可轉，我從來如是耳。至于今而忽變于崇朝，言念君子，温其如玉，有不覺神往而魂飛者。自此後行坐一張生，寤寐一張生，鶯鶯有然，而我亦復然矣。吉士誘之，無使尨吠，豈真匪我思存乎，第以心匪席而可卷，我從來若是耳。至于今而忽易于一旦，淑人君子，其儀一兮，有不禁目招而情怡者。自此後懷抱間一張生，肺腑中一張生，鶯鶯有然，而我亦不異矣。自見于梵宫，而此情動矣，然猶以邂逅之間，未便爲芍藥之贈。今則覿面相親，亭亭玉立，雖欲硬吾心焉而不得。夫翰苑儀容，忽下胡陽之絳紗，向竊笑其鄙也，而今無庸矣，女子善懷，情不相遠矣。自見于寺警，而此情又動矣，然邂逅愴惶之際，豈暇爲彤管之貽。今則笑語相迎，彬彬爾雅，即欲硬吾心焉而不能。夫褚郎美秀，忽來山陰之珮璫，向竊嘲其穢也，而今無庸矣，玉人可懷情畧相同矣。一見了也留情，况我鶯鶯如之何。勿思。又：他誰道月底西厢，變做夢裏南柯。事而忽變，人似夢裡行矣。夫月底西厢，至請宴而願可遂矣。乃忽變夢裡南柯，誰計及此哉，鶯蓋深爲之痛也。曰：古人云浮生若夢，爲其事難憑也。若夫以可憑之事，忽而爲嘉會之舉，方且幸燕爾新婚，如兄如弟，而不謂几筵之上，頓成恍惚，遂使秦樓之凰，化作莊生之蝶，傷何如也。玉液金波，他胡爲難嚥哉。他則道一入侯門，竟作乘龍之客，而蕭寺凄凄，可不倚西厢而恨月。他則道偎傍繡閣，常伴金屋之嬌，而黄昏悄悄，可不必待月于西厢。而今變矣。第見盼高堂而無語，望紅粉而心傷，反不如不月底西厢，倚清風而泣露。對金樽而踟躕，撫華筵而嘆息，反不如不月底西厢，隔花墻而酬和。當斯境也，覩斯况也，古有南柯之夢，是耶，非耶。夫畫堂高會，南柯中亦有其事，然而賓主情洽，雖夢裡亦覺其歡，而豈似此寂寞堪憐耶。抑紅裙笑語，南柯中亦常有人，然而彼此情欣，雖夢裡猶多別境，而豈如此悲愁殆甚耶。初不意綢繆束薪，咏三星于在天者，竟作枕上之魂也，而遂令南柯中徒設此東牀。又誰知灼灼其華，慶之子之于歸者，乃愧高唐之會也，而遂令南柯中忽開此東閣。吁，嗟乎，花外流鶯，唤不醒襄王之寐，而西厢之月，不依繡幙之紅絲，而依牛女于銀漢也，其奈之何。已焉哉，長絲垂柳，繫不住杜女之意，而西厢之月，不照藍田之碧玉，而照參商于天角也，又奈之何。第爲我身綽約，變做睡裏之魔，猶其淺焉者也。夫睡魔亦可驅也，而月底事徒勞寤寐，其將誰驅乎哉。抑爲笙歌悠揚，變做譙樓之鼓，猶其未焉者也。夫譙鼓有時歇也，而西厢下徒成虚願，其何日已乎哉。念我張生西厢之夢，知不及邯鄲之睡也，君愧盧生多矣。又：他做了個影兒裡情郎，我做了個畫兒裡愛寵。怨極而辭生焉，故託于虚者以相况也。夫曰影曰畫，其虚焉者耳。崔之比張以自比也，非怨極而何。今夫情之積也至幽，而終不能藏也，絶也至難，而終不能遂也。今此若近若遠者，亦復誰堪曲訴，祇于筆墨間摹擬其萬一，以爲吾兩人第有是焉，何慘目也，何愴情也。今者夫人之有初，而鮮終若此。方其初得計也，亦可謂大快其心矣。佳期伊邇，應屈指于燈前，誰知轉盼而茫然也，而他何望也。抑其未誓盟也，亦可謂甚洽吾意矣。良晤可期，竊縈懷于静夜，誰知一旦而皤然也，而我何望也。吁嗟已矣，計竭思窮，轉嘆孤身慘戚。母乃天乎，香消粉褪，空悲薄命艱難。所謂影裡情郎，畫裡愛寵，是耶，非耶。以他之丰韻翩翩也，設與我促膝而同吟，則緑窗風物，盡收入乎奚囊。然而無如何矣，對曲檻之淒清，恨花陰之迢遥，抛書愁坐，蓋有笑語難親者。意之密矣，緑之疎矣，意惟影兒裡有斯綢繆乎，而一言允諾之後，又何爲而至此乎。以我之含情脉脉也，設與他拂几而鳴琴，則幽室餘音，且瀠洄于焦尾。然而不堪念矣，嗟雲鬢兮零亂，盼佳客兮神傷，顧影自憐，蓋有音容難接者。其室則邇，其人甚遠，意惟畫兒裡有斯繾綣乎，而一心結契之餘，又豈期其止此乎。向者閒階花滿，岑寂無人，他或怡情圖畫，則異日之情深，意即於影而遥想矣。至于今日，萬斛愁思，皆成流水，是有虚情而無實事也，豈非徒寄情惊于彷彿也哉。向者繡榻風凉，凄其獨對，我或留意丹青，則他時之和好，人即于畫而默會矣。至于今日，半簾皓月，空映湖山，是有人工而無天巧也，夫何取此和好于虚無也哉。嗟嗟，情親而無着，搦管傷心，意密而難投，披圖灑淚，我夫人其真狼毒也夫。又：花箋上删抹斷腸詩。賦新句于花箋，詩成而腸斷已。夫曰斷腸，則其詩尚堪多讀哉，乃崔鶯删于花箋之上也，悲夫。紅若曰：天下人莫非情也，情之所鍾，而不能必遂，往往寄之于詩。蓋詩者，寫情之聲也，非千古情真之人，不能爲千古斷腸之詩，而我竊心焉識之矣。詩有成于歡娱者，覩物興懷，即曲寫其水月煙花之妙，而逸興遄飛，無難引班毛而炫彩。詩有迫於憂思者，惹恨牽情，即明言其芳春寂寞之况，而愁成欲破，轉若搦象管而難成。不見夫花箋乎，其始也，腸欲斷而託諸詩。其既也，詩將成而腸益斷。蓋幾經删抹云。以彼長夜蕭然，倚碧窗而愁坐，有倍覺景物之淒凉者，此意誰能喻也。自有詩，而緑怨紅愁，多傳情于紙上。其盡致矣乎，又從而沉吟焉。廻腸九轉之際，若明明有一莫解者，而欲寫焉，其還停也，蓋不啻字斟而句酌已。以彼深閨悄然，嘆傷心于咫尺，有倍覺隻影之堪憐者，此悶誰能解也。自有詩，而風聲月色，多感懷于筆尖。其傳心矣乎，又從而低徊焉。寸腸百結之餘，若隱隱有一莫訴者，而欲吐焉，其轉吞也，蓋不啻鏤心而刻骨已。是詩也，向使一室聯吟，則唱予和汝，方幸握手而訂同心，惜也不可必也。緑鬢含愁，長自咏于湖山石畔，而載删而載抹者，覺錦綉之腸與滑膩之箋而俱麗也，此即當境者，不自知其工耳。是詩也，即使壬鬼相思，而魚沉雁杳，猶爲錦字而寄遥情，况乎其不遠也。抱膝長吟，恒自賦于綉閣燈前，而既删而既抹者，覺柔腸之婉轉，得新詩之淒清而莫續焉，此即旁觀者，豈能贊一辭哉。嗟嗟，一紙花箋，徒濺佳人之血，三更討夢，空銷怨女之魂，曾甚多讀也耶。又：這叫做才子佳人信有之。美名之無愧也，情相同矣。夫才子佳人，自有相思之致也，今觀夫張與崔，不其信然乎。若曰：吾今而知情之不可以已也，吾今而知情之不可已，其在兩美尤甚也。蓋淑女本自有懷，而君子豈其無願，則夫相見也，而因以相愛，相愛也，而愈以相思，從古所稱，良非虚語耳。如我鶯鶯與張生，非一樣相思哉。思浄几明窗，或遊覽於古今，或歌咏於詩書，豈非儒家業也，而胡爲有此繾綣之懷。抑蘭閨畫閣，或拈針而刺繡，或賞花而微吟，豈非紅粉事也，而胡爲有此篤摯與之思。噫，我早知之矣，夫天下不有叫做才子耶，抑不有叫做佳人耶。書生每多謔浪，顧蕩漾猶夷，恒寓意於風雲月露之中，而傷春悲秋，自古才子往往有之。女郎頗多情態，顧摘花映鬢，恒寄情於柳色芙蓉之内，而春恨秋思，自古佳人往往有之。然而猶未敢遽信也，及觀此兩人，而竟果然矣。天下惟雙好爲難覯耳，宋君如玉，未聞佳偶，陸生多才，不傳内子。才子而不遇佳人，則瞻顧之下，無所係屬，抑且無以顯其爲才子也。今見我張生，處瀟洒之書齋，而不免心傷者，其情之所鍾，惟在鶯鶯也。今非才子，而何以有此纏綿曲摯之情也。天下惟二美最難獲耳，歌舞吴宫，未遇畫眉于張郎，吹笳北塞，自恨無緣于漢主。佳人而不遇才子，則徒倚之餘，罔有注念，抑且無以顯其爲佳人也。今觀我鶯鶯，居深鎖之閨中，而不免于長吁者，其情之所戀，惟在張生也。今非佳人，何以有此綢繆固結之衷也。夫書相思于桐葉，賦求凰於琴中，我於閨閣中，竊聞其名，而未親閱其事。今就兩人觀之，而丁香枝上，豆蔻梢頭，才子乎，佳人乎，兩人一心，這芳名舍是莫屬矣。抑題紅葉而寄流水，着紫衣而出陽關，我於侍側時，竊聞其事，而未目覩其人。今就兩人觀之，而一分風雨，一分愁悶，才子兮，佳人兮，異地情同，這令名匪是弗克矣。然相思而不獲相慰焉，才子佳人且奈之何哉。又：晚粧樓上杏花殘。杏花而既殘也，晚粧難以爲情矣。夫晚粧樓上，鶯之常耳，而杏花殘矣，春日遲遲，非其時耶。紅若曰：天下美人之態，半形于粧臺，而無聊之思，多生于薄暮。何也，顧影踟蹰，其黄昏獨坐，已足傷矣。况飛花點點，意緒撩人，而念春光之無幾，嘆東風之有恨，未免多情，誰能堪此耶。我之做撮合山也，豈爲張生哉。我願你今夕何夕，快三星之在天，而無如不我諒也，樓上佳期，衹自負耳。我憐你牛女常睽，欲鵲橋之高駕，而今反增罪戾也，樓頭紅杏，諒予心耳。你不嘗日上高眠，頻眉蹙而自傷乎。則簪墜珊瑚，春山慵掃其常也，而吾所謂傷情者，尤不在此也。你不嘗春日曉起，對菱花而長嘆乎。則綠雲撩亂，無意盥櫛其常也，而吾所謂增恨者，猶不在此也。蓋吾記你之晚粧樓上也，日之既夕，祇堪自憐，誰與爲歡，而爲此晚粧耶。吾知粧成獨坐，雖綺麗動人，亦形相吊耳，影相憐耳。夕陽在山，人情多倦，誰適爲容，而晚粧樓上耶。吾知粧罷低徊，縱姿容絕世，有獨寤歌耳，獨寤宿耳。晚烟嫋嫋，繡不出鴛鴦逐隊，而晚粧焉胡爲者。意者欲以羞花之貌，競花枝而比笑，而花顏易老，能消幾個黃昏。樓閣重重，望不見巫山十二，而晚粧又奚益者。意者欲以如花之容，傍名花而爭色，而佳日難留，莫禁妬花風雨。當斯時也，啼鶯倦矣，蝶影亂矣，芳草連天，而綠柳拂地矣。起視杏花，杏花不已殘乎。曾記杏花之含蕊也，樓上覩之而情動，而晚粧且因之增艷矣。未幾而風片相催，雨絲頓折，則春光半去，莫挽嬌姿，吾恐與陌頭柳色，共悔夫婿封候。曾記杏花之方盛也，樓上見之而神馳，而晚粧且因之倍麗矣。未幾而春日遷延，杏園爛漫，則韶光九十，半點香泥，即或有金勒馬嘶，知少玉樓人醉。當日色融和，已喜晚粧之甚適，而况于杏花殘矣。倘天氣暄妍，又恐晚粧之不耐，而猶值杏花殘也。則温風吹而寒氣消，正其時矣，而晚粧者奈何猶自怯衣單也。又：親不親盡在您。深欲其親者，爲之專其責焉。蓋張之于崔親也，而非不親也，然其親豈異人任乎，紅是以臨去可嚀耳。且以生平所甚慕之人，一旦惠而好我，吾知爾時之情，濃而非淡也，明甚。然而意中之事，設一意外之想，而柔弱書生，或不盡解其中况味，則此際之相愛與否，惟在身其事者，實任其責，而非他人所得過而問也。肯不肯怎由他，則不由他者，您也。蕭條旅邸，忽邀仙子之會，角枕粲兮，其喜何如。以您而自揣，應覺骨肉爲之疎。寂寞空齋，疑入高唐之夢，錦衾爛兮，其樂何極。代您而思維，頓覺神魂爲之若合。若是則親焉，宜也。當其始至，則親韓壽之香，雖未顛倒衣裳而同心者，自覺其嗅之如蘭。及其既至，則親姑射之肌，雖未式食庶几而綢繆者，又覺其甘之如薺。思前此秋波一轉，欲携手而不能。而今之盈盈可愛者，其間不能以寸也，即多方親之，而豈厭其綢繆。前此隔墻聯吟，欲促膝而不得。而今之笑語可接者，乃不違顏咫尺也，即極意親之，猶尚嫌其情薄。于斯時也，即無知之子，猶謂千金一刻，而况于風流才士乎。即寡情者流，亦幸羽化登仙，而况于相思情種乎。若是則親焉，宜也，而忍不親乎哉。或者以禮義之範，竊鄙臨卬之琴，則以引鳳簫史，而爲閉戶男子，也未可知。或者以多病之體，莫投桑下之金，則以擲果潘郎，而爲坐懷柳下，也未可知。使果親焉，則體天地生才之心，而兩美必合，爲古今之佳話，而豈其敗德。倘不親焉，則體聖賢好色之戒，而守身如玉，爲香奩之君子，而豈其負心。引爲佳話耶，惠然肯來，如鼓瑟琴，誰爲禁也，而令其不親乎。引爲君子耶，人之好我，匪我思存，誰能强之，而令其相親乎。盡在您而已矣，予亦從此去矣。又：難道是昨夜夢中來。非夢而疑爲夢，快何如矣。夫鶯既夜就，則非夢中矣，張惟快之至，故作此疑猜耳。若曰：今何幸，而不才書生忽有此奇緣也。向亦會于寤寐中，作斯景况，而不得遂其願焉，則以爲孤枕單衾，今生大抵如斯耳。乃不意今夜相逢，得邀神女之會，而令我驚疑焉，則爲是爲非之際，甚惝恍而難釋矣。我審視明白，則香埃猶是也，而何以零露瀼瀼，至今夜而生香。閒堦猶是也，而何以清風颯颯，至今夜而如暖。書齋猶是也，而何以月色皎皎，至今夜而更融。將以爲真耶，花影迷離，豈竟是天台之路。將以爲非真耶，蘭麝香幽，豈猶屬陽臺之寐。流鶯聲轉，猶在耳也，而枕畔嬌啼，胡不聞芳心一語乎。芬馥襲人，猶沾衣也，而情態含羞，胡不見彤管相贈乎。方其翩然而至，以爲平昔愁思，至此而可釋，而桃花流水，轉生劉阮之疑。抑其惠然而來，以爲從前幽怨，至此而可慰，然而爲雲爲雨，疑起襄王之慮。意者，爾時情事乃夢中耶，兩人懽愛，乃昨夜夢中來耶。今者東方已明矣，曉鐘初動，欲留焉而不能，欲別焉而不忍。我爲之微察焉，多情何自而至止，豈明明軟玉温香，夫猶是邯鄲道上也。今者晨雞已鳴矣，曙色將起，方兩情之正濃，倏歸期之甚疾。我爲之端詳焉，玉人何因而來思，豈明明嫩蕊嬌香，夫猶是南柯就裏也。我方謂旅邸幽窗，難爲金屋之貯，而不意不畏多露，徒顛倒乎衣裳，遂令一夜綢繆，如在依稀彷彿間也。我方謂生花銀管，未及畫眉之候，而不意三五小星，欲肅肅而宵征，遂令三更輾轉，竟在恍惚難憑時也。難道梅帳脂粉，是夢中陽臺耶。玉骨冰肌，是夢中佳麗耶。温存欵洽，是夢中景况耶。而今不然矣，吾亦何幸而有今日也。又：立蒼苔祇將繡鞋冰透。玉成人事者，忘其立之久焉。夫繡鞋冰透，蒼苔爲之也，而立之者果爲誰乎，紅殆憶之而如悔也。曰：甚哉，予之熱腸也，知爲人計，而徑不爲己計也。蓋此憐窈窕，而彼遂好逑，兩美其相合矣，而予惟是延佇花陰，徘徊有待焉。謂是裹足不前乎，然而其情良苦矣。窗外輕嗽，予何以不敢哉，誠懼彼窩鸞鳳，嗽焉而驚飛也。夫以隔墻酬和，幾待月於西廂，至此而驚飛者，乃在撮合山也，咎誰歸乎。又恐枕畔鴛鴦，嗽焉而驚散也。夫乃花底琴心，各相思于異地，至此而驚散者，乃由執柯人也，責奚逃乎。是以紐鬆帶解之時，柳腰一任其欵擺，窗外人情豈不動乎，而足未敢離也。温香抱滿之際，花心一任其輕拆，窗外人意豈不羨乎，而步未敢移也。予斯時有立蒼苔已耳。夫蒼苔已濕，濕則非若乾燥之處，足以容身。意兩人綢繆情多，而我則欲去難去，而低徊流連，徒受此冷落之景也。抑蒼苔向陰，陰則非若温煖之地，足以托足。想兩人欵洽風生，而我則欲留難留，而徒倚躑躅，徒任此凄寂之苦也。況良夜迢迢，冷露滴于無聲，而玉步珊珊，吾其如此獨立何。況蟲聲唧唧，接續鳴于四壁，而金蓮窄窄，吾又奈此蒼苔何。嘻，斯時繡鞋兒冰透矣。憶剪刀初落，欲其舉步生蓮，而又恐以寬窄難宜，不稱纖纖之笋。吾爲此繡鞋，亦極愛惜之至矣，而豈料于蒼苔濡濕乎，而不得已而立也，而又不得已而透也。憶金針初綉，欲其花樣生新，而又恐以顔色未佳，難較絲絲之綿。吾作此繡鞋，又極經營之矣，而肯于蒼苔染泥濘乎，而何所圖而立也，而又何所圖而透也。花間微潤，淡我新紅，而遂至于冰透。窗外之立，不爲不遲久矣，想月下冰人，理當然耶。草上餘滋，减了碧翠，而遂至于冰透。窗内之事，不爲不盡致矣，想風情透骨，亦似此耶。噫，一則劉阮到天台矣，一則露滴牡丹開矣，獨是我着甚來由也。又：倩疎林你與我掛住斜暉。惜餘暉於將別，向疎林而致意焉。夫斜暉也，而疎林能掛乎，然別者惜之，不覺其倩之矣，疎林何以爲情也。若曰：時之慘人思者莫如秋，而秋之慘人思者又莫如暮，然往往人際歡娱，猶過焉輒忘。及一值離別之境，有倍覺其難堪者，南浦將期而驪歌在即，幾何而不戀戀也。如今日者，梟梟青絲，難挽花驄之跡，則分手在須臾，真有觸目愴懷者，能無向西風而泣下。蕭蕭班馬，難繫垂楊之線，則離別在頃刻，真有對景傷情者，能無對旅雁而魂銷。第見暮靄横空，西山日薄，蓋已斜暉矣。想昨日者，别緒縈縈，即思就枕長眠，而夢魂飛起，幾莫識東方之既白。乃今日者，曉粧初罷，方欲遠近行人，而凝眸四顧，忽已覩日影之横西。然則此時此際，無可如何，不能不有倩于疎林矣。倩之維何，殆與我掛住斜暉云。非不知天地原同逆旅，覩秋光之易過，而景物蕭條，亦自可以搦管而賦新詩。然而今日誠何日也，試觀歸雲擁樹，夕照穿林，淡霧殘霞之際，幸爲我掛住焉。俾予兩人，得以握手而導殷勤，則片刻留連，或可訴盡衷曲，而異地之相思，亦因是而少慰已。非不知日月原同過客，思寸陰之堪惜，而秋容寥寂，亦自可以即景而贈離人。然而我心固已亂矣，試覩斜陽欲落，半照平林，飛烟棲鳥之下，幸爲我掛住焉。俾予兩人，得以婉轉而訂歸期，將去後愁思，不知望斷行雲，而馬首之相逢，行將指日待也，我之倩疎林者以此。至若夕陽古道，碧雲隨遊子之鞭，綉閣深秋，紅日映朱顔之淚，尚堪追憶今日哉。又：昨宵今日清減了小腰圍。形之忽異也，撫時而心傷矣。夫小腰圍而何以忽清減也，惟昨宵今日故耳。傷哉鶯鶯，何以堪此。意曰：吾竊悲夫命之不猶也。始謂獲佳偶以終身，庶幾骨肉相依，無有別恨之傷懷抱矣。不意歡愛伊始，忽睽隔之興嗟，俯視形骸，不逾時而傷憔悴，天實爲之，謂之何哉。今者意似癡，心如醉，非以行色匆匆故耶。思昔翠被生香，嫣然而鬬春風，環珮珊珊之餘，別有風光之堪挹也。曾幾何，而至于昨宵矣。綉閣留春，悄然而畫雙娥，羅袖翩翩之下，別有容顔之可慕也。又幾何，而至于今日矣，而尚忍言哉。顧影自憐，非復曩日神形，撫膺長吁，自異從前體態。予方謂形單影隻，嗟無及矣。乃背銀釭而解羅帶，覺蘭麝猶是，而鬆焉私褪者，竟不可以分寸計也。方謂薄衾孤枕，傷何如矣。乃對牙床而整榴裙，覺艷色依然，而寬焉有餘者，若難以大小數也。噫，我腰圍原自小耳，至昨宵今日，而胡清減一至斯耶。風前解舞，柔弱自堪憐耳。至昨之于今，曾爲時幾何，而柔者復已減也。腰肢纖纖，別有愁懷，而非關愛月眠遲矣。小蠻楊柳，瘦影自天成耳。至昨之于今，曾流光有幾，而瘦者乃竟益減也。細腰嫋嫋，殊多離恨，而非是惜花朝起矣。前之窗外賞音，業已相思入骨，小腰圍非不清弱也。然而煖玉生烟，清減者旋而輕盈矣。不料昨宵與今日，而事不同也。所謂雲雨巫山斷人腸，有如是心傷耶。抑病裏迴文，亦幾心内如灰，小腰圍非不清削也。然而玉樓人醉，清減者而轉孃娜矣。不料今日較昨宵，而悶轉深也，所謂冰雪一番寒徹骨，有如是情慘耶。斯時欲訴清減之苦，正恐洒離人之淚，而過露清減之形，又懼生堂上之嗔。自顧腰圍，有飲恨而已矣，咽淚而已矣。嗟我懷人，更不知何如黯然魂銷也。又：慘離情半林黄葉。草木無情，若助有情之慘焉。夫黄葉半林，於人何與，然而離人見之，不覺增慘矣，而謂情能已耶。意謂，天下最足關情者，林間樹色耳。賞心者見之而喜，感懷者見之而悲，非物之能移人也，亦人之自爲之也。若乃覩長林之秋色，望美人於遐方，而心懸懸其不能釋焉。則衰柳長堤之下，徒增忉怛已耳。望蒲東蕭寺，豈僅暮雲遮哉。雖未嘗重巒叠嶂，聳夏雲之奇峯，然冉冉者，已不能倩西風而疾掃。未嘗五色呈彩，慶卿雲於此夕，然磊磊者，又不得依歸鳥而偕飛。而況覩閒雲者，又一望無涯也，聽秋風之蕭颯，乃知聲在樹間。況映征袍者，又觸目無限也，覩秋光之黯淡，非是霜林醉染。噫嘻，顧茲半林黃葉，而離情倍增矣。既不與窗前蕉葉，堪書相思之字，而徒蕭瑟林中，與征夫而相對。嗟哉，林葉毋亦離愁相繼，而有此黃瘦景象耶。復不與御溝紅葉，預爲幽思之媒，而徒參差林間，與愁人而若合。傷哉，林葉毋亦離恨多端，而至於黃落可憐耶。夫合歡之樹，今雖難見，然胡不爲葉萋萋，比美於葛覃，而乃芸其黃矣，徒使人悶轉深矣。連理之枝，今雖難求，然胡不其葉蓁蓁，傳盛於桃夭，而乃其黃而隕，徒令人惹恨長也。思我離情，如之何勿慘耶。黃葉之下，此往彼來者，盡是東西南北之客，誰則無情，而顧傷心自予乎。然而予自慘矣，違顏未幾，乃不能笑携紅袖，爲點鴉黃，而僅於一鞭殘照中，徘徊林木之顏，脱草木有知，應亦傷我之腸斷矣，慘何如矣。黃葉之間，度阡越陌者，悉爲楚水吴山之士，誰非離人，而顧惟予情深乎。然而予更慘矣，別路無多，乃不得並倚粧臺，笑貼翠葉，而祗於琴劍蕭條間，四顧秋容之老，脱伊人目擊，更未知何以魂消矣，慘何如矣。覩此半林，無異半床清冷，睠彼黃葉，又何異黃昏時候。行行且止，吾其如此慘離情何。

傳記

元・鍾嗣成《録鬼簿》卷上 王實甫，大都人。

清（雍正）《山西通志》卷二三〇 實甫，大都人，所編傳奇有《芙蓉亭》、《雙蕖怨》等，與《西廂記》凡十種。

紀事

清・佚名《曲海總目提要》卷一《西廂記》 元王實甫撰。《草橋驚夢》後四齣，關漢卿補。事據《會真傳》待月西厢而作，乃元稹實事，而嫁名於張生也。按：稹所作《姨母鄭氏墓誌》，云其既喪夫，遭軍亂，微之爲保護其家備至。與傳奇所叙正合。又白居易作稹《墓誌》，以太和五年薨，年五十三。則當以大曆十四年己未生，至貞元十六年庚辰，正二十二歲。與傳奇生年二十二合。又韓愈作稹妻《韋叢志文》：婿韋氏時，微之始以選爲校書郎。按：貞元十八年，微之始中書判拔萃，授校書郎，年二十四。正傳奇所謂後歲餘生亦有所娶者也。又稹作《陸氏姊誌》云：予外祖父授睦州刺史鄭濟；白居易作稹母《鄭夫人誌》，亦言鄭濟女。而唐《崔氏譜》，永寧尉鵬亦娶鄭濟女。則鶯鶯者，乃崔鵬之女，于稹爲中表。正傳奇所謂鄭氏爲異派之從母者也。又稹《春詞》二首，其間皆隱鶯字。且傳奇亦言立綴《春詞》二首。又有《鶯鶯詩》、《雜憶詩》，則每首皆用雙文，意謂二鶯字爲雙文也。鶯嫁鄭恒，則據《恒墓志》云：娶博陵崔氏。本傳但云委身于人也。蘇軾《贈張子野》詩云：詩人老去鶯鶯在。注言所謂張生，乃張籍也。按稹所作《會真》事，在貞元十六春；又言生明年文戰不利，乃是十七年。而唐《登科記》：張籍于貞元十五年登科。既先二年，則非張籍明矣。《會真傳》云：唐貞元中，有張生者，年二十二，遊於蒲，寓於蒲東之普救寺。適有崔氏孀婦者亦止焉。崔氏婦，鄭女也，張出於鄭。叙其親，乃異派之從母。是歲，丁文雅不善于軍，軍士大掠蒲人。崔氏惶駭，張與蒲將之黨有善。請吏護之，遂不及于難。會杜確將天子命，以統戎節。令於軍中，軍由是戢。鄭厚張之德甚，因設饌以宴之。命其子歡郎出見，次命女鶯鶯出拜爾兄。至則顏色艷異，光輝動人，張自是惑焉。崔之婢曰紅娘，生私爲之禮者數四，乘間遂道其衷。婢曰：崔善屬文，君試爲喻情詩以亂之。張立綴《春詞》二首以授之。是夕紅娘復至，持彩箋以授張曰：崔所命也。題其篇曰《明月三五夜》。其詞曰：待月西廂下，迎風户半開。拂牆花影動，疑是玉人來。張亦微喻其旨。既望之夕，張逾牆而達于西厢。及崔至，則端服嚴容大數張，復翻然而逝。張自失者久之，復逾而出。數夕之後，忽紅娘攜衾枕而至，撫張曰：至矣至矣。天將曉，紅娘又捧之而去。自是同會於曩所謂西厢者幾一月。是夕旬有八日也，張生俄以文調及期，西之長安。明年生文戰不利，止於京，因遺書于崔，以廣其意。崔氏緘報之，張生發其書於所知，人多聞之以爲異，然而張亦絶志矣。後歲餘崔已委身於人，張亦有所娶。後乃因其夫，求以外兄見，而崔終不爲出。自是絶不復知。按：稹有《夢遊春古詩七十韻》，雖不點出姓名，而所叙則《會真記》中事實也。白居易和之，廣爲百韻。前七十韻，皆直叙稹事；而後三十韻，則欲其返真祛妄，三復乎法句心王。蓋鶯之與元遇，的然無疑也。李紳、楊巨源輩，亦皆有詩艷其事，所謂人多聞之以爲異也。其後杜牧之亦有《和會真韻》之詩。自元人作《西厢記》，人盡以爲張珙，忘其假托矣。珙之名，君瑞之字，《會真》所無。杜確戡軍，據《會真》似非稹力。稹與蒲將善，非確也。孫飛虎，當即《會真》所謂丁文雅者。崔本非相國之女，恐作者别有所寓。法本、法聰、慧明，皆因普救寺揣摩結撰名字。琴童則以生善琴，故謂其童曰琴童也。鄭恒，據《恒墓誌》。請宴、寄柬、跳牆、佳期等折，皆據《會真》，餘則增飾點綴居多。按：元人《㑳梅香》諸折，亦仿此意，而以生爲白敏中，旦爲小蠻，與此略異。

又卷四《麗春堂》 元王實甫撰。演宰相樂善，與統軍李圭釋怨會飲麗春堂事。本無實迹，史亦無樂善、李圭等名。略云：蕤賓令節，賜群臣御園射柳，中三矢者賜錦袍玉帶。射畢會宴，元相徒單克寧爲押宴官。統軍使李圭，斗筲器也，以諂得顯官，馳騎争先，不能獲雋。右相樂善連中三矢，受賜袍帶，圭慚而退。會復賜宴香山，圭欲以雙陸取勝。圭出八寶珠，善出寶劍。善復勝圭，圭愧甚，必欲勝善。且云若勝則搽善黑臉以雪耻。善謂非大臣體，互相詬詈，遂毆圭。押宴以情奏，詔善濟南閑住，善欣然别妻子，居於濟南。惟以山水自如，或披蓑戴笠，持竿釣魚。濟南尹重其清高，常攜樽就飲。值士寇擾，起善招撫。歸見妻子，鬢髮已蒼。出軍未幾，賊皆安戢，詔旨嘉獎。就其第麗春堂賜群臣宴賀，令圭詣善謝罪。圭負荆伏地，善扶之起，邀同暢飲，情好益篤，人皆服其度量云。按：《金史・徒單克寧傳》：世宗時，拜平章政事。章宗時，拜太師，封淄王。勳業甚著。樂善李圭無所聞，射柳擊球，本因遼俗，金尤尚之。《金史・禮志》云：重五日拜天禮畢，插柳球爲兩行。當射者以尊卑序，各以帕識其枝，去地約數寸，削其皮而白之。先以一人馳馬前導，後馳馬，以無羽横鏃箭射之。既斷柳，又以手接而馳去者爲上；斷而不能接去者次之；或斷其青處，及中而不能斷，與不能中者爲負。既畢賜宴。歲以爲常。

清・李調元《雨村劇話》卷下 《西厢記》，元王實甫撰。考元稹《會真記》詳其事。《輟耕録》以爲生即張子野。宋王性之著《傳奇辨正》云：微之作《姨母鄭氏墓誌》，言其既喪夫，遭軍亂，微之爲保護其家。又白樂天微之母《鄭氏誌》言鄭濟女。唐《崔氏譜》：永寧尉鵬，娶鄭濟女。則鶯鶯乃崔鵬之女，於微之爲中表也。傳奇言生年二十二，徵之樂天《墓誌》，决爲微之無疑。特鄭恒争姻之説不可曉。按：鶯鶯後實歸恒，《金石文字記》載《唐鄭恒暨夫人崔氏墓誌銘》，大中十二年秦貫撰文：崔年七十六，有子六人，與鄭合葬。此銘可證。又：吕蒙正破窰劇，《避暑録》：文穆爲父所逐，衣食不給。龍門寺僧識其貴人，延至寺中，鑿山岩爲龕居之，凡九年。後諸子即石龕爲祠堂。按：元關漢卿、王實甫俱撰《蒙正風雪破窰記》，貢性之有《風雪破窰圖》詩，破窰當即石龕。

著録

元・鍾嗣成《録鬼簿》卷上 王實甫：《東海郡于公高門》、《韓彩雲絲竹芙蓉亭》、《孝父母明達賣子》、《崔鶯鶯待月西厢記》、《曹子建七步成章》、《蘇小卿月夜販茶船》、《才子佳人拜月庭》、《四大王歌舞麗春堂》、《趙光普進梅諫》、《吕蒙正風雪破窰記》、《陸績懷橘》、《詩酒麗春園》、《雙蕖怨》、《嬌紅記》。

明・趙琦美《吕蒙正風雪破窰記跋》 乙卯五月十二日，校内本。清常記。

清・佚名《曲海總目提要》卷一 王實甫，名德信，大都人，所作雜劇，今存《麗春堂》、《西厢記》、《破窰記》等三種。

清・黄文暘、佚名《重訂曲海總目・元人雜劇》 《麗春堂》。

又《元人傳奇》 王實甫：《西厢記》關漢卿續，共五本。

清·黄丕烈《也是園藏書·古今雜劇目録》 元王實甫：《四丞相歌舞麗春臺》、《吕蒙正風雪破窰記》。

清·支豐宜《曲目新編·元人傳奇》《西厢記》，王實甫作。

又《元人雜劇》《麗春堂》，王實甫作。

清·姚燮《今樂考證·著録一·元雜劇》 王實甫十四種：《東海郡于公高門》《曲選》云：有二本、《孝父母明達賣子》、《曹子建七步成章》、《才子佳人拜月庭》此種與關漢卿同目，《曲選》目作多月亭、《韓采雲絲竹芙蓉亭》、《崔鶯鶯待月西厢記》《曲選》云：有五本。按：五本之説，則《西厢》本有二十折，但未指後四折爲關氏續耳。焦氏《曲考》列入院本，兹依《録鬼簿》、《蘇小卿月夜販茶船》有二本、《四大王歌舞麗春堂》一作四丞相、《吕蒙正風雪破窰記》與關氏同目，《曲選》云有二本、《趙光普進梅諫》《曲選》云有二本、《詩酒麗春園》與高文秀同目，《曲選》云有二本、《陸績懷橘》、《雙蕖怨》《曲選》目作《雙題怨》。

清·王國維《曲録》卷二《東海郡于公高門》、《韓彩雲絲竹芙蓉亭》、《曹子建七步成章》、《蘇小卿月夜販茶船》、《孝父母明達賣子》、《才子佳人拜月亭》、《四大王歌舞麗春堂》、《趙光普進梅諫》、《吕蒙正風雪破窰記》、《陸績懷橘》、《詩酒麗春園》、《雙渠怨》、《嬌紅記》。右均見《録鬼簿》。尚有《西厢記》入第四卷傳奇部，兹不録。

藝文

元·張著《題西厢記》 嬌花紅處月團團，幾夜相思只暫歡。惆悵不知西下月，從他别去到長安。

元·潘純《題西厢記》 月轉西厢户半開，淩波微步濕蒼苔。嬌花帶露含紅發，嫩柳籠陰拂袖回。錦字詩中傳密約，金徽弦上訴幽猜。劉郎幾度成虚夢，欲信文君契合來。

元·倪瓚《定風波》 玩新圖，一段春嬌，雙文舊事誰省。嫩緑池塘，淡黄楊柳，想像當時景。甚元郎，恁薄倖，翻笑張生自媒聘。人静，忍直教虚負，拂牆花影。悲歡夢境，返魂香、不暖黄金鼎。把西厢待月、風流話本，留與知音聽。鳳鸞雛，妒妝鏡，雨態雲情宛相並。題伯勞，歌好贈，更須吟詠。

明·張適《題西厢記》 新興結髻翠雲翹，坐笑行顰總是嬌。記得西厢花氣外，不勝春思月明宵。

明·瞿佑《題西厢記》 殘妝在臂淚光熒，香霧雲空月半明。吟就《會真》三十韻，須知元子即張生。

明·賈仲明《淩波仙·王實甫吊詞》 風月營，密匝匝列旌旗；鶯花寨，明飆飆排劍戟；翠紅鄉，雄赳赳施謀智。作詞章，風韻美，士林中，等輩伏低。新雜劇，舊傳奇。《西厢記》，天下奪魁。

明·王鏊《絶句》 賡歌千載盛明良，宸翰如今更煒煌。漫衍魚龍看未了，梨園新部出《西厢》。

明·錢紳《題西厢記》 拂牆花影夜朦朧，明月西厢兩意同。千古風流猶未盡，至今雲雨暗蒲東。

明·李雯《蓼齋詞·題西厢圖》 其一《蝶戀花·初見》 庭院沈沈春幾許。回影東牆，聽得花間語。願作遊絲空裏住，隨人更落香風處。　芳徑苔侵么鳳履。没個安排，冉冉行雲去。轉過薔薇鶯翠羽，相思只在旃檀樹。

又《臨江仙·酬和》 牆角清陰花月静，一聯秀句雙成。不須紅葉更流情。風吹修竹響，傳得鳳凰聲。　好影隔來心自語，碧雲細點春星。小桃枝下聽分明。消魂酬五字，清露越三更。

又《清平樂·惠明齎書》 風生雲袖，袖底蛟龍驟。一幅嚇蠻書在手，正是護花星斗。　朱旗遠望潼關，麻鞋踏上青山。且看錦囊飛度，便教紅線周旋。

又《河滿子·聽琴》 楊柳風吹鬢影，琅玕竹映回廊。半疊屏山千里隔，琴心只傍西厢。今日求凰司馬，幾時跨鳳蕭郎。　膝上情傳玉軫，花前淚浥香囊。靠損冰肌雙跳脱，不知月過東牆。唤起兩邊幽恨，何消一曲清商。

又《青玉案·得信》 菱花看罷晨妝了，天外信傳青鳥。蹙損眉尖雙葉小。鴛鴦譜上，金針初到，怕有人知道。　嘗將密意輸春草，消息通時又煩惱。誰識銀鉤真字好。微持薄怒，已曾心照，照見和衣倒。

又《誤佳期·紅辨》 織女度銀河，靈鵲空擔怕。昔日燒香抱枕人，跪在湘簾下。　不是野東風，錯把桃花嫁。誰移楊柳近牆東，又怪鶯兒詐。

又《風入松·離别》 西風霜葉短長亭，驚動别離情。玉驄慣是催人去，茫茫也荒草雲平。紅袂分開雙淚，斜陽獨照孤征。陽關不唱第三聲，無計殢君行。才辭鴛帳親銀燈，回頭看水緑山青。數輛車移垂柳，幾回雁起沙汀。

又《惜紛飛・驚夢》 茅店星霜人静後，正是相思初透。夢繞風林驟，暗憐孤影清宵瘦。遊仙半枕紅妝就，蝴蝶棲香未久。驚起披襟袖，桃花淚染看依舊。

清・瓊英《題西廂》 相國家風禮素持，豈因旅邸動閨思。可憐甲族幽貞女，爲譜西廂萬古疑。

清・何聞廣《題合訂西廂記文機活趣全解序》 予於雍正九年之夏，偕知友鄧君汝寧先生同遊于玩南山水之原，攀虬龍以乘風凉，踞虎豹以解炎熱，歡欣踴躍，宛然有桃源洞裏之樂。而快然談笑之下，因論及西廂一書。時吾友鄧君博學遊藝，瀟灑不拘，輒不禁歌之而善。予於斯遂不啻心曠而神怡，得意而忘言。迨遊賞之餘，興盡而還，敬取其書以玩之。由是讀其文則曲折如意，吞吐多姿；咏其詞則長短相雜，錯綜入古；况察其字則字字纍珠，一字一玉；嚼其音則節奏鏗鏘，聲口嘹喨；且會其情則有鏡花水月，天花亂墜之巧；究其思則有機到神流，筆歌墨舞之趣；更契其神則有口不可得而言，心可得而會之妙。於其時也，融于心者恍如神遊乎其際矣，忽不禁喟然興歎曰：若論其書，雖不得與帝典王謨並傳於天地，然論其文，既經金、毛諸先生分别評點，固云美矣。而又經鄧君竭智盡神，旁搜遠集，加意參訂注釋，更見全璧。猗歟休哉，觀止矣，蔑以加矣。雖有他集不敢請矣。如是令人讀之則内可以開人之靈思妙想，智慧日生，外可以助人之筆機飛舞，矯健古蒼。其有裨於人之文心筆情者，至遠且大也，不亦可與韓柳歐蘇之文並傳今古而不朽者哉。蓋是集也，歷代相沿，以至我聖天子之朝，文教誕敷，人才蔚起，舉天下之才人學士，亦皆相賞而不厭。即推之千萬世以後，又豈復有或遺者歟。予雖不才，亦得竊比金、毛、鄧諸先生之意，而爲之一序，以助不朽云。

清・楊芳燦《真率齋初稿》卷五《消夏偶檢填詞數十種，漫題斷句，仿元遺山論詩體》 侵曉猧兒撼寺鐘，雙文遺事記蒲東。銀箏譜出凄凉調，千古才人拜下風。

清・王昶《春融堂集》卷六《觀劇六絶》 秋風一夕别雲屏，軟語匆匆掩淚聽。回首河東蕭寺遠，碧雲紅葉滿長亭。

雜録

元・陶宗儀《崔麗人圖跋》 余向在武林日，于一友人處，見陳居中所畫《唐崔麗人圖》。其上有題云：并燕鶯爲字，聯徽氏姓崔。非烟宜采畫，秀玉勝江梅。薄命千年恨，芳心一寸灰。西廂舊紅樹，曾與月徘徊。余丁卯春三月，銜命陝右。道出于蒲東普救之僧舍，所謂西廂者，有唐麗人崔氏女遺照在焉。因命畫師陳居中繪模真像，意非登徒子之用心，迨將勉情鍾始終之戒，仍綴四十言。使好事者知伯勞之歌以記云。泰和丁卯，林鍾吉日，十洲種玉大誌宜之題。延祐庚申，春二月，余傳命至東平，顧市鬻《雙鶯圖》觀久之，弗見主人而歸。夜宿府治西軒，夢一麗人，綃裳玉質，逡巡而前曰：君玩《雙鶯圖》，雖佳，非君几席間物。妾流落久矣，有雙鶯，名冠古今，願托君爲重。覺而怪之，未卜何祥。遲明欲行，忽主人攜《鶯圖》來，且四軸。余意麗人雙鶯，符此數耳。繼出一小軸，乃夢所見，有詩四十字，跋語九十八。識曰：泰和丁卯，出蒲東普救僧舍，繪唐崔氏鶯鶯真。十洲種玉大誌宜之題。畫、詩、書，皆絶人品也。余驚詫良久，時有司群官吏環視，因縮不目，托以跋語佳勝贖之。吁。物理相感，果何如邪。豈法書名畫自有靈耶。抑名不朽者隨神耶。遇合有定數耶。余嘗謂《關雎》、《碩人》，姿德兼備，君子之配也。琴心雪句，才艶聯芳，文士之偶也。自《詩》、《書》道廢，丈夫弗學，况女流乎。故近世非無色秀，往往脂粉腥穢，鴉鳳莫辨，求其彷彿待月章之萬一，絶代無聞焉。此亦慨世降之一端也。因歸于我，義弗辭已。宜之者，蓋前金趙愚軒之字，曾爲鞏西簿。遺山謂泰和有詩名，五言平淡，他人未易造，信然。泰和丁卯，迨今百十四年云。其月二日，璧水見士思容題。右共五百六字。雖不知璧水見士爲何如人，然二君之風韻可想矣。因俾嘉禾繪工盛懋臨寫一軸。適舅氏趙公待制雝，見而愛之，就爲録文于上。

明・祝允明《跋崔鶯鶯像》 崔娘鶯鶯真像，乃舊傳本，非宋即元人名手之所得摹也。余向者都下曾從一見之，繼於晉城僧院中見一本，大約相類。妖妍宛約，嬌姿動人，第以微傷肥耳。陶南村説曾于武林見《崔麗人遺照》，因命盛子昭臨一本，且有趙宜之等題詠甚詳。此豈即其物耶。盛君之臨本歟。或好事重翻盛本，抑因陶説而想像之，以暗中模索而爲之者歟。既識蔑面遊藝之隙，漫書以記吾會云耳。噫。尤物移人，在微之猶不能當。余之德不足以勝妖孽，恐貽趙顔之感，姑未暇引爾丹青也。

明・陸采《南西厢記・自序》 唐元相微之，藴抱情癖，假張生以自宣，宋王性之辨之詳矣。自《侯靖録》記時賢所著詞曲，而優戲之源始開。逮金董解元演爲《西厢記》，元初盛行。顧當時專尚小令，率一二闋即改別宫。至都事王實甫易爲套數。本朝周憲王又加《賞花時》於首，可謂盡善盡美，真能道人意中事者，固非後世學士所敢輕議而可改作爲哉。迨後，李日華取實甫之語翻爲南曲，而措詞命意之妙，幾失之矣。予自退休之日，時綴此編，固不敢媲美前哲，然較之生吞活剥者，自謂差見一班。

明・李開先《詞謔・詞謔・一》 《西厢記》謂之春秋，以會合爲春，別離爲秋云耳。或者以爲如《春秋經》筆法之嚴者，妄也。尹太學士直輿中望見書鋪標帖有《崔氏春秋》，笑曰：吾止知《吕氏春秋》，乃崔氏亦有《春秋》乎。亟買一册，至家讀之，始知爲崔氏鶯鶯事。

明・王驥德《新校注古本西厢記・自序》 記崔氏不自實甫始也。微之既傳《會真》，入宋而秦少遊、毛澤民兩君子，爰譜《調笑》，實始濫觴。安定之趙復次第傳語，寄詞鼓子，則節拍有加矣。迨完顔時，董解元始演爲北詞，比之絃索，命曰《西厢》，然第搊彈家言，而匪登場之具也。【略】抑舊傳是記，爲關漢卿氏所作，邇始有歸之實甫者，則涵虚子之《正音譜》，故臚列在也。獨世謂漢卿續成其後，未見確證。然淄澠涇渭之辨，殊自不廢。

又《凡例》 繪圖似非大雅，舊本手出俗工，益憎面目。計他日此刻傳布，必有循故事而附益之者。適友人吴郡毛生，出其内汝媛所臨錢叔寶《會真》卷索詩，余爲書《代崔娘解嘲》四絶，既復以賦；命曰《千秋絶艷》，蓋其郡人周公瑕所題也。叔寶今代名筆，汝媛摹手精絶，楚楚出藍，足稱閨閫佳事。漫重摹入梓，所謂未能免俗，聊復爾爾。又：元劇體必四折，此記作五大折，以事實浩繁，故創體爲之，實南戲之祖。舊傳實甫作至草橋夢止，直是四折。漢卿之補，自不可闕。然古本止列五大折，今本離爲二十，非復古意。又古本每折漫書，更不割截另作起止，或以爲稍刺俗眼。今每折從今本，仍析作四套，每套首，另署曰第一套、第二套云云，而於下方，則更總署曰今本第一折、第二折，至二十折而止，以取諧俗。又：《鶯鶯本傳》，見《太平廣記》、《虞初志》、《侯鯖録》、《艷異編》，各文互有異同，俗本轉成譌謬。

又《千秋絶艷賦》 吴郡毛允遂公子，出其内所臨錢叔寶《會真》卷，周公瑕爲題曰千秋絶艷，命予作賦。卷中悉次金元人所爲傳奇，語稍波及。賦曰：美夫。河中麗人，洛下書生，娙娟蕙質，繾綣蘭情。嫣然色授，睠矣目成。宛轉生前之恨，嬋媛身後之名。爾其漢皋春麗，蕭寺花濃，心勞金屋，人閉珠宫。托媚辭于尺素，尋芳信于飛鴻。迨夫佼人月下，綺樹牆東。既楲情于麗句，亦示赧于頩容。凄其良夜，黯彼回風。于是酬卓琴兮多露，薦韓香兮下陳。雲捧瑤釵，不負明星之約；粧留角枕，猶嬌在榻之春。乃至王孫之草方青，河橋之柳堪結。殢錦帶于新馭，愴羅巾于生別。投夜弦而留連，報春鴻而凄絶。環一解于中摧，鏡長分于永訣。則有南宫詞客，北里騷人，繡腸欲絶，彩筆如新。韻清商于《子夜》，度艷曲于《陽春》。亦有丹青點筆之工，盤薄含毫之史，臆彼多情，圖其有美。高唐片障，崔徽一紙，未若秦嘉之婦，張玄之妹。麗比舜英，才方錦字。抽烏絲之逸藻，聊試喻麋；榻粉本之餘妍，詑傳側理。夫其塗黄乍就，浮渲俗飛，額瞬似語，態弱堪持；嫵然而狎，俛然而思，粲然而笑，蹙然而啼。神情綽約，芳澤陸離。洛水無聲之賦，金荃設色之詞。迺知凡理有窮，惟情無盡，感可決脰，愁堪彫鬢。楚楚短綃，茫茫長恨，俯仰今昔，我輩差近。噫嘻崔孃，窈窕天人，其儷張郎，才地則鈞。嗟紅顔之薄命，怨錦翼之離群，抱丹誠而不化，咏白首而難陳。即顛頞之見絶，仍掩抑而含辛。悲絶艷于既謝，寄麗辭于長顰。儻有情之披攬，當三嘅于斯文。

又《代崔孃解嘲四絶》 紅牋密約逗西厢，杏子花深夜正長。恰見自禁羞不得，悔將嗔語惱檀郎。

金荷的的照殘粧，誰遣行雲出洞房。花底劉郎元有路，卻攜衾枕恨紅孃。

玉環遥結報雙金，錦字淋漓淚不禁。不爲相思寄愁絶，可憐凄斷白頭吟。

紅樓消息斷長安，惆悵尋春已較殘。不是羞郎真不起，見郎容易別郎難。

明・凌濛初《校西廂記・凡例十則》 《北西廂》相沿以爲王實甫撰，《太和正音譜》實甫名下首載之。王元美《巵言》則云：《西廂》久傳爲關漢卿撰，邇來乃有以爲王實甫者，謂至郵亭夢而止，又云至碧雲天而止，此後乃漢卿所補也。徐士範重刻《西廂》則云：人皆以爲關漢卿，而不知有實甫，蓋自草橋夢以前，作于實甫，而其後則漢卿續成之者。更又不知何據。元人詠《西廂》詞，煞尾云：董解元古詞章，關漢卿新腔韻。參訂《西廂》的本，晚進王生多議論，把《圍棋》增。則似謂漢卿翻董彈詞而爲此記，實甫止《圍棋》一折耳。于五本無涉也。又《滿庭芳》云：王家好忙，沽名釣譽，續短添長，別人肉貼在你腮頰上。又似乎王續關者，蓋當時關之名盛於王也，亦無從考訂矣。【略】兹從周本，以前四本屬王，後一本屬關。又：北曲每本止四折。其情事長而非四折所能竟者，則又另分爲一本。如吴昌齡《西遊記》，則有六本。王實甫《破窑記》、《麗春園》、《販茶船》、《進梅諫》、《于公高門》各有二本。關漢卿《破窑記》、《澆花旦》，亦各有二本，可證。故周、王本分爲五本，本各四折，折各有題目正名四句，始爲得體。時本從一折直遞至二十折，又復不敢去題目正名，遂使南北之體，淆雜不辨矣。又：但細味實甫别本如《麗春堂》、《芙蓉亭》，頗與前四本氣韻相似，大約都冶纖麗。

明・佚名《凌濛初校本西廂記跋》 按《野談》，近内黄野中，掘得《鄭恒墓誌》，乃給事郎秦貫撰。其叙恒妻，則博陵崔氏，世遂以崔爲鶯鶯。余按《會真記》，雖謂鶯鶯委身于人，而不著名氏。鄭恒之名，特始見于《西廂》傳奇，蓋烏有之辭也。世以墓誌之名偶于烏有之辭合，而鄭恒之配，又適與鶯鶯之氏同。遂以墓誌之崔爲鶯鶯，誤矣。

明・閔遇五《鶯鶯紅娘圍棋闖局跋》 前四爲王實父，後一爲關漢卿，《太和正音譜》明載。王弇洲、徐士範諸公已有論矣。乃元人詠《西廂》詞有云：董解元古詞章，關漢卿新腔韻。參訂《西廂》的本，晚進王生多議論，把《圍棋》增。豈實父之後，又出一晚進王耶。抑其人意在左關右王而爲是也。耳食者因此使有關前王續之説。然《圍棋》之詞，板直淡澀，不唯遠遜實父，亦大不逮漢卿。其爲另一晚進無疑。姑附諸此，博詞家彈射。閔遇五識。

明・祁彪佳《遠山堂劇品・雅品》 《崔氏春秋補傳》，屠峻。傳情者，須在想像間，故別離之境，每多於合歡。實甫之以《驚夢》終《西廂》，不欲境之盡也。至漢卿補五曲，已虞其盡矣。田叔再補《出閣》、《催粧》、《迎奩》、《歸寧》四曲，俱是合歡之境，故曲雖逼元人之神，而情致終遜於譜離別者。

清・毛奇齡《論定西廂記考實》 參釋曰：董解元《西廂》爲搊彈家詞，其人仕金章宗朝，爲學士，去關、王百有餘年，而時之爲《西廂》者宗之。今董本俱在也。碧筠齋、徐天池輩，不經見董詞，初指今所傳本爲《董西廂》，則尤謬誤之甚者。古之不易考每如此。又：西廂記三字，目標也，元曲末必有。正名題目四句，而標取末句。如雜劇有《城南柳》，因題目末句曰吕洞賓三度城南柳也。此名《西廂記》，因題目末句曰崔鶯鶯待月西廂記也。推此，則明曲之謬，如徐天池《漁陽三弄》，而題目末句曰《曹丞相神仙八洞》者，不知凡幾矣。特目列卷末，今誤列卷首，如南曲間演例，非是。又：原本不列作者姓氏，今妄列若著若續，皆非也。又：或稱《西廂》爲王實甫作，此本涵虚子《太和正音譜》也。涵虚子爲明寧王臞仙，其譜又本之元時大梁鍾嗣成《録鬼簿》。故王元美《巵言》亦云：《西廂》久傳爲關漢卿作，邇來乃有以爲王實甫者。又：明隆、萬以前，刻《西廂》者皆稱《西廂》爲關漢卿作。雖不明列所著名，然序語悉歸漢卿。如金陵富樂院妓劉麗華，刻《口授古本西廂》在嘉靖辛丑，尚云：董解元、關漢卿爲《西廂》傳奇。而海陽黄嘉惠，刻《董西廂》在嘉隆後，尚云：《董西廂》爲關漢卿本所從出。且引竹索纜浮橋等語，爲漢卿襲句。則久以今本屬關矣。但《正音譜》載元曲名目，其于漢卿名下，凡載六十本，而不及《西廂》，不可解也。又：或稱《西廂》是關漢卿作，王實甫續。他不可考，嘗見元人詠《西廂》詞，其《滿庭芳》有云：王家好忙，沽名釣譽，續短添長，別人肉貼在你腮頰上。又煞尾云：董解元古詞章，關漢卿新腔韻。參訂《西廂》的本，晚進王生多議論，把《圍棋》增。則是在元時，已有王續關者。但今按《西廂》二十折，照董解元本填演，其在由歷，不容增《圍棋》一關目；而在套數，又不容于五本之外，特多此一折也。且《圍棋》一折，久傳人間，亦殊與實甫所傳雜劇手筆不類。則意漢卿亦曾爲《西廂記》，有何人王生者增《圍棋》一折，故有此嘲。實則漢卿《西厢》非今所傳本，王生非實甫，增一折，亦非續四折也。故詞隱生云：向之所謂王續關者，則據元詞王增關之説而傅會之者也。今之所謂關續王者，則即向時王續關之説而顛倒之者也。此確論也。又：或稱《西厢》爲王實甫作，第四折爲關漢卿續。此見明周憲王所傳本。又《點鬼簿》目標王實甫名，則云：張君瑞鬧道場，崔鶯鶯夜聽琴，張君瑞害相思，草橋店夢鶯鶯。標關漢卿名則云張君瑞慶團圞。故徐士範重刻《西厢》則云：人皆以爲關漢卿，而不知有王實甫，蓋自《草橋》以前作于實甫，而其後則漢卿續成之者也。且《卮言》亦云：或言實甫作至《草橋夢》止，或言至碧雲天止。于是，向以爲王續關者，今又以爲關續王，真不可解。又：《西厢》作法，斷不得止碧雲天者。元曲有院本，有雜劇。雜劇限四折；院本則合雜劇爲之，或四劇，或五劇，無所不可，故四折稱一劇，亦稱一本。碧雲天者，第四本之第三折也。而謂劇與本有止于三折者乎。若其不得止《草橋》者。《西厢》關目，皆本董解元《西厢》，《草橋》以後，原有《寄贈》、《争婚》，以至《團圞》，此董詞藍本也。元例傳演，皆有由歷。所謂主司授題者授此耳。今由歷在董，董未止，何敢輒止焉。且院本雖合雜劇，然仍分爲劇，如《西厢》仍作五本是也。但每本之末，必作《絡絲娘煞尾》二語繳前啓後，以爲關鎖，此作法也。今《西厢》第一本《煞尾》已亡，第二、第三、第四本猶在也。第四本煞尾云：都則爲一官半職，阻隔得千山萬水。此正起末劇得官報喜之意。而謂夢覺即止，作者閣筆耶。且《西厢》閨詞也，亦離合詞也。不特董詞由歷不可更易，即元詞十二科中，有所謂悲歡離合者，雖《白司馬青衫淚》劇，亦必至完配而後已。公然院本，而離而不合科例謂何。又：《西厢》果屬王作，則必非關續。按關與王皆大都人，而關最有名，嘗仕金，金亡，不肯仕元。雖與王同時，而關爲先進。關向曾爲《西厢》矣，惡晚進者增一折，而紛紛有詞，豈肯復爲後進續四折乎。且今之據爲王作者，以《正音譜》也。若據《正音譜》，則併無可爲續者。按譜所列，每一劇必註曰一本。一本者，四折也。今實甫《西厢記》下，明註曰五本，則明明實甫已全有二十折矣。且兩人成一本，元嘗有之，如馬東籬《岳陽樓》劇，第三折花李郎，第四折紅字李二。范冰壺《鷫鸘裘》劇，第二折施君美，第三折黄德潤，第四折沈拱之類。然皆有明註，此未嘗注曰後一本爲何人也。凡此皆所當存疑，以俟世之淹雅有卓識者。

清·毛奇齡《論定西厢記跋》 從來賦《西厢》辭，自唐人數詩後，宋有詞，金、元有曲。金爲董解元《西厢》，元即是本也。《董西厢》爲是本由歷，本宜並觀，今卷繁不能載矣。且其中相同處，亦約略引證入《論定》内，無可贅者。又：特舊刻卷末，有無名氏詩，凡百餘首，從夫人自叙借居寄柩，以至張生衣錦，皆紀一律，其詞最俚淺，明係俗子譜入。且徒費梨棗，無裨考覈，概從删去，祇附唐宋迄今詩詞二十四首，以備餘覽。尚有唐伯虎題像一首，并徐文長和題一首，以本闕二句不便補録。

清·佚名《曲海總目提要》卷四《度柳翠》 元人王實甫撰。《録鬼簿》及《太和正音譜》均作李壽卿撰，僅《柳枝集》本注稱或云王實甫作，誤。明嘉隆間，徐渭所作《翠鄉夢》，本此。而臨川吴士科作《紅蓮案》則又本之《翠鄉》，插入徐渭事。近時人所作樂府，本之元人者甚多，如《白羅衫》之本《合汗衫》；《繡襦》之本《曲江池》；《玉環記》之本《玉簫女》；《八義》之本《趙氏孤兒》；《長生樂》之本《誤入桃源》；《昊天塔》後復有《昊天塔》；《紅梨花》後復有《紅梨記》。作者不同，關目互異。或隨手點竄，或以事牽合，或假托争新，或借題翻案。但取其悦一時之耳目，漸莫能究立説所從來。若此之類，未易一二數也。

清·祁駿佳《遯翁隨筆》卷二下 崔氏鶯鶯，一辱于元微之《會真記》，再辱于董、關之傳奇，而伶優汚褻者數百載矣。不意成化間魏縣居民于廢冢中得誌銘一方，冢居縣之西北五十里，鬻于崔氏，爲中亭香案石。久之有胥吏崔吉者，識其文，遂白于縣令邢公，邢公乃置之邑治前，爲鶯鶯白數百年之冤。其志明書《唐故滎陽鄭府君博陵崔氏合祔墓誌銘》，誌中歷叙：府君諱恒字行甫，官太常寺，久著文業，宿飾禮義，中外模範，友朋宗師。夫人博陵崔氏，四德兼備，母儀《内則》，禮行《詩》風，與鄭府君白首相莊，生六子一女。享年七十六歲，以大中二年二月二十七日，合祔于府君之墓。嗚呼，崔夫人之冤，自此銘出而洗之矣。然但可洗于讀書學士之目，而愚夫俗子習見于伶優之褻穢者，焉得人人而告之哉。以斯知傳虚者，真當以千劫泥犁報之也。後世以元微之因私憾而作《會真記》，又假其名而作《答微之書》，予謂此書此記，亦未必真出微之手也，或復有小才而浮薄者，又托微之之名以惑世，未可知耳。要知泥犁中自有真造此口孽者承之也。

清・李調元《雨村曲話》卷上　《太和正音譜》云：《西廂記》，元進士王實甫撰。按：王實甫見《元人百種》，曲目十三本，以《西廂》爲首。世有謂關漢卿撰者，妄也。漢卿亦元進士，撰曲有六十三本，不載《西廂》，可據。王元美云：實甫原本至碧雲天黄花地而止，此後乃漢卿所補。則續鄭恒事，乃漢卿筆也。世又謂至《草橋驚夢》而止，非。按：元天台陶宗儀《輟耕録》：金章宗時，有董解元所編《西廂記》，世代未遠，尚罕傳者，况今雜劇中曲調之冗乎。據此，則《西廂》爲董解元作。而《嘯餘譜》載元劇作一百五人，以董解元居首，但注仕元，始作北曲，并未載撰《西廂記》。陶九成元人，相去未遠，必有所據。意董原本，而王、關爲潤色之歟。董解元，一作金人。

清・王宏《山志》卷四　崔鶯鶯，鄭恒夫人。恒字行甫，有子六人，曰頊、瑾、玘、璿、琬，女一，適盧損。崔年七十六，與鄭合葬。此見《崔夫人埋誌碑》，成化間出于舊魏縣廢冢。蓋恒祖斌爲磁、隰二州刺史，碑衢州參軍秦貫纂述，大中十二年立也。今世所傳《西廂記》悉誣。獨怪作者不别立姓氏，如烏有、亡是之類，乃玷人名節，至使兒童婦女，皆知其事，雖百喙莫能白矣。佛家言拔舌地獄，果有之，則王實甫、關漢卿，固當不免。然作俑于元微之《會真記》。或云：微之通于其從母之女，借以自表。若是，尤可惡也。

清・焦循《劇説》卷二　鍾嗣成作《録鬼簿》，以董解元居首，云：以其創始，故列諸首。又云：胡正臣，杭州人，董解元《西廂記》自吾皇德化，至於終篇，悉能歌之。《筆談》云：董解元《西廂記》，曾見之盧兵部許，一人援弦，數十人合座，分諸色目而遞歌之，謂之磨唱。盧氏盛歌舞，然一見後無繼者。趙長白云一人自唱，非也。按：今之馬上戲，本此。又：輝縣褚邱，去百泉四十里，有白馬將軍祠。士人多崔姓，而近又有鄭村。有演崔鄭傳奇者，士人以石擊之見《書影》。《曠園雜志》云：唐鄭太常恒暨崔夫人鶯鶯合祔墓，在淇水之西北五十里，曰舊魏縣，蓋古淇澳也。明成化間，淇水横溢，土崩石出，秦給事貫撰《志銘》在焉。犁人得之，鬻諸崔氏，爲中亭香案石。久之，尋得其家，有胥吏名吉者識之，白於縣令邢某，置之邑治。志中盛傳夫人四德咸備，乃一辱於元微之《會真記》，再辱於關漢卿、王實甫《西廂記》，歷久而志銘顯出，爲崔氏洗冰玉之耻，亦奇矣。《詩辯坻》云：陳仲醇《品外録》載《唐鄭府君夫人崔氏合祔墓志銘》，秦貫所撰也。陳因據此辨《會真》之誣，用意可謂長者。後余見此搨本，楷書微兼隸體，筆意遒古，而詞亦質雅。第志稱府君諱遇不諱恒，而眉山黄恪復以《會真》年月參之此碑，所謂崔氏者其生平尚長雙文四歲，蓋滎陽、博陵世通昏姻，志中崔、鄭，不必便爲鶯、恒。仲醇但欲爲雪崔之地，而弗深考耳。又：《西廂記》始於董解元固矣，乃《武林舊事》雜劇中，有《鶯鶯》《六么》，則在董解元之前。《録鬼簿》：王實甫有《崔鶯鶯待月西廂記》，同時睢景臣有《鶯鶯牡丹記》，王實甫止有四卷，至草橋店夢鶯鶯而止，其後乃關漢卿所續詳見《曲藻》及《南濠詩話》。李日華改實甫北曲爲南曲，所謂《南西廂》，今梨園演唱者是也。王實甫全依董解元，惟董以敵賊下書者爲法聰，實甫改爲惠明。關所續亦依於董，惟董以張珙用法聰之謀，攜鶯奔於杜太守處；關所續則杜來普救寺也。日華南曲，則一沿王、關耳。傖父漫譏漢卿所續之非，蓋未見董詞也。查伊璜以關所續未善，更作《續西廂》四折，大概仍用董、關，而增以應制賦詩，即用待月西廂之句。又夫人欲以紅娘配鄭恒，紅娘不許而欲自縊。事皆蛇足，曲亦村拙，遠不及漢卿矣。碧蕉軒主人作《不了緣》四折，則本自從别後減容光一詩而作也：崔已嫁鄭恒，張生落魄歸來，復尋蕭寺訪鶯鶯，不可復見。情詞凄楚，意境蒼凉，勝於查氏所續遠甚。董、關而外，固不可少此别調也。明人又有《續西廂昇仙記》，序稱盱江韻客所撰。謂紅娘成佛，而寫鶯鶯之妬。鄭恒訴于陰官，鬼使擒鶯，紅來救之。意在懲淫、勸善，但詞意未能雅妙耳。

清・梁廷枏《曲話》卷一　《西廂》作自元人，董解元作《弦索西廂》，王實甫作《西廂記》，關漢卿作《續西廂記》，明陸采作《南西廂》，國朝周坦綸作《竟西廂》，研雪子作《翻西廂》，無名氏作《後西廂》，查繼佐作《續西廂》。

又卷四　王實甫撰《西廂記》，見《太和正音譜》。王弇州《曲藻》謂實甫原本至碧雲、黄花而止矣，後所續爲關漢卿筆。世謂止於《草橋驚夢》者，非也。今按：漢卿所撰曲，多至六十餘本，其目不載《西廂》。且續本多鄙陋不倫之句，尤可疑也。

清・姚燮《今樂考證・著録・一》　王氏所撰《西廂》，《太和正音譜》

目但署西厢記三字，周憲王本目，每四折標列一名，曰：王實甫《張君瑞鬧道場》劇，曰《崔鶯鶯夜聽琴》劇，曰《張君瑞害相思》劇，曰《草橋店夢鶯鶯》劇。其後四折曰：關漢卿《張君瑞慶團圓》劇。據此，則後四折爲關漢卿續無疑矣。日新堂本目云：第一本《焚香拜月》，第二本《冰弦寫恨》，第三本《詩句傳情》，第四本《雨雲幽會》，第五本《天賜團圓》。俗本目，如老夫人開春院等二十條，爲後人好事者所竄易，已非廬山真面。元人無名氏有《增奕》一折，用《南吕·一枝花》調，與今所傳演者異。

清·平步青《小栖霞説稗·鄭恒墓誌崔氏非雙文》《景船齋雜記》卷下：張鯢《跋滎陽鄭府君夫人博陵崔氏合祔墓誌銘》曰：此志傳以爲崔、鄭同穴之驗。吾鄉董元宰、陳眉公兩先生皆未深考，亦復傳訛，語具《品外録》、《容臺集》中。余宰濬，訪得原刻，初猶以諛墓薄之。眉山王恪，好古士也，共余以會真年月參之此碑，則此崔夫人者，計其生平尚長雙文四歲，然後一破此疑。王君謂：博陵、滎陽，世爲婚媾，何必鶯、恒。斯論篤矣。

清·佚名《崔娘遺照跋》 右崔娘遺照，見諸家舊本，傳爲宋畫院待詔陳居中所摹。按，陶宗儀《輟耕録》，謂于武林見此圖，命盛子昭重摹，不知正此本否。祝希哲跋語，謂曾兩見此圖，大略相類，妖妍宛約，故猶動人，第稍傷肥。此本殊清麗不爾。然往觀古周昉輩畫美人，亦多較豐，不似近代專尚瘦弱。吴本又有唐伯虎所摹一紙，則真傷癡肥，大損風韻。或摹刻屢易，致失本真。今不并載，稍存此圖，以寄虎賁典刑，俾覽者自得于驪黄牝牡之外云爾。客問舊謂居中之畫稍肥，近否。余戲謂崔娘千古絶艷，然故不甚瘦。客詰其故。余謂：子不讀微之《會真詩》膚潤玉肌豐語乎。摹寫姿態，無過此君最真耳。客大噱去，并識以備謔資。

圖表

明（萬曆）劉龍田刊本《元本西厢記》插圖

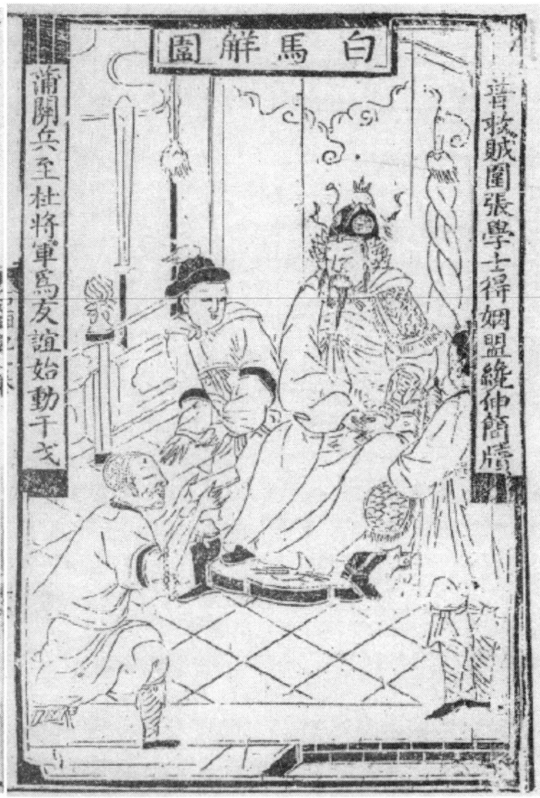
白馬解圍
普救賊圍張學士得姻盟纔伸簡牘
蒲關兵至杜將軍爲友誼始動干戈

紅娘請宴
紅娘奉命來迎東閣宏開酧采筆
君瑞聞言請宴西廂隨步赴藍橋

母氏停婚
張君瑞尋盟赴宴圖夫妻好合
崔夫人背德停婚改兄妹稱呼

琴心寫懷
月下挑絃訴恨者先存其意
花前聽韻知音者已解其心

玉臺窺簡
發來假怒一塲明掩思春外跡
四奉新詩四句暗藏乘夜中情

乘夜踰墻
謾道文才海樣深尚難猜四言詩句
誰知色膽天來大卻易跳百尺垣墻

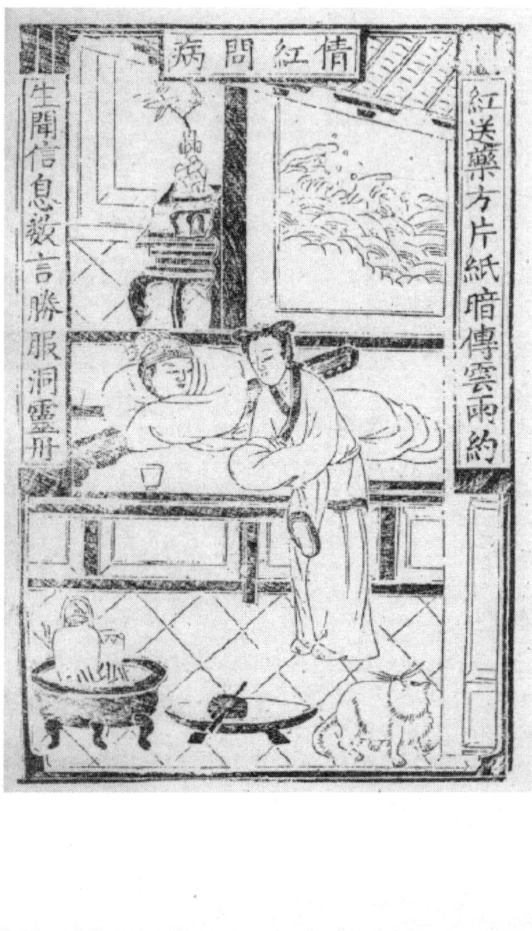
倩紅問病
紅送藥方片紙暗傳雲雨約
生聞信息敎言勝服洞靈丹

月下佳期
竚立閒階月下候佳人密約
出離畫閣花前赴才子幽期

堂前巧辯
小紅娘訴一段緣因將無做有
老夫人主百年姻眷弄假成真

秋暮離懷
今朝酒別長亭繾綣前來把盞
異日名題金榜叮嚀早整歸鞭

草橋驚夢
勞役不堪投宿休憔村店小
別離難捨夢魂豈憚路途遥

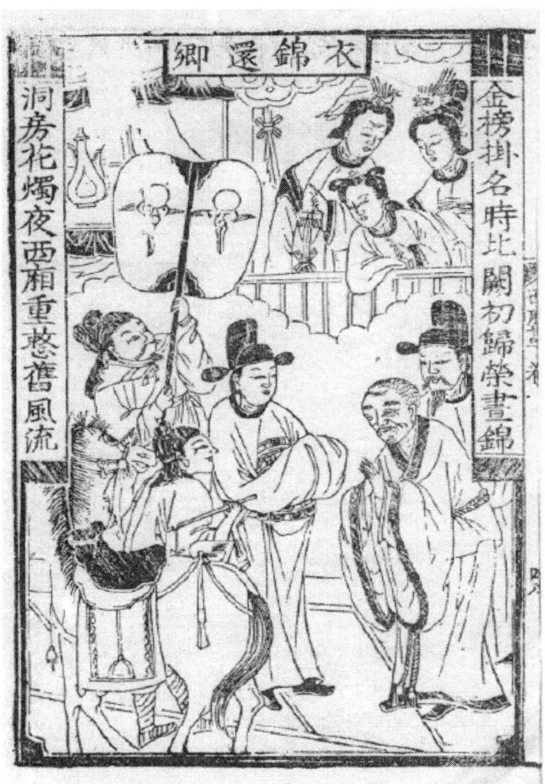
衣錦還鄉
金榜掛名時比關初歸榮晝錦
洞房花燭夜西廂重整舊風流

明（崇禎）刊本《張深之正北西厢祕本》插圖

武漢臣

論說

明・朱權《太和正音譜》卷上　武漢臣之詞，如遠山疊翠。

清・梁廷枏《曲話》卷二　元曲多有以本人名姓直入句中，讀之愈覺情文真切者。然亦止可一部中偶爾一用，多則易傷俚俗。如武漢臣之《玉壺春》云：願你個李素蘭常風韻，則這個玉壺生永結緣。又云：則這個玉壺生更和這素蘭女，則索告你個柳青娘。又云：這的是玉壺生小詞章。又云：玉壺生拜辭了素蘭香。一劇中凡數見，固不如其已也。

傳記

元・鍾嗣成《録鬼簿》卷上　武漢臣，濟南府人。

紀事

清・佚名《曲海總目提要》卷二《老生兒》　元武漢臣撰。其事無考。陶詩曰：弱女雖非男，慰情良勝無。言無男則女亦聊可自慰也。《漢書》曰：生女不生男，緩急非所益。言緩急之際，女不如男也。至於承祧嗣續，則女不但不如男，并不可與兄弟之子同語也。作者之意蓋欲深誡妬婦之愛女，而忘其夫之後者。據云：東昌劉從善娶李氏，垂老無子。有女曰引張，贅婿曰張郎。從善之弟從道早亡，有子曰引孫，從善撫之甚篤。其妻李氏憎之，尤爲張夫婦所不容。從善乃以銀百金，草房一所，與引孫，令獨居訓蒙以自活。從善家本厚，憤妻女若婿之逐其姪，乃取藏券悉焚之。有婢小梅懷孕，從善他出，囑妻女善視之。女若婿相與謀曰：小梅有子，則家産無復望矣。乃移置小梅於別屋，與從善妻同告從善，謂小梅有私潛逃，不知所之矣。從善心疑，然無可如何，浩歎而已。旋念老年無子，皆宿業所致，於是至開元寺捨財布施，救濟貧人。時引孫亦貧甚，來求鈔，而鑰爲張婿掌握，不肯給鈔。從善陰以銀二錠付引孫去。值清明節，從善命婿備祭具掃墓，而囑其夫婦先往墓所陳設，二老當繼至。則不見張夫婦，而墓有焚紙一陌，澆酒一杯。徐迹張夫婦，則自往張墓設祭。從善大悲惋，妻亦悟壻不可爲後也。俄而引孫荷鍤來增土，向所謂一陌一杯乃其所奠也。於是夫婦皆持引孫泣，攜之歸。産業盡付之，而拒張夫婦。張夫婦皆内慙。求昔所置別屋之小梅，則已生子三歲矣。小梅雖置別屋，張夫婦仍以衣食稍稍給之，故得存活。至是引見從善，具道其詳。從善大喜，以家貲分而爲三：一以與女，一以與姪，一與其子。有小説載此事，則云劉女甚賢，與此略異。

又《玉壺春》　元武漢臣撰。演李斌遇妓李素蘭事。玉壺春者，素蘭所畫蘭及所作春詞也。廣陵人李斌，字唐斌，别號玉壺生。美才品，遊學嘉禾。清明，遇妓李素蘭於郊外，各相愛慕。遂訪其家，眷戀不能舍。密友陶綱，字伯常者，官杭州郡佐。聞斌客嘉禾，過而訪之，勸斌就試，告以爲李羈留。綱索其文，出萬言策示之，綱袖而去，云當代若呈獻。斌乃與李情好益篤。李畫素蘭一枝，插玉壺中，題詞云：香嬌淡雅天然格，蕊嫩幽奇能艷白。看四季，永馨香，遠蓬華，堂鄰野陌惟待客，不許遊人閒摘。玲瓏瑩軟無瑕色，玉潔冰清有潤澤。玉壺内，插蘭花，壓梅瓣，壽陽點額。休擲捧，莫伴群芳亂折。斌極稱賞。嗣後資斧漸乏，假母欲拒斌。有山西紬客聞蘭美欲娶之，蘭堅拒，使斌娶己。斌屬蘭義妹陳玉英作合，而假母言同姓不當結婚姻。蘭云己本張姓，非李所出，無嫌也。假母利客財，復强之。蘭截髮以拒，母甚怒，鳴於官。適綱復至嘉禾，拘而質之，即李斌也。詢蘭意所適，蘭出自繪玉壺春圖并春詞以見志。母尤争不已。值京使至，云斌策稱旨，授杭州郡倅。母乃已紬客，以蘭妻斌。

又《生金閣》　元武漢臣撰。演包拯斷郭成冤事，無可考。與《灰攔》、《盆兒》、《神奴》諸劇相似。略云：郭成，蒲州河中府人，世爲農家。成習儒，家有老親，妻曰李幼奴。成得惡夢，卜之，日者云：宜避千里外。成方欲應舉，遂束裝。瀕行，其父出一世傳寶物，曰生金閣。閣以生金造成，置風中則有聲如仙樂，無風處，以扇搧之亦然。謂成曰：持此獻要路可得官。成得閣，挈其妻幼奴偕行。將至汴，天大雪，成與幼奴憩於酒店。有龐衙内者，權豪也，雪中出獵，亦飲於店。成見其聲勢赫奕，知爲要人，出生金閣獻之以求得官。龐許之，成喜，率其妻拜謝。龐遂拉至家，設酒款待，欲奪其妻。成不從，禁之後園而令一老嫗勸幼奴。幼奴劈面自誓，嫗傷之，助幼奴駡龐。龐怒，縛嫗投井中，令家人殺成。成既被殺，家人見其提首越牆而去。越歲元宵，都人競出賞燈，龐亦出遊。衆見一鬼提首逐龐，各驚散。會包待制之任，夜行，命役妻青至城隍廟焚牒拘鬼，赴開封署訴其事甚悉。龐嫗子福童聞母死，陰導幼奴同逸，至署聲冤。拯乃置酒邀龐，紿以從西延邊上得一寶，名生金塔，上放五色光。龐遂自言有生金閣。拯問閣所自來，龐方欲諱，幼奴福童並從階下出證之。縛龐拷掠具服，誅龐。以幼奴送至河中，還其公姑而旌其節，并卹福童。

著録

元・**鍾嗣成《録鬼簿》卷上**　武漢臣：《抱妊攜男魯義姑》、《虎牢關三戰吕布》鄭□□次本、《女元帥挂甲朝天》、《曹伯明錯勘贓》次本、《窮韓信登壇拜將》、《趙太子刱立天子班》、《鄭瓊娥梅雪玉堂春》、《謝瓊雙千里關山怨》、《散家財天賜老生兒》、《四哥哥神助》。

明・**朱權《太和正音譜・群英所編雜劇》**　武漢臣：《老生兒》、《魯義姑》、《玉堂春》、《錯勘贓》二本、《提頭鬼》、《天子班》、《關山怨》、《掛甲朝天》、《韓信築壇》、《三戰吕布》二本。

明・**晁瑮《寶文堂書目》卷中**　《三戰吕布》、《包侍制智賺生金閣》。

清・**黄文暘、佚名《重訂曲海總目》**　《老生兒》、《生金閣》、《玉壺春》作《玉堂春》。

清・**黄丕烈《也是園藏古今雜劇目録・待訪古今雜劇存目》**　《散家財天賜老生兒》、《抱妊攜男魯義姑》、《女元帥掛甲朝天》。

清・**梁廷枏《曲話》卷一**　《老生兒》、《生金閣》、《玉壺春》。

清・**支豐宜《曲目新編》**　《老生兒》、《生金閣》、《玉壺春》。

清・**姚燮《今樂考證・著録一・元雜劇》**　武漢臣十種：《抱妊携男魯義姑》、《虎牢關三戰吕布》、《女元帥掛甲朝天》、《曹伯明錯勘贓》、《窮漢信登壇拜將》、《趙太子創立天子班》、《鄭瓊娥梅雪玉堂春》、《謝瓊雙千里關山怨》、《散家財天賜老生兒》、《四哥哥神助》、《生金閣》。

清・**王國維《曲録》卷二**　《抱妊攜男魯義姑》、《趙太子創立天子班》、《虎牢關三戰吕布》、《鄭瓊娥梅雪玉堂春》、《女元帥掛甲朝天》、《謝瓊雙千里關山怨》、《曹伯明錯勘贓》、《四哥哥神助》、《窮韓信登壇拜將》、《散家財天賜老生兒》、《提頭鬼》、《李素蘭風月玉壺春》、《包待制智勘生金閣》。右十三種，元武漢臣撰。

藝文

明・**賈仲明《凌波仙・補武漢臣吊詞》**　先生清秀濟南人，風調才情武漢臣。《登壇拜將》窮韓信，《老生兒》關目真，新傳奇十段皆聞。聽泉水，看暮雲，如此黄昏。

王仲文

論説

明・**朱權《太和正音譜》卷上**　王仲文之詞，如劍氣騰空。

傳記

元·鍾嗣成《録鬼簿》卷上 王仲文，大都人。

紀事

清·佚名《曲海總目提要》卷二《韓信乞食》 元王仲文撰。標曰《淮陰縣韓信乞食》。仲文，大都人。《淮陰侯傳》：韓信從下鄉南留亭長食，亭長妻苦之，乃晨炊蓐食。信往不爲具食，自絶去。至城下釣，有一漂母哀之，飯信。信曰：吾必重報母。母怒曰：大丈夫不能自食，吾哀王孫而進食，豈望報乎。項羽死，高祖襲奪信軍，徙爲楚王，都下邳。信至國，召所從食漂母，賜千金。及下鄉亭長，錢百。曰：公小人也，爲德不竟。

又《救孝子》 元王仲文撰。記賢母李氏救其庶出子楊謝祖事。謝祖事李盡孝，故曰孝子。考元兵制，有五衛以總宿衛諸軍。又有蒙古軍、探馬赤軍。平宋，立漢軍。河洛山東，則蒙古、探馬赤軍，列大府以屯之。江淮南海，各以漢軍、新附軍戍焉。有萬户府。千户所以鎮之。後立義兵萬户，又有團練安撫勸農司，招集義旅，其法甚密。終元之世，内外兵數之多寡，雖樞密近臣，不能盡知。劇中所謂勾遷義細軍，當是漢軍之屬義兵萬户者。略云：大興府尹王脩然，奉命隨處勾遷義細軍。至開封府西軍莊，軍户楊家兄弟二人，長曰興祖，次曰謝祖，母李氏。興祖娶妻曰王春香，謝祖未娶。二人當以一人爲軍。脩然問其母：二子之中，願以誰往。李氏以長男興祖對。而謝祖以得夢吉願往，其母不從。脩然疑興祖必非李出，故欲留謝而以興往。詳詰之，則興實李出，而謝乃妾康氏所生，未彌月而母亡，其夫遺言以兒囑李，李守此言，故預使興習武，而命謝攻詩書，不欲其遠離也。脩然深歎其賢，敬禮之，而率興祖去。興祖有一刀，其妻春香之弟曾索之，瀕行，以遺春香，令付其弟。春香以未奉姑命，必告姑，始肯收。夫婦相語，爲脩然所知，乃悉春香亦賢婦也。春香母家東軍莊，屢欲其女歸寧。農事稍暇，李氏命謝祖送其嫂往東軍莊，謝恐嫂叔嫌疑，至近莊林浪嘴，以行李付嫂而歸。有賽盧醫者，於推官署行醫，誑其啞婢逃至林浪嘴。婢有孕將産，而醫見春香獨行，且行李中有刀，遂奪刀殺婢，破其面，剥春香衣衣之，掠春香而去。春香母訝女久不至，親至西軍莊，李云已令謝祖送歸。春香母遂疑謝祖欲奸嫂不遂而殺之，同李氏母子至林浪嘴左右訪問。見有尸在地，其旁置刀，適勸農官至，春香母即執謝祖叫冤，指尸爲證。時尸已腐，官不細檢，欲令其母及姑領歸燒化。李堅執不認，官嚴刑拷謝祖屈供。又令李氏押，以實謝祖罪。李氏復不肯。久之，興祖從軍，以脩然薦立功爲金牌上千户。元兵制置行樞密院，有萬户金虎符、千户金符、百户銀符。所謂金牌上千户者，當即千户給金符，屬行樞密院也。告假省親，路遇春香於井旁汲水，驚問之，知爲盧醫所掠，强逼爲妻不從，勒令汲水澆畦也。興祖乃執盧醫，偕春香至官。會脩然賜上方劍，至河南審囚刷卷，採訪孝子順孫已，將楊氏一門賢孝上聞。而閲卷至楊謝祖欺兄殺嫂，深訝之。提謝祖親鞫。會李氏以官吏檢屍入謝祖死罪，來控冤。與興祖相值，興祖見其母并及其弟，始知弟以嫂受誣，遂引春香並見脩然。於是知春香尚在，而殺人乃賽盧醫也。脩然正盧醫罪，釋謝祖。表賢母李氏爲義烈太夫人，興祖妻春香爲賢德夫人，謝祖亦授一官云。

著録

元·鍾嗣成《録鬼簿》卷上 王仲文：《淮陰縣韓信乞食》、《洛陽令董宣强項》、《感天地王祥卧冰》、《七星壇諸葛祭風》、《漢張良辭朝歸山》、《齊賢母三教王孫賈》、《諸葛亮秋風五丈原》、《趙太祖夜斬石守信》、《救孝子賢母不認屍》、《孟月梅寫恨錦江亭》。

明·朱權《太和正音譜·群英所編雜劇》 王仲文：《五丈原》、《錦香亭》、《不認屍》、《石守信》二本、《王孫賈》、《諸葛祭風》、《董宣强項》、《張良辭朝》、《韓信乞食》、《王祥卧冰》。

清·黄文暘、佚名《重訂曲海總目》 《救孝子》、《賢母不認屍》。

清·梁廷枏《曲話》卷一 《賢母不認屍》。

清・支豐宜《曲目新編》 《賢母不認屍》。

清・姚燮《今樂考證・著録一・元雜劇》 王仲文十種：《淮陰縣韓信乞食》、《洛陽令董宣强項》、《感天地王祥卧冰》、《七星壇諸葛祭風》、《漢張良辭朝歸山》、《齊賢母三教王孫賈》、《諸葛亮秋風五丈原》、《趙太祖夜斬石守信》、《救孝子賢母不認屍》、《孟月梅寫恨錦香亭》。

清・王國維《曲録》卷二 《淮陰縣韓信乞食》、《齊賢母三教王孫賈》、《洛陽令董宣强項》、《諸葛亮秋風五丈原》、《感天地王祥卧冰》、《趙太祖夜斬石守信》、《七星壇諸葛公祭風》、《救孝子烈母不認尸》、《漢張良辭朝歸山》、《孟月梅寫恨錦江亭》。右十種元王仲文撰。

藝文

明・賈仲明《凌波仙・補王仲文吊詞》 仲文踪跡住金華，才思相兼關、鄭、馬。出群是，《三教王孫賈》。《不認屍》，關目嘉。韓信遇漂母，曲調清滑。《五丈原》，《董宣彊項》，《錦香亭》，王祥到家。伴夕陽，白草黄沙。

李壽卿

論説

明・朱權《太和正音譜》卷上 李壽卿之詞如洞天春曉。又其詞雍容典雅，變化幽玄，造語不凡，非神仙中人，孰能致此。

傳記

元・鍾嗣成《録鬼簿》卷上 李壽卿，太原人。將仕郎，除縣丞。

紀事

清・佚名《曲海總目提要》卷二 《伍員吹簫》雜劇，元李壽卿撰。本《春秋左國》、《史記》、及《吴越春秋》等書而點綴翻换以成者也。《左傳・昭公二十年》：費無極言於楚子曰：建與伍奢將以方城之外叛。王信之，執伍奢。無極曰：奢之子材，若在吴，必憂楚國。盍以免其父召之。彼仁必來。不然，將爲患。王使召之曰：來，吾免而父。棠君尚謂其弟員曰：爾適吴，我將歸死。吾知不逮，我能死，爾能報。伍尚歸，奢聞員不來，曰：楚君、大夫其旰食乎。楚人皆殺之。員如吴言伐楚之利於州于。公子光曰：是宗爲戮，而欲反其讐，不可從也。員曰：彼將有他志，余姑爲之求之而鄙以待之。乃見鱄設諸焉而耕於鄙。春秋定公四年冬十有一月庚午，蔡侯以吴子，及楚人戰於柏舉，楚師敗績。楚囊瓦即子常出奔鄭。庚辰，吴入郢。《和州志》：昭關。在小峴山西，相傳子胥奔吴過此。伍尚。春秋時棠邑宰，多惠政，民稱棠君。《溧陽志》：投金瀨在今溧陽縣，即□漂女飯子胥處。子胥欲報，不知其家，投金瀨水而去。《吴越春秋》漁父渡伍員歌曰：日月昭昭乎寖已馳，與子期兮蘆之漪。日已夕兮余心憂悲，月已馳兮何不渡爲。事寖急兮將奈何。蘆中人兮豈非窮士乎。楚捕子胥急，至江上，有父老知子胥急，渡之。子胥解劍與漁父，父曰：楚法，得子胥賜粟五萬石，爵執珪，豈徒百金之劍耶。辭不受。胥後每食必祝曰江上丈人。其事史策互見，皆合。專諸即鱄設諸。左史並載。劇中大略不外諸書，特以費得雄爲費無忌子，而以浣婆爲漂女之母，以江上文人閭丘亮子曰郇廝，則皆憑空造出，無可考也。至吴師至郢，楚王命費無極將兵拒吴，無極爲子胥所擒，殺之轅門。此作者爲子胥洩憤而云然。考《左傳》，費無極爲子常所殺，事在魯昭公二十七年。

著録

元·**鍾嗣成**《**録鬼簿**》卷上　李壽卿：《説專諸伍員吹簫》、《月明三度臨岐柳》、《船子和尚秋蓮夢》、《吕太后定計斬韓信》、《吕太后夜鎮鑑湖亭》、《司馬昭復奪受禪臺》、《鼓盆歌莊子歎骷髏》、《吕太后祭滻水》、《吕無雙遠波亭》、《辜負吕無雙》。

明·**朱權**《**太和正音譜·群英所編雜劇**》　李壽卿：《斬韓信》、《嘆骷髏》、《臨岐柳》、《鑑湖亭》、《祭滻水》、《復奪受禪臺》二本、《伍員吹簫》、《遠波亭》、《辜負吕無雙》、《舡子和尚秋蓮夢》。

明·**晁瑮**《**寶文堂書目**》卷中　《鼓盆歌莊子歎骷髏》。

清·**黄文暘、佚名**《**重訂曲海總目**》　《伍員吹簫》。

清·**梁廷枏**《**曲話**》卷一　《伍員吹簫》。

清·**支豐宜**《**曲目新編**》　《伍員吹簫》。

清·**姚燮**《**今樂考證·著録一·元雜劇**》　李壽卿十種：《説專諸伍員吹簫》、《月明三度臨岐柳》、《船子和尚秋蓮夢》、《吕太后定計斬韓信》、《吕太后夜鎮鑑湖亭》、《司馬昭復奪受禪臺》、《鼓盆歌莊子歎骷髏》、《吕太后祭滻水》、《吕無雙遠波亭》、《辜負吕無雙》。

清·**王國維**《**曲録**》卷二　《説專諸伍員吹簫》、《月明三度臨岐柳》、《鼓盆歌莊子嘆骷髏》、《司馬昭復奪受禪臺》、《船子和尚秋蓮夢》、《吕太后夜鎮鑒湖亭》、《吕太后定計斬韓信》、《吕太后祭滻水》、《吕無雙遠波亭》、《辜負吕無雙》。右十種，元李壽卿撰。

藝文

明·**賈仲明**《**凌波仙·補李壽卿吊詞**》　《南華》莊老歎骷髏，舡子飌蓮夢裏遊，月明三度臨岐舞。播閻浮，四百州。姓名香，贏得青樓。黄沙漫，塞草秋，白骨荒丘。

尚仲賢

論説

明·**朱權**《**太和正音譜**》卷上　尚仲賢之詞，如山花獻笑。

清·**李調元**《**雨村曲話**》卷上　尚仲賢《歸去來詞》西風落葉山容瘦，呀呀的雁過南樓。俊語也。

清·**焦循**《**劇説**》卷二　《茶餘客話》云：元人尚仲賢，真定人，工詞曲，嘗作《海神廟王魁負桂英》曲。所演《焚香記》，蓋藍於此。

傳記

元·**鍾嗣成**《**録鬼簿**》卷上　尚仲賢，真定人。江浙行省務官。

紀事

清·**佚名**《**曲海總目提要**》卷二《**柳毅傳書**》　元尚仲賢撰。本唐人李朝威所撰《柳毅傳》此略而傳詳。後來《蜃中樓記》又本於此。傳云：儀鳳中，儒生柳毅應舉下第，將還湘濱。劇云淮陰人，添出毅母張氏。鄉人有客於涇陽者，劇云官涇陽。遂往。見婦人牧羊道畔，乃殊色也。毅詰曰：子何苦而自辱如是。婦泣對曰：妾洞庭龍君小女也，劇稱三娘子。嫁涇川次子，夫婿爲婢僕所惑，訴於舅姑，毀黜至此。聞君將還吴，欲以尺書寄託，可乎。毅曰：吾義夫也，聞子之言，氣血俱動，何可否之謂。然而洞庭水深，吾行塵間，寧可致耶。女曰：洞庭之陰，有大橘樹，鄉人謂之社橘，劇云金橙樹。君當解去縧帶，束以他物，然後舉樹三發，當有應者。毅受書曰：吾爲使者，他日歸洞庭，慎勿相避。女曰：寧止不避，當如親戚耳。劇中以金釵一根，令毅擊樹。語竟引别東去。訪洞庭社橘，向樹三擊，武夫出於波間。劇云夜叉。問自何來。毅曰：謁大王耳。武夫揭水引路，謂毅曰：閉目數息，可即至宫。止於靈虛殿，洞庭君方幸元珠閣，與太陽道士講大經。少選，披紫衣，執青玉，謂毅曰：水府幽深，寡人暗昧，夫子不遠千里，將有爲乎。毅曰：毅，大王之鄉人也，昨涇水之涘，見王愛女牧羊於野，風鬟雨鬢，所不忍視。毅因詰之，知爲夫壻所薄，舅姑不念，以至此。遂取書進之。洞庭君覽畢，哀咤良久。書達宫中，宫中皆慟哭。君謂左右曰：無使有聲，爲錢塘所知。毅問錢塘何人。曰：寡人之弟，昔爲錢塘，今則致政，其勇過人。昔堯遭洪水九年者，此子一怒也。近與天將失意，穿其五山，帝以寡人有薄德，寬其同氣之罪，然猶縻繫於此。劇竟以爲錢塘因洪水九年，罸在水簾洞受罪。詞未畢，大聲忽發，雲烟沸湧，有赤龍長萬餘尺，千雷萬霆，激繞其身，霰雪雨雹，一瞬皆下，乃擘青天而去。劇中火龍與涇河小龍交戰，電母向涇龍形容對陣光景，本傳所無。俄而祥風慶雨，擁一人入於宮中。君笑謂毅曰：涇水之囚人至矣。君乃辭歸宫中，有頃復出，與毅飲。有一人披紫裳，執青玉，立於君左右。君曰：此錢塘君也。毅起趨拜，錢塘亦向毅謝。君曰：所殺幾何。曰：六十萬。傷稼乎。曰：八百里。無情郎安在。曰：食之矣。劇云，化爲小蛇，入淤泥中。錢塘獲而吞之。宴罷，宿毅於凝光殿。明日，張廣樂，旗旄劍戟，舞萬夫於其右。中一夫曰：此錢塘破陣樂。綺羅珠翠，舞千女於其左。中一女曰：此貴主還宮樂。二舞畢，洞庭君乃擊席而歌，錢塘再拜而和。劇中即以歌辭爲樂。歌闋，奉觴於毅。錢塘因酒作色，踞謂毅曰：涇陽之妻，洞庭之愛女也，淑性茂質，不幸見辱於匪人，將欲求託高義，世爲親賓，可則俱履雲霄，不可則皆夷糞壤。毅笑曰：始毅以爲剛決明直，無如君者。今乃欲以介然之軀，悍然之性，乘酒假氣，將迫於人，豈近直哉。且毅之質，不足藏玉一甲之間，然而敢以不伏之心，勝王不道之氣，惟王籌之。錢塘逡巡致謝。劇中言毅以老母辭。毅辭歸。洞庭君夫人，别宴毅於潛景殿，使涇陽女當席拜謝。毅當此，殊有歎恨之色。宴罷辭别，贈遺珍寶，怪不可述。毅歸。本傳，毅娶張韓二氏，劇皆不載。徙家金陵。有媒以盧氏女告，卜日就禮。毅視其貌，類於龍女，而豐艷過之。曰：余即洞庭君之女也。自君救涇川之辱，誓心求報。季父論親不從，恨望成疾，今日獲奉君子，無恨矣。乃相與覲洞庭。劇中言毅歸，母已爲配盧氏，即係龍女，視本傳情節較省。

又《三奪槊》 元尚仲賢撰。《隋唐嘉話》：鄂公尉遲敬德性驍果，而尤善避槊。每單騎入，敵人刺之，終不能中，反奪其槊以刺敵。海陵王元吉聞之，不信，乃令去槊刃以試之。敬德云：饒王着刃，亦不畏傷。元吉再三來刺，既不少中，而槊皆被奪去，元吉力敵千夫，由是大慙恨。太宗之禦竇建德，謂尉遲公曰：寡人持弓箭，公把長鎗相副，雖百萬衆，亦無奈我何。乃與敬德馳至敵營，叩其軍門，大呼曰：我大唐秦王，能鬭者來，與汝決。賊追騎甚衆，而不敢逼。禦建德之後，既陳未戰。太宗望見一少年，騎驄馬，鎧甲鮮明。指謂尉遲公曰：彼所乘馬，真良馬也。言之未已，敬德請取之。帝曰：輕敵者亡，脱以一馬損公，非寡人願。敬德自料致之萬全，及馳往，并禽少年而返，即王充兄子僞代王琬。宇文士及在隋，亦識是馬，實内廐之良也。帝欲旌其能，並以賜之。

又《氣英布》 元尚仲賢撰。言漢高祖欲挫英布鋭氣，濯足媟慢以激之。布爲氣憤，故名。略云：漢楚戰于靈壁，漢敗北，屯軍滎陽。項王授英布爲當陽君，以精兵四十萬駐九江，徵布擊漢。楚將龍且嫉忌布，托病不赴，且譖其有叛心。項亦懷疑。漢王與張良曹參輩議招布降。典謁官隨何，少與布善，請往説。王謂何豎儒，何異持蠅釣鰲，徒供其一啜耳。何堅請，以二十騎詣布營。及往，布度必下説，列刀斧以懾之。何從容謂布云：予無所懼，爾不日禍及，是當憂耳。布遂延坐以詢。何云：公比范增若何。布云：增係項謀臣，尊爲亞父，某何敢與較。何云：增且見疑而逐，今徵爾擊漢，不赴且受譖，能無疑乎。禍必及爾矣。布猶豫，適楚使至，何伏屏後。使以項命慰布疾。何出謂楚使云：予漢臣也，布已歸漢，命予來迎。使驚異。何謂布曰：使歸告項，禍及矣，宜速誅之。布遂殺楚使，引兵歸漢。之成皋關，無迎者，布不懌。何請先入關。布待之久，何出謂云：王昔與項王會廣武江，數項王十大罪。項以伏弩損王足指，今未瘳，不能出，請往見。及布入，王倨坐，令宫人濯足，佯不爲禮。布愧甚，欲撤兵之楚，則無顔見項，留則受侮慢。讓何以巧言紿己，遂欲自刭。何勸止之。俄頃大設筵宴鼓樂，漢王率衆詣布營。謂云：公鋭氣勃勃，故少加折挫耳。親致酒以謝，授布九江侯，使擊楚，亦爲布捧轂推輪。布感王德，引兵破項奏捷。此劇與正史雖不甚合，亦以表揚漢高祖用人之智略也。

著録

元·鍾嗣成《録鬼簿》卷上　尚仲賢：《張生煮海》、《崔護謁漿》十六曲次本、《尉遲恭三奪槊》、《陶淵明歸去來辭》、《鳳皇波越娘背燈》、《洞庭湖柳毅傳書》、《没興花前秉燭旦》、《武成廟諸葛論功》、《海神廟王魁負桂英》、《漢高祖濯足氣英布》。

明·朱權《太和正音譜·群英所編雜劇》　尚仲賢：《秉燭旦》、《三奪槊》、《負桂英》、《柳毅傳書》、《越娘背燈》、《歸去來兮》、《諸葛論功》、《張生煮海》二本、《崔護謁漿》。

又《古今無名氏雜劇》　《濯足氣英布》。

明·晁瑮《寶文堂書目》卷中　《沙門島張生煮海》、《受顧命諸葛論功》、《漢高皇濯足氣英布》。

清·黄文暘、佚名《重訂曲海總目》　《單鞭奪槊》一作《三奪槊》、《王魁負桂英》、《柳毅傳書》、《氣英布》。

清·黄丕烈《也是園藏書·古今雜劇目録》　《尉遲恭單鞭奪槊》册三。

又《也是園藏古今雜劇目録·待訪古今雜劇存目》　《王魁負桂英》(册四)、《洞庭湖柳毅傳書》(册五)、《玉清殿諸葛論功》册六。

清·梁廷枏《曲話》卷一　《單鞭奪槊》、《氣英布》、《柳毅傳書》。

清·支豐宜《曲目新編》　《單鞭奪槊》、《氣英布》、《柳毅傳書》。

清·姚燮《今樂考證·著録一·元雜劇》　尚仲賢十種：《張生煮海》、《崔護謁漿》、《尉遲恭三奪槊》、《陶淵明歸去來辭》、《鳳皇坡越娘背燈》、《洞庭湖柳毅傳書》、《没興花前秉燭旦》、《武成廟諸葛論功》、《海神廟王魁負桂英》、《漢高祖濯足氣英布》。

清·王國維《曲録》卷二　《陶淵明歸去來辭》、《海神廟王魁負桂英》、《鳳皇坡越娘背燈》、《洞庭湖柳毅傳書》、《張生煮海》、《崔護謁漿》、《没興花前秉燭旦》、《武成廟諸葛論功》、《尉遲公三奪槊》、《漢高祖濯足氣英布》。右十種，元尚仲賢撰。

藝文

明·賈仲明《凌波仙·補尚仲賢吊詞》　棄官歸去捻淵明，工巧《王魁負桂英》。四務提舉江浙省，與戴善夫相輔行。較論功，諸葛闡成。《三奪槊》，《謁漿崔護》。《秉燭旦》，《越孃背燈》。洞庭湖，柳毅傳情。

圖表

明（萬曆）顧曲齋刊《古雜劇》本《柳毅傳書》插圖

石君寶

論説

明·朱權《太和正音譜》卷上　石君寶之詞，如羅浮梅雪。

傳記

元·鍾嗣成《録鬼簿》卷上　石君寶，平陽人。

紀事

清·佚名《曲海總目提要》卷二《秋胡戲妻》　元石君寶撰。全據《列女傳》諸書魯秋胡事。但秋胡之妻實本自盡，此欲團圓結局，故曰伉儷如初也。女名梅英，及李大户謀娶，俱係添飾。略云：秋胡，魯人，父早背，母劉氏。娶羅大户女梅英爲室。新婚三日，勾胡從軍，别母妻之魯，久不歸。有李大户者，知梅英美，欲謀爲室，紿其父云：秋胡已殁軍中。乃强委紅定，逼其父曲從之。父不得已，與劉商，勸女改嫁。梅英守節自矢，姑不能奪其志，乃語梅英父，令拒李。梅英以蠶桑養姑。秋胡仕魯久，有軍功，昭公授中大夫，賜金一餅，令歸省母。將及故里，見一女採桑林中，貌絶婉媚，試挑之，女正色力拒。秋胡復遺以金，女恚，奔歸告其姑。而秋胡亦歸，繫馬門外，見女侍母側，詢知即其妻。愧赧無地。母述梅英守節奉姑，又不勝感刻，乃擒李治其罪。而梅英薄其夫無行，羞與伉儷，欲自盡。姑與胡父同勸慰，夫亦謝罪愧悔，英始復諧伉儷云。據傳記云，魯人秋胡，娶妻五日而遊宦，三年休還家。遇一婦採桑于郊，見而悦之，乃遺黄金一鎰。婦曰：妾有夫遊宦不返，幽閨獨處，三年於兹，未有被辱于今日也。採不顧。胡慚而退。至家，問家人妻何在，曰：行採於郊未返。既還，乃向所挑之婦也。胡大慚。婦責之曰：見色棄金，而忘其母，大不孝也。遂赴沂水而死。《列女傳》、《山東通志》諸書所載皆合。宋顔延年作《秋胡詩》五章，直叙其事，最爲古雅，載文選中，後人詠者甚衆。有七絶云：郎恩葉薄妾冰清，郎予黄金妾不應。若使偶然通一語，半生誰信守孤燈。尤中情理。又後漢時有名秋胡者，屬媒求某氏女。女父母以秋胡戲妻，堅不欲予。媒言有兩秋胡，戲妻者乃古人，非此人也。女氏方許諾。至漢有朱買臣，而六朝時又有朱買臣，此等姓名，似不必效法古人也。父與姑皆令改嫁，似後漢焦仲卿妻蘭芝事，時人作廬江小吏行者也。誤報夫亡，似唐公乘億事。億赴長安應舉，或報其妻，云億已没。妻孑身單騎訪之，至中道，億成進士歸。見服縗騎驢者，乃其妻也，相持感涕，易服並還。劇云李大户設計妄報，其後正來索鬧，而秋胡已歸，蓋影借此事也。《列女傳》曰：魯秋胡潔婦者，魯秋胡之妻也。

秋胡子既納之五日而去，宦于陳，五年乃歸。未至家，見路旁有一美婦人，方採桑，秋胡子下車謂曰：苦曝獨採桑，吾行道遠，願託桑陰下一食。婦人採桑不輟。秋胡子謂曰：力田不如逢農年，力桑不如見公卿。今吾有金，願予夫人。婦人曰：採桑力作，紡績經織以供衣食，奉二親養夫子而已矣。吾不願人之金也。秋胡子還家，奉金遺母。母使人呼其婦，婦乃向採桑婦。婦乃自投于河而死。

又《曲江池》 元石君寶撰。後人所作《繡襦記》本此。其事出唐人白行簡《李娃傳》此較畧，《繡襦》較詳，其命名曰《李亞仙花酒曲江池》蓋曲江，唐人遊賞最盛之地，渲染爲題，非本傳所有。彼曰繡襦者，則取傳中元和落魄時，娃以繡襦擁而歸也。略云：滎陽鄭公弼爲洛陽府尹，傳云，天寶中常州刺史，與此異。所生子曰元和，弱冠有詞藻，公弼命赴舉入長安。長安大户趙牛觔者，挾其妓劉桃花，并邀桃花之姨李亞仙，同遊曲江，與元和遇。元和悦亞仙之貌，墜鞭者三。傳云，元和訪友至鳴珂曲，見娃，乃詐墜鞭於地，候其從者取之。亞仙亦回眸凝睇，情甚相慕，遂邀元和同飲。元和屬牛觔通辭，至亞仙家，傾囊給歡。□盡爲鴇所逐。此與本傳同。鬻駿馬及其家僮，資斧蕩然。娃情彌篤，而鴇意已怠，授計於娃，紿元和出而他遷。鬻僮馬事詳《繡襦》中，此畧。然鬻馬非本傳事。流落不堪，至爲人送殯唱挽歌。此段傳中最詳，劇中略見。公弼訝其子久絶音耗，至京，遇元和所從僕，《繡襦》云父之饒。知其流落狀。又於路親見元和唱歌，怒甚，呼而撻之垂死，投於荒郊。亞仙奔救得甦。此節《傳》與《繡襦》皆無。欲留至家，鴇不容。元和愈落魄，沿途乞食。亞仙陰使牛觔招之，出私蓄付鴇爲贖資。而與元和同居，勸其勵志功名。一舉登第，授洛陽縣令謁府尹。公弼固知其即元和也，而元和佯不識。公弼親詣縣署，召見亞仙。亞仙責元和背父，謂人苟知禮義，必能歸咎於己，憤欲自殺。元和于是叩首請罪，父子如初，而公弼尤善其得賢婦也。按：劇中所演，與傳皆互異。而於後半尤不合本傳。詳繡襦記中，須互看情蹟。

著録

元·鍾嗣成《録鬼簿》卷上 石君寶：《士女秋香怨》、《吕太石醢彭越》、《柳眉兒金錢花》、《窮解子紅綃驛》、《魯大夫秋胡戲妻》、《東吴小喬哭周瑜》、《李亞仙詩酒曲江池》、《趙二世醉走雪香亭》、《張天師斷歲寒三友》、《諸宫調風月紫雲亭》。

明·朱權《太和正音譜·群英所編雜劇》 石君寶：《曲江池》、《哭周瑜》、《雪香亭》、《紫雲亭》、《秋胡戲妻》、《歲寒三友》、《女士秋香怨》、《柳眉兒金錢記》、《吕太后醢彭越》。《窮解子紅綃驛》。

明·晁瑮《寶文堂書目》卷中 《金錢記》。

清·黄文暘、佚名《重訂曲海總目》 《李亞仙》、《秋胡戲妻》。

清·黄丕烈《也是園藏書·古今雜劇目録》 《魯大夫秋胡戲妻》。

清·梁廷枏《曲話》卷一 《李亞仙》、《秋胡戲妻》。

清·支豐宜《曲目新編》 《李亞仙》、《秋胡戲妻》。

清·姚燮《今樂考證·著録一·元雜劇》 石君寶十種：《士女秋香怨》、《吕太后醢彭越》、《柳眉兒金錢花》、《窮解子紅綃驛》、《魯大夫秋胡戲妻》、《東吴小喬哭周瑜》、《李亞仙詩酒曲江池》、《趙二世醉走雪香亭》、《張天師斷歲寒三友》、《諸宫調風月紫雲亭》。

清·王國維《曲録》卷二 《魯大夫秋胡戲妻》、《李亞仙詩酒曲江池》、《吕太后醢彭越》、《趙二世醉走雪香亭》、《柳眉兒金錢記》、《張天師斷歲寒三友》、《窮解子紅綃驛》、《東吴小喬哭周瑜》、《士女秋香怨》、《諸宫調風月紫雲亭》。右十種，元石君寶撰。

藝文

明·賈仲明《凌波仙·補石君寶吊詞》 《紫雲亭》，《秋香怨》，《曲江池》，《醢彭越》。《哭周瑜》，佳句美新，《歲寒三友》，《紅綃驛》，《雪香車》，

《秋胡戲妻》。共吴昌齡，么末相齊。《柳眉兒》、《金錢記》，石君寶，□黑跡，禾黍離離。

楊顯之

論説

明·朱權《太和正音譜》卷上　楊顯之之詞，如瑶臺夜月。

傳記

元·鍾嗣成《録鬼簿》卷上　楊顯之，大都人。與漢卿莫逆交，凡有珠玉，與公較之。

紀事

清·佚名《曲海總目提要》卷二《瀟湘雨》　元楊顯之撰。崔女驛中遇雨，正臨湘江，故曰《瀟湘雨》。後人仿此作《江天雪》，改崔通曰崔君瑞、張商英曰蘇尚書云。商英宋時宰相，若其女，定無此事，蓋假托也。漠□鋪韓玉父題詩，正與相類。玉父，宋南渡時女子也，其題漠□鋪詩曰：南行逾萬山，復入武陽路。黎明與鷄興，理髮漠□鋪。盱江在何處。極目烟水暮。生平良自珍，差爲浪子婦。知君非秋胡，强顔且西去。其序云：妾本秦人，先大父嘗仕於朝，因亂，遂家錢塘。幼時，易安處士李易安，趙明誠之妻，善詩詞。教以學詩。及笄，父母以妻上舍林子建。去年，林得官歸閩，妾傾囊以助其行。林許秋冬間遣騎迎妾，久之杳然，何其食言耶。不免攜女奴自錢塘而之三江。比至，林已官盱江矣，因而復回延平。經由順昌，假道昭武而去。嘆客旅之可厭，笑人事之多乖，因理髮漠□鋪，漫題數語于壁。然不知其究竟，作者或因此詩序，改易姓氏，幻成關目，添入後段，以警天下負心男子，爲蛾眉吐氣耳。劇云：諫議大夫張商英，以忤權貴，謫官江州，攜女翠鸞偕行。渡淮覆舟，父女相失。翠鸞爲漁父崔文遠救歸，養爲義女。文遠之侄崔通將應舉，來辭。文遠以翠鸞配爲夫婦，瀕行，約成名後即相迎。比得第，主司趙錢友以女妻之，通不辭。授秦川縣令，攜趙赴任。翠鸞聞通得官，日望其來迎，久不至，因隻身至秦川。通既負心，趙女復悍妒，翠鸞至，誣爲逃女，刺配沙門島。而商英遭水時亦以救脱，歷官至提刑廉訪使，賜上方劍，得便宜行事。與翠鸞相遇于臨江驛，翠鸞訴其冤於父，請親詣秦川，縛通及趙女，數其罪，將殺之。適文遠至，力救獲免。翠鸞自念無改適理，復請於父，還通官與俱之任，而以趙女爲婢妾焉。《情史》載新嘉驛女子題壁云：予生長會稽，幼工書史，年方及笄，嫁於燕客，具林下之風致。事愎負之將軍，加以河東獅子日吼數聲。今早，薄言往訴，逢彼之怒，鞭箠亂下，辱等奴婢。氣填胸臆，幾不能起。嗟乎。予籠中人耳，死何足惜。但恐委身草莽，湮没無聞，故忍死須臾，俟同類睡熟，竊至後庭。以泪和墨題三詩於壁，庶知音者讀之，悲予生之不辰，則予死且不朽。詩云：銀紅衫子半蒙塵，一盞殘燈伴此身。恰似梨花經雨後，可憐零落不成春。終日如同虎豹遊，含情默坐憾悠悠。老天生妾非無意，留與風流作話頭。萬種憂愁訴與誰。對人强笑背人悲。此詩莫作尋常看，一句詩成千泪垂。此詩一傳，人爭和之。頗與臨江驛訴冤相似。

又《酷寒亭》　元楊顯之撰。事無可考。其曰《酷寒亭》者，鄭嵩發配時，兒女送飲於此亭也。略云：鄭州孔目鄭嵩，妻蕭氏，子僧住，女賽娘。護龍橋人宋彬，犯法當抵死，嵩以彬仗義殺人，改案爲誤傷，刺配沙門島，彬感泣别去。嵩與妓蕭娥往來，曾言於尹，除名樂籍，聽其從良。娥貪嵩富，欲嫁之，而妒其有婦蕭氏，遂留嵩不使歸。婦以嵩久不歸，托祇候趙用賺嵩，言婦病死，囑其急歸看兒女。娥固知其誑也，於其婦生日，凶服號哭登其堂，婦竟氣死，娥遂居其室。久之，嵩奉尹命，同趙用齎文往京師，以兒女囑娥。嵩既出，娥日撻兒女。適用以遺文書一紙，復回嵩家，見兒苦狀，痛罵蕭娥而去。然娥終不悛，凌虐愈甚。且素與祇候高成通，雖嫁嵩，往還不斷。嵩出，成常在嵩家。嵩歸，飲於張酒保店，酒保不識嵩，以鄭孔目娶娥虐兒女，并與成通奸事告。嵩大憤歸，而遇成與娥并坐飲酒，遂殺娥而成逃去。嵩自首於尹，杖配遠惡軍州。行至酷寒亭，子僧住、女賽娘行乞送飯。先是，宋彬刺配於中途，殺解子爲盜，至是聞嵩事，率黨赴鄭州劫獄。相遇於亭，乃往州中殺高成，而拉嵩及其兒女俱入山。後以招安，得復爲民。

著録

元·鍾嗣成《録鬼簿》卷上 楊顯之：《劉泉進瓜》、《黑旋風喬斷案》、《醜駙馬射金錢》、《臨江驛瀟湘夜雨》、《蕭縣君風雪酷寒亭》、《蒲魯忽劉屠大拜門》、《大報冤兩世辨劉屠》、《借通縣跳神師婆旦》。

清·佚名《曲海總目提要》卷二 楊顯之【略】所作雜劇，今存《瀟湘雨》、《酷寒亭》等二種。

清·梁廷枏《曲話》卷一 《臨江驛》、《酷寒亭》。

清·支豐宜《曲目新編》 《臨江驛》、《酷寒亭》。

清·姚燮《今樂考證·著録一·元雜劇》 楊顯之八種：《劉泉進瓜》、《黑旋風喬斷案》、《醜駙馬射金錢》、《臨江驛瀟湘夜雨》、《蕭縣君風雪酷寒亭》、《蒲魯忽劉屠大拜門》、《大報冤兩世辨劉屠》、《借通縣跳神師婆旦》。

清·王國維《曲録》卷二 《臨江驛瀟湘夜雨》、《蕭縣君風雪酷寒亭》、《醜駙馬射金錢》、《蒲魯忽劉屠大拜門》、《黑旋風喬斷案》、《大報冤兩世辨劉屠》、《劉泉進瓜》、《借通縣跳神師婆旦》。右八種元楊顯之撰。

藝文

明·賈仲明《凌波仙·補楊顯之吊詞》 顯之前輩老先生，莫逆之交關漢卿。公未中補缺加新令，皆號爲楊補丁。有傳奇《樂府新聲》。王元鼎，師叔敬；順時秀，伯父稱，寰宇知名。

圖表

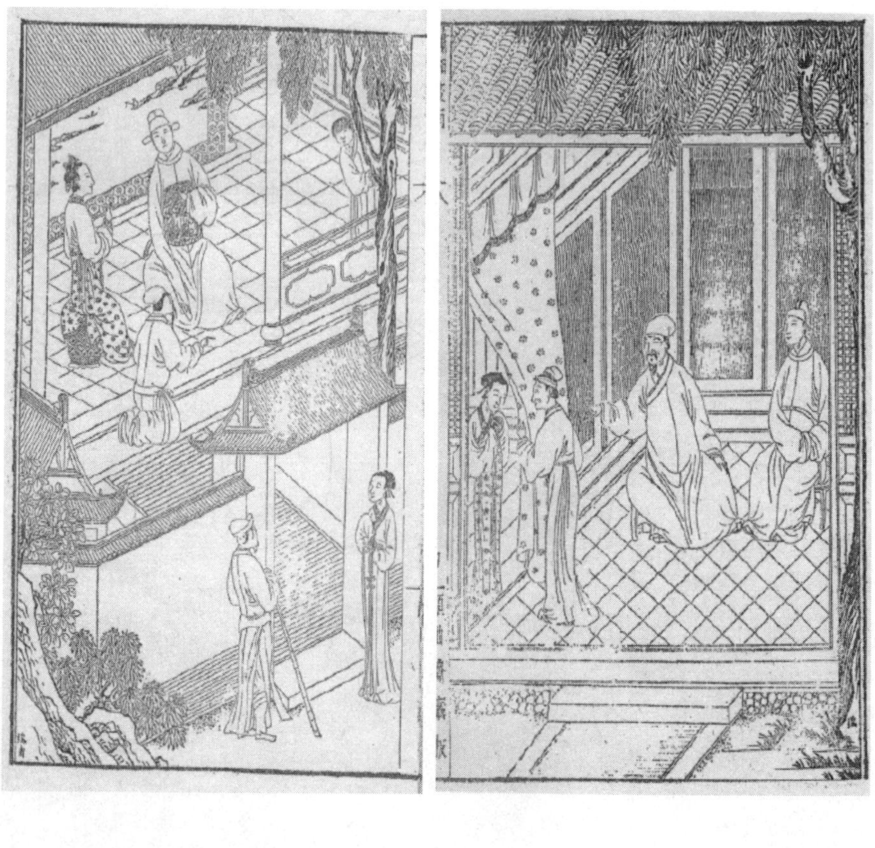

明（萬曆）顧曲齋刊《古雜劇》本《瀟湘夜雨》插圖

紀君祥

論説

明・朱權《太和正音譜》卷上　紀君祥之詞，如雪裏梅花。

傳記

元・鍾嗣成《録鬼簿》卷上　紀天祥，大都人，與李壽卿、鄭廷玉同時。

紀事

清・黄文暘、佚名《重訂曲海總目》卷二《趙氏孤兒》　元紀君祥撰。説本《春秋左國》、《史記》。後來《八義記》本此。《春秋》：成公八年，晉殺其大夫趙同趙括。《傳》曰：趙莊姬爲趙嬰之亡，故譖之於晉侯曰原屏將爲亂，欒郤爲徵。六月，晉討趙同趙括。武從姬氏畜于公宫，以其田與祁奚。韓厥言於晉侯曰：成季之勳，宣孟之忠，而無後。爲善者懼矣。三代之令王，皆數百年保天之禄。夫豈無辟王。賴前哲以免也。書曰：不敢侮鰥寡，所以明德也。乃立武而反其田焉。《史記》：趙朔爲屠岸賈攻滅，有遺腹子。朔夫人置兒袴中，得脱。朔客公孫杵臼、程嬰取兒以文褓匿山中。嬰繆曰：吾知嬰兒所在。諸將隨之。杵臼繆曰：趙氏孤兒何罪。請活之。諸將殺杵臼及兒，然真兒乃在。嬰匿十五年，因韓厥立之，是爲趙武。程嬰自殺。劇中不無增飾點綴，然大段皆有本，不同妄作。　畧云：晉靈公時，文臣趙盾，武臣屠岸賈。賈欲害盾，使鉏麑刺之，麑觸槐死。靈公賜賈神獒，賈閉之密室，三四日不與飲食。而以草紮盾狀，置羊心肺於草人中。出神獒，使剖而噉之。且言於靈公曰：獒能識邪佞。靈公使試於朝，獒噬盾，《左傳》言公使鉏麑，及嗾夫獒，不及賈，皆作者增飾。提彌明搏殺之。盾出，賈預毀其車馬。盾昔所救桑間餓夫靈輒，掖之而去。賈復言於靈公，誅絶趙氏一門三百口。盾子朔亦賜死。按《左傳》，靈公欲殺盾，在魯宣公二年。同括之誅，在成公八年。此并作一時事。朔妻公主有遺腹子，賈搜之甚急。朔門下客程嬰以醫得見公主，公主以孤授嬰而自縊死。嬰藏孤於藥籠中。時爲賈守公主門者，韓厥也，厥與朔有舊，知嬰藏孤而出，縱之使去，亦自刎。按《左傳》，武得復立者，厥之力也。此云縱孤自盡，亦是隨手點竄耳。然賈索孤益急，欲盡收國中兒手刃之。嬰攜孤投公孫杵臼，《史記》稱嬰、杵臼皆朔客。此言杵臼以宰輔罷職居山中，無所據。將使杵臼匿孤。而己挾所生兒令杵臼告岸賈，與兒俱死。杵臼以己年老，恐不及視孤成立，乃使嬰以所生兒易孤置山中，往告岸賈。謂孤在杵臼家也。按《國語》，謂杵臼曰：死與立孤孰難，云云。此言年老，亦是作者稍變其文。岸賈執杵臼，即令嬰拷之，杵臼死。岸賈殺嬰子，德嬰，以孤爲嬰所生，養爲義兒，教以兵法，而令嬰教以詩書。越二十年，《史記》言十五。年嬰乃以盾、朔及孤遭岸賈害，并厥與杵臼死狀，共作一圖，對之而泣。孤疑而詢，始詳告之。孤乃告晉君六卿，殺岸賈，滅其家，以報積讐。晉君使復姓襲爵，而褒諸義士云。按：駙馬公主等，春秋時並無此稱。作者往往因時隨俗，不復顧本事年代，不獨此劇也。

著録

元・鍾嗣成《録鬼簿》卷上 紀君祥：《驢皮記》、《曹伯明錯勘贓》、《李元真松陰記》、《趙氏孤兒冤報冤》、《韓湘子三度韓退之》、《信安王斷復販茶船》。

明・朱權《太和正音譜・群英所編雜劇》 紀君祥：《韓退之》、《松陰夢》、《錯勘贓》二本、《驴皮記》、《趙氏孤兒》、《販茶舡》二本。

清・黄文暘、佚名《重訂曲海總目》 《趙氏孤兒》、《松陰夢》、《錯勘贓》。

清・黄丕烈《也是園藏書・古今雜劇目録》 《趙氏孤兒大報讐》。

清・梁廷枏《曲話》卷一 《趙氏孤兒》。

清・支豐宜《曲目新編》 《趙氏孤兒》。

清・姚燮《今樂考證・著録一・元雜劇》 紀天祥六種：《驢皮記》、《曹伯明錯勘贓》、《李元真松陰記》、《趙氏孤兒冤報冤》、《韓湘子三度韓退之》、《信安王斷復販茶船》。

清・王國維《曲録》卷二 《趙氏孤兒冤報冤》、《韓湘子三度韓退之》《曹伯明錯勘贓》、《信安王斷復販茶船》、《李元真松陰記》、《驢皮記》。右五種，元紀君祥撰。

藝文

明・賈仲明《凌波仙・補紀君祥吊詞》 壽卿、廷玉在同時，三度藍關韓退之，松陰夢裏三生事。《驢皮記》，情意資。冤報冤，《趙氏孤兒》。編成傳，寫上紙，表表於斯。

于伯淵

論説

明・朱權《太和正音譜》卷上 于伯淵之詞，如翠柳黄鸝。

傳記

元・鍾嗣成《録鬼簿》卷上 于伯淵，平陽人。

著　録

元·鍾嗣成《録鬼簿》卷上　于伯淵：《白門斬呂布》、《呂太后餓劉友》、《丁香回回鬼風月》、《莽和尚復奪珍珠旗》、《尉遲公病立小秦王》、《狄梁公智斬武三思》。

元·鍾嗣成《録鬼簿》卷上　于伯淵：《珍珠旗》復奪珍珠旗、《斬呂布》白門斬呂布、《鬼風月》關西驛刺借通傳丁香回回鬼風月、《餓劉友》、《小秦王》病立小秦王、《武三思》狄思公智殺武三思。

明·朱權《太和正音譜·群英所編雜劇》　于伯淵：《餓劉友》、《斬呂布》、《小秦王》、《鬼風月》、《珍珠旗》、《武三思》。

清·姚燮《今樂考證·著録一·元雜劇》　于伯淵六種：《白門斬呂布》、《呂太后餓劉友》、《丁香回回鬼風月》、《莽和尚復奪珍珠旗》、《尉遲恭病立小秦王》、《狄梁公智斬武三思》。

清·王國維《曲録》卷二　《丁香回回鬼風月》、《莽和尚復奪珍珠船》、《呂太后餓劉友》、《尉遲公病立小秦王》、《白門斬呂布》、《狄梁公智斬武三思》。右六種元于伯淵撰。

藝　文

明·賈仲明《凌波仙·補于伯淵吊詞》　集成鬼簿老鍾仙，録上名公列衆賢。先生邊，無花寫上文華選，是平陽，于伯淵。翠紅鄉，風月無邊。花前醉，柳下眠，命掩黄泉。

戴善甫

論　説

明·朱權《太和正音譜》卷上　戴善甫之詞，如荷花映水。

清·姚燮《今樂考證·元劇總論》　戴善夫如荷花映水。

傳　記

元·鍾嗣成《録鬼簿》卷上　戴善甫，真定人。江浙行省務官。

著　録

元·鍾嗣成《録鬼簿》卷上　戴善甫：《伯俞泣杖》、《宫調風月紫雲亭》、《關大王三捉紅衣怪》、《陶秀實醉寫風光好》、《柳耆卿詩酒翫江樓》。

明·朱權《太和正音譜·群英所編雜劇》　戴善甫：《紫雲亭》、《風光好》、《翫江樓》、《紅衣怪》、《伯瑜泣杖》。

清·黄文暘、佚名《重訂曲海總目》　《風光好》。

清·黄丕烈《也是園藏書·古今雜劇目録》　《陶學士醉寫風光好》、《趙江梅詩酒翫江亭》。

清·梁廷枏《曲話》卷一　《風光好》。

清·支豐宜《曲目新編》　《風光好》。

清·姚燮《今樂考證·著録一·元雜劇》　戴善甫五種：《伯俞泣杖》、

《宮調風月紫雲亭》、《關大王三捉紅衣怪》、《陶秀實醉寫風光好》、《柳耆卿詩酒玩江樓》。

清·王國維《曲録》卷二　《陶秀實醉寫風光好》、《柳耆卿詩酒翫江樓》、《關大王三捉紅衣怪》、《伯俞泣杖》、《宮調風月紫雲亭》。右五種，元戴善甫撰。

王廷秀

論説

清·姚燮《今樂考證·元劇總論》　王廷秀如月印寒潭。

明·朱權《太和正音譜》卷上　王廷秀之詞，如月印寒潭。

傳記

元·鍾嗣成《録鬼簿》卷上　王廷秀，山東益都人。淘金千户。

著録

元·鍾嗣成《録鬼簿》卷上　王廷秀：《鹽客三告狀》、《秦始皇坑儒焚典》、《周亞夫屯細柳營》、《石頭和尚草菴歌》。

明·朱權《太和正音譜·群英所編雜劇》　王廷秀：《細柳營》、《焚典坑儒》、《鹽客雙告狀》、《石頭和尚草庵歌》。

清·姚燮《今樂考證·著録一·元雜劇》　王廷秀四種：《鹽客三告狀》、《秦始皇坑儒焚典》、《周亞夫屯細柳營》、《石頭和尚草庵歌》。

清·王國維《曲録》卷二　《秦始皇坑儒焚典》、《周亞夫屯細柳營》、《石頭和尚草庵歌》、《鹽客三告狀》。右四種，元王廷秀撰

藝文

明·賈仲明《淩波仙·補王廷秀吊詞》　淘金千户甚風流，寶馬金鞍稱俊遊，益都人物王廷秀。將《坑儒焚典》修，《草菴歌》和尚石頭。馳花陳，奪錦籌，百世芳留。

張時起

論説

明·朱權《太和正音譜》卷上　張時起之詞，如雁陣驚寒。

傳記

元·鍾嗣成《録鬼簿》卷上　張時起，字才英。東平府學生。長蘆居。

著録

元·鍾嗣成《録鬼簿》卷上　張時起：《昭君出塞》、《賽花月秋千記》六折、《霸王垓下別虞姬》、《沈香太子劈華山》。

明・朱權《太和正音譜・群英所編雜劇》 張時起：《鞦韆怨》、《別虞姬》、《昭君出塞》。

清・姚燮《今樂考證・著録一・元雜劇》 張時起四種：《昭君出塞》、《賽花月秋千記》、《霸王垓下別虞姬》、《沈香太子劈華山》。

清・王國維《曲録》卷二 《霸王垓下別虞姬》、《昭君出塞》、《賽花月秋千記》、《沈香太子劈華山》。右四種元張時起撰。

藝文

明・賈仲明《淩波仙・補張時起吊詞》 霸王垓下別虞姬，出塞昭君胡馬嘶。牡丹事，《花月秋千記》。與高文秀，同閈里，同齋同筆。抄冠新雜劇，舊傳奇，都一般，風慘烟迷。

費唐臣

論説

明・朱權《太和正音譜》卷上 費唐臣之詞如三峽波濤。神風聳秀，氣勢縱横，放則驚濤拍天，斂則山河倒影，自是一般氣象，前列何疑。

清・李調元《雨村曲話》卷上 費唐臣《貶黄州》云：新婦磯頭，鷗鷺鄉中，女兒浦□，鸚鵡洲邊，漲一竿春水，帶一抹寒煙，撑一隻漁船，黑甜一枕睡，燈火對愁眠。句調甚別。

清・姚燮《今樂考證・元劇總論》 費唐臣如三峽波濤。

傳記

元・鍾嗣成《録鬼簿》卷上 費唐臣，大都人。君祥之子。

著録

元・鍾嗣成《録鬼簿》卷上 費唐臣：《斬鄧通》、《漢丞相韋賢籯金》、《蘇子瞻風雪貶黄州》。

明・朱權《太和正音譜・群英所編雜劇》 費唐臣：《貶黄州》、《斬鄧通》、《韋賢籯金》。

明・晁瑮《寶文堂書目》卷中 《蘇子瞻風雪貶黄州》。

清・黄丕烈《也是園藏書・古今雜劇目録》 《蘇子瞻風雪貶黄州》。

清・姚燮《今樂考證・著録一・元雜劇》 《斬鄧通》、《漢丞相韋賢籯金》、《蘇子瞻風雪貶黄州》。

清・王國維《曲録》卷二 《蘇子瞻風雪貶黄州》、《斬鄧通》、《漢丞相韋賢籯金》。右三種，元費唐臣撰。

藝文

明・賈仲明《淩波仙・補費唐臣吊詞》 □歌鶯韻配鴛鴦，一曲鸞簫品鳳凰，醉鞭悮入平康巷。在佳人，錦瑟傍。漢韋賢，關目輝光。《斬鄧通》，文詞亮。《貶黄州》，肥普香。父是君祥。

趙子祥

論説

明·朱權《太和正音譜》卷上　趙子祥之詞，如馬嘶芳草。

清·姚燮《今樂考證·元劇總論》　趙子祥如馬嘶芳草。

著録

元·鍾嗣成《録鬼簿》卷上　趙子祥，《崔和擔土》、《風月害夫人》、《太祖夜斬石守信》。

明·朱權《太和正音譜·群英所編雜劇》　趙子祥：《石守信》、（二本）《崔和擔生》、《害夫人》。二本。

清·姚燮《今樂考證·著録一·元雜劇》　趙子祥三種：《崔和擔土》、《風月害夫人》、《太祖夜斬石守信》。

清·王國維《曲録》卷二　《太祖夜斬石守信》、《崔和擔土》、《風月害夫人》、《礜夫人》。右四種，元趙子祥撰。

藝文

明·賈仲明《淩波仙·補趙子祥吊詞》　一時人物出元貞，擊壤謳歌賀太平，傳奇樂府時新令。錦排場，起玉京。《害夫人》，《崔和擔生》。白仁甫，關漢卿。《麗情集》，天下流行。

姚守中

論説

明·朱權《太和正音譜》卷上　姚守中之詞，如秋月揚輝。

傳記

元·鍾嗣成《録鬼簿》卷上　姚守中，洛陽人。牧菴學士姪，平江路吏。

著録

元·鍾嗣成《録鬼簿》卷上　姚守中：《漢太守郝連留錢》、《神武門逢萌挂冠》、《褚遂良扯詔立東宫》。

明·朱權《太和正音譜·群英所編雜劇》　姚守中：《逢萌掛冠》、《郝廉留錢》、《扯詔立中宗》。

清·姚燮《今樂考證·著録一·元雜劇》　姚守中三種：《漢太守郝連留錢》、《神武門逢萌掛冠》、《褚遂良扯詔立東宫》。

清·王國維《曲録》卷二　《褚遂良拉詔立東宫》、《玄武門逢萌掛冠》、《漢太守郝廉留錢》。右三種，元姚守中撰。

藝文

明·賈仲明《淩波仙·補姚守中吊詞》　掛冠解印漢逢萌，掃筆成章姚守中，布關串目高唫詠。牛訴冤，巧用工。扯詔諫，扶立中宗。麒麟閣，狐兔塚，怨雨愁風。

李好古

論説

明·朱權《太和正音譜》卷上　李好古之詞，如孤松掛月。

清·姚燮《今樂考證·元劇總論》　李好古如孤松掛月。

傳記

元·鍾嗣成《録鬼簿》卷上　李好古，保定人，或云西平人。

紀事

清·佚名《曲海總目提要》卷二《張生煮海》　元人作。事出小説，在疑信之間。考《後漢書》，徐登、趙炳，能爲越方，登禁水，水爲不流。註云：越方，禁呪也。又《幽怪録》：葉靜能閒居，有白衣老父來，泣拜曰：職在小海，有僧善術，來喝水，海水十涸七八。靜能使朱衣人執黄符，往投之，海水復舊。白衣老父乃龍也。觀此則仙家煮海之術，亦或有之。扶風馬孺子，戲郊亭上，有奇女墮地，少年光艷。孺子駭且悦之。女怒曰：我故居鈞天，劇中言思凡謫降，當本此。帝言我心侈大，被謫七日，當復去。後化爲龍。事見柳宗元文，與此頗相類。又《冷齋夜話》載吴城龍女詞曰：數點雪花，亂委撲漉，沙鷗驚起。略云：潮州張羽，字伯騰，有才學。功名未遂，閒遊海上，寓居石佛寺。清夜撫琴，有東海龍王第三女曰瓊蓮者，聞琴聲來聽。《韻府》載：有僧講經，一叟來聽，曰：某山下龍也，幸歲旱，得閒來此。僧曰：能救旱乎。曰：上帝封江湖，有水不得用。僧曰：此硯水可用乎。乃吸水去。是夕大雨。龍能聽經，則亦能聽琴也。因與羽遇，兩相愛慕。訂羽於中秋夕至海上，招爲婿，出鮫綃帕贈之。鮫人水居，出人間賣綃，臨去從主人索器，泣而出珠與主人。説見《博物志》。及期，羽持帕至海岸。大水茫茫，莫知所之。忽遇一道姑，乃秦時毛女也。劉向《列仙傳》云：毛女者，字玉姜，在陰山中，自言始皇宫人。詰羽安往，羽告以故，且問津於女。女謂龍王性躁難犯，須先有以降伏之，事庶可諧。乃以銀鍋一、金錢一、鐵杓一，授羽，令舀海水，投錢於鍋煎之。鍋中水淺，則海水亦淺，龍王覺，必來告哀也。羽如法行，龍王果窘，覘知羽意，乃浼石佛寺僧爲媒，願招羽爲婿。僧引羽入龍宫與龍女成婚。夫婦皆感毛女恩。而東華仙忽至，謂二人乃瑶池上金童玉女，一念思凡，謫罰下界，今已償還宿願，當重返瑶池。遂相攜離海上昇云。按《位業圖》，西王母侍者，有王上華、董雙成、石公子、宛絶青、地成君、郭密香、于若賓等，殆即所謂金童玉女也。

著録

元·鍾嗣成《録鬼簿》卷上　李好古：《張生煮海》、《巨靈劈華嶽》、《趙太祖鎮凶宅》。

明·朱權《太和正音譜·群英所編雜劇》　李好古：《鎮凶宅》、《張生煮海》二本、《巨靈神劈華山》。

明·晁瑮《寶文堂書目》卷中　《沙門島張生煮海》、《劈華山神香救母》。

清·黄文暘、佚名《重訂曲海總目》　《張生煮海》。

清・黄丕烈《也是園藏古今雜劇目録・待訪古今雜劇存目》《沙門島張生煑海》、《劈華山神香救母》。

清・梁廷枏《曲話》卷一　《張生煮海》。

清・支豐宜《曲目新編》　《張生煮海》。

清・姚燮《今樂考證・著録一・元雜劇》　李好古三種：《張生煮海》、《巨靈劈華山》、《趙太祖鎮凶宅》。

清・王國維《曲録》卷二　《張生煮海》、《趙太祖鎮凶宅》、《巨靈劈華岳》。右三種，元李好古撰。

藝文

明・賈仲明《淩波仙・補李好古吊詞》　芳名紙上百年圖，錦繡胸中萬卷書，標題塵外三生簿。《鎮凶宅》，趙太祖。《劈華山》，用工夫。《煮金海》張生。故撰文，李好古，暮景桑榆。

趙文殷　趙文敬　趙敬夫　趙明鏡

論説

清・梁廷枏《曲話》卷一　娼夫撰曲，元人多有之。趙明鏡作《啞觀音》、《錯立身》、《武王伐紂》。

傳記

元・鍾嗣成《録鬼簿》卷上　趙文殷，彰德人，教坊色長。

明・朱權《太和正音譜・娼夫不入群英四人》　趙明鏡，訛傳趙文敬，非也。

著録

元・鍾嗣成《録鬼簿》卷上　趙文殷《渡孟津武王伐紂》、《宦門子弟錯立身》次本、《張果老度脱啞觀音》。

明・朱權《太和正音譜・娼夫不入群英四人》　趙明鏡：《啞觀音》、《錯立身》二本、《武王伐紂》。

清・姚燮《今樂考證・著録一・元雜劇》　趙明鏡三種：《渡孟津武王伐紂》、《宦門子弟錯立身》、《張果老度脱啞觀音》。

清・王國維《曲録》卷二　《張果老度脱啞觀音》、《渡孟津武王伐紂》、《宦門子弟錯立身》。右三種，元趙文敬撰。

藝文

明・賈仲明《淩波仙・補趙敬夫吊詞》　教坊色長有學規，文敬超群衆所推，樂星謫降來彰德。編《菜檐兒仙》傳奇，撰《武王伐紂》精微。秀華治，風物美，樂章興，南北東西。

張國賓　張國寶　張酷貧

論説

清・梁廷枏《曲話》卷一　娼夫撰曲，元人多有之。【略】張酷貧作

《合汗衫》、《薛仁貴》、《高祖還鄉》。

傳記

元・鍾嗣成《録鬼簿》卷上 張國賓，大都人，即喜時營教坊勾管。

明・朱權《太和正音譜・娼夫不入群英四人》 張酷貧，訛傳張國賓，非也。

紀事

清・佚名《曲海總目提要》卷三《薛仁貴》 元張國賓撰。因三箭定天山而點綴成編也。後又有作《定天山》南曲者，增飾甚多，與此各異。考史，太宗初得仁貴，語曰：古有射貫七札者，卿試以五甲射焉。一發洞貫，是仁貴勇力，果能過絶於人。其後破九姓突厥於天山，發三矢，殺三人，餘皆請降。軍中歌曰：將軍三箭定天山，壯士長歌入漢關。是仁貴射法，果能百中，有穿楊貫虱之技也。但天山在西北，即是雪山，前後作者，皆誤以爲征高麗事耳。畧云：薛仁貴，小字驢哥，絳州龍門鎮大黄莊人。父母皆業農，仁貴獨好武，不習耕作。一日辭父母，別妻柳氏，投總管張士貴爲義軍，從征高麗。常服白袍，以三箭定天山。士貴冒其功爲己有，相爭不已。軍師英國公徐勣，令總管與白袍小將，於轅門外百步，懸金錢校射。士貴不能中，而仁貴三發三中，於是逐士貴，而以仁貴功奏聞。授天下都元帥，衣錦還鄉。奉旨以徐勣女嫁仁貴，與柳氏並封夫人。按：太宗親征高麗，高麗傾國以抗王師。六軍爲高麗所乘，太宗命視黑旗。黑旗者，英公之麾也。候者告黑旗被圍。帝大恐，須臾復曰圍解。高麗哭聲動山谷，勣軍大勝，斬首數萬，俘亦數萬。詳見劉餗《隋唐嘉話》。蓋征高麗，乃徐勣之功居多。此劇與《定天山》多所異同。彼云十大功勞，此云五十四件。彼云尉遲敬德白其功績，此云杜如晦。彼云張士貴爲女婿薛宗顯冒功，此直云士貴。其他《定天山》内，點綴增飾者甚多。

又《羅李郎》 張國賓撰。記羅李郎撫友人兒女事。事無可考，足爲友道之勸。蘇文順、孟倉士，陳州兩寒畯也，爲同窗友，各喪耦。蘇有女定奴，孟有子湯哥。兩人欲入都應舉，無行貲，遂以子女質於其友羅李郎。蓋姓李贅羅氏，又以織羅爲業，故呼羅李郎。家頗豐而無子，惟一僕侯興。乃善視兩人子女，以湯哥爲子，定奴爲息。既長使成婚，生子受春。而湯哥浮浪不率教，沈酣歌場酒肆間，所負酒債纏頭無算。父責治不悛，因悲憤云：人言兒要自養，穀要自種，洵然。湯哥聞之，疑李非生父，質之侯興。興紿使遁走，而以假銀給之。湯哥既行，李使興追，則詭報已死。復僞作湯哥魂附己狀，欲占定奴。李憤甚成疾，興竟刦貲掠定奴。受春而逃。李病痊，始覺興奸。棄家覓湯哥而追興，兼訪蘇、孟。初蘇、孟兩人至京，先後得第。文順得尚書左丞，倉士至禮部侍郎，乞歸皆不允。文順奉命監修相國寺，新買一僮，失去銀唾壺。方拷問，湯哥假銀事發得罪，流落在寺。執役忽見受春，與語，知爲興所掠賣，而文順之僕以爲必盜唾壺者，急縛湯哥。李適至，湯哥受春並呼救。李方相視錯愕，而文順出，見李郎，大驚喜。李爲徐道其詳，始知湯哥即其婿，受春其外孫也。會侯興盜馬被獲，且供唾壺亦爲所竊。由是並得定奴，倉士亦奉使來寺進香。兩家父子夫婦祖孫，皆得相聚。寘興於法，感李之恩，奉養終其身。

著録

元・鍾嗣成《録鬼簿》卷上 張國賓：《漢高祖衣錦還鄉》、《薛仁貴衣錦還鄉》、《相國寺公孫汗衫記》。

明・朱權《太和正音譜・娼夫不入群英四人》 張酷貧：《汗衫記》、《高祖還鄉》、《薛仁貴衣錦還鄉》。

明・晁瑮《寶文堂書目》卷中 《嚴子陵垂釣七里灘》。

清・黄文暘、佚名《重訂曲海總目》 《合汗衫》、《薛仁貴》、《相國寺》。

清・梁廷枏《曲話》卷一 《合汗衫》、《薛仁貴》、《相國寺》。

清・支豐宜《曲目新編》 《合汗衫》、《薛仁貴》、《相國寺》。

清・姚燮《今樂考證・著録一・元雜劇》 張國賓四種：《漢高祖衣錦還鄉》、《薛仁貴衣錦還鄉》、《相國寺公孫汗衫記》、《羅李郎大鬧相國寺》。

清・王國維《曲録》卷二 《相國寺公孫汗衫記》、《漢高祖衣錦還鄉》、《薛仁貴衣錦還鄉》、《羅李郎大鬧相國寺》。右四種元張國賓撰。

藝文

明・賈仲明《凌波仙・補張國賓吊詞》 教坊總管喜時豐，斗米三錢大德中，飽食終日心無用。捻《漢高歌大風》；薛仁貴，衣錦崢嶸。七里灘頭辭主。《汗衫記》，孫認公，朝埜興隆。

紅字李二

論説

清・梁廷枏《曲話》卷一 娼夫撰曲，元人多有之。【略】紅字李二作《板踏兒》、《病楊雄》、《武松打虎》。

傳記

元・鍾嗣成《録鬼簿》卷上 紅字李二，京兆人，教坊劉耍和婿。

著録

元・鍾嗣成《録鬼簿》卷上 紅字李二：《病楊雄》、《板踏兒黑旋風》、《折擔兒武松打虎》。

明・朱權《太和正音譜・娼夫不入群英四人》 紅字李二：《黃糧夢》第四折、《板沓兒》、《病楊雄》、《武松打虎》。

清・姚燮《今樂考證・著録一・元雜劇》 紅字李二三種：《病楊雄》、《板踏兒黑旋風》、《折擔兒武松打虎》。

清・王國維《曲録》卷二 《折擔兒武松打虎》、《病揚雄》、《板踏兒黑旋風》。右三種，元紅字李二撰。

藝文

明・賈仲明《凌波仙・補紅字李二吊詞》 梁山泊，壯士病楊雄。板達兒，掐搜黑旋風。打虎的，英俊天生勇。窄袖兒，猛武松。是京兆紅字李二文風。才難盡，興未窮，再編一段，《全火兒張弘》。

花李郎

論説

清・李調元《雨村曲話・卷上》 花李郎曲，即娼夫詞也，句頗工煉。有《黃粱夢》云：幽窗下寒敲竹葉，前村外冷壓梅梢。撩亂野花低，微茫江樹杳。詠雪好句也。

清・梁廷枏《曲話》卷一　娼夫撰曲，元人多有之。【略】花李郎作《相府院釘一釘》。

傳記

元・鍾嗣成《録鬼簿》卷上　花李郎，劉耍和婿，或云張國賓作。

著録

元・鍾嗣成《録鬼簿》卷上　李郎《㨶懆判官釘一釘》、《莽張飛大鬧相府院》。

明・朱權《太和正音譜・娼夫不入群英四人》　花李郎：《釘一釘》、《相府院》、《黄粱夢》。

清・姚燮《今樂考證・著録一・元雜劇》　花李郎二種：《㨶懆判官釘一釘》、《莽張飛大鬧相府院》。

清・王國維《曲録》卷二　《莽張飛大鬧相府院》、《㨶懆判官釘一釘》、《勘吉平》。右三種，元花李郎撰。

藝文

明・賈仲明《凌波仙・補花李郎吊詞》　鄭孔目，《樂子酷寒亭》。相府院，曹公勘吉平。判官㨶懆《釘一釘》。劉耍和，贅爲婿卿。花李郎，風月才鈍。樂府詞章性，傳奇么末情。考興在，大德、元貞。

楊梓

傳記

元（延祐）《四明志》　副使，楊梓，中大夫。

明（嘉靖）《續澉水志》卷七　元楊梓，中大夫，浙東宣慰副使、僉都元帥府事，嘗鑄惲悦寺銅鐘，今二百餘年猶存，鎮一城風水。

明（天啟）《海鹽縣圖經》卷一二　梓，嘉議大夫，杭州路總管致仕，節俠風流，尤善音律，卒贈兩浙都轉運鹽使、上輕車都尉，追封弘農郡侯，謚康惠。

清（康熙）《嘉興府志》卷一六　海鹽州少年，善歌樂府，其傳皆出澉川楊氏。當惠康公存時，節俠風流，善音律，與吴林阿里海涯之子雲石交善。雲石翩翩公子，所製樂府散套，駿逸爲當行之冠，又歌聲高朗，可徹雲漢，而康惠獨得其傳。雜劇中有《豫讓吞炭》、《霍光鬼諫》、《敬德不伏老》，皆康惠自製以寓祖父之意，第去其著作姓耳。其子國材少中復興，與鮮于去矜交好，去矜亦擅長樂府，以故楊氏家童，無有不善南北歌調者，由州人多以能歌名浙右。

清（乾隆）《杭州府志》卷六二　總管楊梓，澉浦人。

著録

元・姚桐壽《樂郊私語》　《敬德不服老》、《霍光鬼諫》、《豫讓吞炭》。

明・朱權《太和正音譜・古今無名氏雜劇》　《豫讓吞炭》、《敬德不伏老》、《霍光鬼諫》。

清・王國維《曲録》卷二　《豫讓吞炭》、《霍光鬼諫》、《敬德不伏老》。右三種，元楊梓撰。

趙天錫 趙祐

論說

明・朱權《太和正音譜》卷上　趙天錫之詞，如秋水芙蓉。

清・姚燮《今樂考證・元劇總論》　趙天錫如秋水芙蓉。

傳記

元・鍾嗣成《録鬼簿》卷上　趙天錫，汴梁人。鎮江府判。

元（至順）《鎮江志》卷一　五字天錫，河南人。承直郎，至順元年七月二十七日至三年十月致仕。

著録

元・鍾嗣成《録鬼簿》卷上　趙天錫：《試湯餅何郎傅粉》、《賈愛卿金錢剪燭》。

明・朱權《太和正音譜・群英所編雜劇》　趙天錫：《金釵剪燭》、《何郎傅粉》。

清・姚燮《今樂考證・著録一・元雜劇》　趙天錫二種：《試湯餅何郎傅粉》、《賈愛卿金錢翦燭》。

清・王國維《曲録》卷二　《試湯餅何郎傅粉》、《賈愛卿金錢剪燭》。右二種，元趙天錫撰。

藝文

明・賈仲明《淩波仙・補趙天錫吊詞》　曹公湯餅試何郎，天德名公家汴梁，金釵剪燭音清亮。爲府判，任鎮江；出臺閣，官樣文章。顯新句，貯錦囊，金玉鏗鏘。

梁進之 梁退之

論說

明・朱權《太和正音譜》卷上　梁進之之詞，如花裏啼鶯。

清・姚燮《今樂考證・元劇總論》　梁進之如花裏啼鶯。

傳記

元・鍾嗣成《録鬼簿》卷上　梁進之，大都人。警巡院判，除縣尹，又除大興府判，次除知和州。與漢卿世交。

清（同治）《曆陽典録》卷一二　梁進之知和州。

清（光緒）《和州志・職官志》　梁進之至正知州，年份未詳。

著録

元・鍾嗣成《録鬼簿》卷上　梁進之：《趙光普進梅諫》、《東海郡于公高門》。

明・朱權《太和正音譜・群英所編雜劇》 梁進之：《進梅諫》（二本）、《于公高門》二本。

清・黃丕烈《也是園藏書・古今雜劇目録》 《趙光普進梅諫》。

清・姚燮《今樂考證・著録一・元雜劇》 梁進之二種：《趙光普進梅諫》、《東海郡于公高門》。

清・王國維《曲録》卷二 《東海郡于公高門》、《趙光普進梅諫》。右二種，元梁進之撰。

藝文

明・賈仲明《淩波仙・補梁進之吊詞》 警巡院職轉知州，關叟相親爲故友。行文高古尊韓、柳，詩宗李、杜流。填詞似蘇柳秦周。翠裘紅裏，搿羊糯酒，肥馬輕裘。

王伯成

論説

明・朱權《太和正音譜》卷上 王伯成之詞，如紅鶯戲波。

清・姚燮《今樂考證・元劇總論》 王伯成如紅鶯戲波。

傳記

元・鍾嗣成《録鬼簿》卷上 王伯成，涿州人。有《天寶遺事》諸宮調行於世。

著録

元・鍾嗣成《録鬼簿》卷上 王伯成：《張騫泛浮槎》、《李太白貶夜郎》。

明・朱權《太和正音譜・群英所編雜劇》 王伯成有《天寶遺事》行於世：《貶夜郎》、《張騫浮槎》。

清・黃文暘、佚名《重訂曲海總目》 《張騫浮槎》、《貶夜郎》。

清・姚燮《今樂考證・著録一・元雜劇》 王伯成二種：《張騫泛浮槎》、《李太白貶夜郎》。

清・王國維《曲録》卷二 《李太白貶夜郎》、《張騫泛浮槎》、《興劉滅項》。右三種，元王伯成撰。

藝文

明・賈仲明《淩波仙・補王伯成吊詞》 伯成涿鹿俊丰標，公末文詞善解嘲，《天寶遺事》諸宮調。世間無，天下少。貶夜郎，關目風騷。馬致遠，忘年友；張仁卿，莫逆交。超群類，一代英豪。

孫仲章 李仲章

論説

明・朱權《太和正音譜》卷上 孫仲章之詞，如秋風鐵笛。

清・姚燮《今樂考證・元劇總論》 孫仲章如秋風鐵笛。

傳記

元・鍾嗣成《録鬼簿》卷上 孫仲章，大都人。或云李仲章。

紀事

清・佚名《曲海總目提要》卷三《勘頭巾》 元孫仲章撰，記張鼎勘王小二冤獄。元曲中，河南府孔目張鼎勘事，凡兩見，必當時有名能吏也。按周制，庶人在官，與下士同禄。秦法棄儒重吏。漢初以文學掌故補卒史，而于定國丙吉衛青等，皆自吏起。蜀董欽爲府令史。晉有都令史奉朝請。隋有都事即後世所謂都孔目也。自隋以來，令史漸卑，不豫官品。唐有優叙，令史歲滿，授官流外，爲小選。後唐有流外銓後世所以稱令史爲外郎。宋初流外經十考，方得引對注擬。元歲貢吏試，諸路長佐，同儒學考試，習行移算術，字畫謹嚴，語言辨利。四書内通一經者爲中式，補充，再試貢解，必以儒吏兼通爲上。又職官才堪省掾令史者，亦用。並參用秀才進士，其著者，李思謙、謝文蔚、樊楫、謝讓、郭貫、夏思忠，以功名顯。劇中張鼎云，凡爲吏人非同容易，有八件事：一筆札，二算子，三文狀，四把法，五條劃，六書契，七抄寫，八行止。各必有所本，非捏造也。畧云：王小二者，開封府人。貧甚，富户劉平遠稍稍週之。一日，小二欲求見平遠，而門有卧犬。小二以磚擲犬，誤投缸，缸破。平遠妻見而怒詈。平遠出問，小二飾以爲犬傷，故擊犬。及衆驗小二身，無犬傷處，因而與平遠相詬。小二怒曰無人處且殺汝。平遠妻聞之，遽責小二輸狀，保平遠百日内無事。小二自知失口，輸狀而去。平遠妻與道士王知觀私通，久欲殺平遠。得小二狀，潛與知觀謀，令於城外無人處殺之，取其芝蔴羅頭巾、鋑銀環子爲信。平遠出城收債，醉歸，果被殺。妻執小二券，告小二殺其夫。官聽令史言，嚴拷小二，誣服而無據，案不得結。有郵夫賣草於獄吏，向獄吏索錢。獄吏賺使入獄結草苫。會令史以不得平遠芝蔴羅頭巾及鋑銀環，就獄中呼小二拷之。小二謬云，在城外瘸劉家菜園裏井口旁邊石板底下。令史遂出，賣草者亦出。值知觀在獄旁探聽，誘賣草者盡得其語，即馳去。及令史遣役往小二所供處取巾環，果得之。遇一道士，有忽遽色而不知其故。小二將就戮，孔目張鼎微聞其冤，質之該管趙令史，索文卷及贓仗頭巾驗視，心甚疑，請於官，官令覆問。鼎疑此案已經半年，而在井邊所獲頭巾無泥滓，環不生澁，皆如新也。入獄問小二，小二稱冤，且告以屈供，實不知其果在此也。鼎問供時何人共聞，取巾時何人共見，皆云無有。時鼎又以獄中廳事失修旁責獄吏不買草苫蓋，吏乃猛憶小二供時，有郵夫賣草者與聞也。覓得郵夫，徐誘其追憶前事，始知是日曾遇道士與語，而取巾之人亦言遇一道士。鼎輒勾平遠妻至，而以賣草者加道裝蒙其面，指謂平遠妻曰奸夫已供，汝諱無益，於是盡得其姓名實蹟。收知觀伏誅，剮平遠妻，而釋王小二云。

著録

元・鍾嗣成《録鬼簿》卷上 孫仲章：《卓文君白頭吟》、《金章宗斷遺留文書》。

明・朱權《太和正音譜・群英所編雜劇》 孫仲章：《遺留文書》、《白頭吟》。

又《古今無名氏雜劇》《張鼎勘頭巾》。

明・晁瑮《寶文堂書目》卷中 《開封府張鼎勘頭巾》。

清・黄文暘、佚名《重訂曲海總目》《勘頭巾》。

清・黄丕烈《也是園藏書・古今雜劇目録》《南河府張鼎勘頭巾》。

清・梁廷枏《曲話》卷一 《勘頭巾》。

清・支豐宜《曲目新編》《勘頭巾》。

清・姚燮《今樂考證・著録一・元雜劇》 孫仲章三種：《卓文君白頭吟》、《金章宗斷留遺文書》、《張鼎勘頭巾》。

清・王國維《曲録》卷二 《金章宗斷遺留文書》、《卓文君白頭吟》、《河南府張鼎勘頭巾》。右三種，孫仲章撰。

趙明道 趙名遠 趙明遠

論說

明・朱權《太和正音譜》卷上 趙明遠之詞，如太華晴雲。

清・姚燮《今樂考證・元劇總論》 趙明遠如太華晴雲。

傳記

元・鍾嗣成《録鬼簿》卷上 趙明道，大都人。

著録

元・鍾嗣成《録鬼簿》卷上 趙明道：《陶朱公范蠡歸湖》、《韓湘子三赴牡丹亭》。

明・朱權《太和正音譜・群英所編雜劇》 趙明遠：《韓湘子》、《范蠡歸湖》。

清・黄丕烈《也是園藏古今雜劇目録・待訪古今雜劇存目》《韓退之雪擁藍關記》。

清・姚燮《今樂考證・著録一・元雜劇》 趙明道三種：《陶朱公范蠡歸湖》、《韓湘子三赴牡丹亭》。

清・王國維《曲録》卷二 《韓湘子三赴牡丹亭》、《陶朱公范蠡歸湖》。右二種，元趙明道撰。

藝文

明・賈仲明《凌波仙・補趙明道吊詞》 鍾公《鬼簿》應清朝，《范蠡歸湖》手段高。元貞年裏，昇平樂章歌汝曹。喜豐登，雨順風調。茶坊中嗑，勾肆裏嘲：明明德，道泰謌謡。

趙公輔

論說

明・朱權《太和正音譜》卷上 趙公輔之詞，如空山清嘯。

清・姚燮《今樂考證・元劇總論》 趙公輔如空山清嘯。

傳記

元・鍾嗣成《録鬼簿》卷上 趙公輔，平陽人。儒學提舉。

著録

元・鍾嗣成《録鬼簿》卷上 趙公輔：《晉謝安東山高卧》、《棲鳳堂倩女離魂》。

明・朱權《太和正音譜・群英所編雜劇》 趙公輔：《倩女離魂》二本、《東山高卧》二本。

清・姚燮《今樂考證・著録一・元雜劇》 趙公輔二種：《晉謝安東山高臥》、《棲鳳堂倩女離魂》。

清・王國維《曲録》卷二 《晉謝安東山高臥》、《棲鳳堂倩女離魂》。右二種，元趙公輔撰。

藝文

明・賈仲明《淩波仙・補趙公輔吊詞》 儒學提舉任平陽，公輔先生天水郎，元貞、大德乾元象。宏文開，寰世廣，闌玉京，燕、趙壇場。尋新句，摘舊章，按譜依腔。

李子中

論説

明・朱權《太和正音譜》卷上 李子中之詞，如清廟朱瑟。

清・姚燮《今樂考證・元劇總論》 李子中如清廟朱瑟。

傳記

元・鍾嗣成《録鬼簿》卷上 李子中，大都人。知事除縣尹。

著録

元・鍾嗣成《録鬼簿》卷上 李子中：《崔子弑齊君》、《賈充宅韓壽偷香》。

明・朱權《太和正音譜・群英所編雜劇》 李子中：《韓壽偷香》、《崔子弑齊君》。

明・晁瑮《寶文堂書目》卷中 《韓壽竊香記》。

清・黄文暘、佚名《重訂曲海總目》 《范蠡歸五湖》、《崔子弑齊君》。

清・姚燮《今樂考證・著録一・元雜劇》 李子中二種：《崔子弑齊君》、《賈充宅韓壽偷香》。

清・王國維《曲録》卷二 《賈充宅韓壽偷香》、《崔子弑齊君》。右二種，元李子中撰。

藝文

明・賈仲明《淩波仙・補李子中吊詞》 先除知事顯其才，後轉郎官爲縣宰，鍾君《鬼簿》清名載。播文風，流四海，承盛貴，洗蕩唫□。三場藝，七步才，音律和諧。

李取進 李進取

論説

明・朱權《太和正音譜》卷上 李取進之詞，如壯士舞劍。

清・姚燮《今樂考證・元劇總論》　李取進如壯士舞劍。

傳記

元・鍾嗣成《録鬼簿》卷上　李取進，大名人。官醫大夫。

著録

元・鍾嗣成《録鬼簿》卷上　李進取《窮解子破傘雨》、《神龍殿欒巴噀酒》、《司馬昭復奪受禪臺》。

明・朱權《太和正音譜・群英所編雜劇》　李取進：《欒巴噀酒》、《窮解子破雨傘》、《復奪受禪臺》二本。

清・黄丕烈《也是園藏古今雜劇目録・待訪古今雜劇存目》　《神龍殿欒巴噀酒》。

清・姚燮《今樂考證・著録一・元雜劇》　李進取三種：《窮解子破傘雨》、《神龍殿欒巴噀酒》、《司馬昭復奪受禪堂》。

清・王國維《曲録》卷二　《神龍殿欒巴噀酒》、《窮解子破雨傘》、《司馬昭復奪受禪臺》。右三種元李進取撰。

藝文

明・賈仲明《淩波仙・補李取進吊詞》　《難經》、《素問》不相干，表裏陰陽賓意懶，叔和、仲景無心翰。捻《欒巴》、《破雨傘》。稱涼風，不顧傷寒。鍾父留芳簿，老夫詞吊挽。著大名，散滿人間。

岳伯川

論説

明・朱權《太和正音譜》卷上　岳伯川之詞，如雲林樵響。

清・梁廷枏《曲話》卷二　其第四折，必於省悟之後，作列仙出場，現身指點，因將群仙名籍，數説一過，此岳伯川之《鐵拐李》、范子安之《竹葉舟》諸劇皆然，非獨《岳陽樓》、《城南柳》兩種也。

清・姚燮《今樂考證・元劇總論》　岳伯川如雪林樵響。

傳記

元・鍾嗣成《録鬼簿》卷上　岳伯川，濟南人。或云鎮江人。

紀事

清・佚名《曲海總目提要》卷三《鐵拐李》　元岳伯川撰，標曰吕洞賓度鐵拐李岳。按鐵拐李事，本無確據，未審果是岳壽否。伯川姓岳，或其宗人事，或借以自喻，俱未可定。畧云：岳壽，鄭州奉寧人，妻李氏，子福童。壽爲本州都孔目，有幹辦才，然怙勢刁惡，有大鵬金翅之號。吕洞賓見其夙具仙緣，恐迷本性，化顛道人詣門忽啼忽笑，呼其子曰無父兒，呼其妻曰寡婦。岳歸，妻子以告，欲擒吕。吕以言警岳云：採訪韓魏公將抵任，汝污吏必當被戮。岳益怒，縛於梁。適韓巡鄭州，私行過岳，放吕去。岳之隸張千向韓索錢，韓於懷中露金字牌示之。張知即韓，告於岳，岳遂驚悸成疾。及韓抵任，察岳所行案卷無分毫過差，以爲能吏。聞其病，令吏孫福賜藥餌以慰之，令病痊辦事。而岳已不起矣，妻李氏殮而焚之，訓子守節。韓爲書額褒美。而岳以生前罪多，遊地府，將入油鑊。吕乃現身云：爾省悟否。岳覘之，即瘋道人，知必神仙，求其化度。吕爲語冥官，使復還陽。冥官以其屋舍已毁，有屠户李氏子歿三日，氣尚温，可借以還魂，但粗陋瘸跛耳。吕屬岳云：復到人間，勿戀酒色財氣、貪嗔癡愛，雙名李岳，道號鐵拐。李子果復甦，自悟非前身，紿其妻收魄於城隍廟，遂歸岳家，見妻子述返魂事。屠謂岳家誤認其子，訴於韓琦。琦細鞫，果係岳借軀，兩家猶争不已，吕至云：毋相争，予即洞賓也。彼有仙緣，當度，令其返陽入道耳。遂偕鐵拐去，後成上仙。至今其象跛足持拐，甚陋云。

著録

元·鍾嗣成《録鬼簿》卷上　岳伯川：《羅光遠夢斷楊貴妃》、《吕洞賓度鐵拐李岳》。

明·朱權《太和正音譜·群英所編雜劇》　岳伯川：《鐵拐李嶽》、《夢斷楊貴妃》。

明·晁瑮《寶文堂書目》卷中　《鐵拐李》。

清·黄文暘、佚名《重訂曲海總目》　《鐵拐李樂》。

清·黄丕烈《也是園藏古今雜劇目録·待訪古今雜劇存目》　《鐵拐李借屍還魂》。

清·梁廷枏《曲話》卷一　《鐵拐李嶽》。

清·支豐宜《曲目新編》　《鐵拐李嶽》。

清·姚燮《今樂考證·著録一·元雜劇》　岳伯川二種：《羅光遠夢斷楊貴妃》、《吕洞賓度鐵拐李岳》。

清（嘉慶）《丹徒縣誌》卷三二　《羅光遠夢斷楊貴妃》、《吕洞賓度鐵拐李》傳奇二種。

清·王國維《曲録》卷二　《羅光遠夢斷楊貴妃》、《吕洞賓度鐵拐李岳》。右二種，元岳伯川撰。

藝文

明·賈仲明《淩波仙·補岳伯川吊詞》　老父共汝不相知，《鬼簿》鍾公編上伊。度《鐵拐李岳》新雜劇，更《夢斷楊貴妃》。□玉京，燕、趙名馳。言詞俊，曲調美，衰草烟迷。

康進之

傳記

元·鍾嗣成《録鬼簿》卷上　康進之，棣州人。一云陳進之。

紀事

清·佚名《曲海總目提要》卷三《杏花莊》　元康進之撰。事見《水滸傳》，姓名微有不同。《古今群英樂府》稱進之曲如花裏啼鶯。畧云：酒家王林，有女滿堂嬌，住杏花莊，與梁山相近。林素聞宋江名，所部頭領多至其家飲。有宋剛、魯智恩者，冒稱宋江、魯智深，林本不識江，敬禮之并出女勸酒。剛解紅絹褡與女，旋掠之而去。據《水滸傳》，荆門鎮劉太公女，爲草賊王江、董海冒稱宋江名奪去。地名姓氏互異，亦不言女名滿堂嬌。時值清明，江令所部頭領皆下山祭掃，限三日回寨。李逵下山，過林家買酒，見林狀悲苦，詰之，林告以宋江奪女事。逵怒甚，許林索女還。持斧奔人寨，斫倒杏黄旗，欲殺江及智深。江不知所以，令吴用詳問，始得其故。江謂實無此事，逵不信，以紅絹褡爲據，必欲殺江。于是江令立軍狀與逵賭，同智深及逵至林家辨事之真僞。真則江願自盡，僞則取逵頭。及問林，林曰非是。江歸，逵慚懼，負荆請罪。吴用等皆爲之請，江令逵擒得假江深即不問。時王林既知劫其女者爲假宋江，方念逵恩，恐見其殺，值假宋江又至，林乃潛通知寨中。逵至擒剛及恩，獲其女還林。江乃設席刳剛、恩，賞逵功云。

著録

元·鍾嗣成《録鬼簿》卷上　康進之：《黑旋風老收心》、《梁山泊黑旋風負荆》。

明·朱權《太和正音譜·群英所編雜劇》　康進之：《黑旋風負荆》、《黑旋風老收心》。

清·黄文暘、佚名《重訂曲海總目》　《李逵負荆》。

清·黄丕烈《也是園藏古今雜劇目録·待訪古今雜劇存目》　《梁山泊黑旋風負荆》。

清·梁廷枏《曲話》卷一　《李逵負荆》。

清·支豐宜《曲目新編》　《李逵負荆》。

清·姚燮《今樂考證·著録一·元雜劇》　康進之二種：《黑旋風老收心》、《梁山泊黑旋風負荆》。

清·王國維《曲録》卷二　《梁山泊黑旋風負荆》、《黑旋風老收心》。

藝文

明·賈仲明《淩波仙·補康進之吊詞》　編集《鬼簿》治安時，收得賢人康進之，偕朋攜友鶯花市。編《老收心》李黑廝，負荆是，小斧頭兒。行於世，寫上紙，費騷人，和曲填詞。

顧仲清

論説

明·朱權《太和正音譜》卷上　顧仲卿之詞，如鵰鶚沖霄。

清·姚燮《今樂考證·元劇總論》　顧仲清如雕鶻沖霄。

傳記

元·鍾嗣成《録鬼簿》卷上　顧仲清，東平人。清泉場司令。

著録

元·鍾嗣成《録鬼簿》卷上　顧仲清：《陵母伏劍》、《滎陽城火燒紀信》。

明·朱權《太和正音譜·群英所編雜劇》　顧仲卿：《火燒紀信》、《陵母伏劍》。

清·姚燮《今樂考證·著録一·元雜劇》　顧仲清二種：《陵母伏劍》、《滎陽城火燒紀信》。

清·王國維《曲録》卷二　《滎陽城火燒紀信》、《陵母伏劍》。

藝　文

明・賈仲明《淩波仙・補顧仲清吊詞》　唐、虞之世慶元貞，高士東平顧仲清，泉場掌印爲司令。見傳奇，舉世行，向雨牕，托興怡情。撰《陵母伏劍》，編《紀信火蒸》。府州縣按，按試流名。

石子章

論　説

明・朱權《太和正音譜》卷上　石子章之詞，如蓬萊瑶草。

清・姚燮《今樂考證・元劇總論》　石子章如清風爽籟。

傳　記

元・鍾嗣成《録鬼簿》卷上　石子章，大都人。

紀　事

清・佚名《曲海總目提要》卷二《竹塢聽琴》　元石子章撰，演秦翛然月下聽琴遇鄭彩鸞事，無所考證。尼庵相偶，蓋《玉簪記》所本，梁公弼誑翛然以私彩鸞爲魅，則又與《紅梨》相似。鄭禮部女彩鸞美才色，通音律。其父與工部尚書秦恩遠子翛然指腹訂婚，皆失怙恃，不通音問。鄭州尹梁公弼，翛然父執也，值土寇擾，與妻鄭氏相失於途中。在鄭州尼庵爲道姑。彩鸞年長獨居，慮有强梁，乃令僕供薪水，而投鄭爲弟子，隱於別墅之竹塢草庵。翛然無所倚，往投公弼，遇之甚厚。適踏青野外，暮不及歸，詣竹塢草庵借宿。聞撫琴聲甚淒惋，叩之，鸞啟扉邀入，詢其姓氏，知即翛然也。各述顛沛始末，不能定情，遂與狎昵。嗣後晝則讀書署中，暮則棲於竹塢。梁頗覺之，慮其廢業，囑乳媪謂曰是庵有女祟，嘗迷少年者，已斃數人矣。翛然懼，辭梁欲赴試，遂贈資斧送詣京師。而迎鸞訊家世，知爲宦家女，即翛然幼所訂婚者，且不與明言。居白雲觀，會翛然擢大魁，奏梁教育恩，請歸覲。詔即授鄭州通判，以省視。及至，梁與同飲白雲觀，令鸞出見。翛然驚以爲魅，梁始明告之，使諧伉儷。初梁失妻，徧訪不得踪跡。至是老尼聞鸞還俗，往視之。梁一見大駭，喜不自勝，迎歸於署。

著　録

元・鍾嗣成《録鬼簿》卷上　石子章：《秦翛然竹塢聽琴》、《黄貴娘秋夜竹窗雨》。

明・朱權《太和正音譜・群英所編雜劇》　石子章：《竹窗雨》、《竹塢聽琴》。

清・黄文暘、佚名《重訂曲海總目》　《竹塢聽琴》。

清・黄丕烈《也是園藏書・古今雜劇目録》　《秦翛然竹塢聽琴》。

又《也是園藏古今雜劇目録・待訪古今雜劇存目》　《黄桂娘秋夜竹牕雨》、《秦翛然竹塢聽琴》。

清・梁廷枏《曲話》卷一　《竹塢聽琴》。

清・支豐宜《曲目新編》　《竹塢聽琴》。

清・姚燮《今樂考證・著録一・元雜劇》　石子章二種：《秦翛然竹塢聽琴》、《黄貴孃秋夜竹窗雨》。

清・王國維《曲録》卷二　《黄貴娘秋夜竹窗雨》、《秦翛然竹塢聽琴》。右二種，元石子章撰。

藝文

明·賈仲明《淩波仙·補石子章吊詞》 子章橫槊戰詞林，尊酒論文喜賞音。疎狂放浪無拘禁，展腹施錦心。《竹窗雨》、《竹塢聽琴》。高山遠，水流深，戛玉鏘金。

侯克中

論説

元·袁桷《大易通義·序》 郡侯郭文卿示《易通義》一帙，曰：此真定侯先生所述也。先生幼喪明，聆群兒誦書，不終日能悉記其所授。稍長，習詞章，自謂不學可造詣。既而悔曰：吾明於心，刊華食實，莫首於理，理以載道，原《易》以求則爲得之。於是精意讀《易》，旁通曲會，參以己説，而名之曰《通義》。【略】君思深而識幽，據會提要，蓋將爲程子之忠臣，仿文公以入夫邵子之室，非潛心尊聞者不能也。今年愈九十，康色未艾。先生名克中，字正卿。

清·紀昀《四庫全書總目》卷一六七 《艮齋詩集》十四卷，【略】其詩頗近《擊壤》一派，多涉理路，而抒情賦景之作，亦時有足資諷咏者。昔唐汝詢幼而失明，艮而能詩，《姑蔑》一集，明人詫爲古所未有，而不知克中已在前，是亦足爲是集稀傳之證。又汝詢能註《唐詩解》，而克中乃至能詁經，是所學又在汝詢上矣。

傳記

元·鍾嗣成《録鬼簿》卷上 侯克中，真定人。號艮齋先生。

紀事

明·葉子奇《草木子》卷四 鞓韃啞御史，春日與一瞽者并馬出遊晉陽，因戲贈以詩：就鞍和袖挽絲繮，也逐王孫出晉陽。人笑但聞詩景物，風來應解審笙簧。馬蹄響處無芳草，鶯舌調時有緑楊。休道不知春色好，東風桃李一般香。此作不待吟諷，而知其爲瞽者之詩也。

清·紀昀《四庫全書總目》卷一六七 幼喪明，聆群兒誦書，不終日能悉記其所授。稍長，習詞章，自謂不學可造詣。既而悔之，以爲刊華食實，莫首于理，原《易》以求，乃爲得之。於是精意讀《易》，著書名《大易通義》，年至九十餘而卒。

清·佚名《曲海總目提要》卷二《關盼盼》 元侯克中撰。明人又改換增添以成全本。克中，真定人。自號艮齋先生。標曰關盼盼春風燕子樓，所記即盼盼本事也。按：《燕子樓》，明竹林逸士撰，今佚。又南戲亦有《燕子樓》，今殘存二曲 宋王惲《燕子樓傳》云：白樂天有《和燕子樓詩》，其序云：徐州張尚書有愛妓盼盼，善歌舞，雅多風態。予爲校書郎時，遊淮泗間，張尚書宴予，酒酣，出盼盼佐飲。予因贈詩，落句云：醉嬌勝不得，風裊牡丹花。一歡而去。爾後絶不復知，兹一紀矣。昨日司勳員外郎張仲素繪之訪余，因吟詩，有《燕子樓詩》三首，辭甚婉麗。詰其由，乃盼盼所作也。繪之從事武寧累年，頗知盼盼始末，云張尚書既殁，彭城有張氏舊第，中有小樓，名燕子，盼盼念舊愛而不嫁，居是樓十餘年，於今尚在。盼詩有云：樓上殘燈伴曉霜，夜眠人起合歡床。相思一夜知多少，地角天涯不是長。又云：北邙松柏鎖愁烟，燕子樓中思悄然。自埋劍履歌塵散，紅袖香銷二十年。又云：適看鴻雁岳陽回，又睹元禽逼社來。瑤瑟玉簫無意緒，任從蛛網任從灰。余嘗愛其新作，乃和之云：滿窗明月滿簾霜，被冷燈殘拂卧床。燕子樓中寒月夜，秋來祇爲一人長。又云：鈿帶羅衫色似烟，幾回欲起即潸然。自從不舞霓裳曲，疊在空箱二十年。又云：今春有客洛陽回，曾到尚書墓上來。見説白楊堪作柱，爭教紅粉不成灰。又贈以絶句云：黄金不惜買蛾眉，揀得如花四五枝。歌舞教成心力盡，一朝身去不相隨。後仲素以余詩示盼盼，乃反覆讀之，泣曰：自公薨背，妾非不能死，恐百載之後，人以我公重色，有從死之妾，是玷我公清範也，所以偷生耳。乃和白公詩曰：自守空樓斂恨眉，形同春後牡丹枝。舍人不會人深意，訝道泉臺不相隨。盼盼得詩後，往往旬日不食而卒。但吟詩云：兒童不識冲天物，漫把青泥污雪毫。

著録

元・鍾嗣成《録鬼簿》卷上　侯克中：《關盼盼春風燕子樓》。

明・朱權《太和正音譜・群英所編雜劇》　侯正卿：《燕子樓》。

清・黄文暘、佚名《重訂曲海總目》《燕子樓》。

清・姚燮《今樂考證・著録一・元雜劇》　侯克中一種：《關盼盼春風燕子樓》。

清・紀昀《四庫全書總目》卷一六七　《艮齋詩集》十四卷，【略】元侯克中撰。【略】著書名《大易通義》，【略】今《通義》已不傳，而袁桷所作序尚見《清容居士集》中，可略見克中本末。此乃所作詩集，猶元時舊刻，卷首有毛晉私印，蓋汲古閣所藏。中間律體最夥。

清・王國維《曲録》卷二　《關盼盼春風燕子樓》。元侯克中撰。

藝文

明・賈仲明《淩波仙・補侯克中吊詞》　史侯心友艮先生，詩酒相酬老正卿。挽絲韁，味裏〔和袖〕雕鞍凭，隨王孫、並馬行。《燕子樓》，么末全贏，黄鍾令、商調情，千載標名。

史樟

史九散人　史九散仙　史九敬先

傳記

元・鍾嗣成《録鬼簿》卷上　史九散人，真定人。武昌萬户。

清（乾隆）《永清縣志》　樟，真定順天新軍萬户。

著録

元・鍾嗣成《録鬼簿》卷上　史九散人：《花間四友莊周夢》。

明・朱權《太和正音譜・群英所編雜劇》　史九敬先：《莊周夢》。

明・晁瑮《寶文堂書目》卷中　《莊周夢蝴蝶》。

清・黄丕烈《也是園藏書・古今雜劇目録》《老莊周一枕蝴蝶夢》。

清・姚燮《今樂考證・著録一・元雜劇》　史九散人一種：《花間四友莊周夢》。

清・王國維《曲録》卷二　《花間四友莊周夢》。元史九敬先撰。

藝文

明・賈仲明《淩波仙・補史九散仙吊詞》　武昌萬户散仙公，閫國元勛廕祖宗。雙虎符，三顆明珠重。受金吾，元帥封。碧油幢，和氣春風。編《蝴蝶莊周夢》，上麒麟圖畫中，千古英雄。

孟漢卿

傳記

元・鍾嗣成《録鬼簿》卷上　孟漢卿，亳州人。

紀事

清・佚名《曲海總目提要》卷二《魔合羅》　元孟漢卿撰。元人百種中，如合同文字，救孝子、勘頭巾、灰闌記、後庭花、神奴兒、生金閣及此劇等皆記賢能官吏判決疑獄事，事雖未必皆實，而其鈎距得情伸洩枉濫處，有關吏治，不同苟作。　考歲時紀異：七夕俗以蠟作嬰兒形，浮水中以爲戲，爲婦人宜男之祥，謂之化生，本出西域，謂之摩睺羅。今曰魔合羅，蓋流俗相沿，音訛字謬也。又《夢華録》云：七月七夕，京師賣小塑土偶，悉以雕木彩裝欄座，或用紅碧紗籠，或飾金珠牙翠，有一對直數千者，禁中及貴家與士庶爲時物，按此皆摩睺羅之踵事增華者。今虎丘山塘店中，不倒翁泥美人之類，皆其遺也。又考七夕故事，乞巧樓前鋪陳磨喝樂。磨喝樂本出内典，後人訛作摩侯羅，魔合又摩侯之訛也。　略云：河南府録事司醋務巷人曰李彦實，子文道，姪德昌，德昌妻劉玉娘子佛留。文道爲醫，德昌爲賈，同巷分居。文道開藥舖，德昌開線舖。文道無行，數過德昌家，戲其嫂，玉娘叱之。德昌賈南昌，文道復至德昌家。玉娘呼彦實至，責文道，文道懷憾。德昌獲利回，冒雨受寒病於城外五道將軍廟。時當七夕，有賣魔合羅者高山入廟避雨，德昌告以居址，囑其通信於妻。高山入城，至文道藥舖中問路。文道紿其走枉道，而懷毒藥先馳至廟，毒殺其兄，劫其貲以歸。及高山繞城問至德昌家，則即藥舖之對門也。達信，復以魔合羅一遺佛留而去。玉娘至廟，德昌已垂絶，扶至家，七竅流血死。文道乘機勒其嫂爲婦，玉娘不從，遂誣其因奸殺夫。官吏皆受賄嚴拷，玉娘誣服。越一年，新官至，將就戮。孔目張鼎疑其冤，請卷閲之。卷云：供狀人劉玉娘，有夫李德昌，將銀十錠，從南昌買賣，回至五道將軍廟中染病，而此銀無着落，一疑也；又云，有不知姓名男子，前來寄信，而此人並未到官質審，二疑也；又云，玉娘慌速到廟，扶策到家，入門氣絶，七竅流血，報知小叔李文道，小叔説玉娘與奸夫同謀，而奸夫無名，並未到官，三疑也；合毒藥藥殺丈夫，而毒藥何從而來，何人所合，皆未明供，四疑也。遂與令史力争，而請新官復審。官即委鼎三日内定虚實。鼎出玉娘于獄，首詢以報信之人形狀，作何生理，玉娘始追憶爲賣魔合羅者，而所遺佛留魔合羅尚存。取驗之，上有姓名曰高山製，乃收高山，詰以報信之日，尚有何人見聞。山供先至藥店，遇一人紿以繞道，乃收藥店人至，則即德昌之弟文道也。鼎使人賺以文道已供，文道不承，時文道之父彦實年已八十，老憒。鞠彦實不能隱，拘至官，一一證之。文道伏誅，玉娘之冤得白。

著録

元・鍾嗣成《録鬼簿》卷上　孟漢卿：《張鼎智勘魔合羅》。

明・朱權《太和正音譜・群英所編雜劇》　孟漢卿：《魔合羅》。

明・晁瑮《寶文堂書目》卷中　《張鼎智勘魔合羅》。

清・黄丕烈《也是園藏書・古今雜劇目録》　《張孔目智勘魔合羅》。

清・梁廷枏《曲話》卷一　《魔合羅》。

清・支豐宜《曲目新編》　《魔合羅》。

清・姚燮《今樂考證・著録一・元雜劇》　孟漢卿一種：《張鼎智勘魔合羅》。

清・王國維《曲録》卷二　《張鼎智勘魔合羅》。元孟漢卿撰。

藝文

明·賈仲明《淩波仙·補孟漢卿吊詞》 己齋老叟播聲名，表字相同亦漢卿。《魔合羅》，一段題張鼎，運節意脈精。有黄鍾，商調新聲。誼燕、趙，響玉音，廣做多行。

李寬甫

傳記

元·鍾嗣成《録鬼簿》卷上 李寬甫，大都人。刑部令史。除廬州合淝縣尹。

紀事

清·佚名《曲海總目提要》卷二《問牛喘》 元李寬甫撰。寬甫，大都人，刑部令史，除廬州合肥縣尹。《漢書》：丙吉出，逢群鬭者，死傷横道，吉過之不問。前逢人逐牛，牛喘吐舌，使騎問逐牛行幾里矣。掾吏謂前後失問，吉曰：民鬥傷，京兆尹職當禁捕，宰相不斷小事，非當於道路問也。方春牛喘，此時氣節恐有所傷，三公典調陰陽職當憂，是以問之。掾吏乃服，以吉爲知大體。

著録

元·鍾嗣成《録鬼簿》卷上 李寬甫：《漢丞相丙吉問牛喘》。

明·朱權《太和正音譜·群英所編雜劇》 李寬甫：《問牛喘》

清·姚燮《今樂考證·著録一·元雜劇》 李寬甫一種。《漢丞相丙吉問牛喘》。

藝文

清·王國維《曲録》卷二 《漢丞相丙吉問牛喘》。元李寬甫撰。

明·賈仲明《淩波仙·補李寬甫吊詞》 西煮令史合肥官，局量胸襟懷抱寬，銀鞭紫馬驛蜚□。宴秦樓，宿謝館。肉屏風，錦簇花攢。金叵一醉，醉斟瓊釀。青定甌，茶烹鳳團。紅繞羊，碼碯犀盤。

李潛夫

李行道　李行甫

傳記

元·鍾嗣成《録鬼簿》卷上 李行甫，絳州人。

紀事

清·佚名《曲海總目提要》卷二《灰闌記》 元李行道撰。亦龍圖公案之一，其事有無不可考，決疑斷獄，頗得情理，足爲吏治之助。略云：鄭州張海棠者，本良家女，家貧，迫於母爲妓。兄林憤其敗壞門風，痛詈之，去家爲商。海棠與富翁馬均卿厚，委身爲妾，生一子。均卿正妻與趙令史奸，欲謀殺其夫而嫁趙，并占均卿家業。購毒藥藏之，未得其便。適海棠兄張林落魄而歸，投妹求貸，海棠念前憾不與。均卿妻説海棠，使盡脱其衣飾，僞爲己物，以畀張林，而譖海棠於均卿，謂其以衣飾與奸夫。均卿怒詞海棠，林已去，無從置辨。妻又佯令海棠作湯，而已陰投藥湯中，飲其夫，立斃。乃以殺夫嬍海棠，欲取海棠子爲己子，留子而去則已，否則聲其事於官。海棠自念無罪，又不忍離其子，遂偕至官。妻與令史合謀，賄囑鄰里及收生嫗，皆以海棠子爲妻所出。官亦以海棠本青樓，其因奸殺夫，事無可疑，煅煉成獄。牘上開封府，府尹包拯疑之，提海棠及其子親質。妻又令趙令史賄囑解子，於中途殺海棠以滅口。海棠適與兄林遇，悉其冤，與俱行，得至府。拯詳鞫之，均卿子幼，妻妾皆以爲己出，莫能辨。拯乃命取石灰於階下畫一欄，置兒中間，使兩婦互拽之，拽出者即其子。妻屢拽屢出，海棠屢拽不能出。蓋欄與兒隔遠，重拽之，則傷兒；輕拽之，則不得出。海棠惟恐傷其子，故不得出；妻惟恐兒不出而不顧其傷也。既得其情，乃鞫妻。妻供趙令史，遂并收令史。又得張林爲證，并解役皆伏辜。海棠冤始白，母子重合，獲保其家。

著　録

元・鍾嗣成《録鬼簿》卷上　李行甫：《包待制智賺灰欄記》。

明・朱權《太和正音譜・群英所編雜劇》　李行道：《灰蘭記》。

清・黄文暘、佚名《重訂曲海總目》《灰欄記》。

清・梁廷枏《曲話》卷一　《灰闌記》。

清・支豐宜《曲目新編》《灰闌記》。

清・姚燮《今樂考證・著録一・元雜劇》　李行甫一種：《包待制智賺灰欄記》。

清・王國維《曲録》卷二　《包待制智賺灰闌記》。元李行道撰。

藝　文

明・賈仲明《淩波仙・補李潛夫吊詞》　絳州高隱李公潛，養素讀書門鎮掩，青山緑水白雲占。净紅塵，無半點。纖小書樓插牙籤，研架珠露《周易》點。甜淡虀鹽。

費君祥　黄君祥

傳　記

元・鍾嗣成《録鬼簿》卷上　費君祥大都人。唐臣父。與漢卿交。有《愛女論》行於世。

著　録

元・鍾嗣成《録鬼簿》卷上　費君祥：《才子佳人菊花會》。

明・朱權《太和正音譜・群英所編雜劇》　費君祥：《菊花會》。

清・姚燮《今樂考證・著録一・元雜劇》　費君祥一種：《才子佳人菊花會》。

清・王國維《曲録》卷二　《才子佳人菊花會》。元費君祥撰。

藝文

明・賈仲明《淩波仙・補費君祥吊詞》 君祥前輩倣圖南，關已相從看老耽，將楚雲湘雨親把勘。《愛女論》，語句嚴。《菊花會》，大石調監咸。珊瑚檐，翡翠監，風月輕擔。

汪澤民 江澤民

傳記

元・鍾嗣成《録鬼簿》卷上 汪澤民，真定人。

著録

元・鍾嗣成《録鬼簿》卷上 汪澤民：《糊突包待制》。

明・朱權《太和正音譜・群英所編雜劇》 汪澤民：《糊突包待制》。

清・姚燮《今樂考證・著録一・元雜劇》 江澤民一種：《糊突包待制》。

清・王國維《曲録》卷二 《糊突包待制》。元江澤民撰。

藝文

明・賈仲明《淩波仙・補汪澤民吊詞》 汪公德潤字澤民，趙燕北南真定人，盛耆人物多才俊。編《糊□》包正臣。上《鬼簿》，可羨鍾君。生前姓，死後身，名不沉淪。

陳寧甫 陳定甫

傳記

元・鍾嗣成《録鬼簿》卷上 陳寧甫，大名人。

著録

元・鍾嗣成《録鬼簿》卷上 陳寧甫：《風月兩無功》。

明・朱權《太和正音譜・群英所編雜劇》 陳定甫：《兩無功》。

清・黄丕烈《也是園藏古今雜劇目録・待訪古今雜劇存目》 《風月兩無功》。

清・姚燮《今樂考證・著録一・元雜劇》 陳寧甫一種：《風月兩無功》。

清・王國維《曲録》卷二 《風月兩無功》。元陳寧夫撰。

藝文

明・賈仲明《淩波仙・補陳寧甫吊詞》 先生寧甫老前賢，名著將來二百年。《兩無功》，錦綉風流傳。關目奇，曲調鮮。自按闔，天下皆傳。嗟衰骨，嘆埜園，故塚高原。

陸顯之

傳記

元・鍾嗣成《録鬼簿》卷上　陸顯之，汴梁人。有《好兒趙正》話本。

著録

元・鍾嗣成《録鬼簿》卷上　陸顯之：《宋上皇碎冬凌》。

明・朱權《太和正音譜・群英所編雜劇》　陸顯之：《宋上皇碎冬淩》。

清・姚燮《今樂考證・著録一・元雜劇》　陸顯之一種：《宋上皇碎冬凌》。

清・王國維《曲録》卷二　《宋上皇碎冬淩》。元陸顯之撰。

藝文

明・賈仲明《凌波仙・補陸顯之弔詞》　河南獨步汴城，隱語詞源闡姓名。編《好兒趙正》鑽空，應使多人敬。宋上皇，有《醉冬凌》。滑稽性，敏捷情，再出世的精靈。

狄君厚

傳記

元・鍾嗣成《録鬼簿》卷上　狄君厚，平陽人。

著録

元・鍾嗣成《録鬼簿》卷上　狄君厚：《晉文公火燒介子推》。

明・朱權《太和正音譜・群英所編雜劇》　狄君厚：《火燒介子推》。

清・姚燮《今樂考證・著録一・元雜劇》　狄君厚一種：《晉文公火燒介子推》。

清・王國維《曲録》卷二　《火燒介子推》。元狄君厚撰。

藝文

明・賈仲明《凌波仙・補狄君厚弔詞》　元貞、大德秀華夷，至大、皇慶錦社稷，延祐、至治承平世。養人才，編傳奇，一時氣候雲集。有平易狄君厚，捻《火燒介子推》，只落得，三尺何堆。

孔文卿

傳記

元・鍾嗣成《録鬼簿》卷上　孔文卿，平陽人。

著録

元・鍾嗣成《録鬼簿》卷上　孔文卿：《秦太師東窗事犯》。

明・朱權《太和正音譜・群英所編雜劇》　孔文卿：《東窗事犯》二本。

明・晁瑮《寶文堂書目》卷中　《秦太師東窗事犯》。

清・黄丕烈《也是園藏古今雜劇目録・待訪古今雜劇存目》　《秦太師東窗事犯》。

清・姚燮《今樂考證・著録一・元雜劇》　孔文卿一種：《秦太師東牕事犯》。

清・王國維《曲録》卷二　《秦太師東窗事犯》。元孔文卿撰。

藝文

明・賈仲明《淩波仙・補孔文卿吊詞》　先生準擬聖門孫，析住平易一葉分，好學不恥高人問。以子稱，得謚文。論綱常，有道弘仁。捻《東窗事犯》，是西湖舊本。明善惡，勸化濁民。

張壽卿

論説

清・梁廷枏《曲話》卷二　喬孟符《揚州夢》有〔哪吒令〕云：天有情，天亦老；春有意，春須瘦；雲無心，雲也生愁。張壽卿《紅梨花》〔一煞〕云：你休愁我衾寒、枕剩、人孤另，我則怕你酒醒、燈昏、夢不成。皆一劇中之警句也。

傳記

元・鍾嗣成《録鬼簿》卷上　張壽卿，東平人。浙江省掾吏。

紀事

清・佚名《曲海總目提要》卷三《紅梨花》　元張壽卿撰。事見小説《趙汝舟傳》。後人所作《紅梨記》本此，而趙之名、謝之字、其友人之姓名亦俱有異。略云：劉輔，字公弼，爲洛陽太守。有同窗友趙汝州，別久，以書招之。回書中云：洛有謝金蓮者，欲求一見。輔預屬署中人，汝州至，問謝，竟以適人對。汝州見輔，果首以謝爲問，聞已適人，即欲辭去。輔强留館之後園，而密令金蓮僞爲王同知女。夜至園中看花，汝州見而悦之，引至書齋同飲。越夕，女攜酒一尊、紅梨花一鉼，贈趙。復相與作詩倡和，情好甚篤。忽聞母命呼女，去久不至。輔欲下鄉勸農，恐汝州戀女不赴試，復令一嫗僞作賣花者，攜筐詣園採花。謂有王同知女死葬園中，往往夜出魅人，吾子爲其魅死。汝州詢其狀，與所見無異，大驚。即日就道，應舉及第，得官還至洛。輔設宴款之，召金蓮持扇插花而侍，汝州見之驚懼。輔始以實告，汝州大喜，即席結爲夫婦。

著録

元・鍾嗣成《録鬼簿》卷上　張壽卿：《謝金蓮詩酒紅梨花》。

明・朱權《太和正音譜・群英所編雜劇》　張壽卿：《紅梨花》。

清・李斗《艾塘曲録》《紅梨花》。

清・黄文暘、佚名《重訂曲海總目》《謝金蓮紅梨花》。

清・黄丕烈《也是園藏古今雜劇目録・待訪古今雜劇存目》《謝金蓮詩酒紅梨花》。

清・梁廷枏《曲話》卷一　《紅梨花》。

清・支豐宜《曲目新編》《紅梨花》。

清・姚燮《今樂考證・著録一・元雜劇》　張壽卿一種：《謝金蓮詩酒紅梨花》。

清・王國維《曲録》卷二　《謝金蓮詩酒紅梨花》。元張壽卿撰。

藝文

明・賈仲明《淩波仙・補張壽卿吊詞》　浙江省掾祖東平，蘊藉風流張壽卿。紅梨花，一段文筆盛。花三婆，獨自勝。論才情，壓倒群英。敲金句，擊玉聲，振動神京。

劉唐卿

傳記

元・鍾嗣成《録鬼簿》卷上　劉唐卿，太原人。皮貨所提舉。在王彦博左丞席上賦博山銅細裊香風者。

著録

元・鍾嗣成《録鬼簿》卷上　劉唐卿：《蔡順摘椹養母》、《李三娘麻地捧印》。

明・朱權《太和正音譜・群英所編雜劇》　劉唐卿：《麻地傍印》。

又《太和正音譜・古今無名氏雜劇》《蔡順分椹》。

清・姚燮《今樂考證・著録一・元雜劇》　劉唐卿二種：《蔡順摘椹養母》、《李三孃麻地捧印》。

清・王國維《曲録》卷二　《李三娘麻地捧印》、《蔡順摘椹養母》。右二種，元劉唐卿撰。

藝文

明・賈仲明《淩波仙・補劉唐卿吊詞》　劉卿唐老太原公，生在承平志德中。王左丞，席上相陪奉，有歌兒，舞女宗。詠博山，細裊香風。□花隊，羅綺叢，倚翠偎紅。

彭伯成

彭伯威

傳記

元・鍾嗣成《録鬼簿》卷上 彭伯成，保定人。

著録

元・鍾嗣成《録鬼簿》卷上 彭伯威：《四不知月夜京娘怨》。

明・朱權《太和正音譜・群英所編雜劇》 彭伯成：《京娘怨》。

清・姚燮《今樂考證・著録一・元雜劇》 彭伯威一種：《四不知月夜京孃怨》。

清・王國維《曲録》卷二 《四不知月夜京孃怨》。右元彭伯威撰。

藝文

明・賈仲明《凌波仙・補彭伯成吊詞》 筵前酒海紫金罍，席上籌行白玉簪，碧螺七寶玲瓏嵌。惜花心，做恠膽，絲柳陰，府地潭潭。

李時中

論説

元・蘇天爵《曹南李時中文稿序》 客有示余文一編者，讀之辨博宏衍，若無涯涘，蓋本諸經以爲辭，非空言以自詭者也。余亟問之，客曰：曹南李時中所作。余曰：宜其然。蓋時中少學于槀城王祁京甫，京甫則臨川吴先生之高弟子也。初，宣慰使珊竹公延導江張氏于儀真，誨其子弟，張氏没，復延吴先生爲之師，故真、揚間學者甚盛。京甫既傳其師説，開門授徒，時中尤知名于時者也。嗚呼，昔宋之季，文日以弊，而江淮俗尚武俠，儒學或未聞也。國家既一四海，儒先君子作而興之，獨以經術訓諸其人，宜其講授淵源之有自歟。時中爲人沈潛縝密，讀書刻苦，不急一時之譽，而譽日彰。久之，大臣有知其賢者，薦之于朝，得爲校官。又辟爲掾行省，不樂俯仰，輒棄去，蓋昂然特立之士也。延祐、至治間，吴先生兩被召命入朝，道出真、揚，館于時中之家，時中受教益多，惜乎藴其材能，弗克表見于世。予官淮東，訪求士之賢者，得數人焉，時中其一，每嘆去世之蚤，不及與之講所學也。後之讀其文者，尚及識時中之志矣。

元・張以寧《送李逊學獻書史館序》 時中身際遇貴富於一時，而聲光遂昧昧，非君之志也已。予於敏之行有感也。嗟夫，士之有志，幸生昭代，困且窮，曾未得少見薄技，於時中何如也。世之君子，其亦有感於斯人乎，其亦有感於斯人乎。

傳記

元・鍾嗣成《録鬼簿》卷上 李時中，大都人。中書省掾，除工部主事。

紀事

元・張以寧《送李遜學獻書史館序》 曹南李時中教授，有志士。嘗兩辟省臺掾，輒棄去。慕漢朱雲，尚友古時豪傑人；著《江居集》自見，每酒酣，慷慨泣數行下，慕賈誼、唐衢；既沈鬱不克施，則捐千金，聚經若史諸書數萬卷，以遺諸子，慕丁度、劉式。曩余聞嘗奇之。來淮南，讀張仲舉氏所爲文，信然。今朝廷有詔脩宋、遼、金三史，遣使購前代異書江淮間。其子敏出父所藏《宋逸史》爲卷若干，獻之館，有司韙其志，驛送以聞。

著録

元・鍾嗣成《録鬼録》卷上 李時中：《開壇闡教黄粱夢》第一折馬致遠，第二折李時中，第三折花李郎學士，第四折紅字李二。

藝文

元・王沂《寄李時中》 津亭官樹葉黄時，把酒船頭話别離。空憐鬢髮驚秋早，豈有文章結主知。書到淮南又摇落，定將佳句慰相思。

元・成廷珪《吴中五日，追念故友李時中、李欽嗣，有感而作，爲時中生忌》 夢繞南岡北嶺雲，一杯無計灑松筠。世間我豈長貧者，地下君爲不死人。夜雨自荒張祐宅，秋風誰鄗庾公塵。于今友道俱凋喪，落日江湖淚滿巾。

明・賈仲明《凌波仙・補李時中吊詞》 元貞書會李時中。馬致遠、花李郎、紅字公。四高賢合捻《黄粱夢》。東籬翁，頭折冤，第二折，商調相從；第三折，大石調；第四折，是正宮。都一般，愁霧悲風。

宮天挺 宮大用

論説

明・朱權《太和正音譜》卷上 宮大用之詞如西風鵰鶚。其詞鋒穎犀利，神彩燁然，若揵翮摩空，下視林藪，使狐兔縮頸於蓬棘之勢。

清・姚燮《今樂考證・元劇總論》 宮大用如西風雕鶚。

傳記

元・鍾嗣成《録鬼簿》卷下 天挺，字大用，大名開州人。歷學官，除釣臺書院山長。爲權豪所中，事獲辨明，亦不見用。卒於常州。先君與之莫逆交，故余常得侍坐，見其吟詠。文章筆力，人莫能敵。樂章歌曲，特餘事耳。

紀事

清・佚名《曲海總目提要》卷三《范張雞黍》 元宮天挺撰。劇中事皆實，惟王韶無其人。按：天挺，字大用，大名開州人。歷學官，除釣臺書院山長。爲權豪所中，事獲辨明，亦不見用，卒於常州。《後漢書・獨行傳》云：范式字巨卿，山陽金鄉人也。少遊太學爲諸生，與汝南張劭爲友。劭字元伯，二人並告歸鄉里。式謂元伯曰：後二年當還，將過拜尊親，見孺子焉。乃共剋期日。後期方至，元伯具以白母，請設饌以候之。母曰：二年之別，千里結言，爾何相信之審耶。對曰：巨卿信士，必不乖違。母曰：若然，當爲爾醖酒。至其日，巨卿果到，升堂拜飲，盡歡而別。式仕爲郡功曹，後元伯卒，式忽夢見元伯屣履而呼曰：巨卿，吾以某日死，當以爾時葬，永歸黄泉，子未我忘，豈能相及。式怳然覺寤，悲嘆泣下，具告太守，請往奔喪。太守雖心不信，而重違其情，許之。式更服朋友之服，投其葬日，馳往赴之。式未及到，而喪已發引。既至壙，將窆而柩不肯進。其母撫之曰：元伯豈有望耶。遂停柩移時，乃見有素車白馬，號哭而來。其母望之曰：是必范巨卿也。巨卿既至，叩喪言曰：行矣元伯，死生路異，永從此辭。因執紼而引柩，於是乃前。式遂留止冢次，爲修墳樹，然後乃去。後到京師，受業太學，舉薦茂才，四遷荆州刺史。友人南陽孔嵩，變名姓，傭爲新野縣街卒。式行部到新野，而縣選嵩爲導騎迎式。式見而識之，呼嵩，執臂謂曰：子非孔仲山耶。懷道隱身處於卒伍，不亦惜乎。嵩曰：貧者士之宜，豈爲鄙哉。遂辟公府，嵩官至南海太守。按：式本傳無鷄黍字，後人以設饌醖酒，想像揣模如是耳。

著録

元・鍾嗣成《録鬼簿》卷下 宮天挺：《嚴子陵釣魚臺》、《會稽山越王嘗膽》、《死生交范張雞黍》、《濟飢民汲黯開倉》、《宋仁宗御覽托公書》、《宋上皇御賞鳳凰樓》。

明・朱權《太和正音譜・群英所編雜劇》 宮大用：《范張鷄黍》、《釣魚臺》、《托公書》、《汲黯開倉》、《越王嚐膽》、《御賞鳳凰樓》。

明・晁瑮《寶文堂書目》卷中 《會稽山越王嘗膽》。

清・黄文暘、佚名《重訂曲海總目》 《越王嘗膽》、《范張鷄黍》。

清・黄丕烈《也是園藏書・古今雜劇目録》 《死生交范張雞黍》。

清・梁廷枏《曲話》卷一 《范張雞黍》。

清・支豐宜《曲目新編》 《范張雞黍》。

清・姚燮《今樂考證・著録二・元雜劇》 宮天挺六種：《嚴子陵釣魚臺》、《會稽山越王嘗膽》、《死生交范張雞黍》、《濟饑民汲黯開倉》、《宋仁宗御覽托公書》、《宋上皇御賞鳳凰樓》。

清・王國維《曲録》卷二 《宋仁宗御覽托公書》、《會稽山越王嘗膽》、《宋上皇御賞鳳凰樓》、《生死交范張雞黍》、《嚴子陵釣魚臺》、《濟饑民汲黯開倉》。右六種，元宮天挺撰。

藝文

元・鍾嗣成《淩波仙・宮天挺吊詞》 豁然胸次掃塵埃，久矣聲名播省臺。先生志在乾坤外，敢嫌他，天地窄。辭章壓倒元、白。憑心地，據手策，是無比英才。

雜録

元・方逢振《山房遺文・瑞粟圖・序》 青溪之近郊・有粟一莖而兩穗者，三四穗者，民若士合辭以慶於長官。學正宮大用率諸生以其圖來諗，俾予敘其歲月。予曰：異哉。邑之佳瑞也。昔張君之治漁陽，雨暘時若嘉谷生，百姓歌之曰：張君爲政，麥穗兩岐。載在簡册，吏治煒然有光。觀史者誦之而已，未嘗得於目擊。今粟穗兩岐，秀出於素，當年盛美，複見於兹，得非善政感召而然歟。民曰：續我大命，時尹之休。士曰：大和，尹實有之。尹不自有，歸之太守。太守曰：於戲。非守若尹之力，聖君賢相之德。予聞之喜，於是乎書，以備觀風使者之採録云。

鄭光祖

論説

元・周德清《中原音韻・作詞十法》 妙在倚字上聲起音，一篇之中，唱此一字，况務頭在其上。原、思字屬陰，感慨上去，尤妙。《迎仙客》累百，無此調也。美哉，德輝之才，名不虚傳。

又 柳、酒二字上聲，極是，切不可作平聲。曾有人用拍拍滿懷都是春，語固俊矣，然歌爲都是蠢，甚遭譏誚。若用之於《攪箏琶》，以四字承之，有何不可。第三句切不可作仄仄平平，屬下着。

明・朱權《太和正音譜》卷上 鄭德輝之詞，如九天珠玉。其詞出語不凡，若咳唾落乎九天，臨風而生珠玉，誠傑作也。

明・李開先《詞謔・詞尾》 世稱詩頭曲尾，又稱豹尾，必須急併響亮，含有餘不盡之意。作詞者安得豹尾，滿目皆狗尾耳，况所續者又非貂耶。【略】鄭德輝《咏促織》亦雙調，止録其末三句：急睡着，急驚覺，緊截定陽臺路兒叫。

明・何良俊《四友齋叢説》卷三七 元人樂府，稱馬東籬、鄭德輝、關漢卿、白仁甫爲四大家。馬之詞老健而乏姿媚，關之詞激厲而少藴藉，白頗簡澹，所欠者俊語，當以鄭爲第一。【略】余謂鄭詞淡而净，王詞濃而蕪。鄭德輝雜劇，《太和正音譜》所載總十八本，然入絃索者，惟《梅香》、《倩女離魂》、《王粲登樓》三本。今教坊所唱，率多時曲，此等雜劇古詞，皆不傳習。三本中獨《㑳梅香》頭一折《點絳唇》尚有人會唱，至第二折驚飛幽鳥，與《倩女離魂》内人去陽臺，《王粲登樓》内塵滿征衣，人久不聞，不知絃索中有此曲矣。

又 鄭德輝《倩女離魂・越調・聖藥王》内：近蓼花，纜釣槎，有折蒲衰草緑蒹葭。過水窪，傍淺沙，遥望見烟籠寒水月籠沙。我衹見茅舍兩三家。如此等語，清麗流便，語入本色，然殊不穠鬱，宜不諧於俗耳也。《雨村曲話》卷上：鄭德輝《倩女離魂》曲中有忒楞楞騰、疏剌剌沙、廝琅琅湯、吉丁丁當、撲通通冬，皆四字成句，蓋元人俗語也。《曲話》卷二：《倩女離魂》，通劇中無甚出色，在元曲可列中等。惟末折《喜遷鶯》云：據才郎心性，莫不是向天公買撥來的聰明。二語，靈心慧舌，其妙無對。較之小姐多丰采，君瑞濟川才，真霄壤矣。

又 《曲藻》：何元朗極稱元人鄭德輝《㑳梅香》、《倩女離魂》、《王粲登樓》，以爲出《西厢》之上。《㑳梅香》雖有佳處，而中多陳腐措大語，且套數出没賓白，皆剽《西厢》；《王粲登樓》事實可笑，亦厭常喜新之病。然《㑳梅香》雖不出《西厢》窠臼，其秀麗處，究不可没。

又 鄭德輝作《王粲登樓》雜劇，四折俱優，渾成慷慨，蒼老雄奇。《中原韻》摘取《迎仙客》，以爲他詞累百無此調，名不虚傳。然白處太繁詞外承上起下，一切應答言語，謂之白，又有不甚整齊者，襯字亦多，大勢則不可及。表其一折，以概其三。《粉蝶兒》：塵滿征衣，嘆漂零一身寄客。又：大抵情辭易工，蓋人生於情，所謂愚夫愚婦可以與知者，【略】即《西厢記》與今所唱時曲，大率皆情詞也。至如《王粲登樓》第二折，摹寫羈懷壯志，語多慷慨，而氣亦爽烈。至後《堯民歌》十二月托物寓意，尤爲妙絶，是豈作調脂弄粉語者可得窺其堂廡哉。

又 鄭德輝所作情詞，亦自與人不同，如《㑳梅香》頭一折《寄生草》：卻不争琴操中，單訴你飄零。卻不道窗兒外，更有個人孤零。《六么序》：卻原來群花弄影，將我來唬一驚。此語何等藴藉有趣。《大石調・初問口》内：又不曾薦枕席，便指望同棺槨。衹想夜偷期，不記朝聞道。《好觀音》内：上覆你箇氣咽聲絲張京兆，本待要填還你枕剩衾薄。語不着色相，情意獨至，真得詞家三昧者也。

又 《㑳梅香》第三折《越調》，雖不入絃索，自是妙。如《小桃紅》云：是害得神魂蕩漾，也合將眼皮開放。你好熱莽也沈東陽。《調笑令》内：壁面的便搶白俺那病裹王，呀，怎生來番悔了巫山窈窕娘，滿口裏之乎者也没攔當，都噴在那生臉上，謊笑那有情人恨無箇地縫藏，羞殺也傅粉何郎。《禿廝兒》：請學士休心勞意攘，俺小姐他衹是作耍難當。止是尋常説話，略帶訕語，然中間意趣無窮，此便是作家也。

清・李調元《雨村曲話》卷上　德輝《王粲登樓・迎仙客》云：雕簷紅日低，畫棟彩雲飛。十二玉闌天外倚，望中原，思故國，一片鄉心碎。挺齋謂：《迎仙客》累百，無此調也。美哉。德輝之才，名不虛傳。然余尤喜其一片鄉心碎之句。

又　雨過池塘肥水面，雲歸巖谷瘦山腰，德輝曲中名語。

清・梁廷枏《曲話》卷二　《四書》入曲，最難巧切，最難自然。惟元人每喜爲之，【略】鄭德輝《傷梅香》云：他文質彬彬才有餘，和俺這相府潭潭德不孤。更怕甚文不在茲乎。又云：留心在九大經，吾日三省。又云：早挣個束帶立於朝。【略】以上等語，幾成笨伯矣。

又　《傷梅香》〔混江龍〕云：孔安國傳《中庸》、《語》、《孟》，【略】元人曲詞每多腐語，如此等類，直是一幅策論，豈復成聲律耶。又況其出自閨閣兒女之口也。

又　《傷梅香》如一本小《西厢》，前後關目、插科、打諢，皆一一照本模擬。張生以白馬解圍而訂婚姻，白生亦因挺身赴戰而預聯姻好，一同也。鄭夫人使鶯鶯拜張生爲兄，裴亦使小蠻見白而改稱兄妹，二同也。張生假館於崔，而白亦借寓於裴，三同也。鶯鶯動春心，不使紅娘知，而紅娘自知；樊素亦逆揣主意，而勸使遊園，四同也。張生琴訴衷腸，白亦琴心挑逗，五同也。張生積思成病，白亦病眠孤館，六同也。張生向紅娘訴情，白亦於樊素前盡傾肺腑，七同也。張生跪求紅娘，白亦向樊素折腰，八同也。張生倩紅傳寄錦字，素亦與白密遞情詞，九同也。鶯鶯窺簡佯怒，小蠻亦見詞罪婢，十同也。紅娘佯以不識字自解，樊素亦反問詞中所語云何，十一同也。紅見責而戲言將告夫人，樊亦被詰而詐爲出首，十二同也。鶯鶯答詩自訂佳期，小蠻亦答詩私約夜會，十三同也。張生誤以紅娘爲鶯鶯，白亦誤將樊素作小蠻，十四同也。鶯鶯燒香，小蠻亦燒香，十五同也。崔夫人拷紅，裴亦打問樊素，十六同也。紅娘堂前巧辯，而歸罪於崔；樊素亦據理直權，而諉過於裴，十七同也。崔夫人促張應試，裴亦使白赴京，十八同也。鶯鶯私以汗衫、裹肚寄張，小蠻亦有玉簪、金鳳贈白，十九同也。張衣錦還鄉，白亦狀元及第，二十同也。不得謂無心之偶合矣。

又　《傷梅香》，鄭德輝撰。載白敏中父參裴度軍，陣中救度，受傷頻死，度以女小蠻許字敏中。度死，度妻韓夫人將背約，有侍婢樊素者，從中撮合，始克成婚。其大致如此。按《雲溪友議》：白居易有妓，樊素善歌，小蠻善舞，嘗爲詩曰：櫻桃樊素口，楊柳小蠻腰。年既邁，而小蠻方豐艷，因作《楊柳詞》以託意。又按《女世説》：樊素二十餘，綽綽有歌舞態，善唱《楊柳》。樂天以己年高，將放之。適馬有名駱者，同時議鬻，馬出而首反顧，素聞馬嘶，泣拜曰：駱將去，其鳴哀；素將去，其辭苦。豈主君獨無情哉。然則兩人爲樂天愛妾，恩至義盡，具有明徵。敏中爲樂天從祖弟，史稱其與樂天相友愛者，乃妄以其兄之妾爲其弟之妻，且婢，使千古而下，閲者疑敏中有陳平爲盜之謗，朕棲欲治之心。顛倒倫常，莫斯爲甚。彼《琵琶》之厚誣伯喈者，抑無論矣。

傳記

元・鍾嗣成《録鬼簿》卷下　鄭光祖，光祖字德輝。平陽襄陵人。以儒補杭州路吏。爲人方直，不妄與人交，故諸公多鄙之，久則見其情厚，而他人莫之及也。病卒，火葬於西湖之靈芝寺，諸吊送各有詩文。公之所作，不待備述，名香天下，聲振閨閣，伶倫輩稱鄭老先生，皆知其爲德輝也。惜乎所作，貪於俳諧，未免多於斧鑿，此又別論焉。

紀事

清・佚名《曲海總目提要》卷二《王粲登樓》　元鄭德輝撰。粲在荆州依劉表，意不自得，作《登樓賦》，載《文選》中，後世共傳誦。作者本此改賦爲詩，以便點綴。又前後布置，將虛作實。以蔡邕最賞粲，而陳思與粲并稱曹王，故用兩人作關目也。《魏志》：王粲，字仲宣，山陽高平人。曾祖父龔，祖父暢，皆爲漢三公。父謙，爲大將軍何進長史，以疾免，卒於家。獻帝西遷，粲徙長安，左中郎將蔡邕見而奇之。時邕才學顯著，貴重朝廷，常車騎填巷，賓客盈座。聞粲在門，倒屣迎之。粲至，年既幼弱，容狀短小，一坐盡驚。邕曰：此王公孫也，有異才，吾不如也。吾家書籍文章，盡當與之。年十七，司徒辟，詔除黄門侍郎。以西京擾亂，皆不就，乃之荆州依劉表。表以粲貌寢，而體弱通脱，不甚重也。表卒，粲勸表子琮令歸太祖，太祖辟爲丞相掾，賜爵關内侯。劇云：王粲，字仲宣，高平玉井人。父默，太常博士，母李氏。粲學富家貧，丞相蔡邕與其父指腹爲婚，以女桂花字粲。粲恃才矜傲，邕遺書邀粲，母使詣京師謁邕。邕先與學士曹植密商，托植名爲書，薦粲於劉表。及粲至，邕故不爲禮，而向植持觴甚恭，粲憤辭歸。植具薦書，贈資斧，令投劉表。表見其貌不揚，且性矜傲，不任用，落魄荆楚間。饒陽人許達，字安道，國子助教士謙子也，建一樓曰溪山風月，左鹿門山，右金沙泉，清風霽嶺，明月雲峰，雅擅名勝。嘗偕粲登樓吟咏，粲醉，輒盼故鄉流淚。一日，達邀飲樓中，賦詩，許作七言律一首爲倡，粲五言絶云：危樓高百尺，手可摘星辰，不敢高聲語，恐驚天上人。復云：憶昔離家一載過，鬢邊白髮奈愁何。無窮興對無窮景，不覺傷心淚點多。許與酬唱甚富。初，粲作萬言策，懇植獻於朝，邕爲進呈，召授天下兵馬大元帥，以魏太祖賜爵關内侯，故劇作兵馬大元帥也。蔡邕爲丞相，曹植爲學士，皆隨意點綴；邕、植具道贈金獻賦始末，以女諧伉儷云。按：粲時不應有七律，粲五言絶，乃晏殊幼作也，許達亦係增出。

又卷三《㑳梅香》 元鄭德輝撰。以劇中關目，皆在婢樊素一人，樊素最乖覺，夫人口中目爲㑳梅香也。《全唐詩話》：樊素善歌，小蠻善舞，皆樂天之姬人。有詩曰：櫻桃樊素口，楊柳小蠻腰。至樂天年高，而小蠻方豐艷，因爲《楊柳枝》詞以托意曰：一樹春風萬萬枝，嫩於金色軟於絲。永豐坊裡東南角，盡日無人屬阿誰。及宣宗朝，國樂唱是詞，帝問永豐在何處，左右具以對，因命取永豐柳兩枝植於禁中。白感上知，又爲詩云：一樹衰桐委泥土，雙枝移植種天庭。定從此後天文裡，柳宿光中添兩星。雒下文士無不繼作。又按裴度嘗以馬贈居易，侑以詩云：君若有心求逸足，我還留意在名姝。劇以蠻爲裴女，殊可哂也。劇中以小蠻爲裴晋公之女，而樊素則其家生女，與小蠻爲伴讀。劇云：方晋公征討淮西，爲賊所困，敏中之父白參軍時爲步將，苦戰救脱，晋公德之，以女許字敏中，并贈玉帶，爲後來作證。及參軍没，晋公亦逝，敏中往探晋公夫人。夫人韓氏，韓吏部愈之姊也，使小蠻與敏中稱爲兄妹，而絶口不及姻事。小蠻私以香囊侑詩遺敏中，敏中以相思致病，托樊素通辭，約小蠻夜會。甫一見而夫人至，激使入朝應舉。敏中及第爲翰林，尚書李絳奉朝命，令敏中爲裴婿。敏中以夫人韓氏嘗待以冷面，故於見時若不相識，樊素數以辭調侃，遂歡然如故云。按此劇與王實甫《西厢》關目大略相似，《西厢》直作張生，此則變作白敏中，换羽移宫以相角勝，點簇唐人姓名，示遊戲耳。中間聽琴問病，寄書佳期，拷問逼試等，節節相似，其文筆亦不相上下。裴度征淮西，無白參軍相救事，其以玉帶與白，則有因。蓋度嘗有御賜玉帶，臨終作表繳還，故相影借也。敏中乃居易從弟，長慶中進士，由翰林學士至宰相，蠻、樊皆居易妾，不宜妄引，亦作者失檢點處。裴度、韓愈最相契，劇遂以韓姊爲裴妻，李絳與敏中，亦不相涉。

著録

元·鍾嗣成《録鬼簿》卷下 鄭光祖：《李太白醉寫秦樓月》、《醜齊后無鹽破連環》、《陳後主玉樹後庭花》、《放太甲伊尹扶湯》、《三落水鬼泛采蓮舡》、《秦趙高指鹿爲馬》、《㑳梅香〔騙〕翰林風月》、《崔懷寶月夜聞筝》、《醉思鄉王粲登樓》、《輔成王周公攝政》、《王太后捧印哭孺子》、《迷青瑣倩女離魂》、《虎牢關三戰吕布》末旦頭折，次本、《齊景公哭晏嬰》、《謝阿蠻梨園樂府》、《周亞夫細柳營》、《紫雲娘》。

清·佚名《曲海總目提要》卷二《㑳梅香》 鄭德輝，名光祖，平陽襄陵人。所作雜劇，今存《㑳梅香》、《王粲登樓》、《周公攝政》、《倩女離魂》、《三戰吕布》等五本。

清·黄文暘、佚名《重訂曲海總目·元人雜劇》 鄭德輝：《倩女離魂》、《王粲登樓》、《翰林風月》一作《㑳梅香》。

清·黄丕烈《也是園藏書·古今雜劇目録》 元鄭德輝：《立成湯伊尹耕莘》、《鍾離春智勇定齊》、《㑳梅香騙翰林風月》、《醉思鄉王粲登樓》、《迷青瑣倩女離魂》、《虎牢關三戰吕布》。

清·梁廷枏《曲話》卷一 《倩女離魂》、《王粲登樓》、《㑳梅香》。

清·支豐宜《曲目新編》 《倩女離魂》、《王粲登樓》、《㑳梅香》。

清·王國維《曲録》卷二 《李太白醉寫秦樓月》、《醜齊后無鹽破連環》、《陳後主玉樹後庭花》、《放太甲伊尹扶湯》、《三落水鬼泛採蓮船》、《秦趙高指鹿爲馬》、《㑳梅香翰林風月》、《崔懷寶月夜聞箏》、《醉思鄉王粲登樓》、《周公輔成王攝政》、《王太后碎印哭孺子》、《迷青瑣倩女離魂》、《虎牢關三戰吕布》、《齊景公哭晏嬰》、《謝阿蠻梨園樂府》、《周亞夫細柳營》、《紫雲孃》、《哭孫子》、《鐘離春智勇定齊》。右十九種，元鄭光祖撰。

藝文

元・鍾嗣成《凌波仙・鄭光祖吊詞》 乾坤膏馥潤肌膚，錦繡文章滿肺腑，筆端寫出驚人句。解翻騰，今是古，詞壇老將輸伏。《翰林風月》、《梨園樂府》，端的是，曾下功夫。

雜録

明・董其昌《逞風流王焕百花亭跋》 細按是篇，與元人鄭德輝筆意相同。其勿以爲無名氏作也。

清・祁彪佳《遠山堂劇品・雅品》 《倩女離魂》南，四折。王驥德。方諸生精於曲律，其於宫韻平仄，不錯一黍，若是而復能作本色之詞，遂使鄭德輝《離魂》北劇，不能專美於前矣。

清・焦循《劇説》卷二 明人南曲多本元人雜劇，如《殺狗》、《八義》之類，則直用其事；玉茗之《還魂記》亦本《碧桃花》、《倩女離魂》而爲之者也。

清・姚燮《今樂考證・著録二・元雜劇》 鄭光祖十七種：《紫雲孃》、齊景公哭晏嬰、周亞夫細柳營、李太白醉寫秦樓月、齊醜后無鹽破連環、陳後主玉樹後庭花、三落水鬼泛采蓮船、王太后摔印哭孺子、放太甲伊尹扶湯、秦趙高指鹿爲馬、㑳梅香翰林風月、醉思鄉王粲登樓、周公輔成王攝政、迷青瑣倩女離魂、虎牢關三戰吕布、謝阿蠻梨園樂府、崔懷寶月夜聞箏。

圖表

明（萬曆）顧曲齋刊《古雜劇》本《倩女離魂》插圖

金仁傑

論說

明・朱權《太和正音譜》卷上 金志甫之詞,如西山爽氣。

清・姚燮《今樂考證・元劇總論》 金志甫如西山爽氣。

傳記

元・鍾嗣成《録鬼簿》卷下 仁傑,字志甫,杭州人。余自幼時聞公之名,未得與之見也。公小試錢穀,給由江、浙,遂一見,如平生歡,交往二十年,如一日。天曆元年戊辰冬,援建康崇寧務官。明年己巳正月叙别。三月,其二子護柩來杭,知公氣中而卒。嗚呼惜哉。所述雖不駢麗,而其大概多有可取焉。

著録

元・鍾嗣成《録鬼簿》卷下 金仁傑:《蔡琰還朝》、《秦太師東窗事犯》、《周公旦抱子設朝》、《蕭何月夜追韓信》、《長孫皇后鼎鑊諫》、《玉津園智斬韓太師》、《蘇東坡夜宴西湖夢》。

明・朱權《太和正音譜・群英所編雜劇》 金志甫:《追韓信》、《西湖夢》、《韓太師》、《鼎鑊諫》、《抱子設朝》、《蔡琰還漢》、《東窗事犯》二本。

明・晁瑮《寶文堂書目》卷中 《秦太師東窗事犯》、《蕭何月夜追韓信》。

清・黄丕烈《也是園藏書・古今雜劇目録》 《蕭何月夜追韓信》。

清・姚燮《今樂考證・著録二・元雜劇》 金仁傑七種:《蔡琰還朝》、《秦太師東窗事犯》、《周公旦抱子設朝》、《蕭何月夜追韓信》、《長孫皇后鼎鑊諫》、《玉津園智斬韓太師》、《蘇東坡夜宴西湖夢》。

清・王國維《曲録》卷二 《玉津園智斬韓太師》、《秦太師東窗事犯》、《蕭何月夜追韓信》、《周公旦抱子投朝》、《長孫皇后鼎鑊諫》、《蔡琰還朝》、《蘇東坡夜宴西湖夢》。右七種,元金仁傑撰。

藝文

元・鍾嗣成《凌波仙・金志甫吊詞》 心交元不問親疎,契飲那能較有無。誰知一上金陵路,歎亡之命矣夫。夢西湖,何不歸歟。魂來處,返故居,比梅花,想更清癯。

范康

論說

明・朱權《太和正音譜》卷上 范子安之詞,如竹裏鳴泉。

清・姚燮《今樂考證・元劇總論》 范子安如竹裏鳴泉。

清・梁廷枏《曲話》卷二 其第四折,必於省悟之後,作列仙出場,現身指點,因將群仙名籍,數説一過,此岳伯川之《鐵拐李》、范子安之《竹葉舟》諸劇皆然,非獨《岳陽樓》、《城南柳》兩種也。又李調元《雨村曲話》卷上:范子安《竹葉舟》劇《煞》云:月黑雲愁,風狂雨驟。甚時候,白浡浡銀濤不斷流,那裏也楚尾吴頭。數語氣勢不凡。

傳記

元・鍾嗣成《録鬼簿》卷下　范康，康字子安，杭州人。明性理，善講解，能詞章，通音律。因王伯成有《李太白貶夜郎》，乃編《杜子美遊曲江》，一下筆即新奇，蓋天資卓異，人不可及也。

紀事

清・佚名《曲海總目提要》卷三《竹葉舟》　元范子安撰。所演陳季卿乘竹葉歸家事。《異聞實録》云：陳季卿家於江南，舉進士不成，常訪僧於青龍寺寓僧宅。適有終南山翁，亦候僧歸。東壁有寰瀛圖，季卿乃尋江南路而長嘆曰：得自渭泛河達於家，亦不悔。山翁笑曰：此不難致。命僧僮折堦前一竹葉，作舟置圖上。季卿熟視久之，稍覺渭水波浪，一葉漸巨，席帆便張。恍然若登舟，旬餘至家。一更復登舟，泛江遵舊途而去，復遊青龍寺，見山翁尚擁褐而坐。季卿曰：非夢乎。山翁曰：六十日當自知爾。後季卿妻子自江南奔來，謂季卿厭世矣。妻曰：某日歸，是夕題詩於西齋。及留别二詩，始知非夢。

著録

元・鍾嗣成《録鬼簿》卷下　范康：《竹葉舟》、《杜甫遊春》。

明・朱權《太和正音譜・群英所編雜劇》　范子安：《曲江池杜甫遊春》、《竹葉舟》。

明・晁瑮《寶文堂書目》卷中　《杜子美沽酒遊春記》。

清・黄文暘、佚名《重訂曲海總目》　《竹葉舟》。

清・黄丕烈《也是園藏古今雜劇目録・待訪古今雜劇存目》　《陳季卿悞入竹葉舟》。

清・梁廷枏《曲話》卷一　《竹葉舟》。

清・支豐宜《曲目新編》　《竹葉舟》。

清・姚燮《今樂考證・著録二・元雜劇》　范康二種：《曲江池杜甫遊春》、《陳季卿悟道竹葉舟》。

清・王國維《曲録》卷二　陳季卿悟道竹葉舟》、《曲江池杜甫遊春》。

右二種，元范康撰。

藝文

元・鍾嗣成《淩波仙・范子英吊詞》　詩題雁塔寫秋容，酒滿觥船棹晚風，詩籌酒令閒唫詠。占文場，第一功。掃千里，筆陣元戎。龍蛇夢，狐兔踪，半生來，彈鋏聲中。

曾瑞

傳記

元・鍾嗣成《録鬼簿》卷下　瑞字瑞卿，大興人。自北來南，喜江、浙人才之多，羨錢塘景物之盛，因而家焉。神采卓異，衣冠整肅，優遊於市井，灑然如神仙中人。志不屈物，故不願仕。自號褐夫。江、淮之達者，歲時餽送不絶，遂得以徜徉卒歲。臨終之日，詣門吊者以千數。余嘗接音容，獲承言話，勉勵之語，潤益良多。善丹青，能隱語、小曲。有《詩酒餘音》行於世。

清（康熙）《錢塘縣志》卷三二　曾瑞，字瑞卿。大興人，徙錢塘。

著録

元・鍾嗣成《録鬼簿》 曾瑞：《才子佳人誤元宵》。

明・朱權《太和正音譜・群英所編雜劇》 曾瑞卿：《才子佳人誤元宵》。

清・黄文暘、佚名《重訂曲海總目》《留鞋記》。

清・梁廷枏《曲話》卷一 《留鞋記》。

清・支豐宜《曲目新編》《留鞋記》。

清・姚燮《今樂考證・著録二・元雜劇》 曾瑞一種：《王月英元夜留鞵記》。

清・王國維《曲録》卷二 《才子佳人誤元宵》。元曾瑞撰。

藝文

元・鍾嗣成《淩波仙・曾瑞卿吊詞》 江湖儒士慕高名，市井兒童誦瑞卿，衣冠濟楚人欽敬。更心無，寵辱驚。樂優閒，不能趨承。身如在，死若生，想音容，獨見丹青。

沈和

論説

明・朱權《太和正音譜》卷上 沈和甫之詞，如翠屏孔雀。

清・姚燮《今樂考證・元劇總論》 沈和甫如翠屏孔雀。

傳記

元・鍾嗣成《録鬼簿》卷下 和字和甫，杭州人。能詞翰，善談謔。天性風流，兼明音律，以南北調合腔，自和甫始。如《瀟湘八景》、《歡喜冤家》等曲，極爲工巧。後居江州，近年方卒。江西稱爲蠻子關漢卿者是也。

著録

元・鍾嗣成《録鬼簿》卷下 沈和：《祈甘雨貨郎朱蛇記》、《徐駙馬樂昌分鏡記》、《鄭玉娥燕山逢故人》、《鬧法場郭興何楊》、《歡喜冤家》。

明・朱權《太和正音譜・群英所編雜劇》 沈和甫：《朱蛇記》、《樂昌分鏡》、《郭興阿楊》、《歡喜冤家》、《燕山逢故人》、《瀟湘八景》。

清・姚燮《今樂考證・著録二・元雜劇》 沈和六種：《祈甘雨貨郎朱蛇記》、《徐駙馬樂昌分鏡記》、《鄭玉娥燕山逢故人》、《鬧法場郭興何楊》、《歡喜冤家》、《瀟湘八景》。

清・王國維《曲録》卷二 《祈甘雨貨郎朱蛇記》、《徐駙馬樂昌分鏡》、《鄭玉娥燕山逢故人》、《鬧法場郭興阿揚》、《瀟湘八景》、《歡喜冤家》。右六種，元沈和撰。

藝文

鍾嗣成《淩波仙・沈和甫吊詞》 五言常寫和陶詩，一曲慎傳冠柳詞，半生書法欺顔字。占風流，獨我師，是梨園，南北分司。當時事，仔細思量，不是當時。

鮑天祐

論説

明・朱權《太和正音譜》卷上 鮑吉甫之詞，如山蛟泣珠。

清・李調元《雨村曲話》卷上 鮑吉甫《衛靈公》劇：四邊風凛洌，一望雪模糊。行過小溪橋，迷卻前村路。居然唐賢風韻。

清・姚燮《今樂考證・元劇總論》 鮑吉甫如老蛟泣珠。

傳記

元・鍾嗣成《録鬼簿》卷下 天祐，字吉甫，杭州人。初業儒，長事吏。簿書之役，非其志也。跬步之間，惟務搜奇索古而已。故其編撰，多使人感動咏歎。余與之談論節要，至今得其良法。才高命薄，今猶古也，竟止崑山州吏而止。

紀事

清・佚名《曲海總目提要》卷三《宋弘不語》 元鮑吉甫撰。《後漢書》：光武姊湖陽公主新寡，帝與共論群臣，微觀其意。主曰：宋公威容德器，群臣莫及。帝曰：方且圖之。後弘被引見，帝令姊在屏風後。因謂弘曰：諺云富易交，貴易妻，人情乎，弘曰：臣聞貧賤之交不可忘，糟糠之妻不下堂。帝顧謂主曰：事不諧矣。

著録

元・鍾嗣成《録鬼簿》卷下 鮑天祐《王妙妙死哭秦少遊》、《史魚屍諫衛靈公》、《忠義士班超投筆》、《貪財漢爲富不仁》、《摘星樓比干剖腹》、《英雄士楊震辭金》、《漢丞相宋弘不諧》、《孝烈女曹娥泣江》。

明・朱權《太和正音譜・群英所編雜劇》 鮑吉甫：《衛靈公》、《曹娥泣江》、《爲富不仁》、《宋弘不諧》、《班超投筆》、《死哭秦少遊》、《比干剖腹》、《楊震畏金》。

清・姚燮《今樂考證・著録二・元雜劇》 鮑天祐八種：《王妙妙死哭秦少遊》、《史魚屍諫衛靈公》、《忠義士班超投筆》、《貪財漢爲富不仁》、《摘星樓比干剖腹》、《英雄士楊震辭金》、《漢丞相宋宏不諧》、《孝烈女曹娥泣江》。

清・王國維《曲録》卷二 《王妙妙死哭秦少遊》、《史魚尸諫衛靈公》、《忠義士班超投筆》、《貪財漢爲富不仁》、《摘星樓比干剖腹》、《英雄士楊震辭金》、《漢丞相宋弘不諧》。右七種，鮑天祐撰。

藝文

元・鍾嗣成《淩波仙・錢吉甫吊詞》 平生詞翰在宫商，兩手推敲付錦囊。聳唫肩，有似風魔狀。苦勞心，嘔斷腸。視榮華，總是干忙。談音律，論教坊，占斷排場。

陳以仁

論説

明・朱權《太和正音譜》卷上 陳存甫之詞，如湘江雪竹。

傳記

元・鍾嗣成《録鬼簿》卷下 以仁，字存甫，杭州人。以家務雍容，不求聞達，日與南北士大夫交遊。僮僕輩以茶湯酒果爲厭，公未嘗有難色。然其名因是而愈重。能博古，善謳歌。其樂章間出一二，俱有駢麗之句。

著録

元・鍾嗣成《録鬼簿》卷下 陳以仁：《錦堂風月》、《十八騎誤入長安》。

明・朱權《太和正音譜・群英所編雜劇》 陳存甫：《錦堂風月》、《誤入長安》。

清・姚燮《今樂考證・著録二・元雜劇》 陳以仁二種：《錦堂風月》、《十八騎誤入長安》。

清・王國維《曲録》卷二 《十八騎誤入長安》、《錦堂風月》。右二種元陳以仁撰。

藝文

元・鍾嗣成《淩波仙・陳存父吊詞》 錢塘人物盡飄零，幸有斯人尚老成。爲朝元，恐負虛星命。鳳箏閒，隺夢驚。駕天風，直上蓬瀛。芝堂静，蕙帳清，怨虚梁，落月空明。

范居中

傳記

元・鍾嗣成《録鬼簿》卷下 居中，字子正，冰壺其號也。杭州人。父玉壺，前輩名儒，假卜術爲業，居杭之三元樓前，每歲元夕，必以時事題於燈紙之上，杭人聚觀，遠近皆知父子之名。公精神秀異，學問該博，嘗出大言矜肆：以爲筆不停思，文不閣筆。諸公知其有才，不敢難也。善操琴，能書法。其妹亦有文名，大德年間，被旨赴都，公亦北行，以才高不見遇，卒於家。有樂府及南北腔行於世。

著録

明・朱權《太和正音譜・群英所編雜劇》 范冰壺：《鷫鸘裘》。第一折。

清・姚燮《今樂考證・著録二・元雜劇》 范冰壺一種：《鷫鸘裘》。

清・王國維《曲録》卷二 《鷫鸘裘》。范居中、施惠、黄天澤、沈拱合撰。

藝文

元・鍾嗣成《淩波仙・範居中吊詞》　向、歆傳業振家聲，羲、獻臨池播令名。操焦桐，只許知音聽。售千金，價不輕。有誰知，父子才能。冰如玉，玉似冰，比壺天，表裏流清。

施惠 沈惠

傳記

元・鍾嗣成《録鬼簿》卷下　惠字君美，杭州人，居吴山城隍廟前，以坐賈爲業。公巨目美髯，好談笑。余嘗與趙君卿、陳彦實、顔君常至其家，每承接款，多有高論。詩酒之暇，惟以填詞、和曲爲事。有《古今砌話》，亦成一集，其好事也如此。

清（康熙）《錢塘縣志》卷三二　字君美，一云姓沈。

著録

明・朱權《太和正音譜・群英所編雜劇》　施君美：《鶼鶼裘》第二折。

清（乾隆）《杭州府志》卷五七　《古今砌話》，杭州施惠著。

清・王國維《曲録》卷二　《鶼鶼裘》范居中、施惠、黄天澤、沈拱合撰。

藝文

元・鍾嗣成《淩波仙・施君承吊詞》　道心清静絶無塵，和氣雍容自有春，吴山風月收拾盡。一篇篇，字字新。思君賦，盡行雲。三生夢，百歲身，空只有，衰草荒墳。

黄天澤

傳記

元・鍾嗣成《録鬼簿》卷下　天澤，字德潤，杭州人，和甫沈公同母弟也。風流醖藉，不減其兄。幼年屑就簿書，先在漕司，後居省府，鬱鬱不得志。崑山聽捕州吏，又不獲用，咄咄書空而已，然亦竟不歸而終。公有樂府，播於世人耳目，無賢愚皆稱賞焉。

著録

明・朱權《太和正音譜・群英所編雜劇》　黄德潤：《鶼鶼裘》第三折。

清・王國維《曲録》卷二　《鶼鶼裘》范居中、施惠、黄天澤、沈拱合撰。

藝文

元・鍾嗣成《淩波仙・黄德潤吊詞》　一心似水道爲隣，四體如春德潤身，風□才調真英俊。軼前車，繼後塵，漫蒼天，委任斯人。岐山鳳，魯甸麟，時有亨屯。

沈拱 沈珙

傳記

元・鍾嗣成《録鬼簿》卷下 拱字拱之，杭州人。天資穎悟，文質彬彬。然惟不能俯仰，故不願仕。所編樂府最多。以老無後，病無所歸，存甫館於家，不旬日而亡，存甫殯送之，重友誼也。

著録

明・朱權《太和正音譜・群英所編雜劇》 沈珙之：《鷫鸘裘》第四折。

清・王國維《曲録》卷二 《鷫鸘裘》范居中、施惠、黄天澤、沈拱合撰。

藝文

元・鍾嗣成《淩波仙・沈珙之吊詞》 掀髯得句細推敲，舉筆爲文善解嘲，天生才藝藏懷抱。嘆玉石，相混淆，更多逢，世事磽确。蜂爲市，燕有巢，吊夕陽，幾度荒郊。

趙良弼

傳記

元・鍾嗣成《録鬼簿》卷下 良弼字君卿，東平人。總角時，與余同里閈，同發蒙，同師鄧善之、曹克明、劉聲之三先生，又於省府同筆硯。公經史問難，詩文酬唱，及樂章小曲，隱語傳奇，無不究竟。所編《梨花雨》，其辭甚麗。後補嘉興路吏，遷調杭州。天曆元年冬，卒於家。公之風流醖藉，開懷待客，人所不及，然亦以此見廢。能裁字，善丹青，但以末技，故不備録。

清（康熙）《嘉興縣志》卷五 字君卿，東平人。延祐中，爲嘉興路吏，遷嘉興縣尉，屢著善政，調杭州。天曆元年，卒於家。初師鄭善之、曹克明，經史問難，詩文酬唱，風流藴藉，然以此見廢。能楷書，善丹青，所編樂府、隱語、傳奇《梨花雨》，辭甚藻麗。

清（光緒）《山東通志》卷一六〇 字君卿，東平人。補嘉興路吏，調杭州。善丹青，能書。詩文、詞曲無不究意。

著録

元・鍾嗣成《録鬼簿》卷下 《春夜梨花雨》。

明・朱權《太和正音譜・群英所編雜劇》 趙君卿：《春夜梨花雨》。

清・姚燮《今樂考證・著録二・元雜劇》 趙良弼一種：《春夜梨花雨》。

清・王國維《曲録》卷二 《春夜梨花雨》。元趙良弼撰。

藝文

元・鍾嗣成《淩波仙・趙君卿吊詞》 閒中展手刻新詞，醉後揮毫寫舊詩，兩般總是龍蛇字。不風流，誰會此。更文才，夙世天姿。感夜雨，同窗夢，歎秋風，兩鬢絲，住人間，能有多時。

喬吉

論説

明・朱權《太和正音譜》卷上 喬夢符之詞，如神鰲鼓浪。若天吴跨神鰲，噀沫於大洋，波濤洶涌，截斷衆流之勢。

明・李開先《喬夢符小令序》 元以詞名代，而喬夢符其翹楚也。夢符名吉，號笙鶴翁，又號惺惺道人。以詞擅場於至正間，然以字行，無問遠近識不識，皆知有太原喬夢符云。夢符不但長於小令，而八雜劇、十數散套可高出一世。予特取其小令刻之，與小山爲偶。元之張、喬，其猶唐之李、杜乎。

又《詞謔・詞套三四》 《杜牧之詩酒揚州夢》，是亦有名目詞也，已刻揚州故地。出自夢符手筆，四折皆妙。今取首折。又三七：夢符《揚州夢》，四出皆當刻，實則以次序分優劣。今再及第二；其三、四，割愛舍之。

明・王驥德《曲律》卷四 李中麓序刻元喬夢符、張小山二家小令，以方唐之李、杜。夫李則實甫，杜則東籬始當，喬、張蓋長吉、義山之流。然喬多凡語，似又不如小山更勝也。

清・徐釚《詞苑叢談》卷八 世俗以二月十五日爲花朝節，杭城園丁競以花名荷擔叫粥，音中律呂。喬孟符有《賣花聲》詞：侵曉園丁，叫道嫩紅嬌紫。

清・王弈清《歷代詞話》卷九 黄子常《賣花聲・本意》云：人過天街，曉色擔頭紅紫。【略】喬夢符和之云：侵曉園丁，報道嬌紅嫩紫。【略】可謂工力悉敵。夢符嘗言作樂府有三法：鳳頭、豬肚、豹尾也。其集名《惺惺老人樂府》。

清・李調元《雨村曲話》卷上 喬夢符《金錢記》：王孫乘駿馬，金鞭拂柳花。遊人問酒家，青旗插杏花。四句用隔句對法，句句用韻，卻不傷氣，又名利酒吞蛇，富貴夢迷蝶，亦鍊。

清・焦循《劇説》卷五 喬夢符《兩世姻緣》曲中云：俺主人酒杯賺煞春風凹，從唐人酒凹罍心翻出。

清・馮金伯《詞苑萃編》卷一五 世俗以二月十五爲花朝節，杭城園丁競以花名荷擔叫鬻，音中律呂。喬夢符有《賣花聲》詞云：侵曉園丁，叫道嫩紅嬌紫。

又 按夢符又有《天净沙》詞云：鶯鶯燕燕春春，花花柳柳真真。事事風風韻韻，嬌嬌嫩嫩。停停當當人人。此等句，亦從李易安尋尋覓覓得來。

清・梁廷枏《曲話》卷二 喬夢符《揚州夢》，有《那吒令》云：天有情，天亦老；春有意，春須瘦；雲無心，雲也生愁。張壽卿《紅梨花・一煞》云：你休愁我衾寒、枕剩、人孤另，我則怕你酒醒、燈昏、夢不成。皆一劇中之警句也。

清・許光治《江山風月譜散曲・自序》 漢魏樂府降而六朝歌詞，情也；再降而三唐之詩，兩宋之詞，律也；至元曲，凡謂俚言俳語矣。然張小山、喬夢符散曲，猶有前人規矩在，儷詞追樂府之工，散句擷宋唐之秀。惟套曲則似涪翁俳詞，不足鼓吹風雅也。

清・劉熙載《藝概》卷四 元張小山、喬夢符爲曲家翹楚，李中麓謂猶唐之李、杜。《太和正音譜》評小山詞：如披太華之天風，招蓬萊之海月。中麓作《夢符詞序》云：評其詞者，以爲若天吴跨神鰲，噀沫於大洋，波濤洶涌，有截斷衆流之勢。案：小山極長於小令，夢符雖頗作雜劇、散套，亦以小令爲最長。兩家固同一騷雅，不落俳語，惟張尤翛然獨遠耳。

清・謝章鋌《賭棋山莊詞話》卷二 夫古人樂府，專重典雅，竹垞操選，以此爲準。試觀小山、夢符二家小令，抑何宛轉多風。況詞又非曲比者，而必以釘鉸爲瓣香哉。此其罪過，當不止如秀師之呵魯直。

清・陳廷焯《詞壇叢話・喬夢符效易安》 易安詞尋尋覓覓，冷冷清清，悽悽慘慘戚戚，喬夢符效之，作《天净沙》詞云，【略】疊字又增其半，然不若易安之自然。蓋古人傑出之作，後人學之，鮮有能并美者。

又《白雨齋詞話》卷七 尋尋覓覓，冷冷清清，凄凄慘慘戚戚。易安雋句也并非高調。鶯鶯燕燕春春，【略】喬夢符效之，醜態百出矣。

清・張德瀛《詞徵》卷五 李易安《聲聲慢》詞起云尋尋覓覓，冷冷清清，凄凄慘慘戚戚，句法奇創，喬夢符《天净沙》曾倣其體。

傳記

元・鍾嗣成《録鬼簿》卷下 喬夢符，名吉甫。太原人。號笙鶴翁，又號惺惺道人。美容儀，能詞章，以威嚴自飭，人敬畏之。居杭州太乙宮前。有題西湖《梧葉兒》百篇，名公爲之序。江湖間四十年，欲刊所作，竟無成事者。至正五年二月，病卒於家。

紀事

清・佚名《曲海總目提要》卷三玉簫女 元喬夢符撰。曰《玉簫女兩世姻緣》，事出唐人《玉簫傳》，詳見《玉環記》中。然彼以張延賞女爲主，此則以玉簫爲主，而紐合延賞。云再世之玉簫，乃延賞義女，蓋因韋皋本延賞之婿，而元曲只叙一事，不作串插，故直以玉簫爲延賞女也。玉簫本姜荆寶之婢，此言姓韓，爲上廳行首。《玉環記》亦據此，但此言轉世爲延賞之義女，以貌相似，及寫真爲證明，而不言指有玉環，《玉環》則言爲副節度姜承之女，指有玉環，此其異也。《玉環》載皋與承大怒賭賽，則又本之於此。略云：成都韋皋，少耽花酒，與妓韓玉簫有白頭之訂。朝廷掛榜招賢，假母迫皋行，臨別，與玉簫期，得官來取。閲數年，絶耗，玉簫病歿，臨終自寫真一幅，作詞一首此詩是出真玉簫本傳，囑其母往京師訪韋達之，不遇而回。又數年，韋已歷官至鎮西大元帥，遣人取玉簫母子，始知玉簫已亡，與其母亦不相值。赴任經荆州，與節使張延賞有舊，邀韋飲，出其義女侑酒，貌與韓無異。兩人皆有情，微呼玉簫名，其女輒應，乃知亦名玉簫。向延賞乞此女，延賞怒，皋亦怒，幾至相殺，適玉簫之母復以所寫真至，皋使向張賣之，延賞見畫，始知皋與女相親之故。皋以事聞於上，遂奉旨成婚云。

又《揚州夢》 元喬夢符撰。按《太平廣記》：唐中書舍人杜牧，少有逸才，下筆成咏，然性疏野放蕩，雖爲檢制而不能自禁。會丞相牛僧孺出鎮揚州，辟掌節度書記。牧供職之外，唯以宴遊爲事。揚州，勝地也，每重城向夕，倡樓之上，常有絳紗燈萬數，輝耀空中；街衢巷陌，珠翠填咽，邈若仙境。牧出没馳逐其間，殆無虚夕。復有卒三十人，易服隨後潛護之，僧孺之密教也。而牧自謂得計，人不知之，所至成歡，無不會意。如是且數年，及徵拜侍御史，僧孺于中堂餞，因戒之曰：以侍御氣概特達，固當自極夷塗。然常慮風情不節，或至尊體乖和。牧因謬曰：某幸常自檢收，不至貽尊憂耳。僧孺笑而不答，即命侍兒取一小書簏，對牧發之，乃街卒之密報也，凡數十百，悉曰某夕杜書記過某家，無恙，某夕宴某家亦如之，牧對之大慚，因泣拜致謝，而終身感焉。又按牧本集有《張好好詩》，其序云：牧太和三年，佐故吏部沈公江西幕，好好年十三，始以善歌來樂籍中。後一歲，公移鎮宣城，復置好好于宣城籍中。後二歲，爲沈著作述師以雙鬟納之。後二歲，于洛陽東城重睹好好，感舊傷懷，故題詩贈之。作者將此二事參錯成文，特好好本隸籍江西，詩序則云沈公，而此謂豫章太守張紡移贈僧孺；又牧作詩之故，以舊識重逢，時移事易，不勝感愴，聊用寄懷。蓋好好時又屬沈著作矣，初未歸牧也。唯牧詩有贈之天馬錦，副以水犀梳之句，纏頭之賞，形于歌咏，填詞家借此設色，既使關目有情，兼謂牧眷念未忘，遂爲生波作合耳。至牧《遣懷詩》云：落拓江湖載酒行，楚腰纖細掌中輕。十年一覺揚州夢，贏得青樓薄倖名。蓋追憶僧孺幕中事而作，作者命名之意，本取諸此。

又《金錢記》 元喬夢符撰，緣唐人許堯佐《章臺柳傳》。柳歸韓翃，翃大曆才子，故劇以翃名。翃字君平，此曰飛卿，唐温飛卿亦才子，合以寓意也。王輔之女，小字柳眉，亦借韓妾章臺柳之意；又添入賀知章；又因有李生，故借李白點染。韓翃亦作韓翊，各書互異，明萬曆間，梅鼎祚所作《玉合記》，據柳氏本傳，無金錢事。《全唐詩話》云：侯希逸鎮淄青，翊爲從事，罷府，閑居十年。李勉鎮彝門，辟爲幕屬，時已遲暮，不得意。一日夜將半，客叩門急，賀曰：員外除駕部郎中、知制誥。翊愕然曰：誤矣。客曰：邸報制誥闕人，中書兩進名不從，又請之，曰與韓翊。時有同姓名者，爲江淮刺史，又具二人同進，御批曰：春城無處不飛花，寒食東風御柳斜。日暮漢宮傳蠟燭，青烟散入五侯家。又批曰：與此韓翊。翊曰：是不誤。時建中初也。略云：京府尹王輔，有女曰柳眉兒，年十八，未字，輔曾以御賜開元通寶金錢五十文，與女懸佩。三月上巳，都人仕女俱遊九龍池，看楊家一捻紅，輔命女往。時韓翊方與賀知章飲，聞龍池之盛，逃席往遊，一見眉兒，目成心許。柳以所佩金錢遺翊，翊乘醉，隨柳車入輔後園。值輔退朝，見翊可疑，縛之，適知章來，爲翊通姓名。輔素聞其才，遂館于園中。一日，置酒與翊飲，於翊書中，忽見其女所佩金錢，怒甚，欲聲其罪，而知章來求云：上見翊卷，謂此子文章不在李白下，有旨宣入朝，將加以官。輔訴其狀于知章，知章曲解之，願爲媒以合秦晉之好。翊見上，擢爲狀元。輔乃結彩樓，招翊爲婿，而翊以兩次受辱，忽拒不肯。知章以告李白，白聞於上，奉敕命知章，太白爲媒，加賜成親云。史稱翃，南陽人，傳云昌黎人，此云洛陽人，彼此互異，蓋韓愈傳亦稱南陽人，其曰昌黎，以其遠祖麒麟封昌黎伯，故稱郡望也，洛陽則以流寓而名。按史，開元初，宋璟請禁惡錢，更鑄開元天寶錢，又唐初進蠟錢樣，文德皇后掐一甲迹，故錢有掐文。《唐逸史》云：明皇在東都，晝夢一女子，容艷異常，謁帝曰：妾凌波池中龍女也，願賜一曲，以光族類。帝爲歌《凌波池曲》，及寤，盡記之。因宴於池，奏新聲，忽池波湧起，有神女出於波心，乃夢中女也，望拜御座，良久方没。因置祠池上祀之。此龍池所由著也。然中宗時沈佺期輩唱和，俱有龍池篇，蓋其來久矣。《青瑣高議》：楊家紅者，貴妃勻面，脂在手，印花上，來歲花開，上有指印紅迹，帝名爲一捻紅。

著録

元・鍾嗣成《録鬼簿》卷下 喬夢符：《怨風月嬌雲認玉釵》、《玉簫女兩世姻緣》、《杜牧之詩酒揚州夢》、《死生交托妻寄子》、《馬光祖勘風情》、《荆公遺妾》、《唐明皇御斷金錢記》、《節婦牌》、《賢孝婦》、《九龍廟》、《燕樂毅黄金臺》。

明・李開先《詞謔・詞套四》《李太白匹配金錢記》，喬夢符作。

清・佚名《曲海總目提要》卷二 《玉簫女》：喬夢符，【略】所作雜劇，今存《玉簫女》、《揚州夢》、《金錢記》等三種。

清・黄虞稷《千頃堂書目》卷三二 《喬吉小令》一卷。

清・黄文暘、佚名《重訂曲海總目・元人雜劇》 喬吉：《金錢記》、《揚州夢》、《玉簫女》。又：喬孟符元人：《兩世因緣》。

清・焦循《易餘籥録》卷一七 《李太白匹配金錢記》，喬夢符作，《點鬼簿》題爲《唐明皇御斷金錢記》。別有《柳眉兒金錢記》，平陽人石君寶作。

清・黄丕烈《喬夢符小令跋》 李中麓家詞山曲海，今余獲其所刻《喬夢符小令》一種，是猶太山之拳石，滄海之勺水也。然刻在隆慶朝，尚在有明中葉。楮墨古雅，可供几席展玩，譬諸古董家偶拾取一二奇珍，即視爲寶物，矧古書耶。

又《也是園藏書・古今雜劇目録》 元喬夢符：《李太白匹配金錢記》、《杜牧之詩酒揚州夢》、《玉簫女兩世姻緣》。

清・梁廷枏《曲話》卷一 《金錢記》、《揚州夢》、《玉簫女》。

清・支豐宜《曲目新編》 《金錢記》、《揚州夢》、《玉簫女》。

清・姚燮《今樂考證・著録二・元雜劇》 喬吉甫十一種：《怨風月嬌雲認玉釵》、《杜牧之詩酒揚州夢》、《玉簫女兩世姻緣》、《死生交托妻寄子》、《馬光祖勘風塵》、《荆公遺妾》、《唐明皇御斷金錢記》、《節婦牌》、《賢孝婦》、《九龍廟》、《燕樂毅黄金臺》。

清・王國維《曲録》卷二 《怨風月嬌雲認玉釵》、《玉簫女兩世因緣》、《杜牧之詩酒揚州夢》、《死生交託妻寄子》、《馬光祖勘風塵》、《荆公遺妾》、《唐明皇御斷金錢記》、《節婦牌》、《賢孝婦》、《九龍廟》、《燕樂毅黄金臺》。右十一種，元喬吉撰。

《補元史藝文志》卷四　喬吉《惺惺老人樂府》一卷。

藝文

明·賈仲明《凌波仙·補喬夢符吊詞》　平生湖海少知音，幾曲宫商大用心。百年光景還争甚。空贏得，雪鬢侵。跨仙禽、路繞雲深。欲挂墳前劍，重聽膝上琴。漫攜琴、載酒相尋。

圖表

明（萬曆）顧曲齋刊《古雜劇》本《金錢記》插圖

又《兩世姻緣》插圖

睢景臣

論説

明・朱權《太和正音譜》卷上 睢景臣之詞，如鳳管秋聲。

傳記

元・鍾嗣成《録鬼簿》 睢景臣，後字景賢。大德七年，公自維揚來杭州，余與之識。自幼讀書，以水沃面，雙眸紅赤，不能遠視。心性聰明，酷嗜音律。維揚諸公俱作《高祖還鄉》套數，惟公《哨遍》製作新奇，皆出其下。又有《南吕・一枝花・題情》云：人歸燕子樓，帳冷鴛鴦錦。酒空鸚鵡盞，釵折鳳皇金。亦爲工巧，人所不及也。

紀事

清・佚名《曲海總目提要》卷三《屈原投江》 元睢景臣、吴仁卿。睢景臣，後字景賢，揚州人；吴仁卿，名弘道，號克齋先生。二人所作今均散佚，皆有此劇，標曰楚大夫屈原投江。《屈原傳》：原名平，與楚王同姓，仕於懷王，爲三閭大夫。入則與王圖議政事，決定嫌疑；出則監察群下，應對諸侯。謀行職修，王甚任之。原同列上官大夫，及用事臣靳尚妒害其能，共譖毁之。王疏屈原，原心煩亂，遂赴汨羅江自沉而死。《續齊諧志》：屈原以端午日投汨羅江而死，楚人哀之，每至此日，以竹筒貯米，投水祭之。漢建武中，長沙歐回，白日忽見一人，自稱三閭大夫，謂曰：君常見祭，甚善，但苦爲蛟龍所竊。今若有惠，可以楝樹葉塞其上，以五彩絲縛之，此二物蛟龍所憚也。回依其言，世人五日作粽子，并帶五色絲及楝葉，皆汨羅之遺風也。王逸《離騷經注》：伯庸名我爲平以法天，字我曰原以法地。愚按三閭大夫，既名爲平字原矣，而又有正則、靈均之稱者，何也。或云：古人有名必有小名，有字必有小字，正則乃小名，靈均則小字也。

著録

元・鍾嗣成《録鬼簿》卷下 睢景臣：《楚大夫屈原投江》、《鴛鴦牡丹記》、《千里投人》。

明（萬曆）《揚州府志》卷二四 《睢景臣詞》一卷，元大德間維揚睢景臣撰。

清・尤侗《讀離騷・自序》 元人雜劇，睢景臣有《屈原投江》，尚仲賢有《歸去來兮》，關漢卿有《哭昭君》，張時起有《昭君出塞》，吴昌齡有《夜月走昭君》，俱未及見。

清・姚燮《今樂考證・著録二・元雜劇》 睢景臣三種：《千里投人》、《鴛鴦牡丹記》、《楚大夫屈原投江》。《曲録》卷二《楚大夫屈原投江》、《鴛鴦牡丹記》、《千里投人》。右三種，元睢景臣撰。

藝文

元・鍾嗣成《凌波仙・睢景臣吊詞》 吟髭撚斷爲詩魔，醉眼慵開被酒酡。半生才便作三閭，些嘆番成《薤露歌》。等閒間蒼鬢成皤。功名事，歲月過，又待如何。

周文質

論說

明・朱權《太和正音譜》卷上　周仲彬之詞，如平原孤隼。

清・姚燮《今樂考證・元劇總論》　周仲彬如平原孤隼。

傳記

元・鍾嗣成《録鬼簿》卷下　文質字仲彬，其先建德人，後居杭州，因而家。體貌清癯，學問該博，資性工巧，文筆新奇。家世儒業，俯就路吏。善丹青，能歌舞，明曲調，諧音律。性尚豪俠，好事敬客。余與之交，二十年未嘗跬步離也。元統二年六月，余自吳江回，公已抱病，盛暑中，止以爲癰癤之毒，而不經意也。醫足踵門，病及五月，而無瞑眩之藥。十一月五日，卒於正寢。嗚呼□哉。始余編此集，公及見之，題其姓名於未死鬼之列，嘗與論及亡友，未嘗不握手痛惋，而公亦中年而殁，則余輩衰老萎儂者，□□以久於人世也歟。噫，往者不可追，來者不可期，已而已而，此余深有感於公也。

著録

元・鍾嗣成《録鬼簿》卷下　周文質：《孫武子教女兵》、《春風杜韋娘》、《持漢節蘇武還鄉》、《敬新磨戲諫唐莊宗》。

明・朱權《太和正音譜・群英所編雜劇》　周仲彬：《杜韋娘》、《蘇武持節》、《孫武教女兵二本》、《戲諫唐莊宗》。

清・黃丕烈《也是園藏書・古今雜劇目録》　《英雄士蘇武持節》。

清・姚燮《今樂考證・著録二・元雜劇》　周文質四種：《孫武子教女兵》、《春風杜韋娘》、《持漢節蘇武還鄉》、《敬新磨戲諫唐莊宗》。

清・王國維《曲録》卷二　《鏡新磨戲諫唐莊宗》、《孫武子教女兵》、《持漢節蘇武還鄉》、《春風杜韋孃》。右四種，元周文質撰。

藝文

元・鍾嗣成《淩波仙・周仲彬吊詞》　丹墀未知玉樓宣，黄土應埋白骨冤，羊腸曲折雲更變。料人生，亦惘然。歎孤墳，落日寒烟。竹下泉聲細，梅邊月影圓。因思君，歌舞十全。

吳弘道

論說

明・朱權《太和正音譜》卷上　吳仁卿之詞，如山間明月。

清・姚燮《今樂考證・元劇總論》　吳仁卿如山間明月。

傳記

元・鍾嗣成《録鬼簿》卷下　仁卿，字弘道，號克齋先生，歷仕府判致仕。有《金縷新聲》行於世。亦有所編傳奇。

著録

元·鍾嗣成《録鬼簿》卷下 吳仁卿：《子房貨劍》、《火燒正陽門》、《醉遊阿房宫》、《楚大夫屈原投江》。

明·朱權《太和正音譜·群英所編雜劇》 吳仁卿：《子房貨劍》、《手卷記》、《火燒正陽門》。

清·姚燮《今樂考證·著録二·元雜劇》 吳仁卿五種：《子房貨劍》、《火燒正陽門》、《醉遊阿房宫》。《楚大夫屈原投江》、《手卷記》。

清·王國維《曲録》卷二 《楚大夫屈原投江》、《火燒正陽門》、《子房貨劍》、《醉遊阿房宫》、《手卷記》。右五種，元吳弘道撰。

藝文

明·賈仲明《淩波仙·補吳仁卿吊詞》 克齋弘道老仁卿，衣紫腰金府判升，銀鞍紫馬敲金鐙。錦鄉中，過一生，老來也，致仕心寧。《手卷記》，《子房貨劍》，錦樂府，天下盛行。《曲海叢珠》、《金縷新聲》。

秦簡夫

論説

明·朱權《太和正音譜》卷上 秦簡夫之詞，如峭壁孤松。

清·姚燮《今樂考證·元劇總論》 秦簡夫如峭壁孤松。

傳記

元·鍾嗣成《録鬼簿》卷下 秦簡夫，見在都下擅名。近歲來杭回。

紀事

清·佚名《曲海總目提要》卷三《東堂老》 元秦簡夫撰。據云：趙國器、李實，皆東平人，同爲揚州賈，相友善。國器子曰揚州奴。按：此蓋揚州生者，如石崇曰齊奴是也。東堂老，又稱爲揚州兒。飲酒宿娼。國器憂悶成疾，念其友李實有古君子風，人皆稱爲東堂老。人以李實有古風，故尊稱之耳。《國史補》：辛相曰堂老。又司道人詩有曰東老雖貧樂有餘。乃陰以託孤事委之。國器既殁，揚州奴益恣肆，爲無賴柳隆卿、胡子傳引誘，家日破耗。東堂老屢加訶責，雖頗畏憚，而卒不悛，産業傾盡，甚至行乞。東堂老之妻稍稍衣食之，給以微貲，令作生業。揚州奴計無復之，投隆卿、子傳，皆若不相識，始大悲悔，而以李姆所給貲賣菜自給，刻苦營生。東堂老覘知之，以己誕，設筵席大召鄉里故人及揚州奴夫婦，乃出國器託孤遺囑，令揚州奴讀之。始知國器臨終，暗寄銀五百錠，囑俟其子困極始給之。東堂老爲經營生息，凡揚州奴所賣田産、驢馬、奴婢及家中所有之物，東堂老皆令人轉買之。至是出簿籍，詳列年月，一一付還，無少欠缺，揚州奴依然富實。柳、胡復至，爲東堂老所訶，揚州奴亦拒絶之不復與近。

又《趙禮讓肥》 元秦簡夫撰。《後漢書·趙孝傳》：孝家長平，沛國蘄人也。天下亂，人相食，孝弟禮爲餓賊所得。孝聞之，即自縛詣賊曰：禮久餓羸瘦，不如孝肥飽。賊大驚，並放之，謂曰：可且歸，更持米糒來。孝求不能得，復往報賊，願就烹。衆異之，遂不害。鄉黨服其義。永平中，辟太尉府，詔拜諫議大夫遷侍中，又遷長樂衛尉，復徵弟禮爲御史中丞。禮亦恭謙行己，類於孝。帝嘉其兄弟篤行，欲寵異之，詔禮十日一就衛尉府，大官送供具，令共相對盡歡。

著録

元・鍾嗣成《録鬼簿》卷下 秦簡夫：《東堂老勸破家子弟》、《天壽太子邢臺記》、《玉溪館》、《義士死趙禮讓肥》、《陶賢母剪髮待賓》。

明・朱權《太和正音譜・群英所編雜劇》 秦簡夫：《玉溪館》、《破家子弟》、《趙禮讓肥》、《剪發待賓》。

明・晁瑮《寶文堂書目》卷中 《東堂老勸破家子》。

清・黄文暘、佚名《重訂曲海總目》 《趙禮讓肥》、《東堂老》、《破家子弟》。

清・黄丕烈《也是園藏書・古今雜劇目録》 《東堂老勸破家子弟》、《孝義士趙禮讓肥》、《陶母剪髮待賓》。

清・梁廷枏《曲話》卷一 《趙禮讓肥》、《東堂老》。

清・支豐宜《曲目新編》 《趙禮讓肥》、《東堂老》。

清・姚燮《今樂考證・著録二・元雜劇》 秦簡夫五種：《東堂老勸破家子弟》、《天壽太子邢臺記》、《玉溪館》、《義士死趙禮讓肥》、《陶賢母翦髮待賓》。

清・王國維《曲録》卷二 《東堂老勸破家子弟》、《義士死趙禮讓肥》、《天壽太子邢臺記》、《玉溪館》、《陶賢母剪髮待賓》。右五種，元秦簡夫撰。

藝文

明・賈仲明《淩波仙・補秦簡夫吊詞》 文章官樣有繩規，樂府中和成墨蹟，燈窗捻出新雜劇。《玉溪館》，煞整齊。晉陶母，剪髮筵席。《破家子弟》、《趙禮讓肥》，壯麗無敵。

趙善慶 趙文寶 趙文賢

論説

明・朱權《太和正音譜》卷上 趙文寶之詞，如藍田美玉。

清・姚燮《今樂考證・元劇總論》 趙文寶如藍田美玉。

傳記

元・鍾嗣成《録鬼簿》卷下 善慶字文賢，饒州樂平人。善卜術，任陰陽學正。又别作趙文寶名孟慶。

著録

元・鍾嗣成《録鬼簿》卷下 趙善慶：《孫武子教女兵》、《唐太宗驪山七德舞》、《醉寫滿庭芳》、《村學堂》、《燒樊城糜竺收資》。

明・朱權《太和正音譜・群英所編雜劇》 趙文寶：《七德舞》、《執笏諫》、《孫武教女兵》二本《姜肱共被》、《糜竺收資》。

清・姚燮《今樂考證・著録二・元雜劇》 趙善慶七種：《孫武子教女兵》、《唐太宗驪山七德舞》、《醉寫滿庭芳》、《村學堂》、《燒樊城糜竺收資》、《姜肱共被》、《執笏諫》。

清・王國維《曲録》卷二 《孫武子教女兵》、《唐太宗驪山七德舞》、《醉寫滿庭芳》、《村學堂》、《燒樊城糜竺收資》、《執笏諫》、《姜肱共被》。右七種元趙善慶撰。

藝文

明·賈仲明《淩波仙·補趙文寶吊詞》 姜肱共被弟兄情，糜竺收資貨幣盈，褚良北詔忠直性。居饒州，住樂平，爲陰陽，教授經營。《驪山七德舞》，《孫武教女兵》，德在明明。

汪勉之

傳記

元·鍾嗣成《録鬼簿》卷下 汪勉之，勉之，慶元人。由學官歷浙東帥府令史。鮑吉甫所編《曹娥泣江》，公作二折。樂府亦多。

著録

元·鍾嗣成《録鬼簿》卷下 《曹娥泣江》。

清·王國維《曲録》卷二 《孝烈女曹娥泣江》。元鮑天祐、汪勉之合撰。

藝文

明·賈仲明《淩波仙·補汪勉之吊詞》 名雖傳道職學官，風韻清標貌勝潘，胸中星斗文章煥。心貫通，體廣胖。尊瞻視，楚楚衣冠。歷帥府浙東令史，補《曹娥泣江》兩端。伴黃沙，白草漫漫。

屈恭之

傳記

元·鍾嗣成《録鬼簿》卷下 子敬，英甫之姪，與余同窗，有樂府。所編有田單復齊等套數。以學官除路教而卒。樂章華麗，不亞於小山。

著録

元·鍾嗣成《録鬼簿》卷下 屈子敬：《田單復齊》、《孟宗哭竹》、《敬德撲馬》、《昇仙橋相如題柱》、《宋上皇三恨李師師》。

明·朱權《太和正音譜·古今無名氏雜劇》 《田單火牛》。

明·晁瑮《寶文堂書目》卷中 《司馬相如題橋記》。

清·姚燮《今樂考證·著録二·元雜劇》 屈子敬五種：《田單復齊》、《孟宗哭竹》、《敬德撲馬》、《昇仙橋相如題柱》、《宋上皇三恨李師師》。

清·王國維《曲録》卷二 《田單復齊》、《孟宗哭竹》、《昇仙橋相如題柱》、《宋上皇三恨李師師》、《敬德撲馬》。右五種元屈子敬撰。

藝文

明·賈仲明《淩波仙·補屈子敬吊詞》 學官子敬屈恭之，本路新除教授資，樂章洒落通街市。便小山，何到此。宋上皇，三恨師師。漢司馬，《題橋柱》，齊田單，復舊時，各辨妍媸。

蕭德祥

傳記

元・鍾嗣成《録鬼簿》卷下 德祥，杭州人。以醫爲業，號復齋。凡古文俱隱括爲南曲，街市盛行。又有南曲戲文等。

著録

元・鍾嗣成《録鬼簿》卷下 蕭德祥：《四春園》、《小孫屠》、《王翛斷殺狗勸夫》、《四大王歌舞麗春園》、《包待制三勘蝴蝶夢》。

明・朱權《太和正音譜・古今無名氏雜劇》《殺狗勸夫》。

清・姚燮《今樂考證・著録二・元雜劇》 蕭德祥五種：《四春園》、《小孫屠》、《王翛斷殺狗勸夫》、《四大王歌舞麗春園》、《包待制三勘胡蝶夢》。

清・王國維《曲録》卷二《王翛然斷殺狗勸夫》、《四大王歌舞麗春園》、《包待制三勘蝴蝶夢》、《四春園》、《小孫屠》。右五種元蕭德祥撰。

藝文

明・賈仲明《淩波仙・補蕭德祥吊詞》 武林書會展雄才，醫業傳家號復齋，戲文南曲衡方脈。共傳奇，樂府諧。治安時，何地無才。人間着，《鬼簿》栽，共弄玉，同上春臺。

陳登善

陸登善

陳登善

傳記

元・鍾嗣成《録鬼簿》卷下 登善，字仲良，祖父維揚人。江淮改浙江，其父以典掾來杭，因而家焉。爲人沉重簡默，能詞能謳，有樂府、隱語。

清（康熙）《錢塘縣志》卷三三 一云姓陳，維揚人，徙杭。

清（光緒）《增修甘泉縣志》卷二三 登善一云姓陳，字仲良。江淮行省改浙江，其父以典掾來杭，因家焉。爲人沉重簡默，能詞能謳，有《樂府隱語》。

著録

元・鍾嗣成《録鬼簿》卷下 陸登善：《開倉糶米》、《張鼎勘頭巾》。

明・朱權《太和正音譜・古今無名氏雜劇》《張鼎勘頭巾》。

明・晁瑮《寶文堂書目》卷中《開封府張鼎勘頭巾》。

清・姚燮《今樂考證・著録二・元雜劇》 陸登善二種：《開倉糶米》、《張鼎勘頭》。

清・王國維《曲録》卷二《張鼎勘頭巾》、《開倉糶米》。右二種，元陸登善撰。

藝文

明・賈仲明《淩波仙・補陸仲良吊詞》 貞元始祖謚宣公，嗜著《茶經》椉苧翁，父維揚典掾清名重。改淮南，江、浙同。住杭城，家道鬆。詞詩歌唱，詩禪貫通，一代文風。

朱凱

論説

清·焦循《劇説》卷二 是役也，王侁争功，以致業敗，美之罪在不能制侁耳；元人朱凱作《孟良盗骨殖》，則云業與北番交戰，被圍虎口交牙穀，命第七兒楊延嗣乞師于潘，潘攢箭射死，業因不能脱。夫同没者延玉，此言延嗣；果以乞師而潘射之，則潘之惡甚矣。

元·鍾嗣成《録鬼簿》卷下 凱字士凱，自幼孑立不俗，與人寡合。小曲極多。所編《昇平樂府》及隱語《包羅天地》、《謎韻》皆余作序。

著録

元·鍾嗣成《録鬼簿》卷下 朱凱：《孟良盗骨殖》、《黄鶴樓》。

明·朱權《太和正音譜·古今無名氏雜劇》《孟良盗骨》、《醉走黄鶴樓》。

清·黄文暘、佚名《重訂曲海總目》《昊天塔》。

清·梁廷枏《曲話》卷一《昊天塔》。

清·支豐宜《曲目新編》《昊天塔》。

清·姚燮《今樂考證·著録二·元雜劇》 朱凱二種：《孟良盗骨殖》、《黄鶴樓》。

清·王國維《曲録》卷二《昊天塔孟良盗骨殖》、《醉走黄鶴樓》。右二種，元朱凱撰。

藝文

明·賈仲明《淩波仙·補朱士凱吊詞》 梨園樂府永昇平，沉默敦篤念信誠，《包羅天地》、《曹娥鏡》。詩禪隱語精，振江、淮，獨步杭城。王彦中，弓身侍；陳元贊，拱手聽；包賢持，拜先生。

王曅

傳記

元·鍾嗣成《録鬼簿》卷下 曅字日華，杭州人。體豐肥而善滑稽。能詞章樂府。臨風對月之際，所製工巧。有與朱士凱題《雙漸小卿問答》，人多稱賞。

著録

元·鍾嗣成《録鬼簿》卷下 王曅：《卧龍岡》、《雙賣華》、《破陰陽八卦桃花女》。

明·朱權《太和正音譜·古今無名氏雜劇》《智賺桃花女》。

明·晁瑮《寶文堂書目》卷中《桃花女》。

清·梁廷枏《曲話》卷一《桃花女》。

清·支豐宜《曲目新編》《桃花女》。

清·姚燮《今樂考證·著録二·元雜劇》 王曅三種：《卧龍崗》、《雙賣華》、《破陰陽八卦桃花女》。

清・王國維《曲録》卷二 《破陰陽八卦桃花女》、《卧龍岡》、《雙賣華》。右三種，元王曄撰。

藝文

明・賈仲明《淩波仙・補王曄吊詞》 詩詞華藻語言佳，獨有西湖處士家，滑稽性格身肥大。金斗遺事廝問答，與朱凱士，來往登達。珠璣梨繡，日精月華。免不得，命掩黄沙。

王仲元

傳記

元・鍾嗣成《録鬼簿》卷下 王仲元，杭州人。余與之交有年矣，所編者皆佳。

著録

元・鍾嗣成《録鬼簿》卷下 王仲元：《東海郡于公高門》、《袁盎卻坐》、《私下三關》。

明・朱權《太和正音譜・古今無名氏雜劇》《私下三關》。

清・姚燮《今樂考證・著録二・元雜劇》 王仲元三種：《東海郡于公高門》、《私下三關》、《袁盎却坐》。

清・王國維《曲録》卷二 《東海郡于公高門》、《袁盎卻坐》、《私下三關》。右三種，元王仲元撰。

藝文

明・賈仲明《淩波仙・補王仲元吊詞》 于公爲陰德起高門，袁盎因夫人卻漢文，歷像演史全忠信。將賢愚，善惡分。戲臺上，攷試人倫。大都來，一時事，搬弄出，千載因。辨是非，好歹清渾。

孫子羽

傳記

元・鍾嗣成《録鬼簿》卷下 孫子羽，子羽，儀真人。

著録

元・鍾嗣成《録鬼簿》卷下 孫子羽：《杜秋娘月夜紫鸞簫》。

明・朱權《太和正音譜・群英所編雜劇》 孫子羽：《夜月紫鸞簫》。

清・姚燮《今樂考證・著録二・元雜劇》 孫子羽一種：《杜秋娘月夜紫鸞簫》。

清・王國維《曲録》卷二 《杜秋娘夜月紫鸞簫》。元孫子羽撰。

張鳴善 張明善

論説

明·朱權《太和正音譜》卷上　張鳴善之詞如彩鳳刷羽。藻思富瞻，爛若春葩，郁郁焰焰，光彩萬丈，可以爲羽儀詞林者也。誠一代之作手，宜爲前列。

傳記

元·鍾嗣成《録鬼簿》卷下　張鳴善，鳴善，揚州人。宣慰司令史。

著録

元·鍾嗣成《録鬼簿》卷下　張鳴善：《包待制判斷煙花鬼》、《黨金蓮夜月瑶琴怨》。

明·朱權《太和正音譜·群英所編雜劇》　張鳴善：《煙花鬼》、《夜月瑶琴怨》。

清·姚燮《今樂考證·著録二·元雜劇》　張鳴善二種：《包待制判斷烟花鬼》、《黨金蓮夜月瑶琴怨》。

清·王國維《曲録》卷二　《包待制判斷煙花鬼》、《黨金蓮夜月瑶琴怨》。右二種，元張鳴善撰。

鍾嗣成

論説

元·朱士凱《録鬼簿後序》　文以紀傳，曲以吊古，使往者復生，來者力學，《鬼簿》之作，非無用之事也。大梁鍾君，名嗣成，字繼先，號醜齋。善之鄧祭酒、克明曹尚書之高弟。累試於有司，命不克遇，從吏則有司不能辟，亦不屑就，故其胸中耿耿者，借此爲喻，實爲己而發也。樂府小曲，大篇長什，傳之於人，每不遺藁，故未能就編焉。如《馮諼收券》、《詐遊雲夢》、《錢神論》、《斬陳餘章臺柳鄭莊公》、《蟠桃會等》皆在他處按行，故近者不知，人皆易之。君之德業輝光，文行浥潤，後輩之士，奚能及焉。噫，後之視今，亦猶今之視昔也，日居月諸，可不勉旃。

元·邵元長《録鬼簿後序》　余僻居慈谿小縣，每歎孤陋，側聆繼先鍾先生大名久矣，莫遂荆識。丁丑孟秋，一日邂逅於東皋精舍，忽忽東之鄮城。至中秋復回谿上，示予以親編《録鬼簿》，皆本朝顯宦名公，詞章行於世者，恐後湮没姓名，故編排類集，記其出處才能於其前，度以音律樂章於其後，千萬載之下，知其爲何人，直欲俾其爲不死之鬼也。先生之用心，誠可嘉尚。於其行，遂歌〔湘妃曲〕以贈：高山流水少人知，幾擬黄金鑄子期，繼先既解其中意，恨相逢何太遲。示佳篇古怪新奇，想達士無他事，録名公半是鬼，歎人生不死何歸。慈谿邵元長德善頓首。

明·賈仲明《書録鬼簿後》　余因雨窗逸興，觀其前代故元夷門高士醜齋繼先鍾君所編録鬼簿，載其前輩玉京書會燕趙才人，四方名公士夫，編撰當代時行傳奇、樂章、隱語、比詞源諸公卿大夫士，自金之解元董先生，并元初漢卿關已齋叟已下，前後凡百五十一人，編集于簿。前有董解元等，皆省院臺部翰院路府要路、公卿大夫者四十四人，未紀挽詞爲吊。又編集傳奇名公，自關先生等五十六人，惟紀其所編傳奇，亦未吊之。與鍾君相知者，自宫大用以下一十八人，皆作其傳，各各以〔凌波僊〕曲吊挽。已後才人與先生不相識者，王思順等三十三人，止列其姓名，書其學問，俱無詞吊之。余雖才淺名輕，不捨先生盛文高韻，美乎前輩諸賢大夫名公士出處文學列于簿，凡宫大用等已吊之，餘者皆無文焉。余今暮年衰耄，首先公卿大夫四十四人，未敢相挽。自關先生至高安道八十二人，各各勉强次前曲以綴之。嗚呼。未敢於前輩中馳騁，未免拾其遺而補其缺；以此言之，正所謂附驥續貂云也，愧哉。

明·朱權《**太和正音譜**》**卷上**　鍾繼先之詞，如騰空寶氣。

明·徐渭《**南詞叙録·自序**》　北雜劇有《點鬼簿》，院本有《樂府雜録》，曲選有《太平樂府》，記載詳矣。惟南戲無有選集，亦無表其名目者，予嘗惜之。

傳　記

元·佚名《**録鬼簿續編**》　鍾繼先，名嗣成，古汴人。號醜齋。以明經累試於有司，數與心違，因杜門養浩然之志。著《録鬼簿》，實爲己而發之。其德業輝光，文行温潤，人莫能及。善音律，能隱語。有文集若干卷藏於家。所編小令、套數極多，膾炙人口。惜其傳奇，皆在他處按行，故近者不知，人皆易之。後之君子，讀其《鬼簿》，則知其爲人也。

清·劉世珩《**録鬼簿跋**》　《録鬼簿》二卷，元鍾嗣成撰。嗣成字繼先，一字醜齋。蓋杭州人。其稱古汴者，元時士夫，多好著舊望，猶曰巴西鄧文原，蜀郡虞集云耳。朱士凱云繼先爲鄧善之高弟。按《元史》，善之其先緜州人，宋末徙錢唐，至元二十七年辟爲杭州儒學正，至大間授江浙儒學提舉。繼先學於善之，當在其爲儒學時也。繼先序其所交遊，幾盡爲杭人，如金志甫、范子安、沈和甫、鮑吉甫、陳存甫、范冰壺、施君美、黄德潤、沈拱之、吴中立、周仲彬皆是。宫大用、鄭德輝、曾瑞卿、喬孟符，悉流寓杭州者也。又其紀范冰壺、施君美里巷甚悉。睢景臣傳云：大德七年，公自維揚來杭州，余與之識。其爲杭州人無疑矣。此書成於至順庚午，凡金元雜劇名人仕履，考訂綦詳，可爲談曲本之助。近時通行者，止《曹楝亭叢書》本，而舛訛特甚。嗣得尤貞起鈔本，紙墨似國初人。方知原書兩排，用漢碑例横讀；曹本作一排。又以原本先上後下，則全數不合。後又得明人鈔本，方知明人已誤，楝亭仍之。兩本同出萬曆甲申，一仍原式，一變原式，其優劣如此。今取尤本重刊，以存本書真相，慎弗再據曹本訂此本也。宣統紀元龍集己酉秋七月貴池劉世珩識於天津行館。

著　録

元·鍾嗣成《**録鬼簿·自序**》　余因暇日，緬懷故人，門第卑微，職位不振，高才博識，俱有可録，歲月彌久，湮没無聞，遂傳其本末，吊以樂章。復以前乎此者，叙其姓名，述其所作。冀乎初學之士，刻意詞章，使冰寒于水，青勝于藍，則亦幸矣。名之曰《録鬼簿》。

又《**録鬼簿跋尾**》　右所録，若以讀萬卷書，作三場文，上奪嵬科，首合黄甲第者，世不乏人。其或苦心巖壑，樂道守志者，亦多有之。但於學問之餘，事務之暇，心機靈變，世法通疏，移宫换羽，搜奇索怪，而以文章爲戲者，誠絶無而僅有也。此哀誄之所以不得不作也，觀者幸勿誚焉。

元·朱凱《**録鬼簿後序**》　其樂府、小曲，大篇長什，傳之於人，每不遺稿，故未能就編焉。如《馮驩收券》、《僞遊雲夢》、《錢神論》、《斬陳餘》、《章臺柳》、《鄭莊公》、《蟠桃會》等，皆在他處按行，故近者不知，人皆易之。

元·佚名《**録鬼簿續編**》　鍾繼先，名嗣成，【略】著《録鬼簿》，【略】有文集若干卷，藏于家。所編小令，套數極多。《章臺柳》（寄情韓翊章臺柳）、《錢神論》（譏貨賂魯褒錢神論）、《蟠桃會》（宴瑶池王母蟠桃會）、《鄭莊公》（孝諫鄭莊公）、《斬陳餘》（韓信泜水斬陳餘）、《詐遊雲夢》（漢高祖詐遊雲夢）、《馮諼燒券》。

明·郎英　《**七修類稿**》**卷二三**　昨於舊書肆中得抄本《録鬼簿》，乃元大梁鍾繼先作，載元、宋傳記之名。

明·夢覺子《**録鬼簿題識**》　余雅欲觀元人傳奇詞曲，偶得是帙，中多載其名目，不計妍醜，聊爲録之。間有不成語處，幾欲輟筆，爲所録且半，遂卒業焉。牛溲馬浡，醫者不棄，亦竊附此義云。

明・胡應麟《莊岳委談》下　又郎瑛《類稿》記《點鬼簿》中，亦具有諸人事迹，是元人鍾繼先所編。

明・王驥德《新校注古本西廂記・引證書目》　《録鬼簿》。

明・袁中道《遊居柿録》卷三　弱侯先生入舟中小話，見予舟曰：此泛家也，浮宅何遠。出一册，名《録鬼簿》，蓋元人詞曲諸名家也。

明・祁承㸁《澹生堂藏書目》卷一二　《録鬼簿》一册，二卷，鍾嗣成。《澹生堂餘苑》本。

清・黄虞稷《千頃堂書目》卷二九　鍾嗣成《録鬼簿》二卷。

清・錢曾《也是園藏書目》卷一〇　鍾嗣成《録鬼簿》二卷。

清・曹寅《楝亭書目》卷四　《録鬼簿》，抄本。元古汴鍾嗣成序著，二卷。所録皆元名人能詞而已故者。一册。

清・尤貞起《録鬼簿跋》　余於丁亥孟冬候友某，檢書案得《録鬼簿》一册，計卅餘頁，問所從來，知某老先生囑録也。因竊假抄手録。時有友某者，觀之掩口笑，叩之，則曰：録書難，録無益書尤難，子何録無益書乎。故笑之。余曰：書之有益無益，存乎人之好與不好耳。好則無益亦有益，不好有益亦無益也。茲《簿》縱無益乎，余心竊好之，故録焉，有益無益姑無論。友亦唯唯。録畢，聊識問答。

清（雍正）《江都縣志》卷一七　鍾嗣成，《録鬼簿》卷缺。

清・姚燮《今樂考證・著録二・元雜劇》　鍾嗣成七種：《錢神論》、《章臺柳》、《馮諼焚券》、《鄭莊公》、《詐遊雲夢》、《蟠桃會》、《斬陳餘》。

清・繆荃孫《藝風藏書記》卷八　《録鬼簿》二卷，明尤貞起手抄本。前有緣起，字蹟近松雪翁。

清・王國維《曲録》卷二　《馮諼收券》、《詐遊雲夢》、《錢神論》、《斬陳餘》、《章臺柳》、《鄭莊公》、《蟠桃會》。右七種元鍾嗣成撰。又卷六《録鬼簿》二卷，元鍾嗣成撰。嗣成字里見卷二。此書上卷録已死名公所製雜劇，下卷則録其相知之人所製曲，每人繫以小傳，且作《凌波曲》以吊之。今嗣成所撰雜劇不傳，其曲之存於今者，僅《雍熙樂府》中所選一小套、《北詞廣正譜》中小令一闋及此書中小令十九闋耳。然此書以録曲爲主，故列於此。

又《録鬼簿校注・跋》　宣統改元冬十二月小除夕，以明季精鈔本對勘一過。

又　鈔本亦有夢覺子跋，與此本同出一源。二本各有佳處。鈔本上卷有脱落，然此本下卷已改易體例。字之異同，亦以鈔本爲長。校勘既竟，并以《太和正音譜》、《元曲選》覆校一過，居然善本矣。除夕又記。

又　宣統二年八月，復影鈔得江陰繆氏藏國初尤貞起手鈔本，知此本即從尤鈔出，而易其行款，殊非佳刻。若尤鈔與明季鈔本，則各有佳處，不能相掩也。冬十一月，病眼無聊，記此。

清・劉世珩《録鬼簿跋》　《録鬼簿》二卷，元鍾嗣成撰。【略】此書成于至順庚午，凡金、元雜劇名人仕履，考訂綦詳，可爲談曲本之助。近時通行者，止《曹楝亭叢書》本，而舛訛特甚。嗣得尤貞起鈔本，紙墨似國初人。方知原書兩排，用漢碑例横讀；曹本作一排。又以原本先上後下，則全數不合。後又得明人鈔本，方知明人已誤，楝亭仍之。兩本同出萬歷甲申，一仍原式，一變原式，其優劣如此。今取尤本重刊，以存本書真相，慎弗再據曹本訂此本也。

藝文

元・周誥〈折桂令〉　想開元朝士無多，觸目江山，日月如梭。上苑繁華，西湖富貴，總付高歌。麒麟塚衣冠坎坷；鳳凰臺人物蹉跎。生待如何，死待如何。紙上清名，萬古難磨。

元・邾經〈折桂令〉　何人千古風騷，如意珊瑚，弱水鯨鰲。紙上功名，曲中恩怨，話裏漁樵。歎霧閣雲牕夢杳，想風魂月魄誰招。裹驪珠淚冷鮫綃，續鵾絃指凍鸞膠。傳芳名玉兔揮毫，譜遺音彩鳳銜簫。

明・朱權《凌波仙・鍾嗣成吊詞》　鍾君《鬼簿》集英才，聲價雲雷震九垓，衣襟金玉名仍在。著千年，遺萬載。勾肆中，般演詼諧。彈壓著鶯花寨，憑凌着烟月牌，留芳名，紙上難揩。

陳伯將

傳記

明・佚名《録鬼簿續編》 陳伯將，無錫人。元進士，累官至河南參政，遷中書參知政事。至正辛卯，受行軍司馬參將。文章政事，一代典刑。和曲填詞，乃其餘事。打毬蹴踘，舉世服之。卒於軍前，營中將士，無不慟哭。

清・顧貞立《元詩選》 舉博學弘才，爲蘭谿州判官，累官翰林學士，兵部尚書、河南行省左丞。至正末，没于軍。

著録

明・晁瑮《寶文堂書目》卷中 《晉劉阮誤入桃源》。

高明

論説

明・白雲散仙《重訂慕容喈琵琶記序》 白雲散仙歸自蓬萊，爲酒食，演《琵琶記》以娱客。客曰：此南戲之祖，妙哉。散仙曰：是戲詞麗調高，謂爲南戲之祖，信矣。然不免誣詆前賢耳。史稱：蔡邕三世同居，父子同朝。又稱：邕至孝侍母，病不解衣，廬母墓致瑞，蓋非貧仰於鄰，而賴妻治葬者也。此戲失真，何以取信于世。客曰：必求其真，則鑿矣，但取其戲之足以動人可也。散仙云：瓊臺先生云：每見世人扮雜劇，無端誣賴前賢，伯喈受屈十朋，冤九原，如可作怒氣定衝天，豈不信哉。《本記》云：不關風化體，縱好也徒然。又謂：伯喈棄親不顧，棄妻别娶，事戮彝倫，何關風化。趙氏孤身遠行，入寺乞糧，玷身莫甚焉；牛氏背父從夫，九問十八答，不敬莫過焉。又何關於風化乎。此失之大者，小節未可概舉。由是觀之，似非高明者所作。然詞曲富麗，有非庸流可到。竊意作於高明，而亂於庸流者耳。客唯唯而退。散仙就枕，夢一儒者，愀然其容，揖散僊而言曰：予元進士，永嘉高則成也。嘗編《琵琶記》，以刺東晉慕容喈之不孝，牛金之不義，時爲柳文肅公所責，稿隨焚矣。不意好事者猶録斷稿，中間殘缺，妄意增補，至訛慕容爲蔡邕，則尤可怪。按慕容覆姓，名喈，字伯喈，鮮卑慕容廆之族。自廆受晉命，爲平州刺史，而鮮卑人多入中國。喈之祖父占籍陳留。喈有文學，應元帝詔，爲議郎。時牛金以小吏私幸母后，竊秉相權，招喈爲婿。喈棄父母於陳留。連遇饑荒，所在盜起，音問不通，卒爲餓殍。其妻趙氏，克養克葬，報夫同歸。事載野史。牛金敗績，國史佚之。今錯爲蔡邕，昧予本意，可勝嘆哉。蓋慕蔡字相似，而容邕聲相近故也。然東漢無牛相，東晉有牛金，自有不能錯者。抑不知蔡邕雖嘗舉於董卓，爲祭酒，爲侍御史，爲侍書御史，爲尚書，然輔卓以正，未嘗附其所好。若邕筮仕爲議郎時，與卓絶不相知，邕以忠諫靈帝，得罪遠徙。其忠孝大節，載在信史，不可誣也，予豈不知而錯之哉。好事者錯之耳。後人不察，莫不唾其不孝，邕靈有知，不勝忿忿。遂訴冥司，究予之罪，予莫能辨。今賴吾子之明，敢備以告。散仙曰：然。請燬之何如。曰：燬安能盡。但願以予言更戲，使真者出，則僞者自熄也。吾與中郎之恨釋然矣。幸毋靳予諾。而寤，遂援筆更之，而序其事於首簡。

明・何良俊《四友齋叢説》卷三七 高則成才藻富麗，如《琵琶記》長空萬里，是一篇好賦，豈詞曲能盡之。然既謂之曲，須要有蒜酪，而此曲全無。正如王公大人之席，駝峰熊掌，肥腯盈前，而無蔬笋蜆蛤，所欠者風味耳。

、**明・胡應麟《莊岳委談》卷下** 高則誠在勝國中，似能以詩文見者，徒以傳奇併没。

明・黄正位《琵琶記題詞》　南歌北曲，由來尚矣。語千古絶技者，非中郎傳奇乎。彼其所謂九宮十一調，各有體裁。近世刻者率多魯魚亥豕，序者又復數白論黄，欲博周郎一顧，難之矣。不佞學慚窺豹，詎敢蚓鳴續貂，惟率由舊章屬之剞劂而更新之耳。

明・徐奮鵬《琵琶記序》　《琵琶記》，説者以爲元高東嘉鄙薄王四易妻周氏而娶花不氏女，又以爲唐蔡節度易妻趙氏而娶牛僧儒女。第此亦不能辨其孰是。但即其傳中事評之，天下焉有子登仕籍而親爲溝中瘠者乎。即曰兵戈阻隔風塵，詎不能曲致其力以爲顧養計者乎。事斷乎未必有也。如有之，則其爲子之罪能逃于天地之間耶。雖其臨庭泣訴，庶幾陳情之表、歸墓遐悰，庶幾攀栢之號亦何以贖耶哉。我高皇帝感是記而執王四，蓋謂滅親亂倫，即事涉影響，猶在所必懲，况乎天下有實犯其愆，若而人者，將亦何説之辭。讀《琵琶記》而不泫然於明發之懷者，非夫也。昔晉王裒以父之不得其死，讀蓼莪而不勝其痛，門人因爲之廢詩，竊謂今時有抱瓶罍之恥者，甯忍見蔡邕傳奇哉。

明・佚名《琵琶記序》　諺云：有孝貞女，無孝伯喈。當伯喈之赴選也，五月妻房可割，堂上雙白難舍，情何真也。及成名之後，天高聽杳，辭官辭親之表弗允；魚沉雁希，倚門倚廬之望無慰。雖書館馳夢，月夕抱怨，伯喈其女命何哉。無弗孝之心，有弗孝之行，此糟糠就養、剪發慎終、築臺盡制，貞女之孝獨彰也。誦《琵琶》一辭，千古令人擊節，傳其事懇切處，一字一淚。予愧無陽秋衮鉞，漫加品藻，並爲談所以死者一針砭耳。

清・李漁《閑情偶寄》卷一　高則誠、王實甫諸人，元之名士也，舍填詞一無表見。使兩人不撰《西厢》、《琵琶》，則沿至今日，誰復知其姓字。是則誠、實甫之傳，《琵琶》、《西厢》傳之也。又：若謂古事皆實，則《西厢》、《琵琶》推爲曲中之祖。又：吾於古曲之中，取其全本不懈，多瑜鮮瑕者，惟《西厢》能之。《琵琶》則如漢高用兵，勝敗不一，其得一勝而王者，命也，非戰之力也。《荆》、《劉》、《拜》、《殺》之傳，則全賴音律，文章一道，置之不論可矣。

清・金埴《不下帶編》卷二　元末永嘉高則誠明，避地于鄞之櫟社，以劉後村有身後是非誰管得，滿村聽説蔡中郎句，因編《琵琶記》，有所刺也。時案前列燭，爲之交光，遂名其處爲交光樓。今四明遺址在焉。埴製《一唱千金》曲，有云：琵琶一曲燭交光，燭到交光曲斷腸。祇惜是非風刺謬，千秋冤殺蔡中郎。蓋《荆釵》、《琵琶》均非實事，若院本，則以二劇爲冠。今西湖昭慶僧舍，有則誠爲《琵琶記》時几案，當案拍處，痕深寸許。

清・毛聲山《第七才子書參論》　毛序始曰《琵琶記》篇首標題云：《全忠全孝蔡伯喈》，予竊疑焉。生不能養，死不能葬，可謂孝乎。辭官不得，日日思鄉，將國爾忘家之謂何而名之曰忠也。俗傳東嘉以夢警之故，乃改不忠不孝爲全忠全孝，今觀其文，何嘗是全忠全孝。意者未曾改文字，只改得題目耳。若果曾改文字，則其書中不應復有無數罵伯喈文字，如縱然錦衣歸故里，補不得你名行虧，是借蔡母口罵之。怨只怨蔡伯喈不孝子，是借蔡公口罵之。思量薄幸人，辜奴此身，是借趙氏口罵之。撇父母拋妻不保，三不孝逆天罪大，是借張公口罵之。笑伊家短行，無情忒甚，是借牛氏口罵之猶未已也。其自言曰：不覩親負心的薄倖郎，又云撇卻糟糠妻下堂，人罵之未足，又復自罵。其文字如此，故知其未曾改也。然有罵處隨有勉强斡旋處，罵之所以刺王四之負心，斡旋之所以望王四之補過。深其文者，借蔡邕以罵王四，易其題者，終不敢以王四誣邕也。又曰：文章不曲折則不妙，《西厢記》張生終得與鶯鶯配合，全賴紅娘之力，乃妙在鶯鶯偏要瞞着紅娘。《琵琶記》趙氏再得與伯喈團圓，全賴牛氏之賢，乃妙在伯喈偏要瞞着牛氏。其曲折處正是一樣筆墨。然鶯鶯瞞紅娘，不曾猜破，卻是張生道破，伯喈瞞牛氏，伯喈不曾當面説破，卻被牛氏背地聽破。一樣筆墨，又是兩樣文法。又曰：吾友蔣新又嘗云：文章但有順而無逆，便不成文章，傳奇但有歡而無悲，亦不成傳奇，誠哉是言也。然所以有逆有悲者，必用一人從中作鯁，以爲波瀾，如《西厢》有崔夫人作鯁，《琵琶》有牛丞相作鯁。乃夫人作鯁，是賴婚，丞相作鯁，是逼婚。夫人賴婚到底賴不成，丞相逼婚竟逼成，同一波瀾，而《琵琶》文法又變。又曰：《琵琶》多有連用前腔者，此《詩經》文法也。《詩經》每篇幾章，章幾句，往往後章與前章，後句與前句，更不改換，中間只略易一二字，便覺前後淺深不同。《琵琶》之曲，亦猶是爾。又曰：《西厢》北曲，無合前之體，而《琵琶》南曲，多有合前者，此亦《詩經》文法也。如漢之廣矣，不可泳思，江之永矣，不可方思，又如：懷哉懷哉，曷日予還歸哉之類，每章結尾，只是一樣句語，更不改換一字，此蓋風人所注意者在此，故不覺言之重，詞之複，再三唱歎，以足其意，《琵琶》之曲，亦猶是爾。又曰：《琵琶》曲中所謂言之重、詞之複，再三唱歎，以足其意者。如高堂稱慶一篇，連歌共祝眉壽正爲白，此以往祝壽不可復得，故於此頻頻道之。又如琴訴荷池一篇，連歌清世界幾人見，是言對景爲歡者，能有幾人見，苦樂不同，正打動孝子思家之意，故言之重也，又頻歌曰：不覺暗中流年换，見光陰易去省親，無時正打動孝子愛日之誠，故詞之複也。又如中秋望月一篇，頻歌曰年年此夜，人月雙清，此在牛氏眼中，見爲人與月俱圓，而伯喈意中則人正有不能與月俱圓者，故再三唱歎，以寄懷也。又如拐兒□誤一篇，頻祝曰一家賀喜，只説他日再相見聽女迎親一篇頻祝曰耳聽好消息，相逢處好筵席，寺中遺像一篇頻祝曰龍神護持他登山渡水，正以後來不得再相見，無好消息，無好筵席，並不能登山渡水，故連歌之以反襯後文。蓋唯有前之祝，愈覺後之悲，必如是而文情始足也。乃若廬墓一篇，頻歌覷真容，形衰貌枯，想靈魂，悲咽痛苦，則以墓中之人，其形容不可復覩，可覩者唯真容耳。故對墳墓不得不復覽真容，此皆從孝子心坎中摹寫出來，至於末篇頻歌曰料天也會相憐憫，此則一部，書之大結穴也。何也，一部書首篇便有付之天也，俟命于天，謝天相佑等語，中間又有天付與，天須鑒，天降災，天憐念，復把蒼天禱，天教夫婦再和諧，問天天怎生結果無數天字，於是終篇亦頻呼天字以總結之。夫歷山之淚，號泣于父母，必號泣于旻天孝子能事親，必能格天，故《琵琶》以天始，以天終也。嗚呼。一傳奇耳，而始終稱天，以大其辭。亦有如《尚書》二典、三謨之始於欽，若昊天而終于勑天之命，《中庸》三十三章，之始於天命之謂性，而終于上天之載者，然則《琵琶》一書，又安得以傳奇目之哉。又曰：《琵琶》文中寫時序先後一筆不亂。如臨粧感歎一篇，先云羅襟淚漬、錦被羞鋪，此整襟撚帶、推被起床之時，次云綠雲懶去梳、鏡鸞羞自舞，此方是臨粧理髮對鏡整容之時，後云輕移蓮步、堂前問舅姑，然後是梳粧已畢，問寢高堂之時。又如夢繞親闈一曲，先云重門半掩黄昏雨，是寫黄昏，次云枕邊萬點思親淚，伴漏聲到曉方歇，然後從黄昏寫到五更，次云慵臨青鏡，頓添華髮，然後又從五更伏枕寫到天明照鏡。又如琴訴荷池一篇，先寫晝長日永，是天正午，次寫晚來雨過，是天已晚，次寫新月一鈎，是天將暝，次寫玉漏催銀箭，是夜已闌。又如中秋望月一篇，先云誰駕玉輪來海底，是月初起，次云十二闌干光滿處，是月正午，次云斗轉星橫，是月已斜，此皆逐篇中之次序也。若總全部而計之，如朝來峭寒輕透，是寫早春，然後再寫清明時候，然後再寫風光正暮春，然後再寫坐對南薰，然後再寫秋容光浄，然後再寫黄葉飄飄，然後再寫大雪添棲楚，雖不必在一年之中而自春而夏而秋而冬，寫來亦復循循有序，嘗讀五才子書，將寫六月生辰綱，便先于説三阮時，寫阮小五鬢邊一朵石榴花，用筆最閒細。竊怪今人作文，胡亂下筆，前不顧後，後不顧前，想其讀古人文章，草草看過，故自己下筆，亦草草耳。又曰：《琵琶》將寫長空萬里，先寫楚天雨過，亦如將寫新月一鈎，先寫晚來雨過，蓋以月在雨後，分外皎潔。故寫月必從雨後寫之，然夏月不如秋月，初生之月不如既滿之月，長空萬里，舍花而獨寫月者，意專在乎月也。新月一鈎，因荷香而旁及之，是寫花而帶寫月者，意不在乎月也，不惟意不在月，且亦並不在花，夫既不在花，又不在月，則荷池一篇，意將安屬。曰前之注意在琴，而後之注意在枕，與扇借琴□寫其念妻之情，借枕與扇以寫其思親之志，如是而已，唯後之注意在枕與扇，故于前文先寫夢到家山，先寫簟展湘波紈扇冷，又于丑净口中寫打扇，寫上眠床，以引起之後文，又連寫數眠字、數風字，以映帶而襯染之。唯前之注意在琴，故篇首先寫翠筆敲風聲，以引起之後幅，又寫棋聲，以陪之，又寫雨過聲，輕雷聲，柳中新蟬聲，菱歌唱晚聲，玉漏聲，笙歌聲，以宕漾而拖逗之。其用筆廻環交互，精妙如此，豈非才子之文。又曰：嘗讀唐人詩，有一首之内而上下逈别者。如越王句踐破吴歸，義士還家盡錦衣。宫女如花滿春殿，只今唯有鷓鴣飛。上三句，何等熱鬧，末一句，何等悲涼。又如魚鳥猶疑畏簡書，風雲應爲護儲胥，二語何等聲勢，忽接云徒勞上將揮神筆，終見降王出傳車，何等掃興。又如千門柳色垂青鎖，三殿花香入紫薇，何等華麗，末乃云官拙自悲頭白盡，不如巖下掩荆扉，何等冷淡。又如欲取蕪城作帝家，錦帆應自到天涯，忽接云于今腐草無螢火，終古垂楊有暮鴉，前二語何等雄壯，後二語何等慘寂。諸如此類，未可枚舉。而《琵琶》文中亦多用此法，試觀十載親燈火一曲，上半似豔科目，下半忽樂隱淪，鳳凰池上歸環珮一曲，上半是丞相罷朝，下半是老叟獨歎，官居宫苑一曲，上半是侍臣隨駕，下半是高士歸林，月淡星移一曲，上半是早朝待漏，下半是客邸思家，此等筆法，正與唐詩相類者也。不但此也，唐詩有即兩句内而上下逈别者，如蜀主窺吴向三峽，崩年亦在永安宫，又如行尋鐵鎖横江岸，一片降旗出石頭，上句皆極其雄，下句皆極其憊，又如高館張燈洒復清，鐘鳴月落鴈歸聲。只言黄鳥堪求侶，無那春風欲送行。第一句似喜，第二句似悲，第三句又似喜，第四句又似悲。如此之類，亦不可枚舉。而《琵琶》文中又往往有之，試觀才俊登程一篇，雲梯月殿圖貴顯，水宿風餐莫厭貧。上句熱，下句寒。思鄉遠，愁路貧，肯如十度謁侯門，行看取，朝紫宸，鳳池鰲禁聽絲綸。是又上語寒，下語熱。此等用筆，又與唐詩相類者也。不但此也，唐詩又有即一句内而上下迥別者。如回首可憐歌舞地，歌舞本是樂事，乃上著回首可憐四字，便黯然銷魂。又如露冷蓮房墜粉紅，蓮房粉紅字，本極香豔，乃着一冷字、墜字，亦便黯然銷魂。又如暎堦碧草自春色，隔葉黄鸝空好音，碧草春色，黄鸝好音，豈非美麗字樣，而着一自字，空字，便覺神情蕭索。又如翠華想像空山外，金殿虚無野寺中，翠華、金殿十分尊貴，野寺、空山十分荒凉，乃並在一句，又著虚無、想像字，令人愴然傷懷。如此之類，亦復不可枚舉。而《琵琶》文中，又往往有之，試觀宦邸憂思一篇，其云悲傷，鷺序鵷行，鵷行之上，著悲傷二字，甚奇。又云怨香愁玉，香字、玉字上著愁字、怨字，甚奇。又云把歡娱，翻成悶腸，歡娱與悶腸並説，甚奇。至於新人鳳衾和象牀，可謂最樂，而上著依然二字，其辭若有憾焉，則又甚奇。乃其所尤奇者，悶殺人花燭洞房，愁殺我掛名金榜，洞房、金榜之上，忽著悶殺、愁殺等字，此從來未有之創句，即唐詩中亦不可易得。今人熟唱《琵琶》等閒看過，故不覺其新異耳。夫操縵者將爲人解愠，則寫虞室之琴將使人墮淚，則奏雍門之瑟，若欲以虞琴與雍瑟雜彈，必不能矣。染翰者將寫嚴寒，則繪北風之圖，將寫炎暑，則描雲漢之象，若欲以北風與雲漢並畫，必不能矣。薦味者將爲人養生，則調甘飴之鼎，將爲人去病，則進苦口之劑，若欲以飴甘與荼苦交陳，必不能矣。獨有文人之筆，可於悲中見喜，可於喜中見悲，可於冷中寓熱，可於熱中寓冷，可於苦中得甘，可於甘中得苦，予初不信，乃於唐詩信之，今於《琵琶》愈信之也。又曰：《琵琶記》曲白中極閒處，都有針線。如選士一篇，試官口中誇稱長安富貴，卻只將食味來説，是正與陳留饑饉、蔡家缺食、里正奪糧、孝婦喫糠等事作反襯，又如寫牛氏富麗，卻云金鳳斜飛鬢雲矗，又云起來攜素手，鬢雲亂，又云香霧雲鬟，是正與五娘臨粧感歎、剪髮賣髮等事作反襯。寫伯喈及第，卻云布袍脱下換羅衣，又云嫦娥剪就緑雲衣，又云荷衣穿緑，又云紫羅襴，白玉帶，是正與五娘之典賣衣衫寸絲不掛、蔡公蔡母之衣衫敝垢穿着破損衣裳作反襯。至若首篇有連理芳年烏飛兔走之語，於是中間亦有隔墻花強攀做連理，與連理無旁枝、廝趕的皆狐兔等語以映帶之，而末篇便以連枝異木、白兔如馴雙結之。此皆極閒中有針線處，讀者勿忽爲閒筆，而不尋其針線之所伏也。又曰：讀南浦囑别一篇，至蔡公蔡母下塲詩，定當墮淚。蓋親與子自此一别，終天不再會矣。或曰蔡公蔡母本皆子虚烏有，奈何認真爲之淚落耶。曰：其事雖本未有之事，而其情則至不堪之情也，凡人于難爲情之處，而動念者，其人非大解脱人，必極忍心之人。又曰：人謂《西厢》寫佳人才子，《琵琶》寫孝子賢妻。我謂琵琶之寫孝子，賢妻何嘗不是佳人。才子伯喈沉酣六籍，貫串百家，固是曠世逸才，即趙氏寒門素質，知音染翰，牛氏繡幕奇葩，通詩達禮，豈非絶代佳人。蓋自古及今，真正才子必能爲孝子義夫，真正佳人必能爲賢妻淑女。或疑文人往往無行，才女往往失節。東嘉之作，《琵琶記》正欲爲天下佳人才子一雪斯言耳。又曰：《琵琶記》寫伯喈讀真容題詞，矍然曰：句句道着下官。我因想王四當日見了《琵琶記》，定當作此語。且不獨王四然也，凡天下後世，負心人見了《琵琶記》，當無不作此語。故《琵琶》一書，必真正佳人才子方肯讀，彼不孝、不義、不賢、不淑之人，决不肯讀。又曰：《琵琶記》雖有所托諷而作，然不過朋友規諫之意耳。至於朝廷之上天子之尊，初未敢一語稍涉譏刺也。觀其首篇第一曲，便稱風雲太平日，其中篇又云太平時車書已同，干戈盡戢文教崇，又云時清莫報君恩重，又云乾坤正，玉柱擎天又何用，直至卷末，仍以玉燭調和，聖主垂衣作結，其尊奉朝廷，頌揚天子，可謂至矣。天下後世之著書立説者，皆當以此爲法。

清・巴縣山父《琵琶記叙》 《琵琶記》五卷，元高則誠撰。相傳諷其友王四之所爲作也。夫有均之文，至詞曲而其流益亟，精其業者，唯元人。余讀明臧晉叔所輯《百種》，意巨闕也。然多所淫于月露之辭，其裨于人心至微伐。抑余聞詞曲家言：俚質與藻繪難易，高氏之文，信質矣，而于孝義，往往抒性情之極，而悱惻哀鳴，余每誦之，未嘗不流涕也。今世綦變，捄國之聲漫天下，跅弛者至粃糠倫紀恣慚，德弗恤時，且爲朽窳者所大詬。余閔其于親疏薄厚之量，至舛馳而所禒，爲博愛者恐終飾名，而匪激于誠之不容已，蓋矯虚之與凉薄，皆失情之尤者。東西學者，僉謂稗書鼓詞，爲能溥濡于化。兹編之刻，殆欲贊彝常之教，而率國人于厚者。是則，余無窮之意也。

傳記

明（嘉靖）《浙江通志》 字則誠。居崇儒里。性聰敏，自少以博學稱。一日，嘆曰：人不專一經取第，雖博奚爲。乃自奮讀《春秋》，識聖人大義，爲文操筆立就，一時名公卿皆慕與交。登至正乙酉第，授處州録事，有能聲。時監郡馬僧家奴貪暴，明委曲調護，民賴以安。既去，民立去思碑，劉基爲文記之。辟浙江省掾吏，從參樊執敬覆實平江圩田，得蠲租米無征者四十萬石。改調浙江閫幕四明都事，凡獄囚無驗者悉訊遣之，操縱允當，囹圄一空，郡稱爲神。轉江南行台掾，數忤權貴，謝病去。除福建行省都事，道經慶元，方氏竊據强留幕下，力辭不從，又以禮延教子弟亦不就，卧病卒。所著有《柔克齋集》二十卷。今所傳《琵琶記》關係風化，實爲詞曲之祖，盛行於世。

清・黄虞稷《千頃堂書目》卷一七 高明【略】字則誠，永嘉人。元至正乙酉舉人。累官福建行省都事，爲處州録事。太祖聞其名召之，以老疾辭歸。

清（康熙）《浙江通志》卷三九 字則誠。温州瑞安人。以《春秋》登至正乙酉第，授處州録事，有聲，改浙東閫都事。四明囚多冤，平反允當，稱神明。轉江南行台掾，數忤權勢。又轉福建行省都事，道經慶元，方國珍强留幕下，不從，旅寓鄞之櫟社沈氏，作《琵琶記》。太祖聞其名，召之，以疾辭。使者以《琵琶記》上，上覽畢曰：此珍羞之屬，俎豆間亦不可少也。還鄉，卒於海寧。

《明史》卷二八五《高明傳》 元末文人最盛，其以詞學知名者，又有張憲、周砥、高明、藍仁之屬。【略】高明，字則誠，永嘉人。至正五年進士，授處州録事，辟行省掾。方國珍叛，省臣以明諳海濱事，擇日自從，與論事不合。及國珍就撫，欲留置幕下，即日解官，旅寓鄞之櫟社。太祖聞名，召之，以老疾辭，還卒於家。

清（乾隆）《鄞山縣》卷一八 辟承相掾，方谷真叛，省臣以明温人，知海濱事，擇以自從。與幕府論事不合，谷真就撫，欲留幕下，即日解官，寓於鄞之櫟社沈氏，感劉克莊死後是非誰管得，滿村争唱蔡中郎之句，作《琵琶》。

清（光緒）《處州府志》卷三一 郡城姜山懸藜閣，爲元高東嘉撰《琵琶記》院本處。文人每多題詠，亦有因厚誣古人非之者。考《後漢書》註蔡邕父名棱字伯直。周氏《書影》云：邕早喪二親，叔父撫之。是邕實小孤也。《蓴鄉贅筆》引周達觀《雜説》云：唐牛相國僧孺子名繁，與鄉人蔡生同舉進士，蔡生欲以女弟妻之，趙已有妻，趙氏力辭不得，遂成婚。牛氏與趙相得甚歡。蔡後官節度使。則誠蓋借用此事。必以邕實名之，可怪也。持論誠是。前郡守劉在園《詠懸藜閣詩》云：《琵琶》一曲寫幽懷，自是千秋絶妙才。歌舞場中傳故事，蔡邕真個狀元來。亦爲辯誣。然傳奇託名假借，終不能誣古人，特難爲野老村民之解也。

清（光緒）《永嘉縣志》卷三八 案則誠名明，瑞安人。《元詩選》云：則誠寓鄞之櫟社沈氏樓，作《琵琶記》成，按拍歌舞，蠟炬二枝忽交合，因名瑞光樓。則人爲瑞人，地爲鄞地，與永嘉無涉。

著録

明・徐渭《南詞叙録・宋元舊篇》《蔡伯喈琵琶記》

清・黄虞稷《千頃堂書目》卷一七 高明《柔克齋集》二十卷。

清・佚名《傳奇彙考標目》卷上《元》 高明，《琵琶》爲王四而作。

清（乾隆）《温州府志》卷二七 《柔克齋集》，瑞安高明著。

清（嘉慶）《瑞安縣志》卷八 所著有《柔克齋集》二十卷。

清・黄文暘、佚名《重訂曲海總目・明人傳奇》 高則誠，《琵琶記》

清・支豐宜《曲目新編・明人傳奇》《琵琶》，高則誠作。

清・姚燮《今樂考證著録五・金元院本》 高則誠一種《琵琶》。

清・王國維《曲録》卷四《傳奇部上》《琵琶記》，明高明撰。

雜録

明・王世貞《藝苑卮言・附録一》 南曲之美者，無過於《題柳》窺青眼，而中亦有牽强寡次序處。題月長空萬里案見《琵琶記》，可謂完麗，而苦多蹈襲。人别後是元人作，不免雜以凡語。祝希哲玉盤金餅，是初學人得一二佳句耳。大抵宋詞無累篇，而南北曲少完璧，則以繁簡之故也。

明・王驥德《曲律》卷四 散曲絶難佳者。北詞載《太平樂府》、《雍熙樂府》、《詞林摘艷》，小令及長套多有妙絶者，而南詞獨否。勸之第載其名，不及列曲。詞隱《南詞韻選》列上上、次上二等。所謂上上，亦第取平仄不訛，及遵用周韻者而已，原不曾較其名之工拙。又只是無中揀有，走馬看錦，子細着鍼砭不得。中小令間有佳者，而長套無一中窾。頃友人吴興關仲通同諸君過集齋頭，商榷其較。【略】仲通謂：如子言良確，然究竟彼善，寧無一長。因舉帙中人所常唱，而世皆以爲好曲者，如窺青眼、暗想發年羅帕上曾把新詩寫、因他消瘦、樓閣重重東風曉、人别後諸曲爲問。余謂：前三曲已載前論第十六、第二十四篇中即《曲律》論章法、套數二篇；即後二曲，毋論意庸語腐，不足言曲，亦疵病種種，不可勝舉。如【略】人别後曲，蔣氏舊譜謂其高則誠作，亦未必然。首調以七夕起，而寒蟬，衰柳，水緑，蘋香，非七夕語。得成就句，與止文不接。真個勝腰纏跨鶴揚州，俚甚；又腰纏下無十萬貫語，所纏何物。既曰暮雨過沙窗涼已透，又曰雨散雲收，又曰西風桂子香韻幽，又曰滿城風雨還重九。《集賢賓》首調言中秋，而聽寒蛩聲滿床頭，非中秋語。次調起句用八字，非體。【略】一曲押二柳字、四愁字、五秋字、二收字、三酒字、二頭字、三九字；惟二瘦字，則同句可并押，稍不妨。中怕朱顔去也三句，語意俱不相蒙；白衣送酒二句，無謂；幾番血泪句，與上不相接；羈人無力，無力不通。緑荷、紅蓼、白蘋、芙蓉枯緑、橙黄，何堆積至此。末句斷送秋，復不成語。弇州評此曲，謂不免雜以凡語；疵病如此，詎止凡語已耶。總之，二曲無大學問，一也；無大見識，二也；無巧思，三也；無俊語，四也；無次第，五也；無貫串，六也。只是餖飣一二膚淺話頭，强作嚎嗄，令盲小唱，持堅木拍板，酒筵上啉不識字人可耳，何能當具眼者，繩以三尺。舉此一斑，他可知矣。仲通曰：善。子論如倉公按脈，百病皆見，勝不敢復相士矣。然請從末減，略取備員。曰：無已，則舊譜所載古詞咏赤壁大江逝水《念奴嬌》五調，及楊鐵崖蘇臺吊古霸業艱危《夜行船》序六調。二詞俱具作意，惜皆用韻龐雜，前詞更甚，故詞隱《韻選》不收。此外，自無可取矣。仲通擊節謂：子殊深文，然不如此，不足論曲。

明・徐復祚《曲論》 或問琵琶，曰：高明則誠者，温之永嘉人，以春秋中元至正乙酉榜，授處州録事，調浙江闔幕都事，轉江西行臺掾　，又轉福建行省都事。方國珍聘置幕下，不行。旅寓明州，以詞曲自娱，因感劉後村之詩死後是非誰管得，滿村争唱蔡中郎之句，乃作琵琶記。有王四者，以學聞，則誠與之友善，勸之仕，登第，即棄其妻而贅于不花太師家，則誠惡之，故作此記以諷諫。名之曰琵琶者，取其頭上四王爲王四云爾；元人呼牛爲不花，故謂之牛太師；而伯喈曾附董卓，乃以之託名也。高皇帝微時，嘗奇此傳；及登極，召則誠，以疾辭。使者以傳進，上覽之，曰：五經、四書，在民間譬諸五穀，不可無；此傳乃珍饈之屬，俎豆之間亦不可少也。及卒，陸德暘以詩吊之曰：亂離遭世變，出處嘆才難。墜地文將喪，憂天寢不安。名題前進士，爵署舊郎官。一代儒林傳，真堪入史刊。又陶南村説郛載唐人小説：牛相國僧孺之子繁與同人蔡生邂逅文字交，尋同舉進士，才蔡生，欲以女弟適之。蔡已有妻趙矣，力辭不得。後牛氏與趙處，能卑順自將。後蔡仕至節度副使。牛同，蔡同，趙同，而牛能卑順又同，南村又與東嘉同時，會稽、温州又同省，則琵琶之作，必是爲繁：王四云云，以其有四王而揣摩之也。要之傳奇皆是寓言，未有無所爲者，正不必求其人與事以實之也。即今琵琶之傳，豈傳其事與人哉。傳其詞耳。詞如慶壽之錦堂月、賞月之本序、剪髮之香羅帶、吃糠之孝順兒、寫真之三仙橋、看真之太師引、賜燕之山花子、成親之畫眉序，富豔則春花馥郁，目眩神驚；凄楚則嘯月孤猿，腸摧肝裂；高華則太華峯頭，晴霞結綺；變幻則蜃樓海市，頃刻萬態。他如四朝元、雁魚錦、二郎神等折，委婉篤至，信口説出，略無扭捏，文章至此，真如九天咳唾，非食烟火人所能辨矣。然白璧微瑕，豈能盡掩。尋宫數調，東嘉已自拈出，無庸再議。但詩有詩韻，曲有曲韻：詩韻則沈隱侯之四聲，自唐至今，學人韻士兢兢守如三尺，罔敢踰越；曲韻則周德清之《中原音韻》，元人無不宗之。曲之不可用詩韻，亦猶詩之不敢用曲韻也。假如今有詩人於此，取上平十三元一韻，以元、軒、冕等字與先韻叶，以昆、温、門、孫等字與真韻叶，以煩、幡、潘、藩等字與寒、删二韻叶，不幾笑破人口乎。何至於曲，而獨可通融假借也。且不用韻，又奚難作焉。今以東嘉瑞鶴仙一闋言之：首句火字，又下和字，歌麻韻也；中間馬、化、下三字，家麻韻也；日字，齊微韻也；旨字，支思韻也；也字，車遮韻也；一闋通止八句，而用五韻。假如今人作一律詩而用此五韻，成何格律乎。吟咀在口，堪聽乎。堪聽乎。通本不出韻乎，寂寂不可多得，飛絮沾衣外，簾幕風柔止出一韻末句謀字，緑成陰，玳筵開處，思量那日，四五套而已矣。若其使事，大有謬處，叨叨令末句云好一似小秦王三跳澗，鮑老催句畫堂中富貴如金谷，不應伯喈時已有唐文皇、石季倫也。賞荷出内燒夜香末句云卷起簾兒，明月正上，明明是夜景矣，何以下梁州序云晝長人静好清閑，忽被棋聲驚晝眠。又第四闋内柳陰中忽噪新蟬，見流螢飛來庭院，蟬聲不應與螢火並出。或人曲護其短，乃曰：此通一日而言。此大不通之論。一日之間，自有定序，從早而午，從午而暮，未有早而倏暮，暮又午也。或又以賞荷、賞月俱非東嘉作，乃朱教諭增入。朱教諭，吾不知其人；賞荷之出其手，有之。賞荷之楚天過雨，雄奇豔麗，千古傑作，非東嘉誰能辨此。埽松而後，粗鄙不足觀，豈强弩之末力耶。抑真朱教諭所補耶。真狗尾矣。内有伯喈奔喪朝元令四闋，調頗叶，吴江沈先生已辨其非矣。故余以爲東嘉之作，斷斷自埽松折止，後俱不似其筆。王弇州一代宗匠，文章之無定品者，經其品題，便可折衷，然於詞曲不甚當行。其論琵琶也，曰：則誠所以冠絶諸劇者，不惟琢句之工，使事之美而已。其體貼人情，委曲必盡；描寫物態，仿佛如生；問答之際，了無揑造；所以佳耳。至於腔調微有未諧，譬如見鍾、王跡，不得其合處，當精思以求詣，不當執末以議本也。夫作曲先要明腔，後要識譜，切記忌有傷於音律。此丹丘先生之言也。腔調未諧，音律何在。若謂不當執末以議本，則將抹殺譜板，全取詞華而已乎。

明・凌濛初《琵琶記凡例》 一、《琵琶》一記，世人推爲南曲之祖。而特苦爲妄庸人强作解事，大加改竄，至真面目竟蒙塵莫辨。大約起于崑本，上方所稱依古本改定者，正其譌筆，所稱時本作云云者非，則强半古本，顛倒訛謬，爲罪之魁。厥後徽本盛行，則又取其本而以意更易一二處，然仍之者多，而世人遂不復睹元本矣。即今世所行古曲，如《荆釵》、《拜月》，皆受改竄之冤。觀《拜月》末折〔尾聲〕云：中山兔穎端溪硯，斷處完成絶處聯，從此梨園儘可搬。則豈施君美之舊哉。故舊譜所載，多今《拜月》所無者，可爲痛恨，惜無從得一善本正之。獨此曲偶獲舊藏臞仙本，大爲東嘉幸，亟以公諸人，毫髮畢遵，有疑必闕，以見恪守。

一、時本《琵琶》，大加增減。如《考試》一折，古本所無。古本後八折，去其三折，今悉遵原本。但其所增者，人既習見，恐反疑失漏者，則附之末帙。

一、曲有不可不用尾者，有不可用尾者，有可用可不用者，元自有體。今凡見古本無尾者，即妄增一尾，殊爲可笑。然恐人所習熟，以不見而駭，則備記上方，其曲之竟異者亦然。

一、東嘉精於調，故凡宜平宜仄處，上去去上處，以入作平處，皆有深意，非苟作者，悉爲拈出，以俟知音。獨其最喜雜用韻，每有三四韻合爲一曲者，亦曲家所深忌。意東嘉之爲人，必善聲律，而地産音舌不甚正者。今失韻處，亦皆拈出，使瑕瑜不掩。

一、曲有宮調，東嘉所作〔引子〕、〔過曲〕，時不用一宮。時本混刻，難以辨調。又一調雜犯者，時刻止標一牌名，使唱者不得了然。兹悉著某宮〔引子〕，某宮〔過曲〕，一牌名所犯幾調，俱一一注明，知音者謂此爲《琵琶》作譜可也。

一、此記襯字極多，昧者誤認，易至失調。今覈譜以細書别之，其點板悉遵《九宮譜》，故有與今時清唱板異者，非不知今時板也。

一、白中科諢，宜喜，宜怒，上文原自了然，故古本時以一介字概之，以俟演者自辨，不屑屑注明，莫以今本致疑也。

一、歷查諸古曲，從無標目。其有標目者，如《末上開場》、《伯喈慶壽》之類，皆後人譌增也。且時本亦互相異同，俱不甚雅，從臞仙本，不録。

一、曲中妙處，專取當行本色俊語，非取麗藻。今人選曲，但知賞新篁池閣，長空萬里等，皆不識真面目。此本加丹鉛處，必曲家勝場，知者自辨。至近時有贋李卓吾批點本。夫真卓吾且不解曲，况效颦拾唾者，益不足論矣。

一、弘治間有白雲散仙者，以東嘉見夢，謂蔡伯喈乃慕容喈之誤，改之行世，以爲東嘉洗垢，亦一奇也。茲附載其序，以發好事者一笑。

清・凌延喜《琵琶記跋》 曲有當行之體，有自然之節，自元迄今，僅二百餘年，而此脉幾斬。蓋一壞于不識本色者徒取藻詞，致編摹者以故實詞華堆砌成篇，千章一律，諺所謂八寸三分帽子，人人可戴者也；再壞於不識法律者止欲供聽，不辨襯𧦥，至於字句增損，平仄錯置，相沿不悟，不知古典有必不可動移處，遵守恪然，而可一一按者，竟蔑之，若無不一攷索，余向爲憤懣，没由正之。會同叔即空觀主人度《喬合衫襟記》，更悉此道之詳。旋復見攷覈《西厢記》，爲北曲一洗塵魔。因請并致力于《琵琶》，以爲雙絶。遂相與參訂，殫精幾年許，始得竣業，此詞壇快事，敢以急公同好，因録其概如此。

清・佚名《太古傳宗琵琶調説》 夫琵琶亦祇絃索中之一器耳，然其創制爲最古，《樂誌》謂出於絃鞉，杜摯以爲興於秦末。而其以指搯擅長者，亦不一其人，若阮咸，若王維，若曹剛，若李龜年、賀懷智輩，班班可紀，茲姑弗具論。論其調之所由名，俾見授受者之非無所自矣。蓋琵琶有撥法，有品法。撥法伊何，厥目有七：曰勾，曰挑，曰輪，曰掃，曰擘，曰拍，曰打更，一板八點，中板倍之，則用一十有六點，慢板再倍之，則用三十有二點，疾徐高下，純乎自然也。品法伊何，字音未出，先冠以工尺，一句勿作腔論，俗所謂亮調是也。按斯譜先止傳工尺，板眼有聲而無辭，如《毛詩》之《南陔》、《白華》，章句咸闕。迨後知音者，尋其宫調，繹其牌名，以元明人之南北曲配合成篇，方始情文備至，絃次昭然，功不在束晳補亡詩下也。間考《北西厢》絃索刊本，雖載工尺，而旁無小眼，恒多舛訛。茲則限以格式，一板八眼，殆取一時八刻之義，其工尺每行定以三十二字，適合琵琶三十二點之數。有音者則註工尺，無工尺者則以點識之，是即隨上音彈者。他如《奇逢》折内（點絳唇）遊藝中原，遊字前先註工尺一句，及（混江龍）末句，斷簡殘篇，每一字皆冠工尺一句者，即品法也。覈之絃索，北調則無此式。絃索《北西厢》容或有之，亦稱爲品。然亦不過一二工尺而已，終不若斯之繁且多也。其餘如《假寓》折内（醉春風引）惹得心忙之忙字，用兩底板，一在腔上，一作收煞，不察者將謂板式點於無工尺曲文上，不亦悞耶。庸詎知此正跌宕輪音之處，抑套曲首句及賺煞尾用連點以記之，名爲摇腔，即輪掃拍打之謂也，是皆撥法也。蓋此譜爲内廷供奉之樂，世之度曲家罕有津逮者。或謂自唐季李龜年之遺緒。雖世遠年湮，莫之或考，而緩調平絃，漫雅冲泰，亦幾幾乎此曲祇應天上有矣。若夫京房之律準，梁武帝之律通，彼時律管未定，借絲音以爲模範者，豈可同日而語哉。

清・黄丕烈《琵琶記跋》 余向從華陽橋顧氏得陸勑先手鈔《琵琶記》，其標題曰：《新刊元本蔡伯喈琵琶記》，後有覯菴跋云：遵王固有二本，其一元本，其一郡肆翻刻本。蓋元本者，文三橋識云：嘉靖戊申七月四日重裝本也。郡肆翻刻本者，蘇州府閶門内中街路書舖，依舊本命工重刊印行之本，亦嘉靖戊申歲刊者也。然鈔本照元本繕録，計葉二十八行，行三十字，與此刻異矣。此刻楮墨古雅，疑是元刻，却與遵王所藏不同，詞句亦多與陸鈔本間異，未敢定彼是而此非。此本亦爲顧氏物最後散出，卷端有陸貽裘治先印，當是陸貽典勑先兄弟行。何覯菴跋語未之及，惟云定遠亟稱花邊本，已從求赤得之。而此本有錢孫保印，未知即此本否。以余並藏鈔刻，可云合璧，未容軒輊於其間。裝成，因誌數語于後。

徐暅

論説

清・姚燮《今樂考證・著録五・金元院本》 《殺狗》，無名氏（六種之一）。梁子章云：《荆》、《劉》、《拜》、《殺》，曲文俚俗不堪，《殺狗記》尤惡劣之甚者。以其法律尚近古，故曲譜多引之。元無名氏有《殺狗勸夫》劇，四折中已覺鋪叙費力，況伸爲全部，無怪其一覽無餘也。王伯良云：稱戲曲曰《荆》、《劉》、《拜》、《殺》，殆優人戲單語耳。又云：古曲自《琵琶》、《香囊》、《連環》而外，如《荆釵》、《白兔》、《破窑》、《金印》、《躍鯉》、《牧羊》、《殺狗勸夫》等記，其鄙俚淺近，若出一手，豈其時兵革孔亟，人士流離，皆村儒野老塗歌巷詠之作耶。《殺狗》，頃吾友鬱藍生爲釐韻以飭，而整然就理矣。又云：古戲如《荆》、《劉》、《拜》、《殺》等，傳之幾二三百年，至今不廢。以其時作者少人，優人戲單無此等名目，便以爲缺典，故幸而久傳。若今新戲日出，人情復厭常喜新，故不過數年即棄閣不行，此世數之變也。

傳記

清（乾隆）《浙江通志》卷一八二《青溪詩集傳》：字仲由，淳安人，幼穎敏，日記五千字。及長，博習經史百家之書。善屬文鄉里推爲祭酒。洪武初，辟教邑庠，三年，自免去。已詔徵秀才，强起之，至省，力辭而歸，號巢松病叟。葛巾野服，優遊山水間，以詩酒自放。有《巢松集》。

清（乾隆）《淳安縣志》卷一〇　字仲由，徐村人。【略】仲由性不樂久羈絏，因自免去。洪武辛酉，詔徵秀才，復舉應詔，乃强起之。至藩省，以詩投藩省王公，力辭而歸，遂號巢松病叟。以詩酒自放，尤工詞曲。每與客酬飲吟和，執盞立就，無不清新豪邁。秀水朱太史彝尊云：詩非所長，然亦不俗。

紀事

清・佚名《曲海總目提要》卷五《殺狗記》　按元人《殺狗勸夫》雜劇。孫榮，字孝先。南京人。與弟孫華不協。榮雖擁厚貲，初不念華，妻楊屢諫不聽，遂逐華。華備受饑寒，略無怨意。清明日相遇于墓次，榮復痛責之。榮醉卧于道，風雪甚烈，華負而歸，又以爲謀己。唯日與匪人柳胡者爲伍。二人巧加離間，不使復合。楊素賢淑，百方勸解，終無回心。日夜徬徨，欲以計感悟之。遂乘夫醉，夜殺狗于門，被以衣冠。榮以爲人也，懼欲掩之，謀于柳胡，柳胡反顔不應。楊曰：身臨禍患，方見人心。平日酒肉徵逐者，曾何益哉。兄弟至性，或謀于叔，必相救耳。榮慚不肯往，妻促之，見弟于城南破窰中，告以故。華奮身負其尸，埋於隱處。楊謂夫曰：兄弟，天倫也。寧同外人。人命至重，自非至戚，胡肯相援。向來顛倒，寧不媿心。自今以往，親者自親，踈者自踈，慎毋迷惑，致傷手足也。榮大感媿，悉以家財付其弟。明日，柳胡以爲榮真殺人，奸心反覆，欲挾制之。榮忿而不聽。事二人竟訴于官，兄弟相争認罪。楊出具陳始末。發而視之，果非人也。事既得白，楊名大顯，遂聞于朝加旌表焉。作者全倣元人，而將其中節目，復加點綴。凡宵人情狀，與賢媛苦心，俱極形容，以垂勸戒。雖榮、華兩名，小有變換，或此事本無實據，特欲同氣不睦者，觀此自悟。故止取大義動人，罔計小節不合耳。此于傳奇之中，尤爲有關風教云。按徐時敏《五福記序》云，今歲改《孫郎埋犬傳》，筆硯精良，則此劇亦時敏手筆也。

著録

明・朱權《太和正音譜・古今無名氏雜劇》《殺狗勸夫》。

清・黄文暘、佚名《重訂曲海總目》《殺狗勸夫》。無名氏。

清・黄丕烈《也是園藏書・古今雜劇目録》《殺狗勸夫》。無名氏。

無名氏

紀事

清・佚名《曲海總目提要》卷四《硃砂擔》　元無名氏撰。演白正劫王文用擔中硃砂，遭冥誅事。【略】略云：河南人王從道，子文用，業賈而貧，嘗詣卜者云：百日内有灾。乃販硃砂抵江西南昌，旅店中遇凶徒白正，號爲鐵幡竿，欲謀其貨，紿爲同鄉，與結兄弟，步步隨之。文用亦覺白不良，脱身歸河南。白躡其後，復遇旅邸，夜枕其股而睡。用乘白睡，紿以如廁，令店廝代枕之，夜遁黑石旅店，謂主人曰：有惡人尾我，汝不宿單客，當酬汝。入卧密室中。白果後至，店主辭之。白云：彼曾與我賭，知其藏處者爲勝，汝導我贏彼物，當謝汝。主人以實告，白乃入。文用知，越墻走，至東嶽廟中，歇擔檢硃砂無失，祈旁立太尉神庇佑。白突入捽其髮，拽檐下，欲刃之。文用云：汝殺我，當訴陰府。白云：無所證。文用云：太尉神爲證。白謂：泥神無靈。時方雨，白指云：除是滴水浮漚，乃申汝冤耳。遂刃之，瘞其屍，盡刦硃砂，復之河南，謂其父曰：汝子路歿，與我結義，囑令侍汝。父信其言，留與同居。一日，紿其父汲井，推入之。文用妻痛哭，白挾使從己，否則殺之。妻知其狡，念沉冤未雪，姑從之。白即病不能起，從道訴於天曹，文用訴東嶽。嶽神使太尉神及地曹率冤魂往勾白。文用妻日聞白吐害文用事，復云痛楚不勝，當入陰司受訊矣。遂歿，遍受地獄諸苦。文用妻嗣同族子，奉養守志終身云。

著録

明・佚名《録鬼簿續編》 諸公傳奇，失載名氏，並附於此：《妳乾兒》、賢達婦悮失房下子，疎財漢天賜妳乾兒。《花下子》、明散財天賜妳乾兒，暗團圓智藏花下子。《勘頭巾》、望京店莊家索冷債，開封府張鼎勘頭巾。《漁樵記》 王安道水陸會賓友，王鼎臣風雪漁樵記。《翫江亭》 牛員外花下平康巷，病李岳詩酒翫江亭。《相國寺》、秦長老剏蓋會賓堂，秦從僧大鬧相國寺。《王公綽》 王公綽破家恨財婆，賣兒女從倖王公綽。《啞觀音》、西王母歸元華陽女，張果老度脱啞觀音。《血手記》、盧孔目智勘啞斯兒，馬均祥没倖血手記。《鬧陰司》、看經善友歸佛教，冤家債主鬧陰司。《劉行首》、王祖時單化鄧夫人，馬丹陽三度劉行首。《貨郎旦》、抛家棄業李彦和，風雨像生貨郎旦。《桃花女》、祭北斗七星老鑊鏨，破陰陽八卦桃花女。《雲窗夢》、張君卿奮登虎榜，鄭月蓮秋夜雲窗夢。《三負心》、烟花妓女雙逃走，風月郎君三負心。《小孫屠》、清官長智勘荒淫婦，犯押獄盆吊小孫屠。《大報讐》、狠毒繼母生奸計，没倖呆驢大報讐。《梧桐樹》、口秀才獨折丹桂枝，屎鴛鴦雙鎮梧桐樹。《荆娘怨》、三不知損石江，四不知荆娘怨。《盆兒鬼》、張慚骨訴哀哀怨怨瓦神，包待制斷丁丁當當盆兒鬼。《村樂堂》、長法司吏大斷案，海門張仲村樂堂。《浮漚記》、鐵旛竿致命暗圖財，硃砂擔涪水浮漚記。《鬼擘口》、王員外身死錯安頭，張小屠智賺鬼擘口。《生金閣》、龐衙內打點没頭鬼，包待制智賺生金閣。《流星馬》 左賢王招百載桂枝節，黄廷道走千里流星馬。《鬧元宵》、猛烈士拚賊漢，村姑兒鬧元宵。《紙扇記》、淋淋漓漓水布衫，風風魔魔紙扇記。《鬼提牢》、明政官人大斷案，清廉司吏鬼提牢。《鴛鴦被》、黄金殿題名龍虎榜，玉清庵錯送鴛鴦被。《四國旦》、八十知風流五變粧，十樣配像生四國旦。《森羅殿》、窮才子不幸死囚牢，阮提舉鬼鬧森羅殿。《馬陵道》、孫臏悔下雲夢山，龐涓夜走馬陵道。《還守旦》、月下朱公大報恩，鎮山夫人還守旦。《明昌夢》、陸正官分豁是非場，孫孔目智賺明昌夢。《送寒衣》、范杞良一命亡沙塞，孟姜女千里送寒衣。《托妻寄子》、大丈夫重義疎財，死生交托妻寄子。《留鞋記》、郭明卿燈宵悮佳期，王月英元夜留鞋記。《衣錦還鄉》、秦張儀爲官忘舊，凍蘇秦衣錦還鄉。《替殺妻》、賢明待制番終獄，剏頭張千替殺妻。《孟光舉案》、義烈士梁鴻作歌，賢達婦孟光舉案。《撾怨鼓》、病秦瓊打奸臣，老敬德撾怨鼓。《合同文字》、伯娘妒親生姪兒，清官斷合同文字。《盜骨殖》、殺人和尚退敵兵，放火孟良盜骨殖。《心猿意馬》、漢鍾離赴紫府瑶池，藍采和鎖心猿意馬。《後姚婆》、賢奶娘單教前家子，女學士三勸後姚婆。《殺狗勸夫》、王脩然屏邪歸正，賢達婦殺狗勸夫。《雲臺觀》各分離配匹復團圓，人不知大鬧雲臺觀。《磨刀勸婦》 生分婦合藥害姑，孝順子磨刀勸婦。《鬧法場》、五十九因兒配荆州，孝王貴救□鬧法場。《永不分别》、令史檢户婚文書，清官斷永不分别。《婢生子》、動人情天得奶乾女，感藥王神救婢生子。《荆娘盜果》、義烈夫士廉休妻，賢達婦荆娘盜果。《消災寺》、宋公明復打祝家莊，魯智深大鬧消災寺。《蔡順分椹》、起義心樊崇助粟，行孝道蔡順分椹。《衣襖軍》、劉慶重征延安府，狄青復奪衣襖軍。《水裏報冤》、宋江岸上加兵，張順水裏報冤。《獨角牛》、諸直社火初獻仁安殿，劉千和尚病打獨角牛。《目連救母》、發慈悲觀音度生，行孝道目連救母。《括詈旦》、風雪當站兀剌赤，像生番語括詈旦。《博望燒屯》、關雲長白河放水，諸葛亮博望燒屯。《開封府》、包龍圖威振汴梁城，神奴兒鬼鬧開封府。《仁義禮智》、陶伯齡賺甲袍馬令，拂塵子口仁義禮智。《鬧法場》、雙不孝逆子遭刑憲，四顆頭任千鬧法場。《飛刀對箭》、薛仁貴三定天山，莫離支飛刀對箭。《延安府》、衆宰相聚集待漏院，十探子大鬧延安府。《三虎下山》、好結義一身繫獄，爭報恩三虎下山。《黄花峪》、黑旋風救答李幼奴，魯智深大鬧黄花峪。《私下三關》、王樞密知流二國，楊六郎私下三關。《杜鵑啼》、楚金仙月夜杜鵑啼。《存孝打虎》、鴈門關存孝打虎。《兩團圓》、金斗郡夫妻雙拆散，豫章城人月兩團圓。《四聖歸天》、交場廟四聖歸天。《刑臺記》、天壽太子刑臺記。《興兵完楚》、申包胥興兵完楚。《叁件寶》、宋仁宗御斷六花王，包待制智賺三件寶。《盜虎皮》、人頭峯崔生盜虎皮。《斬蔡陽》、《相國寺》。賽曾參釘遠卿牌，羅李郎大鬧相國寺。

明・朱權《太和正音譜》卷上 古今無名雜劇一百一十本：《龍虎風雲會》、《抱粧盒》、《霍光鬼諫》、《拂塵子仁義禮智信》、《夢天台》、《望思臺》、《邢臺記》、《燕山夢》、《博望燒屯》、《火燒阿房宮》、《綵扇題詩》、《濯足氣英布》、《夜走馬陵道》、《智賺蒯文通》、《蘇秦還鄉》、《豫讓吞炭》、《田單火牛》、《王允連環説》、《托妻寄子》、《袁覺拖笆》、《私下三關》、《醉寫赤壁賦》、《趙宗讓肥》、《收心猿意馬》、《月夜杜鵑啼》、《秋夜雲窗夢》、《孟良盜骨》、《留鞋記》、《張千替殺妻》、《智賺三件寶》、《張鼎勘頭巾》、《罟罟旦》、《貨郎旦》、《四國旦》、《敬德不伏老》、《滴水浮漚記》、《敬德撾怨鼓》、《朱砂記》、《張順水裏報冤》、《京娘盜果》、《紙扇記》、《任千四顆頭》、《任貴五顆頭》、《繼母大賢》、《病打獨角牛》、《劉弘嫁婢》、《還牢旦》、《還牢末》、《智賺鬼擘口》、《殺狗勸夫》、《盆兒鬼》、《一丈青鬧元宵》、《智賺桃花女》、《張儀凍蘇秦》、《錯送鴛鴦被》、《醉走黃鶴樓》、《摠碎黃鶴樓》、《錢神論》、《章臺柳》、《包待制雙勘丁》、《蟠桃會》、《斬陳餘》、《馮驩燒券》、《詐遊雲夢》、《賢孝牌》、《千里獨行》、《盧仝七碗茶》、《夜月荊娘墓》、《昇仙會》、《卓文君駕車》、《白蓮池》、《舉案齊眉》、《存孝打虎》、《打毬會》、《復奪衣襖車》、《刀劈史鴉霞》、《飛刀對箭》、《打陳平》、《祭三王》、《楊香跨虎》、《田真泣樹》、《螺螄末尼》、《大鬧開封府》、《魯元公主》、《三賢婦》、《聖姑姑》、《策立陰皇后》、《雙鬥醫》、《明皇村院會佳期》、《黃魯直打到底》、《風流娘子兩相宜》、《搬運太湖石》、《風雪包待制》、《柳成錯背妻》、《桂花精》、《黃花寨》、《水簾寨》、《化胡成佛》、《雪裏報冤》、《銷金帳》、《蔡順分椹》、《望香亭》、《大鬧相國寺》、《馬丹陽度脱劉行首》、《佳人寫恨》、《才子留情》、《哀哀怨怨後庭花》、《危太樸衣錦還鄉》、《郭桓盜官糧》、《陶侃拿蘇峻》。

明・臧懋循《元曲選・元曲論》 元群英所撰雜劇：【略】《昊天塔》、一作《孟良盜骨》。《舉案齊眉》、《神奴兒》、一作《大鬧開封府》。《飛刀對箭》、一作《跨海東征》。《存孝打虎》、《醉寫赤壁賦》、《敬德不伏老》、無名氏：共一百五本。《馬陵道》、《病打獨角牛》、《劉弘嫁婢》、《氣英布》、《醉走黃鶴樓》、《賺蒯通》、《霍光鬼諫》、《凍蘇秦》、《拂塵子》、《連環計》、《夢天台》、《謝金吾》、一云《私下三關》。《望思臺》、《朱砂擔》、一作《朱砂記》。《邢臺記》、《貨郎旦》、《燕山夢》、《陳琳抱粧盒》、《博望燒屯》、《殺狗勸夫》、《彩扇題詩》、《桃花女》、一云《智賺桃花女》。《火燒阿房宮》、《盆兒鬼》、《蘇秦還鄉》、《鴛鴦被》、《豫讓吞炭》、《田單火牛》、《智賺鬼擘口》、《田真泣樹》、《託妻寄子》、《錢神論》、《祭三王》、《袁覺托笆》、《摠碎黃鶴樓》、《策立陰皇后》、《收心猿意馬》、《章臺柳》、《蟠桃會》、《螺螄末尼》、《趙宗讓肥》、《馮驩焚券》、《魯元公主》、《月夜杜鵑啼》、《聖姑姑》、《秋夜雲窗夢》、《包待制雙勘丁》、《黃魯直打到底》、《留鞋記》、《詐遊雲夢》、《三賢婦》、《張千替殺妻》、《斬陳餘》、《明皇村院會佳期》、《智賺三件寶》、《盧仝七碗茶》、《搬運太湖石》、《罟罟旦》、《千里獨行》、《雙鬪醫》、《滴水浮漚記》、《賢孝牌》、《任千四顆頭》、《敬德撾怨鼓》、《夜月荊娘墓》、《化胡成佛》、《四國旦》、《卓文君駕車》、《風流娘子兩相宜》、《張順水裏報怨》、《昇仙會》、《桂花精》、《京娘盜果》、《白蓮池》、《柳成錯背妻》、《任貴五顆頭》、《復奪衣襖車》、《雪裏報冤》、《繼母大賢》、《打球會》、《黃花寨》、《紙扇記》、《刀劈史鴉霞》、《蔡順分椹》、《還牢旦》、《楊香跨虎》、《佳人寫恨》、《一丈青鬧元宵》、《打陳平》、《水簾寨》、《銷金帳》、《陶侃拿蘇峻》、《風雪待制》、《望香亭》、《才子留情》、《郭桓盜官糧》、《哀哀怨怨後庭花》、《危太僕衣錦還鄉》。

清・黃文暘、佚名《重訂曲海總目・元人雜劇》 無名氏：《春夜梨花雨》、《馮玉蘭》、《碧桃花》、《凍蘇秦》、《貨郎旦》、《看錢奴》、《連環計》、《托妻寄子》、《望思臺》、《抱妝盒》、國朝無名氏作同名。《百花亭》、《昇仙會》、《盆兒鬼》、《度柳翠》、《梧桐葉》、《梵天台》、《漁樵記》、《馬陵道》、《清風府》、《神奴兒》、《小尉遲》、《紙扇記》、《收心猿意馬》、與賈仲名作名同。《章臺柳》、《硃砂擔》、《龐居士放來生債》、《錯送鴛鴦被》、《殺狗勸夫》、《千里獨行》、《風魔蒯通》、《陳州糶米》、《銷金帳》、《望江亭》、《後庭花》、《賢孝牌》、《合同文字》、《舉案齊眉》、《隔江鬥智》、《三虎下山》、《爭報恩》、《張天師》、《救風塵》、《曲江記》、《兒女團圓》、《謝金吾》、《金安壽》、《九世同居》、非《忍字記》。《符金錠》、《風雪漁樵》、《漢鍾離度藍采和》、《呂洞賓昇仙夢》、《野猿聽經》、《二郎神射鎖魔鏡》、《錢大尹勘緋衣夢》、《李太白匹配金錢記》。

清・黃丕烈《也是園藏書・古今雜劇目録》 元無名氏：《忠義士豫讓吞炭》、《錦雲堂美女璉環記》、《蘇子瞻醉寫赤壁賦》、《鄭玉蓮秋夜雲窗夢》、《王月英元夜留鞋記》、《硃砂擔滴水浮漚記》、《貨郎旦》、《敬德不伏老》、《施仁義劉弘嫁婢》、《劉千病打獨角牛》、《殺狗勸夫》、《大婦小妻還牢》、《講陰陽八卦桃花女》、《玎璫盆兒鬼》、《劉玄德醉走黃鶴樓》、《玉清庵錯送鴛鴦被》、《關雲長千里獨行》、《孟光舉案齊眉》、《鴈門關存孝打虎》、《狄青復奪衣襖車》、《閥閱舞射柳蕤丸記》、《逞風流王煥百花亭》、《龍濟山野猿聽經》、《二郎神醉射鎖魔鏡》、《漢鍾離度脱藍彩和》、《李雲英風送梧桐葉》、《摩利支飛刀對箭》、《降桑椹蔡順奉母》、《羅李郎大鬧相國寺》、《馬丹陽度脱劉行首》、《趙匡義智娶符金定》、《包待制智賺生金閣》、《包待制智斬魯齋郎》、《張公藝九世同居》。

清·梁廷枏《曲話》卷一　其餘無名氏可考，亦無別寓他名，而其曲仍行於世者，以雜劇言，元人有《馮玉蘭》、《碧桃花》、《貨郎旦》、《看錢奴》、《連環計》、《抱粧盒》、《硃砂檐》、《百花臺》、《盆兒鬼》、《度柳翠》、《梧桐葉》、《誶范叔》、《漁樵記》、《馬陵道》、《清風府》、《神奴兒》、《小尉遲》、《凍蘇秦》、《硃砂擔》、《龐居士》、《鴛鴦被》、《殺狗勸夫》、《風魔蒯通》、《陳州糶米》、《合同文字》、《舉案齊眉》、《冤家債主》、《隔江鬬智》、《三虎下山》，【略】以傳奇言，元人有《伏虎緣》。

清·姚燮《今樂考證·著録二·元雜劇》　無名氏：一百種。《諸葛亮博望燒屯》、《馮玉蘭夜雨泣江舟》、《龐涓夜走馬陵道》、《鄭月蓮秋夜雲牕夢》、《忠義士豫讓吞炭》、《風雨像生貨郎旦》、《硃砂擔滴水浮漚記》、《下高麗敬德不伏老》、《賢連婦荆娘盜果》、一作京娘。《劉千病打獸角牛》、《蘇子瞻醉寫赤壁賦》、《施仁義劉宏嫁婦》、《玎玎璫璫盆兒鬼》、《劉玄德醉走黃鶴樓》、疑即朱凱劇。《玉清庵錯送鴛鴦被》、《孝順賊魚水白蓮池》、《孟光女舉案齊眉》、《鴈門關存孝打虎》、《狄青復奪襖衣車》、《摩利支飛刀對箭》、一作跨海東征。《閥閱舞射柳蕤丸記》、《逞風流王煥百花亭》、《龍濟山埜猿聽經》、《二郎神醉射鎖魔鏡》、《漢鍾離度脱藍采和》、《李雲英風送梧桐葉》、《王鼎臣風雪漁樵記》、《行孝道郭巨埋兒》、《包待制賺合同文字》、《薩真人夜斷碧桃花》、《趙匡義智娶符金錠》、《張公藝九世同居》、《錦雲堂美女連環記》、記，一作計。《凍蘇秦衣錦還鄉》、《選》目分《凍蘇秦》與《蘇秦還鄉》爲二種誤。《金水橋陳琳抱粧合》、《神奴兒大鬧開封府》、《霍光鬼諫》、《拂塵子》、《夢天台》、《望思臺》、《燕山夢》、《彩扇題詩》、《火燒阿房宮》、《哀覺托笆》、《收心猿意馬》、《趙宗讓肥》、疑即秦簡夫《趙禮讓肥》。《月夜杜鵑啼》、《張千賛殺妻》、《智賺三件寶》、《罟罟旦》、《敬德撾怨鼓》、《四國旦》、《張順水裏報怨》、《任貴五顆頭》、《繼母大賢》、《紙扇記》、《還牢旦》、《一丈青鬧元宵》、《智賺鬼擘口》、《搥碎黃鶴樓》、《包待制雙勘丁》、《盧仝七椀茶》、《千里獨行》、《賢孝牌》、《夜月荆娘墓》、《卓文君駕車》、《昇仙會》、《打毬會》、《刀劈史鴉霞》、《楊香跨虎》、《打陳平》、《田真泣樹》、《祭三王》、《策立陰皇后》、《螺螄末尼》、《魯元公主》、《聖姑姑》、《黃魯直到打底》、《三賢婦》、《明皇村院會佳期》、《搬運太湖石》、《雙門醫》、《任千四顆頭》、《化胡成佛》、《風流娘子兩相宜》、《桂花精》、《柳成錯背妻》、《雪裏報冤》、《黃花寨》、《佳人寫恨》、《水簾寨》、《銷金帳》、《陶侃拿蘇峻》、《風雪待制》、《望香亭》、《才子留情》、《郭桓盜官糧》、《哀哀怨怨後庭花》、《危太僕衣錦還鄉》。

清·王國維《曲録》卷三　《玉清庵錯送鴛鴦被》一本，《元曲選》本、《續古名家雜劇本》。《陳州糶米》一本《元曲選》本。《隨何賺風魔蒯通》一本，《元曲選》本。《爭報恩三虎下山》一本，《元曲選》本。《龐居士誤放來生債》一本，《元曲選》本。《硃砂擔滴水浮漚記》一本，《元曲選》本。《包龍圖智賺合同文字》一本，《元曲選》本。《凍蘇秦衣錦還鄉》一本，《元曲選》本。《小尉遲將鬬將認父歸朝》一本，《元曲選》本。《神奴兒大鬧開封府》一本，《元曲選》本。《謝金吾詐拆清風府》一本，《元曲選》本。《龐涓夜走馬陵道》一本，《元曲選》本。《朱太守風雪漁樵記》一本，《元曲選》本。《孟德耀舉案齊眉》一本，《元曲選》本。《李雲英風送梧桐葉》一本，《元曲選》本、《古名家雜劇》本。《兩軍師隔江鬬智》一本，《元曲選》本。《玎玎璫璫盆兒鬼》一本，《元曲選》本。《風雨像生貨郎旦》一本，《元曲選》本。《薩真人夜斷碧桃花》一本，《元曲選》本。《馮玉蘭夜月泣江舟》一本，《元曲選》本。《逞風流王煥百花亭》一本，《元曲選》本。《錦雲堂暗定連環計》一本，《元曲選》本、《元人雜劇選本。《金水橋陳琳抱妝匣》一本，《元曲選》本。《張公藝九世同居》一本，《元人雜劇選》本。《趙匡義智取符金定》一本，《元人雜劇選》本。《幸上苑帝妃春遊》一本，《古名家雜劇》本。《泛西湖秦蘇賞夏》一本，《古名家雜劇》本，此本恐即金仁傑之《蘇東坡夜宴西湖夢》。《醉學士韓陶月宴》一本，《古名家雜劇本，此本恐即戴善甫之《陶學士醉寫風光好》。《憶故人戴王訪雪》一本，《古名家雜劇》本。《漢鍾離度脱藍采和》一本,續古名家雜劇本。《龍濟山野猿聽經》一本,續古名家雜劇本。《二郎神醉射鎖魔鏡》一本,續古名家雜劇本。《諸葛亮博望燒屯》一本,《鄭月蓮秋夜雲窗夢》一本,正音譜作《秋夜芸窗夢》。《忠義士豫讓吞炭》一本,疑即楊梓撰。《下高麗敬德不伏老》一本,疑即楊梓撰。《賢達婦荆娘盜果》一本,正音譜作《京娘盜果》。《劉千病打獨角牛》一本,《蘇子瞻醉寫赤壁賦》一本,《施仁義劉宏嫁婢》一本,《關雲長千里獨行》一本,《孝順賊魚水白蓮池》一本,《雁門關存孝打虎》一本,《狄青復奪衣襖車》一本,《摩利支飛刀對箭》一本,《行孝道郭巨埋兒》一本,右十四本,見《太和正音譜》及《也是園書目》。《夢天台》一本,《望思臺》一本,《蟠桃會》一本,《燕山夢》一本,《罟罟旦》一本,《四國旦》一本,《還牢旦》一本,《硃砂記》一本,《紙扇記》一本,《賢孝牌》一本,《昇仙會》一本,《打毬會》一本,《打陳平》一本,《祭三王》一本,《三賢婦》一本,《聖姑姑》一本,《雙鬬醫》一本,《桂花精》一本,《黄花塞》一本,《水簾寨》一本,《銷金帳》一本,《望香亭》一本,《霍光鬼諫》一本,疑即楊梓撰。《綵扇題詩》一本,《田單火牛》一本,《袁覺拖笆》一本,《繼母大賢》一本,《楊香跨虎》一本,《田真泣樹》一本,《螺螄末泥》一本,《雪裏報冤》一本,《佳人寫恨》一本,《才子留情》一本,《化胡成佛》一本,《陶侃拏蘇峻》一本,《火燒阿房宫》一本,《夜月杜鵑啼》一本,《張子替殺妻》一本,《智賺三件寶》一本,《敬德撾怨鼓》一本,《任千四顆頭》一本,《任貴五顆頭》一本,《智賺鬼劈口》一本,《搥碎黄鶴樓》一本,《盧仝七碗茶》一本,《卓文君駕車》一本,《刀劈史鴉霞》一本,《策立陰皇后》一本,《搬運太湖石》一本,《風雪包待制》一本,《柳成錯背妻》一本,《郭桓打官糧》一本,《黄魯直打到底》一本,《張順水裏報冤》一本,《一丈青鬧元宵》一本,《危太僕後庭花》一本,太僕當作太樸。太樸,危素字。此本疑即素撰。《包待制雙勘丁》一本,《明皇村落會佳期》一本,《哀哀怨怨後庭花》一本,《風流娘子兩相宜》一本,《拂塵子仁義禮智信》一本右六十一種見《太和正音譜》。《趙宗讓肥》一本疑即秦簡夫作之《趙禮讓肥》。《魯元公主》一本疑即關漢卿之《魯元公主三噉赦》。《收心猿意馬》一本疑即賈仲名之《度金童玉女》。《夜月荆娘墓》一本疑即彭伯威之《四不知夜月京娘怨》。《張儀凍蘇秦》一本,疑即《凍蘇秦衣錦還鄉》。右五種見《太和正音譜》,題無名氏撰。或五本均有次本,故附于此。《樊事真金篦刺目》一本,見元雪蓑釣隱《青樓集》。《摔表諫》一本,《閬閲舞射柳蕤丸記》一本,上二本元人作。《伍子胥鞭伏柳盜跖》一本,《十八國臨潼鬬寶》一本,《田穰苴伐晉興齊》一本,《後七國樂毅圖齊》一本,《吴起敵秦掛帥印》一本,《守貞婦孟母三遷》一本,《莊周半世胡蝶夢》一本,《羊角哀鬼戰荆軻》一本,《四公子夷門元宵宴》一本,《巫娥女醉赴陽臺夢》一本,《運機謀隨何騙英布》一本,《韓元帥暗度陳倉》一本,《漢公卿衣錦還鄉》一本,《司馬相如題橋記》一本,《馬援撾打聚獸牌》一本,《雲臺聚二十八將》一本,《漢銚期太戰邳仝》一本,《寇子翼定時捉將》一本,《鄧禹定計捉彭寵》一本,《郅鄆璋昆陽大戰》一本,《金穴富郭況遊春》一本,《施仁義岑母大賢》一本,《十樣錦諸葛論功》一本,《曹操夜走陳倉道》一本,《陽平關五馬破曹》一本,《走鳳雛龐統掠四郡》一本,《周公瑾得志娶小喬》一本,《張翼德單戰吕布》一本,《莽張飛大鬧石榴園》一本,《諸葛亮掛印氣張飛》一本,《諸葛亮石伏陸遜》一本,《老陶謙三讓徐州》一本,《壽亭侯五關斬將》一本,《關大王月下斬貂蟬》一本,《關雲長古城聚義》一本,《關雲長單刀劈四寇》一本,《關雲長大破蚩尤》一本,《壽亭侯怒斬關平》一本,《張翼德三出小沛》一本,《劉關張桃園三結義》一本,《米伯通衣錦還鄉》一本,《張益德大破香林莊》一本,《陶淵明東籬賞菊》一本,《長安城四馬投唐》一本,《魏徵改詔風雲會》一本,《程畯金斧劈老君堂》一本,《徐茂功智降秦叔寶》一本,《尉遲恭鞭打單雄信》一本,《十八學士登瀛洲》一本,《唐李靖陰山破虜》一本,《立功勳慶賞端陽》一本,《賢達婦龍門隱秀》一本,《衆僚友喜賞浣花溪》一本,《招涼亭賈島破風詩》一本,《李存孝大戰葛從周》一本,《狗家疃五虎困彦章》一本,《朱全忠五路犯太原》一本,《李嗣源復奪紫泥宣》一本,《飛虎峪存孝打虎》一本,《壓關樓疊掛午時牌》一本,《存仁心曹彬下江南》一本,《八大王開詔救忠臣》一本,《楊六郎調兵破天陣》一本,《焦光贊活拏蕭天祐》一本,《趙匡胤打董達》一本,《穆陵關下打韓通》一本,《宋大將岳飛精忠》一本,《十探子大鬧延安府》一本,《蘇東坡誤入佛遊寺》一本,《張于湖誤宿女貞觀》一本,《魯智深喜賞黄花峪》一本,《梁山五虎大刼牢》一本,《梁山七虎鬧銅臺》一本,《宋公明排九宫八卦陣》一本,《王矮虎大鬧東平府》一本,《小李廣大鬧元宵夜》一本,《宋公明刼法場》

一本，《宋公明喜賞新春會》一本，《周王誠齋》一本，《奉天命三保下西洋》一本，《保國公安邊破虜》一本，《英國公平定安南》一本，《五學士明講春秋》一本，《王閏香夜月四春園》一本，《李瓊奴月夜江陵怨》一本，《海門張仲村樂堂》一本，《崔驢兒指腹成婚》一本，《女姑姑説法升堂記》一本，《清廉官長勘金環》一本，《若耶溪漁樵問話》一本，《雷澤遇仙記》一本，《徐伯株貧富興衰記》一本，《薛包認母》一本，《認金梳孤兒尋母》一本，《鴞奔亭蘇娥自許嫁》一本，《王文秀渭塘奇遇》一本，《秦月娥誤失金環記》一本，《賽金蓮花月南樓記》一本，《風月南牢記》一本，《慶豐門蘇九淫奔記》一本，《僧尼共犯》一本，《釋迦佛雙林坐化》一本，《觀音菩薩魚籃記》一本，《許真人拔宅飛昇》一本，《孫真人南極登仙會》一本，《吕翁三化邯鄲店》一本，《吕純陽點化度黄龍》一本，《吕洞賓戲白牡丹》一本，《邊洞元慕道昇仙》一本，《李雲卿得悟昇真》一本，《王蘭卿服信明真傳》一本，《證無爲太平仙記》一本，《瘸李岳詩酒玩江亭》一本，《太乙仙夜斷桃符記》一本，《南極星度脱海棠仙》一本，《時真人四聖鎖白猿》一本，《二郎神鎖齊天大聖》一本，《猛烈哪吒三變化》一本，《灌口二郎斬健蛟》一本，《寶光殿天真祝萬壽》一本。以下教坊編輯。《衆神聖慶賀元宵節》一本，《祝聖壽萬國來朝》一本，《爭玉板八仙過滄海》一本，《慶豐年五鬼鬧鍾馗》一本，《南極星金鑾慶壽》一本，《神仙慶賞蟠桃會》一本，《祝聖壽金母獻蟠桃》一本，《降丹墀玉聖慶長生》一本，《賀萬壽拜舞黄金殿》一本，《獻禎祥祝延萬壽》一本，《西王母祝壽瑶池會》一本，《紫微宫慶賀長春壽》一本，《賀萬壽五龍朝聖》一本，《衆天仙慶賀長生會》一本，《慶冬至共享太平宴》一本，《賀昇平群仙祝壽》一本，《慶千秋金母賀延年》一本，《廣成子祝賀齊天壽》一本，《黄眉翁賜福上延年》一本，《感天地朝群聖》一本。右一百四十二本，見《也是園書目》。《燕孫臏用智捉袁達》一本，錢塘丁氏善本書室藏明鈔殘本。《趕蘇卿》一本，見《雍熙樂府》及莊親王《北詞宫譜》。《征方臘》一本，《諸葛平蜀》一本，《十面埋伏》一本，《端陽走驃騎》一本，《割耳寄》一本，《叔寶不伏老》一本，《刺顔良》一本，《子陵辭詔》一本。右八本見《雍熙樂府》。此書多選雜劇此八本疑亦是也。《藍關記》一本，《跨海征東》一本。右二本見《北詞廣正譜》。右二百六十六種，元無名氏撰。

戲劇家部·明代戲劇家分部

羅貫中

傳記

明・佚名《録鬼簿續編》　羅貫中，太原人，號湖海散人。與人寡合。樂府、隱語，極爲清新。與余爲忘年交，遭時多故，各天一方。至正甲辰復會，别來又六十餘年，竟不知其所終。

明・王圻《續文獻通考》卷一七七《經籍類・傳記類》、《水滸傳》，羅貫中著。貫字本中，杭州人。編撰小説數十種。

著録

明・佚名《録鬼簿續編》　羅貫中：《風雲會》、《趙太祖龍虎風雲會》。《連環諫》、《忠正孝子連環諫》。《蜚虎子》。三平章死哭蜚虎子。

明・朱權《太和正音譜》卷上　《龍虎風雲會》。

清・黄文暘、佚名《重訂曲海總目・元人雜劇》　羅貫中：《龍虎風雲會》。

清・姚燮《今樂考證・著録一・元雜劇》　《宋太祖龍虎風雲會》。

清・王國維《曲録》卷二　《宋太祖龍虎風雲會》一本。元羅本撰，本字貫中，武林人。

雜録

元・佚名《門人祭寶峰先生文》卷首《趙寶峰先生集》　至正二十六年，歲次丙午，十二月戊申朔，越十二日己未。門人烏本良、鄭元殷、【略】向壽、李善、烏斯道、王真、顧寧、羅本、翁旭、王桓、【略】等致祭於寶峰先生趙公之柩日。

明・王圻《稗史彙編》卷一〇三《文史門・雜書類・院本》　文至院本、説書，其變極矣。然非絶世軼材，自不妄作。如宗秀羅貫中、國初葛可久，皆有志圖王者。乃遇真主，而葛寄神醫工，羅傳稗史。

明・胡應麟《少室山房筆叢》　元人武林施某所編《水滸傳》，特爲盛行。【略】其門人羅本，亦效爲《三國志演義》，絶淺陋可嗤也。

汪元亨

傳記

明・佚名《録鬼簿續編》　汪元亨，饒州人。浙江省掾。後徙居常熟。至正間，與余交於吴門。有《歸田録》一百篇行於世，見重於人。

著録

明・佚名《録鬼簿續編》　汪元亨：《斑竹記》、《娥皇女英斑竹記》。《仁宗認母》、《桃源洞》。二人誤入武陵溪，劉晨阮肇桃源洞。

明・晁瑮《寶文堂書目》卷中　《晉劉阮誤入桃花》。

谷子敬

論　説

明・朱權《太和正音譜》卷上　谷子敬之詞，如崑山片玉。又其詞理温潤，如璆琳琅玕，可薦爲郊廟之用，誠美物也。

明・王世貞《曲藻》　谷子敬如崑山片玉，可入首等。

傳　記

明・佚名《録鬼簿續編》　谷子敬，金陵人，樞密院掾史。洪武初，戍源時。明《周易》，通醫道。口才捷利。樂府、隱語，盛行於世。蒙下堂而傷一足，終身有憂色，乃作〔耍孩兒〕樂府十四煞，以寓其意，極爲工巧。

著　録

明・朱權《太和正音譜》卷上　谷子敬：《三度城南柳》、《枕中記》、《雪恨鬧陰司》。

清・黄丕烈《也是園藏書・古今雜劇目録》　本朝谷子敬：《吕洞賓三度城南柳》。

清・姚燮《今樂考證・著録三・明雜劇》　谷子敬三種：《吕洞賓三度城南柳》、《枕中記》、《雪恨鬥陰司》。

清・梁廷枏《曲話》卷一　谷子敬作《三度城南柳》。

清・王國維《曲録》卷三　《吕洞賓三度城南柳》一本，《枕中記》一本，《雪恨鬧陰司》一本。右三種，明谷子敬撰。

丁埜夫

傳　記

明・佚名《録鬼簿續編》　丁埜夫，西域人，故元西監生。羡錢塘山水之勝，因而家焉。動作有文，衣冠濟楚。善丹青，小景皆取詩意。套數、小令極多，隱語亦佳，馳名寰海。

清（康熙）《仁和縣志》卷一〇　丁野夫，其先回紇人，後居仁和，畫山水人物，學馬遠、夏珪筆法。

著　録

明・佚名《録鬼簿續編》　丁埜夫：《俊憨子》、《賞西湖》、《月夜賞西湖》。《清風嶺》《寫畫清風嶺》。《浙江亭》、《遊賞浙江亭》。《雙鸞棲鳳》。《碧梧堂雙鸞棲鳳》。

郟經

朱經　朱仲誼

傳　記

明・佚名《録鬼簿續編》　郟仲誼，名經，隴人，號觀夢道士，又西清居士。以儒業起爲浙江省考試官，權衡允當，士林稱之。僑居吴山之下，因而家焉。豐神瀟灑，文質彬彬。爲文章未嘗停思。八分書極高。善琴操，能隱語。交余甚深，日相遊覽湖光山色於蘇堤、林墓間，吟咏不輟於口。有《觀夢》等集行於世，名重一時。所作樂府，特其餘事云。

著録

明・佚名《録鬼簿續編》 邾仲誼：《三塔記》、《西湖三塔記》。《鬼推門》、《胭脂女子鬼推門》。《鴛鴦塚》。《死葬鴛鴦塚》。

明・晁瑮《寶文堂書目》卷中 《西湖三塔記》。

清・姚燮《今樂考證・著録三・明雜劇》 朱仲誼二種《玉嬌春》、《鴛鴦塚》。

清・王國維《曲録》卷二 《玉嬌春》一本，《鴛鴦塚》一本。右二種，元邾經撰。

陸進之

傳記

明・佚名《録鬼簿續編》 陸進之，嘉禾人。福建省都事。與余在武林會於酒邊花下。好作詩，善文，多有樂府、隱語於時。

著録

明・佚名《録鬼簿續編》 陸進之：《升仙會》、陳半街得悟到篷萊，韓湘子引渡升仙會、《百花亭》。《血骷髏大鬧百花亭》。

明・朱權《太和正音譜・古今無名氏雜劇》 《異仙會》。

明・晁瑮《寶文堂書目》卷中 《異仙會》。

李士英

傳記

明・佚名《録鬼簿續編》 李士英，錢塘人。以醫道著名於時。天資明敏，秉性剛烈，人難犯之。所作隱語極妙，樂府亦多。

著録

明・佚名《録鬼簿續編》 李士英：《折征衣》、《群花會》、《詩禪記》。《金章宗御賽詩禪記》。

明・晁瑮《寶文堂書目》卷中 《群花會》。

須子壽

傳記

明・佚名《録鬼簿續編》 須子壽，杭州人。錢塘縣吏。襟懷瀟灑，隱語精通。以事卒於金陵。

著録

明・佚名《録鬼簿續編》 須子壽：《滹水母》、《四州大聖滹水母》。《碧梧堂》。雙鸞棲鳳碧梧堂。

明・晁瑮《寶文堂書目》卷中 《泗州大聖降水母》。

金文質

傳記

明・佚名《録鬼簿續編》 金文質，湖州人。性純雅，於鄉黨恂恂如也，鄉人皆重之。平生未嘗輕諾。惜乎命薄，生不遇時。有樂府行於世。

明（天啟）《吴興備志》卷一二 金文質，號聽雪翁，長興人。性豪蕩，力學好吟，善詼諧，隱居不仕。

著録

明・佚名《録鬼簿續編》 金文質：《松陰記》、《嬌紅記》、《三官齋》。

明・晁瑮《寶文堂書目》卷中 《嬌紅記》。

清（乾隆）《長興縣志》卷一二 《聽雪翁詩集》。

湯舜民

論説

明・朱權《太和正音譜》卷上 湯舜民之詞，如錦屏春風。

清・姚燮《今樂考證・元劇總論》 湯舜民，如錦屏春風。

傳記

明・佚名《録鬼簿續編》 湯舜民，象山人，號菊莊。補本縣吏，非其志也。後落魄江湖間。好滑稽。與余交久而不衰。文皇帝在燕邸時，寵遇甚厚。永樂間，恩賚常及。所作樂府、套數、小令極多，語皆工巧，江湖盛傳之。

著録

明・佚名《録鬼簿續編》 湯舜民：《瑞仙亭》、《嬌紅記》。

明・朱權《太和正音譜・群英所編雜劇》 湯舜民：《風月瑞仙亭》、《嬌紅記》。

明・晁瑮《寶文堂書目》卷中 《嬌紅記》。

清・姚燮《今樂考證・著録三・明雜劇》 湯舜民二種：《嬌紅記》、《風月瑞仙亭》。

清・王國維《曲録》卷三 《嬌紅記》一本，《風月瑞仙亭》一本。右二種，明湯式撰。

楊景賢 楊景言

論説

明・朱權《太和正音譜》卷上 楊景言之詞，如雨中之花。

清・姚燮《今樂考證・元劇總論》 楊景言，如水中之花。

傳記

明・佚名《録鬼簿續編》 楊景賢，名暹，後改名訥，號汝齋。故元蒙古氏。因從姐夫楊鎮撫，人以楊姓稱之。善琵琶，好戲謔。樂府出人頭地。錦陣花營，悠悠樂志，與余交五十年。永樂初，與舜民一般遇寵。後卒於金陵。

紀事

清・佚名《曲海總目提要》卷三《柳梢青》 元楊景賢撰演馬真人度劉倩嬌事也。關目在《柳梢青》，詞故名。考回道人集中，有題妓屏詩云：嫫母西施共此身，可憐老少隔千春。他年鷄髮雞皮媪，今日玉顔花貌人。又云：花開花落兩悲歡，花與人還是一般。開在枝間妨客折，落來地上倩誰看。又題東都妓館壁云：嘘吸鸞笙裂太清，綠衣童子步虚聲。玉樓唤醒千年夢，碧桃枝上金雞鳴。觀此則青樓女子，爲仙家度脱者，庸或有之。

按劇中所載《柳梢青》詞，一名《隴頭月》，見《鳴鶴餘音》，及《樂章考索》。諸書或云何仙姑所作，或云無名氏，莫能定其所自來也。畧云：仙人王喆，道號重陽真人，未成道時，名曰王三舍。在登州開酒肆，遇正陽祖師純陽真人，叩長生不老之訣。吕祖引至東海濱，以金丹七粒投水中，化金蓮七朵，謂喆曰：此金蓮七朵，乃是丘、劉、談、馬、郝、孫、王七人，可傳大道。汝可下人間，度此數人。遂承命化作道人，遊於人世。一夕至西安城外北邙山口，憩於松陰。有鬼仙者，乃唐明皇時管玉罩夫人也，五世爲童女身，惡世間生死，居山三百餘年。是夕風月清朗，口占《柳梢春》詞一闋云：天淡曉風明滅，白露點、蒼苔敗葉。斷址頹垣，荒烟衰草，漢家陵闕。咸陽陌上，行人依舊，名親利切。改换容顔，消磨今古，隴頭殘月。喆聞知爲鬼仙，依韻和之。鬼仙遂求喆度脱，喆謂須托生人間爲女子，償完宿債，然後可度。乃召東岳神導往汴梁劉家爲女，囑以二十年後，遇三丫髻馬真人來度，急須回首也。其後汴梁行首劉倩嬌，即玉罩夫人後身，色藝雙絶，名冠樂籍。節居重陽，官衙設席，呼以賄酒。道逢馬丹陽，奉其師王真人之命，來度倩嬌。倩嬌不悟。時有富户林茂之，約娶倩嬌爲妾，倩嬌方欲嫁之。馬丹陽復來度倩嬌，卒不應，乃命東岳神於夢中告以前生公案。倩嬌醒而憶其所賦《柳梢青》半闋，丹陽爲續誦其半，倩嬌乃大悟。值茂之來娶，倩嬌佯爲瘋疾，茂之怨丹陽，以手毆之，一擊而倒，拽棄荒野。欲拉倩嬌行，忽見丹陽擊漁鼓從外至，又有六賊若將軍者，共擒茂之。茂之窘甚遁走。倩嬌乃從丹陽朝東華帝君，得道證果。

按王紹夜讀書，忽窗外有言借筆者，紹予之，於窗上題一詩曰：何人窗下讀書聲，南斗闌干北斗横。千里思家歸不得，春風腸斷石頭城。小説所載，此類甚多，固不獨曲中人不見，江上數峯青也。

著録

明・佚名《録鬼簿續編》 楊景賢：《天台夢》、《生死夫妻》、《翫江樓》、《偃師救駕》、《西湖怨》、《爲富不仁》、《待子瞻》、《三田分樹》、《西遊記》、《紅白蜘蛛》、《巫娥女》、《保韓莊》、《劉行首》、《盜紅綃》、《鴛鴦宴》、《東嶽殿》、《海棠亭》、《兩團圓》。

明・朱權《太和正音譜》卷上 楊景言：《風月海棠亭》、《史教坊斷生死夫妻》。

又《古今無名氏雜劇》《田真泣樹》、《夢天臺》。

明·晁瑮《寶文堂書目》卷中《西遊記》、《紅白蜘蛛記》。

清·黄文暘、佚名《重訂曲海總目·元人雜劇》楊景賢：《馬丹陽度劉行首》。

清·姚燮《今樂考證·著録三·明雜劇》楊景賢三種：《風月海亭》、《史教坊斷生死夫妻》、《馬丹陽度脱劉行首》。

清·王國維《曲録》卷二《馬丹陽度脱劉行首》一本。元楊景賢撰，與明初之楊景言或是一人。

又《風月海棠亭》、《史教坊斷生死夫妻》。右二種，明楊景言撰。

李唐賓

論説

明·朱權《太和正音譜》卷上李唐賓之詞，如孤鶴鳴皋。

清·姚燮《今樂考證·元劇總論》李唐賓，如孤鶴鳴泉。

傳記

明·佚名《録鬼簿續編》李唐賓，廣陵人，號玉壺道人。淮南省宣使。與余交久而敬。衣冠濟楚，人物風流，文章樂府俊麗。

著録

明·佚名《録鬼簿續編》李唐賓：《梨花夢》、《梧桐葉》。

高茂卿

傳記

明·佚名《録鬼簿續編》高茂卿，涿州人。

著録

明·佚名《録鬼簿續編》高茂卿：《兩團圓》。

劉君錫

傳記

明·佚名《録鬼簿續編》劉君錫，燕山人。故元省奏。性差方介，人或有短，正色責之。隱語爲燕南獨步。人稱爲白眉翁。家雖甚貧，不屈節。時與邢允恭、友讓暨余輩交。風流懷抱。又自題一種。所作樂府，行於世者極多。

著録

明·佚名《録鬼簿續編》　劉君錫：《東門宴》、《三喪不舉》、《來生債》。

陶國瑛

傳記

明·佚名《録鬼簿續編》　陶國瑛，晉陵人。

著録

明·佚名《録鬼簿續編》　陶國瑛：《森羅殿》。

唐復

論説

明·朱權《太和正音譜》卷上　唐以初之詞，如仙女散花。

清·姚燮《今樂考證·元劇總論》　唐以初，如仙女散花。

傳記

明·佚名《録鬼簿續編》　唐以初，名復，京口人，號冰壺道人。以後住金陵。唫卜詩，曉音律。

著録

明·佚名《録鬼簿續編》　唐以初：《四女争夫》。

明·晁瑮《寶文堂書目》卷中　《雲魔洞四女争夫》。

詹時雨

傳記

明·佚名《録鬼簿續編》　詹時雨，隨父宦遊福建，因家於閩。

著録

明·佚名《録鬼簿續編》　詹時雨：《西厢弈棋》。

劉東生

論說

明・丘汝乘《嬌紅記序》 元清江宋梅洞嘗著《嬌紅記》一編，事但而文深，非人莫能讀，余每恨不得也。《崔張傳》獲王實甫易之以詞，使途人皆能知也。竊待於人，久未見之。越人東生劉先生，待予以忘年之交。一旦過顧，示以若編，繼索爲序。展而讀之，一唱三嘆，鏗乎金石，燦乎文錦也。夙以浙者于斯見矣，可覺言哉。於戲，是詞所能，非褐寬博也，必沉潛聲律，厭飫絲竹，抵其極者，唯東生孰能任歟。且夫其詞之才，朱絃翠管不足以盡其華，聯珠駢玉不足以似其美，月夕風宵不足以□其清，倒峽奔流不足以壯其勢，□若己懷，懽若己出，鈎深彰德，宛極事態，靡靡盡於是矣。白居易有言，元微之能遣人室中事，東生良友矣。李溉之嘗題《崔張傳》曰：安得斯人復生，相與弄琴舉酌。逝西江之水，酹長安之月，□括巫山，一夜秋風流，未必下某人也。余謂劉先生誠能盡其美矣。故叙。

明・佚名《録鬼簿續編》 劉東生，名兑，作《月下老定世間配偶》四套，極爲駢麗，傳誦人口。

明・朱權《太和正音譜》卷上 劉東生之詞，如海嶠雲霞。

又 鎔意鑄詞，無纖翳塵俗之氣，迥出人一頭地，可與王實甫輩並驅，藹然見於言意之表，非苟作者，宜列高選。

著録

明・朱權《太和正音譜》卷上 劉東生：《月下老世間配偶》、《嬌紅記》二本。

清・姚燮《今樂考證・著録三・明雜劇》 劉東生二種：《嬌紅記》二本，《月下老世間配偶》。

清・王國維《曲録》卷三 《嬌紅記》一本，《月下老世間配偶》一本。右二種，明劉東生撰。

賈仲明 賈仲名

論說

明・朱權《太和正音譜》卷上 賈仲名之詞，如錦帷瓊筵。

傳記

明・佚名《録鬼簿續編》 賈仲明，山東人。天性明敏，博究群書。善吟咏，尤精於樂章隱語。嘗侍文皇帝於燕邸，甚寵愛之。每有宴會應制之作，無不稱賞。公豐神秀拔，衣冠濟楚，量度汪洋，天下名士大夫，咸與之相交。自號雲水散人。所作傳奇樂府極多，駢麗工巧，有非他人之所及者，一時儕輩，率多拱手敬服以事之。後徙居蘭陵，因而家焉。所著有《雲水遺音》等集行於世。

紀事

清・佚名《曲海總目提要》卷二《玉壺春》 演李斌遇妓李素蘭事。玉壺春者，素蘭所畫蘭及所作春詞也。廣陵人李斌，字唐斌，別號玉壺生。美才品，遊學嘉禾。清明，遇妓李素蘭於郊外，各相愛慕，遂訪其家，眷戀不能舍。密友陶綱，字伯常者，官杭州郡佐，聞斌客嘉禾，過而訪之。勸斌就試，告以爲李羈留。綱索其文，出萬言策示之。綱袖而去，云當代若呈獻。斌乃與李情好益篤。李畫素蘭一枝，插玉壺中，題詞云：香嬌淡雅天然格，蕊嫩幽奇能艷白。看四季，永馨香，遠蓬蓽。堂鄰野陌，惟待客，不許遊人閒摘。玲瓏瑩軟無瑕色，玉潔冰清有潤澤。玉壺內，插蘭花，壓梅瓣。壽陽點額，休擲捽，莫伴群芳亂折。斌極稱賞。嗣後資斧漸乏，假母欲拒斌。有山西紬客聞蘭美，欲娶之，蘭堅拒，使斌娶己。斌屬蘭義妹陳玉英作合，而假母言同姓不當結婚姻。蘭云己本張姓，非李所出，無嫌也。假母利客財，復强之，蘭截髮以拒。母甚怒，鳴於官。適綱復至嘉禾，拘而質之，即李斌也。詢蘭意所適，蘭出自繪玉壺春圖并春詞以見志。母尤争不已。值京使至，云斌策稱旨，授杭州郡倅。母乃已紬客以蘭妻斌。

又卷二《金童玉女》 云王母蟠桃會上，金童玉女，一念思凡，謫下人間。男曰金安壽，女曰嬌蘭，配爲夫婦。機緣已到，王母命鐵拐李度脱歸真也。按漢桓驎《西王母傳》云：西王母者，九靈太妙龜山金母也。一號太虚九光龜臺金母元君，乃西華之至妙，洞陰之極尊。以東華至真之氣，化而生木公。又以西華至妙之氣，化而生金母。梁陶弘景《真靈位業圖》，則云紫微元靈白玉龜臺九靈元真元君。又云：西王母侍女王上華、董雙成、石公子等，凡十五位。《漢武帝内傳》：帝閒居承華殿，東方朔、董仲舒在側。忽見一女子，着青衣，美麗非常。帝愕然問之，女對曰：我墉宮玉女，王子登也，爲王母所使，從崑崙山來。語帝曰：從今日清齋，不閑人事，至七月七日，王母暫來也。言訖，玉女忽然不知所在。帝問東方朔：此何人。朔曰：是西王母紫蘭宮玉女，常傳使命往來扶桑，出入靈州，交關常陽，傳言玄都。阿母昔出配北燭仙人，近又召還，使領命禄真靈官也。鐵拐李，别見鐵拐李岳劇中。略云：北地金安壽，娶夾谷童家女嬌蘭爲妻。家世豐，夫婦綢繆。嬌蘭生日，設家宴上壽，一道者化齋，曰從三島來，度爾往蓬萊去。安壽笑曰：我方安享富貴，安能舍此從爾吃菜根乎。因命家伶盛陳伎樂，以誇道者。更爲道錦堂繡幙之華，朝歌暮絃，勝於十洲三島。道者爲言仙家之福無窮，安壽終不契也。自是道者日來，安壽頗憎之。時當春日，攜嬌蘭郊外踏青，道者即借春色指點，安壽猶不契。倐忽炎夏，夫婦深鎖重門，納凉後院，以不見道者爲幸。而道者忽在前，安壽始訝之。道者先以語開導嬌蘭，嬌蘭省悟，復引安壽入夢。以其本身嬰兒姹女，意馬心猿，現形點化。夢醒來已閲世四十年。乃悟夫婦本來是王母金童玉女，道者乃李鐵拐也。於是同赴瑶池，謁見王母。王母喜其重證仙果，爲奏八仙歌舞云。

又《對玉梳》 劇中顧玉香與荆楚臣别，斷玉梳，各持其半，後復得合，故以爲名。其事之有無不可考。據所演，玉香推財助困，不污强暴，卒成其志，爲青樓中傑出之婦，殆可存也。揚州秀才荆楚臣，與松江妓顧玉香厚，傾其貲，爲假母擯出，寄居故舊。玉香誓不他接。東平賈柳茂英，以厚貲啗母，强玉香。玉香不從，而邀楚臣至家，盡脱金珠釵珥，助之赴舉，瀕行出玉梳一枚，斷爲二，各收其半。楚臣既行，母説誘百端，茂英長跪以懇，輒爲玉香所訶。楚臣應舉得第，授句容縣令，方欲遣人迎玉香。而玉香不堪逼，與婢潛行，將之京訪楚臣，於丹陽遇風，捨舟登陸。茂英知之，追至黑林中，逼擲邀歡。不從，將殺之。適楚臣奉府牒下鄉催租，過林外，聞呼殺人聲，迹之，禽茂林送府治罪。攜玉香歸署成婚，各出玉梳之半，令巧匠以金對嵌，復合爲一。史稱設形容，揳鳴琴，揄長袂，躡利屣，爲青樓常態。然房千里之稱楊娼，許堯佐之傳柳氏，所謂青蓮之擢淤泥也。作者蓋本此意。散樂女助宋齊丘事，與玉香頗相類。

又《蕭淑蘭》 演張世英拒奔女蕭淑蘭，後以淑蘭之兄作合爲夫婦事。有無不可考，自是有關風化之作也。按自古拒奔女不納，史册甚多。自魯男子以下，摘近事相似者並載一二，以備參閲。魯人有獨處室者。鄰之嫠婦亦獨處一室。夜暴風雨至。嫠婦之室壞，趨而託焉。魯人閉户而不納。嫠婦自牖與之言：子何不仁而不納我乎。魯人曰：吾聞男女不六十不同居。今子幼，吾亦幼，是以不納爾也。嫠婦曰：子何不如柳下惠，嫗不建門之女乎。魯人曰：柳下惠則可，吾固不可。吾將以吾之不可，學柳下惠之可。孔子聞之曰：善哉，欲學柳下惠者，未有似於此者。期於至善而不襲其爲，可謂智哉。明謝遷，餘姚人，少館毘陵某家，主家女乘父母出，詣館見遷。遷諭之曰：女子未嫁，夫身於人，父母夫族皆無顔面，吾决不從。女怏怏去。明日辭館。成化乙未，神告曰：上帝以子能不亂人婦女，中今科狀元。陶大臨，年十七，美姿容。赴鄉試。寓有隣女來奔。三至三卻。遂徙他寓。寓主夜夢神語曰：明日有秀才來，乃鼎甲也。因其立志端方，能不爲奔女亂，上帝特簡。寓主以告陶。陶益自砥礪，後中榜眼，謚文僖。茅坤，歸安人。弱冠遊學餘姚，寓於錢應揚家。錢有美婢，慕茅丰姿。一夕至書室呼貓。坤曰：汝何獨自來呼貓。婢笑曰：我非呼小貓，乃呼大茅耳。坤正色曰：父命我遠出讀書。若非禮犯汝，他日何以見父，又何顔見若主。我必不就。切勿再來。婢慚退。後登嘉靖戊戌榜，官副使，年九十。略云：張世英，字雲傑，浙江温州人。苦志勵學，博通經史。蕭山友蕭公讓，雅重其人，延爲館賓。公讓之妹淑蘭，美貌能詩，及笄未字，窺見世英，悦其丰姿。清明節，公讓與室崔氏，及其二子，俱往墓祭掃。淑蘭托病不行，潛至書館見世英。世英若不見，淑蘭以言挑之。世英正色曰：男女婚媾，必遵父母之命，從媒妁之言，不然則非禮。非禮之事，吾不爲也。況蕭公待我爲上賓，他日我何顔見之。當速歸爾室，兄嫂至，必見責也。淑蘭惶恐而退。世英欲與公讓言，又慮責其妹，將言輒止。淑蘭抱疾作一詞，使老嫗達世英。詞云：君心情遠迷蓬島，妾心命薄連芳草。芳草正淒淒，君心知不知。妾身輕似葉，君意堅如鐵。妾意爲君多，君心棄妾何。世英終以禮自持，欲執詞告公讓，嫗窘避。世英乃托故往西興，瀕行，題詩於壁云：感公清盼寄餘生，三載交遊兩月情。別去難言心下事，月明酒醒在西興。公讓見詩，不解其故，修書遣使往彼相懇。淑蘭病中聞之，復作一詞，欲并以入兄書寄去。詞云：無情水滿西興渡，多情人往西興去。西興去路遥，叫奴魂夢勞。今將心内苦，聯作相思句。君若見情詞，同諧連理枝。詞爲公讓見，審得其詳，益重世英品，於是託媒以禮至西興，招世英爲妹壻云。

著録

明・朱權《太和正音譜》卷上　賈仲名：《度金童玉女》。

明・佚名《録鬼簿續編》　賈仲明：《雙坐化》、《裴度還帶》、《玉梳記》、《梅杏争春》、《翫風月》、《七世冤家》、《碧桃花》、《菩薩蠻》、《玉壺春》、《雙獻頭》、《燕山怨》、《英山夢》、《節婦牌》、《雙告狀》。

明・晁瑮《寶文堂書目》卷上　《鐵拐李度金童玉女》、《山神廟裴度還帶記》。

清・黄文暘、佚名《重訂曲海總目・元人雜劇》　賈仲名：《意馬心猿》、《對玉梳》、《蕭淑蘭》。

清・黄丕烈《也是園藏書・古今雜劇目録》　《鐵拐李度金童玉女》、《吕洞賓桃柳昇仙夢》、《蕭淑蘭情寄菩薩蠻》、《荆楚臣重對玉梳記》。

清・姚燮《今樂考證・著録三・明雜劇》　《鐵拐李度金童玉女》、即《金安壽》。《吕洞賓桃李昇仙夢》、《蕭淑蘭情寄菩薩蠻》、《荆楚臣重對玉梳記》、《意馬心猿》。

清・王國維《曲録》卷三　《鐵拐李度金童玉女》一本，《荆楚臣重對玉梳記》一本，《蕭淑蘭情寄菩薩蠻》一本，《吕洞賓桃柳昇仙夢》一本。右四種，明賈仲名撰。仲名一作仲明。

黄元吉

著録

明・佚名《録鬼簿續編》　諸公傳奇，失載名氏，並附于此：【略】《流星馬》。左賢王招百載桂枝節，黄廷道走千里流星馬。

清・黄丕烈《也是園藏書・古今雜劇目録》　《黄廷道夜走流星馬》。

清・姚燮《今樂考證・著録三・明雜劇》　黄元吉一種：《黄庭道夜走流星馬》。

清・王國維《曲録》卷三　《黄廷道夜走流星馬》一本。明黄元吉撰。

王子一

論説

明·朱權《太和正音譜》卷上　王子一之詞，如長鯨飲海。風神蒼古，才思奇瑰，如漢庭老吏判辭，不容一字增減，老作，老作。其高處，如披琅玕而叫閶闔者也。

明·王世貞《曲藻》　國初十有六人：王子一如長鯨飲海、又如漢庭老吏。可入首等。

紀事

清·佚名《曲海總目提要》卷三《誤入桃源》　元王子一撰。近時人所撰《長生樂》，本此。按晉時劉晨、阮肇二人，採藥入天台，頗遠，不得返。經十三日，饑，偶望山上有桃子熟，遂躋險登，噉數枚，饑止體充。欲下山以杯取水，見蕪菁葉流下甚鮮，復有一杯流下，有胡麻飯。乃相謂曰：此近人家矣。遂渡山出一大溪。溪邊有二女子，色甚美。見二人持杯，便笑曰：劉阮二郎，捉向杯來。劉、阮驚。二女欣然如舊識，曰來何晚，因即邀還家。南壁東壁，各有羅帳絳帳侍婢，便令具饌。有胡麻飯，山羊脯，甚甘美。食畢行酒。有群女持桃子笑曰：賀汝壻來。酒酣作樂。夜後各就一帳宿，婉態殊絶。至十日，求還，苦留半年。氣候草木，常似春時，百鳥啼鳴，更切鄉思。女遂相送，指示歸路。至家，鄉邑零落，已十世矣。劇中關目，與諸書所載，亦無甚異。惟云二女乃紫霄玉女謫降，與劉阮有宿緣。玉帝勑太白金星，指引入桃源洞。後歸而復往，遂至迷路，復得星官引回仙境。行滿功成，同赴蓬萊。此則作者增飾。中間劉阮及仙女詩，俱用曹唐作。附曹唐詩：天和樹色靄蒼蒼，霞重嵐深路渺茫。雲竇滿山無鳥雀，水聲沼澗有笙簧。碧沙洞裏乾坤別，紅樹枝頭日月長。願得花間有人出，不令仙犬吠劉郎。殷勤相送出天台，仙境那能卻再來。雲液既歸須强飲，玉書無事莫頻開。花當洞口應長在，水到人間定不迴。惆悵溪頭從此別，碧山明月照蒼苔。再到天台訪玉真，青苔白石已成塵。笙歌寂寞閑深洞，雲鶴蕭條絶舊鄰。草樹總非前度色，煙霞不似往年春。桃花流水依然在，不見當時勸酒人。

著録

明·朱權《太和正音譜》卷上　王子一：《海棠風》、《楚臺雲》、《劉阮天台》、《鶯燕蜂蝶》。

清·黄文暘《曲海目·元人雜劇》　《誤入桃源》，王子一作。

清·黄文暘、佚名《重訂曲海總目·元人雜劇》　王子一：《誤入桃源》。

清·姚燮《今樂考證·著録三·明雜劇》　王子一四種：《誤入桃源》、一作《劉阮天台》，《也是園目》作《劉晨阮肇誤入天台》。《海棠風》、《楚岫雲》、《花間四友》。一作《鶯燕蜂蝶》，元史九散人有此目。

清·支豐宜《曲目新編·元人雜劇》　《誤入桃源》。王子一作。

清·黄丕烈《也是園藏書·古今雜劇目録》　元本朝王子一：《劉晨阮肇誤入天台》。

清·梁廷枏《曲話》卷一　以雜劇言之，其人各一種者，元人如：【略】王子一作《誤入桃源》。

清·王國維《曲録》卷三　《劉晨阮肇誤入桃源》一本，《海棠風》一本，《楚陽台》一本，《鶯燕蜂蝶》一本。右四種，明王子一撰。

楊文奎

論説

明・朱權《太和正音譜》卷上　楊文奎之詞，如匡廬疊翠。

明・王世貞《曲藻》　國初十有六人：【略】楊文奎如匡廬叠阜。可次貫酸齋輩。

紀事

清・佚名《曲海總目提要》卷三《兒女團圓》　元楊文奎撰。事之虚實不可考。據云：蠡州白鷺村農家子韓弘道，兄早亡，事寡嫂盡禮。有姪福童、安童。撫之如己出。弘道家資頗厚，中年無子，婢春梅有孕。其嫂終日詬誶，欲分家。弘道以十之九與兩姪，而自取其一，嫂猶未厭。婢春梅生子，乃於弘道婦前讒搆春梅。婦信其言，辱春梅不已，而勒弘道出之，至怖以死。弘道不得已，爲出春梅。春梅不肯嫁，乞食自活。新莊店人俞循禮者，亦垂老無子。其妻産一女，妻弟王獸醫晚歸，聞林間兒啼聲，見一乞婦方産兒欲棄。獸醫抱與其姊，易所生女歸爲己女。問乞婦姓，曰：李春梅也。越十三年，獸醫至循禮家借牛具，循禮不與，因而相詬。循禮詈其無後，獸醫亦斥其無後，循禮争不已，獸醫忿甚，將訪春梅以爲證。獸醫又嘗負弘道銀，持息往酬，弘道不取，出券焚之。獸醫深德弘道，而憫其無子，云何故不早納婢。弘道夫婦，亦自痛悔其初之出春梅，乃以舊事告之。獸醫曰：若然，則君固有子也。遂具述十三年事。弘道夫婦急欲見其子。獸醫竟造循禮家塾中，語其子以真父所在，遂攜歸弘道。循禮悲憤，莫知所出，徐得其詳。因求所生女，則獸醫固已换養長成，仍歸循禮。弘道亦感循禮撫子恩，率子登門，求爲婚配，且呼春梅復還。是爲兒女團圓也。

著録

明・朱權《太和正音譜》卷上　楊文奎：《玉盒記》、《兩團圓》、《王魁不負心》、《封涉遇上元》。

清・黄文暘《曲海目・元人雜劇》　《翠紅鄉》（楊文奎作）。

清・黄文暘、佚名《重訂曲海總目・元人雜劇》　楊文奎：《翠紅鄉》、《兩團圓》。

清・黄丕烈《也是園藏書・古今雜劇目録》　楊文奎：《翠紅鄉兒女兩團圓》。

清・梁廷柟《曲話》卷一　以雜劇言之，其人各一種者，元人如：【略】楊文奎作《翠紅鄉》。

清・支豐宜《曲目新編・元人雜劇》　《翠紅鄉》，楊文奎作。

清・姚燮《今樂考證・著録三・明雜劇》　楊文奎四種：《翠紅鄉兒女兩團員》、《玉盒記》、《王魁不負心》、《封陟遇上元》。

清・王國維《曲録》卷三　《翠紅鄉兒女兩團圓》一本，《王魁不負心》一本，《封騭遇上元》一本，《玉盒記》一本。右四種，明楊文奎撰。

朱權

論説

明・康海《太和正音譜序》　近世歌曲所傳，唯十二調，三百三十五章，然音律之本，亦稍見矣。明興，丹丘先生采輯元賢暨今之詞客所撰，彙爲斯譜。閒居有作，率譜擬調，法度宛然。歌詠之餘，情之所欲，宣暢略盡。

吁，亦奇矣。原本前卷載古今作者名氏，及傳奇種數，與元人雜論。雖搜括甚多，而於後作，初無少益，今悉删去，但取周德清《作詞七法》列諸篇首。若曰曲固有譜，作亦有法云耳。開卷之際，指趣咸備，顧非詞林之一快乎。

傳記

清・錢謙益《列朝詩集小傳》乾集下　王諱權，高皇帝十六子，生而神姿朗秀，白皙美鬚髯。始能言，自稱大明奇士。好學博古，諸書無所不窺，旁通釋老，尤深於史。洪武二十四年册封，之國大寧。文皇帝踐祚，改封南昌，恃靖難功，頗驕恣，多怨望不遜。晚年深自韜晦，所居宫庭，無丹彩之飾。覆殿瓴甋，不請琉璃。搆精廬一區，蒔花藝竹，鼓琴著書其間。晚節益慕沖舉，自號臞仙，建生墳緱嶺之上，數往遊焉。江右俗故質樸，儉于文藻，士人不樂聲譽。王弘奬風流，增益標勝。海寧胡奎以儒雅著名，請爲世子師傅者七年，告老而歸，爲輯其詩文，序而傳之。凡群書有祕本，莫不刊布國中。所著《通鑑博論》二卷，《漢唐祕史》二卷，《史斷》一卷，《文譜》八卷，《詩譜》一卷，《神隱》、《肘後神樞》各二卷，《壽域神方》四卷，《活人心》二卷，《太古遺音》二卷，《異域志》一卷，《遐齡洞天志》二卷，《運化玄樞》、《琴阮啓蒙》各一卷，《乾坤生意》、《神奇祕譜》各三卷，《采芝吟》四卷，其他注纂數十種，經子、九流、星曆、醫卜、黄冶諸術皆具。古今著述之富，無逾王者。又作《家訓》六篇，《寧國儀範》七十四章。

《明史・諸王傳二・寧王權》　寧獻王權，太祖第十七子。洪武二十四年封。踰二年，就藩大寧。大寧在喜峯口外，古會州地，東連遼左，西接宣府，爲巨鎮。帶甲八萬，革車六千，所屬朵顔三衛騎兵皆驍勇善戰。權數會諸王出塞，以善謀稱。燕王初起兵，與諸將議曰：曩余巡塞上，見大寧諸軍慓悍。吾得大寧，斷遼東，取邊騎助戰，大事濟矣。建文元年，朝議恐權與燕合，使人召權，權不至，坐削三護衛。其年九月，江陰侯吴高攻永平，燕王往救。高退，燕王遂自劉家口間道趨大寧，詭言窮蹙來求救。權邀燕王單騎入城，執手大慟，具言不得已起兵故，求代草表謝罪。居數日，款洽不爲備。北平鋭卒伏城外，吏士稍稍入城，陰結三衛部長及諸戍卒。燕王辭去，權祖之郊，伏兵起，擁權行。三衛彍騎及諸戍卒，一呼畢集。守將朱鑑不能禦，戰殁。王府妃妾世子皆隨入松亭關，歸北平，大寧城爲空。權入燕軍，時時爲燕王草檄。燕王謂權，事成，當中分天下。比即位，王乞改南土。請蘇州，曰：畿内也。請錢塘，曰：皇考以予五弟，竟不果。建文無道，以王其弟，亦不克享。建寧、重慶、荆州、東昌皆善地，惟弟擇焉。永樂元年二月，改封南昌，帝親製詩送之，詔即布政司爲邸，瓴甋規制無所更。已而人告權巫蠱誹謗事，密探無驗，得已。自是日韜晦，搆精廬一區，鼓琴讀書其間，終成祖世得無患。仁宗時，法禁稍解，乃上書言南昌非其封國。帝答書曰：南昌，叔父受之皇考已二十餘年，非封國而何。宣德三年，請乞近郭灌城鄉土田。明年，又論宗室不應定品級。帝怒，頗有所詰責。權上書謝過。時年已老，有司多齮齕以示威重。權日與文學士相往還，託志翀舉，自號臞仙。嘗奉敕輯《通鑑博論》二卷，又作《家訓》六篇，《寧國儀範》七十四章、《漢唐祕史》二卷、《史斷》一卷、《文譜》八卷、《詩譜》一卷，其他註纂數十種。正統十三年薨。

著録

明・晁瑮《寶文堂書目》卷上　《太和正音譜》，六本。【略】《淮南王白日飛昇》，《冲漠子獨步大羅天》，《瑶天笙鶴》，《豫章三害》，《客窗夜話》，《肅清瀚海平胡傳》，《周武帝辯三教》，《齊桓公九合諸侯》，《北酆大王勘妬婦》，《楊娭復落娼》，《卓文君私奔相如》，《烟花鬼判》。

清（乾隆）《鳳陽縣志》卷一四　《通鑑博論》三卷、《漢唐祕史》二卷、《寧藩書目》一卷、《神隱志》二卷、《爛柯經》一卷、《神奇祕譜》三卷、《原始祕書》十卷、《注素書》一卷、《臞仙神隱志》四卷、《乾坤生意》四卷、《壽域神方》四卷、《肘後神樞》二卷、《琴阮啓蒙》一卷、《庚辛玉册》八卷、《造化鉗鎚》一卷、《運化元樞》一卷、《瓊林雅韻》一卷、《採芝吟》一卷。

清・黄丕烈《也是園藏書・古今雜劇目録・待訪古今雜劇存目》　元明丹丘先生：《遥天笙鶴》。

清・王國維《曲録》卷三　《辨三教》一本，《勘妬婦》一本，《烟花判》一本，《瑤天笙鶴》一本，《白日飛昇》一本，《九合諸侯》一本，《私奔相如》一本，《豫章三害》一本，《肅清瀚海》一本，《客窗夜話》一本，《獨步大羅天》一本，《楊姨復落娼》一本。右十二種，明寧獻王權撰。

朱有燉

論説

明·吕天成《曲品》卷上 周憲王，有燉，字誠齋。周憲王色天散聖，樂國飛仙。嗣出天潢，才分月露。

明·沈德符《萬曆野獲編》卷二五《填詞名手》 本朝填詞高手，【略】惟周憲王所作雜劇最夥，其刻本名《誠齋樂府》，至今行世，雖警拔稍遜古人，而調入絃索，穩叶流麗，猶有金元風範。

清·朱彝尊《静志居詩話》卷一 憲園留心翰墨，譜曲尤工。中原絃索往往藉以爲師。李景文夢陽詩云：齊唱憲王新樂府，金梁橋外月如霜。牛左史恒詩云：唱徹憲王新樂府，不知明月下樊樓是也。其詩不事嘔心，頗能合格。梅花、牡丹、玉堂春，一題動成百詠。才思不窮，誠宗藩之雋矣。

明·祁彪佳《遠山堂劇品·妙品》《苦海回頭》：境界絶似《黄梁夢》，第彼幻而此真耳。及黄龍證明，鍾離呼寐，則無真幻，一也。周藩之闡禪理，不減於悟仙宗，故詞之超超乃爾。

又《繼母大賢》：賢者繼母，傳之有關風化。其詞融鍊無痕，得鏡花水月之趣。然元人多於風簷中作劇，故至第四折往往力弱。周藩至此，亦覺筆陣少減，何耶。

又《團圓夢》：衹是淡淡説去，自然情與景會，意與法合。蓋情至之語，氣貫其中，神行其際。膚淺者不能，鏤刻者亦不能。

又《香囊怨》：按律之曲，精到者又恐筆鈍耳。此劇毫鋒銛利，以現成語簇出新裁。元人韋曲之調，當無能出其右者。

又《烟花夢》：一劇中境界凡十餘轉，境本平常，詞則珠圓玉潤，咀之而味愈長。内多用異調，且有兩楔子，皆元人所無也。

又《復落娼》：句句是痛罵。罵得快時，不知其爲文字矣，但見金兒一輩人，啼笑紙上，即閲者亦恍然置身戲場中。

又《花裏悟真如》 向詞曲中談禪，遂令子夜、紅兒爲散花天女。此劇於證果、妙清則盡矣，於哈元善略欠發揮。惟茶三婆一折，於閒中見景，是作手高絶處。

又《風月姻緣》：酷似元劇中語，恐亦未免蹈元人之谿徑。惟其氣韻高爽，胸有成竹，便能自我作古，即以元人擬之，作者不屑也。末以番語入曲，尤爲奇絶。

又《雅品》《八仙慶壽》：境界是逐節敷衍而成，但仙人各自有口角，從口角中各自現神情，以此見詞氣之融透，字字發《光明藏》矣。

又《夜半朝元引》：元人於青樓諸曲，無不極摹擬之妙，故此劇於遜入華山一折，洗刷更自瑩凈。遊仙三折，大略點綴，不失先輩矩範。

又《辰鈎月》：吴昌齡有《辰鈎月》劇，周藩踵之，以桃妖代嫦娥。其序云：太陰至精之正氣，不可誣以幽會之事，故耳風、花、雪、月，必點綴出相，見作者之苦心。

又《三度小桃紅》：作手能開闢者，自於尋常科臼翻出新彩。如此劇，二聖以音樂着魔，即從音樂唤醒，便覺從來傳仙佛濟度者，同癡人説夢矣。

又《義勇辭金》：不但關公之義勇，千古如見，即阿瞞籠絡英雄之技倆，亦現之當場矣。每恨關公未有佳傳，得此大暢。吴梅

又《喬斷鬼》：本尋常境界，而能宛然逼真，敷以恰好之詞，則雖尋常中亦自超異矣。

又《豹子和尚》：元人多喜製《水滸傳》詞，然皆非羅貫中所作。周藩亦戲撰《豹子和尚》一劇，雖極意摹元，而實自得三昧之妙。

又《福禄壽》：鍾馗之語帶趣，想其作軀老俱在畫圖中。以俗境而獨入雅道，蓋繇韻勝其詞耳。

又《獲騶虞》：永樂間騶虞出於中州神后山，周藩作樂府以頌其盛。詞如朱瑟冰絃，可以薦之明堂清廟。

又《海棠仙》：太行之陽，有海棠嶺者，開時萬花如繡。周藩移數本植苑中，既從而歌詠之，又製爲新聲，蓋欲高燒銀燭之時，不令紅粧寂寞耳。南極作婿，西母爲媒，韻致絶勝。

又《靈芝慶壽》：慶賀之曲，以工整爲佳。既工整矣，又不板實，則如《河嵩神》劇之獨步詞壇，復何疑哉。

又《黑旋風仗義疎財》：粗豪之曲，而獨於假新婦處冷然入趣。即如《貨郎》數調，反令元人望後塵矣。北詞五折，兩人唱，此變體也。

又《甄月娥春風慶朔》：范希文亦作是語乎。試觀希文都來此事，眉間心上之詞，則亦一往有深情者。周藩作妓曲，無不極才情之變，此猶少遜之，而渾樸典雅，自非今人可及。

又《新豐記》：詞意條暢，一洗油腔陋習。但馬周窮困之狀，描寫未盡，轉覺乏慷慨之概。

又《金環記》：刻意擬《西廂》，亦有肖形處。然一經摹擬，便不及《西廂》遠矣。

又《降獅子》：雖是靈鷲峯頭一件可傳之事，畢竟境界淺促。

又《艷品》《踏雪尋梅》：以殊艷之詞，寫出淡香疎影，而艷不傷雅，以是見文章之妙。但孟浩然以不才明主棄之句，終身放逐，何必拜官天禄，乃爲文人勝事乎。

又《賽嬌容》：文人學士有歌舞四時花木者，不若花木之自爲歌舞，此周藩所以爲花木歌舞之也。此劇但以詞勝，故工整獨至，然須用狚子十五六人，場上竟不可演。

又《牡丹品》：按譜選詞，蓋名花之勝，而少欠虚景。至組織樂府名，無一不巧，無一不恰，蓋已極人工矣。

又《牡丹仙》：六一先生曾作《洛陽風俗牡丹記》，誠齋即以此記作劇。其摹描處，如目擊東都花事之盛。第於永叔欣賞之意，稍未暢耳。

又《牡丹園》：周藩三傳牡丹，以美人配名花，飄飄欲仙，綴詞如綉，繁英嫩蕊，零落滿楮。

明・孟稱舜《古今名劇合選・柳枝集》 氣味渾厚，音調復諧，畢竟是本朝第一能手。近時作者雖多，終難望其項背耳。

傳記

清・錢謙益《列朝詩集小傳》乾集下 王諱有燉，周定王之長子，高皇帝之孫也。洪熙元年襲封，景泰三年薨，在位二十八年，謚曰憲。王遭世隆平，奉藩多暇，勤學好古，留心翰墨，集古名蹟十卷，手自臨摹，勒石名東書堂集古法帖，歷代重之。製《誠齋樂府傳奇》若干種，音律諧美，流傳內府，至今中原絃索多用之。李夢陽《汴中元宵》絶句云：中山孺子倚新妝，趙女燕姬總擅場。齊唱憲王新樂府，金梁橋外月如霜。谿今日思之，東京夢華之感，可勝道哉。王詩有《誠齋録》、《新録》諸集傳於世。如《春日》云：深巷日斜巢燕急，小樓風静落花閒。《春夜》云：彩檻露濃垂柳濕，珠簾風静落花香。《秋夜》云：梧桐露滴鴛鴦瓦，楊柳風寒翡翠堂。《牡丹亭書景》云：鶯歸小院穿青柳，燕蹴飛花過粉牆。《日暮》云：林鳩喚友常知雨，海燕將雛不避人。《雲林清趣》云：采藥一僧雲外去，巢松雙鶴雨中還。《送人》云：南浦斷虹收雨去，西風新雁帶霜來。《漫興》云：南國音書歸雁盡，西園風雨落花愁。《和王長史》云：採得藥苗還竹徑，着殘棋子坐花陰。《紅心驛》云：枕上夢回鶯語滑，窗前風定柳陰凉。《横堤晚望》云：神如秋水十分浄，心似中原萬里平。皆風華和婉，渢渢乎盛世之音也。

《明書・皇子諸王宗室記・周記》 王有燉以宣德元年嗣，少有孝行，善爲詩賦，工書法，尤長於填詞，每有所著，超絶古今，天下咸膾炙焉。

《明史稿・諸王傳一・周定王橚》 子憲王有燉嗣，博學善書，爲世子時，刻《東書堂帖》，製《樂府新聲》，大梁人歌之。

清（光緒）《祥符縣志》卷二三 明周憲王朱有燉，定王子也。少有志性，負才□甚。博學工詩，旁通繪事，而楷、篆尤冠絶一時，所臨摹晉唐諸名賢法，妙入山陰父子堂奧間，世稱爲《東書堂帖》，人多珍藏之。建文時裁抑諸藩，以父被譴，莫能自白，遂上書引爲己罪，乞從末減，安置臨安。成祖登極，詔王復國，親製《純孝歌》賜之。所著《誠齋集》、《樂府家訓》、《牡丹譜》諸書。正統四年薨，謚憲。以封建例，不入傳誌。

著録

明・高儒《百川書志》卷六《外史》 《甄月娥春風慶朔堂傳奇》一卷，《美姻緣風月桃源景傳奇》一卷，《清河縣繼母大賢傳奇》一卷，《趙貞姬身後團圓夢傳奇》一卷，《劉盼春守志香囊傳奇》一卷，《宣平巷劉金兒復落娼傳奇》一卷，《福禄壽仙官慶會傳奇》一卷，《神后山秋獮得騶虞傳奇》一卷，《黑旋風仗義疏財傳奇》一卷，《紫陽仙三度常春禱傳奇》一卷，《東華仙三度十長生傳奇》一卷，《群仙慶壽蟠桃會傳奇》一卷，《瑶池會八仙慶壽傳奇》一卷，《吕洞賓花月神仙會傳奇》一卷，《洛陽風月牡丹仙傳奇》一卷，《天香圃牡丹品傳奇》一卷，《十美人慶賞牡丹園傳奇》一卷，《張天師明斷沈鈎月傳奇》一卷，《孟浩然踏雪尋梅傳奇》一卷，《小天香半夜朝元傳奇》一卷，《李妙清花裏悟真如傳奇》一卷，《李亞仙花酒曲江池傳奇》一卷，《惠禪師三度小桃紅傳奇》一卷，《搊搜判官喬斷鬼傳奇》一卷，《豹子和尚自還俗傳奇》一卷，《蘭紅葉從良煙花夢傳奇》一卷，《河嵩神靈芝獻壽傳奇》一卷，《四時花月賽姣容傳奇》一卷，《南極星度海棠仙傳奇》一卷，《文殊菩薩降獅子傳奇》一卷，《關雲長義勇辭金傳奇》一卷。皇明周府殿下錦窠老人全陽翁著。各具四折，詳陳搬演科唱，或改正前編，或自生新意，或因物生辭，或寓言警世，或歌唱太平，或傳奇近事，密異足駭人心，煙花不污人志，蓋處貴盛之時，消磨日月，故發此空中音耳。凡三十一種，總名《誠齋傳奇》，異樂府行也。

清・黄丕烈《也是園藏書・古今雜劇目録》 周王誠齋：《東華仙三度十長生》，《群仙慶壽蟠桃會》，《吕洞賓花月神仙會》，《惠禪師三度小桃紅》，《張天師明斷辰鈎月》，《洛陽風月牡丹仙》，《十美人慶賞牡丹園》，《善知識苦海回頭》，《瑶池會八仙慶壽》，《黑旋風仗義疎財》，《清河縣繼母大賢》，《趙貞姬身後團圓夢》，《劉盼春守志香囊怨》，《李亞仙花酒曲江池》，《紫陽仙三度常春壽》，《福禄壽仙官慶會》。

又《待訪古今雜劇存目》 明周王誠齋：《天香圃牡丹品》，《蘭紅葉從良烟花夢》，《四時花月賽嬌容》，《文殊菩薩降獅子》，《關雲長義勇辭金》，《搊搜判官喬斷鬼》，《豹子和尚自還俗》，《甄月娥春風度朔堂》，《美姻緣風月桃源會》，《宣平巷劉金兒復落娼》，《神后山秋獮得騶虞》，《小天香早夜朝元》，《李妙清花裏悟真如》。

清・黄文暘、佚名《重訂曲海總目・明人雜劇》 周藩憲王：《牡丹仙》，《香囊怨》。

清・姚燮《今樂考證・著録三・明雜劇》 周憲王三十種：《天香圃牡丹品》，《十美人慶賞牡丹圖》，《蘭紅葉從良煙花夢》，《瑶池會八仙慶壽》，《河嵩神靈芝慶壽》，《四時花月賽嬌容》，《南極星度脱海棠仙》，《文殊菩薩降師子》，《關雲長義勇辭金》，《惠禪師三度小桃紅》，《搊搜判官喬斷鬼》，《豹子和尚自還俗》，《甄月娥春風慶朔堂》，《美姻緣風月桃源會》，《宣平巷劉金兒復落娼》，《福禄壽仙宮慶會》，《神后山秋獮得騶虞》，《黑旋風仗義疎財》，《小天香半夜朝元》，《張天師明斷辰勾月》，吴昌齡有此目。《李妙清花裏悟真如》，《洛陽風月牡丹仙》，《李亞仙花酒曲江池》，石君寶同目。《清和縣繼母大賢》，元無名氏同目。《趙貞姬身後團員夢》，《劉盼春守志香囊怨》，《紫陽仙三度長春壽》，《東華仙三度十長生》，《群仙慶壽蟠桃會》，元無名氏有此目。《吕洞賓花月神仙會》。

清・王國維《曲録》卷三 《天香圃牡丹品》一本，《十美人慶賞牡丹園》一本，《福禄壽仙官慶會》一本，《蘭紅葉從良烟花夢》一本，《神后山秋獮得騶虞》一本，《瑶池會八仙慶壽》一本，《黑旋風仗義疎財》一本，《河嵩神靈芝慶壽》一本，《小天香半夜朝元》一本，《四時花月賽嬌容》一本，《張天師明斷辰勾月》一本，《南極星度脱海棠仙》一本，《李妙清花裏悟真如》一本，《文殊菩薩降獅子》一本，《洛陽風月牡丹仙》一本，《關雲長義勇辭金》一本，《李亞仙花酒曲江池》一本，《惠禪師三度小桃紅》一本，《清河縣繼母大賢》一本，《搊搜判官喬斷鬼》一本，《趙貞姬身後團圓夢》一本，《豹子和尚自還俗》一本，《劉盼春守志香囊怨》一本，《甄月娥春風慶朔堂》一本，《紫陽仙三度常椿壽》一本，《美因緣風月桃源會》一本，《東華仙三度十長生》一本，《宣平巷劉金兒復落倡》一本，《群仙慶壽蟠桃會》一本，《吕洞賓花月神仙會》一本。右三十種，明周憲王有燉撰。

藝　文

明·李夢陽《汴中元宵絶句》 中山孺子倚新妝，趙女燕姬總擅場。齊唱憲王新樂府，金梁橋外月如霜。

明·牛恒《周藩王宮詞》《列朝詩集》乾下 夜來行樂雁池頭，侍女分行秉燭遊。唱徹憲王新樂府，不知明月下樊樓。《王宮辭》舊無人作，予遊梁數載，據所聞于梁人者擬作數首，非雲孤僻，亦藉以存秘事云爾。

雜　録

明·朱有燉《搊搜判官喬斷鬼傳奇·引》 嘗論鬼神報應之理，或有而或無，其伸也則無，其屈也則有。故雖聖賢，或可測，或不可測。可測者，理之常也。不可測者，情之變也。若今之伴讀徐行，其平日諄諄然一儒者，可謂達理之士矣。而所失者小，所棄者大，鬼神報應，如影如響，不爽毫末。所謂情之變者，雖聖賢安可測耶。徐行有古畫，賫付匠者，爲其裝潢成軸，經一載而匠者弗還，徐行求之，數而不得，深自澳怒，致疾而終。臨終囑其子安曰：我生爲儒者，因一畫，豈可與賤役經官府耶。待終之時，汝付紙一幅，筆一枝，置吾懷袖，吾必至冥府告之。不數日，其匠者亦無疾而死，人皆爲徐得果告於冥府矣。匠者果因此畫而受報矣。予聞之而歎曰：此政所謂情之變者也。以理之常而論之，閻羅老子豈爲盜其數幅畫，便致殞一人之命耶。必無是理也。以情之變者言之，釋氏所謂念頭者。其徐行失畫之情，念頭則重也。既不能經官追取償之，又不能痛責其人，使其心悒悒不舒，朝夕之間，無頃刻而不留意於此畫，怨恨於是匠也，既殞其身，又遺言付紙筆，是其生死未忘之也。其氣之屈而莫伸，復有甚於此者乎。予故曰：鬼神之情狀，屈則誠有也。又聞其匠者，甚不孝而不悌，手搏其母，刃傷其弟，粗惡之言詈其母，之常事也。此豈鬼神容之耶。姑置鬼神之論，而思徐行爲一儒者，所爲若是，其無涵養，無識量，區區於玩物喪志，流而不止，死而不厭，遺笑後世，亦可爲士君子之戒焉。特製傳奇一帙，使人歌詠搬演，亦可少補於世教也，故爲引。

邱濬

明·王世貞《曲藻》 周憲王者，【略】所作雜劇凡三十餘種，散曲百餘，雖才情未至，而音調頗諧，至今中原絃索多用之。

論　説

明·高儒《百川書志》卷六《五倫全備記》 凡二十八段，所述皆名言，借爲世勸，天下大倫大理，盡寓於是。言帶詼諧，不失其正，蓋假此以誘人之觀聽，苟存人心，必入其善化矣。

明·王世貞《曲藻》 《拜月亭》之下，【略】《香囊》近雅而不動人，《五倫全備》是文莊元老大儒之作，不免腐爛。

明·吕天成《曲品》卷上 邱瓊山大老雖尊，鴻儒近腐。閒情賦罷，元亮原是趣人；雙文句删，微之且爲薄倖。乍辭講幄，亟譜家詞。造捏不新，知老輩之多鈍；主張頗大，庶末俗之可風。

又《投筆》：詞平常，音不葉，但以事佳而傳耳。何不祗用曹大家。與任尚書事，猶無謂。

又《五倫》：大老鉅筆，稍近腐。內《送行》步躡雲霄曲，歌者習之。或謂此記以蓋《鍾情麗集》之愆耳。

明·許守白《投筆記·跋》 其文詞古懿樸茂，勝於《荆釵》，稍遜於《琵琶》一間耳。前數年，偶得瓊山所著《鍾情麗集》，已極可珍，況此曲苑中秘笈乎。吾粤能曲者，亦僅一瓊山爲最著，得此既我文字因緣亦不薄矣，焉得不盥微誦之。

明·沈德符《萬曆野獲編》卷二五 邱文莊淹博，本朝鮮儷，而行文拖沓，不爲後學所式。至填詞，尤非當行，今《五倫全備》是其手筆，亦俚淺甚矣。

明・徐復祚《曲論》 《五倫全備》,純是措大書袋子語,陳腐臭爛,令人嘔穢,一蟹不如一蟹矣。

明・祁彪佳《遠山堂曲品・能品》 《五倫》:一記中盡述伍倫,非酸則腐矣,乃能華實並茂,自是大老之筆。或謂:文莊有《鍾情麗集》,自述少年所遇。或有譏之者,遂令門客促成此記,以節孝掩風情耳。

清・焦循《劇説》卷三引《南園漫録》 《五倫記》,雖法高明,而謔浪戲笑,尤甚高明。

傳記

清・錢謙益《列朝詩集小傳》丙集 濬,字仲深,瓊山人。少孤,七八歲能詩,敏捷驚人。景泰五年進士,改庶吉士,歷官掌詹尚書。弘治四年,年七十餘,兼文淵閣大學士,直内閣。八年,卒於官。贈太傅,謚文莊。

《明史・丘濬傳》 丘濬,字仲深,瓊山人。幼孤,母李氏教之讀書,過目成誦。家貧無書,嘗走數百里借書,必得乃已。舉鄉試第一,景泰五年,成進士。改庶吉士,授編修。濬既官翰林,見聞益廣,尤熟國家典故,以經濟自負。成化元年,兩廣用兵,濬奏記大學士李賢,指陳形勢,纚纚數千言。賢善其計,聞之帝,命録示總兵官趙輔、巡撫都御史韓雍。雍等破賊,雖不盡用其策,而濬以此名重公卿間。秩滿,進侍講。與修《英宗實録》,進侍講學士。《續通鑑綱目》成,擢學士,遷國子祭酒。時經生文尚險怪,濬主南畿鄉試,分考會試皆痛抑之。及是,課國學生尤諄切告誡,返文體於正。尋進禮部右侍郎,掌祭酒事。濬以真德秀《大學衍義》於治國平天下條目未具,乃博採群書補之。孝宗嗣位,表上其書,帝稱善,賚金幣,命所司刊行。特進禮部尚書,掌詹事府事。修《憲宗實録》,充副總裁。弘治四年,書成,加太子太保,尋命兼文淵閣大學士參預機務。尚書入内閣者自濬始,時年七十一矣。濬以《衍義補》所載皆可見之行事,請摘其要者奏聞,下内閣議行之。帝報可。明年,濬上言:臣見成化時彗星三見,徧掃三垣,地五六百震。邇者彗星見天津,地震天鳴無虚日,異鳥三鳴於禁中。《春秋》二百四十年,書彗孛者三,地震者五,飛禽者二。今乃屢見於二十年之間,甚可畏也。願陛下體上天之仁愛,念祖宗之艱難,正身清心以立本而應務,謹好尚不惑於異端,節財用不至於耗國,公任使不失於偏聽,禁私謁,明義理,慎儉德,勤政務,則承風希寵、左道亂政之徒自不敢肆其奸,而天災弭矣。因列時弊二十二事。帝納之。六年,以目疾免朝參。濬在位,嘗以寬大啓上心,忠厚變士習。顧性褊隘,嘗與劉健議事不合,至投冠於地。言官建白不當意,輒面折之。與王恕不相得,至不交一言。六年,大計群吏,恕所奏罷二千人。濬請未及三載者復任,非貪暴有顯跡者勿斥,留九十人。恕爭之不得,求去。太醫院判劉文泰嘗往來濬家,以失職訐恕,恕疑文泰受濬指,而言者譁然言疏稿出濬手。恕竟坐罷,人以是大不直濬。給事中毛珵,御史宋惪、周津等交章劾濬不可居相位,帝不問。踰年,加少保。八年卒,年七十六。贈太傅,謚文莊。濬廉介,所居邸第極湫隘,四十年不易。性嗜學,既老,右目失明,猶披覽不輟。議論好矯激,聞者駭愕。至修《英宗實録》,有言于謙之死當以不軌書者。濬曰:己巳之變,微于公,社稷危矣。事久論定,誣不可不白。其持正又如此。正德中,以巡按御史言賜祠於鄉,曰景賢。

紀事

清・佚名《曲海總目提要》卷五《香囊記》 明丘濬撰。演張九成事,大半無中生有。言九成兄弟同登鼎甲,九成以對策得罪秦檜,令參岳飛之軍,後又遣之使金,被羈漠北者十載。王倫與以符節,脱身南還。與九成本傳殊不相合。名曰《香囊記》者,九成佩一香囊,遺失戰場中,敗軍拾得,誤報九成已死。其妻邵貞娘守節多年,避賊流離,香囊復失。有趙公子者得之,遣謀求婚。貞娘控告觀察使,而觀察使即九成也,因此復合,故名《香囊記》,此亦全無影響。九成非蘭陵人,其弟亦不見正史,俱屬傅會。洪皓、王倫、朱弁皆當時使金者,借以點綴。九成得罪秦檜,在爲刑部侍郎時,非對策事,謫居南安十四年,今云羈沙漠十載。據此劇標目云《五倫全備香囊記》,其首簡云:伯奇孝行,左儒死友;愛兄王覽,罵賊睢陽;孟母賢慈，共姜節義，萬古垂名。因續取五倫新傳，標記紫香囊。蓋以九成兄弟盡孝慈母，比伯奇也；王倫令九成脱歸，捨生代友，比左儒也；九思千里尋兄，比王覽也；九成奉使不屈，比睢陽也；太夫人崔氏教誨兩子，比孟母也；貞娘抗節拒婚，比共姜也：取義於五倫全備，托名九成兄弟云爾。《宋史》：張九成，字子韶，其先開封人，徙居錢塘。紹興二年策進士，詔考官直言者拔高等，九成語切，擢置首選，累官刑部侍郎。秦檜主和，九成異議，檜甚惡之，謫守邵州。後又令司諫詹大方論其謗訕朝政，謫居南安軍。檜死，起知温州。

清・姚燮《今樂考證・著録五・明院本》 初與王端毅同朝，王謂理學大儒，不宜留心詞曲，邱大恨之。因南太宰王僎爲端毅作《王大司馬生傳》，稱許太過，遂云：若有豪傑駁之，禍且不測。又端毅所刻書稿，凡成化間留中之疏，俱書不報，邱又謂王故彰先帝拒諫之失。御醫劉文泰得邱語，因挾仇特疏，而王遂去位，所以報《五倫》之怨。《五倫記》至今行人間，真所謂不幸而傳矣。又聞邱少年作《鍾情麗集》，以寄身之桑、濮奇遇，爲時所薄，故又作《五倫》以掩之，未知果否。但《麗集》亦學究腐談，無一俊語，即不掩亦可。

著録

清・佚名《傳奇彙考標目》卷上 邱濬：《投筆》、《五倫》亦名《五倫全備》、《舉鼎》。

清・黄文暘、佚名《重訂曲海總目・明人傳奇》 邱瓊山：《五倫記》、《投筆記》、《舉鼎記》、《羅囊記》。

清・梁廷枏《曲話》卷一 作曲人自一種至數十種，有姓氏可考及或隱其本名而寓以他稱者，【略】以傳奇言之，【略】明人如：邱瓊山之《五倫》、《投筆》、《舉鼎》、《羅囊》。

清・支豐宜《曲目新編・明人傳奇》 《五倫》、《投筆》、《舉鼎》、《羅囊》。右四種，丘瓊山作。

清・姚燮《今樂考證・著録五・明院本》 邱瓊山四種：《五倫》、《投筆》、《舉鼎》、《羅囊》。

清・王國維《曲録》卷四 《五倫記》一本，《投筆記》一本，《舉鼎記》一本，《羅囊記》一本。右四種，明邱濬撰。

蘇復之

論説

明・朱權《太和正音譜》卷上 蘇復之詞，如雲林文豹。

明・吕天成《曲品》卷下 《金印》：季子事，佳。寫世態炎凉曲盡，真足令人感喟發憤。近俚處，具見古態。今有插入張儀而改名《縱横》者，稍失其舊矣。蘇復之作。

明・祁彪佳《遠山堂曲品・具品》 《新金印》：此俗優所演者，較原本十改五六。一經抹塗，色澤大減。另名爲《新金印記》。燕石、良玉，固自有別也。

著録

清・佚名《古人傳奇總目》 《金印》，蘇復之作。

清・黄文暘、佚名《重訂曲海總目・明人傳奇》 蘇復之，《金印記》。

清・支豐宜《曲目新編・明人傳奇》 《金印》，蘇復之作。

清・姚燮《今樂考證・著録五・明院本》 蘇復之一種：《金印》。

清・王國維《曲録》卷四 《金印記》一本。明蘇復之撰。

徐霖

論説

明・何良俊《四友齋叢説・詩三》 徐髯仙，豪爽迭宕人也。數遊狹斜，其所填南北詞皆入律。衡山題一畫寄之，後曰：樂府新傳桃葉渡，彩毫遍寫薛濤箋。老我別來忘不得，令人常想秣陵烟。蓋亦有所取之也。

清・朱彝尊《静志居詩話》卷一一 髯仙多能藝事，書畫之外，工填南北曲。

傳記

明・顧璘《隱君徐子仁霖墓志銘》 自前元趙孟頫亾，書學遂微，篆法尤多失，正至周伯温始復振。本朝少師李文正公遠續其緒時，則徐君子仁出，以其超穎之姿，躬詣堂室。篆尚雄麗，晚益樸古拔俗，綽登神品，餘若真行皆入妙，碑板書師顔柳楷法，題榜大書師本朝詹孟舉，並絶海内。四方操金幣走其門求書者，恒滿賓館。聲沛夷裔，朝鮮、日本使臣得其書者什襲爲珍。以故有豪士樂志之適，如李北海風夫士亦患無聞類草木耳。如君可謂成名哉。嘉靖戊戌，年七十七，以七月二日卒于家。訃傳于郢，余惋痛累日，時太僕陳君魯南亦卒，甚痛鄉國雅文之凋喪也。又一年，其嗣子基乃緘禮部主事許子穀狀至，乞銘其墓。余嘗受君託欲銘其母碩人之墓而不獲就，安可再負哉。按狀先世蘇之長洲縣人，高祖蔚州守伯時始遷松之華亭，祖公異以事謫戍南京，考思誠仍居松。君六歲見背，實從兄震而來。前母蔡，母沈禱於南禪寺，夢神僧投見有娠。將誕，復夢登浮屠，墜而寤，遂生。君廣面長耳，體貌偉異，機神夙解，不同常兒。五歲，日記小學千餘言。七歲能賦詩，九歲大書輒成體。通國呼爲奇童。奉母孝，事兄如父，各致歡愛。年十四補弟子員，惟放筆工文章，聞譽益起。督學御史浮梁戴公珊、山陰司馬公垔，每試必稱曰：奇才，奇才。然任放不諧俗，忌刻者常側目待之，竟遭誣黜落。君曰：已矣，士固能自貴，豈專在青紫邪。由是博極群籍，究作者之情。嘗曰：詩文以理致爲宗，達斯迺登大雅。否則雖金鳴錦爛，但浮藻無益也。故平生不易下筆，但一篇成，人競玩譯。王公大人迎致賓禮，屏障得其揮灑重于金玉。武宗皇帝南巡，近侍上其詞翰，詔見行宫，愛之。兩幸其宅，賜一品服及雜器。命扈從還京，將授美官。會武皇崩，竟復還。不可謂非命也。性好遊觀聲伎之樂。築快園于城東，廣數十畝，其中臺池館閣之盛，委曲有幽況，卉木四時不絶。善製小令，得周美成、秦少遊之訣，又能自度曲，棋酒之次，命伶童侍女傳其新聲，蓋無日不暢如也。所述有《南京志》若干卷。乞下應天府給筆札繕寫進御所著，有《端居詠》、《遠遊紀》、《北行稿》、《皖遊録》、《古杭清遊稿》、《麗藻堂》、《文集》、《快園詩文類選》、《中原音韻註釋》、《續書史會要》。以系出松，自號九峰道人。或稱爲快園叟。或羨其美鬚髯，又呼爲髯仙。老貌豐潤，行步似飛，雖寒暑劬書不倦。忽病，遽逝。或痛其無官。許子曰：藝擅一代，名震八極，玆其人可再得乎。其敘于行狀者甚，盡其風概，九原可瞑矣。

明（萬曆）《上元縣志》卷九 徐霖，字子仁。少爲諸生，有名。然倜儻不羈，坐事削籍。乃殫力於藻翰，正書師歐陽率更，行草師趙松雪、張外史，署書徑尺者，師本朝詹孟舉，皆有家法。又師周伯琦爲小篆，李相國、喬太宰亟稱之爲二李不能過，名播四海，日本、安南重購以歸。旁及繪事，皆臻妙品，因是饒裕。乃開快園，結賓客。又能自度曲爲新聲，伎樂滿前，曰不暢如也。武皇南狩，召見之，兩幸其居。予之官，固辭。年幾八十，以壽終。

清・錢謙益《列朝詩集小傳》丙集 霖，字子仁，其先姑蘇人，徙金陵。七歲能詩，九歲能大書，操筆成體，善畫松竹、花草、蕉石。長而跅弛自放，謝去學官弟子，精研六書。嘗得篆法於異人，李長沙見之曰：此周伯琦之流，吾不及也。築快園於城東，極遊觀聲伎之樂。善製小令，填南北詞，皆入律，棋酒之暇，命伶童侍女，被其新聲，都人競傳而歌之。武帝南巡，伶人臧賢進其詞翰，召見行宫，試除夕詩百韻，及應制詞曲，皆立就，雅俗雜陳，語多謠諫，上屢稱善。嘗午夜乘月幸其家，夫婦蒼黄出拜，上命置酒，家無供具，以蔬筍鮭菜進御，上大喜，爲之引滿酣暢而去。已而數幸其家，御晚静閣垂釣，得一金魚，宦官争買之，上大笑，失足落池中，衮衣沾濕。快園中有宸幸堂、浴龍池，紀其遇也。賜飛魚服，扈從還京。每夜宿御榻前，與上同卧起，將授官禁近，固辭，會上賓而罷。歸里二十餘年乃卒，年七十有七。

清（康熙）《江寧府志》卷二一　徐霖，字子仁，號髯仙，江寧人。才略不群。武宗南巡，召見，試除夕詩百韻及應制詞曲，皆立就。語多謠諫，上屢稱善。嘗午夜乘月幸其家，上命置酒，惟蔬筍、鮭菜，上喜，引滿。扈從還京，每夜宿御榻前，與上同卧起。將授官禁近，固辭。世廟繼立，逮治威武，近幸皆坐罪，而子仁獨超然無累，天下高之。嘗得篆法於異人。【略】豪放自得，年八十以壽終。

清・路鴻修《帝里明代人文略》卷一五　徐九峯霖，字子仁，號九峯。少美鬚髯，體貌既偉異，洎老而豐潤，行步如飛，故中年以後亦號曰髯仙也。髯仙與髯九翁謝子象齊名，人稱江東二才子，曰徐謝。髯仙正書師歐陽率更，草書師松雪、張外史，署書徑尺者，師詹孟舉，皆有家法。小篆師周伯琦。或曰曾自得篆文于異人。李相國、喬太宰亟稱之，以爲二李不能過也。名播海外，日本、安南皆重購以歸。傍及繪事，亦臻妙品，更能文章，善爲歌詩。初有聲庠序間，後以事見黜，遂爲無町畦之行。其爲人豪爽迭宕，開快園武定橋東，中有翠篠清漣，芳林幽砌。臺曰振衣，刻名公題詠。下有麗藻堂，喬伯岩書。晚静閣，文衡山書。風流曠遠，詞翰大家，故一時豪貴悉禮下之。武宗南臨，亦幸其晚静閣。釣魚得金鯉，又失足落池中，衣服盡濕。今園有宸章堂、浴龍池，紀其實也。此園池間自古所罕聞之事。初髯仙少年，數遊俠邪，所填南北詞，大有才情而入律，一時崇奉之，競傳至都下。故上南巡，召見之，試除夕詩百韻及應制詞曲，皆立就。語多謠諫，上屢稱善。間午夜，乘月至其家，命之置酒，惟蔬筍鮭菜，上喜，引滿。既而隨駕北上，在舟中，每夜常宿御榻前，與上同卧起，上賜以飛魚服，亦異數也。至京，將授官禁近，固辭。後上晏駕，朝廷逮治威武，近幸皆坐罪，而髯仙獨超然無累，天下高之。先是髯仙在京，召命禁直，以詩紀之云：久嗣豳風學老農，聖恩忽漫起疎庸。身離陸海三千里，目睹天門十二重。封禪無書何以獻，清平有調幸遭逢。臨流宿洗巢由耳，也許來聽長樂鐘。及放歸，作詩曰：放歸吾願遂，計日便還鄉。免上乞骸疏，將求避穀方。無心伴恩怨，有道管行藏。耿耿思君念，他生亦不忘。夫髯仙以布衣召對在帝左右，從容顧問，遊從竟日夕，可謂不世之奇遇。及命以官，乃辭不拜。終更事變，拂衣遂初。冥鴻高騫，弋人徒慕此。其人豈可與褰裳濡足者同日語哉。方髯仙之歸也，石亭陳侍講沂送之南還，序曰：吾友徐子仁，少負才藝，爲科舉之學，名日彰而毁亦俱至，乃退處裹足，不復仕進。然君才俊而逸，藝精而神，發之毫楮，不可自遏。驅走、縉紳驚歎，時輩挾策而登門者，至是益聞矣。少傅徐文靖公嘗薦君，至京師，忌者沮之。李文正公愛惜不置，而亦不果于用。先皇南巡舊京，召見御所，又兩幸其居。從入京師，方欲授之官，而龍馭上賓矣。夫造命者，君相也。宰相知之而不能薦，天子愛之而不能用，豈非天乎。余每見夫厮走騶騶之徒，好從事而多智人，笑之曰：何用爾爲也。他日見于朝，盛冕裳而走避，豪右出諸途，則武夫騎卒擁導後先。視之，即前所笑者之若人也。高爵厚禄，及手而致，奈之何君之獨難若此哉。嗟夫，富、貴、名、壽四者，天下之所同欲而尊尚焉者。然貴可賤，富可貧，人得之而人失之。惟夫名也，抑之而揚，殷之而彰。雖不見用，而公侯大夫以至武夫庸卒，莫不以得其楮墨者爲光榮。視彼高爵厚禄，授之以相易，孰爲多乎。君年已六十，氣發神越，不異少壯，登之上壽可徵也。古人所謂身名俱泰，又焉知其他哉。詩云：庶幾夙夜，以永終譽。請以得夫天之二者，爲君祝之。髯仙既歸，名益震，詞翰益奇。常自度曲，爲新聲，伎樂滿前，豪放自得。歲七十，于快園麗藻堂開宴，妓女百人稱觴上壽。又十年，歲八十，卒以壽終，卒以隱終。所著有《端居詠》、《遠遊紀》、《北行稿》、《晚遊稿》、《古杭清遊稿》、《麗藻堂集》、《快園詩文類選》、《中原音韻注釋》、《續書史會要》。青岩路氏曰：髯仙，達人也，達之甚，故豪之甚。要其胸中有數百卷書在，胸中原有根柢，故其豪不同。其達中時，自能操能縱，此其所以卒保其富而能壽于盛名之下也，可易易云乎哉。青岩路氏曰：從來論人宣廟，諱檢勿縱。蓋豪達之末流往往浸淫于貪昧而不覺。髯仙不然。始自縱樂不貪富貴之人，是以能全，蓋其處世必有目矣。髯仙早與野全子同名晚及東橋公尤密，二人廣交而慎與可，皆重髯仙，則髯仙有目，蓋可知矣。不然，適已不幸名落江彬一群，其知自拔乎。余嘗以爲豪達而知自拔，則髯仙清（光緒）《重修華亭縣志・人物》　徐霖，字子仁，號髯仙居城東有快園，先世自長洲徙華亭。六歲而孤，從兄居江甯，七歲能賦詩，九歲能書大字，補諸生，博極群書。武宗南巡，聞其名，召見行在，特愛重之，官以錦衣鎮撫，賜一品服。扈從到京，將不次擢用，會帝崩，乃止。霖奉母至孝，自號九峯道人，卒年七十七。參《郭府志》、《雲間志略》。

著録

清（康熙）《江寧縣志》卷三四　徐霖：《北行稿》、《皖湘録》、《麗藻堂文集》、《中原音韻注釋》、《端居咏》、《遠遊記》、《古杭清遊稿》、《快園詩文類選》。

清・黄虞稷《千頃堂書目》卷二三　徐霖《麗藻堂文集》、《徐子仁詩集》四卷。又有《端居詠》、《遠遊紀》、《北行稿》、《皖遊録》、《古杭清遊稿》。

雜録

明・周暉《金陵瑣事》卷二　徐霖少年數遊狹斜，所填南北詞，大有才情，語語入律。吴中文徵仲題畫寄有句云：樂府新傳桃葉渡，彩毫遍寫薛濤箋。迺實録也。武宗南狩，伶人臧賢薦之於上，召命禁直。霖作詩紀之云：《封禪》無書何獻納，《清平》有調幸遭逢。及放歸，作詩云：放歸吾願遂，計日便還鄉。免上乞骸疏，將求辟穀方。無心判恩怨，有道管行藏。耿耿思君念，他生亦不忘。

明・沈德符《萬曆野獲編》卷二一　上兩幸霖家，亦賜以一品服。

明・談遷《棗林雜俎》　武宗在臨清，召江甯徐霖，授教坊司官，不拜，乃授錦衣衛鎮撫。久益幸，至呼其字子仁。進必敝袍，遂賜門牛襲衣。至南京，嘗夜過其家，從容歡宴，四更乃罷。之令終，寶幢之證本，皆以此。《詞林人物考》云：髯仙，故松江三泖人，國初以赤籍入南京，幼爲博士弟子員。《金陵瑣事》云：髯仙與南道御史錢海山交好甚密。没，海山來吊，謂其二子：我與令先君爲莫逆，而未嘗一入其書室，亦缺事也。二子欣然請入其室，凡髯仙筆硯所得與武宗所賜之物，皆在。海山見之心動，俟殯後呼其長子曰：家事雖分，倘不均，可具狀，與處某物，某物可送來。又諭次子亦如是。二子不得已具狀，則皆批上元縣。二子愈不得已哀求息訟，又重賄之，方得免，恨之入骨而無可奈何也。已而海山罷官歸養，盜事發，不可收拾，合家殲焉。青岩路氏曰：髯仙知不落于江彬，顧無目而密于錢海山，何也，曰無傷也。譬諸染瘡，江彬瘵也，一中即死。錢海山，疥癬也，美疹而已，徒令人搔。傳諸士大夫，軒然一笑云爾，于髯仙何病哉。且海山能病髯之二子耳，髯仙而在，彼能病髯乎。

清（乾隆）《蘇州府志》卷四六　徐霖，字子仁，高祖伯時，爲蔚州知州。自長州徙華亭，【略】見賞於戴恭簡、司馬亞。然任放不諧俗，遭謫黜落，益肆力於詞翰。縱遊觀聲伎之樂，善製小令，能自度曲，【略】以生於松江，自號九峰道人，或呼爲髯仙。年七十七卒。

清・朱彝尊《静志居詩話》卷一一　髯仙多能藝事。【略】所築快園，康陵南巡，兩幸其居。有晚静閣、宸幸堂、浴龍池。及扈蹕入都，每夜宿御榻前，與帝同卧起。永陵之初，威武近幸，多逮治坐罪。惟子仁脱然，亦滑稽之雄也。

清（道光）《蘇州府志》卷一〇三　徐霖，字子仁，其先姑蘇人，徙金陵。七歲能詩，九歲能大書，操筆成體。善畫松竹、花草、蕉香。長而跅弛自放，謝去學宫弟子，精研六書。嘗得篆法於異人，李長沙見之，曰：此周伯琦之流，吾不及也。築快園於城東，極遊觀聲妓之樂。善製小令、填南北詞。武帝南巡，伶人臧賢進其詞翰，召見行宫，試除夕詩百韻及應制詞曲皆立就。雅俗雜陳，語多譎諫，上屢稱善。嘗午夜乘月至其家，夫婦倉皇出拜。命置酒，無供，以蔬笋、鮭菜進御，上大喜，酣暢。已而數幸其家，御晚静閣，垂釣得魚，宦官争買之，上大笑，失足落池，衮衣沾濕。快園中有宸幸堂、浴龍池，紀其遇也。賜飛魚服，扈從還京，與上同卧起，將授官禁近，固辭。會上賓歸里。又二十年，還吴中，卒年七十有七。文徵明嘗寄詩曰：樂府新傳桃葉句，彩毫遍寫薛濤箋。其爲名流傾慕如此。

邵燦

論説

明・徐渭《南詞敘録》 以時文爲南曲，元末、國初未有也，其弊起於《香囊記》。《香囊》乃宜興老生員邵文明作，習《詩經》，專學杜詩，遂以二書語句匀入曲中，賓白亦是文語，又好用故事作對子，最爲害事。夫曲本取於感發人心，歌之使奴、童、婦、女皆喻，乃爲得體。經、子之談，以之爲詩且不可，况此等耶。直以才情欠少，未免輳補成篇。吾意：與其文而晦，曷若俗而鄙之易曉也。

又 《香囊》如教坊雷大使舞，終非本色，然有一二套可取者，以其人博記，又得錢西清、杭道卿諸子幫貼，未至瀾倒。

明・王世貞《曲藻》 《拜月亭》之下，【略】《香囊》近雅而不動人。

明・吕天成《曲品》卷上 常州邵給諫，既屬青瑣名臣，乃習紅牙曲技。調防近俚，局忌入酸。選聲儘工，宜騷人之傾耳；採事尤正，亦嘉客所賞心。存之可師，學焉則套。

又 《香囊》：詞工，白整。儘填學問。此派從《琵琶》來，是前輩最佳傳奇也。

明・徐復祚《曲論》 《香囊》以詩語作曲，處處如煙花風柳。如花邊柳邊、黄昏古驛、殘星破暝、紅人仙桃等大套，麗語藻句，刺眼奪魄。然愈遠本色。

傳記

清（康熙）《宜興縣志》卷八 邵璨，字文明。讀書廣學，志意懇篤。

少習舉子業，長耽詞賦，曉音律，尤精於弈。善論古人行誼，每有所契，則意氣躍然。有《樂善集》存於家。

著録

明・佚名《古人傳奇總目》 《香囊》，邵給諫作。張九成事。

清・支豐宜《曲目新編・明人傳奇》 《香囊》，邵給諫作。

清・姚燮《今樂考證・著録五・明院本》 邵文明一種：《香囊》。

清・王國維《曲録》卷四 《香囊記》一本。明邵宏治撰。宏治字文明，常州人，官給事中。

王九思

論説

明・康海《題紫閣山人子美遊春傳奇序》 夫抉精抽思，盡理極情者，激之所使也；從容舒徐，不迫不怒者，安之所應也。故杞妻善哀，阮生善嘯，非異物也，情有所激，則聲隨而遷，事有所感，則性隨而決，其分然也。予曩遊京師，會見館閣諸書，有元人傳奇幾千百種，而所躬自閲涉者，纔二三十，意雖假借，而詞靡隱遜，蓋咸有所依焉。予讀之，每終篇或潸然涕焉，曰：嗟乎，士守德抱業，謂可久遠於世，以成名亮節也如此，乃不能當其才，故托而鳴焉。其激昂之氣，若謬乎其母已也。此其所感，且何如哉。且何如哉。今乃讀《子美遊春記》，悲紫閣山人之志，亦或猶是云爾，故題諸其首，使觀者易識其所指，可以觀士於窮達之際矣。

明・吕天成《曲品》卷上 王渼陂秦韻鏗鏘。

明・王驥德《曲律》卷四《雜論第三九下》 近之爲詞者，北詞則關中康狀元對山、王太史渼陂。【略】王豔而整。【略】王渼陂詞固多佳者。何元朗摘其小詞中鶯巢濕春隱花梢，以爲金、元人無此一句。然此詞全文：泠泠象板粉兒敲，小小金杯綠蟻飄，重重畫閣紅塵落。喜豐年恰遇着，幾般兒景致蹊蹺。鳳團小茶烹銀罐，驢背穩詩吟野橋。除鶯巢句，下皆陳語。後三句對復不整。又云：《杜甫遊春》劇，金、元人猶當北面。此劇蓋借李林甫以罵時相者，其詞氣雄宕，固陵厲一時，然亦多雜凡語，何得便與元人抗衡。王元美復謂其聲價不在關、馬之下，皆過情之論也。

明·祁彪佳《遠山堂劇品·雅品》《沽酒遊春》：王太史作此痛罵李林甫，蓋以譏刺時相李文正者，卒以此終身不得柄用。一肚皮不合時宜，故其牢騷之詞，雄宕不可一世。

又《醉寫赤壁賦》：北劇每就謔語、俗語取天然融合之致，故北調以運筆爲第一義。運掉未靈，便不能以我用古，不免堆積泛濫之病矣。此劇設色於濃淡之間，遣調在深淺之際，固佳矣。惜赤壁之遊，詞中寫景而不寫情，遂覺神色少削。

又《單刀會》：其意致自與常調迥別，此必是元人所作。大江東一折，可以正今日歌者之訛。

又《豫讓吞炭》：忠臣、義士之曲，不難於激烈，難於婉轉，蓋有心人決不作鹵莽語。此劇極肖口吻，遂使神情逼現。

又《猿聽經》：微有致趣，但於禪宗尚未透徹，故頓悟處未覺快心。

又《鎖魔鏡》：二郎神醉中射破鎖魔鏡，致逸兩魔，後同哪吒收縛。此等意想，大有元人之韻，但詞氣少欠振拔，用韻亦有雜者。

傳記

明·李開先《渼陂王檢討傳》　嗚呼，生才實難，而用才亦不易，才而不用，於才無損，其如天下國家何。予觀渼陂王翁，不惟有才難之嘆，而且有才難用之嘆矣。王氏原河南人，仕高陵，遂家不去，今有墓在高陵者十二人，邑人總稱王大使墓，其履其名，皆不可知，冒聞有名元亨者，或即始來者耳，其後子孫，亦皆不可知。元末，關中兵起，有名繼祖者，攜妻子渡渭，避匿終南山中。明興，徙居城内北街，占籍安泰里，迄今爲鄠縣人。而繼祖殁也，猶返葬高陵，清明祭掃，歲以四人往焉，定爲常規。繼祖生克誠，克誠生敬仁，敬仁生琰，讀書起家，爲大寧、長清二縣知縣。琰生鉉，受高年爵。鉉生儒，由鄉舉歷任巴縣、祥符縣、南陽府三學教官。儒娶劉氏，生四子，而翁則長子云。諱九思，字敬夫，居近渼陂，因以渼陂爲號。生有警敏之性，穎悟之資，而眉目清秀，顏色充和，如神仙中人。予於老年見之，猶自丰采可挹，其在少年可知已。翁嘗自詩：居官日，爲當朝人物第一流。年十四五，隨任讀書蜀中，勤勵日猶不足，夜以膏燈繼日。父乃雜多士試之，每次可居前列，恐驕其志，又以爲或私其子，故抑末後，以成其學。巴久乏科，至是中者三人，而翁亦可決科矣。試日，迴宅更衣，母必令童僕守之，防其竊取舊文，及出乃已。父官滿攜歸，時年十九，鄠士咸拱手推讓之矣。己酉，鄉試中選，而東軒馬中錫稱之：必作天下知名士。其叔父福至，同試不第，乃爲之整巾服，講儀節，徘徊踴躍，因其將赴宴，始別去。任丘鄺琚，子弟有中者，經年羞與見面。餘姚顧達，因其弟遂、子濂之中也，憤憤不平，望望而去，雖求見懇切，亦不之許，是果何爲者哉。庚戌、癸丑，連不得第，學雖有端緒，而文未得肯綮。至丙辰，則文學成矣，第進士，考選庶吉士，試題乃《端陽賜扇》詩，翁有誰剪巴江，天風吹落之句，聞者以爲必膺首選。何也，以其似李西涯之作，已而名出，果然。是時西涯當國，倡爲清新流麗之詩，軟靡腐爛之文，士林罔不宗習其體，而翁亦隨例其中，以是知名，得授翰林院檢討，故曰：上有三老，下有三討。自以爲是矣。及李崆峒、康對山相繼上京，厭一時詩文之弊，相與講訂考正，文非秦、漢不以入於目，詩非漢、魏不以出諸口，而唐詩間亦傚效之，唐文以下無取焉，故其自叙曰：崆峒爲予改詩稿今尚在，而文由對山改者尤多，然亦不止於予，雖何大復、王浚川、徐昌穀、邊華泉諸詞客，亦二子有以成之。人之稱之者，則以爲叙事似司馬子長，而不瑣屑於言語之末，議論似孟子輿，而能從容於抑揚之際。至其因懷陳致，寄景道情，則又出入乎風雅騷選之間，而振迅於開元天寶之上。士夫雖傾心，然不免有側目者矣。劉晦菴雖不喜詩，然猶愛才，而李西涯則直惡其異己，蓄怒待時而發。將及九年考滿，例陞二級，值劉瑾攬權，乖張用事，凡在翰林者，除狀元不動，餘悉改調部屬，歷練政務。翁得吏部主事，輟經筵而遊省署，棄文墨而理簿書。居無何，由員外陞任文選郎中。時侵奪吏部之權者，不止一瑾，雖文書房宦寺，亦多請托，翁悉拒不聽。剔滯拔淹，進賢退不肖，惟憑公論行之。向爲真翰林，今爲真吏部。會瑾誅，諸翰林俱復舊，西涯則以舊憾，倡言：既官至正郎，不必復可也。言官深惡王納誨，乃并翁劾之：堂上堂下，一陜而三吏部，非瑾黨何以得此。翁又有忌者唆言，遂左遷壽州同知。至州，雖以內寮而謫下寮，卻不以吏事而廢文事。佐理州政之餘，與多士校舉業，講古文，而吏治清、文風盛矣。其處同官，有如同氣，若州守吳節，州判于澍、姚謨，皆敬翁如上官。且修城、修正陽鎮河渠，俱有贊畫之功，而州治西濱湖，北濱淝水，加以夏月淫雨浹旬，水勢薄城，城將壞而民將爲魚，遂製一文，殺一羊一豕，投之水中，遂得雨止而水落，亦奇事也。賓館之東，有一園，其北爲屋，南向明爽，可改作書齋。乃於多士中精選范慶等十五人，日日誦説經傳，上下古今，兼問閭閻疾苦，因以資於治。自庚午冬至此，僅一年，不惟民安之，士安之，而君亦自安之也。忽聞致仕邸報，一郡皆驚，不知其由，久而後有的傳，乃雲南地方聞將復遣錢太監鎮守，前此有王恕再來天有眼，錢寧不去地無皮之謡，苦其虐政久矣。遂紿言大霧連三朝，不見天日，以阻其來。而朝議將使大臣自陳，大臣恐有去位者，須屈意求浼司禮監，始得保全，宣言此不係大臣事，乃劉瑾餘黨去之未盡。夫以雲南天變而罷壽州州同，有何干涉。況天變又未嘗有耶。會盜起，不得歸，父恐其動情也，以書教之曰萋菲之譏，詩人刺焉，流言之興，聖人懼焉。此古今所共聞覩也，君子求無愧於身心斯已矣，而又何惑焉。人固有以一時之絀，而成百世之名者，其道固有然矣。翁得書，欣喜拜受，出示於人曰：謝政事親，吾心所願，但不忍舍州民及多士耳。踰歲壬申，相盜勢，潛行達故鄉，值弟九峯亦以御史在告，父見兩兒俱還也，慰甚而繼以悲，若自知其不久人世者。不年餘，而一疾長逝矣。翁哭既，考禮舉行葬事，酌古準今，關中喪家，莫不傳以爲法。事母十五年，備極孝養，稍有過失，跼蹐不敢進，猶夫童稚時也。嘉靖丙戌，母亦逝矣，翁雖年長，執禮一如葬其父，以官封其父母爲徵仕郎、太孺人，鄉人已以爲榮。後以弟爲知府考滿，更加封中憲大夫及太恭人，鄉人則又以爲難。然所謂榮且難者，不在初封與加封，而在迎養與色養也。教其兩弟，一舉人，一進士，進士歷知府，陞副使，而他姓之成就者尤多，家無厚積，隨地利所入，即分給窮乏，邑人賴以舉火因而成事者，不可枚舉。座有士則言文章，有釋則言禪定，有道則言攝養，有農有商則言耕種與貨殖，以至百工技藝，莫不隨其見在者言之，而他非所及也。識者以翁不止通書，蓋又通行云。又嘗觀翁之儀度矣，風流藴藉，雅致安閑，禮節不拘羈而笑談有音韻，坐而沉静如止水之無波，行則飄揚若輕雲之出岫。詩文蒼古，而詞曲則新奇，不止守元人之家法，而且得元人之心法矣。膾炙人口，洋溢人耳，自罷壽後始然，而前此尚不爲此體也。其能歌如對山，而彈則稍次耳。和予小令百首，遠近傳誦，其他和者，不下數十人，未有能上之者。在庠序而能發身，在朝堂而能爲臣，在史館而能絶倫，在經筵而能格君，在吏部而能知人，在場屋而能取文，在州郡而能得民，在鄉黨而能睦鄰，在家庭而能孝親，在凶荒而能濟貧，在祠廟而能事神，在館舍而能待賓，所在皆宜，用之輒效，但不得久於其位，固嘗與觀燈應制之榮，終未膺調鼎持衡之任。後又屢薦不起，嘉靖初年，將徵之纂修實録，而同罷吏部者，摘取遊春記中所具人姓名，毁於當路：李林甫固是指李西涯，而楊國忠得非楊石齋，賈婆婆得非賈南塢耶。坐此竟已之，翁聞之，乃作小詞自嘲，殊無尤人之意。生才之難，或數科一人，或數省一人，必得間氣而後出焉，乃爲臺閣忌嫉，小人傾陷，有志不獲展布，毋乃命運使然，人才生與用皆難哉。自渼陂翁觀之，或者不以予言爲妄矣。予嘗餉軍西夏，路出乾州，偶遇康對山，坐談即許以國士，當夜作一正宫長套詞贈之，傳播長安以及鄠縣，而張太微、胡蒙溪又交口稱譽，以爲自來會晤過客，無如予者。康又相約，事竣遊武功以及鄠、杜，見渼陂翁。翁聞之，朝暮北望，不見音塵，意料或不來矣。忽一日造其門，驚訝以爲從天降也，握手慶幸，有如舊交，談倦則各出所作，互相評定，半夜而寐，或徹夜不寐者凡五六夜，而賡和之作，約有一小册。將速相愛諸公，同遊南山以西，如嵯峨、九嵕、紫閣諸峯，仙遊、重雲、普緣諸寺，遍歷説經臺、化羊宫、紫雲樓，使一方名勝畢受吾杖屨，而各表以詩篇。予辭以俗骨難换，而病體不勝也。再一日，灑淚相别。在長安與對山衆士夫盤桓二十餘日，至河南而病作矣。翁遠聞之，同對山遣僕相視，扶病抵家，久而後愈，愈即有報書，寬二翁之心。予初碌碌，賴二翁稱揚有名，鄙作亦賴之得進，雖爲之作傳，如拙畫工，豈能彷彿天仙神人之形容哉。翁後喪明，而求文者日踵其門，祇憑腹稿口占，而善書者不能給。其爲予作寶劍記後序，年已八十二矣，而文思尚如湧泉，料必壽過百歲，乃於辛亥某月日病卒，八十二歲至是又加二矣，壽非不高，觀其雄文，宜不止此。葬即某年某月日九老菴祖塋之側。妻趙氏，繼張氏，俱封贈孺人。子二，長瀛，由舉人歷順天府通判，卒於官。次渭。女一，適對山子栗。孫二，良木、山木。所著有《渼陂集》、《渼陂續集》、《王氏族譜》、《鄠縣志》、《遊春記》、《碧山樂府》、《碧山續稿》、《新稿》，此其已刻行者，而未刻者尚多也。

又《康、王、王、唐四子補傳》 王渼陂之爲檢討也，受知於脢菴劉公。弘治戊午，值仁智殿災，獲奉勑封，母妻俱得霑恩，父以見任故，不及也。壬戌，廷試進士，充堂卷官。乙丑，爲同考試官。甲子，請告歸省父母，賜寶鏹千緡。會孝宗敬皇帝龍馭上昇，纂修實録，部檄催取入館。聖駕謁孔廟，充陪祀官。丁卯，六年考滿。次年，充經筵講官，慶成宴得坐中左門。己巳，進呈實録，有白金綵幣之賜，兼宴於禮部。進講經筵，觸忤劉瑾意，前此衆翰林見瑾，長揖不拜，瑾方啣之，蘭州段炅，久欲橫飛直上，恐群賢之先己也，乘機投隙，與其素相搆結者吏部侍郎張綵，焦内閣子黄中，以群賢姓名達之瑾，曰：此皆王九思類也。乃以纂修功，調十二人於各部，名爲擴充政體，綵注渼陂文選主事，將以凌之也。未久，三人交敗，綵嘗謂渼陂曰：敬夫之轉部屬，知之乎，炅與黄中爲之也。黄中亦謂渼陂曰：綵與炅爲之也。炅獨無一言。其後考功缺員外郎，文選郎中廖廷臣言于劉冢宰曰：王主政在翰林，歷俸垂九年，豈宜久在諸後進之下，須陞實授員外乃稱。庚午，文選郎中員缺，四司員外實授者惟渼陂一人，遂轉文選郎中。李西涯廕子監生兆繁赴考科舉，渼陂以衆人遇之，不肯阿意置之首選，西涯深恨之。及瑾誅，謂其心腹給事中李貫曰：瑾黨九思，惡得無劾。遂誣以因鄉里而列要地，降謫壽州同知。嘗攝州事，理詞訟，備流賊，監收軍儲倉糧，頗爲省費，尋收武平衛兑軍糧，前此官胥侵漁，須三千石方滿其數，其實千餘石足矣，因之減其多半，百姓賴以少甦。諸生從之遊者賀壽，性敏而家寒，爲之納室，兼有所濟。盩厔王元凱，新任兵科給事中，會天變，糾彈庶僚，無故謂同列曰：如九思復用，則朝士空矣。遂劾以假調官而污選法，時楊邃菴爲冢宰，復本言其已經論列，合無留用，以圖後效。西涯不從，下報曰：着致仕去。嗚呼，果有污選法事，瑾敗時，其誰能見容。彼元凱者，何從而聞此言，何故而爲此事也。辛巳，今上皇帝即位，詔京官降外任致仕者，仍照原職致仕。戊子，追崇禮成，詔京官五品以上，年六十以上致仕者進一階。壬寅，同鄉人修澇河石橋成。生平雖負氣渺視權豪，卻不敢侮慢於宗族，不忍欺凌於里黨，遠邇交遊，克全終始，大小有司，不言短長。自蔣少濟御史外，有霍渭厓、王晉溪、劉松石三尚書論薦，或請量加職銜，以優耆老，皆不報。

清·錢謙益《列朝詩集小傳》丙集 九思，字敬夫，鄠縣人。弘治丙辰進士，選翰林院庶吉士，授簡討。九年，滿考。值劉瑾亂政，翰林悉調部屬，歷練政務，敬夫獨得吏部，不數月，長文選。瑾敗，降壽州同知。居一年，會天變，言官鈎瑾餘黨，勒致仕。年八十四乃終。

《明史·文苑傳二·王九思》 王九思，字敬夫，鄠人。弘治九年進士。由庶吉士授檢討。尋調吏部，至郎中，亦以瑾黨謫壽州同知。復被論，勒致仕。海、九思同里、同官，同以瑾黨廢。每相聚沜東鄠、杜間，挾聲伎酣飲，製樂造歌曲，自比俳優，以寄其怫鬱。九思嘗費重貲購樂工學琵琶。海搊彈尤善。後人傳相倣效，大雅之道微矣。

清（雍正）《陝西通志》卷六三 王九思，字敬夫，鄠人。弘治丙辰進士。李東陽當國，爲清新流麗之詩，和平暢達之義，士林宗尚九思，亦學其體。考選庶吉士，契東陽意，遂得首選，授翰林檢討。及李夢陽起，而倡古文辭，九思一洗舊習從之，東陽以其文異己，出爲壽州同知。至，則與州人士評説古文辭，州人士翕然樂向。九思閒美風流，不拘禮節，而談笑有韻，下及艷曲、小令，亦皆新奇工美，極人情之致。

又 敬夫之再謫，以及永錮，皆長沙秉國時。盛年屏棄，無所發怒，作爲歌謠及《杜甫遊春》雜劇，力詆西涯，流傳騰誦，關隴之士，雜然和之。嘉靖初，纂修實録，議起敬夫，有言於朝者曰：《遊春》記李林甫，固指西涯，楊國忠得非石齋，賈婆婆得非南塢耶。吏部聞之，縮舌而止。

清（乾隆）《鄠縣志》卷四 王九思，字敬夫。由進士選翰林院庶吉士，授檢討。九年，滿考。值劉瑾亂政，翰林悉調部屬，歷練政務，公獨得吏部。初爲文選司主事，不數月，遷考功員外郎、文選郎中。文選之權□爲臺寺侵奪，閣老李西涯蔭子赴試，公以衆人遇之，仕路爲之一清。京師有向爲真翰林，今爲真吏部之名，竟以此得罪。會瑾敗，西涯調言官，以瑾鄉里劾公，降壽州同知。既抵任，理訟、備盜，俱有實聲。嘗監收武平衛兑軍糧省大半，亳民賴以復甦。壽近淝湖，夏、霖二水泛溢，幾漫其城。公文告牲，雨遂止，水落者三尺。公以文章壓服海内，雖不獲展布，而施爲亦略見矣。居一年，會天變，言官鈎瑾餘黨，勒致仕。先是，公館選試《端陽賜扇》詩，效西涯體，遂得首選，有名史館中。時人語曰：上有三老，下有三討。既而康、李輩出，唱導古學，相與訾謷館閣之體，公舍所學而從之，於是始自貳於長沙矣。公之再謫，以及永錮，皆長沙秉國時。公既歸里舍，得終養二親，處兄弟極其友愛。又率鄉人行家修滂河石橋，施醫藥，育後學，垂四十餘年，絶口不談功利事，天下想聞風采。卒年八十有四。當其盛年屏棄，無所發怒，作爲歌謡及《杜甫遊春》雜劇，力詆西涯，流傳騰誦，關隴之士，雜然和之。嘉靖初，纂修實録，議起公，有言於朝曰：《遊春》記李林甫，固指西涯，賈婆婆得非南塢耶。賈詠，字鳴和，號南塢，河南許州人。弘治丙辰進士。嘉靖三年入閣。吏部聞之，縮舌而止。所著《渼陂集》、續集、《碧山樂府》、《遊春記》、詩餘、《中山狼院本》、《鄠縣志》、《王氏族譜》等書行世。與李獻吉夢陽、何仲默景明、康德涵海、邊廷實貢、王子衡廷相、徐昌穀貞卿齊名海内，稱爲弘治七子。外又有崔子鍾銑，田勤甫汝耔，孟望之洋，稱爲十子。而顧華玉、朱升之、王稺欽之徒咸負盛名，弗得與。萬曆初，詔建名臣，坊於陝西都會，公與焉，今入鄉賢祠。

著録

清・黄文暘・佚名《重訂曲海總目・明人雜劇》　王九思：《曲江春》。

清・姚燮《今樂考證・著録三・明雜劇》　王九思一種：《杜子美沽酒遊春》即《曲江春》。

清・王國維《曲録》卷三　《杜子美沽酒遊春》一本。明王九思撰。

藝文

明・李開先《六十子詩・王渼陂九思》　戲編今麗曲，善作古雄文。振鬛長鳴驥，能空萬馬群。

明・胡應麟《少室山房文集》卷七〇《湖上酒樓聽歌王檢討敬夫、汪司馬伯玉二樂府及張伯起傳奇戲作》　光陰百歲迅流霞，一曲東籬擅馬家。何似翰林〔新水令〕，秋風遷客走天涯。

雜録

明・李開先《詞謔》　渼陂設宴相邀，扮《遊春記》。開場唱〔賞花時〕，予即駁之曰：四海謳歌百姓歡，誰家數去酒盃寬，兩注脚韻走入桓歡韻。因請予改作安、乾二字。至唐明皇走出益門鎮，予又駁之曰：平聲用陰者猶不足取，况用益字去聲乎。復請改之。上句乃太真妃葬在馬嵬坡，拘於地名，急無以爲應，若用夷門，字倒好，争奈不曾由此去耳。因戲之曰：非是王渼陂錯做了詞，原是唐明皇錯走了路。滿座大笑，扮戲者亦笑，而散之門外。

清・吴肅公《明語林》卷一〇《巧藝》　王敬夫將填詞，以厚資募國工，杜門學按琵琶、三絃，曲其技而後出之。康德涵於歌彈尤妙，每敬夫曲成，德涵爲奏之。

清・阮葵生《茶餘客話》卷一八　王渼陂九思由翰林改吏部，撰《遊春記》。記中李林甫指李賓之，楊國忠指楊石齋，賈婆婆指賈南塢。因此淪棄，且博輕薄名。文人器小，往往蹈此。

康海

論説

明・李開先《對山康修撰傳》　不止還國初之質直渾厚，張太微所謂馳驅屈、宋，陵轢班、馬，非虚譽也。是其天性高朗，鍾氣通靈，方得有此。

清・張萊峯《對山集後序》　蓋對山太史崛起前明中葉之際，與李、何、王、邊倡爲古文漢魏詩歌，一時宗尚。

傳記

明・李開先《對山康修撰傳》　詩靡於六朝，而陳子昂變其習；文敝於八代，而韓退之振其衰。國初詩文，猶質直渾厚，至成化、弘治間而衰靡極矣。自李西涯爲相，詩文取絮爛者，人材取軟滑者，不惟詩文趨下，而人材亦隨之矣。對山崛起而横制之，天下始知有秦、漢之古作，而不屑於後世之恒言。其於書也，覽而不誦，若登春臺，遊乎目而飫焉，蓋悉其意而遺其辭。嘗曰：經籍，古人之魄也，有魂焉，吾得其魂焉已矣。譬諸善飲酒者漉其醇，不善者啜其醨，下則糟粕而已。故上士常逸，下士常勞，夏聚螢，冬映雪，日估俾焉不足，而繼之以夜，何爲也，誠虚吾襟焉，求夫博之人而友之，則博不專在彼矣。故其爲學，十日而七在外訪友，閉門讀書者率不三日也。每被試，挾册者多笑之，已而笑者方咨咨搆思，君已投卷不知所之矣。大凡著述，中煩而外疲，弗爲也，惟静而虚，虚而意生焉，滔滔乎來也，然後操觚而揮之，雖衆咻不聞，未及乎匱也止焉，蓋養其鋒而善用之耳。又嘗謂：古人言以見志，其性情狀貌，求而可得，此孔子所以於師襄而得文王也。要之自成一家，若傍人籬落，拾人唾咳，效顰學步，性情狀貌，灑然無矣，無乃類諸譯人矣乎。君子不作鳳鳴，而學言如鸚鵡，何其陋也。一時興起斯文者，同鄉則有王渼陂、李崆峒、馬谿田、吕涇野、張伎陵，異省更有徐昌穀、何大復、王浚川、邊華泉，雖九子者皆讓其雄也。君姓康名海，字德涵，自號對山，而滸西山人、沜東漁父，則其别號也。然人之稱之者，惟對山。故對山之名溢海内，以其行高見遠，不但詩古文精也。先籍河南固始人，今籍則陝西武功縣。高祖汝楫，永樂初任工部侍郎，殁贈尚書。曾祖爵，太常寺少卿。祖健，通政司知事。皆以尚書蔭叙得官云。父鏞，博學擅文名，仕止平陽府知事。兄阜，以神童早卒。世德之積，大發於君。數歲，與群兒嬉遊，群兒推爲師父。見其開悟機警也，授之業，退而嬉遊如故，怒欲捶之，課其業，無可捶，乃已。就傳於牛生，初教以小學，繼以大學，日有進益，稍長，語及牛傳，未嘗不泫然流涕也。年十八，爲縣庠生，受《毛詩》，惟求大義，不尋章摘句，若板刻時文之爲者，而文未嘗不過人。邃菴楊提學得其卷，大奇之，許以必中狀元，他人雖不盡信，而君實以之自負。弘治戊午，舉鄉試第七，壬戌，舉進士第一，敬皇深喜得人，而讀卷官劉健等，以爲詞意高古，閑於政理，不惟三百人不及，自有制策以來，鮮見其比，天下驚傳得真狀元矣。其第二名孫清，初猶不服，至八月，頒原卷登殿試録，一見嘆羡，拜伏地下，久而後起。釋褐授翰林院修撰。明年癸亥，以母氏苦思歸，給假送還故里。正德丙寅，毅皇即位，復奉其母入京師，纂修實録，會尊上兩宫徽號，推恩封贈其父母。丁卯，充經筵講官。戊辰，同考會試，所取多知名士。時豎瑾擅權，流毒縉紳，怒韓忠定及李崆峒曾疏其過，矯旨逮繫，將斃於獄中。崆峒扯衣襟，嚙指血，密書告急於君，曰：非吾友，他弗能救。君因與王渼陂計曰：許友以死，分也，奈老母何。王言：罷官已矣，諒不及母。君慨然：果如是，吾何惜一官而棄二命。遂入白於瑾，初若不可解，徐徐言及，此來非爲二人，瑾扣其故，答以韓雖不識事體，久負正人之名，李則文章超絶，可爲鄉里之光，倘若被戮，則公之夙望損矣。瑾意稍許可，二人履虎尾而不咥，一時正人生氣，直言敢諫者，自是接踵不絶。母太安人棄養，將西歸，合葬平陽公墓，舊時翰林之葬其親者，誌狀碑傳，必出館閣大臣手，君乃自爲之狀，而以二三知友各爲之文，名其刻爲《康長公世行叙述》。或有勸止之者，則應曰：文在可傳，不必官爵之高貴者。吕九川見而深訝之，以爲此去官供狀也，尚以其刻送人，何也，既而諸友多不免，君竟以飛語罷黜爲民。意謂瑾恨韓、李切骨，康非有親於瑾，何以能立脱其危。一如渼陂之所逆料者矣。言者又以其過順德，遇盗失財，非藉瑾勢，有司何以督捕過嚴，追給翻溢其數。當時附瑾者，不一年由郎署府守即至正卿，君爲修撰八年，不陟一階，是果瑾黨耶。黜報至武功，有來唁者，則解之曰：玉石俱焚，自古有之。瑾誅，天下之幸，吾一人何足惜。辛巳，今上入繼大統，詔京職爲民者予冠帶，有司有具冠帶送之者，則謝以原冠帶乃敬皇所賜，被群小搆害褫去，更復何用。其廢也，不止爲友，與夫以文爲累，在官日，論事無所迴護，有不如意，則怒罵不置，又好面斥人過失，後雖屢有薦章，當道者明知其才，棄而不用也。直木先伐，直躬恒蹶。古語不亦誠然乎。楊少司馬過其里，留飲而歡，君自起彈琵琶勸酒。楊言：家兄在内閣，久欲起君，何不以書自通，待吾到京首言之。君乃盛怒擲其琵琶，撻楊，楊走，追而罵曰：吾豈效王維假作伶人，以琵琶討官做耶。是雖太過，自卑諂者觀之，霄壤不侔矣。又一提學訪君，慰勞之曰：太史以萋菲之讒，罹此虞羅，久投閒散，將同盩厔王給舍具一疏保薦，則如何。君哂且止之曰：是語有願聞者，有不願聞者，薦於朝則可，問於吾則不可。且子方掌一方文教，發言不可太輕。其人惶汗而退。會吕涇野，談及用人事，則言：只進君子，其小人不須搏擊，自然潛消。吕乃驚嘆：此某四十年窮經之功，今開口便與之暗合耶。人問其詳，則云：即舜、湯舉皋、伊，而不仁者遠也。馬谿田舉王浚川與何柏齋書：聖人通變不固執。何答以接淅而行，亦聖人也。王之意在箴何之過於退，而何之意則箴王之必於通也。君獨判之曰：是皆今之畫紅模秀才也。古之志在蒼生者，豈若是踐跡乎。吕又驚曰：別後日力此學，爲可幾及也，聞言始知又尚遠矣。使何、王獲聞斯言，當不又長一格耶。鄉人多取其小善而詳著其短，心服其才而口議其非，猶夫在朝之人云。或又以其酒必妓，妓必歌，歌必自製，病其太放，霍渭厓以爲隱於此，非泥於此也。又以爲若輩止解呵詆康、李二子，不知自二子觀之，猶溝渠中蚊蠅也。崆峒於詩文猶少見本相，君則不惟不以疏奏自直，且於詩文絶無懟恨不平之氣。孝其母，能順其心，衣服飲食，皆手自供奉。事五叔不啻其子，從兄弟十餘人，處之如同胞。母、姊、妻三族之不給者，皆食於其家。張太微父喪不能舉，適有以百金徵文者，即推與之。君既久居林下，乃於星曆卜筮書，無不究覽，用掌鈐天時，決傷寒人之死生，又明諸脈胳孔穴以處鍼熨藥餌，悉不謬爲。所親喪葬點穴，老陰陽家弗能駁也。用六壬太乙占事輒驗。行書老健，篆隸尤工，小廉曲謹之士，惑於一吠衆聲，或有誚之者，及接其神采，聽其談吐，無不茫然自失。雖制行戾俗，然不免駭俗，出語驚人，然不免傷人，要之不失爲天下士。所著有《武功志》、《張氏族譜》、《沜東樂府》、《納凉餘興》、《春遊餘録》、《王蘭卿傳奇》、《即景餘録》，有史筆，有元音，而《對山文集》十九卷，不雕刻，有識見，不止還國初之質直渾厚。張太微所謂馳驅屈、宋，陵轢班、馬，非虚譽也。是其天性高朗，鍾氣通靈，方得有此。宋王梅溪以掄魁充館職，擢太子詹事、龍圖閣學士，功業文章，烜赫一時，君若得遇，將與之同，抑或過之乎。終於嘯傲煙霞，平章風月，真可惜也。攜妓遊山三十餘年，至嘉靖庚子十二月十四日，終於正寢。從其治命，以山人巾服殮藏，檢其遺囊，止百金，并酒器首飾，更有二百之數，然大小鼓卻有三百副。家人又云：金乃翟巡邊及楊御史所贈，非此則百金亦無矣。距生年成化乙未六月二十日，壽六十有六，以辛丑十月十八日葬於城南紙坊祖塋。塋則前渭後岐，左漆右漳，文芒萬丈，突兀觸天。嗚呼，君之生也，將以發關河閟祕之清輝，其逝也，於以還太華、終南之元氣，用與不用，何足計哉。君娶尚，繼張，又繼季氏。子二，栗，縣學生，有才早卒，猶其伯父。次栘，年今三十餘，始折節向學，可紹其業。女三，長適華州舉人張之桀，次岐山縣學生李世禎，又次同邑監生馬襲吉。予爲進士有名，賴君延譽，别後逢便即書，表一長卷，餘者尚有二三十通，久欲作傳報之，索其誌狀不可得，急了心願，乃以平日所聞，并其文集及關中士夫集有可採者，强成篇章，以俟他日有得，更當增補之。

又《康王王唐四子補傳》 康對山既舉會試，對衆嘆曰：鄉試讓吉時，會試讓魯鐸，若廷試復讓一人，則真棄物矣。已而果然，衆始服其言。忌者假以國老文爲其所作，就正於對山，對山不知，從而批抹少存者，忌者呈之國老，諸老咸惡之矣。一日，瑾令所親密者致意對山，曰：主上欲以汝爲吏部侍郎。對山答曰：我服官纔五閱歲矣，自來翰林未有五歲而陞部堂者，請爲我辭之。事遂寢，瑾因深嫌其不附己。文選郎張綵之來京也，對山謂之曰：我輩方求去而不可得，君又何來耶。綵云：我見械繫御史高胤先，恐慘禍相及，不得已再出耳。無何，綵爲吏部侍郎。對山曰：不來懼禍，既來受官，曷若托病告歸耶。吾畏驟而懇辭，君獨不畏而冒受之，將來不知死所矣。及瑾坐反，連綵下獄，泣語同獄者曰：悔不聽康子之言。先是，綵與瑾情投氣合，駸駸有進用之勢，偶與衆士大夫會飲，盛稱靈寶許太宰之才德，對山亦在座中，對衆再三祝曰：只要常常如此。逆料綵將爲尚書，必有排擠之意，未久，果與瑾同謀逐許矣。謝木齋見知於敬皇，子丕爲編修有名，焦芳同謝在内閣，子黄中同丕居翰林，名出其下。兩姓各樹黨相標榜，焦欲引對山爲助，一日，置酒厚請對山，至則滿座皆邪媚人也，因大言曰：此爲排謝招我耶。座客皆愧服，而忌之者由此益衆矣。居嘗言：爲官化民，爲民化俗，欲化民俗，先自族黨始。故於族黨之長者敬之，幼者育之，窮困者周給之。數弟兩甥，顯達成名，皆其教導之功。每出奇論驚人，道以無定爲真，學以適用爲是，文以達質爲良，在三代罔有不同，至宋則執一以爲道，訓解以爲學，凡冗以爲文，論其學則有，適於用則無，談一身之行爲似是，救國家之急難則非也。只觀乎此，非振古人豪耶。數次援人於死地，弗望報也，而獲生者反造謗焉，因爲《差差辭》及《中山狼傳》，而後咎有所歸矣。嘗病武功貿易之寂寥也，乃於城東神廟報賽，數日間，樂工集者千人，商賈集者千餘人，四方賓客男女長幼來觀者數千人，對山乃約里中壯士數百人，戎裝臨之，時有大盜欲行劫而不敢發，來者無不既醉且飽，其才略施諸細事類如此，使獲大授，其勳業詎可量哉。異時商人集盩厔，盜至，衆莫能支，遂大掠而去。觀此，人足知其能矣。

清・錢謙益《列朝詩集小傳》丙集　海，字德涵，武功人。弘治十五年狀元，授翰林院修撰。正德初，逆瑾恨李獻吉代韓尚書草疏，繫詔獄，必殺之。獻吉獄急，出片紙曰：對山救我。秦人皆言瑾恨不能致德涵，德涵往，獻吉可生也。德涵曰：吾何惜一官，不救李死。乃往謁瑾，瑾大喜，盛稱德涵真狀元，爲關中增光。德涵曰：海何足言，今關中自有三才，古今稀少。瑾驚問曰：何也。德涵曰：老先生之功業，張尚書之政事，李郎中之文章。瑾曰：李郎中非李夢陽耶，應殺無赦。德涵曰：應則應矣，殺之關中少一才矣。歡飲而罷。明日，瑾奏上，赦李。瑾遂欲超拜吏部侍郎，德涵力辭之，乃寢。母喪歸，踰二年瑾敗，坐落職爲民。德涵既罷免，以山水聲妓自娛，間作樂府小令，使二青衣被之絃索，歌以侑觴，西登吴嶽，北陟九嵕，南訪經台、紫閣，東至太華、中條，停驂命酒，歌其所製感慨之詞，飄飄然輒欲仙去。居恒徵歌選妓，窮日落月。嘗生日邀名妓百人，爲百年會，酒闌，各書小令一闋，命送諸王邸，曰：此差勝錦纏頭也。楊侍郎廷儀過滸西，留飲甚歡，自起彈琵琶勸酒。楊言：家兄在内閣，殊相念，何不以尺書通問。德涵發怒，擲琵琶撞之，楊走，追而罵曰：吾豈效王維假作伶人，借琵琶討官做耶。歸田三十餘年。其殁也，以山人巾服殮，遺囊蕭然，大小鼓却有三百副，其風致可思也。

《明史・文苑傳二・康海》　康海，字德涵，武功人。弘治十五年殿試第一，授修撰。與夢陽輩相倡和，皆議諸先達，忌者頗衆。正德初，劉瑾亂政。以海同鄉，慕其才，欲招致之，海不肯往。會夢陽下獄，書片紙招海曰：對山救我。對山者，海别號也。海乃謁瑾，瑾大喜，爲倒屣迎。海因設詭辭説之，瑾意解，明日釋夢陽。踰年，瑾敗，海坐黨，落職。

清（雍正）《陝西通志》卷六三　康海，字德涵，弘治壬午進士及第第一人，授翰林修撰。風禀靈秀，不事章句，掇採旨奥，融通大義而已。嘗曰：經籍古人之魄也，有魂焉，吾得其魂爾矣。論道則以無定爲真，論學則以適用爲是，論義則以達質爲良。劉瑾用事，以海鄉人，欲致之，海常自疏闊。其後李夢陽下獄，瑾幾殺之矣。夢陽妻弟曰：左國玉者，爲書通海，乞請劉坐之。海謝國玉曰：我固自遠於劉太監，乃何惜生李子。上馬馳至瑾門，門者阻之，海曰：我康狀元，乃公里人。瑾聞即攝衣出迎，坐海上坐，留海飲。海談笑睨瑾曰：自古三秦豪傑有幾。瑾愕然曰：惟先生教之。海曰：昔桓温問王猛：三秦豪傑何以不至。猛捫虱而談世務。三秦豪傑舍猛其誰，温闇若此哉。瑾面發赤，疑其譏己，因問曰：於今則幾。海默然，屈指曰：三人爾，昔王三原秉銓衡，進賢退不肖，今則有密勿親信在帝左右。瑾意指己，轉發喜色，因復問曰：尚有一人，其先生乎。無謂王猛在前吾不識。海曰：公何謬稱，其一人者，今李白也。海卑卑耳。瑾固問，則曰：昔曹操憎禰衡假手黄祖，此奸雄小智。李白醉使高力士脱靴，可謂輕傲力士，力士脱而不辭，容物大度也。瑾俛首思曰：先生豈謂李夢陽耶。此人罪當誅。海即起辭，瑾謝曰：我知，我知。明日入奏，出夢陽。瑾諷海，欲以爲吏部侍郎，海固辭。自是，時時有匡正，而亦自是益親。瑾敗，坐瑾黨，奪官爲民。

清（乾隆）《固始縣志》卷二三　康海，字德涵，號對山。陝西武功籍，本固始人，仕修撰。劉瑾以鄉人重之，屢爲招致，堅不肯赴。李夢陽獄，隱書片紙曰：對山救我。海曰：吾何惜一官，不救李死。往謁瑾，李獄解，而海坐瑾黨落職。嘗選名伎百人爲百年會，自起彈琵琶勸酒。有客稱内閣某殊相念，海怒，擲琵琶撞之，罵曰：吾豈效王維假作伶人，借琵琶討官做耶。嘗修《武功志》，王漁洋亟稱之。

清（嘉慶）《武功縣志》卷四　康海，字德涵，號對山。事詳《明史》本傳，不具論。論其軼事。海數歲與群兒嬉，父鏞授之業，輒退而嬉，怒欲箠之，課所業，無可箠，乃已。於書覽而不誦，嘗曰：上士恒逸，下士恒勞。誠虚吾衷，以友博學，則博不在友而在我。爲諸生時，什九在外，日與朋友論説，挾册者笑之。既而同試，笑者方搆思，海已投卷逝。凡撰著，中煩而外疲，弗爲也。惟静而虚。虚而意生，滔滔乎來，夫然後操觚而揮，雖衆咻弗聞，未及乎匱也，止焉。蓋養其鋒而善之，恒若新發硎。及第狀元，授編撰，充經筵講官。凡著作必宗經，而子史以宋爲俚、唐爲巧，秦漢爲伯仲而未醇。故同進者忌海。海遭母喪歸，經沙河遇盜。邑令償失金，海受之。及劉瑾敗，忌者劾海交瑾，令懼瑾，故償金，遂罷官。海愛人之心長，而自好短。嘗援李夢陽於死，後顧謗其交瑾。故廢不復起，然海未嘗仇夢陽也。海之廢也，以文爲身累，遂倦於修辭，曰：辭章小技耳，壯夫不爲。吾詠歌、舞蹈泉石間已矣。乃制樂府，諧以聲容，自撰琵琶倚歌。別居滸西莊，自號滸西山人。又號沜東漁父。賓至，彈琵琶娱賓。或勸其仕，則怒，舉琵琶提客。然海事親孝，賙族黨厚，教育子弟戚黨，皆成名。嘉靖十九年，年六十六卒。命以山人巾服殮。遺鼓三百副。所著有《對山文集》、《沜東樂府》、《康氏族譜》、《孫氏族譜》、《武功縣志》行世。子栗，字子寬，庠生，早卒。著有《子寬集》。

紀事

清·陳田《明詩紀事》卷三 對山救空同，豪氣蓋世，固是一時俊人，惜詩文不副盛名耳。《嵩陽雜識》云：空同與韓貫道草疏，劉瑾切齒，必欲置之死，賴康對山營救而脱。後對山得罪，空同議論稍過嚴，人作《中山狼傳》以詆之。考《中山狼傳》，故城馬中錫作，王敬夫《渼陂集》亦有《中山狼》院本，論者疑對山以空同坐累，空同特未營救之耳，未嘗逞凶反噬，如傳所云云也，疑別有所指。余檢《對山集》有《讀中山狼傳》詩云：平生愛物未籌量，那計當時救此狼。笑我救狼狼噬我，物情人意各無妨。固無庸以後人疑竇，爲空同解釋矣。

著録

明·李開先《對山康修撰傳》 所著有《武功志》、《張氏族譜》、《沜東樂府》、《納凉餘興》、《春遊餘録》、《王蘭卿傳奇》、《即景餘録》。有史筆，有元音。而《對山文集》十九卷，不雕刻，有識見。

清·張萊峯《對山集後序》 蓋對山太史崛起前明中葉之際，與李、何、王、邊倡爲古文、漢魏詩歌，一時宗尚。所傳有《對山集》若干卷，校訂於渼陂，彙輯於《太微品隲》，於太倉王麟洲搜羅互異，棄取不同，而爲一再刻以行者，翁撫軍、潘提學也。顧書雖經傳播海内，然而板俱散佚無存，是以購求維艱，學士家藏者絶尠。至我朝康熙某年，同邑馬方伯重刻之，金陵省署卷帙視他刻爲獨繁，而對山之詩若文，斯備載無遺矣。乃先後數刻，頗皆有魯魚豕亥，訛謬殊衆。且或雜碔砆燕石，以混并其中，甄別匪易，讀者茫然。西峯先生於是就故所藏太微元刻選定甲乙，存之篋笥，然未嘗遽出示人，顧或舉以訓洲也。今年夏四月，邑侯敬齋馮公聞之，謀付剞劂迺覆，取而詳擇焉。更參之別本，共得文若干首，詩若干首，僅計數萬言，分爲十卷，於虖精已夫。對山以質直之筆抒寫胸臆，其所論述率取意達以止，雋爽高邁爲能，絶去雕繪之習。而言簡情該，古氣流溢，味之靡窮，蓋得子長氏遺韻者。而五七字古歌行，亦有鮑、謝風，固宜西峯先生篤好而深取詮次考訂，若紫陽之於昌黎也。刻既成用敢紀諸其後，俾讀是集者知所由用心焉。

清·黄文暘、佚名《重訂曲海總目·明人雜劇》 康海：《中山狼》。

清·姚燮《今樂考證·著録三·明雜劇》 康對山一種：《東郭先生誤救中山狼》。

清·王國維《曲録》卷三 《東郭先生誤救中山狼》一本。明康海撰。

陸采

論説

明·情痴子《明珠記序》 又若《明珠》、《異夢》、《留金》、《合紗》、《玉杵》、《昆崙》，奇而真，真而奇，緣之所定，情之所必至也。是知情緣交合之地，非才子佳人，風情雅韻，至歷其贖屍央甸，再生辨紗，得杵飛垣，折磨萬狀，艱險千般者不能也。亦非騷人墨客，錦心繡口，至寫其斷橋代選，幽會舡開，遭逐被圍，宛轉奇思，悲歡雅然者亦不能也。乃古押衙、昆崙奴，千古之情使；顧雲容、王賽玉，千古之情伯；銀蟬、夢麟，千古之情痴；雲英、紅銷，千古之情種也。不然，何以一術一夢而成萬種相思，以致匪石匪席，一聚情緣，以致成痴成想。今而言之，宇宙一大奇觀也，一大情史也。觀史而情緣同一，故曰：同春也。如牡丹之姚、魏，芍藥之元、白，海棠之醉睡，水仙之斷魂，梅堪增，柳堪折，造物菁英，遍爲有象。爲葩爲蕚，同一春運也；爲情爲緣，同一春心也。是以付物肖形，奇花萬種，傳情摹想，風流百折。反及歌詠，不覺凡塵都苑，惟於情緣一點，微熱不能爾爾。

明・野休子《明珠記引》 語云：古來俠士，無如古押衙。然作王仙客與無雙遭際之奇，則押衙之俠，何以千古侈人口。大抵俠士任俠，不於極都顯，必于極齡沛。極都顯，人不肯；極齡沛，人不能。惟俠士一片熱腸，觸人金石精神，而以金石投之，押衙之肯爲仙客死、能爲無雙生者，以兩人戛戛錚錚，故不令照乘雙明珠，不及蕤賓一寸鐵也。都中情事，牽合世態，不無作俠士羞，識者質奇問傳則得焉，仙客問無雙則得焉，無雙問押衙則得焉。

明・李卓吾《明珠記總評》 昔聞之至人云，凡事以不盡爲大家。如《明珠記》殊不盡也，而作者之意則似以爲盡矣，此所以不能升爲大家也。傳奇有曲，有白，有介，有諢，如耳、目、口、鼻不可相廢。《明珠》一以曲收之，亦其病也。又評：頗盡才人之致，未登大雅之堂，以評《明珠》其然乎。凡瓶滿者不鳴，瓶半者鳴，先正之格言也。天池樂府，嗚乎半乎滿乎，可以定其品矣。

明・呂天成《曲品》卷上 天池湖海豪才，烟霞仙品，壯託元龍之傲，老同正平之狂。著書而問字旗亭，度曲而振聲林木。

又 陸天池：所著傳奇二本。《明珠》：無雙事，奇。此係天池之兄給諫陸粲具草，而天池踵成之者。抒寫處有景有情，但音律多不叶，或是此老未精解處。然其布局運思，是詞壇一大將也。《南西厢》：天池恨日華翻改紕繆，猛然自爲握管，直期與王實甫爲敵。其間俊語不乏。常自翊曰：天與丹青手，畫出人間萬種情。豈不然哉。願令梨園亟演之。

明・祁彪佳《遠山堂曲品・雅品殘稿》 《明珠》：記王仙客、劉無雙。文人之情，才士之致，具見之矣。

又 陸采《西厢》：天池以李日華《西厢》翻北爲南，剽竊爲詞，氣脈未貫，握管作此，不涉王實甫一字，但韻雜耳。

清（道光）《蘇州府志・人物志・宦績・七》 粲弟采，【略】讀書不屑章句，從婦翁都穆學古文詞，於文喜六代，詩宗盛唐，晚好謝康樂，造語往往似之。時爲近體樂府，亦蘊藉可喜。

傳記

明・陸粲《天池山人陸子玄墓誌銘》 天池山人陸子玄者，吾弟也，名灼，更名采，世吳人。吳之西境有山曰天池，蓋道書所稱可以度世者也。君意慕之，因自謂山人云。君生踔厲英發，始爲校官弟子，不屑守章句，縱學無所不觀，從其婦翁故太僕少卿都公遊，鋭意爲古文辭。尋以例升太學，益務精進。視當世顯人，名能文章者，輒往踏門自通，贄以所業，皆一見賞愛，其名遂隱然以起。自江以東，學士多延頸願交者，而君意獨自許用世，謂功業可立取，時時於廣坐中，奮髯抵掌論天下事，語多觸時禁。客不樂聞，稍稍引去，或目笑之，君色自如不爲止。在太學二十年，累舉輒躓，遭世玩侮，中不能無少望。日夜與所善客劇飲，歌呼爲樂，間出遊，或經月忘返。橐中裝無一錢，從者以告，若弗聞也。東登泰岱，賦《遊仙》三章，慨然有輕舉之志。南踰閩嶠，徘徊武夷諸山，語人曰：世無知我者。吾聞京師，天下豪傑輻輳，又燕趙多慷慨士，吾且往觀焉。儻庶幾乎。行半道病還，及家，意頗惘惘，夜中數起東西行，謂余曰：日者言吾歲行在酉，當厄，今吾形神不相攝矣，吾殆將死也。因屏人屬余後事，其言悽愴不忍聞，兄弟相對，歔欷泣數行下。居亡何，竟不起。傷哉。是歲嘉靖丁酉九月廿二日也，年四十一。後八年，乙巳十二月十三日，乃葬其地，實天池之麓，於君初志亦若有冥契云。陸於吳爲著姓，宋季始家陳湖之上。吾先君諱應賓，母夫人胡氏。有三子，君最少，先娶都公女，繼娶鄒氏。子男二，長舒枝，都出，府學生，次敬枝，側出。女一，鄒出，適太學生陳沛。孫男一嘉觀。君性儻蕩不羈，與人遊處，輸寫心腹，無所隱匿。每揚摧今古，品藻人物，機辨鋒出，莫能窮者。而彊執自信，不肯詘折徇俗，雖故所親善，一弗當意，則面斥之，或致怨懟，不恤也。於文善稱六代，詩初規摹盛唐，晚宗謝康樂，造語往往似之。居間弄筆，遊戲爲近體樂府，若啁笑率然之作，亦醞藉可喜。獨好習國朝故實，所至延訪勤切，率多聞人所未聞者。他如幽冥物怪、黄冶變化之言，靡不采獲，著之編録。黠者或謾言以中其意，君亦傾聽弗疑。聞有奇人異士，不遠數十百里走求之。其篤好如此。余與君俱侍吾伯兄子徵學，議論下上，自相師友，而嗜好略同。方賴焉以時規切，庶有益乎，而君棄余死矣。銘曰：吴有奇士，陸氏子玄，生不逢時，又弗永年。嗚呼，悲夫。

清・錢謙益《列朝詩集小傳》丁集上　采，字子玄，給事中子餘之弟，都少卿玄敬之婿也。少爲校官弟子，不屑守章句。年十九，作《王仙客無雙傳奇》，子餘助成之。曲既成，集吴門老教師精音律者，逐腔改定，然後妙選梨園子弟登場教演，期盡善而後出。性豪蕩不羈，困於場屋，日夜與所善客，劇飲歌呼。東登泰岱，賦《遊仙》三章，南踰嶺嶠，遊武夷諸山。年四十而卒。

清（道光）《蘇州府志》卷八二　陸采，字子元。讀書不屑章句，從婦翁都穆學古文詞，於文喜六代，詩宗盛唐，晚好謝康樂，造語往往似之。時爲近體樂府，亦藴藉可喜。爲諸生，累試不利，卒。

紀事

清・佚名《曲海總目提要》卷七《明珠記》　明嘉靖間長洲諸生陸采所作也。無雙令塞鴻以明珠寄仙客，本傳無此語，蓋增飾以作關目者。采作此《記》時，年甫十九歲。采兄粲，嘉靖癸未進士庶吉士，改官給事中，有直聲。助其弟作此《記》。其事則據仙客本傳也。唐王仙客者，建中中朝臣劉震之甥也。少孤，隨母歸外家，與震女無雙，幼相狎愛。劉氏疾篤，以仙客爲託，無令無雙歸他族。仙客護喪歸葬服闋，飾裝入京。時震爲尚書租庸使，仙客既謁，館於學舍，舅甥之分依然如故，但寂不聞姻親之議。又於窗隙間窺見無雙，姿質明艷，若神仙中人。仙客唯恐其不諧也，遂鬻囊橐，得錢數百萬。左右給使，達於廝養，皆厚遺之。遇舅母生日，市新奇以獻，雕鏤犀玉，以爲首飾。又旬日，遣老嫗以求親聞於舅母。一夕，有青衣告仙客曰：適以姻事言於尚書，尚書云，向前亦未許之。恐是參差也。仙客聞之，心氣俱喪。一日，震自朝歸，言涇原兵士反，姚令言引兵入含元殿，天子出苑北門，百官奔赴行在。我略歸部署，疾召仙客勾當家事，當嫁與無雙。仙客驚喜。乃令仙客押輜騎先出開遠門，我與無雙出啟夏門續至。仙客如言，待久不至，遶城至啟夏門，問守門者曰：城中有何事。今日有何人出此門者。曰：朱太尉已作天子。午後有一人，領婦人四五輩，欲出此門。人皆識，云是租庸使劉尚書，門司不敢放出。近夜追騎至，一時驅向北去矣。仙客失聲慟哭。三更後，傳呼斬斫使出城，搜城外朝官。仙客驚走歸襄陽。三年後，入京訪舅氏消息，遇舊蒼頭塞鴻。鴻販繒爲業，遂引至所居。尋聞尚書受僞命，官與夫人皆處極刑，無雙已入掖庭，惟無雙使婢采蘋在金吾將軍王遂中宅。乃以從姪禮見遂中，納厚價以贖采蘋。由遂中薦爲富平縣尹，知長樂驛。累月，忽報中使押領内家三十人，往園陵以修洒掃，下驛中。仙客謂鴻曰：掖庭多衣冠子女，恐無雙在焉。因令鴻假爲驛吏，烹茗於簾外。夜深忽聞簾下語曰：塞鴻，我在此。郎健否。明日汝於東北舍閤子中紫褥下，取書送郎君。言訖便去。忽聞簾下鬧云，内家中惡，中使索湯藥甚急，乃無雙也。鴻疾告仙客，仙客曰：我何得一見。鴻曰：今方修渭橋，可假作理橋官，車子過時當得瞥見耳。仙客如其言。至第三車子，果開竹簾一見，乃真無雙也。仙客不勝其情。鴻於褥下得書送仙客，其書後云：常見敕使説，富平縣古押衙，人間有心人，今能求之否。遂訪求古押衙，則居於村墅。仙客造謁，見古生，生所欲必致之。一年，仙客秩滿，閒居於縣，古生謂仙客曰：洪一武夫，年且老，察郎君之意，將有求於老夫。願粉身以答效。仙客泣拜，以實告。古生曰：此事大難，然試求之。一日謂仙客曰：宅中有女家人識無雙否。仙客以采蘋對，古生喜云：借三五日。後累日，忽傳説有高品過，處置園陵宫人。仙客令塞鴻探所殺者，乃無雙也。仙客歎曰：本望古生，今已矣，爲之奈何。是夕更深，聞叩門甚急，乃古生也。領一篼子入，曰：此無雙也，後日當活。比聞茅山道士有藥術，其藥服之者立死，三日卻活。使人專求得一丸，昨令采蘋假作中使，以無雙逆黨，賜此藥令自盡。至陵下，託親故以百縑贖其尸。君不得更居此。仙客乃挈家歸襄鄧別業，與無雙偕老焉。

又《分鞋記》　明陸采撰。其事全據《輟耕録》程鵬舉分鞋事。按陶宗儀《輟耕録》云：程公鵬舉在宋季被擄於興元版橋張萬户家爲奴，張以擄到宦家女某氏妻之。既婚之三日，即竊謂其夫曰：觀君之才貌，非久在人後者，何不爲去計，而甘心於此乎。夫疑其試己也，訴於張，張命箠之。越三日，復告曰：君若去，必可成大器，否則終爲人奴耳。夫愈疑之，又訴於張，張命出之，遂粥於市人家。妾臨行以所穿繡鞵一，易程一履，泣而請曰：期執此相見矣。程感悟，奔歸宋，時年十七八，以蔭補入官。迨國朝統一海宇，程爲陝西行省參知政事。自與妻別已三十餘年，義其爲人，未嘗再娶。至是，遣人攜向之鞵履，往興元訪求之。市家云：此婦到吾家執作甚勤，遇夜未嘗解衣以寢，每紡績達旦，毅然莫可犯。吾妻異之，視如己女。將半載以所成布匹償元粥鏹物，乞身爲尼。吾妻施貲以成其志，見居城南某菴中。所遣人即往尋見，以曝衣爲由，故遺鞵履在地。尼見之，詢其所從來。曰：吾主翁程參政使尋其偶耳。尼出鞵履示之，合。亟拜曰：主母也。尼曰：鞵履復全，吾之願畢矣。歸見程相公與夫人，爲道致意，竟不再出。告以參政未嘗娶，終不出。旋報程。移文本省遣使檄興元路路官，爲具禮委幕，屬李克復防護其車輿至陝西，重爲夫婦焉。《宋稗類抄》：彭城程萬里尚書，文業之子也。年十九，以父蔭補國子生。時元兵日逼，萬里獻戰守和三策，以直言忤時宰，懼罪，潛奔江陵。未及漢口，爲元將張萬户所獲，愛其材勇，攜歸興元，配以俘婢，統制白忠之女也，名玉孃。忠守嘉定，城破，一門皆死，惟一女僅存。成婚之夕，各述流離，甚相憐重。

著録

明・晁瑮《晁氏寶文堂書目》卷中　《南西廂記》一本。

清・佚名《古人傳奇總目》　《西廂》。陸天池作張君瑞事。《明珠》。陸天池作。江采蘋事。《懷香》。陸天池作。賈氏韓壽事。

清・黄文暘、佚名《重訂曲海總目・明人傳奇》　陸采：《明珠記》、《懷香記》、《椒觴記》、《分鞋記》沈鯨作同名。《南西廂》、《北西廂》。

清・支豐宜《曲目新編・明人傳奇》　《明珠》、《南西廂》、《懷香記》、《椒觴》、《分鞋記》。右五種，陸采作。

清・姚燮《今樂考證・著録五・明院本》　陸采五種：《明珠》、《南西廂》、《懷香》、《椒觴》、《分鞋》。

清・王國維《曲録》卷四　《明珠記》一本，《南西廂》一本，《懷香記》一本，《椒觴記》一本，《分鞋記》一本。右五種，明陸采撰。

藝文

明・胡應麟《少室山房文集》卷六一《伶人奏劇適歌陸浚明明珠記戲成此章呈水部》　朱門何事濫吹竽，玳瑁筵開繫白駒。是處雲霞聯趙璧，頻年風雨泣隋珠。華名第一歸仙客，高價無雙得麗姝。美酒十千拚盡醉，共將行樂賦《山樞》。

馮惟敏

論説

明・王世貞《曲藻》　予所知者：李尚寶先芳、張職方重、劉侍御時達，皆可觀。近時馮通判惟敏，獨爲傑出，其板眼、務頭、攛搶、緊緩，無不曲盡，而才氣亦足發之，止用本色過多，北音太繁，爲白璧微纇耳。

明・吕天成《曲品》卷上　馮侍御綺筆鮮妍。

明・沈德符《萬曆野獲編》卷二五　本朝能雜劇者不數人，自周憲王以至關中康、王諸公，稍稱當行。其後則山東馮、李亦近之，然如《小尼下山》、《園林午夢》、《皮匠參禪》等劇，俱太單薄，僅可供笑謔，亦教坊耍樂院本之類耳。

又　同時惟臨朐馮海粟差爲當行，亦以不作南詞耳。

明・王驥德《曲律》卷三　小令北調，王西樓最佳，如《咏浴裙》、《睡鞋》等曲，首首尖新。王渼陂、馮海浮《咏鞋杯》諸曲，亦多巧句。海浮月兒芽彎環在腮上，筍兒尖穿破了鼻梁，及環兒脚一彎，花兒瓣兩邊，又心坎兒裏踢蹬，肚囊兒裏款行，腸襀兒裏穿芳徑等，尤稱妙絶；亦未免間以粗豪語，不無遺恨耳。

又 康對山、王渼陂、常樓居、馮海浮直是粗豪，原非本色。

又 近之爲詞者，北詞則關中康狀元對山、王太史渼陂，蜀則楊狀元升菴，金陵則陳太史石亭、胡太史秋宇、徐山人髯仙，山東則李尚寶伯華，馮别駕海浮，山西則常廷評樓居，維陽則王山人西樓，濟南則王邑佐舜耕，吴中則楊儀部南峯。康富而蕪；王豔而整；楊俊而葩；陳、胡爽而放；徐暢而未汰，李豪而率，馮才氣勃勃，時見紕纇；常多俠而寡馴，西樓工短調，翩翩都雅；舜耕多近人情，兼善諧謔；楊較粗莽。諸君子間作南調，則皆非當家也。

明・祁彪佳《遠山堂劇品・雅品》《玉殿傳臚》即《不代老》，北五折：偶閲俗演《梁太素》曲，神爲之昏。得此劇，大爲擊節。近有《題塔記》，能暢寫其坎坷之狀，而曲之精工，遠不及此。

又《逸品》《僧尼共犯》北四折：本俗境而以雅調寫之，字句皆獨創者，故刻畫之極，漸近自然。此與《風情》二劇，並可作詞人諧謔之資。

明・凌濛初《譚曲雜劄》 曲始於胡元，大略貴當行不貴藻麗。其當行者曰本色。【略】國朝如湯菊莊、馮海浮、陳秋碧輩，直闖其藩，雖無嵩本戲曲，而製作亦富，元派不絶也。

清・李調元《雨村曲話》卷下 北曲在明，如李空同、王渼川、何粹夫、韓宛洛、何太華、許少華，皆有樂府，未盡傳。《曲藻》云：所知者李先芳、張重、劉時達，皆可觀。馮惟敏獨爲深出，其板眼、務頭、攛搶、緊緩，無不曲盡，而才氣亦足發明；祇用本色過多，北音太繁，爲白璧微纇耳。

又 曲始於元，大略貴當行不貴藻麗。【略】明如湯菊莊、馮海浮、陳秋碧輩，雖無嵩本，而製曲直闖其藩，元音未絶。

清・焦循《劇説》卷三 《不伏老》：或謂馮汝行《梁狀元不服老》雜劇，當在王渼陂《杜甫遊春》之上。《四友齋叢説》云：渼陂《杜甫遊春》雜劇，雖金、元人猶當北面，何況近代。

傳記

明（嘉靖）《全遼志》卷三 馮惟敏，正德丁酉舉人，廣寧左衛人裕之子。中山東鄉試，淶水縣知縣。

明・李維禎《大泌山房集》卷六五《馮氏家傳》 惟敏，字汝行，總角時父官石阡，力不能携家，惟敏曰：萬里荒徼，奈何令大人獨往。從之行。暇則讀六經、諸子史。含咀英華，爲文閎肆，萬言可立就。晉陵王慎中督學山東，自謂於書無不讀，猶遜其才也。尋舉于鄉。既屢上南宫不第，結茅冶水之上居焉。放舟上下，浩歌自適，望之如神仙中人。久之謁選，授知淶水縣事。縣所食用取諸倖，稍不以煩里甲。出則簞食壺漿自隨。繕學宫，浚城隍，樹以榆柳，行道之人歌詠之。縣民富者爲將軍，爲校尉，爲力士，爲執金吾，爲中貴人，兼併地無算，而逋租挈。惟敏摘其最負者，懲之。貧民以爲德，而豪右謗四起矣。坐謫鎮江教授。聘典雲南試，録文多出其手。稍遷，判保定府，奉檄修府志，爲集楊忠愍遺文行於世。陳郡利害十六事，皆中窾綮。尋左遷王官，遂歸。搆亭冶原之上，命之曰即江南。日與朋輩觴詠。無何，遘疾卒。卒之日，侍者以朱衣進，摇首曰：不當服此。時有眘喪云。其文不爲刻削，語情事若指掌上。填詞尤號當家，西北人往往被之絃索。孫瑗，亦成進士。

清・錢謙益《列朝詩集小傳》丁集上 惟敏，字汝行，惟健之弟也。領山東鄉薦，知淶水縣，改教潤州，遷保定府通判。汝行善度近體樂府，盛傳於東郡。王元美謂李尚寶先芳、張職方重、劉侍御時達，此調皆可觀，而惟重獨爲傑出。其板眼務頭，攛搶緊緩，無不曲盡，而才氣亦足以發之。余所見《梁狀元不伏老》雜劇，當在王渼陂《杜甫春遊》之上。詩雖未工，亦齊魯間一才人也。

清（康熙）《山東通志》卷二八 馮惟敏，號海浮，臨朐人，惟訥弟。聰穎博學，詩文雅麗，尤善樂府。嘉靖丁酉登鄉薦，後爲淶水令。所著有《山堂詞稿》、《擊筑餘音》。

清（康熙）《益都縣志》卷九 馮惟敏，字汝行，號海浮。副使裕之叔子，能承家學，聰穎過人，多所博觀外家之語。詩文雅麗，尤善爲樂府，以俊語度新聲，傳之遠邇，聞者解頤。王元美稱其北調獨爲傑出，拍凑務頭無不曲盡，而才氣亦足發之。中嘉靖戊子鄉試，爲淶水令，以不俯仰改教，久之，自免歸。著有《山堂詞稿》、《擊節餘音》行於世。郡志多所裁定，人皆稱之。孫瑗，進士，參政。

清・朱彝尊《明詩綜》卷五〇 惟敏，字汝行，惟健弟。嘉靖中舉人。謁淶水知縣，改鎮江儒學教授，遷保定通判。有《海浮集》。

清・毛奇齡《西河集》卷一一五 惟敏，字汝行，別字海浮，稱海浮山人。舉人。仕至通判。所著有《山堂辭稿》。王弇州所謂北曲惟馮海浮擅場者也。

清（康熙）《青州府志》卷一八 馮惟敏，臨朐人，號海浮。裕子，聰穎博學，詩文雅麗，尤善樂府。嘉靖丁酉中鄉試，爲淶水令。所著有《山堂詞稿》、《擊筑餘音》行於世，郡邑志多所裁定。

清（咸豐）《青州府志》卷四四 馮惟敏，字汝行，裕三子。總角時，裕之官石阡，力不能攜家，以惟敏行，課以六經、諸子史，性聰穎，學日益進。爲文閎肆，萬言立就。歸自石阡，聲譽噪一時。晉陵王慎中督學山東，自謂無書不讀，少所推許。及見惟敏文，乃大賞異之，以爲其才不能逮也。嘉靖十六年舉於鄉，謁選授直隸淶水知縣。清静不擾，每出行縣，以壺飧自隨，民無絲粟之費。繕學宫，浚城隍，樹以榆柳，行旅歌頌之。邑去京師近，豪右雜處，中貴人勢尤赫灼，兼并地無算，多逋租，惟敏請託不行，摘其最負者痛懲以法，貧民德之；而勢族群不便，謗詬騰起，坐謫鎮江教授。聘典雲南，試録多出其手，一時傳誦。稍遷判保定府，奉檄修《府志》，爲集楊忠愍遺文行於世。陳郡利害十六年事，皆中窾綮，久之自免歸。結茅熏冶水上，名其亭曰即江南，日與朋輩觴詠其中，自號海浮山人。每當天日清澄，風雪暝靄，時棹煙艇上下，自歌所爲北調新聲，見者以爲神仙中人。時知縣王家士創修《縣志》，延惟敏主纂，爲詳著三大害，語在《名宦傳》。《舊志》謂爲鑿鑿遠猷，惜王志今不存，無從甄録。惟敏少承家學，詩文雅麗，不善爲刻削語，情事若指掌上。尤善樂府，以俊語度新聲，流傳遠邇，西北人往往被之絃索，聞者解頤。弇州王世貞稱其北調獨爲傑出。著有《山堂詞稿》四卷、《擊筑餘音》四卷、《石門集》行於世。世稱海浮先生。惟敏雖不顯，自放山水，不與世接，類任達曠槩者流。然家居獨閑禮法，每歲首與子姪家讌，爲詩歌道天倫事，必加勉勗。卒之日，侍者以朱衣進，摇首曰：不當服此。時蓋有期喪云。齊魯間言家法，稱馮氏。子子升、孫瑗，自有傳。

紀事

清・佚名《曲海總目提要》卷七梁狀元 此明嘉隆間臨朐人馮惟敏所撰也。惟敏，字汝行。貴州副使裕之子。兄弟四人，皆起家科第。惟敏領山東鄉薦，久困禮闈，選授淶水知縣，官止保定通判。此劇當是會試累次下第之後，尚未謁選時所作，借梁顥以自寓也。錢謙益云：余所見《梁狀元不伏老》雜劇，當在王渼陂《杜甫春遊》之上。其爲名流推重如此。齣中梁顥云：早領本省鄉薦。明朝沿襲元時中書行省之舊，有直隸及各省之稱，宋時無有。南卷、北卷、中卷，亦明朝事。大總裁當朝宰相，則明嘉隆後事矣。傳臚唱名，始于梁顥，故此劇名《梁狀元玉殿傳臚》。又借呂蒙正口中說出此段故事。梁顥與年少角口，題塔記云沙牛表，此云王從善，俱係隨意點綴，而關目相同。胡旦乃太平興國時狀元，今拉入此榜，又云三甲第一，亦是要點綴生情耳。按此劇結尾梁顥謝表，見于宋人四六中，作者所據，皆本于此，然其說多異同，今詳採以備參攷。洪邁《容齋四筆》云：陳正敏《遯齋閒覽》：梁顥八十二歲，雍熙二年狀元及第。其謝啓云：皓首窮經，少伏生之八歲；青雲得路，多太公之二年。後終秘書監，卒年九十餘。此語既著，士大夫率以爲口實。予以國史考之：梁公子太素，雍熙二年廷試甲科。景德元年，以翰林學士知開封府。暴疾卒，年四十二。子固亦進士甲科，至直史館卒，年三十三。史臣謂梁方當委，遇中途夭折。又云梁之秀穎，中道而摧。明白如此。遯齋之妄，不待攻也。又朝野雜記，少年狀元，則梁內翰顥、張舍人孝祥、王尚書佐，皆年二十三，是顥非晚年登第者矣。然今宋史所載，則云景德元年卒，年九十二，是又與八十二歲中甲科之說相符也。宋人《事文類聚》並採《遯齋閒覽》、《朝野雜記》，無所折衷。元人《翰墨全書》，亦載其老年登第之作。究之未審孰是也。

著録

明·祁彪佳《遠山堂劇品·雅品》　馮惟敏：《玉殿傳臚》即《不伏老》。

又《遠山堂劇品·逸品》《僧尼共犯》。

清·佚名《曲海總目提要》卷七《梁狀元》　此明嘉隆間臨朐人馮惟敏所撰也。

清·梁廷枏《曲話》　以雜劇言之，其人各一種者，【略】北海馮氏作《不伏老》。

清·姚燮《今樂考證·著録三·明雜劇》　馮北海二種：《梁狀元不伏老玉殿傳臚記》、《僧尼共犯》。北海即海浮，刻有《海浮山堂詞稿》。名琦，一字海粟。

清·黄文暘、佚名《重訂曲海總目·明人雜劇》　北海馮氏：《不伏老》。

清·黄丕烈《也是園藏書·古今雜劇目録》　本朝無名氏：《僧尼共犯》。

清·支豐宜《曲目新編·明人雜劇》《不伏老》北海馮氏作。

清·王國維《曲録》卷三《梁狀元不伏老》一本，明馮惟敏撰。惟敏，字汝行，號海浮，臨朐人，官保定府通判。

又《僧尼共犯》一本。

雜録

明·李開先《詞謔》　段古松巡按山東，訪拿甚嚴，一儀賓犯事，捧連群妓，各受痛責，馮海浮以雙調慰之，亦衹具節略而已。買懽追笑遺流光，近新來一番惆悵。搜尋風月館，點檢翠紅鄉，博選群芳，十樣錦遭霜降。鶯燕雙雙，風送春心度畫牆。芙蓉兩兩，天然秀色映秋江。有誰搬遞是非場，無端牽扯平康巷。羅列成行，低眉伏首霜臺上。一箇價露春葱解羅裳，一箇價彈烏雲罷晚粧，一箇價香馥馥酥胸襯碧堦，一箇價軟穠穠膩體捱牙杖。當堂，紅綉鞋跟朝上。收場，醉扶歸不姓楊。子弟每攔街立捧酒漿，姨夫每沿城走討藥方，老虔婆氣瞞心跳八丈，醜撅丁手捶胸淚兩行。哭一聲親娘，五百劫逢冤障；叫一聲情郎，八千人惱斷腸。

明·朱觀熰《海嶽靈秀集》　海浮詞雖逸而氣弱，律雖協而調卑。

明·王兆雲《皇明詞林人物考》　詞雖逸而氣未雄，律雖協而調少遜。

明·孫慎《保定府志序》　隆慶己巳歲，臨朐海浮馮君以潤州郡博來倅保定。馮君蓋青、齊之鉅儒也，士論夙推重之。【略】乃以誌事委之。遂開館編萃，選學官弟子若干人，佐以從事，再閲月而罷，惟君乃躬自裁訂。【略】政通元餘，即事鉛槧，發凡舉例，蒐遺闡隱，芟繁訂譌，裒集編纂，勒成一家之言，以成一郡之鉅典。蓋逾年而告成。

清·陳田《明詩紀事》　臨朐四馮，朱中立首推汝强詩；王秋史謂汝咸爲四集之冠；朱竹垞謂汝言詩華整可观，其賈氏之偉節手。余謂終不若汝行之才氣縱橫也。

梁辰魚

論説

明·李卓吾《浣紗記總評》　故國報仇雪恥，謀士設計陷人，俱以美色投之，是美色不止利刃矣。世人何甘心利刃者之多也，此之謂自相吴越。范大夫既以西子沼吴，後乃載之而去，識者謂渠恐越爲吴續也。噫，於越忠矣。但大難爲自家耳。一笑一笑。西子可謂攻心上將。吴人受此大毒，而吴之惑於西子者較前更甚，吴人亦可謂甘心伏侍將軍矣。噫，豈獨吴人也哉。西子殺人亦所甘心，可恨今人俱死於東家娘子之手耳。雖然情眼出西施，彼亦安知其爲東家娘子哉。

明·屠隆《梁伯龍鹿城集序》　伯龍爲人，長身嶽嶽，氣韻蕭疎，家貧晏如，翛然物外。所至山林褐博、王侯貴介無不争致伯龍。伯龍入户，把臂爲驩而已。譬如海鷗野鶴，時或近人，而終不依人。故其爲詩，當其綢繆間，多情語；當其蕭散間，多曠語。總之，玄霜絳雪，非世所常珍，余於是而益歎吴風之亶厚也。夫草木之華，必歸之本根，文章之極，必要諸人品。延清洪涊，君子賞其文而薄其人，襄陽清遠，則此道益貴也。伯龍既長麗情，復多曠度，身有八尺之軀，而家無百畝之産，入媚其妻子，而出傲其侯王。故天壤間，何可無斯人，何可無斯語。

明·朱其輪《浣紗記序》 戊申春，余偕二三友人讀書於里之旌德祠。病餘，偶檢詩歌，時遣煩悶。閲《浣紗》劇，則三歎範大夫之始終忠越也。方夫差師以長驅搗會稽時，勾踐特煢煢亡國寡君耳，何有請成，何思守土哉。自種幣一行，而甘心臣妾幽囚拘係于其廷，非不小有所屈也，而吴則大爲之愚矣。讒張忠間君若臣，得幸脱虎口，復見祖宗基業。蚤夜佐其君，嘗膽卧薪，以圖恢復。乘十年生聚之盛，當三吴驕諂之時，貢神異以窮彼物力，獻佳冶以蠱其心志。此雖治吴之秘計，而越于是日就强大矣。功成饔雪，正幹國者勒勳策伐之會，而蠡獨以扁舟載西子，放浪湖山煙景中，富貴功名若罔聞之。人咸誦彼之糠粃顯達，爲善識事機，而予獨嘉其忠于越。語曰：般樂怠傲，是自求禍。矧容粉白黛緑者之日厠吾君側也，不無以斃吴者斃越，故不忍以媚夫差者媚吾君。則有身與之相周旋而已，何五湖笑傲之非上大夫深謀遠慮哉。固去不與其君共安樂，第世俗之鄙見，而區區解脱，尤非所以次大夫矣。若夫二國之興亡强弱，則有班班史策在，又何俟予以序論。

明·吕天成《曲品》卷上 伯龍負薪吴市，儲史饔池。相如之病茂陵，王粲之客荆楚。麗調喧傳於《白苧》，新歌紛詠於青樓。

又卷下 《浣紗》羅織富麗，局面甚大，第恨不能謹嚴。中有可減處，當一删耳。他作有《紅線》劇及《江東白苧》散詞，俱佳。

明·沈德符《萬曆野獲編》卷二五 此外吴中詞人，如唐伯虎、祝枝山，後爲梁伯龍、張伯起輩，縱有才情，俱非本色矣。

又 近年則梁伯龍、張伯起，俱吴人，所作盛行於世，若以《中原音韻》律之，俱門外漢也。

又 崑山梁伯龍辰魚，亦稱詞家，有盛名，所作《浣紗記》，至傳海外，然止此，不復續筆。其大套、小令，則有《江東白苧》之刻，尚有傳之者。

又 梁伯龍有《紅線》、《紅綃》二雜劇，頗稱諧穩，今被俗優合爲一大本南曲，遂成惡趣。

明·王驥德《曲律》卷二《論須識字第一二》 至於字義者，尤須考究。作曲者往往誤用，致爲識者訕笑。如梁伯龍《浣紗記》金井水紅花曲波冷濺芹芽，溼裙衩，衩字，法用平聲。然衩，箭袋也。若衣衩之衩，屬去聲。【略】然伯龍不獨《浣紗》，散套《歸仙洞》荆棘抓裙衩又爾。【略】又《浣紗》劉潑帽曲娘行聽俊還嬌倩，勝江南萬馬千兵。不知倩有二音，一雇倩之倩，作清字去聲讀，一音茜，即巧笑倩兮之倩，言美也。此曲字義，當作茜音，今卻押庚青韻中，即童習時《論語》亦不記憶，何淺陋至此。

又《論襯字第一九》 又《琵琶記》三换頭，【略】《浣紗》卻字字效之，亦是無可奈何。【略】故知《浣紗》之不韻，殊謬也。

又《論劇戲第三〇》 傳中緊要處，須重著精神，極力發揮使透。如《浣紗》遺了越王嘗膽及夫人採葛事，紅拂私奔，如姬竊符，皆本傳大頭腦，如何草草放過。若無緊要處，只管敷演，又多惹人厭憎：皆不審輕重之故也。

又《論引子第三一》 引子，須以自己之腎腸，代他人之口吻。蓋一人登場，必有幾句緊要説話，我設以身處其地，模寫其似，卻調停句法，點檢字面，使一折之事頭，先以數語該括盡之，勿晦勿泛，此是上諦。【略】《浣紗》如范蠡而曰尊王定霸，不在桓、文下，施之越王則可，越夫人而曰金井轆轤鳴，上苑笙歌度，簾外忽聞宣召聲，忙蹙金蓮步，是一宫人語耳。只苧羅山下一引頗佳，中春風無那，卻不可解，餘俱非腐則漫。

又《論賓白第三四》 賓白，亦曰説白。有定場白，初出場時，以四六飾句者是也。有對口白，各人散語是也。【略】對口白須明白簡質，用不得太文字；凡用之、乎、者、也，俱非當家。《浣紗》純是四六，寧不厭人。

又《論落詩·第三六》 落詩，亦惟《琵琶》得體。每折先定下古語二句，卻湊二語其前，不惟場下人易曉，亦令優人易記。自《玉玦》易詩語爲之，於是争趨於文。邇有集唐句以逞新奇者，不知喃喃作何語矣。用得親切，較可。如《浣紗》范蠡遇西施折，用芙蓉脂肉緑雲鬟一詩，所謂風乍起，吹皺一池春水，干卿何事。

又卷四《雜論第三九下》 詞隱論北詞，謂《朝天子》一調，自《龍泉記》出，而此曲盡晦。《浣紗》往江干水鄉盛行，而此曲失真。《太和正音譜》所收張小山瘦杯玉醅一首爲譜。其詞飽似伯夷一句係失調，不如《中原音韻》所收早霞晚霞一首爲確。蓋《浣紗》實做《龍泉》，較原調多著襯字，其聲尚可考見也，今並列於此。元人《題廬山朝天子》云：早霞晚霞，妝點廬山畫。仙翁何處鍊丹砂。一縷白雲下。客去齋餘，人來茶罷。歎浮生，指落花。楚家，漢家，做了漁樵話。《浣紗・朝天子》云：往江干水鄉，過花溪柳塘，看齊齊綵鷁波心放。鼕鼕疊鼓，起鴛鴦一雙，戲清波浮輕浪。青山兒幾行，緑波兒千狀，渺茫渺茫渺渺茫。趁東風蘭橈畫槳，蘭橈畫槳，採蓮歌齊聲唱。南人爲北詞，而失其本調者，即此曲可類見矣。余頃與孫比部談及此調，比部指摘《浣紗》陰陽之舛。余因字字分別陰陽，並盡用律中諸禁，作《春遊詞》一闋。鬱藍生序刻以傳好事者，今存別本。然爲法苛刻，益難中之難。要以遊三尺之中，而不見一毫勉强，乃佳。若一爲界限所拘，讀去礙口，便非高手也。

又 散曲絶難佳者。【略】陳秋碧、沈青門、梁少白、李日華、金白嶼時有合作處，然較之元人，則彼以工勝，而此以趣合。長套亦惟是陳秋碧、梁少白最稱爛熳。陳起句兜的上心來、薄倖太情雜等，皆不成語。梁無此等累句，而陳時得一二致語。顧二君疵纇，自爾不少。他即稍有可觀，而腔韻不合者，又不足數也。

又 近之爲詞者，【略】南則金陵陳大聲、金在衡，武林沈青門，吴唐伯虎、祝希哲、梁伯龍，而陳、梁最著。【略】陳、梁多大套，頗著才情，然多俗意陳語，伯仲間耳。

明・徐復祚《曲論》 梁伯龍辰魚作《浣紗記》，無論其關目散緩、無骨無筋、全無收攝，即其詞亦出口便俗，一過後便不耐再咀；然其所長，亦自有在：不用春秋以後事，不裝八寶，不多出韻，平仄甚諧，宫調不失，亦近來詞家所難。獨一最可笑，而人不知：吴、越之在當時，稱王久矣，王則車馬、服御、位號、稱呼儼然一天子矣，故有郊臺，有柴望，夫差、勾踐亦偃然不復知有周天王矣，而胥、嚭、種、蠡稱曰主公，何也。孟子在梁，稱惠王曰王好戰，不聞主公惠王也，在齊稱宣王曰今王發政施仁，不聞主公宣王也，此何異三家村童子不知厥父稱呼，而曰我家老子也，陋甚矣。

明・祁彪佳《遠山堂劇品・雅品》 《紅線》北四折：秀婉猶不及梅叔《崑崙劇》，而工美之至，已幾於金相玉質矣。

又《無雙傳補》 伯龍心逐天池《明珠》之作，而獨於王之會採蘋也，以爲詳略未當，增五百餘言，仍是《浣紗》整麗之筆。

明・張琦《衡曲麈譚・作家偶評》 張伯起素喜梁伯龍博雅擅場，《吴越春秋》善述史學而不平實，且實白工緻，具見名筆，第其失在冗長；若《江東白苧》一辭，讀之有學士風，張伯起評以擲地金聲，殆非虛語。

明・凌濛初《譚曲雜劄》 自梁伯龍出，而始爲工麗之濫觴，一時詞名赫然。蓋其生嘉、隆間，正七子雄長之會，崇尚華靡。弇州公以維桑之誼，盛爲吹噓，且其實於此道不深，以爲詞如是觀止矣，而不知其非當行也。以故吴音一派，競爲剿襲。

又 張伯起小有俊才，而無長料。其不用意修詞處，不甚爲詞掩，頗有一二真語，土語，氣亦疏通；毋奈爲習俗流弊所沿，一嵌故實，便堆砌軿轃，亦是倣伯龍使然耳。今試取伯龍之長調靡詞行時者讀之，曾有一意直下而數語連貫成文者否。多是逐句補綴。若使歌者於長段之中，偶忘一句，竟不知從何處作想以續。總之，與上下文不相蒙也。

清・朱彝尊《静志居詩話》卷一四 梁辰魚，字伯龍，崑山人。【略】雅善詞曲。所譔《江東白苧》，妙絶時人。時邑人魏良輔，能喉轉音聲，始變弋陽海鹽故調爲崑腔，伯龍填《浣紗記》付之。王元美詩所云：吴閶白面冶遊兒，争唱梁郎雪豔詞是已。【略】傳奇家曲别本，弋陽子弟，可以改調歌之，惟《浣紗》不能。固是詞家老手，詩律猶未細，粗能騈儷而已。

清・梁廷枏《曲話》卷三 《浣紗記》第十三折之虞美人、第十五折之浪淘沙引，皆竊古人名詞，改易數字。雖與本曲情節相同，按之原詞，究多勉强。

傳記

清・錢謙益《列朝詩集小傳》丁集中 辰魚，字伯龍，崑山人。以例貢爲太學生。身長八尺有奇，虬鬚虎顴，好輕俠，善度曲，轉喉發響，聲出金石。崑有魏良輔者，造曲律。世所謂崑山腔者自良輔始，而伯龍獨得其傳。著《浣紗》傳奇，梨園子弟喜歌之。儻蕩好遊，足跡遍吴、楚間，欲北走邊塞，南極滇雲，盡覽天下名勝，不果而卒。同里王伯稠贈詩云：達人貴愉生，焉顧一世譏。伯龍慕伯輿，狥情良似癡。彩毫吐豔曲，燁若春葩開。斗酒清夜歌，白頭擁吴姬。家無儋石儲，出外年少隨。元暉愛推奬，此道今所稀。

清（乾隆）《蘇州府志》卷七九 梁辰魚，字伯龍。以例貢爲太學生。好輕俠，善度曲，囀喉發響，聲出金石。崑有魏良輔者，造曲律，世所謂崑山腔者，自良輔始，而伯龍獨得其傳。著《浣紗傳奇》，梨園子弟喜歌之。儻蕩好遊，足跡遍吴楚間。欲北走邊塞，南極滇雲，盡覽天下名勝，不果而卒。同里王伯稠贈詩云：達人貴愉生，焉顧一世譏。伯龍慕伯輿，狥情良似癡。彩毫吐艷曲，燁若春葩開。斗酒清夜歌，白頭擁吴姬。家無儋石儲，出外年少隨。元暉愛推奬，此道今所稀。

清（乾隆）《崑山新陽合志》卷二四 梁辰魚，字伯龍。長八尺有奇，疎眉虬髯。曾祖紈，父介世，以文行顯。而辰魚好任俠，不屑就諸生試，作《歸隱賦》，以例貢太學。嘉靖間，七子皆折節與交。性好遊，足跡遍吴楚間。喜酒，盡一石弗醉。著有《江東白苧詞》二卷。

清（乾隆）《青浦縣志》卷三九 崑山梁伯龍辰魚負詞曲盛名，作《浣沙記》至傳海外。後遊青浦，值屠公爲令，以上客禮之，命優人演其劇，每遇佳句，輒浮大白酬之，梁豪飲自快。演至出獵有所謂擺開者，公曰：此惡語當受罰。以大盂灌之，梁强盡，大吐。次日，不别竟去，公每言及，大笑，以爲快事。

清（光緒）《崑新兩縣續修合志》卷三〇 梁辰魚，字伯龍，泉州同知紈曾孫。父介世，字石重，平陽訓導，【略】不屑就諸生試，勉遊太學，竟亦弗就。營華屋招來四方奇傑之彦。嘉靖間，七子皆折節與之交。尚書王世貞、大將軍戚繼光特造其廬，辰魚於樓船簫鼓中，仰天歌嘯，旁若無人。千里之外，玉帛狗馬，名香珍玩，多集其庭。而擊劍扛鼎之徒，騷人墨客、羽衣草衲之士，無不以辰魚爲歸。【略】尤喜度曲，得魏良輔之傳，轉喉發音，聲出金石。其風流豪舉，論者謂與元之顧仲瑛相彷彿云。

紀事

清·焦循《劇説》卷二 《譚輅》云：《紅線》一傳，雖《虞初》之談，其説本於《淮南》楚將子發事。友人梁伯龍據其傳作院本。

清·姚燮《今樂考證·著録六·明院本》 梁子章云：《浣紗記》第十三折之〔虞美人〕，第十五折之〔浪淘沙引〕，皆竊古人名詞，改易數字，雖與本曲情節相同，按之原詞，究多勉强。

著録

清·黄文暘、佚名《重訂曲海總目·明人傳奇》 梁伯龍《浣紗記》。

又《明人雜劇》 梁伯龍《紅線女》、《紅綃記》。

清·支豐宜《曲目新編·明人雜劇》 《紅線女》、《紅綃》，右二種梁伯龍作。

又《曲目新編·明人傳奇》 《浣紗》，梁伯龍作。

清·姚燮《今樂考證·著録三·明雜劇》 梁伯龍二種：《紅線女夜竊黄金合》、《紅綃妓手語傳情》一作《崑崙奴》。

又《今樂考證·著録六·明院本》 梁辰魚一種《浣紗》。

清·佚名《傳奇彙考標目》 梁辰魚【略】《浣紗》。

清·王國維《曲録》卷三 《紅線女》一本，《紅綃》一本。右二種，明梁辰魚撰。

又 《浣紗記》一本，明梁辰魚撰。

藝文

明·王世貞《弇州山人稿》卷四九《嘲梁伯龍》 吴閶白面冶遊兒，

爭唱梁郎雪豔詞。七尺昂藏心未保，異時翻欲傍要離。

明・汪道昆《**太函集**》**卷一〇七**《**席上觀吳越春秋有作**》 吳王摧勁越，談笑釋窮囚。殊色恣所歡，巧言競相投。長驅薄海岱，執耳盟諸侯。敵國盡西來，姑蘇麋鹿遊。豈無良股肱，宿昔攖屬鏤。已矣國無人，誰其殉主憂。

又 東海將時憾，盱睢待其時。三江足組練，一旅安所之。何物彼姝子，賢於神武師。輕身入吳宮，褒妲複在茲。一笑褫王魄，再笑陳王屍。翩翩士女俠，匕首雙蛾眉。咄嗟徐夫人，千金徒爾爲。

又 行人羈旅臣，借資覆故楚。宿怨業已修，微軀何足數。援桴破會稽，勾踐甘嘗鼓。讒巧乃見親，君心日已蠱。國恩良不貲，安得歸環堵。抉目懸吳門，甘心赴江滸。須臾國事去，佞幸皆爲虜。利口覆邦家，願言飼豺虎。

又 反間入吳閶，俘囚幸不死。伊誰修戈矛，相國鴟夷子。一舉襄江東，離宮夷故址。歸來泛扁舟，去去從此始。富貴有危機，完名不受訾。良哉大夫種，精白照青史。或恐遇九原，因之顙有泚。

明・胡應麟《**少室山房文集**》**卷四〇**《**羅生館中閱伎作，是夕奏梁辰魚〈吳越春秋〉**》 逆旅愁無賴，良宵興若何。纖腰呈楚舞，稚齒發吳歌。院落飄紅霧，樓臺駐絳河。扁舟拉西子，早晚若耶過。

又 爲探傾城色，聊停上漢槎。興移金穀樹，春滿玉臺花。益壽懷差壯，安仁鬢未華。異時雲水約，珍重越溪紗。

明・鄒迪光《**石語齋集**》**卷九**《**正月十六夜，集友人于一指堂，觀演昆侖奴、紅線故事，分得十四寒**》 劇演仙英解送歡，當場爭吐壯心看。青衣竊玉能飛劍，紅粉銷兵似弄丸。二八蟾光浮瑞兔，十三鵾柱奏哀鸞。燈輪未熄陽春滿，不待靈犀可辟寒。

明・潘之恒《**白下逢梁伯龍感舊**》（《列朝詩集》丁一五） 梨園處處按新詞，桃葉家家度翠眉。一自流傳江左調，令人郤憶六朝時。

又 一別長幹已十年，填詞贏得萬人傳。歌梁舊燕雙棲處，不是烏衣亦可憐。

清・沈德潛《**歸愚詩鈔**》**卷二〇**《**觀劇席上作**》 歌舞吳宮香色迷，館娃散後鳥空啼。泛湖一去無蹤跡，誰識儂家舊姓西。

雜録

明・王世貞《**贈梁伯龍長歌後**》 往年伯龍登泰山，以長歌千三百言見示，余戲作此歌答之，中多吳兒俚語，久不復記憶。今年冬，伯龍出佳紙，索余重録一過。豈謂余嘻笑調語亦成文章耶。然伯龍藝益高，名益起，而窮日益甚，時時避人褸行，意長者之駁猶故也。書畢，不覺失笑唾紙。

明・沈德符《**萬曆野獲編**》**卷二五**《**浣紗**》 初出時，梁遊青浦，屠緯真爲令，以上客禮之，即命優人演其新劇爲壽。每遇佳句，輒浮大白酬之，梁亦豪飲自快。演至《出獵》，有所謂擺開擺開者，屠厲聲曰：此惡語，當受罰。蓋已預儲洿水，以酒海灌三大盂。梁氣索，强盡之，大吐委頓，次日不別竟去。屠每言及，必大笑，以爲得意事。

明・馮夢龍《**古今譚概・梁伯龍**》 梁伯龍《浣紗記》成，一浙友謔之曰：君所編吳爲越滅，得無自折便宜乎。梁笑曰：苧羅之美，吳人試之，吳宮之穢，越人嘗之。如此便宜，固亦足矣。

清・張大復《**梅花草堂筆談**》**卷五** 梁伯龍風流自賞，修髯美姿容，身長八尺，爲一時詞家所宗。艷歌清引，傳播戚里間。【略】獨詩文不敵古人，駢贍而已。今日得刻稿於其從孫雪士，雖不盡讀，覽其品目，多勝遊名侶，居然不俗。

又 往見梁伯龍教人度曲，爲設廣牀大案，西向坐，而序列之兩兩三三，遞傳疊和，一韻之畢，觥罸如約。爾時騷雅大振，往往壓倒當場，其後則顧靖甫，掀髯徵歌，約束甚峻，每瞋翕而不敢動。伯龍已矣，靖甫豈可多得。梁雪士將詣白門，來別，輒與瑞卿按拍竟日，甚有愧予之不知其事。

清・吳肅公《**明語林**》**卷一〇**《**巧藝**》 梁辰魚善度曲，囀喉發響，聲出金石。崑有魏良輔者，造曲律。世稱崑山腔者，自良輔始，而辰魚獨得其妙。

清・李調元《**劇話**》**卷下** 《西施浣紗記》劇，按羅點《聞見録》：世傳西施隨范蠡去，不見所出，因杜牧西子下姑蘇，一舸逐鴟夷而附會也。《修文御覽》引《吳越春秋逸篇》云：吳亡後，西子江令隨鴟夷。杜牧乃有此句。考《越絶書》：越王勾踐得採薪二女西施、鄭旦以獻吴王。實未言浣紗也。

清・焦循《劇説》卷二　《蝸亭雜訂》云：梁伯龍風流自賞，修髯，美姿容，身長八尺，爲一時詞家所宗。艷歌清引，傳播戚里間。白金、文綺、異香、名馬、奇技淫巧之贈，絡繹於道。歌兒、舞女，不見伯龍，自以爲不祥也。

【略】所作《浣紗記》，至傳海外。

桑紹良

論説

明・祁彪佳《遠山堂劇品・妙品》《獨樂園》北四折，誤署蘇澹作：妙在從君實口角中討出神情。此於移商換羽外，別具鍾鑪。即在元曲，亦稱上乘。

傳記

清（康熙）《濮州志》卷二　桑紹良，嘉靖乙卯科進士，字于遂，溥之子。經魁，嵐縣知縣。

清（雍正）《嵐縣志》卷六　桑紹良，舉人，萬曆二年任知縣。

清（乾隆）《潞州府志》卷一五　桑紹良，黎城教諭，濮州舉人。

著録

明・祁彪佳《遠山堂劇品・妙品》　桑紹良：《獨樂園》北四折，誤署蘇澹作。

清・姚燮《今樂考證・著録三・明雜劇》　葉紹良一種：《獨樂園司馬入相》。

清・黄丕烈《也是園藏書・古今雜劇目録》　本朝桑季子紹良：《獨樂園司馬入相》。

姚茂良

論説

明・吕天成《曲品》卷上　武康姚静山，僅存一帙，惟覩《雙忠》。筆能寫義烈之剛腸，詞亦達事情之悲憤。求人於古，足重於今。

又卷下　《金丸》：元有《抱妝盒》劇。此詞出在成化年，曾感動宫闈。内有佳處，可觀。

又　《精忠》：此岳武穆事。詞簡净。演此令人皆裂。予欲作一劇，不受金牌之召，直抵黄龍府，擒兀朮，返二帝，而正秦檜法，亦一大快事也。

又　《雙忠》：此張、許事，境慘情悲，詞亦充暢。其調有採入譜者，予曾爲校正。以上三本，武康姚静山所作。

明・祁彪佳《遠山堂曲品・能品》《金丸》：錬局錬詞，在尋常繩規之内，惟拷問南北曲，叶支思一韻，古雅絶倫，或即元人《抱粧盒》劇中語耶。聞作此於成化年間，曾感動宫闈。

又　《精忠》：雖庸筆，亦不失音韻。金牌宣召一折，大得作法。惜閒諢過繁。末以冥鬼結局，前既枝蔓，後遂寂寥。

又　《雙忠》傳張、許事，詞意剴切，可以揭忠義肝腸。但睢陽已陷之後，必傳大創安、史，收復兩京，方爲二公吐氣，乃以陰魂聚首，結局殊覺黯然。張之母、妻，亦何必同遊地下也，且後半詞亦不稱。

紀事

清・佚名《曲海總目提要》卷一三《精忠記》 不知誰作。以西湖建精忠祠祀岳飛，故名《精忠記》。【略】演岳飛秦檜事多據史傳。《西湖志》：葛嶺下爲岳武穆王墓，又有翊忠祠、分骸檜、流芳亭。武穆王名飛，字鵬舉，相州湯陰人。少負氣節，沉毅寡言，有神力。未冠，挽弓三百觔，弩八石。宋高宗時以戰伐功，歷官都統制，屢陳恢復大計。而丞相秦檜揣帝旨，力主和議。會飛敗兀朮于朱仙鎮，指日欲渡河。檜乃召張俊、楊沂中先歸，言飛孤軍不可久留，以金牌十二召之班師。明年。解其兵權。會兀朮遺檜書，言飛不死，和議終不成。檜乃諷臺臣何鑄、羅汝楫等交章論飛，言金兵攻淮西，飛至舒蘄而不進，與張俊按兵淮上，又欲棄山陽而不守。張俊又劫王俊，誣飛令張憲、岳雲通書協謀，冀以兵權還飛。檜遣使捕飛父子下獄，令諫議大夫万俟卨鞫成之。歲暮，獄無佐證，檜以片紙致獄吏，即日報飛死，蓋摺殺之。年三十九。雲、憲皆棄市。獄卒隗順負飛屍，踰城至九曲叢祠，潛瘞之，以玉環殉，樹雙橘識焉。孝宗時詔復飛官，謚武穆，改葬于棲霞嶺，雲祔其旁。廢智果院爲祠，賜額曰褒忠衍福寺。嘉定四年，封鄂王。雲，飛養子也。每立奇功，飛輒隱之。能握鐵椎重八十斤。死年二十三。陶九成《吊岳武穆祠詩》：精忠祠宇西湖上，再拜荒墳感昔遊。《通鑑》：兀朮棄汴去，有書生叩馬曰：太子毋走，岳少保且退矣。自古未有權臣在内，而大將能立功於外者。岳少保且不免，况欲成功乎。兀朮悟。遂留。史言飛按兵淮上，而《記》言屯兵三關，是增飾語。三關在雄莫間，飛是時不得屯兵也。飛白云：己欲屈招，因兩兒駐軍朱仙鎮上，恐其領兵報怨。遂招二子同入獄。飛傳無此事。按春秋時，楚平王囚伍奢，欲殺之。奢恐子尚與員報冤，乃以書招其二子。此《記》借用奢事也。《左编》：檜力謀殺飛，以万俟卨與飛有怨，風卨劾飛捕下獄，初命何鑄鞫之。飛裂裳以背示鑄，有精忠報國四大字，深入膚理。既而閱實無左驗，鑄明其無辜。改命卨，卨入臺月餘，獄遂上。《記》云：万俟卨奉檜意旨，將飛父子三人俱在風波亭上吊死。與正史不合。《西湖志》：忠佑廟在按察司左。宋紹興十三年，以岳飛故宅改爲太學。學中時時相驚以岳將軍見。孝宗朝詔復其官，追謚武穆，建廟學左曰忠佑。淳祐六年，改謚忠武。已而學中復驚岳將軍降爲土神。景定二年，從監學之請，立爲土神。封鄂王，改謚忠文。廟曰忠顯。王之父母妻子，下逮將佐，皆有命秩。祠後有銀瓶娘子井。銀瓶娘子者，王季女也。聞王下獄，哀憤骨立，欲叩閽上書，而邏卒攖門，不能自達。遂抱銀瓶投井死。王原吉詩云：碧梧月落烏號霜，寒泉幽凝金井牀。綺疏光流大星墜，夢驚萬里長城亡。女郎報父報囹圄，匍匐將身贖無所。官家聖明如漢主，妾心媿死緹縈女。井臨交衢下通海，海枯衢遷井不改。銀瓶同沉意有在。萬歲千春露神采。王原吉名逢，元末明初人。著《席帽山人集》。《堯山堂外紀》：浙江按察使址，武穆王故宅也。東南有井，王之女聞王被收，抱銀瓶投其中死。按察使梁大用建亭覆之，榜曰孝娥井。西蜀劉瑞銘曰：天柱跪，日爲月。禍忠烈，姦檜孽。娥叫父冤莫雪，赴井抱瓶泉化血。血如霓，憤如鐵，曹江之娥符爾節。噫嘻，井可竭，名不可滅，世稱銀瓶烈女。王原吉有《銀瓶娘子辭》。《西湖志餘》：元至正間，杭州經歷李全重興岳王廟，塑王像。以其子雲、雷、震、霖、霆祔焉。後作燕寢，像王父母及王夫人與王之女號銀瓶娘子者。按女本抱銀瓶入井，今《記》以銀瓶爲女名。《西湖志》：張憲，武穆愛將也。紹興中累立戰功。會秦檜主和班師，憲還未幾。檜與張俊謀殺岳飛，誘飛部曲能告飛事者，卒無人應。張俊乃自爲狀付奸人王俊，妄言憲與岳雲通書，謀還飛兵權。張俊親行鞫煉，憲被掠無全膚，竟不伏。張俊乃手具獄詞。告成于檜，憲坐死。景定二年，追封烈文侯。元總管夏思忠爲立石表其墓。《西湖志》：牛臯墓在劍門關畔。臯字伯遠，汝州魯山人。爲岳武穆部將。累立戰功，轉寧國軍承宣使。紹興十七年上巳日，都統制田師中大會諸將，臯遇毒，明日卒。或言秦檜使師中毒之也。《西湖志》：施公廟在石龜巷口，其神曰施全，宋殿司小校也。紹興二十年二月，全憤秦檜奸邪誤國，俟其入朝，懷刃刺之。不克，被執。檜罵曰：汝病心耶。全曰：丞相病心耳。通敵欺君，戕剥忠義，非病心何以有此。檜大怒。命磔于市。郡人且哀且憤，詬曰：此不了事漢也。相與立祠祀之。《左编》云：施全，岳飛舊卒。《宋史・飛傳》云：韓世忠詣檜詰其實。檜曰：飛子雲與張憲書，雖不明其事體，莫須有。世忠曰：莫須有三字，何以服天下。又《世忠傳》云：岳飛冤獄，舉朝無敢出一語。世忠獨攖檜怒，又抵排和議，觸檜尤多。《記》因增飾世忠上疏，爲飛訟冤云。史但言何鑄明飛無罪，又言大理寺丞李若樸、何彥猷、大理卿薛仁輔並言飛無罪，宗正卿士㒟請以百口保飛，未及周三畏，蓋三畏棄官去。而諸保飛者盡獲罪，故未及載三畏事也。《樵書》：錢希言作《剪頭仙人傳》云：陝西延安府葭州深山中，有剪頭仙人，日祇飲浄水三甌，間用法水療疾。延綏開府鄭汝璧，榆關大帥李如樟，敦請至榆林城。偶論宋史及冤死岳家父子事，仙人輒大慟淚下。質其姓名年紀，默然不應。已而强應曰：姓周。晝夜百餘人環衛，忽逸去，不知所之。數日後，撫帥兩府内各見空中墜下名紙一束。中有周三畏拜謝五大字，餘並空紙。考之《通鑑》，則中丞何鑄、大理卿周三畏先勘武穆，爲白其冤，而檜乃改命万俟卨等羅織之也。應以此時棄官入山而得道耳。《金陀編》、《籲天辨誣録》皆遺三畏之名。今按此《記》，言周少卿棄職入山，與《通鑑》及希言《傳》有合，故坿録之。《左編》：秦檜，江寧人。登政和五年第。汴京失守，檜從帝至燕山，賜撻懶爲任用。首倡和議，撻懶縱之使歸，拜禮部尚書，賜以金帛，命見宰執。檜首言如欲天下無事，南自南，北自北。及首奏與撻懶求和書，秦檜白云：官授都御史之職。按檜傳言檜爲臺長、蓋御史中丞也。史但云登第，亦不云爲狀元。檜白云：欽賜玉帶一條，精忠旗一面，着差人送與岳飛。此是增飾。檜白云：曾與大金盟誓，得放還鄉，願作他國細作。《宋稗類編》：秦檜一日在某寺中慶聖節，一樹上貼一榜子云，秦相公是細作。《夷堅志》：秦檜矯詔逮岳飛父子下棘寺獄，遣万俟卨鍛鍊之。拷掠無全膚，終無服辭。一日。檜于東厢窗下畫灰密謀，其妻王氏贊成之曰：擒虎易。放虎難。飛遂死獄中。張憲、岳雲戮于市，流徙兩家妻孥，貲産皆没官。後檜挈家遊西湖，舟中得暴疾。昏悶之際，見一人披髮瞑目，厲聲責曰：汝誤國害民，殺害忠良，我已訴于天矣。汝當受鐵杖于太祖皇帝殿下。檜自此怏怏不懌以死。未幾，其子熺亦死。方士伏章見熺荷鐵枷，因問秦太師何在。熺泣曰：吾父現在酆都。方士如其言以往，果見檜與万俟卨俱荷鐵枷，備受諸苦。檜囑方士曰：可煩傳語夫人，東窗事發矣。卨在鐵籠下與檜爭辨殺岳飛事。至理宗朝，有考試官歸自荆湖，暴死旅舍，其僕未敢殮也。官復甦曰：適爲看陰間趙宋斷秦檜爲臣不忠欺君誤國事。檜受鐵杖。押往某處受報矣。《朝野遺記》：秦檜妻王氏，素陰險出其夫上。方岳飛獄具，一日檜獨居書室食柑，玩皮，以爪劃之，若有思者。王氏窺見笑曰：老漢何一無決耶。捉虎易，放虎難也。檜犁然當心，致片紙付入獄。是日岳王薨于棘寺。《迪吉録》：岳侯獄成，檜居東窗下。以爪畫柑皮，如有所思。檜妻王氏云云。檜即書片紙付獄，是日岳侯縊死。王氏無子，未幾亦死。有押衙何立者，檜差往東南第一峯勾幹，恍惚人引至陰司，見夫人帶枷備刑，楚毒難堪。語何立曰：告相公，東窗事發矣。押衙復命言其事。檜憂駭皇皇，數日亦死。何立後住山修行，成地仙。《江湖雜記》云：秦檜置岳飛於獄，欲殺之未果，於東窗下搯橘皮沉吟不決。妻王氏問故，檜以告。王曰：豈不聞縛虎容易縱虎難。檜計遂定。片紙傳獄，即報飛死矣。飛既死，檜向靈隱寺祈懺。有一行者持大筒，亂言譏檜。問其居止，即賦詩曰：棄了袈裟別了參，不來塵世住心庵。二時齋粥無心戀，薄利虛名不道貪。性似白雲離嶺岫，心如孤月下寒潭。相公問我歸何處，家住東南第一龕。僧去，檜立遣隸皂何立物色追之，至一宫殿，甚嚴邃。僧坐決事，即作詩僧也。聞傍人曰：地藏殿方決陽間檜殺岳飛事。須臾，數卒引檜至，身荷鐵枷，因首垢面。見立呼告曰：傳語夫人，東窗事犯矣。秦檜號秦長脚。檜妻王氏，宰相王珪女孫，號長舌婦。《左編》：檜于一德格天閣書趙鼎、李綱、胡銓姓名，必欲殺之而後已。使鼎子汾自誣與張浚及李光、胡寅謀大逆，凡一時賢士五十三人皆與焉。獄成，而檜病不能書。《西湖志》：秦檜擅權久，大誅殺以脅善類。末年，因趙忠簡鼎之子汾以起獄，謀盡覆張忠獻浚、胡文定安國諸族。棘寺奏牘上矣。檜時已病，坐格天閣下，吏以牘進，欲落筆，手顫竟不能字。其妻王在屏後摇手曰：勿勞太師。檜猶自力，竟仆于几，數日而卒。獄事大解，諸公僅得全。王世貞《滿江紅》詞：十二金牌丞相詔，風波片紙君王獄。其意蓋云金牌雖出朝廷，而實由檜矯詔，故曰丞相詔。風波亭之死，雖由秦檜，而高宗若不欲殺飛，則檜亦當不敢，故曰君王獄也。

又《金丸記》　指宋李宸妃事。與明代紀太后事相類，或作者借宋事以寓意耳。太后乃憲宗妃，孝宗生母也。太后賀縣人，本土官女，以征蠻俘入掖庭。通書史，命守内藏。時萬貴妃專寵而妬，後宫有娠者，皆治使墮之。一日帝行内藏，妃應對稱旨，悅之，一幸有身。萬貴妃知而恚甚，令婢鈎治之，婢謬報曰病痞，乃謫居安樂堂。久之生孝宗，貴妃使門監張敏溺焉，敏佯奉命而密藏之他室，至五六歲猶未剪胎髮。成化十一年，帝偶召敏櫛髮。照鏡曰：老將至而無子。敏伏地曰：萬歲已有子也。帝愕然問安在，太監懷恩頓首曰：皇子潛養西内。帝大喜，即日遣使迎皇子。懷恩赴内閣具道其事，群臣皆大喜，明日入賀，頒詔天下。而萬貴妃日夜泣，怨群小紿我。其年妃暴薨，敏亦吞金死。孝宗立，悲念太后，遣官之賀縣訪其家，得紀父貴、紀祖旺以聞。俱授錦衣衛指揮同知等官。然太后入宫時年尚幼，實不能知親族也。蠻中紀與李同音，遂有韋父成者，冒姓李氏，有司以聞於朝。而貴、旺又曰我實姓李氏，乃逐父成。後帝崗官訪知貴、旺亦僞，遣戍邊海，而太后家族卒不可得。按《宋史》，章獻劉太后善播鼗，十五入襄邸。真宗即位，入爲美人，久之立爲后。李宸妃生仁宗，以爲己子，與楊淑妃撫視甚至。又云，太后保護帝既盡力，而仁宗所以奉太后亦甚備。上春秋長，猶不知爲宸妃所出。終太后之世，無毫髮間焉。又按李宸妃爲章獻太后侍兒，莊重寡言，真宗以爲司寢。既有娠，生仁宗，章獻以爲己子。仁宗即位，妃嘿處先朝嬪御中，未嘗自異。人畏太后，亦無敢言者。又按楚王元佐，太宗長子，封楚王。有狂疾，廢居南宫。真宗即位，復封楚王。元佐生日，真宗賜以寶帶。仁宗即位，兼江陵牧。無收養太子之事，亦無劉后使太監溺死之説，故似指紀太后事，况紀姓當時曾以爲李也。《元人百種》有《金水橋陳琳抱粧盒》雜劇，即此事也，然無撰者姓名。恐是明弘治後所作，而嫁名於元人者。劇中情蹟，以陳琳、寇承御共救仁宗爲大關目，本《抱粧盒》而增飾之。大段皆抱粧盒事。詳載元劇中。所增者契丹南來，真宗與大臣共議，陳堯叟請幸蜀，王欽若請幸南京。惟寇準决計勸幸澶淵，而畢士安贊其議。此乃據《宋史》實事添出點綴者。金丸之説雖無所本，王建《宫詞》云：衆裏遥抛金吉子，就中收得便承恩。恐是因此詞而緣飾云然也。

又《雙忠記》 演唐張巡、許遠故事。皆是實跡。蓋巡、遠同守睢陽，後先殉節，時人目爲雙忠。睢陽立廟曰雙廟，故此記名《雙忠記》也。按：此記作於明代。明建文時山東布政使鐵鉉，力抗成祖。王世貞嘗以配張巡，名曰雙忠，作者或由此而起。又正德中，江西巡撫孫燧副使許逵，抗寧王不屈。於是又有雙忠之稱，或因此而借張許以相影託，未可知也。《通鑑綱目》：至德元載二月，真源令張巡起兵雍丘討賊。秋七月，令狐潮圍雍丘，張巡擊走之。十二月，張巡移軍寧陵。與賊將楊朝宗戰，大破之。二載春正月，賊將尹子奇寇睢陽，張巡入睢陽與許遠拒卻之。三月，尹子奇復寇睢陽，張巡擊走之。秋七月，尹子奇復寇睢陽。冬十月，尹子奇陷睢陽，張巡、許遠死之，陳留人殺尹子奇，舉城降。十二月，追贈死節之士。譙郡太守楊萬石以郡降安禄山，逼真源令張巡爲長史，使西迎賊。巡至真源，帥吏民哭於老君廟，起兵討賊，西至雍丘與賈賁合。初，雍丘令令狐潮以縣降賊，引精兵攻雍丘，賁出戰敗死。巡力戰卻賊，積六十餘日，大小三百餘戰，賊遂敗走。令狐潮與張巡有舊，以書招巡。大將六人白巡：以兵勢不敵，不如降賊。巡設天子畫像，引六將於前，責以大義，斬之。城中矢盡，巡縛藁爲人千餘，被以黑衣，夜縋城下，潮争射之，得矢數十萬。其後復夜縋人，賊笑不設備，乃以死士五百斫潮營，潮軍大亂，焚壘而遁。追奔十餘里，潮益兵圍之。巡使郎將雷萬春於城上與潮相聞，語未絶，賊弩射之，面中六矢而不動。潮疑其木人，使諜問之。乃大驚。遥謂巡曰：向見雷將軍，方知足下軍令矣。令狐潮築城雍丘之北，以絶其糧援。河東節度使虢王巨屯彭城，假巡先鋒使。是月，魯東平濟陰陷於賊。賊將楊朝宗帥馬步二萬，將襲寧陵斷巡後。巡遂拔雍丘東守寧陵以待之，始與睢陽太守許遠相見。朝宗至，巡、遠與戰。晝夜數十合，大破走之。勑以巡爲河南節度副使。安慶緒以子奇爲河南節度使，子奇以歸檀兵十三萬趣睢陽，許遠告急於張巡，巡自寧陵引兵入睢陽。巡有兵三千人，與遠兵合。合六千八百人。賊悉衆逼城，巡督勵將士，晝夜苦戰。一日或二十合，凡十六日，擒賊二十餘人，殺士卒二萬餘，衆氣自倍。遠謂巡曰：遠懦不習兵，公智勇兼濟。遠請爲公守，請公爲遠戰。自是之後，遠但調軍糧，修戰具，居中應接而已。戰鬬籌畫，一出於巡。尹子奇復引兵攻睢陽，巡椎牛饗士，盡軍出戰。賊望見兵少，笑之。巡執旗帥諸將直衝賊陣，賊乃大潰。晝夜數十合，屢摧其鋒。賊以飛樓瞰城中，無所見，遂解甲休息。巡與南霽雲、雷萬春等十餘將，各將五十騎，開門突出，直衝賊營，斬賊將五十餘人。巡欲射子奇而不識，剡蒿爲矢。中者喜，謂巡矢盡，走白子奇，乃得其狀。使霽雲射之，中其左目，子奇乃走。子奇復徵兵數萬攻睢陽，城中食盡，將士人廩米日一合，雜以茶紙樹皮爲實。饋救不至，士卒消耗至五六百人，皆饑病不堪鬬，遂爲賊所圍。賊爲雲梯鉤車木驢以攻，又以土囊積柴爲磴道，欲登城，巡皆應機力拒，賊不敢攻。士卒纔六百人。賀蘭進明在臨淮，擁兵不救。巡令霽雲犯圍而出，告急於臨淮。進明愛霽雲勇壯，具食延之。霽雲泣曰：睢陽之人不食月餘矣。霽雲雖欲獨食，且不下咽。因齧落一指以示進明。座中皆爲泣下。霽雲至寧陵，與城將廉坦同將步騎三千人，且戰且行，僅得千人入城。賊圍益急，城中食盡。張巡、許遠堅守。茶紙既盡，遂食馬。馬盡羅雀掘鼠。雀鼠又盡，巡出愛妾，殺以饗士。所餘纔四百人。賊登城，將士病不能戰。巡西向再拜曰：臣力竭矣。生既無以報陛下，死當爲厲鬼以殺賊。城遂陷，遠、巡俱被執。子奇問曰：聞君每戰皆裂齒碎，何也。巡曰：吾志吞逆賊，但力不能耳。子奇以刀抉視之，所餘纔三四。並南霽雲、雷萬春等三十六人皆被殺。生致許遠於洛陽。張鎬聞睢陽圍急，倍道亟進，且檄譙郡太守閭丘曉救之，曉不受命。鎬至睢陽，城已陷三日矣。鎬召曉杖殺之。書法。巡、遠之死，異時異地，此其並書之何，解惑也。當其時，巡子去疾已有異議。李翰傳巡事復不及遠，《綱目》等而書之，所以破千載之惑也。發明。許遠生致洛陽，而《綱目》已書其死者。遠雖不死於睢陽，未幾亦死于偃師，故《綱目》等而書之。李愷、盧奕、顔杲卿、袁履謙、許遠、張巡、張介然、蔣清、龐堅等皆加追贈，官其子孫。《唐書張巡傳》：巡字巡，鄧州南陽人。開元末，擢進士第。由通事舍人出爲清河令，調真源。又云：子奇將同羅突厥奚勁兵十餘萬攻睢陽，遠自以材不及巡，請稟軍事而居其下，巡受不辭。又云：詔拜巡御史中丞，遠侍御史。又云：巡出愛妾，殺以大饗。遠亦殺奴童以哺卒。又云：霽雲見賀蘭進明，進明無出師意。霽雲請置一指以示信，因拔佩刀斷指，一坐大驚。抽矢回射佛寺浮圖，矢著甎曰：吾破賊還。必滅賀蘭，此矢所以志也。霽雲得兵三千，夜冒圍入，賊覺拒之，且戰且引。兵多死，所至才千人。方大霧。巡聞戰聲曰：此霽雲等聲也。及啓門入，相持大哭。城陷，子奇以刃脅降，巡不屈。又降霽雲未應。巡呼曰：南八，男兒死耳，不可爲不義屈。霽雲笑曰：欲將有爲也。公知我者，敢不死。亦不肯降，乃與姚瑳、雷萬春三十六人遇害。初，子奇議生致一人慶緒所。或曰：用兵拒守者巡也。乃送遠洛陽，至偃師，亦以不屈死。巡長七尺，鬚髯盡怒，讀書不過三復，終身不忘。又云，天子下詔。贈巡揚州大都督，遠，荆州大都督，霽雲開府儀同三司，再贈揚州大都督，巡子亞夫拜金吾大將軍，遠子玫婺州司馬，皆立廟睢陽，歲時致祭。德宗差次至德以來將相功效尤著者，以顔杲卿、袁履謙、盧奕及巡、遠、霽雲爲上。又贈姚誾潞州大都督。貞元中，復官巡他子去疾、遠子峴，贈巡妻申國夫人。大中時，圖巡、遠、霽雲像于凌烟閣。睢陽至今祠享，號雙廟云。《許遠傳》：右相敬宗曾孫。嘗爲高要尉。禄山反，或薦遠於玄宗，召拜睢陽太守。遠與巡同年生而長，故巡呼爲兄。《南霽雲傳》：魏州頓丘人。少微賤，爲人操舟。禄山反，鉅野尉張沼拔以爲將。尚衡擊汴州賊，以爲先鋒，遣至睢陽與張巡計事。退謂人曰：張公開心待人，真吾所事也。遂留巡所。始被圍，築臺募萬死一生者，數日無敢應。俄有喑嗚而來者，乃霽雲也，巡對泣下。霽雲善騎射，見賊百步内乃發，無不應弦斃。《雷萬春傳》：不詳所來。事巡爲偏將。方略不及霽雲，而彊毅用命。每戰，巡任之與霽雲均。按：許真人《玉匣記》：張巡、許遠皆受上帝命爲神。又按今各州縣多有東平王祠，即張巡也。

著録

明・晁瑮《晁氏寶文堂書目》卷中《樂府》《雙忠記》。

明・徐渭《南詞敘録・本朝》《岳飛東窗事犯》。用禮重編。【略】《張許雙忠記》。

明・徐㷍《徐氏紅雨樓書目》卷三《子部・傳奇類》《雙忠記》。

清・佚名《古人傳奇總目》《金丸》，姚静山作。抱妝盒事。《精忠》。姚静山作。武穆事。《雙忠》。姚茂良作。張巡、許遠事。

清・黄文暘、佚名《重訂曲海總目・明人傳奇》姚静山：《雙忠記》、《金丸記》、《精忠記》。

清・支豐宜《曲目新編・明人傳奇》《雙忠》、《金丸》、《精忠》，右三種，姚静山作。

清・王國維《曲録》卷四《雙忠記》一本，《金丸記》一本，《精忠記》一本。右三種，明姚茂良撰。

王濟

論説

明·吕天成《曲品》卷上 烏鎮王雨舟，人以曲稱，曲緣事重，頗知鍊局之法，半寂半喧；更通琢句之方，或莊或逸。我欽高手，世想令名。

又卷下 《連環》：詞多佳句，事亦可喜。原有《奪戟》劇，亦妙。王雨舟作。

明·祁彪佳《遠山堂曲品·雅品殘稿》 《連環》：元有《奪戟》劇，云貂蟬小字紅昌，原爲布配，以離亂入官，掌貂蟬冠，故名。後仍作王司徒義女，而連環之計，紅昌不知也。

傳記

明·劉麟《雨舟王公墓志銘》 王濟，字伯雨，號雨舟，晚更號白鐵道人。其先，泗州人。元末六世祖道輔，避兵烏鎮家焉。父英，號且閒。宏治中爲蘇州衛指揮。濟自弱冠爲諸生，以高資例入太學，授廣西横州州判。會缺州守，濟攝州事。悉其習俗利病，設施皆當。于理，地故多盜。自濟受事，夜户不閉。夙能詩爲文章，放衙吟誦不輟。植湘竹盈庭。日采其風物與故鄉異者，類爲一編，曰《君子堂日詢手鏡》。其論載岑猛作逆事始末，及蠻中惡習，瘴癘、蠱毒、土産，無不備，又多預商、禦蠻之策。後去官，而猛逆屢不靖，識者，服其先見。雖名將大臣不能出其範圍也。以母老，不二載，乞終養歸。時諸名士僉事龍霓，太白山人孫一元、尚書劉麟，皆以詩酒相徵逐邀濟爲崇雅小社布衣襆被如寒士人不知其豪富云。

清·錢謙益《列朝詩集小傳》丁集中 濟，字伯雨，烏程人。以貲爲横州判官，富而好客，與劉南垣、孫太初、張允清，結峴山社。所居有長吟閣、寶峴樓，圖史鼎彝，奪目充棟。

明（天啟）《吴興備志》卷三一 王雨舟，名濟，湖之烏鎮市人也。其父王翁，家巨富而性吝，無子。其家臨市河，旁有市橋，久廢矣。一日，有老僧至門，以修橋爲請，怒叱數四，其請益堅。翁曰：汝於市中募緣，吾當爲主。僧不肯，必欲翁一力成之。不得已而諾焉。費之百金，成焉。仍建亭橋側，俾僧居之。僧戒律清苦，時時與翁往來笑語，甚相得也。居且十年。時翁側室有娠，將就館矣。一夕，翁夢此僧踉蹌進門，徑入閨中。翁夢中大怒，追逐，遂醒，而内室啼聲聞矣。舉家大喜。天明得外報云：僧于半夜坐化于亭中。翁大驚異，因命子曰濟，蓋取義于橋也。雨舟後官横州別駕，詞翰俱佳。亦無子，性坦夷，有大度，窮極聲色，富樂終身。與余先君交善，此其所自言也。

清（乾隆）《烏青縣志》卷九 王濟，字伯雨，號雨舟，晚更號白鐵道人。其先泗州人，元末，六世祖道輔避兵烏鎮，家焉。父英，號且閑，弘治中爲蘇州衛指揮。濟自弱冠爲諸生，以高資例入太學，授廣西横州州判。會缺州守，濟攝州事。悉其習俗利病，設施皆當於理。地故多盜，自濟受事，夜户不閉。夙能詩爲文章，放衙吟誦不輟。植湘竹盈庭，日採其風物與故鄉異者爲一編，曰《君子堂日詢手鏡》。其論載岑猛作逆事始末及蠻中惡習，瘴癘、蠱毒、土産無不備，又多御商、御蠻之策。後去官，而猛逆屢不靖，識者服其先見。以母老，不二載，乞終歸。布衣襆被如寒士。人不知其豪富云。《嘉禾徵獻録》《劉清惠公集》：濟自稱紫髯仙客，于媚黨飢寒，倒囊不惜。遇事激發，可以敦鄙寛博。《耄年集》：白鐵先生共祝枝山，文衡山、黄省曾輩爲翰墨遊，予嘗過之。先生數出秦漢金石刻及法書名畫，共爲品畫。其最者鐘鼎篆及嵇叔夜手勒《山巨源絶交書》，間以復之。濟富而好客，結峴山社。顧元慶《詩話》稱其人物高遠，奉養雅潔。又岳岱評其宫詞云：善托今辭，邀歸古意，王建難稱獨步。

清（嘉慶）《廣西通志》卷二八四 王濟字伯雨，烏程人。正德十六年判横州。比蒞州，州方缺守。既攝篆視事，盡得其俗之習尚、政之利弊，召父老庭下集議可否而從革之。於是，民知嚮方，盜亦潛息，俗有丕變。其風土物産之異者輯録一編，曰《日詢手鏡》。後以養母乞歸。《金志》

清（光緒）《桐鄉縣志・人物下》 王公濟字伯雨，號雨舟，晚號白鐵道人。穎敏好學，弱冠爲諸生，以高資例入太學，授廣西横州判，攝州事。悉其習俗利病，凡所設施，咸與横宜。横故多盜，自公受事後，盜亦潛弭。夙工詩，能文章。退食之暇，植湘竹盈庭，吟詠其下，採其風土物宜與域中異者類爲一編，名曰《君子堂日詢手鏡》，内載岑猛作逆事始末并預籌禦蠻之策。後去官，而猛逆屢不靖，識者服其先見。不二載，以母老疏乞終養歸。與致仕尚書劉麟、僉事龍霓、太白山人孫一元共結崇雅小社，詠無虚日。又與姑蘇張天方、石川父子往來吟眺，有《浙西唱和集》行世。所藏金石、書畫甚富，所尤寶貴者嵇叔夜手勒《山巨源絶交書》及朱紫陽《小學》原稿。公天性孝友，尤樂施予。從弟洲，少失怙，又罹多難，賴公教育成立。凡姻黨鄰里，以貧病婚喪告急者，傾囊濟之，無吝色。晚遊王陽明先生之門，以禮讓爲家法。《舊志》參《鎮志文獻》。

紀事

清・佚名《曲海總目提要》卷四《連環記》 明初舊刻，不知誰作。以元人《連環計》爲藍本，而粉飾之。情蹟關目，互相轉换。此更與正史合者居多。元劇，以一貂蟬兩用之，故曰《連環計》。此劇，王允以玉連環予貂蟬，授之密策，故曰《連環記》也。劇云：卓議廢立，王允、袁紹、曹操、蔡邕俱在。袁紹抗議，不合而出。操往謁允，允與鋭劍，潛相定計，以劍獻卓欲刺之。卓覺而操走免。允乃以貂蟬餌吕布許以爲婚，密送於卓，令布飲恨圖卓。及卓既誅，貂蟬改粧遁至允家，允令配布爲夫婦。後又有載曹操使關羽擒吕布，貂蟬百計媚羽，羽怒而殺之。王世貞詩曰：心心託漢壽。語語厭温侯。蓋指此也。

著録

明・晁瑮《晁氏寶文堂書目》卷中《樂府》 《連環記》。

明・徐𤊹《徐氏紅雨樓書目》卷三《子部・傳奇類》 《連環計》。

清・佚名《古人傳奇總目》 《連環》，王雨舟作。王允、董卓事。

清・黄文暘、佚名《重訂曲海總目・明人傳奇》 王雨舟：《連環記》。

清・支豐宜《曲目新編・明人傳奇》 《連環記》，王雨舟作。

清・王國維《曲録》卷四 《連環記》一本。明王濟撰。

沈采

論説

明・吕天成《曲品》卷上 沈鍊川名重五陵，才傾萬斛。紀遊適則逸趣寄於山水，表勳猷則熱心暢於干戈。元老解頤而進卮，詞豪攬指而擱筆。

又 《四節記》：清倩之筆，但賦景多屬牽强。置晉於唐後，亦嫌顛倒。此作以壽鎮江楊相公。初出時甚奇，但寫得不濃，只略點大概耳，故久之覺意味不長。一記分四截，是此始。

又 《千金記》：韓信事，佳。寫得豪暢。内插用北劇。但事業有餘，閨闈處大寥落，且旦是增出。只入虞姬、漂母，亦何不可。

又 《還帶記》：裴晉公事，佳。鋪叙詳備。但周女何苦作嫠婦，纏繞人家，當作閨女。周叟出獄，送女謝裴，而裴不納。女竟不嫁，後陪夫人入京，年且長矣，夫人苦勸裴留之，而生幼子譔，爲宣宗朝學士。入此一段姻緣，則各有結局。

明・祁彪佳《遠山堂曲品・能品》 《還帶》：裴晉公生平事功，表表唐史，還帶其末節耳。是記雖無雋冷之趣，而局面正大，詞調莊練，其《金印》、《孤兒》之亞流乎。

又《雅品殘稿》 《四紀》：一紀四起是此始。以四名公配四景。沈練川作此壽鎮江楊相公者。

紀事

清（同治）《廣信府志》卷一二 《還帶記》，嘉定沈練川所作，以壽楊一清者也。曲中有昔掌天曹，今爲地主等語，楊大喜之。

清・佚名《曲海總目提要》卷一三 《千金記》 未詳誰作。千金報漂母，本韓信實事。惟韓信妻高氏，高氏之兄高起，無所考據。按《漢書・韓信傳》：信淮陰人。家貧，至城下釣。有一漂母哀之，飯信。信謂曰：吾必重報母。母怒曰：大丈夫不能自食，吾哀王孫而進食，豈望報乎。淮陰少年又衆辱信，令信俛出胯下。及項梁渡淮，信仗劍從之，居戲下，無所知名。梁敗，又屬項羽爲郎中，數以策干羽，羽不用。漢王入蜀，信亡歸漢，未得知名，爲連敖，坐法當斬，滕公壯其貌，與語，大悦之，釋勿殺。言于漢王，漢王以爲治粟都尉，未之奇也。信數與蕭何語，何奇之，至南鄭，諸將道亡者數十人，信度不用，即亡。何聞信亡，不及以聞，自追之。及來謁上，上問所追者誰，曰：韓信。信國士無雙，王必欲爭天下，非信無可與計事者。王因欲召信拜爲大將。何曰：王欲拜之，擇日齋戒，設壇場，具禮乃可。王許之。信已拜，漢王舉兵東出陳倉，定三秦。信遂擊魏，擒魏王豹。因以兵數萬，欲東下井陘擊趙。趙廣武君李左車，説成安君陳餘以奇計，餘不聽。信即夜選輕騎二千人，人持一赤幟，戒曰：趙空壁逐我，若疾入拔趙幟，立漢赤幟。又使萬人先行，背水陣。于是夾擊破趙軍，斬安成君泜水上，禽趙王歇。令軍中生購廣武君。頃之，縛至戲下，信解其縛，東嚮坐，西嚮對而師事之。及已定臨淄，楚使龍且將，救齊，與信夾濰水陳。信夜令人爲萬餘囊，盛沙以壅上流，引兵半渡擊龍且，不勝，還走。且遂追渡水，信使人決壅囊，水大至。且軍大半不得渡，即擊殺龍且。楚以亡龍且，項王恐，使武涉説信，信不聽。蒯通又説信以三分天下之計，信亦不聽。乃會兵垓下，項羽死。漢立信爲楚王。信至國，召所從食漂母，賜千金。辱已少年令出胯下者，以爲都尉。按《史記・項羽本紀》：項籍者，字羽。其季父項梁，與籍舉吴中兵，以八千人渡江而西。梁自號武信君，後爲秦將章邯破滅。邯因復圍趙，項羽即渡河救趙，破秦軍，降章邯。行略秦地，函谷關有兵守，不得入。又聞沛公已破咸陽，羽大怒。沛公左司馬曹無傷復言于項王曰：沛公欲王關中。范增因説羽急擊沛公。項伯素善張良，馳之沛公軍，具告以事。張良要項伯入見沛公，約旦日來謝。沛公旦日從百餘騎來見項王，至鴻門。項王留沛公與飲，范增數目項王，舉所佩玉玦以示之者三，項王默然不應。范增起，出召項莊，令以劍舞，因擊沛公於坐。于是項伯亦拔劍起舞，常以身翼蔽沛公，莊不得擊。張良至軍門，見樊噲曰：今日之事甚急。噲即帶劍擁盾入軍門。項王賜之巵酒彘肩。噲即飲酒，拔劍切肉啗之。項王因曰：壯士，能復飲乎。噲曰：臣死且不避，巵酒安足辭。夫沛公勞苦而功高，未有封侯之賞，而聽細説欲誅有功之臣，竊爲大王不取也。項王未有以應。沛公起如廁，因招樊噲出。沛公已出，項王使都尉陳平召沛公，沛公乃令張良留謝，持白璧一雙獻項王，玉斗一雙與亞父。項王受璧置座上，亞父受玉斗，置之地，拔劍撞而破之曰：奪項王天下者，必沛公也。漢五年，韓信與彭越既會垓下。項王兵少食盡，夜聞漢軍四面皆楚歌，項王大驚，則夜起帳中。有美人名虞，常幸從，駿馬名騅，常騎之。項王乃悲歌慷慨，自爲詩：美人和之。遂夜潰圍南出，馳至陰陵，迷失道，問一田父，田父紿曰左，左乃陷大澤中，以故漢追及之。于是項王乃欲東渡烏江，烏江亭長艤船待，項王笑曰：我何渡爲，籍與江東子弟八千人渡江而西，今無一人還，縱江東父老憐而王我，我何面目見之。乃自刎而死。按《高祖本紀》：五年，高祖與諸侯兵共擊楚軍，與項羽決勝垓下。淮陰侯將三十萬當之，孔將軍居左，費將軍居右，皇帝在後，絳侯柴將軍在皇帝後。項羽之卒可十萬。淮陰先合不利，卻。孔將軍費將軍縱，楚兵不利，淮陰侯復乘之，大敗垓下。項羽卒聞漢軍之楚歌，以爲漢盡得楚地，項羽乃敗而走，是以兵大敗。使騎將灌嬰追殺項羽東城，斬首八萬，遂略定楚地。按《張良世家》：良既封侯，乃稱曰：此布衣之極，于良足矣。願棄人間事，從赤松子遊耳。遂學辟穀導引輕身。又按彭越始起澤中，助漢引兵會垓下，破楚，立爲梁王。周昌從沛公起沛，爲漢中尉，擊破項籍，封爲汾陰侯。盧綰與高祖同里，亦從破項籍，後封燕王。灌嬰初以中涓從沛公于碭，後以功封潁陰侯。項籍敗垓下，嬰受詔別追項籍至東城，破之。夏侯嬰初以功封滕公，後定楚封汝陰侯。樊噲封舞陽侯，以吕后女弟吕須爲婦，故其比諸將最親。曹參始從韓信攻魏，又從擊趙，又從破齊，又從擊龍且。及高祖六年，乃以功封平陽侯。英布始從楚，籍因立爲九江王。既而歸漢，俱會垓下，籍亡，漢以爲淮南王。呂馬童以騎司馬追項王，項王死，以功封中水侯。以上俱雜見《史記》、《漢書》，摘其梗概如此。惟本中張邯，疑即章邯之誤。而邯本秦降將，爲楚拒漢，漢圍之廢丘，邯自殺，無從韓信蹙項之事。又魏豹始從楚，繼歸漢，後又畔漢，韓信擊虜之。漢王令守滎陽，楚困之急，周苛懼其有變，因殺之，不應此時猶在。又《史記·陳豨傳》云：豨不知始所以得從，亦從未明言從破項籍。又《史記·功臣表》，止有河陽侯陳涓，無奚涓及閔子奇殷蓋。《漢書》則有奚涓。《高祖本紀》，高起王陵對曰。或以高起爲人名，或以爲高坐者起而對，此遂以高起爲信妻兄也。

又《還帶記》 明初舊本，未知誰作。演裴度香山還帶事。言度相寒薄，以陰功致顯位。但云妻弟劉二欺度，待以不堪，度榮貴，乃曲盡諂媚。摹寫炎凉之態，毫髮無遺。似因親戚參商，别有寓意，度無此事也。别頭巾一折，第資笑噱。然風雪月三段詞調甚佳，賓白亦巧。施神童名曰槩，施槩乃明正統己未狀元，吴人劇于狀元多以二生爲之，此獨花面，作蘇語，似有意調弄。香山婦人云借帶于彭鄒兩公，按彭韶鄒幹，皆名卿貳，與槩同時，疑即所指。唐小説：裴晉公質狀渺小，有相者曰：郎君形神不入相書，若不至貴，即至餓死。今殊未見貴處。一日遊香山寺，有婦人置一緹繒於僧伽欄楯，祈祝擲筊，瞻拜而去。度見其所置收取，至暮，婦人竟不至，詰旦，復攜來。向者婦人疾趨撫膺曰：阿父無罪被繫，昨告人假得玉帶二，犀帶一，以賂津要，不幸遺失，吾父之禍無所逃矣。度因授之。婦人拜泣，請留其一，度不答而去。後見相者，曰：必有陰德及物，前途萬里，非某所知也。度果位極人臣。裴度進士及第，宏詞登科，歷中書舍人御史中丞刑部侍郎。叶贊憲皇蕩平宿冦，爲盜憎，入朝遇劫，不能傷，遂拜相。爲蔡州節度使四十日，擒吴元濟。未幾，平鄆州。太和五年，册拜司徒，累拜侍中中書令。凡六拜，近古儒生未有也。

又《曲江記》 明初舊本，未知作者何人。共作春夏秋冬四景，凡四卷，名爲四節。以杜甫謝安蘇軾陶穀，各占一景。第一卷曰《杜子美曲江記》，因少陵《曲江》詩有典衣盡醉之句，故標其事而增飾成之也。劇云：天寶十三載，杜甫奏賦三篇，授集賢院待制，遷左拾遺，後來非獻賦時事與禮部賀知章，翰林李白，共詣曲江遊樂。甫與黄四娘舊好，四娘居曲江頭萬花村，三人因就飲花下。尋避安禄山之亂，甫依節度使嚴武於蜀，四娘亦他徙，依杜韋娘以居。甫在蜀時，知章白亦同流寓，相與造甫，登臺覽古。嚴武亦來訪，報李猪兒已刺禄山，於是甫與賀李，同歸京師。四娘亦偕杜韋娘，返曲江舊宅。甫尋夙好，復與賀李詣飲，用相歡慶云。按《新唐書》，天寶十三載，元宗朝獻太清宫，饗廟及郊，杜甫奏賦三篇。帝奇之，使待制集賢院，命宰相試文章，擢河西尉，不拜，改右衛率府胄曹參軍。所謂待制集賢院者，不過候旨於集賢院耳，非官名也。其官所授，如尉與參軍之職，皆甚微。若宋與明初之待制，則爲清貴近臣矣。至德二年，甫走鳳翔上謁，始拜右拾遺。蓋麻鞋見天子，辛苦賊中來，以忠誠受知，故加超擢也。曲江之詩，是爲拾遺時所作，移在禄山叛逆以前。其後流落劍南，結廬成都西郭。嚴武再帥劍南，表爲參謀，檢校工部員外郎。武以世舊，待甫甚善，親至其家。記中武命駕訪甫，即此事也。記中所引杜韋娘詩云：高髻雲鬟宫様妝，春風一曲杜韋娘。司空見慣渾閒事，惱亂蘇州刺史腸。唐人詩話等所載或以爲韋應物作，司空謂杜鴻漸，或以爲劉禹錫作，司空謂杜佑，二説未知孰是。此記引作應物詩，蓋以鴻漸應物，與甫同時耳。

又《東山記》 此四景中第二卷，曰《謝安石東山記》，言安與王羲之暑月圍棊，此是增飾聞其姪元破符堅信，不覺屐齒之折。謝安本以東山著名，故曰《東山記》也。謝安欲約白雲明月二妓遊東山，姪元以爲不至，安與賭紫香囊，二人果至，元輸香囊與安，安遂取燒之。是時桓温平蜀破燕，威名甚著，而符堅率符融，將兵六十萬南伐。温乃薦安與元，召至京師，用安爲司馬，元爲中郎將，命元伐堅。白雲明月隨安至京。元將出兵，詣安作别，安與圍碁，元碁素高，是日安勝，與二妓言之，以資懽笑。元與符堅戰，大敗堅兵，堅陣中受傷，融戰没，其將士聽風聲鶴唳，皆以爲晉兵。王羲之造安，安與圍碁，互有勝負，奏捷者至，安若爲不知，羲之問之，乃云元已破賊。羲之既去，安屐齒折而不知。温叙安叔姪之勳，並加顯爵。《晉書》：謝安，字安石。少有重名，寓居會稽，與王羲之，及高陽許詢桑門支遁遊處，出則漁弋山水，入則言詠屬文，無處世意。揚州刺史庾冰以安有重名，必欲致之，累下郡縣敦逼，不得已赴召。又云：安雖放情丘壑，然每遊賞，必以妓女從。又云：征西大將軍桓温，請爲司馬，將發新亭，朝士咸送，中丞高崧戲之曰：卿累違朝旨，高卧東山，諸人每相與言：安石不肯出，將如蒼生何。蒼生今亦將如卿何。既到，温甚喜，言生平，歡笑竟日。符堅率衆號百萬，次於肥水，京師震恐，加安征討大都督。元入問計，安無懼色，答曰：已別有旨。既而寂然。元不敢復言，乃命張元重請，安遂命駕出山墅，親朋畢集，方與元圍碁賭別墅。安嘗碁劣于元，是日元懼，便爲敵手，而又不勝，安顧謂其甥羊曇曰：以墅乞汝。元等既破堅，有驛書至，安方對客圍碁看書既竟，便攝放牀上，了無喜色，碁如故。客問之，徐答云：小兒輩遂已破賊。既罷，還内，過户限，心喜甚，不覺屐齒之折。以總統功，進拜太保。元字幼度，少好佩紫羅香囊，安患之而不欲傷其意，因戲賭取，即焚之，長有經國才略。桓温辟爲掾，轉征西將軍桓豁司馬。符堅彊盛，朝廷求文武良將，可以鎮禦北方者，安乃以元應舉，拜建武將軍兗州刺史，領廣陵相，監江北諸軍事。符堅率兵次于項城，衆號百萬，先遣符融等至潁口。元都督徐兗青三州，揚州之晉陵，幽州之燕國諸軍事，衆凡八萬。堅列陣臨肥水，元使謂符融：君臨水爲陣，是不欲速戰，諸君稍卻，令將士得周旋。融麾使卻陣，元等渡肥水決戰，臨陣斬融，堅衆奔潰，没水者不可勝計，肥水爲之不流。餘衆棄甲宵遁，聞風聲鶴唳，皆以爲王師已至。詔遣殿中將軍慰勞，以動封康樂縣公。

又《赤壁記》 此卷曰《蘇子瞻赤壁記》，點綴軾事，以赤壁之遊爲主，作四時中秋景，虚實相參。互見《赤壁遊》雜劇。及《金蓮記》内。言蘇軾居内翰，以詩託諷，爲中丞李定御史舒亶等所劾，貶黄州團練副使。生日，妾朝雲置酒祝壽，杭妓琴操亦特至稱賀。佛印禪師居州中妙覺寺，黄庭堅魯直訪軾未值，往謁禪師，軾遣人邀兩人共遊赤壁，命酒聯吟。有旨召軾翰林，復爲學士承旨，佛印庭堅餞行。軾歸朝，進講經筵，反覆開導。皇太后與哲宗俱在便殿，召入咨訪朝政，天色昏黑，命撤御前金蓮寶炬，送歸禁苑。後復爲御史趙挺等所劾，言其規切時政，貶知杭州。挈朝雲遊西湖，邀琴操同往，相與參禪，操言下大悟，削髮爲尼。佛印自黄徙杭州天竺，訪琴操不值，會軾蒙恩復召，佛印與琴操俱詣軾賀喜，印操始獲相識，軾遂奉命還朝。按軾嘗直史館，又判官告院，又權開封府推官，又通判杭州，徙知密州，又徙徐州，又徙湖州。時王安石方行新法，事不便民者，軾以詩託諷，御史李定舒亶，媒孼所爲詩，逮赴臺獄，貶黄州團練副使。築室於東坡，自號東坡居士。記云由内翰貶黄州誤也。宋時翰林與館閣有分，軾嘗直史館可稱館閣，不可稱内翰也。記中《鷓鴣天》詞云：思眼赤，望腰黄，宋時學士入禁中。朱衣雙引，謂之眼前赤，服金帶則腰黄，故館閣中每相語云。眼前何日赤，腰下幾時黄也。《赤壁賦》中有二客從遊語，並非了元庭堅，不過借以點綴耳。軾生日在臘月之十九，其設宴時，有客爲賦鶴南飛一曲以侑觴，今點綴朝雲琴操，亦借意也。召還學士非在黄州時，蓋已移汝州，知登州矣，作者不得不徑省也。黜居思咎，閲歲滋深，人才實難，不忍終棄。記中所引，乃神宗移軾汝州手札。金蓮歸院，琴操參禪，俱詳載《金蓮記》内。軾知杭州，在元祐四年，蓋因積以論事，爲當軸者所恨，恐不見容，自奏請外。拜龍圖閣學士，知杭州，可稱改外，未可云貶官也。軾通判杭州，在熙寧時，知杭州在元祐時，相去廿年矣。記中述朝雲琴操佛印之往來，似止三四年間事，蓋亦作者不得不從徑省也。軾在杭州，召爲吏部尚書，未至，以弟轍除右丞，改翰林承旨。記中天恩重召，本此。

著録

明・晁瑮《晁氏寶文堂書目》卷中 《四節記》。

明・徐渭《南詞叙録・本朝》 《裴度還帶記》、《韓信築壇拜將》。

明・徐𤊹《徐氏紅雨樓書目》卷三 《四節記》。

清・佚名《古人傳奇總目》 《千金》，沈練川作。韓信事。《還帶》，沈練川作。裴晉公事。

清・黄文暘、佚名《重訂曲海總目・明人傳奇》 沈鍊：嘉定人。《千金記》、《還帶記》、壽楊一清而作。《四節記》。

清・支豐宜《曲目新編・明人傳奇》 《千金》、《還帶》、《四節》，右三種，沈練川作。

清・姚燮《今樂考證・著録五・明院本》 沈練川三種：《千金》、《還帶》、《四節》。

清・王國維《曲録》卷四 《千金記》一本，《還帶記》一本，《四節記》一本。右三種，明沈采撰。

李開先

論説

明・雪簑漁者《寶劍記序》 《琵琶記》冠絕諸戲文，自勝國已遍傳宇內矣。作者乃錢塘高則誠，闔關謝客，極力苦心，歌詠則口吐涎沫不絕，按節拍則脚點樓板皆穿，積之歲月，然後出以示人；猶且神其事而侈其説，以二燭光合，遂名其樓爲瑞光云。予性頗嗜曲調，醉後狂歌，衹覺〔雁魚錦〕、〔梁州序〕、〔四朝元〕、〔本序〕及〔甘州歌〕等六七闋爲可耳，餘皆懈鬆支漫，更用韻差池，甚有一詞四五韻者。是記則蒼老渾成，流麗款曲，人之異態隱情，描寫殆盡，音韻諧和，言辭俊美，終篇一律，有難於去取者。兼之起引散説，詩句填詞，無不高妙者，足以寒奸雄之膽，而堅善良之心，才思文學，當作古今絕倡，雖《琵琶記》遠避其鋒，下此者毋論也。但不知作者爲誰。予遊東國，衹聞歌之者多，而章丘尤甚，無亦章人爲之耶。或曰：坦窩始之，蘭谷繼之，山泉翁正之，中麓子成之也。然哉。非哉。聞其對客灑翰，如不經意，纔兩閱月而脱稿矣。固不待持久，亦不借燭光爲之瑞應也。果爾，是則詞林之幸，而中麓之不幸也。近見有貽中麓書者，其略曰：時從門下遊者，候問行藏，云：多註疏古六經。或云：多通賓客歌舞酒弈，以自頹放，而其所著者，間或雜引謔噱之詞。客或以此病之，然僕獨竊笑客之陋者，又非所揣摩於賢者之深微也。天之生才，及才之在人，各有所適。夫既不得顯施，譬之千里之馬，而困槽櫪之下，其志常在奮報也，不得不嚙足而悲鳴，是以古之豪賢俊偉之士，往往有所托焉，以發其悲涕慷慨抑鬱不平之衷，或隱於釣，或乞於市，或困於鼓刀，或歌，或嘯，或擊筑，或喑啞，或醫卜，或恢諧駁雜之數者，非其故爲與時浮湛者歟。而其中之所持，則固有溷於世之耳目，而非其所見與聞者矣。中麓復書曰：僕之蹤跡，有時註書，有時摛文，有時對客調笑，聚童放歌。而編捏南北詞曲，則時時有之。大夫士獨聞其放，僕之得意處，正在乎是，所謂人不知之味更長也。觀此，則其無志於世可知也已。近因賢内之喪，嘆流影之似飛，悟生人之如寄，一切勞心事，罷棄不爲，小令且難見之矣，況乎文與經解，及如《寶劍記》數萬言耶。嘗拉數友款予，搬演此戲，坐客無不泣下沾襟。恐其累吾道心，酒半而先逃。然猶爲此言者，將以闡其微而表其素。有才如此，使之甘爲溝中之斷，不亦深可惜耶。過此以往，將與之噓吸沖和，珍攝元液，以圖超出塵壒之外，而遨遊蓬閬之區，不猶賢於徵逐騷壇，墮落苦海耶。聞者若以爲狂，則其狂滋甚矣。邑侯平岡，恐是記失傳，託刻之。蓋政而兼文者也。誠心直道，以翰林清貴而出是官，勞心撫字，苦志辭章，不知身爲遷客，宜其有是舉也。繼此刻者，當不啻《琵琶記》之多。古有一藝成名者，以是刻名出高則誠之上，較諸得志一時富貴，必不肯相博也。若是者，則又中麓之幸矣。嘉靖丁未歲八月念五日，雪簑漁者漫題。

明・姜大成《寶劍記後序》 或有問乎松澗子者：世鮮知音。何以謂之知音也。曰：知填詞，知小令，知長套，知雜劇，知戲文，知院本，知北十法，知南九宮，知節拍指點，善作而能歌，總之曰知音。問者乃笑曰：若是者，不惟世鮮，且無之矣。予曰：子不見中麓《寶劍記》耶。又不見其童輩搬演《寶劍記》耶。嗚呼，備之矣。園亭揭一對語云：書藏古刻三千卷，歌擅新聲四十人。有一老教師亦以一對褒之：年幾七十歌猶壯，曲有三千調轉高。久負詩山曲海之名，又與王渼陂、康對山二詞客相友善。壯年謝政，鎮日延賓，備是數者，謂之知音，蓋舉世絕無而僅有者也。問者更大笑絕倒曰：有才如此，不宅心經術，童子不使之讀書，歌古詩，而乃編詞作戲，與平日所爲大不相蒙，中麓將如斯已乎。盍勸之火其書而散其童。予曰：此乃所以爲中麓也。古來以才自負者，若不得乘時柄用，非以樂事繫其心，往往發狂病死。今借此以坐消歲月，暗老豪傑，奚不可也。如不我然，當會中麓而問之。問又不之答，遂書之以竢知其心者。

明・王九思《書寶劍記後》 音律之學，余未之能深知也。罷官後，間嘗命筆，直以取快一時耳，非作家手也，乃對山康子持去刻諸梓云。往年乙巳春，東山中麓李公，以其所製《傍粧臺》百首寄余。余不自量，輒敢次韻，序而並刻之，不自知其不可也。後獲公序其有西埜子樂府，品題南北下上今古，極爲精當。余聞之，殊增愧汗。自恨不獲早領公言，鹵莽至此，貽笑人人，固知其不能免矣。昔人謂詞爲詩外一重天，豈非然哉。豈非然哉。乃今使者至，辱公手書，以新製《寶劍記》見示，且命爲之序。乃倩歌之，憑几而聽之既，於是仰而嘆曰：嗟乎。至圓不能加規，至方不能加矩，一代之奇才，古今之絶唱也。雪簑子序之悉矣，余復曷言。出腹心，讓才美，書諸其後如此。公如不棄，得以托名不朽，幸矣幸矣。山林盲叟，復不自量，得隴望蜀。公之《六經註疏》，想已著成，風便無惜見教，俾瀕朽之人，得以飫聞至論，此生不虚，尤爲一大幸也。

明・崔元吉《園林夢打啞禪二院本・總跋》 夫無夢爲至人，無欲爲上人，以其静定絶慮，豁達大觀，一切富貴利達、言語文章，皆歸於空。世人淺識妄念，挾私而争爾。我者如夢中有争，覺則一空而已。二院本一則如癡人前説夢，雖指點極明，而瞢騰愈甚；一則如婦人吊喪，守着别人靈床卻哭自家爺娘，不能無夢無欲。中麓師嘗以此語余，余因推廣其意，跋而書諸簡末云。

明・楊善《園林夢打啞禪二院本總跋》 吾師矢口著作，不下百卷，四方積書之家，莫不求爲至寶。敝囊收有數十種，但恨不全耳。至於《一笑散》得之最晚，浴目讀之，不覺大笑出聲。山妻叩之，從而倣像，雖無知婦人，亦能共發一笑。此書一出，得以展眉解頤，如我輩者，不知幾千萬人也。就午夢以覺門，感啞禪而悟道，功名事視之雖甚輕，然以殘夢未醒，俗緣未了。買山士子口之北地，名水壑。少入城市，時復讀書，科舉尚得一等。惜乎歲月漸加，見聞不廣，即作魁元之教，不敢不勉，但不敢必耳。大笑出門，竊願效李謫仙。見笑妻嫂，恐終爲蘇季子云。便中望多惠數十本，當轉送相知，以爲散鬱破悶之良劑，萬幸也。樵談有曰：畫工數筆，術者片言，僧道一經，半呪輒得千金，文士刳精鉥心，不博人一笑。士也賤，何獨在兹，此特未見《一笑散》云耳，見則當不爲是言矣。

明・王世貞《曲藻》 北人自王、康後，推山東李伯華。伯華以百闋《傍粧臺》爲德涵所賞。今其辭尚存，不足道也。所爲南劇《寶劍》、《登壇記》，亦是改其鄉先輩之作。二記余見之，尚在《拜月》、《荆釵》之下耳，而自負不淺。一日問余：何如《琵琶記》乎。余謂：公辭之美，不必言。第令吴中教師十人唱過，隨腔字改妥，乃可傳耳。李怫然不樂罷。

明・吕天成《曲品》卷上 李開先銓部貴人，葵邱隱吏。熟謄北曲，悲傳塞下之吹；間著南詞，生扭吴中之拍。才原敏贍，寫冤憤而如生；志亦飛揚，賦逋囚而自暢。此詞壇之飛將，曲部之美才也。

又 《斷髮》：事重節烈。詞亦佳，非草草者；且多守韻，尤不易得。

又 《寶劍》：傳林冲事，亦有佳處。自撰曲品名亦奇。此公熟於北劇，作此記，謂弇州曰：何似《琵琶》。答曰：但當令吴下老曲師謳之，乃可。

明・王驥德《曲律》卷四 《寶劍》引子，多出己創，皆不足爲法。

又 山東李伯華所作百闋《傍妝臺》，爲康德涵所賞。余購讀之，盡傖父語耳，一字不足采也。

明・徐復祚《曲論》 李伯華《林冲寶劍記》，按龍泉闋亦好，餘只平平。《韓信登壇記》，即《千金記》，本元金志甫《追韓信》來，今《北追》、《點將》全用之。

明・祁彪佳《遠山堂曲品・能品》 《寶劍》：中有自撰曲名。曾見一曲採入於譜，但於按古處反多訛錯。且此公不識練局之法，故重複處頗多。以林冲爲諫諍，而後高俅設白虎堂之計，末方出俅子謀冲妻一段，殊覺多費周折。李自負在康對山、王渼陂之上，問王元美：此記何如《琵琶》。王謂：公辭之美，不必言，第令吴中教師十人唱過，隨腔字字改妥，乃可耳。李怫然罷去。尚有《登壇》一記，未見。

清・朱彝尊《静志居詩話》卷一二 中麓撰述，潦倒粗疏。然最爲好事，藏書之富，甲於齊東。詩所云豈但三車富，還過萬卷餘，又云借抄先館閣，博覽及瞿曇是也。先時邊尚書華泉，劉太常西橋，亦好收書，邊家失火，劉氏散佚無遺，獨中麓所儲，百餘年無恙。近徐尚書原一購得其半，予嘗借觀，愛籤帙必精。研朱點勘，北方學者，能得斯趣，殆無多人也。噫嘻。文淵閣藏書，例許抄覽，先具領狀，以時繳納，世所稱讀中秘書，蓋謂是已。奈典籍微員，收掌不慎，歲久攘竊抵换，已鮮完書，可爲浩歎。聞中麓後人，尚餘殘書數十部，巡撫丹徒張公物色之，中有陸農師《禮象》一編。張公歿後，訪之不能得矣。

傳記

清·錢謙益《列朝詩集小傳》丁集上　開先，字伯華，章丘人。嘉靖己丑進士，授户部主事，調吏部，歷文選郎中，擢太常少卿，提督四夷館。罷歸，家居近三十年。隆慶戊辰歲卒。伯華七歲能文，博學强記，弱冠登朝，奉使銀夏，訪康德涵、王敬夫於武功鄠杜之間，賦詩度曲，引滿稱壽，二公恨相見晚也。嘉靖初，王道思、唐應德倡論，盡洗一時剽擬之習。伯華與羅達夫、趙景仁諸人，左提右挈，李、何文集，幾於遏而不行。雅負經濟，不屑稱文士。在銓部，謝絶請託，不善事新貴人。已遷太常，會九廟災，上疏自陳，竟罷歸。歸而治田産，蓄聲妓，徵歌度曲，爲新聲小令，搊彈放歌，自謂馬東籬、張小山無以過也。爲文一篇輒萬言，詩一韻輒百首，不循格律，詼諧調笑，信手放筆。嘗自序《閒居集》曰：年四十罷官歸里，既無用世之心，又無名後之志。詩不必作，作不必工。自稱其集曰閒居，以别於居官時苦心也。所著詞多於文，文多於詩。改定元人傳奇樂府數百卷，搜輯市井豔詞，詩禪，對類之屬，多流俗瑣碎，士大夫所不道者。嘗謂古來才士，不得乘時柄用，非以樂事繫其心，往往發狂病死，今借此以坐消歲月，暗老豪傑耳。世宗皇帝幸承天，命少傅翟鑾巡九邊，議自遼東始，伯華請間曰：京師密邇邊塞，藩籬單弱，虜飈迅可至。今車駕在江漢，公奈何遠去京師，令緩急不相及，豈主上倚任之意乎。公宜往自宣、大，次及諸邊，此聲實相副萬全之畫也。翟公瞿然拊手謝曰：老誇不知大計，微君幸教，幾失之。卒改行，如其策。曾兩使上谷、西夏，訪問軍情苦樂，武備整廢，慨然欲以功名自見。罷歸，衰老，不勝慨歎，作《塞上曲》一百首。又通集古人塞上詩爲一編，其老而益壯，不甘自廢如此。

《明史》卷二八七《文苑三·李開先》　李開先，字伯華，章丘人。束同年進士。官至太常少卿。性好蓄書，李氏藏書之名聞天下。

清（道光）《章邱縣志》一〇　李開先，字伯華，淳之子。生而卓異，七歲能文。嘉靖進士。是時，北地李獻吉、信陽何仲默先後去世，而晉江王道思、毘陵唐應德倡論，謂獻吉即名高一代，然於文章正法藏，不免仍隔一塵。於是盡洗詰元之調，而一歸恬雅。開先與吉水羅達夫、平凉趙景仁復左右之。李、何集幾於遏而不行，一時有九才子之目。又工爲金元諸曲，嘗使關中，康德涵、王敬夫輩夙擅才名，意不可一世。見開先詞，皆折節倒屣，不敢居前輩。初除户部，以才望改吏部，至文選郎，轉太常寺少卿，爲夏相所忌，罷歸。優遊林下近三十年。開先才敏捷，每爲文一篇輒萬言，爲詩一韻輒百首，皆縱筆而成。不爲巉巖刻深語，而有天然自在之趣。性好客，座上常滿。所著《閒居集》、《揭要集》、《經義待質》諸書行於海内，稱爲中麓先生。

清（光緒）《山東通志》卷一九九　章邱李開先，嘗稱客濟南，胡春以鵝管作笛，有穿雲裂石聲。大梁周侍郎亮工過章邱，猶見有爲此技者。其《追憶》詩云：鵝管檀槽明月夜，百年猶按奉常歌。蓋謂此也。

紀事

清·佚名《曲海總目提要》卷五《寶劍記》　明嘉靖時人李開先撰。林冲被高俅父子陷害事，僅見小説《水滸傳》，本不足信，開先特借以詆嚴嵩父子耳。按：開先，字華伯，號中麓，山東章丘人，嘉靖己丑進士，授户部主事，調吏部，歷文選郎中，擢太常寺少卿罷歸，家居近三十年，卒。開先雅負經濟，不屑稱文士，在銓部謝絶請託，不善事新貴人。已遷太常，竟罷歸。歸而治田産，蓄聲伎，徵歌度曲，爲新聲小令，搊彈放歌，自謂馬東籬、張小山無以過也。所著詞多于文，文多于詩。改定元人傳奇樂府數百卷。搜輯市井豔詞詩禪對類之屬，多流俗瑣碎，士大夫所不道者。常謂古來才士，不得乘時柄用，非以樂事繫其心，往往發狂病死，今借此以坐消歲月，暗老豪傑耳。同邑袁崇冕，善金元詞曲，有《西野老人樂府》，開先亟稱之。按：梁山諸盜，惟林冲情有可矜，身爲禁軍教頭，素無過犯。其妻張氏又良家女，而太尉高俅之子以威逼之，通國大都中，白日恣侮，此婦持節不從。爲俅者稍識官箴，痛責其子之不暇，乃假託看刀爲名，誘入白虎節堂，加以犯上之罪，刺配滄州，亦已極矣。又使董超、薛霸中途害之，爲魯智深所救，幸得苟免。又使虞候陸謙百計害之，至焚草舍以絶其命，而後慊。是安得不挺戈以揕讐人之胸乎。不能殺太尉而殺虞候，其心尚飲恨未平也。風雪山神廟之慘，雪夜上梁山之憤，又曷怪焉。劇中所記，皆與《水滸傳》相合。惟其妻本殉節以死，而作者欲以團圓結束，故作迎聚梁山。然据《傳》觀之，則張有志行，易死爲生未免作賊婦，恐非其本願也。火併王倫，擁戴宋江，亦皆据《傳》。其後陳與郊、沈初成、高漫卿等，則又各變關目矣。

又《斷髮記》 未知誰作，記李德武妻斷髮事。《太平御覽》：李德武妻裴氏，字叔英，安邑公矩之女，以孝聞鄉黨。德武在隋坐事，徙嶺南。時嫁方踰歲，矩表離婚。德武謂裴曰：我無還理，君必儷他族，於此長别矣。答曰：願死，無他。即欲割耳自誓，保母持不許。自是不御薰澤，讀《烈女傳》，見述不更嫁者，謂人曰：不踐二庭，婦人之常，何異而載之書。後十年，德武未還，矩決嫁之，斷髮不食。矩知不能奪，聽之。德武更娶爾朱氏，遇赦還，中道聞其完節，乃遣後妻迎裴，復爲夫婦如初。按：此事載《唐書·列女傳》中。爲此《記》者，必係明初人聞胡廣女事而作。其事絶相類，詳《合璧記》中。劇中添出德武妻之姑，以作關目。

著録

清·佚名《傳奇彙考標目》 李開先字中麓。章邱人。《寶劍》、《斷髮》。

清·支豐宜《曲目新編·明人傳奇》 《寶劍》、《斷髮》，右二種李開先作。

清·姚燮《今樂考證·著録五·明院本》 李開先二種 《寶劍》、《斷髮》 沈景倩云：章邱李中麓太常以填詞名，與康、王俱石友，而不媚度曲，即如所作《寶劍記》，生硬不諧，且不知南曲之有入聲，自以《中原音韻》叶之，以致吴儂見誚。又云：中麓《寶劍記》，指分宜父子作。錢謙益云：章邱李伯華，名開先，歸田後多買歌童舞女，徵歌度曲，爲新聲小令，搊彈低唱。嘗自謂馬東籬、張小山無以過也。周亮工云：章邱李公中麓，嘗作《寶劍記》，自言：音韻匀停，遠出《琵琶》上。《琵琶》惟《雁魚錦》、《梁州序》、《四朝元》及《甘州歌》等六七闋爲可，餘皆鬆懈，更用韻差池，何至神其事曰作記時燭光遂合耶。公所藏《元人曲》有百十種，如馬東籬、白仁甫諸曲，皆手自改訂付梓。又最喜張小山、喬夢符小令，嘗刻以行。

清·王國維《曲録》卷四 《寶劍記》一本，《斷髮記》一本。右二種，明李開先撰。

藝文

清·周亮工《章丘追懷李中麓前輩》 焉文閣裏舊詞魔，自説聞聲泣下多。鵝管檀槽明月夜，百年猶按奉常歌。公以焉文名閣。公常言演其自作劇，座客無不泣下沾襟，恐損道心，往往逸去。公稱其客有濟南胡春，以鵝管作笛，有穿雲裂石，聲長於竹聲者，旁觀者嘆羡而已。予過章丘，猶見有爲此技者。公以奉常致仕。

又 青龍鈔就自矜誇，一律匀停譜鎮鈃。樓上燭光空自合，錢塘不許唱《琵琶》。公嘗作《寶劍記》，自言音韻匀停，出《琵琶》上，《琵琶》惟（雁魚錦）、（梁州序）、（四朝元）及（甘州歌）等六七闋爲可，餘皆鬆懈，更用韻差池，何至神其曰作《記》時燭光合，遂名其樓曰瑞光耶。

又 擎杯振藻百千函，賴得荒唐足謝讒。自許臨文非率易，惟將委曲許遵巖。公與樂安李慰欽同有文名，時稱二李，皆以不合於時致政歸。慰欽致力經學，公獨對客調笑，聚童放歌，以此自遠於世云。公集最夥，每擎杯屬箄，對客飛翰，咄嗟而辦。常推王遵巖，行文委曲，每欲效之。

又 憑教一笑散窮愁，小令元家字字搜。南客不知宫調好，虞山近始艷章丘。公所著雜劇如《園林午夢》類，總名曰《一笑散》。公所藏元人曲有百十種，如馬東籬、白仁甫諸曲，皆手自改訂付梓。又最喜張小山、喬夢符小令，專刻以行。公名噪於北，江以南猶不深知，近虞山刻《列朝詩選》，始爲闡揚小傳，頗悉公生平。

清·黄景仁《金縷曲·觀劇時演林沖夜奔》 姑妄言之矣。又何論、衣冠優孟，子虚亡是。雪夜竄身荆棘裏，誰問頭顱豹子。也曾望、封侯萬里。不到傷心無淚灑，灑平皋，那肯因妻子。惹我發，沖冠起。 飛揚跋扈何能爾。只年時、逢場心性，幾番不似。多少纏綿兒女恨，廿以年前如此。今有恨、英雄而已。話到從頭恩怨處，待相持，一慟緣伊死。堪笑否，戲之耳。

雜録

明・李開先《園林夢打啞禪二院本總跋》 至人無夢，太上忘言。午夢甚於夜夢，啞禪涉於多言。視至人太上，不深有媿乎。

又《園林午夢院本・跋語》 吕東萊曰：形接爲事，神遇爲夢。樂廣曰：形神所不接，夢豈想耶。予年三十，以前晝所接見人物，經遊境界，夜則夢之，非接見經遊，通宵無入夢者，所以無異夢，且不喜談夢，不甚信夢云。嗣後年長，而神不清，名成而患失，妄想過憂，出入蚍蜉穴而遨旋槐蟻宮，冀江淹五色之筆，而歆丁固三公之貴，異夢時時來枕上，兼有兩重虚而夢中説夢者。及退居園林，如夢覺來，心定而神復清，栩蝶，成莊而周公不復親孔矣。午夢院本之作，其在何時耶。觀者不待予言自知，但望更索諸言外，是則爲幸不淺耳。嘉靖辛酉年端陽前一日，中麓李開先書。

又《打啞禪院本・跋語》 嘗謂虚聲頓息，法空之正印旋生；猛焰俄消，靈潤之真誠立驗。六塵之境本空，鏡中照影；三界之塗無體，谷外傳聲。理事該羅，當世諦而明真諦；始終互徹，即凡心而見佛心。實際無差。與三世佛而一時成道，真空平等。共十類生，而同日涅槃。説證説知，背天真而永沉苦海。不靈不悟，失圓修而常鎖空門。真性與緣起同籌，不思議而可思議，有量共無量，均運居見聞而非見聞，阿難商那之儔迦葉文殊之輩，會菩提場而説經梵昇，金剛座而講法輪。不空之空，是曰真空。不有之有，名爲妙有。若其健羡難除，聰明未黜，縱瑣營之無已，忘己身之至親，踐不測之畏途，狥無端之熾欲，内膠爲識想，外妄爲飾名，則雖削髮披緇，出家居寺，與禪宗爲罪人，在釋家爲大盜，此又在小乘禪、野狐禪之下。面命耳提，猶且不省，況可打啞禪乎哉。無有二寶焉。持二寶以參禪，無不了了得證果者。啞禪不待打而自無不中矣。一曰如意浄明珠，既圓且朗，能破一切昏暗而珠無染着。一曰降魔金剛杵，既利且堅，能破一切障礙而杵無損虧。但有志禪學者，吾先贈之以二寶，而後繼之以院本刻本焉。嘉靖辛酉年端陽後一日，中麓李開先書。

又《一笑散院本・短引》 中麓子塵事應酬之暇，古書講讀之餘，戲爲六院本，総名之曰《一笑散》：一《打啞禪》，二《園林午夢》，其四乃《攪道場》、《喬坐衙》、《錯廝謎》，並改竄《三枝花大鬧土地堂》，借觀者衆，從而失之。失者無及，其存者恐久而亦如失者矣。遂刻之以木，印之以楮，裝訂數十本，藏之巾笥，有時取玩，或命童子扮之，以代百尺掃愁之箒。而千父釣詩之鈎，更因雕工貧甚，願減價售伎。自念古人遇歲荒，乃以興造事濟貧，諺又有油貴點燈，米貴齋僧之説，遂以二院本付之，不然刻不及此。嘉靖歲在上章涒灘，除月嘉平日，中麓子李開先自序。

鄭若庸

論説

明・吕天成《曲品》卷上 虚舟落拓襟期，飄飖踪跡。侯生爲上座之客，郗郎乃入幕之賓。買賦可索千金，換酒須酣一石。【略】綺思靈心，各擅風流之致；寄踪賦感，共標遊戲之奇。如張，如鄭，尤所服膺【略】。允爲上之中。

明・沈德符《萬曆野獲編》卷二五 《拜月亭》之外，余最愛《繡襦記》中〔鵝毛雪〕一折，皆乞兒家常口頭話，鎔鑄渾成，不見斧鑿痕跡，可與古詩孔雀東南飛、唧唧復唧唧並驅。余謂此必元人筆，非化治間人所能辦也。後問沈寧庵吏部，云果曾於元雜劇中見之。恨其時不曾問得出自何詞。余所見鄭元和雜劇凡三本，俱無此曲。

明・佚名《繡襦記總評》 據唐白御史《李娃傳》，此婦有大識見、大主張、大經濟，男子所不如也夫。何一經法華之手，裝點出許多惡態，如馬板湯之類，裝腔拿班，種種惡態，不可言盡。及考殺馬煮湯，乃元學士王元鼎與妓女順時秀事蹟，不干元和亞仙之事。所稱點金爲鐵，非耶。《玉玦》主抑青樓，《繡襦》反之。相傳薛君受青樓之賂，特與鄭若庸相反者也。但娼奴姓李，亞仙亦姓李，今評兩家傳奇者，又姓李。李姓者，不爲妓女，則爲和尚，大難爲太上老君也已。客曰：若況老君，又一姓李道士矣。放筆大笑。

清・朱彝尊《静志居詩話》卷一四　鄭若庸，字中伯，崑山人。有《蛣蜣集》。中伯曳裾王門，妙擅樂府，嘗填《玉玦詞》以訕院妓，一時白門楊柳，少年無繫馬者。群伎患之，乃醵金數百行薛生近兗，作《繡襦記》以雪之，秦淮花月，頓復舊觀。承平勝事，雖小堪傳。今之秋兔寒鴉，想像昔年之酒旗歌扇，良足黯也。《秋涉》詩云：蒼山崔巍照秋渚，紅樹離離夕陽渡。行人涉水更看山，馬足淩兢來復去。雲際人家望欲迷，松關蘿徑隔烟扉。山僧卧隱西巖寺，時有鐘聲落翠微。

清・阮葵生《茶餘客話》卷一八　《繡襦記》，崑山鄭若庸，曳裾王門，妙擅樂府，嘗填《玉玦》詞，以訕院妓。一時白門楊柳，少年無繫馬者。群伎患之，乃醵金數百，行薛近兗，爲作《繡襦記》以雪之。秦淮花月，頓復舊觀。平康往事，雖小堪傳也。元高文秀有《鄭元和風雪打瓦罐》院本，近兗從而衍之耳。

傳記

明・詹玄象《蛣蜣生傳》　詹玄象曰：蛣蜣生者，三吴之高世士也，其成周之苗裔耶。案史，周厲王季子封溱洧間，平王東遷新鄭，采食於陳，以國氏。秦漢以下公族，代有高行，末屬居滎澤。宋建炎中，大司空天益公扈蹕南渡，遂家於吴，爲山人。自出之祖大父嘿菴公直筆於《左史厥考》、介石公演《易》於博士。博士生山人。山人名若庸，字中伯。性妙悟，岐嶷卓犖。十年就傅，暗䟽經義，不謬悮一字，竊覽玄古墳典丘，索四庫六幕群書。十六試邑郡，邑郡大夫奇其文，輒置第一。十九，薦南省食廩餼。三試落第，遄歸吴門，跌宕矯俗，不事繩束。塵示軒冕，遵先君之訓，興高世之想，隱支硎山中。玉導稽褕，操觚提槧，覃精竭思，遂邃古文詞賦。薦紳先生，咸推讓爲先登先進名公鉅卿。海内彈文之士，争敬慕山人。吴之人士，黽晷蘭橈笱輿邀請問，竒歲不暇給矣。往往誦法山人詩文，雖覃竭精思竟亦莫能竒也。然性倜儻，重交遊，睦族黨，温清承歡，名溢里中。逮先君捐館，捧手澤而盡傷，老毋終堂，眙栝圈而掩泣。廬結墟次，一室甕牖，列植蓬蒯，封護壤至，嘿坐沈欝。人過廬下，陋其居，指山人爲蛣蜣之居。山人遂自號蛣蜣生云。三餘。乗興汜婁江，覽虎丘，底震澤，窺洞庭，歷武林，吊吴王之苑，登嚴光之臺。觴詠賡歌，陶然有得，會心處趺坐竟日夕，縹題緗帙貯篋盈車，任散任留，存仟伯於十一者也。趙康王慕其賢，十年三聘，乃起陳七賓以見，以上賓賓焉。講鴻寶苑祕最詳，王色喜，以爲復見更生於異代之下，下逮率更中涓咸肅事之。鄴之人士及省騎句求屬文賦者，絡繹相望若通都然。四方求識山人者，亦尠匹其竒，謂山人高世之士者非耶。先帝朝宫詹程松溪冢宰李古沖，以纁幣安車來鄴中迎至都下，最敬重之。時嵩蕃用事，勢傾中外。聞山人至津津，色喜，計請山人往見爲草玄，山人竟不往見，又計以鏹幣招邀之，山人席不暖，憣然辭行。少師徐存翁爲文而餞之，多所稱引，今亦收載集末，可考。復如鄴編集類雋書成，凡若干卷，行於世。且愫輕勢利，故舊貴顯非虚已下交，即至厚必郤避之。如玄象，以布衣寒素，雅慕山人，談文賦，権古今，屢日夜。山人則以腹心交懽，遂訂盟於傾蓋之間。尤忘情於貨殖，睇秤繁星參錯罔辨錙銖，聞貿遷泉貝刀布，任其翔貴，不問價值，不屑鄙細可知。已少館甥海上富翁，翁驕愎兒畜之，竟携婦歸，奩貲甚盛，悉不取後婦，翁祀絶。宗人爲析萬金之産，例執憲條招山人，藏鬮分之，三至不應，其輕財類如此。生平晦跡潛光，不衒技自賢。名多藉代，纂組精思，咸合轍軌，逌逌多碑碣之鐫刻，臺省之餞送，經籍之傳序，文成可觀。下至樂府雜著、稗官小説、蟲魚草木傳奇等書，止刻布仟伯之什一，大都散逸。邇歲，汪君良廸刻其《北遊漫稿》，胡君廸輯其家居諸作，踵而成之，可謂尊賢好義者也。集成，請標於山人，山人自題其集曰蛣蜣。黄汝揚辞玄象曰：先生謂子藻文博辨，真知言者。傳其行事之跡以昭於後之人，非子其誰耶。矧傾蓋交歡各推讓爲先登也乎。因考先生之《自序》云：予汨没觚翰六十載於兹矣。俄頃應對無益於世，無裨於道。苦心彫鎪，髣髴蛣蜣，日營穢壤，不能先於人，予其蛣蜣哉。濩落明時，白首休浮，不自悟也。詹玄象曰：先生蓋以佔僤不足以遊藝也，故攈摭以索隱攈摭不足以寄傲也，故薄遊以明志簿遊不足以信遠也，故纂注以貞教殆抱超踔之行。言過乎謙矣。薄海外内如先生者不數人，顧托名於蛣蜣之技與莊生曰蛣蜣。之知在於轉丸豈其知弗若與。曰：非然也。蛣蜣混處牛後，轉穢爲輪，用逆斯順，以郤爲遉，爰踽踽而絶，類囷横議之嶟嶟，化爲玄蟬，進乎技矣。宵人嗇夫謡拍詬衢蛣蜣哉，蛣蜣哉，何以異於人哉。台聞言而愕愕，胡謬悞以蔑真道，時行而時止，眇嫚嫚之委形思絶地而通天，化臭腐以奇神。其蜣也，不知其蟬。其蟬也，不知其蜣。爲蜣爲蟬，誰究厥端。山人其蜣乎，其蟬乎。我知之矣。是故弱冠飛聲，幘緌翼鳴，同其文與。甘瀋絶旨，含氣飲露，同其清與。榮禄不詘，黍稷不享，同其廉與。羃逗僦舍，處不巢居，同其儉與。待聘郤金，候時守常，同其信與。比類緦德遊何有之鄉，超無窮之門。蟬蜕穢濁之中，浮遊埃壒之表，離垢易形，和光同塵，齊物不貳，與松喬而引齡矣。先生以蛣蜣託迹於其始，予以蟬蜕議擬於其終。先生抱超踔之行，誠三吴高世之士也，豈真所謂蛣蜣也與哉。矧鄭自周秦以降，先司空，而公族之盛代續冠緌蟬聯閥閲。至山人，而文學丕顯。謹案史牒纂傳，以竢后世賢人君子摭采焉。迺申讚曰：茫茫麗儷，弄丸轉輪。名塲殖疆，大瀾歆蒸。黽營晷苟，逆施倒行。太上隱者，闤闠有人。天運推移，大塊竮幪。曰蜣曰蟬，何本何因。能退能進，能郤能征。能穢能潔，能腐能新。能潛能見，能化能生。能岑能卑，能黝能鳴。公族翩翩，冲龢葆真。昭示來裔，監觀人文。

清（康熙）《蘇州府志》卷四五　鄭若庸，字仲伯。吴縣人。年十六爲諸生，三試皆首，尋食餼。連入棘圍不售，隱支硎山，殫精古文詞。趙康王聞其賢，三聘乃起，禮以上賓。鄴人士徵屬文者無虚日。程學士敏政輩以纁帛迎至都下。嵩聞其至，請見，不往。又以鏹幣招，皤然辭行，仍如鄴。編集《類雋》若干卷。生平所著記、志、傳、序，下至樂府，雜至稗官小説、蟲魚、傳奇等書甚多，止刊布其一，名《蛣蜣集》。

清（康熙）《濮州志》卷四　鄭若庸，蘇州人。博學通方，尤善詞調，能作東漢、六朝文體，以僦居臨清，故交遊遍海内。與人處如醇酒醉人，不覺其入也。郡中蘇尚書以文事重之，及有大故，鄭亦八十有七矣，經數百里而吊臨之。君子以爲一死一生，乃見交情，有古人忠厚之義云。所贈蘇文見《藝文志》。有《虚舟集》傳於世。

清（康熙）《廣輿志》卷三　鄭若庸，字中伯，山人。崑以詩名吴下，趙康王走幣聘入鄴。客王父子間，父子親迎接，席花供帳，定賓主之禮，乃爲王著書，採掇古文名《類雋》；其詩名《蛣蜣集》。

清（乾隆）《江南通志》卷一六五　鄭若庸，字仲伯，崑山人。以詩名吴下。趙康王聞其名，走幣聘入鄴，與謝榛客王父子間，與交賓主之禮。爲王著書，採掇古文奇字累千卷，曰《類雋》。

清（乾隆）《吴縣志》卷六五　鄭若庸，字中伯。性妙悟，岐嶷卓犖。初就傅，暗疏精義，不謬誤一字。竊覽玄古墳典丘索。年十六，補縣學生，三試皆首。尋食餼，隱支硎山。殫精古文詞，海内鉅公争敬慕之。結廬墟次，甕牖蓬户，人過者指爲蛣蜣生。趙康王聞其賢，三聘乃起，禮以上賓。自王以逮中涓，咸肅事之。鄴人士徵屬文者無虚日。程學士敏政，延至都下，分宜父子聞其至，計請見，不往，皤然辭行。仍如鄴，編集《類雋》若干卷。生平所著記、傳、序，下至樂府雜著、稗官小説、蟲魚傳奇等書甚多，而刊布其一，亦名《蛣蜣集》，餘多散逸。

著録

清·佚名《傳奇彙考標目》卷上　鄭若庸：《玉玦》、《大節》、《五福》、《綉襦》。

清·支豐宜《曲目新編·明人傳奇》《玉玦》、《大節》、《繡襦》。

清·姚燮《今樂考證·著録五·明院本》　鄭若庸三種：《玉玦》、《大節》、《繡襦》。

清·王國維《曲録》卷四　《玉玦記》一本，《大節記》一本，《五福記》一本。右三種，明鄭若庸撰。

謝讜

論説

明·呂天成《曲品》卷下 《四喜》：二宋事佳。詞亦工美。上虞有曲派，此公甚高。

明·祁彪佳《遠山堂曲品·能品》 《四喜》：傳二宋事。作手雖平，詞亦明麗。但小宋既有宫人瓊英，又何必增紅樓青霞也。小宋張燈宴客，大宋詰問齏虀時語，此段正當補入。

清·姚燮《今樂考證·著録六·明院本》 《四喜》：王伯良云：謝泰興海門之《四喜》，可入逸品。

傳記

明（萬曆）《上虞縣志》卷一八 謝讜，字獻中，才華俊逸，器度坦然。嘉靖甲辰進士，授泰興令。泰興，維揚嚴邑也，宰其地者多不得善去。讜未及考，即中以墨。歸家傍蓋湖。築白鷗莊於荷葉山中，朝夕唯讀書著述、吟咏爲事。間爲樂府，含懷自放，不入城市者餘二十年。晚歲，邑令以賓禮敦請，始一二至。與人交，油油若飲以醇，飽德而去。篤於友于，不問生人産，以故家旁落，至卒不能歛。知者以爲有托而逃云。有《海門集》、《草言》行於世。

明（萬曆）《揚州府志》卷八 浙江上虞人，進士。嘉靖二十二年泰興知縣。

紀事

清·佚名《曲海總目提要》卷一三《四喜記》 作者未詳何人。按《宋史宋庠傳》，弟祁附焉，庠即宋郊，爲李淑所劾，因而改名。未生時，父母禱於廬阜，夢道士遺以書曰：以遺爾子。已而郊生。天聖初舉進士，開封試禮部皆第一。奏第時，本祁第一，郊第三，章獻太后不欲以弟先兄，乃擢郊爲首。以上俱見本傳。又小説：祁過御街，逢内家車子，中有褰簾者曰：小宋也。祁因作〔鷓鴣天〕詞，傳達禁中。仁宗不罪，即以内人賜之。又竹橋度蟻，俗傳有此説。又賞花釣魚，係仁宗宴群臣故事。又張子野本名先，詞最有名，號張三中，亦號張三影。又貝州妖人王則反，文彦博平之，見《通鑑》。俗傳《四喜》詩曰：久旱逢甘雨，他鄉遇故知。洞房花燭夜，金榜挂名時。士人登第，乃第四喜也。明萬曆二十年壬辰，閩人翁正春狀元及第，有增《四喜》詩以調之者，曰：教官金榜挂名時，中狀元是則狀元冠。以四喜之確證也。作者或因正春而作，亦未可定。按仁宗時，士大夫以郊爲大宋，祁爲小宋，郊至參知政事，祁至尚書，并有才名，爲時所艷稱。張三中者，張子野詞有眼中泪、心中事、意中人，時人相傳以爲佳句，故以名之也。又子野所作詞，凡三首中皆用影字，命意俱佳，爲時所傳誦，故又稱之曰張三影。如唐人趙倚樓、鄭鷓鴣、崔鴛鴦之類，載詞話中，以爲美談。宋子京嘗訪子野，傳語云：尚書來看雲破月來花弄影郎中。子野亦令人傳語云：莫非紅杏枝頭春意鬧尚書乎。紅杏亦子京詞中句也。子京與子野本相善，故用以點綴。度蟻事，祝穆載《事文類聚》中。《梓潼陰騭文》云：救蟻，中狀元之選。蓋指此也。

著録

明（萬曆）《上虞縣志》卷一九 謝讜：《海門集》、《草言》、《古虞集》。

清·佚名《古人傳奇總目》 謝讜：《四喜》，二宋事。

清・佚名《傳奇彙考標目》卷上　謝讜號海門。上虞人。《四喜》二宋事。

清・黄文暘、佚名《重訂曲海總目・明人傳奇》　謝讜，上虞人。《四喜記》。

清・支豐宜《曲目新編・明人傳奇》《四喜》，上虞謝讜作。

清（光緒）《上虞縣志》卷三六　謝讜：《海門集》二十卷、《四喜傳奇》、黄文暘《曲海總目》、《皇明古虞詩集》二卷、《葛氏家藏本詩鈔》十六卷。高應冕序：其小令歌曲，尤擅詞林。

清・王國維《曲録》卷四　《四喜記》一本。明謝讜撰。

鄭之珍

論説

明・葉宗春《叙勸善記》　鄭子曰：【略】吾以此勸善也。夫人之惡生於忍，忍生於吝，而吝生於無所感，夫戲，聖人所以象感也。設有人於此，左規矩而右準繩，佩年甫而坐通衢，執聖人之經，鳴鼓而集衆，聽其不望，望而去者有幾。終不肯發一笑，終不肯輸一錢。此傳行，則優未臺，而邑中之履滿矣。遠者裹糧，而近者效後矣。富者捐財，而病者起卧矣。此其小也。感傳相之登假，則勸於施佈矣。感四真之幽囚，則勸於悲慈矣。感益利之報主，則勸於忠勤矣。感曹娥之潔身，則勸於烈節矣。感羅卜之終慕，則勸於孝思矣，此其小也。人之所崇者釋，而釋亦急親矣。釋之亂儒者無親，而急親則儒矣。由是而夷不亂華，墨可歸儒矣，是余之心也。夫鶴墩子輾爾而笑曰：謬有是哉。夫士君子抱志當時，達則行之，窮則言之。偉偉鄭子，不得一官以行，而此傳在以教天下後世無艾矣，其六籍之怪雲，豈文匠之畫龍哉。由前之説，吾取其術。由後之説，吾取其心。

明・陳瀾汝《勸善記評》　《目連救母》，事怪説誕，智士弗道，烏烏著此。然以正法眼觀，則志於勸善，是第一義。故其愛敬君親，崇尚節義，層見疊出。其與高則成君伯喈勸孝，丘文莊公五倫輔治，同一心也。至于地獄罰惡，天堂賞善，則與夜臺鬼造，白日僊登，同一劇也。水月鑑象，勿以跡拘，斯惟智者神會焉爾。因表其微，以與智者道。

明・祁彪佳《遠山堂曲品・雜調》《勸善》：全不知音調，第效乞食瞽兒沿門叫唱耳。無柰愚民佞佛，凡百有九折，以三日夜演之，閧動村社。

傳記

明・胡天禄《勸善記跋》　高石鄭先生，予母太孺人之表弟也。弱冠補邑庠較藝，屢冠諸士，人以異材目之，先生亦以天下爲己任。予自幼聆先生緒論，見其學貫天人，識超古今，里人有不決之疑，不平之鳴，咸質成焉。先生一言，靡不涣然冰釋瓦解也。中年棄舉子業，遨遊於山水間，常謂人曰：予不獲立功于國，獨不能立德立言以垂訓天下後世乎。暇日，取《目連傳》括成《勸善記》叁册。予詳觀之，不過假借其事，以寓勸善懲惡之意，至於崇正之説，未嘗不嚴，其有關於世教不小矣。好事者不憚千里求其稿，贍寫不給，迺繡之梓，以應求者。

明・葉宗泰《明庠生高石鄭公暨配汪孺人合葬墓志銘》　岳父鄭公諱之珍，字汝席，號高石，唐吾祁鄭司徒公之後，傳至仲友公，遷居清溪，代有聞人載諸志乘。余岳生而岐嶷，穎异超凡，孝友兼備，墳典歷覽，幼遊泮水，志在翱翔，數奇而不偶，屢蹶科場，搶道自娱，著作林間。當道寵以冠服，賢聲洋溢於明光。

又《高石鄭先生傳》《祁門清溪鄭氏家乘》卷二　高石鄭先生諱之珍，字汝席，高石其別號也。先生生於正德戊寅年九月二十四日。先是七月，先生有兄名富，以痢疾殤，大父德容公甚哀悼之。時二女歸寧，共爲吊釋，幸先生生焉，舉家欣喜，以骨肉完聚，因名集。適以鄉里俗議，帶子哭子則防難育，於是因以先生寄養於鄰家。先生自幼病目，雖入蒙學，記名而已。至嘉靖甲午，先生自奮入大學，每遇晨昏，聽人讀書，讀者未熟，先生已洞然於心胸矣。初與少潭兄弟受業於一山先生，又同予兄鶴墩受業於伯光山門下習《春秋》，最後又受業於陳文溪先生門下習《禮記》，又同王之翰等受《禮記》於劉蘇庵先生門下。先生性敏學博，讀書過目不忘，蘇庵先生甚奇之。自補邑庠，小試屢捷，大考則終坐，目病艱於書寫。娶蘆溪汪氏究真，性賢淑端重，助夫讀書。先生同母兄弟凡五人，嘉靖壬子以母倦勤分爨，時先生遊學於太平，孺人治家，井井有條，雖老嫗莫過。先生好義廣交，朋友絡繹不絕，孺人竭力款待，多方輻輳，並無吝心難色，不惟朋友莫知其艱，雖先生亦莫之知也。事舅姑至孝，姑卒，舅納婢董氏，生子二人，孺人皆保抱之，絶無忌心。妯娌雖多，孺人以和養率之，雍雍然而無爭競，夫婦同心，內外一致。嘉靖庚子生長子爲德，即爲元，娶正冲陳氏。癸卯生長女蓬仙，即宗泰之配也。己酉生次女萊仙，適浮北城門廩生吴時相。丁巳年生次子四壽，即調元，初聘在城謝氏，將娶而卒，繼娶式溪程氏。孫男光祖、啓祖、弘祖、紹祖、明祖、奇祖，女孫妙金，長子之所出也。孫男昭祖、女孫愛金，次子之所出也。光祖娶泰之侄女葉氏，生子大聲。啓祖聘汪村汪説之女，怡祖聘竹源陳善政之女，皆名門。余孫尚未之聘。時先生之年六旬有六，孺人之年六旬有三，各各强健。子媳雙雙，各能克家；孫男曾孫，繩繩聰慧。泰雖不才，二婿亦皆儒流。泰有二子一女，而姨氏亦同是，皆天倫至樂，不可以倖得也。噫嘻，難哉。先生天性好善嫉惡，雖未大行於天下，然《勸善》一記，千載不磨。且倡議率族置祀産、創祀屋、立祀户，奉先御下，睦鄰恤貧，政施於家，炳炳朗朗，較之卑官一任，澤及何如。先生修家乘將成，於己無一言，余適至，因略叙先生夫婦之名號於此。論曰：世稱大丈夫之生也，貴於立德立功立言。先生立德於孝弟，立功於宗族，立言於文章，實無忝於所生也。故天錫之以家業優裕，多富也，皓首齊眉，多壽也，桂蘭茁秀，多男也。古之三祝兼之矣。若先生者，世豈多見哉。

明（**道光**）**《祁門志》卷二六《人物志》**　鄭之珍，字高石，居清溪。萬曆時諸生，善詩文，尤工詞，其學宗列、莊之曠達，李、盧之鬼怪。郎中葉宗春稱其文如怪云，變態萬狀。高才不第，時論惜之。

紀事

明・陳昭祥《勸善記序》　鄭子幼爲諸生時，負高世之雄才，擅凌雲之逸響，而屢困於藝場。於是退而深惟曰：吾身不用矣，何可以名没世而不稱也。乃今眩惑人耳目，而滌蕩人心志，以蠱害吾先王禮樂之教者，莫甚於俳優之習。至於今風靡波頹，淪心浹髓，跳踉狂瞽而胥溺者，奚翅十九，吾何以易之哉。傳不云乎：善者因之，其次整齊之，其次教誨之，最下者與之爭矣。吾聞之先王之教人也，莫深於孝。故即目犍連救母事而編次之，而陰以寓夫勸懲之微旨焉。婉麗其辭情，而興其聽視之真；朱玄其鬼狀，而悚其敬畏之念。使夫觀之者不曰此戲劇也，而曰吾何以置吾父母於天堂而不滅度之，吾何以懺悔吾罪戾而毋鬼獄吾也。此豈不有潛移默奪之者耶。

清・佚名《曲海總目提要》卷三五《目連》　敷演目連事。不知誰作。救母緣起，具見《盂蘭盆經》。按唐人張祐語白居易云：公詩上窮碧落下黄泉，兩處茫茫俱不見，非目連變耶。則唐時已有演目連救母事者矣。

著録

明・祁彪佳《遠山堂曲品》《勸善》未題撰者。

清・黄文暘《曲海目・明人傳奇》《目蓮救母》古本，無名氏可考。

清・黄文暘、佚名《重訂曲海總目・明人傳奇》　無名氏：《目連救母》，一作《勸善今科》。

清・梁廷枏《曲話》卷一　以傳奇言，明人有【略】《目蓮救母》。

清・姚燮《今樂考證・著録七・明院本》　無名氏：《目連》，一作《目連救母勸善記》。

清・支豐宜《曲目新編・明人傳奇》《目蓮救母》古本，無名氏可考。

清・王國維《曲録》卷四　《目蓮救母》一本，【略】右一百二十種，明無名氏撰。

李日華

論説

明·閔遇五《南西廂記跋》 梁伯龍謂：此崔時佩筆，日華特校增耳，間有換韻幾調，疑李增也。崔割王腴，李攘崔有，俱堪齒冷。閔遇五識。

明·呂天成《曲品》卷上 李日華實甫。吴縣人。上品：李實甫斗膽翻詞。

明·祁彪佳《遠山堂曲品·能品》《西廂》 觀其中不涉實甫處，亦儘自堪造撰，何必割裂北詞，致受生吞活剥之誚耶。然此實崔時佩筆，李第較增之。人知李之竊王，不知李之竊崔也。

明·徐復祚《曲論》 李日華改《西廂》爲南，不佳，然其《四景記》亦可觀。

清·李漁《閒情偶寄》卷二《音律第三》 作《南西廂》者，意在補此缺陷，遂割裂其詞，增添其白，易北爲南，撰成此劇，亦可謂善用古人、喜傳佳事者矣。然自予論之，此人之於作者，可謂功之首而罪之魁矣。所謂功之首者，非得此人，則俗優競演，雅調無聞，作者苦心，雖傳實没。所謂罪之魁者，千金狐腋，剪作鴻毛，一片精金，點成頑鐵，若是者，何以其有用古之心而無其具也。今之觀演此劇者，但知關目動人，詞曲悦耳，亦曾細嘗其味，深繹其詞乎。使讀書作古之人，取《西廂》南本一閱，句櫛字比，未有不廢卷掩鼻而怪穢氣薰人者也。若曰詞曲情文不浹，以其就北本增删，割彼湊此，自難貼合，雖有才力無所施也，然則賓白之文，皆由己作，並未依傍原本，何以有才不用，有力不施，而爲俗口鄙惡之談以穢聽者之耳乎。且曲文之中，儘有不就原本增删，或自填一折以補原本之缺略，自撰一曲以作諸曲之過文者，此則束縛無人，操縱由我，何以有才不用，有力不施，亦作勉强支吾之句以混觀者之目乎。使王實甫復生，看演此劇，非狂叫怒駡，索改本而付之祝融，即痛哭流涕，對原本而悲其不幸矣。嘻，續《西廂》者之才，去作《西廂》者止爭一間，觀者群加非議，謂：《驚夢》以後諸曲，有如狗尾續貂。以彼之才，較之作《南西廂》者，豈特奴婢之於郎主，直帝王之視乞丐。乃今之觀者，彼施責備，而此獨包容，已不可解，且令家户祝，居然配饗《琵琶》，非特實甫呼冤，且使則誠號屈矣。予生平最惡弋陽、四平等劇，見則趨而避之，但聞其搬演《西廂》，則樂觀恐後。何也。以其腔調雖惡，而曲文未改，仍是完全不破之《西廂》，非改頭、换面、折手、跛足之《西廂》也。南本則聾瞽、喑啞、馱背、折腰諸惡狀，無一不備於身矣。此但責其文詞，未究音律。從來詞曲之旨，首嚴宫調，次及聲音，次及字格。九宫十三調，南曲之門户也。小齣可以不拘其成套，大曲則分門别户，各有依歸，非但彼此不可通融，次第亦難紊亂。此劇祇因改北成南，遂變盡詞場格局。或因前曲與前曲字句相同，後曲與後曲體段不合，遂向别宫别調，隨取一曲以聯絡之，此宫調之不能盡合也。或彼曲與此曲牌名巧湊，其中但有一二句字數不符，如其可增可减，即增减就之，否則任其多寡，以解補湊不來之厄，此字格之不能盡符也。至於平仄、陰陽，與逐句所叶之韻，較此二者，其難十倍，誅之將不勝誅，此聲音之不能盡叶也。詞家所重在此三者，而三者之弊，未嘗缺一，能使天下相傳，久而不廢，豈非咄咄怪事乎。更可異者，近日詞人因其熟於梨園之口，習於觀者之目，謂此曲第一當行，可以取法，用作曲譜。所填之詞，凡有不合成律者，他人執而訊之，則曰：我用《南西廂》某折作對子，如何得錯。噫，玷《西廂》名目者，此人。壞詞場矩度者，此人。誤天下後世之蒼生者，亦此人也。此等情弊，予不急爲拈出，則《南西廂》之流毒，皆至何年何代而已乎。

紀事

清·佚名《曲海總目提要》卷七《南西廂》 明李日華改王實甫本也。實甫劇本北曲，日華點竄之爲南詞，前後情節，皆仍其舊。按日華字君實，嘉興人。萬曆壬辰進士，官至太僕寺少卿。《衡曲麈談》云：麗曲之最勝者，以王實甫《西廂》壓卷。日華翻之爲南，時論頗勿取，不知其翻變之巧，頓能洗盡北習。調協自然，筆墨中之鑪冶，非人官所易及也。南北曲之各異，不獨北調鏗鏘，南調宛折，南兼四韻。北并三聲。凡元人雜劇，每折皆一人獨唱到底。《西厢》要緊人物，惟張生與鶯紅。而紅曲尤多，若不稍爲變通，則勢不能給，雖善歌者難繼其聲。故不得不易元曲而爲明，易北曲而爲南也。近時演唱闕目，有欠雅者，亦非日華本色。

著録

清・姚燮《今樂考證・著録五・明院本》 李日華：《南西厢》。

清・王國維《曲録》卷四 《南西厢》一本。明李日華撰。

徐渭

論説

明・陳勳《讀徐渭集》 胡少保雄桀人，有踞洗慢罵之風，顧獨知徐渭。渭真以意氣文章高視出其上，李白、蘇軾之流也。張太史出渭於厄，與陸與繩、盧柟事何異。韓文置破簏中數百年，歐陽子發之，一日復重天下。袁中郎得渭文於殘燈敗楮，尚不及百年。以三者皆快事也。渭之狷褊睚眦，至殺數卒數僧，似忠於胡公，然非山人事。胡公敗而渭佯狂數自戕，豈其中亦有所不安與。晚益猜忌，至殺妻，幾不免。文士披猖至此。中郎傳渭，獨盛稱其詩。渭詩得之中晚，間沿長吉、子瞻，以工與趣勝耳。至其文章，搆意造語，真得太史、昌黎之法，自歐、蘇外，鮮有窺其際者，謂明一人可也。渭生與七子、毘陵、晉江相值，都無交往，詩牘見集中者，獨罵于鱗一詩，爲謝榛出氣耳。豈渭視一世空無人，意不屑屑，抑東海僻遠，又諸生賤與。或其人固難近也。信陵君謂趙公子好客，徒豪舉耳，不求士也。當諸公時失一徐渭，殊可怪。讀渭文，惟恐其盡，惟恐其不多，詩似不爾。

明・吕天成《曲品》卷上 天池湖海豪才，烟霞仙品，壯託元龍之傲，老同正平之狂。著書而問字旗亭，度曲而振聲林木。

又 徐渭天池。山陰人。上品：徐山人玩世詩仙，驚群酒俠。所著《四聲猿》，佳境自足擅長，妙詞每令擊節。

明・王驥德《曲律》卷四 徐天池先生所爲《四聲猿》，而高華爽俊，穠麗奇偉，無所不有，稱詞人極則，追躅元人。

又 客問今日詞人之冠，余曰：於南詞得二人：曰吾師山陰徐天池先生，瓌瑋濃鬱，超邁絶塵。《木蘭》、《崇嘏》二劇，刳腸嘔心，可泣神鬼。惜不多作。

明・祁彪佳《遠山堂劇品・妙品》 《漁陽三弄》：此千古快談，吾不知其何以入妙，第覺紙上淵有金石聲。

又 《翠鄉夢》：邇來詞人依傍元曲，便誇勝場。文長一筆掃盡，直自我作祖，便覺元曲反落蹊徑。如《收江南》一詞，四十語藏江陽八十韻，是偈，是頌，能使天花飛墮。

又 《雌木蘭》：腕下具千鈞力，將脂膩詞場，作虛空粉碎。湯若士嘗云：吾欲生致文長而拔其舌。夫亦畏其有鋒如電乎。

又 《女狀元》：南曲多拗折字樣，即具二十分才，不無减其六七。獨文長奔逸不羈，不骪於法，亦不局於法。獨鶻决雲，百鯨吸海，差可擬其魄力。

清・李調元《雨村曲話》卷下 徐文長自號天池生，所著有《四聲猿》。袁石公令錢塘，見之，以爲明第一曲。《四聲猿》者，四劇也，一詠禰衡，一玉禪師，一詠木蘭，一詠黄崇嘏，取杜詩聽猿實下三聲淚而名也。應以禰衡劇爲最。

明・鍾人傑《四聲猿引》 文長終老縫掖，蹈死獄，負奇窮，不可遏滅之氣，得此四劇而少舒。所謂峽猿啼夜，聲寒神泣，嬉笑怒罵也，歌舞戰鬬也，僚之丸、旭之書也，腐史之列傳、放臣之《離騷》也。顧其詞風流則脱巾嘯傲，感慨則登樓悵望，幽幻則塚土荒魂，刻畫則地獄變相，較之漢卿、實甫作喁喁兒女語者，何啻千里。

明・天放道人《四聲猿序》 夫文長，曠世逸才也。其所著《四聲猿》，若《狂鼓史》之恢豪，《玉禪師》之玄幻，《黃崇嘏》、《花木蘭》之雄才、俠節，疇不異其筆傳而墨肖者。嗟嗟，《漁陽》意氣，泉路難灰，世人假慈悲學大菩薩，而勤王斷國之徒，多在塗脂調粉之輩。此文長所爲頷蹙心痛者乎。是以淋漓腐紙間，如長吉囊中，鄴侯架上，古而瓦棺篆鼎，奇而海市闔婆，勇而風檣陣馬，貴而赤球碧璜，感而寒烟荒樹，幽而深巖曲澗，清素而落梅飛雪，悲淒而嘯鬼啼神，恨怨而頹垣陊殿、梗莽邱隴，怪誕而龍光蛇化、鯨呿鼇擲，蓋誠得乎君臣父子夫婦之正大快言之。而《玉通》一劇，尤其宗風之衍矣。宗子相曰：朝廷可使無文章之士，則鳳鳥不必鳴岐山，而麒麟爲檮杌。想徐氏以文章持世，甚赫矣，而傳奇雖海錯一臠，安在非聖世鼓吹名教云。

明・澂道人《四聲猿原跋》 評《四聲猿》竟，投筆隱几，惝恍間有若朗吟杜陵聽猿實下三聲淚句者，驚躍狂叫曰：異哉。此余所未及評者也，其殆天池生之靈歟。然聽猿淚下，非獨杜陵云然，《宜都山水記》有云：巴東三峽猿聲悲，猿鳴三聲淚沾衣。《荆州記》漁者歌曰：巴東三峽巫峽長，猿鳴三聲淚霑裳。則猿嘯之哀，即三聲已足墮淚，而況益以四聲耶。其託意可知已。每值深秋岑寂，百慮填膺，試挾是編，睹其悲凉憤惋之詞，想其坎壈無聊之況，骨竦神悽，淚浹巫峽，可待猿啼，誠有如天池生之命名者。若夫花月閒宵，琴尊自適，展讀是編，爽氣謔音，幽異之致，橫翔軼出，令我心曠情怡，不禁起舞，則又如聞天池生中夜嘯呼，群鶴相應也。至其抑奸即以揚善，戒淫即以啓悟，奬勇即以振懦，憐才即以厲頑，爲勸爲懲，似有過二十一史。故將擬爲晴空之霆擊，清夜之鐘鳴，豈僅爲猿嘯之哀而已哉。讀《四聲猿》者不特宜玩其詞，更當辨其聲耳。

又《四聲猿引》 至於《四聲猿》之作，俄而鬼判，俄而僧妓，俄而雌丈夫，俄而女文士，借彼異蹟，吐我奇氣，豪俊處、沈雄處、幽麗處、險奥處、激宕處，青蓮、杜陵之古體耶，長吉、庭筠之新聲耶，腐遷之史耶，三閭大夫之《騷》耶，蒙莊之《南華》、金仙氏之《楞嚴》耶。寧特與實父、漢卿輩爭雄長，爲明曲之第一，即以爲有明絶奇文字之第一，亦無不可。

明・槃譚《四聲猿原跋》 《四聲猿》好處却被澂園居士一口説盡，惹得天華紛紛欲墜，那許餘人饒舌。以我看來，演舊案爲新，就迷途起覺者，都是禪機。即雌英雄、女學士爭奇千載，無非是如來變見，激厲群生。讀《西厢記》可悟道，讀《四聲猿》不更可悟道耶。居士批閱是書，全得是意，但襟懷落落，文采翩翩，俗士不識耳。我嘗謂澂園居士不愛逃禪，種種行事暗合如來心地。即此一編，金光透露。

明・西寧子長公《四聲猿原跋》 余讀澂道人《僊崑記》，心眼至慧，夢寐通靈，不獨文章奇絶，而實獲麟生之兆。觀其佳嗣岐嶷特出，望而知爲奇男子云。道人生平喜讀奇書，又最賞徐山陰《四聲猿》，稱其抑奸戒淫，奬勇憐才。山陰故已另闢洞天，道人且爲山陰大開生面，知己僅石公也哉。厥聲相感，真足動天地而變日星矣。道人直與山陰振衣巫峽顛，中夜猿聞，英雄淚落。千載賞心，當在流水高山之外。

明・李廷謨《叙四聲猿》 吾鄉文長先生，骯髒徒深，抑鬱誰語，躭情墨矢，淫意筆津，其所作《四聲猿》，黑闇地獄，裸體敲楇，數落得曹丞相入地無門，越顯出禰先生上天有路。然銅雀臺空，英雄氣盡，猶仗判官擡舉，還到陰司闊綽。紅蓮一宿，誰餂其吞。不記石牛生象，木女孕嬰。諸佛從此出世，還要筋斗蜻蜓。柳囊投翟，試翰彗山。箭中藥味，豈能暫出而恒存大地。底下金剛，豈能穿斲不壞。還錢償債，生死輪迴，甚而瞽智眼鑠真覺，致使元帥旌旗，換得臙脂枕席。狀元官帽，掇在紅粉骷髏。女握男符，衆將官那能分黑白。鳳遭囗偶，兩狀元畢竟有雌雄。翻轉陰陽，倒騰奸直。便是禰正平被曹瞞罵一頓，柳刺史鑽入和尚肚裏，花狀元、黄將軍調頭做作，摺脚模糊也不見得。何必借中着鬼，夢裏覓針哉。嗟嗟，野賓夜嘯，山冷月飛，水顛石哭。而文長以驚魂斷魄之聲，呼起睡鄉酒國之漢，和雲四叫，痛裂五中，真可令渴鹿罷馳，癡猿息弄，雖看劍讀騷，豪情不減。予竊擬古自命，曰數日不讀《四聲猿》，覺舌本間强，因得劉海日先生評點而出之梓。

清・脱士《歌代嘯序》 《歌代嘯》不知誰作，大率描景十七，摛詞十三，而呼照曲折，字無虚設，又一一本地風光，似欲直問王關之鼎。説者謂出自文長。昔梅禹金譜《崑崙奴》，稱典麗矣，徐猶議其白爲未窺元人藩籬，謂其用南曲《浣紗》體也。據此前説亦近似，而按以《四聲猿》，尚覺彼如王丞相談玄，未免時作吴語，此豈身富者後出愈奇，抑諷時者之偶有所托耶。石簣云：姑另刻單行之，無深求。亟如議，竢知音者。

清・慧業髮僧《歌代嘯題辭》 文長先生渀渤文場，嵩華藝苑，田水月自會稽架見賞於公安，《歌代嘯》從帳中藏流行於山史。老婆心切，喚醒三千大千；正法眼藏，照透恒河弱水。其殆以嬉笑身得度，即現嬉笑身而說法矣。於是僕本書癡，更躭恨癖，每大白之夜浮，藉史策爲殽核，武安膝席何驕。灌夫罵座奚責。感從中來，胸爲阸搤。噫嘻。曾參本不殺人，孔貌何嘗似虎，聆鈞天而充耳，覲夷光若無睹。避喧長信，惜彼班姬。掩跡朝隮，有嗟季蘷。若夫《貨殖》寄嘆於家貧，《說難》稱孤於口吃，謫仙銷骨於《清平》，髯蘇蔽郤於咏物，吾嘯誠不可以枚舉，安得挹洗耳之淵，以浣吾肺腑之所鬱哉。

清・沖和居士《歌代嘯》卷首《凡例》 一、此曲以描寫諧謔爲主，一切鄙談猥事，俱可入調，故無取乎雅言。

一、今曲於傳奇之首，總序大綱曰：開場。元曲於齣內或齣外，另有小令曰楔子。至曲盡，又別有正名，或四句，或二句，隱括劇意，亦略與開場相似。余意一劇自宜振綱勢，既不可處後，故特移正名向前，聊准楔子，亦所以存舊範也。且正名亦未必出歌者口中，今於曲盡仍作數語，若今之散場詩者，大率可有可無。至各齣末，則一照元式，不用詩。

一、元曲不拘正旦、正末，四齣總出一喉，蓋總叙一人事也。此曲四齣四事，原無主名，故不妨四分之。然一齣終是一人主唱，此猶存典型意乎。

一、每齣既歸一喉，則餘角衹供問答，其白之詳略，自宜婉轉赴之，總期達意而止。

一、齣惟一韻，俱從中原。其入聲派歸三聲者，自宜另有讀法。甚有其聲無其字者，亦須想像其近似者讀之。若從休文韻，則棘喉多矣。

一、四唱者俱宜花面，無已，王之妻或姑用旦角，而其花面則以厥夫代之，蓋縱妻終非俊物也。

一、四事雖分四齣，而穿插埋照俱各有致，觀者亦未宜草草。

傳記

明・袁宏道《徐文長傳》 余少時過里肆中，見北雜劇有《四聲猿》，意氣豪達，與近時書生所演傳奇絕異，題曰天池生，疑爲元人作。後適越，見人家單幅上有署田水月者，强心鐵骨，與夫一種磊塊不平之氣，字畫之中宛宛可見。意甚駭之，而不知田水月爲何人。一夕坐陶編修樓，隨意抽架上書，得《闕編》詩一帙，惡楮毛書，煙煤敗黑，微有字形。稍就燈間讀之，讀未數首，不覺驚躍，急呼石簣：《闕編》何人作者，今耶古耶。石簣曰：此余鄉先輩徐天池先生書也，先生名渭，字文長，嘉隆間人，前五六年方卒。今卷軸題額上有田水月者，即其人也。余始悟前後所疑，皆即文長一人。又當詩道荒穢之時，獲此奇秘，如魘得醒。兩人躍起，燈影下讀復叫，叫復讀，僮僕睡者皆驚起。余自是或向人或作書，皆首稱文長先生。有來看余者，即出詩與之讀，一時名公鉅匠，浸浸知嚮慕云。文長爲山陰秀才，大試輒不利，豪蕩不羈。【略】文長自負才略，好奇計，譚兵多中，凡公所以餌汪徐諸虜者，皆密相議然後行。嘗飲一酒樓，有數健兒亦飲其下，不肯留錢。文長密以數字馳公，公立命縛健兒至麾下，皆斬之，一軍股慄。有沙門負貲而穢，酒間偶言於公，公後以他事杖殺之。其信任多此類。胡公既憐文長之才，哀其數困，時方省試，凡入簾者，公密屬曰：徐子天下才，若在本房，幸勿脱失。皆曰如命。【略】文長眼空千古，獨立一時，當時所謂達官貴人，騷士墨客，文長皆叱而奴之，耻不與交，故其名不出於越，悲夫。一日飲其鄉大夫家，鄉大夫指筵上一小物求賦，陰令童僕續紙丈餘進，欲以苦之。文長援筆立成，竟滿其紙，氣韻遒逸，物無遁情，一座大驚。文長喜作書，筆意奔放如其詩，蒼勁中姿媚躍出。予不能書，而謬謂文長書决當在王雅宜、文徵仲之上，不論書法而論書神，先生者誠八法之散聖，字林之俠客也。間以其餘旁溢爲花草竹石，皆超逸有致。【略】既出，倔强如初。晚年憤益深，佯狂益甚。【略】然文長竟以不得志於時，抱憤而卒。石公曰：先生數奇不已，遂爲狂疾，狂疾不已，遂爲囹圄。古今文人牢騷困苦，未有若先生者也。雖然，胡公間世豪傑，永陵英主，幕中禮數異等，是胡公知有先生矣；表上人主悦，是人主知有先生矣，獨身未貴耳。先生詩文倔起，一掃近代蕪穢之習，百世而下，自有定論，胡爲不遇哉。梅客生嘗寄予書曰：文長吾老友，病奇於人，人奇於詩，詩奇於字，字奇於文，文奇於畫。予謂文長無之而不奇者也，無之而不奇，斯無之而不奇也哉，悲夫。

明・陶望齡《徐文長傳》 徐渭，字文長，山陰人。幼孤，性絕警敏，九歲能屬文。年十餘，倣揚雄《解嘲》作《釋毁》。二十爲邑諸生，試屢雋。

胡少保宗憲總督浙江，或薦渭善古文詞者，招致幕府，筦書記。時方獲白鹿海上，表以獻。表成，召渭視之，渭覽罷，瞠視不答。胡公曰：生有不足耶。試爲之。退具稿進。公故豪武，不甚能別識，乃寫爲兩函，戒使者以視所善諸學士董公份等，謂孰優者即上之。至都，諸學士見之，果賞渭作。表進，上大嘉悦。其文旬月間遍誦人口。公以是始重渭，寵禮獨甚。時都御史武進唐公順之，以古文負重名。胡公嘗袖出渭所代，謬之曰：公謂予文若何。唐公驚曰：此文殆輩吾。後又出他人文，唐公曰：向固謂非公作，然其人誰耶。願一見之。公乃呼渭偕飲，唐公深奬歎，與結驩而去。歸安茅副使坤時遊於軍府，素重唐公。嘗大酒會，文士畢集，胡公又隱渭文，語曰：能識是爲誰筆乎。茅公讀未半，遽曰：此非吾荆川必不能。胡公笑謂渭：茅公雅意師荆川，今北面於子矣。茅公慙愠面赤，勉卒讀，謬曰：惜後不逮耳。其爲名輩所賞服如此。渭性通脱，多與群少年昵飲市肆。幕中有急需，召渭不得，夜深，開戟門以待之。偵者得狀，報曰：徐秀才方大醉嚎囂，不可致也。公聞，反稱甚善。時督府勢嚴重，文武將吏庭見，懼誅責，無敢仰者，而渭戴敝烏巾，衣白布澣衣，直闖門入，示無忌諱。公常優容之，而渭亦矯節自好，無所顧請。然性豪恣，間或藉氣勢以酬所不快，人亦畏而怨焉。及宗憲被逮，渭慮禍及，遂發狂，引巨錐剚耳，刺深數寸，流血幾殆。又以椎擊腎囊碎之，不死。渭爲人猜而妬，妻死後有所娶，輒以嫌棄，至是又擊殺其後婦，遂坐法繫獄中，憤懣欲自決。爲文自銘其墓曰：山陰徐渭者，少慕古文詞，及長益力。既而有慕於道，往從前長沙守季先生究王氏宗旨，謂道類禪。又去扣於禪，久之，人稍許之，然文與道終兩無得也。賤而情且直，故憚貴交似傲，與衆處不浼，袒裸似玩，人或病之，然傲與玩，亦終兩不得其情也。舉於鄉者八而不一售，僦數椽，儲瓶粟者十年。一旦客於幕府，典文章，數赴而數辭，投筆出門，人爭愚而危之，而已深以爲安。其後公愈折節，等布衣，留者兩期，贈金以數百計，人爭榮而安之，而已深以爲危。至是忽自覓死，人曰：渭文士，且操潔，可無死。不知古文士以入幕操潔而死者衆矣，乃渭則自死，孰與人死之。渭爲人，度於義無所關時，輒疎縱不爲儒縛，一涉義所否，雖斷頭不可奪。故其死也，親莫制，友莫解焉。平生有過不肯掩，有不知耻以爲知，斯言蓋不妄者。其自名如此。然卒以援者力獲免。既出獄，縱遊金陵，比客於上谷，居京師者數年。獄事之解，張宫諭元忭力爲多，渭心德之，館其舍旁，甚驩好。然性縱誕，而所與處者頗引禮法，久之，心不樂，時大言曰：吾殺人當死，頸一茹刃耳，今乃碎磔吾肉。遂病發，棄歸。既歸，病時作時止，日閉門與狎者數人飲噱，而深惡諸富貴人，自郡守丞以下求與見者，皆不得也。嘗有詣者伺便排户半入，渭遽手拒扉，口應曰某不在，人多以是怪恨之。晚絶穀食者十餘歲，人問何居，曰：吾啖之久，偶厭不食耳，無他也。尤不事生業，客幕時，有餽之洮絨十許匹者，遂大製衣被，下及所嬖私褻之服，靡不備者，一日都盡。及老貧甚，鬻手自給，然人操金請詩文書繪者，值其稍裕，即百方不得，遇窘時乃肯爲之。所受物人人題識，必償已乃以給費，不即餒餓，不妄用也。有書數千卷，後斥賣殆盡。幬莞破弊，不能再易，至藉稿寢。年七十三卒。渭爲諸生時，提學副使薛公應旂閲所試論，異之，置第一，判牘尾曰：句句鬼語，李長吉之流也。及被遇胡公，值比歲，公思爲渭地，諸簾官入謁，屬之曰：徐渭，異才也，諸君校士而得渭者，吾爲報之。時胡公權震天下，所出口無不欲爭得以媚者，而偶一令晚謁，其人貢士也，公心輕之，忘不與語。及試，渭牘適屬令，事將竣，諸人乃大索獲之，則彈擿遍紙矣。人以是歎渭無命，而服薛公知人焉。渭於行草書尤精奇偉傑，嘗言吾書第一，詩二，文三，畫四，識者許之。其論書主於運筆，大概昉諸米氏云。【略】渭父鏓以龍里衛戍籍領貴州鄉薦。始至龍里也，士人譁之。鏓以教讀自晦，授童子《孝經》，故謬其讀，士人笑曰：是不足逐也。已而得薦，仕至夔州府同知。渭貌脩偉肥白，音朗然如唳鶴，常中夜呼嘯，有群鶴應焉。【略】陶望齡曰：越之文士著名者，前惟陸務觀最善，後則文長。自古業盛行，操翰者羞言唐宋，知務觀者鮮矣，況文長乎。文長負才，性不能謹飾節目，然蹟其初終，蓋有處士之氣，其詩與文亦然，雖未免瑕纇，咸以成其爲文長者而已。中被詬辱，老而病廢，名不出於鄉黨，然其才力所詣，質諸古人，傳於來祀，有必不可廢者。秋潦縮，原泉見，彼厖喧氾溢者須臾耳，安能與文長道脩短哉。文長没數載，有楚人袁宏道中郎者來會稽，於望齡齋中見所刻初集，稱爲奇絶，謂有明一人，聞者駭之。若中郎者，其亦渭之桓譚乎。

清·錢謙益《列朝詩集小傳》丁集中　渭，字文清，更字文長。山陰人。【略】當是時，上方崇禱事，急青詞。當國者謂文長文能當上意，聘致之。文長知與少保有郄，弗應。【略】南遊金陵，北走上谷，縱觀邊塞阸塞，屬虜營帳，貰酒悲歌，意氣豪甚。與寧遠諸子遊，皆兒子畜之。入京師，館宮諭邸舍。宮諭悛悛引禮法，久之，心不樂，時大言曰：吾殺人當死，頸一茹刃耳。今乃碎磔吾肉。遂病發，棄歸，楗户不見一人。挾一犬與居，【略】宮諭死，白衣往吊，撫棺大慟，不告姓名而去。諸子追及之，哭而拜諸塗，小垂手撫之，不出一語。十年纔此一出耳。貧甚，鬻手以食，有書數千卷，斥賣殆盡。幬筦破敝，藉稿以寢。年七十三卒。文長貌修偉白皙，音朗然如唳鶴。中夜呼嘯，有群鶴應焉。讀書好深思，自謂有得於《首楞嚴》、《莊》、《列》、《素問》、《參同契》諸書，欲盡斥注家謬戾，獨標新解。草書奇偉奔放，畫花草竹石，超逸有致。嘗言：吾書第一，詩二，文三，畫四。有《闕編》、《櫻桃館》諸集。文長譏評王、李，其持論迥絶時流。文長歿，王、李之焰益熾，無過而問焉者。後三十餘年，楚人袁中郎遊東中，得其殘帙，示陶祭酒周望，相與激賞，謂嘉靖以來一人。自是盛傳於世。周望序其集曰：文長文類宋唐，詩雜入於唐中、晚。自負甚高，於世所稱主文柄者，不能俯出遊其間。而時方高談秦漢盛唐，其體格弗合也。然其文實有矩度，詩尤深奥，往往深於法而略於貌。古之窮士如盧仝、孟郊、梅堯臣、陳師道之徒，所爲或未能遠過也。中郎則謂其胸中有一段不可磨滅之氣，英雄失路，托足無門之悲，故其詩如嗔，如笑，如水鳴峽，如鐘出土，如寡婦之夜哭，羈人之寒起。當其放意，平疇千里，偶爾幽峭，鬼語幽墳。微中郎，世豈復知有文長。周望作《文長傳》，謂中郎徐氏之桓譚，詎不信夫。

清（康熙）《山陰縣志》卷二九 徐渭，字文長，號天池。甫髫年，穎異過人。及補弟子員，鎩於縉紳。或以其駘蕩鮮契合者，既而負氣自持，省試數不售。喜作古文詞，觸筆而成。會浙督少保胡公宗憲以長至，時獲白鹿於寧波、定海間，期以表進，渭爲繕草，雅而確，世宗覽之大悦，眷隆少保，而少保始重渭，由是聲望藉藉矣。少保居督府，體嚴峻，諸將吏望之懾息。渭一以賓禮自重，戴敝冠，衣澣布，縱談天下事。督府以其知，延之幕中，設計間諜，誘致王、徐諸寇，瀕海得安。每出幕狂飲，雖夜深必啟戟門以待，久而彌重也。及督府下請室，渭懼株連，心鬱鬱得狂疾。嘗以錐耳入數寸，椎擊腎肉爲裂，血淋淋下。不久後，擊殺所續妻，入獄，法當極，欲自殺，得里紳張公元忭救解，竟出獄。遂恣遊天下山川，酒酣耳熱，輒爲狂歌，旁若無人，而意愈豪愈放。自京邸歸，鍵户不見一人，獨挾一犬與居，絶穀食者十稔。或詰之，曰：吾食穀久，偶棄去耳，庸何傷。嗣是貧滋甚，多作詩文、書畫，鬻手自給。棲敝椽，藉稿而寢，視世無足當其意者，十年内僅於張公元忭死，出而一哭，其它絶跡焉。年七十三卒。渭貌修偉，音如鶴唳，中夜嘯呼，群鶴應之。讀書有深思，自謂得力於《楞嚴》、《莊》、《列子》及《素問》、《參同契》，世亦謂其能貫經史，融以己意。同郡陶公望齡云：文有矩度，詩尤深奥，往往精於法而略於貌。楚袁宏道則曰：胸中一段不可磨滅之氣，皆英雄失路，投足無門之悲。故其詩，如嗔如笑，如水鳴峽，如鐘出土，如寡婦之夜哭，如羈人之寒起。當其放意，平疇千里，偶爾幽峭，鬼語孤墳。此可謂確評矣。嘗自言：吾書第一，詩二，文三，畫四。但識者許之。纂《會稽志》，雖得邑人馬堯相，而特爲編摩，加以列傳，今與其著並傳。所著《文長集》、《闕篇》、《櫻桃館集》，注《莊子内篇》、《參同契》、《黄帝素問》、《郭璞葬書》、《四聲猿》、《逸稿》、《四書解》、《首楞嚴經解》。

清（康熙）《浙江通志》卷三七 徐渭，字文長。山陰人。嘉靖間，浙督胡宗憲獲白鹿於定海，表進之。渭爲繕草，世宗覽之大悦，眷隆宗憲。而宗憲始延之幕中。宗憲睚眦殺人，人皆股慄。渭視之如鷗鳥，方巾布袍，出入自由。夜深狂飲，宗憲啟戟以待之，不敢齟齬也。

清（光緒）《富陽縣志》卷二八 徐渭，字文長，山陰人也。幼孤，性警敏，善屬文。然數奇，屢試輒蹶。總制胡宗憲求幕士，或薦渭善古文詞者，宗憲遣官禮聘之。渭與宗憲約，若欲客我，當具賓禮，非時輒得出入。宗憲皆許之。渭每見則敝烏巾、布澣衣，當中道入，長揖就座，縱譚天下事，旁若無人。【略】有求詩文及畫者，不屑輕予，强之終不可。俟酒酣以往，意興勃發，各持箋帛伺之，援筆輒書，滚滚不休也。【略】有《文長集》、《櫻桃館集》各若干卷。《明史》文苑有傳。

紀事

清・焦循《劇説》卷五 徐文長本古樂府《木蘭歌》，演爲《雌木蘭》雜劇，與《狂鼓史》、《翠鄉夢》、《女狀元》爲《四聲猿》。然《木蘭歌》不詳木蘭之所終，而徐文長則有王郎成親之科白。考《商邱志》，有孝烈將軍祠，在城東南營郭鎮北，一名木蘭祠。元人侯有造作《孝烈將軍祠像辨正記》云：將軍魏氏，本處子，名木蘭，亳之譙人也。世傳：可汗募兵，孝烈痛父耄羸，弟妹皆稚騃，慨然代行。服甲胄，鞬櫜，操戈躍馬，馳神攻苦，鈍剉戎陣，膽氣不少衰，人莫窺非男也。歷年一紀，交鋒十有八戰，策勛十二轉。天子喜其功勇，授以尚書。隆寵不赴，懇奏省親。擁兵還譙，造父室，釋戎服，復閨妝，舉皆驚駭，咸謂自有生民以來，蓋未見也。以異事聞於朝，召復赴闕。欲納宮中，將軍曰：臣無媲君禮制。以死誓拒之。勢力加迫，遂自盡，所以追贈有孝烈之謚也。至治癸亥冬，歸德幕府官孫思榮來自完州，附郡儒韓彥舉所述《完志》，謂：古完廟貌凡五，今所存者四。歲遇四月八日，有司率耆士邦民，大享祀此。故太子贊善劉廷直所撰《完碑》：睢陽郡南東距八十里曰營郭，即古亳方域，孝烈之故墟也，亦建祠像。土人亦以四月八日致祭，乃將軍生朝，沿習古老之云也。元統甲戌，曲陽梁君思溫、尹睢陽力贊，耆老湯德等捐己財，鬻石備工。歸德府倅中山馬公德麟謂余言：將軍塚廟居完城東者，所謂五廟之一，孝烈遺骸安厝此。塚距吾家九十里。其廟刊木爲像，烏帽紅顏，服紫腰金，神目電灼，儼然如在其上。遇旱潦，有禱即應。邦人輦致降神，盤桓水面，驅人風飛。吾目擊顯靈如此。又云：《木蘭詩》惟先尊縉山先生家藏。宋儒陳仁、王德翁《詩統》，列於隋詩之下。此詞唐朔方節度使韋元甫始得於民間。可汗之稱，始自突厥。突厥世居朔塞。將軍譙人，譙即今亳州也，校彼去此，何啻數千里之遥。詩稱點兵、問欲，皆云可汗。遍考國史，隋恭帝義寧，突厥立劉武周爲定楊可汗，立梁師都爲始畢可汗，國號梁，改元永隆，師都乃迎突厥居河南之地，故此境之兵稱隸可汗之由也。又云：孝烈追贈，乃唐之謚，贊詠詩什，杜牧之首倡。決以將軍之爲隋人。按：此考辨精確，而所傳木蘭之烈，則未嘗適人者。傳奇雖多謬悠，然古忠、孝、節、烈之跡，則宜以信傳之。因文長有王郎成親之科白，而詳之於此。

清·袁枚《隨園詩話》卷一五　俗傳黃崇嘏爲女狀元。按：《十國春秋》：崇嘏好男裝，以失火繫獄。邛州刺史周庠愛其丰采，欲妻以女。乃獻詩云：幕府若容爲坦腹，願天速變作男兒。庠驚，召問，乃黃使君女也。幼失父母，與老嫗同居。命攝司户參軍，已而乞罷歸，不知所終。今世俗訛稱女狀元者，以其獻詩時，自稱鄉貢進士故也。嚴冬友曰：徐文長《四聲猿》劇，末一折爲《女狀元》，即崇嘏事。此俗稱所始。

清·佚名《曲海總目提要》卷五《狂鼓史》　明嘉隆間人徐渭所作。渭山陰諸生，字文長，自名田水月，亦時號天池生。負才不遇，作《狂鼓史》、《玉禪師》、《雌木蘭》、《女狀元》雜劇，總名曰《四聲猿》。山陰沈景麟序云：漁陽意氣，泉路難灰。世人假慈悲學大菩薩，而勤王斷國之徒，多在塗脂調粉之輩。文長所爲纇蹙心痛也，數言庶窺見立言微旨矣。按：禰正平爲鼓史及罵曹操，是兩事，今并爲一。且作陰司幻景，是文長借正平身後一罵，以發揮其抑鬱不平之氣，正序文所謂漁陽意氣，泉路難灰耳。又按：嘉靖中，濬人盧柟，博學强記，落筆數千言，使酒罵坐，以狂得罪，繫獄幾死。獄中作《幽鞫放招賦》。臨清謝榛擬之禰衡、李白，爲絮泣於長安諸公，平反其獄。後終不爲時所容，落魄嗜酒而卒。又會稽人沈鍊，爲錦衣衛經歷，抗疏攻嚴嵩，請誅之以謝天下，杖四十，謫田保安州。與從遊者日唾罵嵩，且縛偶人爲嵩射之。嵩誣其罪，僇死。鍊雄于文，下筆輒萬言，與徐渭交最厚。渭以此劇自寓，亦兼爲盧、沈兩人洩憤也。

又《玉禪師》　亦徐渭所作。玉通和尚、紅蓮、柳宣教、柳翠，俱宋時人，詳見《西湖志》。元人王實甫有《柳翠傳奇》，渭作與王本事同詞異。相傳渭爲總督胡宗憲記室，寵異特甚。渭嘗出遊杭州某寺，僧徒不禮焉，銜之。夜宿妓家，竊其睡鞋一，袖之入幕，詭言于少保：得之某寺僧房。少保怒，不復詳，執其寺僧二三輩斬之轅門。渭爲人猜而妬，妻死後再娶，輒以嫌棄。續又娶小婦，有殊色。一日，渭方自外歸，忽户内歡笑作聲。隔窗斜視，見一俊僧，年二十餘，擁其婦于膝。渭怒取刀趨擊之，已不見，問婦，婦不知也。後旬日，復自外歸，見前僧與婦並枕卧。渭不勝忿怒，便取鐵燈檠刺之，中婦頂門死。渭坐法繫獄，賴援者獲免。一日閒居，忽悟僧報，婦死非罪。賦述夢詩二章云：伯勞打始開，燕子留不住。今夕夢中來，何似當初不飛去。憐羈雌，悲惡侶。兩意茫茫墮晚烟，門外烏啼淚如雨。跳而濯，宛如昨，羅襪四鉤閒不著。棠梨花下踏黃泥，行蹤不到棲鴛閣。自是絶不復娶。此劇之作，殆借以自喻也。按：公安袁中郎宏道作《徐文長傳》，謂總督胡公素重渭。渭嘗飲一酒樓，有數健兒亦飲其下，不肯留錢。渭密以數字馳公，公立命縛健兒至麾下，皆斬之。有沙門負貲而穢，酒間偶言于公，公復以他事杖殺之。據此則殺僧事非謬，渭之坎壈終其身宜矣。又按：明萬曆間，陳蓋卿同航隱老人有合編《柳翠》雜劇，序文内止言實甫傳奇，而不及渭。豈渭所作四聲猿，蓋卿尚未見耶。田汝成《西湖志》云：普濟巷東普濟橋，又東爲柳翠井，在宋爲抱劍營地。相傳紹興間柳宣教者，尹臨安。履任之日，水月寺僧玉通不赴庭參，宣教憾之。計遣妓女吴紅蓮，詭以迷道詣寺投宿，誘之淫媾。玉通修行五十二年矣，戒律凝重，初甚拒之，至夜分不勝駘蕩，遂與通焉。已而詢知京尹所賺也，慚忸而死，恚曰：吾必敗汝門風。宣教尋亡，而遺腹産柳翠。坐蓐之夕，母夢一僧入户曰：我玉通也。既而家事零落，流寓臨安，居抱劍營。柳翠色藝絶倫，遂隸樂籍，然好佛法，喜施與。造橋萬松嶺，名柳翠橋。鑿井營中，名柳翠井。久之，皋亭山顯孝寺僧清了謂浄慈寺僧如晦曰：老通墮落風塵已久，盍往度之。如晦乃以化緣詣柳翠，爲陳因果事。柳翠幡然，萌出家想。如晦乃引見清了，清了爲説佛法奥旨及本來面目，末且厲聲曰：二十八年烟花業障，尚爾耽迷耶。柳翠言下大悟，歸即謝鉛華，絶賓客，沐浴而端化，歸骨皋亭山，從所度也。按：僧如晦，即《記》中所稱月明和尚也。《西湖志餘》稱杭州上元雜劇，有《鍾馗捉鬼》、《月明度妓》、《劉海戲蟾》之屬，則柳翠之説，其來久矣。《志餘》又云：皎如晦者，浄慈寺僧，嘗作《卜算子》詞云：有意送春歸，無計留春住。畢竟年年用著來，何似休歸去。目斷楚天遥，不見春歸路。風急桃花也似愁，默默飛紅雨。則其有風情可知矣。按：張邦畿侍兒小名録，五代時有一僧，號至聰禪師，祝融峰修行十年，自以爲戒行具足，無所誘掖也。一日下山，於道傍見一美人，號紅蓮，一瞬而動，遂以合歡。至明，僧起沐浴，與婦人俱化。又五戒禪師以淫紅蓮女墮落再世爲蘇軾，明人雜劇有《紅蓮債》。此又兩紅蓮，俱與禪和子大有因緣，并附於此。

又《雌木蘭》 亦徐渭作。木蘭事情詳載《古樂府》。按：明有韓貞女事，與木蘭相類，渭蓋因此而作也。木蘭不知名，《記》内所稱姓花名弧，及嫁王郎事皆係渭撰出。古《木蘭詩》云：唧唧復唧唧，木蘭當户織。不聞機杼聲，唯聞女嘆息。問女何所思，問女何所憶。女亦無所思，女亦無所憶。昨夜見軍帖，可汗大點兵。軍書十二卷，卷卷有爺名。阿爺無大兒，木蘭無長兄。願爲市鞍馬，從此替爺征。東市買駿馬，西市買鞍韉。南市買轡頭，北市買長鞭。朝辭爺孃去，暮宿黄河邊。不聞爺孃唤女聲，但聞黄河流水鳴濺濺。旦辭黄河去，暮至黑水頭。不聞爺孃唤女聲，但聞燕山胡騎聲啾啾。萬里赴戎機，關山渡若飛。朔風傳金柝，寒光照鐵衣。將軍百戰死，壯士十年歸。歸來見天子，天子坐明堂。策勛十二轉，賞賜百千彊。可汗問所欲，木蘭不用尚書郎。願借明駝千里足，送兒還故鄉。爺孃聞女來，出郭相扶將。阿姊聞妹來，當户理紅妝。小弟聞姊來，磨刀霍霍向豬羊。開我東閣門，坐我西間牀。脱我戰時袍，著我舊時裳。當窗理雲鬢，對鏡貼花黄。出門看火伴，火伴皆驚惶。同行十二年，不知木蘭是女郎。雄兔脚撲朔，雌兔眼迷離。兩兔傍地走，安能辨我是雄雌。《湧幢小品》云：孝烈將軍，隋煬帝時人，姓魏氏，本處子，名木蘭，亳之譙人。時方募兵，孝烈痛父老羸，弟妹皆稚騃，慨然代行，服甲冑鞬櫜，操戈躍馬而往。歷一紀閲十有八戰，人莫識之。後凱還，天子嘉其功，除尚書不受，懇奏省視。及還譙，釋其戎服，衣其舊裳，同行者駭之，遂以事聞於朝。召赴闕，帝奇之，欲納諸宫中。對曰：臣無媲君之理。以死誓拒，迫不已，遂自盡。帝驚憫，追贈將軍，謚孝烈。田藝蘅《留青日札》云：韓氏保寧，民家女也。明玉珍亂蜀，女恐爲所掠，乃易男子服飾，託名從軍。調征雲南，往返七年，人無知者，雖同伍亦莫覺也。後遇其叔，一旦驚異，乃明是女，攜歸西川。當時皆呼之曰貞女。又云：黄善聰，應天淮清橋民家女，年十二，失母，其姊已適人。獨父業販線香，憐善聰孤幼，乃令爲男子裝飾，攜之旅遊廬鳳間者數年。父亦死，善聰即詭姓名曰張勝，仍習其業自活。同輩有李英者，約爲火伴。弘治辛丑正月，與英皆返南京，已年二十矣。往見其姊，泣語之故。姊大怒，且詈罵之曰：男女亂群，玷辱我家甚矣。因逐不納。善聰泣且誓。其鄰即穩婆居，姊聊呼驗之，乃果處子，始相持慟哭。爲易男子裝。越日英來候，則善聰出見，忽爲女子矣。英大驚駭，問知其故，歸告其母。時英猶未室，母即爲之求婚。善聰不從，曰：妾竟歸英，保人無疑乎。交親鄰里來勸，則涕泗横流，所執益堅。衆口喧傳，以爲奇事。廠衛聞之，乃助其聘禮，判爲夫婦。此事亦相彷彿。

又《女狀元》 亦徐渭作。渭自以長才不第，故爲此劇，以譏世之掇巍科者，皆如婦人女子之流，不足爲重也。齣中大段用《玉溪編事》所載，唯黄崇嘏中狀元及配周丞相子爲妻，俱渭撰出。《玉溪編事》云：王蜀僞相周庠者，初在邛南幕中留司府事。時臨邛縣送失火人黄崇嘏，纔下獄，便貢詩一章曰：偶爾幽隱住臨邛，行止堅貞比澗松。何事政清如水鏡，絆他野鶴向深籠。周覽詩，遂召見，稱鄉貢進士，年三十許，祗對詳敏，即命釋放。後數日獻歌，周極奇之，召於學院與諸生姪相伴。善基琴，妙書畫。翌日薦攝府司户參軍，胥史畏服。周既重其英聰，又美其風采，在任將逾一載，遂欲以女妻之。崇嘏貢詩一篇曰：一辭拾翠碧江湄，貧守蓬茅但賦詩。自服藍衫爲郡掾，永辭鸞鏡畫蛾眉。立身卓爾青松操，挺志鏗然白璧姿。幕府若容爲坦腹，願天速變作男兒。覽詩驚駭不已，遂召見詰問。乃黄使君之女，幼失覆蔭，唯與老嬭同居，元未從人。周益仰貞潔，郡内咸爲嘆異。旋乞罷歸臨邛之舊隱焉。

著録

清·黄文暘、佚名《重訂曲海總目·明人雜劇》 徐渭字文長，《女狀元》、《雌木蘭》、《翠鄉夢》、《漁陽弄》，以上四種名《四聲猿》。

清·支豐宜《曲目新編·明人雜劇》 《女狀元》、《雌木蘭》、《翠鄉夢》、《漁陽弄》，右四種，徐渭作。

清·姚燮《今樂考證·著録三·明雜劇》 徐文長《四聲猿》四種：《狂鼓史漁陽三弄》、《玉禪師翠鄉一夢》、《雌木蘭替父從軍》、《女狀元辭凰得鳳》。

清·王國維《曲録》卷三 《四聲猿》一本。明徐渭撰。

藝文

明·黄知和《讀四聲猿·調寄沁園春》 才子禰衡，鸚武雄詞，錦繡心腸。恨老瞞開宴，視同鼓史；摻撾罵座，聲變漁陽。豪傑名高，奸雄膽裂，地府重翻姓字香。玉禪老，歎失身歌妓，何足聯芳。　木蘭代父沙場，更崇嘏名登天子堂。真武堪陷陣，雌英雄將，文堪華國，女狀元郎。豹賊成擒，鷫裘新賦，誰識閨中窈窕娘。鬚眉漢，就石榴裙底，俯伏何妨。

清·黄宗羲《南雷詩曆》卷三《青藤歌》 文長曾自號青藤，青藤今在城隅處。離奇輪困歲月長，猶見當年讀書意。憶昔元美主文盟，一捧珠盤同受記。七子五子廣且續，不放他人一頭地。踽踽窮巷一老生，倔强不肯從世議。破帽青衫拜孝陵，科名藝苑皆失位。叔考院本供排場，伯良《紅閨》詠麗事。弟子亦可長黄池，不救師門之憔悴。豈知文章有定價，未及百年見真僞。光芒夜半驚鬼神，即無中郎豈肯墜。餘嘗山行入深谷，如此青藤亦累累。此藤苟不遇文長，籬落糞土誰人視。斯世乃忍棄文長，文長不忍一藤棄。吾友勝吉加護持，還見文章如昔比。

清·王士禛《蠶尾續詩》卷七《雜題近人諸傳奇》 鄴中餘子一醢雞，薦禰高風孰與齊。快意漁陽三弄罷，墓門無愧署征西。

又 巾幗兜鍪事亦奇，纖兒那許辨雄雌。買絲繡作荀崧女，同配高凉錦傘祠。

清·楊芳燦《真率齋初稿》卷五《消夏偶檢填詞數十種，漫題斷句，仿元遺山論詩體》 叢林密箐夜猿號，跋扈徐郎一代豪。此曲莫教商女唱，好從沙塞醉弓刀。

清·凌廷堪《校禮堂詩集》卷三《論曲絶句》 《四聲猿》後古音乖，接踵《還魂》復《紫釵》。一自青藤開别派，更誰樂府繼誠齋。

雜録

明·商維濬《刻徐文長集原本述》 予嘗小築卧龍山，石匱陶公讀書其中。袁中郎偶過越水訪公，公與驩飲，各别就寢矣，中郎見几上《四聲猿》一帙，閱竟汲趨問公，此必元人筆也。公笑曰：否，否，越中才人徐文長作，尚有詩賦傳記表箋尺牘數萬言，與吾友商景哲雅相善，故盡得之。遂出笥中藏，中郎忻然手翻，篝燈達旦，凡讀一篇一擊節，直恐其盡，至忘假寐。謂公曰：才思奇爽，一種超軼不羈之致，幾空千古。景哲既以嗜古特聞，當不令此書滅没蠹魚。晨起造予而請梓，因語予：文長奇才，一字一句自有風裁，愈粗莽，愈奇絶，非俗筆可及。慎勿描畫失真，爲世大痛。中郎即援筆爲序，陶公和之，閱兩月而刻成，果無不人人競賞争取，紙貴倍貴。迨予燕遊，射利子謬加評點，轉相竄易，殆不可令中郎見也。燕中名公諸大老，亦復咨嗟失真，向予索原本甚衆，政如西子自美，而嫫母其粉黛，見而疾走若避鬼物，無足怪者。今春歸，輒次第所藏板，印而行之，庶幾復見文長本色云。嗟嗟。中郎石匱篝燈夜讀狀宛然如昨，而文長且得至今存也。予亦可謂不負三君子矣。

明・沈德符《萬曆野獲編》卷五　初，勳以附會張永嘉議大禮，因相倚，互爲援，驟得上寵，謀進爵上公，乃出奇計，自撰開國通俗紀傳名《英烈傳》者，内稱其始祖郭英戰功，幾埒開平、中山。而鄱陽之戰，陳友諒中流矢死，當時本不知何人，乃云郭英所射。令内官之職平話者，日唱演於上前，且謂此相傳舊本。上因惜英功大賞薄，有意崇進之。會勳入直，撰青詞，大得上眷，幾出陸武惠、仇咸寧之上，遂用工程功，峻拜太師，後又加翊國公世襲，則僞造紀傳，與有力焉。此通俗書今傳播於世。

清・吴肅公《明語林》卷一一《寵禮》　徐文長在胡公幕，多與群少昵飲市肆。幕中有急，召之不得。夜深，開戟門以待。偵者得狀，以報曰：徐秀才方大醉嚎囂，不可致。胡公反稱善。督府嚴重，文武將吏惴惴無敢仰視，而文長戴敝烏巾，衣白布浣衣，直闖門入，無忌諱，公益優容之。

汪道昆

論説

明・吕天成《曲品》卷上　汪司馬一代鉅公，千秋文侣。所著《大雅樂府》，清新俊逸之音，調笑詼諧之致。餘雖染指於斯道，未肯争雄於箇中，然片臠味長，一斑各見。允爲上品。

明・王驥德《曲律》卷四　曲與詩原是兩腸，故近時才士輩出，而一搦管作曲，便非當家。汪司馬曲，是下膠漆詞耳。

明・祁彪佳《遠山堂劇品・雅品》《高唐夢》南一折：名公鉅筆，偶作小技，自是莊雅不群。他人記夢以曲盡爲妙，不知高唐一夢，正以不盡爲妙耳。

又《五湖遊》南北一折：五湖之遊，是英雄退步，正不可作寂寞無聊之語。此劇以冷眼寫出熱心，自是俗腸針砭。

又《遠山戲》南一折：他人傳張夫人，不免嫵媚，此則轉覺貞静。所以遠山一畫，樂而不淫。

又《洛水悲》南一折：陳思王覿面晤言，却有一水相望之意，正乃巧於傳情處，只此朗朗數語，擺脱多少濃鹽赤醬之病。

明・胡應麟《少室山房文集》卷一一三《雜柬汪公談藝五通》　《大雅堂四劇》，雖文采翩翩，而精嚴密麗，工極人間，自當爲南音絶唱。元人第長本色耳，稍入紛華，即關、鄭、王、高，不無冗複之累。視明公才情奕奕，而竣潔清泠，一塵靡染者，竟代寥寥。何時更叶北音，集長勝國，使崔、蔡三家不得專門前世，亦藝苑之賞心也。

傳記

清・錢謙益《列朝詩集小傳》丁集上　嘉靖末，歷下、瑯琊，掉鞅詞苑，伯玉慕好之，亦刻鏤爲古文辭，而海内未有聞也。萬曆初，江陵爲權相，其太公七十稱壽，朝士争爲頌美之詞，元美、伯玉皆江陵同年進士，咸有文稱壽，而伯玉之文獨深當江陵意，以此得幸於江陵，元美乃遷就其辭，著於《藝苑卮言》曰：文繁而有法者，于鱗；文簡而有法者，伯玉。伯玉之名從此起矣。厥後名位相當，聲名相軋，海内之山人詞客，望走噉名者，不東之婁東，則西之歙中，又或以其官稱之，曰兩司馬。昔之兩司馬以姓也，今以官，元美亦心厭之，而無以禁也。元美晚年，嘗私語所親：吾心知績溪之功，爲華亭所壓，而不能白其枉，心薄新安之文，爲江陵所脅，而不能正其訛，此生平兩違心事也。伯玉爲古文，初勦襲空同、槐野二家，稍加琢磨，名成之後，肆意縱筆，沓拖潦倒，而循聲者猶目之曰大家。於詩本無所解，沿襲七子末流，妄爲大言欺世。謁白嶽詩落句云聖主若論封禪事，老臣才力勝相如，幾於病風狂易，使人嘔噦矣。廣陵陸弼記一事云：嘉靖間，伯玉以襄陽守遷臬副，丹陽姜寶以翰林出提學四川，道經楚省，三省會飲於黄鶴樓。伯玉舉杯大言曰：蜀人如蘇軾者，文章一字不通，此等秀才，當以劣等處之。衆者愕眙，姜亦唯唯而已。後數日會餞，伯玉又大言如初，姜笑而應之曰：訪問蜀中胥吏，秀才中並無此人，想是臨考畏避耳。衆爲鬨堂大笑，伯玉初不以爲愧。此事殊可入笑林也。

清（**康熙**）**《徽州府志》卷一二**　汪道昆，字伯玉，號南溟。歙千秋里人。嘉靖丁未進士，知義烏縣。歷福建兵備副使，會有悍卒擁脅開府，開府莫能支。道昆遽入軍門，戮首事以徇，一軍寂然。壬戌，倭陷興化，全閩大震。道昆走浙，請督府胡宗憲檄總兵戚繼光將浙兵往。於是道昆主畫策，繼光主轉戰，諸賊皆次第削平，以功賜金綺者三，陞按察使。特勅盡護諸道軍，旋進右僉都御史，巡撫福建。大盜吴平起，復與繼光討平之，以事歸。未幾起撫鄖陽，旋晉右副都御史，撫湖廣。神宗立，召爲兵部右侍郎，出閲薊、遼邊備，與戚繼光、李成梁協心籌畫，數條上便宜，多報可。裁革兵餉冒濫，歲省二十餘萬緡，其《議輔兵疏》，尤切至計。轉左侍郎，乞終養歸。道昆以詩文名世，比肩王、李。自李攀龍之没，遂與王世貞狎，主齊盟，海内徵文者不東走吴，則西走新都，並稱兩司馬焉。所著有《太函集》，自訂《副墨》、《太函子》行世。

清（**康熙**）**《歙縣志》卷九**　汪道昆，字伯玉，【略】除義烏令，夜夢練衣愬簾下，詰旦，里正以婦自經告，曰：夫非練者耶。窮得其情，抵法，境内驚爲神明。歷武選司郎中，時李攀龍、王世貞、徐中行皆守曹郎，以詩文相倡和，無不争下昆。出守襄陽，多惠政。尋擢憲副，備兵福寧。【略】壬午倭據横嶼島，沿海城堡相繼陷，全閩大震。昆走浙，請授督府胡宗憲檄，總兵戚繼光將浙兵八千人往。於是昆主畫策，繼光主轉戰。設奇制勝，沿海諸賊壘次第削平。馘斬六千餘級，奪回男女輜重無數。幕府上功，賜金綺者三，超擢按察司使，特敕護八閩軍事。旋晉右僉都御史，開府八閩，海寇、劇賊，掃無孑遺。卒中忌，日請告歸。隆慶庚午，起撫鄖陽，旋遷副都御史，撫楚。晉兵部右侍郎，閲視遼，裁革兵餉冒濫，歲省二十餘萬。轉左郎，其《議輔兵疏》尤切至計，時江陵奪情當國，遂終養。

清（**乾隆**）**《福州府志》卷四六**　汪道昆，字伯玉，歙縣人。能古文辭，登嘉靖乙未進士，以閩藩臬進中丞。道昆入閩，污水蓐食，五年於外，其畫軍，首議餉，次議兵，三議責成，四議事任。宿將如俞大猷、戚繼光、湯克寬輩，皆專倚而推轂之。轅門士伍，待以殊恩，咸感激争奮。遂破吴平，夷龍頭寨，殲楊一、蘇阿普餘黨，倭患以平。後官至兵部左侍郎。

清（**嘉慶**）**《揚州府志》卷五一**　汪道昆，字伯玉，江都人，歙籍。嘉靖二十六年進士。由知縣歷官福建兵備道。【略】以功擢按察使，特盡護諸道軍。陞僉都御史，開府閩中，海寇殲無孑遺，未幾罷。隆慶中，起爲兩陽巡撫，晉副都御史，調撫湖廣。萬曆改元，合爲兵部侍郎，奉命巡邊，裁革冒濫兵餉，歲省浮費二十餘萬。終養歸。道昆以詩文名海内，與太倉王世貞並稱南北兩司馬。著有《太函集》。

清（**嘉慶**）**《義烏縣志》卷九**　汪道昆，字伯玉，【略】二十七年仕烏。舊習因循，奸蠹紛糾。公甫弱冠，英特警敏，風力過人。緒尋本始，梳節宿弊，振洗頽風，杜絶侵漁，徵賦立辦，辨枉破滑，剪刁鋤强，痛懲起滅，以熄訟源。操持公廉，信賞必罰。盜賊屏息，豪右惕心。事無巨細，刻期日中決之。群情胥服，易聽改觀。性好學，博覽多識，不以案牘輟披吟。尤崇重學校，造就青衿。所奬拔儁異，爲時名流，以行取人。爲南京工部主事，民遮首泣留，不忍別。公積官至兵部左侍郎，以文章名世，有《太函集》。其在婺屬草蓋寡，然生平未嘗忘婺也。祠名宦。

著録

清・黄文暘、佚名《重訂曲海總目・明人雜劇》　汪道昆字南溟：《遠山戲》、《高唐夢》、《洛水悲》、《五湖遊》。

清・支豐宜《曲目新編・明人雜劇》　《遠山戲》、《高堂夢》、《洛水悲》、《五湖遊》，右四種，汪道昆作。

清・姚燮《今樂考證・著録三・明雜劇》　汪南溟四種，補一種：《楚襄王陽臺入夢》、《陶朱公五湖泛舟》、《張京兆戲作遠山》、《陳思王悲生洛水》，【略】《唐明皇七夕長生殿》。

清・王國維《曲録》卷三　《遠山戲》一本，《高唐夢》一本，《洛水悲》一本，《五湖遊》一本。右四種，明汪道昆撰。

藝文

明·王世貞《後五子篇·歙郡汪道昆》 伯玉人間人，忽往在千古。矯矯先秦則，恥爲東京伍。匠郢斤成風，所至自規矩。一汰塵調非，耳觀衆稍沮。論交豈必面，飛書示肝腑。四十開閩疆，黄金絓其組。吾道何必然，諸子氣亦吐。

明·胡應麟《少室山房文集》卷七〇《湖上酒樓聽歌王檢討敬夫、汪司馬伯玉二樂府及張伯起傳奇戲作》 水雲深處木蘭航，白雪紛飛《大雅堂》。莫向五湖尋舊跡，於今司馬在鄖陽。

張鳳翼

論説

明·王世貞《曲藻》 張伯起《紅拂記》一佳句云：愛它風雪耐它寒，不知爲朱希真詞也。其起句云：檢盡曆頭冬又殘，愛他風雪耐他寒。拖條竹杖家家酒，上個籃輿處處山。亦自瀟灑。又張伯起《紅拂記》潔而俊，失在輕弱。

明·李贄《焚書》卷四《李卓吾批評紅拂記序》 《紅拂》，此記關目好，曲好，白好，事好。樂昌破鏡重合，紅拂智眼無雙，虬髯棄家入海，越公並遣雙妓，皆可師可法，可敬可羨。孰謂傳奇不可以興，不可以觀，不可以群，不可以怨乎。飲食宴樂之間，起義動慨多矣。今之樂猶古之樂，幸無差别視之其可。

明·吕天成《曲品》卷上 靈墟烈腸慕俠，雅志采真，汪洋挹叔度之波，軒爽驚孟公之座。稽古搜奇於洞壑，養親絶意於公車。

又《紅拂》：此伯起少年時筆也。俠氣辟易，作法撇脱，不粘滯。第私奔處未免激昂，吾友槲園生補北詞一套，遂無憾。樂昌一段，尚覺牽合。娘子軍亦奇，何不插入。

又《祝髮》：伯起以之壽母，境趣凄楚逼真。布置安插，段段恰好，柳城稱爲七傳之最。但事情非人所樂談耳。

又《竊符》：前半真，後半假，不得不爾。女俠如此，固當傳。

又《灌園》：有風致而不蔓，節俠具在。上虞趙氏作《溉園》，遠不逮矣。

又《扊扅》：此伯起得意作。百里奚之母，蛇足耳。張太和亦有記，别一體裁，而多剿襲。

又《平播》：伯起衰年倦筆，粗具事情，太覺單薄。似受債帥金錢，聊塞白云耳。

明·陳繼儒《紅拂記跋》 好結局，各從散漫中收做一團，妙妙。《西厢》風流，《琵琶》離憂，大概都作兒女子態耳。紅拂以立談而物色英雄，半局而坐定江山，奇腸落落，雄氣勃勃。翻傳奇之局，如掀乾揭坤之猷，不有斯文，何伸豪興。溉乎黄鐘大吕之奏，天地放膽文章也。

又《鼎鐫紅拂記序》 余讀《紅拂記》，未嘗不嘖嘖歎其事之奇也。紅拂一女流耳，能度楊公之必死，能燭李生之必興，從萬衆中蟬蜕，鷹揚以濟大事，奇哉。奇哉。何物女流，有此物色哉。虬髯翁龍行虎步，高下在心，一見李公子知其必君，一見李靖知其必相讓，至下手一局棋，十五年後旗鼓震于東南，籌策絲毫不爽，不尤奇乎。其妻以尺緎村楮，頓付家儲於素不相識之人，而毫無留滯不更奇乎。然而李靖翊際聖明，决機製勝，而出没若神，韜之傳迄今爲介胄嚆矣，夫奇又何如。予謂傳中所載，皆奇人也。事奇文亦奇，雲蒸霞變，卓越凡調，不佞取而詮之釋之，亦爲好奇者歌詠。

明·沈德符《萬曆野獲編》卷二五 張伯起少年作《紅拂記》，演習之者偏國中。後以丙戌上太夫人壽，作《祝髮記》，則母已八旬，而身亦耳順矣。其繼之者，則有《竊符》、《灌園》、《扊扅》、《虎符》，共刻函爲《陽春六集》，盛傳於世，可以止矣。暮年值播事奏功，大將楚人李應祥者，求作傳奇以侈其勳，潤筆稍溢，不免過於張大，似多此一段蛇足，其曲今亦不行。同時沈寧庵璟吏部，自號詞隱生，亦酷愛填詞，至作三十餘種，其盛行者，惟

《義俠》、《桃符》、《紅蕖》之屬。沈工韻譜，每製曲必遵《中原音韻》、《太和正音》諸書，欲與金、元名家争長；張則以意用韻，便俗唱而已。

明・徐復祚《曲論》 伯起有《處實堂集》，著述甚富。詩宗老杜、王摩詰，然不求甚似。晚喜爲樂府新聲。天下之愛伯起新聲，甚於古文辭。樂府有《陽春堂六傳》，而世所最行者，則《唐李藥師紅拂記》也。甲子，以《易》薦京兆，試南宫，輒報罷。迨庚辰，以母老，不復應公車辟。【略】伯起善度曲，自晨至夕，口嗚嗚不已。吴中舊曲師太倉魏良輔，伯起出而一變之，至今宗焉。常與仲郎演《琵琶記》，父爲中郎，子趙氏，觀者填門，夷然不屑意也。

又 張伯起先生，余内子世父也，所作傳奇有《紅拂》、《竊符》、《虎符》、《扊扅》、《灌園》、《祝髮》諸種，而《紅拂》最先，本《虬髯客傳》而作，惜其增出徐德言合鏡一段，遂成兩家門，頭腦太多。佳曲甚多，骨肉匀稱，但用吴音，先天、簾纖隨口亂押，開閉罔辨，不復知有周韻矣。【略】近見方刻李卓吾批點《紅拂》，大要謂：紅拂一婦人耳，而能物色英雄於塵埃中。是贊《虬髯傳》中紅拂耳，亦未嘗贊張伯起紅拂也。知音之難如此。此外《灌園》亦俊潔，《竊符》亦豪邁，餘不甚行。

明・張琦《衡曲麈譚・作家偶評》 伯起好古文辭，尤一時名宿，所爲《紅拂》傳奇，俊逸秀朗，雖論者有輕弱之嫌，孰知意態修美，如翔禽之羽毛，正自難得。

清・焦循《劇説》卷二 伯起老於公車，好度爲新聲。所著《紅拂記》，梨園子弟皆歌之。《遊宦餘談》云：《虬髯客傳》，紀遇李衛公於靈石旅店，約往太原見州子，於汾陽橋候之。余入太原初過靈石縣，次汾陽橋，無所謂靈石者，意傳奇中所云者，乃抄録相傳之誤，而張伯起《紅拂記》因之。

清・李調元《雨村曲話》卷下 張伯起小有俊才，而無長料。頗有一二真語，氣亦疏通。一嵌故實，便堆砌軿轃，亦是傚伯龍使然。自恐寂寥，有意塗飾，是其病處。

清・尤侗《題北紅拂記》 案頭之書，場上之曲，二者各有所長，而南北因之異調。元人北曲固自擅場，但可被之弦索。若上場頭，一人單唱，氣力易衰，且賓白寥寥，未免冷淡生活。變而南音，徘徊宛轉，觀者耳目俱靡，其移人至矣。然王實甫《西厢》一經李日華改竄，幾於點金成鐵。北之日趨而南也，雖風氣使然，甯無古調不彈之歎乎。愚謂元人北曲若以南詞關目參之，亦可兩人接唱，合場和歌，中間間以蘇白，插科打諢，無施不可，又爲梨園弟子另辟蠶叢。此意無人解者，今于荔軒先生遇之。唐人小説傳衛公、紅拂、虬髯客故事，英雄兒女，各具本色。吾吴張伯起新婚伴房，一月而成《紅拂記》，風流自許，乃其命意遣詞，委恭殊甚。即如《私奔》一齣：夜深誰個叩柴扉，齊微韻也。顛倒衣裳試觀渠，魚虞韻也。紫衣年少俊龐兒，支思韻也。以一曲而韻雜如此，他可知矣。浙中淩初成更爲北劇，筆墨排奡，頗欲睥睨前人。但一事分爲三記，有疊床架屋之病。體格口吻，猶仿元人，未便闌入紅牙翠管間也。荔軒復取而合之，大約撮其所長，汰其所短，介白全出自運。南北斗筍，功若天成。又添徐洪客《采藥》一折，得史家附傳之法，正如虎頭寫照，更加頰上三毛，神采倍發，豈惟青出於藍乎。荔軒遊越五日，倚舟脱稿。歸授家伶演之，予從曲宴得寓目焉。既復示予此本，則案頭之書、場上之曲兩臻其妙，雖周郎復起，安能爲之一顧乎。於是擊節欣賞，而題其後。

傳記

清・錢謙益《列朝詩集小傳》丁集中 鳳翼，字伯起，長洲人。與其弟獻翼幼于、燕翼叔貽，並有才名。吴人語曰：前有四皇，後有三張。伯起、叔貽，皆舉鄉薦，幼于困國學，叔貽早死，而伯起老於公車，年八十餘乃終。伯起善書，晚年不事干請，鬻書以自給。好度曲，爲新聲，所著《紅拂記》，梨園子弟皆歌之。伯起與余從祖春池府君，同舉嘉靖甲子。余弱冠，與二三少年衝酒闌入其家讌，酒闌燭灺，伯起具賓主，身行酒炙，執手問訊，其言藹如，先進風流，至今猶可思也。

清（康熙）《蘇州府志》卷四五 張鳳翼，字伯起。準孫，生五齡猶不言。一日見大父掃除，遽謂姆：汝當代掃。聞者異之。嘉靖甲子舉於鄉，四上春官并報罷，嘆曰：母老矣，尚僕僕三千里外，幸不可得名，而忘朝夕倚閭耶。遂棄去。既歸，益杜門深居，讀書養母以終其身。家本素封，以不問生產，產日落，乃稍稍賣文以爲養，日得百十錢即封廉卻軌，恒自比於季主君平，冠蓋造門，多謝病不出。性至孝，童子時，父怒捽其髮，遽曰：徐之，是中有簪，末鋭，懼傷大人手。父意遽解。母年八十餘卒，鳳翼年七十一，先是，髮黝然，至是一夕而白。少受《易》於丁少參，已從杜少參遊，每過其門，雖暮夜必下車。初登賢書，展先墓，見有槽纍纍，亟捐坊金葬之，其至行如此。卒年八十七。所著有《處實堂前後集》、《文選纂注》。

清（乾隆）《長洲縣志》卷二四　張鳳翼，字伯起。少有雋才，涉獵群籍中。嘉靖甲子鄉魁，士林推服。著有《處實堂集》、《文選注》、《史議評林》。

清（乾隆）《江南通志》卷一六五　張鳳翼，字伯起，長洲人。與弟獻翼、燕翼並有才名。吴人語曰：前有四皇，後有三張。鳳翼嘉靖甲子舉人。獻翼字幼于，刻意爲歌詩。好《易》，十年中，箋注凡三易。於是，三張之名，獻翼尤藉甚。燕翼字叔貽，亦有文名，與鳳翼同舉於鄉，早卒。

清（嘉慶）《丹徒縣志》卷二六　諸生。邑城龍華寺改爲學宫寺，仍居浮屠。鳳翼用形家言，謂余邑士科名不利，移建刹城南釜鼎山。

清（光緒）《蘇州府志》卷七五　張鳳翼，字伯起。曾祖杲，字景春。好讀書，著《吴中人物志》。祖准，以心計起家。父冲，賈而俠，皆有聞於時。【略】稍長，日益開敏。補諸生，已入太學，皆屈其曹。

紀事

清·佚名《曲海總目提要》卷七《祝髮記》　係明時舊本，不知誰作。徐孝克事本之正史，略加增飾。據史孝克之妻，不免失身，孝克諒其心而復合，劇不得不爲遮飾也。王僧辨擒王，在孔景行口中說出。達摩折葦渡江，點化孝克，贈以僧帽，名爲法整。此係增飾。達摩渡江在武帝時，其回首在大通二年，去侯景之叛，尚十八九年。劇又以手提隻履，以作隻履西歸之證。按：魏使宋雲奉使西域，迴遇達摩于葱嶺，手攜隻履，翩翩獨逝。雲問之，答曰：西天去。雲歸，具説之。啓壙，僅存隻履，詔取供養于少林寺。此則回首後三歲事也。劇又以孝克母知其賣妻，責令祝髮，亦係增飾。法整至景行宅募化，與妻相見，亦是增飾。蓋因臧氏私致饋餉，懸揣如此。孝克復官，搜捕逆黨，乃見其妻，亦是增飾。孝克官甚小，搜逆非其職也。《南史》云：徐孝克，陵弟也，性至孝，事所生母陳氏，盡就養之道。梁末侯景寇亂，孝克養母，饘粥不能給。妻東莞臧氏，領軍將軍盾女也，甚有容色。孝克謂曰：今饑荒如此，供養交闕。欲嫁卿與當世人，望彼此俱濟，於卿何如。臧氏弗許。時有孔景行者，爲侯景將，多從左右，逼而迎之，臧氏涕泣而去。所得穀帛，悉以遺母。孝克又剃髮爲沙門，改名法整，兼乞食以充給焉。臧氏亦深念舊恩，數私致饋餉，故不乏絶。後景行戰死，臧氏伺孝克於途中，累日乃見。謂孝克曰：往日之事，非爲相負，今既得脱，當歸供養。孝克嘿然無答。於是歸俗，更爲夫妻。宣帝時，孝克爲國子祭酒，每侍宴，無所食噉。至席散，當其前膳羞損減。帝密記以問中書舍人管斌。斌伺之，見孝克取珍果納紳帶中。斌後尋訪，知其以遺母。斌以啟，宣帝嗟歎良久，乃敕：自今宴享孝克，前饌並遣將還，以餉其母。時論美之。隋文帝時爲國子博士，卒年七十三。

又《竊符記》　明張鳳翼所編也。如姬竊符，本《信陵君傳》，併撮入趙括事，惟顔恩無其人。李同見《平原君傳》，但傳載李同赴秦軍戰死，而劇中以爲同請救於魏，係紐合。按：《信陵君傳》云：魏公子無忌者，魏昭王少子，而魏安釐王異母弟也。昭王薨，安釐王即位，封公子爲信陵君。公子爲人，仁而下士。士以此方數千里，爭往歸之，致食客三千人。當是時，諸侯以公子賢，多客，不敢加兵謀魏十餘年。公子與魏王博，而北境傳舉烽，言趙寇至，且入界。魏王釋博，欲召大臣謀。公子止王曰：趙王田獵耳，非爲寇也。復博如故。王恐，心不在博。居頃，復從北方來傳言曰：趙王獵耳，非爲寇也。魏王大驚曰：公子何以知之。公子曰：臣之客有能探得趙王陰事者，趙王所爲，客輒以報臣，臣以此知之。是後魏王畏公子之賢能，不敢任公子以國政。魏有隱士曰侯嬴，年七十，家貧，爲大梁夷門監者。公子聞之往請，欲厚遺之，不肯受。公子於是乃置酒大會賓客，坐定，公子從車騎，虚左，自迎夷門侯生。侯生攝弊衣冠，直上載公子上坐，不讓，欲以觀公子。公子執轡愈恭。侯生又謂公子曰：臣有客在市屠中，願枉車騎過之。公子引車入市。侯生下見其客朱亥，俾倪，故久立與其客語，微察公子。公子顔色愈和。當是時，魏將相宗室賓客滿堂，待公子舉酒。市人皆觀公子執轡，從騎皆竊罵侯生。侯生視公子色終不變，乃謝客就車至家。公子引侯生坐上坐，偏贊賓客，賓客皆驚。侯生謂公子曰：臣所過屠者朱亥，此子賢者，世莫能知，故隱屠間耳。公子往，數請之。朱亥故不復謝，公子怪之。魏安釐王二十年，秦昭王已破趙長平，又進兵圍邯鄲。公子姊爲趙惠文王弟平原君夫人，數遺魏王及公子書，請救於魏。魏王使將軍晉鄙將十萬衆救趙，秦王使使者告魏王曰：吾攻趙旦暮且下，而諸侯敢救者，已拔趙，必移兵先擊之。魏王恐，使人止晉鄙，留軍壁鄴，名爲救趙，實持兩端以觀望。平原君使者冠蓋相屬於魏，讓魏公子曰：勝所以自附爲婚姻者，以公子之高義，爲能急人之困。今邯鄲旦暮降秦，而魏救不至，安在公子能急人之困也。且公子縱輕勝，棄之降秦，獨不憐公子姊耶。公子患之，數請魏王，及賓客辨士說王萬端。魏王畏秦，終不聽公子。公子自度終不能得之于王，計不獨生，而令趙亡，乃請賓客約車騎百餘乘，欲以客往赴秦軍，與趙俱死。行過夷門，見侯生，具告所以欲死秦軍狀，辭决而行。侯生曰：公子勉之矣，老臣不能從。公子行數里，心不快曰：吾所以待侯生者備矣，天下莫不聞。今吾且死，而侯生曾無一言半辭送我，我豈有所失哉。復引車還問侯生。侯生笑曰：臣固知公子之還也。公子喜士，名聞天下。今有難，無他端，而欲赴秦軍，譬若以肉投餒虎，何功之有哉。尚安事客。然公子遇臣厚，公子往而臣不送，以是知公子恨之復返也。公子再拜，因問侯生。乃屏人間語曰：嬴聞晉鄙之兵符，常在王卧内，而如姬最幸，出入王卧内，力能竊之。嬴聞如姬父爲人所殺，如姬資之三年，自王以下欲求報其父仇，莫能得。如姬爲公子泣，公子使客斬其仇頭，進之如姬。如姬之欲爲公子死，無所辭，顧未有路耳。公子誠一開口請如姬，如姬必許諾。則得虎符奪晉鄙軍，北救趙而西卻秦，此五霸之伐也。公子從其計，請如姬，如姬果盗晉鄙兵符與公子。公子行，侯生曰：將在外，主令有所不受，以便國家。公子即合符，而晉鄙不授公子兵，而復請之，事必危矣。臣客屠者朱亥，可與俱。此人力士，晉鄙聽，大善。不聽，可使擊之。於是公子請朱亥，朱亥笑曰：臣乃市井鼓刀屠者，而公子親數存之。所以不報命者，以爲小禮無所用。今公子有急，此乃臣効命之秋也。遂與公子俱。公子過謝侯生，侯生曰：臣宜從，老不能。請數公子行日，以至晉鄙軍之日，北鄉自到，以送公子。公子遂行。至鄴，矯魏王令，代晉鄙。晉鄙合符，疑之，舉手視公子曰：今吾擁十萬之衆，屯於境上，國之重任。今單車來代之，何如哉。欲無聽。朱亥袖四十斤鐵椎，椎殺晉鄙。公子遂將晉鄙軍，進兵擊秦軍。秦軍解去，遂救邯鄲，存趙。趙王及平原君自迎公子於界。平原君負韊矢爲公子先引。趙王再拜曰：自古賢人，未有及公子者也。公子與侯生决，至軍，侯生果北鄉自剄。魏王怒公子之盗其兵符，矯殺晉鄙。公子亦自知也。已卻秦存趙，使將將其軍，歸魏，而公子獨與客留趙。趙王以鄗爲公子湯沐邑。公子聞趙有處士毛公，藏於博徒，薛公，藏於賣漿家。公子欲見兩人，兩人自匿不肯見公子。公子聞所在，乃間步往從此兩人遊，甚歡。公子留趙十年不歸，秦聞公子在趙，日夜出兵東伐魏。魏王患之，使使往請公子。公子恐其怒之，乃誡門下有敢爲魏王使通者，死。賓客皆背魏之趙，莫敢勸公子歸。毛公薛、公兩人往見公子曰：公子所以重於趙，名聞諸侯者，徒以有魏也。今秦攻魏，魏急而公子不恤。使秦破大梁，而夷先王之宗廟，公子當何面目立天下乎。語未及畢，公子立變色，告車趣駕，歸救魏。魏王見公子，相與泣，而以上將軍印授公子。公子遂將。魏安釐王三十年，公子使使遍告諸侯。諸侯聞公子將，各遣將將兵救魏。公子率五國之兵，破秦軍於河外，走蒙驁，遂乘勝逐秦軍至函谷關，抑秦兵，秦兵不敢出。當是時，公子威振天下，秦王患之，乃行金萬斤於魏，求晉鄙客，令毁公子於魏王。魏王日聞其毁，不能不信，後果使人代公子將。公子自知再以毁廢，乃謝病不朝，與賓客爲長夜飲。飲醇酒，多近女色，日夜爲樂飲者四歲，竟病酒而卒。又按：《廉頗列傳》云：秦與趙相拒長平時，趙奢已死，而藺相如病篤。趙使廉頗將，攻秦，秦數敗趙軍。趙軍固壁不戰，秦數挑戰，廉頗不肯。趙王信秦之間，秦之間言曰：秦之所惡，獨畏馬服君趙奢之子趙括爲將耳。趙王乃以括爲將，代廉頗。藺相如曰：王以名使括，若膠柱而鼓瑟耳。括徒能讀其父書傳，不知合變也。趙王不聽，遂將之。趙括自少時學兵法，言兵事，以天下莫能當。嘗與其父奢言兵事，奢不能難，然不謂善。括母問奢其故，奢曰：兵，死地也，而括易言之。使趙不將括則已，若必將之，破趙軍者，必括也。及括將行，其母上書言於王曰：括不可使將。王曰：母置之，吾已决矣。括母因曰：王終遣之，即有如不稱，妾得毋隨坐乎。王許諾。趙括既代廉頗，悉更約束，易置軍吏。秦將白起聞之，縱奇兵佯敗走，而絶其糧道，分斷其軍爲二。士卒離心。四十餘日，軍餓。趙括出鋭卒自搏戰，秦軍射殺趙括。括軍敗，數十萬之衆，遂降秦，秦悉阬之。《平原君傳》云：

秦圍邯鄲，楚使春申君將兵赴救趙，信陵君亦矯奪晉鄙軍往救趙，皆未至邯鄲，急且降，平原君甚患之。邯鄲傳舍吏子李同與敢死之士三千人赴秦軍，秦軍爲之卻三十里。會楚魏救至，秦兵遂罷，邯鄲復存。李同戰死，封其父爲李侯。

又《灌園記》 作者未詳何人，記法章灌園實事。按《史記・田完世家》，樂毅入齊，湣王出亡之衛。衛人侵之，去走鄒魯。鄒魯弗納，遂走莒。楚使淖齒將兵救齊，反殺湣王。湣王遇殺，其子法章變姓名，爲太史敫家傭。敫女奇法章狀貌，以爲非恒人，憐而常竊衣食之，而與私通焉。淖齒既去莒，莒人共立法章，是爲襄王。立太史敫女爲王后，是爲君王后。太史敫曰：女不取媒，因自嫁，污吾世。終身不覩君王后。又《樂毅列傳》：昭燕王卒，子惠王素不快於毅。齊田單因縱反間，燕使騎劫代樂毅將。又《田單列傳》：燕平齊，單走安平，令其宗人盡斷車軸末而傅鐵籠。已而齊人爭塗，轊折車敗，惟單宗人以鐵籠得全。東保即墨，即墨人立以爲將軍。及騎劫代將，單收城中千餘牛，爲絳繒衣，畫以五彩龍文，束兵刃於其角，而灌脂束葦于其尾，燒其端。牛熱，怒奔燕軍。燕軍大驚敗走，遂復齊七十餘城。又按《通鑑綱目》：樂毅聞畫邑人王蠋賢，使人請蠋，蠋不往。燕人曰：吾且圖畫。蠋曰：忠臣不事二君，烈女不更二夫。遂自經。法章無改名王立事，君王后之婢亦未聞。田單以君王后之婢爲妻，亦係增出。其他與正史合。

又《虎符記》 明時舊本，不知誰作。花雲守太平，本與王鼎、許瑗同時殉節，作者爲後來團圓，故云被擒囚禁，增出勸降、失明、送藥及花煒立功、張定邊自刎等大半情節。以爲雲守城時，取所佩虎符付其妻郜，後令子煒持此見父爲信，故曰《虎符》也。桅竿射死，本是實事，今在定邊口中作恐嚇語。郜氏本已赴水，今謂圍城時雲遣妻妾出城，倉卒衝散，郜弟適來訪雲，獲與郜遇，往投常遇春鎮所，送至金陵。孫氏渡江，潰軍奪舟，今增陳友諒兵欲污孫，孫投江自盡，雷老用桅木救溺一段。太祖鄱陽大戰，射殺陳友諒，常遇春攻破陳理，理就擒，皆是實事。今增花煒將兵與定邊交戰，定邊戰敗，走告雲，羨其有子，且具述漢兵敗滅。雲大笑，眼明，轉勸定邊降，定邊不從，取佩刀自殺。煒入獄迎雲歸朝，父子受爵。凡數段，按定邊實隨理俱降，未嘗盡節也。太平之戰，友諒見雲勇鋭，曰：此黑將軍猛不可當。雲若不死，功名當在常遇春、鄧愈間，作者蓋深致惋惜。然謂先遣妻子出圍，恐失其意。考《明史》，花雲，懷遠人，貌偉而黑，驍勇絶倫。至正十三年，從明太祖起臨濠，數戰有功，授前部先鋒，擢行樞密院判，階安遠大將軍。克常熟州，獲卒萬餘，命趨寧國道，殺群盜數百，還守太平。二十年閏五月，陳友諒以舟師來寇，雲與知府許瑗、院判王鼎、元帥朱文遜率三千人禦之。文遜戰死。友諒攻三日不克，乃以巨舟乘漲，令士卒緣舟尾攀堞登城，城遂陷。縛雲急，雲怒大呼，縛盡裂，起奪守者刀，殺五六人，大罵。賊怒，碎其首，縛於舟檣，叢射之而死。瑗、鼎亦抗罵死。太祖即吳王位，追封雲東丘郡侯，瑗高陽郡侯，鼎太原郡侯，立忠臣祠并祀之。方戰急，雲妻郜祭家廟，挈三歲兒泣語家人曰：城破吾夫必死，吾義不獨存，然不可使花氏無後，若輩善撫育之。雲被執，郜赴水死。侍兒孫瘞畢，抱兒行，被掠至九江。軍中惡兒啼，孫氏夜投漁家，脱簪珥屬養之。及漢兵敗，孫往漁家竊兒走，夜宿陶穴中。天明渡江，潰軍奪舟去，棄江中。浮斷木入葦洲，採蓮實哺兒，七日不死。夜半，有老父號雷老，挈之行。逾年，達太祖所，孫氏抱兒拜泣，太祖亦泣，置兒膝上曰：將種也。賜雷老衣，忽不見，兒尋賜名煒，累官水軍左衛指揮僉事。世宗即位之歲，其五世孫爲遼復州衛指揮，請於朝，贈郜貞烈夫人，孫安人，立祠致祭。張定邊，陳友諒驍將也。至正二十一年，友諒之大義二年，秋八月，明太祖伐漢，友諒自龍江敗還，定邊復陷安慶。至正十八年，友諒破安慶。太祖令諸將乘風溯流而上，復安慶。癸卯秋七月，友諒圍洪都，太祖往救。友諒東出鄱陽湖，遇於康郎山。定邊奮前欲戰，常遇春射却之，廖永忠即以飛舸追定邊。定邊走，身被百餘矢，士卒多死傷，後累戰敵兵大敗。友諒奪氣，定邊欲挾之退保鞋山，爲明師所扼，不得出。友諒計窮，冒矢突出，遂中流矢死。定邊乘夜以小舟載友諒屍及其子理還武昌，立理爲帝。甲辰春，太祖圍武昌，遣羅復仁諭理降，遂率其太尉定邊詣軍門降。

著録

清・高奕《新傳奇品》附《古人傳奇總目》 《紅拂》：張靈墟作，李藥師事。

又《祝髮》：張靈墟作。

又《庋㢈》：張靈墟作，百里奚事。

又《虎符》：張靈墟作，如姬事。

又《平播》：張靈墟作。

又《竊符》：張靈墟作，即《虎符》事。

清・佚名《傳奇彙考標目》卷上 《紅拂》胡懋禮亦有《紅拂》雜劇，《祝髮》其母八十，作此爲壽，《竊符》、《虎符》、《灌園》、《庋㢈》又云端平川作，《平播》總兵李應祥厚禮求作，事頗不實。

清・笠閣漁翁《笠閣批評舊戲目》 《紅拂記》張伯起作，中下。又《灌園記》張伯起作，上下。又《竊符記》張伯起作，上上。

清・黄文暘、佚名《重訂曲海總目・明人傳奇》 張鳳翼《紅拂記》張太和所作同名，《虎符記》、《竊符記》、《庋㢈記》端鏊所作名同、《祝髮記》、《平播記》、《灌園記》。

又《國朝傳奇》 勝樂道人《長命縷》。

清・支豐宜《曲目新編・明人傳奇》 《紅拂》、《虎符》、《竊符》、《庋㢈》、《祝髮》、《平播》、《灌園》，右七種，張鳳翼作。

清・姚燮《今樂考證・著録六・明院本》 張鳳翼七種：《紅拂》、《虎符》、《竊符》、《庋㢈》與端鏊作同目異詞。《祝髮》、《灌園》、《平播》。

清・王國維《曲録》卷四 《紅拂記》一本，《祝髮記》一本，《竊符記》一本，《灌園記》一本，《庋㢈記》一本，《平播記》一本。右六種，明張鳳翼撰。

藝文

明・胡應麟《少室山房文集》卷七〇《湖上酒樓聽歌王檢討敬夫、汪司馬伯玉二樂府及張伯起傳奇戲作》 掩徑頻年侶博徒，陽春堂上白雲孤。才聞北里歌《紅拂》，又見東園演《竊符》。

明・袁宏道《袁宏道集箋校》卷三《張伯起》 兩年稀面見，一字到官疏。白石連雲煮，青苓帶雨鋤。尊前《紅拂傳》，花下古釵書。兄弟多名理，何山故不如。

雜録

明・徐𤊹《陽春堂五傳跋》 壬辰秋，余有故蘇之役，借居張幼于曲水園。而長公伯起先生常避客，不樂應酬，余以幼于故，始得見伯起者再。於所著作，亦時窺一斑。會吴友劉仲卿出此五傳見贈，一《紅拂》，一《竊符》，一《灌園》，一《虎符》，一《祝髮》，藏之齋頭，六年。忽一披覽，伯起風流，宛然在目也。

清・佚名《曲海總目提要》卷七 係明時舊本，不知誰作。明張鳳翼撰，鳳翼字伯起，號靈墟，又號泠虛先生、冷然居士，江蘇長洲人，所作傳奇有《紅拂記》、《祝髮記》、《竊符記》、《虎符記》、《灌園記》、《庋㢈記》、《平播記》、《蘆衣記》、《玉燕記》等，前六種合稱《陽春六集》。今《庋㢈記》、《平播記》、《蘆衣記》、《玉燕記》四種佚。《竊符》殘，餘四種皆存。又王應奎《柳南隨筆》稱本劇爲徐復祚撰，疑不確，再傳徐渭亦有同名之作。徐孝克事本之正史，略加增飾。據史，孝克之妻，不免失身，孝克諒其心而復合，劇不得不爲遮飾也。王僧辨擒王，在孔景行口中説出。達摩折葦渡江，點化孝克，贈以僧帽，名爲法整。【略】法整至景行宅募化，與妻相見，亦是增飾。蓋因臧氏私致饋餉，懸揣如此，孝克復官，搜捕逆黨，乃見其妻，亦是增飾。孝克官甚小，搜逆非其職也。

盧柟

論説

明・王世貞《盧次楩集序》 余跡盧柟所遘逢及狀貌，殆中庸人耳。

既稍得其古詩歌行，讀而小異之。至讀諸賦，則未嘗不爽然自失也。三閭家言，忠愛悱惻，怨而不怒，悠然《詩》之風乎。長卿務以靡麗宏博，旁引廣喻，其要歸卒澤於雅，子雲謂之從神化中來耶。然自東京而下蔑如也。諸儒先生號名能文章家，奈何取其所論著而姑韻之，以爲賦若兹乎哉。即盧氏所就《幽鞠》、《放招》凡二十篇，其概不得離津筏而上之，然而大指可諷也。窮天地之紀，采人物之變，與夭喬走飛之態，經緯臚列，凡二三能言之士如宋玉、景差者，嘽緩於左徒之門，豈其先枏而室哉。夫文人業自好負氣，殆其常耳。

又《書牘三十首·盧次楩》 足下四賦，恒時某几案間，私怪《騷》、《辯》載胥，巫沅涸潤，揚、馬物故，岷峨改色，兹長已矣。何圖足下河北傖父，千秋緬也。往者計出獄當抵薊門，虛左而待者寧一日哉。足下竟舍我而往來邢襄間也。以天之靈不我棄也，亦得遂善于鱗。此子嶽聳於中原，僕亦垤峙於江左。后土所命，忘其崔嵬，切劘下上，無復宇宙。楚人吴國倫、淮南宗臣、吴人徐中行、故南海梁有譽，草昧特起，偃蹇群雄，獨吾二人者，相慕説輩上君子，遂成眈眈握節之日昵友耳。戒出，毋問訊盧生胥靡也，其於助君浮薄名，不淺於乎。

明·蘭室主人《成書雜記》 一、原傳舊有刻本，語頗雜惡，一經點綴，俱爲生動。藏聲石鼓，千年遇張茂先也。至人名事境，併無一字改易。惜文繁不能盡贅，博雅君子當並觀之。一、前人因曲諡名，後人按名造曲者，以腔板既定，人不敢創易故也。然腔板不换，則其中或增字、或减字，皆隨人詞意，筆勢所到，聯絡成文而已。近時歌人，或數字咯口，則謬爲裁補，甚至代爲删芟。文闕理荒，不知曲聖板師自有那借之法，先生間有增減，幸恕筆削。一、俚詞膚曲，因場上雜白混唱，猶未以曲代言，老餘姚雖有德色，不足齒也。吴人清唱，因其腔板熟落，窮力吟咏，或至奉爲終身首調，不知里巷鄙語，雖使二八好女歌之，終亦濕鼓啞缶而已。又有填詞集事，雜白唱尚或可曉，一入清唱，如啖木屑者。是本合白即記，拆白即詞，縱使簫板間綴高唱低咏於虎丘石上，千人叢中，當亦雅俗首肯，不至爲解人嘲也。一、作曲俱依古調，名色標列極楚。又有如《六犯宫詞》、《九迴腸》，俱係眼前熟調，首尾過接，自有一定師傳。點板注名，所重似不在此。一、元人詞曲，多配絲絃。況北調簡勁真率，目多寓於曲中也。以致苦面老優，妄加枝節，如露滴牡丹開，原難做作，不得不添君瑞多丰采矣。此本委蛇詳備，如謝點金之手。先生苦心也，亮之，亮之。一、是本原無圖像，欲從無形色處想出作者本意，固是超乘。但雅俗不齊，具凡各境，未免有展卷之歎。兹集本齋更加較讐鐫刻，不啻苦心，豈得不一煩名手，繪斯無字句之神情，以標其勝。故擇句皆取其言外有景者，題之於本圖之上，以便覽者一見，以想像其境其情，欣然神往，是由夫無形色者也，用是以補其缺陷。一、時曲取事幻奇，多方凌駕，波瀾筍節，博設遠收。至於箇中情景，舌亂齒忙，本味未出，而心已爲闔目促去。作者以此投時，演者以爲省事，不知終場急鼓繁聲，倉皇跪拜，有何意趣。獨先生兹本，取事未嘗不奇，而迴峰過峽，引水歸源，恣意橫皴，歡腸飽舌；更妙在嵌空着步，纏綿幽曲，必欲節節盡情，臺上案頭，共珍名作。一、是集讎校獨精，告成不易，實亦先生精魄所在，愛玩不忍輕褻。公傳我輩，同藏斯寶，如有用心精校，紙板精瑩，圈點細膩，廣傳幽谷窮鄉，不佞正大有望於同志也。若不如公棨，或兼易陽虎之面，先生何以教我。

明·譚元春《批點想當然序》 《想當然》者，相傳謂盧柟次楩所著，爲傳奇而自異其名者也。吴人客遊於楚，篋中攜此，譚子見而賞之，乃爲竟讀。夫忠孝俠烈之事，散見於經史，而情麗獨歸之曲，忠孝俠烈，人所自爲，欲自言之，則不可無論，名心淡泊，無能自舉。即欲極力自寫，反多扞隔不通之處。一經才人手筆，以文代辭，以理遡事，合衆人之喜怒，當日之情事，以觀其行徑，雖言談接凑，不必盡然，而要不可移之於他人者，則人之想專而味出也。六經之悠宕者，無如《詩》，則言情爲多。周秦以下，爲騷、爲賦、爲歌行，爲詩餘，三代詩體，簡勁質朴，亦其氣運留之，想固自雋。要之一涉悠宕，即不能不爲騷，爲賦、爲歌行、詩餘，以專爲情麗之所歸者，則勢使然，亦三代人所不禁也。有名人女子，終身情性所結，覆匿昏迷，婉轉自度，不幸而遇俗子，以刀馬扁鼓傳之；或遇不讀書、不静悟之人，加以惡詩俚句，演爲小説，述爲歌聲，遂使起居服飾，仍是前人，但易其姓氏，而謂之後人可乎。即後人之行徑，誠是我不能出心想以迎之，則仍不如置之冥漠，聽後世有耳目、有情性者自爲之，正不必汲汲欲傳，令人痛惜徘徊，歸咎於作者之不善也。且生旦兩人合爲一傳，則兩人有兩人之想。净、丑、外、末，嬉笑怒罵，種種詛祝憐惜之人，則亦有净、丑、外、末嬉笑怒罵之想。夫傳兩人，則兩人已耳。净丑外末，兩人深不願有此。然無之則不奇，不奇則不傳。世無才人併净丑外末，鬚眉如土木矣。况言詞轉動之外，有舉目不見，傾耳不聞，千變而不離者，半面乍睹，如見故人，避就遷延，如長癡木，當徑者爲情所使，忽忽不知自非。此中人孰能以一點艷根，化爲千百字句。不許一字不靈，一句不肖，令四時之氣，草木之情，意外不相干涉之人，盡爲佐使乎。次楩磊落半生，竟以狂死。偶出而爲是編，其豪氣難除，用心不細，故多生處、硬處、疎處，不能盡爲次楩掩。至其意到神開，覺讀者有如或見之之意，總不肯一語落前人窠臼，揣摹之極，變爲天然，不獨他人不能代言，即質之次楩，或亦非學問讀書之所至也。則併其生處、硬處、疎處合而成一，次楩之作，正不必爲解嘲矣。或曰：盧固濬人，其序稱大江以南，殆非盧作。余意盧散人也。足跡半天下，所至爲號。陸尚書爲吴人，始仕濬令，出次楩於嘉胏疑爲府字之誤中。陸歸，盧隨之客於吴。書成，而得吴名，不復自珍，旋又棄去。生平倚酒嫚罵，無故人知己。將死之歲，弇州先生復以家難流離長安，故遺文散而不收，至今始傳流耶。或曰：此本陸尚書少年所爲，以其宦久而官高，不便以詞曲傳，得意之文，又不忍廢，故託之門生後輩，以爲不朽，詭云次楩耳。嗟乎，鄭康成之《春秋》，亦名服注，許先生之草蹟，竟爲右軍，幸而傳之足矣，敢苛求其爲陸爲盧耶。次楩博識前哲，謂取所論著，而姑韻之以爲賦，今讀其《幽鞠》、《放招》之類，非取所論著而姑韻之以爲騷者乎。塑面畫皮，影射往古，自是嘉、隆間習氣，何此編亭亭多新異耶。吾愛次楩，當削去《幽鞠》、《放招》諸篇，獨存《想當然》，則亦不知次楩爲嘉、隆間人也。景竟陵譚元春撰。

明・祁彪佳《遠山堂曲品・逸品》《想當然》：相傳爲盧次楩所作，譚友夏批評，然觀其詞氣，是近時人筆，即批評亦未屬譚。劉一春事，本之《覓蓮傳》，此於離合關目，亦未盡恰，但時出俊爽，才情追露。

傳記

明・王世貞《盧柟傳》盧柟字少楩，一字子木，大名濬人也。其先世業農，穫則什一而息之，故以貲雄於鄉。柟少負才敏甚，讀書一再過，終身不忘。父爲入貲太學上舍，數應鄉試，罷免歸。柟才高，好古文辭，不能頫而就繩墨。爲博士諸生業，以故試輒不利，而聲稱奕奕在薦紳間著也。柟爲人跅弛，不問治生產，時時從倡家遊。大飲，飲醉輒弄酒罵其坐，客毋敢以脣舌抗者。而又豪歌詩，當所得意，下筆數千言立就，客咸咋指遁去。竟用是敗。濬令某者，數刻深名法家言，於文非能好之，陽浮慕之，以張吏術耳，謂柟邑諸生才，得相從事，幸甚。柟亦欲借令，謬恭敬爲相得極歡。令嘗從客語柟：吾旦過若飲。柟歸與翁媪益市牛酒，夜共張至旦，室邑子相戒，盧生有重客，門之履相蹈也。而會令有它事，日昃不來。柟愧且望之，斗酒自勞，醉則已卧。報令至，柟故徐徐出。坐久之，柟稱醉不能具賓主。令恚去，曰：吾乃爲傖人子辱，愧見其邑長者。邑人素惡柟者，爲柟讒曰：是嘗見令君文，而笑且唾。令益怒。亡何，柟干掫其役夫，得伏麥以爲盜也，榜之。役夫被酒，自理而聲强，柟復加榜焉。旬日矣，役夫夜壓於牆隕。事聞令。令色動曰：喈纍是，復能倨見我耶。匿役夫所由死狀，當柟抵坐。獄具，上報可。柟既已坐大辟繫獄，又令仇之，故毋敢爲稱冤者。而會柟鄉人間嘗侍飲不遜，柟目攝之去，已來爲獄吏，夜縛柟，格箠之數百，臀踵悉潰爛且死矣。吏以他事罷，得不死。乃感慨折節，益讀其所攜書，著《幽鞠》、《放招》賦以自廣。其《幽鞠》曰：盧柟既用事逮繫濬獄，與幽囚伍，瞀憒迷惑，目無日月。不知晦朔，仰天太息曰：嗟嘑，聖人脩身晉道，立命不貳。賢者推運循理，以定所天。顧柟微眇，離兹憲網，問諸造物而已，因作賦以自廣。【略】《放招》文多不盡録。居頃之，盜行剽，迫柟父自剄死，燒其盧。子錢家咸負貸不償。柟固已壁立矣。令亦更悔，念魚肉盧生何酷耶。陰稍稍寬柟梏，有所讐詩辭，呼使從獄具草。草上，予酒肉食飲洗沐。尋令去濬爲大官，事益解。而故人謝榛先生者，攜柟賦遊京師貴人間，絮泣曰：天乎。冤哉盧生也。及柟在而諸君不以時白之，乃罔罔從千古哀湘而吊賈乎。陸光祖，吴人。有心計，俄謁選得濬令，至則首爲更爰書上，論鬼薪，輸作三歲。盧柟既出獄，家益貧，乃爲《九騷》謝陸令。而謝榛先生方留滯鄴，柟走謁之，因上賦趙王。趙王覽而奇其文，立召見，賜金百鎰。於是諸王人人更置邸延柟，柟則稱客坐右坐，握麈尾辨説，揮霍數百千萬言，風雨集而江波流也，嗚毫颯颯，倏忽而爲辭若賦，各得以意去。既酒醉，故態畢發，罵其坐人，則人人掩耳走避。柟竟亦不自得，罷還，顧橐中所餘金幾何，趣付酒家也。嫡囁嚅咎柟，不顧曰：天生盧柟爲女曹地耶。吴人王世貞治獄大名，飛書大伾山中，勒邑吏具筆札，受柟所著集若干卷。柟故亦慕稱世貞，當爲文托謝榛先生致之，不達。至是見世貞郡臺，把臂爲布衣飲三日，酒語慷慨，恨相見晚也。世貞序其賦。【略】柟既以別世貞去，南遊金陵。陸光祖爲祠部郎，留月餘。走越歷吴，毋所遇，還益落魄嗜酒，病三日卒。王生曰：柟未死前一歲，妻死。生二女，其一踰二十不嫁。柟死時，世貞方坐家難，浮繫長安邸中，不得其狀也，其文辭散失毋收者，故爲之傳其行略，欲令後世知有盧柟耳。予亦愚，鮮量矣。柟不遺邑令，家不破亡，然其文辭亦不工。嗚呼，世寧獨一令哉。

清（雍正）《河南通志》卷六五　盧柟，字次楩，濬縣人。少負才敏，其讀書一再過，終身不忘。爲太學上舍生，數應鄉試不售，因憤歸。柟爲人跅弛，醉好罵座，而豪於歌。詩嘗所得，下筆數千言立就。嘗以非罪繫獄，益讀其所携書，著《放招》、《幽鞠》等賦。故人謝榛攜其賦遊京師，諸貴讀之，無不潸然涕出者。後事得白。嘗謁榛於鄴。上賦趙王王覽而奇其文，立召見，賜金百鎰。于是諸王人人更置酒延柟，柟則坐右座，握麈尾，辯論蜂起。或鳴毫颯颯爲詞若賦，各得去。然醇輒故態畢發，罵其座人皆，掩耳走避。柟還濬，太倉王世貞治獄大名，勒邑吏具筆狀，受柟所著集若干卷。柟亦慕世貞。至是見于郡台，把臂爲布衣交，恨相見晚。柟既別世貞去，南遊金陵，走吴歷越，益落魄。嗜酒病卒。著有《蠛蠓集》行世。

清（乾隆）《衛輝府志》卷三二　盧柟，字次楩，一字子木，世居濬之淇門鄉。家世業農，【略】柟好古文辭，不能俯就繩墨，以故試不售，而聲稱奕奕在薦紳間。然跅弛不問治生産，好遊衍【略】。其遊太學歸，過魏博，中考功握手嘆曰：太學無人，奈何。濬令慕其才，語柟過飲，日暮，柟候之不至，斗酒自勞，遂至酩酊，令至，不能具主賓禮，令恚去。無何，柟干掫其役夫，得所資麥，榜之，夜雨牆傾，役夫殞，仇柟者咸搆於令。令蓄前怒，因論當抵坐，繫獄。柟感慨折節，著《幽鞠》、《放招》賦以自廣。故人謝榛先生攜其賦遊京師貴人間，曰：天乎。冤哉盧生也。柟在而諸君不以時白之，乃千古下哀湘而吊賈乎。陸光祖，吴人。謁選得濬令，至則首爲更爰，書上，論鬼薪。柟既出，家前盜剽，益窮困，乃爲《九騷》謝陸令。滑令張嘉允素重柟，往報列榻雁行，柟恚之，張更客爲上坐。又謁謝榛於鄴，上賦趙王。【略】顧橐中餘金，趣付酒家。婦咎柟，柟曰：天生盧柟爲女曹地耶。吴人王世貞治獄大名，飛書大伾山中，勒邑吏具筆札，受柟所著集若干卷，柟故亦慕稱世貞。至是，見世貞郡台，把臂爲布衣交，恨相見晚也。世貞序其賦略。既別世貞去，南遊金陵，依陸光祖。走吴、歷越，覽名山大川。還益落魄，嗜酒，病三日卒。著有《蠛蠓集》行世。

清（乾隆）《大名縣志》卷三九　盧柟者，濬縣人。家素封，輸貲爲國學生。博聞强記，落筆數千言。爲人跅弛，好使酒罵座，常爲具召邑令晏。不至，柟大怒，徹席滅炬而卧。令至，柟已大醉，不具賓主禮。會柟役夫被榜，他日牆壓死，邑令即捕柟，論死，繫獄，破其家。其家里中兒爲獄卒，恨柟，笞之數百，謀以土囊壓殺之，爲他卒救解。柟居獄中，益讀所攜書作《幽鞠》、《放招》二賦，詞旨沈鬱。謝榛入京師見諸貴人，泣其冤狀，且曰：生有一盧柟不能救，乃從千古哀沅而吊湘乎。平湖陸光祖選得濬縣，因榛言平反其獄。人是稱謝榛。

著録

清・高奕《新傳奇品》　盧次楩大名人蜃樓雜沓，氣勢橫生。所著傳奇一本：《想當然》。

清・黄文暘、佚名《重訂曲海總目・明人傳奇》　盧次楩大名人《想當然》。

清・支豐宜《曲目新編・明人傳奇》　《想當然》。大名盧次楩作。

藝文

明・王世貞《廣五子篇・魏郡盧柟》　盧生富結撰，揚、馬有遺則。及乎爲詩歌，雅好在李白。春風揚波瀾，浩渺靡所極。仰見朝霞媚，俯見水五色。蛾眉一成妒，雄飛鎩其翮。朝奏獄中書，夕爲坐上客。妻子不殢人，長歌下震澤。

史槃

論説

明・祁彪佳《遠山堂劇品・雅品》《蘇臺奇遘》北六折：叔考見孟子若著有伯虎劇，遂奮筆爲之，直欲壓倒元、白耳。北調六齣始此。

又《三卜真狀元》南北六折：是劇也，一以見黄懷寧循良之徵，一以見劉殿元積厚之報。其爲詞不涉誇張，自得頌述之體。

又《清凉扇餘》南北四折此於王雲來《清凉扇》之外，别構四折。内錢嘉徵面斥陸萬齡一折，絶有生色。

又《遠山堂曲品・能品》《檀扇》：叔考諸作，多是從兩人錯認處搏挖一番。一轉再轉，每於想窮意盡之後見奇。幸其詞屬本色，開卷便見其概，不令人無可捉摹耳。

又《青蟬》：海公子盗池生書物，乃爲金媚娘所易，竟達空函。絶處逢生，取境甚巧。末段反覆説明，詞、白絶無重複，深得詞隱作法。但《青蟬》、《鶼釵》，每從此一物轉摺，覺布置過繁，閲者費解。

又《雙鴛》：曲多兒女離合之事，而無騈語、澁語，易諧里耳，故叔考一記出，優人争歌舞之。如李郃宛轉作劉蕢之合也，有意想不到處，想叔考胸中有九曲珠，故多巧乃爾。

又《唾紅》：叔考匠心創詞，能就尋常意境，層層掀翻，如一波未平，一波復起。詞以淡爲真，境以幻爲實，《唾紅》其一也。

又《朱履》：童敉主人云：近日富春實有其事，而借南宋時人以譜之者。備諸苦境，刻肖人情。但菊花莊殺仇已後，頭緒太煩。細繹之，乃見貫串之巧。

又《鶼釵》：此記波瀾，只在荆公悮認宋廣平爲康璧耳，搬弄到底，至於完姻之日，欲使兩女互易，真戲場矣。柳沃若桃鬬一段，大有逸趣。但韋安石之搆國香，境界叠見，其中宜删繁就簡。

又《合紗》：傳兒女子情者，須婉轉，尤須灑脱。若合父、母、兄、妹、門生、故友，盡人而商量一紗，雖奇姻巧凑，不無反爲情累乎。叔考於曲道稱大匠，此處猶不無傷指之慮。

又《瓊花》：於梵貝中標出慈雲一事，可以仰配《雙修》，抹殺《妙相》矣。但語過率真，未是叔考得意之作。

又《櫻桃》：丘素平櫻桃之盟幾敗矣，而作之合者，乃在黄巢。此君作賊，猶不失英雄本色。後以死丁香易生愛娟，鑿空出奇，大可捧腹。

又《孿甌》：於錯處見境，爲沈爲彭，幾令人莫可端倪，而巧笑於中叠出矣；但關鍵原佳，二甌反覺爲贅物。

又《夢磊》：文景昭富貴姻緣，俱得之於石，故夢中白玉蟾以磊字授之，其中結搆，一何多奇也。但劉以司農而夜送女於文生旅邸，與《檀扇》之以甥女私慰凌生，皆非近情之事。

又《雙串》：大荒此記，操縱合法，韻度俱勝。叔考少加損益，便有史叔語氣矣。

又《忠孝》：傳沈公青霞著，叔考難兄有《壁香記》，初以宫商相舛，乃盡更之，沈公浩氣丹衷，恍忽如見，故叔考作此，亦遂有冠冕雍容之度矣。

明・陳繼儒《陳眉公集》卷六《史叔考童敉齋集叙》 余嘗見《合紗》、《檀扇》、《鶼釵》、《雙鴦》、《櫻桃》諸詞，驚曰：世乃更有徐文長乎。客曰：此即文長之友史叔考也。

傳記

清・黄宗羲《思舊録》 史槃，字叔考，徐文長之門人。其書畫刻畫文長，即文長亦不能辨其非己作也。長於填詞，如《兼釵》、《合紗》、《金丸》、《夢磊》諸院本，皆盛行於世。余十四歲時，於黄泥橋諸氏院中見之。鬚鬢皓然，年蓋九十餘矣。

清・佚名《傳奇彙考標目》 史槃，字叔考。會稽人。

清・王國維《曲録》卷四 史槃，字叔考。會稽人。

紀事

清・佚名《曲海總目提要》卷九《夢磊記》 會稽人史槃撰。吴縣人馮夢龍重訂。演文景昭夢神仙示以磊字云：婚姻富貴皆由于此。因名夢磊。劉逵、蔡京、蔡薿、宋用臣雖係同時，其情蹟非實也。黨人碑云：逵婿謝瓊仙。此云文景昭，並無所据。略云：當塗諸生文景昭，字允明，客于蘇州，與友鄭彬約遊虎丘劉園。劉園者，户部侍郎劉公路之園也。公路名逵，隨縣人，觀察江南，愛吴門山水，遂家焉。蔡京專權，乞休林下，有女亭亭，才貌無雙。繼母章氏甚悍，不愛其女。逵嘗得奇石，高四丈餘，玲瓏可愛，旁有一路，直達石頂。乃構小軒，曰拜石，以貯之，時憩其上，節届花朝。景昭晝寢，夢玉城仙史白玉蟾以畫一軸示之，軸上止書一磊字。曰：功名伉儷，皆在于此。及寤，不能解。與彬約同遊，彬有他事不果。景昭獨詣逵園，徙倚奇石之上。逵至，邀景昭坐。劇談相契，愛其才品，以女許之，遂指石爲媒妁。景昭退，逵與章氏言之，章大不愜。中州蔡薿，與蔡京聯宗。聞逵女美，偕章氏弟曰子春者，同入園中。見女在焉，往前揖之，女與婢秋紅訴而入。薿囑子春力主其姻事。適逵奉詔起中書侍郎，同知樞密院事。恐其妻爲梗，潛攜女適景昭而贈之百金。章氏聞之恚甚。子春受薿託，因謀劫甥女歸以嫁薿，女堅不從，母亦無可如何，乃以秋紅紿爲女以嫁薿。時景昭妻被奪去，修書託彬入京求救于逵，遂移寓于彬宅。夜詣逵家，欲探一信，杳然無踪，徘徊月下。内監宋用臣監滁州酒税，道過蘇州，月下遇景昭，談吐相賞，詢得其故，意甚不平。用臣嘗忤蔡京，是以外貶。其性鯁直，遂令僕從僞作迎親人，用花輿擡廟中泥神。俟薿迎娶，使僕與争道，乘鬧易轎，舁送景昭寓，用臣即入京復命。薿啓轎，見泥神大駭。子春謂薿：女上轎其姊所知，中途被劫，事出意外，姊必訴于官。乃嗾薿亦赴京就試。俟姊訪知無從得薿，庶可省脣口也。秋紅至景昭寓，景昭啟轎視之，非復己妻。詢其故，秋紅以景昭爲薿，不敢以實告。景昭見其誤認爲蔡，亦不敢以實告，權留寓中，未嘗犯也。時蔡京立元祐黨人碑，復遣朱冲子勔爲觀察，兼管應奉局，採蘇杭花石。劉逵入京面訴勔，又上疏論京。徽宗不懌，使逵出使高麗。勔出都，京及户部尚書劉貴等郊餞。鄭彬持景昭書誤投于貴，京乃知景昭爲逵壻。貴拆書覺其誤而還之，彬始知逵出使，復南歸，以復景昭。抵池河驛，與蔡薿遇。薿言已娶逵女，而詭語景昭已殁。彬悲不勝，遽欲南歸。薿勸偕入京就試。時朱勔至蘇，聞逵園有奇石，突入强取之。夫人及子春抗不肯予，勔怒，並執繫獄。逵女惶急，欲詣景昭求救其母，至則寂然無人。聞景昭言，其友鄭彬居第八家。遂急往叩，適景昭出，造逵園探妻信。秋紅啟扉見亭亭，驚問其故。亭亭謂秋紅已與薿甚匿，而秋紅則告亭亭云共牀異枕，情不相通，不可以救母事語彼。乘其未至，兩人同逸去，附内監舟以北。景昭抵逵園左右，不得真信。及歸又失秋紅，遂入獄探章氏，始知舁歸者，乃其婢也。章氏重景昭之義，即以家事託之。許他日覓女歸，復諧伉儷。逵至高麗，其國王向風納貢。蔡京察上意頗向逵，欲與修好。會典試入闈，拔薿第一。而移他人卷以爲文景昭，擢居第二，以示修好于逵之意。鄭彬亦擢第十。亭亭、秋紅附舟至都，與彬遇于卜肆，占景昭事。彬迎兩人至己宅居之，不知景昭之未試也。徽宗在鸜鵒樓觀梅倦而假寐，夢司馬光、蘇軾等訴黨人碑之屈。醒而覺前失，立命毁之，并捕朱勔治其罪。而用金牌召逵入中書，與景昭詣京師。見逵，景昭以未入闈，不欲冒名中式，具疏陳奏。逵復奏劾京罪，乃以文運昭功石爲題，令景昭與薿並作一賦。景昭稱旨，擢大魁，翻薿卷于後，綴名榜末。鄭彬邀薿至家，使秋紅見之，不相識。及景昭至，亭亭出見，相感慟。而秋紅出見之，即前所誤認爲蔡郎者也。於是以亭亭爲妻，秋紅爲妾。朝廷不直蔡京，但以中景昭非惡意，僅落其中書之職，以開府儀同爲太乙宫使，而進逵官爲僕射云。按：馮夢龍當崇禎時，以文知名于時。文震孟爲吴中宗匠，夢龍等蓋其所獎拂也。震孟天啟壬戌科狀元，釋褐後，即以建言罷歸，名震天下。其座師内閣何宗彦，湖廣隨州人。劇中劉逵，隨縣人。景昭居蘇，又擢狀元，當是指震孟耳。狀元姓文者，亦惟震孟一人。薛應旂《甲子會記》：崇寧元年壬午，蔡京爲相，立元祐黨人碑于端禮門。二年，令州縣立元祐黨人碑，石工安民不忍刻。四年，以朱勔領花石綱。五年丙戌正月，彗出西方，長竟天。詔求直言，毁黨人碑，復謫者仕籍。蔡京有罪免，革其弊政。是年策進士，蔡薿以阿附得首選。大觀元年丁亥，蔡京復相，以蔡薿爲給事中。三年，蔡京有罪免，尋以太師致仕，留京師。四年，降太子少保，出居杭州。政和二年壬辰，召蔡京爲太師，三日一至都堂議事。宣和三年庚子，蔡京以太師魯國公致仕，睦州民方臘以誅朱勔爲名作亂。六年，蔡京復相。七年，勒蔡京致仕，始罷花石綱。冬十二月，太學生陳東請誅蔡京、梁師成、李彥、朱勔、王黼、童貫六人。靖康元年，竄王黼、蔡京、童貫、趙良嗣、蔡攸、朱勔，遣人誅之。《宋史·劉逵傳》：逵字公路，隨州隨縣人，進士高第。崇寧中擢户部侍郎，使高麗，遷尚書，由兵部同知樞密院拜中書侍郎。逵無他才能，以附蔡京，故躐進。京以彗星見去相，而逵貳中書，首勸徽宗碎元祐黨碑，寬上書邪籍之禁。未滿歲，帝疑逵擅政。御史余深論逵專恣反覆，且庇其婦兄章綖使之盜鑄，罷知亳州。《蔡京傳》：崇寧五年正月，彗出西方，其長竟天，帝以言者毀黨碑。京免爲開府儀同三司中太乙宫使。《朱勔傳》：勔蘇州人。父冲，狡獪有智數。蔡京居錢塘，過蘇，陰器其能。明年召還，挾勔與俱。以其父子姓名屬童貫，竄置軍籍中，皆得官。徽宗垂意花石，京勸勔語其父，密取浙中珍異以進。歲率再三貢，至政和中，始極盛。舳艫相銜於淮汴，號花石綱。置應奉局于蘇，指取内帑如囊中物。延福宫艮嶽成，奇卉異植，充牣其中。所貢物豪奪漁取于民，毛髮不少償。士民家一石一木，稍堪翫，即領健卒直入其家，用黄封表識，未即取，使護視之，微不謹，即被以大不恭罪。及發行，必撤屋抉牆以出。人不幸有一物小異，共指爲不祥，惟恐芟除之不速。嘗得太湖石高四丈，載以巨艦，役夫數千人。所經州縣，有拆水門橋梁鑿城垣以過者。既至，賜名神運昭功石。子汝賢等召呼郷州官寮，頤指目攝，流毒州郡者二十年。方臘起，以誅勔爲名，童貫出師，承上旨盡罷去花木進奉。欽宗用御史言，放歸田里，羈管循州，遣使即所至斬之。《宋用臣傳》：用臣字正卿，開封人，爲人有精思彊力，以父蔭隸職内省。神宗時權勢震赫一時，積勞至宣政使。元祐初言者論其罪，降爲皇城使，謫監滁州太平州酒税。四年，主觀靈仙觀。紹興初召爲内侍押班。徽宗時遷入内副都知。卒，謚僖敏。《蔡薿傳》：薿字文饒，開封人。崇寧五年以諸生試策，揣蔡京且復用，即對曰：熙豐之德業足以配天，不幸繼之以元祐。紹聖之纘述足以永，賴不幸繼之以靖國云云。於是擢爲第一，以所對頒天下。未幾，遷中書舍人。自布衣至侍從，纔九月，前所未有也。旋進給事中，一意附蔡京，敘族屬尊爲叔父。京命攸翛等出見，薿亟云向者大誤，公乃叔祖，此諸父行也。遽列拜之。按《閩書》：陳葵，福州人，中南省第三人，擢甲科。蔡京籍元符中上書王定等十八人，奏乞編置，葵其一也，謫居衡州。崇寧三年，雷震元祐黨人碑，得釋還，詔有司許依元考定甲分註官。雷震黨人碑事，不見于通鑑，但前數年持黨人甚急。崇寧四年五月，忽除黨人父兄子弟之禁。八月又詔徙元祐黨人于近地。據通鑑所記，何三年以前，處禁黨人及黨人之子弟，其法不一而足。二年以後，忽開解網之恩耶。五年彗出竟天，劉逵請碎碑寬禁，帝從之。乃夜半遣黄門至朝堂毀石。翌日蔡京見之，厲聲曰：石可毀，名不可滅也。此則因天變人言而毀。四年之時，既無天變，又無言者，雷擊黨碑之事，信當有之。又按：《步里客談》云：宣和殿立元祐奸黨碑。一日大風雨，爲震雷擊碎，蓋證閩書之不謬也。又按：林靈素侍宴太清樓，見元祐奸黨一碑，對之稽首，上怪問之。對曰：碑上姓名，皆天上星宿，臣敢不稽首。因爲詩曰：蘇黄不作文章伯，童蔡翻爲社稷臣。四十年來無定論，不知奸黨是何人。上以詩示蔡京，京惶愧乞出。然則此碑之毀，靈素殆有助焉。劇言徽宗得夢，似不如用雷震及靈素二事。《中吴紀聞》云：大觀中樞密章公之子綖，爲蔡京誣以盜鑄，詔開封尹李孝壽即吴中置獄，連逮千餘人。遣甲士五百圍其家，鉦鼓之聲晝夜不絶，俗謂之聒囚鼓。獄既不就，又遣三御史蕭服、沈畸、姚失其名重按之。其至也，人皆從門隙中窺之，不敢正視。按通鑑，此徽宗大觀元年丁亥歲也。時蔡京怨劉逵，會蘇州盜鑄錢獄起，京欲陷逵婦兄章綖兄弟，遣開封尹朱孝壽鞫之，株連者千餘人。强抑使承，死者甚衆，京猶以爲緩，遣侍御史沈畸、蕭服往代。畸至蘇，即日釋無左證者七百人，遂閲實平反以聞。京大怒，貶畸監信州酒税，羈管處州，而綖竟竄海島。又按：太湖有東嶽西嶽二山，吴王于此嘗置男女二嶽。楊郎中備詩云：雷霆號令雪霜威，二嶽東西鎖翠眉。

又《合紗記》卷一〇 明史槃作。言姚饒二女九華祈夢得詩，遇楚客崔衰江干投句，因白紗以作合，二女皆歸衰，而紗復合，故名曰《白紗記》，又曰《合紗記》。劇云：宋太宗時祈陽崔衰，字九絲，僑居湖口，與裴愷相友善。愷讀書虎阜，衰買舟造訪。過采石，與兖州知府姚景龍官舫同泊。景龍由庶子外任兖州，挈妻平氏、女銀蟾以行。道經九華，銀蟾祈夢于地藏菩薩，菩薩示詩云：烟水茫茫未有涯，鴛鴦鎖處在銀沙。世間莫道知音少，江上能逢女伯牙。勳臣永春侯饒應孫有妹夢麟，及笄未字。應孫移鎮瀛海，夢麟亦至山中祈夢，夢與銀蟾同。明日，鐃以妹小恙留醫，而姚船先發。至采石夜静，銀蟾聞鄰舟撫琴聲，即袞也。開窗遥睇，與婢私語，爲袞所覺。題詩于白紗，投窗隙中，明日各開帆去。銀蟾得紗，視其詩與夢中語無異，心竊喜，而恐爲人見，以紗藏塵承上。及舍舟登陸，紗遺舟中。袞至虎阜，則裴愷已歸，囑僧留袞相待。復拏舟迎愷，重泊采石，前船尚在，袞心訝之。躑躅舟旁，爲臧獲所訶。舟中之女憐袞書生，戒僕毋犯，袞益自喜。而舟中女乃夢麟非銀蟾也。蓋姚既登陸，空船至九華，復載鐃眷屬至此，夢麟見袞，悦其貌而不知其名。忽於塵承墮紗一方，上有詩與夢合，私喜以爲此紗必袞投入，攜以登車，入驛館，而紗遺車上。急遣人求之，而已爲兩車夫分而爲二，僅獲其半以歸。袞至江中，與愷遇，同入京應試，皆成進士，授邑令，袞任丘，愷青陽。時景龍復召爲端明殿學士，愷出其門，聞袞未娶，囑愷爲媒，欲以女妻之。袞以采石所遇告景龍，詢其女，知袞所遇者即銀蟾也。然袞以必得白紗爲信。會程限急，與姚訂後期而去。之任未幾，耶律休哥率兵圍城甚急，應孫方鎮瀛海。聞報，語其妹，夢麟詢知縣令即祈陽崔袞，乃以祈夢得紗之實告兄。應孫爲發兵解圍，而以妹字袞，袞見半紗，以姚言爲不實，與鐃竟成夫婦。景龍擢禮部尚書，薦袞爲御史，叙應孫功，亦内擢。而已則告老南歸。至驛亭，銀蟾見驛中老嫗寒，賜以衣。嫗解帶，則白紗之半也。賞嫗收紗，登舟至青陽。而袞與應孫移眷入都，亦泊青陽。裴愷來見，知袞已娶，銀蟾父母聞之憤甚，過鐃舟訪夢麟，互相詰問，不懽而散。會應孫設席邀愷舟中，袞既在座，景龍亦至，各言前事。舟子周元識姚鐃并識袞，俱道前後皆其舟載眷泊采石，兩見袞於舟傍。于是愷爲袞請于景龍，景龍亦以爲前定，願以女妻袞。夢麟聞其詳，即過姚舟認夫人爲母，願居側室。景龍命以姊妹相稱，即舟中三人同合巹，兩紗復合爲一。九華山在今池州府青陽縣，舊名九子山。李白謂九峯似蓮華，乃更今名。劉夢得嘗愛終南太華，以爲此外無奇；愛女几荆山，以爲此外無秀。及見九華，深悔前言之失也。其山爲地藏王菩薩道場，有化城寺無相寺，自唐以來，香火最盛。唐至德間有新羅國僧渡海居九華山，嘗取巖間白土雜飯食之，人以爲異。年九十九，忽召徒衆告别，坐化函中。後三載開視，顔色如生，舁之，骨節俱動，是爲金地藏。

又《仙桃種》一名《瓊花記》 未知何人所作。演宋湘王廷美之女慈雲，幼而好佛，夢食仙桃，有身生子，因以爲名。關目情節，俱空中樓閣。所引揚州瓊花，雜見《地志》及《花木考》諸書，其説不一，附見於後。據云：宋太宗之弟湘王廷美，有女曰慈雲公主，七歲事佛修行。玉帝以其與女子瓊香有夙冤當報，乃命紫微真人遣木公、金母托夢，食以仙桃，俾懷孕生子，身罹患難，然後證果。時，朝旨遣湘王詣揚州採瓊花，爲杜太后上壽。此花久不開，土神申奏玉帝，命桐柏真君遣九花判官至瓊花觀，使花復生。且令三槁三榮，以表異。湘王至揚，無花，禱於天。齋宿七日，花忽發。士人謂宜罩以絳紗，貯以清水，令净身美女捧持，則花色不變。於是民間選得美女桂香，湘王改名曰瓊香，如戒以行。道經湘邸，夫人及慈雲迎看，甫揭紗而花已槁。慈雲謂瓊香不净之故，瓊香心嗛之。慈雲禱於神，花乃復榮。湘王仍命瓊香持入朝，太宗以瓊香賜湘王爲姬。慈雲隨母赴朝，祝太后壽。太后高年好道，聞慈雲勤修戒律，絶憐愛之。慈雲自夢食桃後，即告於母，至是腹中即覺有娠，甚疑懼。湘王聞而慰之。值番將撲古登作亂，朝命湘王率兵征討。瓊香初入湘邸擅寵，湘王瀕行，恐爲夫人所不容，命瓊香與夫人顛頏，欲慈雲母事之。慈雲不平，但呼爲姊。瓊香益恨。會太后建太陰寺於亳州，幸寺習静，慈雲欲隨往，湘王不許。瓊香偵知慈雲腹中事，乘湘王凱旋，遂指腹污衊。湘王怒，責問慈雲，搒掠不已。又密令瓊香鞫，爲夫人救止。未幾，有星降於宫，慈雲乃生子。瓊香勸湘王殺慈雲而奪子，欲手刃之。關壯繆陰護，刀不得下。遂遣心腹賂貧民周全易其子，以進於王而殺之，縊死慈雲，殯之亳州。於是普門大士命天神啓棺返魂，改其貌，挈之太陰寺。太后見而悦之，詢其姓名。慈雲稱民間女，遂度爲尼。其所生子養於周全家，年漸長，瓊香因王無子，取全子入宫。湘王奇其貌，命名金龍，撫爲世子。王往亳州起居太后，遇小尼，訝其貌類慈雲，感觸悲涕，歸邸，命金龍世子往覲太后。小尼見世子，問年十二，稱瓊香所産，心疑其非。湘王思女得疾，請於太后，欲迎尼諷經。太后遣尼偕世子來湘邸。關壯繆復還慈雲故容，入宫。瓊香見而驚倒，壯繆勒令盡吐其讒害慈雲狀，并言金龍本慈雲出。湘王聞而駭異，見慈雲，知回生易容始末，復爲父女母子如初，金龍正名外孫。湘王夫人痛其女之冤，劾瓊香於朝。太宗親鞫，命縊於市。慈雲爲求解，乃免死。太后自亳州携瓊花還朝云：昔湘王自揚州採貢上壽以來，此花枯槁久矣，今閲十二年，枯枝復榮，開花尤麗，以爲祥瑞。太宗以慈雲本末告太后，謂皆以瓊花而起，故三槁三榮如是。乃設宴宫中，爲湘王慶。劇中所引宋杜太后、太宗弟廷美，俱見正史，但封號、年月皆不符。按《宋史》，太宗太平興國元年，以弟廷美爲開封尹，封齊王，廷美即光美也。五年，進封齊王廷美爲秦王，論平漢功也。七年，罷秦王廷美爲西京留守，未幾，勒秦王廷美就第，復其子爲皇侄女，落皇女公主之號。五月，貶秦王廷美爲涪陵縣公，安置房州。雍熙元年，涪陵公廷美以憂卒，年三十八，追封涪王，以其子德恭、德隆爲刺史。真宗即位，追復涪王廷美爲秦王。劇中稱封楚地七郡爲七湘王，係僞撰。又云五十無子，及公主慈雲，皆捏造，且太宗朝無復杜太后矣。《廣輿記》云：瓊花臺在揚州府城東蕃釐觀内，花自唐人植，天下獨一株，元時朽，以八仙花補之。《群芳譜》云：玉蕊花所傳不一，唐李衛公以爲瓊花，宋曾端伯以爲瑒花，黄山谷以爲山礬，皆非也。宋周必大曰：唐人甚重玉蕊花，故唐昌觀有之，集賢院有之，翰林院亦有之，皆非凡境也。予自招隱寺遠致一本，蔓如荼蘼，冬凋春榮，柘葉紫莖，花苞初甚微，經月漸大，暮春方八出。鬚如冰絲，上綴金粟，花心復有筆筒，狀類膽瓶。其中别抽一英，出衆鬚上，散爲十餘蕊，猶刻玉然，花名玉蕊，乃在於此。宋子京、劉原父、宋次道博洽無比，不知何故疑爲瓊花。鄭松窗詩云：維揚后土廟瓊花，安業唐昌宫玉蕊。判然二物本不同，唤作一般良未是。瓊花雪白輕壓枝，大率形模八仙爾。比之玉蕊似實非，金粟冰絲那有此。花鬚中有碧膽瓶，别出瓏璁高半指。清馨静夜衝九天，招引瑶臺玉仙子。乘風躍馬汗漫遊，偷折繁香分月姊。紫莖柘葉荼蘼條，少到尋常人眼底。翰林内苑集賢閣，雨露承天近尺咫。後人不識天上花，又把山礬輕擬比。按揚州后土祠，名蕃釐觀，有瓊花，天下無雙。歐陽修作無雙亭賞之，劉敞詩序云：孫冕過維揚，謂山中甚多，蓋誤八仙花耳。

著録

清·笠閣漁翁《笠閣批評舊戲目》 史槃：《巧雙緣》。

清·佚名《古人傳奇總目》 史槃：《夢磊》，文景昭事。

清·支豐宜《曲目新編·明人傳奇》 《夢磊》、《合紗》，史考叔作。

清·姚燮《今樂考證·著録七·明院本》 史叔考十一種：《夢磊》即《巧雙緣》、《合紗》即《雙緣舫》、《櫻桃》、《鶼釵》、《雙鴛》、《孌甌》、《瓊花》、《青蟬》、《雙梅》、《檀扇》、《焚書》、《吐絨》即《唾紅》，《曲考》入無名氏。信州鄭仲夔《冷賞》云：曾見《唾紅記》，爲鬱金丸事，極曲中奇幻。《唾紅》取名未善，余改爲唾絨。王伯良云：叔考於十一種外，又有散曲曰《齒雪餘香》。案：《曲考》、《曲目》分《夢磊》、《巧雙緣》爲二種，誤。

清·王國維《曲録》卷四 《夢磊記》一本，《合紗記》一本。右二種，明史槃撰。

沈鯨

論説

明·吕天成《曲品》卷下 《雙珠》：王楫事真，第後半妻子再生，子回得第，補出。情節極苦，串合最巧，觀之慘然。

又 《分鞋》：程君事載《輟耕録》。女子如此，賢哉。此記寫之甚暢。

又 《鮫綃》：魏必簡事似有之。情景亦苦切。卧草中而相士至，幸以解難，亦新。

又 《青瑣》：古有《懷香記》，不存。賈午事不減文君，此記狀之，甚婉曲有景。

清·姚燮《今樂考證·著録五·明院本》 梁子章云：《雙珠記》通部細針密縷，其穿穴照應處，如天衣無縫，具見巧思；惟每人開口，多用駢白，頭面雷同，且中有未盡合口吻，乃爲美玉之玷。

傳記

《明興化縣志》卷七　沈鯨，嘉興府知事。

明・吕天成《曲品》卷上　沈鯨涅川，平湖人。涅川長於鍊境。

紀事

清・佚名《曲海總目提要》卷一三《鮫綃記》　未知何人所作。聞明中葉間，蘇州上三班相傳。曰申鮫綃、范祝髮。申謂大學士申時行家樂，則此劇乃在嘉隆以前無疑也。所作係南宋事，而中間官名，有中城兵馬司及按察司，故知是明朝人手筆。其姓名事蹟，皆屬假託。據云：襄陽魏從道，嘗官臨安府刺史，有子名必簡。同年沈必貴，即臨安人，有女名瓊英。兩家訂姻盟。從道以失權貴意，罷官還襄陽，夫人早没，遺必簡探親臨安，以鮫綃帕爲禮物。必貴留居宅中。時有富豪劉均玉者，爲其子漢老求婚沈氏，必貴怒而卻之，均玉謀之訟師賈主文。出首從道失職怨望，遣子至必貴家，謀刺秦檜。於是下三人大理寺獄。少卿羅汝楫，鍛鍊成罪，議誅從道而戍必簡、必貴。從道得周三畏力救，臨刑免死回家。必簡押戍淮州，其解差單慶，受劉均玉父子之賄，欲于半道殺之。遇一相士，言必簡當大貴，而單慶若行陰騭，可以得子。慶遂好送必簡至戍所。其大帥劉錡，愛其材勇，任以爲將。與兀朮戰而大勝，超擢大將，爲經略使。是時沈必貴戍崖州，有張招討者，欲得其女。始而善遇之，繼而遣拒金兵。必貴老病，驚怖死，其同年張驛丞，養其妻，女于家。元宵節，必簡以地與敵鄰，禁放花燈。張驛丞是日誕辰，壽筵稍稍放燈，沈氏母女以鮫綃稱祝，羃于燈上。張招討率卒徑至燈所，與張驛丞大鬨，并鮫綃奪去。驛丞與招討互控于經略，必簡讞問，始知沈氏母女皆在。遂乃奏聞于朝，與瓊英配合，而誅劉均玉父子，以報怨焉。按：羅汝楫本秦檜黨人，而周三畏實以議獄抗檜，棄官歸隱。所引雖偶然借名，邪正不謬。其所云張九成榜進士，亦隨意點染而已。

又《雙珠記》　明初舊本，未知誰作。王楫夫妻悲歡離合事。以雙珠爲關目，陶宗儀《輟耕録》所載，是其實蹟。宗儀但稱郭氏，未載其夫姓名，劇未知有的據否。劇云：王楫，字濟川，祖籍鄖陽人。楫奉母居涿州，妻郭氏，子九齡。友陳獻夫，字時策。孫綱，字天儀。三人同詣袁天罡，天罡相之，言後皆貴顯。而楫即當有難，後與獻夫同立武功，綱與楫子同榜。俄而楫奉勾軍之令，夫妻皆勾往鄖陽。母出一珠與爲記，迨往。營長李克成給令出外書册，百計誘其妻。楫忿，持刀欲殺克成。克成與訟師張有德定計，控官擬辟，獄吏葉清恒左右之。郭鬻子于陝西王商，繫衣以珠，知夫必死，無策可救。乃至武當山下自投于淵，真武憐而拯之，送至楫母處。時楫妹慧娘采選入宫，母亦以一珠爲記。范陽兵亂，母投長安，依姑韓酒媪以居。媪素識天罡，爲楫求救。罡令伺七人共飲，以情訴之。七人者，北斗七星也。是夜北斗不見，罡乃勸帝大赦天下。楫獲免死，改戍劍南。陳獻夫亦避亂至蜀，投節度使爲裨將。朝廷賜纊衣，衣領中得一詩，不敢匿，聞之節使，奏于朝。問知出慧娘手，即以賜獻夫。楫初至，得獻夫保，任節使令。兩人同討賊，並以軍功授武爵，且以至戚相挈還朝。九齡由陝籍擢大魁，與孫綱果同榜。其繼父嘗告以本非己出，衣中有珠，乃生身父母所繫也。時時持玩，且歎且泣。有侍卒窺而色變，九齡詰問。則嘗送宫女赴陝中，道拾其所墜珠，與此珠相似，换酒韓媪家。九齡命取視，兩珠果如一。乃訪祖母及母于祖姑酒肆中，因悉父尚存。會遇葉清，知改戍于蜀。遂易裝訪親。抵驛中，與父及獻夫遇，出雙珠呈父，隨入京師，一家並完聚。按：《輟耕録》無後段情蹟，乃多方布置，又撮《本事詩》賜纊衣，及《太平廣記》北斗七星事，以相點染。《輟耕録》：郭氏，天台人，嫁爲某卒妻。殊有姿色，千夫長李某心慕焉。會卒遠戍，李日至卒家百計調之。郭氏毅然不可犯，夫歸，具以白之。一日，李過卒家，卒憶前事，怒形于色。亟持刀出，而李已脱走，訴于縣，案議持刃殺本部官，罪當死，寘之獄中。郭氏躬往餽食，閉户業績紡以資衣食。久之，有葉押獄者，尤有意于郭氏。乃顧視其卒，日飲食之，情若手足。卒感激入骨髓，忽傳有五府官來，蓋斬決罪囚者，葉報卒知。卒謂郭氏曰：我死有日，此葉押獄未有妻，汝可嫁之。郭氏曰：汝以我色致死，我又能再適以求生乎。既歸，持二幼兒痛泣而言曰：汝父行且死，汝母亦在旦夕。我兒無所倚，今將賣汝以活性命。其子女抱母而號，引裾不肯釋手，遂攜二兒出，召人與之。富室有憐之者，納其子女，贈錢三十緡。郭氏以二之一具酒饌，攜至獄門，願與夫一訣見。葉聽入，哽咽不能語。既而曰：君擾葉押獄多矣，可用此少答之。又有錢若干，可收取自給。我去一富家執作，恐旬日不及見君也。飲泣而別。走至仙人渡溪水中，危坐而死。是水極險惡，竟不爲衝激倒仆。人有見者，報之縣。往驗得實，皆驚異失色，爲具棺斂葬之，表其墓曰貞烈。宣撫使廉得其事，原卒之情，釋之。富室遂還其子女，卒亦終身誓不再娶。按宗儀所載，乃元時事，而劇以爲唐事。然勾軍僉補，則是明朝事。蓋緣建置衛所。因有軍籍，謂之子孫軍。其人無子孫，則于原籍親族中勾補，僉妻解送。每年有清軍御史、清軍道、員清軍同知，專理此事。王楫勾補軍伍，乃明朝事。作者別有所觸，借此事以作記云。《本事詩》：開元中頒賜邊軍纊衣，製于宫中。有兵士于短袍中得詩曰：沙場征戍客，寒苦若爲眠。戰袍經手作，知落阿誰邊。畜意多添線，含情更著綿。今生已過也，重結後生緣。兵士以詩白于帥，帥進之玄宗，命以詩遍示六宫曰：有作者勿隱，吾不罪汝。有一宫人自言萬死。玄宗深憫之，遂以嫁得詩人，仍謂之曰：我與汝結今生緣。邊人皆感泣。《太平廣記》：僧一行姓張氏，幼時家貧，鄰有王姥，前後濟之，約數十萬。一行常思報之。至開元中，一行承玄宗敬遇，言無不可。會王姥兒犯殺人，獄未具，姥詣一行求救。一行曰：上執法，難以情求也。心計渾天寺中工役數百，乃命空其室内，徙一大甕于中央，密選常住奴二人，授以布囊，謂曰：某方某角有廢園，汝向中潛伺。從午至昏，當有物入來，其數七者，可盡掩之，失一則杖汝。至酉後，果有群豕至，悉獲而歸。一行大喜，令寘甕中，覆以木蓋，封以六一泥，朱題梵字數十，詰朝。中使叩門急，召至便殿。玄宗迎問曰：太史奏昨夜北斗不見，是何祥。也師有以禳之乎。一行曰：莫若大赦天下。玄宗從之，其夕太史奏北斗一星見，凡七日而復。

著録

清·佚名《古人傳奇總目》 沈鯨：《鮫綃》，魏必簡事。《分鞋》，程君事。《青瑣》，賈午事。

清·支豐宜《曲目新編·明人傳奇》 《雙珠》、《鮫綃》、《青瑣》、《分鞋》，右四種，沈鯨作。

清·姚燮《今樂考證·著録五·明院本》 沈鯨四種：《雙珠》、《鮫綃》、《青瑣》、《分鞵》。

清·王國維《曲録》卷四 《雙珠記》一本，《分鞋記》一本，《鮫綃記》一本，《青瑣記》一本。右四種，明沈鯨撰。

張四維

論説

明·呂天成《曲品》卷下 《雙烈》：傳韓蘄王事，英爽生色。但前段梁公之母作梗，近套，且無味，必當删之。

傳記

清（康熙）《江寧縣志》卷三四 張四維，字治卿，號五山秀才。有《溪山閑情》藏於家。

紀事

清·佚名《曲海總目提要》卷一三《雙烈記》 不知何人作。記内叙韓世忠事，皆據《宋史》本傳。第世忠早年立功西夏，今劇稱從軍鎮江，又演征方臘事在南渡後，稍覺訛錯耳。梁夫人出身樂籍，助夫勤王，故得並稱雙烈。《宋史·韓世忠傳》云：世忠字良臣，延安人。早年鷙勇絶人，能騎生馬駒。家貧無産業，嗜酒尚氣。日者言當作三公，世忠怒其侮己，毆之。年十八，以敢勇應募鄉州，隸赤籍。崇寧四年，西夏騷動，世忠斬其監軍駙馬兀啰，補進義副尉。宣和二年，方臘反，調兵四方，世忠以偏將從王淵討之。次杭州，賊奄至，勢張甚，大將惶怖無策。世忠以兵二千伏北關堰，賊過伏發，衆蹂亂，世忠追擊，賊敗而遁。淵嘆曰：真萬人敵也。盡以所隨白金器賞之，且與定交。時有詔得臘首者，授兩鎮節鉞。世忠窮追至睦州清溪峒，賊深據巖屋爲三窟。諸將繼至，莫知所入。世忠潛行溪谷，問野婦得徑，即挺身杖戈直前渡險數里，擣其穴，格殺數千人，擒臘以出。辛興宗領兵截峒，掠其俘爲己功，故賞不及世忠。別帥楊維忠還闕，直其事，轉承節郎。時山東河北盜賊蠭起，世忠從王淵、梁方平討捕，禽戮殆盡，積功轉武節郎。欽宗即位，召對便殿，轉武節大夫，累遷嘉州防禦使。康王如濟州，世忠領所部勸進。金兵數萬至，世忠單騎突入，斬其帥，遂大潰。康王即皇帝位，授光州觀察使。苗傅、劉正彦反，世忠得張俊書，大慟，舉酒酹神曰：誓不與此賊共戴天。士卒皆奮。張俊慮世忠兵少，以劉寶兵二千借之，舟行載甲士，綿亙三十里。至秀州，稱病不行，造雲梯，治器械，傅等始懼。時世忠妻梁氏及子亮爲傅所質，防守嚴密。朱勝非紿傅令白太后，遣二人，慰撫世忠。於是召梁氏入，封安國夫人，俾迓世忠，速其勤王。梁氏疾驅出城，一日夜，會世忠於秀州。世忠進兵次臨平，令將士曰：今日當以死報國，面不被數矢者皆斬。於是士皆用命。賊列神臂弩持滿以待，世忠瞋目大呼，挺刃突前，賊辟易，矢不及發，遂敗。傅正彦擁兵開湧金門以遁，世忠追禽之，皆伏誅。帝手書忠勇二字，揭旗以賜，授檢校少保、武寧昭慶節度使。兀朮入侵，以世忠爲浙西制置使，守鎮江。既而兀朮分道渡江，諸屯皆敗，世忠退保江陰。兀朮破臨安，帝如浙，東召世忠。世忠奏留江上截金人歸師，盡死一戰，帝聽之。及金兵還，世忠已先屯焦山寺。兀朮遣使通問，約日大戰，許之。戰將十合，梁夫人親執桴鼓，金兵終不得渡。盡歸所掠，假道不聽。請以名馬獻，又不聽。相持黄天蕩者四十八日，兀朮窮蹙求會，語祈請甚哀。世忠曰：還我兩宮，復我疆土，則可以相全。又數日，求再會，言不遜，世忠引弓欲射之，急馳去。謂諸將曰：南軍使船如使馬，奈何。募人獻破海舟策，閩人王某者，教其舟中載土，平版鋪之，穴船板以櫂槳，風息則出江，有風則勿出，海舟無風不可動也。又有獻謀者曰：鑿大渠接江口，則在世忠上流。兀朮一夕潛鑿渠三十里，且用方士計。刑白馬自割其額祭天。次日風止，世忠軍帆弱不能運，金人以小舟縱火，矢下如雨。孫世詢、嚴允皆戰死，敵得絶江遁去，世忠收餘軍還鎮江。初，世忠謂敵至必登金山廟觀我虚實，迺遣兵百人伏廟中，百人伏岸滸。約聞鼓聲，岸兵先入，廟兵合擊之。金人果五騎闖入廟，兵喜，先鼓而出，僅得二人，逸其三。中有絳袍玉帶，既墜而復馳者，乃兀朮也。是役也，兀朮兵號十萬，世忠僅八千餘人。帝凡六賜札，褒奬甚寵，拜檢校少保、武成咸德軍節度使。紹興三年，金人、劉豫合兵入侵，世忠往援，大戰。捷聞，群臣入賀，帝曰：世忠忠勇，朕知其必能成功。沈與求曰：建炎以來，將士未嘗與金人迎敵一戰。今世忠連捷以挫其鋒，厥功不細。進少保。六年，授京東淮東路宣撫處置使，置司楚州。世忠披草萊，立軍府，與士同力役。夫人梁，親織薄爲屋。撫集流散，通商惠工，山陽遂爲重鎮。會秦檜主和議，世忠力陳其非，章十數上。金使來，以詔諭爲名。世忠聞之，凡四上疏，言不可許。秦檜收三大將權，拜世忠樞密使。世忠既不以和議爲然，遂抗疏言檜誤國。檜諷言者論之，帝格其奏不下。世忠連疏乞骸，罷爲醴泉觀使，封福國公，自此杜門謝客，絶口不言兵。時跨驢攜酒，從一二奚童，縱遊西湖以自樂，平時將佐，罕得見其面。顯仁皇后自金還，世忠詣臨平朝謁。后在北方聞其名，慰問者良久。卧家凡十年，澹然自如，若未嘗有權位者。晚喜釋老，自號清涼居士。進封咸安郡王。薨，追封通義郡王。孝宗朝追封蘄王。子彦直，字子温。六歲從世忠入見高宗，命作大字，即拜命跪書皇帝萬歲四字。帝喜之，拊其背曰：他日令器也。親解孝宗丱角之繻，傅其首。賜金器筆硯監書鞍馬。後登進士，終户部尚書。《岳飛傳》云：飛獄之將上也，韓世忠不平，詣檜詰其實。檜曰：飛子雲與張憲書，雖不明言其事體，莫須有。世忠曰：莫須有三字，何以服天下。《女俠傳》云：韓蘄王之夫人，京口娼也。嘗五更入府伺候賀朔，忽于廟柱下見一虎蹲卧，鼻息齁齁然，驚駭急走出，不敢言。已而人至者衆，復往視之，乃一卒也，因蹴之起，問其姓名，爲韓世忠。心異之，密告其母，謂此卒定非凡人。乃邀至家，具酒食，卜夜盡歡，深相結納，資以金帛，約爲夫婦。蘄王後立殊功，爲中興名將，梁封兩國夫人。蘄王嘗邀兀朮於黄天蕩，幾成禽矣。一夕鑿河遁去，夫人奏疏言世忠失機，乞加罪責，舉朝爲之動色。按金山在水中，非可騎上，《宋史》誇張失實也。

《金史・宗弼傳》：宗弼又作兀朮，太祖第四子也。自杭州取秀州平江，麾下阿里率兵先趨鎮江。宋韓世忠以舟師扼江口，宗弼舟小，自鎮江泝流西上。世忠襲之，世忠大舟十艘，宗弼循南岸，世忠循北岸，且戰且行。世忠艨艟大艦，數倍宗弼軍，出宗弼軍前後數里，擊柝之聲，自夜達旦。世忠以輕舟來挑戰，一日數接。將至黄天蕩，宗弼乃因老鸛河故道，開三十里，通秦淮，一日一夜而成。宗弼乃至江寧，將渡江而北。世忠分舟師絶江流上下，舟皆張五緉。宗弼選善射者乘輕舟，以火箭射世忠舟上五緉。五緉着火箭，皆自焚，煙焰滿江。世忠不能軍，追北七十里，舟軍殲焉，世忠僅能自免。宗弼渡江北還。

著録

清・佚名《傳奇彙考標目》卷下 張四維：《雙烈》。

清・王國維《曲録》卷四 《雙烈記》一本，《章臺柳》一本。右二種，明張四維撰。

顧大典

論説

明・呂天成《曲品》卷上 道行俊度獨起，逸才早貴，菁華綴元、白之豔，瀟灑挾蘇、黄之風。曲房姬侍如雲，清閣宫商和雪。

又 《青衫》：元、白好題目。點綴大概亦了了。彷彿《四節記》。

又 《葛衣》：此有爲而作，感慨交情，令人嗚咽。婦入庵似落套，然無可奈何。

又 《義乳》：李善事出《後漢書》，事真，故奇。且以之諷人奴，自不可少。

又 《風教編》：又一記分四段，倣《四節》體。趣味不長，然取其範世。

明・王驥德《曲律》卷四 顧道行先生，亦美風儀，登第甚早。曾一就教吾越。以閩中督學使者棄官歸田。工書、畫，侈姬侍，兼有顧曲之嗜。所畜家樂，皆自教之。所著有《青衫》、《葛衣》、《義乳》三記，略尚標韻，第傷文弱。余嘗一訪先生園亭，先生論詞，亦傾倒不輟。晚年無疾，爲人作一書與郡公，投筆而逝，亦一奇也。

明・徐復祚《曲論》 自此吴江顧大典有《義乳》、《青衫》、《葛衣》等記，皆起流派，操吴音以亂押者；清峭拔處，各自有可觀，不必求其本色也。

傳記

清・錢謙益《列朝詩集小傳》丁集中 大典，字道行，吴江人。隆慶戊辰進士，授會稽教諭，遷處州推官，當内遷，乞爲南稽勳郎中，僉事山東，以副使提學福建，坐吏議罷歸。家有諧賞園、清音閣，亭池佳勝。妙解音律，自按紅牙度曲，今松陵多畜聲伎，其遺風也。

清（康熙）《吴江縣志》三五《顧大典》 字道行。祖昺，字仲光，正德丁丑進士，授將樂知縣，入爲刑部主事。時朝廷議大禮，昺持論與楊孚敬不合，疏上，奪俸歸。後官至汝寧知府。大典少孤，依母家周氏讀書，過目成誦，善古文詞。隆慶丁卯舉人，戊辰進士。年未及壯，豐神秀美，望之若仙。授紹興府教授，遷處州府推官。萬曆二年，擢刑部主事，改南京兵部。久之，轉吏部郎。在金陵，暇即呼同曹郎，載酒遊賞吟詠。工書，善繪事，遇佳山水輒圖之。或晨夕忘返，而曹事亦無廢。十二年，陞山東按察副使，改福建提學副使，請托一無所狥，忌者追論其爲郎時放於詩酒，遂自免歸。再起開州，不就。家有諧賞園、清音閣，池臺清曠，賓從觴咏不輟。又妙解音律，頗畜歌妓，自爲度曲，不入公府，曰：吾性本疎懶，非惡見貴人也。歸後七八年卒。所著有《清音閣集》、《海岱吟》、《閩遊草》、《園居稿》行世。

清（光緒）《蘇州府志》卷六四 顧大典，字道行。祖昺，字仲光，正德十二年進士。授將樂知縣，民爲立碑表德，官至汝寧知府。大典讀書過目成誦。喜爲古文詞，又善繪事，能詞賦。隆慶二年舉進士，爲紹興府教授。歷南京吏部郎中，遷山東副使，改福建提學副使。較文精嚴，請托不行。忌者以考功法謫禹州知州，自免歸。所著有《清音閣集》、《海岱吟》、《閩遊草》、《園居稿》。

紀事

清·佚名《曲海總目提要》卷七《義乳記》 明蘇州吴江人顧大典撰。大典所著，有《清音閣四種》，此其一也。演東漢李善親乳李元兒李續事，故名義乳。《後漢書·獨行傳》：李善字次孫，南陽淯陽人，本同縣李元蒼頭也。建武中疫疾，元家相繼死没，唯孤兒續始生數旬，而貲財千萬，諸婢私共計議，欲謀殺續，分其財産。善深傷李氏，而力不能制，乃潛負續逃去，隱山陽瑕丘界中，親自哺養，乳爲生湩，推燥居濕，備嘗艱勤。續雖在孩抱，奉之不異長君，有事輒長跪請白，然後行之。閭里感其行，皆相率脩義。續年十歲，善與歸本縣，修理舊業。告奴婢於長吏，悉收殺之。時鍾離意爲瑕丘令，上書薦善行狀，光武詔拜善及續並爲太子舍人。善顯宗時辟公府，以能理劇，再遷日南太守。從京師之官，道經淯陽，過李元塚。未至一里，乃脱朝服，持鉏去草。及拜墓，哭泣甚悲，身自炊爨，執鼎俎以修祭祀。垂泣曰：君夫人，善在此。盡哀數日乃去。到官以愛惠爲政，懷來異俗。遷九江太守，未至，道病卒。續至河間相。

又《青衫記》 不知何人所作。按白居易，字樂天，下邽人。貞元中擢進士。拔萃皆中，補校書郎。歷遷左贊善大夫。盗殺武元衡，居易請急捕賊，刷朝廷恥，宰相嫌其出位，出爲州刺史，追貶江州司馬。後累官刑部尚書，致仕卒。居易自號醉吟先生，又稱香山居士。嘗與胡杲等讌集，皆高年不事者，人慕之，繪爲《九老圖》。初與元稹酬詠，故號元白。稹卒，又與劉禹錫齊名，號劉白。《居易集·琵琶行序》：元和十年，左遷江州司馬。送客湓浦口，聞中夜彈琵琶者，問之，本長安倡女，年長色衰，委身爲賈人婦。因爲長歌以贈之。結語云：座中泣下誰最多，江州司馬青衫濕。此青衫所由名。又詩中云：商人重利輕别離，前月浮梁買茶去。故有浮梁茶客。但琵琶女與茶客俱無姓名。又與居易相遇，詩中未言舊係相識。至元人馬致遠《青衫淚》雜劇，始有裴興奴、劉一郎之名，并叙興奴先與居易情好。此本大率彷彿元人而作。又樊素、小蠻，係居易侍姬。居易有詩云：樱桃樊素口，楊柳小蠻腰。又《居易集》有聽玲瓏唱歌詩。又按《通鑑綱目》，唐穆宗使王庭湊殺節度田弘正。又前憲宗元和九年，以吐突承璀爲神策中尉。元稹字微之，河南人。歷官尚書左丞，拜武昌節度使。稹長於詩，天下傳諷，號元和體，往往播樂府。穆宗在東宫，妃嬪近習皆誦之，宫中呼爲元才子。劉禹錫字夢得，彭城人。歷官檢校禮部尚書。素善詩，晚節尤精。元稹、劉禹錫雖與居易交好，然時禹錫未嘗爲江州刺史。居易貶江州司馬之後，徙忠州刺史，入爲司門員外郎，以主客郎中知制誥，未嘗召爲禮部侍郎並翰林學士。皆係作者點綴也。按裴興奴，唐時名倡，攏撚第一，天下稱爲興奴手。然《白氏長慶集》内從未及之。商玲瓏則曾爲賦詩，詩中云聽唱黄鷄與白日也。

著録

清·佚名《古人傳奇總目》 《青衫》，顧道行作，元稹、白居易事。

又 《葛衣》，顧道行作，劉孝標事。

又 《義乳》，顧道行作，李善事。

清·佚名《傳奇彙考標目》卷上 顧大典字道行，號衡宇。吴江人。所著傳奇，有《清音閣四種》：《青衫》、《葛衣》、《義乳》、《風教》四段。

清·黄文暘、佚名《重訂曲海總目·明人傳奇》 顧大典：《葛衣記》、《義乳記》、《青衫記》、《風教編》。

清·支豐宜《曲目新編·明人傳奇》 《葛衣》、《義乳》、《青衫》、《風教編》，右四種，顧大典作。

清·姚燮《今樂考證·著録六·明院本》 顧大典三種：《葛衣》、《義乳》、《青衫》。

清·王國維《曲録》 《青衫記》一本，《葛衣記》一本，《義乳記》

一本,《風教編》一本。右四種,明顧大典撰。

藝文

清・陳維崧《夜半樂・春夜觀小伶演《葛衣》劇,任西華故事也》 當時江左才調,樂安任昉,風雨推無偶。記驃騎陪軒,秘書把袖。青宫好士,朱門接客,更聞出入宫輦,翺翔苑囿。奈玉樹、人世偏難久。　諸郎憔悴至此,西華東裏,南容北叟。漫細數、平生密親懿友。葛帔誰嗟,練裙疇惜,可憐野鮮動輪,門稀漬酒。想此事、將毋古今有。　閲此不覺,滿瀉瓊舟,狂斟玉門。我論絶交君信否。倘然疑、君再聽當筵紅豆。算蘭薄、何必籌身後。清歌且喜簾垂繡。

孫柚

論説

明・徐復祚《曲論》 邑人孫梅錫柚作《琴心記》,亦有纖句。

又 《琴心記》,亦俊可喜。【略】極有佳句,第頭腦太亂,脚色太多,大傷體裁,不便於登場。曲亦時有未叶,以故反不若梁長名辰魚,字伯龍。《浣紗》之傳,然較之宣城之嵌寶、捸金,臨川之字覛、句鬼,則大有逕庭矣。

清・梁廷枏《曲話》卷三 《琴心記・榮返》折〔紅衲襖〕曲捕魚翁錯認酒家敲,又怎許詩人帶月敲,一曲兩用敲韻。

又 《雙珠記》,通部細針密線,其穿穴照應處,如天衣無縫,具見巧思。惟每人開口,多用駢白,頭面雷同,且中有未盡合口吻者,乃爲美玉之玷。

傳記

明・徐復祚《曲論》 邑人孫氏又有名孫柚者,亦有才情,嘗取司馬長卿以琴心挑文君事作傳奇,名《琴心記》。【略】柚,其孫七政字齊之從子也,與余善,性粗豪,不修曲謹,喜飲,喜摴蒱,居藤溪,蕭然一室,無儋石儲,而好客不衰。

著録

清(康熙)《常熟縣志》卷二〇 孫柚,字遂初,少負異才,豪放不羈。讀書五行俱下,才情流麗。歌詩樂府,膾炙人口。虞山北麓有古藤,蜿蜒如龍,柚營别業曰藤溪。與名流王伯穀、莫廷韓輩觴咏其中,遂成名勝。所著有《藤溪稿》、《神遊雜著》、《秋社篇》、《方物品題》、《琴心》、《昭關》等作。

清(康熙)《常熟縣志・藝文志》 孫柚:《神遊雜著》、《方物品題》、《虞山紀遊》、《藤溪記》、《藤溪稿》、《蘇門稿》、《棲霞稿》、《秋社篇》、《琴心》、《昭關》,上兩種見《錢志・人物志》,《管志》作《琴心記》,《姚志》作《琴心傳奇》。

高濂

論説

明・李贄《李卓吾先生批評玉簪記序》 余矚《拜月》、《西廂》、《紅拂》,其事大相類,曾爲宇内傳奇矣。茲復閲《玉簪》一記,所爲潘陳之會合,風流不滅，逸興遄飛，洵謂奇而又奇者。彼兩人於女貞觀中，嫵媚相憐，邂逅情投魚水，雖屬一時私欲，然二嚴宦遊指腹兩人即不期而遇。雖然，謬亦甚矣。兵火投觀，世固不無此事，未必觀主即潘尼也，又未必佳偶即指腹之人也。兹不遑吹索，唯據一種瀟湘之致，凑合之巧，不可不爲奇遇。余寧並志其奇，以廣宇内一全覽云云。温陵卓吾李贄撰。

明・呂天成《曲品》卷上 高瑞南才譽騰於仕籍。

又 《玉簪》：詞多清俊。第以女貞觀而扮尼講經，紕繆甚矣。

又 《節孝》：陶潛之《歸去》，李密之《陳情》，事佳。分上、下帙，別是一體。詞隱之《奇節》亦然。

明・佚名《玉簪・序》 潘必正、陳妙常二人指腹爲婚，玉簪鸞墜，爲聘已定，夙世緣矣。無端虞馬南嘶，陳氏子母奔竄而中途分歧，妙常托身女貞觀中，自分頓洗清静，九品蓮台願化身矣。必正下第，拜謁姑娘，與妙常會于蓮池，對參傳情，而後一個旅館蕭條，一個佛堂清冷。一個心神惚佛，青燈何嘗親古史；一個情思飄渺，白晝懶去理殘經。情辭入手，出口推收，而一點靈犀，伊付詫矣。秋江一別，凄凄切切，情景如畫，林木振兮，行雲遏兮。余並爲品題，庶當六部鼓吹云。

明・祁彪佳《遠山堂曲品・能品》 《玉簪》：幽歡在女貞觀中，境無足取。惟着意填詞，摛其字句，可以唾玉生香；而意不能貫詞，便如徐文長所云錦糊燈籠，玉鑲刀口，討一毫明快不不得矣。

又 《節孝》：陶元亮之《歸去辭》，李令伯之《陳情表》，皆是千古至文，合之爲《節孝》，想見作者胸次。但於二公生平概矣，未現精神。且《賦歸》十六折，而陶凡十五齣，《陳情》十六折，而李凡十三齣，不識場上勞逸之節。

清・李玉《一笠庵批評玉簪記序》 余矚《拜月》、《西厢》、《紅拂》，其事大相類，曾爲宇内傳奇矣。兹復閲《玉簪》一記，所爲潘、陳之會合，風流不滅，逸興遄飛，洵謂奇而又奇者。彼兩人於女貞觀中，娥媚相憐，邂逅情投魚水。雖屬一時私慾，然二嚴宦遊指腹，兩人即不期而遇，不媒而通，何莫非天啓其緣哉。雖然，謬亦甚矣。兵火投觀，世亦固不無此事，未必觀主即潘尼也，又未必佳人即指腹之人也。兹不遑吹索，唯據一種瀟湘之致，凑合之巧，不可不爲奇遇。余寧不并談其奇，以廣宇内一全覽云云。

著録

清・佚名《傳奇彙考標目》卷上 高濂字深甫，號瑞南。錢塘人。《玉簪》，《節孝》。

清・佚名《古人傳奇總目》 《玉簪》，高瑞南作，潘必正事。

清・黄文暘、佚名《重訂曲海總目・明人傳奇》 高濂錢唐人。《節孝記》，《玉簪記》。

清・姚燮《今樂考證・著録五・明院本》 高濂二種：《節孝》、《玉簪》。《古今女史》載：宋女貞觀陳妙常尼年二十餘，姿色出群，詩文俊雅，工音律。張于湖授臨江令，宿女貞觀，見妙常，以詞調之，妙常亦以詞拒。詞載《名媛璣囊》。後與于湖故人潘法成私通情洽，潘密告于湖，以計斷爲夫婦。即俗傳《玉簪記》是也。濂，錢塘人。

藝文

明・胡應麟《少室山房文集》卷七五《再贈小范歌〈玉簪〉》 欲解綈袍换緑衫，梅花明月夜毵毵。不因趙氏連城在，那得尊前聽《玉簪》。

清・梁清標《劉園觀陳伶演秋江・劇，次雪堂韻》《本事詩後集》卷八 秦青一曲和人難，寫出秋江木葉寒。摇落渾疑江上立，不知酒醒是長安。

又 芙蓉秋影亂平波，折柳江頭哀怨多。未免有情還我輩，停杯搔首恨無那。

又 詞場玉茗古今師，繼起《陽春》更在斯。吏部文章司馬淚，秋塘蕭瑟柳絲絲。

清・沈德潛《歸愚詩鈔》卷二〇《觀劇席上作》 秋江一樣遠分離，苦甚巴山夜雨時。江畔芙蓉亦傷别，替人憔悴減容姿。

清・金德瑛《觀劇絶句三十首・玉簪記》 九子無夫問女歧，摩登梵咒解何時。花宫多少仙人子，愛水萍浮不自持。

屠隆

論説

明・吕天成《曲品》卷上 屠儀部逸才慢世，麗句驚時。太白以狂去官，子瞻以才蜚譽。偃恣於孌姬之隊，驕酣於仙佛之宗。

又《曇花》：赤水以宋西甯侯嬲戲事敗官，故託木西來以頌之，意猶感宋德。或曰：盧相即指吴縣相公，孟家韋即指糾之者。才人喪檢，亦常事，何必有恚心耶。其詞華美充暢，説世情極醒，但律以傳奇局，則漫衍乏節奏耳。《修文》：赤水晚修仙，爲黠者所弄，文人入魔，信以爲實。然以一家夫、婦、子、女，託名演之，以窮其幻妄之趣，其詞固足採也。《彩毫》：此赤水自况也。詞采秀爽，較《曇花》爲簡潔。

明・沈德符《萬曆野獲編》卷二五《曇花記》：甲申歲，刑部主事俞識軒顯卿論劾禮部主事屠長卿隆。得旨，兩人俱革職爲民。俞，松江之上海人，爲孝廉時，適屠令青浦，以事干謁之，屠不聽，且加侮慢，俞心恨甚。至是，具疏指屠淫縱，且云與西寧侯宋世恩夫人有私，並及屠帷薄，至云日中爲市，交易而退，又有翠館侯門，青樓郎署諸媟語。上覽之，大怒，遂並斥之。屠自邑令内召，甫年餘，俞第後授官，祇數月耳。睚眦之忿，兩人俱敗，終身不復振。人亦有惜屠之才，然終不以登啓事也。西寧夫人有才色，工音律。屠亦能新聲，頗以自炫，每劇場，輒闌入群優中作技。夫人從簾箔見之，或勞以香茗，因以外傳。至於通家往還，亦有之，何至如俞疏云云也。近年屠作《曇花記》，忽以木清爲主，嘗怪其無謂。一日遇屠於武林，命其家僮演此曲，指揮四顧，如辛幼安之歌千古江山，自鳴得意。余於席間私問馮開之祭酒云：屠年伯此記，出何典故。馮笑曰：子不知耶。木字增一蓋成宋字，清字與西爲對，泰即寧之義也。屠晚年自恨往時孟浪，致累宋夫人被醜聲；侯方嚮用，亦因以坐廢。此懺悔文也。時虞德園吏部在坐，亦聞之，笑曰：故不如余所作《曇花》序，云此乃大雅《目連傳》，免涉閨閣葛藤語，差爲得之。余應曰：此乃著色《西遊記》，何必詰其真僞。今馮年伯歿矣。其言必有所本，恨不細叩之。

明・金紹倫《曇花記後記》 茲本余王父侍御公舊物，圈點處皆手澤也。且曾云：《曇花》雖屬填詞，然有許多醒悟人語，不可以詞書觀之。嘉靖戊午八月初三日大興金紹倫于釋氏箋。

明・臧晉叔《曇花記小序》 余紡不善佞佛，竊謂輪迴之説，猶夫抽添之術，皆荒唐也。乃世之達官居士，以及騃兒婦女，靡有不信，心皈依者。故屠長卿氏爲作《曇花》傳奇，委婉援引，具有婆心。雖然既云曲矣，則登場有唱法，有做法，况錯綜照應之間，榘矱森如，焉得以己意加損哉。蓋長卿於音律未甚諧，宫調未甚叶，於搬演情節未甚當行，遂爲聞見所局，往往有紕繆處。因病多暇日，取而删定焉。亡論奏曲筵上，可謝長卿，而晚始回，向即藉手以謝，瞿曇亦可。

明・祁彪佳《遠山堂曲品・艷品》《曇花》：先生闡仙、釋之宗，窮天罄地，出古入今。其中唾罵奸雄，直以消其塊壘。學問堆垛，當作一部類書觀，不必以音律節奏較也。

明・張琦《衡曲麈譚・作家偶評》 越之屠赤水，爲辭古鬱，《曇花》一記，憤懣淒爽，寓言立教，具見婆心。

清・佚名《曇花記前序》 沈德符《顧曲雜言》云：近年屠長卿作《曇花記》，忽以木清泰爲主，嘗怪其無謂。一日遇屠于武林，命其家僮演此劇，指揮四顧，如辛幼安之歌千古江山，自鳴得意。余于席間私問馮開之祭酒云：屠年伯此記出何典故。馮笑曰：子不知耶。木字增一蓋成宋字，清字與西爲對，泰即寧之義也。屠晚年自恨往時孟浪，致累宋夫人被丑聲，侯方向用，亦因以坐廢，此懺悔文也。蓋西寧侯宋世恩夫人，才色音律俱佳，屠每自炫，雜入優中作技。夫人從簾箔中見之，勞以香茗，因以外傳。又云：俞識軒爲孝廉時，適屠令青浦，以事干謁之。屠不聽，且加侮慢，俞恨甚。第後授官只數月，具疏劾屠，睚眦之忿，兩人俱敗。又云：時虞德園吏部在坐，亦聞之，笑曰：故不如余所作《曇花序》云此乃大雅《目連傳》。則知尚有虞序，序不傳。

清・李調元《雨村曲話》卷下 《綵毫記》，屠赤水隆作。其詞塗金繢碧，求一真語、雋語、快語、本色語，終卷不可得。

傳記

明・屠隆《先府君行狀》 孤自爲府君狀。府君姓屠氏，諱某，字朝文，號丹谿。其先大梁人，宋南渡遷鄞家焉。始祖季數傳至祖子良世，居鄞。【略】府君自其祖子良、父璞以及府君三代布衣。府君自少廓落無他腸，頗好弄自肆操弓矢彈丸爲童子之遊。稍長讀書，知大義輒棄去。家故有中人産，與海客乘巨艦絶島而漁，大風破舟，浮一木得升島上。苦饑囓絮衣而食之，七日不死。獮猴擲果飼府君，夜則玄熊守之。後遇海舟過，呼而得濟以歸。而漁不休，風濤數破舟，喪其貲殆盡。【略】不肖孤十歲令就外傳，貧不能具饘粥，而遇不肖孤過慈。不肖孤或從講舍歸，不舉火，府君撫以温言，即忘其枵。復平生無城府，雅不喜耳語。嘗視孤館中，大言質明未有晨炊，令兒讀書良苦。不肖孤頗羞之，府君曰：此士之常，何羞也。【略】不肖孤少而端謹，長習文，秇浮華，從少年爲通脱自快，又身有傲骨。府君不喜，數召責讓曰：小子浮薄，雕蟲何爲。吾老矣，自以無用於世，懸鶉茹藿終身。然心不藏機械，口不吐滑稽，可無媿山澤之臞爾。乃攻文辭，獵虚聲當世，其勿以浮藻雕玄真之心。小子念之。不肖孤二十爲諸生，走千里負米姑蔑。姑蔑人不能厚遇，困歸，泊舟富春江上。夢府君衣冠乘馬導從而至，告去。不肖孤泣拜送之。幢蓋冉冉西没。既寤，大駴，日夜行促歸，未至十里，令奴馳訊所親。或以往江北對。不肖孤心動，命易衣。奴不可。令奴馳往五里訊，而不肖孤竟私易衣。奴還，則府君下世七日矣。府君平生無疾。未卒前一月，舍中菊爲盜所竊，府君大懊。夜犯霜露，遶籬行防盜。卒以此得疾。卒之日，猶晨起進飯，飯罷危坐而逝。【略】府君生于弘治十年，卒於嘉靖四十五年，得年七十。子六人：佃、侯、俅、倪、仍、隆。隆即不肖孤。

清・錢謙益《列朝詩集小傳》丁集上 隆，字長卿，鄞縣人。萬曆丁丑進士，除潁上知縣，調青浦，陞禮部主客主事，歷儀制郎中。長卿令青浦，延接吴越間名士，沈嘉則、馮開之之流，泛舟置酒，青簾白舫，縱浪泖浦間，以仙令自許。在郎署，益放詩酒，西寧宋小侯少年好聲詩，相得驩甚，兩家肆筵曲宴，男女雜坐，絶纓滅燭之語，喧傳都下，中白簡罷官。壯年不自聊，縱遊闕塞，思得一當，歸而談空覈玄，自詭出世。晚年一無所遇，爲大言以自慰而已。吴人孫榮祖，挾乩仙，稱慧虚子，長卿篤信之。病革，猶扶床凝望，幾慧虚飈輪迎我，悵怏而卒。長卿既不仕，遨遊吴越間，尋山訪道，嘯傲賦詩，晚年出盱江，登武夷，窮八閩之勝。阮堅之司理晉安，以癸卯中秋，大會詞人於烏石山之鄰霄台，名士宴集者七十餘人，而長卿爲祭酒，梨園數部，觀者如堵。酒闌樂罷，長卿幅巾白衲，奮袖作漁陽摻，鼓聲一作，廣場無人，山雲怒飛，海水起立。林茂之少年下坐，長卿起執其手曰：子當爲撾鼓歌以贈屠生，快哉，此夕千古矣。歸而遊吴，涉江，留連虞山狼五間，判年始還，未幾而卒。長卿答友人書，自叙其所作，以爲姿敏而意疏，姿敏故多疾給，意疏故少精堅，束髮操觚，睥睨一世，長篇短什，信心矢口。嘗戲命兩人對案，分拈二題，各賦百韻，咄嗟之間，二章並就，又與人對弈，口誦詩文，我誦彼書，書不逮誦，非不欲求工厭物，而姿性使然，雖復苦心腐毫，閣筆不下，亦只如是。今所傳《由拳》、《白榆》、《采真》、《南遊》諸集，皆未曾起草之筆也。長卿雖爲吏，家無餘貲，好交遊，蓄聲伎，不耐岑寂，不能不出遊人間。自謂采真者，十之三；乞食者，十之七；蓋實録也。衰晚之年，精華垂盡，率筆應酬，取説耳目，淵明乞食之詩，固曰叩門拙言詞，今乃以文詞爲乞食之具，志安得不日降，而文安得不日卑。長卿晚作冗長不足觀，其病坐此，雲杜亦云，豈不傷哉。

清（康熙）《青浦縣志》卷七 屠隆，字長卿，號赤水。浙之鄞縣人。萬曆丁丑進士，始令潁上，以才能調青浦。下車之日，首請割華亭集賢鄉、上海新江鄉之未盡者，以益本邑。值歲大飢，議減賦額，疏河流，招流亡，請之諸臺使，略見施行。能雪冤獄，因陸明揚事，請於臺使者平反。隣邑令所讞七十餘事，時令已超拜御史矣，侯不爲懾。侯既精於吏治，善屬文，四方騷雅之士争歸之。水旱疫痗，輒以文禱亡，不廢邑事，旁午不廢吟咏，而事亦辦。江陵柄國，行請丈法，增賦，侯獨持平丈，出餘田仍歸原號。下郡守詰之。侯曰：丈量原田譬之衣領，挈之始明。丈出餘田譬之衣帶，帶非衣不附。守語塞。邑有二陸祠，自侯始，政成，擢禮曹去。

清（康熙）《江南通志》卷三九 萬曆初令青浦，邑故庳下，值大水、諸堤皆潰，隆徒行泥淖中，督吏民修治，而躬禱於神，自是水不爲災。時有履畝之令，吏率增餘畝以阿上，隆以丈出餘田，仍附原號，大府怒罵之。

清（**康熙**）《**浙江通志**》**卷三五**　屠隆，號赤水，鄞人。少有儁才，巡海使者劉翾試以《溟海波恬賦》，頃刻即成。舉萬曆五年進士，由青浦令陞禮部郎，與西寧侯文歡。忌者中以蜚語，遂罷官。益肆力於文，詩則頡頏於嘉靖七子。豪邁倜儻，振窮周急不少靳。士有片長，稱揚不置口，年六十三卒。

清（**康熙**）《**鄞縣志**》**卷一七**　屠隆，少有儁才，爲詩古文辭，下筆滚滚如夙構，不加點竄，於書靡所不究。巡海觀察試以《溟海波恬賦》，立就，名由大噪。

清（**康熙**）《**松江府志**》**卷三四**　字長卿，浙江鄞縣人。好學能詩。文汪洋宏放，法不足而才有餘。萬曆五年成進士，授潁上知縣，調青浦，邑故庳下，值大水，諸堤且潰，隆徒行泥淖中，督吏民修治，而躬禱於神。是夕，大雷震，雨霽，水不爲災。【略】賊曹卒有得盜者，中兩人及婦稱冤。隆陳所獲衣，令婦人服之，斬斬如一。隆曰：夫人出十指，修短不能齊，令盜他人衣，寧能悉中體耶。脱桎梏，使人陰護之。賊曹卒利婦美，將殺兩人者，而竊妻逃矣。遂抵於法。隆折獄抉隱類此，而仁恕不苛。時上海知縣敖選好文致人於死。諸生陸明揚者，爲讐家所陷，具五毒引服。選拜御史去。明揚弟明允，籲辯於臺司，讐者懼。傳致明揚青浦。按御史請以選五年所決獄得覆，御史從之，反七十餘事，明揚亦得。隆後選禮部主事，中蜚語罷歸，以著述自娯者二十餘年。敖選在臺中數歲，引疾歸，過棧道，馬驚，墜崖死，敖氏絶。

清（**乾隆**）《**如皋縣志**》**卷三一**　赤水，浙江鄞縣人。萬曆丁丑進士，以儀部被謫去官。嘗遊邑中，館李新泰園亭。後進望風景附，詩酒流連，高譚傾坐。興酣落筆，如風雨驟集，劍戟争鳴，見者皆爲辟易。時有冒生愈昌，被誣去青衿籍，且十七載。隆憐其才，白於當路，還之廩餼，一時稱隆高誼。晚節益落拓，芒鞋竹杖，幾遍江南北，終不振以志，士林惜之。

清（**光緒**）《**鄞縣志**》**卷三八**　字長卿，一字緯真，號赤水。濬之子。晚稱鴻苞居士。生有異才，於書靡所不究。學詩於沈明臣，落筆數千言立就。族人大山、里人張時徹方爲貴官，共相延譽，名大噪。舉萬曆五年進士，除潁上知縣，訊民疾苦，無如東門河決之患。隆多方區畫，盡出縣治之瓦石，以義倡百姓家借一石。又取敗石枯楊，與士人同操畚。百姓見其誠，人人勸，遂築堤五十丈。民築緑波亭於堤上以志功德。七年，調繫青浦。甫至，大霖雨，諸堤且就潰。隆朝夕蔬食祖跣禱晴，而間行民間，使益土石於堤以捍之。手裹緡繈，勞其勤者，而囊粟以資匱者。又爲文責數神，且願以身代。是夕霆震，雨亦爲霽，而諸堤皆堅好。【略】又建二陸祠，招名士飲酒賦詩。遊九峰三泖，以仙令自許。然於吏事不廢，士民皆愛戴之。以治行高等，陞禮部主事，歷郎中。在曹好客益甚，畜聲伎，不耐岑寂。貧無貲，或解帶酒家取供。西寧侯宋世恩兄事隆，宴遊甚歡。刑部主事俞顯卿者，險人也。嘗爲隆所詆，心恨之，訐隆與世恩淫縱，詞連禮部尚書陳經邦。隆等上疏自理，並列顯卿挾仇誣陷狀。所司乃兩詘之，而停世恩俸半歲。隆歸道青浦，父老爲歛田千畝，請徙居，隆不許。歡飲三日謝去，乃遨遊吴越間，嘯咏山川，自矜出世。尋溯盱江，登武夷，窮八閩之勝。阮堅之爲福州推官，以中秋大會詞客七十餘人於烏石山之鄰霄台。隆爲祭酒，梨園數部，觀者如堵，酒中樂止，隆幅巾白衲，奮袖作《漁陽摻》。鼓聲一作，廣場無人。山雲怒飛，海水起立。林茂之年少下坐，隆起，執其手曰：子當作《撾鼓歌》贈我。快哉，此夕千古矣。已稍倦遊，歸里，客益輻輳。與置酒，燃燭坐齋中，填樂府十數闋，命善歌者三千長爲定點拍唱之。有御史行部，遣吏白：旦日早臨。家人請修具。然隆實無一錢，且偃卧榻上，家人不敢復請。日向昃，適西陵某公遣使者來購文，以白金具札爲壽，隆即立撰文，並作報書，遣使出門。日景未竟，即以金盡付家人，不展視。及晚年，家益貧，出遊徂徠、金閶，作歌從李叔元乞米，自嘲自戲，讀者憐之。萬曆三十三年卒，年六十四。

紀事

清·佚名《**曲海總目提要**》**卷七**《**曇花記**》　明神宗時屠隆撰。隆少有異才，使十人執筆，並作十詩，給令分寫，十首立就，抄者未嘗停筆。自字長卿，謂才可繼司馬相如也。萬曆五年丁丑成進士，官止禮部郎中。所著有《由拳》、《白榆》等集。此記演木清泰事，本係假託。或曰，隆與西寧小侯宋某最相善，燕飲流連，無間晨夕。木清泰勳封鼎貴，脱略世情，超然悟道。蓋爲宋小侯説法也。或曰，隆家有曇花閣，取佛氏優鉢曇花以爲名。曇花即青蓮花，三千年一開，世所希有。經稱佛爲希有世尊，亦以曇花爲擬。隆蓋自負其才，託名喻己。或又曰，神宗時，總兵杜松嘗棄家爲僧。隆蓋借名清泰，以指松事。杜松名姓俱木傍，故標姓爲木也。其關鍵則清泰離家時，手植曇花，後復至家，曇花大放，故取爲名。按《唐史》無所爲木清泰者。記云：清泰本國王之子，仍世顯貴。又嘗立功，與郭子儀輩並爲勳臣，襲職定邊王。一妻二妾，皆賢且美。一日，賓頭羅化作風僧，山元卿化作癡道士，同詣木府，拍手歌唱，指點出世事。清泰宿根已深，言下醒悟，即割恩愛，與妻妾子女相别，改服道裝，植曇花于閣曰：他日成道，曇花開現。乃隨二人飄然而去。其夫人亦慕道，茹素脩行，欲遣二妾，妾皆願侍夫人，堅守不去。清泰既隨二人，二人乃歷試之，風雨雷電，虎狼獅子，夜叉鬼怪，無所不遇，皆不怖畏。又遇陣傷兵士無算，控之森羅冥府，攝對，乃奉朝命征討，無有罪過。遂邀清遍遊地獄，説法化導。諸所見，西施鶴髮，項羽黄馘，種種變態。閻君又判斷曹操華歆伏后公案，令后擊曹。又判嚴武妾，令報弓絃之怨。又盧杞在獄，作諸苦狀。清泰一一覩記。二人復偕清泰遊天堂，一切樂境，目存心想。有魔向清泰云，天上蓋殿，令寫字書盡捐所有，蓋試其肯捨與否，清泰立作書與之。歷試既頻，群魔盡降伏，乃回家試其夫人。給云出外多年，毫無所益，止夫人不必脩行。夫人答以久改道裝，專心净業，確不可移。清泰即復别去。二妾語夫人，何不堅留在家，共享富貴，夫人亦不顧也。清泰復改易面貌，往郭子儀家，勸以入道。子儀不能識，且多繫累，留齋健羨而已。時有小魔花花太歲，誑劫二妾，妾拒不從。關公率天兵大戰，降魔救妾。靈照女已成正果，見夫人與二妾道心甚堅，授以妙諦而去。清泰子龍驤，尋親累年，不能相值。山元卿復化道士，爲清泰寄書與子，令不必尋。子乃以邊功授將軍，爲郭子儀之婿。清泰道既成，又知妻妾堅貞，子復忠孝，乃回家點化。則閣外曇花已開，於是共證菩提，同參象教，闔門飛昇，歸兜率天宫之上，逍遥極樂云。鄭還古《蔡少霞傳》：蔡少霞，陳留人。幼而奉道，明經得第，官兖州泗水丞。沿溪獨行，憩于美蔭，爲褐衣鹿幘之人、夢中引去，至城郭一所。碧天虚曠，經歷門堂，遥見玉人，當軒獨立。曰：愍子虔心，今宜領事。鹿幘人引至東廊，止於石碑之側，謂少霞曰。召君書此。題云《蒼龍宫新溪銘》，紫陽貞人山元卿撰。良常西麓，源澤東洩。新宫宏宏，崇軒轆轆。雕珉盤礎，鏤檀棟臬。碧瓦鱗差，瑶堦肪截。閣凝瑞霞，樓横祥霓。騶虞巡徼，昌明捧闑。珠樹規連，玉泉矩曳。靈飈遐集，聖日俯晰。太上遊詣，無極便闕。百神守護，諸真班列。仙翁鵠立，道師冰潔。飲玉成漿，饌瓊爲屑。桂旗不動，蘭幄互設。妙樂競奏，流鈴間發。天籟虚徐，風簫泠澈。鳳歌諧律，鶴舞會節。三變元雲，九成絳雪。易遷徒語，童初詎説。方更周視，鹿幘人促之，忽遽而返。《唐逸史》：西川節度使嚴武，少時任俠。嘗于京城，與一軍使鄰居，軍使有室女，容色艷絶，嚴公誘至宅月餘，遂竊以逃。東出關，將匿于淮泗間。軍使暴于官司，以狀上聞詔遣萬年縣捕賊。武自鞏縣方雇船而下，聞制使將至，懼不免，乃以酒飲軍使之女。中夜乘其醉，解琵琶絃縊殺之，沉于河。制使搜船無跡，乃已。嚴公後爲劍南節度使，病甚，不信巫祝。有道士從峩嵋山來，至階呵叱，若與人論難者，良久方止。謂武曰：冤家在側，見某披訴。問其狀若何，曰：女人，年纔十六七，項上有物一條，如樂器之絃。武大悟叩頭。道士曰：彼欲面見。公令灑掃堂中，焚香于内，道士以柳枝灑地。逡巡閣子中有吁嗟聲，見一女子被髮，項上有琵琶絃，結于嚥下，褰簾而至，曰：某從公，是某失行，于公則無所負。公懼罪，棄某于他所即可，何忍見殺。武悔謝良久，欲厚以佛經紙緡祈免。女子曰：某上訴經三十年，今不可矣。言畢卻出。嚴公遂處置家事。按明萬曆時，杜松爲寧夏東路總兵官，尚氣不能容物，嘗有所憤，忽披剃爲僧，部議聽其歸。此記蓋指其事。又按唐《元稹集》中有許劉總出家制云：具官劉總，五岳孕靈，三台降瑞。位兼將相，代襲勳庸。視軒冕若浮雲，棄妻孥猶脱屣。屢陳章表，懇願捨家，勉喻再三，終然不奪。朕又移之重鎮，天平軍寵以上公。莫顧中人之情，遂超開士之跡。張良卻粒，尚想高蹤。范蠡登舟，空瞻遺像。功留鼎鼐，誓著山河。長存魚水之歡，勿忘香火之願。宜賜法號大覺，仍賜僧臘五十夏，主者施行。

又《修文記》 明屠隆撰。所記蓋李賀事也。上帝令賀作新宫記，兼纂凝虚殿樂章，故以《修文記》爲名。其曰修文者，因顔回卜商爲修文郎，借此傳合也。《宣室志》：隴西李賀，字長吉，唐鄭王之孫。稚而能文，尤善樂府詞句，意新語麗，當時工于詞者，莫敢與賀齒，由是名聞天下。以父名晉肅，子故不得舉進士。卒于太常官，年二十四。其先夫人鄭氏，念其子深，及賀卒，夫人哀不自解。一夕，夢賀來，如平生時，白夫人曰：某幸得爲夫人子，故從小奉親命，能詩書，爲文章。所以然者，非止求一位而自顯也，且欲大門族，上報夫人恩。豈期一日死，不得奉晨夕之養，得非天哉。然某雖死，非死也，乃上帝命。夫人訊其事，賀曰：上帝，神仙之居也。近者遷都于月圃，搆新宫，命曰白瑶。以某榮于詞，故命某與文士數輩，共爲新宫記。帝又作凝虚殿，使某輩纂樂章。今爲神仙中人，甚樂，願夫人無以爲念。既而告去。夫人寤，甚異其夢，自是哀少解。《唐書》：李賀，字長吉，系鄭王後。七歲能辭章，韓愈、皇甫湜始聞未信，過其家，使賀賦詩。援筆輒就，如素搆，自目曰《高軒過》。二人大驚，自是有名。爲人纖瘦，通眉，長指爪，能疾書。每旦日出，騎弱馬，從小奚奴，背古錦囊，遇所得，書投囊中。未始先立題，然後爲詩，如他人牽合程課者。及暮歸，足成之。非大醉弔喪日率如此，過亦不甚省。母使婢探囊中，見所書多，即怒曰：是兒要嘔出心乃已耳。以父名晉肅，不肯舉進士，愈爲作《諱辨》，然卒亦不就舉。辭尚奇詭，所得皆驚邁，絶去翰墨畦逕，當時無能效者。樂府數十篇，雲韶諸工，皆合之絃管。爲協律郎，卒年二十七。與遊者權璩、楊敬之、王恭元，每撰著，時爲所取去。賀亦早世，故其詩歌世傳者鮮焉。

著録

明・佚名《古人傳奇總目》　《曇花》，屠赤水作。木清泰事。

又　《修文》，屠赤水作，李賀事。

又　《綵毫》，屠赤水作，李白事。

清・佚名《傳奇彙考標目》卷上　屠隆：字緯真，號赤水，别號由拳山人，四明人。《曇花》、《彩毫》、《修文》。

清・支豐宜《曲目新編・明人傳奇》　《彩毫》、《曇花》、《修文》，右三種，屠赤水作。

清・姚燮《今樂考證・著録六・明院本》　屠隆三種：《彩毫》、《曇花》、《修文》。

清・王國維《曲録》卷四　《曇花記》一本，《修文記》一本，《彩毫記》一本。右三種，明屠隆撰。

藝文

明・茅元儀《石民横塘集》卷二《陳泰始京兆開社，觀演〈李白彩毫記〉，同馬季聲、徐興公、鄭汝交、倪柯古、陳叔度、高景倩、林懋禮、陳昌基賦，探得四支》　閑夜能消翡翠卮，華燈吐穗半酣時。柳眉欲語佳人意，銀管爭傳重客詞。彩筆亦曾天上賞，金雞未見夜郎追。主恩自是難思議，錫與高朋地主宜。

明・沈明臣《豐對樓詩選》卷三四《越王城作，有序》　余於乙酉九日爲吴行，途聞長卿是日當到家。因留以待，不果到。遂發舟，沿途無繇得信。【略】悵然有作。越王城邊秋可憐，芙蓉照水空相鮮。前來舟楫杳不見，後飛鴻雁何茫然。心中所期交臂失，天末誰將落夢邊。躊躇手把黄菊嗅，青沙白鷗雙翩翩。

雜録

明・管志道《續問辨牘》卷二附屠隆書劄　隆去歲又不勝其技痒，撰傳奇二部。一名《曇花》，廣陳善惡因果，以明佛理。一名《彩毫》，假唐青蓮居士，以明僊宗。成而卜之天神，天神不許也，竟不能抑止，冒而行之，罪將安逃。

陳與郊

論説

明・齊愨《詅癡符・櫻桃夢序》 昔顔黄門謂：人士自號清華，流布醜拙者曰詅癡符。漫卿之號若此，而流布若彼，何謂詅癡符。予知之暗無題識，孰察公閒適而引人之勝地也，惜予未能棄百事與漫卿遊，飛觴擊節於其間，嗚呼，暢哉。

明・夢夢生《詅癡符・櫻桃夢序》 醇儒云：自古詞場狡獪，偏要在真人前弄假，卻能使人認假成真；在癡人前説夢，卻能使人因夢得覺。《櫻桃記》也，假也，真也。夢也，覺也。然無真不即假，無覺不由夢。夢因假而覺亦假，假因夢而真亦夢也。知此，可與讀《櫻桃記》也。

明・削仙□《鸚鵡洲序》 傳奇，傳奇也。不過演奇事，暢奇情，而近世賢豪，乃欲洩己之蓄抑，亦鼓人之艷慕，至推墮滉瀁中，則太奇爾。《雲溪友議》載韋南康二室事情甚奇，《唐語林》紀薛濤亦奇。先生合而傳之，盡本事中人，人盡有致，更奇。傳奇哉，傳奇哉。

明・逢明生《靈寶刀序》 自小説稗編興，而世遂多奇文、奇人、奇事，然其最毋踰於《水滸傳》。而《水滸》林冲一段，爲尤最。其婦奇，其婢奇，其夥類更奇，故表而出之以爲傳奇。不獨此也。傳中有府尹，有孫佛兒，不憚熏天炙手之權謀，而能昭雪無罪，又奇之奇者也。故李卓吾曰：有國者自賢宰而下，不可一日不讀《水滸傳》。

明・陳繼儒《麒麟罽小引》 蓋聞人家發跡，必産曠達英豪，以乖昌熾於先；尤必鍾賢淑媛，以資贊助於内。夫丈夫之曠達，猶易也。至婦人之賢淑，實間世所稀。已爲一家瑠璫，韓蘄王龍韜豹略，超卓絶群。幫源獨上，而方獵就擒；天戈一揮，而苗劉授首。伏火儀而虜酋敗北，扼金山而兀朮哀求。東南半壁錦乾坤，全賴撐持，豈不轟轟振世烈丈夫哉。夫人梁氏，空一潛踪，青樓寄跡，終完節操，冰霜比潔，麒麟毯上，因彪形而占英豪。遂以麒麟罽爰作同心結，而諧伉儷耳。雩州勸進，脱夫於逗撓；蟠朗一疏，既夫於萋菲。江上鼙鼓鼕鼕，貔貅競奮，爲兒贖罪，爲夫奏績。掾名凌烟閣上，何物裾釵，有許淵識高豐。蘄王晚年解兵柄，葛巾道服，盤桓西湖之上，口不言時事，而不嬰賊檜之鋒。夫人資助之益，端不誣也。故頌蘄王之烈者，尤稱夫人之美。傳奇者，援筆抽寫，敲金戛玉，令千古讚歎之牙頰猶馨。

明・祁彪佳《遠山堂曲品・逸品》《櫻桃夢》：炎冷、合離，如浪翻波疊，不可摸捉，乃肖夢境。《邯鄲》之妙，亦正在此。先生此記，盡洩其慨世之語，而其才情宕逸，皆不可一世；乃其守律正音，則居然老宿也。記中櫻桃園之事，出《艷異編》，《李丹》已採入矣。

又《鸚鵡洲》：此即元《兩世姻緣》劇，但其傳玉簫處，從《雲溪友議》來，較劇更詳。傳玉環者，以此女爲妓，冤矣。此記逸藻翩飜，香色滿楮，襯以紅牙、檀板，則繞梁之音，正恐化彩雲飛去耳。禺陽自詡爲：寫之無逸景，用之無硬事，鋪之無留情。乃世之評者云：局段甚雜，演之覺懈，是才人語，非詞人手。是耶。非耶。

又《遠山堂劇品・雅品》《中山狼》：南北五折 借中山狼唾罵世人，説得透快。當爲醒世一編，勿復作詞曲觀也。

又《蔡文姬》：南一折 略具小境。以此入塞，配昭君出塞耳。《胡笳十八拍》何不一併演之。

又《義犬記》：先生林居時，大不得意，作此以愧門牆之負心者。《葫蘆先生》一段，窮極世態，乃王辰玉所作，先生第引入之耳。

又《淮陰侯》：南北四折。曲第四折。已悉淮陰生平大概，可以補《千金》之未盡者矣。詞近自然，若無意爲詞，而詞愈佳。

傳記

明・李維楨《太常寺少卿陳公墓志銘》 公名與郊，字廣野。先世齊高氏，至南宋入浙，居臨安。永樂間，東園公諒徙海寧，爲陳氏贅壻，因從其姓。子世榮，世榮子亮，亮子晃，晃子經，經子中漸，以公贈吏科給事中，母嚴太孺人。【略】公十六爲郡諸生，就婚金壇。金壇曹太史見而稱之：此我輩人。二十有四，以春秋舉于鄉，再不第南宫。歸而足疾，三月不庭。醫凌生針之愈。隣人速公與叔弟于獄，雖對簿手不釋書。會試舉第四人。出王文肅公之門。授河間府推官。時王母王孺人年九十有三，公留朱孺人事兩姑，獨之任。其冬王母卒，公承重歸。服除，謁選人，奉母以往。復除順德府憲令理官，從侍御史按部獄，出入官臧否經其手。而執政方綜覈名實，用法嚴，畿輔吏奉行刻深，公獨顧念官以推爲名，即孟氏善推所爲之説也。人之自愛孰不如我，吾何求多焉。理出冨人坐殺人抵罪者，或白宜遠嫌。公正色曰：人之命乃重于吾之名乎。有僕行盜而主不知，主坐死，閲其詞數過，若有白頭翁嘆息于側，得情釋之。臺使按劾惡人，逮繫累百千。公第治其魁，諸吏小過，悉宥不問，所保全甚衆，所平反不可數計。暇則進諸生，授經談藝，四方聞者負笈從遊。順德於八郡爲小，而隣國士民質成來學，户限欲穿矣。六年以高第徵，遮道泣而留行者，二三百里内接踵，呼爲陳佛。至今尸祝之。已拜給事中，首疏請召用因江陵得罪者趙用賢、吴中行、沈思孝、艾穆、鄒元標、朱鴻謨、郭惟賢諸公。會計吏疏，禁餽遺。念母家居，移疾還子舍。假滿，遷户科右，工科左。上營大峪壽宫，言者聚訟，公爲折衷，輒觸時諱。壽宫成，上親臨視，公以侍從受緋衣之賜。已爲禮闈同考官，事竣，乞致仕養母。以有弟三人，非例，罷。命册魯世子妃，假道歸省。遂不欲出，毋不善也。入報，命尋遷吏科屬，大計復疏申餽遺之禁。【略】居省中，所言裁織造、减營建、修實政、停助工，皆關民隱國體。復請登進陸文定、陳恭介、鄧文潔、邢司馬、王司寇、鄒太常諸公，皆名臣也。已擢太常少卿，督四夷館。母八十，復乞歸省。行五百里聞訃，匍匐奔還。越三年，有以行取考選過濫，追論銓曹及公，遂免官。搆别業城隅，終老而贈公以輿論祀鄉賢，喜曰：無遏佚前人之光于願足矣。建宗祠，置祭田，三黨有緩急，脱朱孺人簪珥以助。【略】性不飲酒博弈，不握筭，不出遊，惟以臨佳帖，種名花爲適。作傳奇小令，令童子歌之，以起倦色。自六籍外，刳心太玄潛虚，好屈宋揚馬張左諸家賦，考訂音韻，所爲文上下兩京六朝，獨不作詩賦，曰不能及古人，無以效顰。【略】安仁吴中丞過武林，公詣之，語良久。輿歸，中道疾作，遂卒。朱孺人與仲子以喪還。萬曆庚戌十二月四日也，距生嘉靖甲辰二月二十有三日年六十有七。

清（康熙）《浙江通志》卷三一　陳與郊，字隅陽，海寧人。本高氏裔，贅陳，因以爲氏。萬曆甲戌進士，授河南府推官。是時，江陵爲政，以法繩郡縣吏。與郊獨濟以寬和，時有縱捨，徵拜吏科給事中。江陵敗，諸言事者尚編戍籍，與郊上疏，請召還。癸未大計，特疏嚴綱紀。戊子掌垣，復當計吏，因申餽遺之禁。在諫垣八年，若裁織造、省營建、修實政、停助工諸疏，皆裨國體，擢太常寺少卿。丁母憂居家，竟以忌口罷免。

清（康熙）《海寧縣志》卷一一　陳與郊，字隅陽。【略】嘉靖間，文章家稱七才子，時相繼即世，獨王元美在，最重其文，及李太史本寧與爲文章交。故居諫垣時，上書薦元美，迨郊之卒，本寧爲叙其集志墓焉。初理河間，徵拜吏科給事中。首疏請召諸諍臣趙用賢等，疏入，報聞，遷工科。是時，上營大峪壽宫，言者聚訟，累疏折衷，其割壽宫成，上臨視，賜緋册。魯世子妃假道四省，遷吏科都給事中。居省八歲，所言裁織造、减營建、修實政及請陸文定、陳恭介、鄧文潔、邢司馬諸疏，剴惻有體。已擢翰林院，提督四夷館，太常寺少卿。居母憂，尋免。益閉門著述，凡數萬言。性嗜學，自六籍外，留心太玄潛虚，好屈、宋、揚、馬、張、左諸家賦，考訂梓之。所爲文上下兩京、六朝，詩詠間作，其藻思之歌歈，被管絃以自娱。

清（康熙）《順德府志》卷一　陳與郊，字廣野，海寧人，進士。萬曆五年任，與人藹然可掬，而凜然難犯，剖决疑獄，人咸悦服。時監司委署郡邑二篆，新法積穀不敷者降罰，公毅然曰：民已窮矣。我復割剥以應時求，非民父母也。卒一無所積，當時號陳佛子云。擢吏科給事中，雖婦人、孺子皆泣送之，攀轅卧轍，日暮時始獲出郭。民爲立去思碑。

清・佚名《曲海總目提要》卷六　《櫻桃夢》：明萬歷時人高漫卿所作。漫卿有傳奇四種，總名《詅癡符》。友人齊愨爲之序，序略云：近世士大夫，去位而巷處，多好度曲，高漫卿亦有《詅癡符》傳焉。予卒讀至盡三跋，曰：噫此可謂《詅癡符》耶。昔顔黄門謂人士自號清華，流布醜拙者，曰詅癡符。漫卿之號若此，而流布若彼，何謂詅癡符云云。漫卿固搢紳而隱於詞者也，華亭陳繼儒亦有序。符有四種，《櫻桃夢》其一也。全本《太平廣記》所載《櫻桃青衣》撰成。按《太平廣記》云：天寶初，有范陽盧子，在都應舉。頻年不第，漸窘迫。嘗乘驢遊行，見一精舍，中有僧開講，聽徒甚衆。盧子方詣講筵，倦寢，夢至精舍門，見一青衣，攜一籃櫻桃在下坐。盧子訪其誰家，青衣云：娘子姓盧，嫁崔家。今孀居在城，因訪近屬。即盧子再從姑也。青衣曰：豈有阿姑同在一都，郎君不往起居。盧子便隨之，過天津橋，入水南一方，有宅門甚高大。青衣先入，頃有四人出門相見，皆姑之子也。一任户部郎中，一前任鄭州司馬，一任河南功曹，一任太常博士。二人衣緋，二人衣緑。斯須引入拜姑，姑衣紫，年可六十許。言詞高朗，悉訪内外，備諳氏族。遂訪兒婚姻未，盧子曰：未。姑曰：吾有一外甥女子，姓鄭，早孤，遺吾妹鞠養，甚有容質，當爲兒平章。乃遣迎鄭氏妹。有頃，一家並到，車馬甚盛。遂檢擇歷日，云後日大吉，因與盧子定婚。姑云：聘財函信禮席，兒並莫憂，吾悉與處置。明日拜席，大會都城親表。拜席畢，遂入一院。院中屏帷皆極珍異。其妻年可十四五，容色美麗，宛若神仙。盧子心喜不勝，遂忘家屬。俄及秋試之期，姑曰：禮部侍郎與姑有親，必合極力，更勿憂也。明春遂擢。第又應宏詞，姑曰：吏部侍郎與兒子輩情分偏洽，令渠爲兒必取高第。及榜出，又登甲科，授秘書郎。姑云：河南尹是姑堂外甥，令渠奏畿縣尉。數月，勑授王屋尉，遷監察，轉殿中，拜吏部員外郎。判南曹銓畢，除郎中。知制誥數月，即真遷禮部侍郎。兩載知貢舉，賞鑒平允，朝廷稱之。改河南尹，旋屬車駕還京，遷兵部侍郎。扈從到京，除京兆尹。改吏部侍郎，三年掌銓，甚有美譽，遂拜黄門侍郎平章事。恩渥綢繆，賞賜甚厚。作相五年，因直諫忤旨，改左僕射，罷知政事。數月，爲東都留守河南尹，兼御史大夫。自婚媾後至是經二十年，有七男三女，婚宦俱畢，内外諸孫十人。後因出行，卻到昔年逢攜櫻桃青衣精舍門，復見其中有講筵，遂下馬禮謁。以故相之尊，處端揆居守之重，前後導從，頗極貴盛。升殿禮佛，忽昏醉，良久不起，耳中聞講僧唱云：檀越何久不起。忽然夢覺，乃見著白衫，服飾如故，前後官吏，亦無一人。廻遑出門，見小豎捉驢執帽，在門外立，謂盧曰：人驢并飢，郎君何久不出。盧子罔然，歎曰：人世榮華窮達，富貴貧賤亦當然也。而今而後，不更求宦達矣。遂尋仙訪道，絶跡人世焉。此段説夢，與盧生邯鄲道上事絶相類。劇中改盧子爲盧生，即以櫻桃爲青衣小名，與原文稍異。又憑空撰出黄里先生寧陽子崔閒張怡雲等名目，及斬鬼遇仙諸事，雖極意經營，而頭緒紛雜，不成章法。且悁忿恣駡，無和平之音。視臨川之譜《邯鄲》不逮遠矣。

又 《靈寶刀》：明高漫卿本李開先《寶劍記》而作。所叙林冲事，全據小説《水滸傳》。其開封府尹竹之有，及貞娘爲尼，錦兒代死情節，皆憑空撰出。按漫卿自題卷尾云：山東李伯華先生舊稿，重加删潤。凡過曲引尾二百四支，内脩者七十四支，撰者一百三十支。今梨園所演夜奔梁山等齣，仍用李本。談樂府者亦止識《寶劍》，不知有《靈寶刀》也。第三十四齣燕青青樓乞赦，亦本《水滸傳》小説。李師師事，正史罕載。按張端義《貴耳録》，云道君幸李師師家，周邦彦先在焉，聞道君至，遂匿牀下。道君自攜新橙一顆，云是江南新進，遂與師師謔語。邦彦悉聞之，檃括成《少年遊》，云：并刀如水，吴鹽勝雪，纖手破新橙。錦幄初温，獸香不斷，相對坐調笙。低聲問向誰行宿，城上已三更。馬滑霜濃，不如休去，直是少人行。他日師師歌此詞，道君問誰作，師師以直對，道君大怒，謫邦彦押出國門。越一二日，道君復幸師師家，不遇。至更初，師師歸來，愁眉泪眼，憔悴可掬，道君問故，師師奏言邦彦得罪去國，略致一杯相别，不知得官家來。道君問曾有詞否，李因奉酒唱《蘭陵王》詞歌竟。道君大喜，復召邦彦爲大晟樂正。當時師師家有二邦彦，一周美成，一李士美，皆爲道君狎客，士美因而爲宰相。

又 《麒麟罽》：明高漫卿作。韓世忠卧麒麟毯遇梁夫人，故名。事本《雙烈》。結尾云：韓王小傳原奇妙，奈譜曲梨園草草。因此上任誕軒中信口嘲。任誕，漫卿軒名。其意似薄《雙烈記》而爲此者。按《宋史》方臘之亂，在徽宗宣和二年，又七八年後，兀朮始見史册。第十二齣云，方臘毒如金兀朮十倍。又將方臘事敘在宋高宗南渡後，非是。又按孝宗生于高宗之建炎元年，六歲始選入宫。韓彦直六歲時，隨父世忠見高宗，高宗親解孝宗丱角之繻縛其首，則彦直必與孝宗年相若矣。韓世忠與兀朮黄天蕩之戰，在建炎四年。彼時彦直尚在襁褓，安能統兵。第二十四齣命子設伏之事，尤荒唐不可信。其用吕小小事，見《避亂録》。但小小本世忠妓，後世忠攜之去，未嘗有出家之説也。《避亂録》云：胡舜陟待制守錢塘，韓世忠入覲。世忠所攜杭妓吕小小，有罪繫于獄，其家欲脱之。世忠赴待制飯，因啓曰：某有小事告訴待制，若從所説，當飲巨觥。待制請言之，即以此妓爲懇。待制爲破械，世忠欣躍，連飲數觥。會散，攜妓以歸。妓後易姓茅。梁夫人姓名曰扈紅玉。他書未見，必是生撰。云本部使之女，自揚州避難，流落娼家。于京口見世忠，贈以麒麟之毯，結爲夫婦。劇又名麒麟毯往普陀進香，母趣世忠取功名。遂從王淵討平方臘，又與張浚平苗劉，其後功高爵顯。因爲岳飛抱憤，上表辭官，賞雪西湖，與道月禪師參證。此其大略也。世忠作《臨江仙》詞，有少年衰老與花同句，今入在賞雪一折。騎驢西湖，亦世忠實事，但世忠自稱清涼居士，卻少此一句耳。張浚侍郎燈下看書，忽一壯士持刀屏後，侍郎問曰：苗劉差爾刺我乎。其人曰：然。侍郎曰：如此，取我頭去。其人曰：我豈肯殺公，恐公防衛不密，特來報公耳。其人竟升屋而去。此事出宋稗。然韓琦鎮鄜延，西夏張元遣客刺之，予一玉帶而去，其事絶相類。後人有駁張浚事非實者。万俟卨兼攝法司，有人告伯夷叔齊，此是明海瑞事。

又 《鸚鵡洲》：明高漫卿撰。以玉簫禱鸚鵡洲爲主，而以薛濤併入，兼之博採諸書，錯綜點綴。玉簫詳《玉環》劇内。《韋皋傳》云：朱泚以范陽軍鎮鳳翔，留兵五百戍隴上，以步將牛雲光督之。雲光謀請皋爲帥，將劫以臣泚。別將知以白皋。雲光懼不克，率衆出奔，遇泚奴使皋所，謂雲光曰：太尉使我以御史中丞授皋，若不受，可遂誅之，請以兵俱。許之。皋納奴，僞受泚詔。明日置酒大會奴，雲光與其下至。皋伏甲左右廡，酒行盡殺之，以其首徇。唐李璵《薛濤傳》云：蜀妓薛濤，字洪度。韋皋鎮蜀，召令侍酒賦詩。暮年屏居浣花溪，著女冠服。元稹微之知有薛濤，未嘗識面，初授監察御史，出使西蜀，得與薛濤相見。自後元公赴京，濤歸浣花所。其浣花之人，多造十色綵箋。濤別模新樣小幅松花紙，多用題詩。罰赴邊有懷上韋相公云：聞道邊城苦，而今到始知。卻將門下曲，唱與隴頭兒。或以營妓無校書之號，韋南康欲奏之，而罷，後遂呼之。《太平廣記》云：韋皋薄遊劍外，張延賞以女妻之，既而惡焉。皋乃告張行意。時女巫在焉，見皋入西院，問延賞夫人曰：向之緑衣入西院者爲誰。曰：韋郎。曰：此人極貴，其禄將發，不久亦鎮此，宜殊待之。問其所以，曰：貴人之所行，必有陰吏。相國之侍一二十人耳，如韋郎者，乃百餘人。後韋果爲西川節度使。劇中第三齣用此，而以爲對薛濤語。《宣室志》：韋皋既生一月，其家召群僧會食，有一胡僧不召而至，既食，韋氏命乳母出嬰兒，請群僧祝其壽。胡僧忽自升階，謂嬰兒曰：別久無恙乎。嬰兒若有喜色。韋氏問之，胡僧曰：此子乃諸葛武侯之後身，吾往歲在劍門，與此子友善。今聞降於韋氏，吾故不遠而來耳。劇中第四齣用此，所謂無姓禪師，即指胡僧也。秦再思《紀異録》云：高駢鎮蜀，命酒佐薛濤改一字令，曰：須得一字象形，又須逐韻。公曰：口，有似没梁斗。濤曰：川，有似三條椽。公曰：如何一條曲。濤曰：相公尚使没梁斗，窮酒佐三條椽有一條曲，又何足怪。劇中第十九齣借用，又引鸚鵡事。按韋皋《鸚鵡舍利塔記》云：前歲有獻鸚鵡者，聲容可觀，音中華夏。今年七月，奄然而絶。遂命火，以闍維之法焚之。餘燼之末，舍利十餘粒，烱爾耀目。高僧慧觀，請以舍利於靈山用陶甓建塔，旌其異。小説《田洙遇薛濤記》云：五羊田洙，隨父百禄赴成都教官，館于負郭張氏。二月花晨，洙偶歸省，道經一所，桃花盛開。忽見一美女佇立花下，洙偶遺所得俸金，女命婢拾還之。洙往謝，因詢之。女曰：夫爲平姓，妾文孝坊薛氏女。嫁平幼子康，不幸早卒，妾獨孀居。茶至再，女出其所藏示洙，其中元稹高駢詩詞手翰尤多。洙玩之不忍釋手，因口占一詩曰：路入桃源小洞天，亂紅飛處遇嬋娟。襄王誤作高唐夢，不是陽臺雲雨仙。女更請以落花爲題，聯句一首。有云：妝臺休浪拂，留伴可憐宵。遂留宿，踰半年人無知者。洙嘗謂濤曰：蜀中多産佳麗，文君薛濤輩，以子方之，殆亦有優劣乎。女曰：使子遇薛濤，亦不啻如今日也。洙曰：濤一妓耳，何足擬子。女曰：水國蒹葭夜有霜，可以伯仲杜牧。而子以妓女薄之，非知濤者也。後爲張及父百禄所知，呼洙同往窮之，至則漫非前景。張曰：此地相傳薛濤所葬，所遇必濤也。所謂平幼子康者，乃平康巷也。文孝坊者，文與孝合爲教字。濤爲樂妓，故居教坊也。非濤而誰哉。百禄甚以爲然，恐其終爲所惑，乃遣歸廣中。劇中第二十四齣，假借此事。以爲韋皋令他妓詭作薛濤以愚姜荊寶，而荊寶又假託別名曰豫章朱田。按朱田即用田洙二字顛倒之。又借用劉國容語。按開元天寶遺事云：長安名妓劉國容，有姿色能吟詩，與進士郭昭述相愛。後昭述釋褐，授天長簿，遂與國容相別。詰旦赴任，行至咸陽，國容使一女僕馳短書云：歡寢方濃，恨雞聲之斷。愛恩憐未洽，嘆馬足以無情。使我勞心，因君減食。再期後會，以結齊眉。長安子弟，多諷誦焉。《鑑戒録》云：薛濤爲連帥所喜，因事獲怒而遠之，作《五離詩》以獻，遂復喜焉。一曰《犬離家》，二曰《魚離池》，三曰《鸚鵡離籠》，四曰《竹離叢》，五曰《珠離掌》。而《摭言》又云：元相公在浙東賓府，有薛書記酒後爭令，以酒器擲傷公猶子，遂出幕。既去作《十離詩》以獻。《犬離主》，《筆離手》，《馬離廄》，《鸚鵡離籠》，《燕離巢》，

《珠離掌》，《魚離池》，《鷹離主》，《竹離亭》，《鏡離臺》。二説未知孰是。

又　《義犬記》：明萬曆間太常少卿陳與郊撰也。與郊爲給事中，議論皆附時相。其時言路多攻訐宰相。張居正柄國，御史劉臺傳應禎，翰林吳中行趙用賢先後參劾，皆居正門生。久之，大學士王錫爵赴召。將入京，上密揭一封，痛詆言路。淮撫李三才探得之，御史段然等遂交攻錫爵，錫爵因卧不出。三才，錫爵門生也。與郊亦錫爵門生。作此記者，蓋詆臺及三才等，故以義犬齧門生事標題。袁粲，字景倩，陳郡陽夏人。幼孤，祖淑哀之，名曰愍孫，明帝時改名粲，累官尚書令，加侍中，進爵爲侯，與齊高帝褚淵劉彦節遞日入直。順帝時遷中書監司徒，侍中如故。齊高帝居東府，使粲鎮石頭。高帝革命，自以身受顧託，不欲事二姓，密有異圖。昇明元年，荆州刺史沈攸之舉兵反。高帝自詣粲，粲稱疾不見。高帝遣軍主戴僧静向石頭，自倉門入。粲與劉彦節等列兵登東門，僧静分兵攻府西門。彦節踰城出，粲還坐，列燭自照，謂其子最曰：本知一木不能止大廈之摧，但以名義至此耳。僧静挺身暗往，奮刀直前，欲斬之。子最覺有異，大叫抱父，乞先死。粲曰：我不失忠臣，汝不失孝子。仍求筆作啟云：臣義奉大宋，策名兩畢，今便歸魂墳壠，永就山丘。僧静乃并斬之。粲小兒數歲，乳母將投粲門生狄靈慶，靈慶曰：吾聞出郎君者有厚賞，今袁氏已滅，汝匿之尚誰爲乎。遂抱以首。乳母號泣呼天曰：公昔於汝有恩，故冒難歸汝，奈何欲殺郎君，以求少利。若天地鬼神有知，我見汝滅門。此兒死後，靈慶常見兒騎大羝狗戲如平常。經年餘，鬬場忽見一狗，走入其家，遇靈慶於庭，噬殺之。此狗即袁郎所常騎也。劇中事蹟，全是南史本傳。然三才於錫爵事，時論互有是非。言三才未免險薄，而錫爵揭中以禽鳥之音指言路，雖隱爲解救，而語覺輕詆，有以致言官之怒。至劉臺等劾居正，則皆係國事，時論頗不直居正云。

著録

清・黄文暘、佚名《重訂曲海總目・明人雜劇》　陳與郊字隅陽：《昭君出塞》、《文姬入塞》、《詩癡符》。

清・姚燮《今樂考證・著録六・明院本》　陳與郊四種：《櫻桃夢》、《靈寶刀》、《麒麟罽》、《鸚鵡洲》。以上四種，海昌陳與郊玉陽作。其所居曰任誕軒。今《曲考》、《曲目》諸書，以《櫻桃夢》、《靈寶刀》二種爲任誕先作，誤軒作先，似另爲一人。後復列《鸚鵡洲》一種爲陳與郊作。今據其所刻《詩癡符》四種本正之。《麒麟罽》亦四種之一也，並爲補入。

清・支豐宜《曲目新編・明人雜劇》　《昭君出塞》、《文姬入塞》，右二種，陳與郊作。

清・王國維《曲録》卷三　《昭君出塞》一本，《文姬入塞》一本，《義犬記》一本。右三種，明陳與郊撰。

又　《鸚鵡洲》一本，明陳與郊撰。

雜録

清・錢謙益《隅園集叙》　故太常寺少卿海寧陳公，萬曆初所稱六垣人才也，公始應制科，即以鴻裁艷詞沾被作者，及官掖垣以至都諫，志氣發舒，所條上皆天下大計，其所爲疏草，核而不劌，詳而有體，識者以謂文莊諸公之風焉。公没凡若干年，其孫甫伸刻其佚稿，予得而論序之，乃知公之學問，所謂通經學古、熟習掌故者，卓然不異乎先輩，而非後世科舉剽竊之學所可庶幾其萬一者也。

許潮

傳記

清（康熙）《靖州志》卷五　許潮，嘉靖甲午科舉人，任河南新安知縣。著有《易解》、《史學續貂》。

清（乾隆）《靖州志》卷一二　許潮，嘉靖甲午舉人，字時泉。出忠烈宋以方門下，風流灑落，博洽多聞，言根經史。當任河南新安知縣時，猶手不釋卷。著有《易解》、《史學續貂》等集，又作《太和元氣記》諸詞曲，至今猶艷稱之。

清・佚名《曲海總目提要》卷七《武陵春》　明許潮撰。潮字時泉，湖廣黄州人，所著雜劇數種。此齣或以爲楊慎作。事本陶潛《桃花源記》。中間云：西南一條路，與武陵溪只隔十里，惟賴石關隔絶。當時在崆峒山與廣成子求得封洞靈符，置於洞口石室，故兩山連合，不能通路。若仰起靈符，則石峽依然兩開。此段非記所有，蓋憑空撮撰，以爲後來迷路張本。天台仙女寄書劉阮，亦借以點染生色，非實事也。按陶潛《桃花源記》云：晉太原中，武陵人捕魚爲業。漁人姓黄名道真緣溪行，忘路之遠近。忽逢桃花林，夾岸數百步，中無雜樹，芳草鮮美，落英繽紛，漁人甚異之。復前行，欲窮其林。林盡水源，便得一山，山有小口，髣髴若有光。便舍船，從口入。初極狹，纔通人。復行數十步，豁然開朗。土地平曠，屋舍儼然，有良田美池桑竹之屬。阡陌交通，雞犬相聞。其中往來種作，男女衣着，悉如外人。黄髮垂髫，並怡然自樂。見漁人，乃大驚，問所從來，具答之。便要還家，設酒殺雞作食。村中聞有此人，咸來問訊。自云先世避秦時亂，率妻子邑人來此絶境，不復出焉，遂與外人間隔。問今是何世，乃不知有漢，無論魏晉。此人一一爲具言，所聞皆歎惋。餘人各復延至其家，皆出酒食。停數日，辭去。此中人語云：不足爲外人道也。既出，得其船，便扶向路，處處誌之。及郡下，詣太守，説如此。太守即遣人隨其往，尋向所誌，遂迷，不復得路。南陽劉子驥，高尚士也。聞之欣然親往，未果，尋病終。後遂無問訊者。又按《桃源經》云：桃源山在縣南一十里，西北乃沅水曲流，而南有障山，東帶鈔鑼溪，周回三十有二里，所謂桃花源也。

又《午日吟》　明許潮撰。言嚴武爲劍南節度使，故人杜甫避亂相投，卜築萬里橋西江上。時值重五，武具酒肴音樂，約諸貴公子詣子美草堂吟賞竟日，故謂之午日吟也。按少陵集與嚴武往還詩甚多，獨未嘗有午日之吟，其生平所作四時節序之什亦甚多，而午日最少，僅《端午日賜衣》及《送向卿進奉端午御衣》二作耳，作者蓋緣飾以成韻事也。中間詞曲點染處，多用子美詩字句面以見才情，賓白中詩篇，亦多出杜集。元戎小隊出郊坰，問柳尋花到野亭。川合東西瞻使節，地分南北任流萍。扁舟不獨如張翰，皁帽還應似管甯。寂寞江天雲霧裏，何人道有少微星。此甫因嚴中丞枉駕見過之詩，劇改作嚴杜聯句。又作蓮舟鬭艇聯句詩二首，則非甫詩。蓋作者借以自騁才情也。中間聯引，如日出籬東水，雲生舍北泥。竹高鳴翡翠，沙暖舞鵾鷄。清江一曲抱村流，長夏江村事事幽。自去自來梁上燕，相親相近水中鷗。翠篠娟娟净，紅蕖冉冉香。故人書斷絶，稚子色凄凉。幽棲地僻經過少，老病人扶再拜難。豈有文章驚海内，漫勞車馬駐江干。青娥皓齒擁樓船，横笛短簫悲遠天。春風自信牙檣動，遲日徐看錦纜牽。乘興杳然迷出處，對君疑是泛虚舟。等，皆取浣花集中句字。又云梓州刺史送歌妓采蓮船來，因甫集有數陪李梓州泛江，有女樂在諸舫戲爲艷曲二首詩云：翠眉鶯度曲，雲髻儼成行。立馬千山暮，迴舟一水香。故曰采蓮船也。章梓州者，章彝也，一作李使君。又云鄭駙馬令龍舟供奉，鄭駙馬者，鄭潛曜廣文博士虔之姪。甫有《鄭駙馬宅宴洞中》詩。又云何將軍送角黍蒲酒艾虎，甫有《陪鄭廣文遊何將軍園林及重過何氏》，詩故借以點綴生情耳。然何鄭皆長安時事。

又《赤壁遊》　亦許潮所撰。按蘇軾《赤壁賦》云：壬戌之秋，七月既望，蘇子與客泛舟，遊於赤壁之下。清風徐來，水波不興。舉酒屬客，誦明月之詩，歌窈窕之章。少焉，月出於東山之上，徘徊於斗牛之間。白露横江，水光接天，縱一葦之所如，凌萬頃之茫然。於是飲酒樂甚，扣舷而歌之。歌曰：桂棹兮蘭槳，擊空明兮泝流光；渺渺兮予懷，望美人兮天一方。又《後赤壁賦》曰：是歲十月之望，步自雪堂，將歸於林皋。二客從余過黄泥之坂。霜露既降，木葉盡脱。人影在地，仰見明月，顧而樂之，行歌相答。既而歌曰：有客無酒，有酒無肴。月白風清，如此良夜何。客曰：今者薄暮，舉網得魚，巨口細鱗，狀似松江之鱸。顧安所得酒乎。歸而謀諸婦。婦曰：我有斗酒，藏之久矣，以待子不時之需。於是携酒與魚，復遊於赤壁之下。劇中以二賦穿插敷衍，而借黄山谷、佛印作客。又因《後賦》有夢鶴事，遂添出張志和，且云朝爲黄鶴，暮托漁翁，所以點染生色也。

又《龍山宴》　明許潮撰。《世説補》云：孟嘉爲桓宣武温征西參軍，九日宴龍山，寮佐畢集。俄風至，吹嘉帽落，嘉不之覺。宣武使左右勿言，以觀其舉止。嘉良久如廁，宣武令取還之，命孫盛作文嘲嘉，著嘉坐處。嘉還見，即答之，其文甚美，四坐嗟異。又云：過江諸人，每至美日，輒相邀新亭，藉卉飲宴。周侯中坐而嘆曰：風景不殊，正自有山河之異。皆相視流泪。唯王丞相愀然變色曰：當共戮力王室，克復神州，何至作楚囚相對。劇中借用作孟嘉語。又云：桓宣武嘗問孟萬年：聽伎絲不如竹，竹不如肉，何也。孟答曰：漸近自然。一坐咨嗟。劇中亦借用其語。晋《桓温傳》云：温與諸僚屬登平乘樓眺矚中原，慨然曰：遂使神州陸沉，百年丘墟，王夷甫諸人不得不任其責。劇中桓温語本此。

又《同甲會》　明許潮撰。載文彦博事，彦博兩登相位，封潞國公，退休居洛，與致仕中散大夫程珦、朝議大夫司馬旦、司封郎中席汝言，皆七十八歲，爲同生甲會。伏臘宴笑，以樂天年。彦博作《同庚會》詩云：四人三百二十歲，況是同生甲午年。占得梁園爲賦客，合成商嶺採芝仙。清淡亹亹風生席，素髮蕭蕭雪滿肩。此會從來誠未有，洛中應作畫圖傳。劇以此段渲染，蓋韻事亦盛事也。生情設法，幻出席間演戲，以松、竹、梅乃歲寒三友，而此劇作小春時宴會，故用以點綴景色，而暗藏松、梅、竹三字不露，謂松爲喬氏十八公，梅爲臘氏十八母，生二子女，女曰嶰谷小青娥，男曰淇園斐然子。其《務頭歌行》云：徂徠喬氏十八公，庾嶺臘氏十八母。二老風月相絪緼，生下兩個兒和女。女號嶰谷小青娥，男曰淇園斐然子。吟風弄月趣無邊，那看雨雪并風烟。一家占盡歲寒景，醞釀春光媚壽筵。後作標目四句：徂徠公嘲風弄月，庾嶺母竊玉偷香。嶰谷娥棲鸞舞鳳，淇園子傲雪欺霜。曲白詼諧，皆取本色，頗得風人之趣。按唐白居易《香山九老會》詩：九人五百七十歲。宋杜衍《睢陽五老》詩：五人四百有餘歲。司馬光《真率會》詩：七人五百有餘歲。皆士大夫生當太平極盛之事。明成，弘間又有甲申十同年會，來集之云：天順八年所舉進士，至弘治十六年，而同年進士之在朝者九人，與南京來者一人，會於刑部尚書吴興閔公朝瑛之第。因爲之圖，而長沙相公李賓之爲之序而記之者也。其十人爲南京户部尚書公安王公用敬名軾、吏部左侍郎泌陽焦公孟陽名芳、禮部右侍郎掌國子祭酒事黄巖謝公鳴治名鐸、工部尚書柳州曾公克明名鑑、刑部尚書吴興閔公朝瑛名珪、工部左侍郎泰和張公時遠名達、都察院左都御史浮梁戴公建珍名珊、户部右侍郎益都陳公廉夫名清、兵部尚書華容劉公時雍名大夏、太子太保户部尚書兼謹身殿大學士茶陵李公賓之名東陽。會宴於癸亥年三月二十五日，因而繪之爲圖，皆畫工面對手摹，得其形模意態。惟焦公奉使南國，弗及會，預留其舊所圖者而取之。謝公倡爲詩，八人皆和。閔公年七十有四，李賓之最少，然亦五十有六也。唐九老之在香山，宋五老之在睢陽，歌詩宴會，皆出於休退之餘。而此十老皆有國事吏責，故其詩於和平優裕之間，猶有思職勤事之意焉。王世貞《題甲申十同年會後》云：明興，才人之盛，獨稱孝廟時。而孝廟諸大臣又獨稱甲申成進士者，中間如劉忠宣、戴恭簡、李文正、謝文肅、王襄敏、閔莊懿，皆揚歷中外，位丞弼著篤棐聲，其他類亦廉潔好修之士，僅一焦泌陽駑耳。按文彦博等同甲午生，而李東陽等同甲申進士，俱可謂之同甲。作者或借此寓意，未可知也。富偉《松竹梅賦》：群峰矗兮萬玉，石一柱兮擎天。渺烟霞兮洞府，雲露湌兮飛泉。是爲古皖之巨鎮，而神仙之所家焉。境雖勝而非遠，人骨凡而未仙。或可望而不可到，矧欲拾級而摩其顛。灊山主人曰：嘻，不然。高莫高乎嵩峰，遠莫遠乎祈連。苟有志乎馳騖，在着吾之先鞭。矧今嘉平，月方幾望。雪三白兮初晴，雲已收於列嶂。祥飆肅兮塵清，烟境紛兮萬狀。於是揚雙旌，導華輈，駕彩鳳，籠赤虬。休予暇兮蕭散，緣空闊兮跨飛浮。從我者誰。二三仙儔。秦封夫人之剛勁，直節君子之清脩。與商鼎之大賓，從杖履而同遊。泛吴塘之瀲灧，桂其棹兮蘭舟。拂三祖之絶頂，古燦遠兮名留。嶺雲横兮鳥飛，山夢圍兮水流。酌石盤之甘露，駕山谷之青牛。濯予足兮飛泉，瀹予茗兮噴雪。掬九井之泓河，鑒三池之巉絶。光彩爛其如銀，古老舐其丹穴。有仙子兮雙方瞳，冠切雲兮佩明月。芝其茹兮擷蕙蘭，曳芙蓉兮問芳烈。拖予兮白雲莊，坐予兮玉爲床。明燭夜之瑞露，談且笑兮飛瑶觴。仙子或謂予曰：公骨秀而氣剛，丰標峻兮玉立，器質粹兮金相。其喬松之徒兮，壽天地兮同久長。否亦傲睨兮萬物之表，猶不失爲漢之子房。吾將授公以駕雲馭風之旨，餐霞飲露之方。此有道者之事也，幸無以吾言而爲狂。雖然寄雅趣於碧雲之間，味道腴於方外之賓。孰若反鴻濛，撫星辰，依日月，慶風雲，真筌賴其主宰。大鈞播兮無垠，契司命於大始。長侍天皇兮萬八千春，斯亦壺中之至樂。蓋數百年而幾人，然則主人之妙用，又豈山澤臞仙之所能倫哉。三友聞之，躍然而喜，抵掌鼓唇，願繼末旨。秦封大夫於是乎歌之，歌曰：三冬兮操冰霜，千尺兮材棟梁。下有茯苓兮華蓋蒼蒼，凝爲琥珀兮亘千古而猶香。直節君子乃賡載歌曰：勁吾節兮心虚，挹夷齊兮爲徒。長龍孫，招鳳雛，歲既寒兮誓不渝。商鼎大賓又歌之曰：冰雪其姿兮霜月其神，孤標耿耿兮萬花讓春。薦嘉賓兮南風薰，調羹鼎，莫逡巡。三友歌闋兮，方瞳仙子促予而去。請申嘉賓之美，繫之曰：有美一人兮春風之和，醖藉伊周兮沉酣丘軻。厭上界之官府兮，尋漢嶽之嵯峨。納同宇於春臺兮，令五袴而興歌。千里蒙福兮不爲不多，四海係望兮如蒼生何。公何心兮山之阿，整羽翰兮天可摩。無爲此焉婆娑。

著録

清・佚名《傳奇彙考標目》卷上 許潮字時泉，靖州人，《泰和》。

清・黄文暘、佚名《重訂曲海總目・明人雜劇》 許潮，字時泉。《武陵春》，《龍山宴》，《午日吟》，《南樓月》，《赤壁遊》國朝無名氏作同名，《同甲會》，《寫風情》，《蘭亭會》或誤刊楊慎作。

又 許潮靖州人，《泰和記》。

清・姚燮《今樂考證・著録三・明雜劇》 許潮七種：《武陵春》、《龍山宴》、《午日吟》、《南樓月》、《赤壁遊》、《同甲會》、《寫風情》。案：《盛明雜劇》本，許潮字時泉，楚黄人。又案：或云右劇俱楊用修作，托名許時泉者，故沈士俊評《武陵春》云：弇州誚升庵多川調，不甚諧南北本腔，説者謂此論似出於妬。今特遴數劇，以商之知音者。黄嘉惠云：《寫風情》，原本多穢語，特删正之。《午日吟》賓白純用詩句，閲之一過，勝讀少陵集矣。《四節記》亦有《赤壁》一折，恰不如此劇感慨淋漓，墨酣筆飽。朱孟山煒云：雨中讀《南樓月》劇，忽如明月朗朗入懷，悶中差爲一快。

又 《著録六・明院本》：許潮一種：《泰和》。

清・支豐宜《曲目新編・明人雜劇》 《武陵春》、《龍山宴》、《午日吟》、《南樓月》、《赤壁遊》、《同甲會》、《寫風情》，右七種，許潮作。

又 《明人傳奇》：《泰和》，靖州許潮作。

清・王國維《曲録》卷三 《武陵春》一本，《蘭亭會》一本，《寫風情》一本，《午日吟》一本，《南樓月》一本，《赤壁遊》一本，《龍山宴》一本，《同甲會》一本。右八種，明許潮撰。

又 《泰和記》一本，明許潮撰。

車任遠

論説

明・吕天成《曲品》卷上 車則蔚有才情，結撰亦富。

又 《彈鋏》：車君自況。情詞具佳。方諸生以其少天趣，短之。杭人謝天瑞有《狐裘記》，以孟嘗君爲生，然甚猥瑣，不及此。

又 《四夢記》：《高唐夢》亦具小境。《邯鄲》、《南柯》二夢，多工語。自湯海若二記出，而此覺寥寥。《蕉鹿夢》甚有奇幻意，可喜。

明・祁彪佳《遠山堂劇品・雅品》 《福先碑》北三折：以皇甫生之狂，因宜寫以豪爽之調，如萬斛泉源，滚滚不竭，真才人語也。

明・沈泰《盛明雜劇二集》卷二七 《蕉鹿夢》：明林宗氏評云：嘗誦謝靈運詠夢詩云：意狀盈眼前，好惡迭萬變。乃悟覺時反不如寐時歷歷皆真，何但《焦鹿》。又評云：人能於夢曉蘿，而不能於夢曉覺，是故終身遊於大夢而不知覺也。于夢曉覺者，其唯至人乎。請以問之泠然御風者。

傳記

清（嘉慶）《上虞縣志》卷一〇 車任遠，字遠之，邑廪生。性耿介，常閉户著書，非其人不納焉。博學多識。徐令待聘，聞其才且賢，聘修《縣志》。邑人陳絳著《金罍子》，多所校訂。所著有《知希堂稿》、《螢光樓識林》、《濯纓集》、《寶義抄存》、《笥録》行於世。

清（光緒）《上虞縣志》卷九 嘗與楊祕圖、徐文長、葛易齋輩七人，仿竹林軼事，結爲社友。祕圖贈詩有七賢結社今何在。尚古風流賴有君句。《家傳》。

紀事

清・佚名《曲海總目提要》卷八《蕉鹿夢》　明上虞人車任遠撰。事本《列子》，稍緣飾之。《列子》：鄭人有薪於野者，遇駭鹿，擊而斃之。恐人見之也，遽而藏諸隍中，覆之以蕉，不勝其喜。俄而遺其所藏之處，遂以爲夢焉。順途而咏其事，傍人有聞者，用其言而取之。既歸，告其室人曰：向薪者夢得鹿而不知其處，吾今得之，彼直真夢者矣。室人曰：若將是夢見薪者而得鹿耶。詎有薪者耶。今其得鹿，是若之夢真耶。夫曰：吾據得鹿，何用知彼夢我夢耶。其妻又擬其爲夢。薪者歸，復真夢藏之之處，又夢得之之主，案所夢而尋得之。遂訟而争之，歸之士師，士師欲二分之，以聞鄭君，皆互有夢覺之説。相國曰：欲辯夢覺，維黄帝、孔子。作者撰出樵夫烏有辰得鹿，爲漁翁魏無虚所取，且云是山神奉仙師列禦寇意旨，點醒世人。此乃粧點生色也。

著録

明・吕天成《曲品》卷下　車柅齋，所著傳奇二本：《四夢》、《彈鋏》。

明・佚名《古人傳奇總目》　《彈鋏》，車柅齋作，馮驩事。《四夢》，車柅齋作。《高唐》、《南柯》、《邯鄲》、《蕉鹿》四事。

明・祁彪佳《遠山堂劇品・雅品》　車遠之：《福先碑》北三折。

清・梁廷枏《曲話》卷一　以雜劇言之，其人各一種者，明人如：蘧然子作《蕉鹿夢》，又以傳奇言之，【略】其人各二種者，明人如：【略】車任遠之《彈鋏》、《四夢》。

清・姚燮《今樂考證・著録三・明雜劇》　車柅齋一種：《蕉鹿夢》。

又《明院本》　車任遠二種：《彈鋏》、《四夢》。

清・支豐宜《曲目新編・明人雜劇》　《蕉鹿夢》，蘧然子作。又明人傳奇：《彈鋏》、《四夢》。右二種，車任遠作。

清・佚名《傳奇彙考標目》　車任遠字柅齋，上虞人：《四夢》、《彈鋏》。

清・佚名《曲海總目提要》卷八　《蕉鹿夢》雜劇，明上虞人車任遠撰。

清・黄文暘《曲海目》　明人雜劇：《蕉鹿夢》，蘧然子作。又，明人傳奇：《彈鋏》、《四夢》二種，車任遠作。

清・黄文暘、佚名《重訂曲海總目・明人雜劇》　車柅齋又號蘧然子：《蕉鹿夢》。又明人傳奇：車任遠：《彈鋏記》、《四夢記》二種或作陳汝元所著。

清・王國維《曲録》卷三　《蕉鹿夢》一本。明車任遠撰。任遠，字柅齋，上虞人。

又卷四　《四夢記》一本内分《高唐》、《邯鄲》、《南柯》、《蕉鹿》四段。《彈鋏記》一本。右二種，車任遠撰。

王應遴

論説

明・祁彪佳《遠山堂劇品・雅品》　《逍遥遊》南北一折：於尺幅中解脱生死，超離名利，此先生覺世熱腸，竟可奪《南華》之席。

又《遠山堂劇品・能品》　《清凉扇》：此記綜覈詳明，事皆實録。妖姆、逆璫之罪狀，有十部梨園歌舞不能盡者，約之於寸毫片楮中，以此作一代爰書可也，豈止在音調内生活乎。

明・沈泰《盛明雜劇二集》卷二九　《逍遥遊》：明黄嘉惠評：蒙莊寓言什九　無非物外逍遥，雲來却就骷髏收盡許多名韁利鎖，閲此勝讀南華一過。

傳記

清（康熙）《山陰縣志》卷二九　王應遴，號雲來。萬曆戊午以副榜恩貢，閣臣葉向高薦入中祕，修兩朝實録、玉牒。晉大理寺左評事，奉旨開館纂輯。適熹宗嗣位，魏璫亂政，乃輯《真西山大學衍義》，首列祖防近習一款以獻，觸璫怒，廷杖一百。葉向高、韓爌力救免死，削籍。崇禎初年，以執政得光啟之薦，起原職，乃修《志曆》、《會典》諸書，後加禮部員外郎。甲申三月死亡。

清（康熙）《紹興府志》卷五〇　王應遴，字雲來，山陰人。【略】崇禎改元，閣臣徐光啟剡薦起原職。同修《志曆》、《會典》諸書，遷禮部員外郎，卒於京邸。

著録

明・祁彪佳《遠山堂曲品》　王應遴：《清凉扇》、《逍遥遊》南北一折。

清・梁廷枏《曲話》卷一　以雜劇言之，其人各一種者，【略】明人如：【略】王應遴作《逍遥遊》。

清・支豐宜《曲目新編・明人雜劇》　《逍遥遊》，王應遴作。

清・黄文暘《曲海目・明人雜劇》　《逍遥遊》，王應遴作。

清・黄文暘、佚名《重訂曲海總目・明人雜劇》　王應遴字雲來：《逍遥遊》。

清・姚燮《今樂考證・著録三・明雜劇》　王雲來一種：《逍遥遊》。

清・王國維《曲録》卷三　《逍遥遊》一本。明王應遴撰。應遴，字雲來，禮部員外郎，紹興山陰人。

周履靖

論説

明・李贄《錦箋記總評》　傳奇中有《錦箋》，真合時之作也。有致有味有詞，以之爲舉業，百發百中之技也。作者可謂大宗匠也矣。其最妙處是個盡而不盡，委有餘姿。噫，詩文至此思過半矣，况傳奇乎。

明・吕天成《曲品》卷下　《錦箋》：此記鍊局遣詞，機鋒甚迅，巧警會心。向云經諸名士而成，今而知螺冠獨擅其美。

傳記

明・李日華《梅墟先生别録》　先生余外從父也。家君子少孤，先生爲晚年子，而俱寡兄弟，以故相倚爲同家驩，蓋無減一氣云。先生名藉甚，宇内諸名公莫不日緩頰先生。顧余以近而昵，知先生詳。然以卑幼而遊揚大人，且謂余倍其譽也。故特筆其所覩記者一二於左，蓋用以自法，非所以令先生知也。客有過余齋頭考先生言動者，予輒出此，且無煩。余踐踐耳。先生父爲東莊翁，而母李氏即余太姑也。翁素無子，一夕夢黄冠乘鶴者入室，覺而生先生。聰慧與人殊，且又善病也，然而攻舉子業日益精，藝林中莫不推轂先生者。先生甫束髮，翁齒益高，兼得足疾，往往而劇，輒以肩輿出入里中，因嘆曰：吾得抱孫，雖居九原無憾也。亟逼令先生婚，婚無何，而竟搆癆瘵，遂惘惘謝絶一切，幽棲於邑之爵秀觀者幾三年。【略】居無何，翁疾甚，握先生手。請曰：兒素不任事，今若父不能久留人世矣，兒能取南山銅鑄若父乎。翁泣，先生亦泣，曰：兒不肖，致遺大人慮。顧所以浮遊無狀者，以大人常爲之區畫耳。今請大人高枕卧，兒任事請本日始。翁始以家務屬先生。先生綜理慎悉，而用益饒。翁自是有以自慰，而先生稍稍以治家聞矣。踰日翁竟以疾謝世，先生哭之哀，既而治喪，具甚楚。諸宗人父老謀曰：若父新喪而輒割産以厚葬，非計也。先生泣而謝曰：吾不忍以此物薄吾父耳。又踰月，而再從兄圍卒，家貧無以爲喪，先生爲治棺槨，撫其孤而婚之。諸宗人父老又謀曰：方舉若父喪，而輒復如是，弗太冗費乎。先生又謝曰：吾不忍以此物薄吾宗耳。由是先生之義聲著焉。

又 先生性好讀書，嘗散貲購書披帙滿架。是時有兒甫脱襁褓，余亦五六齡矣。余雖幼，頗沉寂不喜爲童子樂，每爲先生所憐。嘗見先生齋中孤嘆，就而問之。先生曰：吾覽古人事如是有當於心而解頤耳。兒輩亦不可不知也。【略】先生既日坐一小閣中，惟焚香跏趺，左右圖書及古蹟數十卷，秦漢彝鼎晉梁隱君子像而已。僕輩輒以營生爲事，一日詢所以販鬻者。先生曰：咄，予幸有先人之敝廬足以蔽形，薄田足以糊口，柰何從里中兒爭錐刀之末哉。卒不肯事家人産業，唯日躭吟咏云。

又 客有持古玩器真蹟售於諸貴人及好事者，必求先生品隲之，舉數百載以上無爽也。人有問所以，先生曰：於色韻中別之，窺之以意，御之以神，乃得其情。曰：此亦有理乎。先生曰：有。如往歲有鬻古鏡於市者，以八分書鑄其背，曰：周靈王八年造。夫靈王時，有石鼓文、篆籀而無八分。八分起於秦者也，故知其爲假無疑。然則好得無理乎。人服其議。先生學書，手不棄筦者廿餘年。每作一字，則太息以爲不如古。秃毛廢楮滿室，寒暑勿易。卧則以指書被角，被爲穿。一日躍躍解脱，細楷行草及種種篆籀，無不如意。嘗醉後學坡老書赤壁大如掌。徽客乞去，遇一胡賈以數十金易之，蓋先生醉中不下名號，賈以爲真筆購去耳。所書《道德黄庭》一出，吴越中善書者皆錯愕棄筆。流至剡中，王元美驚視，以爲不可易得，遂爲婁東諸名士欣賞，如文文水、周幼海、王百穀等，皆跋其尾，至今此卷稱妙絶一時然。予力購歸爲家寶矣。余讀書白鶴灘，先生草書四絶貽余。詩意清絶，字勢飛動。余嘗懸之床頭，取其坐卧在目也。後竟爲知友索去，惟其詩嘗可舉耳。

又 先生詩從陶謝門入而波及盛唐諸子，故清絶古簡處往往似浩然。如：木落山容減，葉開浦色添。如：屋窄雲俱住，瓢空鸛泣饑。如：好鳥拂簷過，閒雲當户列。如：花發溪前樹，雲生屋後山。如：竹爐烹紫苑，棐几註丹經。池水碧於染，山雲淡若空。如：棹跡分開溪藻緑，屐痕踏破野花香。如：落葉打窓疑夜雨，亂松迷徑雜秋烟。如：喜拋山菓因風落，笑看溪雲隔水生之句，讀之令人五内俱爽。今有《閒雲館集》，皇甫司勳、彭比部、姚太史、黄内史業已爲之叙。欲付之梓，而先生固辭。余已輯爲一帙，茲不復多綴。

又 郡中大疫，先生出貲製藥施濟，所全活計數萬竒。【略】浙西税額居天下十七，嘉郡税額又居浙西十七，而諸役稱不便者莫如坊厢氏。坊厢氏者，典官府宴飲迎候事。故嘉郡處水陸衝，使者冠蓋相望，且世尚紛華，用最爲煩劇。十年之間，其不蕩産者鮮矣。先生義革是役，而爲官辦器皿如數該役量出，顧直募邑民之熟於官者爲之。時則别駕張公高其議，而允之。邑民之得安卧者，莫不仰先生之義焉。

又 客有從長安來者，謁先生，曰：以君才，誠能爲北遊偃仰諸貴人間。大則爲主上視草司誥制，小則爲將相記室，取富貴如承蜩耳，柰何跼蹐一方與魚蝦爲儔乎。先生曰：僕生而無用於世，無益於人，日與山樵野牧咏歌太平，足以忘憂。剪蔬侑，觴拾檡供爨，足以自老。才無一線而欲動王侯，是持缺盆而索重值也。且以僕疎慵不能自束其筋骸而罄折爲禮，當索吾枯魚之塲耳。不見夫海鳥乎，一旦去平沙島嶼而遊上國，且徬徨自失矣。太牢九奏將焉用之。客逡巡稱謝而退。

又 姑蘇皇甫公百泉讀先生詩，謂其無杞人仰天之憂，室女倚楹之戚，而復進之以湛鬱，廣之以激烈，庶成大家。余謂治世之音和平懽愉，如必《黍離》麥秀，則《苯莒》諸篇何如耶。彭比部謂其爽然物外，無少陵、摩詰嘖嘖憂時之態。比部之詩且知君。黄内史言之矣。先生最善峋嶁李山人、玄鉄吴山人。三人冰玉相映，每發論，令一座灑然。往往有倡和之作，吴越山水嘉處可成昇立矣。先生從白嶽歸，謂余：景自天築，快心處恨少汝在傍耳。且孤巖絶澗處，往往搭松成菴，因石爲梁，有老僧補衲其中，雖匏樽土壘，風致清淑，意欲留居之，永謝人間懊惱事矣。柰爲僕夫輩苦促歸耳。然至今夢寐恍恍如在彼處也。

又 閒雲館，先生之别業也。前俯白苧溪，溪水清淺，菰蒲蘋蓼，上下掩映。先生醉則岸巾孤嘯，嘗自爲《村居十景》，一時流播，爲吴下勝事云。先生揷梅三百株於後圃，雪後花開，瑩香滿室。先生倚杖吟哦，笑問曰：

我主人何如林逋。故余戲代梅花荅詩曰：托根無地不春風，知隔孤山第幾重。多謝主人憐寂寞，日來詩句勝逋翁。先生笑曰：梅花高潔，當不令有譽舌。因相與大笑而罷。先生村居中，匏冠野服，出入以蹇驢，雖士大夫來，亦扶杖出迎不爲易服。先生朝夕糲飯一盂，園蔬一盤，晚酌或池鱗一尾而已。待客亦不過麥餅杯茶壺酒豆肉而外無他味也。親知嘗餽以美酒、豚肩，率辭不受，曰：細韭可剪，牀頭白釀未罄，無所用之。

又 先生素好譚論品隲人物。邇來恂恂不發一語。人問之。曰：自無可言，故不言耳。先生詩極捷，援筆數首立成，且無一日不作詩者。至是竟日兀坐，或累月不執管。余問何不作詩。先生曰：浮詞無益，徒傷神耳。【略】先生披百衲衣，坐百衲榻，憑百衲几，欣然謂余曰：群材畢供，一任斤斧，向也零落鎖碎，稍加裁整便成美觀。國家造就英才，亦如斯矣。

又 先生性喜飲，飲輒微酡而止。里中召客，先生輒逋不終飲，曰：擎杯浮白，政須領畧烟雲會意點頭耳。乃牛飲螗噪，徒作嘔也。嘗自醖白釀，味甚清洌，和腴磁甌陶斝，溢溢浮玉。爲之贊曰：寒香郁烈，漂蟻萍布。山泉溜清，皓月涵素。何者其儔，松頭之露。因以松頭露名之。

又 先生通醫術。昔少時多購奇方，皆以專味投劾甚異，劑多不入《本草》。如牛溲馬涬之類，而奏功倍於他所料理者。又雜之以符籙呪魘之術，蓋海上之士所號學仙而譚長生久視者之指授也。又如書霜雪冰雹數十字，置人掌中，則雖以鎔鐵烙之不爛，及諸種種戲術，悉奇幻不測，言得之天台散仙黃叟者云。至是皆火其不經者，而獨存其療疾者數百有奇。梓之曰《玉枕奇方》，蓋取枕中義也。

又 嘗按南北調爲招隱懷仙之曲，而有裨泉石之趣者輯之。爲鶴背清吟，令侍童輩緩謳以佐客。先生意到，輒擊髀以節之。客爲之灑灑，曰：一聞清歌，輒喚柰何，獨子野鍾情耶。八分之肇于邈邕，草之盛于芝旭。世遠法湮，人出新意，魯魚帝虎，古法澌滅盡矣。至於飾楷爲隸，縁行爲草，醜拙萬狀，是使先民之意不傳而志士罕窺堂粤也。每一譚及，輒復咨嗟。先生浸淫二十餘年，乃攄古蹟以釘今非。然而粘綴補帖，幾如衲被矣。命之曰《草書要領》、《古隸鈎玄》，復冠以《筆譚十章》，以盡點畫之妙。其嘉惠後學意良勤哉。

又 唐山人嘗爲先生圖小像，匏冠野服，鉄瓢鹿茵，及所荷萬歲藤杖葉笠蒲簑之類，纖悉可數，灑然山澤中高品也。山人又爲家君子小像，則鸞翔鵠立藹如穀如。今山人不知所之，此二卷真可珍也。有欲求先生以言貌者，則予與山人共之矣。李日華曰：淑人君子，苟有清誼奇節動人企慕者，則必思其言語，思其嗜好，至於冠纓杖屨之間，莫不想像，彷彿以槪見其爲人。《鄉黨》諸篇以下，則唐宋名流可指掌也。今跡先生所操誠不止是然，即是，豈不足以見先生一二者，乃其大槪，則當代鉅公有定鑒矣。作先生別録。萬曆七年季秋朔日，九嶷山人李日華書於豹隱山居。

明・劉鳳《螺冠子傳》 螺冠子姓周，名履靖，字逸之，檇李人也。初號梅墟，遊海上獲大螺以爲冠，遂號螺冠子。生而筋柔骨緩，少嗜欲。居恒兀兀，如枯禪。至於慷慨赴義急人之難，即俠烈不過。性穎辯，善吟咏，尤喜臨池，自大小篆行草楷隸，無不各盡其妙。先以疾好，尊生家言，遂浩然有物外之志。中歲值父東莊翁老，家且困。顧螺冠子，曰：兒方與王喬羡門者遊，顧若翁旦夕長瞑耳。子泣，蘇蘇下。因即日任家，督米鹽鱗襍，而東莊翁不起矣。雞骨支牀，扙血襄事。會族兄圍旋歿，復捐貲經紀其喪，且爲冠婚其孤。家遂大困，而子顧怡然。不屑意免喪。稍用計然之策，畫則椎髻課諸僮，夜則篝火苦唫達旦，不數年致千金，然非其好也。乃益復市義。郡城當水陸衝，冠蓋相望。縣官籍富民爲方，役主進送，靡不破産棄稍者。子抗辭，倡爲官辦，至今賴之。【略】又郡中大疫，子復空橐募諸醫儲善藥療之，全活無算，于是家以復廢。乃置酒召里中父老，曰：余不敏，已具人世一興替矣。人生旦暮耳，願以生事聽之，奴以蠹簡終吾殘歲。遂築閒雲館于鴛湖之上，手植梅幾三百本，募經史書畫萬餘卷寔之諸遊，具取朴牢而已。日與賓客倡和爲樂。每花時，落英入户，几案皆滿幰。狂吟竟日，故亦號梅癲云。聞瑯琊王元美、吴興茅順甫、四明屠緯真、太原王百穀諸公名，曰：吾老懶，未獲則足名公，顧其書，吾私艾久矣。遂挈其所遊稿，與相上下，嘯傲山水，數十韻立就，無不怪語咄咄逼人。意得處，諸公亦往往虚左揖之也。晚年嗜古益甚，常著《怨歌》以自述曰：吁嗟乎螺冠，風波何多歷。氣酣耳欲熱，搔首念疇昔。念昔少壯時，頗親筆與墨。坐穿先世氈，鑿破隣家壁。本乏風雲便，不奮天衢翮。何當運命屯，灾害遒相迫。二十喪嚴君，念五毋不懌。既無弟與兄，終鮮叔與伯。零丁七尺軀，半已親枕席。賴有一平頭，賣漿度朝夕。三旬始結婚，芳魂復辭室。辛苦續斷絃，踰四方育息。三四女頑童，婚嫁何時畢。靜思有限身，旦暮空役役。何以遣孤懷，嗜書已成癖。未臨右軍池，先慕靈芝刻。吟哦調未和，興狂欲鐫册。囊空不能支，窘寐煩胸臆。鬻却荳萁田，賣盡黄茅宅。偶暢一時懷，滿室無顔色。難齊身後名，先作飢寒客。倚梧還自咏，濁酒聊自適。牀頭乏黄金，腹裏無荊棘。貧骨晝行穩，詩魂夢無惕。巫陽欲下靈均招，突兀牀頭幾片石。其高韻如此。子所著書其行世者已數十百卷，見《螺冠子自叙》。先後郡大夫皆以布衣交顔其門，曰高士。晚年屢賓鄉飲。黄學士、沈比部二先生志郡乘，畧見其概，蓋亦今之好古博雅君子也。野史氏曰：予昔見螺冠子閒雲館中，讀其詩皆次韻矣。次韻詩所忌，而螺冠子固穩帖自快。嘗曰：吾固好老莊，不敢爲倡而爲和，固無論古近體，香山一派，侵侵似之矣。嘗悲晉人曰使我有身後名，不如一杯酒泫然足短英雄之氣。若螺冠子者，可謂有志節君子，固與俗殊矣。

明・周履靖《螺冠子・自叙》 螺冠子，系檇李以夢鶴生。生而善病。甫弱冠，棄去制舉業。閒窗净几閭扉枯坐，始得恣心柔翰，旁及書畫、鼎彝諸譜，以至草木禽魚、天星地術、異域方言，無不涉入。而家苦貧儉，夙鮮藏本，常恨不得登酉山之陽，開琉璃之局，以解余嗜也。後病良已，遂遊諸賢豪，悉請其所藏，雅相印正。諸賢豪亦時時出所藏飫余，于是石室秘本，晉唐妙墨，日以益新神觀憬然若有所契。益復頹然自放，不問生産。築舍鴛湖之濱，前引清渠，後薙畦圃，週遭種梅百餘株，玉鱗點砌，鐵虬怒撐，時引二鶴伊吾其下。或臨古帖，或吟小詩，或展名玩，左圖右書，艷花碩果。倦則剪園蔬，沃酒以自供。人謂興不減柴桑。嬾拙成癖，念與世人隔絶久矣。而好事者草木臭味，謬有題贈，久之遂盈篋笥。如《述幽韻則》：豊考功南禺有：會識周顒多逸興，清齋習静秘玄神。文國博三橋：玄心山水秘，吾道酒杯存。黄太學質山：蠟屐尋雲往，柴門帶雨扃。文學博文水：往日林逋擅清勝，近來風韻屬周郎。徐方伯龍灣：林泉逸致吾同好，他日幽期共往還。吴衆知川樓：愛君寂寂隱郊墟，紫攆爲冠薜爲服。岳隱君漳餘：長唫叢桂裏，高枕白雲隈。歐博士楨伯：伏枕青山支傲骨，開樽明月照幽墟。俞隱君仲蔚：憐君多逸志，隱處只孤雲。侯方伯二谷：徑無行遍草，架有讀殘書。戚符卿中岳：藥草山中歲，梅花墟裏春。項上林少岳：春風信杖藜，閑與白雲期。戴符卿春雩：志潔同霜雪，才華空古。今袁司馬了凡：余亦投簪暇，相將寄隱淪。黄學士葵陽：門多長者轍，瓢掛酒人名。嚴給諫紹峰：寒芳偏與幽人洽，佳句時招逸叟賡。包學憲瑞溪：高潔獨凌霜雪操，孤貞自稟玉冰神。沈翰林几軒：我欲投簪弁，幽棲日可尋。馮衆知養白：知君却是狂歌客，好共墟中賦隱淪。沈山人嘉則：高如碧海翻黄鵠，閒似秋空走白雲。沈太史晴峰：風前歌緑水，雨後採青芝。何節推繩武：家爲藏書薄，名因賣賦成。王孝廉沂陽：梅花繞一墟，勝絶武陵居。文上林鴈峰：誰道菰蒲裏，才華有墨卿。卓光禄月波：才宏名譽遠，學博古今稀。李官坊九我：我儕亦有離塵想，卜築清溪共爾居。破瓢道人吴玄鐵：鴛鴦湖畔梅花底，盡日焚香嬾著冠。葉山人雪樵：散帙明窗當晝静，揮毫净几傍松陰。釋定湖：醉來希草聖，夢去即仙遊。韓宗伯敬堂放曠猶墻東君而尤工盤礴管藩憲東溟潦倒酒人吟哦頡頏晉處士曹郡伯莒岸儁才綺行有抱甕鑿坏之風《論藝苑則》：張觀察幕王屋：灑翰吟懷壯，淋漓醉墨狂。劉侍御羅陽：句有寒霞色，書多倒薤文。周隱君幼海：帖將快雪時晴搨，詩擬暗香疎影裁。彭比部冲溪：字入羲之室，詩登太白堂。沈中丞繼山：詠罷看黄鵠，書成换白鵞。王隱君崐崘：書殘萬片青蕉葉，吟就千篇白雪詞。鄔山人龍門：書换鵞群鴛渚曲，賦成鸚鵡漢江深。皇甫司勳百泉：短歌擅美在即席，五字破的稱長城。王隱君十岳：莫自向來歌雪調，自令江漢和音稀。袁長史太冲：雅知逸興琳瑯布，紙價昂多答應稠。沈觀察霓川：瑶華萬樹供吟嘯，麗翰千篇費倡酬。陳隱君眉公：新詩帶月題蕉葉，清嘯隨風入澗花。釋秋潭：有時歌白雪，和客每停車。孫郡伯雪居：誠藝苑之宗工，騷壇之哲匠。范廉憲鏡川：恠來騎鶴揚州客，能寫籠鵞道士書。茅憲副鹿門：墨池灑翰風雲幻，毛穎揮毫日月華。姚少宰禹門：狂來一掃千萬字，醉去恍如張旭癲。釋冬溪：臨池慣寫黄庭卷，舞象仍呼白幘癲。陸太保平泉：諸體皆得三昧矣。王司寇鳳洲：意閑搆窓，爽爽有神。申相國瑶泉：鐵畫銀鈎，獨擅晉人風味。屠比部赤水：龍鳳蝌蚪咸驅馳，鐘鼎倒薤咸分披。王隱君百穀：清婉閑逸，可謂得之驪黄之外也。張太學幼于：流芳於異代，紙貴於都門。朱宗伯養純：勢若怒猊抉石，渴驥奔泉。楊太史石閭：篆籀精妙，可謂墨池之宗匠。曹隱君子念：書法貫絶古今，賞鑴勒則。王相國荆石：神韻高爽，造入晉唐。馮司成具區：氣韻生動，幾奪天工。董太史思白：堪與閣帖並傳。唐太史抑所：藝苑重增一番公案。張孝廉凌虚：不朽傳金石，芳聲動八垓。兹老矣。回視數十年間，支離病骨，荏苒流光，愧子雲雕蟲之譏，懷尚平婚嫁之累。冲霄之姿，久箚耳目，絳雪青峰，石瓢毳衲，杳然天路，夫復何期。今欲謝息交遊，焚棄筆硯，返觀嘿聽，以循自然之理，而諸公枉教之意，每不可忘。遂效狂素作自叙以貽子孫，不自知其顛倒也。

明・鄭琰《逸之先生别録》 鄭琰曰：靡靡頹風，孰稱逸遺。首陽之薇，桐江之絲。苦吟爲仙，縱飲曰聖。高情淑德，爲我景行。作《逸之先生别録》。逸之姓周氏，名履靖，檇李人也。性恬淡無所適，一切聲華玩好不入其心，唯喜樹梅，故以梅墟爲號。人以其溺於梅若有大贅不可藥石者，故稱之爲梅顛云。梅墟少學文，不薦雄，捨而學劍，又不就，卒學書。自小楷以至大篆、小篆、八分、章草、行書、草帖，靡不精。其旨趣若屠坦之見牛，無施不當也。所居閒雲館有《十體千文》等書，石刻行于世。逸之搆草堂南湖之濱，湖上烟雲朝夕變幻，逸之徜徉其内，顧以閒雲名其齋。豈直以浮雲視此芥子耶。【略】嘗謂漢武帝夜致王夫人語，誕妄千載直掩口。逸之非文成五利術迺卒致三神山中人，操觚不休，皆作出世語，若真挾閬風而遊羊角之上者，至於文太史諸名家翩翩從之而至，其或文士靈覺真性不壞未可知也。逸之常自云有山水癖，十日不汎舟登臨，則足疲。鴛湖爲郡中勝，故悉取諸名公篇什賡爲倡和篇。暇復之雲間，覽三泖之澄波，尋二陸讀書故處。

又 觀其律詩，庶幾王孟風致進乎技哉。余謂逸之胷中了了，信手拈出，不加鐫磨而自有天然趣，此迨别有肺腑。世之知逸之者，宜索之。

又 逸之簡介，不屑屑時名。與人交，哼哼無他腸。至於遇事則驤首吐氣，雖豪貴不爲動。海内名士莫不知逸之高潔，常譬之孤松獨鶴絶無人間烟火氣。閒雲館有梅數百株。梅開時，輒羽衣坐樹下，命酒縱飲。飲畢，揮灑數十張。少焉耳熱，浩歌長嘯，旁若無人。常於蜡後中夜，見月亟起，披衣携酒至樹下，舉大觴者三尋，阿呵作維摩語，敲木魚數聲。時朔風颷颸，香雪滿衣。逸之大叫曰：花神妬人，不使此景再見耶。

又 逸之常駕小艇，黄冠箬笠，與漁人爲伍然。有所得句，浩歌淒然，毛髮俱上指冠。漁父每聞之，輒曰：咄咄，梅叟復作詩狂矣。亟呼酒於黄蘆中就之飲。逸之有蠏冠大如斗，蚶殼大如笠。蠏可爲注，蚶可爲瓢，晨夕只此食飲，皆海外異物也。對逸之談，終日若坐層崖之澗，聆百丈懸泉崩磕澎湃，心骨如洗。

明（萬曆）《秀水縣志》卷六 周履靖，字逸之。少羸去經生業，專力爲古文詞。廢箸千金，庋古今典籍。編茆引流，雜植梅竹，讀書其中，自號梅顛居士。妻桑氏貞白亦有《香奩》、《唱和》二集傳於時。後老，家殖益落。耳食者至爲姍笑，意泊如也。益伊吾不少休。所著詩盈百卷，手書金石古篆、隸、晋魏行楷及畫史稱是。吴郡聞人莫不欲結納於居士，而鳳洲、百泉尤爲莫逆。子威劉鳳爲《貧士傳》遺之。亦一時博雅隱君子云。

清・盛楓《嘉禾徵獻録》卷四七 周履靖，字逸之，號梅墟，嘉興人。少患羸疾，屏去經生業。博涉子史百家言。所居編茅、引流、雜植梅竹，讀書其中，自號梅癲。時時標勒古今蟲書、鳥篆、漢隸、章草、行楷、金石，所録百千種及山經、水品、草譜、禽言，又爲詩林賦海千百帙。至老無倦色。生平負氣任俠，能賑人之急。邑有重役，破産任之。中歲喪妻，娶同郡桑氏，名貞白，能詩，相倡和，有《香奩詩草》及《二姬倡和詩》一卷。【略】與王世貞、皇甫汸、文嘉、劉鳳、徐中行、吴國倫、茅坤、屠隆、董其昌爲莫逆交。年九十一卒。太僕李日華，幼與履靖比屋居。撫之曰：他日文章風雅宗也。日延奬名公卿間。有女年十六，許同邑諸生程之遠，婚有期矣，之遠疾篤，女請往獨行廟見禮，侍疾二十五日而之遠卒。守志不嫁，有司以聞，賜旌建坊。

清（康熙）《浙江通志》卷三七 周履靖字逸之，秀水人。少羸，棄經生業，廢千金庋古今典籍，自號梅癲居士。妻桑氏貞白，相與偕隱及老。家殖益落，意泊如也。劉鳳作《貧士傳》遺之。所著詩盈百卷。

清（康熙）《嘉興府志》卷一四 周履靖，字逸之，淹古今典籍，編茅、植竹【略】。有著作詩並手訂金石古篆隸。

清（光緒）《浙江通志》卷一七九 周履靖，所著詩盈百卷，手書金石古篆隸、晋魏行楷及畫史稱是。與王弇州爲莫逆交【略】亦一時博雅隱君子云。

清（光緒）《嘉興府志》卷五三 周履靖，字逸之。萬曆中布衣，築舍鴛湖之濱，種梅百餘株，咿唔其下，人呼梅癲【略】。所著詩文，皆有根柢。

清（光緒）《嘉興縣志》卷二六 周履靖，字逸之，白苧鄉人。天資穎悟，博涉經史諸子百家言，工古文辭。居鴛湖濱，種梅百餘本，讀書其中【略】，郡縣交辟，不應。李日華幼時與履靖比鄰，撫之曰：他日必爲風雅宗之。以是負知人望。所著有《梅虚集》及《夷門廣牘》等書。

紀事

清·佚名《曲海總目提要》卷七《錦箋記》 明周螺冠撰。劇中大意：梅柳二母，乃結義之姐妹，非親姐妹也。梅母令玉探柳母事之如親母姨，於是玉與淑娘亦遂如表兄妹。始而相見，繼而相慕，錦箋贈答，女媪勾通。湖上之遊，既已同舟，寺中之約，復且同室。兩情既定，而柳母全然不覺。以甚言異姓之交，本非至戚，不宜引入閨閣，致生事端也。然形容梅玉之才美，至造爲良家嫠婦，欲輕身改節以奔之，爲所拒而不悔。及見柳女之艷，乃慚愧而投繯。是其造孽又過於綺語之戒，不能免法秀之訶也。

著録

明·周履靖《螺冠子·自叙》 螺冠子所著有：《賦海補遺》三十卷，《江左周郎詩苑》三十二卷，《周子百銘》一卷，《螺冠子咏物詩》七卷，《大篆正宗》四卷，《小篆正宗》四卷，《漢隸正宗》四卷，《章草正宗》四卷，《螺冠子》十卷，《茶歌》一卷，《酒紀》六卷，《閒雲稿》四卷，《野人清嘯》二卷，《山謡》二卷，《逸唱》二卷，《谷聲》二卷，《庸調》二卷，《狂夫酒語》二卷，《蛩吟秋砌》二卷，《骰音》一卷，《汎泖吟》一卷，《俚語》二卷，《追風集》二卷，《燎松吟》一卷，《尋芳稿》一卷，《稚音》一卷，《閒雲館詩餘》二卷，《騷壇秘語》二卷，《茹草編》四卷，《玄賞編》一卷，《鶴月瑶笙》四卷，《缶歌》一卷，《釜鳴》一卷，《酒樂府》一卷，《畫評會海》二卷，《賡和有陶靖節詩》四卷，《古今歌紀》二十四卷，《九歌》八卷，《群英赤幟》十二卷，《古今宫閨詩》十六卷，《青蓮觴咏》二卷，《香山酒頌》二卷，《晉宋明十三家歸去來辭》一卷，《十二家古詩十九首》一卷，《六家胡笳十八拍一卷》，《四十八家秋興八首》二卷，《五十家白燕詩》一卷，《樵山釣水歌》四卷，《毛公壇倡和詩》一卷，《鴛湖倡和詩》一卷，《秦淮群娭詩》一卷，《千片雪》一卷，《唐宋元明酒詞》二卷。所輯有《唐宋元明千家宫詞》十八卷，《十六名姬詩》十六卷，《四廣千文》一卷，《海外三珠》四卷，《緑綺新聲》四卷，《赤鳳髓》三卷，《梅癲博戲》十二卷，《周郎續戲》八卷，《稚子雜戲》八卷，《天形道貌》一卷，《九畹遺容》一卷，《羅浮幻質》一卷，《淇園肖影》二卷，《嚶翔啄止》一卷，《群物奇製》一卷，《煉形内旨》一卷，《玉函秘旨》一卷，《金笥玄玄》一卷，《宋明和陶詩》二卷，《益齡單》一卷，《降乩仙語》一卷，《勝情集》三卷，《雅笑編》八卷，《繪林題識》一卷，《芳筵勝賞》六卷，《梅塢貽瓊》六卷。石刻有：《閒雲館法帖》十卷，《蘭亭脩禊圖》一卷，《大士三十二相》一卷，《十八阿羅漢像》一卷，《方壺勝會圖》一卷，《東土二十八祖像》一卷，《十八學士像》一卷，《玄元十二子像》一卷，《十二真像》一卷，《九歌圖》一卷，《白描晉賢像》一卷，《唐宋元明白描人物》一卷，《二十四氣圖》一卷，《八段錦》一卷。

清·盛楓《嘉禾徵獻録》卷四七 履靖所著：《夷門廣牘》一百二十卷，《江左周郎菽苑》一百卷，《追和賦海補遺》十二卷，《詠物詩》十卷，《追和陶詩》四卷，《宫詞》五百首，《梅花百詠》一卷，《古今歌選》十六卷，《赤鳳髓》三卷，《緑綺新聲》五卷，《追風集》二卷，《野人清嘯》二卷，《閒雲稿》四卷，《茹草編》四卷，《山謡》二卷，《歷朝酒歌》十二卷，《香山酒頌》二卷，《青蓮觴詠》二卷，《周氏繪林帖》二十卷，《螺冠子帖》八卷，其本集曰《梅墟集》。

明·佚名《古人傳奇總目》 周履靖：《錦箋》，梅玉、淑娘事。

清（康熙）《嘉興縣志》卷九 周履靖《夷門廣牘》、《四廣千文》、《詩集》。

清（康熙）《嘉興府志》卷一六 周履靖：《周隱士遺書十六種》、《古今詩選》、《唐宋元明酒詞》、《尋芳六集》、《石刻五種》。

清（光緒）《嘉興縣志》卷三四 周履靖：《漢隸儀例》一卷、《漢隸正宗》四卷、《景行録》、《怪疴單》一卷、《文苑》一百卷、《周氏繪林》十六卷、《閒雲館畫藪》九卷、《書法通釋》二卷、《漢隸鈎元》二卷、《書苑瑶華》二卷、《墨池白璧》三卷、《字學釋疑》二卷、《字學要語》二卷、《文苑遺容》一卷、《嚶翔春谷》一卷、《淇園肖影》二卷、《羅浮幻質》一卷、《書評會海》二卷、《録綺新聲》五卷、《元賞編》一卷、《茹草編》四卷、《菊譜》、《湯品》一卷、《續易牙遺意》一卷、《螺冠子》十卷、《夷門廣牘》一二六卷、《煉形内旨》一卷、《八段錦圖》一卷、《益佺單》一卷、《赤鳳髓》三卷、《海外三珠》四卷、《鶴月瑶笙》三卷、《玉函祕典》一卷、《金笥元言》一卷、《天形道貌》一卷、《梅墟雜稿》、《梅癲稿選》二十卷、《古今歌紀》二十卷、《晉宋明十三家歸去來辭》一卷、《毛主壇倡和》一卷、《鴛湖倡和》一卷、《梅塢貽瓊》四卷、《古今宫閨詩》十卷、《騷壇祕經》三卷、《閒雲館詩餘》、《九歌》八卷。

清·王國維《曲録》卷四　《錦箋記》一本，明周螺冠撰。

雜録

明·彭輅《螺冠子像贊》　有笠翩如，有簑涣如。弗睢弗盱，誰弗與爾。居丘壑爾，宜烟霞爾。期賓當爾，友梅花爾。師曰婆娑，以嬉摹而。書猗臨池之餘，人曰：鍾兮王兮，大有其姿。哦而詩猗聲律之摘，人曰：皮兮陸兮，與之並驅。此梅癲所以若盈若虚若群若畸者歟。

明·吴孺子《螺冠子像贊》　衣鶉兮貌古，足跣兮髮鬔。啣杯永日，守雌氣雄。其成句也，似陰何之調。其舒毫也，多鍾王之風。客有問其爲誰，曰此梅里之癲翁。

明·張之象《螺冠子像贊》　樂哉梅癲，岸幘翩翩。閒雲在館，興寄詩篇。遊於物外，契彼寥天。有酒舒黄，有梅呈白。寂而隱几，翛焉自適。動而臨池，神休以逸。式穀之子，徜徉泉石。

明·皇甫汸《螺冠子像贊》　虚其心，實其腹。昭鑒藻，晦巖谷。精筆陣，工翰牘。學稱優，韞良玉。娱情志，藝梅竹。明逸民，系姬族。

明·文嘉《螺冠子像贊》　海螺爲冠，薜蘿爲裳。詩追漢魏，書逼晉唐。琴横榻畔，梅繞屋傍。逍遥林壑，與世相忘。

明·項元汴《螺冠子像贊》　心懸皓月，與世寥寥。足躡芒屩，手持蠡瓢。十洲五岳，芝花藥苗。儕惟猿鶴，師古松喬。似顛非癲，雲水逍遥。

明·王文禄《螺冠子像贊》　塵埃之外，湖海之間。翛然其趣，睟然其顔。養者生耶，外其生耶。噓之吸之，神隨形耶。遺世諧世，懸解則天。何以呼之，稱曰梅癲。

明·茅坤《螺冠子像贊》　剪荷爲衣，茹草爲食。孤鶴閒雲，隻瓢雙屐。蔚然文苑，癯然山澤。風骨翛翛，梅癲標格。

明·陳繼儒《螺冠子像贊》　漢魏之文章，佛氏之心腸。吾與爾歸去來，以侍于玉宸先生之傍，以遊于金粟如來之傍。

梅鼎祚

論説

明·屠隆《玉合記叙》　夫機有妙，物有宜，非妙非宜，工無當也。雖有艷婢，以充夫人則羞；雖有莊姬，以習冶態則丑。故里謳不入於郊廟，古樂不列於新聲。傳奇者，古樂府之遺，唐以後有之，而獨元人臻其妙者何。元中原豪傑，不樂仕元，而弢其雄心，洸洋自恣於草澤間，載酒徵歌，彈絃度曲，以其雄俊鶻爽之氣，發而爲纏綿婉麗之音。故泛賞則盡境，描寫則盡態，體物則盡形，發響則盡節，騁麗則盡藻，諧俗則盡情。故余斷以爲元人傳奇，無論才致，即其語之當家，斯亦千秋之絶技乎。其後椎鄙小人，好作里音穢語，止以通俗取妍，閭巷悦之，雅士聞而欲嘔。而後海内學士大夫則又剔取周秦、漢魏文賦中莊語，悉韻而爲詞，譜而爲曲，謂之雅音。雅則雅矣，顧其語多痴笨，調非婉揚，靡中管絃，不諧宫羽，當筵發響，使人悶然索然，則安取雅。令豐碩頎長之媪施粉黛，被裲襠，而揚蛾轉喉，勉爲妖麗；夷光在側，能無咍乎。故曰：非妙非宜，工無當也。傳奇之妙，在雅俗并陳，意調雙美，有聲有色，有情有態，歡則艷骨，悲則銷魂，揚則色飛，怖則神奪。極才致則賞激名流，通俗情則娱快婦豎。斯其至乎。二百年來，此技蓋吾得之宣城梅生云。梅生禹金，吾友沈典君總丱交，生平所爲歌若詩，洋洋大雅，流播震旦，詩壇上將，繁弱先登矣。以其餘力爲《章臺柳》新聲，其詞麗而婉，其調響而俊，既不悖於雅音，復不離其本色。洄洑頓挫，凄沉淹抑，叩宮宮應，叩羽羽應，每至情語出於人口，入於人耳，人快欲狂，人悲欲絶，則至矣，無遺憾矣。故余謂傳奇一小技，不足以盡才士，而非才士不辨，非通才不妙。梅生得之，故足賞也。

明・湯顯祖《玉合記題詞》 余往春客宛陵，殊闕如邛之遇。猶憶水西官柳，蘇蘇可人。時送我者姜令、沈君典、梅生禹金賓從十數人。去今十年矣。八月太常齋出，宛然梅生造焉。爲問故所遊，長者俱銷亡，在者亦多流泊。余泫然久之。爲問水西官柳，生曰，所謂縱使君來不堪折也。因出其所爲《章臺柳記》若干章示余。曰：人生若朝暮，聚散喧悲，常雜其半。奈何忘鼓缶之歡，闕遇旬之宴乎。予觀其詞，視予所爲《霍小玉傳》，并其沉麗之思，減其穠長之累。且予曲中乃有譏托，爲部長吏抑止不行。多半《韓蘄王傳》中矣。梅生傳事而止，足傳於時。第予昔時一曲纔就，輒爲玉雲生夜舞朝歌而去。生故修窈，其音若絲，遼徹青雲，莫不言好。觀者萬人。乃至九紫君之酬對悍捷，靈昌子之供頓清饒，各極一時之致也。梅生工曲，獨不獲此二三君相爲賞度，增其華暢耳。九紫玉雲先嘗題書問梅生，梅生因問三君者一來遊江東乎。予曰：自我來斯，風流頓盡，玉雲生容華亦長矣。嗟夫，事如章臺柳者，可勝道哉。爲之倚風增嘆。

明・梅守箕《玉合記序》 古作者一詩出則樂人譜而歌之，朝脱于笥中，暮而變國俗矣。今其聲不覆傳，即律叶金石而調叶宮商，猶之乎暗無聞焉。故南北曲之所爲作，雖則古者，容有降格從之耳。禹金故稱詩，薄新聲，主大雅，既已著矣。至金元之際，三歎而有餘音，遂爲《崑崙奴》雜劇。與是役也，蓋其材通敏駿發，博物治聞，如採玉于藍田，圭璋琮璧具矣。其遺屑之不足器者，可用爲劑，此豈獨以補其時之所不及乎。亦以適其中之所有餘者耶。夫《國風》好色不淫，《離騷》變而深隱，長卿之賦麗以則，子雲奇字日工，乃若繇挽近之變聲，尋邃古之深義，錦繡爲質，綦組成文，聲與調兼之矣。且夫磨勒以術隱者也，乃汾陽不能識察。韓君平詞人之流，柳氏以才收之，智不若一女子也。紅綃奔于所期，沙將寇非其媾，故其始終異焉。彼許俊者出其不意，其疾如風，去若脱兔，若決積水于千仞，又在尊俎之間有折衝焉。貴拙速不貴巧遲，斯其效也。當羯胡之亂，計若出此，伺其既出，直其虛目，不及睫而虜已舉。俊此時不在耶。尺有所短，寸有所長者耶。禹金于詩，不啻倍蓰君平而通俠，自喜悲歌慷慨，有俊之意。然察身戒嚴，即狎語不及中冓，爲是靡靡者，亦或有託焉。又文其所少耳，不必皆能忘情于世也。人言君平《寒食詩》見知主上，本繇樂人供奉之力，摩詩見徵，以《鬱綸袍》末世薦士之權，多有如向者，商歌白水之意乎。未必作者之無意也。此淺之乎。知禹金者也。贊曰：韓朋妻、緑珠皆不免，柳氏卒能自全，所以奇也。《易》稱遇主于巷，婦喪其茀，此之謂乎。許俊之勇，過藺相如矣。余初亦有所暱，移以在遠行，歸之西人之子，世非無許俊，或不多柳氏矣。

明・佚名《玉合記跋》 昔人小詞賦，于雕蟲惋千里之伏驥，而況伎等俳優、文成調笑者乎。吁嗟嗟，兒女情多，英雄氣短，三十不立，俟河之清，峨峨乎。洋洋乎。歌之疾矣，世不以耳聽而以食矣。

明・李贄《焚書》卷四《玉合》 此記亦有許多曲折，但當要緊處卻緩慢，卻泛散，是以未盡其美，然亦不可不謂之不知趣矣。韓君平之遇柳姬，其事甚奇，設使不遇兩奇人，雖曰奇，亦徒然耳。此昔人所以歎恨於無緣也。方君平之未得柳姬也，乃不費一毫力氣而遂得之，則李王孫之奇，千載無其匹也。迨君平之既失柳姬也，乃不費一時力氣而遂復得之，則許中丞之奇，唯有崑崙奴千載可相伯仲也。嗚呼。世之遭遇奇事如君平者，亦豈少哉。唯不遇奇人，卒致兩地含冤，抱恨以死，悲矣。然君平者唯得之太易，故失之亦易，非許俊奇傑，安得復哉。此許中丞所以更奇也。

明・徐渭《題崑崙奴雜劇後》 此本於詞家可占立一脚矣，殊爲難得。但散白太整，未免秀才家文字語，及引傳中語，都覺未入家常自然。至於曲中引用成句，白中集古句，俱切當，可謂拿風搶雨手段。閲南北本以百計，無處着老僧棒喝。得梅叔此本，欲折磨成一菩薩。倘梅叔聞之，不知許我作一渡彼岸梢公否。王方平有云：吾鞭不可妄得也。一笑，一笑。

梅叔《崑崙劇》已到鵲竿尖頭，直是弄把喜戲一好漢，尚可擡掇者，直撒手一着耳。語入要緊處，不可着一毫脂粉，越俗、越家常，越警醒，此纔是好水碓，不雜一毫糠衣，真本色。若於此一恧縮打扮，便涉分該婆婆，猶作新婦少年閧趨，所在正不入老眼也。至散白與整白不同，尤宜俗宜真，不可着一文字，與扭捏一典故事，及截多補少、促作整句。錦糊燈籠，玉鑲刀口，非不好看，討一毫明快，不知落在何處矣。此皆本色不足，仗此小做作以媚人，而不知誤入野狐，作嬌冶也。凡語入緊要處，略着文采，自謂動人，不知減却多少悲歡，此是本色不足者，乃有此病。乃如梅叔造詣，不宜隨衆趨逐也。點鐵成金者，越俗，越雅；越淡薄，越滋味；越不扭捏動人，越自動人。務濃郁者，如彎雜牲而炙以蔗漿，非不甘旨，却頭頭不切當，不痛快，便須報一食單。散白尤忌文字、文句及扭捏使句整齊，以爲脱舊套，此因小失大也。令人不知痛癢，如麻痺然。且妨照應□韻險處語，尤要天然。牛僧孺《幽怪録》有《張老傳》。張老，仙人也，有僕曰崑崙奴。梅君述崑崙奴爲仙矣，何不用此以證，云在張老時已爲僕幾時矣，今復謫此，則益爲有據。雖皆是説謊，中都有來歷，況張老説是梁天監中人。

明·吕天成《曲品》卷上　禹金名家雋胄，樂苑鴻裁。貢金同賈誼之入秦，作客似陸機之遊洛。著述不遺鬼、妓，交遊幾遍公、卿。

明·沈德符《萬曆野獲編》卷二五　梅禹金《玉合記》最爲時所尚，然賓白盡用駢語，餖飣太繁，其曲半使故事及成語，正如設色骷髏、粉捏化生，欲博人寵愛，難矣。

明·王驥德《曲律》卷四　問體孰近，曰：於文辭一家得一人，曰宣城梅禹金，摛華掞藻，斐亹有致。

明·徐復祚《曲論》　梅禹金，宣城人，作爲《玉合記》，士林爭購之，紙爲之貴。曾寄余，余讀之，不解也。傳奇之體，要在使田畯紅女聞之而趯然喜，悚然懼；若徒逞其博洽，使聞者不解爲何語，何異對驢而彈琴乎。昔翟資政巽喜作才語，雖對使令亦然。有庖者藝頗精，翟每向同官稱之。後稍懈，衆以嘲翟，翟呼使數之曰：汝以刀匕微能，數見稱賞，而敢疏嫚若此，使衆人以責膳夫之罪，還責汝主，於汝安乎。左右皆匿笑，而庖者竟不解作何語。余謂：若歌《玉合》於筵前臺畔，無論田畯紅女，即學士大夫，能解作何語者幾人哉。【略】文章且不可澀，況樂府出於優伶之口，入於當筵之耳，不遑使反，何暇思維，而可澀乎哉。濫觴於虚舟，决堤於禹金，至近日之《箜篌》而滔滔極矣。禹金旋亦自悔，作《長命縷》，自謂：調歸宫矣，韻諧音矣，意不必使老嫗都解，而亦不必傲士大夫以所不知。余尤以爲未盡然也。《玉合記·榴花泣》第二闋内有句云：離腸棖觸斷無些。自音云：棖，音橙。不知所出，亦不能解。一日觀山谷詩云：莫若囂號驚四鄰，推床破面振觸人。然後知棖當作振，從手，不從木，音撑。振觸，見《涅盤經》，山谷用之詩，已自僻澀，禹金乃用之作曲。然則三藐、三菩提，盡曲料耶。此體最易驚俗眼，亦最壞曲體，必不可學。

明·祁彪佳《遠山堂劇品·妙品》《崑崙奴》：閲梅叔諸曲，便覺有一種嫵媚之致。雖此劇經文長删潤，十分灑脱，終是女郎之唱曉風殘月耳。

清·焦循《劇説》卷五　江東勝樂道人作《長命縷》傳奇，演單符郎與邢春娘重逢故事，本宋王明清《摭青雜説》；但春娘已落倡家作妓，而傳奇則有《懷貞》等齣，此亦勸善維持風俗之一端，固不必其事之實耳。按《雨村詩話》：江夏崔拙圃應階客東京時，亦本此事作《烟花債》傳奇，盛行於時。

傳記

清·錢謙益《列朝詩集小傳》丁集下　鼎祚，字禹金，宣城人。雲南參政守德之子。禹金舞象時，陳鳴埜、王仲房皆其父客，故禹金少即稱詩。長而與沈君典齊名。君典取上第，禹金遂棄舉子業，肆力詩文，撰述甚富。萬曆末，年六十七，賦詩説偈而逝。有《鹿裘集》六十五卷。禹金於學，博而不精。其爲詩，宗法李、何，雖遊獵漢魏三唐，終不出近代風調。七言今體，步趨李于鱗，又其靡也。秋減葉聲中，五字擅場，雖千章萬句，亦何以加。禹金好聚書，嘗與焦弱侯、馮開之暨虞山趙玄度訂約搜訪，期三年一會於金陵，各書其所得異書逸典，互相讎寫。事雖未就，其志尚可以千古矣。

清（康熙）《寧國府志》卷一九　梅鼎祚，字禹金。父守德，官給諫。時孕七月而生燕邸，癯甚。二兄相繼夭，父益憐之，欲其焚筆硯，乃匿書帳中，時時默誦。年十六廩諸生，郡守羅汝芳召致門下，龍溪王畿呼爲小友。性不喜經生業，以古學自任，飲食寢處不廢書，發爲文辭，沉博雅贍，士大夫好之，干旄廬者日至。與王世貞、汪道昆鉅公遊，當時海内無不知禹金者。奉父里居，左右以色養。屬母郭恭人疾，序當歲薦，讓其次者。辛卯遊北雍，年甫彊。時内閣申公時行等，皆欲以文待詔故事疏薦，辭不就。歸隱書帶園，搆天逸閣藏書，坐卧其中。伯兄元祚無子，以仲子士好嗣之，敬嫂劉氏如母。歲乙卯卒，年六十七。著有《鹿裘石室集》。鼎祚既負才不第，又當中原尚文之世，博聞彊識，長於編纂，取上世以來詩文各以類紀，下及雜記、傳奇，並有輯撰，多至千餘卷。子士都、士好。性剛直，終寧州丞。從子士勸字勉叔，少負俊才，鼎祚特嗟異之，有《唾餘集》。

清（**道光**）**《安徽通志》卷一七七**　梅鼎祚，字禹金。宣城人。【略】與沈懋學善，懋學魁天下。鼎祚乃棄經生業，以古學自任。文詞雅贍，海内知名。【略】著有《鹿裘石室集》。生平刻書甚富，有《古樂苑》、《唐樂苑》、《歷代文紀》并《釋文紀議》、《漢魏六朝詩乘》、《書紀洞詮》等書，凡數百卷。

著　録

清・佚名《傳奇彙考標目》卷上　《玉合》：梅鼎祚，字禹金，宣城人。

明・佚名《古人傳奇總目》　《玉合》：梅禹金作，許俊事。

清・黄文暘、佚名《重訂曲海總目・明人雜劇》　《崑崙奴》：梅鼎祚，字禹金。

清・支豐宜《曲目新編・明人傳奇》　梅鼎祚，《玉合記》。

又《玉石合》，梅鼎祚作。

又《明人雜劇》　《崑崙奴》，梅鼎祚作。

清・姚燮《今樂考證・著録三・明雜劇》　梅禹金一種，《崑崙奴》。案：此劇與伯龍《紅綃妓》同一故事，刻入《盛明雜劇》中，或爲另一種耶。抑相傳而誤者。

又《著録六・明院本》　梅鼎祚一種：《玉合》。按：《曲考》、《曲目》俱誤《玉合》爲玉石。

清・王國維《曲録》卷三　《崑崙奴》一本，明梅鼎祚撰。

又《玉合記》一本，明梅鼎祚撰。

湯顯祖

論　説

綜　論

明・吕天成《曲品》卷上　湯奉常絶代奇才，冠世博學。周旋狂社，坎坷宦途。雷陽之謫初還，彭澤之腰乍折。情癡一種，固屬天生；才思萬端，似挾靈氣。搜奇《八索》，字抽鬼泣之文；摘艷六朝，句叠花翻之韻。紅泉秘館，春風檀板敲金；玉茗華堂，夜月湘簾飄馥。麗藻憑巧腸而濬發，幽情逐彩筆以紛飛。蘧然破噩夢於仙禪，皭矣銷塵情於酒色。熟拈元劇，故琢調之妍俏賞心；妙選佳題，故賦景之新奇悦目。不事刁斗，飛將軍之用兵；亂墜天花，老生公之説法。信非學力所及，自是天資不凡。

又《紫簫》：琢調鮮美，鍊白駢麗。向傳先生作酒色財氣四犯，有所諷刺，是非頓起，作此以掩之。僅成半本而罷。覺太曼衍，留此清唱可耳。《紫釵》：仍《紫簫》者不多，然猶帶靡縟。描寫閨婦怨夫之情，備極嬌苦，真堪下淚。絶技也。《還魂》：杜麗娘事甚奇。而著意發揮懷春慕色之情，驚心動魄，且巧妙疊出，無境不新，真堪千古矣。《南柯夢》：酒色武夫，迺從夢境證佛，此先生妙旨也。眼闊手高，字句超秀。方諸生王驥德極賞其登城北詞，不減王、鄭，良然，良然。《邯鄲夢》：窮士得意，興盡可仙。先生提醒普天下措大，功德不淺。即夢中苦樂之致，猶令觀者神摇，莫能自主。

明・臧懋循《元曲選序》　湯義仍《紫釵》四記，中間北曲，駸駸乎涉其藩矣。獨音韻少諧，不無鐵綽板唱大江東去之病。南曲絶無才情，若出兩手，何也。

又《玉茗堂傳奇引》　臨川湯義仍爲《牡丹亭》四記。論者曰：此案頭之書，非筵上之曲。夫既謂之曲矣，而不可奏於筵上，則又安取彼哉。且以臨川之才何必減元人，而猶有不足於曲者，何也。當元時，所工北劇耳。獨施君美《幽閨》、高則誠《琵琶》二記，聲調近南，後人遂奉爲榘矱。而不知《幽閨》半雜贋本，已失真多矣。即天不念、拜新月等曲，吴人以供清唱，而調亦不純。其餘曲名，莫可考正。故魏良輔止點《琵琶》板而不及《幽閨》，有以也。《琵琶》諸曲頗爲合調，而鋪叙無當。如登程折、賜宴折，用末、凈、丑諸色，皆涉無謂。陳留洛陽相距不三舍，而動稱萬里關山；中郎寄書高堂，直爲拐兒紿誤：何繆戾之甚也。至曲每失韻，白多冗詞，又其細矣。今臨川生不踏吴門，學未窺音律，艷往哲之聲名，逞汗漫之詞藻，局故鄉之聞見，按亡節之絃歌，幾何不爲元人所笑乎。予病後，一切圖史悉已謝棄，閒取《四記》，爲之反覆删訂。事必麗情，音必諧曲，使聞者快心，而觀者忘倦。即與王實甫《西廂》諸劇并傳樂府可矣。雖然，南曲之盛，無如今日，而訛以沿訛，舛以襲舛，無論作者，第求一賞音人不可得。此伯牙所以絃於子期，而匠石廢斤於郢人也。刻既成，撫之三嘆。

明・王驥德《曲律》卷三《雜論第三九上》　戲劇之道，出之貴實，而用之貴虚。《明珠》、《浣紗》、《紅拂》、《玉合》，以實而用實者也。《還魂》、二《夢》，以虚而用實者也。以實而用實也易，以虚而用實也難。

又卷四《雜論第三九下》　臨川湯奉常之曲，當置法字無論，盡是案頭異書。所作五傳，《紫簫》、《紫釵》，第修藻豔，語多瑣屑，不成篇章，《還魂》妙處種種，奇麗動人；然無奈腐木敗草，時時纏繞筆端。至《南柯》、《邯鄲》二記，則漸削蕪纇，俛就矩度。布格既新，遣辭復俊。其掇拾本色，參錯麗語，境往神來，巧湊妙合，又視元人别一谿徑。技出天縱，匪由人造。使其約束和鸞，稍閑聲律，汰其膩字累語，規之全瑜，可令前無作者，後鮮來哲，二百年來，一人而已。

又　近吴興臧博士晉叔【略】，謂臨川南曲絶無才情。夫臨川所詘者，法耳；若才情正是其勝場。此言亦非公論。

又　客問今日詞人之冠。余曰：於北詞得一人，曰高郵王西樓。俊豔工鍊，字字精琢，惜不見長篇。於南詞得二人：曰吾師山陰徐天池先生。瑰瑋濃鬱，超邁絶塵。《木蘭》、《崇嘏》二劇，刳腸嘔心，可泣鬼神。惜不多作。曰臨川湯若士，婉麗妖冶，語動刺骨。獨字句平仄多逸三尺。然其妙處，往往非詞人工力所及，惜不見散套耳。問體孰近。曰：於文辭一家得一人，曰宣城梅禹金。摛華掞藻，斐亹有致。於本色一家，亦惟是奉常一人。其才情在淺深、濃淡、雅俗之間，爲獨得三昧。餘則修綺而非垛則陳，尚質而非腐則俚矣。勤之《曲品》所載，蒐羅頗博，而門户太多。舊曲列品有四：曰神，曰妙，曰能，曰具。【略】新曲列爲九品，以上之上屬沈、湯二君。而以沈先湯，蓋以法論。然二君既屬偏長，不能合一，則上之上尚當虚左。

又　世所謂才士之曲，如王弇州、汪南溟、屠赤水輩，皆非當行。僅一湯海若稱射鵰手，而音律復不諳。曲豈易事哉。

又　《還魂》、二《夢》如新出小旦，妖冶風流，令人魂消腸斷。第未免有誤字、錯步。

明・徐復祚《曲論》　玉茗堂四傳，臨川湯若士先生作也。其《南柯》、《邯鄲》二傳，本若士臧晉叔先生所作元人彈詞來。晉叔既以彈詞造其端，復爲改正四傳以訂其謬，若士忠臣哉。

明・徐士俊《古今詞統・評語》卷首　何良俊《草堂詩餘序》：近湯臨川四種傳奇，稱一代詞宗。其中名曲多隱括詩餘取勝，他可知已。

明・王思任《春燈謎記・序》　臨川清遠道人，自泥天竈，取日膏月汁，烘燒五色之霞，絶不肯俛齊州搶烟片點，於是四夢熟而膾炙四天之下，四天之下，遂競與傳其薪，而乞其火，遞相夢夢，凌夷至今。

明・范文若《夢花酣・序》　臨川多宜黄土音，板腔絶不分辨，襯字襯句，湊插乖舛，未免拗折人嗓子。

明・張琦《衡曲麈譚・作家偶評》　臨川學士，旗鼓詞壇。今玉茗堂諸曲，爭膾人口。其最者，《杜麗娘》一劇，上薄《風》、《騷》，下奪屈宋，可與實甫《西廂》交勝。獨其宫商半拗，得再調協一番。辭調兩到，詎非盛事歟。

明・沈寵綏《弦索辨訛・序》　臨川胸羅二酉，筆組七襄，玉茗四種，膾炙詞壇，特如龍脯不易入口，宜珍覽，未宜登歌，以聲律未諧也。

明・沈際飛《玉茗堂傳奇叙》　若士先生四奇：有史材，有詩囊，有詞癖，有法藏。以嘻啼笑罵，當興觀群怨。以寤寐生死，了人我是非。北土思親，南柯議守，使人有忠孝之思焉。白屋黄門，酒樓花市，使人有師友之雅焉。釵歸塚破，劍吼馬嘶，使人有節義之感焉。漂母不再，則香山寶使，槐國金枝可念也。魯連已往，則片檄啟疆，尺書歛衽可媿也。穎士無徒則荒圃，髯奴驚魂藹足可風也。侍兒嫡庶一言，領周南之旨。郡主齊家數語，合孔思之精。而一篇之中，三致意者。村塢勸農，如春煦沙提攀卧，似蟻紛紛。西尹雅度憐鸚，州官恩波鑄鐵，先生其有激於衷乎。若乃徵書懷入朝之妬，軍法佐入宫之嫉。文章不出權門，呼冤曹市。名姓不通豪刺，酒涙沙場。滄海遺珠，以干謁入彀。邯鄲落魄，以賂遺見知。甚至獻賦龜山，可方遇巷。投詩幕府，遂作讒囮。豈非雲雨覆翻，山川閃燄，苟具慧根，不亟思度脱也哉。彼夫濡首喪師於赤駁，恣情譴告於碧翁，争龍脉之螘封，求長生而短夢。真中成妄，愛裏生嫌。自非北面，空王洗心。真侶孰與破除無明，遊行自在乎。故四奇皆覺世之筏也，或生而死，或死而生，或一夢即實，或是夢皆虚，極乎中邉半滿之義。傀儡場中，泥犂种子，敢位置先生哉。

明・凌濛初《譚曲雜劄》 近世作家如湯義仍，頗能模倣元人，運以俏思，儘有酷肖處，而尾聲尤佳。惜其使才自造，句脚、韻脚所限，便爾隨心胡湊，尚乖大雅。至於填調不諧，用韻龐雜，而又忽用鄉音，如子與宰叶之類，則乃拘於方土，不足深論，止作文字觀，猶勝依樣畫葫蘆而類書填滿者也。義仍自云：駘蕩淫夷，轉在筆墨之外。佳處在此，病處亦在此。彼未嘗不自知。祇以才足逞而律實未諳，不耐檢核，悍然爲之，未免護前。况江西弋陽土曲，句調長短，聲音高下，可以隨心入腔，故總不必合調，而終不悟矣。而一時改手，又未免有斵小巨木、規圓方竹之意，宜乎不足以服其心也。如留一道畫不□耳的愁眉待張敞，改爲留着雙眉待敞之類。

明・張岱《答袁籜菴》 湯海若初作《紫釵》，尚多痕跡；及作《還魂》，靈奇高妙，已到極處。螘夢、《邯鄲》，比之前劇，更能脱化一番，學問較前更進，而詞學較前反爲削色。蓋《紫釵》則不及，而二夢則太過，過猶不及，故總於《還魂》遜美也。

清・沈永隆《南詞新譜・後叙》 曁我郅隆，惠風融暢，人樂管絃。學士大夫竊從烟雲花月之間，舒寫情思，於是旗鼓騷壇。如臨川先生時方諸李供奉，我先詞隱時比諸杜少陵，兩家意不相侔，蓋兩相勝也。豪儁之彦高步臨川，則不敢畔松陵三尺；精研之士刻意松陵，而必希獲臨川片語。亦見夫合則雙美，離則兩傷矣。迨乎鄭街風淆，麗則乖雅，巴人高唱，郢客響沉，家君於是奮然以釐定樂章，用爲繼美。時惟雲間荀鴨雅推家君：漢大而自號夜郎。見博山堂傳奇《勘皮靴》捲場詩句。然兩人並沾沾以各得鍾期，無慚鼓吹；不若臨川與先詞隱私心猶共軒輊也。

清・李漁《閒情偶寄》卷二 依樣畫葫蘆一語竟似爲填詞而發。妙在依樣之中，別出好歹。稍有一線之出入，則葫蘆體樣不圓，非近於方則類乎匾矣，葫蘆豈易畫者哉。明朝三百年，善畫葫蘆者，止有湯臨川一人，而猶有病其聲韻偶乖、字句多寡之不合者，甚矣，畫葫蘆之難，而一定之成樣不可擅改也。

清・黄周星《製曲枝語》 若近代傳奇，余惟取湯臨川四夢，而四夢之中，《邯鄲》第一，《南柯》次之，《牡丹亭》又次之，若《紫釵》，不過與《曇華》、《玉合》相伯仲，要非臨川得意之筆也。

清・陸次雲《玉茗堂四夢評》 四夢皆作於臨川，而如出兩手。《邯鄲》如雲展晴空，《南華》之妙境也；《南柯》如水歸暮壑，《楞嚴》之懸解也；《還魂》如鶯惜春殘，雁哀月冷，《離騷》之遺緒也；《紫釵》拖沓支離，咀之無味，其初從事於宫商之作乎。何殊絶也。或謂《還魂》嵩寫豔情，與《邯鄲》、《南柯》逈別，亦似出於兩手。不知作佛生天之旨，早攝入情癡一往之中，不有曰生生死死隨人願乎。不有曰景上緣，想内成，因中見乎。山僧讀臨去秋波那一轉句，可以悟禪。能讀《還魂》，而後能讀《邯鄲》，讀《南柯》也。

清・毛先舒《詩辯坻》卷四 曲至臨川，臨川曲至《牡丹亭》，驚奇瓌壯，幽豔淡沲，古法新製，機杼遞見，謂之集成，謂之詣極。音節失譜，百之一二，而風調流逸，讀之甘口，稍加轉換，便已爽然。雪中芭蕉，政自不容割綴耳。不妨拗折天下人嗓子，直爲抑臧作過矯語。今唱臨川諸劇，豈皆嗓折耶。而世之短湯者，遂謂其不了解音律。又有劣手，鋪詞全乖譜法，借湯自解，擬托後塵。瞶里之形，政資一噱。又如使事造語，不求盡解，托寄諧諢，故作迂癡，皆神化所至，匪夷之思。乃有苦駁開棺，謂是明制律例，入宋不合者。此類頗多。抑又從駭人談夢，不足道矣。

清・黄圖珌《看山閣集閒筆》 審五音之精微，協六律於調暢，務在窮工辨別，刻意探求，稍有錯誤，致不叶調，如玉茗之《牡丹亭》，調雖靈化，而調甚不工，令歌者低眉蹙目，有礙於喉舌間也。

清・李調元《劇話》卷下 明湯若士以世多熟夢邯鄲，復演盧生，付伶人歌舞之。

又《雨村曲話》 玉茗四種：《還魂記》、《南柯記》、《邯鄲夢》、《紫釵記》，以《還魂》爲第一部，俗呼《牡丹亭》，句如雨絲風片，烟波畫船，皆酷肖元人。惜其使才，於韻脚所限，多出以鄉音，如子與宰叶之類，其病處在此，佳處亦在此。

清・葉堂《納書楹四夢全譜・自序》 臨川湯若士先生，天才横逸，出其餘技爲院本，瓌姿妍骨，斲巧斬新，直奪元人之席。生平撰著甚夥，獨四夢傳奇盛行於世，顧其詞句往往不守宮格，俗伶罕有能協律者。《邯鄲》、《南柯》遭臧晉叔竄改之厄，已失舊觀。《牡丹亭》雖有鈕譜，未云完善。惟《紫釵》無人點勘，居然和璞耳。余少喜掇拾舊譜，而以己意參訂之。《鄲邯》、《南柯》、《牡丹亭》三種，殫聽傾聽，較銖黍而辨芒杪，積有歲年，幾於似矣。至《紫釵》竊有志焉而未逮也。晚獲交於夢樓先生，竭口贊余以譜之。繼遇竹香陳刺史，召名優以演之，於是吴之人莫不知有《紫釵》矣。始余以《牡丹亭》考核較精，擬先訂一譜，餘三夢姑置焉。既而喟然嘆曰：天下事不用心焉則已；用心焉，而離合分刌之數，未有不炯然内照者。夫余之譜四夢，亦既得失自知焉矣，而炫長而諱其短，何爲也哉。於是重加釐定彙刊以問世。昔若士見人改竄其書，賦詩云：總饒割就時人景，却愧王維舊雪圖。且曰：吾不顧捩盡天下人嗓子。此微言也。若士豈真以捩嗓爲能事，嗤世之盲於音者衆耳。余既違衆口而存其真，庸詎知後世度曲之家，不仍以爲捩嗓而掩耳疾走者乎。且《邯鄲》、《南柯》、《牡丹亭》三種，向有舊本，余故得摭其失而訂之；而《紫釵》之譜，蒙獨創焉，又焉能免於蕢桴土鼓之誚也乎。籥箫斯在，牙曠難期，願與海内審音之君子共正之。

又《凡例》 一、南曲之有犯調，其異同得失最難剖析，而臨川四夢爲尤甚。譜中遇犯調諸曲，雖已細注某曲某句，然如《雙梧門五更》、《三節鮑老》等名，余所創始，未免穿鑿。第欲求合臨川之曲，同，要爲元人之衣鉢。張伯起、梅禹金，終是肉勝於骨。顧近日之最行者，阮大鋮之偷竊，李漁之蹇乏，全以關目轉折，遮傖父之眼，不足數矣。子藏院本，在濃與淡之間；若入詞品，如風烟花柳，真是當行，其務頭亦得元人遺意。可笑楊升庵以務頭爲部頭，謂教坊家有色有部，部有部頭，色有色長，以此訾周伯清，他又何論哉。

清・陳棟《北涇草堂曲論》 明人曲自當以臨川、山陰爲上乘，玉茗《還魂》，較實甫而又過之，特溟涬已穿，頗纇未除，《南柯》、《邯鄲》二種，斂才就範，風格遒上，實足前無古人，後無來者。臨川填詞，多不協律。

清・梁廷枏《曲話》卷二 玉茗四夢，《牡丹亭》最佳，《邯鄲》次之，《南柯》又次之，《紫釵》則强弩之末耳。

清・楊恩壽《詞餘叢話》 程雨蒼孝廉節嘗館余家。談及玉茗《四夢》，頗有微辭。謂先生得意者乃《牡丹亭》，而《驚夢》一齣疵纇尤多。余與辨論，遂逐句指斥。至沉魚落雁鳥驚喧，羞花閉月花愁顫，雨蒼以魚雁下單提鳥字，花月下單提花字，語落邊際。閒凝眄，生生燕語明如剪，嚦嚦鶯聲溜的圓，以下二句主聽，説與上三字不貫。此二條余亦不能爲先生附會也。

分論

明・袁宏道《評玉茗堂傳奇》 《還魂》，筆無不展之鋒，文無不酣之興，真是文入妙來無過熟也。

明・石林居士《牡丹亭還魂記序》 是哉非也。既已夢矣，何適而不可。鹿可矣，蝶可矣，即優遊蟻穴亦無不可矣，而况同類中人。雖然此猶執著之論也，我輩情深，何必有，何必無哉。聊借筆花以寫若士胸中情語耳。而腐儒不解，且以爲迂。嗟乎，叩盤而求日之聲，捫籥而索日之形，痴人説夢，大率類此。

明・沈德符《萬曆野獲編》卷二五 湯義仍《牡丹亭夢》一出，家傳户誦，幾令《西廂》减價。奈不諳曲譜，用韻多任意處，乃才情自足不朽也。

又 頃黄貞甫汝亨以進賢令内召還。貽湯義仍新作《牡丹亭記》，真是一種奇文。未知於王實甫、施君美如何，恐斷非近時諸賢所辦也。

明・潘之恒《鸞嘯小品》 余友臨川湯若士，嘗作《牡丹亭還魂記》。是能生死死生，而别通一竇於靈明之境，以遊戲於翰墨之場。【略】既感杜、柳情深，復服湯公爲良吏。夫情之所之，不知其所始，不知其所終，不知其所離，不知其所合，在若有若無若遠若近若存若亡之間，其斯爲情之所必至，而不知其所以然，不知其所以然，而後情有所不可盡，而死生生死之無足怪也，故能癡者，而後能情，能情者，而後能寫其情。杜之情癡而幻，柳之情癡而蕩，一以夢爲真，一以生爲真，惟其情真，而幻、蕩何所不至矣。臨川筆端，真欲戲弄造化，水田豪舉，且將凌轢塵寰，足以鼓吹大雅，品藻藝林矣。不慧抱恙一冬，五觀《牡丹亭記》，覺有起色。信觀濤之不余欺，而夢鹿之足以覺世也。推本所自，《琵琶》之爲思也，《拜月》之爲錯也，《荆釵》之爲亡也，《西厢》之爲夢也，皆生於情，而未致也。杜麗娘情窮於幻，湯臨川曲極於變，而登場爲劇，或未致其技於真，則謂之何善乎。

又《亘史・雜篇》卷二 余既讀湯義仍《牡丹亭還魂記》，尤賞其序。夫結情於夢，猶可回死生，結良緣，而況其搆而離，離而合以神者乎。自《牡丹亭》傳奇出，而無情者隔世可通。此一竇也，義仍開之，而天下始有以無情死者矣。自幻影閣心應之意乎。而情構者千金必合此一竇也。

明・王思任《批點玉茗堂牡丹亭詞叙》 火可畫，風不可描；冰可鏤，空不可斡。蓋神君氣母，別有追似之手，庸工不與耳。古今高才，莫高於《易》。《易》者，象也；象也者，像也。其次則五經遞廣之，此外能言其所像人亦不多。左邱明、宋玉、蒙莊、司馬子長、陶淵明、老杜、大蘇、羅貫中、王實甫，我明王元美、徐文長、湯若士而已。若士時文既絶，古文、詞、詩歌、尺牘，玄貴浩鮮，妙處夥頤。然稟胎江右，開乳六朝，頳糟粉肉，響屧板袍之意，時或有之。至其傳奇靈洞，散活尖酸，史因子用，元以古行，筆筆風來，層層空到。即若士自謂一生四夢，得意處惟在《牡丹》。情深一叙，讀未三行，人已魂銷肌栗；而安頓齣字，亦自確妙不易。其款置數人，笑者真笑，笑即有聲；啼者真啼，啼即有淚，歎者真歎，歎即有氣。杜麗娘之妖也，柳夢梅之癡也，老夫人之輭也，杜安撫之古執也，陳最良之霧也，春香之賊牢也，無不從筋節竅髓，以探其七情生動之微也。杜麗娘雋過言鳥，觸似羚羊，月可沈，天可瘦，泉臺可瞑，獠牙判髮可狎而處；而梅、柳二字，一靈咬住，必不肯使劫灰燒失。柳生見鬼見神，痛叫頑紙；滿心滿意，只要插花。老夫人習是血描，腸鄰斷草；拾得珠還，蔗不陪櫱。杜安撫搖頭山屹，強笑河清；一味做官，半言難入。陳教授滿口塾書，一身襶氣；小要便益，大經險怪。春香眨眼即知，錐心必盡；亦文亦史，亦敗亦成。如此等人，皆若士玄空中增減朽塑，而以毫風吹氣生活之者也。然此猶若士之形似也。而其立言神指：《邯鄲》，仙也；《南柯》，佛也；《紫釵》，俠也；《牡丹亭》，情也。若士以爲情不可以論理，死不足以盡情，百千情事，一死而止，則情莫有深於阿麗者矣。況其感應相與，得《易》之咸；從一而終，得《易》之恒。則不第情之深，而又爲情之至正者。今有形一接，而即殉夫以死，骨香名永，用表千秋，安在其無知之性不本於一時之情也。則杜麗娘之情，正所同也，而深所獨也，宜乎若士有取爾也。至其文冶丹融，詞珠露合，古今雅俗，泚筆皆佳。沛公殆天授，非人力乎。若夫綽影布橋，食肉帶刺，冷哨打世，邊鼓撾人，不疼不癢處，皆文人空四海、擴五嶽，習氣所在，不足爲若士病也。往見吾鄉文長批其卷首曰：此牛有萬夫之稟。雖爲妒語，大覺頻心。而若士曾語盧氏。李恒嶠云：《四聲猿》乃詞場飛將，輒爲之唱演數通。安得生致文長，自拔其舌。其相引重如此。予不知音律，弟粗以文義測之，雖不能爲周公瑾，而猶不致如馬子侯。僭加評校，以復兩張、新湯之請，便即交付一語。若士見改竄《牡丹》詞者，失笑一絶：醉漢瓊筵風味殊，通仙鐵笛海雲孤。總饒割就時人景，卻愧王維舊雪圖。持此作偈，乞韋馱尊者永鎮此亭。天下之寶，當爲天下護之也。

明・祁彪佳《遠山堂曲品・豔品》 《紫簫》：工藻鮮美，不讓《三都》、《兩京》。寫兒女幽懽，刻入骨髓。字字有輕紅嫩緑。閲之不動情者，必世間癡男子。先生稱禹金《玉合》，並其沈麗之思，減其穠長之累。然則此曲有曼衍處，先生亦自知之矣。向傳先生作酒、色、財、氣四劇，有所譏刺。是非頓起，作此以掩之。又爲部長吏抑止，僅成半帙而罷。然已得四十三齣。十郎塞上初歸，會於牛女之夕，亦可作結體。正不忍見小玉憔悴一段耳。願知音者亟附紅牙。《紫釵》：先生手筆超異。即元人後塵，亦不屑步。會景切事之詞，往往悠然獨至。然傳情處太覺刻露，終是文字脱落不盡耳。故題之以豔字。

明・茅元儀《批點牡丹亭記序》 玉茗堂樂府，臨川湯若士所著也。中有《牡丹亭記》，乃合李仲文馮孝將兒、睢陽王、談生事而附會之者也。其播詞也，鏗鏘足以應節，詭麗足以應情，幻特足以應態，自可以變詞人抑揚俯仰之常局，而冥符于創源命派之手。雉城臧晉叔，以其爲案頭之書而非塲中之劇，乃删其采，剉其鋒，使其合于庸工俗耳。讀其言，苦其事怪而詞平，詞怪而調平，調怪而音節平，于作者之意漫滅殆盡，并求其如世之詞人俯仰抑揚之常局而不及。余嘗與面質之，晉叔心未下也，夫晉叔豈好平乎哉。以爲不如此，則不合于世也。合于世者必信乎世，如必人之信而後可，則其事之生而死，死而生，死者無端，死而生者更無端，安能必其世之盡信也。今其事出于才士之口，似可以不必信，然極天下之怪者皆平也。臨川有言：第云理之所必無，安知情之所必有耶。我以不特此也，凡意之所可至，必事之所已至也。則死生變幻不足以言其怪，而詞人之音響慧致反必欲求其平，無謂也。家季爲校其原本，評而播之，庶幾知其節、知其情、知其態者哉。然亦必知其節、知其情、知其態者，而後可與言矣。

明·茅暎《題牡丹亭記》 說者曰：詩三百篇，變而爲樂府，樂府變而爲詞，詞又變而爲曲，逮至曲而詩亡矣。不知詩之亡也，亦音不叶律，辭不該洽，情不極至，而徒爲嘽緩靡曼之響耳。余幼讀季札之觀樂，子野之覘楚，與夫開皇大業房中清夜諸曲，識者每於此窺治忽，心竊領之。繼而進秦七，揖柳郎，而登清照，心又竊艷之。因彙《金荃》、《蘭畹》諸集，遴較諸名家合作，爲《詞的》一刻。爰考九宮十三調，以旁及于曲，使曲不掩詞，詞不掩樂府，去三百篇又豈遠也。但南音北調，不啻充棟，而獨有取於《牡丹亭》一記何耶。吾以家弦而户習，聲遏行雲，響流淇水者，往哲已具論。第曰：傳奇者，事不奇幻不傳，辭不奇艷不傳；其間情之所在，自有而無，自無而有，不魄奇愕眙者亦不傳；而斯記有焉。夢而死也，能雪有情之涕；死而生也，頓破沉痛之顔；雅麗幽艷，燦如霞之披而花之旖旎矣。論者乃以其生不踏吴門，學未窺音律，局故鄉之聞見，按無節之絃歌，幾爲元人所笑，不大難爲作者乎。大都有音即有律，律者法也，必合四聲，中七始而法始盡。有志則有辭，曲者志也，必藻繪如生，顰笑悲涕而曲始工。二者固合則並美，離則兩傷，但以其稍不諧叶而遂訾之，是以折腰齲齒者攻於音，則謂夷光南威不足妍也，吾弗信矣。試攷元以曲取士，猶分十二科，豈非兼才難而作者之精神難昧乎。余於帖括之暇，間爲數則，附之《唾香集》後，并刻茲記，非敢謂咀宮嚼徵，以分臨川前席。酒後耳熱，聊與知者，行歌拾穗，以自快適耳。

明·沈際飛《牡丹亭題詞》 臨川作《牡丹亭》詞，非詞也，畫也；不丹青，而丹青不能繪也；非畫也，真也；不啼笑而啼笑，即有聲也。以爲追琢唐音乎，鞭箠宋調乎，抽翻元劇乎。當其意得，一往追之，快意而止。非唐，非宋，非元也。柳生騃絶，杜女妖絶，杜翁方絶，陳老迂絶，甄母愁絶，春香韻絶，石姑之妥，老駝之勩，小癩之密，使君之識，牝賊之機，非臨川飛神吹氣爲之，而其人遁矣。若乃真中覓假，呆處藏黠，繹其指歸，□□則柳生未嘗癡也，陳老未嘗腐也，杜翁未嘗忍也，杜女未嘗怪也。理於此確，道於此玄，爲臨川下一轉語。

又《題南柯夢》 臨川有概於不及情之人，而樂説乎至微至細之蟻；又有概於溺情之人，而托喻乎醉醒醒醉之淳于生。淳于未醒，無情也。惟情至，可以造立世界；惟情盡，可以不壞虚空。而要非情至之人，未堪語乎情盡也。世人覺中假，故不情；淳于夢中真，故鍾情。既覺而猶戀戀因緣，依依眷屬，一往信心，了無退轉，此立雪斷臂上根，决不教眼光落地。即槐國螻蟻各有深情，同生忉利，豈偶然哉。彼夫儼然人也，而君父、男女、民物間悠悠如夢，不如淳于，並不如蟻矣，並不可歸於螻蟻之鄉矣。《賢愚經》云，長者須達爲佛起立精舍，見地中蟻子。舍利弗言，此蟻子經今九十一劫，受一種身，不得解脱。是殆不情之蟻乎。斯臨川言外意也。

又《題紫釵記》 《紫釵》之能，在筆不在舌，在實不在虚，在渾成不在變化。以筆爲舌，以實爲虚，以渾成爲變化，非臨川之不欲與於斯也，而《紫釵》則否。小玉愚，李郎怯，薛家姬勤，黄衫人敢，盧太尉莽，崔、韋二子忠，筆筆實，筆筆渾成，難言其乖於大雅也。惟詠物評花，傷景譽色，穠縟曼衍，皆《花間》、《蘭畹》之餘，碧簫紅牙之拍。自古閲今，不必癡於小玉，才於李郎，婉於薛姬，而皆可有其端委，有其托喻。此《紫釵記》所以止有筆實有渾成耳也。臨川自題曰：案頭之書，非臺上之曲。

又《題邯鄲夢》 嗟乎，盧生蔗蘖八十年，躑躅數千里，不離趙州寸步。又烏知夫諸仙衆非即我眷屬跳弄，而蓬萊島猶是香水堂、曲江池、翠華樓之變現乎。凡亦夢，仙亦夢，凡覺亦夢，仙夢亦覺。微乎，微乎，臨川教我矣。

明·徐樹丕《識小録》卷四《湯若士〈牡丹亭〉》 若士文章，在我朝指不多屈，出其緒餘爲傳奇，驚才絶艷，《牡丹亭》尤爲膾炙。往歲聞之文中翰啓美云：若士素恨太倉相公，此傳奇杜麗娘之死而更生，以況曇陽子，而平章則暗影相公也。按曇陽仙迹，王元美爲之作傳，亦既彰彰矣。其後太倉人更有異議云：曇陽入龕後復生，至嫁爲徽人婦。其説暖昧不可知，若士則以爲實然耳。聞若士死時，手足盡墮，非以綺語受惡報，則嘲謔仙真亦應得此報也。然更聞若士具此風流才思，而室無姬妾，與夫人相莊至老，似不宜得此惡報，定坐嘲謔仙真耳。

明・馮夢龍《風流夢總評》 兩夢不約而符，所以爲奇。原本生出場，便道破因夢改名，至三、四折後旦始入夢，二夢懸截，索然無味。今以改名，緊隨旦夢之後，方見情緣之感，合夢一折，全部結穴於此。

又《風流夢小引》 若士先生千古逸才，所著四夢，《牡丹亭》最勝。【略】獨其填詞不用韻，不按律。即若士亦云：吾不顧捩盡天下人嗓子。夫曲以悦性達情，其抑揚清濁，音律本於自然。若士亦豈真以捩嗓爲奇，蓋求其所以不捩嗓者而未遑討，强半爲才情所役耳。識者以爲此案頭之書，非當場之譜。欲付當場敷演，即欲不稍加竄改而不可得也。【略】余雖不佞甚，然於此道竊聞其略，僭删改以便當場。即不敢云若士之功臣，或不墮音律中之金剛禪云爾。

又《邯鄲夢總評》 玉茗堂諸作，《紫釵》、《牡丹亭》以情，《南柯》以幻，獨此因情入道，即幻悟真。閲之，令凡夫濁子俱有厭薄塵埃之想，四夢中當推第一。世俗以黄粱夢爲不祥語，遇吉事不敢演。夫夢則爲宰相，醒則爲神僊事，孰有吉祥於此者。通記極苦、極樂、極癡、極醒，描摩盡興，而點綴處亦復熱鬧，關目甚緊，吾無間然。惟填詞落調及失韻處，不得不爲一竄耳。貴女安得獨處，花誥豈可偷填。招賢榜非一人可袖，千片葉非一人可刺，記中種種俱礙理，然不如此，不肖夢境。《東遊》折，向年串。

清・李漁《刻才子牡丹亭序》 嘗見有妄男子將玉茗《四夢》盡行删改，以便演唱，齒齒批注其上，覺原本頗多贅言，且於調有出入，又精繡其板，以悦衆目，遂使普天下耳食庸人只知删本，而不復問原本。豈知爾與《四夢》一字不解其意，故敢如此。爾果小有聰明，何不另自成書，而必妄改故人耶。夫《四夢》，才子之文，非優師作也。才子，則豈以曲調之小誤論也。吾於書攤得此破碎抄本，既代古人轉恨爲快，安敢以吝阿堵故不急刻之。即如聖嘆《西厢》，亦有删改，其《慟哭》二篇者，以爲語多重疊，汝知聖嘆之筆，得自《華嚴》，其妙正在重疊乎。亦是精板廣印以誤庸人，致令原本漸就湮滅。閻浮世間可惱之事，寧復有過於此者。不止如升庵之跋新刻《水經》與《世説》矣。故並著之，聖嘆所批，已屬共賞，孰知金批之外，又有此等批法，不但於才色之事入微，復用芥子納須彌法，特寓大言於小言之中，使偶觀經史，欠伸思睡者，即俳諧而詣勝地，挾曲一部，腹已果然，用作詩文，總非凡料，又奚翅《夷堅志》中，飲食藥餌，恣口所需而已。識者賞之，亦可以知世間妙人妙事，妙理妙文，真不可測度，無有窮盡也。湯卿謀某夜坐，閲《牡丹亭》，因憶比來所傳：世上演《牡丹亭》一本，若士在地下受苦一日，頗爲不平，其婦丁從旁語曰：當是遇着陳杜輩作判耳，使見此批，又不知云何。

又《閒情偶寄・詞曲部・結構第一》 湯若士明之才人也。詩文尺牘儘有可觀。而其膾炙人口者，不在尺牘詩文，而在《還魂》一劇。使若士不草《還魂》，則當日之若士已雖有而若無，況後代乎。是若士之傳，《還魂》傳之也。

又 凡讀傳奇，而有令人費解，或初閲不見其佳，深思而後得其意之所在者，便非絶妙好詞。不問而知爲今曲，非元曲也。元人非不讀書，而所製之曲，絶無一毫書本氣。以其有書而不用，非當用而無書也。後人之曲，則滿紙皆書矣。元人非不深心，而所填之詞，皆覺過於淺近。以其深而出之以淺，非借淺以文其不深也。後人之詞，則心口皆深矣。無論其他，即湯若士《還魂》一劇，世以配饗元人，宜也。問其精華所在，則以《驚夢》、《尋夢》二折對。予謂二折雖佳，猶是今曲，非元曲也。《驚夢》首句云：裊晴絲吹來閒庭院，摇漾春如線。以遊絲一縷，逗起情絲。發端一語，即費如許深心。可謂慘澹經營矣。然聽歌《牡丹亭》者，百人之中有一二人解出此意否。若謂製曲初心，並不在此，不過因所見以起興，則瞥見遊絲，不妨直説。何須曲而又曲，由晴絲而説及春，由春與晴絲而悟其如線也。若云作此原有深心，則恐索解人不易得矣。索解人既不易得，又何必奏之歌筵，俾雅人俗子同聞而共見乎。其餘停半晌，整花鈿，没揣菱花，偷人半面及良辰美景奈何天，賞心樂事誰家院，遍青山，啼紅了杜鵑等語，字字俱費經營，字字皆欠明爽。此等妙語，止可作文字觀，不得作傳奇觀。至於末幅似蟲兒般蠢動，把風情搧與恨不得肉兒般團成片也，逗的個日下胭脂雨上鮮、《尋夢》曲云：明放着白日青天，猛教人抓不到夢魂前、是這答兒壓黄金釧匾，此等曲則去元人不遠矣。而予最賞心者，不專在《驚夢》、《尋夢》等折，謂其心花筆蕊，散見於前後各折之中。《診祟》曲云：看你春歸何處歸，春睡何曾睡。氣絲兒，怎度的長天日、夢去知他實實誰，病來只送得箇虚虚的你。做行雲，先渴倒在巫陽會，又不是困人天氣，中酒心期，魆魆的常如醉、承尊覰，何時何日，來看這女顔回，《憶女》曲云：地老天昏，没處把老娘安頓，你怎撇得下萬里無兒白髮親，賞春香還是你舊羅裙，《玩真》曲云：如愁欲語，只少口氣兒呵，叫的你噴嚏似天花唾，動凌波，盈盈欲下，不見影兒那，此等曲則純乎元人，置之《百種》前後，幾不能辨。以其意深詞淺，全無一毫書本氣也。

清・洪之則《牡丹亭跋》 予又聞論《牡丹亭》時，大人昇云：肯綮在死生之際。記中《驚夢》、《尋夢》、《診祟》、《寫真》、《悼殤》五折，自生而之死；《魂遊》、《幽媾》、《歡撓》、《冥誓》、《回生》五折，自死而之生。其中搜抉靈根，掀翻情窟，能使赫蹄爲大塊，隃糜爲造化，不律爲真宰，撰精魂而通變之。語未畢，四叔吴人大叫嘆絶。

清・吴人《三婦評牡丹亭雜記》 或問曰：有明一代之曲，有工於《牡丹亭》者乎。曰：明之工南曲，猶元之工北曲也。元曲傳者無不工，而獨推《西厢記》爲第一；明曲有工，有不工，《牡丹亭》自在無雙之目矣。或曰：子論《牡丹亭》之工，可得聞乎。吴山曰：爲曲者有四類：深入情思，文質互見，《琵琶》、《拜月》其尚也；審音協律，雅尚本色，《荆釵》、《牧羊》其次也；吞剥坊言讕語，《白兔》、《殺狗》之流也；專事雕章逸辭，《曇花》、《玉合》之亞也。案頭場上，交相爲譏。下此無足觀矣。《牡丹亭》之工，不可以是四者名之。其妙在神情之際。試觀記中佳句，非唐詩即宋詞，非宋詞即元曲，然皆若士之自造，不得指之爲唐、爲宋、爲元也。宋人作詞，以運化唐詩爲難；元人作曲亦然。商女《後庭》，出自牧之；曉風殘月，本於柳七。故凡爲文者，有佳句可指，皆非工於文者也。或曰：賓白何如。曰：嬉笑怒駡，皆有雅致。宛轉關生，在一二字間。明劇本中故無此白。其冗處，亦似元人；佳處，雖元人弗逮也。或問：若士復羅念庵云，師言性，弟子言情。而《還魂記》用顧况世間只有情難説之句，其説可得聞乎。曰：人受天地之中以生，所謂性也。性發爲情，而或過焉，則爲欲。《書》曰生民有欲是也。流連放蕩，人所易溺。宛丘之詩，以歌舞爲有情，情也而欲矣。故傳曰：男女飲食，人之大欲存焉。至浮屠氏以知識愛戀爲有情，晉人所云未免有情，類乎斯旨。而後之言情者，大率以男女愛戀當之矣。夫孔聖嘗以好色比德，詩道性情，《國風》好色，兒女情長之説，未可非也。若士言情，以爲情見於人倫，倫始於夫婦；麗娘一夢所感，而矢以爲夫，之死靡忒，則亦情之正也。若其所謂因緣死生之故，則從乎浮屠者也。王季重論玉茗《四夢》：《紫釵》，俠也；《邯鄲》，仙也；《南柯》，佛也；《牡丹亭》，情也。其知若士言情之旨矣。

清・朱彝尊《静志居詩話》卷一三 義仍填詞，妙絶一時。語雖斬新，源實出於關、馬、鄭、白。其《牡丹亭》曲本尤極情摯。人或勸之講學，笑答曰：諸公所講者性，僕所言者情也。世或相傳云刺曇陽子而作。然太倉相君實先令家樂演之。且云：吾老年人近頗爲此曲惆悵。假令人言可信，相君雖盛德有容，必不反演之於家也。當日婁江女子俞二孃酷嗜其詞，斷腸而死。故義仍作詩哀之云：畫燭摇金閣，真珠泣繡窗。如何傷此曲，偏只在婁江。又《七夕答友》詩云：玉茗堂開春翠屏，新詞傳唱《牡丹亭》。傷心拍遍無人會，自掐檀痕教小伶。其後又續成《紫簫》殘本，身後爲仲子開遠焚棄。詩終牽率，非其所長。

清・梁廷枏《曲話》卷二 《牡丹亭》對宋人説《大明律》，《春蕪記》楚國王二竟有不怕府縣三司作之句，作者故爲此不通語，駭人聞聽；然插科打諢，正自有趣，可以令人捧腹，不妨略一見之。

又 如《還魂記》之烟波畫船，何嘗不是絶妙好詞，何嘗不平仄諧叶，較《春蕪》之心愁意慵等語，豈止上下床，直是天淵之隔矣。

又 湯若士《邯鄲夢》末折《合仙》，稱呼爲《八仙度盧》，爲一部之總匯。排場大有可觀，而不知實從元曲學步。一經指摘，則數見者不鮮矣。《混江龍》，【略】通曲與元人雜劇相似。然以元人作曲尚且轉相沿襲，則若士之偶爾從同者，抑無足詆譏矣。

又 《紫釵記》最得手處，在觀燈時即出黄衫客。下文《劍合》自不覺唐突。而中《借馬》折避却不出，便有草蛇灰線之妙。稍可議者，有《門楣絮别》矣，接下《折柳陽關》，便多重疊，且墮惡套。而《款檄》折兩使臣皆不上場，亦屬草率。

又 《南柯・情著》一折，以《法華・普門品》入曲。毫無勉强，毫無遺漏，可稱傑構。末折絶好收束，排場處復盡情極態，全曲當以此爲冠冕也。

傳記

明・鄒迪光《臨川湯先生傳》　先生名顯祖，字義仍，別號海若。豫章之臨川人。生而穎異不群。體玉立，眉目朗秀。見者嘖嘖曰：湯氏寧馨兒。五歲能屬對。試之即應，又試之又應，立課數對無難色。十三歲，就督學公試，舉書案爲破。曰：形而上者謂之道，形而下者謂之器。督學奇之。補邑弟子員。每試必先其曹偶。彼其時，於帖括而外，已能爲古文詞；五經而外，讀諸史百家汲冢《連山》諸書矣。庚午舉於鄉，年猶弱冠耳。見者益復嘖嘖曰：此兒汗血，可致千里，非僅僅蹀躞康莊也者。彼其時，於古文詞而外，能精樂府歌行五、七言詩，諸史百家而外，通天官地理醫藥卜筮籍墨兵神經怪牒諸書矣。公雖一孝廉乎，而名蔽天壤，海内人以得見湯義仍爲幸。丁丑會試，江陵公屬其私人啖以巍甲而不應。庚辰，江陵子懋修與其鄉之人王篆來結納，復啖以巍甲而亦不應。曰：吾不敢從處女子失身也。公雖一老孝廉乎，而名益鵲起，海内之人益以得望見湯先生爲幸。至癸未舉進士，而江陵物故矣。諸所爲席寵靈、附薰炙者，駸且澌没矣。公乃自嘆曰：假令予以依附起，不以依附敗乎。而時相蒲州、蘇州兩公，其子皆中進士，皆公同門友也。意欲要之入幕，酬以館選，而公率不應，亦如其所以拒江陵時者。以樂留都山川，乞得南太常博士。至則閉門距躍，絶不懷半刺津上。擁書萬卷，作蠹魚其中。每至丙夜，聲琅琅不輟。家人笑之，老博士何以書爲。曰：吾讀吾書，不問博士與不博士也。問策蹇驢，探雨花木末，烏榜燕磯，莫愁秦淮，平陂長干之勝，而舒之毫楮。都人士展相傳誦，至令紙貴。時典選某者，起家臨川令。公其所取士也。以書相貽曰：第一通政府，而吾爲之慫恿，則北銓省可望。而公亦不應，亦如其所以拒館選時者。尋以博士轉南祠部郎。部雖無所事事，而公奉職毖慎，不以閒局故稍自隤弛。謂兩政府進私人而塞言者路，抗疏論之，謫粵之徐聞尉。徐聞吞吐大海，白日不朗，紅霧四障，猩猩嵎嵎，短狐修鰐，啼烟嘯雨，跳波弄漲。人盡危公，而公夷然不屑。曰：吾生平夢浮丘羅浮，擎雷大蓬，葛洪丹井，馬伏波銅柱而不可得，得假一尉，了此夙願，何必減陸賈使南粵哉。居久之，轉遂昌令。遂昌在萬山中，土風淳美。其民亡羯夷之習，之彫劫流穴之患。不煩衡決，勞擿伏。相與去鉗劇，罷桁楊，減科條，省期會，一意乳哺而卵翼之。用得民和。日進青衿子秀揚摧論議，質義斧藻切劘之，爲競競。一時醇吏聲爲兩浙冠。而公以倜儻夷易，不能希耩鞠䩸，睨長吏色而得其便。又以礦税事多所蹊盩，計偕之日，便向吏部堂告歸。雖主爵留之，典選留之，御史大夫留之，而公浩然長往，神武之冠竟不可挽矣。已抵家，浙開府以復任招，不赴。浙直指以京學薦，不出。已無意仕路，而忌者不察，懼捉鼻之不免而爲後憂，遂於辛丑大計，褫奪其官。比有從旁解之者曰：遂昌久無小草志，何必乃爾。當事者曰：此君高尚，吾正欲成其遠志耳。居家，於所居之側，小結菟裘，延青引翠，英巨靈谷之勝，發牖而得。連樊青漪灌注几席。雜蒔花木，籠禽鳥。金薤琳琅，照耀四壁間。中丞惠文，郡國守令以下，干旄往往充斥巷左，而多不延接。亡論居間謝絶，即有時事，非公憤不及齒頰。人勸之請托，曰：吾不能以面皮口舌博錢刀，爲所不知何人計。指床上書示之：有此不貧矣。朝夕與古人居。評某氏某氏，誰可誰否，雌黄上下，不遺餘力。千載如對。與鄉人居，則于于逌逌，屏城府，去崖略，黜形骸，而一飲之以醇。與家人俱，皓皓熙熙，相劑而出，笑顰不假，而光霽自若。與其兩尊人居，則柔氣愉色，逆所欲惡而先意爲之。小不諧懌，栗栗憂虞，若負重辜。然其與五兄弟俱，解衣分餐，弼其逮而補其缺失，務令得兩尊人歡。以一人而兼兄弟五人以事其親，故兩尊人老而致足樂。公又喜任達，急人之難甚於己。人有困鬭，昏夜叩門户而請。即有弗逮，必旁宛助之，不以貧無力解。人謂公迂。公曰：施濟不係富有力，必富有力，安所得馮驩郭解乎。公於書無所不讀。而尤攻漢魏《文選》一書，至掩卷而誦，不訛隻字。於詩文無所不比擬，而尤精西京、六朝、青蓮、少陵氏。然爲西京而非西京，爲六朝而非六朝，爲青蓮、少陵而非青蓮、少陵。其洗刷排蕩之極，直舉秦漢晉唐人語爲芻狗，爲餕餘，爲土苴，而汰之絶糠粃，熔之絶泥滓，大始玉屑，空蒙沆瀣，帝青寶雲，玄涯水碧，不可以物類求，不可以人間語論矣。公又以其緒餘爲傳奇，若《紫簫》、《二夢》、《還魂》諸劇，實駕元人而上。每譜一曲，令小史當歌，而自爲之和，聲振寥廓。識者謂神仙中人云。鄒愚公曰：世言才士無學，故戴逵、王弼之不爲徐廣、殷亮。而公有其學矣。又言學士無才，故士安、康成之不爲機、雲。而公有其才矣。又言文人學士，無用亦無行。而公爲邑吏有聲，志操完潔，洗濯束服，有用與行矣。公蓋其全哉。世以耳食枕衾之不愜，而飾貌修態，自塗塗人，人執外而信其裏。公與余約遊具區、靈巖、虎丘諸山川，而不能辦三月糧，逡巡中輟。然不自言貧，而人亦不盡謂公貧。公非自信其心者耶。予雖爲之執鞭，所欣慕焉。

明・過庭訓《湯顯祖傳》 湯顯祖，字義仍，臨川人。十三歲補邑弟子員，已能爲古文詞，讀諸史百家諸書。庚午舉于鄉，癸未成進士。時相蒲州、蘇州兩公子皆中進士，爲顯祖同門友，意欲要之入幕，酬以館選，而率不應。樂留都山川，乞得南太常博士，轉南祠部郎，謂兩執政進私人而塞言者路，抗疏論之，謫粵之徐聞尉。徐聞吞吐大海，白日不朗，紅霧四障，人盡危之，夷然就道。久之，轉遂昌令。在萬山中，土風淳美，相與去鉗剔，罷桁楊，減科條，省期會，一意拊摩噢咻，乳哺而翼覆之，用得民和。日進青衿子秀，揚榷論議，斧藻切劘之爲兢兢。一時醇吏聲爲兩浙冠。而以倜儻夷易，不能希耩鞠跽，睨長吏色而得其便。計偕之日，向吏部堂告歸，留之不得。已抵家，浙開府以復任招，不赴；浙直指以京學薦，不出。已無意仕路。而忌者不察，遂于辛丑大計褫奪其官。比有從旁解之者曰：遂昌元無小草意。當事者曰：此君高尚，吾正欲成其遠志耳。家居于所居之側，小結菟裘。與其兩尊人居，柔氣愉色，逆所欲惡而先意爲之。性喜獎與後進，又喜任達。急人之難甚于己，不以貧無力辭。其食貧二十餘年，而阮嘯自如，萊舞無闕。易簀之夕，尚爲孺子哭，命以麻衣冠就殮。長子士蘧，有異才，肝膽酷似其父，年十九，早亡。季子開遠，乙卯舉於鄉。

清・錢謙益《湯遂昌顯祖小傳》 顯祖，字義仍。臨川人。生而有文在手，成童有庶幾之目。年二十一，舉於鄉。嘗下第，與宣城沈君典薄蕪陰，客於郡丞龍宗武。江陵有叔，亦以舉子客宗武，交相得也。萬曆丁丑，江陵方專國，從容問其叔：公車中頗知有雄駿君子晁、賈其人者乎。曰：無逾於湯、沈兩生者矣。江陵將以鼎甲畀其子，羅海内名士以張之。命諸郎因其叔延致兩生。義仍獨謝弗往。而君典遂與江陵子懋修偕及第。又六年癸未，與吳門、蒲州二相子，同舉進士。二相使其子召致門下，亦謝弗往也。除南太常博士。朝右慕其才，將徵爲吏部郎，上書辭免。稍遷南祠郎。抗疏論劾政府信私人，塞言路。謫廣東徐聞典史。量移知遂昌縣，用古循吏治邑，縱囚放牒，不廢嘯歌。戊戌上計，投劾歸，不復出。辛丑外計，議黜。李本寧力爭：遂昌不應考法，且已高尚久矣。主者曰：正欲成此君之高耳。里居二十年，年六十餘始喪其父母。既葬，病卒。自爲祭文，遺命用麻衣冠草履以殮。年六十有八。義仍志意激昂，風骨遒緊，扼腕希風，視天下事數着可了。其所投分，李于田、道甫、梅克生之流，皆都通顯，有建豎；而義仍一發不中，窮老蹭蹬。所居玉茗堂，文史狼藉，賓朋雜坐，鷄塒豕圈，接跡庭户，蕭閒詠歌，俯仰自得。道甫開府淮上，念其窮，遺書相迓。義仍謝曰：身與公等比肩事主，老而爲客，所不能也。爲郎時，擊排執政，禍且不測。詒書友人曰：乘興偶發一疏，不知當事何以處我。晚年師盱江而友紫柏，翛然有度世之志。胸中魁壘，陶寫未盡，則發而爲詞曲。四夢之書，雖復流連風懷，感激物態，要於洗蕩情塵，銷歸空有，則義仍之所存略可見矣。嘗謂：我朝文字，以宋學士爲宗，李夢陽至瑯琊，氣力强弱，巨細不同，等贗文爾。萬曆間，瑯琊二美同仕南都，爲敬美太常官屬。敬美唱爲公宴詩，不應；又簡括獻吉、于鱗、元美文賦，標其中用事出處及增減漢史唐詩字面，流傳白下，使元美知之。元美曰：湯生標塗吾文，異時亦當有標塗湯生者。自王、李之興，百有餘歲，義仍當霧雺充塞之時，穿穴其間，力爲解駁。歸太僕之後，一人而已。義仍少熟《文選》，中攻聲律，四十以後，詩變而之香山、眉山；文變而之南豐、臨川。嘗自叙其詩三變而力窮。又嘗以其文寓余，以謂不蘄其知吾之所已就，而蘄其知吾之所未就也。於詩曰變而力窮；於文曰知所未就。義仍之通懷嗜學，不自以爲能事如此。而世但賞其詞曲而已。不能知其所已就，而又安能知其所未就，可不爲三嘆哉。義仍有才子，曰士蘧，五歲能背誦《二京》、《三都》，年二十三，客死白下。次大耆，才而佻，然有父風。次開遠，以鄉舉官監軍兵使，討流賊死行間。開遠好講學，取義仍續成《紫簫》殘本及詞曲未行者，悉焚棄之，大耆實云。幼子季雲，亦有雋才。

清（康熙）《雷州府志》卷七 湯顯祖，字義仍。臨川人，由進士任禮部主事，以建言謫徐聞，添註典史，雅負才名，淹貫文史，延引士類。海之南北，從遊者甚重。建會館曰貴生書院，自爲説以記，劉兌陽祭酒有記。遷遂昌知縣。

清（康熙）《寧國府志》卷二三 湯顯祖，字義仍，臨川人。屠隆字長卿，四明人，湯爲孝廉時訪沈懋學、梅鼎祚于宛上，屠與懋學同登第，重以婚姻，居宣最久。嘗偕鼎祚汎舟城東，著緋衣，作《漁陽三撾》，想其豪邁。後哭懋學墓，作長歌吊吴仕期。【略】交情忠憤，殆千載一時云。

清・查繼佐《湯顯祖傳》 湯顯祖，字義仍，號海若，江西臨川人。萬曆丁丑會試，江陵以其才，一再啖巍甲，不應。癸未成進士。時同門中式蒲州、蘇州兩相公子，啖以館選，復不應。自請南博士。覽勝寄毫末。轉南禮部郎，以建言謫徐聞尉。久之，令遂昌，哺乳其民，日進儒生，論貫古義。性簡易，不能睨長吏顔色。入計，輒告部堂歸，留不得。撫按復薦起，不赴。忌者猶於辛丑大計奪其官。築小室藏其書史，嘗指客：有此不貧矣。喜任俠，好急人。博洽，尤耽漢魏《文選》。以其餘緒爲傳奇。每製一令，使小史歌之，和不工，颯颯樂也。以不慕東林，終身宦不達。論曰：海若爲文，大率工於纖麗，無關實務；然其遺思入神，往往破古。相傳譜四劇時，坐輿中謁客，得一奇句，輒下輿索市廛禿筆，書片楮，黏輿頂蓋；數步一書，不自知其勞也。余評其所爲《牡丹亭》一詞，謂慧精而稍不擇。海若初見徐山陰《四聲猿》，謾罵此牛有千夫之力，遂爲之作傳。

清（康熙）《廣輿記》卷一三 湯顯祖，字義仍，臨川人。弱冠舉鄉薦，才名藉甚。江陵、吴門、蒲州三相國招致之，皆不往。既登進士，官祠部，抗疏劾政府，遭貶黜，里居二十年。師盱江而友紫柏，翛然有超世之志，胸中魁壘，發爲詞曲，有《玉茗堂四夢》傳於世。

清・萬斯同《湯顯祖傳》 湯顯祖，字若士，臨川人。少善屬文，有時名。張居正欲其子及第，方羅海内名士以張之，聞顯祖及沈懋學名，命諸子延致，顯祖謝弗往；而懋學遂與居正子嗣修偕及第。顯祖至十一年始成進士。張四維、申時行之子，皆同年生也。各承其父命招詣門下，亦皆弗應。授南京太常博士。朝右慕其才，欲召爲吏部，辭不就。稍遷南京禮部主事。十八年，帝以星變，嚴責言官欺蔽，並停俸一年。顯祖上言曰：陛下降諭切責言官，甚感心也。顧今日言官，豈盡不肖罔識君臣大義哉。蓋陛下威福之柄，潛爲輔臣所竊；故言官向背之情，亦爲之默移。夫人自非天性忠直，大都慕富貴而已。使忠直者不失富貴，誰爲奸邪。奸邪者不獲富貴，誰非忠直。今則不然。御史丁此吕首發科場欺蔽，時行恐其妨己，屬吏部楊巍劾去之；御史萬國欽極論封疆欺蔽，時行恨其毁己，諷同官許國遠謫之。其他偶一言相侵，無不出之於外。雖爲陛下力不能庇之，使言官皆迴心惕息，而時行安然無指摘之虞矣。於是無恥之徒但知自結於執政，所得爵禄，直以爲執政予之；縱他日不保身名，而今日固已富貴矣。臣不暇遠舉，即如吏科都給事中楊文舉，奉詔經理荒政，所至徵賄鉅萬；比抵杭州，娱晏西湖，樂而忘返，竟不知銜使何事。且鬻獄市薦，漁利無窮，東南之人，痛疾深矣。輔臣豈不聞之。及其報命，居然擢首諫垣。彼既以貨取，明年大計天下吏臣，恐文舉家無地著金也。至若禮科都給事中胡汝寧攻擊饒伸，不過權門鷹犬耳，以其私人，猥見任用。夫陛下方責言官欺蔽，而輔臣之欺蔽自如，失今不治。臣謂陛下可惜者四：朝廷以爵禄爲雨露，所以滋植善類，今乃直爲私門蔓桃李，是爵禄可惜也；群臣風靡，罔識廉恥，是人才可惜也；輔臣不越例予人富貴，不見爲恩，是成憲可惜也；陛下御天下二十年，前十年之政，張居正剛而多欲，以群私人囂然壞之；後十年之政，時行柔而多欲，以群私人靡然壞之；此聖政可惜也。乞立斥文舉汝寧，誠諭輔臣省愆悔過，慎保晚節。帝怒，謫徐聞典史。稍遷遂昌知縣。二十六年上計京師，投劾歸；不復出。又明年大計，主者議黜之。李維楨爲監司，力爭不得。竟奪官。家居二十年卒。顯祖意氣慷慨，少有志天下事。所交李化龍、李三才、梅國禎，皆通顯有建豎。顯祖一發不中，蹭蹬窮老。所居玉茗堂，文史狼藉，賓朋雜坐，俯仰嘯歌，蕭然意得。三才開府淮上，念其窮，遣書迎之。謝曰：身與公等比肩事主，老而爲客，所不能也。少以文章自命。其論古文，則謂本朝以宋濂爲宗，李夢陽、王世貞輩，雖氣力强弱不同，等贋文耳。識者韙之。子開遠自有傳。

《明史》卷二三〇《湯顯祖傳》 湯顯祖，字若士，臨川人。少善屬文，有時名。張居正欲其子及第，羅海内名士以張之，聞顯祖及沈懋學名，命諸子延致，顯祖謝弗往。懋學遂與居正子嗣修偕及第。顯祖至萬曆十一年始成進士。授南京太常博士，就遷禮部主事。十八年，帝以星變，嚴責言官欺蔽，並停俸一年。顯祖上言曰：言官豈盡不肖。蓋陛下威福之柄，潛爲輔臣所竊，故言官向背之情亦爲默移。御史丁此吕首發科場欺蔽，申時行屬楊巍劾去之。御史萬國欽極論封疆欺蔽，時行諷同官許國遠謫之。一言相侵，無不出之於外。於是無恥之徒，但知自結於執政，所得爵禄，直以爲執政與之；縱他日不保身名，而今日固已富貴矣。給事中楊文舉奉詔理荒政，徵賄鉅萬；抵杭，日宴西湖，鬻獄市薦，以漁厚利。輔臣乃及其報命，擢首諫垣。給事中胡汝寧攻擊饒伸，不過權門鷹犬，以其私人，猥見任用。夫陛下方責言官欺蔽，而輔臣欺蔽自如，失今不治。臣謂陛下可惜者四：朝廷以爵禄植善類，今直爲私門蔓桃李，是爵禄可惜也；群臣風靡，罔識廉恥，是人才可惜也；輔臣不越例予人富貴，不見爲恩，是成憲可惜也；陛下御天下二十年，前十年之政，張居正剛而多欲，以群私人囂然壞之；後十年之政，時行柔而多欲，以群私人靡然壞之；此聖政可惜也。乞立斥文舉、汝寧，誡諭輔臣省愆悔過。帝怒，謫徐聞典史，稍遷遂昌知縣。二十六年，上計京師，投劾歸。又明年大計，主者議黜之。李維楨爲監司，力爭不得，竟奪官。家居二十年卒。顯祖意氣慷慨，善李化龍、李三才、梅國楨，後皆通顯有建豎；而顯祖蹭蹬窮老。三才督漕淮上，遣書迎之，謝不往。顯祖建言之明年，福建僉事李琯，奉表入都，列時行十罪，語侵王錫爵；言惟錫爵敢恣睢，故時行益貪戾，請並斥以謝天下。帝怒，削其籍。甫兩月，時行亦罷。琯，豐城人，萬曆五年進士，嘗官御史；既斥歸，家居三十年而卒。顯祖子開遠，自有傳。

清（乾隆）《遂昌縣志》卷五　湯顯祖，臨川人。萬曆癸未進士。授博士。陞南儀郎。建言謫尉徐聞，陞縣令。才名節概，海内想望丰采。下車惟較文賦詩，訟獄庶務迎刃立解。創尊經閣於學中，建象德堂於射圃，置滅虎祠、啓明樓，種種美政，士民就射堂而尸祝焉。督學吴公另建祠於堂後。以建言追贈光禄寺丞。祀名宦，復祀遺愛祠。

清·蔣士銓《玉茗先生傳》　湯顯祖，字義仍，一字若士。江西臨川人。生嘉靖二十九年庚戌，有文在手。年二十一，舉於鄉。忤陳繼儒，遂以媒蘖下第。萬曆五年，再赴會試。張居正欲其子及第，羅致海内名士以張之，延顯祖及沈懋學。顯祖謝弗往，懋學乃與居正子嗣修偕及第。顯祖歸六年，迨居正歿之明年癸未，始成進士，與時宰張四維、申時行之子爲同年，二相招致之，又不往。除南京太常博士。久之，稍遷祠部。朝右慕其才，將徵爲吏部郎，上書辭免。十九年閏三月，以彗星變，詔責諫官欺蔽，大開言路。顯祖抗疏，論劾政府信私人，陰扼臺諫。語伉直數千言。謫徐聞典史。至任日，立貴生書院講學，士習頓移。陞遂昌知縣，滅虎放囚，誠信及物，翕然稱循吏。二十六年戊戌，投劾歸，不復出。辛丑外計，追論議黜之。李維禎爲監司，力爭曰：此君高尚久矣，不應考法。主計者曰：正欲成其高耳。竟削籍。里居二十餘年。父母喪時，顯祖已六十七齡。明年以哀毁卒。遺命以麻衣草履殮。顯祖志意激昂，風節遒勁，平生以天下爲己任；因執政所抑，遂窮老而歿，天下惜之。所善同邑帥機及李三才、梅國楨、李化龍，後皆通顯，各有建豎。三才督漕淮上招之，答曰：身與公等比肩事主，老而爲客，所不能也。論文以本朝宋濂爲宗，李孟陽、王世貞氣焰雖盛，皆斥之爲僞體。當霧霏充塞之時，能排擊歷下者，只顯祖與歸有光二人而已。所居玉茗堂，文史狼藉，雞塒豕圈，雜沓庭户，蕭閒詠歌，俯仰自得。胸中魁壘，發爲詞曲。所著四夢，雖留連風懷，感激物態，要於洗蕩情塵，銷歸烏有，作達觀空，亦可悲矣。子四人：士蘧五齡，能背誦《三都》、《二京》，年二十三死。次大耆，才致有父風。次開遠，崇禎五年，由鄉舉爲河南推官。奏論時事，屢膺上怒，責令指實，開遠抗論不少屈。上命削職逮治，左良玉率將士七十餘人，士民數百人，合奏乞留，上爲動容，命帶罪辦賊。十年討平舞陽大盜，以功擢安廬三郡監軍。史可法薦其治行卓異，晉秩副使。十三年與黄得功大破諸賊，將用爲河南巡撫，竟以勞瘁卒。哭聲震郊野。贈太僕少卿。弟季雲，亦有雋才云。

清（乾隆）《徐聞縣志》卷九　湯顯祖，字義仍，臨川人。由進士任禮部主事，以建言謫徐聞添註典史。雅負才名，淹貫文史。延引士類，海之南北從遊者甚衆。建會館曰貴生書院，自爲説以紀。劉兑陽祭酒有記。遷遂昌知縣。

清（同治）《臨川縣志》卷四二　湯顯祖，字若士。生而有文在手。年十四補邑弟子。隆慶庚午舉於鄉。萬曆五年丁丑會試，張居正欲其子及第，羅海内名士以張之。【略】聞顯祖及沈懋學名，命諸子延致，顯祖謝弗往，懋學遂與居正子嗣修偕及第。居正歿之明年癸未，顯祖始成進士，與時宰張四維、申時行之子爲同年。招致，又不往。授南京太常博士，就遷禮部主事，將徵爲吏部郎，上書辭免。十九年閏三月，帝以彗星變，嚴責言官欺蔽，並停俸一年。顯祖抗疏劾政府二千餘言。【略】帝怒，謫徐聞典史。立貴生書院講學，習頓移。稍遷遂昌知縣，滅虎放囚，誠信及物，翕然稱循吏。二十六年上計京師，投劾歸。又明年大計，主者議黜之，李維禎爲監，力爭不得意。奪官，家居二十餘年。父母喪時，顯祖已六十七歲，明年以哀毁卒。遺命以麻衣草履斂。顯祖意氣慷慨，平生以天下爲己任，因執政所抑，天下惜之。所友善如帥機及李化龍、李三才、梅國禎，後皆通顯，有建豎。而顯祖蹭蹬窮志。三才督漕淮上，遣書迎之，謝不往。少以文章自命，其論古文，謂本朝以宋濂爲宗，李夢陽、王世貞輩雖氣力强弱不同，等贋文耳。當時能排擊歷下者，惟顯祖與歸有光二人。顯祖嘗抉摘夢陽、世貞文賦中用事出處及增減漢史唐詩字面，散置几案間，世貞見之默然。四方理學、節義之賢，至於禪伯詞英，莫不依風景附，隨所咨酬，皆厭其心。見人寸長，如己不及。獎掖後進，有立談而决其終身者。事親柔聲怡色，門庭肅寂。所居玉茗堂，文史狼藉，蕭閒詠歌，俯仰自如。胸中塊壘，發爲詞曲。所作《四夢》，雖留連風懷，感激物態，要於洗蕩情塵，銷歸烏有，作達觀空，亦可悲矣。

又　湯義仍顯祖，疏參政府及給事，胡似山汝寧。其詞曰：除參奏饒伸之外，不過一蝦蟆給事而已。伸號豫章，爲比部郎，曾疏太倉，胡以言官糾之。會亢旱，禱雨，禁屠酤，胡上章請並禁捕鼃，可以感召上蒼，故湯有此語。可與宋時鵝鴨諫議作對，二君俱江西人，而胡與饒同郡。

清（光緒）《撫州府志》卷五九　湯顯祖，字義仍，號若士，一稱海若，臨川人。生有文在手，成童有幾庶之目。隆慶庚午舉於鄉，與宣城沈懋學遊燕陰，客於郡丞龍宗武處。江陵有叔，亦以公車客燕，交相得也。嘗語江陵，今日晁、賈無踰湯、沈兩生者。江陵合其子延致之，謝不往。【略】除太常博士，將徵爲吏部郎，上書辭免。稍遷南祠部郎，抗疏論劾政府信私人、塞言路，謫廣東徐聞典史，量移知遂昌縣。

紀事

清・佚名《曲海總目提要》卷六《紫釵記》　明湯顯祖作。傳奇中始末皆本唐蔣防所撰《霍小玉傳》。但傳奇至李益與霍小玉重逢而止，以劍合，釵圓，節鎮、宣恩作收場，益就婚盧氏事不及也。劇中情蹟甚多，而釵圓最要，故標題曰《紫釵》云。《野獲編》云：湯義仍之《紫簫》，亦指當時秉國首揆，纔成其半，即爲人所議，因改爲《紫釵》。《舊唐書》云：李益，肅宗朝宰相揆之族子，登進士第，長爲詩歌。貞元末，與宗人李賀齊名。每作一篇，爲教坊樂人以賂求取，唱爲供奉歌辭。其《征人歌》、《早行篇》，好事者畫爲屏幛，迴樂峯前沙似雪，受降城外月如霜之句，天下以爲歌辭。然少有癡病，而多猜忌，防閑妻妾，過於苛酷，而有散灰扃户之譚聞于時，故時謂妒癡爲李益疾，以是久之不調，而流輩皆居顯位。益不得意，北遊河朔，幽州劉濟辟爲從事，常與濟詩，而有不上望京樓之句。憲宗雅聞其名，自河北召還，用爲秘書少監，集賢殿學士。自負才地，多所凌忽，爲衆不容，諫官舉其幽州詩句，降居散秩，俄復用爲秘書監，遷太子賓客，集賢學士，判院事，轉右散騎常侍。太和初，以禮部尚書致仕卒。《霍小玉傳》云：大歷中，隴西李生名益，年二十，以進士擢第。其明年，拔萃。俟試於天官。夏六月，至長安，舍于新昌里。生門族清華，少有才思，麗詞佳句，時謂無雙，先達文人，翕然推伏。每自矜風調，思得佳偶，博求名妓，久而未諧。長安有媒鮑十一娘者，故薛駙馬家青衣也，折券從良，十餘年矣。性便僻，巧言語，豪家戚里，無不經過，追風挾策，推爲渠帥，嘗受生誠託厚賂，意頗得之。經數月，生方閒居舍之南亭，申未間，忽聞叩門甚急，云鮑十一娘至，攝衣從之，迎問曰：鮑卿今日何故忽然而來。鮑笑曰：蘇姑子作好夢也未。有一仙人，謫在下界，不邀財貨，但慕風流，如此色目，共十郎相當矣。生聞之驚躍，神飛體輕，引鮑手且拜且謝曰：一生作奴，死亦不憚。因問其名居，鮑具説曰：故霍王小女，字小玉。王甚愛之。母曰浄持，即王之寵婢也。王之初薨，諸弟兄以其出自賤庶，不甚收録，因分與資財，遣居於外，易姓爲鄭氏。人亦不知其王女，資質穠豔，一生未見，高情逸態，事事過人，音樂詩書，無不通解。昨遣某求一好兒郎，格調相稱者，某具説十郎，彼亦知有十郎名字，非常歡愜。住在勝業坊古寺曲，甫上東閒宅是也。已與他作期約，明日午時，但至曲頭覓桂子，即得矣。鮑既去，生便備行計，遂令家童秋鴻，於從兄京兆參軍尚公處假青驪駒、黄金勒。其夕，生澣衣沐浴，修飾容儀，喜躍交并，通夕不寐，遲明，巾幘，引鏡自照，惟恐不諧也。徘徊之間，至于亭午，遂命駕疾驅，直抵勝業。至約之所，果見青衣立候，迎問曰：莫是李十郎否。即下馬，令牽入屋底，急急鎖門，見鮑果從内出來，遥笑曰：何等兒郎，造次入此。生調誚未畢，引入中門。庭間有四櫻桃樹，西北懸一鸚鵡籠。見生入來，鳥語曰：有人入來，急下簾者。生本性雅淡，心猶疑懼，忽見鳥語，愕然不敢進。逡巡，鮑引浄持下堦相迎，延入對坐。年可四十餘，綽約多姿，談笑甚媚。因謂生曰：素聞十郎才調風流，名下固無虚士。某有一女子，顔色不至醜陋，堪配君子。頻見鮑十一娘道意旨，今便令永奉箕帚。生謝曰：鄙拙庸愚，不意顧盼。倘蒙採録，生死爲榮。遂命酒饌，令小玉自堂東閤子中出來，生即拜迎。但覺一室之中，若瓊林玉樹，互相照曜，轉盼精彩射人。既而延坐母側。母謂曰：汝嘗愛念開簾風動竹，疑是故人來，即此十郎詩也。爾終日吟想，何如一見。玉乃低鬟微笑，細語曰：見面不如聞名，才子豈能無貌。生遽起連拜曰：小娘子愛才，鄙夫重貌，兩好相映，才貌相兼。母女相顧而笑。遂舉酒數巡。生起，請玉歌唱，初不肯，母固强之，發聲清亮，曲度精奇。酒闌及暝，鮑引生就西院憩息，閑庭邃宇，簾幕甚華。鮑令侍兒桂子浣紗與生脱靴解帶。須臾玉至，言叙温和，辭氣宛媚。解衣之際，態有餘妍，低幃暱枕，極其歡愛。生自以爲巫山洛浦不過也。中宵之夜，玉忽流涕，謂生曰：妾本娼家，自知非匹。今以色愛，託其仁賢。但慮一旦色衰，恩移情替，使女蘿無託，秋扇見捐。極歡之際，不覺悲生。生聞之，不勝感嘆，乃引臂替枕，徐謂玉曰：平生志願，今日獲從，粉身碎骨，誓不相捨。夫人何發此言。請以素縑，著之盟約。玉因收淚，命侍兒櫻桃，褰幄執燭，授生筆硯。玉管絃之暇，雅好詩書，筐箱筆研，皆王家之舊物，遂取繡囊，出越姬烏絲闌素段三尺，以授生。生素多才思，援筆成章，引喻山河，指誠日月，句句懇切，聞之動人。誓畢，命藏于寶篋之内。自爾婉孌相得，若翡翠之在雲路也。如此二歲，日夜相從。其後年春，生以書判拔萃登科，授鄭縣主簿。至四月，將之官，便拜慶於東洛，長安親戚多就筵餞，時春物尚餘，夏景初麗，酒闌賓散，離思縈懷，玉謂生曰：以君才地名聲，人多慕景，願結婚媾者，固亦衆矣。况堂有嚴親，室無冢婦，君之此去，必就佳姻，盟約之言，徒虚語耳。然妾有短願，欲輒指陳，永委君心，復能聽否。生驚怪曰：有何罪過。忽發此辭。試説所言，必當敬奉。玉曰：妾年始十八，君纔二十有二，逮君壯實之秋，猶有八歲，一生歡愛，幸畢此期，然後妙選高門，以求秦晉，亦未爲晚，妾便捨棄人事，剪髮披緇，夙昔之願，於此足矣。生且媿且感，不覺涕流，因謂玉曰：皎日之誓，死生以之，與卿偕老。猶恐未愜素志，豈敢輒有二三，固請不疑。但端居相待，至八月，必當卻到華州，尋使奉迎，相見非遠。更數日，生遂訣別東去。到任旬日，求假往東都覲親。至家旬日，太夫人已與商量表妹盧氏，言約已定。太夫人素嚴毅，生逡巡不敢辭讓。盧亦甲族也，嫁女于他門，聘財必以百萬爲約，不滿此數，義在不行。生家素貧，事須求丐，便託假故，遠投親知，歷涉江淮，自秋及夏。生自以孤負盟約，大愆回期，寂不知聞，欲斷其望，遥託親故，不遺漏言。玉自生逾期，數訪音信，虚詞詭説，日日不同；博求師巫，遍詢卜筮，懷憂抱恨，周歲有餘，羸卧空閨，遂成沉疾。雖生之書題竟絶，而玉之想望不移，賂遺親知，使通消息，尋求既切，資用屢空；往往私令侍婢，潛賣篋中服玩之物，多託於西市寄附鋪侯景先家貨賣。曾令侍婢浣紗，將紫玉釵一隻詣景先家貨之。路逢内作老玉工，見浣紗所執，前來認之曰：此釵吾所作也。昔歲霍王小女，將欲上鬟，令我作此，酬以萬錢，我嘗不忘。汝是何人。從何而得。浣紗曰：我小娘子，即霍王女也。家事破散，失身於人。夫婿昨向東都，更無消息，悒怏成疾，今將二年。令我賣此，賂遺於人，以求音信。玉工悽然下泣曰：貴人男女，失機落節，一至於此。我殘年向盡，見此盛衰，不勝傷感。遂引至延先公主宅，具言前事，公主亦爲之悲嘆良久，給錢十二萬焉。時生所定盧氏女在長安，生既畢于聘財，歸還鄭縣。其年臘月，又請假入城就親。潛卜静居，不令人知。有明經崔允明者，生之重表弟也，性甚長厚。昔歲嘗與生同歡於鄭氏之室，盃盤笑語，曾不相間。每得生信，必誠告於玉，玉常以薪蒭衣服，資給於崔，崔頗感之。生既至，崔具以誠告玉。玉恨嘆曰：天下寧有是事乎。遍託親朋，多方召致，生自以愆期負約，又知玉疾候沈綿，慙恥忍割，終不肯往。晨出暮歸，欲以迴避。玉日夜涕泣，都忘寢食，期一相見，竟無因由，冤憤益深，委頓牀枕。自是長安中稍有知者，風流之士，共感玉之多情，豪俠之倫，皆怒益之薄行。時已三月，人多春遊。益與同輩五六人，詣崇敬寺玩牡丹花，遞吟詩句。有京兆韋夏卿者，生之密友，時亦同行，謂生曰：風光甚麗，草木榮華。傷哉鄭君，銜冤空室，足下棄置，實是忍人。歎讓之際，忽有一豪士，衣輕黄紵衫，挾朱彈，風神俊美，衣服輕華，從後潛行而聽之，俄而前揖生曰：公非李十郎者乎。某族本山東，姻連外戚，雖乏文藻，心嘗樂賢，仰公聲華，常思覯止。今日幸會，得覩清揚，某之敝居，去此不遠，亦有聲樂，足以娱情。妖姬八九人，駿馬十數匹，惟公所欲。但願一過。生之儕輩共聆斯述，更相歎美。因與豪士策馬同行，疾轉數坊，遂至勝業。生以近鄭之所止，意不欲過，便託事故，欲迴馬首。豪士曰：敝居咫尺，忍相棄乎。乃挽挾其馬，牽引而行。遷延間，已及鄭曲。生精神恍惚，勒馬欲迴。豪士遽命奴僕數人，抱持而進，疾走推入車門，便令鎖却。報云：李十郎來也。一家驚泣，聲聞于外。先此一夕，玉夢黄衫丈夫抱生來，至夕，使玉脱鞋。驚悟而告母，因自解曰：鞋者，諧也；夫婦再合。脱者，解也；既合而解，亦當永訣。由此徵之，必遂相見，相見之後，當死矣。凌晨，請母粧梳，母以其久病，心意惑亂，不甚信之。黽勉之間，彊爲粧梳；粧梳纔畢，而生果至。玉沉綿日久，轉側須人，忽聞生至，欻然自起，更衣而出，恍若有神，遂與生相見，含怒凝視，不復有言，羸質嬌姿，如不勝致。時復掩袂，還顧李生。感物傷人，坐皆歔欷。頃之，有酒餚數十盤，自外而來，一坐驚視，遽問其故，悉皆豪士之所致也。因遂陳設，相就而坐。玉乃側身轉面，睨視生良久，遂舉杯酒酹地曰：我爲女子，薄命如斯；君是丈夫，負心若此。韶顔稚齒，飲恨而終。慈母在堂，不能供養，綺羅絃管，從此永休。銜痛黄泉，皆君所致。李君李君，今當永訣。我死之後，必爲厲鬼，使汝妻妾，終日不安。乃引左手握生臂，擲杯於地，長慟號哭，數聲而絶。母乃舉屍寘於生懷，令喚之，遂不復甦矣。生爲之縞素，旦夕哭泣甚哀，將葬之夕，生忽見玉繐帷之中，容貌妍麗，宛若平生，着舊石榴裙、紫褴襠，紅緑帔子，斜身倚帷，手引繡帶，顧謂生曰：媿君相送，尚有餘情，幽冥之中，能不感歎。言畢，遂不復見。明日，葬于長安御宿原。生至墓所，盡哀而返。後月餘，就禮於盧氏，傷情感物，鬱鬱不樂。夏五月，與盧氏偕行，歸於鄭縣。至縣旬日，生方與盧氏寢，忽帳外叱叱作聲。生驚視之，則見一男子，年可二十餘，姿狀温美，藏身暎幔，連招盧氏，生惶遽走起，遶幔數匝，倏然不見。生自此心懷疑惡，猜忌萬端，夫妻之間，無聊生矣。或有親情，曲相勸諭，生意稍解。後旬日，生復自外歸，盧氏方鼓琴于床，忽見自門拋一斑犀鈿花合子，方圓一寸餘，裹有輕綃，作同心結，墜於盧氏懷中。生開視之，見相思子二，叩頭蟲二，發殺觜一，驢駒媚少許。生當時憤怒叫吼，聲如豺虎，引琴撞擊其妻，詰令實告。盧氏亦終不自明。爾後往往暴加捶楚，備諸毒虐，竟訟于公庭而遣之。盧氏既出，生或侍婢媵妾之屬，暫同枕席，便加妬忌，或有因而殺之者。生嘗遊廣陵，得名姬曰營十一娘者，容態潤媚，生甚悦之，每相對坐，嘗謂營曰：我嘗於某處得某姬，犯某事，我以某法殺之。日日陳説，欲令懼己，以肅清閨門。出則以浴斛覆營於床，周迴封署，歸必詳視，然後乃開。又蓄一短劍甚利，顧謂侍婢曰：此信州葛溪鐵，唯斷作罪過頭。大凡生所見婦人，輒加猜忌，至于三娶，率皆如初焉。唐蔣防撰。

又《還魂記》 明湯顯祖所作。柳夢梅與杜麗娘夢中相遇於牡丹亭，本無此事。顯祖作傳奇四種：《牡丹亭》、《邯鄲夢》、《紫釵》、《南柯》；相傳謂之四夢。此記尤爲人所指名。其大略見《漢宫春》詞云：杜寶黄堂，生麗娘小姐，愛踏春陽。感夢書生折柳，竟爲情傷；寫真留記，葬梅花道院淒涼。三年上，有夢梅柳子，於此賦高唐。果爾回生定配，赴臨安取試，寇起淮揚。正把杜公圍困，小姐驚惶。教柳郎行探，反遭疑激惱平章。風流況，施刑正苦，報中狀元郎。標目云：杜小姐夢寫丹青記。陳教授説下梨花鎗。柳秀才偷載回生女。杜平章吊打狀元郎。首尾粗具於此。其驚夢、尋夢、寫真、悼殤、冥判、拾畫、玩真、幽媾、冥誓、回生、折寇、鬧宴、硬拷、圓駕等折，流傳衆口，莫不豔稱。皆係虚空結構。自序云：傳杜太守事者，彷佛晉武都守李仲文、廣州守馮孝將兒女事。予稍爲更而演之。杜守收考柳生，亦如睢陽王收考談生也。然其言外或別有寄寓。顯祖，江西臨川人。萬曆十一年癸未進士。官禮部主事。上書劾首輔申時行，謫徐聞典史，稍遷遂昌知縣。二十七年大計奪官。顯祖頗多牢騷。所作傳奇，往往託時事以刺貴要。初隆慶時，總督王崇古招俺答來降，封爲順義王，其妻三娘子，封忠順夫人。由是邊督之缺，爲時所慕。自方逢時、吴兑以後，其權愈重，稱曰經略，流俗相傳，有七省經略之稱。侍郎鄭洛，保定安肅人也，心欲得之。廣西人蔣遵箴爲文選郎中，聞鄭女甚美，使人謂曰：以女嫁我，經略可必得也。鄭以女嫁之，果得經略。而其女遠別。洛妻痛哭詬洛，洛亦流涕。女至粤，不久而卒。張居正爲首輔，聞之笑曰：範溪洛別號也涕出而女於吴。杜安撫者，蓋指洛爲經略也。洛家近畿，而杜陵最近長安，曰去天尺五，故以爲比也。嶺南柳夢梅者，遵箴廣西人，柳州在廣西，故云柳，又曰嶺南也。夢梅譏杜寶云，你祇哄得楊媽媽退兵者，洛等前後爲經略，皆接納三娘子。三娘子能箝制俺答，又能約束蒙古，故以平得李半譏之也。陳最良語李全妻云：欲討金子，皆來宋朝取用。時吴兑等以金帛結三娘子。兑遺以百鳳裙等服飾甚衆，洛亦可知，故云然也。柳夢梅姓名中有兩木字，時丁丑狀元沈懋學、庚辰狀元張懋修、癸未榜眼李廷機，皆有兩木字。丁丑、庚辰，顯祖下第，癸未又不得翰林，故暗藏此以譏之也。苗舜賓爲識寶使臣者：黄洪憲爲戊子北闈主試官，取中七人，被劾。內中鄭材即鄭洛之子，蘇人李鴻，又申時行之婿；又有屠大壯者有富名，文字中用一因字，巢士弘者有美名，時人謂之巢嬌。物論沸騰，衆共指斥。雖有王衡、董其昌之才，爲第一第二，而不能壓服。洪憲由此回籍，不復補官，故借此以譏之也。黄字抽出數筆，是爲苗字。李鴻宰相之壻，又以夢梅影射也。脣紅齒白，指巢嬌也。苗舜賓問戰、守、和三策，柳夢梅答能戰而後能守，能守而後能和。宋時雖曾有此語，然其影借者：萬曆年間，日本平秀吉攻陷高麗，神宗遣將劉綎、李如松等往救，時有沈惟聘往來日本，爲秀吉請封，令其入貢。兵部侍郎李頤上疏，進戰、守、封三策，言能戰而後能守，能守而後能封。其立説卻與此語正相合也。索元一折，借用彭時事：正統十三年戊辰，狀元彭時，傳臚不到，初命錦衣衛拿，尚書胡濙奏改令錦衣衛尋，蓋與此合。記中李全及妻楊氏，實有其人。楊善梨花槍，全敗被殺。楊氏諭鄭衍德曰：二十年梨花鎗，天下無敵手。今事勢已去，撐柱不行，我欲歸漣水，汝等請降可乎。衆曰：諾。翌日楊氏絶淮而去。後全所據州悉平。楊氏竄歸山東，又數年而斃。詳具《宋史》。然楊實未降也。《法苑珠林》：晉時武都太守李仲文，在郡喪女，年十八，權假葬郡城北。有張世之代爲郡，男字子長，年二十，夢一女自言前府尹子，今當更生，心相愛樂，故來相就。如此五六夕，忽然晝現，衣服薰香殊絶，遂爲夫婦。寢息，衣皆有袴，如處女。後仲文遣婢視女墓，因過世之婦相問。入廨中，見此女一隻履，在子長床下，取之啼泣。呼言發塚，歸以示仲文，驚愕，遣問世之：君兒何由得亡女履耶。世之呼問兒，具陳本末，發棺視之，女體已生肉，顏姿如故，惟右脚有履子。長夢女曰：我此得生，今爲所發，自爾之後，肉爛不得生矣。泣涕而别。又：東晉馮孝將，廣州太守，兒名馬子，年二十餘，獨宿廐中。夜夢一女子，年十八九，言：我是北海太守徐元方女，不幸早亡。出入四年，爲鬼所枉殺。案生録當年八十餘，聽我更生，要當有依憑，方得活。又應爲君妻，能從所委，見救活否。馬子答曰：可。因與尅期。至期，牀前有頭髮，正與地平，令人掃去，愈分明；遂屏左右發視，漸見頭面，已而形體皆出。馬子便令坐對榻上，陳説語言，奇妙非常。遂與寢息。每戒云：我尚虚。問何時得出。答曰：出當待本生日。遂往廐中。女計生日至，具教馬子出已養之方法。馬子從其言。至日，以丹雄鷄一隻，黍飯一盤，清酒一升，祭訖，掘棺開視，徐徐抱出，著氈帳中，以青羊乳汁瀝其兩眼，始開口咽粥，積漸能語。一期之後，顏色肌膚氣力悉復常。乃遣報徐氏，下禮聘爲夫婦。生二男：長男元慶，嘉禾初爲秘書郎；小男敬度，作太傅掾。《列異傳》：談生四十無婦，夜半讀書，有女子可十五六，姿顏服飾，天下無雙，來就生爲夫婦。自言我與人不同，勿以火照我，三年之後方可照。生一兒，二歲。夜伺其寢照之，腰上生肉，腰下但有骨。婦覺曰：君負我。何不能忍一歲也。大義永離，暫隨我去。生隨入華堂。以一珠袍與之，裂取生衣裾，留之而去。後生持袍詣市，睢陽王家買之，得錢千萬。王曰：是我女袍，此必發女墓。乃收拷之。生具以實對。王視女冢完如故，發視之，得衣裾。呼其兒，類王女。乃召談生以爲壻，表其兒爲侍中。

又《邯鄲記》 明湯顯祖作。萬曆五年爲丁丑科，首輔張居正欲其子及第，因網羅海內名士。聞顯祖及沈懋學名，命諸子延致之，顯祖獨弗往。懋學遂與居正子嗣修偕及第。是科嗣修卷，大學士張四維次名二甲第一；既進御，神宗啓姓名，則拔嗣修一甲第二，而謂居正曰：無以報先生功，貴先生子以少報耳。其得鼎甲也，乃出帝意云。顯祖既下第，至十一年始成進士，授南京博士。時申時行爲首輔，顯祖負大才，以不得鼎甲，意常鞅鞅，故借盧生事以抒其不平。指其時之得狀元者，藉黄金，通權貴，故云：開元天子重賢才，開元通寶是錢財。若道文章空使得，狀元曾值幾文來。其指閱卷之宰相，則云：眼內無珠作總裁。譏之如此。按嘉靖壬戌科鼎甲三人：申時行、王錫爵、余有丁皆入閣，而曲本盧生、蕭嵩、裴光庭，皆以同年鼎甲入相，作者亦有寓意也。沈既濟《枕中記》云：開元十九年，道者吕翁，經邯鄲道上，邸舍中設施榻席，擔囊而坐。俄有邑中少年盧生，衣短裘，乘青駒，將適於田，亦止邸中，與翁接席，言笑殊暢。久之，盧生顧其衣裝弊褻，乃嘆曰：大丈夫生世不諧，而困如是乎。翁曰：觀子膚極腴，體胖無恙，談諧方適，而嘆其困者，何也。生曰：吾此苟生耳，何適之爲。翁曰：此而不適，而何爲適。生曰：當建功樹名，出將入相，列鼎而食，選聲而聽，使族益茂，而家用肥，然後可以言其適。吾志於學而遊於藝，自惟當年朱紫可拾；今已過壯室，猶勤田畝，非困而何。言訖，目昏思寐，是時主人蒸黄粱爲饌，翁乃探囊中枕以授之，曰：子枕此，當令子榮適如志。其枕瓷而竅其兩端，生俛首就之，寐中見其竅大，而明朗可處，舉身而入，遂至其家。娶清河崔氏女，女容甚麗，而産甚殷，由是衣裘服御，日已華侈。明年舉進士，登甲科，解褐授校書郎，應制舉，授渭南縣尉，遷監察御史，起居舍人，爲制誥，三年即真，出典同州，尋轉陜州。生好土功，自陜西開河八十里，以濟不通，邦人賴之，立碑頌德。遷汴州，嶺南道採訪使，入京爲京兆尹。是時神武皇帝方事戎狄，吐蕃新諾羅隆莽布攻陷瓜沙，節度使王君㚟新被殺掠，河隍戰恐。帝思將帥之任，遂除生御史中丞，河西隴右節度使，大破戎虜七千級，開地九百里，築三大城以防要害，北邊賴之，以石紀功焉。歸朝策勳，恩禮極崇，轉御史大夫，吏部侍郎，物望清重，群情翕習，大爲當時宰相所忌，以飛語中之，貶端州刺史。三年徵還，除户部尚書；未幾拜中書侍郎，同中書門下平章事，與蕭令嵩、裴侍中光庭同掌大政十年，嘉謀密命，一日三接，獻替啓沃，號爲賢相。同列者害之，遂誣與邊將交結，所圖不軌，下獄。府吏引徒至其門，追之甚急。生惶駭不測，泣謂妻子曰：吾家本山東，良田數頃，足以禦寒餒，何苦求禄。而今及此，思復衣短裘，乘青駒，行邯鄲道中，不可得也。引刀欲自裁，其妻救之得免。共罪者皆死，生獨有中人保護，得減死論。出授驩牧。數歲，帝知其冤，復起爲中書令，封趙國公。恩旨殊渥，備極一時。生有五子：儔，倜，儉，位，倚。儔爲考功員外，儉爲侍御史，位爲太常丞；季子倚最賢，年二十四，爲右補闕。其姻媾皆天下族望，有孫十餘人。凡兩竄嶺表，再登台鉉，出入中外，迴翔臺閣，三十餘年間，崇盛赫奕，一時無比。末節頗奢蕩，好娱樂，後庭聲色皆第一。前後賜良田甲第，佳人名馬，不可勝數。後年漸老，屢乞骸骨，不許。及病，中人候望，接踵而路，名醫上藥畢至焉。將終，上疏曰：臣本山東書生，以田圃爲娱，偶逢聖運，得列官序，過蒙榮奬，特受鴻私，出擁旄鉞，入昇鼎輔，周施中外，綿歷歲年，有忝恩造，無裨聖化，負乘致寇，履薄戰兢，日極一日，不知老之將至。今年逾八十，位歷三公，鐘漏並歇，筋骸俱弊，彌留沈困，殆將溘盡。顧無誠效，上答休明，空負深恩，永辭聖代，無任感戀之至。謹奉表稱謝以聞。詔曰：卿以俊德，作余元輔，出雄藩垣，入贊緝熙，昇平二紀，實卿是賴。比因疾累，日謂痊除，豈遽沈頓，良深憫默。今遣驃騎大將軍高力士就第候省，其勉加針灸，爲余自愛。譏冀無妄，期丁有喜。其夕卒。盧生欠伸而寤，見方偃於邸中。顧吕翁在旁，主人蒸黄粱尚未熟。觸類如故，蹶然而興曰：豈其夢寐耶。翁笑謂曰：人世之事，亦猶是矣。生然之，良久謝曰：夫寵辱之數，得喪之理，生死之情，盡知之矣。此先生所以窒吾欲也。敢不受教。再拜而去。盧生與蕭嵩、裴光庭同登鼎甲，是借申時行、王錫爵、余有丁事。而盧生藉高力士之援以得之，則指萬曆丁丑張嗣修之榜眼，庚辰張懋修之狀元，皆由馮保傳旨特擢也。傳中本無宇文融，劇言盧生不出其門，又詩語譏之，故相結怨，其初貶官，其後羅織，皆出于融；乃係添出。史稱宇文融、蕭嵩、裴光庭，同時宰相；劇言融相時，二人甫登第，亦是假託。崔氏織錦，蓋借用唐人繡作龜形以獻，得贖夫歸之事。東巡迎駕，蓋借用韋堅鑿潭通漕，牙盤上食兩事。小番作間，蓋借用种世衡使王嵩間野利事。事載《瓊花夢》後。而其時魏學曾、葉夢雄等征哱拜，潘季純、楊一魁等治河，皆宰相申時行輩所主。故湯顯祖序中亦及此二事，而又以爲非爲此二事作也。其摹寫沉着，貪戀於聲勢名利之場，亦頗以爲張居正寫照。

又《南柯記》　明湯顯祖作。大約本陳翰《大槐宫記》演成全劇。其寓意所在，無從考。按《大槐宫記》云：淳于棼家廣陵，宅南有古槐，生豪飲其下，因醉致疾。二友扶生歸卧，夢二紫衣使者曰：槐安國王奉邀。生隨二使上車，指古槐，入一穴中，大城朱門，題曰大槐安國。有一騎傳呼曰：駙馬遠降。引生升廣殿。見一人衣素練服，朱華冠。令生拜王。王曰：前奉賢尊命，許令女瑶芳奉事君子。有仙姬數十人，奏樂執燭引導。金翠步幛，玲瓏不斷。至一門，號修儀宫。一女子號金枝公主，儼若神仙，交驩成禮。情禮日洽。王曰：吾南柯郡政事不理，屈卿爲守。勑有司出金玉錦繡，僕妾車馬，施列廣衢，餞公主行。夫人戒子曰：淳于郎性剛好酒。爲婦之道，貴在柔順，爾善視之。生累日至郡，有官吏僧道音樂來迎。下車省風俗，察疾苦，郡中大理，凡二十載。百姓立生祠，王賜爵錫邑，位居台輔，生五男二女，榮盛莫比。公主遇疾而薨，生請護喪赴國。王與夫人素服慟哭於郊，備儀羽葆鼓吹，葬主于盤龍岡。生以貴戚威福日盛，有人上表云：元象謫見，國有大恐，都邑遷徙，宗社崩壞，事在蕭牆。時議以生僭侈之應。王因命曰：卿可暫歸本里，一見親族，諸孫無以爲念。復令二使者送出一穴，遂寤。見家童擁篲于庭，二客濯足於榻，斜日未隱西垣，餘尊尚湛東牖。因與二客尋古槐下穴，洞然明朗，可容一榻。上有土壤，爲城廓臺殿之狀。有蟻數斛，二大蟻素翼朱首，乃槐安國王。又窮一穴，直上南枝，群蟻亦處其中，即南柯郡也。又一穴，盤曲若龍蛇狀，有小墳高尺餘，即盤龍山岡也。生追想感歎，遽遣掩塞。是夕風雨暴發，旦視其穴，遂失群蟻，莫知所之。國有大恐，都邑遷徙，此其驗矣。劇云，梦與周弁、田子華，槐庭沈醉，是因後有二人預作埋伏也。本傳：生入朱門，酒徒潁川周弁者，亦趨其中，奉命爲駙馬；相者馮翊、田子華。後生治南柯，表請司隸周弁爲司憲，處士田子華爲司農。擅蘿國來伐，表弁將兵三萬，拒賊衆于瑶臺城，弁剛勇輕敵，師徒敗績，單騎裸身，潛遁歸城。生囚弁請罪，王並捨之，弁疽發背卒。生罷郡赴國，以子華行南柯太守事。劇中《就徵》、《引謁》、尚主、體獵、薦佐、雨陣、圍釋、帥北、繫帥、召還、卧轍諸折，並見二人事蹟。沙三、溜二者，本傳所云二友人也。武成侯段功者，本傳之右相也。本無姓名，段功乃是南詔大理之長，影借用之也。議冢相争，是添出；天象示譴，傳止云國人，此亦以屬之右相。禪請、偶見、情著三折，按本傳云：生入贅時，一女謂生曰：昨上巳日，從靈芝夫人過禪智方丈天竺院，觀石延舞婆羅門。吾與諸女坐北牖石榻上，君亦解騎來。言笑調謔，吾與瓊英妹結絳巾掛于竹枝上。又七月十六日，吾于孝感寺晤上真子，聽契元法師講觀音經，吾捨金鳳釵兩枝，上真子捨水犀合子一枚。君于法師處請釵合視之，賞嘆再三，情意戀戀。不意今日爲眷屬。此折記其事也。其後綮誘、生恣、轉情、情盡諸折，由此而生，則是添飾耳。得翁一折，本傳云：命妻饋致賀之禮，答書皆父生平之跡；是也。啓寇、閨警、圍釋三折，本傳云：有檀蘿國者，來伐是郡，王命生訓將練師以征之，周弁拒賊而敗，賊亦收輜重鎧甲而還。劇云檀蘿四太子欲聘瑶芳爲妻，此係添飾。建水陸道場七七，燒指連心，普度檀蘿大槐，並生天界，法師指點，立地成佛，此係增飾收場，餘悉據本傳無異。

清・焦循《劇説》卷五　相傳臨川作《還魂記》，運思獨苦。一日，家人求之不可得，遍索，乃卧庭中薪上，掩袂痛哭，驚問之，曰：填詞至賞春香還是舊羅裙句也。

著録

明・佚名《古人傳奇總目》　《紫簫》、《南柯》、《紫釵》、《還魂》，湯海若作。

清・黄文暘、佚名《重訂曲海總目・明人傳奇》　湯顯祖：《還魂記》、《邯鄲記》、《南柯記》、《紫釵記》、《紫簫記》。

清・支豐宜《曲目新編・明人傳奇》　《紫簫》、《紫釵》、《還魂》、《南柯》、《邯鄲》。右五種，湯顯祖撰。

清・姚燮《今樂考證・著録六・明院本》　湯顯祖五種：《邯鄲》、《南柯》、《還魂》、《紫釵》、《紫簫》。

清・王國維《曲録》卷四　《紫簫記》一本，《紫釵記》一本，《還魂記》一本，《南柯記》一本，《邯鄲記》一本。右五種，明湯顯祖撰。

藝文

明・湯顯祖《湯顯祖詩文集》卷一九《唱二夢》　半學儂歌小梵天，宜伶相伴酒中禪。纏頭不用通明錦，一夜紅氍四百錢。

又《聽于采唱牡丹》　不肯蠻歌逐隊行，獨身轉向恨離情。來時動唱盈盈曲，年少那堪數死生。

又《滕王閣看王有信演牡丹亭》　韻若笙簫氣若絲，《牡丹》魂夢去來時。河移客散江波起，不解銷魂不遣知。

又　樺燭烟銷泣絳紗，清微苦調脆殘霞。愁來一座更衣起，江樹沉沉天漢斜。

明・馮小青《讀牡丹亭》　稽首慈雲大士前，莫生西土莫生天。願爲一滴楊枝水，灑作人間並蒂蓮。

又　冷雨幽窗不可聽，挑燈閑看《牡丹亭》。人間亦有癡於我，豈獨傷心是小青。

明・鄒迪光《石語齋集》卷一〇《酒未闌而範長白忽乘信過詰，復爾開尊，演霍小玉紫釵，不覺達曙，和覺父韻》　急管繁弦聲正哀，翩翩有客夜深來。燈殘再將生花燭，酒涸重拈泣蟻杯。分燕此時憐玉鏡，調鸞何處望瓊台。主人好客能申旦，那怕城闉漏箭催。

明・鍾惺《隱秀軒詩》地集《舟中看邯鄲夢傳奇偶題左方》　舟中片

時間，世上幾代傳。爨下片時間，夢中幾十年。仙齡亦已促，夢境亦已延。誰明修短故，疇司伸縮權。

明·朱隗《鴛湖主人出家姬演牡丹亭記歌》 鴛鴦湖頭颯寒雨，竹戶蘭軒坐容與。主人不慣留俗賓，識曲知音有心許。徐徐邀入翠簾垂，掃地添香亦待兒。默默愔愔燈欲灺，才看聲影出參差。氍毹只隔紗屏綠，茗爐相對人如玉。不須粉項與檀妝，謝卻哀絲及豪竹。縈盈澹蕩未能名，歌舞場中別調清。態非作意方成豔，曲到無聲始是情。幽明人鬼皆情宅，作記窮情醒情癖。當筵喚起老臨川，玉茗堂中夜深魄。歸時風露四更初，暗省從前倍起予。尊前此意堪生死，誰似瑯琊王伯輿。

明·王玄度《過湯義仍先生所構相圃書院》 仙令風流舊有名，晚衙閒譜最多情。而今續夢知何處。杜宇春來第一聲。

明·王思任《王季重十種·爾爾集·題湯若士小像》 西江兩墮碧霞蓮，秀骨文心拔盡天。若較廬山真面目，神情清遠更臨川。匡廬萬八千丈，玉茗六十七年，豫章之貴，抉破洪濛矣。叔甯至越，以先生小像索題。人琴忽涕，恍是遂昌仙令晤玄玄都觀也。

明·熊明遇《四文人歌·湯若士顯祖》 臨川筆秀汝河清，才子談文舊有名。玉茗書堂充棟卷，霏光上射碧霄晴。風拂暮雲寒綠玉，月映朝烟護紫莖。漢殿銅盆香裊裊，幽山桂樹蘂英英。簾鈎賦擬滕王閣，鶴伴吹疑子晉笙。胸中錦繡鮫人織，紙上波瀾海怪擎。抗疏排雲扶直道，遷客孤身一葉輕。官薄南曹稱典禮，堪嗟世眼不分明。但唱牡丹亭下曲，誰和青蒲折檻聲。

又《觀演柳夢梅贈阿荃昌孺》 不謂情癡絕，癡來轉自憐。幽婚冥府牒，禁臠丈人權。雀舞開屏暗，鸞歡照影全。吳儂心總慧，似得董狐傳。

又《病中觀劇有懷吳越石》 潘生曰：余喜湯臨川《牡丹亭記》，得越石征麗于吳，似多慧心者，足振逸響。既各有品題，複作《情癡》一段，並搜《太平廣記》與此劇牽合者，悉補之，將以綴以卷末，亟遺之越石，庶無憾於賞音之莫寄矣。謾道觀如幻，寧非情所鐘。高談能折鹿，變態宛遊龍。避俗偏宜雨，餘歡欲迫冬。江南相憶處，花信喜春逢。

清·劉命清《玉茗堂》 賦餘宦籍歸來晚，茗荈花繁舊日堂。爲憶雷陽秋色老，獨憐鬼彈拊心狂。黃山白嶽渾無夢，翠幰紅煙穩在牀。自是遺根分寶應，長留錦句遍青琅。

清·胡世定《相圃書院》 野蔓離離覆短牆，書烟秖聚半空廊。傷心花縣徒千古，珍重先生玉茗堂。

清·劉玉瓚《玉茗堂》 瓊花零落似唐昌，玉茗堂前更淼茫。異種秖應天上有，新愁只遣世間忙。紅么輕點閒情賦，綠蟻真傳却老方。六六峯頭千古夢，湯休宋玉兩難忘。

清·丁宏誨《玉茗堂》 起衰八代有文章，海內爭推玉茗堂。彭澤早偕三徑隱，鑑湖先得四明狂。參禪欲結東西社，卧客常分上下牀。偶檢殘編開一卷，貧兒觸目是琳琅。

清·宋琬《滿江紅》 鐵崖、顧庵、西樵、雪洲小集寓中，看演《邯鄲夢》傳奇，殆爲餘五人寫照也。 古陌邯鄲，輪蹄路，紅塵飛漲。恰半晌，盧生醒矣，龜茲無恙。三島神仙遊戲外，百年卿相氍毹上。歎人間、難熟是黃粱，誰能餉。 滄海曲，桃花漾；茅店內，黃雞唱。閱今來古往，一杯新釀。蒲類海邊征伐碣，雲陽市上修羅杖。笑吾儕，半本未收場，如斯狀。

清·胡亦堂《玉茗堂》 西平才子盛文章，誰最風流玉茗堂。官似杜陵傷落拓，性如賀監愛清狂。真憐翠袖迴虛閣，直看紅牙落影牀。夢醒曲終人不見，遺來擲地響琳琅。

清·饒宇朴《玉茗堂》 盛時壇坫富文章，才藻爭推玉茗堂。最有縹緗容几傲，難因鵷鷺廢清狂。紅牙輕按花千簇，碧酒初行月半牀。今古風流傳勝事，詞場滿地擲琳琅。

清·揭貞傳《玉茗堂》 華峯千仞仰文章，啼鳥花枝玉茗堂。季友生知文在手，次公無藉酒而狂。紅牙自按高低板，木榻偏多上下牀。草屨麻衣遺命苦，空山何處薤琳琅。

清·李來泰《玉茗堂》 魯直孤懷曾續賦，義仍高寄亦名堂。共知曼倩官猶隱，未許寬饒醒更狂。寶樹峨峯傳橘頌，魯直賦中語。金柅小閣擁藜牀。湯有金棍閣。瓊祠蓮社無消息，獨有清詞振八琅。北地琅琊方狎主，頓還大雅獨斯堂。投荒自始孤臣志，宦籍直疑舉國狂。紫柏禪心聞鐵笛，公參紫柏大師。芙蓉歌扇落銀床。公有芙蓉館。應知豪氣屏除盡，獨譜紅牙按碧琅。

清·瓊英《題牡丹亭》 深閨玉貞美無瑕，況是詩書閥閱家。未識陽臺何有夢，牡丹讀罷漫嗟呀。

清·陳維崧《湖海樓詩集》卷一《同諸子夜坐巢民先生宅觀劇，各得四絶句》 少日魂銷湯義仍，而今老去意如冰。聽歌忽憶當年事，月照中門第幾層。

清·梁清標《劉園觀陳伶演秋江劇次雪堂韻》 詞場玉茗古今師，繼起陽春更在兹。吏部文章司馬淚，秋塘蕭瑟柳絲絲。

清·梁清標《冬夜觀伎演牡丹亭》《本事詩後集》卷八 優孟衣冠鬼亦靈，三生石上牡丹亭。臨川以後無知己，子夜聞歌眼倍青。

清·黄宗羲《南雷詩曆》卷四 掩窗試按《牡丹亭》，不比紅牙鬧賤伶。鶯隔花間還歷歷，蕉抽雪底自惺惺。遠山時閣三更雨，冷骨難銷一線靈。卻爲情深每入破，等閒難與俗人聽。

又《偶書》 諸公説性不分明，玉茗翻爲兒女情。不道象賢參不透，欲將一火蓋平生。

清·董劍鍔《玉茗堂》 先生才藻焕天章，玉茗奇花自署堂。名教中能吟風月，性情外可許疎狂。論詩徐叟推前席，顧曲周郎踞上牀。欲訪遺踪何處是，月明靈谷聽青琅。

清·田雯《古歡堂詩集》卷二《題〈四夢〉傳奇後》 天風綺藻散余霞，前輩臨川著作家。自是詞人風味別，堂前一樹白茶花。

清·釋傳綮《玉茗堂》 盧橘墩頭幾百章，特將玉茗署新堂。湯家若士真稱傲，南國斯文爾正狂。蛺蝶名花歌妓院，幅衫大帽羽人牀。誰家檀板風前按，羌笛何堪並玉琅。

清·朱彝尊《曝書亭集》卷二六《贈歌者陳郎》 偷聲減字，且洗衰翁耳。惱亂多情人欲死，只有臨川曲子。陳郎巧囀歌喉，尊前倍覺風流；一霎塗妝綰髻，十三十四丫頭。

清·王士禎《蠶尾續詩》卷五 門人陸次公輅通判撫州，半載掛冠，重建玉茗堂於故址，落成大宴郡僚，出吴兒演《牡丹亭》劇二日，解纜去。自賦四詩紀事，和寄落花如夢草如茵，吊古臨川正暮春。玉茗又聞風景地，丹青長憶綺羅人。瞿塘回棹三生石，迦葉聞箏累劫身。酒罷江亭帆已遠，歌聲猶繞畫梁塵。

又《衍波詞·秦郵有贈》 江南好，畫舫聽吴歌。萬樹垂楊青似黛，一灣春水碧于羅，懊惱是横波。　江南好，又過落花朝。玉茗歌殘情歷歷，金堂人散水迢迢，魂去不須招。

清·唐孫華《東江詩鈔》卷五 常熟陸次公曾爲撫洲別駕，重葺臨川玉茗堂，設湯義仍先生木主，演《牡丹亭》傳奇祀之，詩紀其事，屬和。臨川逸藻許誰群。筆挾仙靈氣吐芬。才子文章機上錦，美人形影夢中雲。《金荃集》在傳新句，玉茗堂空冷舊芸。仿佛吟魂來月夜，落霞余唱或時聞。

清·尤侗《西堂剩稿》卷下《春夜過卿謀觀演牡丹亭》 私幸春風第一行，女郎新唱《竹枝》聲。翠簾衣暖飄香霧，紅燭花低試玉箏。永夜畫眉妝半面，殢人困酒到三更。十年惆悵今猶在，小院歸來起夢情。

清·張瑶芝《玉茗堂》 西豐才藪盛詞章，絶調還推玉茗堂。傲岸敢攖丞相怒，牢騷聊學酒人狂。鷄塒狼藉侵書案，梵筴離披傍笛床。巖業高文誰解誦，止將歌曲播琳琅。

清·胡挺松《玉茗堂》 曾吟祠部詩幾章，獨建旗鼓真堂堂。忽上一疏乘興發，偶成四夢高歌狂。懶尋道甫命遊駕，喜友紫柏聯禪牀。攬秀樓空毓靄涸，樓前有毓靄池。更無金薤垂琳琅。

又 偶同師友論詞章，作者誰登大雅堂。《文選》一書何足讀，王家二美避君狂。微憐玉茗敲檀板，不及天隨載筆牀。焚盡《紫簫》真令子，免教歌曲溷琳琅。

清·李茹旻《玉茗堂》 祠郎乘興上封章，興盡歸來卧此堂。直道自甘展禽黜，私門爭斥禰生狂。金柅草閣觀碁局，湯有金柅閣，示不復出意。又三十七有詩云：神州雖大局，數著亦可畢。了此足高謝，別有烟霞質。玉茗檀心噴筆牀。獨挽頽波還大雅，後先七子媿琳琅。

清·嚴遂成《臨川尋玉茗堂遺址》 出可以爲吏，處可以爲士。衣鉢奉茶陵，偏師禦何李。揚確老解事，聲援隔萬里。窮乃得古歡，四夢開佛旨。書堂今無存，傴仄尋遺址。草淹牧豬場，石污門鵲矢。手種山茶花，稜稜犀甲峙。風舞落英飛，笛聲在寒水。

清·秦瀛《過遂昌懷湯若士先生》 人間塵刧浩茫茫，往事難尋玉茗堂。此地堂陰遺蹟在，孤城一角但斜陽。

清·吴嵩梁《湯若士先生玉茗堂》 桃李公門蔓作堆，琪花雪地此親栽。登科豈借冰山重，抗疏曾經瘴海來。猛虎就殲資鬼力，宰遂昌，有虓城隍神治虎文。美人將命殉仙才。松江俞二姑以讀《牡丹亭》院本病歿。平生大節詞章掩，四夢流傳亦可哀。

清・李傳熊《玉茗堂》 杜陵草堂在西岷，浣花溪水波粼粼。賀監山人四明客，鑑湖遺宅吳江濱。豈因窮愁富著述，實感清節如霜筠。臨川若士古才子，卓犖天骨真無倫。上書歷詆諸弊政，傲岸不畏丞相嗔。掛冠解綬歸故里，數椽茆屋花爲鄰。瓊枝玉蕊交秀色，一時譏賞傳詩人。迄今已過二百載，遺蹟指點存居民。風流才調既寂寞，佳卉亦復同荆薪。積雨自送古苔上，長廊空畫蝸行勻。疎烟宕水風動竹，乍似歌按飛梁塵。他年更訪金柅閣，爲君一酹梨花春。

清・王夢篆《題遺愛祠》 臨川才子孰追攀，飛舄無心到此間。一代詞名傳玉茗，三年吏隱付刀環。田園歸去陶彭澤，俎豆長留元次山。爲愛清風思亮節，遥情高寄暮雲間。

清・楊芳燦《真率齋初稿》卷五《消夏偶檢填詞數十種，漫題斷句，仿元遺山論詩體》 飛花如夢柳如煙，彩板秋千二月天。怊悵牡丹亭下路，每逢春好即潸然。

又 紅牙掐遍教歌兒，玉茗花開譜豔詞。識破繁華都是夢，臨川猶是爲情癡。

清・凌廷堪《校禮堂文集》卷二八《論曲絶句三十二首》 其十八《四聲猿》後古音乖，接踵《還魂》復《紫釵》。一自青藤開別派，更誰樂府繼誠齋。 其十九玉茗堂前暮復朝，葫蘆怕仿昔人描。痴兒不識邯鄲步，苦學王家雪裏蕉。

清・吴世涵《題遺愛祠》 臨川一老仰清標，花下芳詞拜寂寥。賈傅立朝惟痛哭，莊生作吏亦逍遥。孤臣志業拋荒棘，仙令文章泣鬼魈。留得山城遺愛在，迎春歲歲入歌謡。

雜錄

明・鄭汝璧《知縣湯顯祖興學記》 歲强圉作噩之次，不佞讀禮仙都山下，遂昌邑博士楊君士偉、夏君薊、吴君從善介弟子員華生牧民輩，儼然造余而請曰：不腆敝邑黄山白鶴之勝，以啓我膠庠，先哲往往輩出。迺者風氣漸詘，文隅堂構未備，多士自謁奠外，無能藏修其中，以親炙羹牆領師儒之訓；其食貧者，多莫振於膏晷間，則興學謂何。爾時臨川湯侯以文章名海内，由南祠曹左遷下邑。謁先師而瞻嘆曰：嘻，勸學興教，是實在予。迺修明倫堂，創尊經閣，建象德堂，捐俸鳩工，既奂既翼，黌序風物，焕然一新。復置學田若干畝。群士之窶而志淬者，館穀而周之。日有餼，月有課。手爲批隲其文，時時横經程藝，陳説古昔，士用争相濯磨，彬彬然起矣。侯涖邑之日長，旦暮且徵，吾儕不能忘侯之德，願得先生一言，記侯所爲興學者。余聞之矍然曰：有是哉。侯於是知務矣。古者重徵辟，寄選舉于鄉里，故下之作人不祇庠序，上之司徒司馬，在在興勸，亦不獨寄之令。我朝郡邑建學置師，而督勸一責之宰邑者，大宗伯司其綱而勢遠，督學使者董其事而力分，博士專其職而權輕。故親之而悦，尊之而信，身教之而從，惟令能爾。令而簿書之是亟，而造士無所事，夫誰與興學者。夫侯亶可謂知務矣。雖然，侯之閣而尊經也，惟以弼風隅之缺已乎。堂象德而餼寒士也，將群居而徒給之資助已乎。課藝而時也，將呫嗶之是工，而青紫之是拾已乎。如其秖是而已也，亦何以興。即興，將安裨。夫士不患寡，而患不名；不患不名，而患無所以名。六經炳若日星，守之窮，可以師世；行之壯，可以善世。故離經而哆於言者，行必窳；謀食而踰于檢者，塞必變；騁雕龍而詭於則者，實必漓，而詣必不遠。是寧諸士所自待，而亦非侯興學之意矣。昔子輿氏論豪傑之士，雖無文王猶興，矧有所興，而可苟焉已哉。余括誠褊小，然多賢豪長者。若文成諸君子，處則超超，出則朗朗，夫非先進之遺乎。多士事賢者而友其仁，景行前哲，當必有興焉者矣。《魯頌・泮水之什》曰：濟濟多士，克廣德心。以是望多士，多士勗之哉。侯名顯祖，字義仍，萬曆癸未進士。

明・劉應秋《徐聞縣貴生書院記》 余同年祠部湯君義仍，以言事謫尉徐聞。徐聞之人士，知海以内有義仍才名久；至則躡衣冠而請謁者，趾相錯也。一聆謦欬，輒競傳以爲聞所未聞，乃又知義仍所繇重海内，不獨以才；於是學官諸弟子，争先北面承學焉。義仍爲之抉理譚修，開發款啓，日津津不厭。諸弟子執經問難靡虚日，户屨常滿，至廨舍隘不能容。會其時有當道勞餉，可值緡錢若干，義仍以謀於邑令熊君，擇地之爽塏者，構講堂一區，署其榜曰貴生書院。義仍自爲説，訓諸弟子。無幾，以書來告成事，屬余記之。余讀其説，穆然有深思焉。即余言何以加於義仍，獨慨夫所稱知生者，蓋難言之矣。今夫人有愛倕之指，而不自愛其指者乎。則世必以爲怪。投隋珠於鳥雀，則衆起而揶揄之，以爲彼己之分數不審，而輕重之衡失也。夫生寧渠一指、一隋珠之重哉。非至愚誖，誰不知愛。則奈何不明於其所以生，而自失其所爲貴乎。是故耳目之於聲色，鼻口之於芳味，肢體之於安適，其情一也。然而一以之生，一以之死。故凡有生之欲，皆害吾生者也。其欲彌多，其害彌甚；其害彌甚，其貴彌薄。孔子不云乎：人之生也直。直心之謂悳。孟氏亦曰：至大至剛，以直養而無害。無害焉之謂貴。此所謂生，非六尺之軀之謂也；此所謂貴，亦非獨六欲各得其宜之謂也。乾父坤母，人生藐焉中處，參而爲三。豈其血氣形骸塊然一物，便可以參天地。夫乾也動直，夫坤也内直。吾人受寂於坤，效感於乾，質任自然，無有回邪，是之謂直養，是之謂知生。真性一鑿，百欲紛如，生乃適以爲害。譬之水然，太一之所鍾也，萬流之所出也，本自潔直，無有邪穢。湛之久，則不能無易也。方圓曲折，湛於所遇而形易；青黄赤白，湛於所受而色易；鹹淡芳臭，湛於所染而味易。易非性也。易而不能反其本初，則還復宜於自性。人生亦猶是也。故善觀水者，從其無以易水者而已矣；善養生者，去其所以害生者而已矣。心之有欲，如目之有眯，弗祓弗浄；如耳之有楔，弗祓弗除。學也者，所以祓塵、祓楔，而復其聰明之常性者也；是故學不可以已也。蓋自聖學湮晦，道術奔裂，功利之毒漸漬日深。世間薰天塞地，無非欲海。吾人舉心動念，無非欲根。勢已極矣，學者思一起沉錮之積習，反而偕之大道，自非廓然自信其所以生，而奮然有必爲此不爲彼之志，欲以迴狂瀾而清濁源，此必不幾之數也。諸弟子業聞義仍貴生之説，有如寐者恍焉覺寤，可不謂旦夕遇之乎。覺矣，猶復浸淫於邪行，侵尋於岐路，而自失其所以貴，不可謂夫。孟子曰：豪傑之士，雖無文王猶興。夫義仍且以豪傑望諸弟子，豈其諸弟子之自待，甘出於凡民之下乎。必不然矣。義仍文章氣節，嚆矢一時，兹且以學術爲海隅多士瞽宗，則書院之興頹，吾道明蝕之一關也。是不可無記。義仍名顯祖，與予同舉癸未進士。熊令名某，爲己丑進士。並豫章人。

明・鄒元標《崇儒書院記》 先是明水陳公以學爲郡人士倡，曾祀象山、二吴於臨汝。已盱江近溪羅公至，每會講禪刹，月餘別去。諸縉紳繼峯舒公、谷南高公、愚所陳公、景默曾公、二瞻黄公、若士湯公後先議曰：吾撫在宋，黄勉齋氏創有南湖書院，以開來學。是時人材彬彬，家有絃誦，今吾等寄迹招提，謂先訓何。屢圖恢復，而議弗克就。頃侍御督學懷魯周公【略】，乃告郡刺史張公、邑明府吴公二公曰：我輩忝牧兹土，常懼無以化誨諸人士，闡幽迪後，有司責也。遂與周公捐金爲倡，李公復首捐田以助來學，郡公邑侯亦給租糧若干益之。暨縉紳諸生咸樂從事。聚材鳩工，興役於七月。【略】夫以廿餘年不克就者，不三月告成。

明・項應祥《平昌湯侯新建尊經閣記》 甲午春王正月，邑侯創尊經閣成。廣文先生楊君士偉、黄君繼先、夏君蓟，率多士相與徵余言爲記。余謝病弗敢承。三君起曰：經，古人傳心之要，道莫宏焉；尊經閣以萃古人之精藴，典莫盛焉；閣成于臨川湯先生，文在兹焉。之三者，又烏得無言。余皤然曰：唯，唯。三先生命之矣，不佞即不文，請得因三先生言從事以附不朽。夫侯成閣，閣萃經，經傳心。則夫尊經也者，舍心其奚以哉。予讀莊周斲輪之説曰，古之人與其不可傳者，死矣。今之所讀者，古人之糟粕已耳。此無他，知以可傳者求古人之跡，不知以不可傳者，求古人之心。若然，則奚取於經，又奚取於尊經也與。侯弱冠以博洽聲馳宇内，其文炳；甫入仕，抗疏大廷，權貴辟易避三舍，其節昭；頃以遷官客下邑，且謂侯將傳舍之，侯諄諄民瘼，而尤注意黌序，殫厥心焉，其政勤。嘗瞰鳴琴餘暑，就侯唇吻，則滔滔若長江大河，一瀉千里，其論淵以博。是文章、節義、政事、言語，侯以身兼之，自非心印古人，條暢六經之祕，詎能是哉。迺今學者剽竊緒餘，唔咿咕嗶，爲襲取青紫徑竇，便詡詡號于人曰，吾能讀經。甚且句讀未暢，而名利念頭柴據其胸；卒博一官，即蠅營狗苟，爲身家計，曾不知古人書爲何物，讀古人書爲何義。嗟乎，此離經畔道之尤，德之賊也，則奚取於經，又奚取於尊經也與。爾多士服習侯明訓久矣。雍容仰止，當思古人之遺經謂何，侯之建閣謂何。日與二三同志切磋砥劘，以文章則尚經世而陋雕蟲，以節義則大綱常而小經瀆，以政事則貴循良而賤搏擊，以言語則崇忠信而黜浮誇，如是庶幾哉。讀古人之經，不愧古人之心，異日者亦將如侯掇巍科，建大業，駸駸不可量焉，斯於建閣之意爲無負耳。不然，撏章摘句，徒取世資，未免蹈斲輪糟粕之戒，爲莊生所非笑，將不爲經之罪人也與。不侯發跡此中，不勝本根之念，而又親承侯教，知侯所望於多士者殷，故以規不以頌如此。不識三先生以爲何如。侯諱顯祖，字義仍，別號海若，登癸未進士。若簿君郭公襄慕君王應科樂觀厥成，法得並書。

明・鄭懷魁《遂昌相圃湯侯生祠記》 序者，射也。矍相之圃維新，社而祝之，庚桑之祠斯在，豈非中多爲雋。斯賓禮以興，去後見思，迺神道成享，士各繹己之志，民知有父之尊。明平昌令前祠部郎臨川湯公，諱顯祖，字義仍，學者所稱若士先生者也。掌祀卿曹，屈居宰縣，中攖逆鱗於龍頷，終殺長羽於鴻儀。可謂伯夷秩宗，直哉有維清之節；子文令尹，已之無作慍之容。夫其目空塵寰，胸苞法象，探索賾隱，讀人間未見之書，窮極高深，垂身後不朽之業。故能貞教靡倦，邑如百昌之鼓惠風；樂善無私，沛若百川之歸巨海。宏開藝圃，高揭射堂，士有列次，以居之邑籍間田而飆之。相如七經之學，遺愛通都；孟堅九流之文，收藏崇閣。二十八舍，寧止奎璧之圖書；三百六旬，不輟春秋之絃誦。爾乃講習多豫，較閱餘閒，豹侯設正，鹿中受算，決拾既佽，揖讓有儀。方鼓圓鼙，全用薛魯之奏；危弓安矢，合成唐史之規。正直無回，審固不燒，盾聲而發，序賓以賢，引觶就豐，釋弸交韔，温温秩秩，肅肅雍雍，將繇射不主皮，當令觀者如堵乎。三宅三俊，成斯士之髦髦；六養六安，蘇群生之凋敝。擊柝待暴，伏莽無戎，釋獲但取乎和容，藏器何妨乎解悖。方衆志赴寧侯之鵠忽，遁思動伊人之駒已，歲序星周，風儀天遠，佩韘者徘徊於其地，執經者彷彿於其人。爰即澤宫，立茲配社，官師率作，俊乂服勤，踵其事以增華，審厥象之維肖，闡表尊經之舊，堂仍象德之名。恍從于公旂纛，奉載笑之色；真遘之子籩豆，陳有踐之儀矣。於戲，行可質天地鬼神，而時逢事拙；文能安人民社稷，則學古功偉。萬鍾不入其心，三旌寧易其介。代瞻清範，俗化元淳，温厚尊嚴，時行而氣已備，詩書禮樂國人而教，可知斯身詘道伸，權輕名重者也。載稽名典，詎闕鏤文。識虎蛙之吉金，鑱龜龍之貞石。庶使采蘋五節，思君子無争之風；芨棠三章，流國人無翦之詠。其詞曰：禮稱天紀，亦曰人綱，匡君弼違，範俗率良。湯公蹇蹇，諫顯祠郎，艱難百折，尹茲平昌。經曲咸秩，飲射有章。教時學正，繩立矩翔。君子之峯，相圃在陽。雙旌云舉，三聘是行。手之柔矣，膂力其剛。省括於度，不吴不揚。發功祈爵，敬德無方。綢繆禮樂，式序衣裳，于越鄒魯，昭代鄒商。身兮既隱，道迺彌芳。飛矢靡慝，儀的可常；子衿且佩，悠思難忘。我圃我社，有序有皇，貌公涖止，群趨侍傍，築匪道謀，公卜允臧。右臨演武，左界壽光，嘉名肇錫，公訓用彰。父師臨汝，享祀烝嘗。德尊報遠，武城桐鄉，千里俎豆，蔚乎相望。謳歌越舞，鐘磬鏘喤，容輝儼若，燕譽無疆。

明・沈德符《萬曆野獲編》卷一一 近日馮琢菴宗伯琦爲左右少宰幾三年，與延津李對泉戴相終始。李太宰無事不與謀，至有行而爲馮中止者，緊要章疏俱少宰手筆，太宰不更一字，本科司官亦不敢有違言。蓋李爲馮尊人仰芹子履同年，而琢菴方負中外重望，以故折節尊信，而敝規爲之一變矣。此後則恐未必然。辛丑外計，有欲中李本寧憲使者，賴馮救止。而吏科王斗溟士昌用拾遺糾之，馮又力持，得薄謫。初過堂時，李之屬吏遂昌知縣湯顯祖議斥，李至以去就争之，不能得，幾于墮淚。不知身亦在吏議中矣。湯爲前吏科都給事項東鰲應祥所切齒。項故遂昌鄉紳，時正聽補入京，故禍不可解。而李、馮二公一片憐才至意，真令人可敬可悲。

又 吏科都給事中爲諫官領袖，責既宏鉅，職復雄峻，其陞擢後不稱，或遭白簡固有之；而在事時，未聞反被抨擊者。世宗朝，夏貴溪言以侍讀學士兼是官，曾與輔臣張永嘉相訐，然皆爲争寵互詬，而張卒不勝。其以居官爲時情所薄，受彈治無完膚者，無如今上之二陳。戊子己丑間，浙人陳與郊，以輔臣王太倉門生，在職稍久，因考選引用推官李春開，與同僚及清議諸臣相左，遂爲少卿王汝訓、主事吴正志、進士薛敷教所聚攻，雖獲轉太常，請告歸，竟以言章冠帶閒住。【略】代與郊者爲楊文舉，以差賑江南功，方復命陞吏科都給事中；甫命下，亦爲南京禮部主事湯顯祖等所劾，請病去。癸巳大計，以不謹斥。則世所指八狗三羊中之一人也。一時吏科之見輕如此。

又 先人門士湯義仍顯祖，論政府而及給事胡似山汝寧曰：除參論饒伸之外，不過一蝦蟆給事而已。饒號豫章，爲比部郎，曾抗疏詆太倉，而胡以言官糾之。會亢旱禱雨禁屠宰，胡上章請禁捕鼃，可以感召上蒼。故湯有此語。余後叩湯曰：公疏固佳，其如此言謔近於虐。湯笑曰：吾亦欲爲此君圖不朽，與南宋鵝鴨諫議屬對親切耳。三君俱江西人，而胡與饒更同郡。

明・鄭仲夔《雋區》卷七 湯臨川善詼諧。有東鄉某先達因試事爲所怒，扯去頭上裹巾。湯適對客，聞而嘆曰：不圖某今有無網之災。客問：爲無妄耶。湯曰：他人則無妄，某乃是無網耳。

明・談遷《國榷》卷七五　神宗萬曆十九年四月庚申，南京禮部主事湯顯祖，因星變劾首輔申時行欺蔽天日，如吏科左給事中楊文舉賑荒通賄，禮科給事中胡汝寧號蝦蟆給事，皆時行所黨護也。忤旨，謫徐聞典史。

《明實録・神宗萬曆實録》　萬曆十九年閏三月：丁丑上諭群臣曰：茲者星象示異，天戒垂仁，咎在朕躬，深用儆惕。諸司大小臣工，各宜奉公率職，宣力分猷。一切怠玩私邪，虚文積蔽，務加洗滌，以稱朕實修應天至意。修省事宜，爾禮部查照施行。己卯上諭科道曰：邇來風尚賄囑，事尚趨赴，内之參，外之劾，甚無公直，好生欺蔽。且前者天垂星變群奸不道，汝等職司言責，何無一喙之忠，以免瘝曠之罪。汝等市恩取譽，輒借風聞之語訕上要直。至於鬻貨欺君，嗜利不軌，汝等何獨無言。且汝等豈不聞宫府中事皆一體之語乎。何每以揄揚君惡，沽名速遷爲也。爾等受何人之爵，食何人之禄。至于長奸釀亂，傍觀避禍，無斥奸去逆之忠，職任何在。本都該拏問重治，姑且從輕各罰俸一年。四月庚申南京刑部主事湯顯祖因星變陳言，劾輔臣申時行欺蔽，吏科給事中楊文舉經理荒政，受賄多贓，禮科給事中胡汝寧一蝦蟆給事，皆輔臣黨護。詔切責之。五月丁卯諭内閣：朕因玄象示異，姦惡不軌，故特諭内外臣工，恪恭乃職，省己秉公，用弭天變，以圖治安。今各不任所責，歸咎元輔。前萬國欽捏誣詆辱，朕念係言官，已薄罰了。湯顯祖以南部爲散局，不遂己志，敢假借國事攻擊元輔。本當重究，姑從輕處了。卿等説與元輔，不必以浮言介意。卿等俱安心供職。還着鴻臚寺傳示元輔，即出辦事，勿負朕意。庚午大學士許國請發六科公本。爲吏、禮二科都給事中楊文舉、胡汝寧被南京主事湯顯祖訐奏，乞併批發，以安諸臣之心。癸酉吏科楊文舉、禮科胡汝寧各辨南京主事湯顯祖疏。乞歸，不允。庚辰降南京禮部主事湯顯祖爲徐聞縣典史，添註。

清・繆之弼《遺愛祠記》　事有曠百年而相感者，予不知其何心；苟非能爲斯世之所異，則亦不能使人欷歔而不可禁。若臨川顯祖湯公若士先生，資英敏，學閎博，其所爲文章詩歌，海内知名士誦讀不輟。至如薦紳諸公，日想望其丰采，願一見弗得者。噫，其才名與節操可不謂異乎哉。先生萬曆間成進士，由博士轉祠部郎，以言謫尉，旋遷令，故平昌得有先生之迹焉。夫以先生之文，其精瑩足以華國，其綜核足以經世，他如號令政刑，無不可出入廟堂，佐天子布之優優也。而必屈以百里之寄，置於萬山之麓，且使之鬱鬱久居此土，其所遇異乎不異乎。乃先生獨不以此介諸懷，治績日益懋，政教日愈彰，暇則與士君子課文較射，優遊自適。異矣，復何容心於當年之華膴與後世之思慕耶。獨是予與先生生同鄉，志同道，官同方，而未獲親承於一堂，予之憾事也。然猶幸去先生之世僅百有餘歲，且讀玉茗堂所著，又何嘗不遥而憶之，而奉以爲師資也哉。況遂人士今日心焉繫之，口能道之。惜乎當日所構之射堂付諸蔓草荒煙，僅得瞻拜其像於義學中，其祀也亦寄焉而已。然則庀材鳩工，用妥厥靈，非余之責而誰與。竊又聞先生喜縱談古今事，第非其人，寧獨居而寡和。予孰爲先生計，如金壇段公宏璧，踵先生後而至者，其治績政聲大都可與先生相頡頏，先生稔悉焉。原有祠寢久而廢，後因其地爲營壘，段公何以適從乎。予將舉而祠之，先生應點首曰：得此一人，可以不孤矣。於是乎記。

清・陸圻《杜麗娘祠堂記》　歲丙午中冬，予過南安。李子笠翁，爲予言徐山人亦樵，謀所以祠杜麗娘者，子盍爲詩歌紀之。予曰：唯唯。微君言，吾固將紀之矣。考古列女之進于俎豆者，惟貞烈是尚，非此族也不在祀典。今麗娘一女子，感夢柳生壹與之齊而思慕其夫，未踰年竟死，豈非其貞烈可尚耶。昔紀叔姬歸于紀，《春秋》美之，以其待年也。衛共姜賦《栢舟》，衛人美之，以其守節也。藉令以叔姬之年而抱共姜之節以死，即何異未昏之女能以身殉。厥夫，是名教之所尤重也，而麗娘其可不祀乎。或以麗娘之夢柳也，以淫心感，此何足祀。予曰：男女情慾，聖人所不禁，而不可無一，不可有二，是法之所特嚴也。麗娘之夢柳生，則發乎情，而其專壹不他，思慕柳生以死，則止乎禮義也。嗟乎，麗娘蓋真有得于詩之教者。《國風》好色而不淫，惟麗娘有焉。且人之情與性，咸可以爲忠臣孝子，咸有合于大道，不必其皆性也。擎拳嚼齒，植髮衝冠，是忠孝之發于性。而悲歌忼慨，涕泗纏綿，是忠孝之發于情。究之此情一往而深而皆性矣。故麗娘之以身殉夫，即起有道，諸先生于兩署間亦未必不許之也。乃臨川以爲能死而不能生者，非情之至。予則以麗娘者，貴其能死，不貴其復生，以彼返精之香頋豈榮于望夫之石歟。世又疑麗娘者，未嘗實有其人，胡爲竊竊然俎豆之。余曰：子虚氏、亡是公，相如登之于賦，副墨之子、雒誦之孫，莊生筆之于書。古之人何嘗以寓言而廢其人哉。且祀典所載，傳事非傳人也。其事有足紀者，正須假諸人以實之。凡以有益于風教，巽遇其真而已。至有謂麗娘夢遇梛生，非有采幣行媒，正名定分也，即安得成之爲夫婦，而安得爲之死。予以爲此麗娘之所以爲貞也。業與之媾于幽，則既婦而不女矣。而安得不夫其夫，安得不爲之死。假令麗娘飄忽駘宕，以噩夢思夢爲不足憑，而慨然曰人盡夫也，又欲夢而之他，則麗娘之心豈可問哉。然則麗娘之以貞殉夫，其宜崇祀也決矣。予請祠麗娘于中庭，而以梛生並列，妻在則禮然也。梛之從以郭駞，杜之從以春香，君在則禮然也。後一楹，宜祀齋長陳先生，而以子才韓君配之。陳先生能以《關雎》正其始，韓之先有謫潮陽者道出南安，故宜録其後也。置奉祠生一人，取韓姓之寙于文者，蓋香火之後恒爲香火，不必其梛與杜也。給灑埽者一人，取郭姓之有殘疾無養者，并于庭前植梅梛各一，令郭時時灌溉焉。而兩廡間，仍用一尼僧居守，紹石田也。此則俎豆麗娘之太略也。然則麗娘之祠何昉乎。徐亦樵言之，李笠翁許之，而陸生圻實記之。曰：將以媿天下後世之爲人婦懷貳心者。

清・焦循《劇説》卷二 《黎瀟雲語》云：内江一女子，自矜才色，不輕許人，讀《還魂》而悦之，逕造西湖訪焉，願奉箕帚。湯若士以年老辭，女不信。一日，若士湖上宴客，女往觀之，見若士皤然一翁，傴僂扶杖而行，女歎曰：吾生平慕才，將托終身，今老醜若此，命也。因投於水。張某《俞娘傳》云：婁江俞娘，麗人也，行二，幼婉慧。體弱常不勝衣，迎風輒頓。十三，疽苦左脅，彌連數月，小差，而神愈不支，媚婉之容，不可逼視。年十七，夭。當俞娘之在牀褥也，好觀文史，父憐而授。且讀且疏，多父所未解。一日，授《還魂記》，凝睇良久，情色黯然，曰：書以達意，古來作者，多不盡意而出，如生不可死，死不可生，皆非情之至。斯真達意之作矣。飽研丹砂，密圈旁注。往往自寫所見，出人意表。如《感夢》一齣，注曰：吾每喜睡，睡必有夢，夢則耳目未經涉者皆能及之。杜女故先我著鞭耳。俞娘有妹落風塵中，一時稱仙子。《静志居詩話》云：婁江女子俞二娘，酷嗜《牡丹亭》曲，斷腸而死，故義仍作詩哀之，云：畫燭摇金閣，真珠泣繡窗。如何傷此曲，偏只在婁江。此三説，蓋一事而傳聞異詞也。又相傳：張江陵欲以鼎甲畀其子，羅海内名士以張之，令諸郎因其叔廷致湯、沈兩生，湯臨川獨不往，而宣城沈君典遂與江陵子懋脩偕及第。《邯鄲夢》中宇文，即指江陵也。兩夢中《吊打》、《欽定》諸劇，皆極詆訕，至云狀元能值幾文來，憤悵極矣。

又 相傳湯若士之《紫簫》，亦指當時秉國首揆，纔成其半，即爲人所議，因改爲《紫釵》。

又 《礀房蛾術堂閒筆》云：杭有女伶商小玲者，以色藝稱，於《還魂記》尤擅場。嘗有所屬意，而勢不得通，遂鬱鬱成疾。每作杜麗娘《尋夢》、《鬧殤》諸劇，真若身其事者，纏綿凄婉，淚痕盈目。一日演《尋夢》，唱至待打併香魂一片，陰雨梅天，守得個梅根相見，盈盈界面，隨聲倚地。春香上視之，已氣絶矣。臨川寓言，乃有小玲實其事耶。陸次雲輅通判撫州，半載掛冠，重建玉茗堂於故址，落成，大宴郡僚，出吳兒演《牡丹亭》雜劇二日，解纜去。四方名士，爲賦詩紀之。

清・楊恩壽《詞餘叢話》 凡詞曲皆非浪填。胸中情不可説、眼前景不可見者，則借詞曲以詠之。若叙事，非賓白不能醒目也。【略】即如《牡丹亭》寫杜麗娘遊園之時，便道：不到園林，怎知春色如許也。緊接原來姹紫嫣紅開遍，似這般都付與斷井頹垣。若不用賓白呼起，則原來二字不見精神。此下叙亭館之勝，於陸則朝飛暮捲，雲霞翠軒，於水則雨絲風片，烟波畫船，而此調尚有三字兩句。若再寫園景，便嫌蛇足。故插賓白云：好景致，老奶奶怎不提起也。結便以錦屏人忒看韶光賤反詰之筆足之。即景抒情，不見呆相。究竟此支詞曲之妙，皆由賓白之妙也。

清・錢宜《還魂記紀事》 甲戌冬暮，刻《牡丹亭還魂記》成，兒子校讎訛字，獻歲畢業，元夜月上，置净几於庭，裝褫一册，供之上方，設杜小姐位，折紅梅一枝，貯膽瓶中，然燈，陳酒果爲奠。夫子听然笑曰：無乃大痴。觀若士《自題》，則麗娘其假托之名也，且無其人，奚以奠爲。予曰：雖然，大塊之氣寄於靈者，一石也，物或憑之；一木也，神或依之。屈歌湘君，宋賦巫女，其初未必非假托也，後成叢祠。麗娘之有無，吾與子又安能定乎。夫子曰：汝言是也，吾過矣。夜分就寢，未幾，夫子聞予嘆息聲，披衣起，肘予曰：醒醒。適夢與爾同至一園，仿佛如所謂紅梅觀者，亭前牡丹盛開，五色間錯，無非異種。俄而一美人從亭後出，艷色眩人，花光盡爲之奪。意中私揣：是得非杜麗娘乎。汝叩其名氏居處，皆不應。迴身摘青梅一丸撚之。爾又問：若果杜麗娘乎。亦不應，銜笑而已。須臾，大風起，吹牡丹花滿空飛攪，餘無所見，汝浩嘆不已，予遂驚寤。所述夢，蓋與予夢同，因共詫爲奇異。夫子曰：昔阮瞻論無鬼而鬼見。然則麗娘之果有其人也，應汝言矣。聽麗譙紞如打五鼓，向壁停燈未滅。予亦起，呼小婢簇火瀹茗，梳掃訖，亟索楮筆紀其事。時燈影微紅，朝暾已射東牖。夫子曰：與汝同夢，是非無因。麗娘故見此貌，得無欲流傳人世邪。汝從李小姑學，尤求白描法，盍想像圖之。予謂：恐不神似，奈何。夫子乃强促握管。寫成，并次記中韻繫以詩，詩云：暫遇天姿豈偶然。濡毫摹寫當留仙。從今解識春風面，腸斷羅浮曉夢邊。以示夫子，夫子曰：似矣。遂和詩云：白描真色亦天然，欲問飛來何處仙。閒弄青梅無一語，惱人殘夢落花邊。將屬同志者咸和焉。錢宜識。

沈璟

論說

綜論

明・呂天成《曲品》卷上　沈光禄金張世裔，王謝家風，生長三吳歌舞之鄉，沉酣勝國管絃之籍。妙解音律，兄妹每共登場；雅好詞章，僧妓時招佐酒。束髮入朝而忠鯁，壯年解組而孤高。卜業郊居，遯名詞隱。嗟曲流之汎濫，表音韻以立防；痛詞法之蓁蕪，訂全譜以闢路。紅牙館内，謄套數者百十章；屬玉堂中，演傳奇者十七種。顧盼而煙雲滿座，咳唾而珠玉在毫。運斤成風，樂府之匠石；遊刃餘地，詞部之庖丁。此道賴以中興，吾黨甘居北面。

又　松陵詞隱沈寧庵先生，諱璟。其於曲學、法律甚精，汎瀾極博。斤斤返古，力障狂瀾，中興之功，良不可没。先生能詩，工行、草書。弱冠魁南宮，風標白晳如畫。仕由吏部郎轉丞光禄，值有忌者，遂屏迹郊居，放情詞曲，精心考索者垂三十年。雅善歌，與同里顧學憲道行先生，並畜聲伎，爲香山、洛社之遊。所著詞曲甚富，有《紅蕖》、《分錢》、《埋劒》、《十孝》、《雙魚》、《合衫》、《義俠》、《分柑》、《鴛衾》、《桃符》、《珠串》、《奇節》、《鑿井》、《四異》、《結髮》、《墜釵》、《博笑》等十七記。散曲曰《情癡寱語》、曰《詞隱新詞》二卷，取元人詞，易爲南調，曰《曲海青冰》二卷。《紅蕖》蔚多藻語。《雙魚》而後，專尚本色，蓋詞林之哲匠，後學之師模也。

又　嘗增定《南曲全譜》二十一卷，别輯《南詞韻選》十九卷。

又　有《論詞六則》、《唱曲當知》、《正吳編》及《考定琵琶記》等書，半已盛行於世。未刻者，存吾友鬱藍生處。生平故有詞癖，每客至，談及聲律，輒娓娓剖析，終日不置。嘗一命余序《南九宮譜》，既就梓，誤以均爲韻。余請改正，先生復札，巽辭爲謝。比札至，而先生已捐館舍矣。先是數年，道行先生亦卒。自兩先生殁，而吳中遂無復有繼其跡者，悲夫。

又　吳江諸傳如老教師登場，板眼場步，略無破綻，然不能使人喝采。

又　詞隱所著散曲《情癡寱語》及《詞隱新詞》各一卷，大都法勝於詞。《曲海青冰》二卷，易北爲南，用工良苦。前二種，吕勤之已爲刻行。後一種，勤之既逝，不知流落何處，惜哉。

又　詞隱生平，爲挽回曲調計，可謂苦心。嘗賦《二郎神》一套，又雪夜賦《鶯啼序》一套，皆極論作詞之法。中《黄鶯兒》調，有：自心傷蕭蕭，白首誰與共雌黄。《尾聲》：吾言料没知音賞，這《流水》、《高山》逸響，直待後世鍾期也不妨。二詞見勤之刻中。至今讀之，猶爲悵然。蘇長公有言：少遊已矣，雖萬人何贖。吾於詞隱亦云。

明・毛以燧《曲律跋》　吾邑詞隱先生，爲詞壇盟主，持法之嚴，鮮所當意，獨服膺先生，謂有冥契。諸所著撰，往來商榷。

明・沈德符《萬曆野獲編》卷二五　年來俚儒之稍通音律者，伶人之稍習文墨者，動輒編一傳奇，自謂得沈吏部九宮正音之秘。然悠謬粗淺，登場聞之，穢溢廣坐，亦傳奇之一厄也。沈寧庵自號詞隱生。按：北宋万俟雅言在徽宗朝直大晟府，亦自稱詞隱，豈偶合耶。抑慕而效之也。

又　沈寧庵吏部，自號詞隱生，亦酷愛填詞，至作三十餘種，其盛行者，惟《義俠》、《桃符》、《紅蕖》之屬。沈工韻譜，每製曲必遵《中原音韻》、《太和正音》諸書，欲與金、元名家争長。張則以意用韻，便俗唱而已。余每問之，答云：子見高則誠《琵琶記》否，余用此例，奈何訝之。

明・徐復祚《曲論》 沈光禄璟著作極富，有《雙魚》、《埋劍》、《金錢》、《鴛被》、《義俠》、《紅蕖》等十數種，無不當行。【略】自是詞家宗匠，不可輕議。至其所著《南曲全譜》、《唱曲當知》，訂世人沿襲之非，剷俗師扭捏之腔，令作曲者知其所嚮往，皎然詞林指南車也，我輩循之以爲式，庶幾可不失隊耳。

明・張琦《衡曲麈譚・作家偶評》 至沈寧庵則究心精微，羽翼譜法，後學之南車也。

明・馮夢龍《太霞曲語》 詞隱先生爲詞家開山祖師，伯明其猶子，其諸弟則平、君善、君庸，俱以詞擅場。

又 《南吕・繡帶兒・題情》，驀忽地雙眉暗鎖一套，刻《情癡寱語》，乃詞隱先生自製新體也。【略】詞隱於尾聲多不着意，亦是一病。

又 墨憨齋主人評沈伯英《鶯啼序・麗情》，盈盈十五才過一套云：《鶯啼序》首句，據伯英詞譜仍七字，而此曲乃用六字起，蓋倣陳大聲孤幃一點殘燈句法也。

清・黄旛綽《梨園原・論鼓板樂式》 又有松陵詞隱先生，姓沈，名璟，萬曆進士，撰《九宮曲譜》，辨陰陽，爲世所傳。此乃曲詞之始。

分論

明・吕天成《曲品》卷下 沈寧菴所撰傳奇十七本。《紅蕖》：著意著詞，曲白工美。鄭德璘事固奇，無端巧合，結撰更宜。先生自謂：字雕句鏤，正供案頭耳。此後一變矣。

又 《埋劍》：郭飛卿事，奇。描寫交情，悲歌慷慨。此事鄭虚舟採入《大節記》矣。《大節記》以吴永固爲生。

又 末段徐庶返漢、曹操被擒，大快人意。

又 《分錢》：全效《琵琶》，神色逼似。第一廣文不能有其妾，事情近酸，然苦境亦可玩。

又 《雙魚》：書生坎坷之狀，令人慘動。雜取符節事、《薦福碑》劇中北調，尤佳。

又 《合衫》：苦處境界，大約雜摹古傳奇。此乃元劇《公孫合汗衫》事，曲極簡質，先生最得意作也，第不新人耳目耳。余特爲先生梓行於世。

又 《義俠》：激烈悲壯，具英雄氣色。但武松有妻，似贅。葉子盈添出，無緊要。西門慶鬥殺。先生屢貽書於余，云：此非盛世事，秘勿傳。乃半野商君得本，已梓，吴下競演之矣。

又 《鴛衾》：聞有是事。局境頗新，妻之掠於忤也，章臺柳也，含譏無所不可。吾友桐柏生有《鳳》、《釵》二劇，亦取之。

又 《桃符》：即《後庭花》劇而敷衍之者。宛有情致，時所盛傳。聞舊亦有南戲，今不存。

又 《分柑》：男色爲佳曲。此本詼態疊出，可喜。第情境尚未激暢，亦足笑也。

又 《四異》：舊傳吴下有嫂奸事，今演之，快然。丑、净用蘇人鄉語，不若譜董賢，更善也。

又 《鑿井》：事奇，凑拍更好。通本曲腔名，俱用古戲名串合者，此先生長技處也。

又 《珠串》：崔郊狎一青衣，賦侯門如海詩，事足傳。寫出有情景。第其妻磨折處，不脱套耳。

又 《奇節》：正史中忠孝事，宜傳。一帙分兩卷，此變體也。《結髮》：是余所作傳，致先生而譜之者。情景曲折，便覺一新。《墜釵》：興、慶事，甚奇，又與賈女雲華、張倩女異。先生自遜，謂不能作情語，乃此情語何婉切也。《博笑》：體與《十孝》類。雜取《耳談》中事譜之，輒令人絶倒。先生遊戲，至此神化極矣。

明・吕天成《義俠記序》 始先生聞梓《義俠》，貽書於予，曰：此非盛世事，亟止勿傳。既而曰：即梓矣，必盡校其訛，而後可行。今予任校訛之役，愧不能精閲，而世聞是曲已久，方欣欣想見之，又何所忌諱，而欲强秘也。且武松一萑苻之雄耳，而閭里少年靡不侈談膾炙。今度曲登場，使奸夫淫婦，强徒暴吏，種種之情形意態，宛然畢陳。而熱心烈膽之夫，必且號呼流涕，搔首瞋目，思得一當以自逞，即肝腦塗地而弗顧者。以之風世，豈不溥哉。彼世之簪珮章縫，柔腸弱骨，見義而不能展其俠，慕俠而未必出於義，愧武松多矣。然讀此，不亦興起而有立志乎。昔李老子序《水滸》，謂嘯聚諸人，皆大力大賢、有忠有義之儔，足爲國家干城、腹心之選。其持論抑何快也。嗟乎，草莽江海之間，不乏武松；第致武松之爲武松者，伊誰責也。若有武松，而終收武松之用者，則柄國者宜圖之矣。半埜主人博古好奇，羅布剞劂氏於廡下，日出秘籍行於四方。而於曲部首梓《義俠》，誠有感於老子之快論，而識先生風世之意遠也。先生諸傳奇，命意皆主風世。曷盡梓行，以啖蔗境，何如。

明・王驥德《曲律》卷四　《紅蕖》蔚多藻語，《雙魚》而後，專尚本色。【略】詞隱傳奇，要當以《紅蕖》稱首。

又　詞隱《墜釵記》，蓋因《牡丹亭》而興起者。中轉折盡佳，特何興娘鬼魂别後，更不一見，至末折忽以僊會合，似缺針綫。余嘗應鬱藍生之請，爲補入二十七《盧二舅指點修煉》一折，始覺完全。今金陵已補刻。

明・徐復祚《曲論》　《紅蕖》詞極贍，才極富，然於本色，不能不讓他作；蓋先生嚴於法，《紅蕖》時時爲法所拘，遂不復條暢。

明・祁彪佳《遠山堂曲品・逸品》　《博笑》：詞隱先生遊戲詞壇，雜取《耳談》中可喜、可怪之事，每事演三四折，俱可絶倒。

又　《四異》：巫、賈二姓，各假男女以相賺，賈兒竟得巫女。吴中曾有此事，惟談本虛初聘於巫，後娶於賈，係是增出，以多其關目耳。詞之穩協，不減他作；至於脱化，乃更過之。净、丑白用蘇人鄉語，諧笑雜出，口角逼肖。

又《艷品》　《紅渠》：此詞隱先生初筆也。記中有十巧合，而情致淋漓，不啻百轉。字字有敲金戛玉之韻，句句有移宫换羽之工；至於以藥名、曲名、五行、八音，及聯韻、疊句入調，而雕鏤極矣。先生此後一變爲本色，正惟能極艷者方能極淡；今之假本色於俚俗，豈知曲哉。

又《雅品殘稿》　《墜釵》：興娘、慶娘，生生死死，皆因情至，轉訝盧二舅炳靈公之婉轉成就□以踐妹兒收得姊兒田之讖。豐神仙亦不斷情累乎。

又　《十孝》：沈□□闡發古孝子事，每事三折，令人于親猛然驚醒。先生不特有功於行孝也已。

又　《分錢》：楊廣文之《雁魚錦》，賈氏之《四朝元》，楊長文之《入破》、《出破》，皆先生做《琵琶》處，蓋欲人審韻諧音，極力返於當行本色耳。

又　《雙魚》：取全州佳偶事，雜之《薦福碑》劇中，寫書生淪落之狀，全令人神魂慘淡。

又　《合衫》：取元人《公孫合衫》劇參錯而成，極意摹古，一以淡而真者，寫出怨楚之況。

又　《義俠》：此記於武松俠烈之概、潘金蓮淫奔之狀，宛轉寫出。

又　《鴛衾》：富。翹之事，聞吴中實有之。桐柏生《團花鳳》、《碧玉釵》二劇，皆取於此。

又　《桃符》：演《後庭花》劇爲南曲。曲第二十八折，已覺有無限波瀾矣。聞舊有《劉天義》傳奇，今不存。

又　《分柑》：男寵只方諸生《男皇后》一劇，自來無全本。拈毫搬弄，備極謔浪之態。但爲樂未久，而輒爲董據負心，受諸凄冷，覺懽場太短耳。雖狀雌雄雙飛，竟奪人國。原生以此破家，又何足責哉。

又　《鑿井》：鑿井得銅，買奴得翁，原是古語。今入以求友得婦、依主得兄一股，遂成佳傳。

又　《珠串》：崔孺都押一青衣，賦侯門如海之句，自是詩中佳話。今得于節鎮者作其合，大可快心。崔妻磨折於伯母，雖未脱套，而描寫婦人反脣之狀，非先生妙筆不能。

又　《奇節》：一本分作二事：權皐以計避禄山而竟得生，賈直言飲藥□有父命而卒不死，真可謂節之奇者矣。二事皆出正史，傳之者情與景合，無境不肖。

又　《結髮》：此鬱藍生作傳，先生譜之者。中間狀白叟之負義、鶯娘之守盟、蕭生之異遇，一轉一折，神情俱現。

又　《埋劍》：郭飛卿陷身蠻中，吴永固以不識面之交，百計贖出，可謂不負生友。飛卿千里赴奠，移恤永固之子，可謂不負死友。世有生死交如此，洵足傳也。

明・凌義渠《刻博笑記題詞》　每見傳奇家演至驚心動魄處，或令人泣下霑襟，或令髮上指冠，此亦足以明其感人之深，有出聲律外者。其欲歡場快聚，義取忘憂乎。資觸忿而必務出于悲凉激烈，似亦不免倚懷損氣。矧斥古賢之名，貌正人之爲，其事愈真，其語愈莊，而其爲褻侮也乃愈甚。

豈若事事獻嘲，語語排調之爲善謔乎。此詞隱先生《博笑記》所由作也。先生性資忠孝，學業精博。其所傳於家者，有疏草及詩文稿各若干卷。今所先盛行于世者，乃在傳奇數種。蓋先生既擅白傅諭妓之風流，又負周郎顧曲之神解。當其早賦歸田，嘯歌永日，加以天才驚逸，韻學探微，矢口即中宮商，握筆動成拍調。今世填詞度曲者，業無不奉先生所製爲律令。若此記則又特創新體，多采異聞，每一事爲幾齣，合數事爲一記。既不若雜劇之拘于四折，又不若傳奇之强爲穿插。能使觀者靡不仰面絶纓，掀髯撫掌，而似譏似諷，可歎可悲之意，又未始不悉寓其間。當吾世而有欲寄愁天上，埋憂地下者乎。則是篇其忘憂蠲忿之善物也。請付殺青，助供浮白。天啓癸亥長至日茗柯生書于算香室。

傳記

明・姜士昌《明故光禄寺丞沈公伯英傳》 沈公諱璟者，吴江人也。字伯英。年二十一舉於鄉。明年成進士第三人，授兵部職方司主事。以祖母喪乞差移疾歸。癸卯，補禮部儀制司主事，陞員外郎。辛巳，改吏部考功司員外郎。以封公憂歸。服除，補驗封司員外郎。丙戌春，上方以風霾求直言。户科給事中姜應麟，言恭妃誕育元子，獨不得拜皇貴妃封，非制也；且言儲事。奉旨降邊方雜職，得山西廣昌縣典史。公與刑部主事孫如法各疏争之力。於是奉旨降行人司正，孫降廣東潮陽縣典史。吏部雄司也，公所憂者國本至計，又謂言官不當以言被譴，不惜一官争之，蓋一日名重天下矣。予於是時與兵部主事劉復初、刑部主事李懋檜先後各上疏争，疏留中。亡何，公同考順天鄉試。於是柄文者偶舉執政子婿，致群譁，公殊不自意以同考被疑，然公不置一語辯也。公陞光禄寺丞，謁告歸，所謂執政子婿者，竟舉於南宫，謁選得令，以抗税使罷。於是人往往有諒公者矣。公里居，絶無當世志，第以其感慨牢騷之氣發抒於詩歌及古文辭。然鬱鬱不自得，竟卒。姜生曰：沈公高志節，恬進取人也。既被推擇居銓衡地，遭遇天子明聖，偕諸君子發抒其忠義慷慨，謫散秩小官，有洛陽少年風，九牧之士多慕稱之。沈公恒用骯髒自快，長者爲行，殊不使人疑，乃不幸爲柄文者累，人亦竟疑沈公，沈公能無怏怏齎志長逝哉。誇者死權，沈公自信平生，夷然不屑；烈士狥名，沈公竟不免。悲夫。婁江王冏伯，與公先後同署，直道君子也。居恒以予言爲然。予頃晤公仲子孝廉君自銓於公里第。公可謂有賢子。語及公生平，因爲公傳。

明・沈懋孝《祭寧庵沈尚寶文》 嗟乎，人生暮晚，正如寒林墜葉，滿目蕭疏。迴盼四十年前海内知交，百無一二者矣。乃里閈之近，道義密親，年力方盛，宜莫如君，君亦捨余而遐舉乎。疇昔之夕，夢君騎馬出金閶，余追送之城闉下。君拜稽告我曰：别師，即日行矣。覺而疑其兆，此似非祥也。及訃至，君竟以此日逝乎。魂交神合，倘亦念予難割，戀戀有故人之情者乎。傷哉。憶昔甲戌南宫校士，首得雄文而才之。君魁天下於妙年，美姿傑格，舉朝望之以爲玉樹琪花也，誰不賞余之藻拔者。無何，入司馬署。文經武緯，威望峩然。無何，改春官署。綜經洽典，朝章肅如也。無何，晉天官署。清修凝重，雅負公輔之器焉。又無何，建竑議，正綱常，犯上之嚴色，落一階，改尚璽丞。於是鴻名鵲起，公卿間又誰不交口誦余得人也者。入仕不十年，賢聲滿天下，豈不與賈長沙伯仲者哉。盛德宜人，才高得忌，兩者互爲伸屈，亦吾道消長之常耳。愛之者不能扶于前，而忌之者遂得操其末。夫孰非天之爲也。余素謇樸，無用於時。君且恬愉，早自韜晦。余依念庭闈，不以浮雲换疏水；而君鍾情慈極，終以綵服代封章。蓋我爾兩人者，歸田三十年，用之日少，藏之日長。山藪之味方穠，車馬之情何淡。吴江越水，扁舟過從；月渚風雩，一腔嵬抱。師友之樂，亦足以忘其老矣。余所惜君有淹通練達之才，用不滿其才；有忠正清華之望，官不副其望：天之琢磨君亦良薄矣。謂宜、與之上壽，償所不足，而壽復僅僅若斯者，此何解也。然使君當日周旋乎三吴東越諸相知間，稍一濡足，今亦化作從風之葉，人人且吐之矣。今君超然評論，矯矯風節，早退善藏，爲當世重，乃天所爲厚與之德，饒與之名，所得者不既多乎。崑璧天球，孝友合德。義方貽範，兩鳳鳴陽。詩禮世傳，田園蕪落。高標厚誼，久乃見真。鄉人信焉，國史紀焉，足稱不朽於士君子之林矣。嗚呼，修短數也。若以論於千古，直雲霄一毛耳。長言送君，再作來生之案。愛君懷君，音響仆絶。思之不得，哽咽氣絶。余老矣，不能復言矣。一生交誼，如此已矣。

清（康熙）《吴江縣志》卷三三 沈璟，字伯英。漢曾孫。少而韶秀穎悟。萬曆癸酉舉人，甲戌進士，授兵部職方主事，調吏部稽勳司，歷驗考功員外郎。時有册封鄭貴妃之旨，户科給事中姜應麟上疏，以重儲貳爲言，上怒其疑賣直。次日，璟上疏，請定大本、詳大典，以固國脉，並請王恭妃封號。忤旨，左遷行人司正。戊子，陞光禄丞。明年，以疾歸，家居二十餘年卒。初，璟爲順天同考官，所得士有長洲李鴻，爲相時行婿，議者以爲私，璟不自白。及鴻舉進士，知上饒，與稅璫忤，疑謗始息。璟以文章稱，性謙謹而能任事。精六書學，日釐訂不釋手。晚年考校樂府，自號詞隱先生。先是，邑沈義甫著《樂府指迷》，璟復釐正之。增訂《九宫曲譜》，又撰《論詞六則》、《正吴篇》，審音者宗焉。天啓初，追叙國本建言諸臣，贈光禄少卿。

清·潘檉章《松陵文獻》卷九《沈璟傳》　沈璟字伯英，漢曾孫。數歲穎悟，有神童稱。及長，頎晳朱顔，眉目如畫。萬曆二年舉進士。授職方司主事，以病免。尋補禮部儀制司，進員外郎。調稽勳司，歷驗封、考功二司，以父喪歸。復補驗封。十四年二月，上疏爲王恭妃請封號。忤旨，左遷行人司正。十六年爲順天同考官。遷光禄寺丞。明年，以疾乞歸。歸二十餘年卒。璟居兵、禮、吏三部時，邊徼阨塞及各將領主名，皆有手記入夾袋中。親較宗藩名封諸籍，不入吏手。詢訪人才，不令人知。順天所得士有長洲李鴻，爲申少師時行婿，言者以爲私。璟不自白。及鴻舉進士，知上饒，與稅監忤。言者始息。璟性謙謹，而能任事。晚乃習爲和光忍辱。有非意相加者，笑遣之。因改字聃和以自況。性喜誦讀，精六書。日親卷帙，遇誤字悉釐正。工詩文及行草書。生平不善飲，兼少交遊。晚年，杜門謝客，寄情樂府。先是邑人沈義甫著《樂府指迷》，璟復整齊舊章，鳩集諸家，增訂《九宫曲譜》，及撰《論詞六則》、《正吴編》，并皆爲審音者所宗。自號詞隱生。天啓初，追録國本建言諸臣，贈光禄少卿。

清·沈祖禹、沈彤《吴江沈氏家譜》附《吴江沈氏家傳·沈璟傳》　寧庵公諱璟，奉直公之長子也。生而韶秀玉立，穎悟絶人。數歲屬對，應聲如響。授之章句，日誦千餘言，有神童之稱。及長，頎晳靚俊，眉目如畫。雖衛洗馬、潘黄門，不是過也。十六補邑弟子員。十八餼于庠。二十一舉于鄉。明年爲南宫第三人，賜進士二甲五名。授職方主事。奉使歸，移疾。出補儀制主事。陞本司員外郎。庚辰會試爲授卷官。辛巳調吏部稽勳司，歷驗封、考功。壬午冬丁奉直公憂。乙酉起復，仍補驗封。丙戌春，上疏爲王恭妃請封號，左遷行人司正。戊子爲順天同考官。其年八月，陞光禄丞。明年仍以疾乞歸。疾愈，而林泉之興甚濃。雖無癸巳之察，固亦不出矣。公之垂髫也，奉直公率之遊歸安唐一菴樞、陸北川穩兩先生之門，兩先生甚器賞之。其爲諸生也，太守廣平蔡公，司理泰和龍公，御史南昌劉公，皆以國士待之。文譽蔚興，人共指爲異日廟堂瑚璉之器。即其科第官資所至，世猶以爲遇未酬望也。爲兵、禮兩曹時，邊徼阨塞及各將領主名，皆有手記入夾袋中；各宗藩名封等册，親自校勘，不入吏手，老吏抱牘嘗之，每咋舌退。爲吏部詢訪人材，不令人知。若管富陽之選侍御史，其一也。公閲文具隻眼。家居時邑中校士，從學師借數十卷至，獨賞一人，爲學師亟稱之。其人爲邑中所遺。學師述公言，邑爲附名上郡。郡院兩試皆高等，其秋遂雋，辛丑成進士，竟以文學政事知名。即吕僉憲純如也。其時家甚貧，年甚少，且未知名，故以爲難云。戊子順天之役，公所得士有長洲李鴻者，爲申少師婿。談者以爲私，公不自白。及少師歸，而鴻以乙未成進士。上饒之政，爲世名臣。談者始息。其他祁憲長光宗、郭吏部存謙，皆公戊子門人，尤其表表者。公能任事。從祖少西公卒，逆奴私侵其財，宗人競攘其産。公承父奉直公之志，力爲捍護，置奴於法，雖以此得罪諸父昆弟不恤也。晚乃更習爲和光忍辱。即惡聲相加，亦笑遣之，不與校。改字聃和，非無謂矣。公孝友天植，事王父母、父母皆得歡心。晚事母卜太宜人，尤盡色養。事諸父、從祖及諸宗長，謙抑卑遜，不異爲童子時。久而宗人化之，淩犯之風衰焉。至其爲長，寧屈己居下，若示之標準以作其弟者。其喪葬王父母及奉直公，皆獨任之，不以累諸弟。與閔宜人白首相莊，終身無頩顔誶語。斯皆人情所難也。公性喜讀書。閉門手一編，悠然自得。一日不親縹緗，若無所寄命者。公不善飲，又少交遊。晚年産益落，户外之屨幾絶。乃以其兼長餘勇，盡寄于詞。所著有《論詞六則》、《正吴編》及諸傳奇雜詠，并增訂《九宫詞譜》行於世。自元明諸名家以來，未有集成如公者也。夫公之文企班、馬，詩宗少陵，書則行、楷久珍于世，乃一不以自炫，而徒以詞隱名。此其意豈淺夫所能窺哉。壯年猶不廢山水花月之遊。晚則屏居深念，與世緣漸疎，意默默不自得矣。丙午，次子自銓舉于鄉，人皆爲公喜。公乃不久遘疾，三年餘不起。詩文若干卷，未刻。天啓初，追録國本建言諸臣，贈光禄寺少卿。

清（乾隆）《吴江縣志》卷二八《名臣傳・沈璟傳》 沈璟字伯英，漢曾孫。數歲穎悟，有神童稱。萬曆二年成進士，時年二十二。授兵部職方司主事，以病免。尋補禮部儀制司，進員外郎，改吏部稽勳司，歷驗封、考功二司，以父喪歸。復補驗封。十四年，左遷行人司司正。十六年爲順天同考官，遷光禄寺寺丞，以疾乞歸。歸二十餘年卒，年五十八。其在兵、禮、吏三部時，邊徼阨塞及各將領主名，皆有手記入夾袋中。親較宗藩名，封諸籍，不入吏手。詢訪人才，不令人知。後復補驗封司，會神宗生第三子，諭封其母鄭貴妃爲皇貴妃。時少師申時行等請册立皇長子爲皇太子，户科給事中姜應麟請收回封鄭貴妃成命，皆不聽。璟乃復上言，請定大本、詳大典以固國脈，并請皇長子母王恭妃封號。上怒，疑璟賣直，故左遷行人司司正。爲順天同考官，所得士有李鴻，爲時行婿。言者以爲私，璟不自白。及鴻成進士，知上饒，與稅監忤，疑謗始息。璟性謙謹，而能任事。晚乃習爲和光忍辱，有非意相加者，笑遣之。因改字聃和以自況。精六書學，喜誦讀，遇誤字悉釐正之。工詩文及行草書。告歸後，寄情詞曲，自號詞隱生。嘗評點沈義甫《樂府指迷》一卷，增訂蔣孝《南九宫十三調詞譜》爲《南詞全譜》二十一卷，撰《古今詞譜》二十卷、《論詞六則》、《正吴編》一卷，皆爲審音家所宗。天啓初，追録國本建言諸臣，贈璟光禄寺少卿。子自鋐，諸生，有文行。周忠毅宗建推重之。

清（光緒）《蘇州府志》卷一四七 松陵詞隱先生璟，於曲學法律甚精。汎濫極博，斤斤返古，力障狂瀾，中興之功，良不可没。與同里顧學憲道行並畜聲伎，爲香山洛社之遊。所著詞曲甚富。每客至，談及聲律，輒尾尾剖析，終日不置。嘗一命余序《南九宫譜》，既就梓，誤以均爲韻，余請改正，先生復札巽詞爲謝。比札至，先生已捐館舍矣。先是數年，道行先生亦卒。自兩先生没，而吴中遂無復有繼其迹者矣。

紀事

清・佚名《曲海總目提要》卷五《義俠記》 明萬曆時吴江人沈璟撰。以武松義而俠，故名。【略】劇中所演武松事，景陽甃虎，陽穀遇兄，殺西門慶，伏蔣門神，十字坡認義，飛雲浦報仇，全本《水滸衍義》。惟松妻賈氏，係作者撰出。今優壇所演，則又與此微異。蓋後人又爲之潤色，而大段原相同也。龔聖與行者武松贊云：汝優婆塞，五戒在身，酒色財氣，更要殺人。武松養病於柴進家，始與宋江相識，此上梁山之根也。蜈蚣嶺、十字坡、景陽岡、快活林、鴛鴦樓、飛雲浦、二龍山，未入水滸時，其事蹟最熱鬧。作者略據以敷演，已足聳人觀聽，而打虎一折，尤衆所共賞。至叙其與兄友愛而不幸處變，西門慶之奸黠，潘金蓮之淫蕩，王婆之刁詭，武大之愚懦，亦皆曲盡。爲兄報仇，殺三人以洩怨，亦頗有義俠之氣。同類則柴進、孔亮、張青、孫二娘、施恩、魯智深等，旁襯則陽穀令、士兵、鄆哥、何九、蔣門神、張都監等，皆據傳中點入。上梁山以後則事蹟更多，不暇載矣。

又《桃符記》 作者不知何人。其所本乃元鄭廷玉《包龍圖智勘後庭花》雜劇也。劉天儀，字攸宜，洛陽人也。遊學汴京，寄寓黄公店中。資斧俱罄，乃書春帖子賣字以償賃費。嘗書長命富貴、宜入新年二句於桃符，店家即以釘於門首。有裴氏青鸞者，洛陽小家女也。父裴公，母曾氏。因歲荒旱，挈女投汴京故人，無所遇，而裴公病死。樞密傅忠買青鸞爲妾，其妻雲氏妬甚，令堂候官王慶立引出，且令殺之。軍牢賈順者，其妻酆氏，王慶之所歡也。慶欲令順殺青鸞，酆氏爲慶畫策，以己意商之於順，縱青鸞母女，取其釵飾，而誑慶云已殺青鸞。使慶詰其情狀，酆氏爲證，言實未殺而縱之。慶遂逼順作休書，以酆嫁慶。順知慶與妻之合計也，出怨言，欲告慶於開封尹，慶與酆乃殺順以滅口，投後園枯井中。順有子幼即喑啞，雖痛父不能言也。天儀訪友，道遠不能還寓，遂宿友家。而曾氏母女倉卒逃遁，昏黑中相失。青鸞獨至黄公店叩門求寄，店小二即以天儀之寓留宿焉。半夜，欲與奸，青鸞不從。小二持斧怖之，立死。小二遂用天儀所書桃符板長命富貴一片，插於青鸞鬢上以鎮壓之，而埋於後園空地。天儀歸寓，張燈讀書。青鸞魂見，詭稱鄰女。天儀贈以《後庭花》，詞云：雲鬢堆緑鴉，羅裙簇絳紗。巧鎖眉顰柳，輕勾臉襯霞。小粧札，凌波羅襪，洞天何處家。題曰劉天儀作。青鸞和云：無心度歲華，夢魂常到家，不見天邊雁，相親井底蛙。碧桃花，鬢邊斜插，伴人憔悴殺。題曰裴青鸞作。唱和之次，青鸞母曾氏是晚亦投黄店中，聞女聲，排闥而入，則女倏不見。曾氏謂天儀匿女，訴之開封府。傅忠索青鸞母女不得，以問王慶。慶言發與賈順，順脱逃不知所至。忠怒，亦訴於開封尹。開封尹者，包龍圖拯也。同日接二訴，深疑其事，而又有鬼魂訴冤。拯讞天儀，閲所作詞，知青鸞已死，令張千隨天儀至寓。俟青鸞至，索取其信物。青鸞果至，以鬢邊碧桃花贈之，明日，變爲桃符一片矣。令張千踪蹟失桃符者。至黄公店中，止存宜入新年一片，乃擒小二治之，具得其情。又令張千踪蹟賈順。至順家，悄無一人，見一枯井，揭去石板，攎得一麻布袋，其中有屍，則男子也。有啞兒隨之哭泣。帶入府詢之，不能言，作手勢。令千往捉其母。母未至，而慶以青鸞事庭讞。啞兒忽語云：殺吾父者，即此人也。慶乃辭服。酆氏至亦不能詆讕。於是王慶、酆氏及店小二俱正法。用神丹活青鸞。拯薦天儀授官，忠以青鸞爲女，配爲夫婦焉。《後庭花》原本劉天義，今改天儀。廉訪使趙忠，今改樞密使傅忠。忠妻張氏，今改雲氏。祗候人李順，今改賈順。順妻張氏，今改酆氏。王氏翠鸞，朝廷所賜，今改裴氏青鸞。忠所買翠鸞死，建造墳塋，今改青鸞復生，爲天儀之室。獅子店今改黄公店。

又《四異記》 明沈璟撰。演劉璞、孫潤事。本之稗史，而詳於小説之《喬太守亂點鴛鴦簿》。男女四人，故曰《四異》。有作《碧玉串》者，亦名《雙玉串》，又係後人仿璟作而稍加變换也。《笑史》云：嘉靖間，崑山民爲男聘婦，而男得痼疾，民信俗有冲喜之説。女家度婿且死，不從，强之，乃飾其少子爲女歸焉。將以爲旬日計，既草率成禮，男父母謂男病不當近色，命其幼女伴嫂寢，而二人竟私爲夫婦矣。逾月，男疾漸瘳，女家恐事敗，紿以他故，邀女去，事寂無知者。因女有娠，父母窮問得之，訟之官獄，連年不解。有葉御史者判牒云：嫁女得媳，娶婦得婿，顛之倒之，左右一義。遂聽爲夫婦焉。吴江沈寧菴吏部爲作《四異記》傳奇。

又《一種情》 相傳近時人李漁所作。漁本宦家書史，幼時聰慧，能撰歌詞小説，遊蕩江湖，人以俳優目之。此記本《情史》吴興娘事，興娘與生者有殊，其情一種也。採入盧二舅引女子彈箜篌一節，以爲關目焉。按：大德中，揚州富人吴防禦，居春風樓側，與宦族崔君爲鄰，交契甚厚。崔有子曰興哥，防禦有女曰興娘，俱在襁褓。崔君因求女爲興哥婦，防禦許之，以金鳳釵一隻爲約。而崔君遠宦，凡一十五載，音耗竟絶。女年十九矣，其母謂防禦曰：崔家郎君一去杳然，興娘長成矣，不可執守前言，令其失時也。防禦曰：吾已許故人矣，可食言耶。女亦望生不至，因而感病，半載而終。臨殮，母持金鳳釵撫尸而泣曰：此女夫家之物也，吾留此安用。遂簪于其髻而殯焉。殯兩月而崔生至，防禦迎之，訪問其故，生曰：父爲宣德府理官而卒，母亦先逝數年矣。今已服除，故不遠千里而來。防禦下淚曰：興娘薄命，爲念君故得疾，于兩月前飲恨而死，今殯之矣。引生入室，至其靈席前，焚楮錢以告之，舉家號慟。防禦謂生曰：郎君父母既没，道途又遠，今既來此，可便於吾家住宿。故人之子，即吾子也，勿以興娘没故，自同外人。即令搬挈行李，於門側小齋安泊。將及半月，時值清明，防禦以女新殁，舉家上塚。興娘妹慶娘，年甫十七，是日與家衆同赴新墳，惟留崔生在家。至暮回歸，天色已黑，崔生於門迎。有轎二乘，前轎已入，後轎至生前，忽有物墮地鏗然。生急往拾之，乃金鳳釵一隻，欲納還防禦，則中門已閉。生還小齋，明燭兀坐，思念姻緣挫失，而孑身寄跡於人，亦非久計，長歎數聲。方欲就枕，忽聞剥啄，問之則不答，不問則又扣。如是者三。乃强起開門視之，一女殊麗，立於門外，遽搴裙而入，生大驚。女子低容斂氣，向生細語曰：崔郎不識妾耶。妾乃興娘之妹慶娘也，適來墜釵轎下，君拾得否。欲止生室，生以其父待之厚，拒之確，至于再三。女忽赧怒曰：吾父以子姪之禮待汝，置留小齋，汝乃敢於深夜誘我至此。我訴之於父，訟汝于官，必不捨汝矣。生懼，不得已而從焉。至曉乃去。自是暮隱而入，朝隱而出，往來於小齋，可一月半。忽一夕謂生曰：妾處深閨，君居外館，今日之事，幸無人覺。誠恐好事多磨，佳期易阻，一旦聲跡彰露，親庭罪責，在妾固所甘心，於君誠恐累德。莫若先事而發，懷璧而逃，或晦迹深村，或潛踪别郡，庶優遊偕老，不致分離也。生然其計，因自念零丁孤苦，素乏親知，雖欲逃亡，竟將焉往。嘗聞父言有舊僕金榮者，信義人也，居鎮江吕城，以耕種爲業，今往投之，庶不我拒。至明日五更，與女輕裝而出，買船過瓜州奔丹陽。訪於村氓，則金榮在焉，其家殷富，爲本村保正。生乃大喜，造其門。至則初不相識也，生言其父姓名爵里，及己乳名，方始記認。則思而哭其主，擁生在堂而拜謁曰：此吾家郎君也。生具告以故。乃虚正堂而處之，事之如事舊主，衣食之需，供給甚至。生住金榮家將及一年，女告生曰：始懼父母見責，故與君爲卓氏之逃，大非獲已。今已及朞矣，愛子之心，人皆有之，倘其自歸，喜于再見，必不我罪。況親恩莫大，豈有終絶之理乎。生從其言，即與之别金榮，渡江入城。將近其家，謂生曰：妾逃竄一年，今遽與君往，或恐觸彼之怒。君可先之，妾艤舟於此以候。臨行復呼生回，以金鳳釵與之曰：如或疑拒，當出此示之可也。生至門，防禦欣然迎之，反致謝曰：前顧待不周，致君他適，老夫之罪也，幸勿見責。生拜伏不敢仰視，但稱死罪。防禦駭然曰：何故乃爾。願得開陳，釋我疑慮。生惶愧言曰：曩者房帷事密，兒女情多，負不義之名，犯私通之律，不告而娶，竊負而逃，竄伏村墟，曠絶音問。今擕令愛，同此歸寧，伏望恕其罪譴，使得終遂于飛，大人有溺愛之恩，小子有室家之樂，是所幸也。防禦曰：吾女卧病在牀，今乃一載。饘粥不進，轉側須人，豈有是事也。生謂其恐爲門户之辱，故飾詞以拒之，乃曰：今慶娘在於舟中，可令人舁取之來。防禦雖不信，姑令家僮馳往視之。至江，並無所見。防禦大怒，責生妖妄，生乃袖中取出金鳳釵以進。防禦見之，大驚曰：此物吾亡女興娘殉葬之物，胡爲至此。疑惑之際，慶娘忽于床上欣然而起，出至堂前，拜其父曰：興娘不幸，早辭嚴侍，遠棄荒郊。然與崔生緣分未斷，今來此，意亦無他，請以愛妹慶娘，續其婚爾。如從所請，妹病即痊，不然，命盡此矣。舉家驚駭，視其身則慶娘，而言動舉止即興娘也。父詰之曰：汝既死矣，安得復于人世，爲此亂惑乎。對曰：女之死也，冥司以女無罪，不復拘禁，得隸玉皇娘娘帳下，掌傳牋奏。切以世緣未盡，故特給假一年，來與崔郎了此一段姻緣爾。防禦聞其言，乃許之。即斂容拜謝其父，又與崔生執手歔欷爲别，且曰：父母許我矣，汝好做嬌客，慎毋以新人而忘故人也。言訖，慟哭仆地，視之已死矣。急以湯藥灌之，移時乃甦。其病即痊，行動如常，叩以前事，並云罔知。防禦遂涓吉續崔生之婚。生感興娘之情，以金鳳釵賣于市，得鈔二十錠，盡買香燭楮幣，賫詣瓊花館，命道士建醮三晝夜，以報興娘。興娘復托夢于崔生曰：蒙拔尚有餘情，雖隔幽冥，實深感佩。小妹慶娘，直性柔和，宜善待之。生聞之，驚悼而覺，此後遂絶。

按：《逸史》云，昔有盧李二生，隱居太白山讀書，兼習吐納導引之術。一旦，李生告歸曰：吾不能甘此寒苦，且浪跡江湖。訣别而去。後李生知橘子園，人吏隱欺，欠折官錢數萬貫，羈縻不得東歸，貧甚。偶過揚州阿使橋，逢一人草蹻布衫，視之乃盧生。生昔號二舅，李生與語，哀其襤褸。盧生大罵曰：我貧賤何畏。公不作好，棄身凡弊之所，又有欠負，身被囚拘，尚有面目相見乎。李生厚謝，二舅笑曰：居處不遠，明日即將奉迎。至旦，果有一僕者馳駿足來，云二舅遣迎郎君。既去，馬疾如風，過城南數十里。路側朱門斜開，二舅出迎，星冠霞帔，容貌光澤。侍婢數十人，與橋下儀狀全別，邀李生中堂宴饌。名花異木，若在雲霄。既夜，引李生入北亭命酌，曰：兼與公求得佐酒者，頗善箜篌。須臾，紅燭引一女子至，容色極艷，新聲甚嘉。李生視箜篌上有朱字一行云：天際識歸舟，雲間辨江樹。罷酒，二舅曰：莫願作婚姻否。李生曰：某安敢。二舅許爲成之。又曰：公所欠官錢多少。曰：二萬貫。乃與一柱杖曰：將此于波斯店取錢。可從此學道，無自穢也。纔曉前馬至，二舅令李生去，送出門。波斯見拄杖驚曰：此盧二舅拄杖，何以得之。依言付錢，遂得無事。其年往汴州，行軍陸長源以女嫁之，既婚，頗類盧二舅北亭子所覩者。復解箜篌，果有朱書字，視之，天際之詩兩句也。李生具説揚州城南盧二舅亭中筵宴之事，妻曰：少年兄弟戲書此。昨夢使者云仙官追，一如公所言也。李生歎訝。卻尋二舅之居，惟見荒草，不復覩亭臺矣。劇改吴興娘爲何，添入周王廟一折。

著録

明・吕天成《義俠記序》 世所梓行者惟《紅蕖》、《十孝》、《分錢》、《埋劍》、《雙魚》凡五記及《考訂琵琶》、《南曲全譜》、《南詞韻選》，予所梓行者惟《合衫》，半埜主人所梓行者惟《論詞六則》、《唱曲當知》及宋人之《樂府指迷》。乃予嘗從先生屬玉堂乞得稿本如《義俠》、《分柑》、《桃符》、《鑿井》、《鴛衾》、《珠串》、《結髮》、《四異》、《奇節》凡九記，手授副墨，藏諸櫝中。

清・佚名《傳奇彙考標目》卷上 沈璟字伯英，【略】所著有《屬玉堂傳奇》十七種行於時：《紅蕖》鄭德璘事、《埋劍》郭非卿事、《十孝》、《雙魚》符郎事、《義俠》、《合衫》、《桃符》、《鴛衾》、《四異》、《分柑》、《珠串》、《鑿井》、《結髮》、《奇節》、《分錢》、《博笑》、《墜釵》。

清・佚名《古人傳奇總目》 《桃符》，沈寧庵作，包拯事。《義俠》，沈寧庵作，武松事。《埋劍》，沈寧庵作，郭飛卿事。《雙魚》，沈寧庵作，符郎事。《博笑》，沈寧庵作與《十笑》類。《十孝》，沈寧庵作每事三折。《四異》，沈寧庵作。《合衫》，沈寧庵作，元劇《公孫合汗衫》事。《鴛衾》，沈寧庵作，聞有是事。

《鑿井》，沈寧庵作。《奇節》，沈寧庵作。《紅蕖》，沈寧庵作，鄭德璘事。《分書》，沈寧庵作。《分柑》，沈寧庵作，彌子瑕事。《珠串》，沈寧庵作，崔郊事。《結髮》，沈寧庵作。

清・黃文暘、佚名《重訂曲海總目・明人傳奇》 沈璟，吴江人。《桃符記》、《義俠記》、《埋劍記》、《分柑記》、《十孝記》、《分錢記》、《結髮記》、《珠串記》、《雙魚記》、《博笑記》、《四異記》、《墜釵記》、《合衫記》、《奇節記》、《鴛衾記》、《鑿井記》、《紅蕖記》、《耆英會》、《翠屏山》、《望湖亭》、《一種情》。

清・支豐宜《曲目新編・明人傳奇》 《桃符》、《義俠》、《埋劍》、《分柑》、《十孝》、《分錢》、《結髮》、《珠串》、《雙魚》、《博笑》、《四異》、《墜釵》、《合衫》、《奇節》、《鴛衾》、《鑿井》、《紅渠》、《耆英會》、《翠屏山》、《望湖亭》、《一種情》。右二十一種，吴江沈璟作。

清・姚燮《今樂考證・著録六・明院本》 沈璟十七種：《桃符》、《義俠》、《埋劍》、《分柑》、《十孝》、《分錢》、《結髮》、《珠串》、《雙魚》、《博笑》、《四異》、《墜釵》、《合衫》、《奇節》、《鴛衾》、《鑿井》、《紅蕖》。

清・王國維《曲録》卷四 《紅蕖記》一本，《埋劍記》一本，《十孝記》一本，《分錢記》一本，《雙魚記》一本，《合衫記》一本，《義俠記》一本，《鴛衾記》一本，《桃符記》一本，《分柑記》一本，《四異記》一本，《鑿井記》一本，《珠串記》一本，《奇節記》一本，《結髮記》一本，《墜釵記》一本，《博笑記》一本，《耆英會》一本，《翠屏山》一本，《望湖亭》一本，《一種情》一本。右二十一種，明沈璟撰。

黃方胤

論説

明・馬麗華《陌花軒雜劇叙》 醒狂黃四君，蓋翩翩佳公子也。儂竊辱一日之雅，風晨月夕，舉白命歌，多君稱賞。因出《陌花軒雜劇》示儂，捧讀未終，令人鼓掌，可謂塵寰情態，被君三寸舌盡而吐矣。君曰：匪有所指。儂則曰：殆甚十指哉。第假而名，用存忠厚耳。奏之王公之前不爲褻，歌之閭里有所懲。然則斯刻也，詎徒廣戲場一粲已耶。儂所弗信矣。

明・祁彪佳《遠山堂劇品・具品》 《柳浪雜劇》南北十折。署醒狂散人作。以俗筆爲之，雖極摹寫，終非雅詣。惟《再醮》、《督妓》二曲，少有餘韻。《偷期》內數語可觀。至若《孌童》、《懼內》諸折，不如他曲遠矣。

著録

明・祁彪佳《遠山堂劇品・具品》 醒狂散人：《柳浪雜劇》南北十折。

清・黃文暘《曲海目》附《曲考》 《倚門》、《再醮》、《淫僧》、《偷期》、《督妓》、《孌童》、《懼內》，六種，題《陌花軒雜劇》，黃方印作。

清・黃文暘、佚名《重訂曲海總目》 黃方胤：《倚門》、《再醮》、《淫僧》、《偷期》、《孌童》、《懼內》。六種，名《陌花軒雜劇》。

清・梁廷枏《曲話》卷一 以雜劇言之，【略】其人各六種者，國朝如：黃方印之《倚門》、《再醮》、《淫僧》、《偷期》、《督妓》、《孌童》、《懼內》。

清・支豐宜《曲目新編・國朝雜劇・補遺》 《倚門》、《再醮》、《淫僧》、《偷期》、《督妓》、《孌童》、《懼內》。右七種題《陌花軒雜劇》，黃方印作。

清・姚燮《今樂考證・著録四・國朝雜劇》 黃方印七種：《倚門》、《再醮》、《淫僧》、《偷期》、《督妓》、《孌童》、《懼內》右七種合刻曰《陌花軒雜劇》。

清・王國維《曲録》卷三 《倚門》一本，《再醮》一本，《淫僧》本，《偷期》一本，《孌童》一本，《懼內》一本。右六種，李斗《揚州畫舫録》引焦里堂《曲考》云：總題《陌花軒雜劇》，黃方印撰。案：《客座贅語》卷九云：黃上舍方儒著《陌花軒詞小令》，以軒名。推之，則方印當作方儒。方儒，金陵人。

海鹽腔

論説

明・陸容《菽園雜記》卷一〇　嘉興之海鹽，紹興之餘姚，寧波之慈溪，臺州之黄巖，温州之永嘉，皆有習爲倡優者，名曰戲文子弟，雖良家子不恥爲之。其扮演傳奇，無一事無婦人，無一事不哭，令人聞之，易生悽慘。此蓋南宋亡國之音也。其贗爲婦人者名粧旦，柔聲緩步，作夾拜態，往往逼真，士大夫有志於正家者，宜峻拒而痛絶之。

明・祝允明《猥談》　南戲出於宣和之後，南渡之際，謂之温州雜劇。【略】愚人蠢工，狗意更變，妄名餘姚腔、海鹽腔、弋陽腔、崑山腔之類，變易喉舌，趁逐抑揚，杜撰百端，真胡説耳。若以被之管絃，必至失笑，而昧士傾喜之，互爲自謾爾。

明・魏良輔《南詞引正》　腔有數樣，紛紜不類。各方風氣所限，有崑山、海鹽、餘姚、杭州、弋陽。

明・何良俊《曲論》　近日多尚海鹽南曲，士夫稟心房之精，從婉孌之習者，風靡如一，甚者北土亦移而耽之。更數世後，北曲亦失傳矣。

明・徐渭《南詞敘録》　今唱家稱弋陽腔，則出於江西，兩京、湖南、閩、廣用之。稱餘姚腔者，出於會稽，常、潤、池、太、揚、徐用之。稱海鹽腔者，嘉、湖、温、臺用之。

明・王驥德《曲律》卷二《論腔調第十》　夫南曲之始，不知作何腔調。沿至於今，可三百年。世之腔調，每三十年一變，由元迄今，不知經幾變更矣。大都創始之音，初變腔調，定自渾樸。漸變而之婉媚，而今之婉媚極矣。舊凡唱南調者，皆曰海鹽。今海鹽不振，而曰崑山。崑山之派，以太倉魏良輔爲祖。今自蘇州而太倉松江，以及浙之杭、嘉、湖，聲各小變，腔調略同，惟字泥土音，開、閉不辨，反譏越人呼字明確者爲浙氣，大爲詞隱所疵。詳見其所著《正吴編》中。甚如唱火作呵上聲，唱過爲箇，尤爲可笑。過之不得爲箇，已載編中。而火之不可爲呵上聲，詞隱猶未之及也。然其腔調，故是南曲正聲。

明・湯顯祖《宜黄縣戲神清源師廟記》　此道有南北。南則崑山之次爲海鹽，吴浙音也。其體局静好，以拍爲之節。

明・顧起元《客座贅語》卷九　今則吴人益以洞簫及月琴，聲調屢變，益爲悽惋，聽者殆欲墮淚矣。大會則用南戲，其始止二腔，一爲弋陽，一爲海鹽。【略】海鹽多官語，兩京人用之。

明・沈寵綏《度曲須知》卷上《曲運隆衰》　而詞既南，凡腔調與字面俱南，字則宗洪武而兼祖中州。腔則有海鹽、義烏、弋陽、青陽、四平、樂平、太平之殊派。雖口法不等，而北氣總已消亡矣。

清・劉廷璣《在園雜誌》卷三　西江弋陽腔、海鹽浙腔，猶存古風，他處絶無矣。

清・徐大椿《樂府傳聲・源流》　曲之變，上古不可考。自唐虞之賡歌擊壤以降，凡朝廷草野之間，其歌詩謡諺不可勝窮，兹不盡述。若今日之聲存而可考者，南曲北曲二端而已。【略】南曲之異，則有海鹽、義烏、弋陽、四平、樂平、太平等腔。

清・王德暉《顧誤録》　蓋詞章既南，則凡腔調與字面皆南，韻則遵洪武，而兼祖中州。腔則有海鹽、義烏、弋陽、青陽、四平、樂平、太平之分派。

清・洪亮吉《卷施閣文集》文乙集卷二《七招》　曰：無已將樂，子以靡靡之聲，蕩之以淫樂。北部則樅陽、襄陽，秦聲繼作。芟除笙笛，聲出於肉。棗木内實，篔簹中鑿，今時稱梆子腔竹用篔簹木用棗啄木聲碎，官蛙閣閣。聲則平調側調，蓺則東郭西郭。東郭西郭見孫明經星衍芍樂本事詩然子吴人也，請歌南部曼綽、絃索，院本是祖，五聲清脆，節之以鼓，弋陽、海鹽之調，良輔、伯龍之譜。梁伯龍、魏良輔，明萬曆間人，始變爲崑山腔。

清・嚴長明《秦雲擷英小譜》　金元間，始有院本。一人場内坐唱，一人場上應節赴焉。今戲劇出場，必扮天官引導之，其遺意也。院本之後演而爲曼綽俗稱高腔，在京師者稱京腔，爲絃索。曼綽流於南部，一變爲弋陽腔，再變爲海鹽腔；至明萬曆後，梁伯龍、魏良輔出，始變爲崑山腔。

紀事

明・祝允明《猥談》 今人間用樂，皆苟簡錯亂。其初歌曲絲竹，大率金元之舊，略存十七宫調，亦且不備，祇十一調中填輳而已。雖曰不敢以望雅部，然俗部大概較差，雅部不啻數律。今之俗部尤極高，而就其聲察，初無定，一時高下隨工任意移易，蓋視金元製腔之時又失之矣。自國初以來，公私尚用優伶供事，數十年來，所謂南戲盛行，更爲無端，於是聲樂大亂。南戲出於宣和之後，南渡之際，謂之温州雜劇。予見舊牒，其時有趙閎夫榜禁，頗述名目，如《趙真女蔡二郎》等，亦不甚多，以後日增。今遍滿四方，轉轉改益，又不如舊。而歌唱愈謬，極厭觀聽。蓋已略無音律腔調。疾徐抑揚之節各有部位調者舊八十四調後十七宫調今十一調正宫不可爲中吕之類此四者無一不具愚人蠢工，狗意更變，妄名余姚腔、海鹽腔、弋陽腔、崑山腔之類，變易喉舌，趁逐抑揚，杜撰百端，真胡説耳。若以被之管弦，必至失笑，而昧士傾喜之，互爲自謾爾。

明・沈德符《萬曆野獲編》卷一《禁中演戲》 内廷諸戲劇俱隸鐘鼓司，皆習相傳院本，沿金元之舊，以故其事多與教坊相通。至今上始設諸劇於玉熙宫，以習外戲，如弋陽、海鹽崑山諸家俱有之，其人員以三百爲率，不復屬鐘鼓司。

明・范濂《雲間據目鈔》卷二 戲子在嘉隆交會時，有弋陽人入郡爲戲，一時翕然崇高，弋陽、人遂有家於松者。其後漸覺醜惡，弋陽人復學爲太平腔、海鹽腔以求佳，而聽者愈覺惡俗，故萬曆四五年來遂屏跡，仍尚土戲。

雜録

明・楊慎《丹鉛總録卷一四《訂訛類》・北曲》 近日多尚海鹽南曲，士夫稟心房之精，從婉孌之習者，風靡如一，甚者北土亦移而耽之。更數十百年，北曲亦失傳矣。

明・李日華《紫桃軒雜綴》卷三 張鎡，字功甫，循王之孫，豪侈而有清尚。嘗來吾郡海鹽，作園亭自恣，令歌兒演曲，務爲新聲，所謂海鹽腔也。

弋陽腔

題解

清・顧銕卿《清嘉録》卷一《新年》 攤黄，乃弋腔之變，以琵琶、絃索、胡琴、檀板，合動而歌。

清（嘉慶）《翼宿神祀碑記》 兵部侍郎兼都察院右副都御史總理糧儲提督軍務巡撫江甯等處地方事務費，爲曉諭事照得欽奉諭旨。元明以來，流傳劇本，皆系崑、弋兩腔。已非古樂正音，但其節奏腔調，猶有五音遺意，即扮演故事，亦有談忠説孝，尚足以觀感勸懲。乃近日倡有亂彈、梆子、弦索、秦腔等戲，聲音既屬淫靡，其所扮演者，非狹邪媟褻，即怪誕悖亂之事，於風俗人心，殊有關係。此等腔調，雖起自秦、皖，而各處輾轉流傳，竟相仿效。即蘇州、揚州，向習崑腔。近有厭舊喜新，皆以亂彈等腔爲新奇可喜，轉將素習昆腔拋棄，流風日下，不可不嚴行禁止。嗣後除崑、弋兩腔，仍照舊準其演唱，其外亂彈、梆子、弦索、秦腔等戲，概不準再行唱演。所有京城地方，著交和珅演查飭禁。並著傳諭江蘇、安徽巡撫，蘇州織造，兩淮鹽政，一體嚴行查禁。如再有仍前唱演者，惟該巡撫、鹽政、織造是問。欽此，欽遵。查亂彈、梆子、弦索、秦腔等戲，淫靡媟褻，怪誕不經，最爲風俗人心之害。今欽奉諭旨，飭禁森嚴，即應先令民間概行擯棄，不復演唱。則此種戲班，無技可施。庶不致輾轉流傳，競相仿效。除行司轉飭查禁，如系外來之班，諭令作速回籍，毋許在境逗留。其原系本省之班，如能改習崑弋兩腔，仍準演唱外，合亟出示曉諭。爲此示仰闔屬軍民人等及各戲館知悉，嗣後民間演唱戲劇，止許扮演崑、弋兩腔。其有亂彈等戲者，定將演戲之家及在班人等，均照違制律，一體治罪，斷不寬貸。各宜凛遵毋違，特示。嘉慶三年三月初四日示。

論説

明·祝允明《猥談》 南戲出於宣和之後，南渡之際，謂之温州雜劇。

【略】愚人蠢工，狥意更變，妄名餘姚腔、海鹽腔、弋陽腔、崑山腔之類，變易喉舌，趂逐抑揚，杜撰百端，真胡説耳。若以被之管絃，必至失笑，而昧士傾喜之，互爲自謾爾。

明·楊慎《升庵詩話》卷九《寄明州于駙馬》 平陽音樂隨都尉，留滯三年在浙東。吴越聲邪無法曲，莫教偷入管弦中。南方歌詞，不入管弦，亦無腔調，如今之弋陽腔也。蓋自唐宋已如此，謬音相傳，不可詰也。東坡《贈王定國歌姬》云：好把鸞黄記宫樣，莫教弦管作蠻聲。亦是此意。

明·魏良輔《南詞引正》 腔有數樣，紛紜不類。各方風氣所限，有崑山、海鹽、余姚，杭州、弋陽。自徽州，江西福建俱作弋陽腔。永樂間，雲貴二省皆作之，會唱者頗入耳。

明·徐渭《南詞叙録》 今唱家稱弋陽腔，則出於江西，兩京、湖南、閩、廣用之；稱餘姚腔者，出於會稽，常、潤、池、太、揚、徐用之；稱海鹽腔者，嘉、湖、温、臺用之。

明·王驥德《曲律》卷二《論腔調第十》 夫南曲之始，不知作何腔調。沿至於今，可三百年。世之腔調，每三十年一變，由元迄今，不知經幾變更矣。大都創始之音，初變腔調，定自渾樸。漸變而之婉媚，而今之婉媚極矣。舊凡唱南調者，皆曰海鹽。今海鹽不振，而曰崑山。崑山之派，以太倉魏良輔爲祖。今自蘇州而太倉松江，以及浙之杭、嘉、湖，聲各小變，腔調略同，惟字泥土音，開、閉不辨，反譏越人呼字明確者爲浙氣，大爲詞隱所疵。詳見其所著《正吴編》中。甚如唱火作呵上聲，唱過爲箇，尤爲可笑。過之不得爲箇，已載編中。而火之不可爲呵上聲，詞隱猶未之及也。然其腔調，故是南曲正聲。數十年來，又有弋陽、義烏、青陽、徽州、樂平諸腔之出。今則石臺、太平梨園，幾遍天下，蘇州不能與角什之二三。其聲淫哇妖靡，不分調名，亦無板眼。又有錯出其間，流而爲兩頭蠻者，皆鄭聲之最，而世争羶趨痂好，靡然和之，甘爲大雅罪人，世道江河，不知變之所極矣。

又《論板眼第二》 聞之先輩，有傳腔遞板之法，以數人暗中圜坐，將舊曲每人歌一字，即以板輪流遞按，令數人歌之如一聲，按之如一板，稍有緊緩（腔）、先後（板）之誤，輒記字以罰，如此庶不致腔調參差，即古所謂纍纍如貫珠者。今至弋陽、太平之衮唱，而謂之流水板，此又拍板之一大厄也。

又卷三《論板眼第一一》 今至弋陽、太平之衮唱，而謂之流水板，此又拍板大厄也。

明·湯顯祖《宜黄縣戲神清源師廟記》 江以西弋陽，其節以鼓。其調諠。至嘉靖而弋陽之調絶，變爲樂平，爲徽青陽。

明·張大復《梅花草堂筆談》卷一四《柳生》 腔右崑山，有聲容者多就之。然五十年來，伯龍死，沈白他徙，崑腔稍稍不振，乃有四平、弋陽諸部，先後擅場。然自新安汪姬。上江蔡姬而後，寥寥矣。

明·顧起元《客座贅語》卷九 今則吴人益以洞簫及月琴，聲調屢變，益爲悽惋，聽者殆欲墮淚矣。大會則用南戲，其始止二腔，一爲弋陽，一爲海鹽。弋陽則錯用鄉語，四方士客喜閲之；海鹽多官語，兩京人用之。

明·凌濛初《譚曲雜劄》 况江西弋陽土曲，句調長短，聲音高下，可以隨心入腔，故總不必合調，而終不悟矣。

又 况江西弋陽土曲，句調長短，聲音高下，可以隨心入腔，故總不必合調。

明·沈寵綏《度曲須知·曲運隆衰》 而詞既南，凡腔調與字面俱南，字則宗洪武而兼祖中州；腔則有海鹽、義烏、弋陽、青陽、四平、樂平、太平之殊派。雖口法不等，而北氣總已消亡矣。

清·李漁《閒情偶寄》卷二《詞曲部·音律第三》 自南本一出，遂變極佳者爲極不佳，極妙者爲極不妙。推其初意，亦有可原，不過因北本爲詞曲之豪，人人贊羡，但可被之管絃，不便奏諸場上，但宜於弋陽、四平等俗優，不便强施於崑調，以係北曲而非南曲也。兹請先言其故。北曲一折，止隸一人。雖有數人在場，其曲止出一口，從無互歌、迭詠之事。弋陽、四平等腔，字多音少，一洩而盡。又有一人啓口，數人接腔者，名爲一人，實出衆口。故演《北西厢》甚易。

清・劉廷璣《在園雜誌》卷三　舊弋陽腔乃一人自行歌唱，原不用衆人幫合，但較之崑腔，則多帶白作。曲以口滚唱爲佳，而每段尾聲，仍自收結，不似今之後臺衆和，作哟哟囉囉之聲也。西江弋陽腔、海鹽浙腔，猶存古風，他處絶無矣。近今且變弋陽腔爲四平腔、京腔、衛腔，甚且等而下之，爲梆子腔、亂彈腔、巫娘腔、瑣哪腔、囉囉腔矣。愈趨愈卑，新奇疊出，終以崑腔爲正音。

清・徐大椿《樂府傳聲・源流》　曲之變，上古不可考。自唐虞之賡歌擊壤以降，凡朝廷草野之間，其歌詩謡諺不可勝窮，兹不盡述。若今日之聲存而可考者，南曲北曲二端而已。【略】南曲之異，則有海鹽、義烏、弋陽、四平、樂平、太平等腔。

清・嚴長明《秦雲擷英小譜》　金元間，始有院本。一人場内坐唱，一人場上應節赴焉。今戲劇出場，必扮天官引導之，其遺意也。院本之後演而爲曼綽（俗稱高腔，在京師者稱京腔。），爲絃索。曼綽流於南部，一變爲弋陽腔，再變爲海鹽腔；至明萬曆後，梁伯龍、魏良輔出，始變爲崑山腔。

清・李調元《劇話》卷上　弋腔始弋陽，即今高腔，所唱皆南曲。又謂秧腔，秧即弋之轉聲。京謂京腔，粤俗謂之高腔，楚、蜀之間謂之清戲。向無曲譜，衹沿土俗，以一人唱而衆和之，亦有緊板、慢板。

清・吴長元《燕蘭小譜》　元時院本，凡旦色之塗抹、科諢、取妍者爲花，不傅粉而工歌唱者爲正，即唐雅樂部之意也。今以弋腔，梆子等曰花部，崑腔曰雅部，使彼此擅長，各不相掩。

清・洪亮吉《卷施閣文集・七招》文乙集卷二　曰：無已將樂，子以靡靡之聲，蕩之以淫樂。北部則樅陽、襄陽，秦聲繼作。芟除笙笛，聲出於肉，束木内實，質簹中鑿。（今時稱梆子腔，竹用質簹，木用棗。）啄木聲碎，官蛙閣閣。聲則平調側調，蓺則東郭西郭。（東郭西郭見孫明經星衍芍樂本事詩）然子吴人也，請歌南部曼綽、絃索，院本是祖，五聲清脆，節之以鼓，弋陽、海鹽之調，良輔、伯龍之譜。（梁伯龍、魏良輔，明萬曆間人，始變爲崑山腔。）

清・昭槤《嘯亭雜録》卷八《秦腔》　惟弋腔不知起於何時，其鐃鈸喧闐，唱口囂雜，實難供雅人之耳目。

清・王德暉《顧誤録》　蓋詞章既南，則凡腔調與字面皆南，韻則遵洪武，而兼祖中州。腔則有海鹽、義烏、弋陽、青陽、四平、樂平、太平之分派。

清・張際亮《金臺殘淚記》卷三《雜記》　《燕蘭小譜》記京班舊多高腔。自魏長生來，始變梆子腔，盡爲淫靡。然當時猶有保和文部專習崑曲。今則梆子腔衰，崑曲且變爲亂彈矣。亂彈即弋陽腔，南方又謂下江調，謂甘肅腔，曰西皮調。

清・劉禧延《中州切音譜贅論》　弋陽土音，於寒山、桓歡、先天韻中字，或混入此韻。如關、官作光。丹、端作當。班、般作幫蠻、瞞作茫。蘭、鸞作郎。山作傷，音似桑，安作映，難作囊，完作王，年作匿杭切之類。明人傳奇中，盛行如《鳴鳳記》用韻，亦且混此土音，而並雜入他韻。吾吴土音，呼此韻正齒音，或作齒頭音。章混臧，閶混倉，傷混桑，嘗作俗杭切。（他韻如此類者至多。）或問子於土音，各韻既歷言之，如東鍾韻亦有土音之異乎。余曰：徽人讀東鍾韻字公如昆，（俗多誤讀昆如坤。）風如分，翁如温，逢如墳，紅如渾，東如登，同如騰，隆如棱，多近真文庚青韻。凡諸韻中兼論土音，亦偶即所知證之，其實未能概及也。

清・小鐵笛道人《日下看花記・自序》　自偽伎興而聲容競爽，由來舊矣。唐有雅樂部。宋時院本始標花旦之名，南北部恒參用之。每部多不過四、三人而已。有明肇始崑腔，洋洋盈耳。而弋陽、梆子、琴、柳各腔，南北繁會，笙磬同音，歌詠昇平，伶工薈萃，莫盛於京華。往者六大班旗鼓相當，名優雲集，一時稱盛。嗣自川派擅場，蹈蹻競勝，墜髻争妍，如火如荼，目不暇給，風氣一新。邇來徽部迭興，踵事增華，人浮於劇，聯絡五方之音，合爲一致，舞衣歌扇，風調又非卅年前矣。

清・孫汝梅《梨園聚議廟會碑》　古者伶官代異其制，然音律則無不同。自十字譜行，而院本以作，於是崑山之劇、弋陽之歌，競奏於通都大邑間。大要借因果爲勸懲，即詠歌爲諷諭，而感人之道寓焉矣。

紀事

明・王驥德《曲律》卷二《論腔調第十》　右係唱曲名言，皆所當玩。夫南曲之始，不知作何腔調。沿至於今，可三百年。世之腔調，每三十年一變，由元迄今，不知經幾變更矣。大都創始之音，初變腔調，定自渾樸；漸變而之婉媚，而今之婉媚極矣。舊凡唱南調者，皆曰海鹽。今海鹽不振，而曰崑山。崑山之派，以太倉魏良輔爲祖。今自蘇州而太倉松江，以及浙之杭、嘉、湖，聲各小變，腔調略同，惟字泥土音，開、閉不辨，反譏越人呼字明確者爲浙氣，大爲詞隱所疵。詳見其所著《正吴編》中。甚如唱火作呵上聲，唱過爲箇，尤爲可笑。過之不得爲箇，已載編中。而火之不可爲呵上聲，詞隱猶未之及也。然其腔調，故是南曲正聲。數十年來，又有弋陽、義烏、青陽、徽州、樂平諸腔之出。今則石臺，太平梨園，幾遍天下，蘇州不能與角什之二三。其聲淫哇妖靡，不分調名，亦無板眼。又有錯出其間，流而爲兩頭蠻者，皆鄭聲之最，而世爭膻趨痂好，靡然和之，甘爲大雅罪人，世道江河，不知變之所極矣。

明·沈德符《萬曆野獲編》卷一　内廷諸戲劇俱隸鐘鼓司，皆習相傳院本，沿金元之舊，以故其事多與教坊相通。至今上始設諸劇於玉熙宫，以習外戲，如弋陽、海鹽、崑山諸家俱有之，其人員以三百爲率，不復屬鐘鼓司。

明·范濂《雲間據目鈔》卷三　戲子在嘉隆交會時，有弋陽人入郡爲戲，一時翕然崇高。弋陽人遂有家於松者。其後漸覺醜惡，弋陽人復學爲太平腔海鹽腔以求佳，而聽者愈覺惡俗，故萬曆四五年來遂屏跡，仍尚土戲。近年上海潘方伯從吴門購戲子，頗雅麗。而華亭顧正心，陳大廷繼之，松人又争尚蘇州戲，故蘇人鬻身學戲者甚衆。又有女旦，女生插班射利，而本地戲子十無二三矣，亦一異數。

清·吴偉業《鹿樵紀聞》卷上《馬阮始末》　諸公故聞其有《春燈謎》、《燕子箋》諸劇本，問能自度曲否。即起執板，頓足而唱。諸公多北人，不省吴音，則改唱弋陽腔，諸公於是點頭稱善，曰：阮君真才子。

《清聖祖諭旨》　魏珠傳旨爾等向之所司者，崑，弋竹絲，各有職掌，豈可一日少閑。況食厚賜，家給人足，非掌天恩，無以可報。崑山腔，當勉聲依咏，律和聲察，板眼明出，調分南北，宫商不相混亂，絲竹與曲律相合而爲一家，手足與舉止睛轉而成自然，可稱梨園之美何如也。又弋陽佳傳，其來久矣。自唐《霓裳》失傳之後，惟元人百種世所共喜，漸至有明，有院本北調不下數十種，今皆廢棄不問，祇剩弋腔而已。近來弋陽亦被外邊俗曲亂道，所存十中無一二矣。獨大内因舊教習，口傳心授，故未失真。爾等益加温習，朝夕誦讀，細察平上去入，因字而得腔，因腔而得理。

清·昆岡《欽定大清會典事例》卷一〇三九《教都察院·五城》　五十年議準：嗣後城外戲班，除崑、弋兩腔仍聽其演唱外，其秦腔戲班，交步軍統領五城出示禁止。現在本班戲子，概令改歸崑、弋兩腔，如不願者，聽其另謀生理。儻有怙惡不遵者，交該衙門查拏懲治，遞解回籍。

清·李光庭《鄉言解頤》卷三《優伶》　時則有若宜慶，翠慶，崑，弋間以亂彈。言府言官，京班半隸王府，謂之官腔，又曰高腔。節奏異乎淫曼。無奈曲高和寡，六十年漸少知音。人往風微，尋常輩難爲嗣響。

清·富察敦崇《燕京歲時記·封臺》　封印每至十二月於十九、二十、二十一、二十二，四日之内，由欽天監選擇吉期，照例封印。之後，梨園戲館，擇日封臺：八班合演。至來歲元旦，則賜福開戲矣。亦所以歌詠昇平也。按京師戲劇，風尚不同：咸豐以前，最重崑腔、高腔即弋腔，高腔者，有金鼓而無絲竹，慷慨悲歌，乃燕土之舊俗也。咸豐以後，專重二簧，近則並重秦腔。秦腔者，即俗所謂梆子腔也。内城無戲園，外城乃有，蓋恐八旗兵丁，習於逸樂也。

藝文

清·李聲振《百戲竹枝詞·弋陽腔》　俗名高腔，視崑調甚高也。金鼓喧闐，一唱數和，都門查樓爲尤盛。查樓倚和幾人同，高唱喧闐震耳聾。正恐被他南部笑，紅牙槌碎大江東。

又《踏謡》　俗名假纖足小旦，屐以弓鞋，覆以裙袴，工者行步自然，不異婦人也。弋陽、秦腔，恒以此示媚。錦靴弟子慣登場，一樣湘波六幅量。祇恐小紅人識破，本來骨格太昂藏。

清·得碩亭《草珠一串》　茶園樓上最消魂，老斗錢多氣象渾。但得隔簾微獻笑，千金難買下場門。

班中崑弋兩蹉跎，新到秦腔粉戲多。男女傳情真惡態，野田草露竟如何。

名班小曲最謎人，一轉秋波萬象春。豈止有情腮上笑，絕風流處善能鼙。

秦樓趕座不堪誇，定府莊中數幾家。不及寒喧通姓字，見人聲已入琵琶。

清・戚震瀛《京華百六竹枝詞》 宛轉珠喉服靚妝，弋腔秦調雜宜黄。銀官去後湘雲老，腸斷詞曹粉署郎。

雜録

明・王驥德《曲律》卷四《論曲亨屯第四十》 曲之屯：賽社，醵錢，酧願，和争，公府會，家宴，酒樓，村落，炎日，凄風，苦雨，老醜，伶人，弋陽調，窮行頭，演惡劇，唱猥詞，沙喉，訛字，錯拍，删落，鬧鑼鼓，傖父與席，下妓侑尊新蒭酒敗喉，惡客闖座，客至大噱，酗酒人，駡座，席上行酒政，將軍作調笑人，三脚猫人妄譏談，村人喝采，鄰家哭聲，僧道觀場，村婦列座，小兒啼，場下人厮打，主人惜燭家僮告酒竭，田父舟人作勞，沿街覓錢。

明・蘇元雋《吕真人黄粱夢境記》第九齣《夢蝶》 吴下人曾説：若是拿着强盗，不要把刑具拷問，衹唱一臺青陽腔戲與他看，他就直直招了。蓋由吴下人，最怕的這樣曲兒。又説唱弋陽腔曲兒、就如打磚頭的教化一般，他若肯住子聲就該多把幾文錢賞他。

明・袁宏道《瓶史・十二鑒戒》 衚衕歌童弋陽腔。

明・冒襄《影梅庵憶語》 是日燕弋腔紅梅，以燕俗之劇，咿呀啁哳之調，乃出之陳姬身口，如雲出岫，如珠在盤，令人欲仙欲死。

清・袁於令《西樓記》〔前腔〕小净扮村妓上。態妖嬈，打扮喬，行來頸骨摇，兩片嘴唇闊又趬，眼大眉粗面又凹，衹落得彎話騷。笑見介净。一日不見，髭鬚滿面。小净。兩日不見。丑。汗毛打辮。净。老一伎藝大進。丑。前日唱窺青眼的一套，妙得極。小净。我每那班彎話朋友，少不得我的弋陽曲子，我原苦得甚。

清・李斗《揚州畫舫録》卷五《新城北録下》 兩淮鹽務例蓄花、雅兩部，以備大戲。雅部即崑山腔，花部爲京腔、秦腔、弋陽腔、梆子腔、羅羅腔、二簧調，統謂之亂彈。崑腔之勝，始於商人徐尚志徵蘇州名優爲老徐班。而黄元德、張大安、汪啓源、程謙德各有班。洪充實爲大洪班，江廣達爲德音班，復徵花部爲春臺班。自是德音爲内江班。春臺爲外江班。今内江班歸洪箴遠。外江班隸於羅榮泰。此皆謂之内班。所以備演大戲也。

清・錢泳《履園叢話・叢話一二・藝能・演戲》 梨園演戲，高宗南巡時爲最盛，而兩淮鹽務中尤爲絶出。例蓄花雅兩部，以備演唱，雅部即崑腔，花部爲京腔、秦腔、弋陽腔、梆子腔、羅羅腔、二簧調，統謂之亂彈班。余七八歲時，蘇州有集秀、合秀、擷芳諸班，爲崑腔中第一部，今絶響久矣。

清・昭槤《嘯亭續録》卷五《明末風俗》 世皆以明人重理學，尚氣節，繼挽唐，宋頹風，有返樸遺淳之盛，殊不知近日陋僞，實皆起於明末之時。徐鴻儒數於山東燒香聚衆，稱白蓮教，沿至嘉慶初年，三省教匪弄兵九載。其後京師復有林清之變，皆其流毒，鄉塾興高頭講章，議論紕繆，北省村儒，奉爲圭臬，不復知先儒注疏爲何物也。馬吊興自萬曆末年，致有張，李之變。近日士大夫尚有好者，玩愒時日，莫甚於此。小説盲詞，古無是物，自施耐庵作俑，其後任意編造，層見叠出，愚夫誦之，幾與正史並行。助亂長奸，言之切齒。劇曲雖由元代，然脚色無多，好者尚寡。自魏、伯龍改爲崑曲，院本增多。近日弋陽口黄諸曲，大足誨淫敗俗。各部署書吏，盡用紹興人，事由朱賡執政，莫不由彼濫觴，以至於今，未能已也。

又 丁春喜，字梅卿。以善歌聞四喜部，其態常如倦睡，語言呢呢，常如少女。初，四喜部諸老曲師既去，爲集芳部欲致梅卿，梅卿弗顧也。四喜部驟衰，始漸變崑曲，習秦弋諸聲，梅卿弗顧也。四喜部驟盛，則盡變崑曲，習秦弋諸聲，梅卿弗顧也。梅卿今年二十，揚州人。

清・震鈞《天咫偶聞》卷七《藤陰雜記》 謂：京師戲園，止賸方壺齋。今園久廢，其地尚名方壺齋。查樓，今中和園，餘皆不可考。京師士夫好尚，亦月異而歲不同。國初最尚崑腔戲，至嘉慶中猶然。後迺盛行弋腔，俗呼高腔，仍崑腔之辭，變其音節耳。内城尤尚之，謂之得勝歌。相傳國初出征，得勝歸來，軍士於馬上歌之，以代凱歌。故於《請清兵》等劇，尤喜演之。道光末，忽盛行二黄腔，其聲比弋則高而急，其辭皆市井鄙俚，無復崑弋之雅。初，唱者名正宫調，聲尚高亢。同治中，又變爲二六板，則繁音促節矣。光緒初忽競尚梆子腔，其聲至急而繁，有如悲泣，聞者生哀。余初從南方歸，聞之大駴。然士夫人人好之，竟難以口舌争。崑、弋諸腔，已無演者。偶演，亦聽者寥寥。

昆腔

論説

明·祝允明《猥談》 南戲出於宣和之後，南渡之際，謂之溫州雜劇。**【略】**愚人蠢工，狥意更變，妄名餘姚腔、海鹽腔、弋陽腔、崑山腔之類，變易喉舌，趂逐抑揚，杜撰百端，真胡説耳。若以被之管絃，必至失笑，而昧士傾喜之，互爲自謾爾。

明·魏良輔《曲律》 北曲與南曲，大相懸絶，有磨調，絃索調之分。北曲字多而調促，促處見筋，故詞情多而聲情少。南曲字少而調緩，緩處見眼，故詞情少而聲情多。北力在絃索，宜和歌，故氣易粗。南力在磨調，宜獨奏，故氣易弱。近有絃索唱作磨調，又有南曲配入絃索，誠爲方底圓蓋，亦以坐中無周郎耳。

明·徐渭《南詞叙録》 今崑山以笛、管、笙琵按節而唱南曲者，字雖不應，頗相諧和，殊爲可聽，亦吳俗敏妙之事。或者非之，以爲妄作，請問《點絳唇》、《新水令》，是何聖人著作。

又 今唱家稱弋陽腔，則出於江西，兩京、湖南、閩、廣用之；稱餘姚腔者，出於會稽，常、潤、池、太、揚、徐用之；稱海鹽腔者，嘉、湖、温、臺用之。惟崑山腔止行於吳中，流麗悠遠，出乎三腔之上，聽之最足蕩人，妓女尤妙此，如宋之嘌唱，即舊聲而加以泛豔者也。隋，唐正雅樂，詔取吳人充弟子習之，則知吳之善謳，其來久矣。

明·王驥德《曲律》卷二《論腔調第十》 夫南曲之始，不知作何腔調。沿至於今，可三百年。世之腔調，每三十年一變，由元迄今，不知經幾變更矣。大都創始之音，初變腔調，定自渾樸，漸變而之婉媚，而今之婉媚極矣。舊凡唱南調者，皆曰海鹽。今海鹽不振，而曰崑山。崑山之派，以太倉魏良輔爲祖。今自蘇州而太倉松江，以及浙之杭、嘉、湖，聲各小變，腔調略同，惟字泥土音，開、閉不辨，反譏越人呼字明確者爲浙氣，大爲詞隱所疵。詳見其所著《正吳編》中。甚如唱火作呵上聲，唱過爲箇，尤爲可笑。過之不得爲箇，已載編中。而火之不可爲呵上聲，詞隱猶未之及也。然其腔調，故是南曲正聲。數十年來，又有弋陽、義烏、青陽、徽州、樂平諸腔之出。今則石臺、太平梨園，幾遍天下，蘇州不能與角什之二三。其聲淫哇妖靡，不分調名，亦無板眼。又有錯出其間，流而爲兩頭蠻者，皆鄭聲之最，而世爭羶趨痂好，靡然和之，甘爲大雅罪人，世道江河，不知變之所極矣。

明·張大復《梅花草堂筆談》卷三《昆腔》 魏良輔别號尚泉，居太倉之南關，能諧聲律，轉音若絲。張小泉、季敬坡、戴梅川、包郎郎之屬，争師事之惟肖，而良輔自謂勿如。户侯過雲適，每有得必往咨焉。過稱善乃行，不即反覆數交勿厭。時吾鄉有陸九疇者，亦善轉音，願與良輔角，既登壇，即願出良輔下。梁伯龍聞，起而效之，考訂元劇，自翻新調，作《江東白苧》、《浣紗》諸曲，又與鄭思笠精研音理。唐小虞、陳楳泉五七輩雜轉之，金石鏗然。譜傳藩邸戚畹金紫熠爚之家，而取聲必宗伯龍氏，謂之崑腔。張進士新勿善也，乃取良輔校本，出青於藍，偕趙瞻雲、雷敷民與其叔小泉翁，踏月郵亭，往來唱和，號南馬頭曲，其實稟律於梁，而自以其意稍爲均節。崑腔之用，勿能易也。其後仁茂、靖甫兄弟，皆能入室，間常爲門下客解説其意。茂仁有陳元瑜，靖甫有謝含之，爲一時登壇之彦。李季鷹則受之思笠，號稱嫡派。

又卷一四《柳生》 腔右崑山，有聲容者多就之。然五十年來，伯龍死，沈白他徙，崑腔稍稍不振，乃有四平、弋陽諸部，先後擅場。然自新安汪姬、上江蔡姬而後，寥寥矣。

明·顧起元《客座贅語》卷九 今又有崑山，校海鹽又爲清柔而婉折，一字之長，延至數息，士大夫稟心房之精，靡然從好，見海鹽等腔已白日欲睡，至院本北曲，不啻吹篪擊缶，甚且厭而唾之矣。

明·沈寵綏《度曲須知·曲運隆衰》 嘉隆間有豫章魏良輔者，流寓婁東鹿城之間，生而審音，憤南曲之訛陋也，盡洗乖聲，别開堂奥，調用水磨，拍捱冷板，聲則平上去入之婉協，字則頭腹尾音之畢勻，功深鎔琢，氣無煙火，啓口輕圓，收音純細。所度之曲，則皆《折梅逢使》、《昨夜春歸》諸名筆。採之傳奇，則有拜星月花陰夜静等詞。要皆别有唱法，絶非戲場聲口，腔曰崑腔，曲名時曲，聲場稟爲曲聖，後世依爲鼻祖，蓋自有良輔，而南詞音理，已極抽秘逞妍矣。

又《弦索題評》 我吴自魏良輔爲崑腔之祖，而南詞之布調收音，既經創闢，所謂水磨腔、冷板曲，數十年來，遐邇遜爲獨步。

又《弦律存亡》 按良輔水磨調，其排腔配拍，榷字釐音，皆屬上乘，即予編中諸作，亦就良輔來派，聊一描繪，無能跳出圈子。惟是向來衣鉢相傳，止從喉間舌底度來，鮮有筆之紙上者，姑特拈出耳。偶因推原古律，覺梨園脣吻，彷彿一二，而時調則以翻新盡變之故，廢卻當年聲口，故篇中偶齒及之，要以引商刻羽，居然絶調，况生今不能反古，夫亦氣運使然乎。覽者謂予卑磨腔而賞優調，則失之矣。

清·鈕少雅《九宫正始序》 弱冠時聞婁東有魏良輔者，厭鄙海鹽四平等腔，而自製新聲。

清·余懷《寄暢園聞歌記》 清·張潮《虞初新誌》卷四 吴門徐生君見，以度曲名聞四方。與余善，著南曲譜，索余序。余爲之序，有曰：南曲蓋始於崐山魏良輔云。良輔初習北音，絀於北人王友山，退而鏤心南曲，足迹不下樓十年。當是時，南曲率平直無意致，良輔轉喉押調，度爲新聲，疾徐高下清濁之數，一依本宫，取字齒脣間，跌换巧掇，恒以深邈助其悽淚。吴中老曲師如袁髯尤駝者，皆瞠乎自以爲不及也。良輔之言曰：學曲者移宫换吕，此熟後事也。初戒雜，毋務多，迎頭拍字，徹板隨腔，毋或後先之。長宜圓勁，短宜遒，然毋剽，五音依於四聲，毋或矯也。毋豔。又曰：開口難，出字難，過腔難，高不難低難，有腔不難無腔難。又曰歇難閣難。此不傳之祕也，良輔盡洩之。而同時婁東人張小泉，海虞人周夢山，競相附和。惟梁谿人潘□南獨精其技，至今雲仍不絶於梁谿矣。合曲必用簫管，而吴人則有張梅谷，善吹洞簫，以簫從曲毗陵人則有謝林泉，工擫管，以管從曲。皆與良輔遊，而梁谿人陳夢萱、顧渭濱、吕起渭輩，並以簫管擅名。蓋度曲之工，始於玉峯，盛於梁谿者，殆將百年矣。此道不絶如綫，而徐生蹶起吴門，褰魏赤幟易漢幟，恨良輔不見徐生，不恨徐生不見良輔也。徐生年六十餘，而喉若雛鶯静女，松間石上，按拍一歌，縹緲遲迴，吐納瀏亮，飛鳥遏音，游魚出聽，文人騷客，爲之惝怳，爲之神傷。妙哉技至此乎。一日徐生語余曰：吾老矣，恐不能復作少年狡獪事。得吾之傳者，乃在梁谿。今太史留仙秦公尊人以新公，所蓄歌者六七人是也。君倘游九龍二泉間，不可不見此人，聞此曲。余心識之久矣。庚戌九月，道經梁谿，適潁州劉考功公勇，擁大航西門外，留余方舟同游惠山。而吴明府伯成、秦憲使補念、顧孝廉修遠及其子文學天石、朱公子子葆，劉處士震修皆在席。太史留仙則挾歌者六七人乘畫舫，抱樂器，凌波而至。會於寄暢之園。於時天際秋冬，木葉微脱，循長廊而觀止水，倚峭壁以聽響泉。而六七人者，衣青紵衣，躧五絲履，恂恂如書生，綽約若處子，列坐文石，或彈或吹。須臾歌喉乍轉，纍纍如貫珠，行雲不流，萬籟俱寂。余乃狂叫曰：徐生徐生，豈欺我哉，六七人者，各道姓名，斂袖低眉，傾其座客。至於笙笛三絃，十翻簫鼓，則授之李生。李生亦吴人。是夕分韻賦詩，三更乃罷酒。次日復宴集憲使家，六七人又偕來各奏技。余作歌貽之，俾知徐生之言不謬。良輔之道，終盛於梁谿。而留仙父子，風流跌宕，照映九龍二泉間者，與山俱高，與水俱清也。是爲記。張山來曰：吴俗於中秋夜，善歌者咸集虎丘石上，次第競所長，唯最後一人爲最善。聽者止數人，不獨忘言，並不容贊。予神往久矣今讀此記，益令我穆然以思，悠然以想也。

清·葉夢珠《閲世編》卷一〇《紀聞》 陳臥子曰：聲音，惠逆之先見者也。昔兵未起時，中州諸王府，樂府造絃索，漸流江南，其音繁促凄緊，聽之哀蕩，士大夫雅尚之。因大河以北有所謂夸調者，其言絶鄙，大抵男女相怨離别之音，靡細難辨，又近邊聲。自此以後，政事日蹙，兵滿天下，夫婦仳離者，不可勝數。因考絃索之入江南，由戍卒張野塘始。野塘，河北人，以罪謫發蘇州太倉衞，素工絃索，既至吴，時爲吴人歌北曲，人皆笑之。崑山魏良輔者善南曲，爲吴中國工。一日至太倉聞野塘歌，心異之留聽三日夜，大稱善，遂與野塘定交。時良輔年五十餘。有一女，亦善歌，諸貴争求之，良輔不與，至是遂以妻野塘。吴中□少年聞之，稍稍稱絃索矣。野塘既得魏氏，並習南曲，更定絃索音，使□南音相近，並改三絃之式，身□□而其鼓圓以文木製之，名曰絃子。時王太倉相公方家居，見而□之□命家僮習焉。其後有楊六者，創爲新樂器名提琴，僅兩絃，取生絲張小弓，貫兩絃中，相軋成聲，與三絃相高下。提琴既出而三絃之聲益柔□婉揚，爲江南名樂矣。自野塘死後，善絃索者皆吴人，范昆白，陸君賜、鄭廷琦、胡章甫、王桂卿、陸美成其尤著者也。昆白先死，君賜等分派有三，曰：太倉、蘇洲、嘉定。太倉近北，最不入耳。蘇州清音可聽，然近南曲，稍失本調。惟嘉定得中，主之者陸君賜也，其人多詭辭大言，能作□聲，數年前猶到松，顧見山僉□常客之。

清・朱彝尊《静志居詩話》卷一四　伯龍雅擅詞曲，所撰《江東白苧》，妙絶時人。時邑人魏良輔能喉囀音聲，始變弋陽、海鹽故調爲崑腔。伯龍填《浣紗記》付之。王元美詩所云吴閶白面冶遊兒，争唱梁郎雪豔詞是已。同時又有陸九疇，鄭思笠，包郎郎，戴梅川輩，更唱迭和，清詞豔曲，流播人間。今已百年，傳奇家曲別本，弋陽子弟，可以改調歌之，惟《浣紗》不能。固是詞家老手。詩律猶未細，犄能騁贍而已。

清・劉廷璣《在園雜誌》卷三　明崑山魏良輔能喉轉音聲，始變弋陽、海鹽故調爲崑山腔。梁伯龍填《浣紗記》付之，王元美詩所云：吴閶白面冶游兒，争唱梁郎雪豔詞。今之崑腔是已，即所謂南曲整本也。

清・徐大椿《樂府傳聲・序》　曩侍安溪李文貞公，每論聲清之元，與移風移俗之本，謂教化莫先於樂，樂以人聲爲重。【略】今崑腔去其淫聲豔字而調理之，亦可以感動人心。

又　若今日之南北曲，皆元明之舊，而其口法亦屢變。南曲之變，變爲崑腔，去古浸遠，自成一家。其法盛行，故腔調尚不甚失，但其立法之初，靡慢模糊，聽者不能辨其爲何語，此曲之最違古法者。

又　崑腔，南北曲之所由來者，從古樂而變新聲也。大凡度曲，必須以四聲五音，南北字面，用氣用喉諸色，則考證明晰，然後歌之，方不失新聲，即古樂之旨也。今之唱崑者，心傳口授，襲謬承訛，是徒得其貌，而未得其真也。余賦性耽斯，摸索已四十年，其聲音字面，尚有書可證可參，不難意會，惟用氣用喉，審情度理，全在心領神會，刻意揣摩，日久月深，始識自然之妙，而自然之妙，亦實實難以言傳也。

清・徐大椿《樂府傳聲・源流》　曲之變，上古不可考。自唐虞之賡歌擊壤以降，凡朝廷草野之間，其歌詩謡諺不可勝窮，兹不盡述。若今日之聲存而可考者，南曲北曲二端而已。【略】南曲之異，則有海鹽、義烏、弋陽、四平、樂平、太平等腔。至明之中葉，崑腔盛行，至今守之不失。其偶唱北曲一二調，亦改爲崑腔之北曲，非當時之北曲矣。此乃風氣自然之變，不可勉强者也。

清・姚之駰《元明事類鈔》卷二七《魏譜梁詞》　明潘之恒《聽曲》詩：白苧尚能調魏譜，紅牙原是按梁詞。自注謂良輔、伯龍也。崑山腔：明崑山魏良輔精通曲律，創造音調，世謂之崑山腔。

清・錢德蒼《綴白裘十一集序》　且夫戲也者，戲也。固言乎其非真也。而世之好爲崑腔者，率以搬演故實爲事，其間忠臣孝子，義夫節婦，奸讒佞惡，悲歡欣戚，無一不備。然設或遇亂頭粗服之太甚，豺聲蠭□之叵耐，過目遇之，輒令人作數日惡。無他，以古人之陳跡，觸一己之塊壘，雖明知是昔人云吹皺一池春水，干卿甚事，而憤懣交迫，亦有不自持者焉。若夫弋陽、梆子秧腔則不然，事不必皆有徵，人不必盡可考。有時以鄙俚之俗情，入當場之科白，一上氍毹，即堪捧腹。此殆如東坡相對正襟捉肘，正爾昏昏欲睡，忽得一詼諧訕笑之人，爲我持羯鼓解醒，其快當何如哉。此錢君《綴白裘》外集之刻所不容已也。抑吾更有喻者，詩之爲風也，有正有變，史之爲體也有正有逸，戲亦何獨不然。然則戲之有弋陽、梆子秧腔，即謂戲中之變，戲中之逸也，亦無不可。時乾隆甲午季春金陵許道承渭森氏書。

清（乾隆）《翼宿神祠碑記》　樂之原出於天。太虚之宇，謂之橐籥。蒙莊氏之言，倏忽譎詭，不可端倪。其論樂，以衆竅爲地籟，比竹爲人籟，而必極之於天籟。所謂調刁喁于者，苟非天籟，則衆竅不能爲其聲，比竹不能爲其律。又曰，樂出虚。虚者，樂之所積也，金虚其郭而有聲，革虚其匡而有聲，琴瑟虚其腹而有聲，竽笙虚其空而有聲。下逮近古，雜器莫不皆然。故知無形之區，即樂也。積氣之地，即樂也。夫無形而積氣者，豈非天乎。自古音降而爲樂府，再降而爲詩歌，又降而爲詞曲，於是乎爨弄降而搬演，賓白降而客諢，北宫降而南宫。今之所謂昆調者，樂之小而近者也。然不可謂非樂之流，沿其流而討其源，則不推其原之出於天不止。蘇之以伶爲業者，舊有廟，以祀司樂之神，相沿曰老郎神，其名不知何所出，其塑像服飾亦不典。近適有重修之役，予爲易其祀曰翼宿之神。星之精，各有所司，而翼天之樂府也。諸雜祀皆於其始作之人，以云報也。自吹竹定律以來，制樂者、好樂者，即一謳一歌，善於其業也，皆不乏人。然而托之聖賢則已眨，炫之名位則已誣，必指其人已實之則已鑿，鈞天有樂，翼實尺之，通之於精靈，推之於本始。兵家祭蚩尤，文章家祭文昌，馬祭天駟，車祭軫，蠶祭房。

此物此志也，崇廊複宇以宮之，繁會樂康以迎之，綏節安歌以饗之，以福其人而昌其業，於是乎在。抑又惟伶之為技，感人最深，明善惡，示勸戒，亦有助焉。近奉厘正樂曲之命，凡害道傷義者有禁。唐人云：金石諧婉，國有大慶。凡歌舞太平軒鼚康衢者，精能以習其業，淳良以和其心，勤儉以食其力，亦執技以事上者之一。而以是邀神貺，此則予持節善俗之意也夫。是為記。

欽命督理蘇州織造部堂兼管滸墅關稅務內務府員外郎加三級四諱德立。乾隆四十八年歲次癸卯十一月日穀旦。

清・昭槤《嘯亭雜録》卷八《秦腔》 自隋時以龜茲樂入於燕曲，致使古音湮失而番樂橫行，故琵琶樂器爲今樂之祖，蓋其四絃能統攝二十八調也。今崑腔北曲，即其遺音。南曲雖未知其始，蓋即小詞之濫觴，是以崑曲雖繁音促節居多，然其音調猶餘古之遺意。

清・藝蘭生《側帽餘譚》 崑腔曲譜出自玉峰魏良輔，後遂盛行於蘇。種種傳奇，音律精細。豪貴妙選名伶，扮演惟肖，遂爾軼類超群。京師自尚亂彈，崑部頓衰。惟三慶，四喜，春臺三部帶演，日祇一二齣，多至三齣，更蔑以加。曲高和寡，大抵然也。

又 子弟教成歌舞，將出應客。先輸錢於菊部，按節出費，謂之搭班。搭班之首日例演劇敬神，且以動坐客。子弟無論學崑與黃，必隸三慶等三部。故崑曲之於三部，藉延一綫耳。

又 搭班之前，歌扇舞衫，預爲自製。其間唱崑者十之五。而五之中，唱旦者居其三，唱生者居其二。大約生旦之曲，宜於淺斟低唱。雛伶喉氣未充，僅能隨簫管聲依約附和。而觀此等劇者，亦以色不以聲也。

又 雛伶崑劇，惟四喜最多，三慶次之，春臺幾如廣陵散矣。

清・吴長元《燕蘭小譜》 魏長生開近年風氣，序中頗致譏詞，然曲藝之佳，實超時輩。今獨崑腔，聲容真切，感人欲涕，洵是歌壇老斲輪也，不與噲等爲伍，置諸殿末，庶幾齊變於魯，爲王劉赤幟。

清・小鐵笛道人《日下看花記・自序》 自僞伎興而聲容競爽，由來舊矣。唐有雅樂部。宋時院本始標花旦之名，南北部恒參用之。每部多不過四、三人而已。有明肇始崑腔，洋洋盈耳。而弋陽、梆子、琴柳各腔，南北繁會，笙磬同音，歌詠昇平，伶工薈萃，莫盛於京華。往者，六大班旗鼓相當，名優雲集，一時稱盛。嗣自川派擅場，蹈蹻競勝，墜髻争妍，如火如荼，目不暇給，風氣一新。邇來徽部迭興，踵事增華，人浮於劇，聯絡五方之音，合爲一致，舞衣歌扇，風調又非卅年前矣。

清・羅摩庵老人《懷芳記》 余謂曲子師今蘇産既不可致，嘗以燕産童子慧黠者，附海舶往蘇州，就清音隊學度曲。四五年後，不但曲調嫻習，並動作聲音亦改觀。乃挈歸，再教以扮演登場，使與吴娃無異，聞者心善之而不能從。再閱數年，南産終不可得。目前之知名者老去，恐傳派益失其初。才皆下劣，而崑曲有腔無韻，亦成廣陵散矣。

清・劉禧延《中州切音譜贅論》 北音與吴音輕重不同。北音呼陰平，如吴音陰上聲。陽平如吴音陰平聲。上聲陰陽無別，概如吴音陰去聲，去聲亦陰陽無別，概如吴音陽去聲，入音則陰陽概叶三聲之陰聲。今即唱北曲者，亦不從此，蓋已別爲崑腔之北音，而非真北音。前明江右魏良輔，於南曲改舊唱法，別爲水磨調。以良輔時方寓崑，故謂之崑腔。後並北曲亦流入崑腔，而舊時唱法，俱不復存矣。

紀事

明・沈德符《萬曆野獲編》卷一 內廷諸戲劇俱隸鐘鼓司，皆習相傳院本，沿金元之舊，以故其事多與教坊相通。至今上始設諸劇於玉熙宮，以習外戲，如弋陽海鹽崑山諸家俱有之，其人員以三百爲率，不復屬鐘鼓司。

明・史玄《舊京遺事》 內臣鐘鼓司，專一統領俳優，如古梨園伶官之職。成化中，阿丑以譎諫，知名於後。舊止有打稻、過錦諸宮戲。按：宮中西內秋成之時，設打稻之戲，聖駕幸旋磨臺，無逸殿，親賜觀覽。鐘鼓司飾農夫販婦及田官吏徵租交納諸艱苦民瘼事以寓獻替，祖宗示稼穡艱難於其子孫也。又有過錦之戲百回，每回百餘人，有引旗一對，鑼鼓送上，百姓情僞之態備焉。蓋祖宗恐子孫生長深宮，以上當諷諭，啟其知外事，慮至深遠已。神廟時，始特設玉熙宮，近侍三百餘員，兼學外戲。外戲，吴歈曲本戲也。光廟喜看曲本戲，於宮中教習戲曲者有近侍何明，鐘鼓司官鄭隱山等。

又　院本雜劇肇於金，元全盛之時，然今京師所尚戲曲，一以崑腔爲貴。常州無錫鄒氏梨園，二十年舊有名吴下，主人亡後，子弟星散。今田皇親家伶生净猶是錫山老國工也。陽武侯薛氏諸伶，一旦是吴江人，憶是沈姓，大司農倪元璐爲翰林日，甚敦寵愛，余見時已鬑鬑鬚矣。

清・吴偉業《鹿樵紀聞》卷上《馬阮始末》　諸公故聞其有《春燈謎》《燕子箋》諸劇本，問能自度曲否。即起執板，頓足而唱。諸公多北人，不省吴音，則改唱弋陽腔，諸公於是點頭稱善曰：阮君真才子。

清・褚人穫《堅瓠六集》卷一　康熙癸酉春，蘇城搭臺演戲，幾無隙地，婦女有搶去首飾者，有被人奸騙者，無賴生事起釁不一，當事不爲嚴禁。至四月猶未止，予從石湖歸，見彩雲橋北演戲，登岸往觀，見臺上對語云：六禮未成，頃刻洞房花燭；五經不讀，霎時金榜題名。甚爲切當。猶憶幼時見一聯云：逢場作戲，把往事今朝重提起。及時行樂，破工夫明日早些來。四句皆成語，確是戲臺對聯，移他處不得。

清・劉獻廷《廣陽雜記》卷三　亦舟以優觴款予，劇演《玉連環》，楚人强作吴歈，醜拙至不可忍，如唱紅爲横，公爲庚。東爲登，通爲疼之類。又皆作北音，收口開口鼻音中，使非余久滯衡陽，幾乎不辨一字。余向極苦觀劇，今值此酷暑如炎，村優如鬼，兼之惡釀如藥，而主人之意則極誠且敬，必不能不終席，此生平之一劫也。

《清聖祖諭旨》　魏珠傳旨，爾等向之所司者，崑，弋竹絲，各有職掌，豈可一日少閑。况食厚賜，家給人足，非掌天恩，無以可報。崑山腔，當勉聲依咏，律和聲察，板眼明出，調分南北，宫商不相混亂，絲竹與曲律相合而爲一家，手足與舉止睛轉而成自然，可稱梨園之美何如也。又弋陽佳傳，其來久矣。自唐霓裳失傳之後，惟元人百種世所共喜。漸至有明，有院本北調不下數十種，今皆廢棄不問，祇剩弋腔而已。近來弋陽亦被外邊俗曲亂道，所存十中無一二矣。獨大内因舊教習，口傳心授，故未失真。爾等益加温習，朝夕誦讀，細察平上去入，因字而得腔，因腔而得理。

清・昆岡《欽定大清會典事例》卷一〇三九《教都察院・五城》　五十年議準，嗣後城外戲班，除崑弋兩腔仍聽其演唱外，其秦腔戲班，交步軍統領五城出示禁止。現在本班戲子，概令改歸崑弋兩腔，如不願者，聽其另謀生理。儻有怙惡不遵者，交該衙門查拏懲治，遞解回籍。

清・顧彩《容美紀遊》　女優皆十七八好女郎，聲色皆佳，初學吴腔，終帶楚詞。男優皆秦腔，反可聽（所謂梆子腔是也。）丙如自教一部，乃蘇腔，裝飾華美，勝於父優，即在全楚亦稱上駟。然祕之不使父知，恐被奪去也。（其二女旦皆薙髮男妝，帶刀侍立如小校，丙如之行眷也。丙如欲觴，余必俟君移於别署之夕乃出以侑酒，戒下人毋得泄，乃佈人偵探，恐父至則匿之。君喜人譽其女優。客之諛者，必盛言丙如女優之劣，以爲萬不及父。君則曰：彼字且不識，安責知音。及觀丙如戲，又言太都爺行頭潦倒，關目生疏，不如主爺教法之善。丙如輒曰：老父固强爲知音者，有識己。知其父子之不和矣。）

清・王載揚《菊莊新話》清・焦循《劇説》卷六　會有召寒香部演劇者，至期而净色偶闕。優之例：凡受值，劇十色各自往。一色或□疾，或以事不得與，則專責諸司衣笥者，别徵一人以代，謂之拆戲。然優人徇名，每名部闕人，亦必更徵諸他名部，無灃拆者。是日也，適諸名部之爲净者胥匆暇再徵，諸次部亦然，司笥者汗面而奔於吴趨之坊，遇相識者具告之。而陳適在城中，相識者因以陳薦。笥者急索其人，則見衣藍縷，擕一布囊，貿貿然來，笥者不暇審也，率之急走而已。至演劇家，則衣笥俱舁列兩廂，九色已先在矣。迎問笥者曰：净已拆乎。今安在。指陳曰：此人是也。羣優皆愕眙。凡爲净者，類必宏嗓，蔚跂者爲之。陳形眇小，言復吶吶不出口，問以姓氏里居及本部名，又俱無人識者。於是羣訴笥者。陳弗敢置喙，默坐於衣笥，而置其布囊於旁。少頃，羣優飯於廂。禮必遜拆色先坐，羣優勿陳遜。笥者曰：爾亦就坐共飽。陳勿應。未幾，堂上張明燈，報客齊。主人安席訖，請首席者選劇，則《千金記》也。净色當演項王，爲《千金》要色，其嗚咽咄咤，轟霍騰擲，即名優頗難之，於是笥者亦惴恐。而闔部之鶻者、徠者、參軍者、孤旦者、絃管者、主檀板者、鳴鉦鼓者，環叩陳於衣笥前曰：君能演楚霸王否。第以實告，吾等當共籲主人翁，諷客易他劇。笥人許君貲若干，明當悉與汝，勿汝吝也。陳乃起曰：固常演之，勿敢自以爲善。衆曰：若是，且速汝裝。陳始胠其囊，出一帛抱肚，中實以絮，束於腹，已大數圍矣，出其韡，下厚二寸餘，履之，軀漸高；援筆攬鏡，蘸粉墨，爲黑面，面轉大。羣優乃稍釋，曰：其畫面頗匆村。既而兜鍪繡鎧，横稍以出，升氍毹，演《起霸》齣。《起霸》者，項羽以八千子弟渡江故事也。陳振臂登場，龍跳虎躍，傍執旗幟者咸手足忙蹙而勿能從。聳喉高歌，聲出征鼓鐃角上，梁上塵士簌簌墮肴饌中。座客皆屏息，顏如灰，靜觀寂聽，俟其齣竟，乃更閧堂笑語，嗟歎以爲絶技不可得。陳至厢，衆方驚謝，忽以盥水去粉墨，曰：某止能爲此齣，恐敗君部名，勿敢竟矣。於是鶻者、徠者、參軍者、孤旦者、絃管者、主檀板者、鳴鉦鼓者共告曰：吾等負罪深矣，明當謝過。冀君始終光此劇耳。陳乃竟其劇。【略】居久之，聖祖南巡，江蘇織造臣以寒香，妙觀諸部承應行宮，甚見嘉獎。每部中各選二三人，供奉内廷，命其教習上林法部，陳特充首選。

清・焦循《劇説》卷六　梁辰魚，字伯龍，【略】善度曲。世所謂崑山腔，自良輔始，而伯龍獨得其傳。著《浣紗》傳奇，梨園子弟多歌之。同里王伯稠贈詩云：彩毫吐艷曲，粲若春花開。斗酒清夜歌，白頭擁吴姬。家無擔石儲，出多年少隨。

清（乾隆）《查辦戲劇違礙字句案・郝碩折》　江西巡撫臣郝碩謹奏：爲遵旨覆奏事，竊臣於乾隆四十五年十二月二十五日，承準大學士公阿桂等字寄乾隆四十五年十一月二十八日奉上諭，前因外間流傳劇本，如明季國初之事，有關涉本朝字句，亦未必無違礙之處。傳諭伊齡阿、全德留心查察，斟酌妥辦。玆據伊齡阿覆奏，派員慎密搜訪，查明應删改者删改，應抽掣者抽掣，陸續粘籤呈覽。再查崑腔之外，有石碑腔、秦腔、弋陽腔、楚腔等項，江廣、閩浙、四川、雲貴等省，皆所盛行。請勅各督撫查辦等語，自應如此辦理。著將伊齡阿原摺抄寄各督撫閲看，一體留心查察，但須不動聲色，不可稍涉張皇。將此遇各督撫奏事之便，傳諭知之，欽此。欽遵。寄信到臣，臣查江西崑腔甚少。民間演唱有高腔、梆子腔、亂彈等項名目，其高腔又名弋陽腔。臣檢查弋陽縣舊志，有弋陽腔之名，恐該地或有流傳劇本，飭令該縣留心查察。隨據禀稱，弋陽腔之名不知始於何時，無憑稽考。現今所唱即係高腔，並無別有弋陽詞曲。並據附省之南昌府禀稱，遵經傳諭各戲班，將戲本内事涉明季及關係南宋、金朝故事扮演失當者嚴行禁除外，所有繳到各戲本，派員查核。内有《全家福》、《乾坤鞘》二種，語有違礙。又《紅門寺》一種，扮演本朝服色，應呈請查辦等情，臣與藩臬兩司覆核無異。查江右所有高腔等班，其詞曲悉皆方言俗語，俚鄙無文，大半鄉愚隨口演唱，任意更改。非比崑腔傳奇出自文人之手，剞劂成本，遐邇流傳，是以曲本無幾。其繳到者，亦係破爛不全抄本。現在檢出之三種内，《紅門寺》係用本朝服色，《乾坤鞘》係宋金故事，應行禁止。《全家福》所稱封號，語涉荒誕，且核其詞曲，不值删改，俱應竟行銷燬。臣謹將原本粘籤恭呈御覽。至如瑞州、臨江、南康等府，山隅僻壤，本地既無優伶，外間戲班亦所罕至。惟九江、廣信、饒州、贛州、南安等府，界連江廣、閩浙，如前項石碑腔、秦腔、楚腔，時來時去。臣飭令各該府時刻留心，遇有到境戲班，傳集開諭，務使一體遵禁改正，以昭我皇上端本維風之至治。仍不許稍有張皇及苟且從事，致干嚴行參究。所有現在遵旨查辦緣由，理合恭摺覆奏，伏祈皇上睿鑒，謹奏。乾隆四十六年四月初六日。硃批：知道了。

清・錢泳《履園叢話・叢話十二・藝能・度曲》　近時則以蘇州葉廣平翁一派爲最著，聽其悠揚跌蕩，直可步武元人，當爲崑曲第一。曾刻《納書楹曲譜》，爲海内唱曲者所宗。近士大夫皆能唱崑曲，即三絃、笙、笛、鼓板亦嫻熟異常。余在京師時，見盛甫山舍人之三絃，程香谷禮部之鼓板，席子遠、陳石士兩編修能唱大小喉嚨，俱妙，亦其聰明過人之一端。

又《演戲》　梨園演戲，高宗南巡時爲最盛，而兩淮鹽務中尤爲絶出。例蓄花雅兩部，以備演唱，雅部即崑腔，花部爲京腔、秦腔、弋陽腔、梆子腔、羅羅腔、二簧調，統謂之亂彈班。余七八歲時，蘇州有集秀、合秀擷芳諸班，爲崑腔中第一部，今絶響久矣。演戲如作時文，無一定格局，祇須酷肖古聖賢人口氣，假如項水心之何必讀書，要象子路口氣，蔣辰生之愬子路於季孫，要象公伯寮口氣，形容得象，寫得出，便爲絶搆，便是名班。近則不然，視《金釵》、《琵琶》諸本爲老戲，以亂彈、灘王、小調爲新腔，多搭小旦，雜以插科，多置行頭，再添面具，方稱新奇，而觀者益衆。如老戲一上場，人人星散矣，豈風氣使然耶。

清・姚元之《竹葉亭雜記》卷一　每年坤寧宫祀竈，其正炕上設鼓板。后先至。高廟駕到，坐炕上自擊鼓板，唱《訪賢》一曲。執事官等聽唱畢，即焚錢糧，駕還宫。蓋聖人偶當游戲，亦寓求賢之意。不知何獨於祀竈時唱之。此儀睿皇則不唱，鼓板亦不設矣。蓋非國初舊儀也。徐君善慶言。

清・李光庭《鄉言解頤》卷三　時則有若宜慶，翠慶，崑，弋間以亂彈言府言官，京班半隸王府，謂之官腔，又曰高腔。節奏異乎淫曼。無奈曲高和寡，六十年漸少知音人往風微，尋常輩難爲嗣響。

清・梁紹壬《兩般秋雨盦隨筆》卷四　黄六鴻者，康熙中由知縣行取給事中入京，以土物並詩稿遍送名士。至宮贊趙秋谷執信。答以柬云：土物拜登，大稿璧謝。黄遂銜之刺骨。乃未幾而有國喪演劇一事，黄遂據實彈劾。仁廟取《長生殿》院本閲之，以爲有心諷刺，大怒，遂罷趙職，而洪昇編管山西。京師有詩咏之，今人但傳可憐一曲《長生殿》二句，而不知此詩有三首也。其云：國服雖除未滿喪，如何便入戲文場。自家原有些兒錯，莫把彈章怨老黄。秋谷才華迥絶儔，少年科第儘風流。可憐一曲《長生殿》，斷送功名到白頭。周王廟祝本輕浮，也向長生殿裏游。抖擻香金求脱網，聚和班裏製行頭。周王廟祝者，徐勝力編修嘉炎。是日亦在座，對簿時賂聚和班伶人，詭稱未與，得免。徐豐頤修髯，有周道士之稱也。是獄成，而《長生殿》之曲流傳禁中，布滿天下，故朱竹垞檢討贈洪稗畦詩，有海内詩篇洪玉父，禁中樂府柳屯田。《梧桐夜雨》聲凄絶，薏苡明珠謗偶然《梧桐夜雨》，元人雜劇，亦咏明皇幸蜀事。之句，樊榭老人嘆爲字字典雅者也。

清・王德暉《顧誤録》 嘉隆間，有豫章魏良輔，憤南曲之陋，别開堂奥，謂之水磨腔，冷板曲，絶非戲場聲口。腔名崑腔，曲名時曲，歌者宗之，於今爲烈。

清・孫静庵《棲霞閣野乘》卷上《鄒小山軼事》 都中聲伎居天下最，時崑曲盛行。

藝文

明・袁宏道《袁宏道集》卷三《迎春歌和江進之》 東風吹暖婁江樹，三衢九陌凝曉霧。白馬如龍破雪飛，犢車輾水穿香度。鐃吹拍拍走烟塵，炫服靚粧千萬人。羅額鮮妍棽綵勝，社歌繚繞簇芒神。緋衣金帶印如斗，前列長官後太守。烏紗新縷漢宫花，青奴跪進屠蘇酒。採蓮舟上玉作幢，歌童毛女白雙雙。梨園舊樂三千部，蘇州新譜十三腔。假面胡頭跳如虎，窄衫繡袴搥大鼓。金蟒纏胸神鬼裝，白衣合掌觀音舞。觀者如山錦相屬，雜沓誰分絲與肉。一路香風吹笑聲，十里紅紗遮醉玉。青蓮衫子藕荷裳，透額垂髻淡淡粧。拾得春條夸姊妹，袖來瓜子擲兒郎。急管繁絃又一時，千門楊柳破青枝。獨有閉門袁大令，塵擁書牀生網絲。

又《江南子》 蜘蛛生來解織羅，吴兒十五能嬌歌。舊曲嘹厲商聲緊，新腔嘽緩務頭多。一拍一簫一寸管，虎丘夜夜石苔暖。家家宴喜串歌兒，紅女停梭田畯懶。

又《仲夏觀劇歡宴浹月，戲題長句呈同席許宫允諸公》 浹月邀歡趂會期，老夫毰毸也追隨。可憐舞豔歌嬌日，正是鶯啼燕語時。中酒再霑年少病，討花重發早春癡。閒身好事渾無賴，看取霜毛一番遲。

其二：桐花風軟燕泥新，一月歌場疊幾旬。小户權爲沖酒客，大家挨作别花人。追陪歡讌應賖老，驅使風光莫較貧。處處典衣鋪妓席，知誰相笑又誰嗔。

其三：選勝偏宜朱夏長，追歡更覺白頭忙。熟梅雨殢三分酒，眠柳風吹一國狂。飲劇好更新幟纛，曲喧休紊舊宫商。叫呶莫謾嘲長夜，日月何妨在醉鄉。

其四：衆中歌笑自言殊，冉冉風光溢步趨。點拍更誰傳滿子，歸來但坐看羅敷。青袍便擬休官在，紅粉還能入道無。筵散酒醒成一笑，髩絲禪榻正疎蕪。

清・孔尚任《孔尚任詩文集》卷四《平陽竹枝詞五十首》 太行西北盡邊聲，亦有崐山樂部名。扮作吴兒歌水調，申衙白相不分明。

平陽簾外月黄昏，一曲能消座客魂。此地風流原有種，唐時艷體説西崐。

清・李聲振《百戲竹枝詞》 吴音：俗名崑腔，又名低腔，以其低於弋陽也。又名水磨腔，以其腔皆清細也。譜分南北，今之陽春矣，傖父殊不欲觀。陽春院本記崑江，南北相承宫譜雙。清客幾人公瑾顧，空勞逐字水磨腔。

清・張際亮《金臺殘淚記》卷二《閲〈燕蘭小譜〉詩，有慨於近事者，綴以絶句》 空作花枝照酒巵，蘭生往日已堪悲。如今那見梁谿隊，月曉風殘又一時。今都下徽班皆習亂彈，偶演崑曲，亦不佳。

又 十年五度醉金閶，吴語呢呢總不忘。慣向歌臺感春夢，鶯兒燕子話山塘。今都下樂部登場作吴音，調謔皆絶，似不獨當時周二官也。

清・得碩亭《草珠一串》 茶園樓上最消魂，老斗小旦，呼悦己者曰老斗。錢多氣象渾。但得隔簾微獻笑，千金難買下場門。

班中崑弋兩蹉跎，新到秦腔粉戲多。男女傳情真惡態，野田草露竟如何。

名班小曲最謎人，一轉秋波萬象春。豈止有情腮上笑，絶風流處善能顰。

秦樓趕座不堪誇，定府莊中數幾家。不及寒暄通姓字，見人聲已入琵琶。

雜録

明・李詡《戒菴老人漫筆》卷五 張少華者，故金陵民家女，少鬻於齊倡家，假母移之居吴□。年及破瓜，色益美麗，性慧善音。嘉靖壬子中秋，從汪賈來遊虎邱，倅遇周生仕者，吴歈冠絶一時，且韶秀，駭慕喪魄，竟稱腹脹辭汪去。使人召周至，遂□户絶外，假母强之，欲自縊，遂聽。其和周歌，日夜不絶音，遂出周上。其後周吹簫，而以肉音韻之，聽者辟易，所得纏頭，皆以與周。周亦母事假母甚謹。是時海上徐公子慕少華，持千緡爲聘，除舍別墅，遷兩人於中，日供費二金。歲餘，公子乘周醉請私不得，周聞，以語見侵，公子不堪。乃陰畜少年勝周者沈郎美服飾，使習吹簫，出見，以移其好，少華果目注。更使人僞聘，周去，中道髡其髮，復剺其面黥之。公子又賂假母金不得，因移沈郎居與並，計引簫聲動之月下，少華訊公子已寢，啓扉撫沈郎曰：可兒可兒，勞人終夕繚繞念也。沈請誓絶周，少華遂向鐙誓，已共寢，至曉去。明日，公子復請私不得，夜伏壯士，候兩人登牀，持刃躍出，捽其髮曰：必殺此以懲淫者。假母聞變趨入，叩頭乞解，遂共書券，即真爲公子妾矣。公子置之祕室，而以五十金謝遣沈郎。居半歲，忽忽不樂，晨夜詛公子速死。諸姬聞之以告，出之去，居松陵，復爲倡。而故所交周者迹至其家，周既被剺面，且多瘍，少華不納，周甚怨忿，縊於户外。少華恐，乘夜竄走，將至崑山，爲海寇所掠，傳詣島主王直，直帳中有姬三十人，姿貌皆出其下，嬖之甚，稱爲張夫人。直頗好吴歈，每夕令所虜伶人聯袂歌而佐酒，而海上沈郎亦没島中，事賤作久之，作苦，聞帳中歌聲，趨而竊聽，徬徨不能去。少華忽見之，以目相瞬，已淚淫淫下。直覺之，密訊沈郎，得其狀，曰：固也，吾向怪其有平康姿態。明日衣沈郎善衣而前，使歌吴歈，又使吹簫，一坐稱□。自後每夕使與沈隔帷而歌，其聲杳渺悲怨，坐客無不流涕而起者。居久之，益愛幸，據諸姬上。直有事必就之謀，少華亦陽暱之，而陰幸其敗，冀與沈郎歸中國偕老也。會督府使蔣、陳來島中□直，直意頗欲降，而腹心皆以爲不可。少華力折之曰：若謂爲海中王，沈沈而可百年哉。兵久不解，沿海州邑又皆收保，則安從得庚癸而常主吏也。妾以今日事勢，何異騎虎，不如且降，則得官，有功無禍。直信之，留蔣爲質，而令腹心王滶等同陳報謝。督府親挾滶與起居，滶歸報，直尚猶豫，少華泣曰：若不降，亡無日矣，妾請先死。直悟，遂以滶攝營兵，留少華守帳中寶貨，而身詣幕府。少華度直已遠，私出寶貨重賂客爲營脱計。直初發，特密語滶曰：吾往矣，有尺一來，必用某印爲識。少華潛聽之，竊其印記與客，客僞效直書，傳島上，滶不能辨，遽遣張夫人，而沈郎亦潛匿舟後，取金珠價最高者與沈郎腰纏之，半夜走投四明主家。主家怪之，伏壁間竊聽其語。明旦，主人以鴆毒沈郎死，而迫妻之。少華泣曰：天乎，何薄命至此。吾一婦人，不自意降一酋，而死二子也，降一酋功隱，死二子罪著，兹不可以再辱。遂自刎死。王翹兒者，故臨淄民家女，少鬻於倡，冒馬姓，假母呼爲翹兒。攜至江南教之，即善吴歈，善彈胡琵琶。其貌不逾中色，而音吐激越，度曲婉轉，往往傾其座人。然有至性，雅不喜媚客，大賈齎多金賂之，意稍不屬，或竟夕虚寢而罷，賈恚而收金去。以是假母日窘而笞駡之。會有少年私之金者，遂以計脱假母，而自徙居海上，更稱王翠翹云。海上多貴游，尤以音律相賈重，令一啓齒，以爲絶世無雙，以是翹兒之名滿江南。歲所得纏頭無算，乃更以施諸所善貧客。久之，倭寇掠海上，遂竄走桐鄉，已轉掠桐鄉，城陷，翹兒被虜。諸酋執以見其寨主徐海，海初怪其姿態不類民間，訊之知爲翹兒，試之吴歈及琵琶以侍酒，絶愛幸之，斥帳中諸姬羅拜，咸尊爲王夫人。翹兒既已用事，凡海一切計畫，惟意指使，乃亦陽暱之，陰實幸其敗事，冀一歸國以老也。會督府遣華老人檄海，肯來降與之官。海怒，縛而將斬之，翹兒諫曰：今日之勢，在君降不降，何與來使。親解其縛而厚之金。華，海上人也，翹兒故識之，而華亦私覰所謂王夫人者，心知爲翹兒，不敢泄。歸告督府曰：賊未可圖，第所愛幸王夫人者，臣視之有外心，當藉以磔賊耳。督府曰：善。乃更遣羅中書詣海説降，而益市金珠寶玉，以陰賄翹兒，乃日夜在帳中，從容言：大事必不可成，不如降也，降且得官，終身當共富貴。海遂許羅中書約降。督府因誘致居東沈莊，與黨陳東相鬬，官兵乘之，海沈河死，永保兵俘海兩侍女，一名綠珠，一即翹兒也。督府飲之轅門，以享諸參佐，令翹兒歌而徧行酒，諸參佐皆起爲壽。督府酒酣心動，亦握槊降階而與翹兒戲。夜深，席大亂。明日，督府頗悔夜來醉中事，而以翹兒功高，不忍殺之，乃以賜所調永順酋長。既從永順酋長去，之錢塘舟中，輒悒悒不自得，歎曰：明山遇我厚，我以國事誘殺之，殺一酋而更屬一酋，何面目生乎。夜半投江死。右王直、徐海妓大略，晚得之徐太室學謨、馮文所時可所撰述中，約而録之，以追附蔣、陳二生之末。直妓係徐作，海妓係馮作，徐叙海死一段頗舛，余略正之。直始末詳范表議。

明・潘之恒《亘史鈔・叙曲》 《亘史》曰：甚矣，吴音之微而婉，易以移情而動魄也。音尚清而忌重，尚亮而忌濯，尚潤而忌類，尚簡捷而忌漫衍，尚節奏而忌平鋪。有新腔而無定板，有緣聲而無轉字，有飛度而無稽留。魏良甫其曲之正宗乎，張五雲其大家乎。張小泉，朱美，黄問琴，其羽翼而接武者乎。長洲崑山太倉中原音也，名曰崑腔，以長洲、太倉皆崑所分而旁出者也。無錫媚而繁，吴江柔而淆，上海勁而疎，三方者猶或鄙之。而毘陵以北達於江，嘉禾以南濱於浙，皆踰淮之橘、入谷之鶯矣，遠而夷之，勿論也。間有絲竹相和，徒令聽熒焉，適足混其真耳，知音無取也。善和者，其見賞溢於肉，其操獨也。秦之簫，許之管，馮之笙，張之三絃，其子以提琴鳴，傳於楊氏。如楊之擫阮，陸之搊箏，劉之琵琶，皆能和曲之微，而令悠長婉轉以成頓挫也。然絲竹皆自爲音，而不藉於倚和者也。至於吹蘆結簧，碎葉刓核，其細已甚，非雅流矣。而肉音，如梁谿之陳，陽羨之潘，晉陵之褚，婁水之顧，雲間之倪，新安之羅若，吴皆擅場一隅，而莫之能競，其技之專一故也。大都輕清寥亮，曲之本也。調不欲緩，緩令人怠，不欲急，急令人躁，不欲有餘，有餘則煩。不欲輭，輭則氣弱。吾嘗觀妓樂矣。靖江之陳二，生也。湖口之蔣，善擊鼓，外也。而沈，旦也，皆女班之師也。錫山、海虞之妖而冶也，其曼聲遶梁者鮮矣，而陳其最也，於曲品則班之下者也。彼孌童，如金陵金昌，婁江、越來，嘉禾、武林、慈谿，猶之乎中原之鄙而夷也，其音無以埒於中原，進於曩師，審矣。自鬱金堂之徵歌借聽於客，湘簾風來，桂舟波激，音稍稍始振。其次則佳色亭雅集，奏技一聲而燭跋，再闋而雞號，幾合陰陽之和，盡東南之美，然而未至也。於時三青鳥集於三臺，晝屏張而翠帷褰矣。則雲間傾六朝之豔，而畹上與之頡頏吴越之靡靡，以飛英聲揄修袂，且陳於亞旅間焉。嗚呼，盛哉，含意未申，餘響遽歇，銅雀臺何預人事，而聞者酸辛。雖石家金谷，琲貝充庭，而樓粉一墜，夜笛闃然，亦足悲也。嗟夫，梁伯龍，張伯起，吴允兆皆審音者也，或云：曲爲情闢。或云：歌以當泣。或云：聽可忘憂。於余無間，然則余猶幸以多聞入也。音絶矣，聽止矣，復何遺恨之有。

明・葉憲祖《鸞鎞記》第二二齣 （丑應介）（末）你的題是《愛妾换馬》。（丑）生員有了，衹是異乎二三子者之撰。（末）卻怎麽。（丑）他們都是崑山腔板，覺道冷静。生員將（駐雲飛）帶些滚調在内，帶做帶唱何如。（末）你且念來看。（丑唱弋陽腔帶做介）（前腔）懊恨兒天，（末）怎麽兒天。（丑）天者，夫也。辜負我多情。（重唱）（鮑四絃）孔聖人書云傷人乎，不問馬，那朱文公解得好，説是貴人賤畜。如今我的官人將妾换馬，卻是貴畜賤人了。他把《論語》來翻，變畜貴到將人賤，（嗏）怪得你好心偏，記得古人有言槽邊生口枕邊妻，晝夜輪流一樣騎。若把這媽换那馬，怕君暗裏折便宜。爲甚麽捨着婵娟，换着金韉，要騎到三邊。掃盡胡羶，標寫在燕然，圖畫在凌烟，全不念一馬一鞍，一馬一鞍。曾發下深深願，如今把馬牽到我家來，把我擡到他家去呵。教我滿面羞慚怎向前。（啐）且抱琵琶過别船。（末笑介）好一篇弋陽文字，雖欠大雅，到也閙熱可喜。左右開門，放舉子出去。（衆應介）

明・張大復《梅花草堂筆談》卷二《風箏》 風箏一名紙鳶，吴中小兒好弄之。然當其摶風而上，蓋亦得時則駕者歟。梁伯龍戲以彩繒作鳳凰，吹入雲端，有異鳥百十拱之，觀者大駭。伯龍死久矣，其新翻雜調，往往散入侯王將帥家，至今爲俠遊少年所傳詠，其好事故亦一時之冠也。

明・張岱《陶庵夢憶》卷五《虎邱中秋夜》 虎邱八月半，土著流寓、士夫眷屬，女樂聲伎，曲中名妓戲婆，民間少婦好女，崽子孌童及游冶惡少，清客幫閑，傒僮走空之輩，無不鱗集。自生公臺、千人石、鶴澗、劍池、申文定祠，下至試劍石，一二山門，皆鋪氈席地坐，登高望之，如雁落平沙，霞鋪江上。天暝月上，鼓吹百十處，大吹大擂，十番鐃鈸，漁陽摻撾，動地翻天，雷轟鼎沸，呼叫不聞。更定，鼓鐃漸歇，絲管繁興，雜以歌唱，皆錦帆開澄湖萬頃同場大曲，蹲踏和鑼絲竹肉聲，不辨拍煞。更深，人漸散去，士夫眷屬皆下船水嬉，席席徵歌，人人獻技，南北雜之，管弦迭奏，聽者方辨句字，藻鑒隨之。二鼓人静，悉屏管弦，洞簫一縷，哀澀清綿與肉相引，尚存三四，迭更爲之。三鼓，月孤氣肅，人皆寂闃，不雜蚊虻，一夫登場，高坐石上，不簫不拍，聲出如絲，裂石穿雲，串度抑揚，一字一刻，聽者尋入鍼芥，心血爲枯，不敢擊節，惟有點頭。然此時雁比而坐者，猶存百十人焉。使非蘇州，焉討識者。

又《西湖七月半》 西湖七月半，一無可看，止可看看七月半之人。看七月半之人，以五類看之：其一，樓船簫鼓，峨冠盛筵，燈火優傒，聲光相亂，名爲看月而實不見月者，看之。其一，亦船亦樓，名娃閨秀，攜及童孌，笑啼雜之，環坐露臺，左右盼望，身在月下而實不看月者，看之。其一，亦船亦聲歌，名妓閒僧，淺斟低唱，弱管輕絲，竹肉相發，亦在月下，亦看月而欲人看其看月者，看之。其一，不舟不車，不衫不幘，酒醉飯飽，呼羣三五，躋入人叢，昭慶、斷橋，嘄呼嘈雜，裝假醉，唱無腔曲。

明·史玄《舊京遺事》 院本雜劇肇於金，元全盛之時，然今京師所尚戲曲，一以崑腔爲貴。常州無錫鄒氏梨園，二十年舊有名吴下，主人亡後，子弟星散。今田皇親家伶生、浄、猶是錫山老國工也。陽武侯薛氏諸伶，一旦是吴江人，憶是沈姓，大司農倪元璐爲翰林日，甚敦寵愛，余見時已鬑鬑鬚矣。

清·余懷《板橋雜記》 教坊梨園單傳法部，乃威武南巡所遺也。然名妓仙娃，深以登場演劇爲耻，若知音密席，推奬再三，强而後可，歌喉扇影，一座盡傾，主之者大增氣色，纏頭助采，遽加十倍。至頓老琵琶、妥娘詞曲，則祇應天上，難得人間矣。

又 南曲衣裳妝束，四方取以爲式，大約以淡雅樸素爲主，不以鮮華綺麗爲工也。初破瓜者，謂之梳櫳，已成人者，謂之上頭，衣衫皆客爲之措辦。巧樣新裁，出於假母，以其餘物自取用之。故假母雖年高，亦盛妝豔服，光彩動人。衫之短長，袖之大小，隨時變易，見者謂是時世妝也。

又 虞山錢牧齋《金陵雜題絶句》中有數首云：淡粉輕煙佳麗名，開天營建記都城。而今也入煙花部，燈火樊樓似汴京。一夜紅箋許定情，十年南部早知名。舊時小院湘簾下，猶託鸚歌唤客聲。舊院馬二娘，字晁采。惜别留歡恨馬蹄，勾闌月白夜烏啼。不知何與汪三事，趣我懽娱伴我歸。别樣風懷另酒腸，伴他薄倖耐他狂。天公要斷烟花種，醉殺揚州蕭伯梁。頓老琵琶舊典型，檀槽生澀響零丁。南巡法曲誰人問，頭白周郎掩淚聽。紹興周禹錫，喜頓老琵琶。舊曲新詩壓教坊，縷衣垂白感湖湘。閒開閏集教孫女，身是前朝鄭妥娘。鄭女英，小名妥娘，載列朝詩選閏集詩中。新城王阮亭《秦淮雜詩》中有二首云：舊院風流數頓楊，梨園往事淚沾裳。樽前白髮談天寶，零落人間脱十娘。舊事南朝劇可憐，至今風俗鬭嬋娟。秦淮絲肉中宵發，玉律抛殘作笛鈿。以上皆傷今弔古、感慨流連之作，可佐南曲談資者，録之以當哀絲急管。

又 金陵都會之地，南曲靡麗之鄉。紈茵浪子，蕭灑詞人，往來游戲，馬如游龍，車相接也。其間風月樓臺，尊罍絲管，以及孌童狎客，雜伎名優，獻媚争妍，絡繹奔赴，垂楊影外，片玉壺中，秋笛頻吹，春鶯乍囀，雖宋廣平鐵石心腸，不能不爲梅花作賦也。一聲《河滿》，人何以堪。歸見梨渦，誰能遣此。然而流連忘返，醉飽無時，卿卿雖愛卿卿，一誤豈容再誤。遂爾喪失平生之守，見斥禮法之士，豈非黑風之飄墮、碧海之迷津乎。余之編輯斯編，雖曰傳芳，實爲垂戒。王右軍云：後之覽者，亦將有感於斯文也。瓜州蕭伯梁，豪華任俠，傾財結客，好遊狹斜，久住曲中，投轄轟飲，俾晝作夜，多擁名姬，簪花擊鼓爲樂。錢宗伯詩所云天公要斷煙花種，醉殺揚州蕭伯梁者是也。嘉興姚壯若，用十二樓船於秦淮，招集四方應試知名之士百有餘人，每船邀名妓四人侑酒，梨園一部，燈火笙歌，爲一時之盛事。先是嘉興沈雨若費千金定花案，江南豔稱之。曲中狎客，有張卯官笛，張魁官簫，管五官管子，吴章甫絃索，盛仲文打十番鼓，丁繼之、張燕筑、沈元甫、王公遠、宋維章串戲，柳敬亭説書。或集於二李家，或集於眉樓，每集必費百金，此亦銷金之窟也。張卯尤滑稽婉膩，善伺美人喜怒。一日，偶忤李大娘，大娘手破其頭上騌帽，擲之於地。卯徐徐拾取，笑而戴之以去。

清·王士禛《池北偶談》卷二六《談異七·心頭小人》 安丘明經張某常晝寢，忽一小人自心頭出，身才半尺許，儒衣儒冠，如伶人結束。唱崑曲，音節殊可聽，説白自道，名貫一與己合，所唱節末，皆其平生所經歷。四折既畢，誦詩而没。張能憶其梗概，爲人述之。

清·趙翼《甌北詩鈔·絶句一》 解唱陽關勸别筵，吴趨樂府最堪憐。一班子弟俱頭白，流落天涯賣戲錢。貴陽城中崑腔祇此一部，皆年老矣。

清·紀昀《閱微草堂筆記》卷一七《姑妄聽之》 田香沚言，嘗讀書别業，一夕風静月明，聞有度崑曲者，亮折清□，悽心動魄，諦審之，乃《牡丹亭叫畫》一齣也。忘其所以，静聽至終，忽省墻外皆斷港荒陂，人迹罕至，此曲自何而來。開户視之，惟蘆荻瑟瑟而已。

清（乾隆）《蒲縣柏山東嶽廟碑》 乾隆丙辰歲，東神山糾首老先生等十位，因土戲褻神，謀獻蘇腔，又慮戲資無出，議請封首三十人募銀二百兩，置租三十三千，每年除納貢而外，得租三十千以備戲資，誠盛事也。後又有好善樂施者，續入十數人，置租公用，俱有碑碣可考。近因天時人事之不齊，神事幾至廢墜。太值四十一年首事與同事張緯祖、王端、曹子中等十四人同心協力，遵前人之制，復請封首三十二人募錢二百餘千，除費用刻碑而外，净存錢二百千，放之典舖，每年獲息二十千。前後共計有公項錢五十千。每歲加戲一天，兩社盡心辦理。有餘則存之公所備用，不足則值年爲首按分均攤。名雖兩社，而一切費用一處公算，實爲一社。庶新舊爲首，互相維持，而神事可以萬世無敝。雖然，此豈可云盡善耶。至於踵事增華，較勝於今日者，更有望於後之君子也。是爲序。

邑庠膳生員馮震太謹志，邑庠膳生員張綬祖敬書。

時大清乾隆四十二年，歲次丁酉桐月上浣吉公立。

糾首張緯祖、王端、曹子中、王驥德、馮時芳、喬鶯遷、曹芷、賀湛、張紘祖、馮震太、張綬祖、賈承啓、張克岐、曹繡彬。

以上十四人，各施錢一千六百二十五文。

封首王國垣，杜培本，張審、曹楷秀、王化熹、劉志遠、冀太仁、喬琩、曹八彩、張績祖、曹心超、徐永隆、張慶槐、喬琮、馮惺、史兆隆、馮時莪、王節、賈林、曹賜麟、曹尚、鄭崇信、武統、口步青、冀向魁、劉際寧、曹鍾麟、張繗祖、王遇泰、王化炯、曹文炳、張林槐。

以上三十二人，各施錢一千文。

玉工寧居恭，寧居中鐫。

清·吴長元《燕蘭小譜》卷四 張發官江蘇元和人。面如瓜瓠，弱不勝嬌，雅韻閒情，有謝夫人林下風致，耽清静，解文墨，嘗見余《燕蘭譜》，略識此中款要，知非庸俗伶工矣。昔保和部本崑曲，去年雜演亂彈，跌撲等劇，因搆蘇伶之佳者，分文、武二部。

清·李斗《揚州畫舫録》卷五《新城北録下》 兩淮鹽務例蓄花、雅兩部，以備大戲。雅部即崑山腔，花部爲京腔、秦腔、弋陽腔、梆子腔、羅羅腔、二簧調。統謂之亂彈。崑腔之勝，始於商人徐尚志徵蘇州名優爲老徐班。而黄元德、張大安、汪啓源、程謙德各有班，洪充實爲大洪班，江廣達爲德音班。復徵花部爲春臺班。自是德音爲内江班，春臺爲外江班。今内江班歸洪箴遠，外江班隸於羅榮泰。此皆謂之内班，所以備演大戲也。

清·錢泳《履園叢話·叢話七·臆論·醉鄉》 時際昇平，四方安樂，故士大夫俱尚豪華，而尤喜狹邪之遊。在江寧則秦淮河上，在蘇州則虎丘山塘，在揚州則天寧門外之平山堂，畫船簫鼓，殆無虚日。妓之工於一藝者，如琵琶，鼓板，崑曲，小調，莫不童而習之，間亦有能詩畫者，能琴棋者，亦不一其人。流連竟日，傳播一時，才子佳人，芳聲共著。然而以此喪身破家者有之，以此敗名誤事者有之，而人不知醒，譬諸飲酒，常在醉鄉，是誠何心哉。

清·梁章鉅《浪跡叢談》卷六《趙普》 偶爲友人招觀劇，余不諳崑曲，而主人不喜秦腔，坐中客多爲余左袒者，適呈戲單，余點《訪普》一齣，蓋崑曲與秦腔並有之，曲文初無小異，客謂余之善調停也。或問，此事果有之否。余謂《名臣言行録》中引《邵氏聞見録》，即有此事，云太祖即位之初，數出微行，以偵伺人情，或過功臣家，不可測。趙普每退朝，不敢脱衣冠，一日大雪，向夜，普謂帝不復出矣。久之，聞叩門聲，普亟出，帝立風雪中，普惶懼迎拜，帝曰已約晉王矣。已而太宗至，共於普堂中設重裀，地坐熾炭燒肉，普妻行酒，帝以嫂呼之，此與今菊部所演略同，惟短秦王一節耳。

清·陳森《品花寶鑑》第三回 蓉官又對那人道：大老爺是不愛听崑腔的，愛听高腔襍耍兒。那人道：不是我不愛听，我實在不懂，不曉得唱些什麼。高腔倒有滋味兒，不然倒是梆子腔還听得清楚。

清·范祖述《杭俗遺風》 僧家有經一種名曰《孔雀經》，編列各調戲曲，如崑腔，亂彈，徽調，灘簧及九調十三腔，均皆齊備。以和尚八人分生旦净丑各音，吹彈歌唱，儼同唱戲，家有素事方用之。

又 堂名即清音班，多自姑蘇來者，共有一二十班，有萬福、全福、增福、增慶、雙壽、雙桂、福壽、榮華、秀華等名。每班以十歲以上至十五六歲孩子八人，一式裝飾，四季衣裳均皆華麗。吹彈歌唱各齣戲文，崑腔居多，近今亦會唱徽調。

清·楊恩壽《坦園日記》卷一 十二日 陰。泊西河口，距永興二十餘里。對岸人聲騰沸，正唱花鼓詞。楚俗於崑曲，二簧之外，別創淫辭，余固久知之而未見也。

清·孫汝梅《梨園聚義廟會碑》 古者伶官代異其制，然音律則無不同。自十字譜行，而院本以作，於是崑山之劇，弋陽之歌競奏於通都大邑間，大要借因果爲勸懲，即詠歌爲諷諭，而感人之道寓焉矣。勝國時，設教坊司，殿中詔樂其詞出於俳優，多乖雅道，十二月樂歌按月律以奏，及進膳、迎膳等曲，皆用雜劇爲娛戲，流俗諠譊，淫哇不逞。正德時臧賢以伶人進，與諸佞倖角寵竊權，教坊取隸益猥雜，筋斗百戲之類日盛於禁廷，而豪族富民效尤於下，選色品聲，靡靡之音充於京師。御史汪珊有屏絶玩好之請，然未能盡革其風也。國朝乾隆初，命張文敏製院本進呈，各依節令奏演，如屈子競渡子安題閣之屬，謂之月令承應。其於内廷諸慶事奏演祥徵瑞應者，謂之法宫雅奏。其於萬壽令節奏演群仙諸佛添籌錫禧，以及黄童白叟含哺鼓腹者，諸如九九大慶。又演《目蓮救母》事，析爲十本，謂之勸善金科，於歲暮奏之，以代古人儺祓之意。演唐玄奘西域事，謂之昇平寶筏，上元前後，數日奏之。嘉慶癸酉軍興，特命罷諸連臺，上元日惟以月令承應代之，放除聲色之意，遠超於勝國。以故梨園供奉内廷者，率法惟謹，亦無敢以新聲巧伎進。又恐無以束脩其儔侣也，特立廟於崇文門外西偏，有事則聚議之。歲時伏臘，以相休息。舉年資深者一人統司之。剥落五字典至鉅，意至善也。今將復新其廟貌，思得文言以永於石，因述緣起，並系以銘，大雅之音，式和且平。萃處既協，詠歌以興。聿脩丹雘，胥調箎笙。吉令辰，明祀攸行。神具醉止，喜氣充庭。既匡既敕，福禄來成。於萬斯年，鳴此和聲。

清·王韜《淞隱漫録》卷一一《名優類志》 滬上昔日盛行崑曲，大章、大雅、鴻福、集秀尤爲著名。鴻福班中之榮桂，集秀班中之三多，俱稱領袖。一登氍毹，神情態度迥爾不同。三多身材纖小，行步婀娜，其聲紆徐以取妍，清脆而合度，真可謂色藝竝擅者也。榮桂綺年玉貌，洵如尤物，足以移人。每演《跳牆》、《著棊》、《絮閣》、《樓會》四齣，觀者率皆傾耳注目，擊節歎賞不止。榮桂容尤嬌豔，兩頰微紅，渾如初放桃紅，益增其媚。時滬上蒯紫琴、陳子、卿輩方以清客串戲，創名集賢班，會演於西園，一時來觀者，翠袖紅裙，樓頭幾滿。王子根又招演於其家，余忝首座，特呼榮桂隅坐，執壺殷勤相勸，於是滬城之妓前來侑觴者，幾空冀北之羣，可謂極花月之大觀，盡笙歌之盛事。今不復見此樂矣。榮桂後蓄厚貲，自爲領班。近日盛行京腔，弋陽腔、徽班次之，至崑曲，則幾如廣陵散矣。然吴人尚能爲此調，余所心賞者，得二人焉：一曰鳳林，一曰桂林。鳳林，字桐蓀。工書，尤善鐘鼎文字。能作小詞，執贄申左夢畹生門下爲詩弟子。生平事母極孝，出入必告，以絃歌之貲奉甘旨外，購田宅於吴門爲退步計。客有日暮途窮者，桐蓀解囊佽助之，其人得不困。慷慨好義，士大夫且難，况得之梨園中人哉。足以風矣。夢畹著《粉墨叢談》，以桐蓀冠一軍，良有以也。甲申之秋，桐蓀度曲於滿仙園，一時貴官畢集。既夕登場，諸技曲呈，無不盡態極妍，座客咸稱善。翌日，金粟菴病脚僧與桐蓀彈棊於汶水臺茗園，桐蓀出奇制勝，遠出其上，病脚僧自歎弗如。是時桐蓀之名噪甚，銘佩農尚衣招同徐畹蓀令尹，潘東園郎中張讌於拙政園，桐蓀所演諸劇，羣蒙贊賞，龍門既上，聲價益高。在滬相識多名流，詩詞贈答，幾盈卷軸，而其性情和平藴藉，絶無時下優伶積習，洵有足多者。意琴室主謂桐蓀能詩而又任俠，較近日之自命爲詩人、自負爲俠客者，亦遠甚矣。賦二十八字贈之云：一曲移情孰與儔，梧桐棲鳳幾生脩。仙心俠骨非凡品，信是梨園第一流。桂林，字蟾香。以同時亦有桂林，故加小字以别之。來滬僅數月，在三雅戲院，年止十九齡。先以桐蓀爲師，意韻纏綿，情致曲折，别有心授。每演《折柳》、《絮閣》兩齣，意態逼真，聽者爲之神移。桂林不能飲酒，量幾不勝蕉葉。又素不習拇戰，惟端坐席上，人與之言，則作靦覥色。秉性聰敏，於曲譜之陰陽清濁，一見即辨。近日讀秦九、柳七詞，頗有所悟，戲填《如夢令》一闋，妙合宫商云。

清·歐陽兆熊《水窗春囈》卷下《方靴漸廢》 自來戲劇皆用崑腔，其時亦全改二黄及西皮者，亢厲激烈，如聞變徵，時局乃亦與之轉移，可畏也。

清·丁柔克《柳弧》卷二 崑曲盛行於世，文人墨士甚多愛之，蓋詞皆工穩絶倫。酒闌燈炧，四座寡歡，或聲如裂帛，響遏行雲，嗜此者每若與之終身焉。予無事時，亦稍知一二，然不好此，亦天性也，蓋惡其在不莊重之列也。如《小宴》，即《長生殿》上之詞。簫笛予亦能吹，又恨其傷氣太甚。如《小宴》，乃明皇貴妃同唱：天吹字須高澹則雲閒，列長空，數行新雁。御園中，秋色斕斑。柳添黄，萍六漸緑，紅蓮脱瓣。一抹雕欄，噴清香，桂花初綻。其他《慘覩》、《打車》,亦稍知之,未能備録。

清・王之春《椒生隨筆》卷一《嘲潘》 崇川潘公子幼隨父宦京師,弱冠成翰林,意得甚,旋里集諸少年爲徵逐游,甚至登場演劇。有人嘲以偶語云:京調唱崑腔,這翰林另有班子。斯文更曲譜,那秀才好箇優生。斯可謂善謔矣。

清・李慈銘《越縵堂菊話》 光緒七年元旦 去臘都中四喜部新製《貴壽圖》,演汾陽見織女事。燈采絢爛,而色目不佳,科爨俱惡。惜無以崑曲曼聲寫之者,即演其大歷初入朝,代宗詔宰相、僕射、度支、侍郎、京兆尹五人,各出錢三十萬共宴私第,内侍魚朝恩出羅錦二百匹爲纏頭費一事。魚龍百戲,盡可登場。珠翠千行,皆當選色。亦足令人色舞也。

清・孫静庵《棲霞閣野乘》卷上《鄒小山軼事》 吾鄉鄒一桂少宰小山,以文學受主知,尤工繪事,至今零縑尺素,得者人争懷寶。相傳其微時好作狹邪游,尤喜擺宴,與梨園諸弟子相征逐,度曲填詞,樂此不疲。封翁某,性最嚴正,屢戒勿悛,逐之出,不得承爲子。少宰飄泊里門,久之困甚,倩人哀其父,少加憐憫,遊説萬端不爲動。時少宰已爲諸生,因以攜資應試請,封翁曰:子弟賢,貧賤何害。不賢,即富且貴者,寧遂免若敖氏之餒耶。少宰乃隻身北上。僅攜一布被與俱。途間去被中絮,乘夜實草根敗葉於内,壓背隆然,詣旅邸求宿。翌晨,傾被中物於地,置被懷袖間,悄然扃門出。邸中人意負物在室中,必無他慮。不知少宰已賺得一夕膳宿資,揚長去矣。長途轉徙,悉用此術。抵都地所事事,仍溷跡於歌場舞館間,豪竹哀絲,一時並奏,見者固不知其爲失路之王孫也。都中聲伎居天下最,時昆曲盛行,好事者又率自置鞠部,引商刻羽,細入毫芒。少宰之術,不足以並駕儕輩,漸遭是中人白眼。一日高宗傳旨進樂,酒酣以往,粉墨登場,自演《李三郎羯鼓催花》劇。宸衷偶愜,試一爲之,未必能一一協律,主器者苦不能稱旨。獨少宰能隨其意爲節奏,抑揚頓挫,無不合拍,高宗大悦。供奉既頻,詢及家世,急使納監入北闈,並授意於主試者,聯翩獲售,遂以一甲第三人及第。臚唱後,捷音抵家,其封翁猶嚴詞致拒,謂小冠子夏,或有同名之誤也。少宰既登第,高宗每閒居奏樂,不復以前事相浼,且時藉他事督責之。少宰乃益刻勵圖報,卒以致身清要,長爲文學侍從之臣。而高宗當日駕馭人才之雄略,亦於此可見一斑矣。

又卷下《記某伶事》 某伶者,色藝工絶,游於陝。陝尚秦聲,無解南音者,困甚,無所得衣食。時某部爲秦聲冠,不得已投焉。部中人共揶揄之,亦不甚令登場。會撫署宴方伯,某部當值,屬僚鹹集。方伯者,平陽中丞也,數折後,厭秦聲,問有能昆曲者否。部中無以應。某伶獨趨進自承曰:能。曹長愕然欲止之,則堂上已呼召某伶矣。登堂請命,甫一發聲,平陽色喜,滿座傾耳聽。歌一闋,平陽曰:止,笛板工尺相左,他樂器亦無一合者,是烏足盡所長。。趣呼藩署家樂和之,使演《掃花》一出。伶既蓄技久,思欲一逞,又多歷坎坷,憤鬱無所泄,至是乃盡吐之,瀏離頓挫,曲盡其妙。平陽不自覺其神奪而身離於席也。平陽號知音,舉座見傾倒如是,莫不嘖嘖稱羨。曲終,自撫軍以下,纏頭以千計,明日某伶之名噪於長安。部中人承順惟謹,已持平陽書入都,都下貴人争愛賞之,宴集非某郎不歡,由是名益著。

清・畹香留夢室主人《淞南夢影録》卷一 梨園之盛,甲於天下,纏頭一曲,最足消魂。昔年負重名者,如小桂壽、邱阿增、劉鳳林、小十三、旦葛、子香、陸小芬、萬盞燈之類。六七年中,都雲散風流,莫可問其踪跡。即偶有存者,而老去徐娘,風流頓減,病來霍玉,情緒都非,未免有情,夫亦不堪回首矣。後起之秀,崑班中有周鳳林之《挑簾裁衣》、吴蘭仙之《湖船驚夢》,京班中有蔡桂喜之《梅龍驛》、月月紅之《貴妃醉酒》、想九霄之《三上轎》、王翠喜之《十八扯》、嬰寧旦之《紅鸞禧》、《花飛釧擊》,亦足娱目騁懷,何必尋翠被之餘香,味餘桃之芳液,始足銷魂蕩魄哉。公司輪船,往往借用地名。嘗詢之西,人以爲並無取義,不過欲其易於辨認耳。如漢陽、重慶、南京、北京、臺灣、雞籠、上海、安慶之類,就滬地各洋行而論,已屬指不勝屈。最奇者,昔十餘年前,英公司有一船,專走長江,名曰孔夫了,後駛至湖北,爲霹靂擊沉。租界中無業游民,羣聚不逞,遇事生風,俗謂之拆稍,亦謂之流氓。音如芒其中各分黨類,天津黨最兇横,動輒持械鬥殺;閩粤黨次之;湖南黨則别無長技,但事剪綹掉包,及偷竊輪船搭客行李而已。近又有泰西無賴,攢聚虹口外國客寓中,强賒硬買,持棒毆人,華人皆畏之如虎,安得中外官。有犯必懲,不使横行市上,亦整頓地方之要務也。

又 臺上張極薄布幔,内燃地火燈,映出各種技巧,西人名曰影戲。滬上曾演數次,嘗詢諸友人之往觀者,云初時海闊天空,波濤洶湧,有輪船一艘，飛駛而下，驀被狂風吹轉，横撞山脚下，截成兩橛。正在惶急之際，又有一船自銀濤雪浪中駛至，放小艇，救起多人。一瞬間，又變成夕陽衰草、秀竹幽花景象，竹中露危樓一角，髣髴是西國園囿。繼而雪練平鋪，銀盤蕩漾。叢蘆瑟瑟中，有漁人臨流撒網。末後幻成濃春光景，日麗風和，花明柳暗。西方士女，聯襼踏春，約略似元人《清明上河圖》，戲遂止。按戲皆畫於紙上，向燈前映照成形，而人物之豐昌，烟雲之變滅，以及山光水色，異獸珍禽，奇花茂草，無不惟妙惟肖，宛轉如生。技至乎此，恐不讓偃師獨步矣。

余姚腔

論說

明・陸容《菽園雜記》卷一〇 嘉興之海鹽，紹興之餘姚，寧波之慈溪，臺州之黄巖，温州之永嘉，皆有習爲倡優者，名曰戲文子弟，雖良家子不恥爲之。其扮演傳奇，無一事無婦人，無一事不哭，令人聞之，易生悽慘。此蓋南宋亡國之音也。其贋爲婦人者名粧旦，柔聲緩步，作夾拜態，往往逼真，士大夫有志於正家者，宜峻拒而痛絶之。

明・祝允明《猥談》 南戲出於宣和之後，南渡之際，謂之温州雜劇。【略】愚人蠢工，狗意更變，妄名餘姚腔，海鹽腔，弋陽腔，崑山腔之類，變易喉舌，趁逐抑揚，杜撰百端，真胡説耳。若以被之管絃，必至失笑，而昧士傾喜之，互爲自謾爾。

明・魏良輔《南詞引正》 腔有數樣，紛紜不類。各方風氣所限，有崑山、海鹽、余姚、杭州、弋陽。

明・徐渭《南詞叙録》 今唱家稱弋陽腔，則出於江西，兩京、湖南、閩、廣用之；稱餘姚腔者，出於會稽，常、潤、池、太、揚、徐用之；稱海鹽腔者，嘉、湖、温、臺用之。

杭州腔

論說

明・魏良輔《南詞引正》 腔有數樣，紛紜不類。各方風氣所限，有崑山、海鹽、余姚、杭州、弋陽。

樂平腔

論說

明・湯顯祖《宜黄縣戲神清源師廟記》 江以西弋陽，其節以鼓。其調諠。至嘉靖而弋陽之調絶，變爲樂平，爲徽青陽。

明・王驥德《曲律》卷二《論腔調第十》 夫南曲之始，不知作何腔調。沿至於今，可三百年。世之腔調，每三十年一變，由元迄今，不知經幾變更矣。大都創始之音，初變腔調，定自渾樸。漸變而之婉媚，而今之婉媚極矣。舊凡唱南調者，皆曰海鹽。今海鹽不振，而曰崑山。崑山之派，以太倉魏良輔爲祖。今自蘇州而太倉松江，以及浙之杭、嘉、湖，聲各小變，腔調略同，惟字泥土音，開，閉不辨，反譏越人呼字明確者爲浙氣，大爲詞隱所疵。詳見其所著《正吴編》中。甚如唱火作呵上聲，唱過爲箇，尤爲可笑。過之不得爲箇，已載編中，而火之不可爲呵上聲，詞隱猶未之及也。然其腔調，故是南曲正聲。數十年來，又有弋陽、義烏、青陽、徽州、樂平諸腔之出。今則石臺、太平梨園，幾遍天下，蘇州不能與角什之二三。其聲淫哇妖靡，不分調名，亦無板眼；又有錯出其間，流而爲兩頭蠻者，皆《鄭》聲之最，而世爭羶趨痂好，靡然和之，甘爲《大雅》罪人，世道江河，不知變之所極矣。

明・沈寵綏《度曲須知・曲運隆衰》　而詞既南，凡腔調與字面俱南，字則宗洪武而兼祖中州。腔則有海鹽、義烏、弋陽、青陽、四平、樂平、太平之殊派。雖口法不等，而北氣總已消亡矣。

清・徐大椿《樂府傳聲・源流》　曲之變，上古不可考。自唐虞之賡歌擊壤以降，凡朝廷草野之間，其歌詩謠諺不可勝窮，玆不盡述。若今日之聲存而可考者，南曲北曲二端而已。【略】南曲之異，則有海鹽、義烏、弋陽、四平、樂平、太平等腔。

清・王德暉《顧誤録》　蓋詞章既南，則凡腔調與字面皆南，韻則遵洪武，而兼祖中州。腔則有海鹽、義烏、弋陽、青陽、四平、樂平、太平之分派。

徽州腔

論説

明・王驥德《曲律》卷二《論腔調第十》　夫南曲之始，不知作何腔調。沿至於今，可三百年。世之腔調，每三十年一變，由元迄今，不知經幾變更矣。大都創始之音，初變腔調，定自渾樸。漸變而之婉媚，而今之婉媚極矣。舊凡唱南調者，皆曰海鹽。今海鹽不振，而曰崑山。崑山之派，以太倉魏良輔爲祖。今自蘇州而太倉松江，以及浙之杭、嘉、湖，聲各小變，腔調略同，惟字泥土音，開、閉不辨，反譏越人呼字明確者爲浙氣，大爲詞隱所疵。詳見其所著《正吴編》中。甚如唱火作呵上聲，唱過爲箇，尤爲可笑。過之不得爲箇，已載編中；而火之不可爲呵上聲，詞隱猶未之及也。然其腔調，故是南曲正聲。數十年來，又有弋陽、義烏、青陽、徽州、樂平諸腔之出。今則石臺、太平梨園，幾遍天下，蘇州不能與角什之二三。其聲淫哇妖靡，不分調名，亦無板眼。又有錯出其間，流而爲兩頭蠻者，皆鄭聲之最，而世爭羶趨痂好，靡然和之，甘爲《大雅》罪人，世道江河，不知變之所極矣。

青陽腔

論説

明・魏良輔《曲律》　右係唱曲名言，皆所當玩。夫南曲之始，不知作何腔調。沿至於今，可三百年。世之腔調，每三十年一變，由元迄今，不知經幾變更矣。大都創始之音，初變腔調，定自渾樸；漸變而之婉媚，而今之婉媚極矣。舊凡唱南調者，皆曰海鹽。今海鹽不振，而曰崑山。崑山之派，以太倉魏良輔爲祖。今自蘇州而太倉松江，以及浙之杭、嘉、湖，聲各小變，腔調略同，惟字泥土音，開、閉不辨，反譏越人呼字明確者爲浙氣，大爲詞隱所疵，詳見其所著《正吴編》中。甚如唱火作呵上聲，唱過爲箇，尤爲可笑。過之不得爲箇，已載編中。而火之不可爲呵上聲，詞隱猶未之及也。然其腔調，故是南曲正聲。數十年來，又有弋陽、義烏、青陽、徽州、樂平諸腔之出。今則石臺、太平梨園，幾遍天下，蘇州不能與角什之二三。其聲淫哇妖靡，不分調名，亦無板眼。又有錯出其間，流而爲兩頭蠻者，皆鄭聲之最，而世爭羶趨痂好，靡然和之，甘爲《大雅》罪人，世道江河，不知變之所極矣。

明・湯顯祖《宜黄縣戲神清源師廟記》　江以西弋陽，其節以鼓，其調諠。至嘉靖而弋陽之調絶，變爲樂平，爲徽青陽。

明・王驥德《曲律》卷二《論腔調第十》　夫南曲之始，不知作何腔調。沿至於今，可三百年。世之腔調，每三十年一變，由元迄今，不知經幾變更矣。大都創始之音，初變腔調，定自渾樸。漸變而之婉媚，而今之婉媚極矣。舊凡唱南調者，皆曰海鹽。今海鹽不振，而曰崑山。崑山之派，以太倉魏良輔爲祖。今自蘇州而太倉松江，以及浙之杭、嘉、湖，聲各小變，腔調略同，惟字泥土音，開、閉不辨，反譏越人呼字明確者爲浙氣，大爲詞隱所疵。詳見其所著《正吴編》中。甚如唱火作呵上聲，唱過爲箇，尤爲可笑。

過之不得爲箇，已載編中。而火之不可爲呵上聲，詞隱猶未之及也。然其腔調，故是南曲正聲。數十年來，又有弋陽、義烏、青陽、徽州、樂平諸腔之出。今則石臺、太平梨園，幾遍天下，蘇州不能與角什之二三。其聲淫哇妖靡，不分調名，亦無板眼，又有錯出其間，流而爲兩頭蠻者，皆《鄭聲》之最，而世爭羶趨痂好，靡然和之，甘爲《大雅》罪人，世道江河，不知變之所極矣。

明・沈寵綏《度曲須知・曲運隆衰》 而詞既南，凡腔調與字面俱南，字則宗《洪武》而兼祖中州；腔則有海鹽、義烏、弋陽、青陽、四平、樂平、太平之殊派。雖口法不等，而北氣總已消亡矣。

清・王德暉《顧誤録》 蓋詞章既南，則凡腔調與字面皆南，韻則遵《洪武》，而兼祖《中州》。腔則有海鹽、義烏、弋陽、青陽、四平、樂平、太平之分派。

紀事

明・蘇元俊《吕真人黄粱夢境記》第九齣《夢蝶》 吴下人曾説：若是拿着强盜，不要把刑具拷問，祇唱一臺青陽腔戲與他看，他就直直招了。蓋由吴下人最怕的這樣曲兒。又説唱（弋陽腔曲兒）就如打磚頭的教化一般，他若肯住子聲就該多把幾文錢賞他。

雜録

明・袁宏道《瓶花齋集》卷九《尺牘・與沈伯函水部》 南郡地煖，以使君之尊臨之，如居第六天中。然在兄丈亦有小苦。江水雖浩莽，殊無意致，六橋、三竺之想，那能一刻去胸中，一苦也。民俗樸鄙，酒甜而濁，酸澀之態，見於筵宴，二苦也。歌兒皆青陽過江，字眼既訛，音復乾硬，三苦也。

太平腔

論説

明・王驥德《曲律》卷二《論板眼第十一》 今至弋陽、太平之衮唱，而謂之流水板，此又拍板大厄也。

明・沈寵綏《度曲須知・曲運隆衰》 而詞既南，凡腔調與字面俱南，字則宗洪武而兼祖中州。腔則有海鹽、義烏、弋陽、青陽、四平、樂平、太平之殊派。雖口法不等，而北氣總已消亡矣。

清・徐大椿《樂府傳聲・源流》 曲之變，上古不可考。自唐虞之賡歌擊壤以降，凡朝廷草野之間，其歌詩謡諺不可勝窮，兹不盡述。若今日之聲存而可考者，南曲北曲二端而已。【略】南曲之異，則有海鹽、義烏、弋陽、四平、樂平、太平等腔。

清・王德暉《顧誤録》 蓋詞章既南，則凡腔調與字面皆南，韻則遵《洪武》，而兼祖《中州》。腔則有海鹽、義烏、弋陽、青陽、四平、樂平、太平之分派。

紀事

清・范濂《雲間據目鈔》卷二 戲子在嘉隆交會時，有弋陽人入郡爲戲，一時翕然崇高，弋陽人遂有家於松者。其後漸覺醜惡，弋陽人復學爲太平腔、海鹽腔以求佳，而聽者愈覺惡俗，故萬曆四五年來遂屏跡，仍尚土戲。

義烏腔

論說

明・王驥德《曲律》卷二《論腔調第十》 夫南曲之始，不知作何腔調。沿至於今，可三百年。世之腔調，每三十年一變，由元迄今，不知經幾變更矣。大都創始之音，初變腔調，定自渾樸，漸變而之婉媚，而今之婉媚極矣。舊凡唱南調者，皆曰海鹽。今海鹽不振，而曰崑山。崑山之派，以太倉魏良輔爲祖。今自蘇州而太倉松江，以及浙之杭、嘉、湖，聲各小變，腔調略同，惟字泥土音，開、閉不辨，反譏越人呼字明確者爲浙氣，大爲詞隱所疵。詳見其所著《正吳編》中。甚如唱火作呵上聲，唱過爲箇，尤爲可笑。過之不得爲箇，已載編中，而火之不可爲呵上聲，詞隱猶未之及也。然其腔調，故是南曲正聲。數十年來，又有弋陽、義烏、青陽、徽州、樂平諸腔之出。今則石臺、太平梨園，幾遍天下，蘇州不能與角什之二三。其聲淫哇妖靡，不分調名，亦無板眼，又有錯出其間，流而爲兩頭蠻者，皆《鄭》聲之最，而世争羶趨痂好，靡然和之，甘爲《大雅》罪人，世道江河，不知變之所極矣。

明・沈寵綏《度曲須知・曲運隆衰》 而詞既南，凡腔調與字面俱南，字則宗洪武而兼祖中州；腔則有海鹽、義烏、弋陽、青陽、四平、樂平、太平之殊派。雖口法不等，而北氣總已消亡矣。

清・徐大椿《樂府傳聲・源流》 曲之變，上古不可考。自唐虞之賡歌擊壤以降，凡朝廷草野之間，其歌詩謡諺不可勝窮，兹不盡述。若今日之聲存而可考者，南曲北曲二端而已。【略】南曲之異，則有海鹽、義烏、弋陽、四平、樂平、太平等腔。

清・王德暉、徐沅澂《顧誤録》 蓋詞章既南，則凡腔調與字面皆南，韻則遵《洪武》，而兼祖《中州》。腔則有海鹽、義烏、弋陽、青陽、四平、樂平、太平之分派。

宜黃腔

論說

明・范文若《夢花酣序》 元人有《薩真人夜斷碧桃花》襍劇，童時演爲南戲，即名《碧桃花》，流傳甚盛。已復更爲此事微類《牡丹亭》，而幽奇冷豔轉摺姿變，自謂過之。且臨川多宜黃土音，腔板絶不分辨，襯字襯句湊揷，乖舛未免，拗折人嗓子。兹又稍便歌者記成，不脛而走天下。獨恨幼年走入纖綺路頭，今老矣，始悟詞自詞曲自曲，重金疊粉終是詞人手脚，雖然亦不可爲非情之至也。昔人謂唱柳郎中楊柳岸曉風殘月，須得十三四夭韶女子。世有紅紅者乎。余且敲擅板與簫而和之矣。

清・李調元《雨村劇話》卷上 至嘉慶年盛尚秦腔，盡係桑間濮上之音，而隨唱胡琴善於傳情，是足動人傾聽。曾經奏明禁止，漸革此風。近日又尚黃腔。黃腔始於湖北黃陂縣，一始於黃岡縣，故曰二黃。

清・昭槤《嘯亭雜録》卷三《秦腔》 近日有秦腔、宜黃腔，亂彈諸曲名，其詞淫褻猥鄙，皆街談巷議之語，易入市人之耳。又其音靡靡可聽，有時可以節憂，故趨附日衆。雖屢經明旨禁之，而其調終不能止，亦一時習尚然也。

紀事

明・湯顯祖《宜黃縣戲神清源師廟記》 我宜黃譚大司馬綸聞而惡之。自喜得治兵於浙，以浙人歸教其鄉子弟，能爲海鹽聲。大司馬死二十餘年矣，食其技者殆千餘人。

藝文

明・萬時華《溉園詩集》卷三《棠溪公館，同舒芑孫夜酌，二歌人佐酒》 野館清宵倦解裝，村名猶識舊甘棠。松鄰古屋霜華浄，虎印前溪月影凉。寒入短裘連大白，人翻新譜自宜黄。酒闌宜在嵩山道，並出車門夜未央。

清・戚震瀛《京華百六竹枝詞》 宛轉珠喉服靚妝，弋腔秦調雜宜黄。銀官去後湘雲老，腸斷詞曹粉署郎。

潮州戲

題解

清・屈大均《廣東新語》卷一二《詩語・粵歌》 潮人以土音唱南北曲者，曰潮州戲。潮音似閩，多有聲而無字。有一字而演爲二三字，其歌輕婉，閩、廣相半，中有無其字而獨用聲口相授，曹好之以爲新調者，亦曰畬歌。

雜録

清・朱景英《海東劄記》卷三 神祠里巷靡日不演戲，鼓樂喧闐，相續於道，演唱多土班小部，發聲詰屈不可解，譜以絲竹，別有宮商名曰下南腔。又有潮班，音調排場亦自殊異，郡中樂部殆不下數十云。

清（乾隆）《潮州府志》 凡社中以演劇多者相誇耀。所演傳奇皆習南音，而操土風，聚觀晝夜忘倦，若唱昆腔，人人厭聽，輒散去。雖用絲竹，必鳴金以節之，俗稱馬鑼，喧聒難聽。又競以白鏹青蚨擲歌臺上，窮者輒取巾幘、衣帶、便面、香囊擲之，名曰丢采，次日則計其所值而贖之。伶人受值稱謝，争以爲榮。村氓歌唱多有聲無字，鹹矜新調，名曰畬歌。農者春時數十輩插秧田中，命一人撾鼓，每鼓一巡，群歌競作，連日不絶，名曰秧歌。此又不期而會者矣。

泉腔

論説

明・陳懋仁《泉南雜誌》卷下 優童媚趣者，不吝高價，豪奢家攘而有之。蟬鬢傅粉，日以爲常。然皆土腔，不曉所謂。余常戲譯之而不存也。先是一彪黨舉此以爲傷敗風俗，建白當事據行之。然而此種蓄於有力家，雖禁弗戢，第長彪黨之風，則曰：吾言足以取信，當事從而伺察人過，動欲檢舉，設機嚇詐，卑官黠細爲之不安。余雖白府，竟不我信。已而，果驗余言。故凡建白頭出更老要，亦事可施行，假公濟私，所當深察也。

又 迎神賽會，莫盛於泉。游閒子弟，每遇神聖誕期，以方丈木板搭成擡案，索綯綺繒，周翼扶攔，置几於中，加幔於上，而以姣童妝扮故事。衣以飛綃，設以古玩，如大士手提筐筥之屬，悉以金珠爲之，旗鼓雜沓，貴賤混並，不但靡費，錢物恒有鬭奇角勝之禍。至於宵分鼓死，寂然無聲，便是人消物化境界，富貴下場榜樣矣。

清・孫爾準《福建通誌》卷五七《風俗》 今天下至治熙洽，四海同文，即殊方異域朝鮮、琉球之國，皆遊太學服聲教，而況閩號文獻之區仍溺舊習，是不可不亟爲之變也。聞之閩歌，有以鄉音歌者，有學正音歌者，夫謳歌小技也。尚習正音，況學書乎。

清・王澐《漫遊紀略》卷一 紀風土上遊：四郡毗連浙左江右，襟山帶溪，霜雪之所及也。自三山以下，地皆濱海，隆冬如夏，草木不凋，蚊蠅營營，近乎南粵矣。壬辰孟秋，過莆，莆人方再蒔禾，秋暑彌酷，晚禾賴之。癸巳元日，在清漳偶過顏氏廢墅。惟時桃花零亂，梅蕚初舒，叢桂競芬，有類秋日。四時之候，亦以地變也。是夏，在泉南，其土赤，墳埏埴如頳，壁宇赫然，增其煩歊，以手按地，氣蒸蒸然。此中男女躡屐，誰曰不宜。而泉漳之間，弓步絶跡，殆南越之餘俗歟。諺云：泉南興女。蓋泉南士女靚飾袨服，有彼都之風矣。優伶之屬，泉人稱勝，亦猶吴歈之尚崑山也。傅粉、珥耳、冶步、遲聲，士人聞之，莫不鼓掌。歎絶其音，侏離客靡，得而辨焉。夫樂操土風，固其宜矣。若乃五方區别，語言自殊。是以仲遠旁通風俗。子雲：博採方言，其能彼我通懷。無煩舌人者，亦賴於同文也。閩音鴂舌，覥面茫然，惟有六書諧聲可達，乃彼方人士莊嶽靡□童而習讀取便鄉音，遂使聖經幾同梵筴，宜其出對，諸方談功罕著矣。有若文翁之倫，廣延方聞之儒，分詣學宫，是正文字，辨以四聲，革其俚譌，漸及塾師以次釐革。數年之間，學者成誦，論而升之，音韻既正，庶幾語言可得而通矣。雖狂瞽之巵談，不無禆於風土，抑亦通方之所不棄也，故附述焉。

雜録

明・何喬遠《閩書》卷三八（龍溪）地近於泉，其心好交合，與泉人通。雖至俳優之戲，必使操泉音，一韻不諧，若以爲楚語。

清・王大海《海島逸志》卷五《賭棚》 甲必丹主之年，納和蘭税餉，征其什一之利。日日演戲，（甲必丹及富人、蓄買番婢、聘漳、泉樂工，教之以作錢樹子。有官音亂彈、泉腔下南二部，其服色、樂器，悉内地運至耳）歲臘無停，所以雲集諸賭博之徒。

清・李光地《榕村語録》卷一二《書》 少時見土戲，於斷機教子，商輅母怒其子云：他又説我不是他的親生母。母字，其學徒高聲唱，其師呵之云：母字大聲便不是，他是不曾成婚的處女，於此字尚含羞澀，低微些方是。如此之類，卻是從志上斟酌，此謂聲依永也。

清・施可齋《閩雜記》卷八 下府七子班，其旦在場上故以眼斜睨所識，謂之撲翠雀，亦曰放目箭，曰飛眼來。其所識者，甫一見急提衣襟作兜物狀，躍而承之，遲則爲旁人接去，彼此互爭有至鬬毆涉訟者，俚俗之可笑如此。

四平腔

論説

明・顧起元《客座贅語》卷九 今則吴人益以洞簫及月琴，聲調屢變，益爲悽惋，聽者殆欲墮淚矣。大會則用南戲，其始止二腔，一爲弋陽，一爲海鹽。【略】後則又有四平，乃稍變弋陽而令人可通者。

明・張大復《梅花草堂筆談》卷一四《柳生》 腔右崑山，有聲容者多就之。然五十年來，伯龍死，沈白他徙，崑腔稍稍不振，乃有四平、弋陽諸部，先後擅場。然自新安汪姬、上江蔡姬而後，寥寥矣。

明・沈寵綏《度曲須知・曲運隆衰》 而詞既南，凡腔調與字面俱南，字則宗洪武而兼祖中州。腔則有海鹽、義烏、弋陽、青陽、四平、樂平、太平之殊派。雖口法不等，而北氣總已消亡矣。

清・李漁《閒情偶寄》卷二《音律第三》 自南本一出，遂變極佳者爲極不佳，極妙者爲極不妙。推其初意，亦有可原，不過因北本爲詞曲之豪，人人贊羨，但可被之管絃，不便奏諸場上，但宜於弋陽，四平等俗優，不便强施於崑調，以係北曲而非南曲也。兹請先言其故。北曲一折，止隸一人。雖有數人在場，其曲止出一口，從無互歌，迭詠之事。弋陽，四平等腔，字多音少，一泄而盡。又有一人啓口，數人接腔者，名爲一人，實出衆口。故演《北西厢》甚易。

清・計六奇《明季北略》卷二 遼陽生員楊某，順治十七年總督松江，與無錫進士劉果遠會飲，演梨園，酒酣，楊忽拍案呼曰：止。板誤矣。劉問曰：老總臺精審音律乎。楊曰：予命亦藉是獲存。今南方蠻子俱説遼人做官，不知遼人昔已殺盡，十無一二。初，清之破遼東也，恐民貧思亂，先拘貧民殺盡，號曰殺窮鬼。又二年，恐民富聚衆致亂，復盡殺之，號曰殺富户。既屠二次，遼人遂空。惟四等人不殺一等皮工，能爲快鞋，不殺。二等木工，能作器用，不殺。三等針工，能縫裘帽，不殺。四等優人，能歌漢曲，不殺。惟欲殺秀士。時予爲諸生，思得寸進，閉户讀書，面頗肥白，被獲，問曰：汝得非秀士乎。對曰：非也，優人耳。曰：優人必善歌，汝試歌之。予遂唱四平腔一曲，始得釋。楊述竟，即於筵間親點板，歌一闋而罷。

清・徐大椿《樂府傳聲・源流》 曲之變，上古不可考。自唐虞之賡歌擊壤以降，凡朝廷草野之間，其歌詩謡諺不可勝窮，茲不盡述。若今日之聲存而可考者，南曲北曲二端而已。【略】南曲之異，則有海鹽、義烏、弋陽、四平、樂平、太平等腔。

清・劉廷璣《在園雜誌》卷三 近今且變弋陽腔爲四平腔、京腔、衛腔，甚且等而下之，爲梆子腔、亂彈腔、巫娘腔、瑣哪腔、囉囉腔矣。愈趨愈卑，新奇疊出，終以崑腔爲正音。

清・王德暉《顧誤録》 蓋詞章既南，則凡腔調與字面皆南，韻則遵《洪武》，而兼祖《中州》。腔則有海鹽、義烏、弋陽、青陽、四平、樂平、太平之分派。

清・連横《雅言》 臺灣之劇凡數種：曰亂彈，即正音也。曰四平，則崑曲之支流也

又 四平爲崑曲支流，亦曰四平崑。演唱之劇範圍較小，所謂征番、報冤、撲虎、娶某也。三十年來漸就寥落，今已絶跡。唯民間樂社尚有習者。

藝文

清・李聲振《百戲竹枝詞・四平腔》 浙之紹興土風也，亦弋陽之類，但調少平，春賽無處無之。 越客吟隨淛水空，柯亭誰辨數竿清。劇憐禹廟春三月，畫舫迎神唱四平。

石臺腔

論説

明・王驥德《曲律》卷二《論腔調第十》 世之腔調，每三十年一變，由元迄今，不知經幾變更矣。大都創始之音，初變腔調，定自渾樸，漸變而之婉媚，而今之婉媚極矣。舊凡唱南調者，皆曰海鹽。今海鹽不振，而曰崑山。崑山之派，以太倉魏良輔爲祖。今自蘇州而太倉松江，以及浙之杭、嘉、湖，聲各小變，腔調略同，惟字泥土音，開、閉不辨，反譏越人呼字明確者爲浙氣，大爲詞隱所疵。詳見其所《著正吴編》中。甚如唱火作呵上聲，唱過爲箇，尤爲可笑。過之不得爲箇，已載編中，而火之不可爲呵上聲，詞隱猶未之及也。然其腔調，故是南曲正聲。數十年來，又有弋陽、義烏、青陽、徽州、樂平諸腔之出。今則石臺、太平梨園，幾遍天下，蘇州不能與角什之二三。

調腔

紀事

明・張岱《陶庵夢憶》卷四《不繫園》 甲戌十月，攜楚生住不繫園看紅葉，至定香橋，客不期而至者八人：南京曾波臣，東陽趙純卿，金壇彭天錫，諸暨陳章侯，杭州楊與民、陸九、羅三，女伶陳素芝。余留飲。章侯攜縑素爲純卿畫古佛，波臣爲純卿寫照，楊與民彈三弦子，羅三唱曲，陸九吹

簫。與民復出寸許界尺，據小梧，用北調説《金瓶梅》一劇，使人絶倒。是夜彭天錫與羅三、與民串本腔戲，妙絶與楚生、素芝串調腔戲，又復妙絶。章侯唱村落小歌，余取琴和之，牙牙如語。純卿笑曰：恨弟無一長以侑兄輩酒。余曰：唐裴將軍旻居喪，請吴道子畫天宫壁度亡母。道子曰：將軍爲我舞劍一迴，庶因猛厲，以通幽冥。旻脱縗衣纏結，上馬馳驟，揮劍入雲，高十數丈，若電光下射，執鞘承之，劍透室而入，觀者驚慄。道子奮袂如風，畫壁立就。章侯爲純卿畫佛，而純卿舞劍，正今日事也。純卿跳身起，取其竹節鞭，重三十斤，作胡旋舞數纏，大噱而去。

雜録

清・姚燮《今樂考證》卷一《今曲流派》　越東人呼弋陽腔曰調腔，二字不見所出。及讀《陶菴夢憶》，云：甲戌十月，攜楚生住不繫園。集者八人：南京曾波臣、東川趙純卿、金壇彭天錫、諸暨陳章侯、杭州楊與民、陸九、羅三、女伶陳素芝。余留飲。章侯爲純卿畫古佛，波臣爲純卿寫照，楊與民彈三弦子，羅三唱曲，陸九吹簫。與民復出寸許界尺，據小梧用北調説《金瓶梅》一劇，使人絶倒。是夜，彭天錫與羅三、與民串本腔戲，與楚生、素芝串調腔戲。章侯唱村落小歌，余取琴和之，牙牙如話。純卿跳身起，取其竹節鞭，重三十斤，作胡旋舞數纏，大噱而去。調腔二字始見此。

下南腔

藝文

清・鬱永河《臺海竹枝詞》　肩披鬌髮耳垂璫，粉花朱唇似女郎。梨園子弟垂髫穴耳傅粉施朱儼然女子。媽祖宫前鑼鼓鬧，侏𠌯唱出下南腔。閩以漳、泉二郡爲下南，下南腔亦閩中聲律之一種也。

雜録

清・朱景英《海東劄記》卷三　神祠里巷，靡日不演戲，鼓樂喧闐，相續於道。演唱多土班小部，發聲詰屈不可解，譜以絲竹，別有宫商，名曰下南腔。又有潮班，音調排場，亦自殊異，郡中樂部，殆不下數十云。

高腔

論説

清・王正祥《宗北歸音》清・李調元《劇話》卷上　王正祥謂板皆有腔，作《十二律京腔譜》十六卷，又有《宗北歸音》四卷以正之，謂高腔即《樂記》一唱三嘆，有遺風之意也。凡曲藉乎絲竹者曰歌，一人發其聲曰唱，衆人成其聲曰和，其聲聯絡而雜於唱和之間者曰嘆俗謂接腔。嘆，即今滚白也。曲本混淆，罕有定譜，所以後學憒憒，不知整曲，犯調者有之，予故定爲十二律，以爲唱法，亦竊擬正樂之各得其所云。

清・李光庭《鄉言解頤》卷三《優伶》　時則有若宜慶、翠慶，崑、弋間以亂彈。言府言官節奏異乎淫曼。無奈曲高和寡，六十年漸少知音。人往風微，尋常輩難爲嗣響。

清・嚴長明《秦雲擷英小譜》　金元間，始有院本。一人場内坐唱，一人場上應節赴焉。今戲劇出場，必扮天官引導之，其遺意也。院本之後演而爲曼綽（俗稱高腔，在京師者稱京腔。），爲絃索。曼綽流於南部，一變爲弋陽腔，再變爲海鹽腔；至明萬曆後，梁伯龍、魏良輔出，始變爲崑山腔。

又　秦聲與崑曲體固同也，至言其用四聲同也，二十八調同也。聲之中有音、喉、齶、舌、齒、唇是也；調之中有節，高下、平側、緩急、豔曼、停腔、過板是也；板之中有起，有要，有底；眼之中有正，有側；聲平緩則三眼一板；惟高腔七眼一板。聲急惻則一眼一板，又無不同也。

清・楊静亭《都門紀略・詞場序》 明季邊大綬《虎口餘生》及《鐵冠圖》等劇，崑弋並演，或者高腔之名由此漸興與。我朝開國伊始，都人盡尚高腔，延及乾隆年，六大名班九門輪轉，稱極盛焉。其各班各種脚色亦復會萃一時，故誠一齋繪十三絶圖像懸於門額【略】不獨崑腔闃寂，即高腔，亦漸同廣陵散矣，雖内城尚有學步高腔者，然亦碩果之僅存也。

清・伍子舒《批本隨園詩話》卷五 批本：生平最怕受虚名而有實害。名曰作官，而毫無名利。如侍衛等官皆是；名曰赴席，而萬難下咽；名曰看花，而怪狀欲嘔；名曰聽戲，而二簧高腔，喧聒不入耳，欲留不可，欲去不能，每每歸來，病倒數日或半月，胸次猶作惡也。余有詠高腔詩云：臉漲筋紅唱未全，後場鑼鼓鬧喧天。主人傾耳摇頭讚，今日來聽戲有緣。小旦俱過强仕年，鬑鬑黑影滿腮邊。依然打扮行筵畔，羶氣通身敬鼻煙。又赴妓席云：作意濃妝敬酒杯，教人眼見已心灰。鯫生豈但心無妓，祇恨嬲人走不開。

紀事

清（乾隆）《查辦戲劇違礙字句案・郝碩折》 江西巡撫臣郝碩謹奏：爲遵旨覆奏事，竊臣於乾隆四十五年十二月二十五日，承准大學士公阿桂等字寄乾隆四十五年十一月二十八日奉上諭，前因外間流傳劇本，如明季國初之事，有關涉本朝字句，亦未必無違礙之處。傳諭伊齡阿、全德留心查察，斟酌妥辦。兹據伊齡阿覆奏，派員慎密搜訪，查明應删改者删改，應抽掣者抽掣，陸續粘籤呈覽。再查崑腔之外，有石碑腔、秦腔、弋陽腔、楚腔等項，江廣、閩浙、四川、雲貴等省，皆所盛行。請勅各督撫查辦等語，自應如此辦理。著將伊齡阿原摺抄寄各督撫閲看，一體留心查察，但須不動聲色，不可稍涉張皇。將此遇各督撫奏事之便，傳諭知之，欽此。欽遵。寄信到臣，臣查江西崑腔甚少。民間演唱有高腔、梆子腔、亂彈等項名目，其高腔又名弋陽腔。臣檢查弋陽縣舊志，有弋陽腔之名，恐該地或有流傳劇本，飭令該縣留心查察。隨據禀稱，弋陽腔之名不知始於何時，無憑稽考。現今所唱即係高腔，並無别有弋陽詞曲。並據附省之南昌府禀稱，遵經傳諭各戲班，將戲本内事涉明季及關係南宋、金朝故事扮演失當者嚴行禁除外，所有繳到各戲本，派員查核。内有《全家福》、《乾坤鞘》二種，語有違礙。又《紅門寺》一種，扮演本朝服色，應呈請查辦等情，臣與藩臬兩司覆核無異。查江右所有高腔等班，其詞曲悉皆方言俗語，俚鄙無文，大半鄉愚隨口演唱，任意更改。非比崑腔傳奇出自文人之手，剞劂成本，遐邇流傳，是以曲本無幾。其繳到者，亦係破爛不全抄本。現在檢出之三種内，《紅門寺》係用本朝服色，《乾坤鞘》係宋金故事，應行禁止。《全家福》所稱封號，語涉荒誕，且核其詞曲，不值删改，俱應竟行銷燬。臣謹將原本粘籤恭呈御覽。至如瑞州、臨江、南康等府，山隅僻壤，本地既無優伶，外間戲班亦所罕至。惟九江、廣信、饒州、贛州、南安等府，界連江廣、閩浙，如前項石碑腔、秦腔、楚腔，時來時去。臣飭令各該府時刻留心，遇有到境戲班，傳集開諭，務使一體遵禁改正，以昭我皇上端本維風之至治。仍不許稍有張皇及苟且從事，致干嚴行參究。所有現在遵旨查辦緣由，理合恭摺覆奏，伏祈皇上睿鑒，謹奏。乾隆四十六年四月初六日。硃批：知道了。

清・富察敦崇《燕京歲時記・封臺》 封印之後，梨園戲館擇日封臺，八班合演，至來歲元旦則賜福開戲矣。亦所以歌詠昇平也。按京師戲劇，風尚不同。咸豐以前，最重崑腔，高腔即弋腔，高腔者，有金鼓而無絲竹，慷慨悲歌，乃燕土之舊俗也。咸豐以後，專重二簧，近則並重秦腔。秦腔者，即俗所謂梆子腔也。内城無戲園，外城乃有。蓋恐八旗兵丁習於逸樂也。戲劇之外，又有托偶讀作吼影戲、八角鼓、什不閑、子弟書，雜耍把式、像聲、大鼓、評書之類。托偶即傀儡子，又名大臺宫戲。影戲借燈取影，哀怨異常，老嫗聽之多能下淚。八角鼓乃青衣數輩，或弄絃索，或歌唱打諢，最足解頤：什不閑有旦有丑而無生，所唱歌詞别有腔調，低徊婉轉，冶蕩不堪，咸同以前頗重之，近亦如廣陵散矣。子弟書音調沉穆，詞亦高雅。雜耍把式即變戲法兒武技之類。像聲即口技，能學百鳥音，並能作南腔北調，嬉笑怒駡，以一人面兼之，聽之歷歷也。大鼓、評書最能壞人心術，蓋大鼓多采蘭贈芍之事，□閤演唱，已爲不宜；評書抵掌而談，别無幫觀，而豪俠亡命，躍躍如生，市兒聽之，適易啓其作亂爲非之念。有心世道者，其思有以禁之也。

清・李斗《揚州畫舫録》卷五《新城北録下》　郡城花部，皆係土人，謂之本地亂彈，此土班也。【略】後句容有以梆子腔來者，安慶有以二簧調來者，弋陽有以高腔來者，湖廣有以羅羅腔來者，始行之城外四鄉，繼或於暑月入城，謂之趕火班。

藝文

清・鈕琇《觚賸》卷二《吴觚中・酒兵》　主人獨酌羅浮春，高腔小隊喧私宅。令我有酒不敢飲，霜娥夜怨無情客。

清・李聲振《百戲竹枝詞・弋陽腔》　俗名高腔，視崑調甚高也。金鼓喧闐，一唱數和，都門查樓爲尤盛。查樓倚和幾人同，高唱喧闐震耳聾。正恐被他南部笑，紅牙槌碎大江東。

雜録

清・徐會雲《辰溪縣志》　凡冠、婚、喪、祭，俱用鼓吹，有大樂、細樂，皆世俗通用樂器。又，城鄉善曲者，遇鄰裏喜慶，邀至其家唱高腔戲，配以鼓樂，不妝扮，謂之打圍鼓，亦曰唱坐場。士人亦間與焉。

清・震鈞《天咫偶聞》卷七　《藤陰雜記》謂：京師戲園，止賸方壺齋。今園久廢，其地尚名方壺齋。查樓，今中和園，餘皆不可考。京師士夫好尚，亦月異而歲不同。國初最尚崑腔戲，至嘉慶中猶然。後迺盛行弋腔，俗呼高腔，仍崑腔之辭，變其音節耳。內城尤尚之，謂之得勝歌。相傳國初出征，得勝歸來，軍士於馬上歌之，以代凱歌。故於《請清兵》等劇，尤喜演之。道光末，忽盛行二黄腔。其聲比弋則高而急，其辭皆市井鄙俚，無復崑弋之雅。初，唱者名正宮調，聲尚高亢。同治中又變爲二六板，則繁音促節矣。光緒初忽競尚梆子腔，其聲至急而繁，有如悲泣，聞者生哀。余初從南方歸，聞之大駴。然士夫人人好之，竟難以口舌爭。昆，弋諸腔，已無演者。偶演，亦聽者寥寥。

清・陳森《品花寶鑑》第三回　蓉官又對那人道：大老爺是不愛听崑腔的，愛听高腔襍耍兒。那人道：不是我不愛听，我實在不懂，不曉得唱些什麽。高腔倒有滋味兒，不然倒是梆子腔還听得清楚。

曼綽腔

論説

清・洪亮吉《卷葹閣文集》文乙集卷二《七招》　曰：無已將樂，子以靡靡之聲，蕩之以淫樂。北部則樅陽，襄陽，秦聲繼作。芟除笙笛，聲出於肉，棗木內實，篔簹中鑿。（今時稱梆子腔，竹用篔簹，木用棗。）啄木聲碎，官蛙閣閣。聲則平調側調，蓺則東郭西郭。（東郭西郭見孫明經星衍芍樂本事詩。）然子吴人也，請歌南部曼綽，絃索，院本是祖，五聲清脆，節之以鼓，弋陽，海鹽之調，良輔，伯龍之譜。梁伯龍、魏良輔，明萬曆間人，始變爲崑山腔。

清・嚴長明《秦雲擷英小譜》　金元間，始有院本。一人場內坐唱，一人場上應節赴焉。今戲劇出場，必扮天官引導之，其遺意也。院本之後演而爲曼綽，俗稱高腔，在京師者稱京腔。爲絃索。曼綽流於南部，一變爲弋陽腔，再變爲海鹽腔；至明萬曆後，梁伯龍、魏良輔出，始變爲崑山腔。

京腔

論説

清・劉廷璣《在園雜誌》卷三　近今且變弋陽腔爲四平腔、京腔、衛腔，甚且等而下之，爲梆子腔、亂彈腔、巫娘腔、瑣哪腔、囉囉腔矣。愈趨愈卑，新奇疊出，終以崑腔爲正音。

清・小鐵笛道人《日下看花記・自序》　自傴伎興而聲容競爽，由來舊矣。唐有雅樂部。宋時院本始標花旦之名，南北部恒參用之。每部多不過四、三人而已。有明肇始，崑腔洋洋盈耳。而弋陽、梆子、琴、柳各腔，南北繁會，笙磬同音，歌詠昇平，伶工薈萃，莫盛於京華。往者，六大班旗鼓相當，名優雲集，一時稱盛。嗣自川派擅場，蹈蹻競勝，墜髻争妍，如火如荼，目不暇給，風氣一新。邇來徽部迭興，踵事增華，人浮於劇，聯絡五方之音，合爲一致，舞衣歌扇，風調又非卅年前矣。

清・嚴長明《秦雲擷英小譜》　金元間，始有院本。一人場内坐唱，一人場上應節赴焉。今戲劇出場，必扮天官引導之，其遺意也。院本之後演而爲曼綽，俗稱高腔，在京師者稱京腔。爲絃索。曼綽流於南部，一變爲弋陽腔，再變爲海鹽腔；至明萬曆後，梁伯龍、魏良輔出，始變爲崑山腔。

紀事

清・李斗《揚州畫舫録》卷五《新城北録下》　京腔用湯鑼不用金鑼，秦腔用月琴不用琵琶。京腔本以宜慶、萃慶、集慶爲上。自四川魏長生以秦腔入京師，色藝蓋於宜慶、萃慶、集慶之上，於是京腔效之，京秦不分。迨長生還四川，高朗亭入京師，以安慶花部，合京秦兩腔，名其班曰三慶，而曩之宜慶萃慶集慶遂湮没不彰。郡城自江鶴亭徵本地亂彈，名春臺，爲外江班。不能自立門户，乃徵聘四方名旦，如蘇州楊八官、安慶郝天秀之類。而楊、郝復採長生之秦腔，並京腔中之尤者，如《滚樓》《抱孩子》《賣餑餑》《送枕頭》之類，於是春臺班合京秦二腔矣。熊肥子演《大夫小妻打門吃醋》，曲盡閨房兒女之態。

清・戴璐《藤陰雜記》卷五　京腔六大班，盛行已久，戊戌、己亥時，尤興王府新班。湖北江右公讌，魯侍御贊元在座，因生脚來遲，出言不遜，手批其頰。不數日，侍御即以有玷官箴罷官。於是搢紳相戒不用王府新班。而秦腔適至，六大班伶人失業，争附入秦班覓食，以免凍餓而已。侍御居官頗直，曾奏官兵過境擾累，覆奏千言，視南漕錚錚有聲。歸江陵十餘年，因荆州水决，全家溺斃。畢制府沅弔以詩云：最憐豸繡烏臺客，披髮何由訴大荒。

清・蘂珠舊史《辛壬癸甲録》　自乾隆間，蜀伶魏長生在雙慶部，其徒陳渼碧在宜慶部，相繼作秦聲以媚人，京腔以次銷歇。尋，又有侍御於酒座批小生頰，遽登白簡落職去，由是朋酒之宴相戒，無敢復聽。

藝文

清・學秋氏《續都門竹枝詞》　過年倩作不勝悲，角口京腔舒翠眉。手語傳情人道好，須知喫盡啞吧虧。

清・蘭陵憂患生《京華百二竹枝詞》　各省語言各到家，都城清脆最堪誇。有人習氣兼官派，月白京腔真肉麻。

雜録

清・錢泳《履園叢話・叢話一二・藝能・演戲》　梨園演戲，高宗南巡時爲最盛，而兩淮鹽務中尤爲絶出。例蓄花雅兩部，以備演唱，雅部即崑腔，花部爲京腔、秦腔、弋陽腔、梆子腔、羅羅腔、二簧調，統謂之亂彈班。余七八歲時，蘇州有集秀，合秀，擷芳諸班，爲崑腔中第一部，今絶響久矣。

衛腔

論説

清・劉廷璣《在園雜誌》卷三　近今且變弋陽腔爲四平腔、京腔、衛腔，甚且等而下之，爲梆子腔、亂彈腔、巫娘腔、瑣哪腔、囉囉腔矣。愈趨愈卑，新奇疊出，終以崑腔爲正音。

楚南戲

雜録

清・吴宗周《湄潭縣誌》　元宵，城鄉剪綵爲燈，名曰花燈，揀少年爲女裝，伴以鼓樂，沿門踏唱。主人酬其燈費，或觴以酒。又多燭龍，頗類楚南。

秧腔

題解

清・李調元《劇話》卷上　弋腔始弋陽，即今高腔，所唱皆南曲。又謂秧腔，秧即弋之轉聲。

低腔

藝文

清・李聲振《百戲竹枝詞》　吴音俗名崑腔，又名低腔，以其低於弋陽也。又名水磨腔，以其腔皆清細也。譜分南北，今之陽春矣，傖父殊不欲觀。陽春院本記崑江，南北相承宫譜雙。清客幾人公瑾顧，空勞逐字水磨腔。

清戲

題解

清・李調元《劇話》卷上　弋腔始弋陽，即今高腔，所唱皆南曲。又謂秧腔，秧即弋之轉聲。京謂京腔，粵俗謂之高腔，楚、蜀之間謂之清戲。向無曲譜，衹沿土俗，以一人唱而衆和之，亦有緊板、慢板。

瓊戲

雜録

清（**咸豐**）《**瓊山縣志**》 正月下浣，鄉民競擡本境之神以與鄰村所祀者相會，因而封羊擊豕，聚會飲酒，唱演土戲，謂之裝軍。

聲腔部·弦索梆子系統分部

弦索腔

題解

清・李調元《劇話》卷上　女兒腔亦名弦索腔，俗名河南調。音似弋腔，而尾聲不用人和，以弦索和之，其聲悠然以長。

論說

明・魏良輔《南詞引正》　北曲與南曲大相懸絕，無南腔南字者佳，要頓挫。有數等，五方言語不一，有中州調、冀州調。有磨調、弦索調，乃東坡所仿，偏於楚腔。唱北曲宗中州調者佳。伎人將南曲配弦索，直爲方底圓蓋也。

明・沈寵綏《度曲須知・絃索題評》　我吳自魏良輔爲崑腔之祖，而南詞之布調收音，既經創闢，所謂水磨腔、冷板曲，數十年來，遐邇遜爲獨步。至北詞之被絃索，向來盛自婁東，其口中孃娜，指下圓熟，固令聽者色飛，然未免巧於彈頭，而或疎於字面，如碧雲天曲中狀元之狀字，與望蒲東曲中侍妾之侍字，梵王宮曲中金磬之磬字，及多愁多病之病字，晚風寒峭曲中花枝低亞之亞字，本皆去聲，反以上聲收之。此等訛音，未遑枚舉，而又煩絃促調，往往不及收音，早已過字交腔，所爲完好字面，十鮮二三，此則前無開山名手，如良輔之於南詞者，故向來絶少到家，而衣鉢所延，遂多乖舛。邇年聲歌家頗懲紕繆，競效改絃，謂口隨手轉，字面多訛，必絲和其肉，音調乃協。於是舉向來腔之促者舒之，煩者寡之，彈頭之雜者清之，運徽之上下，婉符字面之高低，而釐聲析調，務本中原各韻，皆以磨腔規律爲準，一時風氣所移，遠邇羣然鳴和，蓋吳中絃索，自今而後始得與南詞並推隆盛矣。雖然，今之北曲，非古北曲也。古曲聲情，雄勁悲激，今則盡是靡靡之響。今之絃索，非古絃索也。古人彈格，有一成定譜，今則指法游移，而鮮可捉摸。誠使度曲者，能以邇來磨琢精神，分用之討究古律，則其於絃索曲理，不庶稱美備也哉。

又《曲運隆衰》　至如絃索曲者，俗固呼爲北調，然腔嫌孃娜，字涉土音，則名北而曲不真北也，年來業經釐剔，顧亦以字清腔逕之故，漸近水磨，轉無北氣，則字北而曲豈盡北哉。試觀同一恨漫漫曲也，而彈者僅習彈音，反不如演者別成演調。同一〔端正好〕牌名也，而絃索之碧雲天，與優場之不念法華經，聲情迥判，雖净旦之唇吻不等，而格律固已逕庭矣。

清・嚴長明《秦雲擷英小譜》　金元間，始有院本。一人場內坐唱，一人場上應節赴焉。今戲劇出場，必扮天官引導之，其遺意也。院本之後演而爲曼綽，俗稱高腔，在京師者稱京腔。爲絃索。曼綽流於南部，一變爲弋陽腔，再變爲海鹽腔；至明萬曆後，梁伯龍、魏良輔出，始變爲崑山腔。絃索流於北部，安徽人歌之爲樅陽腔，今名石牌腔，俗名吹腔。湖廣人歌之爲襄陽腔，今謂之湖廣腔。陝西人歌之爲秦腔。秦腔自唐宋元明以來，音皆如此，後復間以絃索，至於燕、京及齊、晉、中州，音雖遞改，不過即本土所近者少變之。

清・洪亮吉《卷葹閣文集・七招》文乙集卷二　曰：無已將樂，子以靡靡之聲，蕩之以淫樂。北部則樅陽、襄陽，秦聲繼作。芟除笙笛，聲出於肉，棗木内實，筫簹中鑿。今時稱梆子腔竹用筫簹木用棗啄木聲碎，官蛙閣閣。聲則平調側調，蓺則東郭西郭。東郭西郭見孫明經星衍芍樂本事詩然子吳人也，請歌南部曼綽、絃索，院本是祖，五聲清脆，節之以鼓，弋陽、海鹽之調，良輔、伯龍之譜。梁伯龍、魏良輔，明萬曆間人，始變爲崑山腔。

雜録

明・沈德符《顧曲雜言》　元人小令行於燕、趙後，浸淫日盛。自宣、正至化、治後，中原又行〔瑣南枝〕、〔傍妝臺〕、〔山坡羊〕之屬。李崆峒先生初自慶陽徙居汴梁，聞之，以爲可繼《國風》之後。何大復繼至，亦酷愛之。今所傳〔泥捏人〕及〔鞋打卦〕、〔熬鬏髻〕三闋，爲三牌名之冠，故不虛也。自茲以後，又有〔耍孩兒〕、〔駐雲飛〕、〔醉太平〕諸曲，然不如三曲之盛。嘉，隆間乃興〔鬧五更〕、〔寄生草〕、〔羅江怨〕、〔哭皇天〕、〔乾荷葉〕、〔粉紅蓮〕、〔桐城歌〕、〔銀絞絲〕之屬，自兩淮以至江南，漸與詞曲相遠，不過寫淫媟情態，略具抑揚而已。比年以來，又有〔打棗乾〕、〔挂枝兒〕二曲，其腔調約略相似，則不問南，北，不問男、女，不問老、幼、良、賤，人人習之，亦人人喜聽之，以至刊布成帙，舉世傳誦，沁人心腑。其譜不知從何來，真可駭歎。又〔山坡羊〕者，李、何二公所喜。今南、北詞俱有此名。但北方惟盛愛〔數落山坡羊〕。其曲自宣，大，遼東三鎮傳來。今京師妓女，慣以此充絃索北調。其語穢褻鄙賤，並桑，濮之音亦離去已遠。而羈人游壻，嗜之獨深，丙夜開尊，爭先招致，而教坊所隸箏纂等色，及九宮十二則，皆不知爲何物矣。俗樂中之雅樂，尚不諧里耳如此，况真雅樂乎。

清・嚴長明《秦雲擷英小譜》 銀花性蕩逸，工弦索。張亦習秦聲。時方用兵金川，張以其地人衆，可漁利，因居奇爲乾没計，並市金珠盛服飾銀花，欲以爲餌，賫緣附東南兩路大營。比至，衆果悦之，流轉軍中五載，而後得歸。

梆子腔

題解

清・李調元《劇話》卷上 俗傳錢氏《綴白裘》外集，有秦腔。始於陝西，以梆爲板，月琴應之，亦有緊、慢，俗呼梆子腔，蜀謂之亂彈。金陵許苞承云：事不皆有徵，人不盡可考。有時以鄙俚俗情，入當場科白，一上氍毹，即堪捧腹。此殆如冬烘相對，正襟捉肘，正爾昏昏思睡，忽得一詼諧詘笑之人，爲我羯鼓解穢，快當何如。此外集所不容已也。其論亦確。按：《詩》有正風、變風，史有正史、霸史，吾以爲曲之有弋陽、梆子，即曲中之變曲、霸曲也。

清・富察敦崇《燕京歲時記・封臺》 封印之後，梨園戲館擇日封臺，八班合演，至來歲元旦則賜福開戲矣。亦所以歌詠昇平也。按京師戲劇，風尚不同。咸豐以前，最重崑腔，高腔即弋腔，高腔者，有金鼓而無絲竹，慷慨悲歌，乃燕土之舊俗也。咸豐以後，專重二簧，近則並重秦腔。秦腔者，即俗所謂梆子腔也。

清・劉廷璣《在園雜誌》卷三 近今且變弋陽腔爲四平腔、京腔、衛腔，甚且等而下之，爲梆子腔、亂彈腔、巫娘腔、瑣哪腔、囉囉腔矣。愈趨愈卑，新奇疊出，終以崑腔爲正音。

清・徐大椿《樂府傳聲・源流》 曲之變，上古不可考。自唐虞之賡歌擊壤以降，凡朝廷草野之間，其歌詩謡諺不可勝窮，兹不盡述。若今日之聲存而可考者，南曲北曲二端而已。北曲之始，金之董解元《西厢記》，元之馬致遠《岳陽樓》之類。南曲之傳，如元人高則誠《琵琶記》，施君美《拜月亭》之類。宫調既殊，排場亦異，然當時之唱法，非今日之唱法也。北曲如董之《西厢記》，僅可以入弦索，而不可以協簫管。其曲以頓挫節奏勝，詞疾而板促。至王實甫之《西厢記》，及元人諸雜劇，方可協之簫管，近世之所宗者是也。若北曲之西腔、高腔、梆子、亂彈等腔，此乃其别派，不在北曲之列。

清・吴長元《燕蘭小譜・例言》 元時院本，凡旦色之塗抹、科諢，取妍者爲花，不傅粉而工歌唱者爲正，即唐雅樂部之意也。今以弋腔、梆子等曰花部，崑腔曰雅部，使彼此擅長，各不相掩。

清・小鐵笛道人《日下看花記・自序》 自傴伎興而聲容競爽，由來舊矣。唐有雅樂部。宋時院本始標花旦之名，南北部恒參用之。每部多不過四，三人而已。有明肇始，崑腔洋洋盈耳。而弋陽梆子、琴、柳各腔，南北繁會，笙磬同音，歌詠昇平，伶工薈萃，莫盛於京華。往者，六大班旗鼓相當，名優雲集，一時稱盛。嗣自川派擅場，蹈蹻競勝，墜髻争妍，如火如荼，目不暇給，風氣一新。邇來徽部迭興，踵事增華，人浮於劇，聯絡五方之音，合爲一致，舞衣歌扇，風調又非卅年前矣。

清・留春閣小史《聽春新詠》 梁谿派衍，吴下流傳，本爲近正。二簧，梆子，娓娓可聽，各臻神妙，原難强判低昂。然既編珠而綴錦，自宜部別而次居。先以崑部，首雅音也，次以徽部，極大觀也，終以西部，變幻離奇，美無不備也。至蔣陶諸人，音藝兼全，盛名久享，自不屑與噲等伍，特以別集標之。

清・張際亮《金臺殘淚記》卷三《雜記》《燕蘭小譜》記京班舊多高腔。自魏長生來，始變梆子腔，盡爲淫靡然。當時猶有保和文部專習崑曲。今則梆子腔衰，崑曲且變爲亂彈矣。亂彈即弋陽腔，南方又謂下江調，謂甘肅腔曰西皮調。

紀事

清（乾隆）《查辦戲劇違礙字句案・郝碩折》 江西巡撫臣郝碩謹奏：爲遵旨覆奏事，竊臣於乾隆四十五年十二月二十五日，承準大學士公阿桂等字寄乾隆四十五年十一月二十八日奉上諭，前因外間流傳劇本，如明季國初之事，有關涉本朝字句，亦未必無違礙之處。傳諭伊齡阿、全德留心查察，斟酌妥辦。茲據伊齡阿覆奏，派員慎密搜訪，查明應刪改者刪改，應抽掣者抽掣，陸續粘籤呈覽。再查崑腔之外，有石碑腔、秦腔、弋陽腔、楚腔等項，江廣、閩浙、四川、雲貴等省，皆所盛行。請勑各督撫查辦等語，自應如此辦理。著將伊齡阿原摺抄寄各督撫閲看，一體留心查察，但須不動聲色，不可稍涉張皇。將此遇各督撫奏事之便，傳諭知之，欽此。欽遵。寄信到臣，臣查江西崑腔甚少。民間演唱有高腔、梆子腔、亂彈等項名目，其高腔又名弋陽腔。臣檢查弋陽縣舊志，有弋陽腔之名，恐該地或有流傳劇本，飭令該縣留心查察。隨據禀稱，弋陽腔之名不知始於何時，無憑稽考。現今所唱即係高腔，並無別有弋陽詞曲。並據附省之南昌府禀稱，遵經傳諭各戲班，將戲本内事涉明季及關係南宋、金朝故事扮演失當者嚴行禁除外，所有繳到各戲本，派員查核。内有《全家福》、《乾坤鞘》二種，語有違礙。又《紅門寺》一種，扮演本朝服色，應呈請查辦等情，臣與藩臬兩司覆核無異。查江右所有高腔等班，其詞曲悉皆方言俗語，俚鄙無文，大半鄉愚隨口演唱，任意更改。非比崑腔傳奇出自文人之手，剞劂成本，遐邇流傳，是以曲本無幾。其繳到者，亦係破爛不全抄本。現在檢出之三種内，《紅門寺》係用本朝服色，《乾坤鞘》係宋金故事，應行禁止。《全家福》所稱封號，語涉荒誕，且核其詞曲，不值刪改，俱應竟行銷燬。臣謹將原本粘籤恭呈御覽。至如瑞州、臨江、南康等府，山隅僻壤，本地既無優伶，外間戲班亦所罕至。惟九江、廣信、饒州、贛州南安等府，界連江廣、閩浙，如前項石碑腔、秦腔、楚腔，時來時去。臣飭令各該府時刻留心，遇有到境戲班，傳集開諭，務使一體遵禁改正，以昭我皇上端本維風之至治。仍不許稍有張皇及苟且從事，致干嚴行參究。所有現在遵旨查辦緣由，理合恭摺覆奏，伏祈皇上睿鑒，謹奏。乾隆四十六年四月初六日。硃批：知道了。

清・李斗《揚州畫舫録》卷五《新城北録下》 郡城花部，皆係土人，謂之本地亂彈，此土班也。【略】後句容有以梆子腔來者，安慶有以二簧調來者，弋陽有以高腔來者，湖廣有以羅羅腔來者，始行之城外四鄉，繼或於暑月入城，謂之趕火班。

藝文

清・李聲振《百戲竹枝詞・秦腔》 俗名梆子腔，以其擊木若柝形者節歌也。聲嗚嗚然，猶其土音乎。 耳熱歌呼土語真，那須叩缶説先秦。烏烏若聽函關曙，認是雞鳴抱樸人。

清・吴長元《燕蘭小譜》卷五《雜詠》 揣摩時好競妖妍，風會相趨詎偶然。消盡雄姿春婉娩，無人知是野狐禪。京班多高腔，自魏三變梆子腔，盡爲靡靡之音矣。

清・張際亮《金臺殘淚記》卷二《閲〈燕蘭小譜〉詩，有慨於近事者，綴以絶句》 下塲一笑總冤頭，飛眼迷離更倚樓。漫道西人渾不解，春風作意送歌喉。今問安諸習如故，惟不送果點山西梆子部不問安，惟於聲容送媚。

清・學秋氏《續都門竹枝詞》 梆子腔名若箇留，九連環曲也聽油。於今唱出新聲巧，帶打都盧呷哈喉。

雜録

清・唐英《梁上眼》第八齣《義圓》〔醉扶歸〕（合唱）喜門闌佳氣疊次的從今變，成雙對恩男義女永團圓。想不到逢兇化吉覆盆冤，今日裏孤兒獨父天方便。這的是居心本分得人憐，看男婚女嫁平安宴。（浄、末起介，白）朱大哥，喜事完成。過於叨擾，告别了。（外）有勞。褻瀆。（浄、末白）胞胎人忤逆，陌路子馴良，（浄、末下）（丑、副上）爹爹、媽媽，請上坐。（丑白）待我兒子女壻，（副）媳婦女兒，（合白）奉敬幾盃，做個閤家歡樂。（外、老坐介，白）你二人也一旁坐了，大家喫一盃。（丑）爹爹媽媽在上，今乃是咱家大喜之日，有酒無戲，覺得冷静些。你兒子在山東，每日聽的都是些姑娘戲。那腔調排場，稀腦於爛熟。待我隨口謅幾句，帶着關目唱一隻兒，發爹媽一笑，也算個斑衣戲綵何如。（外、老）兒嗄，這是最有趣的事，倒也使得。（副）爹媽不要偏心。他會唱，難道我是個啞吧子，我也會唱。（外、老）兒嗄，你那裏會唱。（副）咱這村莊上，每年唱高臺戲。近來都興那些梆子腔，那腔調排場，我也有些在行。待我也唱一□，敬爹媽一盃酒兒。（外、老）兒嗄，他是個男子漢，唱唱罷了。你是個女娘家，祇怕不好意思。（副）今日咱一家四口兒，一個外人也没有，有什麼不好意思。况且今日是做親的頭一日，肯教他占了我的先去。□，新老官，大家高興些，你唱我幫腔，我唱你幫腔。咱們倆就來。（丑）那個先來。（副）就是你先來。（丑）我來哉。〔姑娘腔〕（丑唱）閻王爺悶的慌，半夜三更坐早堂。審了一件風流案，明明業鏡掛中梁。合歡牀下屠户睡，醒酒酸湯人肉香。判官小鬼哈哈笑，這樁公案不尋常。女的賞件扎花襖，男的封了個齊肩王。奉勸世人休作孽，難逃王法與三光。編成一段姑娘戲，還唱一隻梆子腔。（丑對副白）該你的梆子腔來了。快些接着唱，不要冷了場。〔梆子腔〕（副唱）打算摘茄花先採，穠紫深紅到手開。蜂狂蝶浪成雙對，烈火乾柴春滿懷。怕又愛，肯還推，油鹽醬醋暗香催。鐵刷銅鍋秋打混，破磨瘸驢呆打孩。今日團圓君莫笑，都向掏包剪綹來。（外、老起介，白）兒嗄，你二人唱的都好。夜已深了，大家拜謝天地祖先。吉日良宵，你們同歸洞房去罷。（同拜介）

清・錢泳《履園叢話・叢話一二・藝能・演戲》　梨園演戲，高宗南巡時爲最盛，而兩淮鹽務中尤爲絶出。例蓄花雅兩部，以備演唱，雅部即崑腔，花部爲京腔、秦腔、弋陽腔、梆子腔、羅羅腔、二簧調，統謂之亂彈班。余七八歲時，蘇州有集秀、合秀、擷芳諸班，爲崑腔中第一部，今絶響久矣。

清・陳森《品花寶鑑》回三　蓉官又對那人道：大老爺是不愛听崑腔的，愛听高腔襍耍兒。那人道：不是我不愛听，我實在不懂，不曉得唱些什麼。高腔倒有滋味兒，不然倒是梆子腔還听得清楚。

清・李慈銘《越縵堂日記》　□夫邀至安徽館聽鐙戲，夜赴之。都中向有梆子腔，多市井鄙穢之劇，惟輿隸賈豎聽之。一二年來諸邸有好之者，士大夫遂相率盛行，其價頓貴數倍，衣冠宴會非此不歡。優人益變其音爲促急繁亂，以娱衆耳，其聲噍殺以悲，非祥徵也。

秦腔

論説

清・李調元《劇話》卷一　俗傳錢氏《綴白裘》外集，有秦腔。始於陝西，以梆爲板，月琴應之，亦有緊、慢，俗呼梆子腔，蜀謂之亂彈。金陵許苞承云：事不皆有徵，人不盡可考。有時以鄙俚俗情，入當場科白，一上氍毹，即堪捧腹：此殆如冬烘相對，正襟捉肘，正爾昏昏思睡，忽得一詼諧詘笑之人，爲我羯鼓解穢，快當何如。此外集所不容已也。其論亦確。按：《詩》有正風、變風，史有正史、霸史，吾以爲曲之有弋陽、梆子，即曲中之變曲、霸曲也。

清・嚴長明《秦雲擷英小譜・小惠》　比登看場，甫發聲，覺小異，再聽之，其聲清而揚，中商調。有傾換羽移宫，穿絲咽革，纏肩繞脰，變態無方，盡一日夜始畢其技。歸後，同人怪問之。余曰：天下事徒騖虚名，以徇衆志，未有不敗乃事者，今於秦聲、崑曲見之矣。蓋秦聲與崑曲，其中有同者，有不同者，識其所以同，則聽秦聲無異聽崑曲也；識其所以不同，吾恐聽秦聲不復聽崑曲矣。諸君愕眙，請畢其説。余曰：演劇昉於唐教坊梨園子弟。金元間，始有院本。一人場内坐唱，一人場上應節赴焉。今戲劇出場，必扮天官引導之，其遺意也。院本之後，演而爲曼綽，俗稱高腔，在京師者稱京腔。爲絃索。曼綽流於南部，一變爲弋陽腔，再變爲海鹽腔。至明萬曆後，梁伯龍、魏良輔出，始變爲崑山腔。絃索流於北部，安徽人歌之爲樅陽腔，今名石牌腔，俗名吹腔。湖廣人歌之爲襄陽腔，今謂之湖廣腔。陝西人歌之爲秦腔。秦腔自唐宋元明以來，音皆如此，後復間以絃索。至於燕、京及齊、晉、中州，音雖遞改，不過即本土所近者少變之。是秦聲與崑曲體固同也。至言其用四聲同也，二十八調同也。聲之中有音，喉、齶、舌、齒、唇是也；調之中有節，高下、平側、緩急、豔曼、停腔、過板是也；板之中有起，有要，有底；眼之中有正，有側；聲平緩則三眼一板，惟高腔七眼一板。聲急側則一眼一板，又無不同也。其中微有不同者，崑曲佐以竹，秦聲間以絲。

清・洪亮吉《卷葹閣文集》文乙集卷二《七招》 曰：無已將樂，子以靡靡之聲，蕩之以淫樂。北部則樅陽、襄陽、秦聲，繼作。芟除笙笛，聲出於肉。棗木内實，篔簹中鑿。今時稱梆子腔竹用篔簹木用棗啄木聲碎，官蛙閣閣。聲則平調側調，蓺則東郭，西郭。東郭西郭，見孫明經星衍芍樂本事詩

清・朱維魚《河汾旅話》卷四 村社 演戲劇曰梆子腔，詞極鄙俚，事多誣捏，盛行於山陝，俗傳東坡所倡，亦稱秦腔。嘗考《東坡志林》：余來黄州。聞光黄閒人二三月皆羣聚謳歌其詞固不可分，而音亦不中律吕，但宛轉其聲，高下往返如雞唱耳。此蓋因光黄閒徒歌流傳，但節以絲木，使稍諧音調相演唱，豈真爲東坡所倡哉。方千云：如所演洪恩寺淫僧窩藏婦女一事，非于成龍，乃海陽李公贊元也。【略】漢官儀，宫中不畜雞。汝南出長鳴雞，衛士候朱雀門外專傳雞唱。應劭曰：楚歌，今雞鳴歌也。晉太康地記後漢固始、鮦陽、公安、細陽四縣衛士習此曲於闕下，即雞鳴歌。李雁湖云：今士人謂之山歌，吾鄉農夫舟子多唱此曲，亦謂之吴歌，亦可被之管絃，然與山陝梆子腔戲唱又終有别，要皆昉於雞唱耳。

清・梁章鉅《浪跡續談》卷六《文班武班》 劇場有南戲北戲之目，不過以曲調分，近人有文班、武班之目，文班指崑曲，武班指秦腔，則截然兩途矣。余金星不入命，於音律懵無所知，故每遇劇筵，但愛看聲色喧騰之齣，在京師日，有京官專嗜崑腔者，每觀劇，必攤《綴白裘》於几，以手按板拍節，羣目之爲專門名家，余最笑之，謂此如講古帖字畫者，必陳《集古録》及宣和書、畫譜對觀，適足形其不韻，真賞鑒家，斷不如是也。憶在蘭州日，適薩湘林將軍由哈密内召入關，過訪，素知其精於音律，因邀同官以音觴讌之。坐定，優人呈戲本，余默寫六字曰：非《思凡》即《南浦》。握於掌中，將軍果適點此兩齣，余曰：君何必費心，余已代爲之矣。開掌示之，合座皆笑，湘林正色語余曰：戲雖小道，而必以雅奏爲高，若猥語亂談，則輿隸所樂聞，豈可以入吾輩之耳。余曰：君言誠是，然既已演戲，則徵歌選舞，自以聲色兼備爲佳，若徒賞其低唱恬吟，則但令一人鼓喉，和以一笛足矣，又何必聚一班數十人於後臺，爲之結綵張燈，肆筵設席，而品評其行頭之好，脚色之多乎。合座羣以爲然，而湘林爲之語塞矣。比年余僑居邗水，就養甌江，時有演戲之局，大約專講崑腔者，不過十之三，與余同嗜者，竟十之七矣。

清（乾隆）《臨潼縣志》卷一 樂歌秦聲曰夏聲，氣厚俗重，有先王之遺。故其聲獨犬，擊甕拊缶，歌呼烏烏。土操頗俚，然音節宏暢，不尚纖。曲今臨邑慶弔所用各樂及里巷歌謠並一切諸雜劇，雖多鄙俗，至其勁直慷爽之響，今昔如一。情性所發風教所成，其由來者遠矣。

清・昭槤《嘯亭雜録》卷八《秦腔》 近日有秦腔、宜黄腔，亂彈諸曲名，其詞淫褻猥鄙，皆街談巷議之語，易入市人之耳。又其音靡靡可聽，有時可以節憂，故趨附日衆。雖屢經明旨禁之，而其調終不能止，亦一時習尚然也。

又《魏長生》 魏長生，四川金堂人，行三，秦腔之花旦也。甲午夏入都，年已逾三旬外。時京中盛行弋腔，諸士大夫厭其囂雜，殊乏聲色之娱，長生因之變爲秦腔。辭雖鄙猥，然其繁音促節，嗚嗚動人，兼之演諸淫褻之狀，皆人所罕見者，故名動京師。凡王公貴位以至詞垣粉署，無不傾擲纏頭數千百，一時不得識交魏三者，無以爲人。

清・小鐵笛道人《日下看花記・自序》 自僞伎興而聲容競爽，由來舊矣，唐有雅樂部。宋時院本始標花旦之名，南北部恒參用之。每部多不過四三人而已。有明肇始崑腔，洋洋盈耳。而弋陽、梆子、琴柳各腔，南北繁會，笙磬同音，歌詠昇平，伶工薈萃，莫盛於京華。往者，六大班旗鼓相當，名優雲集，一時稱盛。嗣自川派擅場，蹈蹻競勝，墜髻争妍，如火如荼，目不暇給，風氣一新。邇來徽部迭興，踵事增華，人浮於劇。聯絡五方之

音，合爲一致，舞衣歌扇，風調又非卅年前矣。

清・梁紹壬《兩般秋雨庵隨筆》卷三　京師梨園四大名班【略】此外尚有集芳一部，專唱崑曲，以笙璈初集，未及排入各園。其他京腔、弋腔、西腔、秦腔，音節既異，裝束迥殊，無足取焉。

清・楊靜亭《都門紀略・詞場序》　古之歌於朝者喜起明良，歌於野者叩缶擊壤。歌之作也，蓋自唐虞已有然矣。又嘗考《周禮》方相氏所掌之儺焉。儺行於鄉人，聖人爲之朝服阼階，故《魯論集註》内稱儺近於戲，蓋以塗面狂歌藉以驅疫，雖非演戲而戲即兆端於儺與歌。斯二者及秦二世子胡亥演爲詞場，譜以管絃，歌舞之風曲兹益盛，後世遂號爲秦腔俗名梆子腔。【略】故後世秦腔皆祀胡亥。【略】至嘉慶年，盛尚秦腔，盡係桑間濮上之音，而隨唱胡琴，善於傳情，是足動人傾聽。曾經奏明禁止，漸革此風。

清・金連凱《靈臺小補》　且百工之藝，此藝最艱，百工之藝，此藝最賤，一般受暑冲寒，非打即罵，千般凌辱，萬種苦辛，忍饑忍渴，盡心力而爲之，温故知新，無非些古詞野史，生知，學知困知，亦不過徽調秦腔，跌撲努傷，終身殘廢，臓腑嘔血，半事無成，所謂何來，真堪痛哭。

清・邵之棠《皇朝經世文統編》卷五《文教部・字學》　今日梨園二黄、西皮之外，復有梆子，秦腔凄楚楚裂帛之聲，盈於兩耳，求其一字三眼，獨母雙拍得乎。

清・連横《雅言》　庚子聯軍之役，西太后幸陝。秦中固有梆子腔，聞而悦之，召入供奉。及回鑾時，從入京，流傳津、滬。上海班之來臺者遂唱此調，一時頗盛。然梆子聲悲而厲，識者以爲亡國之音，不及十稔而清社覆矣。

紀事

清・陸次雲《圓圓傳》　是時，驤方降闖，闖即向驤索圓圓，且籍其家，而命其作書以招子也。驤俱從命，進圓圓。自成驚且喜，遽命歌，奏《吴歈》。自成蹙額曰：何貌甚佳，而音殊不可耐也。即命羣姬唱西調，操阮、筝、琥珀，己拍掌以和之。繁音激楚，熱耳酸心，顧圓圓曰：此樂何如。圓圓曰：此曲祇應天上有，非南鄙之人所能及也。

清・顧彩《容美紀遊》　女優皆十七八好女郎，聲色皆佳，初學吴腔，終帶楚詞。男優皆秦腔，反可聽。所謂梆子腔是也。丙如自教一部，乃蘇腔，裝飾華美，勝於父優，即在全楚亦稱上駟。然祕之不使父知，恐被奪去也。其二女旦皆薙髮男妝，帶刀侍立如小校，丙如之行眷也。丙如欲觴，余必俟君移於別署之夕乃出以侑酒，戒下人毋得泄，乃佈人偵探，恐父至則匿之。君喜人譽其女優。客之諛者，必盛言丙如女優之劣，以爲萬不及父。君則曰：彼字且不識，安責知音。及觀丙如戲，又言太都爺行頭潦倒，關目生疏，不如主爺教法之善。丙如輒曰：老父固强爲知音者，有識已。知其父子之不和矣。

清乾隆《查辦戲劇違礙字句案・郝碩折》　江西巡撫臣郝碩謹奏：爲遵旨覆奏事，竊臣於乾隆四十五年十二月二十五日，承準大學士公阿桂等字寄乾隆四十五年十一月二十八日奉上諭，前因外間流傳劇本，如明季國初之事，有關涉本朝字句，亦未必無違礙之處。傳諭伊齡阿、全德留心查察，斟酌妥辦。兹據伊齡阿覆奏，派員慎密搜訪，查明應删改者删改，應抽掣者抽掣，陸續粘籤呈覽。再查崑腔之外，有石碑腔、秦腔、弋陽腔、楚腔等項，江廣、閩浙、四川、雲貴等省，皆所盛行。請勅各督撫查辦等語，自應如此辦理。著將伊齡阿原摺抄寄各督撫閲看，一體留心查察，但須不動聲色，不可稍涉張皇。將此遇各督撫奏事之便，傳諭知之，欽此。欽遵。寄信到臣，臣查江西崑腔甚少。民間演唱有高腔、梆子腔、亂彈等項名目，其高腔又名弋陽腔。臣檢查弋陽縣舊志，有弋陽腔之名，恐該地或有流傳劇本，飭令該縣留心查察。隨據稟稱，弋陽腔之名不知始於何時，無憑稽考。現今所唱即係高腔，並無别有弋陽詞曲。並據附、省之南昌府稟稱，遵經傳諭各戲班，將戲本内事涉明季及關係南宋、金朝故事扮演失當者嚴行禁除外，所有繳到各戲本，派員查核。内有《全家福》、《乾坤鞘》二種，語有違礙。又《紅門寺》一種，扮演本朝服色，應呈請查辦等情，臣與藩臬兩司覆核無異。查江右所有高腔等班，其詞曲悉皆方言俗語，俚鄙無文，大半鄉愚隨口演唱，任意更改。非比崑腔傳奇出自文人之手，剞劂成本，遐邇流傳，是以曲本無幾。其繳到者，亦係破爛不全抄本，現在檢出之三種内《紅門寺》係用本朝服色，《乾坤鞘》係宋金故事，應行禁止。《全家福》所稱封號，語涉荒誕，且核其詞曲，不值删改，俱應竟行銷燬。臣謹將原本粘籤恭呈御覽。至如瑞州、臨江、南康等府，山隅僻壤，本地既無優伶，外間戲班亦所罕至。惟九江、廣信、饒州、贛州、南安等府，界連江廣、閩浙，如前項石碑腔、秦腔、楚腔，時來時去。臣飭令各該府時刻留心，遇有到境戲班，傳集開諭，務使一體遵禁改正，以昭我皇上端本維風之至治。仍不許稍有張皇及苟且從事，致干嚴行參究。所有現在遵旨查辦緣由，理合恭摺覆奏，伏祈皇上睿鑒，謹奏。乾隆四十六年四月初六日。硃批：知道了。

清・戴璐《藤陰雜記》卷五　京腔六大班，盛行已久，戊戌、己亥時，尤興王府新班。湖北江右公讌，魯侍御贊元在座，因生脚來遲，出言不遜，手批其頰。不數日，侍御即以有玷官箴罷官。於是搢紳相戒不用王府新班。而秦腔適至，六大班伶人失業，爭附入秦班覓食，以免凍餓而已。

清・梁章鉅《浪跡叢談》卷六《趙普》　偶爲友人招觀劇，余不諳崑曲，而主人不喜秦腔，坐中客多爲余左袒者，適呈戲單，余點《訪普》一齣，蓋崑曲與秦腔並有之，曲文初無小異，客謂余之善調停也。或問，此事果有之否。余謂《名臣言行録》中引《邵氏聞見録》，即有此事，云太祖即位之初，數出微行，以偵伺人情，或過功臣家，不可測。趙普每退朝，不敢脱衣冠，一日大雪，向夜，普謂帝不復出矣。久之，聞叩門聲，普亟出，帝立風雪中，普惶懼迎拜，帝曰：已約晉王矣。已而太宗至，共於普堂中設重裀，地坐熾炭燒肉，普妻行酒，帝以嫂呼之，此與今菊部所演略同，惟短秦王一節耳。

清・蕊珠舊史《辛壬癸甲録》　自乾隆間，蜀伶魏長生在雙慶部，其徒陳渼碧在宜慶部，相繼作秦聲以媚人，京腔以次銷歇。尋又有侍御於酒座批小生頰，遽登白簡落職去，由是朋酒之宴相戒，無敢復聽。

清・昆岡《欽定大清會典事例》卷一〇三九《教都察院・五城》　五十年議準：嗣後城外戲班，除崑、弋兩腔仍聽其演唱外，其秦腔戲班，交步軍統領五城出示禁止。現在本班戲子，概令改歸崑弋兩腔，如不願者，聽其另謀生理。儻有怙惡不遵者，交該衙門查拏懲治，遞解回籍。

清・富察敦崇《燕京歲時記・封臺》　封印（每至十二月於十九、二十、二十一、二十二，四日之内，由欽天監選擇吉期，照例封印。）之後，梨園戲館，擇日封臺，八班合演。至來歲元旦，則賜福開戲矣。亦所以歌詠昇平也。按京師戲劇，風尚不同。咸豐以前，最重崑腔、高腔（即弋腔）。高腔者，有金鼓而無絲竹，慷慨悲歌，乃燕土之舊俗也。咸豐以後，專重二簧。近則並重秦腔，秦腔者，即俗所謂梆子腔也。内城無戲園，外城乃有，蓋恐八旗兵丁，習於逸樂也。

藝文

明・湯顯祖《湯顯祖全集・詩文》卷一八《寄劉天虞》　秦中弟子最聰明，何用偏教隴上聲。半拍未成先斷絶，可憐頭白爲多情。

清・孔尚任《孔尚任文集》卷四《平陽竹枝詞五十首》　亂彈曾博翠華看，不到歌筵信亦難。最愛葵娃行小步，氍毹一片是邯鄲。

清・李聲振《百戲竹枝詞・秦腔》　俗名梆子腔，以其擊木若柝形者節歌也。聲嗚嗚然，猶其土音乎。耳熱歌呼土語真，那須叩缶説先秦。烏烏若聽函關曙，認是雞鳴抱榛人。

又《踏謡》　俗名假纖足小旦，屐以弓鞋，覆以裙袴，工者行步自然，不異婦人也。弋陽、秦腔，恒以此示媚。錦靴弟子慣登場，一樣湘波六幅量。祇恐小紅人識破，本來骨格太昂藏。

又《亂彈腔》　秦聲之緩調者，倚以絲竹，俗名崑梆，夫崑也而梆云哉，亦任夫人崑梆之而已。渭城新譜説崑梆，雅俗如何占號雙。縵調誰聽箏笛耳，任他擊節亂彈腔。

清・得碩亭《草珠一串》　茶園演戲之所。樓上最消魂，老斗小旦，呼悦已者曰老斗。錢多氣象渾。但得隔簾微獻笑，千金難買下場門。

班中崑弋兩蹉跎，新到秦腔粉戲多。近時班中每寫新到秦腔。男女傳情真惡態，野田草露竟如何。

名班小曲最迷人，一轉秋波萬象春。豈止有情腮上笑，絶風流處善能顰。如唱至兩淚偷彈等句，則眼中墮淚，聲若斷腸，真絶技也。

秦樓趕座不堪誇，小曲之下賤者。定府莊中數幾家。不及寒暄通姓字，見人聲已入琵琶。

清・戚震瀛《京華百六竹枝詞》　宛轉珠喉服靚妝，弋腔秦調雜宜黃。銀官去後湘雲老，腸斷詞曹粉署郎。

雜録

明·王九思《碧山續稿序》　予爲《碧山樂府》，浒東先生既序，而刻諸木矣。四三年來，乃復有作，典之所至，或以片紙書之已，即棄去。一日，客有過予者，善爲秦聲，乃取而歌焉。酒酣，予亦從而和之，其樂洋洋然，手舞足蹈，忘其身之貧而老且朽矣，於是復加詮次，繕寫成帙，用佐樽俎。風情逸調，雖大雅君子有所不取。然謫仙、少陵之詩，亦往往有艷曲焉，或與□而語謔，或托之以寄意，太抵順乎，情性而已。敢竊附於二子，以逭子罪。

清（光緒）《永壽縣志》（正月）立春前一日，有司迎春於東郊，地保扮戲劇，鑼鼓彩旗，聚觀雜遝。

清·沈起鳳《諧鐸》卷一二《南部》　吴中樂部，色藝兼優者，若肥張瘦許，豔絶當時。後起之秀，目不見前輩典型，掞其片長，亦足傾動四座。如金德輝之《尋夢》，孫栢齡之《别祠》，髣髴江采蘋樓東獨步，冷淡處别饒一種哀豔。朱曉春之《嘆月》，馬奇玉之《題曲》，正如孟德曜練裳椎髻，不失大家風範。張聯芳之《思凡》，曹遠亭之《佳期》，又似孫荆玉舉止放誕，而反腰貼地，要是天然態度。王阿長之《埋玉》，周二官之《劈棺》，如徐月華臨青陽門彈箜篌，一時聲情俱裂。戴雲從之《偷碁》，沈天瑞之《盗令》，未免稍軼範圍，卻似趙飛燕跋扈昭陽。而掌中一舞，頗能竄易耳目。至如張修來《思春》一齣，雖秋孃老去，猶似十三四女郎堂上簸錢光景。一片歌場，得此數人提倡，稍可維持菊部。自西蜀韋三兒來吴，淫聲妖態，闌入歌臺。亂彈部靡然效之，而崑班子弟，亦有倍師而學者。以至漸染骨髓，幾如康崑崙學琵琶，本領既雜，兼帶邪聲，必十年不近樂器，然後可教。因嘆文人信道不篤，背正學而入岐趨，雖復邀譽目前，亦見笑而自點耳。觀於樂部，能無爽然。

清·錢泳《履園叢話·叢話一二·藝能·演戲》　梨園演戲，高宗南巡時爲最盛，而兩淮鹽務中尤爲絶出。例蓄花雅兩部，以備演唱，雅部即崑腔，花部爲京腔、秦腔、弋陽腔、梆子腔、羅羅腔、二簧調，統謂之亂彈班。余七八歲時，蘇州有集秀、合秀、擷芳諸班，爲崑腔中第一部，今絶響久矣。

清·（乾隆）《臨潼縣志》卷一　（正月）立春前一日，職官迎春於東郊，樂人扮雜劇，女童唱春詞，街民捧盒酒獻官長，鑼鼓彩旗，聚觀雜遝。

又　舊有傀儡懸絲、燈影巧線等戲。其大戲原系秦聲，所謂擊甕拊缶而歌呼嗚嗚者。至後旗亭歌詩，陽關送酒，三疊之遺，亦自可聽。今則亂彈盛行，腔調數易，靡靡之音，雜以笙簫，鄙俚穢褻，半夜空堡而出，舉國若狂，斯爲下矣。

清·王廷紹《霓裳續譜》卷七　（秦吹腔花柳歌）高高山上一廟堂，姑嫂二人去燒香。嫂子燒香求兒女，小姑子燒香求少郎。再等三年不娶我，掖起個包袱跑他娘。可是跑他娘，思人哪。花柳腔尾有聲無詞又《姐在房中綉荷包》（秦吹腔花柳歌）姐在房中綉荷包，忽聽的門外鬧吵吵。推開紗窗往外瞧，一對狸貓鸞鳳交。相思情一硼，有個鸞鳳交。雌貓毛毛叫，雄貓把眼瞧，兩下裏一湊不差分毫。哎喲，好風騷。重死在了黄泉變做貓，可是變做貓。妙人呵，思人哪。花柳腔尾有聲無詞眼一板惟高腔七眼一板聲急側，則一眼一板，又無不同也。其中微有不同者，崑曲佐以竹，秦聲間以絲。然樂器中，九調自乙調，正宫六字、凡字，小宫尺字、上字諸調，絲與竹皆同也。秦聲所以去竹者，以秦多肉聲，竹不如肉，故去笙篴，但用絃索也。崑曲止用綽板，秦聲兼用竹木俗稱梆子，竹用。篔簹，木用棗。所以用竹木者，以秦多商聲《詩》含神霧，商主斷割邯鄲綽《五經析疑》，故用以象椌楬《樂記》鄭注：椌、楬、柷、敔。聲柷柷然，取義於止也《釋名》。且也商聲駚烈《元覽》，綽板聲沉細，僅堪用以定眼也。昔唐明皇與太真按樂，清元小殿所用樂器凡七：寧王玉笛、李龜年觱篥而外，上羯鼓，妃子枇杷，馬仙期方響，張野狐箜篌，賀懷智拍板，手操實居其五。可知秦中用以節聲者，唐時已若是。矧玉笛與觱篥，崑曲亦在所不用哉。至於九調，崑曲止用七調，無四合也。七調中乙調最高，惟十番用之。上字調亦不嘗用，其實祇五調耳。若正宫音屬黄鍾，爲曲之主。乃自有崑曲二百餘年，惟蘇崑生發口即中中聲，畢生所謳，皆正宫調。嗣響者，婁江顧子惠、施雲章二人耳。近日歌崑曲者，甫入正宫，即犯他調，

清（嘉慶）《漢州志》　婚、喪用之，尋常喜慶延賓亦不設。至報賽演劇，大約西人用秦腔，南人用崑腔，楚人、土著多曳聲，曰高腔。

清·（光緒）《孝義廳志》（四月）初八日，鄉民出錢演戲，作城隍會。

清・孫静庵《棲霞閣野乘》卷下《記某伶事》　某伶者，色藝工絶，游於陝。陝尚秦聲，無解南音者，閑甚，無所得衣食。時某部爲秦聲冠，不得已投焉。部中人共揶揄之，亦不甚令驚場。會撫署宴方伯，某部當值，屬僚咸集。方伯者，平陽中丞也。數折後，厭秦聲，問又能昆曲者否。部中無以應。某伶獨趨進承曰：能。曹長愕然欲止之，則堂上已呼召某伶矣。登堂諧俞，甫一發聲，平陽色喜，滿座傾耳聽。歌一闋，平陽曰：止笛板工尺相左，他樂器亦無一合者，是烏足盡所長。多歷坎坷，憤鬱無所洩，至是乃盡吐之。瀏離頓挫，曲盡其妙。平陽不自覺其神傳而身離於席也。平陽號知音，舉座見傾倒如是，莫不嘖嘖稱羡。曲終，自撫軍一下，纏頭以千計，明日某伶之名噪於長安。部中人承順惟謹，已持平陽書入都，都下貴人争愛賞之，宴集非某郎不歡，由是名益著。

大荔腔 同州腔

雜録

清・嚴長明《秦雲擷英小譜》　小惠，姓樊氏，名雲官。其同部中有寶兒者，長沙人，家於盩厔；其次有喜兒，一名小回。長安人；皆工同州腔，即大荔腔也。與小惠埒。惟是同州腔，有平側二調。寶兒多側調，不能高，其弊也，恐流爲小唱。喜兒多平調，不能下，其弊也，恐流爲彈詞。則又審音者，不可不知。然較他部中所歌，固已倜乎遠矣。

西秦腔

論説

清・吴長元《燕蘭小譜》卷五　友人言，蜀伶新出琴腔，即甘肅調，名西秦腔。其器不用笙笛，以胡琴爲主，月琴副之。工尺咿唔如話，旦色之無歌喉者，每借以藏拙焉。若高明官之演《小寡婦上墳》，尋音赴節，不聞一字，有如傀儡登場。昔人云：絲不如竹，竹不如肉。口無歌韻而藉靡靡之音以相掩飾，樂技至此愈降愈下矣。有絲無竹少清音，始自秦中帶鄭淫。莫笑當歌同傀儡，勝兒原是抱胡琴。

清・張際亮《金臺殘淚記》卷三　《燕蘭小譜》記甘肅調即琴腔，又名西秦腔。胡琴爲主，月琴爲副，工尺咿唔如語。此腔當時乾隆末始蜀伶，後徽伶盡習之。道光三年，御史奏禁。

西腔

雜録

清・梁紹壬《京師梨園》　京師梨園四大名班，曰四喜、三慶、春臺、和春。其次之則曰重慶，曰金鈺，曰嵩祝。余壬午年初至京，當遏密八音之際，未得耳聆目賞。次年春，始獲縱觀色藝之精，争妍奪媚。然余逢場竿木，未能一一搜奇也，丙戌入都，寓近彼處閒居無事。時復中之四班名噪已久，選才自是出人頭地，即三小班中亦各有傑出之人，擅場之技未可以檜下目之。此外尚有集芳一部，專唱崑曲，以笙璈初集，未及排入各園。其他京腔、弋腔、西腔、秦腔，音節既異，裝束迥殊，無足取焉。

西調

論説

清・留春閣小史《聽春新詠》 梁谿派衍，吴下流傳，本爲近正。二簧，梆子，娓娓可聽，各臻神妙。原難强判低昂。然既編珠而綴錦，自宜部别而次居。先以崑部，首雅音也，次以徽部，極大觀也，終以西部，變幻離奇，美無不備也。至蔣陶諸人，音藝兼全，盛名久享，自不屑與噲等伍，特以别集標之。

西曲

論説

清・李調元《劇話》卷上 《南史徐勉傳》：武帝擇後宮吴聲，西曲女妓各一部，賚勉。《通典》：梁有吴安泰，善歌，後爲樂令，初改西曲，以别江南〈上雲樂〉。《樂府詩集》：《西曲歌》出於荆、郢、樊、鄧之間，因其方俗，謂之西曲。按：今以山、陜所唱小曲曰西曲，與古絶殊，然亦因其方俗言之。

清・翟灝《通俗編》卷三一 西曲 《南史徐勉傳》：武帝擇後宮，吴聲西曲女妓各一部賚勉。《通典》：梁有吴安泰善歌，後爲樂令，初改西曲，以别江南《上雲樂》。《樂府詩集》西曲歌出於荆、郢、樊、鄧之間，因其方俗，謂之西曲。按：今以山陜所唱小曲曰西曲，與古絶殊然，亦因其方俗言之。

河南梆子

紀事

清（乾隆）《杞縣志》卷八 通行酬酢，如拜年、上壽、湯餅慰問、投刺用幣，宴會餽食，猶有古風，節氣如元宵、端午、中秋、重陽或登眺遊覽，或醵飲賦詩，與四方相同無大異。愚夫愚婦多好鬼尚巫，燒香佞佛，又好約會演戲，如邏邏、梆、絃等類，殊鄙惡敗俗。近奉上憲禁，風稍衰止，然其餘俗猶未盡革。

安慶梆子

雜録

清・焦循《劇説》卷一 近安慶幫子腔劇中，有桃花女與周公鬬法、沈香太子劈山救母等劇，皆本元人。又《義兒恩》，兒問罪在獄，適兒赦而盜殺，母誤盜屍爲兒屍，全本《蝴蝶夢》《趙頑驢偷馬殘生》送一折也。又有《五雷轟》者，演孫臏事，内有卜子夏，此正本元人劇馬陵道中有卜商也。

又 《碧雞漫志》云：《伊州》見於世者凡七商曲，大石調、高大石調、雙調、小石調、歇指調、林鍾商、越調。《六么》行於世者四，曰《黄鍾羽》，即般涉調。曰夾鍾羽，即中吕調。曰林鍾羽，即高平調。曰夷則羽，即仙吕調。元微之《法曲》詩云：明皇度曲多新態，宛轉浸淫易沈著。《赤白桃李》取花名，《霓裳羽衣》號天樂。樂天亦云：法曲法曲歌《霓裳》。按：明皇改《婆羅門》爲霓裳羽衣，屬黄鍾商，即今之越調。宫伎佩七寶瓔珞舞此曲，曲終珠翠可掃。歐陽永叔云：人間有《瀛府》、《獻仙音》二曲。瀛府屬黄鍾宫。《鐵圍山叢談》云：唐開元時有若《望瀛法曲》者傳於今，實黄鍾之宫。《嘉祐雜志》云：同州樂工翻河中黄幡綽《霓裳譜》，鈎容樂工程士守別依法曲造成。教坊伶人花日新見之，題其後云：法曲雖精，莫近《望瀛》。觀此，則《武林舊事》、《輟耕録》所謂《六么》、《瀛府》、《法曲》、《伊州》之類，皆以音調分別之，如今之崑腔、弋腔及安慶、湖廣、秦腔、京腔等也。《六么》中有所謂《孤奪旦六么》，《法曲》中有《孤和法曲》，則優伶、色目，各腔皆有也。

亂彈

題解

清・劉獻廷《廣陽雜記》卷三　秦優新聲，有名亂彈者，其聲甚散而哀。

清・劉廷璣《在園雜誌》卷三　近今且變弋陽腔爲四平腔、京腔、衛腔，甚且等而下之，爲梆子腔、亂彈腔、巫娘腔、瑣哪腔、囉囉腔矣。愈趨愈卑，新奇疊出，終以崑腔爲正音。

清・徐大椿《樂府傳聲・源流》　曲之變，上古不可考。自唐虞之賡歌擊壤以降，凡朝廷草野之間，其歌詩謡諺不可勝窮，兹不盡述。若今日之聲存而可考者，南曲北曲二端而已。北曲之始，金之董解元《西廂記》，元之馬致遠《岳陽樓》之類。南曲之傳，如元人高則誠《琵琶記》，施君美《拜月亭》之類。宫調既殊，排場亦異，然當時之唱法，非今日之唱法也。北曲如董之《西廂記》，僅可以入弦索，而不可以協簫管。其曲以頓挫節奏勝，詞疾而板促。至王實甫之《西廂記》，及元人諸雜劇，方可協之簫管，近世之所宗者是也。若北曲之西腔、高腔、梆子、亂彈等腔，此乃其別派，不在北曲之列。

清・昭槤《嘯亭雜録》卷八　近日有秦腔、宜黄腔，亂彈諸曲名，其詞淫褻猥鄙，皆街談巷議之語，易入市人之耳。又其音靡靡可聽，有時可以節憂，故趨附日衆。雖屢經明旨禁之，而其調終不能止，亦一時習尚然也。

清・張際亮《金臺殘淚記》卷二　空作花枝照酒卮，蘭生往日已堪悲。如今那見梁谿隊，月曉風殘又一時。今都下徽班皆習亂彈，偶演崑曲，亦不佳。

清（嘉慶）《翼宿神祀碑記》　兵部侍郎兼都察院右副都禦史總理糧儲提督軍務巡撫江甯等處地方事務費，爲曉諭事照得欽奉諭旨。元明以來，流傳劇本，皆系崑、弋兩腔。已非古樂正音，但其節奏腔調，猶有五音遺意，即扮演故事，亦有談忠説孝，尚足以觀感勸懲。乃近日倡有亂彈、梆子、弦索、秦腔等戲，聲音既屬淫靡，其所扮演者，非狹邪媟褻，即怪誕悖亂之事，於風俗人心，殊有關係。此等腔調，雖起自秦皖，而各處輾轉流傳，竟相仿效。即蘇州、揚州，向習崑腔。近有厭舊喜新，皆以亂彈等腔爲新奇可喜。轉將素習崑腔抛棄，流風日下，不可不嚴行禁止。嗣後除昆、弋兩腔，仍照舊準其演唱。其外亂彈、梆子、弦索、秦腔等戲，概不準再行唱演。所有京城地方，著交和坤演查飭禁。並著傳諭江蘇、安徽巡撫，蘇州織造，兩淮鹽政，一體嚴行查禁。如再有仍前唱演者，惟該巡撫鹽政織造是問。欽此。欽遵。查亂彈、梆子、弦索、秦腔等戲，淫靡媟褻，怪誕不經，最爲風俗人心之害。今欽奉諭旨，飭禁森嚴，即應先令民間概行擯棄，不復演唱。則此種戲班，無技可施。庶不致輾轉流傳，競相仿效。除行司轉飭查禁，如系外來之班，論令作速回籍，毋許在境逗留。其原系本省之班，如能改習崑、弋兩腔，仍準演唱外，合亟出示曉諭。爲此示仰闔屬軍民人等及各戲館知悉，嗣後民間演唱戲劇，止許扮演崑、弋兩腔。其有亂彈等戲者，定將演戲之家及在班人等，均昭違制律，一體治罪，斷不寬貸。各宜凜遵毋違，特示。嘉慶三年三月初四日示。

紀事

清（乾隆）《查辦戲劇違礙字句案・郝碩折》 江西巡撫臣郝碩謹奏：爲遵旨覆奏事，竊臣於乾隆四十五年十二月二十五日，承準大學士公阿桂等字寄乾隆四十五年十一月二十八日奉上諭，前因外間流傳劇本，如明季國初之事，有關涉本朝字句，亦未必無違礙之處。傳諭伊齡阿、全德留心查察，斟酌妥辦。茲據伊齡阿覆奏，派員慎密搜訪，查明應删改者删改，應抽掣者抽掣，陸續粘籤呈覽。再查崑腔之外，有石碑腔、秦腔、弋陽腔、楚腔等項，江廣、閩浙、四川、雲貴等省，皆所盛行。請勅各督撫查辦等語，自應如此辦理。著將伊齡阿原摺抄寄各督撫閲看，一體留心查察，但須不動聲色，不可稍涉張皇。將此遇各督撫奏事之便，傳諭知之，欽此。欽遵。寄信到臣，臣查江西崑腔甚少。民間演唱有高腔、梆子腔、亂彈等項名目，其高腔又名弋陽腔。臣檢查弋陽縣舊志，有弋陽腔之名，恐該地或有流傳劇本，飭令該縣留心查察。隨據禀稱，弋陽腔之名不知始於何時，無憑稽考。現今所唱即係高腔，並無別有弋陽詞曲。並據附、省之南昌府禀稱，遵經傳諭各戲班，將戲本内事涉明季及關係南宋、金朝故事扮演失當者嚴行禁除外，所有繳到各戲本，派員查核。内有《全家福》、《乾坤鞘》二種，語有違礙。又《紅門寺》一種，扮演本朝服色，應呈請查辦等情，臣與藩臬兩司覆核無異。查江右所有高腔等班，其詞曲悉皆方言俗語，俚鄙無文，大半鄉愚隨口演唱，任意更改，非比崑腔傳奇出自文人之手，剞劂成本，遐邇流傳，是以曲本無幾。其繳到者，亦係破爛不全抄本。現在檢出之三種内，《紅門寺》係用本朝服色，《乾坤鞘》係宋金故事，應行禁止。《全家福》所稱封號，語涉荒誕，且核其詞曲，不值删改，俱應竟行銷燬。臣謹將原本粘籤恭呈御覽。至如瑞州、臨江、南康等府，山隅僻壤，本地既無優伶，外間戲班亦所罕至。惟九江、廣信、饒州、贛州、南安等府，界連江廣、閩浙，如前項石碑腔、秦腔、楚腔，時來時去。臣飭令各該府時刻留心，遇有到境戲班，傳集開諭，務使一體遵禁改正，以昭我皇上端本維風之至治。仍不許稍有張皇及苟且從事，致干嚴行參究。所有現在遵旨查辦緣由，理合恭摺覆奏，伏祈皇上睿鑒，謹奏。乾隆四十六年四月初六日。硃批：知道了。

清（乾隆）《杞縣志》卷八 通行酬酢，如拜年上壽、湯餅慰問、投刺用幣、宴會餽食，猶有古風，節氣如元宵、端午、中秋、重陽或登眺遊覽，或醵飲賦詩，與四方相同無大異。愚夫愚婦多好鬼尚巫，燒香佞佛，又好約會演戲如邏邏梆、絃等類殊鄙惡敗俗。近奉上憲禁，風稍衰止，然其餘俗猶未盡革。

藝文

清・李聲振《百戲竹枝詞》 渭城新譜説崑梆，雅俗如何占號雙。縵調誰聽箏笛耳，任他擊節亂彈腔。

清・李光庭《鄉言解頤》卷三 時則有若宜慶、翠慶，崑、弋間以亂彈；言府言官，京班半隸王府，謂之官腔，又曰高腔。節奏異乎淫曼。無奈曲高和寡，六十年漸少知音；人往風微，尋常輩難爲嗣響。

清・孔尚任《孔尚任文集》卷四《平陽竹枝詞五十首》 秦聲秦態最迷離，屈九風騷供奉知。莫惜春燈連夜照，相逢怕到落花時。

雜録

清・吴長元《燕蘭小譜》卷四 昔保和部本崑曲，去年雜演亂彈、跌撲等劇，因搆蘇伶之佳者，分文、武二部。於是梁谿音節，得聆於嘔啞謔浪之間，令人有正始復聞之歎。嗟乎。梨園雖小道，而狀古來之忠孝奸頑，使之感發懲創，亦詩教也。詩人之感，在士大夫。梨園之感，及乎鄉童村女，豈曰小補之哉。

清（乾隆）《臨潼縣志》卷一 舊有傀儡懸絲、燈影巧線等戲。其大戲原系秦聲，所謂擊甕拊缶而歌呼嗚嗚者。至後旗亭歌詩，陽關送酒，三疊之遺，亦自可聽。今則亂彈盛行，腔調數易，靡靡之音，雜以笙簫，鄙俚穢褻，半夜空堡而出，舉國若狂，斯爲下矣。

清・姚燮《今樂考證》卷一 至夏歇班，曰散班。亂彈不散，曰火班。

或各處土人集班，曰土班。

清・藝蘭生《側帽餘譚》　崑腔曲譜出自玉峰魏良輔，後遂盛行於蘇。種種傳奇，音律精細。豪貴妙選名伶，扮演惟肖，遂爾軼類超群。京師自尚亂彈，崑部頓衰，惟三慶、四喜、春臺三部帶演，日衹一二齣，多至三齣，更蔑以加，曲高和寡，大抵然也。

囉囉腔

論說

清・劉廷璣《在園雜誌》卷三　近今且變弋陽腔爲四平腔、京腔、衛腔，甚且等而下之，爲梆子腔、亂彈腔、巫娘腔、瑣哪腔、囉囉腔矣。愈趨愈卑，新奇疊出，終以崑腔爲正音。

清・田文鏡《總督兩河宣化録文移》卷三《爲嚴行禁逐囉戲以靖地方事雍正六年二月河南總督田文鏡禁止演唱囉戲》　照得欲杜盜源，先查保甲，欲嚴保甲，先逐流民，此一定不易之法也。故凡星相醫卜九流三教，與夫賣膏藥、擺棊勢、打流星、唱傀儡、弄猴、跑解、打拳、打彈、説書、唱曲之流，如係遠方到此，來歷未明，形踪詭祕者，俱應嚴行查禁，立爲驅逐，以靖地方。本部院屢經嚴飭在案。至於民間搭臺演戲，極易招集匪類，貽害民生。況男女混雜，廢事失時。更且全家出看，往往失火延燒。抑有飲醉行兇，每每殺人償命，爲禍原烈。但秋冬報賽田功，小民酬神答願，禮所不廢，情亦宜通。故本部院但禁唱夜戲，不許連日，如有村莊必須演唱者，當豫爲稟明地方印官批準，官爲稽查，至晚即止，使各散歸，管守門户。倘夜深猶唱，或連日不休，即干究處。有本部院行過各案可查。地方官果能奉行不怠，何患宵小之不絶迹，士民之不安堵哉。今更訪有囉戲一種，並非梨園技業，素習優童，不過各處游手好閒之徒，口中亂唱幾句，似曲非曲，似腔非腔音調，攜帶妻子爲囮，經州過縣，入寨闖村。遂有一等地頭光棍，衙門入役，貪姦其妻，並留其夫攢錢，搭臺搬唱囉戲。其把持庇護，則多出於頑紳劣衿。其派飯供茶，則多出於地方鄉保。其行頭箱担，則多備於捕役壯丁。是以不懼官，不畏法，違禁公行，肆恣無忌。此等唱囉戲流民，有戲則羣聚而演唱，無戲則四散而行竊，甚而聚黨成羣，商謀劫殺，或入富室而行强，或伏道旁而害命，强盜瓜賊，即此輩也。其妻雖非樂户，實同土娼，賣笑呈妍，亦能鈎魂而攝魄，爭姦妬宿，每致奮戟而操戈。且有既賣其婦而得錢，仍誣佔騙，欲棄其夫而謀殺，即犯凌遲，獄訟從此而繁興，風化於焉而敗壞，言之可恨，法所宜懲。至於被强被竊之家，每多出於紳衿富户，而容姦留戲之事，亦即在於劣監頑衿。蓋倚護出頭，便可抗官違禁，有錢高興，更能一倡百隨，及至引盜入門，不返悔其自貽伊戚，報官稟緝，恒致怨於縱賊殃民，何其愚也。除密訪查拏外，合行嚴飭，爲此牌仰該司府道州將官吏照牌事理，即便轉飭所屬，將本部院牌文刊刷告示，挨村逐鎮，遍貼曉諭，務將帶妻唱囉戲之人，盡逐出境，不許容留。如有紳衿兵役，把持抗違，該地方官一面通詳斥革，一面嚴拿審擬招解本部院，立置大法，決不稍從寬典。倘鄉保地方，不行查逐，村民將空房賃與居住，或歇店容留，一經事犯，並鄰佑牌甲人等，分別按律連坐。如文武官弁，不實力奉行，嚴行驅逐，該管上司，不時查察揭參，上司徇庇，本部院自行查出，同參並劾，各宜慎之，毋得視爲具文，後悔無及。其耑管捕務之佐貳雜職，一並飭知遵照。文到先取遵依示式報查毋違。

紀事

清・田文鏡《撫豫宣化録》卷三《特揭保甲之要法以課吏治事》　一高臺囉戲應嚴行禁逐也。查得豫省每於集鎮衝要處所紮搭高臺，演唱囉戲，動輒三五日不散。戲臺之旁開設酒舖飯棚，而各處匪類聞風羣集，白日當街賭博，黑夜行竊行强，捕役得錢，故縱鄉保狥情不報，如地方官禁止查拿，即有附近勢惡土豪出而把持，惡習相沿，不可救止。況此等戲子，並非梨園子弟業在其中，不過游手好閑匪類一時烏合，隨口亂談，無腔無板，有會即聚而唱戲，無戲即散而爲盜，故多養於捕役之家。該地方官嚴行禁逐，以絶盜源，如敢故犯，立將行頭貯庫，嚴拿爲首之人究治。倘有不肖紳衿並各衙門書役營兵人等從中阻撓，即行指名詳究。苟能實力奉行，即此一件，已消滅盜風過半矣。以上五條係行保甲要法，若能行之無倦，則無事。查點虛文，而盜跡自絶，境内平安。通省州縣協力行之，全豫可無劫殺大案矣。本都院不惜諄諄告誡：如果能實力遵行，俾有成效，自當列諸薦牘飛馳入。

又《嚴禁迎神賽會以正風俗事》 照得異端邪教，最易煽惑人心，以致鄉愚男婦，聚處混雜，不但敗壞風俗，抑且陰作匪爲，若不嚴加禁戢，日久釀成禍患，誠非細故。然聚衆必有其由，而入教必有其漸。揆厥根源，皆自迎神賽會而起。蓋小民每於秋收無事之時，以及春三二月，共爲神會，挨户斂錢，或紮搭高臺演唱囉戲，或裝扮故事鼓樂迎神，引誘附近男女，招集遠方匪類，初則假托三皇釋門清茶等名色，以鼓惑愚民，經旬浹月聚而不散，遂成黨羽，因而焚香設誓，布散謡言，日染月深，而有羣刀鐵鞭等會之名牢不可破，此即邪教之所由起也。欲杜邪教，先嚴神會。查雍正元年九月内，奉旨：直隸、山東、河南等省，禁止神會演戲等事，欽遵在案，誠恐日久玩生，仍蹈前轍，亦未可定，除密訪查拿外，合行飭禁，爲此示仰撫屬官吏、士庶、軍民人等知悉。嗣後，男耕女織，各務本業，毋得聽信奸棍騙誘，佯修善事，甘入邪教。除民間秋冬祈年報賽，凡在應祭神祇，許復知鄉地赴地方官具禀批準，止許日間演戲祭告，不得繼之以夜，亦不得過三日。如敢裝扮神像鳴鑼擊鼓迎神賽會者，地方官不時嚴查，犯則立拿解轅，照巫師邪術例，分別首從，從重治罪。婦女有犯，罪坐夫男。鄉保地隣知而不舉，一並連坐。各州縣奉行不力，一經本都院查出，定以溺職飛參。該管上司，失於覺查，及狥不揭報，並条不貸。本都院法在必行，慎毋身試，須至告示者。雍正三年二月日。

清・范祖述《杭俗遺風》 僧家有經一種名曰《孔雀經》，編列各調戲曲，如崑腔、亂彈、徽調、灘簧及九調十三腔，均皆齊備。以和尚八人分生旦净丑各音，吹彈歌唱，儼同唱戲，家有素事方用之。

清・李斗《揚州畫舫録》卷五 郡城花部，皆係土人，謂之本地亂彈，此土班也。【略】後句容有以梆子腔來者，安慶有以二簧調來者，弋陽有以高腔來者，湖廣有以羅羅腔來者，始行之城外四鄉，繼或於暑月入城，謂之趕火班。

藝文

清・陳於王《燕九竹枝詞》 白雲觀前沙如雪，羊角風吹沾眉睫。可憐遊女鬢成絲，緑衫汗污丁香結。

黄冠趺坐圍松栢，欲募青趺談煉藥。好事頗多城闕人，鶉衣皆認爲丹客。

小兒花鼓鳳陽調，士女週遭拍手笑。又有一班裝更奇，十番車上諸年少。

鵠面鳩形大道邊，丐兒争取列侯錢。攔街不避青驄馬，都道今年勝往年。

鑼鼓喧闐滿鉢堂，鸞彈花旦學邊妝。三絃不數江南曲，唯有囉囉獨擅場。

覯傍培塿氍毹新，酒市争看鬬酒人。拇陣狂呼燕趙客，醉中還説看長春。

蹇驢團在衆人中，寶馬香貂走不通。蔣詡袁昂先合眼，南邊人怕北邊風。

塚畔虬鬚撐布繖，尖瓶白酒敲冰盞。喉乾較勝渴相如，争奈兒童擁案滿。

誰家墓道歌兒聚，擊筑吹簫白楊樹。筐内桃花應笑人，幾回鞭馬尋歸路。

日斜惟恐醉人狂，草草歸來共舉觴。最喜眼前無俗物，宣銅爐内海南香。

雜録

清・錢泳《履園叢話・叢話一二・藝能・演戲》 梨園演戲，高宗南巡時爲最盛，而兩淮鹽務中尤爲絶出。例蓄花雅兩部，以備演唱，雅部即崑腔，花部爲京腔、秦腔、弋陽腔、梆子腔、羅羅腔、二簧調，統謂之亂彈班。余七八歲時，蘇州有集秀、合秀、擷芳諸班，爲崑腔中第一部，今絶響久矣。

姑娘腔

藝文

清・李聲振《百戲竹枝詞》 綿駒謳已絶高唐，舞態千迴也斷腸。鎖吶一聲無艷笑，春閒肯負唱姑娘。

雜録

清・唐英《梁上眼》第八齣《義圓》【醉扶歸】（合唱）喜門闌佳氣叠次的從今變，成雙對恩男義女永團圓。想不到逢兇化吉覆盆冤，今日裏孤兒獨父天方便。這的是居心本分得人憐，看男婚女嫁平安宴。（浄、末起介，白）朱大哥，喜事完成。過於叨擾，告别了。（外）有勞，褻瀆。（浄、末白）胞胎人忤逆，陌路子馴良。（浄、末下）（丑、副上）爹爹、媽媽，請上坐。（丑白）待我兒子女壻，（副）媳婦女兒，（合白）奉敬幾盃，做個閤家歡樂。（外、老坐介，白）你二人也一旁坐了，大家喫一盃。（丑）爹爹媽媽在上，今乃是咱家大喜之日，有酒無戲，覺得冷静些。你兒子在山東，每日聽的都是些姑娘戲。那腔調排場，稀腦子爛熟。待我隨口謅幾句，帶着關目唱一隻兒，發爹媽一笑，也算個斑衣戲綵何如。（外、老）兒嗄，這是最有趣的事，倒也使得。（副）爹媽不要偏心。他會唱，難道我是個啞吧子。我也會唱，（外、老）兒嗄，你那裏會唱。（副）咱這村莊上，每年唱高臺戲。近來都興那些梆子腔，那腔調排場，我也有些在行。待我也唱一隻，敬爹媽一盃酒兒。（外、老）兒嗄，他是個男子漢，唱唱罷了。你是個女娘家，衹怕不好意思。（副）今日咱一家四口兒，一個外人也没有，有什麽不好意思。況且今日是做親的頭一日，肯教他占了我的先去。□，新老官，大家高興些，你唱我幫腔，我唱你幫腔。咱們倆就來。（丑）那個先來。（副）就是你先來。（丑）我來哉。【姑娘腔】（丑唱）閻王爺悶的慌，半夜三更坐早堂。審了一件風流案，明明業鏡掛中梁。合歡牀下屠户睡，醒酒酸湯人肉香。判官小鬼哈哈笑，這樁公案不尋常。女的賞件扎花襖，男的封了，個齊肩王。奉勸世人休作孽，難逃王法與三光。編成一段姑娘戲，還唱一隻梆子腔。（丑對副白）該你的梆子腔來了。快些接着唱，不要冷了場。【梆子腔】副唱打算摘茄花先採，穠紫深紅到手開。蜂狂蝶浪成雙對，烈火乾柴春滿懷。怕又愛，肯還推，油鹽醬醋暗香催。鐵刷銅鍋秋打混，破磨瘸驢呆打孩。今日團圓君莫笑，都向掏包剪綹來。（外、老起介，白）兒嗄，你二人唱的都好。夜已深了，大家拜謝天地祖先。吉日良宵，你們同歸洞房去罷。（同拜介）

清・錢德蒼《綴白裘》第七集卷一《麒麟閣・反牢》 拿來，快拿來。（末取酒篩介）老爺，這是出奇的棗子燒。（付）好嚇，妙哉，妙哉。這樣好酒好菜，甚是美哉。衹是我老爺一生吃不慣悶酒，做個什麽耍子耍子兒纔好。（衆）老爺，小的們會唱姑娘腔，可要唱與老爺聽。（付）嚇，你們會唱姑娘腔。（笑介）哈哈哈，妙極，妙極。我老爺最愛聽的是姑娘腔，你們好好的唱，我老爺慢慢的吃酒消遣。（衆）求老爺把我們的刑具鬆一隻手。（付）禁子。（末）有。（付）把他們的手杻鬆一鬆，暫時做個人情，過了蕭王老爺壽誕原舊上了刑具。（末）老爺，這是監中的規矩，使不得的。（付）不妨，有我在此，怕什麽。（末）如此，鬆一隻手。（衆）柳大爺斟酒嚇。老爺請上酒，小的們就唱起來了。【姑娘腔】高高山上有一家，一家子生下姊妹三，大姐叫了呀咱咘，二姐叫了咘呀咱。（浪腔介）衹有三姐没得叫，叫他田裏去摘棉花，放着棉花不肯摘，倒在田裏去採甜瓜。（浪腔介）大的採了無其數，小的採了八十三。（浪腔介）吃得肚子斗來大，順着田溝這一耙放了一個唔留屁，好像人家吹喇叭。

瑣哪腔

論説

清・劉廷璣《在園雜誌》卷三 近今且變弋陽腔爲四平腔、京腔、衛腔，甚且等而下之，爲梆子腔、亂彈腔、巫娘腔、瑣哪腔、囉囉腔矣。愈趨愈卑，新奇疊出，終以崑腔爲正音。

巫娘腔

論説

清・劉廷璣《在園雜誌》卷三 近今且變弋陽腔爲四平腔、京腔、衛腔，甚且等而下之，爲梆子腔、亂彈腔、巫娘腔、瑣哪腔、囉囉腔矣。愈趨愈卑，新奇疊出，終以崑腔爲正音。

絲弦腔

藝文

清・李聲振《百戲竹枝詞・月琴曲》 形圓如月者以節歌，然曲近秦聲，俗又名絲絃腔。小阮所製，殆非是也。 撥撚鏦琤指上疎，倚弦三五互咿唔。獨疑摘向團欒軫，南阮當年未必如。

柳子戲

綜述

清・小鐵笛道人《日下看花記・自序》 自僞伎興而聲容競爽，由來舊矣。唐有雅樂部。宋時院本始標花旦之名，南北部恒參用之。每部多不過四、三人而已。有明肇始，崑腔洋洋盈耳。而弋陽、梆子、琴柳各腔，南北繁會，笙磬同音，歌詠昇平，伶工薈萃，莫盛於京華。往者六大班旗鼓相當，名優雲集，一時稱盛。嗣自川派擅場，蹈蹻競勝，墜髻爭妍，如火如荼，目不暇給，風氣一新。邇來徽部迭興，踵事增華，人浮於劇，聯絡五方之音，合爲一致，舞衣歌扇，風調又非卅年前矣。

柳枝腔

藝　文

清・吴長元《燕蘭小譜》　吴下傳來補破缸，低低打打柳枝腔。庭槐何與風流種，動是人間王大娘。是日演《王大娘補缸》雜劇中如《看燈》、《弔孝》、《賣胭脂》、《罵雞》，何王氏之多佳話耶。

勾腔

藝　文

清・吴長元《燕蘭小譜》卷三　嘹嚦京腔響遏空，勾音異曲不同工。雁門山上初飛雁，憶煞當歌盛小叢。山西勾腔似崑曲，而音洪亮，介乎京腔之間。

清・張際亮《金臺殘淚記》卷二　雁門山上雁初飛，蕭瑟勾音怨落暉。唱斷秋風同法曲，小叢何處淚霑衣。今山西旦色少佳者，所謂勾腔亦稀矣。

勾調

藝　文

清・得碩亭《草珠一串》　一聞溝調此調始自熱河西溝，故云。便開顔，無綉荷包不算班。更愛舌尖聲韻碎，上場先點〈九連環〉。此曲每折將終，必作滚舌音以擅長。

冀州調

論　説

明・魏良輔《南詞引正》　北曲與南曲大相懸絶，無南腔南字者佳，要頓挫。有數等，五方言語不一，有中州調、冀州調。有磨調、弦索調，乃東坡所仿，偏于楚腔。唱北曲宗中州調佳。伎人將南曲配弦索，直爲方底圓蓋也。關漢卿：以小冀州調按拍傳弦，最妙。

中州調

論說

明·魏良輔《南詞引正》 北曲與南曲大相懸絶，無南腔南字者佳，要頓挫。有數等，五方言語不一，有中州調、冀州調。有磨調、弦索調，乃東坡所仿，偏於楚腔。唱北曲宗中州調佳。伎人將南曲配弦索，直爲方底圓蓋也。

聲腔部·皮黄系統分部

樅陽腔

論說

清·洪亮吉《卷葹閣文集》文乙集卷二《七招》 曰：無已將樂。子以靡靡之聲，蕩之以淫樂。北部則樅陽、襄陽，秦聲、繼作。芟除笙笛，聲出於肉，棗木內實，筫簹中鑿。今時稱梆子腔，竹用筫簹，木用棗。啄木聲碎，官蛙閣閣。聲則平調側調，蓺則東郭西郭。東郭西郭見孫明經星衍芍樂本事詩。

襄陽腔

論說

清·洪亮吉《卷葹閣文集》文乙集卷二《七招》 曰：無已將樂，子以靡靡之聲，蕩之以淫樂。北部則樅陽、襄陽，秦聲繼作。芟除笙笛，聲出於肉，棗木內實，筫簹中鑿。竹啄木聲碎，官蛙閣閣。聲則平調側調，蓺則東郭西郭。

清·嚴長明《秦雲擷英小譜》 金元間，始有院本。一人場內坐唱，一人場上應節赴焉。今戲劇出場，必扮天官引導之，其遺意也。院本之後演而爲曼綽，俗稱高腔，在京師者稱京腔。爲絃索。【略】絃索流於北部，安徽人歌之爲樅陽腔，今名石牌腔，俗名吹腔。湖廣人歌之爲襄陽腔，今謂之湖廣腔。陝西人歌之爲秦腔。

吹腔

題解

清·李調元《劇話》卷上 又有吹腔，與秦腔相等，亦無節奏，但不用梆而和以笛爲異耳。此調蜀中甚行。

清·嚴長明《秦雲擷英小譜》 金元間，始有院本。一人場內坐唱，一人場上應節赴焉。今戲劇出場，必扮天官引導之，其遺意也。院本之後演而爲曼綽，俗稱高腔在京師者稱京腔。爲絃索。【略】絃索流於北部，安徽人歌之爲樅陽腔，今名石牌腔，俗名吹腔。湖廣人歌之爲襄陽腔，今謂之湖廣腔。陝西人歌之爲秦腔。

藝文

清·金連凱《靈臺小補·詠腔》 欲話梨園萬種愁，少年何苦不回頭。千磨百折身爲賤，祖父兒孫類馬牛。

髫齡子弟數千千，埋没梨園太可憐。酷暑嚴寒都受盡，萬般辛苦幾文錢。

徽班卑鄙歎成羣，更有邪淫不忍聞。清夜捫心當自愧，迂言逆耳勸諸君。

徽歌選舞樂昇平，既樂昇平放鄭聲。淫亂姦邪真惡態，壽筵開處尚稱觥。

古詞野史、甚荒唐，謬論訛傳滿戲場。怪異離奇真説夢，濡毫磨墨費思量。

崑弋吹腔並二簧，五音六律盡乖張。梨園實是無良地，作俑宣淫詈老郎。

鑼鼓喧闐鬧不休，李逵張順鬥漁舟，諸公莫認如兒戲，盜賊揚眉暗點頭。按《水滸傳》，潯陽江琵琶亭宋江初遇李逵張順故事，下文即題反詩，套假書，刼法場，火燒無爲軍等劇。

聰明有用施無用，錦緞綾羅製彩衣，滿腹牢騷雙眼淚，條陳丹陛庶幾希。

二簧腔

題解

清・張祥河《關隴輿中偶憶編》 戲曲二黄調，始自湖北，謂黄岡黄陂二縣，猶小曲之嶺調，始自叚家嶺也。

論説

清・李調元《劇話》卷上 胡琴腔起於江右，今世盛傳其音，專以胡琴爲節奏，淫冶妖邪，如怨如訴，蓋聲之最淫者。又名二簧腔。

清・袁枚《批本隨園詩話》補遺卷五 生平最怕受虚名而有實害，名曰作官，而毫無名利（如侍衛等官皆是）。名曰赴席，而萬難下咽。名曰看花，而怪狀欲嘔。名曰聽戲，而二簧高腔，喧聒不入耳。欲留不可，欲去不能。每每歸來，病倒數日或半月，胸次猶作惡也。

清・留春閣小史《聽春新詠》 梁谿派衍，吴下流傳，本爲近正。二簧，梆子，娓娓可聽，各臻神妙，原難强判低昂。然既編珠而綴錦，自宜部別而次居。先以崑部，首雅音也，次以徽部，極大觀也，終以西部，變幻離奇，美無不備也。至蔣陶諸人，音藝兼全，盛名久享，自不屑與噲等伍，特以別集標之。

紀事

清・李斗《揚州畫舫録》卷五《新城北録下》 郡城花部，皆係土人，謂之本地亂彈，此土班也。【略】後句容有以梆子腔來者，安慶有以二簧調來者，弋陽有以高腔來者，湖廣有以羅羅腔來者，始行之城外四鄉，繼或於暑月入城，謂之趕火班。而安慶色藝最優，蓋於本地亂彈，故本地亂彈間有聘之入班者。

藝文

清・楊靜亭《都門雜詠》 時尚黄腔喊似雷，當年崑弋話無媒。而今特重余三盛，年少争傳張二奎。

雜録

清・錢泳《履園叢話・叢話一二・藝能・演戲》 梨園演戲，高宗南巡時爲最盛，而兩淮鹽務中尤爲絶出。例蓄花雅兩部，以備演唱，雅部即崑腔，花部爲京腔，秦腔，弋陽腔，梆子腔，羅羅腔，二簧調，統謂之亂彈班。余七八歲時，蘇州有集秀，合秀，擷芳諸班，爲崑腔中第一部，今絶響久矣。

清・楊恩壽《坦園日記》卷一 十二日。陰。泊西河口，距永興二十餘里。對岸人聲騰沸，正唱花鼓詞。楚俗於崑曲、二簧之外，別創淫辭，余固久知之而未見也。

清・歐陽兆熊《水窗春囈》卷下《方靴漸廢》 自來戲□皆用崑腔，其時亦全改二黄及西皮者，亢厲激烈，如聞變徵，時局乃亦與之轉移，可畏也。

清・震鈞《天咫偶聞》卷七 《藤陰雜記》謂：京師戲園，止臏方壺齋。今園久廢，其地尚名方壺齋。查樓，今中和園，餘皆不可考。京師士夫好尚亦月異而歲不同。國初最尚崑腔戲，至嘉慶中猶然。後迺盛行弋腔，俗呼高腔，仍崑腔之辭，變其音節耳。内城尤尚之，謂之得勝歌。相傳國初出征，得勝歸來，軍士於馬上歌之，以代凱歌。故於《請清兵》等劇，尤喜演之。道光末，忽盛行二黄腔，其聲比弋則高而急，其辭皆市井鄙俚，無復崑弋之雅。初唱者名正宮調，聲尚高亢。同治中，又變爲二六板，則繁音促節矣。光緒初忽競尚梆子腔，其聲至急而繁，有如悲泣，聞者生哀。余初從南方歸，聞之大駭。然士夫人人好之，竟難以口舌争。崑弋諸腔，已無演者，偶演亦聽者寥寥。

西皮調

論説

清·張際亮《金臺殘淚記》卷三《雜記》　《燕蘭小譜》記京班舊多高腔。自魏長生來，始變梆子腔，盡爲淫靡。然當時猶有保和文部專習崑曲。今則梆子腔衰，崑曲且變爲亂彈矣。亂彈即弋陽腔，南方又謂下江調，謂甘肅腔曰西皮調。

雜録

清·歐陽兆熊《水窗春囈》卷下《方靴漸廢》　自來戲劇皆用崑腔，其時亦全改二黄及西皮者，亢厲激烈，如聞變徵，時局乃亦與之轉移，可畏也。

下江調

論説

清·張際亮《金臺殘淚記》卷三《雜記》　《燕蘭小譜》記京班舊多高腔。自魏長生來，始變梆子腔，盡爲淫靡。然當時猶有保和文部專習崑曲。今則梆子腔衰，崑曲且變爲亂彈矣。亂彈即弋陽腔，南方又謂下江調，謂甘肅腔曰西皮調。

皮黄腔

藝文

清·葉調元《漢口竹枝詞》卷五　各幫臺戲早標紅，探戲閒人信息通。路上更逢烟桌子，但隨他去不愁空。

把門漢子狠如羆，酒戲開場士客齊。醜煞旁人貼對子，眼中雖飽肚中飢。戲有人守門。其强入而靠壁者，謂之貼對。

梨園子弟衆交稱，祥發聯陞與福興。比似三分吴蜀魏，一般臣子各般能。漢口向有十餘班，今止三部。其著名者，末如張長、詹志達、袁宏泰；净如盧敢生；生如范三元、李大達、吴長福（即巴巴）、外如羅天喜、劉光華；小生如葉濮陽、汪天、林大如、吴慶、梅維如、楊華立、何士容。

月琴絃子與胡琴，三樣和成絶妙音。啼笑巧隨歌舞變，十分悲切十分淫。唱時止鼓板及此三物，竹濫絲哀，巧與情會。

曲中反調最凄凉，急是西皮緩二黄。倒板高提平板下，音須圓亮氣須長。腔調不多，頗難出色，氣長音亮，其庶幾乎。

小金當日姓名香，喉似笙簫舌似簧。二十年來誰嗣響，風流不墜是胡郎。德玉、福喜俱胡姓。

德官演戲總精良，活捉張三更擅揚。行走如風身不動，鬼魂不信是人裝。德玉工於苦戲，掩袂嬌啼，動人心魄，活捉一事尤爲出色。然非余德安之丑，亦不能作對手。

巧將情態揣香奩，一曲崇臺值一縑。寫出柔腸真寸斷，不須別恨賦江淹。

風前弱柳舞尖腰，宛轉珠喉一串調。情景逼真聲泪並，祭江祭塔與探窑。此閨旦之大戲也。二胡及張純夫均臻其美。

洋藍挂子曰縺裙，楊柳腰支歎十分。一剪秋波飛座上，儂非老斗亦銷魂。花旦張紅杜，俗呼人參葉。葉雙風，俗呼黄安。皆能以媚眼撩人。

繡甲珠冠雉尾飄，弓鞋三寸月牙翹。百回舞躍氍毹上，不羨春鶯織柳條。武旦姚秀林，王金鈴、程韻雲皆佳。

座有歌郎酒易乾，應酬卻比上臺難。風流蘊藉誰稱最，惟有湖南高十官。

嫣然一笑總胡盧，春筍尖尖捧玉壺。長爪倘容搔背癢，蔡經何必羨麻姑。湖南人和班高十，名秀芝，美目巧笑，爪長六七寸。善飲，不亂應酬，酒席雅静宜人。

京劇

論說

清・蘂珠舊史《夢華瑣簿》 嘉慶朝，湖州戴光璐久官京師，撰《藤陰雜記》，大半取材《日下舊聞考》。於都城古蹟攷證特詳，云乾隆間查家樓、月明樓皆國初舊蹟也。余道光壬辰北來，卸裝即居永光寺西街八寶店，年伯朱澧帥茉堂先生家。所見惟查樓尚存，即今前門外肉市廣和樓也。對門有小巷通大街，尚榜曰查樓口，或謅呼茶樓矣。戲園招牌皆曰茶樓。余初訪月明樓，無知者。戊戌夏，雲夢道中老僕楊升言月明樓即在永光寺西街，其地近棗林。世俗相傳，有康熙私訪月明樓之語，編爲歌謠，演爲雜劇，刻爲畫圖。雖婦人孺子皆能言其事，顧鮮有知其地者。

又 戲莊演劇必徽班。戲園之大者如廣德樓、廣和樓、三慶園、慶樂園，亦必以徽班爲主。下此，則徽班、小班、西班相雜適均矣。今之戲莊讌客者，酒家爲政，先期計開宴者凡幾家，有客若而人，與樂部定要約。部署既定，乃告主人，署券爲驗。主人折柬以告客曰：某日集某所，樂演某部。屆期衣冠必莊，肴核必腆，一獻之禮，賓主百拜。自朝至於日中昃，肅肅雍雍如也。戲園聽歌，酒館買醉則不然。屏車騎，易冠裳，輕裘緩帶，笑傲自得。放浪形骸之外，不復有拘束矣。酒莊則公讌、小集，聽從其便。是合戲莊、酒館爲一者，特無歌舞耳。乾隆間金陵樓則與今戲莊異，而合戲園、酒館爲一者。雅座小賣，熊魚兼美，任適口體，無愧醉鄉。小屋垂簾，分曹而飲，曰雅座。肥甘蔬筍，選味而嘗，曰小賣。酒莊酒館皆然，戲莊則無之。今戲園俱有茶點，無酒饌，故曰茶樓。金陵樓於五十一年丙午秋八月停市，今多不知其處。或以五和樓、東昇樓當之，非也。廣和樓蓋即其地云。廣和樓柱，今皆攲斜南向，如金陵瓦官閣然。或言樓高，受朔風震盪。理或然歟。

又 《都門竹枝詞》云：某日某園演某班，紅黄條子貼通闤。今日大書榜通衢，名報條，曰某月日某部在某園演某戲，尚仍其舊俗。蓋諸部赴各園皆有定期，大約四日或三日一易地，每月周而復始，有條不紊也。廣州城則每日梨園會館懸牌，云：某日某班在某處。春臺、三慶、四喜、和春，爲四大徽班。其在茶園演劇，觀者人出錢百九十二，曰座兒錢。此散坐也，官座及桌子則有價。惟嵩祝座兒錢與四大班等。堂會必演此五部，日費百餘緡，纏頭之采不與焉。戲莊及第宅綵觴宴客，皆曰堂會。下此，則爲小班，爲西班，茶園座兒錢各以次遞減有差，堂會則非所與聞。西班諸伶，則捧觴侑酒，並所不習。近日亦有出學酬應者，然召之入酒家則可，茶園爲衆人屬目之地，有相識者亦止遣傔僕送茶，諸伶仍不登座周旋也。廣州樂部分爲二，曰外江班，曰本地班。外江班皆外來妙選，聲色技藝並皆佳妙。賓筵顧曲，傾耳賞心。録酒糾觴，各司其職。舞能垂手，錦每纏頭。本地班但工技擊，以人爲戲，所演故事類多不可究詰，言既無文，事尤不經。又每日爆竹烟火，埃塵、漲天。城市比屋，回祿可虞。賢宰官視民如傷，久申厲禁，故僅許赴鄉村般演。鳴金吹角，目眩耳聾。然其服飾豪侈，每登場金翠迷離，如七寶樓臺，令人不可逼視。雖京師歌樓，無其華靡。又其向例，生旦皆不任侑酒。其中不少可兒，然望之儼然，如紀渻木雞，令人意興索然，有自崖而返之想。間有强致之使來前者，其師輒以不習禮節爲辭，靳勿遣。故人亦不强召之。召之亦不易致也。大抵外江班近徽班，本地班近西班，其情形局面判然迥殊。本地班非無美才，但託根非地，屈抑終身，如夷光不遇范大夫，三薰三沐教之歌舞，則亦苧蘿山下終老浣紗。雖有東施，並乃無顰可效，不亦惜哉。

又 宣武門外大街南行近菜市口，有財神會館。少東，鐵門有文昌會館。皆爲宴集之所。西城命酒徵歌者，多在此。皆戲園也。内城禁開設戲園，止有雜耍館。外城小戲園，徽班所不到者，分日演西班、小班，又不足，則以雜耍補之，故外城亦多雜耍館。西城菓子巷内，街西舊有戲園，曰太和軒。西草廠胡同有吉陽樓。皆雜耍館，一年中演戲無幾日。或云朝陽門外另有戲園，非東嶽廟西之芳草園。余不知也。

又 舊時檔子班打采，多在正陽門外鮮魚口内天樂園，今爲小戲園矣。

又 《都門竹枝詞》云：謹詹帖子印千張，浙紹鄉祠禄壽堂，謂酒莊也。禄壽堂在打磨廠，今尚存浙紹鄉祠。未嘗日日宴會，特堂會偶然借用其地，在虎坊橋之東。《藤陰雜記》言：向不知衆樂園何在，後見李自實筆帖，云在虎坊橋衆樂園口，乃知之。今道光年，李自實筆店乃在珠寶市，而虎坊橋則固無有知衆樂園之名者。《竹枝詞》又云：每味上來誇不絶，那知依舊慶雲堂。又云：恒德堂中尚可賒。今日酒莊、酒館，俱無此二家矣。往日銀官爲李海門召客於宜慶堂，今觀音寺前有承慶堂，大栅欄有衍慶堂，然皆酒莊，非戲莊也。湘舟云：小李紗帽胡同口慶雲堂，猶及見之。今承慶堂即其地。

又 樂部各有總寓，俗稱大下處。春臺寓百順胡同，三慶寓韓家潭，四喜寓陜西巷，和春寓李鐵拐斜街，嵩祝寓石頭胡同。諸伶聚處其中者，曰公中人。聘歌師食月俸者，曰拏包銀。司事者曰管班。管班職掌分爲三：曰掌銀錢，曰掌行頭，衣箱爲行頭。曰掌派戲。生旦別立下處，自稱曰堂名中人。堂名中人初入班，必納千緡或數百緡有差，曰班底。班底有整股，有半股。整股者四日得登場演劇一齣，半股者八日，曰轉子。諸部周流赴戲園，大園四日，小園三日一易地，亦曰輪轉子。堂名中人有班底者，許償其值相授受。其堂名多承襲前人舊號。彼往此來，鵲巢鳩居。雖繫以姓氏，不嫌張冠李戴也。間有自立門户別命堂名者，曰新堂，名必其人能自樹立，到處知名者矣。然自納班底外，宴部中父老及諸鐘磬笙簫師所費不貲。不如頂堂名者，有班底及一切屋宇器用，俱坐享其成，可免勞民傷財也。間亦有裹頭居大下處者，俗呼旦曰包頭。大抵老夫耄矣。然吾嘗見三慶部演《四進士》大軸子，其般漁家蜆妹者，乃豔如芍藥，光采動人。約其年，當纔二十許人耳。雨初云：此大下處中人，並以其名告，余忘之矣。後問安次香，言其人即李壽林，計其年齒不相當，恐未必然。

又 四徽班各擅勝場。四喜曰曲子。先輩風流，餼羊尚存，不爲淫哇，舂牘應雅。世有周郎，能無三顧，古稱清歌妙舞，又曰絲不如竹，竹不如肉。爲其漸近自然，故至今堂會終無以易之也。三慶曰軸子。每日撤簾以後，公中人各奏爾能，所演皆新排近事，連日接演，博人叫好，全在乎此。所謂巴人下里，舉國和之。未能免俗，聊復爾爾。樂樂其所自生，亦烏可少。和春曰把子。每日亭午必演《三國》、《水滸》諸小説，名中軸子。工技擊者，各出其技。痀瘻丈人承蜩弄丸，公孫大娘舞劍器渾脱，瀏漓頓挫，發揚蹈厲，總干山立，亦何可一日無此，春臺曰孩子。雲裏帝城如錦繡，萬花谷春日遲遲，萬紫千紅，都非凡豔。而春臺，則諸郎之夭夭，少好咸萃焉。奇花初胎，有心人固當以十萬金鈴護惜之。嵩祝在當日，以韻香一人照映一時。石韞玉而山輝，水含珠而川媚。日午當天塔影圓，幾令人有夔一之足思。今雖少佳品，猶能與四徽班抗顔行，非第一仙人一點靈光所照，不及此。

又 乾隆間，魏長生在雙慶部，陳渼碧在宜慶部。同時又有萃慶部，或曰今之三慶班，殆合雙慶、宜慶、萃慶爲一者也。余按：四喜在四徽班中得名最先，《都門竹枝詞》云：新排一曲桃花扇，到處閧傳四喜班。此嘉慶朝事也。而三慶又在四喜之先，乾隆五十五年庚戌，高宗八旬萬壽，入都祝釐，時稱三慶徽，是爲徽班鼻祖。今乃省徽字樣，稱三慶班，與雙慶、宜慶、萃慶部不相涉也。

又 戲園客座分樓上樓下。樓上最後近臨戲臺者，左右各以屏風隔爲三四間，曰官座，豪客所集也。官座以下場門第二座爲最貴，以其搴簾將入時便於擲心賣眼。《竹枝詞》：樓頭飛上迷離眼，訂下今宵晚飯來。正如白樂天《長恨歌》所云：迴頭一笑百媚生，梁武帝《晉白苧舞歌》所云含笑一轉私自憐，湯惠休《白苧歌》所云流目送笑不敢言者是矣。官座而前，短几鱗次，曰桌子。漸遠戲臺，價亦遞殺。惟正樓不横桌，蓋舊例也。樓下周迴設長案，觀者比肩環坐，曰散座。其後亦設高座，倚牆矯足，可以俯視中庭。設案如樓下，而坐者率皆市井駔儈，僕隸輿儓，名之曰池子。余嘗謂，此萬人海真乃衆維魚矣。從樓上憑欄，俯臨下界，長几列如方罫，大似白袍鵠立。槖筆試有司時，特不能銜枚静無譁耳。夾臺基曰釣魚臺，亦以下場門爲貴。至於上場門，鳴鉦喤聒，目眩耳聾，客不願坐也。

又《竹枝詞》云：園中官座列西東，坐褥平鋪一片紅。案紅色爲一二品官坐褥。今園中惟用藍布坐具。慶樂園新葺，最華眩，亦止用回回錦。士大夫惟戲莊公讌，尊卑咸集。至於茶園嬉戲，説平等法，貴官例得用紅坐褥者，亦當持體，不便降尊從諸俠少冶游矣。即如長安酒家速客者，在酒莊則達官貴人，鳴騶張蓋來會。若酒館小集，從無公卿效袁尹屏車騎看竹者。蓋脱巾獨步，買醉數錢，情之所鍾，正在我輩。大僚顧惜官箴，動以恒舞酣歌，沈湎冒色爲戒。長安市上酒家眠，不得不讓謫仙人矣。豪客車中皆自攜坐具。官座倚闌干，前設短榻，後列高几，各施錦褥，别於客坐。後設高座，以坐僕從。撤園中藍布坐具，施之其散座，則坐兒錢外加坐褥、茶壺錢百二十。又《竹枝詞》云三寸紅箋窄戲單。案：今戲園無戲單，諸伶或書片紙置懷袖，備相識者顧問，惟堂會仍用紅紙戲目。堂會，謂戲莊公讌及第宅家宴會館團拜也。堂會點戲，放賞，仍用短足炕几舁錢陳筵前。戲園亦偶有點戲者，但以一紙錢帖畀之而已。

又《竹枝詞》云：雙表對時剛未正，到來恰已過三通。此嘉慶年事也。余案：紅豆村樵《紅樓夢傳奇》凡例云：絲竹之聲哀，不可無金鼓以震盪之。此言殊近理。今梨園登場，日例有三軸子早軸子，客皆未集，草草開場。繼則三齣散套，皆佳伶也。中軸子後一齣曰壓軸子，以最佳者一人當之。後此則大軸子矣。大軸子皆全本新戲，分日接演，旬日乃畢。每日將開軸大子，則鬼門换簾，豪客多於此時起身徑去。此時散套已畢，諸伶無事，各歸家梳掠薰衣，或假寐片時，以待豪客之召。故每至開大軸子時，車騎蹴蹋，人語騰沸，所謂軸子剛開便套車，車中載得幾枝花者是也。貴游來者皆在中軸子之前聽三齣散套，以中軸子片刻爲應酬之候。有相識者，彼此互入座、周旋，至壓軸子畢，鮮有留者。其徘徊不忍去者，大半市井販夫走卒。然全本首尾，惟若輩最能詳之。蓋往往轉徙隨入三四戲園，樂此不疲，必求知其始訖，亦殊不可少此種人也。今日開戲甚早，日中即中軸子，不待未正無爲。李小泉言，嘉慶初年，開戲甚遲，散戲甚早。大軸子散後，别有清音小隊，曰襠子班，登樓賣笑。浮梁子弟迷離若狂，金錢亂飛，所費不貲。今日雖有檔子班，但赴第宅清唱，如打輭包之例，不復赴園般演矣。又近來諸部大軸子恒至日昳乃罷，惟四喜部日未高春即散，猶是前輩風格。内城無戲園，但設茶社，名曰雜耍館，唱清音小曲、打八角鼓，十不閒以爲笑樂。南城外小戲園或暇日無聊，亦有檔子赴園，然自是雜耍館之例，非復當年大戲散相繼登場意思也。

又 堂名中人，其徒皆稱之曰師傅。師傅有内行，外行之别，如翰林諸公之分内班，外班也。翰林以起家不由庶吉士官編檢，徑由别衙門轉入者，爲外班。後輩待之，但視庶常前輩，用紅侍生帖。樂部中師傅，如秋芙之師李三，故竹香僕，是外行也。即檀順林之父，本非京城歌樓中人，自南中攜其子北來，納班底錢入三慶部。如是者，亦外行也。乙未冬，夜過日新堂，值其前廳事大會。從窗隙窺之，廣筵肆設。一中年白皙人據上座，部中父老如李六兒，范四寶及國香堂主人檀天禄，遇源堂主人琵琶慶，日新堂主人殷采芝，敬義堂主人董秀蓉，寶善堂主人陳金彩，耕齋主人吴震田八九人，皆與焉。翠香，三元，寶齡及名下後生凡，十二人環侍左右。問玉仙，答曰：此吾師爺輩落籍後去爲長蘆鹽商，今來京師從故人飲耳。

又 俗呼旦脚曰包頭，蓋昔年俱戴網子，故曰包頭。今則俱梳水頭，與婦人無異，乃猶襲包頭之名，觚不觚矣。聞老輩言，歌樓梳水頭，踹高蹺二事，皆魏三作俑，前此無之。故一登場，觀者歎爲得未曾有，傾倒一時。今日習爲故常，幾於數典而忘其祖矣。

又 伶人中如盧蒲嫳易内而飲酒者，最初惟五柳堂陶月仙一人。曩時最爲奇貨，今自相竊妻妾，已成風俗。入其家，羣雌粥粥，動曰師娘師姊矣。然若輩中稍自顧惜者，猶屏弗與齒，故其徒僅竄名小班中。今則浸淫入和春，嵩祝矣。琵琶慶豁達大度，如楊越公不問紅拂伎行踪，開閣遣去駱馬楊枝之流以數十計，獨不許馮子都當壚調笑，亦一奇也。其尤陰賊險很者，莫如趙懸郎，即玉喜也。廣設罟擭陷阱，雉媒魚餌，日日含沙，伺射人影，中傷者踵相接也。今過其門者猶惴惴有戒心。

清・藝蘭生《側帽餘譚》 自掛籍樂部後，日日進園，立於戲臺之東西房，謂之站臺。蝶使分巡坐間，似曾相識者通眉語，使侍坐，坐時久暫不等。大抵錚錚有聲者，略一周旋即便别去。護花尉故廣交，每顧曲前後，左右紛然雜陳，艷之者擬於肉屏風云。

又 善材授徒，亦視其性之所近。如純正明艷者宜旦，淡雅雄健者宜生，狡黠者宜貼，宜丑，頑蠢者宜凈，宜末。習與性成，不可勉强。諸堂自配脚色，得成一戲者，向推岫雲、春華、聞德。今則景和、瑞春、杏春也。

又 雛伶本曰像姑，言其貌似好、女子也。今訛爲相公。按：此名古惟宰相得而稱之，至大家子弟及茂才亦膺是稱，然已嫌其濫。今竟加之至賤之伶，致京官子弟，其僕轉不敢以此相稱。以同音之故，而使冠履倒置，正不獨伍髭鬚，杜十姨之足資人笑柄也。若輩向係蘇、揚小民，從糧艘載至者。嗣後近畿一帶嘗苦飢旱。貧乏之家，有自願鬻其子弟入樂籍者，有爲老優買絶，任其携去教導者。妙珊言，每一曲成，不知費多少心力，捱幾許夏楚。人第見我輩賺人之易，而不知學歌之難也。其言懇確，推之秦樓楚館，何獨不然。

又 亂彈中以别衫、鬚生爲最難。蓋上等脚色，唱處極多，非喉氣充實則坐客不能動聽。若輩之充是色者，往往於五更黎明時面壁引吭，啾啾長嘯。常止宿五雲深處，東方未白。聞此聲四起，遠近響應，不知者幾疑鬼嘯。以所部不競，而遷地爲良者，則改籍是也。試言其故，一因本人中材，而所部上材居多，未免爲所凌轢而不能自振。一經改籍，既足新尋芳者之耳目，且他部或純係中材，或糸以下材，則斯人一出，大可嘯傲其儔矣。一因所部以津貼細故不洽，故改絃易轍，以省費也。

又 明僮稱其居曰下處，一如南人之稱考寓。向羣集韓家潭，今漸擴廣，宣南一帶皆是。門外掛小牌，鏤金爲字，曰某某堂。或署姓其下門内，懸大門燈籠一。金烏西墜，絳蠟高然，燈用明角，以别妓館。過其門者無須問訊，望而知爲姝子之廬矣。

又 覓醉花間，主人招邀勝侣五六人造之。僕輩入報，嚶然一聲笑顔迎，側足侍者不知幾輩。寒暄數語，主人索紙筆。侍者磨墨隆隆然，坐者揮豪索索然，蓋飛箋召各友所歡也。授急足去訖，須臾還報曰：條子就來，請主人更室坐。團團位置，排比已齊。山肴海物，紛紛羅列。方就坐，則搴簾一笑，似曾相識來也。由是或行令，或猜拳，或揮麈清談，或竹肉並奏，一視其主人之所好。所識中有膺重名者，酒數巡，登車徑去。餘稍留片刻亦去。伶既去，酒亦闌矣。呼雙弓米啜少許，而席撤。主人出，賞京蚨十千以授。若輩轉遞僕輩，内傳呼曰：某老爺賞錢若干，隨有僕出磕頭謝。於斯時也，主人微疲，客顔亦酡。一聲呼燈，則已排班鵠立，各持其一以出。一席之費，除賞貲外，計需京帖三十千，舊例也。無名氏有句云：得意一聲拿紙片，傷心三字點燈籠，頗雄勁。後有人更其意曰：英雄末路拿稀飯，混沌初開灌米湯，更覺聲情激越。諺以若輩媚人賺取纏頭爲灌米湯。而於少年褦襶，初入京華者尤甚。名譽稍起，即聲價自高。當其全盛時，紅牋飛去，非親暱不至，非權貴不至。即至矣，而略叙寒暄，匆匆告去。故寒士之遊京師者，非深自謙抑，先意趨承，招之每託故不赴。某孝廉適值此，尋至其堂，大肆咆哮，堂主人爲之泥首乞憐而後已。若輩雖近於狡，孝廉亦不免於戇也。呵呵。

又 怡道人提唱風雅久矣。逢會試年，新進士臚唱後，品題羣英，定爲及第花三枝。填寫花榜，鼓吹送至其堂，一時傳爲佳話。歲丙子，道人宦遊洱海，某公踵而行之。取景和、霞芬爲狀元，次韻秀、萊卿，三德春、朵仙。且以景和嘯雲臚唱，時論翕然。間有不滿於朵仙之爲探花郎者，以品遜也。

又 蕊榜發後，不知者以某公與梅慧仙有舊，故獨厚於景和焉。不知霞芬之冠冕羣芳，久已藉藉人口，雖欲置諸下乘，不可得也。至傳臚一坐，本無足重輕。某公之意，殆以緑葉烘托牡丹耳。菊部狀頭，例取旦脚，誠不欲負花榜之名也。如崑部不合式，則於亂彈中選之，榜：探以次不論。霞芬榜出，聞有傖父謬加更易，以萊卿焉首，非惟不洽衆望，且不合例矣。

又 時下盛尚黄腔。黄腔起於湖北黄岡縣，詞意俚鄙，皆若輩隨口謅成，不經文人筆墨，宜無當於大雅。其中亦具音節，使改竄稍順，則歌者轉覺聱牙。然亦有以調舊厭聞，新易一二句，便覺鏗鏘動聽，但此非老協律不辦。

清・羅摩庵老人《懷芳記》 都中菊部，曰四喜，曰春臺，曰三慶，曰和春。四部雖齊名，和春獨不爲士大夫所與，衣冠公讌未有呼和春者。市井小夫乃樂觀之。有友呼别部群應，而特從和春招松齡來演《翠屏山》，余得寓目，妖冶誠無匹也。

又　劇園向聚於大柵欄、肉市一帶，舊紀所載方壺齋等處，光緒初已無之矣。二簧班如四喜三慶之類，秦腔如玉成、寶勝和之類，皆於各園輪演，四日一轉，蓋爲均枯菀也。戲價則每座祇京錢一千三百。視今日之名角登臺，一座輒須一、二金者，固非舊日名伶所能夢見也。堂會演戲多在宣外之財神館、鐵門之文昌館，其大飯莊如福壽堂等亦各有戲臺。人家喜慶，往往召集。至光緒甲午後，則湖廣館、廣州新館、全浙會館繼起，而江西館尤爲後進，率爲士大夫團拜讌集之所。堂會演劇必有主持者，曰戲提調，支配角色，排列先後，指揮如意，無敢争執。伶人所得資謂之戲分，因上座不佳而折扣之謂之打釐。堂會所入較劇園爲多，然當長庚三勝時，一齣無過十金者。鑫培、桂芬繼起，較增價值，亦祇二十四金而止，迨後始日益增長耳。

又　梨園所供之神，羣呼曰老爺，廟曰精忠。子弟分二派，曰科班，入班曰坐科，專門學戲者也曰私坊，雖亦學戲，其本業則應招侑酒，所謂相公是也。而皆隸於廟，故同業相争而判曲直曰上廟。

又　梨園舊人頗知守分，昔見俞菊笙、李順庭輩，居平常，服青衣，年六、七十時，途遇官車，必垂手側立，俟過乃行，國興之。五九當新婚時，用冠服叩見尊屬，其祖母年八十矣，見而大愠曰：此命服也，顧汝何人乃敢僭用，亟褫之。五九涕而卧。時李順庭爲南府教習，得賞五品服，脱其冠冠之，始畢親迎禮。

又　相公中頗有尚俠之風，固由感激恩私，實亦戲曲中漸濡之化也。狀元夫人之前事早在人口，即後來梅巧玲之歸葬某君，五九之襆被關山送張樵埜之遠謫，俞莊之冒險菜市收立豫甫之遺骸，皆爲難能者。憶戊戌年，有進士吴某昵楊小朵，榜下，以知縣分江西，歲暮矣猶眷戀不忍去，衣囊亦罄。小朵屢資其行色，謂已出京矣。一日大風雪，遇之途，猶西華葛帔也。執手泫然，詢其踪，在破廟中。攜歸薰沐，解裘衣之，爲之奔走權要，覓書以屬贛之當道，親送之津而别。吴至省逾限，例應白簡，當道以重要人託，優容之。吴復請餉差來京，則又流連不返。小朵更爲覓函送之歸，此事蓋余親見之。

又　好事者每於春闈放榜之先，品評梨園子弟而定其甲乙，謂之菊榜。優劣固由色藝，而家世尤爲重要。乙未狀元之朱素雲，戊戌狀元之王瑶卿，皆世家也。

又　北京人好唱二簧，於是有票房之設，票友之稱，自親貴以至富厚家子弟之好游蕩者往往入焉。有約謂之走票，清唱謂之坐唱，上妝謂之彩唱。既登臺，則内外場之犒資皆由自備，往往因而破家。其技佳者約票，主人代備犒資而暗有餽遺，謂之吃票。至於登臺賣藝，謂之下海。

又　因走票而破家者比比。最可怪者，内務府員外文某，學戲不成，去而學前場之撤火彩者。蓋即戲中鬼神出場必有人以松香裹紙撤出，火光一瞥者是也。學之數十年，技始成而鉅萬之家破焉。又有吏部郎玉鼎丞者，世家子，學戲不成，憤而教其二女，遂負盛名，登臺而賣藝焉。日御一馬車，挾二女往返戲園，顧盼以自豪。票友多學生、浄，習花旦者殊鮮，以受侮太甚也。内行稱花旦之肯吃虧者曰捨豁。昔日票友有魏耀亭者習花旦，盡態極妍，其肯捨豁過於内行，羣呼之曰魏要命。又有陳紫芳者亦有名，年六十餘猶粉墨登場，扮《五彩輿》、《美龍鎮》諸劇，修飾如好女子焉。漢人走票者率爲各部科房人家之子弟。有孫瑞卿者爲票友前輩，習青衣，紫雲、石頭輩均祖法之。其後有喬藎臣，貴俊卿均習生，皆道勝銀行夥友也。俊卿後遂棄本業而賣藝於滬。子弟班者所唱爲八角鼓、快書、岔曲、單絃之類。昔有抓髻趙最有名，供奉宫中以爲教習，某王惡之，乃轟出焉。立班之始，蓋富貴人家子弟游手好閑，習爲娱樂，後乃走票，不取資，名之曰耗財賣臉。至於末流，遂成賤業。有奎弟老者亦貴家子，易裝登臺，直似好女，所演有所謂摔鏡架、黛玉悲秋、花亭夜宿之類，皆靡靡之音也。單絃有德壽山，亦内府官，通文墨，後亦賣技爲活，善説聊齋，詞較雅馴。此外如榮劍塵以八角鼓著名，皆子弟而下海者也。至快書之張某、大鼓之劉寶泉則專門賣藝者。岔曲則已成廣陵散，音調最佳。昔曾聞刑部友人壽君歌一曲，至今思之。

清・楊静亭《都門紀略・詞場序》　近日又尚黄腔黄腔始於湖北黄陂縣。一始於黄岡縣，故曰二黄腔，鐃歌妙舞，響遏行雲，洵屬鼓吹休明，藉以鳴國家之盛，故京都及外省之人無不歡然附和，争傳部曲新奇。

清・李慈銘《越縵堂日記》庚集《同治十二年二月一日》　聞道光以前，朝士燕集無不演崑腔者，後漸尚攤黄腔，謂之二黄其音鄙俗，爨演亦惡。元明院本已成雅樂，今則二黄爲立部伎矣。風氣愈下，即此一事而遷變如此。今日與肯夫言之，相對嘅然，三要後歸。

清·邵之棠《皇朝經世文統編》卷五《文教部·字學》 今日士大夫鮮講音律，或有知音者，惟守古傳儀文之律，非正變工尺之音，致音韻雜亂，樂律浸浮古樂，流至崑曲，乃爲末唱，附有曲文蓑衣諸註，音律尚未分歧。今日梨園二黄西皮之外，復有揶子、秦腔淒楚裂帛之聲，盈於兩耳，求其一字三眼，獨母雙拍得乎。

紀　事

清·袁枚《批本隨園詩話》補遺卷三 批本《燕蘭小譜》，作於乾隆三四十年間。迨至五十五年，舉行萬壽，浙江鹽務承辦皇會，先大人命帶三慶班入京。自此繼來者，又有四喜、啓秀、霓翠、和春、春臺等班。各班小旦不下百人，大半見諸士夫歌詠，若春臺班小旦陸健橋蘇州人爲廣十二爺收屍一事，尤爲難得。廣名興，官侍郎，與陸最昵。侍郎遭事棄市，親族中無敢收其屍者。

清·蘂珠舊史《辛壬癸甲録》 近日，徽班習氣，好買十歲小兒，教之歌舞。黄口乳臭，强使登場，伊吾如背書，應絃赴節，尚不能解，何論傳神寫照矣。

又 於時京城歌樓擅名者分爲四部，曰春臺、曰三慶、曰四喜、曰和春，各擅勝場以争雄長。嵩祝部既寥落不能自存，部中人稍稍散去。其教師父老乃復招集後生子弟別爲一隊，曰小嵩祝部，其中皆雛鶯乳燕，呢喃學語，當筵顧曲，聊資笑噱，但堪撫掌不值纏頭也。韻香新從姑蘇來，居傳經堂，名曰鴻賓傳經堂，故多佳子弟。道光初年，二雙、三法，皆出其門。自乾隆間蜀伶魏長生在雙慶部，其徒陳渼碧在宜慶部，相繼作秦聲以媚人，京腔以次銷歇。尋又有侍御於酒座批小生頰，遽登白簡落職去。由是朋酒之宴相戒無敢復聽王府大班者。今日惟和春尚是王府班，然吹律不競久矣。四喜爲嘉慶間名部，乃道光以來部中人又多轉入春臺、三慶部。《都門竹枝詞》所云新排一曲桃花扇，到處閧傳四喜班者，今亦歌板酒旂零落盡矣。一時徵歌者，必推春臺，三慶，翕然無異詞。辛卯儀慎親王生辰，徵嵩祝部入府承，值鴻賓與上壽捧紅紙目録乞賞戲。吾鄉林大令星舫時爲王子師，一見詫曰：此子不似若輩中人，王夫人有林下風庶幾近之矣。鴻賓學歌舞才兩月，即出臨紅氍毹上，按節度刌，銖黍不爽。而其穠纖得中，脩短合度，進止動静，妙出天然，樓上下萬目萬口萬手嘖嘖稱歎是好郎子。嵩祝部一時聲譽頓起，座上客常滿，有隔日豫約不得入坐者。從此徵歌舞者首數嵩祝，不復顧春臺三慶矣。今距韻香之没踰三年，春臺、三慶名輩林立，且多後來之秀，望之如芝蘭玉樹，森列庭階。

清·蘂珠舊史《長安看花記》 丙申暮春二十三、四日，小桐於北孝順胡同燕喜堂張筵召客。光裕堂既以三世擅盛名，小桐又以和氣湯醉天下人心。於時賓霍豪家，五陵游俠，薦紳貴介，過夏郎君，莫不駿奔麇至，來會者六七百人。妙選春臺、三慶、四喜、和春、嵩祝五部佳伶，合爲一班。試雲想之衣裳，奏錦城之絲管。卜晝卜夜，歡樂未央，笙歌燈火，極一時之盛。

清·葛元煦《滬遊雜記》 文班唱崑曲，皆姑蘇大章，大雅兩班所演，始於同治二年。自徽班登場，而文班減色。京班出而徽班皆唱二黄。邇來京班以丹桂茶園，金桂軒爲最。金桂武戲較勝，文班惟三雅園，皆吴下舊伶，惜知音鮮矣。其次富春茶園、脚色有大小。天仙茶園。京徽合演。此外，丹鳳園，同樂園亦以徽調間京腔，尚有帽兒戲花鼓戲早奉查禁。至廣東戲，音調僅分男女，無生旦净丑之别，所演小説居多，刀斧悉畫五彩。兩次來滬，看客無多，停止數年，丙子七月復來。瑶仙玉班在石路北豐樂園舊基開演，改爲慶樂園，十月間仍歸大雅班開演崑戲矣。

清·富察敦崇《燕京歲時記·豐臺》 封印每至十二月於十九、二十、二十一、二十二，四日之内，由欽天監選擇吉期，照例封印。之後，梨園戲館，擇日封臺，八班合演。至來歲元旦，則賜福開戲矣。亦所以歌詠昇平也。按：京師戲劇，風尚不同。咸豐以前，最重崑腔、高腔即弋腔。高腔者，有金鼓而無絲竹，慷慨悲歌，乃燕土之舊俗也。咸豐以後，專重二簧。近則並重秦腔，秦腔者，即俗所謂梆子腔也。內城無戲園，外城乃有，蓋恐八旗兵丁，習於逸樂也。

藝　文

清・楊米人《都門竹枝詞》 保和宜慶舊人非，又出名班三慶徽。雙鳳遐齡新脚色，一雙俊眼滿園飛。

林丑矮張逗笑嚬，貼來滿座抖精神。亮臺新戲今朝準，寡婦征西十二人。

小旦親來爲執壺，兩邊官座碧紗厨。日斜戲散歸何處，宴樂居同六合居。

清・學秋氏《續都門竹枝詞》 三慶琵琶數慶齡，有琵琶慶之稱。湖船一曲動人聽。蘭仙更有吞丹妙，徐秀齡號蘭仙，善飲多媚。酒後偏饒狐媚形。

誰家挹得國香來，票尾櫻唇吮墨纔。幾葉幽蘭工寫照，似他風韻小身材。四喜部雙桂喜畫蘭。

春蠶到死絲難盡，泉路温柔亦有鄉。天上人間情總切，夜臺和泪唤三郎。四喜部李發寶，號浣香，演《活捉》、《題曲》兩齣，一種雅淡神情，用以詩誌。

牡丹亭畔種情根，沁入情腸一縷温。題曲獨傳千古恨，居然倩女乍離魂。程秀林。

過年倩作不勝悲，角口京腔舒翠眉。手語傳情人道好，須知喫盡啞吧虧。

曲按紅牙演跪池，貌如桃李吼如獅。檀奴卻可名天禄，自有青藜杖一枝。春臺部檀天禄演《跪池》一齣。

纖指勾挑韻亦香，阿儂生小解宫商。微開一曲天臺引，流水溶溶賺阮郎。金鈺部百福，今入春臺，時演劉阮入天臺一齣，古韻悠揚可聽。

餘春不似當年盛，老去冬郎也向隅。賴有慶王皮殼好，薙將小丑六旬鬚。慶王年將望六，剃鬚。

二雙雙桂、雙鳳。三發發寶、發慶、發齡。戲偏嘉，俏演吴娘唤賣花。更有鵲橋情切切，雙星今夜落誰家。

櫻桃鐵拐兩斜街，但看門牌字盡挖。門牌填有唱戲字樣皆挖去之。未必司坊無覺察，皆由惜玉在心懷。

大柵欄西一帶過，巷中比户有絃歌。侵晨更把喉嚨喊，字字分明雞鴨鵝。三字即咿哈喉，相公蚤起，以此鍊音嚮嗓。

茶園切末擺來精，茶園於未演劇時，必先有陳設舖排戲園。尺許紅條等戲名。間有貼新戲亮臺者。栗子葡萄梨共棗，更饒瓜子落花生。

梆子腔名若箇留，九連環曲也聽油。於今唱出新聲巧，帶打都盧咿哈喉。

未開軸子已查堂，碼畫蘇州紙一張。查堂畫碼名爲蘇州碼。看座報來渾不信，幾多少票鬧攘攘。少票者，小兒聽戲者也。

斜跨車沿想事由，此人綽號唤從優。行監坐守渾無賴，三窟經營仗爾謀。

寶豐無日不喧嘩，莊子新開曲道斜。五采三星懸正室，款聯真假認烏紗。乙丑年，此莊開設廊房三條胡同，雅座最多。

清・楊静亭《都門雜詠・觀劇》 茶園樓上列紛紛，宦款遊來氣燄熏，座褥横舖盤腿坐，手摇團扇假斯文。

又《公子》 翩翩公子甚斯文，也向樓頭慣解醺。左右玉人肩並倚，不知誰是小郎君。

又《老斗》 面目何分黑與麻，衣裳總是耍豪華。身無百萬黄金鋌，老斗名難買到家。

又《官座》 捐班新到快嬉遊，戲館連宵醉不休。博得黄金買歌舞，終歸潛夜渡蘆溝。

又《齋戒》 典衣看戲是京師，誼重親朋莫可辭。恰遇忌辰齋戒日，算來還是佔便宜。

又《嵩祝班》 時興嵩祝戲新鮮，都下傳聞數十年。永慶徽班剛唱座，如何賣票就抽錢。

又《賣座》 時興小戲得人和，四大徽班勢倒戈。雖是園中不上座，原圖堂會綵錢多。

清・李静山《增補都門雜詠・黄腔》 二奎今日已淪亡，三勝由來没準常。若向詞場推巨擘，箇中還讓四箴堂。每有貼戲，長庚必寫四箴堂程，餘直書名而已。

又《喊嗓子》 裊裊嬌鶯響更高，梨園子弟不辭勞。若非日出東方亮，隔巷分明是鬼嚎。

清・藝蘭生《宣南雜俎・梨園竹枝詞・老斗》 揮霍金錢不厭奢，撩人鶯蝶是京華。名傳老斗渾難解，喚向花間兀自誇。

又《像姑》 脂柔粉膩近仙姝，兩字馳名是像姑。不信頭銜臻絶貴，聲聲贏得相公呼。

又《學戲》 自從樂籍掛芳銜，雛鳳新聲總不凡。爲問教坊何所尚，部居第一是青衫。

又《試喉》 曉雞未唱發清謳，面壁聲聲試玉喉。一曲漫誇兒技熟，耐寒憐煞五更頭。

又《出臺》 一聲唱采打簾開，小鳳誰家新出臺。喉似貫珠人似玉，芳名有客費疑猜。

又《站臺》 隱約簾櫳半面窺，亭亭玉立雁行隨。秋波最是傳情處，一笑瓠犀微露時。

又《唱戲》 鬢眉巾幗耦無猜，裝罷登場試一回。離合悲歡渾未解，也從就裏演將來。

又《上座》 輕移玉趾步翩翩，數語寒暄對客前。一握柔荑無限喜，好花相映各爭妍。

又《趕條》 天街轆轆鬭香車，蝶使分傳四大居。最是鶯花撩亂處，如松館裏上燈初。

又《斟酒》 搴簾省識主和賓，徧酌當筵酒一巡。斟到郎行杯更滿，兒情濃似玉壺春。

又《搳拳》 寂寞壚頭少管絃，欣看鉤戈乍張拳。怪他慧黠知人意，葱指玲瓏讓客先。

又《代酒》 一觥飛到手忙擎，生怕郎君困酒兵。豪飲肯辭兒量淺，可人何處不多情。

又《飛座》 青鳥何曾一柬通，酒壇驀地集飛鴻。深心不肯多留戀，恐有新人在意中。

又《留條》 人來不速静無譁，莫道蜂狂錯認衙。拚卻十千沽美醉，樽前添得一枝花。

又《擺酒》 何必珍羞列滿筵，玉壺但送酒如泉。生生幾味蔬和果，飛去京蚨四十千。

又《裝烟》 莫負慇懃美意虔，纖纖親送幾筒烟。笑他老大生涯賤，慣向人旁脅兩肩。

又《清唱》 清歌一曲任崑黄，絶好當筵侑酒觴。把箸三撾渾合拍，不須檀板按宫商。

又《生日》 先期密約去兒家，共賞芳辰醉碧霞。嫌煞門庭春黯淡，故從星斗乞光華。

又《擺飯》 日食萬錢詎便奢，天臺一飯貴胡麻。酒能解渴充腸未，畢竟今番果腹誇。

又《拜節》 佳節終須拜斗臺，香車過處疾如雷。可憐芳版空投徧，十叩高門九不開。

又《索韡》 耳邊細語聽偏真，不索纏頭更可人。兒慕緑袍新進士，烏靴賜處寵殊倫。

又《聽戲》 酒傭定得座兒還，一柬相邀聽别班。雅集何當花似錦，滿園春色不能關。

又《吃醋》 花鳥相依兩兩歡，一枝别戀太無端。鳥聲怡悦花容妬，風送香來也帶酸。

又《角口》 齒牙即席逞玲瓏，語鬥新尖面透紅。恰似呢喃花底燕，雙雙相對罵春風。

又《隱語》 别傳隱語耐思尋，燕語翻成鴂舌音。本是好花當解語，如何語語具深心。

又《結盟》 菊部風行尚訂盟，一般聲氣結羣英。金蘭簿上生香色，玉筍班中序弟兄。

又《堂會》 早是歌場擅盛名，差傳堂會奏新聲。笑他幾輩尋芳客，今日梨園見不成。

又《逛天寧寺》 古寺天寧好景開，晚秋黄菊早春梅。看花到此銷魂定，有客攜樽赴約來。

又《逛琉璃廠》 新春相約踏琉璃，古玩琳琅列整齊。但是玉人心愛物，解囊那計值高低。

又《下天津》 歌場冷落幾年春，覷得廬山面目真。到底品花先品格，格低無奈下天津。

又《改籍》 鷗鳥無心任所依，一枝暫寄莫高飛。移花接葉分明是，出谷遷喬殆庶幾。

又《出籍》 身價千金客爲償，天空獨鶴任翺翔，而今不寄人籬下，秋月春花自主張。

又《老班》 鶯花隊裏稱仙伯，風月場中作主人。回首十年春絢爛，舞衫歌扇證前因。

又《娶婦》 營得新巢穩碧梧，求凰古調入時無。杏花笑怨東君誤，遣嫁人間小丈夫。

又《師父》 日責纏頭俗老伶，夜來風雨不堪聽。種花人作摧花暴，誰向花間好繫鈴。

又《跟班》 劇飲酣呼興未闌，嗽聲簾外促情歡。問卿何畏花奴甚，香國渠居耳目官。

又《題後三絶句》 蓺菊叟：高燒樺燭誦新裁，一片華雲眼底開。我欲乘風天際去，吹簫長傍鳳凰臺。

小部音聲名士觴，翩翩裙屐興何長。仙桃醉後分明豔，勾引汪倫入夢鄉。詞人所歡曰艷仙善飲，故調之。

數枝瓊樹立亭亭，紙醉金迷夢不醒。三十六宫春色滿，别開生面寫寧馨。詞數三十六，故云。

清·蘭陵憂患生《京華百二竹枝詞》 戲劇改良本熱懷，此中大有出羣材。報端樂爲徵詩句，這箇靈芝卻姓崔。西腔班中有崔靈芝者，名重一時，頗有改良戲劇思想，屢經報紙稱贊，且有爲其徵詩者。

日見梨園聲價增，呼名一改舊時稱。硃紅牋寫黄金字，雅篆高超無上乘。昔日梨園名脚，或稱綽號，或稱小名，或稱某脚色，而加其姓於上。其因玩票而改業者則稱某處。近日一律改稱名號，如譚龕培，汪桂芬，俞振亭，楊小樓，何桂山，黄潤甫，陳德林，余玉琴，羅壽山，孫仙菊，德珺如，許蔭棠，龔雲浦諸名伶，不復有小叫天，汪大頭，小毛包，小楊猴，何九，黄三，陳石頭，余椿，羅百歲，孫處，德處，許處，龔處（或龔老旦）之稱矣。西腔名脚，尚仍其舊。

後來居上耐觀瞻，漸入纔知佳境甜。名脚登場特優異，電燈不點不挑簾。京師戲園舊習，開場者幾不堪入目，入後一齣勝於一齣，引人入勝，最後一齣，日暮始演，即第一名脚也。今則日晚一日，非上燈後不露矣。人一挑簾，電燈忽耀，輝煌齊整，振人精神，優待名脚，可謂已極。

雜録

清·柴桑《燕京雜記》 南省優童棃園部，用錢雇之。京師不然。與錢部中，方得挂名，常有挂名兩三部者。衣服裝飾等物俱是自置，至有演劇一齣，衣裝值千金者。老優畜童視之如子，畜有數人則命名成派，視如兄弟中有享盛名者，其餘亦易動人。咸謂某優之徒，某童之兄弟，便增聲價，有如父兄爲達官子弟易得科名者。然世情一轍，良可浩歎。優童盛名，享之不過數年。大約十三四歲始，十七八歲止。俟二十歲已作潯陽婦，而門前冷落，鞍馬稀矣。竭意修飾，殫力逢迎，菁華既消，憔悴立致，寓京都數年多有目擊其盛衰者矣。優童之居，擬於豪門貴宅。其廳事陳設，光耀奪目，錦幕紗厨，瓊筵玉几，周彝漢鼎，衣鏡壁鐘，半是豪貴所未有者。至寢室一區，結翠凝珠如臨春閣，如結綺樓，神仙至此當亦迷矣。嚶然一聲，側足侍掩口問者，不知幾輩。出門則雕車映日，健馬嘶風，裘服翩翩，繡衣楚楚，濁世佳公子固不若也。優童有盛名者，日陪數筵酒，一巡即登車馳去，人不得留之也。每陪一筵，或酬十金，或酬數金，至賞賜之物金玉珠翠、貂袍罽錦，莫知其數。優童自稱其居曰下處。到下處者，謂之打茶圍。置酒其中，歌舞達旦，酣嬉淋漓，其耗費不知伊於胡底。風流好事者，撰日下名花册，詳其里居姓字，品其色藝性情，各繫以詩詞如史體之傳贊。尋香問玉者，一覽已得之矣。間歲一登，可擬於《縉紳便覽》一書。

清·錢泳《履園叢話·叢話一二·藝能·演戲》 梨園演戲，高宗南巡時爲最盛，而兩淮鹽務中尤爲絶出。例蓄花雅兩部，以備演唱，雅部即崑腔，花部爲京腔、秦腔、弋陽腔、梆子腔、羅羅腔、二簧調，統謂之亂彈班。余七八歲時，蘇州有集秀、合秀、擷芳諸班，爲崑腔中第一部，今絶響久矣。

清·吴長元《燕蘭小譜》 魏三，永慶部名長生，字婉卿，四川金堂人，伶中子都也。昔在雙慶部，以《滚樓》一齣奔走，豪兒士大夫亦爲心醉。其他雜劇子胄無非科諢，誨淫之狀，使京腔舊本置之高閣。一時歌樓觀者如堵。而六大班幾無人過問，或至散去。白香山云：三千寵愛在一身，六宮粉黛無顔色，真可爲長歎息者。壬寅秋，奉禁入班，其風始息。今雖復演，與銀官分部，改名永慶，然較前則殺去聲矣。而王、劉諸人，承風繼起，亦沿習醜狀，以超時好。余謂魏三作俑，可稱野狐教主。傷哉。幸年屆房老，近見其演貞烈之劇，聲容真切，令人欲淚，則掃除脂粉，固猶是梨園佳子弟也。效顰者，當先有其真色，而後可免東家之誚耳。

清・張際亮《金臺殘淚記》卷一　華胥大夫曰：京師梨園樂伎，蓋十數部矣。昔推四部，三慶、春臺、和春，所謂四大徽班者焉。余以丙戌始至京師，春臺、三慶二部爲盛。春臺部以色著者，首紉香竹香，次碧湘蕙香。三慶部以色著者，首小郄、次蓮仙，固皆尤物也。今二年之間，或死或去，其在部中者，或稍衰矣。惟蓮仙尚如故。余烏知此後更二年，蓮仙又當何如邪。魏文帝言，年壽有時盡，榮樂止夫其身，未若文章之無窮。每念斯語，慨然悲感，此所以論録諸人也。

清・余治《得一録》卷一五四《裕中丞示諭》　一應崑徽戲班，祇許演唱忠孝節義故事，如有將《水滸》、《金瓶梅》、《來福山歌》等項，姦盜之齣，在園演唱者，地方官立將班頭並開戲園之人，嚴拏治罪，仍追行頭變價充公。

清・蘂珠舊史《夢華瑣簿》　每新歲，及鄉會試場後，團拜公讌，日不暇給，則諸部分包。【略】鄉會試場後，各園及堂會必演《王名芳連升三級》，花面演《説題解》以爲笑樂，未免侮聖人之言。

清・藝蘭生《側帽餘譚》　程長庚掌三慶班，規例嚴整，明僮之隸其下者，必使尊之曰爺。且不許站臺，免蔽座客。故隸三慶部者，到園後祇在簾内隱約偷覷。顧曲周郎，未免慾眼滋饞耳。

又　距永定門不遠，有亭曰陶然，爲漢陽江水部所建。亭基頗廣，護以木欄。春秋佳日，微雨初過，槐柳滴翠，葱蒨可愛，亦紅塵中清涼世界也。好游者預飛箋訂客，招邀小史，携具前往，徵歌鬥酒，作半日歡。迨日影西逝，牛羊下來，陌上遊春者亦歌緩緩歸矣。《揚州竹枝詞》：云：看他呼吸關情甚，步步相隨雲霧中。詠俊僕裝烟句也。此風天津盛行，若京師高品，則不屑也。不謂近日竟亦有之。余始見者爲夏鴻福，繼者紛紛。吹氣如蘭，僥倖不少君子，病其過於和易焉。然以視餘桃，爲之猶賢。

又　割友人所愛曰割靴頁，其義未詳。意以京師偷兒，常割人靴頁，以靴頁喻歌僮，以偷兒戲竊玉者。因是二人同招一僮曰同靴。竟有形之草扎，類於同年同寅，一何可哂。

又　以若輩喻靴頁，亦自有故。兄弟曰手足，時下常呼若輩爲弟，曰儂弟，曰愛弟，曰小弟，曰我弟。弟者，足也。足不足云，若足旁至要之物如靴頁者，其庶矣且例諸妻子衣服之説亦通。

又　後以舊規湫隘，更闢雅座於對門。廣厦數十間，每當春秋佳日，香車寶馬，闐溢巷内。賦艷詞人《竹枝詞》云：最是鶯花撩亂後，如松館裏上燈初，紀盛也。自泰豐樓出，而向之適館者易而爲登樓，以是問津者稀，日不滿坐。盛衰之故，風氣所趨歟。

又　京師於歲首例行團拜，以聯年誼，以敦鄉情，誠善舉也。每歲由值年書紅訂客，飲食宴會，作竟日歡。是日盛聚，梨園若輩應召，謂之堂會。色伎俱優者，每點至多齣，獲纏頭無算。遇所識，或於例賞外別有所贈。

又　以歌侑酒，歡場舊例也。而近時日下微有不同，必其可以奏技，方能强之。若僅熟口頭語，不足入高人之聽者，雖情有難卻，亦終面赬音澀。其爲亂彈名色，雖不吝其技，然亦視交之淺深，非貿然自獻也。

又　香車一至，即須出京帖二千，擲酒保轉付，名曰車飯錢。其侑酒費，例取八千，則按節照算，不即擲付，存體統也。博盛名者，即車飯之貲，日進百貫云。

又　若輩雖隸樂籍，亦喜觀本人不隸之部，非特山陜諸班，有携玉人而至者。即如隸三慶者往四喜，隸四喜者往春臺皆是。其侍坐也較久，必視所喜之劇演畢乃去，所費一如侍飲。

又　車飯錢一項，惟於酒肆招飲時取之，而下處則否。亦惟午晚時一取，而連局則否。如午時相招，已出此貲，隨携之觀戲或赴下處，則無須重出。惟再赴酒樓，則仍須照付。初疑窒礙不通，詢之老白相，謂各酒館於車飯資皆有抽費，故應爾也。午時不招，僅約觀劇，則此貲仍付，以是日始相見也。至夜間躋堂歡飲，即是日並未一面，連應數條，亦不索此費。間有索者，迺充其僕私橐，非定例也。余之爲是瑣瑣者，乃爲問津人作武陵之棹。若揮霍自豪者，諒不屑例此。

又　三五同人雅座清飲，所歡即爲他座所招，不能不入室周旋，謂之飛座。坐次窺主人意旨，如主人別有所屬，故爾屏棄者，則冷語侵肌，酸風撲鼻。主人情難割捨，出車飯貲慰藉之，名曰留條。果無他好，如主人之色不餒，若輩有以覘察，而亦徑去。然仍須留條以安其心，否則謂之挑眼。挑眼，京諺，猶言吹毛求疵也。倘請尊，客而以若輩爲嫌者，一聞履聲橐橐，亟招其僕而告之故，則亦絶迹不來。

又 飛坐非主人所招之人，即友人所歡，亦略來酬應。其時留條與否，若人不計較也。惟留之，益見屋烏之愛耳。花間小醉，雅趣極矣。顧繁華之地，難免塵囂，且數見不鮮，味同嚼蠟。賦艷詞人於風清月白之宵，偕勝友訪艷仙於梧桐庭院，或品茗，或賭棋，或聞香，或讀畫，各尋樂事。詞人自拍崑曲，艷仙按笛和之，於時璧月璧人，争相輝映。庭中木樨，拂拂吐香氣，與雅韻相間發。似此清遊，竊謂如水如龍。轆轆長安市上者，皆念不及此。

又 山陰道人矜慎物色，遊都年餘，賞識者寡。觀劇三慶，見林春喜《打櫻桃》一齣，道人似心許。其友某約往壚頭小飲，即代傳箋，不可强之次日以書寄某曰：昨由白雲鄉見端正實相於無憂林中，作平等觀，未能説無上法，尚不足以帖道人之心也。貧道枯坐，守庚申有年矣。堅定歷鍊，祇此入道第一大關鍵。今請放開眼界，穿上芒鞋，歷觀大千世界。如未遇大自在菩薩，結歡喜緣，即與把臂入林，共證絜果何如。後遇鄭薌喬郎，遂結蘭契。佛家因緣之説，殆亦不可勉强歟。

清·畹香留夢室主人《淞南夢影録》卷一 京師梨園子弟年長色衰，門前冷落。不得已，束裝至津門，徐娘老去，重整笙歌，雖蓮出污泥，至此終不能潔身自好矣。俗語謂之下天津，彼中人則深以爲恥。自滬上京戲盛行，而優伶之失業者皆航海南來。近年如陸小芬真十三旦之類，大抵馬齒既增，蛾眉已改，而滬人士之厭故喜新者，猶復譽不絶口。霓裳一曲，擲纏頭者紛如雨下，是豈別有動人之處歟。何俗子之喜食蛤蜊也。

清·孫點《歷下志遊》 女伶曰擋子班，班首蓄三五雛娃，日日教演唱京徽各劇。慧者年餘即可登場，否則期以三年亦可奏技。生、旦、净、丑，各視其才，結束登臺，亦動觀聽。凡有市會，支彩棚，買茶坐，笙歌競奏，竹肉交陳，環而觀者數百餘人，居然開一小小世界。亦有稍長者，彷彿淮揚之女優，吴中之髦兒，坐客有與諸伶相識者，則班首必索點戲，價祇兩千。惟班中人既不多，其戲曲較多及芳名較著者，則自開戲，至曲終幾無，兩刻之間，往往舌敝脣焦，尤不使之稍歇者，情殊可憫。

又 各班所居皆假逆旅，門首各樹牌紙曰某某堂。若都中之相公下處，凡賞之者，皆可造訪。其家徽歌一闋，價與點劇相同曲即易終，人可不散，焚煙酌茗，清話良佳，雖係雛伶亦有風情。初解者依依索笑，亦足怡人，然竟不得與之戲謔，亦絶不能真箇銷魂。間有設宴其家者，惟不侑酒，亦不出應條紙，招至家中演劇竟日者，則往往有之，價亦並不甚昂。

徽調

論説

明·湯顯祖《宜黄縣戲神清源師廟記》 江以西弋陽，其節以鼓。其調諠。至嘉靖而弋陽之調絶，變爲樂平，爲徽青陽。

明·王驥德《曲律》卷二《論腔調第十》 世之腔調，每三十年一變，由元迄今，不知經幾變更矣。大都創始之音，初變腔調，定自渾樸。漸變而之婉媚，而今之婉媚極矣。舊凡唱南調者，皆曰海鹽。今海鹽不振，而曰崑山。崑山之派，以太倉魏良輔爲祖。今自蘇州而太倉松江，以及浙之杭，嘉，湖，聲各小變，腔調略同，惟字泥土音，開，閉不辨，反□越人呼字明確者爲浙氣，大爲詞隱所疵。詳見其所著《正吴編》中。甚如唱火作呵上聲，唱過爲箇，尤爲可笑。過之不得爲箇，已載編中。而火之不可爲呵上聲，詞隱猶未之及也。然其腔調，故是南曲正聲。數十年來，又有弋陽、義烏、青陽、徽州、樂平諸腔之出。今則石臺、太平梨園，幾遍天下，蘇州不能與角什之二三。

紀事

清·王昶《使楚叢譚》 二十一日，過鼇山鋪清化驛六十里，又六十里，抵澧州道臧理谷。招同慶參將方刺史小飲，以安慶優伶祇應，嘔嘔啁啁，亦頗怡然。

雜録

清·范祖述《杭俗遺風》 僧家有經一種名曰《孔雀經》，編列各調戲曲，如崑腔、亂彈、徽調、灘簧及九調十三腔，均皆齊備。以和尚八人分生旦净丑各音，吹彈歌唱，儼同唱戲，家有素事方用之。

又 徽調排場與歌司大中箱子等惟唱徽調一門而已，人家開喪鬧材多用之。

又 堂名即清音班，多自姑蘇來者，共有一二十班，有萬福，全福，增福，增慶，雙壽，雙桂，福壽，榮華，秀華等名。每班以十歲以上至十五六歲孩子八人，一式裝飾，四季衣裳均皆華麗。吹彈歌唱各齣戲文，崑腔居多，近今亦會唱徽調。

楚調

紀事

清（乾隆）《查辦戲劇違礙字句案·郝碩折》 江西巡撫臣郝碩謹奏：爲遵旨覆奏事，竊臣於乾隆四十五年十二月二十五日，承準大學士公阿桂等字寄乾隆四十五年十一月二十八日奉上諭，前因外間流傳劇本，如明季國初之事，有關涉本朝字句，亦未必無違礙之處。傳諭伊齡阿、全德留心查察，斟酌妥辦。兹據伊齡阿覆奏，派員慎密搜訪，查明應删改者删改，應抽掣者抽掣，陸續粘籤呈覽。再查崑腔之外，有石碑腔，秦腔，弋陽腔，楚腔等項，江廣、閩浙、四川、雲貴等省，皆所盛行。請勅各督撫查辦等語，自應如此辦理。著將伊齡阿原摺抄寄各督撫閱看，一體留心查察，但須不動聲色，不可稍涉張皇。將此遇各督撫奏事之便，傳諭知之，欽此。欽遵。寄信到臣，臣查江西崑腔甚少。民間演唱有高腔、梆子腔、亂彈等項名目，其高腔又名弋陽腔。臣檢查弋陽縣舊志，有弋陽腔之名，恐該地或有流傳劇本，飭令該縣留心查察。隨據禀稱，弋陽腔之名不知始於何時，無憑稽考。現今所唱即係高腔，並無别有弋陽詞曲。並據附省之南昌府禀稱，遵經傳諭各戲班，將戲本内事涉明季及關係南宋，金朝故事扮演失當者嚴行禁除外，所有繳到各戲本，派員查核。内有《全家福》、《乾坤鞘》二種，語有違礙。又《紅門寺》一種，扮演本朝服色，應呈請查辦等情，臣與藩臬兩司覆核無異。查江右所有高腔等班，其詞曲悉皆方言俗語，俚鄙無文，大半鄉愚隨口演唱，任意更改。非比崑腔傳奇出自文人之手，剞劂成本，遐邇流傳，是以曲本無幾。其繳到者，亦係破爛不全抄本。現在檢出之三種内，《紅門寺》係用本朝服色，《乾坤鞘》係宋金故事，應行禁止。《全家福》所稱封號，語涉荒誕，且核其詞曲，不值删改，俱應竟行銷燬。臣謹將原本粘籤恭呈御覽。至如瑞州、臨江、南康等府，山隅僻壤，本地既無優伶，外間戲班亦所罕至。惟九江、廣信、饒州、贛州、南安等府，界連江廣、閩浙，如前項石碑腔、秦腔、楚腔，時來時去。臣飭令各該府時刻留心，遇有到境戲班，傳集開諭，務使一體遵禁改正，以昭我皇上端本維風之至治。仍不許稍有張皇及苟且從事，致干嚴行參究。所有現在遵旨查辦緣由，理合恭摺覆奏，伏祈皇上睿鑒，謹奏。乾隆四十六年四月初六日。硃批：知道了。

粵劇

論説

清（同治）《番禺縣志》卷六《輿地四》 番禺大洲有宣和龍舟遺製，船長十餘丈，廣僅八尺。【略】五檣上有臺閣二重，中有五輪閣一重，下有平臺一重，每重有雜劇五十餘種。童子凡八十餘人，所扮者菩薩天仙、大將軍、文人、女伎之屬，所服者冠裳、介冑、羽衣、衲帔、巾幗、襬襶之屬，所執者刀槊、麾蓋、旌旗、書策、佩帨之屬，凡格鬬、挑招、奔奏、坐立、偃仰之狀，與夫揚袂、蹙裳、喜懼、悲恚之情不一而足，咸皆有聲有色盡態極妍。觀者疑爲樂部長。積歲練習，不知錦幔之中操機之士之所爲也。每一舉，費金錢千計。

清・楊掌生《京塵雜録》 廣州樂部分爲二：曰外江班，本地班。外江班皆外來妙選，聲色技藝並皆佳妙。賓筵顧曲，傾耳賞心。録酒糾觴，各司其職。舞能垂手，錦每纏頭。本地班但工技擊，以人爲戲，所演故事類多不可究詰，言既無文，事尤不經。又每日爆竹烟火，埃塵漲天，城市比屋，回禄可虞。賢宰官視民如傷，久申厲禁，故僅許赴鄉村般演。鳴金吹角，目眩耳聾，然其服飾豪侈，每登場金翠迷離，如七寶樓臺，令人不可逼視，雖京師歌樓，無其華靡。又其向例，生旦皆不任侑酒，其中不少可兒，然望之儼然，如紀渻木雞，令人意興索然，有自崖而返之想。間有强致之使來前者，其師輒以不習禮節爲辭，靳勿遣，故人亦不强召之，召之亦不易致也。大抵外江班近徽班，本地班近西班，其情形局面判然迴殊。本地班非無美才，但託根非地，屈抑終身，如夷光不遇范大夫，三薰三沐，教之歌舞，則亦苧羅山下，終老浣紗，雖有東施，並乃無顰可效，不亦惜哉。

紀事

清・楊恩壽《坦園日記》卷四《北流日記》 初二日晴。往粵東館觀劇，乃樂昇平部也。戲演《還陽配》，係粵東土戲，吾省所無也。夜演《問卜》、《沙陀》、《檢柴》三齣。四更始回。粵俗日間演大套，乃土戲，謂之内江戲。夜間演常見之戲，凡三齣，謂之外江戲。

雜録

清・屈大均《廣東新語》卷一二 粵俗好歌，凡有吉慶必唱歌以爲歡樂，以不露題中一字，語多雙關而中有掛折者爲善。掛折者，掛一人名於中，字相連而意不相連者也。其歌也，辭不必全雅，平仄不必全叶，以俚言土音襯貼之，唱一句或延半刻，曼節長聲，自迴自復，不肯一往而盡。辭必極其豔，情必極其至，使人喜悦悲酸而不能已已，此其爲善之大端也。故嘗有歌試，以第高下，高者受上賞，號爲歌伯。其娶婦而親迎者，壻必多求數人，與己年貌相若而才思敏給者，使爲伴郎。女家索攔門詩歌，壻或捉筆爲之，或使伴郎代草。或文或不文，總以信口而成，才華斐美者爲貴。至女家不能酬和，女乃出閤。此即唐人催粧之作也。先一夕，男女家行□，親友與席者或皆唱歌，名曰坐歌堂。酒罷，則親戚之尊貴者，親送新郎入房，名曰送花。花必以多子者，亦復唱歌。自後連夕親友來索糖梅啖食者，名曰打糖梅，一皆唱歌，歌美者得糖梅益多矣。其歌之長調者 如唐人《連昌宮詞》、《琵琶行》等，至數百言千言，以三絃合之，每空中絃以起止，蓋太簇調也，名曰摸魚歌。或婦女歲時聚會，則使瞽師唱之，如元人彈詞曰某記某記者，皆小説也，其事或有或無，大抵孝義貞烈之事爲多，竟日始畢一記，可勸可戒，令人感泣沾襟。其短調蹋歌者 不用絃索，往往引物連類，委曲譬喻，多如《子夜》、《竹枝》。如曰：中間日出四邊雨，記得有情人在心。曰：一樹石榴全著雨，誰憐粒粒淚珠紅。曰：燈心點著兩頭火，爲娘操盡幾多心。曰：妹相思，不作風流到幾時，祇見風吹花落地，那見風吹花上枝。《蜘蛛曲》曰：天旱蜘蛛結夜網，想晴祇在暗中絲。又曰：蜘蛛結網三江口，水推不斷是真絲，又曰：妹相思，蜘蛛結網恨無絲，花不年年在樹上，娘不年年作女兒。《竹葉歌》曰：竹葉落，竹葉飛，無望䰐頭再上枝，擔傘出門人叫嫂，無望䰐頭做女時。《素馨曲》曰：素馨棚下梳横髻，祇爲貪花不上頭，十月大禾未入米，問娘花浪幾時收。凡村落人奴之女，嫁日不敢乘車，女子率自持一傘以自蔽。既嫁，人率稱之爲嫂。此言女一嫁不能復爲處子，猶士一失身，不能復潔白也。梳横髻者未笄也，宜笄不笄，是猶不肯在花棚上也。十月熟者名大禾，歲晏而米不入，花浪不收，是過時而無實也。此刺淫女，亦以喻士之不及時修德，流蕩而至老也。有曰：大姐姐，分明大姐大三年，擔櫈井頭共姐坐，分明大姐坐頭邊。言女嫁失時也，妹自愧先其姊也。有曰：官人騎馬到林池，斬竿筋竹織筲箕。筲箕載緑豆，緑豆餵相思。相思有翼飛開去，祇剩空籠掛樹枝，刺負恩也。有曰：一更雞啼雞拍翼，二更雞啼雞拍胸，三更雞啼郎去廣，雞冠沾得淚花紅。有曰：歲晚天寒郎不回，厨中煙冷雪成堆。竹篙燒火長長炭，炭到天明半作灰。有曰：柚子批皮瓤有心，小時則劇到如今。頭髮條條梳到尾，鴛鴦怎得不相尋。有曰：大頭竹笋作三椏，敢好後生無置家。敢好早禾無入米，敢好攀枝無晾花，敢好者，言如此好也。其蛋女子蕩恣，如吴下唱楊花者曰縮髻有謡曰：清河縮髻春意鬧，三十不嫁隨意樂。江行水宿寄此生，摇櫓唱歌槳過□。槳者摇船也，亦雙關之意。□者覺也。如此類不可枚舉，皆以比興爲工，辭纖豔而情深，頗有風人之遺。而采茶歌尤善。粵俗，歲之正月，飾兒童爲綵女，每隊十二人，人持花籃，籃中然一寶燈，罩以絳紗，以絙爲大圈，緣之踏歌。歌十二月采茶，有曰：二月采茶茶發芽，姐妹雙雙去采茶。大姐采多妹采少，不論多少早還家。有曰：三月采茶是清明，娘在房中繡手巾。兩頭繡出茶花朵，中央繡出采茶人。有曰：四月采茶茶葉黄，三角田中使牛忙。使得牛來茶已老，采得茶來秧又黄。是三章則幾於雅矣。東莞歲朝，貿食嫗所唱歌頭曲尾者，曰《湯水歌》。尋常瞽男女所唱多用某記，其辭至數千言，有雅有俗，有貞有淫，隨主人所命唱之。或以琵琶□子爲節，兒童所唱以嬉，則曰山歌。亦曰歌仔，多似詩餘音調，辭雖細碎，亦絶多妍麗之句。大抵粵音柔而直，頗近吴越，出於唇舌間，不清以濁，當爲羽音。歌則清婉溜亮，紆徐有情，聽者亦多感動。而風俗好歌，兒女子天機所□，雖未嘗目接詩書，亦解白口唱和，自然合韻。説者謂粵歌始自榜人之女，其原辭不可解，以楚語譯之，如山有木兮木有枝，心悦君兮君不知，則絶類離騷也。粵固楚之南裔，豈屈、宋流風，多洽於婦人女子歟。

又 潮人以土音唱南北曲者，曰潮州戲。潮音似閩，多有聲而無字，有一字而演爲二三字，其歌輕婉，閩、廣相半。中有無其字而獨用聲□相授，曹好之以爲新調者，亦曰峯歌。農者每春時，婦子以數十計，往田插秧。一老撾大鼓，鼓聲一通，羣歌競作，彌日不絶，是曰秧歌。南雄之俗，歲正月，婦女設茶酒於月下，罩以竹箕，以青帕覆之，以一箸倒插箕上，左右二人摭之作書，問事吉凶，又畫花様，謂之踏月姊。令未嫁幼女，且拜且唱，箕重時，神即來矣，謂之踏月歌。長樂婦女，中秋夕拜月，曰□月姑，其歌曰月歌。蛋人亦喜唱歌，婚夕兩舟相合，男歌勝則牽女衣過舟也。黎人會集，則使歌郎開場，每唱一句，以兩指下上擊鼓，聽者齊鳴小鑼和之。其鼓如兩節竹而腰小，塗五色漆，描金作雜花，以帶懸繫肩上。歌郎畢唱，歌姬乃徐徐唱，擊鼓亦如歌郎。其歌大抵言男女之情，以樂神也。

又 東西兩粵皆尚歌，而西粵土司中尤盛。鄺露云：峒女於春秋時，布花果笙簫於山中，以五絲作同心結，及百紐鴛鴦囊帶之。以其少好者，結爲天姬隊。天姬者，峒官之女也。餘則三五采芳於山椒水湄，歌唱爲樂。男子相與蹋歌赴之，相得則唱詶終日，解衣結襟帶相遺以去。春歌正月初一、三月初三，秋歌八月十五。其三月之歌曰浪花□。趙龍文云：傜俗最尚歌，男女雜遝，一唱百和。其歌與民歌 皆七言而不用韻，或三句，或十餘句，專以比興爲重，而布格命意，有迥出於民歌之外者。如云：黄蜂細小螫人痛，油麻細小炒仁香。又云：行路思娘留半路，睡也思娘留半牀。又云：與娘同行江邊路，卻滴江水上娘身。滴水一身娘未怪，要憑江水作媒人。傜語不能盡曉，爲箋譯之如此。修和云：狼之俗，幼即習歌，男女皆倚歌自配。女及笄，縱之山野，少年從者且數十，以次而歌，視女歌意所答，而一人留，彼此相遺。男遺女以一扁擔，上鐫歌詞數首，字若蠅頭，間以金彩花鳥，沐以漆精使不落。女贈男以繡囊錦帶，約爲夫婦，乃倩媒以蘇木染檳榔定之。婚之日，歌聲振於林木矣。其歌每寫於扁擔上，狼扁擔以榕爲之，又以五采斲作方段，斲處文如鼎彝，歌與花鳥相間，或兩頭畫龍。傜則以布刀寫歌，布刀者織具也。傜人不用高機，無箸無枝，以布刀兼之。刃用山木，形如刀，長於布之闊，銳其兩端，背厚而掮，如弓之弧，刃如弦而薄，刳其背之腹以納緯，而窓其銳，而吐之以當梭。緯既吐，則兩手攀其兩端以當箸也。歌每書於刀上，間以五彩。

清（雍正）《從化縣新志》 小民喜演土戲賽禱，歲以爲常。

清·王大海《海島逸志》卷五《濃迎》 番戲，名曰濃迎。番婦之頗有色者，帶虬髮，纏錦褸，插金花，摇紙箑，裸衣赤脚，歌番歌，舞番舞，摇頭閃目，鶴立鷺行，演唱雜劇，備諸醜態。或兩婦對舞，或三四婦共跳舞，閒人亦可入其中，與之對舞，名曰弄濃迎。弄畢，則酬以金。每於清夜，遠遠聽之，其音淒切悲楚，所謂異鄉之樂，秖令人悲耳。有帶鬼臉者，名曰多秉。其演唱畧同濃迎，但多淫褻不堪之詞，番社中最喜，日夜演唱；華人住居之地，嚴拒不許入境焉。又有花英者，類影戲，俗呼皮猴，名曰花英，所演唱、皆其瓜亞上古故事，未全人形，或飛或遁，如稗官所載諸詭誕不經之事，竹木雜陳，俚鄙之極，不堪注目者也。

清·張燾《津門雜記》卷中 盂蘭勝會，津城内外不一其處，近來以紫竹林之梁家園爲最。按該處舊有義塚一區，顔曰閩粤山莊，俗呼洋鑾墳地。因閩廣之作客津沽者人多，每到七月既望，莫不恐後争先，醵資作會。高搭蓆棚，長有數百步，懸列燈彩無算，高低不一，照如朗日。又有巧匠紮成粤戲數齣，人物如生。

聲腔部·採茶秧歌系統分部

秧歌戲

論說

清（乾隆）《潮州府志》卷一二《風俗》　凡社中以演劇多者相誇耀。所演傳奇皆習南音，而操土風，聚觀晝夜忘倦，若唱崑腔，人人厭聽，輒散去。雖用絲竹，必鳴金以節之，俗稱馬鑼，喧聒難聽。又競以白鏹青蚨擲歌臺上，窮者輒取巾幘、衣帶、便面、香囊擲之，名曰丢采，次日則計其所值而贖之。伶人受值稱謝，争以爲榮。村氓歌唱多有聲無字，鹹矜新調，名曰輋歌。農者春時數十輩插秧田中，命一人撾鼓，每鼓一巡，群歌競作，連日不絶，名曰秧歌。此又不期而會者矣。

太平鼓戲

紀事

清·楊賓《柳邊紀略》　上元夜，好事者輒扮秧歌。秧歌者，以童子扮三四婦女，又三四人扮參軍，各持尺許兩圓木，戛擊相對舞，而扮一持傘燈賣膏藥者，前道旁以鑼鼓和之，舞畢乃歌，歌畢更舞，達旦乃已。

清·延煦《欽定臺規》卷二五　又定：凡唱秧歌婦女及惰民婆，令五城司坊等官盡行驅逐回籍，毋令潛住京城。若有無籍之徒，容隱在家，因與飲酒者，職官照挾妓飲酒例治罪。其失察地方官，照例議處。

藝文

清·陸又嘉《燕九竹枝詞》　帝里盛傳燕九節，白雲觀裏人癡絶。神仙那肯降塵凡，枉爇沉檀香篆結。

隊隊走橋深夜出，小姑雙纏纖無力。中途先去又回頭，賺殺月明閒步客。

閨夢入春多吉兆，正陽門外相嘲笑。摸釘月下盡宜男，輸他夫婿年尤少。

新移燈市近天壇，剔墨堆紗萬盞懸。百鳥綵樓曾見慣，玲瓏飛舞是今年。

早春戲館换新腔，半雜秧歌侑客觴。偏是醉歸人似蟻，太平鼓鬧蹴毬場。

綵勝翾翻萬户新，堆雲橋畔净無塵。天家白塔容憑眺，無限韶光閬苑春。

望裏西山雪乍融，玉河冰泮碧流通。春衫骨瘦輕如燕，初試鞦韆趁暖風。

曉妝結得尋春伴，窄窄金蓮行路緩。莫向慈仁看古松，崑盧閣上遊人滿。

探春開遍香風度，相約買花郊外步。瞥見蘆溝芳草新，青青直透江南路。

清·蔣景祁《燕九竹枝詞》　飄蕩風光首春節，傾城寶馬飛香屑。御園昨夜放燈回，未改内家新束結。

長春宫前繡阡陌，結隊成行散星奕。金丸緑幘富平侯，擊毬走馬幽涼客。

香幡風曳春壇醮，士女懽騰互調笑。座中白皙是仙人，枉煮丹砂誤年少。

銀瓶色鬪春妍，競賽棲霞第一仙。早見碧桃花又放，底須成實六千年。

齋房甘露降何方，花鼓秧歌沸羽觴。薄暮子城斜處立，夕陽一片酒人場。

清・孔尚任《燕九竹枝詞》 秧歌忽被金吾革，袖手遊春真可惜。留得鳳陽舊乞婆，漫鑼緊鼓攔遊客。

清・袁啟旭《燕九竹枝詞》 秧歌初試内家裝，小鼓花腔唱鳳陽。如蟻遊人攔不住，紛紛擠過蹴毬場。

青驄油壁闐街陌，羅綺香風嬌絡繹。年例傾都盡一行，白雲觀裏尋仙客。

誰家兒郎絶纖妙，馬上探丸花裏笑。翠袖妖嬈得得來，星眸偷擲輸年少。

五劇三條乍暖天，一重塵起一重烟。路傍故老傳遺事，猶説元朝至正年。

秧歌初試内家裝，小鼓花腔唱鳳陽。如蟻遊人攔不住，紛紛擠過蹴毬場。

神仙端的是誰人，笑殺黄冠羽服身。一片軟紅迷去住，白雲何處覓長春。

鞭梢亂點出胡同，道遇諸王一陣風。孔雀金翎圍小隊，珠鞍寶馬坐當中。

玉河冰泮春雲滿，橋上人歸歌緩緩。車中打出十番新，日暮影斜聲未斷。

昨朝海淀城西路，爭看君王開火樹。今日齊來彰義門，遊絲又絆春人住。

燕山正月春茫茫，卻道他鄉勝故鄉。那比江南江水上，緑波雙槳野梅香。

清・柯煜《燕九竹枝詞》 秧歌小隊鬧春陽，轂擊肩摩不暇狂。人説太平行樂地，更須千步築毬場。

清・李聲振《百戲竹枝詞・打花鼓》 鳳陽婦人多工者，又名秧歌，蓋農人賽會之戲。其曲有好朵鮮花套數。鼓形細腰，若古之搏拊然。賽會時光趁踏青，記來妾住鳳陽城。秧歌爭道鮮花好，腸斷冬冬打鼓聲。

雜録

清・屈大均《廣東新語》卷一二《詩語・粵歌》 農者每春時，婦子以數十計，往田插秧，一老撾大鼓，鼓聲一通，羣歌競作，彌日不絶，是曰秧歌。

清・孫丹書《定例成案合鈔》卷二五《犯奸康熙四十五年九月驅逐秧歌婦女》 刑部議，管順天府府尹事施條奏，應行令宛大兩縣並五城司坊官員，將秧歌脚惰民婆，速行盡驅回籍，毋令潛住京城。嗣後若有無籍之徒，將此等婦女容隱在家，並同與飲酒者，有職人員，照挾妓飲酒例議罪，係旗下人鞭一百，民責四十板，婦女亦責四十板，不准收贖，仍行追回原籍，其失察之地方官，交與該部議處。

清・石成金《新示雜鈔・藩憲歲暮勸諭民事十二欵告示》 一、士農工商，各有本業。惟有一班市井無賴，新歲但以走馬燈、扮秧歌爲事，名爲共樂昇平，其實打降鬭將，生事起禍，無不由之。且有派油燭，歛民財，以肥口腹者。此輩如亂苗之莠，深爲可惡。勿沿惡習，致犯刑章。【略】康熙五十六年十二月初十日示，江蘇布政司楊，爲歲暮勸樂昇事。照得歲時豐稔，民物阜安，值年序之更新，正履端之伊始，乃共遊熙皞，咸樂昇平之候。但分不可踰，欲不可縱，惜財用，循禮法，保身家，敦風俗，防邪僻，戒匪彝，一切保泰持盈之道，願爾縉紳商民，共相勉勵，本司實有厚望焉。去經臘後，曾頒切切之文，今復春初，不憚諄諄之告，其胥聽之，毋忽。

又 游惰之宜懲也：無恒常之業，不知守分謀生，習游戲之場，但思設騙餬口，時逢歲旦，節慶元宵，唱秧歌，舞把戲，沿門索賞。跳傀儡，駕龍燈，逐户尋貲。遇事生風，借端插步，倡神筵佛會之名，作科歛分資之首，需求不遂，毆詈交加，鬭將惡風，打降邪氣，亟須查究，以靖地方。【略】已上各條：除習俗之積弊，消地方之隱憂，皆民間切膚之要務。在年終歲首，尤爲吃緊，更宜隨時而警惕，隨事以提撕，庶期行有成效，以無負本司再三勸諭之一片婆心也。特示。康熙五十七年十二月十二日示

清・沈起鳳《諧鐸》卷七《鄙夫訓世》 衆曰：何謂外賊。翁曰：外

賊有五：眼、耳、鼻、舌、身是也。眼好視美色，嬌妻艷妾，非金屋不能貯，我出數貫錢買醜婦，亦可以嚴宗嗣。耳喜聽好音，笙歌樂部，非金錢不能給。我登樂游原聽秧歌，亦可以當絲竹。

清・福隆安《中樞政考》卷一六《癸部雜犯》　一在京在外，有將秧歌脚墮民婆土妓流娼女戲遊唱之人，容留在家，有職人員革職，照律治罪，其平時失察窩留此等婦女之該管武職，罰俸六個月。

清・王廷紹《霓裳續譜》卷七《鳳陽鼓鳳陽鑼》（秧歌）鳳陽鼓，鳳陽鑼，鳳陽人兒唱秧歌。好的好的都挑了去，剩下我們姐兒們唱秧歌。從南來了個小二哥，紅纓子帽兒歪戴着，撒拉着鞋兒滿街上串。家中娶了個拙老婆，提起來委實的拙，告訴爺們請聽着，那一日買了粗藍布，教他與我裁裁袂襬。燒餅吃了一百五，燒酒喝了十來斤多，一做做了兩三月。那一日拿起來試試袂襬，前襟衹搭脖攞蓋兒，後頭就是一拖羅，兩隻胳膊三隻袖。問聲爺們這是怎麽說。拾起根棍子纔要打，唬的他就戰多索，叫聲咳呀我的哥，你煞煞氣兒聽着我說：前襟衹搭你的脖攞蓋，教你走道迎風甚是利落。後頭就是一拖羅，教你擲骰子游湖你好鋪着。兩隻胳膊三隻袖，那一隻與你裝餑餑。小二聞聽忍不住的笑，拙老婆，嘴巧能會說。（岔尾）唱了一個又一個，一連唱了倒有七七八個，把些爺們喜歡的笑呵呵。

清・姚元之《竹葉亭雜記》卷一　圓明園宫門内正月十五放和盒，例也。即煙火盒子，大架高懸。一盒三層，第一層天下太平四大字，二層鴿雀無數羣飛，取放生之意，三層小兒四人擊秧歌鼓，唱秧歌，唱太平天子朝元日，五色雲中駕六龍一首。惟其時余觀之朝陽滿地，不見燈光矣。後停止。

清（乾隆）《潮州府志》　凡社中以演劇多者相誇耀。所演傳奇皆習南音，而操土風，聚觀晝夜忘倦，若唱崑腔，人人厭聽，輒散去。雖用絲竹，必鳴金以節之，俗稱馬鑼，喧聒難聽。又競以白鑼青蚨擲歌臺上，窮者輒取巾幘、衣帶、便面、香囊擲之，名曰丟采，次日則計其所值而贖之。伶人受值稱謝，争以爲榮。村氓歌唱多有聲無字，鹹矜新調，名曰畬歌。農者春時數十輩插秧田中，命一人撾鼓，每鼓一巡，群歌競作，連日不絶，名曰秧歌。此又不期而會者矣。

清（道光）《清澗縣志》　十五日上元，天官誕辰。按《三國志》云，熹平妖賊大起，漢中有張修爲五斗米道，有病者請禱，爲法書作三通。其一，上之天著山上。其一，埋之地。其一，沉之淵。謂之三官。今人稱天官、地官、水官，蓋昉此。街市遍張燈火，放花炮，聚石炭作幢塔狀，燃之光明竟夜。城鄉各演優伶雜唱，名曰秧歌。

清（道光）《鳳凰廳志》　元宵前數日，城鄉斂錢扮各樣花燈，爲龍馬、禽獸、魚蝦各狀，十歲以上童子扮演採茶，秧歌諸故事。

清・陳康祺《郎潛紀聞初筆》卷一二《京師四時之景物》　京師正月朔日後，遊白塔寺。望，西苑旃檀寺看跳喇嘛、打莽式、打鞦韆。元宵節前門燈市，琉璃廠燈市，正陽門摸釘，五龍亭看燈火、唱秧歌、跳鮑老、買粉團。

清・富察敦崇《燕京歲時記・過會》　過會者，乃京師游手，扮作開路、中幡、□箱、官兒、五虎棍、跨鼓、花鈸、高蹺、秧歌、什不閒、耍壜子、耍獅子之類，如遇城隍出巡及各廟會等，隨地演唱，觀者如堵，最易生事。如遇金吾之賢者，則出示禁之。

清（光緒）《永壽縣志》《皇華載筆》乾、永古樸，無雜戲。每逢佳辰令節，酒醴肴核，各從其便，家人父子，各盡其歡。惟元宵社火扮演故事，船燈、竹馬、採茶、秧歌，近今始有，古昔無之。

清（光緒）《吉林通志》　十五日爲元宵節。以粉糍祀祖先。街市張燈三日，金鼓喧闐，燃冰燈，放花爆，陳魚龍曼衍、高蹺、秧歌，旱船，竹馬諸雜劇。

清（宣統）《甘肅新通志》　元宵前後，廟宇設布棚，盛張燈彩，通市懸燈剪綵。十三日，謂之試燈，十七日，謂之殘燈。作粉粢，饋元宵。花爆簫管，彩帳錦棚，龍燈竹馬，秧歌社鼓，侈麗甲於隴右。

花鼓戲

論説

清・諸聯《明齋小識》卷九《花鼓戲》　花鼓戲傳未卅年，而變者屢矣。始以男，繼以女，始以日，繼以夜，始於鄉野，繼於鎮市，始盛於村俗農甿，繼沿于紈袴子弟。胡琴絃子，儼號宮商，淫婦奸夫，居然脚色，戲場中演出怪怪奇奇之陣，而海濱逐臭之夫，或集詩歌相贈，假曰多情，斯文掃地矣。

清・范祖述《杭俗遺風》 花鼓調以花鼓戲鑼一人獨敲獨唱，火神會夜間多用之。

紀事

清・畹香留夢室主人《淞南夢影録》卷一 無業流民及梨園子弟之失業者，糾土娼數輩薄施脂粉，裝束登場，蕩態淫聲。不堪聽覩，名曰花鼓戲。向年新北門外吉祥街一帶，不下十數家。自葉顧之觀察宰我邑時，嚴行禁止，有犯必懲，其風始息。比年，虹口及西門外幽僻之處，時或一演，苟爲捕房訪聞，無不即時逮案，方整鴛鴦之隊，旋罹犴狴之灾，而若輩遂不敢明目張膽矣。

藝文

清・蔣景祁《燕九竹枝詞》 齋房甘露降何方，花鼓秧歌沸羽觴。薄暮子城斜處立，夕陽一片酒人場。

清・袁啓旭《燕九竹枝詞》 秧歌初試内家裝，小鼓花腔唱鳳陽。如蟻遊人攔不住，紛紛擠過蹴毬場。

清・陳於王《燕九竹枝詞》 小兒花鼓鳳陽調，士女迥遭拍手笑。又有一班裝更奇，十番車上諸年少。

清・小鐵笛道人《日下看花記》卷一《二林》 荆釵更試小家妝，花鼓聲聲唱鳳陽。解得葫蘆依樣畫，風情原不在矜莊。

清・秦溫毅《上海縣竹枝詞》 花鼓淫詞蠱少孀，村臺淫戲誘鄉郎。安排種種迷魂陣，壞盡人心決大防。最壞者，花鼓淫詞，村臺淫戲，引誘子弟游蕩廢業。

清・王廷紹《霓裳續譜・萬壽慶典・花鼓獻瑞》 四段第一。身背花鼓手提鑼，誠心祝壽，朝見活佛齊唱萬壽歌。重。進了京都兩脚快如梭，逢人開口，問皇會何處，説着前去瞧瞧心爽樂。御路擁簇人烟也應多，擁擠擠肩無數笙歌。我的天呵，哩囉嗹嗹哩囉。

緊打鼓，慢□鑼，慢唱無疆太平歌。祝壽言詞誦一遍，列位雅静請聽着。

好一個豐收年，重。君又樂來民又安。聖明君慶萬壽，纔把那皇會來辦。重。鼓樂聲喧，重。各樣的景致列在兩邊。萬壽山捧壽桃，卻是白猿獻。重。好個劉海仙，重。行行步步撒金錢。脚踹着金蟾子，又把那丹來獻。重。瑞芝瑶草鮮，重。一望無邊那裏看得完。果真是昇平世，今日纔得見。重。雅静無人言，重。忽聽一陣細樂聲喧。擁護着仁聖君，後掌着龍鳳扇。重。我這裏跪平川，重。跪拜磕頭在壽筵前，都祝着聖明君纔把那佛來念。重。

右小人八名，扮鳳陽女式，穿手藍布衫彩褲，汗巾搭頭，四鑼四鼓。

後場：笙、笛、琵琶、絃子、鼓板。

雜録

清・李斗《揚州畫舫録》卷五《新城北録下》 謝壽子扮花鼓婦，音節凄婉，令人神醉。陸三官花鼓得傳，而熟於京、秦兩腔。

又卷九《小秦淮録》 至康熙間，裁樂户，遂無官妓，以燈節花鼓中色目替之。揚州花鼓，扮昭君、漁婆之類，皆男子爲之。故俗語有好女不看春，好男不看燈之訓。

清・西溪山人《吴門畫舫録》卷上《陳桐香小傳》 陳桐香，字璧月，行三。浙之姚江人。微眺含睇，蛾眉連蜷。裙下雙趺，尤爲罕儷。工演戲，非昆非弋，俗謂花鼓戲者，是浙東瀕海邑，厥風甚盛。時值木棉脱樹，採擷盈野，以戲進者日集。姬獨不屑爲。往來吴越間，所識多豪門右族、貴戚公子。或買舟向村落居人斂錢演劇，士女如雲，負販駢坒，陸博蹋毬之徒以及游手無常業者，往往藉姬以食，姬可謂超乎流輩矣。然姬少傾心於梁溪某公子，有終焉之志。將之邗江，公子填詞贈別云：阿娘知道嫁東風，挈兒也作飄零絮。蓋時姬尚十五待字女也，今二十五年矣，十載江湖，依然漂泊，豈姬之初志哉。春初，攜其假妹小憐來。小憐姓唐氏名愛，腰支瘦削，眉黛間蘊可憐之色，時稱爲兩璧人，相邀者益無虛日。余遇之邑中吴丈家席間，主人爲姬乞名，碧城字以璧月，以小憐字唐姬。酒半，願登場爲諸君壽，而諸君亦爲姬樂盡一觴。燈樹百枝，氍毹六尺，雙花掩映，紙醉金迷。殆□賓散，漏下已四鼓矣。

清·余浩《得一録》卷一五三《高子憲約》　花鼓淫戲，誨淫實甚，尤爲民俗大害，務須密訪查拿，立予嚴懲，庶風俗可端，人心可正。案高子指高攀龍。

清（同治）《芷江縣志》　初九日爲天誕，道觀有設醮者。十日以外，貨燈於市。十三日夜，各家張燈門外，謂之上燈，十四夜亦然。十五日上元節，早亦有相賀者。和米粉爲丸，謂之元宵團，以餉客。夜則彩燈懸照，以巧麗角勝，鳴金鼓達旦，謂之鬧元宵。其燈，裁繒剪紙，像人物、花果、禽魚，童子執之，繞街而行。又爲百戲，若耍獅走馬，打花鼓，唱四大景曲，扮採茶婦，帶假面啞舞諸色，人人家演之。又舞龍燈，沿街盤繞，簫鼓喧闐，道路鼎沸以爲樂。

清·陳康祺《郎潛紀聞初筆》卷一二《京師四時之景物》　十二月賣像生花供佛，打太平鼓。

清·楊恩壽《坦園日記》卷一　十二日。陰。泊西河口，距永興二十餘里。對岸人聲騰沸，正唱花鼓詞。楚俗於崑曲，二簧之外，別創淫辭，余固久知之而未見也。時沈霾净掃，新月微明，與桂僕以百錢另買小舟，剪波而渡。至則金鼓轟雲，燈光如海。縛草爲臺，環以破布，臺側別有茅屋，蓋粧束處也。粧畢緣梯而上。鄉人争先睹以爲快，咸伺於此，人數半於臺下焉。余至，正演次齣之半，不識其名。有書生留柳鶯婢於室，甫目成而書僮至，倉卒匿案下。書生與僮語，輒目注案下，案下人亦送盼焉。僮覺，執婢，書生羞而遁。僮婢相調，極諸冶態。臺下喝采之聲，幾蓋鉦鼓，擲金錢如雨。柳鶯流目而笑，若默謝云。次齣聞係《整鞋》。始出丑演張三，次出旦演金氏，爲嫂叔稱。三鞋破，倩金針紉。金始績而縫之，紡車線篚，神在箇中。縫畢，三、金唱歌以娱，此倡彼答，褻不耐聞。歌闋，遂摟而去。其排場合《金蓮調叔》及《賣肉打線》爲一。時斗柄欲東，露濃濕帽，余遂呼棹返。聞柳鶯爲金氏之弟。柳黎而媚，金頎而長，二惠雖稱二美，難弟究勝難兄。使柳隸梨園，亦佳品也。

清（同治）《黔陽縣志》　十五，彩燈懸照，以巧麗角勝，鳴金鼓達旦，謂之鬧元宵。其燈，裁繪剪紙像人物，花果，禽魚，童子執之，繞街而行。又爲百戲，若耍獅走馬，打花鼓唱四大景曲，扮採茶婦，帶假面啞舞諸色，入人家演之。又舞龍燈，沿街盤繞，簫鼓喧闐，道路鼎沸以爲樂。

清（同治）《江蘇布政司禁止元妙觀内各茶坊演唱灘黄碑》　署理江南蘇州等處承宣佈政使司王，爲出示嚴禁事。照得演唱淫戲，久幹例禁，而花鼓灘黄，多系男女猥褻情事，忘廉喪恥，長惡導淫，尤爲風俗人心大害。節經示諭嚴禁不許演唱在案，乃訪得元妙觀内各茶坊，仍多雜唱灘黄淫曲，男女環聽，哄動多人，實屬有傷風化。除飭縣拿辦外，合亟出示嚴禁，爲此示仰軍民人等知悉。自示之後，如有無恥之徒，再蹈前轍，依然演唱彈黄，許即扭解到案，以便立予懲究斥逐，毋任延害，其各凜之，切切特示尊。同治六年三月初四日示。

清·錢學綸《語新》卷下　花鼓戲不知始何時，其初乞丐爲之，今沿城鄉搭棚唱演。淫俚歌謡，醜態惡狀，不可枚舉。初村夫村婦看之，後則城中具有知識者亦不爲嫌，甚至頂冠束帶，儼然視之，殊可大噱。余今年五十有四，當二十歲外猶未聞也。或曰：興將二十餘年。或云：某村作戲，寡婦再醮者若干人；某鄉唱演，婦女越禮者若干輩，後生子弟，着魔廢業，演習投夥，甚至染成心疾，歌唱發癲。

儺簧腔

論説

清·顧禄《清嘉録》卷一　攤簧，乃弋腔之變，以琵琶、絃索、胡琴、檀板，合動而歌。

灘簧腔

論説

清・范祖述《杭俗遺風》 灘簧以五人分生旦净丑脚色，用絃子、琵琶、胡琴、鼓板，所唱亦係戲文。如《謁師》、《勸農》、《梳妝》、《跪池》、《和番》、《鄉探》之類，不過另編七字句，每本五六齣，工錢一千六百文。近又興鑼鼓兒灘簧，亦有串客，不秤工須，請其盛飾酒飯，小孩彌月百禄週歲等多用之，喜事生日空日亦用之。

雜録

清・錢泳《履園叢話・叢話一二・藝能・演戲》 演戲如作時文，無一定格局，衹須酷肖古聖賢人口氣，假如項水心之何必讀書，要象子路口氣，蔣辰生之愬子路於季孫，要象公伯寮口氣，形容得象，寫得出，便爲絶搆，便是名班。近則不然，視（金釵）（琵琶）諸本爲老戲，以亂彈、灘王、小調爲新腔，多搭小旦，雜以插科，多置行頭，再添面具，方稱新奇，而觀者益衆，如老戲一上場，人人星散矣，豈風氣使然耶。

清・王廷紹《霓裳續譜》卷八（南詞彈黄調） 昨宵同夢到天臺，今晚冤家還未來。風弄竹聲歸曉院，月移花影上瑶堦。蓮步穩，立粧臺，迢迢長夜實難挨。壺中漏滴更將盡，案上燈殘門半開。郎嗄，你莫非別戀着閒花草，莫不是先生嚴禁在書齋。早難道被人識破了機關事，因此上阻住藍橋未得來。教奴這一猜，那一猜，多因是你薄倖不成才。明宵若得重相會，我要問問你，會少離多該不該。休要在我的跟前再賣乖。僧家有經一種名曰《孔雀經》，編列各調戲曲，如崑腔、亂彈、徽調、灘簧及九調十三腔，均皆齊備。以和尚八人，分生旦净丑各音，吹彈歌唱儼同唱戲，家有素事方用之。

清（同治）《江蘇布政司禁止元妙觀内各茶坊演唱灘黄碑》 署理江南蘇州等處承宣佈政使司王。爲出示嚴禁事，照得演唱淫戲。久幹例禁，而花鼓灘黄，多系男女猥褻情事，忘廉喪恥，長惡導淫，尤爲風俗人心大害。節經示諭嚴禁不許演唱在案，乃訪得元妙觀内各茶坊，仍多雜唱灘黄淫曲，男女環聽，哄動多人，實屬有傷風化。除飭縣拿辦外，合亟出示嚴禁，爲此示仰軍民人等知悉。自示之後，如有無恥之徒，再蹈前轍，依然演唱彈黄，許即扭解到案，以便立予懲究斥逐，毋任延害，其各凜之，切切特示尊。同治六年三月初四日示。

採茶戲

論説

清・王驥德《曲律》卷一《論曲源第一》 何元朗謂：更數世後，北曲必且失傳。宇宙氣數，於此可覘。至北之濫流而爲（粉紅蓮）、（銀紐絲）、（打棗竿），南之濫流而爲吴之山歌、越之採茶諸小曲，不啻鄭聲，然各有其致。繇兹而往，吾不知其所終矣。

藝文

清・王廷紹《霓裳續譜》卷八《萬壽慶典・美女採茶》 春和壽山萬花開，手提竹籃到萬壽臺。採取早春供壽儀，同與當今祝壽來。一

壽樹長青年年在，仁君慈德壽同天臺。一統江山萬萬代，黎民仰賴聖賢才。二

春分夏至壽天長，南山喬嶽萬壽無疆。千秋庶民年年慶，盛世豐年慶吉祥。三

蒙山壽茶進獻嘗，當今烹茶的聖水出在揚子江。民女採茶把菩薩供，托賴着吾皇永享安康。四

秋分八月永升恒，壽比南山福壽安寧。尋採仙蕊來祝壽，採的是上苑共遐齡。五

當今長生壽與山同，代代長青不老松。庶民安泰普天樂，慶的是萬載千秋五穀豐登。六

中秋最爽八月天，聖壽無疆正十三。萬國來朝來進貢，樣樣壽儀真罕然。七

天下感念聖明福全，仁君臣清民自安。採取仙蕊來慶壽，祝慶長生不老萬萬年。八

（清江引）民女採茶慶萬壽，特來賀千秋，年年皆如此，長來把生辰叩。願吾皇永安康，萬壽萬萬壽。

右小人四名，女扮採茶，彩衫白裙，坎肩汗巾，手提採茶籃鈎。

後場：笙、笛、琵琶、鼓板、絃子。

雜録

清（光緒）《容縣志》 十五，彩燈懸照，以巧麗角勝，鳴金鼓達旦，謂之鬧元宵。其燈，裁繪剪紙像人物，花果，禽魚，童子執之，繞街而行。又爲百戲，若耍獅走馬，打花鼓唱四大景曲，扮採茶婦，帶假面啞舞諸色，入人家演之。又舞龍燈，沿街盤繞，簫鼓喧闐，道路鼎沸以爲樂。

清（光緒）《新寧州志》 元宵前數日，城鄉多剪紙爲燈，或龍，或獅子及各鳥獸狀，十歲以下童子扮演採茶，秧歌諸故事。至十五夜，笙歌鼎沸，盈街達旦，士女聚觀，統曰鬧元宵。是日，作油粢，元宵團相饋遺。觀燈之後，又各聚資唱梨園，名曰燈戲。

清（道光）《鳳凰廳志》 元宵前數日，城鄉斂錢扮各樣花燈，爲龍馬、禽獸、魚蝦各狀，十歲以上童子扮演採茶、秧歌諸故事。

清・紹興師爺《示諭集録》 爲嚴禁演唱採茶，以維風化事。照得上元佳節，乃普天同樂之候，故民間演扮雜劇，以及掛燈歌唱，在爲民上者，原不概爲嚴禁，以樂昇平。過此以往，即宜各務本業，士則横經，農則負耒，商則懋遷，工則居肆，婦人女子，則專事紡織針刺，方爲風俗之美。今本縣訪聞梅邑城鄉村鎮，自新正以來，演唱採茶者，迨無虚夜，燈火酒飯，縻費實多。而且誘引良家婦女，夤夜觀看，游手棍徒，逐隊奔馳，易致滋奸生事。風化攸關，合亟示禁。爲此示仰縣屬城鄉村鎮各士民人等知悉。自示之後，即各務本業，勿得仍得搭臺斂費，演唱採茶。倘有不遵示禁，許該地方保甲人等，立即指名禀縣，定將爲首演唱，並縱令子弟歌唱之父兄，一併重杖不貸。各宜凛遵毋違。特示。

花燈戲

雜録

清（嘉慶）《陽江縣志》 初十、十一晚開燈，十六晚散燈。各邀親友聚飲，謂之飲燈酒。好事子弟裝成彩龍鳳諸色物類，沿門慶演，謂之賀元宵。間或扮故事，裝採蓮船，以姣童飾爲採蓮女，花燈千百計，鑼鼓喧天，遨遊城市，觀者填衢塞路，徹夜始散，謂之鬧元宵。

清（道光）《辰溪縣志》（正月）元宵前數日，城鄉多剪紙爲燈，象鳥獸、魚蝦等狀，令童子扮演採茶故事。是夜笙歌鼎沸，盈街達巷，士女聚觀，曰鬧元宵。燈節後，聚錢演戲，曰燈戲。

清（同治）《續修永定縣志》（正月）初三日後，城鄉即盛鼓吹，扮魚龍、獅子、花燈諸戲，而初九名上九，十三名上元，十五元宵尤盛。

清（道光）《鳳凰廳志》（正月）元宵前數日，城鄉斂錢扮各樣花燈，爲龍馬、禽獸、魚蝦各狀，十歲以上童子扮演採茶、秧歌諸故事。

清・顧録《吴趨風土録》 老郎廟，梨園總局也。凡隸樂籍者，必先

署名於老郎廟。廟屬織造府所轄，以南府供奉，需人必由織造府選取故也。每歲竹醉日後，炎暑逼人，宴會漸稀，園館停烹炙，不復歌演，謂之散班。散而復聚，曰團班。團班之人，俗稱戲螞蟻。中元前後，擇日祀神，演劇謂之青龍戲。迆邐秋深，增演燈戲。燈戲出場，先有坐燈彩畫臺閣人物故事，駕山倒海而出，鑼鼓敲動，魚龍曼衍，煇煌燈燭，一片琉璃。蓋金閶戲園不下十餘處，居人有宴會，皆入戲園，爲待客之便。擊牲烹鮮，賓朋滿座，闌外觀者，亦累足騈肩，俗目之爲看閙戲。

清（光緒）《黎平府志》（正月）上元前後數夕，城市備鼓樂，制龍燈，裝故事，填街充巷。又有以童男扮女裝，唱《採茶曲》，謂之花燈，俱至十六日止。

清（康熙）《上思州志》卷二〇（正月）元夕前三夕，各處張燈，演諸故事，爲升平之慶。

十不閑

題解

清·葉夢珠《閱世編》卷一〇 吴中新樂，絃索之外，又有十不閒，俗訛稱十番，又曰十様錦。其器僅九：鼓、笛、木魚、板、撥鈸、小鐃、大鐃、大鑼、鐺鑼，人各執一色，惟木魚、板，以一人兼司二色，曹偶必久相習，始合奏之，音節皆應北詞，無肉聲。諸閒遊子弟，日出長技，以鼓名者，前有陸勤泉，號霹靂，今爲王振宇。以笛名者，前有某，今爲孫霓橋，以吹笛病耳聾，又號孫聾。若顧心吾、施心遠輩，或以鐃名，或以鈸名，皆以專家著者也。其音始繁而終促，嘈雜難辨，且有金、革、木而無絲、竹，類軍中樂，蓋邊聲也。萬曆末與絃索同盛於江南。至崇禎末，吴閶諸少年，又創爲新十番，其器爲笙、管、絃。

論說

清·蘂珠舊史《夢華瑣簿》 近來諸部大軸子，恒至日昳乃罷，惟四喜部日未高春即散，猶是前輩風格。內城無戲園，但設茶社，名曰雜耍館。唱清音小曲，打八角鼓，十不閒，以爲笑樂。南城外小戲園或暇日無聊，亦有檔子赴園。然自是雜耍館之例，非復當年大戲散相繼登場意思也。

藝文

清·李聲振《百戲竹枝詞·十不閒》 鳳陽婦人歌也。設一桁，若榢枷然，上鐃，鼓，鉦，鑼各一，歌畢，互擊之以爲節，名打十不閒。 鐃鼓鉦鑼備特懸，鳳陽新唱幾烟鬟。問渠若肯勤蠶織，何事誇人十不閒。

清·佚名《都門竹枝詞》 某日某園演某班，紅黄條子貼通闤。太平鑼鼓灘黄調，更有三堂什不閒。

清·得碩亭《草珠一串》 頑笑人能破酒顔，無分籍貫與京蠻。而今雜耍風斯下，到處俱添十不閒。

太平鼓

紀事

清·王廷紹《霓裳續譜·萬壽慶典·五穀豐》 二段第一。（朝天子）太平鼓齊喧，慶賀豐年。萬壽曲唱無疆，海屋籌添，比南山在先。滿乾坤河清海晏，皇恩似天。萬萬民瞻聖顔，樂然。喜千秋奇花開徧，效堯天，誰曾見。重。

太平鼓響叮噹，太平歌詞慶吉祥。太平天子朝元日，太平景象慶吾皇。

太平鼓響噹叮，太平千秋永升恒。太平民歌太平世，太平萬福與天同。

太平鼓舞金階，太平盛世萬國來。誠祝當今千秋歲，諸邦仰賴聖賢才。

太平鼓響連天，太平軍民慶壽誕。豐衣足食家家樂，五穀豐登大有年。

（千秋歲）景星明，更有那慶雲應。福六合舞踏歌咏，各表虔誠。重。億萬聳皇圖承天命，太平鼓聲聲應。太平歌人人聽，聽者齊歡慶。慶天禧有象，浩蕩難名。

右小人五名，扮童採蓮。紅褉褲，身背青燈籠，內嵌穀穗二枝，風箏一個，絲縧一條，手舞太平鼓，每人一面。

後場：笙、笛、鼓板、絲絃。吹打過文武鼓。

藝文

清・李聲振《百戲竹枝詞・太平鼓》 形圓平，覆以高麗紙，下垂十餘鐵環，擊之則環聲相應，曲名太平年，農人元夜之樂也。 句麗畫紙黑連環，春鼓聲中不夜天。恠道燈街杖農樂，歌聲已是太平年。

清・董偉業《揚州竹枝詞》 賽會迎神次序排，捨身人各照腰牌。今年例許收瘟疫，不禁鳴鑼過院街。

鞾破難縫走不忙，忽然閙跳又慌張。太平鼓子銅錢響，親喊一聲王大娘。

清・佚名《燕臺口號一百首》 輪跳白索鬧城闉，元夕燒香柏作薪。絡索連環聲響應，太平鼓打送年人。元夕兒童作跳白索之戲，又以高麗紙厚糊作羯鼓，柄掛數銅圈，隨擊隨摇，名太平鼓，亦曰送年。

清・何耳《燕臺竹枝詞》 鐵環振響鼓蓬蓬，跳舞成羣歲漸終。見説太平都有象，衢歌聲與壤歌同。

清・楊米人《都門竹枝詞》 雪亮玻璃窻洞圓，香花爆竹霸王鞭。太平鼓打鼕鼕響，紅線穿成壓歲錢。

清・學秋氏《續都門竹枝詞》 火樹銀花繞禁城，太平鑼鼓九衢行。今年又許開燈戲，貴戚傳柑到四更。

清・佚名《都門竹枝詞》 某日某園演某班，紅黃條子貼通闤。太平鑼。太平鑼鼓灘黃調，更有三堂什不閒。

雜録

清・富察敦崇《燕京歲時記・風箏、毽兒、琉璃喇叭、咘咘噔、太平鼓、空鐘》 又帝京景物略云：元夕童子撾鼓，旁夕向曉，曰太平鼓。今自十月即有之，不必在元夕矣。至謂太平鼓即羯鼓者，非也。羯鼓者，乃今梨園所用之進鼓，以雙杖擊之。故唐人詩曰，頭如青山峰，手如白雨點。若單杖擊之者，安能如此繁密耶。空鐘，舊聞不載。

花調

題解

清・范祖述《杭俗遺風》 花調亦以五人分脚色，用絃子、琵琶、洋琴、鼓板所唱之，書均係七字唱本。其調慢而且爛，每本五六回，工錢一千二百文，大户人家不興，小户人家及人頭聚會街書多用之。

衡陽湘劇

雜録

清・楊恩壽《坦園日記》卷一《郴遊日記》 初四日。晴，甚燠，更袷衣焉。早起探得財神殿演老天源部，午間遂獨步河街，入賓日門，由集賢巷而至劇場，人海人山，萬頭攢動。始演《趙宏觀榜》，次演《沙橋餞別》，殊泠落也。忽芑江兄至，見此劇，立少許，辭而之它。排場忽換爲《斬黄袍》之戲，生旦浄丑頗佳，韓素梅風神甚雋，稍嫌環肥耳。午臺歇，余遂回舟，飯後，仍舊路焉。正演《生祭》，一聲淚落，千古心酸，雖玉貌稍斑，而珠喉最脆，蓋衡郡之鞠部班頭也。次演崑曲之《刺梁》，最劣。興致闌珊，出郭門，殆將歸矣，河市行人如織，譁言萬壽宮戲局絶佳，余亦隨之而往。正演《三官堂》全圍。偌箇負情儂，余所素惡。且是部子弟，老者白髮新矣，少者黄口粲然，參伍錯綜，尤不耐寓目。臺下三五少年相謂，此義合班也，視老天源相去甚遠。旨哉言乎。黄昏人散，踽踽獨歸，新月如鈎，遠掛林杪。居停飲觀察署未回。泊衡州一日，職是故耳。閲省鈔，知夏寶生署湘陰。惜余已出省，不與之偕。嘻，緣也。

鳳陽腔

藝文

清・袁啟旭《燕九竹枝詞》 青驄油壁閧街陌，羅綺香風嬌絡繹。年例傾都盡一行，白雲觀裏尋仙客。

誰家兒郎絶纖妙，馬上探丸花裏笑。翠袖妖嬈得得來，星眸偷擲輪年少。

五劇三條乍暖天，一重塵起一重烟。路傍故老傳遺事，猶説元朝至正年。

秧歌初試内家裝，小鼓花腔唱鳳陽。如蟻遊人攔不住，紛紛擠過蹴毬場。

神仙端的是誰人，笑殺黄冠羽服身。一片軟紅迷去住，白雲何處覓長春。

鞭梢亂點出胡同，道遇諸王一陣風。孔雀金翎圍小隊，珠鞍寶馬坐當中。

玉河冰泮春雲滿，橋上人歸歌緩緩。車中打出十番新，日暮影斜聲未斷。

昨朝海淀城西路，争看君王開火樹。今日齊來彰義門，遊絲又絆春人住。

燕山正月春茫茫，卻道他鄉勝故鄉。那比江南江水上，緑波雙槳野梅香。

梁山調

紀事

清・黄勤業《蜀遊日記》 三十日，曙色初開。行經蠶市，漸聞鼓聲隱隱，由遠而近，土人咸曰祭馬頭娘也。是馬頭娘之爲蜀人無疑矣。過老君臺至鐵廠鋪，山徑崎嶇，石崖嵂峛，人行屈曲，蹊中仰不見日，殆所稱爲羊腸道者。歟後歷長山橋，來牟鋪踏紫山，皆小村落，竹籬茅舍，饒有古風。宿竹園鋪。是夜，鄉人作優戲，登場不多人，聲容俱無，足取其班，曰燈班。調曰梁山調，蓋由梁山縣人上元燈事所作而留遺，以至於今也。

歌仔戲

論説

清・連横《雅言》 臺北近有歌仔戲，亦曰白話戲。則由車鼓、采茶而演進者也。其説、唱皆用臺語，且能演亂彈所演之劇，故婦女喜觀之。然編劇者既無藝術觀念，演之者又多市井無賴，故每陷於誨淫敗俗之事。余意此劇頗合鄉土文學，如得有心人而管理之，脚本、脚色均爲選擇，求適時代，爲社會教育之補助。則其號召感化力，比之改良戲、文士劇尤爲易易。

又 臺灣之劇凡數種。曰亂彈，即正音也。曰四平，則崑曲之支流也；曰老戲，即樂律似崑而曲爲南詞。曰戲仔，即七子班，猶古之小梨園也。唱詞道白，皆用泉音，其所演者亦多泉州故事，如茘鏡傳，護國寺等。又有傀儡班、掌中班，亦泉劇也。

道情

藝文

清・李聲振《百戲竹枝詞・唱道情》 道士曲。以鰺魚皮鼓竹板節歌，實與梵音無異。 拍板曾傳藍采和，黄冠一曲緩相過。聽來鰺鼓歌雲笈，真是魚山唱貝多。

雜録

清・范祖述《杭俗遺風》 道情以漁鼓、簡板爲用，所唱多勸世文，大家小户多不興，惟街書有之。

火神戲

雜録

清（同治）《河源縣志》 八月迎北帝、東嶽、華光、三界、九帝、五聖，分日出遊，亦先駐駕於教場演武廳，裝演雜劇如正月，然而踴躍過之。建醮多沿年例，演戲不拘乎時，惟鄒家園先有例戲神，曰火神戲。同治元年，緣事經知縣梅霈霖勒石存案，永禁其例，遂革。

馬頭調

論説

清・楊掌生《京塵雜録》 京城極重馬頭調，游俠子弟必習之。硜硜然，斷斷然，幾與南北曲同其傳授，其調以三絃爲主，琵琶佐之。呼韻曰轍，謂换韻曰换頭，所用韻即元人周德清《中原音韻》。 南中歌伎唱馬頭調皆小曲。北道郵亭，抱琵琶入店小女子，唱九連環帶都魯，每卸裝酤村釀解乏。聽之亦資笑樂，皆與京城馬頭調不同也。孔東塘桃花扇聽稗一齣，演説太師摯適齊一章，云是賈凫西刑部所製鼓兒詞也，京城馬頭調即此意）。

藝文

清・學秋氏《續都門竹枝詞》　秋波臨去轉難當，白眼看它顧曲郎。一自馬頭勾調盛，瞎姑鎮日瞎奔忙。

臺歌

藝文

清・李聲振《百戲竹枝詞・臺歌》　作臺閣狀，中設機械，扮十餘歲童，爲雜劇，數重。有於掌上見舞人者，甚可觀。　樓閣層層聳絳霄，半天霓羽奏仙韶。近來蓮底花猶好，掌上分明静婉腰。

八角鼓戲

論説

清・蘂珠舊史《夢華瑣薄》　近來諸部大軸子恒至日昳乃罷，惟四喜部日未高春即散，猶是前輩風格。內城無戲園，但設茶社，名曰雜耍館。唱清音小曲，打八角鼓，十不閒，以爲笑樂。南城外小戲園或暇日無聊，亦有檔子赴園。然自是雜耍館之例，非復當年大戲散相繼登場意思也。

藝文

清・李聲振《百戲竹枝詞・八角鼓》　形八角，手擊之以節歌。都門有之。　楹鼓足鼓制不一，此鼓如何八角敲。聞説靁鼗曾八面，天神可復降南郊。

清・楊米人《都門竹枝詞》　同樂軒中樂最長，開來軸子未斜陽。打完八角連環鼓，明慶新班又出場。

雜録

清・富察敦崇《燕京歲時記・封臺》　封印之後，梨國戲館擇日封臺，八班合演，至來歲元旦則賜福開戲矣。亦所以歌詠昇平也。按京師戲劇，風尚不同。咸豐以前，最重崑腔，高腔即弋腔，高腔者，有金鼓而無絲竹，慷慨悲歌，乃燕土之舊俗也。咸豐以後，專重二簧，近則並重秦腔。秦腔者，即俗所謂梆子腔也。內城無戲園，外城乃有。蓋恐八旗兵丁習於逸樂也。戲劇之外，又有托偶讀作吼。影戲、八角鼓、什不閑、子弟書、雜耍把式、像聲、大鼓、評書之類，托偶即傀儡子，又名大臺宮戲。影戲借燈取影，哀怨異常，老嫗聽之多能下淚。八角鼓乃青衣數輩，或弄絃索，或歌唱打諢，最足解頤。什不閑有旦有丑而無生，所唱歌詞別有腔調，低徊婉轉，冶蕩不堪，咸同以前頗重之，近亦如廣陵散矣。子弟書音調沉穆，詞亦高雅。雜耍把式即變戲法兒武技之類。像聲即口技，能學百鳥音，並能作南腔北調。嬉笑怒駡，以一人而兼之，聽之歷歷也。大鼓、評書最能壞人心術。蓋大鼓多采蘭贈芍之事，□閣演唱，已爲不宜，評書抵掌而談，別無幫襯，而豪俠亡命，躍躍如生，市兒聽之，適易啓其作亂爲非之念。有心世道者，其思有以禁之也。

清・王廷紹《霓裳續譜》卷八《萬壽慶典・八方樂業》　普天慶祝長生，衆歌童秉虔誠笑盈盈，誠心共把壽詞頌。

八月中秋慶吾皇，手捧着鼓兒響叮噹，樂業八方，重軍民皆賴福田廣，文忠武勇報君恩，位列朝綱，重漁樵耕讀士農工商，永享安寧昇平世，國泰民康，重壽與天齊，亘古無雙，花甲常周永綿綿，萬古把名揚，盛世吉祥，歌盛世慶無疆，身康泰精氣爽，軍民瞻仰多歡暢，掌山河大清一統，勝受堯萬載稱揚。

慶吾皇世無雙，八旬蟠桃萬載揚，願福如東海壽與天長。

右小人八名，俱穿蓮襖孩髮，手拿八角鼓，上嵌線繐。

青龍戲

雜録

清・顧録《吴趨風土録》 老郎廟，梨園總局也。凡隸樂籍者，必先署名於老郎廟。廟屬織造府所轄，以南府供奉，需人必由織造府選取故也。每歲竹醉日後，炎暑逼人，宴會漸稀，園館停烹炙，不復歌演，謂之散班。散而復聚，曰團班。團班之人，俗稱戲螞蟻。中元前後，擇日祀神，演劇謂之青龍戲。迆邐秋深，增演燈戲。燈戲出場，先有坐燈彩畫臺閣人物故事，駕山倒海而出，鑼鼓敲動，魚龍曼衍，煇煌燈燭，一片琉璃。蓋金閶戲園不下十餘處，居人有宴會，皆入戲園，爲待客之便。擊牲烹鮮，賓朋滿座，闌外觀者，亦累足駢肩，俗目之爲看閒戲。

瞽目戲

雜録

清（咸豐）《瓊山縣志》 中秋有月，解戲文者使童男瞑目立於月下，持咒誦之，須臾如醉如癡，而步履往來能隨其所唱之聲，而各肖其人以出，謂之關月，又謂之瞽目戲。但聲不宜寂，寂則張目而醒。

青苗戲

雜録

清（光緒）《湘潭縣志》 五、六月，民間醵錢演青苗戲，以禳災疫。

十番

綜述

清・錢泳《履園叢話・叢話一二・十番》 十番用緊膜雙笛，其聲最高，吹入雲際，而佐以簫管，三絃，緩急與雲鑼相應，又佐以提琴，鼉鼓，其緩急又與檀板相應，再佐之以湯鑼，衆樂既齊，乃用羯鼓，聲如裂竹，所謂頭似青山峯，手如白雨點，方稱能事。其中又間以木魚，檀板，以成節奏。有〔花信風〕、〔雙鴛鴦〕、〔風擺荷葉〕、〔雨打梧桐〕諸名色。憶於嘉慶己巳年七月，余偶在京師，寓近光樓，其地與圓明園相近，景山諸樂部嘗演習十番笛，每於月下聽之，如雲璈疊奏，令人神往。余有詩云：一雙玉笛韻悠揚，檀板輕敲徹建章。太液池邊花外路，有人背手聽宮牆。

蓮花落

論説

清・張燾《津門雜記》卷下《唱落子》 北方之唱蓮花落者，謂之落子，即如南方之花鼓戲也。係妙齡女子登場度曲，雖於妓女外別樹一幟，然名異實同，究屬流娼。貌則誨淫，詞則多褻，一日兩次開演，不下十人。粉白黛緑，體態妖嬈，各銜所長，動人觀聽。彼自命風流者，争先快覩，趨之如鶩，擊節歎賞，互相傳述。每有坐客點曲，争擲纏頭，是亦大傷風化。前經當道出示禁止，稍知斂跡，乃邇來復有作者，改名爲太平歌詞云。

侉調

論説

明・沈寵綏《度曲須知・曲運隆衰》 惟是散種如〔羅江怨〕、〔山坡羊〕等曲，彼之簝，箏，渾不似諸器者，彼俗尚存一二，其悲悽慨慕，調近於商，惆悵雄激，調近正宫，抑且絲揚則肉乃低應，調揭則彈音愈渺，全是子母聲巧相鳴和。而江左所習〔山坡羊〕，聲情指法，罕有及焉。雖非正音，僅名侉調，然其愴怨之致，所堪舞潛蛟而泣嫠婦者，猶是當年逸響云。

石碑腔

清・葉夢珠《紀聞》卷一〇 陳臥子曰：聲音，惠逆之先見者也。昔兵未起時，中州諸王府，樂府造絃索，漸流江南，其音繁促淒緊，聽之哀蕩，士大夫雅尚之。因大河以北有所謂夸調者，其言絶鄙，大抵男女相怨離別之音，靡細難辨，又近邊聲。自此以後，政事日蹙，兵滿天下，夫婦仳離者，不可勝數。

紀事

清（乾隆）《查辦戲劇違礙字句案・郝碩折》 江西巡撫臣郝碩謹奏：爲遵旨覆奏事，竊臣於乾隆四十五年十二月二十五日，承准大學士公阿桂等字寄乾隆四十五年十一月二十八日奉上諭，前因外間流傳劇本，如明季國初之事，有關涉本朝字句，亦未必無違礙之處。傳諭伊齡阿：全德留心查察，斟酌妥辦。茲據伊齡阿覆奏，派員慎密搜訪，查明應删改者删改，應抽掣者抽掣，陸續粘籤呈覽。再查崑腔之外，有石碑腔，秦腔，弋陽腔，楚腔等項，江廣、閩浙、四川、雲貴等省，皆所盛行。請勅各督撫查辦等語，自應如此辦理。著將伊齡阿原摺抄寄各督撫閱看，一體留心查察，但須不動聲色，不可稍涉張皇。將此遇各督撫奏事之便，傳諭知之，欽此。欽遵。寄信到臣，臣查江西崑腔甚少。民間演唱有高腔、梆子腔、亂彈等項名目，其高腔又名弋陽腔。臣檢查弋陽縣舊志，有弋陽腔之名，恐該地或有流傳劇本，飭令該縣留心查察。隨據禀稱，弋陽腔之名不知始於何時，無憑稽考。現今所唱即係高腔，並無別有弋陽詞曲。並據附省之南昌府禀稱，遵經傳諭各戲班，將戲本内事涉明季及關係南宋、金朝故事扮演失當者嚴行禁除外，所有繳到各戲本，派員查核。内有《全家福》、《乾坤鞘》二種，語有違礙。又《紅門寺》一種，扮演本朝服色，應呈請查辦等情，臣與藩臬兩司覆核無異。查江右所有高腔等班，其詞曲悉皆方言俗語，俚鄙無文，大半鄉愚隨口演唱，任意更改。非比崑腔傳奇出自文人之手，剞劂成本，遐邇流傳，是以曲本無幾。其繳到者，亦係破爛不全抄本。現在檢出之三種内，《紅門寺》係用本朝服色，《乾坤鞘》係宋金故事，應行禁止。《全家福》所稱封號，語涉荒誕，且核其詞曲，不值刪改，俱應竟行銷燬。臣謹將原本粘籤恭呈御覽。至如瑞州、臨江、南康等府，山隅僻壤，本地既無優伶，外間戲班亦所罕至。惟九江、廣信、饒州、贛州南安等府，界連江廣、閩浙，如前項石碑腔、秦腔、楚腔，時來時去。臣飭令各該府時刻留心，遇有到境戲班，傳集開諭，務使一體遵禁改正，以昭我皇上端本維風之至治。仍不許稍有張皇及苟且從事，致干嚴行參究。所有現在遵旨查辦緣由，理合恭摺覆奏，伏祈皇上睿鑒，謹奏。乾隆四十六年四月初六日。硃批：知道了。

打稻戲

論說

明·史玄《舊京遺事》 内臣鐘鼓司，專一統領俳優，如古梨園伶官之職。成化中，阿丑以譎諫，知名於後。舊止有打稻、過錦諸宫戲。按：宫中西内秋成之時，設打稻之戲，聖駕幸旋磨臺、無逸殿，親賜觀覽。鐘鼓司飾農夫販婦及田官吏徵租交納諸艱苦民瘼事以寓獻替，祖宗示稼穡艱難於其子孫也。

藝人部·金前藝人分部

伶倫

紀事

《呂氏春秋》卷五《古樂》 昔黃帝令伶倫作爲律。伶倫自大夏之西，乃之阮隃之陰，取竹於嶰谿之谷，以生空竅厚鈞者，斷兩節間，其長三寸九分而吹之，以爲黃鐘之宮，吹曰舍少。次制十二筒，以之阮隃之下，聽鳳皇之鳴，以别十二律。其雄鳴爲六，雌鳴亦六，以比黃鐘之宮，適合。黃鐘之宮，皆可以生之，故曰黃鐘之宮，律吕之本。黃帝又命伶倫與榮將鑄十二鐘，以和五音，以施英韶，以仲春之月，乙卯之日，日在奎，始奏之，命之曰《咸池》。

師延

傳記

晉・王嘉《拾遺記》卷二《殷湯》 師延者，殷之樂人也。設樂以來，世遵此職。至師延，精述陰陽，曉明象緯，莫測其爲人。世載遼絶，而或出或隱。在軒轅之世，爲司樂之官。及殷時，總修三皇五帝之樂。拊一弦琴則地祇皆升，吹玉律則天神俱降。當軒轅之時，年已數百歲，聽衆國樂聲，以審興亡之兆。至夏末，抱樂器以奔殷。而紂淫於聲色，乃拘師延於陰宮，欲極刑戮。師延既被囚繫，奏清商、流徵、滌角之音。司獄者以聞於紂，紂猶嫌曰：此乃淳古遠樂，非余可聽説也。猶不釋。師延乃更奏迷魂淫魄之曲，以歡修夜之娱，乃得免炮烙之害。周武王興師，乃越濮流而逝，或云死於水府。故晉、衛之人，鑴石鑄金以像其形，立祀不絶矣。

優施

紀事

《國語》卷七《晉語一》 公之優曰施，通於驪姬。驪姬問焉，曰：吾欲作大事，而難三公子之徒如何。對曰：早處之，使知其極。夫人知極，鮮有慢心，雖其慢，乃易殘也。驪姬曰：吾欲爲難，安始而可。優施曰：必於申生。其爲人也，小心精潔，而大志重，又不忍人。精潔易辱，重僨可疾，不忍人，必自忍也。辱之近行。驪姬曰：重，無乃難遷乎。優施曰：知辱可辱，可辱遷重，若不知辱，亦必不知固秉常矣。今子内固而外寵，且善否莫不信。若外殫善而内辱之，無不遷矣。且吾聞之：甚精必愚。精爲易辱，愚不知避難。雖欲無遷，其得之乎。是故先施讒於申生。

又《晉語二》 驪姬告優施曰：君既許我殺太子而立奚齊矣，吾難里克，奈何。優施曰：吾來里克，一日而已。子爲我具特羊之饗，吾以從之飲酒。我優也，言無郵。驪姬許諾，乃具，使優施飲里克酒。中飲，優施起舞，謂里克妻曰：主孟啗我，我教兹暇豫事君。乃歌曰：暇豫之吾吾，不如鳥烏。人皆集於苑，己獨集於枯。里克笑曰：何謂苑。何謂枯。優施曰：其母爲夫人，其子爲君，可不謂苑乎。其母既死，其子又有謗，可不謂枯乎。枯且有傷。優施出，里克辟奠，不飧而寢。夜半，召優施，曰：曩而言戲乎。抑有所聞之乎。曰：然。君既許驪姬殺太子而立奚齊，謀既成矣。里克曰：吾秉君以殺太子，吾不忍。通復故交，吾不敢。中立其免乎。優施曰：免。

優人

紀事

《韓非子》卷一五《難二》　齊桓公之時，晉客至，有司請禮，桓公曰告仲父者三。而優笑曰：易哉爲君，一曰仲父，二曰仲父。桓公曰：吾聞君人者勞於索人，佚於使人。吾得仲父已難矣，得仲父之後，何爲不易乎哉。

優孟

紀事

《史記》卷一二六《滑稽列傳》　優孟，故楚之樂人也。長八尺，多辯，常以談笑諷諫。楚莊王之時，有所愛馬，衣以文繡，置之華屋之下，席以露牀，啗以棗脯。馬病肥死，使羣臣喪之，欲以棺槨大夫禮葬之。左右爭之，以爲不可。王下令曰：有敢以馬諫者，罪至死。優孟聞之，入殿門，仰天大哭。王驚而問其故。優孟曰：馬者王之所愛也，以楚國堂堂之大，何求不得，而以大夫禮葬之，薄，請以人君禮葬之。王曰：何如。對曰：臣請以彫玉爲棺，文梓爲椁，楩楓豫章爲題湊，發甲卒爲穿壙，老弱負土，齊趙陪位於前，韓魏翼衛其後，廟食太牢，奉以萬户之邑。諸侯聞之，皆知大王賤人而貴馬也。王曰：寡人之過一至此乎。爲之柰何。優孟曰：請爲大王六畜葬之。以壠竈爲椁，銅歷爲棺，齎以薑棗，薦以木蘭，祭以糧稻，衣以火光，葬之於人腹腸。於是王乃使以馬屬太官，無令天下久聞也。楚相孫叔敖知其賢人也，善待之。病且死，屬其子曰：我死，汝必貧困。若往見優孟，言我孫叔敖之子也。居數年，其子窮困負薪，逢優孟，與言曰：我，孫叔敖子也。父且死時，屬我貧困往見優孟。優孟曰：若無遠有所之。即爲孫叔敖衣冠，抵掌談語。歲餘，像孫叔敖，楚王及左右不能別也。莊王置酒，優孟前爲壽。莊王大驚，以爲孫叔敖復生也，欲以爲相。優孟曰：請歸與婦計之，三日而爲相。莊王許之。三日後，優孟復來。王曰：婦言謂何。孟曰：婦言慎無爲，楚相不足爲也。如孫叔敖之爲楚相，盡忠爲廉以治楚，楚王得以霸。今死，其子無立錐之地，貧困負薪以自飲食。必如孫叔敖，不如自殺。因歌曰：山居耕田苦，難以得食。起而爲吏，身貪鄙者餘財，不顧恥辱。身死家室富，又恐受賕枉法，爲姦觸大罪，身死而家滅。貪吏安可爲也。念爲廉吏，奉法守職，竟死不敢爲非。廉吏安可爲也。楚相孫叔敖持廉至死，方今妻子窮困負薪而食，不足爲也。於是莊王謝優孟，乃召孫叔敖子，封之寢丘四百户，以奉其祀。後十世不絕。此知可以言時矣。

鍾儀

紀事

《左傳・成公九年》　晉侯觀於軍府，見鍾儀。問之曰：南冠而縶者，誰也。有司對曰：鄭人所獻楚囚也。使稅之。召而弔之。再拜稽首，問其族，對曰：伶人也。公曰：能樂乎。對曰：先人之職官也，敢有二事。使與之琴，操南音。公曰：君王何如。對曰：非小人之所得知也。固問之，對曰：其爲大子也，師，保奉之，以朝於嬰齊而夕於側也，不知其他。公語范文子，文子曰：楚囚，君子也。言稱先職，不背本也。樂操土風，不忘舊也。稱大子，抑無私也。名其二卿，尊君也。不背本，仁也。不忘舊，信也。無私，忠也。尊君，敏也。仁以接事，信以守之，忠以成之，敏以行之。事雖大，必濟。君盍歸之，使合晉、楚之成。公從之，重爲之禮，使歸求成。

師慧

紀事

《左傳・襄公十五年》　鄭尉氏、司氏之亂，其餘盜在宋。鄭人以子西、伯有、子産之故，納賂於宋，以馬四十乘，與師茷、師慧。三月，公孫黑爲質焉。司城子罕以堵女父、尉翩、司齊與之，良司臣而逸之，託諸季武子，武子寘諸卞。鄭人醢之三人也。師慧過宋朝，將私焉。其相曰：朝也。慧曰：無人焉。相曰：朝也，何故無人。慧曰：必無人焉。若猶有人，豈其以千乘之相易淫樂之矇。必無人焉故也。子罕聞之，固請而歸之。

師曠

紀事

《韓非子》卷三《十過》　奚謂好音。昔者，衛靈公將之晉，至濮水之上，税車而放馬，設舍以宿。夜分，而聞鼓新聲者而説之，使人問左右，盡報弗聞。乃召師涓而告之曰：有鼓新聲者，使人問左右，盡報弗聞，其狀似鬼神，子爲我聽而寫之。師涓曰：諾。因静坐撫琴而寫之。師涓明日報曰：臣得之矣，而未習也，請復一宿習之。靈公曰：諾。因復留宿，明日而習之，遂去之晉。晉平公觴之於施夷之臺，酒酣，靈公起曰：有新聲，願請以示。平公曰：善。乃召師涓，令坐師曠之旁，援琴鼓之。未終，師曠撫止之，曰：此亡國之聲，不可遂也。平公曰：此道奚出。師曠曰：此師延之所作，與紂爲靡靡之樂也。及武王伐紂，師延東走，至於濮水而自投，故聞此聲者必於濮水之上。先聞此聲者其國必削，不可遂。平公曰：寡人所好者音也，子其使遂之。師涓鼓究之。平公問師曠曰：此所謂何聲也。師曠曰：此所謂清商也。公曰：清商固最悲乎。師曠曰：不如清徵。公曰：清徵可得而聞乎。師曠曰：不可。古之聽清徵者，皆有德義之君也。今吾君德薄，不足以聽。平公曰：寡人之所好者音也，願試聽之。師曠不得已，援琴而鼓。一奏之，有玄鶴二八道。南方來，集於郎門之垝。再奏之，而列。三奏之，延頸而鳴，舒翼而舞，音中宮商之聲，聲聞於天。平公大説，坐者皆喜。平公提觴而起，爲師曠壽。反坐而問曰：音莫悲於清徵乎。師曠曰：不如清角。平公曰：清角可得而聞乎。師曠曰：不可。昔者黄帝合鬼神於西泰山之上，駕象車而六蛟龍，畢方竝□，蚩尤居前，風伯進掃，雨師灑道，虎狼在前，鬼神在後，騰蛇伏地，鳳皇覆上，大合鬼神，作爲清角。今主君德薄，不足聽之；聽之，將恐有敗。平公曰：寡人老矣，所好者音也，願遂聽之。師曠不得已而鼓之。一奏，而有玄雲從西北方起。再奏之，大風至，大雨隨之，裂帷幕，破俎豆，隳廊瓦，坐者散走。平公恐懼，伏於廊室之間。晉國大旱，赤地三年。平公之身遂癃病。故曰：不務聽治而好五音不已，則窮身之事也。

師涓

紀事

《韓非子》卷三《十過》　奚謂好音。昔者，衛靈公將之晉，至濮水之上，税車而放馬，設舍以宿。夜分，而聞鼓新聲者而説之，使人問左右，盡報弗聞。乃召師涓而告之曰：有鼓新聲者，使人問左右，盡報弗聞，其狀似鬼神，子爲我聽而寫之。師涓曰：諾。因静坐撫琴而寫之。師涓明日報曰：臣得之矣，而未習也，請復一宿習之。靈公曰：諾。因復留宿，明日而習之，遂去之晉。晉平公觴之於施夷之臺，酒酣，靈公起曰：有新聲，願請以示。平公曰：善。乃召師涓，令坐師曠之旁，援琴鼓之。未終，師曠撫止之，曰：此亡國之聲，不可遂也。平公曰：此道奚出。師曠曰：此師延之所作，與紂爲靡靡之樂也。及武王伐紂，師延東走，至於濮水而自投，故聞此聲者必於濮水之上。先聞此聲者其國必削，不可遂。平公曰：寡人所好者音也，子其使遂之。師涓鼓究之。

師襄

紀事

《列子・湯問》 瓠巴鼓琴而鳥舞魚躍，鄭師文聞之，棄家從師襄游。柱指鈎弦，三年不成章。師襄曰：子可以歸矣。師文舍其琴，歎曰：文非弦之不能鈎，非章之不能成。文所存者不在弦，所志者不在聲。內不得於心，外不應於器，故不敢發手而動弦。且小假之，以觀其後。無幾何，復見師襄。師襄曰：子之琴何如。師文曰：得之矣。請嘗試之。於是當春而叩商弦以召南吕，凉風忽至，草木成實。及秋而叩角弦以激夾鍾，温風徐迴，草木發榮。當夏而叩羽弦以召黄鐘，霜雪交下，川池暴沍。及冬而叩徵弦以激蕤賓，陽光熾烈，堅冰立散。將終，命宫而總四弦，則景風翔，慶雲浮，甘露降，澧泉涌。師襄乃撫心高蹈曰：微矣子之彈也。雖師曠之清角，鄒衍之吹律，亡以加之。彼將挾琴執管而從子之後耳。

師文

紀事

《列子・湯問》 瓠巴鼓琴而鳥舞魚躍，鄭師文聞之，棄家從師襄游。柱指鈎弦，三年不成章。師襄曰：子可以歸矣。師文舍其琴，歎曰：文非弦之不能鈎，非章之不能成。文所存者不在弦，所志者不在聲。內不得於心，外不應於器，故不敢發手而動弦。且小假之，以觀其後。無幾何，復見師襄。師襄曰：子之琴何如。師文曰：得之矣。請嘗試之。於是當春而叩商弦以召南吕，凉風忽至，草木成實。及秋而叩角弦以激夾鍾，温風徐迴，草木發榮。當夏而叩羽弦以召黄鐘，霜雪交下，川池暴沍。及冬而叩徵弦以激蕤賓，陽光熾烈，堅冰立散。將終，命宫而總四弦，則景風翔，慶雲浮，甘露降，澧泉涌。師襄乃撫心高蹈曰：微矣子之彈也。雖師曠之清角，鄒衍之吹律，亡以加之。彼將挾琴執管而從子之後耳。

伶州鳩

紀事

《國語》卷三《周語下》 二十三年，王將鑄無射，而爲之大林。單穆公曰：不可。【略】三年之中，而有離民之器二焉，國其危哉。王弗聽，問之伶州鳩。對曰：臣之守官弗及也。臣聞之，琴瑟尚宫，鍾尚羽，石尚角，匏竹利制，大不踰宫，細不過羽。夫宫，音之主也。第以及羽，聖人保樂而愛財，財以備器，樂以殖財。故樂器重者從細，輕者從大。是以金尚羽，石尚角，瓦絲尚宮，匏竹尚議，革木一聲。夫政象樂，樂從和，和從平。聲以和樂，律以平聲。金石以動之，絲竹以行之，詩以道之，歌以詠之，匏以宣之，瓦以贊之，革木以節之。物得其常曰樂極，極之所集曰聲，聲應相保曰和，細大不踰曰平。如是，而鑄之金，磨之石，繫之絲木，越之匏竹，節之鼓而行之，以遂八風。於是乎氣無滯陰，亦無散陽，陰陽序次，風雨時至，嘉生繁祉，人民龢利，物備而樂成，上下不罷，故曰樂正。今細過其主妨於正，用物過度妨於財，正害財匱妨於樂。細抑大陵，不容於耳，非和也。聽聲越遠，非平也。妨正匱財，聲不和平，非宗官之所司也。夫有和平之聲，則有蕃殖之財。於是乎道之以中德，詠之以中音，德音不愆，以合神人，神是以寧，民是以聽。若夫匱財用，罷民力，以逞淫心，聽之不和，比之不度，無益於教，而離民怒神，非臣之所聞也。王不聽，卒鑄大鍾。二十四年，鍾成，伶人告和。王謂伶州鳩曰：鍾果和矣。對曰：未可知也。王曰：何故。對曰：上作器，民備樂之，則爲和。今財亡民罷，莫不怨恨，臣不知其和也。且民所曹好，鮮其不濟也。其所曹惡，鮮其不廢也。故諺曰：衆心成城，衆口鑠金。三年之中，而害金再興焉，懼一之廢也。王曰：爾老耄矣，何知。二十五年，王崩，鍾不和。

又　王將鑄無射，問律於伶州鳩。對曰：律所以立均出度也。古之神瞽考中聲而量之以制，度律均鍾，百官軌儀，紀之以三，平之以六，成於十二，天之道也。夫六，中之色也，故名之曰黄鍾，所以宣養六氣、九德也。由是第之。二曰太蔟，所以金奏贊陽出滯也。三曰姑洗，所以修潔百物，考神納賓也。四曰蕤賓，所以安靖神人，獻酬交酢也。五曰夷則，所以詠歌九則，平民無貳也。六曰無射，所以宣布哲人之令德，示民軌儀也。爲之六閒，以揚沈伏，而黜散越也。元閒大吕，助宣物也。二閒夾鍾，出四隙之細也。三閒仲吕，宣中氣也。四閒林鍾，和展百事，俾莫不任肅純恪也。五閒南吕，贊陽秀也。六閒應鍾，均利器用，俾應復也。律吕不易，無姦物也。細鈞有鍾無鎛，昭其大也。大鈞有鎛無鍾，甚大無鎛，鳴其細也。大昭小鳴，和之道也。和平則久，久固則純，純明則終，終復則樂，所以成政也，故先王貴之。王曰：七律者何。對曰：昔武王伐殷，歲在鶉火，月在天駟，日在析木之津，辰在斗柄，星在天黿。星與日辰之位，皆在北維。顓頊之所建也，帝嚳受之。我姬氏出自天黿，及析木者，有建星及牽牛焉，則我皇妣大姜之姪伯陵之後，逄公之所憑神也。歲之所在，則我有周之分野也。月之所在，辰馬農祥也。我太祖后稷之所經緯也，王欲合是五位三所而用之。自鶉及駟七列也。南北之揆七同也，凡人神以數合之，以聲昭之。數合聲和，然後可同也。故以七同其數，而以律和其聲，於是乎有七律。王以二月癸亥夜陳，未畢而雨。以夷則之上宫畢，當辰。辰在戌上，故長夷則之上宫，名之曰羽，所以藩屏民則也。王以黄鍾之下宫，布戎於牧之野，故謂之厲，所以厲六師也。以太蔟之下宫，布令於商，昭顯文德，底紂之多罪，故謂之宣，所以宣三王之德也。反及嬴内，以無射之上宫，布憲施舍於百姓，故謂之嬴亂，所以優柔容民也。

優旃

紀事

漢·陸賈《新語》卷上《辨惑》　魯定公之時，與齊侯會於夾谷，孔子行相事。兩君升壇，兩相處下，而相欲揖君臣之禮，濟濟備焉。齊人鼓噪而起，欲執魯公。孔子歷階而上，不盡一等而立，謂齊侯曰：兩君合好，以禮相率，以樂相化。臣聞嘉樂不野合，犧象之薦不下堂。夷狄之民何求爲。命司馬請止之。定公曰：諾。齊侯逡巡而避席曰：寡人之過。退而自責。大夫罷會。齊人使優旃儛，於魯公之幕下，傲戲欲候魯君之隙，以執定公。孔子嘆曰：君辱臣當死。使司馬行法斬焉，首足異河而出。於是齊人懼然而恐，君臣易操，不安其故行，乃歸魯四邑之侵地，終無乘魯之心，隣缺一字振動，人懷嚮魯之意，强國驕君，莫不恐懼，邪臣佞人，變行易慮，天下之政，缺二字而折中，而定公拘於三家，陷於衆口，不能卒用孔子者，内無獨見之明，外惑邪臣之黨，以弱其國而亡其身，權歸於三家，邑土單於彊。

優倡

紀事

《史記》卷四七《孔子世家》 定公十年春，及齊平。夏，齊大夫黎鉏言於景公曰：魯用孔丘，其勢危齊。乃使使告魯爲好會，會於夾谷。魯定公且以乘車好往。孔子攝相事，曰：臣聞有文事者必有武備，有武事者必有文備。古者諸侯出疆，必具官以從。請具左右司馬。定公曰：諾。具左右司馬。會齊侯夾谷，爲壇位，土階三等，以會遇之禮相見，揖讓而登。獻酬之禮畢，齊有司趨而進曰：請奏四方之樂。景公曰：諾。於是旍旄羽袚矛戟劍撥鼓噪而至。孔子趨而進，歷階而登，不盡一等，舉袂而言曰：吾兩君爲好會，夷狄之樂何爲於此。請命有司。有司卻之，不去，則左右視晏子與景公。景公心怍，麾而去之。有頃，齊有司趨而進曰：請奏宮中之樂。景公曰：諾。優倡侏儒爲戲而前。孔子趨而進，歷階而登，不盡一等，曰：匹夫而營惑諸侯者罪當誅。請命有司。有司加法焉，手足異處。景公懼而動，知義不若，歸而大恐，告其羣臣曰：魯以君子之道輔其君，而子獨以夷狄之道教寡人，使得罪於魯君，爲之柰何。有司進對曰：君子有過則謝以質，小人有過則謝以文。君若悼之，則謝以質。於是齊侯乃歸所侵魯之鄆、汶陽、龜陰之田以謝過。

優莫

紀事

漢・劉向《新序》卷六《刺奢》 趙襄子飲酒五日五夜，不廢酒，謂侍者曰：我誠邦士也。夫飲酒五日五夜矣，而殊不病。優莫曰：君勉之，不及紂二日耳。紂七日七夜，今君五日。襄子懼，謂優莫曰：然則吾亡乎。優莫曰：不亡。襄子曰：不及紂二日耳，不亡何待。優莫曰：桀紂之亡也遇湯武，今天下盡桀也，而君紂也，桀紂並世，焉能相亡，然亦殆矣。

韓娥

紀事

《列子・湯問》 薛譚學謳於秦青，未窮青之技，自謂盡之；遂辭歸。秦青弗止；餞於郊衢，撫節悲歌，聲振林木，響遏行雲。薛譚乃謝求反，終身不敢言歸。秦青顧謂其友曰：昔韓娥東之齊，匱糧，過雍門，鬻歌假食。既去而餘音繞梁欐，三日不絶，左右以其人弗去。過逆旅，逆旅人辱之。韓娥因曼聲哀哭，一里老幼悲愁，垂涕相對，三日不食。遽而追之。娥還，復爲曼聲長歌。一里老幼喜躍抃舞，弗能自禁，忘向之悲也。乃厚賂發之。故雍門之人至今善歌哭，放娥之遺聲。

秦青

紀事

《列子・湯問》　薛譚學謳於秦青，未窮青之技，自謂盡之，遂辭歸。秦青弗止，餞於郊衢，撫節悲歌，聲振林木，響遏行雲。薛譚乃謝求反，終身不敢言歸。秦青顧謂其友曰：昔韓娥東之齊，匱糧，過雍門，鬻歌假食。既去而餘音繞梁欐，三日不絶，左右以其人弗去。過逆旅，逆旅人辱之。韓娥因曼聲哀哭，一里老幼悲愁，垂涕相對，三日不食。遽而追之。娥還，復爲曼聲長歌。一里老幼喜躍抃舞，弗能自禁，忘向之悲也。乃厚賂發之。故雍門之人至今善歌哭，放娥之遺聲。

薛譚

紀事

《列子・湯問》　薛譚學謳於秦青，未窮青之技，自謂盡之；遂辭歸。秦青弗止；餞於郊衢，撫節悲歌，聲振林木，響遏行雲。薛譚乃謝求反，終身不敢言歸。

《史記》卷一二六《滑稽列傳》　優旃者，秦倡侏儒也。善爲笑言，然合於大道。秦始皇時，置酒而天雨，陛楯者皆沾寒。優旃見而哀之，謂之曰：汝欲休乎。陛楯者皆曰：幸甚。優旃曰：我即呼汝，汝疾應曰諾。居有頃，殿上上壽呼萬歲。優旃臨檻大呼曰：陛楯郎。郎曰：諾。優旃曰：汝雖長，何益，幸雨立。我雖短也，幸休居。於是始皇使陛楯者得半相代。始皇嘗議欲大苑囿，東至函谷關，西至雍、陳倉。優旃曰：善。多縱禽獸於其中，寇從東方來，令麋鹿觸之足矣。始皇以故輟止。二世立，又欲漆其城。優旃曰：善。主上雖無言，臣固將請之。漆城雖於百姓愁費，然佳哉。漆城蕩蕩，寇來不能上。即欲就之，易爲漆耳，顧難爲蔭室。於是二世笑之，以其故止。居無何，二世殺死，優旃歸漢，數年而卒。

戚夫人

紀事

《史記》卷五五《留侯世家》　上欲廢太子，立戚夫人子趙王如意。大臣多諫争，未能得堅決者也。吕后恐，不知所爲。人或謂吕后曰：留侯善畫計筴，上信用之。吕后乃使建成侯吕澤劫留侯，曰：君常爲上謀臣，今上欲易太子，君安得高枕而卧乎。留侯曰：始上數在困急之中，幸用臣筴。今天下安定，以愛欲易太子，骨肉之閒，雖臣等百餘人何益。吕澤彊要曰：爲我畫計。留侯曰：此難以口舌争也。顧上有不能致者，天下有四人。四人者年老矣，皆以爲上慢侮人，故逃匿山中，義不爲漢臣。然上高此四人。今公誠能無愛金玉璧帛，令太子爲書，卑辭安車，因使辯士固請，宜來。來，以爲客，時時從入朝，令上見之，則必異而問之。問之，上知此四人賢，則一助也。於是吕后令吕澤使人奉太子書，卑辭厚禮，迎此四人。四人至，客建成侯所。漢十一年，黥布反，上病，欲使太子將，往擊之。四人相謂曰：凡來者，將以存太子。太子將兵，事危矣。乃説建成侯曰：太子將兵，有功則位不益太子；無功還，則從此受禍矣。且太子所與俱諸將，皆嘗與上定天下梟將也，今使太子將之，此無異使羊將狼也，皆不肯爲盡力，其無功必矣。臣聞母愛者子抱，今戚夫人日夜侍御，趙王如意常抱居前，上曰：終不使不肖子居愛子之上，明乎其代太子位必矣。君何不急請吕后承閒爲上泣言：黥布，天下猛將也，善用兵，今諸將皆陛下故等夷，乃令太子將此屬，無異使羊將狼，莫肯爲用，且使布聞之，則鼓行而西耳。上雖病，彊載輜車，卧而護之，諸將不敢不盡力。上雖苦，爲妻子自彊。於是呂澤立夜見呂后，呂后承間爲上泣涕而言，如四人意。上曰：吾惟豎子固不足遣，而公自行耳。於是上自將兵而東，羣臣居守，皆送至灞上。留侯病，自彊起，至曲郵，見上曰：臣宜從，病甚。楚人剽疾，願上無與楚人爭鋒。因説上曰：令太子爲將軍，監關中兵。上曰：子房雖病，彊卧而傅太子。是時叔孫通爲太傅，留侯行少傅事。漢十二年，上從擊破布軍歸，疾益甚，愈欲易太子。留侯諫，不聽，因疾不視事。叔孫太傅稱説引古今，以死爭太子。上詳許之，猶欲易之。及燕，置酒，太子侍。四人從太子，年皆八十有餘，鬚眉皓白，衣冠甚偉。上怪之，問曰：彼何爲者。四人前對，各言名姓，曰東園公，角里先生，綺里季，夏黄公。上乃大驚，曰：吾求公數歲，公辟逃我，今公何自從吾兒游乎。四人皆曰：陛下輕士善罵，臣等義不受辱，故恐而亡匿。竊聞太子爲人仁孝，恭敬愛士，天下莫不延頸欲爲太子死者，故臣等來耳。上曰：煩公幸卒調護太子。四人爲壽已畢，趨去。上目送之，召戚夫人指示四人者曰：我欲易之，彼四人輔之，羽翼已成，難動矣。呂后真而主矣。戚夫人泣，上曰：爲我楚舞，吾爲若楚歌。歌曰：鴻鵠高飛，一舉千里。羽翮已就，横絶四海。横絶四海，當可柰何。雖有矰繳，尚安所施。歌數闋，戚夫人噓唏流涕，上起去，罷酒。竟不易太子者，留侯本招此四人之力也。

《漢書》卷九七上《外戚傳第六七上》 高祖崩，惠帝立，呂后爲皇太后，乃令永巷囚戚夫人，髡鉗衣赭衣，令舂。戚夫人舂且歌曰：子爲王，母爲虜，終日舂薄暮，常與死爲伍。相離三千里，當誰使告女。太后聞之大怒，曰：乃欲倚女子邪。乃召趙王誅之。使者三反，趙相周昌不遣。太后召趙相，相徵至長安。使人復召趙王，王來。惠帝慈仁，知太后怒，自迎趙王霸上，入宫，挾與起居飲食。數月，帝晨出射，趙王不能蚤起，太后伺其獨居，使人持鴆飲之。遲帝還，趙王死。太后遂斷戚夫人手足，去眼煇耳，飲瘖藥，使居鞠域中，名曰人彘。居數月，乃召惠帝視人彘。帝視而問知其戚夫人，乃大哭，因病，歲餘不能起。使人請太后曰：此非人所爲。臣爲太后子，終不能復治天下。以此日飲爲淫樂，不聽政，七年而崩。

晉·葛洪《西京雜記》卷一 高帝、戚夫人善鼓瑟擊筑。帝常擁夫人倚瑟而絃歌，畢，每泣下流漣。夫人善爲翹袖折腰之舞，歌《出塞》、《入塞》、《望歸》之曲，侍婢數百皆習之。後宫齊首高唱，聲入雲霄。

李延年

傳記

《史記》卷一二五《佞幸列傳》 李延年，中山人也。父母及身兄弟及女，皆故倡也。延年坐法腐刑，給事狗監中。而平陽公主言延年女弟善舞，上見，心説之，及入永巷，而召貴延年。延年善歌，爲變新聲，而上方興天地祠，欲造樂詩歌弦之。延年善承意，弦次初詩。其女弟亦幸，有子男。延年佩二千石印，號協聲律。與上卧起，甚貴幸，埒如韓嫣也。久之，寖與中人亂，出入驕恣。及其女弟李夫人卒後，愛弛，則禽誅延年昆弟也。

《漢書》卷九三《佞幸列傳》 李延年，中山人，身及父母兄弟皆故倡也。延年坐法腐刑，給事狗監中。女弟得幸於上，號李夫人，列《外戚傳》。延年善歌，爲新變聲。是時上方興天地諸祠，欲造樂，令司馬相如等作詩頌。延年輒承意弦歌所造詩，爲之新聲曲。而李夫人産昌邑王，延年繇是貴爲協律都尉，佩二千石印綬，而與上卧起，其愛幸埒韓嫣。久之，延年弟季與中人亂，出入驕恣。及李夫人卒後，其愛弛，上遂誅延年兄弟宗族。

李夫人

紀　事

《史記》卷一二五《佞幸列傳》　李延年，中山人也。父母及身兄弟及女，皆故倡也。延年坐法腐，給事狗中。而平陽公主言延年女弟善舞，上見，心説之，及入永巷，而召貴延年。延年善歌，爲變新聲，而上方興天地祠，欲造樂詩歌弦之。延年善承意，弦次初詩。其女弟亦幸，有子男。延年佩二千石印，號協聲律。與上卧起，甚貴幸，埒如韓嫣也。久之，寖與中人亂，出入驕恣。及其女弟李夫人卒後，愛弛，則禽誅延年昆弟也。

《漢書》卷九七上《外戚傳上》　孝武李夫人，本以倡進。初，夫人兄延年性知音，善歌舞，武帝愛之。每爲新聲變曲，聞者莫不感動。延年侍上起舞，歌曰：北方有佳人，絶世而獨立，一顧傾人城，再顧傾人國。寧不知傾城與傾國，佳人難再得。上嘆息曰：善。世豈有此人乎。平陽主因言延年有女弟，上乃召見之，實妙麗善舞。由是得幸，生一男，是爲昌邑哀王。李夫人少而蚤卒，上憐閔焉，圖畫其形於甘泉宫。及衞思后廢後四年，武帝崩，大將軍霍光緣上雅意，以李夫人配食，追上尊號曰孝武皇后。初，李夫人病篤，上自臨候之，夫人蒙被謝曰：妾久寢病，形貌毁壞，不可以見帝。願以王及兄弟爲託。上曰：夫人病甚，殆將不起，一見我屬託王及兄弟，豈不快哉。夫人曰：婦人貌不修飾，不見君父。妾不敢以燕媠見帝。上曰：夫人弟一見我，將加賜千金，而予兄弟尊官。夫人曰：尊官在帝，不在一見。上復言欲必見之，夫人遂轉鄉歔欷而不復言。於是上不説而起。夫人姊妹讓之曰：貴人獨不可一見上屬託兄弟邪。何爲恨上如此。夫人曰：所以不欲見帝者，乃欲以深託兄弟也。我以容貌之好，得從微賤愛幸於上。夫以色事人者，色衰而愛弛，愛弛則恩絶。上所以攣攣顧念我者，乃以平生容貌也。今見我毁壞，顔色非故，必畏惡吐棄我，意尚肯復追思閔録其兄弟哉。及夫人卒，上以后禮葬焉。其後，上以夫人兄李廣利爲貳師將軍，封海西侯，延年爲協律都尉。上思念李夫人不已，方士齊人少翁言能致其神。乃夜張燈燭，設帷帳，陳酒肉，而令上居他帳，遥望見好女如李夫人之貌，還幄坐而步。又不得就視，上愈益相思悲感，爲作詩曰：是邪，非邪。立而望之，偏何姍姍其來遲。令樂府諸音家絃歌之。上又自爲作賦，以傷悼夫人，其辭曰：美連娟以脩嫮兮，命樔絶而不長，飾新宫以延貯兮，泯不歸乎故鄉。慘鬱鬱其蕪穢兮，隱處幽而懷傷，釋輿馬於山椒兮，奄修夜之不陽。秋氣憯以淒淚兮，桂枝落而銷亡，神煢煢以遥思兮，精浮游而出畺。託沈陰以壙久兮，惜蕃華之未央，念窮極之不還兮，惟幼眇之相羊。函菱荴以俟風兮，芳雜襲以彌章，的容與以猗靡兮，縹飄姚虖愈莊。燕淫衍而撫楹兮，連流視而娥揚，既激感而心逐兮，包紅顔而弗明。驩接狎以離别兮，宵寤夢之芒芒，忽遷化而不反兮，魄放逸以飛揚。何靈魂之紛紛兮，哀裴回以躊躇，勢路日以遠兮，遂荒忽而辭去。超兮西征，屑兮不見。寖淫敞苋，寂兮無音，思若流波，怛兮在心。

晉・王嘉《拾遺記》卷五《前漢上》　漢武帝思懷往者李夫人，不可復得。時始穿昆靈之池，泛翔禽之舟。帝自造歌曲，使女伶歌之。時日已西傾，凉風激水，女伶歌聲甚遒，因賦《落葉哀蟬》之曲曰：羅袂兮無聲，玉墀兮塵生，虚房冷而寂寞，落葉依於重扃。望彼美之女兮安得，感余心之未寧。帝聞唱動心，悶悶不自支持，命龍膏之燈以照舟内，悲不自止。親侍者覺帝容色愁怨，乃進洪梁之酒，酌以文螺之巵。巵出波祇之國。酒出洪梁之縣，此屬右扶風，至哀帝廢此邑。南人受此釀法。今言雲陽出美酒，兩聲相亂矣。帝飲三爵，色悦心歡，乃詔女伶出侍。帝息於延凉室，卧夢李夫人授帝蘅蕪之香。帝驚起，而香氣猶著衣枕，歷月不歇。帝彌思求，終不復見，涕泣洽席，遂改延凉室爲遺芳夢室。初，帝深嬖李夫人，死後常思夢之，或欲見夫人。帝貌顦顇，嬪御不寧。詔李少君與之語曰：朕思李夫人，其可得見乎。少君曰：可遥見，不可同於帷幄。帝曰：一見足矣，可致之。少君曰：暗海有潛英之石，其色青，輕如毛羽，寒盛則石温，暑盛則石冷。刻之爲人像，神悟不異真人。使此石像往，則夫人至矣。此石人能傳譯人言語，有聲無氣，故知神異也。帝曰：此石像可得否。少君曰：願得樓船百艘，巨力千人，能浮水登木者，皆使明於道術，齎不死之藥。乃至暗海，經十年而還。昔之去人，或升雲不歸，或託形假死，獲反者四五人。得此石，即命工人依先圖刻作夫人形。刻成，置於輕紗幙裏，宛若生時。帝大悦，問少君曰：可得近乎。少君曰：譬如中宵忽夢，而晝可得近觀乎。此石毒，宜遠望，不可逼也。勿輕萬乘之尊，惑此精魅之物。帝乃從其諫。見夫人畢，少君乃使舂此石人爲丸，服之，不復思夢。乃築靈夢臺，歲時祀之。

郭舍人

紀事

《史記》卷一二六《滑稽列傳》 武帝時有所幸倡郭舍人者，發言陳辭雖不合大道，然令人主和説。武帝少時，東武侯母常養帝，帝壯時，號之曰大乳母。率一月再朝。朝奏入，有詔使幸臣馬游卿以帛五十匹賜乳母，又奉飲精飧養乳母。乳母上書曰：某所有公田，願得假倩之。帝曰：乳母欲得之乎。以賜乳母。乳母所言，未嘗不聽。有詔得令乳母乘車行馳道中。當此之時，公卿大臣皆敬重乳母。乳母家子孫奴從者横暴長安中，當道掣頓人車馬，奪人衣服。聞於中，不忍致之法。有司請徙乳母家室，處之於邊。奏可。乳母當入至前，面見辭。乳母先見郭舍人，爲下泣。舍人曰：即入見辭去，疾步數還顧。乳母如其言，謝去，疾步數還顧。郭舍人疾言罵之曰：咄。老女子，何不疾行。陛下已壯矣，寧尚須汝乳而活邪，尚何還顧。於是人主憐焉悲之，乃下詔止無徙乳母，罰讁譖之者。

《漢書》卷六五《東方朔傳》 上嘗使諸數家射覆，置守宫盂下，射之，皆不能中。朔自贊曰：臣嘗受《易》，請射之。乃别蓍布卦而對曰：臣以爲龍又無角，謂之爲虵又有足，跂跂脈脈善緣壁，是非守宫即蜥蜴。上曰：善。賜帛十匹。復使射他物，連中，輒賜帛。時有幸倡郭舍人，滑稽不窮，常侍左右，曰：朔狂，幸中耳，非至數也。臣願令朔復射，朔中之，臣榜百，不能中，臣賜帛。乃覆樹上寄生，令朔射之。朔曰：是寠藪也。舍人曰：果知朔不能中也。朔曰：生肉爲膾，乾肉爲脯；著樹爲寄生，盆下爲寠數。上令倡監榜舍人，舍人不勝痛，呼□。朔笑之曰：咄。口無毛，聲謷謷，尻益高。舍人恚曰：朔擅詆欺天子從官，當棄市。上問朔：何故詆之。對曰：臣非敢詆之，乃與爲隱耳。上曰：隱云何。朔曰：夫口無毛者，狗竇也；聲謷謷者，鳥哺鷇也；尻益高者，鶴俛啄也。舍人不服，因曰：臣願復問朔隱語，不知，亦當榜。即妄爲諧語曰：令壺齟，老柏塗，伊優亞，狋吽牙。何謂也。朔曰：令者，命也。壺者，所以盛也。齟者，齒不正也。老者，人所敬也。柏者，鬼之廷也。塗者，漸洳徑也。伊優亞者，辭未定也。狋吽牙者，兩犬争也。舍人所問，朔應聲輒對，變詐鋒出，莫能窮者，左右大驚。

晉・佚名《東方朔傳》 東方朔常與郭舍人於帝前射覆。郭曰：臣願問朔一事，朔得，臣願榜百。朔窮，臣當賜帛。曰：客來東方，歌謳且行。不從門入，踰我垣牆。遊戲中庭，上入殿堂。擊之拍拍，死者攘攘。格鬬而死，主人被創。是何物也。朔曰：長喙細身，晝匿夜行。嗜肉惡煙，常所拍捫。臣朔愚戇，名之曰蝨。舍人辭窮，當復脱褌。

翁須

傳記

《漢書》卷九七上《外戚列傳六七上》 史皇孫王夫人，宣帝母也，名翁須，太始中得幸於史皇孫。皇孫妻妾無號位，皆稱家人子。征和二年，生宣帝。帝生數月，衛太子、皇孫敗，家人子皆坐誅，莫有收葬者，唯宣帝得全。即尊位後，追尊母王夫人謚曰悼后，祖母史良娣曰戾后，皆改葬，起園邑，長丞奉守。語在《戾太子傳》。地節三年，求得外祖母王媪，媪男無故，無故弟武皆隨使者詣闕。時乘黄牛車，故百姓謂之黄牛媪。初，上即位，數遣使者求外家，久遠，多似類而非是。既得王媪，令太中大夫任宣與丞相御史屬雜考問鄉里識知者，皆曰王媪。媪言名妄人，家本涿郡蠡吾平鄉。年十四嫁爲同鄉王更得妻。更得死，嫁爲廣望王迺始婦，産子男無故、武，女翁須。翁須年八九歲時，寄居廣望節侯子劉仲卿宅，仲卿謂迺始曰：予我翁須，自養長之。媪爲翁須作縑單衣，送仲卿家。仲卿教翁須歌舞，往來歸取冬夏衣。居四五歲，翁須來言，邯鄲賈長兒求歌舞者，仲卿欲以我與之。媪即與翁須逃走，之平鄉。仲卿載迺始共求媪，媪惶急，將翁須歸，曰：兒居君家，非受一錢也，奈何欲予它人。仲卿詐曰：不也。後數日，翁須乘長兒車馬過門，呼曰：我果見行，當之柳宿。媪與迺始之柳宿，見翁須相對涕泣，謂曰：我欲爲汝自言。翁須曰：母置之，何家不可以居。自言無益也。媪與迺始還求錢用，隨逐至中山盧奴，見翁須與歌舞等比五人同處，媪與翁須共宿。明日，迺始留視翁須，媪還求錢，欲隨至邯鄲。媪歸，糴買未具，迺始來歸曰：翁須已去，我無錢用隨也。因絶至今，不聞其問。賈長兒妻貞及從者師遂辭：往二十歲，太子舍人侯明從長安來求歌舞者，請翁須等五人。長兒使遂送至長安，皆入太子家。及廣望三老更始、劉仲卿妻其等四十五人辭，皆驗。宣奏王媪悼后母明白，上皆召見，賜無故、武爵關内侯，旬月間，賞賜以鉅萬計。頃之，制詔御史賜外祖母號爲博平君，以博平、蠡吾兩縣户萬一千爲湯沐邑。封舅無故爲平昌侯，武爲樂昌侯，食邑各六千户。初，迺始以本始四年病死，後三歲，家乃富貴，追賜謚曰思成侯。詔涿郡治冢室，置園邑四百家，長丞奉守如法。歲餘，博平君薨，謚曰思成夫人。詔徙思成侯合葬奉明顧成廟南，置園邑長丞，罷涿郡思成園。王氏侯者二人，無故子接爲大司馬車騎將軍，而武子商至丞相，自有傳。

古掾曹

傳記

晉・葛洪《西京雜記》卷四　京兆有古生者，學從横揣磨、弄矢摇丸樗蒲之術，爲都掾史四十餘年，善詼謾。二千石隨以諧謔，皆握其權要，而得其歡心。趙廣漢爲京兆尹，下車而黜之，終於家。京師至今俳戲皆稱古掾曹。

趙飛燕

傳記

《漢書》卷九七下《外戚傳下》　孝成趙皇后，本長安宫人。初生時，父母不舉，三日不死，乃收養之。及壯，屬陽阿主家，學歌舞，號曰飛燕。成帝嘗微行出，過陽阿主，作樂。上見飛燕而説之，召入宫，大幸。有女弟復召入，俱爲倢伃，貴傾後宫。許后之廢也，上欲立趙倢伃。皇太后嫌其所出微甚，難之。太后姊子淳于長爲侍中，數往來傳語，得太后指，上立封趙倢伃父臨爲成陽侯。後月餘，乃立倢伃爲皇后。追以長前白罷昌陵功，封爲定陵侯。皇后既立，後寵少衰，而弟絶幸，爲昭儀。居昭陽舍，其中庭彤朱，而殿上髤漆，切皆銅沓，黄金塗，白玉階，壁帶往往爲黄金釭，函藍田璧，明珠、翠羽飾之，自後宫未嘗有焉。姊弟顓寵十餘年，卒皆無子。

《漢書》卷二七中之上《五行志中之上》　成帝時童謡曰：燕燕尾涏

涏，張公子，時相見。木門倉琅根，燕飛來，啄皇孫，皇孫死，燕啄矢。其後帝爲微行出遊，常與富平侯張放俱稱富平侯家人，過陽阿主作樂，見舞者趙飛燕而幸之，故曰燕燕尾涏涏，美好貌也。張公子謂富平侯也。木門倉琅根，謂宮門銅鍰，言將尊貴也。後遂立爲皇后。弟昭儀賊害後宮皇子，卒皆伏辜，所謂燕飛來，啄皇孫，皇孫死，燕啄矢者也。

晉·葛洪《西京雜記》卷一　趙飛燕爲皇后，其女弟在昭陽殿，遺飛燕書曰：今日嘉辰，貴姊懋膺洪册，謹上襚三十五條，以陳踊躍之心：金華紫輪帽，金華紫輪面衣，織成上襦，織成下裳，五色文綬，鴛鴦襦，鴛鴦被，鴛鴦褥，金錯繡襠，七寶綦履，五色文玉環，同心七寶釵，黄金步摇，合歡圓璫，琥珀枕，龜文枕，珊瑚玦，馬腦彄，雲母扇，孔雀扇，翠羽扇，九華扇，五明扇，雲母屏風，琉璃屏風，五層金博山香爐，迴風扇，椰葉席，同心梅，含枝李，青木香，沈水香，香螺巵，出南海，一名丹螺。九真雄麝香，七枝燈。趙后體輕腰弱，善行步進退，女弟昭儀不能及也。但昭儀弱骨豐肌，尤工笑語。二人並色如紅玉，爲當時第一，皆擅寵後宮。

丙彊、景武

雜録

《漢書》卷二二《禮樂志》　是時，鄭聲尤甚。黄門名倡丙彊、景武之屬富顯於世，貴戚五侯定陵、富平外戚之家淫侈過度，至與人主爭女樂。

甘泉樂人

紀事

《後漢書》卷一一《劉玄劉盆子列傳》　時掖庭中宫女猶有數百千人，自更始敗後，幽閉殿內，掘庭中蘆菔根，捕池魚而食之，死者因相埋於宮中。有故祠甘泉樂人，尚共擊鼓歌舞，衣服鮮明，見盆子叩頭言飢。盆子使中黄門稟之米，人數斗。後盆子去，皆餓死不出。

黄初時期徘優

紀事

《三國志》卷二一《魏書·吴質傳》　質黄初五年朝京師，詔上將軍及特進以下皆會質所，大官給供具。酒酣，質欲盡歡。時上將軍曹真性肥，中領軍朱鑠性瘦，質召優，使説肥瘦。真負貴，恥見戲，怒謂質曰：卿欲以部曲將遇我邪。驃騎將軍曹洪、輕車將軍王忠言：將軍必欲使上將軍服肥，即自宜爲瘦。真愈恚，拔刀瞋目，言：俳敢輕脱，吾斬爾。遂罵坐。質案劍曰：曹子丹，汝非屠几上肉，吴質吞爾不摇喉，咀爾不摇牙，何敢恃勢驕邪。鑠因起曰：陛下使吾等來樂卿耳，乃至此邪。質顧叱之曰：朱鑠，敢壞坐。諸將軍皆還坐。鑠性急，愈恚，還拔劍斬地。遂便罷也。

雲午

紀事

晉・郭頒《魏晉世語》《世語》及《魏氏春秋》並云：此秋，姜維寇隴右。時安東將軍司馬文王鎮許昌，徵還擊維，至京師，帝於平樂觀以臨軍過。中領軍許允與左右小臣謀，因文王辭，殺之，勒其衆以退大將軍。已書詔於前。文王入，帝方食栗，優人雲午等唱曰：青頭雞，青頭雞。青頭雞者，鴨也。帝懼不敢發。文王引兵入城，景王因是謀廢帝。

緑珠

紀事

《晉書》卷三三《石崇傳》 及賈謐誅，崇以黨與免官。時趙王倫專權，崇甥歐陽建與倫有隙。崇有妓曰緑珠，美而艷，善吹笛。孫秀使人求之。崇時在金谷別館，方登凉臺，臨清流，婦人侍側。使者以告。崇盡出其婢妾數十人以示之，皆蘊蘭麝，被羅縠，曰：在所擇。使者曰：君侯服御麗則麗矣，然本受命指索緑珠，不識孰是。崇勃然曰：緑珠吾所愛，不可得也。使者曰：君侯博古通今，察遠照邇，願加三思。崇曰：不然。使者出而又反，崇竟不許。秀怒，乃勸倫誅崇、建。崇、建亦潛知其計，乃與黃門郎潘岳陰勸淮南王允、齊王冏以圖倫、秀。秀覺之，遂矯詔收崇及潘岳、歐陽建等。崇正宴於樓上，介士到門。崇謂緑珠曰：我今爲爾得罪。緑珠泣曰：當效死於官前。因自投於樓下而死。崇曰：吾不過流徙交、廣耳。及車載詣東市，崇乃歎曰：奴輩利吾家財。收者答曰：知財致害，何不早散之。崇不能答。崇母兄妻子無少長皆被害，死者十五人。崇時年五十二。

鄭櫻桃

紀事

《晉書》卷一〇六《載記第六・石季龍上》 年十八，稍折節。身長七尺五寸，趫捷便弓馬，勇冠當時，將佐親戚莫不敬憚。勒深嘉之，拜征虜將軍。爲娉將軍郭榮妹爲妻。季龍寵惑優僮鄭櫻桃而殺郭氏，更納清河崔氏女，櫻桃又譖而殺之。

王洛

紀事

《晉書》卷一一三《載記第一三・苻堅上》 堅嘗如鄴，狩於西山，旬餘，樂而忘返。伶人王洛叩馬諫曰：臣聞千金之子坐不垂堂，萬乘之主行不履危。故文帝馳車，袁公止轡；孝武好田，相如獻規。陛下爲百姓父母，蒼生所繫，何可盤於游田，以玷聖德。若禍起須臾，變在不測者，其如宗廟何。其如太后何。堅曰：善。昔文公悟愆於虞人，朕聞罪於王洛，吾過也。自是遂不復獵。

郭懷、袁信

紀事

三國魏·司馬師《廢帝奏》 皇帝即位，纂繼洪業，春秋已長，未親萬機，耽淫内寵，沈漫女色，廢捐講學，棄辱儒士，日延小優郭懷、袁信等於建始芙蓉殿前裸袒游戲，使與保林女尚等爲亂，親將後宫瞻觀。又於廣望觀上，使懷、信等於觀下作遼東妖婦，嬉褻過度，道路行人掩目，帝於觀上以爲讌笑。於陵雲臺曲中施帷，見九親婦女，帝臨宣曲觀，呼懷、信使入帷共飲酒。懷、信等更行酒，婦女皆醉，戲侮無别。使保林李華、劉勳等與懷、信等戲，清商令令狐景呵華、勳曰：諸女，上左右人，各有官職，何以得爾。華、勳數讒毁景。

趙牙

紀事

《晉書》卷六四《簡文三子傳》 嬖人趙牙出自優倡，茹千秋本錢塘捕賊吏，因賂諂進，道子以牙爲魏郡太守，千秋驃騎諮議參軍。牙爲道子開東第，築山穿池，列樹竹木，功用鉅萬。道子使宫人爲酒肆，沽賣於水側，與親昵乘船就之飲宴，以爲笑樂。帝嘗幸其宅，謂道子曰：府内有山，因得遊矚，甚善也。然修飾太過，非示天下以儉。道子無以對，唯唯而已，左右侍臣莫敢有言。帝還宫，道子謂牙曰：上若知山是板築所作，爾必死矣。牙曰：公在，牙何敢死。營造彌甚。千秋賣官販爵，聚資貨累億。

蘇小小

藝文

唐·白居易《楊柳枝》 一樹春風萬萬枝，嫩於金色軟於絲。永豐西角荒園裏，盡日無人屬阿誰。

一樹衰殘委泥土，雙枝榮耀植天庭。定知玄象今春後，柳宿光中添兩星。

又 六么水調家家唱，白雪梅花處處吹。古歌舊曲君休聽，聽取新翻楊柳枝。

陶令門前四五樹，亞夫營裏百千條。何似東都正二月，黄金枝映洛陽橋。

依依嫋嫋復青青，句引清風無限情。白雪花繁空撲地，緑絲條弱不勝鶯。

紅板江橋青酒旗，館娃宫暖日斜時。可憐雨歇東風定，萬樹千條各自垂。

蘇州楊柳任君誇，更有錢塘勝館娃。若解多情尋小小，緑楊深處是蘇家。

蘇家小女舊知名，楊柳風前别有情。剥條盤作銀環樣，卷葉吹爲玉笛聲。

葉含濃露如啼眼，枝嫋輕風似舞腰。小樹不禁攀折苦，乞君留取兩三條。

人言柳葉似愁眉，更有愁腸似柳絲。柳絲挽斷腸牽斷，彼此應無續得期。

唐·李賀《蘇小小歌》 幽蘭露，如啼眼。無物結同心，煙花不堪翦。

草如茵，松如蓋。風爲裳，水爲佩。油壁車，久相待。冷翠燭，勞光彩。西陵下，風吹雨。

唐・温庭筠《**蘇小小墓**》 買蓮莫破券，買酒莫解金。酒裏春容抱離恨，水中蓮子懷芳心。

吴公女兒腰似束，家在錢塘小江曲。一自檀郎逐便風，門前春水年年緑。

唐・張祜《**蘇小小歌**》 車輪不可遮，馬足不可絆。長怨十字街，使郎心四散。

新人千里去，故人千里來。翦刀横眼底，方覺淚難裁。

登山不愁峻，涉海不愁深。中擘庭前棗，教郎見赤心。

石董桶

紀　事

《**北齊書**》**卷一五**《**尉景傳**》 景妻常山君，神武之姊也。以勳戚，每有軍事，與厙狄干常被委重，而不能忘懷射利，神武每嫌責之。轉冀州刺史，又大納賄，發夫獵，死者三百人。厙狄干與景在神武坐，請作御史中尉。神武曰：何意下求卑官。干曰：欲捉尉景。神武大笑，令優者石董桶戲之。董桶剥景衣，曰：公剥百姓，董桶何爲不剥公。神武誡景曰：可以無貪也。、

普泰年間倡優

紀　事

《**魏書**》**卷一一**《**前廢帝廣陵王紀**》 夏四月癸卯，幸華林都亭燕射，班錫有差。太樂奏伎有倡優爲愚癡者，帝以非雅戲，詔罷之。

萬寶常

傳　記

前蜀・杜光庭《**仙傳拾遺**》 萬寶常不知何許人也。生而聰穎，妙達鍾律，徧工八音。常於野中遇十許人，車服鮮麗，□幢森列，如有所待，寶常趨避之。此人使人召至前曰：上帝以子天授音律之性，將傳八音於季末之世，救將□之樂。然正始之聲，子未備知也，使鈞天之官，以示子玄微之要。命坐而教以歷代之樂，理亂之音，靡不周述，寶常畢記之。良久，群仙淩空而去。寶常還家，已五日矣。自此，人間之樂，無不精究。□與人同食之際，言及聲律，時無樂器，寶常以食器雜物，以筯扣之，品其高下，宫商畢備，諧作絲竹，大爲時人所賞。歷周洎隋，落拓不仕。開皇初，沛國公鄭譯，定樂成，奏之，文帝召寶常，問其可否。常曰：此亡國之音，哀怨浮散，非正雅之聲。極言其不可。詔令寶常創造樂器，而其聲率下，不與舊同。又云：世有《周禮》旋宫之義，自漢魏以來，知音者皆不能通之。寶常創之，人皆哂笑。於是試令爲之，應手成曲，衆咸嗟異。由是損益樂器，不可勝紀。然

其聲雅澹，不合於俗，人皆不好，卒寢而不行，寶常聽太常之樂，泣謂人曰：淫厲而哀，天下不久相殺盡。當時海内晏安，天下全盛，人聞其言，大爲不爾。及大業之末，卒驗其事。是時鄭譯、何妥、盧賁、蘇道、蕭吉、王令言皆能於雅樂，安馬駒、曾妙達、王長通、郭金樂等陳校本曾作曹，敦作郭。能作新聲，皆心服寶常，言其天天□作久，據明鈔本、陳校本改。假矣。寶常無子，嘗謂其友曰：吾不堪，病則孤矣。因病，妻竊其財物而逃，幾至餓殞。忽一夕，先所遇神仙來降其家曰：汝捨九天之高逸，念下土之塵愛，淪沒於兹，限將畢矣。須記得雲亭宫之會乎。寶常懵然，良久乃悟。他日，謂隣人曰：吾偶自仙宫謫於人世，即將去矣。旬日，不知所之。

《隋書》卷七八《列傳第四三・藝術・萬寶常》 萬寶常，不知何許人也。父大通，從梁將王琳歸於齊。後復謀還江南，事泄，伏誅。由是寶常被配爲樂户，因而妙達鍾律，遍工八音。造玉磬以獻於齊。又嘗與人方食，論及聲調。時無樂器，寶常因取前食器及雜物，以箸扣之，品其高下，宫商畢備，諧於絲竹，大爲時人所賞。然歷周洎隋，俱不得調。開皇初，沛國公鄭譯等定樂，初爲黄鍾調。寶常雖爲伶人，譯等每召與議，然言多不用。後譯樂成奏之，上召寶常，問其可不，寶常曰：此亡國之音，豈陛下之所宜聞。上不悦。寶常因極言樂聲哀怨淫放，非雅正之音，請以水尺爲律，以調樂器。上從之。寶常奉詔，遂造諸樂器，其聲率下鄭譯調二律。並撰《樂譜》六十四卷，具論八音旋相爲宫之法，改絃移柱之變。爲八十四調，一百四十四律，變化終於一千八百聲。時人以《周禮》有旋宫之義，自漢、魏已來，知音者皆不能通，見寶常特創其事，皆哂之。至是，試令爲之，應手成曲，無所凝滯，見者莫不嗟異。於是損益樂器，不可勝紀，其聲雅淡，不爲時人所好，太常善聲者多排毁之。又太子洗馬蘇夔以鍾律自命，尤忌寶常。夔父威，方用事，凡言樂者，皆附之而短寶常。數詣公卿怨望，蘇威因詰寶常，所爲何所傳受。有一沙門謂寶常曰：上雅好符瑞，有言徵祥者，上皆悦之。先生當言就胡僧受學，云是佛家菩薩所傳音律，則上必悦。先生所爲，可以行矣。寶常然之，遂如其言以答威。威怒曰：胡僧所傳，乃是四夷之樂，非中國所宜行也。其事竟寢。寶常嘗聽太常所奏樂，泫然而泣。人問其故，寶常曰：樂聲淫厲而哀，天下不久相殺將盡。時四海全盛，聞其言者皆謂爲不然。大業之末，其言卒驗。寶常貧無子，其妻因其卧疾，遂竊其資物而逃。寶常飢餒，無人贍遺，竟餓而死。將死也，取其所著書而焚之，曰：何用此爲。見者於火中探得數卷，見行於世，時論哀之。開皇之世，有鄭譯、何妥、盧賁、蘇夔、蕭吉，並討論墳籍，撰著樂書，皆爲當世所用。至於天然識樂，不及寶常遠矣。安馬駒、曹妙達、王長通、郭金樂等，能造曲，爲一時之妙，又習鄭聲，而寶常所爲，皆歸於雅。此輩雖公議不附寶常，然皆心服，謂以爲神。

王令言

紀事

《隋書》卷七八《萬寶常傳》 時有樂人王令言，亦妙達音律。大業末，煬帝將幸江都，令言之子嘗從，於户外彈胡琵琶，作翻調《安公子曲》。令言時卧室中，聞之大驚，蹶然而起曰：變，變。急呼其子曰：此曲興自早晚。其子對曰：頃來有之。令言遂歔欷流涕，謂其子曰：汝慎無從行，帝必不返。子問其故，令言曰：此曲宫聲往而不反，宫者君也，吾所以知之。帝竟被殺於江都。

祖孝孫

傳記

《舊唐書》卷七九《祖孝孫傳》 祖孝孫，幽州范陽人也。父崇儒，以學業知名，仕至齊州長史。孝孫博學，曉曆算，早以達識見稱。初，開皇中，鍾律多缺，雖何妥、鄭譯、蘇夔、萬寶常等亟共討詳，紛然不定。及平江左，得陳樂官蔡子元、于普明等，因置清商署。時牛弘爲太常卿，引孝孫爲協律郎，與子元、普明參定雅樂。時又得陳陽山太守毛爽，妙知京房律法，布琯飛灰，順月皆驗。爽時年老，弘恐失其法，於是奏孝孫從其受律。孝孫得爽之法，一律而生五音，十二律而爲六十音，因而六之，故有三百六十音，以當一歲之日。又祖述沈重，依淮南本數，用京房舊術求之，得三百六十律，各因其月律而爲一部。以律數爲母，以一中氣所有日爲子，以母命子，隨所多少，分直一歲，以配七音，起於冬至。以黄鍾爲宫，太蔟爲商，林鍾爲徵，南吕爲羽，姑洗爲角，應鍾爲變宫，蕤賓爲變徵。其餘日建律皆依運行，每日各以本律爲宫。旋宫之義，由斯著矣。然牛弘既初定樂，難復改張。至大業時，又採晉、宋舊樂，唯奏《皇夏》等十有四曲，旋宫之法，亦不施用。高祖受禪，擢孝孫爲著作郎，歷吏部郎、太常少卿，漸見親委，孝孫由是奏請作樂。時軍國多務，未遑改創，樂府尚用隋氏舊文。武德七年，始命孝孫及祕書監竇璡修定雅樂。孝孫又以陳、梁舊樂雜用吴、楚之音，周、齊舊樂多涉胡戎之伎，於是斟酌南北，考以古音，作《大唐雅樂》。以十二月各順其律，旋相爲宫，制十二樂，合三十二曲、八十四調。事具《樂志》。旋宫之義，亡絶已久，世莫能知，一朝復古，自孝孫始也。孝孫尋卒。其後，協律郎張文收復採《三禮》增損樂章，然因孝孫之本音。

紀事

《舊唐書》卷二八《音樂志一》 自永嘉之後，咸、洛爲墟，禮壞樂崩，典章殆盡。江左掇其遺散，尚有治世之音。而元魏、宇文，代雄朔漠，地不傳於清樂，人各習其舊風。雖得兩京工胥，亦置四厢金奏，殊非入耳之玩，空有作樂之名。隋文帝家世士人，鋭興禮樂，踐祚之始，詔太常卿牛弘、祭酒辛彦之增修雅樂。弘集伶官，措思歷載無成，而郊廟侑神，黄鍾一調而已。開皇九年平陳，始獲江左舊工及四懸樂器，帝令廷奏之，歎曰：此華夏正聲也，非吾此舉，世何得聞。乃調五音爲五夏、二舞、登歌、房中等十四調，賓、祭用之。隋氏始有雅樂，因置清商署以掌之。既而協律郎祖孝孫依京房舊法，推五音十二律爲六十音，又六之，有三百六十音，旋相爲宫，因定廟樂。諸儒論難，竟不施用。隋世雅音，惟清樂十四調而已。隋末大亂，其樂猶全。高祖受禪，擢祖孝孫爲吏部郎中，轉太常少卿，漸見親委。孝孫由是奏請作樂，時軍國多務，未遑改創，樂府尚用隋氏舊文。武德九年，始命孝孫修定雅樂，至貞觀二年六月奏之。太宗曰：禮樂之作，蓋聖人緣物設教，以爲撙節，治之隆替，豈此之由。御史大夫杜淹對曰：前代興亡，實由於樂。陳將亡也，爲《玉樹後庭花》，齊將亡也，而爲《伴侣曲》，行路聞之，莫不悲泣，所謂亡國之音也。以是觀之，蓋樂之由也。太宗曰：不然，夫音聲能感人，自然之道也，故歡者聞之則悦，憂者聽之則悲。悲歡之情，在於人心，非由樂也。將亡之政，其民必苦，然苦心所感，故聞之則悲耳。何有樂聲哀怨，能使悦者悲乎。今《玉樹》、《伴侣》之曲，其聲具存，朕當爲公奏之，知公必不悲矣。尚書右丞魏徵進曰：古人稱：禮云禮云，玉帛云乎哉。樂云樂云，鐘鼓云乎哉。樂在人和，不由音調。太宗然之。孝孫又奏：陳、梁舊樂，雜用吴、楚之音；周、齊舊樂，多涉胡戎之伎。於是斟酌南北，考以古音，作爲大唐雅樂。以十二律各順其月，旋相爲宫。按《禮記》云，大樂與天地同和，故制十二和之樂，合三十一曲、八十四調。祭圜丘以黄鍾爲宫，方澤以林鍾爲宫，宗廟以太簇爲宫。五郊、朝賀、饗宴，則隨月用律爲宫。初，隋但用黄鍾一宫，惟扣七鐘，餘五鐘虚懸而不扣。及孝孫建旋宫之法，皆徧扣鐘，無復虚懸者矣。祭天神奏《豫和》之樂，地祇奏《順和》，宗廟奏《永和》。天地、宗廟登歌，俱奏《肅和》。皇帝臨軒，奏《太和》。王公出入，奏《舒和》。皇帝食舉及飲酒，奏《休和》。皇帝受朝，奏《政和》。皇太子軒懸出入，奏《承和》。元日、冬至皇帝禮會登歌，奏《昭和》。郊廟俎入，奏《雍和》。皇帝祭享酌酒、讀祝文及飲福、受胙，奏《壽和》。五郊迎氣，各以月律而奏其音。又郊廟祭享，奏《化康》、《凱安》之舞。《周禮》旋宫之義，亡絶已久，時莫能知，一朝復古，自此始也。

《新唐書》卷二一《禮樂志一一》 武德九年，始詔太常少卿祖孝孫、協律郎竇璡等定樂。初，隋用黄鍾一宫，惟擊七鍾，其五鍾設而不擊，謂之啞鍾。唐協律郎張文收乃依古斷竹爲十二律，高祖命與孝孫吹調五鍾，叩之而應，由是十二鍾皆用。孝孫又以十二月旋相爲六十聲、八十四調。

張文收

傳記

《舊唐書》卷八五《張文收傳》 文琮從父弟文收，隋内史舍人虔威子也。尤善音律，嘗覽蕭吉《樂譜》，以爲未甚詳悉，更博採羣言及歷代沿革，裁竹爲十二律吹之，備盡旋宮之義。時太宗將創制禮樂，召文收於太常，令與少卿祖孝孫參定雅樂。太樂有古鍾十二，近代惟用其七，餘有五，俗號啞鍾，莫能通者。文收吹律調之，聲皆響徹，時人咸服其妙。尋授協律郎。十一年，文收表請釐正太樂，上謂侍臣曰：樂本緣人，人和則樂和。至如隋煬帝末年，天下喪亂，縱令改張音律，知其終不和諧。若使四海無事，百姓安樂，音律自然調和，不藉更改。竟不依其請。十四年，景雲見，河水清，文收採《朱雁》《天馬》之義，制《景雲河清》樂，名曰燕樂，奏之管絃，爲樂之首，今元會第一奏者是也。咸亨元年，遷太子率更令，卒官。撰《新樂書》十二卷。

《新唐書》卷一一三《張文收傳》 文琮從父弟文收，終太子率更令。善音律，著《新樂書》十餘篇。

紀事

《舊唐書》卷二八《音樂志一》 及孝孫卒後，協律郎張文收復採《三禮》，言孝孫雖創其端，至於郊禋用樂，事未周備。詔文收與太常掌禮樂官等更加釐改。

又 十四年，有景雲見，河水清。張文收採古《朱鴈》、《天馬》之義，制《景雲河清歌》，名曰讌樂，奏之管絃，爲諸樂之首，元會第一奏者是也。

《新唐書》卷二一《禮樂志一一》 太宗謂侍臣曰：古者聖人沿情以作樂，國之興衰，未必由此。御史大夫杜淹曰：陳將亡也，有《玉樹後庭花》，齊將亡也，有《伴侣曲》，聞者悲泣，所謂亡國之音哀以思。以是觀之，亦樂之所起。帝曰：夫聲之所感，各因人之哀樂。將亡之政，其民苦，故聞以悲。今《玉樹》、《伴侣》之曲尚存，爲公奏之，知必不悲。尚書右丞魏徵進曰：孔子稱：樂云樂云，鍾鼓云乎哉。樂在人和，不在音也。十一年，張文收復請重正餘樂，帝不許，曰：朕聞人和則樂和，隋末喪亂，雖改音律而樂不和。若百姓安樂，金石自諧矣。

又 高宗即位，景雲見，河水清，張文收采古誼爲《景雲河清歌》，亦名燕樂。

白明達

紀事

《隋書》卷一五《音樂志下》 煬帝不解音律，略不關懷。後大製艷篇，辭極淫綺。令樂正白明達造新聲，創《萬歲樂》、《藏鉤樂》、《七夕相逢樂》、《投壺樂》、《舞席同心髻》、《玉女行觴》、《神仙留客》、《擲磚續命》、《鬭雞子》、《鬭百草》、《汎龍舟》、《還舊宮》、《長樂花》及《十二時》等曲，掩抑摧藏，哀音斷絶。帝悦之無已，謂幸臣曰：多彈曲者，如人多讀書。讀書多則能撰書，彈曲多即能造曲。此理之然也。因語明達云：齊氏偏隅，曹妙達猶自封王。我今天下大同，欲貴汝，宜自修謹。

唐·崔令欽《教坊記序》 昔陰康氏之王也，元氣肇分，災沴未弭，水有襄陵之變，人多腫膇之疾，思所以通利關節，於是制舞，舜作歌，以平八風，非慆心也。春秋之時，齊遺魯以女樂，晉梗陽之大宗，亦以上獻子，始淫聲色矣。施及漢室，有若衛子夫以歌進，趙飛燕以舞寵。自茲厥後，風流彌盛。晉氏兆亂，塗歌是作，終被諸管絃，載在樂府，吕光之破龜兹，得其樂，名稱多，亦佛曲百餘成。我國家元元之允，未聞頌德，高宗乃命樂工白明達造道曲道調。

呂才

傳記

《舊唐書》卷七九《呂才傳》 呂才，博州清平人也。少好學，善陰陽方伎之書。貞觀三年，太宗令祖孝孫增損樂章，孝孫乃與明音律人王長通、白明達遞相長短。太宗令侍臣更訪能者，中書令温産博奏才聰明多能，眼所未見，耳所未聞，一聞一見，皆達其妙，尤長於聲樂，請令考之。侍中王珪、魏徵又盛稱才學術之妙，徵曰：才能爲尺十二枚，尺八長短不同，各應律管，無不諧韻。太宗即徵才，令直弘文館。太宗嘗覽周武帝所撰《三局象經》，不曉其旨。太子洗馬蔡允恭年少時嘗爲此戲，太宗召問，亦廢而不通，乃召才使問焉。才尋繹一宿，便能作圖解釋，允恭覽之，依然記其舊法，與才正同，由是才遂知名。累遷太常博士。太宗以《陰陽書》近代以來漸致訛僞，穿鑿既甚，拘忌亦多，遂命才與學者十餘人共加刊正，削其淺俗，存其可用者。勒成五十三卷，並舊書四十七卷，十五年書成，詔頒行之。才多以典故質正其理，雖爲術者所短，然頗合經義，今略載其數篇。【略】太宗又令才造《方域圖》及《教飛騎戰陣圖》，皆稱旨，擢授太常丞。永徽初，預修《文思博要》及《姓氏録》。顯慶中，高宗以琴曲古有《白雪》近代頓絶，使太常增修舊曲。才上言曰：臣按《禮記》及《家語》云，舜彈五弦之琴，歌《南風》之詩。是知琴操曲弄，皆合於歌。又張華《博物志》云：《白雪》是天帝使素女鼓五十弦瑟曲名。又楚大夫宋玉對襄王云，有客於郢中歌《陽春》、《白雪》，國中和者數十人。是知《白雪》琴曲，本宜合歌，以其調高，人和遂寡。自宋玉已來，迄今千祀，未有能歌《白雪》曲者。臣今準敕，依琴中舊曲，定其宮商，然後教習，並合於歌，輒以御製《雪詩》爲《白雪》歌詞。又案古今樂府，奏正曲之後，皆別有送聲，君唱臣和，事彰前史。今取太尉長孫無忌、僕射于志寧、侍中許敬宗等奉《和雪詩》以爲送聲，合十六節，今悉教訖，並皆合韻。高宗大悦，更作《白雪歌詞》十六首，付太常編於樂府。時右監門長史蘇敬上言，陶弘景所撰《本草》，事多舛謬。詔中書令許敬宗與才及李淳風、禮部郎中孔志約，並諸名醫，增損舊本，仍令司空李勣總監定之，並圖合成五十四卷，大行於代。才龍朔中爲太子司更大夫。麟德二年卒。著《隋記》二十卷，行於時。子方穀，七歲能誦《周易》、《毛詩》，太宗聞其幼敏，召見，甚奇之，賜以縑帛。後爲右衛鎧曹參軍。母終，哀慟過禮，竟以毁卒。布車載喪，隨母轜車而葬。友人郎餘令以白粥玄酒，生芻一束，於路隅奠祭，甚爲時人之所哀惜。

《新唐書》卷一〇七《呂才傳》 呂才，博州清平人。貞觀時，祖孝孫增損樂律，與音家王長通、白明達更質難，不能决。太宗詔侍臣舉善音者，中書令温彦博白才天悟絶人，聞見一接，輒究其妙，侍中王珪、魏徵盛稱才製尺八凡十二枚，長短不同，與律諧契。即召才直弘文館，參論樂事。帝嘗覽周武帝《三局象經》，不能通，或言太子洗馬蔡允恭能之，召問允恭，少通其略，老乃忘。試問才，退一昔即解，具圖以聞。允恭記其舊，與才正同，由是知名。擢累太常博士。帝病陰陽家所傳書多謬僞淺惡，世益拘畏，命才與宿學老師删落煩訛，掇可用者爲五十三篇，合舊書四十七，凡百篇，詔頒天下。才於持議儒而不俚，以經誼推處其驗術，諸家共訶短之，又舉世相惑以禍福，終莫悟云。才之言不甚文，要欲救俗失，切時事，俾易曉也。故剟其三篇。【略】帝又詔造《方域圖》及教飛騎戰陣圖，屢稱指。擢太常丞。麟德中，以太子司更大夫卒。生平豫脩書及著述甚多。

紀事

《舊唐書》卷二八《音樂志一》 六年太宗行幸慶善宫，宴從臣於渭水之濱，賦詩十韻。其宫即太宗降誕之所。車駕臨幸，每特感慶，賞賜閭里，有同漢之宛、沛焉。於是起居郎呂才以御製詩等於樂府，被之管絃，名爲《功成慶善樂》之曲，令童兒八佾，皆進德冠、紫袴褶，爲《九功》之舞。冬至亨醼，及國有大慶，與《七德》之舞偕奏於庭。

又 七年，太宗制《破陣舞圖》左圓右方，先偏後伍，魚麗鵝貫，箕張翼舒，交錯屈伸，首尾迴互，以象戰陣之形。令呂才依圖教樂工百二十人，被甲執戟而習之。凡爲三變，每變爲四陣，有來往疾徐擊刺之象，以應歌節，數日而就，更名《七德》之舞。癸巳，奏《七德》、《九功》之舞，觀者見其抑揚蹈厲，莫不扼腕踴躍，凜然震竦。武臣列將咸上壽云：此舞皆是陛下百戰百勝之形容。羣臣咸稱萬歲。蠻夷十餘種自請率舞，詔許之，久而乃罷。

《新唐書》卷二一《禮樂志一一》 高宗以琴曲寖絶，雖有傳者，復失宮商，令有司脩習。太常丞呂才上言：舜彈五絃之琴，歌《南風》之詩，是知琴操曲弄皆合於歌。今以御《雪詩》爲《白雪歌》。古今奏正曲復有送聲，君唱臣和之義，以羣臣所和詩十六韻爲送聲十六節。帝善之，乃命太常著於樂府。才復撰《琴歌》、《白雪》等曲，帝亦製歌詞十六，皆著樂府。

稱心

紀事

《舊唐書》卷七六《恒山王李承乾傳》 承乾先患足，行甚艱難，而魏王泰有當時美譽，太宗漸愛重之。承乾恐有廢立，甚忌之，泰亦負其材能，潛懷奪嫡之計。於是各樹朋黨，遂成釁隙。有太常樂人年十餘歲，美姿容，善歌舞，承乾特加寵幸，號曰稱心。太宗知而大怒，收稱心殺之，坐稱心死者又數人。承乾意泰告訐其事，怨心逾甚。痛悼稱心不已，於宮中構室，立其形像，列偶人車馬於前，令宮人朝暮奠祭，承乾數至其處，徘徊流涕。仍於宮中起冢而葬之，並贈官樹碑，以申哀悼。承乾自此託疾不朝參者輒逾數月。常命户奴數十百人專習伎樂，學胡人椎髻，翦綵爲舞衣，尋橦跳劍，晝夜不絶，鼓角之聲，日聞於外。

李承乾東宮俳兒

紀事

《新唐書》卷八〇《常山王李承乾傳》 東宮有俳兒，善姿首，承乾嬖愛，帝聞震怒，收兒殺之，坐死者數人。承乾意爲泰告，望甚。內念兒不已，築室圖其象，贈官樹碑，爲起冢苑中，朝夕祭。承乾至其處裴回，涕數行下，愈怨懟，稱疾不朝，累數月。

張四

紀事

《舊唐書》卷六四《滕王李元嬰傳》 永徽中，元嬰頗驕縱逸遊，動作失度，高宗與書誡之曰：王地在宗枝，寄深磐石，幼聞《詩》、《禮》，夙承義訓。實冀孜孜無怠，漸以成德；豈謂不遵軌轍，踰越典章。且城池作固，以備不虞，關鑰閉開，須有常準。鳩合散樂，並集府僚，嚴關夜開，非復一度。遏密之悲，尚纏比屋，王以此情事，何遽紛紜。又巡省百姓，本觀風問俗，遂乃驅率老幼，借狗求罝，志從禽之娱，忽黎元之重。時方農要，屢出畋遊，以彈彈人，將爲笑樂。取適之方，亦應多緒，何必此事，方得爲娱。晉靈虐主，未可取則。趙孝文趨走小人，張四又倡優賤隸，王親與博戲，極爲輕脱，一府官僚，何所瞻望。凝寒方甚，以雪埋人，虐物既深，何以爲樂。家人奴僕，侮弄官人，至於此事，彌不可長。朕以王骨肉至親，不能致王於法，今與王下上考，以愧王心。人之有過，貴在能改，國有憲章，私恩難再。興言及此，慚歎盈懷。

羅黑黑

紀　事

唐·張鷟《朝野僉載》卷五　太宗時，西國進一胡，善彈琵琶。作一曲，琵琶絃撥倍麄。上每不欲番人勝中國，乃置酒高會，使羅黑黑隔帷聽之，一遍而得。謂胡人曰：此曲吾宫人能之。取大琵琶，遂於帷下令黑黑彈之，不遺一字。胡人謂是宫女也，驚嘆辭去。西國聞之，降者數十國。

又　薛師有巧性，常入宫闈。補闕王求禮上表曰：太宗時，羅黑能彈琵琶，遂閹爲給使，以教宫人。今陛下要懷義入内，臣請閹之，庶宫闈不亂。表寢不出。

《資治通鑑》卷二〇三《唐紀一九》　太后託言懷義有巧思，故使入禁中營造。補闕長社王求禮上表以爲：太宗時，有羅黑黑善彈琵琶，太宗閹爲給使，使教宫人。陛下若以懷義有巧性，欲宫中驅使者，臣請閹之，庶不亂宫闈。表寢不出。

裴神符

紀　事

《新唐書》卷二一《禮樂志一一》　五絃，如琵琶而小，北國所出，舊以木撥彈，樂工裴神符初以手彈，太宗悦甚，後人習爲搊琵琶。

李嗣真

傳　記

《舊唐書》卷一九一《方伎·李嗣真傳》　李嗣真，滑州匡城人也。父彦琮，趙州長史。嗣真博學曉音律，兼善陰陽推算之術。弱冠明經舉，補許州司功。時左侍極賀蘭敏之受詔於東臺修撰，奏嗣真弘文館參預其事。嗣真與同時學士劉獻臣、徐昭俱稱少俊，館中號爲三少。敏之既恃寵驕盈，嗣真知其必敗，謂所親曰：此非庇身之所也。因咸亨年京中大饑，乃求出，補義烏令。無何，敏之敗，修撰官皆連坐流放，嗣真獨不預焉。調露中，爲始平令，風化大行。時章懷太子居春宫，嗣真嘗於太清觀奏樂，謂道士劉概、輔儼曰：此曲何哀思不和之甚也。概、儼曰：此太子所作《寶慶樂》也。居數日，太子廢爲庶人。概等以其事聞奏，高宗大奇之，徵拜司禮丞，仍掌五禮儀注，加中散大夫，封常山子。永昌中，拜右御史中丞，知大夫事。時酷吏來俊臣構陷無罪，嗣真上書諫曰：臣聞陳平事漢祖，謀疏楚君臣，乃用黄金五萬斤，行反間之術。項王果疑臣下，陳平反間果行。今告事紛紜，虚多實少，焉知必無陳平先謀疏陛下君臣，後謀除國家良善，臣恐爲社稷之禍。伏乞陛下特迴天慮，察臣狂瞽，然後退就鼎鑊，實無所恨。疏奏不納。尋被俊臣所陷，配流嶺南。萬歲通天年，徵還，至桂陽，自筮死日，預託桂陽官屬備凶器。依期暴卒。則天深加憫惜，敕州縣遞靈輿還鄉，贈濟州刺史。神龍初，又贈御史大夫。撰《明堂新禮》十卷，《孝經指要》、《詩品》、《書品》、《畫品》各一卷。

《新唐書》卷九一《李嗣真傳》　李嗣真字承胄，趙州柏人人。多藝數，舉明經，中之，累調許州司功參軍。賀蘭敏之脩撰東臺，表嗣真直弘文館，與學士劉獻臣、徐昭皆少有名，號三少。高宗東封還，詔贈孔子太師，命有司爲祝，司文郎中雷少穎文不稱旨，更命嗣真，成不淹頃，帝覽稱善，詔加兩階。敏之等倚恩自如，嗣真不喜，求補義烏令。敏之敗，學士多連坐，嗣真獨免。調露中，爲始平令，風化大行。時章懷太子作《寶慶曲》，閱於太清觀，嗣真謂道人劉概、輔儼曰：宮不召商，君臣乖也；角與徵戾，父子疑也。死聲多且哀，若國家無事，太子任其咎。俄而太子廢，概等奏其言，擢太常丞，知五禮儀，封常山縣子。嗣真常曰：隋樂府有《堂堂曲》，明唐再受命，比日有側堂堂，橈堂堂之謡，側，不正也，橈，危也。皇帝病日侵，事皆決中宮，持權與人，收之不易。宗室雖衆，居中制外，勢且不敵。諸王殆爲后所蹂踐，吾見難作不久矣。太常缺黄鍾，鑄不能成，嗣真居崇業里，疑土中有之，弗得其所。道上逢一車，有鐸聲甚厲，嗣真曰：宮聲也。市以歸，振於空地，若有應者，掘之得鍾，衆樂遂和。嘗引工展器於廷，后奇其風度應對，召相王府參軍閻玄静圖之，吏部郎中楊志誠爲贊，祕書郎殷仲容書，時以爲寵。永昌初，以右御史中丞知大夫事，請周、漢爲二王後，詔可。命巡撫河東，薦宋温瑾、袁嘉祚、李日知，拔州縣職，皆至顯官。來俊臣獄方熾，嗣真上書諫，以爲昔陳平事漢祖，謀疏楚君臣，行反間，項羽遂亡。今殆有如平者謀陛下君臣，恐爲社稷禍。不納。出爲潞州刺史。俊臣誣以反，流藤州，久得還。自筮死日，豫具棺斂，如言卒桂陽。有詔州縣護喪還鄉里，贈濟州刺史，謚曰昭。武后嘗問嗣真儲貳事，對曰：程嬰、杵臼存趙氏孤，古人嘉之。后悟，中宗乃安。神龍初，贈御史大夫。所撰述尤多。時雍州人裴知古亦善樂律，長安中，爲太樂令。神龍元年正月，享太廟，樂作，知古密語萬年令元行沖曰：金石諧婉，將有大慶，在唐室子孫乎。是月，中宗復位。人有乘馬者，知古聞其嘶，乃曰：馬鳴哀，主必墜死。見新婚者，聞佩聲，曰：終必離。訪之，皆然。

紀事

宋・錢易《南部新書》 天后時，太常丞李嗣真聞東夷三曲一遍，援胡琴彈之，無一聲遺忘。

劉希夷

紀事

唐・劉肅《大唐新語》卷八《文章》 劉希夷一名挺之，汝州人。少有文華，好爲宮體，詞旨悲苦，不爲時所重。善搊琵琶，嘗爲《白頭翁詠》曰：今年花落顔色改，明年花開復誰在。既而自悔曰：我此詩似讖，與石崇白首同所歸何異也。乃更作一句云：年年歲歲花相似，歲歲年年人不同。既而歎曰：此句復似向讖矣，然死生有命，豈復由此。乃兩存之。詩成未周，爲奸所殺。或云宋之問害之。後孫翌撰《正聲集》，以希夷爲集中之最。由是稍爲時人所稱。

《舊唐書》卷一九〇中《喬知之傳》 時又有汝州人劉希夷，善爲從軍閨情之詩，詞調哀苦，爲時所重，志行不修，爲姦人所殺。

安金藏

傳記

《新唐書》卷一九一《安金藏傳》 安金藏，京兆長安人。在太常工籍。睿宗爲皇嗣，少府監裴匪躬、中官范雲仙坐私謁皇嗣，皆殊死，自是公卿不復見，唯工優給使得進。俄有誣皇嗣異謀者，武后詔來俊臣問狀，左右畏慘楚，欲引服。金藏大呼曰：公不信我言，請剖心以明皇嗣不反也。引佩刀自剚腹中，腸出被地，眩而仆。后聞大驚，輿致禁中，命高醫内腸，褫桑衻紩之，閲夕而蘇。后臨視，歎曰：吾有子不能自明，不如爾之忠也。即詔停獄，睿宗乃安。當是時，朝廷士大夫翕然稱其誼，自以爲弗及也。

宋之遜

紀　事

唐·張鷟《朝野僉載》卷一　洛陽縣令宋之遜性好唱歌，出爲連州參軍。刺史陳希古者，庸人也，令之遜教婢歌。每日端笏立於庭中，呦呦而唱，其婢隔窗從而和之，聞者無不大笑。

曹娘

藝　文

唐·宋之問《傷曹娘二首》　鳳飛樓伎絶，鸞死鏡臺空。獨憐脂粉氣，猶著舞衣中。　河伯憐嬌態，馮夷要姝妓。寄言遊戲人，莫弄黄河水。

又　可憐冥漠去何之，獨立丰茸無見期。君看水上芙蓉色，恰似生前歌舞時。前溪妙舞今應盡，子夜新歌遂不傳。無復綺羅嬌白日，直將珠玉閉黄泉。

唐·宋之問《河陽》　昔日河陽縣，氛氲香氣多。曹娘嬌態盡，春樹不堪過。

碧玉 窈娘

紀　事

唐·張鷟《朝野僉載》卷二　周補闕喬知之有婢碧玉，姝艷能歌舞，有文華，知之時幸，爲之不婚。僞魏王武承嗣暫借教姬人妝梳，納之，更不放還知之。知之乃作《緑珠怨》以寄之，其詞曰：石家金谷重新聲，明珠十斛買娉婷。此日可憐偏自許，此時歌舞得人情。

君家閨閣不曾觀，好將歌舞借人看。意氣雄豪非分理，驕矜勢力橫相干。

辭君去君終不忍，徒勞掩袂傷鉛粉。百年離恨在高樓，一代容顔爲君盡。

碧玉讀詩，飲淚不食三日，投井而死。承嗣撩出屍，於裙帶上得詩，大怒，乃諷羅織人告之。遂斬知之於南市，破家籍没。

唐·劉餗《隋唐嘉話》卷下　補闕喬知之有寵婢，爲武承嗣所奪。知之爲《緑珠篇》以寄之，末句云：百年離别在高樓，一旦紅顔爲君盡。寵者結於衣帶上，投井而死。承嗣驚惋，不知其故。既見詩，大恨。知之竟坐此見構陷亡。

唐·孟棨《本事詩·情感第一》　唐武后時，左司郎中喬知之，有婢名窈娘，藝色爲當時第一。知之寵愛，爲之不婚。武延嗣聞之，求一見，勢不可抑。既見，即留，無復還理。知之憤痛成疾，因爲詩，寫以縑素，厚賂閽守以達。窈娘得詩悲惋，結於裙帶，赴井而死。延嗣見詩，遣酷吏誣陷知之，破其家。詩曰：石家金谷重新聲，明珠十斛買娉婷。昔日可憐君自許，此時歌舞得人情。

君家閨閣不曾難，好將歌舞借人看。富貴雄豪非分理，驕奢勢力橫相干。

別君去君終不忍，徒勞掩袂傷紅粉。百年離別在高樓，一旦紅顔爲君盡。

時載初元年三月也。四月下獄，八月死。

後晉・劉昫《舊唐書》卷一九〇中《文苑中・喬知之傳》 知之有侍婢曰窈娘，美麗善歌舞，爲武承嗣所奪。知之怨惜，因作《緑珠篇》以寄情，密送與婢，婢感憤自殺。承嗣大怒，因諷酷吏羅織誅之。

優人

紀事

唐・孟棨《本事詩・嘲戲第七》 中宗朝，御史大夫裴談，崇奉釋氏。妻悍妬，談畏之如嚴君。嘗謂人：妻有可畏者三：少妙之時，視之如生菩薩。及男女滿前，視之如九子魔母，安有人不畏九子母耶。及五十、六十，薄施妝粉，或黑視之，如鳩盤荼，安有人不畏鳩盤荼。時韋庶人頗襲武氏之風軌，中宗漸畏之。內宴唱迴波詞，有優人詞曰：迴波爾時栲栳，怕婦也是大好。外邊祇有裴談，內裏無過李老。韋后意色自得，以束帛賜之。

《資治通鑒》卷二一二《唐紀二八》 侍中宋璟疾負罪而妄訴不已者，悉付御史臺治之。謂中丞李謹度曰：服不更訴者出之，尚訴未已者且繫。由是人多怨者。會天旱有魃，優人作魃狀戲於上前，問魃：何爲出。對曰：奉相公處分。又問：何故。魃曰：負冤者三百餘人，相公悉以繫獄抑之，故魃不得不出。上心以爲然。

宋沇

紀事

宋・王讜《唐語林》卷五《補遺》 開府孫沇亦知音。貞元中，集《樂録》三卷，德宗覽而善焉。又知是開府之孫，遂召對賜坐，與論音樂。又召至宣徽，張樂使觀焉。曰：設有舛乖，悉可言之。沇沈吟曰：容臣與樂官商搉條奏。上使宣徽使就教坊與樂官參議數日。二使奏上：樂工多言沇曾不留意，不解聲調，不審節拍，兼有聵病，不可議樂。上頗異之。久之召對，且曰：臣年老多病，耳實失聽，若迨於聲律，不致無業。上又使作樂曲，問其得失，承稟舒遲，衆工多笑之。沇顧笑者，忽忿怒作色，奏曰：曲雖妙，其間有不可者。上驚問之，即指一琵琶云：此人大逆戕忍，當即去，不宜在至尊前。又指一笙云：此人神魂已遊墟墓，不可更留供奉。上大駭，令主司潛伺察之。既而琵琶工爲人訴，稱六七年前其母自縊，不得端由；即令按鞫，遂伏罪。其笙者乃憂恐不食，旬日而卒。上益加知遇，面賜章綬，累召對。每令沇察樂，樂工悉惴恐，不敢正視。沇懼罹禍，辭病而退。

藝文

唐・元稹《和李校書新題樂府十二首・立部伎》 李傳云：太常選坐部伎，無性識者退入立部伎。又選立部伎，無性識者退入雅樂部，則雅樂可知矣，李君作歌以諷焉。

胡部新聲錦筵坐，中庭漢振高音播。太宗廟樂傳子孫，取類羣兇陣初破。戢戢攢槍霜雪耀，騰騰擊鼓雲一作風雷磨。初疑遇敵身啓行，終象由文士憲左。昔日高宗常立聽，曲終然後臨玉座。如今節將一掉頭，電卷風收盡摧挫。宋晉鄭女歌聲發，滿堂會客齊喧歌一作和。珊珊珮玉動腰身，一一貫珠隨咳唾。頃向圜丘見郊祀，亦曾正旦親朝賀。太常雅樂備宮懸，九奏未終百寮惰。誳滯難令季札辨，遲迴但恐文侯卧。工師盡取聾昧人，豈是先王作之過。宋沇嘗傳天寶季，法曲胡音忽相和。明年十月燕寇來，九廟千門虜塵涴。太常丞宋沇傳漢中王舊説云。明皇雖雅好度曲，然而未嘗使□漢雜□。天寶十三載，始詔道調法曲與胡部新聲合作，□者異之。明年禄山叛。我聞此語歎復泣，古來邪正將誰奈。奸聲入耳佞入心，侏儒飽飯夷齊餓。

公孫大娘

紀事

《新唐書》卷二〇二《張旭傳》初，仕爲常孰尉，有老人陳牒求判，宿昔又來，旭怒其煩，責之。老人曰：觀公筆奇妙，欲以藏家爾。旭因問所藏，盡出其父書，旭視之，天下奇筆也，自是盡其法。旭自言，始見公主檐夫爭道，又聞鼓吹，而得筆法意，觀倡公孫舞《劍器》，得其神。後人論書，歐、虞、褚、陸皆有異論，至旭，無非短者。傳其法，惟崔邈、顔真卿云。

藝文

唐・杜甫《觀公孫大娘弟子舞劍器行》 大曆二年十月十九日，夔府別駕元持宅，見臨潁李十二娘舞劍器，壯其蔚跂，問其所師，曰：余公孫大娘弟子也。開元三載，余尚童稚，記於郾城觀公孫氏舞劍器渾脱，瀏漓頓挫，獨出冠時。自高頭宜春梨園二伎坊内人洎外供奉，曉是舞者，聖文神武皇帝初，公孫一人而已。玉貌錦衣，况余白首，今兹弟子，亦匪盛顔。既辨其由來，知波瀾莫二。撫事慷慨，聊爲《劍器行》。往者吴人張旭，善草書帖，數常於鄴縣見公孫大娘舞西河劍器，自此草書長進。豪蕩感激，即公孫可知矣。

昔有佳人公孫氏，一舞劍氣動四方。觀者如山色沮喪，天地爲之久低昂。㸌如羿射九日落，矯如羣帝驂龍翔。來如雷霆收震怒，罷如江海凝清光。絳脣珠袖兩寂寞，况有弟子傳芬芳。臨潁美人在白帝，妙舞此曲神揚揚。與余問答既有以，感時撫事增惋傷。先帝侍女八千人，公孫劍器初第一。五十年間似反掌，風塵傾動昏王室。梨園子弟散如煙，女樂餘姿映寒日。金粟堆南木已拱，瞿唐石城草蕭瑟。玳筵急管曲復終，樂極哀來月東出。老夫不知其所往，足繭荒山轉愁疾。

雜録

唐・鄭處誨《明皇雜録》 開元中，有公孫大娘善劍舞，僧懷素見之，草書遂長，蓋壯其頓挫勢也。

張少娘

紀事

唐・韋述《兩京新記》 尚書郎。自兩漢已後，妙選其人。唐武德貞觀已來，尤重其職。吏兵部爲前行，最爲要劇。自後行改入，皆爲美選。考功員外專掌試貢舉人，員外郎之最望者司門都門。屯田虞水，膳部主客，皆在後行，閑簡無事。時人語曰：司門水部，入省不數。角觝之戲，有假作吏部令史與水部令史相逢，忽然俱倒。良久起云：冷熱相激，遂成此疾。

雜録

唐・崔令欽《教坊記》 蘇五奴妻張少娘，（少説郛作四）。善歌舞，有邀迓者，五奴輒隨之前。人欲得其速醉，多勸酒。五奴曰：但多與我錢，喫䭔子亦醉，（䭔説郛作□。）不煩酒也。

伶人

紀事

宋・沈作喆《寓簡》卷一〇 明皇時，番胡入見，伶人譏其貌，不能堪，相與泣訴於上前。伶曰：官家勿信，此等淚，桔槔打不出。

胡鶵

紀事

宋・王讜《唐語林》卷二《政事下》 梨園弟子有胡鶵，善吹笛，尤承恩。嘗犯洛陽令崔隱甫，已而走禁中。玄宗非時託以他事召隱甫對，胡鶵在側，指曰：就卿乞得此否。隱甫奏曰：陛下此言，是輕臣而重樂人也。臣請休官。再拜而出。玄宗遽曰：朕與卿戲。遂令曳出。纔至門外，杖殺之。俄而復敕釋放，已死矣。乃賜隱甫絹百匹。

張雲容

藝文

唐・楊玉環《贈張雲容舞》 羅袖動香香不已，紅蕖裊裊秋煙裏。輕雲嶺上乍摇風，嫩柳池邊初拂水。

謝阿蠻

紀事

唐・鄭處誨《明皇雜録》 新豐市有女伶曰謝阿蠻，善舞《淩波曲》，常出入宫中，楊貴妃遇之甚厚，亦遊於國忠及諸姨宅。上至華清宫，復令召焉。舞罷，阿蠻因出金粟裝臂環，云：此貴妃所與。上持之悽怨出涕，左右莫不嗚咽。

紅桃

紀事

唐・鄭處誨《明皇雜録》 唐玄宗自蜀回，夜闌登勤政樓，憑欄南望，煙雲滿目，上因自歌曰：庭前琪樹已堪攀，塞外征夫久未還。蓋盧思道之詞也。歌歇，上問：有舊人乎。逮明爲我訪來。翌日，力士潛求於里中，因召與同至，則果梨園子弟也。其夜，上復與乘月登樓，唯力士及貴妃侍者紅桃在焉。遂命歌《凉州詞》，貴妃所製，上親御玉笛爲之倚曲。曲罷相睹，無不掩泣。上因廣其曲，今〔凉州〕傳於人間者，益加怨切焉。

唐崇

紀事

宋・王讜《唐語林》卷一《政事上》 玄宗宴蕃客。唐崇句當音聲，先述國家盛德，次序朝廷歡娱，又贊揚四方慕義，言甚明辨。上極歡。崇因長入人許小客求教坊判官，久之未敢奏。一日，過崇曰：今日崖公甚蜆斗，欲爲弟奏請，沈吟未敢。崇謂小客有所欲，乃贈絹兩束。後數日，上憑小客肩，行永巷中。小客曰：臣請奏事。上乃推去之，問曰：何事。對曰：臣所奏，坊中事耳。小客方言唐崇，上遽曰：欲得教坊判官也。小客蹈舞曰：真聖明，未奏即知。上曰：前宴蕃客日，崇辭氣分明，我固賞之，判官何慮不得。汝出報，令明日玄武門來。小客歸以語崇，崇蹈舞懽躍。上密敕北軍曰：唐崇來，可馳馬踐殺之。明日，不果殺。乃敕教坊使范安及曰：唐崇何等，敢干請小客奏事。可決杖，遞出五百里外。小客更不須令來。

許小客、范安及

紀事

宋・王讜《唐語林》卷一《政事上》 玄宗宴蕃客。唐崇句當音聲，先述國家盛德，次序朝廷歡娱，又贊揚四方慕義，言甚明辨。上極歡。崇因長入人許小客求教坊判官，久之未敢奏。一日，過崇曰：今日崖公甚蜆斗，欲爲弟奏請，沈吟未敢。崇謂小客有所欲，乃贈絹兩束。後數日，上憑小客肩，行永巷中。小客曰：臣請奏事。上乃推去之，問曰：何事。對曰：臣所奏，坊中事耳。小客方言唐崇，上遽曰：欲得教坊判官也。小客蹈舞曰：真聖明，未奏即知。上曰：前宴蕃客日，崇辭氣分明，我固賞之，判官何慮不得。汝出報，令明日玄武門來。小客歸以語崇，崇蹈舞懽躍。上密敕北軍曰：唐崇來，可馳馬踐殺之。明日，不果殺。乃敕教坊使范安及曰：唐崇何等，敢干請小客奏事。可決杖，遞出五百里外。小客更不須令來。

陸羽

傳記

唐・陸羽《陸文學自傳》 陸子名羽，字鴻漸，不知何許人也。或云字羽名鴻漸，未知孰是。有仲宣孟陽之貌陋，而有相如子雲之口吃，而爲人才辯，爲性褊躁，多自用意，朋友規諫，豁然不惑。凡與人宴處，意有所適，一作擇不言而去，人或疑之，謂生多瞋。又與人爲信，縱氷雪千里，虎狼當道而不僁也。上元初，結廬於苕溪之湄，閉關讀書，不雜非類，名僧高士，談讌永日。常扁舟往來山寺，隨身唯紗巾、藤鞵、短褐、犢鼻，往往獨行野中。誦佛經，吟古詩，杖擊林木，手弄流水，夷猶徘徊，自曙達暮，至日黑興盡，號泣而歸。故楚人相謂，陸子蓋今之接輿也。始三歲一作載惸露，育於竟陵太師積公之禪。自九歲學屬文，積公示以佛書出世之業。子答曰：終鮮兄弟，無復後嗣，染衣削髮，號爲釋氏，使儒者聞之，得稱爲孝乎。羽將授孔聖之文。公曰：善哉子爲孝，殊不知西方染削之道，其名大矣。公執釋典不屈，子執儒典不屈，公因矯憐撫愛，歷試賤務。掃寺地，潔僧廁，踐泥圬牆，負瓦施屋，牧牛一百二十蹄。竟陵西湖無紙，學書以竹畫牛背爲字。他日於學者得張衡《南都賦》，不識其字，但於牧所倣青衿小兒，危坐展卷，口動而已。公知之，恐漸漬外典，去道日曠，又束於寺中，令芟剪卉莽，以門人之伯主焉。或時心記文字，懵然若有所遺，灰心木立，過日不作，主者以爲慵墮鞭之。因歎云：恐歲月往矣，不知其書。嗚呼，不自勝，主者以爲蓄怒，又鞭其背，折其楚乃釋。因倦所役，捨主者而去，卷衣詣伶黨，著《謔談》三篇。以身爲伶正，弄木人假吏藏珠之戲。公追之曰：念爾道喪，惜哉。吾本師有言，我弟子十二時中，許一時外學，令降伏外道也。以吾門人衆多，今從爾所欲，可捐樂工書。天寶中，郢人酺於滄浪，邑吏召予爲伶正之師。時河南尹李公齊物黜守見異，提手撫背，親授詩集，於是漢沔之俗亦異焉。後負書於火門山鄒夫子別墅，屬禮部郎中崔公國輔出境陵，因與之遊處凡三年，贈白驢烏犎一作□下□牛一頭，文槐書凾一枚。白驢犎牛襄陽太守李憕一云澄一云帳見遺，文槐凾故盧黄門侍郎所與，此物皆已之所惜也。宜野人乘蓄，故特以相贈。洎至德初，泰一作秦人過江，□亦過江，與吴興釋皎然爲緇素忘年之交。少好屬文，多所諷諭。見人爲善，若已有之；見人不善，若已羞之。忠言逆耳，無所迴避，繇是俗人多忌之。自禄山亂中原，爲《四悲詩》，劉展窺江淮，作《天之未明賦》，皆見感激當時，行哭涕泗。著《君臣契》三卷，《源解》三十卷，《江表四姓譜》八卷，《南北人物志》十卷，《吴興歷官記》三卷，《湖州刺史記》一卷，《茶經》三卷，《占夢》上中下三卷，並貯於褐布囊。上元年辛丑歲，子陽秋二十有九日。

《新唐書》卷一九六《陸羽傳》 陸羽字鴻漸，一名疾，字季疵，復州竟陵人。不知所生，或言有僧得諸水濱，畜之。既長，以《易》自筮，得《蹇》之《漸》，曰：鴻漸於陸，其羽可用爲儀。乃以陸爲氏，名而字之。幼時，其師教以旁行書，答曰：終鮮兄弟，而絶後嗣，得爲孝乎。師怒，使執糞除圬塓以苦之，又使牧牛三十，羽潛以竹畫牛背爲字。得張衡《南都賦》，不能讀，危坐效羣兒囁嚅若成誦狀，師拘之，令薙草莽。當其記文字，懵懵若有遺，過日不作，主者鞭苦，因歎曰：歲月往矣，奈何不知書。嗚咽不自勝，因亡去，匿爲優人，作詼諧數千言。天寶中，州人酺，吏署羽伶師，太守李齊物見，異之，授以書，遂廬火門山。貌侻陋，口吃而辯。聞人善，若在己，見有過者，規切至忤人。朋友燕處，意有所行輒去，人疑其多嗔。與人期，雨雪虎狼不避也。上元初，更隱苕溪，自稱桑苧翁，闔門著書。或獨行野中，誦詩擊木，裴回不得意，或慟哭而歸，故時謂今接輿也。久之，詔拜羽太子文學，徙太常寺太祝，不就職。貞元末，卒。羽嗜茶，著經三篇，言茶之原、之法、之具尤備，天下益知飲茶矣。時鬻茶者，至陶羽形置煬突間，祀爲茶神。有常伯熊者，因羽論復廣著茶之功。御史大夫李季卿宣慰江南，次臨淮，知伯熊善煮茶，召之，伯熊執器前，季卿爲再舉杯。至江南，又有薦羽者，召之，羽衣野服，挈具而入，季卿不爲禮，羽愧之，更著《毁茶論》。其後尚茶成風，時回紇入朝，始驅馬市茶。

安萬善

藝文

唐・李頎《聽安萬善吹觱篥歌》 南山截竹爲觱篥，此樂本自龜茲出。流傳漢地曲轉奇，涼州胡人爲我吹。傍鄰聞者多歎息，遠客思鄉皆淚垂。世人解聽不解賞，長飆風中自來往。枯桑老柏寒颼颼，九雛鳴鳳亂啾啾。龍吟虎嘯一時發，萬籟百泉相與秋。忽然更作漁陽摻，黄雲蕭條白日暗。變調如聞楊柳春，上林繁花照眼新。歲夜高堂列明燭，美酒一杯聲一曲。

賀懷智

紀事

唐・鄭處誨《明皇雜録》 羯胡犯京，上欲遷幸，復登花萼樓，置酒四顧，乃命進玉環。玉環者，睿宗所御琵琶也。異時上長樂宫中，常置別榻，以帕覆之，不以雜他樂器，而未嘗持用。至是，命樂工賀懷智取調之，又命禪定僧段師彈之。

五代・王仁裕《開元天寶遺事》卷下《天寶下・猧子亂局》 一日，明皇與親王棋，令賀懷智獨奏琵琶，妃子立於局前觀之。上欲輸次，妃子將康國猧子放之，令於局上亂其輸贏，上甚悦焉。

藝文

唐・元稹《琵琶歌》 琵琶宫調八十一，旋宫三調彈不出。玄宗偏許賀懷智，段師此藝還相匹。自後流傳指撥衰，崑崙善才徒爾爲。澒聲少得似雷吼，纏去聲弦不敢彈羊皮。人間奇事會相續，但有卞和無有玉。段師弟子數十人，李家管兒稱上足。管兒不作供奉兒，拋在東都雙鬢絲。逢人便請送杯盞，著盡工夫人不知。李家兄弟皆愛酒，我是酒徒爲密友。著作曾邀連夜宿，中碾春溪華新緑。平明船載管兒行，盡日聽彈無限曲。曲名無限知者鮮，霓裳羽衣偏宛轉。涼州大徧最豪嘈，六么散序多籠撚。我聞此曲深賞奇，賞著奇處驚管兒。管兒爲我雙淚垂，自彈此曲長自悲。淚垂捍撥朱弦溼，冰泉嗚咽流鶯澀。因兹彈作雨霖鈴，風雨蕭條鬼神泣。一彈既罷又一彈，珠幢夜静風珊珊。低回慢弄關山思，坐對燕然秋月寒。月寒一聲深殿磬，驟彈曲破音繁併。百萬金鈴旋去聲玉盤，醉客滿船皆暫醒。自兹聽後六七年，管兒在洛我朝天。游想慈恩杏園裏，夢寐仁風花樹前。去年御史留東臺，公私蹙促顔不開。今春制獄正撩亂，晝夜推囚心似灰。暫輟歸時尋著作，著作南園花坼萼。臙脂耀眼桃正紅，雪片滿溪梅已落。是夕青春值三五，花枝向月雲含吐。著作施罇命管兒，管兒久別今方覩。管兒還爲彈六么，六么依舊聲迢迢。猿鳴雪岫來三峽，鶴唳晴空聞九霄。逡巡彈得六么徹，霜刀破竹無殘節。幽關鴉軋胡雁悲，斷弦砉騞層冰裂。我爲含悽歎奇絶，許作長歌始終説。藝奇思寡塵事多，許來寒暑又經過。如今左降在閒處，始爲管兒歌此歌。歌此歌，寄管兒。管兒管兒憂爾衰，爾衰之後繼者誰。繼之無乃在鐵山，鐵山已近曹穆間。性靈甚好功猶淺，急處未得臻幽閒。努力鐵山勤學取，莫遣後來無所祖。

雜録

唐・段安節《樂府雜録・琵琶》 開元中有賀懷智，其樂器以石爲槽，鵾鷄筋作絃，用鐵撥彈之。

張野狐 張徽

紀事

唐・鄭處誨《明皇雜録》 明皇既幸蜀，西南行初入斜谷，屬霖雨涉旬，於棧道雨中聞鈴，音與山相應。上既悼念貴妃，採其聲爲《雨霖鈴》曲，以寄恨焉。時梨園子弟善吹觱篥者，張野狐爲第一，此人從至蜀，上因以其曲授野狐。洎至德中，車駕復幸華清宮，從官嬪御多非舊人。上於望京樓下命野狐奏《雨霖鈴》曲，未半，上四顧凄涼，不覺流涕，左右感動，與之歔欷，其曲今傳於法部。

藝文

唐・張祜《雨霖鈴》 雨霖鈴夜卻歸秦，猶見張徽一曲新。長説上皇和淚教，月明南内更無人。

雜録

唐・段安節《樂府雜録・還京樂》 明皇自西蜀返，樂人張野狐所製。

又《雨霖鈴》 雨淋鈴者，因唐明皇駕迴至駱谷，□雨淋鑾鈴，因令張野狐撰爲曲名。

黄幡綽 黄翻綽

紀事

唐・李浚《松窗雜録》 上好馬擊毬，内厩所飼者意猶未甚適。會黄幡綽戲語相解，因曰：吾欲良馬久之，而誰能通於馬經者。幡綽奏曰：臣能知之。且曰：今三丞相悉善馬經。上曰：吾與三丞相語，政事之外，悉究其旁學，不聞有通馬經者，爾焉得之。幡綽曰：臣日日沙堤上見丞相所乘馬皆良馬也，以是必知通馬經。上因大笑而語他。

唐・崔令欽《教坊記》 凡樓下兩院進雜婦女，上必召内人姊妹入賜食，因謂之曰：今日娘子不須唱歌。且饒姊妹並兩院婦女。於是内妓與兩院歌人更代上舞臺唱歌，内妓歌則黄幡綽贊揚之，兩院人歌則幡綽輒訾詬之。有肥大年長者即呼爲屈突干阿姑，貌稍胡者即云康太賓阿妹，隨類名之，摽弄百端。

唐・李德裕《次柳氏舊聞》 玄宗於諸昆季，友愛彌篤，呼寧王爲大哥，每與諸王同食。因食之次，寧王錯喉噴上髭，王驚慚不遑。上顧其悚悚，欲安之，黄幡綽曰：不是錯喉。上曰：何也。對曰：是噴帝。上大悦。安禄山之叛也，玄宗忽遽播遷於蜀，百官與諸司多不知之。有陷在賊中者，爲禄山所脅從，而黄幡綽同在其數，幡綽亦得出入左右。及收復，賊黨就擒。幡綽被拘至行在，上素憐其敏捷，釋之。有於上前曰：黄幡綽在賊中，與大逆圓夢，皆順其情，而忘陛下積年之恩寵。禄山夢見衣袖長，忽至階下，幡綽曰：當垂衣而治之。禄山夢見殿中槅子倒，幡綽曰：革故從新。推之多此類也。幡綽曰：臣實不知陛下大駕蒙塵赴蜀，既陷賊中，寧不苟悦其心，以脱一時之命。今日得再見天顔，以與大逆圓夢，必知其不可也。上曰：何以知之。對曰：逆賊夢衣袖長，是出手不得也。又夢槅子倒者，是胡不得也。以此臣故先知之。上大笑而止。

唐・趙璘《因話録》卷四《角部・詼戲附》 玄宗問黃幡綽：是勿兒得人憐。是勿兒，猶言何兒也。對曰：自家兒得人憐。（時楊貴妃寵極中宮，號禄山爲子。肅宗在春宮，常危懼。上聞幡綽言，俛首久之。）上又嘗登苑北樓，望渭水，見一醉人臨水卧。問左右：是何人。左右不知，將遣使問之。幡綽曰：是年滿令史。上問曰：汝何以知。對曰：更一轉入流。上笑而止。上又與諸王會食，寧王對御坐噴一口飯，直及龍顏。上曰：寧哥何故錯喉。幡綽曰：此非錯喉，是噴嚏。（幡綽優人，假戲謔之言警悟時主，解紛救禍之事甚衆，真滑稽之□。）

唐・段成式《酉陽雜俎》前集卷一二《語資》 明皇封禪泰山，張説爲封禪使。説女婿鄭鎰，本九品官，舊例封禪後，自三公以下皆遷轉一級，惟鄭鎰因説驟遷五品，兼賜緋服。因大脯次，玄宗見鎰官位騰躍，怪而問之，鎰無詞以對。黃幡綽曰：此乃泰山之力也。

唐・段安節《樂府雜録・拍板》 拍板本無譜。明皇遣黃幡綽造譜，乃於紙上畫兩耳以進。上問其故，對：但有耳道，則無失節奏也。

唐・鄭棨《開天傳信記》 安西牙將劉文樹，口辯，善奏對，上每嘉之。文樹髭生頷下，貌類猿猴。上令黃幡綽嘲之。文樹切惡猿猴之號，乃密賂黃幡綽，祈不言之。幡綽許而進嘲曰：可憐好文樹，髭鬚共頦頤別住。文樹面孔不似猢孫，猢孫面孔强似文樹。上知其賂遺，大笑之。

宋・王讜《唐語林》卷五《補遺》 玄宗嘗三殿打毬，榮王墮馬悶絶。黃幡綽奏曰：大家年幾不爲小，聖體又重，儻馬力既極，以至顛躓，天下何望。何不看女壻等與諸色人爲之。如人對食盤，口眼俱飽，此爲樂耳。傍觀大家馳逐忙遽，何暇知樂。上曰：爾言大有理，後當不復自爲也。玄宗問黃幡綽：是物兒得人憐。是物兒者，猶何人兒也。對曰：自家兒得人憐。時楊妃號安禄山爲子，肅宗在東宮，常危懼。上俛首久之。上又嘗登北樓望渭，見一醉人臨水卧，問左右是何人，左右不對。幡綽曰：是年滿令史。又問曰：爾何以知之。對曰：更一轉，入流。上大笑。上又與諸王會食，寧王噴飯，直及上前。上曰：寧哥何故錯喉。幡綽曰：此非錯喉，是歕帝。或曰：鄭滁州臚於曲江見令史醉卧池岸，云：更一轉，入流。又開元中，上與内臣作《歷日令》。高力士挾大戴，置黃幡綽口中，曰：塞穴吉。幡綽遽取上前叵羅内靴中，走下，曰：内財吉。上歡甚，即賜之。上好擊毬。内廄所養馬，猶未甚適。與幡綽語曰：吾欲良馬久矣，誰能通《馬經》者。幡綽奏：臣能知之，今丞相悉善《馬經》。上曰：吾與丞相言，政事外，悉究其旁學，不聞有通《馬經》者。爾焉知之。幡綽曰：臣每日沙堤上見丞相所乘，皆良馬，是必能通知。上大笑。又黃幡綽滑稽不窮，嘗爲戲，上悦，假以緋衣。忽一日，佩一兔尾，上怪問，答曰：賜緋毛魚袋。上謂曰：魚袋本朝官入閤合符方佩之，不爲汝惜。竟不賜。

藝文

唐・張祜《寧哥來》 日映宮城霧半開，太真簾下畏人猜。黃翻綽指向西樹，不信寧哥回馬來。

雜録

唐・周繇《夢舞鍾馗賦》 皇躬抱疾，佳夢通神。見幡綽兮上言丹陛，引鍾馗兮來舞華茵。

唐・高彥休《闕史》卷下《李可及戲三教》 其開元中黃幡綽，元宗如一日不見，則龍顔爲之不舒，而幡綽往往能以倡戲匡諫者。漆城蕩蕩，寇不能上，信斯人之流也。

宋・江休復《嘉祐雜誌》 同州樂工翻河中黃幡綽《霓裳譜》。鈞容樂工士守程以爲非是，別依法曲造成。教坊伶人花日新見之，題其後云：法曲雖精，莫近《望瀛》。

宋・龔明之《中吴紀聞》卷五《綽堆》 綽堆避御名，改曰堆，即今綽墩。崑山縣西數里，有邨曰綽堆。古老傳云，此乃黃幡綽之墓。至今邨人皆善滑稽，及能作三反語。

李龜年

紀事

唐·劉餗《隋唐嘉話》 李龜年善羯鼓，玄宗問卿打多少枚，對曰：臣打五十杖訖。上曰：汝殊未，我打却三豎櫃也。後數年，又聞打一豎櫃，因錫一拂枚羯鼓棬。

唐·李浚《松窗雜録》 開元中，禁中初重木芍藥，即今牡丹也。開元天寶花呼木芍藥，本記云禁中爲牡丹花。得四本紅紫淺紅通白者，上因移植於興慶池東沉香亭前。會花方繁開，上乘月夜召太真妃以步輦從。詔特選梨園弟子中尤者，得樂十六色。李龜年以歌擅一時之名，手捧檀板，押衆樂前欲歌之。上曰：賞名花，對妃子，焉用舊樂詞爲。遂命龜年持金花牋宣賜翰林學士李白，進清平調詞三章。白欣承詔旨，猶苦宿醒未解，因援筆賦之。雲想衣裳花想容，春風拂曉露華濃。若非羣玉山頭見，會向瑶臺月下逢。一枝紅艷露凝香，雲雨巫山枉斷腸。借問漢宫誰得似，可憐飛燕倚新妝。名花傾國兩相歡，長得君王帶笑看。解釋春風無限恨，沉香亭北倚闌干。龜年遽以詞進，上命梨園弟子約略調撫絲竹，遂促龜年以歌。

唐·吕道生《定命録》 魏仍與李龜年同□。相與夢。魏夢見侍郎李彭年，使人唤，仍於銓門中側耳聽之。龜年夢有人報，侍郎注與君一畿丞。明日共解此夢，以爲門中側耳是聞字，應是聞喜。果唱聞喜尉，李龜年果唱蕲州蕲縣丞。仍後貶齊安郡黄崗尉，准敕量移。乞夢，夢拾得一毛蠅子。與李龜年占議，云：毛字千下有七，應去此一千七百里。如其言。

唐·范攄《雲谿友議》卷中《雲中命》 明皇幸岷山，百官皆竄辱，積屍滿中原，士族隨車駕也。伶官：張野狐觱栗，雷海清琵琶，李龜年唱歌，公孫大娘舞劍。初，上自擊羯鼓，而不好彈琴，言其不俊也。又寧王吹簫，薛王彈琵琶，皆至精妙，共爲樂焉。唯李龜年奔迫江潭，杜甫以詩贈之曰：岐王宅裏尋常見，崔九堂前幾度聞。正值江南好風景，落花時節又逢君。龜年曾於湘中採訪使筵上唱：紅豆生南國，秋來發幾枝。贈君多綵擷，此物最相思。又：清風朗月苦相思，蕩子從戎十載餘。征人去日殷勤囑，歸鴈來時數附書。此詞皆王右丞所製，至今梨園唱焉。歌闋，合座莫不望行幸而慘然。龜年唱罷，忽悶絶仆地；以左耳微暖，妻子未忍殯殮，經四日乃蘇，曰：我遇二妃，令教侍女蘭苕唱祓禊畢，放還。且言主人即復長安，而有中興之主也。謂龜年：有何憂乎。

唐·馮贄《雲仙雜記》卷二《辨琴秦楚聲》 李龜年至岐王宅，聞琴聲曰：此秦聲。良久又曰：此楚聲。主人入問之，則前彈者，隴西沈妍也。後彈者，揚州薛滿。二妓大服，乃贈之破紅綃蟾酥麨，龜年自負，强取妍秦音琵琶捍撥而去。

《舊唐書》卷二〇〇上《安禄山傳》 李林甫爲相，朝臣莫敢抗禮，禄山承恩深，入謁不甚罄折。林甫命王鉷，鉷趨拜謹甚，禄山悚息，腰漸曲。每與語，皆揣知其情而先言之，禄山以爲神明，每見林甫，雖盛冬亦汗洽。林甫接以温言，中書廳引坐，以己披袍覆之，禄山欣荷，無所隱，呼爲十郎。駱谷奏事，先問十郎何言。有好言則喜躍，若但言大夫須好檢校，則反手據牀曰：阿與，我死也。李龜年嘗斅其説，玄宗以爲笑樂。

藝文

唐·杜甫《江南逢李龜年》 岐王宅裏尋常見，崔九堂前幾度聞。正是江南好風景，落花時節又逢君。

唐·李端《贈李龜年》 青春事漢主，白首入秦城。遍識才人字，多知舊曲名。風流隨故事，語笑合新聲。獨有垂楊樹，偏傷日暮情。

雜録

唐·鄭處誨《明皇雜録》卷下 唐開元中，樂工李龜年、彭年、鶴年兄弟三人，皆有才學盛名。彭年善舞，鶴年、龜年能歌，尤妙製《渭川》，特承顧遇。於東都大起第宅，僭侈之制，踰於公侯。宅在東都通遠里，中堂制度甲於都下。今裴晉公移於定鼎門外别墅，號緑野堂。其後龜年流落江南，每遇良辰勝賞，爲人歌數闋，座中聞之，莫不掩泣罷酒。則杜甫嘗贈詩所謂：岐王宅里尋常見，崔九堂前幾度聞。正值江南好風景，落花時節又逢君。崔九堂，殿中監滌，中書令湜之第也。

許和子

傳記

唐・段安節《樂府雜録・歌》 開元中，内人有許和子者，本吉州永新縣樂家女也，開元末選入宫，即以永新名之，籍於宜春院。既美且慧，善歌，能變新聲。韓娥、李延年殁後千餘載，曠無其人，至永新始繼其能。遇高秋朗月，臺殿清虚，喉囀一聲，響傳九陌。明皇嘗獨召李謨吹笛逐其歌，曲終管裂，其妙如此。又一日，賜大酺於勤政樓，觀者數千萬衆，諠譁聚語，莫得聞魚龍百戲之音。上怒，欲罷宴。中官高力士奏請：命永新出樓歌一曲，必可止諠。上從之。永新乃撩□舉袂，直奏曼聲，至是廣場寂寂，若無一人；喜者聞之氣勇，愁者聞之腸絶。洎漁陽之亂，六宫星散，永新爲一士人所得。韋青避地廣陵，因月夜憑闌於小河之上，忽聞舟中奏水調者，曰：此永新歌也。乃登舟與永新對泣久之。青始亦晦其事。後士人卒與其母之京師，竟殁於風塵。及卒，謂其母曰：阿母錢樹子倒矣。

紀事

五代・王仁裕《開元天寶遺事》卷下《天寶下・歌直千金》 宫妓永新者善歌，最受明皇寵愛，每對御奏歌，則絲竹之聲莫能遏。帝常謂左右曰：此女歌直千金。

雷海清

紀事

唐・鄭處誨《明皇雜録》 天寶末，羣賊陷兩京，大掠文武朝臣及黄門宫嬪樂工騎士，每獲數百人，以兵仗嚴衛，送於雒陽。至有逃於山谷者，而卒能羅捕追脅，授以冠帶。禄山尤致意樂工，求訪頗切，於旬日獲梨園弟子數百人。羣賊因相與大會於凝碧池，宴僞官數十人，大陳御庫珍寶，羅列於前後。樂既作，梨園舊人不覺歔欷，相對泣下，羣逆皆露刃持滿以脅之，而悲不能已。有樂工雷海清者，投樂器於地，西向慟哭。逆黨乃縛海清於戲馬殿，支解以示衆，聞之者莫不傷痛。王維時爲賊拘於菩提寺中，聞之賦詩曰：萬户傷心生野煙，百官何日更朝天。秋槐葉落空宫里，凝碧池頭奏管弦。

《資治通鑑》卷二一八《唐紀三四》 禄山宴其羣臣於凝碧池，盛奏衆樂；梨園弟子往往歔欷泣下，賊皆露刃睨之。樂工雷海清不勝悲憤，擲樂器於地，西向慟哭。禄山怒，縛於試馬殿前，支解之。

藝文

唐・王維《淚下私成口號誦示裴迪》 萬户傷心生野煙，百僚何日更朝天。秋槐葉落空宫裏，凝碧池頭奏管弦。

念奴

紀事

五代・王仁裕《開元天寶遺事》卷上《天寶上・眼色媚人》 念奴者，有姿色，善歌唱，未常一日離帝左右。每執板當席顧眄，帝謂妃子曰：此女妖麗，眼色媚人。每囀聲歌喉，則聲出於朝霞之上，雖鐘鼓笙竽嘈雜而莫能遏。宮妓中帝之鍾愛也。

藝文

唐・元稹《連昌宮詞》 連昌宮中滿宮竹，歲久無人森似束。又有牆頭千葉桃，風動落花紅蔌蔌。宮邊老翁爲余泣，小年進食曾因入。上皇正在望仙樓，太真同凭闌干立。樓上樓前盡珠翠，炫轉熒煌照天地。歸來如夢復如癡，何暇備言宮裏事。初過寒食一百六，店舍無煙宮樹緑。夜半月高弦索鳴，賀老琵琶定場屋。力士傳呼覓念奴，念奴潛伴諸郎宿。須臾覓得又連催，特敕街中許然燭。春嬌滿眼睡紅綃，掠削雲鬟旋裝束。飛上九天歌一聲，二十五郎吹管逐。逡巡大徧凉州徹，色色龜兹轟録續。李暮擫笛傍宮牆，偷得新翻數般曲。平明大駕發行宮，萬人歌舞塗路中。百官隊仗避岐薛，楊氏諸姨車鬭風。明年十月東都破，御路猶存禄山過。驅令供頓不敢藏，萬姓無聲淚潛墮。兩京定後六七年，卻尋家舍行宮前。莊園燒盡有枯井，行宮門閉樹宛然。爾後相傳六皇帝，不到離宮門久閉。往來年少説長安，玄武樓成花萼廢。去年敕使因斫竹，偶值門開暫相逐。荆榛櫛比塞池塘，狐兔驕癡緣樹木。舞榭攲傾基尚在，文窗窈窕紗猶緑。塵埋粉壁舊花鈿，烏啄風箏碎珠玉。上皇偏愛臨砌花，依然御榻臨階斜。蛇出燕巢盤鬭栱，菌生香案正當衙。寢殿相連端正樓，太真梳洗樓上頭。晨光未出簾影黑，至今反挂珊瑚鉤。指似傍人因慟哭，卻出宮門淚相續。自從此後還閉門，夜夜狐貍上門屋。我聞此語心骨悲，太平誰致亂者誰。翁言野父何分別，耳聞眼見爲君説。姚崇宋璟作相公，勸諫上皇言語切。燮理陰陽禾黍豐，調和中外無兵戎。長官清平太守好，揀選皆言由相公。開元之末姚宋死，朝廷漸漸由妃子。禄山宮裏養作兒，虢國門前鬧如市。弄權宰相不記名，依稀憶得楊與李。廟謨顛倒四海摇，五十年來作瘡痏。今皇神聖丞相明，詔書纔下吴蜀平。官軍又取淮西賊，此賊亦除天下寧。年年耕種宮前道，今年不遣子孫耕。老翁此意深望幸，努力廟謀休用兵。

寵姐

紀事

五代・王仁裕《開元天寶遺事》卷下《天寶下・隔障歌》 寧王宮有樂妓寵姐者，美姿色，善謳唱。每宴外客，其諸妓女盡在目前，惟寵姐客莫能見。飲欲半酣，詞客李太白恃醉戲曰：白久聞王有寵姐善歌，今酒肴醉飽，群公宴倦，王何吝此女示於衆。王笑謂左右曰：設七寶花障，召寵姐於障後歌之。白起謝曰：雖不許見面，聞其聲亦幸矣。

韓云卿

藝文

唐·李白《金陵聽韓侍御吹笛》 韓公吹玉笛，倜儻流英音。風吹繞鍾山，萬壑皆龍吟。王子停鳳管，師襄掩瑶琴。餘韻度江去，天涯安可尋。

韓會

雜録

唐·李肇《唐國史補》卷下 韓會與名輩號爲四夔，會爲夔頭，而善歌妙絶。

韋清

藝文

唐·顧況《贈韋清將軍》 身執金吾主禁兵，腰間寶劍重横行。接輿亦是狂歌者，更就將軍乞一聲。青善歌。

董庭蘭

藝文

唐·李頎《聽董大彈胡笳聲兼寄語弄房給事》 蔡女昔造胡笳聲，一彈一十有八拍。胡人落淚沾邊草，漢使斷腸對歸客。古戍蒼蒼烽火寒，大荒沈沈飛雪白。先拂商弦後角羽，四郊秋葉驚摵摵。董夫子，通神明，深山竊聽來妖精。言遲更速皆應手，將往復旋如有情。空山百鳥散還合，萬里浮雲陰且晴。嘶酸雛雁失羣夜，斷絶胡兒戀母聲。川爲净其波，鳥亦罷其鳴。烏孫部落家鄉遠，邏娑沙塵哀怨生。幽音變調忽飄灑，長風吹林雨墮瓦。迸泉颯颯飛木末，野鹿呦呦走堂下。長安城連東掖垣，鳳凰池對青瑣門。高才脱略名與利，日夕望君抱琴至。

唐·高適《别董大二首》 十里黄雲白日曛，北風吹雁雪紛紛。莫愁前路無知己，天下誰人不識君。

六翮飄颻私自憐，一離京洛十餘年。丈夫貧賤應未足，今日相逢無酒錢。

唐·元稹《小胡笳引》 雷氏金徽琴，王君寶重輕千金。三峡流中將得來，明窗拂席幽匣開。朱弦宛轉盤鳳足，驟擊數聲風雨迴。哀笳慢指董家本，姜生得之妙思忖。泛徽胡雁咽蕭蕭，繞指轆轤圓衮衮。吞恨緘情乍輕激，故國關山心歷歷。潺湲疑是雁鸊鵜，砉騞如聞發鳴鏑。流宫變徵漸幽咽，别鶴欲飛猿欲絶。秋霜滿樹葉辭風，寒雛墜地烏啼血。哀弦已罷春恨長，恨長何恨懷我鄉。我鄉安在長城窟，聞君虜奏心飄忽。何時窄袖短貂裘，臙脂山下彎明月。

雜録

唐・李肇《唐國史補》卷下　張相宏靖，少時夜會名客，觀鄭宥調二琴至切，各置一榻，動宮則宮應，動商則商應，稍不切，乃不應。宥師董庭蘭，尤善汎聲、祝聲。

杜山人

藝文

唐・戎昱《聽杜山人彈胡笳》　緑琴胡笳誰妙彈，山人杜陵名庭蘭。杜君少與山人友，山人没來今已久。當時海内求知音，囑付胡笳入君手。杜陵攻琴四十年，琴聲在音不在弦。座中爲我奏此曲，滿堂蕭□如窮邊。第一第二拍，淚盡蛾眉没蕃客。更聞出塞入塞聲，穹廬氈帳難爲情。胡天雨雪四時下，五月不曾芳草生。須臾促軫變宫徵，一聲悲兮一聲喜。南看漢月雙眼明，卻顧胡兒寸心死。迴鶻數年收洛陽，洛陽士女皆驅將。豈無父母與兄弟，聞此哀情皆斷腸。杜陵先生證此道，沈家祝家皆絶倒。如今世上雅風衰，若箇深知此聲好。世上愛箏不愛琴，則明此調難知音。今朝促軫爲君奏，不向俗流傳此心。

仲濬

藝文

唐・李白《贈宣州靈源寺仲濬公》　敬亭白雲氣，秀色連蒼梧。下映雙溪水，如天落鏡湖。此中積龍象，獨許濬公殊。風韻逸江左，文章動海隅。觀心同水月，解領得明珠。今日逢支遁，高談出有無。

唐・李白《聽蜀僧濬彈琴》　蜀僧抱緑綺，西下峨眉峯。爲我一揮手，如聽萬壑松。客心洗流水，餘響入霜鐘。不覺碧山暮，秋雲暗幾重。

玉清

藝文

唐・畢耀《情人玉清歌》　洛陽有人名玉清，可憐玉清如其名。善踏斜柯能獨立，嬋娟花艶無人及。珠爲裙，玉爲纓。臨春風，吹玉笙。悠悠滿天星。黄金閣上晚妝成，雲和曲中爲曼聲。玉梯不得蹈，摇袂兩盈盈。城頭之日復何情。

李牟 李謨

紀事

唐・李肇《唐國史補》卷下　李舟好事，嘗得村舍煙竹，截以爲笛，鑑如鐵石，以遺李牟。牟吹笛天下第一，月夜泛江，維舟吹之，寥亮逸發，上徹雲表。俄有客獨立於岸，呼船請載。既至，請笛而吹，甚爲精壯，山河可裂，牟平生未嘗見。及入破，呼吸盤擗，其笛應聲粉碎，客散不知所之。舟著記，疑其蛟龍也。李牟秋夜吹笛於瓜洲，舟檝甚隘。初發調，羣動皆息。及數奏，微風颯然而至。又俄頃，舟人賈客，皆怨歎悲泣之聲。

唐・段安節《樂府雜録・笛》　笛者，羌樂也。古有《落梅花》曲。開元中有李謨，獨步於當時，後禄山亂，流落江東。越州刺史皇甫政月夜泛鏡湖，命謨吹笛，謨爲之盡妙。倏有一老父泛小舟來聽，風骨冷秀，政異之，進而問焉。老父曰：某少善此，令聞至音，輒來聽耳。政即以謨笛授之。老父始奏一聲，鏡湖波浪摇動；數疊之後，笛遂中裂。即探懷中一笛，以畢其曲。政視舟下，見二龍□舟而聽。老父曲終，以笛付謨，謨吹之，竟不能聲，即拜謝以求其法。頃刻，老父入小舟，遂失所在。

藝文

唐・張祜《李謨笛》　平時東幸洛陽城，天樂宮中夜徹明。無奈李謨偷曲譜，酒樓吹笛是新聲。

何滿

藝文

唐・元稹《何滿子歌》　何滿能歌能宛轉，天寶年中世稱罕。嬰刑繫在囹圄間，水調哀音歌憤懣。梨園弟子奏玄宗，一唱承恩羈網緩。便將何滿爲曲名，御譜親題樂府纂。魚家入内本領絶，葉氏有年聲氣短。自外徒煩記得詞，點拍纔成已夸誕。我來湖外拜君侯，正值灰飛仲春琯。廣宴江亭爲我開，紅妝逼坐花枝暖。此時有態蹋華筵，未吐芳詞貌夷坦。翠蛾轉盼摇雀釵，碧袖歌垂翻鶴卵。定面凝眸一聲發，雲停塵下何勞算。迢迢擊磬遠玲玲，一一貫珠匀款款。犯羽含商移調態，留情度意抛弦管。湘妃寶瑟水上來，秦女玉簫空外滿。纏緜疊破最慇懃，整頓衣裳頗閒散。冰含遠溜咽還通，鶯泥晚花啼漸懶。斂黛吞聲若自冤，鄭袖見捐西子浣。陰山鳴雁曉斷行，巫峽哀猿夜呼伴。古者諸侯饗外賓，鹿鳴三奏陳圭瓚。何如有態一曲終，牙籌記令紅螺盌。

裴隱

紀事

《舊唐書》卷二〇〇上《史思明傳》　其夜，思明夢而驚悟，據牀惆悵。每好伶人，寢食置左右，以其殘忍，皆恨之。及此，問其故，曰：吾向夢見水中沙上羣鹿渡水而至，鹿死水乾。言畢如廁。伶人相謂曰：鹿者，禄也；

水者，命也。胡禄命俱盡矣。

藝文

唐・李白《酬裴侍御留岫師彈琴見寄》　君同鮑明遠，邀彼休上人。鼓琴亂白雪，秋變江上春。瑤草緑未衰，攀翻寄情親。相思兩不見，流淚空盈巾。

唐・李白《夜泛洞庭尋裴侍御清酌》　日晚湘水緑，孤舟無端倪。明湖漲秋月，獨泛巴陵西。過憩裴逸人，巖居陵丹梯。抱琴出深竹，爲我彈鵾雞。曲盡酒亦傾，北窗醉如泥。人生且行樂，何必組與珪。

阿布思之妻

紀事

唐・趙璘《因話録》卷一《宫部》　政和公主，肅宗第三女也，降柳潭。肅宗宴於宫中，女優有弄假官戲，其緑衣秉簡者，謂之參軍樁。天寶末，蕃將阿布思伏法，其妻配掖庭，善爲優，因使隸樂工。是日遂爲假官之長，所爲樁者，上及侍宴者笑樂。公主獨俛首嚬眉不視，上問其故，公主遂諫曰：禁中侍女不少，何必須得此人。使阿布思真逆人也，其妻亦同刑人，不合近至尊之座。若果冤横，又豈忍使其妻與羣優雜處爲笑謔之具哉。妾雖至愚，深以爲不可。上亦憫惻，遂罷戲，而免阿布思之妻。由是賢重公主。公主即柳晟之母。

紀事

《新唐書》卷八三《肅宗七女傳》　肅宗有疾，主侍左右勤勞，詔賜田，以女弟寶章主未有賜，固讓不敢當。阿布思之妻隸掖廷，帝宴，使衣緑衣爲倡。主諫曰：布思誠逆人，妻不容近至尊；無罪，不可與羣倡處。帝爲免出之。

許雲封

紀事

明・陳繼儒《珍珠船》卷一　樂工許雲封善笛，自云學於外祖李牟。韋應物示以古笛，云天寶中得於李供奉。雲封熟視曰：此非外祖所吹。公問：何以驗之。云：取竹之法，以今年七月望前生者，明年七月望前伐。過期，則音實；不及期，則音浮。浮者，外澤中乾，受氣不全，則其竹夭。此笛，其夭者也，遇至音必破。果試吹之，一疊未盡，笛忽中裂。

段善本

紀事

唐・段安節《樂府雜録・琵琶》　貞元中有康崑崙，第一手。始遇長安大旱，詔移兩市祈雨。及至天門街，市人廣較勝負，及鬭聲樂。即街東有康崑崙琵琶最上，必謂街西無以敵也，遂請崑崙登綵樓，彈一曲新翻羽調《録要》。其街西亦建一樓，東市大誚之。及崑崙度曲，西市樓上出一女郎，抱樂器，先云：我亦彈此曲，兼移在楓香調中。及下撥，聲如雷，其妙入神。崑崙即驚駭，乃拜請爲師。女郎遂更衣出見，乃僧也。蓋西市豪族，厚賂莊嚴寺僧善本，以定東市之勝。翊日，德宗召入，令陳本藝，異常嘉奬，乃令教授崑崙。段奏曰：且請崑崙彈一調。及彈，師曰：本領何雜。兼帶邪聲。崑崙驚曰：段師神人也。臣少年。初學藝時，偶於鄰舍女巫授一品絃調，後乃易數師。段師精鑑如此玄妙也。段奏曰：且遣崑崙不近樂器十餘年，使忘其本領，然後可教。詔許之。後果盡段之藝。

康昆侖

紀　事

唐・劉餗《隋唐嘉話》　漢中王瑀見康崑崙彈琵琶，云：琵聲多，琶聲少，亦未可彈五十四絃大絃也。自下而上謂之琵，自上而下謂之琶。

唐・段安節《樂府雜録・琵琶》　貞元中有康崑崙，第一手。始遇長安大旱，詔移兩市祈雨。及至天門街，市人廣較勝負，及鬭聲樂。即街東有康崑崙琵琶最上，必謂街西無以敵也，遂請崑崙登綵樓，彈一曲新翻羽調《録要》。其街西亦建一樓，東市大誚之。及崑崙度曲，西市樓上出一女郎，抱樂器，先云：我亦彈此曲，兼移在楓香調中。及下撥，聲如雷，其妙入神。崑崙即驚駭，乃拜請爲師。女郎遂更衣出見，乃僧也。蓋西市豪族，厚賂莊嚴寺僧善本，以定東□之勝。翊日，德宗召入，令陳本藝，異常嘉奬，乃令教授崑崙。段奏曰：且請崑崙彈一調。及彈，師曰：本領何雜。兼帶邪聲。崑崙驚曰：段師神人也。臣少年。初學藝時，偶於鄰舍女巫授一品絃調，後乃易數師。段師精鑑如此玄妙也。段奏曰：且遣崑崙不近樂器十餘年，使忘其本領，然後可教。詔許之。後果盡段之藝。

雜　録

唐・李肇《唐國史補》卷中　韋應物爲蘇州刺史，有屬官因建中亂，得國工康崑崙琵琶，至是送官，表奏入内。

趙璧

紀　事

唐・李肇《唐國史補》卷下　趙璧彈五絃，人問其術，答曰：吾之於五絃也，始則心驅之，中則神遇之，終則天隨之，吾方浩然，眼如耳，目如鼻，不知五絃之爲璧，璧之爲五絃也。

藝　文

唐・元稹《和李校書新題樂府十二首・五弦彈》　趙璧五弦彈徵調，徵聲巉絶何清峭。辭雄皓鶴警露啼，失子哀猿繞林嘯。風入春松正凌亂，鶯含曉舌憐嬌妙。嗚嗚暗溜咽冰泉，殺殺霜刀澀寒鞘。促節頻催漸繁撥，珠幢斗絶金鈴掉。千靫鳴鏑發胡弓，萬片清球擊虞廟。衆樂雖同第一部，德宗皇帝常偏召。旬休節假暫歸來，一聲狂殺長安少。主第侯家最難見，挼歌按曲皆承詔。水精簾外教貴嬪，玳瑁筵心伴中要。臣有五賢非此弦，或在拘囚或屠釣。一賢得進勝累百，兩賢得進同周召。三賢事漢滅暴彊，四賢鎮岳寧邊徼。五賢並用調五常，五常既叙三光耀。趙璧五弦非此賢，九九何勞設庭燎。

唐・白居易《秦中吟十首・五弦》 清歌且罷唱，紅袂亦停舞。趙叟抱五弦，宛轉當胸撫。大聲麄若散，颯颯風和雨。小聲細欲絶，切切鬼神語。又如鵲報喜，轉作猿啼苦。十指無定音，顛倒宮徵羽。坐客聞此聲，形神若無主。行客聞此聲，駐足不能舉。嗟嗟俗人耳，好今不好古。所以緑一作北窗琴，日日生塵土。

唐・白居易《五弦彈・惡鄭之奪雅也》 五弦彈，五弦彈，聽者傾耳心寥寥。趙璧知君入骨愛，五弦一一爲君調。第一第二弦索索，秋風拂松疏韻落。第三第四弦泠泠，夜鶴憶子籠中鳴。第五弦聲最掩抑，隴水凍咽流不得。五弦並奏君試聽，凄凄切切復錚錚。鐵擊珊瑚一兩曲，冰瀉玉盤千萬聲。鐵聲殺，冰聲寒。殺聲入耳膚血憯，寒氣中人肌骨酸。曲終聲盡欲半日，四坐相對愁無言。座中有一遠方士，唧唧咨咨聲不已。自歎今朝初得聞，始知孤負平生耳。唯憂趙璧白髮生，老死人間無此聲。遠方士，爾一作耳聽五弦信爲美，吾聞正始之音不如是。正始之音其若何，朱弦疏越清廟歌。一彈一唱再三歎，曲澹節稀聲不多。融融曳曳召元氣，聽之不覺心平和。人情重今多賤古，古琴一作瑟有弦人不撫。更一作自從趙璧藝成來，二十五弦不如五。

雜録

唐・段安節《樂府雜録・五弦》 貞元中，有趙璧者，妙於此伎也。白傅諷諫有《五絃彈》。近有馮季臯。

張紅紅

傳記

唐・段安節《樂府雜録・歌》 大歷中。有才人張紅紅者，本與其父歌於衢路丐食。過將軍韋青所居，青於街牖中聞其歌者喉音寥亮，仍有美色，即納爲姬。其父舍於後户，優給之。乃自傳其藝，穎悟絶倫。嘗有樂工自撰一曲，即古曲《長命西河女》也，加減其節奏，頗有新聲。未進聞，先印可於青，青潛令紅紅於屏風後聽之。紅紅乃以小豆數合，記其節拍。樂工歌罷，青因入問紅紅如何。云：已得矣。青出，紿云：某有女弟子，久曾歌此，非新曲也。即令隔屏風歌之，一聲不失，樂工大驚異，遂請相見，歎伏不已。再云：此曲先有一聲不穩，今已正矣。尋達上聽。翊日，召入宜春院，寵澤隆異，宫中號記曲娘子，尋爲才人。一日，内史奏韋青卒，上告紅紅乃於上前嗚咽奏云：妾本風塵丐者，一旦老父死，有所歸，致身入内，皆自韋青，妾不忍忘其恩。乃一慟而絶。上嘉歎之，即贈昭儀也。

紀事

宋・張君房《脞説》 張紅紅者，大曆初隨父丐食，遇將軍韋青。因其善歌，乃納爲姬，穎悟絶倫。有樂工取西河長命女加減節奏，頗有新聲，未進内庭，先歌於韋青宅第。青令紅紅隔屏聽之，以小豆合數記其拍。紿之云：女弟子久歌此，非新曲也。隔屏奏之，一聲不失。且云：曲中有一聲不穩，今已正之矣。樂工大驚，拜伏，嗟歎不已。尋詔入内庭宜春院，寵澤隆異，宫中號爲記曲娘子，即拜才人。

李衮

紀事

唐・李肇《唐國史補》卷下　李衮善歌，初於江外，而名動京師。崔昭入朝，密載而至。乃邀賓客，請第一部樂，及京邑之名倡，以爲盛會。紿言表弟，請登末坐，令衮弊衣以出，合坐嗤笑。頃命酒，昭曰：欲請表弟歌。坐中又笑。及囀喉一發，樂人皆大驚曰：此必李八郎也。遂羅拜階下。

藝文

唐・白居易《小童薛陽陶吹觱篥歌》　剪削乾蘆插寒竹，九孔漏聲五音足。近來吹者誰得名，關璀老死李衮生。衮今又老誰其嗣，薛氏樂童年十二。指點之下師授聲，含嚼之間天與氣。潤州城高霜月明，吟霜思月欲發聲。山頭江底何悄悄，猿聲不喘魚龍聽。翕然聲作疑管裂，詘然聲盡疑刀截。有時婉軟無筋骨，有時頓挫生稜節。急聲圓轉促不斷，轢轢轔轔似珠貫。緩聲展引長有條，有條直直如筆描。下聲乍墜石沈重，高聲忽舉雲飄蕭。明旦公堂陳宴席，主人命樂娱賓客。碎絲細竹徒紛紛，宫調一聲雄出羣。衆音覼縷不落道，有如部伍隨將軍。嗟爾陽陶方稚齒，下手發聲已如此。若教頭白吹不休，但恐聲名壓關李。

成輔端

紀事

《舊唐書》卷一三五《李實傳》　貞元十九年，爲京兆尹，卿及兼官如故。尋封嗣道王。自爲京尹，恃寵强愎，不顧文法，人皆側目。二十年春夏旱，關中大歉，實爲政猛暴，方務聚斂進奉，以固恩顧，百姓所訴，一不介意。因入對，德宗問人疾苦，實奏曰：今年雖旱，穀田甚好。由是租税皆不免，人窮無告，乃徹屋瓦木，賣麥苗以供賦斂。優人成輔端因戲作語，爲秦民艱苦之狀云：秦地城池二百年，何期如此賤田園，一頃麥苗伍石米，三間堂屋二千錢。凡如此語有數十篇。實聞之怒，言輔端誹謗國政，德宗遽令決殺。當時言者曰：瞽誦箴諫，取其詼諧以託諷諫，優伶舊事也。設謗木，採芻蕘，本欲達下情，存諷議，輔端不可加罪。德宗亦深悔，京師無不切齒以怒實。

《新唐書》卷一六七《李實傳》　貞元二十年旱，關輔飢，實方務聚斂以結恩，民訴府上，一不問。德宗訪外疾苦，實詭曰：歲雖旱，不害有秋。乃峻責租調，人窮無告，至徹舍鬻苗輸於官。優人成輔端爲俳語諷帝，實怒，奏賤工謗國，帝爲殺之。或言：古者，瞽誦箴諫，雖詼諧託諭，何誅焉。帝悔，然不罪實。

趙萬金

紀事

南唐・劉崇遠《金華子雜編》卷上　李趙公紳再鎮廣陵，紳字公垂，武宗朝相，封趙國公，其再節度淮南，在武宗四年。甯傪紺珠集作鄭傪。猶幕江淮。傪永貞二年相公權德輿門生，洎武宗朝，踰四十載，趙國雖事威嚴，而亦以傪宿老敬之，傪列筵以迎府公，公不拒焉。既而出家樂侑之，伶人趙萬金前獻口號以譏之曰：紺珠集作舞者年老伶人孫子多，獻口號曰。相公經文復經武，常侍好今兼好古。經武經字，元作繼，兼元作又，今從紺珠集。昔日曾聞阿舞婆，紺珠集作昔人曾聞阿武婆。如今親見阿婆舞。趙公靦然久之。

孫子多

紀事

南唐・劉崇遠《金華子雜編》卷下　淮南，巨鎮之最，人物富庶，凡所製作，率精巧，樂部俳優，尤有機捷者。雖魏公德重縉紳，觀其諧謔，亦頗爲之開頤。嘗行讌之暇，與國夫人盧氏，偶坐於堂，公忽微笑不已。夫人訝而訊之，曰：此中有樂人孫子多，出言吐氣，甚令人笑。夫人承命軸簾召之。孫子既至，撫掌大笑而言曰：大人兩個，更不著別人。風貌閑雅，舉止可笑，參拜引辟，獻辭敏悟。夫人稱善，因厚賜之。

明・陳繼儒《珍珠船》卷三　鄭傪出妓以宴趙紳，而舞者年已長。伶人、孫子多獻口號云：相公經文復經武，常侍好今兼好古。昔日曾聞阿武婆，今日親見阿婆舞。

真娘

藝文

唐・劉禹錫《和樂天題真娘墓》　薝蔔林中黃土堆，羅襦繡黛已成灰。芳魂雖死人不怕，蔓草逢春花自開。幡蓋向風疑舞袖，鏡燈臨曉似妝臺。吳王嬌女墳相近，一片行雲應往來。

唐・白居易《真娘墓》　真娘墓，虎丘道。不識真娘鏡中面，唯見真娘墓頭草。霜摧桃李風折蓮，真娘死時猶少年。脂膚荑手不牢固，世間尤物難留連。難留連，易銷歇。塞北花，江南雪。

唐・李紳《真娘墓》　吳之妓人，歌舞有名者，死葬於吳武丘寺前，吳中少年從其志也。墓多花草，以滿其上。嘉興縣前亦有吳妓人蘇小小墓，風雨之夕，或聞其上有歌吹之音。

一株繁艷春城盡，雙樹慈門忍草生。愁態自隨風燭滅，愛心難逐雨花輕。黛消波月空蟾影，歌息梁塵有梵聲。還似錢塘蘇小小，祇應迴首是卿卿。

唐・張祜《題真娘墓》　佛地葬羅衣，孤魂此是歸。舞爲蝴蝶夢，歌謝伯勞飛。翠髮朝雲在一作斷，青蛾夜月微。傷心一花落，無復怨一作戀春輝。

唐・李商隱《和人題真娘墓》　虎丘山下劍池邊，長遺遊人嘆逝川。罥樹斷絲悲舞席，出雲清梵想歌筵。柳眉空吐效顰葉，榆莢還飛買笑錢。一自香魂招不得，祇應江上獨嬋娟。

關盼盼

藝文

唐・白居易《燕子樓三首》 徐州故張尚書有愛妓曰盼盼，善歌舞，雅多風態。予爲校書郎時，遊徐泗間。張尚書宴予，酒酣，出盼盼以佐歡，歡甚。予因贈詩云：醉嬌勝不得，風嫋牡丹花。一歡而去，爾後絶不相聞，迨兹僅一紀矣。昨日司勳員外郎張仲素□之訪予，因吟新詩，有《燕子樓》三首，詞甚婉麗。詰其由，爲盼盼作也。繢之從事武寧軍累年，頗知盼盼始末，云：尚書既殁，歸葬東洛。而彭城有張氏舊第，第中有小樓名燕子。盼盼念舊愛而不嫁，居是樓十餘年，幽獨塊然，於今尚在。予愛繢之新詠，感彭城舊遊，因同其題，作三絶句。

滿窗明月滿簾霜，被冷燈殘拂卧牀。燕子樓中霜月夜，秋來只爲一人長。

鈿暈羅衫色似煙，幾回欲著即潸然。自從不舞霓裳曲，疊在空箱十一年。

今春有客洛陽回，曾到尚書墓上來。見説白楊堪作柱，爭教紅粉不成灰。

楊瓊

藝文

唐・元稹《和樂天示楊瓊》 我在江陵少年日，知有楊瓊初喚出。腰身瘦小歌圓緊，依約年應十六七。去年十月過蘇州，瓊來拜問郎不識。青衫玉貌何處去，安得紅旗遮頭白。我語楊瓊瓊莫語，汝雖笑我我笑汝。汝今無復小腰身，不似江陵時好女。楊瓊爲我歌送酒，爾憶江陵縣中否。江陵王令骨爲灰，車來嫁作尚書婦。盧戡及第嚴澗在，其餘死者十八九。我今賀爾亦自多，爾得老成余一作亦白首。楊瓊本名播，少爲江陵酒妓。去年姑蘇過瓊叙舊，及今見樂天此篇，因走筆□書此曲。

唐・白居易《問楊瓊》 古人唱歌兼唱情，今人唱歌唯唱聲。欲説向君君不會，試將此語問楊瓊。

劉採春

紀事

唐・范攄《雲谿友議》卷下《艷陽詞》 元公既在中書，論與裴晉公度子弟譔及第，議出同州。詔云：裴度立蔡上之功，元稹有罯褰之過也。乃廉問淛東，別濤已逾十載。方擬馳使往蜀取濤，乃有俳優周季南、季崇及妻劉採春，自淮甸而來。善弄陸參軍，歌聲徹雲；篇韻雖不及濤，容華莫之比也。元公似忘薛濤，而贈採春詩曰：新妝巧樣畫雙蛾，幔裹恒州透額羅。正面偷輪光滑笏，緩行輕踏皺文靴。言詞雅措風流足，舉止低迴秀媚多。更有惱人腸斷處，選詞能唱望夫歌。望夫歌者，即羅嗊之曲也。金陵有羅嗊樓，即陳後主所建。採春所唱一百二十首，皆當代才子所作。其詞五、六、七言，皆可和矣。詞云：不喜秦淮水，生憎江上船。載兒夫壻去，經歲又經年。借問東園柳，枯來得幾年。自無枝葉分，莫怨太陽偏。莫作商人婦，金釵當卜錢。朝朝江口望，錯認幾人舡。那年離別日，只道往桐廬。桐廬人不見，今得廣州書。昨日勝今日，今年老去年。黄河清有日，白髮黑無緣。悶向江頭採白蘋，嘗隨女伴祭江神。衆中羞不分明語，暗擲金釵卜遠人。昨夜北風寒，牽舡浦裏安。潮來打纜斷，摇擄始知難。採春一唱是曲，閨婦行人莫不漣泣。且以藁砧尚在，不可奪焉。

藝文

唐·元稹《贈劉採春》 新妝巧様畫雙蛾，謾裹常州透額羅。正面偷匀光滑笏，緩行輕踏破紋波。言辭雅措風流足，舉止低迴秀媚多。更有惱人腸斷處，選詞能唱望夫歌。即《羅嗊》之曲也。

潁師

藝文

唐·韓愈《聽潁師彈琴》 昵昵兒女語，恩怨相爾汝。劃然變軒昂，勇士赴敵場。浮雲柳絮無根蔕，天地闊遠隨飛揚。喧啾百鳥羣，忽見孤鳳皇。躋攀分寸不可上，失勢一落千丈强。嗟余有兩耳，未省聽絲篁。自聞潁師彈，起坐在一旁。推手遽止之，溼衣淚滂滂。潁乎爾誠能，無以冰炭置我腸。

唐·李賀《聽潁師琴歌》 別浦雲歸桂花渚，蜀國弦中雙鳳語。芙蓉葉落秋鸞離，越王夜起遊天姥。暗珮清臣敲水玉，渡海蛾眉牽白鹿。誰看挾劍赴長橋，誰看浸髮題春竹。竺僧前立當吾門，梵宫真相眉稜尊。古琴大軫長八尺，嶧陽老樹非桐孫。涼館聞弦驚病客，藥囊暫別龍鬚席。請歌直請卿相歌，奉禮官卑復何益。

釋些些

傳記

宋·贊寧《宋高僧傳》卷二〇《唐江陵府些些傳》 釋些些師，又名青者，蓋是不與人交狎，口自言些些，故號之矣。德宗朝，於渚宫遊，衣服零洛，狀極憨癡，而善歌《河滿子》。縱肆所爲，故無定檢。嘗遇醉伍伯，伯於塗中辱之，抑令唱歌。些便揚音揭調，詞中皆訐伍伯從前陰私惡迹，人所未聞事。伍伯慙惶，旁聽之者知是聖僧，拜跪悔過焉。貞元初，多人市肆，聚羣小隨逐，楚人以興笑本矣。後不測其終。

紀事

唐·段成式《酉陽雜俎》前集卷三《貝編》 荆州貞元初，有狂僧些些僧其名者，善歌《河滿子》，嘗遇醉，伍百途辱之，令歌，僧即發聲，其詞皆伍百從前隱慝也，伍百驚而自悔。

田順

藝文

唐・劉禹錫《與歌童田順郎》 天下能歌御史娘，花前葉底奉君王。九重深處無人見，分付新聲與順郎。

唐・劉禹錫《田順郎歌》 清歌不是世間音，玉殿嘗聞稱主心。唯有順郎全學得，一聲飛出九重深。

唐・白居易《聽田順兒歌》 戛玉敲冰聲未停，嫌雲不遏入青冥。爭得黄金滿衫袖，一時抛與斷年聽。

雜録

唐・段安節《樂府雜録・歌》 貞元中有田順郎，曾爲宫中御史娘子。

何戡

藝文

唐・劉禹錫《與歌者何戡》 二十餘年別帝京，重聞天樂不勝情。舊人唯有何戡在，更與殷勤唱渭城。

韋氏歌人

藝文

唐・薛能《贈韋氏歌人二首》 弦管聲凝發唱高，幾人心地暗傷刀。思量更有何堪比，王母新開一樹桃。

一曲新聲慘畫堂，可能心事憶周郎。朝來爲客頻開口，綻盡桃花幾許香。

米嘉榮

藝文

唐・劉禹錫《與歌者米嘉榮》 唱得涼州意外聲，舊人唯數米嘉榮。近來時世輕先輩，好染髭鬚事後生。一作一別嘉榮三十載，忽聞舊曲尚依然。如今世俗輕前輩，好染髭鬚事少年。

英英

藝文

唐·劉禹錫《和楊師臯給事傷小姬英英》 見學胡琴見藝成，今朝追想幾傷情。撚弦花下呈新曲，放撥燈前謝改名。但是好花皆易落，從來尤物不長生。鸞臺夜直衣衾冷，雲雨無因入禁城。

唐·白居易《和楊師臯傷小姬英英》 自從嬌騃一相依，共見楊花七度飛。玳瑁牀空收枕席，琵琶弦斷倚屏幃。人間有夢何曾入，泉下無家豈是歸。墳上少啼留取淚，明年寒食更沾衣。

唐·楊虞卿《過小妓英英墓》 蕭晨騎馬出皇都，聞說埋冤在路隅。别我已爲泉下土，思君猶似掌中珠。四弦品柱聲初絶，三尺孤墳草已枯。蘭質蕙心何所在，焉知過者是狂夫。

葉氏

藝文

唐·張祜《聽崔莒侍御葉家歌》 宛羅重縠起歌筵，活鳳生花動碧煙。一聲唱斷無人和，觸破秋雲直上天。

薛陽陶

藝文

唐·劉禹錫《和浙西李大夫霜夜對月聽小童吹觱篥歌依本韻》 海門雙青暮煙歇，萬頃金波湧明月。侯家小兒能觱篥，對此清光天性發。長江凝練樹無風，瀏慄一聲霄漢中。涵胡畫角怨邊草，蕭瑟清蟬吟野叢。沖融頓挫心使指，雄吼如風轉如水。思婦多情珠淚垂，仙禽欲舞雙翅起。郡人寂聽衣滿霜，江城月斜樓影長。繞鶯指下繁韻息，已見樹杪明星光。謝公高齋吟激楚，戀闕心同在羈旅。一奏荆人白雪歌，如聞雒客扶風鄔。吴門水驛按山陰，文字殷勤寄意深。欲識陽陶能絶處，少年榮貴道傷心。

唐·羅隱《薛陽陶觱篥歌》 平泉上相東征日，曾爲陽陶歌觱篥。烏江太守會稽侯，相次三篇皆俊逸。橋山殯葬衣冠後，金印蒼黄南去疾。龍樓冷落夏口寒，從此風流爲廢物。人間至藝難得主，懷抱差池恨星律。邗溝僕射戎政閒，試渡瓜洲吐伊鬱。西風九月草樹秋，萬喧沈寂登高樓。左篁揭指徵羽吼，煬帝起坐淮王愁。高飄咽滅出滯氣，下感知己時横流。穿空激遠不可遏，髣髴似向伊水頭。伊水林泉今已矣，因取遺編認前事。武宗皇帝御宇時，四海恬然知所自。掃除桀黠似提箒，制壓羣豪若穿鼻。九鼎調和各有門，謝安空儉真兒戲。功高近代竟誰知，藝小似君猶不棄。勿惜喑嗚更一吹，與君共下難逢淚。

薛濤

藝文

唐・王建《寄蜀中薛濤校書》 萬里橋邊女校書，枇杷花裏閉門居。掃眉才子于今少，管領春風總不如。

唐・元稹《寄舊詩與薛濤因成長句》 詩篇調態人皆有，細膩風光我獨知。月夜詠花憐暗澹，雨朝題柳爲攲垂。長教碧玉藏深處，總向紅牋寫自隨。老大不能收拾得，與君閒似好男兒。

唐・元稹《寄贈薛濤》 稹聞西蜀薛濤有辭辯，及爲監察使蜀，以御史推鞫，難得見焉。嚴司空潛知其意，每遣薛往，洎登翰林，以詩寄之。

錦江滑膩蛾眉秀，幻出文君與薛濤。言語巧偷鸚鵡舌，文章分得鳳皇毛。紛紛辭客多停筆，箇箇公卿欲夢刀。別後相思隔煙水，菖蒲花發五雲高。

李憑

藝文

唐・顧況《李供奉彈箜篌歌》 國府樂手彈箜篌，赤黄絛索金鉛頭。早晨有勑鴛鴦殿，夜静遂歌明月樓。起坐可憐能抱撮，大指調絃中指撥。腕頭花落舞製裂，手下鳥驚飛撥刺。珊瑚席，一聲一聲鳴錫錫；羅綺屏，一絃一絃如撼鈴。急彈好，遲亦好；宜遠聽，宜近聽。左手低，右手舉，易調移音天賜與。大絃似秋雁，聯聯度隴關；小絃似春燕，喃喃向人語。手頭疾，腕頭軟，來來去去如風卷。聲清泠泠鳴索索，垂珠碎玉空中落。美女爭窺玳瑁簾，聖人卷上真珠箔。大絃長，小絃短，小絃緊快大絃緩。初調鏘鏘似鴛鴦水上弄新聲，入深似太清仙鶴遊祕館。李供奉，儀容質，身才稍稍六尺一。在外不曾輒教人，内裏聲聲不遺出。指剥葱，腕削玉，饒鹽饒醬五味足。弄調人間不識名，彈盡天下崛奇曲。胡曲漢曲聲皆好，彈著曲髓曲肝腦。往往從空入户來，瞥瞥隨風落春草。草頭只覺風吹入，風來草即隨風立。草亦不知風到來，風亦不知聲緩急。爇玉燭，點銀燈；光照手，實可憎。只照箜篌絃上手，不照箜篌聲裏能。馳鳳闕，拜鸞殿，天子一日一迴見。王侯將相立馬迎，巧聲一日一迴變。實可重，不惜千金買一弄。銀器胡瓶馬上馱，瑞錦輕羅滿車送。此州好手非一國，一國東西盡南北。除卻天上化下來，若向人間實難得。

唐・楊巨源《聽李憑彈箜篌二首》 聽奏繁弦玉殿清，風傳曲度禁林明。君王聽樂梨園煖，翻到雲門第幾聲。

花咽嬌鶯玉漱泉，名高半在御筵前。漢王欲助人間樂，從遣新聲墜九天。

唐・李賀《李憑箜篌引》 吴絲蜀桐張高秋，空山凝雲頹不流。江娥啼竹素女愁，李憑中國彈箜篌。崑山玉碎鳳皇叫，芙蓉泣露香蘭笑。十二門前融冷光，二十三絲動紫皇。女媧鍊石補天處，石破天驚逗秋雨。夢入坤山教神嫗，老魚跳波瘦蛟舞。吴質不眠倚桂樹，露脚斜飛溼寒兔。

虞姹

藝文

唐・趙嘏《淮南丞相坐贈歌者虞姹》 綺筵無處避梁塵，虞姹清歌日一作白日新。來值渚亭花欲盡，一聲留得滿城春。

唐有態

藝文

唐・元稹《何滿子歌》 何滿能歌能宛轉，天寶年中世稱罕。嬰刑繫在囹圄間，水調哀音歌憤懣。梨園弟子奏玄宗，一唱承恩羈網緩。便將何滿爲曲名，御譜親題樂府纂。魚家入内本領絶，葉氏有年聲氣短。自外徒煩記得詞，點拍纔成已夸誕。我來湖外拜君侯，正值灰飛仲春琯。廣宴江亭爲我開，紅妝逼坐花枝暖。此時有態蹋華筵，未吐芳詞貌夷坦。翠蛾轉盼摇雀釵，碧袖歌垂翻鶴卵。定面凝眸一聲發，雲停塵下何勞算。迢迢擊磬遠玲玲，一一貫珠勻款款。犯羽含商移調態，留情度意抛弦管。湘妃寶瑟水上來，秦女玉簫空外滿。纏緜疊破最慇懃，整頓衣裳頗閒散。冰含遠溜咽還通，鶯泥晚花啼漸懶。斂黛吞聲若自冤，鄭袖見捐西子浣。陰山鳴雁曉斷行，巫峽哀猿夜呼伴。古者諸侯饗外賓，鹿鳴三奏陳圭瓚。何如有態一曲終，牙籌記令紅螺盌。

樊素

藝文

唐・白居易《聽歌六絶句・聽都子歌》 都子新歌有性靈，一聲格轉已堪聽。更聽唱到嫦娥字，猶有樊家舊典刑。

唐・白居易《不能忘情吟》 樂天既老，又病風，乃録家事，會經費，去長物。妓有樊素者，年二十餘，綽綽有歌舞態，善唱《楊枝》，人多以曲名名之，由是名聞洛下，籍在經費中，將放之。馬有駱者，駔壯駿穩，乘之亦有年，籍在經物中，將鬻之。圉人牽馬出門，馬驤首反顧一鳴，聲音間似知去而旋戀者。素聞馬嘶，慘然立且拜，婉孌有辭辭具下，辭畢，泣下。予聞素言，亦愍默不能對，且命迴勒反袂。飲素酒，自飲一杯，快吟數十聲，聲成文，文無定句，句隨吟之短長也，凡二百五十五言。噫，予非聖達，不能忘情，又不至於不及情者，事來攪情，情動不可柅，因自哂，題其篇曰《不能忘情吟》。吟曰：鬻駱馬兮放楊柳枝，掩翠黛兮頓金羈。馬不能言兮長鳴而卻顧，楊柳枝再拜長跪而致辭。辭曰：主乘此駱五年，凡千有八百日。銜橛之下，不驚不逸。素事主十年，凡三千有六百日。巾櫛之間，無違無失。今素貌雖陋，未至衰摧。駱力猶壯，又無虺隤。即駱之力，尚可以代主一步；素之歌，亦可以送主一杯。一旦雙去，有去無迴。故素將去，其辭也苦，駱將去，其鳴也哀。此人之情也，馬之情也，豈主君獨無情哉。予俯而歎，仰而咍，且曰：駱，駱，爾勿嘶；素，素，爾勿啼。駱反廄，素反閨。吾疾雖作，年雖頹，幸未及項籍之將死。何必一日之内，棄騅兮而別虞兮。乃目素兮素兮，爲我歌楊柳枝。我姑酌彼金罍，我與爾歸醉鄉去來。

泰娘

藝文

唐・劉禹錫《泰娘歌》 泰娘本韋尚書家主謳者。初尚書爲吴郡，得之，命樂工誨之琵琶，使之歌且舞。無幾何，盡得其術。居一二歲，携之以歸京師。京師多新聲善工，於是又捐去故技，以新聲度曲。而泰娘名字，往往見稱於貴遊之間。元和初，尚書薨於東京，泰娘出居民間。久之，爲蘄州刺史張愻所得。其後愻坐事，謫居武陵郡。愻卒，泰娘無所歸，地荒且遠，無有能知其容與藝者。故日抱樂器而哭，其音焦殺以悲。客聞之，為歌其事以續於樂府云。

泰娘家本閶門西，門前緑水環金堤。有時妝成好天氣，走上皋橋折花戲。風流太守韋尚書，路傍忽見停隼旟。斗量明珠鳥傳意，紺幰迎入專城居。長鬟如雲衣似霧，錦茵羅薦承輕步。舞學驚鴻水榭春，歌傳上客蘭堂暮。從郎西入帝城中，貴遊簪組香簾櫳。低鬟緩視抱明月，纖指破撥生胡風。繁華一旦有消歇，題劍無光履聲絶。洛陽舊宅生草萊，杜陵蕭蕭松柏哀。妝奩蟲網厚如繭，博山爐側傾寒灰。蘄州刺史張公子，白馬新到銅駝里。自言買笑擲黄金，月墮雲中從此始。安知鵩鳥座隅飛，寂寞旅魂招不歸。秦嘉鏡有前時結，韓壽香銷故篋衣。山城少人江水碧，斷雁哀猿風雨夕。朱弦已絶爲知音，雲鬟未秋私自惜。舉目風煙非舊時，夢尋歸路多參差。如何將此千行淚，更灑湘江斑竹枝。

穆氏

藝文

唐・劉禹錫《聽舊宫中樂人穆氏唱歌》 曾隨織女渡天河，記得雲間第一歌。休唱貞元供奉曲，當時朝士已無多。

秦姝

藝文

唐・劉禹錫《傷秦姝行》 河南房開士，前爲虞部郎中，爲余語曰：我得善筝人於長安懷遠里。其後開士爲赤縣，牧容州，求國工而誨之，藝工而夭。今年開士遺余新詩，有悼佳人之句，顧余知所自也。惜其有良妓，獲所從而不克久，乃爲傷詞以貽開士。

長安二月花滿城，插花女兒彈銀筝。南宫仙郎下朝晚，曲頭駐馬聞新聲。馬蹄逶遲心蕩漾，高樓已遠猶頻望。此時意重千金輕，鳥傳消息紺輪迎。芳筵銀燭一相見，淺笑低鬟初目成。蜀弦錚摐指如玉，皇帝弟子韋家曲。青牛文梓赤金簧，玫瑰寶柱秋雁行。斂蛾收袂凝清光，抽弦緩調怨且長。八鸞鏘鏘渡銀漢，九雛威鳳鳴朝陽。曲終韻盡意不足，餘思悄絶愁空堂。從郎鎮南別城闕，樓船理曲瀟湘月。馮夷蹁躚舞渌波，鮫人出聽停綃梭。北池含煙瑶草短，萬松亭下清風滿。秦聲一曲此時聞，嶺泉嗚咽南雲斷。來自長陵小市東，蕣華零落瘴江風。侍兒掩泣收銀甲，鸚鵡不言愁玉籠。博山爐中香自滅，鏡奩塵暗同心結。從此東山非昔遊，長嗟人與弦俱絶。

商玲瓏

藝文

唐・元稹《重贈樂天》 樂人商玲瓏能歌，歌予數十詩。

休遣玲瓏唱我詩，我詩多是別君詞。明朝又向江頭別，月落潮平是去時。

唐・白居易《醉歌》 示伎人商玲瓏。 罷胡琴，掩秦瑟，玲瓏再拜歌初畢。誰道使君不解歌，聽唱黄雞與白日。黄雞催曉丑時鳴，白日催年酉前没。腰間紅綬繫未穩，鏡裏朱顏看已失。玲瓏玲瓏奈老何，使君歌了汝更歌。

曹善才

藝文

唐・李紳《悲善才》 余守郡日，有客遊者，善彈琵琶。問其所傳，乃善才所授。頃在內庭日，別承恩顧，賜宴曲江，勑善才等二十人備樂。自余經播遷，善才已没，因追感前事，爲《悲善才》。

穆王夜幸蓬池曲，金鑾殿開高秉燭。東頭弟子曹善才，琵琶請進新翻曲。翠蛾列坐層城女，笙笛參差齊笑語。天顔静聽朱絲彈，衆樂寂然無敢舉。銜花金鳳當承撥，轉腕攏弦促揮抹。花翻鳳嘯天上來，裴回滿殿飛春雪。抽弦度曲新聲發，金鈴玉珮相瑳切。流鶯子母飛上林，仙鶴雌雄唳明月。此時奉詔侍金鑾，別殿承恩許召彈。三月曲江春草緑，九霄天樂下雲端。紫髯供奉前屈膝，盡彈妙曲當春日。寒泉注射隴水開，胡雁翻飛向天没。日曛塵暗車馬散，爲惜新聲有餘歎。明年冠劍閉橋山，萬里孤臣投海畔。籠禽鎩翮尚還飛，白首生從五嶺歸。聞道善才成朽骨，空餘弟子奉音徽。南譙寂寞三春晚，有客彈弦獨凄怨。静聽深奏楚月光，憶昔初聞曲江宴。心悲不覺淚闌干，更爲調弦反覆彈。秋吹動摇神女佩，月珠敲擊水晶盤。自憐淮海同泥滓，恨魄凝心未能死。惆悵追懷萬事空，雍門感慨徒爲爾。

曹剛 曹綱

藝文

唐・劉禹錫《曹剛》 大弦嘈囋小弦清，噴雪含風意思生。一聽曹剛彈薄媚，人生不合出京城。

唐・白居易《聽曹剛琵琶兼示重蓮》 撥撥弦弦意不同，胡啼番語兩玲瓏。誰能截得曹剛手，插向重蓮衣袖中。

雜録

唐・段安節《樂府雜録・琵琶》 貞元中有王芬、曹保保，其子善才、其孫曹綱，皆襲所藝。次有裴興奴，與綱同時。曹綱善運撥若風雨，而不事扣絃；興奴長於攏撚，不撥稍軟。時人謂：曹綱有右手，興奴有左手。

廉郊

紀事

唐・段安節《琵琶録》 蕤賓鐵樂工廉郊，師於曹綱。綱曰：教授人多矣，未有此性靈弟子也。郊常池上彈《蕤賓調》，忽聞芰荷間有物跳躍出岸，乃方響一片，有知者識是蕤賓鐵也。指撥精紗，致律吕相應，物類相感耳。

唐・段安節《樂府雜録・琵琶》 武宗初，朱崖李太尉有樂吏廉郊者，師於曹綱，盡綱之能。綱嘗謂儕流曰：教授人亦多矣，未曾有此性靈弟子也。郊嘗宿平泉别墅，值風清月朗，携琵琶於池上彈蕤賓調，忽聞芰荷間有物跳躍之聲，必謂是魚；及彈别調，即無所聞；復彈舊調，依舊有聲。遂加意□彈，忽有一物鏘然躍出池岸之上。視之，乃一片方響，蓋蕤賓鐵也。以指撥精妙，律吕相應也。

杜秋娘

藝文

唐・元稹《贈呂三校書》 與呂校書同年科第，後爲别七年，元和己丑歲八月，偶於陶化坊會宿。同年同拜校書郎，觸處潛行爛熳狂。共占花園争趙辟，競添錢貫定秋娘。七年浮世皆經眼，八月閒宵忽並牀。語到欲明歡又泣，傍人相笑兩相傷。

唐・杜牧《杜秋娘詩》 杜秋，金陵女也。年十五爲李錡妾。後錡叛滅，籍之入宫，有寵於景陵。穆宗即位，命秋爲皇子傅姆，皇子壯，封漳王。鄭注用事，誣丞相欲去已者，指王爲根，王被罪廢削，秋因賜歸故鄉。予過金陵，感其窮且老，爲之賦詩。

京江水清滑，生女白如脂。其間杜秋者，不勞朱粉施。老濞即山鑄，後庭千雙眉。秋持玉斝醉，與唱金縷衣。濞既白首叛，秋亦紅淚滋。吴江落日渡，灞岸緑楊垂。聯裾見天子，盼眄獨依依。椒壁懸錦幕，鏡奩蟠蛟螭。低鬟認新寵，窈裊復融怡。月上白璧門，桂影凉參差。金階露新重，閒撚紫簫吹。莓苔夾城路，南苑雁初飛。紅粉羽林仗，獨賜辟邪旗。歸來煮豹胎，饜飫不能飴。咸池昇日慶，銅雀分香悲。雷音後車遠，事往落花時。燕禖得皇子，壯髮緑緌緌。畫堂授傅姆，天人親捧持。虎睛珠絡褓，金盤犀鎮帷。長楊射熊羆，武帳弄啞咿。漸抛竹馬劇，稍出舞雞奇。嶄嶄整冠珮，侍宴坐瑶池。眉宇儼圖畫，神秀射朝輝。一尺桐偶人，江充知自欺。王幽茅土削，秋放故鄉歸。觚稜拂斗極，回首尚遲遲。四朝三十載，似夢復疑非。潼關識舊吏，吏髮已如絲。卻唤吴江渡，舟人那得知。歸來四鄰改，茂苑草菲菲。清血灑不盡，仰天知問誰。寒衣一匹素，夜借鄰人機。我昨金陵過，聞之爲歔欷。自古皆一貫，變化安能推。夏姬滅兩國，逃作巫臣姬。西子下姑蘇，一舸逐鴟夷。織室魏豹俘，作漢太平基。誤置代籍中，兩朝尊母儀。光武紹高祖，本係生唐兒。珊瑚破高齊，作婢舂黄糜。蕭后去揚州，突厥爲閼氏。女子固不定，士林亦難期。射鉤后呼父，釣翁王者師。無國要孟子，有人毁仲尼。秦因逐客令，柄歸丞相斯。安知魏齊首，見斷簀中屍。給喪蹶張輩，廊廟冠峩危。珥貂七葉貴，何妨戎虜支。蘇武卻生返，鄧通終死飢。主張既難測，翻覆亦其宜。地盡有何物，天外復何之。指何爲而捉，足何爲而馳。耳何爲而聽，目何爲而窺。已身不自曉，此外何思惟。因傾一樽酒，題作杜秋詩。愁來獨長詠，聊可以自怡。

文淑 文叙

雜録

唐・趙璘《因話録》卷四《角部》 有文淑僧者，公爲聚衆譚説，假託經論所言，無非淫穢鄙褻之事。不逞之徒，轉相鼓扇扶樹。愚夫冶婦，樂聞其説，聽者填咽。寺舍瞻禮崇奉，呼爲和尚。教坊效其聲調，以爲歌曲。其甿庶易誘，釋徒苟知真理，及文義稍精，亦甚嗤鄙之。近日庸僧以名繫功德使，不懼臺省府縣，以士流好窺其所爲，視衣冠過於仇讎，而淑僧最甚，前後杖背，流在邊地數矣。

唐・段安節《樂府雜録・文叙子》 長慶中，俗講僧文叙善吟經，其聲宛暢，感動里人。樂工黄米飯依其念四聲觀世音菩薩，乃撰此曲。

孟思賢

傳記

唐·盧弘止《昭義軍記室別録》 潞之女伶曰孟思賢，巧黠人也。嘗爲君侯王制之寵，貯焉。制之所私伊宙，亦衙門將，多與制遊思賢舍，故僕射慎之子也。風流善杯酒，思賢心悦之，遂私焉。關鑠益牢，即踰墻而奔於宙。制知不可奈何，遂逐思賢出門，宙且納焉。宙有女奴曰解兒，有愛於宙。思賢心忌之。一日杖解兒脛間出血見骨，解兒瘡甚死。明年長慶二年，軍亂，伊宙遇飛矢而死。思賢無所庇，復投制。制得之，喜曰：有甘吾心者矣。遂命以短兵關思賢二脛，踣且極捶之，制臨覯語思賢曰：其能踰墻而奔於伊宙耶。迨夜閑於幽室，思賢終夜呼曰：解兒，解兒，不能惠我速死耶。竟不勝其楚毒，再宿而死。遂與宙同瘞於邢之東門外。

高崔巍

紀事

唐·張鷟《朝野僉載》卷六 敬宗時，高崔巍喜弄癡。大帝令給使捺頭向水下，良久，出而笑之。帝問，曰：見屈原，云：我逢楚懷王無道，乃沈汨羅水。汝逢聖明主，何爲來。帝大笑，賜物百段。

容兒

藝文

唐·張祜《容兒鉢頭》 争走金車叱鞅牛，笑聲唯是説千秋。兩邊角子羊門裏，猶學容兒弄鉢頭。

鄭中丞

紀事

唐·段安節《樂府雜録·琵琶》 文宗朝，有内人鄭中丞，善胡琴。内庫有二琵琶，號大、小忽雷。鄭嘗彈小忽雷，偶以匙頭脱，送崇仁坊南趙家修理。大約造樂器悉在此坊，其中二趙家最妙。時有權相舊吏梁厚本，有别墅在昭應縣之西，正臨河岸。垂鉤之際，忽見一物浮過，長五六尺許，上以錦綺纏之。令家僮接得就岸，即祕器也。及發棺視之，乃一女郎，妝飾儼然，以羅領巾繫其頸。解其領巾，伺之，口鼻有餘息，即移入室中，將養經旬，乃能言，云：是内弟子鄭中丞也，昨以忤旨，命内官縊殺，投於河中。錦綺，即弟子相贈爾。遂垂泣感謝，厚本即納爲妻。因言其藝，及言所彈琵琶，今在南趙家。尋值訓、注之亂，人莫有知者，厚本賂樂匠贖得之。每至夜分，方敢輕彈。後遇良辰，飲於花下，酒酣，不覺朗彈數曲。洎有黄門放鷂子過其門，私於牆外聽之，曰：此鄭中丞琵琶聲也。翊日，達上聽。文宗方追悔，至是驚喜，即命宣召；乃赦厚本罪，仍加錫賜焉。

楊志

紀事

唐·段安節《樂府雜録·琵琶》 某門中有樂史楊志，善琵琶。其姑尤更妙絶。姑本宣徽弟子，後放出宫，於永穆觀中住。自惜其藝，常畏人聞，每至夜方彈。楊志懇求教授，堅不允，且曰：吾誓死，不傳於人也。志乃賂其觀主，求寄宿於觀，竊聽其姑彈弄，仍繫脂鞓帶，以手畫帶，記其節奏，遂得一兩曲調。明日，携樂器詣姑彈之，姑大驚異。志即告其事，姑意乃回，盡傳其能矣。

宋·王讜《唐語林》卷三《雅量》 文宗將有事南郊。祀前，本司進相撲人，上曰：方清齋，豈合觀此事。左右曰：舊例也。已在外祗候。上曰：此應是要賞物，可向外相撲了。即與賞令去。又嘗觀鬬雞，優人稱歎大好雞，上曰：雞好，便賜汝。

李伯憐

紀事

唐·段成式《酉陽雜俎》前集卷八《夢》 威遠軍小將梅伯成以善占夢，近有優人李伯憐遊涇州，乞錢得米百斛。及歸，令弟取之，過期不至。晝夢洗白馬，訪伯成占之。伯成佇思曰：凡人好反語，洗白馬，瀉白米也。君所憂或有風水之虞乎。數日，弟至，果言渭河中覆舟，一粒無餘。

又續集卷三《支諾臯下》 許州有一老僧，自四十以後，每寐熟即喉聲如鼓簧，若成韵節。許州伶人伺其寢，即譜其聲，按之絲竹，皆合古奏，僧覺亦不自知，二十餘年如此。

千滿川

紀事

唐·段成式《酉陽雜俎》續集卷三《支諾臯下》 成都乞兒嚴七師，幽陋凡賤，塗垢臭穢不可近，言語無度，往往應於未兆。居西市悲田坊，嘗有帖衙俳兒千滿川、白迦、葉珪、張美、張翱等五人爲火。七師遇於塗，各與十五文，勤勤若相別爲贈之意。後數日，監軍院宴滿川等爲戲以求衣糧，少師李相怒，各杖十五，遞出界。凡四五年間，人爭施與，每得錢帛，悉用修觀，語人曰：寺何足修。方知折寺之兆也。今失所在。

辛骨咄

紀事

唐·段安節《樂府雜録·新傾盃樂》 宣宗喜吹蘆管，自製此曲，内有數拍不均。上初撚管，令俳兒辛骨咄拍，不中，上瞋目瞠視之。骨咄憂懼，一夕而殞。

吴姬

藝文

唐・薛能《吴姬十首》 夜鎖重門晝亦監，眼波嬌利瘦巖巖。偏憐不怕傍人笑，自把春羅等舞衫。

龍麝薰多骨亦香，因經寒食好風光。何人畫得天生態，枕破施朱隔宿妝。

滴滴春霖透荔枝，筆題牋動手中垂。天陰不得君王召，嚬著青蛾作小詩。

鈿合重盛繡結深，昭陽初幸賜同心。君知一夜恩多少，明日宣教放德音。

退紅香汗溼輕紗，高捲蚊廚獨卧斜。嬌淚半垂珠不破，恨君瞋折後庭花。

取次衣裳盡帶珠，別添龍腦裛羅襦。年來寄與鄉中伴，殺盡春蠶稅亦無。

畫燭燒蘭暖復迷，殿幃深密下銀泥。開門欲作侵晨散，已是明朝日向西。

樓臺重疊滿天雲，殷殷鳴鼉世上聞。此日楊花初似雪，女兒弦管弄參軍。

冠剪黄綃帔紫羅，薄施鉛粉畫青娥。因將素手誇纖巧，從此椒房寵更多。

身是三千第一名，内家叢裏獨分明。芙蓉殿上中元日，水拍銀臺弄化生。

石潨

紀事

五代・孫光憲《北夢瑣言》卷六《樂工鬬小紅石潨附》 復有琵琶石潨者，號石司馬。自言早爲相國令狐公見賞，俾與諸子涣、渢連水邊作名也。亂後入蜀，不隸樂籍，多游諸大官家，皆以賓客待之。一日，會軍校數員飲酒作歡，石潨以胡琴擅場，在坐非知音者，諠譁語笑，殊不傾聽。潨乃撲槽而詬曰：某曾爲中朝宰相供奉，今日與健兒彈而不蒙我聽，何其苦哉。於時識者亦歎訝之。

明・郭良翰《問奇類林》 唐昭宗時，伶人有石潨者，工琵琶，爲令狐相國所賞。亂後入蜀，諸大官家皆客待之。一日，酒間奏伎，會都頭非別音者，譚譁語笑，殊不傾聽。潨撲檀而詬曰：某曾爲中朝宰相供事，今日與健兒彈而不我聽，何其苦哉。

尉遲璋

紀事

宋・王讜《唐語林》卷六《補遺》 文宗時，仙韶樂工尉遲璋授王府率，右拾遺李洵直當衙論奏。鄭覃、楊嗣復嫌以細故，謂洵直近名，夷行曰：諫官當衙，正須論宰相得失，彼賤工安足言。然亦不可置不用。帝即徙璋。

雜録

宋・錢易《南部新書》　大和中，樂工尉遲璋左能囀喉爲新聲，京師屠沽效，呼爲拍彈。

多美

藝文

唐・李涉《聽多美唱歌》　黄鶯慢轉引秋蟬，衝斷行雲直入天。一曲梁州聽初了，爲君别唱想夫憐。

張好好

藝文

唐・杜牧《張好好詩》　牧太和三年，佐故吏部沈公江西幕。好好年十三，始以善歌來樂籍中。後一歲，公移鎮宣城，復置好好於宣城籍中。後二歲，爲沈著作述師以雙鬟納之。後二歲，於洛陽東城，重覩好好，感舊傷懷，故題詩贈之。

君爲豫章姝，十三纔有餘。翠茁鳳生尾，丹葉蓮含跗。高閣倚天半，章江聯碧虚。此地試君唱，特使華筵鋪。主人一作公顧四座，始訝來踟躕。吴娃起引贊，低徊映長裾。雙鬟可高下，纔過青羅襦。盼盼乍垂袖，一聲雛鳳呼。繁弦迸關紐，塞管裂圓蘆。衆音不能逐，裊裊穿雲衢。主人一作公再三歎，謂言天下殊。贈之天馬錦，副以水犀梳。龍沙看秋浪，明月遊朱一作東湖。自此每相見，三日已爲疏。玉質隨月滿，艷態逐春舒。絳脣漸輕巧，雲步轉虚徐。旌旆忽東下，笙歌隨舳艫。霜凋謝樓樹，沙暖句溪蒲。身外任塵土，罇前極歡娱。飄然集仙客，著作嘗任集賢校理。諷賦欺相如。聘之碧瑶珮，載以紫雲車。洞閉水聲遠，月高蟾影孤。爾來未幾歲，散盡高陽徒。洛城重相見，婥婥爲當壚。怪我苦何事，少年垂白鬚。朋遊今在否，落拓更能無。門館慟哭後，水雲秋景初。斜日挂衰柳，凉風生座隅。灑盡滿襟淚，短歌聊一書。

唐・杜牧《贈别二首》　娉娉裊裊十三餘，荳蔻梢頭二月初。春風十里揚州路，卷上珠簾總不如。

多情卻似總無情，唯覺尊前笑不成。蠟燭有心還惜别，替人垂淚到天明。

孟才人

藝文

唐・張祜《孟才人歎》　武宗皇帝疾篤，遷便殿。孟才人以歌笙獲寵者，密侍其右。上目之曰：吾當不諱，爾何爲哉。指笙囊泣曰：請以此就縊。上憫然。復曰：妾嘗藝歌，請對上歌一曲以泄其憤。上以懇許之。乃歌一聲河滿子，氣亟立殞。上令醫候之，曰：脈尚温而腸已絶。及帝崩，柩重不可舉。議者曰：非俟才人乎。爰命其櫬。櫬至乃舉。嗟夫，才人以誠死，上以誠命，雖古之義激，無以過也。進士高璩登第年宴，傳於禁伶。明年秋，貢士文多以爲之目。大中三年，遇高於由拳，哀話於余，聊爲興歎。

偶因歌態詠嬌嚬，傳唱宮中十二春。卻爲一聲河滿子，下泉須弔舊才人。

李新聲

紀事

唐・羅隱《讒書・拾甲子年事》 大和中，張谷納邯鄲人李嚴女，備歌舞具。及長大，妍麗豐足，殆不似下賤物。又長傳故都聲，有時凉曉哀囀，歷歷見趙家遺臺老樹，雖驚離弔往之懷，似不能多也。雅爲谷所愛，因曰新聲。及劉從諫得父封，谷以窮游佐其事，新聲亦從之。然性本便慧，雖谷之起居謀慮，皆預有承迎，故頗聞中外消息。時從諫得志後，鈎聚亡命，以窺脅朝廷，大爲四方人怪訝。有實其事於谷者，谷不介意。新聲曰：妾於公，直巾履間狎玩者耳，除歌酒外，不當以應顧命。然食人之食，憂人之憂，常理也，況妾乎。前日天子授從諫節度時，非從諫有野戰之功、拔城之績，蓋以其父挈齊還我，去就間未能奪其嗣耳。而公不幸爲其屬，則牽制之道，在此不在彼也。自劉氏奄有全趙，更改歲時，未嘗聞一縷一蹄爲天子壽，而指使輩率無賴人也。且章武朝數鎮顛覆，皆以雄才傑器，尚不能固天子恩，況從諫擢自兒女子手中。一旦襲荷家業，苟不以法而得，亦宜不以法而終，此倚伏之常數也。而又卒伍佻險，言語不祥，是不爲齊鬼所酬而死於帳下者，幸也。孰謂從其事，反不知其事者哉。如不能折其肘臂，以作天子計，則宜脱族西去。大丈夫勿顧一飯恩，以骨肉腥健兒衣食。言訖，悲涕流落，谷不決者三日。新聲復進，以其業不用也，縊死之。會昌中，從諫死，其子謀邀節鉞，族之，谷竟從逆。嗚呼。謀及婦人者必亡，而新聲之言，惜其不用。余過太行時，有傳吏能道當時事，因拾於編簡。

李可及

紀事

宋・高懌《羣居解頤》 咸通中，優人李可及者，滑稽諧戲，獨出輩流。雖不能託諷匡正，然智巧敏捷，亦不可多得嘗因延慶節，緇黃講論畢，次及倡優爲戲。可及乃儒服險巾，褒衣博帶，攝齋以升崇座，自稱三教論衡。其隅坐者問曰：既言博通三教，釋迦如來是何人。對曰：是婦人。問者驚曰：何也。對曰：《金剛經》云：敷座而坐。或非婦人，何煩夫坐，然後兒坐也。上爲之啓齒。又問曰：太上老君何人也。對曰：亦婦人也。問者益所不喻。乃曰：《道德經》云：吾有大患，是吾有身。及吾無身，吾復何患。倘非婦人，何患乎有身乎。上大悦。又問：文宣王何人也。對曰：婦人也。問者曰：何以知之。對曰：《論語》云：沽之哉。沽之哉。吾待賈者也。向非婦人，待嫁奚爲。上意極歡，寵錫甚厚。翌日，授環衛之員外職。

唐・高彦休《闕史》卷下《李可及戲三教》 咸通中，優人李可及者，滑稽諧戲，獨出輩流，雖不能託諷匡正，然巧智敏捷，亦不可多得。嘗因延慶節緇黃講論畢，次及倡優爲戲。可及乃儒服險巾，褒衣博帶，攝齊以升崇座，自稱三教論衡。其隅坐者問曰：既言博通三教，釋迦如來是何人。對曰：是婦人。問者驚曰：何也。對曰：《金剛經》云：敷座而坐。或非婦人，何煩夫坐然後兒坐也。上爲之啓齒。又問曰：太上老君何人也。對曰：亦婦人也。問者益所不喻，乃曰：《道德經》云：吾有大患，是吾有身。及吾無身，吾復何患。倘非婦人，何患於有娠乎。上大悦。又曰：文宣王何人也。對曰：婦人也。問者曰：何以知之。對曰：《論語》云：沽之哉，沽之哉，我待價者也。向非婦人，待嫁奚爲。上意極歡，寵錫甚厚。翌日授環衛之員外職。

《舊唐書》卷一七七《曹確傳》 確精儒術，器識謹重，動循法度。懿宗以伶官李可及爲威衛將軍，確執奏曰：臣覽貞觀故事，太宗初定官品令，文武官共六百四十三員，顧謂房玄齡曰：朕設此官員，以待賢士。工商雜色之流，假令術踰儕類，止可厚給財物，必不可超授官秩，與朝賢君子比肩而立，同坐而食。大和中，文宗欲以樂官尉遲璋爲王府率，拾遺竇洵直極諫，乃改授光州長史。伏乞以兩朝故事，別授可及之官。帝不之聽。可及善音律，尤能轉喉爲新聲，音辭曲折，聽者忘倦。京師屠沽效之，呼爲拍彈。同昌公主除喪後，帝與淑妃思念不已，可及乃爲《歎百年舞曲》。舞人珠翠盛飾者數百人，畫魚龍地衣，用官絁五千匹。曲終樂闋，珠璣覆地，詞語悽惻，聞者涕流，帝故寵之。嘗於安國寺作《菩薩蠻舞》，如佛降生，帝益憐之。可及嘗爲子娶婦，帝賜酒二銀樽，啓之非酒，乃金翠也。人無敢非之者，唯確與中尉西門季玄屢論之，帝猶顧待不衰。

宋・錢易《南部新書》 咸通中，俳優恃恩，咸爲都知。一日樂諠譁，上召都知止之，三十人並進。上曰：止召都知，何爲畢至。梨園使奏曰：三十人皆都知。乃命李可及爲都都知。後王鐸爲都都統，襲此也。吁哉。

《新唐書》卷一八一《曹確傳》 確邃儒術，器識方重，動循法度。時帝薄於德，昵寵優人李可及。可及者，能新聲，自度曲，辭調悽折，京師媮薄少年争慕之，號爲拍彈。同昌公主喪畢，帝與郭淑妃悼念不已，可及爲帝造曲，曰《歎百年》，教舞者數百，皆珠翠襐飾，刻畫魚龍地衣，度用繒五千，倚曲作辭，哀思裴回，聞者皆涕下。舞闋，珠寶覆地，帝以爲天下之至悲，愈寵之。家嘗娶婦，帝曰：第去，吾當賜酒。俄而使者負二銀榼與之，皆珠珍也。可及憑恩横甚，人無敢斥，遂擢爲威衛將軍。確曰：太宗著令，文武官六百四十三，謂房玄齡曰：朕設此待天下賢士。工商雜流，假使技出等夷，正當厚給以財，不可假以官，與賢者比肩立、同坐食也。文宗欲以樂工尉遲璋爲王府率，拾遺竇洵直固争，卒授光州長史。今而位將軍，不可。帝不聽。至僖宗立，始貶死。方幸時，惟確屢言之。而神策中尉西門季玄者，亦剛鯁，謂可及曰：汝以巧佞惑天子，當族滅。嘗見其受賜，謂曰：今載以官車，後籍没亦當爾。

《資治通鑑》卷二五二《唐紀六八》 春，正月，辛酉，葬文懿公主。韋氏之人争取庭祭之灰，汰其金銀。凡服玩，每物皆百二十輿，以錦繡、珠玉爲儀衛、明器，輝焕三十餘里，賜酒百斛，餅餤四十橐駝，以飼體夫。上與郭淑妃思公主不已，樂工李可及作《歎百年曲》，其聲悽惋，舞者數百人，發内庫雜寶爲其首飾，以絁八百匹爲地衣，舞罷，珠璣覆地。

又 樂工李可及流嶺南。可及有寵於懿宗，嘗爲子娶婦，懿宗賜之酒二銀壺，啓之無酒而中實。右軍中尉西門季玄屢以爲言，懿宗不聽。可及嘗大受賜物，載以官車；季玄謂曰：汝他日破家，此物復應以官車載還。非爲受賜，徒煩牛足耳。及流嶺南，籍没其家，果如季玄言。

羅程

傳記

宋・王讜《唐語林》卷二《政事下》 樂工羅程者，善彈琵琶，爲第一，能變易新聲。得幸於武宗，恃恩自恣。宣宗初，亦召供奉。程既審上曉音律，尤自刻苦，往往令侍嬪御歌，必爲奇巧聲動上，由是得幸。程一日果以眦睚殺人，上大怒，立命斥出，付京兆。他工輩以程藝天下無雙，欲以動上意。會幸苑中，樂將作，遂旁設一虚坐，置琵琶於其上。樂工等羅列上前，連拜且泣。上曰：汝輩何爲也。進曰：羅程負陛下，萬死不赦。然臣輩惜程藝天下第一，不得永奉陛下，以是爲恨。上曰：汝輩所惜者羅程藝耳，我所重者高祖、太宗法也。卒不赦程。

祝漢貞

傳記

宋・王讜《唐語林》卷二《政事下》 優人祝漢貞者，累朝供奉，滑稽善伺人意，出口爲七字語。上有指顧，遽令摹詠，捷若夙構，尤爲帝所喜。上行幸，召漢貞前，抵掌笑談，頗言及外間事。上正色曰：我養汝輩，供戲樂耳，敢干預朝政耶。遂疏之。後其子犯贓，上命杖殺，而徙漢貞於邊。

紀事

唐・裴庭裕《東觀奏記》卷中 優人祝漢貞詞辨敏給，恩傾一時。嗣朝王乾祐以金帛結之，求刺史，盡納賄矣，而未敢言。御史臺劾奏，漢貞杖二十九，流天德；乾祐竄嶺外。

沈阿翹

紀事

唐・蘇鶚《杜陽雜編》卷中 上於内殿前看牡丹，翹足憑欄，忽吟舒元輿《牡丹賦》云：俯者如愁，仰者如語，含者如咽。吟罷，方省元輿詞，不覺嘆息良久，泣下沾臆。時有宫人沈阿翹，爲上舞《河滿子》，調聲風態，

率皆宛暢。曲罷，上賜金臂環，即問其從來。阿翹曰：妾本吴元濟之妓女，濟敗，因以聲律得爲宫人。俄遂進白玉方響，云本吴元濟所與也，光明皎潔，可照十數步。言其犀槌即響犀也，凡物有聲，乃響應其中焉。架則雲檀香也，而文彩若雲霞之狀，芬馥着人，則彌月不散。制度精妙，固非中國所有。上因令阿翹奏《凉州曲》，音韻清越，聽者無不凄然。上謂之天上樂，乃選内人與阿翹爲弟子焉。

趙秀才

藝文

唐・韋莊《聽趙秀才彈琴》 滿匣冰泉咽又鳴，玉音閑澹入神清。巫山夜雨弦中起，湘水清波指下生。蜂簇野花吟細韻，蟬移高柳迸殘聲。不須更奏幽蘭曲，卓氏門前月正明。

灼灼

藝文

唐・韋莊《傷灼灼》 灼灼，蜀之麗人也，近聞貧且老，殂落於成都酒市中，因以四韻弔之。

嘗聞灼灼麗於花，雲髻盤時未破瓜。桃臉曼長横緑水，玉肌香膩透紅紗。多情不住神仙界，薄命曾嫌富貴家。流落錦江無處問，斷魂飛作碧天霞。

盛小叢

藝文

唐・李訥《命妓盛小叢歌餞崔侍御還闕》 繡衣奔命去情多，南國佳人斂翠娥。曾向教坊聽國樂，爲君重唱盛叢歌。

杜紅兒

紀事

五代・王定保《唐摭言》卷一〇 羅虬辭藻富贍，與宗人隱、鄴齊名。咸通、乾符中，時號三羅。廣明庚子亂後，去從鄜州李孝恭。籍中有紅兒者，善肉聲，常爲貳車屬意。會貳車聘鄰道，虬請紅兒歌而贈之繒綵。孝恭以副車所盻，不令受所貺。虬怒拂衣而起，詰旦，手刃絶句百篇，號比紅詩，大行於時。

元・辛文房《唐才子傳》卷九《羅虬》 廣明庚子亂後，去從鄜州李孝恭爲從事。虬狂宕無檢束，時雕陰籍中有妓杜紅兒，善歌舞，姿色殊絶，嘗爲副戎屬意。會副戎聘鄰道，虬久慕之，至是請紅兒歌，贈以繒綵。孝恭以爲副戎所盻，從事則非禮，勿令受貺。虬不稱意，怒拂衣起，詰旦，手刃殺之。孝恭以虬激己，坐之。頃會赦，虬追其冤，於是取古之美女有姿艷才德者，作絶句一百首，以比紅兒，當時盛傳。

藝文

唐・羅虬《比紅兒詩》 比紅者，爲雕陰官妓杜紅兒作也。美貌年少，機智慧悟，不與羣輩妓女等。余知紅者，迺擇古之美色灼然於史傳三數十輩，優劣於章句間，遂題比紅詩。

姹字看侵尺五天，芳菲占斷百花鮮。馬嵬好笑當時事，虛賺明皇幸蜀川。

金谷園中花正繁，墜樓從道感深恩。齊奴卻是來東市，不爲紅兒死更冤。

陷卻平陽爲小憐，周師百萬戰長川。更教乞與紅兒貌，舉國山川不值錢。

一曲都緣張麗華，六宮齊唱後庭花。若教比並紅兒貌，枉破當年國與家。

樂營門外柳如陰，中有佳人畫閣深。若是五陵公子見，買時應不啻千金。

青絲高綰石榴裙，腸斷當筵灑半醺。置向漢宮圖畫裏，入胡應不數昭君。

斜凭欄杆醉態新，斂眸微盻不勝春。當時若遇東昏主，金葉蓮花是此人。

匼匝千山與萬山，碧桃花下景長閒。神仙得似紅兒貌，應免劉郎憶世間。

越山重疊越溪斜，西子休憐解浣紗。得似紅兒今日貌，肯教將去與夫差。

詔下人間覓好花，月眉雲髻選人家。紅兒若向當時見，繫臂先封第一紗。

鋒鏑縱橫不敢看，淚垂玉筯正汍瀾。應緣近似紅兒貌，始得深宮奉五官。

金縷濃薰百和香，臉紅眉黛入時妝。當時便向喬家見，未敢將心在窈娘。

通宵甲帳散香塵，漢帝精神禮百神。若見紅兒醉中態，也應休憶李夫人。

拔得芙蓉出水新，魏家公子信才人。若教瞥見紅兒貌，不肯留情付洛神。

芳姿不合並常人，雲在遥天玉在塵。因事愛思荀奉倩，一生閒坐枉傷神。

筆底如風思湧泉，賦中休謾説嬋娟。紅兒若在東家住，不得登牆爾許年。

一抹濃紅傍臉斜，妝成不語獨攀花。當時若是逢韓壽，未必埋蹤在賈家。

樹裹西風日半沈，地無人跡轉傷心。阿嬌得似紅兒貌，不費長門買賦金。

五雲高捧紫金堂，花下投壺侍玉皇。從到世人都不識，也應知有杜蘭香。

戲水源頭指舊蹤，當時一笑也難逢。紅兒若爲迴桃臉，豈比連催舉五烽。

虢國夫人照夜璣，若爲求得與紅兒。醉和香態濃春睡，一樹繁花偃繡幃。

知有持盈玉葉冠，剪雲裁月照人寒。若使紅兒風帽戴，直使瑶池會上看。

明媚何曾讓玉環，破瓜年幾百花顔。若教貌向南朝見，定卻梅妝似等閒。

京口喧喧百萬人，競傳河鼓謝星津。柰花似雪簪雲髻，今日夭容是後身。

青史書時未是真，可能纖手卻强秦。再三爲謝齊皇后，要解連環別與人。

繡帳鴛鴦對刺紋，博山微暖麝微曛。詩成若有紅兒貌，悔道當時月墜雲。

薄粉輕朱取次施，大都端正亦相宜。只如花下紅兒態，不藉城中半額眉。

妝成渾欲認前朝，金鳳雙釵逐步摇。未必慕容宫裹伴，舞風歌月勝纖腰。

琥珀釵成恩正深，玉兒妖惑蕩君心。莫教回首看妝面，始覺曾虚擲萬金。

自有閒花一面春，臉檀眉黛一時新。殷勤爲報梁家婦，休把啼妝賺後人。

輕梳小髻號慵來，巧中君心不用媒。可得紅兒拋醉眼，漢皇恩澤一時迴。

千里長江旦暮潮，吴都風俗尚纖腰。周郎若見紅兒貌，料得無心念小喬。

月落潛奔暗解攜，本心誰道獨單棲。還緣交甫非良偶，不肯終身作羿妻。

漢皇曾識許飛瓊，寫向人間作畫屏。昨日紅兒花下見，大都相似更娉婷。

魏帝休誇薛夜來，霧綃雲縠稱身裁。紅兒秀發君知否，倚檻繁花帶露開。

曉月雕梁燕語頻，見花難可比他人。年年媚景歸何處，長作紅兒面上春。

逗玉濺盆冬殿開，邀恩先賜夜明苔。紅兒若是三千數，多少芳心似死灰。

畫簾垂地紫金床，暗引羊車駐七香。若見紅兒此中住，不勞鹽篠灑宫廊。

蘇小空匀一面妝，便留名字在錢塘。藏鴉門外諸年少，不識紅兒未是狂。

世事悠悠未足稱，肯將閒事更争能。自從命向紅兒去，不欲留心在裂繒。

自隱新從夢裏來，嶺雲微步下陽臺。含情一向春風笑，羞殺凡花盡不開。

捨卻青娥換玉鞍，古來公子苦無端。莫言一匹追風馬，天驥牽來也不看。

檻外花低瑞露濃，夢魂驚覺暈春容。憑君細看紅兒貌，最稱嚴妝待曉鐘。

薄羅輕剪越溪紋，鵶翅低垂兩鬢分。料得相如偷見面，不應琴裏挑文君。

南國東鄰各一時，後來惟有杜紅兒。若教楚國宮人見，羞把腰身並柳枝。

照耀金釵簇膩鬟，見時直向畫屏間。黄姑阿母能判剖，十斛明珠也是閒。

輕小休誇似燕身，生來占斷紫宮春。漢皇若遇紅兒貌，掌上無因著別人。

鸚鵡娥如裛露紅，鏡前眉樣自深宮。稍教得似紅兒貌，不嫁南朝沈侍中。

擬將心地學安禪，争奈紅兒笑靨圓。何物把來堪比並，野塘初綻一枝蓮。

浸草漂花遶檻香，最憐穿度樂營牆。殷勤留滯緣何事，曾照紅兒一面妝。

雕陰舊俗騁嬋娟，有箇紅兒賽洛川。常笑世人語虛誕，今朝自見火中蓮。

渡口諸儂樂未休，竟陵西望路悠悠。石城有箇紅兒貌，兩槳無因迎莫愁。

誰向深山識大仙，勸人山上引春泉。定知不及紅兒貌，枉卻工夫溉玉田。

傾國傾城總絶倫，紅兒花下認真身。十年東北看燕趙，眼冷何曾見一人。

今時自是不諳知，前代由來豈見遺。一笑陽城人便惑，何堪教見杜紅兒。

一首長歌萬恨來，惹愁漂泊水難迴。崔徽有底多頭面，費得微之爾許才。

昔年黄閣識奇章，愛説真珠似窈娘。若見紅兒深夜態，便應休説繡衣裳。

鳳折鶯離恨轉深，此身難負百年心。紅兒若向隋朝見，破鏡無因更重尋。

行綰穠雲立暗軒，我來猶愛不成冤。當時若見紅兒貌，未必邢相有此言。

總似紅兒媚態新，莫論千度笑争春。任伊孫武心如鐵，不辦軍前殺此人。

暖塘争赴盪舟期，行唱菱歌著艷詞。爲問東山謝丞相，可能諸妓勝紅兒。

吴興皇后欲辭家，澤國重臺展曙華。今日紅兒貌傾國，恐須真宰別開花。

陌上行人歌黍離，三千門客欲何之。若教粗及紅兒貌，争取樓前斬愛姬。

休話如皋一笑時，金髀中臆錦離披。陋容枉把雕弓射，射盡春禽未展眉。

長恨西風送早秋，低眉深恨嫁牽牛。若同人世長相對，争作夫妻得到頭。

謝娘休漫逞風姿，未必嬋娟勝柳枝。聞道只因嘲落絮，何曾得似杜紅兒。

總傳桃葉渡江時，只爲王家一首詩。今日紅兒自堪賦，不須重唱舊來詞。

巫山洛浦本無情，總爲佳人便得名。今日雕陰有神艷，後來公子莫相輕。

幾拋雲髻恨金墉，淚洗花顔百戰中。應有紅兒些子貌，卻言皇后長深宮。

倚檻還應有所思，半開東閣見嬌姿。可中得似紅兒貌，若遇韓朋好殺伊。

曉向妝臺與畫眉，鏡中長欲助嬌姿。若教得似紅兒貌，走馬章臺任道遲。

練得霜華助翠鈿，相期朝謁玉皇前。依稀有似紅兒貌，方得吹簫引上天。

重門深掩幾枝花，未勝紅兒莫大誇。王相不能探物理，可能虛上短轅車。

前代休憐事可奇，後來還出有光輝。爭知畫卧紗窗裏，不見神人覆玉衣。

化羽嘗聞赴九天，只疑塵世是虛傳。自從一見紅兒貌，始信人間有謫仙。

從道長陵小市東，巧將花貌占春風。紅兒若是同時見，未必伊先入紫宮。

人間難免是深情，命斷紅兒向此生。不似前時李丞相，枉拋才力爲鶯鶯。

鳳舞香飄繡幕風，暖穿馳道百花中。還緣有似紅兒貌，始道迎將入漢宮。

休道將軍出世才，盡驅諸妓下歌臺。都緣没箇紅兒貌，致使輕教後閣開。

馮媛須知住漢宮，將身只是解當熊。不聞有貌傾人國，爭得今朝更似紅。

能將一笑使人迷，花艷何須上大堤。疏屬便同巫峽路，洛川真是武陵溪。

辭輦當時意可知，寵深還恐寵先衰。若教得似紅兒貌，占卻君恩自不疑。

三吴時俗重風光，未見紅兒一面妝。好寫妖嬈與教看，便應休更話真娘。

波平楚澤浸星辰，臺上君王宴早春。畢竟章華會中客，冠纓虛絶爲何人。

紅兒不向漢宮生，便使雙成謾得名。疑是麻姑惱塵世，暫教微步下層城。

天碧輕紗只六銖，宛如含露透肌膚。便教漢曲爭明媚，應没心情更弄珠。

共嗟含恨向衡陽，方寸花牋寄沈郎。不似紅兒些子貌，當時爭得少年狂。

淺色桃花亞短牆，不因風送也聞香。凝情盡日君知否，還似紅兒淡薄妝。

火色櫻桃摘得初，仙宮只有世間無。凝情盡日君知否，真似紅兒口上朱。

宿雨初晴春日長，入簾花氣静難忘。凝情盡日君知否，真似紅兒舞袖香。

初月纖纖映碧池，池波不動獨看時。凝情盡日君知否，真似紅兒罷舞眉。

濃艷濃香雪壓枝，裊煙和露曉風吹。紅兒被掩妝成後，含笑無人獨立時。

樓上嬌歌裊夜霜，近來休數踏歌娘。紅兒謾唱伊州遍，認取輕敲玉韻長。

金粟妝成扼臂環，舞腰輕薄瑞雲間。紅兒生在開元末，羞殺新豐謝阿蠻。

君看紅兒學醉妝，誇裁宮襭砑裙長。誰能更把閒心力，比並當時武媚娘。

梔子同心裛露垂，折來深恐没人知。花前醉客頻相問，不贈紅兒贈阿誰。

雲間翡翠一雙飛，水上鴛鴦不暫離。寫向人間百般態，與君題作比紅詩。

舊恨長懷不語中，幾回偷泣向春風。還緣不及紅兒貌，卻得生教入楚宮。

一舸春深指鄂君，好風從度水成紋。越人若見紅兒貌，繡被應羞徹夜薰。

花落塵中玉墮泥，香魂應上窈娘堤。欲知此恨無窮處，長倩城烏夜夜啼。

關小紅

紀事

五代・孫光憲《北夢瑣言》卷六《樂工關小紅石漾附》 唐昭宗劫遷，百官蕩析，名娼伎兒，皆爲强諸侯有之。供奉彈琵琶樂工號關別駕，小紅者，小名也。梁太祖求之，既至，謂曰：爾解彈《羊不采桑》乎。關伶俛而奏之。及出，又爲親近者俾其彈而送酒。由是失意，不久而殂。

金五雲

藝文

唐・陳陶《西川座上聽金五雲唱歌》 蜀王殿上華筵開，五雲歌從天上來。滿堂羅綺悄無語，喉音止駐雲裴回。管弦金石還依轉，不隨歌出靈和殿。白雲飄飄席上聞，貫珠歷歷聲中見。舊樣釵篦淺澹衣，元和梳洗青黛眉。低叢小鬟膩鬖□，碧牙鏤掌山參差。曲終暫起更衣過，還向南行座頭坐。低眉欲語謝貴侯，檀臉雙雙淚穿破。自言本是宮中嬪，武皇改號承恩新。中丞御史不足比，水殿一聲愁殺人。武皇鑄鼎登真籙，嬪御蒙恩免幽辱。茂陵弓劍不得親，嫁與卑官到西蜀。卑官到官年未周，堂衡禄罷東西遊。蜀江水急駐不得，復此萍蓬二十秋。今朝得侍王侯宴，不覺途中妾身賤。願持卮酒更唱歌，歌是伊州第三遍。唱著右丞征戍詞，更聞閨月添相思。如今聲韻尚如在，何況宮中年少時。五雲處處可憐許，明朝道向褒中去。須臾宴罷各東西，雨散雲飛莫知處。

郭郎

雜録

唐・段安節《樂府雜録・傀儡子》 自昔傳云：起於漢祖，在平城，爲冒頓所圍，其城一面即冒頓妻閼氏，兵强於三面。壘中絶食。陳平訪知閼氏妬忌，即造木偶人，運機關，舞於陴間。閼氏望見，謂是生人，慮下其城，冒頓必納妓女，遂退軍。史家但云陳平以祕計免，蓋鄙其策下爾。後樂家翻爲戲，其引歌舞有郭郎者，髮正禿，善優笑，閭里呼爲郭郎，凡戲場必在俳兒之首也。

何岸高

紀事

五代・范資《玉堂閒話》 唐營丘有豪民姓陳，藏鏹鉅萬，染大風疾，衆目之爲陳癩子。【略】切諱癩字，家人妻孥或誤言者，則必遭怒，或至笞箠。中略每年五月，值生辰，頗有破費。召僧道，啓齋筵，伶倫百戲畢備。齋罷，伶倫贈錢數萬。時有穎者何岸高，不敏見，既去，復入，謂曰：蒙君厚惠，感荷奚言。然某偶憶短李相公詩，落句一聯，深協主人盛德也。陳曰：試誦之。時陳君處於中堂，坐碧紗幃中，左右侍立，執輕箑白箒者數輩。伶倫曰：詩云：三十年來陳癩子，如今始得碧紗幮遭大詬而去。

南唐・尉遲偓《中朝故事》卷上　咸通中中書侍郎平章事劉瞻，以清儉自守，忠正佐時。懿皇以同昌公主薨謝，怒其醫官韓宗紹等。繫於霜臺，並親屬二三百人，散繫大理。內外憂懼，瞻上疏切諫。時路岩韋保衡恃寵忌之，出瞻爲荆南節度使，中外咸不平之。翰林承旨鄭畋爲制詞，略曰：早以文學，疊中殊科，風稜甚高，恭慎無玷，而又僻於廉潔，不尚浮華。安□畝之居，乃非已有，却四方之賄，唯畏人知。云云。韋路大怒，貶畋爲梧州刺史。取《十道圖》，檢見驩州去京萬里，乃謫瞻爲驩州司户參軍。舍人李庾行誥詞，駮責深焉。將欲加害，時遇懿皇厭代，僖皇初立，用元臣蕭倣佐佑大政。倣舉瞻自代，又幽州節度使張公素上疏理之，韋路意乃止焉。俄而路巖出爲益帥保衡，又離相位，召瞻爲康州刺史，再授虢州。瞻旋至湘江，韋保衡南竄，相遇於江中，瞻家人齊登舟外詬罵之，保衡約束家人，無辭以對。至賀州驛内伏法，乃是數年前殺楊收閤子中榻上也。瞻至湖南，李庾方典是郡，出迎於江次竹牌亭，置酒。瞻唱《竹枝詞》送李庾，躡履過溝竹枝，恨渠深女兒。庾懾怒，乃上酒於瞻。瞻命庾酬唱，庾云：不曉詞間音律。瞻投杯曰：君應只解爲制詞也。是夕，庾飲鴆而卒。瞻至京，俄入中書。時宰相劉鄴先與韋路相熟，深有憂色。方判鹽鐵，乃於院中置會，召瞻飲，中寘毒而薨。鄴尋授淮南節度使，僖皇於麟德殿置宴，伶人有詞曰：劉公出典揚州，庶事必應大治。民瘼康泰矣。諸伶人皆倡和曰：此真最藥王菩薩也。人皆哂之。路巖即貶儋州百姓，至江陵，籍没家産，不知紀極。有蚊幬一領，輕密如碧烟，人疑其鮫綃也。及新州伏法。

王俳優

紀事

五代・孫光憲《北夢瑣言・逸文》卷二《王俳優巨力》　唐乾符中，綿竹王俳優者，有巨力。每遇府中饗軍宴客，先呈百戲，王生腰背一船，船中載十二人，舞《河傳》一曲，略無困乏。

石野猪

紀事

唐・劉納言《諧噱録》　唐宰相孔緯嘗拜官，教坊伶人繼至求利市。有石野猪獨行先到，有所賜，乃謂曰：宅中甚闕，不得厚致，若見諸野猪，幸勿言也。復有一伶至，乃索其笛，指竅問曰：何者是《浣溪沙》孔子。伶大笑之。

五代・孫光憲《北夢瑣言》卷一《宣宗稱進士》　洎僖宗皇帝，好蹴毬、鬭雞爲樂。自以能於步打，謂俳優石野猪曰：朕若作步打進士，亦合得一狀元。野猪對曰：或遇堯、舜、禹、湯作禮部侍郎，陛下不免且落第。帝笑而已。

宋・王讜《唐語林》卷七《補遺》　僖宗好蹴毬、鬭鴨爲樂，自以能於步打，謂俳優石野猪曰：朕若步打進士，當得狀元。野猪對曰：或遇堯、舜、禹、湯作禮部侍郎，陛下不免且落第。帝大笑。

張隱

紀事

唐・尉遲樞《南楚新聞》　唐宰相張濬，常與朝士於萬壽寺閲牡丹而飲。俄有雨降，抵暮不息，羣公飲酣未闌。左右伶人皆御前供奉第一部者，恃寵肆狂，無所畏憚。其間一輩曰張隱，忽躍出，揚聲引詞曰：位乖燮理致傷殘，四面墻匡不忍看。正是花時堪下淚，相公何必更追歡。告訖遂去。闔席愕然，相眄失色，一時俱散。張但懟恨而已。

穆刀陵 穆刀綾

紀事

五代·孫光憲《北夢瑣言》卷六《朱李驟進》 光化中，朱朴自《毛詩》博士登庸，恃其口辯，可以立致太平。由藩邸引導，聞於昭宗，遂有此拜。對敭之日，面陳時事數條，每言臣必爲陛下致之。洎操大柄，無以施展，自是恩澤日衰，中外騰沸。内宴日，俳優穆刀陵作念經行者，至御前曰：若是朱相，即是非相。翌日出官。

又卷一〇《孔侍郎借油衣》 復有一丞郎，馬上内逼，急詣一空宅，逕登溷軒，斯乃大優穆刀綾空屋也，優忽至，丞郎慚謝之。優曰：侍郎他日内逼，但請光訪。人聞之，莫不絶倒。

安轡新

紀事

五代·孫光憲《北夢瑣言》卷一五《披褐至殿門》 天復元年，鳳翔李茂貞請人覲奏事，朝廷允之，蓋軍容使韓全誨與之交結。昭宗御安福樓，茂貞涕泣陳匡救之言。時崔胤密奏曰：此姦人也，未足爲信，陛下宜寬懷待之。翌日，宴於壽春殿，茂貞肩輿，衣馳褐，入金鑾門，易服赴宴。咸以爲前代跋扈，未有此也。時韓全誨深相交結，崔胤懼之，自此亦結朱全忠，竟致汴州迎駕，與鳳翔連兵，劫遷入洛之始。識者以王子帶召戎，崔胤比之。先是，茂貞入闕，焚燒京城。是宴也，俳優安轡新號茂貞爲火龍子，茂貞慚惕俛首。宴罷有言：他日須斬此優。轡新聞之，因請假往鳳翔，茂貞遥見，詬之曰：此優窮也，胡爲敢來。轡新對曰：只要起居，不爲求救。茂貞曰：貧儉如斯，胡不求乞。安曰：近日京中但賣麩炭，可以取濟，何在求乞。茂貞大笑，而厚賜赦之也。

張廷範

傳記

《新唐書》卷二二三下《奸臣下·張廷範傳》 廷範者，以優人爲全忠所愛，扈東遷爲御營使，進金吾衛將軍、河南尹。全忠欲以爲太常卿，宰相裴樞持不可，繇是樞罷去。柳璨希旨下詔，責中外不得妄言流品清濁，卒用廷範太常卿。會天子將郊，以爲脩樂縣使，又與蘇楷等駁昭宗謚。全忠恚九錫緩也，王殷譖其與璨等祀天祈延唐祚，及玄暉死、璨誅，即貶廷範萊州司户參軍，轘於河南市。

《資治通鑑》卷二六五《唐紀八一》 初，柳璨及第，不四年爲宰相，性傾巧輕佻。時天子左右皆朱全忠腹心，璨曲意事之。同列裴樞、崔遠、獨孤損皆朝廷宿望，意輕之，璨以爲憾。和王傅張廷範，本優人，有寵於全忠，奏以爲太常卿。樞曰：廷範勳臣，幸有方鎮，何藉樂卿。恐非元帥之旨。持之不下。全忠聞之，謂賓佐曰：吾常以裴十四器識真純，不入浮薄之黨，觀此議論，本態露矣。璨因此並遠、損譖於全忠，故三人皆罷。

又 起居郎蘇楷，禮部尚書循之子也，素無才行，乾寧中登進士第，昭宗覆試黜之，仍永不聽入科場。甲午，楷帥同列上言：謚號美惡，臣子不得而私。先帝謚號多溢美，乞更詳議。事下太常，丁酉，張廷範奏改謚恭靈莊愍孝皇帝，廟號襄宗，詔從之。

又 癸丑，守司空兼門下侍郎、同平章事柳璨貶登州刺史，太常卿張廷範貶萊州司户。甲寅，斬璨於上東門外，車裂廷範於都市。璨臨刑呼曰：負國賊柳璨，死其宜矣。

米都知

雜録

宋・錢易《南部新書》 有米都知者，伶人也。善騷雅，有道之士。故西樞王公朴嘗愛其警策云：小旗村店酒，微雨野塘花。梁補闕亦贈其詩云：供奉三朝四十年，聖時流落髮衰殘。貪將樂府歌明代，不把清吟換好官。近有商訓者，善吹笙，亦籍教坊，爲都知。能別五音，知吉凶。復得晝之三昧，山水不下關、李。

岐州優者

紀事

《新五代史》卷四〇《李茂貞傳》 茂貞居岐，以寬仁愛物，民頗安之。嘗以地狹賦薄，下令搉油，因禁城門無内松薪，以其可爲炬也。有優者誚之曰：臣請並禁月明。茂貞笑而不怒。

恒直

紀事

五代・范資《玉堂閒話》 太祖入覲，昭宗開宴。坐定，伶倫百戲在焉。俳恒直頌聖：先祝帝德，然後説元勳梁王之功業，曰：我元勳梁王，五百年間生之賢。九優太史胡趲應曰：灼然如此，四海之内共知。固教朝廷如東向。侍宴臣僚無不失色，獨梁太祖但笑而已。昭宗不懌，如無奈何。

昭宗時教坊伶人

紀事

宋・佚名《大酒清話》 唐昭宗時，事勢爲朱全忠所持。一日，開宴，教坊伶人觀榜曰：賴是五百年間生一個，若是一年生一個，教朝廷怎生奈何。

王含 王含城

紀事

唐・高懌《羣居解頤》 僞蜀王先主未開國前，西域胡僧到蜀，蜀人瞻敬，如見釋迦，舍於大慈三學院。蜀主復謁，坐於廳。傾都士女就院，不令止之，婦女列次拜。俳優王含揚言曰：女弟子，勤禮拜。願後身面孔，一似和尚。蜀主大笑。

五代・孫光憲《北夢瑣言》卷二《蜀王先主禮僧》 僞蜀王先主未開國前，西域僧至蜀，蜀人瞻敬，如見釋迦。舍於大慈三學院，蜀主復謁，坐於廳，傾都士女就院，不令止之。婦女列次禮拜，俳優王舍城飄言曰：女弟子勤苦禮拜，願後身面孔，一切似和尚。蜀主大笑。

胡趲

紀事

五代・范資《玉堂閒話》 太祖入覲，昭宗開宴。坐定，伶倫百戲在焉。俳恒直頌聖：先祝帝德，然後説元勳梁王之功業，曰：我元勳梁王，五百年間生之賢。九優太史胡趲應曰：灼然如此，四海之内共知。固教朝廷如東向。侍宴臣僚無不失色，獨梁太祖但笑而已。昭宗不懌，如無奈何。

又 趲又自好博弈，嘗獨跨一驢，日到故人家棊，多早去晚歸，年歲之間，不曾暫輟。每到其家，主人必戒家童曰：與都知於後院餵飼驢子。趲甚感之，夜則跨歸。一日，非時宣召，趲倉忙索驢，及牽前至，則覺喘氣，通體汗流，乃正與主人拽磑耳。趲方知自來與其家拽磨。明早，復展步而至，主人亦曰：與都知擡舉驢子。曰：驢子今日偶來不得。主人曰：何也。趲曰：直從昨回宅，便患頭旋惡心，起止未得。且乞假將息。主人亦大笑。

明・馮夢龍《古今譚概》顔甲部卷一八《驢乞假》 胡趲者，昭宗時優也，好博奕。嘗獨跨一驢，日到故人家棊，多早去晚歸。每至其家，主人必戒家僮曰：與都知於後院餵飼驢子。胡甚感之，夜則跨歸。一日非時宣召，胡倉忙索驢，及牽至，則喘息流汗，乃正與主人拽磑耳。趲方知從來如此。明早復展步而去，主人復命餵驢如前。胡曰：驢子今日偶來不得。主人曰：何也。胡曰：只從昨回，便患頭旋惡心，起止未得，且乞假將息。主人亦大笑。

杜洪

紀事

《新五代史》卷四一《鍾傳傳》 鍾傳，洪州高安人也。事州爲小校，黄巢攻掠江淮，所在盜起，往往據州縣。傳以州兵擊賊，頻勝，遂逐觀察使，自稱留後。唐以洪州爲鎮南軍，拜傳節度使。江夏伶人杜洪者，亦據鄂州，楊行密屢攻之，洪頗倚傳爲首尾。久之，洪敗死。

高貴卿

紀事

《新五代史》卷六一《吴世家》 徐氏之專政也，隆演幼懦，不能自持，而知訓尤淩侮之。嘗飲酒樓上，命優人高貴卿侍酒，知訓爲參軍，隆演鶉衣髽髻爲蒼鶻。知訓嘗使酒罵坐，語侵隆演，隆演愧恥涕泣，而知訓愈辱之。左右扶隆演起去，知訓殺吏一人，乃止。吴人皆仄目。

尚玉樓

紀事

《新五代史》卷六五《南漢世家》 九年冬，又遣内侍潘崇徹攻郴州，李景兵亦在，與崇徹遇戰，大敗景兵於宜章，遂取郴州。晟益得志，遣巨艦指揮使暨彦贇以兵入海，掠商人金帛作離宫遊獵，故時劉氏有南宫、大明、昌華、甘泉、玩華、秀華、玉清、太微諸宫，凡數百，不可悉紀。宦者林延遇、宫人盧瓊仙，内外專恣爲殺戮，晟不復省。常夜飲大醉，以瓜置伶人尚玉樓項，拔劍斬之以試劍，因並斬其首。明日酒醒，復召玉樓侍飲，左右白已殺之，晟歎息而已。

藏柯曲

紀事

後晉·王仁裕《王氏見聞》 三蜀有長鬚長老，自言是宰相孔謙子，莫知誰何。不剃髮鬚，皓然垂腹。擁百餘衆，自江湖入蜀。所在甿俗，瞻駭儀表，争相騰踐而禮其足。凡所經由，傾城而出，河目海口，人莫之測。至蜀，螺鈸迎焉。先謁樞密使宋光嗣，因問曰：師何不剃鬚。答曰：落髮除煩惱，留髭表丈夫。宋大恚曰：吾無髭，豈是老婆耶。遂揖出，俟剃却髭，即引朝見。徒衆既多，旬日盤桓，不得已剃髭而入。徒衆耻其失節，悉各散亡。僞蜀主問曰：遠聞師有長鬚之號，何得如是。對曰：臣在江湖，嘗聞陛下已證須陀洹果，是以和鬚而來，今見陛下將證阿那舍果，是以剃鬚而見。少主初未喻，喻原作預，據許本改。首肯之。及近臣解釋，大爲歡笑。後住持静亂寺，數爲大衆論訟，有上足，以不謹獲罪。伶人藏柯曲深慕空門，而不知其中猥細。謂是清静，捨俗落髮。謹事瓶鉢，漸見穢濫。詬詈而出，以袈裟掛於寺門曰：吾比厭俗塵，投身清潔之地，以滌其業鄣。今大師之門，甚於花柳曲，吾不能爲之。遂復歸於樂籍。蜀人謂師曰：一事南無，折却長鬚。

伶人

紀事

宋・鄭文寶《江表志》卷中　魏王知訓爲宣州帥，苛暴斂下，百姓苦之。因入覲侍宴，伶人戲作緑衣大面胡人若神鬼狀。旁一人問曰：何緑衣。對曰：吾宣州土地神，今入覲和土皮掠來，因至於此。

又　張崇帥廬江，好爲不法，士庶苦之。嘗入覲江都，廬人幸其改任，皆相謂曰：渠伊必不復來矣。崇歸聞之，計口徵渠伊錢。明年再入覲，盛有罷府之耗。人不敢指實，皆道路相目，捋鬚相慶。歸又輒徵捋鬚錢嘗爲伶人所戲，使一伶假爲人死有讁當作水族者，陰府判曰：焦湖百里，一任作獺。崇亦不慚。

宋・鄭文寶《江南餘載》卷上　徐知訓在宣州，聚斂苛暴，百姓苦之。入覲侍宴，伶人戲作緑衣大面，若鬼神者。傍一人問：誰何。對曰：我宣州土地神也，吾主入覲，和地皮掘來，故得至此。

又　張崇帥廬州，人苦其不法。因其入覲，相謂曰：渠伊必不復來矣。崇聞之，計口徵渠伊錢。明年，又入覲，州人不敢交語，唯道路相目，捋鬚爲慶而已。崇歸，又徵捋鬚錢其在建康，伶人戲爲死獲讁者，云：當作水族去。陰司遂判曰：焦湖百里，一任作獺。

李天下

傳記

《新五代史》卷三七《伶官傳》　莊宗既好俳優，又知音，能度曲，至今汾、晉之俗，往往能歌其聲，謂之御製者皆是也。其小字亞子，當時人或謂之亞次。又別爲優名以自目，曰李天下。自其爲王，至於爲天子，常身與俳優雜戲於庭，伶人由此用事，遂至於亡。皇后劉氏素微，其父劉叟，賣藥善卜，號劉山人。劉氏性悍，方與諸姬爭寵，常自恥其世家，而特諱其事。莊宗乃爲劉叟衣服，自負蓍囊藥笈，使其子繼岌提破帽而隨之，造其卧内，曰：劉山人來省女。劉氏大怒，笞繼岌而逐之。宮中以爲笑樂。

周匝　附：陳俊

紀事

《新五代史》卷三七《伶官傳》　其戰於胡柳也，嬖伶周匝爲梁人所得。其後滅梁入汴，周匝謁於馬前，莊宗得之喜甚，賜以金帛，勞其良苦。周匝對曰：身陷仇人，而得不死以生者，教坊使陳俊、内園栽接使儲德源之力也。願乞二州以報此兩人。莊宗皆許以爲刺史。郭崇韜諫曰：陛下所與共取天下者，皆英豪忠勇之士。今大功始就，封賞未及於一人，而先以伶人爲刺史，恐失天下心。不可。因格其命。踰年，而伶人屢以爲言，莊宗謂崇韜曰：吾已許周匝矣，使吾慚見此三人。公言雖正，然當爲我屈意行之。

卒以俊爲景州刺史、德源爲憲州刺史。

《資治通鑑》卷二七三《後唐紀二》 初，胡柳之役，伶人周匝爲梁所得，帝每思之；入汴之日，匝謁見於馬前，帝甚喜。匝涕泣言曰：臣之所以得生全者，皆梁教坊使陳俊、内園栽接使儲德源之力也，願就陛下乞二州以報之。帝許之。郭崇韜諫曰：陛下所與共取天下者，皆英豪忠勇之士。今大功始就，封賞未及一人，而先以伶人爲刺史，恐失天下心。以是不行。踰年，伶人屢以爲言，帝謂崇韜曰：吾已許周匝矣，使吾慚見此三人。公言雖正，當爲我屈意行之。五月，壬寅，以俊爲景州刺史，德源爲憲州刺史。時親軍有從帝百戰未得刺史者，莫不憤歎。

敬新磨

紀事

《舊五代史》卷四三《唐書一九》 教坊伶官敬新磨受賄，爲人告，帝令御史臺徵還其錢而後撻之。

宋・陶岳《五代史補》卷二《敬新磨狎侮》 敬新磨，河東人，爲伶官，大爲莊宗所寵惜。莊宗出自沙陀部落，既得天下，多用蕃部子弟爲左右侍衛，高鼻深目者甚衆，加以恃勢，淩辱衣冠。新磨居常嫉之，往往揚言曰：此輩雖硬弓長箭，今天下已定，無所施矣。惟有一般勝於人者，鼻孔大、眼睛深耳，他不足數也。衆皆切齒，相與訴於莊宗，其閒亦有言發而泣下者。莊宗不悦，召新磨責之曰：吾軍出自蕃部，天下孰不知。汝未嘗爲我避諱，更辱罵之，使各垂泣告朕，何也。新磨即正色對曰：陛下妄矣。此輩涙便用桔槔子打亦不出，豈能見之也。莊宗素好俳，不覺大笑。時殿上常有惡犬，及新磨退，一犬奮起，似欲肆噬。新磨意莊宗使之，遽倚柱大呼曰：陛下勿縱男女咬人。莊宗色變，索弓箭，新磨遽抗聲曰：臣雖賤，與陛下一體，殺之不祥。問其故，對曰：陛下改元，以同光爲紀年，

天下謂之同光帝。且同者，銅也，不得敬新磨，銅光何以見耶。莊宗又欣然。其謔浪狎侮，應機而發，皆此類也。

《新五代史》卷三七《伶官傳》 莊宗好畋獵，獵於中牟，踐民田。中牟縣令當馬切諫，爲民請，莊宗怒，叱縣令去，將殺之。伶人敬新磨知其不可，乃率諸伶走追縣令，擒至馬前責之曰：汝爲縣令，獨不知吾天子好獵邪。奈何縱民稼穡以供税賦。何不饑汝縣民而空此地，以備吾天子之馳騁。汝罪當死。因前請亟行刑，諸伶共唱和之，莊宗大笑，縣令乃得免去。莊宗嘗與羣優戲於庭，四顧而呼曰：李天下，李天下何在。新磨遽前以手批其頰。莊宗失色，左右皆恐，羣伶亦大驚駭，共持新磨詰曰：汝奈何批天子頰。新磨對曰：李天下者，一人而已，復誰呼邪。於是左右皆笑，莊宗大喜，賜與新磨甚厚。新磨嘗奏事殿中，殿中多惡犬，新磨去，一犬起逐之，新磨倚柱而呼曰：陛下毋縱兒女齧人。莊宗家世夷狄，夷狄之人諱狗，故新磨以此譏之。莊宗大怒，彎弓注矢將射之，新磨急呼曰：陛下無殺臣。臣與陛下爲一體，殺之不祥。莊宗大驚，問其故，對曰：陛下開國，改元同光，天下皆謂陛下同光帝。且同，銅也，若殺敬新磨，則同無光矣。莊宗大笑，乃釋之。然時諸伶，獨新磨尤善俳，其語最著，而不聞其佗過惡。其敗政亂國者，有景進、史彦瓊、郭門高三人爲最。

《資治通鑑》卷二七二《後唐紀一》 帝幼善音律，故伶人多有寵，常侍左右。帝或時自傅粉墨，與優人共戲於庭，以悦劉夫人，優名謂之李天下。嘗因爲優，自呼曰：李天下，李天下。優人敬新磨遽前批其頰。帝失色，羣優亦駭愕，新磨徐曰：理天下者只有一人，尚誰呼邪。帝悦，厚賜之。帝嘗畋於中牟，踐民稼，中牟令當馬前諫曰：陛下爲民父母，柰何毁其所食，使轉死溝壑乎。帝怒，叱去，將殺之。敬新磨追擒至馬前，責之曰：汝爲縣令，獨不知吾天子好獵邪。柰何縱民耕種，以妨吾天子之馳騁乎。汝罪當死。因請行刑，帝笑而釋之。

五代・孫光憲《北夢瑣言》卷一九《明宗戒秦王》 明宗戒秦王從榮曰：吾少鍾喪亂，馬上取功名，不暇留心經籍。在藩邸時，見判官論説經義，雖不深達其旨，大約令人開悟。今朝廷有正人端士，可親附之，庶幾有益。吾見先皇在藩時，愛自作歌詩。將家子文非素習，未能盡妙，諷於人口，恐被諸儒竊笑。吾老矣，不能勉强於此，唯書義尚欲耳裏頻聞。時從

榮方聚雜進士浮薄之子，以歌詩吟詠爲事，上道此言規諷之。或一日，秦王進時，上説於俳優敬新磨，敬新磨贊美，而曰：勿訝秦王詩好，他阿爺平生愛作詩。上大笑。

宋・張世南《游宦紀聞》卷二　唐莊宗時，有進六目龜者。敬新磨獻口號云：不要鬧，不要鬧，聽取龜兒口號。六隻眼耳睡一覺，抵別人三覺。

景進

紀事

《新五代史》卷二六《孔謙傳》　莊宗初建大號，謙自謂當爲租庸使，而郭崇韜用魏博觀察使判官張憲爲使，以謙爲副。謙已怏怏。既而莊宗滅梁，謙從入汴，謂崇韜曰：鄴，北都也，宜得重人鎮之，非張憲不可。崇韜以爲然，因以憲留守北都，而以宰相豆盧革判租庸。謙益失望，乃陰求革過失，而革嘗以手書假租庸錢十萬，謙因以書示崇韜，而微泄其事，使革聞之。革懼，遂求解職以讓崇韜，崇韜亦不肯當。莊宗問：誰可者。崇韜曰：孔謙雖長於金穀，而物議未可居大任，不若復用張憲。乃趣召憲。憲爲人明辯，人頗忌之，謙因乘間謂革曰：租庸錢穀，悉在目前，委一小吏可辦。鄴都天下之重，不可輕以任人。革以語崇韜，崇韜罷憲不召，以興唐尹王正言爲租庸使。謙益憤憤，因求解職。莊宗怒其避事，欲寘之法，賴伶官景進救解之，乃止。已而正言病風，不任事，景進數以爲言，乃罷正言，以謙爲租庸使，賜豐財贍國功臣。

又卷三七《伶官傳》　是時，諸伶人出入宮掖，侮弄縉紳，羣臣憤嫉，莫敢出氣，或反相附託，以希恩倖，四方藩鎮，貨賂交行，而景進最居中用事。莊宗遣進等出訪民間，事無大小皆以聞。每進奏事殿中，左右皆屏退，軍機國政皆與參決，三司使孔謙兄事之，呼爲八哥。莊宗初入洛，居唐故宮室，而嬪御未備。閹宦希旨，多言宮中夜見鬼物，相驚恐，莊宗問所以禳之者，因曰：故唐時，後宮萬人，今空宮多怪，當實以人乃息。莊宗欣然。其後幸鄴，乃遣進等採鄴美女千人，以充後宮。而進等緣以爲姦，軍士妻女因而逃逸者數千人。莊宗還洛，進載鄴女千人以從，道路相屬，男女無別。魏王繼岌已破蜀，劉皇后聽宦者讒言，遣繼岌賊殺郭崇韜。崇韜素嫉伶人，常裁抑之，伶人由此皆樂其死。皇弟存乂，崇韜之壻也，進讒於莊宗曰：存乂且反，爲婦翁報仇。乃囚而殺之。朱友謙，以梁河中降晉者，及莊宗入洛，伶人皆求賂於友謙，友謙不能給而辭焉。進乃讒友謙曰：崇韜且誅，友謙不自安，必反，宜並誅之。於是及其將五六人皆族滅之，天下不勝其冤。進，官至銀青光禄大夫、檢校左散、騎常侍兼御史大夫，上柱國。

《資治通鑒》卷二七二《後唐紀一》　滑州留後李紹欽因伶人景進納貨於宮掖，除泰寧節度使。

又　諸伶出入宮掖，侮弄縉紳，羣臣憤嫉，莫敢出氣，亦反有相附託以希恩澤者，四方藩鎮爭以貨賂結之。其尤蠹政害人者，景進爲之首。進好采問閭鄙細事聞於上，上亦欲知外間事，遂委進以耳目。進每奏事，常屏左右問之，由是進得施其讒慝，干預政事。自將相大臣皆憚之，孔巖常以兄事之。

又《後唐紀二》　孔謙復短王正言於郭崇韜，又厚賂伶官，求租庸使，終不獲，意怏怏，癸卯，表求解職；帝怒，以爲避事，將置於法，景進救之，得免。

又　洛陽宮殿宏邃，宦者欲上增廣嬪御，詐言宮中夜見鬼物，上欲使符呪者禳之，宦者曰：臣昔逮事咸通、乾符天子，當是時，六宮貴賤不減萬人。今掖庭太半空虛，故鬼物遊之耳。上乃命宦者王允平、伶人景進采擇民間女子，遠至太原、幽、鎮，以充後庭，不啻三千人，不問所從來。上還自興唐，載以牛車，纍纍盈路。張憲奏：諸營婦女亡逸者千餘人，慮扈從諸軍挾匿以行。其實皆入宮矣。

又《後唐紀三》　河中節度使、尚書令李繼麟自恃與帝故舊，且有功，帝待之厚，苦諸伶宦求匄無厭，遂拒不與。大軍之征蜀也，繼麟閲兵，遣其子令德將之以從。景進與宦官譖之曰：繼麟聞大軍起，以爲討已，故驚懼，閲兵自衛。又　曰：崇韜所以敢倔强於蜀者，與河中陰謀，內外相應故也。繼麟聞之懼，欲身入朝以自明，其所親止之，繼麟曰：郭侍中功高於我。今事勢將危，吾得見主上，面陳至誠，則讒人獲罪矣。癸亥，繼麟入朝。

又 馬彥珪還洛陽，乃下詔暴郭崇韜之罪，並殺其子廷説、廷讓、廷議，於是朝野駭惋，羣議紛然，帝使宦者潛察之。保大節度使睦王存乂，崇韜之壻也；宦者欲盡去崇韜之黨，言存乂對諸將攘臂垂泣，爲崇韜稱寃，言辭怨望。庚辰，幽存乂於第，尋殺之。景進言：河中人有告變，言李繼麟與郭崇韜謀反；崇韜死，又與存乂連謀。宦官因共勸帝速除之，帝乃徙繼麟爲義成節度使，是夜，遣蕃漢馬步使朱守殷以兵圍其第，驅繼麟出徽安門外殺之，復其姓名曰朱友謙。

又 甲午，以景進爲銀青光禄大夫、檢校右散騎常侍兼御史大夫、上柱國。

史彥瓊

傳記

《新五代史》卷三七《伶官傳》 史彥瓊者，爲武德使，居鄴都，而魏博六州之政皆決彥瓊，自留守王正言而下，皆俛首承事之。是時，郭崇韜以無罪見殺於蜀，天下未知其死也，第見京師殺其諸子，因相傳曰：崇韜殺魏王繼岌而自王於蜀矣，以故族其家。鄴人聞之，方疑惑。已而，朱友謙又見殺。友謙子廷徽爲澶州刺史，有詔彥瓊使殺之，彥瓊祕其事，夜半馳出城。鄴人見彥瓊無故夜馳出，因驚傳曰：劉皇后怒崇韜之殺繼岌也，已弑帝而自立，急召彥瓊計事。鄴都大恐。貝州人有來鄴者，傳此語以歸。戍卒皇甫暉聞之，由此劫趙在禮作亂。在禮已至館陶，鄴都巡檢使孫鐸，見彥瓊求兵禦賊，彥瓊不肯與，曰：賊未至，至而給兵豈晚邪。已而賊至，彥瓊以兵登北門，聞賊呼聲，大恐，棄其兵而走，單騎歸於京師。在禮由是得入於鄴以成其叛亂者，由彥瓊啓而縱之也。

紀事

《新五代史》卷二八《張憲傳》 初，明宗北伐契丹，取魏鎧仗以給軍，有細鎧五百，憲遂給之而不以聞。莊宗至魏，大怒，責憲馳自取之，左右諫之乃止。又問憲庫錢幾何。憲上庫簿有錢三萬緡，莊宗益怒，謂其嬖伶史彥瓊曰：我與羣臣博，須錢十餘萬，而憲以故紙給我。我未渡河時，庫錢常百萬緡，今復何在。彥瓊爲憲解之乃已。

《資治通鑑》卷二七四《後唐紀三》 丙子，以知北都留守事孟知祥爲西川節度使、同平章事，促召赴洛陽。帝議選北都留守，樞密承旨段徊等惡鄴都留守張憲，不欲其在朝廷，皆曰：北都非張憲不可。憲雖有宰相器，今國家新得中原，宰相在天子目前，事有得失，可以改更，比之北都獨繫一方安危，不爲重也。乃徙憲爲太原尹，知北都留守事。以户部尚書王正言爲興唐尹，知鄴都留守事。正言昏耄，帝以武德使史彥瓊爲鄴都監軍。彥瓊，本伶人也，有寵於帝。魏、博等六州軍旅金穀之政皆決於彥瓊，威福自恣，陵忽將佐，自正言以下皆諂事之。

又 時天下莫知郭崇韜之罪，民間訛言云：崇韜殺繼岌，自王於蜀，故族其家。朱友謙子建徽爲澶州刺史，帝密敕鄴都監軍史彥瓊殺之。門者白留守王正言曰：史武德夜半馳馬出城，不言何往。又訛言云：皇后以繼岌之死歸咎於帝，已弑帝矣，故急召彥瓊計事。人情愈駭。

又 壬辰晚，有自貝州來告軍亂將犯鄴都者，都巡檢使孫鐸等亟詣史彥瓊，請授甲乘城爲備。彥瓊疑鐸等有異志，曰：告者云今日賊至臨清，計程須六日晚方至，爲備未晚。孫鐸曰：賊既作亂，必乘吾未備，晝夜倍道，安肯計程而行。請僕射帥衆乘城，鐸募勁兵千人伏於王莽河逆擊之，賊既勢挫，必當離散，然後可撲討也。必俟其至城下，萬一有姦人爲内應，則事危矣。彥瓊曰：但嚴兵守城，何必逆戰。是夜，賊前鋒攻北門，弓弩亂發。時彥瓊將部兵宿北門樓，聞賊呼聲，即時驚潰。彥瓊單騎奔洛陽。

又 李紹榮至鄴都，攻其南門，遣人以敕招諭之，趙在禮以羊酒犒師，拜於城上曰：將士思家擅歸，相公誠善爲敷奏，得免於死，敢不自新。遂以敕徧諭軍士。史彦瓊戟手大罵曰：羣死賊，城破萬段。皇甫暉謂其衆曰：觀史武德之言，上不赦我矣。因聚譟，掠敕書，手壞之，守陴拒戰。紹榮攻之不利，以狀聞，帝怒曰：克城之日，勿遺噍類。大發諸軍討之。壬寅，紹榮退屯澶州。

郭門高

傳記

《新五代史》卷三七《伶官傳》 郭門高者，名從謙，門高其優名也。雖以優進，而嘗有軍功，故以爲從馬直指揮使。從馬直，蓋親軍也。從謙以姓郭，拜崇韜爲叔父，而皇弟存乂又以從謙爲養子。崇韜死，存乂見囚，從謙置酒軍中，憤然流涕，稱此二人之冤。是時，從馬直軍士王温宿衛禁中，夜謀亂，事覺被誅。莊宗戲從謙曰：汝黨存乂、崇韜負我，又教王温反。復欲何爲乎。從謙恐，退而激其軍士曰：罄爾之貲，食肉而飲酒，無爲後日計也。軍士問其故，從謙因曰：上以王温故，俟破鄴，盡阬爾曹。軍士信之，皆欲爲亂。李嗣源兵反，嚮京師，莊宗東幸汴州，而嗣源先入。莊宗至萬勝，不得進而還，軍士離散，尚有二萬餘人。居數日，莊宗復東幸汜水，謀扼關以爲拒。四月丁亥朔，朝羣臣於中興殿，宰相對三刻罷。從駕黄甲馬軍陣於宣仁門、步軍陣於五鳳門以俟。莊宗入食内殿，從謙自營中露刃注矢，馳攻興教門，與黄甲軍相射。莊宗聞亂，率諸王衛士擊亂兵出門。亂兵縱火焚門，緣城而入，莊宗擊殺數十百人。亂兵從樓上射帝，帝傷重，踣於絳霄殿廊下，自皇后、諸王、左右皆奔走。至午時，帝崩，五坊人善友，聚樂器而焚之。嗣源入洛，得其骨，葬新安之雍陵。以從謙爲景州刺史，已而殺之。

紀事

《資治通鑑》卷二七四《後唐紀三》 甲辰夜，從馬直軍士王温等五人殺軍使，謀作亂，擒斬之。從馬直指揮使郭從謙，本優人也，優名郭門高。帝與梁相拒於得勝，得勝即德勝。募勇士挑戰，從謙應募，俘斬而還，由是益有寵。帝選諸軍驍勇者爲親軍，分置四指揮，號從馬直，從謙自軍使積功至指揮使。郭崇韜方用事，從謙以叔父事之，睦王存乂以從謙爲假子。及崇韜、存乂得罪，從謙數以私財饗從馬直諸校，對之流涕，言崇韜之冤。及王温作亂，帝戲之曰：汝既負我附崇韜、存乂，又教王温反，欲何爲也。從謙益懼。既退，陰謂諸校曰：主上以王温之故，俟鄴都平定，盡阬若曹。家之所有宜盡市酒肉，勿爲久計也。由是親軍皆不自安。

又卷二七五《後唐紀四》 夏，四月，丁亥朔，嚴辦將發，騎兵陳於宣仁門外，步兵陳於五鳳門外。從馬直指揮使郭從謙不知睦王存乂已死，欲奉之以作亂，帥所部兵，自營中露刃大呼，與黄甲兩軍攻興教門。帝方食，聞變，帥諸王及近衛騎兵擊之，逐亂兵出門。時蕃漢馬步使朱守殷將騎兵在外，帝遣中使急召之，欲與同擊賊；守殷不至，引兵憩於北邙茂林之下。亂兵焚興教門，緣城而入，近臣宿將皆釋甲潛遁，獨散員都指揮使李彦卿及宿衛軍校何福進、王全斌等十餘人力戰。俄而帝爲流矢所中，鷹坊人善友扶帝自門樓下，至絳霄殿廡下抽矢，渴懣求水，皇后不自省視，遣宦者進酪，須臾，帝殂。李彦卿等慟哭而去，左右皆散，善友斂廡下樂器覆帝尸而焚之。彦卿，存審之子；福進、全斌皆太原人也。

又 丙申，以從馬直指揮使郭從謙爲景州刺史，既至，遣使族誅之。

家樂

紀　事

宋・陶穀《清異録》卷一《天文・聖琉璃》　王衍伶官家樂侍燕，小池水澄天晃，家樂應制云：一叚聖琉璃。

黄世明

紀　事

宋・陶穀《清異録》卷一《天文・冷飛白》　老伶官黄世明常言，逮事莊宗，大雪内宴，鏡新磨進詞，號冷飛白。

朱國賓

雜　録

宋・陶穀《清異録》卷七《么麽・蟲使》　莊宗時，伶官朱國賓，天姿乖狠衆皆畏恨，以其閩人，號爲蟲使。

楊婆兒

紀　事

《資治通鑑》卷二七一《後梁紀六》　晉衛州刺史李存儒，本姓楊，名婆兒，以俳優得幸於晉王。頗有膂力，晉王賜姓名，以爲刺史；專事掊斂，防城卒皆徵月課縱歸。八月，莊宅使段凝與步軍都指揮使張朗引兵夜渡河襲之，詰旦登城，執存儒，遂克衛州。

靖邊庭

紀　事

《資治通鑑》卷二八六《後漢紀三》　虢州伶人靖邊庭殺團練使田令方，驅掠州民，奔趙思綰。至潼關，潼關守將出擊之，其衆皆潰。

楊千度 楊於度

傳記

清・吴任臣《十國春秋》卷五七《後蜀十列傳》 楊千度，本優也。善戲猴於闤闠中，常飽養十餘頭，習人言語。一日，内厩猢猻維絶，走殿上閣，後主令人射之，不中，乃命千度執之。千度謝恩訖，猴十餘頭皆向殿上叉手拜揖；後主大悦，賜千度緋衫錢帛，收入教坊。有内臣問猢猻何以能人言語，對曰：猴乃獸，實不解人言。千度時時餌以靈砂，變其獸心，然後可教。内臣深訝其説。有好事者祖其意，多以靈砂飼鸚鵡、犬鼠等以教之。

紀事

宋・景焕《野人閒話》 蜀中有楊於度者善弄胡猻，於闤闠中，乞丐於人，常飼養胡猻大小十餘頭，會人語。或令騎犬，作參軍行李，則呵殿前後，其執鞭驅策，戴帽穿靴，亦可取笑一時。如弄醉人，則必倒之，卧於地上，扶之久而不起。於度唱曰：街使來。輒不起。御史中丞來。亦不起。或微言：侯侍中來。胡猻即便起走，眼目張惶，佯作懼怕。人皆笑之。侯侍中弘實，巡檢内外，主嚴重，人皆懼之，故弄此戲。一日，内厩胡猻維絶走上殿閣，蜀主令人射之。以其蹻捷，皆不之中，竟不能捉獲者三日。内豎奏楊於度善弄胡猻，試令捉之，遂以十餘頭入，望殿上拜，拱手作一行立，内厩胡猻亦在舍上窺覷。於度高聲唱言：奉敕捉舍上胡猻來。手下胡猻一時上舍，齊手把捉内厩胡猻，立在殿上。蜀主大悦，因賜楊於度緋衫錢帛，收係教坊。有内臣因問楊於度，胡猻何以教之而會人言語。對曰：胡猻乃獸，實不會人語。於度緣飼之靈砂，變其獸心，然後可教。内臣深訝其説，則有好事者知之，多以靈砂飼胡猻、鸚鵡、犬、鼠等以教之。故知禽獸食靈砂，尚變人心，人食靈砂，足變凡質。

申漸高

傳記

宋・馬令《南唐書》卷二五《詼諧傳第二一》 申漸高，不知何許人也，在吴爲樂工。吴多内難，伶人不得志。漸高常吹三孔笛，賣藥於廣陵市。昇元初，案籍編括，漸高以善音律爲部長。時關司斂率尤繁，商人苦之。屬近甸亢旱，一日宴於北苑。烈祖謂侍臣曰：畿甸雨，都城不雨，何也。得非獄市之間違天意歟。漸高乘談諧進曰：雨懼抽税，不敢入京。烈祖大笑，即下令除一切額外税。信宿之間，膏澤告足。當時以謂優旃漆城，優孟葬馬，無以過也。烈祖受禪，吴朝老將唯周本爲元勳，烈祖患其難制，因其覲進至金陵。曲宴便殿，引鴆賜本。本疑之，旁取一卮，均酒之半，跪進曰：臣與陛下千載一遇，陛下不飲此酒，殆非君臣同德也。烈祖變色，左右莫知所從。漸高舞袖升殿，併飲之，内金盞於懷，趨出烈祖密使親信詣漸高第，賜藥解之，不及。是夕，漸高腦潰而卒。

宋・陸游《南唐書》卷一七《雜藝方士節義列傳》 申漸高，優人。開元中，爲教坊部數。時關征苛急，屬畿内旱。一日，宴北苑烈祖顧侍臣曰：近郊頗得雨，獨都城未雨，何也。得非刑獄有冤乎。漸高遽進曰：大家何恠，此乃雨畏抽税，故不敢入京爾。烈祖大笑。明日下詔弛税額。信宿，大雨霑合。周本自吴時有威望，烈祖慮其難制。因内宴，引鴆酒賜本。本先覺之，輒取御杯，均酒之半，以進曰：願以此上千萬壽，庶明君臣一心。烈祖失色，左右莫知所爲。漸高託俳戲，舞袂升殿曰：勑賜臣。漸高併飲之，納杯懷中而出。烈祖密遣中人持藥解之不及，腦裂而卒。

清・吳任臣《十國春秋》卷一二《吳十二列傳》 申漸高，不知何地人。事睿帝爲樂工，常吹三孔笛，賣藥於廣陵市。乾貞時，按籍編括，而關司斂率尤繁，商人苦之。會都城亢旱，中書令徐知誥謂左右曰：近郊頗得雨，都城不雨，何也。得非刑獄有冤乎。漸高作諧語進曰：雨畏抽稅，不敢入京耳。知誥大笑，明日下教，弛額外稅，信宿大雨霑洽。太和中，知誥與弟知詢不相能，一日，手金卮引鴆賜知詢曰：願弟壽千歲。知詢心疑之，取它器均酒之半，跽進曰：與兄分享五百歲。知誥色變，左右莫知所從。漸高舞袖升堂，掠二酒併飲之，懷金卮趨出。知誥密遣人以良藥解之，已腦潰卒。

紀事

宋・鄭文寶《江表志》卷上 魏王知訓，徐溫之子也。烈祖曲宴，引金觴賜酒，曰：願我弟千年長壽。魏王意烈祖置毒，引他器均之曰：願與陛下各享五百歲。烈祖不飲，申漸高乘談諧併而飲之，納金鐘於懷袖，亟趨而出，到家腦潰而終。

又 申漸高嘗因曲宴，天久無雨，烈祖曰：四郊之外皆言雨足，惟都城百里之地亢旱，何也。漸高云：雨怕抽稅，不敢入城。翌日，市征之令得蠲除。

《資治通鑑》卷二七六《後唐紀五》 十二月，吳加徐知誥兼中書令，領寧國節度使。知誥召徐知詢飲，以金鍾酌酒賜之，曰：願弟壽千歲。知詢疑有毒，引他器均之，跽獻知誥曰：願與兄各享五百歲。知誥變色，左右顧，不肯受，知詢捧酒不退。左右莫知所爲，伶人申漸高徑前爲詼諧語，掠二酒合飲之，懷金鍾趨出，知誥密遣人以良藥解之，已腦潰而卒。

藝文

清・吳省蘭《十國宮詞》 辟穀長辭廟算勞，嵯峨殿旁列仙曹。丹陽何處尋漁父。殘笛聲聲憶漸高。

李濤

紀事

宋・陶岳《五代史補》卷三《李濤納命》 李濤常忿張彥澤殺邠州幕吏張式而取其妻，濤率同列上疏，請誅彥澤以謝西土，高祖方姑息武夫，竟不從。未幾，契丹南侵，至中渡橋，彥澤首降。戎主喜，命以本軍統蕃部控弦之士，先入京師。彥澤自以功不世出，乃挾宿憾殺開封尹桑維翰。濤聞之，謂親知曰：吾曾上疏請誅彥澤，今國家失守，彥澤所爲如此，吾之首領庸可保乎。然無可奈何，誰能伏藏溝瀆而取辱耶。於是自寫門狀，求見彥澤。其狀云：上疏請殺太尉人李濤，謹隨狀納命。彥澤覽之，欣然降階迎之。然濤猶未安，復曰：太尉果然相恕乎。彥澤曰：覽公門狀，見納命二字，使人怨氣頓息，又何憂哉。濤素滑稽，知其必免，又戲爲伶人詞曰：太尉既相恕，何不將壓驚絹來。彥澤大笑，卒善待之。

王感化

傳記

宋・馬令《南唐書》卷二五《談諧傳第二一》 王感化，善謳歌，聲韻悠揚，清振林木，繫樂部，爲歌板色。元宗嗣位，宴樂擊鞠，不輟。嘗乘醉命感化奏《水調》詞，感化唯歌南朝天子愛風流一句，如是者數四。元宗輒悟，覆盃歎曰：使孫、陳二主得此一句，不當有銜璧之辱也。感化由是有寵。元宗嘗作《浣溪沙》二闋，手寫賜感化曰：菡萏香銷翠葉殘，西風愁起碧波間。還與容光共憔悴，不堪看。　細雨夢迴清漏永，小樓吹徹玉笙寒。漱漱淚珠多少恨，倚闌干。

手捲珠簾上玉鉤，依前春恨鎖重樓。風裏落花誰見主，思悠悠。　青鳥不傳雲外信，丁香空結雨中愁。迴首綠波春色暮，接天流。

後主即位，感化以其詞札上之，後主感動，賞賜感化甚優。

宋·宋庠《談苑》　江南李氏樂人王感化，建州人，隸光山樂籍。建州平，入金陵教坊。少聰敏，未曾執卷而多識。善爲詞，口諧捷急，滑稽無窮。時本鄉節帥更代餞別，感化前獻詩曰：旌旆赴天臺，溪山曉色開。萬家悲更喜，迎佛送如來。至金陵，宴苑中有白野鵲，李璟令賦詩，應聲曰：碧岩深洞恣遊遨，天與蘆花作羽毛。要識此來棲宿處，上林瓊樹一枝高。又《題怪石》九八句皆用故事，但記其一聯云：艸中誤認將軍虎，山上曾爲道士羊。

楊花飛

紀　事

宋·鄭文寶《南唐近事》卷二　元宗嗣位之初，春秋鼎盛，留心內寵，宴私擊鞠，略無虛日。常乘醉命樂工楊花飛奏《水調詞》進酒，花飛唯歌南朝天子好風流一句，如是者數四。上既悟，覆杯大懌，厚賜金帛，以旌敢言。上曰：使孫、陳二主得此一句，固不當有銜璧之辱也。翌日罷諸懽宴，留心庶事，圖閩吊楚，幾致治平。

李家明

傳　記

宋·馬令《南唐書》卷二五《談諧傳第二一》　李家明，廬州西昌人，談諧敏給，善爲諷辭。元宗好遊，家明常從。初，景遂、景達、景逷，皆以皇弟加爵，而恩未及臣下。因置酒殿中，家明俳戲，爲翁媼列坐，諸婦進飲食，拜禮頗繁。翁媼怒曰：自家官自家家，何用多拜耶。江浙謂舅爲官，謂姑爲家。元宗笑曰：吾爲國主，恩不外覃。於是百官進秩有差。家明母死，未葬。會元宗乘間，書草字於便殿，家明紿曰：臣竊署字，與之不疑。元宗以麻紙大押字，命試學焉。家明輒於草字上署曰：宣州上供庫文錢二百緡，付李家明葬母。元宗大笑，因以賜焉。建州王延政僭號，元宗遣將平之，俘延政於建康，封鄱陽王，命公卿宴其第。延政吝於賜予，家明謔之曰：賤工無伎，優賜巨富。然告大王，乞取一物。延政曰：汝何求。家明曰：大殷平天冠，今已無用，家明敢取爲優服。延政默然，慙恨而罷。自是怏怏病卒。元宗賞花後苑，率近臣臨池垂釣。臣下皆登魚，唯元宗獨無所獲。家明因進詩曰：玉甃垂鉤興正濃，碧池春暖水溶溶。凡鱗不敢吞香餌，知是君王合釣龍。元宗大喜，賜宴極歡。嘗見牛晚卧美蔭，元宗曰：牛且熱矣。家明乘談諧曰：曾遭甯戚鞭敲角，又被田單火燎身。閑向斜陽嚼枯草，近來問喘爲無人。相輔皆慙。宋齊邱無子，晚年一子輒死，逾月猶哭。齊王景達勉之，不止。家明曰：臣能止之矣。乃作大紙鳶，署其上云：欲興唐祚革强吳，盡是先生起廟謨。一個孩兒拚不得，讓皇百口合何如。尹延範族吳氏，齊邱爲謀，因以誚焉。乘風放之，故墜齊邱中庭，齊邱見之哭亦止。從元宗遷南都，時已失江北十四郡，舟楫多行南岸。至趙屯，因輟樂停觴北望皖公山，謂家明曰：好青峭數峯，不知何名也家明應聲對曰：龍舟輕颭錦帆風，正值宸遊望遠空。迴首皖公山色翠，影斜不到壽盃中。元宗慙之，俛首而過。後主即位，家明老而無寵。

紀事

宋・陸游《南唐書》卷一七《雜藝方士節義列傳》 至元宗時，又有李家明，亦優人。宋齊丘止一子，輒死，悲哭踰月。齊王景達勉之，不從。家明曰：是易喻爾作紙鳶，大書其上曰：一子不能捨，如讓皇百口何縱之。墜其第中，齊丘取觀，爲收淚而止。元宗失江北，遷豫章龍舟至趙屯，舉酒望皖公山曰：好青峭數峰，不知何名。家明對曰：此舒州皖公山也。因獻詩曰：皖公山縱好，不落御觴中。元宗太息，罷酒去。

宋・龍袞《江南野録》宋・宋庠《談苑》 李家明，江南李璟時爲樂部頭，善滑稽爲諷詠。璟遊後□，登臺見牛晚卧，璟曰：牛且熟矣。家明曰：臣不學，敢上絶句。云：曾遭甯戚鞭敲角，又被田單火燎身。閒背斜陽嚼枯草，而今問喘更無人。左右之臣皆冠謝罪。李氏乃徐温養子，及僭號，遷徐氏於海陵。璟繼統，用宋齊丘言，無男女少長皆殺之，今海陵州宅之東小墳十數，皆當時所殺徐氏之族也。宋齊丘只一子，輒卒，逾月慟哭不止。家明曰：惟臣能止之。乃作大紙鳶，上大書曰：欲興唐祚革强吳盡是先生作計謨。一箇孩兒拚不得上皇百口合何如。乘風吹之，度至齊丘家，遂絶其縷。齊丘見之，慚感乃止。璟於後苑，命臣僚臨池而釣。諸臣屢引，到數十巨鱗，惟璟無所獲。家明乃進口號曰：新甃垂釣興正濃，御池春煖水溶溶。九鱗不敢吞香餌，知道君王合釣龍。璟善之。幸南都，畫江爲界，舟楫多行南岸。至趙北，因輟樂停觴，北望皖公山謂家明曰：好數青峰，不知何名。家明應聲曰：龍舟輕漾錦帆風，正值宸遊望遠空。回首皖公山色翠，影斜不到壽盃中。

明・余之禎《吉安府志》 李家明，泰和人，滑稽，名重一時。生南唐，時降志爲伶官，常侍嗣主。嗣主遊後苑，臺望鍾山曰：鍾山雨勢來矣。家明曰：雨雖來，不敢入城。嗣主怪問之，對曰：懼陛下重税。嗣主悟，遂令榷務降其半征之。又見牛晚卧樹陰，嗣主曰：牛且熱矣。家明即上絶句曰：曾遭甯戚鞭笞角，又被田單火燎身。閑背斜陽嚼枯草，近來問喘更無人。時宰臣皆慚色。嗣主一日與近臣同釣苑中，惟主釣不獲。家明見嗣主色不豫，上詩曰：玉甃垂鉤興正濃，碧池春暖水悠容。凡鱗不敢吞香餌，知道君王合釣龍。嗣主喜，極懽而罷。宋齊丘只産一子，輒死，痛哭踰月，同僚屢解之不止。家明曰：我能止之。遂作大紙鳶，書其上曰：欲興唐祚革强吳，盡是先生設計謨。一箇孩兒拚不得，讓皇百口合何如。乘風放之，度至齊丘第，絶縷令墜。齊丘見之，慚感而止。世疑家明生亂國賢而隱于下位者也。

清・吴任臣《十國春秋》卷三二《南唐十八列傳》 李家明，廬州人，與楊花飛爲同伍，善詼諧滑稽。保大初，晉王景遂等皆以皇弟加爵，而恩未及臣下。家明因曲宴日俳戲，爲翁媪列坐，諸婦進飲食，拜禮頗繁，翁媪怒曰：自家官自家家，何用多拜邪。元宗笑曰：吾爲國主，恩不外覃。由是百官進秩有差。常從元宗遊後苑，元宗登臺望鍾山曰：雨即至矣。家明曰：雨雖來，必不敢入城。元宗怪而問之，家明曰：懼陛下重税。元宗遂命榷務减征之半。宋齊丘止一子輒死，悲哭逾月，齊王景達勉之不肯止，家明曰：是易喻爾。作紙鳶，大書其上曰：一子不能捨，如讓皇百口何。縱之墜其庭中，齊丘取觀，抆淚而出。

楊名高

傳記

宋・馬令《南唐書》卷二五《談諧傳》 楊名高，本名復。名高，其優名也。寓黄幡綽。著《笑林》，頗行於時，辭鄙不載。

彭利用

傳記

宋・馬令《南唐書》卷二五《談諧傳》 彭利用，廣陵人也。顯德中，周師下淮南，遂奔建康，僑廬陵。利用性朴鄙，頗拘古禮。雖燕居，常拱手正坐。對家人稚子，下逮奴隸，言必據書史，斷章破句，以代常談，俗謂之掉書袋。因自爲彭書袋。每出遠塗，雖冒雨雪，不徹冠□。或喻之曰：跋涉勞頓，當從簡易。利用對曰：有禮則安，無禮則危，焉可悖之，以爲先聖之罪人哉。或問其高姓，對曰：隴西之遺苗，昌邑之餘胄。又問其居處，對曰：生自廣陵，長僑螺渚。其□□有過，利用責之曰：始予以爲紀綱之僕，人百其身，賴爾同心同德，左之右之。今乃中道而廢，侮慢自賢，故勞心勞力，日不暇給。若而今而後，過而勿改，予當循公滅私，撻諸市朝，任汝自西自東，以遨以遊而已。時江南士人每於宴語，必道此以爲戲笑。利用喪父，客弔之曰：賢尊窀穸，不勝哀悼。利用對曰：家君不幸短命，諸子餬口四方，歸見相如之壁，空餘仲堪之棺，實可痛心疾首，不寒而栗。苟泣血三年，不可再見。遂大慟，客復勉之曰：自寬哀□，冀闋喪制。利用又曰：自古毁不滅性，杖而後起。卜其宅兆，而安措之。雖則君子有終，然而孝子不匱。三年不改，何日忘之。又大歔欷。弔者於是失笑。會隣家火災，利用往救。徐望之曰：煌煌然，赫赫然，不可嚮邇。自鑽燧而降，未有若斯之盛，其可撲滅乎。又嘗與同志遠遊，迨至一舍，俄不告而返，詰旦復至。或問之故，利用曰：忽思朱亥之椎，猶倚陳平之户，切恐數鈞之重，轉傷六尺之孤。其言可哂者，類如此。利用雖舉進士，而才調鄙俚，多類俳優，故凡六上不第。一夕，宴寢而卒，年六十。

建州伶官

紀事

宋・錢易《南部新書》 王延彬獨據建州，稱僞號。一旦大設，爲伶官作戲辭云：只聞有泗州和尚，不見有五縣天子。

開運年間伶人

紀事

《舊五代史》卷一〇九《漢書一一》 其年夏，契丹寇邊，以守貞爲北面行營都部署。少帝開曲宴於内殿，以寵其行，教坊伶人獻語云：天子不須憂北寇，守貞面上管幽州。既罷，守貞有自負之色，以其言誇詫於外。

李花開

紀事

宋・陶岳《五代史補》卷五《李穀修陳州夫子廟》 李相穀嘗爲陳

州防禦使，三日謁夫子廟，但見破屋數間，中有一像巍然而已，穀歎息久之。俄而伶人中有李花開，趨進而前獻口號云：破落三間屋，蕭條一旅人。不知負何事，生死厄於陳。穀驚，以謂伶人之詞趨向有如此者，遽出俸以修之。

祥符、天禧中優人

紀事

宋·劉攽《中山詩話》 祥符、天禧中，【略】以文章立朝，爲詩皆宗尚李義山，號西崑體，後進多竊義山語句。賜宴，優人有爲義山者，衣服敗敝，告人曰：吾爲諸館職挦撦至此。聞者歡笑。

眉州優者

紀事

宋·釋文瑩《湘山野録》卷上 楊叔賢郎中異，眉州人，言頃有眉守初視事，三日大排，樂人獻口號，其斷句云：爲報吏民須慶賀，災星移去福星來。新守頗喜。後數日，召優者問：前日大排，樂詞口號誰撰。其工對曰：本州自來舊例秖用此一首。

安鴻漸

傳記

宋·釋文瑩《玉壺野史》卷八 安鴻漸滑稽輕薄。或傳淩侍郎策世緒本微，其父曾爲鎮所由。公方成童父，携拜鴻漸爲立一名。漸因命名曰，教之，安言所由生也。鴻漸老爲教坊判官，淩公判宣徽院樂籍隸焉，亦微憾之。一日謂之曰，汝今世之一禰衡爾，才雖不逮，偶免一烹焉。

趙氏

紀事

宋·王闢之《澠水燕談録》卷一〇 頃有秉政者，深被眷倚，言事無不從。一日御宴，教坊雜劇爲小商，自稱姓趙名氏，負以瓦瓿賣沙糖，道逢故人，喜而拜之。伸足誤踏瓿倒，糖流於地，小商彈指歎息曰：甜采你即溜也，怎柰何。左右皆笑。俚語以王姓爲甜采。

天聖年間優人

紀事

宋·范鎮《東齋記事》宋·阮閱《詩話總龜》卷四八　賞花釣魚會詩賦，往往有宿思者。天聖中，永興軍進山水石，適會宴，命賦《山水石歌》，蓋出不意中生。優人入戲各執紙筆作吟哦狀。其一優人或仆於石上，衆扶掖起既起曰：累日來作一首《賞花釣魚詩》准備應制，却被這石頭擦倒。左右皆大笑。翌日降出詩令中書銓定，內有鄙惡者落職與外任。

宋·歐陽修《歸田録》　丁晉公鎮金陵，嘗作時有吾皇寬大容尸素，乞與江城不計年之句。天聖中，李文定公出鎮金陵，一日郡宴，優人作語，意其宰相出鎮所作，理必相符，誦至末句，頂望抗聲曰：吾皇寬大容尸素，乞與江城不計年。賓僚皆俯首，文定笑曰：是何，是何。上聞見責。

羅衣輕

傳記

《遼史》卷一〇九《伶官傳》　羅衣輕，不知其鄉里。滑稽通變，一時諧謔，多所規諷。興宗敗於李元昊也，單騎突出，幾不得脱。先是，元昊獲遼人，輒劓其鼻，有奔北者，惟恐追及。故羅衣輕止之曰：且覷鼻在否。上怒，以毳索繫帳後，將殺之。太子笑曰：打諢底不是黃幡綽。羅衣輕應聲曰：行兵底亦不是唐太宗。上聞而釋之。上嘗與太弟重元狎昵，宴酣，許以千秋萬歲後傳位。重元喜甚，驕縱不法。又因雙陸，賭以居民城邑。帝屢不競，前後已償數城。重元既恃梁孝王之寵，又多鄭叔段之過，朝臣無敢言者，道路以目。一日復博，羅衣輕指其局曰：雙陸休癡，和你都輸去也。帝始悟，不復戲。清寧間，以疾卒。

花日新

紀事

宋·江休復《嘉祐雜誌》　同州樂工翻河中黃幡綽《霓裳譜》，鈞容樂工士守程以爲非是，別依法曲造成。教坊伶人花日新見之，題其後云：法曲雖精，莫近《望瀛》。

遼國伶人

紀事

宋·邵伯温《邵氏聞見前録》卷一〇　潞公會温公曰：某留守北京，遣人入大遼偵事。回云：見虜主大宴羣臣，伶人劇戲作衣冠者，見物必攫取，懷之。有從其後以挺扑之者。曰：司馬端明耶。君實清名，在夷狄如此。温公愧謝。

熙寧間伶人

紀事

宋・朱彧《萍洲可談》卷三　熙寧間，王介甫行新法，欲用人材。或以選人爲監司，趙濟、劉誼皆雄州防禦推官。提舉常平等事，薦所部官改官，而舉將自未改官。蓋用才不限資格，又不欲便授品秩，且惜名器也。其時多引人上殿，伶人對上作俳，跨驢直登軒陛，左右止之，其人曰：將謂有脚者盡上。得薦者少沮。

丁仙現 丁線見

紀事

宋・佚名《續墨客揮犀》卷五《獻香雜劇》　熙寧九年，太皇生辰，教坊例有獻香雜劇。時判都水監侯叔獻新卒，伶人丁仙現假爲一道士，善出神。一僧善入定，或詰其出神何所見。道士云：近曾出神至大羅，見玉皇殿上有一人披金紫，熟視之，乃本朝韓侍中也。手捧一物，竊問傍立者，云：韓侍中獻國家金枝玉葉萬世不絶圖。僧曰：近入定到地獄，見閻羅殿側有一人衣緋垂魚，細視之，乃判都水監侯工部也。手中亦擎一物，竊問左右，云：爲奈河水淺，獻圖欲别開河道耳。時叔獻興水利以圖恩賞。百姓苦之，故伶人有此語。

宋・邵伯温《邵氏聞見前録》卷二　元豐中，神宗倣漢原廟之制，增築景靈宫。先於寺觀迎諸帝后御容奉安禁中。涓日以次備法駕，羽衛前導赴宫，觀者夾路，鼓吹振作。教坊使丁仙現舞，望仁宗御像引袖障面，若揮淚者。都人父老皆泣下。嗚呼，帝之德澤在人深矣。

宋・范公稱《過庭録》　元祐間伶人丁線見教坊長。以諧俳稱。宰相新拜，教坊長副庭叅。即事打一俳戲之語，賜絹五疋，蓋故事也。元祐年，吕汲公忠宣拜相日，以任重爲憂。容色愁厲，未嘗少解。丁生及副丁石叅謝忠宣。丁線見言曰：餓殺樂人也，相公。丁石曰：今時和歲豐。朝野歡樂，爾何餓爲。線見指忠宣而言曰：是他着這幾個好打閧趁浪，我輩衣食何患。忠宣亦爲一嗤。

宋・朱彧《萍洲可談》卷三　伶人丁先現者，在教坊數十年，每對御作俳，頗議正時事。嘗在朝門，與士大夫語曰：先現衰老，無補朝廷也。聞者哂之。

宋・李廌《師友談紀》　東坡先生近令門人輩作《人不易物賦》，或戲作一聯曰：伏其几而襲其裳，豈爲孔子；學其書而戴其帽，未是蘊公。廌因言之，公笑曰：近扈從燕醴泉觀，優人以相與自夸文章爲戲者。一優丁仙見者曰：吾之文章，汝輩不可及也。衆優曰：何也。曰：汝不見吾頭上子瞻乎。上爲解顔，顧公久之。

宋・張侃《張氏拙軒記》卷五　又崇寧中，大樂闕徵調。議者請補之。丁仙現曰：音久亡，非樂工所能爲。不可以妄意增。蔡魯公使次樂工爲之，末音寄殺他調。召衆工，按試尚書省庭。仙現曰：曲甚好，只是落韻。郭沔云：詞中仄字，上去二聲，可用平聲。惟入聲，不可用上三聲，用之則不協律。近體如《好事近》、《醉落魄》，只許押入聲韻。

宋・孟元老《東京夢華録》卷二　勾欄五十餘座，内中瓦子蓮花棚、牡丹棚。□瓦子夜義棚，象棚最大，可容數千人。自丁先現、王團子，張七聖輩，後來可有人於此作場。瓦中多有貨藥、賣卦、喝故衣、探搏、飲食、剃剪、紙畫、令曲之類，終日居此不覺抵暮。

宋・葉夢得《石林避暑録話》卷一　崇寧初，大樂闕徵調有獻議請補者併以命教坊燕樂同爲之。大使丁仙現言：諸本作云音已久亡，非樂工所能爲，不可以意妄增，徒爲後人笑。蔡魯公亦不喜蹇授之。嘗語予云：見元長屢使度曲，皆辭不能。遂使以次樂工爲之。踰旬獻數曲即今（黄河清）

之類。而聲終不諧，末音寄殺他調。魯公本不通聲律，但果於必爲。大喜，亟召衆工，按試尚書省庭。使仙現在旁聽之。樂闋，有得色，問仙現何如。仙現徐前，環顧坐中，曰：曲甚好，只是落韻。坐客不覺失笑。

又卷四　丁仙現自言及見前朝老樂工，間有優諢及人所不敢言者，不徒爲諧謔，往往因以達下情故。仙現亦時時效之，非爲優戲，則容貌儼然如士大夫。紹聖初，修天津橋，以右司員外郎賈種民董役。種民時以朝服坐道旁，持撾親指揮工役。見者多非笑。一日橋成，尚未通行，仙現適至，素識，種民即訶止之，曰：吾橋成，未有敢過者。能打一善諢，當使先衆人。仙現應聲云：好橋，好橋。即上馬急趨過。種民以爲非諢，使人亟追之，已不及。久方悟其譏己也。

宋・吴自牧《夢粱録》卷二〇　孟角毬曾做雜劇本子，葛守誠撰四十大曲，丁仙現捷才知音。南渡以後，教坊有丁漢弼、楊國祥等。景定年間至咸淳歲，衙前樂撥充教樂所都管，部頭，色長等人員如陸恩顯、時和、王見喜、何雁喜、王吉、趙和、金寶、范宗茂、傅昌祖、張文貴、侯端、朱堯卿、周國保、王榮顯等。

郄某

紀事

宋・王得臣《麈史》卷下　淮南廟。有八仙公，洎梅福等像。守臣或被旨，祈焉。邑人説，往時有姓梅，爲守，見廟像泣而祭之。云，其祖也。回郡至郄家嶺，伶人郄生，登嶺大痛，守怪問之。對曰：此嶺。乃祖先之冢也。守怒杖之。異時，執政在私第皆僦居，熙寧初，撤南北作坊，起東西二府八位，又廢捧日一營，建武學。隙地創小宅數十，收賃以充學費。號鬼八位。

王迴

傳記

宋・朱彧《萍洲可談》卷一　朝士王迴美姿容，有才思。少年時不甚持重，間爲狎邪輩所誣，播入樂府。今《六么》所歌奇俊王家郎者，乃迴也。元豐中，蔡持正舉之可任監司，神宗忽云：此乃奇俊王家郎乎。持正叩頭謝罪。

蘇軾席上優人

紀事

宋・楊萬里《誠齋集》卷一一四　東坡嘗宴客，俳優者作技萬方，坡終不笑。一優突出，用棒痛打作技者，曰：内翰不笑，汝猶稱良優乎。對曰：非不笑也，不笑者，所以深笑之也。坡遂大笑。蓋優人曰東坡《王者不治夷狄論》云，非不治也，不治者，所以深治之也。

蔡卞席上伶人

紀事

宋・周煇《清波雜志》卷三　蔡卞之妻七夫人，頗知書，能詩詞。蔡每有國事，先謀之於牀笫，然後宣之於廟堂，時執政相語曰：吾輩每日奉行者，皆其咳唾之餘也。蔡拜右相，家宴張樂。伶人揚言曰：右丞今日大拜，都是夫人裙帶。譏其官職自妻而致，中外傳以爲笑。煇在金陵，見老先生言。荆公嘗謂元度爲千載人物，卓有宰輔之器。不因某歸以女，憑藉而然。其後蔡唯知報婦翁之知，不知掩婦翁之失，致使得罪天下後世。其於報也何有。

教坊雜戲伶人

紀事

宋・陳師道《後山叢談》卷一　王荆公改科舉，暮年乃覺其失。曰：欲變學究爲秀才，不謂變秀才爲學究也。蓋舉子專誦王氏章句，而不解義，正如學究誦註疏爾。教坊雜戲亦曰：學詩於陸農師，學易於龔深之。蓋譏士之寡聞也。

崇寧初伶人

紀事

宋・朱彧《萍洲可談》卷二　王德用爲使，相黑色，俗號黑相。嘗與北使伴射，使已中的，黑相取箭鉀頭，一發破前矢，俗號劈筈箭。姚麟亦善射，爲殿帥十年伴射，常蒙奬賜。崇寧初，王恩以遭遇處位殿帥，不習弓矢，歲歲以伴射爲窘。伶人對御作俳，先一人持一矢入，曰：黑相劈筈箭售錢三百萬。又一人持大矢八，曰：老姚射不輸箭，售錢三百萬。後二人挽箭一車入，曰：車箭，都賣一錢。或問：是何人家箭，價賤如此。答曰：王恩不及垜箭。

崇寧年間優人

紀事

宋・曾敏行《獨醒雜志》卷九　崇寧二年，鑄大錢，蔡元長建議俾爲折十，民間不便之。優人因內宴，爲賣漿者。或投一大錢，飲一杯，而索償其餘。賣漿者對以方出市，未有錢，可更飲漿。乃連飲至於五六，其人鼓腹曰：使相公改作折百錢，奈何。上爲之動，法由是改。又大農告乏之時，有獻廩俸減半之議。優人乃爲衣冠之士，自冠帶衣裾，被身之物，輒除其半。衆怪而問之，則曰：減半。已而兩足共穿半袴，躄而來前。復問之，則又曰：減半。問者乃長歎曰：但知減半，豈料難行。語傳禁中，亦遂罷議。

崇寧年間伶人

紀事

宋・朱彧《萍洲可談》卷三　崇寧鑄九鼎，帝鼐居中，八鼎各鎮一隅。是時行當十錢，蘇州無賴子弟冒法盜鑄。會浙中大水，伶人對御作俳，今歲東南大水，乞遣彤鼎往鎮蘇州。或作鼎神附奏云：不願前去，恐一例鑄作當十錢。朝廷因治章綖之獄。

崇寧初俳優

紀事

宋・洪邁《夷堅志》卷七《優伶戲語》　俳優侏儒，固技之最下且賤者，然亦能因戲語而箴諷時政，有合於古矇誦工諫之義，世目爲雜劇者是已。崇寧初，斥遠元祐忠賢，禁錮學術，凡遇涉其時所爲，無論大小一切不得志。伶者對御爲戲，推一參軍作宰相，據生，宣揚朝政之美。一僧乞給公憑遊方，視其戒牒，則元祐三年者。立塗毁之，而加以冠巾。一道士失亡度牒，問其披戴時，亦元祐也，剥其羽服使爲民。一士人以元祐五年獲薦當免舉，禮部不爲引用，來自言，即押送所屬屏斥。已而主管宅庫者，附耳語曰：今日於左藏庫，請得相公料錢一千貫，盡是元祐錢，合取鈞旨。其人俯首令之曰：從後門盤入去。副者舉所持梃杖其背曰：你做宰相，元來也只要錢。是時至尊亦解顔。

崇寧年間俳優

傳記

宋・洪邁《夷堅志》卷七《優伶箴戲》　又嘗設三輩爲儒道釋，各稱誦其教。儒曰：吾之所學，仁義禮智信，曰五常。遂演暢其旨，皆采引經書，不雜媟語。次至道士，曰：吾之所學，金木水火土，曰五行。亦説大意。至釋，僧抵掌曰：三子腐生常談，不足聽。吾之所學，生老病死苦，曰五化。藏經淵奧，非汝等所得聞，當以觀世佛菩薩法理之妙，爲汝陳之。盍以次問我。曰：敢問生。曰：内自大學辟雍，外至下州偏縣，凡秀才讀書者，盡爲三舍生。華屋美饌，月書季考，三歲大比，脱白掛緑，上可以爲卿相，國家之用生也如此。曰：敢問老。曰：孤獨貧困，必淪溝壑。今所在立孤老院，養之終身，國家之於老也如此。曰：敢問病。曰：不幸而有病，家貧不能診療。於是有安濟坊，使之存處，差醫付藥，責以十全之效，其於病也如此。曰：敢問死。曰：死者人所不免，惟窮民無所歸。則擇空隙地爲漏澤園，無以斂，則與之棺，使得葬埋，春秋享祀，恩及泉壤，其於死也如此。曰：敢問苦。其人瞑目不應，陽若惻悚，然促之再三，乃蹙額對曰：只是百姓一般受無量苦。徽宗爲惻然長思，弗以爲罪。

政和年間伶官

紀事

宋・董弅《閑燕常談》 政和中，何執中爲首台，廣殖貲産，邸店之多，甲於京師。時有以舊印行吉觀國，所試《爲君難》小經義，稱爲上皇御製者，人競傳誦。會大宴，伶官爲優戲，相謂曰：官家萬幾之暇何所爲。曰：不過燕樂爾。曰：不然，亦如舉子作文義。問：何以知之。遂舉《爲君難》義誦一過，乃以手加額，北鄉贊歎，競聖意匪獨俛同韋布之士，留神經術，仰見競競圖治，不安持守之深意，天下幸甚。又問：宰相退朝之暇何所爲。曰：亦作文義。問：何義。曰：《爲臣不易》義。乃批其頰曰：日掠百二十貫房錢，猶自不易裏。蓋俚語以貧屢爲不易也。

孔三傳

論説

宋・王灼《碧雞漫志》卷二 澤州孔三傳者，首創諸宮調古傳，士大夫皆能誦之。

宋・耐得翁《都城紀勝》 諸宮調本京師孔三傳編撰。傳奇靈怪八曲，説唱細樂。比之教坊大樂，則不用大鼓、杖鼓、羯鼓，頭管、琵琶、箏也，每以簫笙、篳篥、嵇琴、方響之類合動。

雜録

宋・孟元老《東京夢華録》卷五 劉百禽弄蟲蟻、孔三傳《耍秀才》諸宮調、毛詳、霍伯醜商迷。

宋・吴自牧《夢粱録》卷二〇 説唱諸宮調，昨汴京有孔三傳，編成傳奇靈怪，入曲説唱。今杭城有女流熊保保及後輩女童皆效此，説唱亦精，於上鼓板無二也。蓋嘌唱爲引子四句就入者，謂之下影帶。無影帶名爲散呼。若不上鼓面，止敲盞兒，謂之打拍。唱賺在京時只有纏令，纏達有引子，尾聲爲纏令。引子後只有兩腔迎互循環，間有纏達。

乾統年間優人

紀事

《遼史》卷八六《牛温舒傳》 乾統初，復參知政事，知南院樞密使事。五年，夏爲宋所攻，來請和解。温舒與蕭得里底使宋。方大燕，優人爲道士裝，索土泥藥爐。優曰：土少不能和。温舒遽起，以手藉土懷之。宋主問其故，温舒對曰：臣奉天子威命來和，若不從，則當卷土收去。宋人大驚，遂許夏和。

李外寧

雜録

宋・孟元老《東京夢華録》卷五 隨駕藝人，池上作場者，宣政壽香、尹士安小樂器，李外寧水傀儡，其餘莫知其數。

又卷六《元宵》 般雜劇，枝頭傀儡任小三，每日五更頭回小雜劇，差晚看不及矣。懸絲傀儡張金線、李外寧。

褚仲良

藝文

宋・張炎《山中白云詞》卷五《蝶戀花・題末色褚仲良寫真》 濟楚衣裳眉目秀。活脱梨園，子弟家聲舊。諢砌隨機開笑口。筵前戲諫從來有。　戛玉敲金裁錦繡。引得傳情，惱得嬌娥瘦。離合悲歡成正偶。明珠一顆盤中走。

菊夫人

傳記

宋・周密《齊東野語》卷一六《菊花新曲破》 思陵朝，掖庭有菊夫人者，善歌舞，妙音律，爲仙韶院之冠，宫中號爲菊部頭。然頗以不獲際幸爲恨，即稱疾告歸。宦者陳源以厚禮聘歸，蓄於西湖之適安園。一日，德壽按梁州曲舞，屢不稱旨。提舉官關禮知上意不樂，因從容奏曰：此事非菊部頭不可。上遂令宣唤，於是再入掖禁，陳遂憾恨成疾。有某士者，頗知其事，演而爲曲，名之曰菊花新以獻之，陳大喜，酬以田宅金帛甚厚，其譜則教坊都管王公謹所作也。陳每聞歌，輒淚下不勝情，未幾物故。園後歸重華宫，改名小隱園。孝宗朝，撥賜張貴妃，爲永寧崇福寺云。

蔡攸

紀事

宋・周密《齊東野語》卷二〇《温公重望》 宣和間，徽宗與蔡攸輩在禁中自爲優戲，上作參軍趨出。攸戲上曰：陛下好箇神宗皇帝。上以杖鞭之云：你也好箇司馬丞相。是知公論在人心，有不容泯者如此。

紹興初伶者

紀事

宋・張端義《貴耳集》卷下 紹興初，楊存中在建康。諸軍之旗中，有雙勝交環，謂之二聖環。取兩宮北還之意。因得美玉，琢成帽環進高廟曰：尚御裹。偶有一伶者在旁，高宗指環，示之此環楊太尉進來，名二勝環。伶人接奏云：可惜二聖環，且放在腦後。高宗亦爲之改色。所謂工執藝事以諫。

紹興年間伶人

紀事

宋・張知甫《可書》 金人自侵中國，惟以敲棒擊人腦而斃。紹興間，有伶人作雜戲云：若要勝其金人，須是我中國一件件相敵，乃可。且如金國有粘罕，我國有韓少保。金國有柳葉鎗，我國有鳳凰弓。金國有鑿子箭，我國有鏁子甲。金國有敲棒，我國有天靈蓋。人皆笑之。

紹興年間優伶

紀事

宋・岳珂《桯史》卷七 秦檜以紹興十五年四月丙子朔，賜第望僊橋。丁丑，賜銀絹萬疋兩、錢千萬、綵千縑，有詔就第賜燕，假以教坊優伶，宰執咸與。中席，優長誦致語，退，有參軍者前，褒檜功德。一伶以荷葉交椅從之，恢語雜至，賓歡既洽，參軍方拱揖謝，將就倚，忽墮其幞頭，乃總髮爲髻，如行伍之巾，後有大巾鐶，爲雙疊勝。伶指而問曰：此何鐶。曰：二勝鐶。遽以朴擊其首曰：爾但坐太師交椅，請取銀絹例物，此鐶掉腦後可也。一坐失色，檜怒，明日下伶於獄，有死者。於是語禁始益繁，芮燁令衿等吻禍，蓋其末流焉。

紹興年間優者

紀事

宋・洪邁《夷堅志》卷七《優伶戲語》 紹興中，李椿年行經界量田法。方事之初，郡邑奉命嚴急，民當其職者，頗困苦之。優者爲先聖，先師鼎足而坐，有弟子從末席起，咨叩所疑。孟子奮曰：仁政必自經界始。吾下世千五百年，其言乃爲聖世所施用，三千之徒皆不如我。顏子默默不語。或於傍笑曰：使汝不是短命而死，也須做出一場害人事。時秦檜主和議，聞者畏獲罪，不待此段之畢，即以謗褻聖賢，叱執送獄。明日杖而逐出境。

宋・洪邁《夷堅志》卷七《優伶箴戲》 秦檜之子熺，侄昌、時、齡，皆奏名。公議籍籍，而無敢輒語。至乙丑春首，優者即戲場，設爲士子，赴南宮。相與推輪知舉官爲誰。或指侍從某尚書、某侍郎，當主文柄。優長曰：非也。今年必差彭越。問者曰：朝廷之上，不聞有此官員。曰：漢梁王也。曰：彼是古人，死已千年。如何來得。曰：前舉是楚王韓信，彭越一等人，所以知今爲彭王。問者嗤其妄，且扣厥旨。笑曰：若不是韓信，何故取得他三秦。四座不敢領略，一閧而出。秦亦不敢明行譴法云。

翟院深

傳記

《宣和畫譜》卷二 翟院深，北海人。工畫山水而學李成，與成同郡也。院深年少時爲本郡伶人。一日，郡守宴會，方在庭執樂，忽游目若有所寓，頓失鼓節。樂工舉其過而劾之。守詰其故，院深具以其情，對曰：性本善畫，操撾之次，忽見浮雲在空，宛若奇峰絶壁，真可以爲畫範，目不兩視，因失鼓節。守歎而釋之。此與賈島吟詩騎驢衝京尹何異。古人謂：用志不分，乃凝於神。院深近之矣。院深摹傚李成畫，則可以亂真。至自爲多不能創意於成之外，亦有所未至爾。使擴而充之，不已其可量也耶。今御府所藏一。

焦德

傳記

宋・周煇《清波雜志》卷六 宣和間，鈞天樂部焦德者，以諧謔被遇，時借以諷諫。一日，從幸禁苑，指花竹草木以詢其名。德曰：皆芭蕉也。上詰之，乃曰：禁苑花竹。皆取於四方，在塗之遠。巴至上林，則已焦矣。上大笑。亦猶鍬澆焦燒。四字之戲。掘以鍬水以澆，既而焦，焦而燒也。其後毁艮岳。任百姓，取花木以充薪，亦其讖也。

紀事

宋・張知甫《可書》 徽宗幸迎祥池，見欄檻間醜石，顧問内侍楊戩曰：何處得之。戩云：價錢三百萬，是戩買來。伶人焦德進曰：猶自戩裏。上大笑。

金伶官

紀事

元・仇遠《稗史》 至元丙子，北兵入杭，廟朝爲虛。有金姓者，世爲伶官，流離無所歸。一日，道遇左丞范文虎，向爲宋殿帥時，熟其爲人，謂金曰：來日公宴，汝來獻伎，不愁貧賤也。如期往，爲優戲，作諢云：某寺有鐘，寺奴不敢擊者數日。主僧問故，乃言鐘樓有巨神，神怪不能登也。主僧亟往視之，神即跪伏投拜。主僧曰：汝何神也。答曰：鐘神。主僧曰：既是鐘神，如何投拜。衆皆大笑，范爲之不懌。其人亦不顧，卒以不遇，識者莫不多之。嗟夫，凡人當困苦之中，忽得所謁，不低首下心以順承其意，則諂貌諛詞以務悦其心，求固其寵，惟恐失之。伶人以亡國之餘，瀕危隣死，乃致譏於所活之人，快其忠憤，亦賢矣哉。

張五牛

論説

宋・耐得翁《都城紀勝》 唱賺在京師日有纏令、纏達。有引子，尾聲爲纏令。引子後，只以兩腔迎互循環，間用者爲纏達。中興後，張五牛大夫因聽動鼓板中，又有四片〔太平令〕或賺鼓板，即今拍板大節揚處是也遂撰。爲賺賺者，誤賺之義也，令人正堪美聽，不覺已至尾聲，是不宜爲片序也。今又有覆賺，又且變花前月下之情及鐵騎之類。凡賺最難，以其兼慢曲、曲破、大曲、唱嘌、耍令、番曲、叫聲諸家腔譜也。

雜録

元・楊立齋〔般涉調・哨遍〕 張五牛、商正叔編《雙漸小卿》，趙真卿善歌，立齋見楊玉娥唱其曲，因作〔鷓鴣天〕及〔哨遍〕以詠之。

處士

紀事

宋・沈作喆《寓簡》卷一〇 僞齊劉豫既僭位，大饗羣臣。教坊進雜劇。有處士問星翁曰：自古帝王之興，必有受命之符。今新主有天下，抑有嘉祥美瑞以應之乎。星翁曰：固有之。新主即位之前，一日，有一星聚東井，真所謂符命也。處士以杖擊之，曰：五星，非一也，乃云聚耳。一星，又何聚焉。星翁曰：汝固不知也，新主聖德，比漢高祖只少四星兒裏。

嚴蕊

傳記

宋・周密《齊東野語》卷一三《優語》 天台營妓嚴蕊，字幼芳，善琴弈歌舞、絲竹書畫，色藝冠一時。今善逢迎，四方聞其名，有不遠千里而登門者。

王喜

紀事

明・田汝成《西湖游覽志餘》卷三《偏安佚豫》　十月二十二日，孝宗皇帝會慶聖節。至日，車駕還宮。太上外殿起居，簪花拜舞，進壽酒，太上回賜。次至太后殿行禮。乃從太上至後苑梅坡看早梅，浣溪亭看小春海棠。午初，至載忻堂排當，官裏换素帽，太后賜官裏女樂二十人，上再拜謝恩。教坊都管王喜等進新製會慶萬年薄媚，曲破，對舞，並賜銀、絹。

雜録

宋・張端義《貴耳集》卷下　孝宗朝，幸臣雖多，其讀書作文不減儒生，應制燕閒未可輕視。當倉卒汗墨之奉，豈容宿撰。曾覿龍大淵，本名齋。孝宗寫開二字，張掄、徐本中、王抃、趙弗、劉弼中。貴則有甘昪，張去非、弟去爲。外戚則有張説、吴琚。北人則有辛棄疾。王佐伶人則有王喜。棊國手則有趙鄂。當時士大夫少有不游曾、龍、張、徐之門者。

御前雜劇伶人

紀事

宋・張端義《貴耳集》卷下　何自然中丞上疏，乞朝廷併庫。壽皇從之。方且講究未定，御前有燕雜劇伶人妝一賣故衣者，持褌一腰，只有一隻褌口。買者得之，問：如何着。賣者云：兩脚併做一褌口。買者云：褌卻併了，只恐行不得。壽皇即寢此議。

又　壽皇賜宰執宴，御前雜劇妝秀才三人。首問曰：第一秀才，仙鄉何處。曰：上黨人。次問：第二秀才，仙鄉何處。曰：澤州人。又問：第三秀才，仙鄉何處。曰：湖州人。又問：上黨秀才，汝鄉出甚生藥。某鄉出人參。次問：澤州秀才，汝鄉出甚生藥。某鄉出甘草。次問：湖州出甚生藥。出黄蘗。如何湖州出黄蘗。最是黄蘗苦人。當時皇伯秀王在湖州，故有此語。壽皇即日召入，賜第奉朝請。

又　袁彦純尹京，專留意酒政。煑酒賣盡，取常州宜興縣酒、衢州龍游縣酒在都下賣。御前雜劇，三箇官人，一曰京尹，二曰常州太守，三曰衢州太守。三人争座位，常守讓京尹曰：豈宜在我二州之下。衢守争曰：京尹合在我二州之下。常守問云：如何有此説。衢守云：他是我兩州拍户。寧廟亦大笑。

嘉熙年間伶人

紀事

宋·周密《齊東野語》卷一三《優語》 近者己亥歲，史嵩之爲京尹，其弟以參政督兵於淮。一日內宴，伶人衣金紫，而幞頭忽脱，乃紅巾也。或驚問曰：賊裹紅巾，何爲官亦如此。傍一人答云：如今做官底，都是如此。於是褫其衣冠，則有萬回佛自懷中墜地。其旁者云：他雖做賊，且看他哥哥面。

開禧年間優伶

紀事

宋·葉紹翁《四朝聞見録》戊集《優伶戲語》 韓侂胄用兵既敗，爲之鬚鬢俱白，困悶莫知所爲。優伶因上賜侂胄宴，設樊遲、樊噲，旁有一人曰樊惱。又設一人揖問遲：誰與你取名。對以夫子所取。則拜曰：是聖門之高弟也。又揖問噲曰：爾誰名汝。對曰：漢高祖所命。則拜曰：真漢家之名將也。又揖惱云：誰名汝。對以樊惱自取。又因郭倪、郭果敗，因賜宴。以生菱進於桌上，命二人移桌，忽生菱墮地盡碎。其一人云：苦苦苦，壞了許多生菱，只因移果卓。

瑇瑁頭

紀事

《金史》卷六四《后妃下》 自欽懷皇后没世，中宫虚位久，章宗意屬李氏。而國朝故事，皆徒單、唐括、蒲察、拏懶、僕散、紇石烈、烏林答、烏古論諸部部長之家，世爲姻婚，娶后尚主，而李氏微甚。至是，章宗果欲立之，大臣固執不從，臺諫以爲言，帝不得已，進封爲元妃，而勢位熏赫，與皇后侔矣。一日，章宗宴宫中，優人瑇瑁頭者戲於前。或問：上國有何符瑞。優曰：汝不聞鳳皇見乎。其人曰：知之，而未聞其詳。優曰：其飛有四，所應亦異。若嚮上飛則風雨順時，嚮下飛則五穀豐登，嚮外飛則四國來朝，嚮裏飛則加官進禄。上笑而罷。

慶元年間優人

紀事

宋·岳珂《桯史》卷五 韓平原在慶元初，其弟仰胄爲知閤門事，頗與密議，時人謂之大小韓，求捷徑者争趨之。一日內燕，優人有爲衣冠到選者，自叙履歷材藝，應得美官，而留滯銓曹，自春徂冬，未有所擬，方徘徊浩歎。又爲日者弊帽持扇過其旁，遂邀使談庚甲，問以得禄之期，日者厲聲曰：君命甚高，但於五星局中，財帛宫若有所礙。目下若欲亨達，先見小寒，更望成事，必見大寒可也。優蓋以寒爲韓，侍燕者皆縮頸匿笑。

王公瑾

紀事

宋・張仲文《白獺髓》 嘉泰末年，平原公恃有扶日之功，凡事自作威福，政事皆不由内出。會内宴，伶人王公瑾曰：今日政如客人賣傘，不由裏面。後寧宗恭淑后上仙，而曹氏爲婕妤。平原特以爲親屬。偶值真里富國，進馴象至。平原語公瑾曰：不聞有真里富國。公瑾曰：如今有假楊國忠。平原雖憾之，而無罪加焉。

吴知古

紀事

宋・周密《齊東野語》卷一三《優語》 又女官吴知古用事，人皆側目。内宴日，參軍四筵張樂，胥輩請僉文書，參軍怒曰：我方聽觱栗，可少緩。請至三四，其答如前。胥擊其首曰：甚事不被觱栗壞了。蓋是俗呼黄冠爲觱栗也。

蜀伶

紀事

宋・岳珂《桯史》卷一三 蜀伶多能文，俳語率雜以經史，凡制帥幕府之醼集，多用之。嘉定初，吴畏齋帥成都，從行者多選人，類以京削繫念，伶知其然。一日，爲古冠服數人游於庭，自稱孔門弟子，交質以姓氏，或曰常，或曰於，或曰吾，問其所涖官，則合而應曰：皆選人也。固請析之，居首者率然對曰：子乃不我知，《論語》所謂常從事於斯矣，即某其人也。官爲從事而繫以姓，固理之然。問其次，曰：亦出《論語》，於從政乎何有。蓋即某官氏之稱。又問其次，曰：某又《論語》十七篇所謂吾將仕者。遂相與歎咤，以選調爲淹抑。有慫慂其旁曰：子之名不見於七十子，固聖門下第，盍扣十哲而受教焉。如其言，見顔閔方在堂，羣而請益，子騫蹙頞曰：如之何。何必改。兖公應之曰：然，回也不改。衆憮然不怡，曰：無已，質諸夫子。如之，夫子不答，久而曰：鑽遂改火，急可已矣。坐客皆愧而笑。聞者至今啓顔，優流侮聖言，直可誅絶，特記一時之戲語如此。

袁三

傳記

宋・周密《齊東野語》卷一三《優語》 有袁三者，名尤著。有從官姓袁者，制蜀，頗乏廉聲。羣優四人，分主酒色財氣，各誇張其好尚之樂，而餘者互譏誚之。至袁優，則曰：吾所好者財也。因極言財之美利，衆亦譏誚之不已。徐以手自指曰：任你譏笑，其如袁丈好此何。

嘉定年間雜劇人

紀事

宋・張端義《貴耳集》卷下 史同叔爲相日，府中開宴，用雜劇人。作一士人念詩，曰：滿朝朱紫貴，盡是讀書人。旁一士人曰：非也，滿朝朱紫貴，盡是四明人。自後相府有宴，一十年不用雜劇。

端平年間優人

紀事

宋・羅大經《鶴林玉露》卷三 端平間，真西山參大政，未及有所建置而薨。魏鶴山督師，亦未及有設施而罷。臨安優人，裝一儒生，手持一鶴。別一儒生與之解後，問其姓名，曰：姓鍾名庸。問其所持何物，曰：大鶴也。因傾蓋懽然，呼酒對飲。其人大嚼洪吸酒肉，靡有孑遺。忽顛仆於地，群數人曳之不動。一人乃批其頰，大罵曰：説甚《中庸》、《大學》。喫了許多酒食，一動也動不得。遂一笑而罷。或謂有使其爲此，以姍侮君子者，京尹乃悉黥其人。

寶佑年間雜劇伶人

紀事

明・田汝成《西湖遊覽志餘》卷二《帝王都會》 丁大全作相，與宋臣表裏，復以廟堂之力助之，有司奉行惟謹。脩内司十百爲曹，望青採斫，雖勳舊之冢，亦不免焉。一日，内宴襍劇，一人專打鑼，一人扑之曰：今日排當，不奏他樂，丁丁董董不已，何也。曰：方今事皆丁董，吾安得不丁董。

藝人部·金代藝人分部

無名氏

藝文

金・吴激〔春從天上來〕《會寧府遇老姬，善鼓瑟，自言梨園舊籍，因感而賦此》 海角飄零。歎漢苑秦宮，墜露飛螢。夢裏天上，金屋銀屏。歌吹競舉青冥。問當時遺譜，有絶藝，鼓瑟湘靈。促哀彈，似林鶯嚦嚦，山溜泠泠。梨園太平樂府，醉幾度春風，鬢變星星。舞破中原，塵飛滄海，飛雪萬里龍庭。寫胡笳幽怨，人憔悴，不似丹青。酒微醒。對一窗凉月，燈火青熒。

無名氏

藝文

金・王寂〔感皇恩〕《有贈》 寶髻綰雙螺，蹙金羅抹。紅袖珍珠臂韝帀。十三絃上，小小剥葱銀甲。陽關三疊徧、花十八。鴈行歷歷，鶯聲恰恰。洗盡歌腔舊嘔啞。坐中狂客，不覺琉璃杯滑。纏頭莫惜與、金釵插。

無名氏

藝文

金・王寂《大江東去・美人》 破瓜年紀，黛螺垂、雙髻珍珠羅抹。婭姹吴音嬌滴滴，風裏啼鶯聲怯。飛燕精神，驚鴻標致，初按梁州徹。舞裙微褪，汗香融透春雪。少陵詞客多情，當年曾爛賞，湖州風月。自恨尋春來已暮，子滿芳枝空結。湘佩輕拋，韓香偷許，空想淩波韈。章臺楊柳，可堪容易攀折。

梁梅

藝文

金・梁梅《水龍吟・梅花》 天教占了，百花頭上，和羮未晚。

金・張檝〔失調名〕《贈梁梅》 誰知幽谷裏，真有壽陽妝。

張嘴兒夫婦

藝文

金・元好問《木蘭花慢・贈吹觱篥者張嘴兒暨乃婦田氏合曲賦此》 要新聲陶寫，奈聲外，有聲何。愴銀字安清，珠繩瑩滑，怨感相和。風流故家人物，記諸郎、吹管念奴歌。落日邯鄲老樹，秋風太液滄波。 十年燕市重經過。鞍馬宴鳴珂。趁飢鳳微吟，嬌鶯巧囀，紅卷鈿螺。纏頭斷腸詩句，似鄰舟、一聽惜蹉跎。休唱貞元舊曲，向來朝士無多。

趙文益

傳記

元・胡祗遹《紫山大全集》卷八《優伶趙文益詩序》 醯鹽薑桂，巧者和之，味出於酸鹹辛甘之外，日新而不襲故常，故食之者不厭。滑稽詼諧，亦猶是也。拙者踵陳習舊，不能變新，使觀聽者惡聞而厭見。後世民風機巧，雖郊野山林之人，亦知談笑，亦解弄舞娛嬉，而況膏腴閥閱，市井豐富之子弟。人知優伶發新巧之笑，極下里之歡，反有同於教坊之本色者。於斯時也，爲優伶者，亦難矣哉。然而世既好尚，超絶者自有人焉。趙氏一門，昆季數人，有字文益者，頗喜讀，知古今，趨承士君子。故於所業，耻踪塵爛，以新巧而易拙，出於衆人之不意，世俗之所未嘗見聞者。一時觀聽者，多愛悅焉。遇名士則必求詩文字畫，似於所學，有所自得已，精而求其益精，終不敢自足，驕其同輩。吁，如斯人者，伶人也，尚能進之而不已。竊有感五季唐莊宗之世，享大名無實學，居要職者無實材，聲聞過情，不自以爲耻，以至九流百工，莫不皆然。聖人所謂觚不觚者，又不可以枚數。然而無有責其廢事而不勝任者，無有譏其有名而無實，習熟見聞，以爲當然。優伶，賤藝也。談諧一不中節，闔座皆爲之撫掌而嗤笑之，屢不中則不往觀焉。是非之心，人皆有之。責備優伶，而不責賢者，可笑也夫，可哀也夫。

藝文

元・胡祗遹《紫山大全集》卷八《贈伶人趙文益》 富貴賢愚共一塵，萬紫千紅競時新。到頭誰飽黄粱飯，輸與逢場作戲人。

抹土塗灰滿面塵，難猜公案這番新。世間萬事誰真假，要學長安陌上人。

宋氏

論説

元・胡祗遹《紫山大全集》卷八《贈宋氏序》 百物之中，莫靈莫貴於人，然莫愁苦於人。鷄鳴而興，夜分而寐，十二時中，紛紛擾擾。役筋骸，勞志慮，口體之外，仰事俯畜。吉凶慶吊乎鄉黨閭里，輸税應役於官府邊戍。十室而九不足，眉顰心結，鬱抑而不得舒，七情之發，不中節而乖戾者，又十常八九。得一二時安身於枕席，而夢寐驚惶，亦不少安朝夕。晝夜起居，寤寐一心，百骸常不得其和平。所以無疾而呻吟，未半百而衰。於斯時也，不有解塵網，消世慮，熙熙皞皞，暢然怡然，少導歡適者，一去其苦，則亦難乎其爲人矣。此聖人所以作樂以宣其抑鬱，樂工伶人之亦可愛也。

樂音與政通，而伎劇亦隨時所尚而變。近代教坊，院本之外，再變而爲雜劇。既謂之雜，上則朝廷君臣，政治之得失，下則閭里市井，父子、兄弟、夫婦、朋友之厚薄，以至醫藥、卜筮、釋道、商賈之人情物理殊方，異域風俗語言之不同，無一物不得其情，不窮其態。以一女子而兼萬人之所爲，尤可以悦耳目而舒心思，豈前古女樂之所擬倫也。全此義者，吾於宋氏見之矣。

李心心

論説

元·胡祗遹《紫山大全集》卷八《黄氏詩卷序》 女樂之百伎，惟唱説焉。一、姿質濃粹，光彩動人。二、舉止閑雅，無塵俗態。三、心思聰慧，洞達事物之情狀。四、語言辨利，字真句明。五、歌喉清和圓轉，纍纍然如貫珠。六、分付顧盼，使人人解悟。七、一唱一説，輕重疾徐，中節合度，雖記誦閑熟，非如老僧之誦經。八、發明古人喜怒哀樂、憂悲愉佚、言行功業，使觀聽者如在目前，諦聽忘倦，惟恐不得聞。九、温故知新，關鍵詞藻，時出新奇，使人不能測度，爲之限量。九美既具，當獨步同流。近世優於此者，李心心、趙真、秦玉蓮。【略】持卷軸乞言，故諭之如此。仍以七言四句歌之：瀝瀝泠泠萬斛珠，清和圓滑囀鶯雛，阿嬌生在開元日，未信傳呼到念奴。

南春宴

論説

元·夏庭芝《青樓集·南春宴》 姿容偉麗，長於駕頭雜劇，亦京師之表表者。李心心、楊柰兒、袁當兒、于盼盼、于心心、吴女燕雪梅，此數人者，皆國初京師之小唱也。又有牛四姐，乃元壽之妻，俱擅一時之妙。壽之尤爲京師唱社中之巨擘也。

趙真真

論説

元·夏庭芝《青樓集·趙真真》 馮蠻子之妻也。善雜劇，有繞梁之聲。其女西夏秀，嫁江閏甫，亦得名淮浙間。江親文墨，通史鑒，教坊流輩，咸不逮焉。

紀事

元·夏庭芝《青樓集·趙真真、楊玉娥》 善唱諸宮調。楊立齋見其謳張五牛、商正叔所編《雙漸小卿》，怨因作《鷓鴣天》、〔哨遍〕、〔耍孩兒·煞〕以咏之。

藝文

元・楊立齋《鷓鴣天》 張五牛、商正叔編《雙漸小卿》，趙真卿善歌。立齋見楊玉娥唱其曲，因作〔鷓鴣天〕及〔哨遍〕以詠之。

烟柳風花錦作園，霜芽露葉玉裝船。誰知皓齒纖腰會，祇在輕衫短帽邊。

啼玉靨，咽冰絃。五牛身後更無傳。詞人老筆佳人口，再唤春風到眼前。

元・楊立齋〔哨遍〕 世事摶沙嚼蠟，等閑榮辱休驚訝。日月不饒咱，曉窗前拂浄菱花。試覷咱，雖是閑愁無種、閑悶無芽，子敢衡種出星星髮。知進退宜休罷，便今日蘇秦六國，明日早賈誼長沙。不如買牛學種洛陽田，抱瓮自澆邵平瓜。向甚雲棧揮鞭，滄海撑舟，斗牛泛槎。〔么〕好向名利場中一納頭，剩告取些鬆寬暇。且莫住山凹，清閑中不見箇生涯。問甚末、南隣富貴，北里奢華，只有此身無價。幸遇明時德化，除徭役拯濟貧乏。救得這困魚腮鶩急列地脱了香鈎，蓋因那餓虎血糢糊地污了烟樾。方表聖德無加。〔耍孩兒〕對江山滿目真堪畫，休把這媚景良辰作塌。清風明月不拈錢，聞未老只合歡洽。問甚往來燕子春秋社，説怎末辛苦蜂兒早晚衙。休呆發，便得征西車馬，争如杜曲桑麻。〔么〕莫將愁字兒眉尖上挂，得一笑處笑一時半霎。百錢長向杖頭挑，没拘束到處行踏。飢時節選着那六局全食店里添些箇氣，渴時節揀那百尺高樓上噍數盞兒巴。更那椀清茶罷，聽俺幾回兒把戲也不村呵。〔七煞〕據小的每日煞，大厮八。着幾條坐木做陳蕃榻。謝尊官肯把荒場降，勞貴脚還將賤地來踏。棚上下、對文星樂宿，唱唱吵吵。〔六〕前漢又陳、後漢又乏，古尚書團掿損殷周夏。《五代史》止是談些更變，《三國志》無過些戰伐。也不希咤，終少些團香弄玉、惹草粘花。〔五〕這箇才子文藝高，那箇佳人聰俊雅，可知道共把青鸞跨。一箇是紗巾蕉扇睁睁道，一箇是翠靨金毛俏鼻凹。無人坐，一箇是玉堂學士、一箇是金斗名娃。〔四〕又有箇員外村、有箇商賈沙，一弄兒黑漆筋紅油靶。一箇向麗春園大椀里空味了酒，一箇揚子江江船中就與茶。精神兒大，著敲棍也門背後合伏地巴背，中毒拳也交鐺里仰卧地尋叉。〔三〕而今汝陽齋掩緑苔，豫章城噪晚鴉，金山寺草長滿題詩塔。唯有長天倒影隨流水、孤鶩高飛送落霞。成消洒，但見雲間汀樹，不聞江上琵琶。〔二〕静俏俏的誰念他，冷清清的誰問他。尚有人見鞍思馬。張伍牛創製似選石中玉，商正叔重繼如添錦上花。碎把那珠玑撒，四頭兒熱鬧，枝節兒熟滑。〔一〕俺學唱咱，學説咱，誰敢和前輩争高下。趙真真先占了頭名榜，楊玉娥權充個第二家。替佛傳法，鑼敲月面，板撒紅牙。〔尾〕須不教一句兒訛、半字兒差。唱一本多愁多緒多情話，教您聽一遍風流浪子煞。

秦玉蓮

論説

元・胡祇遹《紫山大全集》卷八《黄氏詩卷序》 女樂之百伎，惟唱説焉。一、姿質濃粹，光彩動人。二、舉止閑雅，無塵俗態。三、心思聰慧，洞達事物之情狀。四、語言辨利，字真句明。五、歌喉清和圓轉，纍纍然如貫珠。六、分付顧盼，使人人解悟。七、一唱一説，輕重疾徐，中節合度，雖記誦閑熟，非如老僧之誦經。八、發明古人喜怒哀樂、憂悲愉佚、言行功業，使觀聽者如在目前，諦聽忘倦，惟恐不得聞。九、温故知新，關鍵詞藻，時出新奇，使人不能測度，爲之限量。九美既具，當獨步同流。近世優於此者，李心心、趙真、秦玉蓮。【略】持卷軸乞言，故諭之如此。仍以七言四句歌之：瀝瀝泠泠萬斛珠，清和圓滑囀鶯雛，阿嬌生在開元日，未信傳呼到念奴。

秦小蓮

論　說

元・夏庭芝《青樓集・秦玉蓮秦小蓮》　善唱諸宫調。藝絶一時，後無繼之者。

黄氏

論　說

元・胡祗遹《紫山大全集》卷八《黄氏詩卷序》　女樂之百伎，惟唱說焉。一，姿質濃粹，光彩動人。二，舉止閑雅，無塵俗態。三，心思聰慧，洞達事物之情狀。四，語言辨利，字真句明。五，歌喉清和圓轉，纍纍然如貫珠。六，分付顧盼，使人人解悟。七，一唱一說，輕重疾徐，中節合度，雖記誦閑熟，非如老僧之誦經。八，發明古人喜怒哀樂、憂悲愉佚、言行功業，使觀聽者如在目前，諦聽忘倦，惟恐不得聞。九，温故知新，關鍵詞藻，時出新奇，使人不能測度，爲之限量。九美既具，當獨步同流。近世優於此者，李心心、趙真、秦玉蓮。今黄氏始追踪前學，可喜，可喜。持卷軸乞言，故諭之如此。仍以七言四句歌之：瀝瀝泠泠萬斛珠，清和圓滑囀鶯雛，阿嬌生在開元日，未信傳呼到念奴。

韞玉

藝　文

元・張炎《滿江紅・傅粉何郎》　贈韞玉，傳奇惟吴中子弟爲第一流，所謂識拍、道字、正聲、清韻，不狂，俱得之矣。作平聲《滿江紅》贈之。

傅粉何郎，比玉樹、瓊枝謾誇。看生子、東塗西抹，笑語浮華。蝴蝶一生花裏活，似花還似恐非花。最可人、嬌艷正芳年，如破瓜。　離别恨，生嗟嘆。歡情事，起喧嘩。聽歌喉清潤，片玉無瑕。洗盡人間笙笛耳，賞音多向五侯家。好思量、都在步蓮中，裙翠遮。

宋・張炎《蝶戀花・題末色褚仲良寫真》　濟楚衣裳眉目秀，活脱梨園，子弟家聲舊。諢砌隨機開笑口，筵前戲諫從來有。　戛玉敲金裁錦繡。引得傳情，惱得嬌娥瘦。離合悲歡正偶，明珠一顆盤中走。

曹錦秀

紀　事

元・王惲《秋澗集》卷四三《樂籍曹氏詩引》　樂籍曹錦秀，緩度清歌。一日來爲予壽，因詢之曰：汝以故家人物，才色艷麗，風韻閒雅，知名京華，爲豪貴招致，逞妙藝而佐清歡，日弗暇及，不知何取於予而得此哉。曰：妾雖不慧，請解之無猥以薄技，陳述古今興亡，閨門勸戒，必探窮所載，記傳詠詩，掇採端倪，曲盡意趣。久之頗有感悟。欲爲效顰，願乞一言爲發越，俾妾姓名得見於當代名公才士題品之末，庶幾接大雅之高風，一時增價。飲靈芝之瑞露，七竅生香，不同落花飛絮委跡於塵泥間耳。先生寧無意乎。曰：予少有志於時，中年多故每感事興懷，登高作賦，以攄其底蘊，由是頗以文字知名。今老矣，百念灰冷，有瞑目澄心，燕坐焚香而已。惟集賢翰林諸名勝，擅文雅而足才情，念芳魂而餘蘊藉者，肩相摩而踵相接也。琢肝腎而製錦綺，因咳唾而成珠璣，摸寫鶯花之狀，形容月露之情，□在揮毫之□耳。彼往求而得之，如杜秋娘之善謳《金縷》薛校書之秀發蛾眉，元相國，杜樊川皆贈寄詩什，語意清新膾炙人口，自可因之以傳不朽。尚何俟粃糠之辭簸揚於前哉。曰：請即書此語，令妾持之以爲先容，叩蓬萊瀛洲之境而問津焉，不亦可乎。

朱明

紀事

元·楊維楨《東維子集》卷一一《朱明優戲序》 玉峰朱明氏，世習窟礧家，其大父應俳首駕前。明手益機警，而辨舌歌喉，又悉與手應，一談一笑，真若出於偶人肝肺間，觀者驚之若神。松帥韓侯宴余偃武堂，明供群木偶爲尉遲平寇，子卿還於降臣民辟之際，不無諷諫所係，而誠非苟爲一時耳目玩者也。韓侯既賚以金，諸客各贈之詩，而侯又爲之乞吾言以重厥伎，於是乎書以遺之。時至正二十六年三月二十有三日。

藝人部·元代藝人分部

順時秀

藝文

元·楊宏道《小亨集》卷六《優伶語録》 教坊女樂順時秀，豈獨歌傳天下名。意態由來看不足，揭簾半面已傾城。

無名氏

藝文

元·楊宏道〔梅梢月〕《歌女》 春到人間，嫩黄染長條，暖煙晴晝。未按舞腰，學畫妝眉，二八女兒纖瘦。絳桃穠李携佳伴，陳步障、青紅如繡。過微雨，年年好在，禁煙時候。　嬌困如酣卯酒，懨惱殺、翩翩燕朋鶯友。緑水灞橋，斜日章臺，雪絮亂飄襟袖。勸伊休管别離事，但贏取、青青依舊。再相見，清陰漸成數畝。

珠簾秀

傳記

元·夏庭芝《青樓集·珠簾秀》 姓朱氏，行第四，雜劇爲當今獨步，駕頭、花旦、軟末泥等，悉造其妙。胡紫山宣慰，嘗以〔沉醉春風〕曲贈云：錦織江邊翠竹，絨穿海上明珠。月淡時，風清處，都隔斷落紅塵土。一片閑情任捲舒，挂盡朝雲暮雨。馮海粟待制亦贈以《鷓鴣天》云：憑倚東風遠映樓，流鶯窺面燕低頭。蝦鬚瘦影纖纖織，龜背香紋細細浮。　紅霧斂，彩雲收，海霞爲帶月爲鈎。夜來捲盡西山雨，不著人間半點愁。蓋朱背微僂，馮故以簾鈎寓意。至今後輩，以朱娘娘稱之者。

元·陶宗儀《南村輟耕録》卷二〇《珠簾秀》 歌兒珠簾秀，姓朱氏，姿容姝麗，雜劇當今獨步。胡紫山宣慰極鍾愛之，嘗擬〔沉醉東風〕小曲以贈云：錦織江邊翠竹，絨穿海上明珠。月淡時，風清處，都隔斷落紅塵土。一片閑情任捲舒，挂盡朝雲暮雨。馮海粟先生亦有《鷓鴣天》云：十二闌干映遠眸，醉鄉空斷楚天秋，蝦鬚影薄微微見，龜背紋輕細細浮。　紅霧斂，翠雲收，海霞爲帶月爲鈎。夜來捲盡西山雨，不著人間半點愁。皆咏簾以寓意也。由是聲譽益彰。

藝文

元·關漢卿〔南吕·一枝花〕《贈珠簾秀》 輕裁蝦萬須，巧織珠千串。金鈎光錯落，繡帶舞蹁躚。似霧非烟，妝點就深閨院，不許那等閑人取次展。摇四壁翡翠濃陰，射萬瓦琉璃色淺。〔梁州〕富貴似侯家紫帳，風流如謝府紅蓮，鎖春愁不放雙飛燕。綺窗相近，翠户相連，雕櫳相映，繡幕相牽。拂苔痕滿砌榆錢，惹楊花飛點如綿。愁的是抹回廊暮雨蕭蕭，恨的是篩曲檻西風剪剪，愛的是透長門夜月娟娟。凌波殿前，碧玲瓏掩映湘妃面，没福怎能够見。十里揚州風物妍，出落著神仙。〔尾〕恰便似一池秋水通宵展，一片朝雲盡日懸。你個守户的先生肯相戀，煞是可憐，則要你手掌兒裏奇擎著耐心兒捲。

元・胡祗遹〔雙調・沉醉東風〕《贈妓珠簾秀》 錦織江邊翠竹，絨穿海上明珠。月淡時，風清處，都隔斷落紅塵土。一片閒情任卷舒，掛盡朝雲暮雨。

元・盧摯〔雙調・壽陽曲〕《别珠簾秀》 纔歡悦，早間别，痛煞煞好難割捨。畫船兒載將春去也，空留下半江明月。

元・盧摯〔雙調・蟾宫曲〕《醉贈樂府珠簾秀》 繫行舟誰遣卿卿，愛林下風姿，雲外歌聲，寶髻堆雲，冰弦散雨，總是才情。恰緑樹南薰晚晴，險些兒羞殺啼鶯。客散郵亭，楚調將成，醉夢初醒。

元・王惲《浣溪沙・贈朱簾秀》 滿意苕華照樂棚，緑雲紅灩逐春生，捲簾一顧未忘情。 絲竹東山如有約，煙花南部舊知名，秋風吹醒惜離聲。

元・馮子振《鷓鴣天・贈珠簾秀》 憑倚東風遠映樓，流鶯窺面燕低頭。蝦鬚瘦影纖纖織，龜背香紋細細浮。 紅霧斂，彩雲收。海霞爲帶月爲鈎。夜來捲盡西山雨，不着人間半點愁。

元・珠簾秀〔雙調・壽陽曲〕《答盧疏齋》 山無數，烟萬縷，憔悴煞玉堂人物。倚篷窗一身兒活受苦，恨不得隨大江東去。

無名氏

藝　文

元・珠簾秀〔中吕・上小樓〕《贈伶婦》 覷着你十分艷姿，千年心事。若不就着青春，擇箇良姻，更待何時。等箇悭伺，尋箇挣四，成就了這翰林學士。

元・徐琰〔雙調・沉醉東風〕《贈歌者吹簫》 金鳳小斜簪髻雲，似櫻桃一點朱唇。秋水清，春山恨。引青鸞玉簫聲韻，莫不是另得東君一種春，既不呵紫竹上重生玉筍。

秀英

藝　文

元・商衜〔南吕・一枝花〕《嘆秀英》 釵横金鳳偏，鬢亂香雲嚲，早是身是名染沉痾。自想前緣，結下何因果。今生遭折磨，流落在娼門，一旦把身軀點污。〔梁州第七〕生把俺殃及做頂老，爲妓路剗地波波。忍恥包羞排場上坐。念詩執板，打和開呵。隨高逐下，送故迎新。身心受盡摧挫，奈惡業姻緣好家風俏無些箇。紂撅丁走踢飛拳，老妖精縛手纏脚，揀挣勤到下鍬鑊。甚娘，過活。每朝分外説不盡無廉恥，顛狂相愛左。應有的私房貼了漢子，恣意淫訛。〔賺煞〕禽唇撮口由閑可，毆面梟頭甚罪過，聖長里厮搽抹。倒把人看舌頭厮繳絡，氣殺人呵。唱道曉夜評薄，待嫁人時要財定囫圇課，驚心碎謊膽破。只爲你没情腸五奴虔婆，毒害相扶持得殘病了我。

元・張可久〔雙調・折桂令〕《贈歌者秀英》 海棠嬌楊柳纖腰，眼轉秋波，臉暈春潮。檀板輕敲，冰絃初奏，綵扇低招。傾城傾國越西子梨梨棗棗，行雲行雨楚巫娥暮暮朝朝。橙剖並刀，酒捧金蕉。爛醉東風，受用良宵。

元・胡祗遹《木蘭花慢・贈歌妓》 話興亡千古，試聽取，是和非。愛海雨江風，嬌鶯雛鳳，相和相催。泠泠一聲徐起，墜梁塵、不放彩雲飛。按止玉纖牙拍，細傾萬斛珠璣。 又如辯士遇秦儀，六國等兒嬉。看捭闔縱横，東强西弱，一轉危機。千人洗心傾耳，向花梢、不覺月陰移。日日新聲妙語，人間何事顰眉。

王氏

藝文

元・白樸《水龍吟・彩雲》 綵雲蕭史臺空，洞天誰是驂鸞伴。傷心記得，開元遊幸，連昌別館。力士傳呼，念奴供唱，阿郎吹筦。悵無情一枕，繇華夢覺，流年又、暗中換。 邂逅京都兒女，歡遊徧、畫樓東畔。樽前一曲，餘音嫋嫋，驪珠相貫。日落邯鄲，月明燕市，儘堪腸斷。倩丹青細染，風流圖畫，寫崔徽半。

樊桂娃

藝文

元・白樸《木蘭花慢・歌者樊桂娃索賦》 愛人間尤物，信花月、與精神。聽歌串驪珠，聲匀象板，咽水縈雲。風流舊家樊素，記櫻桃，名動洛陽春。千古東山高興，一時北海清樽。 天公不禁自由身，放我醉紅裙。想故國邯鄲，荒臺老樹，儘賦招魂。青山幾年無恙，但淚痕、差比向來新。莫要琵琶寫恨，與君同是行人。

趙氏

藝文

元・白樸〔越調・小桃紅〕《歌妓趙氏，常爲友人賈子正所親，携之江上，有數月留，後予過鄧，徑來侑觴，感而賦此，俾即席歌之》 雲鬟風鬢淺梳妝，取次樽前唱。比著當時口江上，減容光，故人別後應無恙。傷心留得，軟金羅袖，猶帶賈充香。

元・趙明道〔越調・鬥鵪鶉〕《名姬》 樂府梨園，先賢老郎。上殿伶倫，前輩色長。承應俳優，後進教坊，有伎倆，盡誇張。燕趙馳名，京師作場。〔紫花兒〕雷聲聲梁苑，禾惜惜都城，蘇小小錢塘。三人聲價，四海名揚，紅妝，忒旖旎忒風流忒四行，堪寫在宣和圖上。有百倍兒風標，無半米兒疏狂。〔調笑令〕省郎。是你舊班行。他訴真是咱斷腸。不知音枉了和他講。有德行政事文章。取功名自來踏著省堂。煥然有出衆英昂。〔禿廝兒〕爲媒的涿郡仲襄，保親的蘇君丘祥。青春二八年正芳，配一對錦鴛鴦，成雙。〔聖藥王〕我豈謊，您誠想，蘇小卿到底嫁雙郎，因爲和樂章，動官長，柳耆卿娶了謝天香，他知音律解宮商。〔尾〕郝大使王玉帶皆稱賞，焦治中天然秀小樣。勸你個聰明姝麗俏吴姬，就取這蘊藉風流俊張敞。

元・張宏範《南鄉子・贈歌妓》 淺淡漢宮妝，扇底春風玉有香。特地向人歌一曲，非常，縱使無情也斷腸。 寶髻繡霓裳，雲雨巫山窈窕娘。好著千金携得去，何妨，絲竹東山醉玉觴。

重陽奴

藝文

元·姚燧《浪淘沙·贈重陽奴》 初度菊花秋，霜水痕收。可知不肯離荊州。元就龍山風力軟，破帽颼颼。　今夕定開舟，漲水磯頭。淵明解印去來休。夢繞橘齋新草閣，檀板輕謳。

李元素

藝文

元·姚燧《虞美人·牧庵即事爲李元素作》 竹風吹落疏疏雨，紈扇收殘暑。小軒驀地細香來，莫是鄰家早有木犀開。　玉環穿耳誰家女，自獻歌金縷。新聲和徹紫檀槽，袖出烏絲纔説要揮毫。

元·張伯淳《木蘭花慢·贈彈琵琶者》 愛當壚年少，將雅調，寄幽情。儘百喙春和，羣喧夜寂，老鳳孤鳴。都來四條絃裏，有無窮、舊譜與新聲。寫出天然律吕，掃空眼底簺箏。　落紅，天氣暖猶輕。洗耳爲渠聽。想關塞風寒，潯陽月色，似醉還醒。軒窗静來偏好，到曲終、懷抱轉分明。相見今朝何處，語溪乍雨初晴。

張怡雲

紀事

元·夏庭芝《青樓集·張怡雲》 能詩詞，善談笑，藝絶流輩，名重京師。趙松雪、商正叔、高房山皆爲寫《怡雲圖》以贈，諸名公題詩殆遍。姚牧菴、閻静軒每於其家小酌。一日，過鐘樓街，遇史中丞，中丞下道笑而問曰：二先生所往，可容侍行否。姚云：中丞上馬。史於是屏騶從，速其歸，携酒饌，因與造海子上之居。姚與閻呼曰：怡雲，今日有佳客，此乃中丞史公子也。我輩當爲爾作主人。張便取酒，先壽史，且歌：雲間貴公子，玉骨秀橫秋，《水調歌》一闋。史甚喜。有頃，酒饌至，史取銀二錠酬歌。席終，左右欲徹酒器，皆金玉者。史云：休將去，留待二先生來此受用。其賞音有如此者。又嘗佐貴人樽俎，姚、閻二公在焉。姚偶言暮秋時三字，閻曰：怡雲續而歌之。張應聲作小婦孩兒，且歌且續曰：暮秋時，菊殘猶有傲霜枝，西風了却黄花事。貴人曰：且止。遂不成章。張之才亦敏矣。

元·盧摯《蝶戀花·予將南邁，席間贈合曲張氏夫婦》 前度歸田菘下住，野店荒村，撫掌琵琶女。忽聽梨園新樂府，離鸞别鶴清如許。　歌管聲殘絃解語，玉筍春泉，心手相忘處。明日扁舟人欲去，曉風吹作瀟湘雨。

元·張埜《南鄉子·贈歌者怡雲和盧處道韻》 靄靄度春空，長妒花陰月影中。曾爲清歌還少駐，悤悤，變作春前喜氣濃。　一笑爲誰容，只許幽人出處同。卻恐等閒爲雨後，東風，吹過巫山第幾峰。

楊氏

藝文

元・盧摯（中呂・朱履曲）《雪中黎正卿招飲，賦此五章，命楊氏歌之》 數觥後兜回吟興，六花飛惹起歌聲，東道西鄰富才情。這其間聽鶴唳，再索甚趁鷗盟，不强如孟襄陽乾受冷。

又 恰才見同雲旋磨，便相邀老子婆娑，似臺榭楊花點青蛾。那些是風流處，這纔是雪兒歌，便有竹間茶也不用他。

又 雖不至撏綿扯絮，是誰教剪玉跳珠，是誰把溪山粉妝梳。且圖待添些酒興，管甚凍了吟鬚，看乘風滕六舞。

又 又没甚金吾呵夜，剩尋將玉女來也，一曲陽春助清絶。便章臺街閒信馬，曲江岸誤隨車，且不如竹窗深閒聽雪。

又 泛公子樽中雲液，倩佳人掌上金杯，淺酌清歌翠顰眉。直喫到銀燭暗，玉繩低，雪晴時人未歸。

楊嬌嬌

藝文

元・盧摯（中呂・喜春來）《贈伶婦楊氏嬌嬌》 香添索笑梅花韻，嬌殢傳杯竹葉春，歌珠圓轉翠眉顰。山隱隱，留下九皋雲。

元・盧摯（商調・梧葉兒）《贈歌妓》 紅綃皺，眉黛愁，明艷信清秋。文章守，令素俟，最風流，送花與疏齋病叟。

又《席間戲作四章》 花間坐，竹外歌，顰翠黛轉秋波。你自在空躊躇，我如何肯恁麽，却又可信着他。没倒斷癡心兒爲我。

又 低聲語，嬌唱歌，韻遠更情多。筵席上，疑怪他，怎生呵。眼挫裏頻頻地覷我。

又 新來瘦，忒悶過，非酒病爲詩魔。纖腰舞，皓齒歌，便俏些箇。待有甚風流罪過。

又 全不見白髭鬢，纔四十整，有家珍無半點兒心腸硬。醇一味，龐道兒，囗錦片也似好前程。到健如青春後生。

江雲

藝文

元・盧摯（雙調・蟾宫曲）《廣帥餞别席上贈歌者江雲》 問江雲何處飛來，全不似尋常，舞榭歌臺。溟海星槎，清秋月窟，流水天台。準備下新愁送客，强教他眉黛舒開。楚楚離懷，香動羅襦，夢繞金釵。

劉蕙蓮

藝文

元・盧摯（雙調・蟾宫曲）《贈歌者蕙蓮劉氏》 問何人樹蕙芳洲，便春滿詞林，香滿歌樓。紈扇微風，羅裙纖月，作弄新秋。好客呵風流太守，怎生般玉樹維舟。樽酒遲留，醉墨烏絲，當得纏頭。

劉氏

藝文

元·盧摯〔雙調·蟾宮曲〕《贈歌者劉氏》 白沙翠竹柴門，弭節山家，已待黄昏，林下瓊枝，燈前金縷，滿意芳樽。誰恁地教人斷魂，是東風吹墮行雲。寶靨羅裙，淺笑輕顰，不枉留春。

趙生

藝文

元·劉敏中《鳳凰台上憶吹簫·贈吹簫東原趙生》 千古虞韶，鳳凰飛去，太平雅曲誰傳。有碧瓊霜管，猶似當年。妙處風流幾許，待試問，天外飛仙。西州客，心邊賺得，一味春偏。　清秋畫欄高倚，屏金縷紅牙，羯鼓湘絃。倩玉觴唤起，悲壯清圓。嫋嫋餘音未了，正夜静，月上寒天。青燈外，有人無語悽然。

岳貴貴

藝文

元·趙孟頫《浣溪沙·李叔固丞相會間贈歌者岳貴貴》 滿捧金卮低唱詞，尊前再拜索新詩，老夫慚愧鬢成絲。　羅袖染將修竹翠，粉香吹上小梅枝，相逢不似少年時。

阿珍

藝文

元·滕賓《瑞鷓鴣·贈歌童阿珍》 分桃斷袖絶嫌猜，翠被紅裩興不乖。洛浦乍陽新燕爾，巫山行雨左風懷。　手携襄野便娟合，背抱齊宫婉孌懷。玉樹庭前千載曲，隔江唱罷月籠階。

魏都惜

藝文

元・陸文圭《點絳唇・小立娉婷》 小立娉婷，歌聲低遏行雲住。不勝珠翠，玉面慵梳洗。　除却姚黄，魏紫誰堪比，君描取。卷中人美，得似崔徽未。

夏奴

藝文

元・陸文圭《減字木蘭花・即席贈歌者夏奴》 香肌玉潤，花前忽聽流鶯韻。移步金蓮，斜轉清眸踏舞筵。　困嬌無力，蜀錦纏頭拚百尺。安處奴鄉，且住容山過夏凉。

元・陸文圭《臨江仙・聽得雅珠歌一串》 聽得雅歌珠一串，颯然吹動梁塵。尊前重見舊時人。主人情未重，情重是嘉賓。　飛絮落花無定在，近前遮莫誰嗔。文園倦客最傷神。野亭何處泊，空憶畫堂春。

歌妓

藝文

元・陸文圭《滿江紅・贈歌者》 兒女多情，頗自恨、風雲氣少。春夢裏、鶯啼燕語，瞥然驚覺。寸寸淩波蓮步穩，彎彎拭黛山眉峭。似紅雲、一朵罩江梅，天然好。　舞腰細，歌喉巧。錦茵褪，梁塵繞。更盈盈笑靨，櫻唇紅小。金琖愛從心裏换，玉山偏向懷中倒。奈劉郎、前度看桃花，如今老。

米耍耍

藝文

元・劉時中〔中吕・紅繡鞋〕《歌姬米氏小字耍耍》 舉眉動眼般般兒通透，安手下脚色色兒風流，出胎胞蓐草上早會藏鬮。卧在被單學打令，坐着豆枕演提鮑，刁天撅地所事兒有。

媿春卿

藝　文

元・劉時中〔越調・小桃紅〕《武昌膈肌媿氏春卿色藝爲一時之冠，友人文子方爲刑曹郎，因公至武昌，安子舉助教會間見之，念念莫置，代作此以贈之》　春來苦欲伴春居，日日尋春去。無奈春雲不爲雨，爲春癯，緑窗誰唱留春住。買春不許，問春無語。春意定何如。

又　爲春憔悴要春醫，苦苦貪春睡。盼得春來共春醉，恨春遲，夜來得箇春消息。春心暗喜，春情偷寄。春事只春知。

又　幾年塵土被官囚，此日方參透。待别幹星娘小除授，緊營求，天還肯許便欣然地就。温柔鄉裏甲頭，無何鄉裏主首。便權一日也風流。

元・李致遠〔雙調・清江引〕《即席贈妓》　碧雲欲低香霧阻，迴首多情處。梨花二月初，柳絮三春暮。今宵月明何處宿。　樽前有人顔似玉，笑索多情句。歌殘林葉飛，舞罷庭花妒。冰絃一霎秋夜雨。

小園春

藝　文

元・薛昂夫〔南吕・一枝花〕《贈小園春》　些些並蒂紅，指指連枝翠。慳慳金谷路，窄窄五陵溪。一片花飛，泄漏春消息，舞盤中歌扇底，刮得盡風月無多，趲得過繁華有幾。〔梁州第七〕一兩箇鶯儔燕侶，五七雙蝶使蜂媒。窖來寬也稱遊人戲。眼孔大劉晨未識，脚步長杜甫先迷。畫幀上香銷粉滴，鏡奩中緑暗紅稀。唾津兒浸滿盆池，手心兒擎得起屏石。苔錢兒買不斷閑愁，花瓣兒隨手着流水，柳絲兒送不够别離。錦堆，翠積。海棠偷足相思睡，名偏小景偏媚。賺得東君不忍歸，一撮兒芳菲。〔餘音〕楚陽臺雲雨無三尺，桃源洞光陰減九十。玉拶香挨這窩兒地，堪信道一寸陰可惜。千金價總宜，錦步幛何須五十里。

楊姬

藝　文

元・徐再思〔中吕・朝天子〕《楊姬》　艷冶，唱徹，金縷歌全闋。秋娘聲價有誰軼，曾奉黄金闕。歌扇生春，舞裙回雪，不風流不醉也。舞者，唱者，一曲秦樓月。

元・徐再思〔中吕・滿庭芳〕《贈歌者》　犀梳玉簪。歌裙翠淺，舞袖紅深。風流消得纏頭錦，一笑千金。痛飲時花前痛飲，知音人席上知音。春無禁，蜂蝶快尋，先到海棠心。

元・徐再思〔雙調・水仙子〕《彈唱佳人》　玉纖流恨出冰絲，瓠齒和春吐怨辭。秋波送巧傳心事，似鄰船初聽時。問江州司馬何之。青衫泪，錦字詩，總是相思。

趙楊花

藝文

元・孫周卿〔雙調・水仙子〕《贈舞女趙楊花》 霓裳一曲錦纏頭，楊柳樓心月半鈎，玉纖雙撮泥金袖。稱珍珠絡臂韝，翠盤中一榻温柔。秋水雙波溜，春山八字愁，殢殺温柔。

魏氏 附：武氏、劉氏

藝文

元・高安道〔般涉調・哨遍〕《嗓淡行院》〔四〕捎倈是淡破頭，喑倈是餓破口，末泥引戲的衠勞嗽，做不得古本酸孤旦，辱末煞馳名魏武劉。剛道子世才紅粉高樓酒，没一箇生斜格打到二百箇斤斗。

雜録

元・陶宗儀《南村輟耕録》卷二五《院本名目》 院本、雜劇，其實一也。國朝院本、雜劇始厘而二之。院本則五人：一曰副净，古謂之參軍；一曰副末，古謂之蒼鶻，鶻能擊禽鳥，末可打副净。故云；一曰引戲；一曰末泥；一曰孤裝。又謂之五花爨弄。【略】其間副净有散説，有道念，有筋斗、有科泛。教坊色長魏、武、劉三人，鼎新編輯。魏長於念誦，武長於筋斗，劉長於科汎，至今樂人皆宗之。

武光頭 附：劉色長

藝文

元・高安道〔般涉調・哨遍〕《嗓淡行院》〔尾〕梁園中可慣經，桑園裏串的熟。似兀的武光頭劉色長曹娥秀，則索趕科地沿村轉疃走。

楚雲

藝文

元・趙顯宏〔雙調・殿前歡〕《題歌者楚雲》 楚雲閑，任他孤雁叫蒼寒，去留舒卷無心慣。聚散之間，趁西風出遠山。隨急水流深澗，爲暮雨迷霄漢。陽臺事已，秦嶺飛還。

元・呂濟民〔雙調・蟾宫曲〕《贈楚雲》 寄襄王雁字安排，出岫無心，蔽月多才。目極瀟湘，家迷秦嶺，夢到天臺。浮碧漢陰晴體態，逐西風聚散情懷。卷又還開，去又還來。雨罷巫山，飛下陽臺。

玉香

藝文

元・吕濟民〔雙調・蟾宮曲〕《贈玉香》 可人兒暖玉生香，弄玉團香，惜玉憐香。畫蛾眉玉鑑遺香，伴才郎玉枕留香，捧酒巵玉容噴香，摘花枝玉指偷香。問玉何香，料玉多香。見玉思香，買玉尋香。

張文秀

藝文

元・張可久《百字令・贈彈一弦子張文秀》 一行秋思，記孫登當日，山中琴趣。誰識吾宗，父老子，自製寸金皮鼓。筩截孤篁，絲抽獨繭，替盡琵琶譜。輕攏慢撚，西湖何限懷古。 堪笑錦瑟無端，繁弦五十，撩亂春雲縷。得似嘈嘈么鳳語，隻手換宮移羽。絶藝無雙，法門不二，喜遇知音侶。燈窗對影，爲君挑盡寒雨。

曉鶯春

藝文

元・張可久《木蘭花慢・爲樂府楊氏曉鶯春賦次海粟學士韻》 愛金衣公子，偏占得，緑楊堤。喜藹藹韶光，熹熹曙色，恰恰嬌啼。鶯飛。踏翻花影，曳殘聲、猶在畫樓西。仙客詞添琴譜，佳人夢斷羅幃。 龐眉。退叟命新題。雅字重名姬。笑銀蝶交鬭，青鸞相對，紫燕雙棲。凄迷。暮年垂垂，向陰陰、夏木聽黃鸝。何必五更杜宇，張生已自言歸。

小雲

藝文

元・張可久《太常引・樂府小雲》 溶溶一葉不成衣。恰待弄春暉。幽懶意遲遲。只可向、山中自怡。 清歌遏玉，嬌鬟鞸翠，纖月映蛾眉。來往且孤飛。問行雨、巫咸未知。

焦元美

藝文

元・張可久〔正宮・黑漆弩〕《爲樂府焦元美賦用馮海粟韻》 畫船來向高沙駐。便上躡探梅吟屨。對金山有玉娉婷，兩點愁峯眉聚。倚西風目斷行雲，懶唱大江東去。借中郎爨尾冰弦，記老杜曾遊此處。

王英

藝文

元・張可久《鷓鴣天・客雄爲樂府王芙賦》 一點芳春近破瓜。生香小朵瑩無瑕。水曹梅萼初擎蕾，石土瓊苞未放花。眉刷翠，鬟堆鴉。淡妝何必尚鉛華。御溝紅葉題詩處，應記當年天子家。

解蕙卿

藝文

元・張可久《秦樓月・爲解蕙卿賦》 花能語，一枝香玉芳心吐。芳心吐，舊家姊妹，若蘭秦女。荷枯柳倦鴛鴦浦，相逢爲我歌金縷。歌金縷，文遊台上，淺雲疏雨。

李芝秀

論説

元・夏庭芝《青樓集・李芝秀》 賦性聰慧，記雜劇三百餘段，當時旦色，號爲廣記者，皆不及也。金玉府張總管，置於側室。張没後，復爲娼。

藝文

元・張可久《鷓鴣天・貽樂府李芝秀》 秀結梨園五色芝。瑞雲婀娜玉參差。佩環摇影青霞洞，歌扇留香白雪詞。花可可，柳枝枝。別情還似送春時。洞簫吹月商顔遠，采藥人來好寄詩。

元・張可久〔越調・小桃紅〕《贈琵琶妓王氏》 舞腰回雪臉舒霞，席上人如畫。壓柳欺梅舊聲價，弄琵琶。風流不似明妃嫁。金樽翠斝，玉纖羅帕，同醉鳳城花。

元・張可久〔中呂・朝天子〕《席上有贈》 教坊，色長，曾侍宴丹墀上。可憐新燕妒新妝，高髻堆宮樣，芍藥多情，海棠無香，花不如窈窕娘。錦囊，樂章，分付向樽前唱。

施氏

藝文

元・張可久〔雙調・折桂令〕《歌妓施氏》 照冰壺秋水芙蕖。姓出西家，名滿東吳。鸞鏡妝殘，霓裳曲破，翠管詩餘。嬌滴滴眉雲眼雨，香馥馥腕玉胸酥。同醉仙都，偷寄銀箋，暗解羅襦。

花花

藝文

元・張可久〔雙調・慶宣和〕《歌者花花》 蜂蝶紛紛鶯燕猜，喧滿香街。一朵妖紅爲誰開。鬭買，鬭買。

元・張可久〔雙調・撥不斷〕《琵琶姬王氏》 坐離筵，促哀絃，紅妝新畫昭君面。玉手輕彈秋水篇，青衫老泪湓江怨，幾時重見。

樊素雲

藝文

元・張可久〔中呂・滿庭芳〕《樊氏素雲》 櫻桃口脂，提君雅號，索我新詞。梨花夢裏同心事，雪比芳姿。迎皓月玲瓏玉枝，結穠香婀娜瓊芝。題卿字，光生繭紙，頭上黑雨催詩。

張玉卿

藝文

元・張可久〔越調・寨兒令〕《觀張氏玉卿雙陸》 間錦笙，罷瑤箏，花陰半簾春晝永。鬭草無情，睡又不成，佳配兩相停。手初交弄玉拈冰，步輕挪望月瞻星。雙敲象齒鳴，單走馬蹄輕。羸，夜宴錦香亭。

元・張可久〔雙調・燕引雛〕《張氏玉卿》 瑩無瑕，淡妝何必御鉛華，嬌姿映雪强如畫。素手琵琶，天仙第一家。荆山下，連城價。香欺瑤草，艷壓瓊花。

元・張可久〔越調・柳營曲〕《歌者玉卿》 壓錦叢，侍金童，蕊珠仙暫來塵世中。筍指纖穠，花貌春紅，瑤臺上記相逢。風清環珮丁東。月明仙掌芙蓉。琴橫秋水冷，釵墜曉雲鬆。天寶宮，驚走薛瓊瓊。

素娟

藝文

元·張可久〔中呂·滿庭芳〕《歌者素娟》 鉛華盡洗，南州瓊樹，姑射冰肌。櫻桃樊氏名相類，白也無敵。粉蝶妒寒梅破蕊，玉蟾驚秋月揚輝。絕纖翳。巧笑倩兮，無地着明妃。

元·張可久〔越調·柳營曲〕《湖上》 歌念奴，和昂夫，西風畫船同笑語。水竹幽居，金碧浮圖，倒影浸冰壺。山翁醉插茱萸，仙姬笑撚芙蕖。舞闌雙鷓鴣。飲盡一葫蘆。都，分韻賦西湖。

愛卿

藝文

元·張可久〔中呂·朝天子〕《箏手愛卿》 丹山鳳鳴，黄雲雁影，笙歌罷簾幃静。纖纖香玉扣紅冰，一曲伊州令。院體瓊瓊，秋水盈盈，不由人不愛卿。有情，月明，酬我西湖興。

程心玉

藝文

元·張可久〔中呂·迎仙客〕《歌妓程心玉有簾捲新凉之語遂足成之》 窈窕娘，淡梳妝，夫容鬢邊茉莉香。翠荷觴，錦荔漿，簾捲新凉，人醉西樓上。

張氏

藝文

元·王惲《鳳凰台上憶吹簫·贈喬媼張氏》 碧鳳翹寒，玉霄宫晚，雲窗誤讀黄庭。恨淩波羅襪，洛浦塵生。往事風流雲散，但翠衾、冷落餘馨。人何在，澹妝縞袂，幽樹柴荆。 相逢一尊芳酒，對夜色疏星，歌嫋雲停。記水南佳麗，姚魏池亭。夢繞芙蓉城闕，歸馭穩、緱嶺風清。桃花晚，等閒休負瑶英。

張惠英

藝文

元·王惲《鷓鴣引·爲樂籍張惠英賦》 秋水芙蓉鏡裏仙。一枝明玉濯煙鬟。鶯初解語調柔石，柳不勝嬌拂畫闌。 催疊鼓，按弓彎。樓心低月怯清寒。人生莫惜纏頭錦，能得春風幾度看。

李蘭英

藝文

元·王惲〈鷓鴣引〉《花草离騷試品量》 丁亥上巳日，與諸君宴林氏花圃，李賦〈鷓鴣天〉以歌之。李氏字蘭英，樂藉之名香者也。

花草離騷試品量。猗猗香色紫蘭芳。樂棚擢秀名何麗，楚澤含秋思更長。 金縷曲，紫霞觴。留連光景醉銀塘。竹西歌吹歸時晚，也勝揚鞭問葛疆。

高秀英

藝文

元·王惲《鷓鴣引·贈馭説高秀英》 短短羅袿澹澹妝。拂開紅袖便當場。掩翻歌扇珠成串，吹落談霏玉有香。 由漢魏，到隋唐，誰教若輩管興亡。百年總是逢場戲，拍板門鎚未易當。

元·張雨《木蘭花慢·和黄一峰聞箏》 盡彈箏仕女，會銀甲，驟冰絃。看蟬影傲傲，鶯聲歷歷，鴻陣翩翩。哀音暮年多感，柰對花、對酒更聞鵑。卻恐乘雲飛去，纏頭嫋住非煙。 烏絲綴譜倩陳玄。雅調爲誰傳。嗟江上峰青，湘皋木落，與挾飛仙。正須絲竹陶寫，儘勝渠、槌拍事枯禪。莫負金尊皓月，難留錦瑟華年。

吴娃

藝文

元·張雨〈雙調·殿前歡〉《楊廉夫席上有贈》 小吴娃，玉盤仙掌載春霞。後堂絳帳重簾下，誰理琵琶。香山處士家，玉局仙人畫，一刻春無價。老夫醉也，烏帽瓊華。

小玉帶

藝文

元·周德清（越調·鬥鵪鶉）《贈小玉帶》 不辨珉玒，紛紛貫耳。自靚瓊瑤，常常掛齒。匡皐相逢，荆山在此。這樂名，是誰賜。樣稱纖腰，光搖嫩指。（紫花兒）却是紅如鶴頂，赤若雞冠，白似羊脂。是望月犀牛獨自，是穿花鸞鳳雄雌。是兎兒靈芝，是螭虎是翎毛是鷺鷥。是海青拏天鵝不是。我則是想像因而，你敢那就裏知之。（調笑令）細思，好稱瘦腰肢，圍上偏宜舞《柘枝》。性温和雅稱芳名字，料應來一般胸次。色光澤瑩如美艶姿，都無那半點瑕玼。（小沙門）别是箇玲瓏樣子，另生成剔透心兒，爲風流儘教撚斷髭。不負我，贈新詩、新詞。（聖藥王）重翫視，巧意思，羽毛枝幹細如絲。温潤資，雕琢時，那其間應是辨妍媸，必定是明師。（尾）掛金魚自古文章士，未敢望當來衣紫。有福後必還咱，上心來記着你。

簪山橋

藝文

元·喬吉（中吕·朝天子）《歌者簪山橋》 錦囊，未黄，宜薦秋風釀。何須一夜洞庭霜，好先試銷金帳。荳蔻梢頭，丁香枝上，蘸吴姬指甲凉。剖將，試嘗，止愛些酸模樣。

又《小娃琵琶》 暖烘，醉容，逼匝的芳心動。雛鶯聲在小簾櫳，喚醒花前夢。指甲纖柔，眉兒輕縱，和相思曲未終。玉葱，翠峯，嬌怯煞琵琶重。

劉牙兒

藝文

元·喬吉（越調·小桃紅）《贈劉牙兒》 瓠犀微露玉參差，偏稱烏金漬。斜抵春纖記前事。試尋思，風流漫惹閑唇齒，含宫泛徵，咬文嚼字。誰敢嗑牙兒。

郭蓮兒

藝文

元·喬吉（越調·小桃紅）《贈郭蓮兒》 錦幢羅蓋水晶宫，一曲菱歌動。太液雲香露華瑩，醉芙蓉。鴛鴦不識凌波夢，秋房怨空，藕絲情重，粉瘦怯西風。

元·喬吉（越調·凭闌人）《小姬》 手撚紅牙花滿頭，愛唱春詞不解愁。一聲出畫樓，曉鶯無奈羞。

張天香

藝文

元・喬吉〈**雙調・折桂令**〉《**贈張氏天香善填曲時在陽羨莫侯席上**》月明一片緗雲，揉做清芬。吹下崑崙。勝淺淺蘭烟，霏霏花霧、淡淡梅魂。這氣味温柔可人，那風流旖旎生春。聲迹相聞，多少餘芳，散在乾坤。

李楚儀

藝文

元・喬吉〈**越調・小桃紅**〉《**别楚儀**》一樽别酒斷腸詞，難説心間事。行李匆匆怎酬志。自尋思，從今别却文章士。至如小子，十分不是，好處也想些兒。

又《**楚儀來因戲贈之**》碧梧月冷鳳凰枝，空守風流志。楚雨湘雲總心事，許多時。口兒裏不道箇胡倫字。慇懃謝伊，雖無傳示，來探了兩遭兒。

元・喬吉〈**雙調・折桂令**〉《**賈侯席上贈李楚儀**》洗妝明雪色芙蓉，默默情懷，楚楚儀容。甚烟雨江頭，移根何在，桃李場中。儘劣燕嬌鶯宂宂，笑落花飛絮濛濛。湘水西東，悵望褰衣，玉立秋風。

又《**會州判文從周自維揚來道楚儀李氏意**》文章杜牧風流。照夜花燈，載月蘭舟。老我江湖，少年談笑，薄倖名留。贈楊柳人初病酒，采芙蓉客已驚秋。醉夢悠悠，雁到南樓，寄點新愁。

元・喬吉〈**雙調・水仙子**〉《**席上賦李楚儀歌以酒送維揚賈侯**》鴛鴦一世不知愁，何事年來盡白頭。芙蓉水冷胭脂瘦。占西塘曉鏡秋，菱花漫替人羞。擎架著十分病，包籠著百倍憂，老死也風流。

又《**楚儀贈香囊賦以報之**》玉絲寒皺雪紗囊，金剪裁成冰筍涼，梅魂不許春摇蕩。和清愁一處裝，芳心偷付檀郎。懷兒裏放，枕袋裏藏，夢繞龍香。

朱阿嬌

藝文

元・喬吉〈**越調・小桃紅**〉《**贈朱阿嬌**》鬱金香染海棠絲，雲膩宫鴉翅。翠靨眉兒畫心字，喜孜孜。司空休作尋常事。樽前但得，身邊伏侍，誰敢想那些兒。

元・喬吉〈**雙調・水仙子**〉《**贈姑蘇朱阿嬌會玉真李氏樓**》合歡髻子楚雲鬆，鬬巧眉兒翠黛濃，柔荑指怯金杯重。玉亭亭鞵半弓。聽驪珠一串玲瓏。歌觸的心情動，酒潮的臉暈紅，笑堆著滿面春風。

元・喬吉〈**雙調・折桂令**〉《**七夕贈歌者**》崔徽休寫丹青，雨弱雲嬌，水秀山明。箸點歌脣，葱枝纖手，好箇卿卿。水灑不著春妝整整，風吹的倒玉立亭亭。淺醉微醒，誰伴雲屏。今夜新涼，卧看雙星。

又 黄四娘沽酒當壚，一片青旗，一曲驪珠。滴露和雲，添花補柳，梳洗工夫。無半點閑愁去處，問三生醉夢何如。笑倩誰扶。又被春纖，攪住吟鬚。

周宜

藝文

元・喬吉〔雙調・折桂令〕《毗陵張師明席上贈歌妓周氏宜者》宜歌宜舞宜妝。道是風流，果不尋常。粉靨堆春，金盤捧露，翠袖籠香。此際相逢蕊娘，箇中誰是周郎。愁近清觴，泥醉歸來，燈影昏黄。

又《秋日湖山偕白子瑞輩燕集，賦以俾歌者赴拍侑樽》秋聲一片蘆花，正落日山川，過雨人家。羡歌舞風流、太平時世、詩酒生涯。待楊柳晴春風躍馬，且桂華凉夜月乘槎。一曲吴娃，笑煞江州、泪滿琵琶。

王玉蓮

藝文

元・喬吉〔雙調・折桂令〕《仲明同知坦然齋集蘇老琵琶吴國良簫歌者王玉蓮》坦然對客高軒，爛醉梅邊，占得春先。簫阮鸞聲，琵琶鳳尾，寶鼎龍涎。金錯落三分酒淺，玉玲瓏一串珠圓，誰似尊前，談笑風流，富貴神仙。

元・湯式〔雙調・夜行船〕《贈玉蓮王氏》玉立亭亭太華仙，問别來不記何年。雲隔瑶池，塵飛滄海，誰承望又還相見。〔沉醉東風〕彷彿在耶溪岸邊，分明在太液池前。瓊簪墮地輕，羅襪凌波淺，勝華清賜浴温泉。微露浸浸濕翠鈿，越顯得香嬌玉軟。〔離亭宴帶歇指煞〕韓昌黎甜句兒多稱羡，周濂溪美意兒常留戀。都則爲風流自然，馨香勝噴水龍涎。花瓣巧攢珠蚌殼，藕絲細吐冰蠶繭。欺風弄縞衣，妒月摶紈扇。三般兒可憐，葉老翠房空，波寒妝鏡慘，粉淡芳容變。休將玉漏催，且盡碧筩宴，多嬌自勉。恁若許惜花的攀，我先將並頭選。

王柔卿

藝文

元・喬吉〔雙調・水仙子〕《贈柔卿王氏》暖紅無力海棠絲，春緑多情楊柳枝，紺雲不動宫鴉翅。肉臺盤纖玉指，胭脂粉搭成的孩兒。眼角頭傳芳事，樽前席上歌艷詞，俵散相思。

又《歌者睥睨潦倒故賦此訾焉》綉屏春暖茜氍毹，羅袖香番錦鷓鴣，銀盆笑擊珊瑚樹。拚明珠换緑珠，見書生如此頭顱。昇仙橋曾題柱，卓文君不駕車，誰識相如。

李琬卿

藝文

元・喬吉〔雙調・水仙子〕《李琬卿》一篇詞意思便隨斜，千金價恩情莽判賒，五花文官誥權教借。高仙兒來到也，人間天上離别。滹沱河澶了府判，柳花亭留下大姐，李琬也也。

孫梅哥

藝文

元・喬吉〔雙調・水仙子〕《贈孫梅哥》 壽陽宮額試新妝，蕚緑仙音整舊腔，怕尊前夢覺參兒上。粉留痕襟袖香，揀□兒可喜昏黄。白雲紙帳，清風玉堂，淡月紗窗。

朱翠英

藝文

元・喬吉〔雙調・水仙子〕《贈朱翠英》 吹笙慣醉碧桃花，把酒曾聽蕚緑華，金毛秀靨春無價。折將來烏帽上插，五百年歡喜冤家。正好星前月下，恐怕風吹雨打，喫惜了零落天涯。

元・喬吉〔越調・鬥鵪鶉〕《歌姬》 教坊馳名，梨園上班，院本詼諧，宮妝様範。膚若凝脂，顔如渥丹，香肩憑玉樓，湘雲擁翠鬟。羅帕分香，春纖換盞。〔紫花兒〕扶彫煞東風桃李，吸留煞暮雨房櫳，喫喜煞夜月闌干。向尊席之上，談笑其間，意思相攀，且是娘剔透玲瓏不放閑，不枉了唤聲妝旦。儘可以霧幌雲屏，酒社詩壇。〔天净沙〕眉兒初月彎彎，鞋兒瘦玉慳慳，臉兒孜孜耐看。琵琶絃慢，青衫泪點才乾。〔尾〕麗春園門外是潯陽岸，最險是茶船上跳板。一句話悔時難，兩般兒愛處揀。

何氏

藝文

元・劉時中〔越調・小桃紅〕《辛尚書座上贈合彈琵琶何氏》 纖纖香玉插重蓮，猶似羞人見。斜抱琵琶半遮面，立當筵，分明微露黄金釧。鵾雞四絃，驪珠一串，箇箇一般圓。

高才甫

藝文

元・許有壬《南鄉子・贈軋二絃胡琴高才甫》 錦瑟思華年，底用嘈嘈五十絃。兩線清冰千萬調，能傳。句句分明字字圓。　高藝擅華筵，多少新聲出自然。更著趙娘歌宛轉，相聯。消得詩人筆似椽。

湘云

藝文

元・張翥《摸魚兒・賦湘云》 問湘南、有雲多少，不應長是爲雨。平生宋玉緣情老，贏得鬢絲如許。歌又舞，更一曲、琵琶昵昵如私語。閒悲浪苦。怪舊日青衫，空流淚滿，不解畫眉嫵。 空凝佇，十二峰前路阻，相逢知在何處。今朝重見春風手，仍聽舊彈金縷。君且住，怕望斷、蘅皋日暮傷離緒。新聲自譜。把江北江南，今愁往恨，盡入斷腸句。

董氏

藝文

元・張翥《沁園春・次韻李元之聽董氏雙絃》 誰喚嬌嬈，斜插雙絃，華筵乍開。愛玉纖輕軋，半籠翠袖，歌喉緩引，暗點鴛鞵。胡部新聲，樂工巧製，寫出龍沙馬上哀。哀何似，似離鸞驚起，白雀飛來。 丁寧擊節金釵。要細聽、春風且慢催。正宮商分犯，拽歸雙調，伊州入破，攧徧三臺。畫扇香收，羅巾汗溼，愁是雲兜醉後回。花閒客，任鸞綃纏髻，更盡餘杯。

崔愛

藝文

元・張翥《風流子・賞箏妓崔愛》 梨園供奉曲，卿卿解、寫入十三絃。聽促彈寶柱，暮催行雨，放嬌銀甲，春繞飛煙。可人處、鳳聲啼玉碎，燕尾點波圓。宜與畫看，徽容妍麗，欲裁詩寄，鶯思纏綿。 多情曾相遇，歸舟字、夢裏尚記遊仙。好倩鈿牀纖手，移近尊前。儘何處教吹，玉簫明月，此情追憶，錦瑟華年。多少舊愁新恨，知爲誰傳。

房自然

藝文

元・張翥《水龍吟・聽房氏自然歌求詞爲賦》 春風瓊樹香中，數聲恰似流鶯囀。歌塵飛下，落花起舞，驪珠脫串。荳蔻珠簾，牡丹雪嶺，小桃人面。是自然絕藝，天然書譜，霓裳序，六幺徧。 獨占二分月色，向尊前、幾番曾見。賞音如此，不辭醉墨，爲題紈扇。浪雨閒雲，賸香殘黛，莫論恩怨。看穠華又老，情緣未斷，寄樓中燕。

沈生

藝文

元·張翥《聲聲慢·揚州箏工沈生彈虞學士〔浣溪沙〕求賦》 金鑾學士，天上歸來，蘭舟小駐蕪城。供奉新詞，幾度慣賦鳴箏。相逢沈郎絶藝，爲尊前、細寫餘情。問何似，似秦關雁度，楚樹蟬鳴。　我亦從來多感，但登山臨水，慷慨愁生。一曲哀彈，只遣鬢變魂驚。行期買花載酒，趁秋高、月明風清。須盡醉，聽江頭、腸斷數聲。

沈野云

藝文

元·張翥《鳳凰台上憶吹簫·聽沈野云吹簫醉後有賦》 琪樹鏘鳴，春冰碎落，玉盤珠瀉還停。漸一絲風嫋，悠颺青冥。疑把紅牙趁節，想有人、記豆銀屏。何須數，琵琶漢女，錦瑟湘靈。　追思舊時勝賞，醉幾度西湖，山館池亭。慣依歌花月，按舞娉婷。歲晚相逢客裏，且一尊、同慰漂零。君休惜，吴音朔調，盡與吹聽。

楊韻卿

藝文

元·張翥《意難忘·妓楊韻卿以善歌求賦》 高韻天成。問當時愛愛，得似卿卿。江梅風致別，楚蕙雪香清。花旎旎，月盈盈。寫不盡才情。把舊遊，名謳試數，誰解新聲。　詩家只有楊瓊。向吴姬叢裏，轉更分明。金閨春思怯，翠被暮寒生。人欲去，酒還醒。黯此際銷凝。待翦將，江雲數尺，與染丹青。

朱繡蓮

論説

元·楊維楨《東維子集》卷一一《優戲録序》 侏儒奇偉之戲，出於古亡國之君。春秋之世陵，轢大諸侯。後代離析文義，至侮聖人之言爲劇，蓋在誅絶之法。而太史公爲滑稽者作傳，取其謹言微中，則感世道者深矣。錢唐王曄集歷代之優辭有關於世道者，自楚國優孟而下，至金人玳瑁頭，凡若干條。太史公之旨，其有概於中者乎。予聞仲尼論諫之義有五：始曰譎諫，終曰諷諫。且曰：吾從者諷乎。蓋以諷之效，從容一言之中。而龍逢、比干、不獲稱良臣者之所不及也。觀優之寓於諷者，如漆城、瓦衣、兩稅之類，皆一言之微，有回天倒日之力，而勿煩乎牽裾伏蒲之勃也。則優戲之伎雖在誅絶，而優諫之功，豈可少乎。他如安金藏之剖腸，申漸高之飲鴆，敬新磨之勉戮疲令楊花飛之易亂主於治，君子之論，且有謂臺官不如伶官。至其錫教及於獮猴解愁具死也，足以愧北面二君者，則憂世君子不能不喑唶於此矣。故吾於疃之編爲叙之如此，使覽者不徒爲軒渠一噱之助，則知疃之感太史氏之感也歟。至正六年秋七月序。

又《**朱明優戲序**》 窟礧家起於偃師獻穆王之伎。漢户牖侯祖之，以解平城之圍，運機關，舞埤間，閼支以爲生人，後翻爲倍者戲具，其引歌舞，亦不過借吻角吣唧聲，未有引以人音，至於嬉嬉怒罵，備五方之音，演爲諧諢嘁唖而成劇者也。

又 百戲有魚龍、角觝、高絙鳳皇、都盧、尋潼、戲車、走丸、吞刀、吐火、扛鼎、象人、怪獸、含利、潑寒、蘇莫等伎，而皆不如俳優、侏儒之戲或有關於諷諫，而非徒爲一時耳目之玩也。

藝文

元・張翥《**鷓鴣天・爲朱氏小妓繡蓮賦三首**》 半臂京綃穩稱身。玉爲顔面水爲神。一痕頭導分雲綰，兩點眉山入翠顰。 丹杏小，碧桃新，雛鶯恰囀上林春。平生慣是聽歌耳，除卻蓮兒只一人。

又 一曲吴歌酒半酣。聲聲字字是江南。書憑仙苑青鸞遞，花助妝樓粉蝶銜。 飛燕瘦，寶兒憨，已妍還慧更巖巖。無因薗得湘江水，與蘸春雲作舞衫。

又 乍學琵琶已斷腸。錦絛銀甲玉懸璫。春風瓊樹聲逾穩，秋水芙蓉字亦香。 微斂笑，淺句妝，何須重覓杜韋娘。休教月底清歌去，怕趁行雲上鳳凰。

又《**贈泉南琵琶妓**》 玉手琵琶半醉中。從容慢撚復輕攏。青衫司馬情偏感，翠袖紅蓮藝更工。 花淡濘，月朦朦，歸來無語立東風。汗巾紅漬檳榔液，錯認窗前唾繡絨。

元・梵琦《**漁家傲・娑婆苦**》 聽説娑婆無量苦，人皆染色貪尊俎。玉鏤笙簫金貼鼓，長鼓舞，梨園弟子邯鄲女。 冬衣紫貂春白苧，涼亭暖閣消寒暑。一旦神魂歸地府，應難取，空教淚點多如雨。

梁園秀 附：從小喬

傳記

元・夏庭芝《**青樓集・梁園秀**》 姓劉氏，行第四。歌舞談謔，爲當代稱首。喜親文墨，作字楷媚，間吟小詩亦佳。所製樂府，如〔小梁州〕、〔青歌兒〕、〔紅衫兒〕、〔抝塼兒〕、〔寨兒令〕等，世所共唱之。又善隱語。其夫從小喬，樂藝亦超絶云

曹娥秀

紀事

元・夏庭芝《**青樓集・曹娥秀**》 京師名妓也。賦性聰慧，色藝俱絶。一日鮮于伯機開宴，座客皆名士。鮮于因事入内，命曹行酒適遍，公出自内，客曰：伯機未飲。曹亦曰：伯機未飲。客笑曰：汝以伯機相呼，可爲親愛之至。鮮于佯怒曰：小鬼頭，敢如此無禮。曹曰：我呼伯機便不可，却只許爾叫王羲之也。一座大笑。

解語花

紀事

元・夏庭芝《青樓集・解語花》 姓劉氏。尤長於慢詞。廉野雲招盧疏齋、趙松雪飲於京城外之萬柳堂。劉左手持荷花，右手舉杯，歌《驟雨打新荷》曲。諸公喜甚，趙即席賦詩云：萬柳堂前數畝池，平鋪雲錦蓋漣漪。主人自有滄洲趣，遊女仍歌白雪詞。手把荷花來勸酒，步隨芳草去尋詩。誰知咫尺京城外，便有無窮萬里思。

元・陶宗儀《南村輟耕録》卷九《万柳堂》 京師城外萬柳堂，亦一宴游處也。野雲廉公一日於中置酒，招疏齋盧公，松雪趙公同飲。時歌兒劉氏名解語花者。左手折荷花，右手執盃，歌〔小聖樂〕云：緑葉陰濃，徧池亭水閣，偏趁凉多。海榴初綻，朶朶蹙紅羅。乳燕雛鶯弄語，對高柳鳴蟬相和。驟雨過似璚珠亂撒，打遍新荷。人生百年有幾，念良辰美景，休放虚過。富貧前定，何用苦張羅。命友邀賓宴賞，飲芳醑，淺斟低歌。且酩酊，從教二輪，來往如梭。既而行酒。趙公喜，即席賦詩曰：萬柳堂前數畝池，平鋪雲錦蓋漣漪。主人自有滄洲趣，遊女仍歌白雪詞。手把荷花來勸酒，步隨芳草去尋詩。誰知只尺京城外，便有無窮萬里思。此詩，集中無。〔小聖樂〕乃〔小石調〕曲，元遺山先生好問所製，而名姬多歌之，俗以爲《驟雨打新荷》者是也。

劉燕歌

傳記

元・夏庭芝《青樓集・劉燕歌》 姓郭氏，字順卿，行第二，人稱之曰郭二姐。姿態閑雅。雜劇爲閨怨最高，駕頭諸旦本亦得體。劉時中待制嘗以金簧玉管，鳳吟鸞鳴，擬其聲韻。平生與王元鼎密，偶疾，思得馬板腸，王即殺所騎駿馬以啖之。阿魯温參政在中書，欲矚意於郭，一日戲曰：我何如王元鼎。郭曰：參政，宰臣也；元鼎，文士也。經綸朝政，致君澤民，則元鼎不及參政；嘲風弄月，惜玉憐香，則參政不敢望元鼎。阿魯温一笑而罷。

紀事

元・夏庭芝《青樓集・劉燕歌》 善歌舞。齊參議還山東，劉賦太常引以餞云：故人別我出陽關，無計鎖雕鞍。今古別離難，兀誰畫、蛾眉遠山。一尊別酒，一聲杜宇，寂寞又春殘。明月小樓閑，第一夜、相思淚彈。至今膾炙人口。

荎文秀

藝文

元・王元鼎〔商調・河西後庭花〕此曲之作，有自來矣。昔胡元大都妓女名荎文秀者，美姿色，與學士王元鼎有姻，亦與阿魯相契，異期阿與荎作坐，談及風情之任，阿曰：聞爾與王元鼎情恩甚篤，以予方之，孰最。荎含笑不語，阿强之再四，荎曰：以調和鼎鼐，燮理陰陽，則學士不如丞相。論惜玉憐香，嘲風詠月，則丞相少次於學士。哄然一笑而罷，元鼎聞之，故作此以嘲之。走將來涎涎瞪瞪冷眼兒睃，杓杓答答熱句兒浸。捨不的纏頭錦，心疼的買笑金，要你消任。鴛幃珊枕，鳳凰杯翡翠衾，低低唱淺淺斟，休逞波李翰林。〔么篇〕支楞絃斷了綠綺琴，玷玎掂折了碧玉簪，嗨，墮落了題橋志，吁，闌珊了解佩心。走將來笑吟吟，妝呆妝婪。硬厮挣軟厮禁。泥中刺綿裹針，黑頭蟲黃口鵮。〔鳳鸞吟〕自古到今，恩多須怨深。你説的牙疼誓，不害碜。有酒時唫，有飯時啃，你來我跟前委實圖甚。小的每聲價兒些，身材兒婪，請先生別覓箇知音。〔柳葉兒〕走將來乜斜頭撒唚，不熨貼性兒希林，軟處捏硬處搊甜處滲。休忒倸，莫沉吟，休辜負了柳影花陰。

小娥秀

傳記

元・夏庭芝《青樓集・小娥秀》姓邳氏。世傳邳三姐是也。善小唱，能慢詞。張子友平章甚加愛賞。中朝名士，贈以詩文盈軸焉。

杜妙隆

紀事

元・夏庭芝《青樓集・杜妙隆》金陵佳麗人也。盧疏齋欲見之，行李匆匆，不果所願，因題《踏沙行》於壁云：雪暗山明，溪深花早，行人馬上詩成了。歸來聞説妙隆歌，金陵却比蓬萊渺。寶鏡慵窺，玉容空好，梁塵不動歌聲悄。無人知我此時情，春風一枕松窗曉。

喜春景

傳記

元・夏庭芝《青樓集・喜春景》姓段氏。姿色不逾中人，而藝絕一時。張子友平章，以側室置之。

聶檀香

論説

元・夏庭芝《青樓集・聶檀香》 姿色嫵媚，歌韻清圓。東平嚴侯甚愛之。

宋六嫂

傳記

元・夏庭芝《青樓集・宋六嫂》 小字同壽。元遺山有贈觱栗工張觜兒詞，即其父也。宋與其夫合樂，妙入神品，蓋宋善謳，其夫能傳其父之藝。

藝文

元・滕賓《百字令・贈宋六嫂》 柳顰花困，把人間恩怨，尊前傾盡。何處飛來雙比翼，直是同聲相應。寒玉嘶風，香雲卷雪，一串驪珠引。元郎去後，有誰著意題品。 誰料濁羽清商，繁絃急管，猶自餘風韻。莫是紫鸞天山曲，兩兩玉童肩並。白髮梨園，青衫老傅，試與留連聽。可人何處，滿庭霜月清冷。

周人愛 附：玉葉兒

論説

元・夏庭芝《青樓集・周人愛》 京師旦色，姿藝并佳。其兒婦玉葉兒，亢文苑嘗贈以《南吕・一枝花》曲。

司燕奴

論説

元・夏庭芝《青樓集・司燕奴》 精雜劇，聲名與宋、郭相頡頏。

天然秀

傳記

元・夏庭芝《青樓集・天然秀》 姓高氏，行第二，人以小二姐呼之。母劉，嘗侍史開府。高丰神艶雅，殊有林下風致。才藝尤度越流輩，閨怨雜劇爲當時第一手，花旦、駕頭，亦臻其妙。始嫁行院王元俏，王死，再嫁焦太素治中，焦後没，復落樂部，人咸以國香深惜，然尚高潔凝重，尤爲白仁甫、李溉之所愛賞云。

國玉第

論説

元·夏庭芝《青樓集·國玉第》 教坊副使童關高之妻也。長於緑林雜劇，尤善談謔，得名京師。

張玉梅 附：蠻婆兒、關關

論説

元·夏庭芝《青樓集·張玉梅》 劉子安之母也。劉之妻曰蠻婆兒，皆擅美當時。其女關關，謂之小婆兒，七八歲已得名湘湖間。

王金帶

傳記

元·夏庭芝《青樓集·王金帶》 姓張氏，行第六。色藝無雙。鄧州王同知娶之，生子矣。有譖之於伯顔太師，欲取入教坊承應，王因一尼爲地，求間於太師之夫人，乃免。

魏道道

論説

元·夏庭芝《青樓集·魏道道》 勾欄内獨舞《鷓鴣》四篇打散，自國初以來，無能繼者。妝旦色，有不及焉。

玉蓮兒

論説

元·夏庭芝《青樓集·玉蓮兒》 端麗巧慧，歌舞談諧，悉造其妙，尤善文楸握槊之戲。嘗得侍於英廟，由是名冠京師。

樊事真

紀事

元・夏庭芝《青樓集・樊事真》 京師名妓也。周仲宏參議嬖之。周歸江南，樊飲餞於齊化門外。周曰：別後善自保持，毋貽他人之誚。樊以酒酹地而誓曰：妾若負君，當刳一目以謝君子。亡何，有權豪子來，其母既迫於勢，又利其財，樊則始毅然，終不獲已。後周來京師，樊相語曰：別後非不欲保持，卒爲豪勢所逼。昔日之誓，豈徒設哉。乃抽金篦刺左目，血流遍地，周爲之駭然，因歡好如初。好事者編爲雜劇，曰《樊事真金篦刺目》，行於世。

賽簾秀

傳記

元・夏庭芝《青樓集・賽簾秀》 朱簾秀之高弟，侯耍俏之妻也。中年雙目皆無所覩，然其出門入户，步綫行針，不差毫髮，有目莫之及焉。聲遏行雲，乃古今絶唱。

天錫秀

附：天生秀、賜恩深、張心哥

傳記

元・夏庭芝《青樓集・天錫秀》 姓王氏，侯總管之妻也。善緑林雜劇，足甚小而步武甚壯。女天生秀，稍不逮焉。後有工於是者賜恩深，謂之邦老趙家。又有張心哥，亦馳名淮浙。

金獸頭

傳記

元・夏庭芝《青樓集・金獸頭》 湖廣名妓也。貫祇歌平章納之，貫没，流落湘湖間。酸齋嘗有老鶴啄之誚。

周喜歌

紀事

元・夏庭芝《青樓集・周喜歌》 字悦卿。貌不甚揚，而體態温柔。

趙松雪書悦卿二字，鮮于困學、衛山齋、都廉使公及諸名公，皆贈以詞，至今其家寶藏之。

王巧兒

傳記

元・夏庭芝《青樓集・王巧兒》　歌舞顔色，稱於京師。陳雲嶠與之狎，王欲嫁之。其母密遣其流輩開喻曰：陳公之妻，乃鐵太師女，妒悍不可言，爾若歸其家，必遭凌辱矣。王曰：巧兒一賤倡，蒙陳公厚眷，得侍巾櫛，雖死無憾。母知其志不可奪，潛挈家僻所，陳不知也。旬日後，王密遣人謂陳曰：母氏設計，置我某所。有富商約某日來，君當圖之，不然恐無及矣。至期，商果至，王辭以疾，悲啼宛轉。飲至夜分，商欲就寢，王掐其肌膚皆損，遂不及亂。既五鼓，陳宿搆忽剌罕赤闥縛商欲赴刑部處置。商大懼，告陳公曰：某初不知，幸寢其事，願獻錢二百緡，以助財禮之費。陳笑曰：不須也。遂厚遺其母，携王歸江南。陳卒，王與正室鐵皆能守其家業，人多所稱述云。

李翠娥

傳記

元・陶宗儀《南村輟耕録》卷一五《妓妾守節》　妓妾之以色藝取憐，妒寵於主家者，亦曰我之富與貴有以感動其中耳。設遇患難貧病，彼必戚戚然求爲脱身之計，又肯守志不貳者哉。如金谷園緑珠，燕子樓盼盼，韓香之於葉氏，愛愛之於張逞者，真絶無而僅有也。大元混一以來，得三人焉：李翠娥，維揚名倡也，石九山萬户，納置別業。石没，李誓不適他姓以辱身。終日閉閤誦經而已。年及七十餘，萬户之子若孫，遇歲時咸往拜之。樂籍中相傳以爲盛事。王巧兒，京師上色也，陳雲嶠同知與之狎，携至杭，陳卒，奉正室鐵氏，以清慎勤儉終其身。汪憐憐，湖州角妓也，涅古伯經歷常屬意焉。汪曰：君若不棄寒微，當以側室處妾，鼠竊狗偷，妾決不爲此態。涅乃遺媒妁、備財禮，娶之。經三載，死。汪髠髪尼寺。時公卿士夫有往訪之者，汪故毁其身形，以絶狂念，卒老於尼。若此者，亦可以追踪前古之懿德矣。

王奔兒

傳記

元・夏庭芝《青樓集・王奔兒》　長於雜劇，然身背微僂。金玉府總管張公置於側室。劉文卿嘗有買得不直之誚。張没，流落江湖，爲教師以終。

時小童

論説

元・夏庭芝《青樓集・時小童》　善調話，即世所謂小説者，如丸走坂，如水建瓴。女童亦有舌辨，嫁末泥度豐年，不能盡母之伎云。

于四姐 附：朱春兒

論説

元・夏庭芝《青樓集・于四姐》 字慧卿。尤長琵琶，合唱爲一時之冠，名公士夫皆以詩贈之。後有朱春兒，亦得名於淮浙。

平陽奴 附：郭太香、韓獸頭、曹皇宣

論説

元・夏庭芝《青樓集・平陽奴》 姓徐氏。一目眇，四體文繡，精於緑林雜劇。又有郭太香，陳德宣之妻也，亦微眇一目。韓獸頭，曹皇宣之妻也，亦善雜劇，皆馳名金陵者也。

趙偏惜 附：樊孛闌奚

論説

元・夏庭芝《青樓集・趙偏惜》 樊孛闌奚之妻也。旦、末雙全，江淮間多師事之。樊院本亦罕與比。

連枝秀

傳記

元・夏庭芝《青樓集・連枝秀》 姓孫氏。京師角妓也。逸人風高老點化之，遂爲女道士，浪遊湖海間。嘗至松江，引一髽髻曰閩童，亦能歌舞。有招飲者，酒酣則自起舞，唱青天歌，女童亦舞而和之，真仙音也。欲於東門外化緣造菴，陸宅之爲造疏，語多寓譏誚。其中有不比尋常鈎子，曾經老大鉗槌，百煉不回，萬夫難敵之句。孫於是飄然入吴，遇醫人李恕齋，乃都卜舊好，遂從俗嫁之，後不知所終。

王玉梅

論說

元·夏庭芝《青樓集·王玉梅》　善唱慢調，雜劇亦精致。身材短小，而聲韻清圓，故鍾繼先有聲似磬圓，身如磬槌之誚云。

朱錦繡 附：侯要俏

論說

元·夏庭芝《青樓集·朱錦繡》　侯要俏之妻也。雜劇旦、末雙全，而歌聲墜梁塵。雖姿不逾中人，高藝實超流輩。侯又善院本，時稱負絶藝者，前輩有趙偏惜、樊孛蘭奚，後則侯、朱也。

樊香歌

傳記

元·夏庭芝《青樓集·樊香歌》　金陵名姝也，妙歌舞，善談謔，亦頗涉獵書史。臺端雖鳫角峨峨，悉皆愛賞，士夫造其廬，盡日笑談。惜壽不永，二十三歲而卒，葬南關外。好事者春遊，必携酒奠其墓，至今率以爲常。

小玉梅 附：匾匾、寶寶

論說

元·夏庭芝《青樓集·小玉梅》　姓劉氏。獨步江浙。其女匾匾，姿格嬌冶，資性聰明。雜劇能迭生按之，號小技。後嫁末泥安太平，常鬱鬱而卒。有女寶寶，亦唤小枝梅，藝則不逮其母云。

楊買奴

傳記

元·夏庭芝《青樓集·楊買奴》　楊駒兒之女也。美姿容，善謳唱。公卿士夫，翕然加愛。性嗜酒。後嫁樂人查查鬼張四爲妻，憔悴而死。貫酸齋嘗以髻挽青螺，裙拖白帶之句譏之，蓋以其有白帶疾也。

張玉蓮 附：倩嬌、粉兒

傳記

元·夏庭芝《青樓集·張玉蓮》 人多呼爲張四媽。舊曲其音不傳者，皆能尋腔依詞唱之。絲竹咸精，蒲博盡解，笑談亹亹，文雅彬彬。南北令詞，即席成賦，審音知律，時無比焉。往來其門，率富貴公子。積家豐厚，喜延款士夫，復揮金如土，無少暫惜愛。林經歷嘗以側室置之，後再占樂籍。班彦功與之甚狎，班司儒秩滿北上，張作小詞《折桂令》贈之，末句云：朝夕思君，泪點成班。亦自可喜。又有一聯云：側耳聽門前過馬，和淚看簾外飛花，尤爲膾炙人口。有女倩嬌、粉兒數人，皆藝殊絶，後以從良散去。余近年見之崑山，年逾六十矣。兩鬢如黧，容色尚潤，風流談謔，不減少年時也。

李嬌兒

論說

元·夏庭芝《青樓集·李嬌兒》 王德名妻也。姿容姝麗，意度閑雅，時人號爲小天然。花旦雜劇特妙。江浙駙馬丞相常眷之。李生辰，相君致賀禮；遇公燕，則遺以馬腰截，至今歌館以爲盛事。

張奔兒

論說

元·夏庭芝《青樓集·張奔兒》 李牛子之妻也。姿容丰格，妙於一時。善花旦雜劇。時人目奔兒爲温柔旦，李嬌兒爲風流旦。

龍樓景、丹墀秀 附：芙蓉秀

論說

元·夏庭芝《青樓集·龍樓景、丹墀秀》 皆金門高之女也。俱有姿色，專工南戲。龍則梁塵暗簌，丹則驪珠宛轉。後有芙蓉秀者，婺州人，戲曲小令不在二美之下，且能雜劇，尤爲出類拔萃云。

賽天香

論說

元·夏庭芝《青樓集·賽天香》 李魚頭之妻也。善歌舞，美風度。

性嗜潔，玉骨冰肌，纖塵不染。無錫倪元鎮，有潔病，亦甚愛之，則其人可知矣。

翠荷秀

傳記

元・夏庭芝《青樓集・翠荷秀》 姓李氏。雜劇爲當時所推。自維揚來雲間，石萬户置之别館。石没，李誓不他適，終日却掃，焚香誦經。石之子雲壑萬户，孫伯玉萬户，歲時往拜之。余見其年已七旬，鬢髮如雪，兩手指甲皆長尺餘焉。

趙梅哥 附：和當當、鸞童

論説

元・夏庭芝《青樓集・趙梅哥》 張有才之妻也。美姿色，善歌舞，名雖高而壽不永。張繼娶和當當，雖貌不揚，而藝甚絶，在京師曾接司燕奴排塲，由是江湖馳名。老而歌調高如貫珠。其女鸞童，能傳母之技云。

陳婆惜 附：觀音奴

論説

元・夏庭芝《青樓集・陳婆惜》 善彈唱，聲遏行雲。然貌微陋，而談笑風生，應對如響，省憲大官，皆愛重之。在絃索中能彈唱韃靼曲者，南北十人而已。女觀音奴，亦得其彷彿，不能造其妙也。

汪憐憐

紀事

元・夏庭芝《青樓集・汪憐憐》 湖州角妓。美姿容，善雜劇。涅古伯經歷甚屬意焉。汪曰：若不棄寒微，當以側室處我。涅遂備禮納之，克盡婦道，人無間言。數年涅没，汪髠髮爲尼，公卿士夫多訪之。汪汨其形，以絶衆之狂念而終身焉。

米里哈

論説

元·夏庭芝《青樓集·米里哈》 回回旦色。歌喉清宛，妙入神品。貌雖不揚，而專工貼旦雜劇。余曾識之，名不虚得也。

顧山山

傳記

元·夏庭芝《青樓集·顧山山》 行第四，人以顧四姐呼之。本良家子，因父而俱失身。姿性明慧，技藝絶倫。始嫁樂人李小大。李没，華亭縣長哈剌不花置於側室，凡十二年。後復居樂籍，至今老於松江，而花旦雜劇，猶少年時體態。後輩且蒙其指教，人多稱賞之。

李芝儀 附：童童、多嬌

論説

元·夏庭芝《青樓集·李芝儀》 維揚名妓也。工小唱，尤善慢詞。王繼學中丞甚愛之，贈以詩序。余記其一聯云：善和坊裏，驊騮構出繡鞍來，錢塘江邊，燕子銜將春色去。又有塞鴻秋四闋，至今歌館尤傳之。喬夢符亦贈以詩詞甚富。女童童，善雜劇。間來松江，後歸維揚。次女多嬌，尤聰慧，今留京口。

李真童

傳記

元·夏庭芝《青樓集·李真童》 張奔兒之女也。十餘歲即名動江、浙。色藝無比，舉止温雅，語不傷氣，綽有閨閣風致。達天山檢校浙省，一見遂屬意焉。周旋三歲，達秩滿赴都，且約以明年相會，李遂爲女道士，杜門謝客，日以焚誦爲事。至期，達授諸暨州同知，而來備禮取之。後達没，復爲道士，節行愈勵云。

真鳳歌

紀事

元・夏庭芝《青樓集・真鳳歌》 山東名妓也。善小唱。彭庭堅爲沂州同知，確守不亂。真恃以機辨圓轉，欲求好於彭。一日，大雪，彭會客，深夜方散，真托以天寒不回，直造彭室，彭竟不辭，後意甚密。

大都秀

論説

元・夏庭芝《青樓集・大都秀》 姓張氏。其友張七，樂名黄子醋。善雜劇。其外脚供過亦妙。

喜温柔

論説

元・夏庭芝《青樓集・喜温柔》 曾九之妻也。姿色端麗，而舉止温柔。淮、浙馳名，老而不衰。江西亦有喜温柔，姓孫氏，其藝則不逮焉。

藝文

元・曾瑞〔商調・梧業兒〕《贈喜温柔》 蟾宮閉，花貌羞，鶯嚦嚦囀歌謳。樽前立，席上有，喜温柔。都壓盡牆花路柳。朝雲退，暮雨收，悲秋客泪空流。傷情思，非病酒，見温柔。便痊可相思證候。歌金縷，捧玉甌，杯巡後越風流。心腸拽，模樣兒，喜温柔。偏能會將没作有。雲歸岫，月轉樓，芳景去最難留。蝶尋對，鶯唤友，勸温柔。且飲徹閑茶浪酒。鴛鴦帳，燕子樓，孤枕怯夜凉秋。啼痕揾，羅帕溲，想温柔。捱不得天長地久。秋波溜，眉黛愁，施展會鬼胡由。踏科耨，吟句謳，喜温柔。迤逗殺狂朋怪友。尋破綻，覓僂頭，將恩愛變爲讎。去呵呪，來呵啾，逞温柔。省可裏扭頭拗手。春歸後，花謝休，尋春客慵追遊。癡心候，堅意守，喜温柔。休徯蹬風流配偶。他垂釣，誰上鈎，休妝賴幾曾有。得你意，平生够，喜温柔。怎禁你行監坐守。閑尋鬭，不肯休，折證倒看誰羞。人難嗽，你撒颩，怨温柔。自落得出乖弄醜。

金鶯兒

紀事

元・夏庭芝《青樓集・金鶯兒》 山東名姝也。美姿色，善談笑。搊箏合唱，鮮有其比。賈伯堅任山東僉憲，一見屬意焉，與之甚昵。後除西臺御史，不能忘情，作〔醉高歌・紅繡鞋〕曲以寄之曰：樂心兒比目連枝，肯意兒新婚燕爾。畫船開，抛閃的人獨自。遥望關西店兒，黄河水流不盡心事，中條山隔不斷相思。常記得，夜深沉，人静悄，自來時。來時節三兩句話，去時節一篇詩，記在人心窩兒裏直到死。由是臺端知之，被劾而去，至今山東以爲美談。

一分兒

紀事

元·夏庭芝《青樓集·一分兒》 姓王氏。京師角妓也。歌舞絶倫，聰慧無比。一日，丁指揮會才人劉士昌、程繼善等於江鄉園小飲。王氏佐樽。時有小姬歌菊花會（南吕曲）云：紅葉落火龍褪甲，青松枯怪蟒張牙。丁曰：此（沉醉東風）首句也。王氏可足成之。王應聲曰：紅葉落火龍褪甲，青松枯怪蟒張牙，可詠題，堪描畫。喜觥籌，席上交雜。答剌蘇，頻斟入，禮厮麻，不醉呵休扶上馬。一座嘆賞，由是聲價愈重焉。

般般醜

論說

元·夏庭芝《青樓集·般般醜》 姓馬，字素卿。善詞翰，達音律，馳名江湘間。時有劉廷信者，南臺御史劉廷翰之族弟，俗呼曰黑劉五，落魄不羈，工於笑談，天性聰慧，至於詞章，信口成句，而街市俚近之談，變用新奇，能道人所不能道者，與馬氏各相聞而未識。一日，相遇於道，偕行者曰：二人請相見。曰：此劉五舍也；此即馬般般醜也。見畢，劉熟視之，曰：名不虛得。馬氏含笑而去。自是往來甚密，所賦樂章極多，至今爲人傳誦。

劉婆惜

傳記

元·夏庭芝《青樓集·劉婆惜》 樂人李四之妻也。江右與楊春秀同時。頗通文墨，滑稽歌舞，迥出其流，時貴多重之。先與撫州常推官之子三舍者交好，苦其夫間阻，一日偕宵遁，事覺，决杖。劉負愧，將之廣海居焉，道經贛州時，有全普菴撥里，字子仁，由禮部尚書值天下多故，選用除贛州監郡，平昔守官清廉，文章政事，揚歷臺省，但未免耽於花酒。每日公餘，即與士夫酣歌賦詩，帽上常喜簪花，否則或果或葉，亦簪一枝。一日，劉之廣海過贛，謁全公。全曰：刑餘之婦，無足與也。劉謂閽者曰：妾欲之廣海，誓不復還，久聞尚書清譽，獲一見而逝，死無憾也。全哀其志，而與進焉。時賓朋滿座，全帽上簪青梅一枝行酒，全口占（清江引）曲云：青青子兒枝上結，令賓朋續之。衆未有對者，劉歛衽進前曰：能容妾一辭乎。全曰：可。劉應聲曰：青青子兒枝上結，引惹人攀折。其中全子仁，就裏滋味别，只爲你酸留意兒難棄捨。全大稱賞，由是顧寵無間，納爲側室。後兵興，全死節，劉克守婦道，善終於家。

小春宴

論說

元·夏庭芝《青樓集·小春宴》 姓張氏。自武昌來浙西。天性聰慧，記性最高。勾闌中作場，常寫其名目，貼於四周遭梁上，任看官選揀需索。近世廣記者，少有其比。

孫秀秀

論說

元・夏庭芝《青樓集・孫秀秀》　都下小旦色。名公巨卿多愛重之。京師諺曰：人間孫秀秀，天上鬼婆婆。

事事宜

論說

元・夏庭芝《青樓集・事事宜》　姓劉氏。姿色歌舞悉妙。其夫玳瑁斂，其叔象牛頭，皆副净，浙西馳名。

簾前秀

論說

元・夏庭芝《青樓集・簾前秀》　末泥任國恩之妻也。雜劇甚妙。武昌、湖南等處，多敬愛之。

燕山景

論說

元・夏庭芝《青樓集・燕山景》　田眼睛光妻也。夫婦樂藝皆妙。

燕山秀

論說

元・夏庭芝《青樓集・燕山秀》　姓李氏。其夫馬二，名黑駒頭。朱簾秀之高第。旦、末雙全，雜劇無比。

荆堅堅

論說

元·夏庭芝《青樓集·荆堅堅》 善唱。工於花旦雜劇，人呼爲小順時秀。

孔千金 附：王心奇

論說

元·夏庭芝《青樓集·孔千金》 善撥阮，能慢詞，獨步於時。其兒婦王心奇，善花旦，雜劇尤妙。

李定奴

論說

元·夏庭芝《青樓集·李定奴》 歌喉宛轉，善雜劇。勾闌中曾唱〔八聲甘州〕，喝采八聲。其夫帽兒王，雜劇亦妙。凡妓，以墨點破其面者爲花旦。

王玉英

藝文

元·夏伯和〔中吕·朝天子〕《贈王玉英》 玉英，玉英，樵樹西風凈。藍田日暖巧妝成，如琢如磨性。異鍾奇范，精神光瑩，價高如十座城。試聽，幾聲，白雪陽春令。

李奴婢

藝文

元·夏伯和〔雙調·水仙子〕《贈李奴婢》 麗春園先使棘針屯，烟月牌荒將烈焰焚，實心兒辭却鶯花陣。誰想香車不甚穩，柳花亭進退無門。夫人是夫人分，奴婢是奴婢身，怎做夫人。

張氏

藝文

元·舒頔《江城子·歌者張氏，戴仲德、仲本時以茶謁其家》 戴郎昆仲太風流，翠娥愁，解貂裘，醉中摸索玉搔頭。繡被揾香肌粉滑，雲作帳，月爲鉤。　茅庵權當小秦樓。意綢繆，話揚州。瓊花騎鶴兩悠悠。薄倖三生今老矣，無夢到，那温柔。

無名氏

藝文

元·邵亨貞《小重山·緑鬢低低壓翠鈿》 緑鬢低低壓翠鈿。雙眉彎。似月鬬嬋娟。夜凉和褭拂冰弦。嬌無奈，何況酒尊前。　歌罷意悠然。一聲新雁過，暗愁牽。明朝江上水連天。淩波步，萬一故人憐。

蟾宫秀

藝文

元·邵亨貞《花心動·贈散妓蟾宫秀》 塵滿人間，有誰能，分得廣寒風度。漫道小嬌，疑是前身，曾到巖花深處。九霄宫殿春長好，只合伴，霓裳仙侣，問何事，等閒回首，卻迷塵趣。　縹緲瑤樓玉宇。奈霧鬢煙鬟，不勝風露。小試舊妝，才近芳尊，已變世間歌舞。想應羞見孀娥寡，重來傍、巫山行雨。總忘了，青冥向來去路。

徐楚蘭

藝文

元·顧阿瑛《蝶戀花·春江暖漲桃花水》 春江暖漲桃花水。畫舫珠簾，載酒東風裏。四面青山青似洗。白雲不斷山中起。　過眼韶華渾有幾。玉手佳人，笑把琵琶理。枉殺雲臺標外史。斷腸只合江州死。

黑老五

藝文

元・黑老五〔中吕・粉蝶兒〕《集中州韻》 從東隴風動松呼，聽叮嚀定睛睁覷，望蒼茫壙廣黄蘆。却樵夫，遇漁父，遞知機携物。便盤旋千轉前湖，看寒山晚闕灘渡。〔醉春風〕指是志詩書，友酬酒就舉。盤桓歡翫拚歡娱，吟音飲足。已意微舒，答他佳趣，漸纖瞻睩。〔紅綉鞋〕纔在怪歪崖捱步，磨過多過河渠，野睒斜隔這些疏。沉吟林陰阻，甘探淡談儒，趁村門人問取。〔石榴花〕望湘江港上長蘆，籠松擁洞横鋪。視茨此是爾之居，小樵笑老夫。行嶺登途，下凹凸狹壓槎芽樹，邁巉崖側階歪路。野接茄結隔斜鋪，看闕還灘但慢彎沽。〔鬭鵪鶉〕毒霧覩古渡糊突，吾不如讀書杜甫。小道道老稻樵枯，那韡那韡架櫓，盪槳慌忙向穰蕩宿。暗談貪担擔夫，偎碎萎翡翠宜圖，巖崦漸濂纖滐出。〔十二月〕小烏鵲高巢梢噪呼，騎一騎急喜避崎嶇。烏酥土枯湖古渡，嵐慘淡庵勘堪圖。看看晚殘山慢阻，忙忙莽望穰荒伏。〔堯民歌〕呀，隴東哄貢沖松動猛風毒，自姿爾思此詩賦。藍闕暫俺暗參吾，那家他把夾芭居。抽首就躊躇，裁劃該載孤，悶昏迹村門去。〔耍孩兒〕盤桓疃畔巒端路，見一箇繞倒切騷老夫。穿一領袖頭露肘舊紬服，騎一疋便鞭搧蹇嫣驢。輕行停省驚睁目，迤逞即迷失記途，多因是抹坡錯過多過阻。蟲蛩蜂叢猛動，禽吟林陰蔭疏。〔四煞〕那厮兒拿瓜那塔要這老兒近身頻問取，那厮兒故徒不顧都胡覷，那老兒欠謙廉儉粘拈絮，那厮兒奸僝還頑懶憚語。纏綿轉見涎天暮，那厮兒始使兹之指視，這老兒既知喜已眉舒。〔三煞〕你望那草橋拗小道繞，青菱萍正徑出。那裏有雨餘渠處淤墟土，剗艱難澗灣潺寒灘返岸殘山晚，助苦楚霧模糊古墓枯蕪毒虎伏。荒凉蒼莽羊腸曲，黑泥壁頹摧廢驛，雜下凹答撒沙湖。〔二煞〕感喈嵐淡黯，近人雲稱逐。那裏有廉纖漸塹粘簽足，跌斜歇客□□舍，在拐挨槐窄矮屋。兀良望烘風松朦隴從東去，那槎牙夾芭巴他家打火，休憂愁扣柳鄆有酒投壺。〔煞尾〕那厮兒本分蠢鈍淳，這老兒别也扯柘苦。聽稱名姓叮嚀訴，則向那聚旅無虞去處宿。

王姬

藝文

元・湯式〔雙調・新水令〕《送王姬往錢塘》 十年無夢到京師，卧書窗坦然如是。幾償沽酒債，填不滿買花資。近柳題詩，又感起少年事。〔駐馬聽〕槁木般容姿，對花月羞斟鸚鵡巵。浮雲般神思，扭宫商强作鷓鴣詞。我吟到碧梧棲老鳳凰枝，他道是雕籠鎖定鴛鴦翅。急煎煎撚斷吟髭，則被你紫雲娘傒落殺白衣士。〔沉醉東風〕講禮數虚心兒拜辭，説艱難滿口兒嗟咨。蛾眉淺黛顰，花靨啼紅漬，向樽前留下些相思。我本是當年杜牧之，休認做蘇州刺史。〔慶東原〕雨歇陽關至，草生南浦時，好山一路相隨侍。沉點點鶯花擔兒，穩拍拍的花藤轎兒，嗑剌剌鹿頂車兒。趁過若耶溪，趕上錢塘市。〔離亭宴歇指煞〕我不向風流選内求咨示，誰承望别離卷上題名字，關心爲此。慢教蜂做問花媒，不勞鶯唤尋芳友，何須蝶做追香使。春殘小洞房，門掩閑构肆，不是我愁紅怨紫。青樓贏的姓名留，彩雲漸逐簫聲去，錦鱗擬待音書至。明牽雙漸情，暗隱江淹志。多嬌鑒兹，搜錦綉九回腸，掃雲烟半張紙。

王姬

藝文

元·湯式〔雙調·夜行船〕《贈鳳台春王姬》　嬴女吹簫引鳳凰,築高臺配會蕭郎。前度相別,今番相見,還喜玉人無恙。〔風入松〕開奩顧影試新妝,光艷射朝陽。羽衣似得霓裳譜,東風軟舞態悠揚。不似碧梧深院,全勝籙竹高崗。〔沉醉東風〕也消得李白吟成樂章,怎容他呂安題做門牆。九苞祥瑞姿,五彩風流樣,壓東園舊日風光。春日遲遲春夜長,可知道一刻千金玩賞。〔離亭宴帶歇指煞〕想春容隨處相尋訪,檢春工所事堪褒獎。最關情是幾樁,春色染鶯花,春聲諧鳳管,春夢迷鴛帳。春透筵前綠蟻杯,春生被底紅桃浪。多管是東君主張,不容狂蝶亂追隨,不許遊蜂乾絮聒。不愁杜宇閑悲愴。憑凌燕子樓,彈壓雞兒巷。囑付您知音的莫忘,消春悶儘盤桓,散春心任來往。

無名氏

藝文

元·湯式〔南呂·一枝花〕《贈教坊殊麗》　眼舒隨意花,髻插忘憂草,手拈紅麈尾,口理紫檀槽。一撮兒妖嬈,常記得陽臺夢曾奚落,武陵溪猶撞着。人都道綺羅鄉再長箇卿卿,我猜做風流地重生箇小小。〔梁州〕說窈窕端然窈窕,待苗條不甚苗條。向樽前徹膽兒包藏着俏。肌雪瑩勻勻粉膩,臉霞酣淡淡紅潮。荳蔻小半含玉蕊,丁香嫩一點春嬌。舞衣輕燕體飄飄,歌喉細鶯語嘐嘐。縷金環嵌八顆蠙珠,交股釵梟雙頭鳳翅,凌波襪蕩六幅鮫綃。老陶,見了。少不得剖肝腸再寫段《風光好》,年紀兒正芳妙。縱捨千金度一宵,没福也難銷。〔尾聲〕燭熒煌香靉靆鋪張箇夜月芙蓉幄,錦纏聯金絡索搭苫箇春風翡翠巢。我是鑒樂的酸丁最公道。遮莫將丹青畫描,詞章品藻,兀的般解語花生香玉世間少。

明時秀

藝文

元·湯式〔南呂·一枝花〕《贈明時秀》　星靨靨花鈿簇翠圓,黑鬒鬒雲髻盤鴉小,金閃閃襪鈎舒鳳嘴,玉搖搖釵燕裊雞翹。一撮兒妖嬈,恰蓓蕾丁香萼,又葳蕤荳蔻梢。錦綉額贈新題走蚓驚蛇,丹青幀摸巧樣迴鸞舞鶴。〔梁州〕惹嬌雲招嫩雨十二樓前競賞,喚春風呼夜月三千隊裏爭高。向人前所事包藏着俏。迷下蔡惑陽城的嫵媚,赴高唐謫廣寒的風標,冠薛濤壓秋娘的聲價,傲馮魁憐雙漸的心苗。五陵兒没福也難消,三般兒巧筆也難描。袒春衫似梅花雪捏就酥胸,惚寶帶似藕花風吹來麝腦,沁香汗似梨花露濕透鮫綃。想着,他自度。更有那家傳口授的閑談笑,記不真詠不到。則除是再入桃源走一遭,恁時節不落分毫。〔尾聲〕錦窩巢雲屏霧帳重圍繞,花胡洞翠檻朱欄巧結縛,況值着媚景明時暢歡樂。我將他風流窨約,行藏品藻,集入青樓賣弄到老。

張韶舞

藝文

元・湯式〔南吕・一枝花〕《贈教坊張韶舞善吹簫》露瀼瀼萬籟沉，風淡淡三更静。天空空千里水，月朗朗一壺冰。驀聞得何處簫聲，一曲中和令，其音協九成。嗚嗚然赤水龍吟，嚦嚦兮丹山鳳鳴。〔梁州〕動蜿蜒幽壑潛蛟舞躍，感嬋娟孤舟嫠婦魂驚。多管是秦臺簫史曾參訂。低韻吐遊絲颺颺，柔腔度細縷縈縈。顛狂非落梅之趣，悠揚有折柳之情。七數明指法輕清，六律諧音吕和平。從今後柯亭館桓叔夏再莫横笛，昭陽殿薛壽寧何勞按箏，緱山嶺王子晉不索吹笙。兀的般老成，藝能。不枉了天風吹散人間聽，消鬱悶發清興。占斷梨園第一名，非譽非矜。〔尾聲〕仰龍樓瞻鳳闕孜孜念念欽皇命，趁鵷班隨鷺序落落疏疏見樂星，更那堪一點丹誠抱忠敬。常言道有麝自馨，無藍不青，穩情取大寵着恩光耀鄉井。

王觀音奴

藝文

元・湯式〔南吕・一枝花〕《贈王觀音奴》出西方自在天，受南海無邊願。宫妝宜水月。香步繞金蓮。體態嬋娟，緑楊柳腰肢軟，白鸚哥聲調圓。結百千萬種良因，示五十三參化顯。〔梁州〕苦海闊色空未脱。愛河深情慾相牽。今生不了前生願。慈悲厚德，救苦真言。枝頭甘露，瓶裏香泉。旃檀林夜月娟娟，雨花臺苦恨綿綿。宰官身進寶歸依，善男子齎金募緣，老門徒統鏝參禪。上天，下天。龍華會裏曾相見。叩庵門覓方便，指點其中意已穿，心緒懸懸。〔尾聲〕擬將纓絡千金串，結就珍珠七寶鈿，世世生生作姻眷。脱空心告免，指山盟是謊，則不如剪髮然香意兒遠。

無名氏

藝文

元・湯式〔雙調・沉醉東風〕《悼伶女四首》訃音至傷心萬端，挽歌成離恨千般。蝶愁花事空，鳳泣簫聲斷。麗春園長夜漫漫，懊恨閻羅量不寬，偏怎教可意嫦娥命短。

鉛華樹春風甚早，蒺藜花暮雨難熬。樓空燕子飛，巷静雞兒叫。問香魂何處飄飄，恨殺閻羅不忖度，偏怎教可意人兒命夭。

檀板歇聲沉鷓鴣，翠盤空香冷氍毹。嬌鶯唤不醒，杜宇催將去。錦排場等閒分付，多管是無常緊趁逐，都不由東君做主。

寶鏡缺青鸞影孤，錦箏閑銀雁行疏。拜辭了白面郎，抛閃下黑心母。一靈兒帶將春去，從此陽臺夢也無，更想甚朝雲暮雨。

吴國良

藝文

元・倪瓚〔越調・凭闌人〕《贈吴國良》客有吴郎吹洞簫，明月沉江春霧曉。湘靈不可招，水雲中環珮搖。

陳觀音奴

藝文

元・佚名〔正宮・叨叨令過折桂令〕《駄背妓名陳觀音奴》 蝦兒腰龜兒背玉連環繫不起香羅帶，脊兒高絞兒細緑茸毛生就的王八蓋，眼兒眍鼻兒凸驅處走了猢猻怪。嘴兒尖舌兒快洛伽山怎受的菩薩戒。兀的不醜殺人也麽哥，兀的不醜殺人也麽哥，鈎兒形條兒樣爛茄瓜辱没殺鶯花寨。鶯花寨命裏合該，一背兒殘疾，一世兒裁劃，便道是倒鳳顛鸞，鶯儔燕侣，彎不剌怎麽安排。風月債休將人定害，俺則怕雨雲濃厥殺喬才。你這形骸，其實歪揣。調稍弓着不的扯拽，竅頭船趁早兒撑開。

千金奴

紀事

元・孔齊《至正直記》卷四《先君教諭》 又一日，有歌妓千金奴者請贈樂府，容齋屬之先君，即席賦〔折桂令〕一闋。容齋大喜，舉杯度曲，盡興而醉，由是得名，亦由是幾至被劾。而以容齋人品高，且尚文物之時，獨免此患。若是今日，亦無此等人物，亦不敢如此倡和風流也。其曲今書坊中已刊行，見於《陽春白雪》内題，但作徐容齋贈云。

藝文

元・孔文昇〔雙調・折桂令〕《贈千金奴》 杏桃腮楊柳纖腰，占斷他風月排場，鸞鳳窩巢。宜笑宜顰，傾國傾城，百媚千嬌。一箇可喜娘身材兒是小，便做天來大福也難消。檀板輕敲，銀燭高燒，萬兩黄金，一刻春宵。

李當當

傳記

元・陶宗儀《南村輟耕録》卷一五《妓出家》 李當當者，教坊名妓也，姿藝超出輩流。忽翻然若有所悟，遂著道士服。江浙儒學提舉段吉甫先生天祐，贈之以詩曰：歌舞當今第一流，洗妝拭面别青樓。便隨南嶽夫人去，不與蘇州刺史留。璚館月明簫鳳下，綺窗雲散鏡鸞收。却嫌癡絶潯陽婦，嫁得商人已白頭。

玉葉兒

藝文

元・亢文苑〔南吕・一枝花〕《爲玉葉兒作》 名高唐國盤，色壓陳亭榭。霞光侵趙璧，瑞靄賽隋珠。無半點兒塵俗，不比尋常物，世間總不如。莫誇談天上飛瓊，休賣弄人間美玉。〔梁州〕希罕似朱崖瑪瑙，值錢如北海珊瑚。忒玲瓏性格兒通今古。論清潔是有，瑕疵全無，温柔似粉，滑膩如酥。則要你汝陽齋韞匵藏諸，不管你麗春園待價沽諸。若做箇玉盆兒必定團圓，做箇玉簫管決知音律，做箇玉鏡臺雅稱妝梳。堪人，愛護。那些兒斷盡人腸處，更那堪吴香馥。只恐旁人認做珷玞，索别辨箇虚實。〔尾〕遠藏崐頂千峯古，高出荆山萬倍餘。姓卞的先生識真玉，休道刖了他二足。一身兒與他做主，至死也懷中抱不足。春風眼底私，夜月心間事。玉簫鸞鳳曲，金縷鷓鴣詞。燕子鶯兒，殢殺尋芳使。合歡連理枝。我爲你盼望煞楚雨湘雲，躭閣了朝經暮史。〔梁州〕你爲我堆寶髻羞盤鳳翅，淡朱唇懶注胭脂，東君有意偷窺視。翠鸞尋夢，綵扇題詩，花箋寫恨，錦字傳詞。包藏着無限相思，思量煞可意人兒。幾時看靠紗窗偷轉杴波，幾時見整雲髻輕舒玉指，幾時看倚東風笑撚花枝。新婚，燕爾。到如今拋閃得人獨自，你那點至誠心有誰似。休把那山海盟言不勾思，相會何時。〔尾〕斷腸詞寫就龍蛇字，疊做箇同心方勝兒。百拜嬌姿謹傳示，間别了許時。這關心話兒，盡在這殢雨尤雲半張兒紙。琴聲動鬼神，劍氣衝牛斗。西風張翰志，落日仲宣樓。潘鬢成秋，漸覺休文瘦。卧元龍百尺樓。自扶囊拄杖挑包，醉濯足新豐换酒。〔梁州〕盡是些喧曉日茅簷燕雀，故意困鹽車千里驊騮。任飄零身寄英雄肯落兒曹彀。乾坤倦客，江海扁舟，牀頭金盡，壯志難酬。南州，恨黄塵敝盡貂裘。看别人苦眼鋪眉，笑自己緘舌閉口，但則索向寒窗袖手藏頭。如今，更有，那屠龍計策乾生受，慢勞攘慢奔走。顧我真成喪家狗，計拙如鳩。〔尾〕蛟龍須待春雷吼，鵰鶚騰風萬里遊。大丈夫峥嶸恁時候，扶湯佐周，光前耀後，直教萬古清名長不朽。

藝人部·明代藝人分部

張良才

紀事

明・顧起元《客座贅語》卷六《平話》 太祖令樂人張良才説平話。良才因做場擅寫省委教坊司招子，貼市門柱上。有近侍入言，太祖曰：賤人小輩，不宜寵用。令小先鋒張焕縛投於水。又嘗使人察聽將官家。有女僧引華高、胡大海妻敬奉西僧行金天教法。太祖怒，將二家婦人及僧投於水。以上二事，皆劉辰《國初事蹟》所記。

明・鄧士龍《國朝典故》卷四《國初事蹟》 太祖命樂人張良才説平話。良才因做場擅寫省委教坊司招子，貼市門柱上。有近侍入言，太祖曰：賤人小輩，不宜寵用。令小先鋒張焕縛投於水，盡發樂人爲穿甲匠，月支米五斗。

清・焦循《劇説》卷一 《國初事蹟》云：洪武時，令樂人張良才説評話，良才因做場擅寫省委教坊司招子，貼市門柱上。有近侍言之，太祖曰：賤人小輩，不宜寵用。令小先鋒張焕縛投於水。

雜録

明・王陽明《王陽明全集》卷七 辛卯，槻抵南昌府南浦驛。建安府鎮國將軍宸洪，太監黎鑑，御史儲良材，參政葉溥、李緋，參議鍾雲瑞，副使趙淵，僉事陳璧、王暐、吴瀚、陳端甫，都指揮僉事劉璽、王寧、崔昂，府學教授廖廷臣，訓導范昌期、張琚、譚倬、廖金，新建縣學教諭劉環，訓導梁子鍾、何欒，南昌縣學訓導邢寬，庠生崔嵩、陶潮、劉伯盛、舒泰、武進、鄒輗，鄉宦副都御史熊浹，布政胡訓，副使劉伯秀，知府張元春，御史涂相，郎中張欽，主事張鏊，進士熊汲。檢校張默，通判萬奎，閔魯，知縣余琪、聶儀、楊璋、甘柏、胡大化，舉人丁夔，門人裘衍、張良才、張召、魏良器、魏价、萬世芳、鄒寶、齊昇，周麟、黄鍾、鍾文奎、艾鐸，安仁縣桂宸、桂宫、桂容、桂軏、孫鋹、孫鈞，吉安府曾偉器，報效生員陳文榮，承差劉昂，鄉民蕭華、李延祥、程玉石、陳本道、高顯彰、劉珏、楊文、嚴洪、徐杞、杜秉文、王欽，各就位哭奠。葉溥、趙淵、王暐、張元春、齊昇又各特舉焉。

江斗奴

傳記

明・陸采《冶城客論・江斗奴》 劉指揮言：齊亞秀者，京師名倡也。嘗侍長陵宴，出語人曰：知音，天子也。吾每唱不至一折，不飲。晚年有瞽疾。其女曰江斗奴，以色藝有名。宣德間，於時海内無事，上下皆以聲伎自娱。英公張輔尤奢泰，嘗延三楊公飲，命斗奴佐觴。二楊頗降詞色，西楊儼然。南楊乃舉令，各取古詩句有月者云：梨花院落溶溶月，春月飲。東楊云：舞低楊柳樓心月，夏月飲。楊揚云：金鈴犬吠梧桐月，秋月飲。斗奴亦跽而請曰：妾亦得句，敢言乎。英公咄咄曰：女當歌冬月，毋徒誦也。乃再拜而歌曰：梨花院落光如雪，犬吠梧桐月。佳人楊柳樓，舞罷銀蟾滅。者春月，者夏月，者秋月，總不如俺尋常一樣腮前月。於是諸公各稱賞，西楊極歡。東楊至，擁之膝，盃覆，斗奴以羅裙拭之。云：血色羅裙污酒痕。東楊連沃數觥，以餘瀝賜之。英公叱曰：總爲胡孫害事。斗奴應曰：妾所棲皆公侯耳。衆又一噱，夜分而散。明旦，三公各以緋羅一贈之。於是西楊言曰：吾輩老矣，猶爲尤物所動，况少年輩乎。即奏禁百官宿倡者除名。著爲令云。斗奴演《西厢記》於勾欄，有江西人三日觀，觀畢，登場呼斗奴曰：女虚得名耳。因指其曲繆誤，并科段不合者數處。斗奴恚，留之。乃曰：明旦當來。而斗奴不測，以告其母亞秀。曰：此非江右人，定是相戲。明旦設酒，延坐，告之曰：小女藝劣，勞長者賜教。恨老妾瞽，不及望見光儀。雖然，尚有耳在，願望高唱以破衰愁。客乃抱琵琶而歌，方吐一聲，亞秀即曰：乞食漢非濟寧王教師邪，何以紿我。顧斗奴曰：宜女不及也。客亦大笑。命斗奴拜之。留連旬日而去。

紀事

清・焦循《劇説》卷六 江斗奴演《西厢記》於勾欄，有江西人觀之三日，登場呼斗奴曰：汝虚得名耳。指其曲謬誤，並科段不合者數處。斗奴恚，留之。乃約明旦當來，而斗奴不測，以告其母齊亞秀。明旦，俟其來，延坐，告之曰：小女藝劣，勞長者賜教。恨老妾瞽，不及望見光儀。雖然，尚有耳在，願高唱以破衰愁。客乃抱琵琶而歌。方吐一聲，亞秀即曰：乞食漢非齊寧王教師耶，何以紿我。顧斗奴曰：宜汝不及也。客亦大笑。命斗奴拜之。留連旬日，盡其藝而去。

阿丑

論説

清・張崇懿《錢志新編》卷一六 憲宗名見深，英宗之子，在位二十三年。改元成化，起乙酉，終丁未，壽四十一。按帝崇事兩宮，忘易儲之嫌，復于謙之秩，甚盛烈也。及彭商去位，劉萬秉鈞，羣小盈廷，帝心輒改。前則敦崇儉約，後則百度俱靡，惟以汪直爲腹心，以李孜省僧繼曉爲耳目。凡屬直諫並謫遠州，使天下以言爲諱，而羣奄噂沓。雖有阿丑詼諧，懷恩抗直，亦不能盡除其黨。故君子謂其寵宦官，塞言路，惑異端，有三大弊政云。

明・何喬遠《名山藏》卷八八《宦者記》 憲宗之朝則有汪直，武宗之世則有劉瑾。肆行暴作，禍毒亦甚。其他大要，傳奉官爵，嚼嚙賦税，其於蠹耗官民，靡費已甚。令臣子不得執法則已，亦不敢有所壞亂。然阿丑爲戲，孝陵出守，張永一言，付獄法市，若噆蟣蝨然。可以見祖宗之法行，而列聖之斷武也。【略】阿丑事憲宗爲侍中，善詼諧，時於上前打院本，而上時喜之。汪直既得罪，安置南京，丑於上前作罵酒者，一人曰：某官來矣。罵如故。曰：駕來矣。罵如故。曰：汪太監來。罵者大驚，趨避之。問曰：駕來不驚，何驚汪太監。曰：當今之人，但知汪太監而已。直倚兩都御史王越、陳鉞成事。越、鉞媚直爲死黨。丑作直爲將狀，仗兩鉞行旁。一人曰：公何非鉞不行也。曰：吾將兵，但仗此兩鉞而已。且吾鉞皆有名姓，一姓王，曰王鉞。一姓陳，曰陳鉞。丑爲垓下之戲，作楚歌，稱渡江子弟六千皆散。其一人爭曰：嘗言八千，何言六也。曰：君不知耶，某侯掌團營兵役，其二千造私第矣。侯爲上聞之也，即撤二千人還。丑更一日作六部，差遣人選擇而使之。問姓名，曰：姓公名論。主者曰：公論於今無所用之。次一人姓正名道，主者曰：正道亦難。最後一人姓胡名塗，忻然曰：當此之時，胡塗大可也。遂得遣焉，而上時時爲之歡笑。

明・費元禄《甲秀園集》卷三九《文部・薦羅生》 夫歌感於雍門郢里，曲賞乎落葉哀蟬。李娟合節，延年恊律，樂府之妙，今則渺然。故知情致之事，非慧心人不傳。斯伶玄通德寄，意不淺也。近得羅生，頗進此道，書餘令作柳耆卿曉風殘月之弄，如霍家小玉初對十郎唱十字詩，婉孌秀媚，坐使紅錦纏頭，不惜十萬也。方之於昔，可並阿丑恢諧，今則未見其比，頗得意於此子矣。

明・馮夢龍《智囊補》卷二二《威寧伯》 威寧恩結千户，是大手段。至推功小卒，即淮陰北面在車，意何以加此。文臣中那得此等快士。其雄略又出韓襄毅、楊文襄上矣。百陳鉞何敢望之，而阿丑以兩鉞爲戲，老韓同傳，非公論也。

明・沈德符《萬曆野獲編》補遺卷一《禁中演戲》 頗采聽外間風聞，以供科諢。如成化間阿丑之屬，以故恃上寵，頗干外事。近日聖意頗覺之，進膳設劇頓減於舊，此輩亦少戢矣。

明・劉若愚《酌中志》卷一六 回想憲廟時，汪直擅權，尚有懷恩之流居帝左右，所以阿丑敢譎諫也。今王體乾既熟軟巧媚，在王瘸子不過俳優賤役，自然因而化之，可嘆也。已因想稱功頌德，又寧止章疏間哉。

明・吴瑞登《兩朝憲章録》卷一 臣按自阿丑作院本，譏切王鉞、陳鉞，而奸宦汪直以此得罪。説者謂其有東方朔譎諫之風。嗣後復有一鸞當道，雙鳳齊鳴之謔，遂得正其科場大弊。夫汪直勢傾中外，翟鑾秉國之均，誰敢彈劾。而伶人寓意，隱禍潛銷，有臺省之所不及者，以是知古人瞽矇諷誦無人。

《明書》卷七三 後直以罪逐。其黨吴綬流極邊，王越編管安陸，陳越，戴縉竝爲民。司禮太監尚銘杖發南京，韋瑛坐誣人謀逆伏誅。則中官阿丑以譎諫，御史徐鏞以直諫，悚動上心，故耳不然。即江西楊福僞充直者，猶且納賄用權，輒杖小吏。况其真乎。

又卷九八列傳一《朱永傳》 時汪直以少年慓鋭，喜功名恃上寵開邊。釁然所至，多不負敗。大要直恃永，永恃王越耳。而兵部尚書陳鉞既以建州之役中直心，直亦怙之。永時有所役，兵治私第，有閹優阿丑在上前裝爲楚歌者。曰：吾張子房，能一歌而散楚兵六千人。曰：吾聞之楚兵八千人，何以六千。曰：其二千在保國公府作役耳。上爲之發笑。永懼，罷役出其兵。

明・吕毖《明朝小史》卷九《成化紀・阿丑詼諧》 帝時，太監阿丑善詼諧，每於上前作雜劇，頗有方朔譎諫之風。時汪直用事，勢傾中外，丑作醉人酗酒，一人佯曰：某官至。酗駡如故。又曰：駕至。酗亦如故。曰：汪太監來矣。醉者驚怕帖然。傍一人曰：天子駕至不懼，而懼汪直，何也。曰：吾知有汪太監，不知有天子。自是汪直寵漸衰。直既去，黨人王鉞、陳鉞尚在，丑作直持雙斧趨蹌而行，或問故，答曰：吾將兵，惟仗此兩鉞耳。問曰：何名。曰：王鉞，陳鉞也。後二人以次坐謫保國公朱永掌十二營役兵治私第，丑作儒生誦詩，因高吟曰：六千兵散楚歌聲。一人曰：八千兵散。争之不已，徐曰：爾不知耶。二千在保國公家蓋房。上於是密遣太監尚明察之，保國即撤工。賂尚明得，止至末年，帝刑政頗弛，丑於上前作六部差遣狀，命精擇之。既得一人，問其姓名，曰：公論。主者曰：公論如今無用。次一人問其姓名，曰：公道。主者曰：公道亦難行。最後一人曰：姓胡名塗。主者首肯曰：糊塗如今儘去得。帝惟有微哂而已。

明・王世貞《弇州史料前集》卷二二 上寵開邊，釁然所至，多不負敗，大要直恃永，永恃王越耳。而兵部尚書陳鉞既以建州之役中直心，直亦怙之。有閹而優者阿丑，嘗於上曲宴爲中貴武狀者，挾雙斧踉蹌而前，人問之，曰：我汪太監也。已左右顧其手曰：吾惟伏此兩鉞耳。而永時有所役兵治私第，阿丑復裝爲楚歌者，曰：吾張子房，能一歌而散楚兵六千人。曰：吾聞之楚兵八千人，何以六千。曰：其二千在保國公府作役耳。上爲之一笑。永懼而罷役。

又 汪直敗。内竪阿丑以優人侍内宴。效直衣冠，持雙斧跟蹌而前，曰：吾將兵，惟仗此兩鉞。蓋指越與兵部尚書陳鉞也。上繇是心疑。

明・尹守衡《皇明史竊》卷二〇 時汪直久用事。勢傾中外。阿附者立躋□榮，忤之者即遭禍譴。天下凛凛。有中官阿丑者，善詼諧，每於上前作院本，頗有東方朔譎諫之風。一日，丑作醉人酗酒，一人佯曰：某官至。酗駡如故。又曰：駕至。酗亦如故。又曰：汪太監來矣。醉者驚迫帖然。傍一人曰：天子駕至不懼，而懼汪太監，何也。曰：吾知有汪太監，不知有天子。自是直寵漸衰。時王越，陳鉞媚直，結爲死黨。丑復作直持雙斧趨蹌而行。或問故，答曰：吾將兵惟仗此兩鉞耳。問鉞何名，曰：王越，陳鉞也。上微哂焉。

清・朱駿聲《傳經室文集》卷六 憲宗成化間，汪直掌御馬監，後掌西廠，用事至十九年，罷黜。由優人阿丑譎諫也。

清（雍正）《廣西通志》卷九〇 冒陞者數百人，獨王越不得與。乃密與直謀，偕往大同，暗地出兵，虚張聲勢，妄報大功。人稱王越，陳鉞爲兩鉞。後帝感小中官阿丑之諷，又因東廠尚銘盡發，直與越交通事，乃疏直。旋命偕越往宣府禦敵，徙鎮大同，久不得還，寵日衰，仍罷西廠，再調陳鉞等。南京御馬監，降詔切責，科道争請誅之。

清・吴裕垂《史案》卷一七《汪直》 成化初，太監汪直與尚銘，梁芳等，俱以諂事萬貴妃得倖。及憲宗鋭，欲知外事，始任汪直密出伺察，别爲設立西廠。直迺先刺。鎮監以賣直沽名，日見親信，不特兩京大臣及諸邊督撫，盡被羅織，即内侍嬖倖，亦且嫉其專横。於是小中官阿丑，假嫚語兩鉞以發其端，東廠尚銘廉得其泄禁中秘語，及在外交通諸不法事。廷臣咸知直寵漸衰，始隨聲附和而傾其後。曩非羣閹嫉之，自爲朋黨，自相攻擊，王振之禍，且再見於成化矣。

清・孔貞瑄《聊園詩略文集》 夫檀板絃索事之最賤者耳。有人焉身親籥翟，志託□苓，其眼光襟次，固將醉視公卿，夢視王侯，下之。如□孟阿丑，以諧嘲諠浪寓其譎諫上之，如雷海清直以忠義，著聞千古。是尚可以卑遇之乎。然則仙人吹緱嶺之笙，以絲竹程品，則王惠賢於匡衡狂士撾漁陽之鼓。以笑駡行女，則正平不減曼倩。其言茲若人之儔與。

紀事

明・張萱《西園聞見録》卷一二〇 阿丑事憲廟爲侍中。善詼諧，每於上前打院本，頗有方朔風。時汪直事恣，勢傾中外，人屏息不敢語。丑思有以折之。一日，於上前作醉人駡酒者，一人曰：某官來。駡如故。復曰：駕來。又駡如故。復曰：汪太監來矣。駡者驚怖帖帖。傍一人曰：天子駕至不懼，懼汪太監，何耶。對曰：今但知有汪太監，不知天子也。自是直寵少衰。時兩都御史王鉞、陳鉞者，交媚直結爲死黨。丑於上前作直狀貌，持雙斧趨蹌而走，旁一人問故，直答曰：吾將兵惟仗此兩鉞耳。問鉞何名，曰：王鉞，陳鉞也。上頷而笑。時有動戚掌團營，私役兵二千營造居室。丑爲垓下之戲，口稱：六千兵散楚歌聲。或人争曰：當爲八千。丑曰：爾不知耶，此二千人爲某侯家造房未回也。憲廟密遣尚銘偵之侯家，即撤工矣。一日，於上前作六部差遣狀，命精擇其人。既得其人，問姓名曰：姓公名論。王者曰：公論如今無用。次一人問其姓名，曰：姓公名道。主者曰：公道如今難行。最後一人問其姓名，曰：姓胡名塗。主者忻然曰：胡塗如今儘去得。上微哂而已。梁芳賣官鬻爵，動以傳奉爲名。一日設宴，丑設主客二人相見狀。主曰：客從何來。曰：從船上來。曰：船行安穩否。曰：止苦木虱擾人，不得安眠耳。曰：何不將被褥日中曝曬之，可除也。曰：不然，都鑽入船縫中去矣。其人沉吟曰：除是砍卻梁芳，自無船縫矣。聞者懼然。又設爲病者問醫曰：我有方不費一錢。病者問：何藥。曰：此爲無名腫毒，但得五更不語，唾塗其上則自消矣。病者曰：此甚難得。醫曰：汝弗知邪。今五府六部，黄門烏臺，職當言路者，都是不語之人，何謂難得哉。嗟乎。今之仕者，有愧此等人之言多矣。

明・傅維鱗《明書》卷一五八《傳宦官》 阿丑者，憲宗時優□也。多機警，善恢諧，每於上前作院本，多有譎諫之風。時汪直驕横。一日，丑於上前作醉人酗酒。一人佯曰：某官至。酗駡如故。又曰：駕至。酗亦如故。又曰：汪太監來矣。醉者驚迫帖然。傍一人曰：駕至不懼，而懼汪太監，何也。曰：吾知有汪太監，不知有天子。由是直寵稍衰。時王越陳鉞媚直，結爲死黨。丑復作直，持雙斧趨蹌而行。或問故，答曰：吾將兵惟仗此兩鉞耳。問鉞何名。曰：王越、陳鉞。上哂之。而朱永掌□營役兵治私第。丑作儒生高吟曰：六千兵散楚歌聲。一人曰：八千。争之不已。丑徐曰：汝不知，彼二千爲保國家作屋。上密遣人察之，永懼，即撤工。時上下行政多頗。丑於上前作六部差遣狀，命精擇之。既得一人，問其姓名，曰：姓公名論。主者曰：公論如今無用。次一人曰：姓公名道。主者曰：公道如今亦難行。最後一人曰：姓胡名塗。主者首肯曰：胡塗如今儘去得。上亦微哂之，不罪也。丑每事規諷多類此。

明・黄光昇《昭代典則》卷二〇 時汪直久用事，勢傾中外，阿附者立躋□榮，忤之者即遭禍譴。天下凜凜，有中官阿丑者，善詼諧，每於上前作院本，頗有東方朔譎諫之風。一日，丑作醉人酗酒。一人佯曰：某官至。酗駡如故。又曰：駕至。酗亦如故。又曰：汪太監來矣。醉者驚迫帖然。傍一人曰：天子駕至不懼，而懼汪太監，何也。曰：吾知有汪太監，不知有天子。自是直寵漸衰。時王越、陳鉞媚直，結爲死黨，丑復作直，持雙斧趨蹌而行，或問故，答曰：吾將兵，惟仗此兩鉞耳。問鉞何名。曰：王越陳鉞也。上微哂焉。至是，御史徐鏞等劾直欺罔弄權。先與王越、吴綬、戴縉等結爲心腹，大肆羅織，中外寒心。天下之人，但知有西廠而不知有朝廷，但知畏汪直而不知畏陛下。

明・李紹文《皇明世説新語》卷七 中官阿丑每於上前作院本。時王越，陳鉞媚汪直，結爲死黨。丑作直持雙斧趨蹌而行，或問故曰：吾將兵，惟仗此兩鉞耳。問鉞何名。曰：王越、陳鉞也。成化末，刑政多頗，阿丑於上前作六部差遣狀，命精擇之。一人云：姓公名論。主者曰：公論如今無用。一人曰：姓公名道。主者曰：公道如今亦難行。後一人曰：姓胡名塗。主者首肯曰：胡塗如今儘去得。

清・張貴勝《遺愁集》卷九 成化時，太監汪直用事，權傾中外，黨用威寧伯王越，兵部尚書陳鉞。有中官阿丑者，善詼諧，每於上前作院本，頗有東方譎諫之風。一日，丑作醉人酗酒，一人佯曰：某官至。佯罵如故。又曰：駕至。酗亦如故。曰：汪監來矣。丑驚迫帖然。傍一人曰：駕至不懼，而懼汪太監。何也。曰：吾知有汪太監，不知有天子。又一日，忽持雙斧趨蹌而行。或問故，答曰：吾將兵，惟仗此兩鉞耳。又問何人，曰：王越，陳鉞耳。上悟微哂，寵直漸衰，會御史徐鏞劾奏，遂逐直，罷西廠。

明・許浩《復齋日記》卷上 諸内侍其教優人之爲浄者，盛餙如直之壯。高視濶步，叱咤呼喝，傍若無人。副末前詰之曰：你是何人。敢如此肆志。浄曰：你不知我是汪直，爺爺愛我信我，我要殺人便殺人，要活人便活人，如何不肆志。副末曰：看你這厮模樣，有甚本領，爺爺愛你信你。浄曰：我有計較。副末曰：你敢是張良。浄笑□曰：不及不及，但我會厮殺。副末曰：你敢是韓信。浄復□曰：不及不及，但我有擺布。副末曰：你敢是蕭何。浄復笑曰：不及不及。副末曰：你不及如何得爺爺愛信。浄曰：你不知我兩隻手，有兩箇月。因舉左手月，這是陳鉞。又舉右手月，這是王鉞。憲廟大笑。因疑直。會虜憤威寧之役，深入邊鄙，大肆屠戮，嬰兒亦殘。□言者論直輩起釁之罪，俱坐貶謫。

明・何良俊《四友齋叢説》卷一〇 阿丑乃鐘鼓司裝戲者，頗機警，善諧謔，亦優旃、敬新磨之流也。成化末年，刑政頗弛。丑於上前作六部差遺狀，命精擇之。既得一人，問其姓名。曰：公論。主者曰：公論如今無用。次得一人，問其姓名。曰：公道。主者曰：公道亦難行。最後一人曰：胡塗。主者首肯曰：胡塗如今儘去得。憲宗微哂而已。若憲宗因此稍加厘正，則於朝政大有所補。正太史公所謂談言微中亦可以解紛，則滑稽其可少哉。惜乎憲廟但付之一哂而已。若在今日，則胡塗亦無用處，唯佻狡躁競者乃得進耳。

明・都穆《都公譚纂》卷下 成化末，内官阿丑年少机敏，善作教坊雜劇，憲宗每令獻技以爲戲。時汪直勢方赫赫，丑欲傾之，裝一醉人，仆卧扵地。或呵之曰：某官至，醉人不起。又曰：皇帝駕至，卧亦如故。□云：汪直至矣，醉人倉惶驚起。或問之曰：汝不畏駕至，而避畏汪直，何也。曰：當今之世，吾知有汪直而已，他不知也。上悟，待直頓□。保國公朱永治居第，私役軍士頗衆。丑一日裝兩人扵上前，一人誦詩曰：六千兵散楚歌聲。一人擊之曰：何爲誤八千爲六千。一人答曰：二千在保國家造房。上疑之勿信，密令人視之，果然。保國□，即日撤工。

明・鄧元錫《皇明書》卷一三《汪直用事》 日久，中外阿附者立顯擢，忤意者誅傷，洶洶莫敢難。阿丑者，優人也。以恢諧得幸，而時時以恢諧獻忠。一日，作一人酗酒罵市狀。一人佯曰：某官至。酗罵如故。又曰：駕至。酗如故。又曰：汪太監來。醉者即走避帖然。或問之，曰：駕至不懼，□汪太監，何也。曰：吾知有汪太監，不知有天子。自是上意頗疑直。而王鉞陳鉞媚直爲死黨，丑復於詼謔中發之於是。以御史徐鏞等疏，命三法司會百官訊直褫職，威寧伯越革爵，尚書鉞尚書縉並除名。

明・王世貞《弇州四部稿》續稿卷八三 有閹而優者阿丑，嘗於上曲宴爲中貴武狀者，挾雙斧狼蹌而前。人問之，曰：我汪太監也已。左右顧其手，曰：吾惟仗此兩鉞耳。而永時有所役兵治私第，阿丑復裝爲楚歌者，曰：吾張子房，能一歌而散楚兵六千。人曰：吾聞之楚兵八千人，何以六千。曰：其二千在保國公府作役耳。上爲之一笑，永懼而罷役。

明・馮夢龍《古今譚概》卷三〇 成化末，刑政多頗，阿丑於上前作六部差遣狀，命精擇之。一人云：姓公，名論。主者曰：公論如今無用。一人曰：姓公，名道。主者曰：公道如今難行。後一人曰：姓胡，名塗。主者曰：胡塗如今儘去得。

又 中官阿丑每於上前作院本。時王越、陳鉞媚汪直，結爲死黨。丑作直持雙斧趨蹌而行，或問故，曰：吾將兵，惟仗此兩鉞耳。問鉞何名。曰：王越、陳鉞也。

又 國朝保國私役營二千治第，伶人爲誦詩句曰：楚歌吹散六千兵。一人曰，八千也。解者曰：那二千兵爲保國公蓋宅去矣。國朝保國私役營二千治第，伶人爲誦詩句曰：楚歌吹散六千兵。一人曰：八千也。解者曰：那二千兵爲保國公蓋宅去矣。

明・張岱《快園道古》卷一四《戲謔部》 成化末，刑政多乖。阿丑劇戲於上前，作六部差遣狀，命精擇之，一人云：姓公名論。主者曰：公論如今去不得。一人曰：姓公名道。主者曰：公道如今行不通。后一人曰：姓胡名涂。主者曰：胡涂如今才是當行。又　中官阿丑於上前作院本，時王越、陳鉞媚汪直結爲死党。丑作直持雙鉞趨蹡而行，或問之，曰：吾行兵惟仗此兩鉞耳。問鉞何名。曰：王越、陳鉞。

又　保國公石亨私役禁兵二千治第。阿丑演《千金記》言；楚歌吹散了六千兵。内曰：八千兵怎落了二千。阿丑曰；那二千爲保國公造房子，還吹不散。

明·李清《諸史異匯》卷七《御前刺奄》　中官汪直仗王越、陳鉞爲腹心，用兵不息。憲宗嘗曲宴，伶人阿丑戲爲貴人，□兩手各操金鉞，恣□而前。問：何人。曰：汪太監。又問：□持何物。曰：兩鉞耳，不仗此，不復一步。上笑而□罪。

清·獨逸窩退士《笑笑録》卷三《阿丑》　成化末，内官阿丑年少機警，善作教坊雜劇。保國公朱永治居第，私役軍士頗衆。丑扮兩人於上前，一人誦詩曰：六千兵散楚歌聲。一人擊之，曰：何爲誤八千爲六千。答曰：二千在保國公家造房。上疑之，令人密覘，果然。保國懼，即日撤工。

清·谷應泰《明史紀事本末》卷三七　初，汪直用事久，勢傾中外，天下凜凜。有中官阿丑善詼諧，恒於上前作院本，頗有譎諫風。一日，丑作醉者酗酒狀，前遣人佯曰：某官至。酗罵如故。又曰：駕至。酗亦如故。曰：汪太監來。醉者驚迫帖然。旁一人曰：駕至不懼，而懼汪太監何也。曰：吾知有汪太監，不知有天子。又一日，忽效直衣冠，持雙斧趨蹌而行。或問故，答曰：吾將兵，惟仗此兩鉞耳。問鉞何名，曰：王越、陳鉞也。上微哂，自是面直寵衰矣。

明·徐昌治《昭代芳摹》卷二一　時汪直久用事，勢傾中外。阿附者立躋顯榮。忤之者即遭禍譴，天下凜凜。有中官阿丑者，善詼諧。每於上前作院本，頗有東方朔譎諫之風。一日丑作醉人酗酒，一人佯曰：某官至。酗罵如故。又曰：駕至。酗亦如故。又曰：汪太監來矣。醉者驚迫帖然。傍一人曰：天子駕至不懼，而懼汪太監，何也。曰：吾知有汪太監，不知有天子。自是，直寵漸衰。時王越、陳鉞媚直，結爲死黨。丑復作直持雙斧，趨蹌而行。或問故，答曰：吾將兵，惟仗此兩鉞耳。問鉞何名。曰：王越陳鉞也。上微哂焉。至是，御史徐鏞等，劾直欺罔弄權，先與王越、吴綬戴縉等結爲心腹，大肆羅織，中外寒心。續又聽信陳鉞，誣□建州進貢夷人，請兵征勦，妄報功□，傾竭錢糧，侵盗府庫，未及班師，夷人遂即報□，軍民被其屠害。陳鉞等冒陞者數百人，獨有王越不得預，乃爲别圖。密謀汪直，偕往大同，肆鼠竊狗偷之謀，爲要寵陞官之計，暗地發兵，連夜出境，到於威寧海子，達賊家口休息去處，殺虜老幼婦女，虚張聲勢，妄報大功，冒濫陞賞，不顧啓釁，致使北狄積憤，招結醜類，大入擾邊，軍民横罹鋒刃，糧草在處缺乏，致勞九重宵旰之憂，而汪直等若罔聞，知其罪尚可容耶。上納其言。即命三法司，會多官，糸擬覆奏，逐直并其黨竄斥皆□，中外莫不快之。

明·查應光《靳史》卷二八　憲廟時，太監阿丑，每於上前作院本，頗有方朔譎諫之風。時汪直用事，勢傾中外。丑作醉人酗酒，一人佯曰：某官至。酗罵如故。又曰：駕至。酗亦如故。曰：汪太監來矣。醉者驚迫帖然。傍一人曰：天子駕至不懼，而懼汪直何也。曰：吾知有汪太監，不知有天子也。自是直寵漸衰。直既去，黨人王越，陳鉞尚在。丑作直持雙斧趨蹌而行，或問故，答曰：吾將兵惟仗此兩鉞耳。問鉞何名，曰：王越，陳越也。後二人以次坐謫。保國公朱永掌十二營，役兵治私第。丑作儒生誦詩，因高吟曰：六千兵散楚歌聲。一人曰：八千兵散。争之不已。徐曰：爾不知耶。二千在保國公家蓋房。於是憲廟密遣太監尚明察之，保國即撤工。賂尚明得止。成化末年，刑政頗弛，丑於上前，作六部差遣狀。命精擇之，既得一人，問其姓名，曰：公論。主者曰：公論如今無用。次一人問其姓名，曰：公道。主者曰：公道亦難行。最後一人曰：胡塗。主者首肯曰：胡塗如今儘去得。琊琊漫抄

明·張岱《石匱書》卷二一四　阿丑不知所出事。憲廟爲侍中，善詼諧，每於上前打院本，頗有東方曼倩之風。時汪直專恣，勢傾中外，人屏息不敢言。丑思有以折之。一日，扵上前作醉人駡酒者，一人曰：某官來。駡如故。復曰：駕來。又駡如故。復曰：汪太監來矣。駡者驚怖帖。傍一人曰：天子駕至不懼，而懼汪太監，何耶。對曰：今但知有汪太監，不知天子也。自是直寵少衰。時兩都御史王越、陳鉞者交媚直，結爲死黨。丑扵上前作直狀貌，持雙斧趨蹌而行。旁一人問故，直答曰：吾將兵惟伏此両鉞耳。問鉞何名。曰：王越，陳鉞也。上頷而笑。時有勳戚掌團營，私役兵二千營造居室。丑爲垓下之戲，口稱：六千兵散楚歌聲。

或人争曰：當爲八千。丑曰：爾不知耶，此二千人爲某侯家造房未回也。憲廟密遣尚銘偵之，侯家即撤工矣。一日於上前作六部差遣狀，命精擇其人。既得其人，問姓名，曰：姓公名論。主者曰：公論如今却用不着。次一人問其姓名，曰：姓公名道。主者曰：公道如今寸步也難行。最後一人問其姓名，曰：姓胡名塗。主者忻然曰：胡塗如今儘去得。上爲點頭。梁方賣官鬻爵，動以傳奉爲名。一日，丑設主客二人相見狀，主曰：客從何來。曰：從船上來。曰：船行穩否。曰：止苦木虱擾人，不得安眠耳。其曰：何不將被褥日中曝曬之，可除也。曰：不然，都鑽入船縫中去矣。其人沉吟曰：除是斫却梁方，自無船縫矣。又設爲病者，問醫曰：我胞前腫起，無頭無腦，痛不可言，何以療之。醫曰：我有方不費一錢。病者問：何藥。曰：此爲無名腫毒，但得五更不語唾，塗其上，則自消矣。病者曰：此却難得。醫曰：汝弗知邪。今五府六部，黄門烏臺，職當言路者，都是不語之人。何謂難得哉。上輾然大咲。

《明史》卷三〇四《宦官一》 直年少喜兵。陳鉞諷直征伏當加，立邊功自固。直聽之，用撫寧侯朱永總兵，而自監其軍。師還，永封保國公，鉞晉右都御史，直加禄米。又用王越言，詐稱亦思馬因犯邊。詔永同越西討，直爲監軍。越封威寧伯，直再加禄米。已，伏當加寇遼東，亦思馬因寇大同，殺掠甚衆。遼東巡按□珍發鉞奸狀，直右鉞謫珍。於是惡直者，指王越、陳鉞爲二鉞。小中官阿丑工俳優，一日於帝前爲醉者謾駡狀。人言駕至，謾如故。言汪太監至，則避走。曰：今人但知汪太監也。又爲直狀，操兩鉞趨帝前。旁人問之，曰：吾將兵，仗此兩鉞耳。問何鉞，曰：王越、陳鉞也。帝晒然而笑，稍稍悟。然廷臣猶未敢攻直也。會東廠尚銘獲賊得厚賞，直忌，且怒銘不告。銘懼，乃廉得其所泄禁中祕語奏之，盡發王越交通不法事，帝始疏直。

清・姚之駰《元明事類鈔》卷一七《楚兵六千》 《弇州史》傳張永多役兵治私第，優人阿丑裝爲楚歌者，曰：吾張子房也。能一歌而散楚兵六千。問者曰：吾聞楚兵八千人，何以六千。曰：其二千在保國府作役。上爲一笑。永懼，而出其兵。

又《仗兩鉞》 《王世貞集》閹人汪直挾上寵，開邊釁，恃主越以行，而兵部尚書陳鉞亦中直心。有優者阿丑，嘗於上曲宴爲中貴武狀者，挾兩斧踉蹌而前。人問之曰：我汪太監也。已左右顧其手，曰：吾惟仗此兩鉞耳。

清・李鈞《轉漕日記》卷一 明威寧伯王越，邑人，有將才，總制三邊，累著戰功。嘗有句云：髫爲胡笳吹作雪，心因烽火煉成丹。後與獻縣陳鉞，同附中官汪直。有小中官阿丑，善俳優，操兩鉞，效直狀趨蹌上前，曰：吾行軍仗此兩鉞耳。直敗，越亦遭貶。國學生盧柟，亦邑人，博學多聞，以詩酒自放，得罪邑令，爲所陷，下獄瀕死。謝茂秦向朝詩酒自放，得罪邑令，爲所陷，下獄瀕死。

藝文

清・吴炎、潘檉章《今樂府》卷一《監來》 皇帝來，酗不止。太監來，矍然起。問爾何爲然。但知汪太監，不知有天子，南征北伐伏此兩鉞。問鉞何名。陳鉞、王越。小璫微言，大璫罰天子。神明寵潜，奪淳于優孟，何多言，尚不及阿丑滑□。

又《太監來》 今日樂莫樂，酣醉無九衢。蒼龍爲拊席，玄武爲提壺。朱雀奏琴瑟，白虎吹笙竽。前呼天子來，呌呶不一顧。後呼太監來，帖然便安坐。太監復何爲，堂前猛虎步。頭上垂金貂，手中把黄斧。自言仗兩鉞，將兵助威武。吾欲竟此曲，此曲意良苦。陛下三千年，臣爲梨園主。臣欲言之，太監怒。

清・孫爾淮《泰雲堂集》卷六《明熹宗小鐵斧歌》 熹宗之朝無事無，太阿倒授貂璫徒。可憐斧柯雖在手長不滿咫徒區區。羅鉗吉網徧東廠，鑄此毋乃刀鋸餘。春坊欵識記天啓，瘦金鑒字旌其愚。當時選侍初避殿，九五當陽□消□。經筵罷講説命篇，授書好讀梓人傳。東園將作不中程，執藝無煩百工諫。此斧彫鎪若有神，衞玃般鳶日千變。卻怪鳩材皇極成，褒功翻許刑餘擅。茄花吐燄燒天紅，妖狐滴乳明光宫。此時有斧斫不得，枉誇削堊斤成風。烏乎阿丑操兩鉞，寃獄三琶痛刺骨。豈知有斧鋒更銛，國本摧殘一朝折。鋃鐺北寺雲埋愁，鍜鍊東林日流血。定知躍冶昆吾精，不是高皇掖門鐵。君不見宋祖玉斧□大河，戳地聲中燭影多。英雄失枋尚如此，當斷不斷，奈爾鐵斧何。

清・全祖望《續耆舊》卷一二〇《證人講社門生之一謁昌平十二陵十三首・茂陵》 內豎傾危幸不終，羣奸左道又相蒙。純皇屺下還應悟，阿丑詼諧術未工。大學士商輅疏稱罷汪直西廠。上怒曰：內豎輒危天下乎。中官阿丑喜詼諧，恒□上前作院本，有譎諫風。一日作醉者酗酒狀。前遺人狎曰：駕至。酗駡如故，曰：太監來。醉者驚怕帖然。旁一人曰：駕至不懼，而懼汪太監，何也。曰：吾知有汪太監，不知有天子。自是直寵少衰。

王寶奴

紀事

清・姚之駰《元明事類鈔》卷一七《寶奴老去》 梅鼎祚《頓姬坐追談正德南巡事》詩：寶奴老去優仁遠，坊曲今誰記姓名。自注頓之先有頓仁彈琵琶，及角妓王寶奴俱見幸。

雜録

明・梅鼎祚《頓姬坐追談正德南巡事》清・陳田《明詩紀事》 武帝時巡逼舊京，主謳鉤弋並蒙榮。更衣別置官楊繞，蹴踘新場御草平。偏選檀槽催鳳拍，忽傳金彈逐鶯聲。寶奴老去優仁遠，坊曲今誰記姓名。

臧賢

論説

明・沈德符《萬曆野獲編》卷二一《佞倖伶人稱字》 丈夫始冠則字之，後來遂有字説，重男子美稱也。惟伶人最賤，謂之娼夫。亘古無字，如伶官之盛，莫過於唐。羅黑黑、紀孩孩、賀懷智、黄幡綽、雷海青、李龜年、李可及、穆刁綾、安轡新、石動筩、王新殿、臧柯曲、刁俊朝、李家明、楊花飛、敬新磨、尚玉樓之屬。俱以優名相呼。雖至與人主狎，終不敢立字。後世此輩儕於四民，既有字且有號。然不過施於市廛游冶兒，不聞稱於士人也。惟正德間教坊奉鑾臧賢者，承武宗異寵，扈從行幸至於金陵。處士吴霖、吴郡禮部郎楊循吉，並侍左右。時寧王宸濠，妄窺神器，潛與通書札，呼爲良之契厚，令伺上舉動。良之，賢字也。蓋賢之婿司鉞者，以罪戍南昌，故寧庶借以通賢，蓋賢之婿至以通賢共十九字，據寫本補。逆藩之巧。樂工之横，至此極矣。賢至賜一品蟒玉，終不改伶官故銜。上兩幸霖家，亦賜以一品服。

紀事

明・徐昌治《昭代芳摹》卷二五 夏四月，内閣費宏致仕。伶人臧賢有寵於上，左右近習，張鋭、張雄、錢寧輩及楊廷和、梁儲、靳貴、陸完輩皆陰結之。及是寧王乞護衛，輦載金器銀寶，藏於臧賢家，分餽諸權要。費宏大言於内閣曰：今寧王以金寶巨萬打點復護衛，苟聽其所爲。吾江西無噍類矣。陸完知宏必爲梗，乃密謀於錢寧、楊廷和、共謀去宏。

明・何喬遠《名山藏》卷二〇 上悦樂官臧賢，賢請增造御樂庫房，許之。

明・沈德符《萬曆野獲編》卷一《列朝・伶官干政》　武宗之寵優伶，幾同高齊及朱耶之季。至賜飛魚等禁服，然官秩猶爲有節。惟臧賢以教坊司右司樂，請告疏云病不能侍左右，上優詔勉留。仍陞本司奉鑾供職，其禮視朝士有加焉，已爲異矣。至中書官光禄卿周惠疇，既以聚劾允其去矣，復托賢懇於上，以家遠難歸，乞暫留京師，詔仍復職，猶曰異途也。編修孫清者，登弘治壬戌一甲第二，以士論不齒去官。復用賢薦，起爲山西提學副使，時丹徒楊文襄爲太宰。謂人曰：如清者不以一官羈之，將何所不爲，冀以弭一時之謗議也。伶人恣横，至操文學詞臣進退之權，不待與錢寧通逆濠，已當寸磔矣，乃僅賜杖遣戍囚終，世謂尚未蔽辜云。先是，賢奉命祀碧霞元君，所過州邑倨坐受謁，肩與呼殿，官吏望風迎拜。至濟南，三司出城郊勞，俱具賓主禮。及賢戍廣西馴象衛，因獄詞連錢寧寧懼謀泄，密使人殺之於張家灣。

又卷二一《佞倖・士人無賴》　原任禮部主事楊循吉，用伶人臧賢薦，侍上於金陵行在，應制撰雜劇詞曲，至與諸優並列。

又《教坊官一品服》　武宗朝寵任伶人臧賢，至賜一品服。然雖綮蟒玉，而承應如故也。常欲改教坊司爲方印，改所懸牙牌如朝官，業已得請。有一老伶怒詈之曰：我衙門豈可與縉紳頡頏。若寵眷可長恃耶，行且戮矣。賢慙而止。上南巡時，賢薦致仕禮部主事吴人楊南峯循吉之才。召令供事左右。屢進樂府，上善之。久而不得官，賢爲之請，上欲以伶官與之。南峯大慚恨，求歸不許。又賴賢力爲之請，得放還。南峯隱居，久負重名。一旦輕出，爲聖主所侮，時以爲真倡優畜之也。司馬子長云：主上以倡優畜之。此非誠言，乃憤悱之詞也。

《明史》卷六一《樂一》　正德三年，武宗諭内鐘鼓司康能等曰：慶成大宴，華夷臣工所觀瞻，宜舉大樂。邇者音樂廢缺，無以重朝廷。禮部乃請選三院樂工年壯者，嚴督肄之，仍移各省司取藝精者赴京供應。顧所隸益猥雜，筋斗百戲之類日盛於禁廷。既而河間等府奉詔送樂户，居之新宅。樂工既得幸，時時言居外者不宜獨逸，乃復移各省司所送技精者於教坊。於是乘傳續食者又數百人，俳優之勢大張。臧賢以伶人進，與諸佞倖角寵竊權矣。

又卷一八七《陸完傳》　時宸濠已萌異志。聞完爲兵部，致書盛陳舊好，欲復護衛及屯田。完答書，令以祖制爲詞。宸濠遂遣人輦金帛鉅萬，寓所善教坊臧賢家，徧遺用事貴人，屬錢寧爲内主。比奏下，完遂爲覆請，而以屯田屬户部，請付廷議。内閣擬旨上，並予之。舉朝譁然。六科給事中高滂，十三道御史汪賜等力争，章並下部，久不覆。南京給事中徐文溥繼言之，完乃請納諫官言，帝竟不許。

又卷三〇七《佞倖》　武宗日事般遊，不恤國事，一時宵人並起，錢寧以錦衣幸，臧賢以伶人幸，江彬，許泰以邊將幸，馬昂以女弟幸。禍流中外，宗社幾墟。

明・譚希思《明大政纂要》卷四一　以樂官臧賢交結錢寧故也。

明・陳洪謨《繼世紀聞》卷五　伶人臧賢者，有寵於上，左右近習，内臣如張鋭、張雄，錦衣錢寧，文臣如梁儲、靳貴、陸完輩，皆陰結之，以求固寵。臧賢之壻司鉞犯罪，充南昌衛軍。濠令鉞教演江西伶人秦宏等歌樂，因鉞以通於賢。每親書寄賢，輒稱爲良之賢契。良之，賢字也。及是乞護衛，輦載金銀寶器藏於臧賢家，分饋諸權要。内閣大學士費宏素知其故，乃大言曰：寧府以金銀巨萬，打點護衛，苟聽其所爲，吾江西無噍類矣。錢寧、臧賢再三懇浼，陸完題覆，稱：寧王乞護衛，以典章爲言，事體重大，合會多官議。中官盧明以本來内閣擬旨，票云：既王奏缺人使用，護衛，屯田都准與王管業。言官交章論護衛不可與，竟不行。濠以宏作梗，恐其更改，乃託賢等諧干。上曰：宏私鄉里，取進士黄初及第。且曰：乾清宫灾，下詔皆宏視草，歸咎朝廷。時御史余珊劾宏私其弟費寀，選入翰林，久不認罪。遂罷宏致仕。濠既得護衛，益驕横。聞上巡各邊境，納都督馬昂已嫁妹馬氏於宫中，心懷異謀，陰養盜賊以爲爪牙。賊首閔念四，吴十三等恃王墳厰爲巢窟，肆行劫掠，與民争田不得，令賊居其家，官司莫敢問。劉六，劉七擾中原之後，兵部申明律禁，不許隱蔽賊情，釀成大患。巡撫江西都御史孫燧捕賊甚急，吴十三等已獲。繫南昌府獄，復爲賊劫出。兵部奏責孫燧行屬責限緝捕，濠恐賊獲干己，謀欲去孫燧以息事。乃令南昌三學教官達賔等率領生徒，裝飾孝行，揑文具呈撫按三司，保舉孝行，逼挾孫燧并巡按御史王金等轉奏，意欲朝廷嘉奬，以固寵眷，以釋嫌疑。差人載金寶於臧賢處，分饋權要，續以書論差人曰：事在司禮監，可與蕭敬言之。事成，即與陸公言急去孫燧，別用一都御史來，梁辰、湯沐俱可，王守仁亦可，切不可用吴廷舉。時江彬寵遇日隆，太監張忠與錢寧有隙，常附彬欲借以傾寧。及是孫燧等奏至，忠因譖於上曰：朱寧與臧賢交通寧王，謀爲不軌。爺爺不知乎。奏内稱王孝，譏爺爺不孝也。稱王早朝勤，譏爺爺不朝也。

明・于慎行《穀山筆麈》卷六勳戚　正德中，樂長臧賢甚被寵遇，曾給一品服色，然官名體秩則不易也。相傳本司門曾改方向，形家相之曰：此當出玉帶數條。聞者愕而咲之。未幾，上有所幸，伶兒入内不便，詔盡官之，使入爲鍾鼓司官，後皆賜玉，至今内中諸署，指鍾鼓司爲東衙門，賤而不居，當以此故耳。嘗考元史，玉宸樂院，秩正三品，與六部同階，其長有加銜平章者，則愈可笑矣。

《明孝宗實録》卷六八　司設監太監許誠奏鐘鼓司缺人，乞將本司閑住官王貫及革職，官劉玘、鄭豫、張貴、劉傑、臧賢應役禮部議，不可許。得旨劉玘、鄭豫、張貴、劉傑、給與冠帶，并王貴月食米一石，令在鐘鼓司教習樂藝。臧賢既係有罪，革退。人數其已之。

明・皇甫録《皇明紀略》　伶官臧賢，頗解音律，能作小詞，爲武宗所眷。得賜殊服優寵，嘗奉勑祠於泰山。攝卿而行，後乞骸歸西山，自號雪樵。尋被召用，特賜堂名曰勉起。中外於□者争以奇貨賂之，得所願者，賢報以名香目，曰雪中春信，爲朱寧中傷杖死。賢父亦以技受寵，於憲廟任爲中書舍人。

《明武宗實録》卷三七　乙未，增造御樂庫房，庫在東公生門之南。時樂官臧賢交結權姦錢寧，爲上所喜，故特允其請。

又卷七五　教坊司左司樂臧賢以疾求退，有旨勉起供職，仍陞爲奉鑾。賢伶人寵幸如此。

又卷八九　正德七年六月癸卯朔，陞原任翰林院編修孫清爲山西按察司副使，提調學校，清不修行检，坐事落职。至是以□刺起用，物論大不然之。吏部尚書楊一清對人輒自解曰：此人若不收用，何事不爲。或謂爲清之地者，伶人臧賢也。

又　教坊司奉鑾，臧賢以疾乞閒，禮部爲覆奏，得旨令仍舊供職。前此伶官無養病例，亦無禮部爲覆者。及詔旨批答，乃與貴臣同辭，中外異之。賢始以俳優得幸於豹房，賞賚鉅萬，賜以飛魚服。起甲第僭擬王侯仕路僥倖者，或因其關節以進，聲勢赫然。嘗奉命祠泰山碧霞元君，過州縣倨坐與前，呵用禮部牌。官吏迎候，皆望塵拜，至濟南，三司出城郊勞之，不知爲伶官也。後以交通宸濠朱寧，畏賢發其同惡之實，下獄擬遠戍，又遣人至灣中殺之。

又　杖教坊司樂官臧賢、施鉞，司監於午門，賢八十，鉞七十，監六十，仍發戍廣西馴象衛。籍没其家。初賢以伶人得幸於上，宸濠遣使厚遺之，使行賄於太監蕭敬，尚書陸完，都督朱寧，結爲内援。禁中動静莫不密報於濠，故反謀益固。至是事覺詞連寧，及發遣，行至張家灣，寧乃使盜往殺之，以滅口云。

又　錢寧，上所嬖也。常侍左右，所言輒聽。與太監張鋭、伶官臧賢表裏應和，招權納賄。其奸贓狼籍，視瑾蓋倍屣焉。而公卿無恥者多與厚善。及逆賊宸濠謀爲不軌，上知寧與濠通，亦即捕而繫之，無少假貸。於是人知上於小人，始雖暫爲所誤，既覺之後，截以大義，不爲柔道所牵。其天德之剛，非漢唐昏懦之主所可同語也。

又　二楊一清在吏部時，御史張永仁，主事段金，通判李鰲俱以考察黜有朱大周者，京衛武學生也。交結臧賢得出入錢寧門下，而永仁，金鰲遂因大□以通於寧，□具奏□□司。而寧素□一清，從中主之，一清遂自□致仕□。至是給事中劉最□大□罪，下錦衣衛捕得□法司，擬朋黨亂政律斬。上允之。

《明史》卷一八四《傅珪傳》　珪居閒類木訥者。及當大事，毅然執持，人不能奪，卒以此忤權倖去。教坊司臧賢請易牙牌，製如朝士，又請改鑄方印，珪格不行。賢日夜騰謗於諸閹間，冀去珪。流寇擾河南，太監陸□謀督師，下廷議，莫敢先發。珪厲聲曰：師老民疲，賊日熾，以冒功者多，僨事者漏罰，失將士心。先所遣已無功，可復遣耶。今賊横行郊圻肘腋間，民囂然思亂，禍旦夕及宗社。吾儕死不償責，諸公安得首闓兩端。由是議罷。疏上，竟遣鼠，而中官皆憾珪。

又卷三〇七《佞倖》　寧子永安，六歲爲都督。養子錢傑、錢靖等，俱冒國姓，授錦衣衛官。念富貴已極，帝無子，思結强藩自全。爲寧王宸濠營復護衛，又遣人往宸濠所，有異謀。又令宸濠數進金銀玩好於帝。謀召其世子司香太廟，爲入嗣地。又以玉帶、綵紵附其典寶萬鋭歸，詐稱上賜。凡宸濠所遣私人行賄京師，皆主伶人臧賢家，由寧以達帝左右。

楊元 附：楊能、李十、董白

紀事

明・張岱《陶庵夢憶》卷七《過劍門》 南曲中，妓以串戲爲韻事，性命以之。楊元、楊能、顧眉生、李十、董白以戲名。屬姚簡叔期余觀劇，傒僮下午唱《西樓》，夜則自串。傒僮爲興化大班，余舊伶馬小卿、陸子雲在焉，加意唱七齣戲，至更定，曲中大咤異。楊元走鬼房問小卿曰：今日戲，氣色大異何也。小卿曰：坐上坐者余主人。主人精賞鑒，延師課戲，童手指千傒僮到其家謂過劍門，焉敢草草。楊元始來物色余。《西樓》不及完，串《教子》。顧眉生：周羽；楊元：周娘子；楊能：周瑞隆。楊元膽怯膚栗，不能出聲，眼眼相覷，渠欲討好不能，余欲獻媚不得，持久之，伺便喝采一二，楊元始放膽，戲亦遂發。嗣後曲中戲，必以余爲導師，余不至，雖夜分不開臺也。以余而長聲價，以余長聲價之人而後長余聲價者多有之。

周壽誼

傳記

明・周玄暐《涇林續記》 周壽誼，崑山人，年百歲。其子亦躋八十，同赴蘇庠鄉飲，徒步而往。既至，子坐於階石氣喘，父笑曰：少年何困倦，乃□飲畢，子欲附舟，父不可，復步歸舍。崑距蘇七十餘里，往返便捷，其精力强健如此。後太祖聞其高壽，特召至京，拜階下，狀甚矍鑠，問：今歲年若干。對云：一百七歲。又問：平日有何修養，而能致此。對曰：清心寡慾。上善其對，笑曰：聞崑山腔甚嘉，爾亦能謳否。曰：不能，但善吴歌。命之歌。歌曰：月子彎彎照幾州，幾人歡樂幾人愁。幾人夫婦同羅帳，幾人飄散在他州。上撫掌曰：是箇村老兒。命賞酒飯，罷歸。後至一百十七歲端坐而逝。子亦年九十八，家有世壽堂，其孫曾多至八十外，蓋緣稟賦素厚，其繇來有由矣。

張五兒、韓壬姐、馮觀舍、月華兒

雜録

明・據梧子《筆夢》 明日，出遊瓊花觀。晚至鹽司署，設宴演劇，凡揚郡名班皆集。有揚關監税徐太監亦在座，自云有家妓頗嫻音樂。明早，欲侍御枉駕，以申一日之歡。侍御不得已。次日，往税監署觀女樂。徐監屢詡其選擇之精教習之善。侍御以其爲弋陽腔，姑口譽焉，心弗悦也。徐監特選四名來餽，固辭之。徐潛唤滿江紅，遣管家二人、侍女二人，候鎮江口隨侍御舟送至家。附記女樂四名張五兒、揚州人，後名張五舍，時年十二。韓壬姐、北京人，後名韓壬壬，時年十三。馮觀舍、揚州人，時年十二。月華兒。自云幼養徐老公家，不知姓，亦不知何處人，時年十一，後名月姐。侍御錦旋，遍召通族慶宴，龍橋冠帶上坐，命四女侑酒，曲皆弋陽腔，舉坐大笑。

朱斗兒

傳記

清・厲鶚《玉臺書史》卷五《朱斗兒》《列朝詩集小傳》：朱斗兒，號素娥，畫山水小景，陳魯南授以筆法。

清・王原祁等《御定佩文齋書畫譜》卷五八　朱斗兒，號素蛾，畫山水小景，陳魯南授以筆法。《畫史會要》。

清・湯漱玉《玉臺畫史・朱斗兒》《畫史會要》：朱素娥金陵妓也。陳魯南授以筆法，更入作家。聞魯南入翰林，畫以平日往來詩畫，緘封寄與魯南，上寫云：昨日個錦囊佳句明引勾，今日個玉堂人物難親近。其風流儒雅如此。

藝文

明・周暉《金陵瑣事》卷二　妓朱斗兒，號素娥，與陳魯南聯詩。有芙蓉明玉沼，楊柳暗銀堤之句，人多誦之。送所懽於江干，題一絶云：楊子江頭送玉郎，離思牽挽柳絲長。柳絲挽得吾郎住，再向江頭種幾行。又托所懽買束腰，其人書問尺寸，朱答之云：寄買紅綾束，如何問短長。妾身君抱裏，尺寸細思量。鳳陽劉望岑嘗訪素娥，素娥不出。乃投一絶云：曾是瓊樓第一仙，舊陪鶴駕禮諸天。碧雲縹緲剛風惡，吹落紅塵四十年。素娥欣然見之。

明・沈德符《御選明詩》卷一〇六《朱斗兒・送人》　揚子江邊送玉郎，柳絲牽挽柳條長。柳絲挽得行人住，多向江頭種兩行。

清・周亮工《因樹屋書影》卷八　金陵妓朱斗兒，嘉靖間與陳魯南沂聯詩，曲中有才情者也，有《送所歡》一絶云：楊子江頭送玉郎，離思牽挽柳絲長。柳絲挽得吾郎住，再向江頭種幾行。人争傳誦。予偶閲元詩，《黄君瑞送别》云：雲錦江邊送玉郎，江邊折柳柳絲長。柳絲若挽情人住，更向東風種幾行。乃竊抄者，魯南輩不察也。

雜録

清・余懷《板橋雜記》卷中《麗品》　余生萬曆末年，其與四方賓客交遊，及入范大司馬蓮花幕中，爲平安書記者，乃在崇禎庚辛以後。曲中名妓，如朱斗兒、徐翩翩、馬湘蘭者，皆不得而見之矣。則據余所見而編次之，或品藻其色藝，或僅記其姓名，亦足以徵江左之風流，存六朝之金粉也。昔宋徽宗在五國城，猶爲李師師立傳，蓋恐佳人之湮滅不傳，作此情癡狡獪耳。風乍起，吹縐一池春水，干卿何事。彼美人兮，巧笑倩兮，美目盼兮。彼君子兮，中心藏之，何日忘之。

頓仁

論說

明・顧起元《客座贅語》卷五《歌章色》　教坊頓仁，曾於正德中隨駕至北京，工於音律，於《中原音韻》、《瓊林雅韻》，終年不去手，於開口閉口，與四聲陰陽字皆不誤。常云：南曲中如雨歇梅花，《吕蒙正》內紅妝艷質，《王祥》內夏日炎炎，《殺狗》內千紅百翠，此等謂之慢詞，教坊不隸。琵琶箏色，乃歌章色所肄習者。南京教坊歌章色久無人，此曲都不傳矣。何柘湖嘗令仁以《伯喈》一二曲教絃索，仁云：《伯喈》曲，某都唱得，但此等皆是後人依腔按字打將出來，正如善吹笛管者，聽人唱曲，依腔吹出，謂之唱調。然不按譜終不入律，況絃索九宫之曲，或用滚絃、花和、大和、彭絃，皆有定則，故新曲要度入亦易。若南九宫原不入調，間有之，祇是小令。苟大套數，既無定則可依，而以意彈出，如何得是。且笛管稍長短，其聲便可就板。絃索若多一彈或少一彈，則行板矣。其可率意爲之哉。

明・沈德符《萬曆野獲編》卷二五《評論・弦索入曲》 嘉、隆間，度曲知音者，有松江何元朗，畜家僮習唱，一時優人俱避舍，然所唱俱北詞，尚得金元蒜酪遺風。予幼時，猶見老樂工二三人，其歌童也俱善絃索。今絕響矣。何又教女鬟數人，俱善北曲，爲南教坊頓仁所賞。頓曾隨武宗入京，盡傳北方遺音，獨步東南。暮年流落，無復知其技者，正如李龜年江南晚景。其論曲，謂：南曲簫、管，謂之唱調，不入絃索，不可入譜。近日沈吏部所訂《南九宫譜》盛行，而北九宫譜反無人問，亦無人知矣。頓老又云：絃索九宫，或用滚絃，或用花和、大和、彭絃，皆有定則，若南九宫，無定則可依。且笛，管稍長短其聲，便可就板。絃索若多一彈，少一彈，即𠆾板矣。此説真不易之論。今吴下皆三絃合南曲，而又以簫、管叶之，此唐人所云錦襖上着蓑衣，顧阿瑛《小像詩》所云：儒衣，僧帽，道人鞋也。

明・何良俊《曲論》 《虎頭牌》是武元皇帝事。金武元皇帝未正位時，其叔餞之出鎮。十七換頭《落梅風》云：抹得瓶口兒净，斟得盞面兒圓，望看碧天邊太陽澆奠。只俺這女直人無甚麽別呪願，則願我弟兄們早能勾相見。此等詞，情真語切，正當行家也。一友人聞此曲，曰：此似唐人《木蘭詩》。余喜其賞識。余家小鬟記五十餘曲，而散套不過四五段，其餘皆金，元人雜劇詞也，南京教坊人所不能知。老頓言：頓仁在正德爺爺時隨駕至北京，在教坊學得，懷之五十年。供筵所唱，皆是時曲，此等辭並無人問及。不意垂死，遇一知音。是雖曲藝，然可不謂之一遭遇哉。

清・馮金伯《詞苑萃編》卷二一《明代詞不被管弦》 教坊李節箏歌，何元朗品爲第一。金陵全盛時，顧東橋必用箏琵侑觴。相傳武宗南巡，樂工頓仁隨駕，學得金元雜劇，何元朗家小鬟盡得其曲而用之。比得詞調猶作引子、過曲，今供筵所唱，類具時曲，並無人問及詞調。則倚聲之被管絃者，歿未百年，而竟成廣陵散矣。錢謙益。

又 老頓於《中原音韻》《瓊林雅韻》終年不去手，故開口、閉口與四聲陰、陽字，八九分皆是。文義欠明，時有差處，如馬東籬《孤鴈漢宫秋》，其雙調《尾聲》云：載離恨的氈車半坡裏響。氈字，他教作閉口。余言：氈字當開口。他説：頓仁於韻上考索極詳，此字從占，當作閉口。余曰：若是從占，果當作閉口。但此是寫書人從省耳，此字原從亶，亶是開口，汝試檢氈字正文，無從占者。渠始信，教作開口。老頓云：南曲中如雨歇梅天，《吕蒙正》内紅妝艷質，《王祥内》夏日炎炎，《殺狗》内千紅百翠，此等謂之慢詞，教坊不隸琵琶箏色，乃歌章色所肄習者。南京教坊歌章色久無人，此曲都不傳矣。

清・焦循《劇説》卷一 嘉、隆間，松江何元朗畜家僮習唱，一時優伶俱避舍，然所唱俱北詞，尚得蒜酪遺風。何又教女鬟數人，俱善北曲，爲南教坊頓仁所賞。頓隨武宗入京，盡傳北方遺音，獨步東南。暮年流落，無復知其伎者。其論曲，謂：南曲簫管，謂之唱調，不入絃索，不可入譜。沈吏部《南九宫譜》盛行，而北九宫反無人問。頓老又云：絃索九宫，或用滚絃，或用花和、大和、彭絃皆有定則；若南九宫，無定則可依。且笛管稍長短其聲，便可就板。絃索若多一彈，少一彈，即𠆾板矣。

紀事

明・何良俊《四友齋叢説》卷三七《詞曲》 余家小鬟記五十餘曲，而散套不過四五段，其餘皆金元人雜劇詞也，南京教坊人所不能知。老頓言：頓仁在正德爺爺時隨駕至北京，在教坊學得。懷之五十年，供筵所唱，皆是時曲，此等辭並無人問及。不意垂死，遇一知音。是雖曲藝，然可不謂之一遭遇哉。

清・黄生《字詁・𠆾》 南都教坊頓仁，論絃索按九宫譜。用滚絃、彭絃、花和、大和皆有定則，故新曲度入亦易。若南九宫原不入調，無定則可依。絃索若多一彈少一彈，則𠆾板矣。字書𠆾巨岐切參差也。此謂絃與板不相應正參差之意，余因悟《西厢記》中𠆾拍了迎風户半開。蓋借言詩與事相左，猶腔不應板耳，當時作者自能調絃度曲，故直用本色語。如近的順手把戒刀彭，彭字亦似從彭，絃字來彭所鑑，切大鎌也。彭絃借言指法，有似刀芟艸之勢。

清・焦循《劇説》卷六　何元朗早歲入南都，隨顧東橋游讌，多習舊聞。東橋每宴集，輒用教坊樂，以箏、琶侑觴。當康陵南巡日，樂工頓仁隨駕至北京，得金、元人雜劇。元朗妙解音律，令家中小鬟盡傳之。置酒留賓，恒自度曲。有李節者，善箏歌，元朗品爲教坊第一，於時名彦，賦詩留贈，黄淳父詩所云十四樓中第一聲也。其後引歸。海上倭亂，避地青溪，然文酒之會，未嘗廢絲竹。其買宅句云：一須焦革鄰舍，二要秦青對門。

雜録

清・姚之駰《元明事類鈔》卷一七《寶奴老去》　梅鼎祚《頓媼坐追談正德南巡事詩》：寶奴老去優仁遠，坊曲今誰記姓名。自注頓之先有頓仁彈琵琶，及角妓王寶奴俱見幸。

清・焦循《劇説》卷六　何元朗早歲入南都，隨顧東橋游讌，多習舊聞。東橋每宴集，輒用教坊樂，以箏、琶侑觴。當康陵南巡日，樂工頓仁隨駕之北京，得金、元人雜劇。

馬錦

傳記

清・侯方域《馬伶傳》　馬伶者，金陵梨園部也。金陵爲明之留都，社稷百官皆在；而又當太平盛時，人易爲樂，其士女之問桃葉渡，遊雨花臺者，趾相錯也。梨園以技鳴者，無論數十輩，而其最著者二，曰興化部，曰華林部。一日，新安賈合兩部爲大會，遍徵金陵之貴客文人與夫妖姬静女，莫不畢集。列興化於東肆，華林於西肆，兩肆皆奏《鳴鳳》，所謂椒山先生者。迨半奏，引商刻羽，抗墜疾徐，并稱善也。當兩相國論河套，而西肆之爲嚴嵩相國者曰李伶，東肆則馬伶。坐客乃西顧而歎，或大呼命酒，或移坐更近之，首不復東。未幾，更進，則東肆不復能終曲。詢其故，蓋馬伶耻出李伶下，已易衣遁矣。馬伶者，金陵之善歌者也，既去，而興化部又不肯輒以易之，乃竟輟其技不奏，而華林部獨著。去後且三年，而馬伶歸，遍告其故侣，請於新安賈曰：今日幸爲開讌，招前日賓客，願與華林部更奏《鳴鳳》，奉一日歡。既奏，已而論河套，馬伶復爲嚴嵩相國以出，李伶忽失聲，匍匐前稱弟子。興化部是日遂凌出華林部遠甚。其夜華林部過馬伶曰：子，天下之善技也。然無以易李伶，李伶之爲嚴相國，至矣，子又安從授之而掩其上哉。馬伶曰：固然，天下無以易李伶，李伶即又不肯授我。我聞今相國崑山顧秉謙者，嚴相國儔也。我走京師，求爲其門卒三年，日侍崑山相國於朝房，察其舉止，聆其語言，久乃得之。此吾之所爲師也。華林部相與羅拜而去。馬伶名錦，字雲將，其先西域人，當時猶稱馬狪狪云。侯方域曰：異哉，馬伶之自得師也。夫其以李伶爲絶技，無所於求，乃走事崑山，見崑山猶之見分宜也。以分宜教分宜，安得不工哉。嗚呼，耻其技之不若，而去數千里，爲卒三年；倘三年猶不得，即猶不歸爾。其志如此，技之工又何須問耶。張山來曰：予素不解奕，不解歌，自恨其拙，因從學於人。雖不能工，然亦自覺有入門處，乃知藝無學而不成者，觀馬伶事益信。

清・焦循《劇説》卷六　侯朝宗《馬伶傳》云：馬伶者，金陵梨園部也。金陵爲明之留都，梨園以技鳴者無論數十輩，而其最著者二，曰興化部，曰華林部。一日，新安賈合兩部爲大會，遍徵金陵之貴客，文人，與夫妖姬、静女，莫不畢集。列興化於東肆，華林於西肆，兩肆皆奏《鳴鳳》。所謂椒山先生者。迨半奏，引商刻羽，抗墜疾徐，並稱善也。當兩相國論河套，而西肆之爲嚴嵩相國者曰李伶，東肆則馬伶，坐客乃西顧而歎，或大呼命酒，或移坐更近之，首不復東。未幾，更進，則東肆不復能終曲。詢其故，蓋馬伶恥出李伶下，已易衣遁矣。馬伶者，金陵之善歌者也，既去，而興化部又不肯輒以易之，乃竟輟其技不奏。而華林部獨著。去後且三年，而馬伶歸，遍告其故侣，請於新安賈曰：今日幸爲開讌，招前日賓客，願與華林部更奏《鳴鳳》奉一日歡。既奏，已而論河套，馬伶復爲嚴嵩相國以出，李伶忽失聲，匍匐前稱弟子。興化部遂凌出華林部遠甚。其夜華林部過馬伶，曰：子，天下之善技也，然無以易李伶。李伶之爲嚴相國，至矣，子又安從授之而掩其上哉。馬伶曰：固然，天下無以易李伶，李伶即又不肯授我。我聞今相國崑山顧謙者，嚴相國儔也。我走京師，求爲其門卒，三年，日侍相國於朝房，察其舉止，聆其語言，久乃得之。此吾之所爲師也。華林部相與羅拜而去。馬伶名錦，字雲將，其先西域人，當時猶稱馬回回云。

清・張潮《虞初新志》卷三　一日，新安賈合兩部爲大會。遍徵金陵之貴客文人，與夫妖姬静女，莫不畢。集列興化於東肆，華林于於西肆，兩肆皆奏，《鳴鳳》，所謂椒山先生者。迨半奏，引商刻羽。抗墜疾徐，并稱善也。當兩相國論河套，而西肆之爲嚴嵩相國者。曰李伶，東肆則馬伶。坐客乃西顧而歎，或大呼命酒，或移坐更近之，首不復東。未幾更進，則東肆不復能終曲。詢其故，蓋馬伶耻出李伶下已易衣遁矣。馬伶者。金陵之善歌者也既去，而興化部又不肯輒以易之。乃竟輟其技。不奏而華林部獨着。去後且三年，而馬伶歸。遍告其故侶，請于新安賈曰：今日幸爲開讌，招前日賓客。願與華林部更奏《鳴鳳》，奉一日歡。既奏，已而論河套。馬伶復爲嚴嵩相國以出。

紀事

清・談遷《北遊録・紀聞・伶人馬錦》　金陵伶人馬錦，其先西域人，嘗兩坊角技，演《鳴鳳》傳奇。而西部李氏爲嚴閣老獨絶，馬錦自以爲不如，竟遁。遁三年，還故部，告諸客部曰：令若奏《鳴風》，願效所長。於是貌嚴相以角。奏畢，李氏大驚服，夜問所自。錦曰：我安所自哉。聞今相國顧秉謙。猶嚴相也，走京師，求爲其門卒三年。日於朝房察其舉止，聽其語，久能得之，此吾之所師也。李氏曰：善。

雜録

清・阮葵生《茶餘客話》卷一八　嚴東樓在工部時，眷一幼伶，名金鳳，海鹽人，色藝俱全。一日無鳳，則寢食不甘。及鳴鳳記盛傳於世。金復塗粉扮東樓，乃得神似。此一事較夷門馬伶傳更奇。朱良矩語楊用脩云。天之風月。地之花柳。人之歌舞。無此不成三才。

清・李慈銘《越縵堂讀書記・集部・總集類》　以王於一之《李一足》，湯《琵琶傳》，侯朝宗之《馬伶》，《李姬傳》，爲近俳不録，而采王之《孝□傳》《義虎記》，侯之《郭老僕墓志》，乃彌近小説。

馬湘蘭

論説

清・姚之駰《元明事類鈔》卷一七《紅妝季布》　王穉登序馬湘蘭詩，有美一人風流絶代，問姓則千金燕市之駿，託名則九畹湘江之英。輕錢刀若土壤翠袖朱家，重然諾如山邱紅妝季布。

清・厲鶚《玉臺書史・馬湘蘭》　馬姬名守真，小字元兒，又號月嬌。以善畫蘭，故湘蘭之名獨著。所居在秦淮勝處。《列朝詩集》。馬湘蘭雙鈎墨蘭立軸，傍作篠竹瘦石，氣韵絶佳，題云：翠影拂湘江，清芬瀉幽谷。壬申清和月寫於秦淮水閣，湘蘭子馬守真。又雙鈎墨蘭小軸題云：幽蘭生空谷，無人自含芳。欲寄同心去，悠悠江路長。丙申春日湘蘭守真子。二軸今藏余友廣陵馬半槎齋中。

清・阮葵生《茶餘客話》卷一七　畫墨蘭，自鄭所南趙彝齋管仲姬後相繼而起者，代不乏人，然分爲二派文人，寄與則放逸之氣，見於筆端閨秀。傳神則幽閒之姿，浮於紙上，各臻其妙。趙春谷及仲穆以家法相傳，楊補之與湯淑雅則甥舅媲美，楊維幹與彝齋同時，皆號子固，俱善畫蘭，不相上下。以及明季張静之、項子京吴秋林、周公遐、蔡景明陳古北、杜子經、蔣冷生、陸包山、何仲雅輩，墨出衆香硯，滋九畹，極一時之盛。管仲姬之後女流爭爲效顰。至明季馬湘蘭、薛素素、徐翩翩、楊宛若，皆以煙花麗質，繪及幽芳，雖令湘畹蒙羞，然亦超脱不凡，不與衆芳爲伍矣。録《畫法源流》一則。

清・趙翼《陔餘叢考》卷二〇《明人演戲多扮近事》 明人演戲，多有用本朝事者。《明史》，魏忠賢黨石三畏，赴戚畹宴，既醉，誤令優人演劉瑾酗酒一劇，忠賢聞之大怒，遂削籍歸。王阮亭《香祖筆記》又載姚叔詳言，海鹽有優兒金鳳，以色幸於嚴東樓，非金則寢食勿甘。嚴氏敗後，金既衰老，而《鳴鳳記》傳奇盛行，於是金復傅粉塗墨，扮東樓焉。此又明人演戲不諱本朝事之明證也。又余澹心《板橋雜誌》，馬湘蘭負盛名，與王伯穀爲文字飲。鄭應尼落第來遊，湘頗不禮。應尼乃作《白練裙》雜劇，極其嘲謔，召湘蘭觀之，則並演其人而即使其人見之矣。

清・李伯元《莊諧詩話》卷一《馬湘蘭便面》 明妓馬湘蘭畫，真跡絶少。畫尾題跋類僞託伯穀，豈馬湘蘭畫必由所歡鑒定耶。抑亦謬矣。余見其蘭竹便面一幀，多名人觀欵，有芝麓珍藏圖記，旁綴，《郭頻伽浣溪紗》詞一闋，舒鐵雲乾嘉詩壇點將録，稱爲浪子郭麐。蕩婦飄流宜得浪子題詠眉樓。合肥小妻，後來云云。妙有闘合。詞曰：澹墨傾倚落扇頭，紅蘭葉葉竹修修。紅妝季布儘風流，今日誰憐王伯穀。後來尚有顧眉樓，爲伊惆悵寫銀鈎。

傳記

明・顧起元《客座贅語》卷七《畫品補遺》 舊院妓馬守真，號湘蘭。工畫蘭，清逸有致，名聞海外，暹羅國使者亦知購其畫扇藏之。

明・姜邵書《無聲詩史》 湘蘭，蘭仿趙子固，竹法管夫人，俱能襲其餘韻，其畫不惟爲風雅者所珍，且名聞海外，暹羅國使者，亦知購其畫扇藏之。

明・沈德符《萬曆野獲編》卷二六《嗤鄙・白練裙》 頃歲丁酉，馮開之年伯爲南祭酒。東南名士雲集金陵，時屠長卿年伯久廢，新奉恩詔復冠帶，亦作寓公慕狹邪寇四兒名文華者，先以纏頭往。至日，具袍服頭踏，呵殿而至，踞廳事南面，呼媪出拜，令寇姬旁侍行酒，更作才語相向。次日，六院喧傳，以爲談柄。有江右孝廉鄭豹，先名之文者，素以才自命，遂作一傳奇，名曰《白練裙》摹寫屠憨狀曲盡。時吴下王百穀亦在留都，其少時曾眷名妓馬湘蘭名守真者。馬年已將耳順，王則望七矣，兩人尚講衾裯之好。鄭亦串入其中備列醜態，一時爲之紙貴。次年，李九我爲南少宰署禮部，追書肆刻本毁其板，然傳播遠近無算矣予後於都下遇鄭君譽其填詞之妙，鄭面發赤，囑予勿再告人。

清・王原祁等《御定佩文齋書畫譜》卷五八《馬湘蘭》 馬姬，名守真，小字元兒，又號月嬌。以善畫蘭，故湘蘭之名獨著，所居在秦淮勝處。《鐵網珊瑚》。

清・倪濤《六藝之一録續編》卷一四《馬湘蘭》 馬姬名守真，小字元兒，又號月嬌。以善畫蘭，故湘蘭之名獨著，所居秦淮勝處。《無聲詩史》。馬湘蘭雙鈎墨蘭立軸，傍作篠竹瘦石氣韻絶佳。題云：翠影拂湘江，清芬瀉幽谷。壬申清和月，寫於秦淮水閣。湘蘭馬守真。又雙鈎墨蘭小軸題云：幽蘭生空谷，無人自含芳。欲寄同心去，悠悠江路長。丙申春日湘蘭守真子二軸，今藏余友廣陵馬半槎齋中。

清・錢謙益《列朝詩集小傳》閏集《馬守真》 馬姬字守真，小字元兒，又字月嬌。以善畫蘭，故湘蘭之名獨著。所居在秦淮勝處。喜輕俠，時時揮金以贈少年。步摇條脱，每在子錢家，勿顧也。王伯穀序其詩云：輕錢刀若土壤，翠袖朱家重，然諾如印山，紅妝季布。

清・湯漱玉《玉臺畫史》《式古堂書畫彙攷》：馬湘蘭，《蘭花圖》，灑金方牋著色，一花數葉，弱態不勝，款書：庚午夏日，湘蘭爲龍池兄戲筆。

又 馬湘君《蘭花竹石圖》，縑素水墨，款書戊寅菊月晦日玄子爲文茂契君寫，馬湘蘭。

紀事

明・馮夢龍《古今談概・馬湘蘭》 金陵名妓馬湘蘭，以豪俠得名。有坐監舉人請見，拒之。後中甲榜，授禮部主事，適有訟湘蘭者。主事命拘之，衆爲居間，不聽。既來見，罵曰：人言馬湘蘭，徒虚名耳。湘蘭應曰：惟其有昔日之虚名，所以有今日之奇禍。主事笑而釋之。湘蘭死後，哀挽成帙。或謂張賓王曰：聞君有祭文甚佳。張曰：吾乃仿《赤壁賦》作者。

使誦之，張但舉一語云，此固一世之雌也，而今安在哉。聞絶倒。

又《情史》 馬守真，字月嬌，小字玄兒，行四，故院中呼四娘，以善畫蘭，號湘蘭子。少負重名，爲六院冠冕，晚年意氣益豪，日費不貲，家漸耗。有烏陽少年某，游太學，慕姬甚。一見不自持，留姬家不去，俄聞門外索逋者，聲如哮虎，立爲償三百，緡聽使去。姬本俠也。見少年亦俠，甚德之。少年呢姬，欲諧伉儷，指江水爲誓，大出裹蹏冶耀首之飾，買第秦淮上，用金錢無筭，而姬擎鮮爲供具，僕馬費亦略相當。是時，姬年政五十，少年春秋未半也，錦衾角枕相嬿婉，久而不少覺姬老，娶姬念益堅。姬笑曰：我門前車馬如此，嫁商人且不堪。外聞以我私卿，猶賣珠兒，絶倒不已。寧有半百青樓人，纔執箕箒作新婦耶。少年戀戀無東意，祭酒聞之施夏楚焉，始鞅鞅去。

明・周暉《金陵瑣事》卷三 沈氏老媼，廼富家侍妾。老年無依，賣翠花度日。馬回回窺見所戴簪頭廼猫精石，遂租屋與沈爲隣。每每奉以酒食，久之因求其石。沈媼感其殷勤，令出銀二兩辦棺木，以石與之。馬喜不自勝，覓石稍乾，因市羊脂一片裹之，暴於烈日中。從旁坐守，方籌筭得利時，如何經營，如何受用，忽饑鷹飛下爪去。馬遂怨恨，染病幾死。

明・沈德符《顧曲雜言》卷一《北詞傳授》 而吴中以北曲擅場者，僅見張野塘一人故壽州産也，亦與金陵小有異同處。頃甲辰年，馬四娘以生平不識金閶爲恨，因挈其家女郎十五六人來吴中，唱《北西廂》全本。其中有巧孫者，故馬氏粗婢，貌甚醜而聲遏雲，於北詞關捩窾妙處，備得真傳，爲一時獨步。他姬曾不得其十一也。四娘還曲中，即病亡。諸妓星散。巧孫亦去爲市媪，不理歌譜矣。

又 頃歲丁酉，馮開之年伯爲南祭酒，東南名士雲集金陵。時屠長卿年伯久廢，奉恩詔復冠帶亦作寓。公慕狹邪寇四兒名文華者，先以纏頭往至，日具袍服頭踏呵，殿而至踞，廳事南面呼媪出拜，令寇姬傍侍行酒，更作才語相向，次日六院喧傳，以爲談柄。有江右孝廉鄭豹先名之文者，素以才自命，遂作一傳奇，名曰白練裙，摹寫屠憨狀。曲盡時吴下王百穀亦在留都，其少時曾眷名妓馬湘蘭名守真者，馬年已將耳順，王則望七矣，兩人尚講衿裯之好，鄭亦串入其中，備列醜態，一時爲紙貴。次年李九我爲南少宰署禮部，追肆刻本，毁其板然，傳播遠近無算矣。予後於都下遇鄭君，詈其填詞之妙，鄭面發赤，囑予勿再告人。

明・談遷《北游録》紀聞上《鄭之文》 南城鄭之文應尼，公車下第。薄游金陵，時北里馬湘蘭負盛名。與王百穀諸公爲文字飲，易視應尼。應尼與吴非熊作《白練裙》雜劇，極爲譏調，聚子弟演唱，召湘蘭觀之，湘蘭爲之微笑，司業定襄傅振商訓士清嚴。一日，召應尼跽東廂下，出一編擲地。數之曰：舉子故當爲輕蛺蝶耶，朴以夏楚。久之，乃遣去。應尼舉進士，傅晉北祭酒。介錢謙益爲謝過，傅一笑而已。應尼官南部郎，終囗囗知府。

清・潘天成《鐵廬集》外集卷二《夢遇馬貞娘記》 維乙亥春，金陵李君欲葬妻，邀予相地。步出南郊高座寺前觀音庵後，樂度院之西百步許，見松竹森森，清流曲抱，有吉地焉。李君訪之里，人既成議矣。是夜余宿石橋三會庵中，月明如晝，輕風拂幃，夢一婦女，年可四十餘。服飾淡雅，佩聲璆然，褰帷而入，向余再拜。余問曰：更深漏永，何緣至止。答曰：因先生今日爲李君相地，恐動吾貞娘之墓，故來告耳。余問其姓名，答曰：吾馬湘蘭也。余曰：馬湘蘭前朝名妓，何謂貞娘。曰：先生知吾爲名妓，却不知吾之貞烈，有衣冠丈夫所不能及者。先生博極羣書，試觀古今來名公鉅卿。俱自謂賢傑。一經變故，國破君亡，反顔事仇，生平盡喪人之品誼，蓋棺乃定耳。余自受湯臨川辱，决志從良，奈囊橐蕭然，有新安陳秀才年少才高，有情人也。憐吾落魄，以千金買之。載吾過蕪關泊魯江時，風月清朗，吾倚舷弄笛，不意有權貴子尋聲而至，知吾爲馬湘蘭也。遂囑當事願：以數千金償秀才，秀才忿然作色曰：彼倚權貴赫奕，奪人所愛，斷不能也。吾恐禍不測，謂秀才曰：君年少高才，功名遠大，天下多美婦人，何故爲半百烟花累其身家，當熟計之。秀才益怒，曰：吾愛爾多才有情，非愛爾貌也。去去，一錢不受。遂别買舟泝流而上，權貴子大喜，載吾順流而下，至黄天蕩，啟簾視之，銀浪驚翻，洴湃拍岸，吾心計曰：此吾死所可報陳秀才也。遂躍入江中，權貴子大駭而去。吾見有金甲神仗劍而立波濤謂吾曰：汝落風塵二十餘年，今貞烈如此，殊可嘉歎。吾使邏卒引見汝夫，其行如飛，至池陽縣五男鄉烏山峽口，見吾夫篷窻對月獨酌孤咏，聲帶餘哀，意殊落寞，聞之不勝愴感。忽有負吾入舟，吾夫且悲且喜，脱其濕衣，覆之以衾。既而撫吾身如寒鐵，大聲呼之，瞑目不動。始知吾死矣，與舟人計之，新安山路崎嶇，喪柩難至，遂載至金陵，棺衾殯斂，擇葬此地。余聞其言肅然起謝曰：吾過矣，吾過矣。貞娘曰，非先生過，不知也。以先生篤實君子，聊以苦衷相告耳。先生誌之人之，是非蓋棺乃定，報施之理，無論死生天地鬼神自斷然不爽也。吾在冥司嘗見鬼神痛恨有明養士三百餘年，理學昌明，家絃户誦，平時講道論德俱自謂度越古人，魏忠賢刀鋸腐餘耳，百爾臣工養交持禄，義子乾孫百番獻諛，吾烟花中無此媚態也。李自成匪類嘯聚耳，揭竿斬木，瞋目一呼，封疆大臣無不股慄，長驅入都，突進宫殿。先帝死社稷。竭忠殉節不過數人。餘則草間求活，猶差强人意而反顔事仇者，匐伏蛇行稱頌功德，吾烟花中無此醜態也，且忠孝節廉如景方楊左諸君子，雖受極刑而死，神氣不散，精魄完固，上帝眷寵異於凡世，懿躅芳名，千載不滅，彼奸雄宵小生，則萬世遺臭，一死之後，魂魄亦俱摧散零落。孰得孰失，必有能辨之者。言畢移步下堦，余目送之，翩然而去。余亦驚寤，晨起往高座寺問一老僧，曰：初搆觀音庵，夢亦如是，掘地得數斷磚，彷彿所記其概，亦如是，余遂同老僧至觀音庵後，見土阜頽裂，露出一碑，以袖拂之，知爲馬貞娘之墓，萬曆乙未年爲新安陳某所立也，爰筆誌之。

清・趙翼《陔餘叢考》卷二〇《板橋雜誌》：馬湘蘭負盛名，與王伯穀爲文字飲。鄭應尼落第來遊，湘頗不禮，應尼乃作《白練裙》雜劇，極其嘲謔，召湘蘭觀之。則並演其人而即使其人見之矣。

清・焦循《劇説》卷二《蝸亭雜訂》云：鄭之文，字應尼，南城人。公車下第，薄遊長干曲中。馬湘蘭負盛名，與王百穀諸公爲文字飲，不禮應尼。應尼恨之，與吴非熊輩作《白練裙》雜劇，極爲譏訕；聚子弟演唱，召湘蘭觀之，湘蘭微笑而已。定湘傅司業清嚴訓士，一日，召應尼跪東厢下，數之曰：舉子當爲輕蛺蝶耶。收以檟楚。後應尼舉進士，官南部郎，遷某郡太守。《貫餘齋筆記》云：馮開之爲南祭酒，東南名士，雲集金陵。屠長卿新奉恩詔復冠帶，亦作寓公。慕狭邪寇四兒之名，先以纏頭往；至日，具袍服頭踏，呵殿而至，踞廳事南面，呼媪出拜，令寇姬旁侍行酒。六院喧傳，以爲談柄。江右孝廉鄭豹先名之文者，素以才自命，遂作一傳奇名曰《白練裙》，摹寫屠憨狀曲盡。時吴下王百穀亦在留都，曾召名妓馬湘蘭，馬已年將耳順，王則望七矣，兩人尚講衾裯之好，鄭亦串入其中，備列醜態，一時爲之紙貴。

清・楊恩壽《詞餘叢話》卷三《野獲編詞曲類》紀兩事，俱堪絶倒。其一：梁伯龍亦稱詞家，有盛名，所作《浣紗記》，至傳海外。當初出時，梁游青浦，值屠緯真爲令，禮以上客，即令優人演新劇爲壽。每遇佳句，輒酬以大白，梁豪飲自快。演至《出獵》，有所謂擺開擺開者，屠厲聲曰：此惡語，當受罰。蓋預儲洿水，以酒海灌三大盂。梁氣索，强盡之，大吐委頓，不别竟去。屠凡言及，必大笑。其一：屠長卿久廢，新復冠帶，時寓秦淮，慕寇四兒名，先以纏頭往。至日，具袍服頭踏，呵殿而至，踞聽事南面，呼媪出拜，令寇姬旁侍行酒，更作才語相向。次日，六院喧傳，以爲笑柄。江右鄭豹卿遂作一傳奇，名《白練裙》描寫屠憨狀曲盡。吴下王百穀時在金陵，少時曾眷名妓馬湘蘭。馬將耳順，王則望七矣，兩人尚講衾裯之好。鄭亦串入其中，備極醜態。一時爲之紙貴。

清・陳田《明詩記事》庚籤卷二五《吴兆十首》《列朝詩集》：非熊少警敏，喜爲傳奇詞曲，游少年塲，推爲渠帥。萬曆中，遊金陵，留連曲中，與新城鄭應尼作《白練裙》雜劇，譏嘲馬湘蘭，青樓人皆指目，有樊川輕薄之名。已而自悔，改弦爲歌詩，模倣初唐，作《秦淮鬥草》篇。新安詩派尸祝太函，肥膿相尚，不解爲何語。臧晉叔，曹能始見而擊節，遂流傳都下。而能始於非熊尤相得，偕遊閩中諸山及武夷，匡廬，九華，復還白下。其爲人率真自放，好窮山林花鳥之致，捉鼻苦吟，貴游雜坐，竟日諷詠，不知有人。久之，别能始歸新安，作《東歸》詩。已而復出游，訪故人於嶺南，客死新會。非熊詩評者謂其有二種，早年穠華婉至，中歲清真瀟灑。大要沈酣於六朝，唐人，而傅之以性情，斡之以風調，工力並深，興象兼會。雖與能始同調，翦刻鎔鑄，意新理愜，能始似有間焉。能始序其詩，以爲古詩學靈運沿及盧，駱，近體學岑嘉州，字句少實。固宜其知之而未盡也。新安閔景賢采輯明朝布衣詩，推若上吴允兆爲中興布衣之冠。以予論之，親炙則孟陽，逖聽則非熊，庶無愧於此評，要當與千古共定之耳。

清・周亮工《因樹屋書影》卷一〇 湘蘭馬守真詩云：自君之出矣，不共舉瓊巵。酒是消愁物，能消幾個時。楚楚有致，宜其名冠一時也。相傳湘蘭足稍長，江都陸無從，戲以詩曰：杏花屋角響春鳩，沉水香殘懶下樓。剪得石榴新樣子，不教人見玉雙鈎。

明・沈德符《御選明詩》卷一〇六《馬守真奉和諸社長小園看牡丹枉贈之作》 露滋繡蕚弄輕寒，把酒同君帶笑看。憶昔漢宫人去遠，阿誰今倚玉闌干。春風簾幙賽花神，別後相思入夢頻。樓閣新成花欲語，夢中誰是畫眉人。

明・周暉《金陵瑣事》卷二 舊院妓湘蘭馬守真詩云：自君之出矣，不共舉瓊卮。酒是消愁物，能消幾個時。何減唐之魚玄機、李季蘭乎。湘蘭死，吴中王穉登挽之云：歌舞當年第一流，姓名贏得滿青樓。多情未了身先死，化作芙蓉也並頭。

石榴裙子是新裁，疊在空箱恐作灰。帶上琵琶絃不繫，長干寺裏施僧來。

不待心挑與目招，一生孤負可憐宵。秖堪罰作銀河鵲，歲歲年年只駕橋。

黄金不惜教嬋娟，歌舞於今樂少年。月榭風臺生蔓草，鈿筝錦瑟化寒煙。

明珠綴在鳳頭鞋，白璧雕成燕子釵。换得秣陵山十畆，香名不與骨俱埋。

舞裙歌扇本前因，繡佛長齋是後身。不逐西池王母去，定隨南岳魏夫人。

水流花謝斷人腸，一葬金釵土盡香。到底因緣終未絶，他生還許嫁王昌。

平生猶未識蘇臺，爲我稱觴始一來。何意倏然乘霧去，舊時門户長青苔。

佛燈禪榻與軍持，七載空房只自知。試向金籠鸚鵡問，不曾私蓄賣珠兒。

蘭湯浴罷净香燻，冉冉芳魂化彩雲。遺蜕一坯松下土，只須成塔不須墳。

紅牋新擘似輕霞，小字蠅頭密又斜。開篋不禁沾臆淚，非關老眼欲生花。

描蘭寫竹寄卿卿，遺墨都疑淚染成。不遇西川高節度，平康浪得校書名。

清・姚之駰《元明事類鈔》卷一七《畫蘭》 明王醇《題馬湘蘭畫蘭詩》：冰綃宛是湘江曲，寒映秋芳數枝玉。

又《土香》 王穉登挽馬湘蘭詩：水流花謝斷人腸，一葬金釵土盡香。

清・厲鶚《玉臺書史》卷五《名姬・馬湘蘭》 馬湘蘭雙鉤墨蘭，旁作篠竹废石，氣韻絶佳。題云：翠影拂湘江，清芬瀉幽谷。壬申清和月寫於秦淮水閣，湘蘭馬守真。又雙鉤墨蘭小軸題云：幽蘭生空谷，無人自含芳。欲寄同心去，悠悠江路長。丙申春日湘蘭守真子。二軸今藏廣陵馬半槎齋中。

清・吴騫《拜經樓詩話》卷四 明金陵馬守真，故居在板橋西，今爲佛廬，名孔雀菴。宂興史元穎《過之賦》詩云：長板橋西路，名藍俯碧流。垂楊明落照，清磬散芳洲。爲憶南朝事，因尋北里游。望中何歷歷，依約舊紅樓。元穎字穎川，少受業於舅氏儲寬夫，編修有《秋樹軒稿》，詩不滿百篇，風骨亭亭，不落晚近。梁武帝讀書堂云：筍輿出林際，指點讀書堂。北府兵鋒勁，南朝伯業荒。江豚翻濁浪，山鬼嘯幽篁。不盡登臨意，前峯淡夕陽。無題云：永安宫裏放秋燈，猶見前朝説法僧。頭白内官親指點，柘黄帕蓋萬年藤。蘆溝橋云：三輔晨光摇使節，九衢風色偃征衣。雨花臺云：空臺石甃裝金粟，野店梅花薦玉盤。與宗室莽公論邊事云：十年作客驚秋雁，萬里新霜起暮鵰。孝陵云：曾聞後主歌瓊樹，猶見高皇戴籜冠。秦淮秋望云：桃葉人歸秋水渡，瓜皮艇翦大江潮。

清・王國維《静安文集・静庵詩稿・古今體詩五十首》 舊苑風流獨擅場，土□當日睨侯王。書生歸舸真奇絶，載得金陵馬四孃。

小石叢蘭別様清，朱絲細字亦精神。君家宰相成何事，羞殺千秋馮玉英。

雜録

清・陳森《品花寶鑒》回三〇　今日是五大名班合演，掔牙笏的上來叩頭請點戲，各人點了一齣，就依次而唱。衡場的無非是那幾齣，看官也都知道，只得略了。主人□酒，四家飲了幾杯，上過了幾樣肴饌，正是羅列著海錯山珍，説不盡腥濃肥脆。清談妙語，佐以詼諧。那邊席上，聘才問次賢怡園的光景，次賢略述了幾處。隨後即見寶珠，始方，素蘭，漱芳、玉林、蘭保、桂保、春喜、琪官等九箇，又湊上言信，中了一齣《秦淮河看花大會》有幽閒的，有妖冶的，有靜婉的，有風流的，極盡靡艷之致，衆人盡皆喝彩。子雲，次賢等就於此齣中間放了賞。華公子對著笑道：此係抄襲吾兄舊文，殊覺數見不鮮。子雲道：唱的甚好，貞靜的卻極貞靜，放浪的卻極放浪，没有一人雷同。文澤道：這齣戲我倒没有見他們唱過。次賢道：如今秦淮河也冷落了，就是從前馬湘蘭的相貌，也只中等，並有金蓮不稱之説。

又　子雲道：唱的甚好，貞靜的卻極貞靜，放浪的卻極放浪，没有一人雷同。文澤道：這齣戲我倒没有見他們唱過。次賢道：如今秦淮河也冷落了，就是從前馬湘蘭的相貌，也只中等，並有金蓮不稱之説。子雲道：湘蘭小像我卻見過，文彩丰韵卻是有的。聘才、仲雨也隨聲附和，講了一陣。

清・余懷《板橋雜記》卷中《麗品》　余生萬曆末年，其與四方賓客交遊。及入范大司馬蓮花幕中，爲平安書記者，乃在崇禎庚辛以後。曲中名妓，如朱斗兒、徐翩翩、馬湘蘭者，皆不得而見之矣。則據余所見而編次之，或品藻其色藝，或僅記其姓名，亦足以徵江左之風流，存六朝之金粉也。昔宋徽宗在五國城，猶爲李師師立傳。蓋恐佳人之湮滅不傳，作此情癡狡獪耳。風乍起，吹縐一池春水，干卿何事。彼美人兮，巧笑倩兮。美目盼兮，彼君子兮中心藏之，何日忘之。

清・珠泉居士《續板橋雜記》　同鄉沈子潔夫語余云：長洲詹孝廉湘亭，於今春應試白門，昵梁四養女磬兒，有扇底新詩六十首誌其事。其友王鉄夫，賦《誌夢》詩五十章和焉。磬故吴人，謀歸吴以事詹，志未諧而卒。詹哀之，以三百金市其柩，歸葬於虎阜再來亭之西隅。祁昌司鐸沈蕢漁，爲譜《千金笑》傳奇，詹王兩君詩册，暨蕢漁傳奇，潔夫皆親見之，能誦其略。惜余後至，未睹爲憾，潔夫又　云：同時有趙藥老，與磬女弟荷兒狎，荷以《馬湘蘭小影》贈之，亦韻人也。茲已從良矣。吁。清溪不少名姝，何四條絃家，獨多佳話耶。

清・吴綺《林蕙堂全集》卷二《藝圃詩成，謝姜學在送名箋、斑管、吴草廬研、馬湘蘭畫蘭啓》　月泉入社，羡清翁七丈之羅；雪苑分題，怕石尉三升之酒。吟成藝圃，篇章未半青蓮；賚及文房，珍異有踰蒼轂。韋貫乏曉寒之句，乃贈衍波；江淹無夜夢之花，徒聞畫日。有田是石，得舊物於吾家；待女成香，見遺芳於絶代。從此學書井畔，復何取于種蕉；將見研露窗前，還可吟夫樹蕙。永以爲好，陸敬游何以當之；必得其名，顧阿瑛不能及也。

《明史》卷二九六《孝義》　又有馬錦、張浩、杜惠、孝女楊氏等，不詳邑里。

清・司香舊尉《海上塵天影上》章二五　那湘君，秀蘭弄管著棋，並不理會，只見小碧倒了茶來，韻蘭坐在那裏喝茶，招呼伴馨裝烟，自己又把這書畫一條一幅的細細賞識。一幅是周櫟園亮工的《秦淮泛槳圖》，乃青緑工細山水。一册是十四頁孫退翁承澤的墨筆山水册頁。一册是華陽山人蔣虎臣超的十八幅羅漢册頁。一册四頁是馬湘蘭的《墨蘭》。一册是惠山韻香道人的《空山聽雨圖》。題詠的祇有二十餘家，其餘都已散失。又有八張桐城方邵村亨咸的手書題畫册頁，上海喬將軍的《多心經》，最珍貴的是大小米墨迹六幅，四王山水十二頁，仇十洲的工細《出獵圖》手卷，倪雲林的山水手卷，其近時的名人楊柳橋、楊伯潤的山水，胡公壽、湯壎伯、沈酒舲、邵小杏的字，亦有十餘種。又有秀蘭自己畫的《飛花墮溷圖》。下面題詠的已有十餘家。

清・捧花生《畫舫余談》　明神宗時，秦淮四美人，爲宋無瑕、鄭無美、馬湘蘭、趙今燕。渡江名士，紛致佳題。迄今熟南中故事者，猶能道之。憶昨招鷗雨集畫舫，偶與議及，鷗雨輒曰：長橋舊院之閒，二百年來，豈鮮佳麗。可媲前徽，坐使寂寂，無怪幼於醇甫諸君，暗中齒冷。即於酒畔，次第羣芳。就彼此素悉其色藝者，擬素月，倚雲，蔻香，月仙四姬。以與朱鄭等相匹，翌時質之同人，亦不謂繆。於是秦淮後四美人，幾於團扇弓衣，家家圖繡矣。

清・陳康祺《郎潛紀聞二筆》卷一六《謝金圃識拔汪容甫》 康祺獨怪容甫受少宰曠代之知，復得儀徵相國，鎮洋制府送抱推襟。慇慇以國士相期待，乃其集中如《自序》，《弔黄祖》《弔馬湘蘭》，《頌狐父之盜》諸篇，憤鬱牢騷，幾若失職辱身，舉世欲殺，塊然無一人可伍者。不知世有容甫之學之才，并無容甫當日之遇。荒山破屋，頭白無聞，其斫地問天，又當如何也。

清・陳康祺《郎潛紀聞初筆》卷七《曾文正公不禁秦淮燈舫》 六朝金粉之遺，祇賸秦淮一灣水。逮明季馬湘蘭、李香君輩出，風情色藝，傾動才流，迄今讀板橋之記，畫舫之録，紙墨間猶留馨逸。自兵燹十年，而一片歡場，又復鞠爲茂草矣。金陵克復後數月，畫船簫鼓，漸次萌芽。

清・陳田《明詩記事》甲籤卷二下《朱承綵一首》 《列朝詩集》：齊藩宗支，散居金陵。高帝子孫，於今爲庶。國華獨以文彩風流，厚自標置，掉鞅詩壇，鼓吹騷雅。萬曆甲辰中秋，開大社於金陵，胥會海内名士張幼于輩，分賦授簡百二十人，秦淮伎女馬湘蘭以下四十餘人，緝文墨，理絃歌。承平盛事，白下人至今艷稱之。其詩亦殊清拔。天迴孤帆没，江空獨雁寒，所謂送別登樓，俱堪淚下者也。

清・楊懋建《帝城花樣・長安看花記・小桐傳》 秀蘭，字小桐，范姓，此今日之牡丹花也。美豔綽約，如當年蕊仙，而品格過之。風儀修整，神氣閒雅，金粉場中，艷而能静，擬之石頭記中人，大似蘅蕪君。天香國色，艷冠羣芳，故應一時無兩，嘗演馬湘蘭畫蘭，於紅氍毹上，染翰如飛，煙條雨葉，淋漓絹素，或作水墨，或作著色没骨體，娟秀婀娜，並皆妙佳。頓覺旗亭壁間，生香四溢，洵佳話也。所演雜劇，如葬花折梅題曲瑶臺秋江，皆有可觀，動止藴藉，妙於語言。當日呼玉妃太真爲解語花，其態度宛然在人心目中也。丙申春暮，小桐於燕喜堂，張筵召客，一時竇霍豪家，五陵游俠，薦紳貴介，過夏郎君，莫不麇至，來會者六七百人，車如流水，馬如游龍，蓋光裕堂既以三世擅盛名，小桐又以和氣湯醉天下人心。復妙選春臺三慶四喜和春嵩祝五部佳伶，合爲一班。試雲想之衣裳，奏錦城之絲竹，褰裳投轄。卜晝卜夜，笙歌燈火，極一時之盛。酒半，嘯雲桐仙小桐，以次奉觴爲客壽，客莫不欣然釂三爵。太平盛事，數年來所未有也。吾友趙友竹，嘗貽我紈扇，命曰國香秀影，其神情態度，乃無一不相肖者，畫中人自足千古矣。其弟曰翠霞，字青友，壬癸之間，娟娟楚楚，大似杜鵑花。乙未冬始入光裕堂，張緒當年，亦是佳品也。

清・孫静庵《棲霞閣野乘》卷下《曾文正知政體》 六朝金粉之遺，祇賸秦淮一灣水。逮明季馬湘蘭，李香君輩出。風情色藝，傾動才流。迄令讀板橋之記，畫舫之録，紙墨間猶留馨逸。自兵燹十年，而一片歡場，又復鞠爲茂草矣。金陵克復數月，畫船簫鼓，漸次萌芽，時六安涂廉訪守郡，亟飛牒縣厲禁。次日謁曾文正公，公笑謂曰：聞淮河燈船，尚落落如曙星。吾昔計偕過此，千艘梭織，笙歌徹宵，洵承平樂事也。又次日，公先約幕府諸君，買棹游覽，並命江甯上元二邑令，設席款太守。一時士女歡聲，商賈麇集，河房榛莽之區，白舫紅簾，日益繁盛。

巧孫

紀事

明・沈德符《萬曆野獲編》卷二五《詞曲・北詞傳授》 頃甲辰年馬四娘以生平不識金閶爲恨，因挈其家女郎十五六人來吴中，唱《北西廂》全本。其中有巧孫者，故馬氏粗婢，貌奇醜而聲遏雲，於北詞關捩竅妙處，備得真傳，爲一時獨步。他姬曾不得其十一也。四娘還曲中即病亡，諸妓星散，巧孫亦去爲市嫗，不理歌譜矣。

金在衡

傳記

明·金鑾《蕭爽齋樂府》　鑾,字在衡,隴西人。隨父宦僑居建康,遂家焉。在秦時,從天水胡世甫中丞學制舉業。及來建康,年已長,家中落,乃弃去習歌詩。詩不操秦聲,風流宛轉,得江左清華之致。性俊朗,好游任俠,結交四方豪士,往來淮揚兩浙,所至輒倒屣迎之。洞解音律,酒酣,據几高吟長詠,中節可聽,四坐忘罷。卒時年九十,有《徙倚軒集》。【略】何元朗曰:南都自徐髯仙後,惟金在衡最爲知音,善填詞。嘲調小曲極妙,每誦一篇,令人絶倒。嘗取古詞,辯其字句清濁,爲一書填詞者,至今祖之。

頓文

傳記

清·余懷《板橋雜記》卷中《麗品》　頓文,字少文,琵琶頓老女孫也。性聰慧,識字義,唐詩皆能上口。授以琵琶,布指濩索,然意弗屑,不肯竟學。學鼓琴,雅歌《三疊》,清冷然神與之浹,故又字曰琴心云。琴心生於亂世,頓老賴以存活,不能早脱樂籍。賃屋青谿里,蓽門圭竇,風月凄凉。屢爲健兒傖人所院,最後爲李姓者挾持,牽連入獄。雖緣情得保,猶守以牛頭阿旁也。客有王生者,挽余居間營救,偕往訪之。風鬟霧鬢,頗頳可憐,猶援琴而鼓,彈別鳳離鸞之曲,如猿吟鵑啼,不忍聞也。余説內卿許公,屬其門生直指使者,縱之復還故居。吴郡王子其長,主張燕筑家,與琴心比鄰,兩相慕悦。王子故輕俠,傾金錢振其貧悴。將携歸置別室,突遘奇禍。收者至,見琴心,詫曰:此真禍水也。憫其非辜,驅之去,獨捕王子,王子被戮,琴心逸然,終歸匪人。嗟乎,佳人命薄,苟琴心者,其尤哉。其尤哉。

徐翩翩

論説

明·潘之恒《鸞嘯小品》卷二《合爲樂技之評》　徐翩父,以旦色名。善妖,其當夕之價,倍於姬姜,而兼秦宫一生之活。二女翩翩、亭亭皆能,尤似之矣。

傳記

明·潘之恒《亘史·外紀》卷一九　徐翩,字飛卿,一字驚鴻,別號慧月,行大,居舊院。年十六,名尚未起。謝少連氏以翩若驚鴻目之,自是得名。鸞生初與之昵,爲三遷其居。同日就四師授以藝:字則周公瑕,琴許太初,詩陸成叔,曲朱子堅。翩少曲姿琴韻,遂以詩擅場。人或疑成叔代,及吐一詞,拈一韻,成叔自以爲弗如也。公瑕曰:翩字遒媚。世有衛夫人,吾將爲右軍泣矣。後習方嗣宗,酷似其筆意。而能左右手正反雙下,不失絲毫,稱爲絶技。無何,遊吴,吴人爭艷之。前令公瑕帷內瞥見,寄以詩。其詩頗傳。時廣陵有蕩子誘翩,許訂盟而背之,委一室一騎,去,經年糧絶,寒餒備嘗,而翩守志無二。馬瘠,銼裀褥以飼。梅季豹有嫁時妝,爲馬食之謡。翩無悔憾。俟廣陵謝絶而後歸。識者憐其情至而笑其痴,未之奇也。

丙戌夏，汪函翁挾介弟仲淹避暑焦山。翩操舟訪之，大得賞譽。至歲己丑，前令貽之詩者家居，成叔蹇修其間。期之江浦，幾成盟，言中有錯迕，同載梁溪，與屠君遇，以詩交質，恨相知晚。然不能爲絲蘿托。而江浦事頗揚，羞歸白門。適澄江郁先輩一顧目成，遂爲偕老期矣。自翩留澄江不歸，其同母妹亭亭名亦起，慧黠乃復過之。後澄江令閩，同室妒翩，不得同行。澄江鬱鬱竟歿。翩既畢服，別郁氏，大歸。澄江子孝廉爲築庵居之南城。遂落髮以老，逾期而病卒。郁氏爲卜築長干。

紀　事

明·周暉《金陵瑣事》卷二　徐翩翩，舊院妓，友人誦其紅拂當年事，青樓此日心之句，余曰：徐姬已辦走路矣。後竟從良去，良人死，削髮爲尼。

清·湯漱玉《玉臺畫史·徐翩翩·無聲詩史》　徐翩翩，金陵妓。萬曆初，以色藝擅聲，能寫墨蘭。

清·厲鶚《玉臺書史》卷五《名姬·徐翩翩》《無聲詩史》口徐翩翩，金陵妓。萬曆初，以色蓺擅聲，能寫墨蘭。

清·袁枚《正續隨園詩話》　皇甫古尊在金陵市上，得金字扇一柄，乃前朝名妓徐翩翩所書，扇尾署名，曰，金陵蕩子婦某。古尊喜甚，求題於厲太鴻先生，得賣花聲一闋云：一花月秣陵秋，十四妝樓，青溪迴抱板橋頭，舊日徐娘無覓處，芳草生愁。金粉一時休，《團扇誰》留。殢人只有小銀鈎，句尾可憐書蕩婦，似訴漂流。余讀之不覺魂消，亦以揮扇士女圖索題，先生爲填《南鄉子》云：思夢髻慵梳，鸚鵡驚回依井梧，扇影似人，人似月圓初。十六盈盈十五餘，並蒂點紅蕖，更有關心好句書，不用近前頻掩面，生疏，水院雲廊見也無。

藝　文

清·厲鶚《樊榭山房集》卷九《賣花聲·徐翩翩書扇自稱金陵蕩子婦》　花月秣陵秋，十四妝樓。青溪迴抱板橋頭。舊日徐娘無覓處，芳草生愁。　金粉一時休，團扇誰留。殢人只有小銀鈎，句尾可憐書蕩婦，似訴漂流。

雜　録

明·沈德符《萬曆野獲編》卷二五《評論·汪南溟文》　汪暮年眷金陵妓徐翩翩名驚鴻者，綢繆甚殊，甚至比之果位中人，作慧月天人品，其文全擬佛經，褻如來亦甚矣，其門下詞客如潘之恒、俞安期輩，又從而傅會之，作歌作頌，更堪駭笑。

清·余懷《板橋雜記》卷中《麗品》　余生萬曆末年，其與四方賓客交遊，及入范大司馬蓮花幕中，爲平安書記者，乃在崇禎庚、辛以後。曲中名妓，如朱斗兒、徐翩翩、馬湘蘭者，皆不得而見之矣。則據余所見而編次之，或品藻其色藝，或僅記其姓名，亦足以徵江左之風流，存六朝之金粉也。昔宋徽宗在五國城，猶爲李師師立傳，蓋恐佳人之湮滅不傳，作此情癡狡獪耳。風乍起，吹縐一池春水，干卿何事。彼美人兮，巧笑倩兮，美目盼兮，彼君子兮中心藏之，何日忘之。

清·張潮《虞初新志》卷二〇　余生萬歷末年，其與四方賓客交遊。及入范大司馬蓮花幕中，爲早安書記者，乃在崇禎庚辛以後。曲中名妓，如朱斗兒，徐翩翩，馬湘蘭者，皆不得而見之矣。則據余所見而編次之，或品藻其色藝，或僅記其姓名，亦足以徵江左之風流，存六朝之金粉也。昔宋徽宗在五國城，猶爲李師師立傳，蓋恐佳人之湮没不傳，作此情癡狡獪耳。風乍起，吹縐一池春水。干卿何事。彼美人兮，巧笑倩兮，美目盼兮。彼君子兮。中心藏之，何日忘之。

趙必達

論説

清·張大復《梅花草堂筆談》卷一一《趙必達》 趙必達扮杜麗娘，生者可死，死者可生。□之以燈，取影横斜平直，各相乘除。又如秋夜月明林間，可數毛髮。

雜録

明·文秉《烈皇小識》卷五 槐樹舖逃去馬兵三百餘名，鎮城又逃去二百名，佯付不知，支糧如舊。至其縱兵爲盗也，任文秀躍馬截刼于晉州，箭穿入骨，當經馬保印等搜獲贜錢。乃文秀不究，而赤馬牽入私厩矣。王家遠司二等行刼官路，當經劉均艾等人馬連獲，乃偏聽千總王道新曲稟，而捕役反馬問徒罪矣。撞門刼殺賈永先家，則有趙標莊應倫等，將珠寶衣服，對人誇張，而失主不敢告官矣，刼殺郝三九抛井，則有吕世龍、于武衆等，被尸親認驢喊告，而問官不敢直指爲兵矣。將官獻餽，何一不從扣尅得來，乃令郭旗鼓向每營將官索要三千兩，各先送過五百兩。獨火功營將王震仲素負氣骨，不肯應承，終日提營中官役呵責，仍央郭旗鼓解説，送銀爐銀如意各一件，羅緞潞紬各十匹，馬二匹，贏一頭。尚嫌不足，又向龍固營守備白之崐指查賣放撈河軍人，要從重參處，央郭旗鼓送銀四百兩俱從東邊小門，交張掌收入，合軍皆知。更可異者，查城上托張中軍傳意州縣，一二等各要謝薦儀二百兩。且關防何事，就中掠取，即藁城一縣，勒送銀壺二把，金盤盞四副，而曲陽之牙綏，一網收盡，是爲何體，恣意摧辱士類，以示威風，舉人閻東井縛來庭訊，生員趙必達，徑批黜退，甚且控冤之王相，嫡兄被兵趙士采王家士等刧殺有案，徑行提問，賊兵收營，冤生下獄，顛倒戮士，是爲何法，尤可訝者。近日鞏固營總練報升，當夜二鼓，令郭旗鼓向張德昌講話，約定銀三千兩，題補前缺。次日，即與發本，是大帥可以貨取之，一疏拔置三將領，是樞部可以不設也，不亦廢典制而辱剡章乎，至如縱放張家掌等横擾驛遞，倍索乾折，嗔怪井陘等縣供應不周，凌辱正印典史驛丞，動責數十，猶具貪戾之餘波已。若其接待有司，箕踞漫駡，稍不遂意，開口提參。逼致生日餽獻，銀鑄壽星鑪爵杯盤及繡段等件，充斥衙署，有各衙門小報可據，儼然自稱軍門，而勒送禮物。嗟乎。皇上有何負於内臣，而敢舉朝廷之禮法綱紀，將士吏民，一旦凌夷暴殄至於此極也。

景翩翩

藝文

明·沈德符《御選明詩》卷一一六《景翩翩》 晏起茶香解宿醺，闌干花氣午氤氲。侍兒指點湘簾外，若箇春山多白雲。

又《紫蘭》 碧玉參差簇紫英，當年剩有國香名。風前漫結幽人佩，澧浦春深寄未成。

又《夜坐》 柳底繁陰月易藏，無端寒露泣寒蛩。殘秋莫坐空堂夜，二十五聲點點長。

又《舟發沙溪》 青溪九曲白雲鄉，溪上行舟欸乃長。誰把金丸打野鴨，偏驚幾處睡鴛鴦。

又《送張孝廉》 柳絲細織曉煙青，惻惻春寒長短亭。馬度山□蹄尚嬾，濕雲如夢未全醒。

又《泰寧病中》 春日顰眉長閉門，東風吹雨倍銷魂。不知野外垂絲柳，青入南頭第幾村。

方芷

雜録

清・沈起鳳《諧鐸》卷四《燕觚》 方芷，秦淮女校書。有慧眼，能識英雄，名出頓文，沙嫩上，與李貞麗女阿香最洽。阿香卻田仰聘，屈意侯公子。一日，方芷遇其室。曰：妹侍侯郎。得所託矣。但名士止傾倒一時，妾欲得一忠義士，與共千秋。阿香哂之。

朱無瑕

傳記

明・潘之恒《亘史・外紀》卷八《歷代曲話叢編》 無瑕，字泰玉，桃葉渡邊女子。幼學歌舞於朱長卿家，遂冒其姓。長卿有士行，稱俠秦淮，頗厭歌舞。其女郎多異姿，亦每屏歌舞，而由曲中字，進而求之詞，求之樂府。間得《唐詩正音品彙》，藏之帳中，遞相吟誦忘倦，不知晨歡夕宴之足娱也。時同行曰妥，曰美，一慧而鶩，一媚而憨。泰玉以沉静勝，名出其上。海内名流咸心艷焉。至己酉，冰華生結社秦淮，而聲益振。先是從蔣公鳴寓見其《閨怨詩》，逼一覯，與定交。始招集諸子聯社曲中。惟崔嫣然、傅靈脩最昵。近期相聚爲多。當歲暮，盟尚未解，今集中半爲同賦草。每咏出，無不令人齒馨神怡而心爲折。乃泰玉尤多慷慨憐人自憐之致。雪夕冰朝，送遠悲離，寄悰遠韻，往往足當玄賞，而世無司馬相如、韓君平輩足以尚之。雖爲情死，何益情事。閉門深思，有鬱鬱不可解者。友人吴公勵彦嘉數子，可語心知。顧室邇人遐，徒流連詩中之境，憒憒沉迷，將何自見哉。或言：士悦則競，女妒則傾。織女倘嫁，牽牛慎渡黄姑津。謂泰玉能免競，必不免傾。今遊新都，且驗矣。余姑序其詩，以傳神云。

清・王原祁等《御定佩文齋書畫譜》卷四四 朱無瑕，字泰玉，桃葉渡邊女子。幼學歌舞，長而淹通文史，工詩善書，時人以方馬湘蘭云。

清・厲鶚《玉臺書史・朱無瑕》 朱馥，名無瑕，字泰玉，桃葉妓。工楷書，畫蘭能詩。朱無暇字泰玉，桃葉渡邊女子。幼學歌舞，長而淹通文史，工詩善書，時人以方馬湘蘭云。

藝文

明・沈德符《御選明詩》卷一一六《朱無瑕》 清霜飛急漏聲遲，遥夜孤幃憶别離。幽夢欲成明月去，却憑何處炤相思。

又《春閨怨》 學語新鶯驚夢起，紅妝滿樹催桃李。年華不管是風清，十二闌干春獨倚。

明・潘之恒《亘史・外紀》卷二〇 朱無瑕歌曰：唯南國之佳人兮，容妖冶其如玉。時婉轉弄歌喉兮，不以南而以北。斂明眸兮美清揚，啓皓齒兮咏空谷。響曳紅玉，歌回白雪。羅綺生風，賓朋悚息。彼何人兮曰靈脩，家何處兮桃葉渡口，浣紗溪頭。夜不寐兮思悠悠，胡笳十八拍兮滿月樓。

馬如玉

傳記

清·王原祁等《御定佩文齋書畫譜》卷四四　馬如玉，字楚嶼，本張姓，家金陵南市樓，徙居舊院，熟精《文選》《唐音》，善小楷及八分書。

清·倪濤《六藝之一録續編》卷一四《馬如玉》　馬如玉，字楚嶼，本張姓，家金陵南市樓，徙居舊院。熟精《文選》、《唐音》，善小楷及八分書。

清·厲鶚《玉臺書史·馬如玉》　馬如玉，字楚嶼，本張姓，家金陵南市樓，徙居舊院熟精《文選》、《唐音》，善小楷及八分書。

清·湯漱玉《玉臺畫史·馬如玉》　如玉，字楚嶼，本張姓，家金陵南市樓，徙居舊院。修潔蕭疏，無兒女子態。熟精《文選》、《唐音》，善小楷八分書，及繪事，傾動一時。北里名姬，多倩筆於人。惟如玉不肯，即倩人亦無能及玉也。

藝文

明·沈德符《御選明詩》卷一一六《馬如玉》　腰肢嬝嬝力微微，滾滾紅塵拂羽衣。掩月鬟邊星獨墜，石榴裘底鳳雙飛。

又《茅山道中送邢使君之西湖》　郎趁仙槎趁晚風，妾乘油壁入雲中。尋常一樣天邊月，臨水登山望不同。

薛素素

傳記

清·王原祁等《御定佩文齋書畫譜》卷四四　薛五素素，姿度妍雅，能書，作《黄庭》小楷，尤工蘭竹，下筆迅埽，各具意態。又善馳馬挾彈，能以兩彈丸先後發，使後彈擊前彈，碎於空中。

清·倪濤《六藝之一録續編》卷一四　薛素素，姿度妍雅，能書，作《黄庭》小楷，尤工蘭竹，下筆迅埽，各具意態。又善馳馬挾彈，能以兩彈丸先後發，使後彈擊前彈，碎於空中。又置彈於地，以左手持弓向地，以右手從背上反引其身，以擊地下之彈，百不失一。絶技翩翩亦青樓中少雙者。范夫人徐小淑贈素素詩云：連城聲價舊名姬，養紙芙蓉雙粉奇。綵筆揮雲雙濯錦，誰言蜀女擅稱詩。

幽蘭九畹墨花淋，走馬章臺彈撲金。却買輕車駕油壁，西陵松下結同心。

紀事

清·姚之駰《元明事類鈔》卷一七《像傳蠻峒》　薛素素爲李征蠻所嬖，其畫像傳入蠻峒，酉陽彭宣慰深慕之，吴人馮生自詭，能致素素費金錢，無算竟不讎。

藝文

明・沈德符《御選明詩》卷一一六《薛素素・雨夜》 江城漏轉夜迢迢，坐向芳尊歎寂寥。挑盡銀燈愁不盡，滿庭踈雨濕芭蕉。

又《畫蘭竹題贈蘇時欽》 翠竹幽蘭入畫雙，清芬勁節伴閒窗。知君已得蛾眉秀，我亦前身在錦江。

清・湯漱玉《玉臺畫史・薛素素》《明詩綜》：素素，小字潤娘，嘉興妓。

又 胡應麟《甲乙剩言》 京師東院本司諸妓，無復佳者。惟史金吾宅後有薛五素素，姿態艷雅，言動可愛。能書，作黄庭小楷。尤工蘭竹，下筆迅掃，各具意態，雖名畫好手，不能過也。

又《式古堂書畫彙攷》 薛素君梅花蛺蝶圖，並題，不愁春信斷，爲有夢魂來。素素。

又《水仙圖並題》 幽芳小小剪輕羅，玉面檀心氣韻多。好□避風藏繡箔，天寒不遣試凌波。素素。

馬文玉

傳記

清・王原祁等《御定佩文齋書畫譜》卷五八 馬文玉名珪，善謳，善琴，善畫，遊西湖作《憶舊詩》四章，武林詞客屬和盈帙。縉雲鄭士弘叙曰：品似芙蕖，才過柳絮。弄墨則花牋點就，慣自描蘭。裁詩則竹簡題殘，曾無竄草。尤工樂府，停吴雲於雙聲。最善絲桐，挹湘水於十指。

清・湯漱玉《玉臺畫史・馬文玉》《列朝詩集小傳》 文玉，名珪。善謳善琴善畫，游西湖作《憶舊詩》四章，武林詞客屬和盈帙，縉雲鄭士弘叙曰：品似芙蕖，才過柳絮。弄墨則花箋染就，慣自描蘭；裁詩則竹簡題殘，曾無竄草。尤工樂府，停吴雲於雙聲；最普絲弦，挹湘水於十指。

柳敬亭

論說

清・張大復《梅花草堂筆談》卷一四 諸天□觀柳生作技，供頓清饒，折旋婉便，可稱一時之冠，至其演龐氏汲水，令人涕落。昔袁太史自命鐵心石腸，看到此輒取扇自障其面：吾爾時可幸無眼，却有耳矣。腔右崐山，有聲容者多就之，然五十年來，伯龍死，沈白他徙，崐腔稍稍不振，乃有四平、弋陽諸部，先後擅場。然自新安汪姬上江蔡姬而後寥寥矣。柳生多一往之情，而面有不可之性，知其解者不免愁絶，任傳川語我，不知君遂傳之。傳川行年八十，忽作此官，索解人政不易得。

清・王士禛《分甘餘話》卷三《柳敬亭》 左良玉自武昌稱兵東下，破九江、安慶諸屬邑，殺掠甚於流賊，東林諸公快其以討馬、阮爲名，而并諱其作賊。左幕下有柳敬亭、蘇崑生者，一善説評話，一善度曲，良玉死，二人流寓江南，一二名卿遺老，左袒良玉者，賦詩張之，且爲作傳。余曾識柳於金陵，試其技，與市井之輩無異，而所至逢迎恐後，預爲設几焚香，瀹岕片，置壺一、杯一。比至，徑踞右席，説評話才一段而止，人亦不復强之也。愛及屋上之烏，憎及儲胥，噫，亦愚矣。

清・李斗《揚州畫舫録》卷一一《虹橋録下》 評話盛於江南，如柳敬亭，孔雲霄，韓圭湖諸人。

傳記

清・吴偉業《吴梅村全集》卷五二《柳敬亭傳》 柳敬亭者，揚之泰州人，蓋曹姓。年十五，獷悍無賴，名已在捕中，走之盱眙，困甚。挾稗官一册，非所習也，耳剽久，妄以其意抵掌盱眙市，則已傾其市人。好博，所得亦緣手盡，有老人日爲醵百錢從寄食。久之過江，休大柳下，生攀條泫然，已撫其樹，顧同行數十人曰：嘻，吾今氏柳矣。聞者以生多端，或大笑以去。後二十年，金陵有善談論柳生，衣冠懷之輻輳，門車常接轂，所到坐中皆驚，有識之者，此固嚮年過江時休樹下者也。柳生之技，其先後江湖間者，廣陵張樵、陳思，姑蘇吴逸，與柳生四人者各名其家，柳生獨以能著。或問生何師，生曰：吾無師也。吾之師乃儒者雲間莫君後光。莫君之言曰：夫演義雖小技，其以辨性情，考方俗，形容萬類，不與儒者異道。故取之欲其肆，中之欲其微，促而赴之欲其迅，舒而繹之欲其安，進而止之欲其留，整而歸之欲其潔，非天下至精者，其孰與於斯矣。柳生乃退就舍，養氣定詞，審音辨物，以爲揣摩，期月而後請莫君，莫君曰：子之説未也。聞子説者驩咍嗢噱，是得子之易也。又期月，曰：子之説幾矣。聞子説者，危坐變色，毛髮盡悚，舌撟然不能下。又期月，莫君望見驚起曰：子得之矣。目之所視，手之所倚，足之所跂，言未發而哀樂具乎其前，此説之全矣。於是聽者儻然若有見焉。其竟也，恤然若有亡焉。莫君曰：雖以行天下莫能難也。已而柳生辭去，之揚州，之杭，之吴，吴最久，之金陵，所至與其豪長者相結，人人暱就生。其處己也，雖甚卑賤，必折節下之。即通顯，傲弄無所詘。與人談，初不甚諧謔，徐舉一往事相酬答，澹辭雅對，一坐傾靡。諸公以此重之，亦不盡以其技彊也。

又 當是時，士大夫避寇南下，僑金陵者萬家。大司馬吴橋范公以憂兵開府，名好士，相國何文端闔門避造請，兩家引生爲上客。客有謂生者曰：方海内無事，生所談皆豪猾大俠，草澤亡命，吾等聞之，笑謂必無是，乃公故善誕耳。孰圖今日不幸竟親見之乎。生聞其語慨然。屬與吴人張燕筑，沈公憲俱，張，沈以歌，生以談，三人者酒酣，悲吟擊節，意悽悵傷懷，凡北人流離在南者，聞之無不流涕。未幾而有左兵之事。左兵者，寧南伯良玉軍譟而南，尋奉詔守楚，駐皖城待發。守皖者杜將軍弘域，於生爲故人。寧南嘗奏酒，思得一異客，杜既已泄之矣。會兩人用軍事不相中，念非生莫可解者，乃檄生至進之。左以爲此天下辯士，欲以觀其能，帳下用長刀遮客，引就席，坐客咸振慴失次，生拜訖，索酒，談啁諧笑，旁若無人者。左大驚，自以爲得生晚也。居數日，左沉吟不樂，熟視生曰：生揣我何念。生曰：得毋以亡卒入皖，而杜將軍不法治之乎。左曰：然。生曰：此非有君侯令，杜將軍不敢以專也。生請啣命矣。馳一騎入社將軍軍中，斬數人乃定。左幕府多儒生，所爲文檄不甚中窾會。生故不知書，口畫便宜輒合。左起卒伍，少孤貧，與母相失，請貤封不能得其姓，淚承睫不止。生曰：君侯不聞天子賜姓事乎。此吾説書中故實也。大喜，立具奏。左武人，即以爲知古今、識大體矣。阮司馬大鋮，生舊識也，與左郄而新用事。生還南中，請左曰：見阮云何。左無文書，即令口報阮以捐棄故嫌，圖國事於司馬也。生歸，對如寧南指，且約結還報。及聞坂磯築城，則頓足曰：此示西備，疑必起矣。後果如其慮焉。左喪過龍江關，生祠哭已，有迎且拜，拜不肯起者，則其愛將陳秀也。秀嘗有急，生活之，具爲余言救秀狀。始左病，多恚怒，而秀所犯重，且必死，生莫得揷捂，乃設之以事曰：今日飲酒不樂，君侯有奇物玩好，請一觀可乎。左曰：甚善。出所畫己像二，其一關隴破賊圖也。覽鏡自照，歎曰：良玉天下健兒也，而今衰。指其次曰：吾破賊後將入山，此圖所以志也。見衲而杖者，數童子從，其負瓢笠且近，則秀也。生佯不省，而徐語爲誰，左語之，且告其罪，生曰：若負恩當死。顧君侯以親信，即入山且令自從，而殺之，即此圖爲不全矣。左頷之。其善用權譎，爲人排患解紛率類此。

清・黄宗羲《南雷詩文集・柳敬亭傳》 余讀《東京夢華録》、《武林舊事》，記當時演史小説者數十人。自此以來，其姓名不可得聞，乃近年共稱柳敬亭之説書。柳敬亭者，揚之泰州人，本姓曹。年十五，獷悍無賴，犯法當死。變姓柳，之盱眙市中，爲人説書，已能傾動其市人。久之，過江，雲間有儒生莫後光見之曰：此子機變，可使以其技鳴。於是謂之曰：説書雖小技，然必勾性情，習方俗，如優孟摇頭而歌，而後可以得志。敬亭退而凝神定氣，簡練揣摩，期月而詣莫生，生曰：子之説能使人驩咍嗢噱矣。又期月，生曰：子之説能使人慷慨涕泣矣。又期月，生喟然曰：子言未發而哀樂具乎其前，使人之性情不能自主，蓋進乎技矣。由是之揚、之杭、之金陵，名達於縉紳間。華堂旅會，閒亭獨坐，爭延之使奏其技，無不當於心稱善也。寧南南下，皖帥欲結歡寧南，致敬亭於幕府。寧南以爲相見之晚，使參機密，軍中亦不敢以説書目敬亭。寧南不知書，所有文檄，幕下儒生設意修詞，援古證今，極力爲之，寧南皆不悦。而敬亭耳剽口熟，從委巷活套中來者，無不與寧南意合。嘗奉命至金陵，是時朝中皆畏寧南，聞其使人來，莫不傾動加禮，宰執以下，俱使之南面上坐，稱柳將軍，敬亭亦無所不安也。其市井小人昔與敬亭爾汝者，從道旁私語：此故吾儕同説書者也，今富貴若此。亡何，國變，寧南死，敬亭喪失其資略盡，貧困如故時，始復上街頭理其故業。敬亭既在軍中久，其豪猾大俠、殺人亡命、流離遇合、破家失國之事，無不身親見之，且五方土音，鄉俗好尚，習見習聞。每發一聲，使人聞之，或如刀劍鐵騎，颯然浮空，或如風號雨泣，鳥悲獸駭，亡國之恨頓生，檀板之聲無色，有非莫生之言可盡者矣。馬帥鎮松時，敬亭亦出入其門下，然不過以倡優遇之。錢牧齋嘗謂人曰：柳敬亭何所優長。人曰，説書。牧齋曰：非也，其長在尺牘耳。蓋敬亭極喜寫書調文，別字滿紙，故牧齋以此謔之。嗟乎。寧南身爲大將，而以倡優爲腹心，其所授攝官，皆市井若己者，不亡何待乎。偶見梅邨集中張南垣、柳敬亭二傳，張言其藝而合於道，柳言其參寧南軍事，比之魯仲連之排難解紛，此等處皆失輕重，亦如弇州誌刻工章文，與伯虎，徵明比擬不倫，皆是倒却文章架子，余因改二傳。其人本瑣瑣不足道，使後生知文章體式耳。

清・余懷《板橋雜記》卷下《軼事》 柳敬亭，泰州人。本姓曹，避仇流落江湖，休於樹下，乃姓柳。善説書。遊於金陵，吴橋范司馬、桐城何相國引爲上客，常往來南曲，與張燕筑、沈公憲俱。張、沈以歌曲，敬亭以彈詞，酒酣以往，擊節悲吟，傾靡四座。蓋優孟、東方曼倩之流也。後入左寧南幕府，出入兵間。寧南亡敗，又遊松江馬提督軍中，鬱鬱不得志。年已八十餘矣。間遇余僑寓宜睡軒，猶説《秦叔寶見姑娘》也。

清・張潮《虞初新志》卷二《柳敬亭傳》 柳敬亭者，揚之泰州人，蓋曹姓。年十五，獷悍無賴，名已在捕中，走之盱眙，困甚。挾稗官一册，非所習也，耳剽久，妄以其意抵掌盱眙市則已傾其市人。好博，所得亦緣手盡，有老人，日爲醵百錢從寄食。久之過江，休大柳下，生攀條泣然，已撫其樹，顧同行數十人曰：嘻，吾今氏柳矣。聞者以生多端，或大笑以去。後二十年，金陵有善談論柳生，衣冠懷之輻輳，門車嘗接轂。所到坐中皆驚，有識之者，此固嚮年過江時，休樹下者也。柳生之技，其先後江湖間者，廣陵張樵，陳思，姑蘇吴逸，與柳生四人者各名其家，柳生獨以能著。或問生何師，生曰：吾無師也。吾之師乃儒者雲間莫君後光。莫君言之曰：夫演義雖小技，其以辨性情，考方俗，形容萬類，不與儒者異道。故取之欲其肆，中之欲其微，促而赴之欲其□，舒而繹之欲其安，進而止之欲其留，整而歸之欲其潔，非天下至精者，其孰與於斯矣。柳生迺退就舍，養氣定詞，審音辨物，以爲揣摩，期月而後請莫君，莫君曰：子之説未也。聞子説者，驩咍嗢噱，是得子之易也。又期月，曰：子之説幾矣。聞子説者，危坐變色，毛髮盡悚，舌撟然不能下。又期月，莫君望見驚起曰：子得之矣。目之所視，手之所倚，足之所跂，言未發而哀樂具乎其前，此説之全矣。於是聽者儻然若有見焉。其竟也，恤然若有亾焉。莫君曰：雖以行天下莫能難也。已而柳生辭去，之揚州，之杭，之吴，吴最久，之金陵，所至與其豪長者相結，人人昵就生。其處己也，雖甚卑賤，必折節下之。即通顯，敖弄無所詘。與人談，初不甚諧謔，徐舉一往事相酬答，澹辭雅對，一坐傾靡。諸公以此重之，亦不盡以其技彊也。當是時，士大夫避寇南下，僑金陵者萬家。大司馬吴橋范公。以本兵開府，名好士，相國何文端，闔門避造請，兩家引生爲上客。客有謂生者曰：方海内無事，生所談皆豪猾大俠，草澤亾命，吾等聞之，笑謂必無是，乃公故善誕耳。孰圖今日不幸竟親見之乎。生聞其語慨然。屬與吴人張燕筑，沈公憲俱，張，沈以歌。生以談，三人者酒酣，悲吟擊節，意悽愴傷懷，凡北人流離在南者，聞之無不流涕。未幾而有左兵之事。左兵者，寧南伯良玉軍譟而南，尋奉詔守楚，駐皖城待發。守皖者，杜將軍弘域，於生爲故人。寧南嘗奏酒，思得一異客，杜既已泄之矣。會兩人用軍事不相中，念非生莫可解者，乃檄生至進之。左以爲此天下辨士，欲以觀其能，帳下用長刀遮客，引就席，坐客咸振慴失次，生拜訖，索酒，詼啁諧笑，旁若無人者。左大驚，自以爲得生晚也。居數日，左沉吟不樂，熟視生曰：生揣我何念。生曰：得毋以亾卒入皖，而杜將軍不法治之乎。左曰：然。生曰：此非有君侯令，杜將軍不敢以專也。生請銜命矣。馳一騎入杜將軍軍中，斬數人乃定。左幕府多儒生，所爲文檄不甚中窾會。生故不知書，口畫便宜輒合。左起卒伍，少孤貧與毋相失，請貤封，不能得其姓，泪承睫不止。生曰：君侯不聞天子賜姓事乎。此吾説書中故實也。大喜立具奏。左武人，即以爲知古今，識大體矣阮司馬□寧，生舊識也，與左郄而新用事。生還南中，請左曰：見阮云何。左無文書，即令口報阮，以捐棄故嫌，圖國事於司馬也。生歸，對如寧南指，且約結還報。及聞坂磯築城，則頓足曰：此示西備，疑必起矣。後果如其慮焉。左喪過龍江關，生祠哭已，有迎且拜，拜不肯起者，則其愛將陳秀也。秀嘗有急，生活之，具爲予言□秀狀。始左病，恚怒，而秀所犯重，且必死，生莫得楷梧，乃設之以事，曰：今日飲酒不樂，君侯有奇物玩好，請一觀可乎。左曰：甚善。出所畫己像二，其一闕隴破賊圖也，覽鏡自照，嘆曰：良玉，天下健兒也，而今衰。指其次曰：吾破賊後將入山，此圖所以志也。見衲而杖者，數童子從，其負瓢笠，且近，則秀也。生佯不省，而徐□爲誰，左語之，且告其罪，生曰：若負恩當死。顧君侯以親信，即入山且今自從，而殺之，即此圖爲不全矣。左頷之。其善用權譎，爲人排患解紛率類此。初，生從武昌歸，以客將新道軍所來，朝貴皆傾動，顧自安舊節，起居故人無所改。逮江上之變，生所携及留軍中者，亾散累千金，再貧用而意氣自如。或問之，曰：吾在盱眙市上時，夜寒藉束藁卧，屝履踵决，行雨雪中，竊不自料以至於此。今雖復落，尚足爲生，且有吾技在，寧渠憂貧乎。迺復來吴中。每被酒，嘗爲人説故寧南時事，則欷歔灑泣。既在軍中久，其所談益習，而無聊不平之氣無所用，益發之於書，故晚節尤進云。

又　舊史氏曰：予從金陵識柳生，同時有揚生季蘅，故醫也，亦客於左，奏攝武昌守，拜爲真。左因彊柳生以官，笑弗就也。揚今去官，仍故業，在南中，亦縱横士，與予善。張山來曰，戊申之冬，予於金陵友人席間與柳生同飲。予初不識柳生，詢之同儕，或曰：此即《梅村集》中所謂柳某者是也。滑稽善談，風生四座，惜未聆其説□官家言爲恨。今讀此傳，可以想見其掀髯鼓掌時也。

紀事

明·張岱《陶庵夢憶》卷五《柳敬亭説書》　南京柳麻子，黧黑，滿面疤瘤，悠悠忽忽，土木形骸。善説書，一日説書一回，定價一兩。十日前先送書帕下定，常不得空。南京一時有兩行情人，王月生，柳麻子是也。余聽其説《景陽岡武松打虎》白文，與本傳大異。其描寫刻畫，微入豪髮，然又找截乾净，並不嘮叨。有時聲如巨鐘，説至筋節處，叱咤叫喊，洶洶崩屋。武松到店沽酒，店内無人，驀地一吼，店中空缸空甓，皆瓮瓮有聲。閒中著色，細微至此。主人必屏息静坐，傾耳聽之，彼方掉舌，稍見下人呫嗶耳語，聽者欠伸有倦色，輒不言，故不得强。每至丙夜，拭桌翦燈，素甆静遞，款款言之，其疾徐輕重，吞吐抑揚，入情入理，入筋入骨。摘世上説書之耳，而使之諦聽，不怕其齰舌死也。柳麻子，貌奇醜，然其口角波俏，眼目流利，衣服恬静，直與王月生同其婉孌，故其行情正等。

清·吴偉業《吴梅村全集》卷二六《爲柳敬亭陳乞引》　梅村曰：馮驩彈鋏而歌無家，孟嘗君使人給其食用。東方生公車索米，給侏儒啼泣，遂得親幸，賜帛百匹。夫士誠自給則已，不然盍早自言，不自言，則雖有滑稽之才，縱横之辯，而拓落窮餓，憂愁晻塞，吾知其必不濟矣。當柳生客武昌時，居寧南帳下，遇諸帥椎牛大享，從竈上騷除，可食萬家。軍中樗蒱官賭，積錢隱人，分其博進，可富十世。有司簿閱無名田膏腴水碓，令賓客自占，可得數十區。江南絲穀果布，江北魚鹽桐漆，取軍府檄，關市莫敢誰何，所贏得可十倍。如是則柳生規陂池，連車騎，遊説諸侯，稱富人矣。今乃入無居，出無僕，衣其敝衣，單步之吴中，日詼啁諧笑爲人撫掌之資，而妻子羸餓，不能名一錢。柳生念久約無窮時，來請余言，言：吾老矣，不以此時早自言以祈所哀憐之交，一旦衰病疲曳，尚復誰攀乎。余視柳生長身廣顙，面著黑子，鬚眉蒼然，詞辯鋒出，飲噉可五六升，此其人非久窮困者。今王公貴人已漸知柳生，久之且復振，振則再如客武昌時。即余言爲無用，顧柳生故人游不遂，因而來過我，吾貧落不能相存，其所請不能又以難也。且左寧南將百萬之衆，一朝潰亡，其有追叙舊恩，反覆流涕，俾寧南本志白於天下者，柳生力。夫大丈夫以壺飧一飯，死生契闊，没齒勿忘，況於鄉曲故舊爲營菟裘，其感慨之節又何如哉。余故因其言爲之請，且以明生之不背德焉。

又卷五二《柳敬亭傳》 初生從武昌歸，以客將新道軍所來，朝貴皆傾動，顧自安舊節，起居故人無所改。逮江上之變，生所携及留軍中者亡散累千金，再貧困而意氣自如。或問之，曰：吾在盱眙市上時，夜寒，借束藁卧，扉屨踵决，行雨雪中，竊不自料以至於此。今雖復落，尚足爲生，且有吾技在，寧渠憂貧乎。乃復來吴中。每被酒，嘗爲人説故寧南時事，則欷歔灑泣。既在軍中久，其所談益習，而無聊不平之氣無所用，益發之於書，故晚節尤進云。舊史氏曰：余從金陵識柳生，同時有楊生季蘅，故醫也，亦客於左，奏攝武昌守，拜爲真。左因彊柳生以官，笑弗就也。楊今去官，仍故業，在南中，亦縱横士，與余善。

又《楚兩生行》 蔡州蘇崑生，維揚柳敬亭，其地皆楚分也，而又客於楚。左寧南駐武昌，柳以談、蘇以歌爲幸舍重客。寧南没於九江舟中，百萬衆皆奔潰。柳已先期東下。蘇生痛哭，削髮入九華山，久之出從武林汪然明。然明亡，之吴中。吴中以善歌名海内，然不過嘽緩柔曼爲新聲，蘇生則於陰陽抗墜，分刌比度，如崑刀之切玉，叩之栗然，非時世所爲工也。嘗遇虎丘廣場大集，生睨其旁，笑曰：某郎以某字不合律。有識之者曰，彼傖楚乃竊言是非。思有以挫之，間請一發聲，不覺屈服。顧少年耳剽日久，終不肯輕自貶下，就蘇生問所長。生亦落落難合，到海濱，寓吾里。蕭寺風雪中，以余與柳生有雅故，爲立小傳，援之以請曰，吾浪跡三十年，爲通侯所知，今失路憔悴而來過此，惟願公一言，與柳生並傳足矣。柳生近客於雲間帥，識其必敗，苦無以自脱，浮湛敖弄，在軍政一無所關，其禍也幸以免。蘇生將渡江，余作《楚兩生行》送之，以之寓柳生，俾知余與蘇生游，且爲柳生危之也。

清・王士禛《分甘餘話》卷二 左良玉自武昌稱兵東下，破九江，安慶諸屬邑，殺掠甚於流賊，東林諸公快其以討馬，阮爲名，而并諱其作賊。左幕下有柳敬亭，蘇崑生者，一善説評話，一善度曲。良玉死，二人流寓江南。一二名卿遺老，左袒良玉者，賦詩張之，且爲作傳。余曾識柳於金陵，試其技，與市井之輩無異，而所至逢迎恐後，預爲設几焚香，瀹岕片，置壺一，杯一。比至，徑踞右席，説評話才一段而止，人亦不復强之也。愛及屋上之烏，憎及儲胥，噫，亦愚矣。

清・姚之駰《元明事類鈔》卷一八《演義》 《吴偉業集》，柳敬亭善談論，或問生何師，曰：吾師乃儒者，雲間莫後光。莫君之言曰：夫演義雖小技，其以辨性情，考方俗，形容萬類，不與儒者異道。柳生退，揣摩數月。莫君望見驚起曰：子得之矣。目之所視，手之所倚，足之所跂，言未發而哀樂具乎，其前此説之全矣。

清・袁枚《正續隨園詩話》卷一六 國初説書人柳敬亭，歌者王紫稼，皆見名人歌詠。

藝文

清・錢謙益《牧齋有學集》卷六《左甯南畫像歌爲柳敬亭作》 何人踞坐戎帳中，寧南徹侯崑山公。手指抨彈出師象，鼻息呼吸成虎龍。帳前接席柳麻子，海内説書妙無比。長揖能令漢祖驚，摇頭不道楚相死。是時寧南大出師，江湘千里連軍麾。每當按甲休兵日，更值椎牛饗士時。夜營不諠角聲止，高座張燈拂筵几。吹脣芒角生燭花，掉舌波瀾沸江水。寧南聞之鬚蝟張，佽飛櫪馬俱騰驤。誓剜心肝奉天子，拚洒毫毛布戰場。秦灰燒殘漢幟靡，嗚呼寧南長已矣。時來將帥長頭角，運去英雄喪首尾。倚天劍老親身匣，垂敝猶興晉陽甲。數升赤血噴餘皇，萬斛青蠅掩牆翣。白衣殘客哭江天，畫像提携訴九泉。舌端有鍔腸堪斷，泣下無珠血可憐。柳生柳生吾語爾，欲報恩門仗牙齒。憑將玉帳三年事，編作《金陀》一家史。此時笑噱比傳奇，他日應同汗竹垂。從來百戰青燐血，不博三條紅燭詞。千載沈埋國史傳，院本彈詞萬人羨。盲翁負鼓趙家莊，寧南重爲開生面。

又《爲柳敬亭募葬地疏》 太史公《滑稽傳》曰，優孟摇頭而歌，負薪者以封。吾觀漢人《孫叔敖碑》文，言楚王置酒召客，優孟前舉酒爲壽，即爲孫叔敖衣冠，抵掌談笑於其中。楚王欲立爲相，歸而謀之其妻，爲言廉吏不可爲。孫叔敖之子貧賤負薪。爲之歌詞，以感動楚王，復封其子。此蓋優孟登場扮演，自笑自説，如金、元院本，今人彈詞之類耳。而太史公叙述，則如真有其事，不露首尾，使後世縱觀而自得之，此亦太史公之滑稽也。嗟乎。孫叔敖相楚之烈，自若敖，□冒蓽路藍縷之後，於荆無兩。一旦身死，其子貧賤負薪，楚之列卿大夫，無一人爲楚王言者。而寢丘之封，乃出於一優人之口。則卿大夫之不足恃賴，而優人之不當鄙夷也，自古已然矣。雖然，孫叔敖之身後有優孟，可以屬其於假。令優孟而窮且無後也，楚國之人，豈復有一優孟，爲之摇頭而歌者乎。士大夫恬不知愧，顧用是訾□優孟，以爲莫已若也，斯可爲一喟已矣。柳生敬事，今之優孟也。長身疏髯，談笑風生，□齒牙，樹頤頰，奮袂以登王侯卿相之座，往往於刀山血路，骨撑肉薄之時，一言導窾，片語解頤，爲人排難解紛，生死肉骨。今老且耄矣，猶然掉三寸舌，餬口四方。負薪之子，溘死逆旅，旅櫬蕭然，不能返葬，傷哉貧也。優孟之後，更無優孟，敬亭之外，寧有敬亭。此吾所以深爲天下士大夫愧也。三山居士，吴門之義人也，獨引爲已責。謀卜地以葬其子，并爲敬亭營兆域焉。延陵嬴□之義，伯鸞高俠之風，庶幾兼之。余謂梁氏生賃伯通之廡，死傍要離之墓，今謀其死而不謀其生，可乎。平陵七尺，玉川數間，故當並營，不應偏舉。敬亭曰：此非三山隻乎所能辦也。士大夫之賢者，吾侍焉游焉。章甫韎韋之有聞者，吾交焉友焉。閭巷之輕俠，裘馬之少年，輕死重義，骨騰肉飛者，吾兄事焉，吾弟畜焉。生數椽而死一抔，終不令敬亭鳥鵲無依而鳥鳶得食也。某不願開口向人，惟明公以一言先之。余笑曰：太史公記孟嘗君客鷄鳴狗盜，信陵君從屠狗賣漿博徒游。生之所稱引者，冶游則六博蹴鞠之流，豪放則椎埋臂鷹之侶，富厚則駔驓洗削之類，其人多重然諾，好施與，豈齷齪闒茸，兩手據一錢惟恐失者。要□，專諸，春秋時吴門市兒也，豈可與□衣□帶，大冠如箕者，比長而較短哉。子姑以吾言號于吴市。吴市之人，有能投袂奮臂，感慨而相命者，吾知其人可以愧天下士大夫者也。子當次第記之，他日吾將按籍而從游焉。

清・吴偉業《吴梅村全集》卷五三《柳敬亭贊》 頎而立，黔而澤，視若營，似有得。文士舌，武士色，爲傖楚，爲諧給。醜而婉者其貌，佞而忠者其德。初即之也如鶩，驟去之也如失。人以爲此柳可愛，而吾笑爲麻中之直。斯真天下之辯士，而諸侯之上客也歟。

清・冒襄《贈柳敬亭》 憶昔孤軍鄂渚秋，武昌城外戰雲愁。如今衰白誰相問，獨對西風哭故侯。

清・冒襄《小秦淮曲》 游俠髯麻柳敬亭，恢諧笑駡不曾停。重逢快説隋家事，又向河亭一日聽。

清・梁清標《柳敬亭南歸白下》 軍中軼事語如新，磊落寧南百戰身。爲問信陵當日客，侯門誰是報恩人。

清・毛奇齡《西河集》卷一四〇《贈柳生》 柳敬亭，説書人間者，幾三十年逮入越老矣。楊世功曰：敬亭將行，不得大可。詩且不得一會祖道似恨。然者予時病，彊起將從之，汗接下不果可往。敬亭書至云：如相會者，早問世功言及相會，惜言相會。祇此是時，寓沈康臣宅，發緘皆笑。後二日，敬亭止梅市，予與康臣遂赴焉。再説書，聆之，感於心，然實病不能賦詩也，口吟二絶以贈行。

扶病來看柳敬亭，秋花開滿石榴屏。一聲河滿尋常曲，説到傷情不忍聽。

流落人間柳敬亭，消除豪氣髩星星。江南多少前朝事，説與人間不忍聽。

清・曹貞吉《賀新凉・再贈柳敬亭》 咄汝青衫叟。閲浮生，繁華蕭瑟，白衣蒼狗。六代風流歸抵掌，舌下濤飛山走。似易水，歌聲聽久。試問於今真姓字，但回頭笑指蕪城柳。休暫住，譚天口。當年處仲東來後，斷江流，樓船鐵鎖，落星如斗。七十九年塵土夢，纔向青門沽酒。更誰是，嘉榮舊友。天寶琵琶宫監在，訴江潭憔悴人知否。今昔恨，一搔首。

清・徐釚《詞苑叢談》卷九《龍松先生贈柳敬亭詞》 淮陽柳敬亭，以淳于滑稽之雄，爲左寧南幸舍重客。寧南没於九江舟中，柳生先期東下，憔悴失路，垂老客於長安。龍松先生贈《賀新郎》詞云：鶴髮開元叟。也來看，荆高市上，賣漿屠狗。萬里風霜吹短褐，遊戲侯門趨走。卿與我，周旋良久。緑鬢紅顔今盡改，嘆婆娑，人似桓公柳。空擊碎，唾壺口。江東折戟沈沙後。過青溪，笛牀烟月，淚珠盈斗。老矣耐煩如許事，且坐旗亭呼酒。拌殘蠟，消磨紅友。花壓城南韋杜曲，問毬場，馬稍還能否。斜日外，一回首。又賦《沁園春》云：驃騎將軍，異姓諸侯，功名壯哉。乍南樓傳箭，大航風鶴，中流摇櫓，溢浦蒿萊。片語回春，千金逃賞，遮客長刀玩弄來。堪憐處，有恩門一涕，青史難埋。偶然座上嘲詼。博黄絹新詞七步才。似籌兵北府，碧油晨啓，賭棋東閣，屐齒宵陪。春水方生，君當速去，老子遨遊頗見哀。相携手,儘山川六代,簫鼓千杯。聽恩門一涕之語,直是敬亭知己。

清·汪懋麟《柳敬亭説書行》 田巴既没蒯通死,陸賈酈生呼不起。後人口喫舌復僵,雄辨誰能矜爪觜。吴陵有老年八十,白髮數莖而已矣。兩眼未暗耳未聾,猶見摇脣利牙齒。小時抵掌公相前,譚玄説鬼皆虚爾。開端抵死要驚人,聽者如癡雜悲喜。盛名一時走南北,敬亭其字柳其氏。英雄盜賊傳最神,形模出處真奇詭。耳邊恍聞金鐵聲,舞槊横戈疾如矢。擊節據案時一呼,霹靂迸裂空山裏。激昂慷慨更周緻,文章髣髴龍門史。老去流落江左間,後來譚者皆穅粃。朱門十過九爲墟,開元清淚如鉛水。長安客舍忽相見,龍鍾一老胡來此。翦鐙爲我説《齊諧》,壯如擊筑歌燕市。君不見原嘗春陵不可作,當日紛紛誇養士。雞鳴狗盜稱上客,瑇瑁爲簪珠作履。此老若生戰國時,游譚任俠差堪比。如今五族亦豪侈,黄金如山羅錦綺。爾有此舌足致之,况復世人皆用耳。但得飽食歸故鄉,柳乎柳乎譚可止。

清·冒丹書《贈柳敬亭並題左寧南軍中説劍圖》 玉帳登壇夜論兵,將軍出塞氣縱横。可憐多少銜恩客,寫向丹青只柳生。

雜 録

清·陳維崧《賀新郎·贈蘇昆生》 蘇,固始人,南曲爲當今第一。曾與説書叟柳敬亭同客左寧南幕下,梅村先生爲賦楚兩生行。

清·願爲明鏡室主人《讀紅樓夢雜記》 王雪香《紅樓問答》云:寶玉似武陵源百姓,黛玉似賈長沙,寶釵似漢高祖,湘雲似虬髯公,探春似太原公子,寶琴似藐姑仙子,平兒似國大夫,紫鵑似李令伯,妙玉似阮始平,晴雯似楊德祖,劉老老似馮驩,鳳姐似曹瞞,襲人似吕雉。明鏡主人曰:寶玉似唐明皇,黛玉似李廣,又似唐衢,寶釵似王莽,湘雲似李太白,探春似漢文帝,寶琴似張緒,平兒似陳平,紫鵑似豫讓,妙玉似倪雲林,晴雯似禰衡,劉老老似柳敬亭,鳳姐似嚴嵩,襲人似魏藻德。

清·焦循《劇説》卷一 《西河詩話》云:明玉照宮承應,有御前王留子雜劇。王留子,見元曲。或云天啓六年,有鐘鼓司僉書王進朝,綽號王瘤子,善抹臉詼諧,如舊時優伶。留子,即瘤子。

王留子

紀 事

清·于敏中等《欽定日下舊聞考》卷一六〇 增明玉熙宮承應,有御前王留子雜劇。王留,見元曲,是善撒科,所云打牙諢匹者。或曰天啟六年,有鐘鼓司僉書王進朝,綽號王瘤子,善抹臉詼諧,瘤子即留子。

藝 文

明·朱權《明宫詞》 王留子,雜劇王留,見元曲,是善撒科所云打牙諢匹者。或云天啟六年,有鐘鼓司僉書王進朝,綽號王瘤子,善抹臉詼諧,嘗在御前打匹,魏監以爲笑樂。留子即瘤子。福建曹能始有《贈王瘤子》詩。

客家鳳味本非常,不數天厨大膳房。敕取一樽秋露白,隔簾宜與近臣嘗。

彭天錫

論說

明・張岱《陶庵夢憶・劉暉吉女戲》 女戲，以妖冶恕，以嘽緩恕，以態度恕，故女戲者全乎其爲恕也。若劉暉吉奇情幻想，欲補從來梨園之缺陷。如《唐明皇游月宮》，葉法善作場上，一時黑魆地暗，手起劍落，霹靂一聲，黑幔忽收，露出一月，其圓如規，四下以羊角染五色雲氣，中坐常儀，桂樹吴剛，白兔搗藥。輕紗幔之，内燃賽月明數株，光焰青黎，色如初曙，撤布成梁，遂躡月窟，境界神奇，忘其爲戲也。其他如舞燈，十數人手携一燈，忽隱忽現，怪幻百出，匪夷所思，令唐明皇見之，亦必目睁口開，謂氍毹場中，那得如許光怪耶。彭天錫向余道：女戲至劉暉吉，何必男子。何必彭大。天錫，曲中南、董，絶少許可，而獨心折暉吉家姬，其所賞鑒，定不草草。

傳記

明・張岱《陶庵夢憶・彭天錫串戲》 彭天錫串戲妙天下，然齣齣皆有傳頭，未嘗一字杜撰。曾以一齣戲，延其人至家，費數十金者，家業十萬，緣手而盡。三春多在西湖，曾五至紹興，到余家串戲五六十場，而窮其技不盡。天錫多扮丑、凈，千古之奸雄佞倖，經天錫之心肝而愈狠，借天錫之面目而愈刁，出天錫之口角而愈險。設身處地，恐紂之惡不如是之甚也。皺眉眯眼，實實腹中有劍，笑裏有刀，鬼氣殺機，陰森可畏。蓋天錫一肚皮書史，一肚皮山川，一肚皮機械，一肚皮磥砢不平之氣，無地發泄，特於是發泄之耳。余嘗見一齣好戲，恨不得法錦包裹，傳之不朽。嘗比之天上一夜好月，與得火候一杯好茶，衹可供一刻受用，其實珍惜之不盡也。桓子野見山水佳處，輒呼：奈何。奈何。真有無可奈何者，口說不出。

紀事

明・張岱《陶庵夢憶》卷四《不繫園》 甲戌十月，携楚生住不繫園看紅葉，至定香橋，客不期而至者八人：南京曾波臣，東陽趙純卿，金壇彭天錫，諸暨陳章侯，杭州楊與民、陸九、羅三，女伶陳素芝。余留飲。章侯携縑素爲純卿畫古佛，波臣爲純卿寫照，楊與民彈三弦子，羅三唱曲，陸九吹簫。與民復出寸許界尺，據小梧，用北調說《金瓶梅》一劇，使人絶倒。是夜彭天錫與羅三、與民串本腔戲，妙絶；與楚生、素芝串調腔戲，又復妙絶。章侯唱村落小歌，余取琴和之，牙牙如語。純卿笑曰：恨弟無一長以侑兄輩酒。余曰：唐裴將軍旻居喪，請吴道子畫天宫壁度亡母。道子曰：將軍爲我舞劍一迴，庶因猛厲，以通幽冥。旻脱縗衣纏結，上馬馳驟，揮劍入雲，高十數丈，若電光下射，執鞘承之，劍透室而入，觀者驚栗。道子奮袂如風，畫壁立就。章侯爲純卿畫佛，而純卿舞劍，正今日事也。純卿跳身起，取其竹節鞭，重三十斤，作胡旋舞數纏，大噱而去。

蘇昆生

傳記

清・孔尚任《桃花扇》第二齣《傳歌》 在下固始蘇崑生是也，自出阮衙，便投妓院，做這美人的教習，不强似做那義子的幫閒麽。

又 蘇崑生，本姓周，是　河南人，寄居無錫。一向相熟的，果然是個名手。

紀事

清・王士禎《分甘餘話》卷二　左良玉自武昌稱兵東下，破九江、安慶諸屬邑，殺掠甚於流賊，東林諸公快其以討馬、阮爲名，而并諱其作賊。左幕下有柳敬亭、蘇崑生者，一善説評話，一善度曲，良玉死，二人流寓江南，一二名卿遺老，左袒良玉者，賦詩張之，且爲作傳。余曾識柳於金陵，試其技，與市井之輩無異，而所至逢迎恐後，預爲設几焚香，瀹岕片，置壺一、杯一。比至，徑踞右席，説評話才一段而止，人亦不復强之也。愛及屋上之烏，憎及儲胥，噫，亦愚矣。

清・孔尚任《桃花扇》第八齣《鬧榭》　那兩個吹歌的柳敬亭、蘇崑生，不肯做阮鬍子門客，都是復社朋友了。

又第三一齣《草檄》　呀。原來是蘇崑生，我的盟弟。（各掩淚介）果然認的麽。他是河南蘇崑生，天下第一個唱曲的名手，誰不認的。（小生喜介）竟不知唱曲之人，倒是一個義士。

雜録

清・楊際昌《國朝詩話》卷二《清詩話續編》　左寧南幕下，柳敬亭善説書，蘇崑生善唱曲，國初名公巨卿，贈詩屢屢，亦舊人惟有何戡在，重與殷勤唱《渭城》之意也。一技被寵，於興亡要是無關，詩不宜過分。陳其年贈柳絶句：憶昔孤軍鄂渚秋，武昌城北戰雲愁。如今衰白誰相問，獨對西風哭故侯。只述其感念寧南，自有斟酌。

王月生

傳記

明・張岱《陶庵夢憶》卷八《王月生》　南京朱市妓，曲中羞與爲伍。王月生出朱市，曲中上下三十年，決無其比也。面色如建蘭初開，楚楚文弱，纖趾一牙，如出水紅菱，矜貴寡言笑。女兄弟閒客多方狡獪嘲弄咍侮，不能勾其粲。善楷書，畫蘭竹水仙，亦解吴歌，不易出口。南中勳戚大老力致之，亦不能竟一席。富商權胥，得其主席半晌，先一日送書帕，非十金，則五金，不敢褻訂。與合巹，非下聘一二月前，則終歲不得也。好茶，善閔老子，雖大風雨，大宴會，必至老子家啜茶數壺始去。所交有當意者，亦期與老子家會。一日，老子鄰居有大賈，集曲中妓十數人，羣誶嘻笑，環坐縱飲。月生立露臺上，倚徙欄楯，眂娗羞澀，羣婢見之，皆氣奪，徙他室避之。月生寒淡如孤梅冷月，含冰傲霜，不喜與俗子交接。或時對面同坐，起若無覩者。有公子狎之，同寢食者半月，不得其一言。一日，口囁嚅動，閒客驚喜，走報公子曰：月生開言矣。閧然以爲祥瑞，急走伺之，面頳，尋又止，公子力請再三，噻澀出二字曰：家去。

紀事

明・張岱《陶庵夢憶》卷二《燕子磯》　燕子磯，余三過之。水勢湁潗，舟人至此，捷捽抒取，鈎挽鐵纜，蟻附而上。蓬牕中見石骨稜層，撑拒水際，不喜而怖，不識岸上有如許境界。戊寅到京後，同吕吉士出觀音門，游燕子磯，方曉佛地仙都，當面蹉過之矣。登關王殿，吴頭楚尾，是侯用武之地，靈爽赫赫，鬚眉戟起。緣山走磯上，坐亭子，看江水潊洌，舟下如箭。

折而南，走觀音閣，度索上之。閣傍僧院，有峭壁千尋，碚礌如鐵。大楓數株，蓊以他樹，森森冷綠。小樓癡對，便可十年面壁。今僧寮佛閣，故故背之，其心何忍。是年，余歸浙，閔老子，王月生送至磯，飲石壁下。

雜録

明・張岱《陶庵夢憶》卷四《牛首山打獵》 戊寅冬，余在留都，同族人隆平侯，與其弟勳衛，甥趙忻城，貴州楊愛生，揚州顧不盈，余友吕吉士、姚簡叔，姬侍王月生、顧眉、董白、李十、楊能，取戎衣衣客，並衣姬侍。姬侍服大紅錦狐嵌箭衣，昭君套，乘款段馬，鞲青骹，紲韓盧，焼箭手百餘人，旗幟棍棒稱是。出南門，校獵於牛首山前後，極馳驟縱送之樂。得鹿一，麂三，兔四，雉三，猫狸七。看劇於獻花巖，宿於祖塋。次日午後獵歸，出鹿麂以饗士，復縱飲於隆平家。江南不曉獵爲何事，余見之圖書戲劇，今身親爲之，果稱雄快。然自須勳戚豪右爲之，寒酸不辦也。

王月

傳記

明・潘之恒《亘史・外紀》卷二三 王月，字空飛。上海妓。善以吴音度曲，其音繞梁。演傳奇旦色數十本，皆精絶。覽總綱，過目不遺。珠喉宛轉，上口新腔絲毫不爽。至尋宫按商，悲歡合節，令人踴躍欷歔。或忻或泣，以爲女施孟復出矣。有騷客諷之：卿如此妙質，何不誦唐詩以代歌。即取唐詩讀之，十日而盡千首，無不得其味旨。當筵會景，慷慨擊節歌之，坐客皆動容，若自席間占者。時遊招提，以即事試歌十首。琅琅未竟，其價益重。然性簡淡，不喜逢迎。酷貧，爲債家所縶，至不能具衽席。而鸞生以才艷之。俠友喬伯圭爲張幃幔衾褥，耀首華裙之飾，一夕而辦。鸞生與處經旬，爲故歡所妒。月語鸞生：此枳棘地，何足辱君鷄棲。妾有薄伎，將盡呈於君。明日，選梨園數輩，畢技而意興俱闌，謝不復見。又二年，王中秘寵之，乘以彩鷁，遨遊洞庭間，而空飛不悦也。自嘆曰：與爲豪客妾，寧爲貧士妻。卒歸之潘某氏，執爨緯蕭，而困如故，兩相得也。鸞生曰：余所鍾情必其爲已昵者，而空飛從困時易市德，乃恬淡自若，畢技而謝去，無爲流連。余甚愧之。幸無辱於羈旅，則空飛之所全我者大矣。嗟乎。梁鴻雖貧，德曜豈厭雅噫者哉。

清・余懷《板橋雜記》卷中《麗品》 王月，字微波。母胞生三女，長即月，次節，次滿，並有殊色。月尤慧妍，善自修飾，頎身玉立，皓齒明眸。異常妖冶，名動公卿。桐城孫武公暱之，擁致棲霞山下雪洞中，經月不出。己卯歲，牛女渡河之夕，大集諸姬於方密之僑居小閣。四方賢豪，車騎盈閭巷。梨園子弟，三班駢演。閣外環列舟航如堵牆。品藻花案，設立層臺，以坐狀元。二十餘人中，考微波第一，登臺奏樂，進金屈卮。南曲諸姬，皆色沮漸逸去。天明始罷酒。次日，各賦詩紀其事。余詩所云：月中仙子花中王，第一姮姮第一香者是也。微波繡之於帨巾不去手。武公益婉戀，欲有爲側室。會有貴陽蔡香君名如衡，强有力，以三十金啖其父，奪以歸。武公悒悒，遂娶葛嫩也。香君後爲安廬兵備道，携月赴任，寵專房。崇禎十二年五月，大盜張獻忠破廬州府，知府鄭履祥死節，香君被擒。搜其家，得月，留營中，寵壓一寨。偶以事忤獻忠，斷其頭，蒸寘於盤，以享羣賊。嗟呼。等死也，月不及嫩矣。悲夫。王節，有姿色。先歸顧不盈，後歸王恒之。甘淡泊，怡然自得。雖爲姬侍，有荆釵裙布風。妹滿，幼小戲弄，窈窕輕盈，作嬌娃之態。保國公買置後房。與寇白門不合，復還秦淮。

紀事

清・李慈銘《越縵堂讀書記・史部・雜史類》 第十四卷爲張煌言《北征録》，答總督郎廷佐書及放歌絶命詞等共六首。第十五十六卷爲余瑞紫友聖《流賊陷廬州地》。瑞紫即州人，其事皆所目擊，故較《明史》及《明季北略》諸書爲詳。《明史》言廬州守道蔡如蘅城陷時縋城走，而此書言其城陷時。與妾王月同避井中，以繩引上，遂被執。見張獻忠詰問不屈，被殺。王月大駡，亦被刺死，屍立不仆，移時方倒，皆其所親見。蔡字香君，四川舉人，善詩詞。王月者，南京舊院妓也。

清・余懷《板橋雜記》卷中《麗品》 先昵珠市妓王月，月爲勢家奪去。

又 珠市在内橋傍，曲巷逶迤，屋宇湫隘。然其中時有麗人，惜限於地，不敢與舊院頡頏。以余所見王月諸姬，並著迷香，神雞之勝，又何羡紅紅舉舉之名乎。恐遂湮没無聞，使媚骨芳魂，與草木同腐，故附書於卷尾，以備金陵軼史云。

卞賽

傳記

清・鄒樞《十美詞紀・卞賽》 卞賽，金陵樂部伎也。工詩，好畫蘭，寓虎邱山塘白公堤側。幕而邀之者，香車畫舫，不絶於道。常以金陵十竹齋小花箋閶門白面圓箑畫蘭，邀余題詩，余信筆題就，頗愜其意。每以十竹齋硃砂印色，及水沉香等贈余。不好華飾，不輕與人狎，似良家婦。後爲杭宦取去，生一子，聞已爲顯宦矣。

清剪冰華，香團雲彩，淡絶秋娘風度。青粉牆頭，門對白堤雲樹。開曉幕茉莉來時，臨凉檻木瓜馨處。展鵝箋輕掃叢蘭，白瓷斟茗篆烟午。堪憐江夢未杳，曾草湘蕤麗句。欣附芳譜，擬結同心，又值賦驪情苦。空撇下萬卷霞綃，覓西樓一塘春雨。問何年重見風流，小牕深夜語。

清・王原祁等《御定佩文齋書畫譜》卷四四 卞賽，字賽賽，自號玉京道人。莫詳所自出。或曰秦淮人。知書，工小楷，能畫蘭，能琴。僑虎丘之山塘，所居湘簾棐几嚴浄無纖塵，雙眸泓然，日與佳墨良紙相映徹。晚依良醫保御氏，刺舌血爲書《法華經》，既成，自爲文序之。

清・倪濤《六藝之一録續編》 秦淮妓，後爲道士，自號，玉京道人，工小楷，善畫蘭鼓琴。亂後游吴門，吴梅村學士作《聽女道士卞玉京彈琴歌》贈之。卞賽字賽賽，自號玉京道人，莫詳所自出或曰秦淮人，知書工小楷，能畫蘭，能琴。僑虎邱之山塘，所居湘簾棐几皆嚴浄，無纖塵。雙眸泓然，日與佳墨良紙相映徹。晚依良醫保御氏，刺舌血爲書《法華經》，既成，自爲文序之。

清・張潮《虞初新志》卷二〇 卞賽，一曰賽賽，後爲女道士，自號玉京道人。知書，工小楷，善畫蘭鼓琴。喜作風枝嫋娜，一落筆，畫十餘紙。年十八，遊吴門，居虎邱。湘簾棐几，地無纖塵。見客初不甚酬對，若遇佳賓，則諧謔間作，□詞如雲，一座傾倒。尋歸秦淮，遇亂，復遊吴門。吴梅村學士作《聽女道士卞玉京彈琴歌》贈之，中所云：昨夜城頭吹篳篥，教坊也被傳呼急。碧玉班中怕點留，樂營門外盧家泣。私更妝束出江邊，恰遇丹陽下渚船。剪就黄絁貪入道，携來緑綺訴嬋娟者，正此時也。在吴作道人裝，然亦□有所主。侍兒柔柔，承奉硯席如弟子，指揮如意，亦静好女子也。踰兩年，渡浙江，歸於東中一諸侯。不滿意，進柔柔當夕，乞身下髮。後歸吴，依良醫鄭保御，築别館以居。長齋繡佛，持戒律甚嚴，刺舌血書《法華經》，以報保御。又十餘年而卒，葬於惠山祇陀菴錦樹林。

清・湯漱玉《玉臺畫史・卞賽卞敏》 余懷《板橋雜記》，卞賽，一曰賽賽，後爲女道士，自稱玉京道人。知書工小楷，善畫蘭，喜作風枝嫋娜，一落筆盡十餘帋。有妹曰敏，頎而白如玉肪，風情綽約，人見之如立水晶屏也。亦善畫蘭，寫篠竹枝蘭草二三朵，不似玉京之縱横枝葉，淋漓墨瀋也。然一以多見長，一以少爲貴，各極其妙，識者並珍之。

紀事

清・厲鶚《玉臺書史》 卞賽，秦淮妓，後爲女道士，自號玉京道人。工小楷，善畫蘭，鼓琴。亂後游吴，梅村學士作《□女道士卞玉京彈琴歌》贈之。卞賽，字賽賽，自號玉京道人。莫詳所自出，或曰，秦淮人，知書，工小楷，能畫蘭。僑虎邱之山塘，所居湘簾棐几，嚴净無纖塵。雙眸泓然，日與佳墨良紙相映徹。晚依良醫保御氏，刺舌血爲書法華經，既成，自爲文序之。

藝　文

清・馮金伯《詞苑萃編》卷一七《萬壽祺詞》 秦淮卞賽，小字玉京，桃葉名姬也，後爲女道士。吴祭酒《琴河感舊詩》，有青山憔悴卿憐我，紅粉飄零我憶卿之句。不勝樓頭燕子，山上蘼蕪之感。彭城萬年少壽祺賦《眼兒媚》贈之云：花弄香紋春滿樓。桃葉引江流。箇人何事，斜陽獨倚，曲曲腸柔。　垂簾淡淡撲楊毬。私心好處投。侍兒斂態，閉門作意，不上金鈎。　蓋記其少年情事，猶覺風韻可人。

柳如是

論　説

清・李慈銘《越縵堂讀書記・子部・叢書類》 柳如是之死，袁簡齋趙□北之詩，皆謂其聞南都陷，勸牧齋自裁，牧齋不應，遂自縊，不知其何所據。觀《錢氏家變録》知其事全無影響也。柳之死因家難而自縊，不失爲殉夫，校之死國，無甚優劣，東□媿之多矣。吾鄉俞夢庵筆記所載，與《家變録》同。夏存古《續幸存録》，言弘光時柳氏冠插雉尾，貝胄騎馬入城，作昭君出塞狀。全紹衣《鮚埼亭外集》，言柳隱歸牧齋後，遇宴客，仍出勸觴，恐皆非實。計六奇《南略》，至謂牧齋令其侑阮大鋮飲，大鋮贈以珠冠一頂，牧齋命拜謝，遂坐近阮側，幾於滅燭，皆所謂下流之歸也。

清・劉聲木《萇楚齋隨筆》卷四 常熟錢牧齋宗伯謙益之姬人柳如是，三百年來，久已爲人所艶稱，言人人殊，從無有知其詳細情形者。聲木參考各書，剌取其中事蹟，薈萃記之於此，柳如是本吴中大家婢，初名隱雯，流落北里，爲吴江盛澤鎮名妓徐佛養女。佛善畫蘭，能鼓琴。更名楊愛，小字影憐。後又自更姓柳，名是，字如是，在北里中負盛名。□□輕薄子錢青雨岱勳故小有才，與柳狎，最稱莫逆，教之作詩寫字。從柳爲狎客，實若僕隸，因名之曰偕柳。早年詩詞，大半錢所僞作。後來柳歸牧齋宗伯，實岱勳爲之介，並偕往焉。繼又適松江某孝廉爲妾，孝廉能文章，工書法，復教之作詩寫字。文學遂大進，字則婉媚絶倫，詩亦格調工麗，又以詞翰傾一時。柳爲人短小不逾中人，而色甚艶，雙頰作朝霞色。結束俏利，神情灑落，性機警，口便給，饒膽略。然倜儻好奇，尤風流放誕，嘗幅巾弓鞵，着男子服。孝廉不能堪，謝之去。柳挾其才色，游吴越間，士大夫争趨之，名愈重一時。崇禎庚辰冬月，爲士人装，自訪牧齋宗伯於常熟。宗伯在東林中，本有浪子之目，相見甚歡。明年辛巳六月初七日，遂與宗伯定情。宗伯賦詩紀事，同人和之，號爲河東君，聲譽益起。柳時年已廿四矣。後生一女，適無錫趙□□太史□□之子玉森□□管。崇禎乙酉五月之變，柳勸牧齋宗伯速殉義，無貪戀。宗伯謝不從，柳大憤，自投於水。家人持之，不得人，乃止。癸卯秋月，柳復下髮人道。明年宗伯卒，家難作，勢甚汹汹。柳自經死，事遂得解。綜柳生平，不愧名妓。其風流放誕，本妓女之本色，不足爲異。何况詩字並皆超妙，可以傳世，能明大義，勸宗伯殉義，又以一死了錢氏紛糾，洵足流傳千古矣。柳又嘗與隴西君有舊約，以問郎二字玉篆贈别。甲申某月一日，牧齋宗伯讌客，隴西君亦在坐。柳知之，遣婢出問起居，以玉篆歸之。行事光明磊落，亦不失大丈夫之所爲也。

清・謝章鋌《賭棋山莊詞話》卷一〇《柳如是詞》 前卷記柳如是幼與錢青雨狎。近讀王義士□《輞川詩鈔》，虞山《柳枝詞》云：鄂君繡被狎同舟。並蔕芙蓉露未收。莫怪新詩刻燭敏，捉刀人已在牀頭。自注，我郡有輕薄子錢岱勳，從姬爲狎客若僕隸，名之曰偕。姬與客賦詩，思或不繼，輒從舟尾倩作，客不知也。歸虞山後，偕亦從焉。我友宋轅文有破錢詞。義士原名溥，晚號僧士，明華亭貢生，在幾社爲卧子高弟，卧子授命，義士收葬之。集六卷，其中孤忠高義，逸老遺民，低昂紙上，誠良史之作也。又云：姬少爲吴中大家婢，流落北里楊氏，小字影憐，後自更姓柳，名是，字如是，解詩知書。錢選列朝詩，歷詆諸作者，託爲姬評。余按虞山不講倚聲，而如是金明池詠寒柳云：有恨寒潮，無情殘照，正是蕭蕭南浦。更吹起，霜條孤影，還記得舊時飛絮。況晚來，烟浪迷離，見行客，特地瘦腰如舞。總一樣淒涼，十分憔悴，尚有燕臺佳句。春日釀成秋日雨。念疇昔風流，暗傷如許。縱饒有，繞堤畫舫，冷落盡，水雲猶故。念從前，一點春風，幾隔著重簾，眉兒愁苦。待約箇梅魂，黄昏月淡，與伊深憐低語。則居然作者，味其詞，正有無數傷心處也。乃風塵雖脱，而依歸尚非第一流，卒之君負國，妾不負君，蒼凉晚節，此尤紅顔之薄命歟。使當日不見拒於黄陶庵，則依傍忠魂，豈至留此一重缺憾哉。陳雲伯令常熟，重修河東君墓有記。查伯葵撰爲作墓碣，其文俱極駢麗。嗟乎，明社將屋，青樓女子獨多倜儻不羣。顧眉生見竹垞酷相思詞：風急也，聲聲雨，風定也，聲聲雨。傾奩以千金贈之。戴廷年秋燈叢話然則芝麓尚書之愛才，其尚有□助哉。若此者，求之青泥蓮花記中，豈易多覯。

清・厲鶚《玉臺書史・柳如是》 柳是字如是，一字蘼蕪。本吴江名妓徐佛弟子，姓楊名愛，柳其寓姓也。丰姿逸麗，翩若驚鴻，性猥慧，賦詩輒工，尤長近體七言，作書得虞褚法。年二十餘，歸虞山錢宗伯，而河東君之名始著。

傳記

清・鈕琇《觚賸》卷三《吴觚》 河東君柳如是，名是，一字蘼蕪，本名愛，柳其寓姓也。丰姿逸麗，翩若驚鴻。性猥慧，賦詩輒工，尤長近體七言。作書得虞，褚法。年二十餘，歸虞山蒙叟錢宗伯，而河東君始著。先是我邑盛澤歸家院，有名妓徐佛者，能琴，善畫蘭草。雖僻居湖市，而四方才流，履滿其室。丙子春，婁東張西銘以庶常在假，過吴江，泊垂虹亭下，易小舟訪之。佛他適，其弟子曰楊愛，色美於徐，綺談雅什，亦復過之。西銘一見傾意，携至垂虹，繾綣而别。愛於是心喜自負，謂：我生不辰，墮兹埃壒。然非良耦，不以委身。今三吴之間，簪纓雲集。膏粱紈袴，形同木偶。而帖括呻唔，倖竊科第者，皆傖父耳。唯博學好古，曠代逸才，我乃從之。所謂天下有一人知己，死且無憾。矧盛澤固騶僧之藪也，能鬱鬱久此土乎。遂易楊以柳，而是其名。聞茸城陳卧子爲雲間繡虎，移家結鄰，覬有所遇。維時海内鼎沸，嚴關重鎮，半化丘墟，虎旅熊師，日聞撓敗，黄巾交於伊雒，赤羽迫於淮徐。而江左士大夫，曾無延林之恐，益事宴遊。其於徵色選聲，極意精討。以此狹邪紅粉，各以容伎相尚，而一時喧譽，獨推章臺。居松久之，屢以刺謁陳，陳嚴正不易近，且覩其名紙，自稱女弟，意滋不悦。而虞山宗伯與陳齊望，巍科贍學，又於陳爲先輩，因昌言於人曰：天下惟虞山錢學士始可言才，我非才如學士者不嫁。適宗伯喪偶，聞之大喜，曰：天下有憐才如此女子者耶。我亦非才如柳者不娶。錢之門多狎客，往來傳致，迄於庚辰冬月。柳始遇宗伯。爲築我聞室，十日落成，促席圍鑪，相與餞歲。柳有《春日我聞室》之作，詩曰：裁紅暈碧淚漫漫，南國春來已薄寒。此去柳花如夢裏，向來煙月是愁端。畫堂消息何人曉，翠幙容顔獨自看。珍重君家蘭桂室，東風取次一憑闌。蓋就新去故，喜極而悲，驗裙之恨方殷，解珮之情逾切矣。辛巳初夏，結褵於芙蓉舫中。簫鼓遏雲，麝蘭襲岸，齊牢合巹，九十其儀。於是三泖萬紳，喧焉騰議，至有輕薄之子，擲甎彩鷁，投礫香車者。宗伯吮毫濡墨，笑對鏡臺，賦催妝詩自若。柳歸虞山宗伯，目爲絳雲仙姥下降。仙好樓居，乃枕峰依堞，於半野堂後構樓五楹，窮丹碧之麗，扁曰絳雲。大江以南，藏書之家無富於錢。至是，益購善本，加以汲古雕□，與致其上。牙籤寶軸，參差充牣。其下□幃瓊寢，與柳日夕晤對。所云争先石□□聯句，薄怒銀燈□刼□，蓋紀實也。宗伯吟披之好，晚齡益篤，□史較□，惟柳是問。每於畫眉餘暇，臨文有所討論，柳輒上樓繙閲，雖縹緗浮棟，而某書某卷，拈示尖□，百不失一。或用事微有舛訛，隨亦辨正。宗伯悦其慧解，益加憐重。國初録用前朝耆舊，宗伯赴召。旋墨吏議放還，由此專事述作，柳侍左右，好讀書以資放誕。登龍之客，沓至高□。有時貂冠錦靴，或羽衣霞帔，出與酬應。否則肩筠□訪於逆旅。清辯泉流，□談鋒起，即英賢宿彦，莫能屈之。宗伯殊不□□曰：此我高弟，亦良記室也。常戲稱爲柳儒士。越十載庚寅，絳雲樓災。時移居紅豆村莊，良辰勝節，必放舟湖山佳處，留連唱和，望者疑以爲仙。其《中秋日携内出遊》詩曰：□淚紅蘭不殢愁，參差高□蔽城樓。鶯花無恙三春侣，蝦菜居然萬里舟。照水蜻蜓依□影，窺簾蛺蝶上釵頭。相看可似嫦娥好，白月分明浸碧流。柳依韻和曰：秋水春衫澹暮愁，船窗笑語近紅樓。多情落日依蘭□，無藉輕雲傍彩舟。月幌歌闌尋麈尾，風床書亂覓搔頭。五湖煙水長如此，願逐鴟夷泛急流。其他篇什，多附見《有學集》，不盡載。生一女，嫁毘陵趙編修玉森之子。康熙初，嗣子孝廉君迎宗伯入城同居，而柳與女及壻仍在紅豆村。踰二年而宗伯病，柳聞之，自村奔候。未幾，宗伯捐館，柳留城守□，不及歸也。初宗伯與其族素不相睦，乃托言宗伯舊有所負，梟悍之徒，聚百人交訌於堂。柳泫然曰：家有長嫡，義不坐受凌削。未亡人奩有薄貲，留固無用，當捐此以賂兇而紓難。立出帑千金授之。詰朝喧集如故。柳□問曰：今將奚爲。宗人曰：昨所領者，夫人之長物耳，未足以贍族。長君華館連雲，腴田錯綺，獨不可割其半以給貧窶耶。嗣子懼不敢出。柳自念欲厭其求，則如宋之割地，地不盡，兵不止，非計也。乃密召宗伯懿親及門人素厚者，復糾紀綱之僕數輩，部畫已定，與之誓曰：苟念舊德，毋渝此言。咸應曰：諾。柳出廳事，婉以致辭曰：妾之貲盡矣，誠不足爲贈。期以明日，置酒合讌，其有所須，多寡惟命。府君之業故在，不我惜也。衆始解散。是夕執豕炰羔，肆筵設席。申旦而羣宗□至，柳諭使列坐喪次，潛令健者□其前扉，乃入室登榮木樓，若將持物以出者。逡巡久之，家人心訝，入視，則已投繯畢命，而大書於壁曰：并力縛飲者而後報官。嗣君見之，與家人相向號慟。綁綷之□，先一日預聚於室，隨出以盡縛兇黨，門閉無得脱者。須臾，邑令至，窮治得實，繫兇於獄。以其事上聞，置之法。夫河東君以泥中弱絮，識所依歸，一旦遭家不造，殉義從容，於以□侮，於以亢宗，詎不偉歟。方宗伯初遇柳時，□顏□背，髮已鬖鬖斑白，而柳則盛□堆鴉，凝脂竟體。燕婉之宵，錢曰：我甚愛卿如雲之黑，如玉之白也。柳曰：我亦甚愛君髮如妾之膚，膚如妾之髮也。因相與大笑。故當年酬贈，有風前柳欲窺青眼，雪裏山應想白頭之句，競傳人口。而不知一與之醮，終身以之，即奉雁牽絲，有所不逮也如此。

清・王應奎《柳南隨筆》卷五　柳如是，既適錢宗伯，居絳雲樓，唱和甚得。宗伯選《列朝詩》，内閨秀一集，皆柳所勘定也。爲人性機警，饒膽略，頗能制御宗伯，絳雲樓主人寵憚之。乙酉五月之變，柳勸主人死，謝不能。柳奮身欲沈池水中，持之不得入。時長洲沈明倫館於其家，親見之，嘗以語人。見宗伯門人長洲顧苓《河東君傳》。

紀事

清・鈕琇《觚賸》卷三　聞茸城陳卧子，爲雲間繡虎，移家結隣，覬有所遇。維時海内鼎沸，嚴關重鎮，半化丘墟，虎旅熊師，日聞撓敗，黄巾交於伊雒，赤羽迫於淮徐。而江左士大夫，曾無延林之恐，益事宴遊。其於徵色選聲，極意精討。以此狹邪紅粉，各以容伎相尚，而一時喧譽，獨推章臺。居松久之，屢以刺謁陳，陳嚴正不易近，且覩其名紙，自稱女弟，意滋不悦。而虞山宗伯與陳齊望，巍科贍學，又於陳爲先輩。因昌言於人曰：天下惟虞山錢學士始可言才，我非才如學士者不嫁。適宗伯喪偶，聞之大喜曰：天下有憐才如此女子者耶。我亦非才如柳者不娶。錢之門多狎客，往來傳致，迄於庚辰冬月，柳始遇宗伯。爲築我聞室，十日落成，促席圍鑪，相與餞歲。

清・王應奎《柳南隨筆》卷三　柳如是爲彭城尚書所暱，財貨出入，悉柳主之。族之豪者疑柳多私蓄，尚書既没，擁衆突至，頗有所索。柳出，佯爲好語曰：先尚書遺貲信有，然須少待，當不虚來意。衆姑諾之。柳既入，衆待久不出，方大聲詬之，而柳已閉門自縊矣。衆始驚竄散去。其家之不致破亡，柳之力也。於是邑中之士作《河東夫人殉節》詩以輓之，咸謂其能晚蓋云。

清・袁枚《子不語》卷一六《柳如是爲厲》　蘇州昭文縣署，爲前明錢尚書故宅。東廂三間，因柳如是縊死此處，歷任封閉不開。乾隆庚子，直隸王公某涖任，家口多，内屋少，開此房居妾某氏，二婢作伴，又居一妾於西廂，老嫗作伴。未三鼓，聞西廂老嫗喊救命聲，王公奔往，妾已不在床上，尋至床後，其人眼傷額碎，赤身流血，觳觫而立，云：我卧不吹燈，方就枕，便一陣陰風，吹開帳幔，遍體作噤。有梳高髻，披大紅襖者，揭帳招我，隨挽我髮，强我起，我大懼，急逃至帳後，眼目爲衣架觸傷，老嫗聞我喊聲，隨即奔至。鬼纔放我，走窗外去。合署大駭，慮東廂之妾，新娶膽小，亦不往告。次日至午，東廂竟不開門，啓入，則一姬二婢，俱用一條長帶，相連縊死矣。於是王公仍命封鎖此房，後無他異。或謂柳氏爲尚書殉節，死於正命，不應爲厲。按金史蒲察琦傳，琦爲御史，將死崔立之難，到家别母，母方晝寢。忽驚而醒，琦問阿母何爲，母曰：適夢三人潛伏梁間，故驚醒。琦跪曰：梁上人乃鬼也，兒欲殉節，意在懸梁，故彼鬼在上相候。母所見者即是也。旋即縊死。可見忠義之鬼，用引路替代，亦所不免。

清・謝章鋌《賭棋山莊詞話》卷三《姚燮詞》 柳如是幼與錢生青雨狎，稱莫逆交，其詩若書，皆生所教。梅伯詠如是鏡云：問鍾情何似春雨，指此也。鏡背銘二十字云：照日菱花出，臨池滿月生。官看巾帽整，妾映點妝成。整作整，帽作帽。

清・陸以湉《冷廬雜識》卷八《顧媚柳是》 龔鼎孶娶顧媚，錢謙益娶柳是，皆名妓也【略】然則，顧不及柳遠矣。

藝文

清・鈕琇《觚賸》卷三 柳有《春日我聞室》之作，詩曰：裁紅暈碧淚漫漫，南國春來已薄寒。此去柳花如夢裏，向來烟月是愁端。書堂消息何人曉，翠幙容顔獨自看。珍重君家蘭桂室，東風取次一憑欄。蓋就新去故，喜極而悲，驗衰之恨方殷，解珮之情愈切矣。辛巳初夏，結褵於芙蓉舫中，簫鼓遏雲，麝蘭襲岸，齊牢合卺，九十其儀。於是三泖薦紳，喧焉騰議，至有輕薄之子，擲磚彩鷁。投礫香車者。宗伯吮毫濡墨，笑對鐘臺，賦催妝詩。自若。

清・謝章鋌《賭棋山莊詞話・温啓封玉鏡臺詞》 《玉鏡臺詞》一卷，太原温雲心啓封撰。按本集不書名，於寄廬詞存題詞得其名補之。余嘗由燕之晉，復由秦入燕，凡六度太行之天門，自獲鹿至什貼，亂山相向，天小石頑中，惟青玉峽最爲幽秀，而固關頗覺高雄。庚午窮冬，遇雪於白石嶺，撤鹽堆絮，千里一白，予趺坐車沿，直覺萬態俱清，乃嘆嚴寒之中能鍊人心性也。雲心《浣溪沙》云：十里驚濤吼碧溪。四山嵐翠撲緇衣。雪花如掌固關西。漢壘兵銷烟自滅，秦城堞廢鳥空啼。衝寒馬上覓新題。又云：石路無塵密雪飄。同雲如夢曉山遥。玉郎真個踏瓊瑶。鸞鏡光寒心皎皎，繡幃人冷夜迢迢。一番回首一魂銷。當年風景，猶依依在目也。《南鄉子》云：蕭瑟灑孤蓬。斷續殘更斷續風。繡被焚香眠不穩，朦朧。身在寒雲軟浪中。離恨苦匆匆。欲訴何因得見儂。爲問淚珠和雨點，誰濃。疏雨如何與淚同。賀新凉《感遇贈汪竹海》云：拔劍投盃起。看吴霜，點人青鬢，吾真衰矣。況又文園消渴甚，瘦骨支離如許。屈指數，生平知己。惟有姮娥青眼盼，鑒臣心，一片冰壺水。呵壁問，那能已。沉淪似我惟君耳。恨前因，三生石上，緣慳到底。誰説馮唐終不遇，畢竟名垂青史。何必要蒼生霖雨。但使模棱真得訣，便扶摇，直上雲霄裏。相視笑，盍勉此。聞雲心與人交，其相契者傾肝膽，其非所交者輒齟齬，官刑曹十年不得遷，讀此詞可以知其意氣矣。雲心又有虞美人題《顧横波小像》云：眉樓風月秦淮柳。往事思量否。朝衣猶帶美人香。贏得五花官誥，媚秋娘。孫三葛嫩登仙矣。故侶休提起。可憐非復舊嬋娟。猶記當時，曾伴石齋眠。嗟乎。柳如是，顧横波皆青樓中奇傑女子，惜所歸俱非第一流，是亦不幸已。而後來題圖者，又往往因烏及屋，使錢，龔二貴人，捱盡笑駡，是非不幸中之尤不幸者哉。

雜録

清・丁紹儀《聽秋聲館詞話》卷五《錢謙益詞》 姚君春木嘗言康熙以來，屢以書案興大獄。如錢牧齋詩文，亦在燬禁列。長洲沈歸愚宗伯選冠别裁集，幾獲咎。至嘉慶初，大興朱文正珪於造膝時，奏言詩文之詆謗本朝者，正如桀犬狂吠，聖人大公無私，何所不容，禁之則祕藏愈甚。仁宗然之，禁始弛。明末遺書，遂復有刊行者。牧齋人品無足取，而才華自不可掩。有虎丘月夜讌集，《永遇樂》云：玉露微凝，銀蟾徐上，光景清絶。折簡徵歌，醵錢置酒，漫浪憑人説。俊侶難逢，歡遊能幾，莫負清秋佳節。儘筵端，紅牙拍損，只恐風情非昔。生公石畔，周遭香霧，恍似身臨瑶闕。天上霓裳，人間桂樹，曲調殊淒切。可堪到處，烏驚鵲繞，一寸此時心折。憑誰把，浮雲掃淨，永留皓月。味烏驚鵲繞數語，似作於未改轍時，其初尚非全無心肝者，未可以縱情荒讌少之。近見吴下王養初壽庭，題柳如是小像，《金縷曲》後起云：香軀拚擲滄桑後，奈中書，猶萌侈想，彦回多壽。數語道盡牧齋，蓋末路依回，猶存觖望，正坐不知戒得耳。

楊小寶

傳記

清·珠泉居士《續板橋雜記》 楊小寶，本郡人。年十七，姿致明净，眉宇間稜稜露爽。善南北曲，兼工小調，一矢口應絃合節，歌場推爲獨步。其母素有瘋疾，或忤佳客，小寶周旋其間，每一言解頤，能令公喜，余以解語花目之。

清·李斗《揚州畫舫録》卷九《小秦淮録》 楊小寶，蘇人，而賣爲揚人作女，故咸云揚浜。絶色，其曲調聲律與朱野東等，黄君辭未遇時，楊識其爲貴人。

雜録

清·李伯元《莊諧詩話》卷三《嘉慶時之花榜》 花榜盛行於上海各衙院，報不一報，榜不一榜，而鼎甲之名，遂成弩末俑者。有知當亦惄焉心疚也，乾嘉時顧姬霞娱，工曲能詩，住揚州姜家墩，錢湘舲三元遊邗上，於謝未堂司寇筵次。品題諸妓，以楊小寶爲狀元。霞娱爲榜眼，楊高三爲探花，是即花榜之鼻祖。趙雲崧翼有詩曰：酒緑燈紅紺碧紗，江鄉此會最清華。科名世代尊沂國，絲竹千年屬謝家。拇戰酣摧拳似雨，頭銜艷稱臉如霞。無雙才子無雙女，並作人間盛事誇。

李三娘

紀事

清·余懷《板橋雜記》卷下《軼事》 樂户有妻有妾，防閑最嚴，謹守貞潔，不與人客交言。人客欲强見之，一揖之外，翻身入簾也。亂後，有舊院大街顧三之妻李三娘者，流落江湖，遂爲名妓。忽爲非類所持，暴繫吴郡獄中。余與劉海門夢錫兄弟及姚翼侯、張鞠存，極力拯之。致書司理李蠖菴，僅而得免，然亦如嚴幼芳、劉婆惜，備受箠楚决杖矣。三娘長身玉色，倭墮如雲，量洪善飲，飲至百觥不醉。時辛丑中秋之際，庭桂盛開，置酒高會，黄蘭巖、方邵村及玉峯女士馮静容偕來。居停主人金叔侃，盡傾家釀，分曹角勝，轟飲如雷，如項羽、章邯鉅鹿之戰，諸侯皆作壁上觀。飲至天明，諸君皆大吐，静容亦吐，髻鬟委地，或横卧地上，衣履狼藉。惟三娘醒，然猶不眠，倚桂樹也。蘭巖賈其餘勇，尚與翼侯喝拳，各盡三四大斗而别。嗟乎，俯仰歲月之間，諸君皆埋骨青山，美人亦棲身黄土，河山邈矣，能不悲哉。

李十娘

傳記

清·余懷《板橋雜記》卷中《麗品》 李十娘，名湘真，字雪衣。在母腹中，聞琴歌聲，則勃勃欲動。生而娉婷娟好，肌膚玉雪，既含睇兮又宜笑。殆《閒情賦》所云獨曠世而秀羣者也。性嗜潔。能鼓琴清歌，略涉文墨，愛文人才士。所居曲房祕室，帷帳尊彝，楚楚有致。中搆長軒，軒左種老梅一樹，花時香雪霏拂几榻。軒右種梧桐二株，巨竹十數竿。晨夕洗桐拭竹，翠色可餐。入其室者，疑非人境。余每有同人詩文之會，必主其家。每客用一精婢，侍硯席，磨喻粟，爇都梁，供茗果。暮則合樂酒宴，盡歡而散。然賓主秩然，不及於亂。於時流寇訌江北，名士渡江僑金陵者甚衆，莫不艷羨李十娘也。十娘愈自閉匿，稱善病，不妝飾，謝賓客。阿母憐惜之，順適其意，婉語辭遜，弗與通。惟二三知己，則歡情自接，嬉怡忘倦矣。後易名貞美，刻一印章，曰：李十貞美之印。余戲之曰：美則有之，貞則未也。十娘泣曰：君知兒者，何出此言。兒雖風塵賤質，然非好淫蕩檢者流，如夏姬、河間婦也。苟兒心之所好，雖相莊如賓，情與之洽也。非兒心之所好，雖勉同枕席，不與之合也。兒之不貞，命也。如何。言已，涕下沾襟。余斂容謝之曰：吾失言，吾過矣。

　十娘有兄女曰媚姐，十三纔有餘，白皙，髮覆額，眉目如畫。余心愛之。媚亦知余愛，嬌啼婉轉，作掌中舞。十娘曰：吾當爲汝媒。歲壬午，入棘闈，媚日以金錢投瓊，卜余中否。及榜發，落第矣。余乃憤鬱成疾，避棲霞山寺，經年不相聞矣。鼎革後，泰州刺史陳澹仙，寓叢桂園，擁一姬，曰姓李。余披幃見之，媚也。各黯然掩袂。問十娘，曰：從良矣。問其居，曰：在秦淮水閣。問其家，曰：已廢爲菜圃。問老梅與梧竹無恙乎，曰：已摧爲薪矣。問阿母尚存乎，曰：死矣。因贈以詩曰：流落江湖已十年，雲鬟猶卜舊金錢。雪衣飛去仙哥老，休抱琵琶過別船。

紀事

清・余懷《板橋雜記》卷下《軼事》　萊陽姜如須，遊於李十娘家，漁於色，匿不出户。方密之、孫克咸，並能屏風上行。漏下三刻，星河皎然，連袂閒行，經過趙李，垂簾閉户，夜人定矣。兩君一躍登屋，直至卧房，排闥拍張，勢如盜賊。如須下牀跪稱：大王乞命，毋傷十娘。兩君擲刀大笑，曰：三郎郎當，三郎郎當。復呼酒極飲，盡醉而散。蓋如須行三，郎當者，畏辭也。如須高才曠代，偶效樊川，略同謝傅，秋風團扇，寄興掃眉，非沈溺烟花之比。聊紀一條，以存流風餘韻云耳。

王卿持

傳記

明・潘之恒《亘史・外紀》卷二〇　余交女子幾半於丈夫，乃若女子有丈夫氣者殆難。其人即豪舉疏越，與委靡宛弱，其翩然士風，各自本來，不可以强合也。金陵王卿持殆庶幾乎。卿持者，王節字也。少時人以纖纖呼之。姿態娟媚，吐辭如簧，蘭情蕙性，居然林下風流，知非塵凡中品。及破瓜期，即傾其儕偶，如野鶴之在鷄群。喜習吴曲，若黄問琴、許、倪諸家，莫不參調。新韻經其喉舌，即遏雲流漢，衆皆斂避，不啻青出於藍，姊妹輩未有與之頡頏者矣。顧志意蕭散超上，凡所歆慕，雖寒素，必傾心向之；少有不愜，即巨室名流，不能屈以洽溺。常語人曰：卿自用卿，我寧作我。故甘貧窘自若，弗改其操。余嘲之：蘇屬國十九年，尚近胡女，令有子。卿所持特甚之耶。同盟中袁小修、劉冲倩，皆挾國士稱，愛而不能狎。卿持私語所知：彼安得以名市我。故以驕情報之，非不受憐，政以相成耳。然竟因兩人交而親我，此豈漫然者哉。

　辛亥之夏，余客廣陵僧舍，忽友人吴嗣宗君衡見訪。君衡云：叔氏挾有較書來。至，則卿持也。慷慨激烈，霞舉雲飛，廣陵烟月間，何得有此人，爲之愯然。嗣宗謂余：卿持近時聲調較昔益高，請爲兄試之。余謝曰：見卿持，豈復從聲調中求耶。於是挾之江淮，溯洄宛轉，無不當卿持者。余復聊蕭之：卿不徇名，乃復爲諛。轉若以情真，則卿持得毋諛吴郎乎。

　冬抵金陵，兩人之盟尚不渝也。遂爲作傳。

雜録

清・余懷《板橋雜記》卷中《麗品》 王節，有姿色。先歸顧不盈，後歸王恒之。甘淡泊，怡然自得。雖爲姬侍，有荆釵裙布風。妹滿，幼小戲弄，窈窕輕盈，作嬌娃之態。保國公買置後房。與寇白門不合，復還秦淮。

顧媚

論説

清・沈起鳳《諧鐸》卷六《葛九》 書畢，漏深雨惡，葛再三挽袖，拂衣竟回客寓。明日，葛飾以畫屏，張諸客座。好名者争相傳播，走馬王孫，陘鞭公子，宴無虚日。枇杷門巷，幾與顧眉生迷樓相埒。不浹旬，積金滿篋，命弟持歸，瘞其雙槥。致書招程，繭足不至。一日曉妝初抹，陪貴客宴露葵軒下。忽遣人賫白木匣至。發之金翦一枚，僧帽衣履俱備。中有短札一封，曰：古人辱身非孝。吾憐汝愚，姑借辱身，暫行孝道。今事已濟矣，心已盡矣，及早回頭。别尋覺岸，沈淪慾海，墮落花塵，泉下人能瞑目乎。字到，速斷業根，退修初服。畫眉窗外，即是道佛之場。

清・陸以湉《冷盧雜識》卷八《顧媚柳是》 龔鼎孳娶顧媚，錢謙益娶柳是，皆名妓也。龔以兵科給事中降闖賊，授僞直指使。每謂人曰：我原欲死，奈小妾不肯何。小妾者，即顧媚也。見馬見龍《紳志略》。顧苓《河東君傳》謂：乙酉五月之變，君勸錢死，錢謝不能。戊子五月，錢死後，君自經死。然則，顧不及柳遠矣。

傳記

清・余懷《板橋雜記》卷中《麗品》 顧媚，字眉生，又名眉。莊妍靚雅，風度超群，鬢髮如雲，桃花滿面，弓彎纖小，腰支輕亞。通文史，善畫蘭，追步馬守真，而姿容勝之。時人推爲南曲第一。家有眉樓，綺窗繡簾。牙籤玉軸，堆列几案。瑶琴錦瑟，陳設左右。香煙繚繞，簷馬丁當。余嘗戲之曰：此非眉樓，乃迷樓也。人遂以迷樓稱之。當是時，江南侈靡。文酒之宴，紅妝與烏巾紫裘相間，座無眉娘不樂，而尤豔顧家厨食，品差擬郇公、李太尉，以故設筵眉樓者無虚日。

然豔之者雖多，妬之者亦不少。適浙東一傖父，與一詞客争寵。合江右某孝廉互謀，使酒駡座，訟之儀司，誣以盜匿金犀酒器，意在逮辱眉娘也。余時義憤填膺，作檄討罪，有云：某某本非風流佳客，謬稱浪子端王。以文鴛彩鳳之區，排封豕長蛇之陣；用誘秦誆楚之計，作摧蘭折玉之謀。種夙世之孽冤，然一時之風景云云。傖父之叔爲南少司馬，見檄，斥傖父東歸，訟乃解。眉娘甚德余，於桐城方瞿庵堂中，願登場演劇爲余壽。從此摧幢息機，矢脱風塵矣。

未幾，歸合肥龔尚書芝麓。尚書雄豪蓋代，視金玉如泥沙糞土。得眉娘佐之，益輕財好客，憐才下士，名譽盛於往時。客有求尚書詩文，及乞畫蘭者，縑箋動盈篋笥，畫欵所書横波夫人者也。歲丁酉，尚書挈夫人重遊金陵，寓市隱園中林堂。值夫人生辰，張燈開宴，請召賓客數十百輩，命老梨園郭長春等演劇，酒客丁繼之、張燕筑及二王郎，串《王母瑶池宴》。夫人垂珠簾，召舊日同居南曲呼姊妹行者與燕，李大娘、十娘、王節娘皆在焉。時尚書門人楚嚴某，赴浙監司任，逗遛居樽下，褰簾長跪，捧巵稱：賤子上壽。坐者皆離席伏。夫人欣然爲罄三爵。尚書意甚得也。余與吴園次、鄧孝威作長歌紀其事。嗣後還京師，以病死。歛時，現老僧相。弔者車數百乘，備極哀榮。改姓徐氏，世又稱徐夫人。尚書有《白門柳傳奇》行於世。

清・厲鶚《玉臺書史》卷五《顧媚》 《畫徵録》：顧媚，字眉生，又名眉，號横波，龔宗伯芝麓妾。工墨蘭，獨出己意，不襲前人法。眉生本金陵伎女，芝麓納爲妾，後改徐氏，故世又稱徐夫人云。《婦人集》：顧夫人識局朗拔，尤擅畫蘭，蕙蕭散樂託，畦徑都絶。固當是神情所寄。

紀事

清·張岱《陶庵夢憶》卷七《過劍門》 南曲中，妓以串戲爲韻事，性命以之。楊元、楊能、顧眉生、李十、董白以戲名，屬姚簡叔期余觀劇。傒僮下午唱《西樓》，夜則自串。傒僮爲興化大班，余舊伶馬小卿、陸子雲在焉，加意唱七齣戲，至更定，曲中大咤異。楊元走入房謂小卿曰：今日戲，氣色大異，何也。小卿曰：坐上坐者余主人。主人精賞鑒，延師課戲，童手指千，傒僮到其家，謂過劍門，焉敢草草。楊元始來物色余。《西樓》不及完，串《教子》。顧眉生：周羽，楊元：周娘子，楊能：周瑞隆。楊元膽怯膚慄，不能出聲，眼眼相覷，渠欲討好不能，余欲獻媚不得，持久之，伺便喝采一二，楊元始放膽，戲亦遂竣。嗣後曲中戲，必以余爲導師，余不至，雖夜分，不開臺也。以余而長聲價，以余長聲價之人、而後長余聲價者，多有之。

清·阮葵生《茶餘客話》卷一二 龔合肥司寇所寵横波夫人，生女嬰痘殤。司寇爲建醮於城外佛寺。時江南某上舍適寓寺中，寺僧以幡幢屏聯囑其代書，及女嬰靈前一聯云：已現童女身，而無壽者相。次日，司寇見之，詢其名籍，贈百金，力揄揚之，遂知名。

清·李慈銘《越縵堂讀書記·子部·叢書類》 又無名氏《遇變記》略一卷。此人自號聾道人，乃從逆御史涂必弘幕友，所載即偕涂從逆及逃出事。言同奔時，龔鼎孳夫人美而艷，即舊院顧眉生也，常俯拾塵土自汚。蓋龔以受僞直指使職，聞事敗，與涂同逃者。

藝文

清·毛奇齡《西河集》卷一四三《題顧眉生校書畫蘭册子》 莫愁湖畔緑雲鬟，手碾香螺畫遠山。搨得洞庭花數本，好留青影在人間。

又 一幅生綃金錯裁，幽蘭寫出仲姬才。兒家自有千花譜，不藉黄荃粉本來。眉生自註：倣壁間馬湘蘭筆。

又 九畹業生淺碧紋，畫來香氣尚氤氲。只愁幾片蘭蕤帶，難繫三條杏子裙。蘭蕤，帶名，樂府：何用結歡忺，三條杏子裙。

清·彭孫通《松桂堂全集》卷一六《題顧眉生畫蘭册》 無復當年弄墨辰，斷紈影裏認前塵。青溪畫閣秋如水，寫出芳蘭竟體人。

清·厲鶚《玉臺書史》卷五《顧媚》 朱彝尊題《顧夫人畫蘭》：眉樓人去筆床空，往事西州説謝公。猶有秦淮芳草色，輕紈匀染夕陽紅。

又 厲鶚小桃紅《題横波夫人畫蘭扇》：秦淮不見翠雙顰，摺扇香痕潤往事。眉樓有誰問墨花，春靈均舊怨都銷。盡南朝豔粉才人，風韻題詠到湘帬。

清·陸以湉《冷廬雜識》卷七《顧横波小像》 程春廬京丞，博雅嗜古，所蓄書畫甚多。余曾於其姪銀灣參軍世樾處，見《顧横波小像》一幅，丰姿嫣然，呼之欲出。上幅右方欵二行云：崇禎己卯，七夕後二日，寫於眉樓，玉樵生王樸。左方詩二首云：腰妬楊枝髮妬雲，斷魂鶯語夜深聞。秦樓應被東風誤，未遣羅敷嫁使君。淮南龔鼎孳題。識盡飄零苦，而今始得家。燈煤知妾喜，特著兩頭花。庚辰正月廿三日燈下，眉生顧媚書。

清·馮金伯《詞苑萃編》卷一七《龔芝麓醜奴兒令》 龔定山尚書與横波夫人日夜汎舟西湖，作《醜奴兒令》四闋。自序云：五月十四夜，湖風酣暢，月明如洗，繁星盡歛，天水一碧。偕内人繫艇子於寓樓下，剥菱煮芡，小飲達曙。人聲既絶，樓台燈火，周視悄然。惟四山蒼翠，時時滴入杯底。千百年西湖，今夕始獨爲吾有，徘徊顧戀，不謂人世也。酒語情恬，因口占四調以紀其事。

詞云：一湖風漾當樓月，凉滿人間。我與青山，冷澹相看不等閒。藕花社榜疏狂約，緑酒朱顔。放進嬋娟，今夜紗窗可忍關。

又云：木蘭掀蕩波光碎，人似乘潮。何處吹簫，輕逐流螢度畫橋。白鷗睡熟金鈴悄，好是蕭條。多謝雙高，折簡明宵不用招。

又云：情癡每語銀蟾約，見了銷魂。爾許温存，領受嫦娥一笑恩。戲拈梅子横波打，越樣心疼。和月須呑，省得濃香不閉門。

又云：清輝依約雲鬟緑，水作菱花。蘇小村斜，不見留人駐晚車。湖山符牒誰能管，讓與天涯。如此豪華，除卻芳樽一味賒。

清・戴璐《藤蔭雜記》卷八 妙光閣建自合肥尚書。近見《定山堂集》，乃姬人善持君所作，即所謂横波夫人也。殁殯長椿寺中。尚書《清明感悼》詩云：石火平催白首春，芳蘭折盡感芳辰。布金園闊忘家儉，炊玉心枯念客貧。化去魂歸無色界，悲來佛是有情人。讓他簾外雙飛燕，又見垂楊碧草新。

又絶句：生辰歳歳炷名香，幢蓋蓮花繡妙光。横波仲冬三日生辰，恒於閣中禮誦，故云。

雜録

清・魏秀仁《花月痕》回七《翻花案劉梧仙及第見芳譜杜采秋束裝》 這采秋係雁門樂籍。他的母親賈氏，那年身上有娠，夜夢一仙女手拈芙蓉一枝，説道：此係石曼卿芙蓉城裏手植，數應謫落人間，在你手裏受了二十年魔刧，然後根移緑墅，果證青娥。説畢，擲花於懷，賈氏腹痛而醒。是夕生一女，因名夢仙，小字采秋。采秋生而聰穎，詞曲一過目，便自了了，不特琵琶絃索，能以己意譜作新聲。且精騎射，善畫工書，以此名重雁門。到十六歳上，便有一豪客，破費千金梳櫳了。每年四五月，到了并門，扇影歌喉，一時無兩，以此家頗饒足。然性情豪邁，有江南李宛君、顧眉生之風。千萬金錢，到手輒盡。

李近樓

傳記

清・竇光鼐《日下舊聞考》卷一六 原京師瞽者李近樓，籍錦衣千户。善琵琶，能左右手彈。新聲古曲，無不絶妙。平生羈愁哀怨及人已胸中事，皆於鳴弦鐵撥發之，令人髮上指、淚交下。忽作《魚山梵唄》，泠然孤僧雲水；復作《蘇臺圍獵》，凄然百獸鳴嗥。有言瞽者習琵琶，穿被作一孔，寒夜舒手出其中，時時弄撥，故幾於神若此。

紀事

明・沈德符《萬曆野獲編》卷二四《技藝》 李近樓琵琶。京師絶藝所萃。惟琵琶以李近樓爲第一。故籍錦衣，當襲百户，幼以瞽廢，遂專心四絃。夜卧以手爪從被上按譜，被爲之穴。其聲能以一人兼數人，以一音兼數音。前輩紀之者甚多。先人在都時，曾於席間得聞。則作八尼僧修佛事，經唄鼓鈸笙簫之屬，無不畢舉，酷似其聲，老穉高下，各各曲盡，又不雜一男音。歸邸爲兒輩道之，恨余幼不及從。比余再入都，則李死已久，其藝不復傳。一日，同社館東郊外韋公莊者，邀往宴集，詑謂余，有神技可閲。既酒闌出之，亦一瞽者。以一小屏圍於座隅，並琵琶不挈，但孤坐其中。初作徽人販薑邸中，爲邸主京師人所賺，因相毆投鋪。鋪中徒隷與索錢，邸主婦私與徒隷通奸。或南，或北，或男，或婦。其聲嘈雜，而井井不亂。心已大異之。忽呈解兵馬，兵馬又轉解巡城御史鞫問。兵馬爲閩人，御史爲江右人，掌案書辦爲浙江人，反覆詰辨，種種曲肖，廷下喧閧如市，詬詈百出。忽究出鋪中姦情，遂拖夾拶諸刑。紛紜争辨，各操其鄉音。逾時畢事而散。余駭怪以爲得未曾有，又出李近樓之上。比逾時再往尋覓。則亦不可得矣。

清・張英《御定淵鑑類函》卷一八九　瞽者李近樓，籍錦衣千户。善琵琶，能左右手彈。新聲古曲，無不絶妙。平生羈愁哀怨及人已胸中事，皆於鳴絃鐵撥發之，令人髮上指、淚交下。忽作《魚山梵唄》，泠然孤僧雲水；復作《蘇臺圍獵》，凄然百獸鳴嘷。

清・姚之駰《元明事類鈔》卷二七《左右手彈》　《耳談》明京師瞽者李近樓，籍錦衣千户。善琵琶，能左右手彈。新聲古曲，無不絶妙。平生羈愁哀怨及人已胸中事皆於鳴絃鐵撥，發之，令人髮上指、淚交下。

陳圓圓

論說

清・鄒樞《十美詞紀・陳圓》　陳圓者，女優也。少聰慧，色娟秀，好梳倭墮髻，纖柔婉轉，就之如啼。演《西厢》，扮貼旦紅娘脚色，體態傾靡，説白便巧，曲盡蕭寺當年情緒。常在予家演劇，留連不去。後爲田皇親以二千金酧其母，挈去京師。聞又屬之某王，寵冠後宫，入滇南終焉。

濃點啼眉，低梳墜髻，聲驟平康。苔翠氍毹，花紅錦毯，趁拍舞霓裳。雙文遺譜，風流誰解。卿能巧遞温凉。香犀挽生綃淡束，幾疑不是當場。星回斗轉，芳筵已散，倦餘嬌凭牙牀。玉版填詞，瓊簫和曲，粉脂尚殢紗幮。鈿車催去，燕台程遠，鼓鼙進譟漁陽。風塵老，蠻烟遠隔，信音渺茫。

明・冒襄《英美按憶語》　是日演弋腔《紅梅》，以燕俗之劇，咿呀啁哳之調，乃出之陳姬身口，如雲出岫，如珠在盤，令人欲仙欲死。

清・王之春《椒生隨筆》卷三《女戎》　桀之妹喜，紂之妲己，幽王之褒姒，三代均以致亂，故曰女戎。洎有明亡而國朝興，又屬陳圓圓一人。甚矣，女子之繫成敗也。迦陵《過投金瀨懷古》詞有云：覆楚爭誇伍相，沼吳又説西施，淮陰往事亦如斯，成敗皆由女子。其旨深矣。

傳記

清・鈕琇《觚賸》卷四《燕觚》　明崇禎末，流氛日熾，秦豫之間，關城失守，燕都震動。而大江以南，阻於天塹，民物晏如，方極聲色之娱，吳門尤甚。有名妓陳圓圓者，容辭閑雅，額秀頤豐，有林下風致。年十八，隸籍梨園。每一登場，花明雪艷，獨出冠時，觀者魂斷。維時田妃擅寵，兩宫不協，烽火羽書，相望於道，宸居爲之憔悴。外戚周嘉定伯以營葬歸蘇，將求色藝兼絶之女，由母后進之，以紓宵旰憂，且分西宫之寵。因出重貲購圓圓，載之以北，納於椒庭。一日侍后側，上見之，問所從來，后對：左右供御，鮮同里順意者，茲女吳人，且嫻崑伎，令侍櫛盥耳。上制於田妃，復念國事，不甚顧，遂命遣還，故圓圓仍入周邸。

紀事

清・鄭達《野史無文》卷四《烈皇帝遺事》　三桂爲妾者被擄，遂回山海關據守。令守備何兆麐入遼東，乞大清兵報讐。遂詣京師，自成敗遁，吳三桂尾追入陝西。野史所載皆粉飾之詞，不可深信，皆吳三桂以重貲賂文人作者，非實事也。自成西遁，京師人不約而同，無論老少，皆以白布裹頭，曰爲皇帝發喪。自成留餘賊三千，徧向京城放火，爲百姓盡捕，殺之無遺，皆臠食其肉，刳其腹，屠其肝腦，焚其骨而颺之，爲皇帝報讐。奈邨農夫曰：此傷心中大快事。

清・鈕琇《觚賸》卷四《燕觚・圓圓》　延陵將軍美丰姿，善騎射，軀幹不甚偉碩，而勇力絶人，沈鷙多謀。弱冠中翹關高選，裘馬清狂，頗以風流自賞。一遇佳麗，輒爲神留，然未有可其意者。常讀《漢紀》至仕宦當作執金吾，娶妻當得陰麗華，慨然嘆曰：我亦遂此願足矣。雖一時寄情之語，而妄覬非分，意肇於此。明崇禎末，流氛日熾，秦豫之間，關城失守，燕都震動。而大江以南，阻於天塹，民物晏如，方極聲色之娛，吴門尤盛。有名妓陳圓圓者，容辭閑雅，額秀頤豐，有林下風致。年十八，隸籍梨園。每一登場，花明雪艷，獨出冠時，觀者魂斷。維時田妃擅寵，兩宫不協，烽火羽書，相望於道，宸居爲之憔悴。外戚周嘉定伯以營葬歸蘇，將求色藝兼絶之女，由母后進之，以紓宵旰憂且分西宫之寵。因出重貲購圓圓，載之以北，納於椒庭。一日侍后側，上見之，問所從來。后對：左右供御鮮同里順意者。兹女吴人，且嫻崑伎，令侍櫛盥耳。上制於田妃，復念國事，不甚顧，遂命遣還。故圓圓仍入周邸。延陵方爲上倚重，奉詔出鎮山海，祖道者綿亘青門以外。嘉定伯首暨綺筵，餞之甲第，出女樂佐觴。圓圓亦在擁紈之列，輕鬟纖屐，綽約凌雲，每至遲聲，則歌珠纍纍，與蘭馨併發。延陵停巵流盼，深屬意焉。詰朝使人道情於周，有紫雲見惠之請。周將拒之，其暱者説周曰：方今四方多事，寄命干城，嚴關鎖鑰，尤稱重任。天子尚隆推轂之儀，將軍獨耑受賑之柄。他日功成奏凱，則二八之賜，降自上方，猶非所悋。君侯以田，□之親，坐膺紱冕，北地芳脂，南都媚黛，皆得致之下陳，何惜一女子以結其歡耶。周然其説，乃許諾。延陵陛辭，上賜三千金，分千金爲聘。限迫即行，未及娶也。嘉定伯盛具奩媵，擇吉送其父襄家。未幾闖賊攻陷京師，宫闈殲蕩，貴臣巨室，悉加縲纍，初索金帛，次録人産，襄亦與焉。□擁重兵，挾襄以招其子，許以通侯之賞。家人潛至帳前約降，忽問：陳娘何在。使不能隱，以籍入告。延陵遂大怒，按劍曰：嗟乎，大丈夫不能自保其室，何以生爲。即作書與襄訣，勒軍入關，縞素發喪，隨天旅西下，殄賊過半。賊憤襄，殺之，懸其首於竿。襄家三十八口，俱遭慘屠。蓋延陵已有正室，亦遇害，而圓圓翻以籍入無恙。闖棄京出走，十八營解散，各委其輜重婦女於途。延陵追度故關至山西，晝夜不息，尚未知圓圓之存亡也，其部將已於都城搜訪得之，飛騎傳送。延陵方駐師絳州，將渡河，聞之大喜。遂於玉帳結五綵樓，備翟茀之服，從以香輿，列旌旂簫鼓三十里，親往迎迓。雖霧鬢風鬟，不勝掩抑，而翠消紅泫，嬌態逾增。自此由秦入蜀，迄於秉鉞滇雲，垂旒洱海，人臣之位，於斯已極。圓圓皈依上將，匹合大藩，回憶當年牽蘿幽谷，挾瑟勾闌時，豈復思有兹日。是以鶴市蓮塘，採香舊侶，艷此奇逢，咸有咳吐九天之羨。梅村太史有《圓圓曲》，【略】此詩史微詞也。皇朝順治中，延陵進爵爲王。五華山向有永曆故宫，乃據有之。紅亭碧沼，曲折依泉。傑閣豐堂，參差因岫。冠以巍闕，繚以雕牆，袤廣數十里。卉木之奇，運自兩粤，器玩之麗，購自八□。而管絃錦綺以及書畫之屬，則必取之三吴，綑載不絶，以從圓圓之好。延陵既封王，圓圓將正妃位。辭曰：妾以章臺陋質，謬汚瓊寢。始於一顧之恩，繼以千金之聘。流離契闊，幸保殘軀，獲與奉匜之役，珠服玉饌，依享殊榮，分已過矣。今我王析珪胙土，威鎮南天，正宜續鸞戚里，諧鳳侯門，上則立體朝廷，下則垂型裨屬，稽之大典，斯曰德齊。若欲蒂弱絮於繡裀，培輕塵於玉几，既蹈非耦之嫌，必貽無儀之刺。是重妾之罪也，其何敢承命。延陵不得已，乃别娶中□。而後婦悍妒絶倫，羣姬之艷而進幸者，輒殺之。唯圓圓能順適其意，屏謝鉛華，獨居别院，雖貴寵相等而不相排軋，親若姒娣。圓圓之養姥曰陳，故幼從陳姓，本出於邢，至是府中皆稱邢太太。居久之，延陵潛蓄異謀，邢窺其微，以齒暮請爲女道士，霞帔星冠，日以藥鑪經卷自隨。延陵訓練之暇，每至其處，清談竟晷而還。府中或事有疑難，遇延陵怒不可解者，邢致一二婉語，立時冰釋。常曰：我晨夕焚修，爲善是樂，他非所計耳。内外益敬禮焉。今上之癸丑歲，延陵造逆，丁巳病歿。戊午滇南平，籍其家，舞衫歌扇，穉蕙嬌鶯，聯艫接軫，俱入禁掖。邢之名氏獨不見於籍。其玄機之禪化耶。其紅線之仙隱耶。其盼盼之終於燕子樓耶。已不可知。然遇亂能全，捐榮不御，皈心净域，晚節克終，使延陵遇於九原，其負愧何如矣。

清・徐鼒《小腆紀年附考》卷四 三桂得書，遂令賊將入關代守，而自率精鋭赴燕京降。行至灤州矣，途遇其父妾某與一逃奴偕。問曰：吾家無恙乎。曰：籍之矣。吾父無恙乎。曰：拘縶矣。三桂沈吟久之，厲聲曰：我那人亦無恙乎。那人者，愛姬陳圓圓也，三桂以千金得之某戚家。考曰：陳圓圓，諸書亦作陳沅，亦作陳圓。按吴偉業《圓圓曲》、鈕玉樵《觚賸》、沈虬《圓圓偶記》、陸次雲《圓圓傳》俱作陳圓圓，今從之。又三桂得圓圓始末，諸書各異。《傳信録》云：十六年春，戚畹田宏遇遊南京，吴閶歌妓陳沅、顧壽名震一時。宏遇欲之，使人市顧壽得之。而沅尤幽艷，價絶高。客有干宏遇者，以八百金市沅獻之。是歲，宏遇還京，病卒。吴襄入京，三桂遣人持千金隨襄入田宏遇家買沅。闖入京師，僞權將軍劉宗敏處田宏遇第，聞壽從優人潛遁，而沅先爲吴襄市去，乃梟優人七人而繫襄索沅。襄具言遣送甯遠已久，宗敏堅疑不信，故掠襄。《北畧》諸書並同。陸次雲《圓圓傳》畧曰：田畹者，懷宗妃之父也。甲申春，流氛大熾，妃謀所以解帝憂者，進圓圓。帝穆然，旋命歸畹第。闖迫畿輔，帝急召三桂對平臺，錫蟒玉、上方，守山海關。寇既深，長安富貴家胥皇皇。畹憂甚，圓圓曰：當世亂而公無所依，禍必至。曷不締交於吴將軍。吴慕公家歌舞有時矣。公鑒於石尉不借人看，玉石焚時，能堅閉金谷邪。盍以此請，當必來。畹然之，躬迓吴觀家樂。出羣姬調絲竹，皆殊秀。一淡妝者，情艷意嬌，三桂不覺其神移心蕩也。顧謂畹曰：此非所謂圓圓邪。洵足傾人城，公甯勿畏而擁此邪。畹不知答。酣飲間，警報踵至。畹前席曰：設寇至，將柰何。吴遽曰：能以圓圓見贈，吾當保公家先於保國也。畹勉許之。吴即命圓圓辭畹，擇細馬馱之去。帝促三桂出關，三桂父襄恐帝聞其子載圓圓事，留府第。三桂出而闖賊旋拔城矣。闖向襄索圓圓，且籍其家而命其作書以招子也，襄進圓圓。自成驚且喜，遽命歌奏吴歈。自成蹙額曰：何貌甚佳，而音殊不可耐也。即命羣姬操阮筝琥珀，已拍掌以和之。顧圓圓曰：何如。圓圓曰：此曲祇應天上有，非南鄙之人所及也。自成甚嬖之。及怒戮吴襄並其家口，欲殺圓圓。圓圓曰：聞吴將軍捲甲來歸矣。徒以妾故興兵。殺妾何足惜，恐其爲王死敵，不利也。自成欲挈圓圓去，圓圓曰：妾豈不欲從大王行，恐吴將軍以妾故而窮追不已也。爲大王□，宜留妾緩敵，當説彼不追，以報王之恩遇也。自成然之。三桂既得圓圓，旋受王封，時命圓圓歌。圓圓歌《大風》之章以媚之。吴酒酣，恒拔劍起舞，作發揚蹈厲之容。圓圓奉觴爲壽，以爲其神武不可一世也。吴益愛之，專房之寵數十年如一日。其蓄異志，陰結天下士，相傳多出於同夢之謀云云。鼒按：諸書皆云圓圓爲劉宗敏所得，不云事闖。又諸書不云圓圓入宫。惟此傳與鈕玉樵《觚賸》、沈虬《圓圓偶記》言之，而所記入宫之事又微異。陸云由田畹與貴妃進之。鈕、沈兩君則云由周嘉定伯及母后進之。又圓圓爲女道士事，此傳亦無之。《觚賸》畧云：崇禎末，流氛日熾，而大江以南民物晏如，方極聲色之娱，吴門尤盛。有名妓陳圓圓者，花明雪艷，獨出冠時。維時田妃擅寵，兩宫不協。烽火羽書相望於道，宸居爲之憔悴。外戚周嘉定伯以營葬歸蘇，將求色藝兼絶之女，由母后進之，以紓宵旰憂，且分西宫之寵，出重貲購圓圓，載之以北，納於椒庭。一日侍后側，上見之，問所從來。后對：左右供御，鮮同里順意者。兹女吴人，且嫻崑伎，令侍櫛盥耳。上念國事，不甚顧，遂命遣還，故圓圓仍入周邸。延陵方爲上倚重，奉詔出鎮山海，祖道者綿亘青門以外。嘉定伯出女樂佐觴，圓圓在列，延陵深屬意焉。詰朝，使人道情於周，周許諾。延陵千金爲聘，限迫即行，未及娶也。嘉定伯盛具匳媵，送其父襄家。未幾，闖陷京師，貴臣巨室悉加纍縶，初索金帛，次録人産，襄亦與焉。闖挾以招其子，許以通侯之賞。家人潛至帳前約降，忽問陳娘何在。使不能隱，以籍入告。延陵遂大怒，按劍曰：大丈夫不能自保其室，何以生爲。即作書與襄訣，勒軍入關，縞素發喪，隨天旅西下，殄賊過半。賊憤襄，殺之懸其首於竿，襄家三十八口，俱遭屠戮。蓋延陵已有正室，亦遇害，而圓圓翻以籍入無恙。闖棄京出走，各委其輜重、婦女於途。延陵追度故關至山西，晝夜不息，尚未知圓圓之存亡也。其部將已於都城搜訪得之，飛騎傳送。延陵方駐師絳州，聞之大喜，結五綵樓，備翟茀儀親往迎迓。順治中，延陵進爵爲王，圓圓將正妃位，辭不承命。延陵乃别娶中闈。後婦悍妬，圓圓能順適其意，屏謝鉛華，獨居别院。圓圓之養姥曰陳，故幼從陳姓。本出於邢，府中皆稱邢太太。久之，延陵潛蓄異謀，邢窺其微，以齒暮請爲女道士。戊午，滇南平，籍其家。俱入禁掖，邢氏獨不見於籍云。沈記畧同《觚賸》。鼒按：諸傳記非有真據，皆依附吴偉業《圓圓曲》而爲之詞，存之以廣異聞可也。又陳其年《婦人集》亦云：圓圓字畹芬，戚畹武安侯劫置别室中。侯，武人也，圓圓苦不自得云。以邊事急，留之京師，爲僞權將軍劉宗敏所得。奴不能隱，曰：籍入矣。三桂投几於地，鬚髯奮張曰：大丈夫不能保一女子，何以生爲。叱左右斬來使。參將馮有威進曰：當收其金幣，使彼不及備。何必殺此僞官。三桂遂佯喜曰：願一見東宫而即降。報書復命。益募兵至七千人，卷旆馳還，襲殺賊守關兵。賊將負重傷逃。三桂遂據山海關，與副將夏登仕等歃血盟。而登仕本秦人，有降賊心。三桂知之，酒次以女許字登仕，割襟定約。委諸將守關，而已任戰事。遣副將楊坤、游擊郭雲龍奉書乞師於我大清，畧曰：三桂以蚊負之身而鎮山海，思堅守東陲而鞏固京師也。不意流賊犯闕，奸黨開門。先帝不幸，九廟灰燼。今天人共憤，衆志已離，其敗可立待。我國積德累仁，謳思未泯。各省宗室如晉文、漢武之中興者，容或有之。三桂受國厚恩，欲興師問罪。奈京東地小，兵力未集。乞念亡國孤臣忠義之言，合兵以滅流寇，則我朝之報北朝，豈惟財帛而已哉。將裂地以酬，不敢食言。

藝文

清・吴偉業《梅村集》卷七《圓圓曲》

鼎湖當日棄人間，破敵收京下玉關。慟哭六軍皆縞素，衝冠一怒爲紅顏。紅顏流落非吾戀，逆賊天亡自荒宴。電掃黄巾定黑山，哭罷君親再相見。相見初經田竇家，侯門歌舞出如花。許將戚里箜篌伎，等取將軍油壁車。家本姑蘇浣花里，圓圓小字嬌羅綺。夢向夫差苑裏遊，宫娥擁入君王起。前身合是採蓮人，門前一片横塘水。横塘雙槳去如飛，何處豪家强載歸。此際豈知非薄命，此時唯有淚沾衣。薰天意氣連宮掖，明眸皓齒無人惜。奪歸永巷閉良家，教就新聲傾坐客。坐客飛觴紅日暮，一曲哀絃向誰訴。白皙通侯最少年，揀取花枝屢回顧。早攜嬌鳥出樊籠，待得銀河幾時渡。恨殺軍書抵死催，苦留後約將人誤。相約恩深相見難，一朝蟻賊滿長安。可憐思婦樓頭柳，認作天邊粉絮看。遍索緑珠圍内第，獨呼絳雪由雕闌。若非壯士全師勝，争得蛾眉匹馬還。蛾眉馬上傳呼進，雲鬟不整驚魂定。蠟炬迎來在戰場，啼妝滿面殘紅印。專征簫鼓向秦川，金牛道上車千乘。斜谷雲深起畫樓，散關月落開妝鏡。傳來消息滿江鄉，烏桕紅經十度霜。教曲伎師憐尚在，浣紗女伴憶同行。舊巢共是啣泥燕，飛上枝頭變鳳凰。長向尊前悲老大，有人夫壻擅侯王。當時祇受聲名累，貴戚名豪競延致。一斛明珠萬斛愁，關山漂泊腰肢細。錯怨狂風颺落花，無邊春色來天地。嘗聞傾國與傾城，翻使周郎受重名。妻子豈應關大計，英雄無奈是多情。全家白骨成灰土，一代紅妝照汗青。君不見館娃初起鴛鴦宿，越女如花看不足。香逕塵生烏自啼，屧廊人去苔空緑。换羽移宮萬里愁，珠歌翠舞古梁州。爲君别唱吴宮曲，漢水東南日夜流。

清・朱庭珍《筱園詩話》卷四 《昆明懷古》詩云：白皙通侯舊建牙，包胥痛哭到天涯。入關壯士追秦鹿，出塞單車載帝羓。故妓分香猶有夢，奸雄跋扈已無家。淒涼新府滄桑换，興廢誰憐井底蛙。此詩咏吴逆三桂故事，乃《懷古》四章之一。次句指其求援師於我朝，三句指破走闖賊，四句指以兵執桂王於緬，五句指陳圓圓，六句言其叛亡，結則弔其萊海故宮。通首使事雅切，音節清蒼，亦合作也。

雜録

清・蔣敦複《芬陀利室詞話》卷一《王覲顔詞》 海甯崔蒼雨寄贈王覲顔菽堂歡詩詞四册，蒼雨一序，文極安雅，因寄聲求序拙集。王詞不專事浙派，與蔣夢華倡和甚多。夢華三妹媚題曹倦圃手録舊贈歌姬詞册，詞本七首，倦圃在廣南席上爲友人書。自注云：田氏，歌姬著名者，後有所適，意即陳圓圓也。王和之詞不甚佳，故不録。録《蝶戀花》一首云：無賴楊花天不管。祇攪離愁，繞遍亭長短。曉起開門如雪卷，玉驄嘶影何曾見。

看殺悠揚春夢亂。人倚闌干，暗把東風怨。飛到江南畔岸，郎行更比江南遠。

李貞麗

清・佚名《閨墨萃珍・陳圓圓致吴三桂書》 妾承將軍垂愛，貯之金屋，寵之專房，則妾固爲將軍有，豈得爲闖賊有哉。闖賊於四月朔，冠冕旒，衣赭袍，肆然御乾清宮，逼妾承僞旨。妾念及將軍恩義，奮不顧身，戟指闖賊，滿拚一死，以謝將軍。乃闖賊忽掩兩耳，充如不聞。指揮僞宮嬪及一僞侍衛，仗劍迫妾入於後宮。妾偶回盼，不禁竊喜。蓋此僞侍衛即將軍之舊部施保住也。保住揮劍示意，欲言仍噤。夜漏三下，聞窗格彈指聲，急啟樞，則保住竄身入，問妾不忘舊主，將何爲。嗟嗟，妾尚何爲哉，此身可留，則固爲將軍之身。此身不可留，請待將軍於地下，唯將軍圖之。

傳記

清・余懷《板橋雜記》卷下《軼事》 李貞麗者，李香之假母，有豪俠氣，嘗一夜博，輸千金立盡。與陽羨陳定生善。

清・倪濤《六藝之一録續編》卷一四 李貞孋，字淡如，桃葉妓，工書畫，著《韻芳集》。

藝文

明・李貞麗《月夜有懷》 明・沈德符《御選明詩》卷一一六 不見風前舊令君，滿庭霜月白於雲。仙居只隔清谿曲，此夜鐘聲應共聞。

李香君

論説

清・俞達《青樓夢》回一　馬湘蘭之喜近名流，李香君之力排閹黨，花雨繽紛目光欲眩，風雅卓識高出一籌。

清・陳康琪《郎潛記聞》卷七　六朝金粉之遺，衹賸秦淮一灣水。逮明季馬湘蘭、李香君輩出，風情色藝，傾動才流。迄今讀板橋之記，畫舫之録，紙墨間猶留馨逸。自兵燹十年，而一片歡場，又復鞠爲茂草矣。金陵克復後數月，畫船簫鼓，漸次萌芽。時六安涂廉訪守郡，亟飛牒縣厲禁。次日謁曾文正公，公笑謂曰：聞秦淮河燈船尚落落如曙星，吾昔計偕過此。千艘梭織，笙歌徹宵，洵承平樂事也。又次日，公先約幕府諸君，買棹游覽，並命江甯、上元二邑令，設席款太守，一時士女歡聲，商賈麕集。河房榛莽之區，白舫紅簾，日益繁盛。鳶公土著，間信來歸，遂大有丰昌氣象，公真知政體哉。

傳記

清・侯方域《李姬傳》　李姬者，名香，母曰貞麗。貞麗有俠氣，嘗一夜博，輸千金立盡，所交接，皆當世豪傑，尤與陽羨陳貞慧善也。姬爲其養女，亦俠而慧，略知書，能辨别士大夫賢否。張學士溥、夏吏部允彝，急稱之。少風調皎爽不羣，十三歲，從吴人周如松受歌，《玉茗堂四傳奇》皆能盡其音節，尤工琵琶詞，然不輕發也。雪苑侯生，己卯來金陵，與相識。姬嘗邀侯生爲詩，而自歌以償之。初皖人阮大鋮者，以阿附魏忠賢論城旦，屏居金陵，爲清議所斥。陽羨陳貞慧、貴池吴應箕實首其事，持之力。大鋮不得已，欲侯生爲解之。乃假所善王將軍，日載酒食，與侯生游。姬曰：王將軍貧，非結客者，公子盍叩之。侯生三問，將軍乃屏人，述大鋮意。姬私語侯生曰：妾少從假母識陽羨君，其人有高義，聞吴君尤錚錚。今皆與公子善，奈何以阮公負至交乎。且以公子之世望，安事阮公。公子讀萬卷書，所見豈後於賤妾耶。侯生大呼稱善，醉而卧。王將軍者，殊怏怏，因辭去，不復通。未幾，侯生下第，姬置酒桃葉渡，歌琵琶詞以送之，曰：公子才名文藻，雅不減中郎。中郎學不補行，今琵琶所傳詞固妄，然嘗暱董卓，不可掩也。公子豪邁不羈，又失意，此去相見未可期，願終自愛無忘妾所歌琵琶詞也，妾亦不復歌矣。侯生去後，而故開府田仰者，以金三百鍰邀姬一見。姬固却之。開府慚且怒，且有以中傷姬。姬歎曰：田公寧異於阮公乎。吾向之所贊於侯公子者謂何。今乃利其金而赴之，是妾賣公子矣。卒不往。

清・余懷《板橋雜記・附録》　李香，字香君，秦淮名伎也。身軀短小，膚理玉色，丰神俊婉，調笑無雙，人名之爲香扇墜。性知書，俠骨慧眼，能鑒别人物，艷名噪南曲中，四方才士，爭以一識面爲榮。侯生朝宗赴試白門，一兒兩相慕悦，邀生爲詩，而自歌以償。初阮大鋮以閹黨論城旦，屏居金陵，爲清議所斥，欲攻之。陳定生、吴次尾實首其事，兩人與生至交，大鋮欲藉生爲解，倩人日載酒食與生遊，爲香備妝奩及纏頭貲甚鉅。香詢知爲大鋮意，悉卻之。大鋮怒，欲殺生，生亡去，香送之桃葉渡，歌《琵琶記》以示意。生去後，大鋮繩香於故開府田仰，以三百鍰邀一見，香拒之力，田使人刦取未果。福王即位南都，徧索歌妓，香被選入宫。南都亡，隻身逃出，後依卞玉京以終。當生與香定情之夕，以宫扇一持爲贈，生去，香把玩不離手。田使刦往時，香墜樓不死，血痕濺扇上，楊龍友就血點添寫枝葉，爲折枝桃花。香覓人以扇寄生，生感之，爲作《李姬傳》，孔云亭譜《桃花扇》傳奇記其事。拜鴛校刻《板橋雜記》，工既竣，余偶閲《陳氏秣陵集》、《鈕氏觚賸》、《葉氏秦淮八艷圖詠》，其間遺聞逸事，多有雜記所不載者，爰爲附録於右，他時續有所得，當一並録入。雖屬鯫生之好事，足資風月之雅談，倘荷海内同志，廣爲徵引，匡我不逮，則幸甚。宗疇附誌。

紀事

清・余懷《板橋雜記》卷下《軼事》 香年十三，亦俠而慧。從吴人周如松受歌，《玉茗堂四夢》皆能妙其音節，尤工琵琶。與雪苑侯朝宗善。閹人兒某者，欲內交於朝宗，香力諫止不與通。朝宗去後，有故開府田仰以重金邀致香。香辭曰：妾不敢負侯公子也。不往。蓋前此閹兒恨朝宗，羅致欲殺之，朝宗跳而免。並欲殺定生也，定生大爲錦衣馮可宗所辱。

清・袁枚《子不語》卷三《李香君薦卷》 吾友楊潮觀，字宏度，無錫人，以孝廉授河南固始縣知縣。乾隆壬申鄉試，楊爲同考官，閲卷畢，將發榜矣，搜落卷爲加批焉。倦而假寐，夢有女子年三十許，淡妝，面目疏秀，短身，青紺裙，烏巾束額，如江南人儀態。揭帳低語曰：拜託使君，桂花香一卷，千萬留心相助。楊驚醒，告同考官，皆笑曰：此噩夢也，焉有將發榜而可以薦卷者乎。楊亦以爲然。偶閲一落卷，表聯有杏花時節桂花香之句，蓋壬申二月表題，即謝開科事也。楊大驚，加意翻閲，表頗華贍，五策尤詳，真飽學者，以時藝不甚佳，故置之孫山外。楊既感夢兆，又難直告主司，欲薦未薦，方徘徊間，適正主試錢少司農東麓先生，嫌進呈策通場未得佳者，命各房搜索。楊喜，即以桂花香卷薦上，錢公如得至寶。取中八十三名，拆卷填榜，乃商邱老貢生侯元標，其祖侯朝宗也。方疑女子來託者，即李香君。楊自以得見香君，夸於人前，以爲奇事。

清・楊懋建《京塵雜録》卷四 曲家務頭二字，余向不解所謂。舞勺時讀《桃花扇》教歌一齣，李香君唱《牡丹亭・驚夢》〔早羅袍〕原來姹紫嫣紅開遍一曲至雨絲風片，蘇崑生曰：誤矣。絲字是務頭。於時竊訝之。案此曲工尺絲字譜，止尺上二字，非板並非眼，不識崑生所謂誤者安在。凡遇曲師即舉此質之，莫能言其所以然。後閲《水滸傳》朱仝入歌院聽笑樂院本，至務頭，停聲乞纏頭。是務頭又似關目，不關曲中節拍矣。《金瓶梅》亦屢言笑樂院本。是自元及明皆有笑樂院本，似通俗常演者，究不知是何院本，又不知務頭畢竟如何。雖老歌師無知之者。余舌强喉直，自愧不能學歌，於此事尤深抱陶隱居一事不知之恥。

藝文

清・袁枚《隨園詩話》 閨秀少工七古者，近惟浣青、碧梧兩夫人耳。碧梧詠《李香君媚香樓》云：秦淮烟月板橋春，宿粉殘脂膩水濱。翠黛紅裙競妝裹，垂楊勾染看花人。香君生長貌無雙，新築紅樓唤媚香。春影亂時花弄月，風簾開處燕歸梁。盈盈十五春無主，阿母偏憐小兒女。弄玉雖居引鳳臺，蕭郎未遇吹簫侶。公子侯生求燕好，輸金欲買紅兒笑。桃花春水引漁人，門前繫住遊仙棹。奄黨纖兒想納交，纏頭故遺狡童招。那知西子含顰拒，更比東林結社高。樓中剛耀雙星色，無奈風波生頃刻。易服悲離阿軟行，重房難把臺卿匿。天涯從此別情濃，錦字書憑若個通。桐樹已曾棲彩鳳，繡幃争肯放遊蜂。因愁久已拋歌扇，教坊忽報君王選。啼眉擁髻下妝樓，從今風月憑誰管。柘枝舊譜唱當筵，部曲新翻《燕子箋》。總爲聖情憐靦覥，桃花宫扇賜簾前。天子不知征戰苦，風前且繫催花鼓。阿監潛傳鐵鎖開，美人猶在瓊臺舞。銀箭聲殘火尚温，君王匹馬出宫門。西陵空自宫人泣，南內誰招帝子魂。最是秦淮古渡頭，傷心無復媚香樓。可憐一片清溪水，猶向門前嗚邑流。

清・楊際昌《國朝詩話》卷一 孔東塘尚任用侯方域、李香君事作《桃花扇》傳奇，詩人題咏甚多。德州田司農雯云：一例降旗出石頭，烏啼楓落秣陵秋。南朝賸有傷心淚，更向胭脂井畔流。爲得作者本意。商丘宋太宰荦云：血作桃花寄怨孤，天涯把扇幾長吁。不知壯悔高堂下，入骨相思悔得無。乃朝宗針砭也。

雜録

清·袁枚《隨園詩話》卷八　楊刺史潮觀，字笠湖，與余在長安交好，以運四川皇木故，再見於白門，垂四十年矣。《山行遇雨》云：廣廈千萬間，不免炎暑熱。蓋頭一把茅，亦避風雨雪。《馬跑泉》云：十月冰霜潔，真陽坎內全。任教無底涷，不到有源泉。所言皆有道氣。笠湖在中州作宰，鄉試分房，夢淡妝女子搴簾私語曰：桂花香卷子，千萬留意。醒而大驚，搜落卷有杏花時節桂花香一卷，蓋謝恩科表聯，其年移秋試在二月故也。主司是錢東麓司農，見之大喜，遂取中焉。拆卷乃侯元標，是侯朝宗之孫也。楊悚然笑曰：入夢求請者，得非李香君乎。一時傳李香君薦卷，以爲佳話。

清·趙翼《陔餘叢考》卷三八《混號》　金陵名妓李香君，號香扇墜。

清·吴衡照《蓮子居詞話》卷四《茗玉詞》　周生先生序《茗玉詞》云：天邊問姓，盈盈水畔之人；花裏徵名，灼灼蓮中之的。胎瑶情於生小，地占湖山；馳鳳想於古今，家多載籍。又云：紅絲一縷，倩冷月爲良媒；白玉交卮，羨洞仙之艷福。皆用茗玉本事。茗玉爲蕭山高穎樓明經第繼配。穎樓好事，擅才名，風雅倡隨，彷彿寒山趙氏。其《高陽臺·題李香君小影》、《柳梢青·青梅》、《翠樓吟·秋柳》、《滿庭芳·美人春睡圖》等闋，均足譽高白蠟，名重紅鹽。

清·楊恩壽《詞餘叢話》卷二《原文》　曾茶村大令與余同學，天才豪放。著有《萬松堂紀事》，逼近史遷。人亦磊落不羈，酒户甚大。屢躓秋闈，由校官改令粵西，非其志也。譜有《蕙蘭芳》傳奇，衍張承敞無張獻忠之亂，與其婦離而復合。插叙流賊本末較詳。義夫烈婦，勃勃有生氣，非苟爲裁紅刻翠也。仙山樓閣殊縹緲，上天入地都尋找。霞影護藍橋。殷然求，欣然想，倘然遇，我説果然又得復會，他説前緣未了。舊天臺終須重到。携手訴離懷，還是哭。還是笑。此齣布局，酷似《紅梨記》趙解元《訪素》，《桃花扇》侯公子《題畫》兩齣。謝素秋奉敕没入邊庭，李香君被選供奉内廷，趙、侯二君舊地重游，人亡屋在，其凄戀不異承敞。

清·王韜《淞濱瑣話·談艷》　鐵城逸史爲繩李鳳寶姊妹之美，代爲招致。鳳寶瑣骨纖軀，婀娜有致，人或比之李香君。

清·陳森《品花寶鑒》回四一　公子道：可惜就這一樣，再我些什麽配上呢。華夫人道：馬四娘的蘭花，可以不可以。公子摇頭道：配不上，還是李香君那箇《桃花扇》的册頁罷，再將你繡的《玉臺新咏序》來配上更好。

清·佚名《閨墨萃珍·李香君在南都後宫私寄侯公子書》　落花無主，妾所深悲；飛絮依人，妾所深恥。自君遠赴汴梁，屈指流光，梅開二度矣。日與母氏相依，未下胡梯一步。方冀重來崔護，人面相逢；前度劉郎，天台再到。而乃音乖黄犬，卜殘燈畔金錢；信杳青鸞，盼斷天邊明月。已焉哉，悲莫悲於生則離。妾之處境，亦如李後主所云終日以眼淚洗面而已。比聞燕京戒嚴，君后下殿，龍友偶來過訪，妾探詢音耗，渠惟望北涕零，哽無一語。嗚乎。花殘月缺，望夫方深化石之嗟；地坼天崩，神州忽抱陸沈之痛。由甲申迄乙酉，此數月中，烽煙蔽日，鼙鼓震空。南都君臣，遭此奇變，意必存包胥哭楚之心，子房復韓之志。卧薪嘗膽，敵愾同仇。不謂正位以後，馬入閣，阮巡江，虎狼雜進，猫鼠同眠。翻三朝之舊案，黨禍重興；投一網於諸賢，蔓抄殆徧。而妾以却奩夙恨，幾蹈飛災。所幸龍友一力斡旋，方免欽提勘問，然猶過充樂部，供奉掖庭。奏新聲於玉樹春風，歌燕子之箋；叶雅調於紅牙夜月，譜春燈之曲。嗟嗟天子無愁，相臣有度。此妾言之而傷心，公子聞之而疾首者也。雖然，我躬不閲，遑恤其他。覩星河之耿耿，永巷如年；聽鍾鼓之遲遲，良宵未曙。花真獨活，何時再門芳非；草是寄生，惟有相依形影。乃有蘇髯幼弟，柳老疏宗，同爲菊部之儔，共隸梨園之隊。哀妾無告，憫妾可憐，願傳紅葉之書，慨作黄衫之客。噫。佳人雖屬沙叱利，義士今逢古押衙。患難知己，妾真感激涕零矣。遠望中州，神飛左右。未裁案紙，若有千言；及拂紅箋，竟無一字。回轉柔腸，寸寸欲折。附寄素扇香囊，並玉玦金鈿各一。吁桃花豔裙，血痕豈化胭脂；豆蔻香銷，手澤尚含蘭麝。妾之志固如玉玦，未卜公子之志能似金鈿否也。宏光二月，香君手緘。

清・司香舊尉《海上塵天影》章一三　光福寺觀音籤上，又有孽海珠啼一句。我病的時節，乩詞又有國香墮溷四字。如此看來難道我要墮落青樓不成。這件事叫我如何做得來呢。既而又想道，青樓中女子有名的極多，前朝如真娘、蘇小、薛濤、楊枝、朝雲，後來如呼文，如馬湘蘭、李香君、柳如是、卞玉京，皆在青樓得名。我畹香具此才華，未必在他們的下首，若獵此以顯閨名，用使後人稱述，或亦不妨。只要守身如玉，不肯留髡，難道勾欄中人，必定是作神女的生涯麽。況且我有一个妙法，不近俗人，但接名士。名士大都自愛。他知我心曲，斷不相犯。

清・淞北玉魫生《海陬冶遊附録》卷下　李佩蘭，滬北名妓之冠，所居爲媚香樓，陳設精雅，帷帳尊彝，淡然入古。四壁多粘名人題詠。與滬上縷馨仙史，往來尤密。時小讌其家，每當名花初放，佳茗新焙，輒招之往。曾有《媚香樓夜話》，贈主人李佩蘭一律，始知情之至深而至清也。是真善用其情者，詩云：暗翦秋波鬢嚲雲，江南重見李香君。梅花骨冷蜂難近，蘭蕊香清麝不熏。妝罷倩誰調錦瑟，酒闌閒自整羅裙。傾談我亦渾忘倦，共撥紅爐到夜分。

董小宛

雜録

清・劉聲木《萇楚齋隨筆》　世祖章皇帝御製《董皇后行狀》，龍陽易實甫觀察順鼎刊入《琴志樓叢書》中，有云：因歎朕伉儷之緣，殊爲不偶。前廢后容止足稱佳麗，亦極巧慧，乃處心弗端，且嫉刻太甚。今后秉心淳樸，顧又乏長才。洎得后才德兼備，足毗内政，諧朕志，順治拾有柒年捌月壬寅崩。云云。聲木謹案：董皇后即草野相傳以爲董小宛者，實則爲滿洲内大臣鄂剛毅侯節碩之女，見於御製行狀甚明。夫以帝王之尊，開國之初，而伉儷之間，自歎不偶如此，人生伉儷之樂，真不易得。世祇知得科第及高官厚禄，以爲須祖功宗德，前世修來。不知得嬌妻美妾，比之高官厚禄，更屬不易。設非前世修來，三生有幸，天地鬼神，恐未必能使之消受此福也。

王紫稼　王子玠

紀事

清・袁枚《正續隨園詩話》卷一六　國初説書人柳敬亭，歌者王紫稼，皆見名人歌詠。王以黯昧事，爲李御史杖死，有燒琴煮鶴之慘。顧赤方哭之云：崐山腔管三絃鼓，誰唱新翻赤鳳兒。説著蘇州王紫稼，勾欄紅粉淚齊垂。王送公卿出塞，必唱驪歌，聽者不忍即上馬去，故又云：廣柳紛紛出盛京，一聲嗚咽最傷情。行人怕聽陽關曲，先拍冰輪上馬行。悼王郎詩只宜如此，便與題相稱，乃龔尚書竟用墜樓、賦鵩之曲，擬人不倫，悖矣。御史名森先，字琳枝，性雖伉直，詩恰清婉。《過雲間亭》云：空亭積水松陰亂，小閣張燈夜氣清。卒以忤衆罷官。

清・王家禎《研堂見聞雜記》　優人王子玠，善爲新聲，人皆愛之。其始不過供宴劇，而其後則諸豪胥奸吏，席間非子玠不歡，縉紳貴人，皆倒屣迎，出入必肩輿。後棄業不爲，以夤緣關説刺人機事，爲諸豪胥耳目腹心，遨游當世，儼然名公矣。一旦走京師，通輦下諸君。後旋里，揚揚如舊，其所污良家婦女，所受餽遺，不可勝紀。坐間談及子玠，無不咋舌。李公廉得之，杖數十，肉潰爛，乃押赴閶門，立枷，頃刻死。有奸僧者，以喫菜事魔之術，煽致良民。居天平山中，前後奸淫無算。公微行至其所，盡得其狀，立收之，亦杖數十，同子玠相對枷死。當時子玠所演《會真》紅孃，人人歎絶。其時以奸僧對之，宛然法聰，人見之者，無不絶倒。

清・謝章鋌《賭棋山莊詞話》卷六《燕蘭小譜》　恰夜來墨影横斜，又是月明人獨。堪嘆朱顔宛轉，抱清怨瘦損，眉嫵孤緑。可得東風，吹汝如花，只在空山茅屋。關河日夕愁煙暗，且莫聽，笛中淒曲。便算他冷艷幽芳，也半落生綃幅。則彷彿過垂虹橋，聽小紅低唱時也。遠者王紫稼，近者李桂官，皆取重於碩彥，歌詠之辭爛如。而迦陵眷戀紫雲，至以百首梅花詩贖罪過，努力作藁砧模樣，一闋《賀新郎》，檀板間於今猶艷稱之。蓋洛陽分司，江州司馬，一領青衫，別饒熱淚，婦人醇酒，果知其何心耶。豈與徒侈狐媚者齊語哉。李雨村欲作《孌鑒》一書，見《雨村詩話》。吾恐大欲難防，諷一勸百也，況夫遁爲跅弛，固有大不得已者乎。

雜録

清·王士禎《池北偶談》卷六《王李》 掖縣王漢，字子房，倜儻有經世才，中崇禎丁丑進士，爲高平、河内二縣令。上書言事，懷宗奇之，召對，擢御史，巡按河南。進巡撫都御史，死永城賊劉超之難。予少見其奏疏及《小武當詩》一篇，真奇才也。同邑李森先，字琳枝，崇禎庚辰進士，入本朝爲御史，屢上疏，論事切直，三下刑部，不少摧折。巡按下江，清剛端勁，寘淫僧三拙、優人王紫稼於法，江南人莫不快之。中忌者被逮，吴中罷市，哭送者萬人。世祖廉知之，尋内擢卿寺，而李不幸死矣。李修髯長身，飲酒無算，家有椒雨園，在南郭外，日與酒徒酣飲其中，醉則衣白衣，徒步歌呼過市，巾幘欹側，酒痕狼籍，有陽城之風。

清·李斗《揚州畫舫録》卷一一《虹橋録下》 十番鼓者，吹雙笛，用緊膜，其聲最高，謂之悶笛；佐以簫管，管聲如人度曲；三絃緊緩與雲鑼相應，佐以提琴，鼉鼓緊緩與檀板相應，佐以湯鑼。衆樂齊乃用單皮鼓，響如裂竹，所謂頭如青山峰，手似白雨點；佐以木魚檀板，以成節奏。此十番鼓也。是樂不用小鑼、金鑼、鐃鈸、號筒。祇用笛、管、簫、絃、提琴、雲鑼、湯鑼、木魚、檀板、大鼓十種，故名十番鼓。番者更番之謂，有《花信風》、《雙鴛鴦》、《風擺荷葉》、《雨打梧桐》諸名。後增星鈸，器輒不止十種，遂以星、湯、蒲、大、各、勺、同七字爲譜，七字乃吴語狀器之聲，有聲無字，此近今庸師所傳也。若夾用鑼鐃之屬，則爲粗細十番。如《下西風》、《他一立在太湖石畔》之類，皆係吉曲，而吹彈擊打，合拍合㑹。其中之《蝶穿花》、《鬧端陽》，爲粗細十番。下乘加以鎖哪，名曰鴛鴦拍，如《雨夾雪》、《大開門》、《小開門》、《七五三》，乃鑼鼓，非十番鼓也。《夢香詞》云：揚州好，新樂十番佳。消夏園亭《雨夾雪》，冶春樓閣《蝶穿花》。以雨夾雪爲十番，可謂强作解事矣。是樂前明已有之，本朝以韋蘭谷、熊大璋二家爲最。蘭谷得崇禎間内苑樂工蒲鈸法，傳之張九思，謂之韋派。大璋工二十四雲鑼擊法，傳之王紫稼；同時沈西觀竊其法，得二十面。會紫稼遇禍，其四面遂失傳。西觀後傳於其徒顧揄美，得十四面。揄美復傳於大璋之孫知一，謂之熊派。蘭谷、九思，蘇州人；大璋、知一，福建人；西觀蘇州人；美揄杭州人。至今揚州蒲鈸出九思之門，而十四面雲鑼，福建尚有能之者。其後有周仲昭、許東陽二人，仲昭書似方南堂，工尺牘，亦此中錚錚皦皦者。他如張天順、顧德培、朱五呆子之類，以十番鼓作帽兒戲，聲情態度如老洪班，是又不專以十番名家，而十番由是衰矣。

清·阮葵生《茶餘客話》卷八 王漁洋謂諫官稱楊以齋、魏環極，御史稱李琳枝，銓曹稱王伯勉，總督稱李鄴園，巡撫稱湯潛菴、張孝先。按：以齋、環極、潛菴、孝先及武定、柏鄉，皆刻有疏稿。琳枝巡按下江，優人王紫稼及三遮和尚淫縱不法，皆杖斃之。紫稼者，即龔芝麓、吴梅村、陳其年所歌王郎王郎者也。李素豪於飲，家有園，名椒雨。椒雨，酒之辛者。

清·楊懋建《京塵雜録》卷二《辛壬癸甲録》 而國初蘇州王紫稼重入都，謁龔太常，竟爲江南琳枝御史杖殺。薄命遭逢，又有幸不幸焉。顧黄公有《讀梅村王郎曲題襍感絶句》，自注序述王郎事甚詳。所云廣柳紛紛赴盛京，又云争拍冰輪上馬行，皆指順治丁酉科場事，吴漢槎諸君東戍甯古塔者而言也。

清·陳康祺《郎潛紀聞二筆》卷二《李侍御鐵面冰心》 李侍御森先巡按下江，優人王紫稼按：吴梅村詩王郎曲，即賦其事。及三遮和尚，淫奢無狀，皆杖斃之，臺省貴人，咸爲喪膽。李所書鐵面冰心額，今猶懸陝西道署中。

清·王家禎《研堂見聞雜記》 雲間殉節者，夏公允彝、陳公子龍、李公待問，奚公士龍，皆進士。皆以一死自靖。孝廉如徐公孚遠，則間走浙閩，至今不歸。諸生中則如王子玠石，同弟名世，皆知名士也。

楊宛

傳記

明・張丑《清河書畫舫》 楊宛字宛叔，金陵名妓也。能詩，有麗句，善草書，歸若上茅止生，止生重其才，以殊禮遇之。

清・倪濤《六藝之一録續編》卷一四 楊宛，字宛叔，金陵名妓也。能詩，有麗句。善草書，歸若上茅止生，止生重其才，以殊禮遇之。潘之恒《曲中志》。茅止生云：宛叔歸予，年纔十六。能讀書，工小楷。其於詩，游戲涉獵，若不經意，鮮潤流利。《鍾山獻序》。董其昌云：楊宛書，非直媚秀取姿，而迴腕出鋒，絶無媚骨。

清・厲鶚《玉臺書史》 楊宛，字宛叔，金陵名妓也。能詩，有麗句，善草書。歸若上茅止生，止生重其才，以殊禮遇之。《列朝詩集》。

又 汪歷賢《題楊宛叙蘭亭臨本》詩云：獨就規模出新意，更留粉本與蘭亭。雙鈎響榻誰能事，直喚昭陵片箋醒。《香祖筆記》。

清・湯漱玉《玉臺畫史》《無聲詩史》：楊宛，字宛若，金陵妓，後歸茅元儀。寫蘭石，清妍饒韻。

藝文

明・沈德符《御選明詩》卷一〇六《楊宛・春日有感》 翠館紅樓白石橋，高花低柳自飄飄。畫闌幾處無人到，多少春光暗裏銷。

尹春 附：尹文

傳記

清・余懷《板橋雜記》卷中《麗品》 尹春，字子春。姿態不甚麗，而舉止風韻，綽似大家。性格温和，談詞爽雅，無抹脂鄣袖習氣。專工戲劇排場，兼擅生、旦。余遇之遲暮之年，延之至家，演《荆釵記》，扮王十朋。至《見娘》、《祭江》二齣，悲壯淋漓，聲淚俱迸，一座盡傾，老梨園自嘆弗及。余曰：此許和子《永新歌》也，誰爲韋青將軍者乎。因贈之以詩曰：紅紅記曲采春歌，我亦聞歌喚奈何。誰唱江南斷腸句。青衫白髮影婆娑。春亦得詩而泣，後不知其所終。嗣有尹文者，色丰而姣，蕩逸飛揚，顧盼自喜，頗超於流輩。太平張維則昵就之，惟其所欲，甚歡。欲置爲側室，文未之許。屬友人强之。文笑曰：是不難。嫁彼三年，斷送之矣。卒歸張。未幾文死，張後十數年乃亡。仕至監司，負才華任俠，輕財結客，磊落人也。

丁繼之

論説

清・余懷《板橋雜記》卷下《軼事》 丁繼之扮張驢兒娘，張燕筑扮賓頭盧，朱維章扮武大郎，皆妙絶一世。丁張二老，並壽九十餘，錢虞山題《三老圖》詩，末句云：秦淮烟月經蓋處，華表歸來白鶴知。不勝黄公酒壚之歎。

清・焦循《劇説》卷六　龔合肥邀顧黄公看丁繼之演《水滸》赤髮鬼。丁年已八十。顧即席贈以詩云：左右看君正少年，翠鬟紅袖並花前。按歌傳遍青樓曲，作使當場白打錢。酒態慣撩監史罰，舞腰猶博善才憐。貞元朝士今無幾，却有民間地上仙。

藝文

清・錢謙益《牧齋有學集》卷五《壽丁繼之七十四首》　左右風懷寄暮年，花枝酒海鏡臺前。每憑青鳥傳書信，不欠黄姑下聘錢。無事皺眉當自慰，有人擁髻正相憐。笑他丁令千年後，化鶴歸來勸學仙。

龍漢分明刦外年，清淮流水赤闌前。琴尊自可爲三友，花月何曾費一錢。留客恰宜邀笛步，當歌最愛《想夫憐》。案頭老蠹休相笑，食字春蟲豈是仙。

曲踊横奔敵少年，金丸玉勒萬人前。淳于正合傾三斗，程尉何曾值一錢。片語拂衣還自笑，千金擲帽不知憐。老來俠骨偏騰上，不作頑仙作劍仙。

白下藏名七十年，笛牀燈舫博樓前。襟懷天下三分月，囊篋開元半字錢。蔭藉金張那可問，經過趙李總堪憐。麻姑送酒拚同醉，且作人間狡獪仙。

又卷一一《丁老行送丁繼之還金陵兼簡林古度》　西風颯拉催繁霜，江楓落紅岸草黄。丁老裹糧自白下，賀我八十來江鄉。干戈滿地舟艦斷，五百里如關塞長。闔閭城上畫吹角，閟宫清廟圍旗槍。腥風愁雲暗天地，飛雁不敢過迴塘。况聞戍守連下邑，塒雞籬犬皆驚惶。江村別有小國土，嘉賓芳宴樂未央。撞鐘伐鼓將進酒，停杯三歎非所當。□□孫子今爲庶，羅平妖鳥紛披猖。碧天化日在何許，三千那得花滿堂。丁老執杯勸我飲，請開笑口毋徬徨。我家添丁號長耳，三歲只解呼爺娘。公今兒女並玉立，開筵逐日分輩行。已看令孫就東閣，更有快壻升東牀。維摩天女並瀟洒，木公金母相扶將。彭城老祖年八百，曾孫八十真兒郎。趙州明年始行脚，太公滿百方鷹揚。庭前紅豆旋結實，蟠桃一顆公初嘗。且垂雙眉覆塵壒，共撑老眼看滄浪。我聞拊髀起稱善，大笑敬舉君之觴。酒酣摩腹訂要約，百歲未滿須放狂。古人置酒便稱壽，何待燕喜吹笙簧。老夫頑鈍未得死，南郊正報垂星芒。明年清秋再過我，扠衣拍手談滄桑。乳山道士八十二，頭童眼眵學力强。桐城方生年五十，詩兼數子格老蒼。二公過從約已宿，間阻正苦無舟航。歸携此詩共抵掌，相顧便欲凌莽蒼。君如再鼓京江柁，方舟定載林與方。

清・龔鼎孳《和牧齋先生韻爲丁繼之題秦淮水閣》　開元白髮鏡中新，朱雀花寒夢後春。妝閣自題偕隱處，踏歌曾作太平人。烏啼楊柳仍芳樹，鷗閲風波有定身。驃騎武安門第改，一簾煙月未全貧。

清・季振宜《贈白門丁繼之》　夜夜金陵夢所思，君今猶是故棲枝。杯傳燭影人如玉，柳罥波光月似規。白髮遺民翻舊譜，烏衣年少唱新詩。繁華摇落秋無限，木老煙寒總不知。

雜録

清・孔尚任《桃花扇》卷一第五齣《訪翠》　（小桃紅）誤走到巫峰上，添了些行雲想，匆匆忘却仙模樣。春宵花月休成謊，良緣到手難推讓，准備着身赴高唐。

（作辭介）（小旦）也不再留了。擇定十五日，請下清客，邀下姊妹，奏樂迎親罷。（小旦下）（丑向净介）阿呀。忘了，忘了，咱兩個不得奉陪了。（末）爲何。（净）黄將軍船泊水西門，也是十五日祭旗，約下我們吃酒的。（生）這等怎處。（末）還有丁繼之、沈公憲、張燕筑，都是大清客，借重他們陪陪罷。

又第六齣《眠香》　（小旦）妾身不得奉陪，替官人打扮新婦，攛掇喜酒罷。（別下）（副净、外、净扮三清客上）一生花月張三影，五字宫商李二紅。（副净）在下丁繼之。（外）在下沈公憲。（净）在下張燕筑。（副净）今日吃侯公子喜酒，只得早到。（净）不知請那幾位賢歌來陪俺哩。（外）説是舊院幾個老在行。（净）這等都是我梳櫳的了。（副净）你有多大家私，梳櫳許多。（净）各人有幫手，你看今日侯公子，何曾費了分文。（外）不要多話，侯公子堂上更衣，大家前去作揖。（衆與生揖介）（衆）恭喜，恭喜。（生）今日借光。（小旦、老旦、丑扮三妓女上）情如芳草連天醉，身似楊花盡日忙。（見介）（净）喚的那一部歌妓，都報名來。（丑）你是教坊司麽，叫俺報名。（生笑介）正要請教大號。（老旦）賤妾卞玉京。（生）果然玉京仙子。（小旦）賤妾寇白門。（生）果然白門柳色。（丑）奴家鄭妥娘。（生沈吟介）果然妥當不過。（净）不妥，不妥。（外）怎麽不妥。（净）好偷漢子。（丑）呸。我不偷漢，你如何吃得恁胖。（衆諢笑介）（老旦）官人在此，快請香君出來罷。（小旦、丑扶香君上）（外）我們做樂迎接。（副净、净、外吹打十番介）（生、旦見介）（丑）俺院中規矩，不興拜堂，就吃喜酒罷。（生、旦上坐）（副净、外、净坐左邊介）（小旦、老旦、丑坐右邊介）（雜執壺上）（左邊奉酒，右邊吹彈介）。

又第一七齣《拒媒》（燕歸梁）（末扮楊文驄冠帶上）南朝領略風流盡，新立個妙齡君，清江隔斷濁烟塵，蘭署裏買香薰。

下官楊文驄，因叙迎駕之功，補了禮部主事。盟兄阮大鋮，仍以光禄起用。又有同鄉越其杰、田仰等，亦皆補官，同日命下，可稱一時之盛。目下漕撫缺人，該推陞田仰。適才送到聘金三百，託俺尋一美妓，要帶往任所。我想青樓色藝之精，無過香君，不免替他去問。（喚介）長班走來。（雜扮長班上）胸中一部縉紳，脚下千條衚衕。（見介）老爺有何使喚。（末）你快請清客丁繼之，女客卞玉京，到我書房説話。（雜）禀老爺，小人是長班，只認的各位官府，那些串客、表子，没處尋覓。（末）聽我吩咐：

（漁燈兒）鬧端陽，正紛紜，水閣含春，便有那烏衣子弟伴紅裙，難道是織女牽牛天漢津。（雜）就在那秦淮河房麽，小人曉得了。（末指介）你望着棗花簾影杏紗紋，那壁廂欵問慇懃。

（副净扮丁繼之，外扮沈公憲，净扮張燕筑上）院裏常留老白相，朝中新聘大陪堂。（副净）來此是楊老爺私宅，待我叫門。（叫介）位下那裏。（雜出見介）衆位何來。（副净）老漢是丁繼之，同這沈、張兩敝友，求見楊老爺，煩位下通報一聲。（雜喜介）正要去請，來的凑巧，待我通報。（欲入介）（老旦扮卞玉京，小旦扮寇白門，丑扮鄭妥娘上）紫燕來何早，黄鶯到已遲。（小旦叫介）三位略等一等，同進去罷。（副净）原來是你姊妹們。（净）你們來此何幹。（丑）大家是一樣病根，你們怕做師父，我們怕做徒弟的。（俱入介）（末喜介）如何來的恰好。（衆）無事不敢輕造，今日特來懇恩，尚容拜見。（俱叩介）（拉起介）請坐，有何見教。（副净問介）新補光禄阮老爺是楊老爺至交麽。（末）正是。（副净）聞得新主登極，阮老爺獻了四種傳奇，聖心大悦，把《燕子箋》鈔發總綱，要選我們入内教演，有這話麽。（末）果然有此盛舉。（净）不瞞老爺説，我們兩片唇，養着八張嘴。這一入内庭，豈不滅門絶户了一家兒。（丑）我們也是八張嘴，靠着兩片皮哩。（末笑介）不必着忙，當差承應，自有一班教坊男女。你們都算名士數裏的，誰好拿你。（衆）只求老爺護庇則個。（末）明日開列姓名，送與阮圓海，叫他一概免拿便了。（衆）多謝老爺。

（前腔）看一片秣陵春，烟水消魂，借着些笙歌裙屐醉斜曛。若把俺盡數選入呵，從此後江潮暮雨掩柴門，再休想白舫青簾載酒樽。老爺果肯見憐，這功德不小，保秦淮水軟山温。

（末）下官也有一事借重。（副净）老爺有何見教。（末）舍親田仰，不日就陞漕撫，適才送到聘金三百，託俺尋一小寵。（丑）讓我去罷。（净）你去不得，你去了，這院中便散了板兒了。（丑）怎的便散了板兒。（净）没人和我打釘了。（丑）啐。（副净）老爺意中可有一個人兒麽。（末）人是有一個在這裏，只要你去作伐。（老旦）是那個。（末）便是李家的香君。（副净摇頭介）這使不得。（末）如何使不得。（副净）他是侯公子梳櫳過的。

（錦漁燈）現有個秦樓上吹簫舊人，何處去覓封侯柳老三春，留着他燕子樓中晝閉門，怎教學改嫁的卓文君。

（末）侯公子一時高興，如今避禍遠去，那裏還想着香君哩。但去無妨。（老旦）香君自侯郎去後，立志守節，不肯下樓，豈有嫁人之理，去也無益。

（錦上花）似一隻雁失羣，單宿水，獨叫雲，每夜裏月明樓上度黄昏。洗粉黛，抛扇裙，罷笛管，歇喉唇，竟是長齋繡佛女尼身，怕落了風塵。

（末）雖如此説，但有强如侯郎的，他自然肯嫁。（副净）香君之母，原是老爺厚人，倒是老爺面講更好。（末）你是知道的，侯郎梳櫳香君，原是下官作伐。今日覿面，如何講説，還煩二位走走，自有重謝。（净、外）這等我們也去走走。（小旦、丑）呸。皮肉行裏經紀，只許你們做麽，俺也同去。（末）不必争鬧，待他二位説不來時，你們再去。（衆）是，是，辭過老爺罷。（末）也不遠送了。狎客滿堂消我悶，嫁衣終日爲人忙。（下）（副净、老旦）楊老爺免了咱們差事，莫大的恩典哩。（外、净）正是。（副净）你四位先回，俺要到香君那邊，替楊老爺説事去了。（丑）賺了錢不可偏背，大家八刀才好。（衆諢下〕〔副净、老旦同行介〕〔副净〕記得侯公子梳櫳香君，也是我們幫襯來。

〔錦中拍〕想當初華筵盛陳，配才子佳人，排列着花林粉陣，逐趁着箏聲笛韻。如今又去幫襯別家，好不赧顔，似郵亭馬廝，迎官送賓。〔老旦〕我們不去何如。〔副净〕俺若不去呵，又怕他新錚錚春官匣印，硬選入秋宫院門。〔老旦〕這等如之奈何。〔副净〕俺自有個兩全之法，到那邊款語商量，柔情索問，做一個閒蜂蝶花裏混。

〔老旦〕妙，妙。〔副净〕來此已是，不免竟進。〔唤介〕貞娘出來。〔旦上〕空樓寂寂含愁坐，長日懨懨帶病眠。〔問介〕樓下那個。〔老旦〕丁相公來了。〔旦望介〕原來是卞姨娘同丁大爺光降，請上樓來。〔副净、老旦見介〕令堂怎的不見。〔旦〕往盒子會裏去了。〔讓介〕請坐，獻茶。〔同坐介〕〔老旦〕香君閒坐樓窗，和那個頑耍。〔旦〕姨娘不知：

〔錦後拍〕俺獨自守空樓，望殘春，白頭吟罷淚沾巾。〔老旦〕何不招一新壻。〔旦〕奴家已嫁侯郎，豈肯改志。〔副净〕我們曉你苦心。今日禮部楊老爺説，有一位大老田仰，肯輸三百金，娶你作妾，託俺來問一聲。〔旦〕這題目錯認，這題目錯認，可知定情詩紅絲拴緊，抵過他萬兩雪花銀。〔老旦〕這事憑你裁酌，你既不肯，另問別家。〔旦〕賣笑哂，有勾欄艷品。奴是薄福人，不願入朱門。

〔老旦〕既如此説，回他便了。〔副净〕令堂回家，不要見錢眼開。〔旦〕媽媽疼奴，亦不肯相强的。〔副净〕如此甚好，可敬，可敬。〔起介〕別過了。〔外、净、小旦、丑急上〕兩處紅絲千里繫，一條黑路六

又第二四齣《罵筵》

〔飄飄下〕〔副净、外、净扮丁繼之、沈公憲、張燕筑三清客上〕

〔皂羅袍〕〔副净〕正把秦淮簫弄，看名花好月，亂上簾櫳。鳳紙簽名唤樂工，南朝天子春心動。我丁繼之年過六旬，歌板久抛。前日托過楊老爺，免我前往，怎的今日又傳起來了。〔外、净〕俺兩個也都是免過的，不知又傳，有何話説。〔副净拱介〕兩位老弟，大家商量，我們一班清客，感動皇爺，召去教歌，也不是容易的。〔外、净〕正是。〔副净〕二位青年上進，該去走走，我老漢多病年衰，也不望甚麽際遇了。今日我要躲過，求二位遮蓋一二。〔外〕這有何妨，太公釣魚，願者上鈎。〔净〕是是。難道你犯了王法，定要拿去審問不成。〔副净〕既然如此，我老漢就回去了。〔回行介〕急忙回首，青青遠峯。逍遙尋路，森森亂松。〔頓足介〕若不離了塵埃，怎能免得牽絆。〔袖出道巾、黄冠换介〕〔轉頭呼介〕二位看俺打扮罷，道人醒了揚州夢。

〔摇擺下〕〔外〕咦。他竟出家去了，好狠心也。〔净〕我們且坐廊下曬暖，待他姊妹到來，同去禮部過堂。〔坐地介〕〔小旦扮寇白門，丑扮鄭妥娘，雜扮差役跟上〕〔小旦〕桃片隨風不結子。〔丑〕柳綿浮水又成萍。〔望介〕你看老沈老張不約俺一聲兒，先到廊下向暖，我們走去，打他個耳刮子。〔相見，諢介〕〔外問雜介〕又傳我們到那裏去。〔雜〕傳你們到禮部過堂，送入内庭教戲。〔外〕前日免過俺們了。〔雜〕内閣大老爺不依，定要借重你們幾個老清客哩。〔净〕是那幾個。〔雜〕待我瞧瞧票子。〔取票看介〕丁繼之、沈公憲、張燕筑。〔問介〕那姓丁的如何不見。〔外〕他出家去了。〔雜〕既出了家，没處尋他，待我回官罷。〔向净、外介〕你們到了的，竟往禮部過堂去。〔净〕等他姊妹們到齊着。

又第三九齣《棲真》

〔皂羅袍〕採藥深山古洞，任芒鞋竹杖，踏徧芳叢。落照蒼凉樹玲瓏，林中笋蕨充清供。〔副末喜介〕那邊一位道人來了，待我上前問他。〔拱介〕老仙長，我們上山來做好事的，要借道院暫安行李，敢求方便一二。〔副净認介〕道位相公，好像河南侯公子。〔丑〕不是侯公子是那個。〔副净又認介〕老兄你可是柳敬亭麽。〔丑〕便是。〔生認介〕呵呀。丁繼老，你爲何出了家也。〔副净〕侯相公，你不知麽。俺善才遲暮，羞入舊宫。龜年疏懶，難隨妙工。辭家竟把仙籙誦。

〔生〕原來因此出家。〔丑〕請問住持何山。〔副净〕前面不遠，有一座采真觀，便是俺修煉之所。不嫌荒僻，就請暫住何如。〔生〕甚好。〔副末〕二位遇着故人，已有棲身之地。俺要上白雲庵，商量醮事去了。〔生〕多謝携帶。〔副末〕彼此。〔别介〕人間消業海，天上禮仙壇。〔下〕〔副净携生、丑行介〕跨過白泉，又登紫閣，雪洞風來，雲堂雨落。〔生驚介〕前面一道溪水，隔斷南山，如何過去。〔副净〕不妨。靠岸有隻漁船，俺且坐船閒話，等個漁翁到來，央他撑去。不上半里，便是采真觀了。〔同上船坐介〕〔丑〕我老柳少時在泰州北灣，專以捕魚爲業。這漁船是弄慣了的，待我撑去罷。〔生〕妙，妙。〔丑撑船介〕〔生問副净介〕自從梳櫳香君，借重光陪，不覺別來便是三載。〔副净〕正是。且問香君入宫之後，可有消息麽。〔生〕那得消息來。〔取扇指介〕這柄桃花扇，還是我們訂盟之物，小生時刻在手。

〔好姐姐〕把他桃花扇擁，又想起青樓舊夢。天老地荒，此情無盡窮。

分飛猛，杳杳萬山隔鸞鳳，美滿良緣半月同。

(丑)前日皇帝私走，嬪妃逃散，料想香君也出宮門。且待南京平定，再去尋訪罷。(生)只怕兵馬趕散，未必重逢了。(掩淚介)(副浄指介)那一帶竹籬，便是俺的采真觀，就請攏船上岸罷。(丑挽船，同上岸介)(副浄唤介)道僮，有遠客到門，快搬行李。(内應介)(副浄)請進。(讓入介)(生)門裏丹臺更不同，(副浄)寂寥松下養衰翁，(丑)一灣溪水舟千轉，(生)跳入蓬壺似夢中。

又第四〇齣《入道》(副末，衆叩頭下)(老旦扮卞玉京，領旦上)天上人間，爲善最樂。方才同些女道，在周皇后壇前掛了寶旛，再到講堂參見法師。(旦)奴家也好閒遊麽。(老旦指介)你看兩廊道俗，不計其數，瞧瞧何妨。(老旦拜壇介)弟子卞玉京稽首了。(起同旦一邊立介)(副浄扮丁繼之上)人身難得，大道難聞。(拜壇介)弟子丁繼之稽首了。(起唤介)侯相公，這是講堂，過來隨喜。(生急上)來了。久厭塵中多苦趣，才知世外有仙緣。(同立一邊介)(外拍案介)你們兩廊善衆，要把塵心拋盡，才求得向上機緣，若帶一點俗情，免不了輪迴千遍。(生遮扇看旦，驚介)那邊站的是俺香君，如何來到此處。(急上前拉介)(旦驚見介)你是侯郎，想殺奴也。

(南鮑老催)想當日猛然捨拋，銀河渺渺誰架橋，牆高更比天際高。書難捎，夢空勞，情無了，出來路兒越迢遥。(生指扇介)看這扇上桃花，叫小生如何報你。看鮮血滿扇開紅桃，正説法天花落。

(生、旦同取扇看介)(副浄拉生，老旦拉旦介)法師在壇，不可只顧訴情了。(生、旦不理介)(外怒拍案介)唗。何物兒女，敢到此處調情。(忙下壇，向生、旦爭中裂扇擲地介)我這邊清浄道場，那容得狡童游女，戲謔混雜。(丑認介)阿呀。這是河南侯朝宗相公，法師原認得的。(外)這女子是那個。(小生)弟子認得他，是舊院李香君，原是侯兄聘妾。(外)一向都在何處來。(副浄)侯相公住在弟子采真觀中。(老旦)李香君住在弟子葆真庵中。(生向外揖介)這是張瑶星先生，前日多承超豁。(外)你是侯世兄，幸喜出獄了。俺原爲你出家，你可知道麽。(生)小生那裏曉得。(丑)貧道蔡益所，也是爲你出家。這些緣由，待俺從容告你罷。(小生)貧道是藍田叔，特領香君來此尋你，不想果然遇着。(生)丁、卞二師收留之恩，蔡、田二師接引之情，俺與香君世世圖報。(旦)還有那蘇崑生，也隨奴到此。(生)柳敬亭也陪我前來。(旦)這柳、蘇兩位，不避患難，終始相依，更爲可感。(生)待咱夫妻還鄉，都要報答的。(外)你們絮絮叨叨，説的俱是那裏話。當此地覆天翻，還戀情根慾種，豈不可笑。(生)此言差矣。從來男女室家，人之大倫，離合悲歡，情有所鍾，先生如何管得。(外怒介)呵呸。兩個癡蟲，你看國在那裏，家在那裏，君在那裏，父在那裏，偏是這點花月情根，割他不斷麽。

(北水仙子)堪歎你兒女嬌，不管那桑海變。艷語淫詞太絮叨，將錦片前程，牽衣握手神前告。怎知道姻緣簿久已勾銷。翅楞楞鴛鴦夢醒好開交，碎紛紛團圓寶鏡不堅牢。羞答答當場弄醜惹的旁人笑，明蕩蕩大路勸你早奔逃。

(生揖介)幾句話，説的小生冷汗淋漓，如夢忽醒。(外)你可曉得麽。(生)弟子曉得了。(外)既然曉得，就此拜丁繼之爲師罷。(生拜副浄介)(旦)弟子也曉得了。(外)既然也曉得，就此拜卞玉京爲師罷。(旦拜老旦介)(外吩咐副浄、老旦介)與他换了道扮。(生、旦换衣介)(副浄、老旦)請法師升座，待弟子引見。(外升座介)(副浄領生，老旦領旦，拜外介)

(南雙聲子)芟情苗，芟情苗，看玉葉金枝凋。割愛胞，割愛胞，聽鳳子龍孫號。水漚漂，水漚漂。石火敲，石火敲。剩浮生一半，才受師教。

(外指介)男有男境，上應離方，快向南山之南，修真學道去。(生)是，大道才知是，濃情悔認真。(副浄領生從左下)(外指介)女有女界，下合坎道。快向北山之北，修真學道去。(旦)是，回頭皆幻景，對面是何人。(老旦領旦從右下)(外下座大笑三聲介)

張燕筑

論説

清・余懷《板橋雜記》卷下《軼事》 丁繼之扮張驢兒娘，張燕筑扮賓頭盧，朱維章扮武大郎，皆妙絶一世。丁、張二老，並壽九十餘。錢虞山《題三老圖》詩，末句云：秦淮烟月經蓋處，華表歸來白鶴知。不勝黄公酒壚之歎。

紀事

清・余懷《板橋雜記》卷中《麗品》 命老梨園郭長春等演劇。酒客丁繼之、張燕筑及二王郎中，串《王母瑶池宴》。

又卷下《軼事》 曲中狎客，則有張卯官笛，張奎官簫，管五官管子，吴章甫絃索，錢仲文打十番鼓，丁繼之、張燕筑、沈元甫、王公遠、朱維章串戲，柳敬亭説書。或集於二李家，或集於眉樓，每集必費百金。此亦銷金之窟也。

藝文

清・錢謙益《牧齋有學集》卷五《次韻贈張燕筑》 碧雲紅樹夢迢遥，那有閒情付却腰。曾向天家偷擫笛，親從嬴女教吹簫。一生花月張三影，兩鬢滄桑郭四朝。多謝東風扶素髮，春來吹動樹頭飄。

又 曲江野老復何爲，調笑排場顧影時。地上白毛如短髪，天邊青鏡與長眉。秦淮明月金波在，靈谷梅花玉笛知。綉嶺宫前歌一曲，春風鶴髮太平期。

金鳳

論説

清・趙翼《陔餘叢考》卷二〇《明人演戲多扮近事》 明人演戲多有用本朝事者。明史魏忠賢黨石三畏赴戚畹宴，既醉，誤令優人演《劉瑾酗酒》一劇。忠賢聞之大怒，遂削籍歸。王阮亭《香祖筆記》又載姚叔詳言，海鹽有優兒金鳳，以色幸於嚴東樓，非金則寢食勿甘。嚴氏敗後，金既衰老，而《鳴鳳記》傳奇盛行，於是金復傅粉塗墨，扮東樓焉。此又明人演戲不諱本朝事之明証也。

清・許豫《白門新柳記・大金鳳》 大金鳳，廣陵人，齒稍長，丰致嫣然，舉止温雅，工於應對，知音識曲。能豪飲，居淮清橋察院之東偏。兵燹以來，舊院遺址，無可尋覓。即從前利涉橋、文德橋一帶，所謂丁字簾前，落日放船好。諸名勝，亦皆鞠爲茂草。館妓叢集釣魚巷，湫隘已甚，名流望而却步。獨金鳳家室宇精潔無纖塵，笛床琴几，位置不俗。起坐一小樓，鍾山嵐翠，撲入簾桁間，如在畫圖中也。某都督，能顧曲，喜金鳳善歌。酒次輒招共按拍，清凉仙子與游燈舫。亦賞其跌宕。贈詩云：烏衣巷口夕陽紅，十二闌干一笛風。何事金釵釵上鳳，也來飛舞畫船中。與大翠齡同居，自翠齡飲酖後，人皆恨其假母，目爲不祥，過者絶少，並金鳳聲價亦減矣。

清・芬利它行者《竹西花事小録》 十月中浣，□金總戎奏凱而還。艤舟邗上，合聲色選歌舞以盡其樂，小金鳳寶珍及玉紅諸名艷畢集。酒酣徹晏，獨留金鳳爲夜度計。沛國觀察夫人手爲理妝勸進，鴛鴦隊子，旂鼓一新，鸞棲三宿，贈纏頭錦甚豐。金鳳從此稱病，客或過訪，雲鬌惺忪，花容寂寞，居然弱態，孃子軍固不敵金鐃屢奏之大帥哉。坐此情興大減，往往避客，職是故耳。

傳記

清・阮葵生《茶餘客話》卷一八 嚴東樓在工部時，眷一幼伶，名金鳳，海鹽人，色藝俱全。一日無鳳，則寢食不甘。及《鳴鳳記》盛傳於世，金復塗粉扮東樓，乃得神似。此一事較夷門《馬伶傳》更奇。朱良矩語楊用修云：天之風月，地之花柳，人之歌舞，無此不成三才。

清・薩摩庵老人《懷芳記》 范秀蘭，字小桐，以字行，爲吴金鳳弟子。金鳳，字桐仙，能詩，解屬文，爲何尚書所愛，有盛名於時。小桐恬雅寡言笑，亦能書畫。嘗自畫蘭，請名流題詠。離師後，居寒葭潭，是芥子園之一隅，怪石清池，可以娛客。然知音終寡，以其性太高潔，不入時耳。桐仙堂曰光裕，小桐堂曰承裕。

紀事

明・姚士麟《見只編》卷中　吾鹽有優者金鳳，少以色幸於分宜嚴東樓。侍郎東樓晝非金不食，夜非金不寢也。金既衰老，食貧里中，比有所謂《鳴鳳記》，而金復塗粉墨，身扮東樓矣。

明・周亮工《因樹屋書影》卷九　海鹽有優者金鳳，少以色幸於嚴東樓。東樓晝非金不食，夜非金不寢也。嚴敗，金亦衰老，食貧里中。比有所謂《鳴鳳記》，金復塗粉墨身扮東樓矣。近阮懷寧自爲劇，命家優演之。懷寧死，優兒散於他室。李優者，但有客命爲懷寧所撰諸劇，輒辭不能，復約其同輩勿復演。詢其故，曰：阿翁姓字不觸起，尚免不得人説。每一演其撰劇，座客笑駡百端，使人懊惱竟日，不如辭以不能爲善也。此優勝金優遠矣。不知懷寧地下何以見此優。

清・褚人穫《堅瓠廣集》卷三《金優》　海塩有優童金鳳，少以色幸於分宜嚴東樓。東樓晝非金不食，夜非金不寢。金既色衰，食貧里居，比東樓敗。王鳳洲《鳴鳳記》行，而金復塗粉墨，身扮東樓，以其熟習，舉動酷肖。

清・王士禛《香祖筆記》卷二　姚叔祥又言，海鹽有優兒金鳳，以色幸於嚴東樓，非金則寢食弗甘。金既衰老，而所謂《鳴鳳記》盛傳於時，於是金復塗粉墨扮東樓焉。此一事較侯方域《馬伶傳》更奇。

劉淮

紀事

明・周暉《金陵瑣事》卷四《痴絶》　一極品貴人，目不識字，又不諳練。一日家讌，搬演《鄭元和》戲文。有丑角劉淮者，最能發咲感動人。演至殺五花馬賣來興保兒，來興保哭泣戀主。貴人呼至席前，滿斟酒一金杯賞之，且勸曰，汝主人既要賣你，不必苦苦戀他了。來興保喏喏而退。此廼戲中之戲，夢中之夢也。貴人所以爲貴人乎。

藝文

清・陳田《明詩紀事》己籤卷二一《悼樂工劉淮》　曾隨正德年中駕，親見昭陽殿裏花。燕趙悲歌何處覓，旅魂飄泊楚天涯。

傅壽

傳記

明・潘之恒《亘史・外紀》卷二〇　舊伶傅瑜，少有殊色。爲名優。二十以前旦，三十生，四十外。尤以北曲雜劇擅長。班中推爲教師。娶於陳，生子女各一。子曰卯，女曰壽。皆美艷異常。年僅十二三，灼灼如雙芙蓉。未知名也。新都逸史氏作《二妙篇》揄揚之，一時聲重都邑。而卯尤狡甚。壽持閒静，莫之恍也。於時北音寥寥垂絶。瑜口傳音調，合之絃索，琤琤琅琅，有鏘金戛玉之韻。二人登場，一坐盡狂，若交甫逢漢上姝，不知其捐佩而忽失也。第趨狹邪者競新曲，以崑山魏良輔調相高。壽習爲曼聲遏雲，吴人咸撟舌不下。卯則超距行伍中，振衣舒嘯，舉國無能和者。雖李延年兄妹不過是矣。己酉夏，嶺南韓君來，適當秦淮結社。一至，先問靈脩。靈脩者，壽字也。既見，語潘髯曰：彼姝非女流，有俠士風。且聞北音甚勁。吾有《司馬相如傳》，曷爲演之。靈脩請寓目。一夕而竟，十日而成音。卯之司馬，壽之文君，宛然絶代才人復出。韓大快，立賦詩數千言，傾橐金爲贈。與約曰：願下第後尋盟，再觀壚頭之劇。遽别去。髯獨留，日徵高會。而朱泰玉、崔嫣然每臨雙艷樓，申盟涉臘度蠟，冉冉迫除，而髯甫歸。

紀事

明・潘之恒《亘史・外紀》卷二〇　明年，姚伯子自閩來，會於李長公席上。靈脩屬目云：何風度之類髯公。衆以多情譽之。客有負才者邀昵靈脩，不得志，輒相詬詈。靈脩曰：彼才不及司馬，而欲余爲文君，吾不忍也。蓋不能忘情於髯，而長公遂以靈脩爲憐才也者，徵諸伯子云。辛亥夏，余再來長干，而靈脩有雲間之駕，必有爲所憐者。余獨惜北音絶矣，雖延年將奈何哉。

明・沈德符《萬曆野獲編》卷二五《詞曲・北詞傳授》　自吴人重南曲，皆祖崑山魏良輔，而北調幾廢，今惟金陵存此調。【略】今南教坊有傅壽者，字靈修，工北曲，其親生父家傳，誓不教一人。壽亦豪爽，談笑傾坐，若壽復嫁以去，北曲真同廣陵散矣。

藝文

明・潘之恒《亘史・外紀》卷二〇　潘髯靈脩歌曰：望靈脩兮不來，衢路側兮車徘徊。靈脩來兮窈窕，色既愉兮歌且笑。留靈脩兮憺忘歸，殘月上兮曉光催。

清・王士禛《漁洋山人精華録》卷五《秦淮補詩十四首》　傅壽清歌沙嫩簫，紅牙紫玉夜相邀。而今明月空如水，不見青溪長板橋。

國瓊枝

論説

明・潘之恒《鸞嘯小品》卷三《广陵散二則》　國瓊枝，有場外之態，音外之韻。閩中雅度，林下風流。國士無雙，一見心許。

藝文

明・潘之恒《鸞嘯小品》卷三《广陵散二則》　何處梅花笛裏吹，歌餘縹緲舞餘姿。涉江聊可充餘佩，攀得瓊臺帶露枝。語致而并及之。班中有知此者，其進於技乎。

顧筠

論説

明・潘之恒《鸞嘯小品》卷二《與楊超超評劇五則》　朱子青，與仙度競爽者，音其音，白其白，步其步，嘆其嘆。所不及者，思與度耳，然已近顧筠當年，接傳壽芳塵矣。可易得哉。西來有極音，而不能奏技；周蓮生有雅度，而音不振。劇之難言若此耶。

傳記

明・潘之恒《亘史・外紀》卷二〇　金陵之工吴音，自傅靈脩以登場聲揚，而王卿持以鸞坐見賞。後來秀出者爲筠卿，兩擅之，直掩傅、王上。一時推許，以比魏之翔風。而筠卿婉順柔和，殊無矜色，又復條暢文義，凡遇古今辭曲，一寓目即上口。下筆飄瞥，宛有緒致，爲群俊艷羨，其名驟傾江以南。余初見之雙艷樓中，尚未破瓜。靈脩冶宕自負，每爲斂容。客值諸通衢，舉止翩然，有大家風度。且知爲司樂熙女，争禮聘之。乃一見余友廣微，即爲定情。同輩挾之爲新安山水之遊。尋西湖、金昌勝迹，登京口三山，觀廣陵瓊花而歸。涉春夏之交，往返數千里。忼慷發揚，略無金陵兒女子態。

紀事

明・潘之恒《亘史・外紀》卷二〇　辛亥冬，再見之秦淮，允爲國士無雙。廣微詢余：筠卿方之前艷，定居何等流。以余目之，當在褚茜英、楊舜華之間。茜英嫵而潤，舜華佻而佚；筠卿綽有餘情，美無不足。都知佳麗者，必在此子矣。廣微曰：子徒以姿才論耳。余習筠卿態度，每有出塵之思。而韞藉風流，尤閨閣中具四德者所不易及。嘗言：身混污泥，如糞上英爾。欲取其壤和合旃檀，以求香氣，無有是處。誠得浣濯奮飛，即啜水勝膏粱，束布勝綺羅，豈復有繫戀乎。曰：然則曷選名士而歸之。復低回曰：世安得有梁伯鸞其人，余爲之挽鹿車，入山中，無憾矣。廣微感其言，欲獎成其志，而未有當也。庚生曰：是兒胸中必無膏肓之疾，且將輕舉雲霞，豈能作耳目近玩哉。舜華甘心鴆毒，以沉苦海，所不必論。茜英猶選高華。靈脩、卿持，鍾情美麗，其志易以尚也。果如筠卿言：吾向者以四君擬之，彼將傖父我矣。

楊超超

論説

明・潘之恒《鸞嘯小品》卷二《仙度》　人之以技自負者，其才、慧、致三者，每不能兼。有才而無慧，其才不靈；有慧而無致，其慧不穎；穎之能立見，自古罕矣。楊之仙度，其超超者乎。賦質清婉，指距纖利，辭氣輕揚，才所尚也，而楊能具其美。一目默記，一接神會，一隅旁通，慧所涵也，楊能蘊其真。見獵而喜，將乘而蕩，登場而從容合節，不知所以然，其致仙也，而楊能以其閒閒而爲超超，此之謂致也。所以靈其才，而穎其慧者也。余始見仙度於庭除之間，光耀已及於遠。既覩於壇坫之上，佳氣遂充於符。三遇於廣莫之野，縱横若有持，曼衍若有節也。西施淡妝，而矜艷者喪色。仙乎。仙乎。美無度矣，而淺之乎。余以度字也。仙，仙乎。其未央哉。

又《與楊超超評劇五則》　余前有《曲宴》之評。蔣六、王節才長而少慧，字四、顧筠具慧而乏致，顧三、陳七工於致而短於才。兼之者流波君楊美，而未盡其度。吾願仙度之盡之也。盡之者度人，未盡者自度。余於仙度滿志而觀止矣，是烏能盡之。一之度。西施之捧心也，思也，非病也。仙度得之，字字皆出於思。雖有善病者，亦莫能仿佛其捧心之妍。嗟乎。西施之顰於里也，里人顰乎哉。二之思。步之有關於劇也，尚矣。邯鄲之學步，不盡其長，而反失之。孫壽之妖艷也，亦以折腰步稱。而吳中名旦，其舉步輕揚，宜於男而慊於女，以纏束爲矜持，神斯窘矣。若仙度之利趾而便捷也，其進若翔鴻，其轉若翻燕，其止若立鵠，無不合規矩應節奏。其艷場尤稱獨擅，令巧者見之，無所施其技矣。三之步。曲引之有呼韻，呼發於思，自趙五娘之呼蔡伯喈始也。而無雙之呼王家哥哥，西施之呼范大夫，皆有凄然之韻，仙度能得其微矣。四之呼。白語之寓嘆聲，法自吳始傳。緩辭勁節，其韻悠然，若怨若訴。申班之小管，鄒班之小潘，雖工一唱三嘆，不及仙度之近自然也。呼嘆之能警場也，深矣哉。五之嘆。朱子青，與仙度競爽者，音其音，白其白，步其步，嘆其嘆。所不及者，思與度耳，然已近顧筠當年，接傅壽芳塵矣。可易得哉。西來有極音，而不能奏技；周蓮生有雅度，而音不振。劇之難言若此耶。

江孺

藝文

明・潘之恒《鸞嘯小品》卷二《再贈江孺、南孺》 秋後虛歡宴，冬來見捧心。水流偏寫態，月聽自知音。易舞公孫劍，難挑卓女琴。生平憐俠骨，爲子一沉吟。

又《艷曲十三首》 蘅紉之，字江孺，有沉深之思，中含悲怨，不欲自陳，知音得之度外，令人神魂飛越。

選得宮鶯出上林，凄清江上帶餘音。多情何處飄殘夢，一段梅花泛古琴。

又卷三《觀演杜麗娘贈阿蘅江孺》 本是情深者，冥然會此情。難逢醒若夢，願向死求生。化蝶飄無影，啼鵑怨有聲。柳狂飛似絮，終與浪花平。

昌孺

藝文

明・潘之恒《鸞嘯小品》卷二《艷曲十三首》 荃子之，字昌孺，慷慨激烈，覺逸韻迫人，殊無兒女子態，能濯濯自振者矣。

千百場中獨擅奇，朱絃雕管雜新詞。誰能一曲偏驚坐，愧殺吳門遊冶兒。

又卷三《觀演柳夢梅贈阿荃昌孺》 不謂情痴絕，痴來轉自憐。幽婚冥府牒，禁臠丈人權。雀舞開屏暗，鸞歡照影全。吳儂心總慧，似得董狐傳。

南孺

藝文

明・潘之恒《鸞嘯小品》卷二《再贈江孺、南孺》 秋後虛歡宴，冬來見捧心。水流偏寫態，月聽自知音。易舞公孫劍，難挑卓女琴。生平憐俠骨，爲子一沉吟。

又《艷曲十三首》 蘋羞之，字南孺，眼語眉韻，亦自可人，巧舌弱文，足誇吴趨之艷，吾將索諸神情之間。

吴趨何得太多情，媚眼波人百態生。總爲曼聲難自遏，半乘流去半空雲。

陳素芝

紀事

明・張岱《陶庵夢憶》卷四《不繫園》 甲戌十月，携楚生住不繫園看紅葉。至定香橋，客不期而至者八人：南京曾波臣，東陽趙純卿，金壇彭天錫，諸暨陳章侯，杭州楊與民、陸九、羅三，女伶陳素芝。余留飲。章侯携縑素爲純卿畫古佛，波臣爲純卿寫照，楊與民彈三弦子，羅三唱曲，陸九吹簫。與民復出寸許紫檀界尺，據小梧，用北調説《金瓶梅》一劇，使人絶倒。是夜，彭天錫與羅三、與民串本腔戲，妙絶；與楚生、素芝串調腔戲，又復妙絶。章侯唱村落小歌，余取琴和之，牙牙如語。純卿笑曰：恨弟無一長，以侑兄輩酒。余曰：唐裴將軍旻居喪，請吴道子畫天宫壁度亡母。道子曰：將軍爲我舞劍一迴，庶因猛厲，以通幽冥。旻脱縗衣，纏結，上馬馳驟，揮劍入雲，高十數丈，若電光下射，執鞘承之，劍透室而入，觀者驚栗。道子奮袂如風，畫壁立就。章侯爲純卿畫佛，而純卿舞劍，正今日事也。純卿跳身起，取其竹節鞭，重三十斤，作胡旋舞數纏，大噱而罷。

阮大鋮家優

論説

明・張岱《陶庵夢憶》卷八《阮圓海戲》 阮圓海家優講關目，講情理，講筋節，與他班孟浪不同。然其所打院本，又皆主人自製，筆筆勾勒，苦心盡出，與他班鹵莽者又不同。故所搬演，本本出色，脚脚出色，齣齣出色，句句出色，字字出色。余在其家看《十錯認》、《摩尼珠》、《燕子箋》三劇，其串架鬬筍，插科打諢，意色眼目，主人細細與之講明。知其義味。知其指歸，故咬嚼吞吐，尋味不盡。至於《十錯認》之龍燈，之紫姑，《摩尼珠》之走解、之猴戲，《燕子箋》之飛燕、之舞象、之波斯進寶，紙札裝束，無不盡情刻畫，故其出色也愈甚。阮圓海大有才華，恨居心勿静，其所編諸劇，罵世十七，解嘲十三，多詆毁東林，辯宥魏黨，爲士君子所唾棄，故其傳奇不之著焉。如就戲論，則亦鏃鏃能新，不落窠臼者也。

劉史二伶

紀事

明・陸采《冶城客論・劉史二伶》 國初教坊有劉色長者，以太祖好南曲，别製新腔歌之，比淛音稍合宫調，故南都至今傳之。近始尚淛音，伎女輩或弃北而南，然終不可入弦索也。又史奉鑾者守正，太祖嘗謂曰：有好妮子選幾个來。史扣頭曰：外間不可無，宫中不可有。上善其言而止。

毛秦亭

論説

明・李開先《詞謔・詞樂》 統而較之，毛秦亭南北皆優，《北西厢》擊木魚唱徹，無一曲不穩者。鸞則妝生，做手尤高。真善净。敬極清軟。文學善南北，猶夫秦亭。

周全

紀事

明・李開先《詞謔・詞樂》 徐州人周全，善唱南北詞。一日，在酒肆唱《賞花時》，聲既洪亮，節有低昂。鄰一老賈，生平以知音自負，少有可其意者。聞唱，方困卧，即起而據床顰眉，愁第五句最難，或無下落。已而轉折放頓，如賈之素所操習者。乃跳身於地，迴視几上有白銀十兩、青蚨千孔，色絹二端，以一盤盛之，雙手扶於頂上，膝行至全所，聲：祖翁。某年已垂死，始聞此音，願以微物將敬。賈非豐裕者。全以此名聞天下。曾授二徒：一徐鎖，一王明，皆兖人也，亦能傳其妙。人每有從之者，先令唱一兩曲，其聲屬宫屬商，則就其近似者而教之。教必以昏夜，師徒對坐，點一炷香，師執之，高舉則聲隨之高，香住則聲住，低亦如之。蓋唱詞惟在抑揚中節，非香，則用口説，一心聽説，一心唱詞，未免相奪；若以目視香，詞則心口相應也。吴學士惠教人作舉業，每受一徒，先出數篇無文枯淡題，觀其雄弱短長，隨其資而順導之，亦全之法也。高不結，低不噎，此其緊關。所傳音節，一筆之於詞傍，如琴譜之勾踢。二十年曾一見之，今求之，無存者矣。

顏容

傳記

明・李開先《詞謔・詞樂》 顏容，字可觀，鎮江丹徒人，全之同時也。乃良家子，性好爲戲。每登場，務備極情態；喉音響亮，又足以助之。嘗與衆扮《趙氏孤兒》戲文，容爲公孫杵臼，見聽者無戚容，歸即左手捋鬚，右手打其兩頰盡赤，取一穿衣鏡，抱一木雕孤兒，説一番，唱一番，哭一番，其孤苦感愴，真有可憐之色，難己之情。異日復爲此戲，千百人哭皆失聲。歸，又至鏡前，含笑深揖曰，顏容，真可觀矣。

呼文如

傳記

清・錢謙益《列朝詩集小傳》閏集《呼文如》 楚人丘謙之《遙集編》序曰：萬曆間，江夏營妓呼文如，小字祖，知詩詞，善琴，能寫蘭。與其姊舉齊名，或譌爲胡姓云。歲丙子，西陵有丘生者，以民部郎出守粤，過黄州，遇文如於客座，一見目成，遂定情焉。將攜之以東，生之父不許。生不得已，乃爲書謝文如，文如慟絶，刺血寫詩以報，誓死無他。生需次赴京師，便道過楚，訪文如於武昌。相見甚喜，飲庭中安石榴下，賦一詩以呈生。視其圖記，文曰：丘家文如，瀝酒樹下。曰：妾所不歸君者，如此石矣。將別，泣而請曰：絲蘿之約，如何。生曰：以官爲期。文如笑曰：觀君性氣，非老於宦海者。君散髮，我結髮，當不遠矣。生調知閬州，果罷官。歸，復以事如京師，久之還里，文如促數詒書，訂于歸之約，其父母力扼之。壬午冬，大雪，登樓撫檻，念文如在三百里外，前期未决，徬徨凝望。俄而，聞櫓聲咿啞，一小艇飛楫抵樓下。推篷而起，則文如也。驚喜問之，則曰：父利賈人金，將賣妾。事急矣，買舟潛發，三鼓至陽邏，五鼓以金釵市馬。明日至亭州，易舟以行。稍遲一日夜，落賈人手，吾死無日矣。相與抱持慟哭。明日，以書報其父，乃委禽成禮焉。生罷官無長物，攜文如徧遊名山，彈琴賦詩，以終其身。追憶往事，附以贈言，編次成編，命曰《遙集》云。謙之名齊雲，隆慶戊辰進士，豪於詩，亦以豪去官。編中載兩人酬和詩甚富，謙之詩多傖父面目，殊不堪唐突。文如所取於謙之者，以意氣相傾悦耳，非以其詩也。余故擇而采之。

藝文

明・沈德符《御選明詩》卷一一六《送生後還李樓》　莫問天台落日愁，桃花片片水悠悠。寒窗一閉秦簫月，惹得人呼燕子樓。

又《得生詩寄怨》　人間自是語便便，不是春風不肯憐。爲寄一聲何滿子，相思今日盡君前。

又《題亭中安石榴呈生》　安石孤根託謝庭，合歡枝上日青青。懸知雨露深如許，結子明朝似小星。

又《至武昌寄生》　孤舟別後兩相望，霜露淒淒落葉黃。黄鵠磯頭天萬里，知君何日渡瀟湘。

又《別後》　別後江頭夜雨凉，可憐憔悴謝紅粧。腹中不有郎行路，那得車輪日轉腸。

朱雲崃

論説

明・張岱《陶庵夢憶・朱雲崃女戲》　朱雲崃教女戲，非教戲也。未教戲先教琴，先教琵琶，先教提琴、弦子、簫、管、鼓吹、歌舞。借戲爲之，其實不專爲戲也。郭汾陽、楊越公、王司徒女樂，當日未必有此。絲竹錯雜，檀板清謳，入妙腠理，唱完以曲白終之，反覺多事矣。西施歌舞，對舞者五人，長袖緩帶，繞身若環，曾撓摩地，扶旋猗那，弱如秋藥。女官内侍，執扇葆璇蓋、金蓮寶炬、紈扇、宫燈。二十餘人，光燄熒煌，錦繡紛疊，見者錯愕。

張氏聲伎

紀事

明・張岱《陶庵夢憶・張氏聲伎》　謝太傅不畜聲伎，曰：畏解，故不畜。王右軍曰：老年賴絲竹陶寫，恒恐兒輩覺。曰解，曰覺，古人用字深確。蓋聲音之道，入人最微，一解則自不能已，一覺則自不能禁也。我家聲伎，前世無之，自大父於萬曆年間與范長白、鄒愚公、黄貞父、包涵所諸先生講究此道，遂破天荒爲之。有可餐班，以張綵、王可餐、何閏、張福壽名。次則武陵班，以何韻士、傅吉甫、夏清之名。再次則梯仙班，以高眉生、李岕生、馬藍生名。再次則吴郡班，以王畹生、夏汝開、楊嘯生名。再次則蘇小小班，以馬小卿、潘小妃名。再次則平子茂苑班，以李含香、顧岕竹、應楚煙、楊騄駬名。主人解事日精一日，而傒僮技藝亦愈出愈奇。余歷年半百，小傒自小而老，老而復小，小而復老者，凡五易之。無論可餐、武陵諸人，如三代法物，不可復見。梯仙，吴郡間有存者，皆爲佝僂老人。而蘇小小班，亦强半化爲異物矣。茂苑班，則吾弟先去，而諸人再易其主。余則婆娑一老，以碧眼波斯，尚能别其妍醜。山中人至海上歸，種種海錯，皆在其眼，請共舐之。

余蘊叔

紀事

明·張岱《陶庵夢憶·目連戲》 余蘊叔演武場，搭一大臺，選徽州旌陽戲子，剽輕精悍，能相撲跌打者三四十人，搬演目蓮，凡三日三夜。四圍女臺百什座。戲子獻技臺上，如度索舞絙、翻桌翻梯、觔斗蜻蜓、蹬罎蹬臼、跳索跳圈、竄火竄劍之類，大非情理。凡天神地祇、牛頭馬面、鬼母喪門、夜叉羅刹、鋸磨鼎鑊、刀山寒冰、劍樹森羅、鐵城血澥，一似吴道子《地獄變相》，爲之費紙札者萬錢，人心惴惴，燈下面皆鬼色。戲中套數，如《招五方惡鬼》、《劉氏逃棚》等劇，萬餘人齊聲吶喊，熊太守謂是海寇卒至，驚起，差衙官偵問，余叔自往復之，乃安。臺成，叔走筆書二對。一曰：果證幽明，看善善惡惡隨形答響，到底來那個能逃；道通晝夜，任生生死死换姓移名，下場去此人還在。一曰：裝神扮鬼，愚蠢的心下驚慌，怕當真也是如此；成佛作祖，聰明人眼底忽略，臨了時還待怎生。真是以戲説法。

劉暉吉

論説

明·張岱《陶庵夢憶·劉暉吉女戲》 女戲，以妖冶恕，以嘽緩恕，以態度恕，故女戲者全乎其爲恕也。若劉暉吉則異是。劉暉吉奇情幻想，欲補從來梨園之缺陷。如《唐明皇游月宫》，葉法善作場上，一時黑魆地暗，手起劍落，霹靂一聲，黑幔忽收，露出一月，其圓如規，四下以羊角染五色雲氣，中坐常儀，桂樹吴剛，白兔搗藥。輕紗幔之，内燃賽月明數株，光焰青黎，色如初曙。撒布成梁，遂躡月窟，境界神奇，忘其爲戲也。其他如舞燈，十數人手携一燈，忽隱忽現，怪幻百出，匪夷所思，令唐明皇見之，亦必目睁口開，謂氍毹場中那得如許光怪耶。彭天錫向余道：女戲至劉暉吉，何必男子，何必彭大。天錫，曲中南、董，絶少許可，而獨心折暉吉家姬，其所賞鑒，定不草草。

朱福

論説

明·沈德符《萬曆野獲編》卷二六 汪伯玉司馬鄉人方于魯，故以造墨知名，亦頗學詩。一日，御新羢袍謁司馬，時已及暮春，方矜莊就坐，汪口占謔之云：愛着蘭州跎達羢，便教星夜趕裁縫。寒回死守桃花雪，煖至生憎柳絮風。盡日曚睃搨綱甲，有時抖擻挺高胸。尋常一様方于魯，纔著毛衫便不同。方面赤急遁。又李本寧右丞流寓南都，曲水中妓朱福有時名，而齒已長。至新安訪舊，託云禮白嶽，爲所歡之婦率羣婢痛毆逃歸。李亦立成謔之云：獨步平康數十春，徽州何必强尋人。多應白嶽尊神厭，惹得黄山老嫗嗔。背上揮來拳似鐵，鬢邊撏去髮如銀。出門好訕連連叫，羞殺當年馬守真。馬四孃所改名。秦淮盡傳爲笑端。前詩則乃弟仲嘉所述，後詩則予在南中目睹者。朱福亦蘊藉不俗，與友人鍾伯敬最厚，因得熟識之。汪李二公，雄文擅一世，其七言律詩，均以嚴整爲宗，獨二什流麗可喜。

朱楚生

傳記

明・張岱《陶庵夢憶・朱楚生》 朱楚生，女戲耳，調腔戲耳。其科白之妙，有本腔不能得十分之一者。蓋四明姚益城先生精音律，與楚生輩講究關節，妙入情理，如《江天暮雪》、《霄光劍》、《畫中人》等戲，雖崑山老教師，細細摹擬，斷不能加其毫末也。班中脚色，足以鼓吹楚生者方留之，故班次愈妙。楚生色不甚美，雖絶世佳人，無其風韻。楚楚謖謖，其孤意在眉，其深情在睫，其解意在烟視媚行。性命於戲，下全力爲之。曲白有誤，稍爲訂正之，雖後數月，其誤處必改削如所語。楚生多坐馳，一往深情，摇颺無主。一日，同余在定香橋，日晡烟生，林木窅冥。楚生低頭不語，泣如雨下。余問之。作飾語以對。勞心忡忡，終以情死。

筠雪

論説

明・潘之恒《鸞嘯小品》卷三《筠喻》 《瑶池》、《黄竹》之歌，至今寒耳。余盟艷顧卿，所由易節而爲雪也，以筠之爲節，於雪中乃見之，而卿之以筠喻也。向者醉音於十年之前，仿佛再覯，時作緣雲遏響。又復善閟，不以幻示人。有語爲聊蕭，載前《曲譃》。卿不爲顧，亦用部中先艷欣之。卿微哂云：吾萃英翕靈，視登場猶惴惴也。求千古賞音，得一知己爲不泯吾志。而髯公從旁睨，猶若詘仙度以誤，吾滋懼而不應。竊以古優伶之悟主，非精詣無以宣規。況孑然女子，豈吝一效款緒，寄慨於微尚。彼昭君、文姬，寵介傾世，猶思辱身潔志，張漢大而目胡無人。木蘭没於行伍，足自遠污邪，紀勛汗册。睇茲迷隊歡場，何庸施夫技巧，乃妄欲一試於蠶妾盥侍之間，其涴顔喪魄已甚，而若甘爲之，何娘子軍之不足以破奴虜也。卿殆以衣冠肖叔敖，以巾幗遺仲達意耶。嗟乎。嗟乎。卿向曾爲余言：筠不失節，能克勁於飄霰中，當此攀柳鳴蟬，亦何以自禁。張緒當年，崔護今日，不能不以傷懷矣，而忍劇之評耶。評曰：筠雪之爲劇也，韻既朗閒，情亦蕩譎。不戒而嚴，不律而逸。氣和調肅，神凝志一。其爲音也，乍揚若抑；其爲步也，進三退一；其爲態也，當境以出。其來也若飛而集，其去也若滅而入。其爲度也，百不爽失。人謁其長，神效其力。起金鳳有怍容，儷仙度而讋魄，真有愧於丈夫，而開劇之内則，羌感夫禮魂，而心乎爲國者哉。（是日演《連環記》，筠雪爲貂蟬。）（《鸞嘯小品》卷之三）

朱子青

論説

明·潘之恒《鸞嘯小品》卷三《朱子青》　傳靈脩以北音擅名曲中，兩都稱獨步。自《凌雲記》解散，而《北西厢》五劇亦遂不傳。朱長卿携子青登場，余審之曰：異哉。靈修安在，而此曲尚留梁間耶。長卿曰：噫。此靈修親傳弟子也。絲棼矣，而揚其緒；雲遏矣，而緣其光。絳樹、翔風異時，信兩美之難合矣。今南音稍競，得子簡與齊聲，尚慨文姬之没於胡塵，而遙集於上楹者，去漢庭且萬里爾。余烏從而徵其後哉。

傳音

論説

明·潘之恒《鸞嘯小品》卷三《傳音》　余丁丑歲居毗陵，得善音者三人相朝夕也：茂才徐宗南音細而潤，從事潘海桑有大兒音勁而圓，逸客褚養心音亮而潔，皆一時競爽，而褚稱擅場。後潘大以曲名振梁溪。而養心傳教郡中，因例不得出。余丙午歲猶見之，年近六十矣。問：有嗣音者否。向余誇得女弟子一人，不能知其名。又十二年戊午，而聞曲於繡蘇閣。見姿者出簾箔間，自通名李萇芬，爲褚養心弟子。余不勝驚喜，四十年後猶得聞其餘音，此猶可傳也。而謂周郎不復作耶。彼李延年、龜年之女弟子，又何以稱也。毗陵有曲而無派，余故表之，亦以思其故也。萇芬，字紉之，詳傳中。

郝蕊珠

論説

明·潘之恒《鸞嘯小品》卷三《郝蕊珠》　蕊珠之産於郝也，以善書鳴，而掩其技，如《霓裳羽衣》之曲，亦既空曹無有和者。若乃掖庭趨承，長門嗟怨，令見者宛然宫嬪之思。此以己技爲技，非襲古而選技也。春柳鳴禽，哀蟬落葉，必有叶其調於音樂之初，未可與衆喙齊矣。

李紉之

論説

明·潘之恒《鸞嘯小品》卷三《李紉之》　毗陵多麗人，工奏曲，在晋已然。余弱冠從學於兹，私昵劉生、吴生。劉慧而有聲，吴美而發艷，每爲心動魂銷，不足以傾人城國也。逾今四十年，忽遇一姬於繡蘇閣中。胡天胡帝，乍陰乍陽，業知爲閨秀，不作風塵觀矣。余友子龍、子將二君，因以品題相試。余笑語兩君：情痴。髯白之：夫望雲雨而辨靈氣，奈何失之眉睫。是姬也，侍巾於懷嬴，持拂於越國，不可以揮而可令奔者也。子龍曰：異哉。髯之閲人也。何以卜其終。余曰：眉棱者多鬱，視下者沉思。今姬棱眉而下視矣。其所主未定，而將有遠思乎。子將曰：神哉。髯之卜終，得其八九。請試其技，乃爲發音按拍，奏小令一再，水波欲立，梁塵盡飛，菊爲慚英，柳爲凋色。其音能超於調，而不以律束；其度能遊於化，而不以意馳。此之爲善音，非審音者不識也。姬益爲縱之，爲緣雲，爲掇月，有不知情之所極，而翻然於大空。余具此聞性，始爲不負雙卷荷矣。嗟夫。雍門之琴，蘇門之嘯，皆先有所主，而感乃入微。姬之曲韻，亦似有心者爲之也。兩君相顧而嘻：吾二人以十年賞音，髯得之一見；亦以數月靡定，而髯合於一時，何髯之多幸也。乃子龍蘆花、芳樹之誚，非子將不能宣之。子將拉余檻外而耳語曰：是兒閻右家歌姬也。或失於流盼，故一出而多虞，險阻備嘗。余拯諸濘淖中，慮終不得置蘭寢而隨落英，此吾所以悲也。因長歌一闋，慷慨激烈，如不自勝，爲之罷席。明日再集舫中，傳始成。姬媵於姬者五年，出宿亦如之。以蕊芬自名，字曰紉之。頎而秀，翩若翔，蘭氣襲人，芳心自許。倘乘風而仙，乘霧而鸞，乘烟而遊於縹緲，余莫得而寫其度矣。波臣其能之乎。余幾幾見第二人，冀有此圖也。子將敬諾。固將以乞之波臣。波臣者，閩人曾鯨字也，工於寫照，故及之。

鳳姝

論說

明·潘之恒《鸞嘯小品》卷三《鳳姝》 西園主人精於賞音，凡金陵諸部士女遊冶，咸集其門。以擬洞庭張樂，主人部署品評，能令滿意去。客至，張屏進劇，殆無虚日。亦閱數十曹，無少爽。出外舍泊中帷，各有班次，而主人未善也。頃以重陽訂期，觀技於鳳群中。出十二三歲女子四五人，揚眉舉趾，極蛾燕之飛揚；妙舞清歌，兼絳、臘之宛麗。五方之彩，雜錯以成章；南北之音，協調而應拍。主人選婺十年，雖自二五始進，然覘其所習，咸自名家選之。彼固知所尚也。珠斛金籯，不暇顧惜。將傾筐倒庋，以樂我嘉賓矣。鳳姝凡五：得之吴中二人，維揚二人，而最後得之金陵子。其名曰鳳，以應鳳鳴。園近鳳臺，若有爲之兆者。鳳之字以嬉，吴産也。五歲聘於汪之璇室，鞠於崔氏，從烟條館聽曲。十歲而從主歸河陽。主善曲，而河陽能審音。燕度吴趨，日在耳目間。其氣韻鴝化而不自知。十三有餘，翾飛西園，受名師矩度者半歲。初試登場，提袂揚蛾，遽人玄解。昔繁欽啓魏太子，稱都尉薛訪車子，年始十四，能喉囀作胡笳音，與黄門鼓吹温胡迭和，喉所發音，曲折沉浮，尋變入節。胡傲其所不知，尚之以一曲，而車子遺聲不窮，餘弄未盡。斯亦天壤所生，自然之妙物也。子桓答箋云：有孫守士女瑣九歲，夢與神通。寤而悲吟，涉歷六載，於今十五。循容飾妝，改曲合度，能上亂靈祇，煉色徵聲，雅應妙選。余於西園亦云：盈盈十四五，正合間房之納矣。夫元氣之真，莫全於姹女。其含苞於胎，伏氣於乳，至十三而盈，十四而溢，十五而餘。若既散既離之後，比於全盛時，不可得已。余曩喜顧曲，謂女笄以往，始有可觀，必俟其氣和，其學純，其機熟爾。而今乃知其不然。歌喉舞態，於盈溢間自然流動完足，不假師傳，不由人籟，此先天之極致，滿月之艷都也。余於西園信之。

茹淡之

藝文

明·潘之恒《鸞嘯小品》卷二《艷曲十三首》 茹淡之，字連孺，佻達中每持勁節，曼聲亦合宫商，慧性解脱，何必誇毗取媚也。

滑稽不用脂與韋，應響當絃自發機。翻笑叔敖空相業，尚煩優孟中人微。

支翰之

藝文

明・潘之恒《鸞嘯小品》卷二《艷曲十三首》 支翰之，字菘孺，頎頎濯濯，不蕲乎樊中。時其兄來遊，乍登歡場。發艷呈秀，令人想觿韘之豐。倘離薌澤，不將與蕭艾同流耶。

蝶徑鶯林曲度遲，香塵飛處落花隨。因君愛結雙童佩，不羨芄蘭葉與枝。

芫懷之

藝文

明・潘之恒《鸞嘯小品》卷二《艷曲十三首》 芫懷之，字益孺，毁容多姿，落英偏艷，苟和璧之足珍，何瑕瑜之易掩。吾得之齵齒折腰間矣。

分林佳色競邀歡，瑶圃飛英秀可餐。最喜嫣然含半瓠，懶將温語向人寒。

柄執之

藝文

明・潘之恒《鸞嘯小品》卷二《艷曲十三首》 柄執之，字調孺，儼然大奸，甘心鴆毒，誰云悟主片言，亦可曰死生頃刻。今之院本，欲壓彈章，非斯人無幸矣。

霽虹雕鶻語模糊，翻手傾危一捋鬚。滿坐悄然更喜怒，誰言顰笑不關渠。

苾達之

藝文

明・潘之恒《鸞嘯小品》卷二《艷曲十三首》 苾達之，字邦孺，曼聲既自繞梁，弱態況能傾國，雖蓬山萬里，知夢魂之非遥也。

莫憑鷄舌問含香，才近驪淵自有光。雙泪不因何滿子，柔情先斷使君腸。

蕙樹之

藝文

明·潘之恒《鸞嘯小品》卷二《艷曲十三首》 蕙樹之，字心孺，爲人柔順婉至，頗具情痴，亦多吳韻。登場度曲，雖爲曼聲，密意傾心，似各有所屬者。

病後秋林錦色凋，月明澄水夜迢迢。何人爲奏湘靈瑟，個是通情第一宵。

茜漸之

藝文

明·潘之恒《鸞嘯小品》卷二《艷曲十三首》 茜漸之，字絳孺，與淡之發科取諢，亦復唐突可喜。菇既隱微情，而茜尤多浮態，深淺之間亦各從所尚耳。

警策偏憐細語真，似含飛色暫依人。隴山夢斷難傳語，不問悲歡也愴神。

忠純之

藝文

明·潘之恒《鸞嘯小品》卷二《艷曲十三首》 忠純之，字臣孺；孝慕之，字子孺。以官、私二外，體具莊嚴，不刻不纖，而節度繁苛，調實勁捷，可謂剛柔相濟，分擅所長，表儀衆彥者矣。

吳歈元自備宮商，按拍惟宗魏與梁。俚俗不隨群雅集，憑誰分署總持場。

蘭浴之

藝文

明·潘之恒《鸞嘯小品》卷二《艷曲十三首》 蘭浴之，字谷孺，視荃偉俊而慧遜之。百度盡可肩隨，令狎他場，俱堪雄長。

楚楚衣裳一色明，衆中爭艷最鍾情。滿堂絲管聲俱合，誰辨塤篪弟與兄。

才掄之

藝文

明・潘之恒《鸞嘯小品》卷二《艷曲十三首》　才掄之，字殊孺，具婉弱之質，而氣度豪舉，視夫以貌取人者，安知真英雄哉。

柔情弱質不勝衣，誰道王孫意氣微。肯把娉婷贈名士，彩雲歌處鳳同歸。

彭大

論説

明・潘之恒《鸞嘯小品》卷二《彭大》　彭大，氣概雄毅，規模宏遠，足以蓋世。雖捉刀掬泉，其自托非淺。

張文儒

紀事

明・潘之恒《亘史・外紀》卷一六　張幼于志舞書成，語余曰：公見舊院妓張文儒舞耶。惜公生晚，不及見其盛。嘗夜造其室。侍兒傳曰：娘來矣。娘來矣。如是數四，猶未至。至則徐徐其行。前雙鬟導以明角燈二，後侍婢以二羽扇障之。望之若洛川凌波，左明珠而右翠羽，有選盤旋舞，蔫間又如天女散花。惜子未之見也。予猶習見徐驚鴻觀音舞，萬華兒善才舞云。今曲中盡廢此伎矣。或云：小娥，文儒號也。色極艷，而纏足最小，嘗脱屣以餉人。初，山陰高孝廉狎之最昵。及居南省，當齋宿，小娥着青衣帽，雜入小幼中進幸。後以不謹失官，尚因家璺而不及小娥事，即此可推矣。

寇文華

傳記

明・潘之恒《亘史・外紀》卷一九　寇生名文華，字琰若，小名定兒。落籍朱市。朱市數産艷姬，以余所見，郝文姝、佟七、秦小二、林大皆有俊聲。佟妖而蕩；郝以才翰自見，而貌猥褻；秦體弱不勝衣，顧善依托；林病而色黄，毅然有丈夫風。皆朱市之表表者。寇生名晚噪而超四君，負湖海氣，儼然居名流。好親翰墨，口剌剌諷咏不置。接箋字書卷必曼聲誦之。

時舉似一二俊語以問客。房帷整肅，侍御調習，酒德沉酣，而才韻丰度亦足驚四筵矣。東海屠君聞而造之，各以名自負不相下。屠曰：吾才士也，惜寇生之不余昵耳。生曰：惟名士悦傾城，子不余悦，徒損子名。如矜名邀昵，國士所慚。矧寒陋鄙姿，何由自薦，以辱大雅知遇耶。人笑屠之莽莽。然生實無藉屠知，微哂而已。先是徐翩昵屠，蓋耳食而甘者。人以定寇、徐之品云：生頎頎獨立，行如擁玉山，抹眼流波，尤善狐媚，人争奉之，時露貴驕態。故侵暴屢至，雖閉門謝客，絶外交，而金夫挑之，終不能固。其聲亦遠出少時。每睞之所遺，體之所附，手撫足蹋，咸靡然欲廢。故趨艷者未易捨之，而名流允終惠好焉。汝寧張君乃云：慕寇生，何必寢，寢何必内。其然乎。生能誦張詩，賞之嘖嘖，恐其論終傖父耳。少年輩沉湎者，非寢且内，難久居，諒矣。客又稱寇生多節俠事。有誤罹而乞解於顯者，無以投其好。生出小李將軍畫，值百金，授而賞之。罹者苦貧，有難色。生曰：吾豈望子值耶。卒賴以解。余間過生，談吐激奮，殊令人憐，怪其浸然無歸止念也。將諷之，以觀其尚，未得間。徒貌言相唐突耳。且所昵爲吴郎、汪郎，而卜終焉之志，余未知其尚之者。

胡一

傳記

明・潘之恒《亘史・外紀》卷三四　胡一，字白苧。爲雲中君所賞。以其善吴歌，初以謳供給武林包憲副宅。包謝館舍，而歌妓散。白苧誤爲楊生誘，匿迹來維揚。楊生亦善歌，歌不甚揚，而爲劇殊有逸態。白苧似歆近之，又求遠之。其性憨而戇，恃驕寵，少不當意，輒擲食器於波，左右莫之誰何。然貧妻甚矣。每登場，則專一不亂，四座爲之傾。按拍或未盡合魏家調，口喜爲雌黄，不改吴態。大艑估人，終不之善也。流寓將窮乎。亦足悲矣。然竟與楊絶，而情益蕩。莫知所終。

李瑶英

傳記

明・潘之恒《亘史・外紀》卷三四　李瑶英，行一。顔麗而華。時露閶閭態。令當壚，足傾都市。厠之盛筵，稍爲局脊。其聲本弋陽、樂平間，而柔潤過之。曲盡其妙，亦令人側耳，謂新聲足賞。頗有昵之者。與白苧自成别調，較之諸姬，風韻迥殊矣。

蘇瞽

傳記

明・潘之恒《亘史・外紀・雜篇》卷五　蘇瞽，北京東院人。雙目無見，而舌根之慧，無所不通。長安貴人，延請無虚日。其技面陳者十一，而背騁者十九。一所能也，九所絶也。彈絃唱詞曲，盡其情，此面陳之一也。閉之室，倚壁而聽之，忽若遊茂林而百鳥啅音也，忽若閲大苑而牛馬嘶風也，忽若臨市廛而鷄鳴犬吠、兒女啼號，猾豪争鬨、輪蹄夾撃、雜踏奔馳、囂起氛上，若震一方而驚四座，此背騁之九也。客曰：子技至此乎。子將以舌視乎。吾視子舌，知爲秦之苗裔矣。蘇瞽曰：祖秦以舌連六國，此徒用舌者也，餘則安能。吾之坐一室也，茫乎若無四隅，俯仰縱横，莫不以身傳而象之。浸假而鳴，群飛而翔，忽生萬翼；浸假而嘶，群逸而奔，忽驟萬啼。爲官長，爲邏卒，爲踐更，爲晝爲夜，雜而成聲。吾聽之若一，吾執一而合喙。衆之聽之，遂以一而爲萬矣。彼吹萬也，孰萬使之哉。吾所以用舌者，四體，舌也；五官，舌也；一毛一竅，皆舌也。吾不知有吾舌，亦不知有吾身，而後能成此伎也。成之，以想者也，非舌慧也，通乎慧也。通乎慧者，舌不能爲身殃，吾以舌養吾生耳。秦之舌存，適足以戕其生，吾不爲也。且吾甚樂乎其無視也。會予有目，且得進乎技哉。客曰：善。遂易瞽，稱爲舌師云。

馬道士

傳記

明・潘之恒《亘史・外紀・雜篇》卷五　馬道士，居虎瞜之神祠。仿郡城之戲樂，用竹、木、金、革之小器而節其音。其音斷續不齊，雜如風雨，亂如蓬麻，名曰十錦。間錯成韻，各不相沿，亦曰十反。馬之言曰：樂，奚以器爲哉。昔庖丁解牛，乃合《桑林》之舞。形語之國，奚必殊音。自吾舒雙臂，有掌有拳，有背有面，有指有節，有骨有肉，有抑有按，有屈有伸，而輕重疾徐間之所觸，亦有厚薄、柔脆、堅衄之異，數之至百且溢，豈惟十哉。於是爲一奏。而節之以舌，惟唇齒頰輔咸和焉，聽者莫能盡其變。

張禾父女

論説

明・潘之恒《亘史・外紀・雜篇》卷五　麻城丘大語余：乙巳春，在京師，有老樂工過其寓，云：張媪者，嫁而歸，先太守公舊人也。曾記君總角時侍太守通州，爲水嬉。今願一見君也。丘大聞而心喜，急上馬造之。媪爲陳前事，歷歷可聽，皆丘大童稚時所記憶者。相與欷歔飲泣。爲出酒饌佐譚。因言：有姊，大歸且老矣，故傳父箏，擅長教坊，君不願聞乎。丘大曰：幸甚。其姊出見，慷慨擘破箏，理弊甲而彈。歌以合節。丘大始未審，至二三句方悟，爲春闈催赴，盡四闋。丘問曰：此南詞，安得入絃索。姊曰：妾父張禾，嘗供奉武宗，推樂部第一人。口授數百套，如琵琶記盡入檀槽，習之皆合調，今忘矣。惟【四朝元】、【雁魚錦】尚可彈也。丘再懇，忻爲再彈，則思量那日離故鄉也。音畢，擲地曰：此亦廣陵散矣。幸一遇君而彈，如隔世事。妾將捶指，安能更撫哉。丘大徑醉而别。

徐孟

論説

明・潘之恒《鸞嘯小品》卷二　徐孟，激揚蹈厲，聲躁而志昂。古來英雄，以暴自錮，一徹而昭，在此觀矣。

張大

論説

明・潘之恒《鸞嘯小品》卷二　張大，敷陳應拍，綱領同流，驚四座之雄談，擅一時之高韻。

周氏父子

論說

明·潘之恒《鸞嘯小品》卷二 周氏父子，一莊以直，一婉以恬。居然方正之風，雍熙之典。

小徐

論說

明·潘之恒《鸞嘯小品》卷二 小徐，能遊戲三昧，時以冷語淡情飲人，爲之心醉。

陸三

論說

明·潘之恒《鸞嘯小品》卷二 陸三，勁節高韻，登場自喜，千人俱廢，似以度勝者。白蘋騁望，殊覺青山撩人。

王四

論說

明·潘之恒《鸞嘯小品》卷二 王四，發音振林，乍見雖潛其光怪，亦足以驚坐，夭矯如遊龍。

陳九

論說

明·潘之恒《鸞嘯小品》卷二 陳九，沉默韞奇，令人自溺。其善爲决絶者，非深於情者也，不免令瑯玡笑人。

顧四

論說

明·潘之恒《鸞嘯小品》卷二 顧四，奮迹淮陰，登場樹幟，候度率真，便足令喑嗚喪氣，酷似其宗兄。携未央遊秦淮時，直火攻伯仁耳。

楊四

論説

明・潘之恒《鸞嘯小品》卷二　楊四，情鍾故耦，感慨仳離，敝貂蘇季，獨不念繡被鄂君耶。

吴己

論説

明・潘之恒《鸞嘯小品》卷二　吴己，婉媚翛然，有出群之韻。與王小四頡頏林間，一勁而清，一疏而亮，皆後來之俊，在娣姒之間，亦稱雙美。

王小四

論説

明・潘之恒《鸞嘯小品》卷二　王小四，整潔楚楚，有閨閣風。愛其駿者，不愛其妾。所遇既殊，所染亦有漸矣。

朱伏

論説

明・潘之恒《鸞嘯小品》卷二　朱伏，亭亭濯濯，瀟散自如。三珠樹爲三青鳥所棲，無復有殊音之誚。

丁大

論説

明・潘之恒《鸞嘯小品》卷二　丁大，金陵白眉，其北調得真傳，而南音亦協和。觀者神悚，聽者魂銷，并有所長矣。

陸四

論説

明・潘之恒《鸞嘯小品》卷二　陸四，從鑾江飛艇而來。烏江不渡，遂令千古氣盡，而偉度俠骨，猶足與要離、専諸爲鄰。

沈二

論説

明·潘之恒《鸞嘯小品》卷二　沈二，翩而有度，媚而不淫。青女可群，蛾眉易妒，亦善自超者。

韓二

論説

明·潘之恒《鸞嘯小品》卷二　韓二，嬉笑怒罵，無不中人。惟善説，乃知説難。其縱體逞態，足鼓簧舌，通乎慧矣。

謝大、顧大

論説

明·潘之恒《鸞嘯小品》卷二　謝、顧兩大，能弱能柔，足以勝剛，强其應節，合於《桑林》。

朱子青

論説

明·潘之恒《鸞嘯小品》卷二《與楊超超評劇五則》　朱子青，與仙度競爽者，音其音，白其白，步其步，嘆其嘆。所不及者，思與度耳，然已近顧筠當年，接傅壽芳塵矣。可易得哉。西來有極音，而不能奏技；周蓮生有雅度，而音不振。劇之難言若此耶。

徐翩父父女

論説

明·潘之恒《鸞嘯小品》卷二《合爲樂技之評》　徐翩父，以旦色名。善妖，其當夕之價，倍於姬姜，而兼秦宫一生之活。二女翩翩、亭亭皆能，尤似之矣。

傅瑜父女

論説

明・潘之恒《鸞嘯小品》卷二《合爲樂技之評》　傅瑜，卯之父。色莊而音亮，至老猶不失度。卯之妹壽，皆能以聲技擅場，南北音兼美。卯善藏，而壽蕩。余以雙艷名其樓。

王本堯、張志高

論説

明・潘之恒《鸞嘯小品》卷二《合爲樂技之評》　王本堯、張志高，皆彈唱之麗者，而不能爲劇。

何少英父子

論説

明・潘之恒《鸞嘯小品》卷二《合爲樂技之評》　何少英囀喉蹙口作怪聲，士女皆媚之。子亦旦色，與郝可成齊名。

陳啓元

論説

明・潘之恒《鸞嘯小品》卷二《合爲樂技之評》　陳啓元，生色。蘊美有度，音亦清亮。

長末

論説

明・潘之恒《鸞嘯小品》卷二《合爲樂技之評》　長末，楚楚琅琅。

大净

論説

明・潘之恒《鸞嘯小品》卷二《合爲樂技之評》　大净，軒昂叫笑，英毅合體，皆小班之可觀者。

周旦 附：朱林、高瞻、丁雁塘、吴一溪、陳世歡

論　說

明·潘之恒《鸞嘯小品》卷二《致節》　以致觀劇，幾無劇矣。致不尚嚴整，而尚瀟灑；不尚繁纖，而尚淡節。淡節者，淡而有節，如文人悠長之思，雋永之味；點水而不撓，飄雲而不殢，故足貴也。惟金陵、興化小班間有之。其人多俊雅，一洗梨園習氣。就中周旦最勝。朱林、高瞻與齊聲。近來所覯，亦似暢快者。其大净小悍而有亮節。亮節者，亮而有節。以之定净品，殊無滿意。此色忌穠煩，尚簡貴，數十年來，惟長興丁雁塘擅場，猶覺其穠爲煩。穠不爲净病，病其甚爾。而虎丘吴一溪、雲間陳世歡，庶幾近之。吴、丁以技終老，不衰不退。陳早卒於燕，爲賞音所惜。若副净，猶尚科諢，蒜酪最忌瑣屑。吴之鐵爆帳、李猢猻，皆開罪首。大猥褻之不可爲庭陳，淫蕩之不可爲筵媚，鄉語之不可爲遠辱也。雅道知慎，生、旦宜防，而净、丑且不得恣矣。因語致而并及之。班中有知此者，其進於技乎。

曼修容

藝　文

明·潘之恒《鸞嘯小品》卷三　曼修容，徐步若馳，安坐若危。蕙情蘭性，色授神飛，可謂百媚横陳者矣。

宛轉歌喉態轉新，鶯鶯燕燕是前身。已憐花底魂銷盡，漫向梁間語撩人。

希疏越

藝　文

明·潘之恒《鸞嘯小品》卷三　希疏越，翛然獨立，顧影自賞。叙情慷慨，忽發悲吟，有野鶴之在鷄群之致。

年少登場一座驚，衆中遺盼爲多情。主人向夕頻留客，百尺垂楊自選鶯。

元靡初

藝　文

明·潘之恒《鸞嘯小品》卷三　元靡初，雲衢未半，秋舟方昇。孤月凌空，獨傳清嘯。倘謂同歡畢輪，毋靳發艷於三歲矣。

黄鵠高飛不可呼，羽衣瀟灑髻懸珠。曾棲句曲三峰頂，肯傍淮南桂樹無。

掌翔風

藝文

明・潘之恒《鸞嘯小品》卷三　掌翔風，顏如初日，曲可崩雲。巫峰洛水，仿佛飛越，豈直作掌中珍耶。

風前垂柳鬬腰低，一剪青絲覆額齊。含意未申心已醉，高雲墮砌月沉西。

慧心憐

藝文

明・潘之恒《鸞嘯小品》卷三　慧心憐，音叶鸞鳳，步騣驊騮，千人中亦見，卓乎超距之士。音如環轉體如絃，個是場中最少年。莫怪同儕心爲折，縱令垂老亦知憐。

瑶萼英

藝文

明・潘之恒《鸞嘯小品》卷三　瑶萼英，色艷而恍，氣吁以暢。如縹緲仙人，乍遊林水，而纖塵不染。美艷由來自有聲，衆中識曲不知情。若教藺子親操璧，肯博秦庭十五城。

直素如

藝文

明・潘之恒《鸞嘯小品》卷三　直素如，錦文自刺，冰操同堅。寵或弛於前魚，怨每形於別鵠。無金買賦，爲獻長門者接踵；悟后之歡，自溢於初薦爾。淡泊無由表素心，聊將貞操托孤琴。相如不淺臨邛意，托諷何嘗爲賜金。

正之反

藝文

明・潘之恒《鸞嘯小品》卷三　正之反，松筠挺秀，笙簧自鳴。如徒逐靡麗，亦幾於玄賞。松聲竹韻雜笙簧，箕踞長林古道旁。不獨塵囂能盡隔，頓令丘壑有遺光。

昭冰玉

藝文

明・潘之恒《鸞嘯小品》卷三　昭冰玉，美秀而潤，動止含情。水静而心澄，雲遏而響逸矣。一束宮絲一串珠，風前美度擅吴趨。排空群玉君應見，曲罷湘靈定有無。

二净

藝文

明・潘之恒《鸞嘯小品》卷三　二净，色中之蒜酪也。顰笑關乎喜怒，謔浪亦示微權。古稱施、孟能近人情，則二子庶幾矣。解識吴儂善滑稽，憨情軟語態如痴。略加粉色非真面，便放機鋒不自持。

和美度

藝文

明・潘之恒《鸞嘯小品》卷三　和美度，身不滿五尺，虹光繚繞，氣已吞象，壯夫不當如是耶。公孫渾脱舞氍毹，氣索登場爲大巫。不獨喑嗚驚客座，生來膽略與人殊。

寰無方

藝文

明·潘之恒《鸞嘯小品》卷三　寰無方，跳波浪子，巧舌如簧，脱逢吴兒，尚當掩袂。乍作冰山乍火輪，朱唇纔啓翠眉顰。古來三語堪爲掾，價抵丹樓兩玉人。

吴亦石

藝文

明·潘之恒《鸞嘯小品》卷三《贈吴亦石》　明月清輝送盡秋，西風吹曲入凉州。從今不用悲團扇，留得餘光在玉鈎。　風流情事盡堪傳，況是才人第一編。剛及秋宵宵漸永，出門猶恨未明天。　無論後代與前身，聞即相思見即真。優孟但知傳楚相，可能仿佛向來人。　丰韻超群艷過都，天間雖有世應無。易償一顧千金璧，難買當筵如意珠。　湯臨川所撰《牡丹亭還魂記》初行，丹陽人吴太乙携一生來留都，名曰亦史，年方十三。邀至曲中，同允兆、晋叔諸人坐佳色亭觀演此劇。惟亦史甚得柳夢梅恃才恃婿，沾沾得意，不肯屈服景狀。後之生色極力模擬，皆不能及，酷令人思之。因檢出《情痴》舊文，附録於此。

張三

傳記

明·潘之恒《鸞嘯小品》卷三《醉張三》　張三，申班之小旦。酷嗜酒。醉而上場，其艷入神，非醉中不能盡其技。河南劉天宇謫粤提舉，心賞之極，遽挾去。吴人思之。余向棲閶門，忽劉君以賜環經吴，刺舟見訪，相視甚歡。張三時在侍，偉然丈夫也。恨不見於三年之前。夜與飲，醉。觀其紅娘，一音一步，居然婉弱女子，魂爲之銷。吴人苦相留，劉君亦捨去。其領班爲吴大眼，以余能賞音，猶喜《明珠記》，厭梨園删落太甚，合班十日，補完傳奇。以張三爲無雙，作余滿意觀，愧未能以千金報之。不一年張三病死，其光景猶在目中，未即泯也。（《鸞嘯小品》卷之三）

金鳳翔

傳記

明·潘之恒《鸞嘯小品》卷三《金鳳翔》　金娘子，字鳳翔。越中海鹽班所合女旦也。余五歲時從里中汪太守筵上見之。其人纖長，色澤俱不可增减一分。翠翹珠結，垂佩明璫。其爲耀首文身之飾最麗，望之如帷翟中人。試一登場，百態輕盈，艷奪人目。余猶記其《香囊》之探，《連環》之舞，今未有繼之者。雖童子猶令魂銷，況情熾者乎。今之爲女艷者，無不慕弋陽而下趨之。即最擅場者，以雅道矜，如半仙之潔，王桂之慧，文冰之

高韻，蓮生之興致，潘小一之艷情，皆不易得，猶令人回金娘童子之思。其品可知矣。（《鶯嘯小品》卷之二）

林奴兒

傳記

清・倪濤《六藝之一録續編》卷一四　林奴兒，號秋香，成化間妓，風流姿色冠於一時。學畫於史廷直，王元父二人，筆最清潤。落籍後，有舊知欲求見。因畫柳枝於扇，詩以謝之，曰，昔日章臺舞細腰，任君攀折嫩枝條。從今寫入丹青裏，不許東風再動摇。沈周《題妓林奴兒畫，調寄臨江仙》云，舞韻歌聲都摺起，丹青留箇芳名。崔徽楊妹自前生，筆愁烟樹杳，屏恨遠山横。描得出風流意思，愛它紅粉兼清。未曾相見儘關情，只憂相見日，花老怨鶯鶯。

清・王原祁等《御定佩文齋書畫譜》卷五八　林金蘭自號秋香，亭中人，南都妓也。畫山水人物，宗馬遠，筆力雖未至，亦女流所難得。秋香學畫於史廷直，王元父二人，筆力清潤。金陵瑣事

清・湯漱玉《玉臺畫史・林奴兒》　《明書畫史》，林金蘭，自號秋香亭中人，南都妓也。畫山水人物，宗馬遠，筆力雖未至，亦女流所難得。

又　《梅禹金青泥蓮花記》，林奴兒，號秋香，成化間南京舊院妓。從良後，有舊識欲相見，以扇畫柳，題詩拒之云，昔日章台舞細腰，任君攀折嫩枝條。如今寫入丹青裏，不許東風再動摇。

又　《金陵瑣事》，林奴兒，風流姿色，冠於一時。學畫於史廷直王元父二人，筆最清潤。

又　《沈周臨江仙題林奴兒畫》，舞韻歌聲都摺起，丹青留个芳名。崔徽楊妹自前生，筆愁烟樹杳，屏恨遠山横。描得出風流意思，愛他紅粉兼清。未曾相見盡關情。只憂相見日，花老怨鶯鶯。

論說

清・厲鶚《玉臺書史》　林奴兒，號秋香，成化間妓。風流姿色，冠於一時。學畫於史廷直王元父二人，筆最清潤。落籍後，有舊知欲求見，因畫柳枝於扇，詩以謝之曰，昔日章台舞細腰，任君攀折嫩枝條。從今寫入丹青裏，不許東風再動摇。

又　沈周題妓林奴兒畫，調寄臨江仙云，舞韻歌聲都摺起，丹青留箇芳名。崔徽楊妹自前生。筆愁煙樹杳，屏恨遠山横。描得出風流意思，愛他紅粉兼精。未曾相見儘關清。只憂相見日，花老怨鶯鶯。

楊蕙孃

傳記

清・王原祁等《御定佩文齋書畫譜》卷四四　楊蕙孃，名曉英，秦淮女郎，精黄庭小楷。

清・厲鶚《玉臺書史》　楊蕙娘，名曉英，秦淮女郎。工黄庭小楷。

楊璆姬

傳記

清・王原祁等《御定佩文齋書畫譜》卷五八　楊璆姬，平康才人，世以玉貌，善音律擬之。楚璆姬雅好翰墨，又嘗游戲丹青，得九畹生態時稱逸品。潘之恒曲中記

清・湯漱玉《玉臺畫史》　潘之恒《曲中記》，楊璆姬，平康才人。世以玉貌，善音律擬之。楚璆姬雅好翰墨，又嘗游戲丹青，得九畹生態，時稱逸品。

呼文如

傳記

清・王原祁等《御定佩文齋書畫譜》卷五八　呼文如，萬歷間江夏營妓，知詩詞，善琴，能畫蘭。

清・湯漱玉《玉臺畫史・呼文如》《列朝詩集小傳》，萬歷間，江夏營妓呼姬文如，小字祖。知詩詞，善琴，能寫蘭，與其姊舉齊名，或譌爲胡姓云。

葛姬

傳記

清・王原祁等《御定佩文齋書畫譜》卷五八　葛姬，號曉雲。本出教坊，雅善琵琶，兼通翰墨，尤工於寫蘭。

清・湯漱玉《玉臺畫史・葛姬》　葛姬，號曉雲。本出教坊，雅善琵琶，兼通翰墨，尤工於寫蘭。

趙麗華

傳記

清・倪濤《六藝之一録續編》卷一四　趙麗華，字如燕，小字寶英，南院妓，自稱昭陽殿中人。如燕父鋭以善歌樂府供奉康陵。如燕年十五，籍隸教坊，能綴小詞，被入絃索。予嘗得其書畫扇，楷法絶佳。後題云，乙卯中秋，同西池徵君，質山學士集海濱天香書屋，書此竟聞任兵憲在陸涇壩，禦倭大捷，奏凱回，亦快事也。沈嘉則爲作傳有云，趙雖平康美人，使具鬚眉，當不在劇孟朱家下。今即其題扇數語，豪宕可知。

清・厲鶚《玉臺書史》　趙麗華，字如燕，小字寶英，南院妓，自稱昭華殿中人。如燕父鋭，以善歌樂府，供奉康陵。如燕年十五，籍隸教坊，能綴小詞，被入弦索。予嘗得其書畫扇，楷法極佳，後題云乙卯中秋，同西池徵君質山學士集海濱天香書屋，書此竟，聞任兵憲在陸涇壩，禦倭大捷，奏凱

回，亦快事也。沈嘉則爲作傳，有云趙雖平康美人，使具鬚眉，當不在劇孟朱家下。今即其題扇數語，豪宕可知。（静

清・湯漱玉《玉臺畫史・趙麗華》 麗華，字如燕，小字寶英，南院妓，自稱昭陽殿中人。能綴小詞，被入絃索。予嘗得其書畫扇楷法絶佳，後題云，乙卯中秋，同西池徵君質山學士集海濱天香書屋。書此竟聞任兵憲在陸涇壩禦倭大捷，奏凱回戈，亦快事也。沈嘉則爲作傳，有云，趙雖平康美人，使具鬚眉，當不在劇孟朱家下。今即其題扇數語，豪宕可知。

藝文

明・沈德符《御選明詩》卷一一六《席上賦別》 妾舟西發君舟東，頃刻天生兩處風。此去雲山天際渺，寸心千里附冥鴻。

郝文姝

傳記

清・倪濤《六藝之一録續編》卷一四 郝文姝，字昭文，金陵妓，居珠市領。其談吐慷慨，風生下筆成琬琰，幾令衛夫人收泣。而以貌列中品，姝由由然不屑也。寗遠李大將軍物色之載媵車中，方督師遼東置諸掌記間，稱内記室凡奏牘悉以屬。潘之恒鸞郝文姝，珠市妓，爲人文弱，清致逼人。余嘗在其齋頭見信筆作報札，頃刻數百言，字不減黃庭信佳秀也。

藝文

明・沈德符《御選明詩》卷一一六《郝文姝・送張隆父還閩》 一曲春風酒一巵，渡頭楊柳不開眉。從今海路三千里，有夢爲雲到也遲。

孫瑤華

傳記

清・倪濤《六藝之一録續編》卷一四《孫瑤華》 瑤華，字靈光，金陵曲中妓，歸新安汪景純。讀書賦詩，屏却繁華。汪仲嘉有代蘇姬寄怨所歡詩，一時詞客屬和成帙。吳兆熊尤岸然自負，靈光詩一出，皆閣筆歛衽。景純子駿聲，以手跡示余詩句，皆清勁婉約，真閨房之秀也。

清・厲鶚《玉臺書史》 孫瑤華，字靈光，金陵曲中妓，歸新安汪景純。讀書賦詩，屏却繁華。汪仲嘉有《代蘇姬寄怨所歡》詩，一時詞客屬和成帙，吳兆熊尤岸然自負。靈光詩一出，皆閣筆歛衽。景純子駿聲以手迹示余，詩詞皆清勁婉約，真閨房之秀也。

梁昭

傳記

清・倪濤《六藝之一録續編》卷一四《梁昭》 吴姬梁昭，字道昭。故以善歌名，爲人儀度恬雅，綽約若仙，習琴能棋，作小楷，有東方讚曹娥碑筆法。

清・鄒樞《十美詞紀・梁昭》 梁昭，吴門妓也。姿色絶麗，酒微酣，兩頰紅暈，望之如桃花士女。時吴門有徐六度曲，俞愛之撥阮，汪君品玉簫，管伍吹管子，爲歌壇絶頂。昭師事徐六，學度曲。不逾年，精妙反過於徐。諸樂中惟管子合曲最和協，而管伍之管，其細如縷，昭動口簫管稍低於肉，聽之若只知有肉，而不知有簫管也者。而簫管精蘊，暗行於肉之中，偷聲换字，令聽者魂消意盡。虎邱中秋夜，勝會畢集，若昭等不來，皆以此夕爲虚度。後適一錢姓者，錢以事繫獄將死，昭殉身以報，投繯於尼巷。時人皆稱其烈焉。荳蔻衣香，芙蓉笑譜，小立春風門巷。蜻蜓碧淺，魚子紅深，可體縠紋三兩。户外亂擁雕輪，陪宴蘭皋，繫舟湖上，把瓊簫漫品錦箏微撥，遏雲聲響。還自結顧曲周郎。哀絲豪竹，心力盡消歌唱。誰知燕燕，不信鶯鶯，烈骨竟藏鴛帳。思守藁砧，又因金谷摧殘，墜樓悲壯。女丈夫櫬在吴門，堪與要離同葬。

清・厲鶚《玉臺書史》 梁昭，吴姬，字道昭，故以善歌名。爲人儀度澹雅，綽約若仙。習琴能棊，作小楷，有東方讚曹娥碑筆法。

沙嫩

傳記

清・倪濤《六藝之一録續編》卷一四 沙嫩，名宛在，字未央。桃葉妓，善絃管，著《婕香集》。露書沙宛在名彩姝，擅臨蘭亭。珊瑚網

清・厲鶚《玉臺書史》 沙嫩，名宛在，字未央，桃葉妓。善絃管，著《婕香集》。沙宛在，名彩姝，擅臨蘭亭。

郝賽

傳記

清・倪濤《六藝之一録續編》卷一四 郝賽，名婉然，字蕋珠，珠市妓。麗容媚態，楷書有昭文門風，著調鸚集。郝藝娥名婉然，工寫宣示帖。

金文甫

紀事

清・張大複《梅花草堂筆談》卷一四《金文甫》　金文甫急朋友之難，饑不及炊，吾甚重之。文甫曰，往時在獄，聞人救援聲，脊梁上竟一日有力。

王怡菴

論説

清・張大複《梅花草堂筆談》卷七《王怡菴》　王怡菴教人度曲，閒字不須作腔。閒字作腔，則賓主混而曲不清。又言，諧聲發調，雖復餘韻悠揚，必歸本字。此宇宙間不易之程，非獨一家事也。王在長安，薄遊營妓間，戲演《張敏員外》，識者絶倒。諸部聞之，競相延致，至馬足不得前。斯豈無挾而然耶。然諸部政不知此劇其一班耳。擅場事故，在《崔徽傳》。予嘗叩之，兩頤翕翕自動，嵇談阮笑，誰不自喜。周旋竟日，絶不及《牡丹傳》。予問故，曰，政復難，然難處最佳。又問難處，逡巡久之，曰，叠下數十餘閒字，着一二正字，作麽度。予笑曰，難，難。政復佳。

雙福

紀事

清・珠泉居士《續板橋雜記》　張玉秀，行大，蘇州人。【略】姬有義女名雙福，年十一，白皙聰俊，與姊鳳兒，並工戲劇。余於王氏水閣，聽演《尋親記跌包》一齣，聲情並茂，不亞梨園能手。

張二

紀事

清・珠泉居士《續板橋雜記》　張玉秀，行大，蘇州人。【略】其繼妹張二，弱質纖妍，亦嫻詞曲。

王秀瑛

傳記

清・珠泉居士《續板橋雜記》　王秀瑛，小名愛兒。父母皆蘇州人，生於金陵，遂家焉。適伶人張七以母命，非本志也。姿首清妍，舉止閒雅，不樂與姊妹行爲伍，所居鈔庫街之西，閑閣幽深，翛然絶俗，有傖父某，以白金四十啗其母，謀一夕歡不可得。惟二三知己，相對永夕，杯茗清談，鮮及於亂，遇緩急。貲相助，不望報也。其情性矜尚如此。余友周子稼軒孫子楚儂皆與善，嘗語余云，姬非五鼓不眠，非日中不起，早飯晌午，晚膳三更，習以爲常，不能改也，自奉甚薄，宴客必豐，盛服盈笥，弗以被體。能鼓琴，善南北曲，非興會所至，雖素心人不克强之發聲，是蓋青樓中最有品者，然終以不得其所。鬱鬱多病，楚儂賦詩云，我本飄萍卿斷梗，白門同是月殘時。姬爲涕泣久之。有妹曰二姑，沈静寡言笑，高自位置，亦大有姊風。

張卯

紀事

清·余懷《板橋雜記》卷下《軼事》 曲中狎客，則有張卯官笛，張魁官簫，管五官管子，吴章甫絃索，盛仲文打十番鼓，丁繼之、張燕筑、沈元甫、王公遠、朱維章串戲，柳敬亭説書。或集於二李家，或集於眉樓，每集必費百金。此亦銷金之窟也。張卯之滑稽婉膩，善伺美人喜怒。一日偶忤李大娘，大娘手破其頭上鬌帽，擲之於地。卯徐徐拾取，笑而戴之以去。

沈公憲

紀事

清·余懷《板橋雜記》卷下《軼事》 沈公憲以串戲擅長，同時推爲第一。王式之中翰，王恒之水部，異曲同工。遊戲三昧，江總持，柳耆卿，依稀再見，非吕如敬遷李仙鶴也，樂户有妻有妾，防閑最嚴，謹守貞潔，不與人客交言。人客欲强見之，一揖之外，翻身入簾也。亂後，有舊院大街，顧三之妻李三娘者，流落江湖，遂爲名妓。忽爲非類所持，暴繫吴郡獄中。余與劉海門夢錫兄弟，及姚翼侯張鞠存，極力拯之，致書司李李蠖菴，僅而得免。然亦如嚴幼芳，劉婆惜，備受箠楚决杖矣。三娘長身玉色，倭墮如雲，量洪善飲，飲至百觥不醉。時辛丑中秋之際，庭桂盛開，置酒高會。黄蘭巖，方邵村，及玉峯女士馮静容偕來。居停主人金叔侃，盡傾家釀，分曹角勝，轟飲如雷，如項羽章邯鉅鹿之戰，諸侯皆作壁上觀。飲至天明，諸君皆大吐，静容亦吐，髻鬟委地，或横卧地上，衣履狼藉。惟三娘醒，然猶不眠，倚桂樹也。蘭巖賈其餘勇，尚與翼侯喝拳，各盡三，四大斗而别。嗟乎。俯仰歲月之間，諸君皆埋骨青山，美人亦棲身黄土。河山邈矣，能不悲哉。

馬嬌

傳記

清·余懷《板橋雜記》卷中《麗品》 馬嬌，字婉容，姿首清麗，濯濯如春月柳，灔灔如出水芙蓉，真不愧嬌之一字也。知音識曲，妙合宫商，老技師推爲獨步。然終以誤墮烟花爲恨，思擇人而事，不敢以身許人，卒歸貴陽楊龍友。龍友名文驄，以詩畫擅名。華亭董文敏亟賞之。先是閩中郭聖僕有二妾，一曰李陀那，一曰朱玉耶。聖僕殁，龍友得玉耶，並得其所蓄書畫，瓶研几杖，諸玩好古器。復擁婉容，終日摩挲笑語爲樂。甲申之變，貴陽馬士英册立福王，自爲首輔，援引懷寧阮大鋮，搆黨煽權，撓亂天下，以致五月出奔。都城百姓，焚燒兩家居第。以龍友鄉戚有連，亦被烈炬，頃刻灰燼。時龍友巡撫蘇松，盡室以行。玉耶亦殉，婉容莫知所終。龍友父子殉難閩嶠，無遺種也。猶存老母，匄歸金陵，依家僕以終天年。婉容有妹曰孅，亦著名。又有小

唐小

傳記

清·珠泉居士《續板橋雜記》 唐小，本郡人，住槽坊巷。年方及笄，品貌雙絶，綺閣深藏，俗子未易謀面。善歌能飲，解誦風詩。每一掉文，如匡説解頤，不數鄭家婢泥中之對也。其大婦曰嚴三，齒長於姬，而姱容修態，堪與頡頏。亦緣位置自高，羞與曲中人伍，人罕見之。

黄翠兒

傳記

清·珠泉居士《雪鴻小記》 黄翠兒，字緑筠，常熟女伶，王天福妾也。初大婦三胖子遇之虐，嗣以色藝冠時，舉家仰食於翠，始善視之。余於去春相識時，翠已十九年矣，融酥作骨，摶粉爲肌，素質艶光，雖玉蕊瓊英，未足方喻。鑑湖童子杏浦，見而傾倒，留頓浹旬，欲以多金贖之，翠亦幽怨盈懷，願奉公子盥匜，因格於勢未果，無何而有小玉奴之事。小玉奴者，天福之媳，早歲曾適童姓，繼歸於王，亦以脂粉爲生，其父母知之有年，一旦訟之有司，意欲别售富室子。事本與翠無涉，有以讒言進者，將居翠爲奇貨，遂被逮，時翠方娠，杏浦爲之上下營救，余亦多方調護，始以疾放歸。驚心甫定，懷珠遽隕，風雨梨花，幾經摧折矣。先是有河南某丞，慕翠名，思購爲妾，丞素漁於色，且自頂及趾無雅骨翠百計辭之，幸而獲免，會以訟餘養疴金陵，丞又極於所往，覘翠孤弱，將刼以行，翠聞之悲號，截髮以誓，奸謀乃寢，比其反也，歲聿云莫。天福夫婦以訟破家，不能自存，翠雖心乎杏浦，而身處窘鄉，義難恝然以去，且天福夫婦，亦不肯遽捨此錢樹子也。維時杏浦館安於宜，問遺不絶，嘗寓書於余，暨潘子研香，就近保護之。研香賦詩十絶紀其事，余謂杏浦洵有情癡，需以歲時，自應作延津之合也。詎意天不假緣，杏浦於閏夏遽賦玉樓，鴛盟未諧，鵬飛何亟，吾爲杏浦傷，並爲緑筠痛哭矣，附録研香詩，誌人琴之悼。且以貽好事者，詩云青娥原是謫仙人，幻宿空花惹宿因，誤落黑風三餘刼，明珠一粒委泥津。娟娟翠竹似容光，門巷春深駐泰娘。何處槐枝黄夾道，江干憔悴女兒箱。琅玕一片總凌空，只在山隈水曲中。紅杏交枝春意鬧，此君無節不玲瓏。姤花風色太披猖，從此温柔未有鄉。廡下孤桐廚下爨，賞音那得蔡中郎。淪落空憐絶世姿，阿誰顛倒獨情癡。名花借得東方力，暮暮朝朝好護持。春歸紅袖魂同去，月上青樓影

共還。望斷天涯人不見，夢中情淚滴成斑。如瓜小艇逐邸夷，烟水蒼茫杳不知。蓮子心腸紅豆影，可憐苦裏暗想思。西風白下柳欹斜，嗚咽秦淮水一涯。半紙雲藍情萬縷，總教人不薄烟花。春光依舊入揚州，宵市橋邊古渡頭。一樹馬纓迷客路，願郎曲折到紅樓。騎省多愁鬢已絲，爲君更唱斷腸詞。安能天意從人願，大婦同行小婦隨。陳銀兒，蘇州人，居水關之東。弱歲學歌，聲如雛鳳。嘗一夕工數劇，老伎師嘆弗如，豪客贈遺無虚日，然性慷爽，阿堵物不以關懷。及長，益厭鉛華，素服淡妝，亭亭玉立，與綠筠夾河而居，年並十九，固一時雙璧也。余友陳子心懺，雅愛尋芳，而輕薄萬千，愜心者少，客春上巳，偕余閒步平康，獨得銀兒一見心醉，迷香洞中，擬作蘇姑於好夢。暇即往訪，挑以辭不答，屢叩之，或以疾辭，私詢其義妹福兒，始知銀與新安蔡生，訂有婚誓，迨吉於歸，不同章臺柳矣。余笑謂心懺曰，花枝已屬東風管，珍重流鶯別處啼，二語可代銀作答。心懺爲之惘惘者累日，然猶幸佳期迢遞，無妨造室晤言，挹彼清芬，不必定作拗花人也。未幾聞綠筠爲訟累，銀益嘆此中不可居，而生亦適以油壁來迎，遂於四月杪辭家竟去，吁，銀亦可謂出淤泥而不染者矣。第聞生以丞職待選，僑寓維揚，年當授室，使君固自有婦也。銀於定情時，位非小星，然他日相逢，莫能兩大，爭春梅雪，恐費平章，則銀尚於此少商量矣，偶與心懺論及之，心懺又爲之悶悶者累日。福兒，年十五，丰姿韶令，銀嘗教之歌曲，亦能繼其聲。陸慶兒，嘉興人，本良家女，爲王三童養媳，虐於其姑，驅事章臺，非本志也，葳蕤自守，楚夢猶虚。余友潘子研香亟稱之，因往訪焉，年方及笄，淡薄妝梳，體無華飾，而笑彎秋月，羞暈朝霞，柔媚中別有幽致。挑菜節研香邀遊平山，復相遇於長春嶺之西榭，時值峭寒未解，殘梅在枝，慶竚立花陰，風吹鬢影，愁思弱態，如不勝情，研香語余曰，是兒終非風塵中人也，即於席間賦《滿庭芳》一闋云，慵髻低鬟，顰蛾斂黛，湘裙微蹴蓮鉤。盈盈二八，相見半嬌羞，衆裏勝常道罷，生姿處一晌凝眸。金尊奉，鶯啼嚦嚦，宛轉引歌喉。人間多恨事，花時雨横，月上雲稠。況黑罡風裏，挫折飄流，那得藏諸金屋，深愛護玉軟香柔。嗟予是傷春杜牧，端的爲花憂，余亦口占一闋和之云，紅暈潮鮮，綠堆雲膩，香泥淺印雙鈎。低徊索笑，相識尚吟羞，携手落梅風外，盈盈酒併入明眸。嬌無那，霞杯怕賭，酌潤歌喉。舊遊曾記憶，橋頭柳暗，渡口花稠。怎淑姿蓬巷，越樣風流，恰遇郎郎清潤，問吟罷心醉温柔。還試問，相思此後，何處采忘憂，對酒高歌，慷當以慨，慶爲嗚咽久之。迨夏中聞有武林某公子，以重金購爲側室，甚有寵，余喜研香之言驗矣，更重爲慶兒幸也。余昔往邗來上，停橈每無多日，一時名姝，如林巧兒金瑞芳等，皆未謀面。今狎游既數，寓目遂多，雖空冀北之羣，尚落藍田之屑，或齒加長而風韻猶存，或名稍輕而幽情獨抱，芳心艷影，甯教一例沈埋，因復附書數人，亦雪泥之纖爪云爾。

王二

傳記

清・珠泉居士《續板橋雜記》　王二，蘇州人。早墮風塵，由秦川轉徙金陵。余於庚夏相晤於熊氏河亭，容貌亦自娟妍，第苦貧乏不能自存，贈以貲日爲延譽，得漸生色及辛歲抵寧，則被服麗都，座客常滿矣。綈袍雖在，已無戀戀故人之色，余急面詰之，姬面發赬，一座粲然。姬有妹曰鳳姐，年方十齡致亦楚楚，教之歌曲，發音清妙，起合自然，洵美材也。

謝玉

傳記

清・珠泉居士《續板橋雜記》　謝玉，字楚楚，本郡人。年十六，肌理玉雪，秀慧絶倫，與其母居釣魚巷中。善南北曲，嬌喉一囀，飛鳥遏音。母珍同掌珠，欲得佳子弟字之。玉亦自矜聲價，不屑作尋香人。雖給侍讌遊，猶虛屏山之夢也。

梅雪

紀事

清・珠泉居士《續板橋雜記》 梅雪，恐費平章，則銀尚於此少商量矣。偶與心㦊論及之，心㦊又爲之悶悶者累日。福兒，年十五，丰姿韶令，銀嘗教之歌曲，亦能繼其聲。

王瓏

傳記

清・珠泉居士《雪鴻小記》 王瓏，太倉州人。年十八，與兄嫂共居，艷名噪一時。客歲上巳，余偕友人訪之，值瓏將赴某鉅公招，華妝炫服，忽忽就道。閲日載造其廬，適患清恙，午睡初起，帕羅覆額，芳澤無加，而逸韻風生，媚麗欲絶，始嘆清水芙渠，妙在絶去彫飾耳。於時試茗之餘，繼以歡讌，余於薄醉，浼其輕歌，瓏力疾爲度十二紅一曲，雙蛾微斂，横波流光，一串珠喉，流轉如鸝音入耳，聞聲對影，令人真個銷魂也。夏五初旬，聞其許字吴人王某，余初疑傳言之妄，往探其實，則已斑騅夙駕，蕡實宜家矣。詢伊長嫂愛奴，乃知瓏雖少年，早已矢脱風塵，而志左隨人，又不願作勢家姬妾，因與王某夙契，識其氣字非長貧賤者，決計於歸，棄紛華如敝屣焉。噫，黑風孽海，飄泊多矣。瓏以稚齒韶顔，獨能早登彼岸，度亦有善根哉。

方璇

傳記

清・珠泉居士《雪鴻小記》 方璇，江陰人。本姓水，乳名阿全，方玉奴之義女。幼爲金陵女伶，余於辰秋，曾相識於王氏河亭。色藝俱佳，已傾流輩，以其命名未雅，易之以璇，字曰姍來。於今三年，河干邂逅，烟輕月瘦，雪韻花嫣，正盈盈二八時也。性耽清雅，沈静寡言。初居小秦淮之南，因避塵囂，移家古旗亭曲巷中，閨閣幽深，非素心人未許排闥，玉亦將順其意，珍如掌珠。緑萍前尹，余同鄉中表戚也，以栽花之仙吏，爲掌玉之文星，投簪後僑寓竹西。絶憐愛之，適有傖父使酒罵座，意將逮辱姍來，緑萍囑余護持，得寢其事。得每餘暇過從，清談移晷，嘗見其理雙鬟，束雙彎，笑笑生芳，步步移妍，真可相對療饑，不待酣紅膩緑也。爲賦《玉梅》二絶贈之，有管領春風第一枝，及朗於新月澹於雲，之句，姍來頗解賞音，浼余書於香箋，時時吟誦，出入懷袖中。會夏杪玉奴以事速訟，倉猝間偕返里門，明月蘆花，不勝惆悵。玉奴亦江陰人，年逾二紀，姿致猶人。惟膩理靡顔，不愧温如之目，善飲酒，工觴政，度曲亦清越擅揚。

周四

傳記

清・珠泉居士《續板橋雜記》 周四，又稱粱四，蘇人州。年逾三十，風韻猶存，善彈琵琶，名著青溪桃葉間。有兩曰，大官二官貌不甚美，而演劇頗佳。十餘齡耳，已識曲中三昧，同時小女伶，有周玲，乳名姐官，字瑟瑟，蘇州人。方全後改名璇，字姍來，江陰人。吴雙福張大義女。汪銀兒，胡四喜，秦巧姐等，皆蘇州人。並工院本。而周玲實創厥始，四喜獨冠其曹，鑑胡邵子升岩，嘗語余云，周玲之尋夢題曲，四喜之拾畫叫畫，含態騰芳。傳神阿堵，能使觀者感嫮目心，迴腸蕩氣，雖老伎師，自歎弗如也。以上紀□品。

葛嫩

傳記

清・余懷《板橋雜記》卷中《麗品》　葛嫩，字蕊芳。余與桐城孫克咸交最善。克咸名臨，負文武才略。倚馬千言立就。能開五石弓，善左右射。短小精悍，自號飛將軍。欲投筆磨盾，封狼居胥，又别字曰武公。然好狹邪遊，縱酒高歌其天性。先昵珠市妓王月。月爲勢家奪去，抑鬱不自聊，與余閒坐李十娘家。十娘盛稱葛嫩，才藝無雙，即往訪之。闌入卧室，值嫩梳頭，長髮委地，雙腕如藕，面色微黄，眉如遠山，瞳人點漆。叫聲請坐。克咸曰，此温柔鄉也，吾老是鄉矣。是夕定情，一月不出，後竟納之閒房。甲申之變，移家雲間。間道入閩，授監中丞楊文驄軍事。兵敗被執，并縛嫩。主將欲犯之。嫩大罵，嚼舌碎，含血噀其面。將手刃之。克咸見嫩抗節死，乃大笑曰，孫三今日登仙矣。亦被殺。中丞父子三人，同日殉難。

李大娘

傳記

清・余懷《板橋雜記》卷中《麗品》　李大娘，一名小大，字宛君，性豪侈，女子也而有鬚眉丈夫之氣，所居臺榭庭室，極其華麗，侍兒曳羅縠者十餘人，置酒高會，則合彈琵琶箏，或狎客沈元張卯奎數輩，吹洞簫笙管，唱詩曲，酒半打十番鼓，曜靈西匿，繼以華燈，羅幃從風，不知喔喔鷄鳴，東方既白矣。大娘嘗言曰，世有游閒公子，聰俊兒郎，至吾家者，未有不蕩志迷魂，沈溺不返者也。然吾亦自逞豪奢，豈效齷齪倚門市娼，與人較錢帛哉。以此得俠伎聲於莫愁桃葉間。後歸新安吴天行，□□大年天行鉅富，貲産百萬，體羸素善病，後房麗姝甚衆，疲於奔命，大娘鬱鬱不樂。曩所歡胥生者，賂僕婢道通音耗，漸託疾，客薦胥生能醫，生得入見大娘，大娘以金珠銀貝，納葯籠中。挈以出，與生訂終身約，吴天行死，卒歸胥生。胥生本貧士，家徒四壁立，獲吴氏貲，漸殷富，與大娘飲酒食肉相娱樂，教女娃數人歌舞，生復以樂死，大娘老矣，流落闤闠，仍以教女娃歌舞爲活。余友及見之，徐娘雖老尚風情，話念舊游，潸然出涕，真如華清宫女，説開元天寶遺事也。昔杜牧之於洛陽城東，重覩張好好，感舊傷懷，題詩以贈，末云，朋友今在否，落拓更能無。門館慟哭後，水雲秋景初。斜日掛衰柳，涼風生座隅。灑盡滿衿淚，短歌聊一書，正爲今日而説。余即書於素扇以詒之，大娘捧扇而泣，或據牀以哦，哀慟隣壁。

張玉秀

傳記

清・珠泉居士《續板橋雜記》 張玉秀，行大，蘇州人。隨其母寄居江寧，眉目軒爽，舉止大方，巾幗具鬚眉之氣。少時楚省吴公子見而傾倒，出數百金梳櫳之，爲歡匝月。公子就官浙東，未半載卒於署。僕從雲散，宦槖蕭然，旅櫬不得歸里。姬聞之，立出篋中貲，遣人赴浙，扶柩西旋。舟過江關，素服哭臨，呼號欲絶，遂於江口招提，廣集緇流，禮懺二晝夜，傾貲命其家人，伴送至楚，爲之營葬而返，以此俠聲振一時。辛丑歲，狎客朱元官爲余道其事甚悉，余嘗一再詢之。涙眥熒熒，隱有母也天只之恨，時别許作一傳，荏苒三載，未暇踐言。今秋過訪，已於六間從良矣，問之鄰姬有，言名同邑名士鄒生，年甫三旬，絃斷未續。偶與姬晤，姬知其高世才也，贈以所蓄纏頭，易金奉母，飄然長往。兹聞倡隨相得，筆耕針耨，稱嘉耦焉。吁，異哉。姬之所爲，殆有大過人之才識，而濟以豪俠果斷者，不圖於青樓中得之。余既深嘉其志，且喜其得所歸也，爲之綴序其事，以償夙諾云。聞姬善崐曲，有崩雲裂石之音，其繼妹張二，弱質纖妍，亦嫻詞曲。姬有義女名雙福，年十一，白皙聰俊，與姊鳳兒，並工戲劇。余於王氏水閣，聽演《尋親記跌包》一齣，聲情並茂，不亞梨園能手。鳳兒年十三，亦姬義女，自姬從良後，其母尚賴三人作生計焉。

沙才

傳記

清・鄒樞《十美詞紀》 沙才者，金陵歌院伎。家桃葉渡，風致淡雅，工詩。余赴南闈，曾至其室。見其小軒中位置花石，几上有自評唐詩，及花間集，丹黄雜采，不忍釋手。後徙至蘇寓虎邱山塘，常以閶門雲母箋裁斗方吟小令，作蠅頭楷贈余索和。余取宣德帋，以碎硃研粉研光賦詩一半兒十首答之，喜甚。藏之金陵紫檀鈿盒中每見，出以示余，吟咏不置。余家每有小飲必招之，彼必辭他客而來。後金陵院樂中，有侵其舊居者，姥載女歸故曲，遂不復至蘇矣。相台録事，韋曲司書，仙藻憑纖手。冷金箋剖，毚毫嫩，常伴翰林千首。碧衫唾皺，早看盡閶門楊柳。賦小詞題徧鮫綃，滿路颺香蔻。何意憐才贈玖，寫回文短幅春情先逗。微波暗溜，相憐處爲我客前辭酒。傍奩未久，又鼓棹石城渡口。想到時懶唱桃根，人似黄花瘦。解語花

李蓮

傳記

清・鄒樞《十美詞紀》 李蓮，吴門妓也。姿色纖麗，少有渴病。年十九，以患熱不出見客，常以小札招吕湘烟及余至其家。蓮靚妝艷服，迎坐小軒，設餚饌精美，行酒政遞花催板，竟夜無倦容。撥絃索，唱西厢草橋驚夢，歌徹首尾，宛轉瀏亮。媽憐惜，不使之畢，而蓮不顧也。是歲秋，復招我

二人。見其面龐消減，香腮印紅，仍具酒垂淚而言曰，我病已久，向之與君盡歡者，勉力以報知心，故不覺其憊也。今則不能矣，請君一訣，倖毋悲切。於是取絃索，歌新水令闋，氣短而止。持袂嗚咽不勝，逾數日逝矣。予作招商曲以挽之，湘烟賻之甚厚，至今言及猶悵悵云。鴛樹凝愁，珠樓墮影，慘慘啼紅幽夢。扇冷桃花，把香車誰控。掩坊曲常自瓊梳懶掠，粉椀梅鈿膠凍。單鵠離鸞語，此生休弄。憶芳筵曾受憐憐重，扶衰體笑解春風鞚。勉强撥施搊箏，苦霜颸吹送，葬西阮近在真娘塚。簫聲斷，零落歌紈。鳳問誰念小玉情真，賦招魂是宋。拜星月慢。

羅節

傳記

清・鄒樞《十美詞紀》 羅節，金閶女優也。爲旦，色柔婉絶倫。媽以其年漸長，思得一富家兒爲破瓜計。節曰：我爲名優，嗣後以所得者，酧母正多。我終身事，母幸勿預。一日，節在余家演劇，卸杏色外衫於衣桁。余見其衣帶上。繫小紫香囊，内有琥珀墜，素綃半幅。上書細字，辭義俱不可解，忙向余索去。自是年餘，節忽不見。媽徧求不得，思想成病。半載後，媽忽不見。方知其綃上所書，密約也，珀墜贄物也。節之去，踐盟也。媽亦去，迎養也。節亦青樓中之異人矣。縱流温傍玉，評不到此真真。看鳳曲鶯喉鳩鷩燕舞態盡花茵，步幄珊珊暗出，似巫峯墜下一絲雲。料想蜂狂蝶驟，自應無處藏春。誰知歛恨與收欣，却早乞閒身。看仙杼梭霞，芳屏畫草，願事情人。蘭棹五湖歸去，迓慈幃猶念舊時恩。鏁住花心柳性，莫教飄蕩風塵。木蘭花慢

王少君

傳記

清・厲鶚《玉臺書史》 王少君，名曼容。白皙而莊，清揚巧笑，殊有閨閣風。其居表以長楊，人遂呼爲長楊君。學字於周公瑕，學詩於余宗漢，學琴於許太初，爭以文雅相尚。

媚骨

傳記

清・倪濤《六藝之一録續編》卷一四《媚骨》 汪歷賢題楊宛叔《蘭亭臨本詩》云，獨就規摹出新意，更留粉本與蘭亭。雙鈎響榻誰能事，直喚昭陵片筴醒。

郭長春

紀事

清・張潮《虞初新志》卷二〇　歲丁酉，尚書挈夫人重遊金陵，寓市隱園中林堂。值夫人生辰，張燈開宴，請召賓客數十百輩。命老梨園郭長春等演劇，酒客丁繼之，張燕筑及二王即。串《王母瑤池》宴夫人。垂珠簾召舊日。同居南曲呼姊妹行者與燕，李大娘，十娘，王節娘皆在焉。

顧文英

論說

清・厲鶚《玉臺書史》　顧文英，善書，以碧絲作小行楷，綉之盛鏡囊，以寄所歡。

姜舜玉

傳記

清・厲鶚《玉臺書史》　姜舜玉，號竹雪居士，隆慶間舊院妓。工詩兼楷書。

楊叔卿

論說

清・厲鶚《玉臺書史》　楊叔卿，喜學麻姑壇，一染齋紈，可易百錦，大足掩映林下風。《珊瑚網》。

吴瑟瑟

傳記

清・厲鶚《玉臺書史》卷四《吴瑟瑟》　《冒丹書婦人集補》，吴瑟瑟，姑蘇人，錢進士名位坤姬也。兄年十七，亦美丰姿，善音律，能爲大小李將軍畫。倩妹設色，鮮妍遠過其兄。兄嘗師朱文甫，朱畫冠當時，每稱若妹殊勝阿大也。瑟瑟畫最著者，《李夫人簫史圖》，《孫夫人放鴿圖》。

周鐵墩

紀事

清・顧公燮《消夏閑記摘抄》卷下《梨園佳話》 國初名優周鐵墩，住小市橋。金太傅曾爲題照，但記起句云，鐵墩鐵墩，笑傲乾坤。周演寫本，金公囑其能打諢否，周唯唯。既而楊夫人上場，謂周曰，相公鐵墩在此，蓋與妾身同音也。周答曰，原來是風臀，蓋與夫人同音，且緣正旦犯此病也。又演《釵釧記》觀風，周謂韓時中曰，有一對對來，金箔也是紙，銀箔也是紙。一點臭麵漿，原來紙粘紙。譏副净家中粘紙錠也。時中對曰，鐵錐也是鐵，鐵墩也是鐵，一塊火燒煤，原來鐵打鐵。聞者粲然。

蘇又占

紀事

清・顧公燮《消夏閑記摘抄》卷下 名孫閻王，《千金記》霸王是其擅長。一日孫有恙，命雜走邀他净蘇又占代演。蘇人物委瑣，班中譁然。並咎雜走，蘇忿甚，命置一椅於場角。少頃，霸王上場，立椅一跳一喊，聲徹畫樑，觀者駭目驚心。蘇竭力演畢，向班中謝客而去。合班惶惶，求客今日暫演雜劇不取值，明日重演《千金記》。客允之，於是合班公詣孫净處，央請蘇净入班，重演《千金記》，總不如昨日之妙。殆如射石没羽，再射則不中耶。蘇之徒詹子望，亦名優也。又繆府班大净李文昭，力舉千金。

湯小聰

傳記

清・許豫《白門衰柳附記・湯小聰》 湯小聰，字綺琴，金陵馬氏女。爲湯如珍養媳，如珍本秦淮院中人，故侍郎某公最賞識之。金陵陷避亂姑蘇，時在丙辰丁巳間，如珍老矣。小聰本在芳齡，明眸善睞，慧麗絶倫。幼讀書，通文義，工度曲。尤精畫蘭，得馬湘蘭遺意。黄山初白子一見愛悦，遂爲置釵環。賃居室，氣象焕然一新。於是姑蘇之名大噪，而初白子益嬖之，纏頭之費，逾千金。有傳其事於黄山者，嚴命敦促歸里，不忍别，繪《歌樓聽雨圖》，遍徵名流題詠。溪上老漁賦《高陽臺詞》云，桃葉移根，竹山携酒。相逢名士傾城，心字香燒。麝蘭一氣雙清，姑胥臺畔絲絲柳，惹絲絲，楚雨含情。畫樓深，綺語誰知，只有紅燈，緑窗人去眉峯遠。怕鷓鴣吟斷，蝴蝶魂醒，約略春愁，和烟圖上湘屏。尋芳小杜重來未。願珠徽，長儷鵝笙，更消停。門掩梨花，剪燭同聽。清凉仙子詩云，好尋碧海三生約，莫負青溪九曲深。又贊其畫蘭之工云，心靈自擅生花巧，腕弱偏能撇葉工。初白子自賦七律十章留别，警句云，作繭已拚蠶自縛，迷香未必烏知還。爐煙比似郎心熱，一味騰騰裊博山。歌曲擅長招姊妒，詼諧對客解郎圍。此身容易卿卿屬，乍見矜持習見。狂割臂悔要前夕誓，顰眉偏吝一聲麽。小别何曾虚一夕，再來爭忍説經年。惺惺相惜人三兩，脉脉中含語萬千。破鏡因緣關妾念，投梭心事慰君懷。可謂哀感頑艶矣。無何姑蘇又陷，小聰轉徙如臯。至甲子，金陵克復，始歸初白子來應秋試。重晤於洋珠巷，執手纏綿，淚隨聲墮。蓋匪特兒女情悰，傷離惜别，兼有慨於滄桑之變幻，金粉之凋殘也。初白子又賦秋柳四章寄慨，警句云，垂垂不覺青娥老，楚楚相逢白下秋。情絲欲絶終難斷，綺夢雖遥未易醒。金縷已殘休作絮，青絲不綰嘆飛蓬。重聽别調翻三疊，忍見長條近十圍。則又似爲小聰傷遲暮矣。丙寅春，清凉仙子來金陵，於牛市訪見之。徐娘雖老，尚有風情。初白子與仙子本舊交，因此時相聚晤。是時嬾雲山人，太史某君，藥倦齋主人。常來往於金陵，皆樂與小聰游。其後初白子之官西江，仙子歸新安，小聰於水閣設祖帳。酒闌歌罷，各自黯然，大有一曲陽關淚萬行之態。己巳仙子復來白下，則小聰已歸歐陽氏矣。小聰旖旎風流，吐屬典雅，絶無倚門氣習。後來之秀，如白門新柳所記者。惟大文寶，庶乎近之。蓋同得六朝煙水氣也。嗚呼，可多見歟。題小聰畫蘭，多見於近人詩稿。悔餘庵云，湘蘭合是前身，欲步横波後塵。任是秋風吹瘦，蛾眉猶鬥精神。我願花如人壽，誰憐人似花蔫。恍見唐宫妝束，墨痕注到唇邊。藤香館云，刼後秦淮水不温，美人名士各消魂。可憐金粉飄零盡，賸馥殘膏帶淚痕。畫閣圖成墨未乾，心香私爇馬湘蘭。天涯歲晏無芳草，留與蕭郎鄭重看。丁字廉前壁月孤，重來往蹟認糢糊。迷香有徑何人熟，讓與風流鄭鷓鴣風枝露葉殘春，遲暮相逢似有因。我是江南吴祭酒，當筵親見畫蘭人。

張南垣

紀事

清・焦循《劇説》卷六　張南垣精於壘石，而善滑稽。吴梅村起用，士紳餞之，演《爛柯山》傳奇。至張石匠，伶人以南垣在座，改爲李木匠。梅村以扇确几，曰，有竅。鬨堂一笑。及演至買臣妻認夫，唱切莫題起朱字，南垣亦以扇确几曰：無竅。滿堂爲之愕眙，而梅村失色。事見《黄梨洲文集》。《板橋雜記云》，丁繼之扮張驢兒，張燕筑扮賓頭盧，朱維章扮武大郎，皆妙絶。

商小玲

紀事

清・焦循《劇説》卷六　《硎房蛾術堂閒筆》云：杭有女伶商小玲者，以色藝稱，於《還魂記》尤擅場。嘗有所屬意，而勢不得通，遂鬱鬱成疾。每作杜麗娘《尋夢》《鬧殤》諸劇，真若身其事者，纏綿凄婉，泪痕盈目。一日演《尋夢》，唱至待打并香魂一片，陰雨梅天，守得個梅根相見，盈盈界面，隨聲倚地。春香上視之，已氣絶矣。臨川寓言，乃有小玲實其事耶。

楊法齡

藝文

清・謝章鋌《賭棋山莊詞話》卷六　《燕蘭小譜》　其《疏影》用姜白石韻爲韻，香即法齡題《畫梅》云，嬋娟似玉。記那年舊夢，林下曾宿。唤醒羅浮，雙翠啼痕，斑斑欲化湘竹。仙雲不墜春仍晚，甚處問，枝南枝北。恰夜來墨影横斜，又是月明人獨。堪嘆朱顔宛轉，抱清怨瘦損，眉嫵孤緑。可得東風，吹汝如花，只在空山茅屋。闌河日夕愁煙暗，且莫聽，笛中凄曲。便算他冷艷幽芳，也半落生綃幅。

天禄

論說

清・楊懋建《京塵雜録》卷二《辛壬癸甲録》 天禄，檀姓，或云默，齋教授之孫也。元時有歌伎真真，自言建寧人，西山後裔。姚牧庵爲翰林學士承旨，於玉堂開宴曰見之，爲白丞相三寶奴。落其籍，以妻小史黄康。明德之。後，門户□替，遂乃往往有此，可爲浩歎。今天禄與殷采芝，陳四同掌春臺班事，聞人言給孤寺西夾道望江會館，亦天禄掌館，則其部署固自可觀。順林者，字硯香，或作艷香天禄族人也。幼隨其父入都，居國安堂，與天禄所居國香堂爲輩行。二人皆名門，而後起殊無足數者。天禄有女曰芙蓉，明慧艷冶，有長安麗人之目。都人士聞聲傾想，紅襟小燕，入暮窺簾。思竊比西家宋玉者，以千方百計得玉香爲快婿。於歸之夕，催妝却扇，喜可知也。於時曰下羣公衮衮，識兩家者，咸會豐玉堂，國香堂兩地，笙歌燈火，極一時之盛。花天月地，又添一段佳話矣。先是天禄畜一弟子，學唱武小生，頗秀慧。一日，酒樓演劇，座中有人覿刺史，怪其神情不類優兒，有所棖觸。亟還寓，召之來，細詰姓氏里居，及墜落之由。則從子八九歲時迷失道，爲人略賣者也。刺史大憲恨，鳴之官。禄多方夤緣，乃得薄譴，論城旦。春歲滿復歸京城，依然傅粉登場，聚徒教歌舞，意氣揚揚，甚自得也。余嘗有詩云，茵溷無端墮落悲，幼芳狼藉有銀兒。酒邊更讀王郎曲，天禄生還喜可知。昔宋南渡時，伎辭幼芳爲朱道學文公先生所容，無他辭，但曰，不可以吾污士大夫。乾隆間，陳渼碧被逮，荷校以徇，逐還四川。而國初蘇州王紫稼重入都，謁龔太常，竟爲江南枝御史杖殺。薄命遭逢，又有幸不幸焉。顧黄公有《讀梅村王郎曲題襍感絶句》自注序，述王郎事甚詳。所云廣柳紛紛赴盛京，又云争拍冰輪上馬行，皆指順治丁酉科場事，吴漢槎諸君東戍寗古塔者而言也。舊與天禄齊名者，天壽。徐孃雖老，風韻猶存。今出臨紅氍毹，固猶在天禄之上也。順林近日惟與舊相識數人往來。偶攜弟子赴歌樓，亦不復酬應，蓋己鬑鬑頗有鬚矣。天禄在春臺部寓朱家胡同國香堂。順林在三慶部寓百順胡同國安堂。

六燕

紀事

清・李伯元《南亭筆記》 吴三桂盛時，頗留意聲伎，蓄歌童自教之。中六人最勝，稱六燕班，因六人皆以燕名也。嘗微服漫遊江淮，與六燕俱。鹺賈某，亦嗜聲伎。值家晏演劇，吴具僞姓名致賂爲壽。賈入而觴之，未幾樂作，列坐少長。獎借不遺餘力。吴惟嘿坐瞑目摇首而已。主人怒目，吴曰：若村老，亦諳此耶。吴曰，不敢，但嗜此已數十年矣。主人愈不懌。客有黠者請吴奏技，否則因而折辱之。吴欲自衒，不復辭謝欣然爲演寄東。聲容檯步，動中肯綮，座客相顧愕眙。少焉樂闋下場一笑，連稱獻醜而去。

名伶

藝文

清・劉聲木《萇楚齋隨筆》卷八《某名伶輓聯語》 咸豐時有名伶某，以二月十一日生，三月三十日死。生時負絶色，草野相傳，文宗顯皇帝嘗幸之。有某太史輓以聯云，生在百花先，萬紫千紅齊俯首。春歸三月暮，人間天上總銷魂。

一汪水

紀事

清・夢畹生《粉墨叢談》卷上《一汪水》 一汪水，秦人。數年前曾註籍大觀園，時年纔十有二齡，童真未漓，憨跳可喜。自大觀既歇，曹部一空，悵望秦雲，久不得美人消息矣。丙戌之秋經詠霓園主人招之復來，則月滿花芳，已到破瓜年紀，豐容盛鬋，艷若天人，而一點櫻唇，尤覺別饒嫵媚。品花者以富貴風流四字目之，洵不誣也。工秦聲，鶯喉一囀，使人意消。每一登場，座無虚位，纏頭之錦，高積如山。同部有人人愛者，歌喉可與之埒，而舜英已，謝無復楚楚丰，神聲價之，高遠不及。水嗟乎以貌取人，士林且若此，况梨園乎。

吴蘭仙

傳記

清・夢畹生《粉墨叢談》卷上《吴蘭仙》 蘭仙爲南皮太守後人，自字號紉秋館主。工畫墨蘭，風枝雨葉，婀娜横斜，大有馬湘蘭遺意。間作小詩，亦頗楚楚有致。平日湘簾棐几，煮茗焚香，手一編孜孜不倦。時或春秋佳日，款步芳郊。細數落花，緩尋芳草，見之者疑是烏衣子弟，不知其爲菊部雛伶。及夫簪花傅粉，裝束登場，則又艷麗輕盈，媌娥靡曼，彷彿漢皐日暮解佩仙人。豈西山白桃花，獨得秀靈之氣與。瘦鶴詞人與之暱，瑶情玉意，密若漆膠。嘗輯《春江燈市録》一書，甄綜羣芳，遺未載入。予戲賦七絶調之云：徧從滄海網珊瑚，紫姹紅嫣細細摹。獨有幽蘭在空谷，秋風蕉萃泣遺珠。蘭仙見之，嗚咽者累日。

姬卯娘

藝文

清・馮金伯《詞苑萃編》卷一七《曹溶青玉案》 沈家姬卯娘善度曲，曹秋岳侍郎戲用卯字，賦《青玉案》爲贈云：花前舉樂何須忌，薄曉曈曈初麗。啟户逢君嬌不語。三秋兔魄，平分留影，垂柳東邊去。鏤成新玉剛爲字。十二時中排第四。中酒嫌人知也未。芳名檢點，春光已半，會取相迎意。《静惕堂集》。

吴梅仙

論説

清・湯漱玉《玉臺畫史・吴梅仙》 《畫史會要》，梅仙，金陵妓，善丹青。

藝人部·清代藝人分部

徐紫雲

紀　事

清・鈕玉樵《觚賸》 其年未遇時，遊廣陵。冒巢民愛其才，延致梅花別墅。有童名紫雲者，儇麗善歌，令其執役書堂，生一見神移。適墅梅盛開，生偕紫雲徘徊於暗香疏影間。巢民見之，佯怒，縛紫雲，將加以杖。生傍徨，計得冒母片言方解。時薄暮，乃長跪門外，啟門者曰：陳某有急，求太夫人發一玉音，非蒙許諾，某不起也。因備言紫雲事。頃之，青衣媼出曰：先生休矣，巢民遵奉母命，已不罪雲郎，然必得先生詠梅絕句百首成於今夕，仍送雲郎侍左右也。生大喜，攝衣而回，篝燈濡墨，苦吟達曙。百詠既就，亟書送巢民。巢民讀之擊節，笑遣雲郎。

藝　文

清・陳其年《徐郎曲》 江淮國工亦何限，徐郎十五天下奇。一聲兩聲秋雁叫，千縷萬縷春蠶絲。滌除胸臆忽然妙，檢點腰身無不爲。高才刌曲驚莫敵，細心入破真吾師。徐郎醉汝一杯酒，汝醉還能作歌否。請爲江南曲，一唱江南春。江南可憐復可憶，就中僕是江南人。憶昔江南夜三五，謝家兒郎健如虎。結髮平翻烏角鹽，當窗濫作善才舞。此日當歌便瘦生，此時善舞便相迎。知音自是緣門第，識曲由來擅姓名。教成南國無雙伎，彈破涼州第一聲。十里倡樓留客住，三更街鼓得人情。霍王小女家家瑟，楊氏諸姨部部箏。俱誇玉樹華筵坐，不怕金吾大道行。二十年來事沾臆，南園北館生荆棘。雀九堂前只獨憐，奉誠園內無相識。琵琶斜抱恰當胸，細説關山恨幾重。南曲不傳張伯起，北宮誰數沈君庸。霜天禿髮那堪摘，寒夜單衫只自縫。暗裏漫尋前度曲，人前不認舊時容。誰知老大不自得，却向徐郎叙疇昔。疇昔烟花不可親，徐郎一曲好橫陳。千卿何事馮延巳，錯譜悲涼感路人。歌罷誰人撃鼉鼓，十萬銀箏落如雨。前輩徐郎慎勿輕，君不見陳九白頭渾脱舞。

清・瞿有仲《瞿有仲觀劇斷句》 歌聲宛轉落珠璣，放誕風流試舞衣。可道楊枝都占盡，半妝早已讓徐妃。

又 漢宮若得徐郎入，不把河山禪董賢。

又《留別巢民先生》 秦簫爲歌楊枝舞，就中紫雲尤媚嫵。紅兒雪兒無足數，桃葉桃根如糞土。

又 紫雲紫雲真妙絕，情怯心慵歌未歇。俄而奪春暉，俄而亂白雪。哀音滿座風騷屑，不顧吳儂腸斷折。

又 黯然把酒顧紫雲，爲我重賡將進酒。

清・鄧孝威《徐郎曲》 一曲清歌徹夜聞，妝成紅袖更殷勤。殢人也自煙花亂，不敢當筵喚紫雲。

又 燈炧花寒歌板停，曲房深處酒微醒。堪憐生小江南意，一到文園眼自青。

清・王阮亭《紫雲曲戲代其年》 黃金屈膝玉交杯，坐爐銀荷葉上灰。法曲只從天上得，人間那識紫雲迴。

清・陸心源《穰梨館過眼録》卷四〇《紫雲出浴圖卷・題九青小像一絶》 青青短髮覆眉峰，白紵新衫宛媚容。玉笛罷吹支頰想，情深不語憶元龍。

西湖張綱孫。

又 玉山竟日倚蒹葭，何用東風鬬麗華。青眼不須愁看殺，焚香静對碧窗紗。

鑑湖張梧。

又 素手纖纖倚玉腮，洞簫吹罷坐蒼苔。聽歌知是嬌鶯囀，次第春風花下來。

蘭亭姜廷梧。

又 元龍何幸結蒹葭，童監青衣寓麗華。莫怪君王勤割袖，漫同羅苧浣春紗。

瀨水羅簡。

又　欲問依依柳，逢誰伴彩毫。蒼苔如有待，玉笛更無勞。蝴蝶身須化，元龍卧最高。短襟和小鬢，羞殺鄭櫻桃。

孫枝蔚。

又　畫不將來荳蔻心，春風芍藥費沈吟。誰知身是愁雲影，千里隨人共淺深。

有雲園丁確。

又　玉管乍停聲，凝眸花枝亞。還向畫圖中，憶得當筵夜。

短髮學鳴蟬，紅潮半凝赭。持將調笑心，付與丹鉛寫。

家寄海陵曲，陳生去住頻。不須潮水信，形影日隨君。

千載説樊川，落託江湖路。展卷向髯郎，紫雲名不誤。

題《九青圖》爲其年年兄索咲，范雲威。

又　蠻腰素口不如它，曾笑吴姬子夜歌。一片行雲隨馬去，勝伊飛夢渡黄河。

茶陵杜濬。

又　簫歇歌停歛翠眉，冒家園子夜深時。分明一幅相思影，寫向人間那得知。

維岳。

又　清風明月意徬徨，玉笛閒抛倦引凉。世上憐才惟汝輩，畫圖猶自想陳郎。

一曲新歌水繪間，冒家阿紫似雙鬟。因君愛客思千古，錦瑟能令侍義山。

乙巳新秋，廣陵宗元鼎題於城東水閣。

又　未聽歌兒唱小辭，畫中人影果如斯。無端雪後留鴻爪，却説東□子夜時。

京口談長益。

又　夜遣青童伴讀書，老夫愛客勝璠璵。六年別去心如海，畫裏逢人應問余。

陳生奇文亂典墳，陳生癡情癡若雲。世間知己無如我，不遺雲郎竟與君。

水繪庵襄戲題。

又　冰絲新麗藕羅裳，一曲開筵快舉觴。曾唱陽關灑西淚，并州東返當還鄉。

最無消息是清音，竹肉喧時未易尋。唱到情來生意思，一絲裊裊紫雲心。

豪酣醉夢豈聞聲，娱悦雖知亦楚傖。沃鳳生花春漠漠，性情融液是歌情。

二十年來何所事，稱詩握管意茫然。最是泥人惟顧曲，細於筆墨倩誰傳。

冒襄又藁。

又　廣陵尤物號寧馨，別樣風情寄笛聲。却笑子昂馳雒日，攜文百軸間丹青。

婁上顧靖。

又　盈盈秋水翦雙瞳，對值嬌娘影未工。漫道遏雲歌冷落，分明幽咽畫圖中。

一曲千金妙人情，何戡腸斷渭陽城。要知馬上啼殘月，猶帶蕭蕭水繪聲。

握椒老人唐允甲。

又　花底秦宫畫裏身，意態猶疑寫未真。千年莫恨毛延壽，若使真時妬殺人。

宛上吴錟題。

又　不信陳郎已二毛，鍾情猶在鄭櫻桃。生綃小卷長三丈，乞遍詞人未覺勞。

何須見面始情癡，省識春風是此時。莫遺漢家公主見，屏風夜擁賣珠兒。

占斷人間第一春，傾城不屬女兒身。陳思若解披圖畫，定悔從前賦洛神。

來便春深去便秋，半生魂夢滯揚州。即用其年語須知不獨如花女，能使香閨怨白頭。

栢梘山人梅庚題。

又　憶在何方瞥見伊，明月紅柏倍相思。若非周昉濡毫日，遮莫陳思綴賦時。

元來畫也笑看差，挾彈風流未足誇。堪愛雲郎情似海，贈殘芍藥廣陵花。

無言凝睇總情癡，心事茫茫當告誰。除却陳郎應少解，等閒不許衆人知。

昔日秦青今九青，印脂傅粉比娉婷。簫停想像餘音裊，石上精魂舊有靈。

冒家才藻擅江東，小部風流亦不同。如何不乞陳郎去，枉費詞人諷詠工。

蕭郎有僕解憐才，聞汝多情亦異哉。何計教卿出深院，茅山道士乞丸來。

遏雲妙響同陳妓，擫笛新聲類李謩。休唱尊前河滿子，恐濺清泪濕羅襦。

半臂輕綃巧稱身，似遺薌澤似含顰。懸知此日煩休伯，錯認當年許永新。

十里芙蓉罨畫溪，銀箏畫舫日相隨。五湖煙水還無際，莫學鴟夷任所之。

璧月琋枝琢句精，南朝子弟最深情。倘然郤扇一相顧，曾否蛾眉便爾傾。

青溪僕射傷浮艷，江都天子也多情。繁華社稷皆如夢，留得人同作達名。

陳郎才氣縱橫甚，此癖難醫費解嘲。惣是人才無不可，儘拚十幅寫生綃。

姑山沈泌。

又　年少難忘割袖歡，相思猶作畫圖看。吴綾半幅千行淚，翻使詩人不忍觀。

閒情好客性虚靈，常伴揚州夢裏形。不謂烟雲迷水國，九疑何處覓青青。

硤石超。

又　不必雌飛入紫宫，漢家金穴已難空。攜來枕畔時珍重，薊北青齊在夢中。

築巖沈壽國。

又　始信人間別有春，如花却是芃蘭人。纔吹湘管驚梅放，又遏行雲落雁塵。

白皙非關傅紛華，風流偏稱白羊車。蚤知艷色輸宫使，何事尋春去若耶。

蘆中孫支芬。

又　露花風柳玉爲神，彷彿櫻桃夢裏身。百尺溪藤題已遍，天涯多少繫情人。

元龍十載卧蓬嵩，湖海飄零氣更豪。豈是鍾情在圖畫，直將此卷續《離騷》。

其年長兄出諸名家題九青畫卷索句，漫題二絶以博一粲。婁東毛師柱。

又　記得清歌入妙時，輕抽蘭氣一絲絲。如何擅落丹青手，忍使張郎不畫眉。

弟張圯授。

又　也非愁怨也非癡，各自關情匪所思。畫裏分明人不管，道來惟有兩心知。

雉城賁琮。

又《爲其年題紫雲卷兼呈辟疆》　閒游公子風流甚，璧月瓊枝興不闌。聞有紫雲者誰是，今朝先借畫圖看。

夢殘酒醒苦相思，祇向丹青想見之。別日當筵難一索，訝君狂減杜分司。

敞席相憐一片心，玉簫別去響沈沈。不須別倩繁休伯，紙上殷勤寫妙音。

三生石上與傳神，描得如皋一笑真。愼莫爲髯蕉萃絶，郤教不似卷中人。

轅里王士禄草。

又　聞道前魚泣此身，龍陽不減洛川神。畫圖有貌能傾國，下令何須禁美人。初日芙蓉百媚郎，卷衣藏贈有秦王。那知百尺高樓卧，夜夜憐卿共大牀。

杭南陸圻戲題。

又 畫裏雙瞳翦素秋，當年簫史若爲儔。分明一片巫山月，飛入元龍百尺樓。

難將能燕比輕盈，别有神情畫未成。吹罷笛中楊柳曲，斷腸人已在無聲。

雲間吴旦題。

又 雉皋有客解風流，孤館聽簫慰旅愁。翻笑揚州傳杜牧，空留薄倖在青樓。

王孫湖海慣飄零，何福相逢掩畫屏。自是風塵能物色，九青莫認作秦青。

日暖鶯啼恨落紅，靈犀一點暗相通。風流情性原難寫，莫爲金錢屈畫工。

慚予縱有心如鐵，但是聞歌唤奈何。莫怨雙星易分散，支機石畔是銀河。

廣陵華兖題。

又 名士風流四海傳，花間嘗伴紫雲眠。元龍尚自多情種，莫笑當年幸董賢。

當初何不畫吹簫，吹斷征人去路遥。無那淒涼明月夜，還愁開卷又魂消。

其老盟兄命題九青小影并正。京口弟何潔。

又《其年年社兄索題紫雲小像》 擎箱滌研鎮相隨，婉轉君前舞柘枝。催促陳思填樂府，曾將紅豆譜烏絲。

蛾眉參意寫難工，試比崔徽約略同。我代畫師添數筆，玉簫吹罷倚梧桐。

朱顔曼睩映吴綃，猶恐丹青粉易銷。他日休歌河滿子，憶郎佳句念奴嬌。

畫圖冉冉帶微顰，祇爲蕭郎被放新。賦奏長門應有日，天寒繡被擁何人。

萊陽同學弟宋婉具草。也占巫山第一峰，停簫孤坐恨無窮。可憐如綫天涯泪，偷灑花前簇簇紅。

罷浴支頤耐晚凉，生綃半臂送熏香。紅橋是我銷魂地，愁絶披圖對玉郎。

泛舟紅橋爲其兄題九青炤，濂。

又 停歌子夜罷吹簫，鐵手支頤素髮飄。獨坐不知何所憶，端詳雙頰暈紅潮。

貝丘畢際有。

又 鉢池秋水碧粼粼，憶聽當筵一闋新。鬢影衣香都省記，不應唤作卷中人。

斗帳新寒歇舊薫，人間何路識香雲。江南紅豆相思苦，歲歲花前一憶君。

漁洋山人王士禛爲其年先生博咲。

又 詩家韻脚憎肥俗，警瘦偏宜押九青。既見芳容聞小字，是兒端可想精靈。

不是異才難好色，定知殊色解憐才。花前月底勾魂去，楮末毫端圖影來。

武陵龔賢題。

又 鳳簫吹罷忽相思，幾度臨風倚曲時。不是雙趺間露出，飛瓊争道下瑶池。

天都孫默。

又 青佳編韻皆在九，君唤九青名可聽。信是韻人名亦韻，丹青錯畫作秦青。

甲辰初夏，爲其老道兄題九青小炤，乳山八十五叟林古度。

又 曾爲徐郎作贈詩，幽香綺語動人思。知君久綰同心結，不料人間有别離。

憶脱春衫花下眠，新聲唱出李延年。只今展卷人猶在，何處相看不可憐。

弟玉瑾爲大兄題於邗溝逆旅。

又 開縑無處不銷魂，知是桃花灑面盆。畫裏惱人争欲絶，况君曾與共黃昏。

嬌郎艷女門香塵，總在含顰色態新。手抵粉腮如有憶，知君真是意中人。

爲其老年翁題九青小炤，婁水崔華。

又 聞其年與九青不可以離也，不可離而竟離，迺寫其照偕行焉，其年情何以堪耶，爲賦二絶貽之。

垂垂短髮覆雙眉，如霧輕綃薄掩肌。不恨仙魂呼不下，恨儂嬌態向人癡。

行笈蕭蕭一軸同，猶疑吹笛月林中。知君頻向花前展，偏有芙蕖相並紅。

天都弟方一煌。

又 青翰舟中繡被閑，碧桃花下玉簫闌。人問何事偏憎妬，小史於今鬬小蠻。

虎耳山人黄生。

又 新妝羞與莫愁同，默坐支頤對晚風。一片癡魂託磐石，隨他到處作飄蓬。

楚人吴嘉紀。

又《次韶爲其兄題九青圖》 坐看清水石粼粼，玉管遲迴一曲新。我向當筵曾識得，可知即是卷中人。

忍别紅窗舊夕薰，一生幽夢殢江雲。風流耐得相思苦，尺幀冰綃恐誤君。

水繪燈寒人盡散，枕烟月動酒初闌。無情筆墨難圖畫，展與雲郎仔細看。

非關容易起相思，午夜燈窗想見之。最是心情妒紅粉，花能傳檄月能司。

掩抑歌聲漾苦心，腕凝紗薄坐沈沈。懸知異地深憐惜，一半多情爲賞音。

只看描寫倍精神，笑亦居然羞也真。莫怪揚州夢難覺，紫雲畫裏又逢人。

小史真堪作校書，雲郎麗質勝璠璵。相逢敢説清狂興，嬴得題詩也屬余。

遺伴陳生讀典墳，鉢池靜對幾層雲。主人愛客真知己，百尺高樓只卧君。

長洲王天階題於露香園。

又《戲爲其兄贈紫雲口占二絶句》 西園公子綺筵開，璧月瓊花款款來。小部音聲誰第一，玉簫先奏紫雲迴。

陽羡書生驚坐時，誦君佳句紫雲知。何當乞汝紅牙板，唱取髯公赤壁詞。

悔庵侗書。

又 芍藥比容花比貌，錢起翠烟如鈿柳如環，崔魯書中不盡心中事，裴説却憶漳溪舊往還。

廣平宋實穎。

清·馬世喬《石上》 華堂絲管日紛紛，愛殺清謳響入雲。今日披圖見艷影，風流却妬石榴裙。

石上沈吟意自真，緑錢數遍倍傷神。龍游河畔離人淚，招得陳思畫槳頻。

雉皋馬世喬。

又 無奈情深畏别離，柔腸空繫緑楊絲。生綃喜見春風面，千里征人慰所思。

顧煒。

又 何處買絲繡此君，漫將丹粉畫中分。朝朝得展生綃看，不似襄王夢裏雲。

羅衣綽約出全身，一曲驪歌總愴神。纖手只將河路計，玉簫金管爲誰人。

伴君馬上向長安，影縱隨君形亦單。月落花明人不管，惱他烟霧有雙鸞。

雖是登山異望夫，相思兩地幾曾孤。重來開卷閒臨鏡，看取雙鬟入畫無。

射雉許嗣隆題。

又 捧心絶似越西施，却怪鴟夷輕别離。夢裏尋梅腸尚斷，那堪折柳淚絲絲。

顰眉歛艷衆争窺，一段情癡畫未施。莫道片雲能博笑，天南地北共相思。

憨庵劉愈炤。

又 無限儂心無奈身，圖將清影伴征人。思儂無奈看儂影，猶比虚空夢較真。

展卷思卿怕未真，丹青那得似腰身。只今潦倒無如我，愁殺陳思賦裏人。

醉墨主人儲福益。

又 客舍清清罷夕薰，陽關一闋袂初分。休言别後相逢少，畫裏依稀見紫雲。

回首雉城讀書處，鉢池池上記分明。寫來一幅如雲卷，留作人間縹緲人。

爲其年兄題紫雲畫卷，弟維嵋。

又《遥題九青小影二絶句》 新浴携簫坐夜闌，恍如神女弄珠寒。西園公子親聯榻，又愛圖中仔細看。

買得丹青筆幾牀，逢人便贈到維揚。乞臨一幅歸遺我，日對蘭心竟室香。

婁水黄遷。

又 貌比蓮花玉作腮，前身原是紫雲來。今朝畫裏分明見，一夕揚州夢幾迴。

羣玉山頭一認君，幾時淪謫到人羣。若非周昉圖中見，那得人間識紫雲。

不是多情畫不成，畫時容易畫傾城。花前試展生綃看，不枉陳郎一段情。

婁水王攄。

又 素面雙鬟似玉人，紅牙一曲串珠勻。少年情事原難解，暗鎖春山亦自顰。

竟體芳蘭玉有香，攜來短笛坐池塘。鴛鴦若解憐春色，笑把蓮花並六郎。

眼角眉痕一樣愁，將誰形影畫圖收。金屏偷得新腔滿，紅豆拋殘恨未休。

多情每作有情顛，一幅春綃寫玉仙。莫道陳郎心似鐵，縱教憐殺也無緣。

婁東王曾斌。

又 徐家小青最清發，翠眉一寸裁新月。閒將玉笛弄梅花，相映春蠶白如雪。

碧池新浴鴛鴦醒，露濕芙蓉粉痕冷。游魚吹沫亦多情，似啖波中獸人影。

陳郎情豪更客路，寫得櫻桃詩不誤。只合相從客夢中，儘教看殺無人妬。

婁東王吉武。

又 渭城休唱笛休吹，黯黯春愁欲别時。客夢不勞頻恨遠，畫圖形影日相隨。

乙巳春日，婁東徐晨耀題。

又 紫雲聲調絶當時，腸斷東風杜牧之。不道後身非是女，鍾情郤又遇陳思。

一種風光何處描，石家慣寵鄭櫻桃。丹青寫出情波媚，消得吴綾百束高。

蒼苔凈滑自無塵，有客來過擁紫雲。只此已堪歌玉樹，何須馬上石榴裙。

傳聞已自情難定，邂逅何容不識卿。二月梅花春正好，傍誰飛夢到江城。

婁水朱讜。

又 一曲伊涼動客愁，當筵争費錦纏頭。元龍豪氣推湖海，却爲鍾情賦倦游。

標格人間第一流，無端那許按圖求。好傾洗鉢池頭水，洗盡陳郎萬斛愁。

單衣初試早凉天，玉笛閒拋坐石邊。無限情癡難説向，枉教題徧碧雲箋。

婁東曹廷懿題。

又　旅程風物不勝秋，攜得生綃伴客愁。從此笛聲休怨別，揚州夢醒是青州。

湖海陳生氣不羣，冒家筵上酒初熏。秦簫歌罷楊枝舞，何事關情獨紫雲。

婁水郁煒。

又　一聲笛，吹斷幾春消息。燕子歸能何太急，無語煙中立。　向來多少風華，今日朱闌芳迹。君君更憶，回首秋衫濕。

《謁金門》，楊岱。

又　司空席上罷傳觴，玉笛閒抛倚石床。莫怪當年狂杜牧，紫雲從解斷人腸。

畫中人記掌中時，錯認紅兒與雪兒。不信鍾情惟我輩，元龍豪客最相思。

婁水郁植。

又　得意似看名手畫，難題却憶古人詩。

其年先生命題，不敢辭，偶誦順郎舊詠，因題數字於後。石筍樵夫。

又　沈吟石畔袖春風，短髮絲絲臉暈紅。漫道阿郎甘寂寞，癡情恰在不言中。

乙巳夏日，爲其年先生題九青小影并政，吴陵晚學陸昌齡。

又　石閣芝芳閉麝薰，藥欄苔徑駐華雲。牡丹亭後桃花曲，但説相思便是君。

步阮亭公韻奉其年二兄命爲九青兄，胡從中。

又　顏色知君意有歸，青燈黄卷鳳雙飛。緑珠紅綫雖千古，不及楊家一紫衣。

往來曾不殢塵闤，夢隔荆襄欲閉關。淡月娟娟風細細，片雲應出自巫山。

紅袖輕翻束錦纕，娉婷頻學美人妝。歌殘肯念天涯客，何獨關情是女郎。

河干分手恨難禁，閒煞孤舟冷繡衾。不是仙郎來入夢，想君還入畫中尋。

影似芙蓉氣似蘭，相思曾不去眉端。憐卿獨坐三生石，開卷猶能一笑看。

陳郎才調絶當時，自古才人半是癡。畫即是詩詩即畫，我來不敢更題詩。

其年先生命題，婁水葉虞封。

又　相思一縷化青雲，處處能來長伴君。那有閒情吹玉笛，更教折柳曲中聞。

古菫錢肅圖。

又　把卷不知何處香，三生石上阿儂傍。吹簫可憶當明月，欲學秦樓引鳳凰。

歌裏新聲解也無，秖應愁坐碧苔孤。若非妙手圖芳影，誰信人間有子都。

西泠蔣連。

又　輕盈如柳一枝枝，腸斷低頭無語時。盡日晴窗看不厭，問它若個是情癡。

白岳吴鶚。

又　花底秦宫弄玉簫，櫻桃紅暈影迢迢。天生俊骨横秋水，拚取腰肢鬬小喬。

嬌嬈疑是女兒身，腸斷龜年曲裏春。我亦銷魂説作伴，傷情惟有畫中人。

荔城余懷題於二十四橋之客舍。

又《其老道長兄將客金臺，索題九青小影，書此應教》　指點輕容繡蛺裙，嬌癡無那曲中聞。江鄉風易催人去，半是銷魂半憶君。

杜牧尊前事已陳，空餘素繭見微顰。憑伊結伴盧龍北，絶勝巫山夢裏人。

蒼崖石泇題。

又　蘭湯初浴絶纖塵，斷臉微紅一幅春。風格不勞施粉墨，當筵原是畫圖人。

急管清歌夜夜風，何須紙上認香雲。一從妙手煩周昉，涼月輕煙更不羣。

東皋李偲原。

清・許旭《半面》 半面風流意態輕，誤人只道是傾城。參軍狂殺揚州夢，馬上回頭聞笛聲。

三年前憶到江都，聞道雲郎絕世無。今日丹青纔識面，分明一幀洛川圖。

婁東許旭。

又 日月轉雙丸，春秋苦易邁。人生百歲年，須彌納一芥。松柏無凡姿，秀宜恥荑稗。世俗競耳聾，炎不肯退。一朝風雲變，括膚果如疥。當時不自覺，衆議紛後代。是此彼復嗤，參商分向背。所貴不污人，留名貫千載。昔有陳髯叟，書淫世無配。嗜好殊酸鹹，簡編手不廢。鬼閣授館餐，風雨自明晦。食前方丈闐，羅列珠玉隊。先生白眼瞠，視之若土塊。侍立小僮清，何足挂眼界。賞識得其真，不異棒珠貝。求之不可得，攝衣甘下拜。主人起相贈，毋忘秋蘭佩。重以席上珍，綰以衣下帶。聚散恐不常，逝如水下瀨。花簪官帽新，瓶悼琉璃碎。貧賤常相依，貴顯反不逮。空圖畫中人，渺渺情無奈。一從綺筵散，同人動歌薤。不復貯錦囊，狼籍任摧壞。誤入賈人手，持向市中賣。黃雲變蒼狗，見慣亦何怪。有客酬之金，重裝意無懈。聊以追陳跡，睹物緬佳會。繾綣寄相思，良時不可再。嫵媚憶前流，丰姿看水繪。只今出生綃，猶睠輕盈態。撫卷三太息，風流逐吾輩。

張蓮官

傳記

清・吳長元《燕蘭小譜》卷二 張蓮官，太和部。山西太原人，年逾弱冠，秀雅出羣，蓮臉柳腰，柔情逸態，宛如吳下女郎，絕不意其爲西人之子也。不趨時，好作妖媚之狀，故豪客未之齒及。余聞諸韻湖居士，往觀其劇，果屬不凡。因歎如斯麗質，埋没於皤腹睅目之儔，遺珠之憾，寧有極耶。

藝文

清・吳長元《燕蘭小譜》卷二 髩影脂光照眼新，輕盈態度半橫陳。吳兒莫漫誇歌舞，自是西方有美人。

又 蜀伶濃艷楚伶嬌，楊柳章臺鬥細腰。何似紅蓮低映水，香風微度酒痕銷。

戈蕙官

傳記

清・吳長元《燕蘭小譜》卷二 戈蕙官，餘慶部。字晚翠，直隸景州人。姿態明艷，鮮有韻致，蓋不從梨園法曲中來，徒事妖冶以趨時好。

藝文

清・吳長元《燕蘭小譜》卷二 灼灼争誇時世妝，競將艷冶媚錢郎。可憐壯悔堂中客，鎮日空燒心字香。

又 桃花不語下成蹊，無限春風送鳥啼。堪歎一枝紅躑躅，漫誇烟雨欲凄迷。上二句謂陳銀兒。

陳金官

傳記

清・吴長元《燕蘭小譜》卷二 陳金官，餘慶部。字麗仙，四川重慶府人。貌似銀兒，綽有憨趣，丰致可人。雖曲藝未能精熟，而聲容真切，罕肯依樣葫蘆，不患其不日進也。惜啞鐘不響，若按律而使之能鳴則善矣。與蕙官同部，静躁迥別。余謂猶紅躑躅之於貼梗海棠，友人爲之稱快。

藝文

清・吴長元《燕蘭小譜》卷二 嬌小婀娜逸興賒，夜行秉燭步攲斜。真王佳氣從兒現，嬴得風開荳蔻花。是日演《龍蛇鎮》。

又 一樣嬌紅灔灔流，箇中鮮翠有沈浮。饒伊欲賽銀兒好，貌似先輸第一籌。蕙官稱賽銀兒，金官貌似銀兒，人往往誤認。

高明官

傳記

清・吴長元《燕蘭小譜》卷二 高明官，萃慶部。字素亭，直隸滄州人。小身弱骨，丰致娉婷，絶無浮艷之態，惜藝未嫺熟，真趣不能流露。近有于三元，頗帶村氣，不似明官媚秀。友人韻湖易蕙官之愛以愛明官，極譽其美，欲位置銀官之後。余曰：此固蚌胎，非同魚目，然繼照乘之珍，請俟他日。或譏明官爲小家女子，三元是鄉里姑娘，亦切喻也。呵呵。

藝文

清・吴長元《燕蘭小譜》卷二 玉韞山輝媚有餘，連城聲價尚徐徐。心香本是無明火，莫向明兒賦子虛。韻湖以心香字蕙官，今易愛明兒詩以嘲之。

又 翩躚小足踢球門，笑語咿啞尚帶村。那似明兒嬌欲滴，梨花春雨黯消魂。明官演《小寡婦上墳》甚是嬌媚，若三元之浪子踢球，村不可耐。

王聯官

傳記

清・吴長元《燕蘭小譜》卷二 王五兒，萃慶部。名聯官，順天涿州人。年未弱冠，細肩瘦靨，秀色可餐。友人招與同飲，舉止落落，無浮浪惡習。視之更覺嫵媚，詢其技，崑曲、京腔俱善，壓於名輩，不能一展所長。五兒欲有所訴。余曰：姑飲酒，無作怪哉蟲。嘗演《三荆記》《打竈王》，活潑可喜。

張全官

傳記

清・吴長元《燕蘭小譜》卷二　王六兒，萃慶部。姓張氏，名全官，涿州人。視下而癯，面如削瓜，脂粉登場，有似生色骷髏之誚。方之五兒，未可云酥酪弟兄也。

蘇喜兒

傳記

清・吴長元《燕蘭小譜》卷二　蘇喜兒，宜慶部。大興人，年甫弱冠，面白而妍，兩輔微尖，雙顴略起，身材五尺以長。

閻福兒

傳記

清・吴長元《燕蘭小譜》卷二　閻福兒，宜慶部。順天良鄉人，本姓李，爲閻九分子。年未冠，目秀多姿，較喜兒帶媚，身材亦與雁行。二人妝束宛如姊妹，作姑嫂嫡庶更爲神似也。其聲技未見專長。福兒頗有活潑機趣，歌喉圓溜，皆後進中之出色者。

王昇官

傳記

清・吴長元《燕蘭小譜》卷二　王昇官，宜慶部。四川綿州人。妙齒小身，容儀修潔，憨非似慶，王慶官。媚不如聯，王聯官。落落丰標，自足怡人，情志固不在塗脂抹粉時矣。然聲技之佳，頗爲觀者所賞。部中後起，於斯屈指一籌。

蔣四兒

傳記

清・吴長元《燕蘭小譜》卷二　蔣四兒，永慶部。直隸宣化府人，魏長生之徒。秀眉方面，頰有微麻，而柔媚嫣然，望之如瞻蔔兜羅，別饒丰韻。所演皆梆子、秦腔，於羞澁中見娥媚之態，回視魂挑目招者，真桃李輿臺矣。部中自長生外，觀者咸爲矚目，洵堪跡芳塵也。

藝文

清・吴長元《燕蘭小譜》卷二　蛙聲閣閣柳依依，謔語相調笑輔微。欲識嬌顔誰得似，春風吹放野薔薇。

又　每於淡雅見新腔，瘦骨珊珊素影凉。無限含羞偏嫵媚，爛桃繁李任披猖。爛桃繁李謂三元、蕙官，二人最爲妖冶。

賈四兒

傳記

清・吴長元《燕蘭小譜》卷二　賈四兒，集慶部。大興人。年未弱冠，秀目妍姿，身材綽約，其嬌艷彷彿湘雲，而歌韻則桐花伯仲也。近見其演《狐狸思春》，潤齋謂如花解語，似柳傳情。余曰：若以花喻是兒，當如蕙李，競賞其穠郁鮮媚，而於淡岩閒神，差遜海棠、芍藥。然千紅萬緑中，亦堪睥睨群芳矣。潤齋爲之擊節稱快。

藝文

清・吴長元《燕蘭小譜》卷二　一朵嬌紅壓衆芳，東風嫋嫋試新妝。欣看北地胭脂艷，漫向西州問海棠。

又　愁春未醒奈情癡，誰破春愁慰所思。恍似夕陽花影颭，消魂倩女欲離時。

又　得氣桃花分外嬌，蘼蕪詩句最魂消。品題藉有張公子，誰遣幽齋慰寂寥。桃花得氣美人中，柳如是句也。

又　謝女腰肢尹女歌，嫣然笑靨溜横波。堪嗟後進紛紛者，半是行尸奈若何。

于永亭

傳記

清・吴長元《燕蘭小譜》卷三　于永亭，萃慶部。俗號耗子，山東即墨人。弱齡嬌好，豪客争趨。今雖過夭灼之年，而豐肌露靨，猶然一朵玉樓春色也。聲技工穩，嫺雅多姿，無折腰齲齒之態，視名下諸郎可稱曹大家矣。詩以張之。

藝文

清・吴長元《燕蘭小譜》卷三　豐姿縟質映春衣，暖玉年來識者稀。小有芳名同鼠子，固應糠粃笑君肥。

又　鬧掃妝成插鼠姑，是日所演。鸞聲脆語似鶯雛。賓兒憨態真殊絶，應把輕盈誚玉奴。

平泰兒

傳記

清·吴長元《燕蘭小譜》卷三　平泰兒，餘慶部。姓劉氏，宛平人，五年前之風流旦也。小身白皙，面有微麻，目冉冉如欲語，撩人正在阿堵中。今頎而長兮，妍媚之態，視昔頓減，而齒牙鬆脆，風致灑落，如燕趙佳人，不乏俊爽。

藝文

清·吴長元《燕蘭小譜》卷三　盈盈脉脉眼波融，轉瞬能教密意通。昔日風流難忘卻，桃花色借美人紅。

又　鶯歌嚦嚦圓而滑，燕語喃喃脆欲流。風度衹今饒俊爽，白荷花好颭新秋。

楊芝桂

傳記

清·吴長元《燕蘭小譜》卷三　楊四兒，宜成部。名芝桂，四川成都人。過季隗請待之年，而臉際生春，眉間帶媚。致綏綏有狐意。嘗着一羊裘，貼翠圍金，炫耀奪目，於彼輩中亦云服妖人，多以四苗子稱之。其技亦未見所長，嘗演《吉星臺》作鬏髻妝，吸淡巴菰，頗饒姿趣，可以覘其大概矣。

藝文

清·吴長元《燕蘭小譜》卷三　一從僞伎出歌臺，府樂開元按部排。何事兒家妖且艷，想因拜月幻形來。叔孫通定郊祀，製僞女伎，此旦色濫觴之始。唐開元中，以伶工之佳者爲立部伎，次爲坐部伎，又次爲雅樂部。元院本色目云：旦之命名義取於狚，蓋狐之淫者。狐狸頂髑髏向月而拜，則變爲人形。

又　翠鈿金縷壓襟裾，風致綏綏媚有餘。自是苗人好妝束，紅綾貼鬢笑軒渠。鬢邊貼紅綾膏，如棊子大，其徒永春亦然，蓋取媚也。

孟九兒

傳記

清·吴長元《燕蘭小譜》卷三　孟九兒，大春部。山東歷城人。頎長白皙，風韻老成，蓋其年已數到星張翼軫矣。妙齡修飾，韶美可人。嘗演百花公主，戎衣結束，秀媚中頗饒英氣，想見秦良玉勤王召見時。其他雜戲，則梆子腔俱多，爲京班別派。

藝文

清·吴長元《燕蘭小譜》卷三　一聲檀板出傾城，扇底相看別有情。

箏阮調高蛙漏促，踏摇娘苦月三更。

又 繡旗錦繖列前幢，劍氣龍文鼎可扛。漫説將軍無敵手，古來巾幗最難降。

薛四兒

傳記

清・吴長元《燕蘭小譜》卷三 薛四兒，太和部。名良官，山西蒲州人。西旦中之秀穎者，丰姿婉孌，面似芙蕖，於于兒女傳情之處，頗事醖藉，而臺下好聲寂。

藝文

清・吴長元《燕蘭小譜》卷三 無限風懷旖旎情，春光微逗可憐生。紅樓佳處多含蓄，羞向唐宫鏡裏行。

又 嘹嚦京腔響遏空，勾音巽曲不同工。雁門山上初飛雁，憶煞當歌盛小叢。山西勾腔似崑曲而音嘹亮，介乎京腔之間。

劉黑兒

傳記

清・吴長元《燕蘭小譜》卷三 黑兒，王府大部。姓劉氏，大興人。年僅弱冠，紫棠色目，閃閃動人。常與白二演《葡萄架》，作春梅旖旎之態，猶是可兒，惜非雪點寒枝也。

藝文

清・吴長元《燕蘭小譜》卷三 黑短無嫌媚自工，郤教人憶賈南風。辛夷開燭霞光好，滿院桃花枉爛紅。韓昌黎《辛夷花詩》：清最輝輝燭霞日。

又 未稱池邊瘦影寒，空憐旖旎半春殘。風流太守曾相賞，一朵嬌癡墨牡丹。

張南如

傳記

清・吴長元《燕蘭小譜》卷三 三壽官，雙慶部。姓張氏，字南如，陝西長安人。奇葩逸麗，娟娟如十七八女郎，令人心豔。惜無歌喉，只演《樊梨花送枕》，摹寫情態而已，余戲以亞旦目之。

藝文

清・吴長元《燕蘭小譜》卷三　復陶翠被出軍門，街鼓春寒夜帳温。捧枕無言情脉脉，一枝紅艷美人魂。

又　息國風流衹自傷，桃花人面媚君王。兒家會得無聲樂，啞趣傳神許擅長。

張蘭官

傳記

清・吴長元《燕蘭小譜》卷三　張蘭官，餘慶部。四川叙州人，妖嬈旦也。柔情綽態，如弱柳當春，臨風自賞，在後進中不可多得。

藝文

清・吴長元《燕蘭小譜》卷三　摇曳多姿態度妍，風流一曲霸王鞭。靈和殿角依依柳，説着張星倍可憐。

又　柔媚迎人無限嬌，吴儂誰與鬥纖腰。劇憐楊柳蘇臺種，一例銷魂到灞橋。

史章官

傳記

清・吴長元《燕蘭小譜》卷三　史章官，餘慶部。陝西西安人。貌僅中平，而弱骨多嬌，似柳態三眠，低揚莫定，於彼中氣習，可謂化百鍊剛爲繞指柔矣。其聲技俱有可觀，非碌碌無奇子也。

張榮官

傳記

清・吴長元《燕蘭小譜》卷三　張榮官，萃慶部。大興人。膩質柔姿，面如鵝卵，惟嫌目分大小，不工嫵媚。

藝文

清・吴長元《燕蘭小譜》卷三　贏得風姿半面妝，嫣然一笑强登場。雙眸莫訝同梅婢，恰稱新歌罵玉郎。《豔史》：西門氏婢春梅，左眼大，右眼小。

又　一笑相逢媚欲生，桃花細雨臉波横。到門未必能驚座，空使元方有令名。

陳美官

傳記

清・吴長元《燕蘭小譜》卷三　陳美官，宜慶部。銀兒之族弟，白面俏麻，風致楚楚。

永福兒

傳記

清・吴長元《燕蘭小譜》卷三　永福兒，萃慶部。姓彭氏，直隸滄州人。眉宇爽朗，清雅不凡。本習小生，後改旦色，故舉止落落，乏妖冶之態。今雖舉步邯鄲，而忸怩不寧觀者，轉增其媚。惜顴高口闊，非女兒家窈窕形容也。

藝文

清・吴長元《燕蘭小譜》卷三　衫裙窄窄指纖纖，小步輕盈繞畫簾。一點靈犀通内裏，密雲含雨鎖眉尖。

又　半夜恩情慰積思，人間天上此佳期。如何鐘動催歸去，惹得王生惆悵詞。唐王涣《惆悵詞》，用崔徽佳期事。

王中官

傳記

清・吴長元《燕蘭小譜》卷三　滿囤兒，萃慶部。姓王氏，名中官，陝西藍田人。劉芸閣之徒。面目頗有回派，精悍可喜。其技長於跌撲，嘗演《如意鈎》、《擂臺訂姻》，如芍藥翻堦，令人目眩。至末後一跌，似憐似怯，傳情在無意間。爲之擊節欣賞，即劇酬之。

藝文

清・吴長元《燕蘭小譜》卷三　好姻緣共惡姻緣，契結三生豈偶然。入手漫拈新婦臂，翻身先飽女兒拳。擂臺先打退二人。

又　乍覩金鈎意已親，略于於偏反逗丰神。傾心一跌嬌無力，兒女英雄兩可人。

常永春

傳記

清・吴長元《燕蘭小譜》卷三　常永春，宜慶部。字煦載，一字妙蓮，順天涿州人。丰神秀雅無媚容，無俗態，有翩翩佳公子之風。屈於旦色，恐未能學步邯鄲也。聞曾習舉業，應童子試。今夏見其書扇，摘《歸去來詞》云：悟已往之不諫，知，來者之可追。實迷途其未遠，覺今是而昨非。心甚惻然。張君潤齋贈妙蓮印章字之，冀其出泥不污也。近爲瑯玡君所契，安之若素，乃如之一人一至斯乎。昔尤西堂作西子文，有憐、愛、奇、三義，余於永春，不覺興感於斯焉。

藝文

清・吴長元《燕蘭小譜》卷三 清神皎皎映瓊姿，幾度相逢幾費思。憶取西堂西子藝，我憐我愛我奇之。憐其美少年，愛其文字工，奇其變爲無良子也。

又 好從謝客分清艷，莫向張郎鬥麗華。出自污泥原不染，稱名不媿妙蓮花。

羅榮官

傳記

清・吴長元《燕蘭小譜》卷三 羅榮官，宜慶部。順天良鄉人，旦中之夭桃女也。年未弱冠，何粉潘姿，不假修飾，令人目注。

藝文

清・吴長元《燕蘭小譜》卷三 初日芙蓉寫艷姿，張郎玉貌動情思。男兒已擲盈車果，何用喬妝假女爲。榮兒不宜作女妝。

又 腰鼓聲圓若播鼗，臨風低唱月輪高。玉容無限婆娑影，不是狂奴興亦豪。是日演花鼓甚佳。

張喜兒

傳記

清・吴長元《燕蘭小譜》卷三 張喜兒，永慶部。河南祥符人。玉質翩翩，目如秋水。

楊寶兒

傳記

清・吴長元《燕蘭小譜》卷三 楊寶兒，太和部。貴州貴陽人。素靨嬌憨，有柔媚昵人之態。

王慶官

傳記

清・吴長元《燕蘭小譜》卷三 王慶官，集慶部。字薦庭，直隸天津人，楊四苗之徒也。年始成童，眉目軒爽，嘗使陪飲，拇戰豪呼，風生四座。似憨而黠，含媚於標，宜乎抹粉登場，浪蕩妖淫，有不待揣摹而合拍者。嗟乎，童子何知，世風不古，若王聯官之忸怩靦覥，我見生憐，不可同日語矣。悲夫。

藝文

清・吴長元《燕蘭小譜》卷三 嬌憨無藉轉星眸，正是瓜時始上頭。爲語聯郎多娬媚，可人情處半含羞。

又 粉兒風致欠温馨，謔浪情懷笑語村。一片好聲頻送處，阿誰真箇欲消魂。

謝玉林

傳記

清・吴長元《燕蘭小譜》卷三 謝玉林，萃慶部。江西新建人，爲于永亭之徒，姿首清妍，身材纖小。昔人稱季香爲香扇墜，若玉林真可懷中婀娜袖中藏矣。其技不甚多見而花枝摇颺，鶯語惺憁，不減南國佳人風致。友人許君大加賞識，洵非愛者之虚言也。

藝文

清・吴長元《燕蘭小譜》卷三 人比黄花瘦影同，翩躚舞袖怯西風。當筵鶯語調笙韻，環珮多應在楚宫。

又 雨態雲情似漆膠，於飛無計效鸞交。阿師對此增羞澁，鳩鵲相喧孰解嘲。是日演《倒聽》，永亭作女狀元，玉林爲新婦，羞態愈覺可人。

曹珪官

傳記

清・吴長元《燕蘭小譜》卷三 曹珪官，集慶部。字文達，四川筇州人。清姿而質，瘦頰隆顴。其技未見所長，而機趣活潑，有媚態而無冶容，在部中可云閨闈之秀矣。聞其昔爲小史，今入梨園，想習染未深，故多羞澁。相賞者當於時調外求之，或有契焉。

藝文

清・吴長元《燕蘭小譜》卷三 逸韻翩翩意態濃，清姿依約似芙蓉。羊欣慣仿夫人格，雖爾攲斜亦正鋒。

又 曾侍蘭臺燕寢香，頓施朱粉入歌場。梨園弟子多卿輩，誰是新聲田順郎。

姚六兒

傳記

清・吴長元《燕蘭小譜》卷三　姚六兒，萃慶部。大興人。姿僅中平，齒已加長，善於嫵媚，丰度猶堪。昔在集成，夙有名譽，今入萃慶。友人謂其佳處祇在飛眼撩人一笑間。至於彈琵琶、唱小曲，齒牙鬆脆，令人如覩燕趙佳人，粉白黛黑，固非後進之可企及也。

藝文

清・吴長元《燕蘭小譜》卷三　塞上春風獵地回，草青氈帳喜銜杯。琵琶不訴《昭君怨》，聽唱新聲《阿濫堆》。是日所演。

又　丰姿詎勝小妖嬈，孫壽妝成百媚嬌。最是眼波斜溜處，天游相見欲消魂。

馬九兒

傳記

清・吴長元《燕蘭小譜》卷三　馬九兒，集慶部。四川重慶府人。丰姿秀媚，態度停匀，望之如妙齒女郎，問年已逾房老。昔馬湘蘭當半百之期，猶有少年欲娶爲婦。盛顏久駐，天豈獨鍾於此輩耶，抑彼人自有術耶。向在大春部，藉藉有名，惜未留意。今相賞雖遲，而柳重桃酣，尚是春風得意時也。

藝文

清・吴長元《燕蘭小譜》卷三　鳳粉瓊妝宛轉歌，恍逢天女散陀羅。十年丰韻渾如昨，何必樽前感逝波。

又　重來歌館一番新，柳重桃酣占好春。自是家風能駐色，兒曹休莫笑陳人。

周四官

傳記

清・吴長元《燕蘭小譜》卷四　周四官，保和武部。字玉奇，浙江仁和人。年始弱冠，素質艶光，略無妖冶。古愚居士品其色技，兼有時瑶卿鄭蘭生之長。有美一人，清揚婉兮，如遇於西陵松栢下也。三絃彈詞，娓娓動人，良月風清，足怡情志。向因吾杭無人，譜中未免寂寞，今得玉奇，不全爲人作嫁衣矣。

藝文

清・吴長元《燕蘭小譜》卷四　淡妝濃抹憶西湖，婥約欣看美且都。

陌上花開歌緩緩，吴儂猶記此音無。《陌上花》，吴越吴肅王時歌也。

又　三絃清切語呢呢，燈火微明夜漏遲。無限風懷忘不得，何如聽唱鼓兒詞。

姚蘭官

傳記

清・吴長元《燕蘭小譜》卷四　姚蘭官，太和部。江蘇揚州人。纖腰仄步，細頸寒肩，望之絶似柔媚女郎，不辨其爲僞伎也。在西部中無有賞者，姻娅趙君，稱其閒遠有閨閣風。余曰：此如日覽名園，忽於村舍疏籬得小紅數朶，迎風瀟灑，不禁爲之翛然神遠。然蘭官之風韻，亦於斯窺一班矣。

藝文

清・吴長元《燕蘭小譜》卷四　雄雌不辨態纖纖，歌繞梁塵韻自恬。但有謝家風致遠，任他秀色燦珠簾。珠簾秀，元歌伎名。

又　落拓京華十載過，尚餘逸興愛徵歌。饒他三慶多嬌艷，雅韻宜人有太和。謂萃慶、宜慶、永慶。

錫齡官

傳記

清・吴長元《燕蘭小譜》卷四　錫齡官，永慶部。姓張氏，江蘇長州人，景山梨園子也。雅艷不浮，小身玉質，其技宜于於苦戲。余謂長生昔事妖冶，襯以銀兒，今事真切，輔以錫齡。銀兒似春深芍藥，錫齡如秋晚芙蓉，可稱二美。然豪客喜春華而不喜秋實，故錫齡聲譽無聞焉，爲之興歎。

雙喜官

傳記

清・吴長元《燕蘭小譜》卷四　雙喜官，保和部。姓徐氏，江蘇長洲人，亦隸貴邸，與四喜並寵，歌音清美，姿首嬌妍。弱冠後，頎長堪憎，顧景自傷。嘗演《玉環醉酒》，多作折腰步，非以取媚，實爲藏拙。其心良苦矣。歌樓評四喜曰妖，雙喜曰高，即長也。可以窺其優劣也。而聲技之佳，徵歌舞者猶流連於齒頰云。

藝文

清・吴長元《燕蘭小譜》卷四　芙蓉灩灩泛秋江，贏得佳名並蒂雙。

一朶綵雲欣出岫，美人聲價重南邦。

又 婀娜多姿柳帶牽，臨風摇颺玉樓前。兒家若作曹交婦，縱不齊眉也及肩。

嚴秀林

傳記

清・吴長元《燕蘭小譜》卷四 嚴秀林，保和武部。字芝田，江蘇無錫人。妙齡娟秀，白皙嬌妍。昔人以江瑶勝駝峯、熊掌，非虚語也。友人張君大加契賞，邀余觀劇，以徵所鑒之非謬然。修容似玉，壓臂無金。吾爲秀林憐，爲張君愧矣。聊以情語解嘲，作如蘭之雅券云。

藝文

清・吴長元《燕蘭小譜》卷四 玉素亭亭不自持，風前婥約好腰支。二分明月三分柳，箇是芝郎寫照時。二分明月，覘光幾許，柳色三分，未成恨也。感秀林之未遇。

又 倜儻張公爲賞音，恨山奚止一鈎金。從來豪客多輕薄，誰解如蘭臭味深。

周定珠

傳記

清・吴長元《燕蘭小譜》卷四 得發兒，保和部。姓周氏，字定珠，江蘇武進人。靡容膩理，雅態柔情，擅名十餘年，爲崑旦中秀相者。幼曾爲小史，《後隨主人出莅山右。

藝文

清・吴長元《燕蘭小譜》卷四 舞衫歌扇眆輕盈，十載京華早擅名。不忘深恩依舊主，樽前時度囀春鶯。

又 黛痕零落鬢絲髟，冷語凄凉誚老饞。未覩梨園生白髮，已教司馬溼青衫。

顧俊德

傳記

清・吴長元《燕蘭小譜》卷四 顧俊德，吉祥部。亦無錫人，靚妝秀質，美擅歌樓，崑旦中之翹楚。旋以他事回南，今來京遂棄所業。而故交冷落；時有棄舊之感。嘗與俞翁同飲，聆其語，已如商婦琵琶矣。

桂林官

傳記

清·吴長元《燕蘭小譜》卷四　桂林官，端瑞部。姓劉氏，江蘇元和人，崑旦中之韻勝者。玉貌翩躚，温文閒雅，絶不似樂部中人。喜書史能舉業，亦善畫蘭，駸駸乎有文士之風。戊戌春，予過友人寓，與之同飲，不知其爲伶也。友人言及，頗以文士待之。繼聞浙東某縣佐延入幕中書啟。後回蘇，不數年而殞。

藝文

清·吴長元《燕蘭小譜》卷四　秀骨稜稜孰與偕，相逢不是弁而釵。芳心一縷書千古，肯向泥塗抵死埋。

又　上苑巍科王右丞，琵琶一曲快先登。天梯若許侯門借，技展屠龍叱亦能。桂林曾冒北籍考試。

周二官

傳記

清·吴長元《燕蘭小譜》卷四　周二官，保和武部。江蘇長洲人，旦中之房老也。其《賣魚》一齣，摹寫網船嫩婦，形容曲肖，音調諧如在金閶牙市中，令人叫絶。

藝文

清·吴長元《燕蘭小譜》卷四　蛤蚌團魚滿擔沽，偶逢相謔巧支吾。南濠多少秧歌脚，風味蕭騷似爾無。南濠有少婦縫窮送暖者，多不纏足，人呼爲秧歌脚。

又　啼笑如真無限嬌，擔當風月小妖嬈。可憐窗外窺情女，祗是胡盧依樣描。是日有某官演《佳期》，興致索然。

小周四官

傳記

清·吴長元《燕蘭小譜》卷四　小周四官，同部。元和人，年僅成童，伶俐活潑。無非天趣，惜面方不媚，豪客未之賞焉。是日演《拷紅》，眼色傳神，躍躍欲語不獨齒牙吐慧，稱可意侍兒。

李琴官

傳記

清・吴長元《燕蘭小譜》卷四　李琴官，文保和部。江蘇元和人。年僅弱冠，目妍而瞬，面瘦而腴，雖非謝氏閨英，亦屬鄭家文婢。嘗演《裁衣》，風流醖藉，有企愛之神，無乜斜之態。

藝文

清・吴長元《燕蘭小譜》卷四　嬌態臨風弱不支，郤於醖藉動情思。目光冉冉渾如語，想見寒花未嫁時。寒花，歸熙甫婢。

又　狼藉瑶卿與秀卿，兩頭蠻觸損清名。梁谿丰範從誰説，酥酪而今有弟兄。其弟秀官，在永慶部。

孫秀林

傳記

清・吴長元《燕蘭小譜》卷四　孫秀林，吉祥部。浙江德清人。丰神俊朗，眉宇軒豁，無柔媚可憐之色，崑旦中之矯矯者。在京班一二年，即棄所業。余去冬相見，翩翩不羣。聞今春南返，在張灣舟中已作泉下少年郎矣。可憐無定河邊骨，猶是深閨夢裏人。詩以傷之。

藝文

清・吴長元《燕蘭小譜》卷四　出墻紅杏倍生妍，灑落春光媚遠天。見説園中花事好，供誰攀折倩誰憐。

又　歸帆穩稱入東吴，啼遍春山舊鷓鴣。一夜凄風兼苦雨，可憐紅蕋没青蕪。

王翠官

傳記

清・吴長元《燕蘭小譜》卷四　王翠官，慶春部。諢號水蜜桃，江蘇元和人，崑旦中歡喜緣也。恬雅妍媚，水團面笑容可掬，人見之未有不歡悦者，雅號於以稱焉。嘗演《絮閣搜妝》恰稱玉環嬌態。

藝文

又　侵曉銜寒叩紫宸，妬情嬌語可憐春。饒他四面觀音好，未底王昌態度匀。蘇旦有號四面觀音者，以《長生殿》得名。

又　玉容春盎潤如膏，贏得人呼水蜜桃。卻笑吴姬名亦爾，兩般滋味儘酕醄。友人云：金閶有伎，亦名水蜜桃。

韓學禮

傳記

清·吳長元《燕蘭小譜》卷四　韓學禮，保和武部。浙江錢唐人。樸質無姿，齒已加長，宜於苦戲。

藝文

清·吳長元《燕蘭小譜》卷四　洗滌鉛華静不浮，哀絃苦調見風流。梨園盡是他鄉侶，誰把杭州曲子謳。白香山句。

又　白傅深情祗自傷，瀟瀟暮雨憶吳娘。十年抛卻西湖好，怕聽相思引恨長。楊升菴云：吳二娘，杭州名妓，有《長相思》一詞。白香山詩：吳娘暮雨瀟瀟曲，自別江南久不聞。蓋子美之黄四娘也。

李秀官

傳記

清·吳長元《燕蘭小譜》卷四　李秀官，永慶部。江蘇元和人。鮮膚秀色，文弱堪憐，腰未裊而多姿，眼不波而自媚，令人有宋玉墻東之感。

藝文

清·吳長元《燕蘭小譜》卷四　纖柔定似柳絲絲，誰贈春風裊娜詞。移向蘇臺鬬歌舞，起眠情緒耐人思。

又　卸卻新妝懶自拈，無因重見態纖纖。愛他簾隙窺人處，約腕金黄指玉尖。卸妝後，揭簾偷視，腕指如玉，爲彼中之難得者。

金桂官

傳記

清·吳長元《燕蘭小譜》卷四　金桂官，萃慶部。字縵亭，江蘇常熟人。清姿瘦骨，膩理柔容，如俟城隅之静女，無桑間態，亦乏林下風。素習崑曲，曾爲外吏衙前，今春闌入部内，匝月之間，澤車華服氣象改觀。

藝文

清·吳長元《燕蘭小譜》卷四　薄施脂粉已嫣然，歌韻曾誇相府蓮。爲愛嬌多身轉怯，幾形臯脰與鳶肩。幼爲南沙蔣氏小史。

又　燕寢趨承寵愛濃，翩翩花影度春風。卯兒幻入霓裳隊，漫把銅山笑鄧通。

張發官

傳記

清・吴長元《燕蘭小譜》卷四 張發官，保和文部。江蘇元和人。面如瓜瓠，弱不勝嬌，雅韻閒情，有謝夫人林下風致，耽清静，解文墨，嘗見余《燕蘭譜》，略識此中款要，知非庸俗伶工矣。

藝文

清・吴長元《燕蘭小譜》卷四 弱質娉婷愛羽毛，琵琶羞唱《鬱輪袍》。唐昌玉蕋真仙種，莫認元都觀裏桃。

又 淡妝雅服出輕盈，意態丰姿宛轉生。幾度悠颺聞玉笛，江南風月最關情。

又 艶冶浮靡詎苟同，耽閒綽有士人風。燕蘭妙諦渠能識，不羡家明韻語工。南唐優李家明能詩。

又 太平無象儘消摇，妙舞清歌樂聖朝。會得詩人風化遠，鄭聲屏去奏虞韶。

李桂官

傳記

清・吴長元《燕蘭小譜》卷五 姓李名桂官，字秀章，吴縣人。昔在慶成部，名重一時。嘗與某巨公鄉誼，時佐其困乏，情好無間。後巨公蒞外省，桂官亦脱身同往，於今十數年矣。聞其慷慨好施，頗無貲蓄，是優伶中之勇於爲義者。

紀事

清・姚元之《竹葉亭雜記》 京師梨園中有色藝者，士大夫往往與相狎。庚午、辛未間，慶成班有方俊官，頗韶靚，爲吾鄉莊本淳舍人所昵。本淳旋得大魁。後寶和班有李桂官者，亦波峭可喜。畢秋帆舍人狎之，亦得修撰。故方、李皆有狀元夫人之目，余皆識之。二人故不俗，亦不徒以色藝稱也。本淳殁後，方爲之服期年之喪。而秋帆未第時頗窘，李且時周其乏。以是二人皆有聲縉紳間。後李來謁余廣州，已半老矣。余嘗作《李郎曲》贈之。

清・袁枚《隨園詩話》卷四 李桂官與畢秋帆尚書交好。畢未第時，李服事最殷，病則秤藥量水，出則授轡隨車。畢中庚辰進士，李爲購素册界烏絲，勸習殿試卷子，果大魁天下。溧陽相公，康熙前庚辰進士也，重赴櫻桃之宴，聞桂郎在坐，笑曰：我揩老眼，要一見狀元夫人。其名重如此。戊子年，畢公官陝西，李將往訪，路過金陵，年已三十，風韻猶存。余作長歌贈之，序其勸畢公習字云：若教内助論勛伐，合使夫人讓誥封。

藝文

清·吴長元《燕蘭小譜》卷五　漫將巾幗事傾城，雅意憐才別有情。賺得豪兒金似土，夜來聞唤狀頭聲。

唐玉林

傳記

清·吴長元《燕蘭小譜》卷五　唐玉林、方蘭如，長洲人，在慶成部，一時之彼美也。秀州某賈與之契好。所有貿易之貲，盡耗於淺斟低唱中。既而賈以逋負被縶，二人告其友曰：賈之事，公所知也。倘藉公之力，爲渠解紛，則二千金之助。吾兩人在，何至廢業失所。友感其言，爲之平章息訟。未幾，賈復與他伶狎。二人愴然曰：溺不可拯也，我不負賈而賈實負我矣。其金遂絶。

藝文

清·吴長元《燕蘭小譜》卷五　雅遇周郎顧曲頻，感恩知己兩情親。憐君金盡緣歌舞，羞作吴王宫裏人。

又　乍可春回淑氣和，歡場幾見醉顔酡。桃花流水情無限，精衛辛劬奈若何。

馮三兒

傳記

清·吴長元《燕蘭小譜》卷五　馮三兒，大興人。昔在王府大部，旦中尤物，以聲技蓄厚貲。弱冠後，頎長突弁，遂棄業爲掌班，而頷下亦於思可翫。班素隸貴邸，一日，主人以旦色未佳，仍命三兒充之。因剃鬚復業，而孫壽之態畢露矣。

藝文

清·吴長元《燕蘭小譜》卷五　脱郤鬚眉復效顰，應緣曾現女人身。侍兒瞥見多相笑，仙子麻胡兩失真。

又　施朱施粉事妖妍，顧影真堪一笑先。昔日歡郎多冷落，夜來惟有細君憐。

張蕙蘭

傳記

清·吴長元《燕蘭小譜》卷五　張蕙蘭，吴縣人。昔在保和部，崑旦中之色美而藝未精者。常演《小尼姑思凡》，頗爲衆賞，一時名重。蓄厚貲回南，謀入集秀部。集秀，蘇班之最著者，其人皆梨園父老，不事艷冶，而聲律之細，體狀之工，令人神移目往，如與古會，非第一流不能入此。蕙蘭以不在集秀，則聲名頓減，乃捐金與班中司事者，掛名其間，扮演雜色。噫，爲名爲實，吾不能知，而其志則可嘉矣。

藝文

清・吴長元《燕蘭小譜》卷五　笙歌叢裏早知幾，莫俟門前車馬稀。一棹江南煙水闊，舞衫何似緑簑衣。

又　攀援聲價附清音，名實難窺兩可心。甘就經師執都養，應羞孔目擅詞林。友人言：蕙蘭之在集秀，如爲實，則耳濡目染，其技日進。猶執都養役於經師之門，若爲名是監生捐孔目。

徐雲亭

紀事

清・袁枚《隨園詩話》卷四　乾隆己未，京師伶人許雲亭名冠一時，群翰林慕之，糾金演劇。余雖年少，而敝車羸馬，無足動許者。許流目送笑，若將暱焉。余心疑之，未敢問也。次日侵晨，竟叩門而至，情款綢繆。余喜過望，贈詩云：笙清簧煖小排當，絶代飛瓊最擅場。底事一泓秋水翦，曲終人反顧周郎。

劉三

紀事

清・袁枚《隨園詩話》卷四　雍正間，京師伶人劉三，色藝冠時，獨與翰林李玉淵先生交好。蘇州張少儀觀察爲諸生時，封公謫戍軍臺，徒步入都，爲父贖罪，一時有三子之稱，蓋云公子、才子、孝子也。沿門托鉢，尚缺五百餘金，偶於先生席上言及此事。劉慨然曰：此何難。公子有此孝心，我能相助。遂徧告班中人云：諸君助張，如助我也。擇日，設席江南會館，請諸豪貴來，已乃纏頭而出，一座傾靡，擲金錢者如雨，果得五百餘金，盡以與張，而封公之難遂解。余丙辰入都，在先生處見劉，則已老矣。但聞先生未第時，甚貧，劉愛其才，以身事之。余疑而不信。偶過薙髮舖壁上，無名氏題云：欲得劉三一片心，明珠十斛萬黄金。一錢不費偏傾倒，妬殺江南李翰林。方知果實事也。先生在吴門，《與朱約岑送采官北上》云：莫惜當筵舞髩斜，多情曾爲損才華。玉郎此會成長别，飛盡江南陌上花。朱和之，有春燈紅照一枝花之句。朱爲張匠門先生之故人，相見京師，年已八十，惡見髮鬚之白，日日薙之，與翁霽堂同癖。

許翠齡

論説

清・袁枚《隨園詩話》卷七　蔡孝廉有青衣許翠齡，貌如美女，而夭。

記性絶佳，嘗過染坊，戲焚其簿，坊主大駭，翠齡笑取筆爲默出之：某家染某色，及其價值，絲毫不差。主人亡，翠齡哭以詩云：雙淚啼殘遺僕在，一燈青入旅魂來。初，孝廉在蘇州安方伯幕中請乩，有女仙劉碧環下降，贈詩云：升沉已定君休戚，他日長安道上人。孝廉喜，以爲東野看遍長安花之意，後竟死於陝西。

鳳珠

藝文

清·袁枚《隨園詩話》卷一四 小伶鳳珠，善歌，能解人意。雨樵即席賦《浣溪紗》，以鳳珠可兒爲韻。詞云：彩雲么夢，何處飛來紅玉鳳。笑倩人扶，一曲梁州一斛珠。 眉歡目妥，教人坐立如何可。偏解相思，學語雛鶯小意兒。

虞四官

藝文

清·袁枚《隨園詩話·補遺》卷七 女伶虞四官拜姚秋槎居士爲師，觀其演《跌霸》一齣，贈云：壯士至今休説項，美人千古最憐虞。後度爲女道士，號空翠菴主人。姚又贈一《探春令》云：幾番花信暗相催，早自三春暮。杜鵑啼罷東風懶，看滿徑堆紅雨。 年年此際歸何處，驀地抛人去。裊斜陽烟外，一寸游絲，怎繫得韶光住。

天然官

藝文

清·袁枚《隨園詩話·補遺》卷九 伶人天然官，色藝俱佳，而天性跳蕩，如野馬在御，蹀躞不能自止。余贈云：何必當筵舞髻斜，但呼小字便妍華。萬般物是天然好，野卉終勝剪綵花。我欲憐卿先自憐，春蠶老去枉纏緜。摩挲便了三生願，與汝同超色界天。

余維琛

傳記

清·李斗《揚州畫舫録》卷五《新城北録下》 徐班副末余維琛，本蘇州石塔頭串客，落魄入班中。面黑多鬚，善飲，能讀經史，解九宮譜。性情慷慨，任俠自喜，嘗於小東門羊肉肆見吳下乞兒，脱狐裘贈之。其時王九皐爲副末副席。

山崑璧

傳記

清·李斗《揚州畫舫録》卷五《新城北録下》 老生山崑璧，身長七尺，聲如鏄鐘。演《鳴鳳記·寫本》一齣，觀者目爲天神。自言袍袖一遮，可容張德容輩數十人。

張德容

傳記

清·李斗《揚州畫舫録》卷五《新城北録下》 張德容者，本小生，聲音不高，工於巾戲。演《尋親記》周官人，酸態如畫。

陳雲九

傳記

清·李斗《揚州畫舫録》卷五《新城北録下》 小生陳雲九，年九十，演《綵毫記·吟詩脱靴》一齣，風流横溢，化工之技。

董美臣 附：王維尚

傳記

清·李斗《揚州畫舫録》卷五《新城北録下》 董美臣亞於雲九，授其徒張維尚，謂之董派。美臣以《長生殿》擅場，維尚以《西樓記》擅場。維尚游京師時，人謂之狀元小生。後入洪班。

王丹山

傳記

清·李斗《揚州畫舫録》卷五《新城北録下》 老外王丹山，氣局老蒼，聲振梁木。

孫九皋

傳記

清・李斗《揚州畫舫録》卷五《新城北録下》 同時孫九皋爲外脚副席，九皋戲情熟於丹山，而聲音氣局，十不及半。後入洪班。

周德敷

傳記

清・李斗《揚州畫舫録》卷五《新城北録下》 大面周德敷，小名黑定，以紅黑面笑叫跳擅場。笑如《宵光劍》鐵勒奴，叫如《千金記》楚霸王，跳如《西川圖》張將軍諸齣。同時劉君美、馬美臣並勝。

馬文觀

傳記

清・李斗《揚州畫舫録》卷五《新城北録下》 馬文觀，字務功，爲白面，兼工副净，以《河套參相》、《遊殿議劍》諸齣擅場。白面之難，聲音氣局，必極其勝，沉雄之氣寓於嘻笑怒駡者，均於粉光中透出。二面之難，氣局亞於大面，温暾近於小面，忠義處如正生，卑小處如副末，至乎其極。又服婦人之衣，作花面丫頭，與女脚色争勝。務功兼工副净，能合大面、二面爲一氣，此所以白面擅場也。其徒王炳文，謹守務功白面諸齣，而不兼副净，故凡馬務功之戲，炳文效之，其神化處尚未能盡。

錢雲徒

傳記

清・李斗《揚州畫舫録》卷五《新城北録下》 二面錢雲從，江湖十八本，無齣不習。今之二面，皆宗錢派，無能出其右者。同時錢配林，技藝雖工，過於端整，爲雲從所掩。後入洪班，方顯其技。三面以陳嘉言爲最。一出《鬼門》，令人大笑。後與配林同入洪班。

余美觀

傳記

清・李斗《揚州畫舫録》卷五《新城北録下》 老旦余美觀，兼工三弦，本京腔班中人。後歸江南入徐班。

史菊觀

傳記

清・李斗《揚州畫舫録》卷五《新城北録下》 正旦史菊觀，演《風雪漁樵記》在任瑞珍之上。

瑞珍

紀事

清・李斗《揚州畫舫録》卷五《新城北録下》 瑞珍口大善泣，人呼爲闊嘴。幼時在瀋陽從一縣令，會縣令被逮，瑞珍左右之，縣令死，瑞珍經紀其喪，始得歸里。後入洪班。

吴福田

傳記

清・李斗《揚州畫舫録》卷五《新城北録下》 小旦謂之閨門旦，貼旦謂之風月旦，又名作旦，兼跳打，謂之武小旦。吴福田，字大有。幼時從唐榷使英學八分書，能背《通鑑》，度曲應笙笛四聲。蘇州葉天士之孫廣平，精於音律，稱大有爲無雙唱口。

許天福

傳記

清・李斗《揚州畫舫録》卷五《新城北録下》 許天福，汪府班老旦出身，余維琛勸其改作小旦，三殺、三刺，世無其比。後年至五十，仍爲小旦。

馬繼美

傳記

清・李斗《揚州畫舫録》卷五《新城北録下》 馬繼美年九十爲小旦，如十五六处字。

王四喜

傳記

清·李斗《揚州畫舫録》卷五《新城北録下》　王四喜以色見長，每一出場，輒有佳人難再得之歎。

周君美

傳記

清·李斗《揚州畫舫録》卷五《新城北録下》　徐班以外，則有黄、張、汪、程諸内班。程班三面周君美，與郭耀宗齊名。君美即陳嘉言之壻，盡得其傳。

石湧塘

傳記

清·李斗《揚州畫舫録》卷五《新城北録下》　正生石湧塘，學陳雲九風月一派。後入江班。與朱治東演《獅吼記》梳妝跪池，風流絕世。

馮士奎

傳記

清·李斗《揚州畫舫録》卷五《新城北録下》　大面馮士奎，以《水滸記》劉唐擅場。

韓興周

論説

清·李斗《揚州畫舫録》卷五《新城北録下》　韓興周以紅黑面擅場。

王采章

論説

清·李斗《揚州畫舫録》卷五《新城北録下》　老生王采章，即張德容一派。

楊二觀

傳記

清・李斗《揚州畫舫録》卷五《新城北録下》　小旦楊二觀，上海人。美姿容，上海産水蜜桃，時人以比其貌，呼之爲水蜜桃。家殷富，好串小旦。後由程班入江班。成老名工。

倪忠賢

論説

清・李斗《揚州畫舫録》卷五《新城北録下》　老外倪仲賢，有王丹山氣度。

王景山

傳記

清・李斗《揚州畫舫録》卷五《新城北録下》　老旦王景山，眇一目，上場用假眼睛如真眼。後歸江班。

顧天一

傳記

清・李斗《揚州畫舫録》卷五《新城北録下》　黄班三面顧天一，以武大郎擅場，通班因之演《義俠記》全本，人人争勝，遂得名。嘗於城隍廟演戲，神前鬮《連環記》，臺下觀者大聲鼓噪，以必欲演《義俠記》。不得已，演至服毒，天一忽墜臺下，觀者以爲城隍之靈。年八十餘演《鳴鳳記・報官》，腰脚如二十許人。

張國相

傳記

清・李斗《揚州畫舫録》卷五《新城北録下》　張班老外張國相，工於小戲，如《西樓記・拆書》之周旺，《西厢記》惠明寄書之法本稱最。近年八十餘，猶演《宗澤交印》，神光不衰。

程元凱

傳記

清·李斗《揚州畫舫録》卷五《新城北録下》 老生程元凱，爲朱文元高弟子。寫本諸齣。得其真傳。

劉天禄

傳記

清·李斗《揚州畫舫録》卷五《新城北録下》 劉天禄，小唱出身，後師余維琛，爲名老生。兼工琵琶，其彈詞一齣稱最。

張明祖

傳記

清·李斗《揚州畫舫録》卷五《新城北録下》 張明祖爲小生，與沈明遠齊名。後從其父爲洪班教師。

顧天祥 附：謝天成

傳記

清·李斗《揚州畫舫録》卷五《新城北録下》 三面顧天祥，以《羊肚》、《盜印》、《鸞釵》朱義爲絶技。同時謝天成爪指最長。亦工《羊肚》諸技。

陳小扛

傳記

清·李斗《揚州畫舫録》卷五《新城北録下》 大面陳小扛，爲馬美臣一派。

馬大保

傳記

清·李斗《揚州畫舫録》卷五《新城北録下》 小旦馬大保，爲美臣子。色藝無雙，演《占花魁·醉歸》，有嬌鳥依人最可憐之致。

張廷元、熊如山

傳記

清·李斗《揚州畫舫録》卷五《新城北録下》 老旦張廷元、小丑熊如山，精於江湖十八本。後爲教師，老班人多禮貌之。

汪穎士

傳記

清·李斗《揚州畫舫録》卷五《新城北録下》 汪穎士，本海府班串客，後爲教師。論没手身段，如《邯鄲夢》雲陽、《漁家樂》羞父最精。善相術，間於茶肆中爲人相面。

陳應如

傳記

清·李斗《揚州畫舫録》卷五《新城北録下》 洪班半徐班舊人，老生張德容之後，爲陳應如。應如本織造府書吏，爲海府班串客，因入是班。

周新如

傳記

清·李斗《揚州畫舫録》卷五《新城北録下》 洪班半徐班舊人，老生張德容之後，爲陳應如。【略】次之周新如，以《四聲猿·狂鼓史》得名。

朱文元

傳記

清·李斗《揚州畫舫録》卷五《新城北録下》 洪班半徐班舊人，老生張德容之後，爲陳應如。【略】又次之則朱文元。文元小名巧福，爲程伊先之徒，演《邯鄲夢》全本，始終不懈。先在徐班，以年未五十，故無所表見，至洪班則聲名鵲起，班中人稱爲戲忠臣。

汪建周

傳　記

清・李斗《揚州畫舫録》卷五《新城北録下》 小生汪建周，一字不識，能講四聲。

李文益

傳　記

清・李斗《揚州畫舫録》卷五《新城北録下》 李文益丰姿綽約，冰雪聰明。演《西樓記》於叔夜，宛似大家子弟。後在蘇州集秀班，與小旦王喜增串《紫釵記・陽關折柳》，情致纏綿，令人欲泣。

沈明遠

傳　記

清・李斗《揚州畫舫録》卷五《新城北録下》 沈明遠師張維尚。舉止酷肖。聲音不類。後入江班。

張明誠

傳　記

清・李斗《揚州畫舫録》卷五《新城北録下》 白面以洪季保擅場，紅黑面以張明誠擅場。明誠爲明祖之弟，本領平常，惟《羅夢》一齣，善作句容人聲口，爲絶技。

吴仲熙

傳　記

清・李斗《揚州畫舫録》卷五《新城北録下》 任瑞珍自史菊官死後，

遂臻化境。詩人張樸存嘗云，每一見瑞珍，令我整年不敢作泣字韻詩。其徒吴仲熙，小名南觀，聲入霄漢，得其激烈處。吴端怡態度幽閒，得其文静處。至《人獸關・掘藏》一齣，端怡之外無人矣。後南觀入程班，端怡入張班，繼入江班。老外孫九皐，年九十餘演《琵琶記・遺囑》，令人欲死。同時法揆、趙聯璧齊名。周維伯曲不入調，身段闌珊，惟能説白而已。

費坤元

傳　記

清・李斗《揚州畫舫録》卷五《新城北録下》　老旦費坤元，本蘇州織造班海府串客。頤上一痣，生毛數莖，人呼爲一撮毛。謳喉清腴，脚步無法。

陳殿章

傳　記

清・李斗《揚州畫舫録》卷五《新城北録下》　副净陳殿章，細膩工緻，世無其比。

惡軟

傳　記

清・李斗《揚州畫舫録》卷五《新城北録下》　惡軟以冷勝，演《鮫綃記・寫狀》一齣稱絶技。惡軟蘇州人，忘其姓名。

丁秀容

傳　記

清・李斗《揚州畫舫録》卷五《新城北録下》　小丑丁秀容，打諢插科，令人絶倒。

孫世華

傳　記

清・李斗《揚州畫舫録》卷五《新城北録下》　孫世華唇不掩齒，觸處生趣，獨不能扮武大郎、宋獻策，人呼爲長脚小花面。

余紹美

傳記

清·李斗《揚州畫舫録》卷五《新城北録下》 小旦余紹美，滿面皆麻，見者都忘其醜。金德輝步其後塵，不相上下。

范三觀

傳記

清·李斗《揚州畫舫録》卷五《新城北録下》 范三觀工小兒戲，如安安小官人之類，啼笑皆有可憐之態。

潘祥齡

傳記

清·李斗《揚州畫舫録》卷五《新城北録下》 潘祥齡神光離合，乍陰乍陽，號四面觀音。

董掄標

傳記

清·李斗《揚州畫舫録》卷五《新城北録下》 江鶴亭愛余維琛風度，令之總管老班，常與之飲及葉格戲，謂人曰：老班有三通人，吴大有、董掄標、余維琛也。掄標，美臣子，能言史事，知音律。《牡丹亭記》柳夢梅，手未曾一出袍袖。

朱野東

傳記

清·李斗《揚州畫舫録》卷五《新城北録下》 小旦朱野東，小名麒麟觀，善詩，氣味出諸人右。精於梵夾，常欲買庵自居。

劉亮彩

傳記

清・李斗《揚州畫舫録》卷五《新城北録下》 老生劉亮彩，小名三和尚，吃字如書家渴筆，自成機軸，工《爛柯山》朱買臣。

俞宏源

傳記

清・李斗《揚州畫舫録》卷五《新城北録下》 副末沈文正、俞宏源並稱。宏源演《一捧雪》中莫成，謂之中到邊。善飲酒，徹夜不醉，鼻子如霜後柿。

王喜增

傳記

清・李斗《揚州畫舫録》卷五《新城北録下》 王喜增，姿儀性識，特異於人。詞曲多意外聲，清響飄動樑木。

金德輝

傳記

清・李斗《揚州畫舫録》卷五《新城北録下》 小旦余紹美，【略】金德輝步其後塵，不相上下。【略】德輝後入德音班。

又 金德輝演《牡丹亭・尋夢》、《療妒羹・題曲》，如春蠶欲死。

周仲蓮

傳記

清・李斗《揚州畫舫録》卷五《新城北録下》 周仲蓮《喜天門陣・産子》、《翡翠園・盗令牌》、《蝴蝶夢・劈棺》。每一梳頭，令舉座色變。

董壽齡

傳記

清・李斗《揚州畫舫録》卷五《新城北録下》 董壽齡工爲侍婢，所謂倩婢、鬆婢、淡婢、逸婢、快婢、疏婢、通婢、秀婢，無態不呈。

范松年 附：奚松年

傳記

清・李斗《揚州畫舫録》卷五《新城北録下》 大面范松年，爲周德敷之徒，盡得其叫跳之技，工《水滸記》評話，聲音容貌，摸寫殆盡。後得嘯技，其嘯必先斂之，然後發之，斂之氣沉，發乃氣足，始作驚人之音，繞於屋梁，經久不散，散而爲一溪秋水，層波如梯。如是又久之，長韻嘹亮不可遏，而爲一聲長嘯。至其終也，仍嘐嘐然作洞穴聲。中年入德音班。演《鐵勒奴》蓋於一部，有周德敷再世之目。其徒奚松年，爲洪班大面，聲音甚宏，而體段不及。

蔡茂根

傳記

清・李斗《揚州畫舫録》卷五《新城北録下》 二面蔡茂根，演《西廂記》法聰，瞪目縮臂，縱膊埋肩，搔首踟蹰，興會飈舉，不覺至僧帽欲墜。斯時舉座恐其露髪，茂根顔色自若。

滕蒼洲

傳記

清・李斗《揚州畫舫録》卷五《新城北録下》 小丑滕蒼洲短而肥，戴烏紗，衣皂袍，着朝靴，絶類虎邱山拔不倒。

樊大

傳記

清・李斗《揚州畫舫録》卷五《新城北録下》 樊大，睅其目而善飛眼。演《思凡》一齣。始則崑腔，繼則梆子、羅羅、弋陽、二簧，無腔不備，議者謂之戲妖。

郝天秀

傳記

清・李斗《揚州畫舫録》卷五《新城北録下》 郝天秀，字曉嵐。柔媚動人，得魏三兒之神。人以坑死人呼之，趙雲崧有《坑死人歌》。

謝瑞卿

傳記

清・李斗《揚州畫舫録》卷五《新城北録下》 京師萃慶班謝瑞卿，人謂之小耗子，以其師名耗子而別之也。工《水滸記》之閻婆惜，每登場，座客親爲傅粉，狐裘羅綺，以不得粉漬爲恨。關大保演閻婆惜效之，自是揚州有謝氏一派。

方俊官

傳記

清・紀昀《閱微草堂筆記》卷九《如是我聞三》 伶人方俊官，幼以色藝擅長，爲士大夫所賞。老而販鬻古器，時來往京師，嘗覽鏡自歎曰：方俊官乃作此狀，誰信曾舞衫歌扇，傾倒一時耶。

又 倪少宗伯承寬《感舊爲方俊官作》詩，詩末有註：俊官，名蘭如，吴人。爲莊本淳學士所狎，有狀元夫人之號。己卯入都，學士已殁，憔悴自傷，門前冷落。宗伯詩，語無泛設。嗣後，南部李桂官方至。其詳見隨園《甌北長歌》，稱史文靖於庚辰重赴瓊林宴上，亦呼狀元夫人，後依秦中幕府，較方爲優。

紀事

清・紀昀《閱微草堂筆記》卷九《如是我聞三》 俊官自言本儒家子，年十三四時，在鄉塾讀書，忽夢爲笙歌花燭擁入閨闥，自顧則繡裙錦帔，珠翠滿頭，俯視雙足亦纖纖作弓彎樣，儼然一新婦矣。驚疑錯愕，莫知所爲。然爲衆手挾持，不能自主，竟被持入幃中，與一男子並肩坐，且駭且愧，悸汗而寤。後爲狂且所誘，竟失身歌舞之塲，乃悟事皆前定也。餘疆曰：衛洗馬問樂令夢。樂云：是想。汝殆積有是想，乃有是夢，既有是想，是夢，乃有是墮落。果自因生，因由心造，安可委諸夙命耶。余謂此輩沈淪賤穢，當亦前身業報，受在今生，未可謂全無冥數。餘疆所言，持正本清源之論耳。後蘇杏村聞之曰：曉嵐以三生論因，惕以未來。餘疆以一念論因果，戒以現在，雖各明一義，吾終以餘疆之論可使人不放其心。

清·姚元之《竹葉亭雜記》 京師梨園中有色藝者，士大夫往往與相狎。庚午、辛未間，慶成班有方俊官，頗韶靚，爲吾鄉莊本淳舍人所昵。本淳旋得大魁。後寶和班有李桂官者，亦波峭可喜。畢秋帆舍人狎之，亦得修撰。故方、李皆有狀元夫人之目，余皆識之。二人故不俗，亦不徒以色藝稱也。本淳歿後，方爲之服期年之喪。而秋帆未第時頗窘，李且時周其乏。以是二人皆有聲縉紳間。後李來謁余廣州，已半老矣。余嘗作李郎曲贈之。

藝文

清·紀昀《閱微草堂筆記》卷九《如是我聞三》 倪餘疆《感舊詩》曰：落拓江湖鬢欲絲，紅牙按曲記當時。莊生蝴蝶歸何處。惆悵殘花剩一枝。即爲俊官作也。

劉慶瑞

論説

清·衆香主人《衆香國·劉慶瑞》 朗玉爲魏婉卿高弟，魏固伶中之傑也。朗玉承其餘緒，附驥名彰。演《拷火》、《闖山》、《臙脂》諸齣，深得婉卿三昧。其餘技又工小曲。爲人秀骨亭亭，別饒幽致，勢利浮囂之習，一舉而空之。棣園刺史有句云：碧梧翠竹蕭疎影，綠酒紅燈爛熳春。下句蓋指魯雲卿，上句則朗玉也。可想見其概矣。

綜述

清·小鐵笛道人《日下看花記》卷一 《臙脂》、《烤火》，超乎淫逸，別致風情。《闖山》、《鐵弓緣》，艷而不淫，古語一笑傾城，劉郎足以當之。至《別妻》一齣，手撥湘絃，清商一闋，輕風流水，令人躁釋矜平，嘗思松月山亭，煙波畫舫，得此風調，累心都盡。謝仁祖企脚北窻彈琵琶，未可便作天際真人想。辛酉春暮，偕小樊居士觀劉郎此齣，交口稱佳。次日又演《送燈》，宛遇洛水之神，精揺魄蕩。時方紅藥盛開，對花懷人，吟箋滿篋。嗣後縹緲嬌雲，頻縈寤想。客春仍偕小樊訪之，循若書生，辭寡心靈，不浮不滯。連番雅集，著有《紅藥新唫》，乞序於味閒居士表其方韻。

傳記

清·小鐵笛道人《日下看花記》卷一 姓劉，字朗玉，年二十一歲，順天大興黄村人。三慶部，魏長生之徒也。幼以小曲著名，嬌姿貴彩，明艷無雙，態度安詳，歌音清美，每於淡處生妍，静中流媚。不慣蹈蹻而腰支約素，不矜飾首而鬢髻如仙。

藝文

清·小鐵笛道人《日下看花記》卷一 此是人間第一叢，香分魏紫領春風。豐宜門外花千畝，解學劉郎算化工。

又 西州佳麗數陳郎，後秀黄村復擅場。一卷新吟紅芍藥，短檠了了照廻腸。

又 過眼穠懽憶惘然，風情只似向前妍。曲高占得春光好，青勝於藍早十年。婉卿來都，年近三旬矣。

又　幾宵風月足千秋，雅調閒憑翰墨留。所怕將離終是讖，鞭絲拂動怎醫愁。

王桂林

論説

清・衆香主人《衆香國・王桂林》　貌不異人，而能傾倒王公貴客。蓋遠而望之，似有不可狎者。近即之，則吹氣如蘭，芬芳可襲也。演《跪池》、《剔目》、《埋玉》諸齣，聲情刻露，頓挫悠揚。又善琵琶小曲，往往低唱淺斟，一彈再鼓，玉指珠喉，蕩人魂魄。雅部諸伶，尤爲一時無兩云。

傳記

清・小鐵笛道人《日下看花記》卷一　姓王，字琬香，年十七歲，江蘇長洲人。金玉部。媚臉潮紅，修眉横翠，清言屑玉，雅步生香。縱使玉樹爲屏，瓊枝繞坐，王郎入户，自有一種華貴氣。海棠舒艷，妍勝朝霞，定須金屋貯之。桃李漫山，輿儓屬矣。其演《長生殿》諸劇，凝神渺慮，吐羽含商，清厲紆徐，追微入奥，雲衫月扇，亦頗自命不凡。間演新劇，不蹈時派，色色俱佳。

紀事

清・小鐵笛道人《日下看花記》卷一　昔秋遇之於曼香居士，席間酒盡三巡，清歌一曲。一經上史，揄袂擁之。仰視碧空，纖雲不翳，皓魄當庭，澄芬襲户。此身宛傍廣寒，與素蛾相對矣。

藝文

清・小鐵笛道人《日下看花記》卷一　漁陽鼙鼓不堪聽，懽宴方終酒未醒。看到馬嵬魂已斷，莫教更唱《雨淋鈴》。

又　錦幙香凝漏響沉，樓東長此寂寥心。一宵恩寵難分却，寫得情思如許深。

又　觸處頻將客思撩，楊梅街轉認櫻桃。不教著個王郎宅，疇把吴音解鬱陶。

又　雅輪此日屬誰扶，片語先徵意趣殊。海内詞壇分樹幟，廻瀾手筆勢同孤。

陳桂林

傳記

清・小鐵笛道人《日下看花記》卷一　桂林姓陳，字仙圃，揚州人，年十八歲。三慶部。初見其登場，歌喉清滑，嬌靨鮮妍，顧盼玲瓏，風情柔韻。藝有《盜令》、《遊街》、《學堂》、《思凡》、《拷紅》、《戲叔》等齣，靈心慧齒，如聽百囀林鶯，體段亦停匀合度，後來之秀應數此人。老眼無花，遇此活色生香，不覺心目爲之一醒。

紀事

清·小鐵笛道人《日下看花記》卷一　本年夏，偶與對飲，卸妝雜坐，灑落不羣，天性爽朗，無傲狠氣，亦無脂粉氣，天然嫵媚，自是可人。余頗心賞之。嗜圍棋，近聞歌喉稍遜於前，然色藝俱在，不能減其聲價也。

藝文

清·小鐵笛道人《日下看花記》卷一　小桃新艷倚風嬌，纖柳才抽碧玉條。對爾不生明月夢，清歌抵得玉人簫。

又　眼角情波溜朶頤，月輪三五比風姿。最誇邂逅舒郎面，緩步神摹趙翠兒。

又　湘簾如水隔埃氛，爽朗風標自不羣。却勝尋常花底宴，頓開遠抱目晴雲。

又　小山歌扇琬香箋，秋到重添結桂緣。古詩：結交當結桂。可惜不成招隱賦，頻參無隱木樨禪。

魯龍官

論說

清·小鐵笛道人《日下看花記》卷一　壬戌春雨，見其《審録》，十分哀艷，遂致停觴。嗣演《醉閣》，斷紅映頰，乍轉星眸，細落歌珠，輕廻舞袖。因憶玉環佳麗，未免肥婢貽譏。而雲卿登場，即寵愛三千，何足銷其一醉。宜乎第園居士見魯郎歌臺，衣袂皆若多情也。客秋，雲卿宴客於梨園。余諾朗玉之約往，一通款問，蓋劉郎與卿如兄如弟也。酒闌人散，覺冉冉巫雲，猶曳道人襟帶間。迨欲訪之，魯郎已歸棹矣。今夏復自南來，容妍如故，藝進於前。近見《海公案》内扮店家婦，青裙窄袂，風趣横生，但聆娓娓清言，足值明珠一斛，洵一朶雕欄白玉花也。

傳記

清·小鐵笛道人《日下看花記》卷一　姓魯，字雲卿，年二十歲，安徽懷寧人。三慶部。

藝文

清·小鐵笛道人《日下看花記》卷一　說到卿名交口誇，穠春最易鑠容華。相逢及贈梅村句，珍重雕欄白玉花。

又　歌樓幾度見紅妝，豪竹哀絲淚數行。莫道惜花情尚淺，聞歌一字一停觴。

又　舞袖長紆宛轉身，生憎燕環未停勻。長安春色留人住，眼福今朝算十分。

又　賀新郎去伴香閨，魯郎以完姻暫歸。荆布閒情體入微。再到只銷蛾淡掃，故人雅抱未全非。

陳二林

論説

清・小鐵笛道人《日下看花記》卷一　初見其《打番》、《打鴈》，豐姿滿態，宛肖當年耗子登場，惟嫌少風致耳。以爲黨太尉家，銷金帳底，飲羊羔兒酒時，得二林爲婢，按琴腔，歌一曲，正復相宜。嗣演《遇妻》、《踢毬》，頗有風趣，妙處更在嫣然一笑。間其時，陳郎染病初痊，非比梅花影瘦，略減梔子香肥。遂爾神韻，追扮花蕊夫人，翩翩書記，思落含毫，掃眉才子，何減名士風流。陳郎陳郎，偶值燈紅酒緑，得與羣雅遊時，仍以花蕊夫人自況，則得之矣。

傳記

清・小鐵笛道人《日下看花記》卷一　姓陳，字意卿，年十八歲，安徽懷寧人。春臺部。

藝文

清・小鐵笛道人《日下看花記》卷一　玉樓春合擅時名，今日意卿昔永亭。耗子號。詞客心香名士句，爲他添繫護花鈴。近有蠡湖散人《燕臺校花録》標陳郎爲冠。

又　新賜雲鬟使上頭，本花蕊夫人詞句。紅箋翠管最風流。黨家婢子工煎茗，紈扇臨風比得不。

又　荊釵更試小家妝，花鼓聲聲唱鳳陽。解得葫蘆依樣畫，風情原不在矜莊。

又　偶對名花忿即蠲，非如鶯蝶鬧花田。菖蒲有節能通慧，綺語聊酬一笑緣。《演武》，陳郎扮侍兒，報菖蒲花名。

劉彩林

傳記

清・小鐵笛道人《日下看花記》卷一　姓劉，字琴浦，年十九歲，江蘇揚州人。四喜部。螓首蛾眉，雲姿月態，掌上身輕，柳枝嬝娜，鬢邊波溜，花格娉婷。

紀事

清・小鐵笛道人《日下看花記》卷一　初見《軍門産子》，作七古，有句云：腰支宛轉槍花神。又云：平生兀傲詫狐媚，目逆名艶心柔馴。劉郎風艶動人，不覺銕篴錚錚，化爲繞指，久曠徵歌，驚鴻極目。見演《捉姦》、《服毒》，殊誚其不慎於擇術，然而至矣。操此技而演《刺梁》、《刺虎》，必能奕奕駭人瞻矚也。近復見演《玉鴛鴦》一回，梅花亭畔，合巹堂前，三婦新妝，倍增佳麗。聞劉郎爲人頗文静，自持大雅賞之。

藝文

清・小鐵笛道人《日下看花記》卷一　陣雲愁結蹙雙蛾，宛轉腰支宛轉歌。斜曳銀槍香髻彈，英姿銷損淚痕多。

又 北地胭脂數卯金，謂朗玉。彩雲依樣冠花林。遠山濃映横波静，艷不宣淫艷始深。《胭脂》一齣絶佳。

又 弓撲香鞋寸恰三，烏雲挽起更妝男。人間不信黄崇嘏，笑煞紅裙也變藍。

又 花光絢爛眼光寒，不敢輕爲白眼看。芸閣桐花芬歇絶，一株玉樹照歌壇。

吴福壽

論　説

清・小鐵笛道人《日下看花記》卷一 近見演《英雄譜》，扮霍玉蟬侍婢春花，代主抵罪一段，情辭激烈，聲容哀艷，兒女英雄，令人淚下。吴郎洵徽部後秀中傑出也。曾於公所席上遇之，衣圭閑雅，辭色恬和，是能心領夫在山出山之旨，不卑不抗，斟酌盡善者。

傳　記

清・小鐵笛道人《日下看花記》卷一 姓吴，字春社，年十六歲，揚州人。春臺部。姿容明媚，骨肉停勻。演《學堂》閨閣風儀，别饒韻致。《碧玉釧》扮小姑最佳。《驚變》、《埋玉》，王蔣間並駕，未能允堪接軫。

藝　文

清・小鐵笛道人《日下看花記》卷一 師師舉舉與當當，誤取韓詩比艷香。説是兒家隋岸住，分明描出絳仙妝。初誤吴郎姓李，并不知其係維揚人。

又 誤投鴛社可憐宵，好事端須明艷描。最愛佯瞋腕無力，眼波鬆後臉紅潮。

又 愁喜無端變一時，絶憐閨閣被人欺。金釵不是温家鏡，兩下情根各自知。灌畦居士賞其《相約》、《相駡》，謂吾吴名班技止此。

又 香肩已會擔風月，巧舌還能亂是非。如此多情兼任俠，人間何必羡崔徽。

産百福

論　説

清・小鐵笛道人《日下看花記》卷一 初見《打番》一齣，信口贈云：牧馬驕嘶勅勒秋，盧生結束儘風流。丈夫得志張儀從，如此佳兒少得不。嗣演《探親》扮鄉間女兒，倚懷而哭，情態極佳。近見其《花鼓》一齣，點如白雨，腰若青楊，何減明兒當日，允堪獨冠此時。第園亟賞之，轉瞬間産郎當名噪鳳城。

傳　記

清・小鐵笛道人《日下看花記》卷一 姓産，年十七歲，安慶人。三慶部。生性玲瓏，姿容俊俏，靈牙利齒，音調清圓。

藝文

清·小鐵笛道人《日下看花記》卷一 怕姑惡敢想夫憐，見母欣然復黯然。最是背人情態好，倚懷絮語淚如連。

又 粉面嬌欺彈鬢花，蠻鼉促叠玉腰斜。寧輸鼓舞陳元會，唐内催春手兢誇。

王翠林

論説

清·小鐵笛道人《日下看花記》卷二 初在慶喜部内，見其《斷橋》扮小青，及《湖船》一齣，姿態尚豐滿。嗣因病而瘦，然愈瘦愈秀，亦初不知其爲秀峯也。昔秋與曼香居士閒話及之，始知其善墨蘭，遂偕訪之。一室之内，無非卷軸。園中無劇，即事毫素，蘭筆娟秀，近更蒼勁，性甘淡泊，盃酒論心，清言娓娓。興逸則議論風生，天真爛漫。高人韻士，知其懷抱芬馨不可遏抑，殊樂觀其遠致。香嚴居士謂王郎哺醊亦復可觀，洵是解人。三秋題詠，墨蘭盈卷，標曰：《蘭秋小詠》，壺天大隱序而梓行。其《軍門産子》、《琵琶洞》、《一枝梅》尤爲高下共賞，新舊劇内，數見登場，錦襠綉袴，骨飛肉騰，亦如其下筆縱橫離披，頡頏盡致也。

傳記

清·小鐵笛道人《日下看花記》卷二 姓王，名錦泉，字秀峯，年二十歲，安徽懷寧縣山橋鎮人。春臺部。伶工中之，錚錚矯矯者，崑亂俱諳，跌撲便捷，工小調，能吴語，丰神俊逸，姿容明秀，不事修飾，天然嫵媚，無論健服華裝，皆瀟灑自如，有絶類超羣之概，音律亦精細清圓。

藝文

清·小鐵笛道人《日下看花記》卷二 不圖天壞有王郎，竟體清芬冠衆芳。黛色東來峰獨秀，采蘭人免憶沅湘。

又 何處頎頎賦《碩人》，亂紅堆畔碧枝新。逢場作戲如餘事，大似詩狂吏隱身。

又 香含墨瀋寄情遥，幾輩詩人慰寂寥。莫嘆床頭金易盡，舞衫洒落俗塵銷。

又 未遂初心向緑簑，一聲欸乃引愁多。何時穩唱迴波曲，同泛鴛湖譜棹歌。

陳桂林

論説

清·小鐵笛道人《日下看花記》卷二 武技未至輕便，而《劈棺》一劇描寫倉皇驚愕神情，聲容逼肖。《獨占》至秉燭入幃時，情態殊佳。習見諸郎演此齣，俱不及小山。眉語抵得幾許臨去秋波，殢人思憶也。卸妝與語，真摯無澆薄氣。席間則酬酢殷勤，辭色和順，又迥異見金夫不有躬者。友人琅圃尤心賞之。陳郎雖隸花部，覃精崑曲，堪爲雅部名伶。近見其於《英雄譜》扮霍小姐一回，拍案叫絶，又勝於《劈棺》矣，因續題一絶云。

傳記

清・小鐵笛道人《日下看花記》卷二　姓陳，字小山，年十九歲，安徽懷寧人。春臺部。性情温婉，舉止安閒。《獨占》《蝴蝶夢》，最所擅場。姿色未臻艷麗，而柔媚之趣深含。

藝文

清・小鐵笛道人《日下看花記》卷二　巧奪姻緣毒計深，劍花飲血快人心。可憐比翼分飛日，腸斷天涯淚滿襟。

又　皖江仙隊並清新，風範梁谿定幾人。長松亦工此齣，或謂顧勝於陳。余謂做手不同，工力悉敵，二者未易軒輊。激楚聲容《蝴蝶夢》，歌臺瑜亮顧偕陳。

又　扇紈花映沈東陽，佳話曾傳美目揚。踏凍來窺眉語細，老夫羨煞賣油郎。

又　月初圓滿桂雙攀，金玉之桂林亦在坐，壬戌中秋事。桂馥薰心酒上顔。此夕廣寒在人世，不徒袖染國香還。是集先觀秀峯畫蘭。

又　麴塵風裏唤同車，攀桂情隨贈勺加。癸亥春仲小集，朗玉亦在坐。未了情緣忘料理，花情不妬柳生芽。小山於盃酒間，每極稱陶柳谿。

江金官

論説

清・小鐵笛道人《日下看花記》卷二　家湛華居士曾觀三慶《思春》，十數人登場，獨讚江郎有女子態，細覘其香肩戍削，眉語傳情，洵不誣也。偶交臂遇之肆廛中，仍自謹持，無佻達輕儇之習，猶帶芝蘭臭味，不同凡艷爭春，足以愜素心焉。近見其演《弑齊》及《醉閣》，亦極妙。

傳記

清・小鐵笛道人《日下看花記》卷二　姓江，字毓秀，年二十歲，安慶人，三慶部。與朱福壽皆新到京，擅場之藝頗多，初演《打洞》、《審録》，風神秀整，態度清佳，崑亂梆子俱諳，音亦清亮，圜轉自如。

藝文

清・小鐵笛道人《日下看花記》卷二　不看鏡裏畫眉新，秀骨珊珊自可人。幽谷蘭芬堪蓋世，芳庭蕙質亦離塵。

又　前夫豈與後夫當，東郭姻盟看下場。如此佳人合傾國，春秋也不諱棠姜。

又　更喜身輕似緑珠，醉中爭記侍兒扶。回身無力臨風輭，想見春胸膩欲酥。

又　醉後相逢散竹襟，綺羅叢畔展琴心。白頭揮禿君家管，莫寫縈梁繞欐音。

姚翠官

論説

清・小鐵笛道人《日下看花記》卷二　余亦耳熟其名，適《看花記》將就，復採遺珠，訪於歌欄。見方淡掃娥眉，渾身縞素，演《檢柴》、《贈金》諸劇，愁容幽艷，如帶雨梨花，始歎名下無虚，披榛采蘭，有心人未易巧相值也。既而演《挈妝潛遁》、《遇暴脱身》，俠骨貞心，靈才慧性，併集於如花似玉身中。

傳記

清・小鐵笛道人《日下看花記》卷二　姓姚，字静芳，蜀産而寓於秦之三原，年二十四歲。雙和部。雙和固西班之雄者，姚郎在内稱翹楚焉。

藝文

清・小鐵笛道人《日下看花記》卷二　華嶽仙人姚玉京，小桃花面舊知名。却嫌閬苑春風少，别領笙歌下碧城。

又　短短蘆芽瑟瑟風，一腮香淚落青驄。人間難算相思帳，夢到前村豆又紅。

又　一任浮雲蔽月華，借用姚月華。看花老眼不曾花。鳳城多少風流筆，點到明珠有幾家。

又　顛米迂倪未是奇，惜花心事只花知。無端衣礙薔薇刺，莫怪旁觀笑我癡。

蒿玉林

傳記

清・小鐵笛道人《日下看花記》卷二　姓蒿，字可洤，年十八歲。其父即從前北部有名之蒿三本，保定籍，而娶於吴。可洤産自吾蘇，長而居揚，故吴語、維揚語皆能言。春臺部。丰神雅淡，音調清揚，壇塲有《反誑》、《盗令》、《着棋》、《挑簾》、《交帳》等劇，波眼傳情，柳腰作態，自然窈窕生妍。

藝文

清・小鐵笛道人《日下看花記》卷二　斜倚文楸落子稀，歌傳捉搦夜光微。明眸剪取澄江練，不逐春風撩亂飛。

又　花攢螺髻忒風流，墮馬環鴉綰玉鈎。八字排梳梳籠後，有人親見學揚州。藜園妝飾，鬬巧争新，蒿郎鬆髻花樣俱自揚州購來，故妙絶一時。據槐亭居士云。

又　秋老清揮照緑湄，拒霜粉艷自幽姿。天涯我亦西風客，會得遥情脉脉思。

又　老向花間作酒狂，笙歌叢畔快飛觴。彩毫零落難添色，蜀州有添色芙蓉。欲醉芙蓉看换妝。芙蓉一日三换色，又名三醉客。可洤頗善飲而豪，故云。

駱九林

論說

清·小鐵笛道人《日下看花記》卷二　九林，【略】及演《游湖借傘》，容莊色媚，語細音嬌。同坐有嫌其太板者，余曰：看新脚色登場，正如三朝新婦，帶幾分羞澀態，彌見其佳。太滑溜轉，味同嚼蠟矣。嗣演《檢柴》，目逆而送李郎時，情態尤妙，日落荒郊，青驄已去，潸焉出涕，裊裊哀音，臨風自訴，倍足動人憐惜。近演《白蛇傳》内諸齣，亦妙。花旦中具此風格，可取法乎上。

傳記

清·小鐵笛道人《日下看花記》卷二　姓駱，字琴仙，年十六歲，安慶人。春臺部。初到，見之眉目明秀，靜穆自持，宛如讀書子弟。

藝文

清·小鐵笛道人《日下看花記》卷二　素艷還滋香土培，天然秀色渡江來。看君饒有閒情性，莫羨唐花烘托開。

又　舊是潮壖淹泊身，總宜船上往來頻。總宜，西湖船名。打篷雨外新妝淡，相況娟娟趁棹人。

又　風嬝羅衣四野寒，柔腸寸寸欲言難。憑誰解得蘆花痛，合遣離魂逐去鞍。

彭桂枝

論說

清·小鐵笛道人《日下看花記》卷二　《思凡》一齣，姿容清麗，態度便娟，無限情波含蓄於恬靜中。玉麈纔揮，憑欄而望者，好聲鴉亂。惜擅場無多劇，尋即返棹。今復來都，見其於《福星照》内，偕萬可詮扮仙姑一對。姑射瓊姿縹緲，雲中飄墮，令人神往移時。相隔逾年，定增他技。然具此蘭姿玉質，花非解語，月固多情，不必徵歌，即以彭郎作花月觀可也。已散彩雲，隨風又至，芳筵注目，爲傾三爵。

傳記

清·小鐵笛道人《日下看花記》卷二　姓彭，年二十歲，揚州人。春臺部。三寶之師弟也。

藝文

清·小鐵笛道人《日下看花記》卷二　夢斷雲梯上廣寒，仰天心歇一枝攀。頽唐酒國餘清興，金粟香飄到筆端。

又　凡心打破便成仙，小玉雙成到眼前。三爵油油酬法曲，懽場人笑拓枝顛。

汪貴笙

傳記

清・小鐵笛道人《日下看花記》卷二　姓汪，字仙林，年十九歲，懷寧人。三慶部。神清骨秀，雖艷妝而無脂粉氣，詩之咏美人謂清揚婉兮，清揚在眉目之間，地無些子，非細心領略，則天然之韻致不出。

藝文

清・小鐵笛道人《日下看花記》卷二　秀是春山經雨後，清如秋水照人時。萬花叢裏矜初見，竹外新梅放一枝。

又　太平世界任風流，春色閒從野店收。莫羨當爐人有眼，奇緣還亞玉搔頭。

又　翠鳳翎毛耀九霞，春風不許浪吹花。胭脂滿地誰收拾，小别多情萼緑華。

朱福壽

論説

清・小鐵笛道人《日下看花記》卷二　初到演《花鼓》，鹿角峰樵謂其脱離窠臼，嶄嶄生新。《買炭》、《齋飯》本詹雙慶所擅場，今朱郎繼響，聲形笑貌，近似詹郎，然恣容神彩，焕發於詹，腴潤於詹，音調更清脆於詹，宛然小家婦女。觀細膩風光之劇，久而生倦，必得朱郎啟胳醒之。如食美味珍羞後，偶陳野薺、香芹，清咀脆嚼，頗覺爽口。

傳記

清・小鐵笛道人《日下看花記》卷二　姓朱，年十九歲，揚州人。三慶部。

藝文

清・小鐵笛道人《日下看花記》卷二　檀板初敲緩撥絲，嫣然一朵好花枝。當歌欲咏珠簾秀，沉醉東風定幾時。

又　壯心銷歇眤温柔，簫譜鈔成跡尚留。一隻湖船愁滿載，又添春思落揚州。

陶雙全

論説

清・小鐵笛道人《日下看花記》卷二　其演《衣珠記》、《翡翠園》、《題曲》、《茶叙》等劇，色色俱佳，日看不厭。薄施脂粉，素艷欲流，一彎秋波，聰穎獨絶，靈和柳態，玉嶺梅魂，足以表其神韻。近演《巧奇緣》，扮秦惜惜，風流名妓，不減蘇小當年。《雙金牌》扮店家女兒，未免趨時，然不嫌於俗者，終以風趣勝也。盃酒尋懽，有秀峰之冷雅，無秀峰之洒落。

傳記

清・小鐵笛道人《日下看花記》卷二　姓陶，字柳谿，年二十歲，江蘇元和人。霓翠部。雅部中之翹楚也。

藝文

清・小鐵笛道人《日下看花記》卷二　綽態初陳秀媚生，鉛華不御見幽情。玉峰頂上梅花韻，又帶靈和柳格輕。

又　黯惜孤芳采采遲，臨風遥況碧雲姿。儂情淡似先生柳，字取青條信可兒。

又　細雨輕煙不受温，東風無計煖芳魂。一枝鐵篴留清響，落日吹過五柳門。

又　久隔重聞白雲歌，妝臺淚點引愁多。不成淺醉匆匆別，影散斜陽喚奈何。

李桂林

論說

清・小鐵笛道人《日下看花記》卷三　《跳墻》、《著棋》扮鶯鶯，副以嵩玉林爲紅娘。閨秀閑雅，侍兒明穎，清姿淑質，天然如畫。梨園館一至，席間不交一語，覘其風格，無異大家子弟。滿面書卷氣，絕不以斌媚自呈。即席口占云：門對文楸淡淡妝，幽閨風致耐思量。秋園叢桂知多少，數爾高攀月窟香。嗣後惟見其扮小軍、仙童，心頗疑之，後知失音之故。李郎具此妙質，即脱離苦海，亦復大妙。若未能捨去，安得歌喉復舊，方不致沉埋於打旗喝道間也。

傳記

清・小鐵笛道人《日下看花記》卷三　姓李，年十八歲，揚州人。春臺部。豐貌素姿，温其如玉，秉性静穆，胸無畦畛。

藝文

清・小鐵笛道人《日下看花記》卷三　悦耳鶯歌春正融，無聲反舌隱花叢。明知緘口猶難毁，誰分當場作啞鐘。

又　珠玉何由咳唾生，廻風重唱叶鸞笙。老衒石闕心難歇，猶想驚人試一鳴。

産太林

傳記

清・小鐵笛道人《日下看花記》卷三　姓産，字雨香，年十七歲，安慶人。春臺部。貌不甚佳，師得高傳，故身段唱口頗極微妙。《園會》、《佳期》、《寄柬》等齣，楚楚可觀，小調亦足動聽。

紀事

清·小鐵笛道人《日下看花記》卷三　近因喉變，久不見其登場。昔春曾以丁香畫扇贈之，餐花小史題句有云：春愁無計避眉痕。又云：心學芭蕉卷不開。今日雨香心緒，能不怨及餐花詩讖，并惱道人以百結微芳爲之兆乎。寄語雨香，當申紙繪聲音樹，仍倩餐花出敲金擊玉之句，當羯鼓催春，導迎清籟來也。

藝文

清·小鐵笛道人《日下看花記》卷三　豆蔻香含已漏春，語花舞草避芳塵。扇紈題去鶯聲杳，莫摘時芳亂打人。

又　百結新愁鎖上眉，好花好句惹疑猜。心聾識得嬌歌澀，何事能追老默來。楊鐵篴晚年自稱老默。

王元林

傳記

清·小鐵笛道人《日下看花記》卷三　姓王，年十七歲。三慶部。情性温和，齒牙伶俐，衷言傾耳，軟語勾心。其慧處真黄金鎖子骨，天成非凡質也。

藝文

清·小鐵笛道人《日下看花記》卷三　玉顔莫自怨寒鴉，許作東風解語花。廿四番中開落後，紫薇仍護碧牕紗。

又　情語醺人似酒濃，不辭花下飲千鍾。衣圭未浣香痕淡，世事看來總好龍。

雜録

清·小鐵笛道人《日下看花記》卷三　第園居士頗稱之。余始見於吉慶當皮相者，或交臂失之。其劇頗有所長，在後輩中不以貌勝，同時雲林似過之。

戴慶林

論説

清·小鐵笛道人《日下看花記》卷三　初到長安，尚未奏其絶技，而《佳期》一齣，已開門見山，腰肢豐約得宜，身材修短合度。或云烱烱雙眸，不堪送媚。然造物生人，豐於此則嗇於彼，如必仔細吹毛，恐陸押衙伎倆亦難應無厭之求。全材難得，可以微瑕而棄連城之璧乎。

傳記

清・小鐵笛道人《日下看花記》卷三　姓戴，年十七歲，揚州人。春臺部。

藝文

清・小鐵笛道人《日下看花記》卷三　陡入花叢眼覺生，連枝帶葉未分明。滿園不會關春色，且聽黄鸝第一聲。

又　想到驚鴻水一方，陰陽離合有神光。若教臨去秋波轉，多病多愁却怎當。

馬福兒

傳記

清・小鐵笛道人《日下看花記》卷三《福兒》　姓馬，名鳳，順天人，年二十三歲。和成部。姿容清秀，演《拷紅》、《狐女思春》，俱北曲，而藝已極妍盡致。

紀事

清・小鐵笛道人《日下看花記》卷三　一日在歌欄見其跨騾而來，英姿颯爽，絶不類弁而釵者。及扮南海水月登場，法相莊嚴，真如青蓮化出，獅馴象伏，令人塵心頓洗。其他戲聞亦絶佳，殆一事精，百事精也。芙蓉頰上，數點梅花，天生一副壽陽妝，更十分嫵媚。

藝文

清・小鐵笛道人《日下看花記》卷三　繁絲縟管錦屏風，不斷圓喉響徹空。細認歌容兼舞節，果然異曲也同工。

又　七寶莊嚴勝鑄金，慈雲一朵布雷音。若從人海施甘露，也願皈依紫竹林。

張壽林

傳記

清・小鐵笛道人《日下看花記》卷四　壽林，姓張，字潤霞，年十四歲，吴邑人。金蘭堂三多部。姿容豐艷，音韻清圓。《斷機》、《刺虎》，曲盡情態，令人擊節。鹿角峰樵以貼梗海棠目之。吴中俗語：教童伶，如鑿石頭。。甚言教小部非易色也。張郎年逾舞勺，此中奥妙固已心領神會。天生情種，迥非依樣畫葫蘆可比，不逾年而聲華灼灼，可預卜也。

藝文

清・小鐵笛道人《日下看花記》卷四　胸中金屋有人專，小朵川紅更取憐。攪得詩狂無料理，倩誰分作海棠顛。

又　嬌霞灼灼傍眸生，疑有紅香泛酒尊。燒燭不教花睡去，白頭拚却玉山傾。

又　新鶯乳燕妬歌喉，檀板金尊醉雅流。唱出吴歈三十曲，教人魂夢亦蘇州。

又　緣是三生種得來，新詩千首酒千盃。餐花小史風流甚，不道名花也愛才。餐花小史與張郎極厚，有評其色藝者必力爭之。雖推許太過，論多不允，然情之至者不易情，不足怪也。

又　有人題贈云：醉眼溜人明剪水，春心觸酒怒生花。餐花題贈云：東風吹入紅妝院，綰住春情不願飛。又鹿角峰樵題贈云：一院春風誰管領，海棠應占最高枝。誦三君詩，張郎風韻可以想見，而標題第一，亦非道人一己臆斷也。

楊金寶

傳記

清・小鐵笛道人《日下看花記》卷四　金寶，姓楊，十四歲，揚州人，先在慶芳，近附金玉部，師事琬香者也。面如懸匏，淺白滲紅，眉灣春柳，目剪秋波。技有《活捉》、《打番》、《借茶》諸齣，頗體貼入細，亦彩雲隊裏一雛鳳也。

藝文

清・小鐵笛道人《日下看花記》卷四　茉莉香清秀一時，烏衣巷裏許根移。兒能不恥居王後，指日雲龍上下隨。

又　不是恩情當作仇，香魂也自愛風流。三郎錯走桃花運，生死仍居第二籌。

又　旗幟風飄曉日紅，番兒爭不畏英雄。功名富貴尋常事，可笑盧生是夢中。

雜録

清・小鐵笛道人《日下看花記》卷四　將來能傳琬香之衣鉢者，聰慧過人，善於辭令。

朱元寶

論説

清・小鐵笛道人《日下看花記》卷四　元寶於後秀中能脱穎而出，所演諸劇自然性靈，別饒風韻，使在氍毹小隊，幾何不作出墻紅杏，而現在則崑山片玉，晶光未露焉。

傳記

清・小鐵笛道人《日下看花記》卷四　元寶，姓朱，年十四歲，蘇州人。春臺部。

藝文

清・小鐵笛道人《日下看花記》卷四　絶似春風蝴蝶花，有香有色也清華。托根萬紫千紅裏，誰把雕欄護碧紗。

又　嚦嚦鶯聲未卷簾，五銖衣壓指尖尖。無端造出風流孽，添得愁痕入鏡奩。

錢元寶

傳記

清・小鐵笛道人《日下看花記》卷四　元寶姓錢，年十三歲，順天宛平人，由啟秀歸三多部。眉目疏秀，體幹玉立，演《草橋驚夢》，音調柔細，口齒清楚，不類燕兒冉冉巫雲，迷離恍惚，自是夢中來也。後秀中大有出息者，姿膚亦瑩潔不同浮艷。

藝文

清・小鐵笛道人《日下看花記》卷四　解繪長亭別後神，巫雲冉冉夢中身。歌終彷佛仙韶度，琪樹分明閬苑春。

又　玉姿不似寶兒憨，疇錫嘉名僂指三。錢郎外，顧郎、朱郎皆名元寶，故云。若要當他錢樹子，更名青選喚伊堪。

朱麒麟

論説

清・小鐵笛道人《日下看花記》卷四　初見其《思凡》，音韻態度已自不凡，尚嫌其學力未到，近演《斷橋》，居然入妙，敷坐稱佳。從此苦心習藝，允堪俯視一切。卸妝毫無粉黛氣，秀慧可人，咸以蓮花目之。

傳記

清・小鐵笛道人《日下看花記》卷四　姓朱，字蓮漪，年十二歲，吴邑人。金蘭堂三多部。清姿秀質，藝本家傳。

藝文

清・小鐵笛道人《日下看花記》卷四　花界澄芬挹小蓮，皭然不滓映漪妍。含姣欲語房猶斂，露曉風清骨已仙。

又　絃管啾啾寫《斷橋》，白娘風態不勝嬌。青兒頩怒仙郎畏，語怨情憐着意描。

蔣天禄

論說

清・小鐵笛道人《日下看花記》卷四　清妍有風致，初見《借茶》，登場不如場下。蔣郎情性，祇宜閨門旦，不宜花旦，較天壽迥別。近聞演習漸近自然，滿身風月矣。此兒藝進，大堪名著於時，即藝不能精，具此情韻，亦是可人。

清・留春閣小史《聽春新詠》　蓮步登場，羊車入市，黄童白叟無不知其爲韻蘭也。乃未幾見矣，突而弁矣，碩人其頎之句，若可爲卿咏者，然體雖與齒偕增，藝則與年俱進。且秀媚之態，尚存於眉目之間，視彼色稍衰而名即無聞者，猶有捕蛇獨存之喜焉。少陵云老去漸於詩律細，我爲韻蘭慰也已。

清・衆香主人《衆香國・蔣天禄》　字韻蘭，現在三多部。韻蘭技工而且富，其韻清，其態媚，其性情亦極温雅。向隸和春部時，論者以蔣韻蘭爲巨擘，信然。第蹁躚舞袖，影摇千尺龍蛇，而楊柳腰肢迥非嬝娜，未免悔相逢之晚耳。

傳記

清・小鐵笛道人《日下看花記》卷四　姓蔣，字韻蘭，年十三歲，揚州人，由啓秀入四喜部。

清・留春閣小史《聽春新詠》　天禄姓蔣，字韻蘭，揚州人。三和部。始隸和春，爲四美領袖，名高衆部，秀絶人寰。

藝文

清・小鐵笛道人《日下看花記》卷四　空谷重抽一箭春，淡然相對佩蘭人。早矜有秀終須擷，爲隔花叢未易親。

又　清言擬借一尊持，嘉會翻攀連理枝。謂鳳青。傾倒玉山真意外，卿卿意已被渠知。

又　陶情絲竹興怡然，難得春宵月子圓。繞坐明妝皆不俗，更誰與爾鬭清妍。

又　對爾青韶百感生，昨宵片語倍關情。花林知己心常繫，愛我言深又有卿。

清・來春閣主人《片羽集・蔣韻蘭》　七十鴛鴦五十絃，芳蘭誰爲發幽妍。虚傳庾信凌雲筆，送與天公折聘錢。圖上風煙有瀟灑，座中人物半神仙。殷勤留著花稍露，未展幽香已可憐。

史秀林

傳記

清・小鐵笛道人《日下看花記》卷四　姓史，年十三歲，安慶人。玉慶部。憑欄乍見，渾如映月梨花，嬋娟多致，籠烟柳翠，摇曳生春。《雙蝶》、《描容》數齣，悲懽情態，曲盡其妙，音亦玉潤珠圓。

藝文

清・小鐵笛道人《日下看花記》卷四　乍見佼人賦懰兮，拈毫揎袖泥柔荑。玉姿不浼金銀氣，一點心光敵駭雞。

又　目成妙質姤人誇，風月能擔未破瓜。閒裏思聯銷暑會，小玲瓏可當氷葩。

雜録

清・小鐵笛道人《日下看花記》卷四　向山居士極稱賞之，謂其慧口靈心，頗諳肆應，小伶中一枝水晶如意也。

錢財林

論説

清・小鐵笛道人《日下看花記》卷四　初到見其《寄柬》頗佳，性情温静，大似賓林。姿容亦清麗，目秀而無浮光，具此沉潛質地，何患習藝不工。

傳記

清・小鐵笛道人《日下看花記》卷四　姓錢，年十三歲，安慶人。玉慶部。

添齡

傳記

清・小鐵笛道人《日下看花記》卷四　姓□，年十三歲，揚州人。三多部。姿貌白皙，天趣可人，演《學堂》、《拷紅》，頗能體會。

藝文

清・小鐵笛道人《日下看花記》卷四　依人小鳥動人憐，丰韻嫣然豁眼前。珍重歌喉珠一串，好從香國鬬嬋娟。

又　璧合珠聯二美誇，尊前勸客醉流霞。自矜老眼清於水，不誤歌樓姊妹花。

雜録

清・小鐵笛道人《日下看花記》卷四　近演《南柯夢》中花鼓兒，別有韻致。自啓秀歸三多，劇多與麒麟同演，可稱雙璧，是殆小部中瓶花文鳥也。

巧齡

傳記

清·小鐵笛道人《日下看花記》卷四　姓□，年十三歲，揚州人。面白而無華色，瘦骨嶙嶙，其秀在目。

藝文

清·小鐵笛道人《日下看花記》卷四　素質偏含號國清，身材飛燕鬭輕盈。多情曾有張公子，子夜尋芳悵月明。張君一見巧郎後，眠思夢想，中秋夕約余往值。余已沉醉，遂步月獨行，至則巧郎已赴他人約矣。

又　廣場隔坐等天涯，一笑回眸意可嘉。芳醑勸人當乞巧，寒窗補記水仙花。

雜録

清·小鐵笛道人《日下看花記》卷四　未見其劇，每見其扮侍女仙童，羽服雲衫，亦頗孃娜争妍。洞庭張君最心賞之，謂其秀在骨，非凡艶可比，而音調亦妙絶一時，一班之冠也，故終及之。

張寶官

傳記

清·小鐵笛道人《日下看花記》卷四　姓張，十八歲，順天人。恩慶部。

藝文

清·小鐵笛道人《日下看花記》卷四　看花眼早不糢餬，雨字心香笑韻湖。晚倚瑶林誇福分，更從意外見明昧。

又　鬢影脂光不可描，《背娃》情態十分嬌。誰知省識春風面，趙北燕南人已遥。

雜録

清·小鐵笛道人《日下看花記》卷四　今年夏初，偶過恩慶觀劇，見有演《背娃》一齣者，搴幃而出，其光已摇奪目睛，宛如明月入懷，拓散紅塵百尺，姿首豐華，毫無俗韻，遥而望之，妍於薝蔔兜羅，别饒丰致，音調亦清脆動人，心焉記之。遇第園居士問之，曰：張郎寶官是也，較朗玉何如。予曰：媿美未能，可以追步芳塵矣。及再往觀劇，而張郎已爲大有力者負之而去矣。

黃葵官

論說

清・小鐵笛道人《日下看花記》卷四　僅見其《探親遇盜》，演此齣惡劣者多，惟葵官於謔浪中自饒風韻，一雙眸子更覺顧盼多情，自是婉卿一派。雙慶散後不知所往。

傳記

清・小鐵笛道人《日下看花記》卷四　姓黃，年二十三歲，順天人。舊在雙慶部，魏三之徒也。豐姿艷質，笑容可掬。

藝文

清・小鐵笛道人《日下看花記》卷四　送春去也不勝情，又見當場月態盈。珠翠滿頭矜剩物，葵心未忘米嘉榮。（是日登場所簪首飾，猶其師遺物。）

又　色授神相意已降，林中狗盜太愚惷。回身誰把芳塵步，也似人間鐵篷腔。

陳翠林

傳記

清・小鐵笛道人《日下看花記》卷四　姓陳，字蓀心，年十九歲，江都人。舊隸春臺部。

藝文

清・小鐵笛道人《日下看花記》卷四　最難銷歇是情波，未敢飛心傍翠蛾。聞道檀郎歸去日，春明門外淚痕多。

又　夢醒重來續夢人，紅蠶絲盡尚懷春。多情那有喬公篤，莫庇曼郎年少身。（陳曼郎，賓應喬學士家歌童，名重一時，後以獲罪於長官，莫知所終。）

雜録

清・小鐵笛道人《日下看花記》卷四　昔春小樊丈觀劇回，極賞其《踢毬》一齣。欲試小樊老眼，欣然往觀，屢見其《打櫻桃》、《遇妻》，《遇妻》不及二林，《打櫻桃》可稱擅場矣。風中弱柳，歷亂生姿，歌頸頻回，星眸環照，令人增抱玉擎雲之綺思。惜乎聲如碎竹，悵怨啼鶯，色亦如花傍黃昏，貼妥而無光艷耳。紅雨山人最心醉陳郎，謂其佳處更在行走間，覺其步步生香也。曾於紅雨處見陳郎贈章杉茨詩，內有巧語鸚哥已被籠之句，未審果出自陳郎否。今已隨一宰官出都，偶爾言及，紅雨猶淒然淚下也。

石寶珠

傳記

清·小鐵笛道人《日下看花記》卷四　姓石，直隸天津人，年二十一歲。舊隸雙慶部。

藝文

清·小鐵笛道人《日下看花記》卷四　花開魏紫領華春，滿院春芳盡可人。採玉無由酬夢想，明珠用慰寂寥身。

又　福薄何能兩美兼，情絲綰住避猜嫌。隔墻花影分春色，回首空歌昔昔鹽。

雜録

清·小鐵笛道人《日下看花記》卷四　客春爲訪朗玉不遇，屢遇石郎演《花鼓》一齣，清恬婉淑，目之使人生歡喜心，覺當年萃慶明兒，技優於石而姿態不及此人。因朗玉一面無緣，意謂一顆珍珠亦堪稍慰寂寥，嗣既晤劉郎，無心再訪石郎。昔夏偶從城東經過一門閭，焕然楣標寶珠堂，訊諸人，云：石郎近頗車馬盈門矣。不數月，而石郎踪跡復杳然，不知所往。

詹雙慶

傳記

清·小鐵笛道人《日下看花記》卷四　姓詹，年十九歲，揚州人。三慶部。瘦骨棱棱，蛾眉淡掃，窺園老眼目之，宛似行盡花田，忽能一竿寒碧，不覺瀟灑風情，因之呈露，吟哦清興，竟欲竄入竹所矣。叩其擅場無他技，《青炭》、《齋飯》耳。然帷箔中極醜陋事，詹郎貌之，竟體輕容，纖兒乳抱，摹寫幽閨情景，曲盡其妙，絶不憎其淫蕩。

紀事

清·小鐵笛道人《日下看花記》卷四　今詹郎去而步武有朱郎矣，英秀過之，然描摹深細不及也。猶憶沈樓云，曾與詹共飲，斷紅暈頰，淺醉時，愈增佳致。余答曰：遥想風韻，殆如竹醉耶。否則，目之以花則夾竹桃，亦清妍足玩也。

藝文

清·小鐵笛道人《日下看花記》卷四　竟體香羅紅映肉，雙蛾淡掃白風姿。看他背擁姣兒卧，床笫柔情妙若斯。

又　扇紈風帶乳花香，清簟幽閒夏景長。如此横陳良不惡，請看枯衲興猶狂。

陳三官

論說

清・小鐵笛道人《日下看花記》卷四　長生未歿時，偕演《香聯串》，間演雅部劇，歌音清脆，響遏行雲，絶少聲譽。雙慶散後，不知何往。噫，藝精而姿復娟秀，冀博一虚名不可得，殆有命焉。道人不略爲表之，不更孤負幾番酷暑嚴寒看其登場度曲耶。

傳記

清・小鐵笛道人《日下看花記》卷四　三官，姓陳，年二十八歲，蘇州人。舊在雙慶部。美秀而文，有林下風。

藝文

清・小鐵笛道人《日下看花記》卷四　聲容未必盡堪憑，也要星宫坐翼星。我看陳郎極娟秀，寂無標榜到旗亭。

又　有美真饒林下風，幽姿故令隱芳叢。管清絃脆憑誰聽，説到崑腔耳盡聾。

徐鳳官

論說

清・小鐵笛道人《日下看花記》卷四　悉稱《花鼓》，未免唐突西施。至《趕車》必得如三寶、于三元、王寶林輩，匪伊所思，鼓其喉舌，翩幡捷給，始能淋漓盡致，而科諢之妙，尚有餘波。一露羞澀，便覺枯寂，觀者亦索然興盡，并埋没其天姿國色矣。鳳兮鳳兮，吾願爾置身富貴神仙，毋再扮村野婦人、楊花歌妓也。後觀三慶，徐郎已去，殆所長無他藝耶。

傳記

清・小鐵笛道人《日下看花記》卷四　姓徐，年二十三歲，天津人。舊在三慶部。豐姿艷質，貝齒櫻脣，一朵穩重玉樓春也。明眸善睞，眉翠清揚。審其標格，宜乎雉鍪戎服，否則霞帔珠冠，扮公主、夫人、女將、仙姝。

藝文

清・小鐵笛道人《日下看花記》卷四　一朵穠華照眼開，拈毫須借謫仙才。如何扮作楊花妓，更自輕乘簿笨來。

又　舞宜蕭史吹簫引，歌合秦姝繫瓜迎。劉禹錫《秦姝行》：插花女兒彈銀箏，又九雛成鳳鳴朝。停絃時繫瓜，梁簡文帝詩：彈箏日繫瓜。瓊館瑤階春色麗，莫隨輕燕逐流鶯。

曹升官

論說

清・小鐵笛道人《日下看花記》卷四　習見其《擂臺》、《打店》，目眩神馳，星流電掣。間演雅劇，斂容赴節，按律宣音，剛化爲柔，依然艶逸，韻既繞梁，説白亦清緊動聽。然而無有道之者，故不久即懷其技而去。

傳記

清・小鐵笛道人《日下看花記》卷四　姓曹，年二十九歲，安慶人。舊在春臺部。姿貌爽朗，歌音條暢。踏蹻跌樸，鸞飛鴻翥，霞駭錦新，武旦中能品也。

藝文

清・小鐵笛道人《日下看花記》卷四　一樣能文能武才，如何空向日邊來。掉頭不顧摇鞭去，願讓薪枝續續堆。

又　老去慚侵軟土塵，名倡材舞幾番新。不如繙綽工標弄，怎向蘘嬌奪艶春。

李七官

論說

清・小鐵笛道人《日下看花記》卷四　演《崔華逼退婚》一回，濃花繞鬢，文綺縈身，語吐聯珠，音清滴翠。如燕趙佳人。灑落中自饒俊爽，迥異南國妖姬，柔姿婉娩。客夏復見其演北曲《拷紅》，聲音如篆煙裊裊而上，予習聞其妙矣。至攬闤闠之袂，以俊鶻之眸，睇蒙鼓之面，儼然一幅西洋圖畫。吴越人覩之，無不譁然失笑。余雖老遊北部，亦終莫解其妙。惟不以爲怪，則觀劇學問庶幾一間未達耳。

傳記

清・小鐵笛道人《日下看花記》卷四　姓李，順天人，年二十五歲。舊在安慶部。

藝文

清・小鐵笛道人《日下看花記》卷四　大姨夫即小姨夫，白香山句。好事全虧桀黠奴。翩若驚鴻翻素影，語如簧巧賺量珠。

又　絲竹聲停唱《拷紅》，誰知異曲不同工。吴儂一笑纓冠絶，不轉秋波泥塑同。

丁銀官

論説

清・小鐵笛道人《日下看花記》卷四　僅見其《花鼓》一齣，流媚中符合得一邨字。頗有賞之者，謂評花須用白圭法，取人所棄最妙。於某席間曾見之，紫棠色，覺其意態脱離乎南北兩部，别有一種憨致。今夏以遇人不淑，飲酒起釁，繫案，釋歸。菊史亦曾厚遇之，故附録焉。

傳記

清・小鐵笛道人《日下看花記》卷四　姓丁，年十九歲，無錫人。舊在四喜部。

藝文

清・小鐵笛道人《日下看花記》卷四　有目緣何不識丁，辛夷花燭曉霞明。聞歌認是鍾離産，家住芙蓉湖水清。

又　鼕鼕妙手幾名喧，似玉如珠未到村。一切風花春去也，東山歸客最銷魂。

朱大翠

傳記

清・小鐵笛道人《日下看花記》卷四　姓朱，字素屏，年二十九歲，安慶人。舊在春臺部，兼掌班務。《百花點將》、《翠雲樓》、《跑馬》、《賣械》，夙所擅場。

紀事

清・小鐵笛道人《日下看花記》卷四　與江月芬同師，性情肫摯，喜與翰墨爲緣，有王夷甫之風，口不言錢，梨園中有心人也。屢從公會席上見之，神情静穆，體態温和，素蒙美人蕉之喻。予謂山館幽眠初起，一窗浄緑，參差映几，固自宜人。若槐夏風清，扇仙在側，倍覺竹襟如雪。比諸後庭玉樹，秋錦斕斑，别饒幽致，縱大葉離披，輕紅微著，想見秦良玉臨陣英姿，大翠固是美人，何嫌鳳尾之誚。惜未見其盛年，才得相逢，已被一聲子規催春去矣。

藝文

清・小鐵笛道人《日下看花記》卷四　翰墨爲緣品自清，不言阿堵乃多情。《百花點將》風華在，疇取紅蕉漫著評。

又　脱離粉黛覓心知，如爾堪爲阿秀師。幾句清言留一面，蕉窻點雨最相思。

程春林

傳記

清・小鐵笛道人《日下看花記》卷四　姓程，字杏村，年二十九歲，安慶人。體貌豐腴，玉蕊瓊姿，已動春色飄零之感，然横波流媚，一笑嫣然，猶帶曩時風韻。

紀事

清・小鐵笛道人《日下看花記》卷四　性嗜酒，一中狂藥，指揮如意。復喜遊狹斜，曉妝紅粉，夜宿青樓，賣笑之金，仍以買笑了之。卿真達者，遠勝狡童。芳池水煖，疋鳥情諧，倡予和汝，淺斟細酌，較諸賭曲旗亭，不啻霄壤。今久不見其到園，想亦床頭金盡，廢然而返矣。銕篴酒狂，不能作平原十日之聚，意殊缺然。

藝文

清・小鐵笛道人《日下看花記》卷四　玉蕋曾標第一評，春風駘蕩幾番新。華姿黯減名心歇，跌宕青樓逐酒人。

又　迷香洞與藏春塢，會合惟難別更難。羨爾十年花裏活，飄然自在去長安。

孔天喜

傳記

清・小鐵笛道人《日下看花記》卷四　姓孔，字柳依，年十四歲，揚州人。寶華部。

紀事

清・小鐵笛道人《日下看花記》卷四　識之於香岑寓中，風姿娟秀，辭令清妍，時作飛鳥依人之態。叩其嫻習，有《學堂》、《佳期》、《拷紅》、《思凡》等齣，惜均未之見。偶從紅雨寓齋小酌，孔郎在坐。紅雨請爲取字，贈以柳依二字，報余以小曲，裊裊清音，不覺爲之沉醉。嗣後寶華出都，孔郎隨班而去。近聞寶華仍欲來都，不知孔郎仍在此班否。人如楊柳依依，雖屬韶年，其情致頗繫人思想也。

藝文

清・小鐵笛道人《日下看花記》卷四　柳乍舒芽月正新，不堪回首廣陵春。忽聞輭語擎盃勸，忘是揚州夢醒身。

又　妙絶風情未露時，評花一老已先知。垂梢荳蔻春光淺，別後憑誰善護持。

楊鳳翔

論説

清・小鐵笛道人《日下看花記》卷四　崑部之曲頗多，沈樓星槎知之有素。近演《磨房串戲》，觀者稱佳。嗣演《吹簫引鳳》、《和番》等劇，尤爲出色。識之於梨園坐上，慧目濃眉，自饒靈秀氣，傅粉施朱，依然韶美。音律恪守梁溪規範，猶存正始之音，仍復參用時妝，不違衆好。今雖散去，回憶沈樓寓中數集，每每及之，知吾輩多情，凡習見林枝，定不忘於飄落時也。

傳記

清・小鐵笛道人《日下看花記》卷四　姓楊，年二十六歲，安慶石埭人。舊隸春臺部。前在山左，擅名於時。

藝文

清・小鐵笛道人《日下看花記》卷四　遠從漢使嫁單于，馬上琵琶歸思紆。掩面風沙珠淚迸，黄雲塞路滿紅毹。

又　九靈蕭引九苞禽，解弄參差縹緲音。博得舞衫常入夢，也堪爲我拂塵襟。

又　見慣司空興寂寥，紅燈緑酒景偏饒。誰將月底潮春頰，推傍吟肩把思撩。謂星槎。

又　一唱驪歌解珮留，沈樓赴蜀前夕，以玉珮贈楊郎。青天蜀道不勝愁。舊人剩有何戡在，相見同嗟萍梗浮。時星槎亦將出都，故云。

于三元

傳記

清・小鐵笛道人《日下看花記》卷四　姓于，字湘竹，四川綿州人，年四十歲。舊在宜慶，後在雙慶部，今不知所在。《燕蘭小譜》以野花村酒目之。

紀事

清・小鐵笛道人《日下看花記》卷四　辛酉夏初，偕小樊赴園，見其《連相》、《摇會》，笑謔情態不異當年，姿容亦嬌好如故，亦不可謂非尤物。壬戌秋，復於某席上見之，舉止辭令依然村野，然面有皺痕矣。是日不克登場，爲之悵然，口占絶句慰之。技雖不高，然魏三故後，三元猶在，居然魯靈光矣。

藝文

清・小鐵笛道人《日下看花記》卷四　綿州高木占華春，湘竹猗猗亦著聲。翠管不孤題蜀錦，野花重見倍情生。小樊丈《花間集》有題湘竹詩句。

又　紅藥吟成一卷詩，時《新吟》初刊就。秋光霽照酒盈卮。瀟瀟白髮瀟瀟竹，同是風懷未減時。

羅榮官

傳記

清・小鐵笛道人《日下看花記》卷四　姓羅，字湘帆，良鄉人，年三十四歲。舊在宜慶，後入雙慶。雙慶散後，不知所在。弱冠時名噪一時，技雖不佳，《燕蘭小譜》以夭桃女目之。

藝文

又　徒行拋却壁人車，憶逐興兒競爽初。謂蘇郎。今日憑欄開笑口，悵春去也渺愁予。

又　初日芙蓉比艷姿，雉鎣銀甲異當時。歌音激楚何堪聽，捧檄人今雪滿髭。

高月官

綜述

清・衆香主人《衆香國・高月官》　朗亭爲徽班老宿，膾炙梨園。近已年逾四十，故演劇時絶少。然偶爾登場，其豐頤皤腹，語言體態，酷肖半老家婆，真覺耳目一新，心脾頓豁。殿之以見戲之有別趣，亦猶詩之有別裁、文之有別情云爾。

傳記

清・小鐵笛道人《日下看花記》卷四　姓高，字朗亭，年三十歲，安徽人，本寶應籍。現在三慶部掌班，二簧之耆宿也。

藝文

清・小鐵笛道人《日下看花記》卷四　詼諧怒罵總天生，解唱雌風無限情。管領羣芳春不老，居然占得部頭名。

又　那識高芳是舊枝，曾嫌魏老占春遲。花游記得杭州樂，惜未相逢英妙時。憶自辛卯以前諸伶，及經寓目，有《燕蘭小譜》中未載者。魏三已屬後來，安識朗亭，昔春友人指高謂余曰：此人近已屬前輩矣。不勝今昔之感。又云：高幼在杭州，予從未相遇也。

雜録

清・小鐵笛道人《日下看花記》卷四　體幹豐厚，顏色老蒼，一上氍毹，宛然巾幗，無分毫矯强。不必徵歌，一顰、一笑、一起、一坐，描摹雌軟神情，幾乎化境。即凝思不語，或詬誶讙然，在在聳人觀聽，忘乎其爲假婦人。豈屬天生，未始不由體貼精微，而至後學，循聲應節，按步就班，何從覓此絶技。《燕蘭小譜》目婉卿爲一世之雌，此語兼可持贈朗亭。

魏長生

論說

清・小鐵笛道人《日下看花記》卷四　長生於乾隆甲午後始至都，習見其《滚樓》，舉國若狂。予獨不樂觀之。迨乙未至都，見其《鐵蓮花》始心折焉。庚申冬復至，頻見其《香聯串》，小技也，而進乎道矣。其志愈高，其心愈苦，其自律愈嚴，其愛名之念愈篤。故聲容如舊，風韻彌佳。演武技氣力十倍。朗玉劉郎乃其晚年得意之徒，謂可度金針者，惜師授未克盡傳，長生已成逝水矣。然朗玉之劇，居然得其遺風餘韻，悼婉卿之不復，即望朗玉於將來。朗玉勉旃。

傳記

清・小鐵笛道人《日下看花記》卷四　姓魏，名長生，字婉卿，四川金堂人，卒於壬戌送春日，年已五十有九矣。

清・李斗《揚州畫舫録》卷五《新城北録下》　四川魏三兒，號長生。年四十來郡城投江鶴亭，演戲一齣，贈以千金。嘗泛舟湖上，一時聞風，妓舸盡出，畫槳相擊，溪水亂香。長生舉止自若，意態蒼涼。

紀事

清・姚元之《竹葉亭雜記》卷五　近年聞有蜀人魏三兒者，尤擅名，所至無不爲之靡，王公、大人俱物色恐後。余已出京，不及見。歲戊申，余至揚州，魏三者忽在江鶴亭家。酒間呼之登場，年已將四十，不甚都麗。惟演戲能隨事自出新意，不專用舊本，蓋其靈慧較勝云。

清・昭槤《嘯亭雜録》卷八　魏長生，四川金堂人。行三，秦腔之花旦也。甲午夏入都，年已逾三旬外。時京中盛行弋腔，諸士大夫厭其囂雜，殊乏聲色之娱，長生因之變爲秦腔。辭雖鄙猥，然其繁音促節，嗚嗚動人，兼之演諸淫褻之狀，皆人所罕見者，故名動京師。凡王公貴位以至詞垣粉署，無不傾擲纏頭數千百，一時不得識交魏三者，無以爲人。其徒陳銀官，復髫齡韶秀，當時有青出於藍之譽。長生既蓄厚貲，乃抽身歸里，陳遂繼其師業。當時百官殷富，習俗奢靡，故二子得以媚取，爲和相所覺察，因荷校銀官於緹帥署前以辱之，爲緩頰者，皆謫貶有差。乃逐陳銀官歸川中，其風稍息。銀官不知所終。嘉慶辛酉，長生復入都，其所蓄已蕩盡，年逾知命，猶復當場賣笑。人以其名重，故多交結之，然婆娑一老娘，無復當日之姿媚矣。壬戌送春日，卒於旅邸，貧無以殮，受其惠者爲董其喪，始得歸柩於里。長生雖優伶，頗有俠氣。庚子南城火災，形家言西南有劍氣沖擊，長生因建文昌祠以厭勝。又納蘭太傅孫成安者，初與其狎昵，後遇事遣戍歸，貧無以立，長生嘗贈卹之，亦其難能也。

清・楊懋建《夢華瑣簿》　楊升言：魏三年六十餘，復入京師理舊業，髮鬑鬑有須矣。日攜其十餘歲孫赴歌樓。衆人屬目，謂老成人尚有典型也。登場一齣，聲價十倍。夏月般《表大嫂背娃子》，下場即氣絶。魏三爲野狐教主，以《葡萄架》、《銷金帳》二齣。楊升所云，我未之前聞也。

藝文

清・小鐵笛道人《日下看花記》卷四　最好春光醉畫樓，重逢縞袂劇風流。一官憔悴名伶老，窮袴當場相況愁。

又　英雄兒女一身兼，老去登場志苦嚴。繞指柔含剛百鍊，打熊手是玉纖纖。

又　俠骨稜稜百感生，仍餘風韻動人情。君堪與我參同契，詩酒詼諧意氣横。

又 爛漫春消鬢未霜，野狐參透境悲凉。一聲杜宇隨春去，無復歌臺謝素娘。

又 海外咸知有魏三，清遊名播大江南。幽魂遠赴綿州道，知己何人爲脱驂。

李聯瑞

傳記

清・小鐵笛道人《日下看花記》卷四 姓李，名聯瑞，本京人，年十三歲。新慶部。穉齒清姿，能演《奇逢》、《東遊》數齣，人頗稱之。

藝文

清・小鐵笛道人《日下看花記》卷四 隔水盈盈盼紫羅，仙根分自絳桃河。月華逼静人無語，飛出瑶空弋弋歌。

又 有緣何處不相逢，風雨霑衣蔣世龍。揭取三生前語在，天涯那隔一重重。

雜録

清・小鐵笛道人《日下看花記》卷四 或有謂其媚而不妖，慧而不黠，當爲後來之杰。余所品花部，至小部極意搜羅，稍不惡人意者，務盡登之，以見小年解意之難。如聯瑞者，烏可遺於網外也。

小三元

傳記

清・小鐵笛道人《日下看花記》卷四 姓□，年十四歲，揚州人。春臺部。演《胭脂》諸劇，咄咄動人。蓋其年既幼，而技亦初解憮容。其不甚細膩處，即其天趣處。生愛生憐，不在油熟，機調時也。

藝文

清・小鐵笛道人《日下看花記》卷四 情字平分説小青，臨風盼影可憐生。聞呼不問年多少，錯認三元舊著名。謂湘竹。

又 鸝聲曼轉入雲高，格格清音徹耳敲。一度蟾蜍沉汴水，胭脂錯印在周橋。

劉福兒

論説

清・小鐵笛道人《日下看花記》卷四 《拷艶》一劇，妝小紅，舌慧心靈，一番剖晰，强詞奪理處，幾使相國夫人喉如食鯁。《西厢》摹寫入神，又不如諸郎之形容盡致也。余謂工作此等劇者，必有維摩姿之心腸、樓君卿之脣舌。錦帆居士稱其爲人頗俊爽而不浮，勝於韓四喜。

傳記

清·小鐵笛道人《日下看花記》卷四　姓劉，本京人，年二十一歲。福成部。纖柔静細，凡所扮演無不體貼入微。

藝文

清·小鐵笛道人《日下看花記》卷四　纔説風流劉絳仙，兕桃仙種即仙緣。胭脂染出蓬山色，誤向《西厢》筆下傳。

又　黄村風韻壓群芳，朗玉家住黄村。路出豊宜土亦香。何事標題分大小，後塵又見一劉郎。

閬仙

藝文

清·來春閣主人《片羽集·贈聞兼呈諸同好四首》　剩醉酴醾十日春，緑雲紅雪一番新。丁寧王謝堂前燕，同是邯鄲枕上人。美酒清歌良有味，竹溪梅塢静無塵。歸程未覺西庵遠，會向藍輿認後身。時余寓半截胡同觀音庵。

晚景蕭疏畫不成，感君兼有故鄉情。非關小雨能留客，須信凡花浪得名。潦倒本無明日計，風陰新自夜來晴。試評掌上明珠價，付於時人分重輕。聞仙，本錫山人，故亦有故鄉之説。

同向春風舞一場，書生技癢愛論量。渭川雲水三千頃，樂府金釵十二行。青女有功加粉澤，素娥多自怨昏黄。鳳山可是生來巧，合著黄金鑄子昂。琴川趙鳳山明府亦深爲推許。

所見今知勝所聞，却慚詩壘不能軍。十年舊隱抛何處，一片靈臺欲付君。只恐春叢笑遲暮，惜無佳句答殷勤。長安多少貂裘客，毫末清妍子細分。

又《閬仙八首》　爛醉元都舊有期，及時行樂恨君遲。功名富貴知何物，兒女青紅又一時。楊柳攙春出新意，櫻桃和露韠繁枝。此中未是無佳句，裁剪春風入小詩。

自省枯槎是客星，短長亭是斷腸亭。天圍平野莽無際，酒怯新秋醉易醒。穠李尚須羞粉艷，素娥無意惜娉婷。相思命駕非君事，絮帽衝風日再經。

林園近與六街鄰，同是天涯萬里身。已就湖山攬奇秀，也隨風土變真淳。秋鴻社燕飄零夢，酒榼書囊浩蕩春。君問新居在何許，櫻桃才得綴芳辰。聞仙於客冬由梁家園移寓櫻桃斜街。

琵琶心事曲中論，去日攀車餘淚痕。佛土休將凡境比，冰崖唯覺暮煙屯。只嫌憨笑無人管，留著殘妝伴酒尊。惆悵良辰又相誤，與君此別歎何言。

日吉時良利動遷，旃車轆轆共流年。誰知拂月披風意，不到柴烟糞火邊。東道漫悲梁苑客，篠溪空負子猷船。庵名未便遮藏得，晚歲鄰居□有緣。客冬，曹水部等招余，移寓於增福準提庵。

紅妝翠蓋惜風流，美酒清歌結勝遊。雲意旋裝行路景，雁聲仍帶海門秋。高吟大醉無虚日，身去心留不自由。不是西風苦留客，爲誰一步一回頭。

燕宿鶯喧處處通，新郎走馬杏園紅。渠家王謝堂前慣，誰在瓊瑶世界中。碧玉清流水仙府，秋韆紅索海棠風。螺臺剩有如川酒，到手金杯不放空。余抵霸臺後，得丁解元輩書云：陸聞仙於四月十二日合巹，王浣香於二十日合巹。

楚楚兒郎小小娘，芙蓉脂肉紫霞漿。從教上界多官府，郤被何人較短長。三尺絲桐儘堪老，一甌春露澹相忘。因君唤起思鄉意，陶令田園先已荒。

浣香

藝文

清·來春閣主人《片羽集·浣香五首》 春風過水略無痕，夢裏旗亭雪擁門。莫把聲華動臺閣，暫教涇渭各清渾。 玉壺水鑑藏胸臆，末節繁文費討論。浮議至今猶洶洶，寒梅空自怨黄昏。

小雨斑斑浥曙煙，寸腸西去似繩牽。何時約我百壺酒，他日酬君九府錢。共愛鮮明照秋色，浣香名桂林。偶成期會殆天憐。也應嫌被紅塵涴，今在長安若箇邊。

別意春江誰短長，此回情話獨難忘。春雷謾説驚坯户，落月無言滿屋梁。衣上風沙嘆憔悴，畫中亭榭亦清涼。當時笑伴今誰在，知是何人與點妝。久聞春雷名噪西部，尚未晤也。

門闌喜色到崔盧，一頌椒花更有餘。世外原無衆香國，花陰真是小華胥。畫眉盧女嬌無奈，緑鬓脩郎玉不如。早晚扁舟載煙雨，白雲閒伴五溪魚。

一片靈臺狀亦難，多情常帶楚梅酸。吸殘灝霰瑶窗曉，散盡冰花碧海乾。萬疊寒雲度歸雁，六銖仙帔想驂鸞。塵埃長路仍回首，落日東園獨倚闌。

張蟾桂

論説

清·衆香主人《衆香國·張蟾桂》 香輪貌似處子，嘗佐飲於友人處，吹玉笛、按檀板，曼聲度曲，音欲繞梁，座中無不擊節稱善。對之，覺意態幽閒，言詞雅飭，真可釋躁平矜。詩曰：温其如玉，香輪有焉。

藝文

清·來春閣主人《片羽集·張蟾桂》 素艷來從月姊家，嫩香新粉玉交加。只應芳樹知人意，暫爲紅塵拂鬢華。紀瑞定誰增舊譜，鍊顔應自有丹砂。眼看桃李飄零盡，自是人間日易斜。

蔡蓮舫

藝文

清·來春閣主人《片羽集·蔡蓮舫》 樓前誰唱緑腰催，嫁與桃花不用媒。重碧總誇燕市酒，習仙虚築漢宫臺。靈椿丹桂偶相值，落日行雲一望開。日棹扁舟藕花裏，小雛先與喚迎來。

朱香雲

藝文

清·來春閣主人《片羽集·朱香雲》 石泉崖蜜破松黄，竹放新稍欲過牆。那得冰壺貯秋月，且燒銀燭看紅妝。河亭笑語歸陳迹，陌上游人醉幾塲。一片朝雲不成雨，能紅能白更能香。

孫影蓮

藝文

清·來春閣主人《片羽集·孫影蓮二首》 世事都銷酒半醺，藥籠仙品正須君。如何長伴王居士，寄謝東鄰范史雲。潭影乍從明處見，荷香偏向雨中聞。只緣山遠無來客，今古仙凡此地分。

緑净紅香夢已空，偶從天巧見神功。青雲有路人看老，祖道無詩鬼亦窮。誰與渠儂洗寒乞，更應薰染費春工。桃花一簇開無主，羡煞孫郎馬首東。時范部郎擬贖影蓮出籍。

章喜林

論説

清·留春閣小史《聽春新詠》 余見近時演《相約》《討釵》兩劇，不作媒婆身段，即爲惡婢情形，其中吞吐難言之隱，憤激莫訴之神，終未傳出，惟杏仙能做到恰好處。至演《殺惜》則狀彼咆哮，使人髮指。《打櫻桃》則恣其調笑，令我情怡。能事讓伊獨擅，名下畢竟無虚。

傳記

清·留春閣小史《聽春新詠》 喜林姓章，字杏仙，年二十一，安徽人。四喜部。玉質冰肌，秀眉俊目，規模體段，不染輕佻，綽有大家風致。即楊嘯雲郝秋卿諸卿亦爲推讓。

藝文

清·來春閣主人《片羽集·章喜林》 李下何妨也整冠，怪來歌酒百無歡。儘饒姚魏知名早，暗認曹劉可是難。曹水部、劉指揮雖經賞識，而未傾倒也。佳節屢從愁裏過，余嘗置酒招之，因病不至。寫生何似鏡中看。酒船早晚東行辦，爲説將軍禮數寬。常於某遊府昆玉席間晤之。

又《丙寅花朝集得遺山杏花詩四首再贈章杏仙》 應接紛紛又浹旬，西園紅艶眼中新。皇州春色濃於酒，從此他鄉不算春。

攢頭真似與春爭，可是東君別有情。傳語春風好將護，寶兒原是太憖生。

桃李前頭一樹春，煙光水色畫難真。天真不到鉛華筆，未放黄徐下筆親。

紛紛紅紫不勝稠，春動香生百自由。看盡春風不回首，每逢花處儘遲留。

清・塵漁散人《贈章喜林句》 綵勝空期某氏郎，且燒銀燭看紅妝。試評掌上明珠價，卻被何人較短長。

所見今知勝所聞，惜無佳句答殷勤。劇譚不盡平生意，毫末清研仔細分。

落月無言滿屋梁，此回情話獨難忘。相思命駕非君事，行雨行雲有底忙。

憶著分明下筆難，要從明潤細尋看。憑君莫問題詩客，李下何妨也整冠。

清・芳草詞人《爲杏仙作》 吾家小阮本神仙，吹墮罡風劇可憐。歌罷霓裳還自笑，妙音原不異人天。

又 團扇親書《十喜詩》，予友胡向山賦《十喜詩》贈之，詞翰雙絶，時杏仙年止十三。芳年記得十三時。而今不独樊川老，看此階前玉樹枝。

又 賓月軒前月最明，手譚不惜冷秋枰。杏仙喜碁。圍碁象戲多輸了，持底償予欲問卿。

朱雪琴

藝文

清・來春閣主人《片羽集・朱雪琴》 白雪朱絃一再行，虛堂淅淅掩霜清。飛來野鶴聊堪喜，獨愛寒梅恐未平。黄菊有情留小飲，還丹無用説長生。邯鄲枕上人初覺，尊酒相逢意自傾。

顧長松

論説

清・衆香主人《衆香國・顧長松》 介石爲梨園中老斲輪手，其登場純以骨力取勝，有如健翮摩空，太阿出匣。工霸王鞭，手技一時稱絶。齒雖加長，而歌喉清徹，猶自圓轉如環，知其於此道三折肱矣。

傳記

清・留春閣小史《聽春新詠》 顧長松，字介石，吴人。三慶部。身材纖小，響徹雲霄。昔吴下武班，推陞亨爲第一。介石爲童子時，曾隷是部，聲譽極隆。後隨其戚王桂林入都，同隷三慶，即以《霸王鞭》得名。

藝文

清・芳草詞人《贈顧介石》 天涯剩此老何戡，唱到刀頭淚點殷。我亦十年歸不得，選詞休譜念家山。

又 石家空説愛輕軀，不見分來百斛珠。我有畫義錢一注，共君覓醉到行厨。

清・小頑山人《贈顧介石》 介石爲余近隣，南北分馳，從無識面。今歲入都，於廣場始一見之。廿年企慕，聊慰渴衷，賦此持贈。清歌一曲繞梁間，領袖端推玉筍班。花底卿貪翻水調，尊前我怕唱《陽關》。相思白玉應鐫字，誰把黄金替駐顔。愁絶江南無好夢，昵人重譜念家山。

清・來春閣主人《片羽集・顧長松》 長松千種欲摩天，百草千花雨露徧。陣馬風檣見豪舉，長松既工崑曲，又能作掌上舞，所演多慷慨節烈諸傳奇。青錢白璧買芳年。天公不禁人間酒，世上初無物外緣。剩著新詩記今夕，不來同作飲中仙。

陶柳溪

藝文

清・來春閣主人《片羽集・陶柳溪》 燕脂濃抹蠟痕新，金粉輕粘蝶翅勻。林影池烟設清供，柳塘花塢静無塵。空勞結伴歸蓮社，誰是東籬采菊人。剩著新詩記今夕，不來同醉五更春。

施文鹿

藝文

清・來春閣主人《片羽集・施文鹿》 掌上寧兒玉刻成，豈知談笑得新名。多情丹杏知人意，瘦殺寒梅枉自清。是日浣香亦在座。世外華胥誰復夢，就中秋蝶最關情。憑君莫問題詩客，孤負松風入硯聲。文鹿因徐參軍索詩於余。

張添福 張香玉

論說

清・留春閣小史《聽春新詠》《贈珠》一劇，宛轉輕圓，歌喉嬌嫩，風韻絶佳。薛氏青衣，鄭家文婢，想亦爾爾。視彼一味輕佻，裝成蝶使蜂媒身段者，奚啻霄壤。四月間，松岩居士招飲，半入醉鄉。香玉始至瓊筵，甫即眉語旋通，更爲傾倒。

藝文

清・松北閑鷗《贈張香玉》 妙態嬌喉邁作家，臨風玉樹浄無瑕。果然南國鮮妍品，不是豐臺芍藥花。

又 一從鐙影認芳姿，轉怕歌場覿面時。只爲舊愁銷不得，柔腸無處著相思。

王雙保

論說

清・留春閣小史《聽春新詠》《賜環》、《胭脂梅》、《降雪》諸劇，梁間韻繞，檻外雲停，真有清風徐來之致。至若分曹角酒，頻傾北海之尊；剪燭清談，似挹西山之爽。是何弱質，具此豪情。

傳記

清・留春閣小史《聽春新詠》 雙保姓許，本姓王，字蓮生，又字月卿，年十五，本京人。大順寧部。秀骨珊珊，清姿濯濯。環垂左耳，徐妃半面之妝；響入行雲，子野一聲之笛。秋水共春山並秀，眉目含情；環肥與燕瘦平分，濃纖合度。臨風摇曳，二月柔條；鬥雪精神，先春緑萼。

藝文

清・小南雲主人《贈許蓮生》 紅藕花香記小名，凌波輕度許飛瓊。池邊風露籬邊月，開向前頭便作兄。《聽春小傳》以蓮生居菊人之右。

又 香雲和韻繞雕梁，鏡裏盈盈見靚妝。裏著紅衣宿花霧，有誰修得到鴛鴦。

清・韻西居士《贈許蓮生》 出水紅蓮艷粉勻，色香領略總天真。飛瓊寶相呈仙夢，叔子金環記夙因。左耳常帶金環。有酒如淮難醉月，無風度曲易揚塵。十眉圖裏黄崇嘏，可抵聽春第一人。

清・林香居士《贈許蓮生》 春城何處最關情，滿樹喧風百囀鶯。漫説家明工韻事，爭傳傳壽門新聲。青窺柳眼曾憐我，緑捲蕉心總負卿。消受色香花霧裏，彩鴛修到定三生。小南雲山人有有誰修得到鴛鴦之句。

金元慶

傳記

清・留春閣小史《聽春新詠》 慶兒姓金，名元慶，字菊人，又字繡卿，年十五，山東兖州人。大順寧部。琢玉成肌，裁瓊作骨。春生鏡殿，如遊不夜之城；海湧銀波，盡識飛仙之氣。秋水爲眸，有波皆活；曇花現相，無色非香。班孟堅所云精曜華燭，俯仰如神者，惟卿可以當之矣。至登場奏藝，靚雅宜人，林宗望之若仙，叔度淆之不濁，移時静對，使人之意也消。漁山主人曰：繡卿眉黛含顰，更得西子捧心之妙。真知味外味者矣。

紀事

清・留春閣小史《聽春新詠》 小南雲主人曰：余於己巳早春入都，楂溪張明府首邀觀劇。時繡卿初上歌臺，一見即驚艷絶。作客頻年，看花不少，或偎紅映酒，或擁翠徵歌，獨與繡卿五角六張，情深緣淺。然慕繡卿之念，未嘗移置他人，以爲賞識最先也。二分眉月，愛慕他菊影雙身；萬縷情絲，願寄與花風一片。余取長吉詩意，自號繡君。小泉來山人云：是宜持贈金郎。蓋知余心賞最深也。因易卿字贈之，并綴七律二章。

藝文

清・小南雲主人《七律二章・聽春新詠》 當作仙雲一朵看，香風吹墮赤闌干。五銖衣軟迴身易，四照光多注目難。市地珠塵輸暖雪，經春花雨感啼蘭。眉蹙工愁。新絲買得從郎繡，何限穠華妒蜀紈。

又　齊歈不唱唱秦聲，怯怯珠喉度玉箏。入市卿愁真看煞，當場我覺可憐生。簾前蜂蝶遲香出，鏡裏星雲等月明。部中得卿增色。多病損花無病俗，費商量處累癡情。卿善病。

趙翠林

論說

清・留春閣小史《聽春新詠》　而道白清圓，更爲獨絕。故每一登場，並臻妙境，不獨《富春樓》、《血汗衫》、《背娃》諸劇，爲一時絕唱也。至若杯酒傾談，和風扇座，雖號呶豪客，亦默化潛移。北方有佳人，絕世而獨立，願以詠李夫人者移贈之。春史氏曰：玉琴天性至孝，代母長齋。寓蔡家胡同之萃林堂，室不甚寬，而淡雅精潔，不染塵氛。應酬談吐，恂恂然有文士風。視登場演劇時，幾以爲如出兩人焉。近因母欲歸家，棄業奉養，真菊部中之絕無僅有者，而論者每以術業之微爲玉琴惜。然使玉琴身居窮巷，溷跡泥途，日與販豎田夫爲伍，雖孝行過人，誰復過而問焉者。今乃名垂舞榭，譽滿京華，其業傳，其人傳，其孝亦賴以俱傳。甚矣，業之不能囿人也，如是夫。

傳記

清・留春閣小史《聽春新詠》　翠林姓趙，又名小五，字玉琴，年十八，直隸定州人。景和部。姿容娟麗，體態娉婷，一笑嫣然，瓠犀增媚。皓齒乍分寒玉細，黛眉輕蹙遠山微二語，真足爲其寫照。歌喉宛轉，纍若貫珠。

藝文

清・小頑道人《贈趙玉琴》　惜花人識散花人，薏苡明珠判自真。杜牧三生羞薄倖，都官一曲誤風塵。尺書有墨皆成淚，寸草無暉不是春。我本江南絕裾客，鷓鴣聲裏獨傷神。郎性至孝，近已歸養。

清・林香居士《看花回》　燕語鶯啼百囀新，滿院生春。逞嬌不怕東風冷，最銷魂。畫板朱繩，爲誰情意重，忒煞輕身。點水穿花巧勝人，搖蕩紅雲。一霎時珠樓驚墜粉，爭憐他柳亸花顰。笑吳儂癡絕、錯認爲真。

清・韻陀居士《寄懷趙玉琴》　綵雲輕散渺愁予，後約蘭期願總虛。憶說桃花門巷近，清風明月店旁居。

又　長齋禮佛祝延年，烏哺心盟定更堅。須信浄因皆夙植，謫來本自瑟筊天。

又　生成淑慧總天真，小露情懷一笑嚬。記否當筵留雅謔，五娘終竟蔡家人。玉翠名小五，初寓蔡家胡同。

又　薛訪歌喉絕代無，驚鴻掠影想輕軀。虎賁尚識春風面，只有隋庭一顆珠。和春部殷采芝，初名翠珠，頗似玉琴風韻。

又　小窗密語憶年時，多半春愁付夢思。檢點分香羅帕在，烏闌重寫舊題詩。

張杏仙

綜述

清・留春閣小史《聽春新詠》《百花亭》一劇，柔情宛轉，驚喜交融，賓白數言，令人神往，此中旨味惟細心人能領略耳。但以《換布》、《打都盧》賞之，猶還珠而買櫝也。同部有隆福者，不詳姓氏，容貌姣好。歌喉清婉，演《呑丹》、《戲叔》等劇，神情風韻逼肖於張。後知爲杏仙高弟，十五兒郎，得傳衣鉢，亦是一大佳話。

傳記

清·留春閣小史《聽春新詠》 小四喜姓張，字杏仙，又字鏡芙，年十五，揚州人。大順寧部。豐肌綽約，玉質玲瓏。紅暈生春，艷若半開芍藥；銀蟾散彩，皎同一樹梨花。

藝文

清·紅蕉館主人《題杏仙杏花便面》 綽約仙人賽緑華，舞衫紅處艷明霞。生憎桃李都麁俗，管領春風是杏花。

又 哀絲豪竹唱伊凉，薊北征人易斷腸。曾向尊前親訴與，二分明月是儂鄉。

又 倚醉斜飛一笑嫣，愛他微雨濕輕烟。掠花倘化紅襟燕，不數莊生蝶是仙。

王福壽

論説

清·留春閣小史《聽春新詠》 初上歌臺即演《裁衣》一齣，寫到醉思春濃，情腸絲繞，真有不可名言之妙。續演《剃頭》、《寫狀》、《捉奸》諸劇，俱能描繪入神，見者無不色飛眉舞。繡雲山人最爲心醉，贈以春滿林園不當花之句。惟有芳姿絶俗，始令才子鍾情，益信此中自有定價。

傳記

清·留春閣小史《聽春新詠》 福壽姓王，字佩珊，又字藹雲，年十五，揚州人。大順寧部。雪膚花貌，秀骨豐肌。眉痕眼色，與金繡卿而争妍；慶兒。暈活渦流，偕張杏仙而並媚。小四喜。鮑明遠蕙心紈質，玉貌絳唇二語，殆早爲佩珊賦與。至若放開蛾緑，眉語隨目箭齊飛；捲起衫青，玉貌共霜紈一色。此尤其艷絶一時者也。

藝文

清·繡雲山人《贈王佩珊》 分明玉咽瀉流珠，花作芳顔雪作膚。累我頻翻隣女賦，商量施粉與施朱。

又 煖風吹軟小腰肢，况復蟬連勸酒巵。一抹酥胸雙玉腕，十分炫燿解衣時。《裁衣》一劇最工。

又 絲管樓臺日日譁，舞裙歌扇爛雲霞。二分明月真無賴，春滿林園不當花。

常秀官

論説

清·留春閣小史《聽春新詠》 《胭脂》、《贈鐲》、《檀香墜》諸劇，節奏鏗鏘，歌音清越，真堪沁入心脾。蓋秦腔樂器，胡琴爲主，助以月琴，咿啞丁東，工尺莫定，歌聲絃索，往往齟齬。惟鈿香與大順寧之許月卿，景和部之趙玉琴、小五。玉林年約十餘，不詳姓字，無詩，故不立傳。爲能。絲肉相比，非生有夙慧者，未易尋聲赴節也。

傳記

清・留春閣小史《聽春新詠》 秀官姓常，字鈿香，年十五，揚州人。雙和部。清如纖月，皎若梨花。襁褓甫離，即嘗夢至歌臺，試鎗度曲，厥後入都，爲章雲卿名瑞林。高弟，三生慧業，一夢華胥，此事信有前因也。

藝文

清・湖墅小隱《贈常鈿香》 一字芳名恰稱君，風流難得是温文。美人争説西方好，終遜揚州月二分。

又 墜溷飄茵不自持，靈犀一點已先知。最憐西向長安日，却是邯鄲入夢時。郎自言兒時屢夢登場演劇，今果應矣。

居雙鳳

論説

清・留春閣小史《聽春新詠》 自李香蕖小喜。回籍後，咸謂《香山》一劇已成《廣陵散》矣。而星環繼起，楊枝一捻，玉藕雙彎，與李郎悉敵。蓋西部《香山》與徽部稍異，徽部服飾莊嚴，西部則止穿背甲，非雪膚玉骨者，不輕爲此。故必星環登場，始足令人情蕩也。

傳記

清・留春閣小史《聽春新詠》 雙鳳姓居，字星環，年十七，本京人。雙和部。氣格清腴，腰肢嬝娜，眉目之秀近於甲寅，而藹若春雲，皎如秋月，一燈相對，更覺可憐。

藝文

清・小頑道人《贈居星環》 一枝春色占芳容，曉入瑶臺浥露濃。翠帳熏沉迷蛺蝶，水簾凉沁濕芙蓉。兩行絶勝雙鬟映，百琲難將一斛封。記得雲中扶輦下，清聲六六步春容。

李小喜

論説

清・留春閣小史《聽春新詠》 嘗見其《香山》一劇，雙彎纖藕，百囀新鶯，與徽部張芰香各極其妙。去歲歸家，不登場者數月。今春重返歌樓，演劇更妙。《虞初新志》載，馬伶入都三載，藝始無雙。卿何與之相反耶。

傳記

清・留春閣小史《聽春新詠》 小喜姓李，字香蕖，年二十，山西人。雙和部。丰神温雅，眉目清妍，頗有楚楚可憐之致。

藝文

清・小頑道人《贈李香蕖》 好花不厭幾回看，話到鍾情入夜闌。南內月明檀板静，東牆人倚玉簫寒。盃浮蟻緑酡顔易，淚飲猩紅帳別難。旅邸孤懷苦憔悴，好憑雙鯉勸加餐。時卿將回里。

吴采林

論説

清・留春閣小史《聽春新詠》 近見其《賣胭脂》、《檀香墜》、《縫帶》、《登樓》諸劇，神情態度，旖旎動人，始信傳聞不謬。

傳記

清・留春閣小史《聽春新詠》 采林姓吴，字漪蓮，年十三，揚州人。大順寧部。

紀事

清・留春閣小史《聽春新詠》 己巳冬，與小生三林同入京師，未出歌臺，先傳合璧。小南雲主人曰：漪蓮未出歌臺時，余與林香居士同往觀劇，繡幕微開，璧人宛在，不覺目爲之注，然猶仙樹有花難問種也。郎即搴簾凝視，竟日不移，淺笑微嚬，目挑眉語，一如深識我兩人者。越半月，有友盛稱漪蓮之美，往視之，即前窺簾人也。是時漪蓮芳名藉甚，豪家貴客争與之遊，而於我二人輸情送意，繾綣流連，屢見悉如前度。夙緣耶。慧眼耶。果何修得此耶。

藝文

清・留春閣小史《聽春新詠》 纖眉寫月，媚眼涵秋。霏珠露於瑶墀，種蘭宜瘦；護瓊蕤於晶箔，映玉皆清。移來素襪，花外凌雲；聽到清商，風前罥雪。無質易迷三里霧，不寒長著五銖衣，玉溪生二語何其神肖與。矧復腰憐楚楚，楊柳讓其三眠；情最深深，丁香輸其百結。此尤不可多得者也。

清・林香居士《贈吴漪蓮》 藏珠聲似彩鸞聲，飛下天風到眼驚。我是吹簫舊蕭史，相逢更覺可憐生。

又 生來愛著紫泥羅，帳底潛流眼角波。飛近海棠雙蛺蝶，每從花睡得香多。演《登樓》、《揭帳》俱極妙。

又 容光共訝月穿櫳，又認明珠映畫屏。夢到蓬萊仙界近，方知錯認是張星。余與小南雲初認，郎姓張。

又 贏得新詩遠寄將，小南雲從津寄詩至。惜花情重費評量。那知乍識春風面，恰好漪蓮字六郎。卿字，係小南雲所贈。

清・小南雲主人《贈吴漪蓮》 喜送東風側側過，一層簾漾萬層波。歸來頓覺春衫重，兜得珠光十斛多。

隔樓花眼爲誰明，情重翻憐睡思輕。樓下有人心語口，思量何事總干卿。屢見《登樓》一劇，情事如此。

張德林

論説

清・留春閣小史《聽春新詠》　《賣藝》一劇，刀杖俱精，而流星雙鎚如雪舞花飛，盤旋上下，嫣紅一朵，隱約於珠光騰擲之中，神乎技矣。

傳記

清・留春閣小史《聽春新詠》　德林姓張，字沁香，年十二，本京人。大順寧部。歌喉清婉，舞袖玲瓏。

藝文

清・小頑道人《舞花行》　何物老嫗生此兒，蓮花爲骨香爲肌。香肌玉雪生憐處，舞袖歌衫入妙時。京華半是鍾情客，碧檻朱欄圍綺席。倩郎妝束比雙鬟，絶勝旗亭好風格。珠喉纔試玉簫停，脱却羅裙撤繡屏。兒家自有驚人技，不獨瓊花唱後庭。輕舒猿臂猱身捷，短挺齊眉弄如葉。掀風攪雨捲春濤，駭人心目迷人睫。回身再整小蠻腰，餘勇真能奪錦袍。天外雲移雉尾扇，尊前風試雁翎刀。刀光閃爍不可視，矯如游龍疾如鷙。瀏漓渾脱獨冠時，絶似公孫舞劍器。須臾棄刀復運鎚，雙掣流星駭伏獅。初如月窟金波瀉，漸看銀河電影移。彈丸脱手難摹似，珠光圓轉春光裏。舞影風迴入鏡中，點點梅花落江水。爾時觀者咋舌驚，注目摇首飛神情。逢場作戲等閒事，不圖見此奇孩嬰。添酒亟呼問蹤跡，羅衫團扇風流絶。覷覰猶能説我家，黄金臺畔人提挈。學書不成去學藝，藝到精時儂未知。即今淪落風塵内，俯首人間老曲師。我聞此語重咄咄，手擊唾壺口欲缺。爲卿翻作舞花行，舞盡花時還舞雪。舞花舞雪妙香生，曲院風光分外清。明月華鐙相賞夜，嬌歌休問郭芳卿。

周三元

傳記

清・留春閣小史《聽春新詠》　三元姓周，字沅香，年十三，本京人。大順寧部。

論説

又　演《賣藝》、《别窰》諸劇，余以爲此郎若作女妝，艷麗當不在鏡芙下。小四喜後於《九鐘罩》全本中扮作侍婢，桃痕暈玉，蓮瓣鈎春，窄袖輕軀，穿花點水，令人目不給賞。繡雲山人不輕許可，以蓮生、菊人之色藝，猶不能動其心，獨於沅香一見魂銷，大加歎賞。此中雖有夙因，而三郎之妙已見一斑矣。

藝文

清・小南雲主人《贈周沅香》　花冠纔卸整花釵，以武生作武旦。紅粉光中月鏡揩。引到情天開眼界，有人左右詠風懷。謂繡雲山人。

好向靈均訪美人，沅江香草一隄春。始知兒女英雄態，都是《離騷》筆化身。

周甲寅

傳記

清·留春閣小史《聽春新詠》 甲寅姓周，字媚春，年十七，陝西人。雙和部。眉凝蛾綠，映善睞之明眸。口比櫻紅，稱承權之靨輔。陳思所云，華容婀娜，令我忘餐者，卿爲近之。今易旦爲生，不復見曩時綽約。然天生媚態，隨處皆宜，即此便非塵世界，三山何必訪蓬瀛。我輩鍾情，原不在珠圍翠繞也。

藝文

清·小頑道人《贈周媚香》 自洗胭脂懶畫眉，更無人問好花枝。鏡中髩影生憐處，簾外春光欲逗時。玉笛聲嘶寒入夢，金城人去雨如絲。東風好爲傳消息，笑語周郎知未知。

蔣金官

傳記

清·留春閣小史《聽春新詠》 蔣金官，字雲谷，蘇州人。和春部。凝香似菊，吹氣如蘭。

藝文

清·留春閣小史《聽春新詠》 昔年驚艷，曾疑謫降於瑶池；此日徵歌，猶認聯班於月窟。登場演劇，含商吐角，氣静神閒。正猶道子寫生，神傳阿堵；易牙調鼎，味越酸鹹。惜也。人懷穠李，誰數孤芳，憶此名花，能無增感。

清·蓬壺侍者《贈蔣雲谷》 樓頭瞥見動微嚬，重結三生未了因。寄語樊川狂杜牧，不須惆悵怨尋春。

又 萬字闌干半隱身，豐肌弱骨自停匀。長安及第花無數，獨占東風一段春。

又 休誇雛鳳穿雲曲，謂張鳳林。莫羡瑶臺似玉人。謂玉麟。柳絮飄零秋色老，何如桃李總宜春。

又 回頭幾欲唤真真，舊雨偏如識面新。從此桃源應有路，不愁芳隖暗藏春。

又 當場偷眼暗形相，衣袂疑分月姊香。一朵桃花生醉頰，玉姿令我憶瀟湘。

又 鬟雲眉黛入時妝，不讓秦川窈窕孃。只道小姑原姓蔣，繫情深淺問江湘。

又　記得瓊筵泛羽觴，却愁分手太匆忙。羨他三徑人如菊，風動簾波映碧湘。

又　藍橋有分溯裴航，剛被風吹又一方。巫峽停雲空感賦，迷離烟雨隔三湘。

清・筠岡居士《贈蔣雲谷》　曾記瓊筵接席親，黄花後約笑無因。空懷金谷人如玉，獨冠群芳占九春。

又　倘容三徑往來頻，直欲摩挲到錦茵。一自秦樓消息斷，教人常憶杏花春。

又　金粟前身此後身，桃花紅膩晚妝勻。一枝依約墻頭見，放出人間自在春。

又　只教首肯已怡神，眉語須防座上賓。願祝金鈴好調護，怕逢風雨妒芳春。

又　我是樊川小杜狂，携來酒侶似高陽。曾聽一曲雲和瑟，江上峯青欲溯湘。

又　霓裳奏後卸輕妝，馬上應誇白面郎。初日芙蓉去雕飾，賞心幾度憶臨湘。

又　繁英春月鬥芬芳，引得遊人欲斷腸。無限相思無限意，不知何處是衡湘。

又　肯教容易盼登場，作事先愁遇角張。笑指匡廬真咫尺，偏如長路隔熊湘。

陶雙全

論説

清・留春閣小史《聽春新詠》　昔在霓翠、富華，與雲谷蔣金官。齊名，所演諸劇，無不摹神繪色，盡態極妍。今雖踰季隗侍我之年，而睹此朝華，猶不讓後來之秀。論者謂雲谷以自然勝，柳溪以揣摩勝。軒輊微分，然已如驂之靳矣。

傳記

清・留春閣小史《聽春新詠》　陶雙全，字柳溪，又字柳莊，蘇州人。三慶部。姿容秀潔，聲調清圓。

藝文

清・芳草詞人《贈陶柳溪》　老去鶯花更可憐，後生畢竟畏前賢。飄零心事憑誰訴，證我維摩覺後禪。

清・松北閑鷗《觀陶柳溪》　巫雲枉遺駐空門，金雀花開酒滿尊。薄怒未成還一笑，者番情緒最銷魂。

王文林

論説

清・留春閣小史《聽春新詠》　《盜巾》一劇，人皆譽顧長松而忽王。余謂介石有忽起忽落之勢，錦屏有逍遥容與之姿。蓋法律精純，故能人皆汲汲，我獨閒閒也。知音者當不以斯言爲河漢。

傳記

清・留春閣小史《聽春新詠》 文林姓王，字錦屏，揚州人。四喜部。名滿京華，藝工崑劇。聲容塲步，合節應絃，口齒亦頗清徹。

藝文

清・芳草詞人《爲王錦屏作》 聽春何必怨來遲，猶是鶯聲未老時。八尺氍毹平似水，何人解唱《裊晴絲》。

清・小頑山人《爲王錦屏作》 風光占得一枝春，不數開元許永新。聽徹鷓鴣聲斷續，黄金臺畔雨如塵。

又 廿四橋邊記冶遊，玉鈎斜外月明秋。而今燕市鍾情客，一樣風流説虎頭。《盜巾》劇，卿與顧長松並妙。

吴蓮官

論説

清・留春閣小史《聽春新詠》 《鬧山》、《戲鳳》、《背娃》諸劇，得魏婉卿之風流，具高朗亭之神韻，朗亭名月官，三慶部，工《傻子成親》劇。已堪睥睨羣芳矣。而《玉蓉鏡》、《珍珠配》於婢學夫人之態，尤能描繪入微。又性喜畫蘭，間作小詩，亦頗天趣。王湘雲能畫不能詩，安樂山樵已有閒向吴興窺墨法，風姿詎遜管夫人之譽，倘遇香芸，更不知若何傾倒也。

傳記

清・留春閣小史《聽春新詠》 蓮官姓吴，字香芸，又字廣平，年二十，揚州人。三慶部。面似明蟾，膚如冠玉。粲瓠犀而增媚，依鳳管而諧聲。

藝文

清・槎溪釣者《贈吴香芸》 書滿奚囊酒滿壺，登塲羞仿舊規模。倘持彩筆留嬌影，絶妙添香仕女圖。

又 別具文人一種癡，自題團扇製新詞。吟成未許狂奴見，茶熟香清獨坐時。

又 素心人寫素心花，臭味原無半點差。倘許贈携淮海去，朝朝長揖供香茶。

又 樽前無曲不銷魂，聽罷歸來静掩門。一卷殘書一盃酒，念君多半月黄昏。

劉彩林

論説

清・衆香主人《衆香國・劉彩林》 明眸善睞，年近三十，而丰采尚都。四喜部中，究是翹然特出者。崑調、秦腔兼擅其技，佳劇之多，較却啟桂殆有過之。諸伶中如數多寶船，定當以琴浦爲首選。

清・留春閣小史《聽春新詠》 送三秋之笛，曲擅《陽阿》；圍五色之屏，花名寶相。故其工劇甚多。而扮演《蕭后打圍》，趺坐瑶臺，屏珠環翠繞，恰肖當時氣象，非淺緑疎紅所可仿彿也。

又 春史氏曰：琴浦爲人頗有俠氣，纏頭蓄積，隨有隨無。而憐愛其徒滕蘭苕，尤爲獨摯。故翼堂艖使，極意垂青。嘗倩芳草詞人賦七律八首贈之，一時傳爲絶唱。今其詩已軼，無從抄録，惜哉。

傳記

清・留春閣小史《聽春新詠》 劉彩林，字琴浦，安徽人。四喜部。姿容豐潔，月滿瓊樓，態度安閒，雲舒春海。

藝文

清・翼堂居士《哨遍》 何處徵歌，樊樓真是，今古消魂地。恰劉郎，乍返武陵源。身染桃花風味，便舞徧，縈塵歌殘捉搦，世人那有佳於此。漸小轉橫波。勾人隔座，我欲振衣而起。正樺燭雙燒照瓊枝，勝市上金錢看西施。月湧雲流，柳依花就，這時情致。算菊部瑶華，收來珊網無遺矣。　怎今宵，朱櫻紅藥總難比。印粉腮圓，搓酥指滑，殢人顔色無些子。携我焦琴，送君南浦，志在一灣流水。記芳名，又含得別情離思。任蝶攘蜂喧影迷離，誰識得箇中深意。只怕待我歸來，又減眉峰翠。琢玉成詞，紉花爲珮，兩處牽情不已，尊前金縷唱新詞，始信折花須早耳。

小潘

論説

清・留春閣小史《聽春新詠》 嘗演《斷橋》、《刺梁》諸劇，精神融結，曲調清腴。趙仿雲、小慶齡。郝秋卿桂寶。每稱其口齒頗清，而强作解事者，動欲吹毛求疵。然余聞廣平葉氏云：吴人，最精音律，著有《中原音韻》、《納書楹》等書行世。旦色止取神韻，於字面不宜苛求。如皆來之張口，車遮之參牙，不到十分則其音不足，必使小小櫻桃不踰分寸，即西施、王嬙亦變成嫫母矣。此雖恕詞，實爲確論，則潘郎之妙，寧第在引商刻羽間哉。

傳記

清・留春閣小史《聽春新詠》 小潘以姓行，不詳其名字，蘇州人。春臺部。問年已近翼軫，人猶以小潘稱之，蓋沿十餘年前之舊號也。

藝文

清・餐霞道人《燈下戲贈潘郎》 輕梳緑髩影珊珊，省識潘郎重倚欄。解語花開曾賦宋，相思鳥記舊名韓。燈殘小閣針鋒疾，月滿前營劍氣寒。工《刺梁》、《刺虎》等劇。怪底曲終人不見，擘牋那復怕更闌。

陸真馥

論説

清·留春閣小史《聽春新詠》 演劇無不工妙，而《獨占》、《狐思》與《小桃園》全本中扮花大姐尤擅勝場。初與芳草詞人最善，題贈幾於盈篋。所最著者《惆悵詞》二卷，《風懷詩》百韻，久已膾炙人口。諸同人曾編《金錢記傳奇》紀其遇合，欲授梨園，爲閬仙阻止。今雖青衫紅粉，半就飄零，而裊裊情絲，尚遥結於風雨晦明之際也。

傳記

清·留春閣小史《聽春新詠》 真馥姓陸，字閬仙，一字怡香，年二十三，蘇州人。始隸金玉，繼隸富華，後入三和部，寓居鐵老鸛廟之世德堂。性格温和，言詞爽雅，頗有俠氣。不工媚人之態，而人自愛之。

紀事

清·留春閣小史《聽春新詠》 昔與蔣韻蘭、添禄。朱鳳青、添壽。范玉生添福。同隸和春，並極一時之秀。今則韻蘭、鳳青隸入三和，玉生南歸故里，時惟五載，天各一方，而倚雲碩果僅存，丰姿猶昔。曲藝之精，且能步武雲卿、蔣金官，俯視流輩。今年春季，余於松岩居士席上見之，爲誦落花時節又逢君之句，倚雲爲之憮然。其徒蘭芳，姓張，字佩仙，年十五，揚州人。聰明秀雅，能得人歡，亦後進中之矯矯者。

藝文

清·芳草詞人《懷陸閬仙》 銅盤燒臘夜徵歌，幾度尊前唤奈何。濕盡青衫君莫笑，酒痕不及淚痕多。

又 一曲眉山盡日顰，苧羅谿水記前身。等閒解得愁滋味，不是才人是美人。

又 不宜調笑只宜顰，自與才人氣味親。若説傾城在顔色，何如畫裏覓真真。

又 怕人知覺故回頭，一線横波脈脈留。讀罷人間斷腸句，不知座上富平侯。

清·芳草詞人《畫山水扇面贈閬仙並題一絶句》 惜畫久如金，見卿心自許。持此遠山青，鬬爾雙眉嫵。

清·芳草詞人《題閬仙小像》 輕盈絶似風前燕，娟秀還如浥露蘭。多少風華描不就，解人莫向畫中看。

清·飫芙居士《和芳草詞人題陸閬仙小照原韻》 天風吹墜碧雲端，氣化巫雲質化蘭。爲怕軟紅容易涴，幽芳未許俗人看。

正好瓜期餞脆寒，閒庭秋露泣紅蘭。多君貺我真真影，細雨斜風秉燭看。

清·芳草詞人《菩薩蠻·初見閬仙》 梨花蕊小初籠月，搓酥滴粉疑無骨。葉葉綺羅衣，都成蝴蝶飛。　蒹葭依玉樹，不覺芳心露。豈是怕儂看，秋風窗罅寒。

又《疏影》 鄉音入耳，况雛鶯學語，輕倩無比。愛極悲深，淚濕鮫綃，底事男兒如此。幽蘭雨後添娟秀，輸多少、嬌紅姹紫。怎禁他、密語癡情，一一對人説起。　不料清狂似我，識英雄俊眼，暗中先記。一樣吴儂，冷落天涯，歸夢隔三千里。青衫未换紅顔改，恐落魄、終爲情死。判今宵、醉倒壚邊，不許玉人扶起。

又《洞仙歌》 别離改月，竹垞句。忽相逢花徑，便折花枝戲相贈。笑仙姿絶代，卿自相忘，翻説我，别後容華越勝。　雙螭蟠玉玦，窄袖藏來，皓腕相形共光瑩。密約我同歸，黃葉聲中，理蚱蜢扁舟相並。莫心戀秋風桂枝香，便佩玉鳴珂，也無憑准。

清・佚名《摸魚子》 冷窗櫺，方空蒙霧，綢繆好夢驚逝。蜂黃蝶粉消磨盡，默數臂盟心誓。新雨霽，看不斷，鑪煙一縷橫窗際。重門早閉，有寒雀號風，暗蛩泣露，催我坐橫涕。 消魂語，終向柔腸牢繫，思量剪斷無計。小庭到處栽紅豆，觸目相思難避。親手製，有短韻，言情作個團團契。江東陸弟，問何日尊前，香風鬢影，再把去時袂。

清・佚名《洞仙歌》 劉伶老矣，盡醇醪千石。底事勞卿暗相惜。看綠陰，如畫谿水澄鮮，判醉倒，更有飛花如席。 名駒新勒住，野性難馴，況是泥塗正深尺。偏要趁輕軀，裊裊鞭絲，越顯得六郎丰格。只累我心頭鹿兒撞，有一縷驚魂，隨他馬跡。

清・佚名《浣溪沙》 一抹青痕薄似烟，銀彎壓額月兒偏，螺紋當頂小於錢。 對鏡幾回看不覺，低頭初見倍堪憐，偷將纖指比清圓。

王添喜

傳記

清・留春閣小史《聽春新詠》 添喜姓王，字倚雲，揚州人。和春部。月面蜂腰，細眉俊目。

藝文

清・芳草詞人《即席口占》 相如無忌命名同，誰後誰先意可通。我似春光難著跡，年年花瓣一般紅。添喜爲胡即溪鍾愛，字之曰倚雲。後慶寧部王五福來京，名譽藉甚。甸農山人亦以倚雲字之。實不謀而合也。今秋即溪重至長安，與甸農相持不下。余舉相如、無忌等名釋之，兩君皆服其說。至兩倚雲之甲乙，可弗計也。

又 絳帷初卷夜徵歌，風送尊前笑語和。我是太常終日醉，無人斟酌比君多。即溪與倚雲密語論心，每及夜半，余惟有酩酊大醉耳。

張才林

論說

清・留春閣小史《聽春新詠》 工《戲叔》、《前誘》等劇，而武技尤爲出色，蓋拳勇其素擅也。《打桃園》、《招親》諸齣，便捷輕靈，雖介石、仿雲猶讓卿出一頭地。

傳記

清・留春閣小史《聽春新詠》 才林姓張，本姓周，字琴舫，蘇州人。三慶部。歌音清美，姿態温柔。飲量甚洪，每遇歌筵，謔浪詼諧，憨情可掬。與其弟静蓮同以真摯待人，絶少炎凉習態。

藝文

清・芳草詞人《贈張琴舫》 暗風不斷透寒衾，消盡文園賣賦金。莫道天涯少知己，故人情緒美人心。

又 愛結人間未了緣，胡麻一飯勝芳筵。如何閬苑書傳便，同是霓裳舊日仙。

又 空悔無成遇角張，銀灣底事絶裴航。布衾一夜寒於鐵，還有丁家未盡香。

又 秋心幾度對圓靈，金粟飄殘玉斧停。更有斷魂楊柳色，岸風江月憶長青。指楊嘯雲。

鄭三元

論說

清・衆香主人《衆香國・鄭三元》 骨細肌柔，温和之氣襲人眉宇。登場則含羞嬌怯，顧影自憐，有弱不勝衣之態。蔡連舫以艷冶見長，而第仙則以嬈媚制勝。雖居兩部，可謂工力悉敵者也。

清・留春閣小史《聽春新詠》 近與林香居士見其《縫衣》一齣，鈎心鬥角，活潑玲瓏，神妙有不可言喻者。林香謂余曰：如此絶伎，而集中不録，猶記舊院而無馬湘蘭也。我有詩在，子盍取之。噫，鄭郎真得一知己矣。

又 《打雁》、《抛球》諸劇，爲卿所最自矜許者，殆可與吴大保之《殺四門》、徐才寶之《占花魁》並傳矣。

傳記

清・留春閣小史《聽春新詠》 鄭三元，皖江人。和春部。小身玉質，風致嫣然。昔與四美齊名，而藝尤較勝。顧功成者退，善刀而藏久矣。而文人筆墨，又喜賦春華，懶歌秋實，故題贈無聞焉。

藝文

清・林香居士《贈鄭三元》 纖手縫裳百態妍，演《縫衣》，妙絶。描摩色相總天然。藕絲宛轉蓮心苦，海樣春情絶可憐。

又 妙舞清歌早擅名，春華可許壓秋英。題花我比三秋月，照著秋花分外明。

陳二林

傳記

清・留春閣小史《聽春新詠》 二林姓陳，字意卿，皖江人。春臺部。

紀事

清・留春閣小史《聽春新詠》 雙瞳剪水，一笑生春。盡推翠鳳聲清，誰説黄鶯啼老。甲子春，余於友人寓齋見其手執《性命圭旨》一卷，津津樂道。别離五載，丰韻猶存，知其内景功深，故能盛顔久駐也。

藝文

清・菱門居士《贈陳意卿》 幾度雕闌聽曲終，驚心不與百花同。昵他倜儻風流處，生就妖嬈體態中。舞影暗摇金屈戍，歌聲圓轉玉丁東。阿奴休問明珠價，幾許明珠换守宫。

羅霞林

論説

清・留春閣小史《聽春新詠》 所演諸劇，皆能以嬉笑成文章，故悦之者不少。甲子入都，與其師弟宋温如名玉林。同隸金玉部，時有蝴蝶雙飛之目。温如往矣，而眉生聲價尤隆，既爲羅卿幸，益爲宋郎惜也。

傳記

清・留春閣小史《聽春新詠》 霞林姓羅，字眉生，安徽人。三和部。嬌憨習態，謔浪成風。

藝文

清・石香舊史《贈羅眉生》 休論提唱獨專場，俊眼憐才别有光。能識英雄未遇日，桂郎以後見霞郎。李桂官，吴中名伶，某達官未第時，即委心事之，後皆呼爲碧城夫人，事詳《燕蘭小譜》。

清・小頑山人 櫻桃赢得比懸河，生就蓮花舌本多。休説阿奴工巧笑，銅光只重鏡新磨。

袁雙桂

藝文

清・半標子《鶯花小譜・袁雙桂 文艷》 體格冠羣芳。玉無瑕，月有香。從來不許風流莽。春闌露瀼，秋梧雨凉，箇中寫出幽人樣。漫思量，癡牛怨女，銀漢隔紅牆。

李發寶

藝文

清・半標子《鶯花小譜・李發寶 婉艷》 秋水湛精神。亦莊嚴，亦雅馴。性兒温克麗兒整。仙郎玉人，仙娥麗人，天人好向人天證。記芳痕，吴宫獺髓，的的小紅新。

徐天然

藝文

清・半標子《鶯花小譜・徐天然　柔艷》　一點透靈犀。警芳心，月露凄。清幽到此知音幾。蛾彎翠低，螺堆綠齊，尊前一笑非容易。惜芳菲，無言桃李，何處可成蹊。

袁雙鳳

藝文

清・半標子《鶯花小譜・袁雙鳳　豐艷》　阿姊擅嬌嬈。諭丰容，讓小喬。鳳兮誰敢題凡鳥。盟心鵲橋，傷心斷橋，葬花心事花知道。占春韶，瓊枝璧月，無奈是情苗。

胡發慶

傳記

清・播花居士《燕臺集艷・奇品》　四喜部胡發慶，號雲卿，又號湘筠，蘇州人，寓光裕堂。

藝文

清・半標子《鶯花小譜・胡發慶　穠艷》　艷骨幾生修。臉舒霞，眉黛浮。十分春色濃於酒。做情呵掉頭，送情呵翦眸，賣花聲裏抛紅豆。儘歌喉，鈎輈格磔，到底擅風流。

清・播花居士《燕臺集艷》〔評〕好模好樣忒莽戇，斬釘截鐵當居一，竊玉偷香上用心。

輕羅團扇掩微羞，呂渭老。倦鬟理還休。蔣捷。出羣標格，楊无咎。天然窈窕，舒亶。算也風流。于真人。芭蕉不展丁香結，賀鑄。何處合成愁，吴英文。花邊柳際，謝逸。眉間心上，范仲淹。情思悠悠。史達祖。

李喜貴

藝文

清・半標子《鶯花小譜・李喜貴 嬌艷》妖冶舞天魔。上氍毹，百媚多。下場冷澹些兒個。想芳容倦波，問芳情怨麽。眉心底用葳蕤鎖。細瞧科，惱人猶好，何况昵人那。

程天秀

藝文

清・半標子《鶯花小譜・程天秀 妍艷》領袖散花天。小雲郎，解語蓮。春雲意緒春風面。麗華般妙顔，麗娟般妙年。孫孃齵齒樓唇淺。最纏綿，佯羞薄怒，擲眼復凭肩。

楊發林

論説

清・蕊珠舊史《辛壬癸甲録》楊法齡，字薰卿。當日所稱三法司之一也。早脱樂籍，買屋石頭胡同，杜門卻埽，不蓄弟子。曰：吾備嘗種種苦趣，受無量恐怖、煩惱，幸得解脱，登清凉界。彼呱呱小兒女何辜，柰何復忍遽令著爐火上耶。壬辰春，予從友人訪之。言論風采，如太阿出匣，色正芒寒，令人不可逼視。覺扶風豪士在人目前，一洗金粉香澤習氣。既而南枝興思，一舸翩然竟歸。人亦謂其此行作五湖長，不復出來矣。未幾，復來京師。則所挾數千金，已盡散諸宗族親戚閭鄙之貧者。慨然曰：吾十餘歲，家貧無所得食。父母賣我，孑身入京師。幸而載數千金以歸，念吾宗族親戚閭鄙之貧者，猶吾昔日也。不周之，吾昔日之事保不復見於今日。今日孑身入京師，固十年前故我。吾舌尚存，何害。嗚乎。由前之説佛也，由後之説俠也，若法齡者，今之古人哉。梅禹金作《青泥蓮花記》記北里人，取周茂叔《愛蓮説》出淤泥而不染意也。亭亭净植，中通外直，不蔓不支。所謂太華峯頭玉井蓮，花開十丈藕如船，惟斯人足以當之。吾嘗謂含生之儔，是有六等：人也、鬼也、神也、仙也、佛也、俠也。六者性情舉止，種種各異。《石頭記》中人品格：寶釵，人也；黛玉，鬼也；探春，神也；湘雲，仙也；尤三姐，俠也。惟佛至今思之無可擬者，順德胡赤石謂邢岫煙具有佛性，似近矣。然未敢定。附記於此，與世之有心人商之。四喜部寓玉皇廟，傳經堂劉，移居石頭胡同。

傳記

清・播花居士《燕臺集艷・仙品》四喜部楊發林，號薰卿，又號韻香，揚州人，寓明立堂。薰卿色藝兼人，原當第一。然究係前度劉郎，故亞之。

清・張際亮《金臺殘淚記》卷一《楊生傳》楊生名法齡，字韻香。揚州江都人。有二兄，故優也。生九歲即來都下，以色傾一時。尤善歌。嘗遇雪天，獨歌户外，聽者至數百人。有車而過者，馬皆仰沫悲嘶不行。於是生年十五六矣。自後歌不成聲，三年始復。生意度閑静曠遠，善清言，不喜飲酒。或遇客，終日不交一語，亦無所忤。每歎曰：吾但得廛田區宅奉老母，放浪於山水間足矣。其母兄聞之獨不樂。故生不能遽歸。道光七年，矢死請於母，始棄其業。八年七月，全家返江都。

藝文

清・半標子《鶯花小譜・楊發林 稚艷》小玉忒玲瓏。學新妝，閙埽慵。善師教就琵琶弄。鶯兮似鴻，游兮似龍。生成骨相疼人種。意惺忪，梢頭荳蔻，也解惜春風。

清・張際亮《金臺殘淚記》卷二《楊生來話别》及此重相見，真疑夢寐中。關河暗斜日，天地起凉風。將母歸非晚，依人計每窮。東南正秋色，憐汝逐冥鴻。

王四喜

傳記

清・播花居士《燕臺集艷・妙品》四喜部王四喜，號花農，又號荔香，深州人，寓三和堂。

藝文

清・半標子《鶯花小譜・王四喜 酣艷》天付眼眉腰。未消魂，意也消。海棠睡足春痕悄。憨多韻饒，慵多態嬌，宜嗔宜喜風光好。小苗條，柔情一縷，休説鄭櫻桃。

清・播花居士《燕臺集艷・妙品》〔評〕嬌羞花解語，温柔玉有香，笑呵呵，果是風清月朗。

淡妝偏稱泥金縷，陳從古。笑裏盈盈語。李冠。依稀緑慘更紅羞，石孝友。一在落花飛絮雨悠悠。沈端簡。簾鈎捲上梨花影，洪邁。没箇他風韻。鄭文妻孫氏。闌干到處是春風，李彭老。多少閒情閒恨雨聲中。吴潛。調寄《虞美人》。

瞿桂林

藝文

清·半標子《鶯花小譜·瞿桂林　纖艷》脈脈復盈盈。若無心，若有情。淡妝濃抹都宜稱。春山曉横，秋波晚徵。西湖偶現西施影。可憐生，月華露氣，俊煞許飛瓊。

項天禄

藝文

清·半標子《鶯花小譜·項天禄　芳艷》風味較争些。漫郎君，另一家。西人粲粲殊瀟灑。英姿足夸，豪情更佳。高談雄辯傾三雅。擬芳華，亭亭皎皎，火宅妙蓮花。

胡紅喜

藝文

清·半標子《鶯花小譜·胡紅喜　浮艷》反舌已聲乾。舞東風，興未闌。筵前笑泥司空慣。甘言轉圜，靈機轉關。漁郎易被桃花賺。秀堪餐，明眸皓齒，丰韻更姍姍。

葉秀芝

藝文

清·半標子《鶯花小譜·葉秀芝　冶艷》細骨裊輕軀。儘堪酬，百琲珠。鶯兒燕子嫺歌舞。紅燈上初，青樽酌餘。慧心黠性蠶絲吐。笑壺盧，暈生顋斗，嬌影倩人扶。

吴金鳳

傳記

清・張際亮《金臺殘淚記》卷一《吴郎傳》 吴郎金鳳者，字桐仙，蘇州人也。風懷不羣，綺姿秀出。能爲摘詩、换字、射覆諸戲，尤喜畫蘭竹。湘煙渭雨，清韻翛然。嘗自署曰吴門吴鳳。

紀事

清・楊懋建《丁年玉筍志》 天然昔在光裕堂，未免恃寵而驕。桐仙亦無如之何。天然頗揮霍，所得金錢，輒隨手散盡，其師亦不得稽其出内也。桐仙懲往事，馭小桐輩頗嚴。又有閹人沈二，司錢穀，鉤會甚密。故諸小郎殊局蹐。惟待花君多所寬假，起居一切得自如。丈夫愛憐少子，今亦有然矣。桐仙舉動洒脱，略似魏晉間人，大有王夷甫口不言錢之意，落拓殊不治家人生産。幾幾乎如絳侯，問刑名不知，問錢穀不知。又極慕趙明誠之爲人，欲學其居大學時典衣買書故事。每入琉璃廠肆，所見法書、名畫、鐘鼎彝鬲，雜然滿載以歸。或貨郎負骨董造其家門，意有所向，費輒不貲，不問度支能給與否。室中質帖常數十紙，肅霜告寒，光裕堂中諸郎始謀授衣，歲習以爲常。曩年在春臺部十子中目之曰書獃子。京華塵土，涅而不緇。王茂宏無事舉扇相障，以視逐金彈工數錢者，相去何可以由旬計。然小桐謀脱籍，桐仙居奇貨，昂其直，索八千金。故事久弗就。而秀芸之歸詠霓堂，小霞亦費千三百緡。余許爲後來第一人，力贊之，且爲屏當部署，乃得成交云。古之人有言曰：惟儉可以養廉。旨哉言乎。

清・蜀西樵也《燕臺花事録》 京師照相館近有數家，當以寓且園者爲最。有一紙，桐仙危坐鼓琴，萊卿佩洋表、執雕扇聽之。予笑謂人曰：此當名雅俗共賞圖。

藝文

清・蜀西樵也《燕臺花事録》 遇順桐仙云：焦桐入聽，有仙則名。聲振桐仙云：桐雲拂翠迎幺鳳，仙露溥花護曉鶯。余將出都，贈之云：桐院月明秋擫笛，仙人風結客廻帆。

清・蜃橋逸客《燕臺花史》 桐仙新穎好花初胎，含情欲語。茜抹蜂鬚，香留燕羽。顧影無儔，當筵誰侣。翩如鳳毛，妍若鹿女。秀骨珊珊，芳心縷縷。杜宇聲中，韶光幾許。

張全保

傳記

清・張際亮《金臺殘淚記》卷一《張全保傳》 張全保，字蓉初。癸未、甲申間，蓉初艷聞天下。余丙戌至京師，於春臺部物色之，蓋恐後焉。恒訊於衆人，見有錦衣珠綦以過者，謂是竹香然。見有星眸霞靨以歌者，謂是紉香然。見有病若有餘、怨若無端者，謂是碧湘然。久之而見有青眉楚楚然、白袷蕩蕩然，衆人若不識姓字者。余曰：是殆蓉初然矣。嗟乎，盛衰易觀，今昔異勢，豈獨蓉初然。而蓉初可感矣。蓉初今年二十二，娶婦三年。家在京師蘆溝橋古桑乾河水上。

清・播花居士《燕臺集艷・高品》 春臺部張全保，號蓉初，又號小玉，順天人，寓鴻雪堂。

藝文

清・播花居士《燕臺集艷・高品》（評）玉宇無瑞烟籠罩，鶺伶淥老不尋常，穿一套縞素衣裳，將遍人間煩惱填胸臆。

鬢雲低，謝絳。歌袖窄，翁孟寅。難託春心脈脈。沈公述。前身清淡是梅妝，史達祖。不迭寸眉愁碧。吴文英。粉膩酥融嬌欲滴，楊長卿。醞造可入春色。石孝友。楊花蝴蝶亂分身，吕渭老。偏在翠深紅隙。周密。

張雙全

傳記

清・張際亮《金臺殘淚記》卷一《張雙全傳》　張雙全，字問梅，揚州人。齒如蓉初，色如梅卿。昔衛莊姜美而見棄，詩人爲賦《碩人》。今問梅蓋頎頎矣，其情乃類莊姜。觀其悵惘睇眄，逶遲進退，抑當世幽憂擯斥之士，復何以異哉。嗟乎。問梅良家子也，而淪落至此。玉鉤斜上，珠翠爲煙。梅花嶺下，春風若夢。問梅可堪回首邪。

陳長春、周小鳳

傳記

清・張際亮《金臺殘淚記》卷一《陳長春、周小鳳傳》　陳長春，字紉香。周小鳳，字竹香。皆安徽十牌人也。以色艷動一時。紉香聲伎獨絶，善殿撰，有狀元夫人之目。

張青蘋

傳記

清・張際亮《金臺殘淚記》卷一《張青蘋傳》　張青蘋，字蓮仙，蘇州人。初，丙戌冬，蓮仙年十四，余見之湖北李令□□宅中。容甚麗。爲言於□□□□□大令。□□亟喜之，嘗貌其真，屬余題焉。

孟長喜、馮紅喜

傳記

清・張際亮《金臺殘淚記》卷一《孟長喜、馮紅喜傳》　孟長喜，字蕙香，揚州人。豪宕放誕，好飲酒，醉後或漫罵。後屢罵毆撰，毁其居。長喜忿輟業。今在都下，不復見客。馮紅喜，字藝仙，蘇州人。放誕頗類長喜，賈人尤愛之。

王小慶

論說

清・張際亮《金臺殘淚記》卷一《王小慶傳》　華胥大夫曰：人得於天而可愛者，才也，色也。二者自相爲愛，又深於衆人。衆人愛之而已，自相爲愛則相憐焉，相悲焉，而至於相殉焉。嗟乎。吹氣皆韻，送目已通，清魂易消，芳心難閟，是惟才人，是惟美人。此宜其相愛。未隕先虞，不寒猶怯，年知似水，意若常秋。故才人必蚤衰，美人亦然。美人必善病，才人亦然。此宜其相憐。至於嫁於斷養，辱在僕圉，蓋美人之薄命也，而才人有甚焉。送正平於江夏，則斷養不如。罪子長以宮刑，則僕圉不如。此宜其相悲。嗟乎，愛復奈何。

徐郎

藝文

清・張際亮《金臺殘淚記》卷二《徐郎曲》　徐郎家近龍眠山，問年十四來燕關。龍眠彩雲不可見，化作徐郎春風面。瞳神皎映雙華星，額角如畫長眉青。桃花著露嬌盈盈，欲笑未笑微分明。高臺曲館歡娱地，蘇揚子弟多佳麗。争按伊凉宛轉聲，竹枝含怨柘枝媚。徐郎未至衆皆默，徐郎一至争嘆息。白袷輕衫步屧遲，滿堂紈綺無顔色。登場結束揚細喉，乳鶯百囀無其柔。餘情掩抑若有思，觀者忽作無端愁。回眸半顧翦秋水，却使翻愁作歡喜。同時吴郎亦擅名，可惜先爲人看死。徐郎徐郎乃神仙，風塵流落甯非天。飛車日侍豪家筵，幾曾蘊藉真相憐。我爲徐郎歌，徐郎當奈何。即今十月繁霜多，翠被易損朱顔酡。江南腸斷老姚合，平子四愁倍蕭颯。金刀玉案誰贈答，每見情深恨語雜。語雜尚可尋，情深未敢道。男兒致身將相苦不早，激昂萬事傷懷抱。安得玻璃春、葡萄醅，相逢痛飲三百杯。竟醉驅馬黄金臺，臺端今古團圞月。曾照英雄歌舞來，月不缺時何足哀。我當爲爾千徘徊，徐郎、徐郎，我當爲爾千徘徊。

小郄

藝文

清・張際亮《金臺殘淚記》卷二《揚州慢・小郄歸後作》　華館歌

殘，直沽春去，一家遠上孤舟。看青天白浪，北雁點南秋。又回首，龍眠淺黛，似人無恙，殘照當樓。想千年花月，都如江水東流。　六郎落拓，算關山、三載羈游。記擁雪酣風，紅衫紫笛，同汝清愁。蠟淚酒痕如舊，知難再、倚醉扶留。但芳齡工怨，朝朝須惜眉頭。

蓮仙

藝　文

清・張際亮《金臺殘淚記》卷二《鳳凰臺上憶吹簫・再題蓮仙畫像，癸未遇洲邊江姬蓮蓮，與蓮仙貌略相似》　雪色風神，月情雲態，自六年隔霞關。尚記得紅衣碧樹，翠斂低鬟。憐汝芳名小字，都一樣流落人間。誰堪見，淚再濺花，眉再愁山。　偏令畫圖寫出，秋波更盈盈，顧我清孱。正今日、江南水遠，地北天寒。兩處悲歡聚散，驚欲換、潘鬢霜斑。憑何遜，詳細且話朱顔。

寶巖

藝　文

清・粟海庵居士《燕臺鴻爪集・别寶巖》　黄菊初花蟹正肥，等閑分手出星畿。與君直是同功繭，一樣疏狂一樣歸。

范珊珊

紀　事

清・粟海庵居士《燕臺鴻爪集・小史詩並引》　珊珊温雅可念，然有所忤，輒形於色。好使酒駡座，有灌夫風。嘗與優劣諸伶，心折一香，而韻香次之，餘皆羞與伍。余前詩所云：腹中鱗甲攖人易，皮裏陽秋可意難，指此也。珊珊善談笑，余好與語。一日從容謂之曰：子齒亦長矣，不當自爲計耶。珊珊淒然曰：如君言，誰肯以千金相贖者。珊珊意蓋囑余。余謝曰：吾不能。若豪華子，日與若輩相徵逐，其能視眉睫爲俯仰者，恒傾囊與之，不少吝。子則誰肯以千金相贖者。語未竟，珊珊慨然曰：已已。命也。吾弗能改已。時其同列，色藝或與埒，或且遜之，而聲價每出其上。非其不自貶損以取合於時，有以致之耶。余於一香取其姣，於冠卿取其婉，於珊珊取其狂。嗚呼，若余者，非珊珊之知已歟。

藝　文

清・粟海庵居士《燕臺鴻爪集・贈范珊珊福喜》　簾前半面便魂銷，急倩青禽宛轉邀。捧定瓊姿看初日，不虚人道阿龍超。寶巖性天恒譽珊珊，一日見其搴簾窺客，流目送盼，宛宛可憐。真雲韶翹楚也。

又　歌臺絳樹曲將殘，猶自當前一見難。可是將身比明月，不教儂近許儂看。識珊珊次日，聞其當演雜劇，因往觀，期一面。乃珊珊不知余至，未得促坐款談，悵然而返。

又　顰輕笑淺欲拚嬌，握手憑將軟語挑。如此丰神宜飲酒，肯教辜負可憐宵。夜過珊珊，許啜茗小坐。因留飲，並招冠卿。

又　鶴氅飄然望若仙，瑶林玉樹共標鮮。瑯琊詩思無人會，擁鼻微吟快雪天。珊珊、冠卿，踏雪來寓。因憶王次回集中衝寒越□凝酥面，避雪微欹削玉身二語，爲之低吟者久之。

又　金葉初拈指未匀，欲翻紅鶴問頻頻。藉將瘦語通微謔，一、巒秋眸溜殺人。珊珊不解葉子戲，泥余教之。

又　梵宫咫尺接仙居，桐樹門前顧不虚。記得那宵殘月裏，歸來逢著六萌車。余寓玉極禪林，與珊珊相鄰並。

又　憨態靈心迥不羣，乞書索研獨殷勤。最憐弄筆明窗底，弱腕斜揮五朵雲。珊珊以其姓字作押，頗工妙，來輒書滿紙。

潘冠卿

紀　事

清・粟海庵居士《燕臺鴻爪集・三小史詩並引》　冠卿閩本良家子也，成削明靚，口微吃而善歌。眉間時形恨色。詰之，輒强笑語，終不自明。余以是憐之。師貧，服飾苦舊。蓮仙常譏之。然不以掩其美也。冠卿嘗屬余爲推算星命，余漫應之。憶去秋，歌樓遥見，即爲心醉。適屢有從旁撓之者，遲至仲冬，殆從欵洽。是區區燕聚，遲速閒亦若有數存焉，況其他乎。數不可變，命不可奪。冠卿之爲冠卿，誠其命也。雖然，美伶、艷倡闇然不彰者，古今不知凡幾，而冠卿獨、能以色藝傾動一時，其亦可以無恨矣。

藝　文

清・粟海庵居士《燕臺鴻爪集・别冠卿》　一度相看一惘然，清愁冉冉思綿綿。催將去後難成醉，行近前來便可憐。墮落幾時容脱刼，思量無計得升天。填胸此恨憑誰訴，不獨離歌慘别筵。

又《十一月十六夜飲，席贈潘冠卿玉香》　趙氏連城璧，當前快一呼。如何歌得竇，久使歎遺珠。啟櫝光難定，盈懷煖欲蘇。亟宜焚意可，莫便贈文無。静聽蓮花漏，低斟竹葉壺。酒香憐客醉，燈影笑僧癯。尚恨鄰難買，冠卿新移寓韓家潭，其舊居與玉、極庵鄰。猶欣願未孤。回頭語燕石，始妬伴狂奴。

汪一香

紀　事

清・粟海庵居士《燕臺鴻爪集・三小史詩並引》　一香與其兄韻香，同屬春臺部，先後齊名。足微蹇，登場促步若横行。然趁作姿媚，轉益其妍。京師尚楚調，樂工中如王洪貴、李六，以善爲新聲稱於時。一香學而兼其長。抑揚頓挫，動合自然。口齒清歷，又燕産也，呢呢作燕兒女子恩怨爾汝語，聲情曲肖，令人心動。時無出其右者。一香不好與衆狎，衆謂其恃長而傲，咸嫉之。獨珊珊與之善，極口稱譽。座有一香，歡笑輒倍於平時。珊珊不甘居人下，何傾倒一香如是。語曰：不知子都之美者，無目者也。彼珊珊者，殆不甘爲無目人哉。

藝　文

清・粟海庵居士《燕臺鴻爪集・别一香》　杜宇聲催柰若何，尊前不覺。喚荷荷。回眸再認凝酥面，入骨難忘散雪歌。《趕三關》。背影淺斟推我醉，斜肩悄語怕人多。銷魂滋味非今日，更遣江郎賦緑波。

又《贈汪一香全林》　學得銅鞮第一歌，前身莫便是韓娥。回腔入破摧藏久，煞調添聲頓挫多。清歷語音如戛玉，輕盈體態不勝羅。世間只有情難遣，玳瑁筵前奈汝何。

又　玉李星低燭影紅，簾鈎驚響見秦宫。含情偶授兜羅手，不語頻迴翦水瞳。鳳紙招來愁緩緩，羊車捧去苦匆匆。低頭欲下曹邱拜，石爛難忘説項功。珊珊善一香，屢向余稱其長。昨飲珊珊宅，復以爲言，因招之至。

又《又贈》　閃電窗前月似潮，獨騎白鳳下三霄。投壺勾得羣仙笑，亂擲蓮花五十驍。

南山種豆唱烏烏，一吸何妨罄百觚。卻恐白雲人醉死，頓將玉手奪銀壺。

金筒私遞語函胡，碧唾黏香醒酒無。從此相思消不得，殘宵愁對淡巴姑。

汪韻香

傳　記

清・粟海庵居士《燕臺鴻爪集・贈汪韻香雙禄》　韻香，一香之兄也。一香白皙纖長，巧笑善睞。然燕、趙麗人，雖極妖冶，而温雅之態不足。韻香獨以韻勝。

紀　事

清・粟海庵居士《燕臺鴻爪集・贈汪韻香雙禄》　韻香年十四矣。見其演《花鼓》一齣，柔情綽態，冠絶儕偶。眠夢中嘖嘖不置。迄今四年矣。然當朋飲，商佐酒者，或舉韻香，余輒亂以他語。迫之，則曰：待吾行，當與飲。衆以余口憙之而已，後遂無言韻香者。

藝　文

清・粟海庵居士《燕臺鴻爪集・贈汪韻香雙禄》　昔艷花游曲，今逢玉骨仙。芙蓉豈初日，楊柳尚當年。早抱三生願，虚留一面緣。誰如房次律，終始得相憐。謂某。

李瑶卿

藝　文

清・粟海庵居士《燕臺鴻爪集・贈李瑶卿玉慶》　紅羅百匹柘枝顛，何處聞歌不可憐。一串明珠拋更轉，幾人得似李延年。

玉珊

藝　文

清・粟海庵居士《燕臺鴻爪集・口占贈玉珊三壽》　十指纖纖軟玉枝，當筵蘸甲、捧瓊巵。不辭一吸西江盡，愁絶薑芽欲斂時。

毛蓮仙

藝文

清·粟海庵居士《燕臺鴻爪集·贈毛蓮仙廣陵人》 本是瓊花種，何來得兩株。名羞盲子夏，三慶部有，清香者，亦字蓮仙。目短視，某贈詩有云慧眼能開一寸光，者是也。人因呼蓮仙爲小清香以別之。曲擅小單于。打番。舌底迴文錦，胸中記事珠。兼能諳食法，請客好監廚。

又 蓮仙姿態耐人看，無怪濂谿割愛難。佳境可能同噉蔗，當門何至遽鋤蘭。滿輪月肯教星替，徑寸珠誰向雀彈。妙語解嘲齊一粲，風吹池水孰相干。

小琴

藝文

清·粟海庵居士《燕臺鴻爪集·即席贈小琴天秀》 電醽千鍾以建瓴，龍頭快瀉不教停。幻雲嬌玉知多少，旗鼓誰當小酒星。

張蓮仿

藝文

清·粟海庵居士《燕臺鴻爪集·贈張蓮仿雙慶》 雲肩合袖隱花裳，鬢朶珠翹墮馬妝。拚得思量拋得恨，可憐何晏換閨裝。

陳素霞

藝文

清·粟海庵居士《燕臺鴻爪集·代寶巖贈陳素霞青蓮》 矯矯朱霞客，英英白石郎。折瓊雕楚佩，擘錦製秦裳。舞態黄鶯跌，歌聲赤鳳翔。招邀看衛玠，消息報王昌。杯喚傳鸚鵡，裘拚典鷫鸘。到門疑月墮，入座儼珠光。欵欵隨調笑，依依道勝常。苾芻思敗道，性天禪師。羃屑忘離鄉。皂鶴翻新格，紅螺醉渴羌。自甘當百罰，不覺過三商。家近塗金塔，居連解玉坊。車聽停翠幰，夢許到紅牆。小別魂猶繞，重尋眼更狂。酪奴清一呷，燈婢燦雙行。郁烈芳松枕，雕鎪蹙柏床。未親鄂君被，空接令公香。促去愁天遠，歸來覺夜長。遊仙一百首，私詠替曹唐。

陳小薌

藝文

清・粟海庵居士《**燕臺鴻爪集・代郭寶巖題便面贈陳小薌**慶福》　曾探恒春樹底花，殘宵錯叩幾人家。玉香獨見拖鞋出，鸚鵡傳聲喚客茶。

又　別抱琵琶劇可憐，渭城春淚滴銅仙。誰知换羽移宫後，轉覺新絃勝舊絃。

又　南朝風貌阮何雙，花影籠身捧玉缸。惆悵夜深連璧去，空餘凉月照紗窗。兼謂蘭卿。

又　荳蔻年華芍藥時，二分明月繫相思。小薌廣陵人。風情可似王秋柳，手寫靈雞便面詩。

汪蘭卿

藝文

清・粟海庵居士《**燕臺鴻爪集・訪蘭卿不遇**》　豈比浮華著口邊，私期密意款雲仙。十千難兑餘杭酒，一曲空歌相府蓮。天上寄愁應有地，水中撈月亦無緣。六張五角平生慣，甘被花枝笑獨眠。

又《**贈汪蘭卿**雲林》　撥悶來尋菊部頭，看場斜日小勾留。細腰鼓響明妝出花鼓，惱亂南朝許散愁。

又　悄訪仙人十二樓，流螢相引月華幽。彩雲縹緲羊車遠，懶醉他家白玉鈎。

又　五銖新换上清衣，入座翩然色欲飛。妙絶胡荽隨手撒，四筵顛倒沈元機。

又　道是無情卻有情，醉中意態不分明。玉山欲倒偎肩坐，絮語憑人喚小名。

又　雪藕浮瓜冰齒凉，雲漿一琖許親嘗。汝南雞唱空歸去，笑煞斑騅送陸郎。謂陸三彤甫。

又　一方羅帕付相思，入手閑搓半晌癡。争得才如虞學士，杏花春雨繡新詞。

林韻香

論説

清・楊懋建《**辛壬癸甲録**》　按節度抃，銖黍不爽。而其穠纖得中，脩短合度，進止動静，妙出天然。樓上下萬目、萬口、萬手嘖嘖稱歎是好郎子。嵩祝部一時聲譽頓起，座上客常滿。有隔日預約，不得入坐者。【略】金聖歎所謂忤奴，每見之輒令人三日不快。若韻香者，使爲怡紅公子，春容大雅，動合自然，庶乎仿佛遇之矣。韻香曩日爲人弟子，意思翛然。非必沾沾然以口不言錢自詡。而胸次瀟灑，自如青天片月，無纖雲渣滓太清。故無私蓄，不名一錢，羞澀如阮囊。既得脱籍，居室草創，未幾遂病，不能出門户。惟二三知己，日來爲之檢點茶鐺，料量藥裹。猶力疾强起，談諧甚樂。咳唾落九天，隨風生珠玉。無煙火氣，無塵土味。娓娓然，惓惓然，聽者亦申旦忘疲。

傳記

清・楊懋建《辛壬癸甲録》 韻香者，林姓，吴人。來京師隸嵩祝部。

紀事

清・楊懋建《辛壬癸甲録》 歲甲午，三年期滿，將脱籍去。其師黠人也，密遣人自吴召其父來，閟之别室。父子不相見，啗以八百金，再留三年。既成券，韻香始知之。慨然曰：錢樹子固在，顧不能少忍須臾耶。乃廣張華筵，集諸貴游子弟，籌出籠計。得三千金，盡舉畀其師，乃得脱籍去。於是定居臧家橋玉皇廟側，署所居室曰梅鶴堂。其父故庖人也，時自入厨下調度，以故韻香家殽饌清旨冠諸郎。

又 高雙林有女，許字韻香，將笄矣，忽欲奪以畀春山。杭州顧二西漁，鋭身争之，乃得復歸林氏。韻香未娶而没，其兄改聘之矣。兄收弟妻，五溪習以爲常。且若輩亦不足深責也。高氏女未成爲婦，抑猶可恕。顧二在京師居櫻桃斜街，其齋中張韻香小影，行看子於壁，亦稍稍徵人題詠。惜貌不甚似。然帝城雙闕，春樹萬家，除此一幅外，他無粉本。心乎愛矣，過而存之，亦烏容已矣。

范秀蘭

論説

清・楊懋建《長安看花記》 秀蘭，范姓，字小桐。吴人。今日之牡丹花也。美艷綽約，如當年蕊仙，而品格過之。風儀修整，局度閒雅。金粉場中，艷而能静。擬之《石頭記》中人，大似蘅蕪君。天香國色，艷冠羣芳，故應一時無兩。嘗演《馬湘君畫蘭》，於紅氍毹上，灑翰如飛，煙條雨葉，淋漓絹素。或作水墨，或作著色没骨體，娟秀婀娜，並皆佳妙。頓覺旗亭壁間，妙香四溢。諸游冶少年，争就場頭乞得，珍重裝池，錦帶玉軸，什襲藏弆。有不能致小桐手蹟者，自慚爲不登大雅之堂，自慚爲不韻。其見賞時譽如此，洵佳話也。（略）梨園中以光裕堂爲第一世家，有以也。丙申暮春二十三、四日，小桐於北孝順胡同燕喜堂張筵召客。光裕堂既以三世擅盛名，小桐又以和氣湯醉天下人心。於時賓霍豪家、五陵游俠、薦紳貴介、過夏郎君，莫不駿奔麇至，來會者六七百人。

傳記

清・蘿摩庵老人《懷芳記》 范秀蘭，字小桐，以字行，爲吴金鳳弟子。金鳳字桐仙，能詩，解屬文，爲何尚書所愛，有盛名於時。小桐恬雅寡言笑，亦能書畫，嘗自畫蘭，請名流題詠。離師後，居寒葭潭，是芥子園之一隅。怪石清池，可以娱客。然知音終寡，以其性太高潔，不入時耳。桐仙堂曰光裕。小桐堂曰承裕。

俞鴻翠

論説

清・楊懋建《長安看花記》 鴻翠，俞姓，字小霞。初名綺文，更名雯。畫蘭款署吴下阿蒙俞雯是也。與韻香同里、同師。故其行動舉止，都無俗韻。標格如水仙一朵，在清泉白石間。余嘗以初度，夏偕友人訪之。芍藥已過，櫻桃初熟。文窗四拓，簾波如水。柳緑竹影中，微颺茶煙一縷。徑造其室，則小霞方獨醉一壺。手黄唐堂《香屑集》，曼聲諷詠。令人想見謝鎮西夜泊牛渚，聞袁臨汝郎隔舫詠史情事。見客初不甚酬對，而談言微中，使人之意也消，洵佳士也。昔韻香居傳經堂，以第一仙人爲廣大教主。望之者如藐姑射神人。嵩祝部一時聲譽頓起，爾時雖有蟾桂、鴻喜同居，無能爲役也。韻香既没，傳經堂轉入春臺部，得小霞，乃殊有太原公子裼裘而來之概。昔郗公謂其門生：王氏諸郎，羲之最佳，正謂其能不自束縛耳。後來之秀，位置第一，乃拜虎賁，非認魯公也。玉溪生詩云：月没教星替。若小霞者，神明玉映，可謂長庚伴月，又非三心五噣比矣。

陳鳳翎

論説

清・楊懋建《長安看花記》 鳳翎，陳姓，字鸞仙。菊部中推絃索好手。演《花大漢別妻》，彈四條絃子，唱五更轉曲，歌喉與琵琶聲相答。琵琶在金元時本用彈北曲。鸞仙齒牙喉舌妙出天然，媚而不纖，脆而不激，圓轉瀏亮，如珠走盤。真覺遏雲繞梁之音，今猶未歇，非他人所能及。丰儀朗澈，笑語俊爽。雙瞳人湛湛如秋水，一笑百媚。當之者莫不色授魂與。余每戲呼爲玫瑰花，以其英氣逼人，大似探春也。仲雲澗填《紅樓夢》傳奇，《葬花》合《警曲》爲一齣。南曲抑揚抗墜，取貴諧婉，非鸞仙所宜。然聽其越調《鬥鵪鶉》一曲，哀感頑艷，悽惻酸楚，雖少纏綿之致，殊有悲涼之慨。聞者自爾驚心動魄。使當日竟填北曲，鸞仙歌之必更有大過人者。丙申二月二十九日移居藕香堂，聯升舊居也。余爲作小篆題榜曰紫桐花館。鸞仙飲量不宏，而意態甚豪。能畫著色蘭蕙，雖不及小桐，亦自饒疎秀。拈毫弄翰，時時堆紙盈几案。所恨酬酢太繁，徵逐日多，作輟不常，湘簾棐几往往孤負耳。春試報罷，余與黄鏡生苦無聊賴。日日眠甕頭，卧壚側，取澆磊塊。與阿鸞日益習。一夕醉歸，見余持六角白團扇，欣然把筆，倣甌香館寫生法，作素蘭一叢，曰：將乞填《國香慢》一調。此夢窗自度腔，滄浪詠桂之作。

潘玉香

論説

清・楊懋建《長安看花記》 玉香，潘姓，字冠卿。後起中前輩也。亭亭玉立，秋水爲神。《聊齋志異》所謂艷如桃李而冷如冰雪，斯人近之。顧梁汾《詠梅・浣溪紗》云：物外幽情世外姿，凍雲深護最高枝，小樓風月獨醒時。一片冷香惟有夢，十分清瘦更無詩，待他移影説相思。空山流水，冰弦一撫，清清泠泠，令人蕭然意遠。目爲檻外人妙玉，可謂神情畢肖。暗香疎影，故應在孤山伴逋仙偕老矣。然其《搠月》一齣，爲韓國大姨，以瑶池之品，寫金屋之姿。天上風光，迥非凡艷。而舉體皆媚，柔若無骨。回翔旋折，飄飄欲仙。觀者幾欲使無方持衣裙，恐其因風而去。固宜瑶臺獨步。演楊妃春睡，旖旎翩躚，尤非人意想所到。《瑶臺》、《藏舟》諸劇皆其餘事也。夙與韻香、蕊仙齊名。韻香已如優鉢曼殊，曇花一現。蕊仙亦如春深芍藥，顧影自憐。惜美眷之如花，驚流年之似水。今惟冠卿，風致猶存耳。娶婦名芙蓉，爲國香堂愛女。璧人一雙，一時稱快，往往舉以驕人。

藝文

清・楊懋建《長安看花記》 丙申四月十三日，花燭之夕，余爲賦《賀新郎》。昔康熙朝汪蛟門舍人納姬，徐方虎、王西樵、周雪客、陳緯雲諸公鬬險韻，同用此調。今輙依其韻譜之。不和迦陵雲郎新婚之作者，嫌太熟也。詞云：一桁簾衣捲。藕花中，並蒂移花，羊車初遣。莫笑一生花底活，未許露華輕泫。況紅藥，留春如繭。一笑並肩人鏡裏，問近來，眉樣今深淺。紫雲曲，譜親展。國香服媚名逾顯。記索郎，飛白瑶臺，親題禁扁。爲檢河魁翻祕笈，不吠琅嬛白犬。許平視，磨磚幸免。不礙二分春似水，算長安，添數看花典。圓月照，華燈翦。

錢雙壽

論說

清·楊懋建《長安看花記》雙壽，錢姓，字眉仙。吴人。嘉慶以還，梨園子弟多皖人，吴兒漸少。豈靈秀所鍾，有時銷歇耶。眉仙如初日芙蓉，韶令天然。論者擬之以邢岫煙。神情態度，幽閒典雅，庶乎近焉。嘉慶二十年後所生人，道光十年後擅一時名者，韻香、蕊仙、冠卿、鸞仙、小蟾、小雲次第脱身去。秋芙最後，亦於丙申夏初自立門户。小桐亦已有成説。惟眉仙、瑄霞猶作籠中鸚鵡。二人皆居韓家潭。瑄霞居極西道北，曰春和堂。眉仙居極東道南，曰三和堂。相去數十弓。兩恨人望衡對宇，亦恨事也。眉仙既鬱鬱不得志，眉黛間常有怨恨之色。幽微掩抑，不能自勝。每誦瘦影自臨春水照，卿須憐我我憐卿；人間亦有癡於我，豈獨傷心是小青之句，清淚如鉛水，往往以之洗面矣。

陳玉琴

論說

清·楊懋建《長安看花記》陳玉琴，字小雲。此碧桃花也。擬之《石頭記》中人，極似寶琴。眉目肌理，意態言笑，無一不媚。而安雅閑逸，温潤縝密，有時神明焕發，光照四座。對之如坐春風，如飲醇醪。古人稱温柔，惟小雲足當此二字。比德於玉，無愧璧人。好從文士遊。講論申旦，娓娓不倦。風韻固自不凡。其同居者，曰桂香，字妙雲。色藝未是佳品，而舉止殊有大方家數。亦好從文士遊。蓋俱爲碧雲弟子。碧雲嘗曰，温文爾雅，妙擅清譽。二人同師，家法固在也。《玉簪記·茶叙·問病》，雨初演之，能狀其癡情一點。小雲演之，則慧心四暎。可謂各得妙姑之一體。小雲之爲人，癯不露骨，豐不餘肉，香而不膩，圓而不甜，風流藴藉，無纖毫俗韻。將來此中人福澤，當以小雲爲最，他人不及也。昔無錫清微道人所居曰福慧雙修菴，人間天上，二者難兼，若小雲者，其庶幾乎。妙雲，吴人。小雲，皖人，其父機匠也。碧雲既南歸，妙雲仿處深山堂，小雲别居輝山堂，即四順堂舊宅也。自南中迎其父母偕新婦來，並携幼伶七八輩。正擬聘師起科班，而小雲遽中法。丁酉冬夜，有管庫吏及户曹掾，招轉餉官飲其家，從者誤觸巡城御史車，遂并逮小雲，付秋曹。以所司錢穀出納事，羣飲聚謀，禍且不測。或爲宛轉維持，始得從薄譴。坐以吸食鴉片煙，論城旦，春徒遷安。然已狼藉如薛幼芳矣。時同坐繫者，有伍蘭鳳，字韻秋。張緒當年，亦佳伶也。先是四順堂以男女混雜，累北部尉及丞罷官。越一年，而小雲又及於難。或謂宅相不吉，理或然歟。然余所評福澤之説，遂已不驗。天下事不可料如此。噫。三慶部，寓韓家潭深山堂，玉琴移居輝山堂，妙雲仍居深山堂。

翠霞

論説

清·楊懋建《長安看花記》 翠霞，字青友。初居鴻喜堂，後爲桐仙弟子，更字閏桐。桐仙於丙申畫《三友圖》册子，謂小桐、閏桐並己而三也。閏桐既出名門，漸漬薰陶，亦能作小幅著色蘭蕙，娟娟楚楚如其人。吴伶王若蘭，自言入都爲教師十三年，所教小郎二百餘輩，惟翠霞足當麗人之目。余從蓬山識青友，方蓬山壬辰舉賢書時，青友纔十三、四。娟秀艷冶，肌理細膩，殆無比倫。古人所稱柔荑凝脂，乃信有之。性尤警敏，殆真能以目聽，以眉語。金陵十二釵正册詩，末首云：情天情海幻情身。當日可卿兼美，偶現色身説法，遂能使絳洞花主於怡紅快緑中，心醉欲死。其風姿令人夢寐見之。在羣芳中品第是秋海棠。當碾冰爲土，玉爲盆，深貯之銀屏珠箔中。燈紅酒碧，茶熟香温，使按紅牙低唱柳郎中今夜酒醒何處也，楊柳岸曉風殘月，真乃有瑶臺夢醒，天上人間之感矣。丙申天中節，偕金静川訪之玉連環室。長身玉立，居然偉男。然恂恂猶如處子。彌令人迴憶靈和殿前風流。吾嘗謂：後來之秀，惟翠香意態融冶，是好女子。乙未冬，同友人爲銷寒之會，迭爲賓主，日在香天翠海之中。

小蘭

論説

清·楊懋建《長安看花記》 小蘭，字韻秋。初居永發堂，後入敬義堂。梨園中以光裕堂爲世家，敬義堂爲大家。主之者曰：董秀蓉故出耕齋門下，以小生擅名。冠卿、鸞仙、小香，咸出其門。韻秋入門，適際盛時，余識之最早。壬辰二月，征鞍甫卸，春服既成，同人小集如松館，爲余洗塵。韻秋，芙蓉女兒，明秀無匹。姍姍來遲，媚不可言。坐對名花，遂至沈醉。絳蠟高燒，海棠睡未醒。予與周福門、韓季卿、馮竹生、荔生、余静川、朱子良諸君子，重房複室中環守之，至夜分乃相將送之歸。乙未冬，在廣和樓，即康熙時查家樓也。小蘭演《藏舟》一齣，聲情幽咽，聽者但唤奈何。日昳相携訪之，雨髩風鬟，江潭憔悴，靈和殿前風流，不堪回首。是夕，冠卿、鸞仙俱集。酒酣，冠卿更唱《山坡羊》二曲。璧月如水，銀雲不流。雙笛吹凡字調和之，不能壓其聲。昔人謂絲不如竹，竹不如肉，信然。小蘭自愧弗及，涕泗浪浪，彌不自勝。爲詠芙蓉生在秋江上，不向東風怨未開之句以慰之。瑶臺夢醒，天上人間。歸路馬蹄踏月，彌憶壬辰春夜、紅燭籠紗時情事不能置。

錢福齡

論說

清・楊懋建《長安看花記》 福齡，錢姓，字綺人。眉仙同懷弟。近日推大有堂桂雲爲嵩祝部首座，實非綺人比也。綺人娟娟少好，顧影徘徊，嫣然媚絶，而無姚冶之態，可謂静女其姝。買姬扣扣，寄辟疆小札，用江文通見紅蘭之受露語，大爲稱賞。坐對綺人，令人殊有光風轉蕙泛崇蘭之想。自韻香去後，一枝翹秀，實難其選。綺人乃如隔水桃花，自然明媚。柳陰竹外，人面春風，尋春裙屐，不覺成蹊矣。眉仙在四喜部雖擅一時名，而居恒對影，鬱伊善感，日念綺人不去懷。雖同在花天月地中，固不能對牀歡語。每見客，必探綺人近狀。有過觀音寺前者，必寄聲問訊。割一味之甘，賭五紋之佩。至情至性，感動旁人。嗚呼，讀棠棣之詩，孝弟之心可以油然生矣。其同師者，曰遐齡，字綺仙。如金在鑛，如銀在鉛。光輝猶未發，越然婉約安詳，無浮囂習氣。小子有造，與綺人共居。薰而善良，固應爾爾。其北則鴻喜堂在焉，翠霞所居也。同居者，曰翠雲。以青友故，過客亦薰沐而登之，然未免有 續貂之誚矣。

王翠翎

論說

清・楊懋建《長安看花記》 翠翎，王姓，字雨初。揚州人。冠卿弟子也。風骨未騫，而宛轉如意。趙秋谷《海漚小譜》中所稱飛鳥依人，大動人可憐色。是兒意態，近之如山茶花，穠而不俗。大家兒女固應爾爾。此蘅蕪院中黃鶯兒也。演《茶叙》、《觀花》二齣，俱有可觀。嘗尊前捧硯，乞留題。爲署居室曰聽春樓，楹帖曰半榻茶禪圓夢夜，一簾花氣釀愁天。僕本恨人，强爲排遣。飛鴻踏雪，動留爪痕。醇酒美人，前塵影事。麴塵如海，綠葉易陰。他日杜牧尋春，又添一番惆悵矣。

德林

論說

清・楊懋建《長安看花記》 德林，字琯霞。雖無晴雯之艷，而性格近之。極似怡紅院中林家小紅。玉仙演《占花魁》，以憨見妙，琯霞則正以慧見妙。各擅勝場。使尹、邢相對，能不爽然自失。冠卿亦以此齣擅名。然冠卿遭際順境，事事如意，所謂强笑不歡，效顰不愁。琯霞則長身玉立，自顧頭顱如許，幽憂怨憤，時積於懷。當夫檀板一聲，亭亭扶影。眼光一注，茫茫大千，托足無地。此情此境，棖撥傷心。幽愁暗恨，觸緒紛來。故其低徊幽咽，慷慨淋漓，有心人一種深情，和盤托出。借他人酒杯，澆自己壘塊，不自知其然而然也。木末芙蓉花，山中發紅萼，每詠王右丞《輞川雜事詩》，能無慨然。

黃聯桂

論説

清・楊懋建《長安看花記》 聯桂，黃姓，字小蟾。世俗所稱狀元夫人長春弟子也。昔吕青田作《女仙外史》，演説永樂朝蒲臺女子唐賽兒事。言仙、佛之外，厥有魔道，是爲三教。常曰阿修羅與我佛比肩而立，意氣固自不凡。小蟾行事，往往莩甲新意，不循軌度，是殆曼陀尼之亞也。其人疎節闊目，如小人家兒女，而意量自遠，性伉爽，笑語甚豪。每以伶俠自處。所不當意者，往往如灌夫罵座，冷若冰雪。余嘗戲呼爲尤三姐。愛之者阿其所好，乃直欲以枕霞舊友擬之。小蟾欣然謂掌生品評不謬。足見其胸抱，亦可謂有自知之明者矣。李載園太守，少年下第，留京過夏。時蜀伶陳渼碧負盛名，常以白眼待人，獨傾倒載園。每值梨園演劇，載園至，陳必爲致殽核，數下場周旋。覩者萬目攢視，咸嘖嘖歎羡，望如天上人。或陳赴他臺，聞載園至，亟脱身至。其相契有至深者。載園爲畫《西川海棠圖》，徵詩海門。詩鈔有《自題海棠畫卷》及《衙齋補種海棠詩》，皆憶渼碧作也。此千秋佳話，以視秋帆尚書遭際，殆有過之焉。《燕蘭小譜》不載其事，殆未免文人相輕之習爾。吾鄉黃鏡生孝廉，丙申春試後，偕余及馮朗崖訪小蟾。一見如舊相識。至夜分，余輩散去。小蟾獨拉留鏡生，命酒更酌，燒燈相對，訴欵曲。紅日上窗，猶言刺刺不休。以視渼碧之於載園，殆又過之焉。自後友朋酒座，必相將俱來。

張蘭香

論説

清・楊懋建《長安看花記》 蘭香，張姓，字紉仙。濯濯如春月柳。風流自賞，拈毫弄翰，怡然自得。字作歐陽，率更體，清拔有致。每當茶瓜清話，把卷問字，捧硯乞題，墨痕沾漬襟袖間。此三慶部後來書獃子也。性既苦溺於學，而一洗咬文嚼字醜態。石韞玉而光輝，水含珠而川媚。無事張皇，自然流露，此香菱所爲，高出時流也。吴兒性格，大抵温柔。紉仙風格灑然，散朗多姿，獨有林下風。福雲堂主者，曰玉鳳，字瑞卿。故出福安堂，亦擅時名。有弟子六、七人，其一曰素香，在和春部，意態頗似紫菱洲中二木頭。有敦厚之質，少活潑之趣。和春爲王府班，擊刺跌擲是其擅場。中軸子爲四部冠。今高腔即金元北曲之遺也，和春猶習之，又多作秦聲。至於清歌慢舞，固無聞焉。若素香者，在瑶仙外亦可謂庸中佼佼者矣。蘭香在三慶部，寓陝西巷福雲堂。素香在和春部。

三元

論説

清・楊懋建《長安看花記》 三元，字藕仙。翠香師弟也。面目媚秀，髮初覆額，如新鶯學囀，乳燕試飛，每登場與玉仙兩兩相比，尤宜小生。般《占花魁》秦小官，凝秀圓轉，殊有意致。余嘗謂翠香、三元、福林、愛林並是後來之秀。嘒彼小星，三五在東。東有啟明，西有長庚。明星有爛，不愁明月去也。三元丙申移居東皮條營日升堂，其師殷采芝之弟也。是時朱家胡同復新堂有雙喜，其師亦殷采芝之弟子。雙喜不久轉徙天津，更明玉環。而丙申冬三元亦出，赴長蘆。《戰國策》所謂以君中駟敵其上駟，舍短用長，尺蠖之屈以求伸也。虬髯客一見太原公子，決計下海。此正高人一等，爲不可及。保定三臺部有小天喜，字雨香。神采未甚秀澈，而肌理娟好，意態婉帖。目之曰媚、曰膩，庶幾有一體焉。在彼中已不可多得者矣。

扈連喜

論説

清・楊懋建《長安看花記》　連喜，扈姓，字梅香。四喜部天喜兒也。能《四絃秋》全曲，聲情掩抑，一倡三歎，有餘音矣。其變爲男子裝，則局度安詳，詞旨婉約，無囂陵習氣。與小蟾爲同門生。小蟾行事，不當於若輩中求之，然所演不過《賣餑餑》、《打槓子》、《花鼓》、《頂嘴》之類，色藝俱不逮連喜也。秋水菱花，連喜近之。近日把筆學畫，著色蕙蘭，楚楚有致。小霞邀同人畫《九畹滋蘭圖》，梅仙與焉。從此學有精進，當大有可觀。貽德堂蓮生，亦春臺部中人也。演《孫夫人祭江》，低迷淒咽，哀感頑艷。惜其非南北曲也，不登大雅之堂耳。其面神情大似金麟，亦是佳品。

大玉林

論説

清・楊懋建《長安看花記》　大玉林，字瑤卿。稱大者，所以別敬義堂字佩珊之玉林也。其師故日新堂殷采芝弟子。別居後授徒二人，皆庸碌釵裙。瑤卿豐容多肌。當其不櫛而巾，亦是尋常兒郎。至於薰燃梳掃，擁髻升歌，豐融旖旎，意態動人，酴醿香夢怯春寒，恍惚遇之矣。演《長生殿・小宴》、《驚變》二齣，於太真醉態，頗能體會。無矯揉造作痕。遂如陳思王所賦進退無常，若往若還；動止無期，若危若安矣。四喜部胖玉喜亦演《驚變》、《埋玉》，聲大而遠，悲涼激楚，非瑤卿之所能及。而態度遠遜瑤卿。至於佩珊在敬義堂，如太邱長家，季方難爲弟。松柏之下，其草不植，未免虛有其名。謝道韞所謂封胡羯末，莫不知名；不意天壤之間，乃有王郎若是夫。託根擇地，亦有幸不幸也。所惜瑤卿如鶡旦不鳴，三絃不敢促柱，吹笛者往往宛轉高下以就之。遂令人有鑄鐘過後之歎。然其人固是誠實無僞。昔乾隆間，歌樓一字評旦三元曰慥，謂其不文也。余按《中庸》注：慥慥，篤實貌。若瑤卿者，可命之曰慥。

金柱

論説

清・楊懋建《長安看花記》　金柱，字粟香。曩以衆人遇之。丙申天中節，始見其演《鳳儀亭·擲戟》，爲温侯。珠冠繡襦，挾畫戟軒昂而上。英雄兒女，剛健婀娜，兼擅其妙。欲採芙蓉花，可憐隔秋水。能傳此一片心事，驚謂鏡生曰：士別三日，便當刮目相待。今日非復吴下阿蒙。鏡生笑曰：曩因用違其材耳。粟香此後勿復爲裹頭裝，庶不失本來面目耳。春臺部小生，佳者頗不易得。小霞之外，惟三元可望有成，他不足言也。今得粟香，可使與參一席，後來殆無與儔。

夏天喜

傳記

清·蘿摩庵老人《懷芳記》　夏天喜，字秋芙，揚州人。長身玉立，回眸一笑，觀者惝怳不能自持。王蕊仙與秋芙美艷相匹，蕊仙固是好女，秋芙則近於蕩姬矣。蘇長公謂食河魨值得一死。余謂秋芙倘是女子，爲我作妾，亦值得一死也。所居曰裕德堂，或贈以楹帖曰：秋水爲神玉爲骨，芙蓉如面柳如眉。爲時所傳誦。秋芙不能度曲，但以色勝。其戲以蕭素珍《上墳》爲最工，有時作武旦亦顧盼生姿也。秋芙不復登場，其師弟天壽亦扮《上墳》，刻意傚之，毫釐不失，用心良苦。顧其貌劣，在秋芙種種態度，人見爲可愛者，以天壽出之，則以爲可憎。信乎東施效顰，見者望而却走。

紀事

清·楊懋建《長安看花記》　小天喜，字秋芙，揚州人。王姓，或云是舊家子，詭云王姓。顏佩秋曰：或言天喜夏姓，父早歿，母改適。先年春臺部有天喜，與天禄、天壽齊名，故呼秋芙曰小天喜。既而突過前人，天喜久爲所掩。今歌樓但知秋芙名天喜，不復以大小別之矣。近年以《賣胭脂》、《小寡婦上墳》二齣得名。謔浪笑傲，冶容誨淫。浮梁子弟宋人小說謂無良曰浮梁靡然從風，一倡百和，幾有若狂之歎。乾隆間蜀伶魏長生來京師，廣場説法，以色身示人，輕薄者推爲野狐教主。吴太初撰《燕蘭小譜》，以名教罪人歸獄魏三，非無見也。近年演《大鬧銷金帳》者漸少，曾於三慶座中一見之。雖仍同魏三故事，裸裎登場，然坐客無讚歎者，或且不顧面唾矣。天下人耳目舉皆相似，聲容所感，自足令人心醉，何苦作此惡劇，以醜態求悦人哉。余癸巳春即耳其名，乙未夏乃識之。碎麻子被面如繁星，眉目亦不過中人耳。健談，能飲，對壺杓意氣豪邁。僭稱大户，有俯視一切之意。然每與冠卿遇，搴旗摩壘，輒不敵也。每當春秋佳日，三五同好，各挾所知，載笙、笛、絃索、拍板入酒家，觴詠既陳，絲竹迭奏。秋芙既自命酒人，又自矜名下，睥睨餘子，旁若無人，攘袖飛觥，洶洶拳拳，勢將用武。余輒笑謂：取骰子來。既至，秋芙輒據盆高座，雄若迷龍。衆人杯盞盤碗，雜遝下注。余輒命巨甌如鉢者，滿斟爲孤注，諠鬨笑語，呼盧喝雉，衆聲如殷雷。六子不再周，秋芙轍亂旗靡，如春雨洗花。當於香霧空濛中，高燒絳蠟，代月照其睡態矣。乙未冬，爲消寒之會，秋芙無日不在座。余既數以此法困之，或以告，秋芙不悔也。既入座，賈勇酣戰如故。其興致固是不可及。嘗爲書楹帖云：花到生天纔富貴，玉能延喜況温柔。温柔，秋芙所不足，意以此箴之也。名流投贈甚多，當以高小樓太史一聯爲最佳，曰：南華秋水經常誦，北苑芙蓉畫不如。才人餘事，雖若無意爲文，而自然巧合無痕，温麗可誦。別有集唐秋水爲神玉爲骨，芙蓉如面柳如眉一聯，不知何人手筆，未免俗套，幾成惡札。

扈聽香

論說

清·楊懋建《丁年玉笋志》　小天喜，字聽香，扈姓。春福堂連喜胞弟。四喜部後來之秀也。近日崑腔歌喉，推金麟第一。聽香出，遽掩其上。如洛鐘之應銅山，蒲牢夜半鳴，足以發聾振聵。又如秋城畫角，凄徹心脾，令人聞之有落日照大旗之想。蓋聽香之爲人，得秋氣多。故其發之於聲，亦爲秋聲。其神情極似冠卿幼年時，特風姿微不及耳。舉動吐屬直截了當，又似小蟾，而雅馴過之，才藝亦居其上。

翠林

論説

清・楊懋建《長安看花記》 翠林，字韻琴。余丙申夏五識之保定。姿致韶秀，眉目楚楚如畫。言詞舉止，並皆安詳，雅無市井倚門賣笑習氣。玉水璇源，方流圓折。此部中翹秀也。周其齒曰十五。自云在京師居清河堂，隸春臺部。

殷秀芸

論説

清・楊懋建《丁年玉筍志》 秀芸或作鈞，殷姓，字竹君，小名金寶。蘇州人。從桐仙兄冬友入都，居光裕堂，學崑山調小生曲廿餘齣。丁酉三月始登臺，人未之奇也。面目性情，大似小霞，俊爽超脱。余一見許爲雋品。是日演《紅樓夢・櫳翠庵折梅》，爲寶玉，固未足盡其所長。是時桐仙方張燈開宴，乞爲花君補傳，附入《看花記》中。羣弟子咸侍，尊壺面鼻，各奏爾能。桐仙又與小桐合作黄荃徐熙派蘭竹盆石小幅，酬余曰：此鄭榮潤筆金錢花也。諸郎環立如玉筍，觀者乃真朗朗如玉山上行，目不給賞，心爲之醉。謝康樂所言良辰美景，賞心樂事，竟可兼而有之。後來之秀，輒私相計曰：經平子未幾，如許子將兄弟，在汝南商度月旦評。時，人物之延頸跂足，待品題者，心怦怦也。余獨心許秀芸，爲入目第一人。數數爲小霞言之，頗不以吾言爲河漢。秋八月，小霞既移居石頭胡同内之羊毛胡同，秀芸乃定歸詠霓堂。余力贊之，且爲屏當部署一切，事乃得就。以重九前二日，入門稱弟子。是時余以順天科場事被逮，秋曹準牒攝對簿停案以待，特以此事勾留二日。既蕆事，乃自詣吏。亦可謂癡如王濟者矣。近日崑腔歌喉，盛推綺人、聽香二人。綺人聲大，然枯而不潤。聽香聲高，然激而不和。以之起衰振靡則可，至於聲音之道，則慨乎其未之有聞也。竹君發聲，遒亮爽脆，而又圓潤清和，纍纍如貫珠。所謂八音克諧，無相奪倫，惟斯人足以當之。雖前輩中冠卿、鸞仙不能過也。此中人有場上、場下之別。往往聲容兼擅，而酬應非所嫻習。雖金麟猶不能免紀渻木雞之誚。夫高文典册用相如，馳書羽檄用枚皋。陸士衡所謂離之則雙美，合之則兩傷。每念與人不求備之言，輒不禁今日捉將官裏去之歎。二難具、四美備者，能有幾人。若竹君者庶幾兼之矣。戊戌百花生日，余荷戈南戍。竹君隨小霞設餞夢俠情禪室。別後每寄聲殷殷訊平安，顧近日得小霞書，述竹君近狀，乃幾有陽春白雪、曲高和寡之憾，豈知希我貴耶。馮唐有言：先帝好文，而臣好武。陛下好少，而臣又老。李廣第一，數奇不侯。俯仰身世，能不慨然。然詠霓堂已入四喜部，從此四喜部當增聲價矣。跂予望之。

又 秀芸在羣芳中，異品也。初命之曰緑牡丹，繼思明崇禎朝有作《緑牡丹》傳奇以刺復社中人者，嫌其非佳名，乃更命之曰緑萼梅。當日上界仙人萼緑華，降羊權家，留贈白玉條脱而去。天仙化人，遊戲神通，目無下塵，故應爾爾。秀芸在光裕堂不得於桐仙之妻，乃出之。桐仙意，固未忍遽舍也。初歸詠霓堂，余實爲盟主。甫入門，小霞笑謂余：君於此子，猶子也。曩君頗眷雨初，今名秀芸，爲秀芸字之曰晴初可乎。在坐者咸相視而笑。秀芸或作秀筠，字竹君，從其朔也。然桐仙門下花君，諸郎名輩行皆以小相爲主字，並以从艸呼龍，耕烟種瑶草。如此妙卉，夫豈易得。余乃定書作秀芸。秀芸事事肖小霞，而歌喉高過其師遠甚。荀卿有言：青出於藍，冰寒於水，正所謂當讓此子出一頭地，不止沆瀣一氣而已。毛初晴作教歌頭，羅三行序曰：羅三非歌人，乞毛生爲作歌。庶人知羅三苦沈淪也。故其詩援元、白例，按度扚節，頗爲疏記，後有作者，猶可尋繹。此天下第一有心人也。唐太宗文皇帝爲玄奘法師製《聖教序》曰：松風水月，未足比其清華。仙露明珠，詎能方其朗潤。善哉，可爲妙於形容。然余所品題秀芸，聞吾言者，固疑信半焉。此中人語，固云不足爲外人道也。

陸翠香

論說

清·楊懋建《丁年玉筍志》　翠香，陸姓，字玉仙。吴兒之極媚者也。隋煬帝目司花女袁寶兒曰憨態可掬，是兒彷彿過之。如春烟籠芍藥，秋水浸芙蓉，未是絶艷，要足令人心醉。目有曼光，雙瞳翦水，執板當席，顧盼撩人。演《占花魁·醉歸》、《獨占》，《雷峰塔·水鬭》、《斷橋》，及《盪湖船》小曲，無不以憨入妙。許太常留谿師嘗言：若輩中人，往往十指如懸槌，一握爲笑，令人索然意盡。惟翠香面目如曼陀羅，指掌如兜羅綿，玉筍，班中可稱第一手。吾師雅人深致，有此絶妙品題。每念斯言，輒令人不忘相逢把臂時風趣。古樂府所謂欄干十二曲，垂手人如玉。又想見王夷甫執玉柄麈尾，與手同色，傾倒時流也。若置之梨香院女樂中，當是芳官品格。在羣芳中當命之曰胡蝶花，即鳳仙也。《本草綱目》謂之急性子。子熟時，有觸即握拳露爪。此兒性格似之。余嘗榜其居室曰翠海香天，楹聯曰：翠袖竹邊憐小玉，香詞茶後譜中仙。榜額余自書，楹帖則蔣叔起所書也。當傳經堂多寶病革時，玉仙代爲演《金雀記·喬醋》，與小霞爲偶。憨中流慧，尤覺可兒。惜無幾時，即以才寶易之，此調不復彈矣。《西遊記》女兒國王嬌癡之態，尤爲擅場。日新堂昔演此劇者，曰全齡，所謂銅絲扭就國王頭者是也。一二年間爲其師賺四五萬金。在春臺十子中，曰黃帶子。玉仙近日有少爺之號，亦謂其任性自恣也。殷采芝門下，慣育趾高氣揚之人，真不可解。又有寶齡，久已不蹈歌場，亦不甚見客，侍采芝起居飲食。入夜則一燈相對，喁喁申旦。聞當年色藝亦是可觀，今則反舌無聲矣。日升堂三元之弟，曰三福，爲女兒國相。意趣未能流動，而進止徘徊，眄睞自憐，亦後輩中可造就者。　春臺部，翠香、全齡、寶齡俱寓朱家胡同日新堂。殷三福寓東皮條營日新堂。

金麟

論說

清·楊懋建《丁年玉筍志》　金麟，字綺人，春臺部胡小雲弟子也。小雲爲桐仙之師。金麟既出名門，意態皆能不失大家風範。綽約穠郁，自然可親。儷之南州香草，當在夜合、含笑之間。又如黄梅花，雖未是清品，要其風味，正自醲厚。丙申暮春，在燕喜堂肩隨桐仙執壺。於時光裕堂中，翠霞、秀蓮皆捧觴隨行，以次進酒。綺人乃如鶴立雞羣，置之諸郎中，固應翹然獨秀。余初撰《看花記》，在丙申夏五，叙金麟者止如此。越一歲，則金麟已聲名洋溢。走馬帝城者，幾不欲作第二人位置矣。南海顔佩秋，以書抵余曰：金麟歌喉獨出冠時，作者何以記不及此，得無遺憾耶。余笑而謝。既而見其演《絮閣》、《賜珠》二齣，乃信名下固無虚士。近日雛鶯乳燕，呢喃學語，細聲窈杳，裁如游絲，氣息僅屬，幾似龍賓十二，回翔應對時，三絃不敢促柱。凄凄咽咽，惟聞笛笙聲。雖有師曠之聰，不能辨其五音六律。周郎顧曲，但喚奈何而已。綺人出爲獅子吼，證聲聞果，高視闊步。踔厲發揚，其意氣固已足以陵轢一世。及其發聲，遂乃如項王，喑嗚叱咤，千人皆廢，真可充滿天地，俯視餘子，聲嗚嗚如泣、如訴、如怨、如慕，乃與蜩抱枝，蠆伏砌，不可同年而語矣。同日又得觀其師小雲演《費宮人刺虎》。作家舉止，固自不凡。是日適遇各莊分包，故茶樓雜劇，春泉堂師徒獨占三齣，幾與堂會指名奏伎者同。

愛齡

論説

清・楊懋建《丁年玉筍志》 愛齡，字小香，亦後來之秀也。演《邯鄲夢》爲打番兒漢，緋纓繡袍，結束爲急裝，舞雙槍如梨花因風而起。觀者光摇銀海，萬目萬口嘖嘖稱歎。公孫大娘舞劍器渾脱，瀏漓頓挫，有此妙手。三慶部如意《打桃園》，掣大刀旋轉如風，擅一時技擊名，不足敵小香也。吾在保定，嘗見三臺部雙禄《賣藝》，拳棒刀槍，色色俱妙，最後舞流星，風馳電掣，乃如五色舍利，大放光明，普照世界，歎爲絶伎。小香不及雙禄之兼擅，雙禄亦遜小香之專精也。使二人見面，各出所長，正當爽然自失耳。小香偶亦裹頭作天魔舞，歌喉頗嘹亮。然究非所長。雖習武小生，而對人宛轉如意，無介胄容，亦無脂粉態。大抵柔媚是吴兒本色，小香則别饒清致。秀外慧中，茶筵酒座，薌澤微聞，其風味如佛手柑。清夜静對妙香，可以忘言。紗厨窣地，桃笙膩滑，執觚瓠斝，品梅花雪水，但覺清氣襲人，不知身在瑶臺第幾層矣。古稱可人，又曰可兒，小香有焉。瀟湘館中紫鵑也。聞小蟾言，曾有傖父以多金啗小香，屢逼之。小香如墨翟守宋，不窮於應。最後且恚且脅，不勝其嬲，痛哭而罷。後來之秀，守身如玉，豈尋常疊被舖床者所敢望其肩背哉。愛齡在三慶部，寓韓家潭敬義堂，移居香雪堂。如意在三慶部，雙禄在保定三臺部。

胡秀蘭

論説

清・楊懋建《丁年玉筍志》 小秀蘭，胡姓。初字韞香，更名香吏。春暉堂方三林弟子也。以其與小桐同名，故稱小以别之，兒遂乃已知名。俯仰身世，小桐能不憮然。柳五兒爲芙蓉女兒後身，此兒仿佛過之。其人有鸞仙之修整而不矜，有冠卿之秀澈而不冷。清而和，朗而厚，置之瑶林琪樹中，風骨端凝，意態俊爽，可稱東海秀影。予昔於《看花記》中品之曰：其姿致如牽牛花，牆角籬根，娟娟一朵，點綴秋光，凉翠欲滴，秀色可餐。如當椎牛行炙之後，饜飫肥甘，忽進蔬筍一盤，入口脆美，清快無比。又如妃子酒後，啖荔枝過量，漿熱體煩，得玉魚含唇舌間，凉沁牙齒，頓覺舉體清適。如蘇易簡月夜解酲，自稱冰壺先生，不數金莖解渴。是時與香吏殊落落，但見其局度安詳，不競不絿，不吴不敖，謂其得清氣多故。其言如此，實未足以盡香吏也。宜黄符雪樵，於香吏極所醉心。始予不謂然，久乃信，非阿其所好者。香吏近學弄筆，作小楷，畫蘭蕙，並有可觀。孳孳汲汲，如將不及。從諸文人問字，齗齗如也，可云有志之士。

秀蓮

論説

清・楊懋建《丁年玉筍志》 秀蓮，字花君。揚州人。桐仙得意弟子也。光裕堂先有天然、天秀，不久皆散去。後來者曰三秀。三秀者，秀蘭、秀芸、秀蓮也。秀蓮入門最後，而最慧。意態爽闓，言笑舉止並皆灑落，無委瑣氣。所般皆小生劇。先是，同師者有學《漁陽摻撾》，爲禰正平罵阿瞞。伊吾久之，花君從旁竊聽，則已盡得其節拍。揚袍振袂而出，神情態度參以己意，妙合自然。雖素所習不啻也。有傖父撓之，不令般演而罷。桐仙乃竭一夜之力，篝燈按譜，摹倣爲岳雲罵秦檜劇，命名曰《快人心》。詞曲、賓白、科諢、爨弄，悉與《漁陽摻撾》異，非依樣胡盧也。桐仙以一夕成之，花君即以一夕習之。明日入戲園，登場般演，耳目一新。觀者方嘖嘖歎新劇之妙，不知乃其師徒夜來燈下所爲也。是時小桐方久享盛名，而余獨稱許秀芸爲後來第一人，固未知花君也。桐仙爲覼縷述其事，且乞立傳。是夕張燈呼酒，命秀蓮奏其伎曰：努力博周郎一顧，將以實吾言之非謬也。有所譽必有試，桐仙蓋非偶然。因即桐仙所書，節略爲潤色之如此。春臺部，寓陝西巷延陵光裕堂。天然、天秀俱寓春臺部光裕堂。

鴻喜

論說

清·楊懋建《丁年玉筍志》 鴻喜，字雨香。其師檀天禄，春臺部掌班也。天禄少負盛名，緣事論城旦，歸京師復理舊業。得鴻喜，宛轉如意，姿首清灑，而意趣穠郁如茉莉花。每當夏夜，湘簾不捲，碧紗四垂，柳稍晴碧，捧出圓月。美人浴罷，携小蒲葵扇子，著西洋夏布衫，花影滿身，納凉已足，就曲欄花下，設麋鹿竹小榻，八尺紅藤簟。開奩對鏡，重理晚妝。以豆青瓷合裝茉莉蕊，攢結大胡蝶二支，次第安戴鬢旁。補插魚子蘭一叢，烏雲堆雪，微摻金粟。頃之媚香四溢，真乃竟體蘭芳矣。坐對雨香，有此風味。天禄同族者，曰順林，居國安堂。有弟子小翠，字碧生。小鳳，字次香。皆不及鴻喜。又保定有金福、銀福，即順林之徒小蘭、小桂也。鴻喜在春臺部，寓朱家胡同國香堂。小翠、小鳳、小蘭、小桂俱在三慶部，寓百順胡同國安堂。小蘭、小桂後出居保定，易名金福、銀福，在三臺部，寓唐家胡同。

小五福

論說

清·楊懋建《丁年玉筍志》 小五福，曹石麟弟子也。演《瞎子捉姦》，彈琵琶丁丁然。旖旎融治，梨花一枝春帶雨，態殊似之。石麟本亦裹頭人，今改唱小生，兼工技擊，聲容俱勝於疇昔。每日大軸子《竹枝詞》注：軸音紂，石麟必與胖雙秀兩兩登場。此三慶部持門生旦也。胖雙秀不習崑腔，而發聲遒亮，直可遏雲。《祭塔》一齣，尤擅勝場。每當酒緑燈紅時聽之，覺韓娥雍門之歌，今猶在耳。開元末，許和子入宮，名永新，能變新聲。高秋朗月，臺殿清虛，喉轉一聲，響傳九陌。此之謂矣。雙秀與郁大慶居文盛堂，所教多佳弟子。而雙秀、壽林俱尚分包銀。人生遭際，菀萃不齊，大抵如斯矣。雙秀昔與方竹春同演《十全福》，爲妙玉。云極佳，惜吾未及見。竹春即胡秀蘭，香吏之師，今春暉堂主者也。

湯鴻玉

論說

清·楊懋建《丁年玉筍志》 湯鴻玉，徐桂林弟子也。桂林字聽香，皖人，得名在蕊仙、冠卿之前。既脱籍，向吴中娶婦。主安次香兄鐵笛生家。

婦翁黄姓，故吾嘉應人寄居姑蘇者也。既成禮，挈婦復來京師，不復與婦家通。余曾爲一作寄書，郵問前訊，輒遇殷洪喬浮沈之。凡三四函無一得達云。聽香居韓家潭，以其昔年所居天馥堂，畀其徒爲門榜，而自署所居室曰雲仍書屋，意將以自别於樂籍中人。然人固當知天馥堂，無有知雲仍書屋者。雖翹然自異，思比幽蘭，不欲與衆草凡卉伍，固未易得矣。鴻玉色藝亦止中人，在後來諸郎中無大出色。特以其系出名門，故多刮目相待。乃顔佩秋直欲以《紅樓夢》梨香院女樂中齡官儗之。屈到嗜芰，或亦别好所鍾歟。六朝人論州郡大中正之敝，上品無寒門，下品無世族，但以門地徵辟，能有幾人。張目不答江東米價，如王椽之不癡者。然則龐士元拔十得五之説，殆亦未可盡信矣。三慶部，寓韓家潭，鴻玉居天馥堂，桂林居雲仍書屋。

秦玉

論説

清・楊懋建《丁年玉筍志》《説文解字・後叙》自明其例曰：分别部居，不相雜廁。其是之謂矣少爽致，而時露勁氣，不甚似吴兒柔媚體段，而又無扶風豪士雄邁氣概。昔目之曰丁香花，花不勝葉，而細香瑣碎，亦饒别趣。粤人目山丹花爲土牡丹，雖非玫瑰花紅香多刺之比，特輝光未能發越耳。寘之南部烟花中，當是梔子花，品未必清，而味則殊穠。日新堂中藕仙，以擬此兒剛柔、輕重、遲速異齊，要其風趣，正復相似。若以《漢書・人物表》例之，其品第正不失為中上。又性好佻達，變動不居，擊劍弄丸，皆其所習。平居洶洶拳拳，如將不及。余每戲為無事忙。偶然把筆學畫蘭蕙，風枝雨葉，縱横離披，亦殊有劍拔弩張之態。小霞邀畫《九畹滋蘭圖》韞仙與焉。太史公有言：士固有附驥尾而致青雲者，其是之謂歟。其同師者，曰素蘭，字琴仙，在瑞卿門下，未是秀出之品，然三桓七穆，論者未嘗或遺之。傳曰：松柏之下，其草不植。詩又曰：蔦與女蘿，施于松柏。子游所謂：夫子有爲言之，非一端所可盡也。若素蘭者，雖非紫藤。花濃香蔭畮之儔，以視金雀、兔絲，托根得地，一朵嫣然。當夫春光明媚，邛有旨鷊，亦具香色，藉其點綴，亦未始不足當勝日尋芳者停鞭一眄。三慶部，寓陝西巷福雲堂。

文蘭

論説

清・楊懋建《丁年玉筍志》 文蘭，字畹香。小元寶弟子也。三慶不少佳小生，文蘭在後輩中亦可觀者。寶善堂與敬義堂同掌三慶班事，其門下皆多佳伶。而小元寶在當日尤自擅盛名。至今其徒皆如王謝家子弟，未必盡佳，而舉止落落大方，要自與白屋崛起者不同。文蘭能彈琵琶，風神爽朗，談吐清勝。眉目間亦時露英氣，有似鸞仙，特微遜其修整耳。丁酉初秋六夕，同人修秋禊於尺五莊，歸，夜集其家，觥籌交錯，皆已半酣。余笑請文蘭撥四絃爲我解醒，則笑而應曰：諾。君如能更浮大白者，當奏《將軍令》爲壽。即起滌冰碗，滿注陳醞，强予三釂。碗各受三升許，如劉景升三雅。同人鼓掌和之，促絶瀝，闃然相視而笑，予玉山頽矣。比進檀槽，予不復能顧曲。遽起命駕疾驅歸，吐車茵狼藉，明日，日加午猶卧不能起。酒徒聞之，莫不大笑。其同師者，曰清香，字蘭生。幽秀温婉，恂恂如處子，無市井囂陵習。暇復捉筆學作字，波磔殊有媚態。亦有志之士也。又有蓮桂，字蓮卿。於三人中齒最少，倜儻自喜，不拘拘規翔矩步，而風致翩翩，自覺動人。或爲寫《蓮桂圖》，書《聖教序》桂生高嶺，雲路方得泫其華；蓮出渌波，飛鹿不能污其葉四語贈之。韓四季卿極所賞心，屢乞爲立傳，余諾之。久未能屬稿，乃附記於此。《長安看花記》以小天喜爲殿，《辛壬癸甲録》以琵琶慶爲殿，皆援《燕蘭小譜》以魏長生爲殿之例，此志獨以寶善堂爲殿者，蓋小元寶師徒色藝並有可觀，不愧沆瀣一氣之譽。求之今日玉筍班中，雖未能遽如敬義堂稱大家，光裕堂稱世家，然望之蔚然而深秀，固知玉輝珠媚，此中有人。三卿爲主，可謂衆矣。文蘭、清香、蓮桂，俱三慶部，寓韓家潭敬義堂。

李斗

紀事

清・錢泳《履園叢話》 儀徵李艾塘精于音律，謂元人唱曲，元氣淋漓，直與唐詩宋詞相頡頏。近時則以蘇州葉廣平翁一派爲最著，聽其悠揚跌蕩，直可步武元人，當爲崑曲第一。曾刻《納書楹曲譜》，爲海内唱曲者所宗。

盛惇大 附：程香谷、席子遠、陳石士

紀事

清・錢泳《履園叢話》 近士大夫皆能唱崑曲，即三絃、笙、笛、鼓板亦嫻熟異常。余在京師時，見盛甫山舍人之三絃，程香谷禮部之鼓板，席子遠、陳石士兩編修能唱大小喉嚨，俱妙，亦其聰明過人之一端。

項水心、蔣辰生

紀事

清・錢泳《履園叢話》 演戲如作時文，無一定格局，只須酷肖古聖賢人口氣，假如項水心之何必讀書，要象子路口氣，蔣辰生之愬子路於季孫，要象公伯寮口氣，形容得象，寫得出，便爲絶搆，便是名班。近則不然，視《金釵》、《琵琶》諸本爲老戲，以亂彈、灘王、小調爲新腔，多搭小旦，雜以插科，多置行頭，再添面具，方稱新奇，而觀者益衆；如老戲一上場，人人星散矣，豈風氣使然耶。

包振玉

紀事

清・錢泳《履園叢話》 康熙中，常熟有包振玉者，係梨園中吹笛手。一日，忽有人來定戲，云在北門王姓，以銀十錠，期于某日。至期而往，則巍然大第，堂中設宴。主人出，謂振玉曰：今日係周歲，不可大鬧，以官人幼不任驚嚇也。遂點《西廂記》，減去惠明寄書及殺退孫飛虎兩齣，乃定席開場。衆方演唱，振玉獨執笛旁坐，暗窺坐中賓客，凡飲酒，俱呷入鼻中；其往來男女侍從人等，俱足不帖地而行。心甚異之，以私語其衆，衆曰：彼不欲鬧，豈所畏在此乎。於是忽將大鑼鼓一響，倏無所覩，乃在昏黑中，則一古墓，惟聽松風謖謖而已。通班大驚，振玉遂得疾，不數日死。

米喜子

論説

清·李元復《常談叢録》京師優部如春臺班，其著者也，二十年來，要皆以米伶得名。米蓋吾邑之饒段村人，名喜子，自幼入班，習扮正生。每登場，聲曲臻妙，而神情逼真，輒傾倒其坐。遠近無不知有米喜子者，即高麗、琉球諸國之來朝貢或就學者，亦皆知而求識之。班中以老成也，呼爲米先生，都人亦相隨以是爲稱，其見賞重如此。歲傭值白金七百兩，遂以致富。道光十二年壬辰，年才四十餘，病歿。人嗟惜之，春臺班由是減色。凡伶工恒購蓄狡童，充小旦以漁利，米獨近方嚴，絶不爲此，是亦若輩中之錚錚者。王芙薌孝廉元挺公車歸，嘗詳述焉。其人與事俱無足繫輕重，然於歌舞樂事中而忽有斯人，其名播傳夷夏，而適産吾鄉土，紀之亦可爲太平之點綴云。

紀事

清·楊懋建《夢華瑣簿》米伶知醫，人稱米先生。以正生擅一時名。刻意求精，家設等身大鏡，日夕對影徘徊，自習容止。積勞成疾，往往嘔血。丁日日周旋茶鐺藥碗間。米伶設關帝，不傅赤面，但略撲水粉，扎包巾出。居然鳳目蠶眉，神威照人。對之者肅然起敬。今京師歌樓演劇，不敢復般關帝，固由凡有血氣莫不尊親，聲靈赫濯，不敢褻侮，亦緣米伶之後難爲繼也。一日，歌館指名索米，米病不能往。飛騎迫促再三，不獲已。丁往代之，登場揚袍振袂，鬚眉意氣，笑語動止，宛然米伶。客倉卒不能辨也。

春臺十子

論説

清·楊懋建《夢華瑣簿》京師有春臺十子之稱，金鳳曰書獃子，常桂曰軟棚子，長春曰煤黑子，金齡曰黄帶子，其六人余忘之矣。紉香面目黧黑，有墨牡丹之誚，金齡則高視闊步，縱恣不羈。十子者，或論其性情，或肖其容貌，或品其行事，象形惟肖，如見其人。韻香嘗笑謂：尚有乾雜子一人，何不廁其間。聞者莫不大笑。或集爲偶語云：司獄情人，太僕仇人，朱狀元夫人，煤炭捏成莊子婦。紉仙師弟，韻香兄弟，殷采芝徒弟，銅絲扭就國王頭。《蝴蝶夢·劈棺》爲煤黑子所演劇。黄帶子演《西遊記》女兒國王，其行步首自動摇，顫顫巍巍如也，故以爲笑。

朱延禧

傳記

清·四不頭陀《曇波·福壽》福壽，名延禧，姓朱氏，字蓮芬，年十八，吴縣人。垂髫時，其兄挈之來京。兄故業優，强之學，遂工南北曲。顧雅自愛，喜讀唐賢小詩，尤善行楷。色藝與諸名優埒，而神氣清朗，吐屬雋永則過之。冬日，吾友虞吏集同人飲於其水芝仙館。時燕仙、稺雲均在座。燕仙蕭灑，目無下塵，獨心折蓮芬。蓮芬亦殊與欵曲。稺雲跌宕，曾負盛名，辭氣間恒與之抗。蓮芬怡然相對。競席微笑，問與戲謔，究無一毫自矜氣。【略】嗟夫，以蓮芳之質，或生而貴介，生而寒畯，當不難唾手青紫。顧世間僥倖者，更僕難數。蓮芳即然，亦未必爲人所傾倒如此。其度《折柳》、《茶叙》、《倫詩》、《驚夢》諸曲俱妙絶。余曾各繫以詞，附載於後。

清・雙影庵生《法嬰秘笈》 朱延禧，字蓮芬，蘇州人，年十九歲。景春堂。

紀事

清・何剛德《春明夢録》 嘗聞潘文勤平時最喜一善唱崑曲，兼工繪事之朱蓮芬。及任侍郎，便不與之相近。而蓮芬年節前往叩賀，文恭必袖廿金銀券，出而親授之。一見而别，至老不衰，都下傳爲韻事。蓋優之風雅，遠勝妓之妖冶，故禁令雖同，而從違不必一致也。後來下處漸消滅，而妓寮則車馬盈門，毫無忌憚，此亦世變之相因而至者也。

藝文

清・四不頭陀《曇波・福壽清品》 金谷花放，瑶臺月明。饒有風露，不著塵氛。就中佳麗，秋水神清。瞥驚鴻影，時聞鶴聲。姍姍其來，骨節自鳴。神光離合，奪人目精。

虞吏雅重之，爲書璚臺領袖橫幅，并紀以詩云：百花頭上倚寒開，一日凭闌看一回。指點斜街西畔路，彩雲深護玉樓臺。

藐姑仙骨翦雲絲，綽約宫腰弱莫支。好是翩躚紅影裏，天風吹唱步虚詞。

餐英襲露飲流霞，手把芙蓉駕鳳車。下睨塵沙三萬刼，碧霄游戲駐年華。

漿珠醴玉夜調笙，華月當頭喝倒行。滄海波明盤露廻，蒼涼無那廣寒城。

又《賀新凉》 唱到陽關曲，看卿卿，風情争似，霍家小玉。一片柔腸千載憾，都倩歌喉吐出。且休説，開簾動竹。衹傾這杯中别酒，已魂銷橋畔垂楊緑。長此聽，杜鵑哭。　蓮卿何事織眉蹙。豈憐他，才郎棄舊，女郎無福。從古好花容易瘵，防爾亦如秋菊。嘆淪落，供人娱目，便有黄衫來作合，早聲聲痛徹青燈屋。試回想，棄膏沐。

又《傾盃樂》 蓮座生春，竹林滴翠，妙常如見。啓簾幕，潘郎到了。正旃檀爇，恰團茶獻。芳情半上紅妝面，佩環敲動，卻又淚痕一線。斷腸無算，羞把霞盃撫徧。　聽絮語，花嬌葉顫，道隨風逐浪都非願。悔前番，珠弄維摩，綰向大雄寶殿。豈看過曇花一現，真撩得塵心一片。捧玉茗，聊當郇蘭房小宴。

又《木蘭花慢》 傍蓮臺繞徧，耦心動、吐情絲。只黛隱春山，珠含秋水，消息難知。歌兒繪聲繪影，仿佳人遺悶暗裁詩。真箇吟魂化蝶，焚香暫聚遐思。　偷期，郎意較儂痴，纔訂雨雲時。想陳姑舊憾，卿卿痛徹，故鎖纖眉。悽其酸辛泪點，縱煎來難把薄情醫。試看仙花落後，游蜂不上殘枝。

又《浪淘沙》 腸斷牡丹亭，此曲難聽。梅邊淡白柳邊青。争似麗娘歡會處，艷夢剛醒。　知否會幽冥。小像通靈。倩卿眉宇現婷娉。幾度鈎人魂魄去，如醉湘醽。

清・譚獻《增補菊部群英》 斜陽芳樹最相思，憔悴芙蓉江上枝。獻賦即今猶被放，人生難得杜門時。

沈廷楨

傳記

清・四不頭陀《曇波・小添喜》 小添喜，姓沈氏，名廷楨，字懷壽，號燕仙，年十八，揚州人。嫵媚飄逸，翛然塵表。其清俊微遜蓮芬，而靈慧殊過之，未易軒輊。俯視諸伶，則軒鶴避雞羣矣。喜臨池，工手談，間作小詩。其《寄懷》絶句云：雪壓參差樹，雲橫黯澹山。長江幾萬里，何處是鄉關。

雅有風人吐屬。

紀事

清・四不頭陀《曇波・小添喜》 總角時，其父挾之來京師，落魄，遂分散。後有自揚州來者，云其父病。燕仙痛甚，出所私蓄爲寄藥餌。其師素不良，或以告，痛笞之，幾至殞命。及聞其父噩耗，遂日飲泣。有某生者，素契燕仙，爲醵金脱籍。吾友蕭君佩之爲之立傳，并紀以詩。其詩云：爲卿度曲便登樓，婕板鶯簧半帶愁。道唱奈何天一闋，那知風木感揚州。 黑貂裘敝書難上，紅杏衫裁曲漫工。安得乘風便歸去，五湖煙水與卿同。嗟夫，燕仙以幼年鬻身，且業歌舞，度有爲習氣錮蔽者，卒能不忘其本，賴某生力，得以自拔。雖其遇有幸，然亦錚錚皦皦也哉。

藝文

清・四不頭陀《曇波・小添喜逸品》 白雲出岫，鳴鶴在林。風送花氣，月移柳陰。於裙屐間，如見畸人。和露簪菊，焚香鼓琴。有飄逸態，無塵俗心。西山爽氣，在我胸襟。

又《燕子曲》 余曾綜其始末，爲作《燕子曲》一章，附載於後：吟魂欲墮重奮飛，風簾雲幕垂四圍。中有仙禽隔窗語，云思主人今來歸。主人飄零傍花柳，鎮日芳叢覓鶯友。鐵鷂半投游子懷，金鷹時立健兒肘。逡巡回轡長楸問，鶯想雲髻鴉垂鬟。巷轉烏衣窈而曲，橋通朱雀清且灣。一烏翻然自來舞，翠翅修翎好毛羽。碧縷寒拋楊柳風，紅襟漏帶杏花雨。降生香國記揚州，乘興時爲瓜步游。廿四橋邊看壁月，十年夢裏繞珠樓。一自芹泥落淮泗，便隨霜露過幽薊。連天大厦不容棲，薄幕危巢恐遭忌。四顧曾無相識人，吞聲含淚三五春。引吭宛轉隨歌拍，側翼蹁躚蹴舞塵。況復呢喃歷朝暮，回首江天隔煙霧。不誇雛鳳發清聲，但學孝烏思反哺。碧落一朝通悃忱，緑章連夜爲沈吟。滿山啼盡杜鵑血，遍海填將精衛心。縹縹排雲出陰巘，卜居直上宜春苑。珊瑚架上何玲瓏，玳瑁梁間自華婉。巢營翡翠敢偷安，臺燦金銀心尚寒。憑誰出爾樊籠困，長憶傍人門户難。嗟哉主人似鷗鷺，苦海茫茫問何渡。願言從汝曹神仙，春風握手三千年。

翠琴

傳記

清・四不頭陀《曇波・翠琴》 翠琴，姓周氏，字穉雲，年十六，長洲人。早知名。庚辛兩載，笙歌闃寂，各部名優風流雲散。穉雲髫齡妙質，獨出冠時。迨音樂重開，蓮芬以清婉之品，駕而上之。穉雲名稍減，然其風流自賞，固不肯甘落後塵也。一日飲玉波生齋中，顧曲甘招之來，穉雲神采飛揚，不平之氣溢於眉宇。其急思脱籍，顧影生愁，亦似微傷其遲暮者。

清・雙影庵生《法嬰秘笈》 周翠琴，字穉雲，蘇州人，年十九歲。春暉堂。

清・蘿摩庵老人《懷芳記》 周翠琴，字稚雲，蘇州人。倚雲弟子，質麗神清，有藐姑仙人之目。未久告殂，知與不知，莫不嗟惋。有輓之者曰：生在百花前，萬紫千紅齊俯首；春歸三月暮，人間天上總銷魂。蓋雅雲以花朝前一日生，而其卒也正當春盡，故云。一時傳誦，流聞禁中。論者謂：稚雲上掩諸美，小史菁華鍾於是。即盡於是，不但一身不永，後亦無復有麗人可繼芳躅者。信哉斯語。可謂知人知言。

藝文

清・四不頭陀《曇波・翠琴艷品》 璧月夜滿，瓊樹朝新。歌臺舞榭，睠此麗人。容華照灼，春色二分。如鳥試羽，如花在林。百和交起，香生軟塵。是真嬌艷，一顧傾城。

又《翠琴》 搗塵子即席賦詩二章云：丁香初結蔻初胎，翠羽啁啾破細苔。驀地春光遽如許，梢頭漸到五分開。

碧篁新籜嫩抽簪，恰稱凌雲一寸心。莫更煙梢和露長，高寒容易緑成陰。

湯金蘭

又 頃於稺雲箑頭，見吾友吴君超甫長句云：奏技燕臺舊擅名，秋風憔悴可憐生。長卿灑脱難求友，屈子牢騷合結盟。月果常圓甯抱憾，花因欲落倍關情。好將一曲《長生殿》譜向人間訴不平。

傳記

清・四不頭陀《曇波・金蘭》 金蘭，姓湯氏，字幼珊，年十五，長洲人。静婉有度，與稺雲相伯仲。每當酒闌人倦時，憨態横生，嬌羞微露。其度《舟配》一曲，淡妝素抹，尤有凌波微步之致。

清・雙影庵生《法嬰秘笈》 湯金蘭，字幼珊，蘇州人，年十八歲。景福堂。

清・王小鐵《菊部群英》 中山主人湯金蘭正名延慶，號幼珊。蘇州人，戊戌正月初一日生。傳贊載《曇波》。前隸四喜部，唱崑旦，善畫蘭。出春福堂，名舊署春如，住韓家潭。

清・蘿摩庵老人《懷芳記》 湯金蘭，字幼珊，蘇州人。評者謂其愔愔大雅。幼珊頎長，至鞠躬見客。嘗學填詞，有《良宵奈何》，一時傳誦。

藝文

清・四不頭陀《曇波・金蘭静品》 紅雨初過，緑陰乍寬。萬籟俱寂，古琴一彈。山色隱隱，水聲潺潺。若有人兮，儀静體閒。心如止水，氣如幽蘭。蔚然深秀，令我忘餐。

又《金蘭》 冬日，彭君勉齋，偕吴君同甫暨余就幼珊飲。勉齋性清介，獨雅眷幼珊，曾記其本事。詩云：憑闌瞥見綺羅新，鎮日無言獨笑春。桃李自穠蘭自秀，前身合是息夫人。燕雲薊樹悵飄零，秋色撩人倒酒瓶。一樣天涯賦淪落，君衫紅杏我衫青。昔人謂宋廣平心如鐵石，作梅花賦偏饒嫵媚。余於勉齋亦云：花如解語還多事，石不能言亦可人二語。余於幼珊亦云。

杜玉慶

傳記

清・四不頭陀《曇波・玉慶》 玉慶，姓杜氏，名堃榮，字蝶雲，年十四，吴縣人。骨秀神清，穆然意遠。一顰一笑，不肯委曲媚人。往往綺筵雜遝，酒驟花馳，而蝶雲酬對從容，羣囂頓息。度《琵琶行》一齣，聲態雙超，感均頑艷。四座無言，青衫有淚，彌望皆白司馬也。善畫蘭，尤愛誦《心經》。或叩之，曰：蘭，潔而香，性所躭也，因寫以自怡。我輩託業猥下，以命蹇故。日誦此經，雖未果懺悔，庶幾漸離苦趣耳。吾友李君香宰雅重蝶雲，蝶雲獨傾心事之。

紀事

清・四不頭陀《曇波・玉慶》 壬子秋，香宰下第將還西蜀，蝶雲置酒祖行。既悲香宰之不遇，又知其不能留也。持《心經》屬香宰，繕書一通，默求佛力呵護歸人，且祝再見云。吾嘗諦觀蝶雲在諸伶中獨往獨來，灑然出塵，足徵夙根之厚。惜香宰馳驅數千里，杖策款關，不得發揮襟抱。盛名之下，坎壈纏身。塵海茫茫，知心寥落。而蝶雲獨能慰藉於寂寞之中，使香宰舒憂娛悲，不墜元龍豪氣。然後知蝶雲之用情專一，其爲香宰慮者深而遠，豈非伶而任俠者哉。吁，可傳已。香宰贈蝶雲詩甚多，纏緜悱惻，載其爲人。朋好争誦之、慕之。

藝文

清・李香宰《夢蝶詞》 銀燭光摇彩筆揮，箇中心事話依稀。劇憐夢入南園裏，蕩作瓊花一陣飛。

荷花生日前三日，瞥見娉婷出畫樓。您得柔腸渾欲斷，潯陽江上四絃秋。

珠喉宛轉珮丁當，絶世聰明絶世妝。多少紅兒私羨汝，一生消受百花香。

春山眉黛蘸秋波，坐久猶疑對素娥。最是箇儂心折處，自然風味得天多。

生來艷福與花宜，説著春愁了不知。一種憐才意無限，願他飛上最高枝。

慣醉花陰酒一尊，暫時分手亦銷魂。此情耿耿卿知否，恐有前生未了恩。

又《續夢蝶詞》 謁來日下豪華地，亦是天涯淪落人。僮僕揶揄羣小妬，不圖得汝慰風塵。

愛汝便同親骨肉，知予獨抱古心腸。青衫黯澹羅衫冷，中有憐才淚萬行。

三年誤入畫樓飛，惜汝臨風試舞衣。家在江南身冀北，杏花春雨幾時歸。

羨君氣味最清醇，合與幽蘭結近鄰。長日捲簾攤畫帙，畫成先贈素心人。

閉門無事酒孤斟，風雨蒼涼百感侵。相憶輒書君姓字，一波一磔見儂心。

親知睽隔幾經年，西望岷峨路七千。不到芳洲尋杜若，祇應愁煞李青蓮。

清・四不頭陀《曇波・玉慶澹品》 雲度銀漢，月洗瓊樓。荷香午净，菊影晚幽。中有一人，蛾眉自修。意煦如春，神瑩若秋。鉛華弗御，醖藉夷猶。太羹元酒，古味長留。

蕭小蘭

傳記

清・蘿摩庵老人《懷芳記》 蕭小蘭，字者香。評者謂嬌憨可擬趙寶琴。

清・四不頭陀《曇波・蕭小蘭》 小蘭，姓蕭氏，字者香，年十六，揚州人。雙瞳秋水，兩頰紅暈，眉宇間饒俊爽氣。其師長慶，色藝冠一時。雖六郎老去，而三慶部猶倚之爲重。小蘭以俊爽之品出其門下，自是後來之秀。

清・雙影庵生《法嬰秘笈》 蕭小蘭，字者香，揚州人，年二十歲。

紀事

清・四不頭陀《曇波・蕭小蘭》 素善上江某生，某生甚眷戀之。其脱籍也，爲之醵金。聞以數千計，亦可想見其聲價矣。夫以若輩飄零，自拔良難，而卒有大力者，不惜援手，使之得以自立。余嘗有句云：千間廣厦庇寒士，萬箇金鈴護落花。茫茫苦海中，安得盡如癡願哉。

藝文

清・四不頭陀《曇波・小蘭俊品》 風好過竹，雨疎灑蕉。赤城霞起，華屋月邀。招來之子，饒有豐標。英姿颯爽，顧視清高。騎金埒馬，佩金錯刀。百尺樓上，橫笛吹簫。

陳翠玉

傳記

清・四不頭陀《曇波・翠玉》 翠玉，字黛仙，年十四，姓陳氏，安慶人。六七歲時讀《毛詩》，甫成誦，以貧故就商，已而偕其母兄來京師。其兄美玉，舊有聲春台部，黛仙遂習其藝。當八音宣播，二三妙伶集於春台，黛仙稍後出，故未見稱於時。余嘗於登樓之暇，留心物色。一日，見其演《折柳》一齣，冶豔絶倫。同甫尤劇賞之。屢招余飲。蓋初次登場，即為識曲者所傾倒如此。黛仙靈心妙悟，善解人意，而蘊藉深婉，純露天機，相對怡情，略無梨園惡習。勉齋語余云：座無蓮芬、黛仙，使人不樂。豈阿好哉。

清・雙影庵生《法嬰秘笈》 陳翠玉，字黛仙，蘇州人，年十八歲。輯輝堂。

藝文

清・四不頭陀《曇波・翠玉麗品》 湛湛朝露，油油遠風。好花初放，摇緑顫紅。憾删亭北，笑倚窗東。卧雨雲裏，來星月中。侍兒扶起，嬌態憐儂。身遐心邇，微波可通。

又 獨倚闌干眼倍明，歌衫舞扇總關情。況經秋水眉梢逗，恰似珍珠掌上擎。絶世笑顰空菊部，萬花管領屬芳卿。當場莫漫笙簫寂，頓老琵琶喜再生。

莫笑詩狂與酒顛，大家同約醉花前。聽殘玉漏歡猶涌，賞到風流我欲仙。應有金蘭通臭味，非關絃柱託纏綿。此生此夜如常好，記取膚雲鬢影邊。

張桂玉

傳記

清・四不頭陀《曇波・桂玉》 桂玉，姓張氏，字蟾仙，一字稺蘭，年十五，蘇州人。閑適脩潔，對之令人神爽。雅喜粉本，著墨饒有生趣。其度《藏舟》一曲，音節哀怨，真如聞小女兒泣訴聲也。海南吳君古樵爲余述梗概，並索定品。余應之曰：潔，聞者疑爲過情。余曰：舊院有歌妓，字貞美。人誚之云：美則有之，貞則未也。貞美謝曰：兒之不貞，命也。言已泫然。今稺蘭以髫齡稺齒，墮刼沙數，積威約之，不得不覥顏向人，爲其主作肥生活計。其潔，命也。其不潔，亦命也。獨念菊部諸伶，染結習，多囂且塵上者。穉蘭寡言笑，慎舉止，穠纖脩短，雖與服稱，自不可多得。使愛穉蘭者，發須菩提願，而與之以潔，是則穉蘭之幸也夫。

紀事

清·四不頭陀《曇波·桂玉》 余嘗於登樓之暇，留心物色。一日，見其演《折柳》一齣，冶艷絶倫。同甫尤劇賞之，屢招余飲。蓋初次登場，即爲識曲者所傾倒如此。黛仙靈心妙悟，善解人意，而蘊藉深婉，純露天機，相對怡情，略無梨園惡習。勉齋語余云：座無蓮芬、黛仙，使人不樂。豈阿好哉。

藝文

清·四不頭陀《曇波·桂玉潔品》 春水波回，秋山雨過。紅軟消塵，緑浄難唾。有美人兮，出泥不涴。綺羅裏行，松雪間卧。蓮濯清泉，供法華座。是真脩潔，薰香獨坐。

金巧福

傳記

清·四不頭陀《曇波·巧福》 巧福，姓金氏，字畹香，年十五，蘇州人。善吹簫笛，兼工琵琶。婉孌閒默，無城闕佻達之習。吴君超甫贈以詩，所云未免有情偏繾綣，不妨無語得風流者也。貌與某伶相似。每當諸伶環集戲謔時，聞獨於某伶前則詞氣和婉，雅相愛敬。詢諸所素契者，某伶乃其胞兄弟也。總角時先後入京師，初不相識，久與洽。始知以未脱藉，不敢認故，猶從人姓云。

藝文

清·舒子秋《絶句四章》 吾友舒君子秋，聞余道畹香事，因折柬招之，若恨見畹香晚，酒闌賦絶句四章。

其一云：春燈無語正纏綿，顰笑依人絶可憐。謾説風懷删老衲，情根欲證四禪天。

其二云：香温翠暖座生光，蓮漏沈沈月轉廊。欲向花前問消息，同根原有不言芳。

其三云：倩界烏絲寫洛神，嬌憨一例見天真。鄭蘭謝草難重覓，争似珠兒最可人。

其四云：紫簫吹徹又琵琶，飄玉霏煙醉碧霞。十二闌干無定所，層城何處是儂家。

徐馥森

傳記

清·雙影庵生《法嬰秘笈》 徐馥森，字琴香，蘇州人，年二十歲。

陳小琴

傳記

清・雙影庵生《法嬰秘笈》 陳小琴，字桐初，蘇州人，年二十歲。吟秀堂。

沈添喜

傳記

清・雙影庵生《法嬰秘笈》 沈添喜，字燕仙，揚州人，年二十歲。宜春堂。

羅巧福

傳記

清・雙影庵生《法嬰秘笈》 羅巧福，字笑仙，順天人，年二十歲。醇和堂。

清・王小鐵《菊部群英》 醇和主人羅巧福，號笑仙，本京人。原籍蘇州，乙未十二月十二日生。傳贊載《曇波》。前隸四喜部，唱旦。出福盛。住羊毛胡同。

清・蘿摩庵老人《懷芳記》 羅巧福，工黃腔。評者謂響遏行雲，恒在箏笛之上。

單小翠

傳記

清・雙影庵生《法嬰秘笈》 單小翠，字黛仙，蘇州人，年十九歲。安義堂。

魯翠雲

傳記

清・雙影庵生《法嬰秘笈》 魯翠雲，字霓仙，安徽人，年十九歲。餘慶堂。

周湘筠

傳記

清・雙影庵生《法嬰秘笈》 周湘筠　，字竹香，蘇州人，年十八歲。韞山堂。

張桂玉

傳記

清・雙影庵生《法嬰秘笈》 張桂玉，字稚蘭，蘇州人，年十八歲。景春堂。

沈定兒

傳記

清・雙影庵生《法嬰秘笈》 沈定兒，字浣秋，順天人，年十八歲。榮樹堂。

郝秀蘭

傳記

清・雙影庵生《法嬰秘笈》 郝秀蘭，字雨卿，蘇州人，年十八歲。寶香堂。

張小喜

傳記

清・雙影庵生《法嬰秘笈》 張小喜，字雨亭，蘇州人，年十八歲。安義堂。

嚴添壽

傳記

清・雙影庵生《法嬰秘笈》 嚴添壽，字眉仙，安徽人，年十八歲。敦福堂。

韓全喜

傳記

清・雙影庵生《法嬰秘笈》 韓全喜，字嬾卿，安徽人，年十八歲。靄雲堂。

胡添壽

傳記

清・雙影庵生《法嬰秘笈》 胡添壽，字鳳仙，安徽人，年十八歲。維新堂。

曹雙蘭

傳記

清・雙影庵生《法嬰秘笈》 曹雙蘭，字畹香，蘇州人，年十八歲。鴻馥堂。

周壽齡

傳記

清・雙影庵生《法嬰秘笈》 周壽齡，字鶴仙，蘇州人，年十八歲。佩珊堂。

杜玉卿

傳記

清・雙影庵生《法嬰秘笈》 杜玉卿，字蝶雲，蘇州人，年十七歲。倚樹堂。

李小珍

傳記

清・雙影庵生《法嬰秘笈》 李小珍，字宛仙，蘇州人，年十七歲。吟秀堂。

朱小圓

傳記

清・雙影庵生《法嬰秘笈》 朱小圓，字吉仙，蘇州人，年十七歲。吟秀堂。

洪小荷

傳記

清・雙影庵生《法嬰秘笈》 洪小荷，字静卿，蘇州人，年十七歲。聞妙堂。

梁小玉

傳記

清・雙影庵生《法嬰秘笈》 梁小玉，字卞卿，蘇州人，年十七歲。聞妙堂。

戴桂保

傳記

清・雙影庵生《法嬰秘笈》 戴桂保，字亦仙，蘇州人，年十七歲。春復堂。

黄小琴

傳記

清・雙影庵生《法嬰秘笈》 黄小琴，字韻仙，順天人，年十七歲。傳經堂。

朱緑琴

傳記

清・雙影庵生《法嬰秘笈》 朱緑琴，字綺仙，蘇州人，年十七歲。桐陰堂。

劉雙鳳

傳記

清·雙影庵生《法嬰秘笈》 劉雙鳳，字桐雲，順天人，年十七歲。來儀堂。

汪連元

傳記

清·雙影庵生《法嬰秘笈》 汪連元，字桂秋，安徽人，年十七歲。福壽堂。

汪連升

傳記

清·雙影庵生《法嬰秘笈》 汪連升，字芙秋，順天人，年十七歲。福壽堂。

袁小芝

傳記

清·雙影庵生《法嬰秘笈》 袁小芝，字桂仙，蘇州人，年十七歲。安義堂。

吴雙壽

傳記

清·雙影庵生《法嬰秘笈》 吴雙壽，字稚芙，蘇州人，年十七歲。浄香堂。

俞玉笙

傳記

清·雙影庵生《法嬰秘笈》 俞玉笙，字潤仙，順天人，年十七歲。忠恕堂。

徐寶翠

傳記

清・雙影庵生《法嬰秘笈》 徐寶翠，字蓮卿，蘇州人，年十七歲。青雲堂。

沈寶玲

論説

清・余不釣徒、殿春生《明僮合録・明僮小録》 松保沈寶玲，字蓉仙。風流放誕，媚態横生，演蕩婦尤神似妖韶。自詡嗔喜不常，真若有一顧傾城者，而名亦噪甚。

傳記

清・雙影庵生《法嬰秘笈》 沈寶玲，字棨仙，蘇州人，年十七歲。松保堂。

張金鳳

傳記

清・雙影庵生《法嬰秘笈》 張金鳳，字綺琴，安徽人，年十七歲。松茂堂。

陳小亭

傳記

清・雙影庵生《法嬰秘笈》 陳小亭，字綺香，揚州人，年十六歲。吟秀堂。

朱福保

論説

清・余不釣徒、殿春生《明僮合録・明僮小録》 麗春朱福保，字幼雲。踈眉豁目，軒爽可人。席間喜談骨董，區别真贋，或述笑柄資談助，娓娓可聽。於儕輩有獨闢町畦之致。雲與穉芙皆余舊識。而雲有時名，無待故人之慰藉。在都時，曾未一招致，而與穉芙周旋。舍如市之門，登羅雀之庭，不能强吾性之所不習也。雲其諒我。

傳記

清·雙影庵生《法嬰秘笈》　朱福保，字幼雲，蘇州人，年十六歲。麗春堂。

蔣蘭香

傳記

清·雙影庵生《法嬰秘笈》　蔣蘭香，字玉珊，蘇州人，年十六歲。詒德堂。

郝小桂

傳記

清·雙影庵生《法嬰秘笈》　郝小桂，字月仙，安徽人，年十六歲。春福堂。

錢喜禄

傳記

清·雙影庵生《法嬰秘笈》　錢喜禄，字畹卿，順天人，年十六歲。敬業堂。

朱寶玉

傳記

清·雙影庵生《法嬰秘笈》　朱寶玉，字韻仙，蘇州人，年十六歲。青雲堂。

程翠玉

傳記

清·雙影庵生《法嬰秘笈》　程玉翠，字羽仙，安徽人，年十六歲。忠恕堂。

程鴻喜

傳記

清・雙影庵生《法嬰秘笈》 程鴻喜，字可卿，順天人，年十六歲。寶善堂。

張慶林

傳記

清・雙影庵生《法嬰秘笈》 張慶林，字芷馨，蘇州人，年十五歲。春華堂。

張慶玲

論說

清・余不釣徒、殿春生《明僮合録・明僮小録》 春華張慶齡，字芷馨，年十六，隸四喜部。不假雕飾，獨出冠時，穠纖得中，儀態閒逸。當其酡顏半醉，倚榻微眠，星眸乍迴，色授神與。無言郤對，使人之意也消。工《小宴》、《詫美》諸劇。容華都麗，儼然姬姜。及爲齊婦琵琶，如怨如慕，又能使青衫淚溼也。圓璧方珪，無施不可。其藝尤有過人者，以之弁冕，誰曰不宜。

沈壽兒

傳記

清・雙影庵生《法嬰秘笈》 沈壽兒，字眉仙，蘇州人，年十五歲。聊星堂。

徐棣香

論說

清・余不釣徒、殿春生《明僮合録・明僮小録》 聞德徐棣香，字亦仙，行二。俊爽無媰，婀態登場，亦多作丈夫裝，顧眉宇間別饒嫵媚。與弟阿三，同隸三慶部。演《巧姻緣》《桂花亭》諸劇，雅擅勝場。而三有盛名，附和者多。軒三而輊二，然二難競爽，固非大相徑庭者。阿三名金兒，字芝仙，嫻静自然，有出塵之致。與人酬酢，無浮囂習。時譽歸之，以爲無兩。余固未觀其深。三與二同居，然長者車轍爲二來者尠矣。維新張添馥，又名崑寶，亦字芝仙。年十五，隸四喜部。善雜劇，《連厢》尤工。如承蜩，如弄丸，頗擅時譽。貌僅邁中人，而登場則粉膩脂柔、韶秀倍蓰。席間嘗吹櫻桃爲戲，含而鼓之。距脣寸許，倏忽升降，累黍不差。同輩百方效之，胥莫能及。或從而攫取亦不得也。與人交，深情若揭。顧詶對不爲暱就，態似落落無城府者。能書，楷法峻整。曾見其燈下背臨《蘭亭》數十字，具有法度，嗜之不倦，亦可名家。

傳記

清・雙影庵生《法嬰秘笈》徐棣香，字亦仙，蘇州人，年十五歲。聞德堂。

徐小玉

傳記

清・雙影庵生《法嬰秘笈》徐小玉，字茗生，蘇州人，年十四歲。安義堂。

范小金

論説

清・余不釣徒、殿春生《明僮合録・明僮小録》餘慶范小金，字鏡仙，年十五。工顰眇視，弱不勝衣。俯仰之間，神如静女。隸春臺部。春臺方不競，鏡浮沈其間，未得與名流角逐，故無旌旆飛揚之態，尋芳者亦罕識之。一日，鏡偶從人觀四喜劇，與余聯坐，遽與目成。招之來，一見如故。愛烏者，或於余前稱鏡爲逸品，雖或過譽，萬一似之。嗟乎，鹽車駿足，毳帳閼氏，如鏡仙者，亦何異名場風漢乎。萍蹤小聚，遽唱驪歌。寒士品評，未能爲鏡增聲價，抑又慨然矣。鏡同師有小銀者，年才十二，廣顙豐頤，粉墨登場，當現宰官身而説法。未覩其藝，姑闕所疑，優而柔之，亦後來之秀。

傳記

清・雙影庵生《法嬰秘笈》范小金，字鏡仙，蘇州人，年十四歲。餘慶堂。

劉奎喜

傳記

清・雙影庵生《法嬰秘笈》劉奎喜，字星垣，順天人，年十四歲。傳經堂。

江巧齡

傳記

清·雙影庵生《法嬰秘笈》 江巧齡，字蕙仙，蘇州人，年十四歲。醇和堂。

楊玉喜

傳記

清·雙影庵生《法嬰秘笈》 楊玉喜，字粹卿，蘇州人，年十四歲。三和堂。

沈瑞蓮

傳記

清·雙影庵生《法嬰秘笈》 沈瑞蓮，字芙初，蘇州人，年十四歲。宜春堂。

高玉芝

傳記

清·雙影庵生《法嬰秘笈》 高玉芝，字桂仙，順天人，年十四歲。裕福堂。

文長慶

傳記

清·雙影庵生《法嬰秘笈》 文長慶，字蘭卿，順天人，年十四歲。寶慶堂。

張添馥

傳記

清·雙影庵生《法嬰秘笈》 張添馥，字芝仙，蘇州人，年十四歲。維新堂。

徐金兒

傳記

清·雙影庵生《法嬰秘笈》 徐金兒，字芷仙，蘇州人，年十三歲。聞德堂。

蔡瑞蘭

傳記

清·雙影庵生《法嬰秘笈》 蔡瑞蘭，字畹香，蘇州人，年十三歲。宜春堂。

姚桂芳

傳記

清·雙影庵生《法嬰秘笈》 姚桂芳，字秋蘅，蘇州人，年十三歲 春復堂。

徐小鴻

傳記

清·雙影庵生《法嬰秘笈》 徐小鴻，字飛卿，蘇州人，年十三歲。春復堂。

梅巧玲

傳記

清·譚獻《增補菊部群英》 景和主人梅巧玲，字慧仙。慧仙如香熏百合，霞吐九光。

清·蘿摩庵老人《懷芳記》 梅巧玲，字慧仙，泰州人。巧福弟子，所居曰景和堂。態豐氣静，嫻婉有度，可以追儷張倚雲。能作字，善談笑，待客殷勤，屋宇修整，酒食精良，客皆樂過之。既工崑曲，又工黄腔，並扮《得意緣》、《胭脂虎》等雜劇，用志稍紛，未免奪崑曲之分際矣。

清·苕溪藝蘭生《側帽餘談》 余久耳景和梅主人名，意必皤然一叟。及覿面，知年逾不惑，猶少艾如二十許人。登場尤明艷，慕名者争招致之。顧主人頗自高，悉待以閉門羹。或貴介招飲，則以其徒塞責，善言謝卻，使望之如天際真人，可望而不可即。是可敬亦可恨也。惟舊相識招之即來，晉接藹然。

紀事

清·余不釣徒、殿春生《明僮合録·明僮續録》 巧玲者，字蕙仙，景和主人也。齒加長與倩比肩者，皆其後輩。色藝不具論，論其軼事。蕙與某公善，居久之，某公得監司，貧無以治裝，蕙貸以資且不責券，某公强予之。囊橐既具，未成行而某公殁。會弔日，甫辨色，蕙遽至，人謂爲索逋來也，相愕眙。蕙入帷哭且拜，探懷出券就燭焚之，大慟去。今之古人哉，乃於伶也一遇之。嘻，異矣。

藝文

清·譚獻《增補菊部群英》 故人天末去匆匆，留與當筵唱惱公。歌板酒旗無恙在，水晶簾外晚霞紅。

劉慶褑

論說

清·余不釣徒、殿春生《明僮合録·明僮續録》 春龢劉慶褑，字倩雲，皖人。師爲梅巧玲，負時名，授徒衆，而倩其稱首。所演唯《舟配》、《游湖》數劇，雅非所好，故登場絶少。而人亦不以此少之。習篆書、工鐵筆，遒潤有法，似具宿慧者。貌清揚婉孌，秀色可餐。如處子，如冰雪，愛好天然，純以韻勝。東家之矉，徒取病耳。性和易，無疾言遽色。與人游，不以喜愠區厚薄。而孰賢孰否，恒心識之。夫風塵物色，巨眼實難。倩尚弱齡，涉世也淺。乃能稱物平施，明辨以晳。謂之未嘗學問，可乎。吾愛之，重之。青出藍，藍謝青，古也有之，而何異於巧玲。

藝文

清·譚獻《增補菊部群英》 春和主人劉慶褑，字倩雲。倩雲如江心寶鏡，句漏丹砂。

王彩琳

藝文

清·譚獻《增補菊部群英》 約素能教下蔡迷，銀箏曲調是烏栖。劉郎婉孌游仙侣，試向天台覓舊題。

論說

清·余不釣徒、殿春生《明僮合録·明僮續録》 怡雲王彩琳，字絢雲，淮陰人。孤芳自挺，目無下塵，於儕輩中有鶴立雞羣之概。而柔情艷思，時於氍毹一露之。其演《醉歸》、《獨占》諸劇，粉䩡香酣，寗僅賣油郎心醉欲死也。含茹冷雋，町畦獨闢。雖朝夕所與游，淡然恝然，不少假借，似不苟爲嫵媚者。脂韋之俗，匿其性情，尚虚車以逢世者多矣。吾不知絢所操術，其真潔清自好者歟，抑亦矯飾售欺者歟。

沈全珍

論説

清·余不釣徒、殿春生《明僮合録·明僮續録》 麗華沈全珍，字芷秋，吴人。玉立亭亭，擅碩人其頎之勝。演《游園驚夢》、《鵲橋密誓》等劇，體閑儀静，纏綿盡情。每登場，恒芷儂偶，璧合珠聯，奚啻碧桃花下神仙侣也。强多力，擅拳勇，舉碌碡如弄丸。距躍曲踊，視短垣猶户閾焉，然不以豪氣傷其艷。時論謂與二雲同工異曲，一時鼎足，嗣響其難，知言哉。

傳記

清·譚獻《增補菊部群英》 麗華主人沈全珍，字芷秋。芷秋如海上明珠，城隅静女。

藝文

清·譚獻《增補菊部群英》 誰遣真靈下碧霄，步虚聲度海山遥。紫房幽咽清歌起，願得餘年謚洞簫。

萬希濂

論説

清·余不釣徒、殿春生《明僮合録·明僮續録》 棣華萬希濂，字芷儂，吴人。秀骨天成，意態閒適。貌騷人墨士，惟妙惟肖，性相近也。吐屬温雅，無叫囂之習。善奕、工書，孜孜不倦。筆意似趙吴興，秀媚可喜。十餘年來，諸名伶唯蓮芬工行楷，以能書著稱。芷儂晚出，書名幾與之埒，可謂能自立者。

鄭秀蘭

論説

清·余不釣徒、殿春生《明僮合録·明僮續録》 畹春鄭秀蘭，字素香，吴人。神清骨秀，顧影無儔，以演劇雄於時。嫻絲竹琵琶，尤勝捉絃運指，有雨灑芭蕉之韻。雅自矜重，羞作數錢奼女。態徑行直，遂倜儻不羈。顧用情則獨摯，與某君善，時濟其乏。逼歲闌，某君妙手空空，深慮無以酬素也。素微聞迫見之，多方慰其意。會有餉以巨金者，即轉納某懷，俾卒歲。吁，世不乏風義自高者。居恒詡詡，視朱家郭解，未足多尋，誣諉及之，則瞠目結舌，謝不遑矣。若素也，其未奉教於君子乎。

傳記

清·王小鐵《菊部群英》 春馥主人鄭秀蘭，號素香，小名奇生。蘇州人，己酉十月十六日生。管四喜部，唱青衫，善飲，工管絃。出本堂，本師元春李桂芳。傳載《明僮合録》。《彩樓配》、王寶川。《擊掌》、《探窑》、《跑坡》、《回龍鴿》，俱同上，代戰公主。《趕三關》、代戰公主。《打金枝》、正宫、昇平公主。《金水橋》、西宫、銀瓶公主。《雁門關》、碧蓮公主。《探母》、公主。《教子》、王春娥。《戲妻》、羅敷。《斬子》、穆桂英。《祭江》、孫夫人。《祭塔》、白蛇。《斬竇娥》、竇娥。《南天門》、曹玉蓮。《二進宫》、李燕妃。《三休》、樊梨花。《蘆花河》、同上。《牧羊圈》、趙景泉。《玉堂春》、蘇三。《一捧雪》、雪艷。《硃砂痣》、江氏。《寶蓮燈》、王桂英。《泗州城》、觀音。《孝廉卷》、柳氏。《乘龍會》、舜華公主。《御碑亭》。王妻。

清·佚名《鞠臺集秀録·香馥主人鄭秀蘭》 猪毛胡同，字素香，小名寄生，蘇州人。前掌四喜部，唱青衫。傳載《明僮合録》。《彩樓配》、王寶川。《擊掌》、《探窑》、《跑坡》、《回龍鴿》俱同上，並代戰公主。《打金枝》、正宫昇平公主。《祭江》、孫夫人。《雁門關》、碧蓮公主。《蘆花河》、樊梨花。《一捧雪》、雪艷。《貴壽圖》、織女。《乘龍會》。舜華公主。

時小幅

論說

清·余不釣徒、殿春生《明僮合録·明僮續録》 綺春時小福，字琴香，吴人。瓌姿靡麗，神采飛揚。當其被褘，翟尚瓊英，細步登場，儼然華貴，蓋醲粹勝也。善談噱，觥籌交錯時，舌本瀾翻，輒傾四座。所謂人皆劫劫，我獨有餘。尤善昵就人，故樂道者衆。與素香齊名，今則駸駕其上。芝蘭空谷，曷若桃李漫山。斯世悠悠，甯唯是耶。噫。

傳記

清·王小鐵《菊部群英》 綺春主人時小福，正名慶，號琴香，别號贊卿，小名阿慶。蘇州人，丙申九月初九日生，唱旦，兼崑亂。善飲奕。出春馥。本師清馥徐阿福。傳載《明僮合録》。住猪毛胡同。《挑簾裁衣》、潘金蓮。《折柳》、霍小玉。《小宴》、楊妃。《彩樓配》、王寶川。《擊掌》、《探窑》、《跑坡》、《回龍鴿》，俱同上，代戰公主。《趕三關》、代戰公主。《打金枝》、正宫、昇平公主。《金水橋》、西宫、銀瓶公主。《法門寺》、宋巧嬌。《探母》、四夫人。《教子》、王春娥。《戲妻》、羅敷。《斬子》、穆桂英。《祭江》、孫夫人。《汾河灣》、柳迎春。《斬竇娥》、竇娥。《南天門》、曹玉蓮。《二進宫》、李燕妃。《宇宙峰》、趙小姐。《蘆花河》、樊梨花。《牧羊圈》、趙景棠。《玉堂春》、蘇三。《虹霓關》。丫鬟。

清·佚名《菊台集秀録》 綺春主人時小福，猪毛胡同，名慶，字琴香，一字贊卿，小名阿慶，蘇州人。掌四喜部，唱旦，兼崑、弋，並唱小生。傳載《明僮合録》。《挑簾裁衣》、潘金蓮。《折柳》、霍小玉。《小宴》、楊貴妃。《教子》、王春娥。《彩樓配》、王寶川。《擊掌》、《探窑》、《跑坡》、《回龍鴿》，俱同上，並代戰公主。《汾河灣》、柳迎春。《斬竇娥》、竇娥。《二進宫》、李燕妃。《玉堂春》、蘇三。《虹霓關》、丫鬟。《宇宙峰》、趙小姐。《牧羊圈》、趙錦棠。《羣英會》、周瑜。《孝感天》公叔段。《雁門關》、楊八郎。《打金枝》。郭曖。

清·佚名《新刊菊台集秀録》 綺春主人時小福，住猪毛胡同。名慶，號琴香，唱青衫，兼崑旦，掌春和部。《挑簾裁衣》、《汾河灣》、《斬竇娥》、《小宴》。

清·譚獻《增補菊部群英》 綺春主人時小福，字琴香。琴香如碧樹曉鶯，紅樓晴雪。

清·李慈銘《越縵堂菊話》 時琴香者，名小福，吴人。所居室曰綺春。色善事人，藝能傾俗，引喉一歌，廣場百諾。

紀事

清・李慈銘《越縵堂菊話》 余與琴香甚疏也，顧甚眷余。今年其三十生日，百鎰之金，十日之饌，豪客接坐，華轂塞門。琴香獨乞余書一横幛，以爲光寵，至數十請不厭。夫李陵生降，鄉里以爲恥，褚公高壽，胥田之所羞。今則清議不申，中正失品，鷹鸇之疾，乃在斯人。至於思附題門，不嫌疥壁，較之會稽孤嫗乞臨川之數行，洛下名姬夸李端之一語，殆有甚焉。

藝文

清・譚獻《增補菊部群英》 吴宫入抱玉成煙，留醉青春絳樹前。珍重名花如蘭栗，豐臺風月又今年。

沈振基

論説

清・余不釣徒、殿春生《明僮合録・明僮續録》 聯星沈振基，字燕香，吴人寶珠之子也，故又曰小寶。性聰警，善解人意。眉目娟秀，俊爽不羣。初口素吃，期期艾艾，拙於言辭，唯度曲則應絃赴節，圓轉如珠，致足異也。寶珠以色藝擅盛名，早歿。燕時僅七齡耳。洎舞勺乃從執籥，後慧中秀外，綽有父風，嘗演《雙官誥》，至童牙孤露處，輒聲淚俱下，蓋中心是悼，隨感而生。觀者咸歎異之。夫誤讀金根，貽笑千古。燕少失怙，鮮辟咡之教。毀齔且後於諸郎，乃能負荷析薪，頡頏名輩，其視胥原皂隸、景升豚犬何如也。詩云：無忝爾所生。燕香有焉。

陳潤官

論説

清・余不釣徒、殿春生《明僮合録・明僮續録》 春華陳潤官，字芷衫，皖人。丱角登場，即有聲。菊部人見其括髮丫叉，環而覆額，遂以小辮名之，沿至今未改。明眸皓齒，真香粉孩兒也。喜技擊，所演多長劍大戟。英姿颯爽，振采欲飛，一洗粉膩脂柔之態。英雄兒女，儻其人歟。

汪小慶

論説

清・余不釣徒、殿春生《明僮合録・明僮續録》 景蓮汪小慶，字曼仙，皖人。盼睞生姿，具百萬迴眸之致。溺於飲，醉後酡顔乜視，憨益甚焉。不矜情飾貌，亂頭粗服而不損其媚。詶對落落，唯意所適，猶近於率真者。

張蓉官

論説

清·余不釣徒、殿春生《明僮合録·明僮續録》 春華張蓉官，字芷芳，皖人。貌僅中人，而以趫捷著。演《賣藝》，兔起鶻落，漸近自然。信乎，承蜩枯槔，非寓言也。支公謂：貧道賞其神駿。余於芷芳亦云。同時有艶儂者，善演《連厢》，藝亦相匹。艶，李姓，德華名，燕産也。肌不甚豐，而圓姿替月。自崑寶殁後，《連厢》一劇幾如廣陵散矣。艶實繼之。周中規，折中矩，俯仰進退，儘得風流。如失伯英章草，見右軍書，頓還舊觀也，巧夫。

鐘鳳齡

論説

清·余不釣徒、殿春生《明僮合録·明僮續録》 飲和鍾鳳齡，字雁秋，吴人。少孤，唯母在。髫年入都，爲醇和弟子。及長，蛾眉瓠齒，婉麗中别饒神韻。蓋春穌流亞也。生有至性，白雲親舍，時切所懷。脱籍後甫定居，亟丐人輩其母。而吴下頻年兵燹，人多流亡，其母蹤跡不可知。屢以書往，不得一報，乃奮然爲尋親計。人以其際成業也，咸勸阻之。秋則曰：吾之不憚征繕，爲將母地也。今不得母耗，何戀此賤業哉。盡貨其所有，不再謀而行。嗟乎。但有遠志，無復當歸，豪傑之士且侈言之矣。秋也一雛伶，乃能動於屬毛離裏之思，無所回惑，郤顧率性以行其志，是不大可風乎。余恐其閲時久而湮没也，附書之以殿於後云。

徐小香

論説

清·苕溪藝蘭生《側帽餘談》 岫雲主人徐小香，精音律。向以崑生著名，評曲者必首屈一指。顧自矜異，園主幾聘請而未肯輕出。兼善黄腔，嘗於堂會觀《羣英會》一劇，時主人演周郎，王九齡演諸葛，張喜演魯肅，趕三演蔣幹。鬚眉畢現，凜凜如生。就中主人與九齡尤出色當行，真所謂一時瑜亮。

傳記

清·蘿摩庵老人《懷芳記》 徐小香，字蝶仙，蘇州人。年十三，登場即名噪一時。性極聰警，而能静密。柔情慧語，宛轉可憐。十五六扮《拾畫》《叫畫》，神情遠出。齒長後，扮演益工。凡名伶皆樂與相配，遂爲小生中之名宿。

清·譚獻《增補菊部群英》 岫雲主人徐小香，字蝶仙。蝶仙如錦城絃管，漢官威儀。

紀事

清·蘿摩庵老人《懷芳記》 蝶仙得一弟子，詢知爲舊家子孫，還其家不索值。東南寇作，大府生死不可知。其子乃就蝶仙家置酒，蝶仙責而謝之，義聲播於都下。亂定入都，有石門故家子淪入菊部，鄉人醵資贖之歸，讀書爲博士弟子矣。又有杭州陶童子，亦良家子，甫上同年生得其家世，亦約予輩爲落其籍。比南還，不願讀書，屢逃學。三年後仍爲廝僕。世家大族子姓，尚不説學，如原伯魯，何暇責若輩哉。

藝文

清·譚獻《增補菊部群英》 薊樹遲回閲古春，廿年前見玉精神。未須白髮談天寶，曾見名場幾輩人。

王順福

傳記

清·譚獻《增補菊部群英》 蕉雪主人王順福，字佩仙。佩仙如光風轉蘭，流雲吐月。

藝文

清·譚獻《增補菊部群英》 朱霞寫影覆春流，幾叠青山幾叠愁。十萬鶯花都草草，獨攜璧月一登樓。

王湘雲

傳記

清·譚獻《增補菊部群英》 景龢王湘雲，字湘雲。湘雲如仙人張樂，名士渡江。

藝文

清·譚獻《增補菊部群英》 花雨旋教五色飛，香車過處錦成圍。天風重展霓裳舞，勞我宫牆擫笛歸。

曹福壽

傳記

清·譚獻《增補菊部群英》 聞熹主人曹小福壽，字韻仙。韻仙如雜花生樹，飛鳥依人。

清·蘿摩庵老人《懷芳記》 曹福壽，字韻仙，聞德堂弟子。離師後，堂名聞憙。扮花旦，風情娟麗，妍而不妖。盈盈嫋嫋，大似蘇産。洗妝入座，風神頓減，而性格憨柔亦可貴也。

清·王小鐵《菊部群英》 聞憙主人曹福壽，正名服疇，號韻仙，本京人，辛亥六月二十九日生。唱崑旦，善畫蘭。舊屬雙貴，出聞德，改署譙國。住韓家潭。《連相》、《花鼓》、婆子。《昭君》、王嫱。《折柳》、霍小玉。《獨占》、花魁。《偷詩》、陳妙常。《藏舟》、鄔飛霞。《鵲橋密誓》、楊貴妃。《小宴》、同上。《挑簾裁衣》、潘金蓮。《後誘》、同上。《遊園驚夢》、杜麗娘。《遊湖借傘》、白蛇。《草橋驚夢》、崔鶯鶯。《雙官誥》、大二娘。《巧姻緣》、周蕙娘。《蓮花塘》。大娘。

藝文

清・譚獻《增補菊部群英》百罰深杯醉不辭，亭長亭短柳如絲。風神約略同張緒，只恐飛花有別離。

李德華

論說

清・沅浦痴漁《擷華小録・嘉穎主人李德華》硯農清標玉映，神情蘊藉，襟帶閒殊，有晉人風概。善鼓琴撫絃，動操得世外遠致。近復雅意學繪事，俛焉孳孳甚，欲不後於人。植品清峻，亦不鄙夷流俗。圓神方智，亦介亦和。士大夫能操斯術，以往詭隨激烈之譏，吾知免矣。

傳記

清・譚獻《增補菊部群英》嘉穎主人李德華，字艷儂。艷儂如香散檀雲，光圓寶月。

藝文

清・譚獻《增補菊部群英》犀辟塵埃玉辟寒，玲瓏簾子曲闌干。璚花自是無雙種，人在蓄鸞觀裏看。

沈鳳林

傳記

清・譚獻《增補菊部群英》醇和沈鳳林，字鏡秋。鏡秋如粉圖錦蝶，絲繡文鴛。

藝文

清・譚獻《增補菊部群英》鳳兮五色自成文，化作瑤姬日暮雲。無那神光離合處，變歌一曲是歡聞。

諸桂枝

論説

清・沅浦痴漁《擷華小録・麟春主人諸桂枝》 秋芬磊落自喜，善飲，能手談，拇戰尤豪。然爽邁之中，仍不失繩墨尺寸。豪而不縱，質而不俚，衆香國中別調也。

傳記

清・譚獻《增補菊部群英》 春復諸桂枝，字秋芬。秋芬如天女散花，山雞舞鏡。

藝文

清・譚獻《增補菊部群英》 流盼花前盡一觴，長圓不定曉珠光。從渠禪鬢維摩榻，不染天花亦染香。

范芷湘

論説

清・藝蘭生《評花新譜》 春華范芷湘，字亦仙，吳人。年十四，隸四喜部，柔情艷態，獨占風流。每當花趺貼地，一串紅牙，正如十七八女郎唱楊柳岸曉風殘月。性和順，酬酢出以温柔。明月入懷，飛花媚春，似能仿佛。詩云：静女其孌，亦仙有焉。

傳記

清・譚獻《增補菊部群英》 春華范芷湘，小字蕊官。芷湘如緑芙照水，紅藥當階。

清・王小鐵《菊部群英》 芷湘姓范，名蕊官，號秋舲，又號亦仙，行十三。本京人。原籍蘇州，庚申四月初八日生。部同唱崑旦，善彈絃。前餘慶范小金之子，辛未出臺。《湖船》、張大姐。《花報》、探子。《寄柬》、紅娘。《跳牆》、《下棋》、俱同上。《遊湖借傘》、青蛇。《桂花亭》、秋香。《巧姻緣》、丫鬟。《昭君》。婢子。

清・蜀西樵也《燕臺花事録》 范土人芷湘，字亦秋，江蘇人，年十七。名優小金子，出春華，癸酉時正負盛名。予初入歌場，見其作《出塞》小鬟，手捧紫檀琵琶，侍王嬙側，脂香粉膩，俏眼含波，不禁心醉。迨鳳陽公子招來佐酒，細視雙眸，略具雌雄，而妖冶之態，蕩婦弗啻也。工絃索，能度《湖船》諸曲。乙亥重晤，尚詢公子客死況，殆亦若輩中之有情者。

藝文

清・譚獻《增補菊部群英》 如絮歌雲不動塵，溶溶初日屋梁新。願參十地童真果，一現人間小史身。

鄒琴舫

傳記

清・譚獻《增補菊部群英》 馥森鄒琴舫，字韻桐。韻桐如越酒甘辛，唐花繁麗。

藝文

清・譚獻《增補菊部群英》 晴煙花韻曲闌初，風定簾櫳畫不如。豆蔻春心通宛轉，盈盈年紀十三餘。

李玉祥

傳記

清・譚獻《增補菊部群英》 丹林李玉祥，字佩秋。佩秋如金尊汎灩，琪樹嬋嫣。

藝文

清・譚獻《增補菊部群英》 銀河西畔聽吹笙，解唱雲璈第幾聲。絕似成蹊桃李下，最多情處是無情。

余紫雲

論說

清・沅浦痴漁《擷華小録・勝春主人余紫雲》 研芬性情和易，音調諧潤，清脆如新炙簧。演《祭江》、《教子》、《戰蒲關》諸劇，聲情激越，節奏哀婉，抑揚抗墜，曲盡其妙。同時唯琴香如驂之靳，餘子弗逮也。琴香齒較長，爲鞠部中先輩。且《明僮合録》已詳之，釋彼登此，初非意存軒輊。

清・苕溪藝蘭生《側帽餘談》 景和子弟以雲名，猶春華以芷名，瑞春以寶名也。而人材之盛，未有若景和者。計自湘雲以至嘯雲，已逾十數。

湘雲輩次第脱籍，翛然塵外，余未之見。得與周旋者，惟紫雲、瑞雲、靄雲、福雲、嘯雲五人而已。而紫雲、瑞雲又各能自立，福雲班雖次，亦能自强。蓋巧玲久享重名，愛之者波及其餘，故子弟輩以門第重。優游自在，不若他家之落寞。靄雲特出，異日立名成業，當更可觀。聞主人培植後秀，不遺餘力。識其微者，以爲方興未艾也。

傳記

清·譚獻《增補菊部群英》 景龢余紫雲，字紫雲。紫雲如夜帳調筝，春燈翦綵。

清·蘿摩庵老人《懷芳記》 余紫雲，楚人，景龢堂弟子。父曰三勝，黄腔中老樂工，有盛名於時者也。齊名者三人，三勝之外，尚有程長庚、張爾奎。三人者，名滿海内。凡工黄腔之正生，既負重名，則薄視諸旦，不屑與伍。長庚，爾奎乃蓄弟子，令妝旦從客飲酒，非舊法，三勝心弗善也。顧其子乃妝花旦，三勝如在，必不肯聽。紫雲婉嫕，尚有女郎之致。能彈琵琶，唱小曲。同時有吴鳳鳴者，亦净末，黄腔之選。蓄弟子玉鳳，湖州人，温雅不惡，後淪落，乃歌場賣酪。

清·藝蘭生《評花新譜》 景和余紫雲，字研芬，淮陰人。年十五，隸四喜部。娉娉嬝嬝，錦瑟身材。當其叠湘裙、曳羅袖，横波乜視，窄步輕移，飄飄然如紅蕖之出緑水。嫻絲竹，尤擅琵琶。其演《四絃秋》也，翠銷紅泣，韻自情來，正不徒江上餘音，青衫淚溼矣。或曰乃父即三勝，道咸間負重名。醴泉有故源，嘉禾有舊根，諒哉。

藝文

清·譚獻《增補菊部群英》 鏤檀散麝作樓臺，玉蕊臨風細細開。根觸閒愁如水起，笛家重唱紫雲回。

陸素蘭

傳記

清·譚獻《增補菊部群英》 聯星陸素蘭，字静芳。静芳如鳳雛仙羽，鷖友春聲。

藝文

清·譚獻《增補菊部群英》 倚遍雲和曲調稀，碧桃天上自芳菲。漢宫舊事誰重省，細唾新裁碧晝衣。

張芷芳

傳記

清·譚獻《增補菊部群英》 蘊華主人張芷芳。芷芳如木難流輝，水沈散馥。

藝文

清・譚獻《增補菊部群英》　細膩風光得未曾，氍毹奏技復精能。酒邊劍術從卿論，篋裏先看黑衛騰。

沈寶兒

傳記

清・譚獻《增補菊部群英》　聯星少主人沈寶兒，字燕香。燕香如元圃仙人，烏衣公子。

藝文

清・譚獻《增補菊部群英》　倡條冶葉爲卿芟，意氣當筵自不凡。暢好章臺春走馬，珊瑚鞭子杏黃衫。

王小玉

傳記

清・譚獻《增補菊部群英》　玉樹主人王小玉，字荆仙。荆仙如劉生寶馬，公瑾醇醪。

藝文

清・譚獻《增補菊部群英》　翩翩白袷世無雙，淪落歌場宜冐降。宮體文章江令在，人間花月滿春江。

陸小芬

傳記

清・譚獻《增補菊部群英》　景春陸小芬，字薇仙。薇仙如漢宮楊柳，秋水芙蓉。

清・藝蘭生《評花新譜》　景春陸小芬，字薇仙，隸四喜部，吴産也。氣韻沈著，儀度幽閑。工《遊園》、《驚夢》諸劇，粉膩脂柔，真足令柳郎情死也。解音律，筵間每以箏琶爲樂。與人酬答，從未出一戲語，真所謂落落大方者。而名亦噪甚。

清・蘿摩庵老人《懷芳記》　陸小芬，蘇州人。父曰玉鳳，是名伶張爾奎之弟子，工黄腔，爲正旦。小芬乃從朱蓮卿學崑曲，性情和婉，舉止安雅，綽有蘇州風範，度曲亦工。小芬字薇仙，歌《牡丹亭》諸曲入妙，所謂清詞不負《牡丹亭》也。年稍長，車馬稀，改習黄腔，阜成部以厚資聘之，獨步一時。不惜歌者苦，但傷知音希。崑曲云乎哉。

清・佚名《菊臺集秀録・錫慶主人陸小芬》　名景垣，字薇仙，蘇州人。隸春臺部，唱小生，兼青衫。《岳家莊》、岳雲。《得意緣》、羅崑傑。《舉鼎觀畫》、薛蛟。《八大鎚》、陸文龍。《孝感天》、公叔段。《金鎖關》、趙雲。《黄鶴樓》、周瑜。《監酒令》、劉章。《寶蓮燈》、王桂英。《回龍鴿》、王寶川。《祭江》、孫夫人。《祭塔》、白蛇。《戰太平》、二夫人。《趕三關》、代戰公主。《打金枝》、昇平公主。《監酒令》。呂后。

藝文

清・譚獻《增補菊部群英》　清詞不負《牡丹亭》，翠翦春衣覺有情。庭院無人鳴鳥歇，丁香花下坐調笙。

董度雲

傳記

清・譚獻《增補菊部群英》　岫雲董度雲，字桂秋。桂秋如子夜清歌，寶兒憨態。

藝文

清・譚獻《增補菊部群英》　酒邊款語每深深，韻向朱絃指外尋。風月昭陽防姊妒，一吟宮怨待知音。

顧芷蓀

傳記

清・譚獻《增補菊部群英》　春華顧芷蓀，字小儂。小儂如林禽學習，神駿就羈。

清・王小鐵《菊部群英》　芷蓀姓顧，名長明，號篠農，行十。本京人，戊午十一月十一日生。隸四喜，唱崑生，兼崑旦，善鼓板。本師棣華萬芷儂。《胖姑》、小孩。《花報》、探子。《問探》、同上。《遊湖借傘》、許仙。《斷橋》、同上。《跳牆》、張珙。《下棋》、同上。《桂花亭》、唐伯虎。《梳妝擲戟》、呂布。《榮歸》、趙廷玉。《巧姻緣》、孫玉郎。《賣甲魚》、厨子。《淳臺》、滔于芬。《湖船》、張大姐。《女兒國》、丞相。《狐思》、歡姑。《琵琶行》、艄婆。《昭君》。王嬙。

清・藝蘭生《評花新譜》　春華顧芷蓀，字小儂，一作筱農。年十五，隸四喜部。丰裁莊雅，不類梨園中人。而静艶之致，時於氍毹間一露之。工崑曲，每演必與並湘偶，珠聯璧合，奚啻詠霓仙子也。和易近人，訊應曲當，故鮮有拂逆。殆亦善於涉世者與。吾不意於蓀也見之。

藝　文

清・譚獻《增補菊部群英》 爽氣西山看拄笏，豪情北海共銜杯楊枝宛轉風前舞，合向靈和殿裏栽。

張瑞雲

傳　記

清・譚獻《增補菊部群英》 景龢張瑞雲，字瑞雲。瑞雲如怨女出閨，名花繞砌。

藝　文

清・譚獻《增補菊部群英》 垂楊省識玉人家，卷幕春烟曲曲遮。如怨瑤階風露冷，海棠合是女兒花。

王桂官

論　説

清・藝蘭生《評花新譜》 聞德王桂官，字楞仙，燕人。年十三，隸四喜部。明眸皓齒，絕世丰神。一時有看殺衛玠之目。軒爽無昵就態，登場恒爲男子裝，與同師桂林合演《鵲密》諸劇，逸韻悠揚，深情若揭。又時挽兩丫髻，着紅袴褶，作天魔舞。清歌一曲，則滿座皆怡。蓋不啻北林明月，共艷王郎也。豪於酒，善拇戰，坐客或玉山頹倒，而楞猶舌本翻瀾，娓娓不倦。時譽尤歸之。夫証妙響於楞嚴，吾聞如是。列廣寒之仙隊，我見猶憐。竊恐人未悉其深，故亟爲之表彰如此。

清・蘿摩庵老人《懷芳記》 王桂官，字楞仙。聞德堂弟子。年可十三四，弱柳當風，新花出水，可以方其韶冶。扮戲極多，《回獵》、《西諜》固已可愛，妝伍子胥《寄子》尤工，觀者或爲之泣。凡小伶年與相若，盡在下風。可以繼艷儂之美而奪其席。燕台花案，大抵亦閱三年而一爲論定。若有持衡者，必以楞仙爲首選。楞仙自謂是北產，而殊不類。有續《燕台花譜》者，品桂官爲牡丹，容光照人，惜目大而無神，有時木立如癡，十五六時，耳忽聾，又不能飲，而喜嬲。天生麗質，何以遂自棄哉。

傳　記

清・譚獻《增補菊部群英》 聞德王桂官，字楞仙。楞仙如芳洲杜若，曲院薔薇。

清・王小鐵《菊部群英》 桂官姓王，號楞仙。本京人，己未四月初四日生，正名樹榮。部同，唱崑生。怡道人有傳。《寄子》、伍興。《回獵》、咬臍郎。《看狀》、蘇公子。《冥勘》、炳靈公。《舟配》、陳春生。《榮歸》、趙廷玉。《後親》、韓琦仲。《長亭》、張珙仝。《打番》、桂官、桂林，番兒。《游園驚夢》、桂官，柳夢梅；桂林，杜麗娘。《醉歸》桂官，秦鍾；桂林，花魁。《獨占》、桂官、桂林同上。《琴挑》、桂官，潘必正；桂林，陳妙常。《姑阻失約》、桂官、桂林同上。《呑丹》、桂官，李餘林；桂林，狐狸。《喬醋》、桂官，潘岳；林林，夫人。《藏舟》、桂官，劉蒜；桂林，鄔飛霞。《亭會》、桂官，趙伯疇；桂林，謝素秋。《後約》、桂官，唐伯虎；桂林，秋香。《贈劍》、桂官，梅俊；桂林，百花公主。《回頭岸》、桂官，劉遠生；桂林，吴氏。《大小宴》、桂官，吕布；桂林，貂蟬。《奇雙會》、桂官，知縣；桂林，夫人。《説親回話》。桂官，王孫；桂林，田氏。

紀事

清・蜀西樵也《燕臺花事録》 王主人桂官，字楞仙，京師人。年十八，出聞德。善演武生劇，名久噪。蓋其結束登場，羣以香孩兒目之。近病重聽。其同堂兄桂林，貌白皙，嘗演《斷橋》諸劇，亦有名，近淪落不可問。

清・苕溪藝蘭生《側帽餘談》 楞仙知色之不足博也，又知崑曲之非時尚。當隆盛時，潛受學於某教師。憶癸酉秋夜飲於聞德，酒酣，楞拔劍起舞，英姿颯爽，振采欲飛，故朱顔彫謝，猶能以技自存。

藝文

清・藝蘭生《宣南雜俎・王楞仙像贊長洲進士》 水曲鷗鳥，閒静宜人。階前素蘭，幽香媚春。靈犀一點，頗有净根。妙華嚴峯，試問前身。

又《即席贈王郎桂官山陰道人》 酩酊千杯後，氍毹一露初。靈和丰致倩誰圖，却把芳名争向月輪呼。學字偎人久，拈毫信手塗。苔牋十幅寫模糊，笑道墨痕濃淡合時無。

清・藝蘭生《評花新譜》 賦艷詞人贊曰：如月之皎，如水之澂。梅花面目，冷擬於冰。兀傲自喜，憑客愛憎。玉也待沽，美詎徒稱。

清・譚獻《增補菊部群英》 評跋瓊芽作牡丹，春深著意門輕寒。最難調護花情性，只合樓臺遠處看。

鄭素香

傳記

清・譚獻《增補菊部群英》 春馥主人鄭素香，字秀蘭。秀蘭如紅冰化淚，碧唾成花。

藝文

清・譚獻《增補菊部群英》 娭光曼睩何纏緜，壓倒塵世千嬋娟。《金縷衣》曲那堪聽，怕有鏡中人見憐。

陳芷衫

傳記

清・譚獻《增補菊部群英》 寶善主人陳芷衫，字紫珊。芷衫如解佩臯湘，停琴海上。

清・王小鐵《菊部群英》 寶善主人陳芷衫，名潤官，小名磬聲，外號小辮子。本京人，原籍安徽，壬子四月初二日生。唱崑生，兼武生。工隸書，善畫蘭、飲奕。出春華，清馥徐阿福之壻。傳載《明僮合録》。《看狀》、蘇公子。《折柳》、李益。《問探》、呂布。《雅觀樓》、李存孝。《探莊》、石秀。《青龍棍》、青龍。《清風嶺》、李虎。《白水灘》、十郎。《蔡莊家》、鄭天壽。《岳家莊》、岳雲。《黄鶴樓》、周瑜。《孝感天》。鄭叔段。

藝文

清・譚獻《增補菊部群英》 籠罩當筵幾許人，六朝裙屐出風塵。如卿位置原奇絶，名士傾城合一身。

徐如雲

傳記

清・譚獻《增補菊部群英》 岫雲徐如雲，字蓉秋，蓉秋如花花相對，燕燕於飛。

清・藝蘭生《評花新譜》 岫雲徐如雲，字蓉秋，本姓楊，吴人。二八年華，美麗自喜。隸四喜部，善演崑劇。姿態富艷，神韻幽閒，演玉環尤肖。性瀟洒，對客落落大方，不以貧富區厚薄。選勝菊部者，咸以狀頭相許。飲興甚豪，國色朝酣，益饒嫵媚。知之者謂其藉此澆愁。蓋蓉本烏衣子弟，以亂故失其家。假父卵翼之，掛籍梨園，雅非所願。故紅氍一曲，時作哀怨之音。嗟乎。秦宫花底，秀逸沈淪，使蓉而無轉蓬之恨，安知不爲造鳳雕龍手也。噫。

藝文

清・譚獻《增補菊部群英》 歡蹤來去似驚鴻，背燭微酡酒一盅。三五韶華人似玉，香名聞已冠明僮。

清・藝蘭生《評花新譜》 贊曰：霓舞散綺，宫紈掩紅。春風沈醉，芍藥煙籠。一聲檀板，曲曲簾櫳。千金論市，冀北羣空。

孔元福

傳記

清・藝蘭生《評花新譜》 詒德孔元福，字蓮卿，年十六。光盈寶月，艷奪綺霞，有太真之肥。翟茀登塲，雍容華貴。當筵試曲，亦復流走如珠，儇巧能得人歡，故樂道者夥。蓋香桃艷骨，質自天生，蓮也豈習爲脂韋以逢世者乎。

清・譚獻《增補菊部群英》 詒德孔元福，字蓮卿，蓮卿如桃李無言，箏琶有韻。

清・王小鐵《菊部群英》 樹德主人孔元福，號蓮卿，本京人。丙辰四月初二日生。隸三慶部。唱崑旦，兼青衫。出詒德，壬申新立。住韓家潭。《水鬭》、青蛇。《斷橋》、《盗庫》、俱同上。《彩樓配》、王寶川。《探窑》、《回龍鴿》、俱同上。《戲妻》、羅敷。《宇宙鋒》、趙小姐。《乾元山》、碧雲公主。《落園》、《二進宫》。李燕妃。

清・佚名《鞠臺集秀録・樹德主人孔元福》 陝西巷，字蓮卿，順天人。隸春臺部，唱青衫兼花旦。《蒲關》、二夫人。《賽蓮燈》、王桂英。《落園》、陳杏元。《彩樓配》、王寶川。《探窑》、同上。《祭塔》、白蛇。《戲鳳》、李鳳姐。《鍘判官》。

季保妻。

藝文

清·譚獻《增補菊部群英》 珠冠玉佩炫新妝，林雨蘋姿別有香。障面卻宜團扇舉，酴醿紅襯薄羅裳。

張福官

傳記

清·譚獻《增補菊部群英》 春華張福官，字芷荃。芷荃如餘霞成綺，諫果回甘。

藝文

清·譚獻《增補菊部群英》 澹烟疏雨掩輕屏，斂袖花間大瘦生。消受巷簾通一笑，洗頭時節最傾城。

孫福雲

論説

清·茗溪藝蘭生《側帽餘談》 景和子弟以雲名，猶春華以芷名，瑞春以寶名也。而人材之盛，未有若景和者。計自湘雲以至嘯雲，已逾十數。湘雲輩次第脱籍，倏然塵外，余未之見。得與周旋者，惟紫雲、瑞雲、靄雲、福雲、嘯雲五人而已。而紫雲、瑞雲又各能自立，福雲班雖次，亦能自强。蓋巧玲久享重名，愛之者波及其餘，故子弟輩以門第重。優游自在，不若他家之落寞。靄雲特出，異日立名成業，當更可觀。聞主人培植後秀，不遺餘力。識其微者，以爲方興未艾也。

朱靄雲

論説

清·沅浦痴漁《擷華小録·景龢朱靄雲》 霞芬亭亭玉立，秋水爲神。年甫成童，而氣度春容，絶無疾言遽色，殆有夙根者歟。

清·茗溪藝蘭生《側帽餘談》 娟好如早秋花者，則近信之如秋是也。如秋名金喜，靨襯朝霞，眼澄嫩水，嫣然一笑，使人之意也消。壽眉生最先識之，視爲膩友而不近。於戲。因贈以聯云：如水雅宜君子淡，秋花怎比狀元紅。秋以甲戌第二人登選，一時名下士争以玉軸投贈。

傳記

清·苕溪藝蘭生《側帽餘談》 霞芬姓朱，名靄雲，小字恩子，景和諸雲之翹楚也。多愁多病，弱不勝衣，咸以林黛玉稱之。所居精舍二楹，爲姑射仙人舊居。古雅絶塵，楸枰湘筦，亦復安排得當。院落樹夾竹桃數枝，金籠立葵花鳥一。竹影横窗，靈禽唤客，殆不減瀟湘逸致云。

清·佚名《菊臺集秀録·雲穌主人朱藹雲》 字霞芬，蘇州人。隸四喜，唱崑旦。《喬醋》、夫人。《思凡》、趙尼。《下山》、同上。《小宴》、楊貴妃。《琵琶行》、花秀紅。《游園驚夢》。杜麗娘。

清·蜀西樵也《燕臺花事録》 朱靄雲，字霞芬，京師人。年十五，丙子花榜狀頭，爲梅主人高弟。姿首如碧桃紅杏，亭亭玉立，秀削可憐。性敏慧而藴藉，士夫多自視弗如。吐詞尤雋，每發一語，輒傾座人。花晨月夕，景穌門外車馬喧闐，大都爲郎來。而酬應紛紜，入夏病幾殆。今幸愈。天生此才，所當珍惜護持者。

清·李慈銘《越縵堂菊話》 朱霞芬者，名愛雲，父吴伶也，以善歌名。霞芬事景和梅蕙仙爲弟子，今年十五矣。瓊枝擢苑，玉山映人，骨俊亭妍，膚清内朗。樂部故事，每届三年臚傳榜發，則亦翹其尤異，目爲狀元。恩牓偶開，亦同斯例。丙子之歲，遂屬霞芬冠。珠樹之三英，是稱極選。附杏園之雙宴，持寵名花黄絹同評，非冬烘之假手阜紗一裹，何汗顔之讓人。繇是百琲投珠，千環斲玉，金錢入市，争看西家。珥果盈車，共縈衛玠。彯纓多於星流，曳裾疑其雲集。

紀事

清·藝蘭生《側帽餘談》 余之交霞芬，平陽生之蹇脩也。甲戌入都，興致已闌。朋輩招集，勉脩舊好，苻例而已。時霞方新進，身材似燕，雅艷可人，亟歎爲非凡品。會酒酣，平陽生從容請曰：我輩及時行樂，稱意實難。但得俊才，何妨羅致。樊川薄倖，不繫此也。余笑頷之。生遂爲余置酒，且代折簡，尋贈聯訂交。集句云：明月分林靄，晴天養片雲。

又 霞芬既占首選，游黄金臺者争以一見顔色爲幸，不啻夷光之在姑蘇也。平陽生謂余曰：此好消息也。未幾，聞有某公子携多金爲出籍，主人谿壑難填，事亦寖寢。惜哉。

清·李慈銘《越縵堂菊話》 同郡湯某者，貌同獠犵，文昧偏旁。新由翰林改官知縣，敢爲債帥日擁淫倡。偶見霞芬，亦以大悦，遂朝夕從之飲酒，百計奉之，冀得歡心。而霞芬益自遠背，輒唾罵之。

清·李慈銘《越縵堂菊話》 嗚乎，自錢神著論，君相因以無權，貨殖名篇，史策從而失據。醬瓨漿儋，屠酤與封君絜訾，黼繡偏諸孽妾。以后衣緣履食何飾，孟誰問乎畦醫酒。趙翦張遠，跨於許史，降至今日，事益難言。朝無等章，士無禄糈。帶重儓以金紫，假卒皁以鍾縣，客婢安輿，突王姬之仗内。蒼頭駿馬，薄朝貴於溝中。其學士大夫，往往匄麴豉之餘沾，驕鮿鮑之遺臭，效籧篨於販豎，峻門牆於寒人。家無孔方，即非生我。國有顔子，何足與人。況乎此曹本以利市，而能不淆清濁，内别薰蕕。龍門之登迺慕乎棘下。驥旄之埘，獨耻於新秦。是則傳彼伶官，當改題以一行師乎。桐子宜易位於三公，春秋貴賤不嫌同辭。爲之贊曰：韡彼時生，英英韶爽。芳風遠聞，孤雲直上。削迹賊中，萬花孰抗。錢生婉孌，天街璧人。愛弄臨池，松雪奪真。出樓一曲，魚鳥知春。晥爾朱生，綽約殊絶。翩來近人，荀香三接。冰霜在懷，勝於雲熱。惟此三子，風塵莫儔。報以銀筆，爲有位羞。

藝文

清·譚獻《群英續集》 肯從冶葉鬬芳菲，脱個團欒小帶圍。清泠楊花飛作絮，玉闌干畔不勝衣。

清·護花尉《題壁》 霞芬朱郎爲余愛友，乙亥夏日飲於泰豐樓，見壁上有贈霞芬四絶句，酒後技癢，戲和其韻。

春風楊柳門腰支，綽約丰神繫我思。最好笙歌明月院，嫣然一笑入簾時。

舞袖郎當弱不支，春愁無賴幾沉思。四絃切切彈幽怨，想見青衫淚落時。

綺羅襦罩嫩胭脂，脉脉無言倩女思。別有深情忘不得，酒闌燈灺向人時。

解媚頻將玉臂支，累儂刻骨幾相思。年來欲補鶯花序，爲寫瓊枝獨秀時。

陳嘯雲

論　說

清・沅浦痴漁《擷華小録・景和陳嘯雲》　琴芳貌微寢，然氣宇矜莊，不失大家風範。早歲孤露，登場奏《掃雪》一劇，潸然墮淚，足覘其摯性矣。

傳　記

清・蜀西樵也《燕臺花事録》　陳嘯雲，字琴芬，京師人。年十五，景和弟子。音清越以長，對面樓頭人聲騰沸中能聞其語。童牙孤露，每演《掃雪》諸劇，淚隨聲下。性尤誠實不欺，人以此多之。

夏鴻福

傳　記

清・藝蘭生《評花新譜》　聲振夏鴻福，字雪舫，維揚人。年十六，隸三慶部。詼諧滑稽，英爽絶倫。登場多效丈夫裝，蓋以鬚眉自居，不屑小兒女態者。所演博四十餘劇。時而長鎗大戟，時而羽扇綸巾。聽者神飛，觀者心折。香溪漁隱始與之浴月夕風晨，輒偕勝友造飲其廬，清談娓娓，逸興遄飛。僉以坐中不可無舫云。

藝　文

清・藝蘭生《評花新譜》　贊曰：不拘形迹，獨見精神。狂放善謔，倏忽笑顰。坦然胸臆，爛熳天真。鬚眉畢現，似晉唐人。

孟金喜

論　說

清・沅浦痴漁《擷華小録・近信孟金喜》　如秋姿首穠粹，肌理細膩。神光離合，朗朗如玉山照人。第多病工愁，伊鬱善感，見者或以冷艷少之。有時含睇宜笑，啟齒粲然，非不別具風神，細心人當自領之耳。

傳記

清・藝蘭生《評花新譜》 近信孟金喜，字如秋。年十三，隸春台部。風流蘊藉，宜喜宜嗔。登場以濃艷勝，演蕩婦尤神肖。眄睞生姿，足令觀者心醉。迨卸妝垂手，又翩翩一顧影少年也。初入都無知者，後聲譽鵲起。長者車轍，時盈户外。是知以門第增光者，終屬尋常紈袴耳。

清・王小鐵《菊部群英》 金喜姓孟，號如秋，又號珩仙、麗仙，小名月兒。直隸故城縣人，庚申三月十四日生。部同。唱花旦。辛未出臺。《喂藥》、劉金錠。《榮歸》、小姐。《荷珠配》、荷珠。《關王廟》、玉堂春。《鬧洞房》、新娘。《貴子圖》、丫鬟。《胭脂虎》。石中玉。

清・佚名《菊臺集秀録》 字如秋，直隸故城人，隸四喜部，唱花旦。《拾玉鐲》、孫玉嬌。《雁門關》、碧蓮公主。《胭脂虎》、石中玉。《關王廟》、蘇三。《雙沙河》、公主。《雙搖會》、二奶奶。《闖山》、蓮金蓮。《鍘判官》。李保妻。

紀事

清・苕溪藝蘭生《側帽餘談》 如秋既享艷名，兼脩慧業。性柔善，好佞佛，頭陀沙彌恒多相識。莊嚴寶相有所募化，常裝潢緣册，先求秋轉懇諸檀越。諸君既願結歡喜緣，且嘉秋之能証净業也，争先佈金，不日盈册以去。與艷仙尤善，仙怛化後，秋嘗向人言：渠爲天上護花童子。優曇一現，殆有自來歟。

藝文

清・藝蘭生《評花新譜》 賦艷詞人贊曰：一笑生媚，其神在眸。天香國色，羣芳之尤。嗔喜善變，顧影寡儔。馳聲菊部，客争纏頭。

清・蜀西樵也《燕臺花事録》 如花解語，秋水爲神。予云：如是我聞聊復爾，秋來客感甚于鄉。

劉雙壽

傳記

清・藝蘭生《評花新譜》 文安劉雙壽，字眉卿，一作梅卿，燕人。年十四，隸四喜、春臺兩部。廣顙豐頤，具林下風致。喜談噱。座有向隅者，聞其言無不粲然笑。善琵琶，觸指翛然。知音者謂有雨洒芭蕉之韻焉。嗟，嗟。門若春深，愁倚櫻桃之曲。胡麻飯罷，空迷采藥之蹤。我本憐卿，卿其諒我。

清・蜀西樵也《燕臺花事録》 錦雯劉主人雙壽，字眉卿，京師人。年二十，出文安，予癸酉入都首識之。姿首娟秀，過於所識諸郎。性温和，不見喜愠之色。顧不能飲，甫舉杯則紅潮暈頰矣。近喜閲《聊齋》《紅樓》諸説部，學書饒有力。文安現有弟子田雙慶，字雲卿，年十四，顏色如桃花，能演《擋諒》諸劇。

喬蕙蘭

傳記

清・藝蘭生《評花新譜》 佩春喬蕙蘭，字紉仙，又字鄭薌。年十三，隸三慶、四喜兩部。丰神綽約，顧影寡儔，度曲甚佳。惜不輕易登場，只見其《折柳》一齣，纏綿繾綣，一往情深，令人想見霍小玉送別時也。性温和，耽詩史，尤工楷法。簪花妙格，秀勁可玩。山陰道人挾之遊，契訂蘭馨，談而彌永，尤足聲者。

清・蜀西樵也《燕臺花事録》 喬蕙蘭，字紉仙，江蘇人。年二十，佩春弟子。知書習史鑑，喜與文士清談。聞其先本宦族，沈淪若此，亦可悲矣。

清・王小鐵《菊部群英》 蕙蘭姓喬，號紉仙，小名桂祺。冀州人，己未生。隸三慶、四喜。唱崑旦，善書。辛未出臺。《花鼓》、婆子。《折柳》、霍小玉。《藏舟》、鄔飛霞。《偷詩》、陳妙常。《盜綃》、紅線。《琵琶行》、花秀紅。《戲叔》、潘金蓮。《挑簾裁衣》、同上。《説親回話》、田氏。《游園驚夢》。杜麗娘。

藝文

清・譚獻《群英續集》 爭許情移海上琴，又從絃外得餘音。花潭千尺盈盈水，共此青蓮一片心。

江雙喜

傳記

清・藝蘭生《評花新譜》 春馥江雙喜，字儷雲，冀人。麗質天生，不假修飾。性格嬌膩，酹酢間有飛鳥依人之致。師爲鄭秀蘭，擅時譽，蓄鄉伶三兩而儷其翹楚也。演劇不多，亦雅非所好。蓋慧根欠净耳。

清・佚名《新刊鞠台集秀録》 絢春主人姜雙喜，號麗雲，唱青衫，善飲酒。

藝文

清・譚獻《群英續集》 日出東邊雨落西，無情也合隔花迷。鏡中潤靨交相映，陌上蘼蕪葉復齊。

清・藝蘭生《評花新譜》 賦艷詞人贊曰：白也無敵，允矣寧馨。譬諸璞玉，雕琢未經。選花以色，何目不青。聊將持贈，一點犀靈。

錢桂蟾

傳記

清・藝蘭生《評花新譜》 春臺錢桂蟾，字秋蔆，吴人，隸三慶部。清揚婉孌，秀色可餐。善崑劇，其演《折柳》、《思凡》諸齣，氣韻嫻静，獨出冠時。工書法，筆意似趙王孫，丐題者踵相接也。平陽生多所雌黄，獨於蔆目爲逸品，旋贈蘭焉。同師諸桂枝早馳聲譽，蔆始與頡頏，今則駸出其上，可謂能自强者。

清・佚名《菊臺集秀録・熙春主人錢桂蟾》 名青，字秋蔆。順天人，原籍蘇州。隸四喜部，唱崑旦。《思凡》、趙尼。《游園驚夢》、杜麗娘。《亭會》、謝素秋。《醉歸》、花魁。《獨占》、同上。《藏舟》、鄔飛霞。《折柳》、霍小玉。《游湖借傘》、青蛇。《狐思》、雪姑。《琴挑》、陳妙常。《偷詩》、仝上。《鵲橋密誓》、織女。《梳妝擲戟》、貂蟬。《謝親》。戚小姐。

紀事

清・李慈銘《越縵堂菊話》　滇人高某者，奴隸之材，駔儈之行。始以進士官吏部，狹邪無行，幾伍轉屍。後内其女於總戎之子，脅取其訾萬數，遂市裘馬，逐輕薄。慕秋菱之色，歲耗其金數千。秋菱鄙之，不一卦齒頰。余以同人媒介，偶一招從，三年之中，席無十接，囊金未解，花葉都虛，而秋菱偏暱就余。往往衣香熨褻，荑玉温祛，脈脈相看，依依不捨。嘗曰：聞君招而不至者，蓋非人也。在昔牙郎賣絹，鄭婢欲以隕主，太尉斟羔，黨姬言而冷齒。彼爲女子猶曰鍾情，若其愛異分桃，緣非結佩。洞簫之謚，光上於歌筵。綿瑟之身，有懷於禪榻。求之近世，夐爾誰儔。

藝文

清・譚獻《群英續集》　江左風流不易逢，神清衛玠最雍容。人聞乍聽湘靈瑟，數遍青青江上峯。

周桂雲

傳記

清・藝蘭生《評花新譜》　德春周桂雲，字朶仙，燕人。年十四，隸春臺、四喜兩部。明姿靚態，騷艷無倫。每當約束登場，微一揎簾，歡聲雷動。及觀其藝，香酣粉彈，光采射人。徵歌回者每曰：余心蕩。顧下場，則體度閑雅，絶無搔首弄姿習。嗜手談，酒闌燈灺，常嬲人爲此戲。曾見其與聞人生靜對一枰，情韻遠出娟娟，此豸煞是可兒。

藝文

清・藝蘭生《評花新譜》　賦艷詞人贊曰：櫻桃郁李，嬌鶯乳燕。巧笑倩兮，幼婦黄娟。綺情脈脈，芳懷戀戀。色相示人，妖冶之選。

范雙喜

傳記

清・藝蘭生《評花新譜》　維新范雙喜，逸其字，燕人，隸四喜部。潔清自好，目無下塵，以演劇雄於時。技與雪舫埒，而色微不逮。性嚴正，矜任俠，苟忤其意，恝然不少假借，儕輩咸敬悦焉。對客則英姿颯爽，談吐風生，神駿之目，殆無逾此。後忽脱籍去，不知所之。

藝文

清・藝蘭生《評花新譜》　贊曰：堂堂鬚眉，天然豪放。揮麈神清，風流自賞。俊鶻秋高，俠情雲上。緱嶺吹笙，飄然獨往。

秦鳳寶

傳記

清・藝蘭生《評花新譜》 綺春秦鳳寶,字艷仙,燕人。年十二,隸三慶部。笑暈生渦,椎髻未燥。與人晉接,言詞伉爽真撲净俗塵三斗。性靈慧,嗜文翰,稗官野史,過目不忘。書法遒勁,畫寫意,人物多奇氣。樂坊中躭翰墨者,向推鄭薌、秋菱,得艷鼎足而三。夢蕉居士謁選入都,以香溪先容急招致之。居士被酒,輒擊節曰:何地無才。

藝文

清・藝蘭生《評花新譜》 賦艷詞人贊曰:質樸而華,性和而介。情摯而正,語妙而快。嗜史躭詩,獨闢靈界。軌操真鑑,願與同話。

翟佩芝

傳記

清・藝蘭生《評花新譜》 安義翟佩芝,小字壽兒,燕人。工雜劇,隸春臺部。每一登場,秋波流媚,曼聲動人,使人之意也消。與印香主人甚相得。天性不喜飲,涓滴輒生紅暈。文宴之間,恒阻主人勿與麴蘗生近,雖亂觴政不顧也。鍾情惟所歡,應客頗岑寂。妒玉人者,即以此少之。嗚呼,慎矣。

藝文

清・藝蘭生《評花新譜》 贊曰:綽約居然絕世姿,金蓮貼地按歌遲。鬟雲鬆挽燕釵墜,魂斷春嬌滿眼時。

張芷荃

論説

清・沅浦痴漁《擷華小録・絢華主人張芷荃》 湘航貌甚麗,舉止紆徐,退然不與時流競。初嫻崑曲,近改習二簧,吐詞清析,音和而調穩,不以伉厲爲工,固愈於有聲無詞者。

傳記

清・藝蘭生《評花新譜》 春華張芷荃,字湘航,吳人,隸四喜部。善奕工書。貌僅中人,而天性純厚,恂恂有文士風。常結束作内家裝,意態嫻幽,儼然閨秀。妙識聲律,竹肉齊陳,不靳其奏。與人交無疾言遽色,談論間層次井然,令人聽之忘倦。是蓋以度勝者。

清・王小鐵《菊部群英》 芷荃姓張,名富官,號湘航,行十一。江蘇吳縣人,乙卯正月四日生。部同,唱崑旦,善書、奕,工管、絃子。崑老旦張亭雲之子。《胖姑》、娘子。《花報》、探子。《遊湖借傘》、白蛇。《斷橋》、同上。《跳牆》、崔鶯鶯。《下棋》、同上。《梳妝擲戟》、貂蟬。《賣甲魚》、魚婆。《女兒國》、國王。《狐思》、玉面姑姑。《琵琶行》、花秀紅。《瑶臺》、公主。《雙官誥》、何碧蓮。《簾裁衣》、潘金蓮。《説親回話》、田氏。《舟配》、周玉姐。《盜令》、趙翠兒。《殺舟》、同上。《相約》、雲香。《落園》、《討釵》、《釵釧大審》、俱同上。《乾元山》、碧雲公主。《活捉》。閻婆惜。

清·佚名《菊臺集秀録·絢華主人張芷荃》 字湘航，江蘇吴縣人。唱青衫。《孝感天》、公叔段夫人。《蘆花河》、樊黎花。《回龍鴿》、代戰公主。《祭塔》、白蛇。《二進宫》、李燕妃。《牧羊圈》、趙錦堂。《宇宙峰》、趙小姐。《祭江》。孫夫人。

藝文

清·藝蘭生《評花新譜》 麋月樓主贊曰：澹煙疏雨掩輕屏，斂袖花間太瘦生。消受卷簾通一笑，洗頭時節最傾城。

錢雙蓮

傳記

清·藝蘭生《評花新譜》 維新錢雙蓮，字葉仙，吴人，隸四喜部。神致蕭閑，異常雋永。其用情也微而摯。猶憶寒夜往訪，適瑶雪盈階，不能移趾。余呼燈欲出，而藥苦留之，治肴佐飲，曲盡欵洽。嗟呼。茅容一簋，末俗尤難，矧出盛具以敬不速之客乎。彼學河間姹女者，無惑乎。絶交有書也。以之殿春，知音者當不余訾。

清·王小鐵《菊部群英》 雙蓮姓錢，號蓮仙。本京人，戊午生。隸四喜，唱花面。《捉曹放曹》、曹操。《罵曹》、同上。《二進宫》、徐昭彦。《斷密澗》、李密。《鎖五龍》、單通。《黄金臺》、伊哩。《法門寺》、劉瑾。《牧羊圈》、中軍。《探母》、楊延昭。《打金枝》、郭子儀。《斷后》、包拯。《打龍袍》。同上。

藝文

清·藝蘭生《評花新譜》 贊曰：其俠在骨，毋相以皮。亂頭粗服，秀質華姿。春釀一甕，瑞雪盈墀。風雨瀟瀟，爲君誦之。

鮑秋文

傳記

清·王小鐵《菊部群英》 保安主人鮑秋文，名翠玉，蘇州人。丙戌生。前隸和春部，唱崑旦。出天保。住韓家潭。

鮑黑子

傳記

清·王小鐵《菊部群英》 少主人黑子號蘭笙，辛未生。隸四喜[illegible]生。永勝奎花面徐寶成之壻。《羣英會》、周瑜。《黄鶴樓》、同上。《轅門射戟》、吕布。《白門樓》、同上。《鳳凰臺》、孫策。《借雲》、趙雲。《盤河戰》、同上。《監酒令》、劉章。《烈火旗》、秋青。《延安關》、同上。《取落陽》、岑彭。《穆柯寨》、楊宗保。《破洪州》、同上。《鎮檀州》、楊再興。《八大錘》、陸文龍。《岳家莊》、岳雲。《飛虎山》、李存孝。《雅觀樓》、《反五侯》、俱同上。《舉鼎觀畫》、薛蛟。《孝感天》、鄭叔段。《絶纓會》、唐交。《御碑亭》、柳生春。《清河橋》、養由基。《翠屏山》、石秀。《烟脂虎》、王尋玉。《玉玲瓏》、韓世忠。《得意緣》、羅崑傑。《虹霓關》、王伯當。《紅鸞喜》、莫稽。《五方陣》、嚴成芳。《馬上緣》、薛丁山。《三休》、同上。《打金枝》、郭曖。《雙沙河》、高將軍。《教鎗换帶》。楊懷諒。

萬法齡

傳記

清・王小鐵《菊部群英》 法齡姓萬，號□□，本京人。己未生，隸春臺、四喜，唱鬍子生。《八拉》、小二。《攩諒》、康茂才。《白門樓》。吕布。

劉喜兒

傳記

清・王小鐵《菊部群英》 喜兒姓劉，號穉薌，本京人。辛酉三月初三日生。部同。唱老、小生，兼崑生。能書。前松保劉小鳳之子。辛未出臺。《伏虎》、濟顛。《冥期》、炳靈公。《寄子》、五興。《回獵》、咬臍郎。《八扯》、小二。《攩諒》、康茂才。《罵曹》、禰衡。《白門樓》、吕布。《飛虎山》。李存孝。

清・蜀西樵也《燕臺花事録》 劉喜兒，字穉薌，京師人。年十七，保安弟子。貌豐潤，雙瞳剪水，一顧撩人，幾與孟如秋相伯仲。設粉黛登場，必有狂惑失志者。善演《醉寫》諸劇。

沈桂喜

傳記

清・王小鐵《菊部群英》 桂喜姓沈，原名愛林，號韻秋，小名長順。本京人，己未生。隸三慶，唱花旦。四喜武旦沈定兒之子。本師醇和羅巧福，辛未出臺。《扛子》、小娘子。《賣餑餑》、王三姐。《打竈》、李三春。《入府》、李妻。《女店》、陳氏。《打刀》。女掌櫃。

楊桂慶

傳記

清・王小鐵《菊部群英》 主人楊桂慶，前隸四喜部，唱旦。癸酉移附樹德。

閻貴雲

傳記

清·王小鐵《菊部群英》　貴雲姓閻，號朶仙。本京人，辛酉生。隸四喜，唱花旦。壬申出臺。《扛子》、小娘子。《打竈》、李三春。《賣餑餑》、王三姐。《入府》、李妻。《麫缸》、周蠟梅。《搖會》、二娘。《女店》、陳氏。《闖山》、董金蓮。《査關》、旗婆。《燒靈》、劉氏。《荷珠配》、荷珠。《鐵弓緣》、姑娘。《打刀》、女掌櫃。《嫖院》、《背磚》、《背橙》、《上墳》。蕭素貞。

錢金福

傳記

清·王小鐵《菊部群英》　維新主人錢金福，號□□，蘇州人。前唱出日新瑞春錢阿四之胞兄，住韓家潭。

孫雙玉

傳記

清·王小鐵《菊部群英》　雙玉姓孫，號梅仙，小名石頭。本京人，己未生。部同。唱老旦。前春臺青衫孫六之子。《斷后》、李宸妃。《打龍袍》、同上。《辭朝》、佘太君。《探窰》、老夫人。《戲妻》、秋母。《牧羊圈》、朱母。《夜叉記》、《教子》、薛義。《探母》、楊宗保。《打金枝》、郭曖。《黃金臺》。燕太子。

任小鳳

傳記

清·王小鐵《菊部群英》　桐華主人任小鳳，號儀仙，小名寶兒。本京人，前隸四喜部，唱旦。出桐義，傳載《明僮合録》。住韓家潭。

張秀蘭

傳記

清・王小鐵《菊部群英》 景秀主人張秀蘭，號佩秋。前隸春臺部，唱崑旦。出春秀。住韓家潭。

宋福壽

傳記

清・王小鐵《菊部群英》 杏春主人宋福壽，號芝珊，順天人。壬子九月初三日生。隸春臺部，唱花旦。出青雲。壬申自天津回。立三慶，崑正旦。宋興福之壻。住韓家潭。《闖山》、董金蓮。《搖會》、二娘。《雙沙河》、公主。《胭脂虎》、石中玉。《玉玲瓏》、梁紅玉。《破洪州》、穆桂英。《艷陽樓》、高妻。《下河南》、媒婆。《龍鳳配》、同上。《御碑亭》、王妹。《滚釘板》。陶氏。

孫彩珠

傳記

清・王小鐵《菊部群英》 樂安主人孫彩珠號絢華，又號芷沅。蘇州人，甲辰生。隸永勝奎部。唱旦，兼崑亂。出西福雲，堂名舊署梯雲，庚午重立。住韓家潭。《相約相罵》雲香，《盜令》趙翠兒，《水鬬》青蛇，《斷橋》、同上。《定情》、楊貴妃。《絮閣》、同上。《琴挑》、陳妙常。《姑阻失約》、同上。《雙拜月》、蔣瑞蓮。《游園驚夢》、杜麗娘。《虹霓關》、丫鬟。《彩樓配》、王寶川。《擊掌》、《探窰》、俱同上。《打金枝》、昇平公主。《金水橋》、銀瓶公主。《蘆花河》、樊梨花。《宇宙峰》、趙小姐。《玉堂春》、蘇三。《五花洞》、妖怪。《戲妻》、羅敷。《孝感天》、鄭叔段夫人。《牧羊圈》、趙景棠。《天水關》、劉禪。《黄鶴樓》、周瑜。《戰太平》、二夫人。《探母》。公主。

徐阿三

傳記

清・王小鐵《菊部群英》 聞德主人徐阿三，名金兒，正名馚，號芝仙，又號椒懷。蘇州人，癸卯四月十五日生。前隸三慶部，唱崑旦。出兄本堂，岫雲徐小香之胞弟。傳載《明僮合録》。住韓家潭。

任桂林

傳記

清・王小鐵《菊部群英》 桂林姓任，本姓王，號燕仙。本京人，戊午四月初四日生。隸四喜，唱崑旦。春臺丑汪永泰之子。《狐思》玉面姑姑。《撈月》、韓國夫人。《後誘》、閻婆惜。《挑簾裁衣》、潘金蓮。《上墳》、蕭素貞。《打番》、盧生。《後親》。柳夫人。

趙桂芸

傳記

清・王小鐵《菊部群英》 桂芸姓趙，號聘仙，小名恩賜。本京人，庚申生。部同。唱崑旦。《寄柬》、紅娘。《舟配》、周玉姐。《回頭岸》、丫環。《盤絲洞》、蜘蛛。《後親》。戚小姐。

薛桂芝

傳記

清・王小鐵《菊部群英》 桂芝姓薛，原名玉福，號□□，小名鎖兒。本京人，庚申生。部同，唱崑旦。舊屬盛安。桂芝已去。《打番》、番兒。《拷紅》、紅娘。《學堂》、春香。《冥勘》、馨娘。《榮歸》。小姐。仝：《遊湖借傘》、桂官，許宣；桂林，白蛇；桂芸，船婦；桂芝，青蛇，《水門》、桂官，哪吒；桂林，木吒；桂芸，青蛇；桂芝，白蛇，《雙官誥》、桂官，馮雄；桂林，何碧蓮；桂芸，二娘；桂芝，大娘，《乾元山》、桂官，哪吒；桂林，太乙真人；桂芸，石磯；桂芝，碧雲公主，《鵲橋密誓》桂官，唐明皇；桂林，楊貴妃；桂芝，牛郎；桂芸，織女。

劉金奎

傳記

清・王小鐵《菊部群英》 少主人金奎，號樹仙，外號猴兒頭。隸永勝奎，唱鬍子生。《探母》楊延輝，《八扯》、小姑娘。《打竈》、李三春。《探親》、旗婆。《拾鐲》。孫玉姣。

秋芙

傳記

清・王小鐵《菊部群英》 秋芙姓□，部同。唱花旦。《探親》。妞兒。

藝文

清・蜀西樵也《燕臺花事録》 金谿朱春舫戲贈秋芙聯語云：九串空花，春舫依然漆黑；三拳潦草，秋芙到處裝紅。諧語殊堪噴飯。

保兒

傳記

清・王小鐵《菊部群英》 保兒姓□，部同，唱丑。《八扯》、小二。《探親》。兒子。

張芷芳

傳記

清・王小鐵《菊部群英》 蘊華主人張芷芳，名蓉官，安徽合肥縣人。辛亥八月二十二日生。隸四喜部。唱武旦，出春華，保身劉趕三暨前忠恕張二奎之壻。傳載《明僮合録》，住韓家潭。《賣藝》、姑娘。《泗州城》、龍母。《無底洞》、老鼠。《青龍棍》、楊排風。《火棍》、上同。《清風嶺》、徐鳳英。《白水灘》、徐緋珠。《紅桃山》、張月娥。《蔡家莊》、蔡芙蓉。《打店》、孫二娘。《羅家窪》。《英雄義》、俱同上扈三娘。《丁甲山》、扈三娘。《神州擂》、同上。《攻潼關》、余小姐。《蟠桃會》、豬婆龍。《青石山》、狐狸。《金山寺》、水怪。《飛義陣》、公主。《湘江會》、鍾無顔。《取金陵》、《蘆花河》、樊梨花。《孝感天》。鄭叔段夫人。

張菊秋

論説

清・雲間孝廉《答菊秋什案書扇啓》 連日少敘，意興闌珊。愛籬邊之佳色，夢想徒勞；盼水際之伊人，溯洄宛在。前蒙贈縞，早已報瓊；又請發棠，何殊求劍。本應割愛，甘居薄倖之名；未免有情，忍作絶交之論。只以待賈而沽，合歡易購；乞隣而與，作楷難求。又况囑書雅篆，幾於李代桃僵；何能謬託相知，便爾鵲巢鳩占。遲遲之故，卿其諒之。然而遍觀菊部，歷數梨園，《寡婦上墳》，既下臺而減色，《多兒連相》，復擲地而有聲。寶釵之蹤跡猶疎，遭逢萍水；玉女之丰姿雖美，輕簿楊花。至若金蘭空谷，實爲王者之香；桂子天香，早贅劉郎之婿。自他有耀，與我何關。唯卿也，色舞眉飛，意濃態遠。姍姍微步，正陸苟會座之時；飃飃欲仙，訪郭李同舟之誼。如入山陰道上，應接偏忙；曾從相公家來，瞢騰未醒。不堪回首，黯然銷魂。微時之故劍難拋，愛水之情波未竭。弗嫌煩瀆，蠅頭再索於良朋；莫笑痴頑，貂尾續成於此日。倘使無忘舊好，將爲梧鳳之棲；如其轉贈新交，權當屋烏之愛。

傳記

清・王小鐵《菊部群英》 菊秋姓張，正名椿，號憶仙，小名利兒。本京人，庚申十二月初六日生。隸四喜，唱崑旦兼青衫。辛未出臺。《湖船》、張大姐。《女詞》、李小姐。《學堂》、春香。《游園驚夢》、同上。《獨占》、花魁。《琵琶行》、花秀紅。《舟配》、周玉姐。《挑簾裁衣》、潘金蓮。《彩樓配》、王寶川。《探窰》、同上。《祭塔》。白蛇。

尉遲喜兒

論說

清・沅浦痴漁《擷華小録・韻秀主人尉遲喜》 韻卿細骨豐肌，眉目娟好，姿色之姣，固是可兒。穉齒時負名譽，不易與人欵洽。近乃折節自貶損，語笑婉約，諧噱間作，非復曩時顧元歎之風。以是軒車過從，門復如市。

傳記

清・王小鐵《菊部群英》 韻秀主人尉遲喜兒，號韻卿，本京人。丁巳九月初六日生，隸四喜部，唱鬍子生。壬申新立，出咏秀。前春臺鬍子生尉六之子，西安義胡喜禄之婿，住韓家潭。《樊城》、伍子胥、申包胥。《昭關》、伍子胥。《醉寫》、李太白。《罵曹》、禰衡。《打金枝》、唐王、郭子儀。《取滎陽》、紀信。《天水關》、諸葛亮。《黄鶴樓》、趙雲。《上天台》、漢光武。《二進宮》、楊博。《蘆花河》、薛丁山。《采石磯》、徐達。《探母回令》、楊延輝。《御林郡》、馬方。《煙墩》、申侯。《攻潼關》、姜子牙。《青石山》、關帝。《斬子》。楊延昭、八賢王。

鄭蕙芳

傳記

清・王小鐵《菊部群英》 蕙芳姓鄭，號月芬。本京人，丁巳生正名元珍。隸四喜部，唱鬍子生。堂名韞輝，主人現附盛安。《樊城昭關》、伍子胥。《醉寫》、李太白。《捉曹放曹》、陳宫。《罵曹》、禰衡。《教子》、薛保。《戲妻》、秋胡。《打金枝》、唐王、郭子儀。《金水橋》、唐王。《回龍鴿》、薛平貴。《蘆花河》、薛丁山。《五雷陣》、孫臏。《取滎陽》、漢高祖。《上天台》、漢光武。《黄鶴樓》、劉備。《戰城都》、劉璋。《天水關》、諸葛亮。《定軍山》、嚴顔。《洪洋洞》、楊延昭。《探母》、《斬子》、俱同上，八賢王。《换子》、徐策。《審刺》、閔覺。《掃雪》、劉子明。《法門寺》、趙廉。《南陽關》、伍雲昭。《青石山》、關帝。《二進宮》、楊博、徐彦昭。《斷密澗》、李密。《金馬門》、李太白。《借雲》、劉備。《寄子》、鄧伯道。《打嵩》、鄒應龍。《求計》、喬松山。《戰北原》、諸葛亮。《狀元譜》、陳伯敏。《清官册》、寇準。《定天山》、薛仁貴。《瑞雲菴》、傅世年。《白良關》。尉遲寶林。

章麗秋

傳記

清・王小鐵《菊部群英》　佩春主人章麗秋，名桂芳，小名小道士。蘇州人，甲辰生。隸三慶部，唱青衫，會善要鉢。出春復，住韓家潭。《追薦》、《彩樓配》、王寶川。《擊掌》、同上。《教子》、王春娥。《宇宙峯》、趙小姐。《二進宮》、李燕妃。《金水橋》、正宮。《探母》、四夫人。《玉堂春》、蘇三。《落園》、《孝感天》、鄭叔段夫人。《打金枝》。昇平公主。

陳鴻喜

傳記

清・王小鐵《菊部群英》　少主人鴻喜，小名保兒，癸亥生。隸三慶，唱花面，辛未出臺。《上天台》、姚剛。《斬黄袍》、鄭子明。《斷密澗》、李密。《二進宮》、徐彦昭。《御果園》、尉遲敬德。《沙它國》。李克用。

夏鴻福

傳記

清・王小鐵《菊部群英》　鴻福姓夏，號雪舫，小名來官。本京人，原籍揚州，丁巳十月十一日生。隸三慶、永勝奎，唱鬍子生。前載福夏秋芙之子。《樊城昭關》伍子胥。《醉寫》、李太白。《捉曹放曹》、陳宫。《罵曹》、禰衡。《教子》、薛保。《戲妻》、秋胡。《打金枝》、唐王。《金水橋》、同上。《趕三關》、薛平貴。《回龍鴿》、同上。《蘆花河》、薛丁山。《五雷陣》、孫臏。《取滎陽》、漢高祖。《綁子》、漢光武。《黄鶴樓》、劉備。《戰城都》、劉璋。《天水關》、諸葛亮。《定軍山》、黄忠。《鳳鳴關》、趙雲。《絶纓會》、楚莊王。《清河橋》、同上。《探母》、楊輝延。《斬子》、楊延景。《牧羊圈》、朱春登。《法門寺》、趙廉。《胭脂虎》、李景讓。《南陽關》、伍雲昭。《御林郡》、馬方。《戲鳳》、明正德。《二進宮》、楊博、徐彦昭。《黄金臺》。伊哩。

張雙喜

傳記

清・王小鐵《菊部群英》　雙喜姓張，號□□，小名全兒。本京人，庚申生。隸三慶，唱鬍子生。辛未出臺。《上天台》、漢光武。《斬黄袍》、宋太祖。《斷密澗》、王伯當。《二進宮》、楊搏。《斬子》、楊延昭。《沙它國》。陳敬思。

王金蘭

傳記

清・王小鐵　國順堂金蘭姓王，號麗笙。本京人，壬子十二月初五日生，住韓家潭。隸三慶，唱青衫。善耍戲法。《彩樓配》、王寶川。《擊掌》、《探窰》、《跑坡》、《回龍鴿》、俱同上，代戰公主。《趕三關》、代戰公主。《打金枝》、正宮、昇平公主。《金水橋》、西宮、銀瓶公主。《探母》、公主。《戲妻》、羅敷。《斬子》、穆桂英。《蘆花河》、樊梨花。《牧羊圈》、趙景棠。《玉堂春》。蘇三。

張雙蘭

傳記

清・王小鐵《菊部群英》　雙蘭姓張，號蒂香。本京人，己未生。部同，唱花旦。辛未出臺。《戲鳳》、李鳳姐。《榮歸》、小姐。《關王廟》。玉堂春。

胡春蘭

傳記

清・王小鐵《菊部群英》　春蘭姓胡，號□□，順天人，庚申生。部同，唱鬍子生。《打金枝》、唐王。《二進宮》、楊博。《取熒陽》、紀信。《斷密澗》。王伯當。

周長順

傳記

清・王小鐵《菊部群英》　連茂主人周長順，正名玉輝，號韞山。山東聊城縣人。庚戌正月十九日生。隸四喜部唱武旦，出春茂。住韓家潭。《泗州城》、龍母。《清風嶺》、徐鳳英。《八蜡廟》、張桂蘭。《白水灘》、徐緋珠。《蔡家莊》、蔡芙蓉。《紅桃山》、張月娥。《扈家莊》、扈三娘。《金錢豹》、丫鬟。《攻潼關》、徐小姐。《無底洞》、老鼠。《雙包案》、同上。《青石山》、狐狸。《破洪州》、穆桂英。《打店》、孫二娘。《羅家窪》、《二龍山》、《射紅燈》、《英雄義》、俱同上。《快活林》、蔣妻。《昊天關》、蕭桂英。《惡虎莊》、母老虎。《三岔口》、《金沙灘》、《惡虎村》、《羅四虎》、《武當山》。

朱雙喜

傳記

清・王小鐵《菊部群英》 春華主人朱雙喜，正名士敏，號韻秋，外號羊毛筆。蘇州人，壬辰三月初五生。前隸四喜部唱崑旦。出净香，住韓家潭。

清・蘿摩庵老人《懷芳記》 朱雙喜，字琴仙，一字韻秋，蘇州人，梅生之妻弟也。净香堂弟子，所居曰春華堂。十三四時風趣天然，不假雕飾，真如出水芙蓉。喁喁吴語，眼嫮眉清，見者莫不愛之，號之曰羊毛筆，喻其柔也。長益妍麗，擅名十餘年。晚蓄弟子，亦皆有盛名於時。自春福堂陳長春後，惟韻秋最爲稱意，而羊毛筆之號不衰。羊毛筆席豐厚者二十餘年，近聞散遣弟子，挈家南歸，曲中殆不能有二。

吴芷茵

傳記

清・王小鐵《菊部群英》 芷茵，茵一作蘅，姓吴，名香官，原名鴻寶，號也秋，行十一。本京人，己未四月十二日生。部同。唱崑旦，善吹笙。本師春連朱蓮桂。《湖船》、張大姐。《花報》、探子。《跳牆》、紅娘。《下棋》、《佳期》、《拷紅》、俱同上。《斷橋》、青蛇。《榮歸》、小姐。《巧姻緣》。周蕙娘。

陳荔衫

傳記

清・王小鐵《菊部群英》 二主人陳荔衫，小名連元，本京人，原籍安徽，辛酉五月二十四日生。隸四喜部，唱崑生兼武生。壬申出臺。《寄子》、伍興。《回獵》、咬臍郎。《探莊》、石秀。《蜈蚣嶺》、武松。《雅觀樓》、李存孝。《乾元山》。哪吒。

朱蓮桂

傳記

清・王小鐵《菊部群英》 春連主人朱蓮桂，號蕙仙，本京人。庚戌生。隸四喜部，唱青衫。前三慶丑朱三喜之子。自天津來，住韓家潭。《探窑》、王寶川。《打金枝》。昇平公主。

張桂蘭

傳記

清・王小鐵《菊部群英》 遇順主人張桂蘭，號蕙香，本京人，丁未生。前隸四喜部，唱旦。出國順。

春芳

傳記

清・王小鐵《菊部群英》 春芳姓□，號菊如，本京人，丙辰生。隸三慶，唱青衫。辛未出臺。《彩樓配》、王寶川。《探窰》、同上。《教子》、王春娥。《打櫻桃》。小姐。

陳春喜

傳記

清・王小鐵《菊部群英》 春喜姓陳，號小梅，本京人，戊午生。部同，唱花旦。《湖船》、張大姐。《賣餑餑》、王三姐。《打櫻桃》。平兒遇順兩徒皆去。

胡喜禄

傳記

清・佚名《菊臺集秀録》 安義主人胡喜禄，韓家潭，名國樑，字艾卿，揚州人。前掌春臺部，唱青衫。

清・王小鐵《菊部群英》 西安義主人胡喜禄正名國樑，號艾卿，行二，揚州人。丁亥十一月初五日管春臺部，前唱青衫。出敬義，前桐義胡慶福之胞弟，前安義胡三來之胞兄。住韓家潭。

清・蘿摩庵老人《懷芳記》 胡喜禄，一名長慶，字藹卿，敬義堂弟子。長身俊眼，別具嫵媚。自云蘇人，殊不類吴産。工於黄調，具能爲西音，但扮《血手印》則觀者如堵。

馬桂蓮

傳記

清・王小鐵《菊部群英》 六兒姓馬，名桂蓮，號愛秋，小名羣兒，行六。本京人，丙辰生。隸三慶、春臺，唱武旦。舊屬東安義。《賣藝》、姑娘。《青龍棍》、揚排風。《火棍》、《打焦》、俱同上。《清風嶺》、徐鳳英。《泗州城》、龍州。《無底洞》、老鼠。《金山寺》。水怪。

何來福

傳記

清・王小鐵《菊部群英》 來福姓何，號玉珊，行八，淮安人，丙辰生。部同。唱崑旦。《思凡》、趙尼。《折柳》、霍小玉。《獨占》、花魁。《喬醋》、夫人。《斷矯》、白蛇。《樓會》、穆素徽。《琴挑》、陳妙高。《偷詩》。同上。

劉財寶

傳記

清・王小鐵《菊部群英》 財寶姓劉，號笛仙，小名才兒，行九。本京人，甲寅十二月初六日生。《探莊》、石秀，《雅觀樓》、李存孝。《青龍棍》、青龍。《清風嶺》、李虎。《蜈蚣嶺》、武松。《白水灘》、十一郎。《八大錘》、陸文龍。《淮安府》、賀仁傑。《八蜡廟》、同上。《三岔口》、任堂輝。《泗州城》、猴兒三吒。《夜巡》。都頭現已出京。

翟壽兒

傳記

清・王小鐵《菊部群英》 壽兒姓翟，號佩芝，行十。本京人，丁巳生。部同。唱花旦。庚午出臺。《湖船》、張大姐。《上墳》、蕭素貞。《入府》、李妻。《榮歸》、小姐。《荷珠配》、荷珠。《巧姻緣》、周蕙娘。《鐵弓緣》。姑娘。

陸鴻福

傳記

清・王小鐵《菊部群英》 馥森主人陸鴻福，號竹卿，外號肉丸子。蘇州人，乙巳十月二十日生。前隸三慶部，唱崑旦。出詒德，住韓家潭。

周琴芳

傳記

清・王小鐵《菊部群英》 琴芳，芳一作舫，姓周，號韻笙，小名二定。

本京人，丁巳九月二十九日生。隸三慶，四喜，唱崑旦。《湖船》、張大姐。《女詞》、李小姐。《拷紅》、紅娘。《舟配》、周玉姐。《獨占》、花魁。《喬醋》、夫人。《奪食》、秋香。《後約》、同上。《琵琶行》、花秀紅。《挑簾裁衣》、潘金蓮。《游園驚夢》、小姐。《寄扇》、李香君。《園會》、荷珠。《折柳》、霍小玉。《亭會》。謝素秋。

仲瑞生

傳記

清・王小鐵《菊部群英》 瑞生姓仲，號秀芳，本京人，辛酉十一月二十七日生。隸部同。唱崑旦。壬申出臺。

范韻芳

傳記

清・王小鐵《菊部群英》 韻芳姓范，號□□，小名三兒。天津人，庚申生。部同。唱花旦。壬申出臺。韻芳已去。《扛子》、小娘子。《賣餑餑》、王三姐。《入府》、李妻。《女店》。陳氏。

周素芳

傳記

清・王小鐵《菊部群英》 素芳姓周，號馨秋。本京人戊午十一月十六日生。部同。唱崑生。癸酉出臺。《寄柬》、張珙。《佳期》、同上。《折柳》、李益。《喬醋》、潘岳。《亭會》、趙伯疇。《游園驚夢》。柳夢梅。

陸玉鳳

傳記

清・王小鐵《菊部群英》 錫慶主人陸玉鳳，號素仙，外號鹿尾兒，蘇州人。隸春臺部，唱崑旦，兼青衫。出忠恕。壬申新立。住韓家潭。《思凡》、趙尼。《金山寺》、白蛇。《戲目連》、觀音。《搜孤救孤》、公主。《鍘判官》、柳金蟬。《四進士》、揚淑貞。《孝感天》、鄭叔段。《打嵩》、常保童。《審頭刺湯》、雪艷。《殷家堡》、褚蘭香。《龍潭鎮》、駱宏勳。《混元盒》。黑狐狸。

陸小芬

傳記

清·王小鐵《菊部群英》 少主人小芬，號薇仙，小名福兒，丙辰五月二十九日生。隸春臺，唱崑旦，兼青衫，善胡琴。出景春。懷新陸翠香之壻。《湖船》、張大姐。《游園驚夢》、杜麗娘。《獨占》、花魁。《醉圓》、巫姬。《三怕》、柳夫人。《偷詩》、陳妙常。《探窑》。王寶川。

孫心蘭

傳記

清·王小鐵《菊部群英》 樂安主人孫心蘭，號性香，本京人，己酉生。隸三慶部，唱青衫。出東安義。住韓家潭。《彩配樓》、王寶川。《探窑》、同上。《打金枝》、昇平公主。《祭塔》、白蛇。《祭江》、孫夫人。《斬子》、穆桂英。《蘆花河》、樊梨花。《戰太平》。二夫人。

玉林

傳記

清·王小鐵《菊部群英》 玉林姓□，號□□，山西人，戊午生。隸三慶，唱崑旦。辛未出臺。玉林已出。《獨占》、花魁。《小宴》、楊貴妃。《舟配》、周王姐。《茶叙》。陳妙常。

盧長福

傳記

清·王小鐵《菊部群英》 長福姓盧，號悦卿。本京人，原籍直隸昌平州。乙卯四月十七日生。隸三慶，唱崑旦、兼刀馬旦。現住四箴。《水鬭》、白蛇。《斷橋》、《盗庫》、俱同上。《無底洞》、老鼠。《青石山》、狐狸。《乾元山》、石磯。《湘江會》、鍾無鹽。《射紅燈》、孫二娘。《扈家莊》、扈三娘。《攻潼關》。余小姐。

楊雙福

傳記

清・王小鐵《菊部群英》 雙福姓楊，號梅卿，本京人，戊未生，小名羊兒。部同。唱武生。《探莊》、石秀。《蜈蚣嶺》、武松。《飛虎山》、李存孝。《雅觀樓》、同上。《火雲洞》、哪吒。《水鬭》、《無底洞》、《青石山》、《乾元山》。俱同上。

戴鳳玲

傳記

清・王小鐵《菊部群英》 鳳玲姓戴，號儀雲。本京人，辛酉生。部同。唱崑旦，兼花旦。本師韜和羅巧福，辛未出臺。《湖船》、張大姐。《花鼓》、漢子。《學堂》、春香。《燒窰》、《叮嘴》。

鄭金保

傳記

清・王小鐵《菊部群英》 金保姓鄭，號玉如。本京人，壬戌生。部同。唱崑旦，兼花旦。壬申出臺。《女訶》、李小姐。《琵琶行》、花秀紅。《花鼓》、婆子。《思春》、《賣餑餑》。王三姐。

沈芷秋

傳記

清・王小鐵《菊部群英》 麗華主人沈芷秋，正名全珍，蘇州人。丁未十二月十一日生，唱崑旦。出春華。前浄香鄭蓮桂之壻。傳載《明僮合録》。住百順胡同。《思凡》、趙尼。《下山》、同上。《游園驚夢》、杜麗娘。《尋夢》、《圓駕》、俱同上。《鵲橋密誓》、楊貴妃。《絮閣》、《小宴》、俱同上。《撈月》、韓國夫人。《醉歸》、花魁。《獨占》、同上。《琴挑》、陳妙常。《偷詩》、同上。《折柳》、霍小玉。《藏舟》、鄔飛霞。《喬醋》、夫人。《梳妝跪池》、柳夫人。《樓會》、穆素徽。《盜令》、趙翠兒。《後親》、戚小姐。《斷橋》、白蛇。《瑶臺》。公主。

清・蘿摩庵老人《懷芳記》 沈芷秋，蘇州人。朱韻秋弟子，所居曰麗華堂。舉止灑落，矯矯不羣。工崑曲，静細沈著，不作浮響。每一囀喉，座客無復喧呶者。一聲初動，萬物皆静，四座無言，星欲稀。芷秋度曲有琴理焉。

清・佚名《菊臺集秀録》　麗華主人沈芷秋，名全珍，蘇州人，唱崑旦。傳載《明僮合録》。《思凡》，趙尼。《下山》，同上。《鵲橋密誓》，楊貴妃。《琴挑》、陳妙常。《偷詩》，同上。《游園驚夢》、杜麗娘。《尋夢》、《圓駕》，俱同上。《折柳》、霍小玉。《喬醋》，夫人。《盜令》、趙翠兒。《斷橋》。白蛇。

紀事

清・蘿摩庵老人《懷芳記》　余見芷秋，年已二十餘矣。其在春華堂稚齒時，有吴舍人悦之，欲購爲侍史，力不能致，竟吞生鴉片以死，亦可謂情癡矣。前二十餘年，有甘太史自經死，或謂沈蕊仙致之，而殊不然。蕊仙其時已自立門户，與甘情好方深，無阻之者。其日方開筵宴客，蕊仙亦在座。入夜客去，甘約蕊仙清晨過寓，聯車出游。次晨蕊仙至，室未啟扉。隔窗呼之不應，抉門入視，則縊矣。其家人言，客散後得家書，無他事，特怪其用錢太多，言嗣後不復籌寄旅費。此亦何至輕生，祇是醉後神惽，無端憤恚，邪鬼乘之，理或然也。春華堂同師韻秋者，先後十餘人。芷馨最長，芷芳演武伎，擅長《泗州城》、《賣藝》，青龍□其獨步也。稍後，王小玉演武生，甚票姚，入座恂恂如處女，與芷芳皆劉家黑牡丹，妍媚在神情中。芷芳最爲嘉定徐太史賞異。小玉喜淡交，時出冷雋語，十九歲死，春華堂離師自立者，芷秋、芷衫之下，有芷儂，能書善奕，演《游園》、《看狀》最入神。

雷金福

傳記

清・王小鐵《菊部群英》　金福姓雷，號蓉仙。本京人，己未生。隸四喜、春臺，唱花旦。《連相》、《扛子》、小娘子。《賣餑餑》、王三姐。《入府》、李妻。《友店》、陳氏。《摇會》、大二娘。《嫖院》、鴇兒。《打刀》、女掌櫃。《背櫈》、《頂磚》、《雙沙河》、公主，《玉玲瓏》。鴇兒。

汪金林

傳記

清・王小鐵《菊部群英》　金林姓汪，號燕仙。安徽人，丁巳生。部同，唱鬍子生。金林已去。《昭關》、伍子胥。《駡曹》、禰衡。《醉寫》、李太白。《烏盆記》、綢緞客。《趕三關》、薛平貴。《跑坡》、《回龍鴿》、俱同上。《打金枝》、唐王、郭子儀。《金水橋》、唐王。《蘆花河》、薛丁山。《斬子》、楊延景。《上天台》、漢光武。《南陽關》、伍雲昭。《探窰》。老夫人。

胡金善

傳記

清・王小鐵《菊部群英》　金善姓胡，號萊仙，本京人，丙辰生。部同。唱花旦，兼青衫，善彈琵琶。

周麗卿

傳記

清・王小鐵《菊部群英》 四十兒姓周，號麗卿。本京人，庚申生。部同。唱花旦，兼崑旦、青衫。辛未出臺。《扛子》、小娘子。《女店》、陳氏。《賣餑餑》、王三姐。《打櫻桃》、玉兒。《入府》、李妻。《花鼓》、婆子。《蘆花河》、樊梨花。《舟配》。周玉姐。

王喜雲

傳記

清・王小鐵《菊部群英》 升兒姓王，名喜雲，號蔚卿。本京人，辛酉七月十一日生。部同，唱鬚子生。壬申出臺。《醉寫》、李太白。《攩諒》、康茂才。《攻潼關》、姜子牙。《上天台》、漢光武。《教子》、薛保。《打金枝》、唐王。《五雷陣》、孫臏。《御林郡》、馬方。《蘆花河》、薛丁山。《昭關》。伍子胥。

李小珍

傳記

清・王小鐵《菊部群英》 珠潤主人李小珍，號畹仙，蘇州人。隸三慶部，唱武生。出吟秀。《淮安府》、黃天霸。《獨虎營》、同上。《二龍山》、張青。《惡虎莊》、杜明。《射紅燈》、石秀。《蔡家莊》、鄭天壽。《破洪州》、楊宗保。《胭脂虎》、王尋山。《探五路》、《八蜡廟》、黃天霸。《連環套》、《惡虎村》、俱同上。《九龍杯》、《探莊》、石秀。《翠屏山》、同上。《英雄義》、燕青。《紅桃山》、花榮。《神州擂》、同上。《昊天關》、花鳳春。《艷陽樓》、同上。《羣英會》、周瑜。《黃鶴樓》、同上。《借雲》、趙雲。《鳳凰臺》、孫策。《界牌關》、羅章。《反西凉》、馬超。《白水灘》、十一郎。《鎮潭州》、楊再興。《攻潼關》、三叱。《雙包案》、猫。《狀元譜》、陳大官。《趙家樓》、華雲龍。《金沙灘》、《五人義》、《泗州城》、《無底洞》、《青石山》、《金錢豹》。

曹春山

傳記

清・王小鐵《菊部群英》 敬善主人曹春山，名福林，安徽人。隸四喜部，唱崑老生。住百順胡同。《訪鼠測字》、況鍾。《金山釋放》、周羽。《草鞋夜課》、馮仁。《搜山行車》、嚴正直。《梳妝跪池》、蘇軾。《雙鈴記》、漢御史。《四平山》、隋煬帝。《千里駒》、義士。《九蓮燈》、富奴。《黃河陣》、燃燈。《德政坊》、蕭大亨。《梅玉配》、蘇順。《棋盤山》、將官。《寄扇》、楊文驄。《教歌》、阿二。《拐兒》、大騙。《花鼓》、浪子。《仲子》、《鴻門寺》、趙玉。《浣花溪》、崔寗。《雪中人》、吴大奇。《雙官誥》。馮仁。

張敬福

傳記

清・王小鐵《菊部群英》 敬福姓張，號紫仙。順天人，庚申二月初六日生。隸四喜，唱崑旦，兼青衫。《學堂》、春香。《藏舟》、鄔飛霞。《借茶》、閻婆惜。《祭塔》。白蛇。

江敬禄

傳記

清・王小鐵《菊部群英》 敬禄姓江，號荷仙。本京人，癸亥生。部同。唱崑旦。壬申出臺。《學堂》、小姐。《規奴》、《教子》。薛義。

郭敬喜

傳記

清・王小鐵《菊部群英》 敬喜姓郭，號瀛仙，又號韻梅。本京人，庚申五月十三日。部同。唱花旦。癸酉出臺。《麪缸》、周蠟梅。《別妻》、王氏。《闢王廟》、玉堂春。《鐵弓緣》、姑娘。《上墳》、蕭素貞。《扛子》、小娘子。《翠屏山》。潘巧雲。

沈阿壽

傳記

清・王小鐵《菊部群英》 聯星主人沈阿壽，號眉仙，蘇州人。辛丑九月日生。唱旦，兼崑亂。出兄本堂。前四喜名旦沈寳珠之胞弟，住石頭胡同。《水鬭》、青蛇。《斷橋》、同上。《游園驚夢》、春香。《刺梁》、鄔飛霞。《盧林》、龐夫人。《説親回話》、田氏。《黄河陣》、瓊霄。《娘子軍》、平陽公主。《千里駒》、呂小姐。《破洪州》、穆桂英。《雙沙河》、公主。《貪歡報》、李湘蘭。《馬上緣》、樊梨花。《奪錦標》。薛芳娘。

沈小寶

傳記

清・王小鐵《菊部群英》 少主人小寶，正名振基，號燕香。壬子二月十八日生。唱崑生，兼武生。現隸春臺，出西福雲。前四喜名旦沈寶珠之子，聞馨王長桂之壻。傳載《明僮合録》。《獨占》，秦鍾。《大小宴》，呂布。《探莊》，石秀。《岳家莊》，岳雲。《蔡家莊》，蔡吉全。《八大錘》，陸文龍。《觀音山》，小龍。《蓮花塘》。同上。

王順福

傳記

清・王小鐵《菊部群英》 蕉雪主人王順福，正名琪，號佩仙，小名二歌。本京人，辛亥十二月二十二日生。隸四喜部，唱青衫兼花旦，識名人字畫。出保身，聞馨王長桂之壻。《彩樓配》，王寶川。《探窰》。《跑破》。《回龍鴿》，俱同上，代戰公主。《打金枝》，正宮、昇平公主。《金水橋》，西宮、銀瓶公主。《戲妻》，羅敷。《蘆花河》，樊梨花。《拾鐲》，孫玉姣。《探親》，妞兒。《絨花記》、《金玉墜》、《乘龍會》。東海龍母。

王湘雲

傳記

清・王小鐵《菊部群英》 二主人王湘雲，改名緗芸，號次瀛。本京人，乙卯十月二十四日生。隸四喜，唱崑旦。出景龢。《湖船》，張大姐。《游園驚夢》，杜麗娘。《折柳》，霍小玉。《小宴》，楊貴妃。《舟配》，周玉姐。《狐思》，玉面姑姑。《打櫻桃》。平兒。

清・昭槤《嘯亭雜録》卷八 自魏長生以秦腔首倡於京都，其繼之者如雲。有王湘雲者，湖北沔陽人。善秦腔，貌疏秀，爲士大夫所賞識。有宗臣某，嘗拆其園中樓閣爲其償逋債。湘雲性幽藹，善繪墨蘭，頗多風趣。余太史集爲之作煙蘭小譜，以紀一時花月之盛，以湘雲爲魁選云。後湘雲改業爲商賈，家頗富饒，至今猶在云。

劉倩雲

傳記

清・王小鐵《菊部群英》 春龢主人劉倩雲，名增福，正名慶禐，小名龍兒。本京人，原籍安徽望江縣，丙午六月十三日生。前隸四喜部，唱旦，工篆書。出景龢。本師福盛楊三喜，傳載《明僮合録》，住石頭胡同。

張梅清

傳記

清·王小鐵《菊部群英》 梅清姓張，號小倩。本京人，原籍蘇州，辛酉十二月日生。隸四喜，唱崑旦，兼青衫。《湖船》、張大姐。《舟配》、周玉姐。《游湖借傘》、白蛇。《探窰》。王寶川。

羅百歲

傳記

清·王小鐵《菊部群英》 少主人百歲，己未生，隸四喜，唱丑。辛未出臺。《扛子》、强盜。《麵缸》、知縣。《打竈》、二哥。《上墳》、劉鹿京。《搖會》、鄰居。《清風嶺》、江老鼠。《趕三關》、穆宏。《偷詩》、進安。《燒窰》、《入府》、李瓶兒。《雅觀樓》。班方臘。

張梅五

傳記

清·王小鐵《菊部群英》 保春主人張梅五名福官，本京人。隸永勝奎部，唱花旦，兼青衫。出保身。住羊毛胡同。《拾鐲》、孫玉嬌。《探親》、旗婆。《搖會》、大二娘。《打竈》、李三春。《入府》、李妻。《下河南》、媒婆。《絨花記》、二小姐。《紅鸞喜》、金玉奴。《雙沙河》、公主。《雁門關》、鐵鏡公主。《貪歡報》、李湘蘭。《背橙》、《思志誠》、《探窰》。王寶川。

陳四兒

傳記

清·王小鐵《菊部群英》 近言主人陳四兒，名連元，號玉卿。本京人，原籍安徽，壬子二月二十二日生。正名慶元，隸永勝奎部，唱鬍子生。庚午新立，出西安義。西安義胡喜禄之壻。《罵曹》、禰衡。《斬子》、楊延景。《審刺》、閔覺。《五雷陣》、孫臏。《戰北原》、諸葛亮。《天水關》、同上。《打登州》、秦瓊。《鎮潭州》、岳飛。《龍虎鬬》、宋太祖。《牧羊圈》。朱春登。

陳五兒

傳記

清・王小鐵《菊部群英》 陳五兒，名連珍、佩珊，本京人，原籍安徽。乙卯正月二十二日生。正名慶芳。隸春臺部，唱武旦。出西安義。《賣藝》、姑娘。《清風嶺》、徐鳳英。《無底洞》、老鼠。《泗州城》、猴兒水怪。《青石山》、狐狸。《金山寺》、蛤蜊。《奇女福》、羅舜娘。《鎖雲囊》、梁上昔。《紅桃山》、張月娥。《殷家堡》、褚蘭香。《四杰村》、林四妹。《飛義陣》。公主。

余玉奎

傳記

清・王小鐵《菊部群英》 玉奎姓余，號瑶仙。本京人，戊午九月日生。隸春台，唱鬍子生。現附盛安。《昭關》、伍子胥。《醉寫》、李太白。《金馬門》、同上。《教子》、薛保。《戲妻》、秋胡。《擋諒》、康茂才。《蘆花河》、薛丁山。《黄金臺》、田單。《法門寺》。趙廉。

江雙喜

傳記

清・王小鐵《菊部群英》 雙喜姓江，號儷雲。河間人，庚申生。隸四喜，唱青衫。本師瑞香張天元。辛未出臺。《教子》、王春娥。《戲妻》、羅敷。《探窑》、王寶川。《趕三關》、代戰公主。《宇宙峰》。趙小姐。

鄭雙福

傳記

清・王小鐵《菊部群英》 雙福姓鄭，號倚雲。本京人，庚申二月二十二日生。部同。唱花旦，善彈琵琶。壬申出臺。《麵缸》、周蠟梅。《送盒》、同上。《女店》、陳氏。《打櫻桃》。平兒。

張雲仙

傳記

清・王小鐵《菊部群英》 雲仙姓張，名連仲，號玉芬。江蘇清河縣人，丁巳生。隸三慶，唱青衫。本師春秀李銀保。《彩樓配》、王寶川。《探窰》、《回龍鴿》、俱同上。《趕三關》、代戰公主。《打金枝》、正宮。《教子》、王春娥。《戲妻》、羅敷。《祭江》、孫夫人。《祭塔》、白蛇。《斬竇娥》、竇娥。《汾河灣》、柳迎春。《宇宙峰》、趙小姐。《三休》、樊梨花。《蘆花河》、同上。《玉堂春》。蘇三。

秦鳳寶

傳記

清・王小鐵《菊部群英》 鳳寶姓秦，正名寶鼐，號艷仙，外號小和尚。天津人，庚申四月初一日生。部同。唱老、小生，兼崑生。辛未出臺。《醉寫》、李太白。《打金枝》、唐王。《上天台》、漢光武。《教子》、薛保。《掃雪》、劉丁生。《硃砂痣》、韓天賜。《汾河灣》、薛丁山。《回獵》、蛟臍郎。《看狀》、蘇公子。《見娘》、王十朋。《喬醋》。潘岳。

清・藝蘭生《宣南雜俎・秦鳳寶小傳無睡生》 秦鳳寶，原名鼐寶，字艷仙，直沽人。少俠而慧，好讀平陽《三國志》，能辨別當世人賢否。既隸樂籍，其師綺春主人時小福教之習崑曲，節奏調和，遂精音律。掛名四喜、三慶兩部。恥爲女子裝。所演《吟脱》、《見娘》諸劇，青蓮、梅溪神情畢肖。時歲在辛未，僅十二齡也。豐姿清雋，與寶香相伯仲。嘗被酒慷慨言曰：吾生不幸，以歌曲娛人，賤同隸卒，尚何言哉。雖然，朝入永安之宫，暮登銅雀之臺，伺人意旨，狐媚以乞取金玉錦繡。視樸素不華之儒，縱伏龍鳳雛，其人白眼加之不少假。是固若輩所沾沾自爲得計者，吾雖死不出此也。幸得如三國時周郎者事之，吾之至願焉。香溪漁隱聞之，歎賞不置，繩之賦艷詞人。詞人者，當世之賢士也。其南也，南邦之英豪俊杰争與交遊。青兕詞客尤敬愛之，謂其英敏沈毅，非己所及。傺侘無聊，輒與之飲於市。臨觴促膝，縱談今古相樂焉。已而相泣，旁若無人者。癸酉夏，詞人北行。聞漁隱語笑應之。令之來前，驚其軒爽絶倫。叩以漢魏之戰争，孫劉之得失，能鑿鑿言之，色飛眉舞，絶無婀娜態。詞人乃重其人，時引而近之，不以梨園相目。鳳寶出語人曰：嚮之欲得如周郎者事之，今遇之矣，吾無憾已。人皆掩口笑，鳳寶夷然不顧。又語寶香諸人曰：吾儕遭際，悉非輕薄子、碩腹賈流，我與若宜善事之，毋二三其德，以貽俗輩口實。寶香曰：微子言，余豈終始易其情哉。雖然，子之言實獲我心也。乃相喻於無語。鳳寶固善書畫。至是度曲餘暇，益從事翰墨，笑傲羣儔。摹蘭亭帖，圓勻秀雅，深得右軍法。繪人物花卉，躍躍有生氣，並皆佳妙。詞人曾倩其成摺箑一枋寄贈青兕。見之者，僉以此多鳳寶，嘖嘖稱羡。青兕曰：不然。鳳寶之所以足多者，在彼不在此。

藝文

清・譚獻《群英續集》 帖地弓腰彎復彎，十餘年紀正韶顏。便騎竹馬來嬉戲，跌宕衣冠只等閒。

又 蓬萊婀娜復檀欒，留得仙雲一片寒。汎灎羽觴參位置，殿春花發借人看。

陳蘭初

傳記

清·王小鐵《菊部群英》 春復主人陳蘭初，名全林，蘇州人。甲午二月二十一日生。前隸三慶部，唱崑生。出景春，本師三復。

陳桂亭

傳記

清·王小鐵《菊部群英》 桂亭姓陳，號秋園，園一作原。本京人，原籍蘇州丙辰生。隸三慶，唱崑生。名生陳金爵之孫，四喜崑生陳永年之子。

張小芳

藝文

清·譚獻《群英續集》 婉孌檀林護好春，分明鏡檻洗纖塵。照儂如燕身材後，莫照尋常第二人。

周素芳

藝文

清·譚獻《群英續集》 如夢鶯華似六朝，春流和月影迢迢。江山文藻今無主，獨采崇蘭讀楚騷。

陳芷芸

藝文

清·譚獻《群英續集》 鬱金裙子不成妍，試讀南華秋水篇。玉樹人家好兄弟，依然白袷永和年。

劉寶玉

藝文

清·譚獻《群英續集》 薊門柳色已無多，兩兩春筵門綺羅。安得粟花簾子下，曉笙徧倚雪兒歌。

李亦雲

藝文

清・譚獻《群英續集》 韋杜城南五朶雲，楊枝最小絮紛紛。博山何日香徐發，一氣雙煙自不分。

李玉福

論説

清・沅浦痴漁《擷華小録・丹林李玉福》 丹林李玉福芙秋，姿潔而心慧，能畫蘭，雨葉風枝，頗具婀娜之致。學二簧能爲高調，亦傭中佼佼也。

傳記

清・蜀西樵也《燕臺花事録》 李玉福，字芙秋，京師人。年十六，丹林弟子。貌白皙，尤善修飾。性聰穎，解作書畫。善演《思凡》諸劇。燈紅酒緑，尤喜唱大江東去，其亦巾幗中有鬚眉氣者耶。

藝文

清・譚獻《群英續集》 雪膚花貌不參差，絶似人間好女兒。鑄就小名金匊葉，輕盈如與鬭腰支。

清・蜀西樵也《燕臺花事録》 芙蓉如面柳如眉，秋水爲神玉爲骨。

陳喜鳳

傳記

清・蜀西樵也《燕臺花事録》 陳喜鳳字桐仙，京師人。年十六，本綺春弟子，今歸遇順。貌不逾中人，兼有期艾之病。顧妝束登場，則歌喉清婉。且善琵琶，工琴。與人交，落落大方，無狐媚態。

藝文

清・譚獻《群英續集》 中年哀樂客辭家，絲竹登場有歲差。一樣天涯好明月，青衫重與聽琵琶。

姚寶香

傳記

清・藝蘭生《宣南雜俎・姚寶香小傳無睡生》　姚寶香，字妙珊，小名鎖兒，燕人。幼聰慧，粗解韻語。父母貧不能自存，鬻諸瑞春堂。隸四喜、春臺部。庚午，年十三登場演劇。曲眉豐頰，秀外慧中。發清商之音，泠然善也，見者靡不傾倒。京師風尚，延賓會友往往進雛伶侑酒。一時耳寶香名者，爭欲羅致之。顧寶香雖入樂籍，而清介絶俗，羞與驕貧諂富者伍。厚幣招之，輒託故不往。有親之者，不移時已爲所薄，悻悻而去，無一人成耐久交。以是人皆艶其貌而畏其人。寶香顧嚴以接人，而獨尊禮名下士。酒酣耳熱，清談娓娓，相依不忍他適。且從未以詩自炫，藝蘭生按：此乃誇詞）。恂恂如目不識丁。然香溪漁隱，誠厚君子也。家素不豐，辛未秋，敝囊敗篋作冀北遊。性嗜酒，尤好選聲徵歌，所識多人，而金盡牀頭，究未能博一人歡心。鄙之且自悔。居久之，遇寶香於酒家。神静氣清，一洗梨園習。異之，與之語。雖不盡解，要自胸中有定識，不爲勢利侵亂者，益異之。因與往來。寶香知漁隱之爲誠厚君子也。而耗於財，敬之有加禮，不瑣瑣於纏頭之贈。癸酉春，寶香病肺，嗽不止。漁隱有憂色。無計療之，或戲之曰：非嶺南新會橙不可。顧都中無其物也，奈何。適舊友某至自粵東，漁隱馳見之。問無恙外，不暇出一語，即索其橙。某廉得其情曰：橙固有之，子何用焉。橙醫嗽藥也。今無嗽，子何用焉。漁隱固求不已，其乃笑而與之。漁隱得橙大喜，不遑言別，疾趨至寶香處。親煮而飲之，乃始歸。歸而不知橙之能治否也，終夕不成寐。昧爽即披衣起，門甫啓又疾趨至寶香處。而寶香果豁然愈已。於是漁隱大喜，於是寶香亦愈德之，愈親之，視眼中之人莫漁隱若者。於是漁隱亦專意於寶香，昕夕相見無間，漁隱豪於飲，沈醉非所恤。寶香慮其嬰疾，每酌，必正色裁止之。乃不受困於歡伯，寶香之力也。漁隱素淡於科名，寶香以京兆試逼，誡之曰：士君子舍此無出身地。矧雙親在南，期望必切，豈高隱時耶。漁隱感其言，課舉子業無輟。寶香每飯必私祝，以期其捷。數奇，卒被放，愧不欲見寶香。寶香又多方慰藉之。漁隱既放，父母命之還。甲戌孟春，爰以詩留别寶香。將行，寶香集同人餞於其居，酒半，含淚執箋而前曰：嚮之不敢以詩鳴者，以寶香之句不足名詩也。今君行矣，敢不徇子之請。遂拂箋書七言二絶，並泰西所照小景一紙以贈。詩曰：吟風賞月已經年，何事刀環夢驟牽。離别更深摇落感，燕臺從此有誰憐。　形影相依不染塵，伴君書劍出天津。雲山萬疊人千里，樽酒何當話舊因。漁隱南旋，語其友青兕詞客。詞客愀然曰：寶香洵解人哉。傾心於子者深矣。子盍思所以報寶香乎。相與欷歔者彌日。漁隱曰：寶香有至性，其母與人爭口角，不勝，自經死。故對客恒慘然不樂。其同學者曰：枕函之畔，時有淚痕焉。同學名寶雲者，謝姓；名寶玉者，劉姓，皆婉好，貌稱其技，時人謂之瑞春三寶云。

清・藝蘭生《評花新譜》　瑞春姚寶香，字妙珊，小字鎖兒，燕人。年十五，隸四喜、春臺兩部。笑祕春風，光流艶雪，所演多時劇。舞衫歌扇，妙絶一時。其神静，其音清，如瑶天笙鶴，不具塵俗氣者。心性頗高，不屑隨波逐流。吐屬簡雅，具有氣骨，真菊部中所僅見。青蓮亭亭，自拔淤泥，行將拭目俟之。同師有寶玉者，姓劉字璧珊，年稍亞。嘗現宰官身而説法，嶄然頭角略見一斑。

清・蜀西樵也《燕臺花事録》　姚主人寶香，字妙珊，京師人。年十九，出瑞春。結束登場，儼然莊婦。而歌喉清婉，尤有繞梁韻。其得名在癸酉前，見人殊落落。近則閲歷世故，每與談，輒如聽柘枝兒，聲聲打入心坎中。

紀事

清・香溪漁隱《鳳城品花記》　先是藝蘭生曾著《評花新譜》一卷，略加品題，未定甲乙。蓋以花之中，穠艶如桃李，幽雅如蘭蕙，富麗如牡丹，灼潔如芙蕖，芬芳如桂，清高如梅，要皆爭奇競秀，各擅勝場，有未可軒此而輕彼者。至是，藝蘭生堅欲定一花榜，余不以爲然。而生即與泛月客逐一編次，以如秋弁冕，楞仙次之，麗雲、妙珊、梅卿又次之。强余序名，拉出城，即席召如秋輩，出榜示之。羣艷咸屈一膝道謝，獨妙珊默不發聲，似有悲戚意。余疑其屈居第四故，因慰解之。妙珊蹙然曰：余詎以是爲榮辱哉。獨念我輩淪落風塵，已屬人生不幸事，即使聲價頓增，亦猶是梨園子弟耳，何計名次之高下爲。余聞之愀然動容，竊嘆其志向之高。遂不歡而散。嗟乎。蹭蹬名場，頭□漸老。天涯落落，知己難逢。於我且然，獨妙珊也乎哉。特是妙珊抱出世之姿，孤芳自賞，宜其門庭寂寞，問津者尠矣。然士大夫往往争欲見之，車馬之跡日益喧闐，蓋其色藝之足以動人，而皮相者流，未必知余取妙珊之旨也。妙珊不解酬應，多脱略，以是不甚得人歡。蓋自喪母後，無心於此也久矣。

清・苕溪藝蘭生《側帽餘談》 妙珊初隸春台，學旦脚，無譽之者，蓋豐韻欠也。後改青衫，珠喉瀏亮，音節諧和，每一登塲，觀者同聲贊歎。由是芳名大噪，門盈車馬，幾無廁足處。近年嗜阿芙蓉，聲色頓減。鍾愛如香溪，且因之割愛矣。色固足恃哉。

又 香溪之南也，同人餞於瑞春。酒闌燈炧，悽然有懷，作詩以贈妙珊，末云：澀囊愧乏千金贈，握手臨歧只有詩。嗣爲嶺南太史激賞，采入所著叢話中。妙珊有知，當勝於千金之贈矣。

藝　文

清・香溪漁隱《將賦歸與贈姚郎寶香》 莫道歸家喜氣隨，客途也怕説分離。明知此别爲時短，總覺將來見面遲。兩載賴君消旅況，一生証我是情癡。阮囊愧乏千金贈，握手臨歧只有詩。

又《題姚郎小影》 烟月韓潭第一家，芳名艷説偏京華。偶然乞得徐熙草，描出瑶臺富貴花。

絶妙丹青寫素紈，畫圖真作壁人看。生香活色風流態，只恐龍眠繪亦難。

何須鄂被暗生春，解得相思便是真。最好含情相對處，畫中愛寵意中人。

憑空現出六郎蓮，别有華嚴色界天。駐得玉顔常不老，算來畫史是神仙。

醉踏天街十丈塵，尋芳到處物題新。爲披日下評花譜，供養煙雲有幾人。

清・藝蘭生《評花新譜》 賦艷詞人贊曰：春花一簇，秋水一方。可人如玉，無言自芳。孤標獨賞，志將高翔。世有伯樂，馬斯其良。又贊寶玉曰：軒軒器宇，落落意境。外呈渾璞，内藴機警。靦態解頤，冷語耐省。一丈氍毹，鬚眉繪影。

清・譚獻《集英續集》 韓潭煙月玉人家，紫陌芳塵第幾車。點首我聞如是語，靈山妙響是頻迦。

瑞春姚寶香，字妙珊。

劉潤

論　説

清・沅浦痴漁《擷華小録・錦支主人劉潤》 眉卿美風儀，秀外慧中，吐屬馴雅。少即善談名理，近更練習世故。清言娓娓，能使聽者意移。賦性尤篤實，一二舊雨别去，經年念之，輒愴然不樂。自脱籍後，鋭意學書。晨興即搦管臨摹，筆力秀勁肖率。更嗜説部書，研析字義，探討原委，不肯草草過眼，有經生家所不逮者。曩令生長清門，以早慧之姿，得所禀承，豈非芝蘭玉樹。飄茵墮溷，孰寔爲之。爲眉卿惜，不能不爲化工感也。

錢青

論說

清·沅浦痴漁《擷華小録·熙春主人錢青》 秋菱作行草，秀拔流利，扇頭小草尤工。體潔神清，宛然經生風範。其得名也早，兼之善書，納交者更踵相接。而襟抱瀟灑，紈褐一視靡不服其高致。時俗凉薄，願以此君醫之。

陳喜鳳

論說

清·沅浦痴漁《擷華小録·遇順陳喜鳳》 桐仙温醇有書生氣象，善絃索，琵琶尤工。撚攏挑抹，曲盡其妙。近又學鼓琴，甫嫻數操，亦能得琴中趣。花驕柳寵之中，錯以斯人，大堪坐鎮雅俗。

姜雙喜

論說

清·沅浦痴漁《擷華小録·絢春主人姜雙喜》 麗雲少最妍皙，佐以憨柔，爲一時翹楚。比年加長，體加豐，然天性鈍誠，中無城府，語多直抒胸臆，嬉戲如丱角時。詐諼譸張，世所恒有。麗雲獨純以天游，亦林樊之逸翰也。

王喜雲

論說

清·沅浦痴漁《擷華小録·咏秀王喜雲》 蔚卿色澤瑩净，顧盼生姿。曩癸酉甲戌間，年甫舞勺，扮生末登場，眉目如畫，音響清徹，度薛訪車子不是過也。今茲酒肆重逢，猶是翩翩美少，而聲沈響寂，不復能唱渭城，豈造物妒才，予之啗者去其齒歟。誰識其咎，能無喟然。

傳記

清·蜀西樵也《燕臺花事録》 王喜雲，字蔚卿，京師人。年十七，甲戌花榜第三人，咏秀弟子。顏色如朝霞和雪，是具子房之貌而兼有魏徵嫵媚者。故演《擋諒》諸劇，不掩其姿。其弟茹福兒，字萊卿，年十三，丙子花榜第二人。面如滿月，酬應如成人。以武劇名。

劉小喜

論説

清・沅浦痴漁《擷華小録・保安劉小喜》 稚薌廣顙豐頤，總角時即敏給可喜。比年閲歴世故，所遭不偶。顣頷侘傺，於酒邊燭底時一發之。第茫茫人海，肝膽向誰。押衙何人，安得於吾生數遇之也。噫。

桑速奎

論説

清・沅浦痴漁《擷華小録・遇順桑速奎》 蕙仙貌僅中人，登場現宰官身，則容止儼然，無郊島氣。演《牧羊傳》、《黄金臺》諸劇，悲歡變幻，神情畢肖。發聲中節，足遏行雲，當爲後來之秀。憶庚午辛未之際，童子以藝著者，鴻福、蕙芳皆與今之蕙仙埒。鴻福貌尤妍秀，音尤清越負盛名。不數年，鴻福游止漠北，重返春明，非復當年張緒。蕙芳聲華闃寂，亦已墮下乘禪，逸響難追，幾同鶡旦，何戡猶在，可勝憮然。或謂成童時發音高邁，亟應善爲攝持。若曹驟履名場，喜自矜炫。主之者又挾以徼利，競夕馳驅，外强中乾，惡能持久。蕙仙而有鑒於是，其善自寶哉。

許燕香

論説

清・沅浦痴漁《擷華小録・杏春許燕香》 燕香弱不勝衣，其清在骨。習崑曲《冥勘》、《回獵》、《斷橋》、《游園》諸折，音調清越，周折中規矩，同隊鮮出其右者。

茹福兒

論説

清・沅浦痴漁《擷華小録・咏秀茹福兒》 萊卿圓頰豐肌，語言敏給，習技刺拳勇，跳盪輕捷，有倜儻不羣之概。

清・苕溪藝蘭生《側帽餘談》 茹福兒步如秋後塵，而無脂粉氣，風流端正，酷類大家子弟。聞系出古香殿撰，都人士之有年誼者，曾欲爲脱籍而未果。嘗細叩之，則默不置是否。或好事者以姓僻傅會，亦未可知。其及第也，余贈以詩曰：珠冠翠珥繡襌襠，綺閣争看白玉郎。一騎紅塵來報捷，榜花猶帶舊時香。

蔣雙喜

論說

清·沅浦痴漁《擷華小録·春馥蔣雙喜》　扶雲纖媚有態，灼若芙蕖。穎敏之中，再能出以謹厚，未始非一時之雋。

田雙慶

論說

清·沅浦痴漁《擷華小録·文安田雙慶》　雲卿方瞳豐下，類富家子，舉止矜重，不染纖佻習氣，得之稚齒良難。

白五兒

論說

清·沅浦痴漁《擷華小録·杏春白五兒》　燕芬容止纖俏，目微瞬，應對頗警捷。

吴六兒

論說

清·沅浦痴漁《擷華小録·杏春吴六兒》　燕芳機警解人意，貌亦妍皙。

春喜

論說

清·沅浦痴漁《擷華小録·安義春喜》　春喜冠帶登場，莊諧中度，發聲亦清朗可聽。

賈桂喜

論說

清·茗溪藝蘭生《側帽餘談》　露香貌僅中人，而性絶靈慧。登場時粉鞾香酣，亦極妖冶。與朶仙比肩，或謂過之。嘗觀其合演《雙沙河》，風情駘宕，同曲同工。寶帳香重重，一雙紅芙蓉。彷彿似之。

傳　記

清・王小鐵《菊部群英》 桂喜姓賈，號露香。本京人，庚申生。隸四喜，唱花旦。庚午出臺。《扛子》、小娘子。《打竈》、李三春。《殺狗》、蕭氏。《查關》、旗婆。《賣餑餑》。王三姐。

清・蜀西樵也《燕臺花事録》 賈主人桂喜，字露香，京師人。年十七，出聯星。予識之在癸酉夏。年甫十四，其秀在骨，其媚在神。剛健婀娜，兼擅其勝。所演《打竈》諸劇，有獨步燕臺之譽。乙亥重晤，則非復張緒當年矣。性不諧俗，於同輩亦少許可。時人比之梅花，故門前車馬稍稀云。

藝　文

清・蜀西樵也《燕臺花事録》 前身曾飲百花露，小坐能留三日香。予重入都贈之云：南國慣生紅豆子，西山多種白櫻桃。

姜雙喜

傳　記

清・蜀西樵也《燕臺花事録》 絢春姜主人雙喜，字麗雲，直隸河間人。年十七，出春馥，亦於癸酉識之。眉目疎秀，雅善修飾。性憨，喜諧笑，不與人忤，故人多招之。春馥近有弟子蔣雙鳳，字扶雲，年十四，廻波流媚，貌亦白皙。是爲後起之秀。

謝寶雲

傳　記

清・蜀西樵也《燕臺花事録》 謝寶雲，字月珊，年十六。劉寶玉，字碧珊，年相若，俱京師人，瑞春弟子。當癸酉時，謝生劉浄，與姚妙珊合演《進宫》諸劇，令人耳目一快。近則姚、謝已不能登場。而劉音益清健，且其軀復偉岸，乍見之，如貴介中人。至所繪蘭，亦有譽之者。

劉寶玉

傳　記

清・蜀西樵也《燕臺花事録》 謝寶雲，字月珊，年十六。劉寶玉，字碧珊，年相若，俱京師人，瑞春弟子。當癸酉時，謝生劉浄，與姚妙珊合演《進宫》諸劇，令人耳目一快。近則姚、謝已不能登場。而劉音益清健，且其軀復偉岸，乍見之，如貴介中人。至所繪蘭，亦有譽之者。

艾順兒

傳記

清·蜀西樵也《燕臺花事録》 艾順兒，字麗琴，京師人。年十五，嘉穎弟子。英爽不羣，音復清越。演《乾元山》諸劇，令觀者眉飛色舞。近易丈夫爲巾幗，豈硯師欲束其不羈之態耶。

張翠喜

傳記

清·蜀西樵也《燕臺花事録》 張翠喜，字桐仙，京師人。年十五，聲振弟子。初頗静默，近稍狡獪。石頑道人謂其姿首足駕如秋而上之，予則感其有愛我之言。

白喜林

傳記

清·蜀西樵也《燕臺花事録》 白喜林，字燕芬，直隸人。吴愛林，字燕芳，京師人。年均十三，杏春弟子。眼波含媚語，嚦嚦如新鶯。初不與人洽，偶撫之輒欲啼。近則頗工酬應矣。吴俊快解人意，而貌差遜。又其弟燕香，齒尤稚，演《冥勘》諸劇，名過兩兄，以崑弋腔較勝也，其秀亦在目。

梁亦琴

傳記

清·蜀西樵也《燕臺花事録》 梁亦琴，字倩儂，涿州人。年十四，馥荃弟子。額秀腰纖，語音清脆。歌場一見，殆移我情。中以小隙，往還遂疎。然知予所在，必徑來佐酒，亦復楚楚可憐。且予青衫落拓，感喟良深，其言間有如吾意者，故至今猶爲耿耿也。

梁雙喜

傳記

清·蜀西樵也《燕臺花事録》 梁雙喜，字蘭君，京師人。年十四，景福弟子。燈紅酒緑間，星眼迷離，微露玉粳。於當年露香，蓋十得四五焉。無怪鶼鶼君之顛倒，而予亦對新人如覿舊好也。

陸春燕

傳記

清·蜀西樵也《燕臺花事録》 陸春燕，字蕊仙，京師人。年十四，安義弟子。妝束上場，宛如好女。腰肢嬝娜，體態輕盈，只合以香扇墜目之。音尤清脆，隔簾嬌語，殆如去年之霞芬。天地生才，初不稍吝。明歲花榜狀頭，舍此奚屬耶。其同懷兄春蘭，年十六，貌僅中人，歌喉瀏亮，獨出冠時。

雷金福

傳記

清·蜀西樵也《燕臺花事録》 雷金福，字蓉仙，京師人。年十八，金樹弟子。癸酉時隸瑞和成部。日日演劇，予往觀最多。貌白皙，而笑靨微渦，天然美好。或感微疾，剪銀葉膏，較含桃大，貼兩眉角，尤增豐致。甲戌花榜，定作第七人，蓋亦以色選也。亥子屢宴其所，待人殊拳拳，顧不免徐娘之感。近已脱藉還家，舞衫歌扇，往事如塵，無復登場獻技矣。

藝文

清·蜀西樵也《燕臺花事録》 蓉仙，予云：蕊榜新開，芙蓉鏡下及第；雲璈疊奏，神仙隊裏逢君。

又 桃源客贈蓉仙聯帖云：鄉夢惹蓉城，趁帽影鞭絲，萬里壯懷來日下；秋心託仙子，看花團錦簇，一年游興寄天涯。酒間援筆立成，不愧才人吐屬。客寓都門日久，屢散千金。癸酉晤於青城主所，人極温雅，惟花天酒地中，不免次公狂耳。某郎呼爲醉劉。予作歌贈之云：伯倫一去二千載，醉鄉之春今尚在。攫金莫笑劉又愚，幾回酒渴思吞海。君家豈其苗裔耶，十年看遍長安花。有時乘興忽大叫，青天白日餐流霞。醉來每被青樓笑，得遇王郎作同調。燕臺楊柳無新枝，惟有櫻桃花絶妙。勸君更盡酒一尊，隨我閒入羣芳園。金鈴萬箇護不得，芙蓉一朵風中翻。置酒中庭爲花惜，祇恐秋容變成白。鬖髿春雲出岫來，清歌便布瑶臺席。夷甫有癖不言錢，次公之狂毋乃顛。佳人親口贈名字，醉劉乃以先生傳。吁嗟乎。男兒三十不稱意，久住都門甚疲憊。牀頭散盡千黄金，到口只期謀一醉。醉中又踏天臺山，桃花洞緊拂衣還。我亦青袍苦塵漬，天香枉向蟾宫攀。麯生風味聊復爾，孝廉船上香盈底。破甕知誰作主人，飲糟也合稱名士。人生何者能無愁，呼奴爲我營糟邱。君不見：滿天風月正無價，如此清凉有醉劉。舊爲露郎贊云：身材秀削，語音清脆。落落大方，一笑生媚。更可人憐，盈盈欲淚。微嫌不足，任性負氣。南昌君見之笑曰：其不足處正佳。予首肯者再。

張敬福

傳記

清・蜀西樵也《燕臺花事録》 張敬福，字紫仙。郭敬喜，字韻梅。俱京師人，年十七，敬善弟子。張歌喉較勝，與人言温婉可聽。郭工琵琶，爲近時陳桐仙之亞。有真性情，每語及同輩淪落者，輒泫然泣下。

郭敬喜

傳記

清・蜀西樵也《燕臺花事録》 張敬福，字紫仙。郭敬喜，字韻梅。俱京師人，年十七，敬善弟子。張歌喉較勝，與人言温婉可聽。郭工琵琶，爲近時陳桐仙之亞。有真性情，每語及同輩淪落者，輒泫然泣下。

素香

藝文

清・蜀西樵也《燕臺花事録》 素心何如天上月，香意不減春前花。

福雲

藝文

清・蜀西樵也《燕臺花事録》 神仙家世傳梅福，京雒才名愧陸雲。

玉福

藝文

清・蜀西樵也《燕臺花事録》 芙名玉福，予云：難得玉容如處子，可分福命到書生。

福兒

藝文

清·蜀西樵也《燕臺花事録》清福誰堪風月主，是兒生有雪霜姿。

雲卿

藝文

清·蜀西樵也《燕臺花事録》雲和雅奏原空俗，卿子英姿合冠軍。

倩儂

藝文

清·蜀西樵也《燕臺花事録》倩儂，予云：曼倩詼諧詞絶妙，吴儂煙水氣都消。

蕊仙

藝文

清·蜀西樵也《燕臺花事録》蕊仙，予云：蕊榜會看新及第，仙人聞説舊吹笙。

眉卿

藝文

清·澂江漁子《爲眉卿題畫六絶句》層嵐潑翠水拕藍，春影蓬蓬曉潤含。橋上赤闌花上霧，天涯三月夢江南。

好山如髻柳如眉，絳樹雙聲酒一巵。天也奈何應補石，花雖頃刻莫沾泥。

花潭千尺去來波，烟雨江干落絮多。雙槳渡將根葉去，愛河流盡是香河。

西陵松下舊同車，嫋嫋風前小樹花。彷彿櫻桃斜畔路，重沼春水覓胡麻。

杏春

藝文

清・鍾子安《安都門諸友》 回首歡場樂事違，翻疑昨是歎今非。酒痕瀉碧留花醉，波影流黄帶月歸。秋老孤鴻嗟獨去，春來雙燕傍誰飛。爲言沈約多情甚，瘦減腰肢尺二圍。春來句指杏春、燕芬、燕香也。

鳳蘭

藝文

清・蜀西樵也《燕臺花事録》 高陽酒徒《題露郎淡墨風蘭》云：夜月沈沈更漏永，仙人醉卧蓬萊境。撲鼻忽聞空谷香，當頭望見姮娥影。姮娥舊住廣寒宫，天上何年謫軟紅。手拍紫雲歌一曲，滿衣香惹桂花風。風流旖旎真無兩，記得前身金粟相。芸管傳來秋水神，花名書上春明榜。春明榜出長安城，走馬看花劇有情。聞説旗亭曾畫壁，相傳緱嶺愛吹笙。吹笙騎鶴趁清景，天涯聚首飄萍梗。情天未證維摩禪，仙風敢詡旌陽井。翻憐曲罷顧周郎，一笑相逢酒緑場。曾惠好風留畫扇，恰憐清露被微香。香國瓊姿誰第一，天挺芳蘭誇秀質。豪量吞殘李白杯，彩箋艷過徐陵筆。蘭兮蘭兮謝繁華，梨園無此好奇花。自昔詩標君子格，祗今春在美人家。美人遲暮尋常耳，難得餘芳常竟體。隋苑能争秋菊名，楚詞合其申椒美。吁嗟乎，穠艷天姿鬬靚妝，國香如此合稱王。櫻桃館裏花千樹，輸與秋風桂子芳。

遯園花隱前題云：燕草淒淒冷碧絲，素心從古賞心遲。臨風寫就離披態，愁絶香郎運腕時。

如此幽姿未出塵，國香無主歎沈淪。勸渠改畫桃枝艷，應許飛花上錦茵。

明僮墨蹟寓公留，天壤王郎慣種愁。漫向芳魂歌楚些，護花不力此生休。

紉芳我亦悵前因，楚澤迢遥莫問津。欲與同心契蘭臭，展圖何處覓佳人。

周素芳

藝文

清・蜀西樵也《燕臺花事録》 没個銷魂處。最迷離、空庭晚照，無人來去。昨日棠梨今日柳，留得春痕幾許。恁客子光陰非故。沈水香殘還對鏡，問菱花可解開言語。雙鬢亂，甚心緒。芳塵婉孌雕鞍路。不分明、脂憔粉悴，鳳城烟雨。十二闌干添幾曲，試把迴腸細數。者一片、新愁誰訴。萍絮因緣還自笑，我知君不問君知否。聊撅笛，唱金縷。

按：此乃麇月樓主爲素芳周郎作。郎即甲戌花榜第一人，見爲馥雲主人者也。

月珊

藝文

清·蜀西樵也《燕臺花事録》 朱西齋爲月珊作牡丹並題《浪淘沙》云：錦幄護瓊英，過了清明，姚黄魏紫鬬傾城。誤信胭脂容易買，却費調亭。　舊約記三生，試訂香盟，媧皇煉後倍瓏玲。幾度欲描描不得，五日纔成。

十三旦

紀事

清·蜀西樵也《燕臺花事録》 十三旦者，秦伶。有盛名，京師婦孺皆知之。同鄉某水部子甫數齡，善屬對。人舉此命對，即應聲曰：六一翁。廬陵有知，得無乾笑。

張金麟

傳記

清·蘿摩庵老人《懷芳記》 張金麟，字倚雲，蘇州人。其舅爲三慶部之阿金，度曲名手也。倚雲初入都，隸集秀部，爲春泉堂胡法慶弟子。法慶不解度崑曲，倚雲乃獨工。離師後，題所居曰麗春堂。性情莊雅，舉止和婉。體微豐，妝楊太真爲最宜。名噪一時，爲櫻桃第一枝。

張金蘭

傳記

清·蘿摩庵老人《懷芳記》 張金蘭，字倚香，蘇州人。少倚雲一歲，年十六始入都。爲熙春堂弟子，亦工度崑曲。離師後，所居曰留春堂。性孤介，面貌早瘁，不能與倚雲比。有弟子妝花旦者，人目之曰狐狸精。艷不免俗，亦傾動一時。

張翠香

傳記

清·蘿摩庵老人《懷芳記》 張翠香，字玉仙，蘇州人。殷采芝弟子，所居曰日新堂。慧中秀外，顧盼生姿，登場尤亭亭可愛。玉仙不畏暑，當夏不汗，所謂冰肌玉骨自清凉者。

張三福

傳記

清·蘿摩庵老人《懷芳記》 張三福，字梅生，蘇州人。所居曰日新堂。性坦易，貌姣好，而眉黛間常有恨色。演《刺虎》最工，亦以其愁娥雙蹙相稱也。頗解作字，净几明窗，雜陳古帖，兼之魚盎花缾，别饒清趣。

王長桂

傳記

清·蘿摩庵老人《懷芳記》 王長桂，字粲仙，揚州人。年十四五，娟麗無匹。二十許，艷冶如故。是餘慶堂弟子，離師後堂名槐慶。房櫳曲折，簾幕深沉。茶熟酒香，魂銷心醉。游者視若迷樓焉。

黃聯桂

傳記

清·蘿摩庵老人《懷芳記》 黃聯桂，字小蟾，皖之太湖人。白皙温潤，瞳子如翦秋水。是春福堂陳幼香弟子。幼香名長春，爲朱殿撰所眷，亦有狀元夫人之稱者。小蟾離師後，堂名春元。性伉爽，有俠伶之目。

莊清香

傳記

清·蘿摩庵老人《懷芳記》 莊清香，字蘭生，常州人。舊家子弟，淪入風塵。意致高遠，不屑與流輩伍，落落不肯隨衆調笑。飲酒甚豪，所居曰聞妙堂。

陳鳳林

傳記

清·蘿摩庵老人《懷芳記》 陳鳳林，字鸞仙，皖人。所居曰藕香堂。言論磊落超邁，眉宇間有英氣，席間嘗傲睨俗子。陳相國愛之。扮戲則《得意緣》、《玉玲瓏》之類。齒既長，乃於《羣英會》妝周郎，其豪可以想見。近鸞仙後隨黄中丞出都，略有餘資，商於漢口，可以温飽。

丁鴻寶

傳記

清·蘿摩庵老人《懷芳記》 丁鴻寶，字雲香，揚州人。鴻雲堂弟子。離師後，堂名曰印雪。色黔而格俊，舉止灑落，詼諧談笑，倜儻不羈而不迕客，故近之者衆。侯郎中最愛之。慶郎中遷觀察，貧不能治行。余與侯醵金資之，雪香亦以二百金爲助。慶官進，卒無以償也。

楊素蘭

傳記

清·蘿摩庵老人《懷芳記》 楊素蘭，皖人，所居曰心言堂。清麗特異，姿態天然。每一登塲，神采流映，觀者靡不眩目動心。惜爲摴蒲所誤，車馬未稀，門庭尚在，遽憂悴以殂，猶未娶婦也，是可傷已。

朱福喜

傳記

清・蘿摩庵老人《懷芳記》　朱福喜，字蓮卿，蘇州人。所居曰景春堂。稚齒静婉若幼女，稍長温雅若書生。絶無纖媚之態，而藴藉宜人。相對清談，如烏衣子弟。侍坐依依，不覺其爲梨園小史。戲祗《湖船》、《醉歸》、《獨占》、《水鬬》、《斷橋》數齣，其扮《獨占》，態濃意遠，情文深至，令觀者真妬羡秦小官焉。禀氣稍弱，憚於轉喉，履氍毹時恒少。景春堂自蓮芳出，櫻桃花下，車轂如雲。蓮卿弟子小蘭，字畹香，幽怨如空閨病女，貌中人，亦不甚解文義。然喜從寒士游，卒不得時譽。年既長，遂爲四喜部小雜，扶旗出塲，淚恒承睫。噫，寒士固不可近哉。稍後有郝天秀者，字蘭卿。依其母居，無師。予贈聯云：飛鳥依人，白袷翩翩佳子弟。旗亭畫壁，青尊日日對鶯花。

潘玉香

傳記

清・蘿摩庵老人《懷芳記》　潘玉香，字冠卿，蘇州人。姿貌明倩，歌喉清潤。所居曰豐玉堂。是國香譚天禄之壻，婦貌亦美，人稱佳偶。

俞秀蘭

傳記

清・蘿摩庵老人《懷芳記》　俞秀蘭，字香吏，蘇州人。娟秀出塵，清可徹骨。能作飛白，書所居曰春暉堂。香吏與小桐皆卓然雅品，非俗眼所能賞，故座客終稀。

俞鴻翠

傳記

清・蘿摩庵老人《懷芳記》　俞鴻翠，字小霞，傳經堂弟子。吴人，所居曰詠霓堂。妝小生，能書，亦寫蘭。有瀟灑拔俗之致。

華阿荃

傳記

清・蘿摩庵老人《懷芳記》　華阿荃，字佩秋，無錫人。柔媚旖旎，弱不勝衣。所居曰福新堂。

胡小金

傳記

清・蘿摩庵老人《懷芳記》 胡小金，字語山，蘇州人。吟秀堂弟子，所居曰春秀堂。夏秋芙之後，論姣麗以語山爲第一。一笑百媚，光采動人。如徑寸珠，能照十二乘。當之者莫不神魂失據，甘爲之死。

張寶香

傳記

清・蘿摩庵老人《懷芳記》 張寶香，字蘊卿，蘇州人。所居曰蓮清堂。文静婉約，亦有書生韻致。崑曲極工，可媲張倚雲。國卹遏密，倚雲出都爲人僕，蘊卿服賈。倚雲所託非知音者，悒悒死。蘊卿遇寇，折閲殆盡，遂成窶子。兩人度曲，實超越尋常，而遭際若此。凡所業至精者，所遇必極蹇，雖一技莫不然矣。京華蘜部，真堪顧曲者，十不得一。維新堂弟子崑寶，豐容盛鬋，色藝俱勝。唱曲知辨陰陽，喉舌、務頭、襯字，遇人輒同。繼之者湘雲，戲則不多，《游園驚夢》、《小宴》《七夕》，步武音節，皆有悟境。崑寶負盛名，己未，公車招之者幾廢寢食。稍一料理，數千金可立致。顧以不暇自謀，終未脱弟子籍。盛筵易散，鬱鬱早夭，湘雲童年酣嬉，少長厭棄賤業。離師後，依其兄順福以居。裹足不入歌樓，舊相識三五人晤語欵曲，衹道家常。喜從賞鑒家辨論法書名畫，爲籥翟中清涼居士。

沈寶珠

傳記

清・蘿摩庵老人《懷芳記》 沈寶珠，字蕊仙。儀容艷逸，神采飛騰。每入座中，竦動羣客。吐屬可愛，真如聰慧女郎。語山可比夏秋芙，蕊仙可比王長桂，其美皆國色。以蕊仙比語山，則蕊仙獨多清氣矣。扮《雙拜月》《贈劍》等戲，觀者神爲之往。

趙寶琴

傳記

清・蘿摩庵老人《懷芳記》 趙寶琴，蘇州人，張倚雲之妹壻。嬌憨綽約，態度天然，亦傾動一時，晚乃貧頓。

金林

傳記

清·蘿摩庵老人《懷芳記》 □金林，字紫香，吟秀堂弟子，堂名曰□□。妖韶婉孌，楚楚可憐，有飛鳥依人之致，扮《拾鐲》最動人。

張玉美

傳記

清·蘿摩庵老人《懷芳記》 張玉美，字荔仙，蘇州人。深山堂弟子，所居曰韞山堂。姿色穠粹，情意柔膩，望之如畫中人，就之若芝蘭玉樹。能飲酒，能畫胡蝶。

袁雙喜

傳記

清·蘿摩庵老人《懷芳記》 袁雙喜，字聽泉，蘇州人。所居曰倚樹堂。性和柔，吐屬可人意。雪膚玉肌，冠絶流輩，何郎固不傅粉也。

嚴寶琳

傳記

清·蘿摩庵老人《懷芳記》 嚴寶琳，字韻珊，蘇州人。春福堂弟子，十三歲登場，傾動城市。招之者日日坌集，至於應接不暇。姿態豐艷，亦有天真爛漫之趣。

紀事

清·蘿摩庵老人《懷芳記》 韻珊與韻秋同時。兩人同坐，璧人相對，光采互映，觀者莫能軒輊。厥後韻秋席豐履厚，衎衎燕樂。韻珊乃爲曲子師。士之有遇有不遇，固如此哉。

王翠官

傳記

清·蘿摩庵老人《懷芳記》 王翠官，蕊仙之從子。婀娜流麗，姿態橫生，是夏秋芙一派。愛之者衆，惜早夭，一時亦有玉樹生埋之歎。稚雲死，倚雲遂窮。翠官死，蕊仙遂大困。

王長貴

傳記

清・蘿摩庵老人《懷芳記》 王長貴，字蕊卿，皖人。風貌流宕，齒牙俊快。十四五扮花旦，傾動一時。三十許後，結束登場，豐姿如故。長貴蓄弟子，皆學其師，以冶蕩悅車子市兒，無一知名者。長貴年過四十，日日登場演《進府》、《趕廟》諸戲，令人欲嘔。

朱福壽

傳記

清・蘿摩庵老人《懷芳記》 朱福壽，字蓮芬，蓮卿胞弟也。視其兄尤静雅，稚齒喜作字，後乃益工，得者珍如珠玉。度曲亦極精，亭亭物表，獨步一時，無與抗者。潘侍郎極賞之，蓮芬遂謝去梨園，閉門種花臨帖。若舊相知招邀，堅令偶持歌扇，觀者益䁳眙以爲幸矣。以蓮芬方吴桐仙，有過之無不及。二十年來，亦惟此兩人爲足當大雅之目耳。

徐馥生

傳記

清・蘿摩庵老人《懷芳記》 徐馥生，字琴甫，蘇州人。本在清音隊内，以善歌自拔，列於菊部。

沈慶林

傳記

清・蘿摩庵老人《懷芳記》 沈慶林，字燕仙。評者謂姿致可儷稚雲。

張芷馨

傳記

清・蘿摩庵老人《懷芳記》 張芷馨，蘇州人。朱韻秋之甥。

張芷仙

傳記

清・蘿摩庵老人《懷芳記》 張芷仙，亦韻秋之甥。評者謂兩人可稱聯壁。

李艷儂

傳記

清・蘿摩庵老人《懷芳記》 李艷儂，大興人。所居曰嘉穎堂。無脂粉氣，無卑陋態，無謔浪語。朗如秋月，藹若秋雲。待人在若遠若近之間，而見者輒心醉。語曰：蘭無言而自芳。又曰：桃李無言，下自成蹊。艷儂之謂矣。初唱黄調不爲工。後扮崑曲之小生，烏巾白袷，玉山照人，乃極相稱。自江南用兵，蘇揚稚幼不復販鬻都中。故菊部率以北人爲徒，雖亦有聰俊狡獪可喜者，而體態視南人終遜。惟艷儂亭亭獨立，如王謝家兒，可以憑班絲隱囊，捉玉麈柄清談竟日。即追求於昔年南産諸郎，尚不易覯，不意得之於北産。其家本在慶豐牐傍，殆鍾潞水之秀歟。

沈阿壽

傳記

清・蘿摩庵老人《懷芳記》 沈阿壽，字眉仙，蕊仙弟也。伉爽類兒，顔色詞令差遜。扮《活捉》、《刺虎》極工。

沈小寶

傳記

清・蘿摩庵老人《懷芳記》 沈小寶，蕊仙子，妝武生頗有英氣，惜口吃。與眉仙同居，仍稱聯星堂。

杜蝶雲

傳記

清・蘿摩庵老人《懷芳記》 杜蝶雲，以字行，蘇州人。所居曰玉樹堂。余見時，齒已長矣。本扮旦，至是則生末净恣意爲之。或妝吐火判官，觀者嘩訝，是聰穎人也。有弟曰阿五，能度崑曲，妝正旦，其聲清脆動聽，常衹奉藩郎。

徐金兒

傳記

清・蘿摩庵老人《懷芳記》 徐金兒，字逸仙，蝶仙之弟，人恒呼之曰阿二。妝小生，崑曲最妙。蝶仙雖壓倒一時，而知音者皆謂逸仙實勝之。譬之於書，蝶仙不免側筆取妍，逸仙則筆筆中鋒也。與芷秋並演，如紅蓮淥水，相得益彰。所居曰崇德堂。

陸金鳳

傳記

清・蘿摩庵老人《懷芳記》 陸金鳳，字翼仙。所居曰桐華堂。

松齡

傳記

清・蘿摩庵老人《懷芳記》 松齡，隸和春部。色藝壓同輩，名噪一時。齒既長，顔色不衰。既蓄鬚謝去，司事者啖以重金，剃鬚復登場焉。殆五十餘歲，評者以爲人妖。都中菊部，曰四喜、曰春臺、曰三慶、曰和春。四部雖齊名，和春獨不爲士大夫所與，衣冠公宴未有呼和春者。市井小夫乃樂觀之。有友呼別部羣應，而特從和春招松齡來演《翠屏山》，余得寓目，妖冶誠無匹也。

旺兒

傳記

清・蘿摩庵老人《懷芳記》 旺兒，是茶寮中捧盤童子，貌白皙，心性儇巧，遂爲好之者慫恿入鞠部。爲花旦振動一時，趨之者如蟻附羶。余入都後，見其登場，黄腔最工，惟步武不中繩尺，蓋小時未從師之故也。歌伶雖賤技，而品格不同。其爲賢士大夫所親近者，必皆能自愛好，不作諂容，不出褻語，其令人服媚，殆無形迹之可指。愛身如玉，尤如白鶴朱霞，不可即也。別有一派，但以容貌爲工，謔浪媟嬻，無所不至。且如柳種章台，任人攀折。此則我輩所惡，而流俗所深喜者。松齡、旺兒，固流俗所喜，似可置而不論，然皆絶頂聰明，超絶流輩，譬之婆羅辟門支果，雖落旁門，其精詣亦未可磨滅也。都門二十年前，惟長庚、三勝、二奎以黄腔負重名。青衫旦、刀馬旦往往年稍長，藝始長。近五六年，師以教其弟子，即有喊黄腔，妝武旦，爲異日包銀地一變而爲西皮，則秦聲激越高哀怨盈耳，無雅俗趨之若鶩，坐上客滿，至不能容，萬方聲一概，吾道欲何之。吾有私歎。西謳中有十三旦者，登場如鷩風蛺蝶，所扮演皆淫佚之劇。廣庭屬目，如陳秘戲，江河日下，遂至於此。

韻秀

綜述

清・苕溪藝蘭生《側帽餘談》 歲丙子，道人宦遊洱海，某公踵而行之。取景和霞芬爲狀元，次韻秀萊卿，三德春朵仙。且以景和嘯雲臚唱，時論翕然，間有不滿於朵仙之爲探花郎者，以品遜也。蕊榜發後，不知者以某公與梅慧仙有舊，故獨厚於景和焉。不知霞芬之冠冕羣芳，久已藉藉人口，雖欲置諸下乘，不可得也。至傳臚一坐，本無足重輕。某公之意，殆以緑葉烘托牡丹耳。

楊桂雲

論説

清・苕溪藝蘭生《側帽餘談》 朵仙以演蕩婦擅名，觀者識與不識，僉謂無出其右也。惜花老人曰：壬申之秋，朵仙始自津門來。齒尚穉，而登場度曲，顰笑皆工，略無羞澀態。余目爲後來之秀，今果然矣。

傳記

清・佚名《菊臺集秀録》 德春主人楊桂雲，字朵仙，順天人。前掌四喜部，唱花旦。《十二紅》、周屠妻。《殺皮》、内掌櫃。《雙鈴記》、趙玉兒。《烏龍院》、閻婆惜。《翠屏山》、潘巧雲。《探親》、旗婆。《紅鸞喜》、金玉姐。《入府》、表大奶奶。《梅玉配》、太太。《下河南》、媒婆。《打刀》、鐵匠妻。《虹霓關》、夫人。《雙釘記》、忤作妻。《闖山》、董金蓮。《樊江關》、樊黎花。《燒靈》、劉氏。《英傑烈》、匡忠妻。《破洪州》、穆桂英。《貪歡報》、女老板。《盤絲洞》、蜘蛛。

紀事

清・王韜《瑶臺小録》 瑞勝和部田際雲，定州人，世所稱想九霄者也。幼隸某巨公門下，爲小優。巨公出鎮灤陽，際雲乃隨其師某之上海，改習秦腔，時年甫十四五耳。姿韻幽嫺，音調清脆，與凡爲秦聲者不同。顧南士多守雌，蔽所習見，尋常徵逐，率諂事妖姬姹女，盡態極妍，反謂明僮一流不足掛齒。際雲憤甚，遂於弱冠後復之京師。至則結束登場，發吭引聲，一座盡驚歎。於是貴人達官，下至販夫騶卒，無不嘖嘖想九霄者。或偶覿一面接一語，則視軒冕圭組之。榮不啻過之。一時聲譽所流，遂遠勝滬瀆十倍。嗚呼盛矣。

又 際雲屢往來於京都、歇浦之間，曾爲丹桂班主，折閲數千金，然後決然捨而之京，聲華藉甚。聞近已爲内庭供奉矣。辛巳歲，靉靆軒主客上海，夜必出郭觀田郎演劇，雖大風雪不阻。人或疑有他遇，幾無以自明。

藝文

清・王韜《瑶臺小録》 論者謂：際雲設當盈盈十五時，即翩然以翔於日下，不知羣公傾倒當更作何等狀。乃驪齒未暮，而伯樂終逢。梁雲早飛，而韓娥始歎。然則孰謂軟紅塵土中，無真衡鑒哉。玩賞不足，爲詩以張之，贈以五律三首：天與娉婷質，嗔宜笑亦宜。衣香飄綷縩，釵影壓琉璃。碎步提鞵際，濃歌卻隊時。移情剛一瞥，消息到今疑。

鳳鑰隔迢遥，思君暮復朝。瑶臺一相見，藉以永今宵。對影難爲語，聞聲未可招。元經空獨抱，誰解子雲嘲。

奇質不可悶，聲華輦下高。我携磨鏡具，來聽鬱輪袍。毷氉原吾分，飄零又爾曹。春中江上月，相照莫辭勞。

秋菱

綜述

清·苕溪藝蘭生《側帽餘談》 情猶水也，水無刻不流，情何時可閡。我輩志希風雅，安能如太上之忘情。然亦不宜涉於邪，如子朱子所謂得其情性之正者，斯可矣。吾友如平陽生、賦艷詞人、香溪漁隱、披沙子、護花尉輩，皆能見得到此，故於秋菱、艷仙、妙珊、如秋，皆愛之重之而不忍褻之。夫亦謂彼既薄命如花，我雖不能供之几席，以恣賞玩，又不能徧護金鈴，使不摧折。惟是蘭之芳，菊之秀，蓮花之清矯，芙蓉之淡艷，或生空谷，或寄東籬，或出淤泥而不染，或涉秋江而可采，而皆自成逸趣，對可忘飢。若有情若無情，而情乃彌永，何必褰裳涉洧，效狂且爲。嗟乎。使秋菱輩情根牢固，亦如吾友之所以待之者，則熱火坑中，詎必無青蓮一朵哉。

夏鴻福

綜述

清·苕溪藝蘭生《側帽餘談》 夏鴻福，鳴於辛未、壬申間。歌聲宏亮，直欲飛上九天。香溪始招之，以其性近和嶠，稍稍厭去。洎重入都，知侍某達官出鎮塞外。鴻飛冥冥，不少弋人之篡云。

小福壽

論說

清·苕溪藝蘭生《側帽餘談》 杏林春燕，久傳藝林韻事。小福壽居於韓家潭，顔其堂杏春。蓄雙雛，曰：燕秋、燕香，秀外慧中，並皆佳妙。余招燕秋，而以香屬山陰道人。一時王謝子弟，亦爭致之。燕秋字喜林，小名五兒。

燕秋

論説

清・苕溪藝蘭生《側帽餘談》 杏林春燕，久傳藝林韻事。小福壽居於韓家潭，顔其堂杏春。蓄雙雛，曰：燕秋、燕香，秀外慧中，並皆佳妙。余招燕秋，而以香屬山陰道人。一時王謝子弟，亦争致之。燕秋字喜林，小名五兒。

藝文

清・苕溪藝蘭生《側帽餘談》 曾繪《杏林春燕》扇贈燕秋，並題其上云：杏雨吹殘，春雲夢曉。睠枝頭之小鳥，猶自依人，散簾外之輕紅，幾經過眼。偶因薄醉，輒惹閒愁。聊倚金縷新聲，以贈玉樓舊識。詞曰：一夜廉纖雨。怕匆匆、幾聲啼鴂，唤春歸去。别院蝦鬚剛半捲，簾外鬧紅無數。正燕子雙雙飛處。比似桐花，雛鳳小試，清聲隱約雕梁度。還愛作，掌中舞。聰明未必輸鸚鵡。最憐渠、半襟紅淺，背花偷覷。軟語商量渾不定，意欲留將春住。又只恐、流鶯相妒。别有翩翩輕絮影，趁東風飛傍差池羽。任繾綣，等萍聚。

又 燕秋工小劇，明姿憨態，光艷射人，性靈慧，解人意。秋波流媚，詞旨便巧，四坐歡然。嘗擬聯云：歌艷殢人嬌，正燕子來時。杏花開候；夜闌留客醉，況秋波一翦，春色三分。後以秋改名，未果贈。

燕香

論説

清・苕溪藝蘭生《側帽餘談》 杏林春燕，久傳藝林韻事。小福壽居於韓家潭，顔其堂杏春。蓄雙雛，曰：燕秋、燕香，秀外慧中，並皆佳妙。余招燕秋，而以香屬山陰道人。一時王謝子弟，亦争致之。燕秋字喜林，小名五兒。

楊三

論説

清・苕溪藝蘭生《側帽餘談》 歌僮學曲，必擇樂坊名優。如程長庚、王九齡、張喜、馬六、長壽、常四、劉五、趕三等，皆若輩師資也。若崑劇，則另有一種曲師，不甚著名。惟有楊三者，吴人，善崑丑。游京師久，往往與雛伶合演。惜年已邁，近來小演，喉音微塞，直亦憾事。

蕙芳

論説

清·苕溪藝蘭生《側帽餘談》 雪舫既去，繼起者乃有蕙芳。其人所演都鬚眉丈夫，貌亦相稱。多材多藝，足與雪舫埒。某豪貴亟賞之，時召充家樂，旋爲脱籍。惜本領既大，心計轉粗。黄鐘之音，移而瓦缶。選聲者正無訝輟歌之速也。

素芳

論説

清·苕溪藝蘭生《側帽餘談》 素芳以崑生占甲戌首選，乃怡道人破格之舉。芳沈摯寡言，雅淡絶俗。酬對間，自有一種清氣撲人眉宇。論者以花中水仙推之。與江左孫郎洽，郎自捷南宫後，興采遄發，坐間無芳不歡。芳非郎亦不即赴也。莫釐山人嫻崑曲，於教坊少所許可。惟芳則譽不絶口，藝可知矣。素芳眉目如畫，好事修飾，而不屑作濃艶妝。曾見其月夜披白袷衣，坐桃簟，調《梅花三弄》。翩翩風致，彷彿張緒當年。

劉寶玉

紀事

清·苕溪藝蘭生《側帽餘談》 劉寶玉有玉環之肥，當其闊步氍毹，演李青蓮醉寫，風流跌宕，真神仙中人也。性素戇，言貌質樸，頗近率真。同堂如妙珊輩，芳譽寖衰，而玉仍頗撲不破。顧空負虚名，誰以怡紅貯之。或曰：寶玉之言貌質樸，正其巧以逢迎，非率真也。余曰：若然，玉不足貴矣。然玉貴乎靈，玉而樸等於頑。頑則近於石，亦非足貴。石耶，玉耶。頑耶。靈耶。還以質諸愛玉者。蕙香本無字，曰妙仙者，披沙子所命也。與紉仙同師，皆工崑劇。顧沈默尠靈趣，或以泥美人誚之，正非苛論。其師種桃道士愛之，時加蜾蠃之咒，致紉仙頗有懟言。二女同居，其志不同行，厥占在家人之睽矣。

鄭薌

紀事

清·苕溪藝蘭生《側帽餘談》 鄭薌有飛花之癖。羅列唐宋詩句有花字者，自一至七，排比匀稱，用蠅頭小楷書之扇頭。嘗見有瑯琊太史書贈者，尤精工無匹，可擬於王鐸《燕子箋》抄本。

唐采芝

傳　記

清・佚名《新刊鞠臺集秀録》　彩芝，姓唐，號瑶華。唱花旦，善琵琶。《打麪缸》、《别妻》、《賣餑餑》、《雙摇會》。

清・佚名《情天外史・逸品第十》　國興堂采芝，姓唐。年十五歲，本京人。扮演花旦，兼擅琵琶。隸天仙部，擅長《打扛子》、《賣餑餑》、《翠屏山》之鶯兒。尤妙者，演《别妻》、《麪缸》二劇，自彈琵琶，真乃落花流水，妙造自然。

藝　文

清・佚名《情天外史・逸品第十》　逸民自古七賢偕，品騭名優得九佳。采榦搜巖添一格，芝房樂府忍塵埋。

楊小朶

傳　記

清・羅癭公《菊部叢談》　楊小朶之父朶仙，以蕩逸著，小朶承其風，有名一時。其姿容豐艷，固極動人也。

藝　文

清・佚名《情天外史續》　憨然情態美丰儀，品貌團團亦可兒。小曲細喉頻弄響，朶釵椎髻自生姿。

于奎芳

傳　記

清・佚名《新刊鞠臺集秀録》　奎芳，姓于，唱花面，隸福壽部。戊戌武花榜第九人。《八扯》、《飛虎山》、《雙包案》、《鎖五龍》。

章銘坡

傳　記

清・佚名《新刊鞠臺集秀録》　餘慶主人章銘坡，號瑞卿，小名金虎，唱崑旦，兼花旦，善飲酒，隸玉成部。《刺虎》、《摇會》、《湖船》、《奇雙會》。

蓉華主人

傳記

清・佚名《新刊鞠臺集秀録》 蓉華主人，號蓉仙，别名一汪水，唱花旦。《送麵》、《摇會》、《貪歡報》、《闖山》。

喜雲

傳記

清・佚名《新刊鞠臺集秀録》 二主人喜雲號芷仙，唱青衫，善音樂，隸四喜部。《蘆花河》、《戰蒲關》、《教子》、《五花洞》。

盼雲

傳記

清・佚名《新刊鞠臺集秀録》 三主人盼雲，號芷儂，唱老生，兼娃娃生，隸四喜部。戊戌花榜第五人。《御林君》、《黄金臺》、《攩亮》、《教子》。

馥苓

傳記

清・佚名《新刊鞠臺集秀録》 少主人馥苓，號雅芬，小名五九，唱花旦，隸福壽部。甲午花榜第二人。《翠屏山》、《胭脂虎》、《雙丁記》、《烏龍院》、《打櫻桃》、《玉玲瓏》、《穆柯寨》、《雙摇會》。

張彩仙

傳記

清・佚名《新刊鞠臺集秀録》 彩仙，姓張，號紫芬，唱青衫。《打金枝》、《落園》、《戰蒲關》、《進宫》。

劉彩虹

傳記

清・佚名《新刊鞠臺集秀録》 彩虹，姓劉，唱老生。《打金枝》、《文昭關》、《戰蒲關》、《金馬門》。

王佩雲

傳記

清・佚名《新刊鞠臺集秀録》　少主人佩雲，小名官兒，唱青衫。《二進宮》、《蒲關》、《彩樓配》、《落園》。

侯彩雲

傳記

清・佚名《新刊鞠臺集秀録》　彩雲，姓侯，唱花面，隸福壽部。戊戌武花榜第四人。《打龍袍》、《天水關》、《黑風帕》、《斷密洞》。

朱小霞

傳記

清・佚名《新刊鞠臺集秀録》　雲龢主人朱小霞，係霞芬主人之子。唱花旦，隸四喜部。甲午花榜第四人。

韓小寶

傳記

清・佚名《新刊鞠臺集秀録》　少主人小寶，名國永，唱花旦。

孟小如

傳記

清・佚名《新刊鞠臺集秀録》　小如，姓孟，號薇芳，係近華主人孟如秋之子。唱崑旦，兼娃二生，戊戌花榜第一人。《打櫻桃》、《舟配》、《鐵蓮花》、《湖船》。

賈湘琴

傳記

清・佚名《新刊鞠臺集秀録》　湘琴，姓賈，小名長明，唱小生。

李秀琴

傳記

清·佚名《新刊鞠臺集秀録》 秀琴，姓李，小名壽兒，唱老生。

李紫珊

傳記

清·佚名《新刊鞠臺集秀録》 玉華主人李紫珊，小名萬盞燈，唱花旦，隸玉成部。《小上墳》、《紅鸞禧》、《馬上緣》、《座樓》。

李金卿

傳記

清·佚名《新刊鞠臺集秀録》 少主人金卿，小名柱兒，又小名燈兒。《雙沙河》、《玉玲瓏》、《雙摇會》、《賣胭脂》。

鄭盼仙

傳記

清·佚名《新刊鞠臺集秀録》 韻霓主人鄭盼仙，名二奎，唱青衫。《探窑》、《打金枝》、《祭江》、《玉堂春》。

吴彩霞

傳記

清·佚名《新刊鞠臺集秀録》 興華主人吴彩霞，號笙華，唱青衫。《迴龍閣》、《探母》、《金水橋》、《祭塔》。

錢長生

傳記

清·佚名《新刊鞠臺集秀録》 熙春主人錢長生，號芝雲，隸四喜部，唱崑旦，兼青衫。《湖船》、《琴調》、《偷詩》、《進宮》。

麗生

傳記

清·佚名《新刊鞠臺集秀録》 二主人麗生，號葵雲，唱小生，兼丑及净，隸四喜部，兼三慶部。《寄柬》、《挂畫》、《拐磨》、《花鼓》。

張鐵仙

傳記

清·佚名《新刊鞠臺集秀録》 鐵仙，姓張，號雲薇，唱崑旦，兼青衫，隸四喜部。《斷橋》、《獨占》、《祭塔》、《出塞》。

王金仙

傳記

清·佚名《新刊鞠臺集秀録》 金仙，姓王，小名順兒，號妙雲，唱花旦，兼崑旦，隸四喜部。《入府》、《借傘》、《鵲橋》、《賣餑餑》。

張銀仙

傳記

清·佚名《新刊鞠臺集秀録》 銀仙，姓張，小名連兒，號寶雲，唱老生，兼小生。《御林君》、《進宫》、《偷詩》、《三拉》。

時實保

傳記

清·佚名《新刊鞠臺集秀録》 二少主人實保，號炳章，唱花面，隸春和部。《黄金台》、《御果園》、《黑風帕》、《鎖五龍》。

劉福雲

傳記

清·佚名《新刊鞠臺集秀録》 福雲，姓劉，唱老生。《牧羊圈》、《打金枝》、《洪洋洞》、《趕三關》。

陳桐雲

傳記

清・佚名《新刊鞠臺集秀録》　桐雲，姓陳，唱花旦。《胭脂虎》、《探親》、《坐樓》、《雙釘記》。

王秀雲

傳記

清・佚名《新刊鞠臺集秀録》　秀雲，姓王，唱丑。《絨花計》、《淙花溪》、《打竈》、《探親》。

孫彩珠

傳記

清・佚名《新刊鞠臺集秀録》　樂安主人孫彩珠，唱花旦。

梅大鎖

傳記

清・佚名《新刊鞠臺集秀録》　景龢主人梅大鎖，李鐵拐斜街。善胡琴，係巧玲主人之子。

吴順林

傳記

清・王韜《瑶臺小録》　穎秀主人吴順林。順林，字靄仙，一字如雲，順天人。初隸春茂，脱籍後，從學時小馥，操青衫，藝甚工，幾有青勝於藍之勢。貌弱而文，性和以介。情意繾綣，不斤斤以貨財爲重，人謂其師所不能及。余於賓朋雅集時，從未與靄仙相遇，而愛慕之心，出諸自然。此亦佛家所謂前因也。

清・佚名《鞠臺集秀録》　春茂堂陳順林，字如雲，順天人。隸四喜部，唱青衫。《祭江》、孫夫人。《彩樓配》、王寶川。《回龍鴿》、同上。《戲妻》、羅敷。《二進宫》、李燕妃。《教子》、王春娥。《探母》、公主。《宇宙峯》。小姐。

清・佚名《新刊鞠臺集秀録》　韻秀主人吴順林，號如雲，唱青衫，隸四喜部。《祭江》、《探母》、《教子》、《宇宙峯》。

藝文

清・王韜《瑶臺小録》 贈以二絶句：未敢憐君轉念君，亦莊亦雅亦温文。天風夜半吹瑶瑟，葉葉羅衣欲化雲。

法曲飄零漫引商，詞場老輩漸淪亡。新聲徵到青衫子，讓與吴郎一國狂。

孫怡雲

傳記

清・王韜《瑶臺小録》 熙春孫怡雲，字雅仙，小名祥兒，順天人。端麗如静女，時於言笑中見真性情。丙戌文榜第二，年甫十二三耳。

清・佚名《新刊鞠臺集秀録》 怡春主人孫怡雲，號芷青，隸四喜部。唱青衫，兼花旦，善胡琴。《探母》、《彩樓》、《擊掌》、《迴龍閣》、《落園》、《琵琶行》、《琴調》、《玉堂春》。

藝文

清・王韜《瑶臺小録》 贈以五律一首：箏柱數華年，依依共綺筵。興來非有忤，小極倍生憐。逸性宜書畫，雛音泥管絃。相逢頻擲果，芳思落誰邊。

鄭瀚雲

傳記

清・佚名《鞠臺集秀録》 三兒，字瀚雲。隸四喜部，唱崑生。《掃秦》。瘋僧。

清・王韜《瑶臺小録》 春馥小主人鄭瀚雲。瀚雲，字杏衫，小字三兒，吴人，香蘭次子也。綺齡弱質，柔婉可念。丙戌文榜第三。秀蘭之徒，以秦雲最爲有聲。年十七，尚未脱籍，與杏衫堪伯仲。

藝文

清・王韜《瑶臺小録》 贈以二絶：閬苑曾看掃落花，春風取次到兒家。餐霞自有神仙種，莫誤人間泛月槎。

秋菊春蘭各自芬，因君彌復念秦雲。相思怕有人消瘦，好爇金鑪護夕熏。

時德保

傳記

清・王韜《瑶臺小録》 綺春少主人時德保。德保，字奎芳，吴人，時琴香小馥之子。琴香以青衫擅名，奎芳則爲正生色。年十二三即登場，奏技傾其座人，性婉摯，目微短視，畢止間，彌見春容之度。

清・佚名《鞠臺集秀録・少主人德保》 字奎芳。隸四喜部，唱生。《燒煙墩》、申侯。《困城》、馬芳。《攩諒》、康茂才。《探母》。楊四郎。

藝文

清・王韜《瑶臺小録》 贈以六言兩章：半温半冷性格，十三十五年華。劇談大似名士，讀曲羣推世家。

勒馬英姿颯爽，轉喉逸韻蒼凉。借問烏紗銀鎧，何如翠羽明璫。

尉遲笛雲

傳記

清・佚名《鞠臺集秀録》 少主人三兒，字笛雲。隸四喜部，唱花旦。《打櫻桃》、平兒。《賣餑餑》。女店家。

清・王韜《瑶臺小録》 韻秀少主人尉遲笛雲。笛雲，小字三兒，順天人，尉遲韻卿之子。年甫十三四，能演諸雜劇。盡態極妍，如置身於其際，由是有聲歌場中。蓋幼承其父之教，殫以詣力，名即隨之。世固未有苦心而不獲者也。韻秀諸徒以梅雲、綺雲爲冠。

清・佚名《新刊鞠臺集秀録》 少主篴人雲，小名三兒，唱花旦兼刀馬。《紅鸞禧》、《荷硃配》、《烟脂虎》、《馬上緣》。

綺雲

傳記

清・王韜《瑶臺小録》 綺雲，小名長兒，順天人。曲藝甚精，性情亦真摯可近。今梅雲已別樹一幟，韻秀惟綺雲、笛雲稱巨擘矣。

藝文

清・王韜《瑶臺小録》 贈以二絶：鍊出當年姹女身，狂情冶思總疑真。寫聲繪影知何限，沈著文章讓此人。

韻秀人材最鬱困，梅雲婉娩綺雲真。綺雲不共梅雲去，與爾同撑斗室春。

李麗秋

傳記

清・王韜《瑶臺小録》 穎和主人李麗秋。麗秋，小名官兒，順天人，朱霞芬靄雲之弟子也。霞芬本吳人，幼師景和梅巧玲。温麗莊雅，爲近十數年之冠。師承授受，具有淵源。故麗秋年越髫齔，已聲譽鵲起。及稍長，出籍別居，又從諸名優討論雜劇。性本聰慧，詣復精進，遂幾與楊朶仙、吳燕芳諸人相埒，亦庶乎能卓然自立者矣。

清·佚名《新刊鞠臺集秀録》 穎穌主人李麗秋，唱花旦。《賣胭脂》、《雙摇會》、《玉玲瓏》、《貪歡報》。

藝文

清·王韜《瑶臺小録》 蘐蘿軒主撰癸未第三次花榜，評麗秋曰：龍跳虎卧，鶯嬌蝶芳。此八字自謂能盡其妙。贈以七律一章：水樣温柔記弱齡，亦能狡獪亦娉婷。金樽酒滿常延月，碧漢槎通早渡星。顧影自憐垂柳舞，傷春愁損瘞花銘。蝶鶯龍虎真奇論，誰向無形證有形。

郭春元

傳記

清·王韜《瑶臺小録》 安義郭春元。春元，字梅仙，順天人。白皙善歌，當壬癸間，與王畹雲、裘英華輩齊名。

清·佚名《菊臺集秀録》 字梅仙，順天人。隸四喜部，唱生。《斬子》、楊六郎。《捉放》、陳宫。《二進宫》、楊皮。《南陽關》、伍雲召。《金水橋》、唐王。《打金枝》、同上。《回龍鴿》、薛平貴。《黄金台》。田丹。

陸華雲

傳記

清·王韜《瑶臺小録》 春馥陸華雲。華雲，小名喜兒，吴人，與錫慶陸小芬爲昆弟。癸未武榜第三，葹心小禪室主所定也。性情温厚，曲藝亦工，時譽頗以爲重。美人遲暮，今尚居弟子之班，正與偃蹇名場者同其鬱結矣。

紀事

清·王韜《瑶臺小録》 復春主人陸華雲，丙戌賦華雲詩，頗以未脱樊籠爲恨。今茲重見，已立家室，聲譽亦鼎鼎。乃知蠖屈之士，毋甘自菲薄爲也。

藝文

清·王韜《瑶臺小録》 贈以四絶句：我曾齔歲識芳名，想見車前擲果迎。今日因君感憔悴，文章尤命竟難更。

櫻桃花底坐緘愁，心事憑誰問蹇修。笑指尋常梁上燕，銜泥容易近朱樓。

兩字依人是網羅，蛾眉謡諑古來多。相如也有揮金願，奈此成都四壁何。

月子團圞自有時，莫因愁緒損芳姿。玲瓏簾外看秋水，除卻同心更孰知。

又 贈以二絶：竟有英雄自立時，當年深慨美人知。 因君轉悟窮通理，不向人間賦感知。

豪飲狂歌得幾人，相逢落落建兒身。 郤憐綺席難迴避，猶自香車碾細塵。

鄭杏衫

傳　記

清・王韜《瑶臺小録》 鄭杏衫，名瀚雲。 杏衫今年十四，高情朗韻，有薛車子之聲。 慧舌靈心，擅黄皤綽之辯。 京洛雅材，此其冠矣。

姚麗蕖

傳　記

清・王韜《瑶臺小録》 雲和姚麗蕖。 麗蕖，字芙初，小名元兒，天津人。 性情閒婉，每會飲，拇戰甚豪，有力敵萬夫之概。

藝　文

清・王韜《瑶臺小録》 贈以二絶：依約湘君舊姓姚，手扶靈氣下丹霄。 衆中不敢多言説，纔者秋波意也消。

美人如劍氣如虹，入座泱泱賦大風。 拇戰直贏三百盞，漫言優孟不英雄。

梅肖芬

傳　記

清・王韜《瑶臺小録》 梅肖芬凌雲，三年不見，肖芬貌益豐碩。 雖時赴歌場奏技，而儒氣且益。 深言動雅，則令人可觀而不可狎，吾目中所見無第二人也。

藝　文

清・王韜《瑶臺小録》 贈以二絶：儒行何妨以墨名，彼蒼原未限豪英。 妍姿冶骨從誇艷，誰似梅郎水樣清。

黄金臺圮已多時，僥倖人間國士知。 我向風塵求駿骨，欲煩高唱籲雲詞。

朱桂秋

傳記

清・王韜《瑶臺小録》 德厚朱桂秋。桂秋，小名八子，吴人，朱蓮芬之子。藝工齒穉，歌聲遏雲。其安雅之度，異乎以姚冶爲入時者。

清・佚名《新刊鞠臺集秀録》 景春主人朱桂秋，小名八兒，蓮芬主人之子。唱老生，改習花旦。

藝文

清・王韜《瑶臺小録》 贈以五律一首：裘冶非無子，東南固有人。偉哉天地力，鍾毓到伶倫。筵月頻相照，園花取次新。元音終不沫，記取綺年身。

孫梅雲

傳記

清・佚名《新刊鞠臺集秀録》 韻春主人孫梅雲，號癯仙，唱青衫，兼花旦。《探母》、《教子》、《採桑》、《小宴》。

清・王韜《瑶臺小録》 韻春主人孫梅雲。癸未識梅雲，因自號靉靆居士，蓋取雲爲偏旁也。己丑入都，頗聞孫氏諸賓，有大相錯迕者，而不詳所以致此之由。已而相遇，且日疏，益莫可究詰。或謂有物焉間之，在梅雲亦不能自主。其然與否，吾不敢知。然而婉娩之容，便慧之性，當世終無以過之也。

藝文

清・王韜《瑶臺小録》 復爲二詩以續前詠：東鰈西鶼眷此生，苦拋心力誤多情。恩山怨海須臾事，畢竟誰贏薄倖名。詞令風華四座傾，燕蘭譜裏魏長生。相逢未恨相知晚，我亦曾聆唱渭城。

陳秦雲

傳記

清・佚名《新刊鞠臺集秀録》 馥雲主人陳秦雲，小名禄兒，唱花旦。

紀事

清・王韜《瑶臺小録》 馥雲主人陳秦雲。秦雲事母甚孝，與人酬酢無貧富之見，恒十餘年不衰。昔覯其人，今知其行。

藝文

清・王韜《瑤臺小録》賦以補前詩之未備：陳郎煦煦得春氣，天性尤徵孺暮時。獨以艱難謀菽水，不徒游冶戀花枝。眼前富貴渾閒事，心上温馨有故知。聞說玉臺新下聘，好憑雙笑慰烏慈。

鄭二奎

傳記

清・王韜《瑤臺小録》韻秀鄭二奎。二奎，字盼仙，麗芬之弟也。姿神妍逸，某太史以狀元目之，聲譽遂滿日下。

藝文

清・王韜《瑤臺小録》贈以二絶：費盡燕支畫牡丹，何如本色任人看。花王自有真風格，只是人間品藻難。

略似韶年鄭麗芬，心香意蕋共氤氳。相逢爲誦今原句，知有寒温繫雁群。

張春生

傳記

清・王韜《瑤臺小録》雲和張春生。春生，字荔衫，順天人。嫺雅能歌，專習崑曲，獨冠一時。己丑文榜第二。

藝文

清・王韜《瑤臺小録》贈以二絶：今日花叢誰俊物，吾獨屬目二三人。風流盡說張公子，羅綺天然嬌好春。

賓蘭韻秀瑣兒歌，才上氍毹奏采多。雅曲自希空獨抱，更無人賞待如何。

又 贈以七律二章：澄懷如水意如雲，文字緣深我共君。杮葉寫書芟僞體，蕙蘭留影挹清芬。磨人未可兼金惜，透紙須同運甓勤。他日藝林馳駿譽，料應次第策殊勳。

維摩示疾强登筵，脈脈情懷尚未宣。螺岫列眉通極浦，鳳城廻首隔遥天。未酬一願虚前日，從此相逢又一年。只有加餐珍重語，與君相勸更相憐。

顧玉仙

紀事

清・王韜《瑶臺小録》 顧玉仙，自號懷玉山人。自言與靉靆軒主爲文字交，酷嗜書畫，每見必論及之。告以作書須先從事隸楷，因示以法，且戒以勿習院體書。又愛寫蘭，乃倩姜子宜軒爲寫蘭譜一册。旅中饋遺，目楮墨管城子外，無他物也。

馬芷芬

傳記

清・佚名《情天外史・神品第一》 韻春堂芷芬，姓馬。年十五歲，本京人。扮演鬚生。隸天仙部，擅長《魚腸劍》、《斷密澗》、《轅門斬子》、《四郎探母》等劇。尤妙者，與桂仙演《天水關》一劇，洵屬秀雅絶倫，歌舞罕匹。

藝文

清・佚名《情天外史・神品第一》 神奇天授小郎君，品格聲歌兩軼羣。芷僻蘭幽宜特賞，芬遐香妙耐徐聞。

侯菱香

傳記

清・佚名《情天外史・雋品第二》 絢春堂菱香，姓侯。年十四歲，本京人。扮演老旦，隸天仙部。擅長《斷后龍袍》、《探窰》、《探母》、《望兒樓》、《釣金龜》等劇。尤妙者，與芝林演《滚釘板》一劇，真乃當場落淚，見真性情。

藝文

清・佚名《情天外史・雋品第二》 雋永珠喉最可嘉，品題一字未應差。菱歌清唱初更月，香圃頻開晚節花。

秦馥林

傳記

清・佚名《情天外史・艷品第三》 國興堂馥林，姓秦。年十四歲，揚州人。扮演花旦，隸天仙部。擅長《摇會》、《闖山》、《查關》、《入府》、《打櫻桃》、《胭脂虎》、《紅鸞喜》、《翠屏山》等劇。尤妙者，與芷芬演《探母》一劇，宛如雙璧聯輝，一時罕及。

藝文

清・佚名《情天外史・艷品第三》 艷如桃李正春風，品質天然肖化工。馥播芳蕤賦大陸，林歌翠羽夢師雄。

裘桂仙

傳記

清・佚名《情天外史・俊品第四》 雲穌堂桂仙，姓裘。年十五歲，本京人。扮演黑净，隸天仙部。擅長《魚腸劍》、《斷密澗》、《御果園》、《白良關》、《草橋關》、《打龍袍》等劇。尤妙者，與綺雲、吉祥演《二進宫》一劇，宛如鸞鳳和鳴，洋洋盈耳。

王蘭香

傳記

清・佚名《情天外史・能品第五》 絢春堂蘭香，姓王。年十五歲，本京人。扮演正旦，兼擅胡琴。隸天仙部，擅長《教子》、《戲妻》、《彩樓配》、《擊掌》、《跑坡》、《落園》、《宇宙鋒》、《戰蒲關》等劇。尤妙者，與菱香演《探窰》一劇，如聞子夜清歌，奈何頻唤。

清・佚名《新刊鞠臺集秀録》 王主人蘭香，唱青衫，住絢春堂。《宇宙峯》、《祭江》、《彩樓配》、《寄子》。

藝文

清・佚名《情天外史・能品第五》 能將艷冷訴幽情，品在花中似女貞。蘭轉光風人服媚，香凝濃露調清平。

張采仙

傳記

清・佚名《情天外史・異品第六》 國興堂采仙，姓張。年十五歲，薊州人。扮演小生，兼習小丑。隸天仙部，擅長《探母》之楊宗保，《打金枝》之郭曖等劇。尤妙者，與馥林、采芝、采鴻演《翠屏山》一劇之海和尚，真乃玉工巧做，點綴天然。

藝文

清・佚名《情天外史・異品第六》 異相休嫌鼻點青，品兒應屬此甯馨。采雲一片裳成錦，山樂三終壁畫亭。

顧采芬

傳記

清·佚名《情天外史·佳品第七》　國興堂采芬，姓顧。年十四歲，天津人。扮演鬚生，隸天仙部。擅長《戰蒲關》、《御林軍》、《魚腸劍》、《取滎陽》、《攩諒》、《醉寫》、《金馬門》等劇。尤妙者，演《擊鼓罵曹》一劇，真乃手如雨點，語似河流。

藝文

清·佚名《情天外史·佳品第七》　佳音入耳喜洋盈，品似詩家太瘦生。采映鬚眉如玉照，芬流齒頰遏雲行。

趙吟香

傳記

清·佚名《新刊鞠臺集秀録》　吟香，姓趙，號綺梅，唱青衫，隸玉成部。《寄子》、《迴龍閣》、《探窑》、《教子》、《祭江》、《孝感天》。

清·佚名《情天外史·倩品第八》　景穌堂吟香，姓趙，年十六歲，本京人。扮演正旦，隸天仙部。擅長《教子》、《戲妻》、《彩樓》、《擊掌》、《跑坡》、《落園》、《宇宙鋒》等劇。尤妙者，演《祭塔》、《祭江》二劇，真乃神情妖冶，哀艷動人。

藝文

清·佚名《情天外史·倩品第八》　倩兮微笑巧梳妝，品入詞家百媚娘。吟到梅花疊字錦，香含荀令滿庭芳。

張寶堃

傳記

清·佚名《情天外史·俏品第九》　景善堂寶堃，姓張。年十六歲，本京人。扮演花旦，隸天仙部。擅長《闖山》、《摇會》、《女店》、《茶館》、《荷珠配》、《紅鸞喜》等劇。尤妙者，演《小榮歸》、《變羊計》二劇，真乃微步凌波，乘風吹去。

藝文

清·佚名《情天外史·俏品第九》　俏學垂楊一搦腰，品聲合譜玉人簫。寶釵摇會眉横嫵，堃履娉婷步送嬌。

任梅仙

傳 記

清・佚名《情天外史續・超品第一》 韻秀堂梅仙，姓任。年十六歲，本京人。扮演老旦，隸同春部。擅長《斷后龍袍》、《探窰》、《望兒樓》、《釣金龜》、《胭脂虎》等劇。尤妙者，與二麗、吟香演《孝感天》一劇，真乃幽情苦緒，月冷風淒。

藝 文

清・佚名《情天外史續・超品第一》 超然臺上問名花，品列孤山處士家。梅點壽陽添艷額，仙逢萼緑比清華。

王鳳卿

傳 記

清・佚名《情天外史續・上品第二》 穎春堂鳳卿，姓王。年十四歲，蘇州人。扮演鬚生，隸四喜部。擅長《魚腸劍》、《御林軍》、《戰蒲關》、《醉寫》、《攩諒》等劇。尤妙者，演《蘆花河》一劇之薛丁山，真乃應絃赴節，高唱入雲。

藝 文

清・佚名《情天外史續・上品第二》 上下誰將明月分，品流消息近來聞。鳳凰未合題凡鳥，卿子何須號冠軍。

楊韻芳

傳 記

清・佚名《新刊鞠臺集秀録》 繡春主人楊韻芳，係馥華主人楊亦琴之子。唱青衫，住復春堂。《祭江》、《五花洞》、《祭塔》、《教子》。

清・佚名《情天外史續・媚品第三》 復春堂韻芳，姓楊。年十五歲，本京人。扮演小生，兼習正旦。隸同春部。擅長《教子》之薛乙哥，《寄子》之鄧方等劇。尤妙者，演《鐵蓮花》一劇之掃雪小兒，真乃體態嬌柔，聲情激越。

藝 文

清・佚名《情天外史・媚品第三》 媚生一笑奈何情，品肖閨中静女多。韻把小闌花向午，芳搴曲沼芰横波。

樊貴壽

傳記

清·佚名《情天外史續·殊品第六》 德厚堂貴壽，姓樊。年十五歲，本京人。扮演鬚生，隸丹桂部。擅長《捉放》、《魚藏劍》、《文昭關》、《戰蒲關》、《洪洋洞》等劇。年甫十五，音稍近亞，聽者惜之。然其吞吐抑揚，宗派殊未易得。

藝文

清·佚名《情天外史續·殊品第六》 殊好酸鹹豈俗同，品詩合遣唱玲瓏。貴聲宜在竹匏土，壽世還須筆墨工。

孫菊仙

傳記

清·佚名《情天外史續·妙品第七》 景善堂菊仙，姓孫。年十一歲，本京人。扮演花旦，隸天仙部。擅長《算命》、《掛畫》等劇。學戲無多，是以人罕識之。然其粉雕玉琢，姿媚最足動人。

藝文

清·佚名《情天外史續·妙品第七》 妙格簪花似女流，品饒姿媚勝同儔。菊觴應許陪佳士，仙曲宜歌上小樓。

陳彤雲

傳記

清·佚名《情天外史續·美品第八》 綺春堂彤雲，姓陳。年十四歲，上海人。扮演花旦，隸鴻奎部。擅長《嫖院》、《摇會》、《鋸缸》、《借妻》、《打竈》、《闖山》、《燒靈》、《背櫈》、《雙沙河》、《雙釘記》、《絨花計》、《紅鸞喜》、《下河南》等劇，履法習熟，出色當塲。

藝文

清·佚名《情天外史續·美品第八》 美堪説懌少人知，品與金蓮步步宜。彤管貽予諧雅韻，雲鬢助爾騁妍詞。

時慧寶

傳記

清・佚名《新刊鞠臺集秀録》 四少主人慧寶，號炳文，字佛珠，唱老生，隸春和部。《定軍山》、《除三害》、《教子》、《一捧雪》。

清・佚名《情天外史續・静品第九》 綺春堂慧寶，姓時。十四歲，蘇州人。扮演鬚生，隸鴻奎部。擅長《天水關》、《五雷陣》、《烏龍院》、《除三害》等劇。烏衣子弟，曾冠花榜，相見恨晚，附録於此。

藝文

清・佚名《情天外史續・静品第九》 静觀自得語從容，品畫評香莫負儂。慧業三生緣夙具， 寶傳一字衍真宗。

王岫雲

傳記

清・佚名《情天外史續・絶品第十》 綺春堂岫雲，姓王。年十四歲，本京人。扮演小丑，隸鴻奎部。擅長《嫖院》、《摇會》、《鋸缸》、《借妻》、《打竈》、《闖山》、《燒靈》、《背櫈》、《雙沙河》、《雙釘記》、《絨花計》、《紅鸞喜》、《下河南》等劇。姿趣横生，趕三流亞。

藝文

清・佚名《情天外史續・絶品第十》 絶辭應紀魯郊麟，品擅詼諧迥出塵。岫半金烏鐃艷色，雲中白鶴顯精神。

菊芳

傳記

清・佚名《新刊鞠臺集秀録》 菊芳，號秋生，唱青衫，兼小丑。《教子》、《寄子》、《祭江》、《採桑》。

簡三

傳記

清・陳澹然《異伶傳》 簡三者，蘇人也。面冷而工謔。每鄉會試出三則，即試題諷時政，詮釋豁然。同治八年，天津教案作，法蘭西洶洶且戰，卒以内難和。李文忠爲直督，左文襄定陝甘，劉襄勤定回疆。

鄭吉雲

傳記

清・佚名《鞠臺集秀録・少主人丫頭》　字吉雲。隸四喜部，唱崑旦。《湖船》。張大姐。

金寶

傳記

清・佚名《鞠臺集秀録・金寶》　字蕊雲，蘇州人。隸四喜部，唱崑旦。《花鼓》婆子，《湖船》張大姐。

陳石頭

傳記

清・佚名《新刊鞠臺集秀録》　穎川主人陳石頭，名德林，號瘦雲，唱青衫，兼崑旦，隸福壽部。《思凡下山》、《美人計》、《游園驚夢》、《斷橋》、《御碑亭》、《出賽》、《寶蓮燈》、《祭江》。

胡二立

傳記

清・佚名《新刊鞠臺集秀録》　韻華主人胡二立，名順奎，號素仙，唱青衫，隸四喜部。壬辰花榜第一人。《五花洞》、《教子》、《孝感天》、《祭江》。

陳根棣

傳記

清・佚名《鞠臺集秀録・芝秀主人陳根棣》　字芷卿，順天人。隸喜部，唱生。《回龍鴿》、薛平貴。《牧羊圈》、朱春登。《取滎陽》、漢高祖。《烏盆計》、綢緞客。《金水橋》、唐王。《打金枝》。同上。

張天元

傳記

清·佚名《鞠臺集秀録·瑞香主人張天元》 字瑞香，天津人。隸春臺部，唱青衫，兼花旦、刀馬旦。《趕三關》、代戰公主。《宇宙峰》、趙小姐。《得意緣》、雲鸞。《胭脂虎》、石中玉。《翠屏山》、潘巧雲。《殺狗》、蕭氏。《延安關》、雙陽公主。《破洪洲》、穆桂英。《玉玲瓏》、梁鴻玉。《下河南》、媒婆。《慶頂珠》、蕭姑娘。《攻潼關》。余小姐。

李艷儂

傳記

清·佚名《鞠臺集秀録·嘉穎主人李艷儂》 名得華，小名套兒，順天人。前掌四喜部，唱小生，兼崑、亂。傳載《明僮合録》。《游園驚夢》、柳夢梅。《醉歸》、秦鐘。《獨占》、同上。《梳妝跪池》、陳季常。《折柳》、李十郎。《監酒令》、朱虛侯。《孝感天》、公叔段。《射戟》、吕布。《舉鼎觀畫》、薛蛟。《琴挑》、潘必正。《謝親》。韓琦仲。

張敬福

傳記

清·佚名《鞠臺集秀録·平陽主人張敬福》 字紫仙，順天人。隸三慶部，唱青衫。《祭江》、孫夫人，《二進宫》、李燕妃，《雁門關》、青蓮公主，《探母》、同上，《蘆花河》、樊黎花，《宇宙峰》、趙小姐《落花園》、陳杏元，《教子》、王春娥，《牧羊圈》、趙錦堂，《金水橋》、公主，《打金枝》、昇平公主，《彩樓配》。王寶川。

孫藕香

傳記

清·佚名《鞠臺集秀録》 名玉荷，順天人。隸四喜部，唱崑旦。《藏舟》、鄔飛霞。《寄柬》、紅娘。《湖船》、張大姐。《花鼓》、婆子。《琵琶行》、商婦。《獨占》。花魁。

清·佚名《新刊鞠臺集秀録》 蕖華主人孫藕香，名玉荷，唱花旦，善飲酒。《藏舟》、《寄柬》、《湖船》、《花鼓》。

孟秋林

傳記

清·佚名《鞠臺集秀録·秋林》 字意雲,順天人。隸四喜部,唱花旦。《打麪缸》、周臘梅。《賣餑餑》。女店家。

清·佚名《新刊鞠臺集秀録》 錦林主人孟秋林,唱花旦。《貪歡報》、《思志城》。

梅二瑣

傳記

清·佚名《鞠臺集秀録·景穌堂少主人二瑣》 字竹芬,蘇州人。隸四喜部,唱崑生。《藏舟》劉蒜,《琵琶行》白居易。

升兒

傳記

清·佚名《鞠台集秀録·升兒》 字榮秋,順天人。隸四喜部,唱花旦。《打槓子》、小娘子。《打櫻桃》。平兒。

如琴

傳記

清·佚名《鞠臺集秀録·如琴》 順天人。隸四喜部,唱青衫。《彩樓配》、王寶川。《探窑》。同上。

陳嘯雲

傳記

清·佚名《鞠臺集秀録·景慶主人陳嘯雲》 字綺芬,順天人。隸四喜部,唱青衫。《孝感天》、公叔段夫人。《監酒令》、吕后。《祭江》、孫夫人。《寶蓮燈》、王夫人。《落園》、陳杏元。《打金枝》、昇平公主。《貴壽圖》、織女。《探窰》。王寶川。

王福官

傳記

清・佚名《鞠臺集秀録・敬華主人王福官》 字□，順天人。隸春臺部，唱花旦。《入府》、表大奶奶。《雙沙河》、公主。《雙搖會》、二奶奶。《送盒子》、周臘梅。《闖山》、董金蓮。《下河南》、媒婆。《打竈》、李三春。《紅鸞喜》。金玉姐。

清・佚名《新刊鞠台集秀録》 敬華主人；王福官，隸四喜部。《雙沙河》、《入府》、《雙搖會》、《打竈》。

陳四保

傳記

清・佚名《鞠臺集秀録・壽春主人陳四保》 字三秋，順天人。隸三慶部，唱崑旦。《醉歸》、花魁。《獨占》、同上。《跪池》、柳氏。《琴挑》、陳妙常。《偷詩》、同上。《思凡》。趙尼。

亮兒

傳記

清・佚名《鞠臺集秀録・亮兒》 字蕙雲，順天人。隸三慶部，唱崑旦，兼花旦。《湖船》、張大姐。《打麪缸》。周臘梅。

桂子

傳記

清・佚名《鞠臺集秀録・桂子》 字□，順天人。隸三慶部，唱丑。《湖船》、客人。《打麪缸》。張才。

鳳林

傳記

清・佚名《鞠臺集秀録・鳳林》 字畹香，順天人。隸三慶部，唱崑旦，兼青衫。《琵琶行》、花秀紅。《湖船》、張大姐。《彈詞》、李小姐。《二進宮》。

李燕妃。

徐寶方

傳記

清·佚名《鞠臺集秀録·少主人寶方》 字清華，順天人。隸四喜部，唱生。《二進宫》、楊波。《捉放》、陳宫。《牧羊圈》、朱春登。《天水關》、孔明。《斷密澗》、王伯當。《黄金臺》、田丹。《回龍鴿》、薛平貴。《醉寫》、李白。《攩諒》、康茂才。《胭脂虎》。金元帥。

寶慶

傳記

清·佚名《鞠臺集秀録·寶慶》 字□，順天人。隸四喜部，唱净。《天水關》、姜維。《黄金臺》、伊立。《二進宫》、徐彦昭。《捉放》、曹操。《斷密澗》、李密。《白良關》、尉遲公。《攩諒》、陳友諒。《牧羊圈》。中軍。

韓寶芬

傳記

清·佚名《鞠臺集秀録·景華主人·韓寶芬》 字潤華，天津人。隸三慶部，唱花旦。《打竈》、李三春。《胭脂虎》、石中玉。《玉玲瓏》、梁鴻玉。《斬子》、穆桂英。《雙摇會》、二奶奶。《雙沙河》、公主。《殺皮》、内掌櫃。《闖山》。董金蓮。

清·佚名《新刊鞠臺集秀録》 景華主人韓寶芬，字潤華，唱花旦。《雙摇會》、《胭脂虎》、《雙沙河》、《玉玲瓏》。

馥雲

傳記

清·佚名《鞠臺集秀録·春福堂馥雲》 順天人。隸四喜部，唱花旦。《賣餑餑》、女店家。《打櫻桃》、平兒。《打麪缸》。周臘梅。

扶寶

傳記

清·佚名《菊臺集秀録·扶寶》 順天人。隸四喜部,唱老生,兼崑丑。《探窰》、王夫人。《回龍鴿》、仝上。《斬子》、太君。《探母》、仝上。《戲妻》、秋胡母。《湖船》。客人。

春如

傳記

清·佚名《菊臺集秀録·春如》 字棠仙,蘇州人。隸四喜部,唱花旦。《賣胭脂》。姑娘。

春蓮

傳記

清·佚名《菊臺集秀録·春蓮》 字芙仙,順天人。隸四喜部,唱崑旦。《連相》、《湖船》。張大姐。

吴在昌

傳記

清·佚名《菊臺集秀録·燕春主人吴在昌》 字燕芳,小名六兒,順天人。隸四喜部,唱花旦,兼青衫。《孝感天》、公叔段夫人。《五花洞》、潘金蓮。《雁門關》、碧蓮公主。《殺皮》、内掌櫃。《十二紅》、周屠妻。《玉玲瓏》、梁鴻玉。《胭脂虎》、石中玉。《浣花溪》、任蓉卿。《小上墳》、小寡婦。《下河南》、媒婆。《烏龍院》、閻婆惜。《翠屏山》、潘巧雲。《紅鸞喜》、金玉姐。《雙搖會》、二奶奶。《闖山》。董金蓮。

孫心蘭

傳記

清·佚名《菊臺集秀録》 字性香,順天人。隸三慶部,唱青衫。《彩樓配》、王寶川。《探窰》、仝上。《打金枝》、昇平公主。《祭塔》、白蛇。《祭江》、孫夫人。《蘆花河》、樊黎花。《斬子》、穆桂英。《戰太平》。二夫人。

佩芬

傳記

清・佚名《菊臺集秀録・佩芬》 順天人。隸四喜部，唱花旦。《賣餑餑》、女店家。《打櫻桃》、平兒。《玉玲瓏》。梁鴻玉。

長兒

傳記

清・佚名《菊臺集秀録・長兒》 字綺雲。隸四喜部，唱武生。《雅觀樓》、李存孝。《淮安府》。賀人杰。

陳瑞麟

傳記

清・佚名《菊臺集秀録・瑞麟》 字璧人，順天人。前近信少主人。隸四喜部，唱生。《擋亮》、康茂才。《蘆花河》、薛丁山。《趕三關》、薛平貴。《醉寫》、李白。《金馬門》。仝上。

清・佚名《新刊菊臺集秀録》 韻仙主人陳瑞麟，小名狗兒，號稚芬，隸福壽部。《兒女英雄傳》、《探母》、《十粒金丹》、《採桑》。

盼雲

傳記

清・佚名《菊臺集秀録・國興堂三主人盼雲》 天津人。隸四喜部，唱生。《醉寫》。李白。

寶琴

傳記

清・佚名《菊臺集秀録・寶琴》 字小華，順天人。隸三慶部，唱花旦。《得意緣》、雲鸞。《殺皮》、内掌櫃。《玉玲瓏》、梁鴻玉。《胭脂虎》、石中玉。《拾玉鐲》、孫玉嬌。《下河南》、媒婆。《貪歡報》、李湘蘭。《雙沙河》、公主。《雙搖會》、二奶奶。《鬧山》、董金蓮。《浣花溪》、任榮卿。《紅鸞喜》、金玉姐。《探親》、旗婆。《翠屏山》、潘巧雲。《打竈》、李三春。《思志誠》。女老板。

吴寶奎

傳記

清・佚名《菊臺集秀録・寶奎》　字英華，天津人。隸四喜部，唱生。《胭脂虎》、金元帥。《黄金台》、田丹。《蘆花河》、薛丁山。《回龍鴿》、薛平貴。《五雷陣》。孫臏。

清・佚名《新刊菊臺集秀録》　寶奎，姓吴，號玉仙，唱老生，兼孩二生。戊戌武花榜第三人。隸福壽部，兼四喜部。《探母回令》、《斷密澗》、《五雷陣》、《趕三關》。

孫采珠

傳記

清・佚名《菊臺集秀録・樂安主人孫采珠》　字絢華，又字芷沅，蘇州人。隸三慶部，唱旦，兼崑亂，並唱花旦。《相約相罵》、雲香。《盜令》、趙翠兒。《水鬭》、青蛇。《斷橋》、仝上。《琴挑》、陳妙常。《姑阻失約》、仝上。《游園驚夢》、杜麗娘、春香。《雙拜月》、蔣瑞蓮。《紅鸞喜》、金玉姐。《烏龍院》、閻婆惜。《虹霓關》、夫人丫頭。《彩樓配》、王寶川。《金水橋》、宫主。《翠屏山》、潘巧雲。《破洪州》、穆桂英。《得意緣》。雲鸞。

翠鳳

傳記

清・佚名《菊臺集秀録・翠鳳》　順天人。隸四喜部，唱花旦。《女店》女店家，《打刀》内掌櫃，《上墳》小寡婦。

翠如

傳記

清・佚名《菊臺集秀録・翠如》　順天人。隸四喜部，唱丑。《女店》、管家。《打刀》。掌櫃。

陳桐仙

傳記

清・佚名《菊臺集秀録・寶春主人陳桐仙》　名喜鳳，順天人。隸四喜部，唱刀馬旦。《殺四門》、劉金定。《湘江會》、鍾無艷。《雁門關》。碧蓮公主。

順喜

傳記

清·佚名《新刊菊臺集秀録》　寶春主人陳桐仙，住櫻桃斜街，唱刀馬旦。《湘江會》、《雁門關》、《殺四門》、《竹林計》。

長壽

傳記

清·佚名《菊臺集秀録·順喜》　順天人。隸四喜部，唱花旦。《打麪缸》。周臘梅。

傳記

清·佚名《菊臺集秀録·長壽》　順天人。隸四喜部，唱崑旦。《花鼓》、婆子。《湖船》。張大姐。

長奎

傳記

清·佚名《菊臺集秀録·長奎》　順天人。隸四喜部，唱崑生。《藏舟》、劉蒜。《琵琶行》。白居易。

竹雲

傳記

清·佚名《菊臺集秀録·竹雲》　字篁仙，順天人。隸四喜部，唱生。《獨占》、秦鍾。《琵琶行》。白居易。

翠雲

傳記

清·佚名《菊臺集秀録·翠雲》　字苕仙，順天人。隸四喜部，唱崑旦。《湖船》、張大姐。《花鼓》。婆子。

黛雲

傳記

清·佚名《菊臺集秀録·黛雲》　字眉仙，順天人。隸四喜部，唱丑。《湖船》、客人。《花鼓》。忘八。

宋蓮卿

傳記

清·佚名《新刊菊臺集秀録》　少主人蓮卿，唱花旦，兼小生。《硃砂痣》、《鐵蓮花》、《打扛子》、《荷花配》、《教子》、《打竈》。

夏景清

傳記

清·佚名《新刊菊臺集秀録》　韻晴主人夏景清，唱花旦，兼小生。字秀芬。善飲酒，工丹青。

李三寶

傳記

清·佚名《新刊菊臺集秀録》　景秀主人李三寶，係嘉穎主人李硯儂之子。唱小生，善飲酒。同住韻晴堂。《射戟》、《打金枝》。

李小硯

傳記

清·佚名《新刊菊臺集秀録》　大主人小硯，唱青衫，隸福壽部。

李檀雲

傳記

清·佚名《新刊菊臺集秀録》　二主人檀雲，唱青衫，隸福壽部。

劉趕三

傳記

清・王小鐵《菊部群英》 保身主人劉趕三號寶山，天津人，六月二十六日生。隸永勝奎部。唱丑，兼騗子生。住韓家潭。《雙鈴記》、王先生。《羣英會》、蔣幹。《拾鐲》、劉媒婆。《絨花記》、崔八。《虹霓關》、孝子。《鴻門寺》、皂頭。《紅鸞喜》、金松。《趕考》、店家。《金玉墜》、店媽媽。《浣花溪》、魚夫人。《入府》、李瓶兒。《探親》、鄉下媽媽。《演禮》、太太。《逛燈》、瞎子。《搖會》、鄰居。《思志誠》、老媽。《請醫》、醫生。《玉玲瓏》、鴇兒。《貪歡報》、張旺。《龍鳳配》、狗陰陽。《審頭刺湯》、湯勤。《雙沙河》、魏小生。《小猪告狀》。《下河南》、公子。《八扯》、小二。《捉曹放曹》、呂伯奢。《教子》、薛保。《趕三關》、薛平貴、穆宏。《跑坡》、薛平貴。《回龍鴿》、同上。《打金枝》、唐王。《金水橋》、同上。《探窑》、老夫人。《戲妻》、秋胡。《天水關》、諸葛亮。《胭脂褶》。白皁隸。

清・佚名《菊臺集秀録・保身主人劉趕三》 字寶山，天津人，隸三慶部，唱丑兼生。《羣英會》、蔣幹。《絨花計》、崔八。《虹霓關》、孝子。《浣花溪》、夫人。《紅鸞喜》、金松。《探親》、鄉下媽媽。《請醫》、醫生。《審頭刺湯》、湯勤。《下河南》、公子。《雙鈴記》、毛先生。《紅門寺》、皇順。《趕考》、店家。《演禮》、太太。《雙沙河》、魏小主。《入府》、李瓶兒。《搖會》、鄰居。《八扯》、小二。《捉放》、呂不奢。《胭脂血》、白皂隸。《趕三關》。穆洪又薛平貴。

紀事

清・茗溪藝蘭生《側帽餘談》 趕三以亂彈小丑擅名，諧詼成趣，不顧時忌。某公以大吏入覲，同鄉觴之。三登場，以隱語中某公陰事。某公怒杖之。既脱，猶時以攖逆鱗自詡。有堂曰保身，蓄徒二，不甚佳，旋廢。正月琉璃廠有出燈謎者，以保身閉歇射戲名，識者謂趕三關云。

清・李伯元《南亭筆記》 甲午之役，文忠既獲嚴譴，都中某園演劇，趕三扮鴻鸞喜中之金團頭，於交代桿兒時，謂其夥伴曰：你好好的幹，不要剥去黄馬褂，拔去三眼翎。時文忠猶子某在座，聞之怒。上檯，立掌趕三頰，趕三因是鬱氣而亡。

朱幼芬

傳記

清・謝素聲《杏林擷秀》 幼芬姓朱氏，字桐琴，名伶霞芬之三子，生長京華。琪樹練神，冰壺濯魄。秀逸輕盈，脱盡人間煙火。一洗時下鉛華，如藐姑仙子，珊珊玉立。直欲使桃李盈庭，皆漸形穢。其吐屬之工，應對之敏，尤足令聞者傾心。具有珠玉之隨，不共箏琶之俗。羽衣託迹，抑蓮花化身。若置花叢，定許春風之占；合呼清友，爲吟《秋水》之篇。

藝文

清・謝素聲《杏林擷秀》 爲之贊曰：不穠而艷，不澤而芳。瓊林之秀，明珠之光。月碧天中，峯青江上。翡翠簾櫳，琉璃屏紫。彌淡彌馨，宜雅宜俗。妙語粲花，清言霏玉。是真色相，直佳公子。萬紫千紅，未許翹企。

王瑤卿

傳記

清・佚名《新刊菊臺集秀録》　怡雲主人王瑤卿，係絢雲主人之子。唱青衫，甲午花榜第一人。《五花洞》、《牧羊圈》、《金水橋》、《孝感天》、《虹霓關》、《玉堂春》、《祭塔》、《祭江》。

清・佚名《情天外史》　穎春堂瑤卿，姓王。年十五歲，蘇州人。扮演正旦，隸四喜部。擅長《彩樓》、《擊掌》、《祭塔》、《祭江》、《跑坡》、《落園》、《蘆花河》、《五花洞》等劇。尤妙者演《戰蒲關》一劇之二夫人，真乃鵑啼夜月，蛩語秋風。

藝文

清・佚名《情天外史續》　妍色原難妙藝兼，品評應不混施鹽。瑤精山草千年媚，卿手春葱十指纖。

王鳳卿

傳記

清・佚名《新刊菊臺集秀録》　二主人鳳卿，唱老生。《上天台》、《捉放》、《迴龍閣》、《蒲關》。

王福兒

傳記

清・佚名《新刊菊臺集秀録》　安華主人王福兒，號儀仙，唱崑旦，善飲酒。《醉歸》、《摇臺》、《琵琶行》、《游湖借傘》。

清・佚名《菊臺集秀録》　安華主人王福兒，字儀仙，順天人。隸四喜部，唱崑旦。《醉歸》、花魁。《獨占》、同上。《琵琶行》、花秀紅。《游湖借傘》、白蛇。《瑤臺》。公主。

張紫仙

傳記

清・佚名《新刊菊臺集秀録》　平陽張紫仙，唱青衫，善飲酒。《迴龍閣》、《趕三關》、《金水橋》、《雁門關》。

清・羅慶公《菊部叢談》　張紫仙，本名敬福，爲曹春山弟子，唱崑旦，兼青衫。今在梨園爲最老輩，年六十餘矣。其發音幽細，惟不講求板眼。王琴儂嘗戲效之以爲樂，甚肖也。以老輩故，人不敢詆之耳。

程長庚

紀事

清・陳澹然《異伶傳》 程長庚者，安徽灊山人也。咸同來號爲伶聖。初，嘉道間，長庚輿笄估都下。舅氏爲伶，心好之，登臺演劇未工也。座客笑之，長庚大恥。鍵户坐特室，三年不聲。一日，某貴人大讌親王宰相，大臣咸列坐，用《昭關》劇試諸伶。長庚忽出爲伍胥，冠劍雄豪。音節慷慨，奇俠之氣，千載若神。座客數百人皆大驚，起立狂叫動天。主人大喜，徧飲客，已復手巨觥，爲長庚壽，呼曰，叫天於是叫天之名徧都下。王公大臣相讌樂，長庚或不至，則舉座，索然。然性獨矜嚴，雅不喜狂叫。嘗曰：吾曲豪，無待喝彩。狂叫奚爲聲繁則音節無能入。四座寂，吾乃獨叫天耳。客或喜而呼，則徑去。於是王公大臣見其出，舉座肅然。天子詫其名，召入内廷，領供奉，授品官。長庚亦面奏毋喝采，且曰：上呼則奴止，勿罪也。上大笑許之。終其身數十年，出則無敢呼吽者。用此吽天之名重天下。道光十八年，英吉利以鴉片入廣東，二十二年入長江，長庚憤欲絶。咸豐間，髮捻回苗徧中國。諸貴人讌樂不衰，長庚則閉户不出，或怪之，則泫然流涕曰：京師首善，乃若此，吾不知所税駕矣。乃擇門下賢者督教之曰：京師亂且作，毋使廣陵散絶人間也。咸豐六年，英人破廣州，縛粤督去。江南軍大潰，捻益寇中原。十年，英法連軍入京師，顯皇帝狩木蘭，長庚痛哭出。未幾，和議成。俄羅斯奪龍江、吉林邊七千里，英法諸國始訂市長江。明年，顯廟崩，穆宗幼立，兩宫聽政。返京師，恭忠親王領樞府，始開譯署，理外交。諸貴人讌樂如故。長庚喪亂且貧，則復治故業，孤愴抑塞調益高。獨喜演古賢豪創國，若諸葛亮、劉基之倫，則沈鬱英壯，四座悚然。至乃忠義節烈，泣下沾襟，座客無不流涕。久之，而簡三、楊月樓、汪桂芬、譚鑫培之徒出焉，皆長庚憂亂時所閉門授業者也。同治初，髮捻漸平，京師無事。諸貴人務歌頌，飾太平，讌樂益盛。海内諸奇伶争入都，至則盡屈長庚，稱弟子。諸名士乃獨工楷法，習詞賦時文攫高科，倨貴甚上者，乃或研訓詁，窮性理，盜古文，詞相標榜，號曰清流，位尊則争拜門牆，若長庚狀。未幾，倭文端薨。性理絶，而訓詁詞章益勝。厠翰林、坊局、御史臺，則務，搜經史，上自黄帝以來數千年治法，埋首習章奏，或乃劾權貴，小者取直聲，號曰敢諫。長庚心獨憂。

朱素雲

傳記

清・王韜《瑶臺小録》 熙春朱素雲。素雲，字雅仙，小字四牛，後改名澐，吴人，前詠秀朱小元之子也。年九齡，即隸熙春爲弟子。癸未夏見之，意度温朗如裴叔則一流，中心歎賞，頗以未入是年花榜爲恨。及丙戌入都，則素雲已裒然舉首，聲氣隆隆，始知若曹名譽爲有憑也。菴心小禪室主贈以詩詞，極揄揚之不遺餘力。癸未，偕其南下，爲余言之津津。

又 朱素雲，名澐。歲己丑，重見於京師時剛脱籍。身世之感，有不能自遣者。神閒意痒，言愁始欲愁矣。

藝文

清・王韜《瑶臺小録》 贈以七律一首：昔年曾共菴禪主，馬背船唇論素雲。蕊榜不應遺姓氏，新詩聊與致殷勤。春花秋月仍無恙，艷色香名更有聞。今日狀元聲價定，世間餘子漫紛紛。

又 爲賦《浣溪紗》詞贈之：生本華嚴十種仙，茫茫抱月又飄烟，最無聊賴是情天。　應有雄心償怨抑，已成瘦骨奈愁煎，願君珍重過韶年。

汪桂芬

傳記

清・佚名《菊台集秀録》 平陽主人汪桂芬，字艷秋，順天人。隸春臺部，唱生。《樊城》、《長亭》、《昭關》，伍員。《魚藏劍》，同上。《狀元譜》，陳伯愚。《探母》，楊四郎。《讓成都》，劉璋。《一捧雪》，穆成。《取帥印》，秦瓊。《二進宮》，楊波。《捉放》，陳宮。《天水關》，諸葛亮。《金水橋》，唐王。《打金枝》，同上。《罵曹》，禰衡。《洪洋洞》，楊六郎。《舉鼎觀畫》，徐策。《教子》。薛保。

紀事

清・陳澹然《異伶傳》 京伶高者，暮出纔二齣，報輒百金。桂芬恥言金，無食則出，飽則否。鑫培不至，主人乞桂芬。曲罷，齣授二十金，輒携去。鑫培至，桂芬則堅索齣必五十金，外此，雖太后召示，重金不至。客慕其高潔，飲之至巨館門則返，飲陋館則狂喜歌呼。客喜，請奏歌，不可，則挂胡琴館壁上。酒酣，桂芬輒自取，高調入雲，恒數齣不倦。客怪之，桂芬笑曰：歌以樂吾天耳。日娱貴人，瞻家室，則優人矣，客大驚，喜曰：子其仙耶。則狂飲而罷。久之厭京師，遊上海，諸名妓争請拜門墻。授以音，則傾一市。都中戲劇甲天下，諸妓習歌舞，京伶至，妓必求宿乃大歡。不得，則壽五十金求一夕宿。楊月樓之遊上海也，諸妓尤樂其風采，劇園罷，争迓之。雨夕，或鍵户强桂芬，則竟夕端坐，瞑而鼾，若無視者。諸妓嘆曰：此天人也。久之，桂芬太息曰：吾始嫉都下貴人，乃遊此。今諸妓屏廉恥，乃不下貴人。浩然返京師。太后聞其賢，召領班，不可。桂芬歲可數萬金，獨不妄取，未幾没京師。

楊月樓

傳記

清・佚名《菊臺集秀録》 忠華主人楊月樓，名久昌，蘇州人。掌三慶部，唱生，兼武生。《探母》，四郎。《安五路》，鄧芝。《鎮潭州》，岳飛。《御碑亭》，王有道。《羣英會》，魯肅。《取南郡》，同上。《回龍鴿》，薛平貴。《打金枝》，唐王。《金水橋》，同上。《定軍山》，黄忠。《陽平關》，同上。《五雷陣》，孫臏。《戲妻》，秋胡。《下河東》，呼延壽廷。《長板坡》，趙雲。《黄鶴樓》，同上。《連環套》，黄天霸。《惡虎村》，同上。《翠屏山》，石秀。《泗洲城》。猴子。

路三寶

傳記

清・佚名《新刊菊臺集秀録》 寶齡主人路三寶，號瑩仙，名玉珊，唱花旦，隸三慶部。《烏龍院》、《翠屏山》、《賣胭脂》、《打櫻桃》、《雙搖會》、《玉玲瓏》。

田桂鳳

傳記

清·佚名《新刊菊台集秀録》 穎華主人田桂鳳，號桐秋，善繪蝴蝶，唱花旦，隸三慶部。《官王廟》、《雙丁計》、《貪歡報》、《眼前報》、《烏龍院》、《雙盜戟》。

韻蘭

論説

清·梁應來《兩般秋雨庵隨筆》 韻蘭者，京師春臺部中名旦也，色藝冠絶一時，顧性傲倪，少所青眼。孝廉某君極眷戀之，形相色授，頗見妒於同儕，而促月盟言，誓同枯菀，蓋不僅被中之鄂、花底之秦焉。年十九，以瘵卒，某君哭之慟，賦《惜蘭詞》二十章，徵同人哀誄，而屬余爲之序，云：桃開千歲，人間爲短命之花。曇現刹那，天上乃長生之樹。從來朝露，本苦無多，况屬彩雲，尤其易散。然而水蓮泡幻，達觀久付虚空；泥絮沾濡，情種能無抑鬱也乎。如春臺部蘭郎者，泥巢乳燕，花苑靈貍。家住玉鈎斜，騎鶴下翩翩之影；善歌金縷曲，囀鶯聞嚦嚦之聲。芳名則雅愛蘭香，絶調已盛傳楊叛。固已蜚聲樂籍，馳譽燕臺矣。爰有浙西名士，久噪雕龍；日下寓公，新來鳴鶴。偶顧緑么之曲，頓生紅豆之思。於是衆裏目成，暗中心許。赭白馬，城頭蹀躞，公子相逢，金錯刀，袖底鏗鏘，美人贈我。每見潘車，擲果，攜手相將；保毋鄂被薰香，銷魂真箇。妒之者以爲失身之鳳，愛之者以爲比翼之鶼。而乃長樂難期，短緣已促。杏林深處，難探及第之花，芍藥開時，原是將離之草。於是數聲杜宇，一闋陽關，方期玉玦之分，冀以金鐶之合，孰意楊花命薄，桐樹生孤，蓮葯儂心，菖蒲郎面。此也，秋雨卧相如之病；彼也，春風作王粲之遊。既而長劍歸時，大刀唱後，不惜黄金似土，來作纏頭，豈知紫玉成烟，已傷委骨。用是愴懷珠璧，墮淚瓊瑰，猶思人約黄昏，去年元夜，依舊門臨碧水，今日桃花。早已平量恨海之波，待涸愛河之水矣。然而空誰非色，短豈殊修。使問天，果屬有情；得知己，死不可恨。向使郎果金臺終老，落拓梨園；玉籍長留，沉浮菊部。將春殘楊柳，飄零京兆之眉，秋後蓮花，憔悴昌宗之面。未必鬑鬑潘貌，能銷黯黯江魂，則與爲彌子瑕之色衰，毋甯作衛叔寶之看殺。而况櫻桃一曲，芳名總在人間，霓羽千秋，舊譜已歸天上。以視桃笙秋老，斷袖先凉；蕭瑟風悲，買絲誰繡者。一則名花似草，一則弱絮留萍。如彼如斯，孰得孰失。乃我友憐香情重，破璧神傷。纏綿則玉藕牽絲，惆悵而金荃賦什。顧或者謂終宵角枕，空生秋士之悲，一集香奩，究損冬郎之德，既蜂腰之中斷，何雀腦之思深。豈知釵挂臣冠，宋玉原非好色。酒黏郎袖，歐公亦自多情。而况書劍漂零，檀槽知遇，豈有生前倚玉，曾留春帳之情，歿後沉珠，不弔秋墳之魄者乎。由是敷陳麗藻，抒寫哀思，乞我弁言，題之卷首。化筆墨烟雲而如畫，請看北苑春山；悟迷離撲朔之非真，試讀南華秋水。

江秀南

論説

清·天漢浮槎散人《花間笑語》 三慶部江金觀秀南，色藝皆優，若生於當時，亦不在陳銀觀之下。曾見《鶯花詞·客過三山堂訪秀南》云：艷絶瓊枝迥出羣，皖江山色楚江雲。牟珠一串銷魂曲，書徧羊欣白練裙。想見其人風采。

陳銀兒

傳記

清・天漢浮槎散人《秋坪新語》 銀兒陳姓，籍蜀之成都，年十七，利齒輕軀，面目光澤，來京師從雙慶部魏長生學秦腔。長生者，亦蜀人，故曲中翕然推爲野狐教主魏三者也。陳盡得其技，聲容之外，兼通幻戲，遂以色藝傾都下。方是時，劉芸閣之峭、王湘雲之媚、劉桐花之捷給，各擅其部，以相爭長。然以當陳，皆下駟矣。

紀事

清・天漢浮槎散人《秋坪新語》 乃入宜慶部，拔戟自成一隊，遂以出藍譽奪其師之幟，載園之初入都門也。雖耳陳名，固未之識，一但友人偕造其寓，陳一見傾心，捉臂言歡，如舊相識，咄嗟命酒，珍錯畢備。飲酣自起侑觴，曼態嬌聲，淺斟低唱。扇影燈光之下，掩映生姿。載園不禁爲之心醉，自是往來莫逆，每值梨園演劇，載園至，陳必爲致肴核，數下場周旋，觀者萬目攢視，咸嘖嘖嘆羡，望如天上人。或陳赴他召，聞載園來，亟脱身至，其相契殆有至深者焉。載園既數與余相過從，暇嘗叩之曰：子與陳之淪浹，固知之矣。然傾倒何遽至是。載園笑曰：唉，是正如山谷無題詩，盡空中語耳。外人皆以吾情逾斷袖，寔乃妄墮綺語障，子知我者，奚亦問爲。予曰：是何也。曰：渠至吾寓惟茗話手談，往往夜分不去。予促之歸，則暉帷昵枕，宛轉相就，若飛鳥之依人，大動人可憐色，故交頸促膝，無所不至，雖觸體皆靡，而終不及亂。渠未嘗不詫予之忍，予初不易我之介，所交如是而已，予笑不復問。先是有好事者爲湘雲作圖，復有爲芸閣作賦，都下一時傳誦。

又 歲丙午，載園試宰直省，向因揮霍，負欠纍纍，竟難出春明。陳爲之廣張華筵，演劇於宜慶堂中，大招賓客，無不樂爲解囊，遂獲千金。又出己貲，代償債家數處，載園乃得脱。然去去之時，祖道廣渠門外，執手繾綣，語刺刺不休，西山翠色，如與眉間淺黛遥爲結恨。已而夕陽在樹，風荻蕭蕭，暮色自遠而至，不得已而後行。自是陳聲名愈盛，日不暇給。梨園別部演劇，觀者恒寥落如曙星，往往不終劇而罷，衆深嫉之。有大力者譖之要津，謂其妖淫惑衆，且多狂誕不法。而陳又適以誤觸巡城御史車，因逮送秋曹，决三十，使荷校狗五城，將問遣。陳多方夤緣，乃得薄責，遞回原籍，然已狼狽如幼芳矣。載園時攝篆保定，再署滿城清苑，聞其事，亟遣力致助，隱爲周旋。及題授鹿城，陳以遞籍迂道至，一見握手，悲而喜，喜而復悲，不知啼笑之何從也。居數日，爲治行李甚備，厚有贈貽，具輿馬，送之十里外，殷勤後期，痛哭而别。知其事者無不歎爲兩情相與，各盡其義云。予己酉自澍歸，過鹿城，晤載園話舊，酒爛燈炧，載園出海棠卷副本，指謂余曰：花枝依舊，子亦憶卷中人乎。浮槎散人曰：陳銀，吾素稔其人，雖色藝足稱，而交盡金夫，非炙手可熱，鮮不遭嗣宗之白。然以利則如載園，董固有加數倍、數十倍不翅也，何遽傾心如是耶。毋乃數有前定，情不自知，抑所謂水光山色，有以日酣其性者乎。雖然凶終隙末，豪杰不免；有始有卒，若輩或一遇之耳噫。

藝文

清・天漢浮槎散人《秋坪新語》 載園乃倩名手，爲繪《西川海棠圖》，遍徵題詠。予爲題二絶云：細腰千載説横陳，俗艷休爭别樣春。可是霓裳泥沉醉，華清宮外月如銀。

翠拂修蛾霞點腮，錦宫城畔幾經開。春風帝里花如海，爭買燕支學様來。

亦可爲露華拂檻，仿佛聞香矣。

陳渼碧

紀事

清·天漢浮槎散人《秋坪新語》 蜀伶陳渼碧在宣慶部，色藝傾都下。日久，纏頭所入貲累鉅萬。遂於孫公園置産造屋，廊廡器具靡不華好，一時士夫巨賈靡然從風，以不得入其室爲耻。一日，演劇梨園，既卸裝，豐貂玉佩，素面朱唇，登樓酬應所素識。忽一日，客藍頂腰金，僕侍赫奕，出座執其手曰：靚子聲容，殊堪絶世，真色真香，覺天下婦人可廢矣。盍共往酒樓一酌耶。陳以素昧平生，辭弗往，客强拉之去。陳心艷其貴，未能過却，遂造金陵樓，珍錯畢陳，歡謔盡醉，臨别命僕携二元寶贈之。叩其寓不告，但云：某粤省太守，來京補觀察，不日出京，毋庸還往也越日，陳在别園，貴客亦至。既曾相識，欵洽倍常，爰復招飲贈銀如前。瀕去，陳握手請曰：荷公傾蓋，垂愛逾格，即行李匆匆，寧不少盡斯須歡。蓬蓽雖陋，某午當備麤酌，幸車騎惠臨也。其人力辭，陳請益堅。沉唫再四，囑以毋多費，只一二肴品叙譚可也。至日，華車耀目，俊僕屯雲，蹴踏而來，復持千金爲贈。陳喜躍靡極，亦盛列酒饌。自歌侑觴，懽讌，至暮。起欲去，陳固留宿，不得已乃遣僕返曰：詰朝來，勿須早也遂携手入卧室中，絳蠟雙燃，翠帷低掩，於是並坐紗幮中，交股接脣，諧謔無度。已而弛衣登床，致其繾綣。漏三下，舉家皆寢，猶隔壁聞床戞戞作聲，二人笑語呢呢不休。翊晨，家人起，則門窓洞闢，入室啟帷，見陳偎枕擁被，沉沉卧榻上，唤之不醒，亟以水解之乃覺。急披衣起視，囊篋俱空，方知爲盗席卷而去。陳慙憤切齒，鳴之官，無從踪跡矣。浮槎曰：陳本欲假途滅虢，詎知開門揖盗，巧偷豪奪，行異而情寔均。安樂山樵句云：青虵有意敵黄蜂。蜂尾虵口，皆最毒物，可爲罕譬矣。

李玉兒

紀事

清·山陰俞蛟青源《夢庵雜著》 李重華，江左諸生也。納雍赴北闈時，都下樂部中有李玉兒者，色藝雙絶，名冠梨園，達官巨賈或紈袴兒如蠅蚋趨羶穢，日相征逐，他人惟凝睇而望，不敢近。欲登其堂，必執贄，贄，不豐，相接亦落落。茶一盂，寒暄數語即退，不能腆顔久踞賓座也。生偶過歌樓，見之神魂飛越不能制，思與握手道款曲，而客囊羞澀，莫盡綿薄，惟日携杖頭錢往院中觀演劇。久之貲盡，典質亦空，不能作顧曲周郎矣。因訪其居址，日伺門外，俟登車即先於其所往候之。如是半年，玉兒竊怪於中，欲詢之而未發也。一日大雪迷漫，赴顯者之約。元陰晝晦，衢路人稀，而平日之躑躅道周，耽望顔色者，又衝寒冒雪侍立車側矣。玉兒問曰：君何爲者。生泪涔涔下，嗚咽不能語。邀之入室，叩知其故。玉兒笑曰：君既讀書，當思奮迹雲路，以圖進取，不宜妄自菲薄，濩落至此。雖然士爲知己者用，女爲悦己者容，足下我之知己也，請爲君作居停主人，勉供膏火，復理慧業，何如。生唯唯。適某顯者誕日，玉兒屬生賦詩百韻以進。時祝嘏者聯幛累軸，而名作獨推生，顯者大悦。由是玉兒益愛敬生，聯牀語夜，隔座啣盃，凡可以娱生意者靡不盡，逾年，秋闈報捷繼，登進士，入翰苑。重華作巵酒，撫玉兒肩曰：余向者喪志落魄，幾墮泥塗，微卿何以有今日。敢叙雁行，用答高義。玉兒因呼生爲兄，凡平日相與往來之達官巨賈及紈袴兒皆，謝絶，不復與通。後生出知某州，既典郡，自簿書外皆玉兒一人總持之。相從數十年，交情不替如一日。重華卒於官，復經紀其喪，撫其幼子，若猶子焉。嗟乎，天下之至微極賤者，莫優伶若矣，乃亦知有知己之感，引手窮途，及知其懷才不偶，雖衣敝履穿之士亦敬奉之不敢忽，若預料其能發跡於異日者，孰謂伶人也而可忽諸。

石田有

藝文

清・佚名《笠者詩稿・□贈優人》　鶯鶯燕燕樂府喧，幽州阿多誰第一。京城石伶最有名，聲態能傳教師術。禁街閭巷正繁華，拓館紅樓十萬家。咿呀翠管春相逐，謔浪歌臺衆共誇。抹粉糝鬟花影碧，當場小部風流劇。博歡喜與喬妝游，梨園子弟闘前席。入新摹擬合時風，鎮日形容齣齣工。放誕總憑嬉笑裏，良規半在怒瞋中。此伶都人稱絶妙，自來屢得羣情笑。大老争翻野史奇，詞家也襲秦川調。五侯七貴會須論，傳説聲華滿國門。扶輪輦路驕兒盛，久坐茶園眸子昏。滑稽諧鐸無不有，相似波流不離口。君不見連城皆推諸小郎，嬌歌餘韻繞雕梁。窈窕身材習淫佚，芬芳唇齒諧宫商。又不見高棚傀儡衣冠様，偏能漫衍魚龍狀。按拍低腔中婦心，尋聲欲和山樵唱。我生亦作如是觀，眼前世事殊艱難。石伶彷彿解張弛，薄長頗覺神乎技。正陽門外歌一聲，過客停車盡傾耳。

清・王韜《瑶台小録》　贈以五律一首云：花史出瑶臺，奇花耀碧瑰。情多憎蝶媚，語巧任鶯猜。蘭茝三湘賦，蒲桃百合杯。春明門外騎，爲爾久低徊。

顧曜曜

傳記

清・王韜《瑶台小録》　秀春主人顧曜曜，字玉仙，小名壽兒，吴人，庚辰文榜第一。紈質蕙心，温厚如玉。花城酒國，泛豈隨波。處華縟而獨厭風塵，工吐屬而不離文字。我行天下，僅見斯人。

孫壽荃

傳記

清・王韜《瑶台小録》　韻秀孫壽荃，壽荃，字梅雲，小字順兒，順天人。師尉遲喜兒，色藝俱勝。性敏慧，善伺意旨。纏綿往復，常使人有去後思。以彼其才階之仕宦，諒亦飛黄之上選，薦白所揄揚矣。天南遯叟云：聞梅雲近已別樹一幟，稱韻春主人，初次花榜，名列第四。

藝文

清・王韜《瑶台小録》　贈以七律云：天與温柔一段春，當筵疑現宰官身。相逢草草都成憶，小語喁喁解昵人。供以幽花知有韻，凍將明鏡更無塵。真靈別籍誰刊定，祇恐文章累洛神。

楊德雲

傳記

清・王韜《瑶台小録》 德春少主人楊德雲，字蕙仙，小名四兒，順天人，楊桂慶之子也。桂慶有假子曰貴雲，字朵仙，以冶名震都下。德雲與之異趣，英爽豪邁，不事修飾，其生質然也。多與燕市酒徒交，而時人恒不喜之，殆塗澤者易爲工歟。庚辰武榜名列第五。演《李存孝》一齣最工。

藝文

清・王韜《瑶台小録》 贈以四絶句：璧月瓊花歲歲新，楊家有兒名德雲。生小娥姮謝脂粉，不曾學繫石榴裙。

圓瞳如漆見神姿，飛虎山前挾槊時。何事紛紛競蠻觸，竟忘帳下有奇兒。

將軍大樹久知名，軍律森嚴鬥酒兵。似此英姿來搏戰，也應高築受降城。

九衢香霧隱重重，誰識元成嫵媚容。我欲舉頭天際望，置君七十二高峰。

時在癸未之夏，毷氉中忽聞法越之警，心竊憂之。適蕙仙以紈扇索書，因成四絶，蓋别有所感也。

王蓉

傳記

清・王韜《瑶台小録》 忠華王蓉，蓉，字畹雲，崑山人，師楊月樓，歌喉冠一部，論者謂他日足繼王九齡也。登癸未武榜，人争以武狀元目之。而畹雲殊不自異，天懷卓犖，等富貴如浮雲；雅意纏綿，納肺肺於皎日。身在塵外，天下英雄，微使君孰當之者。畹雲豐肌膩理，人或以趙合德比之，謂此乃漢成之温柔鄉也。述之於霎靆軒主人，玉遐獨曰：否否。合德一淫媪耳，柔鄉一言，有識齒冷。若值此天人之姿，將合十頂體之不暇，敢復墮邪師見哉。

又 王蓉字畹雲，蘇州人。色藝冠其曹，爲王桂芬之子。桂芬以藝名海上，垂三十年尚未退老。而畹雲近以楊月樓爲師，其名益噪。顧其隸三慶部爲優，非其本志，祇以家貧親老，不得已而出此。其性貞介絶俗，常懷以色事人之恨。後忽患痘毁容，殆天之有以全之也。繼而瘖不能歌，依某伶以活。名優下梢如是，可慨也夫。

藝文

清・王韜《瑶台小録》 贈以三絶句：畹雲之生情所鍾，有意無意如雲濃。長風吹空浩無極，有時還掩青芙蓉。

畹雲情態如花嬌，肌理媚極難可描。若使生逢漢成帝，柔鄉魂魄更誰銷。

我愛畹雲非以姿，獨憐伉爽異群兒。讀書美女簪花格，爲賦幽并俠士詩。

陳杏雲

傳記

清・王韜《瑶台小録》 熙春陳杏雲，杏雲，字文仙，小名七兒，順天人。色藝爲諸曹冠，性情孤潔，與俗多乖。故年已十七八，猶未能鴻飛冥冥云。庚辰文榜名列第七，時論爲之不平。文仙今已脱籍，名其堂曰春林。

藝文

清・王韜《瑶台小録》 贈以七律一章：欲咽還幽寄意深，碧雲無際影沈沈。朱顔人惜臨鸞鏡，青眼誰輸市駿金。媚月嫣花争炫采，高山、流水自彈琴。風塵知己今誰是，我爲孤吟感不禁。

鄭蕙蕙

傳記

清・王韜《瑶台小録》 景和鄭蕙蕙，字麗芬，一名艶雲。先世亦吴人，師梅慧仙。抱質雅素，冲懷自芳。又寫蘭，嘗以一枝貽人，拱璧不啻也。

藝文

清・王韜《瑶台小録》 贈以五律云：秀骨如蘭媚，天然寫一枝。我將空谷隱，爲爾賦新詩。逝水年當惜，孤芳世豈知。娟娟風露底，獨繫楚臣思。

陳禄禄

傳記

清・王韜《瑶台小録》 春馥陳，字秦雲，吴人。年十二，風儀華美，無小家子氣。以色藝驟列癸未初次文榜第一。同曹或心忌之，因有更易名第之舉。然秦雲天懷澹漠，視升降殊不介意。巾影衫痕，風流自賞，其風度正當在魏晋之間也。其師秀蘭，夙有名譽。

藝文

清・王韜《瑶台小録》 贈以四絶句：藉甚金鰲頂上人，多生福慧列羣真。藍橋女伴閒相問，猶有雲英未嫁身。

問年剛是十三餘，早向櫻桃花下居。莫倚鬱輪袍一曲，氷寒於水更何如。

掄選終知有定評，古今人物半虚名。一從大雅淪徂後，不薄開元以下聲。

氣自清華韻自嬌，天生典重似瓊瑶。塗脂百輩齊梁語，風味知誰近六朝。

朱榮貴

傳記

清・王韜《瑤台小録》 景春少主人朱榮貴。榮貴，字稺芬，小名三兒，吴人，朱蓮芬延禧之子也。庚辰文榜第二。其評語云：紆徐爲妍，篤雅有節，可以知其人矣。稺芬與雨花散人交最密。尚未締姻，而渴思得婦。

又 近信少主人陳瑞麟。瑞麟，字璧人，又字稺芬，小名狗兒，順天人。於諸伶中齒最稺，徵色考藝，雅倍以長者，莫能過焉。璧人生甲戌，年甫十齡，而歌聲遏雲，真英物也。近隸韻秀。

藝文

清・王韜《瑤台小録》 贈以五絶四首：蓮渚滿西風，蓮花非昔紅。蓮房結蓮子，憐子復蓮儂。

亭亭十六七，情如春草生。含情問春草，無雨更多晴。

纏綿復纏綿，飲子碧筒酒。好爲連理花，持荷得成藕。

團圓匣中鏡中有古時春。照出如花意，依依獨語人。

又 贈以五律一章：性巧珠同慧，神清玉作姿。天生好標格，當此妙齡時。我已嗟淪落，君休及暮遲。母如薛車子，但繫轉喉思。

寶荃

傳記

清・佚名《鞠台集秀録・寶荃》 字英華，順天人，隸四喜部，唱花旦。《掃地掛畫》。馬娘娘。

清・王韜《瑤台小録》 寶芳同門之兄曰寶荃者，亦雅材也，與芳皆善病。寶荃近脱籍爲粵游，主於黄氏，名噪一時。

藝文

清・王韜《瑤台小録》 贈以二絶：高格依稀以畹雲，此聲天上又重聞。絶無畫角描頭態，自有廻腸蕩氣文。

似顰非顰不言際，無情有情相見時。道是温存又疏略，更無消息與人知。

又 贈以七絶二首：瑜亮同時有瑞麟，髫年頭角露嶙峋。揭來翡翠筵邊立，湘几居然矮似人。

聞説工愁兼善病，阿兄憔悴亦如斯。從來天意憐幽草，願化輕陰與護持。

李官保

傳記

清・王韜《瑶台小録》 嘉穎少主人李官保。官保，字小妍順天人。父德華，字妍農，有盛名。官保承其學，年甫十四，色藝俱絶，儀表端貴，望之如神仙中人。

藝文

清・王韜《瑶台小録》 贈以二絶云：絶藝還須讓後生，詞場小李又知名。淵源畢竟尊家學，遮莫匆匆唱渭城。

風流如見舊烏衣，標格真宜玉帶圍。我向花中論氣魄，等閒裙屐似君稀。

朱桂元

傳記

清・佚名《鞠台集秀録》 穎春主人朱桂元，係絢雲主人之婿。唱刀馬旦，同住怡雲堂。《娘子軍》、《延安關》、《蘆林坡》、《銀鳳山》。

清・王韜《瑶台小録》 嘉穎朱桂元。桂元，字靄芬，順天人。貌不越中人，結束登場，宛有鍾郝風範。歌聲清婀，足遏行雲，爲並時儕輩所莫及。其纖婉之態，不在十五女郎下也。靄芬今爲穎春主人，年甫十八九，左手常着金約指。

藝文

清・王韜《瑶台小録》 贈以二絶云：楚楚腰支弱不禁，輕羅小扇出花陰。倦來學作銀屏倚，微露纖纖約指金。

抗墜悠揚出苦辛，全從幽靚見精神。余生善病琴香老，樂府分明有替人。

金硯芬、時小福皆以色藝擅名，靄芬之前輩也。

王招招

傳記

清・王韜《瑶台小録》 忠華王招招，字畹如，廣陵人，與畹雲同師楊月樓。慧心靈性，恒爲舉座所歡。畹如長畹雲一歲，楊氏厮養輩稱之爲大相公，今聞已返南中，亦未甚得志也。

藝文

清・王韜《瑶台小録》 贈以二絶：畹雲豪宕畹如清，定子當筵有盛名。我亦隨聲相附和，大郎風致更傾城。

輕如飛燕墮瑶襟，婉若流鶯語碧林。骰子玲瓏見儂意，鐙花開落替儂心。

王聯桂

傳記

清・王韜《瑶台小録》　蓮貴小主人王聯桂。聯桂，字小琴，天津人。能歌雜劇，而不甚見知於時。蓋以小琴來自析津，故未爲時流所賞。靉靆軒主頗識小琴，而酒座恒不相接。丙戌入都，問小琴，已不知何往矣。乃知酒旗歌板間，具有前緣，遇不遇，亦有不可預期者也。

藝文

清・王韜《瑶台小録》　贈以二絶，亦是芳闈綽約姿，衆中眉黛未逢時。傷心九品論資格，何處堪求國士知。

慚愧平生説護花。此花咫尺類天涯。請迴俗士三年駕，重迓佳人七寳車。

劉燕薌

傳記

清・王韜《瑶台小録》　佩華劉燕薌。燕薌，字幼芬，先世亦吴人。年十三，姿韻楚楚，能不失莊姝之度，最爲高陽令君所眷，而目論者恒失之。

藝文

清・王韜《瑶台小録》　贈以二絶：温文體格幽閒性，靦覥情懷婀娜姿。莫以輊盈猜碧玉，可知王謝未同時。

誰探仙籍叩層城，幸有飛瓊識姓名。争奈彩雲偏易散，花前閒煞紫鸞笙。

梅凌雲

傳記

清・王韜《瑶台小録》　景和二主人梅凌雲。凌雲，字肖芬，小字二瑣，廣陵人，名優梅慧仙巧玲之子。年十四，明慧白皙。工寫蘭，有板橋道人風致。言詞温婉，雅度恂恂，使晉人見之，當亦歎支公之神駿矣。肖芬在歌場中爲小生，善崑曲。近歲崑山曲子，幾如廣陵散，不能無望於肖芬也。

藝文

清・王韜《瑶台小録》　贈以五律一首：不有詩書氣，何緣意度温。清標殊俗卉，雅志擬芳蓀。巾影銷脂艶，湘烟淡墨痕。故家零落盡，法曲賴君存。

李寶順

傳記

清・佚名《鞠臺集秀録・寶順》 順天人，隸四喜部，唱青衫。《探窰》、王寶川。《回龍鴿》、仝上。《金水橋》。西宮。

清・王韜《瑶臺小録》 國興李寶順。寶順，字詠華，順天人。貌極清弱，以能歌著稱。其宛轉沈著處，論者謂不在吳靄仙之下。癸未秋，曾於裘英華座間見之，纔勝衣耳。別後數年，而所詣已如此，殆昔人所謂進德之美者與。

藝文

清・王韜《瑶臺小録》 聞今爲復華主人，贈以二絶句：莫向東風感歲華，能通一藝即名家。南皮高會如重續，定有人驚薛仿車。

無言默默倚金波，倩影分明怯袖羅。一種閒情誰省識，露桃枝上晚涼多。

范二官

傳記

清・鐵橋山人《消寒新詠》 慶寧部，生，吳人，比梅花、白鶴。擅者《吟詩》、《綵毫記》。《吃茶》、《鳴鳳記》。《打車》、《千忠戮》。《誥圓》、《雙冠誥》。《逼休》、《爛柯山》。《望鄉》、《牧羊記》。《寫本》、《鳴鳳記》。《彈詞》。《長生殿》。

徐才官

傳記

清・鐵橋山人《消寒新詠》 慶寧部，小旦，吳人，比海棠，鸚鵡。最妙者《題詞》、《療妒羹》。《折柳》、《紫釵》。《喬醋》、《金雀記》。《問病》、《玉簪記》。《惠明》、《西廂》。《倫書》、《玉簪》。《雪夜》、《金瓶梅》。《戲叔》、《翠屏山》。《反誑》、《翠屏山》。《醉歸》、《獨占》、《花魁》。《走雨》、《踏傘》、《幽閨記》。

王百壽

傳記

清·鐵橋山人《消寒新詠》 萬和部，小生，吴人，比玉茗、青鸞。《拾畫》、《叫畫》、《牡丹亭》。《茶叙》、《問病》、《秋江》、《玉簪記》。《跪池》、《獅吼記》。《喬醋》、《金雀》。《驚變》、《埋玉》、《長生殿》。《打車》、《千忠戮》。《錯夢》、《贈馬》。《西樓記》。

王喜齡

傳記

清·鐵橋山人《消寒新詠》 集秀揚部，貼旦，金陵人，比芍藥、黄鶯。《偷書》、《玉簪記》，《寫真》、《圍棋》、《萬香樓》，《下西洋》、《百花贈劍》、《胭脂》、《著棋》、《長亭》、《西廂》，《喬醋》、《金雀記》，《昭君》。《青塚記》。

倪元齡

傳記

清·鐵橋山人《消寒新詠》 集秀揚部，小旦，比水仙、翡翠。《背娃娃》、《遇妻》、《罵爐》、《賣解》。《緑牡丹》。

李玉齡

傳記

清·鐵橋山人《消寒新詠》 樂善部，小旦，比虞美人、秦吉了。《佳期》、《拷紅》、《西廂》。《相罵》、《釵釧記》。《絮閣》、《長生殿》。《思凡》、《孽海記》。《戲叔》、《義俠記》。《盜令》。《翡翠園》。

李福齡

傳記

清·鐵橋山人《消寒新詠》 集秀揚部，貼旦，安慶人，又名金官，比芙蓉、鷓鴣。《少華山》、《拷火》、《檢柴》、《戲叔》、《學堂》、《打餅》、《斷機》、《陣産》、《水門》、《斷橋》、《思春》、《撲蝶》、《連相》。

毛二官

傳記

清・鐵橋山人《消寒新詠》 萬和部，貼旦，吴人，比梔子、白鷺。

金福壽

傳記

清・鐵橋山人《消寒新詠》 萬和部，小旦，吴人，比桃花、鴝鴿。《請筵》、《寄柬》、《西厢》。《丙靈公》。《一種情》。

胡祥齡

傳記

清・鐵橋山人《消寒新詠》 五慶徽部，小生，比梨花、春燕。《九焰山》、《汴梁》、《古井》、《改妝》、《比武》。

李桂齡

傳記

清・鐵橋山人《消寒新詠》 集秀揚部，小生，比含花、鴛鴦。《戲叔》、《着棋》、《改妝》、《烤火》。

劉大保

傳記

清・鐵橋山人《消寒新詠》 慶寧部，小生，吴人，後入文武集亨，比丁香、秋雁。《見娘》、《書館》、《偷書》、《受吐》、《惠明》、《獨占》、《祭江》。

宋長生

傳記

清・鐵橋山人《消寒新詠》 慶寧部，正旦，吴人，原作旦，比杜鵑。花鳥同。《逼休》、《陽告》、《約罵》。

潘巧齡

傳記

清・鐵橋山人《消寒新詠》　五慶徽部，貼旦，比玉簪、鶺鴒。《賣翠》、《舟遇》、《鬧書房》、《射雁》。

李增官

傳記

清・鐵橋山人《消寒新詠》　松壽部，貼旦，比茉莉、百舌。《殺惜》、《盜令》、《蝴蝶夢》。

張三寶

傳記

清・鐵橋山人《消寒新詠》　金聲部，小旦，比瑞香、山鷄。《斷橋》、

《藏舟》。

陳五福

傳記

清・鐵橋山人《消寒新詠》　慶寧部，貼旦，比薔薇、鵓鴿。

王琦官

傳記

清・鐵橋山人《消寒新詠》　樂善部，小小旦，吴人，比酴醾、倒挂。《亭會》、《紅梨》。《送女》、《金□》。《藏舟》、《漁家樂》。《姑蘇》。《淀紗》。

魯壽林

論説

清・衆香主人《衆香國・魯壽林》　字意蘭，現在春臺部。余著《衆香國》，小部始以孫影憐爲弁首。既見意蘭，清聲妍弄，遠出影憐上。而姿

首明慧，幾於施朱太赤，著粉太白。演《絮閣》、《後誘》諸齣，神致艷佚。蓋體物瀏湸，與之俱化矣。允宜桃花人面，獨出冠時。

吴壽林

論説

清・衆香主人《衆香國・吴壽林》 字松囗，現在雙和部風光細膩，色澤天成。其眉目之清，骨格之雋，較魯意蘭之冶艷，不但在伯仲之間，且有過之無不及也。因所演《香山》、《拷火》、《檀香墜》諸齣，秦多崑少，是以抑置第二。而春蘭秋蕙，擅勝一時，固未嘗軒彼而輊此也。

孫三喜

論説

清・衆香主人《衆香國・孫三喜》 字影憐，現在慶寧部。色鮮麗，如出水芙蓉，天然可愛。纏頭而出，滿座爲之傾靡。慶寧得與三慶、春臺諸部，旗鼓並張，特借影憐爲重。余向以美而艷目之，近來光華稍歛，花開蓋已爛熳矣。

章喜林

論説

清・衆香主人《衆香國・章喜林》 字杏仙，現在四喜部。性緘默，寡言笑。丰姿挺秀，若不肯脂韋隨俗者。而歌舞樓前，靚裝淡抹，居然一姣好女郎，其光艷固自動人也。在四喜部中，當以杏仙爲色勝云。

陸三林

論説

清・衆香主人《衆香國・陸三林》《贈珠》一劇，宛轉輕圓，歌喉嬌嫩，風韻絶佳。薛氏青衣，鄭家文婢，想亦爾爾。視彼一味輕佻，裝成蝶使蜂媒身段者，奚啻霄壤。四月間，松岩居士招飲，半入醉鄉，香玉始至瓊筵，甫即眉語旋通，更爲傾倒。

謝天慶

論説

清·衆香主人《衆香國·謝天慶》字蘭堦，現在三和部。蘭堦眉宇彎環，婉孌可喜。余嘗遇於吴蔚藍處，後見其演《雪夜琵琶》一齣，情致斐然，靡不按腔合拍，其進藝殆未可量。

汪雙喜

論説

清·衆香主人《衆香國·汪雙喜》字桂芬，現在三慶部。素質艷姿，生成富麗。諸伶登場，惟桂芬不施脂粉，而光彩照映，轉勝他人。演《打桃園》、《出塞》諸齣，頗有秀發飛揚之勢。屢於友人席間相見，落落不作周旋態。豈質美者，固未肯自衒耶。

張才林

論説

清·衆香主人《衆香國·張才林》字琴舫，現在三慶部。眉横黛緑，面暈潮紅，見人輒作憨笑。即登場時，亦往往以此涉趣。其體裁長大，氣宇軒昂，與汪桂芬相髣髴云。

查雙壽

論説

清·衆香主人《衆香國·查雙壽》字合浦，現在和春部。合浦專工武戲，每當戎裝燦爛，雉尾飄摇，恍如紅葯翻堦，使人目炫。洵推艷品，蓋風韻猶存，觀者勿遽謂徐娘老去也。

陸雙全

論説

清·衆香主人《衆香國·陸雙全》 字韻初，現在四喜部。韻初修短合度，凌波小立，迥出塵表。豪於飲，每當酒酣耳熱時，旖旎更甚。所演皆崑劇，《相約》、《相罵》二齣，設身處地，情景宛然，尤堪心折。以弁媚香，可謂毫髮無遺憾矣。

劉二元

論説

清·衆香主人《衆香國·劉二元》 字青口，現在春臺部。體態珠圓，聲音簧轉，演《送燈》、《贈珠》二齣，機靈神活，已足動人。及與之周旋廣席，氣味則蘭芷同芬，品格則圭璋比潤。其蘊藉處，固非皮相者所能知也。擬之温柔鄉，夫何愧焉。

王天喜

論説

清·衆香主人《衆香國·王天喜》 字倚雲，現在和春部。人呼倚雲爲小天喜，别乎程天喜而言之也。演《反誑》、《戲鳳》諸齣，媚骨柔肌，不愧温如之目。且能宛轉隨人意，與潘筠卿。朱鳳青等踪跡最密，殆所謂惺惺惜惺惺者歟。

朱麒麟

論説

清·衆香主人《衆香國·朱麒麟》 字素春，現在三多部。素春精於崑劇，演《紅樓夢》全本，顰蛾歛黛，旖旎嬌羞，宛瀟湘妃子後身也。其《獨占》、《藏舟》諸齣，俱極弓燥手柔之妙。嘗偕飲，嫣然媚態，尤覺怡人，蓋侑酒徵歌，兩臻其勝矣。

田祥林

論説

清・衆香主人《衆香國・田祥林》字華玉，現在三慶部。余到都，過訪華玉，渠適有雀鼠之釁，爲余瑣述顛末，情辭委婉，一見心傾。以後時遇於歌場酒榭間，舉止風韻，柔媚天成，從無疾言遽色，蓋儼然閨閣中人云。

管慶林

論説

清・衆香主人《衆香國・管慶林》字香岑，現在三慶部。昔人論詩云：格調易描風趣，專寫性靈，非天才不辦。余謂戲亦如之。香岑長於風趣，其流眉送眼，最易撩人。演《花鼓》、《算命》、《碧玉釧》諸齣，丰神綽約，妖冶絶倫，是媚而蕩者。

魯龍官

論説

清・衆香主人《衆香國・魯龍官》字雲卿，現在三慶部。余壬戌入都，時梨園之最著者，劉朗玉而外，競推雲卿。劉則美秀中含，魯則丰神外露。余贈朗玉詩云：從來國色原無妬，瑜亮何須怨並生。爲二伶言之也。演《玉堂春》、《背娃》、《打扛》諸齣，横波流眄，百媚俱生。聞山右某公子，一見而揮數千金，其能令人傾倒如此。近雖名隸三慶，而容華已減，歌樓園館中偶一至焉，不勝今昔之感云。

吴福壽

論説

清・衆香主人《衆香國・吴福壽》字春祉，現在春臺部。春祉性聰敏，所演《跳墻》、《下棋》，儼如閨閣名媛。《相約》、《討釵》酷肖宦家使女，當年聞有以雨醉桃花擬之者。近演武劇，盤旋自如，醇而能肆意，可香當爲斯人焚之矣。

唐吉祥

論說

清·衆香主人《衆香國·唐吉祥》字瑞憐，現在春臺部。膚如凝脂，眉宇間饒有媚氣，腰肢瘦削，演《藏舟》、《偷詩》諸齣，體態與音節皆宜。聞與周黛雲同師，論者多及黛雲，而不及瑞憐，殆有幸有不幸哉。

馬雙全

論說

清·衆香主人《衆香國·馬雙全》字秀峰，現在三和部。體質輕盈，雙蛾畫，演《廟會》、《思春》諸齣，柔情媚骨，憨態可憐，雖内家嬌無以踰也。

聶雙林

論說

清·衆香主人《衆香國·聶雙林》字卿雲，現在三慶部，柔而媚也易，健而媚也難。卿雲朗目修眉，體裁峭拔，健矣。而清歌妙舞時，如對深閨靜女，又何美秀而文也。剛健含婀娜，可以爲卿雲贈。

郝春林

論說

清·衆香主人《衆香國·郝春林》字啓秀，現在和春部。啟秀春風和氣，平易近人，善應接，招之侑酒，座客無不盡歡者。演《園會》一齣，亦能摹形刻狀，流動生姿，是以柔爲媚者也。

潘五福

論說

清·衆香主人《衆香國·潘五福》字筠卿，現在四喜部。筠卿意致冷落，乍見或疑其不情。洎相與接洽，乃知幽懷獨抱，深於情者也。其愛寂静、厭繁華，自處深如，秉性然也。聞筠卿有老母，所得金錢，悉以奉朝夕歡。優伶中有孝德，論人者顧可忽諸。

劉福寶

論說

清·衆香主人《衆香國·劉福寶》字擬玉，現在三慶部。安詳熨貼，無矜躁之氣，有温厚之風。促膝論心，魚魚雅雅，頗類儒者氣象。近聞去三和而隸三慶，出谷遷喬，拭目俟之。

周大翠

論說

清·衆香主人《衆香國·周大翠》字黛雲，現在春臺部。黛雲淳而且憨，與人相處，渾渾然如不甚款洽，論者多爲黛雲惜。余正以此取黛雲也。寧静無躁，寧樸無華，以視工粉飾、耀輿服而趾高氣揚者，其雅俗殆不侔矣。

吴天林

論說

清·衆香主人《衆香國·吴天林》字蔚藍，現在三和部。蔚藍固舊家子，淪落梨園，雖日博盛名，獵纏頭，志弗屑也。性寡合，疏於應接，見人常幽怨盈懷。及登場，演《花鼓》、《臙脂》、《獨占》諸雜齣，嬌喉妙態，又未嘗不傑出冠時。噫。才人斯養，今昔同嗟，余於蔚藍感慨係之矣。

陶雙全

論說

清·衆香主人《衆香國·陶雙全》字柳溪，現在三慶部。體裁窈窕，婉而多風。曲中以閒雅稱，每於獻伎時，流連岩往，逸韻悠然，蓋老成之風範猶存也。又聞柳溪頗具俠腸，求之渠輩中尤不易得。

范天福

論説

清·衆香主人《衆香國·范天福》 字玉生，現在三和部。玉生端莊有意致，於樸實之中，寓温柔之態。上場娟好娉婷，儼如閨秀，較下場爲尤勝。與蔣韻蘭、朱鳳青、吴蔚藍同師，而獨於蔚藍稱莫逆，殆有襟期投合者歟。

武福慶

論説

清·衆香主人《衆香國·武福慶》 字小棠，現在雙和部。天性耿介，不爲利動，不爲勢屈。每當同人雅集，小棠在座凝重自如。倘臭味差池，雖幣重言甘，亦不能强致。優伶而有氣骨，不可没也。

蔣金官

論説

清·衆香主人《衆香國·蔣金官》 字筠谷，現在三和部。體度嫺静，向隸霓翠部時，名噪鳳城。演《題曲》、《别祠》、《拜月》、《獨占》諸齣，多幽怨之調，愁苦之音易好，宜爲我輩賞心。而陽春不入里耳，近更門前冷落矣。

趙慶林

論説

清·衆香主人《衆香國·趙慶林》 字仿雲，現在三慶部仿雲人呼爲小慶林，蓋别乎管慶林而言之，猶王倚雲之名小天喜也。年甫總丱，而舉動從容，齒牙伶俐，與之談論，有理有條，輒中窾卻，雖嫻於詞令者，不能不爲所折服。異哉。

郝桂寶

論說

清·衆香主人《衆香國·郝貴寶》 字文玉，現在四喜部。輕圓活脱，余素喜之。會友人招飲於潘筠卿處，文玉與焉。飛觴侑酒，合座生春。知其以靈心佐慧口，所由能博人懽也。

朱天壽

論說

清·衆香主人《衆香國·朱天壽》 字鳳卿，現在三和部。便利輕儇，長於肆應，是慧而黠者。演《捉姦》、《搧墳》、《檀香墜》諸齣，盡態極妍，饒有風流之致。

謝祥福

論說

清·衆香主人《衆香國·謝祥福》 字天香，現在慶寧部。性倜儻，工詼諧。登場時，洗盡鉛華，不施朱粉。演《打扛》、《賣餅》、《打櫻桃》諸齣，俱能隨機謔浪，舌底瀾翻，雖稍遜趙仿雲之韶秀，而慧趣則居然伯仲矣。

張聯喜

論說

清·衆香主人《衆香國·張聯喜》 字馥才，現在和春部。齒弱而文，無童子佻達之習。喜學書，隨所至即磨墨作字，點畫秀勁多姿。其語言應答，亦復楚楚有致，迥異浮囂。

陳三寶

論說

清・衆香主人《衆香國・陳三寶》 字妙蓮，現在和春部。天姿靈敏，善伺意旨爲逢迎。嘗偕友人小集，觥籌角逐之際，多方昵就，無不隨心。雖舌本微嫌强澁，不礙其爲慧巧也。井華明府亟賞之。

陳壽林

論說

清・衆香主人《衆香國・陳壽林》 字瓣香，現在三多部。福、壽、雙、全四林同時出場，並隸三多部。福、全、壽均有可觀，而瓣香尤專於取悦者也。演《踢毬》、《思凡》諸齣，亦極停妥。相見時，應對殷勤，周旋便給，恍若飛鳥依人，庶幾慧之近似者。

李蘭官

論說

清・衆香主人《衆香國・李蘭官》 字香谷，現在三慶部。香谷肌膚瑩潔，人以白牡丹目之，每發一言，即嫣然笑。蓋天真爛熳，雕飾全無，能於誠實中見其慧者。聞其演《陽關》、《折柳》、《喬醋》諸齣，俱有可觀，惜乎未之見也。

許雙喜

論說

清・衆香主人《衆香國・許雙喜》 字文蘭，現在三慶部。眉目清秀，嬌小堪憐。與趙仿雲合演《思凡》一齣，聲情體段，乃在仿雲之右。他如《題曲》、《賜珠》諸劇俱佳。循循雅飭，宛爾書生，自屬後起之雋。

李緑林

論説

清・衆香主人《衆香國・李緑林》 字綺琴，現在春臺部。姿容秀潔，妙倩無雙，見其演《盜令》、《殺舟》，有情有景，繪影繪聲。從前三慶部之陳仙圃，演《盜令》一齣，可謂佳矣，而較之綺琴，猶覺有其靈活，無其刻露也。至《思凡》、《佳期》諸齣，皆能於常中見奇，動人心目。髫齡擅此絶技，得於天者，優也。後來居上，正不作第二人想耳。

孫桂林

論説

清・衆香主人《衆香國・孫桂林》 字香雲，現在和春部。纖眉細目，婉約依人，演《彩船》一齣，音韻輕脆，如攜雙柑斗酒、坐聽流鶯小品也。亦妙品也。

王如意

論説

清・衆香主人《衆香國・王如意》 字蓴仙，現在和春部。蓴仙見賞於余友瀞軒，年雖穉弱，而意致可人。演《胖姑》、《回家》諸齣，無不用心摹寫，學步傳神。以別於譚如意，咸稱爲小如意云。

吴小禄

論説

清・衆香主人《衆香國・吴小禄》 字文濤，現在三和部。文濤與蔣韻蘭同一師，丰采雅似韻蘭，故名小禄。論談把盞，別具温柔。演《後誘》、《踢球》、《彩船》諸齣，具見丰神，童子軍有此，可以愧煞一切矣。

韓金福

論説

清·衆香主人《衆香國·韓金福》字菊人，現在三慶部。丰神秀飭，語言嬉笑間，盎然天趣。演《賣肉》一齣，頗能曲盡情態，亦雛伶中之翹楚也。

鄭三寶

論説

清·衆香主人《衆香國·鄭三寶》字韻生，現在三慶部。瘦小有神，所到處色舞神飛，刻無寧暇，座客俱爲忘倦，蓋生成水性也。演《小盤》、《賣肉》諸齣，情致描摹，聲音嘹喨，固有未可忽視者。

張發林

論説

清·衆香主人《衆香國·張發林》字鳳鳴，現在三慶部。白皙清癯，裝束登場，酷似小家女子。演《打齋飯》一齣，瑣瑣屑屑，愈速愈佳，極遊戲之能事。

錢彩林

論説

清·衆香主人《衆香國·錢彩林》字春嵐，現在春臺部。春嵐向隸山左玉鳳部。甫垂髫，有姿態，余甚憐之。別來音問杳如，到都偶然邂逅，幾若三生杜牧不識雲英。詢其姓名，平生如悟，蓋春雨梨花，非復柔枝冶葉矣。爲之黯然。

余喜林

論説

清·衆香主人《衆香國·余喜林》字金波，現在和春部。余到都，識金波最早。恬雅温和，天機盪漾，浮觴促坐，令人心曠神怡。因不以技藝擅名，故規模較小，然比之京外諸別部，已有天淵之隔矣。

楊天福

論説

清·衆香主人《衆香國·楊天福》字小艭，現在四喜部。勁秀倜儻，演《背娃》、《臙脂》、《打洞》、《拜月》諸齣，俱能擅長。令之歌以佐酒，嬌喉嚦嚦，聞者醉心。梨園中半解小曲，小艭則多而且善者也。以其體裁纖小，專工小曲，別號小艭，遂録以爲小有香之殿。

陸鑑橋

論説

清·衆香主人《衆香國·陸鑑橋》字月湖，現在和春部。月湖音韻鏗鏘，精神飽湛，與顧介石皆以技藝擅長。而顧以健勝，陸以静勝，牝牡驪黄之外，別有賞音。在老輩中，正未易數數覯也。

戴三官

論説

清·衆香主人《衆香國·戴三官》字聯香，現在雙和部。淫靡之派出以嬈柔，佚志蕩心莫此爲甚，觀者有飛來鳳之號。聞聯香蜀産也，昔婉卿、渼碧皆蜀人，一時蔚起歌壇，空前絶後，至今猶嘖嘖稱道之。得聯香，可以鼎足矣。蜀固多才也哉。

韓四喜

論説

清·衆香主人《衆香國·韓四喜》字秀篁，現在大順寧部。靡靡之音，本自入聽。秀篁尤秦腔之傑出者，雖不及見三五少年時，然觀其《打刀》、《打皂》、《葫蘆架》諸齣，時而悍，時而妬，時而淫，風騷活潑，使婦女種種情狀盡傳於阿堵間，真尤物也。魏婉卿而後，此其嗣響乎。

蔡三寶

論說

清・衆香主人《衆香國・蔡三寶》 字蓮舫，現在春臺部。蓮舫演劇，力趨騷褻一派，與韓秀筸異曲同工。其於兒女私情，閨中醜態，無不刻劃盡致，亦寫生之別技也。聞蓮舫初入都時，年已二十餘，不數年間，博取幾致萬金，豈偶然歟。

沈榮慶

論說

清・衆香主人《衆香國・沈榮慶》 字秀雲，現在慶寧部。曷別乎秀雲，別其老也。秀雲年十餘齡，而別之以老者何。其爲戲也，韻老、度老、神情節目俱老。纖纖弱質，竟歌壇之幽燕宿將也。不老其人，老其戲，故別之。

何玩月

論說

清・衆香主人《衆香國・何玩月》 字月卿，現在大順寧部。穠如桃李，而冷若冰霜。望其一笑，擬黄河之清。演《賣藝》一齣，星飛電掣，咄咄逼人。演《檀香墜》一齣，則又纏綿婉轉，令觀者真個魂銷。神光離合，乍陰乍陽，如月卿者，庶幾當之矣。

陳二林

論說

清・衆香主人《衆香國・陳二林》 字意卿，現在春臺部。意卿演《花鼓》《遇妻》諸小齣，儼然一村妝婦人，不假修飾，而於布素中特饒俊俏。近則技藝日進，而憨肥亦日益矣。柔姿非昔，別致猶存，尚可與蔡蓮舫相頡頏云。

張壽元

論說

清・衆香主人《衆香國・張壽元》 字蘅香，現在慶寧部。貌亦挺秀，而酬應微覺生疎。所演專長擊刺之劇，如《殺惜》、《劈棺》、《刺虎》諸齣，神情畢肖，踔厲無前，百鍊鋼耶，抑繞指柔耶。樸園明府謂：慶寧部文則沈秀雲，武則張蘅香誠確論也。

朱三喜

論說

清・衆香主人《衆香國・朱三喜》 字曉蘋，現在三慶部。向來《賣藝》一齣，以何月卿爲絕唱。繼起者，其小蘋乎。嘗見其使拳，勇舞流星，居然神暇氣静，水到渠成。月卿之外，一人而矣。

郝雙翠

論說

清・衆香主人《衆香國・郝雙翠》 字啓桂，現在和春部。啟桂技曲甚多，全本雜齣，美不勝收。每演一齣，必出以刻骨鏤心。所謂獅子搏兔，亦用全力者也。尤專工苦戲，聲情激烈，悲壯淋漓，能令敷座爲之色動。

馬鳳

論說

清・衆香主人《衆香國・馬鳳》 字棲碧，現在大順寧部。英姿峭骨，不事描眉畫目，而風致自佳。於踏蹺後，愈見趫捷，乃旦色中别樹一幟者。棲碧，晉産也。人呼爲頂門子云。

周桂林

論說

清・衆香主人《衆香國・周桂林》字孤芳，現在三和部。孤芳善於技擊，動舉有赳赳之氣，拳勇刀棒，靡不擅長。工使雙流星，舞時反正刓側，如飛花滚雪，目動神摇，直與何月卿、朱小蘋相繼武矣。觀劇者，詎可以貌取人哉。

孟玉貴

論說

清・衆香主人《衆香國・孟玉貴》字韞珍，現在春臺部。別部中工小曲者三，三慶之劉朗玉、四喜之楊小馥。其一則春臺之孟韞珍也。韞珍動静言笑，頗饒機趣。演《麵缸》、《過關》諸齣，無不自抱琵琶，歌喉柔脆，眉目傳情人。苟有長，斷未有湮没不彰者。

王小慶

傳記

清・播花居士《燕臺集艷》春臺部王小慶，號情雲，又號雲卿，安慶人，寓餘慶堂。

藝文

清・播花居士《燕臺集艷・靈品》評：轉秋波，調眼色，靈犀一點。酸溜溜心兒裏，埋没着聰明。

橫波眼溜春溪碧，王文甫。《回文》。海棠染就臙支色。楊炎。飛燕蹴紅英，秦觀。流鶯三兩聲。晏幾道。帕羅香自滿，史達祖。拂袖東風輭。謝逸。嬌極不成狂，方喬。斜窺秋水長。向子諲。調寄《菩薩鬘》。

汪雙林

傳記

清・播花居士《燕臺集艷・素品》三慶部汪雙林，號霞卿，安慶人，寓敦素堂。

藝　文

清・播花居士《燕臺集艷・素品》評：官樣眉兒，新月偃，星眼朦朧，九的不勾引了人魂靈。

灣灣淺黛長長眼，張先。屏山翠八江南遠。毛滂。羅帶輕分，秦觀。舞腰低輭，張景修。天然玉貌鉛華淺。晁補之。花間隔霧遥相見，吕渭老。輕妝誰寫崔徽面。周密。醉臉春融，蘇軾。塗腮粉艷，陳允平。芳心只共絲争亂。歐陽修。調寄《七娘子》。

鄒福壽

傳　記

清・播花居士《燕臺集艷・逸品》四喜部鄒福壽，號畹香，蘇州人，寓傳經堂。

藝　文

清・播花居士《燕臺集艷・逸品》評：千般嬝娜，萬般旖旎。何須眉眼傳情，行近前來百媚生。

牡丹開盡正春寒，張桂。香霧濕雲鬟。張炎。紛怯珠愁，王沂孫蕙羞蘭妒，王易簡。無艷寄塵凡。劉子翬。等閒莫把闌干倚，万俟雅言。妨却一身閑。崔與之。美玉輕盈，鄭覺齋。飛瓊綽約，李居仁。人在畫圖看。謝逸。調寄《少年遊》。

汪鴻保

傳　記

清・播花居士《燕臺集艷・生品》三慶部汪鴻保，號賓秋，安慶人，寓賓晉堂。

藝　文

清・播花居士《燕臺集艷・生品》評：臉兒清秀身兒韻，天生聰俊，情引眉稍，一團兒□是嬌。

芍藥技頭紅樣小，陳師道。湘裙憶着春羅。史達祖。不須團扇障清歌，張先。望中秀色，毛觀。無計奈情何。向子諲。好築避風台護取，劉克莊。酒邊莫唱西河。張炎。個儂無賴動人多，賀鑄。眼波微送，謝絳。脈脈斂雙蛾。張耒。調寄《庭院深》。

席秀林

傳　記

清・播花居士《燕臺集艷・能品》嵩祝部席秀林，號珍卿，又號麗香，揚州人，寓松茂堂。

藝文

清・播花居士《燕臺集艷・能品》評：忒聰明，多丰韻。俊是麗兒俏是心，乖性兒怕人家調犯，厭的扢綯了黛眉。

非烟非霧，万俟雅言。風撼梨花樹。周紫芝。人間没箇安排處，李冠。偏向衆中翹楚。楊無咎。似花還似非花，蘇軾。花邊蝴蝶爲家。毛滂。欲買青春無價，管鑑。小憐初上琵琶。王安國。調寄《清平樂》。

項松壽

藝文

清・播花居士《燕臺集艷・清品》評：懨懨瘦損，多愁多病身。軃着香肩柳腰兒，恰一搦。

輕躡羅裙掩絳綃，柳永。慵整翠雲翹。陳允平。一般妝樣百般嬌，張先。第一是張炎。眼眉腰。譚宣子。海棠枝上，易祓。薔薇花下，蔡伸。倩緒好無聊，石孝友。算只有姜夔。可憐宵。賀鑄。調寄《燕歸梁》。

汪三林

傳記

清・播花居士《燕臺集艷・殊品》四喜部汪三林，號秋白，又號妙雲，安慶人，寓福壽堂。

藝文

清・播花居士《燕臺集艷・殊品》評：天際秋雲捲，柳遮花暎，出落得精神別樣的風流。

舞衣半惹凉雲碎，周密。瘦玉倚香愁黛翠。李石。獨抱相思，王沂孫。無限柔情説似誰。黄機。不湛對酒長亭別，李彌遜。怎得人如天上月。周紫芝。試問東風，王十朋。人在珠簾第幾重。張孝祥。調寄《偷聲木蘭花》。

丁春喜

傳記

清・播花居士《燕臺集艷・静品》四喜部丁春喜，號梅卿，又號小蓉，安慶人，寓三和堂。

藝文

清・播花居士《燕臺集艷・静品》評：人間天上，軟玉温香，慢俄延，半晌抬身，情思昏昏眼倦開。

愁無際，朱服。如何盡得相思意。石孝友。相思意，辛棄疾。一團纖軟，李邴。慢騰騰地。周邦彦。東風捏就腰肢細，無名氏《步蟾宫調》，《豹隱紀談》以爲阮郎中《贈妓詞》。年年春事關心事。趙合時。關心事，吴文英。雲輕柳弱，張先。艷妝初試。晁補之。調寄《秦樓月》。

吴雙喜

傳記

清・播花居士《燕臺集艷・精品》四喜部吴雙喜，號婉蘭，蘇州人，寓德雲堂。

藝文

清・播花居士《燕臺集艷・精品》評：一事精，百事精，齊齊整整，嬝嬝婷婷，越越的閉月羞花。

酒面灩金魚，張先。一點醉紅潮頰。紫娘。約略顰輕笑淺，李元膺。按梁州初徹。鄭獬。欲將心事付瑶琴，岳武穆。誰解此情切。鄭意娘。空託繡羅金縷，陳允平。却翠雲千疊。無名氏，緑意謂見《樂府雅詞》。調寄《好事近》。

許玉芳

傳記

清・播花居士《燕臺集艷・幽品》嵩祝部許玉芳，號畹香，蘇州人，寓槐蔭堂。

藝文

清・播花居士《燕臺集艷・幽品》評：遮遮掩掩，穿芳徑。紅袖鸞銷玉笋長，做多少好人家風範。

簾外殘紅春已透，李玉。算枉了雙眉長皺。辛棄疾。芳草有情，張耒。東風無力，范成大。人共博山烟瘦。毛滂。鈿閣桃腮香玉溜，陳允平。儘占斷艷歌芳酒。周密。嫋嫋餘音，王易簡。纖纖柔握，陸游。春筍輕籠翠袖。劉過。調寄《夜行船》。

王得喜

傳記

清・播花居士《燕臺集艷・新品》三慶部王得喜，號蓉卿，揚州人，寓敦素堂。

藝文

清·播花居士《燕臺集艷·新品》評：撥雨撩雲，顫巍巍。花梢弄影，小則小心，腸兒轉關。

倦倚東風，黄蘭。寶釵爭掩春心眼。吴文英。錦屏香煖，盧祖皋。零落梨花晚。朱敦儒。窄袖輕羅，晏幾道。暗露黄金釧。歐陽修。雙蛾淡，王沂孫。爲誰腸斷，吕渭老。故故回嬌盼。管鑑。調寄《點絳脣》。

許蘭秀

傳記

清·播花居士《燕臺集艷·樂品》嵩祝部許蘭秀，號佩秋，蘇州人，寓永和堂。

藝文

清·播花居士《燕臺集艷·樂品》評：語言的當，音律又清，恁響喉嚨似嚦嚦鶯聲花外囀。

釵鳳斜欹，洪邁。玉困花嬌越樣宜。張元幹。相思一曲訴伊誰，方有間。彩鸞飛。高觀國。六么聲斷凉州續，陳紀。心到郎邊客已知。陳師道。不須更畫遠山眉，許棐。曉妝遲。晏幾道。調寄《彩鸞歸令》。

張心香

傳記

清·播花居士《燕臺集艷·佳品》四喜部張心香，號妙卿，蘇州人，寓青慎堂。

藝文

清·播花居士《燕臺集艷·佳品》評：淡白梨花面，嫩巍巍臉兒吹彈得破，賤却那人間玉帛。

眉黛遠山長，陳師道。終日清狂。王銑。儘教淘寫繡心腸，程垓。一寸相思千萬緒，李冠。自檢羅囊。吕渭老。茉莉擁釵梁，張炎。紅透肌香，真德秀。晝長蝴蝶爲誰忙，張棨。綽約珮環風不定，陳允平。欲下斜陽。張輯。調寄《浪淘沙》。

汪玉蘭

傳記

清·播花居士《燕臺集艷·異品》三慶部汪玉蘭，號澧香，安慶人，寓敦厚堂。

藝文

清・播花居士《燕臺集艷・異品》評：身心一片，無處安排，風流況，似垂柳晚風前。

杏腮紅透梅鈿皺，周密。翠腰羞對垂柳瘦。陳允平。忍教三疊唱《陽關》洪适。儘輕衫寒透。楊無咎。酒深歌拍緩，王觀。猶記眼波微溜。唐藝孫。催花無計問東風，何桌。能得幾回又。何夢桂。調寄《陽臺夢》。

楊玉環

傳記

清・播花居士《燕臺集艷・選品》春臺部楊玉環，號韻珊，安慶人，寓國香堂。

藝文

清・播花居士《燕臺集艷・選品》評：年紀小，性氣剛，可喜龐兒淺淡妝。嬌滴滴，越顯紅白。

月微明，吕渭老。霞散綺，夏竦。斜領花枝交錯裏。晁補之。調寶瑟，周紫芝。理銀箏，曹良史。望中秀色仙都是。韓元吉。分香帕子揉藍膩，何卓。綬帶雙垂金縷細。盧氏。年華渾是霧中看，趙鼎。紛紛柳絮低還起。張先。調寄《木蘭花》。

張五福

傳記

清・播花居士《燕臺集艷・華品》四喜部張五福，號似蓮，又號孋儂，蘇州人，寓福壽堂。

藝文

清・播花居士《燕臺集艷・華品》評：粉頸低垂，煙鬟全墮，未語人前先靦腆，盡人調戲，只將花笑拈。

寶髻雙垂煙縷縷，楊無咎。艷溢香融，宋徽宗。點點胭脂汙。真德秀。看到嫣紅渾漫與，陳從古。海棠半圻難禁雨。周密。錦瑟年華誰與度，賀鑄。笑裏移春，張炎。無限春情緒。謝懋。垂柳不縈裙帶住，吴文英。客星容到天孫渚。周必大。調寄《蝶戀花》。

周小鳳

傳記

清・播花居士《燕臺集艷・畫品》春臺部周小鳳，號竹香，安慶人，寓餘慶堂。

藝　文

清・播花居士《燕臺集艷・畫品》評：朱唇，淺淡櫻桃顆，春心蕩，似落花流水溶溶。

休休莫莫，吴潛。半捲珠簾凴畫閣。杜郎中。莫莫休休，尚希仲。一寸横波入鬢流。吕渭老。輕攏細撚。陳以莊。豆蔻梢頭春色淺。謝逸。細撚輕攏，蘇軾。吹入雲山第幾重。盧祖皋。調寄《減字木蘭花》。

沈三順

傳　記

清・播花居士《燕臺集艷・寒品》嵩祝部沈三順，號雲僊，順天人，原籍蘇州人，寓錦春堂。

藝　文

清・播花居士《燕臺集艷・寒品》評：春恨落眉尖，呆打孩，問愁萬種，行一步可人憐。

雙枕細眉顰，吕渭老。剪碎香羅裛淚痕。無名氏《浣溪紗》調見《能改齋漫録》。莫鼓琵琶江上曲，劉過。愁人，毛滂。我亦多情不忍聞。杜安世。朱粉不深匀，張先。小滴臙支浸緑雲。李演。一寸芳心渾未展。石孝友。消魂，韓縝。手撚花枝憶小蘋。江開。調寄《南鄉子》。

鄭小翠

傳　記

清・播花居士《燕臺集艷・名品》春臺部鄭小翠，號鳳卿，安慶人，寓餘慶堂。

藝　文

清・播花居士《燕臺集艷・名品》評：春山低翠，秋水凝眸，杏臉桃腮，却似半吐的新生月。

璚樓十二，葛郯。銀屏十二。洪瑹。更闌情，李萊老。畫欄十二。蘇過。一曲春風，曹良史。覺身在廣寒宫裏，楊無咎。想桃源路通人世。張炎。明眸似水，吕渭老。柔情似水。秦觀。怎禁他，蔣捷。清寒似水。王沂孫。玉暖酥凝，陸游。都化作凄凉雲氣，馮應錫。算只有江梅可比。盧炳。調寄《解珮令》。

楊全喜

傳　記

清・播花居士《燕臺集艷・情品》春臺部楊全喜，號念農，安慶人，寓日新堂。

藝文

清・播花居士《燕臺集艷・情品》 評：風流客，蘊藉人休題，眼角留情處，喜怒其間，打扮得嬌嬌滴滴的媚。

黛拂雙蛾淺，楊無咎。天教百媚生。管鑑。水雲飛珮藕絲輕，趙與仁。看取無情芳草也關情。張适。 殢酒懨懨病，李玉。間花淡淡春。張先。重簾不捲篆烟横，毛滂。留戀海棠顔色過清明。張樞。調寄《南歌子》。

菊仙

藝文

清・靨橋逸客《燕臺花史・菊仙春容》 濛濛香霧，靄靄春雲。松風披拂，花雨繽紛。邀來之子，華顔微醺。朝迎芳澤，夕挹蘭芬。望之若遠，即之愈殷。如將不盡，大雅出羣。

芷儂

藝文

清・靨橋逸客《燕臺花史・芷儂風華》 碧桃夾路，紅藥當階。金華公子，翩如其來。身遊香國，馬走閒街。度金縷曲，唱玉茗牌。蜂情蝶緒，燕侶鶯儕。手標若此，曠我襟懷。

蘭卿

藝文

清・靨橋逸客《燕臺花史・蘭卿俊逸》 金門射策，玉樹臨風。筒中佳士，快綠吟紅。放懷渭北，託跡湘東。飼千年鶴，撫百尺桐。浩浩流水，落落長空。衣冠晋代，花草吴宫。

蘭仙

藝文

清・靨橋逸客《燕臺花史・蘭仙輕盈》 盈盈秋水，裊裊佳人。淩波微步，對影常嚬。擷荷爲骨，浥露爲神。作掌中舞，現畫裏身。弱比飛燕，痴笑太真。霓裳一過，大羅皆春。

趙天壽

傳記

清・蜃橋逸客《燕臺花史・天壽》 寄齋寄生著。天壽姓趙氏，字菊仙，江蘇長洲人也。性恬静如處女，對客寡言笑而深於情。閒從人論古今書法，頗有會心處。善横吹及南北曲，演《遊園》、《驚夢》諸齣，妙絶一世，都人士知不知，咸嘖嘖稱羨。時年十有六。

藝文

清・蜃橋逸客《燕臺花史・天壽》 兜率宫侍者著。天上謫來第幾仙，舞衫歌扇劇堪憐。青春本是良家子，絳樹争誇美少年。宛轉氍毹催鳳管，玲瓏節拍赴鵾絃。星眸炯炯傳新曲，一度紅牙一悵然。

又 一串珠喉韻繞梁，登場出試舞衣裳。琵琶幽怨咽流水，環佩琤瑽度響廊。射覆藏鈎花月榭，倚紅偎翠木樨堂。瞢騰夢裏春如海，唤醒痴情杜麗娘。

又 調寄《鷓鴣天》，寄齋寄生著。竹裏花閒月一鈎，麗珠百囀費嬌喉。如何對客偏無語，怕説新愁觸舊愁。　春擾擾，夢悠悠，從今王粲不登樓。畫成小像焚香拜，一任多情唤隱候。

萬磬芳

傳記

清・蜃橋逸客《燕臺花史・磬芳》 磬芳，姓萬氏，號芷儂，江蘇人也。性聰慧，學曲日熟數百言。龐面美丰姿，目盈盈若秋水。工演《番兒》、《搜菴》、《回頭案》、《雙官誥》諸齣，有超塵絶俗之概，穿雲裂石之音，一顧傾城，可當名士。時年十有四。

藝文

清・蜃橋逸客《燕臺花史・磬芳》 兜率宫侍者著。長安車馬似游龍，絮果蘭因無定踪。曲幾笙歌傳海澨，半窗風雨憶吴淞。典裘沽酒情難遣，援鏡簪花態倍慵。漫説何戡人幾輩，筵前惆悵唱阿儂。

又 調寄《西江月》，蜃橋逸客著。處處笙簧幾許，年年花月無窮。大千春色付東風，道是誰家幺鳳。　曲度芙蓉城外，神傳煙雨樓中。人間天上一般同，怪底遊人情重。

汪蓬仙

傳記

清・扈橋逸客《燕臺花史・蓬仙》 蓬仙，以字行。姓汪，名笙官，直隸順天人也。姓俠負奇氣，口吃吃而多言語，尤嗜嘲笑，落落然有狂士風。與人交尚義，不以錙珠權輕重。士大夫或挑之，即變色曰：讀書人何輕薄乃爾。遂拂衣去。喜書畫，法墨山水特所癖愛焉。嘗從吾友扈橋遊，扈橋性多慢，或日一再造其居，或月不一造其居。歲餘，蓬仙事愈謹，或詰其故曰：此中事，外人那得知。閒從余學《大江東去》曲，聞客習《遊俠傳》者，必固請詳其語，日出入無倦聽云。時年十有三。

藝文

清・扈橋逸客《燕臺花史・蓬仙駘岩》 雲行太空，舒卷自如。好風過竹，微波盪藻。有美一人，其來於於。或曳長袖，或拖輕裾。修容自喜，動岩不拘。水流花放，悠然有餘。

又《蓬仙》 優曇慧業解風騷，分韻擘箋擬薛濤。觴政歌催金縷曲，簫聲譜換欝輪袍。 燈前軟舞拋檀板，酒後雄譚說寶刀。 菊部佳伶推幾輩，當行不數鄭櫻桃。

又 調寄《鷓鴣天》，寄齋寄生著。 曾在蓬萊第幾峯，者般兒女亦英雄。 銅琶鐵箋關西漢，遮莫停歌拜下風。 車似水，馬如龍，酒旗山郭路悤悤。 贏他花月知多少，都付周郎一曲中。

高玉磬

傳記

清・扈橋逸客《燕臺花史・玉磬》 玉磬，姓高氏，號瓊仙，江蘇人也。風度洒然，喜修潔，性倜儻。不以嚬笑假人，語言諧妙，無猥詞。愛畫蘭及草衣設色法。尤嗜手談。所演《拾畫》、《看狀》等齣，丰神濯濯，人謂似張緒當年。時年十有五。

藝文

清・扈橋逸客《燕臺花史・玉磬》 瓊筵高會結芳情，仙侶分曹合讓卿。韻向花間流處遠，神從竹裏過來清。偶逢夜話原驚別，大助春愁太憎生。最是臨行添客思，徘徊低語兩三聲。

又 調寄《滿江紅》。春色無邊，休辜負，探花時節。正長安、看遍韶光，□□未歇。翡翠欄邊蝴蝶夢，荼蘼架上杜鵑咽。問卿卿、何事恁多情，經年別。 楚館外，秦樓北。腸一縷，思千結。豈儂情似水，我心如鐵。萬里春風剛過眼，連年別恨不須說。趁今番、把折柳陽關，歌一闋。

徐幼芙

傳記

清・匳橋逸客《燕臺花史・幼芙》 幼芙，姓徐，號蕖卿，江蘇人。性温婉而尚雅淡，雖脂粉不施，貌娟娟如好女。吾友春君，固長者，獨雅惓幼芙，若有夙緣。去歲夏六月，與春君過其居，入室，案榻光潔無塵氛氣。茶畢，忽兩僕展氍毹於堂上，俄幼芙具衣冠出拜。余愕然詢知，係幼芙初度，遂羅酒漿，作盡日歡。春君頹卧，余與幼芙飲且談，鷄鳴始罷去。幼芙時年十有四。

藝文

清・匳橋逸客《燕臺花史・幼芙温婉》 喃喃乳燕，嚦嚦新鶯。容與俯仰，宛轉關生。黄華二犢，絳樹雙聲。置之翠幌，貯之雕甍。淺斟低唱，饒有風情。温其如玉，月下吹笙。

又《幼芙》 調寄《西江月》。 嬝嬝迎風弱柳，田田出水新荷。月明花下影婆娑，知是阿儂風過。 抛郤十年春恨，度來一曲清歌。燈紅酒緑興偏多，休管海棠夢破。

又 兜率宫侍者著。 一曲新聲《菩薩蠻》，明珠翠羽燦香鬟。翩翩簇擁迎紅袖，倚檻真如望遠山。

張梅五

傳記

清・匳橋逸客《燕臺花史・梅五》 梅五，字福官，姓張，江蘇人也。性聰慧，學歌曲，數過即合拍。每演一曲，恣態横生，幾令人忘爲男子。戈調《拾鐲》尤爲絶調。善詼諧，侍客席間，酒半酣，輒以聚頭扇擊節而歌，琅琅作珠玉聲，愈唱愈高，座客罔不大悦。與人交，篤於情，不以勢利論厚薄。時年十有五。

藝文

清・匳橋逸客《燕臺花史・梅五穠艷》 夭桃過雨，紅杏粘林。餘霞朝染，濃露晨侵。瞥眼佳麗，玉佩華簪。度紅牙板，開緑綺琴。燕支波暖，翡翠巢深。導來阿蒨，醉倚花陰。

又《梅五》 兜率宫侍者著。 春閨倦繡逗芳心，蝶粉蜂黄感不禁。瞥眼偏留交甫珮，滿塲擊節看停針。《拾鐲》絶妙一時。

又 調寄《臨江仙》，匳橋逸客著。 睡起海棠初過雨，居然風露清愁。怪他紅葉御溝流，閒情抛萬種，春恨鎖眉頭。 一幅紅綃虚濺淚，教人目注神留，那堪嚦嚦穿珠喉，魂銷遊子夢客語酒家樓。

王金蘭

傳記

清・蜃橋逸客《燕臺花史・金蘭》 金蘭，姓王氏，號桐仙，直隸順天人也。性靈警，能知人。骨珊珊若神仙，有俠氣。嘗與友人過其居，與之論古今豪傑，瞭如也。每以家貧廢讀爲恨，習於酒，酒酣輒執劍作天魔舞。或嗤之，金蘭曰：吾儕墮泥溷，奚所樂，特以劍談消塊壘耳與蓬仙同師學，性翕然無少間，人謂之《二俠伶》云。時年十有三。

藝文

清・蜃橋逸客《燕臺花史・金蘭》 調寄《賣花聲》。花事遺春愁，看徧歌樓。六朝粉黛付阿侯。寫盡閨中多少趣，萬種風流。　落日晚妝收，顧影無儔。桃花無語杏花羞。客子相思蝴蝶夢，五夜勾留。

又 兜率宫侍者著。秀骨珊珊小俠伶，風生掌上舞青萍。紫雲歌者知名久，采入羣芳姓字馨。

郝天秀

傳記

清・蜃橋逸客《燕臺花史・天秀》 天秀，號蘭卿，姓郝氏，直隸順天人也。其父舊以歌名馳京師，及天秀習父業，度歌童，氣宇開朗，性情悃款。與湖南某君遊，某固名下士，天秀雅愛重，每食必俱後。某以銓選出都門，天秀餞別，爲歌《臨風送遠》一曲，聲淚俱墮，某亦涴瀾去。天秀時年十有六。

藝文

清・蜃橋逸客《燕臺花史・天秀》 兜率宫侍者著。怕聽驪歌唱《渭城》，筵前旖旎太多情。紅銷一掬相思淚，未了因緣寄此生。

又 調寄《唐多令》，蜃橋逸客著。明月漫相邀，神仙出碧霄。如花美眷勝阿嬌。春到人間看不盡，纔今日，又明朝。　換酒脱金貂，相逢每夜招，恐將別淚染氷銷。萬里鄉關同一醉，情無奈，總魂銷。

秋霞

傳記

清・蜃橋逸客《燕臺花史・秋霞》 秋霞，號綺，儂江蘇人也。貌韶秀如玉人，性喜靜，面腆不慣與主人語，對熟客差强。好事者聞其美，争欲識之。秋霞陪待如一，終無少輕重。唯登場一顧，情常露於眉目間，演《湖船》《桃簾》數齣，可稱絶技。時年十有三。

藝文

清・蜃橋逸客《燕臺花史・秋霞韶秀》 如蓮斯碧，如蕙斯馨。有人獨步，宛若婷娉。爰拾其緑，爰采其英。和薔薇露，貯水晶瓶。酹以風月，醉以醁醽。西山擢秀，對之忘形。

又《秋霞》 調寄《如夢令》，蜃橋逸者著。豈是霍家玉樹，淡淡梨花著露。不敢畫蛾眉，祇恐鶯驕燕妬。且住，且住，端的是花是霧。

又 兜率宮侍者著。么鳳啁啾集紫桐，梅花三弄玉玲瓏。潮痕半褪猩唇染，恰似楊妃一捻紅。

陳新保

傳記

清・蜃橋逸客《燕臺花史・新保》 新保，號蘭仙，姓陳氏，江蘇人也。體態輕盈，意度嫻婉，喜臨池，愛畫蘭菊。時作小詩，亦秀削可喜。其師兄賓蝶，以書名，善詩畫。士大夫争招致之，謂之韻友。蘭仙心羡甚，嘗謂吾友雪翁云：薛濤，蘇小輩尚知名，無儕男子寂寂無聞，殊可恥。其志向如此。若描淺眉，度新聲，緩歌漫舞，盡態極妍，特其餘事。時年十有四耳。

藝文

清・蜃橋逸客《燕臺花史・新保》 兜率宮侍者著。清癯弱質不勝衣，繡佛拈花一笑微。偶共阿通聯小句，慧心佳想入非非。

又 調寄《水調歌頭》，蜃橋逸者著。嬝娜隨花去，花外倍增妍。不知香國深處，幾度來嬋娟。漫説南朝金粉，祇者慵妝淡抹，多應惹人憐。一曲雲璈奏，神韻落花前。抛歌扇，捲翠幙，卸珠鈿。不應有恨，何事花下啼杜鵑。怕的燕　臺風月，共那鶯歌蝶板，一嚮化雲烟。從此海棠夢，都付五花箋。好學書畫。

韻仙

藝文

清・蜃橋逸客《燕臺花史・韻仙和厚》 綰臂曾逢劉小史，纏頭又見薛陽陶。拚將客緒同卿醉，典盡霜裘換緑醪。

玉芝

藝文

清・蜃橋逸客《燕臺花史・王芝絢爛》 繡襪猩紅襯雪膚，香囊四角押流蘇。燕臺擲果人争羡，艷語前身是子都。

芷芬

藝文

清・蜃橋逸客《燕臺花史・芷芬綽約》 緊蹙蛾眉唱《斷橋》，登樓一顧一魂銷。吴中舊恨同流水，偏惹金山起暮潮。《金山》、《斷橋》等曲最佳。

小秋

藝文

清・蜃橋逸客《燕臺花史・小秋幽静》 琵琶彈迸四絃秋，滿座無言動客愁。唱到夢回腸斷處，青衫淚灑白江洲。工演琵琶行。

泉寶

藝文

清・蜃橋逸客《燕臺花史・泉寶風騷》 風情端的占花曹，淡埽雙蛾誤薛濤。最是酒闌人去後，瞢騰猶憶首頻搔。

琳仙

藝文

清・蜃橋逸客《燕臺花史・琳仙纏綿》 折柳依依唱晚風，送君腸斷五花驄。旁人祇道愁如海，那解魂銷一曲中。折柳最甚。

桂林

藝文

清·蜃橋逸客《燕臺花史·桂林嬌痴》 小折蟾宮第一枝，簪花待爾綰青絲。妝成已被嫦娥妬，攬鏡何須更掃眉。

雲林

藝文

清·蜃橋逸客《燕臺花史·雲林清冲》 人面梨花是與非，憐儂雪貌不勝衣。春歸一任東風懶，不肯輕輕化蝶飛。

採芝

藝文

清·蜃橋逸客《燕臺花史·採芝嫺雅》 低眉斂袖態如何。花事春愁減翠螺。一幅慵妝添舊恨，凴欄唱憶秦娥。

味香

藝文

清·蜃橋逸客《燕臺花史·味香明净》 逢場低語説彈詞，畫出平康兒女姿。欲訴儂情情不盡，琵琶聲裏散相思。工女彈詞。

蕊佛

藝文

清·蜃橋逸客《燕臺花史·蕊佛柔媚》 拈花一笑本嫣，然妝罷登臺應自憐。曲度霓裳猶未了，教人誤入大羅天。

玉笙

藝文

清·蜃橋逸客《燕臺花史·玉笙英爽》 把劍長歌四海空，芙蓉隊裏小英雄。縱然化作鴛鴦侶，脱盡纖纖娘子風。

棠仙

藝文

清·蜃橋逸客《燕臺花史·棠仙鬆》　飄灑丰姿甚可人，曉風淡月步芳塵。花前莫漫歌婪尾，醞釀天工待殿春。

連魁

傳記

清·蜃橋逸客《燕臺花史·連魁恬淡》　連魁，號稚秋，姓吴，直隸順天人。性恬適，美丰標。時演《仙醉草狀》鬢眉如畫。人望之，居然李白前身。其《探母》《捉放》《罵曹》《戲妻》等等，俱稱絶調。每餘韻一過，繞梁三日，用作羣芳之殿。何異國士無雙。時年十有四。

藝文

清·蜃橋逸客《燕臺花史·連魁恬淡》　寄齋寄生著。褒衣博帶小神仙，獨坐春風三月天。一曲琵琶千古恨，有人誤認李龜年。

又　蜃橋逸客著。搴簾争看小鬟眉，瀟灑風流别有姿。廿四花飛春去盡，杜鵑聲裏學拈髭。

蔣檀青

傳記

清·楊圻《檀青引》　蔣檀青，京師人，其先越産也。善彈箏吹笛，工南北曲。文宗時，樂部推第一。長安名士宴賓客，非檀青在座則不歡。

紀事

清·楊圻《檀青引》　初，高宗建圓明園於京師西北，園景宏麗。時海宇晏安，庫帑充牣。高臺深池，極遊觀之樂。歲以首夏幸園，冬初還宮。歷仁宗、宣宗以爲例。文宗時，梨園尤盛，設昇平署以貯樂工，内務府掌之。設南府，命樂工教内監之秀穎者習歌舞。當夫棠梨春晚，梧桐秋末，萬幾之暇，輒召兩部奏新曲。至檀青發喉，則天顔懌霽，賞賚過諸伶。

又　文宗中葉，粵匪據金陵，捻匪擾皖豫，英法齟齬，與戰不利；東南多事，海内騷然。上抑鬱不樂，稍稍近聲色。總管圓明園事務大臣文豐，方寵盛，承旨遣人采江浙美女以進，更廣臺沼以居之，諸姬皆漢人，殊色善歌舞。咸豐十年七月，英法聯軍犯天津，勝保與戰敗績，敵長驅入北京。時秋暑猶盛，上方與諸美人避暑福海，蕩木蘭之舟，歌涼風之曲。聞變，於八月八日，倉猝率后妃皇長子巡幸木蘭，詔恭親王留守京師。奸民李某，導聯軍劫圓明園，珠玉珍寶，盡出三朝御府希世之物，不知紀極，掠殆盡擇其尤者，以英法軍縱火奉焚宮殿，火三日不息，諸美人不知所終。文豐北向再拜，投福海死之，從者郎員數人。恭親王既議和於禮部。事定，檀乃赴行在供奉。明年七月，文宗皇帝崩於木蘭避暑山莊行殿梓宮奉安返京師。嘗於暮春入園，帝所居山高水長、朗吟閣、環碧、無邊風月閣、聽鶯館、無盡意軒、麗矚軒、影湖樓及諸美人院，赭壁參差，不可指辨。惟福海潺潺，烏啼花落而已，慟哭出，不忍再往。

又 從人遊江南、江淮間，亂久之，無所業。檀青抱箏琵沿門賣曲爲活。迄穆宗中葉，湘淮軍克金陵，平捻匪。東南定，再見中興。而檀青貧，終不得返京。師京師方重靡靡之音，無重崑曲者。於是諸伶中，亦無有知檀青姓氏者矣。朝廷稍稍聞圓明園之燬，禍由李某，下獄窮治誅之，籍其産以賜文豐家屬焉。後三十餘年，而東吴楊雲史，年二十一游廣陵，宴客平山堂。江山春暮，花絮際天。乃命絲竹，以佐詩酒。坐上遇檀青，知余之自京師來也。清歌一聲，彈箏一曲，白髮哀吭，淚隨聲下。問所哀，爲余述宫中事甚悉。言咸豐九年三月某夕，牡丹堂牡丹盛開，月出，上勅諸美人侍夜宴，置酒賞花於鏤月開雲之臺。春寒未解，以紫貂薦地，寶炬千百，珠翠瑟瑟，靚妝如雲。召演明皇沈香亭故事數折，花月之下，春光如醉，歌聲遏雲，不能自已。上顧諸美人，嗟賞伽楠，牟尼、碧玉帶鉤各一事，西洋文錦兩襲。内官引余跪花陰，謝恩，春露滴雲鬟，舞衣猶未脱也。由今思之，四十年矣。每念先皇恩，如隔世事。因歎曰：從此以往，無復此樂矣。言已欷歔，余亦愀然。

藝文

清・楊圻《檀青引》 時光緒乙未四月也。今歲秋，復見之青溪花舫，哀音愴愴，益老矣。讀少陵逢李龜年詩，於流離之況，寄家國之恨，余悲檀青之與龜年同一流落也，乃爲傳而長歌之。丁酉冬十月，識於京師。

江都三月看瓊花，寶馬香輪十萬家。一代興亡天寶曲，幾分春色玉鉤斜。玉鉤斜畔春色去，滿川煙草飛花絮。都是尋常百姓家，欲問迷樓誰知處。高臺置酒雨溟溟，賀老彈詞不忍聽。二十五絃無限恨，白頭猶見蔣檀青。雕欄風暖凝絲竹，筵上驚聞朝元曲。其時雨脚帶春潮，江南江北千山緑。朱絃斷續怨滄桑，望帝春心暗斷腸。欲說先皇先墜淚，千言萬語總心傷。坐客相看共嗚咽，金徽彈罷愁難絶。同是傷春事不同，飄零身世何堪說。家在京師海岱門，少年往事不堪論。旗亭舊日多名士，北海當年侍至尊。太行北盡仙園起，靈臺縹緲五雲裏。年年豹尾幸離宮，百官扈從六宮徙。萬户千門魚鑰開，柳煙深淺見蓬萊。妝樓明鏡雲中落，別殿笙歌水面來。祖宗旰食勤朝政，百年文物乾坤定。萬方鐘鼓與民間，九重樂事怡天聽。建康殺氣下江東，百二關河戰火紅。猿鶴山中啼夜月，漁樵江上哭秋風。軍書榜午入青瑣，從此先皇近醇酒。花萼樓前春晝長，芙蓉殿裏清宵久。三山清月照瑤台，夾道珠燈擁夜來。一曲吴歌調鳳琯，後庭玉樹極花開。臨春結綺新承寵，玉骨輕盈珍珠重。避面甯教妒尹邢，當筵未許憐張孔。太液春寒召管弦，官家小宴杏花天。昭陽宮裏春如海，五鼓初傳燕子箋。鞓紅照睡繁華重，絶代佳人花扶擁。南府新聲妒野狐，升平獨賜龜年俸。夜半青娥掃落花，深宫月色照羊車。庸知銅雀春深事，留與詞人賦館娃。當時海内勤王事，慷慨誓師有曾李。未見江頭捷騎來，忽聞海畔夷歌起。避暑温泉夜氣清，宫花露冷月華明。驚心一曲長生殿，直是漁陽鼙鼓聲。延秋門外黄昏路，城闕生塵妃嬪去。穆王從此不重來，馬上天顔頻回顧。來朝胡騎繞宫牆，凝碧池頭踞御床。昨夜採蓮新制曲，月明多處舞衣涼。太白晱晱欃槍吐，雲房水殿都悽楚。咸陽不見阿房宫，可憐一炬成焦土。和戎留守有賢王，八駿西行入大荒。金粟堆空啼杜宇，蒼梧雲冷泣英皇。居庸日落離宫暮，北望幽州空煙樹。初聞哀詔在沙丘，已報新君歸靈武。鼎湖龍靜使人愁，福海悠悠春水流。山蝶亂飛芳樹外，野鶯啼滿殿西頭。梨園寂寞閉煙雨，百草千花愁無主。漢家仙掌下民間，秦宫寶鏡知何處。玉泉山下少人行，瓊島春陰水木清。獨有漁翁斜月裏，隔牆吹笛到天明。繁華事散堪悲慟，玉輦清遊憶侍從。明年重過德功坊，鈞天無復華胥夢。小臣掩面過宫門，犬馬難忘故主恩。檀板紅牙今落魄，尋常風月最銷魂。十年血戰動天地，金陵再見真王氣。南部烟花北地人，天涯那免傷心淚。武帝旌旗滿九州，湘淮諸將盡封侯。兩宫日月扶雙輦，萬國車書拜五洲。獨有開元伶人老，飄泊秦淮鬢霜早。夜夢簾間唱謝恩，玉階叩首依宫草。餬口江淮四十年，清明寒食飛花天。春江酒店青山路，一曲霓裳賣一錢。君問飄零感君意，含情彈出宫中事。亂後相逢話太平，咸豐舊恨今猶記。憐爾依稀事兩朝，千秋萬歲恨迢迢。至今烟月千門鎖，天上人間兩寂寥。

孟小如

傳記

清·了然先生《鞠部名僮選勝録·文題名十人》 韻春孟小如，年十三歲。不豐而腴，不約而儁。穠纖得中，大方家數。

果香林

傳記

清·了然先生《鞠部名僮選勝録·文題名十人》 怡雲果香林，年十六歲。風神婉麗，望之若仙。

張蘭仙

傳記

清·了然先生《鞠部名僮選勝録·文題名十人》 景善張蘭仙，年十四歲。金鈴玉磬，自然員澈。

王麗奎

傳記

清·了然先生《鞠部名僮選勝録·文題名十人》 韻秀王麗奎，年十一歲。蘭蕙之質，無言自芳。

錢芝雲

傳記

清·了然先生《鞠部名僮選勝録·文題名十人》 熙春錢芝雲，年十二歲。丹山雛鳳，饒有清聲。

何薇香

傳記

清·了然先生《鞠部名僮選勝録·文題名十人》 絢春何薇香，年十三歲。清歌一曲，音韻繞梁。

古聯奎

傳記

清・了然先生《鞠部名僮選勝録・文題名十人》 韻秀古聯奎，年十三歲。清麗自喜，神采飛揚。

鄭蘭麟

傳記

清・了然先生《鞠部名僮選勝録・文題名十人》 景善鄭蘭麟，年十二歲。梅臉含顰，柳眼藏媚。

王妙雲

傳記

清・了然先生《鞠部名僮選勝録・文題名十人》 熙春王妙雲，年十二歲。舞衫歌扇，嬌小年華。

朱小芳

傳記

清・了然先生《鞠部名僮選勝録・武題名十人》 雲龢朱小芳，年十三歲。雍容其度，慧麗其心。夫惟大雅，卓爾不群。

吴佩芳

傳記

清・了然先生《鞠部名僮選勝録・武題名十人》 復春吴佩芳，年十三歲。神氣清朗，音節諧和。

吴寶奎

傳記

清・了然先生《鞠部名僮選勝録・武題名十人》 韻秀吴寶奎，年十二歲。風生清籟，響遏行雲。

侯彩雲

傳記

清·了然先生《鞠部名僮選勝録·武題名十人》 安華侯彩雲，年十三歲。銅琵鐵板，聲壓江潮。

孫盼雲

傳記

清·了然先生《鞠部名僮選勝録·武題名十人》 怡春孫盼雲，年十二歲。珠喉宛轉，花下流鶯。

王秀雲

傳記

清·了然先生《鞠部名僮選勝録·武題名十人》 綺春王秀雲，年十七歲。嬉笑成趣，語妙解頤。

張銀仙

傳記

清·了然先生《鞠部名僮選勝録·武題名十人》 熙春張銀仙，年十四歲。聲情柔曼，風致翩翩。

于奎芳

傳記

清·了然先生《鞠部名僮選勝録·武題名十人》 復春于奎芳，年十二歲。金尊檀板，響入雲霄。

錢奎雲

傳記

清·了然先生《鞠部名僮選勝録·武題名十人》 熙春錢葵雲，年十一歲。烏衣子弟，楚致宜人。

李秀琴

傳記

清·了然先生《鞠部名僮選勝録·武題名十人》 韻華李秀琴，年十一歲。眉宇清朗，秀外慧中。

朱幼芬

傳記

清·謝素聲《杏林擷秀》 幼芬姓朱氏，字桐琴，名伶霞芬之三子，生長京華。琪樹練神，冰壺濯魄。秀逸輕盈，脱盡人間煙火。一洗時下鉛華，如藐姑仙子，珊珊玉立。直欲使桃李盈庭，皆慚形穢。其吐屬之工，應對之敏，尤足令聞者傾心。具有珠玉之隨，不共筝琶之俗。羽衣托跡，抑蓮花化身。若置花叢，定許春風之占；合呼清友，為吟秋水之篇。

藝文

清·謝素聲《杏林擷秀》 爲之贊曰：不穠而艷，不澤而芳。瓊林之秀，明珠之光。月碧天中，峯青江上。翡翠簾櫳，琉璃屏紫。彌淡彌馨，宜雅宜俗。妙語粲花，清言霏玉。是真色相，直佳公子。萬紫千紅，未許翹企。

王佩仙

傳記

清·謝素聲《杏林擷秀》 佩仙姓王氏，字劍耘，京師人氏，本良家子。玉映蘭芬，蜚英早歲。殊姿碧玉，秀色絳仙。譬彼紅蓮緑水，嫵媚愈增；方之旭日朝霞，光華紛射。見者有館陶仙子之目焉。性靈慧，聰穎絶倫。尤留心翰墨，揚烏草預，元凱癖成。凡所寓目，無不領會。又強記過人，月令數篇，座中可試。倘針度鴛機，青箱定繼；若經窮虎觀，白笈應無。洵不凡品也。

藝文

清·謝素聲《杏林擷秀》 爲之贊曰：璧月宵朗，綵雲朝升。穠華所發，金翠弗勝。芙蓉人鏡，金玉爾音。芳蘭之質，靈犀之心。飫以謨觴，籤以雲笈。程途所至，人孰能及。

徐小雲

傳記

清·謝素聲《杏林擷秀》 小雲，余紫雲子。輕倩合度，氣宇超羣。工唱鬚生，白雪陽春，調高響逸。如劉越石吹笳，悲壯蒼凉，令人興起。又如禰正平裸衣對客，作漁陽三撾，淵淵有金石聲。每當筵前一曲，四座羣傾。而耳垣之屬，觀止同聲，有推倒一時之概焉。遇湘靈於江上，豈是虚聲；置仲子於國中，應推巨擘。

藝文

清·謝素聲《杏林擷秀》 爲之贊曰：鈴圓罄徹，簧暖笙清。吐蕙，繪水繪聲。萬籟沈響，百卉失音。晞今孰並，振古齊芬。

陸連芳

傳記

清·謝素聲《杏林擷秀》 連芳，姓陸氏，唱鬚生。簫鼓夕陽，令人色飛眉舞。恍置身玉闕，聆鈞天樂奏，洗去塵音；更把酒瓊筵，見斫地悲歌，撫將劍佩。性安静，有豪情勝概之兼，無俗狀塵容之祓。若使筵開太守，愈應樽酒之傾；更或屏啟令公，當置管絃之列。殆得天獨優者歟。

藝文

清·謝素聲《杏林擷秀》 爲之贊曰水色江静，月影海生。大風一曲，落葉羣驚。矯矯供奉，剪盡蕪繁。是何神慧，直抉其藩。

吴桂香

傳記

清·謝素聲《杏林擷秀》 桂香，姓吴氏，神情沖淡，别具一種風格。息女無言，芳心獨抱。楊妃解語，雅致備兼；小紅工唱，大白能浮。眼花耳熱之際，酒催將進。如對此君，令人心目一醒。萬斛俗塵，胸中盡撲。淡宕中，饒具旖旎風流之態。蓋酴醾開到，韻溢庭除，固異於甚囂塵上者。

藝文

清·謝素聲《杏林擷秀》 爲之贊曰：琴筑深山，笙罄空谷。跫然足音，渺爾幽馥。不逐喧呶，不爲繁縟。藴厥芳真，青萍結緑。

張秋霞

傳　記

清・謝素聲《杏林擷秀》　秋霞，姓張氏，字鬘莊。體態嫻雅，清風明月，令人生元度之思。所演諸劇，皆楚楚有致。合德輕盈，夜來明秀，兼擅其勝。能飲，尤善周旋，有齊大夫風敬。能矢久與祖士少語，疲令人忘。翕然時論無間。一言不當，更以俗艷視之。

藝　文

清・謝素聲《杏林擷秀》　爲之贊曰：度不逾常，往還諧俗。何以形似，彼汾一曲。何以神傳，飛泉漱玉。冬嶺之芳，青天之鵠。

江芝芬

傳　記

清・謝素聲《杏林擷秀》　芝芬，字皖香，姓江氏，蘇之上海人。丰神俊逸，謖謖如松下飇，飄飄有凌雲概。嵇琴寒夜，節赴南胥；由瑟當門，音無北鄙。而一種清揚撲人眉宇。覺歇浦花枝紛馳，燕市得此，乃顯金粉南朝。與山色胭脂，固自不相上下。石季倫海棠評云：汝若有香，當以金屋貯之。若令載酒旗亭，當更使名賢傾倒心醉。於靡既也。

藝　文

清・謝素聲《杏林擷秀》　爲之贊曰：雲間毓秀，林下比肩。劉郎前度，張緒當年。維金有南，維箭有東。彷兮彿兮，翹然衆中。

姚佩蘭

傳　記

清・謝素聲《杏林擷秀》　佩蘭，姓姚氏，佩秋弟。奇花初日，嬌鳥晴枝，尤靈心獨擅，意善解人，語多涉趣。當場一顧，嬌媚横生。幾疑香孩兒來自天上，嬉笑皆可人意。視風月於謝庭，眼青争及；競聲華於馬氏，眉白或推。異日登龍，十倍第五之名，當不減於驃騎也。

藝　文

清・謝素聲《杏林擷秀》　爲之贊曰：晶簾一幅，異樣瓏玲。曰色曰藝，初寫黄庭。修工對客，緑筠善形。何物老嫗，得此寧馨。

羅小寶

傳記

清·謝素聲《杏林擷秀》　小寶，姓羅氏。丰神俊逸，不羣日下苟鳴鶴，雲間陸士龍。直有如古人所云：不可以一世。工秦腔，一曲高歌，塵驚雲遏。若偕繪裂驪山，定教褒女顏開；與妃子笑聲，博取紅塵之一騎。唐武宗時孟才人於御前歌《河滿子》一曲，聲調凄切，聞者無不泣下。荆卿入秦，送者皆作變徵之音，但覺悲風驚起，易水蕭蕭，寒光四射。此景此情，彷彿似之。非特解語花，直可萬古愁也。

藝文

清·謝素聲《杏林擷秀》　爲之贊曰：齊庭蟬曳，隋苑鶯啼。江楓愁對，腐草凄迷。何來清角，四座欲秋。鷓鴣鄭谷，蝴蝶莊周。盪我心旌，琵琶亭畔。對此蒼茫，奈何輒唤。

姜妙香

傳記

清·謝素聲《杏林擷秀》　妙香，姓姜氏。衛玠神清，不僅璧人之目，羣相屬於市上羊車。濯濯如春日柳，不染塵氛。君房語妙，令人如對晉人。與其揮塵而談玄理，紅塵緇塵，一例爲之撲盡。明皇於花間顧曲，至欲將箏琵以洗耳。時輒命内侍，唤取花奴，爲其解穢。坐中佳士之推，庶幾近之。度曲燕喜堂等處，幽谷鶯鳴，四座之視聽隨以轉移，寂然無敢譁者。性喜文墨，暇輒染翰，效作折枝，用以自遣。所謂腹有詩書氣自華者非歟。

藝文

清·謝素聲《杏林擷秀》　爲之贊曰：神女化身，觀音鎖骨。步出天風，拾來海月。宫商號召，餘力學文。翩翩濁世，卓爾不羣。

王蕙芳

傳記

清·謝素聲《杏林擷秀》　蕙芳，姓王氏，雲和弟子。蔚然如霞建赤城，四散成綺。入於輿公之眼簾，不覺其金聲之擲出。每登場，翩躚作仙子舞，令人盪氣迴腸。雖以宋廣平之鐵石，無不如經百鍊，化爲繞指柔。而安雅閒逸，神采飛揚，若春風之坐對。又似曹公，醇酒一杯，相飲美教微醉之回，無煙火氣，無塵土味。若使尹邢覿面，當亦望塵勿及也。

藝文

清·謝素聲《杏林擷秀》　爲之贊曰：司勳月占，定子霞烘。紅妝若照，縞袂如逢。魚驚戲北，鶴共飛南。蒹葭玉樹，相倚應慚。

劉寶雲

傳記

清・謝素聲《杏林擷秀》 寶雲，姓劉氏。性聰穎，善解人意，貌亦不俗。工唱青衣，雖絳樹聲聲，未克盡如。梅村所云一絲縈曳朱盤走，半黍分明玉尺量之況，而宮商咀嚼，赴節應絃，亦自含英咀華，不同凡響。現身紅氍毹上，靈和柳色，不亞卅六宮。春光漏洩，留滯行人，尤妙羊欣作書，一洗婢學夫人之態。五鳳添修，允堪爲助，桂林之秀出者也。

藝文

清・謝素聲《杏林擷秀》 爲之贊曰：和風篁奏，清露珠零。飛鴻驚顧，遊魚出聽霓羽大羅，衆仙伴侶。片石韓陵，可與人語。

譚鑫培

傳記

清・陳澹然《異伶傳》 譚鑫培者，湖北江夏縣人也。久事長庚，名獨著。都人士呼曰小叫天。

清・陳澹然《異伶傳》 長庚没，鑫培落落不自聊，嘗痛飲不出。諸貴人則讌樂若咸同，於是鑫培名益重。自王公貝勒諸少年，下逮翰林諸名士，及部屬才者，嘗日叩其門求祕法，鑫培輒弟子之，笑曰：翰林部屬希貴官，乃求此。若曹王公，席尊貴天下，大政且恃王公，奈何獨嗜此。諸王公貝勒太息曰：先生不知耶。我曹日侍内廷劇，顧問或不知；則面絀廢棄終矣。求此乃所以爲大政也。鑫培則痛飲而罷。未幾，大阿哥立，外使或違言。二十六年，拳匪難作。十一國聯軍入京師，兩宮西狩，鑫培痛哭去，天下洶洶且大亂。明年事定，兩宮返京師，鑫培乃復至。朝廷既詔諸行省建學堂，罷科舉，毅然更法度，諸大帥争遣俊少學東瀛。歸輒獲西哲名詞，號曰新學。於是訓詁、詞賦、古文皆日卑，斥爲舊學。高者乃謂六經可滅中國，父子君臣兄弟夫婦之法皆不足爲，至以同胞名父母。内外大臣聞其至，則開閤敬之。某帥之攝楚督也，讌留學生黄鶴樓。酒酣，生則抗言排革狀，帥俯食不敢聲。於是排革風大作。二十九年，某親王率直督電帥臣，將以明年治太后七十萬壽。陝督升允獨抗斥罷之。鑫培則舉酒遥立，酹升公。爲樂故事：太后壽，治劇。天子冠服遶臺塲，若萊舞狀，久則習爲常。一日，常劇作，德宗復遶臺，退則頓足怒，於是廢立聲復作。論者謂某公或助之，然卒罷。自舊學衰，新學盛。新署既廣，諸郎吏獲金寡者，且十倍咸同，而宴樂益甚。蘇滬名妓争入都。鑫培既供奉，益建劇肆，養其徒，歲獲金過王公遠甚。八子爲伶，皆娶婦。車馬園宅務豪侈。諸子出則駿馬高車，儼王公貴人狀。客諫曰：公寢老，獨不爲子孫貨殖地耶。鑫培笑曰：吾與先師言三十年矣，今王公宰相諸大帥皆豪樂，不一慮子孫。此何時，將不知死所，乃陷此齷齪行耶。吾樂吾年而已。客曰：子孫儒乃貴公，則獨昧此何哉。鑫培笑曰：三十年前，吾先師且不令子孫習科舉，爲名士，今則奚爲。客曰：公師子孫已習洋文，官道府衆矣。公獨柰何不令子孫事此耶。鑫培笑曰：惡中國之弱，豈患無洋文哉。無實業耳。往者二十年前，久學西洋畢業歸，高者不過飾西哲書，稱名士，卧煙榻，擁夷姬，無一能言實業者。況今新學甚，父子之道且亡。亂世當求老氏術，奈何其必爲此耶。三十二年，始詔罷捐例官移獎，衆客請官子孫，復不可。曰：外國官皆實業，中國乃皆遊民。吾以實業貽子孫耳。且自周秦以降，二千年學術凡幾變矣。國朝之起，始而宋，繼而漢，久乃以時文詩賦楷法貫之，今則又成新學矣。大抵一術之興，類皆一二大臣任魁傑，人主乃挾其術牢絡之，捷者輒先獲爲民望。

久之，一新者起，舊者乃復蔑如。倏盛忽衰，茫無定宅。子輿氏曰：無恒産者無恒心。今士無恒心久矣。夫産豈獨區區土地云爾哉，隨所業皆産也。且中國之法，旦夕紛紜，昨之所尊，今之所棄。獨吾術自李唐千百年，乃無盛衰。當明季時，烈皇帝已崩景山。流寇洶洶馳闕下，正陽門肆劇且歌舞歡呼。流寇徧戮士大夫，此數千人獨錦衣如昔。豈若習游民擁冠帶，朝榮簪笏，夕困縲絏乎哉。且人之卑天下者，爲其不能自食耳。今之貴人，何一非妾婦。媚悦以求其上，此婦偶激，則彼婦逐之雖擁旄節坐樞廷逐則惻惻焉，莫測其生死。苟精吾術，雖譎諫談笑之間，天子無能相厄。夫豈天子之威不優人若哉。彼固自求樂，雖桀紂終不忍殺優人自苦其生。即怒而見逐，則亦安往而不獲吾優者。且自古優人文士，皆以洩孤憤於悲歌慷慨之中。荆軻、高漸離歌哭燕市者此也。至若承平雅頌，職在翰林。名士名優，則皆引爲奇恥。故文之與劇，皆天地所使，誅奸雄，闡奇烈，存人道幾希。今舊學將亡，韓愈復生，且將餓殍。況中西文皆繁劇，日言教育，雖累百世終不獲及愚氓。劇則天子庶人，乃無不樂。千鈞一髮，厥惟吾徒。子獨奈何欲使吾子孫入官吏、作游民耶。

孫菊仙

傳記

清・了然先生《鞠部名僮選勝録》 景善孫菊仙，年十四歲。一團和氣，肥不損媚。

紀事

清・李伯元《南亭筆記》 王嘗召優演劇。上武戲。忽曰：你們到檯下來打。檯下即丹墀也，俱鋪錦石。一翻筋斗，則腰骨受傷，類皆躊躇不決。王促之甚力，並命取銀爲賞。孫菊仙在其側戲曰：你們好好兒的打。打完了，王爺非但賞你們每人一個錁子，並且賞你們每人一帖膏藥。王始大笑而罷。

馬錦

紀事

清・談遷《北游録》【伶人馬錦】 金陵伶人馬錦。其先西域人。嘗兩坊角技。演鳴鳳傳奇。而西部李氏爲嚴閣老獨絶。馬錦自以爲不如。竟遁。遁三年。還故部。告諸客部曰。令若奏鳴鳳。願效所長。于是貌嚴相以角。奏畢。李氏大驚服。夜問所自。錦曰。我安所自哉。聞今相國顧秉謙。猶嚴相也。走京師求爲其門卒三年。日於朝房察其舉止。聽其語。久能得之。此吾之所師也。李氏曰善。

曼珠

傳記

清・談遷《北游録》 毛西河姬人曼珠，張姓，小字阿錢，豐臺賣花翁女也。幼甚慧，能效百鳥音，工針黹。稍長，白皙而妍，綰髮作連環，名百環髻。毛以冷宦在京，益都相公助貲作合。新婚之夕，陳檢討其年更名曼珠。于歸後，學書度曲，不半載而能。最愛歌梁司農祝家園詞。既而得奇疾，漸就羸弱，年二十四而殀。西河作别誌書甎，士大夫争以詞挽弔。其病中嘗繪小影，名留視圖，諸公俱有題咏云。

戲班部·唐宋元戲班分部

于使君家樂

藝文

唐・張祜《觀宋州于使君家樂・琵琶》《全唐詩》卷五一〇　歷歷四弦分，重來上界聞。玉盤飛夜雹，金磬入秋雲。隴霧笳凝水，砂風雁咽羣。不堪天塞恨，青塚是昭君。

又《箏》　綽綽下雲煙，微收皓腕鮮。夜風生碧柱，春水咽紅弦。翠佩輕猶觸，鶯枝澀未遷。芳音何更妙，清月共嬋娟。

又《歌》　一夜列三清，聞歌曲阜城。雪飛紅爐影，珠貫碧雲聲。皓齒嬌微發，青蛾怨自生。不知新弟子，誰解囀喉輕。

又《笙》　董雙成一妙，歷歷韻風篁。清露鶴聲遠，碧雲仙吹長。氣侵銀項溼，膏胤漆瓢香。曲罷不知處，巫山空夕陽。

又《五弦》　小小月輪中，斜抽半袖紅。玉瓶秋滴水，珠箔夜懸風。徵調侵弦乙，商聲過指攏。只愁纔曲罷，雲雨去巴東。

又《觱篥》　一管妙清商，纖紅玉指長。雪藤新換束，霞錦旋抽囊。併揭聲猶遠，深含曲未央。坐中知密顧，微笑是周郎。

又《笛》　紫清人一管，吹在月堂中。雁起雪雲夕，龍吟煙水空。虜塵深漢地，羌思切邊風。試弄陽春曲，西園桃已紅。

又《舞》　荆臺呈妙舞，雲雨半羅衣。裊裊腰疑折，褰褰袖欲飛。霧輕紅躑躅，風豔紫薔薇。强許傳新態，人間弟子稀。

又《箜篌》　星漢夜牢牢，深簾調更高。亂流公莫度，沉骨嫗空嘷。向月輕輪甲，迎風重紉條。不堪聞別引，滄海恨波濤。

又《簫》　清籟遠愔愔，秦樓夜思深。碧空人已去，滄海鳳難尋。杳妙和雲絶，依微向水沉。還將九成意，高閣佇芳音。

殷明府家樂

藝文

唐・方幹《新安殷明府家樂方響》《全唐詩》卷六五三　葛溪鐵片梨園調，耳底丁東十六聲。彭澤主人憐妙樂，玉杯春暖許同傾。

崔鉉家班

紀事

元・陶宗儀《説郛》卷四六《玉泉子真録》　崔公鉉之在淮南，嘗俾樂工集其家僮教以諸戲。一日，其樂工告以成就，且請試焉。鉉命閲於堂下，與妻李氏坐觀之。僮以李氏妬忌，即以數僮衣婦人衣，曰妻曰妾，列於旁側。一僮則執簡束帶，旋辟唯諾其間。張樂命酒，笑語不能無屬意者，李氏未之悟也。久之，戲愈甚，悉類李氏平昔所嘗爲。李氏雖少悟，以其戲偶合，私謂不敢爾然，且觀之。僮志在於發悟，愈益戲之。李果怒，罵之曰：奴敢無禮，吾何嘗如此。僮指之，且出，曰：咄咄。赤眼而作白眼，諱乎。鉉大笑，幾至絶倒。

張鎡家樂

紀事

宋·周密《齊東野語》卷二〇《張功甫豪侈》 羣妓以酒肴絲竹，次第而至。別有名姬十輩皆衣白，凡首飾衣領皆牡丹，首帶照殿紅一枝，執板奏歌侑觴，歌罷樂作乃退。復垂簾談論自如，良久，香起，捲簾如前。別十姬，易服與花而出。大抵簪白花則衣紫，紫花則衣鵞黄，黄花則衣紅，如是十杯，衣與花凡十易。所謳者皆前輩牡丹名詞。酒竟，歌者、樂者，無慮數百十人，列行送客。燭光香霧，歌吹雜作，客皆恍然如仙遊也。

又 張鎡功甫，號約齋，循忠烈王諸孫，能詩，一時名士大夫，莫不交遊，其園池聲妓服玩之麗甲天下。

明·田汝成《西湖遊覽志餘》卷一〇《才情雅致》 張鎡功甫，號約齋，忠烈王諸孫，能詩，一時名士大夫，莫不交遊。其園池聲妓，服玩之麗甲天下。嘗於南湖園作駕霄亭於四古松間，以巨鐵絙懸之空中，而羈之松身，當風月清夜，與客梯登之，飄摇雲表，真有挾飛仙遡紫清之意。王簡卿侍郎嘗赴其牡丹會，云：衆賓既集，坐一虚堂，寂無所有，俄問左右云：香已發未。答云：已發。命捲簾，則異香自内出，郁然滿座。羣妓以酒殽、絲竹，次第而至，別有名妓數十輩，皆衣白，首飾衣領，皆繡牡丹，首戴照殿紅。一妓執板奏歌侑觴，歌罷，樂作，乃退。復垂簾，談論自如，良久，香起，捲簾如前，別數十妓，易服與花而出，大抵簪白花則衣紫，紫花則衣鵝黄，黄花則衣紅，如是十盃，衣與花凡十易，所謳者，皆前輩牡丹名詞。酒竟，歌者、樂者，無慮百數十人，列行送客，燭光香霧，歌吹雜作，客皆恍然如仙遊也。功甫於誅韓侂胄有力，賞不滿意，又欲以故智去彌遠，事泄，謫象臺而殂。

明·王世貞《弇州四部稿》卷一六六 張鎡宴客牡丹會。既集，坐一虚堂，寂無所有。俄問左右云：香發未。答云：已發。命卷簾，則異香自内出，郁然滿坐。羣伎以酒殽絲竹，次第而至。別有名伎數十，首戴牡丹，衣領皆繡如其色，歌昔人所作《牡丹詞》進酌而退。前後花與伎凡十易，杯器皆如其色酒竟，歌者、舞者數百人，列行送客，燭光香霧，歌吹雜作，恍然若僊遊。

清·張英《淵鑒類函》卷三一三 張鎡宴客牡丹會。既集，坐一虚堂，寂無所有。俄問左右云：香發未。答云：已發。命卷簾，則異香自内出，郁然滿座。羣妓以酒餚絲竹，次第而至。別有名妓數十，首戴牡丹，衣領皆繡如其色，歌昔人所作牡丹詞，進酌而退。前後花與妓凡十易，杯器皆如其色。酒竟，歌者、舞者數百人，列行送客，燭光香霧，歌吹雜作，悦然若仙遊。

施昌言家班

紀事

《宋史》卷二九九《施昌言傳》 昌言爲發運使時，召范仲淹後堂，出婢子爲優，雜男子慢戲，無所不言。仲淹怪問之，則皆昌言子也，仲淹大不懌而去。其治家如此。

戲班部·明代戲班分部

鄒幹家樂

紀事

明・郎瑛《七修類稿》卷四七《鄒頤庵》 所居置東西二院以貯歌舞，日爲樂焉。

又《事物類》 宗伯鄒頤庵幹，餘杭人，在娠時父爲春坊庶子。英宗皇帝一夕有夢，召日官占之。夢曰：此大臣生貴子之兆也。上問廷臣，唯幹父奏曰：臣婦夜生一子，乃頤庵也。上喜，特旨每月給米一石。及長，登進士第。累拜至前職。年七十，力求致仕。又五年，始得歸。仍勑所在月給俸二石，輿夫四人。所居置東西二院以貯歌舞，日爲樂焉。自懸弧以至易簀，始終祿養。亦有窮經白首而不得一粟者，彼何人哉。

姚綬家樂

紀事

清・錢謙益《列朝詩集小傳》乙集《姚禦史綬》 綬，字公綬，嘉善人。【略】作滄江虹月之舟，遊泛吴、越間，粉牕翠幙，擁僮奴，設香茗，彈絲吹竹，譃笑彌日。

王越家樂

紀事

《明史》卷一七一《王越傳》 性故豪縱。嘗西行謁秦王，王開筵奏妓。越語王：下官爲王吠犬久矣，寧無以相酬者。因盡乞其妓女以歸。一夕大雪，方圍爐飲，諸妓擁琵琶侍。一小校詗敵還，陳敵情。未竟，越大喜，酌金巵飲之，命彈琵琶侑酒，即以金巵賜之。語畢益喜，指妓絶麗者，目之曰：若得此何如。校惶恐謝。越大笑，立予之。校所至爲盡死力。

王一鵬家班

紀事

明・何良俊《四友齋叢説》卷一七《史一三》 吾松近日唯王西園最有勝韻。【略】喜歌曲，曾教粧戲者數人，名丹桂者亦有聲，其室中畜侍姬三四人。昔年路北村爲太守時陞任去，余與王大參道甫、楊節推運之蒙其賞識，求書畫贈行。此日西園留飯，有堂屋三楹，中間坐客，兩邊即寢室，中著侍姬，飯畢作畫，其供筆硯圖書者皆侍姬也。蓋有姜白石之風，今無復有此風流矣。

王愔家班

紀事

明·王世貞《弇州續稿》卷一五一《琅琊先德贊》 先世父布政司都事，公諱愔，字民服，別號静菴，先司馬公之長嫡也。少以貲入太學，其侍奉之日最長，性謹，愿無他好，獨好授新聲童子，使具粉黛爲優戲，晝夜翫之無厭。

楊一清家樂

紀事

明·李詡《戒庵老人漫筆》卷一《歌童書算奇遇》 鎮江楊閣老邃菴家小僕楊芝，江陰徐葵亭某所送歌童也。武宗臨幸，見之，問其名，改賜爲羊脂玉，攜至京，後發回。又有鎮江于鵬書算，初字克舉，美容儀。是時楊令鵬接待武宗，見而問其名，對曰：于鵬。賜字曰萬里，其圖書文曰天賜萬里。二人之遭際，何其幸與。

徐霖家樂

紀事

清·錢謙益《列朝詩集小傳》丙集《徐髯仙霖》 築快園於城東，極游觀聲伎之樂。善製小令，填南北詞，皆入律，棋酒之暇，命伶童侍女，被其新聲，都人競傳而歌之。武帝南巡，伶人臧賢進其詞翰，召見行宫，試除夕詩百韻，及應制詞曲，皆立就，雅俗雜陳，語多譎諫，上屢稱善。嘗午夜乘月幸其家，夫婦蒼黄出拜，上命置酒，家無供具，以蔬筍鮭菜進御，上大喜，爲之引滿酣暢而去。已而數幸其家，御晚静閣垂釣，得一金魚，宦官争買之，上大笑，失足落池中，衮衣沾濕。快園中有宸幸堂、浴龍池，紀其遇也。賜飛魚服，扈從還京。每夜宿御榻前，與上同卧起，將授官禁近，固辭，會上賓而罷。歸里二十餘年乃卒，年七十有七。

王九思家樂

紀事

清·錢謙益《列朝詩集小傳》丙集《王壽州九思》 盛年屏棄，無所發怒，作爲歌謠，及《杜甫春游》雜劇，力詆西涯，流傳騰涌，關隴之士，雜然和之。

《明史》卷二八六《文苑二·王九思傳》 海、九思同里、同官，同以瑾黨廢。每相聚沜東鄠、杜間，挾聲伎酣飲，製樂造歌曲，自比俳優，以寄其怫鬱。九思嘗費重貲購樂工學琵琶。海搊彈尤善。後人傳相倣效，大雅之道微矣。

徐經家班

紀　事

明・唐寅《**唐伯虎先生外編**》**卷三**　江陰舉人徐經者，其富甲江南。六如舉鄉試第一日，經奉之甚厚，遂同舟會試至京。六如文譽籍甚，公卿造請者闐咽街巷。徐有優童數人，從六如日馳騁於都市中，都人屬目者已衆矣。况徐擁厚貲，其營求他逕以進，不無有之。而六如疎狂，時漏言語，竟坐削籍。

明・何良俊《**四友齋叢説**》**卷一五**《**史二**》　適有江陰一巨姓徐經者。【略】徐有戲子數人。

又《**史一一**》　徐有戲子數人，隨從六如日馳騁於都市中。

沈齡家班

紀　事

明・歸有光《**震川先生集**》**卷一九**《**朱肖卿墓誌銘**》　昔時有沈元壽者，慕宋柳耆卿之爲人，撰歌曲，教僮奴爲俳優。

郭勳家班

紀　事

明・沈德符《**萬曆野獲編**》**卷二六**《**諧謔・優人諷時事**》　嘉靖初年，議大禮，議孔廟，議分郊，制作紛紛。時郭武定家優人於一貴戚家打院本，作一青衿告饑於闕里，宣尼拒之曰：近日我所享籩豆，尚被減削，何暇爲汝口食謀。汝須訴之本朝祖宗，乃入太廟先謁敬皇帝。曰：朕已改考爲伯，烝嘗失所，况汝窮措大，受餒固其宜也。盍控之上蒼，庶有感格。儒生又叩通明殿而陳詞。天帝曰：我老夫婦二人尚遭仳儷，饔飧先後不獲共歆，下方寒畯且休矣。蓋皆舉時事嘲弄也。一座皆驚散。武定故助議禮者，聞之大怒，且懼召禍。痛治其優，有死者。

康海家樂

紀　事

明・李開先《**李中麓閒居集**》**卷一〇**《**對山康修撰傳**》　或又以其酒必妓，妓必歌，歌必自製。病其大放，霍渭厓以爲隠扵此，非泥扵此也。

明・何良俊《**四友齋叢説**》**卷一八**《**雜記**》　康對山常與妓女同跨一蹇驢，令從人賫琵琶自隨，遊行道中，傲然不屑。

明・焦竑《**玉堂叢語**》**卷七**《**任達**》　康德涵六十，要名倡百人，爲百歲會，既畢，了無錢，第持牋命詩，送王邸處分。時鄠杜王敏夫名位差減，而才情勝之，倡和詞章布人間，遂爲關西風流領袖。浸淫汴洛間，遂以成俗。

又 康海答寇子惇云：放逐後，流連聲伎，不復拘檢，雖鄉黨自好者，莫不恥之，又安可與士大夫同日語者。阮籍之志，在日獲酩酊耳。三公、萬户，非所願也。

清・錢謙益《列朝詩集小傳》丙集《康修撰海》 德涵既罷免，以山水聲妓自娱，間作樂府小令，使二青衣被之絃索，歌以侑觴，西登吴嶽，北陟九峻，南訪經台、紫閣，東至太華、中條，停驂命酒，歌其所製感慨之詞，飄飄然輒欲仙去。居恒徵歌選妓，窮日落月。嘗生日邀名妓百人，爲百年會，酒闌，各書小令一闋，命送諸王邸，曰：此差勝錦纏頭也。

藝文

明・康海《康對山先生集》卷七《罨翠樓聽歌》 積翠翼雄堨，微風入小樓。嘉賓具來止，侍兒復能謳。開窗軋瑶瑟，遶梁遏鶯喉。既愜莫春賞，仍遂梓里求。調絶聽自異，聲希人詎侔。何必廣陵散，始知盧莫愁。

顧璘家班

紀事

清・錢謙益《列朝詩集小傳》丙集《顧尚書璘》 璘，字華玉，吴縣人。【略】喜設客，每張讌，必用教坊樂工，以箏琶佐觴。最喜小樂工楊彬，常詫客曰：蔣南泠詩所謂消得楊郎一曲歌者也。正奏樂時，每發一談，則樂聲中闋，談竟樂復作，議論英發，音吐如鐘，每一發端，聽者傾座，咸以爲一代之偉人。處承平全盛之世，享園林鐘鼓之樂，江左風流，迄今猶推爲領袖也。

顧可學家班

紀事

清・黄印《錫金識小録》卷一〇《前鑒・優童》 顧惠巖可學家童李玉、李珉，俱以聲得名，其貌如豐豔婦人耳，顧冶謂二李。既老，演《大江東去》，畫棗而蠶眉，指點五關千里，綽有英雄真態。又作《尉遲敬德送唐三藏》，大爲增色。最後得何玄朗優奴陳悦，飲醉聲益揚，演《范睢》劇，尤得當年意氣。後有楊岳者，盡得三人之傳，爲安俞二氏教師焉。

王延喆家樂

紀事

明・皇甫汸《皇甫司勳集》卷五三《明中順大夫思南府知府王公墓誌銘》 時長子中舍君窮治宫室苑囿，凡輿馬服食靡不華腆。粉黛聲伎充於後庭，玉帛玩好實於外庫，將以娱其親，公悉屏而不御焉。

明・徐應秋《玉芝堂談薈》卷三 延喆性豪奢，治大第，多蓄伎妾子女，斥置珠玉寶玩石，尊罍窑器，法書名畫，價值數萬。嘗以元夕宴客，客席必懸珍珠燈，飲皆古玉杯。恒醉歸，肩與至門，門啓則健婦舁之後堂。坐定羣妾笄而盛服者二十餘，列坐其側，各挾二侍女，約髮以珠琲。羣飲至醉，有所屬意，則憑其肩，聲樂前引入室，復酣飲乃寢。晚年益豪奢自喜，寵姬數十人，人設一院，左右鱗次而居。院設一竿，夜則懸紗燈其上，照耀如晝。每夜設宴，老夫婦居中，諸姬列坐，女樂獻伎，諸姬以次上壽。爵三行，樂闋，夫人避席去，乃與諸姬縱飲爲樂，最後出白玉巵進酒。此巵瑩潔無瑕，製極精巧，云是漢物寶惜，不輕及人。惟是夜所屬意者，則酌以賜焉。婢視巵到處，預報本院。院婢庀榼温酒以待，房老掌燈來迎。諸姬擁入院始散去。餘紗燈皆熄，惟本院存。各院望見竿燈未熄，知尚私飲未寢，嘖嘖相羡嘆。

清·姚之駰《元明事類鈔》卷一七《望竿燈》 談薈，王文恪子延喆，性豪奢，寵姬數十人，人設一院，院設一竿，夜懸紗燈其上，夜與諸姬縱飲爲樂。最後出白玉巵，是夜所屬意者則酌以賜。諸姬擁入院始散去。餘紗燈皆熄，惟此院獨存。各院望見紗燈，知尚私飲，嘖嘖相羡。

陸粲家樂

紀事

明·王世貞《弇州續稿》卷一三四《前工科給事中贈太常寺少卿貞山陸公墓碑》 陸公者，諱粲，字子餘一字浚明。【略】公事太夫人孝甚。老而失明，所以娱悦之者萬方。晚節稍稍具聲伎以共膳飲。

明·張萱《西園聞見録》卷二《孝順俊》 既歸，事母孝，母失明，公旦夕惟所以娱母志者不得，日從伎音樂。公遂若好伎音樂者。母捐帨，一日悉斥出之，終其身不聽音樂。

李開先家班

紀事

明·何良俊《四友齋叢説》卷一八《雜記》 李中麓家戲子幾二三十人，女妓二人，女僮歌者數人。

又 王元美言余兵備青州時，曾一造李中麓。中麓開燕相款，其所出戲子皆老蒼頭也，歌亦不甚叶。自言有善歌者數人，俱遣在各莊去未回。亦是此老欺人。

清·錢謙益《列朝詩集小傳》丁集上《李少卿開先》 開先，字伯華，章丘人。【略】歸而治田產，蓄聲妓，徵歌度曲，爲新聲小令，搊彈放歌，自謂馬東籬、張小山無以過也。

藝文

明·李開先《李中麓閑居集》卷二《歸休家居病起，蒙諸友邀入詞社二首同韻》 仕途不作詞，朝省日奔馳。官罷非無興，病多幾不支。秋來吾已健，夜宴客相隨。新作誰能唱，須煩女教師。

諸友俱能作，如吾何所知。强推爲會長，深媿不相宜。玉樹多悲調，竹枝亦俗詞。口占南北曲，即席付歌兒。

何良俊家班

論説

明・宋懋澄《九籥集》卷五《顧思之傳》 漢陽喜何元朗叔皮之爲人，好客，客恒滿座，家僮四五十輩，多習金元名家雜劇，與大内院本，各成一隊，綺麗如落日云。

清・錢謙益《列朝詩集小傳》丁集上《何孔目良俊》 元朗風神朗徹，所至賓客填門。妙解音律，晚畜聲伎，躬自度曲，分刌合度。秣陵金閶，都會佳麗，文酒過從，絲竹競奮，人謂江左風流，復見於今日也。

紀事

明・何良俊《四友齋叢説》卷一三《史九》 余家自先祖以來即有戲劇，我輩有識後，即延二師儒訓以經學。又有樂工二人教童子聲樂，習簫鼓絃索。余小時好嬉，每放學即往聽之，見大人亦閒晏無事。喜招延文學之士，四方之賢日至，常張燕爲樂，終歲無意外之虞。

又《雜記》 余時携一善箏歌者，補庵令人遍至伎家覓箏。

又《詞曲》 蓋因小時喜聽曲，中年病廢，教童子習唱，遂能解其音調知其節拍而已。

明・沈德符《顧曲雜言》 嘉隆間，度曲知音者，有松江何元朗，蓄家僮習唱，一時優人俱避舍。以所唱俱北詞，尚得金元遺風。

明・皇甫汸《皇甫司勳集》卷三六《何翰林集序》 君又妙解音律，晚畜聲伎。樽罍傾於北海，絲竹理於後堂。躬自倚歌，尤長顧曲。

馮夔家樂

紀事

清・黃印《錫金識小録》卷一〇《前鑒・聲色》 馮龍泉夔，字廷伯。風流文采，照耀一世，田園宫室、子女玉帛，爲三吴冠。沈酣在山水花木、絲竹粉黛、博塞之娱，黄白男女之樂。

高政家樂

傳記

清・黃印《錫金識小録》卷一〇《前鑒・聲色》 藏春院者，高龍川政所造也。龍川，成化乙酉舉人，爲監利知縣。歸而富於貲，性豪侈，不事繩檢。爲院於高家衝口，選曲中豔異者居之。

董份家班

紀事

明・茅坤《茅鹿門先生文集》卷一三《壽太宗伯潯陽董公序》　公歸而角巾野衣，日與里中故人徜徉詩酒間。當其客至，輒投轄盡醉不厭也。別穿曲池，築層榭繁花名樹，檻列其間。仰而聽鳴禽，俯而窺遊魚。歌兒數輩，令之吹竹而揚絲。雖河横月落，不知夜之央而曙之至也。

藝文

明・茅坤《茅鹿門先生文集》卷五《與潯陽宗伯書》　適有客攜繪畫屏障者過山齋。其一，則王公貴卿所擁曼姬者百二十人，而水晶之簾，珊瑚之几，與夫彈絲揚吹之歡，相爲掩映羅列於曲旃之間。其一，則牡丹芍藥五色熠燿，文杏雕蘭，紛錯若帶，古所稱金谷者是已。僕竊思，惟翁之堂爲稱，當其廣廈之上，微風泛瑟，其宜一也。騷人墨子，分曹賦詩，其宜二也。珠履貂裘，更席洗盃，其宜三也。歌梁舞檻，塵蜚若隔，其宜四也。客醉不散，夜半霜華，其宜五也。至於僕之如斗之室，圖書雜遝，所相與者，緑蘿之影，紫苔之色而已，安所用之，故謹爲引上。況令孫膳部自天來歸，晝錦如雲，賓客前列，公得無賞而進之，於以使我二三知己，爲之縱飲狂歌，呼盧唱梟其間，否乎。

李先芳家樂

紀事

清・錢謙益《列朝詩集小傳》丁集上《李先芳》　先芳，字伯承，濮州人。【略】家故多貲，壯年罷官，精計然、白圭之筴，家益起。大搆園亭，廣蓄聲妓，擫竽揳瑟，二八迭侍，諳曉音律，尤妙琵琶。賞音者謂江東查八十，林以過也。優游林下，享文酒聲伎之奉四十餘年，年八十四而卒。

錢籍家樂

雜録

明・李詡《戒庵老人漫筆》卷四《海山覆敗》　近見錢侍御海山籍之傾蕩，殊可駭愕。其甲第莊所，大小四十餘處，課租田畝，三萬有餘，財貨山積，家口千計。以至園林亭榭之美，歌童舞女之妖，畫船廐馬之盛，莫可殫述。數日間，悉爲鄉里豪强輩群起而分拉之。

嚴世蕃家班

紀事

《明史》卷三〇八《奸臣・嚴嵩傳》 及嵩妻歐陽氏死，世蕃當護喪歸，嵩請留侍京邸。帝許之，然自是不得入直所代嵩票擬，而日縱淫樂於家。嵩受詔多不能答，遣使持問世蕃。值其方耽女樂，不以時答。

又 世蕃熟諳中外官饒瘠險易，責賄多寡，毫髮不能匿。其治第京師，連三四坊，堰水爲塘數十畝，羅珍禽奇樹其中，日擁賓客縱倡樂，雖大僚或父執，虐之酒，不困不已。居母喪亦然。

何棟家班

紀事

清・錢謙益《列朝詩集小傳》丙集《許副都宗魯》 家本秦人，承康王之流風，罷官家居，日召故人，置酒賦詩，時時作金元詞曲，無夕不縱倡樂。關中何棟、西蜀楊石，浸淫成俗。

宋坤家班

紀事

明・宋楙澄《九籥集》卷六《王父三江公外傳》 王父諱坤，字維簡，別號三江。【略】集女樂一部，諸女名皆極風婉。

沈鯉家班

傳記

清・侯方域《壯悔堂文集・贈汪伶序》 當旹。亦有相國沈氏，其族如儀。部君謨，尤以文采自命，爲豪舉，輦千金三吴，招呼伎樂如江生者，皆衣輕紈，歌子夜，暇則鳴珂走馬。富貴兒，競而效之。有老伶吴清者，嘗逮事沈相國家，年六十餘，鬚髯白如絲，貧無依。倚乃爲陳將軍，教其十許歲歌兒以糊口，能言吾郡神宗間最盛時事。

孫克弘家班

紀　事

明·宋懋澄《九籥集》卷五《顧思之傳》　家僮四五十輩，多習金、元名家雜劇，與大内院本，各成一隊，綺麗如落日雲。

皇甫汸家樂

藝　文

明·皇甫汸《皇甫司勳集》卷三三《課小侍習舞二首》　小髻盤鴉二七年，新教垂手舞當筵。夜來何事羅裙皺，祇恐凌雲化作仙。

初着霓裳怯尚羞，纖腰婀娜不勝柔。鶯花容易催春老，莫道盧家忘却愁。

顧大典家樂

紀　事

清·錢謙益《列朝詩集小傳》丁集中《顧副使大典》　大典，字道行，吴江人。【略】妙解音律，自按紅牙度曲，今松陵多畜聲伎，其遺風也。

藝　文

明·徐熥《幔亭集》卷一三《重集諧賞園憶歌者陳情》　龍陽窈窕勝蛾眉，埋玉空山是幾時。重到園中聽歌舞，不成驩樂却成悲。

陳郎半度似何郎，長袖蹁躚韻繞梁。此日重來君不見，舞裙歌扇總凄凉。

郭天中家樂

紀　事

清·鄭方坤《全閩詩話》卷八　楊嘉祚守維揚，延致聖僕，贈以數千金，斥以買歌姬數人，購書畫古物，并散給諸貧交，緣手而盡。諸姬中有朱玉耶，工山水，師董北苑。李陀那工水仙，直逼趙子固。疏牕棐几，菜羹疏食，談諧既暢，出二姬，清歌以娱客。或邀高人程孟陽輩，流覽點染，指授筆法。鍾伯敬贈詩曰姬妾道人侶，敦彝貧士家，亦實録也。

雜録

清・孫岳頒等《御定佩文齋書畫譜》卷五八《朱玉耶・李佗那》 朱玉耶、李佗那，俱郭天中之姬。玉耶工山水，師董北苑。佗那工水仙，直逼趙子固。《畫史會要》。

王錫爵家樂

紀事

清・葉夢珠《閲世編》卷一〇《紀聞》 野塘既得魏氏，并習南曲，更定絃索音，使與南音相近，并改三絃之式，身稍細而其鼓圓，以文木製之，名曰絃子。時王太倉相公方家居，見而善之，命家僮習焉。

申時行家班

紀事

清・黄文暘、佚名《曲海總目提要》卷一三 聞明中葉間，蘇州上三班相傳，曰申鮫綃，范祝髪。

賈弘菴家班

紀事

清・黄昂《錫金識小録》卷一〇《前鑒・優童》 顧涇白，賈弘菴，皆事角觝。顧氏優曰草野郎君，賈氏優曰蔣科，人人稱善，猶未及安俞之落脚也。迨鄒彦吉迪光，與無一事，不求其至者，妖姬美妾充牣，建十二樓以居之。優童數十，極一時之選。其尤美者，曰陳阿圓，早死。

黄邦禮家班

紀事

清・黄昂《錫金識小録》卷一〇《前鑒・聲色》 黄邦禮，號龍墀，通判搢之子。父歲給行樂貲三百兩，弱冠入成均，沈酣平康者數年。歸而發父瘞金十甕，肆志紛華，徧聘美麗於燕趙齊楚得十二人，錢塘維揚得九人，秣陵六院中得十餘人。其選雖以貌，而妙歌舞、巧諧談者爲最寵。邦禮日高起品第新妝，小演雜劇。歌唱乃置萬錢及珠領玉環、寶釵金釧，俾諸姬博取，博勝者得之。

林道乾家樂

紀　事

明・宋懋澄《九籥集》卷七　林道乾者，故揭陽縣吏。負罪竄海，有舟千艘，衆數萬餘，通安南、占城、舊港、三佛齊諸國，嘗佩列國相印。小琉球三年，將謀奪其國，國人不從，乃復航海。戊寅春，率舟師四百，突至碣石，碣石者，惠之邊衛也，參戎適謁撫軍在廣，將士皆譁，公即舟諭之曰：汝等一時陷溺，若舍舊圖新，非止免禍爲福，此其時也。道乾恐人心動摇，乃仰天而言曰：某偷生海隅，思少年見侮於鄉里，此來欲圖一逞，今明公以德言綏我，逆之不祥。顧語健兒，檢部中惠州女子十八人，并前後招安告身若干通，皆委之泥沙而去，以明無意故國也。順風揚帆，管絃嘈雜，度不絶者久之。道乾雖波濤戈戟，時若焦勞，而酣謔嘯歌，竟復彌日，左右諸女郎，皆能校讐書史，舟中女樂數部，身爲顧曲周郎，亦一時盜俠之雄也。

徐邦瑞家樂

紀　事

明・王世貞《弇州續稿》卷一一八　屬國家有鼎革之事，公以元臣率百官祇迎今上，御大寶，有紅綺錦繡之錫。時人奓其遇，宿衛甫一載，上疏請歸養其母童太夫人。太夫人者，公生母也，嘗夢月入懷，而公生。公既已得請，則改治官舍。盛供張女奴操絃管，以供太夫人所以娱悦之者。公念太保公留守之日，長數更夷險。卒以無它及身之日。未幾而罹此侵，萬一有卒然變，其身之不恤如世聲，何邑邑不樂。家宴聲伎，十省八九。

徐錫允家班

紀　事

清・王應奎《柳南隨筆》卷二　徐錫允，字爾從，廉憲待聘之子。與錢宗伯友善，宗伯有《和徐叟文虹七十自壽》詩四首，見《初學集》。文虹，其自號也。家畜優童，親自按樂句指授，演劇之妙，遂冠一邑。詩人程孟陽爲作《徐君按曲歌》。所謂九齡十齡解音律，本事家門俱第一，蓋紀實也。時同邑瞿稼軒先生以給諫家居，爲園於東皋，水石臺榭之勝，亦擅絶一時。邑人有徐家戲子瞿家園之語，目爲虞山二絶云。

藝　文

清・錢謙益《牧齋初學集》卷九《崇禎詩集・冬夜觀劇歌爲徐二爾從作》　金鋪著霜月上楹，高堂綺席陳吴羹。撞鐘伐鼓催嚴更，促尊合坐飛兕觥。蘭膏明燭凝銀燈，釭花夜笑春風生。氍毹蹴水光盈盈，繡屏屈膝圍小伶。十三不足十一零，金花繡領簇隊行。行列參差機體輕，宛如魁壘登平城。涉江采菱發新聲，紅牙檀板縱復横。絲肉交奮梁塵驚，歌喉徐引一線清。江城素月流雛鶯，歌闌曲罷呈妙戲。侲童當筵廣場沸，安西師子金塗眥。擲身倒投不觸地，尋撞上索巧相背。須臾技盡腰鼓退，西凉假面復何在。險竿兒女心猶悸，滿堂觀者争愕眙。人生百年一戲笥，郭郎鮑老多顛頼。今夕何夕良宴會，主人攜酒坐客位。秉燭歡娱笑惜費，舞衣却卷光縩綷。歌場尚圓聲摇曳，眼花耳熱各放意，客歌未晞主既醉。

又卷一六《次韻和徐二爾從散遣歌兒之作二首》 其一：華堂人散只空屏，搔首秖餘兩鬢星。花好便判辭舊樹，絮飛終自作浮萍。誰家榜枻歌青翰，幾處彈箏怨白翎。惟有啼鶯并語燕，尚留殘曲與君聽。

其二：歌舞偏隨夢短長，黄金白髮正相妨。誰傳一曲高樓上，却聽三聲客舍傍。林木無情還激越，梁塵何苦尚飛揚。燈殘月落君須記，贏得西齋一炷香。

錢岱家班

紀事

清·據梧子《筆夢敘》 明日出遊瓊花觀，晚至鹽司署。設宴演劇，凡揚郡名班皆集。有揚關監税徐太監亦在座，自云：有家妓頗嫻音樂，明早欲侍御枉駕，以申一日之歡。侍御不得已，次日往税監署觀女樂。徐監屢詡其選擇之精、教習之善。侍御以其爲弋陽腔，姑口譽焉，心弗悦也。徐特選四名來餽，固辭之。徐潛唤《滿江紅》，遣管家二人，侍女二人，候鎮江口，隨侍御舟送至家。附記女樂四名：張五兒，揚州人，後名張五舍，時年十二。韓壬姐，北京人，後名韓壬壬，時年十三。馮觀舍，揚州人，時年十二。月華兒。自云幼養徐老公家，不知姓，亦不知何處人，時年十一後名月姐。

又 附記演習院本：《躍鯉記》、《琵琶記》、《釵釧記》、《西厢記》、《雙珠記》、《牡丹亭》、《浣紗記》、《荆釵記》、《玉簪記》、《紅梨記》。以上十本，就中止摘一二齣，或三四齣，教演張樂。時王仙仙將戲目呈侍御親點，點訖，登場演唱。侍御酡顔諦聽，或曲有微誤，即致意沈娘娘爲校正云。

又 年八十，郡縣敦請應鄉飲，大賓戚里雜遝慶賀，乃出女樂演劇相款。侍御女樂，前此惟西賓得常見之，其餘雖至，戚亦從未見。列筵百順堂，撤席後，令女樂十人齊舞，且舞且歌，過夜半方散。

雜録

清·據梧子《筆夢敘》 沈娘娘，蘇州人，少時爲申相國家女優，善度曲。年六十餘，探喉而出，音節嘹亮，衣冠登場，不減優孟，第中皆以沈娘娘呼之。薛太太，舊家淑媛也，善絲竹，兼工刺繡，年五十餘。侍御第中稱薛太太。

屠隆家班

紀事

明·沈德符《萬曆野獲編》卷二五《詞曲·梁伯龍傳奇》 同時崑山梁伯龍辰魚亦稱詞家，有盛名。所作《浣紗記》，至傳海外，然止此不復續筆。其大套小令則有《江東白苧》之刻，尚有傳之者。浣紗初出，梁游青浦。時屠緯真隆爲令，以上客禮之，即命優人演其新劇爲壽。每遇佳句輒浮大白酬之，梁亦豪飲自快。演至出獵，有所謂擺開擺開者，屠厲聲曰：此惡語當受罰。蓋已預儲洿水以酒海灌三大盂，梁氣索强盡之，大吐委頓，次日不别，竟去。屠凡言及必大笑，以爲得意事。

又 西寧夫人有才色，工音律，屠亦能新聲，頗以自炫。每劇場輒闖入羣優中作技，夫人從簾箔見之。或勞以香茗，因以外傳，至於通家往還亦有之，何至如俞疏云云也。近年屠作《曇花記》，忽以木清泰爲主，嘗怪其無謂。一日，遇屠於武林，命其家僮演此曲，指揮四顧，如辛幼安之歌千古江山，自鳴得意。余於席間私問馮開之祭酒云：屠年伯此記，出何典故。馮笑曰：子不知耶。木字增一，蓋成宋字，清字與西爲對，泰即寧之義也。

明・張岱《西湖夢尋》卷五《雲棲》　甬東屠隆於净慈寺迎師觀所著《曇花傳奇》，虞淳熙以師梵行素嚴，阻之。

清・錢謙益《列朝詩集小傳》丁集上《屠儀部隆》　長卿雖爲吏，家無餘貲，好交游，蓄聲伎，不耐岑寂，不能不出遊人間。

清・胡文學《甬上耆舊詩》卷一九　阮堅之爲晉安司理，以癸夘中秋，大會詞客於烏石山之隣霄臺，名士宴會者七十餘人，而先生爲祭酒。梨園數部，觀者如堵。酒中樂止，先生幅巾白衲，奮袖作《漁陽摻》，鼓聲一作，廣場無人，山雲怒飛，海水起立。

鄒迪光家樂

紀　事

清・黄印《錫金識小録》卷一〇《前鑒・聲色》　鄒懋中，號九龍，父兄爲州縣牧。九龍貌如玉皙，天性奢侈，爲崑山魏侍郎孫壻。魏無孫，主其家，數年恣所慾而業盡，妻亦死。又贅於蘇閶富室，富室業半侍郎，不數年復消於聲色。歸受父遺亦半侍郎，泥沙用之，不久又盡。計無復之，檢橐有魏氏遺珠二，售二十金，爲中秋費，人皆笑之。而仲子迪光登科，明年高第。九龍居間游説，呼吸千金足以供其費，專事歡娱，或攜妓出游，或點優演劇，或縱鷹逐犬，或走索秋千，歡暢六十年，八十餘卒。

清・錢謙益《列朝詩集小傳》丁集下《鄒提學迪光》　迪光，字彦吉，無錫人。以其間疏泉架壑，徵歌度曲，卜築惠錫之下，極園亭歌舞之勝。賓朋滿坐，觴詠窮日，享山林之樂幾三十載。

清（光緒）《無錫金匱縣志》卷二二《文苑》　鄒迪光，字彦吉。萬曆二年進士，授工部主事，累官湖廣提學副使，擅衡鑒。楚士服而歸之，以吏議罷送者數千人，生祀之濂溪書院。迪光既罷，治園亭於惠麓，與當世名公卿文士遊宴其中，極聲伎觴詠之樂，垂三十年，有集。

藝　文

明・沈德符《清權堂集》卷一三《慧山逢徐君話舊五首》　天香隊裏裡教吴歈，顧曲風流舉世無。曹伎散亡唐换主，人間留得老周瑜。曹謂世美，唐謂君俞。

茗戰兼之蠟屐緣，四時慧水載吴船。短笻枯裂油囊敝，潦倒重過第二泉。

名場廿載已長捐，白髮官人失意年。唱出不須河滿子，聞歌淚已落君前。

鄒笛山陽聽未終，長楸更起白楊風。竹林自媿無車載，又向壚頭遇濬冲。下二詩謂彦吉。

華屋都成一窖塵，西州無淚可沾巾。羊曇老去忘情久，只説山丘稱此人。

雜　録

清・王晫《今世説》卷六《傷逝》　陳緯雲云：鄒、董相繼零落，蘭陵舊遊，酒旗歌板，故地闌風長雨，不可復尋。言之悽然，不待過黄公酒罏，而始慟矣。

馮夢禎家樂

紀事

清・朱彝尊《静志居詩話》卷一五　馮夢禎，字開之，秀水人。萬曆丁丑進士，除編修，終南京國子祭酒。有《快雪堂集》。馮公儒雅風流，名高三席，歸田之後，間娱情聲伎，箏歌酒讌，望者目爲神仙中人。

藝文

清・吴綺《林蕙堂全集》卷二二《快雪堂觀劇》　魚藻池邊秋夜清，玉船徐引燭花明。不知何處春風起，吹出雛鶯百囀聲。

又　西園清燕好留連，翠管紅絃不曙天。看到舞腰低轉處，不妨人唤柘枝顛。

馬湘蘭家班

紀事

明・沈德符《顧曲雜言》　自吴人重南曲皆祖崑山魏良輔，而北詞幾廢。今惟金陵尚存此調，然北派亦不同。有金陵，有汴梁，有雲中，而吴中以北曲擅場者，僅見張野塘一人，故壽州産也。亦與金陵小有異同處，頃甲辰年，馬四娘以生平不識金閶爲恨。因挈其家女郎十五六人，來吴中唱《北西厢》全本。其中有巧孫者，故馬氏粗婢，貌甚醜，而聲遏雲。於北詞關捩竅妙處，備得真傳，爲一時獨步。他姬曾不得其十一也，四娘還曲中，即病亡，諸妓星散。巧孫亦去爲市嫗，不理歌譜矣。今南教坊有傅壽者，字靈修，工北曲。其親生父家傳，誓不教一人。壽亦豪爽，談笑傾坐，若壽復嫁去，北曲真同《廣陵散》矣。

清・錢謙益《列朝詩集小傳》閏集《馬湘蘭》　馬姬，名守真，小字玄兒，又字月嬌。【略】教諸小鬟學梨園子弟，日供張燕客，羯鼓琵琶聲，與金縷紅牙聲相間。

沈璟家班

紀事

明・沈德符《萬曆野獲編》卷二四《技藝・縉紳餘技》　近年士大夫享太平之樂，以其聰明寄之剩技。【略】吴中縉紳，則留意聲律。【略】吴江沈吏部璟。【略】俱工度曲，每廣坐命技，即老優名倡，俱皇遽失措，真不減江東公瑾。此習尚所成，亦猶秦晉諸公多嫻騎射耳。

潘雲庵家班

紀事

明・范濂《雲間劇目抄》卷二《紀風俗》　戲子在嘉隆交會時，有弋陽人入郡爲戲。一時翕然崇高，弋陽人遂有家於松者。其後漸覺醜惡。弋陽人復學爲太平腔、海鹽腔，以求佳，而聽者愈覺惡俗。故萬曆四五年來，遂屏跡，仍尚土戲。近年上海潘方伯，從吴門購戲子，頗雅麗。而華亭顧正心、陳大廷繼之。

范允臨家班

紀事

明・張岱《陶庵夢憶》卷五《范長白》 開山堂小飲，綺疏藻幕，備極華縟，秘閣清謳，絲竹摇颺。忽出層垣，知爲女樂。

清・黄文暘、佚名《曲海總目提要》卷一三 聞明中葉間，蘇州上三班相傳，曰申鮫綃、范祝髮。

藝文

明・沈德符《清權堂集》卷二《徐清之秘書園亭招聽家伎六首》 衛尉名園出麗姝，並低眉黛啓唇朱。珊枝步障渾閒事，百斛珠銷，十緑珠。

商移羽换燭花欹，蕉葉觥船醉不辭。未待按歌腸斷盡，幾層桃面出簾時。

曲容傳態調傳情，并作驪珠一串聲。似向鼓簧宫裏聽，人人堪字囀春鶯。

風流白傳重新聲，教出鸞簫配鳳笙。不獨蠻腰并素口，紫綃菱角盡傾城。

花亞雕欄月午天，妖姿妍唱鬭清圓。莫矜肉奮輕彈撚，絲竹徐聽也自然。

樂句分明扇影深，色飛魂佚爲知音。苦尋微誤通微顧，役盡周郎萬種心。

又卷三《吴中大雪，同徐元歎、徐清之、孫人甫、楊尹眉入山，范長倩邀登天平閣，出家妓佐酒，奉疊元歎來韻》 序遷寧恨晚，景絶强名奇。鋪井真調餅，堆奩儼畫脂。毯紅疲馬俊，頂白稺松衰。門啓僵甦處，江空釣罷時。細烹添水品，碎踏勇山期。估客敲蓬語，窗姝映閣窺。鷺吭飢失岸，狐跡惑多岐。甲乙談方快，宫商譜乍移。煖槽舒鳳尾，寒粟綴雞皮。户列真三粲，村開倘一枝。春人諳冷韻，秋士理餘悲。氷斷侵尋合，蓬枯聚散吹。歸程疲遠泊，導火乞疎籬。

朱正初家班

藝文

明・胡應麟《少室山房集》卷五〇《寄朱在明鴻臚》 神武秋風萬木殘，扁舟回首隔長安。飄零敢挾齊門瑟，潦倒誰論魏闕冠。白紵總邀遊伎舞，青萍長向酒人寒。傷心碣石談天處，寂寞浮雲夢裡看。

又卷五一三《複作戲柬在明二首》 馬馱沙長一棹遊，朱家十六最風流。屏前小小初勾額，畫裏真真欲點頭。客到玉臺花似綺，人歌金縷月如鈎。參差已盡浮生樂，獨欠銀河問女牛。

象枕牙牀白雪驕，畫樓朱閣暮雲飄。能將鸞鷟排高髻，肯惜驊騮换細腰。桃葉盛誇三婦艷，蓮花差比六郎嬌。在明行第十六，貌不甚揚，而風度致佳。何因驟發觀濤興，來聽揚州月下簫。

顧斗英家班

紀事

清·錢謙益《列朝詩集小傳》丁集中《顧公子斗英》　斗英，字仲韓，上海人。少有儁才，磊落不羈。窮服饌娛聲色，選伎徵歌，座客常滿。日費萬錢，不恡。每出，輒載與俱。

葉憲祖家班

紀事

清·黃宗羲《南雷文定前集》卷五《外舅廣西按察使六桐葉公改葬墓誌銘》　公諱憲祖，字美度，別號六桐，姓葉氏，宋石林先生夢得之後也。【略】吳石渠、袁令昭詞家名手，石渠院本，求公詆訶，然後敢出，令昭則槲園弟子也。槲園公填詞別號。花晨月夕，徵歌按拍，一詞脱稿，即令伶人習之。刻日呈伎，使人猶見唐宋士大夫之風流也。

許自昌家班

紀事

明·李流芳《檀園集》卷九《許母陸孺人行狀》　而又製爲歌曲傳奇，令小隊習之。竹肉之音，時與山水映發。其諸郎君則翩翩競爽，躭書下帷，足不窺户。登其堂，歌鐘饌玉，履舄交錯，豪華之氣，熏然灼人，如遊金張之庭。

吳蓮城家班

藝文

明·沈德符《清權堂集》卷八《冬夜吳蓮城水部出童子作劇，疊馬仲良觀劇舊韻》　華荐開金翠，歡塲歇笑譚。更衣香已發，傅粉態初含。歌拍添新譜，豪絲理夙諳。耳完微綴珥，髩弱怯施簪。窺牖隣姬妬，聯裾座客貪。珠喉吳調熟，鐵板北音叅。笑豈淇之右，游疑漢以南。禪箏聞欲舞，仙樂擬差堪。果聚投頻中，桃餘嚙倘甘。戎衣如嫁虜，后服似非男。湘泣妃元二，涇奔女有三。出簾知影好，登毯便神酣。屢顧難求誤，癡看或類憨。矑澄波湛湛，腰顫柳毵毵。後乘陪何忝，前魚釣想耽。明童歌好和，老婢咏應慚。曲勝聞河滿，人將化武擔。額粧宵未弛，梅信好同探。

又《吳水部署中再觀新劇，意似未盡，又疊舊韻》　共欣歌伴集，姑輟韻人談。秋水眸初剪，春葩靨尚含。吳歈生小習，楚舞近來諳。障面佯窺扇，搔頭且弄簪。試粧賓競助，耦坐我尤貪。韻勝神先往，肌香鼻每參。咏堪嗤洛下，弄或諳江南。圓熟鶯吭叶，輕盈燕體堪。觀場方目眩，操拍亦心甘。柔絶真無骨，嬌多似不男。蓮花郎擬六，梅實士求三。羡極時瞻影，挑頻問倚酣。冶心憐妬互，狂眼往來憨。倒暈開眉嫵，柔荑理髮氉。更衣看未足，團席醉偏耽。鸞作驂差愜，魚稱媵亦慚。去猶留美盻，游好付輕擔。燭滅華裀徙，遺芬讓獨探。

顧又玄家班

藝文

明・沈德符《清權堂集》卷一七《壽錫山顧又玄都護顧家富聲伎》 勝侶吳趨袂可連，風流豪舉到君全。借名事美同元嘆，贈内詩成類彥先。

日牖雁池親綺歲，風程鵬翮起初年。虎頭矦貴因投筆，烏爪仙過或賜鞭。

驛欵嘉賓頻赴鄭，魚留下客競依田。公卿執贄醇交洽，樵牧忘形社約堅。

高卧窓安人栗里，宿酲身倚石平泉。編摩印指看成粉，書畫盈船孏辨顛。

汲到慧山茶竈水，煉來句曲木爐烟。華胥自譜音宮徵，淳寂堪分酒聖賢。

松异支離鳴窔窱，花闌詰曲貯嬋娟。著書畫擁樊通德，賭曲晴過白樂天。

墨瀋茗甌新慧業，紅芽白苧舊因緣。欲驂鸞雀先鶯燕，將奏琅璈暫管絃。

採到朱櫻澆白酪，攀來文杏染紅觀。未論西母持觴至，蕚緑雙成已是仙。

項桂芳家班

紀事

明・李日華《味水軒日記》卷五 十一月朔日，赴項楚東別駕之招，與王穉方孝廉聯席。楚東命家樂演陳玉暘給諫所撰蔡琰《胡笳十八拍》，與王嬙《琵琶出塞》。凄然悲壯，令人有黄蘆苦雪之感。

明・李日華《六研齋筆記》卷一 中歲頗娛聲酒，嘗招余出歌童相侑，備秦巴荆越之音。

唐獻可家班

紀事

清・錢謙益《列朝詩集小傳》丁集上《唐公子獻可》 獻可，字君俞，武進人。【略】讀書任俠，畜聲伎，鑒別古書畫器物，家畜女伎，極園亭歌舞之勝。

曹學佺家班

紀事

清·錢謙益《列朝詩集小傳》丁集下《曹南宮學栓》 家有石倉園，水木佳勝，賓友翕集，聲伎雜進，享詩酒談讌之樂，近世所罕有也。

清·查繼佐《國壽録》卷四《禮部尚書曹公傳》 曹學佺，字能始，福州横塘人也。【略】亭館雅逸，客座常滿，時進聲伎。

藝文

明·徐熥《幔亭集》卷三《七夕曹能始宅上觀妓》 凉風吹動黄姑渚，正值牽牛逢帝女。一年佳會阻星河，數刻交歡罷機杼。

主人留客當今宵，鳴箏少婦紅羅綃。嬌聲宛轉鸞凰曲，媚眼低回烏鵲橋。

引羽流商歌愈緩，玉繩漸落明星爛。履墜簪遺樂未休，鐘沉漏盡愁將旦。

臨別殷勤贈七襄，秋宵雖短此情長。燭龍已駕扶桑曉，天上人間兩渺茫。

張獻翼家樂

紀事

明·鄭仲夔《耳新》卷五 張幼于每喜著紅衣，又特妙于樂舞，因著《舞經》。家有舞童一班，皆親爲教演成者。舞時非其臭味，不欲令見也。

屠叔方家班

紀事

明·吕天成《曲品》卷下 吾友張望侯曰：檇李屠憲副，於中秋夕，帥家優於虎邱千人石上演此，觀者萬人，多泣下者。

徐溶家班

藝文

明·沈德符《清權堂集》卷一二《午日徐清之招飲園亭，并出家姬作劇，即席賦贈八首》 深屏清晝啓流蘇，法醖新浮九節蒲。梁繞倘分長命縷，袖旋如授辟兵符。

內屋瑂櫺語笑通，晚凉張樂在珠官。等閒未省天花窟，身醉狂香浩態中。

地衣紅處燭花深，碾字搓腔更選音。得伴參軍施粉墨，教充蒼鶻也甘心。

盤中妙舞掌中杯，裙褶留仙去却回。恰好荊臺屏十二，便教人占一峰來。

淡掃雙蛾總國姝，况扶髩影上氍毹。紅窗他日修眘史，容作成都畫手無。

慣侍鸞靴看柘枝，紅牙曾節玉參差。周郎今日翻愁顧，妙在停歌歛拍時。

幾度更衣下舞廊，綴行重向鬱金堂。自憐薄福輸羅薦，飽領春尖步步香。

已傾殘瀝酬蒲艾，更割餘歡祝芰荷。奢想尚期秋白紵，頻來聽遍四時歌。

又卷一五《徐清之招游光福山探早梅，時携衆家伎同行》 地雖需勝侶，天特豢遊人。馬駛驚香足，魚呈聽曲身。兼程虞雨妬，徙席避花嗔。斜月誠佳境，何堪悼玉鱗。

又 是勝堪停榼，稱游乃借梅。韻高難例賞，香妙未全開。他圃緘春待，隣溪逓艷來。謾防羌笛怨，翻倩越謳催。

又 月淡姿逾瘦，春纖力未齊。帽簷猶凍蕊，屐齒偶香泥。石潔便移具，堤乾佚杖藜。未誇花入琖，過酒盡柔荑。

又 市遠孤存寺，湖窮別得山。樹皆榮净域，馥不帶人寰。媛霧融脂黛，横枝影髻鬟。額粧猶少待，菩蕾墮眉間。

又《季夏同王峨雲大司馬集吴門徐清之園林觀家伎，時徐元歎文學、何李衛主姬同集，即席贈別司馬公二首》 八騶六纛憩江干，衮繡能齊野褐歡。座上珠玭賓握塵，扇中金翠女乘鸞。

菰蒲晝挾深烟暝，瓜藕炎生急雨寒。前隊貔貅後鶯燕，知君只作打圍看。

軟障輕褣恰受風，舞堂裙映燭花紅。松醂歌吹諸林異，荷作威儀萬柄同。

棐几擘牋雲乍捲，文簾影髻月方中。儘教絲竹圍棋樂，屐齒還愁惱謝公。

又卷一七《中秋前一日，集徐園遇雨感舊，時其家歌姬已散盡》 最是秋光作異同，幾程霜信滯來鴻。衰楊故□愁邊緑，烏柏偏呈意外紅。卜夜客甘雲□雨，祀晴妓指樹梢虹。主人燕子同時去，免使關樓賦白公。

包應登家班

紀事

明・張岱《西湖尋夢》卷二《青蓮山房》 陳繼儒青蓮山房詩，【略】牢騷寄聲伎，經濟儲山林。

又 而後人欲如包公之聲伎滿前，則亦兩浙薦紳先生所絕無者也。

又卷四《包衙莊》 涵老以聲伎非侍妾比，仿石季倫、宋子京家法，都令見客。常靚妝走馬，嫈姍勃窣，穿柳過之，以爲笑樂。明檻綺疏，曼謳其下，擫籥彈箏，聲如鶯試。客至則歌僮演劇，隊舞鼓吹，無不絕倫。乘興一出，住必浹旬，觀者相逐，問其所止。

又 西湖之船有樓，實包副使涵所創爲之。大小三號，頭號置歌筵、儲歌童，次載書畫，再次侍美人。

朱國盛家班

紀事

明·張岱《陶庵夢憶》卷二《朱雲崍女戲》 朱雲崍教女戲，非教戲也。未教戲，先教琴，先教琵琶，先教提琴、弦子、簫管、鼓吹、歌舞，借戲爲之，其實不專爲戲也。【略】絲竹錯雜，檀板清謳，入妙腠理，唱完以曲白終之，反覺多事矣。西施歌舞，對舞者五人，長袖緩帶，繞身若環，曾撓摩地，扶旋猗那，弱如秋藥。女官内侍，執扇葆璇蓋、金蓮寶炬、紈扇、宫燈二十餘人，光焰熒煌，錦綉紛叠，見者錯愕。雲老好勝，遇得意處，輒盱目視客。得一讚語，輒走戲房，與諸姬道之，佹出佹入，頗極勞頓。且聞雲老多疑忌，諸姬曲房密户，重重封鎖，夜猶躬自巡歷，諸姬心憎之。有當御者，輒遁去，互相藏閃只在曲房無可覓處，必叱咤而罷。

雜録

清·葉夢珠《閲世編》卷五《門祚二》 新場朱氏，自雲來國盛登萬曆庚戌進士，以監司護漕有功，晉階至大司空，旋以被論，降太常卿歸里，因黨禍攻擊，遂杜門不出，奢於自奉，聲伎滿前，以終其身。今惟仲子軒工八法，以資起爲郎。餘子俱等寒門，故業無有存者。

田弘遇家班

紀事

明·李介立《天香閣隨筆》卷二 平西王次妃陳氏，名元，武進奔牛人。父好歌曲，傾貲招善歌者與居，家常十數人，日夜謳歌不輟，以此破其家。由是謳者不來，家居無聊。有一子甚戇，顧其女倩而慧，恒教之歌，蓋以自樂也。父死，失身爲妓。予邑金衢道貢二山之子若甫，往金華省父。道出滸關，見之悦，輸三百金贖之歸，室人不容。二山見之曰：此貴人，縱之去，不責贖金。田皇親覓女優於姑蘇，得元。歌舞冠一部。平西既破闖賊入京都，宴於皇親家，出女樂侑酒。時平西入關討賊，苦形勞神，必報君父讎。以五千兵破賊數十萬於永平，連戰至都邑，疲敝數月矣。至是賊走，復始解甲歡飲。有一夕之樂，見元豔甚，而音歌又精，獨數數顧視元。及元捧觴爲壽平西前。平西連舉數大觥，是夜皇親送元平西軍中。

明·李清《三垣筆記》卷上《崇禎》 田弘遇挾貴妃寵，恣行結納。一日，邀同郡臺省共飲，中堂陳設甚盛，酒數巡，肉數簋，即止。中席後，掩門邀予輩至後堂，初以爲酣飲，及明燭捲簾，則歌姬羅列，曲度新奇，達旦方啓户出。後一二風流學士以不簡聞，予恥之，不復再往。

清·談遷《北游録·紀郵下》 良鄉伎冬兒，善南歌。入外戚田都督弘遇家，弘遇卒，都督劉澤清購得之。爲教諸姬四十餘人，冬兒尤姝麗。

羅汝才家樂

紀事

《明史》卷三〇九《流賊傳》 汝才妻妾數十，被服紈綺，帳下女樂數部，厚自奉養。

范景文家樂

紀事

清・黄宗羲《思舊録》 范景文，號質公，吴橋人，東閣大學士。【略】公有家樂，每飯則出以侑酒。風流文采，照映一時。

清・錢謙益《**列朝詩集小傳**》**丁集中卷**《**范景文**》 景文，字夢章，吴橋人。【略】夢章就節時，屬其家僮蘭芳，曰：使所善李生、蔣生，件繫事狀，乞虞山公誌我。余深愧其言。

阮大鋮家班

紀事

明・張岱《**陶庵夢憶**》**卷八**《**阮圓海**》 阮圓海家優講關目，講情理，講筋節，與他班孟浪不同。然其所打院本，又皆主人自製，筆筆勾勒，苦心盡出，與他班鹵莽者又不同。故所搬演，本本出色，脚脚出色，齣齣出色，句句出色，字字出色。余在其家看《十錯認》、《摩尼珠》、《燕子箋》三劇，其串架鬥笋、插科打諢、意色眼目，主人細細與之講明。知其義味，知其指歸，故咬嚼吞吐，尋味不盡。至於《十錯認》之龍燈、之紫姑，《摩尼珠》之走解、之猴戲，《燕子箋》之飛燕、之舞象、之波斯進寶，紙札裝束，無不盡情刻畫，故其出色也愈甚。阮圓海大有才華，恨居心勿静，其所編諸劇，罵世十七，解嘲十三，多詆毁東林，辯宥魏黨，爲士君子所唾棄，故其傳奇不之著焉。如就戲論，則亦鏃鏃能新，不落窠臼者也。

清・焦循《**劇説**》**卷五** 周延儒被召，阮大鋮以家優來演自所作《賜恩環》傳奇，跪泣求昭雪。延儒以逆案難翻，而君意中人爲誰。大鋮以馬士英對。遂於戍籍薦起，爲鳳陽總督。事見《流寇長編》。

藝文

清・曹寅《**楝亭集**》《**楝亭詞鈔・念奴嬌**題贈曲師朱音仙，朱老乃前朝阮司馬進御梨園》 白頭朱老，把殘編幾葉，尤躭北調。事去東園鍾鼓散，東園内監梨園鐘鼓司，見明内府志。司馬流螢衰草。《燕子》風情，《春燈》身世，零落《桃花》笑。當場搬演，湯家殘夢偏好。 高皇曾賞《琵琶》，家常日用，史記南音早。悮國可憐餘唾罵，頗怪心腸雕巧。紅豆悲深，氍毹步却，昔日曾年少。雞皮姹女，還能卷舌爲嘯。

欽公子家樂

藝　文

明・朱長春《朱太復乙集》卷六《上元前夜長洲欽公子家樂飲歌》　昔聞草玄楊子雲，門前載酒人紛紛。又聞困津陶士行，雙髮設飲留高賔。古人名下無虛士，今日風流見公子。邂逅清揚倘在斯，授餐投轄吾慙爾。華胄豪家意氣深，錦筵一宴直十金。雕爼丹流南海橘，鸞刀白縷中江鱒。吹樓石尉驕家樂，歌席周郎妙鮮音。燈引流蘇星爛爛，舞迴巾拂月沈沈。牢落生平江海迹，虛名始望尚書筆。帳中文集拈付誰，對君却憶後車客。伶人伎畢席更改，爲君彊飲歌慷慨。古來華屋皆山立，唯有騷客長風流。陸機文賦傳弱冠，少年早使飛華翰。明朝入洛問相見，卿是南金與東箭。

劉暉吉家班

紀　事

明・張岱《陶庵夢憶》卷五《劉暉吉女戲》　劉暉吉奇情幻想，欲補從來梨園之缺陷。如唐明皇游月宮：葉法善作，場上一時黑魆地暗，手起劍落，霹靂一聲，黑幔忽收，露出一月，其圓如規，四下以羊角染五色雲氣，中坐常儀，桂樹吳剛，白兔搗藥。輕紗幔之内，燃賽月明數株，光焰青黎，色如初曙，撒布成梁，遂躡月窟，境界神奇，忘其爲戲也。其他如舞燈。十數人手攜一燈，忽隱忽現，怪幻百出，匪夷所思，令唐明皇見之亦必目睜口開，謂氍毹場中那得如許光怪耶。彭天錫向余道，女戲至劉暉吉，何必男子，何必彭大。天錫，曲中南董，絶少許可，而獨心折暉吉家姬，其所賞鑒，定不草草。

張岱家班

紀　事

明・張岱《瑯嬛文集》卷五《自爲墓誌銘》　蜀人張岱，陶菴其號也。少爲紈絝子弟，極愛繁華，好精舍，好美婢，好孌童，好鮮衣，好美食，好駿馬，好華燈，好煙火，好梨園，好鼓吹，好古董，好花鳥，兼以茶淫橘虐，書蠹詩魔勞碌半身，皆成夢幻。

明・張岱《陶庵夢憶》卷一《金山夜戲》　余呼小僕攜戲具，盛張燈火大殿中，唱韓蘄王金山及長江大戰諸劇，鑼鼓喧填，一寺人皆起看。有老僧以手背摋眼醫，翕然張口，呵欠與笑嚏俱至，徐定睛，視爲何許人，以何事何時至，皆不敢問。劇完將曙，解纜過江，山僧至山脚，目送久之，不知是人、是怪、是鬼。

又卷四《張氏聲伎》　我家聲伎，前世無之，自太父於萬曆年間與范長白、鄒愚公、黄貞父、包涵所諸先生講究此道，遂破天荒爲之。有可餐班，以張綵、王可餐、何閏、張福壽名。次則武陵班，以何韻士、傅吉甫、夏清之名。再次則梯仙班，以高眉生、李岕生、馬藍生名。再次則吳郡班，以王畹生、夏汝開、楊嘯生名。再次則蘇小小班，以馬小卿、潘小妃名。再次則平子茂苑班，以李含香、顧岕竹、應楚烟、楊騄駬名。主人解事日精一日，而傒僮技藝亦愈出愈奇。余歷年半百，小傒自小而老，老而復小，小而復老者凡五易之，無論可餐、武陵諸人，如三代法物不可復見。梯仙、吳郡間有存者，皆爲佝僂老人，而蘇小小班，亦强半化爲異物矣。茂苑班則吾弟先去，而諸人再易其主，余則婆娑一老，以碧眼波斯，尚能別其妍醜。

又卷六《曹山》 萬曆甲辰，大父游曹山，大張樂於獅子巖下。

又卷七《龍雪山》 天啓六年十二月，大雪深三尺許，晚霽，余登龍山，坐上城隍廟山門，李岕生、高眉生、王畹生、馬小卿、潘小妃侍。【略】馬小卿唱曲，李岕生吹洞簫和之，聲爲寒威所懾，咽澀不得出。三鼓歸寢。馬小卿、潘小妃相抱從百步街旋滚而下，直至山趾，浴雪而立。

又《冰山記》 魏璫敗，好事作傳奇十數本，多失實，余爲删改之，仍名《冰山》。城隍廟揚臺，觀者數萬人，臺址鱗比，擠至大門外。【略】是秋攜之至兖爲大人壽。一日宴守道劉半舫，半舫曰：此劇已十得八九，惜不及内操菊宴及逼靈犀與囊收數事耳。余聞之，是夜席散，余填詞督小傒强記之，次日至道署搬演，已增入七齣，如半舫言。半舫大駴異，知余所構，遂詣大人，與余定交。

又《閏中秋》 崇禎七年閏中秋，仿虎邱故事，會各友於蕺山亭。【略】命小傒岕竹、楚烟，於山亭演劇十餘齣，妙入情理，擁觀者千人，無蚊虻聲，四鼓方散。

又《過劍門》 楊元、楊能、顧眉生、李十、董白以戲名。屬姚簡叔期余觀劇，傒僮下午唱《西樓》，夜則自串。傒僮爲興化大班，余舊伶馬小卿、陸子雲在焉，加意唱七齣戲，至更定，曲中大咤異。楊元走鬼房問小卿曰：今日戲，氣色大異何也。小卿曰：坐上坐者余主人。主人精賞鑒，延師課戲，童手指千傒僮到其家謂過劍門，焉敢草草。楊元始來物色余。《西樓》不及完，串《教子》。顧眉生：周羽，楊元：周娘子，楊能：周瑞隆。楊元膽怯膚栗，不能出聲，眼眼相覷，渠欲討好不能，余欲獻媚不得，持久之，伺便喝采一二，楊元始放膽，戲亦遂發。嗣後曲中戲，必以余爲導師，余不至，雖夜分不開臺也。以余而長聲價，以余長聲價之人而後長余聲價者多有之。

又卷八《樓船》 以木排數重搭臺演戲，城中村落來觀者，大小千餘艘。午後颶風起，巨浪磅礴，大雨如注，樓船孤危，風逼之幾覆，以木排爲戙索纜數千條，網網如織，風不能撼。少頃風定，完劇而散。

冒氏家樂

紀事

清・鈕琇《觚賸》卷二《吴觚中・小楊枝》 如皋冒辟疆，家有園亭聲伎之勝。歌者楊枝，態極妍媚，知名之士，題贈盈卷，惟陳其年擅長。閱二十年而楊枝老矣，其子亦玉人也，因呼小楊枝。一日讌集，辟疆出前卷相示，虞山邵青門題其後曰：唱出陳髯絶妙詞，燈前認取小楊枝。天工不斷消魂種，又值春風二月時。

清・金埴《不下帶編》卷四 康熙初，如皋冒辟音闢。疆襄，家有園亭聲伎之勝。歌者楊枝，態極妍媚。【略】閱二十年而楊枝老矣，其子亦玉人也，因呼去小楊枝。【略】陳其年檢討，布衣時館於冒氏，與歌童紫雲甚昵。

清・馮金伯《詞苑萃編》卷二二《諧謔》 廣陵冒巢民家青童紫雲，儇巧善歌，與陽羨陳其年狎。其年爲畫《雲郎小照》，徧索題句。新城王阮亭曰：黄金屈膝玉交盃，坐爇銀荷葉上灰。法曲自從天上得，人間那識紫雲迴。武進陳椒峯曰：憶脱春衫花底眠，新聲愛殺李延年。只今展卷人猶在，何處相看不可憐。長洲尤悔庵曰：西園公子綺筵開，璧月瓊枝夜夜來。小部音聲誰第一，玉簫先奏紫雲迴。於是和者幾數十人。一日，雲郎合巹。其年賦《賀新郎》贈之云：小酌酴醾釀，喜今朝、釵光簟影，鐙前滉漾。隔著屏風喧笑語，報道雀翹初上。又悄把、檀奴偷相。撲朔雌雄渾不辨，但臨風私取春弓量。送爾去，揭鴛帳。六年孤館相依傍。最難忘、紅蕤枕畔，淚花輕颺。了爾一生花燭事，宛轉婦隨夫唱。努力做、藁砧模樣。只我羅衾渾似鐵，擁桃笙、難得紗窗亮。休爲我，再惆悵。人傳努力做藁砧模樣句，無不絶倒。

藝文

清・王士禛《王漁洋詩集・同諸子夜坐巢民先生宅觀劇各得四絶句》 其一：欲翻新句咏迴波，搦管沉吟喚柰何。淡月輕烟猶易寫，最難摹擬是清歌。

其二：南華天問真奇絶，接武除非肉與絲。却笑康王矜老手，强將北曲傲吴兒。康對山海、王美陂九思俱以北曲置名。

其三：少日魂銷湯義仍，而今老去意如冰。聽歌忽憶當年事，月照中門第幾層。

其四：人當臨別歌偏妙，曲爲言愁韻轉和。正是客心凄斷處，漫天絲雨不須多。

王毓蓍家樂

紀事

清・葉夢珠《閲世編》卷一〇《紀聞》 王毓蓍，字雲祉，浙江紹興府諸生也。大兵至浙省，潞王出降。毓蓍曰：紹必不守，吾師劉先生當死義。謂念台總憲也。念台諱宗周，以名臣講學於鄉里，毓蓍師之，至是上書引大義勸劉盡節。書就，毓蓍先赴水死，念台得書遂引決。祁中丞彪佳聞而從之。此皆順治乙酉潞王立國前事也。毓蓍貌寢口吃，善屬文，會稽友人述其性好客，客至設食，出家僮梁小碧，歌以侑酒，其雅致如此。

馮可賓家樂

雜録

清・王士禎《池北偶談》卷六《談獻》 益都馮起震，字青方，老儒也。工畫竹，有名啓禎間，時號馮竹子。有子二人，長可賓，成進士，官給事中，好聲伎，侍妾數十人。

馬士英家樂

紀事

清・計六奇《明季南略》卷四《黄澍辯疏》 七月二十二日丁未，黄澍辯馬士英見誣疏云：麻城劣生周文江爲獻賊兵部尚書，引獻賊破省。有錦衣遺戍劉僑，託文江進美妾、玉杯、古玩、數萬金於獻，即用僑爲錦衣大堂。比左良玉恢復蘄黄，僑削髮私遁，尋送赤金三千兩、女樂十二人於士英。今年四月，士英委黄鼎署印麻城，麻城、洶洶幾亂，鄉紳請臣彈壓，僑獻銀三千兩助軍。臣批云：正苦無糧，真可愧挾資以媚賊者。仰即收貯。臣言隱而諷矣。

沈自友家班

紀事

清・朱鶴齡《愚庵小集》附録《傳家質言第四册》　沈太學君張畜女優甚麗。

查繼佐家班

紀事

清・金埴《不下帶編》卷六　康熙初間，海寧查孝廉伊璜繼佐，家伶獨勝，雖吴下弗逮也。嬌童十輩，容並如姝，咸以些名，有十些班之目。小生曰風些，小旦曰月些，二樂色俗誤稱脚色，以樂與脚音相似也。尤蘊妙絶倫，伊璜酷憐愛之。數以花舲載往大江南北諸勝區，與貴達名流，歌宴賦詩以爲娱，諸家文集多紀咏其事。至今南北勾欄部必有風月生、風月旦者，其名自查氏始也。伊璜下世已久，十些無一存者。

清・鈕琇《觚剩》卷七《粤觚・雪觚》　浙江海寧縣查孝廉，字伊璜，才華豐豔，而風情瀟灑，常謂滿眼悠悠，不堪酬對，海内奇傑，非從塵埃中物色未可得也。【略】未幾私史禍發，凡有事於是書者，論置極典，吴力爲孝廉奏辯得免。孝廉嗣後益放情詩酒，盡出其橐中装，買美鬟十二，教之歌舞，每於長宵開讌，垂簾張燈，珠聲花貌，豔徹簾外，觀者醉心。孝廉夫人亦妙解音律，親爲家伎拍板，正其曲誤，以此查氏女樂遂爲浙中名部。昔孝廉之在幕府也，園林極勝，中有英石峯一座，高可二丈許，嵌空玲瓏，若出鬼製，孝廉極所心賞，題曰縐雲。閱旬往視，忽失此石，則已命載巨艦送至孝廉家矣。涉江踰嶺，費亦千緡。今孝廉既没，青蛾老去，林荒池涸，而英石峯巋然尚存。

藝文

清・孫枝蔚《溉堂前集》卷四《五言律詩・秋日過查伊璜齋中留飲兼觀女劇》　堂前來往熟，林鳥總依依。菊屋桃花面，青山白苧衣。周郎原善顧，惠子不思歸。日日金樽裏，全忘客計非。

清・孫枝蔚《溉堂詩餘》卷一《小令・瑞鷓鴣查伊璜宅觀女劇》　終朝兒女伴英雄，元末廉夫事偶同。火鳳身邊青海駿，牡丹花裏白頭翁。　臨歌誰怕周郎顧，欲卧除非杜甫聾。門口雖知明月好，客心惟愛燭花紅。

朱必掄家樂

紀事

清・歸莊《歸莊集》卷三《朱珩璧六十壽序》　洞庭朱君珩璧。【略】以時方多難，遂遁跡山中。於是擁東山之姬侍，羅後堂之絲竹，曼睩盛鬋，沓進於前，激楚、陽阿，不絶於耳。

清・陳維崧《婦人集》　臨淮老妓某，戚畹府中浄持也，後爲東平侯女教師。甲申京都失守，侯欲偵兩宫音息，而賊騎充斥，麾下將無一人肯行。妓奮然曰：身給事戚畹邸中久，宜往。遂易靺鞈持匕首，間關數千里，穿賊壘而還。戚畹蓋田貴妃長兄劉澤清也。

祁止祥家班

紀　事

明·周亮工《讀畫録》卷一《祁止祥》　祁止祥豸佳，山陰人，行五，世培中丞之從兄，予同門文載之胞兄也。丁卯舉於鄉，數入春明不得志，常自爲新劇，按紅牙，教諸童子。或自度曲，或令客度曲，自倚洞簫和之，借以抒其憤鬱。

明·張岱《陶庵夢憶》卷四《祁止祥癖》　余友祁止祥有書畫癖，有蹴踘癖，有鼓鈸癖，有鬼戲癖，有梨園癖。【略】止祥精音律，咬釘嚼鐵，一字百磨，口口親授，阿寶輩皆能曲通主意。【略】止祥去妻子如脱躧耳，獨以孌童崽子爲性命，其癖如此。

戴初士家樂

紀　事

清·黄宗羲《明文海》卷二五五《戴初士文序》　初士任俠，工文詞。其所交皆名卿暨大父，行好遨遊，從歌姬健兒三十人，轍跡遍天下。【略】聲樂充下陳，粉黛極趙衛。

戲班部·清代戲班分部

李明睿家班

紀　事

清・趙翼《**簷曝雜記**》**卷二**《**李太虛戲本**》　李太虛，南昌人，吴梅村座師也。明崇禎中爲列卿。國變不死，降李自成。本朝定鼎後，乃脱歸。有舉人徐巨源者，其年家子也，嘗非笑之。一日視太虛疾，太虛自言病將不起。巨源曰：公壽正長，必不死。詰之，則曰：甲申、乙酉不死，則更無死期。以是知公之壽未艾也。太虛怒，然無如何。巨源又撰一劇，演太虛及龔芝麓降賊，後聞本朝兵入，急逃而南，至杭州，爲追兵所躡，匿於岳墳鐵鑄秦檜夫人跨下。值夫人方月事，追兵過而出，兩人頭皆血污。此劇已演於民間，稍稍聞於太虛。適芝麓以上林苑監謫宦廣東，過南昌，亦聞此事。乃與太虛密召歌伶，夜半演而觀之。至兩人出跨下時，血淋漓滿頭面，不覺相顧大哭，謂：名節掃地至此，夫復何言。然爲孺子辱至此，必殺以洩忿。乃使人俟巨源於逆旅，刺殺之。此事得之於蔣心餘編修。

清・周驤《**東山外紀**》**卷三**　李太虛先生，林居畜聲妓甚盛。而所爲沖末者，姿技獨絶。邀先生勝會維揚。先生柔些年十五，登場與共聲容，不可以上下，觀者數萬。杜於皇爲作《柔些歌》，流傳吴下。又澄些者，能歌《牡丹亭》，澄麗幽遥，諸作家不敢望。

藝　文

清・孫枝蔚《**溉堂續集**》**卷三**《**重訪李太虛宗伯於南昌留飲閬園，時宗伯年八十有五矣**》　解唱綠頭鴨，曾看紅頰兒。今來尋白傅，不忍問楊枝。何物娱春晝。忘情對古池。仍然愛留客，亦未罷吟詩。吴野人曰四韻中多少轉折。

又卷九《**太虛宗伯園中觀女樂**》　已看風景美林泉，更有佳人伴謫仙。妙舞清歌世間少，不因詩句那能傳。

又　曾聞水調每關愁，豈意神仙愛客留。不是行觴仍玉女，何緣得見古揚州。《神仙留客》、《玉女行觴》皆煬帝曲名。

李化熙家班

紀　事

清・袁枚《**隨園詩話**》**卷一**　李尚書雍熙學道，散遣歌姬。王西樵責以詩云：聽歌曾入忘憂界，不應忽縛枯禪戒。未是香山與病緣，何妨樊子同春在。安石攜妓自不凡，處仲開閤終無賴。誰爲公盡此策者，狂奴恨不鞭其背。阮亭亦云：萬種心情消未盡，忍辭駱馬遣楊枝。余惜秦少游未聞此言。

汪汝謙家班

藝　文

清・王元弼《**學餘堂詩集**》**卷三四**《**題汪然明先輩湖船船名不繫園**》　汪倫情興似君無，每日花間倒玉壺。座囀春鶯留上客，家移畫舫住西湖。琴箏醉拂芙蕖亂，簾閣時容水鳥俱。肯借圖書同泛宅，便應散髮飯雕菰。

清・董偉業《**揚州竹枝詞**》　求條籤去修雙脚，嗅袋烟來剃個頭。等戲開臺先排欖，看汪班内老名優。

劉師峻家班

藝文

清・王元弼《學餘堂詩集》卷三七《送劉峻度同年之官曲陽》 孤城見説恒山下，幾處人家近翠微。候館少逢驛使到，縣齋時有嶽雲飛。素琴在滕官應暇，名士分符客盡歸。舊日園林鐃樂事，霓裳一曲肯相違。君有家伎，自言作吏當廢歌舞。

劉旋九家班

藝文

清・方文《嵞山集》卷六《劉旋九招集韋園觀家伎》 金戈鐵甲渡江來，紅粉青娥化作灰。香閣尚餘天上樂，華樽仍向月中開。湘妃垂手穿脩竹，嬴女吹簫弄落梅。有客迷離疑是夢，不知曾賦《子山哀》。

噶禮家班

紀事

清・梁章鉅《歸田瑣記》卷五《噶禮》 舊聞吾閩趙二令太史晉典試江南，以關節破案，實與總督噶禮朋比爲奸。令家伶赴平陽、汾州、潞安三府，勒取富民饋送銀兩。

秦德藻、秦松齡家班

紀事

清・黄印《錫金識小録》卷一〇《前鑒・聲色》 國初，秦封君以新所蓄歌兒六七輩，得蘇人徐君見之傳，亦極一時之妙。

清・張潮《虞初新志》卷四《寄暢園聞歌記》 太史留仙，則挾歌者六七人，乘畫舫，抱樂器，凌波而至，會於寄暢之園。於時天際秋冬，木葉微脱，循長廊而觀止水，倚峭壁以聽響泉。而六七人者，衣青紵衣，躡五絲履，恂恂如書生，綽約若處子。列坐文石，或彈或吹，須臾歌喉乍轉，纍纍如貫珠，行雲不流，萬籟俱寂。余乃狂叫曰：徐生徐生，豈欺我哉。六七人者，各道姓名，斂袖低眉，傾其座客。至於笙笛三絃，十翻簫鼓，則授之李生。李生亦吴人，是夕分韻賦詩，三更乃罷酒，次日復宴集憲使家。六七人又偕來各奏技，余作歌貽之。俾知徐生之言不謬，良輔之道，終盛於梁谿。而留仙父子，風流跌宕，照映九龍二泉間者，與山俱高與水俱清也。是爲記。

藝 文

清・納蘭性德《通志堂集》卷二〇下《秦松齡》　卧病空山暑未闌，奉君書札勸加餐。含情欲報聞君死，尺素重開雪涕看。

又　争説新恩寵賚頻，八年宿衛一親臣。朋遊聚散尋常事，端爲朝廷惜此人。

又　家世由來近斗魁，螭頭橐筆羨多才。春風馬上詩成早，知是甘泉侍宴回。

又　烏絲闌紙薄如羅，破體書成小令多。南國空傳紅豆曲，畫堂誰賦雪兒歌。

又　奉使龍沙路幾千，歸來身在屬車邊。平隄夜試桃花馬，明日君王幸玉泉。

又　容易秋笳絶塞回，千金不惜爲憐才。可憐季子前年死，墓上今誰掛劍來。

又　去年扈從到吴門，只愛扁舟泊水村。今日哭君何處是，楓橋秋雨又黄昏。

又　渌水亭幽選地偏，稻香荷氣撲尊前。夜闌怕犯金吾禁，幾度同君對榻眠。

又　顧生老友客平原，姜子相知比弟昆。自憐白髮江湖外，不得同渠哭寢門。

又　黄菊還開舊日叢，花間難與故人同。秋燈共下傷心淚，只有桐江一釣翁。

尤侗家班

藝 文

清・余懷《玉琴齋詞・滿江紅・祝尤展成人光遠菴八十》　秌水芙容，楊柳岸，神僊同降。翁醉矣、蒼顔白髮，鹿巾鶴氅。招來九老香山侶，圖成四皓商山像。遂初堂、萊彩伴笙歌，耆英樣。　踈池館、居廉讓；邀賓客，傾家釀。愛紅樓白社，風流來往。八寶莊嚴才子座，千峰環繞先生帳。待他年，百歲製舟車，遊蓬閬。

梁清標家班

紀 事

清・徐釚《詞苑叢談》卷九《梁棠村春風裊娜》　王胥庭司馬，張伎設讌，棠村梁公賦《春風裊娜》云：喜良宵烟月，依舊清平。花市暖，晚風輕。有尚書好客，堂開簾捲，故人歡笑，妝點春城。百寶珠輪，九枝青玉，絳燭高燒列畫屏。琥珀光浮千日酒，赤瑛盤薦五侯鯖。　誰把燕山舊事，移宫换羽，倩優孟，譜入新聲。紅牙串，紫鸞笙。歌喉未歇，客欲沾纓。夢裏功勛，休嗟陳跡，眼前盃酌，且盡平生。種槐庭院，看年年無恙，紅燈緑醑，快聚良朋。時華堂竹肉間發，聽歌者唱至看年年無恙，紅燈緑醑，快聚良朋之句，舉座起舞。

又《梁司徒菩薩蠻》　尤悔庵云：僕嘗客恒山梁司徒，公出家伎佐酒，僕於座上演《清平調》雜劇，即令小鬟歌之。公賦《菩薩蠻》詞云：樽前若箇歌金縷，盈盈十五芳如許，笑靨半含羞，驕憨不解愁。　眉痕青尚淺，秋水雙眸翦，何處耐人思，歌停掩袖時。座客争爲傳唱，極歡而罷。

藝文

清・尤侗《百末詞》卷二《席上戲贈女伶文玉》 珠箔舞蠻靴淺立，氍毹宛轉歌忽换。猩袍紅燭艷瞧科，錦繖將軍小黛蛾。時粧淮陰侯故事。鬟髮尚盤螺一瓣，絲鞭燕尾拖爲待。情人親解取誰何，春草江南細馬馱。晉女未字者鬟後垂瓣，解瓣則破瓜矣。

俞錦泉家班

藝文

清・汪懋麟《百尺梧桐閣遺稿》卷七《河樓觀俞錦泉伎樂，即席懷陳芳二首》 臨河新敞十三樓，樓上明妝翠欲流。公子正開金屈戌，美人齊綰玉瑱鏤。兩行雪面香初滿，一曲花腰柳最柔。久把道書簾下讀，閒情何意遂勾留。

中年頗覺道情真，剩得楊枝伴釣綸。笑傍鉛華身漸老，醉逢羅綺眼重新。每當艷舞纖歌夜，却憶閒吟冷醉人。寄語阿戎開水榭，扁舟約在小梅春。

清・孔尚任《湖海集》卷二《再過海陵俞錦泉中翰，留觀家姬舞燈，即席作》 粉黛燈光亂竹絲，分明身到月宮時。滄江老眼迷離甚，那有閒情且賦詩。

又 節近端陽續五絲，君家却是上元時。天邊一曲霓裳舞，題滿人間無限詩。

又 連夜鄉心似亂絲，那堪又遇聽歌時。揮毫引出多珠玉，却悔當筵早賦詩。

又 海上風煙改鬢絲，忽驚珠翠繞圍時。題成把向諸君看，終是郊寒島瘦詩。孝威云：流香諸女郎曰不然。

侯杲家班

論説

清・黄卬《錫金識小録》卷一〇《前鑒・聲色》 國朝，惟侯比部杲梨園數部，聲歌宴會推一時之盛。然較之前明，不及十之一，而比部諸孫，已多貧乏不能自存者矣。吁可畏哉。

張一鵠家樂

藝文

清・余懷《玉琴齋詞・念奴嬌・張友鴻招諸同人晏集鴻範堂觀劇，女郎鶯初侑酒》 雲間高會，正湘簾，如水宮鶯初囀。銀燭金杯，開綺席，坐上遠山眉淺。功父豪華，茂先博奥，兩事君兼擅。隨身歌舞，驚起畫梁巢燕。　憶我二十年前，青樓紅豆，不數司空慣。倏忽扵今，頭半白，遲日風流重見。獨對芳筵，同傾緑酒，醉覺柔腸轉。英雄老矣，看他餘子何限。

清・王元弼《學餘堂詩集》卷三七《柬張友鴻雲間君有竹深草堂》 壯

心何事老江門，水郭山田自一村。捲幔春風書帙亂，閉堂夜雨竹聲喧。管絃每顧花前曲，賓客時開湖上尊。漂轉餘年懷舊切，扁舟須就辟疆園。

范承謨家樂

論說

清・福格《聽雨叢談》卷八《好聲伎未嘗爲人品之累》 今人每以細事概人平生，一耽聲伎，羣相指爲輕薄，論亦苛矣。古之君子，無故不廢樂。是以孔子大祥御琴，琴即成聲。與人歌而善，必使反之，而後和之。謝太傅東山絲竹，文信國聲伎滿前，皆能樂人之樂，憂人之憂。《羯鼓録》言：宋廣平人雖耿介，亦好色樂。嘗與明皇論鼓云：頭如青山峯，手如白雨點。《夢溪筆談》載：寇萊公好柘枝舞，每宴客必舞柘枝竟日，時人號曰柘枝顛。康對山工琵琶，耽伎樂，没後囊橐蕭然。所遺大小鼓三百餘副，蓋古人宅心於誠。弗假僞飾，不似今之君子。敝衣惡食，面塵齒垢，以爲悃愊無華。較量錙銖，吝情取與，謂之財帛分明。問舍求田，高權子母，謂之能和稼穡。事理之來，不置是非，謂之養德。絲棼偶集，退避不遑，視他人之死生性命於不顧，謂之高潔。嗚呼。天之生材，國之養士，安用此栖栖爲哉。豈以能絶嗜好如處子，便可了當讀書之道。國初范忠貞承謨以廕拜官，又成進士，當耿藩反側之際，日接僚屬，夜理文檄，每漏下輒聚僮僕高彈清吹，甚至鐃歌大樂，殆無虚夕，外出鎮静，内懷堅貞，至今勃勃尤有生氣。豈得因有聲伎之嗜，便可輕議之耶。然要必先有其材，具有其志，始可弦誦伎樂，以宣其意。彼徒事游蕩飲博者，正未容藉口也。

沈荃家樂

藝文

清・魏耕《雪翁詩集》卷一〇《沈翰林荃寓園宴集》 秋夜沉沉賓客滿，闤闠城北故時宫。邀人照眼黄金菊，愛汝清歌白玉童。庭樹霜横催漏箭，天垣星仄唳江鴻。翰林欲下南州榻，文彩應憐桑苧翁。

季振宜家班

紀事

清・鈕琇《觚賸》卷三《事觚・季氏之富》 江南泰興季氏，與山西平陽亢氏俱以富聞於天下。【略】家有女樂三部，悉稱音姿妙選，閣讌賓筵，更番佐酒，珠冠象笏，繡袍錦靴，一妓之飾，千金具焉。及笄而後，散配僮僕與民家子，而嬌憨之態，未能盡除。日至高春，晨睡方起，即索飲人參，龍眼等湯，梳盥甫畢，已向午矣。製食必依精庖爲之，乃始下箸。食後輒按牙歌曲，或吹洞簫一闋，又復理晚粧，尋夜宴。故凡娶季家姬者，絶無聲色之娛，但有伺候之煩，經營之瘁也。

翁叔元家樂

紀事

清·王應奎《柳南隨筆》卷二　吾邑翁大司寇叔元致政歸里，頗極聲伎之樂。嘗於暮春開讌東園，以女樂二八侑酒，座客邵青門爲賦詩云：平泉草木盡泥沙，墮粉飄香感物華。只有天風吹不散，紅氍毹上數枝花。迨司寇歿，青門往拜其墓，復賦詩云：花箋四幅教玲瓏，一曲霓裳拍未終。誰把梨雲吹易散，墓門西畔白楊風。

王永寧家班

紀事

清·劉獻廷《廣陽雜記》卷二　吴三桂之壻王長安，嘗於九日奏女伎於行春橋，連十巨舫以爲歌臺，圍以錦繡。走場執役之人，皆紅顔皓齒高髻纖腰之女。吴中勝事，被此公占盡。乃未變之先，全身而没，可謂福人矣。

藝文

又《玉樓春·前題王長安拙政園宴集》　華堂列炬堆紅雪，碧串玲瓏摇片月。海山初湧見蓬萊，樓閣新開疑太液。　輕綃十尺遮羅襪，洛浦流波驚落葉。素娥幾隊出銀屏，絳樹雙聲横寶瑟。

又　祇應天上聞斯曲，何處人間攢碧玉。燈前裊娜聞腰肢，畫裏分明傳竹肉。　紅絲步障圍金鼓，十二巫峰猶恍惚。歌成白雪妬周郎，喚起紫雲留杜牧。

清·余懷《玉琴齋詞·鷓鴣天·王長安拙政園宴集觀家姬演劇》　秋水芙蓉繞畫廊，朱樓縹緲半斜陽，參差鶴舞堦前樹，宛轉橋通竹外墻。　披翠被，擁紅粧，栁欹花醉惱襄王，笙歌院落人歸去，蹬路猶騎白鳳皇。

又《麗人演牡丹亭驚夢，邯鄲夢舞燈，嬌艷絶代，觀者消魂》　戚里風流擬晉卿，西園重集闔閭城，清歌妙語紅紅麗，細骨微軀燕燕輕。　驚夢杳，舞燈明，踈桐缺月挂三更，温柔鄉裏神仙降，十斛真珠滿地傾。

田舜年家班

紀事

清·孔尚任《桃花扇·本末》　楚地之容，美在萬山中。阻絶人境，即古桃源也。其洞主田舜年，頗嗜詩書。予友顧天石，有劉子驥之願，竟入洞訪之，盤桓數月，甚被崇禮。每宴必命家姬奏《桃花扇》，亦復旖旎可賞。蓋不知何人傳入，或有雞林之賈耶。

金斗班

紀事

清・孔尚任《桃花扇・本末》 己卯除夜，李木菴總憲遣使送歲金，即索《桃花扇》爲圍爐下酒之物。開歲鐙節，已買優扮演矣。其班名金斗，出之李相國湘北先生宅，名噪時流，唱《題畫》一折，尤得神解也。

清・金埴《巾箱説》 總憲李公柟買優扮演，班名金斗，乃合肥相君家名部。

清・吴梅《桃花扇跋》 康熙己卯庚辰之閒，映碧子木菴總憲召金斗班演此劇本，集翰苑臺垣。諸公引東塘上坐，更番進酒爲壽。

清・金埴《不下帶編・巾箱説》卷二 總憲李公木菴柟買優扮演，班名金斗，乃合肥相君家名部。一時翰部臺垣羣公咸集，讓東塘獨居上座，諸伶更番進觴，座客嘖嘖指顧，大有淩雲之氣。四方之購是書者甚衆，刷染無虚日。

李書公家樂

藝文

清・曹寅《楝亭集・楝亭詞抄別集》卷四《題李書公給諫顧曲圖二首》 王昌十五在牆東，繡被金堂夢久空。昨日隔簾風動竹，誰知潛入畫圖中。

衰年沓颯逐人多，伱吽充庭柰耳何。得似雲中李都諫，不聞世事只聞歌。

喬萊家班

藝文

清・納蘭性德《通志堂集》卷二〇《喬萊》 文采風流劇夢思，寂寥吟院冷書池。時無暈碧裁紅手，一曲猶傳樂府詞。

雜録

清・金埴《不下帶編・巾箱説》卷四 寶應喬侍讀石林萊有家伶管六郎，以姿伎稱。己巳春，車駕南巡，召至行在，曾蒙天賜，自此益矜寵。後侍讀下世，六郎蹤跡不可問矣。查夏仲慎行再見於都門筵會，有詩云：一羣濃豔領花曹，頭白尚書興最豪。記得送春筵畔立，酒痕紅到鄭櫻桃。誦之魂銷矣。

胡氏家班

雜録

清・王士禛《古夫於亭雜録》卷四《老棗樹班》 掖縣張大司寇北

海忻夫人，陳大學士文安公端母也。張與胡中丞爲姻家，胡故有優伶一部。一日，兩夫人宴會，張謂胡曰：聞尊府梨園最佳。胡古朴不曉文語，輒應曰：如何稱得梨園。不過老棗樹幾株耳。左右皆匿笑。萊人因號胡氏班爲老棗樹班。

清・金埴《不下帶編・巾箱説》卷四 歷下濼口有鹵賈劉氏，闢棗園爲梨園以教歌，延予連夕賞之棗香中，主人即席索詩，埴應聲曰：樂爲紅梨歌太繁，棗香香裏舞新翻。願祈教主唐天子，今優曹例尊明皇爲梨園教主，稱曰老郎菩薩。詔改梨園號棗園。孫太常莪山勷聞而黠之，有和詩曰：梨棗知音度曲繁，梨香纔舞棗香翻。玉妃一笑傳優詔，新賜梨園合棗園。和者甚多。埴因改其名爲棗園班，亦曰棗香班。今盛行於二東。

金僧人家樂

雜録

清・王士禎《分甘餘話》卷四《金姓僧假子金舉人》 國初有一僧金姓，自京師來青之諸城，自云是旗人金中丞之族，公然與冠蓋交往。諸城九仙山古刹常住腴田數千畝，據而有之，益置膏腴，起甲第，徒衆數百人，或居寺中，或以自隨。居別墅，鮮衣怒馬，歌兒舞女，雖豪家仕族不及也。

卞永譽家班

雜録

清・金埴《不下帶編・巾箱説》卷三 卞侍郎令之永譽第進士，博學嗜古，有書畫考行世。其教家伶也，亦請名士正字，院本悉從正音。

盛應宗家樂

紀事

清・黃宗羲《明文海》卷四一八《盛少和先生》 盛翁諱應宗，字斯，【略】性好聲伎。有所善姬，解琵琶音律。翁晚節弗得是弗驩。曉事者俱不即迎致翁，而預致大舫鼓樂，匿所善姬。要之，翁輒至。一大貴人迎候浹旬始至，已及門，忽失翁所在。蒼頭遑遽，跡之，乃窺其鄰陋屋，傴僂而進，診窶人脈，調劑已，始過大貴人，大貴人恚不敢言。所過人嚴奉之重於卿相。已而忽去，不可留。嘗中秋過大家，伶優兩行，盛供帳待月。翁忽去，跡之，乃挾所善姬拍浮石湖中，奏絲竹徹旦，大樂。人多謂之癡。年七十餘，幸內不衰。瀕終，屬歲除。問訊相踵。翁使悉爲酒，屬善謳者謳歌，枕而聽之，樂。元旦示起色，已而熟寢，至五鼓卒。【略】盛翁知有聲伎而不知有公卿。故能精其術如此。彼其所托寄遠矣。

王抑家樂

藝文

清·王攄《蘆中集》卷六《誦侯弟家歌兒三寶聲技絶佳，自主人之出不知所往，感賦三首》 未及垂髫見藝成，我於尤物最鍾情。三千里外歸來日，何處花間聽囀鶯。

花香月色可憐宵，歌舞朱門去已遥。爲問章臺街畔栁，臨風誰折最長條。

憔悴楊朱泣路岐，鴒原南望不勝悲。紫荆花下歸同醉，腸斷當年舞柘枝。

李盧西家樂

藝文

清·孔尚任《湖海集》卷六《同黄仙裳過李盧西幕府看薔薇，夜聽家樂》 戟門深處景如何，拉友乘閒信步過。正是沾衣春雨貴，依然覆架早花多。帳中銀燭寬裘帶，壁上雕弓蓋網羅。日日太平無一事，將軍只合老笙歌。

劉雨峰家班

紀事

清·孔尚任《桃花扇·本末》 歲丙戌，予驅車恒山，遇舊寅長劉雨峯，爲郡太守。時羣僚高讌，留予居賓座，觀演《桃花扇》。凡兩日，纏綿盡致。僚友知出予手也，争以杯酒爲壽。予意有未愜者，呼其部頭，即席指點焉。

孫蕙家樂

藝文

清·汪懋麟《百尺梧桐閣遺稿》卷二《莫春過樹百寓齋，出姬人顧粲可玉山堂詩卷見示，兼聽小史雲岫彈琴三首》 丁香葉大碧梧新，愧爾鈎簾岸幘人。讀罷玉山堂裏句，支離真負一年春。詩中有支離已是春相負之句，余最賞之。

孫郎解珮得青霞，姬名也。並坐春風一笑譁。怪底閨房多秀氣，顧家今已勝喬家。

紛紛飛鳥倦知還，一曲清琴萬慮閒。休道白雲無意思，出山未久即歸山。

曹寅家班

紀事

清・金埴《不下帶編・巾箱説》 時督造曹公子清寅，亦即迎致於白門。曹公素有詩才，明聲律，乃集江南北名士爲高會。獨讓昉思居上座，置《長生殿》本於其席，又自置一本於席。每優人演出一折，公與昉思讎對其本，以合節奏，凡三晝夜始闋。兩公並極盡其興賞之豪華，以互相引重，且出上幣兼金贐行。

雜録

清・曹寅《楝亭集・楝亭詞抄别集・水調歌頭》 别有一天地，難爲醒者傳。此處民風甲子，彷彿古桃源。陡遇伯倫七輩，又被知章八客，占斷此山川。餘子紛紛者，誰劣與誰賢。追往事，看啼笑，且開筵。都讓盤伶，伎倆絲管弄當年。幾箇鹿蕉生活，幾箇雞蟲得失，混了好林泉。休誇《人物志》，直作《悟真篇》。

顧彩家班

紀事

清・孔尚任《桃花扇・本末》 顧子天石，讀予《桃花扇》引而申之，改爲《南桃花扇》。令生旦當場團國，以快觀者之目。其詞華精警，追步臨川。雖補予之不逮，未免形予傖父，予敢不避席乎。

李漁家班

論説

清・梁紹壬《兩般秋雨盦隨筆》卷四《李袁輕薄》 李笠翁十二種曲，舉世盛傳，余謂其科諢謔浪，純乎市井，風雅之氣，埽地已盡。偶閲董閬白《蓴鄉贅筆》載，笠翁之爲人，性齷齪，善逢迎，常挾小妓三四人，遇貴游子弟，便令隔簾度曲，捧觴行酒，并縱談房術，誘賺重價。蓋其人輕薄，原于天性，發爲文章，無足怪也。

藝文

清・余懷《玉琴齋詞・滿江紅・同邵村省齋集笠鴻浮白軒聽曲二首》 縹緲斜陽，佳麗地，燕飛華屋。何必羡，神仙富貴，瓊臺金谷。移我置身圖畫裏，有人共享園林福。問今朝、消却幾多愁，三千斛。　逍遥館，君能築。清平調，君能續。愛朱顏白髮，婆娑松菊。四海英雄焚筆研，小窗兒女工絲竹。看曲終、江上數峰青，蛾眉緑。

又　自笑狂夫，何處是，埋憂之地。携手過，城南韋杜，偶然遊戲。亭榭舊依江揔宅，笙歌合奏香山伎。恠次公、不是醒而狂，公真醉。　青衫客，偏嫵媚。紅豆曲，傷顦顇。論四時風月，清秋爲最。莫倚善題鸚鵡賦，且教照見鴛鴦字。倩周郎、一顧囀春鶯，屏花碎。

經照家班

雜　録

清・敦誠《四松堂集》卷四《先祖妣瓜爾佳氏太夫人行述》　定菴公雅有謝公之癖。中年哀樂，晚歲陶情，家有梨園，日徵歌舞。母獨不喜聲樂，然無奈。公何强爲唱隨而已。公憩即入，不爲稍留，每徵歌時，即戒羣下曰：内言不出於閫，禮也，况咫尺間皆優伶耶。重下青絲帳，雖侍妾數十，寂若無人。其嚴肅類是洎。

金潢家樂

紀　事

清・袁枚《隨園詩話・補遺》卷七　金賢村太守潢性倜儻，通音律。有四姬人，俱善歌，常偕至隨園度曲吹簫。太守親爲按板，殆古所云：風流人豪者耶。籍係宛平，臨入都時，年逾六十，留别云：何因執手涕淒然，只爲分攜各暮年。嘆我已辭歡喜地，多君還上孝廉船。關山滿目新行李，兒女隨身舊管絃。此後隨園花滿日，夢魂還到小倉巔。

劉春池家班

藝　文

清・袁枚《小倉山房詩集》卷一四《讀蘖下吟感贈半野園主人》　主人劉姓，字春池，爲織造計吏。火焚其局，凡家畜梨園樂器及所居園亭，盡償入官。

讀君詩罷我神傷，黄蘖春生味獨嘗。有此高才甘小隱，無多老淚落清商。尚衣局盡三更火，協律郎餘兩鬢霜。舞扇歌裙如解恨，也隨東海嘆滄桑。

名園前歲看花時，爲訪姑蘇兩書師。照水那知風浪起，賣山翻羨子孫遲。黄金放手來難再，白雪彈琴聽者誰。惆悵英雄回首晚，枕烟亭上負心期。

程易家班

藝　文

清・趙翼《甌北集》三〇《程吾廬司馬招飲觀劇賦謝》　淮水秋風暫泊船，敢勞置酒杜名箋。翻因誤入桃源洞，又荷相招菊部筵。去歲因訪晴嵐誤造君宅，遂成相識。玉樹一行新按隊，歌伶皆童年。霓裳三疊小游仙。殷勤最是留髡意，别後猶應夢寐懸。

畢沅家班

紀　事

清・袁枚《批本隨園詩話》卷一四　秋帆隨云：我新排《長生殿》戲，中秋節接爾來聽。

清・袁枚《批本隨園詩話・批語》　畢秋帆高身長面類，山東人，最愛演劇。暑中僕從官親，即戲班脚色，而小旦尤多，皆其姬妾之戚也。秋帆爲人却渾厚，善於應酬，風流則有之，功勳則不敢許也。其先世以棉花賣買起家，出於相國敏中門下，後又寄和相國珅門下，遂至督撫。和珅敗後，抄家奪謚，一敗塗地。後人亦無繼起，子才稱其詩比梅村，奉承太過，秋帆亦必不敢當。

清・錢泳《履園叢話》卷六《秋帆尚書》　鎮洋畢秋帆先生，負海内重望，文章政績，自具國史。【略】家蓄梨園一部，公餘之暇，便令演唱。余少負戇直，一日同坐觀劇，謂先生曰：公得毋奢乎。先生笑曰：吾嘗題文文山遺像，有云：自有文章留正氣，何曾聲妓累忠忱。所謂大德不踰閑，小德出入可也。余始服其言。

王文治家班

紀　事

清・袁枚《批語》　乾隆辛亥，余省親福建，見夢樓於京口，留飯聽戲三日而别。其演戲用家樂約三十人，外有女子四人，所演《西樓記》、《長生殿》俱精。而夢樓僧帽儒衣朱履，興復不淺。

藝　文

清・趙翼《甌北集》卷二五《西湖雜詩》　手翻樂府教梨園，可是填詞辛稼軒。唱到曲中腸斷句，眼光偷看客銷魂。夢樓在杭製新曲教梨園。

又卷三五《京口訪夢樓，聽其雛姬度曲》　廿載清齋禮佛香，翻將禪悦寄紅粧。花鬘十六天魔舞，另是僧家一道場。

又　手剔銀釭畫燭明，愛留客坐聽新聲。人間何限霓裳曲，出自家姬覺有情。

又　餤叚新翻指點勞，要令姿致極妖嬈。自家忘却便便腹，只管教他學柳腰。

又　恐將寒儉惹人嫌，特與新裁綺縠纖。蓮步出堂嬌顧影，傲他窣地夏侯簾。

又　笑我家貧赤脚多，空思百琲買媌娥。鄭康成婢香山媪，只解吟詩不解歌。

又　城鑰催人曲未終，令嚴帥府鼓鼕鼕。出城笑這將軍俗，不及羊羔老党公。城鑰係滿帥所掌定更後即難出城。

又卷四〇《四月廿二日鎮江看都天會，因雨阻改期，夢樓招飲，出家伎

奏樂，即席二首》 神會遥傳麗羽旄，我來偏值雨蕭騷。不逢蜃市千層幻，翻聽霓裳一曲高。軟脚敢煩開近局，遨頭不枉泛輕舠。看他十六天魔舞，已賽靈風颭鷺翿。

曾探若木泛東溟，君少年曾隨册使封琉球。五馬歸來謝紱簪。閒以聰明修净業，老憑歌舞耗雄心。君奉佛已廿餘年，而酷好音樂。一堂璈管游仙曲，四海苞苴賣字金。君書法名海内。臨汝亡來誰作逹，謂□子□。讓君游戲閬風岑。

又卷四三 支笻來問病維摩，早散梨園罷教歌。夢樓已散，去歌伶莫怪臨分頻執手，京華舊友已無多。

恒豫家班

紀　事

清・李斗《揚州畫舫録》卷五 紵山，名畚金，字名求。長洲人。**【略】**復毁容入揚州恒知府班爲場面。

劉種之家班

藝　文

清・趙翼《甌北集》卷四二《劉檀橋編修六十壽》 曾見荷衣拜，今開六十筵。前身王子晉，當代杜樊川。綺歲游金闕，高才步木天。家依鼇禁迥，尊公少司空授經上書房籍有鳳洲聯。令兄□夫官□曹。荀令香傾座，相如草奏箋。持衡雙繡纛，趨直八花甎。平子歸田早，羲之誓墓堅。鶯花尋故里，絲竹寫中年。廣拓毬場地，甯論馬埒錢。曲房通宛委，列屋貯嬋娟。樛木能無妬，夭桃各逞妍。醍醐供乳飲，脊衂抵膠煎。濟勝身方壯，追歡髮未宣。稱觴誰不羡。富貴又神仙。

又 官職聲名兩竝全，少登館閣老歸田。風情鍾乳三千兩，聲伎銀箏十五絃。投轄陳遵無晝夜，吹笙子晉本神仙。行年六十稱觴樂，已勝他人百廿年。

周奎家班

紀　事

清・鈕琇《觚賸》卷四《燕觚・圓圓》 有名妓陳圓圓者，容辭閑雅，額秀頤豐，有林下風致。年十八，隸籍梨園。每一登場，花明雪豔，獨出冠時，觀者魂斷。維時田妃擅寵，兩宫不協，烽火羽書，相望於道，宸居爲之憔悴。外戚周嘉定伯以營葬歸蘇，將求色藝兼絶之女，由母后進之，以紓宵旰憂；且分西宫之寵。因出重貲購圓圓，載之以北，納於椒庭。一日侍后側，上見之，問所從來。后對：左右供御鮮同里順意者，兹女吴人，且嫻崑伎，令侍櫛盥耳。上制於田妃，復念國事，不甚顧，遂命遣還。故圓圓仍入周邸。延陵方爲上倚重，奉詔出鎮山海，祖道者綿亘青門以外。嘉定伯首置綺筵，餞之甲第，出女樂佐觴。圓圓亦在擁紈之列，輕鬟纖屐，綽約凌雲，每至遲聲，則歌珠纍纍，與蘭馨併發。延陵停巵流盻，深屬意焉。詰朝使人道情於周，有紫雲見惠之請。周將拒之，其暱者説周曰：方今四方多事，寄命干城，嚴關鎖鑰，尤稱重任。天子尚隆推轂之儀，將軍獨耑受脤之柄。他日功成奏凱，則二八之賜，降自上方，猶非所恡。君侯以田、竇之親，坐膺紱冕，北地芳脂，南都媚黛，皆得致之下陳，何惜一女子以結其歡耶。周然其説，乃許諾。延陵陛辭，上賜三千金，分千金爲聘。限迫即行，未及娶也。

嘉定伯盛具奩媵，擇吉送其父襄家。【略】今上之癸丑歲，延陵造逆，丁巳病殁。戊午滇南平，籍其家，舞衫歌扇，穉蕙嬌鶯，聯艫接軫，俱入禁掖。

鄭源璹家班

紀事

清・姚元之《竹葉亭雜記》卷二　且聞鄭源璹在署，家屬四百餘人外，養戲班兩班，争奇鬬巧，晝夜不息。

謝溶生家班

藝文

清・趙翼《甌北集》卷二九《公讌湘舲於未堂司寇第，自司寇以下，西巖松坪涵齋、既堂杜村及余皆詞館也，江鄉此會頗不易得，司寇出歌姬，侑酒以張之，屬余賦詩記勝》　緑酒紅燈紺袖花，江城此會最高華，科名一代尊沂國，絲竹千年屬謝家。拇陣頻催拳似雨，頭銜恰稱臉如霞。女郎顧四娘乞名於湘舲，湘舲贈以霞娛二字。無雙才子無雙女，併作人間盛事誇。

歷歷題名數輩行，長筵今作聚星堂。盍簪林下皆同館，射策天邊獨擅場。人老半成都散漢，客豪也醉踏摇娘。因君重感蓬壺夢，風引神山正渺茫。

又《冬至前三日未堂司寇招，同鶴亭方伯、春農中翰奉陪金圃少宰夜讌即事二首》　銀箭聲長欵絳騶，一堂雅集最風流。東山故事修絲竹，南國文章燭斗牛。少宰試揚甫畢律管將回鄒衍暖，履綦如御李膺游。主賓都是烏衣後，也算相輝花萼樓。　沉沉絃索到三更，燈倍鮮妍月倍明。敢嘆髩絲逢短至，久拚肉陣設長平。歌者郝金宫色藝傾一時有坑人之目故云美人變局非紅粉，樂府新腔有素箏。是日演梆子腔惹得老顛風景裂，歸來惱煞一寒檠。

又卷三七《謝未堂司寇八十壽詩》　卿月歸來宿望懸，弧南星正朗中天。科名朝右稀同輩，花月江南有散仙。映座容顔猶少日，公面有少容。陶情絲竹自中年。稱觥盛事誰能及。雙戟高門八秩筵。

海府班

傳記

清・李斗《揚州畫舫録》卷二　王式序，蘇州人。【略】初爲海府班串客。

紀事

清・李斗《揚州畫舫録》卷五《新城北録下》　汪穎士本海府班串客，後爲教師。【略】洪班半徐班舊人，老生張德容之後爲陳應如，應如本織造府書吏，爲海府班串客。【略】老旦費坤元，本蘇州織造班海府串客。

清・戴璐《藤陰雜記》卷五　串客本於蘇州海府串班。如費坤元，陳應如出其中。

京腔六大名班

論說

清・楊靜亭《都門紀略》卷四《都門雜記》 延及乾隆年，六大名班，九門輪轉，稱極盛焉。其各班各種脚色亦復會萃一時，故誠一齋繪《十三絶》圖像懸於門額。註見前《翰墨門》。

紀事

清・吴長元《燕蘭小譜》卷三 魏三。**【略】** 昔在雙慶部，以《滾樓》一齣奔走，豪兒士大夫亦爲心醉。其他雜劇子冑無非科諢、誨淫之狀，使京腔舊本置之高閣。一時歌樓，觀者如堵。而六大班幾無人過問，或至散去。

又 既而以《滾樓》一劇名動京城，觀者日至千餘，六大班頓爲之減色。

老徐班

紀事

清・李斗《揚州畫舫録》卷五《新城北録下》 洪班半徐班舊人。**【略】** 徐班散後，脚色歸蘇州。**【略】** 納山胡翁。嘗入城訂老徐班下鄉演關神戲。

又 始於商人徐尚志徵蘇州名優爲老徐班。**【略】** 徐班副末余維琛。**【略】** 老生山崑璧。**【略】** 小生陳雲九。**【略】** 老外王丹山。**【略】** 大面周德敷。**【略】** 二面錢雲從。**【略】** 老旦余美觀，兼工三弦，本京腔班中人，後歸江南入徐班。

又 後場一曰場面，以鼓為首。**【略】** 大鼓箭二，小鼓箭一，在椅墊下。此技徐班朱念一為最，聲如撒米，如白雨點，如裂帛破竹。一日登場時鼓箭為人竊去，將以困之也。念一曰：何不竊我手去。後入洪班。

又 於鼓板空處下點子謂之讓，惟能讓鼓板，乃可以蓋鼓板，即俗之所謂清點子也。此技徐班唐九州為最。九州本蘇州祝獻出身，無曲不熟，時人呼為曲海。

又 笛子之職，兼司小鈸，此技有二絶，一曰熟，一曰軟：熟則諸家唱法，無一不合；軟則細緻縝密，無處不入。此技徐班許松如為最。松如口無一齒，以銀代之。吹時鑲於斷齶上，工尺寸黍不爽。

又 自老徐班全本《琵琶記》《請郎花燭》則用紅全堂，《風木餘恨》則用白全堂，備極其盛。

老黃班

紀事

清・李斗《揚州畫舫録》卷五《新城北録下》 而黃元德、張大安、汪啓源、程謙德各有班。**【略】** 徐班以外，則有黃、張、汪、程諸内班。黃班三面顧天一，以武大郎擅場。

老張班

紀事

清·李斗《揚州畫舫録》卷五　先是文元去後，洪班遂無老生，不得已，以張班人代之。

又　而黃元德、張大安、汪啓源、程謙德各有班。【略】徐班以外，則有黃、張、汪、程諸内班。【略】張班老外張國相，工於小戲。【略】端怡入張班。【略】張班陸松山亦左手擊鼓。【略】他如大張班《長生殿》，用黃全堂。【略】小張班十二月花神衣。

老程班

紀事

清·李斗《揚州畫舫録》卷五　而黃元德、張大安、汪啓源、程謙德各有班。【略】程班三面周君美。【略】小旦楊二觀。【略】後由程班入江班。【略】後南觀入程班。【略】小程班《三國志》。

大洪班

紀事

清·李斗《揚州畫舫録》卷五　洪充實爲大洪班。【略】維尚游京師時，人謂之狀元小生，後入洪班。【略】九皋戲情熟於丹山，而聲音氣局，十不及半，後入洪班。【略】同時錢配林，技藝雖工，過於端整，爲雲從所掩。後入洪班，方顯其技。三面以陳嘉言爲最，一出鬼門，令人大笑，後與配林同入洪班。【略】瑞珍經紀其喪，始得歸里，後入洪班。【略】張明祖爲小生，與沈明遠齊名，後從其父爲洪班教師。【略】洪班半徐班舊人。【略】文元小名巧福，【略】至洪班則聲名鵲起。【略】文元逸去，入洪班三年乃歸。【略】洪江班，亦洪班舊人，名曰德音班。【略】其徒奚松年，爲洪班大面。【略】洪班副末二人，俞宏源及其子增德。老生二人，劉亮彩、王明山。老外二人，周維柏、楊仲文。小生三人，沈明遠、陳漢昭、施調梅。大面二人，王炳文、奚松年。二面二人，陸正華、王國祥。三面二人，滕蒼洲、周宏儒。老旦二人，施永康、管洪聲。正旦二人，徐耀文及其徒王順泉。小旦則金德輝、朱治東、周仲蓮及許殿章、陳蘭芳、孫起鳳、季賦琴、范際元諸人。周維柏善外科，施藥不索謝，敬惜字紙。【略】此技徐班朱念一爲最。【略】後入洪班。【略】洪班有王念芳、戴秋朗，皆以鼓板著名。【略】小洪班燈戲，點三層牌□，二十四燈，戲箱各極其盛。若今之大洪春臺兩班，則聚衆美而大備矣。

又　徐班散後，脚色歸蘇州。值某榷使拘之入織造府班，迨洪班起，諸人相繼得免。

宜慶班、萃慶班

綜述

清·李光庭《鄉言解頤》卷三 憶少年之遊覽，聽日下之笙歌。大柵欄戲館似酒樓，高懸望子；好朋友囊錢會茶票，先看招牌。新來脚色，今日全包；除去傳差，明朝準演。於是徐步者雁行，捷足者蜂擁。先至後至，賓主不分；上場下場，地方自定。樓池三面，指望著青山白雨，待拍紅牙；鑼棒一聲，出來了金帶紫袍，未携翠袖。黄鐘爲萬事本，律吕中那有二黄；白雪作太平謡，粉黛裝何如三白。時則有若宜慶、萃慶，崑、弋間以亂彈。言府言官，京班半隸王府，謂之官腔，又曰高腔。節奏異乎淫曼。無奈曲高和寡，六十年漸少知音。人往風微，尋常輩難爲嗣響。若擅王者，庶幾續霍六之香火，一旦冷似爐灰；關安子，可以繼蕭四之開齋，此際空餘肉粥。大頭冠唱《油壺盧》，兩桶酒容易吸乾；銘德子當《貨郎兒》，八條繩幾乎喝斷。嘟嚕胡、餡兒餅，人以聲傳；秃大漢、胖三妞，技因形肖。長城下哭來寶帶，王七與毛四擅長；破窑中書内黄金，邢二與蒼兒繼美。一息猶存不少懈，可憐郝五、陳三；兩人努力可相當，的是邵三、趙五。柴官兒、長套兒，氣魄沈雄；三丁兒、馬七兒，喉嚨響亮。聞當年李桂官、韋三旦，品題聲價，曾空冀北之羣；迄今日老聯喜、常二格，冷澹風情，猶是溧陽之馬。黎面目難邀顧盼，老排場不合時宜。幾人尚在，一部僅存。慨息京班，追思里曲。則有市廟酬神，秋田報賽。戲一班寫來四日，足用燒鹽；夜八齣約以二更，消磨油燭。村裏迓鼓，無甚行頭；台上吹簫，亦有唱手。鐵勒奴聲如雷發，争認金牛；顔佩韋氣可騰雲，羣誇野馬。守門殺監，宋老維肝膽俱傾；醉隸判奸，孫丑子音容逼肖。老生則奎來、全友，副净則史侉、京張。王成子之《劉二官扣當》，稍遜熊兒；尹多兒之《鄉裏婆探親》，不輸魚子。煙雲過眼，高下在心。若夫西梆一響，班號披缸；朔雪剛飄，俗名搭洞。逢場作戲者曰頑票，勸他醫士斬香；隨手不濟者曰挂雲，遂至海神吹笛。真堪噴飯，不但解頤矣。或曰惜哉，胡以有用之思，置之於無用之地，子足且疾，抵多少學步邯鄲；我曰異哉，不爲無益之事，何以悦有涯之生，吾舌尚存，數幾箇登場傀儡。

松壽部

傳記

清·鐵橋山人《消寒新詠》 李增官，松壽部，貼旦，比茉莉、百舌。《殺惜》、《盗令》、《蝴蝶夢》。

德音班

紀事

清·李斗《揚州畫舫録》卷五《新城北録下》 江廣達爲德音班。【略】自是德音爲内江班。【略】挽大有之友代謝罪，大有恨其背己而知其貧也，乃求於榷使罷之，遂歸德音班。【略】德輝後入德音班。【略】大面范松年爲周德敷之徒。【略】中年入德音班，演鐵勒奴蓋於一部。

雙慶班

雜録

清・楊静亭《都門紀略》卷四《都門雜記》 雙慶班：文明茶園。賈洪林。《法門寺》趙廉、《上天台》漢光武、《烏玉帶》郭得富、《卞梁圖》劉王。寶芬。《十王府》李文忠、《五雷陣》孫臏、《鉄冠圖》崇禎帝、《鳳鳴関》趙雲。王瑶卿。《汾河灣》柳迎春、《慶頂珠》漁家女。十三旦。《卞梁圖》劉娘娘、《黄鶴樓》周公瑾、《紅梅閣》蕙娘。陳鴻禧。《翠屏山》潘巧雲、《戲鳳》李鳳姐、《打櫻桃》平兒。李玉貴。《遺翠花》翠香、《闖山》董金蓮、《殺狗》蕭氏。吴崑甫。《雙鎖山》高俊保、《跪樓》羅章、《春秋配》李春花。貴俊卿。《黄金台》田丹、《草船借箭》魯子敬、《捉放曹》陳宫。劉景然。《四進士》宋士傑、《胭脂虎》金元帥、《七星燈》孔明。吴連奎。《滚釘板》家人、《狀元譜》陳伯愚、《取帥印》秦瓊。孫怡雲。《岳家庄》岳飛夫人、《教子》王春娥、《祭江》孫夫人。朱素雲。《舉鼎觀畫》薛蛟、《射戟》吕布、《鎮潭州》楊再興。陸杏林。《玉玲瓏》韓世忠、《御碑亭》柳生春、《紅鸞喜》莫稽。羅百歲。《十二紅》碧員外、《雙沙河》魏小生、《殺皮》欒子其。王子實。《羣英會》蔣幹、《絨花計》崔八、《雙鈴記》毛先生。陳文啟。《打龍袍》李宸妃、《六殿》劉氏、《辭朝》佘太君。劉鴻陞。《桑園寄子》鄧伯道、《烏龍院》宋江、《法門寺》趙廉。梅處。《天水関》姜維、《斷密澗》李密、《打龍袍》包文正。瑞德寶。《鎮潭州》岳飛、《劍鋒山》邱成、《挑花車》高寵。李連仲。《九龍盃》黄三太、《殷家堡》殷紅、《四杰村》鮑賜安。李金茂。《溪皇庄》華德雷、《連環套》竇二墩、《普球山》蔡慶。俞振庭。《落馬湖》黄天垻、《四杰村》余千、《趙家樓》華雲龍。張占福。《垻王庄》朱光祖、《溪皇庄》尹亮、《九龍盃》楊祥五。

集秀班

論説

清・吴長元《燕蘭小譜》卷五 集秀，蘇班之最著者。其人皆梨園父老，不事豔冶，而聲律之細，體狀之工，令人神移目往，如與古會，非第一流不能入此。

清・楊懋建《夢華瑣簿》 吴中舊有集秀班。其中皆梨園父老，切究南北曲，字字精審。識者歎其聲容之妙，以爲魏良輔、梁伯龍之傳未墜，不屑與後生子弟争朝華夕秀。而過集秀班之門者，但覺天桃郁李，鬭妍競豔，蒹葭倚玉，惟慚形穢矣。

清・龔自珍《定盦續集》卷四《書金伶》 江南本無此班，此集腋成裘也。駕既行，部不得析，而寵其名曰集成班，後更曰集秀班。

紀事

清・錢泳《履園叢話》卷二四《優伶能解韻語》 近日優伶中亦有能解韻語者，陸畹卿云：吟詩忘月出，弄酒喜更長。潘映蓮云：愁至聞歌解，花開晤別難。顧蓉卿云：日暮揚鞭疲馬倦，更深擊柝素娥來。有沈文振者，曾搭集秀班，能書，仿松雪天冠山詩，尤奇。

清・吴長元《燕蘭小譜》卷五 蕙蘭以不在集秀，則聲名頓減，乃捐金與班中司事者，掛名其間，扮演雜色。噫，爲名爲實，吾不能知，而其志則可嘉矣。

藝文

清・張際亮《金臺殘淚記》卷二　玉笛淒凉更洞簫，集芳散盡保和遥。當時亦似張郎少，明月相思廿四橋。韻香之在集芳，亦如發官之在保和部也。

又　破楚門前顧曲遲，秋三夏五去年思。經師飄泊空都養，煙月江南擫笛悲。去年五月、九月，兩過蘇州。客招顧曲，問集秀部，於春夏之交散矣。

集秀揚部

雜録

清・鐵橋山人《消寒新詠》　王喜齡，集秀揚部，貼旦，金陵人，比芍藥黄鶯。《偷書》、《玉簪記》。《寫真》、《圍棋》、《萬香樓》。《下西洋》、《百花贈劍》、《胭脂》、《著棋》、《長亭》、《西厢》。《喬醋》、《金雀記》。《昭君》。《青塚記》。

又　倪元齡：集秀揚部，小旦，比水仙、翡翠。《背娃娃》、《遇妻》、《罵爐》、《賣解》。《緑牡丹》。

又　李福齡，集秀揚部，貼旦，安慶人，又名金官，比芙蓉、鷓鴣。《少華山》、《拷火》、《檢柴》、《戲叔》、《學堂》、《打餅》、《斷機》、《陣産》、《水鬭》、《斷橋》、《思春》、《撲蝶》、《連相》。

又　李桂齡，集秀揚部，小生，比含花、死央。《戲叔》、《著棋》、《改粧》、《烤火》。

金聲部

雜録

清・鐵橋山人《消寒新詠》　張三寶，金聲部小旦，比瑞香、山鷄。《斷橋》、《藏舟》。

樂善部

雜録

清・鐵橋山人《消寒新詠》　李玉齡，樂善部小旦，比虞美人、秦吉了。《佳期》、《拷紅》、《西厢》。《相罵》、《釵釧記》。《絮閣》、《長生殿》。《思凡》、《孽海記》。《戲叔》、《義俠記》。《盗令》。《翡翠圓》。

又　王琦官，樂善部小小旦，吴人，比酴醾倒挂。《亭會》、《紅梨》。《送女》、《金鎖》。《藏舟》、《漁家樂》。《姑蘇》。《浣紗》。

慶寧部

紀事

清・鐵橋山人《消寒新詠》 范二官，慶寧部，生，吴人，比梅花、白鶴。擅者，《吟詩》、《綵毫記》。《吃茶》、《鳴鳳記》。《打車》、《千忠戮》。《詰圓》、《雙冠誥》。《逼休》、《爛柯山》。《望鄉》、《牧羊記》。《寫本》、《鳴鳳記》。《彈詞》。《長生殿》。

又 徐才官，慶寧部，小旦，吴人，比海棠、鸚鵡。最妙者，《題詞》、《療妬羹》。《折柳》、《紫釵》。《喬醋》、《金雀記》。《問病》、《玉簪記》。《惠明》、《西厢》。《偷書》、《玉簪》。《雪夜》、《金瓶梅》。《戲叔》、《翠屏山》。《反誑》、《翠屏山》。《醉歸》、《花魁》。《獨占》、《花魁》。《走雨》、《踏傘》。《幽閨記》。

又 劉大保，慶寧部，小生，吴人，後入文武集亭，比丁香、秋雁。《見娘》、《書館》、《偷書》、《受吐》、《惠明》、《獨占》、《祭江》。

又 宋長生，慶寧部，正旦，吴人，原作旦，比杜鵑。花鳥同。《逼休》、《陽告》。約罵。

又 陳五福，慶寧部，貼旦，比薔薇，鵓鴿。

四大徽班

紀事

清・楊懋建《夢華瑣簿》 春台、三慶、四喜、和春爲四大徽班。其在茶園演劇，觀者人出錢百九十二，曰座兒錢。

清・小鐵笛道人《日下看花記》卷三 嘗謂能眉語者，小山外數小三。年雖加長，要是徽部中未易才也。

又 元寶，姓顧，年十五歲，吴邑人。春臺部。**【略】** 惟登場無内心，近乎躁然，立徽部中居然獨當一面，能令敷坐稱佳。

三慶班

傳記

清・小鐵笛道人《日下看花記》卷一 慶瑞，姓劉，字朗玉，年二十一歲，順天大興黄村人。三慶部魏長生之徒也。

又 龍官，姓魯，字雲卿，年二十歲，安徽懷寧人。三慶部。

又 百福，姓産，年十七歲，安慶人。三慶部。

又卷二 金官：姓江，字毓秀，年二十歲，安慶人。三慶部。

又 貴笙，姓汪，字仙林，年十九歲，懷寧人。三慶部。

又 福壽，姓朱，年十九歲，揚州人。三慶部。

又 吉祥，**【略】** 姓韓，陝西醴泉人，年十七歲。霓翠部。**【略】** 不久即來都入三慶部。

又卷三 長松，姓顧，字介石，年二十六歲，太倉嘉定人，三慶部。

又 小三：姓蘇，字文廣，年三十三歲，安徽人。三慶部。

又 四官：姓沈，字雲藍，年三十歲，江蘇吴縣人。三慶部。

又 元林：姓王，年十七歲，三慶部。

又 雙慶：姓詹，年十九歲，揚州人。三慶部。

又 鳳官：姓徐，年二十三歲，天津人，舊在三慶部。

又 月官：姓高，字朗亭，年三十歲，安徽人。本寶應籍，現在三慶部。

紀 事

清・楊懋建《夢華瑣簿》 同時又有萃慶部，或曰今之三慶班殆合雙慶、宜慶、萃慶爲一者也。【略】即檀順林之父，本非京城歌樓中人，自南中攜其子北來，納班底錢入三慶部。

又 四徽班各擅勝場。【略】三慶曰軸子。每日撤簾以後，公中人各奏爾能。所演皆新排近事，連日接演，博人叫好，全在乎此。所謂巴人下里，舉國和之。未能免俗，聊復爾爾，樂樂其所自，生亦烏可少。【略】余量不勝三雅，而好從酒人游。長安市上酒家眠，淋漓酣嬉，顛倒習以爲常。汪鈍翁《説鈴》載竹垞，舉鴻博，與高念祖偕入都。日暮泊舟輒失朱所在。及高往求之，已闌入酒肆中，醉卧壚下矣，狂態可想。余所見三慶部最多大户。

又 然吾嘗見三慶部演《四進士》大軸子，其般漁家蜆妹者，乃豔如芍藥，光采動人，約其年，當纔二十許人耳。

清・李斗《揚州畫舫録》卷五《新城北録下》 自四川魏長生以秦腔入京師，色藝蓋於宜慶萃慶集慶之上。於是京腔效之，京秦不分。迨長生還四川，高朗亭入京師，以安慶花部，合京秦兩腔，名其班曰三慶。

四喜班

紀 事

清・楊懋建《長安看花記》 小雲者，故四喜部名輩胡法卿也。【略】春臺部，寓韓家潭傳經堂劉，轉入四喜部。

又 小霞，吳中舊家子。【略】戊戌春率其弟子秀芸入四喜部。或者四喜部殆將復興乎。四喜部，寓韓家潭三和堂，雙壽移居石頭胡同椿年堂，春喜移居浣香堂。

又 眉仙在四喜部。【略】連喜，扈姓，字梅香，四喜部。【略】四喜部胖玉喜亦演《驚變》、《埋玉》，聲大而遠，悲涼激楚，非瑶卿之所能及。【略】玉喜在四喜部。【略】扈聽香在四喜部。

又 四喜部諸人又多轉入春臺、三慶部矣。丙申暮春二十三、四日，小桐於北孝順胡同燕喜堂張筵召客。光裕堂既以三世擅盛名，小桐又以《和氣湯》醉天下人心。於時賓霍豪家、五陵游俠、薦紳貴介、過夏郎君，莫不駿奔麇至，來會者六七百人。妙選春臺、三慶、四喜、和春、嵩祝五部佳伶，合爲一班。道光初年京師有集芳班。【略】其中固大半四喜部中人也。若二簧、梆子，靡靡之音，《燕蘭小譜》所云臺下好聲鴉亂，四喜部無此也。

清・張際亮《金臺殘淚記》卷一 華胥大夫曰：余未入京師，聞梨園有三法司之目，謂法齡、法慶、法保。三法司並在四喜部。桐僊固法慶弟子，法保就昏南還。法齡、法慶因四喜部諸老曲師分爲集芳部，所譜皆崑曲，無西秦、南弋諸陋習。顧聽者落落然。【略】丁春喜，字梅卿。以善歌聞四喜部。其態常如倦睡，語言呢呢，常如少女。初，四喜部諸老曲師既去，爲集芳部欲致梅卿，梅卿弗顧也，四喜部驟衰。始漸變崑曲，習秦、弋諸聲，梅卿弗顧也。四喜部駸盛，則盡變崑曲，習秦、弋諸聲，梅卿弗顧也。

又卷二 嘉慶初，四喜部旦色某郎何姓絶豔。

長春班

雜 録

清・楊靜亭《都門紀略》卷四《都門雜記》 長春班：張毓亭。《失街亭》孔明、《洪洋洞》楊延景、《寄子》鄧伯道。王鳳卿。《定軍山》黄忠、《讓城都》劉璋、《取帥印》奏瓊。姜妙香。《彩樓配》王寶川、《祭江》孫夫人、《落園》

陳杏元。胡素仙。《二進宫》李燕妃、《教子》王春娥、《會審》玉堂春。陸小芬。《奇雙會》、《得意緣》、《借雲》。陸華雲。《八大硾》《馬上緣》《美人計》。楊畤亭。《拾玉鐲》、《榮歸》、《打櫻桃》。張采林。《過新年》、《一疋布》、《紅鸞喜》。郭春山。《借靴》、《大小騙》。高四保。《榮歸》、《拾玉鐲》。陳文啟。《滑油山》、《釣金龜》、《約茶計》、《打龍袍》。李小山。《鍘美案》、《探陰山》、《打龍袍》。徐立堂。《失街亭》、《洪洋洞》、《取帥印》。李春齡。《溪皇庄》褚彪、《惡虎村》李五。黄潤甫。《青風寨》、《取洛陽》、《下河東》。李七。《八蜡廟》、《羅四虎》。周春平。《四杰村》余千。遲春明。《惡虎村》黄天埧。朱桂芳。《泗洲城》、《娘子軍》、《摇錢樹》、《金山寺》。聞春寶。《九龍盃》、《溪皇庄》。張春山。《青石山》、《巧連環》。榮春善。《惡虎村》。趙春錦。《風箏悮》。

春臺班

紀事

清·李斗《揚州畫舫録》卷五《新城北録下》 復徵花部爲春臺班。**【略】**郡城自江鶴亭徵本地亂彈，名春臺，爲外江班，不能自立門户，乃徵聘四方名旦如蘇州楊八官、安慶郝天秀之類。而楊、郝復採長生之秦腔。并京腔中之尤者如滚樓抱孩子賣餑餑送枕頭之類。於是春臺班合京秦二腔矣。熊肥子演大夫小妻打門吃醋，曲盡閨房兒女之態。**【略】**近今春臺聘劉八入班。**【略】**劉歪毛本春臺班二面。

清·楊懋建《夢華瑣簿》 四徽班各擅勝場。**【略】**春臺曰孩子。雲裏帝城如錦繡，萬花谷春日遲遲。萬紫千紅，都非凡豔。而春臺，則諸郎之夭夭，少好咸萃焉。奇花初胎，有心人固當以十萬金鈴護惜之。嵩祝在當日，以韻香一人照映一時。石韞玉而山輝，水含珠而川媚。日午當天塔影圓，幾令人有夔一之足思。今雖少佳品，猶能與四徽班抗顔行，非第一仙人一點靈光所照不及此。

又 京師有春臺十子之稱：金鳳曰書獃子，常桂曰輭棚子，長春曰煤黑子，金齡曰黄帶子，其六人余忘之矣。紉香面目黧黑，有墨牡丹之誚，金齡則高視闊步，縱恣不羈。十子者，或論其性情，或肖其容貌，或品其行事，象形惟肖，如見其人。韻香嘗笑謂：尚有乾雜子一人，何不廁其間。聞者莫不大笑。或集爲偶語云：司獄情人太僕仇人，朱狀元夫人，煤炭捏成莊子婦。紉仙師弟，韻香兄弟，殷采芝徒弟，《銅絲扭就國王頭》、《蝴蝶夢·劈棺》爲煤黑子所演劇。黄帶子演《西遊記》女兒國王，其行步首自動摇，顫顫巍巍如也，故以爲笑。**【略】**余嘗以盛夏，赴廣德樓聽春臺。熱甚。**【略】**秋芙方於場頭演《賣胭支》。

又 嘉慶二十五年，京師春臺班忽無故散去。

清·黄鈞宰《金壺浪墨》卷一《鹽商》 揚州繁華以鹽盛，兩淮額引一千六百九萬有奇，歸商人十數家承辦。**【略】**春臺、德音兩戲班，僅供商人家宴，而歲需三萬金。

雙清班

紀事

清·李斗《揚州畫舫録》卷九《小秦淮録》 顧阿夷，吴門人。徵女子爲崑腔，名雙清班。

五慶班

紀事

清・鐵橋山人《消寒新詠》 胡祥齡，五慶徽部，小生，比梨花、春燕。《九焰山》、《汴梁》、《古井》、《改粧》、《比武》。

又 潘巧齡，五慶徽部，貼旦，比玉簪、鶺鴒。《賣翠》、《舟遇》、《鬧書房》、《射雁》。

明慶新班

藝文

清・楊米人《都門竹枝詞》 同樂軒中樂最長，開來軸子未斜陽。打完八角連環鼓，明慶新班又出場。

吉祥班

雜録

清・楊靜亭《都門紀略》卷四《都門雜記》 吉祥班：小金林。《桑園會》秋胡、《竹影計》趙仁宗、《南天門》曹夫。小寶。《桑園會》羅氏女、《翠屏山》潘巧雲、《鉄弓緣》姑娘。葵香。《捉放曹》陳宮、《清官册》寇準、《硃砂痣》韓天賜。小菊仙。《黄金台》田丹、《戰蒲関》王霸、《奇冤報》綢緞客。小芳。《文昭関》伍員、《空城計》孔明、《戰長沙》関公。寶雲。《宇宙鋒》趙小姐、《硃砂痣》江氏、《彩樓配》王寶川。小鎖。《玉玲瓏》梁紅玉、《打竈》李三春、《上墳》蕭素貞。如香。《絨花計》二小姐、《拾玉鐲》孫玉嬌、《下河南》媒婆。玉華。《上墳》劉鹿京、《梅降雪》花由錦、《法門寺》賈桂。玉安。《二進宫》徐彦昭、《御果園》尉遲公、《擊掌》王丞相。馮筱芳。《鎮潭州》岳飛、《戰太平》華雲、《定軍山》嚴顔。玉墨。《鉄龍山》姜維、《借勝威》関勝、《鳳鳴関》趙雲。小永春。《草橋関》姚期、《打龍袍》包公、《除三害》周楚。小金奎。《天水関》姜維、《捉放曹》曹操、《斷密澗》李密。

李本仁家樂

紀事

清・陳其元《庸閑齋筆記》卷一二《李方伯姬人殉節》 仁和李方伯本仁，開藩皖江時，以千金至吳門聘一姬，美而慧，方伯寵之專房。又於蘇州招一老伶工，教度曲。花晨月夕，檀板金樽，極聲色之娛，僚屬多竊議之。

黃瀠泰家班

紀事

清·歐陽兆熊《水窗春囈》卷下《河廳奢侈》 河廳當日之奢侈，乾隆末年，首廳必蓄梨園，有所謂院班、道班者，嘉慶一朝尤甚，有積貲至百萬者。【略】道光中陶文毅改票法，揚商已窮困。然總商黃瀠泰尚有梨園全部，殆二三百人，其戲箱已值二三十萬，四季裘葛遞易，如《吴主採蓮》、《蔡狀元賞荷》則滿場皆紗縠也。黃之子小園與予交好，予至其家，晨起則小碗十餘，各色點心皆備，粥亦有十餘種，聽客所嗜。予訝其暴殄，其僕則曰：此乃常例耳，若必以客禮相視，非方丈不爲敬矣。

王召家班

紀事

清·（光緒）《無錫金匱縣志》卷四〇《雜識》 召，故仲山之兄也，年二十舉進士，由主事出判禹州，以放誕奪官。歸乃創水西樓於試泉門外，在梁溪之曲，召致吴越名豔聚處其中，與錢憲、顧可宗結肆情之社，游娱若恐不及。仲山作《藏春塢》詩以諷之，其詩曰：玳筵羅綺醉淹留，狼籍簫筝去不收。猶恐彩雲容易散，明朝重上水西樓。

清·黃卬《錫金識小録》卷一〇《前鑒·聲色》 水西樓在試泉門外，王州判召、錢常山憲及顧舉人可宗輩刱樓於梁溪之曲。清川華薄，綴以綺窗朱户，招致吴越名豔聚處其中。結肆情之社，日夕游娱，若恐不及。時人語曰：快活王召與錢憲，百年老人未之見。蓋自藏春院廢殆六十年，而水西樓爲之繼焉。

洪勝和班

雜録

清·楊靜亭《都門紀略》卷四《都門雜記》 洪勝和班：燕喜茶園。

童子紅。《金沙灘》楊繼業、《長板坡》孔明、《牧羊圈》朱春登。娃娃紅。《斬黃袍》趙太祖、《倒聽門》張三、《鍘美案》陳世美。海棠紅。《甯武關》周遇吉、《斬子》八千歲、《海潮珠》崔杼。十四紅。《白蟒山》劉彦明、《進蠻詩》李太白、《蘆花計》閔得仁。雲遮月。《汾河灣》柳迎春、《牧羊圈》趙景堂、《二進宫》李燕妃。六六旦。《三上轎》崔氏、《柳林池》金香蓮、《教子》王春娥。小金鐘。《忠義俠》周夫人、《擊掌》王寶川、《蘆花計》李氏。小菊花。《十萬金》李翠蓮、《三疑計》李月英、《金水橋》西宫。寶珠鑽。《賣胭脂》王月英、《殺狗》蕭氏、《雙鎖山》劉金定。小金升。《打金枝》郭曖、《馳水駬》倪俊、《破洪州》楊宗保。光亮紅。《遊龜山》盧公子、《闖山》周鼎、《百花亭》巴喇公。崇懷。《鍘美案》包文正、《二進宫》徐彦昭、《擊掌》王丞相。小活猴。《鐵公鷄》陳大帥、《金錢豹》悟空。一聲雷。《金沙灘》楊七郎、《霸州》張飛、《取洛陽》馬武。雲來雁。《九龍盃》楊祥五、《劍鋒山》邱明月。

集芳班

紀事

清・張際亮《金臺殘淚記》卷一　法保就旮南還，法齡、法慶因四喜部諸老曲師分爲集芳部，所譜皆崑曲，無西秦南弋諸陋習。顧聽者落落然。刑部忽言法齡將歸矣，皆悵惋，今年秋竟歸矣。集芳部散矣。初，四喜部諸老曲師既去爲集芳部，欲致梅卿，梅卿弗顧也。四喜部雙鳳者，字竹香，後入集芳部。集芳部習小生者，曰王奇元。數年前，四喜部袁雙桂名絶豔。余見之集芳部，眼波當不減六兒，善琵琶。韻香之在集芳。

清・楊懋建《長安看花記》　道光初年，京師有集芳班，仿乾隆間吴中集秀班之例，非崑曲高手不得與。一時都人士爭先聽覩爲快。而曲高和寡，不半載竟散。其中固大半四喜部中人也。近年來，部中人又多轉徙入他部，以故吹律不競。然所存多白髮父老，不屑爲新聲以悦人。笙、笛、三絃，拍板聲中，按度刌節，韻三字七，新生故死，吐納之間，猶是先輩法度。若二簧、梆子，靡靡之音，《燕蘭小譜》所云，臺下好聲鴉亂，四喜部無此也。每茶樓度曲，樓上下列坐者落落如晨星可數。而西園雅集，酒座徵歌，聽者側耳會心，點頭微笑，以視春臺、三慶登場，四座笑語喧闐，其情況大不相侔。部中人每言：我儕升歌，坐上固無長鬚奴、大腹賈。偶有來入座者，啜茶一甌未竟，聞笙、笛、三絃拍板聲，輒逡巡引去。雖未敢高擬陽春白雪，然即欲自貶如巴人下里固不可得矣。眉仙嘗演《紅樓夢・葬花》爲瀟湘妃子。珠笠雲肩，荷花鋤，亭亭而出，曼聲應節，幽咽纏綿，至這些時，拾翠精神都變做了傷春證候句，如聽春鵑，如聞秋猿，不數一聲河滿矣。余目之曰幽豔。嘗論紅豆村樵《紅樓夢》傳奇盛傳於世，而余獨心折荆石山民所撰《紅樓夢》散套爲當行作者。後來陳厚甫在珠江按譜填詞，命題皆佳。余最愛《畫薔》一齣，《繡鴛》一齣情景亦妙。而詞曲徒砌金粉，絶少性靈。與不知誰何所撰袖珍本四册者，同爲無足重輕。故歌樓惟仲澗雲本傳習最多。散套則有自譜工尺，故旗亭間亦歌之。然瑣瑣餘子，無堪稱作瀟湘館主人者。雖有佳品，非過於穠，即失之勁。蓋冷豔幽香，固自與夭桃郁李不同。惟眉仙差能近似耳。《療妬羹・小青題曲》一齣，爲小桐擅場，惜不令眉仙演之。三和堂主者曰葉老四，太湖人。其弟子在眉仙前者，有皖人丁春喜，字梅卿，後別居浣香堂。其面目性情皆與眉仙絶相似。安詳静穆，對之令人躁釋矜平。晉宋人所謂，春日携雙柑，斗酒聽黄鸝，可以爲俗耳鍼砭，詩腸鼓吹，正謂斯人。當時評者，以春喜爲詩品中神品。所云，不著一字，盡得風流者也。吾聞其語，未見其人，每對眉仙，輒起虎賁之思。

廣興家班

紀事

清・昭槤《嘯亭雜録》卷四《廣賡虞之死》　又性耽風月，以致日擁優伶，飲酒終夕，反寄耳目於若輩，識者譏之。

又卷七《陸雙全》　廣賡虞侍郎當權時，好畜聲伎，凡酒讌間，每擲纏頭以千百計，余嘗規勸之，侍郎殊不以爲然。

又　有陸郎雙全者，蘇州人。貌韶秀，爲侍郎所鍾愛，每燕寢間，非陸侍側，則終夜不寢。

鴻福班

紀事

清・王韜《瀛壖雜誌》卷一　滬人喜梨園歌曲，有聚芳，集賢二局，皆富室子弟爲之，競以豪奢相尚。每當熏香薙面，鵠立氍毹，極斐惻纏綿之致，令觀者目炫神移。嘗演《思凡》《斷橋》二劇，盡態極妍。合座爲之傾倒。某廣文惡其儇薄也，遂欲□竟其事。倩人多方哀□僅而獲免。歌舞未終，憂患及之矣。噫。滬人觀劇，不喜崑腔，而崑腔之在滬者，以鴻福爲領袖。其次若寶和新劇，亦高出一籌，予在滬偶觀之，□抒幽緒。若見弋陽等腔，則掩耳走矣。滬自西人未來之前，其禮已亡。較之辛酉所見，殆有甚焉。牛儈漿家倚博進錢爲餬口者，不可勝紀片□。

萬和部

紀事

清・鐵橋山人《消寒新詠》　王百壽，萬和部，小生，吳人，比玉茗、青鸞。《拾畫》、《叫畫》、《牡丹亭》。《茶敘》、《問病》、《秋江》、《玉簪記》。《跪池》《獅吼記》。《喬醉》《金雀》。《驚變》、《埋玉》、《長生殿》。《打車》、《千忠戮》。《錯夢》、《贈馬》、《西樓記》。

又　毛二官，萬和部。貼旦，吳人，比梔子、白鷺。

又　金福壽，萬和部。小旦，吳人，比桃花、鸜鵒。《請晏》、《寄東》、《西廂》。《丙靈公》。《一種情》。

慶壽和班

雜録

清・楊靜亭《都門雜記》　慶壽和班：十二紅。《烏玉帶》郭得富、《殺廟》韓祺、《五雷陣》孫臏、《海潮珠》崔杼。蓋陝西。《十萬金》李翠蓮、《三疑計》李月英、《忠孝義》王春娥。靈芝草。《南天門》曹玉姐、《珍珠衫》王三巧、《紅梅閣》蕙娘、《會審》玉堂春。德建堂。《回龍閣》薛平貴、《牧羊圈》朱春登、《取滎陽》漢高祖。小馬五。《四進士》宋士傑、《一捧雪》莫成、《喜封侯》蒯徹、《七星燈》孔明。吳彩霞。《彩樓配》王寶川、《祭江》孫夫人、《宇宙峰》趙小姐、《金水橋》公主。孫喜雲。《二進宮》李彥妃、《打金枝》昇平公主、《孝感天》公叔段夫人。路三寶。《醉酒》楊貴妃、《馬上緣》樊梨花、《小上墳》小寡婦、《殺皮》内掌櫃。孟小如。《雙搖會》大夫人、《胭脂虎》石中玉、《翠屏山》潘巧雲。小五。《絨花計》崔八、《玉虎墜》王成、《翠屏山》潘老丈。郎得山。《莫虎關》高望、《天水關》姜維、《斷密澗》李密、《黄金台》伊立。明海亮。《獨木關》薛禮、《惡虎村》李五、《劍鋒山》邱成。張喜華。《挑花車》高寵、《金錢豹》豹子、《四平山》裴元慶。楊小樓。《連環套》黄天垻、《泗州城》悟空、《鄧家堡》花沖。黑登。《玉虎墜》馬武、《四平山》李元垻、《長板坡》張飛。

劇場部·唐前劇場分部

春秋姑蘇船臺

雜録

宋・李昉《太平廣記》卷二三六《吴王夫差》　吴王夫差築姑蘇臺，三年乃成。周環詰屈，横亘五里，崇飾土木，殫耗人力，宫妓千人。又別立春宵宫，爲長夜飲，造千石酒鍾，又作大池，池中造青龍舟，陳妓樂，日與西施爲水戲。

漢代長安八風臺

紀事

清・錢泳《履園叢話・叢話二・閲古・秦漢瓦當》　八風壽存當，此瓦程彝齋得之漢城長樂鐘室舊阯南百步埃塵之間。因攷《漢書・郊祀志》，王莽二年，興神仙事。以方士蘇樂言，起八風臺于宫中。臺成萬金，作樂其上。此當是八風臺瓦也。

雜録

《漢書》卷二五下《郊祀志第五下》　莽篡位二年，興神仙事，以方士蘇樂言，起八風臺於宫中。臺成萬金，作樂其上。

漢代長安平樂觀

藝文

漢・張衡《張河間集》卷一《西京賦》　大駕幸乎平樂之館，張甲乙而襲翠被，攢珍寶之玩好，紛瑰麗以奓靡，臨迥望之廣場，程角觝之妙戲。

漢・李尤《李蘭臺集・平樂觀賦》　乃設平樂之顯觀，章秘瑋之奇珍，習禁武以講捷，厭不羈之遐鄰。徒觀平樂之制，鬱崔嵬以離婁。赫巖巖其崟嶺，紛電影以盤盱。彌平原之博敞，處金商之維陬。大厦累而鱗次，承岧嶢之翠樓。過洞房之轉闥，歷金環之華鋪。南切洛濱，北陵蒼山。龜池泱漭，果林榛榛。天馬沛艾，鬣尾布分。爾乃太和隆平，萬國肅清。殊方重譯，絶域造庭。四表交會，抱珍遠并。雜遝歸誼，集於春正。玩屈奇之神怪，顯逸才之捷武。百僚於時，各命所主。方曲既設，秘戲連叙。逍遥俯仰，節以鞀鼓。戲車高橦，馳騁百馬。連翩九仞，離合上下。或以馳騁，覆車顛倒。烏獲扛鼎，千鈞若羽。吞刃吐火，燕躍鳥跱。陵高履索，踊躍旋舞。飛丸跳劍，沸渭回擾。色渝隈一，踰肩相受。有仙駕雀，其形蚴虬。騎驢馳射，狐兎驚走。侏儒巨人，戲謔爲耦。禽鹿六駮，白舄朱首。魚龍曼延，嵔蜒山阜。龜螭蟾蜍，挈琴鼓缶。

雜録

《漢書》卷六《武帝紀第六》　夏，京師民觀角抵於上林平樂觀。秋，大旱，蝗。

北魏洛陽景樂寺

雜録

北魏・楊衒之《洛陽伽藍記》卷一《城内》 至於大齋，常設女樂。歌聲繞梁，舞袖徐轉，絲管寥亮，諧妙入神。以是尼寺丈夫不得入。得往觀者，以爲至天堂。及文獻王薨，寺禁稍寛，百姓出入，無復限礙。後汝南王悦復脩之。悦是文獻之弟。召諸音樂，逞伎寺内。奇禽怪獸，舞抃殿庭，飛空幻惑，世所未覩。異端奇術，總萃其中。剥驢投井，植棗種瓜，須臾之間皆得食之。士女觀者，目亂睛迷。自建義已後，京師頻有大兵，此戲遂隱也。

北魏洛陽宗聖寺

雜録

北魏・楊衒之《洛陽伽藍記》卷二《城東》 宗聖寺有像一軀，舉高三丈八尺，端嚴殊特，相好畢備，士庶瞻仰，目不暫瞬。此像一出，市井皆空，炎光騰輝，赫赫獨絶世表。妙伎雜樂，亞於劉騰，城東士女多來此寺觀看也。

北魏洛陽景明寺

雜録

北魏・楊衒之《洛陽伽藍記》卷三《城南》 梵樂法音，聒動天地。百戲騰驤，所在駢比。名僧德衆，負錫爲羣；信徒法侣，持花成藪。

北魏洛陽禪虛寺

雜録

北魏・楊衒之《洛陽伽藍記》卷五《城北》 禪虛寺在大夏門御道西。寺前有閲武場，歲終農隙，甲士習戰，千乘萬騎，常在於此。有羽林馬僧相善觝角戲，擲戟與百尺樹齊等，虎賁張車渠擲刀出樓一丈。帝亦觀戲在樓，恒令二人對爲角戲。中朝時宣武場大夏門東北，今爲光風園，苜蓿生焉。

隋代洛陽戲場

藝文

隋・薛道衡《和許給事善心戲場轉韻詩》 京洛重新年，復屬月輪圓。雲間璧獨轉，空裏鏡孤懸。萬方皆集會，百戲盡來前。臨衢車不絶，夾道閣相連。驚鴻出洛水，翔鶴下伊川。豔質迴風雪，笙歌韻管弦。佳麗儼成行，相攜入戲場。衣類何平叔，人同張子房。高高城裏髻，峨峨樓上糚。羅裙飛孔雀，綺帶垂鴛鴦。月映班姬扇，風飄韓壽香。竟夕魚負燈，徹夜龍銜燭。歡笑無窮已，歌詠還相續。羌笛隴頭吟，胡舞龜茲曲。假面飾金銀，盛服摇珠玉。宵深戲未闌，競爲人所難。卧驅飛玉勒，立騎轉銀鞍。縱横既躍劍，揮霍復跳丸。抑揚百獸舞，盤跚五禽戲。狻猊弄斑足，巨象垂長鼻。青羊跪復跳，白馬迴旋騎。忽覩羅浮起，俄看鬱昌至。峰嶺既崔嵬，林叢亦青翠。麋鹿下騰倚，猴猿或蹲跂。金徒列舊刻，玉律動新灰。甲荑垂陌柳，殘花散苑梅。繁星漸寥落，斜月尚徘徊。王孫猶勞戲，公子未歸來。共酌瓊酥酒，同傾鸚鵡杯。普天逢聖日，兆庶喜康哉。

雜録

《資治通鑒》卷一八一《隋紀五・煬皇帝上之下》 帝以諸蕃酋長畢集洛陽，丁丑，於端門街盛陳百戲，戲場周圍五千步，執絲竹者萬八千人，聲聞數十里，自昏至旦，燈火光燭天地，終月而罷，所費巨萬。自是歲以爲常。

熊羆案

論説

宋・陳暘《樂書》卷一五〇《熊羆案》 熊羆案十二，悉高丈餘，用木雕之，其上安板床焉。梁武帝始設十二案鼓吹，在樂縣之外，以施殿庭，宴饗用之。圖熊羆以爲飾故也。隋煬帝更於案下爲熊羆貙豹騰倚之狀，象百獸之舞。又施寶幰於上，用金彩飾之，奏《萬宇清》、《月重輪》等三曲，亦謂之十二案樂，非古人朴素之意也。

圖表

宋・陳暘《樂書》卷一五〇《熊羆案》

唐·段安節《樂府雜録·熊羆部》 其熊羆者有十二，皆有木雕之，悉高丈餘，其上安版床，復施寶幰，皆金彩裝之，於其上奏雅樂。含元殿方奏此樂也，奏唐《十二時》、《萬宇清》、《月重輪》三曲。亦謂之十二案。

劇場部・唐代劇場分部

長安曲江池亭臺

紀事

宋・李昉《太平廣記》卷二五一《裴休》 曲江池本秦時豈洲。唐開元中，疏鑿爲勝境。南即紫雲樓芙蓉苑，西即杏園慈恩寺。花卉環周，煙水明媚。都人遊賞，盛於中和上巳節。即錫宴臣僚，會於山亭，賜太常教坊樂。池備綵舟，唯宰相三使北省官翰林學士登焉，傾動皇州，以爲盛觀。

長安戲場

紀事

宋・李昉《太平廣記》卷三四三《李僖伯》 日旰，及廣衢，車馬已鬧，此婦女爲行路所怪，不知其由。如此兩日，稍稍人多，只在崇仁北街。居無何，僖伯自省門東出，及景風門，見廣衢中，人鬧已萬萬，如東西隅之戲場大，圍之。

太原露臺

論說

《新唐書》卷一三六《李光弼傳》 思明爲飛樓，障以木幔，築土山臨城，光弼遣穴地頽之。思明宴城下，倡優居臺上，靳指天子。光弼遣人隧地禽取之，思明大駭，徙牙帳遠去。

濮陽郡戲場

紀事

宋・李昉《太平廣記》卷八三《續生》 濮陽郡有續生者，莫知其來，身長七八尺，肥黑剪髮，留二三寸，不着褌袴，破衫齊膝而已。人遺財帛，轉施貧窮。每四月八日，市場戲處，皆有續生。郡人張孝恭不信，自在戲場，對一續生，又遣奴子往諸處看驗，奴子來報，場場悉有。

江西船臺

藝文

唐・劉禹錫《夜聞商人船中筝》 大艑高帆一百尺，新聲促柱十三弦。揚州市裏商人女，來占江西明月天。

連水縣戲場

紀事

宋・李昉《太平廣記》卷七四《張定》 與父母往連水省親，至縣，有音樂戲劇，衆皆觀之，定獨不往。父母曰：此戲甚盛，親表皆去，汝何獨不看邪。對曰：恐尊長要看，兒不得去。父母欲往。定曰：此有青州大設，可亦看也。即提一水瓶，可受二斗以來，空中無物，置於庭中，禹步遶三二匝，乃傾於庭院内，見人無數，皆長六七寸，官寮將吏，士女看人，喧闐滿庭，即見無比設廳戲場，局筵隊仗，音樂百戲，樓閣車棚，無不精審。

楚州龍興寺戲場

紀事

宋・李昉《太平廣記》卷三九四《徐智通》 唐徐智通，楚州醫士也。夏夜乘月，於柳堤閒步。忽有二客，笑語於河橋，不虞智通之在陰翳也。相謂曰：明晨何以爲樂。一曰：無如南海赤巖山弄珠耳。答曰：赤巖主人嗜酒，留客必醉。僕來日未後，有事於西海，去恐復爲縈滯也，不如只於此郡龍興寺前，與吾子較技耳。曰：君將何戲。曰：寺前古槐，僅百株。我霆震一聲，剖爲纖莖，長短粗細，悉如食筯，君何以敵。答曰：寺前素爲郡之戲場，每日中，聚觀之徒，通計不下三萬人。我霆震一聲，盡散其髮，每縷仍爲七結。二人因大笑，約諸而去。智通異之，即告交友六七人。遲明，先俟之。是時晴朗，己午間，忽有二雲，大如車輪，凝於寺上。須臾昏黑，咫尺莫辨。俄而霆震兩聲，人畜頓踣。及開霽，寺前槐林，劈析分散，布之於地，皆如算子，小大洪纖，無不相肖，而寺前負販戲弄觀看人數萬衆，髮悉解散，每縷皆爲七結。

嘉興戲場

紀事

宋・李昉《太平廣記》卷一九三《嘉興繩技》 因曰：衆人繩技，各繫兩頭，然後於其上行立周旋。某只須一條繩，粗細如指，五十尺，不用繫著，抛向空中，騰躑翻覆，則無所不爲。官大驚悦，且令收録。明日，吏領至戲場，諸戲既作，次喚此人，令効繩技。

晉城市五龍河西村五龍宫舞樓

論說

清（順治）《重創建五龍宫碑記》 澤城西南二里許，山川合抱，緑水環流，有村居於河之西。《州志》：白水秋波，景蓋列於左焉。是村民舍稠集，士紳疊見，風非市囂，俗非湫陋，人文蔚起，猶存淳古遺意云。西北之隅有敕建五龍廟，其來遠矣，然不記昉於何代創修。古碑已成絶響，止有歷代重修碑記。所及見者古碑二：一爲唐大中禱雨記，一爲宋天聖年重修記。【略】 兹廟之古制，正殿三楹，前列舞樓，而□□池，大門則崇台高榭，此外更無他設。

光福宅砌臺

藝文

唐・白居易《宴周皓大夫光福宅》《全唐詩》卷四三七 何處風光最可憐，妓堂階下砌臺前。軒車擁路光照地，絲管入門聲沸天。緑蕙不香饒桂酒，紅櫻無色讓花鈿。野人不敢求他事，唯借泉聲伴醉眠。

劇場部·宋代劇場分部

東京瓦子勾欄

綜　述

宋·孟元老《東京夢華録》卷二《東角樓街巷》　街南桑家瓦子，近北則中瓦，次裏瓦。其中大小勾欄五十餘座。内中瓦子、蓮花棚、牡丹棚、裏瓦子、夜叉棚、象棚最大，可容數千人。自丁先現、王團子、張七聖輩，後來可有人於此作場。瓦中多有貨藥、賣卦、喝故衣、探搏、飲食、剃剪、紙畫、令曲之類。終日居此，不覺抵暮。

明·方以智《通雅》卷三八　宋有京瓦，通謂勾欄，其始名則猶闌干也。《東京夢華録》有桑家瓦中瓦，或曰京瓦。南宋市肆記有瓦子。勾欄自南瓦至龍山瓦，凡二十三瓦，又謂之邀棚。《遼志》，瓦里，官府名宫帳，部皆設之。想五代時有此稱，而宋因之也。升菴引《段國沙州記》言吐谷渾作橋，勾欄甚嚴。王建《宫詞》四面勾欄扛水中，李義山簾輕幕重金勾欄，李長吉蟪咕弔月鈎闌下。《古今注》漢成帝顧成廟、玉鼎、金鑪、槐樹悉爲扶老拘欄，畫飛雲龍角，虚於其上。至宋以後名教坊，曰勾欄。

東京大内正門露臺

綜　述

《宋史》卷一一三《禮志十六》　三元觀燈，本起於方外之説。自唐以後，常於正月望夜，開坊市門然燈。宋因之，上元前後各一日，城中張燈，大内正門結綵爲山樓影燈，起露臺，教坊陳百戲。天子先幸寺觀行香，遂御樓，或御東華門及東西角樓，飲從臣。四夷蕃客各依本國歌舞列於樓下。東華、左右掖門、東西角樓、城門大道、大宫觀寺院，悉起山棚，張樂陳燈，皇城雉堞亦徧設之。

東京露臺樂棚

綜　述

宋·孟元老《東京夢華録》卷六《正月》　正月一日年節，開封府放關撲三日。士庶自早互相慶賀，坊巷以食物、動使、菓實、柴炭之類，歌叫關撲。如馬行、潘樓街、州東宋門外、州西梁門外踴路、州北封邱門外及州南一帶，皆結綵棚，鋪陳冠梳、珠翠、頭面、衣着、花朵、領抹、靴鞋、玩好之類，間列舞場歌館，車馬交馳。

《宋史》卷一一三《禮志十六》　凡賜酺，命内諸司使三人主其事，於乾元樓前露臺上設教坊樂。又騈繫方車四十乘，上起綏樓者二，分載鈞容直、開封府樂。復爲棚車二十四，每十二乘爲之，皆駕以牛，被之錦繡，縈以綵，紉分載諸軍、京畿伎樂，又於中衢編木爲欄處之。徙坊市邸肆，對列御道，百貨騈布，競以綵幄鏤版爲飾。上御乾元門，召京邑父老分番列坐樓下，傳旨問安否，賜以衣服、茶帛。若五日，則第一日近臣侍坐，特召丞、郎、給、諫，上舉觴，教坊樂作，二大車自昇平橋而北，又有旱船四挾之以進，棚車由東西街交騖，並往復日再焉。東距望春門，西連閶闔門，百戲競作，歌吹騰沸。宗室親王、近列牧伯洎舊臣、宗室官，爲設綵棚於左右廊廡。士庶縱觀，車騎填溢，歡呼震動。

雜録

宋・孟元老《東京夢華録》卷六《十六日》 於是貴家車馬，自內前鱗切，悉南去遊相國寺。寺之大殿，前設樂棚，諸軍作樂，兩廊有詩牌燈云：天碧銀河欲下來，月華如水照樓臺。并火樹銀花合，星橋鐵鎖開之詩。其燈以木牌爲之，雕鏤成字，以紗絹幂之於內，密燃其燈，相次排定，亦可愛賞。

又 如開寶、景德大佛寺等處，皆有樂棚，作樂燃燈。惟禁宮觀寺院，不設燈燭矣。次則葆真宮有玉柱玉簾窗隔燈。諸坊巷、馬行，諸香藥鋪席、茶坊酒肆，燈燭各出新奇。就中蓮華王家香鋪燈火山羣，而又命僧道場打花鈸，弄椎鼓，遊人無不駐足。諸門皆有官中樂棚。萬街千巷，盡皆繁盛浩鬧。每一坊巷口，無樂棚去處，多設小影戲棚子，以防本坊遊人小兒相失，以引聚之。殿前班在禁中右掖門裏，則相對右掖門設一樂棚，放本班家口，登皇城觀看。

東京開封府樂棚

綜述

宋・孟元老《東京夢華録》卷六《元宵》 正月十五日元宵，大內前自歲前冬至後，開封府絞縛山棚，立木正對宣德樓，游人已集御街兩廊下。奇術異能，歌舞百戲，鱗鱗相切，樂聲嘈雜十餘里，擊丸蹴踘，踏索上竿。趙野人，倒喫冷淘。張九哥，吞鐵劍。李外寧，藥法傀儡。小健兒，吐五色水、旋燒泥丸子。大特落，灰藥。榾柮兒，雜劇。温大頭、小曹，嵇琴。党千，簫管。孫四，燒煉藥方。王十二，作劇術。鄒遇、田地廣，雜扮。蘇十、孟宣，築毬。尹常賣，五代史。劉百禽，虫蟻。楊文秀，鼓笛。更有猴呈百戲，魚跳刀門，使喚蜂蝶，追呼螻蟻。其餘賣藥、賣卦，沙書地謎，奇巧百端，日新耳目。至正月七日，人使朝辭出門，燈山上綵，金碧相射，錦綉交輝。面北悉以綵結，山沓上皆畫神仙故事。或坊市賣藥賣卦之人，横列三門，各有綵結金書大牌，中曰都門道，左右曰左右禁衛之門，上有大牌曰宣和與民同樂。綵山左右，以綵結文殊、普賢，跨獅子白象，各於手指出水五道，其手搖動。用轆轤絞水上燈山尖高處，用木櫃貯之，逐時放下，如瀑布狀。又於左右門上，各以草把縛成戲龍之狀，用青幕遮籠，草上密置燈燭數萬盞，望之蜿蜒如雙龍飛走。自燈山至宣德門樓横大街，約百餘丈，用棘刺圍遶，謂之棘盆，內設兩長竿，高數十丈，以繒綵結束，紙糊百戲人物，懸於竿上，風動宛若飛仙。內設樂棚，差衙前樂人作樂雜戲，并左右軍百戲，在其中駕坐一時呈拽。宣德樓上，皆垂黄緣，簾中一位，乃御座。用黄羅設一綵棚，御龍直執黄蓋掌扇，列於簾外。兩朶樓各掛燈毬一枚，約方圓丈餘，內燃椽燭，簾內亦作樂。宮嬪嬉笑之聲，下聞於外。樓下用枋木壘成露臺一所，綵結欄檻，兩邊皆禁衛排立，錦袍，幞頭簪賜花，執骨朶子，面此樂棚。教坊鈞容直、露臺弟子，更互雜劇。近門亦有內等子班直排立。萬姓皆在露臺下觀看，樂人時引萬姓山呼。

東京神保觀露臺

綜述

宋・孟元老《東京夢華録》卷八《六月六日崔府君生日二十四日神保觀神生日》 二十三日，御前獻送後苑作與書藝局等處製造戲玩，如毬杖，彈弓、弋射之具，鞍轡、銜勒、樊籠之類，悉皆精巧，作樂迎引至廟，於殿前露臺上設樂棚，教坊鈞容直作樂，更互雜劇舞旋。

集英殿樂棚

綜述

宋・孟元老《東京夢華録》卷九《宰執親王宗室百官入内上壽》 十二日，宰執、親王、宗室、百官，入内上壽大起居。搢笏舞蹈。樂未作，集英殿山樓上教坊樂人効百禽鳴，内外肅然，止聞半空和鳴，若鸞鳳翔集。百官以下謝坐訖，宰執、禁從，親王、宗室、觀察使已上，并大遼、高麗、夏國使副，坐於殿上。諸卿少百官，諸國中節使人，坐兩廊。軍校以下，排在山樓之後。皆以紅面青墩黑漆矮偏釘。每分列環餅、油餅、棗搭爲看盤，次列果子。惟大遼加之猪羊雞鵝兔連骨熟肉爲看盤，皆以小繩束之。又生葱韭蒜醋各一堞。三五人共列漿水一桶，立杓數枚。教坊色長二人，在殿上欄干邊，皆諢裹寬紫袍，金帶義襴，看盞斟御酒。看盞者，舉其袖唱引曰綏御酒，聲絶，拂雙袖於欄干而止。宰臣酒則曰綏酒，如前。教坊樂部，列於山樓下綵棚中，皆裹長脚幞頭，隨逐部服紫緋緑三色寬衫，黄義襴，鍍金凹面腰帶，前列柏板，十串一行，次一色畫面琵琶五十面，次列箜篌兩座，箜篌高三尺許，形如半邊木梳，黑漆鏤花金裝畫。下有臺座，張二十五絃，一人跪而交手擘之。以次高架大鼓二面，綵畫花地金龍，擊鼓人背結寬袖，別套黄窄袖，垂結帶金裹鼓棒，兩手高舉互擊，宛若流。星後有羯鼓兩座，如尋常番鼓子，置之小卓子上，兩手皆執杖擊之，杖鼓應焉。次列鐵石方響明金，綵畫架子，雙垂流蘇。次列簫、笙、塤、篪觱篥、龍笛之類，兩旁對列杖鼓二百面，皆長脚幞頭，紫繡抹額，背繫紫寬衫，黄窄袖，結帶黄義襴。諸雜劇色皆諢裹，各服本色紫緋緑寬衫，義襴，鍍金帶。自殿陛對立，直至樂棚。每遇舞者入場，則排立者叉手，舉左右肩，動足應拍，一齊羣舞，謂之挼曲子。

東京五鳳樓露臺

紀事

《宋史》卷一一三《禮志十六》 真宗景德三年九月，詔許羣臣、士庶選勝宴樂，御史臺、皇城司毋得糾察。四年二月甲申，上御五鳳樓觀酺，宗室、近臣侍坐，樓前露臺奏教坊樂，召父老五百人列坐，賜飲於樓下。後二日，上復御樓，賜宗室、文武百官宴於都亭驛，賜諸班、諸軍將校羊酒。大中祥符元年正月，詔應致仕官，並令赴都亭驛酺宴，御樓日合預坐者亦聽。又詔朝臣已辭、未見，並聽赴會。

又卷一四二《樂志十七》 其御樓賜酺同大宴。崇德殿宴契丹使，惟無後場雜劇及女弟子舞隊。每上元觀燈，樓前設露臺，臺上奏教坊樂、舞小兒隊。臺南設燈山，燈山前陳百戲，山棚上用散樂、女弟子舞。餘曲宴會、賞花、習射、觀稼，凡游幸但奏樂行酒，惟慶節上壽及將相入辭賜酒，則止奏樂。都知、色長二人攝太官令，升殿對立，逡巡周，大宴則酒，唱徧，曲宴宰相雖各舉酒，通用慢曲而舞三臺。

端門外露臺

論説

宋・高承《事物紀原》卷九《博弈嬉戲部四十八・戲場》 《通典》曰：煬帝大業二年，突厥染干來朝，帝欲夸之，追四方散樂，大集東都。自是每歲正月，萬國來朝，留至十五日，於端門外列爲戲場，百官綵棚夾道，從昏達旦，以縱觀之。宋朝至正歲上元，闢端門，起山樓露臺棘圍，列鈞容、教坊樂，及綵棚夾道，令都人縱觀者，此其始也。

東京金明池船臺

綜　述

《宋史》卷一一三《禮志十六》　天子歲時游豫，則上元幸集禧觀、相國寺，御宣德門觀燈；首夏幸金明池觀水嬉，瓊林苑宴射；大祀禮成，則幸太一宮、集禧觀、相國寺恭謝，或詣諸寺觀焚香，或至近郊閱武、觀稼，其事蓋不一焉。

紀　事

《宋史》卷一一三《禮志十六》　太宗太平興國二年二月，幸新鑿池，賜役卒錢布有差。六月，幸飛龍院。是後凡四幸。三年四月，觀刈麥。九年正月六日，幸景龍門外水磑，帝臨水而坐，召從臣觀之，因謂曰：此水出於山源，清澄甘潔。近河之地，水味皆甘，豈河潤所及乎。宋琪等曰：亦猶人性善惡，染習致然。帝曰：卿言是也。四月，幸金明池習水戰，帝御水殿，召近臣觀之，謂宰相曰：水戰，南方之事也。今其地已定，不復施用，時習之，示不忘戰耳。因幸講武臺，閱諸軍都試，軍中之絶技者遞加賜賚。遂登瓊林苑樓，陳百戲，擲金錢，令樂人争之，極歡而罷。五月二日，出南薰門觀稼，召從官列坐田中，令民刈麥，咸賜以錢帛。回幸玉津園觀漁，張樂、習射，既宴而歸。明年五月，幸城南觀麥，賜田夫布帛有差。雍熙四年四月，幸金明池觀水嬉，賜從官飲。帝曰：雨霽天凉，中外無事，宜勿惜醉。因登苑中樓，盡歡而罷。淳化三年三月，幸金明池，命爲競渡之戲，擲銀甌於波間，令人泅波取之。因御船奏教坊樂，岸上都人縱觀者萬。計帝顧視高年皓首者，就賜白金器皿。九月，幸潛龍園，駐輦池東岸，臨水謂近臣曰：朕不至此已十年，昔尹京日，無事常痛飲池上，今池邊之木已成林矣。因顧教坊使郭守忠等數人曰：汝等前日以樂童從我，今亦皓首，光陰迅速如此。嗟嘆久之。帝親引滿舉白，羣臣盡醉。

東京寶津樓綵棚

綜　述

宋・孟元老《東京夢華録》卷七《三月一日開金明池、瓊林苑》　殿上下回廊皆關撲錢物飲食伎藝人作場，勾肆羅列左右。橋上兩邊用瓦盆，內擲頭錢，關撲錢物、衣服、動使。遊人還往，荷蓋相望。橋之南立欞星門，門裏對立綵樓。每争標作樂，列妓女於其上。門相對街南有磚石甃砌高臺，上有樓觀，廣百丈許，曰寶津樓，前至池門，闊百餘丈，下闞仙橋水殿，車駕臨幸，觀騎射百戲於此池之東岸。臨水近牆皆垂楊，兩邊皆綵棚幕次，臨水假賃，觀看争標。

宋・孟元老《東京夢華録》卷七《駕登寶津樓，諸軍呈百戲》　駕登寶津樓，諸軍百戲，呈於樓下。先列鼓子十數輩，一人摇雙鼓子，近前進致語，多唱青春三月驀山溪也。唱訖，鼓笛舉一紅巾者弄大旗，次獅豹入場，坐作進退，奮迅舉止畢。次一紅巾者，手執兩白旗子，跳躍旋風而舞，謂之撲旗子。及上竿、打筋斗之類訖，樂部舉動，琴家弄令，有花妝輕健軍士百餘，前列旗幟，各執雉尾、蠻牌、木刀，初成行列，拜舞互變開門奪橋等陣，然後列成偃月陣。樂部復動蠻牌令，數內兩人出陣對舞，如擊刺之狀，一人作奮擊之勢，一人作僵仆。出場凡五七對，或以鎗對牌，劍對牌之類。忽作一聲如霹靂，謂之爆仗，則蠻牌者引退，煙火大起，有假面披髮，口吐狼牙煙火，如鬼神狀者上場。着青帖金花短後之衣，帖金皂袴，跣足，攜大銅鑼隨身，步舞而進退，謂之抱鑼。遶場數遭，或就地放煙火之類。又一聲爆仗，樂部動《拜新月》慢曲，有面塗青碌，戴面具金睛，飾以豹皮錦綉看帶之類，謂之硬鬼。或執刀斧，或執杵棒之類，作脚步蘸立，爲驅捉視聽之狀。又爆仗一聲，有假面長髯，展裹綠袍鞾簡，如鍾馗像者，傍一人以小鑼相招和舞步，謂之舞判。繼有二三瘦瘠，以粉塗身，金睛白面，如髑髏狀，繫錦綉圍肚看帶，手執軟仗，各作魁諧趨蹌，舉止若排戲，謂之啞雜劇。又爆仗響，有煙火就湧出，人面不相覩，煙中有七人，皆披髮文身，着青紗短後之衣，錦綉圍肚看帶，內一人金花小帽、執白旗，餘皆頭巾，執真刀，互相格鬥擊刺，作破面剖心之勢，謂之七聖刀。忽有爆仗響，又復煙火。出散處以青幕圍繞，列數十輩，皆假面異服，如祠廟中神鬼塑像，謂之歇帳。又爆仗響，卷退。次有一擊小銅鑼，引百餘人，或巾裹或雙髻，各着雜色半臂，圍肚看帶，以黄白粉塗其面，謂之抹蹌。各執木棹刀一口，成行列，擊鑼者指呼，各拜舞起居畢，喝喊變陣子數次，成一字陣，兩兩出陣格鬥，作奪刀擊刺之態百端訖，一人棄刀在地，就地擲身，背著地有聲，謂之扳落。如是數十對訖，復有一裝田舍兒者入場，念誦言語訖，有一裝村婦者入場，與村夫相值，各持棒杖互相擊觸，如相毆態。其村夫者以杖背村婦出場畢，後部樂作，諸軍繳隊雜劇一段，繼而露臺弟子雜劇一段。

乾元樓前露臺

綜述

《宋史》卷一一三《禮志十六》 凡賜酺，命內諸司使三人主其事，於乾元樓前露臺上設教坊樂。又騈繫方車四十乘，上起綵樓者二，分載鈞容直、開封府樂。復爲棚車二十四，每十二乘爲之，皆駕以牛，被之錦繡，縈以綵紉，分載諸軍，京畿伎樂，又於中衢編木爲欄處之。徙坊市邸肆，對列御道，百貨騈布，競以綵幄鏤版爲飾。上御乾元門，召京邑父老分番列坐樓下，傳旨問安否，賜以衣服、茶帛。若五日，則第一日近臣侍坐，特召丞、郎、給、諫，上舉觴，教坊樂作，二大車自昇平橋而北，又有旱船四挾之以進，輣車由東西街交騖，並往復日再焉。東距望春門，西連閶闔門，百戲競作，歌吹騰沸。宗室親王、近列牧伯洎舊臣、宗室官，爲設綵棚於左右廊廡。士庶縱觀，車騎填溢，歡呼震動。第二日宴羣臣、百官於都亭驛，宗室於親王宮。第三日宴宗室內職於都亭驛，近臣於宰相第。第四日宴百官於都亭驛，宗室於外苑。第五日復宴宗室內職於都亭驛，近臣於外苑。上多作詩，賜令屬和，及別爲勸酒詩。禁軍將校日會於殿前、馬、步軍之廨。

東京瓦舍

論說

宋・灌圃耐得翁《都城紀勝・瓦舍衆伎》 瓦者，野合易散之意也，不知起於何時。但在京師時，甚爲士庶放蕩不羈之所，亦爲子弟流連破壞之地。

紀事

宋・郭彖《睽車志》卷五 朱藻字元章，徽人。某年南宫奏名，方待廷試，有士人同寓旅邸。士人便服，日至瓦市觀優。有鄰坐者，士人與語頗狎，因問其姓字鄉里，皆與元章同，士人訝之。又云：某幸已過省，而不得及第，今且欲部中注授差遣。士人益怪之，未及詳詰。適優者散場，觀者鬨然而出，士人與鄰坐者亦起。出門將邀就茶肆與語，而稠人中遂相失。士人歸邸，與朱言及，共拊掌笑其妄人，以朱登科，故冒其名字也。頃之庭對，而朱以犯諱，降學究出身，且就部闕。因追憶曩者士人所遇，蓋鬼也。益知科名無非前定。

雜録

宋・吴自牧《夢粱録》卷一九《瓦舍》 瓦舍者，謂其來時瓦合，去時瓦解之義，易聚易散也。不知起於何時。頃者京師甚爲士庶放蕩不羈之所，亦爲子弟流連破壞之門。杭城紹興間駐蹕於此，殿巖楊和王因軍士多西北人，是以城内外剏立瓦舍，招集妓樂，以爲軍卒暇日娛戲之地。今貴家子弟郎君，因此蕩遊，破壞尤甚於汴都也。其杭之瓦舍，城内外合計有十七處，如清泠橋西熙春樓下，謂之南瓦子；市南坊北三元樓前謂之中瓦子；市西坊内三橋巷名大瓦子，舊呼上瓦子；衆安橋南羊棚樓前名下瓦子，舊呼北瓦子；鹽橋下蒲橋東謂之蒲橋瓦子，又名東瓦子，今廢爲民居；東青門外菜市橋側名菜市瓦子；崇新門外章家橋南名薦橋門瓦子；新開門外南名新門瓦子，舊呼四通館；保安門外名小堰門瓦子；候潮門外北首名候潮門瓦子，便門外北謂之便門瓦子，錢湖門外南首省馬院前名錢湖門瓦子；亦廢爲民居；後軍寨前謂之赤山瓦子；靈隱天竺路行春橋側曰行春瓦子；北郭税務曰北郭瓦子，又名大通店；米市橋下米市橋瓦子；石碑頭北麻線巷内則曰舊瓦子。

東京相國寺瓦市

藝文

宋・王安石《王文公集》卷四六《相國寺啓同天道場行香院觀戲者》 侏優戲場中，一貴復一賤。心知本自同，所以無欣怨。

東京臨水殿綵樓

綜述

宋・孟元老《東京夢華録》卷七《駕幸臨水殿觀争標錫宴》 駕先幸池之臨水殿錫燕羣臣。殿前出水棚，排立儀衛。近殿水中，横列四綵舟，上有諸軍百戲，如大旗、獅豹、棹刀、蠻牌、神鬼、雜劇之類。又列兩船，皆樂部。又有一小船，上結小綵樓，下有三小門，如傀儡棚，正對水中。

東京北瓦十三應勾欄

綜述

宋・西湖老人《西湖老人繁盛録・瓦市》 南瓦、中瓦、大瓦、北瓦、蒲橋瓦。惟北瓦大，有勾欄一十三座。常是兩座勾欄，專説史書，喬萬卷、許貢士、張解元。背做蓬花棚，常是御前雜劇，趙泰、王葵喜、宋邦寧河宴、清鋤頭、假子貴。弟子散樂，作場相撲，王僥大、撞倒山、劉子路、鐵板踏、宋金剛、倒提山、賽板踏、金重旺、曹鐵凜，人人好漢。説經，長嘯和尚、彭道安、陸妙慧、陸妙净。小説，蔡和、李公佐。女流，史惠英、小張四郎，一世只在北瓦，占一座勾欄説話，不曾去别瓦作場，人叫做小張四郎。勾欄合生，雙秀才。覆射，女郎中。踢瓶弄椀，張寶歌。杖頭傀儡，陳中喜。懸絲傀儡，爐金線。使棒作場，朱來兒。打硬，孫七郎。雜班，鐵刷湯、江魚頭、兔兒頭、菖蒲頭。背商謎，胡六郎。教飛禽，趙十七郎。裝神鬼，謝興歌。舞番樂，張遇喜。水傀儡，劉小僕射。影戲，尚保儀、賈雄。賣嘌唱，樊華。唱賺，濮三郎、扇李二郎、郭四郎。説唱諸宮調，高郎婦、黄淑卿。喬相撲，鼋魚頭、鶴兒頭、鴛鴦頭、一條黑、斗門橋、白條兒。踢弄，吴全脚、耍大頭。談諢話，蠻張四郎。散耍，楊寶興、陸行、小關西。裝秀才，陳齋郎。學鄉談，方齋郎。分數甚多，十三應勾欄不閑，終日團圓。

臨安瓦子勾欄

綜述

宋·潛説友《咸淳臨安誌》卷一九　南瓦。在清泠橋西，有熙春樓。中瓦。在市南坊北，咸淳六年更刱三元樓。大瓦。在市西坊内之北，嘗扁爲上瓦子，亦名西瓦。北瓦。在衆安橋之南，亦名下瓦，有羊棚樓。蒲橋瓦。在蒲橋之東，亦名東瓦，今廢爲民居。便門瓦。在便門外北。候潮門瓦。在候潮門外北小堰門。外瓦。在保安門外東。新門瓦。又名四通館瓦，在新開門外南薦。橋門瓦。在崇新門外章家橋南。菜市瓦。在東青門外菜市橋南。錢湖門瓦。在錢湖門外省馬院前，僅存勾欄一所。赤山瓦。在步司後軍寨前，今惟存勾欄。行春橋瓦。在東行春橋側。北郭瓦。在餘杭門外北郭税務北，又名大通店，今惟存勾欄。米市橋瓦。在米市橋下，今惟存勾欄。舊瓦。在石牌頭北麻綫巷内。已上瓦子，蓋取聚則瓦合，散則瓦解之義，故老云：紹興和議後，楊和王爲殿前都指揮使，以軍士多西北人，故於諸軍寨左右營刱瓦舍，招集伎樂，以爲暇日娱戲之地。其後，修内司又於城中建五瓦以處游藝。今其屋在城外者多隸殿前，司城中者隸修内司。

宋·周密《武林舊事》卷六《瓦子勾欄》　南瓦。清泠橋，熙春樓。中瓦。三元樓。大瓦。三橋街，亦名上瓦。北瓦。衆安橋，亦名下瓦。蒲橋瓦。亦名東瓦。便門瓦。便門外。候潮門瓦。候潮門外。小偃門瓦。小偃門外。新門瓦。亦名四通館瓦。薦橋門瓦。薦橋門外。菜市門瓦。菜市門外。錢湖門瓦。省馬院前。赤山瓦。後軍寨前。行春橋瓦。北郭瓦。又名大通店。米市橋瓦。舊瓦。石板頭。嘉會門瓦。嘉會門外。北關門瓦。又名新瓦。艮山門瓦。艮山門外。羊坊橋瓦。王家橋瓦。龍山瓦。城内隸修内司，城外隸殿前司。

如北瓦、羊棚樓等，謂之遊棚。外又有勾欄甚多，北瓦内勾欄十三座最盛。或有路岐，不入勾欄，只在耍鬧寬闊之處做場者，謂之打野呵，此又藝之次者。

臨安城外瓦子

雜録

宋·西湖老人《西湖老人繁盛録·瓦市》　城外有二十座瓦子，錢湖門裏，勾欄門外瓦子、嘉會門外瓦、候朝門瓦、小堰門瓦、四通館瓦、新門瓦，薦橋門瓦、菜市門瓦、艮山門瓦、朱市瓦、舊瓦、北關門新瓦、錢塘門外羊坊橋瓦、王家橋、行春橋瓦、赤山瓦、龍山瓦。餘外尚有獨勾欄瓦市，稍遠於茶，中作夜場，街市舉放風箏輪車數椽，有極大者，多用硃紅，或用黑漆，亦有用小輪車者，多是藥線，前後賭賽輸贏。輪者頃折三二兩線，每日如此。有百餘家賞春貼子，有十數般春旛、春勝、錦背曆日。夜市撲賣狼頭帽、小頭巾抹頭子、細柳箱、花環釵朶篋兒頭須、銷金帽兒、羅木桶杖、諸般籐作、瑠璃炮燈、銀絲合子、時文書集、猪胰胡餅、掛屏頭屋兒、烏木花棊動使、行燈、香圓、查子、畫燭、魚鮮、頭須、煠藕、紅邊糍、蜂糖餅。

臨安紫宸殿山棚

綜述

宋・吴自牧《夢粱録》卷三《宰執親王南班百官入内上壽賜宴》 初八日，宰執親王南班百官入内起居，邀駕過皇太后殿上壽起居，舞蹈嵩呼，回詣紫宸殿宴。樂未作，殿前山棚綵結飛龍舞鳳之形，教樂所人員等傚學百禽鳴，内外肅然，止聞半空和鳴，鸞鳳翔集。

成都西園閱武場

紀事

宋・莊綽《雞肋編》 成都自上元至四月十八日，遊賞幾無虚辰。使宅後圃名西園，春時縱人行樂。初開園日，酒坊兩户各求優人之善者，較藝於府會。以骰子置於合子中撼之，視數多者得先，謂之撼雷。自旦至暮，唯雜戲一色。坐於閱武場，環庭皆府官宅看棚。棚外始作高撜，庶民男左女右，立於其上如山。每諢一笑，須筵中閧堂，衆庶皆噱者，始以青紅小旗各插於墊上爲記。至晚，較旗多者爲勝。若上下不同笑者，不以爲數也。

解州鎮關帝廟樂樓

紀事

清（乾隆）《重修關帝廟記》 從來非常之人，必建非常之功；而有非常之功，必食非常之報。如吾解之關聖大帝，夫非常此而無愧者乎。解爲帝故里，宋祥符年間，創建祠宇於州城之西門外，歷金元明，接時增修，廟貌輝煌甲天下。至本朝康熙壬午，陡遭回禄之變，畫棟雕梁，蕩爲灰燼。越數歲，海寧祝君增照，依舊規重建，迄今五十餘載，廊廡傾頽，金碧剥落。前牧中州韓君桐勸捐五千餘金，擇紳士之老成者董其事，殿閣長廊以次葺補，重繪帝之遺事於壁間。功興未半，旋調忻州。山左張君鎮踵而修之，經營區畫，備極匠心。以從前樂樓逼近正殿，士女喧嘩，頗覺褻瀆，遂移建雉門内，而雉門復增高之。

平順九天聖母廟舞樓

紀事

宋・張孝先《潞州潞城縣三池東聖母仙鄉之碑》 尊祐者□於有聖母仙鄉，衆心躋躋，旅意彬彬，掌明珠於智海，藏美玉在玄山。便乃瑾會住下，鄉黨中一蓋遵依。銀賄尤以彌豐，命良工再修北殿，創起舞樓，並東廊繪飾，和西位嚴華。蓋門樓聳碧，□階砌盤花，乃以得琉璃翠雅，楹栱希奇。願尊神降祐者，陰陽祇在於壺中，雲雨長興於境内。故有圖經具載，聖日照臨，千千年爲宮商之院，萬萬春作錦鄉之郊。

又　潞州潞城縣三池管東，終南山下，陳家莊衆社重修聖母之廟，創起舞樓，行廊共五十間，磚砌共使用錢五百貫，立碑銘用。

明・賈立謹《東穀社增修舞樓記》　潞之東有里曰東穀，有九天聖母祠。祠之建，始於唐而修於宋，迨今千百餘年矣。殿宇簷廊，歲久日深，風雨爲之侵淩，鼠雀爲之喧擾。里人屢修屢補，儼然可畏，惟有斯樓基址未完。一旦耆宿常蒲謂衆曰：正殿巍峨猶足瞻仰，樓址殘缺可無補修乎。於是捐己貲，因衆力，不期月而石花絢爛。欲紀其事以志後來，謁予學舍求其文。余嘉常蒲誠好善之君子，事神之禮既重，則事人之禮可知矣。故弗辭，以紀其事之本末云。

明（嘉靖）《重修九天聖母祠記》　祠制居邑之乾方，其肇建之時，不知出於何代。考之琬琰，歷唐而宋皆重修焉。迄我明嘉靖二十三年甲辰，里人陳宿氏、王倉氏輩，時祀問仰瞻祠宇傾圮，各捐己資，會衆復爲一新弗果。宿之男，長陳孝，次陳弟者，毅然繼乃父志，越明年乙巳起工。其新建者，則祠制之南北角九楹，東北角八楹；其重修者，則正殿三楹，后土殿三楹，李靖王殿三楹，西亭殿三楹，東南角一十四楹，西南角一十一楹。中各附以原像。至於三門則甃以磚，而凡垣皆磚焉。舞樓則柱以石，而凡基皆石焉。用過匠之工價，役之口糧，需之物料錢，則三百九十千有奇，米則一千石有奇，穀則五百石有奇。貨則襪帽，畜則牛羊，悉有成數。此雖出於衆之所施，皆孝輩所督者。而里之常得貴氏、牛乾氏、王虎山氏輩，亦與有力焉。至嘉靖三十七年戊午，工方告竣，屬珩志其歲月。珩嘗禮於其祠，因觀其地，中延一麓，旁夾兩河，環抱九峰。珩乃喟然歎曰：□是哉。形之勝也，而神之祠居焉。其地靈，顧俾之神靈乎。此非珩億説，竊見鄰里有六，每歲春祈，則雨暘時若，年穀用登與。凡患難疾苦隨感隨應，而潞郡之遠方，設有元陽神至，則雨於乎。神而有德於人盛矣。而人之崇祀，豈出之强勉乎。神至於今，乃一新之會也，其德乎人，方隆未艾。珩復囑其里人，勿墮歲祀，以終千萬世定保之祐云。

清・王遜己《重修九天聖母梳妝樓后土殿佾舞亭碑記》　自李唐以來，歷五代宋元明，至於國朝，千有餘年矣。其間風吹雨濕，榱崩瓦解，代有其事，而隨時修葺，勒於貞珸亦不一而足。所有聖母梳妝樓、後土殿、佾舞亭，歷年久遠，或凋殘，或傾圮。本村社首，庠生王欽賢、秦緒新、陳萬庫、牛似麟、牛弘、陳英等，聚積合社共議重修。於康熙五十六年，因修梳妝樓，共捐穀三拾三石有奇。後錢糧不繼，維首一十七人，每人施椽三枝，於五十八年告竣。二次於雍正二年，因修后土殿，共捐穀三十三石有奇，捐麥四石有奇。後因錢糧不繼，維首二十八人每人施大椽一枝，於雍正三年告竣。三次於雍正五年，因修佾舞亭，共捐銀一百二十餘兩有奇，於雍正十年亦告竣焉。

清・暹芝《重修舞樓窯亭記》　蓋聞有非常之事，必待非常之人；有非常之人，斯能成非常之事。東峪村有九天聖母由來久矣。問病即瘳，禱雨輒應，近者奉之而致敬，遠者聞之而來朝，靈應之妙，氏無能名。祭期獻戲，建有舞樓，遍覽碑誌，創始難稽，歷代重修有文可考。第昔之舞樓規模卑狹，牆垣壅蔽，不足以壯觀瞻，不足以舒耳目。歷年既久，雨蝕風漂，簷瓦飛殘，眉梁突出，傾圮之形幾不可以終日。歲在癸亥暮春之初，維首牛九斌、趙懷義、牛培犧等，搧谷九十石，補修窯亭蕆事。後憫舞樓之崩壞，公議重修，奈工大費繁，難勝其任。因敦請牛公聊奎等十餘人，募化總理，按畝搧，捐錢四百七十千有奇，遠近募化錢八百七十串有餘。卜吉興工，磚派畜而搬焉，木起工而運焉。舊者除之，新者闊之，北方正位，南面深展。經之營之，庶民攻之，至乙丑歲而厥工告竣。功成之日，予馳觀焉，睹斯樓也，兩牆並一，三面玲瓏，輪焉奐焉，高矣美矣，不啻海市蜃樓，目前宛在，視昔之重牆疊壁，豁人心目。雖衆人之勤勞，實聖母之英靈默有以助之也。問其端末，綜計費錢一千三百四十五千緡。予不忍諸公之心，苦善士之名銜湮没而弗彰也，罔揣固陋，而爲之記。

清・佚名《重修九天聖母廟碑記》　自甲寅年起工，改建舞樓，乙卯年改建梳洗樓，補修十帥殿，丙辰年新建戲樓，三載而四功告成。凡工價費用，木石磚瓦，共費銀三百兩有奇。當是時，殿宇巍然，而板門、土壁意欲一舉而盡更之，適值吴逆倡狂，人心俱□，以致功程中止焉。及三十五年丙子，里子善良王振基、牛贊辰等一十七人，各莊共起錢糧，更換軟門，繪畫殿宇，修置屏風，煌煌壯麗，里社增輝。舉前之欲舉而中止者，至是而大集其成焉。

藝文

清（光緒）《重修舞樓賦》 太行之北，嬰城之東，北邱頂上，東峪村中，元君廟古，霓羽樓崇。三楹矗立，兩夾連通。溯厥經營，不知昉於何代；勤爲修葺，端有賴於群公。前後十里之溝，十八莊有名無實；大小九社之首，卅三人意合心同。原夫東峪之有元君廟也，襟山帶河，辨方正位，結構森嚴，規模完備。雖創始難稽，而碑銘可識。考王净林之書，讀張孝先之記，拓基於宋元符之三，重造於元中統之二。而斯樓也，背水紆青，面松擁翠。屋角鸞騫，簷牙犀利。蓋以清平叶調，步李太白之流風；歌詠傳聲，譜唐明皇之政治也。洎乎大明，厥有良吏，賢同知著其官銜，秦良弼標其姓字。勞苦不辭，嫌疑不避，恃一柱以擎天，散千金而鋪地。父爲創而子爲因，述其事而繼其志。墻皆易土而爲磚，事悉勒銘而永誌。助不須乎將伯，視之若難；築不待於道謀，成也何易。即年湮代遠，世不記其百千；而缺補殘修，功已至於再四。逮我清朝之世，爰有父老之賢，憫坍塌之勢，甚發修築之心虔。仍舊而情不容已，改作而工莫大焉。是以製緣外募，按畝均捐；興工卜吉，焚香告天。無地下臨，東西鋪於亭上；重霄上接，星辰列於簷前。憶前番謝去迂倪，當乾隆癸巳之歲；撫今日招來匠石，正同治乙丑之年。其修之堅也如竹，其修之固也如松。其華美如翬飛鳥革，其細密如煙鎖雲封。其峻且高也，如山之疊疊；其明且亮也，如水之溶溶。可謂奠安磐石，可云造極登峰。縱歷代補葺有人，不能比其一二；而吾曹高廣是務，直不知其幾重。於是携來童婦，約遍交遊。誇刻桷雕梁之美，羨山節藻棁之幽。果然樓外有樓，擬西湖之妙舞；聽到曲中度曲，儼齊右之清謳。三面玲瓏，艷奪蘭宮桂殿；七間縹緲，景攙方丈瀛洲。山門外，地剩半弓，只深尺許；夾樓中，墻移兩堵，約長丈餘。當年古廟深山，曾宿衛公之駕；此日神工鬼斧，疑是魯班之修。鳩工庀材，就班按部。其樓聿新，其制非古。移來天上瓊宮，成就人間玉宇。鏡花水月，即是而求；幻境奇觀，當前可覩。匾懸陽春白雪，長唱陽春白雪之詞；牌挂廣寒清虛，恍遊廣寒清虛之府。緬梨園之子弟，盡態極妍；被優孟之衣冠，式歌且舞。逍遥廟口，瞻望樓頭。奇形頓現，俗氣全收。傳之者，稱其壯麗；見之者，訝其清幽。可以酬聖母之德，可以給百姓群黎之求。輪焉奂焉，慶流芳於萬古；高矣美矣，垂不朽於千秋。妝成一座神宮，隨在龍飛鳳舞；繪出千般妙態，儼然海市蜃樓。

峭立梳妝百尺樓，重修已歷幾千秋。層簷日射輝亭殿，絶頂雲浮逼斗牛。氣接東山龍脉遠，爽朝西極葛峰幽。焚香得上憑欄眺，前後人家一望收。

四景神車不記年，八村五社會流轉。賽期例卜三春暮，宴酒先嘗二月天。廿四馬樓排列後，幾重社鼓列當前。東下南北西輪轉，崇奉丹霄太乙仙。

清·陳隆遇《重修九天聖母佾舞亭碑記》 從來天下非常之地，必得非常之人以成之。天下非常之業，得非常之人以繼之。太乙元君之廟，山環水抱，接漢連雲，非所稱□郡中第一巨觀哉。創始既遐矣而莫追，第□□即重修之碑銘而曆考之，如唐有奉旨之李衛公，元有施貲之馬元帥，迄乎明，更有慨然嗣葺如余先人諱宿公者，貲出一己，功延二世，瓊宮增新。仍舊聯絡五□□□土宇易石更磚，周圍一線而就累，累手踵事增華，愈出愈奇。謂非元君英靈默佑，能使天特生異人，即異地以□□□□□哉。獨是世運之衰也，善士之應時而生者不常駐；而風雨之飄也，玉宇之有罅待補者甚急。老成憂之，爰議九村按地捐貲，挨户輸糾，隨五載報賽之期，各量工而修葺焉。丙子歲餘忝列糾首，偕一十九人細閲廟中，覺諸殿猶可壯觀，惟佾亭難稱完美，是可□其傾頹乎。歷戊寅、乙卯秋，年豐物阜，每畝捐穀貳升，連次計得穀一百九十餘石，作價四百六十餘千。自庚辰春鳩工庀材，暨孟秋而工乃告峻焉。夫如是敢云有成乎哉。有質必有文，炳蔚之所以美虎豹也；有本斯有末，治平之所以先修齊也。佾亭本爲大殿設，亭朽而殿固減色，亭美豈殿可無華。每畝複捐穀一升，計得錢八十餘千，然後募丹青，受黝堊，乃見翬飛鳥革，殿宇新而神樂棲遲；刻角丹楹，亭堂翠而人欽瞻仰矣。是役也，敢期比續前人，而驥毛豹斑，聊希小補于一時云爾。余故不揣鄙陋，略敘顛末，以告生之能事者。

沁水縣郭壁村崔府君廟舞樓

紀事

明（萬曆）《闕記》（闕字）東百里，居民數百家，鎮之南舊有神祠一所，創於宋，重修於金元，而恢弘於（闕字）正德，上下蓋五百有餘歲矣。祠正宇祀府君神；左祠二，白龍神，武安神；右祠二，子孫神，牛王神。其東爲廡，爲厨舍；其西爲（闕字），中爲拜堂，次樂舞樓，次二門，門之外有地藏殿，五道殿居左右焉。至其南爲大門，門之内又有厦數間列於門之兩傍。然（闕字）壞，日就欹側，實無以妥靈。乃里中會推辰溪公宰其社，公詣廟，四顧太息曰：茲固祈報之所，籍以勸善懲惡之區也，可令（闕字）會資，聚群材，飭百工，出其身以當其難，即置家務不遑恤。修葺前後殿宇、東西廊廡、拜堂、舞樓、厨舍，悉如舊制。相舊府君（闕字）大之，既拓既峻，祠始巍煥倍昔。大門故止一門，制甚儉，僅容出入，而屋於其傍者亦卑而陋焉。公以爲不克稱，乃創建門（闕字）爲三門，其左右廊房悉更新之，增有創無，制益克拓。又視諸祠中宜有咸缺者，輒營治之。凡春秋祈禱，歲時伏臘之儀，百（闕字）□更以其□堊丹漆，飾諸内外而新之。自是規模焕整，廟貌森嚴可觀。計工始於嘉靖癸亥五月，至萬曆丙子五月，公恐（闕字），□托庠士王君體悉、趙君鳴鳳屬余記，余稔知，敢以不文辭哉。遂勉識之。

莆田祥應廟樂棚

藝文

宋·劉克莊《聞祥應廟優戲甚盛二首》 空巷無人盡出嬉，燭光過似放燈時。山中一老眠初覺，棚上諸君鬧未知。

遊女歸來尋墜珥，鄰翁看罷感牽絲。可憐樸散非渠罪，薄俗如今幾偃師。

獻縣獻王祠樂亭

藝文

宋·許景衡《橫塘集》卷四《獻王祠有釣魚臺》 列國提封倚樂亭，九河分處見孤城。池臺釣罷人何在，邱壠春來草自生。遺像丹青皆舊物，斯民簫鼓漫新聲。誰能特表平生事，祝史從官得幣牲。

藤江樂棚

藝　文

宋·李光《莊簡集》卷七《癸亥上元》 癸亥上元，余謫藤江，是時初開樂禁，人意欣欣。吴元預作紀事二絶，頗入風雅，戲和其韻。

曾見端門萬炬燈，天街追逐少年行。如今老病惟貪睡，懶向州衙看樂棚。

劇場部·金代劇場分部

中牟關聖廟樂樓

紀事

清（同治）《中牟縣志·建置·廟祠》 關聖廟在縣東關鹿角岡。正殿五間，兩廊各三間，樂樓一座，大門三間，照壁一座。金大安元年建。元至元甲午，達魯花赤小云失帖木兒，至大三年中牟縣鋪馬都監鹿伯林，至順四年達魯花赤大都馬，相繼重修，俱有記。至明宏治五年，義官張岳重修。順治四年重修。康熙四十三年知縣李其昂重建。乾隆四年，知縣梁旼重修。三十三年知縣鄭俊基重修。四十三年知縣查鳴昌重建樂樓。五十三年知縣劉豐衍重修。嘉慶十三年知縣劉鋐重修樂樓。道光十三年知縣黄元柱重修。同治三年知縣蔣鳳標重修，一在官渡橋。康熙三十九年知縣李其昂建正殿三間，大門三間，樂樓一座。道光二十三年河決，九堡浸圮殆盡。同治四年署知縣楊九齡重修。

鄉寧縣后土廟露砌

綜述

清·胡聘之《山右石刻叢編》卷二八《后土廟重修記》 后土聖母之祠，創建於亡金大定之初。地形高阜，廟貌雄偉，環列諸神之祠，醮臺、露砌、甬道、三門無不完備，中有繁蔭蔽日，雖酷暑而游人罷扇。方官僚香火之場，真士庶祈禱之所。一旦兵塵所廢，幾爲灰燼，止有正殿及武安王之祠迨。

清·佚名《重修成湯殿碑記》 成湯聖殿由來遠矣。考之碑碣，創自金大定時，迄我國朝康熙年間曾複修治。歷年既久，風雨摧殘，瓦屋敝漏，修葺之舉所宜急也。乾隆己亥歲，執事者欲先改作山門。當經營伊始，地既度矣，基既正矣，工師選而良木是斷、是遷矣，緣人情未協，議論不一，工遂由此而阻。惜鐘樓已拆，勢難複振，□之又久，所具材物一切化爲烏有。山門之不修歷三十餘年，無有再議者。至嘉慶己巳，村中耆老言念及此，僉曰：内既未修，外複久墮，妥侑明神之所，不應聽其敝敗也。興複前工，此其時乎。與衆商之，一時人心回應，無有異詞。爰鳩工庀材，分任課程，與衆攻之。正殿舊爲土牆，重加修整，易門窗爲隔扇，與偏殿適相稱焉。舞樓南退數尺，左右配以鐘鼓樓二。東西廂房之上，南爲看臺，北各起樓房三楹。外則圍牆、照壁次第就理。施以丹雘，廟貌嚴潔，焕然一新，視前大爲改觀矣。

澤州縣高都鎮東嶽廟

論說

明（萬曆）《創修拜殿山門記》 嘗聞高都乃古郡也，在州治之東三十餘里，擁太行之盛，壯晉陽之雄。鎮東北祀有東嶽天齊仁聖帝行祠，傳來舊矣。歲時祈禱，有求輒應，倚兮休哉，誠一方之靈境也。祈穀祈年者恒於斯焉，賀聖賀明者恒於斯焉。奈歲久易□，而殿雖整肅門廡荒缺，□夷之漸所由然矣。社首晉氏天民等，每對廟興嗟，恒有廢墜之恐焉。【略】故同心旅力，各出篋資，暨僧人娛鑾，虔慮監工。創立山門，上爲舞樓，併構拜殿焉。徵工之日，遠邇輸財，争爲赴後，未日旬而厥功告成，蔚然改觀。

陽城縣屯城村東嶽廟

紀事

清（乾隆）《重修東嶽廟記》 虎谷雄秀甲諸山，山之麓爲屯城村，而東嶽廟介居其間。廟之昉於何時無可據。第據舊額，有金泰和年號，則其從來遠矣。巖巖翼翼，壯偉閎耀，洵巨觀也。夫山川之祭，自有主者。東嶽於鄉人何與，毋乃僭甚。雖然，記有之，有舉莫敢廢。且古者鄉必有社，因以申祈報而展誠敬，於義亦有取焉。曩者張中丞洎谷先生，嘗序鄭君室彪之重飾廟貌而言之矣。然則善作之而必善成之，將無望於後人乎哉。歲在壬寅，社衆以風雨飄摇，自正殿至山門、舞樓俱就傾圮，而關帝廟亦需完繕，因謀葺而新之，甚盛舉也。故一時奔走，趨事者以後爲羞。繼以工費不貲，不得已，復於募化外伐東山之灌木，取同閣之廢材以充用，所謂以公辦公也。用人之力積千餘工，而人不以爲勞，其良才堅甓之用凡數百金，而人不以爲多。經始於夏四月，責成於冬十月，而人不以爲迫。當其時，慕由張君，廷輔趙君，暨大勳多祉，二趙君寔爲首事，而倡議者則公定張君等六人也。募化者則念祥趙君等十五人也。督理者則□巨川韓君等廿二人也。語云：衆志成城。其是之謂乎。工既訖功，規模彩繪一復其舊，爰屬予誌之，予館於兹土數年矣，且程氏予外家，張氏予姻家，蓋不啻桑梓也。多諸君子之無廢，後觀而可以興起人心，長爲名山勝地增輝也。於是乎書。

陽城縣北崦山白龍廟舞庭

紀事

金（泰和）《複建顯聖王靈應碑》 泰和二祀中秋前一日，劉村信士許福仗里社蘇輗以爲先容，來詣昌黎先生，手執《白龍記》一通，踵門而相告曰：福因旱，此廟請水於池，南下嵓洞邊，沙礫崩塌，出斷缺石碣數片，剗刮洗滌開，其字漫滅，稍稍可辯。今按文記抄録來呈，恐久而湮泯，肯別爲銘誌乎。應之曰：余有生已來，今老矣。溪山相連，往來時祀，未嘗聞兹有記石耶。異哉。昔埋没而今出，昔幽沈而今著，諒神意欲彰前世靈應之跡，示歷代封賜之號，庶天下知之，豈獨稱龍哉。子必欲久傳，况兹神鑒不遠，焉敢拒命，願叙本末，使後人欽其威，仰其德，嚴其祀。【略】逮本朝，諸縣邑鄉社宦僚士庶，四時修香火，潔粢盛，殽核豐，腆籩豆，静嘉相先而祭者百餘村。駢肩接式，盈山遍野，綺繡交錯，歌頌喧嘩，蜂紛蟻亂，逾月不衰，非神其孰能興此哉。及明昌壬子歲，自冬經春無雨，民廢穡事，前許福躬發誠懇，前詣祈水，度日清齋，三步一禮，行達廟庭，出三門，立東隅，彷徨四顧，未得求水去所。忽有大蛇丈餘，墮步武間，赤睛玄吻，縞色花紋，盤屈不動，就福外踝摩拭，面目似有所告。福驚懼曰：尊神化現，如此暴怒，小民等焉敢時來。禱請畢，引首上東廡，延及門裏，下舞庭。時有數村人在廟焚香拜謝，沿水竇出。下至池南，福又曰：此地莫是取水處。即化滅不見。福乃就燥土礓石地，掘土宫覆之，須臾水潮，泓澄清潔，挹十一杯入瓶。即日擎擔，後二日至本社應王殿上奉事。未久如風聲發，雙瓶摇動，水溢流，泛盆缶，几案盈滿，即時乃降足。後至丙辰，維夏中旱，福依前禱請，又獲感應。及今壬戌春夏，暵旱尤甚，豆麥秀而不實，禾黍苗而不秀。居民惶惶，咸不聊生。福乃棄生計，如前齋禮，再詣本廟祈請，至七月初五日得聖水，即時陰雨蒙蔽。翌日回路，每到頓宿徑由及來迎接村外，悉蒙膏潤。越八日上殿甘澤告足，餘村殊不沾灑。靈乎哉……如此之靈，古未聞也。由唐而來，迄今五百餘歲，一一豈能縷陳乎。噫。我聞子厚禱應銘雷塘之碑，子瞻祈謝誌張公之祠，俱未若此靈敏之速。許福之信誠，感通者也。姑摭實以紀之，以傳不朽。壬戌九月望日記。

元（大德）《重修顯聖王廟記》 迨至前金泰和間，歲或旱暵，居人祈水懇禱者，獲休應如影響，以至能小大，能幽明；白崖現像，或飛騰，或潛隱，靈沼示形。由是觀之，則灾害不至，里社修祠，膏澤荐臻，朝廷封賜，封賜之節皆載諸史册。靈應之跡，觀其前代所立之碑，昭然可見矣。迄今大元開創天下以來，居民如舊，祈取聖水，旱禱則應。每歲維夏，四方士庶，畏神之威，香財簫鼓，牲肥酒香，往往而祀者，今昔一同。然廟貌積年，上雨旁風，弊漏幾毁，楹腐而亭欹，甓壞而池隳，非無相率而起廢者，蓋時有先後爾。至元貞二年丙申歲上元日，有增村社郭等，於本廟供奉燈燭。翌日再詣廟內，焚香拜謝，收取其所陳琖器，內一連几案，擔運弗克得離。於是儆其社衆，届三月清明日，皆來祈禱，百請不起，衆再祝曰：如此靈異，必欲復修斯廟乎。然經費浩大，非衆難成，可賴尊神隨社緣化否。語畢或聞琖器琤然，似然所請，取之隨手，略無痕跡。自後社衆析而爲四，於各社隨緣抄施，所至之處，捨財施利者，風應雲合。既而鳩材命工，雖備而財不匱；仝心協力，雖動而用不勞。凡爲工役者，稍有怠嫚，或見縞色鉅蛇，於工役所蟠屈，翹首如董厥功。工衆悚懼，不復嫚易，即化而不見。如此儆寤者非一。自元貞二年春經始，至大德元年丁酉夏告成。正、獻二殿榱桷翬飛，池、舞兩庭簷楹輪奐。壓欄、楹柱、池甓，悉更之以石。期年之間，刮目一新，何成效之速耶。

明（成化）《重建白龍神祠記》 陽城邑治西北崗地名崦山，自李唐武后長壽壬戌歲，肇有白龍神祠。【略】金明昌壬子歲，自冬經春不雨，民廢稼事。劉村信士許福懇禱祠前，出三門東隅彷徨四顧，忽有大蛇丈餘，隨出步武間，赤睛玄吻，縞色花紋，盤屈不動，就福外踝摩拭面目，似有所告。福驚懼曰：龍神見怒如此，小民焉敢禱請。言畢引首上東廡，延及門裏，下舞庭，即化滅不見。遂獲大雨，霑足。許福感其靈異，謄斷碣舊文，請雙溪遺老韓仕倩爲記。碑刻見存，時泰和二年中秋前五日也。迨夫聖朝，歷年愈久，靈異愈應，敕有司每歲四月初三日備牲醴致祭，載在祀典。舊祠僅三間五架，皆木柱，隘狹不堪奉祀。天順庚辰春，邑宰湖廣黄崗劉公以文，彦章字也，欲恢宏神宇，創塑神像，命增村耆民陵謙董治其事。重建前後二殿，俱五間七架，易以石柱。後殿始立，劉公致政榮歸；前殿落成，耆民陵謙棄世。仍命迺子陵玘祇服厥事。成化乙未冬，適陝右靈臺史公書，獻忠字也，以名進士來宰吾邑，凡事神治民之事，靡不備舉。向之神祠、壇場、學校、公廨、郵驛，傾頹者咸葺理之，未完者悉成就之。名雖重修，功同創始。而斯祠之廟貌神像，焕然維新。

清（乾隆）《邑侯青天楊老爺斷明四社各遵照合同舊規德政碑》 陽邑北崦山敕封顯聖王，□□□靈應雨神，上有御祭，下有官祀。凡通縣大小村莊，每歲四月初三日殺牲獻戲，始自唐時，傳至今日。其神霖雨蒼生，福庇黎庶，莫不尊親。其實創建立功，僅名四社。每□□賽，輪流周轉，祈換聖水，各遵成規，彼此交代，從不紊亂。情因四社供饌拜水，風雨不便，故共議創修拜殿。及殿改觀，彼此争先恐後，反爲不睦。於乾隆□公議，共立先後次序合同一紙，各有手字。不意十九年又有不遵照合同舊制，復起争端，本年即未得交收，彼此含忍。候至二十年，適逢上憲頒發祭器，想交收不明，器無所歸，於是不得已互相呈控。蒙青天楊老爺當堂審斷舊時合同，朱批驗訖，俾四社即刻交收取水官花，仍舊各遵照合同定制，不許紊亂。庶乎交轉無礙，躁氣悉化，以饗以祀，以介景福。□社合同，勒碑鐫銘，永垂不朽。開列於後：立議約合同人增村，丁店，大寧各社首郭從興，王者佐，郭成禄等，與義城社公在白龍崦山輪流立花換水供饌。義城取水不得過巳時。增村等各社，候義城社行香取水畢，各行本社舊規，上盞供饌亦不得在巳時以前。供饌若有違犯，四社公□肆兩入社辦公。恐後無憑，立此議約合同存照。

芮城縣岱嶽廟露臺

紀事

金（泰和）《嶽廟新修露臺記》 夫岱嶽者，首載於國家祀典。今則天下之廣，一郡一邑，莫不卜地建立行祠，鎮庇境界迹大。芮城迺古之讓國也，風俗敦庬，崇敬尚□，□化使之然耳。縣□□東，營修嶽廟□□□矣。基址宏敞、殿宇廊廡，制度完備，□□□麗。惟有露臺一所，累土爲之，歲律遷□，風頽雨圮，屢修屢壞，終不稱於廟貌。凡有時祭月享，當奏音其上，用薦庶羞。今以卑隘，不克行列□人，樂失其備。格思，居民常以爲憾。數議興修，奈何□□□久，又寢其議，勇意完葺者，終乏其□□□□下。董公諱章，世居此邑，仰荷□□，□忍坐視其弊。遽迺披露肝誠，誓爲經□，□循舊貫，剏用磚石，增大其基，募工匠□□□費五百餘貫。鄉衆聞之，競喜爲助。□□□□，一一碁布。自乎肇造，□□於今，周及二載。中間工匠日用饋餉，公□□應辦，寒暑不避，始終如一，邇者方□厥功。□臺崇七尺五寸，方廣二十四步，磚總萬有六千數。邊隅用石一百五十□。□礱絶疵，細功鱗砌，蕩人耳目。黄童白叟，□□以□□。□牲陳皿者，得以展其儀；流宮泛羽者，□□奏其雅。神人之心，由是和焉。余旅食滋邑，未幾數句。忽旦有夙契吕君諱□來予止舍，告之曰：經守□此廟，以永其歲。今董公剏興露臺，能事畢矣。求余爲文，紀董公之志。余讓之久，而渠□益切，在於交情，義難固辭。□詢始末，備述於前，俾後來者知作之之始。噫。吕君，義士也。悃幅求文，成人之美，而賢乎哉。余亦嘉諸，繼書於石。時泰和三年歲次癸亥五月戊辰朔十一日戊寅。

寧武縣定河村昌寧宮舞樓

紀事

金（泰和）《汾川昌寧公家廟記》 寧化縣郭西南二十餘里，有定河村。村側有小丘，左汾堧，右谷口，高且尋仞，廣殆畝餘。上有叢祠，古往流言謂爲臺駘墓，主汾神。而土俗雖承傳之久，亦不知所以然，又不諭建祠之由，第以土地神祀之，故其祠宇稔爲風雨所敝，莫之省也。今案縣境處汾水上游，實太原之域，昔者臺駘業官於此，受封於此，其生也既有功於此，而死乃葬於此，不其然乎。《祭法》曰：法施於民，以死勤事，以勞定國，能禦大甾，能捍大患，有功烈於民者，則祀之，及夫日月星辰、山林川谷丘陵。非此族也，不在祀典。若臺駘，乃勤事禦甾有功烈於民，宜在祀典之族也。《禮》：山川之神，水旱癘疫之災，則禜之。説者謂祭其先世主山川之神，非獨祭山川之神也。明昌五年，州得汾陽人任從仕爲判官。任諱知微，博聞之士也，因悼彼俗顓蒙瀆神之祀，乃追討圖志，以《春秋傳》考證之，核厥事跡，知其昭然不誣爲神之墓、爲神之廟矣。乃與儒士史世雄、宋釴，取舊《圖經》，參校編次，增補其闕，具載茲事以示鄉人。由是民得曉然，知所敬在是，乃相與修廣舊祠，闢其堂皇，易庳爲崇；延袤兩序，增爲周廡；敞其陽門，益之東西偏；至於塗塈、瓴甓、繪飾之屬，焕然一新。仍得任公所書故事、封爵、廟號榜於題額，觀者莫不喜悦。然後衆乃環聚而言曰：惟神之塋兆、廟貌既在吾里，則神之靈尚安往哉。且吾民之生，咸賴汾河之利，並水而居，未嘗有泛濫之厄，得非神之力乎。今祠所既寧，吾屬當以時敬祀之，以報神休。於是以每歲仲夏竭誠修祀，具牢醴牲饌奠於堂上，作樂舞戲妓拜於堂下。是日闔邦遠近，往觀者如市，大爲聚樂，以極歲中一方之遊觀也。

劇場部·元代劇場分部

臨汾魏村牛王廟戲臺

綜　述

元·佚名《牛王廟碑記》　其廟枕村之北崗，姑峰秀於前，汾水環於左。地基爽塏，棟宇翬飛。石柱參差，樂廳雄麗。遠近士庶，望之儼然，敬心慄慄，罔不祇畏，實一方之奇觀。目睹祀事，今罕有之。至於清和誕辰，敬誠設供演戲，車馬駢集，香篆靄其氤氳，盃盤競其交錯，途歌里詠，傴僂提携，往來而不絶者，至日致祭於此也。

紀　事

清（同治）《三王會碑》　嘗思廟宇之輝煌，雖關乎氣運，而其所以然者，全在乎人之作爲耳。魏村三王廟年遠日久，廟中之修理亦非一次。目刻堅固者可以延年，破亂者甚屬難堪，同六社商議重修戲臺，分神殿、西門、路南廊房以及獻亭之角，所費錢文六社均攤。由是神喜人喜，神恩默佑，而一方之人物有不盡爲無恙者乎。因勒碑刻銘，以垂後世。議定會規，每年逢會初十日，六社獻牲，挨次轉牌交社，本社人在中，交社人在東，接社人在西，甚勿紊亂。所寫之戲，或是本縣，或是外縣，總要初九日早到迎神，十二日早到送神爲止。倘敢以官挾勢，强行拉戲，六社公辦，决意不准。三王之威名，反不如伊乎。逢會之期，天雨若大誤了日期，出錢四十千文入公修理山棚，上面要做五大名山，中間《五馬破曹》，下層士農工商遊山玩景之勢。又四外村中不要停留賊匪，損人利己。如若强留者，六社公議，定要將窩主賊人立送死地，以除其害，决不食言。爲此謹誌。

清·佚名《憶我西社》　幸神恩廣被，人人樂解謫仙之玉佩，在在喜施濟孤之黃金，因心爲果，積少成多，京都募銀二十七兩，每社攤錢四十一千有零。於是光緒十三年買廟前平地二分五厘，十五年重修東茶房、西廚房以及樂亭中之棚，二十三年修西廟門、南廊房、獻亭西南厦角、樂亭東南厦角，且於獻亭下輔立柱十根，二十四年獻亭下立柵欄，修東廊房、馬房、廟門東邊之牆，且重刻元時碑文於原碑，共費錢三百二十四千有零。於是宮室巍峨，殿宇森嚴，傾塌者依然峥嶸，毁敗者焕然新鮮。則四時敬神之俎□有從設，每年赴會之客商有所安，神人於此宜均悦歟。

壺關縣神郊村真澤宮舞樓

紀　事

元·宋渤《重修真澤廟記》　祀典：法施於民，以勞定國，能禦大菑，能捍大患者祀之。四方名山大澤，林谷丘陵，爲邦域之望，能出雲爲雨，生材資民者，宜有神守之，以血食其土。尚矣，上黨之俗，質直好禮，勤儉力穡，民勇於公役，怯於私門，自昔稱爲易治。然獨豐於事神，凡井邑聚落之間皆有神祠，歲時致享。其神非伏羲神農，堯舜禹湯，則山川之望也。以雩以禜，先穡郵畷，皆於是奔走焉。歲正月始和，農事作，父老率男女數十百人，會於里中祠下，豐牲潔盛，大作樂，置酒三日乃罷。香火相望，比邑皆然。至十月農事畢乃止，歲以爲常。壺關縣紫團山，有兩女仙祠。居人傳仙人姓樂，學道此山，得不死而去，相與率爾奉祀之，靈應如響。宋大觀中旱，守臣禱之而雨，請之有司，得廟額曰真澤，仙人號曰冲惠、冲淑，大建祠宇。金末亡亂，風雨傾圮，蓋什三四。國朝至元五年，魏人郅朗來守邑，雩禜之請，應不逾夕。乃曰：霈澤敷惠，神明之職；興滯補弊，守令之事也。遂約里人楊端、張山、丁福，道士連信英輩，鳩功補完之，踵門謁予乞記其事。予以中統三年秋七月西歸，嘗道出祠下而止宿焉。峻嶺峙前，重阜環後，茂林鬱如，內外嚴邃，殿堂廊廡凡百餘間，如大邦君之居，信列仙之靈區，神明之偉觀也。特列而直書之。至若仙人族世，雨暘靈異，具政和誥祠，縣令李元孺之刻文詳矣，兹不復贅。七年七月壬寅，上黨宋渤記及書。

芮城縣芮王廟戲臺、舞庭

紀事

元（大德）《芮王廟記》　嘗聞鳶飛戾天，影流於庭，燕人以爲雁，越人以爲鳧，非視之不精，勢之相去遠而然也。今芮城西十五里枕崇岡，有芮王廟焉。【略】正殿榜曰桑柔貢蔭之殿。貢者，以其能光暉於四境；蔭者，以其能覆護於群生。冠以桑柔者，義取芮良夫之義也。門樓高敞，獻有殿，舞有庭，戲有臺，與夫左廊右廡，塑像焕然。梁開平初有朝旨，再立祠宇。周顯德間敕命，又加重修。宋端拱□詔毁天下淫祠，此廟不廢，以謂設古帝王之像故也。每歲清明、中秋，享祀不忒。舊崇奉香火之社者，凡十有一，獨故任存而不改，餘皆竄易其名。日月逾邁，修毁不一，孰能縷數之邪。後自古城廟遷於此地，止用五社之力焉。

芮城縣岱嶽廟舞庭

紀事

元・劉儀《岱嶽廟創建香臺記》　伏以人仰神而降福，謹慇虔誠□托間以爲靈，必獲廕祐。夫岱嶽行宫，置諸芮邑之東，雄建魏宫之左。殿宇廊屋，獻臺舞庭，廟貌之設昔皆備具，惟香臺闕焉。里人王玉、張仲琇，謹啓丹誠，同成勝事，□爨戚□，命工磋砌，經營尤謹，不日而成。嗚呼。斯台既立，若不刻諸寸石上以記其歲月，將來湮泯，無以光前啓遥者焉。古芮雲泉劉儀謹誌。

芮城縣東吕村關帝廟露臺

紀事

元・劉士昭《創修露臺記》　伏以鶚翥遥空，迺望風而飄舉。人禱其神，必獲蔭而降福。夫芮邑忠孝鄉東吕社，故祀□昭惠靈顯真君，殿宇雄壯，廟貌儼然。廊廡昔皆具備，惟有露臺闕焉。里人蒙古恬蠻，謹發赤誠，願爲勝事，特舍所費之資，命工爨□琢石，經營創建，不日而成。於戲。斯台既立，若不刻諸於石，恐以歲時綿遠，無能光先啓後，聊且真書，以識歲月云。泰定五年暮春中旬九日，□恰後人劉士昭謹誌。

襄汾縣崇山卧龍祠樂亭

論説

元（延祐）《重修卧龍祠記》　維崇山卧龍行祠，值大德辛卯□，郡邑屋無孑遺，此獨隳其左右腋。議締構之，蔑有唱率者。張相里李忠、李信、楊澤、趙瑞，安李里張和，南張里張寅，管老劉誠，慨然曰：進止一言，何浮沉歲月爲。遂奔走□境，延耆舊，諭：卧龍神明，占雨者以是爲准。山或無雲，雖陰不雨，猶洞趙之取信霍嶽也。且千金之子，尚焕厥棲，吾徒居安食飽，歲時一奉香火之虔，曾否視祠宇之陋乎。座上莫不壯之，且堅厥志。各探囊中有以助，至五千餘緡。訖功而積，猶有□傍周樂亭之未逮者。於以見天下無不可成之事，無不可動之衆，顧義之與志何如耳。今我民待食以生，我稼待雨以茂，爲之宫室之傑，牲醪之潔，絲竹之節，固未足答神惠，其於義則宜也。顧文其實。予因作迎送二章，俾侑奠云。

長治縣五龍山五龍廟舞亭

紀事

元（至正）《重修會應王廟記》　至正辛巳冬，冀寧張公用臺薦來典是郡。越明年壬午夏，闔境告旱。公戚然曰：士當先天下而憂，後天下而樂，閔勤之職，其不在茲乎。迺戒寮寀省牲幣，涓潔吉旦雩於祠下。靈貺響應，歲則大熟。又明年歲癸未，當春夏之交，彌月不雨。公有憂色，雩而復應。於是官吏庭慶，商旅途歌，農夫野抃，咸謂將見有年、大有年，特書、屢書之也。乃以三月己丑恭謝祠下，顧瞻廟貌，簷傾壁敗，堵隤甃陊，甚非所以展禮神之敬，乃屬其僚吏而告之曰：夫有雩必應，庇蔭一方，神之於人，惠至渥也。祠宇之壞，其可坐視。遂捐俸爲倡，衆皆翕從，下逮邦民，罔不悦隨然。但以山高水泗，重煩民力爲虞。時則有若上黨監縣，寔從公行。公諭之曰：山澤通氣，理之自然。神其有靈，必獲陰祐爾。其爲我禱之。翌日，傾悃致詞於祠之前，相地再拜，浚不數仞，井泉奔出。一時觀者且喜且愕，曰：古人有刺山泉飛，拜井水湧者，斯其近之矣。然後監縣公受命蒞事，董功役，課章程，周旋惟謹。外則壖垣百堵，版鍤並興，增卑窒郄，檐瓦圬鏝。次則應門内門，高下相抗，螭陛疊玉，獸鐶鑄金。中則正殿鬱盤，長廊回合，陰虬負棟，陽馬承阿。華扁爛金碧之署，舞榭騰丹雘之妝。輪焉奂焉，目眩神褫。瞻者謂鯨海珠宫，鼇峰貝闕，飛墮人間世也。然以其非觀省之所，於乾之維，度其間曠，構亭三楹，題以觀稼。規模位置，綽有思致。詳具郡士李庭通之記，茲皆不書。

沁水縣下格碑村聖王行宫舞庭

紀事

元（至治）《聖王行宫之碑》　昔嘗生乎斯世，有大功德，而殁世之後，民懷思之不能忘者，惟聖帝明王也。亘古以來，載在祀典，廟亭血食，使天下之人，齊明盛服，歲時伏臘，奔走豆籩，嚴奉祀事。則君蒿悽愴，精氣感通，洋洋乎如在其上，凡所請禱，昭然獲應，捷於桴鼓影響。此神之靈，明也。以至大庇天下，陰陽順序，疫疾不作，風雨以時，年穀屢登，致彼四海，民人咸受福利。其爲神之功德，能捍大災，能禦大患，莫大於斯也。今沁水縣據鹿臺之陽，濩澤之右，澤州之屬縣，爲古之偏邑。去縣之西南四十里許，有墅曰土沃，墅之東有山曰析城，西曰歷山。丘巒突起，空翠蔚藍，左右象設，極爲形勝，宛若龍蟠虎踞之狀。其枝峰蔓壑，映帶連接，形勢崗脊，彼此相距。絶頂之上，有虞舜成湯二聖帝故行宫在焉。俯瞰平野，四望豁達，實幽邃之福地也。大朝庚戌年，春旱太甚，其土沃居民劉源、徐玉，相率鄰近堡社耆老人等，同心露懇，景慕二聖帝禱雨救旱之德，乃以香幣粢盛瓶器，敬詣祠下拜請，聖水果獲滿湧。甘霖霑足，遂使歲之凶歉，忽變爲豐穰。此非能捍大災，能禦大患者乎。由是自中統二年辛酉，其劉源、徐玉偕格碑李惟貞、羊茹安德、劉聚、臺亭程貴、宿場楊壽、大興王德等，咸捨己財，鳩工募役，因就墅東古跡，護國顯應王之遺址，創構虞舜成湯二帝之行宫。其正殿三楹，設二帝之聖位，東西二室，左爲護國顯應王之祠，右爲義勇武安王之廟。廊廡廚庫，布置嚴整，兼標撥贍廟地土，歲時致祭香火不缺。每遇歲旱禱則應之，是以懷神之德，食息不忘焉。至大德六年甲寅，復有本村徐思、劉清等，繼乃先之功，修建舞庭一座，累年，以年不時施工。金碧雜焕，簷甍翬飛，輪奂一新。使鄉人望之，聳然知敬，無不交口稱讚，中心悦服，蓋有不期然而然者矣。昨承踵門來請爲記，僕竊任教職，材力魯鈍，獲覩盛事，不敢固辭；忘其鄙陋，粗述始末，俾刻諸石，庶贊成功一二云耳。

平定縣蒲臺山靈贍王廟樂亭

綜　述

元（至正）《靈贍王廟碑記》　蒲臺山靈贍王廟，前有巨石如帽，既崇且廣。上有池天成，蒲生於中，雖甚旱，水未嘗竭。故蒲之叢鬱然，翠潤可愛，是以名其山云。四月四日□享廟上。前期一日迎神，六村之衆具儀仗，引導幢幡寶蓋、旌旗金鼓與散樂社火，層見疊出，名曰起神。明日牲牢酒醴香紙，既豐且腆，則吹簫擊鼓，優伶奏技。而各社各有社火，或騎或步，或爲仙佛，或爲鬼神，魚龍虎豹，喧呼歌叫，如蜡祭之狂。日晡復起，名曰下神。神至之處，日夕供祀惟謹，歲以爲常。

大同雷山潤濟侯祠樂樓

論　説

元（至正）《□□感應碑記》　至正二十一年歲次辛丑，春澤沾濡，豆麥遍野，將欲秀實。值久不雨，民心憂疑。揔兵官中書暨有司職事，咸以祈禱爲務，雨將作而復散者累日。大同分中書司左右司官，相（闕數字）言曰：得雨以爲□民也。揔兵官軍馬供給動以萬計，一歉則共失之，計公税□□□矣。吾儕雖□（闕文）恭，豈得不□誠懇於神，以求紓目前之憂乎。

五月十一日癸酉，率同列齋沐，禱雷山潤濟侯祠，相下（闕文）詞□净設香几，律期於三日之内，必遂所請，當備牲醪以酬神惠，繪像以肅其威儀，立石以紀其本末。若禱而不應，是神居其位，而未能禦灾捍患。禮：旱乾水溢則變置社稷，亦當行國法，以彰神之不靈也。翌日壬戌晡時，澍雨如注，徹夜達旦，霽而復雨。苗稼暢茂，四民欣忭。人人□□可免饑饉□憂□□之苦也。七日丁卯，陳祝幣，具三牲，行三獻之禮，張伎樂百戲，謝拜祠下。既而命元禮叙事勒諸石。

運城三路里村三官廟

紀　事

明（萬曆）《重修三官廟記》　蓋聞三官古廟創建於昔，於是安邑治里名曰三路，敦厚公村等，有三官之廟焉，前古所立，亦妥神靈迺爾。凡民□禱於廟下者，必獲感應之兆。歷世既久，正殿巍巍，樂樓融美，以爲一村之威儀也。奈因年久，世道蓁蕪，正殿丘湮□漏。有本村鄉耆呂登雲、董思公、呂進孝等，憫其丘墟，慨然有興修之志。同本村衆社人等，以觀瞻於萬曆己亥春，各□相謂曰：幸逢盛世，治平之日，歲稔時和，若不重修，以泯前人創修廟之功。今也各捐己物，以爲修廟之資，謂一鄉立善之標然。卜其□其土木金石之費，及鄉人富而好禮者，亦輸其財願施，增修古廟焕然重新，足以起人心之敬仰也。復新論功計費鮮矣，若不刻石以紀功，非惟負前人修建者之心，將來勉激後人之志。信乎也，神者人之所敬，事神之道，庶民之□。今也重修，神固有依，以誠心而感之，其神豈有不格，而黎庶豈有不安者乎。因其請記之於後。

大都東嶽廟露臺

紀事

元・虞集《道園學古録》卷二三《東嶽仁聖宮碑》　至治壬戌，作大殿，作大門殿，以祀大生帝。前作露臺，以設樂。

義縣關帝廟戲樓

紀事

清（乾隆）《重修戲樓碑記》　稽古諸祀制爲聲詩歌以侑神，後世音樂缺微，民間遂演劇報功，非古也，然亦足以觀感。故典今亦所不禁。義邑南郊有關帝祠宇，創自大元，迄今不替。入本朝，山右諸人士，流寓吾州者，立議興修，即新其宇，複建戲樓於大門外，以爲娱神之所，即吾州歲時致祭亦往祀焉。壬申，諸人士因其傾圮，複各解腰，重加營繕，不數月，工已告竣。予嘉其資不外募，故載諸人士之姓氏於碑陰。後其覽者，庶其興廢，舉墜之思乎。是爲記。

白水縣雷公亞夫廟樂樓

紀事

清・王昶《金石萃編未刻稿》卷下《重修雷公亞夫廟記》　又剏起兩廊、樂樓壹拾柒楹，既又點碌施青，堊瓦艧壁，洎門庭堦戺繚垣，無不畢整。使其簷牙高啄，金碧相輝，像設儼然，侍衛恪然，未踰數月輪奂一新。觀天地域塽塏，樹林蓊鬱，遠則睹雲煙之開合；面揖金粟，背倚黄龍，左環洛水，右控神峰，近則愕走虬以盤蛟。岡原爲之翼拱，溝池爲之傍依，巍巍焉，輝輝焉，恍若廣寒之天府，蓬瀛之仙宫，真一方之勝境，有氣象之萬千。非徒爲觀視之美，使過之者有所叅禮，而居民千百世獻誠之地也。經始於庚歲夏，落成於冬。思誠等欲勒諸石，以垂永久，懇予爲記。予因而固讓曰：君等之功，易故登新，變瓦礫、荆棘爲福場，非一朝一夕之計，實綿遠而流芳。彼見義不爲者固不可同年而語也。予何人哉。敢讚神之德澤，君之是功耶。其請愈堅，辞不獲已。姑書興造之始末，繼之以詩曰：瞻彼神祠，彭衙之東。寥寥年深，荆棘之叢。修增舊制，氣象尤雄。峻極於天，曰神故宫。民被德澤，禦盜捕蟲。樂我農業，黍稷獲豐。瘂者復言，靈其有通。擬周班爵，明王之封。主我邦土，亞父雷公。我倉既盈，我庾惟充。歲時香火，報神之功。石著光輝，萬世無窮。旹大元至正十二年歲次壬辰十一月望日立石。

三原后土廟樂臺

綜述

清・王昶《金石萃編》卷一五八　后土廟在神泉鄉，今名龍泉鄉。出郭門直行十餘里，至大王村右轉北向入浮山，或云《釋典》所載取象西方佛國，脾浮羅原，與此無異，可不偉歟。又名荆山，《禹貢》所載導岍及岐，至於荆山，䟽云在馮翊，懷德縣南是也。其實一山而兩呼。之谷，行不遠，已達於廟。清流□徑，溉數頃，以常收。古木淩空，歷四時而俱好。三門三間十二架。過樂臺，正殿曰坤柔，五間三十架。獻殿并撲水八間二十架。仰瞻神像，以婦道配天，繪塑冠服，一如帝后之狀。側有五嶽殿，三間十五架。兩廊靈官堂，禁神位，子孫司、客廳。通計二十五間、七十架。

成都遨床

綜述

元・費著《歲華紀麗譜》　成都遊賞之盛，甲於西蜀。蓋地大物繁，而俗好娛樂。凡太守歲時宴集，騎從雜沓，車服鮮華，倡優鼓吹，出入擁導。四方奇技，幻怪百變，序進於前，以從民樂。歲率有期，謂之故事。及期，則士女櫛比，輕裘袨服，扶老攜幼，□道嬉游。或以坐具。列於廣庭，以待觀者，謂之遨床。

松江府勾闌

紀事

元・陶宗儀《南村輟耕録》卷二四《勾闌壓》　至元壬寅夏，松江府前勾欄鄰居顧百一者，一夕，夢攝入城隍廟中。同被攝者約四十餘人，一皆責狀畫字。時有沈氏子，以搏銀爲業，亦夢與顧同。鬱鬱不樂。家人無以紓之，勸入勾欄觀排戲，獨顧以宵夢匪貞，不敢出門。有女官奴，習謳唱，每聞勾欄鼓鳴，則入。是日，入未幾，棚屋拉然有聲，衆驚散，既而無恙，復集焉。不移時，棚阽壓，顧走入抱其女，不謂女已出矣，遂斃於顛木之下。死者凡四十二人，内有一僧人，二道士，獨歌兒天生秀全家不損一人。其死者皆碎首折脇，斷筋潰髓。亦有被壓而幸免者，見衣朱紫人指示其出，不得出者，亦曲爲遮護云。

新鄉關帝廟舞樓

綜述

清（乾隆）《新鄉縣志》卷二四《祠祀誌》　關帝廟在東門内，正殿五楹，拜殿三楹，舞樓三楹，東西並有耳門。元至正間建，萬曆、崇正間先後重修。

鞏縣東温堂洪山廟舞樓

紀事

清·劉俊智《重修舞樓創建耳房碑》 古者祭享有樂必有舞，以暢幸□□□□意。後世報賽演戲，想亦倣其遺制也。温家堂村洪山真人，廟前設舞樓，由來久矣，風□□□歲積就圮，有監生秉章、儒生克敬，武童占奎者，俱清河郡，系環廟而居，不忽坐視，糾合村衆，議複修葺，志意投合，罔不順從，於是均功派錢，同任其舉。第舊制規模不甚宏敞，每值酬神俳優之日，必需構架棚幫，恒欲增其二廊，構於勢不能爲遂，乃倚附東壁，續置耳房一間，梨園子入室整□，既有居停之處，菊部人上場作戲，可以福之。□工厚不鴻，費亦無幾，事既告竣，爰勒貞珸。後之人若有同志，或嗣而葺之，擴而充之，皆今日之所深望也。是爲序。

劇場部·明代劇場分部

盧氏縣城隍廟樂樓

綜　述

明・蔡彝《盧氏縣重修城隍廟記》　正殿五楹，香祭亭轉角三間，樂樓轉角三楹，東夾室十楹，西夾室十楹，香積廚三間，前門三間，堅實樸素，門窗户牖明麗豁敞。

紀　事

清（乾隆）《盧氏縣志・盧氏縣重修城隍廟記》　天順甲申，坊西士夫王孟平偕衆大發虔誠，舍捐己資，鳩材僝工，勤勞懇款，起正殿五楹，香祭亭轉角三間，樂樓轉角三間。

清・劉應元《重修城隍廟記》　敕封顯佑伯城隍廟建修之可考者，自明嘉靖三十九年庚申不戒於火於時新而廣之，入國朝來，迄今二百九十餘載，因基修葺，時有經營。道光改元之後，重修者再矣。元以戊申秋蒞盧邑，自朔望入廟展敬外，凡民事之不調雨暘之未若均於是虔祈而默禱焉，己酉春，邑紳張應宿，李芳春等率住持僧海澄，海法齋勸緣簿册請集費於里，民爲重修計遂諾之，因於編審里甲之際，面諭而手頒之令，各宜意於衆。是歲夏秋麥禾均告稔里民共量力而樂書於薄，得錢七百二十貫有寄。邑紳等按簿收貯而將事焉。工興於庚戌三月，凡十閱月而告蕆，自□殿獻庭及舞樓山門牌樓兩廊各處暨旗幟陳設之物，缺者補之，舊者新之，位置之不如法者，□□而安排之□不厘然燦然。董是役者爲張李□□舍而李上舍居興廟鄰尤得昕久從事。工既竣，請爲文以勒諸石，元維治人事神均守土之□敕封城隍神以理幽而贊明，尤爲保障一方官與民所安共生敬畏者也，元於己酉孟冬書以保黎民四字額獻諸廟中，以申敬志，茲於重修之役。

靈寶縣大留村火神廟樂樓

綜　述

清（乾隆）《登封縣志・壇廟記第八》　舊志在縣治西。大殿三間，前爲捲棚，後爲寢殿。左右兩廊共三十六間。甬道周圍置石欄。再前爲演劇樓，爲儀門，爲東西兩角門。門外西爲瘟神殿，東爲鐘樓。二門三間，障以照壁。再南則大門。明正統間，知縣趙興重修，康熙三十三年，知縣張聖誥重修。雍正元年，知縣楊世達重修。

紀　事

明・佚名《重修大留村火神廟記》　廟自正德間楝宇欹側，丹青剥落，罔壯神居，巘山里王宗道等乃募取工材，恢閎舊制，於嘉靖六年丁亥正月十一日始事，於十七年十一月十一日落成。中爲正殿三間，樂樓三間，鐘樓一間，外伯王廟三間，限以重門，繚以週垣。煥如翬如，高峙離位，麗壯實枚，再陪於初，威靈顯異。

新鄉城隍廟戟門舞樓

綜述

清（乾隆）《新鄉縣志》卷二四《祠祀志》 城隍廟在縣治前，明主簿王讓建。洪武二年封英靈伯。天順三年，知縣楊清重脩。嘉靖十一年，邑人李胤寅等復脩之。建後正宇，前戟門，門内新舞樓，門内外治甬路。四十五年，叚學遵等創石欄杆。萬曆間，知縣於應昌，苑岱，盧大謨相繼重脩。寢宫五楹，則大謨創建也。天啟、崇正間，李時德、曹南等重脩。

泰安州客店

雜録

明・張岱《陶庵夢憶》卷四 客店至泰安州，不復敢以客店目之。余進香泰山，未至店里許，見驢馬槽房二十三間。再近有戲子寓二十餘處。再近則密户曲房，皆妓女妖冶其中。余謂是一州之事，不知其爲一店之事也。投店者，先至一廳事，上簿掛號，人納店例銀三錢八分，又人納稅山銀一錢八分。店房三等。下客夜素，早亦素，午在山上用素酒果核勞之，謂之接頂。夜至店，設席賀。謂燒香後，求官得官，求子得子，求利得利，故曰賀也。賀亦三等：上者專席，糖餅、五果、十餚、果核、演戲。次者二人一席，亦糖餅，亦餚核，亦演戲。下者三四人一席，亦糖餅、餚核，不演戲，用彈唱。計其店中，演戲者二十餘處，彈唱者不勝計。庖廚炊爨亦二十餘所，奔走服役者一二百人。下山後，葷酒狎妓惟所欲，此皆一日事也。若上山落山，客日日至，而新舊客房不相襲，葷素庖廚不相混，迎送廝役不相兼，是則不可測識之矣。泰安一州與此店比者五六所，又更奇。

澤州縣辛壁村成湯廟禮樂樓

紀事

明・宗秀《創建禮樂樓記》 大物遇時亨，人逢運泰。且木猶櫟樗，匠石不顧，而徒多市衆之觀。聖並顔曾，通達未通，而豈遂干城之志。所謂道自人弘，物因時□矣。澤城之西距三十餘里，有社曰辛壁。背山臨流，土淯民富。厥中古有成湯廟，鄉閭葺理，代有其年。左接民居，起敬□宫墻之下；右依琳館，瞻□於咫尺之間。殿宇巍峨，扉户曜目，廊廡掩翕，宏敞重深。肇自金大定二十一年也。内有蒼□一株，周迴合抱，高出環叢，陰幕境城之家，望覽四圍之遠，根源莫測其宗，盤薄不□□□。嘗聞父老相傳，寧山建衛之初，官採不果所從。迨弘治辛亥間，宗支愛才□□□□求未諧，强欲親伐。夢警居民，豎旦，老稚擁□，阻轡而還。憶樹□□有神司之，安□□是哉。耆老李貴議衆曰：此樹見危，居民必險。率領二十餘家，就此而建禮樂樓三楹，欄護四傍，用主禮樂以事神，社□響諸。自斯校力者子來，施財□□聖。□於□□之冬，成於辛酉之夏，爾來十載，經營絡繹不絕，其用功也深，費財也庶。【略】雲林幽居子清河宗秀□□，【略】時弘治十四年岁次辛酉閏七月吉日。

介休后土廟獻樓

論說

明（正德）《創建獻樓之記》　后土廟舊有樂棚三間，因其敝壞矮窄不堪，正德丙子春，邑耆梁公諱智等，欲建樓廣闊而重修之。奈城下有三清觀，與樂棚相近，建樓愈高而神愈下，可乎。士民薛君雄謂衆曰：改三清閣築基，與獻樓同合爲一，中則分之。起三清聖像於崇樓之極，前列萬聖朝元，後奏獻以奉后土，則神上而樂下，使人心安而神妥也。衆如其言。本廟道士張德深，告請四方賢士，共建斯樓。梁公施白金數百餘兩，以董其事，由是施財百數者數十人，十數者百餘人，五數者數百人，兩數者不下千餘人也。遂採綿山之木，卜曰鳩工，以建崇樓。夫富者施其財，貧者助其力，工者鬥其巧，三載之功，其費也大矣。是樓也，上接雲霄，下連中鎮，金碧丹彩，覆簷深邃，則神有所依，洋洋乎如在其上，如在其左右也。人心以安，知所畏敬，而至誠足以感神明也。過客來賓，或奉祀，或登眺，東瞻漢郭林宗之巨塚，西睹唐助國聖母之神祠，宋文潞公之墓道，南觀綿峰麓晉介之推之茂木，北望汾水之汪洋。孰不曰美哉，斯樓誠一方之勝景也。囑余記之。蓋聞燔柴以祀天，瘞埋以祭地，起建崇樓，敬神之至也。神之享，曰敬而已。《魯論》有云：吾不與祭如不祭。信斯言也。

臨汾東館戲臺

紀事

清・佚名《重修臨汾東館戲臺》　臨汾爲山右平陽首邑，其立東館於京師也，自前明始。中字建祠，鄉之人貿遷於畿甸者，率會聚於是焉。歲即久，日漸傾圮。繼武主斯館有年矣，既廑榱棟之慮，而又思鄉人驟枌榆之誼也。今幹乾隆丙戌之夏，重整殿宇，以妥神靈，外及廳堂兩廡戲臺等處，咸加修葺。鳩工庀材，迄秋而告竣。集衆力，襄義舉，維桑與梓，自是有歸之樂焉，豈不懿歟。

澤州縣冶底村東嶽廟舞樓

紀事

明（萬曆）《重修東嶽天齊廟舞樓三門記》　我大明山西澤州治之西南三十里許，有鎮曰冶底焉，迺山陝通衢，宦商交錯，日無輟。鎮西傳有東嶽天齊行宮，群山背繞，流水面前，規制隆峻。其中檜竹林森列，金鯉躍淵。記載家大人武進士公戊戌年重修文綦詳。誠群景之最勝，高人樂觀之所也。創久舞樓傾頹，三門破壞。偶有里人母病，禱而獲祐，乃感樂施好善。鄉耆董世南、董正誼、董朝邊、董朝敬、趙仲義、董寵、董思厚、李添順咸聚而議曰：吾輩仰足俯給，慶有室家之樂，皆賴天地之恩，叨神靈之庇而獲者，可不思所以報答之乎。各先捐資，後復資衆集工料計稱時，興理起於本年四月初一日，告成於本年仲秋望日。新添孫真人、衛真人、馬明王神祠。古像裝嚴，峻極沖霄，翬飛遠邃，金碧掩映。誠如家大之所記也。夫能修飾煥然。神人胥悦，日後嘉禾兆登，災疫不作，永享百福，申重無疆，又豈不如家大人之所願者哉。雖然不可度之，神即在無厭射之心，使世南等誠能推廣此敬神虔念，孝父母，敬長上，和鄰佑，□孫庶，里有淳龐之俗，人遊堯舜之天矣。予蕪陋無似，素不知文，乃與正誼爲骨肉親，且與里民有資補情。矧世南等能繼董仲繼綱稚之心以爲心，予敢不遵家大人樂聞之志以爲志耶。遂不避妄誕，直述所見，用質聖賢。

河津連伯村后土廟樂樓

紀事

明·趙璘《重修后土禹稷廟記》　大明正統十有二年，詔示天下郡邑鄉村，或有古蹟廟祠傾頹，悉皆修理。我聖朝無非使人尊崇禮義，以厚風俗而已矣。茲者，縣治西南隅里曰連百，鄉曰梁許，百里有坤柔聖母，禹稷賢君及歷代忠臣良將廟宇一區。亘古遺跡，建於龍崗之巔。北倚三級，南對孤峰，左襟汾流，西拒黄河。山川美麗，羅列分張，□勢雄偉，巍鎮中央，雲蒹咫尺，千里在目，勝概絶倫，清幽無二。惜乎原其所自，先人失識，不知興於何代，無由可稽。延年綿遠，歲月湮没，殿堂疏漏，聖顔剥落，喬木聳矗，廊廡傾頹。嗟哉。勝境嵯峨，神祠蕭條，每遇春祈秋報，三社拜香，面覥行禮，耆庶之衆，空有踴足之歎，而無刻骸之忱，徒有應訥之言，而無捨財之意。公微私勝，面從心異。時有本社景氏，表貴字克榮，素志於斯，每懷靡及，幸蒙皇恩，陡然情興感激。於是私家會議，昆仲子侄闔門同心，熙熙皡皡，發一念之丹衷，起千般之計策。至誠懇切，真實無僞，罄施己貲，滌慮洗心，齋宿廟中，夏不避暑，冬不懼寒，踵門拜謁，善勸董督，頃刻無怠。是以鄉耆薛恩等亦行憤志，輪次在廟，同寅協和，互相贊助，鼓舞作興，人皆悦從。有貲者施以錢穀，無財者效以工力。心無畏憚，咸來趨事。不逾數載，重修正殿三楹，香亭一座，獻亭五楹，樂樓三楹，外門三楹，廊廡二十餘間。陶鑠脊獸，補塑神像，金妝彩飾，顯耀輝光，無一不具。隆古制度，煥然鼎新，功緣有次。三鄉士庶詣予館下，屬文鐫石，予辭不已。嗚呼。昔之修營，或易一瓦，或更數椽，仍舊補湊，然而，易完易朽，隨成遂敗，非若常人之情，始勤終怠。公之赤心，慮始慮終，如金石之堅，鼎鑊之固。後之君子，誠能體公之心，繼公之志，述公之事。又從而歌曰：勝境蒼蒼，河汾湯湯。相續無替，愈久悠長。以是爲記。

明（萬曆）《連伯重修后土廟底創》　連伯今古馳名灘也，南臨汾水，北鎮紫荆，洪河流於西，姑射峙於東，盤旋數寨，勢如常山之蛇，誠所謂連比屬鄉，長大諸莊者也。村前有關西古道，乃山陝之通衢，秦晉之要衝也。其村迤北，沙峰萃聚，土阜巍峨，其形勝自龍門拖邐而來。中有后土神宇一所，正殿三楹，中塑坤柔聖母，所以神地道也。左大夏禹王，右周始祖后稷，以平成播種之功，有配地無疆之休，祀之固宜也。殿前香廳一間，獻庭五楹，樂庭三楹，三門三間，左右回廊各三間，東西厢房各十餘間，東西角門各一座。垣以週墻，環以翠柏，丹焉倫焉，巍巍乎爲一方之鎮。然時世久遠，莫遡其建立之自。查得神背，皇慶年重修。按《通鑒》，皇慶，元仁宗年號也。我太祖驅逐胡元，嘉額褒崇，收録大明祀典。至景泰間大爲修理，有碑記之詳矣。繼是而胡漠瀰漫，黄沙佈護，兼以嘉靖乙卯地震，殿宇傾損，墻垣脱落，連年累加完葺，功未就緒。鄉民馬晏明等，不堪神之疏陋，遂鳩同闔鄉衆善人等，共發虔誠，貧富各施財效力，任工按度，正殿則革故鼎新，磚圍其四面，其餘殿宇、庭房，或更梁換檁，或易柱補栱，或增祉灰基，或從爲創建，或添設泊水，或廣大墻壁，其經營改作之詳，門堂厢廳之制，紛紛不一。廢者舉之，墜者修之，美輪美奂，焕然一新。殆凛凛乎非昔日之比。功行之日，化被四方，遠邇各施厥財，效厥力，給水助緣，雖耕夫織女，黄童皓叟，有子來趨父之速，歸市争先之效。是役也，起功於萬曆十二年二月，落成於萬曆十六年三月。工既竣，鄉民僉曰：建祀所以寧神，寧神所以阜民。今殿已完矣，宇已崇矣，使神有弗備，則此廟爲虚設，非爲民造福之意。乃於正殿東厠，益以晉趙氏子孫九郎，以爲祈禱雨澤之應。西厠益以漢壽亭侯關將軍，以爲護國安民之助。東廊有酆都教主、地藏、十王、三曹諸冥府，使吾人死有所歸也。西廊有子孫、痘疹、乳餔三聖母，使吾人生有所自也。又有岱華恒衡嵩之五嶽，江淮河漢之四瀆，所以翊贊□生之德，羽翼持載之功者也。三門内塑神馬二匹，拴繫之以僕將。三門外坐神將二尊，起進香者入門之寅畏耳。如是則祠完祀備，神妥而人悦矣。由是而雨暘時若，品彙流行，而萬民有不各得其所者乎。豈曰淫祀哉。三門前東南數十餘步，舊有龍崗古刹，今亦爲之整理咸備。衆議本村龍泉寺僧人，會登會交，焚修香火，起義督工，即前鄉民馬晏明，同寅協恭共成聖事者。

清・佚名《河津連伯村后土廟明代舞樓》 迨至明景泰元年，修墜舉廢，碑載甚詳。於景氏諱貴者，蓋始基之也。及萬曆十二年，廢墜益甚，修理倍難，吾鄉村主壽官馬晏明，特發虔誠，闔門施財，引進一方，於時大興土木之功，爲革故鼎新之舉。正殿、獻庭赫赫乎如昨，桑門、樂樓煥然而重新。兩廂廊廡以及神像、榱楹，靡不彩飾而壯麗。獨以土脈堅勁，牆垣未用磚包。明子靈丘主儀賓、承務郎馬應宿，仝男陝西三元縣典史、兼署醴泉縣事馬一驊，因乃祖乃父之基，立百世不朽之業，糾集閤村採買磚灰，先包正殿三間。其餘各神殿宇與夫廂房回廊，至天啟五年，明孫馬千乘，一概用磚包完。父作子述，祖創孫成，一門向善，希世罕覯。延及國朝，淫雨既多，風沙又大；百餘年來損瓦折椽，倒柱頹梁，見之者不堪目睹，聞之者不勝心傷。至康熙三十九年，閤村衿民僉議修葺，要在本村再起佈施，苦於村窮力微，意欲變賣柏樹修理，又恐減損廟中威氣，衆議沸騰，靡定適從。有驊子馬公，諱文蔚字龍章者，實應宿之孫，晏明之曾孫也，念祖宗締造之艱，慨然爲矯世革俗之計。一旦興懷，率從堂孫馬則烈，實千乘之曾孫，應聘之五世孫也，又商於親友，武生高文著之子高顯，儒士趙焯之子趙堪，而言曰：嘗聞高廟周圍村莊盡被沙壓，而此廟獨存者，幸有此柏樹數株也，賣樹修廟，甚非我意，在村中起錢，予心亦不樂爲。愚意欲假神之威靈，成神之功果，但恐獨重難肩，願諸君共勷聖事。三人平素好善，亦遂慨然許諾。因而會集中村一十七人，東社七人，外社一人，共二十五人，異姓同心，沿村乞化，夏不避暑，冬不懼寒，露宿風餐，始終不倦。人心既誠，神架至止，佈施無不如意而來登。梆鈴所到，銀粟隨即，應念而立至。所以數月之間，乞化銀粟約至百兩有餘。於四十年先修正殿一所，餘剩銀兩再加營運。至四十六年，再修成獻庭五楹，止留幽冥教主十王、三曹殿六間，恐官錢不能盡修，在本村中東西社略起佈施，至五十一年，再修成幽冥十王三曹殿、東廊房，共六間，一併修完。功成告竣，衆心未已。不惟不忍賣樹，猶欲更植柏樹，當下存銀一兩，交付僧人，以爲栽植柏樹之資。求余爲文鐫石，予愧櫟匪材，何文之有。不過就諸公之實事，彰諸公之實績。

清・郭步雲《重修后土廟碑記》 連伯村北，沙嶺數十里，直抵龍門山。舊有村莊十數，爲暴風壓覆。沙積如山，廬舍井灶蕩焉泯焉，無複遺跡，而惟后土廟巍然而獨存。廟外内柏樹十數株皆數圍，鬱鬱蒼蒼，望之蔚然而深秀。考廟中古碑記，傳自宋元以來，皆言重修，不知肇自何時，蓋廟之建於茲土也，固不知歷幾千百年矣。惟神靈靈異異常，弗無子者有禱即應。每歲三月十八日聖會之期，邑中士庶謁廟者紛至遝來，人摩肩，車擊轂，廟内幾不能容。東西兩社鄉老議，欲闊大其局，詢謀僉同。兩社士庶急公赴義，佈施銀兩皆傾囊而出。募緣於外，一切官吏、商民靡不踴躍爭先，共得銀一千餘兩。是故群謀允諧，克襄其事，抑亦神之恩德遠敷，實有以鼓舞乎遐邇之人心，而使之發於不自知也，然則后土神靈亦孔昭哉。今將舊香亭北移三尺許，舊樂樓南移三步許，一切材料從新。於山門兩旁置左右二塾，以便出入。又穿井於樂樓西，並建屋於井上，以防壅塞。

河津城關玄帝廟舞亭

紀事

明（萬曆）《重修玄帝廟並增建洞閣記》 邑之北環拱皆丘阜，實紫金、姑射之麓。遠自恒代吉隰而來，至以山盡原起，突兀高出，爲邑主山。面臨河汾，登高視之，誠亦勝概。士人於山畔叢建神宇，歲時伏臘舉祀報祈，期以佑國庇民，居高鎮遠，以呵禁不祥。而高致之士，每遊覽振衣其上，興發吟情，蕩滌塵慮，有懷抱者能自得之，則真趣豈直在林落間耶。

厥維坎方，有前人所建玄帝廟，創始未悉何許年，而歷歷修葺，則明興尤著。上有正殿三間，以妥神靈。南則獻殿五間，以供醮祭。又南下則舞亭三間，備以爲樂舞劇賽之所。又有東西厢一十二間，社人歆神之餘，於是宴集，及住持道人居之。雖若鄙俚弗經，要亦太平之樂事也。邑人前河州判貳龐君禮，每同予遊謁，謂道士誦習正殿，非禋薦神明之體，乃倡義捐金若干，募緣若干，卜良於廟西北隅，以賁飾神宇。餘資甃磚三窟，象紫微大帝、三官、三皇等聖。上崇以閣，玉帝居之，見高無二。上之義方士者流，每以昊天上帝列諸聖之下，不知其何所本。又於玄帝廟後，建聖翁聖母之室，無非所以尊崇神聖。斯舉也，倡義者龐君，施財者善信士，募義效勞則道士郭教善師弟等。若能借此煉習爲一塵不到之地，放之而興造物遊，斂之而與神明伍始，爲無愧於道家者流。而縉紳士大夫，或獻紛華繁，猥托清净以自逃，則下睇市井，傾聽喧嘩，静思名利，誠不啻霄壤異處也。雖然，商之俗尚鬼，邑商王祖乙故都，是風尤熾，因俗爲教，古人所不廢。吾邑多善信之士，如遇節序禮薦之期，當積誠致享，悔過愆尤，以求不愧於神。則有薦輒享，永錫多福，不則灾逮爾躬，褫爾不禄矣。昔我祖宗，當大難未平之初，嘗借庇神休，故太和宫特加禮重。載觀九土之中，玄帝威靈，家祀人欽，莫非祖宗遺意，鄉人之舉，其殆又有所稽哉。今復建別宫以時啓閉，視前爲益處。隆慶三年春肇工，越明年冬落成。爰紀其事，與倡義捐財效勞者之名於石，使後之視今，亦猶今之視昔也。彰往啓來，時葺而屢省，寧不知所嗣耶。今將勒石，距起工殆十年矣，若將寢事欲已而不已者，爲後來計也。書以貽之，是爲記。

稷山縣南陽村法王廟舞庭

紀　事

明（成化）《法王廟創建舞庭記》　南陽爲邑之巨里，人多樂善尚義，尤篤於事神。善士李文遠蚤歲於本廟朝夕躬奉香火，嘗會里中長者議，欲於正殿前建舞庭一座，僉曰：宜。暨向善多士協衷致力，纂緣樂就。材料既備，迺請良工而梓匠。蘇姓而名亨者欣然應曰：吾注意於斯已久，願盡心竭力爲之，不求其償。遂樹舞庭三架轉五，規模雄壯，製作工巧，簾隅整飾，無或尚焉。於是以陳列樂舞，奏格明神，有不宜哉。興工於成化辛卯之仲春，落成於成化乙未之季夏。僉謂厥工既畢，當有以昭永遠。而本村周瑾，亦好善者，躬詣北山之巔，求取美石，付之能匠，磨礲成碣。爰俾不肖，敬録造意興緣之始末，勒諸石表，庶使後之樂善君子有所觀感云。

陽城縣下交村湯王廟樂樓

紀　事

明（成化）《重修下交神祠記》　析城之東有下交，下交之地山水奇秀，居民稠密。南北兩河中夾大阜，自東徂西合爲一水，因名下交。今茲析城即《禹貢》所載之析城也。大阜之上，中創神祠，爲一鄉祈報之所。春祈百穀之生，秋報百穀之成。人民富庶，享祀豐潔。八蜡通而歲事順成，所謂匪且有且，匪今斯今，振古如茲是已。祠廟總若干間，有年久傾頹者，有空缺未造者。正統甲子春，里生魚鯨植桂二株。越明年，里人原大器、孫郁、許真、盧岩重修舞樓。成化紀元，原大用輩重修廣禪侯祠。十有一年，原宗禄輩創建佛殿三間，兼塑佛像五尊。十有三年，原大亮、原宗仁、原宗禄、原禮、原英、孫敖、席步、席擴、孫志學、孫志端、原曇、原景、原內、原乾一十四人，皆鄉黨之拔萃者，覩成湯、黄龍、關王殿三間傾頹，神像剥落，同心協力重修，補塑落成。問曰，祠神左右隙地，未曾起造，可建否乎。僉詰曰：善。乃東建白龍並太尉殿共八間，西建行廊及門樓十有三間。昔之傾頹者咸重修之，剥落者悉補塑之，空缺者整創建之。厥工克備，焕然一新，足以事神祐民，可傳後世。

明（嘉靖）《重修樂樓之記》　嘗稽諸《易》曰：先王以享帝立廟。又曰：先王作樂崇德，殷薦之上帝，以配祖考。故廟所以聚鬼神之精神，而樂所以和神人也。此前人立廟祀神之由，樂樓所建之意也。予誦《湯誓》曰：王懋昭大德，建中於民，表正萬邦，兆民允殖。王之德如此其盛也。觀之史傳，大旱七年，齋戒剪發，身嬰白茅，以身爲犧，禱於桑林之野，六事自責之餘，大雨方數千里。王之澤如此其深也。德盛而澤深，民豈能忘其王於千百世之下哉。覩廟貌而興思，遇享祭而致敬，非勉然也，天理之在人心，自有不容己者矣。是以縣治西南去城七十餘里，有山曰析城，草木分析，山峰如城，即《禹貢》所載之名山也。世傳王嘗禱雨於斯，故立其廟像。民歲取水以禳旱，其來遠矣。其山之東北，有下交之地。居民正北有阜巍然，南山群峰屏繞，襟帶兩河，極爲奇秀佳麗之地。原其所自，亦析城之餘支遠脉伏而顯者也。王之行宫在焉。每遇水旱疾疫，有禱即應，亦王祈禱之遺意也。觀其舊記，殿宇，行廊，門樓大小五十餘間，建自大元太安二年，迄今三百餘載。各殿宇損壞，聖像剥落，里人原大器輩，歷年重修補塑。惟樂樓規模廣大，年久風雨所摇，飛簷欒柱。傾頹殆盡。至我國朝正德五年庚午，里人原宗志，原應瑞，國學生原應軫等，會集社衆曰：成湯古聖帝也。樂樓蕪廢如此，與諸君完葺之何如。衆咸曰：諾。於是鳩工萃材，各輸資力，重修樂樓，一高二低，四轉角並出厦三間，功成於正德十年乙亥。棟宇台榭，高大宏偉，金碧丹青之飾，焕然一新。其功倍於昔矣。兹者宗志、應瑞俱捐館，惟應軫字文璧，任廬州經府，已歸林下十載矣。予與文璧有姻戚之誼，又布衣時同游邑庠，一日囑予爲文，以記盛事。予歸休日久，素拙於文，直書其重修始末之實。噫嘻。文璧建樓之意，豈爲諂事邀福之舉，尤有深意存焉。其心以爲，林下之士，苟徒以詩酒爲樂，幾近於晉之放達，與時何益哉。然假廟享帝之餘，爲彦芳誘善之計，與鄉人萃於廟庭，共宴神惠，必曰耕讀事神，誠善事也。嘗聞作善降之以祥，作不善降之以殃，使善者有所勉，不善者知所戒，而表正勸懲之典寓焉。且舉祀之際，談叙廟之舊記，又曰某人始建何廟，某人重建何祠，而修舉廢墜之意，又將垂於無窮者矣。嗚呼。後之視今，亦猶今之視昔，千百載之下，覩廟樓之傾頹而復修飾者，未必不由文璧興作之也。予年老學荒，謹述其實，如其文，以俟後之能者。

明（嘉靖）《重修正殿廊廡之記》　石樓居士與原神山夙敦道誼，雅因締爲婣，厥雅滋篤。神山邇因修廟事竣，以郭石門所具修廟實録，走徵余文爲記。余惟惛耄弗文，然情弗可辭。按録陽城縣治之南五十里，山曰析城，即《禹貢》所載者。山之巔有池，深昧不涸，人以爲靈。俗傳湯嘗禱雨於此，故昔人立廟其處。厥後凡值旱暵即詣彼，禱之恒應。每歲春民相率而取厥水，蓄靈也。以此諸鄉邑多建湯廟，爲禱祀所。山之陰三十里曰下交，居者數百家。鄉之北阜，亦有湯廟，並各祠宇五十餘間，乃遼大安二年所建，實宋哲宗元祐元年也，迄今四百七十餘年矣。久而必敝，勢也。原氏世居其鄉，爲大姓，科第縉紳輩出。神山性剛方梗介，風度莊肅，所在人咸畏服，尤好整飾，不苟簡。初明《易》爲邑庠傑士，學富而不偶。貢太學後，官授廬州經府。方其待擢家食日，念曰，人賴神以庇，神依人以禮，禮假廟以行。廟且頹敝乃爾，果所以爲禮神哉。由是耿耿不釋。乃協贊族叔宗志，族兄應瑞以修葺之。首建舞樓一所，一高二低，材飾極其壯麗。外南向出厦三間，皆包以磚。方將次第修葺，無何，而厥叔兄輩相繼捐館，神山且將筮仕，厥事遂寢。洎神山將之官，廟辭，因自許曰：幸吾獲返，必纘前緒。越九載致其政而還，抵家未旬月，前日之念即萌。鄉之故事，月朔望相率而祀於廟。神山因祀，乃舉爵長跪而謀諸衆，衆諠然許諾已，而自具酒肴，約會首一十六人，且告之曰：欲興兹役，厥工匪細財力之費，我固先之，如難獨濟何。責分爾輩，爾克勝乎。衆慨然任之。遂定約，分鄉人爲十二甲，作二木牌，書衆名其上，一挨督饋餉，一挨督供役。神山遂即東廊而居，寒暑晝夜，食息咸在是，非有大故不去，身家之務不暇顧，若棄之然。先自出白金十兩，以鳩工，經始其事。首及正殿即湯廟，舊直堂三間，今易爲四轉角出宋斗栱，四面通額，梁，石柱。舊門窗皆木板爲之者，今易以櫺花亮格十二扇，留後門爲將來建寢室。端其材木瓦石，各壯大精麗，愈於昔數倍，雖云重修，實則創建。時嘉靖丁亥春也。是後連值歲凶，人有餓莩，流離者，神山猶經營不輟。乃及東北黄龍祠三間，佛祠三間。西北關王祠三間，神庫二間。正東白龍祠三間，太尉祠三間，神厨二間。正西牛王祠三間，子孫祠三間，土地祠二間。其東西諸祠之下，舊行廊皆平矮室，今爲重樓各五間。正南左右斗栱門樓二所，皆次第而成。四旁聯壁，繩直矩方，雖各因舊基，然舊皆土壁板瓦，今通繚繞以磚易之以桶瓦。四面總二百步。用磚十萬有奇。瓦亦稱是。並其中各神像。亦皆補飾完美。其餘棟宇之類，易舊以新，易小以大，易粗樸而爲精致者，尤不勝紀。又造石獅二，於正殿之階，極其工巧。植檜十有二本於院，植松柏八十本於四外。今年乙未冬厥功成。

陽城縣西窪村湯王廟舞亭

紀事

明（萬曆）《重修湯王廟記》 蓋謂神依人而血食，人敬神而知禮，神人之相須久矣。成湯行宫，析城威靈。恃盛封頭，地依析麓，尊尚獨隆，神靈□赫，廟貌數修者宜也。但比年日舊，風雨時催，其所以換故而更新者無人修也。衆社人等共議，夆薦南崗張登爲首，奮然以爲之。起自隆慶三年八月十七日，補修正殿二座六間，創立牛王、子孫、五道、舞亭、廊房二十間，成於萬曆元載秋九月□□。廊廟已完，聖像更新，創立聖水一道，置賣什物等項俱完。以今視昔，大不同矣。南崗之功不爲小矣，何也。蓋土木之事，自古爲難，加以鄉村遥野，居民稀散，糾領集一，朝夕慵工，披衣而□，修至四載，成績是。人得以祭其神，而神亦享其祭，神人各得其所矣。其功豈小哉。嗟夫功獻而人亡，深可悲也。不勒碑刻名，誠可歎也。幸慶男張鵬程繼父之功，念父之苦，同西東郭朝興，將緣薄照帳，修碑刊記。玹落成也，神人胥慶，多福將臨，因而表之固宜，今爲喜談而樂道。旹隆慶三年八月十七日。

陽城縣潤城鎮東嶽廟舞樓

紀事

明（萬曆）《重修東嶽廟記》 潤城鎮古名小城，脉勢圍固，水繞山環，人聚風秀，今古無宦。自嘉靖三十八年蒙縣主張爺，陝西西寧人，進士出身，嫌村名不好，祈呂仙鸞筆，改爲潤城。至改後，民淳繁富，人物端清。至萬曆十八年，本鎮一案學進六人，乃生於改潤文兆。鎮中古有東嶽廟三進，東西廊並七十四祠聖像，年遠傾毁無□，止存正殿、舞樓、上下三門等，廟俱塌上倒下，風雨難遮。人敬神而必靈，神佑人而賜福，廟新村壯，廟破村窮，人人歎□。意爲者懼功大力微，衆視捱托，數春不敢擅爲。萬曆二十年，蒙縣主葉爺，山東德州人，進士出身，親詣鄉約，見殿塌毁，張詔等禀建，慨得金語重修。本年正月二十一日祭設，請村百衆共議爲首四十餘人。凡佈施各坊社首，猶秦轍舌化善緣成功，有催有納，有收有支，銷洗心言，誓不得一人由己。寄居善人張世德，施銀百金，感鎮民誠心竭力，本村隨社一千五百家餘，喜捨資帛木石等項，家家争先迎送布施，户户奪前造管肉飯。他鄉奸黎鞭懲國税而不納，我鎮良民善感神社而肯施，真乃神威驚心，首理惟公服衆也。舊殿三間，底爛不堪，遺舊物十分無一厘，俱係新建化置，雖名重修，功大即係創建，先將爲首勒入卧石。爲廟前後俱壞，建一殿而新，不如不建。力出於衆，大幸歲豐，産營活便者，志限三年内，一進准要完新。志再限十年，内外一通俱要建新。恐爲首限内命終之人，名下刻石，伊子隨之。夥中定有高明遠見、才力精通，若見在不同心、不竭力、不議爲者，共誓盟曰：故懶懈怠，猶活裝死，神照不久亡矣。但肯實爲，神爲之祐，福人之大德。昔歲一仙臨玉皇廟，遺地理詞曲。貧遊小道泄天機妙：此地上空，有丹桂長成樹，枝葉枯憔，天主廟起高幽。主廟起高，龍吟虎嘯，後輩公卿子登雲梯，上九霄。衆皆驚異，建此殿明三暗五，比先高□尺，深週闊大盛前十倍，不負仙遺之詞。天齊仁聖帝掌萬靈生脫，顓造禍福貴賤，日後定驗。生富出貴，村衆輩輩榮豐。念我先人遺言，今何不苦爲。安已立卧石，拴首遠慮。修功勿得滯之。本村善施者，功殿未完，難入卧石，待功完，照佈施次序，另有大石刻細云，名留千載不朽。本鎮有好事賢能爲建者，首名入石，藉衆聖事，非予等强爲之也。此俗録無文，始遺後人易惺矣。

萬榮縣解店鎮東嶽廟樂亭

紀事

明（嘉靖）《解店泰山廟重修記》 萬泉城北一十五里許有鎮曰解店者，鎮之東隅有泰山廟。其地勢高亢明爽，面山背阜，左稷右陵，勝概斯萃，沖氣攸鍾，而廟貌獨存。廟之前獻亭有亭，樂舞有庭，翼以兩廊，啓以重門，規模制度既雅且偉，古今號爲名祠焉。考邑志不載始創之時，惟見大元大德重修之。景泰改元又重修之，天順改元又重修之。嗣是而還，撑傾補罅，僅延歲月，未有大興造者。以故屋老瓦落，堦頽墻仆。廊房寢室，左支右持。簷柱門扉，東依西倚，甚不足以安神靈而壯觀視也。正德九年秋，鄉耆賈華、李慶等謀欲鼎新之，托其事於石英等，事未竣而卒。正德十年春，鄉耆暢著，付景春等復托其事於南賈村解□宗等，時本鎮吴尚彬并周傑爲府掾者，亦與謀焉。由是徵工僦巧，購巨材於鄰壤，□良甓於廟次。老者新之，落者補之，頽者砌之，仆者築之。廊房增以新廊五楹，而缺者以備。簷柱易以石柱一十三根，而朽者以堅。以至殿、亭、門、寢悉加葺理，飾以丹臒，繚以周垣，金碧煌煌然，輪奐翼翼然，規模制度焕爾一新。工既訖，僉謂不可無述以昭示後來，迺徵余文以爲記。余惟諸侯祭封内山川，大夫尚不可僭，况民乎。泰山在魯地，固魯侯應祀之神也，今天下之民，鄉爲之祠而里爲之像，若應祀焉者何哉。余嘗求其故矣，民知有禍福而不知有名分，蓋以泰山巖巖之氣象，上摩青蒼以晻靄，下壓后土之鴻龐，封之足以壯皇圖，登之足以小天下，出雲物，鍾神秀，而生物之功莫盛焉。故咸以爲修祠肖像，所以報其功焉耳。此因襲之弊，無足怪者，而諸公之意亦有不可盡少者焉。孔子曰：敬鬼神而遠之，可謂知矣。今屈力殫慮，夙夜寅清，幾乎敬矣。而歲時春秋，又不過一祈一報而已，不類於遠耶。能敬且遠，雖謂之知亦可也。於是乎記。

榆次市城區城隍廟樂樓

紀事

明（嘉靖）《增修榆次縣城隍顯祐伯祠記》 洪武二年正月，太祖高皇帝平定九州，畏懷八夷。世已隆治，乃頒恩於鬼神之有關於民者，而崇顯之，封榆次城隍曰監察司民顯祐伯。其制曰，榆次縣城隍，聰明正直，聖不可知。固有超於高城深池之表者，世□崇於神者則然，神受於天者，蓋不可知也。茲以臨禦之初，與天下更始，凡城隍之神，皆新其命睠。此縣邑靈祇所司，宜封爲監察司民城隍顯祐伯。顯則威靈丕著，祐則福澤溥施。此固神之德，而亦天之命也。司於我民，監於邑政，享茲典祀，悠□□疆。聖祖拳拳扶世愛民之意，超軼隆古者至矣。舊祠在北門迤南，善政坊□□形隘窄，廟貌敝陋。維時宣德六年正月，尹縣者□無以妥安神棲，遂遷於縣治東南向。爲正殿三楹，東西廡各三楹，□□一楹。至成化十二年三月，先大父及諸老輩，復遷殿於後七八丈許爲寢殿，新建顯祐殿五楹於前。金壁翬翼，一邑壯□。鬼神歆享，人民和樂。弘治七年，鄉民李選輩歎殿宇雖隆，而廊廡頽陋，乃復經營爲兩廡二十八楹以翼之。弘治十年，□吉輩又於殿之迤南，當神道正中，爲閣而兩廊合抱焉。正德四年，王嵩輩於閣之迤南，爲門五楹。是廟也，高敞弘麗，合矩中規，舉墜拾敝，宛若成笄。盛哉。正德六年五月二十七日，告成於神。牲肥酒馨，□敬神悅。時流賊猖獗，奔騰太行，蹂□平陽澤潞，霍山韓侯嶺之險，縱橫出没，無敢攖其鋒者。至榆次南三十里所，聲言直由榆次徑井陘之東。是時烽燧連天，殺氣颼烈，民無懼意，安若平時。賊竟東入八賦嶺，由遼州而去。後有自賊所來者，言賊問路，有赤衣人指此路，而曰城隍之靈而衛。無保障之靈有如是哉。於是左桂原、李弘道輩欲報神惠，起樓於閣之北面，爲作樂之所。象二十四神□，□□分司善惡，並殿閣皆繪飭焉。東廡之南，曲北向者，爲齋宿所，所之西即東角門。西廡之南，曲北向者，爲牲饌所。所□東即西角門。閣南東西，爲守廟之舍。高卑不乖，内外完好。百十年未就之緒，一旦焕然全美矣，固神之靈明，有警惕齊□之心，亦大耆茂知，同心協力之成也。功畢告成，内外焕美矣。於嘉靖六年，孫文質、崔琮輩於廟之南□地，立屏以蔽□。十二年，趙弘，符彦明輩，又於東西豎牌坊各一座，東曰保障，西曰昭假。僉謂中夫邑人也，宜記之。記之曰：廟地南北長□十三丈五尺，東西闊一十三丈八尺，中殿廡樓閣總六十楹。於戲。爲記者，以應俾鐫之石，爲後者考信云。

翼城縣曹公村四聖宮

紀事

明（嘉靖）《西閻曹公里重修堯舜禹湯之廟記》 其起於至正，建於村北，分社人爲三甲，盡享祀於□時，致誠、致□、致□、散齋爲最得矣。惜也遁世已遠，爲廟幾廢，神靈將無所棲，祀典將不之□，社人可以坐視而不爲之所乎。耆民侯世昂爲首起□，謀督衆興工，墜者興之，缺者補之，圮者振之，陳者更之，殿宇廊廡，土木更新，燦燦然聳人之觀瞻。聖君賢相形象非舊，昭昭然耀人之耳目。自是而神靈有棲，自是而饗賽不廢，自是而可以免商受之。謂祭無益，自是而可以免楚人之王祭不供，自是而可以免葛伯之放縱。無其道，自是而可以免魯□之怠惰。□足觀報德報功，自是而可以無盡。祭内祭外，自是而可以如在。後之人當舉行成規，遵守定禮。清明取水，半途邀盤，先日送□□，次日迎神。音樂爲之喧嘩，神馬爲之縱横，旗彩爲之飛揚。帶枷執扇，拖鐵索者，各隨所願，而盡乃心。既而抵廟大賽三日，樂人動至百口，神筵□輸以三甲。飲食樂錢，依派散而不違。賽能將軟按輪至何村，每歲獻猪羊十二。此皆在後人世守之，而勿失焉爾。慎母曰：鄭僑惠人也。而以何神棄於弗禱。文仲大臣也，而祀爰居失於不智。顧吾輩果何人斯，而敢以菲薄之儀，鄉村之賽，褻瀆神明乎。宜思報恩，不以分限。伸敬不以禮，拘苟有其誠，則有其神雖以多爲貴，而百物俱倫可也。雖以少爲貴，而二簋用享亦可也。嗟夫。廟一修而衆美咸集，則重修之舉甚盛也。茲舉也，倡□□□之而始其事者，耆民侯世昂也。和之而樂其事者，侯孟余、侯孟洪、侯孟錦、侯萬莊、王得盈、王得保、李付周、侯孟弼、張得周、侯世鑾、秦朝碧、侯世利、侯九愛、王尚錦、王鴻、朱仲學等也。助之而成其事者，監生侯九昱，舉人侯九成、生員侯九晃、侯九州，及本村十字河堡子村、上河核桃園，各隨貧富而施財有等也。此其大略耳，若其詳，則有碑陰所叙可考矣。謹記。

武鄉縣南山廟戲樓

紀事

明（萬曆）《重修佛神殿記》 環邑皆山也，獨東南三里許，有山負高鎖漳，泉流濛涌，林樹叢茂，巍然爲一邑勝境。山之中有南山神，宋封敷應侯，加封爲靈潤公。我朝封爲南山之神。迤西有龍王殿，唐封爲海瀆龍王，我朝封爲昭澤龍王之神。迤東有梵刹三殿，乃嘉靖三十七年，由縣之西寺而改遷者，俱有前碣可考。屢年重修，□易圮壞。至萬曆三十二年，邑耆張四皓、魏美犖、皇都梁服衆等，僧貽謨、貽道、貽遠等，因□□修□修□永，而□邑之輸財力者，又如蟻次。故因舊而修葺者則有若大雄殿，水陸觀音、閻羅、伽藍、土地、南山、龍王等殿。因缺而加增者，則有若各殿廊房，虫角道，並戲樓等處。至三十四年工成，徵言於余。余曰：神禦災捍患，有功於民，載在祀典。而佛家清净明見，與吾道若券，即輪迴小乘之説，今人有翻然之想焉。其於世道，未必無補。建宇以祀，孰曰不宜。今殿與廟兩新矣，惟願我衆睹神廟之輝煌，爲平善淄之□。瞻梵宇之輪奂，共證菩提之果。所謂人心有神，而佛在靈山者，胥此焉覺。苟徒事享獻之辱節，誦南無之唾津，而欲神福祐我也。佛慈悲，我也維其信之，大衆最勖諸。是爲記。

高平侯莊館廟舞樓

紀事

明（天啟）《侯莊增修館廟記》 吾泫去治一舍餘，曰張寨里，其莊世爲侯氏所居，因名。生齒漸繁，猶仍古樸，山樞蟋蟀其遺黎也。村故有廟，無峻宇雕墻，無丹繡浮屠，歲時伏臘，祀其神甚虔。考神主之名，曰牛王，亦土人務農種穀之意。《記》稱天子犧牛，諸侯肥牛，大夫索牛，不獨文角花蹄已也。至東夷占骨，西河畜牸，又事理之或然者。牛之重於人，世所從來矣，此廟之故號云。鄉人侯守福、常居仁等相商曰：廟貌不揚則淒泊不真，非所以壯大觀而崇祀典也。於是首倡其義，輸材鳩工，創修正殿七間、東厦五間，西厦五間，舞樓三間，外群房一週。撤故陋而高明，易湫隘而塏爽，因改名曰館廟。經營告畢而焕然聿新，亦一時盛舉也。工始於萬曆四十四年孟冬，落成於天啓元年一陽月，伐石而徵記於余。余惟聖人之制，祭祀也，法施於民則祀之，以勤死事則祀之，以勞定國則祀之，能禦大災捍大患則祀之。日月星辰人所瞻仰，山林丘陵人所取材，非此族也，不在祀典。自白馬青牛之教興，而諸天羅列尚方，佛那與夫水陸諸神，凡所爲薦敬而勤虔者，不一而足。此中祈報，大都從俗，非若古之燎柴、瘞埋、庋懸、浮沈、布礫之謂。而好善樂施，詎可湮滅而已乎。若夫山靈地脉，一方之利病繫焉，修建之功豈曰小補哉。是爲記。

高平故關村炎帝行宫演奇樓

紀事

明（崇禎）《創修演奇樓碑記》 □□上下和神人，有取於演奇者大矣。信士申上用，當□□南樓告成□日，欲糾衆創修南樓三間，以爲演奇地。餘□内錢糧不□無人施捨，風□□發虔心，捐金經營，□□借□之力，問有志於□者，或施財，或犒□，遂不日南樓成之。今將姓名勒於炎帝行宫南樓西壁。

清・申養氣《重修演奇樓碑記》 嘗聞事因人成，道以禮隆，物有本末，事有終始。神農氏樹藝五穀，治民之本，立萬世醫方，神功浩蕩，功莫大焉。昔嘉慶十八年，三太子功德前立有碑可書，今於庚子年回宫，付馬觀風祥示，增補吾村，東修貴旺崗，西補擋風嶺，南修七星崗，北補黄羅鎮，廟前水宫，名曰二龍合海，東南高補，文明盛也。聖賢移請東北角殿，將東殿改作庫房。每逢春秋祭祀，辦公事維首各有設所。古云明德以天下者皆也。四方請神駕、觀風脈、治醫方，真是神威有護耶，不然荷以不生而生也。四方善信，香柏酒禮傘袍帳裙，進香齊肅，神威靈應，顯耀赫然，風調雨順，年豐大有，一方人民逢凶化吉，神命整理社事，祭祀齊肅，人心大悦。漸今樂樓年久，風雨飄摇，坍塌損壞，村人日夜憂心。合社公議，捐金積穀，共襄盛事，重修樂樓三間，東南耳樓兩間，補修西南耳樓兩間，東大門鐘樓三間。工動於光緒戊申年仲春，開工於孟秋，不日告竣，焕然一新，未極盛也，春祈秋報，爲祀典永垂不朽也。

代縣劉家圪洞村觀音寺舞臺

紀事

明（天啟）《重修代郡高村觀音寺》 衆聖降靈之所，蒼黎生養之資，水秀山明，民稠土沃，僉謂此勝景名區，宜勒以萬緣碑銘。有釋子妙江者，無礙法門，有乎覺路，□將摩頂放踵，不辭近走遠奔，夙夜靡遑。妝金飾像，修三座之殿宇，蓋歌舞之樓臺，置買田園各段不等，計地三十八畝，每糧不一，該糧貳石。四斗八合，永爲互寺之規也。庶可華焕巍巍之廟，簷輝焕鬱鬱之山川，保民物於昇平，鐫鴻名於碑碣。

太谷縣陽邑村靜信寺樂亭

紀事

明（天啟）《補修陽邑鎮靜信寺碑記》 晉會城南百里許，有春秋晉大夫陽處父食邑舊址存焉，名曰陽邑。西南隅古寺一區，創自唐開元，重修於金大定。正殿三楹，東西南各三楹尼僧居，元山門碑記載焉。至我明正德間，鄉耆杜甫、杜文與、僧昌愛等，增大其規模，以正殿作南殿，後補大殿、東西廊各五間，灰泉廟一間，樂亭一座。視昔大矣，而未備焉，觀者不無遺憾，迄今百年來未有議工者。萬曆三十三年，壽官張祥、杜仲倫，約正杜金滕、按察司吏杜天惠、省祭官楊□元等，止於外兩廊舊址，建鐘樓各一座。視昔有加矣，猶未盡美焉。山門内，天王殿外，皆荒蕪空地，觀者咸不滿意。適□□□□倒毀，省祭官楊天祐者欲修之，偕僧宗顯，與予友人邑庠弟子員，杜姓諱金罍，別號用齋者議焉。予友即曰：此前人百年不了事也，公此舉大協。愚意止於墻脊，工易就而缺者未補，猶弗備也。於是大議工作，總理則用齋司其事，督工則東園諱繼榮者系其勞。各社則有杜金滕、杜天斗、杜繼智、杜一禮、杜一付、杜宰、杜邦弼、楊進學、張子愛、張裕、張誠、王胡、楊鐸，皆分其事焉。於是富者輸財，貧者助力，不二年間，廢者修，無者補，脊獸換新，墻垣重整。將灰泉廟並樂亭悉毀之，於山門内東西創建殿宇各三楹，西則仍祀灰泉神，乃穀德將軍晉大夫韓厥，立趙後者也。東則祀以鄉民所敬信白衣大士，子孫、風疹二母，爲廣祀其説也。四方遊觀者見棟宇軒昂，金碧輝煌，無不稱快。是工也，始於萬曆丙辰三月二十日，畢於己未三月十五日。告成丐予誌。吾聞君子惡居下流，樂道人善。邑中諸君子喜捨不吝，皆高明特達，正君子所樂道者也，予何不爲闡□云耳。

明（天啟）《陽邑寺新建膳亭樂亭並磚天王殿墻記》 住持僧無瑕太□□：祭非其所祭爲淫祀，瀆於祭祀爲弗□，神無德於民。與祀無定期者，祀典弗載。予鄉東南□□□□卦李滿莊，並予鄉三村鎮，世傳爲穀德將軍韓厥出馬名灰泉，將軍即春秋晉大□□□□□也。舊廟在寺殿隅，規制狹小。萬曆四十三年修寺，改於三門内，西半東建白衣□孫□□□□□灰泉，利及一方，大士廣嗣天下。每歲三月十五、二十五會馬，是爲淫祀乎。是爲□□□□□□綵布爲甚煩擾。且寺去鎮遠不便，守人皆慮焉。適酒商杜希禮等，謁□□曰寺□□□□□以磚矣，天王殿何不磚。且棲神有所矣，祀神有期矣，樂亭何獨缺。予應（闕文）又募三千金，鄉人縱好施，連歲不登□舟夆□酋未晚。禮等慨然曰：村中不□□□□□□□十餘，募數十金何如。至州果會銀三十二兩七錢，買樹五株，廳三間，並磚□□□□□□□就是工也，雖曰神祐，匪禮等不能完。工畢，特將始末誌於寺之大工□□□□□□□□施銀一兩。

長治縣城關崔村府君廟

論說

明（萬曆）《重修崔府君廟碑記》 郡城東蓋有府君廟，云勝國時已莫知始建。府君姓崔名珏，字子玉，山東祁州人。李唐貞觀中，一爲長子令，再遷釜陽，補蒲州刺史，所至輒以異政報。先是，廟蓋泐封君任翁翱者，稍拼貲葺治之。後翁子參政贈光禄卿還，偕里耆郭天章、李麟、張鎮等三十六家，各輸鏹洎所積諸布施金錢，大營造焉。家六番，番六家，踐更蒇事。矢心葉款，勤苦父老甚。中央正殿五楹新其舊，巋然尊也。前傳廣厦曰獻殿，其背爲燕殿，如正殿而尊，少弗敵。又弗厦左右廡共十間，正殿兩序實四倍焉，肖諸鬼神像其中。序窮處□上洞，上爲舞榭，下洞處則中門也。東西兩翼角門。供祭饗庖厨、廪舍，列十室。最外馗道，對樹棹楔二，顯應通門一，神明大道一。最後臨高臺，臺下竅而穴，臺上飛而閣，閣上奉玄武。一登覽焉，則諸獻勝遞，奇者可目攝手扶而神啚也。若夫其殿之角、垣之隅，逶迤屈曲，隨形面勢，結爲小院閑門，以待騷雅宴遊與汎掃僧羽。玄台譚壓其後以控上游，正殿宅中以馭四面。高墉大垣，臚列以包羅乎其外；曲房密室，星分以藏蓄其中。此全廟大概也。歷萬曆戊子夏四月，始告成事。

平順縣西清北村禹王廟戲樓

紀事

明（崇禎）《新修戲樓碑記》 大明國山西潞安府平順縣信民鄉東禪北里西清北村，禹王廟前新修戲樓三間，今有先年修塔剩下銀九錢四分，社内羊十隻，價銀三兩二錢。二項每年出放本利盡數使完。【略】 崇禎肆年拾壹月初貳。

新絳縣陽王村東嶽稷益廟舞庭

紀事

明（嘉靖）《重修東嶽稷益廟之記》 絳坤隅柏壁之陽，峨嵋之陰，巍然而突鎮乎陽王之墟者，東嶽稷益廟也，罔知肇自何代。元至元間重修正殿，舊三穩。國朝弘治間恢爲五穩，增左右翌室各四穩。正德間復增先門三穩，獻庭五穩，舞庭五穩，繚以周垣，架以長廊，隱以佳木，百工殫巧，金璧摛輝，宛乎舞雩之幽致，而輪奂之美諒過之。是舉也，鄉耆王耀，王昌，王成，王果奮庸於其前，尹亨，王琦，王祐，張鑾，楊儒，王珣潤色於其後，率從四社居民之願，計地税出資以贊費，故其富麗若此。嘉靖癸未夏，掾官王珙甫携諸耆始以成事速予記。

清（光緒）《重修東岳廟暨關帝土地諸神廟碑記》 從來有非常之功，必待非常之人。有非常之人，乃成非常之功。本郡陽王鎮創建東嶽神廟，南接嵋山鍾毓之靈，北萃汾川精華之氣，西含稷峰之清秀，東望郡壇之崚嶒，前後輝映而巍然居中，洵一方之保障。其功程浩大，不知創自何代。至大明嘉靖二年，陶，韓二大夫奉敕大爲增修，共費銀數千兩。自大明後迄今數百餘載，風摧雨折，諸神殿暨廟内，廟外傾頽敗壞者極多，較大明時之經營修治，工課更覺浩繁，則欲踵事增華，如曩日之修堯廟禹都，戛戛乎其難之。乙未春，幸逢前憲馬公榮膺卓異，奉旨復莅任本郡，首事張連登等有志修舉。慮責任之艱鉅，遂請事於馬公以裁衡。馬公曰：此善事也，烏可以不舉。爰出帑藏金五十兩，命以鳩工修造，協力捐貲，取法於《清廟》，於穆媲休，於明堂整飭，庶神明得所憑依。春秋祈報，既貽社下福壽無疆之休。俎豆馨香，又協聖朝尊崇祀典之制。且神者，民之主，東嶽係五嶽之尊，其神又靈爽昭著，定刑賞於震位，施雲雨於環區。左列伯益，垂千古山澤之政。右列后稷，貽萬姓粒食之原。由殿而外關帝及土地諸神，其有裨於民生者，均非淺鮮。我憲推聖人神道設教之意，下車尚禋祀之典，四社久荷蔭庥，敢忘崇報之誠。於是集耆紳以商議，而人心踴躍，向義不約而同。凡屬社下，無論遐邇貿易，念切神聖祀事，大發慈悲。首事當筵敬懇，各虔心以募化，共襄善舉。約載餘，陸續會銀三千餘兩。但工師既率作興事，而家兄乃屢次告匱。首事等又殫精竭慮，在京設狀元會，將喝彩以作修廟之資。厥後在本社廟中又照京都會式，兩次齊集人貳千，共得布施銀四百餘兩。是願捐貲既取諸四境，而施財豈免於六莊。按糧徵收，又援銀三百餘兩。是以按周官考工，飭材飭力，監於前人成憲。廟以内正殿爲尊，盤盤焉，困困焉，各抱地勢，鈎心鬥角。殿旁左聖母而右關帝，堂構森嚴，簷牙高啄。西則土地，財神諸殿，噲噲噦噦，正冥俱盡善盡美。由殿而下，東西兩廊，俱各建蓋市房，約共六十餘間，盡安生意。廟中間建設戲樓，上棟下宇，樸斲既勤，丹雘又至。戲樓左右，鐘樓樅焉，鼓樓喤焉，繕修無異於創建。至廟外諸房，規模雖云褊淺，實與廟内相聯絡。缺者補之，漏者窒之，亦足以壯觀瞻焉。

聞喜縣吴呂村稷王廟戲臺

紀事

清（乾隆）**《重修水陸殿伯王廟東獻亭西道房改建戲臺西角門並創建東角門碑記》** 蓋聞唐虞設田正之官，所以教稼，村落建后稷之廟，原以報功。但考之廟碑，創自大元，歷明至清，屢經修整，迄今年湮世遠，風雨摧殘，正殿與殿前獻亭，雖云無恙，而水陸殿，伯王廟，東獻亭，西道房已傾圮有年，竟修葺無日，徒使屋穿明月，壁透清風而已。且戲臺與獻亭逼近，地狹人廣，難以多容。大門居中，極其褊小，出入往來甚爲不便。凡我鄉人言念及此，非不心焉悼之，究亦束手無策，付之長歎已耳。惟鄉老梁國樂、段生轉等十人者，目擊凋殘，心切整飭。特因功程浩大，獨力難成，因而謀諸合莊，共襄盛舉。凡廟中之已建而疏漏者整理之，從前之未有而難少者創立之，先代之已有而弗合者改建之。或捐貲而喜捨，或竭力以赴工，修殘補缺，使殿宇至今兹而焕然聿新，丹楹繡棟，俾亭台較夙昔而倏爾改觀。將見大厦成而燕雀賀，人心悦而神靈昭，豈止有以酬先聖立我烝民之德，抑旦有以兆後世百穀豐稔之福矣。於是鄉人丐予記。予不揣固陋，遂略具俚詞，勒碑刻銘，俾督工人等施財姓名，永垂不朽云。

南京秦淮舊院

論說

清・余懷《板橋雜記》卷上《雅遊》 舊院與貢院遥對，僅隔一河，原爲才子佳人而設。逢秋風桂子之年，四方應試者畢集。結駟連騎，選色徵歌。轉車子之喉，按陽阿之舞。院本之笙歌合奏，迴舟之一水皆香。或邀旬日之歡，或訂百年之約。蒲桃架下，戲□金錢，芍藥欄邊，閒抛玉馬。此平康之盛事，乃文戰之外篇。若夫士也色荒，女兮情倦，忽裘敝而金盡，遂歡寡而愁殷。雖設阱者之恒情，實冶遊者所深戒也。青樓薄倖，彼何人哉。

南京長板橋東花園

論說

清・余懷《板橋雜記》卷上《雅遊》 長板橋在院牆外數十步，曠遠芊緜，水煙凝碧。迴光鷲峯兩寺夾之，中山東花園亘其前，秦淮朱雀桁遶其後。洵可娛樂目賞心，漱滌塵俗。每當夜凉人定，風清月朗，名士傾城，簪花約鬢，攜手閒行，憑闌徙倚。忽遇彼姝，笑言宴宴。此吹洞簫，彼度妙曲，萬籟皆寂，游魚出聽。洵太平盛事也。

南京隱園中林堂

紀事

清・余懷《板橋雜記》卷中《麗品》 歲丁酉，尚書挈夫人，重過金陵，寓市隱園中林堂。值夫人生辰，張燈開晏，請召賓客數十年百輩，命老梨園郭長春等演劇。酒客丁繼之、張燕筑，及二王郎，串《王母瑶池宴》。夫人垂珠簾，召舊日同居南曲，呼姊妹行者與燕，李大娘十娘王節娘皆者焉。

南京秦淮燈船

論說

清・余懷《板橋雜記》卷上《雅遊》 秦淮燈船之盛，天下所無。兩岸河房，雕欄畫檻，綺窗絲障，十里珠簾。主稱既醉，客曰未晞。遊楫往來，指目曰：某名姬在某河房，以得魁首者爲勝。薄暮須臾，燈船畢集。火龍蜿蜒，光耀天地。揚槌擊鼓，蹋頓波心。自聚寶門水關，至通濟門水關，喧闐達旦。桃葉渡口，争渡者喧聲不絶。余作《秦淮燈船曲》中有云：遥指鍾山樹色開，六朝芳草向瓊臺。一圍燈火從天降，萬片珊瑚架海來。又云：夢裏春紅十丈長，隔簾偷襲海南香。西霞飛出銅龍館，幾隊蛾眉一樣妝。又云：神絃仙管玻璃杯，火龍蜿蜒波崖嵬。雲連金闕天門迥，星舞銀城雲窖開。皆實録也。嗟乎，可復見乎。教坊梨園，單傳法部，乃威武南巡所遺也。然采妓仙娃，深以登場演劇爲耻。若知音密席，推奬再三，强而後可。歌喉扇影，一座盡傾。主之者大增氣色，纏頭助采，遽加十倍。至頓老琵琶、妥娘詞曲，則祇應天上，難得人間矣。

南京秦淮樓船

紀事

清・余懷《板橋雜記》卷下《軼事》 嘉興姚壯若，用十二樓船於秦淮。招集四方應試知名之士百餘人，每船邀名妓四人侑酒。梨園一部，燈火笙歌，爲一時之盛事。先是嘉興沈雨若，費千金定花案，江南豔稱之。

南京秦淮河房

論説

明・張岱《陶庵夢憶》卷四《秦淮河房》 秦淮河河房，便寓，便交際，便淫冶，房值甚貴，而寓之者無虚日。畫船簫鼓，去去來來，周折其間。河房之外，家有露臺，朱欄綺疏，竹簾紗幔。夏月浴罷，露臺雜坐，兩岸水樓中，茉莉風起動兒女香甚。女客團扇輕紈，緩鬢傾髻，軟媚着人。年年端午，京城士女填溢，競看燈船。好事者集小篷船百什艇，篷上挂羊角燈。如聯珠，船首尾相銜，有連至十餘艇者。船如燭龍火蜃，屈曲連蜷，蟠委旋折，水火激射。舟中鐃鈸星鐃，讌歌絃管，騰騰如沸。士女凭欄轟笑，聲光凌亂，耳目不能自主。午夜，曲倦燈殘，星星自散。鍾伯敬有《秦淮河燈船賦》，備極形致。

南京桃葉渡水閣

紀事

清・余懷《板橋雜記》卷中《麗品》 王月，字微波。母胞生三女：長即月，次節，次滿，并有殊色。月尤慧妍，善自修飾，頎身玉立，皓齒明眸，異常妖冶，名動公卿。桐城孫武公暱之，擁致棲霞山下雪洞中，經月不出。己卯歲，牛女渡河之夕，大集諸姬於方密之僑居小閣。四方賢豪，車騎盈閭巷。梨園子弟，三班駢演。閣外環列舟航如堵牆。品藻花案，設立層臺，以坐狀元。二十餘人中，考微波第一，登臺奏樂，進金屈巵。南曲諸姬，皆色沮，漸逸去。天明始罷酒。次日，各賦詩紀其事。余詩所云：月中仙子花中王，第一姮姮第一香者是也。微波繡之於帨巾不去手。武公益婉戀，欲有爲側室。會有貴陽蔡香君名如蘅，强有力，以三十金啖其父，奪以歸。武公悒悒，遂娶葛嫩也。香君後爲安廬兵備道，攜月赴任，寵專房。崇禎十二年五月，大盗張獻忠破廬州府，知府鄭履祥死節，香君被擒。搜其家，得月，留營中，寵壓一寨。偶以事忤獻忠，斷其頭，蒸寘於盤，以享羣賊。嗟乎。等死也，月不及嫩矣。悲夫。王節，有姿色。先歸顧不盈，後歸王恒之。甘淡泊，怡然自得。雖爲姬侍，有荆釵裙布風。妹滿，幼小戲弄，窈窕輕盈，作嬌娃之態。保國公買置後房。與寇白門不合，復還秦淮。

鎮江金山寺

紀事

明・張岱《陶庵夢憶》卷一《金山夜戲》 崇禎二年中秋後一日，余道鎮江往兗。日晡，至北固，艤舟江口。月光倒影入水，江濤吞吐，露氣吸之，噀天爲白。余大驚喜。移舟過金山寺，已二鼓矣。經龍王堂，入大殿，皆漆静。林下漏月光，疏疏如殘雪。余呼小僕□戲具，盛張燈火大殿中，唱《韓蘄王金山》及《長江大戰》諸劇，鑼鼓喧嗔，一寺人皆起看。有老僧以手背搬眼醫，翕然張口，呵欠與笑嚏俱至。徐定睛視，爲何許人，以何事何時至，皆不敢問。劇完將曙，解纜過江。山僧至山脚，目送久之，不知是人是怪是鬼。

蘇州三山會館戲臺

紀事

清・佚名《重修三山會館捐款人姓名碑》 三山會館建自前明萬曆年間，崇祀天上聖母，迄今數百載。宫殿宏敞，稍稽修葺，不免傾頹。道光拾年拾月間，諸同鄉欣商修理，同心捐題，擇吉興工。自水馬道頭、石牌坊、左右鼓亭、頭門、儀門、戲臺、看樓、大殿、梳妝樓、南北□□花□□□□文昌魁星寶閣、武帝聖殿。南邊水仙、財神兩殿，高會堂。北邊一枝山房、媽祖廳等，焕然一新。

蘇州虎丘

綜述

明・袁宏道《袁宏道集》 虎丘去城可七八里，其山無高巖邃壑，獨以近城故，簫鼓樓船，無日無之。凡月之夜，花之晨，雪之夕，游人往來，紛錯如織。而中秋爲尤勝。每至是日，傾城闔户，連臂而至，衣冠士女，下迨蔀屋，莫不靚妝麗服，重茵累席，置酒交衢間。從千人石上至山門，櫛比如鱗，檀板丘積，樽罍雲瀉，遠而望之，如雁落平沙，霞鋪江上，雷輥電霍，無得而狀。布席之初，唱者千百，聲若聚蚊，不可辨識。分曹部署，競以歌喉相鬭，雅俗既陳，妍媸自別。未幾而摇頭頓足者，得數十人而已。已而明月浮空，石光如練，一切瓦釜，寂然停聲，屬而和者，纔三四輩。一簫，一寸管，一人緩板而歌，竹肉相發，清聲亮徹，聽者魂銷。比至夜深，月影横斜，荇藻凌亂，則簫板亦不復用。一夫登場，四座屏息，音若細髮，響徹雲際，每度一字，幾盡一刻，飛鳥爲之徘徊，壯士聽而下淚矣。

明・張岱《陶庵夢憶》卷五《虎邱中秋夜》 虎邱八月半，土著流寓，士夫眷屬，女樂聲伎，曲中名妓，戲婆，民間少婦好女，崽子孌童，及游冶惡少、清客幫閑、傒僮走空之輩，無不鱗集。自生公臺、千人石、鶴□、劍池、申文定祠下，至試劍石、一二山門，皆鋪氈席地坐。登高望之，如雁落平沙，霞鋪江上。天暝月上，鼓吹十百處，大吹大擂。十番鐃鈸，漁陽摻撾，動地翻天。雷轟鼎沸，呼叫不聞。更定，鼓鐃漸歇，絲管繁興，雜以歌唱，宫〔錦帆開〕，澄湖萬頃。同場大曲，蹲踏和鑼，絲竹肉聲，不辨拍煞。更深，人漸散去，士夫眷屬皆下船水嬉，席席徵歌，人人獻技。南北雜之，管絃迭奏，聽者方辨句字，藻鑒隨之。二鼓人静，悉屏管絃。洞簫一縷，哀澀清綿，與肉相引，尚存三四，迭更爲之。三鼓，月孤氣肅，人皆寂閴，不雜蚊虻。一夫登場，高坐石上，不簫不拍，聲出如絲，裂石穿雲，串席抑揚，一字一刻。聽者尋入□芥，心血爲枯，不敢擊節，惟有點頭。然此時雁比而坐者，猶存百十人焉。使非蘇州，焉討識者。

藝文

明・袁宏道《袁宏道集》 蜘蛛生來解織羅，吴兒十五能嬌歌。舊曲嘹厲商聲緊，新腔嘽緩務頭多。一拍一簫一寸管，虎丘夜夜石苔暖。家家宴喜串歌兒，紅女停梭田畯懶。

清・王士禎《秦淮雜詩》 舊院風流數頓楊，梨園往事淚霑裳。樽前白髮談天寶，零落人間脱十娘。

北京厚載門舞臺

雜録

明・佚名《北平考・故宫遺録》 又後爲厚載門，上建高閣，環以飛橋，舞臺於前，回闌引翼。每幸閣上，天魔歌舞於臺，繁吹導之，自飛橋而升，市人聞之，如在霄漢。

北京查樓

綜述

清・吴長元《宸垣識畧》卷九 查樓在肉市，明巨室查氏所建戲樓。本朝爲廣和戲園，衖口有小木坊，舊書查樓二字。乾隆庚子燬於火，今重建，書廣和查樓。

藝文

清・吴長元《宸垣識畧》卷九 魏之琇《廣和樓觀劇》詩：春明門外市聲稠，十丈輕塵擾未休。雅有閒情徵鞠部，好偕勝侣上查樓。紅裙翠袖江南艷，急管哀絲塞北愁。□遺韶華如短夢，夕陽帘影任勾留。

雜録

清・楊掌生《京塵劇録》 乾隆間，查家樓、月明樓，皆國初舊蹟也。余道光壬辰北來，初訪月明樓，無知者。戊戌夏，雲夢道中，老僕楊升言，月明樓即在永光寺西街，其地近棗林，世俗相傳。有康熙私訪月明樓之語，編爲歌謡，演爲雜劇，刻爲畫圖。雖婦人孺子皆能言其事，顧鮮有知其地者。

北京晉冀會館舞臺

紀　事

清・李祖堯《重建晉冀會館碑序》　晉冀會館，建自乾隆四年，迄今將近百年，牆垣傾圮，棟樑摧崩，及今不修，恐風雨飄摇，而變爲瓦礫之場。將神祀廢□，而前戴君師彦公爲謀議，將會館神堂，並兩偏之廊房、丹墀、舞樓等事，統易舊换新。則木枯新□，牆壁堅實，庶神廟可期鞏固，而祀事不慮廢墜。又與會館東偏餘地□一塊，建爲布行議事之所。凡議行規，則不瀆□神廳而□祀事孔肅矣。

朝邑縣漢高祖廟樂樓

紀　事

清（乾隆）《朝邑縣志・勝跡録》　成化中，行之父老創建漢高帝祠。祠之東西附以他神，前爲樂樓，繚以周垣，迄今五十餘年。樓殿宫牆漸就頹圮，風雨不蔽，豕羊外來。村人許式輩偕重修之。

朝邑縣二郎廟樂樓

紀　事

清（乾隆）《朝邑縣志・勝跡録》卷二　明末，廟爲洛河所淹。雷定興公率衆修之，於今四十餘年。風雨之浸，修葺不時。正殿破漏，樂樓傾壞，於是四街同修而各紀其功。

紹興嚴助廟

綜　述

明・張岱《陶庵夢憶》卷八《嚴助廟》　陶堰司徒廟，漢會稽太守嚴助廟也。歲上元設供，任事者聚族謀之終歲。凡山物觕觕，虎、豹、麋鹿、獾猪之類。海物噩噩，江豚、海馬、鱘黄、沙魚之類。陸物癡癡，猪必三百斤，羊必二百斤，一日一换。雞、鵝、鳧、鴨之屬，不極肥，不上貢。水物噞噞，凡蝦、魚、蟹、蚌之類，無不鮮活。羽物毨毨，孔雀、白鷳、錦雞、白鸚鵡之屬，即生供之。毛物毧毧，白鹿、白兔、活貂鼠之屬，亦生供之。洎非地，閩鮮荔枝、圓眼，北蘋婆果、沙果、文官果之類。非天，桃、梅、李、杏、楊梅、枇杷、櫻桃之屬，收藏如新擷。非制，熊掌、猩脣、豹胎之屬。非性，酒醉、蜜餞之類。非理，雲南蜜唧、峨嵋雪蛆之類。非想，天花龍蛋、雕鏤瓜棗、捻塑米麵之類。之物，無不集。庭實之盛，自帝王宗廟社稷壇壝所不能比隆者。十三日，以大船二十艘載盤軨，以童崽扮故事，無甚文理，以多爲勝。城中及村落人，水逐陸奔，隨路兜截轉摺，謂之看燈頭。五夜，夜在廟演劇，梨園必倩越中上三班，或僱自武林者，纏頭日數萬錢，唱《伯喈》、《荆釵》，一老者坐臺下對院本，一字脱落，羣起噪之，又開場重做。越中有全伯喈、全荆釵之名起此。天啓三年，余兄弟攜南院王岺，老串楊四、徐孟雅，圓社河南張大來輩往觀之。到廟蹴踘，張大來以一丁泥一串珠名世，球著足，渾身旋滚，一似黏疐有膠，提掇有綫，穿插有孔者，人人叫絶。劇至半，王岺扮李三娘，楊四扮火工竇老，徐孟雅扮洪一嫂，馬小卿十二歲扮咬臍，串《磨房》、《撇池》、《送子》、《出獵》四齣，科諢曲白，妙入筋髓，又復叫絶，遂解維歸。戲場氣奪，鑼不得響，燈不得亮。

紹興曹山獅子巖

紀事

明・張岱《陶庵夢憶》卷六《曹山》　萬曆甲辰，大父游曹山，大張樂於獅子巖下。石梁先生戲作山君檄，討大父，祖昭明太子語，謂若以管絃污我巖壑。大父作檄罵之，有曰：誰云鬼刻神鏤，竟是殘山剩水。石簣先生嗤石梁曰：文人也，那得犯其鋒。不若自認，以殘山剩水四字摩崖勒之。先輩之引重若此。曹石宕爲外祖放生池，積三十餘年，放生幾百千萬。有見池中放光，如萬炬燭天，魚蝦荇藻，附之而起，直達天河者。余少時從先宜人至曹山菴作佛事，以大竹節貯西瓜四，浸宕内。須臾，大聲起巖下，水噴起十餘丈，三小舟纜斷，顛翻波中，衝擊幾碎。舟人急起視，見大魚如舟，口飲西瓜，掉尾而下。

紹興演武場戲臺

紀事

明・張岱《陶庵夢憶》卷六《目連戲》　余蘊叔演武場搭一大臺，選徽州旌陽戲子剽輕精悍，能相撲跌打者三四十人，搬演《目蓮》，凡三日三夜。四圍女臺百什座，戲子獻技臺上，如度索舞絙、翻桌翻梯、觔斗蜻蜓、蹬罈蹬臼，跳索跳圈，竄火竄劍之類，大非情理。凡天神地祇，牛頭馬面、鬼母喪門，夜叉羅刹，鋸磨鼎鑊、刀山寒冰、劍樹森羅、鐵城血澥，一似吴道子《地獄變相》，爲之費紙札者萬錢，人心惴惴，燈下面皆鬼色。戲中套數，如《招五方惡鬼》、《劉氏逃棚》等劇，萬餘人齊聲吶喊。熊太守謂是海寇卒至，驚起，差衙官偵問，余叔自往復之，乃安。臺成，叔走筆書二對。一曰：果證幽明，看善善惡惡，隨形答響，到底來那個能逃；道通晝夜，任生生死死，换姓移名，下場去此人還在。一曰：裝神扮鬼，愚蠢的心下驚慌，怕當真也是如此；成佛作祖，聰明人眼底忽略，臨了時還待怎生。真是以戲説法。

紹興城隍廟揚臺

紀事

明・張岱《陶庵夢憶》卷七《冰山記》　城隍廟揚臺，觀者數萬人，臺址鱗比，擠至大門外。一人上白曰：某楊漣。□□譁譟曰：楊漣。楊漣。

聲達外，如潮湧，人人皆如之。杖范元白，逼死裕妃，怒氣忿涌，噤斷嘍嘈。至顔佩韋擊殺緹騎，嗚呼跳蹴，洶洶崩屋。沈青霞縛槀人射相嵩以爲笑樂，不是過也。是秋攜之至兖爲大人壽。一日宴守道劉半舫，半舫曰：此劇已十得八九，惜不及内操菊宴及逼靈犀與囊收數事耳。余聞之，是夜席散，余填詞督小傒强記之，次日至道署搬演，已增入七齣，如半舫言。半舫大駴異，知余所構，遂詣大人，與余定交。

紹興樓船

論說

明·張岱《陶庵夢憶》卷八《樓船》 家大人造樓，船之。造船，樓之。故里中人謂船樓，謂樓船，顛倒之不置。是日落成爲七月十五，自大父以下，男女老稚靡不集焉。以木排數重搭臺演戲，城中村落來觀者，大小千餘艘。午後颶風起，巨浪磅礴，大雨如注，樓船孤危，風逼之幾覆，以木排爲戧索纜數千條，網網如織，風不能撼。少頃風定，完劇而散。越中舟如蠡殼，跼蹐篷底看山，如矮人觀場，僅見鞋靸而已，升高視明，頗爲山水吐氣。

諸暨楓橋楊神廟臺閣

綜述

明·張岱《陶庵夢憶》卷四《楊神廟臺閣》 楓橋楊神廟，九月迎臺閣。十年前迎臺閣，臺閣而已；自駱氏兄弟主之，一以思緻文理爲之扮馬上故事二十三騎，扮傳奇一本，年年換，三日亦三換之。其人與傳奇中人，必酷肖方用，全在未扮時一指點爲某似某，非人人絶倒者不之用。迎後，如扮胡槤者，直呼爲胡槤，遂無不胡槤之，而此人反失其姓。人定然後議扮法。必裂繒爲之果其人其袍鎧須某色、某緞、某花樣，雖匹錦數十金不惜也。一冠一履，主人全副精神在焉。諸友中有能生造刻畫者，一月前禮聘至，匠意爲之，唯其使。裝束備，先期扮演，非百口叫絶又不用。故一人一騎，其中思緻文理，如玩古董名畫，一勾一勒不得放過焉。土人有小小災祲。輒以小白旗一面。到廟禳之，所積盈庫是日以一竿穿旗三四，一人持竿，三四走神前，長可七人里，如幾百萬白蝴蝶迴翔盤礴在山坳樹隙。四方來觀者數十萬人。市楓橋下，亦攤亦篷。臺閣上馬上，有金珠寶石墮地，拾者，如有物憑焉不能去，必送還神前。其在樹叢田坎間者，問神，輒示其處，不或爽。

杭州西湖樓船

雜録

明·張岱《陶庵夢憶》卷七《西湖七月半》 西湖七月半，一無可看，止可看看七月半之人。看七月半之人，以五類看之。其一，樓船，簫鼓，峨冠，盛筵，燈火，優傒，聲光相亂。名爲看月，而實不見月者，看之。其一，亦船亦樓，名娃閨秀，攜及童孌，笑啼雜之，還坐露臺，左右盼望。身在月下，而實不看月者，看之。其一，亦船亦聲歌，名妓閒僧，淺斟低唱，弱管輕絲，竹肉相發，亦在月下，亦看月，而欲人看其看月者，看之。其一，不舟不車，不衫不幘，酒醉食飽，呼羣三五，躋入人叢，昭慶、斷橋，嘄呼嘈雜，裝假醉。唱無腔曲，月亦看，看月者亦看，不看月者亦看，而實無一看者，看之。其一，小船輕幌，净几煖爐，茶鐺旋煮，素瓷静遞，好友佳人，邀月同坐，或匿影樹下，或逃囂裏湖，看月而人不見其看月之態，亦不作意看月者，看之。杭人游湖，巳出酉歸，避月如仇。是夕好名，逐隊争出，多犒門軍酒錢。轎夫擎燎，列俟岸上。一入舟，速舟子急放斷橋，趕入勝會。以故二鼓以前，人聲鼓吹，如沸如撼，如魘如囈，如聾如啞，大船小船。一齊□岸，一無所見，止見篙擊篙、舟觸舟、肩摩肩、面看面而已。少刻興盡，官府席散，皂隸喝道去，轎夫叫船上人，怖以關門，燈籠火把如列星，一一簇擁而去。岸上人亦逐隊趕門，漸稀漸薄。頃刻散盡矣。吾輩始艤舟近岸。斷橋石磴始凉，席其上，呼客縱飲。此時月如鏡新磨，山復整妝。湖復頮面，向之□斟低唱者出，匿影樹下者亦出，吾輩往通聲氣，拉與同坐。韻友來，名妓至，杯箸安，竹肉發。月色蒼凉，東方將白，客方散去。吾輩縱舟，酣睡於十里荷花之中，香氣沁人，清夢甚愜。

劇場部·清代劇場分部

文水縣南徐村武則天廟樂樓

紀事

清（乾隆）《重修碑記》 讀孔聖贊堯之詞曰：惟天爲大，惟堯則之。是帝堯之功德，殆與天等量齊觀也。後人以水之澤物，與天同用，故亦有是名。文邑城北南徐村，有則天水母古廟一所。當日創建之意，或亦猶是歟。但觀其廟貌之巍峨，形勢之雅俊，山環水繞，卓卓乎誠可欣而可羡也。至於寶殿之偉壯宏模，異秀奇巧，尤屬可驚而可賞。歷世相傳，此殿所作非同他比，乃係魯班顯靈，是以刻桷丹楹，有如是鶯伸鶴翔之妙耳。然而創造雖係神功，而自建立以來，世遠年湮，其中即有二次重葺，迄今又幾及百年。風雨漂搖，寧能免廢荒傾頹，將見榱桷受傷，丹雘不能如其故。几筵有損，藻繢亦竟改其觀。墻缺瓦崩，蕭條寂寞之景。凡臨此地者，孰不目擊而興悲，爽塏之更自難已也。於是本村劉君世花等，隱抱褻神之憾，意欲復舊，公議修葺。積衆輸財，擇日鳩工，衆皆踴躍前趨，不數月而工程告竣。神莊殿宇，廊廡堂階，以及樂樓等項，皆焕然一新。此焉知非神靈昭應，而福祚於斯人也。爰爲勒石，以垂永久云爾。是爲序。

蒲縣柏山東嶽廟戲臺

紀事

清（康熙）《祝賀聖誕碑記》 蒲邑之東離城五里許，有山如繡。其勢崇隆，其境幽深。而且青松千樹，翠柏萬叢，鬱鬱葱葱者，閲歲時而不改。猗歟美哉。洵可謂風會所聚，勝地不再，而爲神明之所必棲者也。山巔之上建立廟宇，其來舊矣。前後制度壯麗，左右規模弘敞，而坐鎮中央者，則泰嶽其神焉。斯神也，含弘廣大，覆育萬有，上則福國而亨其磐石，中則福民而樂其康寧，下則福物而絶其夭禮。凡薄海之内，孰不賴其帡幪之德哉。故三月廿八，乃聖誕辰也。蒲之士女，匍匐進香，竭誠享獻，不獨一歲爲然。而今歲董其事者，則生員曹鳳翥，信士閻承禄、張彦秀、李文魁，糾率同人，虔修祀典。粢盛必期其豐潔，犧牲必期其肥腯。而且戲獻三台，聲徹兩間，凡所以盡享祀而洽神人者，靡不至焉。祀畢鳩工，勒石以紀其事，匪敢自多，其敬恭明神之意也。亦曰：神人福我者無盡，我之報神者亦宜無盡。後人踵而行之，香火不絶，庶可酬神庥於萬一云。

清・佚名《昭茲來許》 東山爲蒲邑巨觀□，其上者爲泰嶽之神，興雲出雨，靈庇無疆。士人每歲於季春廿八日獻樂報賽，相沿已久。嗣因所費無出，久將廢墜。爰公募銀二百兩付之典商，歲生息銀三十金，以爲獻戲之資。至期必聘平郡蘇腔，以昭誠敬，以和神人，意至虔也。乾隆八年，夏器等寔首其事，因所托非人，騙銀誤戲，暫覓本縣土戲以應其事。前後搬取戲箱脚價，並定戲獻牲等費，約計二十餘金，俱系器等首事十人自行備捐。其公項息銀有預行支用者，盡數交出未敢稍侵毫厘。社内衆糾首及合會人等齊集公議，嗣後有失誤神戲者，不得開銷公項分文，悉照八年爲例。遂將本年餘息三十金并本銀二百兩，置買租産，以垂永久。此買契内所以有二百三十兩之價值也。但恐時久例廢，有失誤神戲仍動公項開銷者，器不得已，捐貲數金，會合諸糾首，公議勒石爲記。庶神會不至疏誤，而人心亦絶争端矣。是爲記。

高平市米山鎮定林寺舞樓

紀事

清（乾隆）《定林寺創建舞樓記》 寺舊無舞樓，浴佛日則砌台演劇，住持恒厭其煩苦，而力未逮也。適善信居士牛翔、王乘軒等，有五台進香社餘銀，爰發善念，創建舞樓，齊心同願。衆咸曰：可。住持海山因出其厨粟，搜其工料。以償其不足，而成其善舉焉。工經始於乾隆元年九月，落成於二年四月。恐其久而忘所自也，勒石以誌之。庶後之觀者，知善信之姓氏，且可以因敝增新而致悠久，毋替也乎。

高平康營村關帝廟舞樓

紀事

清（同治）《重修舞樓碑記》 祭祀之禮，所以崇德報功，典至鉅也。古者陳以俎豆，薦以馨香，至後世則兼以優戲。噫。戲者，戲也，胡爲以奉祀事哉。意者稽前代之盛衰，鏡人事之得失，善者足以爲勸，惡者足以爲懲，因於敬恭明神之時，式歌且舞，上以格在天之靈，下以昭前車之鑒乎。惟然，而舞樓之修亦有所不容已焉耳。余西境有强營村，人多急功好義，樂事經營。其村東關帝廟外有舞樓一所，夾道跨修，歷年已久，規模卑狹，棟宇荒蕪，殊不足備歌舞而光祀典。且樓南隙地無屋宇以補修之，於村東保障亦屬闕然。今有社首張淮等，從事更作，詢謀僉同，捐貲募衆，踴躍赴功於舞樓，增其舊制而加以潤色。外如鳳閣淩虛，内似蜃樓耀彩。遠而望之，巍巍乎齊雲落星，以擬其高也；近而即之，郁郁乎臨春結綺，以擬其華也。舞樓之南，創修樓房五間，補其缺陷而結構寬閎，亦足以備祭祀演戲之用。是役也，鳩功者多人，庀材者多人，仗義而輸財者又多人，於是不數月間而焕然一新焉。功竣，社首等邀余作記。余不文，又不獲辭，謹原夫舞樓之重建，嘉衆善士之樂輸，且喜於《靈臺》之詩所謂經之營之，不日成之者，適相符也。是爲記。

晉城東四義清震觀歌臺

紀事

清・李和中《碾玉玉帝關帝真武湯帝碧霞聖母各殿並碾玉舞樓起造東西樓房上下十二間碑記》 創建廟宇原爲妥神靈、禱風雨之計也，修造歌臺原以報順成、樂太平之福也。然必有好義者留心整理，補葺罅漏，方可歷久遠而無損壞。每見名山古刹，廊廡爲□草所封，神龕居敗堵之内，未嘗不觸目愴懷而致慨。夫鄉人愛惜金錢，不肯倡義舉耳。余於嘉慶丁卯歲同史司農六如公自都旋梓，暇時相偕，遊本村之清震觀。自□門以至神殿，創造無不合宜。院有老松一株，幹古枝横，如龍蟠，如虯曲，緑陰清晝，雖盛夏亦坐而忘暑，佳境也。正殿祀昊天玉皇，旁祀關聖帝君，真武，湯帝，泰山諸神。焚香瞻仰，令人肅然起敬。奈殿宇頹圮，歌台傾側。若不及時補葺，愈久則愈難爲力。六如見之而慨然曰：此吾之責也。因商諸紳士父老，鳩工庀材，千金不□，擇吉而興工焉。鄉鄰亦各輸囊資，約得三百余金。六如一人總其成，諸父老督工課績。又添造東西樓二所，經營勞瘁，不數月而告蕆。里人吹豳飲蠟，迎貓祭虎於其□。僉曰：非好善樂施之史公，安能如是焕然哉。因公謀勒石，囑余爲敘。竊思充裕之家居，恒恣情所欲，用如泥沙。遇鄉曲中公有義舉，偏封殖自私，較量錙銖。六如獨能□神廟之功，繼先人之志，快鄉黨之心。其於爲人，賢不肖何如也。余不能卻諸公之請，不欲掩六如之善，並不欲没一鄉善士之同心尚義，而敘其大略如是云。

晉城南石店蟲王廟舞樓看樓

紀事

清・馬鑄式《蟲王廟新建拜殿山門舞樓看樓碑記》 南石店村舊有蟲王廟，一鄉祈報之所也。廟居村東。東於時爲春，於位爲木，於德爲仁，於卦爲離，爲震，蠢動、長養、盛德、生育，取義備而爲數多，於以知建廟之規模遠也。廟祀蟲王。蟲王爲唐太宗，文武大聖大廣孝皇帝。帝出乎震，相見乎離。東兼離、震，祀之宜哉。夫太宗除隋之亂，比跡湯、武，致治之隆庶幾成、康。考諸史實，其免租給複，遣使循省天下，丞急於民事，自漢以來未之有也。後之人以蟲王祀帝，起於貞觀二年三月庚午以旱蝗責躬，癸酉雨一事。余不敢引吞蝗説，懼褻也。愚民不敢顯稱太宗，懼僭也。民以食爲天，使百世無旱蝗，而民生安有不足者乎。特祀蟲王，斯民亦可謂善禱也已。乃廟貌傾頹，費繁無措，屢議興複，實難其人。至道光戊戌春，舉行鄉飲禮，李公清瑞克膺斯選，不禁慨然曰：耆賓之榮，敢謂無愧。廟祀廢崩，余實懼然。於是倡議募捐，極力贊襄，一時之鑒，其懇摯者，亦輸將恐後，由是積累，一旦成功。今且新建拜殿，以肅升降。補葺兩廡，以稱莊嚴。瞻彼舞樓九楹，輪奂益之。看樓一律整新。山門内外，金碧輝煌。百神聖像，重興金妝。氣局宏壯，視昔有加焉。李君舒錦述其事，謁序於余，鄉人不忍没清瑞公之雅意也。夫修舉廢墜，具有誠悃；踵事濟美，望諸後賢。豈惟清瑞公之善不容掩。其效力之部公等捐資之善士，皆有功於此，而可爲將來勸者。

晉城五聚堂

綜述

清（咸豐）《五聚堂紀德碑序》 五聚堂者何，梨園寓所也。梨園何以有寓，爲支差而設也。堂何以五聚名，五屬梨園皆得寓於斯也。中奉開元皇帝，梨園所自始也。左祀三官，祈賜福也。右配財神，祝多富也。曲辨鏗鏘，人苦跋涉，是以大王、咽喉、山神附焉。其先官戲一役，除給口食外，每日只發戲價錢一千文，時久，口食被蝕□頂□重復之弊更多，子弟苦之。庚戌□國制，遏□音樂，苦愈甚。時覺羅萬公祖署澤，□班赴轅籲懇裁除。蒙恩裁去官戲十二臺，仍舊酌給口食，復嚴禁頂冒重復之票。及檄下縣屬，賓坻李縣尊又大沛特恩，再裁一十七臺，飭以輪流支應，以均苦樂，誠盛德也。二公德政何止於此，此特波及梨園者耳，烏可以不紀。因將喻示勒石，以垂永久。是爲序。

運城解州鎮關帝廟樂舞樓

紀事

清（乾隆）《重新大廟增修結義園記》 初乾隆二十八年，洙攝平陸縣事，詣州謁關夫子廟，仰見殿閣閎敞，喬木蔚秀，雖丹堊已古，巍然稱傑構焉。循視碑文，則康熙五十三年州守祝增請帑重修者也。廟之南，舊名蓮華池，前明州守張起龍建亭，栽蓮，後廢。乾隆二十三年，州守張鎮於遺址開東西兩池，築君子亭。二十七年，州守言如泗於亭後建三義閣，繪圖刻石供閣中，改額結義園，翼以坊亭，皆北向，閣後穿渠疊橋，累石成山，盛栽花竹。又於東南建小亭，顔曰薰風，而園之名益稱。洎三十七年，洙奉命擢解州牧，以八月蒞任，詣廟肅事，見丹堊之陳者漸就剥落，而園泉不至涸爲枯池，紅蓮碧沼已不可識，瞿然若惕於中。即捐俸爲倡，州之士踴躍咸赴，欣襄盛舉。乃疏渠引泉復達於園之前後，三池閣之後面渠築三楹，顔曰教忠堂，尊夫子之道也。環以長廊，輔以夾室，結構弘整，風氣益固。兩池之旁，各建舟亭以臨之，一曰秉正，一曰尊王，明結義之志。於是園之勝概畢臻，規模亦略載矣。人有餘力，徹廟之内外更而新之，若御書樓，若大殿、樂舞樓，午門兩廡畫壁，鐘鼓樓，廟城及門，東西坊兩重，次第修理。起癸巳孟春，迄於丁酉季夏，閱五載而工竣焉。惟夫子之靈，爽貫古今，塞天地無遠弗届。况解梁桑梓之鄉，千秋萬歲尚其眷故土而式佑之。凡有守土之責者，虔恭集事，人神以和，前守諸君子既有成效矣。洙從諸君子後，張舉而潤色之。咸曰庥哉，神將永妥。後之繼今者，踵兹蒇事，隨時而整齊之，且事半而功倍，若斯鉅麗，謂百世常新可也，能無厚望於將來哉。是爲記。

鄉寧縣樊家坪柏山荀大夫祠戲樓

紀事

清（嘉慶）《重修柏山聖母陀郎龍王諸神廟記》　鄉寧縣東十餘里有山獨峰拔萃，秀挺雲霄。四山圍拱，二水交流。天生古柏萬株，鬱鬱蒼蒼。邑《志》所云荀山堆翠是也。名荀者何。因建晉大夫荀息祠，故以山屬荀焉。六社人士仰其峻節孤忠，於四月望五日刑牲獻戲，歲以爲常，誠盛典也。南距祠數步又立聖母，陀郎，龍王諸神廟，以爲祈禱地。右列飛閣塑老君像，取函關紫氣意。年來苦雨凄風，椽蠹屋漏，欲葺無力。戊午春，余解任歸，有卧碑數方，索濯筆繕寫。余馳車奔赴，忽見蒼渺中有兩樓對峙，飛甍崇簷，峥嶸如畫。步廟瞻拜畢，由左圓門入，一亭名耐香，昔人有古柏森森耐歲寒之句，故名云。環坐其中，俯瞰亭外村墟歷落，行旅牛羊，往來其下。每當秋夏，會禾黍桑麻，掩映於蒼煙翠靄間，真佳境也。或踏青落帽節，遷客騷人，遊目肆觀，多會於此。余心竊謂，何前此落寞，而今雅致若此。因詢於衆，僉曰，此皆令叔寅昭公佈置也。先是，縣主吴公蒞任，寅公謁見後詳其事。公令伐枯柏新之。嘉慶元年始，迄三年告竣。金碧各廟神像，崇其門面，厚其垣墻，丹雘黝堊藻繪，悉如式。余不禁躍然曰，叔之加意神工，在在皆然。行見廟貌新而祈報時享，卧碑立而忠魂常昭，樓亭起而心目頓豁。使川嶽靈秀，氣疊生偉，人與當年忠烈遥相輝耀，地因人著，豈不更增一佳話也哉。若徒謂八景之一助，勿乃失重修之本意云。時督工者候銓州同李公俊生，恩賜九品冠帶張公文正，始終不辭勞瘁，至諸君佈施姓名刊列碑陰。旹嘉慶四年歲次己未四月吉日記。

陽泉興龍山五龍王廟樂樓

紀事

清（道光）《重修興龍山廟宇樂樓禪居碑記》　郡西北有燕龕村，境接程家莊、北莊。其莊東一山，峰巒拱衛，松林擁面，若屏障焉。更有清流□然仰出於山谷之間，作細□鳴，與松韻相間，號曰龍泉。其林壑之美，環境數十里末有也。山之中嶂構廟十數楹，頗壯麗。各肖像殷薦，以妥神靈。緬自元明以來，碑碣林立，遍覽摩讀，知前接踵而修者屢矣。偶遇旱魃爲虐，里人敬修楮帛，詣廟禱雨，效如回響，以故環十數村而遥，旱卒不爲災。每歲三月廿八日祭享其間，遐邇向廟下龍泉求子者，百十爲群，至後恒得嗣，神亦靈矣哉。歲久，廟因風雨剥蝕，弗堪瞻祝。道光甲午，父老協謀議修，慮取水遥遠，緣嘉慶辛酉大雨，水將龍泉移走數十武，而泉水遂少。乙未春，鄉民向泉求水，甫掘尺許，遇瓦塊若龍形，水隨湧出，狀如湯沸。因砌成池。行見池水幽黑深不可測，激以小石，碧光閃動，若有神龍之出没，悚然不敢逼視，而泉水竟百倍於疇昔。適歲弗登，工未興。迄辛丑年值豐稔，百姓安樂壽考，鄉人士乃募化四方布施，更奮輸財力，恪恭興事，而泉水用之不竭。人咸異之。蓋自來此山稱興龍山，若夫龍之爲靈，變化不可方物，往往憑於幽岩絶壑而興雲致雨，膏澤遂潤乎生民。則兹山有龍泉，安知靈爽之式憑不即在是也。况泉遠移舊，歷年久而其水增勝於前，又安知非千百年内，山之精英鍾是其靈不没，故泉水不竭也。益信祈子得嗣，乃靈秀攸鍾而精誠潛孚，有感即應，亦理之常，無足怪者。今見廟貌重新，殿榭墀階大宏厥規，並無偏修偏廢之舉。入廟拜瞻，凛若鬼神昭佈森列，而勸善懲惡之心，其有不油然以生耶。至於樂樓，禪居亦修之聿新，與廟宇相表里。工竣爰記其巔末，以勒諸碑石云。

陽泉葦泊村嶽瀆廟樂樓

紀事

清・閻奮鵬《重修天齊廟宇新建樂樓臺碑記》 特授修職郎翼城縣教諭覃恩加二級辛未大挑二等己未恩科舉人閻奮鵬熏沐敬撰。廟宇之設，將以祝風雨，祈寒暑，重祀典，酬神力也。葦瀑村之東北隅有臺曰天仙，高數十餘仞。臺上舊有古廟一所，階齒數十餘級，層累直上，疑若登天。崖頭環堵於周圍，渾如削壁。由中門而入，步至壇，獸脊髭鬍，簷牙高啄，梵宇開張，衆山朝拱。當春夏之交，樹林蔭翳，禽鳥上下，俯仰一切，氣象萬千。休哉。洵一方之壯觀也。廟之正殿，塑東嶽天齊神位。東殿曰三義廟，西殿曰子孫蒼岩聖母元君，又東曰靈官馬王，南有舊建三官廟，東西建禪屋兩楹。欲稽其由來，奈代遠年湮，無所考據。不知其創於何代，建於何年。歷元迄明，屢經修葺。至本朝嘉慶，乾隆間又重修兩次，迄於今百有餘歲矣。被風雨之漂零，遂致碧瓦參差，丹楹剥落。素絢無光，金妝失色，又苦無樂樓以妥神也。每值春秋報賽之期，椽杆幃帳，大費人工。若遇風吹雨灑，歌舞無依。非特神靈不暢，即人心亦爲之不安。邨中耆老擬欲整舊鼎新，苦於貲財不給，未敢輕舉。辛卯春，村中募銀千有餘兩，又於外鄉，鄰村左右募銀千有餘兩，由是鳩工庀材，不數月而舊者新，新者建矣。暨自今祀事克修，禮樂並舉，鼛鼓軒舞，所謂民和而神降之福者，胥於是乎。在經始於季春月，落成於孟夏月，共費金二千有餘兩。胡壽椿乞余爲記，余本不文，姑詳其顛末，以誌不朽云爾。

中陽縣聖母祠戲樓

紀事

清・吕履恒《新建戲樓碑記》 余令寧邑幾三載，於邑之名山勝境，靡不登望而遊焉。獨縣治東十里許，有柏窪山，其山秀而曲，高而聳，松柏森森，花木萋萋。山之上，有昭濟聖母祠，神座之下温泉出焉，誠一邑巨觀也。每歲桐月之十七日，遠近朝山者，香火不絶，以故歷代相傳。創造增修，不啻再四。丁亥歲，邑人因獻戲禱賽之事，而有議建戲樓之舉。其時起意鄉耆，有楊爾法，靳祥。總理董事者，有庠生王子微元，大學生陳子才，王子以矩，信士白子璽，楊子宰。而盡心竭力經營辛苦者，則靳子爾睿；兼之闔邑紳衿，里民咸樂爲輸，將共襄厥事。是以不數月而樓臺輝煌，廟貌巍峨，小者廓而大，舊者易而新。隱嘻，人力耶，神助耶，不有碑記，何以勵後。迄己丑歲，社之衆士因春元王諱鏴者入京會試，述其始末而托之，丐言於余。余職司諫垣，凡義舉勝事有關風俗者，無不樂道而表揚之。况寧之士庶，樸而實，儉而勤，爲余所素習而目睹者，有此義舉勝事，而能不爲之表揚乎。余故樂其事，嘉其意，而且以信神力之默佑無疆也，遂不禁走筆而爲之記。

沁水縣城關玉帝廟舞樓

紀事

清（乾隆）《重修舞樓記》　縣治之西半里許，玉帝廟在焉，吾西關居民祈報處也。歲時伏臘，享祀有儀，行之祖父，傳之子孫，若相沿爲古禮者。然嘗溯厥所自，而志乘罕載，碑具無存，獨明天啓間余高王父有《供桌小記》，亦稱鼎新於萬曆初年，而不知所創，則兹廟之遠且久也從可知矣。廟之南向則爲舞樓，蓋前人所爲，達神聽邀來格也。奈歲月滋久，壁毀簷頽，岌岌乎有不支之勢。歲之丁丑，修職郎樊公視社事，約同里衛君文鎧、李君殿元等舉西廊一帶。更修之時，社衆僉以舞樓謀公，公老且病，遂不果。社衆曰：舞樓，大工也。修舞樓，重任也，非慷慨幹練不可。仔肩因推厥弟冕侯公繼其事，而東社則張子業廣，西社則李子一臣也。於是同心協力，首先捐銀若干兩，次舉督工若干人，諮於有衆，詢謀僉同。乃卜日之良，大積厥材，大召匠氏，興土工，斬板幹，礱柱礎，飾雕甍，不數月間而規制之雄，繪畫之美，視昔爲有加焉。工竣問序於余，余維吾西關居民，祭享於斯，祝禱於斯，每歲仲秋，演樂陳俎，少長咸聚於斯。矧舞樓之設，以導天地之和，以通神明之德，以類萬物之情，安可任其頽敝而不爲之所耶。昔蘇文忠有言：論事易，做事難；做事易，成事難。天以數十餘年之待頽待敝者，一旦作於諸公之手，且成於諸公之手也，得謂非昔人之所難與。方今聖天子休養生息，子惠元元，薄海内外，飲天和，食地德者，罔弗和其聲以鳴國家之盛。吾邑雖僻處山陬，而歌《康衢》，祝《華封》，不猶是陶唐遺俗哉。惟願自兹以往，以恬以熙，笙瑟洽於下里。有年有□，鼓吹揚乎休明，則諸公之功，行將傳之不朽也。是爲記。

沁水縣郭壁村崔府君廟歌臺

紀事

清（道光）《補修大廟記》　吾鎮大廟規模宏敞，爲春秋祈報之所。前後殿業經葺理者，無不勒石。兹有土地祠、高禖祠風雨飄摇，半多罅漏；至若關帝前拜臺、大門上正中歌臺，以及左右鐘鼓樓，舊制多鄰狹隘，榱桷亦將傾圮，重建之舉誠有難緩者矣。己亥春，族侄若愚同旭初蘇君相度形勢，意欲增修，詢於衆，僉曰：善。惟工費浩繁，庀材未易。社有舊存倉穀錢若干，又關帝會錢若干，公議移用。一時好善急公諸君子亦各募捐，以襄盛舉。於是擇吉鳩工，危者扶之，漏者補之，狹隘者從而廣大，金碧丹艧，焕然一新，誠足敬共神明，昭示來兹矣。是役也，倡首者旭初蘇君，族侄若愚，樂成善果者允中趙君，司其事而朝夕經理者余與功閣趙君。功既竣，將立石，同事囑余爲記，以爲後起者勸。余不獲以不文辭，乃質言數語以記改作之由，至捐貲姓氏亦備載於後，以垂不朽焉。是爲記。

平定縣郭家腦村媧皇廟樂樓

紀事

清（光緒）《重修東浮山媧皇廟碑記》　東浮化山者，地居山右，壤介州東。西與冠山並峙，南視蒙峰尤崇。仰近天日，俯小岑嶔遊覽則雖暑弗暑，登臨則無風亦風。雲騰山而有象，石入水而不沉。所謂天鍾靈秀，地據形勝者也。考之《通志》，爲女媧氏鍊石補天處，遺竈存焉。夫既爲神聖發跡之區，即爲神聖托跡之所。此羲農媧皇之廟所由建也。但不知創自何代，又不知何以有大佛，十王，伽藍，菩薩等殿。意者漢以後釋氏盛行，時所增修歟特是有佛殿，是有住持僧。住持者，所以維持廟宇於勿墜也，而乃聽殿宇傾圮而不顧，任庭堂荒蕪而不恤，甚至毁瓦畫墁縱欲敗，度所謂維持者安在哉。原其所由，緣廟中善地之多不下二三頃，香火之資奚啻千萬户，而若輩飽食暖衣，逸居無教，故流弊無窮耳。饑饉以來，連年豐稔，居民康樂。癸未歲，都人始議屏住持而修葺之，而衆僧亦適以自辭。於是舉經理，捐資財，鳩百工，遠方傾囊以助，近村踴躍争先，不數年而厥功告竣，斯時也，内而堂室，聖像，外而山門，樂樓，洪纖鉅細，金碧輝煌，煥然一新。共費錢七千餘緡，善士三千餘衆。如此盛舉，忍使湮没無聞乎。勒石之日，都人屬余爲文，余不獲辭，詢其興工之由，屏僧之故。不禁喟然曰，此人力耶。抑天心耶。天以福善禍淫爲心，人以好善惡惡爲情。今人一舉念而衆僧辭去，吾意必非其本願，想亦神之使然之，隱示人以崇儒之意未可知也。但既有是舉，可知僧人不復留矣。蓋已往者，將來之鑒，而積財又滋事之緣。是山既有芝田二三頃，茅屋八九間，倘若拔頃田以立義學，使四方之貧乏無資者咸得就學於此，此不特爲神之賜，亦都人之賜。且使人知慕義，咸能維持廟宇於不敝焉，豈不美哉。其餘則或勤整理以防傾頽，或栽樹木以壯觀瞻，務使有餘者歸於有益，勿使有餘者滋其流弊。斯可謂持久之道耳。然而不敢自是，姑書之，並酹都人，以爲何如也。

韓城縣大禹廟歌舞臺

論　説

清·甯紹先《禹廟歌舞臺碑記》　古有夏大禹聖王也，其廟祀宜舞八佾，作大夏明王者樂。若歲時賽報，民自財爲世俗樂，式歌且舞，猶非享聖王體。然夏社遷杞不足征，幾同易柱，而稷而禹廟數千年崇祀之，在龍門下河幹村堡十餘所，豈非導河求賴不以帝王尊，而以仁聖之惠愛斯民無窮哉。夫萬世嘉賴，則百姓康樂、時和年登，雖作世俗樂亦猶勸《九歌》，俾勿壞雲爾。周原禹廟由來尚矣，作樂祀，初無臺，有清十年西社始築臺基，猶未敢訟言能屋，以小民新出湯火無餘貲也。幸河勢東徙，多年所秉穗於斯，芻牧於斯，場圃網罟於斯，爵彼桑柳，可材可薪。濃彼桃李，可食可禋。遼潤其阡禹甸畇畇食福多感神賜，以是經營鳩材，家有輪力有役，乃構臺閣。斯翬斯飛，仙仙萬舞；且冠且衣，苾芬攸薦，解我溺饑。夫天下之治亂視民生之憂樂，民生之憂樂視財賄之盈詘，財賄之盈詘視農桑之豐嗇，而濱河之農桑豐嗇，視河水之遠近利害。今神昭明賜，迄用康年，民大和會，不日成功，豈非長治久安無疆惟休哉。今之樂由古之樂也，樂者，樂也；同樂王者，心也。韓士孔樂大禹神明，儼其如在，不必沉璧歌《瓠子》矣。

蘇州金允公所歌臺

紀　事

清（光緒）《重修金允公所記》　得沾時雨之化，共願解囊爲之倡，即舊址新之。於是，合行之存款，與各號之捐資，庀材鳩工，成東西兩廡，中爲歌台，峙以高門，繚以外垣。飾牆宇之漫漶，平階級之傾欹。歌台上梁前，陰雨連日，至期天朗氣清，工匠齊呼，金輪宛轉，曜日增輝。而咸拜之。於庚辰秋落成。計用銀洋二千四百元整。

蘇州老郎廟戲場

紀事

清（光緒）《重修老郎廟捐資碑記》 老郎廟始爲蘇城昆腔演戲各班聚議之所，大殿供奉祖師神象。每逢朔望拈香，惟顧同志。自咸豐庚申發逆蹂躪，蘇城失陷，各班分散逃避，在申者尚存百十餘名。在夷場分設兩班開演。計文樂園，豐樂園，暫爲糊口。迨至同治三年，省城克復。同人先後來蘇者，見吾廟僅存屋椽。神象神龕裝折，均被賊毁，不忍坐視，是以在申集議，仍照舊章抽捐。重塑神象神龕及裝折門廡一應等物。但屋椽修葺，尚難支持。於七年，陸續回籍。在本廟開設試演，以濟捐資修費。然數載以來尚不能輪奐一新。光緒四年，大殿屋脊，又被龍風傾傷，幸未坍倒。爲此急議另捐，擇於七年三月二十六日拆卸興工，今已蕆事。

蘇州光裕公所戲臺

紀事

清·王秋泉等《光裕公所重建宮巷第一天門三皇祖師殿碑記》 吾業光裕公所，始於宮巷第一天門，供奉三皇祖師神象。因遭咸豐庚申兵燹以來，殿宇傾毁，是以先輩馬如飛、趙湘舟、姚士章、許殿華等，權在臨頓路小日暉橋，草創數椽，重整規模。至光緒甲申春正月，王石泉、金耀祥、錢玉卿、朱韞泉等舊址重興，復建大殿兩廊，焕然一新。越十一年甲午，王效松、沈友亭、許春祥、張樹庭等起造頭門。幸氣調時豫，樂業安居。公議集資增建戲檯、兩廡，吊古憑今，聊繼前人之志，光前裕後，遠延後輩之誠。

蘇州江西會館萬壽宮戲臺

紀事

清·佚名《江西會館萬壽宮記》 是祠也，其基址來龍衍派，租於虎丘，四圍周正。地税叁畝陸分，歲納糧四錢。溯源流也，其祠爲通衢，通衢之外，浚河一道，便通津也。祠大門稍進，則分中門東西兩角門。中門閫內，則設演戲台，拱立北面。以祝真君壽誕。以歌太平有道休征，奏敷功也。

蘇州高寶會館戲臺

紀事

清·佚名《海州邦衆商修建高寶會館碑記》 蓋嘗聞之，莫爲之前，雖美弗彰。莫爲之後，雖盛不傳。從知創造維（下闕）會館合海淮洋泗四邦，捐厘公建。迄今逾百年矣。其間神殿三（下闕）落，橋樑、魚沼，荷塘無不備具。誠足以光祀典而壯觀瞻。而又爲之（下闕）調劑商行，鑒督厘銀。如此深謀遠慮，方期永久勿替。式廓增華，（下闕）懷已見之感，以致數十年來，風摧雨殘，金寒石損，間有補葺。聊（下闕），糾我海邦諸同人協口，董事丁彦儲先生酌算厘銀，鳩工庀材，（下闕）。大王神象裝金，殿宇前簷揭苫，前戲臺重新整飾，兩看樓曁簷（下闕）竣。計臘月一日，演戲開光，□成維時，諸商咸集。共用足錢四百三□□□□□掛神殿，一目了然。洎乎今日，越三寒暑。

太倉婁東戲臺

紀事

清・錢泳《履園叢話・叢話二一・笑柄・太無竅》　吴梅邨祭酒既仕，本朝有張南垣者，以善疊假山，遊於公卿間，人頗禮遇之。一日到婁東，太原王氏設宴招祭酒，張亦在坐。因演劇，祭酒點《爛柯山》，蓋此一齣中有張石匠，欲以相戲耳。梨園人以張故，每唱至張石匠輒諱張爲李，祭酒笑曰：此伶甚有竅。後演至張必果寄書，有云：姓朱的，有甚虧負你。南垣拍案大呼曰：此伶太無竅矣。祭酒爲之逃席。

揚州東園歌臺

綜述

清・李斗《揚州畫舫録》卷一三《橋西録》　東園即賀園舊址，賀園有脩然亭，春雨堂、品外第一泉、雲山閣、吕仙閣、青川精舍、醉烟亭、凝翠軒，梓潼殿、駕鶴樓、杏軒、芙蓉沜、目矊臺、對薇亭、偶寄山房、踏葉廊、子雲亭、春山草外山亭、嘉蓮亭。今截賀園之半，改築得樹廳、春雨堂、夕陽雙寺樓、雲山閣、菱花亭諸勝。其園之東面子雲亭，改爲詞臺，西南角之嘉蓮亭，改爲新河，春山草外山亭，改爲銀杏山房，均在園外。另建東園大門於蓮花橋南岸，其雲山閣便門，通百子堂。

揚州韓園

綜述

清・李斗《揚州畫舫録》卷一三《橋西録》　韓園在長堤上，國初韓醉白別墅。孫豹人有《同宗定九、韓醉白飲虹橋酒家》詩云，酒家臨水復臨橋，畫舫中吹紫玉簫。破費杖頭拚不管，可憐天氣近花朝。衛娘詞處宜年少，潘令花邊愧老翁。聽罷韓生新柳詠，英英矯矯酒中人。謂此。後爲韓奕別墅，繼又改名名園，築小山亭。聯云，茂竹臨幽溆，李益。晴雲出翠微。□□與。閒時開設酒肆，常演窟儡子，高二尺，有臀無足，底平，下安卯栒，用竹板承之。設方水池，貯水令滿，取魚蝦萍藻實其中。隔以紗障，運機之人在障内游移轉動。金鰲《退食筆記》載水嬉，此其類也。

揚州面水層軒歌臺

綜述

清・李斗《揚州畫舫録》卷一二《橋東録》　四橋烟雨，一名黄園，黄氏別墅也。上賜名趣園，御製詩云，多有名園緑水濱，清游不事羽林紛。何曾日涉原成趣，恰值雲開亦覺欣。得句便前無繫戀，遇花且止足芳芬。問予喜處誠奚託，宜雨宜暘利種耘。黄氏兄弟好構名園，嘗以千金購得秘書一卷，爲造製宮室之法。故每一造作，雖淹博之才，亦不能攷其所從出。是園接江園環翠樓，入錦鏡閣，飛檐重屋，架夾河中。閣西爲竹間水際下。閣東爲迴環林翠，其中有小山逶迤，築叢桂亭。下爲四照軒，上爲金粟庵。入漣漪閣，循小廊出，爲澄碧堂。左築高樓，下開曲室，暗通光霽堂。堂右爲面水層軒，軒後爲調臺。軒旁築曲室，爲雲錦淙。出爲河邊方塘，上賜名半畝塘。由竹中通樓下大門。

揚州漣漪閣

綜述

清・李斗《揚州畫舫録》卷一二《橋東録》 漣漪閣在金粟庵北，聯云，紫閣丹樓紛照耀，王勃。修篁灌木勢交加。方干。閣外石路漸低，小欄欵欵，絶無梯級之苦，此欄名桃花浪，亦名浪裏梅。石路皆冰裂紋。堤岸上古樹森如人立，樹間構廊。春時沈錢謝絮，塵積茵覆，不事箕箒，隨風而去。由是入面水層軒，軒居湖南，地與階平，階與水平。聯云，春烟生古石，張説。疏柳映新塘。□光□。水局清曠，闊人襟懷。歸舟争渡，小憩故溪，紅燈照人，青衣行酒，琵琶碎雨，雜於櫓聲，連情發藻，促膝飛觴，亦湖中大聚會處也。

揚州天寧寺重寧寺戲臺

綜述

清・李斗《揚州畫舫録》卷五《新城北録下》 天寧寺本官商士民祝釐之地。殿上敬設經壇，殿前蓋松棚爲戲臺，演仙佛，麟鳳，太平擊壤之劇，謂之大戲，事竣拆卸。迨重寧寺構大戲臺，遂移大戲於此。

揚州司徒廟

綜述

清・李斗《揚州畫舫録》卷五《新城北録下》 城内蘇唱街老郎堂，梨園總局也。每一班入城，先於老郎堂禱祀，謂之掛牌。次於司徒廟演唱，謂之掛衣。每團班在中元節，散班在竹醉日。團班之人，蘇州呼爲戲螞蟻，吾鄉呼爲班攬頭。吾鄉地卑濕，易患癬疥，吴人至此，易於沾染。班中人謂之老郎瘡。梨園以副末開場，爲領班。副末以下老生，正生，老外，大面，二面，三面七人，謂之男脚色。老旦，正旦，小旦，貼旦四人。謂之女脚色。打諢一人，謂之雜。此江湖十二脚色，元院本舊制也。蘇州脚色優劣，以戲錢多寡爲差，有七兩三錢，六兩四錢，五兩二錢，四兩八錢，三兩六錢之分，内班脚色皆七兩三錢。人數之多，至百數十人，此一時之勝也。

紀事

清・李斗《揚州畫舫録》卷一六《蜀岡録》 司徒廟在康熙年間頗荒廢，邑紳汪天與重加修飾。大殿後無屋宇，係大水塘，汪增構其地後，置一後殿。殿之寬闊如前殿，上有大樓，下有兩廊。樓上供司徒五位神像，下有棲神壯觀大額，有長聯。汪天與字蒼孚，號畏齋，歙人。户部山西司員外，刑部福建司郎中，漁洋門人，工詩，有沐青樓集。

揚州城隍廟

綜述

清・李斗《揚州畫舫録》卷五《新城北録下》 徐班以外，則有黄，張，汪，程諸内班。程班三面周君美，與郭耀宗齊名。君美即陳嘉言之埒，盡得其傳。正生石湧塘，學陳雲九風月一派，後入江班，與朱治東演《獅吼記》梳妝跪池，風流絶世。大面馮士奎，以《水滸記》劉唐擅場。韓興周以紅黑面擅場。老生王采章，即張德容一派，小旦楊二觀，上海人，美姿容。上海産水蜜桃，時人以比其貌，呼之爲水蜜桃。家殷富，好串小旦，後由程班入江班，成老名工。老外倪仲賢，有王丹山氣度。老旦王景山，眇一目，上場用假眼睛如真眼，後歸江班。黄班三面顧天一，以武大郎擅場，通班因之演《義俠記》全本，人人争勝，遂得名。嘗於城隍廟演戲，神前鬮《連環記》，臺下觀者大聲鼓噪，以必欲演《義俠記》。不得已，演至服毒，天一忽墜臺下，觀者以爲城隍之靈。二十許人。張班老外張國相，工於小戲。年八十餘演《鳴鳳記》報官，腰脚如《西樓記》拆書之周旺，《西廂記》惠明寄書之法本稱最，近年八十餘，猶演《宗澤交印》，神光不衰。

老生程元凱，爲朱文元高弟子，寫本諸齣，得其真傳。劉天禄小唱出身，後師余維琛，爲名老生，兼工琵琶，其彈詞一齣稱最。張明祖爲小生，與沈明遠齊名，後從其父爲洪班教師。三面顧天祥，以羊肚盜印，鸞釵朱義爲絶技。同時謝天成爪指最長，亦工羊肚諸技。大面陳小扛，爲馬美臣一派。小旦馬大保，爲美臣子，色藝無雙，演《占花魁醉歸》，有嬌鳥依人最可憐之致。老旦張廷元，小丑熊如山，精於江湖十八本，後爲教師，老班人多禮貌之。汪穎士本海府班串客，後爲教師，論没手身段，如《邯鄲夢雲陽》，《漁家樂羞父》最精。善相術，間於茶肆中爲人相面。

揚州曹船

紀事

清・李斗《揚州畫舫録》卷五《新城北録下》 曹大保，性好游，每旦放舟湖上。嘗以木蘭一本，斵爲划子船，計長二丈二尺，廣五之一。入門方丈，足布一席，屏間可供卧吟，屏外可貯百壺。兩旁帳幔，花晨月夕，如乘彩霞而登碧落，若遇驚飈蹴浪。顛樹平橋，則卸闌卷幔，輕如蜻蜓。中置一二歌童擅紅牙者，俾佐以司茶酒。湖上人呼之曰曹船。

揚州西砲子寨

綜述

清・李斗《揚州畫舫録》卷六《城北録》 西砲子寨在城西北角，一名仙鶴膝，相傳城形如仙鶴，是處如鶴膝。《夢香詞》云，北郭寒烟凝鶴膝，即此。此地有橋名轉角，橋板不設，以通西南門畫舫。凡松濠畔乞兒，每於農隙勝游之日，男婦衆多，沿城隨船展手叫化，多里謡頌禱之詞。其風始於病癱老婦，肘行膝步，謌《釘打鐵曲》。其詞云，釘打鐵，鐵打釘，燒破綾羅没補叮。打紅繖，擡官轎，吹着篳栗掌着號。動動手，年年遊湖又吃酒，開開口，一直過到九十九。是皆廣東《布刀歌》之屬。丐者至轉角橋而止，謂之斷橋，或笑之謂其地爲嘆氣灣。

揚州紵秋閣

紀事

清・李斗《揚州畫舫録》卷九《小秦淮録》 紵秋閣在翠花街，余舊居也，閣外種梅十數株。辛丑間，金棕亭見歌者居紵山，小史李秋枝寓閣中，遂名其閣曰紵秋。跋云，江淹賦恨，無非累德之詞；庾信言愁，大有銷魂之句。擁趙君之絹被，山木能謳；指吴兒之石心，小海獨唱。當歌必慨，下筆能工。麗則協乎詩人，曠達稱爲狂客。溯前身於青兕，共嘆仙才；舞後隊之紫鸞，應成法曲。

揚州船臺

論説

清・李斗《揚州畫舫録》卷一一《虹橋録下》 謌船宜於高棚，在座船前。謌船逆行，座船順行，使船中人得與謌者相欵洽。謌以清唱爲上，十番鼓次之。若鑼鼓，馬上撞，小曲，攤簧，對白，評話之類，又皆濟勝之具也。

綜述

清・李斗《揚州畫舫録》卷一一《虹橋録下》 畫舫多作牙牌，葉格諸戲，以爲酒食東道。牙牌以竹代之，四人合局，得四爲上，謂之四狠。色目有四翻身，自來大諸名。以末張爲上者，謂之添九，色目有三長四短，自尊大結諸名。二人對局爲扛，有蘇，揚之分。蘇扛雙出，有上扛飛釣，四六加開色目。揚扛單出，關門不釣。三四人合局，以點大得者爲負，謂之擠黄。葉格以馬吊爲上，揚州多用京王合譜，謂之無聲落葉，次之碰壺，以十壺爲上。四人合局，三人輪鬥，每一人歇，謂之作夢。馬吊四十張，自空堂至於萬萬貫，十萬貫以下，均易被攻，非謹練，鮮無誤者。九文錢以上，皆以小爲貴，至空堂而極，作者所以爲貪者戒也。紙牌始用三十張，即馬吊去十子一門，謂之鬥混江。後倍爲六十，謂之擠矮。又倍之爲一百二十張，五人鬥，人得二十張。爲成坎玉。又有坎姤，六么，心算諸例。近今盡鬥十壺，而諸例俱廢，又增以福禄壽財喜五星，計張一百二十有五。五星聚於一人，則共賀之。色目有斷么，飄壺，全葷諸名目。

揚州報豐祠

綜述

清・李斗《揚州畫舫録》卷一《草河録上》 報豐祠，以祀先世之始耕者。殿前後三楹，廡殿各二。聯云息饗報嘉瑞，顔延年。膏澤多豐年。曹楠。祠外建戲臺，顔曰擊鼓吹豳，土人報功演劇在於是。聯云川原通霽色，皇甫冉。簫鼓賽田神。王維。

揚州秋暉書屋

紀事

清・李斗《揚州畫舫録》卷一二《橋東録》 秋暉書屋在天光雲影樓左一層，爲江山四望樓後第一層，製如卧室，游人多憩息於此。聯云詩書敦夙好，陶潛。山水有清音。左思。江園最勝在怡性堂後，曩嘗作游記一首，因附録之。記云辛卯七月朔，越六日乙巳，客有邀余湖上者。酒一甕，米五斗，鐺三足，燈二十有六，掛棋一局，洞簫一品，篙二手，客與舟子二十有二人，共一舟，放乎中流。有倚檻而坐者，有俯視流水者，有茗戰者，有對奕者，有從旁而諦視者，有憐其技之不工而爲之指畫者，有撚鬚而浩歎者，有訟成敗於局外者。於是一局甫終，一局又起，顛倒得失，轉相戰鬥。有脱足者，有謌者，和者，有顧盼指點者，有隔座目語者，有隔舟相呼應者。縱横位次，席不暇暖。是時舟入緑楊灣，行且住，舍而具食。食訖，客病其囂，戒奕，亦不游，共坐涵虚閣各言故事。人心方静，詞鋒頓起，舉唐宋小説誌異諸書，盡入麈下。自龐眉秃髮以至白皙年少，人如其言而言如其事。又有寓意於神仙鬼怪之説，至於無可攷證，耀采繽紛。或指其地神其説曰，某時某事，吾先人之所聞也。某鄉某井，吾童子時所親見也。纂組異聞，網羅軼事，猥璅賸餘，絲紛櫛比，一經奇見而色飛，偶爾艷聆而絶倒。乃瑣至餖飣曲諧謔，釋梵巫呪，儺逐伶倡，如擎至寶，如讀異書，不覺永日易盡。是時夕陽晚紅，烟出景暮，遂飲閣中。酒三巡，或拇戰，或獨酌，或謌，或飯，聽客之所爲。酒酣耳熱，簫聲於於，牽牛相與，摇艇入烟波中。兩岸秋花，衰紅自矜。暮雲斷處，銀河水淺，芳草爲螢，的歷照人。哀蟬戀樹，咽夜互鳴。新月無力，易於沉水，夜静山空，扁舟容與。燈火燦爛，菱蔓不定，竹喧鳥散，曙色欲明。寺鐘初動，舟中人皆有離别可憐之色，今夕何夕。蓋古之所謂七夕也。歸舟共卧於天光雲影樓下，七夕既盡，八日復同登天光雲影樓。不洗盥，不飲食，不笑語，仰首者輒負手，巡簷者半摇步，倚欄者皆支頤，注目者必息氣，欠伸者餘睡情，箕踞者多睥睨，各有瀟灑出塵之想。

揚州保障湖舊堤謌臺

綜述

清・李斗《揚州畫舫録》卷一三《橋西録》 東岸乃保障湖舊堤，上築謌臺，圍矮垣數十丈，緣堤曲直委宛，至春臺祝壽之扇面亭而止。謌臺即子雲亭故址。

揚州片石山房

雜録

清・錢泳《履園叢話・叢話二・園林》 揚州新城花園巷又有片石山房者，二廳之後，湫以方池，池上有太湖石山子一座，高五六丈，甚奇峭，相傳爲石濤和尚手筆。其地係吴氏舊宅，後爲一媒婆所得，以開麵館，兼爲賣戲之所，改造大廳房，彷彿京師前門外戲園式様，俗不可耐矣。

揚州戲館

藝文

清・林蘇門《邗江三百吟》卷八《戲館》京都南城外戲館馳名，蘇州次焉。竊思都門爲王畿首善之區，蘇省亦商賈通行之地，或取以爲太平歌詠，或須以爲燕樂嘉賓，昭其便也。揚城昔亦繁華耳，今於嘉慶十三年春三月，仿京都之式行之。館在新城大樹巷，相近曰固樂園，即總商余晟瑞家閒園之出賃也。是年閏五月，舊城大東門内向有勝春園，酒肆亦因之而改曰陽春茶社。六月，新城興教寺後身岑姓廢園内，極幽雅極寬大，又相繼而起名曰豐樂園。踵事增華，聊以待腰纏之集；聞風起慕，庶幾如桴鼓之從。吾不知數百年前何，竟未有一人意計及此者。爰賦七律五章，用效轆轤體。

富貴天開錦繡春，名園雅集半游民。偶緣騎鶴翩翩下，須擬逢場款款伸。未免有情聊可假，不招而至亦相因。倘尋廿四橋邊月，依舊吹簫問玉人。

纔停清梵過城闉，富貴天開錦繡春。趨市新聞驚且喜，到門乍見主和賓。呼朋逐隊觀如堵，細雨斜風坐穩身。優孟分明多幻境，莫教蝴蝶夢稱真。

同樂京都南城外戲館名。曾傳近紫宸，蕪城一旦幸遵循。繁華地奏昇平樂，富貴天開錦繡春。北部胭脂應借點，南園金粉亦須勻。而今舊雨重相過，東道依然地主貧。

一年一度一番新，不讓梨園舊有鄰。此日紅情邗水泛，何時青眼越山巡。衣冠人載英雄譜，富貴天開錦繡春。滿座喧譁雲集盛，可知歌吹竹西淳。

一局初興屢效顰，如何千里隔風塵。時余留阮伯元浙江撫署向隅細數人皆樂，返棹徐思我亦親。絲竹管絃今日事，忠良奸佞昔時臣。低徊寄語圖經著，富貴天開錦繡春。

常州城隍廟戲樓

雜録

清（光緒）《陽湖縣增修城隍廟記》戲樓特高，春秋致祭，作樂以娛神，複取古今忠孝節義故事俾使梨園子弟演之。

常熟縣城隍廟戲樓

雜録

清・錢泳《履園叢話・叢話九・碑帖・唐滑臺新驛記》李少温《滑臺新驛記》不載於諸家著録，似碑亡久矣。吴門貝簡香氏得一舊本，有元人吾衍跋語，遂摹之磚板，可以亂真。又縉雲縣城隍廟記有重刻本，在今常熟縣城隍廟戲樓下南向，明嘉靖壬戌年刑曹杞山鄭公刻，邑人徐栻有記。

無錫城隍廟園亭

論説

清·錢泳《履園叢話·叢話二〇·園林·造園》　造園如作詩文，必使曲折有法，前後呼應，最忌堆砌，最忌錯雜，方稱佳構。園既成矣，而又要主人之相配，位置之得宜，不可使庸夫俗子駐足其中，方稱名園。今常熟、吴江、崑山、嘉定、上海、無錫各縣城隍廟俱有園亭，亦頗不俗。每當春秋令節，鄉傭村婦，估客狂生，雜遝歡呼，説書彈唱，而亦可謂之名園乎。

北京浮山會館演樂廳罩棚

紀事

清·李嘉樂《浮山會館金妝神像碑記》　我浮山會館，建自雍正七年。其館北位五聖像，神德靈應，佑我商人。南建演樂廳，依永和聲，仰答神。但年遠日湮，風雨飄零，神像漸舊，詎可無爲之修理於後者乎。是以我鄉貿易諸公，目睹心傷，感慨系之。又重修後臺罩棚三間。數日而工成告竣，將立石於神側。

北京前門外中蘆草園戲臺罩棚

紀事

清·佚名《建修戲臺罩棚碑記》　夫事我行先輩，立業都門，崇祀梅、葛二仙翁，香火攸長，自明代以至國朝，百有餘年矣。從前於康熙十七年，重修大廳兩廡後閣及東西正房，懸額書名，以昭不朽。又於四十九年，複行重修找補。每歲九月，恭遇仙翁誕辰，獻戲設供，敬備金錢雲馬香楮等儀，瞻禮慶賀。今於乾隆六年，歲次辛酉，凡我同伎，樂輸己資，共成勝事，於大廳前，建造戲臺罩棚一所。但從前建修，並未建碑勒石，恐年深日久，難免無稽之歎。今將廟地坐落基地，備録其概：是廟坐落中城北蘆草園地方，坐北向南。西至大溝，東至本城坊衙門，南至官街，北至金行會館南截，中至火神廟殿。總計戲臺罩棚一座，大廳三間，東西廂房各三間，西廂房後正房二間，後閣上下二間，東正房三間，閣西空地一塊，前後共房貳拾三間。

清·趙名泰《重修仙翁廟碑記》　館之後院，正殿爲真武宫，關聖帝君、玄壇、財神列於左，梅、葛仙翁列於右。神光顯赫，靈佑昭彰，錫茲祉福，吾鄉在京商賈，托庇寧有窮哉。其東南前院，北殿則火帝星君神也。上應天宿，下蔭民生，鄉之人得安居廛市，從不遭回禄災者，未必非祀事孔明之報也。他如樂亭廂廊，樓閣層疊，凡所以妥　神靈而肅拜瞻者，前人之締造，其謀蓋深且遠矣。

北京天街萬壽慶典戲臺

紀事

清・趙翼《簷曝雜記》卷一　皇太后壽辰在十一月二十五日。乾隆十六年届六十慈壽，中外臣僚紛集京師，舉行大慶。自西華門至西直門外之高梁橋，十餘里中，各有分地，張設燈綵，結撰樓閣。天街本廣闊，兩旁遂不見市廛。錦繡山河，金銀宫闕，剪綵爲花，鋪錦爲屋，九華之燈，七寶之座，丹碧相映，不可名狀。每數十步間一戲臺，南腔北調，備四方之樂，侲童妙伎，歌扇舞衫，後部未歇，前部已迎，左顧方驚，右盼復眩，遊者如入蓬萊仙島，在瓊樓玉宇中，聽霓裳曲，觀羽衣舞也。其景物之工，亦有巧於點綴而不甚費者。或以色絹爲山岳形，錫箔爲波濤紋，甚至一蟠桃大數間屋，此皆粗略不足道。至如廣東所搆翡翠亭，廣二、三丈，全以孔雀尾作屋瓦，一亭不啻萬眼。楚省之黄鶴樓，重簷三層，牆壁皆用玻瓈高七、八尺者。浙省出湖鏡，則爲廣榭，中以大圓鏡嵌藻井之上，四旁則小鏡數萬，鱗砌成牆，人一入其中，即一身化千百億身，如左慈之無處不在，真天下之奇觀也。時街衢惟聽婦女乘輿，士民則騎而過，否則步行。繡轂雕鞍，填溢終日。余凡兩遊焉。此等勝會，千百年不可一遇，而余得親身見之，豈非厚幸哉。京師長至月已多風雪，寒侵肌骨，而是年自初十日至二十五日，無一陣風，無一絲雨，晴和暄暖，如春三月光景，謂非天心協應，助此慶會乎。二十四日，皇太后鑾輿自郊園進城，上親騎而導，金根所過，纖塵不興。文武千官以至大臣命婦、京師士女，簪纓冠帔，跪伏滿途。皇太后見景色鉅麗，殊嫌繁費，甫入宫即命撤去。以是，辛巳歲皇太后七十萬壽儀物稍減。後皇太后八十萬壽，皇上八十萬壽，聞京師鉅典繁盛，均不減辛未，而余已出京不及見矣。

北京藥行會館戲臺

紀事

清・佚名《重建藥行會館碑記》　蓋聞：生人有疾，宜遵補救之方。百草是嘗，首重神農之氏。知神靈之不爽，貴香火之克供。各納捐資，用成公館。我同行向在南藥皇廟，同修祀禮，奉薦神明。命彼伶人，聽笙歌之畢奏；昭我誠敬，戒禮度之無愆。既建地以酬神，亦行規而可議。近因荒祠久廢，古壁成塵，我同行公同合議，於海岱門外北官園之南口，相彼基趾，是用創修。

又　古帝神農氏，史言其嘗百草以作醫藥，著靈素本草之書以療疾病，所以濟稼穡之功，而扶民生者，其教歷億萬祀而無窮也。京師商賈雲集，貿易藥材者，亦水陸舟車，輻輳而至。奈人雜五方，莫相統攝。欲使之萃涣合離，非立會館不爲功。爰邀眾公議，樂捐輸金，卜築於城南隙地。鳩工落成，堂廡巍峨，台榭崨嶪，美哉斯舉。不特貿遷有居，而且春秋享祀，朔望告處，此所以崇報古聖功德者，典禮俱隆矣。

北京安徽館戲臺

雜録

清・楊恩壽《坦園日記》卷八《燕游日記》　廿日。晴。訪皮小舲，趙桂堂。是早，楊芝仙招同黄策生，張蒓生，羅仙喬，在同興居小酌。是午，龍芝生，徐壽鴻，蔣壽三，唐斐泉，皮小舲，合尊招同張鶴帆，熊敬生，龍里千，蔡與循，在安徽館歌讌，爲四喜班。余到頗遲，僅見《戲鳳》、《紅泥關》、《祭江》、《空城計》、《打雁》數齣，皆非其致也。周荇農，王益吾來談。

北京戲館

雜録

清・戴璐《藤蔭雜記》《亞谷叢書》云：京師戲館惟太平園、四宜園最久，名亦佳。查家樓，月明樓其次。比年如方壺齋、蓬萊軒、昇平軒最著。今考諸園俱廢，查樓僅存木榜。惟方壺齋屢易新名，人尚稱爲方壺齋，城西僅此一館，春初尚盛，在永光寺西街。

北京樂府戲園

藝文

清・蔣士銓《京師樂府戲園》 三面起樓下覆廊，廣庭十丈臺中央。魚鱗作瓦蔽日光，長筵界畫分畛疆。僮僕虎踞豫守席，主客魚貫來觀場。充樓塞院簪履集，送珍行酒傭保忙。衣冠紛紜付典守，酒胡編記皆有章。磓刀過處雨毛血，酒肉臭時連士商。臺中奏伎出優孟，座上擊碟催壺觴。淫哇一歌衆耳側，狎昵雜陳羣目張。雷同交口贊歎起，解衣側弁號呶將。曲終人散日過午。別求市肆一飯充飢腸。我聞奢者示儉有古訓，惰游侈逸不可無隄防。近來茗飲之居亦復貯雜戲，遂令家無儋石且去尋旗槍。百日之蜡一日澤，歌詠勞苦歲有常。有司張弛之道宜以古爲法，毋令四民一一皆若狂。

北京內廷大戲臺

論說

清・張照《勸善金科・凡例》 從來演劇，惟有上下二場門。大概從上場門上，下場門下。然有應從上場門上者，亦有應從下場門上者，且有應從上場門上，而仍應從上場門下者，有從下場門上，仍應從下場門下者。今悉爲分別註明。若夫上帝神祇，釋迦仙子，不便與塵凡同門出入，且有天堂必有地獄，有正路必有旁門，人鬼之辨亦應分晰，並註明每齣中。

北京光裕堂

紀事

清・楊懋建《長安看花記》 洗桐倚竹，言笑宴宴，迥非凡境。梨園中以光裕堂爲第一世家，有以也。丙申暮春二十三四日，小桐於北孝順胡同燕喜堂張筵召客。光裕堂既以三世擅盛名，小桐又以和氣湯醉天下人心。於時竇霍豪家，五陵游俠，薦紳貴介，過夏郎君，莫不駿奔麇至，來會者六七百人。

北京西園

雜録

清·楊懋建《長安看花記》 西園雅集，酒座徵歌，聽者側耳會心，點頭微笑，以視春臺，三慶登場，四座笑語喧闐，其情況大不相侔。部中人每言，我儕升歌，坐上固無長鬚奴，大腹賈。偶有來入座者，啜茶一甌未竟，聞笙笛，三絃，拍板聲，輒逡巡引去。雖未敢高擬陽春白雪，然即欲自貶如巴人下里固不可得矣。

北京廣和樓

紀事

清·楊懋建《長安看花記》 廣和樓，即康熙時查家樓也。小蘭演《藏舟》一齣，聲情幽咽，聽者但喚奈何。日昳相携訪之，兩髻風鬟，江潭憔悴，靈和殿前風流，不堪回首。是夕，冠卿，鶯仙俱集。酒酣，冠卿更唱〔山坡羊〕二曲。璧月如水，銀雲不流。雙笛吹凡字調和之，不能壓其聲。昔人謂絲不如竹，竹不如肉，信然。小蘭自愧弗及，涕泗浪浪，彌不自勝。爲詠芙蓉生在秋江上，不向東風怨未開之句以慰之。瑶臺夢醒，天上人間。歸路馬蹄踏月，彌憶壬辰春夜，紅燭籠紗時，情事不能置。

雜録

清·楊懋建《夢華瑣簿》 廣和樓柱，今皆欹斜南向，如金陵瓦官閣然。或言樓高，受朔風震盪。理或然歟。

北京茶園

紀事

清·楊懋建《夢華瑣簿》 春台、三慶、四喜、和春爲四大徽班。其在茶園演劇，觀者人出錢百九十二，曰座兒錢此散坐也，官座及桌子則有價。惟嵩祝座兒錢與四大班等。堂會必演此五部，日費百餘緡，纏頭之采不與焉。戲莊及第宅綵觴宴客，皆曰：堂會。下此，則爲小班，爲西班。茶園座兒錢各以次遞減有差。堂會則非所與聞。西班諸伶，則捧觴侑酒，並所不習。近日亦有出學酬應者。然召之入酒家則可，茶園爲衆人屬目之地，有相識者亦止遣傔僕送茶，諸伶仍不登座周旋也。

又 每新歲，及鄉會試場後，團拜公讌，日不暇給，則諸部分包。或遇傳差，亦分包。傳差者，官府公會，徵諸郎承直也。大抵堂會或分二、三包不等，其茶園開戲自若也。有時茶樓門首標紅曰傳差，不開戲，則必御史臺傳差，不敢分包者矣。

北京廣德樓

紀事

清・楊懋建《夢華瑣簿》 余嘗以盛夏，赴廣德樓聽春臺。熱甚。葛蓬山、李藹如、金雲卿、張吟舫先在焉。赤日行天，四阿無纖雲，馬喘如吴牛。適有酬應，必不可已。强往投數刺，以故最後至。至則汗出如漿，煩悶不復可耐。憑闌下瞰，萬人海中，殷殷闐闐笑語。所蒸如釜中氣，騰騰上觸。秋芙方於場頭演《賣胭支》，媟狎無度，彌覺悶膩。遽解帶搭闌干，盡弛暑服，袒裼摇扇，噉西瓜盡一枚，良久乃得清凉。樓上下萬目瞪視，識與不識皆曰：此狂生。明日都下盛傳有肉袒入戲園者。愛我者以爲言且箴我，謂：名教中自有樂地也。余笑曰：雖非嬴國，本是倮蟲，何妨裸游。我非狂生，人貴適志耳。

雜録

清・楊懋建《夢華瑣簿》 戲莊演劇，必徽班。戲園之大者如廣德樓、廣和樓、三慶園、慶樂園，亦必以徽班爲主。下此，則徽班、小班、西班相雜適均矣。

北京戲莊

雜録

清・楊懋建《夢華瑣簿》 有戲莊，有戲園，有酒莊，有酒館。戲莊曰某堂，曰某會館，爲衣冠揖遜，上壽娱賓之所。清歌妙舞，絲竹迭奏。戲園前曰某園，曰某樓，曰某軒。然茶話人海，雜遝諸伶，登場、各奏爾能。鉦鼓喧闐，叫好之聲往往如萬鴉競噪矣。

北京月明樓

紀事

清・楊掌生《京塵劇録》 乾隆間，查家樓、月明樓，皆國初舊蹟也。余道光壬辰北來，初訪月明樓，無知者。戊戌夏，雲夢道中，老僕楊升言，月明樓即在永光寺西街，其地近棗林，世俗相傳。有康熙私訪月明樓之語，編爲歌謡，演爲雜劇，刻爲畫圖。雖婦人孺子皆能言其事，顧鮮有知其地者。

雜録

清・楊懋建《夢華瑣簿》 余初訪月明樓，無知者。戊戌夏，雲夢道中老僕楊升言月明樓即在永光寺西街。其地近棗林。世俗相傳，有康熙私訪月明樓之語，編爲歌謡，演爲雜劇，刻爲畫圖。雖婦人孺子皆能言其事，顧鮮有知其地者。

北京金陵樓

論説

清・楊懋建《夢華瑣簿》 乾隆間金陵樓則與今戲莊異，而合戲園酒館爲一者。雅座小賣，熊魚兼美，任適口體，無愧醉鄉。小屋垂簾分曹而飲，曰：雅座肥甘蔬筍，選味而嘗，曰：小賣酒莊、酒館皆然，戲莊則無之。今戲園俱有茶點，無酒饌，故曰：茶樓。金陵樓於五十一年丙午秋八月停市，今多不知其處。或以五和樓、東昇樓當之，非也，廣和樓蓋即其地云。

雜録

清・楊懋建《夢華瑣簿》 陳銀兒盛時，召侑酒者非金陵樓不赴。其地在肉市，今爲廣和樓，即昔查家樓也。

北京天樂園

雜録

清・楊懋建《夢華瑣簿》 舊時檔子班打采，多在正陽門外鮮魚口内天樂園。今爲小戲園矣。

北京廣興園

雜録

清・楊懋建《夢華瑣簿》 城外小園凡五，在南城者二：崇文門外廣興，宣武門外曰慶順。東城一，在齊化門外，曰芳草，西城一，在平則門外，曰阜成，北城一，在德勝門外，曰德勝，皆徽班所不到。惟嵩祝偶一涖之，亦但分下包而已。

又 今日三慶園，乾隆年間宴樂居也。其地昔甚廣大，今當舖亦從此析出，又其旁有六合居，亦其地也。

北京晉元樓

雜録

清・楊懋建《夢華瑣簿》 其南則晉元樓在焉。皆西商所集。其中不設雅座，諸伶足跡所不到。園中問今夜宴集何所。答曰晉元樓，則摇首徑去矣。

北京大柵欄戲園

雜録

清・藝蘭生《側帽餘譚》 戲園盛於大柵欄，櫛比鱗次，博有十數。廣厦甚舊，而無敧朽傾欹之形。各班數日一輪，不拘某園必演某班。三慶，四喜，春臺三大班，爲司坊所承值，亦於此輪演也。他若肉市之廣和樓，間亦值之。至東西城内之景泰、泰華諸園，則單演雜耍。間有自宣南來者，皆山陝小班，脚色既蠢，砌砞尤劣，不足登大雅之堂。

北京如松館

雜録

清・藝蘭生《側帽餘譚》 如松館設自前明，相傳其額爲嚴分宜書，端正遒勁，不類其人。後以舊規湫隘，更闢雅座於對門。廣厦數十間，每當春秋佳日，香車寶馬，闐溢巷内。賦艷詞人《竹枝詞》云：最是鶯花撩亂後，如松館裏上燈初。紀盛也。自泰豐樓出，而向之適館者易而爲登樓。以是問津者稀，日不滿坐。盛衰之故，風氣所趨歟。

北京文昌館戲臺

雜録

清・藝蘭生《側帽餘譚》 國喪例禁演戲，在詞史輩各有其主，而倚此營生者不無仰屋之嗟，且有流爲匪類。故剏爲説白清唱名目，登場服式時衣冠，脚色不缺。武劇無刀鎗箭戟，空拳徒搏，殊堪一哂。期月後，漸而借箸擊案，以節繁音，漸而旦脚戴花，漸而老生帶鬚，漸而丑净塗面。期年以後，頓還舊觀，惟不敢大鼓大吹而已。嗣爲某侍御奏禁，稍稍殺其場面。演劇不在大柵欄著名各園，而於西城外之文昌館、浙紹鄉祠、財神館。風景不殊，亦掩耳盜鈴之舉。尤可異者，内城向不准開場演劇。逢國孝，各大班轉入城演之，得毋謂説白清唱在不禁之例乎。

清・楊懋建《夢華瑣簿》 宣武門外大街南行，近菜市口，有財神會館。少東鐵門有文昌會館。皆爲宴集之所。西城命酒徵歌者多在此，皆戲園也。内城禁開設戲園。止有雜耍館。外城小戲園，徽班所不到者，分日演西班、小班又不足，則以雜耍補之。故外城亦多雜耍館。

北京生公園

紀事

清・李伯元《南亭筆記》卷三《武進》 洪昉思著《長生殿傳奇》既就，乃授内聚班，使之演唱。康熙覽而稱善焉，賜優人白金念兩，且向親王閣部大臣等一一言之。自是內聚班之名大起，公私讌會，必歌是劇。纏頭之數，悉如御賜先。後所得數千金。優人告於洪曰：賴君所製，使吾輩大獲盈餘。愧無以報，請壽君以酒，而歌是劇娱賓。乃擇日治具於生公園內。簪纓滿座而獨遺常熟趙星瞻徵君。時趙館於王給諫，乃促給諫言之。謂忌辰聽戲，實爲不敬。洪下獄，士大夫因而株累者更僕難終。海甯查嗣璉，益都趙執信，是其表表。後查以改名登第，趙遂廢棄終身。

北京戲園

紀事

清・楊懋建《夢華瑣簿》 戲園客座，分樓上、樓下。樓上最後近臨戲臺者，左右各以屏風隔爲三四間，曰官座，豪客所集也。官座以下場門第二座爲最貴，以其搴簾將入時便於擲心賣眼。正如白樂天《長恨歌》所云，迴頭一笑百媚生，梁武帝《晉白苧舞歌》所云含笑一轉私自憐，湯惠休《白苧歌》所云流目送笑不敢言者是矣。官座而前，短几鱗次，曰桌子。漸遠戲臺，價亦遞殺。惟正樓不横桌，蓋舊例也。樓下周迴設長案，觀者比肩環坐，曰散座。其後亦設高座，倚牆矯足，可以俯視中庭。設案如樓下。而坐者率皆市井駔儈，僕隸輿儓，名之曰池子。余嘗謂，此萬人海，真乃衆維魚矣。從樓上憑欄，俯臨下界，長几列如方罫，大似白袍鵠立。槖筆試有司時，特不能銜枚静無譁耳。夾臺基曰釣魚臺，亦以下場門爲貴。至於上場門，嗚鉦喤聒，目眩耳聾，客不願坐也。

北京圓明園戲場

紀事

清・吴振棫《養吉齋叢録》卷一三 山高水長樓名在圓明園之西，俗呼西廠。地勢寬敞，宜陳火戲。每歲正月十九日，例有筵宴，奉宸實司其事。是日侍衛處請派大臣管西南門，善撲營進撩跤名單，掌儀司進玩藝名單。有西洋秋千。羅漢堆塔。回子音曲。善撲營花跤、高麗跟頭諸名目，點出某項則預備。香山等營亦有呈進。其地爲樓九間，樓下設御座，樓上爲内廷主位坐次。内廷王公大臣及朝正外藩各國陪臣，皆得賜觀。嘉慶間，並許内直詞臣與觀。曩時山高水長筵宴，起居注亦侍班，旋停。有西洋鞦韆架，秋千旋轉，下奏歌樂。上入座後，進什榜，每隊四人，凡四隊，樂器則筝與胡琴，三絃之類。叩頭畢，向上席地坐，合衆樂，唱滿洲蒙古曲。繼閲撩跤兩人對撲也。爬竿巨竹竿高三四丈，童子赤體，僅著一短脚袴。緣竿而上，至竿頂，演作諸勢，即古之尋植也。諸戲。又有小過堂者，健鋭營擇十歲以下童子放過堂鳥槍。五人爲一隊。其隊之多寡，則點出預備，無一定也。進廓爾喀，朝鮮等處人演唱本國歌曲，回八城人奏回部樂。諸戲畢，命放花盒，侍側者用順風耳以銅爲之傳諭。即有侍衛，將左右柱上所繫盒子藥綫焠火引之，金蛇電掣，倏忽間至十餘丈外，而鶴焰騰輝，花葩布彩矣。

北京園林演劇綵臺

綜　述

清·吴振棫《養吉齋叢録》卷一一　仁廟六旬萬壽，舉行盛典，最稱繁麗。侍郎王原祁爲萬壽盛典總裁畫圖，長二十餘丈。李公紱爲之記，臚載甚悉。今撮其大略，並匾聯之佳者録於後：由暢春園花洞東，過雙閘，至宫門前，五色錦繪綵牆一座，結萬壽無疆四字。左右綵坊各一。過小東門，東爲清梵寺，諸皇子於寺内建慶祝經壇，演劇綵臺一，旛竿二。寺外結坊一。由清梵寺前徑，南折而東，曰太平莊，爲直隸九府臣民慶祝界。道旁有通州進魚回民百餘。又前路左，演劇綵臺一臺。前有淮，揚，徐沿河耆民及河兵建黄幛綵坊。前列萬壽亭，左右旗仗、宫鐙、黄繖，中陳進上冠服及土宜食物。又前路右，有漕運旗丁數百人慶祝，陳設與淮揚耆民同。又前夾路綵廊，左爲耕圖，右爲織圖。用絹爲田夫紅女，按農桑事次第，各録御製詩一篇，凡四十楹。又前路左，演劇臺一，木質而竹理。又前折而南，爲葡萄長亭，以緑綵爲之，横蔭數畝，中設御座；旁翼以百蝩小軒，外周花籬。其前，過小橋折而東，路右連像歌臺，以童子結束，歌甘凉西音。過臺爲小關帝廟，有膳房諸臣慶祝經壇。廟前爲龍棚，棚前有綵坊，坊左右爲鼓亭。循鼓亭折而前，過街綵坊二，前立表棚一，旛竿五。出坊，路右演劇綵臺一。稍前，路左有庵曰興隆，有算法人員慶祝經壇。庵前燈坊一，坊左右燈樓各一。直坊路右表棚一，旛竿三。又前爲節節高歌臺，以童子結束，聳立人肩，從高歌舞，頗類連像，尤加恢詭。又前連像歌臺一，路左雕木演劇臺一。前接杏花林，周遭花欄六十丈。内十番平臺一，長草亭一，方草亭一，六角亭一。又前路右有包衣昂邦慶祝龍棚，前建綵坊。又前路右，廟曰皇莊關帝廟，廟旁爲松亭。又前松牆百餘丈，路左鼇山重臺一座，下演劇，上節節高歌臺。前爲牡丹圃，圃下爲荷池，池底以板爲之，清波瀠洄，錦鱗翔泳。臺後石山矗起，林木蔚然，皆繪繭結撰者。又前爲直隸臣民接駕處，左右各有坊。又前爲萬壽寶閣，閣三層。前有綵坊，坊左右爲綵屏，屏下綵獅六，各高丈二尺。直坊路右，大綵牆一，結天子萬年四字。墻左表棚一。又前有包衣人慶祝龍棚，棚外旛竿二，左右鼓亭，前立綵坊，坊下有綵橋，過橋，旛竿四。又前路右，演劇綵臺一，鼓亭二。又前夾道綵坊二，稍前有綵坊，曰民和年豐。進坊爲蘇州臣民慶祝界。坊左鼓亭一，路右有演劇樓臺，臺脊樓結衢歌巷舞四字。又前爲皇棚，綵簾四映，周檷爲黄幔三層，下繞以朱欄，中設御座。座旁大理石屏二，後設紅哆囉呢幔，金書天保九如詩。棚後小軒五楹，陳設文玩盆花。左右園林小景，曲廊横亘。左有松亭，右有柏亭，亭外雜植桃李。前建綵坊，聯曰：萬年人慶長生節；三月天開四海春。坊左右爲燈廊，中設慶祝表屏。坊前有耆老貢獻土物百盤。坊下綵橋一，左右小紅橋二。過綵橋，路左大綵墻一，廣四丈，綵結大壽字五，左右爲抱角燈棚。又前路右有演劇樓臺，臺脊樓結民安物阜四字。直臺路左爲耆老接駕棚，前設龍亭，御仗，旗繖，後張百壽黄幔，長三丈，繡壽字百。又前過街綵坊一，過坊爲江南江，常等十三府慶祝界。路右有候選候補官員建黄棚一，内設萬壽圖屏，金書壽字各體者萬。左右鼓亭各一。又前路左爲松江府在籍諸臣及耆民慶祝皇棚，左右綵廊，直棚路右爲表棚。又前夾路綵坊二。又前路右爲演劇綵臺。又前爲小景樓亭，亭前爲花籬，蔓延二十餘丈。又前路左爲十三府慶祝皇棚，中設御座，前陳古鼎、蟠桃、長生花、萬民宴、萬民衣。左右綵廊，木施陛楯。右平左城高數尺。棚前大綵坊，棚左右松柏亭各一，花架四。外周以綵廊，外左右鼓亭。直坊路右爲表棚，棚左右燈樓各一。又前路右演劇臺一，又前夾道綵坊二。徑兩坊間，折而東，路左有庵曰百祥庵，前有綵坊，過坊爲浙江臣民慶祝界。坊左有通州坐糧廳慶祝龍亭。設大鼎一，龍燭二，燭長丈。又前有通漕七省旗丁陳設慶祝龍亭香，又有一統萬年青亭，萬年青，草名，高尺餘，葉菁蔥可愛，四時不彫，一名千年運。又前有過街綵坊，過坊路右，演劇綵臺一。又前有過街綵坊，過坊路右，有扮演故事臺，演海上羣仙。又前有過街綵坊，過坊路左爲皇棚，中設御座，旁引兩廊，雜陳古玩。廊外左右鼓亭，前建綵坊。直坊路右燈棚一，棚左右故事臺二，左三星，右五老。又前有過街坊，過坊路左爲浙江耆老接駕棚。又前路右故事臺一，演瑶池仙樂，又前有四角擊壤亭，中設玻璃屏，書擊壤頌。又前有過街綵坊，過坊稍折而東，路右有廟曰茶棚關帝廟。前爲江寧、蘇州、杭州三織造慶祝經棚。棚前有綵坊，左右爲鼓亭，直坊路右爲表棚。又前路左右綵坊。過坊路左有演劇綵臺，又有香亭一，夾道鼓亭二。由茶棚關帝廟東行，有過街綵坊。進坊爲福建、山東、江西、河南、廣東、廣西六省臣民慶祝界。路左爲耆老接駕棚，路右演劇綵臺一。又前路左木龍亭一，亭八角，前柱金龍對蟠，鱗爪騰攫，中設御座。左右燈廊雙引，前闢捲棚五楹。棚前有大綵坊，高三丈餘，藻繡綸連，下接於地。顏曰：萬壽，聯曰：兩地參天，日月岡陵開壽域；錫疇斂福，鳳麟河嶽獻貞符。扁聯皆銅質，閃爍奪目，麗日燭之，不可迫視。坊下綵獅二，尤猙獰。亭左右各闢小園，花闌周數畝，□窗曲徑，杳窱相通，各建小軒，珠燈密布，與花柳掩映。出花闌，由萬壽坊前過小橋，直坊路右爲表棚，棚左右鼓亭各一。又前路右有重樓，上懸名燈，下奏十番清樂。又前松亭一，亭下三面周以花闌。又前路左有綵坊。又前路左八角演劇臺一，有聯曰：天樂動南薰，彩鳳高臨青玉案，瑤池供壽酒，彤雲輕護紫霞杯。路右六角演劇臺一。又前路左牡丹棚一，路右柏亭一。又前路左有燈樓，過樓折而東，地名大柳樹，有古柳一株，萬絲拂空，垂蔭盈畝。過大柳樹，有過街綵坊。進坊爲四川、陝西、山西、湖廣、貴州、雲南六省臣民慶祝界。路左五綵重臺一，上以絹製羣仙，下陳設古玩。過臺折而南，有綵坊。又前路左柏亭一，路右□亭一。又前路左有燈樓，路右演劇臺一。又前路左爲皇棚，棚據高地，俯視平疇，澶漫靡迤，陛楯鬱律。歷級而上，三階重軒，鏤檻文棍，干霄蔽日，中設御座，前列粔籹如壽桃者數千。棚外大綵坊，有聯曰：天中命用休，四方來賀；皇建其有極，萬福攸同。左右鼓亭一。直坊綵橋一，橋三洞，經以綵闌，偃月垂虹，蜿蜒數丈。棚左右龍旗二竿絶高，縹緲拂霄漢。直坊路右十番綵臺一，臺前表棚一。又前路左有燈樓。又前有演劇綵臺。又前夾道綵坊二。又前有清音臺。又前有過街綵坊。出坊有寺曰慈獻。過慈獻寺，有寺曰隆昌，長蘆商人建慶祝皇棚。棚前有綵坊。直坊爲牓棚，棚左右鼓亭一。又前路右故事臺一，演木公、金母諸仙。又前路左節節高歌臺一。又前路右爲小花園，園中六角亭一。又前夾道演劇臺二，鼓亭二，過街綵坊二。又前路左有寺曰廣通，有五旗諸王建慶祝經壇於內。寺前綵坊三。稍前，過街綵坊左右各一，右坊外路右爲諸王接駕處。直中坊路右牓棚一，旛竿五。棚後池右演劇綵臺一。又前路左有廟曰天仙。過天仙廟爲真武廟，有巡捕三營將校建慶祝經壇。廟前爲龍亭，亭中以童子演八仙，陳蓬瀛仙樂，左右綵坊各一。直亭有綵坊，稍前有庵曰五聖庵，旁牓棚一。又前路左有演劇綵臺。又前路右有西直門市民建綵坊。出坊過石橋，有過街綵坊。過坊進西直門，有過街大綵坊，則皆提督九門步軍統領隆俄多所建也。圖中大駕鹵簿竟此。又樺皮廠衚衕內，西三官廟有吏户二部尚書以下諸臣建慶祝經壇。臨街設龍亭一，亭前有綵坊，坊左右鼓亭。循亭折而前，過街綵坊各一。右直兩坊間綵坊一，坊後燈樓一，樓下爲牓棚，棚後旛竿五，棚左演劇綵臺一。又前路右馬香兒衚衕内關帝廟，有西四旗前鋒統領、護軍統領以下諸臣建慶祝經壇。臨街結綵坊三，坊前綵結須彌座，座上爲萬壽景命亭。亭後設金書、百壽字圍屏，左右堆紗屏各一。屏外爲鼓亭。亭外周以綵墻，廣十有七丈。循墻折而前，爲過街綵坊二。直中坊路右牓棚一，旛竿五。棚右有五綵重臺，下演劇，上放飛鳥。棚後有皇十四子結綵坊二。又前路右有寺曰崇壽，有甯壽宮太監等建慶祝經壇。寺前皇棚一，棚外有大綵坊，坊左右鼓亭。循亭折而前，過街綵坊二。路左牓棚一，旛竿五。又前路左北草廠内萬福庵，有寧壽宮老福晉建慶祝經壇。臨街建皇棚，棚外綵坊三，左坊外鼓亭一。折而前，有過街綵坊，右坊外鼓亭一。折而前，有過街綵坊，坊路右牓棚一，旛竿五。棚左右有綵坊，有放生綵臺，日放鳥雀無算。廠内又有寺曰萬壽，有内務府正黃旗包衣參領以下護軍以上建慶祝經壇。臨街建皇棚一。棚外八字綵墻，中闢圜門，門外綵亭一，左右鼓亭、旛竿各一。前結大綵坊三。左右折而前，過街綵坊各一。直兩坊間，路左牓棚一，旛竿七，演劇綵臺一。又前路左東三官廟，有大理寺太常寺卿以下諸臣建慶祝經壇。臨街建八角萬壽松樓，樓左右松棚各一，棚右演劇綵臺一，樓前鼓亭二，過亭綵坊三。左右折而前，過街綵坊各一。直兩坊間路右牓棚一，旛竿七，棚左右松棚各一。又前路左崇正觀，有正黃旗滿洲、蒙古、漢軍都統以下建慶祝經壇。臨街爲經棚，棚左右爲鼓亭，前建綵坊三。左右折而前爲過街綵坊，直兩坊間路右牓棚一，旛竿五。出坊過石橋路左演劇臺一，臺左右綵結海山，如赤城霞起，巑岏可觀。又前路左北廣濟寺，有禮部、刑部、國子監、光禄寺、鴻臚寺尚書、祭酒、卿以下諸臣建經棚。寺外左右鼓亭一，前結綵坊三。稍前左右過街綵坊二。直兩坊間路右牓棚一，旛竿五。

出坊演劇綵臺一。過此爲新街口。折而南，路右祝壽寺有兵、工二部尚書以下諸臣建慶祝經壇。寺外左右鼓亭，前結綵坊三。左右稍前過街綵坊二。直兩坊間路左爲牓棚，棚前上諭龍亭一，棚後旛竿五。又前路右龍泉寺，有都察院、通政司、太僕寺、順天府、六科及大、宛二縣，五城兵馬司諸臣建慶祝經壇。寺外左右鼓亭，前結綵坊，坊前大綵坊三。又折而前爲過街綵坊，出坊路左演劇臺一。又前路右有東四旗滿洲、蒙古、漢軍都統以下建百老獻壽臺。臺九級，扮百老人各執金壽字，層累而上。又前路右帽兒衚衕關帝廟，有東四旗前鋒統領、護軍統領以下護軍以上建慶祝經壇。出街有綵坊，坊前鼓亭二，左右有綵坊。直兩坊間路右牓棚十六楹，棚前綵亭二，棚後旛竿十四，路右演劇臺一，路左綵坊三。又左有過街綵坊。又前路右寶禪寺有九門步軍統領以下將校建慶祝經壇。寺前綵坊一。稍折而左，有綵坊一，出街大綵坊一。坊前鼓亭二，左右過街綵坊各一。直兩坊間路左牓棚一，旛竿五，坊外路右演劇綵臺一，又前路右普慶寺有內閣、翰林院、詹事府、中書科諸臣建慶祝經壇。有綵坊，寺外爲經棚，左右鼓亭，棚前綵坊三，過街綵坊二。直兩坊間路左牓棚一，旛竿五，出坊外演劇綵臺一。又前路右石牌衚衕西方寺，有鑲紅旗滿洲、蒙古、漢軍都統以下建慶祝經壇。寺前有綵坊，稍前有綵坊一，出衚衕左右鼓亭，前結綵坊三，過街綵坊二。直兩坊間路左牓棚一，旛竿五。出坊外路左演劇臺一。又前路右般若庵，有鑲藍旗滿洲、蒙古、漢軍都統以下建慶祝經壇。庵前綵坊一，左右鼓亭前結綵坊三。左右折而前，過街綵坊二，兩坊間爲牓棚，棚內萬壽詩屏二，棚後旛竿五。出坊路右演劇綵臺一。又前爲毛家灣，路左有副都統賴都母吳蘇氏接駕龍亭一。又前爲街心觀音庵，有大市街北小民建慶祝經壇。庵外經棚一，旛竿二。又前路右真武廟，有正紅旗滿洲、蒙古、漢軍都統以下建慶祝經壇。廟前綵坊三，坊前綵門一，左右爲綵墻，墻左右爲鼓亭。循鼓亭折而前，過街綵坊二，路左面北演劇臺一，臺以五色繒帛結爲流蘇，網户當目，輒嵌小鏡，燦若千星，亦奇觀也。又前路右雙關帝廟，有直省督、撫、提、鎮率所屬來京諸臣建慶祝經壇。廟前有綵坊，坊前設鼓亭、旛竿。左右爲綵墻，近墻綵坊一，綵亭二，左右過街綵坊二。直兩坊間路左爲牓棚，棚後旛竿五。出坊路右演劇綵臺一。又前路左旃檀寺有莊親王建慶祝經壇。臨街爲皇棚，棚外綵坊三，坊左右鼓亭。折而前過街綵坊二。直兩坊間路左爲牓棚，棚後旛竿五，左右綵坊二。出坊路左演劇綵臺一。又前爲四牌樓。圖中旗手衛樂器自此陳設，直至西安門。四牌樓徑南，市民夾道爲燈廊百餘楹，有過街綵坊。圖中陳設鹵簿始此。巨象神駒，與御輦間列，望之如山嶽，如雲霞然。又前過街綵坊。過坊路左關帝廟，有西安門外小民建慶祝經壇。廟前有綵坊。又前爲皇城西安門。進西安門，路左西十庫口內，有上三旗三十家包衣人，因天王殿舊址建寺唪經，慶祝萬壽。奉敕賜名慈雲寺。前夾道新植松柏百餘株。臨街爲綵坊，坊左右鼓亭，亭外濟貧錢棚。循棚折而前，過街綵坊二。直兩坊間路右爲演劇綵臺，臺左爲濟貧餅棚，右爲牓棚，棚後旛竿六。出坊路左，有包衣婦女千百人於此接駕。又前有包衣三旗廣儲司人員慶祝綵坊，左右鼓亭一。循鼓亭折而前過街綵坊二，右綵坊內，路左演劇綵臺一。出左坊稍前路左，有內務府官學教習及官學生慶祝綵坊，左右鼓亭，循亭折而前爲過街綵坊。直兩坊間路右爲牓棚，棚後旛竿三。出坊稍前，路左有古北口大糧莊頭等建演劇綵臺。左右爲過街綵坊，出坊稍前路左，有新選諸臣建慶祝皇棚。棚爲六角，飾以五綵。左右六角鼓亭，前結大綵坊，又過街綵坊二。直兩坊間路右牓棚一，旛竿五。出坊又前爲金鼇玉蝀橋。過橋由團殿後折而北，登堆雲積翠橋。望隔河西北旃檀寺，有上三旗內大臣延喇嘛千衆建慶祝經壇，梵聲殷地，幢影拂空。過橋有寺曰白塔，有上三旗包衣佐領等建慶祝經壇。壇前有大綵坊，坊外左右鼓亭。由堆雲坊北折而東，路左爲經棚，棚左右爲燈棚。折而前過街綵坊二。直兩坊間路右爲演劇綵臺。出坊稍折而北，路右有太監等設接駕龍牌儀仗。又前有過街綵坊。過坊路右有演劇綵臺，遙望西岸團殿東，有鑲黄、正白二旗包衣、護軍、參領以下將校演劇綵臺，若相應和焉。又前過石橋，進雪池紅門，夾道燈廊數百楹。半道左右鼓亭各一。又前有過街綵坊，過坊夾道綵坊二。又前僧道經棚各一。夾道綵墻，直接景山。南瞻禁城，雙闕聳出霄漢。北顧五龍亭，波光森動，繡幙相連，笙歌互起，金石千聲，雲霞萬色，蓋莫能殫述焉。是時京城內外，金碧相輝，錦綺相錯，華燈寶燭，霏霧氤氳，彌漫周匝。其翠華未歷之境，若海淀，則有上清正一嗣教真人張繼宗建金籙醮壇於永寧觀，翰林院編修高輿率領浙江耆老三百餘人建千佛道場於萬壽寺。地安門外，則有養心殿、武英殿、御書處、景山玻璃廠各監造諸臣建經壇於藥王廟。正陽門內，則有太醫院諸臣；外城則有提督四譯館、太常寺少卿以下諸臣、行人司正以下諸臣，各建經壇於衙門内。候補、候選諸臣建經壇於仁威長壽觀。正陽門外士民商賈萬餘人，建經壇於珠市口。郊畿則有兩淮商人集黄山僧衆建經壇於西頂廣仁宫。莫不樹坊立木，張樂然燈。寶榭層樓，成於俄頃，宫墻綺陌，忽改常觀。至於溢巷闐街，肩摩轂擊，周遭百里，延歷數旬。萬户千門，繁絲脆竹，深坊小巷，繡閣珠簾，誠非丹青所及詳，毫翰所勝載矣。又按盛典所載楹聯，如般若庵經棚云：周雅賡歌，如山如川如日月；箕疇斂福，曰富曰壽曰康寧。普慶寺諷經處云：文德武功，兼帝王而大備；心宗性學，貫聖智以純全。燈棚牌樓云：輦道風清，葭管萬年調玉露；瑶池春暖，華燈五夜徹瓊霄。龍泉寺諷經處云：沸地笙鏞，丹鳳和鳴占景運；彌天烟靄，青鸞翔舞識禎祥。廣濟寺牌坊云：算永東華，若木光騰春九十；祥開南極，蟠桃花放歲三千。東三官廟牌樓云：保合太和，道綜乾始坤生，兩儀並久；誕膺多福，功被民熙物阜，四海皆春。西三官廟牌樓云：帝握貞符，禹甸盡歸滄海貢；天開景運，堯封常祝紫宸朝。慈獻寺前牌坊云：十雨五風，處處康衢歌帝力；千秋萬歲，年年華渚耀神光。關帝廟燈棚云；敷天長戴仁天，知後天之不老；大地同游樂地，真應地以無疆。直隸全省燈棚云：聖算無疆，矗矗鼇山開壽域；天顔有喜，溶溶魚藻漾恩波。江南全省經棚云：皇極建而歲月日時無易；聖德大而禄位名壽並隆。浙江全省燈棚云：日之升，月之恒，萬年延寶祚；天所覆，地所載，億禩奠金甌。純廟八旬萬壽，華祝嵩呼之盛，尤爲史牒未有。萬壽盛典中圖繪一門，所畫萬壽長圖凡一百數十頁。今按原書撮其大概録於後：圓明園宫門外，東西爲音樂亭各一。宫門直南爲重簷樓五楹，迤西爲迎壽山，上建壽星亭，其後爲閣。御道北面爲王、貝勒、貝子、公等慶祝處。折而南，左爲西洋樓一，平臺二，宗室、覺羅官員於此慶祝。右爲奉天、吉林、黑龍江官員慶祝處。稍折而東，衺斜數百步，兩水夾鏡，一望渺瀰。西設龍舟九，首尾軸轤，旍旗五色。東爲金山景，上建江天寺；又有觀音閣、御書樓、龍王廟、韓公祠、裴公洞諸勝。又爲亭三，曰朝陽洞、玩古亭、望江樓。爲塔一。俱仿江南位置，飛甍畫棟，結構岧嶤，如中泠挂帆，仰瞻樓觀時也。其東爲内閣、順天府、翰林院、詹事府各官員分列慶祝。沿堤緑陰中，綴以亭臺廊宇，葯欄花架，直抵紅橋。紅橋之北面，爲山一，形如曲尺，翼以朱欄。西旁巖洞爲門。取徑而登，上有亭二，亭上演萬國來朝劇。山之麓，則安南國王阮光平及其陪臣，並朝鮮、南掌、緬甸各國使臣，金川、臺灣山番，以至蒙古、回部各汗、王、台吉等鞠膽道旁，瞻就天日。又順天府屬耆民及各省在京耆老亦於此慶祝。橋南北各有綵坊，左右各有跨水亭。過此又折而南矣。東西各設樂亭，稍前爲山子一，左演劇、重簷臺，旁置小軒，編籬落，仿西洋式爲墻垣。南過綵坊，迤西依石墻爲亭，直隸省官員及順天學政率衿士慶祝。鳩笻竹馬，夾道駢羅。自此直至清梵寺，殆應接不暇云。清梵寺北面爲亭一，南爲山子一，上建方亭蓮花亭，爲山洞一，道東爲綵坊一，吏部、户部官員於此慶祝。稍折而東，爲重簷演劇臺。南爲浙江、福建省官員，北爲禮部、兵部、刑部官員慶祝處。迤東爲百子圖，山中有洞門，羣兒俱雙丫倭髻，手持八寶及旗纖鐃鼓等物，或騎竹馬，或控雲虯，周旋嬉戲，出入盤辟。後則峯嵐排列，遠望直如壺嶠。過此即永新莊矣。莊之東方亭一，工部官員於此慶祝。亭後就土爲山，有演劇臺，又有重檐六方亭。過此爲湖北省官員慶祝處，則粉墻一曲，繪石壁天池之勝。其北紺殿飛甍，屹然遥對者，則雙關帝廟也。廟前直南，大路左右方亭二，旛竿二，綵坊一。迤東文石修筠，繚繞坡陀，西洋式房五楹，素壁堊丹，隱起花竹魚鳥之狀。庭階翼以朱欄，青蕖白蓮，羅列左右。中爲臺演八仙上壽。西爲湖南、河南兩省官員慶祝處。又西洋式坊一座，東爲都察院、六科、理藩院、倉場侍郎、侍衛處、鑾儀衛、通政使司、大理寺、步軍統領衙門、内務府三旗、三院、圓明園、三山各衙門官員。西爲山西、山東、陝西、甘肅、四川、廣東、廣西、雲南、貴州各省官員慶祝處。樓亭一座，旁臨小池，漁舟三兩，牽罾扳網，絶似漁樂圖中景物。跨水爲樓五楹，水田禾稼，一望如雲。又東爲三星坊，花架藥欄，夾道對出。過坊則茶寮卷幔，草舍編籬。西面爲慶壽山，多植長松，一亭如笠。南爲碉樓，凡八碉，房三楹，俱依土山爲基。過演劇臺爲演武廳墩，臺東爲十錦墻，長數十武，刻畫盡致。又爲山子一，山頂立南極老人，八仙環侍山下。過綵坊，紅墻屈曲爲萬壽閣。其東演劇臺，以翠羽疊爲瓴甓，上有獨立孔雀作和鳴狀。又爲垂雲牌坊，乃太常寺官員慶祝處。直北爲石欄，欄外方池如罫，橋上爲萬壽勝會，前列獅象，導以旌麾，舁一綵亭，中設部樂，鑪烟香裊，韻繞仙韶。東爲控鶴仙人，西爲蟠桃進獻，曼衍百戲，臚置前後，觀者如堵，人海騰歡。過此又折而東矣。經西洋式坊，北爲百祥菴。坊南有花臺，蒔以奇葩瑶草，其後壘石爲墻，植楥成幙。

迤東爲小山，小橋流水，上有數童子作獻花狀。過方勝亭，又爲西洋券洞牌樓。左爲梅花亭，右爲竹亭，三省織造、各關監督於此慶祝。前爲桃亭，丹實翠陰，紛敷如繪。重樓二座，形若龍脊。又東，過河樓三楹，爲太僕寺官員慶祝處。三元亭一座，列如鼎足，瓦皆作魚鱗形。六方亭一，内設太平有象。對峙西洋房，上建平臺。自此爲光禄寺、鴻臚寺、國子監、内務府八旗、圓明園三旗官員沿途慶祝處。過綵坊，始至壽福禪林。壽福禪林之前，路直東南，爲綵坊一，健鋭營官員於此慶祝。右爲十字亭，欽天監、太醫院及鑲白旗滿洲、蒙古、漢軍官員慶祝處。直東爲山子一，適當駱駝灣。折而南，又牌坊一座，爲火器營、正黄旗慶祝處，爲演劇臺。右則百老迎壽山，層樓疊閣，與林巒高下，丹顔白髮，迴翔容與。其東則正紅旗、鑲白旗、正藍旗、鑲紅旗各官員慶祝處。北面土山邐迤，南則倣回子城式，甃築碉樓，又爲堡房一所。左爲耕織房，農夫驅犂，織婦秉杼，盈甯光景，粲然具陳。自此平臺小軒，皆設部伎。綵坊二座，並峙中逵，則慈獻、壽安二寺，翼如在望矣。寺西土山數仞，松柏森鬱，其南□□□官員慶祝處。北爲百壽同慶山，紅稠緑豔，間以亭臺，倚墻爲方亭一，上歌爲八方樂業之曲。又東兩坊對峙，爲廣通寺。又東爲天仙廟，祇林梵釋，恭設無量聖壽壇場。自此復折而南，左爲桃亭，内演三星獻瑞劇。過綵坊，爲倚虹堂，聖駕進宫，於此傳膳。倚虹堂南倚高梁橋，東爲水亭，廊廡銜接，西望長河，亭閣參差，烟波渺瀰。迤南則郊廛列肆，萬瓦如櫛。右爲蓮花臺，演四方來賀劇。直南一山，聳起樓閣。又折而東，直抵西直門。過綵坊，即護城河橋。城樓之下，面東爲三重臺，演普天同慶。劇臺左右，各有遊廊。轉而逕南，過綵坊，北面倚堞築屋，窗闥洞開，燈綵鮮耀。月城内恭設萬壽經棚，喇嘛千衆於此諷經慶祝。此自圓明園至西直門圖繪之大概也。進西直門，路右重簷演劇綵臺；左爲迎駕官員齊集所，中設香案，後列金書百壽字屏風。稍前爲立象，上植旛竿，竿頂作海屋狀，乘雲擁護八仙，翔步其中。藥珠坊一，南有竹逕依坡陀，列屋三楹。又南爲鼇山十六座，對面叠落遊廊，燈綵高下，緑陰如幄。過圓亭爲白石平臺一，上作女仙，衣霞帔，冠戴勝。二女侍捧蟠桃導於前，二人執雉尾扇擁於後。上有跨青鸞而下者如西王母狀。迤東爲崇壽寺，寺門左作寶樹然燈象，上設三寶法相，旛蓋棽麗。四面皆薝蔔林，綴以蓮燈，一尊者作禮和南象，僧合十讚佛，後有白馬馱經象，極莊嚴。南面爲龍燈棚。自此飛甍瑋麗，傑構參差。演劇而外，百戲駢羅，或作天女獻花，或作嬰兒戲綵，壤韶韃護，魚頡鳥盺，夾道歡呼，觀者如堵云。堯天光被牌坊在道南，其北爲流水橋亭，山作兩峯環合狀，旁峙窣堵波。稍東經演劇臺，粉墻朱欄，桃李芬郁，隔花則秋千罥索，曳縠揄裾，瓊樓瑶臺，兩兩相對。前爲山一座，洞壑空嵌，漁樵問答。又北有月臺，高出重檐，下爲平臺，氍毹漫地，上作仙官獻福，八童子各持七寶，供奉象前。爲重樓數楹，極東爲三層臺，清泉白石，猿鶴同遊，作啣芝獻果之狀。北則武夷九曲，遊女歌採茶歌。過方勝亭及西洋房，左爲百福法相，右爲太平有象。經西洋平臺，則重樓複宇，傑出雲表。其北即三界勝境坊，然後過樓橋云。橋之左爲西洋水閣。迤東花臺一座，上有十二天女獻花。又東爲恒春圃，千葩萬蘂，有數童子手執紈扇，上下盤辟。其北三層方閣。迤東有書樓，芸籤縹帙，充塞棟宇。北面紅欄一曲，畫地爲水，淪漣渺瀰，内設青、蒼、赤三龍舟，旗幟篙檝，各以其色。後有白石橋一座，橋兩旁各立綵坊。自此折而南，爲五鳳臺。臺之前爲采蓮景，松橈桂檝，摇漾中流。對面有亭作方匏形，亭外朱欄數十步，豁然平敞，二童子捧桃枝，執靈壽杖，擁老翁而跨驢者，是葛稚川移居圖中景也。萬卷書樓在大道之左。西則重房曲榻，雲璈徐奏。旁甃碧玉池，中植菡萏萬柄。過演劇綵臺，爲靈芝亭，與松徑相對。由松徑直上爲觀音山，山下作迎神賽會香燈簫鼓之狀。迤南則蟹舍漁莊，烟波一碧。水源盡處，突出高峯，中有仙人驂鸞而立。右爲牛女渡河之景。稍南爲函關，作城闉狀，有老人乘青牛車而行。過演劇重臺，左爲萬寶秋成，倉庾櫛比，舂揄簸揉，童叟争趨。前有百壽廳，爲兩淮商民迎鑾慶祝所。右爲漢使乘槎，仙源一曲，隱見支機。徑五頂亭，三層平臺及西洋房，迴廊十二楹，爲桂花廳，金粟霏香，月輪方滿。見驂鸞三數人，翔舞康莊者，則中逵北拱關帝廟之山門也。山門南爲菊花牌坊，下有十數仙子，手執壽字方勝，朝拱鑾輿。又南爲鳳凰亭，其西則翠屏一曲，列植桃枝，上綴蟠桃千實。迤南一亭，形似花籃，中設樣芝仙卉。其中則碧海仙嶠，左右亭臺，或爲卍字，或爲如意，或爲三元瑞獻，或爲雙鳳朝陽，直抵大市街之四牌樓。其東西面二牌樓後，俱列嵐嶂，如羅浮兩峯，似離若合。下爲百老人，各衣綵衣，龐眉華髮，扶杖來觀。自此折而東，以達西安門云。過四牌樓東行，道左爲百花臺，右爲五雲樓，樓前爲西洋線法，山雲窗霧，閣深入數重，下設西洋水法亭三座，拔地雲根一柱，四圍繞立舞鶴，噴泉上注，百道飛射。北面爲百壽字照墻，瑤臺仙館，韶護齊鳴。前設五輅立象，天仗方排，禁門洞啟。自西直門至此，市廛櫛比，烟井雲連，盡入藻繪中矣。西安門内兩旁六方亭，廛舍鱗次，樓榭參錯。過西洋塔爲綵坊二。重嵐叠嶂之狀，暎帶左右。又有菜園、花圃、藥欄、茨舍。直東爲孔雀亭。西面山子一座，上築瓊樓。過綵坊，進三座門，至金鼇玉蝀橋，則太液波光，望若圖畫。左旗右幟，錦纜牙檣，則御舟之維於北渚也。橋之東爲承光殿，循墻爲過街綵坊，而南爲花神廟，外立百花坊，繚以朱欄。後有三層樓，最後遊廊九折。東偏爲仙臺，負山巀嶪，俯瞰錦城，是爲浙江耆民商人迎鑾慶祝之所。自此進内三座門，門之東面演劇綵臺一，演南極呈祥大戲。面北西洋式方亭，南爲牌坊，迤前藥欄花架，綴以西洋房數十楹。過赤鳳臺，又一綵坊。坊之南山子一座，橋徑曲折，作白猿獻果之戲。又爲鼇山二十四楹，極山川之奇麗，績洞天之勝景。前接福佑寺坊，對面則羣峯拱列，琅玕萬箇。過桃式演劇臺，又毘盧亭子，旁設擡閣五座，俱取吉祥綴景。有童子束裝竦立，高出檐際，中衢爲流雲坊。從此林巒臺榭，層見叠出，天閶曉景，人海騰歡。較之紫禁城外，尤爲繁麗矣。流雲坊之左，山子一座，列植喬柯，兩面對置西洋樓房，玲瓏網户，結構精嚴。左爲遊廊數十楹，右爲月臺，布置點綴如明聖湖風景。中衢立綵坊，又南爲城闉一，額曰錢塘勝景。過此則斜廊轉角，對出翼道，西面西華門，爲線法山，室宇崇沓，巖竇空嵌。山表爲流雲坊，左右復爲小山，山之麓爲在籍大員來京慶祝迎駕之所。此自西直門至西華門圖繪之大概也。又按楹聯如四言云：百順爲福；六合同春。佛天佛日；壽世壽民。皇建福極；位在德元。願聖人壽；近天子光。五言云：堯齡增瑞甲；軒紀叶長庚。五位逢交泰；三登慶屢豐。九五福曰壽；八千歲爲秋。八徵陳姒範；三祝晉堯封。祝恒河沙壽；歌大海潮音。六言云：景命壽於旗翼；涪風悒彼垓埏。五福堂同五代；八旬時念八徵。七言云：泰筴中符天地數；坤貞大闡嶽川祥。星雲麗近中秋節；山海祥開益地圖。露犬紈牛圖菉幣；庶車閑馬頌卷阿。王會圖新增職貢；帝京篇麗萃蓬瀛。壽星四照環辰北；王會來同暨日南。春秋紀合八千歲；甲子周回三萬旬。皇嚮福錫庶民福；帝如春與四時春。位禄名壽德惟券；高明博厚久斯徵。八功八德無量佛；千春千秋大椿年。人如夏諺歌游豫；地是春臺樂皡熙。春臺煦育歌綏萬；化日舒長紀大千。能以美利利天下；是用多福福一人。四時來備各以敘；如川方至莫不增。皇建極會極歸極；帝作歌賡歌載歌。由庚慶洽三千界；周甲重開二十春。萬象人天歡贊佛；十方功德統遵王。渥恩蠲詔駢科詔；新慶交封暨緬封。橋門邁漢三雍典；職貢超唐十道圖。鳩杖作朋春醼飫；鶯衣呈舞嘏詞新。壽阯培基山萬歲；恩波釃潤水中泠。八言云：東西朔南，訖於四海；歲時月日，惟曰萬年。山盈川沖，受兹介福；轅萌壤叟，同我太平。敬天勤民，以篤慶祚；揆文奮武，載揚天聲。儒館獻歌，禮官紀典；海人憬德，纓序蒙禔。文武聖神，在明明德；位禄名壽，得全全昌。九言云：五十有五年，堂開五代；八旬兼八月，璽刻八徵。七曜燦珠囊，榮鏡宇宙；萬年緜寶籙，合撰升恒。祝曼壽須彌，化漸印度；讚文殊師利，景麗臺懷。十言云：萬古稀逢，豈止三四五六；一人有慶，直至億兆京垓。久道久照久成，久徵不息；貞觀貞明貞一，貞下起元。無我相，無人相，無邊壽相；有善緣，有德緣，有大福緣。十一言云：五試經論，蕊榜宏開科甲乙；七均正樂，葩詩新訂譜宫商。暘雨協豐占，徵念九疇之八；京垓增泰筴，呼聞萬壽者三。就如日，瞻如雲，梯航羣介壽；軒乎鼓，蹇乎舞，衢壤徧熙春。十二言云：翠籙演天元，泰策揲圖書正位；珠弧環斗柄，壽星輝角亢南躔。期艾應昌禔，七旬赴宴三千叟；埏垓昭景貺，五代同堂二百家。十五言云：集山海梯航，東鰈西鶼，萬國圖歸王會；感風雲律吕，南兆北昧，九重樂奏鈞天。十七言云：八月際昌期，玉琯金鐘，譜出一十三徽律吕；億年開景福，丹緘翠籙，歌成萬八千歲春秋。謹按：高宗八旬萬壽慶典，俱仿照乾隆二十六年、三十六年孝聖憲皇后萬壽慶典辦理。自西華門至西直門，分二段，令兩淮、長蘆、浙江、商衆承辦。西直門至圓明園宫門前，由總理慶典大臣等承辦。所需經費，王公大臣、八旗、各部院官員則於俸廉内坐扣，外省則於通省養廉内扣交十分之二五。又漕督、河督、學政、倉場侍郎、將軍、副都統、盛京五部、鹽政、織造、坐糧廳、各省關差税務、城守尉皆分別銀數交納。原擬經費銀一百七十一萬八千兩，嗣減定一百十四萬四千二百九十七兩五錢。又嘉慶二十四年，仁宗六旬萬壽，中外臣民輸忱慶祝。自都城至圓明園數十里中，棚坊樓閣，華麗煒煌，與乾隆時相埒。

北京道場

紀事

清・李伯元《南亭筆記》卷七《武進》 李嘗至戲園觀劇，上下全包，無論上中下三等勾欄，悉令入座。已而專派一人侯於門口，每一肩輿出，贈銀四兩。翌日，喧傳道路，以爲豪舉無雙。

雜録

清・蕭奭《永憲録》卷二下《禁直省建慶祝聖壽道場》 上諭：聖祖仁皇帝御極六十餘年，至治神功，參與天地，深仁厚澤，超邁古今。四海内外無不食德飲和，淪肌洽髓。臣工黎庶無以致其感激愛戴之誠，故每於萬壽聖節，京師暨直省各建道場，將來必爲成例。從事奢靡，稽遲公事。更恐科派屬員，貽累地方。以有用之財，供無益之費。非朕以勤儉勵有位之心也。其宣布中外，盡行停止。此後慶祝道場演劇等事，十三年皆未舉行。至期天下官員惟望闕行禮而已。

北京會館

紀事

清・李伯元《南亭筆記》卷一三《武進》 蘇某歲入京，諸同鄉醵資飲之會館，並召優人演劇。甫入座，領班田際雲詣席前行半跪禮，蘇命賞銀四百兩。瀕行，同鄉皆有饋贈。至少者一百金。迨蘇下獄，諸同鄉無一過問者。

北京同樂園

綜述

清・姚元之《竹葉亭雜記》卷一 圓明園福海之東有同樂園，每歲賜諸臣觀劇於此。

清・吴振棫《養吉齋叢録》卷之一三 同樂園在圓明園大宫門東，轉東樓門，乘舟里許乃至。乾隆間，年例自正月十三日起，在園酬節。宗室王公及外藩，蒙古王公，台吉，額駙，屬國陪臣，俱命入座賜食聽戲。又萬壽慶節前後數日，亦於此演劇。正屋凡五間，聖駕臨莅，主位亦從觀焉。諸臣命聽戲者，先數日由奏事處以名單奏請。皇子及内廷王公、大學士，尚書，御前大臣，軍機大臣，内務府大臣，南書房供奉翰林皆與。例坐於東西厢，某某同屋一間，亦先期指定。皆賜茶酒果物。演劇臺深廣約十丈，凡三層，神祇仙佛由上一層縋而下，鬼魅則自下一層穴而上。所演有清平見喜，和合呈祥，青牛獨駕，萬年甲子，太平有象，環中九九，瑶林香世界等名目。其餘傳奇雜齣，與外間梨園子弟扮演皆同。特聲容之美盛，器服之繁麗，則鈞天廣樂，固非人世所得見聞。道光間，每日不過演十餘齣，大抵自辰至申即罷。優伶向由織造，監督，鹽政等採選送京，並有眷屬同居者，謂之外南府。按康熙間即有南府之名。道光

又　按：同樂園聽戲，乃行慶令典。至於深宮清暇，宣喚樂工，則隨處別有排當，不在此制。如嘉慶間，宣宗在藩邸，三十壽辰，蒙仁宗於如意洲一片雲賞戲，其一事也。又同樂園聽戲，向來詞臣不與。嘉慶間，始命南書房翰林與宴。

北京財神館戲臺

綜　述

清・楊懋建《夢華瑣簿》　宣武門外大街南行，近菜市口，有財神會館。少東鐵門有文昌會館。皆爲宴集之所。西城命酒徵歌者多在此。皆戲園也。内城禁開設戲園。止有雜耍館。外城小戲園，徽班所不到者，分日演西班、小班，又不足則以雜耍補之。故外城亦多雜耍館。

杭州西湖曲院

紀　事

清・錢泳《履園叢話・叢話二一・笑柄・溺於聲色》　乾隆中，有某太守告老歸田，溺於聲色，慕西湖之勝，借居曲院荷風，日與梨園子弟、青樓妓女徵歌度曲，爲長夜之飲。遂收梨園爲義子，青樓爲義女，無分上下，合爲一家。有輕薄少年書東坡和文與可洋州園池詩二首云：煙紅霞緑曉風香，燕舞鶯啼春日長。誰道使君貧且老，繡屏錦幛咽笙簧。其二云：日日移牀趁下風，清香不斷思何窮。若爲化作龜千載，巢向田田亂葉中。太守聞之，即移寓去。

周口山陝會館戲樓

紀　事

清・佚名《重修關聖廟諸神殿香亭鐘鼓樓並照壁僧室戲房及油畫諸殿鋪砌廟院碑記》　乾隆四十八年癸卯秋，中間仁以耳病致仕，瀕行業商，宛邱鄉友竇天育等，屬爲重修忠義神武靈佑大帝關聖廟記。按周口河北舊有山陝會館，中祀大帝，創自康熙三十二年。五十二年傍建河伯炎帝二殿。丁酉年建藥王殿並東廊房。壬寅年建財神殿並西廊房及禪院僧舍。雍正九年，重修大殿，建香亭。十三年建舞樓山門。乾隆八年建老君殿。十五年建鐘鼓樓。三十年建馬王，酒神，瘟神殿及石牌坊，馬亭，戲房。此皆前人創建盡善，廟宇巍峨可觀。但歷年久遠，風雨飄圮傾頽者多。四十六年，山陝商賈各捐囊資，慨然樂輸。於是竇天育等督工重修香亭，鐘鼓樓，藥王瘟神殿及馬亭，舞樓，照壁，僧室，戲房，並彩畫諸殿、兩廊，鋪砌内外廟院。至四十八年大功告竣，基宇猶是也，而美奂美輪規模增新矣。恭惟大帝剛健中正，氣塞兩間，篤子行義，立隆萬古，而衆商千里經營於斯，顧繹思罔斁，時曆百年。人更數世，衆商恪奉大帝，虔誠如一日，祈帝之思啟行翼而百事咸宜，雅籍諸神爲利導。祀河伯，祈舟楫順利，波濤不驚也。祀炎帝，祈薪火籌燈，旦暮恬息也。祀藥王，財神，祈遠無妄之疾，生意如春，日增月盛也。祀瘟神，酒神，祁六氣協和，疵癘不作，德將無醉無□酒也。祀老君，馬王，祈與人無爭，清净貞正，以自娱與無邪，新臧輪蹄所，至人馬平安也。

凡諸神贊襄左右，罄無不宜，皆大帝垂佑無邊，覆庇一方者也。抑大帝籍隸山右解梁，秦晉接攘，號稱同鄉，去聖之世千有餘年，而近聖之居若此其甚。方今大帝馨香俎豆，遍渤海内外，雖遠客天涯猶若比鄰，況恒華至於中州，千里而近乎。衆商處攘往熙來之地，矢潔齋慕義之忱，固已合秦晉爲一家，曆潁北若中條矣。問仁宦遊東土，抱病西旅，依梓裡之末光，亦思附衆鄉友後藉，以代藴藻之薦。拜跪之誠雲，既序其詳略，次以韻。仰惟大帝，忠義揚氛，乃神乃聖，乃武乃文，千江有水，萬里無雲，在天陟降，赫赫見聞，諸神左右，仙馭鶴群，四時慶祝，帷德芳芬，降祥賜福，佳氣氤氳，炳靈昭鑒，普護無垠。

清·佚名《山陝會館春秋閣院創修牌坊兩廊看樓客庭工作等房鋪砌甬路院落佈施抽積銀錢碑記》 山陝會館春秋閣院締造之工，余既敘而記之矣。夫有其工必有其費，工宏則所費恒多。而有所費必有所出，費多則出之匪易。於是前之請者複進而有詞曰：會館之工煩，所以記之者甚悉，則知其工而其費可想矣。顧費可想而費之所從出者，則不可以想而知也。積腋成裘而昧其所由積，斂塵爲嶽而忘其所以欽衆，善將湮流傳罔據可乎哉。余問其詳，乃言曰：吾輩之斯舉也，共計費銀二萬有奇，其所從來者有二，一則出之於吾鄉之鋪户也。開設有地而子母常權承帝之庥，當思酬帝之德。於嘉慶十四年挨行募化，量本金之大小爲積數之重輕，統計得銀一萬六千二百兩。一則出之於吾鄉之行商也。來往不時而懋遷有術，既爲山陝之人，應預山陝之事，於嘉慶十四年仍循往例千錢抽一，積至道光元年共得銀一萬二千九百兩。將列諸後，顧引其端。余聞之而欣然曰：善哉，吾鄉人之處置良公而計畫良審也。夫捐則視本而輸亦非難，抽則從少而積自孔多，閣事矜張，咸徵踴躍，大工既以次而興多福，將不時而降行見居者，常操勝算行者屢獲奇贏，雖吾鄉人之所以奉帝者，不起乎此，而此固理之所可必者。

清·佚名《山陝會館碑記》 周口舊有山陝會館，爲山陝商賈萃聚之所。内奉關帝祠左配大王，右配火帝，東廡藥王灶君，西廡財神酒仙，中門外東西廊，鐘鼓樓，歌舞樓。後宫則春秋閣，東西配樓，東西廊。歌舞樓東偏爲老君馬王殿，西偏乃客舍僧僚也。創始於康熙年間，董事人率以八家爲首或創建或修葺工費鉅萬，經營幾二十年之久。而後輪卸道光十八年新班接手循舊規抽厘金，化佈施，日積月累，於庚戌辛亥之間，創建後院饗亭，修葺前後殿廊樓閣。咸豐二年落成，擬次年謝土交卸，不意發逆犯順風鶴之警，紛然而逃散者，蓋十室九空矣，兼之撚逆□擾三次焚毁幾至於盡，而神宇依然，謂非冥冥中有阿護者乎，近年旋定安，集商賈，漸復舊業，重加修整，焕然又新，承辦之家已閲三十餘年，本班八家僅存其三。舊會四班只留八家輪卸實無所措手，於是聚衆而籌議之，僉曰：會館乃山陝人之公□，即山陝人之公事也。現在館者固不敢辭勞而住斯鎮者，亦皆與有責焉，何不推而廣之乎。期不必限以久，工不必俟乎大，瓜代自便，簡易可行，至所收行商之厘金，坐賈之佈施，迭經兵燹底帳零落，載之碑陰者，儻有遺漏，意仁人善士之所共諒也。衆謀已定而求記於予，將以勒諸貞瑁。予維會館之設，原所以齊人心而便商旅，山陝所屬之地，廣袤不下數千里，腰纏索裝者素不謀面，一歷斯境，遂人人切桑梓之情，而且蒞之以神明，肅之以瞻拜，俾相識相敬相和睦，聯秦晉爲一家，結恩誼於異域，甚盛舉也，況今聖天子德握金符，化光玉鏡，攙槍盡掃，狼豺不生，梯山航海者通其道，於九夷八蠻諸君子，據勝地謀懋遷，蒙庥而攸往咸宜則斯館也，不且繼承勿替與時維新哉。

鞏縣高廟村關帝廟樂樓

紀　事

清·劉模《重修關夫子廟金妝三堂神像並修理樂樓蕭墻碑序》 自後漢以迄今兹約有千百餘年矣，我關夫子三代追封帝號，疊加奉敕御祭，禮同孔廟，且都邑閭里鄉村中，亦不修廟懸像享祀，□□關夫子乎。果何以得此於後世也乎。或者曰惟關夫子興雲布雨，禳除不祥，有益於國計民生之故。吾謂非也，蓋關夫子初非他神可比也，其生於何時候，於何朝封於何帝，既皆昭然可指而非若釋迦菩薩諸仙，系在若有若無可疑可信之間。又讀漢史三國，一一想見其爲人浩然之氣，塞乎天地忠義之心，炳若星日，是古今之振綱常者也，扶名教者也，是孔子之所謂志士仁人，孟子之所謂大丈夫者也。彼夫當時傳之後世，仰之□馨香而報明德，誰曰不宜。即以吾里言□，吾里福昌之東，亦有關夫子廟焉。當康熙乙丑已經重修迨，至乾隆壬戌複有杜君諱襄，年將八旬，睹大殿之破壞，□聖像之□□，毅然以重修自任，曰，是予之責也。遂爰謀諸各村化主，又募化各村男婦，擇吉命匠，前後不數月間，而夫子之大殿直如輪奐之美，夫子之聖像儼同山龍之光，而且左右靈官大尉，以及樂樓蕭牆，無不金妝修理而煥然改觀焉。噫嘻。是豈人之媚神哉。倘非我關夫子之法氣漾溢於人心，夫子之忠心昭耀於吾區，亦何至趨事易而成功有如是哉。即是以觀，則我聖天子之大祭大封，彼都邑鄉村之立廟懸像而享祀無窮者，愈可以恍然於其故矣。雖然，此余之管見也，未知是否。

鞏縣山頭村洪山真人廟戲樓

雜録

清・佚名《重修戲樓碑記》 粵稽古昔，祭祀燕享，工歌樂章，本無所謂戲也。自唐開元間，梨園之教既興，子弟之演日夥，取往古之事蹟，作當前之觀聽。嗣是，凡迎神報賽，輒用俳優侏儒，而且構舞殿造歌台，戲之名以起，而戲樓之制以興。

清（乾隆）《創建舞樓碑記》 閲之，夏曰請祀，殷曰嘉平，周曰大蠟。總之，鐘鼓琴瑟，合□萬物，□饗百神也。於是三代後衍□酬神，因有舞樓之設□舞樓之作，不□通都大邑爲□□，窮鄉僻壤，亦常有之。鞏邑東南六十里許，温家堂□□舊有洪山真人廟，歷年久遠，而舞樓□□□斯地之有缺耳。里有張君嗣良者，天性好善。【略】而告成於乾隆二年矣。

鞏縣南山口關帝廟樂樓

雜録

清・張可舉《南山口關帝廟樂樓碑記》 鞏南山脈，東起分支，轉西北者，兩山夾壑。至城南二十里西爲青龍山。昔魏時，青龍見因之改元者，（闕文）爲中路山西支昔堯封玄元於中路者是也。壑爲石河，昔唐時李王戰於石子河者是也。兩山崇峻，（闕文）故曰山口鄉，人口居聚。壑之西岸，南響建□（闕文）漸次，左建關聖廟，右建胤神廟，左側建龍王廟。歲時奉祀，倚庇神麻，鄉人結社，行禮奏樂，（闕文）神人以和哉。余季子本善，近日田莊於斯，值建廟前樂樓成，乃請余言記之。夫禮莫大於祭祀，而和（闕文）所以成禮者也。慶曆以前，余邑城及各鄉禮樂修明，風□淳美，庶幾隆右。自寇犯犀驚，村落半墟，禮樂（闕文）之人能修廢墜，是不以軍旅而忘俎豆者。風俗還淳，其有異矣，不可爲中天慶焉。明時，慶乎於（闕文）之首事者張承方、劉俊升等率眾赴義，賢勞竣工，眾各輸資，共成美里，皆可嘉尚，宜録之以風示後人焉。

鞏縣寶泉山舞樓

論説

清・佚名《創建寶泉山舞樓碑記》 前無所因謂之創，寶泉龍祠舊有舞樓矣，胡云創，乃前之舞樓，後隈山阿，前通祠宇，其中隙地逼仄特甚，每值演戲，雜□喧填，袂聯肩摩，未足以客遊者，且眾嘯如雷，群汗似雨，甚囂且塵上焉，尤非所以肅拜稽而薦精誠也。諸君子臨斯境者以爲憾，爰擇祠外宏敞之區而創建焉。夫斯樓也，右吞山光，左襟河流，夏雲擁岫，映群巒川低昂。秋水弄波，瞰奔湍之激越，局壯闊、勢雄秀，洵踞天地之雄而得江山之騰者也，登而舞焉。笙歌舉而行雲遏，旌旗飛而彩鳳翔，然則斯樓之建，不惟可悦人神之意，且足以助造物之奇矣，豈不偉哉。

偃師縣轘轅鎮關帝廟舞樓

紀事

清・佚名《創建關帝廟過亭碑記》　古轘轅鎮乃亳都地也，東接高峰少室，西通秦關百□，二緱山屏立於其前，招提横背□其後，而關帝廟建於鎮東五龍之口□，廟前有溝壑焉，人之拜謁而焚祝者，□甚不便，山西汾州府汾陽縣客人胡□仲□在本鎮貿易，忽發善心，約本鎮善士創建橋樑，名曰升仙橋。橋既告成，胡君善心不已，率眾善士又創建舞樓，再創建過亭五間。往來客商行人，莫不讚賞，曰是廟也，可以成天下之大觀也。

雜録

清・佚名《重修聖關帝廟院碑記》　有晉商董君諱理者，恙魚鹽而僑居轘轅，謀諸本鎮善人光先李君相與協力募化後將廟左右、兩旁長短、廣狹，靡不次第修砌，由是而廟貌益肅、爽氣逼人，將見時際，迎神賽會之吉，入而瞻禱者恙□然慶□，今而□遇晴可無飛塵之憂矣，遇陰可無踐泥之污矣，豈非有益祀典。

新安縣灘子溝四王廟舞樓

雜録

清・佚名《重修舞樓碑記》　新邑北四十里許，層巒疊翠，林壑尤美，而潛處於兩山之間者，則名灘子溝焉。人物輻輳，貿易頗多，誠盛地也，亦財藪也。村左有賽曰馬王牛王青苗土地山神祠，祠前舊有舞樓一座，乃規模狹小，風雨難蔽，每歲享賽演戲，多嫌其隘，因而擴之。詎非善事。於是本村信士介君諱治表等慨然動念，欲崇其牆垣，廣其椽題，變從前之舊制，新後來之觀瞻。遂募化今村善人，隨心捐助，共勷善事。兹功竣刊石。

新安縣鐵門鎮二郎廟樂樓

雜録

清・佚名《創建二郎廟樂樓碑記》　鳳山之左，有清源妙道真君廟。其來遠矣。鼎建者不知何所昉，重修者不知凡幾更，始亦弗深者，邇人好樂施，眾善奉行，乃得殿宇崇隆，群廟環列，蓋煌煌乎盛跡也。□至於廟之前，舊有歌舞臺，遭荒□後，只聞其説，未睹其址。鎮之人士每歲賽神獻戲者，率以架木爲之。其糜費不可勝算，自常歎肇造之，非建樂樓以崇妥侑，何以壯聲靈而大觀瞻乎。

新安縣鐵門鎮關帝廟舞樓

紀事

清·佚名《創修關帝廟舞樓碑記》 治西鐵門，鳳山北拱，澗水左環，稱爲亟谷雄鎮，聖帝之祀，未有專廟，士民商賈群興建廟之議焉。【略】於順慶寺東創修關帝正殿三間，左右配殿六間，以妥聖像，更修舞樓七間，以奏樂歌，此誠神有所依，而祀有專廟矣。迄今功成，鐫石匪直爲志。【略】常識忠義於千秋也。【略】歌曰：鳳山蒼蒼，澗水泱泱，聖德之馨，山高水長。

新安縣荆紫山南玉皇廟舞樓

紀事

清·佚名《南玉皇廟石碑碑文》 從來享賽神聖，必須歌舞敬獻，歌舞必須樓臺。荆紫山，新邑名山也，地最傑，神最靈，四方人士結社享賽歌舞於神廟前者，靡歲不舉。而舞臺獨缺，故當聖會獻戲之期，四方山主負板抬木不下數十人，且距村甚遠，張惶辛苦之狀不可勝言。及歌舞方畢，而樓榭爲之一空，不惟無以壯廟觀，亦甚非一勞永逸之善術也。主持道人李陽全者，業已堅志修造神廟，複欲苦力創建舞樓，然巨功非一人之所能成，猶之大廈非一木之能支，因募緣四村山主，雅意好修善士，捐金輸財，公成善舉。自雍正七年三月謀始，至雍正十年二月落成。此後歲逢聖會，四方人士結社享賽歌舞於神廟前者不煩力，而樓臺儼然在望。衆人咸欣幸曰：此真一勞永逸之善術也。而所以壯廟貌者，不更足多乎。

新安縣江屯村關帝廟樂樓

紀事

清·佚名《創修關帝廟樂樓碑記》 昔先王之作樂也，有聲有容。聲歌也，舞容也。古之歌舞曰樂，今之歌舞曰戲。雖雅俗不同，所以和平神聽其致一也。第歌，必有歌之地，非其地則聲不收；舞，必有舞之場，非其場則容不著。況作樂於神聖之前，而野合之，尤非所以示體統，明尊敬也。樂之建樓顧不要歟。新邑江屯村舊有關帝廟，春秋享祀有自來矣，而樂樓未修，村民欲獻歌舞者，心皆缺然。辛酉春，有張君諱輅者，以衆議所舉不獲辭，慨然以建樓爲任，募金卜吉，鳩工庀材，不數日而樓遂告竣。樓成而樂作，於斯歌，歌聲亮焉；於斯舞，舞容燦焉。《詩》曰：神之聽之，中和且平其斯之謂乎，或曰：斯樓也，所以演戲，非所以作樂，以戲名之可，以樂名之不可。不知樂主於和，和原於敬，不和不敬，雖樂亦戲。能敬且和，雖戲亦樂。今之戲由古之樂也，又何分焉。然則建斯樓而名之曰樂，固曰和平聽神意，未忘先王製作之遺意也夫。

新安古藥王廟會戲樓

雜録

清·佚名《重刊南河灘獻戲碑》 舊有藥王聖會，起自康熙五十八年，由廟前而南，【略】西，戲均以五計，但廟前及東西兩處，各有首事經管之人，獨南河灘獻戲。【略】起騾馬大會，每臨會期，合鎮公議，十數餘人赴會人合，所納稅用以□□。【略】行已十有餘年。繼而牙行集首【略】，約合鎮士庶言曰：騾馬會期，【略】獻戲，牙行獨寫。鎮人許之。自此，牙行年年獻戲趕會起，至今二十餘年。【略】王□宗等推委軍需，抗阻不戲，合鎮士庶□□牙行□利公具稟批仍照舊規行事。【略】趕會牙行又央首事曰：已屆會期，【略】年年獻戲，倘不獻戲，便不許趕會。今先出錢一千，立石傳後，爲允諾遂從厥由來，以志不朽。

洛寧縣關帝廟舞樓

紀事

清・佚名《重修關帝廟舞樓碑記》　夫子之廟有舞樓，僅一楹，創於雍正五年，風雨飄搖，牆壁傾頽，時有信士郭□□□□重修，易一殿面爲三楹焉，功成告竣。開列於石，以志不朽。

洛寧縣商山廟戲房

紀事

清・佚名《商山廟修蓋戲房碑記》　環水皆山也，而龍山北有商山廟焉，廟貌巍峨，面壁□戲樓，□□□圓滿□。□者戲房一座，每遇賽場，無處安寓，以致優人夜間雜處廟中，白晝□看者□□往來，非惟褻神，且有傷乎風化，此亦衆社人之所大憾也。時有住持王復禄不安於心，延請功德主某某，化主某某，相與共議，慨然以修置戲房爲己任。於是，各捐己貲，募化四方，不一年間而此功已告成矣。□嫌獻殿□□，於是具磚修補，可謂兩功並成焉。功成而父老不鄙淺陋，囑余作文以志之，余亦難辭其責，□襲舊句以頌之，雲水蒼蒼，洛水洋洋，住持與諸功德主之善，念□商水長。

獲嘉縣西劉固堤王氏祠堂戲樓

雜録

清・佚名《增修祠堂記》　考祠建於前清雍正八年，拜殿道光九年續建也，戲樓之建約於祠爲同時。

鎮平縣城隍廟戲樓

雜録

清・佚名《鎮平縣城隍廟戲樓碑記》　城鄉軍民、紳士、合社人等，各捐資財，無論多寡，於每歲正朔之夜，修清醮演優唱紛紛然，沐手焚香連綿三日。

潢川縣五龍宮戲樓

雜録

清（乾隆）《光州志·壇廟志》 北城東郊，一激矢遠，有阜突起，潢水環之若塊，上建五龍宮，爲郡人禱雨之所。

安陽縣官房戲樓

雜録

清（道光）《重修官房碑記》 自今以往，春秋祈報，演戲神前，父老焚香喜得其地，少壯來觀，樂暢其惜，一鄉之人，和集於斯，是和睦鄉里之道，又在此不使前人祭祀之所，致成荆棘瓦礫之場也。

陝縣趙薦村關帝廟戲樓

紀事

清·佚名《重修關帝廟碑記》 《傳》曰：先成民，而後致力於神。蓋以民者，神之主，民成，尤賴事神。諸大政爲州人士倡，數年來如修南澗河十里鋪橋則效者也，昨，鎮北二十里許趙薦村，首事人曲成名等建廟在村北高敞之地。正殿三間，中關帝，東龍王，西尤並戲樓而更新之。又創立獻殿三間，以爲陳列祭罟。子長，敦孝友，盡人事之當然，而不徒聽命於神行，見民和而聖天子化民成俗之至意也。

陝縣老泉山九仙宮歌舞樓

綜述

清·佚名《修建老泉山九仙宮暨獻殿歌舞樓清静亭叙》 堂下數武有歌舞樓一重，每歲三月十五、六月十八、九月十八等日蒸然大會，演戲三台。商賈散集，綺館繡錯，牲物岔遝，峰合蟻聚，士女咸臨，拜奠宜慶，鐘鼓喤喤，磬管將將，笙簧酒醴，賓相祝嘏，甚盛舉也。

陝縣馬家河塘凹村東嶽廟樂樓

紀事

明·佚名《九天後土聖母碑》 馬家河□裏塘凹村，東有嶺巍巍高□挺拔，丘陵名曰香山。頂前有東嶽之廟，後有聖母之殿，東廓有香山子孫之宮。廟之東西松柏茂盛，殿之前後林木喬挺。於嘉靖二年（1523）歲次癸未孟春月上旬廿日偶爾火焚。聖母之殿燒毁煨盡，岑樓跌落，牆壁傾□，神像耳□風雨損壞。本村耆老侯鐸寺惕然有動於衷，顧謂人曰：而神明而人陰陽表裏相爲猗仗，矧此神祇保□一村，有求必應，有禱未臨，我一鄉之人安忍坐視而已。故遂人率本社鄉□人等，各施己財，不計其等。貿易磚、瓦、灰、石、木料、顔色，協力同心，贊助盛事，不旬月間，殿宇岑樓，東西兩廊，神像不冠整舊如新，與凡獻殿神路、馬殿、樂樓該補葺處悉皆次第落成。廟貌巍然，神有所依矣。規模巨集遠，人有所矣。

靈寶縣夫家山娘娘廟舞臺

紀事

清（光緒）《靈寶縣誌》 共得錢一千四百五十餘緡，將正殿，享堂，兩廊，樓妝，舞臺，傾者悉起，舊者悉新，四圍悉繚以垣，又添築景靈臺一座，道房三間，而山半龍神祠及山下大門皆一律修治。崇閎壯麗，煥然一新。

靈寶縣關帝廟樂樓

紀事

清・周淦《靈寶縣志》 凡正殿，春秋樓，三代祠皆重加丹雘。明年癸酉，又將樂樓，鐘鼓樓，墻垣，甬道一切新之，巍然焕然，觀瞻頓肅。是二年歲亦稔此，可見帝之呵護靈人者至，而靈人之事帝者謹也。

西峽縣丹水村財神廟歌舞樓

紀事

清・佚名《福緣善慶》 間嘗聞《史記》、讀《周官》，蓋未嘗不歎聖人□理財有道，國家之需財孔亟也。柳知□子母者，雖由乎人而佑福禄。財神廟創自雍正年間，奈屢經風雨，不無損傷。嗣後修理者已非一次，無庸複贅。今朝街人議廟内新建卷棚三間，至於正殿、獻殿、僧房、戲樓一一補葺，始覺規模宏敞，氣象輝煌，庶可以仰答神休也。己又於廟外創建一神宫祠，以補風水，安工敦，仁偉矣。一方之保障者，兑朝震洵子萬民□屏藩用，是謹志諸石以垂不朽雲。

清・佚名《重修歌舞樓左右門樓記》 財神廟前舊有歌舞樓，自乾隆五十四年創建迄今歷五十八年矣，左右門樓自道光九年重修，迄今歷一十八年矣。屢經風雨，漸就傾圮，合社人等不忍坐視，歲次丁未序屬三秋約金數十，鳩工重修，缺者補之，殘者新之，越至季冬，工程告竣，將立碑記，徵余爲敘，余惟諸君之新是樓也，雖爲敬恭明神之事，而亦有維持善教之功焉。□前繼往者創建之志，後開來者重修之心，盛可傳，美可彰，真足志之而不忘。至於各捐貲財，亦不容湮没弗彰矣。

濟源縣南姚村湯帝廟戲樓

雜録

清·佚名《重修廟宇山門戲樓·序》 湯帝廟，【略】戲樓僅僅一間，龍首蛇尾，内外殊覺不倫，其戲樓前面鄰路，演戲時肩摩轂擊，往來最爲不便【略】先置買舞樓西山地基四分二厘五毫，東至廟，西至王建東，南至王聚，北至路中，長十七千，中闊六千，【略】拆修舞樓，一間改爲三間，較前何等壯觀。後移一丈，前面此口較以前何等體統，且裝板掛牌，金碧燦然，是又何如輝光也。【略】百餘年之狹隘，一經改正，無不痛快。

中牟縣東嶽廟樂樓

雜録

清（同治）《中牟縣志》卷二《建置·東嶽廟》 在縣東，門内正殿五間，兩廊六間，樂樓一座，大門三間，大門内左右正殿各三間，甬道周圍石欄杆。明初建，康熙五十七年知縣馬藻重修。

禹縣神后鎮關帝廟戲臺

紀事

清·佚名《重修關帝廟碑記》 從來創修難，繼也不易，而繼倍於創者，尤不易。郡西南六十里神后鎮，有關聖帝廟，固莫知所創始也，而繼修者屢矣。然大都仍其舊，而一新之，未有用力多，而成功難，如今日者。自戊辰歲有首領十餘人，慨然以重修爲己任，因而捐己財，募鳩工焉。廟貌巍峨如故，妙像金光依然，其餘悉革夫舊，概飭以新。由是而隔扇，而牆垣，而門樓，而戲臺，莫不塗塈之。又丹之，又金妝之，踵事增華，視前更爲改觀焉。複盡以磚鋪之，其工程直曆庚午夏始告成焉。不可謂非用力多，而成功難者矣。是維繼倍於創之故。功既竣，請予爲序。予曰：無以萬文也，不過紀年月敘勤苦已耳。

清·王萬程《重修關帝廟拜殿砌客室戲樓記》 關聖帝君自後漢以來，正大之氣昭人耳目。迄今畿甸鄉曲禋祀特隆。治西神后鎮廟貌巍然，歷年久不無敗壞，士民商賈擬補其缺，□石繪畫之匠各奏其技，蕆厥事以志督工捐資者於石。

天津府城隍廟戲臺

紀事

清·張燾《津門雜記》卷中 四月廟會最夥。【略】兩廟戲臺，純用燈嵌。晚間請有十番會同人，在縣廟戲臺上，奏古樂數曲，隨有崑曲相倡和，皆舊家讀書人也。府廟後樓罩棚亦有戲臺一座，於正會之次日，有祝壽會，演戲一天，爲神祝壽。燈綵尤精妙。戲臺上有梅君寶璐題聯云善報惡報，循環果報，早報晚報，如何不報，名場利場，無非戲場，上場下場都在當場。頗寓勸懲，使他處挪移不得。

井隆縣頭泉村馬王廟戲樓

紀　事

清（嘉慶）《井隆縣頭泉村馬王廟戲樓碑記》　吾鄉此地曾有戲臺一座，創於乾隆六年。至五十六年，而風雨凋殘，木料損壞，無以爲怡神之所。有武誠、武備等目睹心傷，不忍坐視，嫌其卑陋而不復鞏固焉。爰集鄉衆共同計議重爲修葺，而且增其式廓焉。庶乎怡神有所矣。至於鄉衆所助之工與所管之飯，並所出之錢不暇枚舉。尚且神知，况實用其力，神有不默鑒者乎。是爲序。

熱河行宮清音閣戲臺

紀　事

清・趙翼《簷曝雜記》卷一　内府戲班，子弟最多，袍笏甲冑及諸裝具，皆世所未有，余嘗於熱河行宮見之。上秋獮至熱河，蒙古諸王皆覲。中秋前二日爲萬壽聖節，是以月之六日即演大戲，至十五日止。所演戲，率用《西遊記》、《封神傳》等小説中神仙鬼怪之類，取其荒幻不經，無所觸忌，且可憑空點綴，排引多人，離奇變詭作大觀也。戲臺闊九筵，凡三層。所扮妖魅，有自上而下者，自下突出者，甚至兩廂樓亦作化人居，而跨駝舞馬，則庭中亦滿焉。有時神鬼畢集，面具千百，無一相肖者。神仙將出，先有道童十二、三歲者作隊出場，繼有十五、六歲，十七、八歲者。每隊各數十人，長短一律，無分寸參差。舉此則其他可知也。又按六十甲子扮壽星六十人，後增至一百二十人。又有八仙來慶賀，攜帶道童不計其數。至唐玄奘僧雷音寺取經之日，如來上殿，迦葉、羅漢、辟支、聲聞，高下分九層，列坐幾千人，而臺仍綽有餘地。

紀　事

清・吴振棫《養吉齋叢録》卷一三　乾隆五十九年，駕駐熱河，賜扈蹕諸臣觀劇於清音閣。自七月二十四日始，至八月十五日，凡二十日，每日卯刻入班，未正散出。日賜茶果，克什三次。

灤縣城隍廟演劇樓

紀　事

清・鄭板橋《新修城隍廟碑記》　乾隆十七年，歲在横艾涒灘，月在蕤賓，知濰縣事板橋鄭燮撰書。濰邑城隍廟在縣治西，頗整翼。十四年大雨，兩廊壞，東廊更甚，見而傷之，謀葺新於諸紳士，咸曰俞。爰是重新兩廊，高於舊者三尺，其殿廈、寢室、神像、鼓鐘筍虡，以堅以焕。而於大門之外，新立演劇樓居一所，費及千金，不且多事乎哉。豈有神而好戲者乎。是又不然。《曹娥碑》云：盱能撫節，安歌婆娑。樂神，則歌舞迎神，古人已累有之矣。詩云：琴瑟擊鼓，以迓田祖。夫田果有祖。田祖果愛琴瑟。誰則聞知。不過因人心之報稱，以致其重疊愛媚於爾大神爾。今城隍既以人道祀之，何必不以歌舞之事娱之哉。况金元院本，演古勸今，情神刻肖，令人激昂慷慨，歡喜悲號，其有功於世不少。至於鄙俚之私，情欲之昵，直可置弗複論耳，則演劇之樓亦不爲多事也。【下略】

聊城山陝會館戲臺

紀事

清（乾隆）《聊城山陝會館重修戲臺建立看樓碑記》 今，聖天子膺圖御寓，久道化成，厚仁凝澤，光被四表。居者不閉户，行者無戒心。是故通都大邑商賈雲集之處，莫不各建會館，以時宴會聚集於其中。蓋客旅見鄉人，聯繫桑梓，通款洽情倍親也。山陝會館之設，創自乾隆八年。中祀關聖帝君，殿宇臨乎上，戲臺峙其前，群樓列其左右，固以美輪美奂，炳若喬皇矣。歲時伏臘，凡我鄉廛，或割牲以報神，或飲醵而賞勝，於時言言，於時語語，猶木之歡同根，水之歡同源也。迄於今曆二十有一年矣。歲月既久，戲臺不無飄摇之虞，大廈將傾，僉議欲修葺之。且艮巽二隅，一望無涯，未免有泄而不蓄之憾，並議欲增飾之。兹則張君裕如倡聲率先，翕然者聞風景從，遂庀材鳩工，陶甓取椽，因前制而繕葺焉。旁增看樓二座。以乾隆二十八年辛未興工，作於仲春，考慶成於季秋，塗茨施丹，皇皇乎莊麗耀觀，而翬飛焕彩者矣。諸君樂舊制之維新，締造之聿成，且念衆之普存也，欲鏤貞瑉，以垂永久，委記於餘。今奉簡命，謬膺樞部，簿書，鞅掌之下，筆硯久疏。然誼屬枌榆，不揣荒蕪，始推往事述始末，紀重修之歲月，志創建之首庸，俾後世知所考耳。因念吾人裏居親戚鄰鄙，朝夕聚首，及出而走四方，蓬飛蘋飄，靡所定止，唯兹會館，可以悦親戚之情，話慰良朋之契闊，雖在齊右，何異登華巔而泛汾波也。後之驅輪轅而至止，過廛閈而徘徊，俯仰

瞻眺之際，感前賢之風。思垂澤之遠，缺者補，圮者修，守而勿替，尤所深望也夫。誥授朝議大夫、兵部武選精吏司員外郎、庚辰恩科監試官、欽差倉場監督候升知府，加二級記録三次、樂昌行日昌撰。太平庠生劉筠書。乾隆三十一年，歲次丙戌。四月穀旦，山陝衆商同立。督理人李琨、張穎、張維極、張貴福，徐奮登。住持張清禦，石匠李玉秀鐫。

青島天后宮戲樓

雜録

清（同治）《募建戲樓碑記》 竊聞青島開創以來，百有餘年，迄今旅客商人鱗集而至。【略】天后殿前舊有戲樓遺址，而棟宇全無，不堪適觀。【略】故舊春諸公，捐資勝舉，募建成戲樓一座。【略】今將南北客商捐金者並董事諸悉勒於石。

靖縣戲樓

紀事

清·黄緩《靖縣戲樓記》 自古孝子之事親，入室而援乎見，出户而愾然聞，未嘗以戲謔視之。兹而立戲樓於堂，令吾子若孫，猶爲之紀述者，何耶。或曰正色肅容，拘而難達。辭嚴義凜，泥焉鮮通。惟愉悦之容，婉婉之聲，情近於戲，庶可以促進其深愛致敬之至性也，其果然乎。蓋古人萃百爲以奉二老，聚萬善而事雙親，在得爲者，爲之，即可勉爲者，亦將竭力而爲

之。所以承乃歡，取乃悅，順事諸先人也。庚辰春，祠將落成，族人咸欲演戲以娛先祖，相與合展其歡心。爰因地勢之廣狹，爲之另建戲樓五間，樓下可容族人聚居，樓上可佇梨園法曲。籲磋乎。吾先人滌溺以爲孝，扇枕以爲行，其深愛致敬，愉色婉容，固非戲也。而今以戲進之，寧非戲，目先人戲及親長之漸哉。夫詎知其爲尋常之子孫，鑒忠臣而門內無虞其忤逆，睹孝子而立朝不患其懷奸。與夫生旦净丑，凡古今不變之貞淫，合盤托出，俾觀者立定脚跟，不至重蹈前轍，未始非斯樓之助也，夫何祠不可以作戲。觀樓之不可以作記述也哉。乾隆四十五年庚子歲大呂月上　裔生員黄綬敬撰

郴州萬壽宮

紀事

清・楊恩壽《坦園日記》卷一《郴游日記》　興致闌珊，出郭門，殆將歸矣，河市行人如織，譁言萬壽宮戲局絶佳，余亦隨之而往。正演《三官堂》全圍。偌箇負情儂，余所素惡。且是部子弟，老者白髮新矣，少者黄口粲然，參伍錯綜，尤不耐寓目。臺下三五少年相謂：此義合班也，視老天源相去甚遠。旨哉言乎。黄昏人散，踽踽獨歸，新月如鈎，遠掛林杪。居停飲觀察署未回。泊衡州一日，職是故耳。閲省鈔，知夏寶生署湘陰。惜余已出省，不與之偕。嘻，緣也。

又　初六日。晴。晤紹圃、德卿。擬偕人游嶽麓，臨河而返。觀《鳳鳴山》於萬壽宮，乃泰益部。

郴州財神殿

紀事

清・楊恩壽《坦園日記》卷一《郴游日記》　初四日。晴。甚燠，更袷衣焉。早起探得財神殿演老天源部，午間遂獨步河街，入賓日門，由集賢巷而至劇場，人海人山，萬頭攢動。

又　午後偕芑江訪廉丞。其局設在財神殿，適演吉祥部。余去時正演《桂枝寫狀》及《放告團圓》，明瑞絳服烏紗，赫然按院，對之頗憶舊游焉。歌板甫闌，月輪旋上，彳亍而返，興致蕭然。

郴州娘娘廟

紀事

清・楊恩壽《坦園日記》卷一《郴游日記》　廿一日。陰，微雨。余寄寓西廨，稍偏有射圃亭，顔曰所争，張方伯運蘭所書也。顔及廷培□太守楹帖云：其道有近乎君子，此中可以得端人。又有聯云：但使文翁能化俗，焉知李廣不封侯。集句天然，題名爲黄少蘭錡司馬。亭之西，即娘娘廟，地址内高外低。亭面戲臺，立亭下即可觀劇。今日始演戲，爲吉祥班。余至，正演《鬧金階》，曹妹宛轉生姿，鶯聲嚦嚦。省中珠喉之脆，首推詠仙。以此較之，始歎從前所見之陋。聞此地有班凡三，曹妹爲翹楚云。次演《三戰吕布》，歇午後乃《合銀牌》也。春桃玉容太瘦，銀海甚寬，對之生厭。

又 廿三日。晴。沖主嵩辰，快瞻祥旭。中興景象，自有休徵。午初，郭廉丞崇廉廣文過譚甚洽。鄰寺又演清華，望之乃《南樓釋犯》，粗劣不堪。歸齋創十餘啓稾。歇午後，連演《李密降唐》、《生祭》、《重臺》三齣。平陽公主頗陷頭童，果飲青鋒，亦不足惜。李魏公高唱入雲，省中亦罕。《生祭》不逮衡州，況長沙乎。杏姐風度甚佳，冶容殢客。畫工但知寫艷，詩人不解言愁。此齣用違其才，未盡其妙。有人見其演《烤火》者，嘗嘖嘖焉。花燭光中，銷金帳裏，千嬌百媚，可想而知。

又 廿四日。陰，傍晚雷雨。早間史秋舲寶恬廣文過譚。午刻偕觀清華。是日演王英下山打寨及輔幼主回朝全本，其中有《殷家莊》一齣。請看今日之殷妃，固是昨朝之杏姐。午酌陪秋舲。

又 廿五日。晴。馮孝則太守、陶錦卿運同、黎友舲司馬過談。狄小峰員司馬自省抵館，王蓮舟濟、馬鴻賓士超隨裕方伯入粵，道過此間，均入署見訪，甚熱鬧也。隔壁又演清華。始《程咬金慶百歲》，繼《黑松林》全圍。餔後《春生投江》，周漁娃年將不惑，可謂少年老成。演《活捉》而散。閻惜嬌即殷妃、杏姐化身也。是部貼旦數人，此爲特出，聲容凉楚，曲盡其妙；擬訪問其名，以標殊尤焉。

又 廿二日。陰。午間作書甚忙。隔牆劇場笙歌騰沸，脱稿後急往觀焉。更演清華部，《法門寺》全圍、《陽五雷》大劇。午後《蘆花河》一齣，黄昏始罷。午後之龍女，即午前之玉嬌也，蓮面皆斑，柳腰如鐵，其餘等諸自檜以下矣。不及吉祥，似懸霄壤。

又 午間倦甚，頽然竟卧。醒時笙歌沸耳，牆外又開戲矣。演《望兒樓》全圍，迄《雙帶箭》而止，平陽公主即張郎也。視廿三日童者，相去逕庭。吉祥部倍佳。

又 廿九日。晴。午間聞吉祥已開戲，與諸友閒步出署，入廟瞻仰。立樹下而觀，大風吹柯，槐翠欲活。演《金沙灘》全本，智多星、玉麒麟工力悉敵，賈氏與燕青調情及一丈青等打花鼓入城，尤爲艷絶。戲場散了，茫茫然歸。

又 三月正當三十日。微雨嫩寒。客裏送春，無可奈何時也。鄰寺演祥泰部。《金水橋》及《剮莽》兩劇，貼旦不逮吉祥，而生净過之。費仲箎至自常德，知東生已隸桂林矣，聲價甚高，一時無兩。

又 廿六日。晴，燠甚。憚立烈日之下，雖戲演清華，未嘗往觀。聞係《打棍開箱》及《一品忠》等劇。所謂殊尤者，名亞蓮，姓何。粵人輒以亞命名，郴與粵相毘連，故沿其習。不圖蓮貌，竟染梅瘡，弗敢近也。

又 廿七日。晴。南薰大作，熱氛太熾。鄰寺更演吉祥部，始開場，即爭立牆頭矣。《披髮祖師得道》，觀音化身矮而黎，聲亦不揚。《空城計》迄《木門道》，卧龍先生情態逼真，不稍疏懈。日將西匿，急傳飯焉。《烈瘋配》之桃婢，即曹妹也。詢之，張其姓，明瑞其名，聲價甚高。臺下有著單縠衫，持冰紈扇，或倚柱而聽，或仰面而笑，皆賞鑒家也，明眸恒波及焉。

又 四月朔。早飯後，肅衣冠謁娘娘廟。旋拜石理堂琢之、胡星躔楓翼兩廣文、謝南池山長、郭廉丞廣文、陶錦卿運同、黎友舲司馬、黎竹舲福恩廣文，迄歸，則鄰戲正歇午時也。聞演《檢柴》、《狗家灘》等劇。飯罷乃《四門》、《吃醋》、《扇墳》也。《四門》不足觀，《扇墳》差可，《吃醋》乃喜紅得意之作也。始則貌爲恭敬，繼則醉態逼真；迨返家時，惡語、怒語、忿語、浪語、褻語、駡妾語、咒夫語、諷叔語，千態萬狀，一時並作，而臺下笑聲不絶，即旁觀之村姑閨秀，紅女白婆，亦喝采焉。喜紅爲誰。祥泰之領袖也。

又 初二日。晴。馮孝則太守罷官回粵，已刻啓程，行李蕭然，對之悽惻。兼山丈亦於是日旋省，便寄家書並衣數襲。今日門下始入塾。聞祥泰演《黑蠻進表》、《采石磯》、《大紅袍》等劇，聽之約略可辨。奈初擁臯比，不便往觀，恐門下步亦步、趨亦趨也。紅氍毹上，神往久之。粉牆兒高似青天，咫尺天涯矣。

又 初三日。晴。聞祥泰演《三頂本》迄《斬廣》、《龍鳳閣》迄《斬波》兩大劇，甚無趣味，雖未往觀，亦不悔也。

又 初四日。晴。甫傳早飯，唐宗山岱高廣文過訪。劇場甚熱鬧，《三官堂》全本也。只得耳聞，未嘗目覩，何與祥泰戲緣之淺邪。劉桐軒鳳喈吏目招同狄小峰、魏芑江、張亦欣午酌，繁文太重，接席尠歡。

又 初五日。陰，微雨。草賀節稟啓稿甚忙。祥泰演《一捧雪》全本。自開塾後，未嘗一觀也。憶自十餘年來，頗有戲癖。在家閒住，行止自如，路無論遠近，時不分寒暑，天不問晴雨，戲不拘崑亂，笙歌歲月，粉黛年華，雖曰荒嬉，聊以適志。就館後，言語行動，在在拘牽，即劇場止隔一牆，尚祇謀諸耳而未謀諸目。昔日親師，先生不能拘弟子；於今設帳，弟子轉得管。

又　初六日。陰。鄰戲仍未往觀，亦不知所演何戲。聞更吉祥部，只知有《買胭脂》云。草節稿甚忙，無片刻閒。

又　初七日。晴。清華部演《牧羊山》全圍。聞娘娘係前月廿六誕辰，祝嵩還願，故連日演戲。明日未粘報單，殆觀止矣。

又　初九日。晴。午後課餘，值鄰寺復演祥泰。獨立牆頭，飽觀半齣《重臺分別》。喜紅宛轉生情，嬌癡絶肖。數日未見，覺面龐更增光艷；因前數日來自鄉間，稍有風塵色也。狄小峰謂是兒若入星垣，亦在鼎甲之列，確評哉。先演《馬踏五營》、《南牢釋犯》等劇，余均未見。

又　初十日。午刻迅雷驟雨，旋覩晴曦。鄰寺演《五台出家》、《回營斬埍》、《太君辭朝》、《王英下山》等劇。余移住之書房，與戲場尤近，僅一土牆之隔，未見能舉其名焉。《斬埍》一齣，紅兒所演也，聲情激越，惻惻動人。回憶去年，一曲薰風聽演是劇，同人有官止神行之贊。撫今追昔，成六言云：鄰寺清歌如沸，蕭齋獨客情傷。一字字都入耳，九迴迴繞柔腸。諸徒心比石頑，鯫生身入籠闢。密邇僅三尺堵，迢遥抵萬重山。歌樓巧囀珠喉，野史俠傳鐵劍。料他毳帳嬌啼，紅淚濕桃花面。去年佳日春三，徵歌曾到城南。客裏重聽此曲，離情我獨何堪。流目曾經一顧，微情默喻兩心；惹得同人苦羨，紛紛傳到於今。今日雲山千里，當年花月三生。省識箇人相待，此心鄭重分明。擲筆而起，素月流天，竹露涓涓，桐風習習。省識句，一作爲問錦城絲管，近來可有新聲。

又　十九日。晴。鄰寺演吉祥部，余未往觀。聞演《黨人碑》、《造盔甲》、《廟會大審》等劇，明瑞忙煞哉。

又　初六日。晴。鄰寺演吉祥部，《永樂觀燈》、《湘江大會》、《水擒龐德》、《王公子嫖院》各劇。明郎始扮無鹽后，嗣扮玉堂春，信可人也。

又　十一日。晴。石理堂招同小峰、桐軒、胡星躔、吴西園、汪少軒小飲學署，在娘娘廟之西，僅一牆之隔，與州署相對焉。是日演吉祥班。廳側有一小樓，憑闌而觀，相去咫尺。演《天門陣》全圍，穆娃者明瑞也。俄打圍，俄招親，俄投營，俄破陣，刀光如雪，雉尾飄風，奇觀哉。酉刻，居停自桂陽回。樓上有理堂手書聯云：前列生徒，後列女樂，左持蟹螯，右持酒杯。

又　十三日。晴。小峰邀同芑江往石理堂署樓觀劇。演《孫臏下山》全圍，牛鬼蛇神，不足觀也。

又　初五日。晴，甚熱。是日爲亦欣初度，一尊介壽，藉以排悶。適鄰寺演吉祥部，偕小峰、芑江、桐軒及王弼臣，登石理堂之樓而寓目焉。演《瑞羅帳》全本，省中所無也。王母誕日，有仙猿竊其瑞羅帳而逸，墮於桂秀才家。桂固寒士，一妻二子，其長子赴京觀光去矣。夜得是帳，莫名其寶。許真人幻爲卜者，桂就占之，告以每值朔望臥其中，即得游仙夢，瑶樓玉宇，游目騁懷。桂試之不謬。俄山賊蜂起，倉皇避地。有陳秀才者，同窗也，遠在千里外，携家投之。陳欵迎同住。桂醉後，微洩羅帳之異，陳堅求同夢，桂許之。陳醒而大奇，欲得此寶而甘心焉，謀諸僕。適有盜穴人家而殺人者，僕賄盜牽陷及桂。令納陳贓，鍛鍊成獄。陳又手絞桂妻，幽其次子於馬棚，擬夜殺之。陳有女名碧桃，俠女也，不滿乃父所爲，私啓鑰縱桂子，並贈以金。桂子遂訴於包孝肅矣。先是，桂長子以第一人及第，出包門，亂後不知其父母及弟所在，隨師巡按直省，藉以尋親；至是會弟，遂雪桂冤而梟陳，感碧桃之恩，遂與弟合。

又　初七日。晴。閲課卷。生卷分與吴蓮室披校，余閲童卷，題《若季氏則吾不能》。首卷陳東升，余所定也。鄰寺演吉祥部，芑江先於牆内大槐樹下支牀爲臺，余與小峰輩遂登眺焉，濃蔭歸凉，鬚眉皆緑。戲則《金馬門》、《鬧金階》、《取洛陽》、《打金鐲》半截也。《金階》乃余初到此間第一寓目之劇也。數月後重見妙容，如好書正不妨百讀耳。

又　初八日。晴。余與筱峰醵貲在娘娘廟演戲酬神，點《借妻》、《醉妃》、《宛城》、《龍棚》、《火棍》各劇。是午，春山、友舲招飲，同座筱峰、居停、李春源、劉桐軒、黎竹舲。適李春舫同年甫自省抵局，亦與焉。《客感》云：春情寂寂鎖簾櫳，耐得閒愁是客中。四座酒香浮大白，一年花事到雄紅。留啼柳眼偏多雨，入水萍蹤但聽風。來歲儻逢修禊日，又從何處唱黄驪。

郴州劉桐軒署

紀事

清・楊恩壽《坦園日記》卷一《郴游日記》 廿日。晴。劉桐軒召飲，設彩觴，乃祥泰部也。同座者，石理堂、胡星躔兩廣文，沈曉樓明府，吴西垣二尹，狄小峰、張亦欣、魏芑江諸君。演《受禪臺》、《山海關》、《孫世靈賣身》三大圍，《回營探母》、《金水橋》二中齣，喜紅演《祭塔》、《吃醋》而已。

郴州城隍廟

紀事

清・楊恩壽《坦園日記》卷一《郴游日記》 廿二日。晴。聞城隍廟演《精忠傳》大戲，粉黛如雲，游人若蟻，署中幕丁趨之，幾空署焉。余憚熱未往。薄暮，與張亦欣坐竹林下，煮茗暢談。忽有梧葉飄落，打亦欣之頭，蓋先感秋意也。

郴州天后宫

紀事

清・楊恩壽《坦園日記》卷二《郴游日記》 廿六日。陰，微雨。紹圃來談。偕訪二雲，因病未見。觀劇於祝融宫、天后宫兩處，立少頃即去。對飲於疏燈人語。

又 廿五日。大雨竟日。嵇月生、周紹圃來談。著屐偕紹圃觀太和於天后宫，僅見《淤泥河》半齣而戲場散矣。街頭泥滑，終日杜門，殊怊悵也。

又 初八日。雨。朱岳秋來談。晡後觀泰益於天后宫，《坐樓》、《戰山》兩齣。祝融宫有仁和夜戲，《造盔甲》、《南陽關》之劇。

又 廿八日。陰，晚微雨。姚藹亭、余雲墀來談。觀普慶於天后宫，乃《掃花》、《打番》、《仙圓》各劇也。夜飲於疏燈人語。

郴州梅州西河口戲臺

紀事

清・楊恩壽《坦園日記》卷一《郴游日記》 十二日。陰。泊西河口，距永興二十餘里。對岸人聲騰沸，正唱花鼓詞。楚俗於崑曲、二簧之外，別創淫辭，余固久知之而未見也。時沈霾浄掃，新月微明，與桂僕以百錢另買小舟，剪波而渡。至則金鼓轟雲，燈光如海。縛草爲臺，環以破布。臺側别有茅屋，蓋妝束處也。妝畢緣梯而上。鄉人争先睹以爲快，咸伺於此，人數半於臺下焉。余至，正演次齣之半，不識其名。有書生留柳鶯婢於室，甫目成而書僮至，倉卒匿案下。書生與僮語，輒目注案下，案下人亦送盼焉。僮覺，執婢，書生羞而遁。僮婢相調，極諸冶態。臺下喝采之聲，幾蓋鉦鼓，擲金錢如雨。柳鶯流目而笑，若默謝云。次齣聞係《整鞋》。始出丑演張三，次出旦演金氏，爲嫂叔稱。三鞋破，倩金針紉。金始績而縫之，紡車線筐，神在箇中。縫畢，三、金唱歌以娱，此倡彼答，褻不耐聞。歌闌，遂摟而去。其排場合《金蓮調叔》及《賣肉打線》爲一。時斗柄欲東，露濃濕帽，余遂呼棹返。

郴州祝融宮

紀事

清・楊恩壽《坦園日記》卷二《郴游日記》 廿九日。陰。午間與紹圃、慎堂飲於宴瓊閣，酌以大斗。晚偕錦泉觀泰益於祝融宮，爲《飄海》、《反關》之劇。得筱峰、桐軒信。

又 初九日。雨。日中在萃和遇石芙，略談數語而別。旋觀泰益於祝融宮，爲《取宛城》之劇。

又 廿四日。晴。寄雲過談。江錫九來拜，未晤。晡後觀大慶於祝融宮，爲《飄海》、《報喜》之劇。大慶新班，甫開臺也。晤寄雲、紹圃於戲場，偕訪舲仙。晚飲於疏燈人語。

又 廿六日。晴。致書居停及羅春山、沈曉樓、劉桐軒、陸典臣、戴小渾、王湛園諸君。偕三兄在小吳門觀首府縣迎春。道遇姚藹亭，邀至渠宅小坐。旋往祝融宮觀太和，爲《取定軍山》之劇。

又 廿七日。晴。是日立春。慎堂、寄雲過談。觀大慶於祝融宮，乃《青石嶺》、《十八扯》、《打魚》各劇也。朱岳秋久談始去。汪少軒眷屬在省，招余去，託購食米。得杏生書並詞。

又 廿日。晴。和箎兄弟來訪，未晤。觀仁和於祝融宮，乃《春秋配》也。少頃即去。夜晤恕卿，三鼓始回。居停抵省，寓五家井。走訪陳松生，復寄雲書交渠面致。羅子鴻來拜。

又 廿七日。大晴驟暖，雪猶未融也。許少伯、周紹圃、羅寄雲、家商農至，舍楊通裕店，招同吾家兄弟飲於疏燈人語。觀仁和於祝融宮，乃《坐樓》也。

又 廿八日。陰。體稍不適，茹素一日。觀太和演《定軍山》於祝融宮，遇紹圃。飲於疏燈人語。

又 廿二日。晴。朱嶽舲來談。晡後觀泰益於祝融宮，因戲不佳，去訪許紹伯、王虞臣丈、任芝田。

又 廿四日。晴。走訪朱嶽舲，得晤。觀仁和於祝融宮，只見《蘆花蕩》半劇。夜間，萬福禪林扮演花燈故事，極熱鬧，旋以縣示禁止而罷，頗掃興也。

郴州江南會館

紀事

清・楊恩壽《坦園日記》卷二《郴游日記》 十一日。陰。觀普慶於江南會館，乃《白羅衫》後半本也。晚患胃痛。致書桐軒、曉樓，由驛寄去。

郴州西關聖殿

紀事

清・楊恩壽《坦園日記》卷二《郴游日記》 初十日。晴。訪許紹伯不見。慎堂招同紹圃、寄雲在福勝軒午飲。品茶於楚雅樓。偕寄雲訪丙耀和尚，觀劉子重畫册，如見故人焉。觀太和於西關聖殿，爲《桂枝寫狀》劇。

郴州紫雲宮

紀事

清・楊恩壽《坦園日記》卷二《郴游日記》 十七日。晴。早餐後獨步河干，入十八總，至由義巷，觀永和部於紫雲宮，爲《賜斾炮》、《金水橋》兩齣。晡後開船，行卅里，泊向家塘。

郴州五通廟

紀事

清・楊恩壽《坦園日記》卷二《郴游日記》 初六日。陰，頗凉。訪張小雲，值已出矣。歸，過黄金橋，適五通廟前演陽泰部，遇小雲於劇場，並觀《祭風臺》半本。是午，曉樓、桐軒設餞，同座者居停、小峰、亦欣、錦笙及余，凡七人。羅春山以病辭。

郴州三聖殿

紀事

清・楊恩壽《坦園日記》卷二《郴游日記》 初六日。雨。周紹圃、張文心來談。午後觀劇於三聖殿，乃仁和班《訪袍》、《打圍》兩齣。

郴州蘇州館

紀　事

清・楊恩壽《坦園日記》卷二《郴游日記》　初五日。雨。文安來談，偕訪紹圃未晤，仍來久坐。午餐後，去觀仁和於祝融宮，其劇爲《天水關》。又觀大慶於蘇州館，爲《戰河》、《廟會》之劇。晚飲於疏燈人語。

又　廿四日。晴。朱嶽舲招早餐。與蔣晉陔明府，唐魯英昆仲，嵇月生，羅寄雲對飲。旋偕晉階，寄雲觀大慶於蘇州館，爲《調叔》、《反關》之劇。

郴州湖北館

紀　事

清・楊恩壽《坦園日記》卷二《郴游日記》　廿二日。雪。觀劇於湖北館，乃《蘆花蕩》、《拾鐲》、《拷寇》各劇，其班乃仁和也。晤陳松生、寄雲、慎堂、紹圃於戲場。商農甫自鄉來，遇諸塗，立談而別。夜偕恕卿飲於飲仙閣，衝泥而返，衣履皆濡。

郴州粤東館

紀　事

清・楊恩壽《坦園日記》卷二《郴游日記》　初五日。陰。巳刻抵湘潭。撥載過船後，晡間獨行上岸，在粤東館觀大順部演《打雁回窰》之劇。

郴州春臺

紀　事

清・楊恩壽《坦園日記》卷二《郴游日記》　二月初一日。晴，午後大雨。觀太和於春臺，演《合銀牌》。紹圃、寄雲過訪不值。

郴州壽佛殿

紀　事

清・楊恩壽《坦園日記》卷二《郴游日記》　十三日。晴。早起作家書，並麗葰親送交東觀帶省；及諸河，則在舟中矣。晤張小雲，偕觀《文武升》、《三打蔡伯喈》、《寫狀》三齣於壽佛殿。

郴州三公祠

紀事

清·楊恩壽《坦園日記》卷二《郴游日記》 十八日。晴。黎竹舲招觀劇於三公祠，爲《薛剛反唐》全本。午飲同座者乃筱峰、春山、柯聘梅、李春舫、李春園、沈曉樓諸君。晚來微雨，乘輿而歸。

郴州蓮花台

紀事

清·楊恩壽《坦園日記》卷二《郴游日記》 廿日。晴。因病未赴館。文安來談，偕觀劇於蓮花臺，乃太和部，僅觀《盜宗傳》半齣。紫升偕二門下來視疾。

郴州楚北館

紀事

清·楊恩壽《坦園日記》卷二《郴游日記》 十月朔日。晴。觀泰益於楚北館，爲《回營見母》之劇。夜在玉泉山，小步而回。

長沙天后宮

紀事

清·楊恩壽《坦園日記》卷五《長沙日記》 十九日。雨。觀劇於天后宮。傍晚走訪王弼臣。

又 十二日。晴。張力臣醵貲在天后宮演劇賞菊。黃少崑來邀同往，至則五雲班已開場矣。

又卷六 初五日。晴。在家會客。下午往天后宮、萬壽宮觀劇，均未久立。

又 初八日。晴。走訪杏生。觀劇於天后宮、湖北館。

又 初九日。陰，極寒。王蓮生、羅寄雲來早餐。著衣冠拜黃少崑、黃子壽兩方伯。是午，少崑、力臣兩方伯招同裕時卿方伯麟、胡恕堂中丞、何子貞太史丈、黃南坡方伯丈、黃子壽方伯宴於宛園，觀劇乃普慶部，演燈戲乃《金山寺·水門》故事也。二鼓回家，適母親氣疾大劇，合家竟夜未睡。

又 廿五日。晴。王弼臣來談。往天后宮觀劇。晡後大雨。

又卷七《長沙日記》 十六日。晴。走訪寄雲得晤，偕觀劇於天后宮。

又 廿七日。雨。觀劇於天后宮。夜訪陳雲亭。

長沙西關聖殿

紀　事

清・楊恩壽《坦園日記》卷五《長沙日記》 望日。晴。寄雲、小齋先後來談。觀劇於西關聖殿，乃鳳伶演《楚宮聽琴》。不見鳳伶者將半年矣。走訪芷卿，值賦悼亡，正忙佛事。

又卷六《長沙日記》 十九日。晴。在疏燈人語午酌。酒闌，往西關聖殿觀劇。

長沙三聖殿

紀　事

清・楊恩壽《坦園日記》卷五《長沙日記》 廿八日。晴。偕小齋觀劇於三聖殿。夜飲於醉仙閣。

又 廿四日。陰。走訪朱和箎，偕之訪岳秋、常迪叔、皮鶴泉；晤熊鏡蓉於鶴泉座上，偕飲於新盛軒。酒罷，與王弼臣觀劇於三聖殿。晚間走訪王益吾，渠自鄉買春甫歸也。

又 初四日。晴。朱岳秋來談。韓勉吾招同龍芝生、唐蘭生、譚子佩、王益吾、俞開黼、唐作舟午飲於慶春園。與王益吾走訪小齋，未晤。觀劇三聖殿，薄暮乃歸。

又 廿一日。陰。走訪小齋，晤寄雲於座上，同至余宅，上燈乃去。上午曾走訪康芸儲，並至岳母家少坐，又觀劇於三聖殿。

又卷六《長沙日記》 十八日。晴，極燥；夜大風，微雨。走訪朱岳秋、和箎昆仲，未晤。偕王弼臣觀劇於三聖殿。

長沙湖北館

紀　事

清・楊恩壽《坦園日記》卷五《長沙日記》 初八日。晴。陳慶農招飲於醉仙館，同座者乃常體吾、饒樹庭、舒佛生及吾二姪。酒闌後觀劇於湖北館。

又 十八日。陰。文安來談。偕王弼臣觀劇於湖北館，遇雨而返。

又 廿四日。晴。王禮吾、胡仲琪、舒笏生醵飲於疏燈人語。在湖北館觀劇。雨，品茶於湧湘亭。

又卷七《長沙日記》 廿四日。晴。拜金立堂、胡梅丞、黃杭生、周德生、朱宇恬、饒心泉。晡後觀劇於湖北館。

長沙藥王殿

紀　事

清・楊恩壽《坦園日記》卷二《郴游日記》 初二日。陰。早間觀泰益於藥王殿，乃《廟會》也。走就居停談。晚來文安過訪。

長沙右局

紀　事

清·楊恩壽《坦園日記》卷二《郴游日記》 十二日。晴。居停、筱峰同時而至。松生來訪未晤。夕飲於疏燈人語。道遇文安。觀仁和於右局，因《牛頭山》之戲不佳，及門而返。

長沙學署

紀　事

清·楊恩壽《坦園日記》卷七《長沙日記》 廿三日。晴。姚藹亭、任蕙農先後來談。偕寄雲觀劇於學署，因人擠未觀。走訪雷錦江先生，未晤。

又 廿五日。晴。入署。晡後往學署觀劇，道遇朱岳秋。

又 初四日。晴。入署後，觀劇於學署。尋曉堂未遇，出小西門，獨步河干，閒看夕陽，頗有畫意。　上燈後，被酒獨坐，頗覺寂寞，闔人患喉症，無可與談者。初五日晴。觀劇於學署，與寄雲同行也。

長沙東嶽宮

紀　事

清·楊恩壽《坦園日記》卷五《長沙日記》 廿一日。晴。偕文安觀劇於東嶽宮，踐小齋之約也，而小齋未至。晚間飲於疏燈人語。

長沙太清宮

紀　事

清·楊恩壽《坦園日記》卷五《長沙日記》 十四日。晴。齋戒。小齋、文安來談，偕看大戲於太清宮，乃《斬將封神》結尾也。

又卷六《長沙日記》 廿六日。陰。王弼臣、陳小齋、羅寄雲、彭文安先後來談。夜往太清宮觀劇。

長沙長城隍廟

紀事

清・楊恩壽《坦園日記》卷五《長沙日記》 十八日。晴。文安來談，偕訪芷卿、良淑、陳小齋。觀五雲班於長城隍，適真人殿有慶和班，皆新出小班也，不甚佳妙。偕文安飲於醉仙閣，召小齋未至。

又 廿五日。晴。著衣冠謝居長沙地界之親友。晡後觀劇於長城隍廟。

又卷六《長沙日記》 十九日。陰。走訪羅寄雲，未晤。往長城隍廟觀劇。

又 廿八日。晴。陳松生召同朱宇恬、嶽舲昆仲飲於慶春園。酒後走訪陳淀生，未晤。偕王禮吾觀劇於長城隍廟。往岳家少坐，上燈始歸。歸過府署，甫出各學生員長案。

又 十七日。晴。偕王弼臣觀劇於長城隍廟。

又卷七《長沙日記》 廿四日。陰。走訪寄雲。觀劇於長城隍廟。得孫玉舲自湘潭寄書。

又 初二日。晴。戴煦卿在長城隍廟演戲酬神。晡後飲於麓香亭。

長沙玉泉山

紀事

清・楊恩壽《坦園日記》卷五《長沙日記》 初二日。晴。觀劇於玉泉山，因戲不佳，且發氣痛，遂小立即去。

又 十六日。晴。走訪朱宇恬、嶽舲昆仲，求宇恬診視也。觀劇於玉泉山。夜間氣痛大作，服肉桂，遂稍瘥，嘔涎至升許。

又 廿四日。雨。偕彭文安觀劇於玉泉山。夜與恕卿飲於慶春園。

又 廿一日。雨。晡後王逸吾、胡仲琪來談，拉之同出觀劇於玉泉山。

又卷六《長沙日記》 十九日　晴。走訪陳小齋。晡後擬觀劇於西關聖殿及玉泉山兩處，均因人數太多，及門而返。

又 十六日。晴。拜黃少崑之尊人。道張文心娶媳之喜。唁德衡齋師、唐藝農乃堂之喪。晡後觀劇於玉泉山、軒轅殿。

又 初三日。陰，微雨，著重棉焉。走訪王蓮生，未晤。道過玉泉山，適有戲，因演《三官堂》——乃陳世美負前妻事，甚不耐觀。

又 初五日。晴。偕寄雲觀劇於玉泉山。走訪陳小齋。是日府試出頭場案。余於薄暮時往觀，案猶未出，但見萬頭攢動而已。

又 十六日。晴。王弼臣、馮此山、羅寄雲先後來談。偕寄雲在玉泉山觀劇。

又 廿二日。雨。胡仲琪召飲於疏燈人語，即前日之同座者，蓋戲作車輪會也。酒罷，往玉泉山觀劇。羅寄雲來夜談。

又 廿二日。雨。偕胡仲琪、羅寄雲觀府縣迎春，並至玉泉山觀劇。

又卷七《長沙日記》 廿八日。晴。觀劇於玉泉山。在王禮吾家午飯。

又 廿九日。雨。偕張墨林、羅寄雲觀劇於玉泉山。召禮吾，擬作小局未果。

又 廿二日。午後大雨。入署少坐。觀劇於玉泉山。招陳杏生、松生昆仲、金黼庭、陳伯屏、譚心可午飲。得宣化燈夕家書。

又 廿四日。晴。走訪羅寄雲，偕觀劇於玉泉山。

又 十二日。晴。入署。張仲輝來談，觀劇於玉泉山。

長沙善城隍廟

雜録

清・楊恩壽《坦園日記》卷五《長沙日記》 初九日。陰，微雨。常體吾、陳小齋先後來談。觀劇於善城隍廟。是日爲吾初度，早麪午飯，家人團聚，慶更生也。連年時運既否，遇合輒舛，今歲遠歸，途中叠遭顛沛，其剥極將復之機乎。

又 廿五日。晴。晤文安，偕往善城隍廟觀劇。

又 初五日。雨。偕小齋觀劇於善城隍廟。因避雨，過訪文安，留午餐。

又 初八日。晴。觀劇於善城隍廟。道遇小齋，約往清香圃小酌，因事未赴。

又 十五日。大雪。張劍龍過談。觀劇於善城隍廟、三元宫。夜間在家。點燈後冒雪出游，燈市闌珊，密霰中無一放花者。與陳小齋在清香圃醵貲小酌，座有瑶笙、文安。

又 廿四日。陰。商農來談，留午餐。觀劇於善城隍廟。

又 初三日。雨。早起陪祀文帝。飲福後拜沈曉樓司馬、朱岳霖兄、王研農司馬師、金黼廷，均未晤。文安來談，偕觀劇於善城隍廟。

又 廿日。晴。陳小齋在善城隍演劇酬神，招同胡仲琪、彭文安往觀，遂飲於醉仙小館。

又 廿六日。晴。觀劇於善城隍廟。

又卷六《長沙日記》 十九日。晴。觀劇於善城隍廟，遇常體吾，同看《東吴招親》劇。

又 廿一日。陰，大風。走訪羅寄雲、陳小齋，偕觀劇於善城隍廟。

又 初四日。晴。胡仲琪來談，偕訪陳小齋。觀劇於善城隍廟。

又 廿八日。晴。晡後往善城隍廟觀劇。

又 二十日。晴。陳小齋來談。走訪朱嶽秋，未晤，便道至善城隍廟觀劇。晤恕卿，談逾時久，蓋不相見已數月矣。

又 初五日。陰。偕王弼臣觀劇於善城隍廟，頃刻即散。王蓮生、禮吾、寄雲來談。作家書寄宣化。

又 十三日。晴。羅寄雲來談。走訪李介生，未晤。偕寄雲觀劇於善城隍廟。

又 廿日。晴。王弼臣來談，偕觀劇於善城隍廟。

又卷七《長沙日記》 廿八日。晴。偕寄雲觀劇於善城隍廟。晡後入署。

又 初二日。晴。入署後偕寄雲觀劇於善城隍廟，並留寄雲晚餐。

又 初八日。晴。偕孫玉舲訪廖逵賓，即著《易知簡能通書》者也。偕寄雲觀劇於善城隍廟。

又 十六日。晴。偕王弼臣觀劇於善城隍廟。

又 二十日。晴。偕戴煦卿觀劇於善城隍廟。聞王一梧有典試雲南之信。

長沙觀音寺

雜録

清・楊恩壽《坦園日記》卷六《長沙日記》 十二日。陰。偕王弼臣在善城隍廟、觀音寺觀劇，戲不佳。

長沙朗公廟

紀　事

清·楊恩壽《**坦園日記**》**卷五**《**長沙日記**》　十三日。晴。觀劇於朗公廟。夜與恕卿飲於憩飲園。侵晨走訪朱宇恬，求其診視，據云左脉沈濇，右脉微滑，病在上焦；服枳實理中湯，並留早餐。

又　初十日。晴。走訪寄雲、小齋。偕寄雲觀劇於朗公廟。無興致看戲，小立即去。

又卷六《**長沙日記**》　廿七日。陰。偕羅寄雲觀劇於朗公廟。走訪孫怡亭，留在慶春園晚酌，同座徐竹虛喬梓。

又卷七《**長沙日記**》　廿八日。陰。偕寄雲觀劇於馬王廟。

又　廿一日。晴。觀劇於朗公廟。與戴煦卿、王石銘醵飲於麓香亭，談及意雲，頓增生死之感。

又　廿三日。晴。走尋佩秋，未見。偕寄雲觀劇於朗公廟，並至文安處少坐。

長沙萬壽宮

紀　事

清·楊恩壽《**坦園日記**》**卷五**《**長沙日記**》　初六日。陰。觀劇於萬壽宮。歸家經過臬司門口，值春燈上市，魚龍角牴，人影依稀，猶似騎竹馬時也。

又卷六《**長沙日記**》　廿五日。陰。侵早，蔣晉陔、陳杏生來談。杏生拉余去，在渠宅爲乃弟六生改詩賦，遂留早餐。餐後偕羅寄雲品茶於松泉室，觀劇於萬壽宮。兩次走訪陳小齋，未晤。

又　初六日。晴。走訪陳小齋，值郭少陶道士在座，遂留午餐；偕往萬壽宮觀劇。少許，又往遐齡菴與克和尚擲攬勝圖，余未負。夜飲於松華樓。

又　十八日。微雨。與胡仲琪、羅寄雲、饒樹庭、舒笏生醵貲在疏燈人語小飲。往萬壽宮觀劇，未久立，即去。

又　浴佛日。陰。偕胡仲琪走探陳小齋，因渠抱戚，邀之出游，觀劇於萬壽宮、善城隍廟，訪孫怡廷，遂飲於麓香亭。昨日作家書寄宣化。

又　初五日。晴。陳小齋，胡仲琪，新選安仁知縣雷嵩生司馬祝年先後來談。走訪黄子壽、朱宇恬，王弼臣，又往學署晤劉小山，覃蓉生兩廣文，因子壽託爲乃姪議束脩也。往萬壽宮觀劇，薄暮乃歸。

又　初六日。晴。陳小齋、王弼臣、朱嶽舲先後來談。偕小齋走訪楊心泉，得晤。是午，嶽舲招同李君約，穉秦昆仲，黄甄齋、杜右衡飲於慶春園。酒闌，偕君鈞觀劇於萬壽宮，乃《十五貫》半部也。

又　十二日。大風，陰寒。祝張力臣太夫人壽。走訪王弼臣，羅寄雲，偕觀劇於萬壽宮。

又　十八日。雨。在疏燈人語早飲。偕寄雲觀劇於萬壽宮。走訪王弼臣，得晤。

又卷七《**長沙日記**》　十九日。晴。走訪雷錦江。往萬壽宮觀劇。

又　十七日。晴。拜傅艾臣，唐泉伯、黄翰仙、熊鏡蓉、周德生、郭涵萬、張力臣、朱宇恬，並至局小坐。晡後觀劇於萬壽宮。

又　十八日。晴。入局辦事。偕寄雲走訪文安，留午餐。觀劇於萬壽宮、蘇州館。傍晚入署。王蓮生、吳蓂階來談。

又　初三日。雨。孫玉舲、胡枚臣先後來談。走訪陳雲亭。觀劇於萬壽宮。聞佩秋已回，尋之未見，遇雨而歸。《有感》云：何處高樓一笛風，漸催秋信警梧桐。尊前離合黄花酒，身外浮沉碧海篷。芳草經霜隨意緑，芙蓉隔水可憐紅。三山此去無多路，似藉靈犀脉脉通。

長沙小吴門

紀事

清・楊恩壽《坦園日記》**卷五**《長沙日記》廿九日。陰。首府縣迎春，偕陳小齋觀於小吴門。是日乃彭文安初度，午間設有酒食，招同小齋、李敬之一樂。敬之亦聞名十年者也。

長沙藩署、臬署、協署

紀事

清・楊恩壽《坦園日記》**卷五**《長沙日記》初二日。陰，微雨。小齋、文安來談，偕觀劇於藩臬署，品茶於湧湘亭。

清・楊恩壽《坦園日記》**卷五**《長沙日記》初九日。晴。觀劇於藩署、協署。午間，文安招同陳小齋、常體吾、胡仲琪、勞凱臣在家便飯。凱臣乃辛階制府之孫，篠卿都轉之子也，翩翩少年，未免染富貴習氣耳。作家書，由驛寄宣化。

又 初十日。晴。觀劇於協署，薄暮微雨，紛紛而散。日中走訪陳松生、姚藹亭、陳小齋，均晤。

又 十二日。晴。觀劇於協署。招胡仲琪、舒佛生飲於醉仙小館，招小齋未至。

又 十四日。晴。偕文安觀劇於藩署。夜晤師薇君，云高嶽屏隨其父在廣東，並未夭逝，已於前月二十日回楚，前説蓋傳訛也。海外東坡，誤傳其死；更生劉向，又得重逢，當急往訪之，一抒衷曲。

又 十五日。晴。觀劇於藩署。陳小齋招同張子亮、彭文安飲於積慶軒。

又卷六《長沙日記》十一日。大晴。走訪黄子壽、李春舫、李季眉丈。偕王弼臣至臬署觀劇。

又卷七《長沙日記》初八日。陰，晚微雨。朱嶽秋招同皮鶴泉諸人午飲，赴席道過藩署，正演仁和部，因戲不佳未看。

又 望日。晴。走訪羅寄雲，觀劇於藩署。

長沙府署

紀事

清・楊恩壽《坦園日記》**卷五**《長沙日記》十八日。晴。觀劇於府署。夜與陳小齋、彭文安飲於醉仙小館。

又卷六《長沙日記》十七日。晴。偕羅寄雲走訪王蓮生，遂同飲於慶陽軒。歸經府署，值演五雲部，並未往觀。

長沙魯班廟

紀事

清・楊恩壽《坦園日記》**卷五**《長沙日記》十四日。雨。陳小齋招飲於醉仙小館。散後道遇胡仲琪，同觀劇於魯班廟，又飲於慶陽軒，上燈乃歸。

又卷六《長沙日記》廿日。陰。陳杏生侵早來談。走訪王弼臣，因魏鏡余太守寄炭敬十二金與弼臣，囑余轉交故也。魯般廟有半午半晚戲，傍晚偕弼臣往觀；因戲不佳，未嘗久立。羅寄雲來夜談。

又　十四日。晴。謁劉韞齋中丞師。拜黃少崑，張力臣兩方伯、張文心明府。道王禮吾弄瓦之喜。哺後往魯班廟觀劇。是午在力臣處得飲三邊洋酒，擬紀之以詩。

又　廿日。雨。觀劇於魯班廟，遇雨而歸。唐聘廷過談。

又　廿一日。陰。走訪王禮吾，得晤。觀劇於魯般廟，浙江會館，浙館正演《雷峰塔》大戲也。

又卷七《長沙日記》初七日。晴，晚雨。招王弼臣、王蓮生午飲，偕觀劇於魯班廟。

長沙軒轅殿

紀事

清・楊恩壽《坦園日記》**卷五**《長沙日記》廿三日。晴。走訪常體吾，陳小齋。與胡仲琪觀劇於軒轅殿。

長沙廣東會館、三聖殿

紀事

清・楊恩壽《坦園日記》**卷五**《長沙日記》廿七日。雨。走訪陳小齋不值。觀劇於廣東會館及三聖殿。

長沙局關祠

紀事

清・楊恩壽《坦園日記》**卷五**《長沙日記》廿四日。晴，傍晚微雨。與王弼臣往局關祠，擬看演《精忠傳》大戲；忽見黑雲如墨，雷聲殷然，恐有大雨，急趨而歸。上燈後，孫儀廷、黃岐農來談。岐農近閱邸鈔，捻匪於山東渡河，竄入河間府，京城戒嚴。有詔起勤王之師，恐亦緩不濟急。根本重地，何可稍有疏虞，令人殊切杞憂耳。

長沙判官廟

紀事

清・楊恩壽《坦園日記》卷五《長沙日記》 初五日。雨。陳小齋來談，觀字畫，並借去唐六如手卷；因楚卿學畫，以爲摹本也。楊通裕招同五兄及大、二姪午飲。酒罷走訪逸梧。歸遇寄雲，邀往判官廟觀太和部。因《釣金龜》戲不佳，同歸家小坐，適羅柏亭亦至。留晚餐，夜深乃去。

長沙雷祖殿

紀事

清・楊恩壽《坦園日記》卷五《長沙日記》 廿四日。陰，大風。胡仲琪招同王逸梧飲於玉壺春，並觀劇於雷祖殿。黃少昆有詩見和，叠韻再贈云：明公詩律如軍律，不數清新庾子山。名將投壺知有暇，老兵磨墨幾曾閒。嚴城五夜扃魚鑰，鐃曲千秋唱《雉斑》。餘事猶稱萬人敵，故應重任寄當關。通侯下士著撝光，曾拜軍諮倚智囊。九派江聲答清嘯，六朝山色襯斜陽。平吳已覺勳名重，張楚尤期事業長。聞道岸花亭畔路，陶園風景未荒涼。少昆由曾侯幕府平江南而成功者也，現領防勇守省城，故詩及之。

長沙呂祖殿

紀事

清・楊恩壽《坦園日記》卷五《長沙日記》 廿九日。陰。走訪蔡文田、王逸梧、羅寄雲、黃少崑、張力臣。偕逸梧觀劇於呂祖殿。

長沙糧署

紀事

清・楊恩壽《坦園日記》卷五《長沙日記》 廿八日。陰。與王逸梧、羅寄雲觀劇於糧署，因祝靈官誕而演也。戲太不佳，同至舍間。坐甫定而陳小齋至，遂留晚餐。叠前韻贈黃岐農工部云：一肩不任天下事，卻爲吟詩聳似山。如此文章堪報國，豈真泉石竟投閒。馬頭重壓奚囊影，鴝眼頻揩古硯斑。兜率宫中容借住，也應紫氣滿函關。三生慧業透靈光，風月隨時貯一囊。雅量即今黃叔度，詩名在昔李東陽。粗豪豈受才人累，狡獪終推佛力長。心跡空明宜雪竹，樓中妙境自清涼。所居題曰雪竹樓，故末句及之。

又卷七《長沙日記》 十二日。晴。偕弼臣觀劇於糧署，乃玉聯也。

長沙洞庭宮

紀事

清·楊恩壽《坦園日記》卷六《長沙日記》 廿九日。晴，夜風。陳杏生在洞庭宮演戲酬神，招余往觀。是午，皮鶴泉招同陳小齋、陳杏生、龍芝生、彭黼臣、韓勉吾、周葆南午飲。

又 廿五日。晴。往朗公廟酬神畢，往洞庭宮觀劇，值大水將近入城。以殘冬而汛漲，真奇事哉。留胡仲琪、羅寄雲午餐。

又卷七《長沙日記》 十九日。陰。走訪朱宇恬，得晤。婦兄嫂於八月夭逝，厝而未葬，昨已卜壙於老龍潭上。因婦兄未回，負土事悉委之老僕，外母恐其不妥，囑余往視之。遂偕寄雲步出南城，登其山而未見其墓，由未得鄉道也，廢然而返。由小西門入城，便道至洞庭宮觀劇，殆入署，日已旰矣。夜晤璧卿。

又 十五日。晴。偕玉舲，煦卿觀劇於洞庭宮，集飲於慶春園。子美招余觀新第，時將落成也。

長沙參將署

紀事

清·楊恩壽《坦園日記》卷六《長沙日記》 廿日。雨，晡後稍霽。走往參將署，略觀慶和部《反昭關》半齣。夜與恕卿飲於新盛軒。

長沙縣署

紀事

清·楊恩壽《坦園日記》卷六《長沙日記》 初五日。晴。走訪陳松生，未晤。經過麓香亭，值舒笏生輩豪飲，見余至，欲拉入局，因事未果。晡後走探岳母病，并往長沙縣署觀劇。

又 初七日。陰晴各半。往長沙縣署觀劇。尋恕卿未見。會少離多，隔花人遠，噫，可慨也乎。王弼臣、胡仲琪來談。

又 十二日。晴。偕寄雲觀劇於長沙縣署。因人太多，未久立。

又卷七《長沙日記》 初五日。晴。偕王弼臣觀劇於長沙縣署，乃新演《打櫻桃》也。

長沙中州會館

紀事

清·楊恩壽《坦園日記》卷六《長沙日記》 初十日。晴。走訪陳松生，未晤。晡後，松生、寄雲來談。偕寄雲觀劇於中州會館。歸途就王弼臣談。得魏鏡余太守書，促余返館也。

又 廿六日。晴。偕胡仲琪走訪陳小齋。觀劇於中州會館。午間小酌於紫臨軒。

長沙天妃宮

紀事

清·楊恩壽《坦園日記》卷六《長沙日記》 十九日。晴。走訪陳松生、蔡文田、陳小齋、常體吾、羅寄雲、王蓮生、張文心。道過天妃宮，值神誕，正張燈演戲，士女如雲。猶記咸豐初年，讀書城南時，其燈篷綵勝，寶馬香車，視此奚啻十倍。噫，此亦有盛衰之感哉。

又卷七《長沙日記》 十六日。雨，夜下雪珠，寒甚。往天妃宮行香，值演劇，未觀。親至吳醫宅，延其來治。

又 廿三日。晴。入署辦事。璧卿來談，偕觀劇於天妃宮。晚間秉燭作課文，五更乃眠。

又 八月初一日。晴。爲麓兒酬神，在天妃宮演慶和部。晡後與煦卿，佩秋飲於麓香亭。

又 廿七日。晴。偕玉舲、寄雲再訪文安，至天妃宮、祝融宮觀劇，對飲於疏燈人語。夜下微雪。

長沙白馬廟

紀事

清·楊恩壽《坦園日記》卷六《長沙日記》 初二日。晴，更熱。傍晚忽起大雲，初更後大雨滂沱，平地水深數尺。今日府試頭場，三姪應試，余往試院送之。白馬廟演龍燈故事，聞頗熱鬧，遇雨而散。

又 十一日 晴。王弼臣來談，偕訪王芝仙。晡後往岳家少坐。偕羅寄雲往白馬廟觀演龍燈故事，大不及前十年之盛。王桐綬自大通鎮回，過訪。裴樾岑觀察携炬來談。

長沙宛園

紀事

清·楊恩壽《坦園日記》卷六《長沙日記》 十二日。晴。拜趙玉班方伯、譚心可同年。往舒仲和靈前作弔。午間，黃少崑、黃子壽、張力臣三方伯，易雲陔都轉，招同威毅伯曾沅甫宮保、胡恕堂中丞、黃南陂方伯、郭意城京卿、陳怡生駕部，在宛園歌讌，乃慶和部，廖伶慶齡演《木桂英打圍》，舞妙天魔，真絶技也。

又 十六日。晴，極熱。胡恕堂中丞、趙玉班方伯召集宛園歌讌，同座皆十二日諸君子也，乃仁和部，因戲不佳，且天氣太熱，未終席而歸。適裴樾岑觀察携炬走訪，劇談至三更乃去。

長沙馬王廟

紀事

清·楊恩壽《坦園日記》卷六《長沙日記》 廿三日。晴。王禮吾、胡仲琪來談，偕往馬王廟觀劇。因天氣太熱，未久立。遇寄雲，拉之同行。

又卷七《長沙日記》廿二日。陰，傍晚雨。偕寄雲觀劇於馬王廟，走訪文安，入署辦事，王弼臣、王禮吾來談。夜晤璧卿。

又　廿七日。晴。觀劇於馬王廟，夜尋璧卿未見，走訪寄雲。

長沙太清宮

紀　事

清·楊恩壽《坦園日記》卷六《長沙日記》　三十日。晴。羅寄雲來談。晡後走訪恕卿，並往太清宮觀劇。

又　初十日。雨。赴局。拜李次青方伯、狄小峰司馬、裴樾岑觀察。道雷嵩生明府赴任喜，歸與羅柏庭、羅寄雲在疏燈人語小酌，並至太清宮觀劇。

又卷七《長沙日記》　十三日。晴。胡仲琪、王弼臣來談。杜鶴田太守送關聘。著衣冠拜杜太守、梁莘畬廣文、黃佩皆太守、張力臣方伯。觀劇於太清宮。

長沙桓侯廟

紀　事

清·楊恩壽《坦園日記》卷六《長沙日記》　廿四日。陰。鄒僕回廣西，作家書寄宣化，偕王弼臣觀劇於桓侯廟。

長沙三元宮

紀　事

清·楊恩壽《坦園日記》卷七《長沙日記》　十五日。陰。偕胡仲琪觀劇於三元宮。

長沙多佛寺

紀　事

清·楊恩壽《坦園日記》卷七《長沙日記》　廿六日。陰，午後雨。胡仲琪召飲於玉壺春。觀劇於多佛寺。得宣化家書，當即作書，仍由信棧寄去。得湯文農自沅州寄函。

長沙江南會館

紀　事

清·楊恩壽《坦園日記》卷七《長沙日記》　廿五日。晴。觀劇於江南會館，因闋而散。

又　廿一日。晴。偕王弼臣觀劇於江南會館。

又　廿九日。雨。入署辦事。觀劇於江南會館。

又　廿六日。晴。氣疾又作，在家偃卧；江南會館有堂戲公讌，未赴。

又　廿二日。晴。走訪譚心可，未見。拜李次青方伯，唐霞舫、饒心泉諸君。晡後觀劇於江南館。

又　初四日。晴。胡仲琪招同戴煦卿飲於玉壺春。酒間觀劇於江南館。

又　廿二日。陰。走訪王弼臣、羅寄雲，偕觀劇於江南館。

又　初九日。晴。入署辦事。偕王弼臣觀劇於江南館。

長沙城隍廟

紀　事

清・楊恩壽《坦園日記》卷七《長沙日記》　二十日。晴。夜晤璧卿，偕與入署少坐，並至城隍廟觀劇。

長沙真人殿

紀　事

清・楊恩壽《坦園日記》卷七《長沙日記》　十五日。晴。赴天妃宫酬神，爲少麓出麻疹也。晡後觀劇於真人殿，道遇文安，挈之同尋寄雲，小飲於慶春園，步月而歸。

長沙相國廟

紀　事

清・楊恩壽《坦園日記》卷七《長沙日記》　卅日。晴。偕寄雲觀劇於相國廟，並入署小坐。晡後偕小食於理問街之點心店，極精潔。

長沙觀音寺

紀　事

清・楊恩壽《坦園日記》卷七《長沙日記》　十四日。晴。父親在觀音寺演戲酬神，命余行禮；乃泰益部也。得宣化家書。

長沙兩浙館

紀　事

清・楊恩壽《坦園日記》卷七《長沙日記》　廿日。晴。通省幕友團拜，演劇於兩浙館。晤璧卿，匆匆而別。

長沙參將署

紀事

清・楊恩壽《坦園日記》卷七《長沙日記》 二十日。晴。與柳蔭堂協戎、文子雲中軍、于希珉都督、李仲雲都轉、潘小農、錢子宣兩首縣，合尊演太和部，讌郭子美軍門於參將署。

長沙河南館

紀事

清・楊恩壽《坦園日記》卷五《長沙日記》 初十日。晴。在家書寫請客書帖。晡後陳小齋挈之，同觀劇於河南館、祝融宮兩處。晚間與恕卿飲於憩飲園。

長沙祝融宮

紀事

清・楊恩壽《坦園日記》卷五《長沙日記》 三十日。晴。偕文安觀劇於祝融宮。渠招飲於醉仙閣，有長松在座。

又 初三日。晴。觀劇於祝融宮。晚間小齋招飲於積慶軒。

又 廿二日。陰。張劍龍過談。偕文安觀劇於祝融宮。

又 初七日。晴。觀劇於祝融宮。午間皮鶴泉招飲喜筵，賀客充斥，凡六席。

又 初二日。晴。胡仲琪來談，偕觀劇於祝融宮。

又 初六日。晴。胡仲琪來談，偕觀劇於祝融宮。

又 廿四日。晴。走訪王益吾，偕觀劇於祝融宮。因大熱，未久看。

又 廿九日。晴。陳小齋來談。晡後觀劇於祝融宮。

又卷六《長沙日記》 初三日。陰。晡後往撫轅看甄別書院榜，便道往祝融宮觀劇。羅寄雲來晚餐。

又 十三日。陰。走訪陳小齋，偕觀劇於祝融宮。日中大雨，乘輿而歸。得宣化家書。

又 十四日。陰。王弼臣、羅寄雲來談。晡後偕寄雲觀劇於祝融宮，早散矣。

又 十八日。晴。陳小齋、郭少陶來訪，未晤。余亦訪小齋，兩左。觀劇於祝融宮。

又 廿一日。走訪王禮吾、黃少崑方伯。少崑留午餐。餐畢尚早，又偕王弼臣觀劇於祝融宮。因

又 廿八日。晴。走訪朱嶽舲、王弼臣。偕弼臣觀劇於祝融宮。黃少崑方伯過訪，不值，囑閽人約

又 初二日。陰。偕王弼臣觀劇於祝融宮，薄暮乃歸。

又 初四日。晴。與胡仲琪，羅寄雲，王禮吾醵飲於疏燈人語。觀劇於祝融宮。

又 望日。雨。在祝融宮觀新到之玉聯部，開臺乃小戲也。

又 小除夕。陰。走訪羅寄雲，偕觀劇於祝融宮。歸訪王弼臣。燈下爲王禮吾閲詩稿。

又卷七《長沙日記》 十三日。晴。在家，祀祖考陰誕也。杏生來談。夜偕五兄觀劇於祝融宮。

又 廿日。陰。王禮吾來談，出一梧手書，爲娶陳宅之女，詳辯其誣。走訪寄雲，偕觀劇於祝融宮。晡後入署。又走訪璧卿，渠因事頗怏怏也。

又 廿四日。晴。走訪王弼臣，偕觀劇於祝融宮，遇雨而歸。

長沙茨山祠

紀事

清·楊恩壽《坦園日記》卷七《長沙日記》 初二日。晨雨，午晴。熊鏡蓉來談，挈之同訪玉舲。午間王弼臣招同王芝仙，吴補之，湯文農小飲。酒後偕芝仙觀劇於茨山祠雷祖殿。

長沙南嶽行宮

紀事

清·楊恩壽《坦園日記》卷七《長沙日記》 初六日。陰。孫玉舲招去小飲，座有慧雲。酒後偕王弼臣觀劇於南嶽行宮。

長沙慶合園

紀事

清·楊恩壽《坦園日記》卷八《長沙日記》 初四日。晴。偕王綏源，劉柳堂觀劇於慶合園，飲於萬福居，又飲於春華堂，咏秀堂，伯屏後至，將及五更乃散。綏源，柳堂均寓益吾宅，夜已扃户，久敲不啓，踉蹌至余寓，而余榻甚小，不能容三人，遂設行舖於堂中焉。

長沙醉仙閣

紀事

清·楊恩壽《坦園日記》卷五《長沙日記》　廿五日。晴。偕文安，小齋觀劇於醉仙閣，又觀劇於學署。作家書寄宣化。

永州關帝廟戲臺

紀事

清·楊恩壽《坦園日記》卷三《北流日記》　初四日。晴。午刻過冷水灘，有永州鼇局分卡，小泊候驗。上岸散步，有關帝廟，戲臺扁額題如讀春秋四字，何巧切乃爾。

永州風神廟

紀事

清·楊恩壽《坦園日記》卷三《北流日記》　搔首踟躕，頓增感喟。城郭猶是，人民已非，殆低徊留之而不能去云。過浮橋，觀劇於風神廟，乃《合銀牌》半本也。

韓城縣大禹廟歌臺

紀事

清·胡志道《重□□□碑記》　余村傍河幹大禹廟所由來也。其右舊有禪院歌臺，余社於嘉慶元年嘗重修矣。迄今歷年以遠，風雨剥落，棟折瓦解，社人且睹心惻又欲重修，奈資財無出，雖有志焉而未之逮也。迨道光乙巳春，合社長老商議，請會以成斯舉。衆皆欣然樂從，不數日而會起，□得錢八百餘貫。於是選材鳩工，兩歷寒暑焕然聿新，非複前日之氣象矣。其資財尚留有餘，又重修角門並更房，所謂推類以及□也。工竣，社人囑余爲文以志之，余不敏，惟敘其事之巔末，以俟後之來者志而。

潮陽東嶽廟戲樓

紀事

清·陳作舟《重修東嶽廟暨關帝土地諸神廟碑記》　是以按周官考工，飭材飭力，監於前人成憲。廟以内正殿爲尊，盤盤焉，囷囷焉，各抱地勢，鉤心鬥角。殿旁左聖母而右關帝，堂構森嚴，簷牙高啄。西則土地，財神諸殿，噲噲噦噦，正冥俱盡善盡美。由殿而下東西兩廊，俱各建蓋市房，約共六十餘間，盡安生意。廟中間建設戲樓，上棟下宇，樸斫既勤，丹雘又至。戲樓左右鐘樓樅焉，鼓樓喤焉，繕修無異於創建。至廟外諸房，規模雖雲褊淺，實與廟内相聯絡。缺者補之，漏者窒之，亦足以壯觀瞻焉。

上海縣城隍神廟戲臺

紀事

清（道光）《重建上海縣城隍神廟演戲臺徵信紀略碑》 道光十六年八月初八日，邑廟戲臺大業等募捐同志，即於是年九月初三日，祀土重建，明年三月初七日臺成。是舉也，出入金錢者爲鬱君竹泉，往來募捐者爲汪君平泉，常住工所者爲周君永搓，指引匠作者爲孫氏南來。其邑之士大夫，咸助賢勞不敢贅。所有收用金錢實數，刊略於後，以徵信來者。【略】道光拾柒年四月豆業同人謹記

上海商船會館戲臺

紀事

清・朱作桐《重建商船會館碑記》 吾邑商船會館，崇奉天后聖毋。其大殿戲臺，創建於康熙五十四年。洎乾隆二十九年，重加修葺，添造南北兩廳。祀福山太尉褚大神於北廳，祀成山驃騎將軍滕大神於南廳。嘉慶十九年，錫金同人鑄鐘鼎，崇明同人建兩面看樓。後於道光二十四年，衆號商建造拜廳、鐘鼓樓及後廳内台等所。蓋極締造之巨觀矣。於是會館事務，悉歸號商經理。初，延石琢堂先生主理館務，厥後遞請張蘭亭、陸春暉、沈雒宜、吴沐莊、金侍香、周心宇、金梅岑、沈曉滄、江馨山、沈慶甫、鬱正卿、朱佩韓、潘子樓褚君。今則餘承乏其間。斯館於同治元年西兵駐防於此，撤防後，製造局又僦居於内。閲五年遷出。殿廳圮毁。七年，衆號商集資興修，開工之時，沈君主館務。工竣日，則由鬱君經理焉。未幾，風霜剥蝕，諸屋傾欹，屢欲嗣而葺之，而籌款甚非易。蓋緣同治五年以前，商船出口皆由南宫捐可資津貼。六年，以訟事停止宫捐故也。至光緒十六年庚寅七月，颶風大作，戲臺頭亭滲漏，估匠重修，三閲月而工竣。計費鷹洋柒百四十四元二角。十七年辛卯三月，復籌款修理大殿與南北兩廳、鐘鼓樓、南北看樓及後牆等處，四閲月而工竣，計費豆規銀壹千捌百柒拾陸兩六錢五分。十八年壬辰九月，更易戲臺新梁，又費工料豆規銀捌百捌拾玖兩九錢二分四厘。數年之間，續加修葺，以復舊觀。

上海華人戲園

藝文

清・吴友如《申江勝景圖》卷下《華人戲園》 熒熒火樹宵輝煌，燕都健兒齊登場。南風已弱北風勁，不唱崑腔唱梆子。誰家女兒坐障紗，筵前吹落楊白花。東風不肯著些力，嶺南春色斷消息。

北流縣白馬廟

紀事

清·楊恩壽《坦園日記》卷三《北流日記》初六日。晴。南門外有白馬廟,演夜戲,乃鄉間新集部也。隨三兄往觀,乃《汾陽上壽》、《黑風帕》也,村笛嘔啞,甚不耐聽。而游人頗盛,沿街夜市,燈火如雲。

北流縣廣東館

紀事

清·楊恩壽《坦園日記》卷三《北流日記》廿六日。陰,頗寒。夜將三鼓,公事犕畢,往廣東館看夜戲,乃林英送道袍與湘子故事,增人伉儷之情。

北流縣粵東館

紀事

清·楊恩壽《坦園日記》卷三《北流日記》臘月朔日。晴。晚間隨三兄赴粵東館觀演《困曹》一齣。午間食果子狸。狸食果子而肥,食譜稱其髓作蘋果香,未盡然也。

又卷四《北流日記》初二日。晴。往粵東館觀劇,乃樂昇平部也。

又 初六日。晴。早間偕豫菴,岳峰散步東城,攬圭江之勝也。日中豫菴,岳峰回州。余隨三兄觀劇於粵東館,乃《龍棚》、《刺梁》各齣。

北流縣賓興館

紀事

清·楊恩壽《坦園日記》卷四《北流日記》初八日。晴。氣疾大作,日晡稍痊。西城外於黎明失火,延燒至七十餘間之多。與吾署僅一城牆之隔,飛火飈起,落炬星飛,急令人澆水濕瓦,防其爇也。賓興館衆紳士張樂置酒,招六兄及吾輩同飲,演《困曹》、《廟會》諸戲。有伶人名阿文者,貌頗都雅,無粵東濃癡肥艷習氣。

北流縣將軍廟

紀事

清・楊恩壽《坦園日記》卷四《北流日記》　初三日。晴。病腿，精神甚頹倦也。聞土人縛彩爲龍船，正在河干演習。兼之自前月廿間始，將軍廟無日無戲，余從未一觀，雖因公事頗忙，亦緣心緒不佳耳。

北流縣祝融宮

紀事

清・楊恩壽《坦園日記》卷四《北流日記》　廿六日。晴。午飲於疏燈人語。偕小齋觀劇於祝融宮，初見東山演《斬狐》劇。我聞東山名已八年矣，茲甫寓目，頗不愜心，殆不免秋娘之感耳。

鐵嶺縣關帝廟鼓樓

綜述

清（康熙）《鐵嶺縣誌》卷上《建置志・關帝廟》　廟建東門内，鼓樓迤西街北。正殿三楹，重軒三楹，鐘鼓樓各一。厢室各三間，以居羽士。臨街門樓三間，中直神路爲正門。旁塑神馬，左右廟壖復爲兩角門，樓中横板，歲時饗獻，梨園子弟歌舞其上焉。

附録

主要引用書目

經部

尚書　中華書局一九八〇年影印清《十三經注疏》本
周禮　中華書局一九八〇年影印清《十三經注疏》本
禮記　中華書局一九八〇年影印清《十三經注疏》本
論語　中華書局一九八〇年影印清《十三經注疏》本

史部

國語　戰國・左丘明　上海古籍出版社一九八七年排印本
史记　漢・司馬遷　中華書局一九五九年校點本
漢書　漢・班固　中華書局一九六二年校點本
三國志　晉・陳壽　中華書局一九五九年校點本
晉書　唐・房玄齡等　中華書局一九七四年校點本
宋書　梁・沈約　中華書局一九七四年校點本
南齊書　梁・蕭子顯　中華書局一九七二年校點本
魏書　北齊・魏收　中華書局一九七四年校點本
周書　唐・令狐德棻　中華書局一九七一年校點本
隋書　唐・魏徵等　中華書局一九七三年校點本
舊唐書　後晉・劉昫等　中華書局一九七五年校點本
新唐書　宋・歐陽修等　中華書局一九七五年校點本
新五代史　宋・歐陽修　中華書局一九七四年校點本
宋史　元・脱脱等　中華書局一九七七年校點本
遼史　元・脱脱等　中華書局一九七四年校點本
金史　元・脱脱等　中華書局一九七五年校點本
元史　明・宋濂等　中華書局一九七六年校點本
明史　清・張廷玉等　中華書局一九七四年校點本
明實録　敕撰　上海中國書店本
明書　清・傅維鱗　《叢書集成》初編本
通典　唐・杜佑　中華書局一九八八年排印本
資治通鑒　宋・司馬光　中華書局一九五六年校點本
南部新書　宋・錢易　文渊阁《四庫全書》本
三朝北盟會編　宋・徐夢莘　上海古籍出版社一九八七年影印本
建炎以來朝野雜記　宋・李心傳　文物出版社一九九一年影印本
通志　宋・鄭樵　中華書局一九九〇年影印本
文獻通考　元・馬端臨　中華書局一九八六年影印本
稗史　元・仇遠　《説郛》本
稗史彙編　明・王圻　南京博物館藏明萬曆間刻本
皇通紀事集要　明・陳建　《四庫禁毀書叢刊》本
皇明紀略　明・皇甫録　《續修四庫全書》本
新刻明朝通紀會纂　明・王世貞　《四庫禁毀書叢刊》本
弇州史料前集　明・王世貞　《四庫禁毀書叢刊》本
皇明書　明・鄧元錫　明萬曆三十四年刻本
皇明史竊　明・尹守衡　《四庫全書存目叢書》本
國朝典故　明・鄧士龍　北京大學出版社一九九三年點校本
昭代典則　明・黄光昇　明萬曆二十八年周曰校萬卷樓刻本
亘史鈔　明・潘之恒　《四庫全書存目叢書》本
兩朝憲章》　明・吴瑞登　明萬曆二十二年刻本
酌中志　明・劉若愚　《續修四庫全書》本
諸史異匯　明・李清　《四庫禁毀書叢刊》本
新刻明政統　明・塗山　《四庫禁毀書叢刊》本
明朝小史　明・吕毖　《四庫禁毀書叢刊》本
石匱書後集　明・張岱　中華書局一九五九年排印本
明書　清・傅維麟　清康熙三十四年本誠堂刻本

明武宗外紀	清・毛奇齡	神州國光社一九五一年排印本
明史紀事本末	清・谷應泰	中華書局一九七七年本
宋稗類鈔	清・潘永因	文渊阁《四庫全書》本
元明事類鈔	清・姚之駰	文淵閣《四庫全書》本
小腆紀年附考	清・徐鼒	中華書局一九五七年校點本
續文獻通考	清・嵇璜、曹仁虎	文渊阁《四庫全書》本
續通志	清・嵇璜	浙江古籍出版社一九八八年影印本
古列女傳	漢・劉向	商務印書館一九一九年本
青樓集	元・夏庭芝	《中國古典戲曲論著集成》本
録鬼簿	元・鍾嗣成	上海古籍出版社一九七八年排印本
昆山人物志	明・方鵬	《四庫全書存目叢書》本
國朝獻徵録	明・焦竑	《四庫全書存目叢書》本
姑蘇名賢小記	明・文震亨	《四庫全書存目叢書》本
帝里明代人文略	明・路鴻休	甘煦津逮樓清道光三十年活字本
嘉禾徵獻録	清・盛楓	上海圖書藏稿本
昆山人物傳	清・張大復	《四庫全書存目叢書》本
吴中人物志	清・張昶	《四庫全書存目叢書》本
宋元學案	清・黄宗羲	中華書局一九八六年標點本
明儒學案	清・黄宗羲	文淵閣《四庫全書》本
列朝詩集小傳	清・錢謙益	上海古籍出版社一九八三年修訂本
玉臺書史	清・厲鶚	清道光十三年《昭代叢書》本
吴門補乘	清・錢思元、錢士琦	清嘉慶二十五年吴縣錢氏刻本
畿輔人物志	清・孫承澤	《四庫全書存目叢書》本
國朝耆獻類徵初編	清・李桓	清光緒十年至十六年刻本
國朝詩人徵略	清・張維屏	清嘉慶二十四年刻本
古夫于亭雜録	清・王士禛	文淵閣《四庫全書》本
昭代名人尺牘小傳	清・吴修	清光緒三十四年集古齋石印本
錫金識小録	清・黄昂	清光緒二十二年刻本
金陵通傳	清・陳作霖、陳治紱	清光緒三十年瑞華館刊本
國朝先正事略	清・李元度	清同治五年循陔草堂刻本
京江耆舊集	清・张學仁、王豫	清宣統元年刻本
佘孝惠先生年譜	清・吴師澄	北京圖書館出版社二〇〇六年影印《晚清名儒年譜》本
劉賓客嘉話録	唐・韋絢	文淵閣《四庫全書》本
因話録	唐・趙璘	中華書局點校本
雲溪友議	唐・范攄	中華書局點校本
北夢瑣言	宋・孫光憲	上海古籍出版社一九八一年本
歸田録	宋・歐陽修	中華書局點校本
涑水記聞	宋・司馬光	中華書局點校本
澠水燕談録	宋・王闢之	中華書局點校本
聞見近録	宋・王鞏	清知不足齋叢書本
夢溪筆談	宋・沈括	中華書局一九五七年校點本
唐語林	宋・王讜	中華書局點校本
侯鯖録	宋・趙令時	清《知不足齋叢書》本
邵氏聞見録	宋・邵伯温	中華書局點校本
春渚紀聞	宋・何薳	中華書局點校本
老學庵筆記	宋・陸游	中華書局點校本
雞肋編	宋・莊綽	中華書局點校本
容齋隨筆	宋・洪邁	上海古籍出版社一九七八年校點本
桯史	宋・岳珂	中華書局點校本
醉翁談録	宋・金盈之	上海古典文學出版社一九五八年排印本
困學紀聞	宋・王應麟	《四部叢刊》三編本
都城紀勝	宋・灌圃耐得翁	上海古籍出版社一九七八年校點本
齊東野語	宋・周密	中華書局點校本
癸辛雜識	宋・周密	中華書局點校本
武林舊事	宋・周密	上海進步書局民國間刊本
歸潛志	宋・劉祁	中華書局點校本
捫虱新話	宋・陳善	文明書局一九二二年《寶顔堂秘笈》本

夢粱録	宋·吳自牧	古典文學出版社一九五六年點校本
水雲村稿	元·劉壎	黄山書社二〇〇二年《歷代曲話彙編》本
南村輟耕録	元·陶宗儀	中華書局一九八〇年校點本
至正直记	元·孔克齐	清道光光绪年间《粤雅堂叢書》刻印本
析津志辑佚	元·熊梦祥	北京古籍出版一九八三年排印本
草木子	明·葉子奇	中華書局一九五九年校點本
七修類稿	明·郎瑛	清乾隆四十年耕烟草堂刊本
水東日記	明·葉盛	中國書店《金聲玉振集》複印本
復齋日記	明·許浩	《四庫全書存目叢書》本
味水軒日記	明·李日華	一九八七年揚州影印《嘯園叢書》本
六研齋筆記	明·李日華	文淵閣《四庫全書》本
都公談纂	明·都穆	《叢書集成新編》本
菽園雜記	明·陸容	中華書局一九八五年排印本
寓圃雜記	明·王錡	中華書局一九八四年排印本
四友齋叢説	明·何良俊	中華書局一九五九年校點本
五雜俎	明·謝肇淛	中華書局一九五九年校訂本
震泽纪闻	明·王鏊	清刻本
金陵瑣事	明·周暉	明萬曆刊本
泾林续记	明·周玄暐	清刻本
九籥集	明·宋懋澄	中國社會科學出版社一九八四年校點本
少室山房筆叢	明·胡應麟	中華書局一九五八年排印本
萬曆野獲編	明·沈德符	中華書局一九五九年排印本
游居柿録	明·袁中道	一九三五年上海《貝葉山房集》排印本
識小録	明·徐树丕	清刻本
亙史	明·潘之恒	明天啟刻本
帝京景物略	明·劉侗、于奕正	上海古典文學出版社一九五七年排印本
舊京遺事	明·史玄	北京古籍出版社一九八六年排印本
梅花草堂筆談	明·張大復	明崇禎三年刻清順治十二年补修本
日下舊闻考	清·朱彝尊	清刻本
啟禎野乘	清·鄒漪	《中國野史集成》本
顔山雜記	清·孫廷铨	文淵閣《四庫全書》本
因樹屋書影	清·周亮工	上海古籍出版社一九八二年排印本
西堂雜俎	清·尤侗	清康熙刻《西堂全集》本
思舊録	清·黄宗羲	上海時中書局一九一五年《梨洲遺著匯刊》本
明季南略	清·計六奇	中華書局一九八四年清初舊抄足本
明季北略	清·計六奇	中華書局一九八四年排印本
廣陽雜記	清·劉獻廷	中華書局二〇〇五年排印本
史案	清·吳裕垂	清道光六年大成堂刻本
使楚叢譚	清·王祀	清光緒三年刻本
棗林雜俎	清·談遷	《筆記小説大觀》本
香祖筆記	清·王士禛	上海古籍出版社一九八二年校點本
古夫于亭雜録	清·王士禛	中華書局一九八八年校點本
不下帶編	清·金埴	中華書局點校本
巾箱説	清·金埴	中華書局點校本
揚州畫舫録	清·李斗	中華書局一九六〇年校點本
簷曝雜記	清·趙翼	中華書局點校本
易余籥録	清·焦循	《木犀軒叢書》本
書隱叢説	清·袁棟	清乾隆間刻本
明語林	清·吳肅公	清宣統元年印碧琳琅館叢書本
東山外記	清·劉振鹿	民國吳興劉氏嘉業堂刻本
河汾旅話	清·朱維魚	中國書店一九八一年排印本
霓裳續譜	清·王廷紹	中華書局一九五九年排印本
玉臺畫史	清·湯漱玉	臺北新興書局影印本
通俗編	清·翟灝	商務印書館民國《叢書集成》初編本
在園雜志	清·劉廷璣	清同治光緒間《申報館叢書》餘集本
春在堂隨筆	清·俞樾	上海進步書局民國《春在堂全集》本
嘯亭雜録、續録	清·昭槤	中華書局一九八〇年排印本
兩般秋雨盦隨筆	清·梁紹壬	上海古籍出版社一九八二年校點本
癸巳存稿	清·俞正燮	商務印書館一九三七年排印本

轉漕日記　清・李鈞　《續修四庫全書》本
燕京歲時記　清・富察敦崇　清光緒三十二年刻本
淞隱漫録　清・王韜　點石齋石印本、人民文學出版社一九八三年校點本
燕蘭小譜　清・吴長元　《清代燕都梨園史料》本
日下看花記　清・小鐵笛道人　《清代燕都梨園史料》本
金臺殘淚記　清・張際亮　《清代燕都梨園史料》本
消寒新詠　清・鐵橋山人　《清代燕都梨園史料》本
衆香國　清・衆香主人　《清代燕都梨園史料》本
嘯亭續録　清・昭槤　中華書局一九八〇年排印本
燕臺集豔　清・播花居士　《清代燕都梨園史料》本
檀青引　清・楊雲史　《清代燕都梨園史料》本
燕臺鴻爪集　清・粟海庵居士　清代燕都梨園史料》本
海山仙館叢書　清・潘仕成　清道光鹹豐年間刊本
片羽集　清・來青閣主人　《清代燕都梨園史料》本
都門雜記　清・楊靜亭　一九一七年榮録堂刊本
履園叢話　清・錢泳　中華書局二〇〇五年點校本
聽春新詠　清・留春閣小史　《清代燕都梨園史料》本
長安看花記　清・楊懋建　《清代燕都梨園史料》本
辛壬癸甲録　清・楊懋建　《清代燕都梨園史料》本
丁年玉筍志　清・楊懋建　《清代燕都梨園史料》本
夢華瑣簿　清・楊懋建　《清代燕都梨園史料》本
水窗春囈　清・欧阳兆熊、金安清　中華書局一九八四年排印本
鶯花小譜　清・半標子　《清代燕都梨園史料》本
法嬰秘笈　清・雙影庵主　《清代燕都梨園史料》本
明僮合録　清・余不鈞徒、殿春生　《清代燕都梨園史料》本
瑶臺小録　清・王韜　《清代燕都梨園史料》本
讀紅樓夢雜記　清・江顺怡　臺北新興書局影印本
燕臺花史　清・蜃橋逸客　《清代燕都梨園史料》本
情天外史　清・無名氏　《清代燕都梨園史料》本
竹西花事小録　清・芬利宅行者　臺北新興書局影印本
群英續集　清・月樓主　《清代燕都梨園史料》本
增補菊部羣英　清・糜月樓主　《清代燕都梨園史料》本
評花新譜　清・藝蘭生　《清代燕都梨園史料》本
宣南雜俎　清・藝蘭生　《清代燕都梨園史料》本
椒生隨筆　清・王之春　文海出版社《近代中國史料叢刊》影印光緒七年刊本
菊部羣英　清・邗江小遊仙客　《清代燕都梨園史料》本
鳳城品花記　清・香溪漁隱　《清代燕都梨園史料》本
越縵堂日記　清・李慈銘　一九二〇年影印本
越縵堂讀書記　清・李慈銘　上海書店出版社二〇〇〇點校本
懷芳記　清・羅摩老人　臺北明文書局《清代傳記叢刊》本
擷華小録　清・余嵩慶　《清代燕都梨園史料》本
燕臺花事録　清・蜀西樵也　《清代燕都梨園史料》本
側帽餘譚　清・藝蘭生　《清代燕都梨園史料》本
曇波　清・四不頭陀　《清代燕都梨園史料》本
笑笑録　清・獨逸窩退士　《續修四庫全書》本
梨園舊話　清・倦遊逸叟　《清代燕都梨園史料》本
鞠臺集秀録　清・無名氏　《清代燕都梨園史料》本
宣南零夢録　清・沈太侔　《清代燕都梨園史料》本
聞歌述意　清・鳴晦廬主人　《清代燕都梨園史料》本
莊諧詩話　清・李伯元　上海書店出版社一九八五年點校本
舊劇叢談　清・陳彦衡　《清代燕都梨園史料》本
鞠部明僮選勝録　清・李毓如　《清代燕都梨園史料》本
菊部叢譚　清・羅癭公　《清代燕都梨園史料》本
杏林擷秀　清・謝素聲　《清代燕都梨園史料》
新刊鞠臺集秀録　清・無名氏　《清代燕都梨園史料》本
清代燕都梨園史料　張次溪　一九三四年鉛印本、中國戲劇出版社一九八八年排印本

至順鎮江志　元・脱因修、俞希魯纂　一九二三年冒廣生重刻元本
弘治常熟縣志　明・楊子器修、桑瑜纂　傳鈔明弘治十六年本
正德姑蘇志　明・王鏊　明正德元年刻本
姑蘇志　明・王鏊　文淵閣《四庫全書》本
正德江寧縣志　明・王誥修、劉雨纂　一九三六年鉛印南京文獻本
嘉靖山東通志　明・陸釴等　明萬曆四年增刻嘉靖十二年本
嘉靖南畿志　明・聞人詮、陳沂纂　明嘉靖十三年刻本
嘉靖温州府志　明・張孚敬等　上海古籍書店一九六四年影印天一閣明嘉靖十六年本
天启吴興備志　明・董斯張　文淵閣《四庫全書》本
崇禎太倉州志　明・張采　明崇禎十五年刻本
嘉靖常熟縣志　明・馮汝弼、鄧韍等　明嘉靖十八年刻本
嘉靖河間府志　明・郜相修、樊深纂　天一閣明嘉靖十九年本
嘉靖仁和縣志　明・沈朝宣等　清光緒十九年錢塘丁氏校刻明嘉靖二十九年本
嘉靖寧波府志　明・張時徹等　明嘉靖三十九年刻本
嘉靖浙江通志　明・胡宗憲修、薛應旂纂　明嘉靖四十年刻本
嘉靖山西通志　明・楊宗氣修、周斯盛纂　明嘉靖四十年刻本
嘉靖徽州府志　明・何東序修、王尚寧等纂　明萬曆三年增刻嘉靖四十三年本
嘉靖瑞安縣志　明・劉畿修、朱綽纂　鈔本
嘉靖淳安縣志　明・姚鳴鸞等　中華書局一九六五年影印本
萬曆湖州府志　明・栗祁修、唐樞編　明萬曆四年本
萬曆興化縣志　明・歐陽東風修　明萬曆十九年刻本
萬曆順天府志　明・沈應文、張元芳纂修　明萬曆二十一年刻本
萬曆上元縣志　明・程三省修、李登等纂　傳鈔明萬曆二十一年本
萬曆揚州府志　明・楊洵修、徐鑾等纂　明萬曆三十二年刻本
萬曆武進縣志　明・晏文輝修、唐鶴徵纂　明萬曆三十三年刻本
萬曆上虞縣志　明・馬鳴瑞纂修　明萬曆三十四年刻本
萬曆錢塘縣志　明・聶心湯修、虞淳熙纂　清光緒十九年武林丁氏校刊本
萬曆華容縣志　明・李雲階修、孫雨侯纂　清雍正七年增刻明萬曆三十九年本
萬曆太原府志　明・關廷訪修、張慎言纂　明萬曆四十年刻本
萬曆秀水縣志　明・李培修、黄洪憲纂　上海古籍出版社一九九三年《中國地方志集成》本
萬曆保定府志　明・馮惟敏纂修　書目文獻出版社一九九二年影印本
崇禎曆城縣志　明・宋祖法修、葉承宗纂　明崇禎十三年刻本
崇禎吴縣志　明・牛若麟修、王焕如纂　明崇禎十五年刻本
崇禎太倉州志　明・張采等　清康熙十七年補刻明崇禎十五年刊本
萬曆郴州志　明・胡漢纂修　萬曆四年刻本
順治真定縣志　清・陳謙等　清順治十三年刻本
順治江陵志餘　清・孔自來等　清順治七年刻本
順治潞安府志　清・周再勳纂　清順治十六年刻本
順治孟津縣志　清・孟常裕等　清順治十六年刻本
順治登州府志　清・施閏章纂修、任璇續纂　清康熙三十三年增補順治十七年本
順治河南通志　清・賈漢復修、沈荃纂　清順治十七年刻本
順治懷慶府志　清・彭清典修、蕭家芝纂　清順治十七年刻本
康熙松江府志　清・周建鼎等　清康熙二年刻本
康熙吴江縣志　清・郭秀修、葉燮等纂　清康熙二十三年刻本
康熙蒲州志　清・侯康民修、賈瀠纂　清康熙九年刻本
康熙德安安陸郡縣志　清・高聯捷修、沈曾霖纂　清康熙五年刻本
康熙汝寧府志　清・金鎮等纂修　清康熙六年刻本
康熙江寧府志　清・陳開虞修、張怡纂　清康熙七年刻本
康熙青浦縣志　清・魏球修、吕曾枏等纂　清康熙十年刻本
康熙山陰縣志　清・高登先修、沈麟趾等纂　清康熙十年刻本
康熙上虞縣志　清・鄭僑修、唐徵霖纂　清康熙十年刻本
康熙雷州府志　清・吴盛藻修、洪泮洙纂　清康熙十一年刻本

康熙益都縣志　清・陳食花修、鐘鍔纂清康熙十一年刻本
康熙紹興府志　清・張三異修、王嗣皋纂　清康熙二十一年增刻康熙十一年本
康熙濮州志　清・張實斗修、南洙源纂　清康熙十二年刻本
康熙諸城縣志　清・卞穎修、王勸纂　清康熙十二年刻本
康熙德清縣志　清・侯元棐修、王振孫纂　清康熙十九年增刻康熙十二年本
康熙會稽縣志　清・呂化龍修、董德清纂　清康熙十二年刻本
康熙趙州志　清・祝萬祉修、閻永齡纂　北京圖書館藏清康熙十二年刻本
康熙昌黎縣志　清・王曰翼修、高培等纂　清乾隆二十八年增刻康熙十四年本
康熙沂州志　清・邵氏修、王㶏等纂　清康熙十三年刻本
康熙寧國府志　清・莊弘泰修、劉堯枝纂　清康熙十三年刻本
康熙曹州志　清・佟企聖纂修　清康熙十三年刻本
康熙繁昌縣志　清・梁廷年修、閔燮纂　清康熙十四年刻本
康熙揚州府志　清・金鎮纂修　清康熙十四年刻本
康熙大名縣志　清・顧咸泰修、王逢五纂　清康熙十五年刻本
康熙石門縣志　清・杜森修、鄺世培續修　清康熙四十七年增刻本
康熙清苑縣志　清・時來敏修、郭棻纂　清康熙二十七年增刻本
康熙萊陽縣志　清・萬邦維修、鄒知新纂　清康熙十七年刻本
康熙東平州志　清・張聰、張承賜編、單民功纂　清康熙十九年刻本
康熙陽曲縣志　清・戴夢熊編、李方蓁等纂　清康熙二十一年刻本
康熙山西通志　清・穆爾賽等　清康熙二十一年刻本
康熙畿輔通志　清・郭棻等纂　清康熙二十一年刻本
康熙富陽縣志　清・錢晉錫纂修　清康熙二十二年刻本
康熙臨海縣志　清・洪若皋纂　清康熙二十二年刻本
康熙金華府志　清・張藎纂　清康熙二十二年刻本
康熙海寧縣志　清・許三禮等纂　清康熙二十二年刻本
康熙天台縣志　清・李德耀、黄執中纂修　清康熙二十三年刻本
康熙江寧縣志　清・佟世燕修、戴本孝纂　清康熙二十二年刻本
康熙吴江縣志　清・郭琇修、葉燮等纂　清康熙二十三年刻本
康熙浙江通志　清・施維翰修、張衡纂　清康熙二十三年刻本
康熙湖廣通志　清・徐國相等　清康熙二十三年刻本
康熙江南通志　清・王新命等　清康熙二十三年刻本
康熙大興縣志　清・張茂節修、李開泰等纂　清康熙二十四年刻本
康熙宛平縣志　清・王養濂等　清康熙二十四年刻本
康熙荆州府志　清・徐國相修、郭茂泰纂　清康熙二十四年刻本
康熙淮安府志　清・高成妹修、胡從中等纂　清康熙二十四年刻本
康熙廣輿記　清・陳應陽纂、蔡方炳增輯　清康熙二十五年刻本
康熙壽寧縣志　清・趙廷璣編、柳上芝等纂輯　清康熙二十五年刻本
康熙兗州府志　清・張鵬翮纂修　清康熙二十五年刻本
康熙常熟縣志　清・楊振藻纂修　清康熙二十六年刻本
康熙仁和縣志　清・趙世安等　清康熙二十六年刻本
康熙武昌府志　清・裴天錫修　清康熙二十六年刻本
康熙臨洮府志　清・高錫爵修、郭巍纂　清康熙二十六年刻本
康熙曲江縣志　清・秦熙祚修　清康熙二十六年刻本
康熙韶州府志　清・唐宗堯修　清康熙二十六年刻本
康熙惠州府志　清・呂應奎、黄挺華纂修　清康熙二十七年刻本
康熙泰興縣志　清・錢見龍、吴樸纂修　清康熙二十七年刻本
康熙歙縣志　清・靳治荆修、吴苑等纂　清康熙二十九年刻本
康熙無錫縣志　清・徐永言修等　清康熙二十九年刻本
康熙蘇州府志　清・寧雲鵬等　清康熙三十年刻本
康熙義烏縣志　清・王廷曾纂修　清康熙三十一年刻本
康熙新城縣志　清・嚴濂曾纂　清康熙三十二年刻本
康熙建寧府志　清・張琦等　清康熙三十二年刻本
康熙南陽府志　清・朱璘纂修　清康熙三十三年刻本
康熙常州府志　清・于琨修、陳玉璂纂　清光緒十二年活字重印康熙三十四年本
康熙安陽縣志　清・馬國楨修、唐鳳翱纂　清康熙三十四年承恩堂刻本

康熙金華縣志　清・王治國纂、趙泰甡增修　清康熙三十四年增刊本
康熙廣東通志　清・金光祖纂修　清康熙三十六年刻本
康熙合肥縣志　清・賈暉修、王方岐纂　清康熙三十六年刻本
康熙徽州府志　清・趙吉士纂　清康熙三十八年刻本
康熙磁州志　清・蔣擢重訂　清康熙四十八年增刻清康熙三十九年本
康熙臨漳縣志　清・趙于京編修　清康熙四十年刻本
康熙寧鄉縣志　清・吕履恒纂修　清康熙四十一年刻本
康熙山東通志　清・趙祥星修、李煥章纂　清康熙四十一年刻本
康熙增修青州府志　清・崔俊等　清康熙四十八年刻本
康熙從化縣新志　清・郭遇熙等　清康熙四十九年刻本
康熙滕縣志　清・黄監修等　清康熙五十六年刻本
康熙池州府志　清・馬世永纂修　清乾隆五年增刻康熙五十年本
康熙濮州續志　清・任煥纂　清康熙五十年刻本
康熙衢州府志　清・楊廷望等纂修　清康熙五十年刻本
康熙常熟縣志　清・章曾印修、曾倬纂　清康熙五十一年刻本
康熙定海縣志　清・周聖化等　清康熙五十四年刻本
康熙續修汶上縣志　清・聞元炅纂修　清康熙五十六年補刻本
康熙紹興府志　清・俞卿修、周徐彩纂　清康熙五十八年刻本
康熙嘉興府志　清・吴永芳修、錢以塏纂　清康熙六十年刻本
康熙安慶府志　清・張楷纂修　清康熙六十年刻本
康熙青州府志　清・陶錦纂修　清康熙六十年刻本
康熙台州府志　清・方景濂纂　清康熙六十一年刻本
康熙鄞縣志　清・汪源泽纂修　清康熙二十五年刻本
康熙太平府志　清・黄桂修、宋驤纂　清光緒二十九年排印康熙十二年本
康熙山東通志　清・赵祥星修、李焕章纂　清康熙四十一年刻本
雍正高郵州志　清・张德盛修、王曾禄纂　清雍正三年刻本
雍正南陵縣志　清・宋廷佐修、汪越等纂清雍正四年刻本
雍正江都縣志　清・陸朝璣、程夢星等纂修　清雍正七年刻本
雍正慈谿縣志　清・楊正筍修、馮鴻模等纂　清雍正八年刻本
雍正嵐縣志　清・沈繼賢修、常大升纂　清雍正八年刻本
雍正永安縣志　清・裘樹榮纂修　清道光十三年補刻雍正十年本
雍正襄陵縣志　清・趙懋本修、盧東純纂　清雍正十年刻本
雍正揚州府志　清・伊會一等纂修　清雍正十一年刻本
雍正朔平府志　清・王霷纂輯　清雍正十一年刻本
雍正畿輔通志　清・唐執玉等　清雍正十三年刻本
雍正陝西通志　清・劉於義、沈青崖修　清雍正十三年刻本
雍正河南通志　清・田文鏡、孫灝等纂修　文淵閣《四庫全書》本
乾隆浙江通志　清・傅玉露等修　清乾隆元年刻本
乾隆山東通志　清・岳濬等　清乾隆元年刻本
乾隆江南通志　清・尹繼善修、黄之雋纂　清乾隆元年刻本
乾隆平陽府志　清・章廷珪等纂修　清乾隆元年刻本
乾隆蘇州府志　清・雅爾哈善等修、習寯纂　清乾隆十三年刻本
乾隆祥符縣志　清・張淑戴修、魯曾煜纂　清乾隆四年刻本
乾隆武安縣志　清・蔣光祖修、夏兆豐等纂　清乾隆四年刻本
乾隆萊州府志　清・嚴有禧纂、張桐增修　清乾隆五年刻本
乾隆同州府志　清・張奎祥等　清乾隆六年刻本
乾隆金匱縣志　清・王允謙修、華希閔等纂　清乾隆七年刻本
乾隆江都縣志　清・高士鑰等　清乾隆八年刻本
乾隆淄川縣志　清・王康修、臧岳纂　清乾隆八年刻本
乾隆甘泉縣志　清・吴鶚峙修、厲鶚等纂　清乾隆八年刻本
乾隆平湖縣志　清・高國楹修、沈光曾等纂　清乾隆十年精刻本
乾隆章邱縣志　清・張萬青纂修　清乾隆二十一年刻本
乾隆固始縣續志　清・包桂修、李汝彬等纂　清乾隆十年刻本
乾隆吴縣志　清・施謙纂　清乾隆十年刻本
乾隆震澤縣志　清・陳和志等　清乾隆十一年刻本
乾隆烏程縣志　清・羅維愫修、張熷等纂　清乾隆十一年刻本
乾隆陳州府志　清・碩色修、崔應階纂　清乾隆十一年刻本
乾隆吴江縣志　清・陳蛻纕、丁远正纂修　清乾隆十二年刻本

乾隆禹州志	清・邵大業纂修	清乾隆十二年刻本
乾隆漢陽府志	清・陶士偰等修	清乾隆十二年刻本
乾隆忻州志	清・竇容邃等编	清乾隆十二年刻本
乾隆淮安府志	清・葉長揚、顧棟高纂修	清乾隆十三年刻本
乾隆福清縣志	清・饒安鼎等	清乾隆十三年刻本
乾隆黄州府志	清・靖道謨修	清乾隆十四年刻本
乾隆長興縣志	清・吴棻編纂	清乾隆十四年刻本
乾隆榆次縣志	清・錢之青修、張天澤纂	清乾隆十五年刻本
乾隆順德府志	清・徐景曾等修	清乾隆十五年刻本
乾隆鎮江府志	清・張九徵等	清乾隆十五年刻本
乾隆太湖備考	清・金友理編纂	清乾隆十五年藝蘭圃精刻本
乾隆六安州志	清・金弘勳等修、陳步青等纂	清乾隆十六年刻本
乾隆蕭山縣志	清・黄鈺等纂	清乾隆十六年刻本
乾隆汀州府志	清・曾曰瑛等	清乾隆十七年刻本
乾隆潁州府志	清・王斂福、吕輶等纂輯	清乾隆十七年刻本
乾隆長洲縣志	清・李光祚修、顧詒禄等纂	清乾隆十八年刻本
乾隆高郵州志	清・楊宜崙等	清道光二十五年重刻清乾隆十八年本
乾隆蕪湖縣志	清・劉瓚修、陸綸等纂	清乾隆十九年刻本
乾隆歸德府志	清・陳錫輅等纂修	清光緒十九年重刻乾隆十九年本
乾隆福州府志	清・徐景熹修、魯曾煜等纂	清乾隆二十一年補刻乾隆十九年本
乾隆新野縣志	清・徐金位纂修	清乾隆十九年刻本
乾隆濮州志	清・邵世昌、柴揆編	清乾隆二十年刻本
乾隆彭澤縣志	清・吴會川等	清乾隆二十一年刻本
乾隆曹州府志	清・周尚質修、劉藻等纂	清乾隆二十一年刻本
乾隆淳安縣志	清・劉士寧等	清光緒十年重刻續補乾隆二十一年本
乾隆銅陵縣志	清・李青嚴等	清乾隆二十二年刻本
乾隆荆州府志	清・來謙鳴等	清乾隆二十二年刻本
乾隆湖州府志	清・胡承謀原輯、李堂增刊	清乾隆二十三年刻本
乾隆武定府志	清・赫達色修、莊肇奎等纂	清乾隆二十四年刻本
乾隆建寧縣志	清・韓琮等	清乾隆二十四年刻本
乾隆襄陽府志	清・陳鍔纂修	清乾隆二十五年刻本
乾隆泰安府志	清・顏希深等修、成城等纂	清乾隆二十五年刻本
乾隆崇明縣志	清・趙廷健修、韓彦曾等纂	清乾隆二十五年刻本
乾隆河間府志	清・杜甲等	清乾隆二十五年刻本
乾隆温州府志	清・齊召南、汪沆等修	清同治九年補刻乾隆二十六年刻本
乾隆潮州志	清・周頤勳纂修	乾隆二十七年刻本
乾隆正定縣志	清・鄭大進等纂修	清乾隆二十七年刻本
乾隆杞縣志	清・周璣纂修	清清乾隆五十三年刻本
乾隆龍泉縣志	清・蘇遇龍修、沈光厚纂	清同治二年重刻乾隆二十七年本
乾隆衡州府志	清・饒佺修、曠敏本纂	清乾隆二十八年刻本
乾隆解州全志	清・言如泗修、吕瀶等纂	清乾隆二十八年刻本
乾隆任邱縣志	清・劉統修、劉炳等纂	清道光十七年重印清乾隆二十八年刻本
乾隆泉州府志	清・懷蔭布等	清乾隆二十八年刻本
乾隆清泉縣志	清・江恂等纂修	清乾隆二十八年刻本
乾隆諸城縣志	清・宫懋讓修、李文藻等纂	清乾隆二十九年刻本
乾隆大清一統志	清乾隆二十九年敕撰	清光緒二十二年杭州竹簡齋石印本
乾隆遂昌縣志	清・王憕等纂修	清乾隆三十年刻本
乾隆陽湖縣志	清・陳廷柱等	清乾隆三十年刻本
乾隆海寧縣志	清・金鰲等纂修	清乾隆三十年刊本
乾隆延平府志	清・傅爾泰修、陶元藻纂	清同治十二年補刻乾隆三十年本
乾隆新安縣志	清・邱峨修、吕宣曾纂	清乾隆三十一年刻本
乾隆鳳翔府志	清・達靈阿等纂修	清道光元年補刻乾隆三十一年本
乾隆續河南通志	清・阿思哈、嵩貴纂修	清乾隆三十二年刻本
乾隆碭山縣志	清・劉王瑗纂修	清乾隆三十二年刻本
乾隆望江縣志	清・鄭交泰等修、曹京等纂	清乾隆三十三年刻本
乾隆松陽縣志	清・曹立身修、潘茂才纂	清乾隆三十三年刻本
乾隆郃陽縣志	清・席奉賢修、孫景烈纂	清乾隆三十四年刻本
乾隆兖州府志	清・陳顧瀞等纂	清乾隆三十五年刻本
乾隆潞安府志	清・張淑渠等	清乾隆三十五年刻本

乾隆彰德府志　清・黄邦寧修、景鴻賓等纂　清乾隆三十五年刻本
乾隆介休縣志　清・王謀文等纂修　清乾隆三十五年刻本
乾隆壽陽縣志　清・龔導江等纂輯　清乾隆三十六年精刻本
乾隆歙縣志　清・張佩芳等修、劉大櫆等纂　清乾隆三十六年刻本
乾隆汾州府志　清・孫和相修、戴震纂　清乾隆三十六年刻本
乾隆汾陽縣志　清・李文起修、戴震纂　清乾隆三十七年刻本
乾隆曆城縣志　清・胡德琳修、李文藻等纂　清乾隆三十八年刻本
乾隆梅裹志　清・楊謙纂　清光緒三年補刻清乾隆三十八年本
乾隆奉化縣志　清・曹膏等　清乾隆三十八年刻本
乾隆曲阜縣志　清・潘相修　清乾隆三十九年刻本
乾隆永平府志　清・李奉翰修、王金英等纂　清乾隆三十九年刻本
乾隆潮州府志　清・周碩勳纂修　清光緒十九年重刻清乾隆四十年本
乾隆淄川縣志　清・張鳴鐸修、張廷寀等纂　清乾隆四十一年刻本
乾隆臨潼縣志　清・史傳遠纂修　清乾隆四十一年刻本
乾隆海寧州志　清・戰效曾修、高瀛州纂　清乾隆四十一年刻本
乾隆吉安府志　清・盧崧等修、朱承煦等纂　清乾隆四十一年刻本
乾隆鄠縣新志　清・汪以誠修、孫景烈纂　清乾隆四十二年刻本
乾隆池州府志　清・張士範等纂修　清乾隆四十三年刻本
乾隆皋蘭縣志　清・吴鼎新修、黄建中纂　清乾隆四十三年刻本
乾隆鳳陽縣志　清・貢震等　清乾隆四十三年刻本
乾隆欽定盛京通志　清・阿桂等　清乾隆四十三年活字本
乾隆臨汾縣志　清・高塘、吴士淳纂修　清乾隆四十四年刻本
乾隆杭州府志　清・邵齊然等　清乾隆四十四年刻本
乾隆河南府志　清・施誠修、童鈺等纂　清乾隆四十四年刻本
乾隆西安府志　清・舒其紳等纂修　清乾隆四十四年刻本
乾隆永清縣志　清・周震榮修、章學誠纂　清乾隆四十四年刻本
乾隆餘姚縣志　清・唐若瀛等纂修　清乾隆四十六年刻本
乾隆蒲城縣志　清・張心鏡修、吴泰來纂　清乾隆四十七年刻本
乾隆大同府志　清・吴輔宏等　清乾隆四十七年刻本
乾隆太原府志　清・費淳等　清乾隆四十八年刻本
乾隆通州志　清・高天鳳修、金梅等纂　清乾隆四十八年刻本
乾隆上海縣志　清・範廷傑修、皇甫樞等纂　清乾隆四十九年刻本
乾隆浮梁縣志　清・程廷濟修、凌汝錦纂　清乾隆四十八年刻本
乾隆永春州志　清・鄭一崧等纂　清乾隆五十二年刻本
乾隆彰德府志　清・盧崧修、汪大鍵等纂　清乾隆五十二年刻本
乾隆鄞縣志　清・錢維喬修、錢大昕等纂　清乾隆五十三年刻本
乾隆德州志　清・王道亨修、張慶源等纂　清乾隆五十三年刻本
乾隆婁縣志　清・楊壽楠修、陸錫熊等纂　清乾隆五十三年刻本
乾隆衛輝府志　清・畢沅等　清乾隆五十三年刻本
乾隆大名縣志　清・張維祺、李棠等纂修　清乾隆五十四年刻本
乾隆永寧縣志　清・張崧孫修、張楷等纂　清乾隆五十四年刻本
乾隆紹興府志　清・李亨特修、平恕等纂　清乾隆五十七年刻本
乾隆江陵縣志　清・崔龍見修、黄義尊等纂　清乾隆五十九年刻本
乾隆南昌縣志　清・徐午、萬廷蘭等纂修　清乾隆五十九年刻本
乾隆常昭合志　清・王錦等修、言如泗等纂　清光緒二十四重刻乾隆六十年本
乾隆烏青鎮志　清・董世寧　一九一八年重印乾隆年間本
乾隆涿州志　清・章全節修、吴山鳳等纂　清同治重刻本
嘉慶汝寧府志　清・德昌修、王增等纂　清嘉慶元年刻本
嘉慶莒州志　清・許紹錦等纂修　清嘉慶元年刻本
嘉慶宜興縣舊志　清・阮升基等修、甯楷等纂　清光緒八年增修重刊嘉慶二年本
嘉慶東莞縣志　清・彭傑修、黄時沛等纂　清嘉慶三年刻本
嘉慶蕪湖縣志　清・梁啟讓修、陳春華等纂　清嘉慶十二年刻本
嘉慶臨安府志　清・江濬源修、羅惠恩等纂　清光緒八年補刻嘉慶四年本
嘉慶桐鄉縣志　清・尹湯安修、李延輝等纂　清嘉慶四年刻本
嘉慶高邑縣志　清・陳元芳等纂修　清嘉慶五年刻本
嘉慶廣西通志　清・謝啟昆修、胡虔纂　清嘉慶六年刻本
嘉慶嘉興府志　清・尹湯安修、馮應榴等纂　清嘉慶六年刻本
嘉慶義烏縣志　清・諸自谷修、程瑜等纂修　清嘉慶七年刻本

嘉慶羅江縣志　清・李調元纂修　清嘉慶七年刻本
嘉慶山陰縣志　清・徐元梅修、朱文翰等纂　清嘉慶八年刻本
嘉慶惠安縣志　清・吴裕仁等纂修　清嘉慶八年刻本
嘉慶丹徒縣志　清・貴中孚等修、蔣宗海等纂　清嘉慶十年刻本
嘉慶南陽府志　清・孔傳金等纂修　清嘉慶十二年刻本
嘉慶東昌府志　清・謝香開等纂　清嘉慶十三年刻本
嘉慶如皋縣志　清・馮汝舟纂　清嘉慶十三年刻本
嘉慶禹城縣志　清・董鵬翱修、牟應震纂　清嘉慶十三年刻本
嘉慶瑞安縣志　清・張德標等纂　清嘉慶十四年刻本
嘉慶沅江縣志　清・唐古特等纂　清嘉慶十五年刻本
嘉慶重修揚州府志　清・阿克當阿修、姚文田纂　清嘉慶十五年刻本
嘉慶雷州府志　清・雷學海修、陳昌齊等纂　清嘉慶十六年刻
嘉慶上虞縣志　清・崔鳴玉修、李方湛等纂　清嘉慶十六年刻
嘉慶漢州志　清・劉長庚等纂　清嘉慶十七年刻本
嘉慶陽江縣志　清・李澐纂修　清嘉慶十七年刻本
嘉慶無錫縣金匱志　清・韓履寵等纂　清嘉慶十八年刻本
嘉慶泰興縣志　清・淩圻、張先甲等纂修　清嘉慶十八年刻本
嘉慶洛陽縣志　清・陸繼輅、魏襄纂　清嘉慶十八年刻本
嘉慶上海縣志　清・王大同等修、李林松纂　清嘉慶十九年刻本
嘉慶四川通志　清・常明等纂　清嘉慶二十一年刻本
嘉慶松江府志　清・宋如林等纂　清嘉慶二十二年刻本
嘉慶介休縣志　清・徐品山、陸元鏸等纂修　清嘉慶二十四年刻本
嘉慶安陽縣志　清・貴泰等修、武穆淳等纂　清嘉慶二十四年刻本
嘉慶咸寧縣志　清・高廷法等纂　清嘉慶二十四年刻本
嘉慶新安縣志　清・舒懋官修、王崇熙纂　清嘉慶二十四年鳳崗書院刻本
嘉慶和平縣志　清・羅天桂修、徐延翰纂　一九三四年油印清嘉慶二十四年本
嘉慶湖南通志　清・巴哈希等纂　清嘉慶二十五年刻本
嘉慶休寧碎事　清・徐卓輯　清鈔本
嘉慶重刊荆溪縣志　清・唐仲冕修、甯楷纂　清嘉慶木活字本
嘉慶瓜洲志　清・馮錦纂　一九二三年重印本
嘉慶重修大清一統志　清・穆彰阿修、潘錫恩等纂　上海涵芬樓影印清史館藏進呈寫本
道光石門縣志　清・耿維祜修、潘文輅等纂　清道光元年刻本
道光瑞金縣志　清・蔣方增纂修　清道光二年刻本
道光廣東通志　清・阮元修、陳昌齊纂　清道光二年刻本
道光鶴峰州志　清・吉鍾穎等纂修　清道光二年刻本
道光休寧縣志　清・何應松纂　清道光三年刻本
道光金華縣志　清・黄金聲、李林松等纂　清道光三年刻本
道光萍鄉縣志　清・黄濬等纂修　清道光三年刻本
道光開平縣志　清・王文驤等纂修　清道光三年刻本
道光鳳凰縣廳志　清・黄應培等纂　清道光四年刻本
道光阜陽縣志　清・劉虎文修、李復慶纂　清道光四年刻本
道光蘇州府志　清・宋如林等修、石韞玉等纂　清道光四年刻本
道光興安縣志　清・余成彪等修、饒元英纂　清道光四年刻本
道光廬陵縣志　清・鄭祖琛修、梅大鶴等纂　清道光五年刻本
道光東平州志　清・周雲鳳修、唐鑑等纂　清道光五年刻本
道光懷寧縣志　清・王毓芳等纂修　清道光五年刻本
道光豐城縣志　清・徐清選等纂　清道光五年刻本
道光太原縣志　清・員佩蘭修、楊國泰等纂　清道光六年刻本
道光徽州府志　清・馬步蟾纂修　清道光七年刻本
道光祁門縣志　清・王讓等纂修　清道光七年刻本
道光趙城縣志　清・楊延亮纂修　清道光七年刻本
道光建德縣志　清・周興嶧等纂　清道光八年刻本
道光永州府志　清・吕恩湛修、宗績長纂　清道光八年刻本
道光清澗縣志　清・鍾章元修、陳第頌等纂　清道光八年刻本
道光安徽通志　清・陶澍等纂　清道光十年刻本
道光武康縣志　清・疏筤等纂修　清道光九年刻本
道光壽州志　清・朱士達等纂　清道光九年刻本
道光重輯渭南縣志　清・何耿繩修、姚景衡纂　清道光九年刻本

道光重纂福建通志　清・孫爾準等纂　清道光九年刻本
道光禹州志　清・朱煒修、姚椿等纂　清同治九年增刻本
道光章邱縣志　清・曹楙堅等纂修　清道光十三年刻本
道光象山縣志　清・童立成修、馮登府等纂　清道光十四年刻本
道光續修桐城縣志　清・廖大聞修、金鼎壽纂　清道光十四年刻本
道光鄒平縣志　清・羅宗瀛修、成瓘等纂　清道光十六年刻本
道光許州志　清・蕭元吉修、李堯觀等纂　清道光十八年刻本
道光藍田縣志　清・胡元瑛修、蔣湘南纂　清道光二十年刻本
道光新會縣志　清・林星章等修纂　清道光二十年刻本
道光济南府志　清・王贈芳修、成瓘等纂　清道光二十年刻本
道光瓊州府志　清・明誼修、張岳崧等纂　清道光二十一年刻本
道光陽曲縣志　清・李培謙等纂　清道光二十三年刻本
道光新都縣志　清・張奉書修、張懷泃纂　清道光二十四年刻本
道光會稽縣志稿　清・王蓉坡修、沈墨莊纂　清道光二十五年刻本
道光恩平縣志　清・楊學顔、石臺纂修　清道光二十五年刊本
道光永明縣志　清・王春藻等纂　清道光二十六年刻本
道光寧波府志　清・曹秉仁修、萬經纂　清道光二十六年刻本
道光滕縣志　清・王政修等纂　清道光二十六年刻本
道光安州志　清・彭定澤修、俞湘纂　傳鈔　清道光二十六年刻本
道光海昌備志　清・錢泰吉等纂修　清道光二十七年刻本
道光南昌縣志　清・慶雲修、吴啟楠等纂　清道光二十八年刻本
道光贛州縣志　清・李本仁、陳觀酉纂修　清道光二十八年刻本
道光濟寧直隸州志　清・徐宗幹修、許瀚等纂　清道光二十一年刻本
咸豐汾陽縣志　清・周貽繆、曹文錦等纂修　清咸豐元年刻本
咸豐同州府志　清・李恩繼等纂　清咸豐二年刻本
咸豐重修興化縣志　清・梁園棣等修、劉熙載等纂　清咸豐二年刻本
咸豐順德縣志　清・郭汝誠修、馮奉初纂　清咸豐三年刻本
咸豐長汀縣志　清・王壘等修　清光緒五年增刻咸豐四年本
咸豐鄞縣志　清・張鈇修、周道尊等纂　清咸豐六年刻本
咸豐瓊山縣志　清・李文煊等纂　清咸豐七年刻本
咸豐南潯鎮志　清・汪曰楨撰　清咸豐九年刻本
咸豐青州府志　清・毛永柏等纂　清咸豐九年刻本
咸豐武定府志　清・李熙齡纂修　清咸豐九年刻本
咸豐容城縣志　清・詹作周修、王振綱纂　清咸豐七年刻本
同治武陵縣志　清・汪學灝等纂　清同治二年刻本
同治嘉定府志　清・文良等纂修　清同治三年府署藏版刊本
同治當陽縣志　清・阮恩光修、王柏心纂　清同治五年刻本
同治建始縣志　清・熊啟詠纂修　清同治五年刻本
同治蒲圻縣志　清・顧際熙修、文元音纂　清同治五年刻本
同治歷陽典録　清・陳廷桂等　清同治六年刻本
同治廣昌縣志　清・曾毓璋纂修　清同治六年刻本
同治宜都縣志　清・崔培元修、龔紹仁纂　清同治六年刻本
同治松滋縣志　清・呂縉雲等纂　清同治八年刻本
同治平鄉縣志　清・蘇性原修、吴沂增修　清光緒十二年增刻同治七年刻本
同治長樂縣志　清・彭光藻等纂　清同治八年刻本
同治江夏縣志　清・王庭楨修、彭崧毓等　清同治八年刻本
同治清泉縣志　清・王開運修、張修府纂　清同治八年刻本
同治潁上縣志　清・都寵錫等修、李道章等纂　清光緒四年補刻同治九年刻本
同治續修永定縣志　清・萬修廉等修纂　清同治九年刻本
同治南昌縣志　清・陳紀麟等纂　清同治九年刻本
同治臨川縣志　清・童范儼修、陳慶齡等纂　清同治九年刻本
同治金谿縣志　清・陳芳修、郭浴脩等纂　清同治九年刻本
同治樂平縣志　清・董萼榮等纂　清同治九年刻本
同治江華縣志　清・劉華邦修、唐為煌纂　清同治九年刻本
同治祁陽縣志　清・陳玉祥修、劉希關纂　清同治九年刻本
同治芷江縣志　清・盛慶紱等纂　清同治九年刻本
同治長沙縣志　清・劉采邦修、張延珂纂　清同治十年刻本
同治應山縣志　清・周道源修、吴天錫纂　清同治十年刻本
同治南豐縣志　清・柏春修、魯琪光等纂　清同治十年刻本
同治宜黄縣志　清・張興言等纂　清同治十年刻本

同治奉新縣志　清・吕懋先修、帥方蔚等纂　清同治十年刻本
同治鄱陽縣志　清・項珂等纂　清同治十年刻本
同治弋陽縣志　清・俞致中修、汪炳熊等纂　清同治十年刻本
同治高安縣志　清・孫家鐸修、熊松之等纂　清同治十年刻本
同治番禺縣志　清・李福泰修、史澄纂　清同治十年刻本
同治河曲縣志　清・金福增修、張兆魁纂　清同治十一年刻本
同治新昌縣志　清・朱慶萼等纂修　清同治十一年活字本
同治新化縣志　清・關培鈞修、劉洪澤纂　清同治十一年刻本
同治贛縣志　清・黄德浦等纂　清同治十一年刻本
同治饒州府志　清・錫德修、石景芬纂　清同治十一年刻本
同治上海縣志　清・應寶時等纂　清同治十一年刻本
同治德化縣志　清・陳鼒修、吴彬纂　清同治十一年刻本
同治建昌府志　清・邵子彝修、魯琪光纂　清同治十一年刻本
同治清苑縣志　清・李逢源修、諸崇儉纂　清同治十二年刻本
同治彭澤縣志　清・趙宗耀等纂　清同治十二年刻本
同治重修山陽縣志　清・存葆等纂　清同治十二年刻本
同治南昌府志　清・許應鑅等纂　清同治十二年刻本
同治鉛山縣志　清・張廷衍修、華祝三等纂　清同治十二年刻本
同治安吉縣志　清・汪榮修、張行孚等纂　清同治十二年刻本
同治贛州府志　清・魏瀛修等纂　清同治十二年刻本
同治廬陵縣志　清・陳汝楨修、匡汝諧等纂　清同治十二年刻本
同治豐城縣志　清・王家傑等纂　清同治十二年刻本
同治雩都縣志　清・顔壽芝等纂　清同治十二年刻本
同治南城縣志　清・李人鏡修、梅體萱纂　清同治十二年刻本
同治贛州府志　清・魏瀛等纂　清同治十二年刻本
同治直隸䌛州志　清・文棨等修纂　清同治十二年刻本
同治永順府志　清・魏式增等纂　清同治十三年刻本
同治河源縣志　清・彭君穀修、賴以平等纂　清同治十三年刻本
同治湖州府志　清・宗源瀚等纂　清同治十三年刻本
同治衡陽縣志　清・羅慶薌修、彭玉麟等纂　清同治十三年刻本
同治徐州府志　清・吴世熊等纂　清同治十三年刻本
同治益陽縣志　清・姚念楊等纂　清同治十三年刻本
同治黔陽縣志　清・陳鴻作等修、易燮堯等纂　清同治十三年刻本
同治湘鄉縣志　清・齊德五等修、黄楷盛等纂　清同治十三年刻本
同治陽城縣志　清・賴昌期修、譚澐纂　清同治十三年刻本
同治公安縣志　清・周承弼等纂　清同治十三年刻本
同治九江府志　清・達春布等修、黄鳳樓等纂　清同治十三年刻本
光緒吉安府志　清・定祥等修、劉繹等纂　清光緒二年刻本
光緒正定縣志　清・慶之金等纂　清光緒元年刻本
光緒吴橋縣志　清・倪昌燮等修、施崇禮等纂　清光緒元年刻本
光緒武岡州志　清・黄維瓚等纂　清光緒元年刻本
光緒續修藍田縣志　清・吕懋勳等纂修　清光緒元年刻本
光緒通州直隸州志　清・梁悦馨等纂　清光緒元年刻本
光緒興甯縣志　清・郭樹馨等纂　清光緒元年刻本
光緒鎮平縣志　清・吴聯元纂修　清光緒二年刻本
光緒撫州府志　清・許應鑅、朱澄瀾等纂　清光緒二年刻本
光緒海鹽縣志　清・王彬修、徐用儀纂　清光緒二年刻本
光緒鳳陽縣志　清・于萬培等纂　清光緒二年刻本
光緒青田縣志　清・雷銑等修、王棻等纂　清光緒二年刻本
光緒邵陽縣志　清・李炳耀等纂　清光緒三年刻本
光緒處州府志　清・潘紹詒修、周榮椿等纂　清光緒三年刻本
光緒鄞縣志　清・戴枚修等纂　清光緒三年刻本
光緒道州志　清・李鏡蓉等纂　清光緒三年刻本
光緒重修安徽通志　清・沈葆楨等纂　《修四庫全書》本
光緒嘉興府志　清・許瑶光等修、吴仰賢等纂　清光緒四年刻本
光緒金山縣志　清・龔寶琦等纂　清光緒四年刻本
光緒龍山縣志　清・符為霖等纂　清光緒四年刻本
光緒重修華亭縣志　清・楊開第修、姚光發等纂　清光緒五年刻本
光緒廣州府志　清・戴肇辰等纂　清光緒五年刻本
光緒潛江縣志續　清・史致謨等纂　清光緒五年刻本

光緒東平州志　清·左宜似等修、盧崟等纂　清光緒七年刻本
光緒永平府志　清·游智開修、史夢蘭纂　清光緒五年刻本
光緒吴江縣續志　清·金福曾修、熊其英等纂　清光緒五年刻本
光緒松陽縣志　清·支恒椿、丁鳳章等纂修　清光緒元年刻本
光緒石門縣志　清·余麗元等纂修　清光緒五年刻本
光緒武進陽湖縣志　清·王其淦等纂　清光緒五年刻本
光緒丹徒縣志　清·何紹章等纂　清光緒五年刻本
光緒青浦縣志　清·汪祖綬等修、熊其英等纂　清光緒五年刻本
光緒靖江縣志　清·葉滋森修、褚翔等纂　清光緒五年刻本
光緒曲江縣志　清·張希京修、歐樾華纂　清光緒元年刻本
光緒新甯州志　清·戴焕南修、張粲奎纂　清光緒五年刻本
光緒忻州志　清·方戊昌修、方淵如纂　清光緒六年刻本
光緒荆州府志　清·倪文蔚、等纂　清光緒六年刻本
光緒烏程縣志　清·潘玉璿等纂　清光緒七年刻本
光緒宜陽縣志　清·謝應起修、劉占卿等纂　清光緒七年刻本
光緒嘉定縣志　清·程其玨修、楊震福等纂　清光緒七年刻本
光緒廣德州志　清·胡友誠修、丁寶書等纂　清光緒七年刻本
光緒江西通志　清·劉坤一等修、劉繹等纂　清光緒七年刻本
光緒崇明縣志　清·林達泉等修、李聯琇等纂　清光緒七年刻本
光緒惠州府志　清·劉溎平修、鄧掄斌等纂　清光緒七年刻本
光緒襄陵縣志　清·錢墉修、郝登雲纂　清光緒七年刻本
光緒永壽縣志　清·鄭德樞修、趙奇齡纂　清光緒七年刻本
光緒無錫金匱縣志　清·裴大中等纂　清光緒七年刻本
光緒鳳凰縣志　清·黄應培等修纂　清光緒七年刻本
光緒蓬萊縣志　清·鄭錫鴻等纂　清光緒八年刻本
光緒陵川縣志　清·徐炑修、梁寅纂　清光緒八年刻本
光緒續輯咸寧縣志　清·陳樹楠等纂　清光緒八年刻本
光緒華容縣志　清·孫炳煜等修、張釗纂　清光緒八年刻本
光緒永嘉縣志　清·張寶琳等纂　清光緒八年刻本
光緒壽陽縣志　清·馬家鼎等纂　清光緒八年刻本
光緒寶山縣志　清·梁蒲貴等纂　清光緒八年刻本
光緒平南縣志　清·裘彬等纂　清光緒九年刻本
光緒貴池縣志　清·陸延齡修、桂迓衡等纂　清光緒九年刻本
光緒平遥縣志　清·恩端等纂　清光緒九年刻本
光緒溧水縣志　清·傅觀光等修、丁維誠纂　清光緒九年刻本
光緒江都續縣志　清·謝延庚修、劉壽曾等　清光緒十年刻本
光緒孝義廳志　清·常毓坤、李開甲等纂修　清光緒十年刻本
光緒淮安府志　清·吴昆田、高延第等纂　清光緒十年刻本
光緒玉田縣志　清·夏子鎏等纂　清光緒十年刻本
光緒黄州府志　清·英啟等修、鄧琛等纂　清光緒十年刻本
光緒蘄水縣志　清·多祺纂修　清光緒十年刻本
光緒順天府志　清·李鴻章等纂　清光緒十年刻本
光緒畿輔通志　清·李鴻章等纂　清光緒十年刻本
光緒松江府續志　清·博潤修、姚光發等纂　清光緒十年刻本
光緒岐山縣志　清·胡昇猷修、張殿元纂　清光緒十年刻本
光緒湖南通志　清·李瀚章等纂　清光緒十一年重修府學宫尊經閣藏版本
光緒丹陽縣志　清·凌焯等修、徐錫麟等纂　清光緒十一年刻本
光緒金壇縣志　清·丁兆基等修、汪國鳳等纂　清光緒十一年刻本
光緒興山縣志　清·黄世崇等纂修　清光緒十年刻本
光緒昌平州志　清·吴履福等修、繆荃孫等纂　清光緒十二年刻本
光緒續修廬州府志　清·黄雲等纂　清光緒十一年刻本
光緒襄陽府志　清·恩聯等修、王萬芳等纂　清光緒十一年刻本
光緒永昌府志　清·劉毓珂等纂修　清光緒十一年刻本
光緒惠民縣志　清·沈世銓修、李勗等纂　清光緒十二年刻本
光緒遵化通志　清·何崧泰修、史樸纂　清光緒十二年刻本
光緒臨朐縣志　清·姚延福等纂　清光緒十年刻本
光緒保定府志　清·李培祜修、張豫塏纂　清光緒十二年刻本
光緒平湖縣志　清·彭潤章修、葉廉鍔纂　清光緒十二年刻本
光緒光化縣志　清·鍾桐山等修、段映斗等纂　清光緒十三年刻本

光緒甯陽續志　清·高陞榮等纂　清光緒十年刻本
光緒桐鄉縣志　清·嚴辰等修　清光緒十三年刻本
光緒武陽志餘　清·金吴瀾等纂　清光緒十四年刻本
光緒平望縣續志　清·黄兆檉纂修　清光緒十三年刻本
光緒蘭谿縣志　清·秦簧等修、唐壬森等纂　清光緒十四年刻本
光緒宣城縣志　清·李應泰等修、章綬等纂　清光緒十四年刻本
光緒德安府志　清·賡音布等纂　清光緒十四年刻本
光緒唐棲志　清·王同撰　清光緒十五年手稿本
光緒湘潭縣志　清·陳嘉榆等修、王闓運等纂　清光緒十五年刊本
光緒壽州志　清·曾道唯、王萬牲纂修　清光緒十六年活字本
光緒豐潤縣志　清·牛昶煦等纂　清光緒十七年刻本
光緒江浦埤乘　清·侯宗海、夏錫寶纂輯　清光緒十七年刻本
光緒吉林通志　清·長順等纂　清光緒十七年刻本
光緒黎平府志　清·俞渭修、陳瑜纂　清光緒十八年刻本
光緒長興縣志　清·趙定邦等修、周學濬等纂　清光緒十八年刻本
光緒遂昌縣志　清·胡壽海等纂　清光緒二十二年刻本
光緒文登縣志　清·李祖年修、于霖逢纂　清光緒二十三年刻本
光緒容縣志　清·易紹德等纂　清光緒二十三年刻本
光緒湄潭縣志　清·吴宗周修、歐陽曙纂　清光緒二十五年刻本
光緒餘姚縣志　清·周炳麟等纂　清光緒二十五年刻本
光緒浙江通志　清·嵇曾筠等纂　清光緒二十五年刻本
光緒溧陽縣續志　清·朱畯等修，馮煦等纂　清光緒二十五年刻本
光緒常昭合志稿　清·鄭鍾祥等纂　清光緒三十年活字本
光緒沅陵縣志　清·守忠等修、許光曙等纂　清光緒二十八年刻本
光緒富陽縣志　清·汪文炳等纂修　清光緒三十二年刻本
光緒章邱縣鄉土志　清·楊學淵修，高鍾璐等纂　清光緒三十三年刻本
光緒洮州廳志　清·張彦篤修、包永昌纂　清光緒三十三年刻本
光緒奉化縣志　清·李前泮修、張美翊等纂　清光緒三十四年刻本
光緒南昌縣志　清·江召棠修、魏元曠纂　一九三五年重印本
光緒山東通志　清·楊士驤等修纂　一九一五年鉛印本

光緒台州府志　清·趙亮熙等修纂　一九二六年鉛印本
宣統甘肅新通志　清·升允等修纂　清宣统元年刻本
宣統聊城縣志　清·陳慶藩等修纂　清宣統二年刻本

晁氏寶文堂書目　明·晁瑮　民國北平圖書館館刊本
國史經籍志　明·焦竑　明萬曆金陵刊本
百川書志　明·高儒　觀古堂書目叢刻本
徐氏紅雨樓書目　明·徐𤊹　燕庭味經書屋本
古人傳奇總目　明·佚名　《中國古典戲曲論著集成》本
傳奇彙考標目　清·佚名　《中國古典戲曲論著集成》本
鳴野山房書目　清·沈復粲　古典文學出版社一九五八年本
千頃堂書目　清·黄虞稷　上海古籍出版社校點本
曲海總目提要　清·佚名　人民文學出版社一九五九年標點本
四庫全書總目　清·紀昀　文淵閣《四庫全書》本
八千卷樓書目　清·丁立中　錢塘丁氏聚珍仿宋本
笠閣批評舊戲目　清·笠閣漁翁　《中國古典戲曲論著集成》本
重訂曲海總目　清·黄文晹、佚名　《中國古典戲曲論著集成》本
海虞藝文目録　清·楊英彝　清道光間刻本
也是園藏書古今雜劇目録　清·黄丕烈　《中國古典戲曲論著》本
曲目新編　清·支豐宜　《中國古典戲曲論著集成》本
今樂考證　清·姚燮　《中國古典戲曲論著集成》本
曲録　清·王國維　清宣統元年晨風閣叢書刊本

子部

管子　春秋·管仲　《四部叢刊》本
韓非子　戰國·韓非　上海古籍出版社二〇〇二年點校本
列子　戰國·列禦寇　商務印書館一九二六年本
吕氏春秋　秦·吕不韋　明萬曆七年寧陽張氏刻本
孔子家語　漢·佚名　明汲古閣刻本

鹽鐵論　漢・桓寬　中華書局一九五四年點校本
顔氏家訓　北齊・顔之推　中華書局一九八〇年點校本
晏子春秋　春秋・晏嬰　明萬曆刻本
説苑　漢・劉向　《四部叢刊》本
新序　漢・劉向　《四部叢刊》本
荆楚歲時記　南朝梁・宗懔　清刻本
述異記　南朝梁・任昉　上海文明書局一九一五年説庫本
花當閣叢談　明・徐復祚編次　商務印書館《叢書集成》初編本
客座贅語　明・顧起元　《續修四庫全書》本
玉芝堂談薈　明・徐應秋　文淵閣《四庫全書》本
西遊記　明・吴承恩　人民文學出版社一九八〇年排印本
金瓶梅　明・蘭陵笑笑生　人民文學出版社一九八五年本
涇林續記　明・周玄暐吴縣潘氏　清光緒年間《功順堂叢書》刻本
陶庵夢憶　明・張岱　上海古籍出版社一九八二年排印本
西湖尋夢　明・張岱　上海古籍出版社一九八二年排印本
快園道古　明・張岱　浙江古籍出版社一九八六年排印本
石匱書　明・張岱　《續修四庫全書》本
影梅庵憶語　明・冒襄　上海文明書局一九一五年刻本
見只編　明・姚士麟　商务印書馆《叢書集成》初編本
醒世恒言　明・馮夢龍　上海古籍出版社一九九三年排印本
二刻拍案驚奇　明・淩濛初　上海古籍出版社一九八二年排印本
禪真逸史　明・方汝浩　上海古籍出版社一九九〇年排印本
湧幢小品　明・朱國禎　中華書局一九五九年點校本
國色天香　清・吴敬所　江蘇古籍出版社一九九四年點校本
國壽録　清・查繼佐　中華書局一九五九年點校本
北遊録　清・談遷　中華書局一九六〇年點校本
三垣筆記　明・李清　中華書局一九八二年點校本
研堂見聞雜記　清・王家禎　《中國野史集成》本
堅瓠廣集　清・褚人穫　《叢書集成》三編一九三〇年影印本
堅瓠六集　清・褚人獲　文明書局民國間石印本
十美詞紀　清・鄒樞　《筆記小説大觀》本
因樹屋書影　清・周亮工　清康熙六年刻本
今世説　清・王晫　古典文學出版社一九五七年點校本
虞初新志　清・張潮　大達圖書供應社影印清康熙三十九年刻本
續耆舊　清・全祖望　《續修四庫全書》本
消夏閑記摘抄　清・顧公燮　上海商務印書館一九一七年排印本
板橋雜記　清・余懷　清康熙刻本
池北偶談　清・王士禛　清康熙四十年刻本
分甘餘話　清・王士禛　中華書局一九八九年點校本
觚賸　清・鈕琇　上海古籍出版社一九八六年點校本
閲微草堂筆記　清・紀昀　北平盛世望益書屋刻清嘉慶五年本
柳南隨筆　清・王應奎　中華書局一九八三年點校本
諧鐸　清・沈起鳳　《筆記小説大觀》本
字詁　清・黄生　清道光二十二年刻本
竹葉亭雜記　清・姚元之　中華書局《歷代筆記小説史料彙編》本
浪跡叢談　清・梁章鉅　《筆記小説大觀》本
歸田瑣記　清・梁章鉅　《筆記小説大觀》本
藤蔭雜記　清・戴璐　上海古籍出版社一九八六年明清筆記叢書本
熙朝新語　清・徐錫麟、錢泳　《中國野史集成》本
世載堂雜憶　清・劉成禺　中華書局一九六〇年點校本
萇楚齋隨筆　清・劉聲木　中華書局一九九八年點校本
西湖二集　清・周清原　《古本小説集成》本
品花寶鑒　清・陳森　清咸豐年間文林堂刻本
花月痕　清・魏秀仁　《古本小説集成》本
海上塵天影　清・鄒弢　《古本小説集成》本
閲世編　清・葉夢珠　上海古籍出版社一九八一年點校本
冷盧雜識　清・陸以湉　中華書局一九八一年點校本
粉墨叢談　清・夢畹生　《筆記小説大觀》本
淞南夢影録　清・黄武權　進步書局民國間刊本

白下瑣言	清・甘熙	江蘇廣陵古籍刻印出版社一九八七年點校本
吳門表隱	清・顧震濤	江蘇古籍出版社一九九九年點校本
瀛壖雜志	清・王韜	清光緒三年著易堂刻本
淞濱瑣話	清・王韜	江蘇廣陵古籍刻印本
海陬冶遊附録	清・淞北玉魫生	《筆記小説大觀》本
京塵雜録	清・楊懋建	《筆記小説大觀》本
異伶傳	清・陳澹然	《清代燕都梨園史料》本
庸閑齋筆記	清・陳其元	中華書局一九八九年點校本
閨墨萃珍	清・佚名	《筆記小説大觀》本
筆夢	清・據梧子	一九一七年丁氏初園出版本
金壺浪墨	清・黄鈞宰	上海《掃葉山房叢書》本
錢志新編	清・張宗懿	清道光十年尹氏酌春堂刻本
青樓夢	清・俞達	《古本小説集成》本
蕉軒隨録	清・方濬師	中華書局一九八九年點校本
南亭筆記	清・李伯元	上海古籍出版社一九八三年排印本
花村談往	清・花村看行侍者	一九一六年烏程張氏《適園叢書》刊本
清嘉録	清・顧禄	上海古籍出版社一九六八年排印本
郎潛記聞	清・陳康祺	《筆記小説大觀》本
清代名人趣史	清・佚名	《中國野史集成》本
東山外紀	清・周驤、劉振麟	文物出版社一九八二年本
語新	清・錢學綸	清光緒間刻本
筆記小説大觀		筆記小説大觀編委會廣陵古籍刻印社一九八三年本
古本小説集成		古本小説集成編委會上海古籍出版一九九四年本
北京圖書館藏昇平署戲曲人物畫册		北京圖書館出版社一九九七年本
中國野史集成		中國野史集成編委會巴蜀書社二〇〇〇年本
梅蘭芳藏戲曲史料圖畫集		河北教育出版社二〇〇二年本
清昇平署戲裝扮像譜		學苑出版社二〇〇五年本

集部

文選	南朝梁・蕭統	中華書局一九九七年點校本
太平御覽	宋・李昉	中華書局一九六〇年點校本
樂府詩集	宋・郭茂倩	中華書局一九八二年點校本
朝野新声太平乐府	元・杨朝英	中华書局一九五八年校訂本
甬上耆舊詩	明・胡文學	文淵閣《四庫全書》本
吳歈萃雅	明・周之標	明萬曆四十四年刊本
盛世新聲	明・佚名	文學古籍刊行社一九五五年影印明正德十二年序本
雜劇選	明・息機子	《古本戲曲叢刊四集》本
古名家雜劇	明・陳與郊	《古本戲曲叢刊四集》本
古雜劇	明・玉陽仙史	《古本戲曲叢刊四集》本
陽春奏	明・黄正位	《古本戲曲叢刊四集》本
吳騷合編	明・張楚叔	明崇禎十年張師齡刻本
詞林一枝	明・黄文華	《善本戲曲叢刊》本
北宫詞記	明・陳所聞	明萬曆刻本
元曲選	明・臧懋循	中華書局一九五八年校勘本
古今名劇合選	明・孟稱舜	明崇禎六年序刻本
盛明雜劇初集	明・沈泰	明崇禎二年刻本
盛明雜劇二集	明・沈泰	明崇禎二年刻本
六十種曲	明・毛晉	中華書局一九五八年重印本
御選明詩	清・康熙	文淵閣《四庫全書》本
昭代芳摹	明・徐昌治	《四庫禁毁書叢刊》本
詞林逸響	明・許宇	明天啓原刻本
雜劇三集	清・鄒式	清康熙初年刻本
遺民詩	清・卓爾堪	中華書局一九六一年排印本
詠物詩	清・俞琰	清雍正間刻本
本事詩	清・徐釚	清乾隆二十年重鐫半松堂書屋藏版本

明文海　清・黄宗羲　文淵閣《四庫全書》本
婦人集　清・陳維崧　中華書局一九八五年《叢書集成》初編本
全唐詩　清・曹寅　中華書局一九九六年點校本
全唐文　清・董浩　中華書局一九八三年點校本
綴白裘　清・玩花主人、錢德蒼　中華書局二〇〇五年排印本
六藝之一録　清・倪濤　文淵閣《四庫全書》本
清詩別裁集　清・沈德潛　中華書局一九七五年排印本
欽定佩文齋書畫譜　清・王原祁、孫嶽頒等　文淵閣《四庫全書》本
御定淵鑒類函　清・張英等　臺北商務印書館一九八三年排印本
明詞綜　清・王昶　前傾堂書局清光緒二十八年金匱浦氏重刻本
冰雪携　清・嬾仙衛泳　上海中央書店一九三五年本
詞苑萃編　清・馮金伯　中華書局一九八六年《詞話叢編》本
巢民詩集　清・冒襄　中華書局一九九〇年點校本
全清詞鈔　清・冒襄　中華書局一九八二年初編本
清詩鐸　清・張應昌　中華書局一九六〇年點校本
晚晴簃詩匯　清・徐世昌　中華書局一九二八年點校本
暖紅室彙刻傳劇　清・劉世珩　貴池劉氏暖紅室一九一九年刻本
飲虹簃所刻曲　清・盧前　江蘇廣陵古籍刻印社一九七九年重印本
孤本元明雜劇　王季烈校　中國戲劇出版社一九五八年影印本
古本戲曲叢刊初集　古本戲曲叢刊編委會　上海商務印書館一九五四年本
古本戲曲叢刊二集　古本戲曲叢刊編委會　上海商務印書館一九五五年本
古本戲曲叢刊三集　古本戲曲叢刊編委會　文學古籍刊行社一九五七年本
古本戲曲叢刊四集　古本戲曲叢刊編委會　上海商務印書館一九五八年本
古本戲曲叢刊五集　古本戲曲叢刊編委會　上海古籍出版社一九八六年本
元曲選外編　隋樹森編　中華書局一九五九年校訂本
全元散曲　隋树森編　中华書局一九六四年本
全宋詞　唐圭璋編　中华書局一九六五年本
全金元词　唐圭璋編　中华書局一九七九年本
歷代詠劇詩歌選注　趙山林選註　書目文獻出版社一九八八年本
歷代散曲匯纂　元・楊朝英等編　浙江古籍出版社一九九八年本
全元文　李修生編　江苏古籍出版社一九九八年本
張衡詩文集校注　漢・張衡著、張震澤校注　上海古籍出版社一九八六年校注本
王文公文集　宋・王安石　中华書局一九六二年點校本
范石湖詩集　宋・范成大　清康熙二十七年刻本
西溪叢語　宋・姚寬　明嘉靖二十七年俞憲鴸鳴山館刻本
水雲村稿　宋・劉壎　文淵閣《四庫全書》本
元遺山詩集　金・元好問　清乾隆四十三年萬廷蘭刻本
秋澗集　元・王惲　文淵閣《四庫全書》本
牧庵集　元・姚燧　《四部叢刊》初編本
金困集　元・元淮　涵芬樓秘笈本
紫山大全集　元・胡祗遹　文淵閣《四庫全書》本
小山樂府　元・張可久　上海古籍出版社一九八九年校點本
東維子文集　元・楊維楨　《四部叢刊》初編本
小亭集　元・楊宏道　文淵閣《四库全書》本
東維子集　元・楊維楨　文淵閣《四庫全書》本
可閑老人集　元・張昱　文淵閣《四庫全書》本
高青丘集　明・高啟　上海古籍出版社一九八五年輯注本
明宮詞　明・朱權等　北京古籍出版社一九八七年點校本
南北宮詞紀校補　明・朱有燉等　書目文獻出版社一九九五年箋注本
北宮詞紀外集　明・陳所聞　中華書局上海編輯所一九六一年點校本
懷麓堂集四　明・李東陽　清康熙二十一年廖方達校刻印本
枝山文集　明・祝允明　清同治十三年元和祝氏刻本
太函集　明・汪道昆　明萬曆刻本
王逸人集　明・王昆侖　清刻本
渼陂集　明・王九思　明崇禎十三年刻本

碧山樂府　明・王九思　《續修四庫全書》本
空同集　明・李夢陽　文淵閣《四庫全書》本
文徵明集　明・文徵明　上海古籍出版社一九八七年版
李開先集　明・李開先著路工輯校　中華書局一九五九年版
李中麓閒居集　明・李開先　《續修四庫全書》本
王陽明全集　明・王陽明　上海古籍出版社一九九二年本
康對山先生集　明・康海　《續修四庫全書》本
四溟集　明・謝榛　文淵閣《四庫全書》本
焚書　明・李贄　中華書局一九六〇年校點本
徐渭集　明・徐渭　中華書局一九八三年版
皇甫司勳集　明・皇甫汸　文淵閣《四庫全書》本
朱太復乙集　明・朱長春　《續修四庫全書》本
威鳳堂文集　明・陸圻　《四庫未收書輯刊》本
蛣蜣集　明・鄭若庸　明刻本
陸子餘集　明・陸粲　文淵閣《四庫全書》本
閑雲稿　明・周履靖　明萬曆二十五年刻本
白榆集　明・屠隆　明萬曆二十二年程元方刻本
豐對樓詩選　明・沈明臣　《四庫存目叢書》本
馮惟敏全集　明・馮惟敏著、謝伯陽編纂　齊魯書社二〇〇七年校點本
蕭爽齋樂府　明・金鑾　《續修四庫全書》本
震川先生集　明・歸有光　《四部叢刊初編》本
茅鹿門先生文集　明・茅坤　《續修四庫全書》本
滄溟集　明・李攀龍　文淵閣《四庫全書》本
瑶石山人稿　明・黎民表　文淵閣《四庫全書》本
盧次楩集　明・盧柟　清刻本
紫桃軒雜綴　明・李日華望雲仙館　清光緒四年刻本
梅墟先生別録　明・李日華　民國《叢書集成初編》本
弇州山人四部稿　明・王世貞　文淵閣《四庫全書》本
弇州續稿　明・王世貞　文淵閣《四庫全書》本
明宮詞・正德宮詞　明・王世貞　北京古籍出版社一九八七年本
鹿裘石室集　明・梅鼎祚　明天啓三年玄白堂刻本
玉茗堂全集　明・湯顯祖　明天啓元年刻版
湯顯祖集　明・湯顯祖　中華書局一九六二年本
湯顯祖詩文集　明・湯顯祖　上海古籍出版社一九八二年本
沈璟集　明・沈璟　上海古籍出版社一九九一年本
石語齋集　明・鄒迪光　明刻本
少室山房文集　明・胡應麟　文淵閣《四庫全書》本
鸞嘯小品　明・潘之恒　明崇禎元年原刊本
方諸館樂府　明・王驥德　商務印書館一九四一年本
袁宏道集箋校　明・袁宏道　上海古籍出版社一九七九年版
珂雪齋文集　明・袁中道　上海雜誌公司一九三五年本
隱秀軒集　明・鍾惺　明天啓二年虞山沈春澤刻本
幔亭集　明・徐熥　文淵閣《四庫全書》本
爾爾集　明・王思任　上海雜誌公司一九三五年本
明宮詞・天啟宮詞　明・蔣之翹　北京古籍出版社一九八七年版
明宮詞　天啟宮詞　明・秦徵蘭　北京古籍出版社一九八七年版
大泌山房集　明・李維楨　明萬曆間金陵刊本
檀園集　明・李流芳　《四庫全書》本
石民橫塘集　明・茅元儀　明崇禎間刻本
陳子龍詩集　明・陳子龍　上海古籍出版社一九八三年本
甲秀園集　明・費元禄　《四庫禁毀書叢刊》本
白石樵真稿　明・陳繼儒　上海雜誌公司一九三五年本
清權堂集　明・沈德符　《續修四庫全書》本
徐筆峒先生十二部文集　明・徐筆峒　明金陵光啟堂王荆岑刻本
梅季豹居諸二集　明・梅守箕　《四庫未收書叢刊》本
纏頭百練　明・冲和居士　明崇禎年間刻本
琅嬛文集　明・張岱　上海雜誌公司《中國文學珍本叢書》本
西園存稿　明・張萱　清康熙四年明刻重修本
空齋遺集　清・鄭賡唐　清康熙二十一年家刻本
經鋤堂詩稿　清・葉奕苞　清康熙刻本

愧訥集　清・朱用純　一九二九年木活字排印本
柏盧外集　清・朱用純　清光緒八年刻津河廣仁堂本
吴梅村全集　清・吴偉業　上海古籍出版社一九九〇年本
吴梅村詩集　清・吴偉業　清乾隆八年刻本
牧齋初學集　清・錢謙益　上海古籍出版社一九八五年排印本
牧齋有學集　清・錢謙益　上海古籍出版社一九九六年點校本
蓼齋詞　清・李雯　清順治刻本
黄宗羲全集　清・黄宗羲　浙江古籍出版社一九九三年點校本
南雷文定前集　清・黄宗羲　商務印書館《叢書集成初編》本
嵞山集　清・方文　上海古籍出版社一九七九年排印本
歸莊集　清・歸莊　中華書局一九六二年點校本
壯悔堂文集　清・侯方域　上海掃葉山房石印一九二三年本
艮齋倦稿文集　清・尤侗　清康熙刻本
西堂剩稿　清・尤侗　清康熙刻本
看雲草堂集　清・尤侗　清康熙刻本
尤西堂全集　清・尤侗　上海文瑞樓印本
通志堂集　清・納蘭成德　上海古籍出版社一九七九年排印本
為可堂初集　清・朱一是　清順治康熙遞刻本
寶綸堂稿　清・許纘曾　《續修四庫全書》本
濼函　清・葉承宗　清順治十七年葉承桃友聲堂刻本
笠翁一家言全集　清・李漁　清康熙十七年翼聖堂刻本
白茅堂集　清・顧景星　清康熙四十三年曹棟亭刻本
湖海樓詩集　清・陳維崧　清康熙二十八年患立堂刻本
湖海樓詞　清・陳維崧　《四部叢刊》本
曝書亭集　清・朱彝尊　清康熙五十三年木山閣刻本
珂雪詞　清・曹貞吉　清康熙刻本
東江詩鈔　清・唐孫華　清康熙五十六年刻本
古歡堂詩集　清・田雯　清康熙刻本
青門詩　清・邵長蘅　杭州西泠印社一九一八年初編本
孔尚任詩文集　清・孔尚任　中華書局一九六二年初編本
敬業堂詩集　清・查慎行　清康熙五十八年刻本
飴山詩集　清・趙執信　清乾隆十七年因園刻本
歸愚詩鈔　清・沈德潛　清乾隆十六年至三十二年教忠堂刻本
陳迦陵文集　清・陳迦陵　《四部叢刊》本
己畦文集　清・葉燮　夢篆樓一九一八年刻本
明宫詞　清・程嗣章　北京古籍出版社一九八七年版
明宫雜詠　清・饒智元　北京古籍出版社一九八七年版
擬故宫詞　清・唐宇昭　北京古籍出版社一九八七年版
全史宫詞　清・史夢蘭　北京古籍出版社一九八七年版
天啟崇禎宫詞　清・劉城　北京古籍出版社一九八七年版
槐堂文稿　清・汪沆　清乾隆五十一年刻本
益翁文稿　清・錢元昌　清道光六年錢泰吉抄本
蓮龕集　清・李來泰　《四庫全書存目叢書》本
蔣春农诗集　清・蔣宗海　清抄本
白蒲子詩编　清・姜任修　清乾隆間刻本
五研齋詩鈔　清・沈赤然　《續修四庫全書》本
永報堂集　清・李斗　清乾隆六十年刻本
小石渠閣文集　清・林昌彝　《續修四庫全書》本
拟山園選集　清・王鐸　清順治十年刻本
二鄉亭詞　清・宋琬　清康熙八年留松閣刻本
定山堂詩集　清・龔鼎孳　清康熙十二年吴興祚刻本
藝香詞鈔　清・吴綺　清乾隆四十一年衷白堂刻本
補閑集　清・孔傳鋕　清康熙三十九年刻本
陶人心語　清・唐英　清乾隆四年古柏堂刻本
樊榭山房集　清・厲鶚　清光緒十年振綺堂刻本
春融堂集　清・王昶　清嘉慶十二年塾南書舍刻本
紀文達公詩集　清・紀昀　清刻本
忠雅堂詩集　清・蔣士銓　清乾隆二十七年紅杏山房刻本
夢樓詩集　清・王文治　清乾隆六十年食舊堂刻本
嬰山小園詩集　清・張誠　清嘉慶二十一年今文閣刻本

洪北江詩文集	清・洪亮吉	商務印書館一九一九年影印清刻本
卷施閣文集	清・洪亮吉	貴陽節署清乾隆六十年刻本
有正味齋詞集	清・吴錫麒	清刻本
兩當軒集	清・黄景仁	清同治十二年集珍齋木活字本
真率齋初稿	清・楊芳燦	清乾隆刻本
校禮堂詩集	清・凌廷堪	清道光六年刻本
船山詩草	清・張問陶	清嘉慶十三年刻本
瓶水齋詩集	清・舒位	清光緒五年謙德堂刻本
西河集	清・毛奇齡	文淵閣《四庫全書》本
沈歸愚全集	清・沈德潛	清乾隆十八年至三十二年教忠堂刻本
甌北全集	清・趙翼	清光緒三年滇南唐氏重刻本
學餘堂詩集	清・施閏章	文淵閣《四庫全書》本
林蕙堂全集	清・吴綺	文淵閣《四庫全書》本
溉堂集・溉堂前集	清・孫枝蔚	上海古籍出版社一九七九年排印本
耳新	明・鄭仲夔	中華書局一九八五年《叢書集成初編》本
蘆中集	清・王攄	上海古籍出版社一九七九年排印本
百末詞	清・尤侗	清順治十二年刻本
今樂府	清・吴炎、潘檉章	《四庫禁毀書叢刊》本
漁洋山人精華録	清・王士禛	清康熙三十九年林佶寫刊本
王漁洋詩續集	清・王士禛	上海錦文堂印行一九二一年本
燕九竹枝詞	清・孔尚任等	北京出版社一九六二年本
小倉山房詩集	清・袁枚	上海著易堂一九二二年本
小倉山房尺牘	清・袁枚	上海著易堂一九二二年本
湖海集	清・孔尚任	古典文學出版社一九五七年本
聊園詩略	清・孔貞瑄	《四庫全書存目叢書》本
楝亭集	清・曹寅	上海古籍出版社一九七八年點校本
遣愁集	清・張貴勝	《續修四庫全書》本
甌北集	清・趙翼	清嘉慶壽考堂藏板清光緒三年印本
四松堂集	清・敦誠	文學古籍刊行出版社一九五五年本
百戲竹枝詞	清・李聲振	北京出版社一九六二年版
看山閣集	清・黄圖珌	《四庫未收書輯刊》本
陶園文集	清・張九鉞	清道光七年刻本
狎鷗軒集	清・姚齊宋	清道光十七年刻本
潛研堂文集	清・錢大昕	清嘉慶十一年刻本
泰雲堂集	清・孫爾準	《續修四庫全書》本
傳經室文集	清・朱駿聲	《續修四庫全書》本
定庵續集	清・龔自珍	國學扶輪社本
水窗春囈	清・歐陽兆熊、金安清	中華書局一九八四年排印本
柳弧	清・丁柔克	中華書局二〇〇二年排印本
南匯縣竹枝詞	清・倪绳中	上海著易堂民國年間刻本
京華百六竹枝詞	清・戚震瀛	北平邃雅齋書店一九三四年刻本
京華百二竹枝詞	清・蘭陵憂患生	北京出版社一九六二年版
玉琴齋詞	清・余懷	國學圖書館一九二九年本
百尺梧桐閣遺稿	清・汪懋麟	上海古籍出版社一九八〇年排印本
樊榭山房集	清・厲鶚	文淵閣《四庫全書》本
西廂記	元・王實甫	明萬曆香雪居刊本
琵琶記	元・高明	明尊生館刻本
嬌紅記	元・劉東生	古本戲曲叢刊初集》本
喬斷鬼	明・朱有燉	明宣德周藩原刻本
五倫全備記	明・邱濬	《古本戲曲叢刊初集》本
投筆記	明・邱濬	《古本戲曲叢刊初集》本
金印記	明・蘇復之	《古本戲曲叢刊初集》本
香囊記	明・邵燦	《古本戲曲叢刊初集》本
南西廂記	明・陸采	《古本戲曲叢刊初集》本
明珠記	明・陸采	《古本戲曲叢刊初集》本
懷香記	明・陸采	《古本戲曲叢刊初集》本
不伏老	明・馮惟敏	《盛明雜劇》本
紅線女	明・梁辰魚	《盛明雜劇》本
浣紗記	明・梁辰魚	《古本戲曲叢刊初集》本

金丸記　明・姚茂良　《古本戲曲叢刊初集》本
雙忠記　明・姚茂良　《古本戲曲叢刊初集》本
精忠記　明・姚茂良　明萬曆間金陵富春堂刊本
連環記　明・王濟　《古本戲曲叢刊初集》本
千金記　明・沈采　《古本戲曲叢刊初集》本
還帶記　明・沈采　《古本戲曲叢刊初集》本
打啞禪院本　明・李開先　清鈔本
園林午夢院本　明・李開先　清鈔本
寶劍記　明・李開先　《古本戲曲叢刊初集》本
繡襦記　明・徐霖　《古本戲曲叢刊初集》本
南西厢記　明・李日華　《古本戲曲叢刊初集》本
四聲猿　明・徐渭　《盛明雜劇》本
楚襄王陽臺入夢　明・汪道昆　《盛明雜劇》本
陶朱公五湖泛舟　明・汪道昆　《盛明雜劇》本
張京兆戲作遠山　明・汪道昆　《盛明雜劇》本
陳思王悲生洛水　明・汪道昆　《盛明雜劇》本
大雅堂樂府　明・汪道昆　明刻本
紅拂記　明・張鳳翼　《古本戲曲叢刊初集》本
祝髮記　明・張鳳翼　《古本戲曲叢刊初集》本
青衫記　明・顧大典　《古本戲曲叢刊二集》本
玉簪記　明・高濂　《古本戲曲叢刊初集》本
節孝記　明・高濂　《古本戲曲叢刊初集》本
修文記　明・屠隆　《古本戲曲叢刊初集》本
彩毫記　明・屠隆　《古本戲曲叢刊初集》本
曇花記　明・屠隆　《古本戲曲叢刊初集》本
文姬入塞　明・陳與郊　《盛明雜劇》本
昭君出塞　明・陳與郊　《盛明雜劇》本
袁氏義犬　明・陳與郊　《盛明雜劇》本
櫻桃夢　明・陳與郊　《古本戲曲叢刊二集》本
靈寶刀　明・陳與郊　《古本戲曲叢刊二集》本
麒麟罽　明・陳與郊　《古本戲曲叢刊二集》本
鸚鵡洲　明・陳與郊　《古本戲曲叢刊二集》本
午日吟　明・許潮　《盛明雜劇》本
同甲會　明・許潮　《盛明雜劇》本
赤壁遊　明・許潮　《盛明雜劇》本
武陵春　明・許潮　《盛明雜劇》本
南樓月　明・許潮　《盛明雜劇》本
寫風情　明・許潮　《盛明雜劇》本
龍山宴　明・許潮　《盛明雜劇》本
蘭亭會　明・許潮　《盛明雜劇》本
崑崙奴　明・梅鼎祚　《盛明雜劇》本
玉合記　明・梅鼎祚　《古本戲曲叢刊初集》本
長命縷　明・梅鼎祚　《古本戲曲叢刊初集》本
邯鄲記　明・湯顯祖　《古本戲曲叢刊初集》本
南柯記　明・湯顯祖　《古本戲曲叢刊初集》本
紫釵記　明・湯顯祖　《古本戲曲叢刊初集》本
還魂　明・湯顯祖　《古本戲曲叢刊初集》本
紫簫記　明・湯顯祖　《古本戲曲叢刊初集》本
紅蕖記　明・沈璟　《古本戲曲叢刊三集》本
桃符記　明・沈璟　《古本戲曲叢刊初集》本
埋劍記　明・沈璟　《古本戲曲叢刊初集》本
博笑記　明・沈璟　《古本戲曲叢刊三集》本
義俠記　明・沈璟　《古本戲曲叢刊初集》本
一文錢　明・徐復祚　《盛明雜劇》本
投梭記　明・徐復祚　《古本戲曲叢刊三集》本
紅梨記　明・徐復祚　《古本戲曲叢刊初集》本
真傀儡　明・王衡　《盛明雜劇》本
鬱輪袍　明・王衡　《盛明雜劇》本
再生緣　明・王衡　《盛明雜劇》本
四艷記　明・葉憲祖　《盛明雜劇》本

北邙說法　明·葉憲祖　《盛明雜劇》本

易水寒　明·葉憲祖　《盛明雜劇》本

團花鳳　明·葉憲祖　《盛明雜劇》本

金鎖記　明·葉憲祖　《古本戲曲叢刊三集》本

鸞鎞記　明·葉憲祖　《古本戲曲叢刊二集》本

量江記　明·佘翹　《古本戲曲叢刊二集》本

黃粱夢境記　明·蘇元俊　《古本戲曲叢刊初集》本

紅梅記　明·周朝俊　《古本戲曲叢刊初集》本

墨憨齋新曲十種　明·馮夢龍　明末刻清乾隆五十七年重修本

投桃記　明·汪廷訥　《古本戲曲叢刊二集》本

彩舟記　明·汪廷訥　《古本戲曲叢刊二集》本

義烈記　明·汪廷訥　《古本戲曲叢刊二集》本

種玉記　明·汪廷訥　《古本戲曲叢刊二集》本

獅吼記　明·汪廷訥　《古本戲曲叢刊二集》本

焚香記　明·王玉峰　《古本戲曲叢刊初集》本

異夢記　明·王元壽　《古本戲曲叢刊二集》本

回春記　明·朱葵心　《古本戲曲叢刊二集》本

蝴蝶夢　明·謝國　《古本戲曲叢刊三集》本

東郭記　明·孫鍾齡　《古本戲曲叢刊二集》本

醉鄉記　明·孫鍾齡　《古本戲曲叢刊二集》本

西園記　明·吳炳　《古本戲曲叢刊三集》本

情郵記　明·吳炳　《古本戲曲叢刊三集》本

畫中人　明·吳炳　《古本戲曲叢刊三集》本

綠牡丹　明·吳炳　《古本戲曲叢刊三集》本

療妬羹　明·吳炳　《古本戲曲叢刊三集》本

死裏逃生　明·孟稱舜　《盛明雜劇》本

英雄成敗　明·孟稱舜　《盛明雜劇》本

桃花人面　明·孟稱舜　《盛明雜劇》本

二胥記　明·孟稱舜　《古本戲曲叢刊三集》本

貞文記　明·孟稱舜　《古本戲曲叢刊二集》本

嬌紅記　明·孟稱舜　《古本戲曲叢刊二集》本

玉杵記　明·楊之炯　《古本戲曲叢刊初集》本

春波影　明·徐翙　《盛明雜劇》本

磨忠記　明·范世彥　《古本戲曲叢刊二集》本

風流院　明·朱京藩　《古本戲曲叢刊二集》本

三桂記　明·紀振倫　《古本戲曲叢刊二集》本

七勝記　明·紀振倫　《古本戲曲叢刊二集》本

二奇緣　明·許恒　《古本戲曲叢刊三集》本

牟尼合　明·阮大鋮　董氏誦芬室《重刻石巢四種》本

春燈謎　明·阮大鋮　董氏誦芬室《重刻石巢四種》本

燕子箋　明·阮大鋮　董氏誦芬室《重刻石巢四種》本

雙金榜　明·阮大鋮　董氏誦芬室《重刻石巢四種》本

想當然　明·王光魯　《古本戲曲叢刊初集》本

歸元鏡　明·智達　《古本戲曲叢刊五集》本

金貂記　明·佚名　《古本戲曲叢刊初集》本

西樓記　清·袁于令　《古本戲曲叢刊二集》本

鷫鸘裘　清·袁于令　《古本戲曲叢刊二集》本

雙鶯傳　清·袁于令　《盛明雜劇》本

化人遊　清·丁耀亢　《古本戲曲叢刊五集》本

表忠記　清·丁耀亢　《古本戲曲叢刊五集》本

赤松遊　清·丁耀亢　《古本戲曲叢刊五集》本

西湖扇　清·丁耀亢　《古本戲曲叢刊五集》本

天馬媒　清·劉方　《古本戲曲叢刊三集》本

續西廂　清·查繼佐　清康熙間《雜劇新編》刻本

非非想　清·查繼佐　《古本戲曲叢刊三集》本

孔方兄　清·葉承宗　清順治間友聲堂原刻本

紅情言　清·王翃　《古本戲曲叢刊三集》本

秣陵春　清·吳偉業　《古本戲曲叢刊二集》本

通天臺　清·吳偉業　暖紅室彙刻本傳奇本

臨春閣　清·吳偉業　暖紅室彙刻本傳奇本

笠翁十種曲　清・李漁　清康熙間刻本
一捧雪　清・李玉　《古本戲曲叢刊三集》本
人獸關　清・李玉　《古本戲曲叢刊三集》本
永團圓　清・李玉　《古本戲曲叢刊三集》本
占花魁　清・李玉　《古本戲曲叢刊三集》本
千鍾祿　清・李玉　《古本戲曲叢刊三集》本
太平錢　清・李玉　《古本戲曲叢刊三集》本
牛頭山　清・李玉　《古本戲曲叢刊三集》本
兩鬚眉　清・李玉　《古本戲曲叢刊三集》本
眉山秀　清・李玉　《古本戲曲叢刊三集》本
清忠譜　清・李玉　《古本戲曲叢刊三集》本
意中人　清・李玉　《古本戲曲叢刊三集》本
萬里圓　清・李玉　《古本戲曲叢刊三集》本
麒麟閣　清・李玉　《古本戲曲叢刊三集》本
人天樂　清・黄周星　《古本戲曲叢刊三集》本
紅羅鏡　清・傅山　《古本戲曲叢刊三集》本
廣寒香　清・汪光被　《古本戲曲叢刊五集》本
香草吟　清・徐沁　清康熙間《曲波園傳奇二種》刊本
載花舲　清・徐沁　清康熙間《曲波園傳奇二種》刊本
續情燈　清・薛旦　明崇禎十六年繡霞堂刻本
鴛鴦夢　清・葉小紈　明崇禎十二年《午夢堂集》本
祭皋陶　清・宋琬　清康熙間十二年原刻本
虎囊彈　清・邱園　清昇平署《忠義璇圖》底本
黨人碑　清・邱園　《古本戲曲叢刊三集》影印舊鈔本
弔琵琶　清・尤侗　《清人雜劇初集》本、《西堂全集》本
桃花源　清・尤侗　《清人雜劇初集》本、《西堂全集》本
黑白衛　清・尤侗　《清人雜劇初集》本、《西堂全集》本
清平調　清・尤侗　《清人雜劇初集》本、《西堂全集》本
讀離騷　清・尤侗　《清人雜劇初集》本、《西堂全集》本
鈞天樂　清・尤侗　《西堂樂府六種》本
翻西厢　清・沈謙　《古本戲曲叢刊三集》本
汨羅江　清・鄭瑜　清康熙間《雜劇新編》刻本
黄鶴樓　清・鄭瑜　清康熙間《雜劇新編》刻本
滕王閣　清・鄭瑜　清康熙間《雜劇新編》刻本
鸚鵡洲　清・鄭瑜　清康熙間《雜劇新編》刻本
雙魚珮　清・孫郁　《古本戲曲叢刊三集》本
天寶曲史　清・孫郁　《古本戲曲叢刊三集》本
三報恩　清・畢魏　《古本戲曲叢刊二集》本
竹葉舟　清・畢魏　《古本戲曲叢刊二集》本
十醋記　清・范希哲　《古本戲曲叢刊五集》本
補天記　清・范希哲　《古本戲曲叢刊五集》本
萬全記　清・范希哲　《古本戲曲叢刊五集》本
雙錯巹　清・范希　《古本戲曲叢刊五集》本
雙錘記　清・范希　《本戲曲叢刊五集》本
拈花笑　清・徐石麒　清順治年間南湖享書堂原刻本
玉馬珮　清・路朮淳　清康熙展譃齋刊本
空青石　清・萬樹　清康熙粲花別墅刻本
風流棒　清・萬樹　清康熙粲花別墅刻本
念八翻　清・萬樹　清康熙粲花別墅刻本
江花夢　清・龍燮　《古本戲曲叢刊五集》本
十五貫　清・朱素臣　《古本戲曲叢刊三集》本
未央天　清・朱素臣　《古本戲曲叢刊三集》本
秦樓月　清・朱素臣　《古本戲曲叢刊三集》本
翡翠園　清・朱素臣　《古本戲曲叢刊三集》本
漁家樂　清・朱佐朝　《古本戲曲叢刊三集》本
艷雲亭　清・朱佐朝　《古本戲曲叢刊三集》本
耆英會　清・喬萊　《古本戲曲叢刊五集》本
醉高歌　清・張雍敬　清康熙間靈鵲軒刻本
長生殿　清・洪昇　人民文學出版社一九六二年校注本
桃花扇　清・孔尚任　人民文學出版社一九六一年校注本

小忽雷	清·顧彩	中州古籍出版社一九八六年校注本
洛神廟	清·吕履恒	清康熙間刻本
陰陽判	清·查慎行	《古本戲曲叢刊五集》本
女崑崙	清·裘璉	《古本戲曲叢刊五集》本
昆明池	清·裘璉	清康熙間絳雲居刻本
鑑湖隱	清·裘璉	清康熙間絳雲居刻本
旗亭館	清·裘璉	清康熙間絳雲居刻本
珊瑚玦	清·周穉廉	《古本戲曲叢刊五集》本
雙忠廟	清·周穉廉	《古本戲曲叢刊五集》本
元寶媒	清·周穉廉	《古本戲曲叢刊五集》本
歗堂樂府	清·黄之雋	清康熙五十五年自刻本
忠孝福	清·黄之雋	康熙五十五年刻本
揚州夢	清·岳端	清康熙四十年啟賢堂自刻本
後一捧雪	清·胡雲壑	清乾隆間天樞閣刻本
玉獅墜	清·張堅	清乾隆間刊《玉燕堂四種曲》本
梅花簪	清·張堅	清乾隆間刊《玉燕堂四種曲》本
夢中緣	清·張堅	清乾隆間刊《玉燕堂四種曲》本
懷沙記	清·張堅	清乾隆間刊《玉燕堂四種曲》本
轉天心	清·唐英	清乾隆、嘉慶間唐氏古柏堂刻本
傭中人	清·唐英	清乾隆、嘉慶間唐氏古柏堂刻本
巧換緣	清·唐英	清乾隆、嘉慶間唐氏古柏堂刻本
天緣債	清·唐英	清乾隆、嘉慶間唐氏古柏堂刻本
女彈詞	清·唐英	清乾隆、嘉慶間唐氏古柏堂刻本
清忠譜正案	清·唐英	清乾隆、嘉慶間唐氏古柏堂刻本
地行仙	清·吴震生	清乾隆間刻本
雷峰塔	清·黄圖珌	清乾隆三年看山閣刊本
雙痣記	清·黄圖珌	清乾隆承恩堂刻本
百寶箱	清·梅窗主人	清嘉慶間刊本
情中幻	清·崔應階、吴恒宣	清乾隆間《研露樓二種曲》刊本
雙仙記	清·崔應階	清乾隆間香雪山房刻本

烟花債	清·崔應階	清乾隆間香雪山房刻本
萬花臺	清·張瀾	清康熙凝馥齋刻本
吟風閣雜劇	清·楊潮觀	上海古籍出版社一九八三年校注本
芝龕記	清·董榕	清光緒十五年董氏重刊本
魚水緣	清·周書	清乾隆二十六年博文堂刻本
漁村記	清·韓錫胙	清咸豐五年青田石門山房刻本
南山法曲	清·韓錫胙	清光緒二年妙有山房刻本
砭真記	清·韓錫胙	清乾隆間刻本
雨花臺	清·徐昆	清乾隆間貯書樓刻本
碧天霞	清·徐昆	清乾隆間貯書樓刻本
漪園四種	清·永恩	清乾隆間家刻本
鏡光緣	清·徐爔	清乾隆間夢生堂藏本
一江風	清·和睦州	清乾隆間精鈔稿本
旗亭記	清·金兆燕	清乾隆間雅雨堂刻本
嬰兒幻	清·金兆燕	清鈔本
六如亭	清·張九鉞	清道光七年刻本
石榴記	清·黄振	清乾隆三十七年柴灣村舍刻本
冬青樹	清·蔣士銓	清乾隆間藏園九種曲刊本
空谷香	清·蔣士銓清	清乾隆間藏園九種曲刊本
香祖樓	清·蔣士銓	清乾隆間藏園九種曲刊本
桂林霜	清·蔣士銓	清乾隆間藏園九種曲刊本
雪中人	清·蔣士銓	清乾隆間藏園九種曲刊本
臨川夢	清·蔣士銓	清乾隆間藏園九種曲刊本
一片石	清·蔣士銓	清乾隆間藏園九種曲刊本
四絃秋	清·蔣士銓	清乾隆間藏園九種曲刊本
第二碑	清·蔣士銓	清乾隆間藏園九種曲刊本
采石磯	清·蔣士銓	清紅雪樓逸稿排印本
廬山會	清·蔣士銓	清紅雪樓逸稿排印本
西江祝嘏	清·蔣士銓	清嘉慶間大文堂刊本
晉春秋	清·蔡廷弼	清嘉慶間五年太虛齋藏本

雙翠園	清・夏秉衡	清乾隆三十二年秋水堂刊本
詩中聖	清・夏秉衡	清乾隆四十九年秋水堂刻本
桃花吟	清・曹錫黼	清乾隆二十一年刻頤情閣五種曲本
彩毫緣	清・謝蘭階	舊鈔本
回春夢	清・顧森	清道光三十年刻本
放楊枝	清・桂馥	清嘉慶九年原刻本
題園壁	清・桂馥	清嘉慶九年原刻本
謁府帥	清・桂馥	清嘉慶九年原刻本
投圂中	清・桂馥	清嘉慶九年原刻本
楊狀元	清・劉翬	清乾隆刊本
乞食圖	清・錢維喬	清乾隆錢氏小林棲刻本
鸚鵡媒	清・錢維喬	清乾隆錢氏小林棲種刻本
才人福	清・沈起鳳	清乾隆古香林原刊本
文星榜	清・沈起鳳	清乾隆古香林原刊本
伏虎韜	清・沈起鳳	清乾隆古香林原刊本
報恩緣	清・沈起鳳	清乾隆古香林原刊本
鴛鴦帕	清・張應楸	清乾隆十六年佩蘭堂刻本
鬬雞懺	清・孔廣林	古吳蓮勺廬朱絲欄鈔本
温經樓遊戲翰墨	清・孔廣林	乾隆間墨絲欄鈔本
紫霞巾	清・陳烺	清嘉慶六年刻本
玉環緣	清・周昂	清乾隆五十三年此宜閣刻本
西江瑞	清・周昂	清乾隆五十三年此宜閣刻本
太平樂府玉勾十三種	清・吳可堂	清乾隆间刻本
也春秋	清・苑村居士等	清順治间刻本
石恂齋傳奇四種	清・石琰	清乾隆间清素堂刻本
夢中因	清・尤泉山人	清乾隆藍絲欄稿本
花月痕	清・陳棟	清道光七年刻本
雷峰塔	清・方成培	清乾隆三十七年水竹居刊本
珊瑚鞭	清・胡業宏	清乾隆四十三年穿柳堂刻本
玉節記	清・張衢	清咸豐元年刊本
芙蓉樓	清・張衢	清咸豐元年刊本
奇酸記	清・李斗	清嘉慶年間刻本
歲星記	清・李斗	清嘉慶年間刻本
寬大詔	清・王訢	清嘉慶二十年刻本
琵琶俠	清・董達章	清嘉慶十七年半野草堂刻本
丹桂傳	清・江義田	清道光十年彩筆堂刻本
合浦珠	清・芙蓉山樵	清道光十六年刻本
花裏鐘	清・劉伯友	清道光間刻本
三釵夢	清・許鴻磐	清道光間刊《六觀樓北曲六種》本
儒吏完城	清・許鴻磐	清道光間刊《六觀樓北曲六種》本
孝女存孤	清・許鴻磐	清道光間刊《六觀樓北曲六種》本
女雲臺	清・許鴻磐	清道光間刊《六觀樓北曲六種》本
雁帛書	清・許鴻磐	清道光間刊《六觀樓北曲六種》本
西遼記	清・許鴻磐	清道光間刊《六觀樓北曲六種》本
香谷四種曲	清・汪應培	清嘉慶間刻本
桃花影	清・范鶴年	清刻本
花間九奏	清・石韞玉	清嘉慶間刊本
紅樓夢傳奇	清・陳仲麟	清光緒重刊本
十出奇	清・周大榜	清鈔本
鴛鴦扇	清・劉永安	清鈔本
一亭霜	清・劉永安	清鈔本
皇華記	清・裳華	嘉慶十三年耀紫軒刻本
元圭記	清・瞿頡	烏絲欄鈔本
鶴歸來	清・瞿頡	清乾隆、嘉慶間秋水閣刻本
龍沙劍	清・程煐	黑龍江人民出版社一九八六年校註本
卓女當壚	清・舒位	清道光十三年武林汪氏振綺堂刻本
樊姬擁髻	清・舒位	清道光十三年武林汪氏振綺堂刻本
酉陽修月	清・舒位	清道光十三年武林汪氏振綺堂刻本
博望訪星	清・舒位	清道光十三年武林汪氏振綺堂刻本
蕩婦秋思	清・孔昭虔	清道光間鈔本

葬花	清・孔昭虔	清道光間鈔本
盂蘭夢	清・嚴保庸	清道光十九年《珊影雜識》卷下所收本
逍遥巾	清・湯貽汾	清鈔本
補天石	清・周樂清	清道光年间静遠草堂原刻本
秋聲譜	清・嚴廷中	清咸豐間原刻本
圓香夢	清・梁廷枬	清清道光間《藤花亭十種》所收原刻本
江梅夢	清・梁廷枬	清道光間《藤花亭十種》所收原刻本
曇花夢	清・梁廷枬	清道光間《藤花亭十五種》所收原刻本
斷緣夢	清・梁廷枬	清道光間《藤花亭十五種》所收原刻本
喬影	清・吴藻	清道光間原刊本
業海扁舟	清・金連凱	清道光間朱墨二色精鈔本
千金壽	清・沈筠	清道光十四年守經堂刻本
胭脂舄	清・李文瀚	清道光間《李雲生四種曲》刊本
紫荆花	清・李文瀚	清道光間《李雲生四種曲》刊本
銀漢槎	清・李文瀚	清道光間《李雲生四種曲》刊本
鳳飛樓	清・李文瀚	清道光間《李雲生四種曲》刊本
玉臺秋	清・黄燮清	清光緒六年刻本
居官鑑	清・黄燮清	清咸豐間《倚晴樓七種曲》重刊本
帝女花	清・黄燮清	清咸豐間《倚晴樓七種曲》重刊本
茂陵弦	清・黄燮清	清咸豐間《倚晴樓七種曲》重刊本
桃谿雪	清・黄燮清	清咸豐間《倚晴樓七種曲》重刊本
後勸農	清・余治	《庶幾堂今樂》本
活佛圖	清・余治	《庶幾堂今樂》本
同胞案	清・余治	《庶幾堂今樂》本
義民記	清・余治	《庶幾堂今樂》本
海烈婦記	清・余治	《庶幾堂今樂》本
岳侯訓子	清・余治	《庶幾堂今樂》本
英雄譜	清・余治	《庶幾堂今樂》本
風流鑑	清・余治	《庶幾堂今樂》本
延壽籙	清・余治	《庶幾堂今樂》本
育怪圖	清・余治	《庶幾堂今樂》本
屠牛報	清・余治	《庶幾堂今樂》本
老年福	清・余治	《庶幾堂今樂》本
文星現	清・余治	《庶幾堂今樂》本
掃螺記	清・余治	《庶幾堂今樂》本
前出劫圖	清・余治	《庶幾堂今樂》本
後出劫圖	清・余治	《庶幾堂今樂》本
義犬記	清・余治	《庶幾堂今樂》本
回頭岸	清・余治	《庶幾堂今樂》本
推磨記	清・余治	《庶幾堂今樂》本
公平判	清・余治	《庶幾堂今樂》本
陰陽獄	清・余治	《庶幾堂今樂》本
硃砂痣	清・余治	《庶幾堂今樂》本
同科報	清・余治	《庶幾堂今樂》本
福善圖	清・余治	《庶幾堂今樂》本
酒樓記	清・余治	《庶幾堂今樂》本
緑林鐸	清・余治	《庶幾堂今樂》本
劫海圖	清・余治	《庶幾堂今樂》本
燒香案	清・余治	《庶幾堂今樂》本
玉獅堂	清・陳烺	清光緒刻本
仙緣記	清・陳烺	清光緒刻本
迴流記	清・陳烺	清光緒刻本
蜀錦袍	清・陳烺	清光緒刻本
海虬記	清・陳烺	清光緒刻本
燕子樓	清・陳烺	清光緒刻本
負薪記	清・陳烺	清光緒刻本
同亭宴	清・陳烺	清光緒刻本
錯姻緣	清・陳烺	清光緒刻本
梅喜緣	清・陳烺	清光緒刻本
海雪吟	清・陳烺	清光緒刻本

悲鳳曲　清・陳烺　清光緒刻本
天上有　清・黃璞　清道光十五年刊本
新西廂記　清・張錦　清乾隆間刊本
玉劍緣　清・李本宣　清乾隆十七年刻本
再來人　清・楊恩壽　光緒間《坦園傳奇六種》刊本
桂枝香　清・楊恩壽　光緒間《坦園傳奇六種》刊本
桃花源　清・楊恩壽　光緒間《坦園傳奇六種》刊本
雙清影　清・佚名　清同治九年刻本
温柔鄉　清・星堂主人　清鈔本
汜黃濤　清・思齊主人　清鈔本
醉月緣　清・蘇旦　清繡霞堂刻本
揚州鶴　清・三原雙生　舊鈔本
秣陵秋　清・徐鶴孫　清鈔本
靈山會　清・幻園居士　《清代稿本百種彙刊》本
鏡中圓　清・管興寶　清稿本
天人怨　清・牧奴子　舊鈔本
雙奇傳　清・古洛心亮氏　清稿本
潛龍佩　清・佚名　清鈔本
一帘春　清・佚名　清鈔本
盛明雜劇　明・沈泰　中國戲劇出版社一九五八年影印頌芬室翻刻本
庶幾堂今樂　清・余治　清光緒蘇州玄妙觀得見齋藏版
中州樂府音韻類編　元・卓從之　明刊《太平樂府・附録》本
太和正音譜　明・朱權　《中國古典戲曲論著集成》本
舊編南九宮譜　明・蔣孝　明萬曆間刻本
嘯餘譜　明・程明善　明刻本
北詞廣正譜　清・李玉　民國北京大學影印青蓮書屋本
新定十二律京腔譜　清・王正祥　清康熙停雲室刻本
南曲九宮正始　清・徐迎慶、鈕少雅　清鈔本
南詞定律　清・呂士雄等　清康熙刻本
納書楹曲譜　清・葉堂　清乾隆常州葉氏納書楹刻本
新定九宮大成南北詞宮譜　清・周祥鈺　上海古書流通處影印清乾隆刻本
太古傳宗　清・湯彬和等　清乾隆刻本
教坊記　唐・崔令欽　《中國古典戲曲論著集成》本
樂府雜録　唐・段安節　《中國古典戲曲論著集成》本
碧鷄漫志　宋・王灼　《中國古典戲曲論著集成》本
唱論　元・燕南芝庵　《中國古典戲曲論著集成》本
中原音韻　元・周德清　《中國古典戲曲論著集成》本
製曲十六觀　元・顧瑛　《叢書集成初編》本
曲論　明・何良俊　《中國古典戲曲論著集成》本
南詞引正　明・魏良輔　人民文學出版社一九六一年校注本
曲律　明・魏良輔　《中國古典戲曲論著集成》・本
詞謔　明・李開先　《中國古典戲曲論著集成》本
升庵詩話　明・楊慎　中華書局一九八三年《歷代詩話續編》本
丹鉛總録　明・楊慎　上海古籍出版社一九九五年排印本
南詞叙録　明・徐渭　《中國古典戲曲論著集成》本
歸田詩話　明・瞿佑　《歷代詩話續編》本
南濠詩話　明・都穆　《歷代詩話續編》本
談藝録　明・徐禎卿　文淵閣《四庫全書》本
西廂記考　明・張鳳翼　明刻本
曲藻　明・王世貞　《中國古典戲曲論著集成》本
曲品　明・呂天成　中華書局一九九〇年校注本
曲律　明・王驥德　清康熙二十八年金閶緑陰堂刻本
周氏曲品　明・周暉　中華書局一九四〇年《新曲苑》本
五雜俎　明・謝肇淛　中華書局一九五九年校訂本
程氏曲藻　明・程羽文　中華書局一九四〇年《新曲苑》本
天香閣隨筆　明・李介立　民國上海進步書局刊本

揮麈詩話　明・王兆雲　《叢書集成初編》本
詩藪　明・胡應麟　中華書局一九六二年校點本
少室山房曲考　明・胡應麟　中華書局一九四〇年《新曲苑》本
顧曲雜言　明・沈德符　《中國古典戲曲論著集成》本
譚曲雜劄　明・凌濛初　《中國古典戲曲論著集成》本
衡曲麈譚　明・張琦　清康熙《南音三籟》附刻本
度曲須知　明・沈寵綏　明崇禎刻本
太霞曲語　明・顧曲散人　中華書局一九四〇年《新曲苑》本
太霞新奏　明・馮夢龍　民國間影印本
遠山堂曲品　明・祁彪佳　《中國古典戲曲論著集成》本
遠山堂劇品　明・祁彪佳　《中國古典戲曲論著集成》本
新傳奇品　清・高奕　《中國古典戲曲論著集成》本
傳奇匯考　清・佚名　書目文獻出版社一九九四年影印清刻本
閑情偶寄　清・李漁　《中國古典戲曲論著集成》本
静志居詩話　清・朱彝尊　人民文學出版社一九九〇年點校本
全閩詩話　清・鄭方坤　文淵閣《四庫全書》本
詞苑叢談　清・徐釚　上海古籍出版社一九八一年點校本
歷代詞話　清・王弈清等　中華書局一九八六年《詞話叢編》本
國朝詩話　清・楊際昌　上海古籍出版社一九八三年點校本
中州切音譜贅論　清・劉禧延　中華書局一九四〇年《新曲苑》本
讀畫録　清・周亮工　清道光咸豐年間《海山仙館叢書》本
詩辯坻　清・毛先舒　上海古籍出版社一九八三年點校本
南曲入聲客問　清・毛先舒　清道光吴江沈氏刊《昭代叢書》本
古今詞話　清・沈雄　《續修四庫全書》本
製曲枝語　清・黄周星　清道光吴江沈氏刊《昭代叢書》本
帶經堂詩話　清・王士禎　人民文學出版社一九八二年校點本
甌北詩話　清・趙翼　上海古籍出版社一九八三年點校本
隨園詩話　清・袁枚　人民文學出版社一九八二年校點本
批本隨園詩話　清・袁枚　商務印書館一九三四年本
隨園詩話補遺　清・袁枚　上海著易堂一九二二年本
茶餘客話　清・阮葵生　《續修四庫全書》本
錫金識小録　清・黄卬　臺灣成文出版社一九八三年本
看山閣集閒筆　清・黄圖珌　清乾隆刊《看山閣集》本
樂府傳聲　清・徐大椿　清乾隆豐草亭刻本
雨村曲話　清・李調元　清乾隆刊《函海》本
劇話　清・李調元　清乾隆刊《函海》本
劇説　清・焦循　《續修四庫全書》本
花部農譚　清・焦循　《中國古典戲曲論著集成》本
曲話　清・梁廷枏　《中國古典戲曲論著集成》本
梨園原　清・黄旛綽　《中國古典戲曲論著集成》本
顧誤録　清・王德暉、徐沅澂　清咸豐篆雲齋刻本
藝概　清・劉熙載　上海古籍出版社一九八七年標點本
蕙風詞話　清・況周頤　人民文學出版社一九八二年校點本
在園曲志　清・劉廷璣　中華書局一九四〇年《新曲苑》本
拜經樓詩話　清・吴騫　《續修四庫全書》本
蓮子居詞話　清・吴衡照　中華書局一九八六年《詞話叢編》本
芬陀利室詞話　清・蔣敦復　中華書局一九八六年版《詞話叢編》本
曲海總目提要　清・黄文暘、佚名　人民文學出版社一九五九年排印本
賭棋山莊詞話　清・謝章鋌　中華書局一九八六年《詞話叢編》本
聽秋聲館詞話　清・丁紹儀　中華書局一九八六年《詞話叢編》本
小栖霞説稗　清・平步青　《中國古典戲曲論著集成》本
今樂考證　清・姚燮　《中國古典戲曲論著集成》本
詞餘叢話　清・楊恩壽　光緒年間長沙楊氏坦園家刻本
筱園詩話　清・朱庭珍　上海古籍出版社一九八三年點校本
明詩紀事　清・陳田　上海古籍出版社一九九三年點校本
清詩紀事初編　清・鄧之誠　中華書局一九六五年點校本
瓶水齋詩話　清・舒位　清嘉慶二十一年刻本
藥欄詩話　清・嚴廷中　清道光間刻本
白雨齋詩話　清・陳廷焯　人民文學出版社一九五九年校點本
碧聲吟館談麈　清・許善長　清光緒四年仁和许氏刻本

傳奇彙考　清・佚名　古今書室一九一四年刊本
越縵堂菊話　清・李慈銘　《清代燕都梨園史料》本
越縵堂詩話　清・李慈銘　商務印書館一九二五年排印本
王國維戲曲論文集　清・王國維　中國戲劇出版社一九五七年排印本
曲海總目提要拾遺　伯英　世界書局一九三六年排印本
中國古典戲曲論著集成　中國戲曲研究院　中國戲劇出版社一九五九年校點本
中國古典戲曲序跋彙編　蔡毅　齊魯書社一九八九年校點本
中國古代戲曲序跋集　吴毓華　中國戲劇出版社一九九五年排印本
歷代曲話彙編　俞爲民、孫蓉蓉　黄山書社二〇〇〇年校點本

圖書在版編目（CIP）數據

中華大典．藝術典．戲曲文藝分典 / 李修生主编．
—長沙：岳麓書社，2017.11
ISBN 978-7-5538-0341-8

Ⅰ.①中… Ⅱ.①李… Ⅲ.①百科全書—中國
②戲曲史—中國 Ⅳ.①Z227②J809.2

中國版本圖書館 CIP 數據核字（2015）第008046號

中華大典·藝術典·戲曲文藝分典

編纂：《中華大典》工作委員會
　　　《中華大典》編纂委員會
分典主編：李修生
責任編輯：王文西　孫世傑
責任校對：黄金武
出版發行：岳麓書社
（長沙市愛民路47號　電話：0731-88884129　郵政編碼：410006）
排版：北京中易中標電子信息技術有限公司
（北京市北四環東路108號千鶴家園1004室　郵政編碼：100029）
印刷：湖南天聞新華印務有限公司
（長沙市銀星路8號湖南出版科技園　郵政編碼：410219）
開本：787×1092　1/16
印張：154.75　字數：4912千字
2017年11月第1版　2017年11月第1次印刷
印數：1—1000册
書號：ISBN 978-7-5538-0341-8
定價：880.00圓

徐復祚

論說

明・佚名《紅梨花雜劇跋》 没照應，没關合，擘頭説起，驀地結煞，似不宜於時目也。然一種雋永之味，如太羹玄酒，如布帛菽粟，令人於沖淡中，愈咀嚼愈覺有味，則非元人伎倆不能。

明・玉蟾道人《題紅梨花傳奇》 自博陵遇合，而佳人才子，遂隻千古。正以世無尤物，清史巫山雲雨，長夜漫漫耳。巧矣哉，紅梨花之遇合也。女中素秋，男中伯疇，先炙人口，後合豐城，則及趙，風流媲崔張而兩之矣。然余不多素秋、伯疇，而多孟博。其人也，始終至之，婉轉就之，令其乍喜而乍戚，乍合而乍離，疑真疑假，驚信驚誤；所謂天下有心人，非孟博之謂乎。琴川逸士，艷《紅梨》之奇，副以《桃葉》之歌，洵足傳矣。然聽之則爲《桃葉》，觀之則爲《金蘭》。故知《紅梨傳》之傳也，非傳姻譜也，傳交箴也。第其徵聲度曲，蓋以元劇中《詩酒紅梨》而演之者。於是晟溪朗庵子爲之尋宮摘調，指事諧聲，練其漆，朱丹其轂，一振南音之雅，而綴以北音之劇，令南北不分曹而奏。若曰音之有南北，自元始也，今仍元之舊已耳。余笑曰：然乎。昔塗山女候禹始作南音，有娀氏候帝始作北音，則音之有南北，振古如斯，獨元也乎哉。若素秋之迓伯疇也，伺伯疇也，遇伯疇也，作塗山之音可也，作有娀之音亦可也。雖然，度曲者汗牛，而賞音者寥寥矣。蜀之用修、吳之元美、雲間之元朗、松陵之伯英，以暨吾湖故鄣之晉叔亦邈矣。是傳也，可同義仍之《四夢》，日置案頭，倘矮子觀場，遂人故慮以俳優視之，余又願爲吳琴之碎也已矣，奚暇置喙南北之異乎否。

傳記

清（雍正）《昭文縣志》卷七一 徐復祚，字陽初，大司空栻之孫。爲諸生，博學能詩，尤工詞曲。傳奇若《紅梨》、《投梭》、《祝髮》、《宵光劍》、《一文錢》、《梧桐雨》諸本，傳誦梨園。又嘗倣陶九成《輟耕録》作《村老委談》三十卷。

清・王應奎《柳南隨筆》卷一 徐復祚，字陽初，號謩竹，大司空栻之孫。博學能文，尤工詞曲。某宗伯題其小令，以高則誠爲比。傳奇若《紅梨》、《投梭》、《祝髮》、《宵光劍》、《一文錢》、《梧桐雨》諸本，至今流傳於世，然不知其爲陽初作也。又嘗倣陶九成《輟耕録》作《邨老委談》，原本三十六卷，今所存者六卷而已。余悲陽初有如許著作，而身殁之後，遺書散佚，名字翳然。

紀事

清・佚名《曲海總目提要》卷一二《一文錢》 明萬曆間人作，自標曰破慳道人。《兩生天》下半截，即採此爲藍本。而中間亦有各異處。彼以盧至爲西安人，此以爲舍衛城人，此乃据實，彼乃翻改。至事本出内典，籍係西方，非内地人也。彼所記謂是元旦時事，此言二月中阿蘭會節。西天帝釋及後釋迦佛兩段説白，係作者用意處，融會佛門宗旨以立言，《兩生天》劇内俱删去。曲調亦間有改易。末折至將叩訴國王，釋迦佛廣布神通，令宫門上人堅不許進，至不得已而取决於佛，佛因得指點入道，其所造者給孤獨園其化爲衆盧至者即釋迦諸弟子也。《兩生天》記以至爲唐時長安人，見人假冒己形，憤欲訴于縣令，吏以新正不理事卻之。一路向上，遂欲叩閽，處處皆被阻遏，叩閽不得。帝釋以拄拂之，至跌于地，其魂被引到靈鷲山，乃見如來憤訴。委折甚多，不如此原本之直捷。蓋作《兩生天》者，欲合龐蘊爲一，不得不以至爲唐時人，爲長安人也。此處釋迦佛云帝釋與金童玉女同衆徒弟，引其性靈同其妻子送入西方，是言西方極樂世界阿彌陀佛處。《兩生天》後來結果，則是從中華至天竺也。亦有異同，不可不辨。《兩生天》云：至妻稽氏，不的。此只云盧至員外之妻。

又《宵光劍》 明時舊本，不知誰作。宵光劍上刻衛青名，鄭質以此殺人，遺禍於青，故曰《宵光劍》。《史》云：民母之子，不以爲兄弟數。未嘗欲殺青也。劇云：鄭質令翻水牛殺青於甘泉居室，誤殺衛明，青因被擒，問辟。鐵勒奴求救於公孫敖，敖令往求平陽主，向主家掃雪，懇主婢傾城勸主力救。會子夫有妊，而武帝幸主家，遂得請，大赦，青因獲釋。於關目有情，却非事實。劇作此波折，令氣勢激蕩耳。大長公主執囚青，公孫遨與壯士篡取之，《出獄》、《鬧莊》諸折所本也。谷蠡休屠，本非青事，李廣、公孫弘、竇嬰、韓安國，皆不過點綴生情。青娶傾城，與從前埋伏相照應。《漢書》云：衛青，字仲卿。其父鄭季，河東平陽人也，以縣吏給事侯家。平陽侯曹壽，尚武帝姊陽信長公主，季與主家僮衛媪通，生青。青有同母兄衛長君及姊子夫，子夫自平陽公主家得幸武帝，故青冒姓爲衛氏。青爲侯家人，少時歸其父，父使牧羊。民母之子，皆奴畜之，不以爲兄弟數。青嘗從人至甘泉居室，有一鉗徒相青曰：貴人也，官至封侯。青笑曰：人奴之生，得無笞罵，即足矣，安得封侯事乎。青壯爲侯家騎，從平陽主。建元元年春，青姊子夫得入宮幸上。皇后，大長公主女也，無子，妒，大長公主聞衛子夫幸有身，妒之，乃使人捕青。青時給事建章，未知名。大長公主執囚青，欲殺之。其友騎郎公孫敖與壯士往篡之，故得不死。上聞，乃召青爲建章監侍中，及母昆弟貴，公孫敖由此益顯。子夫爲夫人，青爲大中大夫，元光六年，拜爲車騎將軍，擊匈奴，出上谷。太中大夫公孫敖爲騎將軍，出代郡。青賜爵關内侯。元朔元年春，衛夫人有男，立爲皇后。明年，青取河南地爲朔方郡，封長平侯。五年春，青將三萬騎出高闕，逐右賢王，得裨王十餘人，衆萬五千餘人，畜數十百萬，引兵至塞。天子使使者持大將軍印，即軍中拜青爲大將軍，封三子皆爲侯。公孫敖亦封合騎侯，公孫戎奴封從平侯。按戎奴當即指爲鐵勒奴者。青既尊貴，而平陽侯曹壽有惡疾，就國，長公主問列侯誰賢者，左右皆言大將軍。主笑曰：此出吾家，常騎從我，奈何。左右曰：於今尊貴無比。長公主風白皇后，皇后言之上，乃召青尚平陽主。

著録

清・支豐宜《曲目新編・國朝雜劇》 《梧桐雨》、《一文錢》，右二種徐復祚作。

清・姚燮《今樂考證・著録三・明雜劇》 徐陽初一種，栩庵居士云：此劇足爲錢虜針砭，宗門棒喝。案：陽初即徐復祚，陽初其號也。此種刻入《盛明雜劇》，署曰破慳道人作。

又《著録七・明院本》 徐復祚三種：《紅梨》、《梧桐雨》、《宵光劍》。案：《紅梨》刻本署陽初子，即復祚，亦號破慳道人，《一文錢》劇中署名也。《宵光劍》本，《曲考》入無名氏。葉堂云：《紅梨》詞旨亦極爾雅，嫌其筆力稺弱，每一二曲後即有捉衿露肘之態。

清・王國維《曲録》卷三 《一文錢》一本，明徐復祚撰。

王衡

論説

明・沈德符《萬曆野獲編》卷二五 近年獨王辰玉太史衡所作《真傀儡》、《没奈何》諸劇，大得金、元本色，可稱一時獨步。然此劇但四折，用四人各唱一折，或一人共唱四折，故作者得逞其長，歌者亦盡其技；王初作《鬱輪袍》，乃多至七折，其《真傀儡》諸劇，又只以一大折了之，似尚隔一塵。

明・祁彪佳《遠山堂劇品・妙品》 《鬱輪袍》：或云：王辰玉既奪解，忌之者議論紛起。此眉山人作之以解嘲者。罵得痛快處，第恐又增一翻感慨。急須文殊大士當頭棒喝，方證無字禪。

明・婁堅《緱山子傳》 緱山子者，王太史辰玉之別號也。君天資警敏，又少而勤學，甫習經義，即已趨高朗駿發，度越尋常矣。未幾，試於有司，三冠其儕，而意乃夷然。凡所目擊耳聞，莫不歎羨以爲遠器。娶於嘉定金氏，文肅公鄉薦之同年友也。婦兄兆登字子魚，自是數求友於邑，始與張君定安同硯席，仲慧其字也。又因張而交唐時升字叔達，及予婁堅子柔。既而讀書支硎山房，則與華亭陳仲醇俱，皆其弱齡也。君於受經之暇，出入內閣，見其女兄獨居小樓，修默存之道，往往群仙宵降，天樂空來，甘露飄灑，蓋屢睹光景而不覺心動焉。久之道成，請於父母，同往徐氏墓田，以白晝化去，遠近來觀。耆年宿德，咸共咨嗟瞻仰。若君之目睹而神往，積以歲月，又何如也。第方誦法周孔，醰思經史，未遑耳。君之別自爲號，聊以志也。當是時，文肅公、琅邪弇州公相與歎日月之如流，而貴盛難久居也，遂築觀於城西南，中堂以供龕，東西二个各處一焉，而署之曰恬澹，殆欲躡揚許之蹤，窺性命之奥。而未幾文肅公迫於內召，弇州亦起贊留樞，雖裴袁蕭遠之運命，已企羨淵明之歸來矣。居久之，爲歲戊子，君之秋試程文極爲主司所賞，擢爲第一，衆皆歎服。顧以文肅公之在事也，清介已絶人，而剛方又忤俗，如君之才敏文贍，猶未免於覆試。迨乎忌才者無瑕可蹈，傍觀者公論益彰，然君且因是更澹於世味矣。遂留侍公，朝夕圖史之暇，偕其友策蹇入山，每慨焉興歎，思浮遊塵埃之外，蟬蜕汙濁之中，而未能也。既而奉侍吴太夫人東還。自後文肅公嘗一乞假歸省，纔半歲，連三使召還，遂陟首揆。是時也，人皆稱公以清峻絶干謁爲忠，而君以恭謹防隙瑕爲孝云。比歲甲午，公累疏懇乞謝事，歸侍母夫人昕夕，得睹其壽終焉。自公宅憂，君內奉二親，外應賓客，暇而修其文章，如是者又數年，而中禮部試。洎對大廷，皆第二人。臚傳之日，天顔有喜，顧謂侍臣曰：王先生有子。一時争傳之以爲榮。乃君猶不能無憾者，母夫人之前逝也。未幾，以升儲大典奉詔馳諭東南四郡而還，比歸覲，文肅公喜而迎慰之，第對曰：兒今日以後，有長依膝前而已。遂乞終養云。自公家居，蒙恩特敕行人存問，俄又召還者皆至再，遠近皆所欣慕，而君獨竊歎曰：此殆吾父子畢命之期乎。已而君病，病以鬱且瘁，遂不復能起。嗚呼，君於學問文章，自少及强不怠，益勤經史，而外泛覽於諸子百家，殆無隙晷，且丹鉛其傍以識焉。誠欲有所用之，非徒以炫博而已。顧自早歲知名，迄乎登第，精力方强，曾未及施用，而身已疲於過客矣，豈不可惜哉。初，予過州城，讀書琅邪蘼蕪園，密邇君第，每一過從，往往淹留，及於文字之飲以爲樂。其後又久麇賁園，相去差遠，不暇數相求，而異時把酒論文之樂，時復如昨。君每文成，輒以相示，間有求全，即時改定。蓋其虚而能受，又若此。猶記嘗一日雨中三過，則皆自城南客舟還也，冏伯留之，少淹再辭不暇，及三乃留，明燈相對，當杯而歎：涉世之糾紛，豈若閒居之清暇。低回者久之。君於讀書綴文，必以古人爲師，然不屑屑求肖於形模，而務以豁其胸懷，往往造於自得。凡其寄情翰墨者，蘄乎獨創，而極之於宏肆偉麗然後已。雖人皆知其長才，而或未悉其沈思。獨所與同筆硯者，能名言之耳。以君之才之志，使得究其所學，踵在昔之儀刑，爲流俗之砥礪，豈可量哉。而年甫及衰，用未少展，譬猶花榮而未茹其實，淵深而尚屯其膏，豈獨執友之歎道窮，實亦通國之傷埋玉者也。予蓋嘗叙次其遺文，而猶未悉其雅尚，故於尚寶之請，傷其進未及於施用，退不獲於遂初，輒别爲之傳，以俟後之能知君者焉。

清（崇禎）《太倉州志》卷一三 王衡，字辰玉，號緱山。錫爵子。生而頎然，白皙。讀書五行俱下。舉華亭陳繼儒習業支硎山中，月明賦詩，嘗舉酒刻成詩，限酒寒得罰以爲適。錫爵忤江陵，衡年十三，倚膝前誦《歸去來辭》。錫爵笑曰：去不决，將爲寧馨笑。即日歸。錫爵既柄用，戊子應北京鄉試，中解首。禮部郎中高貴疏衡有私，錫爵疏，辭語頗憤，詔令官午門復較。衡通敏，人且歎服。刑部主事饒伸猶疏不已，上怒譴伸。衡聞，語錫爵請解，錫爵乃疏救伸，天下以此多重之。辛丑成進士，廷對爲第二人，如其父，授編修。是歲奉使江南，因請終養。久之，病瘍。病二年，竟卒，年四十九。衡詩文俱名家，尤長經世畧，注意邊務。侍父京邸，頗有所左右，第不欲自顯。弇州負天下望，後輩咸出門下。衡猶倔彊，以通家子見。弇州得衡詩文，輒呼才士。衡屈伏十年，所有不同，每寓歌詠，倣元人詞曲作戲劇，論者多惜其未用。

清・錢謙益《列朝詩集小傳》丁集下 衡，字辰玉，太倉人。少傳文肅公錫爵之子也。年十四,作和《歸去來詞》,以諷江陵,館閣中爭相傳寫。長而學殖益富,能詩善書,散華落藻,名動海內。萬曆戊子,舉順天鄉試第一。少傅方執政,言者攻之急,少傅陳辯亦甚厲,而天下不以譏少傅者,以辰玉真才子,不愧舉首,都人士皆耳而目之也。越十年,辛丑,舉進士廷試第二人,神宗問知爲少傅子,父子科名相似,爲之歎息,授翰林院編修,省覲乞歸,屬疾不起。辰玉少爲詩,落筆數千言,已而多所持擇,每一詩就,輒悄然不自得。其友唐叔達規之曰:探珠於淵,採玉於山,夫何容易,子殆將進也。辰玉自以宰相之子,當通達古今治體,講求經世要務,又奮欲以制科自見,窮日夜之力於斯二者,而以其餘力爲詩。讀其詩者,知其才器無所不有,固不盡於詩,而詩亦不足以盡辰玉也。

清(康熙)《江南通志》卷四三　王衡,字辰玉。錫爵子。與華亭董其昌、陳繼儒、練川唐時升,婁堅輩,以文行相砥礪。錫爵忤張居正,時衡年十六,和淵明《歸去來辭》以寄。錫爵笑曰:吾不去,將爲孺子笑。即日歸。萬曆戊子,北闈領解,忌者言其有私,得覆試,援筆立就,人皆嘆服。辛丑成進士第二人,授編修,乞終歸養,尋卒。有《緱山集》。

清(康熙)《廣輿志》卷三　錫爵子。未第時文名動海內,後廷試第二。神宗問知爲錫爵子,父子科名相侶,爲之嘉嘆。

清(乾隆)《鎮洋縣志》卷一二　王衡,字辰玉,號緱山,錫爵子。生而頎然,讀書五行俱下【略】戊子,入北闈中解首,禮部郎中高貴、刑部郎中饒伸文章,疏衡有私。詔會官覆試,衡淹洽通敏,經書、論策各一,援筆立就,人皆嘆服。上怒,譴貴杖伸。衡間語錫爵請解,錫爵乃疏救伸、貴,天下以此多之。辛丑成進士,廷對爲第二,如其父,授編修。是歲,奉使江南,因請終養。久之,病瘍,二年竟卒,年四十九。衡博覽群書,尤長經世略,注意朝典邊務。侍父京邸,頗有所左右,居家孝友廉謹,絶干請,贍親淳,德隱行,多可稱述。卒之日,錫爵哭子文云:有士如此,國不能盡其用;有子如此,父不能終其養。海内傳誦,哀而惜之。

紀事

清·佚名《曲海總目提要》卷七《真傀儡》　係明人雜劇,姓氏無可考。或云王衡所撰,寓其父錫爵家居時混迹市廛,不矜富貴,有如杜祁公也。或又云爲申時行而作。時行罷相,閒遊村墅,與田夫野老問答竟日,故時人作此劇以美之。二説未知孰是。按杜衍本傳,衍出入從者十餘人,不肯爲居士服以竊高名,則必無道帽深衣,入傀儡場中之理。惟可談所載相合,但與正史不合。至諫議三公入市彈本及賜白玉壽杖等物,則作者撮撰,非實事也。《宋史·杜衍傳》云:衍清介不殖私産,既退,寓南都,凡十年,第室卑陋,才數十楹,居之裕如也。出入從者十許人,烏帽皂履,綈袍革帶。或勸衍爲居士服,衍曰:老而謝事,尚可竊高士名耶。宋朱彧《可談》云:世傳杜祁公罷相歸鄉里,不事冠帶。一日在河南府客次,道帽深衣,坐席末。會府尹坐衙,皂不識其故相。有運勾至,年少貴遊子弟怪祁公不起揖,厲聲曰:足下前任甚處。祁公曰:同中書門下平章事。《劉賓客嘉話録》:大司徒杜公在維揚,也嘗召賓幕閒話:我致政之後,必買一小駟八九千者,飽食訖而跨之。著一粗布襴衫入市看盤鈴傀儡足矣。又曰:郭令公位極之際,嘗慮禍及,此大臣之危事也。司徒深旨,不在傀儡,蓋自污耳。司徒公後致仕,果行前志。諫官上疏,言三公不合入市。公曰:吾計中矣。計者,即自污耳。按此則傀儡蓋杜佑事,作者以姓同傅會也。

著録

清·黄文暘、佚名《重訂曲海總目·明人雜劇》　王衡字辰玉,又號緑野堂主人。《鬱輪袍》國朝石牧所作名同。、《哭倒長安街》、《真傀儡》、《没奈何》。

清·支豐宜《曲目新編·明人雜劇》　《鬱輪袍》、《哭倒長安街》、《真傀儡》、《没奈何》,右四種,王衡作。

清・姚燮《今樂考證・著録三・明雜劇》 蘅蕪室一種，《再生緣》。

清・王國維《曲録》卷三 《鬱輪袍》一本，《真傀儡》一本，《長安街》一本，《没奈何》一本。右四種，明王衡撰。

吴世美

論説

明・吕天成《曲品》卷上 吴叔華逸藻出於世家。

又卷下 《驚鴻》：楊、梅二妃相妬事，佳。詞亦秀麗。第以國忠相而後進太真，於事覺顛倒耳。

紀事

清・佚名《曲海總目提要》卷一〇《驚鴻記》 明萬曆時人作。有沈肇元序，稱吾友仲子所爲。又周鄭王序稱余兄仲氏。又自署多口洞天人編。按百家姓周吴鄭王，此云周鄭王者，隱一吴字。多口洞天者，亦吴字也，蓋吴姓而仲其字者。記梅妃驚鴻舞，據妃傳及開元天寶遺事。第禄山之亂，梅妃實死于兵。今記稱梅妃避跡菴觀，後復入宫，蓋傳奇家不得不如此收場耳。漢邸計陷梅妃，亦非實事。楊妃事本《楊太真外傳》，詳《長生殿》劇内。唐曹鄴《梅妃傳》云：梅妃姓江氏，名采蘋，莆田人。開元中，高力士使閩越，見其少麗，選歸侍明皇，大見寵幸。東西兩宫幾四萬人，自得妃，視如塵土。妃善屬文，自比謝女，性喜梅，所居欄檻悉植數株，上榜曰梅亭。梅開賦賞，至夜分，尚顧戀花下不能去。上以其所好，戲名曰梅妃。妃有《蕭蘭》、《梨園》、《梅花》、《鳳笛》、《玻盃》、《剪刀》、《綺窗》八賦。是時承平日久，上于兄弟間極友愛。日從燕閒，必妃侍側。上命破橙往賜諸王，至漢邸，潛以足躡妃履。登時退閣，上命連趣，報言適履珠脱綴，綴竟當來。久之，上親往命妃，妃拽衣迓上，言胸腹病作，不果前也，卒不至，其恃寵如此。上嘗顧諸王戲曰：此梅精也。吹白玉笛，作驚鴻舞，一座光輝。會太真楊氏入侍，寵愛日奪，竟爲楊氏遷于上陽東宫。上憶妃，夜遣小黄門持燭，密以戲馬召妃，至翠華西閣叙舊愛，繾而上失寤。侍御驚報曰：妃子已届閣前，當奈何。上披衣，抱妃藏夾幙間。太真既至，問梅精安在。上曰：在東宫。太真曰：乞宣至，今日同浴温泉。上曰：此女已放屏，無並往也。太真語益堅，上顧左右不答。太真大怒曰：肴核狼籍，御榻下有婦人遺舃。夜來何人侍陛下寢，歡醉至于日出不視朝，陛下可出見群臣，妾止此閣以俟駕回。上愧甚，拽衾向屏復寢，曰：今日有疾，不可臨朝。太真怒甚，逕歸私第。上頃覓妃所在，已爲小黄門送令步歸東宫。上怒斬之，遺舃并翠鈿，命封賜妃。妃謂使者曰：上棄我之深乎。使曰：上非棄妃，誠恐太真惡情耳。妃笑曰：恐憐我則動肥婢情，豈非棄也。妃以千金壽高力士，求詞人擬司馬相如爲《長門賦》，欲邀上意。力士方奉太真，且畏其勢，報曰：無人解賦。妃乃自作《樓東賦》。太真聞之，訴明皇曰：江妃庸賤，以謏詞宣言怨望，願賜死。上默然，會嶺表使歸，妃問左右：何處驛使來，非梅使耶。對曰：庶邦貢楊妃果實使來。妃悲咽泣下。上在花萼樓，命封珍珠一斛密賜妃，妃不受，以詩付使者曰：爲我進御前也。曰：柳葉雙眉久不描，殘妝和淚污紅綃。長門自是無梳洗，何必珍珠慰寂寥。上覽詩，悵然不樂，令樂府以新聲度之，號《一斛珠》，曲名始此也。禄山犯闕，上西幸，太真死。及東歸，尋妃所在，不可得。後上暑月晝寢，髣髴見妃隔竹間泣曰：昔陛下蒙塵，妾死亂兵之手，哀妾者埋骨池東梅株傍。上駭然流汗而寤，登時令往太液池發視之，無獲。忽悟温泉湯池側有梅十餘株，豈在是乎。上自命駕，令發視，纔數株，得尸。視其所傷，脇下有刀痕。上自製文誄之，以妃禮易葬焉。唐王仁裕《開元天寶遺事》云：明皇正寵楊妃，不視朝政。安禄山初承聖睠，因進助情花香百粒，大小如粳米而色紅。帝祕之曰：此亦漢之慎卹膠也。又云：念奴者，有姿色，善歌唱，未嘗一日離帝左右。每執板當席顧盼，帝謂妃子曰：此女妖麗，眼色媚人，每歌則聲出朝霞之上，雖鐘鼓笙竽嘈雜，而莫能遏，宫妓中帝之鍾愛也。又云：宫妓永新者，善歌，最受明皇寵愛。每對御奏歌，則絲竹之聲莫能遏。帝嘗謂左右曰：此女歌直千金。

著録

清・佚名《古人傳奇總目》《鸞鴻》：吴叔華作。（江采蘋）事。

清・黄文暘、佚名《重訂曲海總目・明人傳奇》 吴世美：《鸞鴻記》。

清・姚燮《今樂考證・著録六・明院本》 吴世美一種：《鸞鴻》。

清・王國維《曲録》卷四 《鸞鴻記》一本，明吴世美撰。

陸士璘

論説

明・祁彪佳《遠山堂曲品・具品》《雙鳳》：趙范、趙葵當金虜猖獗時，以兩書生而擒李全，走楊姑，收棗陽之捷，真不愧雙鳳名矣。詞多北音，故覺音韻不叶。

紀事

清・佚名《曲海總目提要》卷一一《雙鳳記》 明陸華甫撰。演趙范、趙葵事也，兄弟皆立功，故曰《雙鳳齊鳴記》。趙范兄弟破李全事，見《宋史及紀事本末》。此記多實事，惟言李全妻途遇范葵，贈之以馬，及全與范葵奪功成隙，皆是增飾。又平李全時趙方已没，賜婚及爲李燔壻，亦是點綴。楊氏婢海棠，係憑空撰造。楊氏與李全比試成親，事出稗史。韓侂胄、史彌遠，隨意點入。《宋史》：趙葵，字南仲，京湖制置使方之子。與兄范俱有志事功，方器之，遣從南康李燔爲有用之學。每聞警報，與諸將偕出，遇敵則深入死戰。諸將唯恐失制置子，盡死救之，屢以此獲捷，其後累立戰功。寶慶元年，范知揚州，乞調葵以强勇雄邊軍五千屯寶應備賊。紹定元年，葵出知滁州，李全之獻俘也，朝廷授以節鉞。葵策其必叛，上書丞相史彌遠，又言于朝。彌遠猶未欲興討，參政鄭清之贊决之，乃加葵直寶章閣淮東提點刑獄兼知滁州。范刻日約葵共事，全攻揚州東門，葵親出搏戰。全在隔濠立馬相勞苦，問全來何爲。全曰：朝廷動見猜疑，今復絶我糧餉，我非背叛，索錢糧耳。葵曰：朝廷資汝錢糧，寵汝官職，待汝以忠臣孝子。而乃反戈攻陷城邑，朝廷安得不絶汝錢糧。汝云非叛，欺人乎。欺天乎。全無以對，彎弓抽矢向葵而去，於是數戰皆捷，遂殺全。事見《全傳》。進葵福州觀察使，未幾，授淮東制置使，兼知揚州。范，字武仲，少從父軍中立戰功。及官淮東安撫副使，與弟葵决謀討賊，戮全。進兵部侍郎，淮東安撫使，兼知揚州。《紀事本末》云：寧宗嘉定七年，金濰州李全兵起。全，濰州北海農家子，鋭頭蠭目，權譎善下人。弓馬趫捷，能運鐵鎗，人號李鐵鎗。河北山東群盜寇掠州郡，皆衣紅衲襖，時目爲紅襖賊。全與仲兄福，亦聚衆數千，鈔掠山東，劉慶福等皆附之。金僕散安貞敗楊安兒于益都，安兒入海墜水死，其妹四娘子狡悍善騎射，劉全收餘黨奉之，稱曰姑姑。衆萬餘，掠食至磨旗山，李全以其衆附之。楊氏因與私通，遂以爲夫。紹興十一年正月，李全率衆來歸，詔以全爲京東路總管。金石州賊馮。天羽黨國安用來降，詔同知孟州事，其後國安用歸于李全。十五年十二月，以李全爲保寧軍節度使。李全逼淮東，制置使許國自縊。知揚州趙范請討之，史彌遠不聽。紹定三年二月，起復趙范、趙葵，節制鎮江滁州軍馬。三年五月，以李全爲彰化保康節度使，京東鎮撫使，全不受命。治船自淮口及海相望，欲先據揚州以渡江。分兵徇通泰以趨海，且以捕盗爲名。水陸數萬，徑擣鹽城，入據之。趙范、趙葵謂全必反，累疏力言，史彌遠不納，以趙善湘爲江淮制置使，李全紿通判趙敬夫，爲求誓書鐵券。敬夫得史彌遠書，勸全歸楚州，全擲書不受。敬夫恐，亟迎趙范于鎮江。范刻日約葵，葵帥雄勝寧淮武定强勇四軍萬四千赴之。時全攻下泰州，將趨揚，聞范葵已入揚城，乃鞭其將鄭衍德曰：我計先取揚州渡江，爾曹勸我取通泰。今二趙已入揚州矣，江其可渡耶。既而曰：今惟有徑擣揚州耳。遂分兵守泰。而悉衆攻揚州，屢戰，全兵多敗。乃列砦圍三城，制司總所糧援俱絶。全乃張蓋奏樂于平山堂，布置築圍。范出師大戰，獲全糧數十艘。四年正月，全浚圍城塹。范、葵遣將出東門掩擊，蹂溺甚衆，賊閉壘不出。葵曰：賊俟我收兵而出耳。乃伏騎破垣間，收步卒誘之。賊兵數千趨濠側，李虎力戰，城上矢石如雨注，賊退。范、葵並出爲三陣以待之。自己至未，賊敗走。全攻城不得，欲戰不利，忽忽不樂。或令左右抱其臂曰：是我手否。人皆怪之。范、葵夜議詰朝所向，葵曰：出東門。范曰：西出嘗不利，賊必見易。因其所易而圖之，必勝。不如出西門。全置酒平山堂，槍垂雙拂爲號。范、葵率精鋭數千而西，取官軍素爲賊所易者，張其旗幟以易之。全望見大喜，突鬭而前。范麾兵並進，葵親搏戰。諸軍爭奮，賊始疑非前日軍，欲走入土城，李虎軍已塞其甕門。全窘，從數十騎北走。葵率諸將蹙之。全趨新塘，自決水後淖深數尺。會久晴，浮戰塵如燥壤。全騎過之，皆陷淖中，不能自拔。葵軍追及，奮長槍三十餘，亂刺之，碎其屍而分鞍馬器甲，餘黨欲潰。國安用不從，欲還淮安奉全妻楊氏，范葵追擊，大破之，乃散去。捷聞，加范淮東安撫使，葵淮東提刑。全妻楊氏謂鄭衍德曰：二十年梨花槍，天下無敵手。今事勢已去，撐拄不行。汝等未降者，以我在故耳。遂絶淮而去。其黨納款，范許之，淮安平。《宋史·李全傳》云：葵使人瘞新塘骸骨，得左掌，無一指，蓋全支解也。先是全乞靈茅司徒廟，無應。全怒，斷神像左臂。或夢神告曰：全傷我，全死亦當如是。至是果然。《紀事本末》：韓侂胄生日，趙師罿出小合曰：願獻少果核侑觴。啓之，乃粟金蒲桃小架，上綴大珠百餘顆。侂胄嘗與衆客飲南園，過山莊，顧竹籬草舍曰：此真田舍間氣象，但欠犬吠雞鳴耳。俄聞犬嗥，蕭薄視之，乃師罿也，侂胄大笑。今見第四折中。又侂胄有愛妾張、譚、王、陳四人，皆封郡夫人。或獻北珠冠四枚于侂胄，侂胄以遺四夫人。今第四折指爲蘇師旦所獻。又諫議大夫程松市一妾，獻侂胄，名曰松壽。侂胄曰：奈何與大諫同名。答曰：欲使賤名常達鈞聽耳。今亦見第四折中。

葉憲祖

論説

明·吕天成《曲品》卷上　桐栢南宫妙選，東海英流。曼倩倜儻而陸沈，季子揣摩而脱穎。掀髯共推咳唾，折齒不廢嘯歌。

又　《玉麟》：三蘇事，舊有《麟鳳記》，極輕倩。美度初爲之删定，遂盡易其舊。詞致秀爽，尤宜喜筵。

又　《雙卿》：本傳雖俗，而事奇，予極賞之，貽書美度以新聲，浹日而成。景趣新逸，且守韻調甚嚴，當是詞隱高足。

又　《鸞鎞》：杜羔妻寄外二絶，甚有致。曲中頗具憤激。唐時進士題名後，可以遍閲諸妓。必作羔醉眠青樓之狀，而其妻醉眠何處之句，猜來有情耳。插合魚玄機事，亦具風情一班。温飛卿最陋，何多幸也。

又　《四豔》：選勝地，按節氣，賞名花，取珍物，而分扮麗人，可謂極排場之致矣。詞調俊逸，姿態横生。密約幽情，宛宛如見，邵令老顛没法耳。

又　《金鎖》：元有《竇娥冤》劇，最苦。美度故向此中寫出，然不樂觀之矣。

明·王驥德《曲律》卷四　姚江有葉美度進士者，工雋摹古，撰《玉麟》、《雙卿》、《鸞鎞》、《四豔》、《金鎖》，以及諸雜劇，共十餘種。

又　今之詞曲，即古之樂府也。吾友桐栢生嘗取古樂府中所列百餘題，盡易今調，爲各譜一曲。其詞亦雅麗可喜，大是佳事，勤之已爲刻行。

明·佚名《雙修記序》　居士精詞曲，其所作《玉麟》、《四艷》諸記，皆爲世膾炙。精究佛理，篤信浄土。暇日取《劉香女小卷》，被之聲歌，名《雙修記》。

明·祁彪佳《遠山堂劇品·雅品》　《北邙説法》南北一折：實地説

法，不作空虛語。合律之曲，正以不露才情爲妙。

又《團花鳳》：其事彷彿《鴛衾》，而符女之認鳳釵，關目更妙。讀三《寄生草》曲，如聞遥天鶴唳。

又《罵座記》：灌仲孺感憤不平之語，槲園居士以純雅之詞發之，其婉刺處有更甚於快罵者。此槲園得意筆也。第四折前後兩調，各出一宮，可分爲二折。第三折止可作楔子耳。

又《寒衣記》：傳兒女離怨之情。深情以淺調寫之，故能宛宛逼肖。槲園精工音律，於此劇北調，尤見其長。

又《易水離情》：荆卿挾一匕首入不測之强秦，即事敗身死，猶足爲千古快事。桐栢於死者生之，敗者成之，荆卿今日得知己矣。

又《渭塘夢》：桐栢之詞以自然取勝，不肯鐫琢。如此劇，乃其鐫琢處漸近自然，則選和練妙，別有大冶矣。夢中得物極奇，王伯彭已演爲《異夢記》。

又《會香衫》：此即《蔣興哥重會珍珠衫》傳也。上劇止奸尼賺衫一節事耳，未盡者以次劇繼之。元人原有此體，如《西厢》之分爲五劇是也。桐栢邇來之詞，信手拈出，俱證無礙維摩矣。

又《碧玉釵》：爲《團花鳳》翻一重境界。後之歡遇也，與彼劇絶不相肖，而繁簡短長，各有佳處。

又《玳瑁梳》：鬱藍生何所見，而謂嫡之妬妾也可解，妾之妬妾也不可解。乃摭爲傳，寄槲園度以清歌。纖纖團扇之怨，固自取之，即蕣華亦終覺不快。惟静妹以後進奪寵，大解人意。

又《鴛鴦寺冥勘陳玄禮》：馬嵬埋玉，此是千秋幽恨。槲園欲爲千古洩恨耶。然古慠生之腐亦自不可少。北詞一折，幾於行雲流水，盡是文章矣。

又《芙蓉屏》：今已有譜爲全記者矣，乃槲園以四折盡之，不覺情景之局促，則由其宛轉融暢，詞意具足耳。

又《三義成姻》：詞律嚴整。再得詞情紆宛，則兼善矣。豈弄丸之手不以繪琢爲工乎。近黄履之已演爲《雙燕記》，王伯彭已演爲《題燕記》。

又《琴心雅調》：玩其局段，是全記體，非劇體，故必八折，而長卿之事，乃陳其概。

又《龍華夢》：白娟娟之夢，至獨孤生於龍華寺目擊之；及獨孤歸，而娟娟之夢未已也。異哉。《南柯》、《邯鄲》之外，又闢一境界矣。

又《桃花源》：傳之飄灑有致。桃源一逕，宛在目前。覺許時泉之一折，不免淺促。

又《賀季真》：同一超世者也，不遇時，則爲淵明之三逕、五柳；遇時，則爲季真之一曲鑑湖。故傳季真之詞，有閒適意而絶無感慨。

又《死生緣》：此即小説中《金明池吴倩逢愛愛》也。頭緒甚繁，約之於一劇而不覺其促，乃其情語婉轉，言盡而能有餘。

又《巧配閻越娘》：郭、史爲五代間霸主能臣，槲園主人傳以新聲，滿紙是英雄俠烈之概。八折分二劇，如《會香衫》式，而此更雜以南曲一折。

又《逸品・耍梅香》淫奔之狀，摹擬入神，當令《西厢》拜下風。作者必有所刺。

又《西樓夜話》：越中舊有《郭鎮撫》一記，惜無善本。桐栢第記其淫縱一段耳，可以插入原記，非劇體也。

傳記

清（康熙）《紹興府志》卷五〇　葉憲祖，字美度，餘姚人。萬曆乙未進士，授新會令，考選入京。時黄尊素劾逆璫，憲祖以尊素姻家，左遷大理評事，轉工部主事。【略】崇禎改元，起爲南刑部郎，出守順慶，流寇道梗，人覲者失期。冢宰問憲祖，從容爲小吏申理，冢宰默然。陞湖廣副使，備兵辰沅，五谿苗入犯，憲祖累獲，總督朱燮元叙之。轉四川參政，請告，升廣西按察司，皆未任。憲祖與同邑孫鑛以古文辭相期許，其填詞直追元人，與之上下，有明辭家率推玉茗、太乙，憲祖以爲濃豔勦襲，失古淡本色，此難爲不知者道也。癸卯與同邑沈應文、楊文焕、邵圭同修邑府志。

清（康熙）《浙江通志》卷三七　葉憲祖，字美度，餘姚人。萬曆乙未進士，入爲工部主事。逆閹建祠長安街，憲祖笑謂同官曰：此天子走辟雍道也。土偶豈能起立乎。逆閹聞之大怒：吾乃爲郎所詣。削籍。崇禎間，累官至廣西按察使。與孫鑛讀書，鑛文師法王槐野；憲祖師法弇州，兩人各自爲家，而議論則水乳。憲祖長於填詞，古淡本色，街談巷語亦化爲神奇。吴炳、袁令昭詞家名手，皆從其指授爲弟子。

清·朱彝尊《明詩綜》卷六一　憲祖，字美度，餘姚人，萬曆己未進士，除新會知縣，考選左遷大理評事，轉工部主事，坐建魏璫祠，不肯督工削籍。崇禎初起南京刑部郎中，出爲湖廣按察副使，歷官廣西按察使。

清·佚名《曲海總目提要》卷八《易水寒》　明餘姚葉憲祖所撰。憲祖，字美度，別號六桐，填詞別號曰槲園。萬曆己未進士，官至廣西按察使。善填詞，街談巷語，亦化神奇，得元人之髓。花晨月夕，徵歌按拍，一詞脱稿，即令伶人習之。此劇演荆軻事，悉本《史記》。末云荆軻劫秦功成，逢王子晉點化仙去，係撮撰附會。《史記》云：荆軻者，衛人也。其先乃齊人，徙於衛，衛人謂之慶卿。而之燕，燕人謂之荆卿。荆軻既至燕，愛燕之狗屠及善擊筑者高漸離。燕之處士田光先生亦善待之，知其非庸人也。居頃之，會燕太子丹質秦亡歸燕。歸而求爲報秦王者，國小力不能。居有間，秦將樊於期得罪於秦王，亡之燕，太子受而舍之。鞠武諫曰：不可。夫以秦王之暴而積怒於燕，足爲寒心，又况聞樊將軍之所在乎。願太子疾遣樊將軍入匈奴以滅口。太子曰：夫樊將軍窮困於天下，歸身於丹，丹終不以迫於强秦，棄而所哀憐之交，願太傅更慮之。鞠武曰：燕有田光先生，其爲人智深而勇沉，可與謀。太子曰：願因太傅而得交於田先生可乎。鞠武曰：敬諾。出見田光，先道太子願圖國事於先生也。田光曰：敬奉教。乃造焉。太子逢迎，卻行爲導，跪而蔽席。田光坐定，左右無人，太子避席而請曰：燕秦不兩立，願先生留意也。田光曰：光不敢以圖國事，所善荆卿可使也。太子曰：願因先生得結交於荆卿可乎。田光曰：敬諾。即起趨出。太子送至門，戒曰：丹所報先生所言者，大事也，願先生弗泄也。田光俛而笑曰：諾。僂行見荆卿曰：光與子相善，燕國莫不知。今太子聞光壯盛之時，不知吾形已不逮也，幸而教之曰燕秦不兩立，願先生留意也。光竊不自外，言足下於太子也，願足下過太子於宫。荆卿曰：謹奉教。田光曰：吾聞之，長者爲行，不使人疑之。今太子告光曰所言者，國之大事也，願先生勿泄，是太子疑光也。夫爲行而使人疑之，非節俠也。欲自殺以激荆卿曰：願足下急過太子，言光已死，明不言也。因遂自刎而死。荆卿遂見太子，言田光已死，致光之言。太子避席頓首曰：燕小弱，數困於兵，今計舉國不足以當秦。諸侯服秦，莫敢合從。丹之私計，以爲誠得天下之勇士使於秦，闚以重利。秦王貪，其勢必得所願矣。誠得劫秦王，使悉反諸侯侵地。則不可，因而刺殺之。彼秦大將擅兵於外，而内有亂，則君臣相疑，以其間得合從，其破秦必矣。此丹之上願，而不知所委命，唯荆卿留意焉。久之，荆軻許諾。於是尊荆卿爲上卿，舍上舍。太子日造門下，供太牢，具異物間進車騎美女，恣荆卿所欲，以順適其意。久之，荆軻未有行意。秦將王翦破趙，擄趙王，盡收入其地，進兵北略地至燕南界。太子丹恐懼，乃請荆軻曰：秦兵旦暮渡易水，則雖欲長侍足下，豈可得哉。荆軻曰：微太子言，臣願謁之。今行而無信，則秦未可親也。夫樊將軍，秦王購之，金千斤，邑萬家。誠得樊將軍首，與燕督亢之圖奉獻秦王，秦王必説見臣，臣乃得有以報太子。太子曰：樊將軍窮困來歸丹，丹不忍以己之私，而傷長者之意，願足下更慮之。荆軻知太子不忍，乃遂私見樊於期曰：秦之遇將軍，可謂深矣，父母宗族皆爲戮没。今聞購將軍首，金千斤，邑萬家，將奈何。樊於期仰天太息流涕曰：於期每念之，常痛於骨髓，顧計不知所出耳。荆軻曰：今有一言可以解燕國之患，報將軍之仇者，何如。於期乃前曰：爲之奈何。荆軻曰：願得將軍之首以獻秦王，秦王必喜而見臣，臣左手把其袖，右手揕其胸，然則將軍之仇報，而燕見陵之愧除矣。將軍豈有意乎。樊於期偏袒搤捥而進曰：此臣之日夜切齒腐心也，乃今得聞教。遂自剄。太子聞之，馳往，伏屍而哭，極哀。既已不可奈何，乃遂盛樊於期首函封之。於是太子豫求天下之利匕首，得趙人徐夫人匕首，取之百金，乃裝爲遣荆卿。燕國有勇士秦舞陽，年十三，殺人，人不敢忤視。乃命秦舞陽爲副。太子及賓客知其事者，皆白衣冠以送之。至易水之上，既祖取道，高漸離擊筑，荆軻和而歌，爲變徵之聲，士皆垂淚涕泣。又前而歌曰：風蕭蕭兮易水寒，壯士一去兮不復還。復爲羽聲慷慨，士皆瞋目，髮盡上指冠。於是荆軻就車而去，終已不顧。遂至秦，持千斤之資幣物厚遺秦王寵臣中庶子蒙嘉。嘉爲先言秦王。秦王聞之大喜，乃朝服，設九賓，見燕使者咸陽宫。荆軻奉樊於期頭函，而秦舞陽奉地圖匣，以次進。至陛，秦舞陽色變振恐，群臣怪之。荆軻顧笑舞陽，前謝曰：北蕃蠻夷之鄙人，未嘗見天子，故振慴。願大王少假借之，使得畢使於前。秦王謂軻曰：取武陽所持地圖。軻既取圖奏之，秦王發圖，圖窮而匕首見。因左手把秦王之袖，而右手持匕首揕之。未至身，秦王驚，自引而起，袖絶。拔劍，劍長操其室。時惶急劍堅，故不可立拔。荆軻逐秦王，秦王環柱而走。群臣皆愕，卒起不意，盡失其度。而秦法群臣侍殿上者，不得持尺寸之兵。諸郎中執兵，皆陳殿下，非有詔召不得上。方急時，不及召下兵，以故荆軻乃逐秦王。而卒惶急無以擊軻，而以手共搏之。是時侍醫夏無且以其所奉藥囊提荆軻也。秦王方環柱走，卒惶急不知所爲。左右乃曰：王負劍。負劍，遂拔以擊軻，斷其左股。荆軻廢，乃引其匕首以擿秦王，不中，中銅柱。秦復擊軻，軻被八創。軻自知事不就，倚柱而笑，箕踞以駡曰：事所以不成者，以欲生劫之，必得契約以報太子也。於是左右前殺軻。秦王大怒，益發兵詣趙，詔王翦軍以伐燕。

又《鸞鎞記》 温庭筠與魚元機分鎞合鎞事，無所出。中云他們通是崑山腔板，覺得冷静，則係明季人作無疑矣。按《唐詩紀事》：杜羔不第，其妻趙氏先寄一詩云：良人的的有奇才，何事年年被放回。如今妾面羞君面，君若來時傍晚來。羔得詩，即不回家，及登第，又寄一詩云：長安此去無多地，鬱鬱葱葱佳氣浮。良人得意正年少，今夜醉眠何處樓。又按《全唐詩話》云：温庭筠才思艷麗，工于小賦，每入舉場，多爲鄰舖假手。時宣宗愛唱《菩薩蠻》詞，丞相令狐綯假其修撰密進之，戒令勿洩，而遽言于人，由是疎之。《南部新書》又云：令狐綯以姓氏少，族人相投者不悋其力，由是遠近趨之，至有姓胡冒令者。故庭筠有天下諸胡盡帶令之誚。至魚元機，本西京咸宜觀女道士，讀書善屬文，而行多不檢，後以笞殺女奴緑翹事下獄。實未嘗適庭筠。庭筠亦終身未登第。按《新唐書》云：庭筠少敏悟，工爲詞章，與李商隱皆有名，號温李。然薄於行，無檢幅。又多作側詞艷曲，與貴胄裴誠令狐滈等蒲飲狎昵。數擧進士不中第。思神速，多爲人作文。大中末試有司，廉視尤謹，庭筠不樂，上書千餘言，然私占授者已八人，執政鄙其爲，授方山尉。徐商鎮襄陽，署巡官，不得志去，歸江東。令狐綯鎮淮南，庭筠怨居中時不爲助，過府不肯謁。丐錢揚子院，夜醉，爲邏卒擊折其齒，訴於綯。綯爲劾吏，吏具道其汙行，綯兩置之。事聞京師，庭筠偏見公卿，言爲吏誣染。俄而徐商執政，頗右之，欲白用。會商罷，楊收疾之，遂廢卒。今傳奇所載合鎞圓成事，屬附會也。杜羔登貞元進士第，終工部尚書，贈右僕射。按羔在貞元中登第，而庭筠至宣宗大中時，尚試有司，相去三四十年，二人不得爲好友。魚元機乃補闕李億之妾。億字子安，元機有寄子安詩可證。雖與庭筠相識，未必屬意庭筠，無所爲嫁庭筠事也。劇中以鸞鎞作關目，分鎞合鎞，以元機配合庭筠，蓋作者之意，以庭筠有才而淪落，元機有才色而飄零，以爲二人相偶，庶幾無憾耳。杜羔有妻寄詩事，引作合傳，不暇攷時代也。

又《金鎖記》 元人關漢卿有《竇娥冤》劇云：楚州竇天章有女端雲，幼與蔡婆爲養媳婦，改名竇娥。及成婚二載，蔡子病死，娥守節奉姑。有草澤醫人號賽盧醫者，負蔡婆金，蔡婆往索。盧醫誆至郊外，繩勒蔡婆，遇張驢兒父子救蔡婆命，盧醫遁走。驢兒問知蔡婆家事，父子俱入蔡宅，張老欲妻蔡婆，驢兒欲妻竇娥。蔡婆感其拯救，又畏其劫制，將委曲從之。而竇娥抗節，詬駡驢兒。驢兒念蔡婆死，則竇娥益孤弱，惟其所爲。遂向盧醫市毒藥，乘蔡婆病，索羹湯，以藥攙入，令竇娥奉之。洎娥進羊羹，姑忽嘔泄，不能飫。張老取食之，流血而死。驢兒逼竇娥爲妻，不從，遂控於官，言娥用藥殺翁。吏讞不審，竟抵娥罪。行刑時，血逆流似白練，六月飛霜。死後，楚州大旱，赤地三年。會竇天章爲兩淮提刑廉訪使，娥魂訴冤，覆讞前案，具得情實。置驢兒極刑，并定賽盧醫之罪，而建道場薦度竇娥。今作《金鎖》者，不知何人。通劇全本此事，竇娥不死，以便團圓也。蔡昌宗名添出，項掛金鎖，乳名鎖兒，此記名金鎖之故。母魯氏，姓亦添出。父本端，故端雲改竇娥，張老改作張母。蔡婆以昌宗金鎖付竇娥，娥拜禱祠堂墜地。爲張驢兒拾去，遂與賽盧醫買砒霜，後竟以金鎖爲證。據此關目，與元劇異者。昌宗覆舟入龍宫，與海龍王第三女少娥成親，是因昌宗無處出頭，作此波折也。驢兒越獄，不曾典刑，雷震而死，亦與元劇異。

清（乾隆）《辰州府志》卷三四 葉憲祖，字美度，浙江餘姚人。由進士歷官刑部主事，出守順慶，崇禎八年，湖廣副使。兵備辰沅時，五溪苗入犯，憲祖屢有斬獲。總督朱燮元叙其功，轉四川參政，陞廣西按察使，皆未任。自以古文詩詞相期許，尤長於填詞。

清（同治）《芷江縣志》卷二八 葉憲祖，字美度，浙江餘姚人。萬曆己未進士，授新會令。考選入京，遷大理評事，轉工部主事，以忤逆賢建祠，削籍歸。崇禎改元，起南京刑部主事，出守順慶，陞湖廣副使。兵備辰沅時，五溪苗叛，憲祖累有斬獲，總督朱燮元叙之。轉四川參政，陞按察使。自以古文詩詞相期許，縱筆所如，無心離合，所長尤在填詞，直逼元人。

清（光緒）《餘姚縣志》卷二三　葉憲祖，字美度，號六桐，逢春子也。萬曆四十七年進士，知新會縣。盜魁梁阿穗行劫十餘年，憲祖竟得之。尤勤課士，建摩青館，招致學者，以治績爲注擬臺省，魏忠賢忌其爲黄尊素姻婭，左遷大理評事，轉工部主事。【略】有隣水程受者疏冤聽鞫，莫可誰何。既而聚衆走險，咸虞生變。偶獄囚自陳與程連情，願致案下，憲祖給符令往，程得符，泣下受服。擢辰沅副使，屢斬獲叛苗。最古沖之捷，總督朱燮元上其功，轉四川參政，廣西按察使，未赴，以疾歸。憲祖與孫鑛以古文辭相期許，鑛刻畫字句，憲祖縱筆匠心，不沾沾於離合，所長尤在填詞，直追元人。又與沈應文、楊文焕，邵圭同修邑志。孫旦，貢生，以古文名於時。

著録

清・佚名《傳奇彙考標目》卷上　葉憲祖，字相攸，號桐柏，餘姚人。

《玉麟》三蘇事、《雙卿》、《鸞鎞》、《四艷》、《金鎖》一云袁于令作，或云桐柏初稿，袁于令又改定之。

明・佚名《古人傳奇總目》　《鸞鎞》，葉桐柏作，杜羔事。

又　《玉麟》，葉桐柏作，三蘇事。

又　《雙卿》，葉桐柏作。

又　《四艷》，葉桐柏作，分春、夏、秋、冬四事。

清・黄文暘、佚名《重訂曲海總目・明人傳奇》　葉憲祖：《金鎖記》，《玉麟記》國朝張世漳所作名同，《四艷記》，《雙卿記》，《鸞鎞記》。

又《明人雜劇》　葉憲祖字六桐，又號槲園居士。《碧蓮繡符》，《丹桂鈿盒》，《夭桃紈扇》，《素梅玉蟾》，《北邙説法》，《團花鳳》，《易水寒》。

清・支豐宜《曲目新編・明人傳奇》　《金鎖》、《玉麟》、《四豔》、《雙卿》、《鸞鎞》，右五種葉憲祖作。

又《明人雜劇》　《碧蓮繡符》，《丹桂鈿盒》，《北邙説法》，《團花鳳》、《夭桃紈扇》，《素梅玉蟾》，《易水寒》，右七種葉憲祖作。

清・姚燮《今樂考證・著録三・明雜劇》　葉六桐九種：《灌將軍使酒罵座記》、《金翠寒衣記》、《北邙説法》、《俏佳人巧合團花鳳》、《壯荊卿易水離情》、《夭桃紈扇》、《碧蓮繡符》、《丹桂鈿合》、《素梅玉蟾》。

又《今樂考證・著録六・明院本》　葉憲祖五種：《金鎖》、《玉麟》、《四艷》、《雙卿》、《鸞鎞》。信州鄭仲夔冑師氏《冷賞》云：余《雋區》中品傳奇者詳矣。近始獲睹《鸞鎞》本，其傳事巧，遣詞俊。至春闈分韻、替人作妾，與考試之以馬命題，尤爲篇中奇絶。斯亦張伯起之流亞也。案：沈氏《南詞新譜》以《金鎖》爲袁令照作，當誤。或另是一種。

清・王國維《曲録》卷三　《北邙説法》一本，《團花鳳》一本，《易水寒》一本，《夭桃紈扇》一本，《碧蓮繡符》一本，《丹桂鈿盒》一本，《素梅玉蟾》一本，《灌將軍使酒罵座》一本，《金翠寒衣記》一本。右九種，明葉憲祖撰。

又　《玉麟記》一本，《雙卿記》一本，《鸞鎞記》一本，《四豔記》一本，《金鎖記》一本。右五種，明葉憲祖撰。

佘翹

論説

明・吕天成《曲品》卷下　《量江》：樊若水事，奇。全守韻律，而詞調俱工，一勝百矣。

明・祁彪佳《遠山堂劇品・雅品》　《鑠骨菩薩》北三折：菩薩憫世人溺色，即以色醒之，正是禪門棒喝之法。聿雲闢度門於戲場，大暢玄風，不第詞筆之俊麗也。

傳記

清（康熙）《池州府志》卷八〇　佘翹，字聿雲，號燕南，銅陵人。父敬中，官至廣東按察使。生翹甫四歲，授書即能成誦。稍長，一目數行，遂悉究經史，著爲詩古文皆有根柢。臨川湯顯祖見而奇之，呼爲小友。萬曆十九年舉應天鄉試，屢上春官不第，乃治一舫，號浮齋，乘之遍訪名勝。歸則鋤半畦，號學圃，著書其內，未幾卒，士林惜之。所著有《翠微集偶記》、《白下遊草》、《浮齋集》及傳奇數種。論者稱其文類孫樵，詩似許渾、司空圖，傳奇直逼關漢卿云。

清（康熙）《江南通志》卷四九 佘翹，【略】往來湖上，倣張志和故事，峻絶貴遊，著書以老。

清（乾隆）《銅陵縣志》卷一一 佘翹，天資穎異，垂髫即工詩文。有【略】《三忠傳》及傳奇數種行於世。屢上春官不第，遂翛然有玩世意焉。

紀事

明·佘翹《題量江記》 余故不喜填詞，間制一二種，義取於章既往鑒方來而已，不欲以聲律自見也。今夏煩暑，掩扃偶披《宋史·樊淑清傳》，因惟淑清亦吾郡一奇士，郡令不聞，所以表異者。裏中人或多不悉其事，輒複假傳奇以章之。且以淑清其才，違命能用之，即不能與宋祖代興，何至遂屋其社，而乃棄以資宋，一失之林仁肇，再失之樊淑清，而李氏王氣盡矣。人言宋取南唐爲無罪，棄淑清非其罪邪，此所謂事足以鑒者也。雖然橋而渡江，亦幸違命之闇，而南唐無甚耳。乃其事之不經，去魏氏之縫囊幾何。向令朱令贇之計行宋師，安得橋而濟乎。然則淑清之策雖不可謂不奇，然本非萬全之道也。淑清誠抱萬全之策，必不至以西川之役身名俱衄矣。嗟乎，宋祖南並之志，非一日也。煜之罪，非深於景也。杜著薛良之謀，未必拙於樊氏也。彼無能求死於頸，而此以盟山河、垂竹帛。人於功名之際，有幸有不幸如此哉。爲之投筆增歎。

清·佚名《曲海總目提要》卷九《量江記》 佘聿雲原編，馮夢龍更定。記樊若水量江事。按《宋史·南唐世家》，宋將有事江表。江南進士樊若水詣闕獻策，請造浮梁以濟師，太祖命荆湖造黄黑龍舡數千艘。及曹彬出師，乃先試于石牌口。移置采石，不失尺寸，三日而成，渡江若履平地。李煜初聞朝廷作浮梁，語其臣張洎。洎對以長江無爲梁之事，煜乃委兵柄於皇甫繼勳，委機事于洎。每軍書告急，二人多不時通。煜一日登城，見旌旗滿野，始大懼，遂殺繼勳。又按《樊知古傳》，知古本名若水，字叔清，因召見，上命改名知古。初在南唐，舉進士不第，遂謀北歸。乃漁釣采石江上數月，乘小舟載絲繩，維南岸，疾棹抵北岸，以度江之廣狹。遂詣闕上書，言江南可取狀，解褐授舒州軍事推官。嘗啟于上，言老母親屬在江南，恐爲李煜所害，願迎至治所。即詔煜令遣之，煜厚給齎裝，護送至境上。是南唐未嘗有若水母妻没入掖庭之事。此係作者稍加改易，其本中弓洎即張洎，存其姓之偏旁耳。陳摶字圖南，賜號希夷先生，載《宋史·隱逸傳》。

清（光緒）《貴池縣志》卷四四 華殿師子西，以畫名，有《安慶江城圖》傳於世，元楊載題曰：華岳能詩有名，學畫，丹青亦豪放。明萬曆間，銅陵佘翹作《華狀元賜環記》進御，神宗稱善。

著録

清·佚名《古人傳奇總目》 佘翹：《量江記》，樊若水事。

清（康熙）《池州府志》卷三〇 《翠微集偶記》，明銅陵佘翹輯。《浮齋集》、《白下遊草》。

清·黄文暘、佚名《重訂曲海總目·明人傳奇》 佘聿文：《量江記》。

清·支豐宜《曲目新編·明人傳奇》 《量江》，佘聿文作。

清（光緒）《貴池縣志》卷四一 佘翹：《齊山奇紀》一卷、《浮齋百詠》一卷、《秋浦吟》一卷、《池陽三忠傳》一卷。

清（光緒）《安徽通志》卷三三八 佘翹：《褒忠録》、《成仁記》、《池陽三忠録》一卷。

清·王國維《曲録》卷四 《量江記》一本，《賜環記》一本。右二種，明佘翹撰。

朱鼎

論說

明・祁彪佳《遠山堂曲品・能品》《玉鏡臺》：玉鏡臺故事，元劇絶有摹擬。此不及風情，而惟鋪叙太真事蹟，於緊切處反按以極緩之節，不逮孫、范兩君及清阮堂之作遠矣。

明・吕天成《曲品》卷上 永懷談詞侶盛，方鼓吹於騷壇。

著録

清・黄文暘、佚名《曲海總目提要・明人院本》 朱鼎：《玉鏡記》即《玉鏡臺》雜劇，復爲傳奇。

清・王國維《曲録》卷四 《玉鏡臺》一本，明朱鼎撰。

卜世臣

論說

明・吕天成《曲品》卷上 大荒博雅名儒，端醇吉士。張衡之精巧絶世，荀爽之俊美無雙。躭奇藴爲國珍，按律蔚爲詞匠。

又 《冬青》：悲憤激烈，誰謂腐儒酸也。音律精工，情景真切。吾友張望侯曰：檇李屠憲副於中秋夕帥家優於虎邱千人石上演此，觀者萬人，多泣下者。方諸生曰：大爲義士吐氣。但當時瘞骸事，實吾邑王監簿名英孫號修竹者爲之。若唐玉潛、林景曦及謝皋羽、鄭樸翁諸人，皆王門下館客耳。蓋王係國戚，又世家也，挺身欲前，慮事洩罹禍，遂捐重資，募里中人，挾唐、林二士經紀其事。王固自諱，人遂謁傳。今已漸白。雜見近張太定修《會稽新志》中，載唐、林四絶句詩，乃王修竹倡之而諸君屬和者。王詩極慷慨淋漓，可爲墮淚。王亦才士，有《修竹集》，林有《霽山集》，其中倡和諸篇，皆大略可見。不然，林一羈客，唐一窮學究，非有力者爲執太阿，安所得措其手於逆髡烈焰之中，而保冬青卒無恙耶。惜不徼惠卜君一洗發之也。

又 《乞麾》：發揮小杜之狂，恣情酒色，令人頓作冶遊想。吾友方諸生曰：其詞駢藻鍊琢，摹方應圓，終卷無上去疊聲，真是竿頭撒手，苦心哉。小杜風流楚楚，其鍾情髫女，注目紫雲，固豪士本色。每讀兩行紅粉及緑葉成蔭之句，輒柔腸欲絶。今記中乃兩全之，良是快事。第牧之入試吴武陵，袖《阿房宫賦》謁主試，崔郾薦至第五，不得，勃然取其賦去，竟得異等，此大可爲世之薦士者風，何不譜作實録，而他有所摭。又牛奇章鎮維揚，每夕令街卒衛杜書記夜遊，報帖盈篋，其憐才繾綣，可令千古英雄雪涕，令横罹粉墨，毋乃冤乎。宴分司御史者是李聽，記作李聽，恐是刻本之誤，更須查定耳。

明・王驥德《曲律》卷四 大荒逋客嘗一爲《冬青記》，然亦擬舊聞。

傳記

清（康熙）《嘉興府志》卷一四 卜世臣字藍水，磊落不諧俗，日扃户著書。有《掛頰言》、《玉樹清商》、《多識編》、《樂府指南》、《卮言》及《山水合譜》。孫體有傳。

紀事

清・佚名《曲海總目提要》卷七《冬青記》 嘉興人撰，自稱檇李大荒逋客，與沈璟同時，殆萬曆末年人也。所記唐珏林德陽實事。陶宗儀《唐義士傳》：唐君名珏，字玉潛，會稽山陰人。家貧聚徒授經，營滫髓以養其母。歲戊寅，有總江南浮屠楊璉真伽，怙恩橫肆，勢焰爍人，帥徒役頓蕭山，發趙氏諸陵。唐時年三十二歲，聞之痛憤，亟貨家具，得白金百星許，執券行貸，又得百星許。乃具酒醪，市羊豕，邀里中少年若干輩，狎坐轟飲，告以願收遺骸共瘞之。乃斵文木爲匱，製黄絹爲囊，各署曰某陵某陵，分委之，葩地以藏，爲文而告。詰旦，事訖來集，出金羨餘，酬戒勿泄。越七日，總浮屠下令裒陵骨，雜置牛馬枯骼中，築一塔壓之，名曰鎮南。杭民悲切不忍仰視，不知陵骨猶存也。流傳京師，天怒赫赫，飛風雷號令，捽首禍者北焉，始籍籍傳唐事。明年己卯後上元兩日，唐出觀燈歸，忽坐隕，奄奄將絶，良久始蘇曰：吾見黄衣吏持文書來告曰：王召君。道我往，觀闕巍莪，宫宇靚麗。有一冕旒坐殿上，數黄衣貴人逡巡降曰：藉君掩骸，其有以報。唐乃陛謁，造王前。王謂曰：汝受命窶且貧，兼無妻若子，今忠義動天帝，命錫汝伉儷子三人，田三頃。拜謝出。遂覺。踰時，越有治中袁俊齋至，始下車，爲子求師。或以唐薦，一見置賓館問曰：吾渡江聞有唐氏瘞宋諸陵骨，子豈其宗耶。左右指君曰：此是已。袁大駭，拱手曰：君此舉，豫讓不能抗。曳之坐，北面而納拜焉。叩知家徒四壁，惻然矜嗟，語左右曰：唐先生家甚貧，吾當料理，使有妻有田以給。不數月，二事俱愜，聘婦偶故國之公女，負郭食故國之公田，所費一一自袁出。人固奇唐之節，又奇唐之遇。爾後獲三丈夫子，夢中神語，無一不合。唐又於宋常朝殿折冬青樹，植所函土堆上，作《冬青行二首》，復有《夢中詩四首》。又遂昌鄭元祐《書林義士事》云：宋太學生林德陽，字景曦，號霽山。當楊總統發陵時，故爲杭丐者，背竹籮，持竹夾，遇物即夾，投籮中。更鑄銀作兩許小牌百十繫腰間，取賄西番僧曰：餘不敢望，收其骨，得高家孝家斯足矣。番僧左右之，果得高孝兩朝骨爲兩函貯之，歸葬東嘉。於宋常朝殿掘冬青一株，植所函土堆上。按《輟耕録》袁俊齋爲珏聘婦，今記作俊齋以女妻之。俊齋名杰，記中點出。珏與德陽，本未識面，記中作兩人相遇，以作關目。

著録

清・佚名《古人傳奇總目》 《冬青》，卜大荒作，唐玉潛、林景曦事。

又 《乞麾》，卜大荒作，杜牧之事。

清・佚名《傳奇彙考標目》卷上 卜大匡，字居無考。《冬青》、《乞麾》。

清・黄文暘、佚名《重訂曲海總目・明人傳奇》 卜世臣：《乞麾記》、《冬青記》。

清・支豐宜《曲目新編・明人傳奇》 《乞麾》、《冬青》，右二種，卜世臣作。

清・姚燮《今樂考證・著録六・明院本》 卜世臣二種：《乞麾》、《冬青》。案：世臣字藍水。

清・王國維《曲録》卷四 《乞麾記》一本，《冬青記》一本。右二種，明卜世臣撰。

蘇元俊

論説

明・祁彪佳《遠山堂曲品・逸品》 《夢境》：傳黄粱夢多矣，惟此記極幻、極奇，盡大地山河、古今人物，盡羅爲夢中之境。吕仙得太陰相助，一戰入利名關，四十年窮通得喪，止成就得雪下一餒夫耳。嗟哉，世人乃逐逐魘囈乎。

紀　事

清·佚名《曲海總目提要》卷八《黃粱夢》 有二種：其一曰《吕真人黃粱夢境記》，明蘇漢英撰，係全本。其一曰《邯鄲道省悟黃粱夢》，元馬致遠撰，係雜劇。此《夢境記》，漢英所撰也。記中載吕洞賓遇鍾離雲房於華山下酒肆，共炊黃粱作飯。洞賓方午睡，雲房導入夢中。初經名利關，與守關大將力戰，遇太陰女救出，挈以歸家，遂成夫婦。入京中狀元，德宗賜兩宮女，黃金百鎰。又命帶管行人，賜一品服色，海外封王，三子皆登科第。洞賓自海外還朝，遂拜同平章事。其後忽以應對差誤，貶居沿海，途中爲驛夫關吏所辱。大雪飢餓，煮白石爲飱，堅硬不能嚥。被雲房喚醒，令食黃粱，始知是夢。乃隨雲房出家修道，昇入仙班。其大指本列仙傳及吕純陽集，而造飾事蹟，以見歷盡酒色財氣關頭，乃證仙果。不盡依本傳也，中間如杜佑、郭子儀、顔真卿、陸贄、盧杞、李希烈、姚令言、朱泚、李晟、李懷光等，皆隨意點綴，其事有真有假，亦皆與洞賓無涉，不過借作波瀾耳。《列仙傳》：吕巖，字洞賓，蒲州永樂縣人。貞元十四年生，異香滿室，天樂浮空，虎體龍腮，金形木質，狀類張子房。會昌中兩舉進士不第。年六十四歲遊長安酒肆，見雲房先生，與同憩肆中，就枕昏睡。及夢覺，遂拜爲師。此劇第一齣，全用《仙傳》中語。但洞賓生貞元時，已在建中以後，而劇中乃以爲建中時中狀元，不如本傳會昌中舉進士之説爲當。

韓上桂

論　說

明·祁彪佳《遠山堂曲品·能品》 《凌雲》北，《曲藻》云：北字多而調促，促處見筋；南字少而調緩，緩處見眼。北則辭情多而聲情少，南則辭情少而聲情多。故自南辭易諧於耳，而北音亡矣。天遊子力返於古，爲司馬長卿作北曲，詞不易宫，宫不易調，入明以來，僅見於此。但其爲詞有蕪雜處，而流利覺少；且一折中用兩人唱，亦非舊式。

傳　記

清·黃宗羲《思舊録》 韓上桂，字孟郁，番禺人，而南京國子監丞，左遷照磨。庚午，余奉祖母太夫人在經歷官舍，與之爲鄰。有梧桐一株，蓋一畝。余讀書梧桐之東，孟郁讀書梧桐之西，但隔一墻耳。孟郁始授余詩法，遂引入社。孟郁尋移居，集南中詩人，賦新秋七夕詩。余得秋字，詩成，爲改數字。孟郁贈余詩極多，失去可惜。孟郁豪爽不羈，其在五羊，伶人習其填詞，會名士呈技，珠釵翠鈿，挂滿臺端，觀者一贊，則伶人摘之而去。在舊院所作《相如記》，女優傅靈修爲《文君取酒》一折，便賚百金。好談兵略，鬱鬱無所試而卒。錢牧齋曰：孟郁爲詩賦，多倚待急就，方與人縱談大噱，呼號飲博，探題次韻，紙上颯颯然如蠶之食葉，俄而筆騰墨飽，斐然可觀。

清（康熙）《廣東通志》卷一六 韓上桂，字孟郁，號月峰，番禺人。誕之夕，其父夢美丈夫持青蓮拜呼大人，遂生。幼穎異絶，日誦萬言如宿記。好讀書，家貧不能給，常借人二十一史閲覽，一月即默識人物、地名。萬曆甲午舉於鄉，公車抵京師。一夕夢在場屋得題爲晉元帝恭默思道破易水生奪去。是科，果出司馬牛問仁一章。二場以韓范招討一表，内有碎首玉墀四字，及揭榜，會元乃湯賓尹也。上桂既下第，遂怡情詩酒，與同里陳子壯、韓日纘、李孫宸、李待問、李雲龍等爲聲氣交。每泛舟珠江，步浮丘陟東西二樵，題詠遍勝地，而嶺外名公皆爲之延譽。所著有《凌雲記》填詞、《蓬廬稿》、《雞肋篇》、《城坳集》、《四衍詹言》。以親老求仕，初授國子監丞。未幾，轉永平通判。時宇内多邊患，邊方用兵，軍儲孔亟，南北飛輓，時有告匱。上桂下車，設法經畫，計漕之多寡，所載幾何，上下大小畫如龜形，中以十字歸，百艘如一，不錯斗石，下半月完運，邊軍賴以濟。巡撫方一藻才之，大爲薦賞。上桂夙傳博學，而猶精星緯，預識崇禎甲申之變，夜觀乾象，泣謂其子駪超與姪公躍曰：帝星失耀，京師且不測，汝二人速歸事親，吾死官守耳。其叔玉海不願歸，語上桂曰：離家萬里，同死何恨。昨夢秋荷墮手，恐非佳兆。上桂頷之。甲申三月，京師報至，鬱鬱抱病數日卒。巡撫方一藻、總兵祖大受等經紀其喪。次子駿超奉靈輀歸。

清（同治）《番禺縣志》卷四一　韓上桂，字芬男，一字孟郁。父禹梁，嫻吟詠，家貧授徒，三子皆自教之。【略】年十六爲諸生，聞士默特結連西部，數爲邊患，慨然有投筆志。於是學擊劍馳馬，天官兵法、壬遁之書靡不研究。弱冠舉萬曆二十二年鄉試。先是倭陷朝鮮，求援於朝，師出，久無功，遂議封貢，公車抵京，詣闕上書，請以奇兵出海道，扼而殲之。【略】三十七年，丁外艱。四十四年，復登乙榜，以母老署定州學正，著《定州志略》。踰年，奔母喪歸，作《五惜》以自責。服闋，補易州學正。天啟二年赴春官，會討山東白蓮賊，賊方熾，廷議欲得儒生知兵者往覘其勢，上桂奮袂請行，首輔葉向高壯之，加國子博士，參謀兖師事，忌者中以蜚語，遂不果。請假還里，以魏閹黨亂政，不仕。崇正改元，起南國子博士，改助教，歷監丞，攝如皋篆，有政，陞永平通判。【略】擢建寧同知，仍留餉邊。上桂扼腕時事，鬱鬱無所試，酒酣，拔劍起舞，慷慨悲歌，或至墮淚。【略】甲申三月，流賊陷京師，報至，慟哭不食，卒於寧遠城，完節日，撫鎮經紀其喪，次子駿奉靈輀。乾隆四十一年。賜謚節愍、祀郡邑忠義祠。

著録

清（同治）《番禺縣志》卷二七　韓上桂：《朵雲山房稿》十二卷、《蘧廬稿》、《雞肋篇》、《城坳集》、《四衍詹言》、《凌雲記》填詞。

清（光緒）《廣州府志》卷九一　韓上桂，《定州志略》。

藝文

明·蔡復一《遯庵詩集》卷一〇《送韓孟鬱》　鸘鷫取酒擁文君，誰遣長安天子聞。笑殺同時無狗監，虛憑辭賦欲淩雲。韓演《淩雲記》。

周朝俊

論説

明·王穉登《叙紅梅記》　四明周生者，余初未嘗識。己酉秋，余復有西湖之遊，宿昭慶上人房。偶於壁上見所題詩句，清宛復有生氣，余嘆賞之。上人云：此生仰王先生非一日矣，今亦寓敝刹，先生倘有意乎弗靳一面，以慰生夙志可乎。余曰：所作如此，其人可知。遂屬上人，邀之同席。觀其舉動言笑，大抵以文弱自愛。而一種曠越之情，超然塵外。余次過其寓中，見几上一帙，展視之，乃生所製《紅梅記》也。循環讀之，其詞真，其調俊，其情宛而暢，其布格新奇，而毫不落於時套。削盡繁華，獨存本色。嘻。周郎可爲善顧曲焉。余友緯真向製《曇花記》，李青蓮詩大行於世。緯真逝後，四明絶響。今復有周生，則緯真不能擅美於江南矣。

明·湯顯祖《紅梅紀總評》　裴郎雖屬多情，却有一種落魄不羈氣象。即此可以想見作者胸襟矣。境界紆迴宛轉，絶處逢生，極盡劇場之變。大都曲中光景，依稀《西厢》、《牡丹亭》之季孟間。而所嫌者，略於細笋鬭接處。如撞入盧家，及一進相府，更不提起盧氏婚姻，便就西席，何先生之自輕乃爾。此等皆作者所略而不置問也。上卷末折《拷伎》，平章諸妾跪立滿前，而鬼旦出場，一人獨唱長曲，使合場皆冷。及似道與衆妾直到後來纔知是慧娘陰魂，苦無意味。畢竟依新改一折名《鬼辯》者方是。演者皆從之矣。下卷如曹悦種種波瀾，悉妙於點綴，詞壇若此者亦不可多得。

傳記

清（光緒）《鄞縣志》卷三八　周朝俊，字夷玉，諸生。少有才，爲詩學李長吉，填詞亦擅名。

紀事

清·佚名《曲海總目提要》卷七《紅梅記》　係明隆萬前舊本，袁宏道删潤。裴禹盧昭容以紅梅作合，故名。其第一折白云：讀書則師前漢後漢，吟詩獨數初唐盛唐。宏道當萬曆時有盛名，其前李夢陽李攀龍輩，文必宗兩漢，詩必宗初盛。宏道心以爲非，每排詆之，蓋借此寓意也。中間李慧娘等數折借用《緑衣人傳》。略云：裴禹，字舜卿，唐裴行儉裔。愛錢塘山水，遂家焉，寓昭慶寺讀書。與社友郭謹字穉恭者善。謹攜友李子春，邀裴看花湖上。適賈似道擁歌妓乘舫至，裴與友竚斷橋，妓李慧娘覷裴云：美哉少年。賈歸即刃慧以示群妓。有盧總兵夫人崔氏，孀居湖上，一女曰昭容，貌甚妍，善詞賦，小鬟朝霞頗聰慧。春梅盛放，共登紅梅樓眺望，女折梅吟詠，裴于牆外攀枝，踣于地。鬟以告女，女即以所折梅贈裴，裴詢鬟知爲盧女。會似道于樓窗覩女之麗，欲謀爲妾，遣僕告盧母，母欲拒之而無策。裴復訪女，遇鬟詰得其情，爲畫策云：給女已字人可免，吾請爲若拒之。母招裴悦其俊偉，曰能拒似道，即妻以女。裴云權充母婿，可勿憂也。賈憤裴沮其事，致裴于家拘禁密室，即給盧云：裴已贅相府，爾宜從賈命。女度其謬私卜之，卜者亦云已贅。女終不從賈，賈復强之，盧乃攜家避揚州曹姨處。賈所斃慧娘與裴幽媾，賈欲刺裴，慧告裴云，己因盼致斃，冥司察君與妾有夙緣，故相就耳。遂導裴遁。賈疑群妓縱裴，拷訊之。慧現形燈下，賈驚懼，始免鞫。裴出告謹，謹勸其應試。初曹姨子亦欲聘盧女，盧不允，而使往臨安探信，遇裴即紿云：女已字曹姨子矣。裴未畢場事，無暇訪也。時有以詩爲似道祝壽者，謹獨獻詩，譏其販鹽及公田二事。復有風僧遺鉢，贈收花結子在綿州之句。元兵圍襄陽，吕文焕屢北，賈匿不報，臺諫及諸生齊疏賈罪，詔貶高州，令會稽尉鄭虎臣押赴貶所。尉父嘗受賈陷，至漳州木綿庵殺賈。會榜放，謹擢榜眼，裴擢探花。裴即指揚州探盧。盧女懼曹姨子相嬲，改易道服，示將焚脩。值裴至姨子許于江都縣，縣令即李子春也。乃潛送盧母女返故居，爲裴執柯作合云。元人稗史内有《緑衣人傳》云：天水趙源，延祐間遊學杭州，居西湖葛嶺之上，其側即賈秋壑舊宅也。嘗日晚徙倚門外見一女子從東來，緑衣雙鬟。後暮暮來此，源試挑之，女遂留宿，問其姓氏，曰：但呼我緑衣人可矣。一日源被酒戲調之，女曰：兒與君舊相識也，實非今世人，夙緣未盡爾。源驚問之，曰：兒故宋平章秋壑之侍女也，君其家蒼頭，少年美姿容，兒見而慕之，爲同類所覺，譖于秋壑，賜死西湖斷橋之下。源曰：審如此，吾與汝乃再世姻緣也。遂留源舍，按此乃所謂李慧娘也。每説秋壑舊事。秋壑一日倚樓閒望，諸姬皆侍。有二人，烏巾素服，乘小舟由湖登岸。一姬曰：美哉二少年。秋壑曰：願事之耶，當令納聘。姬笑而無言。逾時令人捧一盒，呼諸姬至前，曰適爲某姬納聘，可啟視之，則姬之首也，諸姬皆戰慄而退。劇内慧娘事即此又嘗販鹽數百艘，至都市賣之。太學有詩曰：昨夜江頭湧碧波，滿船都載相公鹺。雖然要作調羹用，未必調羹用許多。秋壑聞之，遂以士人付獄，論以誹謗罪。又嘗于浙西行公田法，民受其苦，或題詩于路左云：襄陽累歲困孤城，豢養湖山不出征。不識咽喉形勢去，公田枉自害蒼生。秋壑見之，捕得遭顯戮。

著録

清·佚名《傳奇彙考標目》卷上　周朝俊字稊玉，吴縣人。《紅梅》。袁中郎有删本。

清·王國維《曲録》卷四　《紅梅記》一本，明周朝俊撰。

馮夢龍

論說

明・馮夢龍《雙雄記總評》 世俗骨肉參商，多因財起。丹三木之事，萬曆庚子、辛丑間實有之，是記感憤而作，雖云傷時，亦足警俗。龍子猶。

又《萬事足・叙》 蓋聞《關雎》之德，徵於《小星》；《螽斯》之慶，肇於《樛木》。婦人無儀，不妬爲儀。然形妬者十之八，心妬者十之二，不妬者千百而一二耳。妬雖天性，强半釀成於男子。如椒丘縮臂於一呼，琅琊汗顔於九錫；尉遲馳髠首之訴，二洪協鼓盆之歡。王侯將相，勢非不隆；學士名賢，識非不廣。然莫能誦周詩以規貞，膳倉庚而療癖。含垢忍欲，銜恨終身。甚者敝笱羞姬，迴波誚李，禍水斬漢，玉環召胡，殺身亡國，亂宗絶饗，覆轍相尋，莫知省悔。所以然者，非漸於愛即敝於弱。愛則養嬌，弱則過讓，而結之以一字曰懼。懼者妬之招也。古之治妬者，多謬托巫師神鬼之教，以儆愓淫悍，然或有信有不信。乃若朋友治妬，未之前聞。陳循事載楮記室，以一擊之義勇，延高公之祀於中翰，事極痛快；而邳氏知過能改，亦有足多。至梅夫人委曲進妾，成夫之美，則更出於尋常賢孝之外，可與《關雎》、《樛木》嗣音。覽斯劇者，能令丈夫愛者明：弱者有立志勝，捧誦佛説，怕婆經多多矣。其閨人或覽而喜，或覽而怒。喜則我梅，怒則我邳。孰賢孰不，孰吉孰凶。到衰老没收成時，三更夢醒，自有悔著。此自爲身家百年計，勿恃陳狀元棒喝不到爲幸也。姑蘇詞奴龍子猶述。

又《萬事足》 舊有《萬全記》，詞多鄙俚，調復不叶，此記緣飾情節而文之。馮夢龍。

又《酒家傭・叙》 存孤奇事，胡可無傳。先輩陸天池、欽虹江各有著述。天池闡偶宜爲俗儒之幽，虹江描狡童之隱，皆傳中奇觀也。然本存孤者文姬，而天池謬以死已趙伯英爲生，未免用客掩主；虹江以杜喬之女爲李燮妻，中間離合，復入泛常圈套。而滕女作妾，情節亦支蔓，且失實，余酌短長而鑄焉。採陸者十之三，採欽者十之四，而余以襪線足之。蓋書成而因歎清議之可畏也。馬季常經術名儒，一爲不義，千載而下，討不得一副乾净面孔；而文姬、王成、郭亮、吴祐，至今凛凛有清霜烈日之色。令當場奏伎，雖婦人女子，胸中好醜，亦自了了。傳奇之衮鉞，何減春秋筆哉。世人勿但以故事閲傳奇，直把作一具青銅，朝夕炤自家面孔可矣。古吴龍子猶述。

又《酒家傭》 《漢書》李燮，變姓名爲酒家傭，以此名傳，甚當。舊本生脚，或用趙伯英，或用李固，總不如用李燮。滕公以女娶李燮，亦實事也。秦宫事，用陸天池本。吴祐友通期等事，用欽虹江本，可謂合鯖。天池本尚有《趙子賤妻勸夫》一折，以事冗删去。惟孫壽四妝，余前刻已删，以其便於女優雜演，故復存之。李固門人執義相殉者甚多，不能備載，聊存王成、郭亮等一二。演李固，要描一段忠憤的光景。演文姬、王成、李燮，要描一段憂思的光景。演吴祐、郭亮，要描一段激烈的光景。

又《楚江情自序》 此記模情布局，種種化腐爲新。《訓子》嚴於《繡襦》，《錯夢》幻於《草橋》，即考試最平淡，亦借以翻無窮情案，令人可笑可泣。但有幾處未妥，必當竄定者：胥長公一世大俠，於謀一婦人何有，乃計無復之，而出此棄妾之下策，豈惟忍心哉，其伎倆亦拙甚矣。長公與叔夜素昧平生，戀妓亦無關大事，何必相爲乃爾。池、趙二生即與叔夜有隙，亦何至謀刺；且旋店逢俠而遂委腹心乎。此又事之萬萬不然者也。合通記觀之，不過欲描佳人才子相慕之情而已，忽而殺一妾，忽而殺兩生，多情者將戒心焉。余不得不爲醫此大創。《看梅》折便出洪寶，既便收科，又伏池生故人之案。至《易姬》折，竟用洪寶兩全其美。池公子即此了局，葛藤盡去。【略】觀劇須於閑處着眼，《買駿》一折，似冷，而梅花衕衕之有寓，馬之能致千里，叔夜、貞侯之才名，色色點破，爲後來張本，此最要緊關目。【略】趙不將但不合人情耳，其罪不至絶交。末折勸婚修好，稍仿樂道德收科，然必如此結局，方是一團和氣。

明・陳繼儒《楚江情原叙》 陳眉公曰：自《西樓記》出，海内達官文士、冶兒遊女，以至京都戚里，旗亭郵驛之間，往往抄寫傳誦，演唱殆遍。想望西樓中美少年風流眉目，而不知出於金閶袁白賓氏也。白賓氏俠骨才情，天賦無兩。其遊戲調笑，雖單詞片語，可附《世説》。《西樓》其有爲爲之，極幻極怪，極艷極香，讀其可以想其人矣。夫天上無雲霞，則人間無才子；天上無雷霆，則人間無俠客。才而不能俠，則曲士鄙儒，俠而不能才，則悍夫走卒。兩者兼之，如雲霞之黻黼河漢，雷霆之鏗訇乾坤，使一切聞且見者，掃除愁風苦雨之淒涼，解脱埋雲罨霧之迷塞。此天上不常有，而人間不可無也。世人與之莊語，輒垂首欲睡。間雜以嘲弄諧謔，曼歌長謠，不覺全副精神，轉入聲聞。酒知見香中，東方生用之大隱，端師子政黄牛用之説法，蘇長公用之行文，而徐文長用之演《四聲猿》，湯臨川用之演《四夢》，皆古今才子俠客之大總持也，而又何疑於白賓氏。

明・祁彪佳《遠山堂曲品・能品》《珍珠衫》，柳□□。此易蔣興哥爲王士英。詭姦一節，皆六婆爲之，而巧兒卒以貞終。然末段收煞，殊少精神。

又《遠山堂劇品・具品》《遠帆樓》，閒閒子。此即《珍珠衫》傳，惟會合稍異。其中俊句不乏，惜安頓無法，蓋由作者尚未夢見音律，漫然握管耳。

又《雅品》《會香衫》，北二劇共八折，葉憲祖。此即《蔣興哥重會珍珠衫》傳也。上劇止奸尼賺衫一節事耳，未盡者以次劇繼之。元人原有此體，如《西厢》之分爲五劇是也。桐栢邇來之詞，信手拈出，俱證無礙維摩矣。

清・高奕《新傳奇品》 馮猶龍，吴縣人，墨憨齋。芙蓉映水，意態幽閒。所著墨憨齋傳奇三本：《萬事足》、《風流夢》、《新灌園》。

傳記

清・朱彝尊《静志居詩話》卷二〇 馮夢龍，字猶龍，長洲人，由貢生選授壽寧知縣，有《七樂齋稿》。明府善爲啓顔之辭，間入打油之調，雖不得爲詩家，然亦文苑之滑稽也。

清（康熙）《新興縣志》卷五 馮夢龍，武進人，歲貢。萬曆二十六年知新興縣事，禮以待士，恕以御吏，風流善政，膾炙人口，未竟厥施而去。子祖望，崇禎辛未進士，祀名宦。

清（康熙）《壽寧縣志》卷四 馮夢龍，江南吴縣人。由歲貢崇禎七年知縣事，政簡刑清，□尚文學。遇民以恩，待士有禮。所著有《四書指月》、《春秋指月》、《智囊補》等書，爲世膾炙。

清（道光）《蘇州府志》卷九九 馮夢龍，字猶龍。才情跌宕，詩文藻麗，尤工經學。所著《春秋指月》、《衡庫》二書，爲舉業家正宗。崇禎時，以貢選壽寧知縣。

紀事

清・佚名《曲海總目提要》卷九《楚江情》 馮夢龍所改袁蕴玉《西樓記》也。增删情蹟之意，悉見自序。原劇，胥長公之妾名輕紅，今作袁寶兒，寶兒後爲池同之妾。又原劇，池與趙不將俱爲胥長公所殺，今以翻案。《自序》云：此記模情布局，種種化腐爲新。訓子嚴於繡襦，錯夢幻於草橋。即考試最平淡，亦借以翻無窮情案，令人可笑可泣。但有幾處未妥，必當竄定者。胥長公一世大俠，於謀一婦人何有。乃計無復之，而出此棄妾之下策，豈惟忍心哉。其伎倆亦拙甚矣。長公與叔夜素昧平生，戀妓亦無關大事，何必相爲乃爾。池趙二生即與叔夜有隙，亦何至謀刺。且旅店逢俠而遂委腹心乎，此又事之萬萬不然者也。合通記觀之，不過欲描佳人才子相慕之情而已，忽而殺一妾，忽而殺兩生，多情者將戒心焉。余不得不爲醫此大創，看梅折便出洪寶既便收科，又伏池生故人之案。至易姬折竟用洪寶兩全其美，池公子即此了局，葛藤盡去。第二十一折係全改，原劇標名曰俠概，爲胥長公自敘，今作歌筵買駿。白云《錦帆樂府》是江南解元于叔夜所作，傳有刻本，同年李貞侯作序，皆所以伏半劇之案。《自敘》云：觀劇須於閑處着眼。買駿一折，似冷，而梅花衚衕之有寓，馬之能致千里，叔夜貞侯之才名，色色點破，爲後來張本，此最要緊關目。趙不將不惟不殺，且與李貞侯共爲媒，與原劇絶異。《自序》云：趙不將但不合人情耳，其罪不至絶交。末折勸婚脩好，稍仿樂道德收科，然必如此結局，方是一團和氣。

又《酒家傭》 係明蘇人陸無從欽虹江合藁，同郡馮夢龍更定。傳李燮爲酒家傭事，全据正史。按《後漢書・李固傳》：固漢中南鄭人，司徒郃之子也。大將軍梁商嘗請爲從事中郎。冲帝即位，以固爲太尉，與梁冀參録尚書事。及質帝被鴆，議立嗣，固引司徒胡廣司空趙戒先與冀書，謂清河王蒜年長有德，當立。先是蠡吾侯志嘗取冀妹，冀欲立之。衆論既異，冀意氣凶凶，自廣戒以下莫不懾憚之。皆曰：惟大將軍令。而固獨與杜喬堅守本議。冀愈怒，乃説太后先策免固，竟立蠡吾侯。後歲餘，劉文劉鮪等各謀立蒜爲天子，冀因此誣固與文鮪共爲妖言，下獄。太后明之，乃赦焉。冀畏固名德終爲己害，乃更據奏前事，遂誅之。州郡收固二子基磁于偃城，皆死獄中。小子燮得脱亡命。冀乃露固尸于四衢。固弟子汝南郭亮左提章鉞，右秉斧鑕，詣闕上書，乞收固尸，遂守喪不去。夏門亭長呵之，太后聞而不誅，聽得歸葬。初，固既策罷，知不免禍，乃遣三子歸鄉里。時燮年十三，姊文姬爲同郡趙伯英妻，賢而有智，見二兄歸，默然獨悲曰：李氏滅矣。乃豫謀匿燮，託言還京師，人咸信之。文姬乃告父門生王成，成感其義，將燮乘江東下，入徐州界内，令變姓名爲酒家傭，而成賣卜于市，陰相往來。燮從受學，酒家異之，意非恒人，以女妻燮。十餘年間，梁冀既誅，而災眚屢見，乃存録大臣冤死者子孫，于是求固後嗣，燮遂還鄉里。姊弟相見，悲動傍人。按《梁冀傳》：冀既枉害李固，詔遂封冀妻孫壽爲襄城君。壽色美而善爲妖態，作愁眉，啼粧，墮馬髻，折腰步，齲齒笑，以爲媚惑。又性鉗忌，能制御冀，冀甚寵憚之。初，冀父商獻美人友通期于順帝，通期有過，帝以歸商，商出嫁之，冀即遣客盜還，私與之居。壽伺冀出，篡取通期歸，截髮刮面，笞掠之，欲上書告其事。冀大恐，請于壽母，壽亦不得已而止。冀愛監奴秦宫，得出入壽所。壽見宫，輒屏御者，託以言事，因與私焉。後冀驕横益甚，又以事刺殺議郎邴尊。桓帝大怒，遂與中常侍左悺等五人成謀誅冀，遣司隸校尉張彪等共圍冀第。冀及妻壽即日皆自殺。按《馬融傳》：融爲冀草奏李固，以此頗爲直正所羞。而《吴祐傳》亦云：梁冀誣奏太尉李固，祐聞而争之，時馬融在坐，爲冀章草，祐因謂融曰：卿何面目見天下之人乎。冀怒而入室，祐亦徑去。

又《量江記》 余聿雲原編，馮夢龍更定。記樊若水量江事。《宋史・南唐世家》：宋將有事江表，江南進士樊若水詣闕獻策，請造浮梁以濟師。太祖命荆湖造□黑龍舡數千艘，及曹彬出師，乃先試于石牌口，移置采石，不失尺寸，三日而成，渡江若履平地。李煜初聞朝廷作浮梁，語其臣張洎，洎對以長江無爲梁之事。煜乃委兵柄於皇甫繼勳，委機事于洎，每軍書告急，二人多不時通煜。一日登城，見旌旗滿野，始大懼，遂殺繼勳。又按《樊知古傳》：知古本名若水，字叔清。因召見，上命改名知古。初在南唐舉進士不第，遂謀北歸。乃漁釣采石江上數月，乘小舟載絲繩，維南岸，疾棹抵北岸，以度江之廣狹。遂詣闕上書，言江南可取狀。解褐授舒州軍事推官。嘗啟于上，言老母親屬在江南，恐爲李煜所害，願迎至治所。即詔煜令遣之。煜厚給齎裝，護送至境上。是南唐未嘗有若水母妻没入掖庭之事，此係作者稍加改易。其本中弓洎即張洎，存其姓之偏旁耳。陳摶字圖南，賜號希夷先生，載《宋史・隱逸傳》。

又《雙雄記》 明馮夢龍改本也。其始不知何人所撰。記前總評云：世俗骨肉參商，多因財起，丹三木之事，萬曆庚子辛丑間實有之。是記感憤而作，雖云傷時，亦足警俗。按夢龍，崇楨間人，去丹三木事未遠，而原作者又在夢龍之先，當是目擊時事而爲此記者。其事今無可考據。劇中所云丹生，名信，字重之，吴之東山人，與友劉雙幼相契善。其叔丹三木者，本兇徒也。妻每勸其分析家貲，三木不從，其妻因而病卒。三木憤妻之爲信而死，又慮終欲分析其産，必欲置信於死地，遂鳴於官，并其友劉雙者，亦鍛鍊入焉。後倭寇起，許罪人可疑者立功贖罪。信與雙素諳兵略，從征擒賊，以功授正千户，官至征東將軍。按劇中留姓者，想亦有其人。禦倭係實事。惟龍神授劍，及救丹信之妻，度劉雙之叔等事，應是撰出關目。二女男裝，亦屬點綴。至劉雙所娶妓黄素娘，亦無所據。其曰雙雄者，丹信劉雙俱以武功顯也。

又《新灌園》 啓禎間長洲人馮夢龍改定本也。其大旨以推食贈衣定盟，爲君王后識英雄於困頓之時，乃是女中俠丈夫本領而不及於私，以成君王后之美。雖與史記稍不合，卻得立言之體。按《戰國策》：襄王解衣免服，逃太史之家爲溉園。君王后，太史敫氏女，知其貴人，善事之。田單以即墨之城破亡餘卒，破燕兵，紿騎劫，遂以復齊。遽迎太子於莒，立之以爲王。襄王即位，立君王后以爲后。但云善事之，未嘗如史記之竊衣食而與之私通也，夢龍蓋以《國策》爲本耳。序云：法章亡國之餘，正孝子枕戈，志士卧薪之日。不務憤悱憂思，而汲汲焉一婦人之是獲，少有心肝，必不乃爾。且五六年間音耗隔絶，驟爾黄袍加身。父仇未報，不一置問，而惓惓訊所私德之太傅，又謂有心肝乎哉。君王后千古女俠，一再見而遂失身，即史所稱陰與之私，譚何容易。而王孫賈子母忠義，反棄置不録。若是，則灌園而已，私偶而已，灌園私偶，何奇乎而何傳乎。伯起先生云：吾率吾兒試玉峯，舟中無聊，率爾弄筆，遂不暇致詳。自余加改竄，而忠孝志節，種種俱備，庶幾有關風教而奇可傳矣。總評云：舊記惟王蠋死節，田單不肯自立二事，差強人意，餘只道淫，未足垂世。新記法章念念不忘君國，而夜祭之孝，討賊之忠，皆是本傳絶大關目。君夫人不失節，尤得爲賢者諱之義。寶簪世子故物，借此取巧，方成佳話。又云：不誅淖齒，君仇不報，不臣服三晉魯衛諸國，君仇亦報之未盡。得末折點破，始無遺漏。又云，舊本臧兒牧童，率皆備員，未足發笑，且牧童孳尾而出，殊覺草率。請觀新劇，冷熱天懸矣。又云，田將軍迎立，在世子不無突然。今添臧兒途遇一折，前後血脉俱通，且於下折夜深歸煢煢荷鋤，亦有照應。《戰國策》：王孫賈年十五，事閔王。王出走，失王之處，其母曰：女朝出而晚來，則吾倚門而望，女暮出而不還，則吾倚閭而望。女今事王，王出走，女不知其處，女尚何歸。王孫賈乃入市中曰：淖齒亂齊國，殺閔王，欲與我誅者袒右。市人從者四百人，與之誅淖齒，刺而殺之。此賢母訓忠，王孫討賊二折事也。

又《夢磊記》 會稽人史槃撰，吴縣人馮夢龍重訂。演文景昭夢神仙示以磊字云，婚姻富貴，皆由于此，因名《夢磊》。劉逵蔡京蔡薿宋用臣雖係同時，其情蹟非實也。《黨人碑》云，逵婿謝瓊仙，此云文景昭，並無所据。略云：當塗諸生文景昭，字允明。客于蘇州，與友鄭彬約遊虎丘劉園。劉園者，户部侍郎劉公路之園也。公路名逵，隨縣人。觀察江南，愛吴門山水，遂家焉。蔡京專權，乞休林下。有女亭亭，才貌無雙。繼母章氏甚悍，不愛其女。逵嘗得奇石，高四丈餘，玲瓏可愛，旁有一路，直達石頂。乃構小軒，曰拜石。以貯之，時憩其上。節屆花朝，景昭晝寢，夢玉城仙史白玉蟾以畫一軸示之，軸上止書一磊字，曰：功名伉儷，皆在于此。及寤，不能解。與彬約同遊，彬有他事不果，景昭獨詣逵園，徙倚奇石之上。逵至，邀景昭坐，劇談相契，愛其才品，以女許之，遂指石爲媒妁。景昭退，逵與章氏言之，章大不愜。中州蔡薿，與蔡京聯宗，聞逵女美，偕章氏弟曰子春者，同入園中，見女在焉，往前揖之，女與婢秋紅詬而入，薿囑子春力主其姻事。適逵奉詔起中書侍郎，同知樞密院事，恐其妻爲梗，潛攜女適景昭而贈之百金。章氏聞之恚甚。子春受薿託，因謀劫甥女歸以嫁薿，女堅不從，母亦無可如何，乃以秋紅紿爲女以嫁薿。時景昭妻被奪去，修書託彬入京求救于逵，遂移寓于彬宅，夜詣逵家，欲探一信，杳然無踪，徘徊月下。內監宋用臣監滁州酒税，道過蘇州，月下遇景昭，談吐相賞，詢得其故，意甚不平。用臣嘗忤蔡京，是以外貶，其性鯁直，遂令僕從僞作迎親人，用花輿擡廟中泥神，俟薿迎娶，使僕與爭道，乘鬧易轎，舁送景昭寓，用臣即入京復命。薿啓轎，見泥神大駭。子春謂薿：女上轎其姊所知，中途被劫，事出意外，姊必訴于官。乃嗾薿亦赴京就試，俟姊訪知無從得薿，庶可省脣口也。秋紅至景昭寓，景昭啟轎視之，非復己妻，詢其故，秋紅以景昭爲薿，不敢以實告。景昭見其誤認爲蔡，亦不敢以實告，權留寓中，未嘗犯也。時蔡京立元祐黨人碑，復遣朱冲子勔爲觀察，兼管應奉局，採蘇杭花石。劉逵入京面詆勔，又上疏論京。徽宗不懌，使逵出使高麗，勔出都。京及户部尚書劉貴等郊餞，鄭彬持景昭書誤投于貴，京乃知景昭爲逵壻。貴拆書覺其誤而還之，彬始知逵出使，復南歸，以復景昭，抵池河驛，與蔡薿遇，薿言已娶逵女，而詭語景昭已殁。彬悲不勝，遽欲南歸，薿勸偕入京就試。時朱勔至蘇，聞逵園有奇石，突入强取之。夫人及子春抗不肯予，勔怒，並執繫獄。逵女惶急，欲詣景昭求救其母，至則寂然無人，聞景昭言，其友鄭彬居第八家，遂急往叩。適景昭出，造逵園探妻信，秋紅啟扉見亭亭驚問其故，亭亭謂秋紅已與薿甚匿，而秋紅則告亭亭云共牀異枕，情不相通，不可以救母事語彼。乘其未至，兩人同逸去，附内監舟以北。景昭抵逵園左右，不得真信，及歸又失秋紅，遂入獄探章氏，始知舁歸者，乃其婢也。章氏重景昭之義，即以家事託之，許他日覓女歸，復諧伉儷。逵至高麗，其國王向風納貢。蔡京察上意頗向逵，欲與修好。會典試入闈，拔薿第一，而移他人卷以爲文景昭，擢居第二，以示修好于逵之意。鄭彬亦擢第十。亭亭秋紅附舟至都，與彬遇于卜肆，占景昭事，彬迎兩人至己宅居之，不知景昭之未試也。徽宗在鸚鵡樓觀梅倦而假寐，夢司馬光蘇軾等訴黨人碑之屈，醒而覺前失，立命毁之，并捕朱勔治其罪，而用金牌召逵入中書。與景昭詣京師，見逵，景昭以未入闈，不欲冒名中式，具疏陳奏。逵復奏劾京罪。乃以文運昭功石爲題，令景昭與薿並作一賦，景昭稱旨，擢大魁，翻薿卷于後，綴名榜末。鄭彬邀薿至家，使秋紅見之，不相識。及景昭至，亭亭出見，相感慟而秋紅出見之，即前所誤認爲蔡郎者也。於是以亭亭爲妻，秋紅爲妾。朝廷不直蔡京，但以中景昭非惡意，僅落其中書之職，以開府儀同爲太乙宮使，而進逵官爲僕射云。按馮夢龍當崇禎時，以文知名于時。文震孟爲吴中宗匠，夢龍等蓋其所獎拂也。震孟天啟壬戌科狀元，釋褐後，即以建言罷歸，名震天下。其座師內閣何宗彦，湖廣隨州人。劇中劉逵，隨縣人。景昭居蘇，又擢狀元，當是指震孟耳。狀元姓文者，亦惟震孟一人。薛應旂《甲子會記》：崇寧元年壬午，蔡京爲相，立元祐黨人碑于端禮門。二年，令州縣立元祐黨人碑，石工安民不忍刻。四年，以朱勔領花石綱。五年丙戌正月，彗出西方，長竟天。詔求直言，毀黨人碑，復謫者仕籍，蔡京有罪免，革其弊政。是年策進士，蔡嶷以阿附得首選。大觀元年丁亥，蔡京復相，以蔡嶷爲給事中。三年，蔡京有罪免，尋以太師致仕，留京師。四年，降太子少保，出居杭州。政和二年壬辰，召蔡京爲太師，三日一至都堂議事。宣和三年庚子，蔡京以太師魯國公致仕，睦州民方臘以誅朱勔爲名作亂。六年，蔡京復相。七年，勒蔡京致仕，始罷花石綱。冬十二月，太學生陳東請誅蔡京梁師成李彦朱勔王黼童貫六人。靖康元年，竄王黼蔡京童貫趙良嗣蔡攸朱勔遣人誅之。《宋史・劉逵傳》：逵字公路，隨州隨縣人。進士高第。崇寧中擢户部侍郎，使高麗，遷尚書，由兵部同知樞密院，拜中書侍郎。逵無他才能，以附蔡京故躐進。京以彗星見去相，而逵貳中書，首勸徽宗碎元祐黨碑，寬上書邪籍之禁。未滿歲，帝疑逵擅政，御史余深論逵專恣反覆，且庇其婦兄章綖，使之盜鑄。罷知亳州。《蔡京傳》：崇寧五年正月，彗出西方，其長竟天。帝以言者毀黨碑，京免爲開府儀同三司中太乙宮使。《朱勔傳》：勔蘇州人。父冲，狡獪有智數。蔡京居錢塘，過蘇，陰器其能。明年召還，挾勔與俱，以其父子姓名屬童貫，竄置軍籍中，皆得官。徽宗垂意花石，京諷勔語其父，密取浙中珍異以進，歲率再三貢。至政和中，始極盛，舳艫相御於淮汴，號花石綱，置應奉局于蘇，指取內帑如囊中物。延福宫艮嶽成，奇卉異植，充牣其中。所貢物，豪奪漁取于民，毛髮不少償。士民家一石一木，稍堪翫，即領健卒直入其家，用黄封表識，未即取，使護視之，微不謹，即被以大不恭罪。及發行，必撤屋抉牆以出。人不幸有一物小異，共指爲不祥，惟恐芟除之不速。嘗得太湖石高四丈，載以巨艦，役夫數千人，所經州縣，有拆水門橋梁鑿城垣以過者。既至，賜名神運昭功石。子汝賢等召呼鄉州官寮，頤指目攝，流毒州郡者二十年。方臘起，以誅勔爲名。童貫出師，承上旨盡罷去花木進奉。欽宗用御史言，放歸田里，羈管循州，遣使即所至斬之。《宋用臣傳》：用臣字正卿，開封人。爲人有精思彊力，以父蔭隸職內省。神宗時權勢震赫一時，積勞至宣政使。元祐初，言者論其罪，降爲皇城使，謫監滁州太平州酒稅。四年，主觀靈仙觀。紹興初，召爲內侍押班。徽宗時，遷入內副都知。卒，謚僖敏。《蔡嶷傳》：嶷字文饒，開封人。崇寧五年以諸生試策，揣蔡京且復用，即對曰：熙豐之德業足以配天，不幸繼之以元祐，紹聖之纘述足以永賴，不幸繼之以靖國云云。於是擢爲第一，以所對頒天下。未幾，遷中書舍人。自布衣至侍從，纔九月，前所未有也。旋進給事中，一意附蔡京，敘族屬尊爲叔父。京命攸脩等出見，嶷亟云：向者大誤，公乃叔祖，此諸父行也。遽列拜之。按《閩書》：陳葵，福州人中南省第三人。擢甲科。蔡京籍元符中上書王定等十八人，奏乞編置，葵其一也，謫居衡州，崇寧三年雷震元祐黨人碑，得釋還。詔有司許依元考定甲分註官。雷震黨人碑事，不見于通鑑，但前數年持黨人甚急。崇寧四年五月，忽除黨人父兄子弟之禁。八月又詔徙元祐黨人于近地。據通鑑所記，何三年以前，處禁黨人及黨人之子弟，其法不一而足。三年以後，忽開解網之恩耶。五年彗出竟天，劉逵請碎碑寬禁，帝從之，乃夜半遣黄門至朝堂毀石。翌日蔡京見之，厲聲曰：石可毀，名不可滅也。此則因天變人言而毀。四年之時，既無天變，又無言者，雷擊黨碑之事，信當有之。又按《步里客譚》云：宣和殿立元祐奸黨碑。一日大風雨，爲震雷擊碎。蓋證《閩書》之不謬也。又按林靈素侍宴太清樓，見元祐奸黨一碑，對之稽首。上怪問之，對曰：碑上姓名，皆天上星宿，臣敢不稽首。因爲詩曰：蘇黄不作文章伯，童蔡翻爲社稷臣。四十年來無定論，不知奸黨是何人。上以詩示蔡京，京惶愧乞出。然則此碑之毀，靈素殆有助焉。劇言徽宗得夢，似不如用雷震及靈素二事。《中吴紀聞》云：大觀中樞密章公之子綖，爲蔡京誣以盜鑄，詔開封尹李孝壽即吴中置獄，連逮千餘人。遣甲士五百圍其家，鉦鼓之聲，晝夜不絕，俗謂之聒囚鼓。獄既不就，又遣三御史蕭服沈畸姚重按之。其至也，人皆從門隙中窺之，不敢正視。按《通鑑》，此徽宗大觀元年丁亥歲也，時蔡京怨劉逵，會蘇州盜鑄錢獄起，京欲陷逵婦兄章綖兄弟，遣開封尹朱孝壽鞫之。株連者千餘人，强抑使承，死者甚衆。京猶以爲緩，遣侍御史沈畸蕭服往代。畸至蘇，即日釋無左證者七百人，遂閱實平反以聞。京大怒，貶畸監信州酒税，覊管處州，而綖竟竄海島。又按太湖有東獄西獄二山，吴王于此嘗置男女二獄，楊郎中備詩云：雷霆號令雪霜威，二獄東西鎖翠眉。

又《萬事足》 明馮夢龍撰。其劇前總評云：舊有《萬全記》，詞多鄙俚，調復不叶，此記緣飾情節而文之。按劇中云：陳循高穀，共學于周禮。循一日偶見土地神，戲書數字貶之，土地求解于其師，得免。妻梅賢淑以循無子，爲之娶妾，循不從，乃乘循醉進之。後與高穀同年及第。穀就試時，道中夜宿古廟，聞女子哭聲，問之，乃父母鬻之以賽神者，穀救出之。會神至，穀挺劍與之鬭，中之，神啼而走。女不願歸，穀因留之爲妾。而其妻妒甚，妾寄居道觀。後爲勢豪逼娶結訟，適穀同年顧愈爲推官，乃責勢豪而釋妾。時已生子，顧爲挈妾入京師，歸于穀焉。按陳循責高穀夫人，係實事。其餘關目，係假借點綴。古廟救女，借用郭元振事。醉後進妾，借用西畢氏事。貶土地，借用劉崇之事。《菽園雜記》：云明高文義公穀無子，置一妾。夫人素妒悍，每間之不得近。一日，陳學士循過焉，留酌聚話及此，夫人于屏後聞之，即出詬駡，陳公掀案作怒而起，以一棒撲夫人仆地，至不能興，高力勸乃止。且數之曰：汝無子，法當去，今不去汝而置妾，汝復間之，是欲絶其後也。汝不改，吾當奏聞朝廷，置汝于法，不貸也。自是妒少衰，生中書舍人峘。陳公一怒之力也。陳循字德遵，江西泰和縣人。永樂乙未廷試第一，授翰林院修撰，賜第萬寶坊。仁廟時進侍講，宣德初又賜第玉河橋，陞侍講學士。駕每巡幸，循必扈從。正統九年，以翰林院學士入文淵閣典機務，累官至華蓋殿大學士，少保户部尚書。高穀字世用，高郵興化人。永樂乙未進士翰林院庶吉士。由編修遷侍講學士，累官至少保工部尚書，謹身殿大學士。按《湧幢小品》云：李九我閣學名廷機萬爲南吏部侍郎，年踰五十，尚未有子。丁改亭書起南大理丞，切切勸納妾。其夫人立屏後聽之甚愠，改亭知狀，再三至，大言唤一老媪出見我，我自有説。既出，語之曰：説與奶奶知道，你老爺會元及第，官至少宰，無後，他日官生卻被姪兒受用。你老爺精神尚王，急急納寵，必定生子。既生子，於奶奶只隔一胎，卻是老爺親骨血，撫養成人，就是奶奶親生一般。若是姪兒，先與老爺也隔一重，何況奶奶。其言切至，老媪聞之亦下淚。夫人悟，納妾生二子。後孫月峯尚書以參贊至。改亭亦依此法言之，孫不應，後漸厭拒。蓋孫方續娶，應接不暇。按二人同是萬曆間事，與夢龍尤近，此劇蓋因此而作。《湧幢小品》又云：劉崇之兒時，書齋文籍爲鼠嚙，戲判土地云：爾不職，杖一百，押出齋門。是夜其師夢老人曰：某實不職，煩一言於侍郎，免斷。次日其師以告崇之，遂毀其判。又馮夢龍《情史》云：西畢氏中歲無子，甚憂，然與妻恩愛，不忍置妾。醉後其妻陰以侍婢與睡，即有娠。畢疑之，既産子，欲斃之，其妻以實告，乃納其婢試之。明年復産一子，遂釋然。按蘇軾子由生子詩曰：無官一身輕，有子萬事足。後人遂以生子爲萬事足，題意本此。

著録

清・佚名《古人傳奇總目》 《鷫釵》、《雙雄》，馮耳猶作。

清・佚名《傳奇彙考標目》卷上 馮夢龍，字子猶，吴郡人。有《墨憨齋傳奇》行於世。

清・笠閣漁翁《笠閣批評舊戲目》 《雙雄記》，即馮猶龍《善惡圖》，中下。又《萬事足》，馮猶龍作。上下。

清・黄文晹、佚名《重訂曲海總目・明人傳奇》 馮夢龍，《雙雄記》。

清・支豐宜《曲目新編・明人傳奇》 《萬事足》、《風流夢》、《新灌園》，右三種吴縣馮猶龍作。

清・姚燮《今樂考證・著録八・國朝院本》 馮猶龍十一種：《新灌園》，更定張伯起稿。《酒家傭》，更定陸無從、欽虹江兩家稿。《女丈夫》，更定張伯起、劉晉元兩家《紅拂記》。《精忠旗》，定西陵李梅實稿。《雙雄記》，新創稿，一名《善惡圖》。《量江記》，詳定余聿文作，題曰池陽聿雲氏元編。《萬事足》，新創稿，同邑袁幔亭樂句。《夢磊記》，詳定史叔考本。《灑雪堂》，改楚黄梅孝己本。《楚江情》，删定袁白賓《西樓》本。《風流夢》。

清・王國維《曲録》卷四 《雙雄記》一本，《萬事足》一本，《風流夢》一本，《新灌園》一本。右四種，明馮夢龍撰。

羅懋登

論説

明・祁彪佳《遠山堂曲品・雜調》　《香山》：詞意俱最下一乘，不堪我輩着眼。

紀事

清・佚名《曲海總目提要》卷一八《香山記》　明萬曆間作，有羅懋登序，在二十六年戊戌，疑即是其所撰也。序云：二南里人，蓋陜西人。所演觀世音菩薩修道因緣，與《海潮音》稍有同異。内云：大士成道，爲衆宣説《妙法蓮華經・觀世音菩薩普門品》。點出應以女人身得度者，即現女人身而爲説法也。藏經有妙莊王之號，並不聞菩薩爲王女。經又有云：觀世音菩薩，與南閻浮提女身有緣。是故諸女身，於觀世音菩薩尤加敬信。劇以菩薩在香山竹林寺成道，故曰《香山記》。

汪廷訥

論説

明・呂天成《曲品》卷上　汪鹺使家習惠仁，生多智慧。向平遊嶽而遺累，郭璞餐瀣而懷仙。涌源之觱沸多奇，别墅之逍遥獨勝。

又卷下　汪昌期所著傳奇九本。《高士》：此初試筆也，音律雖草草，似有所刺。内用海闍黎一段，可疑。《天書》：孫、龐有元劇，此記亦斐然。雖見弋陽腔演之，亦頗激切。《長生》：汪奉先遂爲純陽一闡發，甚暢。第雜以《曇花》。《獅吼》：懼内從無南戲。汪初製一劇，以諷枌榆。旋演爲全本，備極醜態，總堪捧腹。末段悔悟，可以風笄幃中矣。《投桃》：潘用中事見小説，予初欲譜之。今汪此記，甚有情趣，且知守韻律，尤爲可喜。《二閣》：予曾爲《雙閣畫善記》，即此朱生事也，不意汪亦爲之。【略】《同昇》：此似頌一友者，而己附入之。詞采甚都，但事情不奇耳。【略】《三祝》：范文正父子事，可以訓俗。此記摭事甚侈，而詞亦富贍；若演行，猶須一删。【略】《種玉》：吾越金叟撰《摘星記》，即霍仲儒事。此記略具幽情，兼揚將相之業，勝《摘星》多矣。【略】

明・王穉登《題訂譜》　昌朝先生江南俠烈，詞華風雲，著書不爲谿竇，坐隱出入玄宗，褆躬又得忠孝之正，真奇絶人豪。

明・張鳳翼《題汪無如投桃記序》　余雅有聲律之癖，願得與博古通今者上下其議論。新都無如汪先生，學業宏肆，著作繽紛，賈其餘勇，窮通於聲律，與余交驩有年。其所撰刻，悉以示余，余數數爲之叙。近作《投桃記》，記成，不遠數百里而教之。及開卷翻閲，則宋潘用中與黄姬故事。此事播於都下，傳於紫庭，至理宗皇帝亦且嘉揚而完聚之。第以命不由父母，言不通媒妁，婚媾大禮，男女爲政，然非所以正其所謂宜，儒者噤口不道，無如曷爲取而偏歌之。毋亦其腹笥便便，無所宣洩，乃風流玩弄，而揮其才情之一斑乎。蓋自太極分則有陰陽，有信物則有交搆，恢恢宇宙，安能人繩以禮法，家束以廉隅。而私合之事，何在無之。夫人藏其心，至不可測。惟深閨韶穉，涉世淺而天真，完心誠意，當毫無虛假，雖值勢範威惕，竟不能奪其志，是以君子猶有取焉。況嘲風弄月，本達人之常事，行吟浩歌，雖真者所不廢。古來騷人詞客，遊戲傳奇，散軼篇章者，詎可以數計。如元之王實甫、鮮于伯機、霍伯生，國朝之楊太史、夏少保、祝京兆、汪司馬，此特其表表者也。近而臨川湯太常、東海屠祠部，不稱兩博洽君子乎。其所編次，如《玉合》、《彩毫》等記，且家傳而户誦之，並無有訾其失者，大都以我使彼，非以彼使我，借脂粉以抒翰墨，托聲歌以發性靈。則何嫌其爲情慾，而不自見其所長哉。昔尼聖删詩而不廢《鄭》、《衛》，此其意以爲人必有所懲創，而後有所感發。故《桑間》、《濮上》之吟，與《關雎》、《麟趾》並垂不朽，此乃尼聖之微旨。故余嘗謂載籍極博，只爲君子之長聖言者設，非爲小人之侮聖言者爲宣淫導欲之資也。無如是編之刻，其願天下人知所懲創，而開示以自省之門乎哉。觀黄姬末路，守志斷髮，從一而終，持義凜若秋霜，矢志皎如烈日，則惡可以前之瑕掩後之瑜，以昨之短棄今之長，所謂發乎情，止乎禮義者，黄姬則有之矣。紅粉叢中，何可多得。俾千祀而下觀場者，靡不感發興起。無如之意，夫豈獨使人懲創已也。且曲調擅美，步武金元。試取而紬繹之，意旨委蛇，則豁胸洞心之嶽壑也；音韻鏗鏘，則鳴金戛玉之武庫也，雅僞並陳，則啓聾起聵之藥石也；情思真切，則去僞存誠之鏌鋣也。時曲濫觴已極。今得此編，洵可黜靡而振雅，韻學何患無指南哉。

明・徐渭《同昇記序》 海内梵刹，間設三教之堂，龕三師於上。有儒者進曰：吾孔氏之尊，豈居二氏之下。奉而中移。嗣道者進曰：孔子，吾師之弟子也，而位師上耶。又奉而中移。主僧更復其故位。嗣是更屢屢更移，而像旋壞。三師因相謂曰：吾三人本相忘，乃各爲劣徒搬壞。嗚呼，達三聖相忘之旨者，幾何人哉。達者閔之，思借人間之戲劇，以寓省悟之微機，此雖循人間謔樂之習，而究其不得已之心，則良苦矣。如余之傳柳翠，亦遇賞音。第余專明佛乘，未及三教。茲有東海一衲，與無無居士、赤肚子，了悟禪師三數人，初遇各持門户，若相矛盾，而卒乃相忘於無言。於是東海一衲耳，既有覺，便思覺人，演六賊之竊發，歸一將之擒獲，卓爾三家，渾同一事，不廢讌笑而直啓元扃，不離聲色而竟收太乙，茲《同昇》之所爲作也。記内有潘太史，則東海一衲所自寓也。

明・夏尚忠《彩舟記叙》 天下有奇品，而後有奇見聞。即見聞之奇而寓於言，斯足以駭人耳目，傳今古爲不磨。海陽汪無如君，閎粹冲襟，琳琅武庫，纚纚焉，炯炯焉，一世人龍也。以其人龍也，在丘壑則龍潛，居金馬門則龍見。時潛時見，無如總付之無心，用至妙矣。不佞與無如交最久，每聽其麈譚，酷若曼倩。頃囑予爲《彩舟記》叙，記後先悉鬚龍事甚奇，予撫掌大噱曰：唯。人龍而後知龍，鬚龍而人焉，其幻化矣，幻化而度賈人子爲玉堂青瑣之客，龍之德無量哉。夫江生何幸，遘二千石吴公之閨秀。而閨秀又眼能識豪傑之可掀揭爲托根，訂緣畫舫，永偕伉儷。然其梗概，始而合，中而分，終而功名轟烈。一生悲歡隱顯，大抵皆出鬚龍之妙用。事若不經，實非怪也。化梭化杖之二者，古不大明鏡哉。既知梭杖之化而鬚化者，奇矣。無如一一模寫，令人且愕且喜，恍若睹鬚龍之妙用。故曰：無如人龍也。若夫新聲雅調，儷幽蘭而偶白雪，爲昭代詞人之雄，則操史筆者，自有無如定評，不佞復何贅。

明・薛應和《義烈記序》 東漢黨錮之事，張山陽亡命，而孔氏爭死於一門，高義薄雲天，偉烈貫金石。余友無如君檃括其概，編爲傳奇。戲劇中有係名教，非偶然已也。劇中皆紀實，多本《漢書》列傳。

明・馬翼如《威鳳記序》 坐隱先生以豪爽之才，憤時嫉俗之抱，莫由宣洩，往往觸發於新聲。以故樂府之夥，直入高王閫奥。茲觀《威鳳》一記，不尤可喜可愕，而大係風教者乎。韓氏紫荆之賞，因訓若子俾遵家範，詎意胎鶚兄鬩牆之禍，動豺友下石之謀，甚至甘棄親而不養。向非仗義如馮生，道行母子，必且爲冤鬼矣，奚待遼東私賂，而後知其計之慘哉。卒之帝鑒不爽於毫芒，孑窮棲身於靈宇，伯氏之禍仲者乃自禍，僅幸免其溝壑焉耳，猗歟。儀鳳文章，鼎名紫閣，造化斡旋於仲，豈可誣哉。夫貪淫殘暴，示懲也。孝友仁賢，昭勸也。非記不足以發其隱，無亦得《三百》之遺旨而寄之音律者耶。

明・清嘯居士《序種玉記》 黑甜國裏，變態叢叢。上而侯王，下焉乞丐，俱從此國遨遊一過，但夢良夢舛，所遭不齊。良者昌榮奮達，舛者苦悴驚摇。甚之良舛舛，翻覆之中，更多翻覆，人世幻境耳，何煩營逐哉。余山棲無事，喜向竹床，自在覺來，謀所以解幽寂者。攤所枕諸書，得《種玉記》，披讀之，而知霍休文之遇合如此也。休文緣三星贈玉，受封將相，非終身之良夢乎。其間夢之紛出者，如始而起於縣椽，卑役侯門，舛矣。忽與麗姝私遘綢繆，鳳樹梧石爲媒，何其良也。忽因旁謀陰間，鶼鶩鴛散，人各西東，又何舛也。及返平陽，舛復成良。有凰求鳳，再結執拂之新歡。奈錯認和番，良復成舛，赴邊訣别，横被雁門之拘係。至其伯子冠軍，仲子公輔，二媛重諧，錫大齡，寵殊封，則贈玉之局，於是乎結矣。詎非永無其舛，永有其良也哉。雖然，天下事醒時都假，夢安得真。記此者以手爲夢，閱此者以眼爲夢，聊借休文入蝴蝶群中，互相栩栩點綴一番耳。噫嘻，一場春夢四字，括盡千古婆子，不獨爲蘇長公言也。長公做得夢成，看不夢破，婆子看得夢破，説得夢出。余將函寶錄數章，奉春夢婆爲黑甜國主，隨寫《種玉》一册，進供清覽。

明·陳照遠《敘三祝記》 新安無如汪鹾使，天縱慧悟性，潛藏五車，蕴藉《三百》，才情窮海内外，誰不想慕其人。而復世好行德，扶困濟厄，父子相承無替，而今且以大夫起家。天之報施善人，良不爽矣。復欲勸化顓蒙，偕與爲善，以濁世不可莊語也，著《三祝》之傳奇，取其還金贈麥二事，足以風天下之行俠仗義者，是爲寓言寄意云。至於詞曲之佳，則鹾使之餘技，旨趣委婉，丰韻美秀。恢諧絶類曼倩，麗藻豈讓相如。其間敘朝廷竄謫之危，則忠藎之誼著；摹閨闈肅雍之象，則慈孝之德昭；録邊疆感附之深，則誠信之化洽。若夫義田周於一族，賑濟及於萬民，此尤其彰明較著焉者。而又描寫之工，善惡兼呈，美刺具備，直使文正公家之幽行隱德，奕世如見。其有裨於風化者，豈鮮小哉。嗟乎，世道日變，誰不哆談因果。甚之持齋布施，以求福利，而於日用人情，絶不肯少行方便。是舍近圖遠，惡知夫因果之義也。試取《三祝記》歌咏之，自當知所興起矣。

明·祁彪佳《遠山堂曲品·逸品》《獅吼》：初止一劇，繼乃雜引妬婦諸傳，證以内典，而且曲肖以兒女子絮語口角，遂無境不入趣矣。曲、白恰好，迥越昌朝他本。

又《遠山堂劇品·具品》《高士》：此記本以讚無無居士者，乃借發於水、光、馮、閔諸生。僅能敷衍，殊無曲折之趣。中以海闍黎一段，引爲武教事，必有所感而發者。張靈墟序稱：好事作以媚昌期，非昌期筆也。

又《能品》《中山救狼》南北六折：中山狼，陳記之而簡，康記之而暢，不必更問環翠之子墨矣。且若狼，若杏，若老牛，作人語猶可，以之唱曲，太覺不像。遇青藜丈人，寥寥數言，亦未發揮負心之態。

又《青梅佳句》南北六折：全普庵監贛郡，日借花酒自娱。劉婆惜以無意得之，更爲花酒增勝。聞已有演爲全記者矣。

又《詭男爲客》南六折：昌朝搜覈古今，於凡可爲勸、可爲戒者，俱入之傳奇。如黄善聰以女子客處，能全身於始，可以爲勸之一也。惜其作法不撤脱，造語未尖新。此必於善聰與李子同處時，極力摹擬，乃見善聰有潔身之智。

又《捐奩嫁婢》南八折：鍾離令捐奩嫁亡令之女，傳之可以範世；但須在令女身上發揮一段孤悽光景，方見捐奩者之高義。此第於兩姓結姻處鋪叙一番，其打局是全記體。

又《廣陵月》即《聞歌納妓》，南北七折：張永新隔簾以小豆記曲，能正李龜年音韻之謁，此在天寶間確爲可傳之快事，但其後離合情境，無足驚喜耳。

又《太平樂事》北一折：於燈市中搬演貨物，亦足點綴太平。曲多恰合之句，但無深趣耳。

傳記

明·顧起元《坐隱先生傳》 先生汪姓，名廷訥，字昌朝，别號無如，休寧之汪村里人也。家世好行德。母孕時夢笙籟羽幢擁入其室而生。先生生而警敏特甚，垂髫慕古，過目輒誦於口，了於心，父篤愛之。長益博學，多所覯覽，自《七略》九流諸書，以逮神經怪牒丹篆竺典，靡不敦悦而研味焉。嘗偃息山廬，□心古文辭。客間有操弈以進者，先生輒與之角，角又輒勝，客乃瞿然曰：君殆所謂坐隱者。人遂因以是目之，惟先生亦以是自愉快，它務夷然不屑也。先生學有元本，内行修潔，而風流標置，追跡古人。始黄門祝公爲邑令，先生從之遊，學所以盡性至命者，公爲著《爲人説》以示之。少宗伯復所楊先生講德南都，先生復執贄而稟學焉，間以所得質先生，大器重之，因授號無無居士，且爲之解。時等輩中往往目攝汪先生，爲虚左席，遜矣。先生事父母孝，其精感神明，丁酉試棘闈，忽忽心動，亟投牘歸，父果病，乃哀號籲天祈身代，無何病良已。父喪毀瘠，幾滅性，見者至爲感動。父故有愛姬，先生莊事之若母，比其殁，自數百里外返櫬祔父，兆人相謂曰：孰有不欺死父而□所愛如先生者哉。於是先生遂秉家政矣。【略】蓋嘗躡屐鳩兹，放舸西湖，歷覽名勝，所至或與蕘夫漁子相暱，人亡有識其爲先生者。而先生舊嘗遊武當，遇了悟禪師談佛乘，歸來趺坐全一龕，閲數寒暑，隱隱有趺跡。復與吾鄉如真李先生論心學玄理益暢。丙午春偶疾，醫奏禁方不效，會了悟至，示以心法，病乃霍然起。自是所得益邃，人幾莫窺其際焉。予往從友人陳□卿氏習先生之素，心嚮往之，後得論行締交。

先生居恒謂予：公幸知我者，試一撰其生平，俾予藉以券其所至。予唯唯，因掇行事之大者論次之。然先生業拜大夫爵於朝，世急先生才，且進用公，度其蹟非終隱者，其名位德業固未有□。世之名先生者屢更而逾進，今稱坐隱，蓋因寄所託以見志云。【略】無如子以弈悟法，融道伎而一之，至爲僊靈之所憑依，固非僅僅戒鴻鵠之坐馳者。

清・朱彝尊《静志居詩話》卷一八　汪廷訥，字無如，休寧人，有《環翠堂集》。無如耽情詩賦，兼愛填詞，結環翠亭，酒讌琴歌，與湯義仍、王伯穀諸人遊，興酣聯句。

清（嘉慶）《休寧碎事》卷一一　汪廷訥建百鶴樓，繢吕真人像。一夕月明，果有鶴旋繞頡頏，棲於樓頭，張羽而舞，久之飛去。

又　無無居士汪廷訥，鑿昌湖源七尺許，得二尺若靡若斷，【略】乃蘇長公書《醉翁亭記》，即搨二本。書法殊絶，將欲珍藏，石隨剥落。

紀事

清・佚名《曲海總目提要》卷八《長生記》　明汪廷訥所撰。陳弘世序云：新安友人汪昌朝者，尊信導引之術，爲閣事吕祖甚謹，通籍拜鹾大夫，志益修潔，別號坐隱先生。一日夢感純陽之異，若以元解授記而報之誕子者。公覺而搜羅仙籍，摭純陽證果之始末，演爲傳奇，標曰《長生記》。又其自序云：余夙慕乎元宗，於環翠堂右，建百鶴樓，高十丈許，奉事純陽子唯謹，蓋表余一念皈依之誠，且祈以廣嗣續，其雅志也。乙巳暮春，余晨參純陽子，禮畢，假寐瓊蘂房，純陽子揖余，闡發元扃，力驅宿垢，且矚以指導塵世，將降令子以報若。余覺而異香滿室，神情爽朗。轉思無誘世之術，則急翻吕真人集，暨列仙傳，逸史百家，搜求純陽子顛末，爲《作長生記》。按純陽子未遇雲房時，垂涎富貴，若非黄粱一夢，幾不免墮落宦海中。厥後名登紫府，誰非此夢力也。余今瓊蘂之夢，雖不敢上擬黄粱之夢，然感我師之提誨諄諄，敢不書紳敬佩之，是秋杪而記成。越明年夏五月，余果舉一丈夫子。於是信我師之夢，果不我欺矣。按此劇，蓋昌朝借以自道者。第三十六齣昌湖遇仙，所謂無無居士，號全一道人即昌朝也。白云：小生自闢廬湖上，時人便以昌公湖名之。湖上建百鶴樓，奉事純陽大仙，祈廣嗣續。一日晨起，參禮方畢，假寐瓊蘂房。純陽子揖余，開示元機，且矚以指導塵世，當有生蘭之報。予覺而異香滿室。越明年，果舉一丈夫子。獲此靈驗，余志益虔。此段正與自序符合。劇中事實，多據《列仙傳》。如戲狎牡丹，劍斬黄龍，召將除妖，岳陽度柳等齣，亦本稗官小説，非盡屬無稽。蓋作者考實敷陳，未嘗憑虚撮撰也。按《列仙傳》：吕巖，字洞賓，唐蒲州永樂縣人。祖渭，禮部侍郎。父讓，海州刺史。貞元十四年四月十四日巳時生，因號純陽子。初母就蓐時，異香滿室，天樂浮空，一白鶴自天而下，飛入帳中不見。生而金形木質，道骨仙丰。少聰明，日記萬言，矢口成文。身長八尺二寸，喜頂華陽巾，衣黄襴衫，繫大皂縧，狀類張子房。二十不娶。始在襁褓，馬祖見之曰：此兒骨相不凡，自是風塵外物，他時遇廬則居，見鍾則扣，留心記取。後遊廬山，遇火龍真人，傳天遁劍法。唐會昌中，兩舉進士不第。時年六十四歲，遊長安酒肆，見一羽士，青巾白袍，偶書三絶句於壁。其一曰：坐卧常攜酒一壺，不教雙眼識皇都。乾坤偌大無名姓，疎散人間一丈夫。其二曰：得道真仙不易逢，幾時歸去願相從。自言住處連滄海，別是蓬萊第一峯。其三曰：莫厭追歡笑語頻，尋思離亂可傷神。閒來屈指從頭數，得到清平有幾人。洞賓訝其狀貌奇古，詩意飄逸，因揖問姓氏，再拜延坐。羽士曰：可吟一絶，予欲觀子之志。洞賓援筆書曰：生在儒家遇太平，懸纓重滯布衣輕。誰能世上争名利，欲事天皇上玉清。羽士見詩曰：吾雲房先生也，居在終南鶴嶺，子能從遊乎。洞賓未應。雲房因與同憩肆中，雲房自爲執炊，洞賓忽就枕昏睡。夢以舉子赴京，狀元及第。始自郎署，擢臺諫翰苑秘閣，及諸清要，無不備歷。兩娶富貴家女子，生子婚嫁早畢，孫甥振振，簪笏滿門。如此幾四十年。又獨相十年，權勢薰炙。偶被重罪籍没，家資分散，妻孥流於嶺表，一身孑然，窮苦憔悴，立馬風雪中，方興浩歎。恍然夢覺，炊尚未熟。雲房笑吟曰：黄粱猶未熟，一夢到華胥。洞賓驚曰：先生知我夢耶。雲房曰：子適來之夢，升沉萬態，榮悴千端，五十年間一瞬耳，得不足喜，喪何足悲。世有大覺，而後知人世一大夢也。洞賓感悟，遂拜雲房，求度世術。雲房試之曰：子骨節尚未完，欲求度世，須更數世可也。翩然別去。洞賓即棄儒歸隱。雲房自是十試洞賓皆過。第一試，洞賓自外遠歸，忽見家人皆病殁，洞賓心無悔恨，但厚備葬具而已。須臾，歿者皆起無恙。第二試，洞賓鬻貨於市，議定其值，市者翻然止酬其直之半，洞賓無所爭，委貨而去。第三試，洞賓元日出門，遇丐者倚門求施，洞賓即與錢物，而丐者索取不厭且加誶詈，洞賓唯再三笑謝。第四試，洞賓牧羊山中，遇一餓虎，奔逐群羊，洞賓蔽羊下阪，獨以身當之，虎迺釋去。第五試，洞賓居山中草舍讀書，一女年可十七八，容華絶世，光豔照人。自言歸寧母家，迷路，日暮足弱，借此少憩。既而調弄百端，夜逼同寢，洞賓竟不爲動，如是三日始去。第六試，洞賓一日郊出，及歸則家貲爲盜劫盡，殆無以供朝夕。洞賓了無慍色，躬耕自給，忽鋤下見金數十片，速掩之，一無所取。第七試，洞賓遇賣銅器者，市之以歸，皆金也，即訪賣主還之。第八試，有風狂道士，陌上市藥，自言服者立死，再世得道。旬日不售，洞賓買之，道士曰：子速備後事可也。輒服無恙。第九試，春潦泛溢，洞賓與衆共涉。至中流，風濤掀湧，衆皆危懼，洞賓端坐不動。第十試，洞賓獨坐一室，忽見奇形怪狀，鬼魅無數，有欲擊者，有欲殺者，洞賓絶無所懼。復有夜叉數十，械一死囚，血肉淋漓，號泣言：汝宿世殺我，今當償我命。洞賓曰：殺命償命，宜也。起索刀，欲自盡償之。忽聞空中一叱聲，鬼神皆不復見。一人撫掌大笑而下，即雲房也。曰：吾十試子，子皆心無所動，得道必矣。但功行尚未完，吾今授子黄白之術，濟世利物，使三千功滿，八百行圓，方來度子。洞賓曰：所作庚辛有變異乎。曰三千年後還本質耳。洞賓愀然曰：誤三千年後人，不願爲也。雲房笑曰：子推心如此，三千八百，悉在是矣。乃攜洞賓至鶴嶺，悉傳以上真秘訣。俄清溪鄭思遠，太華施真人，由東南淩虛而來，相揖共坐。施真人曰：侍者何人。雲房曰：吕海州讓之子。因命洞賓拜二仙。思遠曰：形清神在，目秀精藏，可與學道者也。去後，雲房謂曰：吾朝元有期，當奏汝功行于仙籍，汝亦不久居此。後十年洞庭湖相見，又以靈寶畢法及靈丹數粒示洞賓。授受間，有二仙捧金簡寶符，語雲房曰：上帝詔汝爲九天金闕選仙，當即行。雲房謂洞賓曰：吾赴帝召，汝好住人間，修功立德，他日亦當如我。洞賓再拜曰：巖之志異於先生，必須度盡天下衆生，方願上昇也。於是雲房乘雲冉冉而去。洞賓既得雲房之道，兼火龍真人天遁劍法，始遊江淮，試靈劍，遂除蛟害，隱顯變化。四百餘年，常遊湘潭岳鄂及兩浙汴譙間。人莫之識，自稱回道人。又按耿定向《權子》云：昔吕純陽受學於雲房鍾子，鍾子故爲諸幻景歷試之。初以榮貴綬色諸世所欣艷者，而吕不動。繼以寇兵患難疾病諸苦楚不可忍者，而吕亦不動。雲房子猶未即授也。一日，吕子涕泣請曰：弟子從先生遊，三紀于兹，諸難備嘗矣，乃師竟秘不授，將某非其人也。鍾子曰：余視子履，似亦可語，顧子功行未累也。吕曰：何修而功行乃累。鍾子曰：須金百萬，博濟於世始得。吕曰：弟子窶人，何從辦此。鍾子曰：余有丹藥，可化銅鐵爲金，子第懷此博施，慎勿泄也。吕子請曰：其金卒當變否。鍾子曰：須三千歲後還本質也。吕子愀然跪曰：如此則悞三千歲後人矣，功行之謂何。鍾子悦曰：善哉，即此一念，長生久視，道在是也。吕子豁然悟，邑然懌，已蹶然起曰：師道易易若是，吾將廣師旨，普渡世迷，可乎。雲房子曰：汝試爲之。於是吕子悉以所得旨授人，計所度者無慮數千人。乃復化身爲極貧苦狀，行乞於諸所度者之門，是數千人者十去二三。又化身爲横遭仇誣械繫俘囚，而過諸所度者之門，則數千人者十去六七已。又化身爲重羅疾病纍纍骨立，而過諸所度者之門，則數千人者一旦去之盡已。吕子失意，悵然而歸，偃息河濱樹下。雲房子化身一叟，過而訊之，吕子語以故。叟曰：吾非若算比，時老且衰，百念俱灰，自矢可身相許矣，願依子終身可乎。吕喜晚得叟，即許諾，負之渡河以歸。至河中，始悟其爲師，驚訝曰：嘻，師唯度我，我惟度師耶。

又《威鳳記》 亦汪廷訥撰。馬翼如序云：坐隱先生以豪爽之才，憤時嫉俗之抱，莫由宣洩，往往觸發於新聲。以故樂府之夥，直入高王閫奧。兹觀《威鳳》一記，不尤可喜可愕，而大係風教者乎。韓氏紫荆之賞，因訓若子俾遵家範，詎意胎鴞兄鬩牆之禍，動豺友下石之謀，甚至甘棄其親而不養。向非仗義如馮生，道行母子，必且爲寃鬼矣。奚待遼東私賂，而後知其計之慘哉。卒之帝鑒不爽於毫芒，孑窮棲身於靈宇，伯氏之禍仲者乃自禍，僅幸免其溝壑焉耳。猗歟，儀鳳文章，鼎名紫閣，造化斡旋於仲，豈可誣哉。夫貪淫殘暴，示懲也，孝友仁賢，昭勸也，非記不足以發其隱。無亦得三百之遺旨而寄之音律者耶。畧云：韓生名用，字道行，浙江秀州人。兄韓周，兇頑性成，與用不合。其母春日宴於荆花下，引田真事以敦勉周。周以爲母偏愛弟，因欲謀逐之。一夕，用偶宿於契友馮範家，周譖於母云：用日宿娼飲酒。適用歸，母面責之。會馮亦令人至，母始白其誣。周愧甚，害之之意益急。用其友卜仁計，托爭産事與用分居。母始在周處，周與其妻俱不孝殊甚。用知之，乃迎養。適周逼娶張氏女作妾，女自刎死。卜仁復教以先鳴於官，言用欲往殺周，周避匿，故殺某妾。官受賄，論用大辟。母與其友馮範爲訴冤，乃從輕謫戍遼東。其母權依馮範。周又恐用遇赦得回，託卜仁往遼東衞賄有司，欲寘之死。有司故清正者，前已悉其冤，即下卜仁於獄，且釋用回籍。後用與範同年登第。時周爲火所焚，家貲罄盡，妻亦病委溝壑，而身乞食於道。用見之惻然，迎之歸，與爲兄弟如初。按劇中情節，未知真假。大抵借此以諷世人之骨肉參商者。卜仁，卜與不音相似，言其不仁也。序云，儀鳳文章，鼎名紫閣，以其弟韓用爲威鳳也。序又云，鶚兄鬩牆，指其兄韓周爲鶚，故指弟用爲威鳳，以兩相對勘云。

又《三祝記》 汪廷訥記范仲淹事。言福壽男子兼全，故名三祝。全據實蹟敷演。《宋史·范仲淹傳》云：仲淹，字希文，蘇州吴縣人。少有志操。既長，之應天府文學，晝夜不息。冬月憊甚，以水沃面。食不給，至以糜粥繼之。舉進士第，爲集慶軍節度推官，遷大理寺丞。母喪去官，晏殊薦爲秘閣校理。天聖七年，章獻太后將以冬至受朝，天子率百官上壽。仲淹極言之，且上疏請太后還政。不報。尋通判河中府，徙陳州。時方建太一宫及洪福院，市材木陜西。仲淹言：侈土木，破物産，非所以順人心，合天意也。事雖不行，仁宗以爲忠，召爲右司諫。帝欲以太妃楊氏爲皇太后。仲淹曰：太后，母號也，自古無因保育而代立者。歲大蝗旱，江淮京東滋甚。命仲淹安撫江淮，所至開倉賑之。後累遷吏部員外郎，權知開封府。時吕夷簡執政，進用者多出其門。仲淹上《百官圖》曰：進退近臣凡超格者，不宜全委之宰相。夷簡不悦。他日論建都之事，仲淹曰：洛陽險固，而汴爲四戰之地，太平宜居汴，即有事必居洛陽。帝問夷簡，夷簡曰：此仲淹迂闊之論也。仲淹迺爲四論以獻，大抵譏切時政，由是罷知饒州。殿中侍御史韓瀆希相旨，請書仲淹朋黨，揭之朝堂。於是秘書丞余靖上言曰：仲淹以一言忤宰相，遽加貶竄，臣請追改前命。太子中允尹洙自訟與仲淹師友，願從降黜。館閣校勘歐陽修以高若訥在諫官，坐視而不言，移書責之。由是三人者皆坐貶。元昊反，召爲天章閣待制，知永興軍，改陜西都轉運使。會夏竦爲陜西經略招討使，進仲淹龍圖閣直學士以副之。延州諸砦多失守，仲淹自請行，遷户部郎中，兼知延州。明年正月，詔諸路入討。仲淹曰：正月塞外大寒，不如俟春深入。久之，元昊與仲淹約和，仲淹爲書戒諭之。元昊答書語不遜，仲淹對來使焚之。大臣以爲不當輒通書，又不當輒焚之，宋庠請斬仲淹，帝不聽。降本曹員外郎，遷左司郎中，爲環慶路經略安撫緣邊招討使。初，元昊反，陰誘屬羌爲助，而環慶酋六百餘人，約爲鄉道，事尋露，仲淹至部，即奏行邊以詔書犒賞諸羌，閲其人馬，爲立條約，諸羌皆受命。改邠州觀察使，仲淹表言：觀察使班待制下，臣守邊數年，羌人呼臣爲龍圖老子，今恐爲賊輕，辭不拜。進樞密直學士，右諫議大夫。仲淹以軍出無功，辭不敢受命，詔不聽。時已命文彦博經略涇原，帝以涇原傷夷，欲對徙仲淹，遣王懷德喻之。仲淹謝曰：涇原地重，第恐臣不足當此路。與韓琦同經略涇原，並駐涇州，琦兼秦鳳，臣兼環慶。涇原有警，臣與韓琦合秦鳳環慶之兵，犄角而進。若秦鳳環慶有警，亦可率涇原之師爲援。臣當與琦練兵選將，漸復横山，以斷賊臂，不數年間，可期平定矣。帝用其言。元昊請和，召拜樞密副使，改參知政事。卒年六十四。四子：純祐、純仁、純禮、純粹。純祐字天成，性英悟自得，尚節行。方父仲淹守蘇州，首建郡學，聘胡瑗爲師。生徒多不率教，仲淹患之。純祐尚未冠，輒白入學，齒諸生之末，盡行其規，諸生隨之，遂不敢犯。寶元中西夏叛，仲淹連官關陜，皆將兵。純祐與將卒雜處，得其才否。由是仲淹任人無失，而屢有功。仲淹帥環慶，議城馬鋪砦，砦逼夏境，夏懼扼其衝，侵撓其役。純祐率兵馳據其地，數日而成。純祐事父母孝，未嘗違左右，不應科第。及仲淹以讒罷，純祐不得已蔭守將作院主簿，又爲司竹監，以非所好，即解去。純禮字彝叟，以父蔭爲秘書省正字。累拜禮部尚書，擢尚書右丞。純粹字德儒，官至徽猷閣待制，致仕卒。純仁字堯夫。中皇祐元年進士第，知武進縣，以遠親不赴，易長葛，又不往。仲淹曰：汝昔日以遠爲言，今近矣，復何辭。純仁曰：豈可重於禄食，而輕去父母耶。晝夜肄業，至夜分不寢，置燈帳中，帳頂如墨色。仲淹没，始出仕，以著作佐郎知襄城縣。兄純祐有心疾，事之如父。宋庠薦試官職，謝曰：輦轂之下，非兄養疾地也。富弼責之曰：臺閣之任豈易得。何庸如是。卒不就。後累拜兵部員外郎，兼起居舍人同知諫院。奏言：王安石變祖宗法度，掊克財利，民心不寧。《書》曰：怨豈在明，不見是圖。願陛下圖不見之怨。神宗曰：何爲不見之怨。對曰：杜牧所謂天下之人，不敢言而敢怒是也。作《尚書解》以進。加直集賢院同修起居注。及薛向任發運使，行均輸法於六路。純仁言：小人掊克，生靈歛怨基禍。安石以富國强兵之術，啓迪上心。在廷之臣，方大半趨附。宜速退安石，答中外之望。不聽。遂求罷諫職，改判國子監，去意愈確。執政使諭之曰：毋輕去，已議除知制誥矣。純仁曰：此言何爲至於我哉，言不用，萬鍾非所顧也。其所上章疏，語多激切。安石大怒，乞加重貶。神宗曰：彼無罪，姑與一善地。命知河中府，徙成都路轉運使。以新法不便，戒州縣，未得遽行。安石怒純仁沮格，因讒者遣使欲捃摭私事，不可得。後竟坐失察寮佐燕遊，左遷知和州，加直龍圖閣，知慶州。秦中方饑，擅發常平粟賑貸。僚屬請奏而待報，純仁曰：報至無及矣。或謗其所全活不實，詔遣使按視。會秋大稔，民讙曰：公實活我，忍累公耶。晝夜争輸還之。使者至，已無所負。邠寧間有叢冢，使者曰：全活不實之罪，於此得矣。發冢籍骸上之。詔本處監司窮治，迺前帥楚建中所封也。環州种古執熟羌爲盗，流南方，過慶呼冤，純仁以屬吏，非盗也。古避罪譋訟，詔御史治於寧州。純仁就逮，民萬數遮馬，涕泗，不得行，至有自投於河者。獄成，古以誣告謫。亦加純仁以他過，黜知信陽軍。移齊州。丐罷，提舉西京留司御史臺。時耆賢多在洛，純仁與司馬光皆好客而家貧，相約爲真率會，脱粟一飯，酒數行，洛中以爲勝事。

又《**義烈記**》　亦汪廷訥所作也。薛應和爲之序云：東漢黨錮之事，張山陽亡命，而孔氏争死於一門，高義薄雲天，偉烈貫金石。余友無如君檃括其概，編爲傳奇。戲劇中有係名教，非偶然已也。劇中皆紀實，多本漢書列傳。按矯詔誅竇武陳蕃者，乃王甫與曹節也，劇中皆以爲侯參事，而不載王甫，蓋以侯覽乃誣張儉爲錮黨者，遂并以甫事入之，便於前後關目照應耳。然參爲益州刺史，被誅，初未嘗爲中常侍，劇則以覽爲參矣。又按董卓在桓靈時，尚在外爲將軍，爲刺史，至少帝時，始入朝。其拜郎中，乃從張奂擊破漢陽叛羌時也，烏得有爲侯參母壽事乎。且卓傳中載卓助袁術等誅宦官，及上書追理陳蕃竇武諸黨人。而劇中乃言其附侯覽，捕張儉，收孔褒，皆非實事。蓋以卓之所爲，與曹節王甫等相類，即其追理諸黨人，亦徒好名而非本心，故即借此事紐入爲點綴也。又按曹節王甫之矯詔誅竇武，在建寧元年。至光和二年，陽球始奏誅王甫，曹節則光和四年乃卒。而蔡邕之爲議郎，在建寧之三年，未嘗有劾曹節等事。又邕附董卓者，而劇中則以爲并劾董卓。蓋因邕嘗對問於金商門，令中常侍曹節王甫等以詔書喻旨，邕切言極對，譏刺竪宦，宦官遂造作飛條，致邕刑罪，頗類劾曹節者。又以附董卓事爲邕身名之玷，故反入爲點染也。《張儉傳》云：張儉字元節，山陽高平人。初舉茂才，以刺史非其人，謝病不起。延熹八年，太守翟超請爲東部督郵。時中常侍侯覽家在防東，殘暴百姓，所爲不軌。儉舉劾覽及其母罪惡，請誅之。覽遏絶章奏，并不得通，由是結仇覽等。鄉人朱並素性奸邪，爲儉所棄，並懷怨恚，遂上書告儉與同郡二十四人爲黨，於是刊章討捕。儉得亡命，困迫遁走，望門投止。莫不重其名行，破家相容。復流轉東萊，止李篤家。外黄令毛欽操兵到門，篤引欽謂曰：張儉知名天下，而亡非其罪。縱儉可得，寧忍執之乎。欽因起撫篤曰：蘧伯玉恥獨爲君子，足下如何自專仁義。篤曰：篤雖好義，明廷今日載其半矣。欽嘆息而去。篤因緣送儉出塞，以故得免。其所經歷，伏重誅者以十數，宗親並殄滅，郡縣爲之殘破。中平元年，黨事解，乃還鄉里。大將軍三公并辟，又舉敦朴，公車特徵，起家拜少府，皆不就。獻帝初，百姓饑荒，而儉資計差温，乃傾竭財産與邑里共之，賴其存者以百數。《孔融傳》云：融字文舉，魯國人，孔子二十世孫也。性好學，博涉多聞。山陽張儉爲中常侍侯覽所怨，覽爲刊章下州郡，以名捕儉。儉與融兄褒有舊，亡抵於褒，不遇。時融年十六，儉少之而不告。融見其有窘色，謂曰：兄雖在外，吾獨不能爲君主耶。因留舍之。後事泄，國相以下，密就掩捕，儉得脱走，遂併收褒融送獄。二人未知所坐。融曰：保納舍藏者融也，當坐之。褒曰：彼來求我，非弟之過，請甘其罪。吏問其母，母曰：家事任長，妾當其辜。一門争死，郡縣疑不能决，乃上讞之。詔書竟坐褒焉。融由是顯名。《范滂傳》云：滂字孟博，汝南征羌人也。太守宗資聞其名，請署功曹，委任政事。滂在職，嚴整嫉惡。郡中中人以下，莫不歸怨，乃指滂之所用以爲范黨。後牢脩誣言鈎黨，滂坐繫黄門北寺獄。獄吏謂曰：凡坐繫皆祭皐陶。滂曰：皐陶賢者，古之直臣，知滂無罪，將理之於帝，如其有罪，祭之何益。獄吏將加掠考，滂以同囚多嬰病，乃請先就格，遂與同郡袁忠争受楚毒。桓帝使中常侍王甫以次詰辨，滂等，皆三木囊頭，暴於階下。王甫詰曰：君爲人臣，不惟忠國，而共造部黨，並欲何爲。滂對曰：臣欲使善善同其清，惡惡同其汙，謂王政之所願聞，不悟更以爲黨。甫曰：卿更相拔舉，迭爲脣齒，有不合者，見則排斥，其意如何。滂乃慷慨仰天曰：古之循善，自求多福，今之循善，陷大戮。身死之後，願埋滂於首陽山側，上不負皇天，下不愧夷齊。甫愍然爲之改容。乃得並解桎梏。滂後事釋南歸。建寧二年，大誅黨人，詔下急捕滂等。督郵吳導至縣，抱詔書，閉傳舍，伏床而泣。滂聞之曰：必爲我也。即自詣獄。縣令郭揖大驚，出解印綬，引與俱亡。曰：天下大矣，子何爲在此。滂曰：滂死則禍塞，何可以罪累君，又令老母流離乎。其母就與之决。滂白母曰：惟大人割不可忍之恩，勿增感戚。母曰：汝今得與李杜齊名，死亦何恨。滂受教，再拜而辭。顧謂其子曰：吾欲使汝爲惡，則惡不可爲。使汝爲善，則我不爲惡。行路聞之，莫不流涕。《李膺傳》云：字元禮，潁川襄城人也。初舉高第，後拜司隸校尉。及遭黨事，當考實膺等。案經三府，太尉陳蕃不肯平署。帝愈怒，遂下膺等於黄門北寺獄。膺等頗引宦官子弟，宦官多懼，請帝以天時宜赦，於是大赦天下，膺免歸鄉里。及陳蕃爲太傅，與大將軍竇武共秉朝政，連謀誅諸宦官，故引用天下名士，乃以膺爲長樂少府。及陳竇之敗，膺等復廢。後張儉事起，收捕鈎黨。鄉人謂膺曰：可去矣。對曰：事不辭難，罪不逃刑，臣之節也。吾年已六十，死生有命，去將安之。乃詣詔獄考死。《黨錮傳》云：太學諸生三萬餘人，郭林宗賈偉節爲其冠，並與李膺陳蕃王暢更相褒重。時河内張成善説風角，推占當赦，遂教子殺人。李膺爲河南尹，督促收捕，既而逢宥獲免，膺愈懷憤疾，竟案殺之。初，成以方伎交通宦官，帝亦頗誶其占。成弟子牢脩因上書誣告膺等養太學遊士，交結諸郡生徒，更相驅馳，共爲部黨，誹訕朝廷，疑亂風俗。於是天子震怒，頒下郡國，逮捕黨人，收執膺等。明年，帝意稍解，乃赦歸田里，禁錮終身。後張儉鄉人朱並，承望中常侍侯覽意旨，上書告儉與同鄉二十四人別相署號，共爲部黨，圖危社稷。靈帝詔刊章捕儉等。曹節因此諷有司奏捕前黨百餘人，皆死獄中。《皇甫規傳》云：規字威明，安定朝那人。太山賊叔孫無忌侵亂郡縣。徵規太山太守。規到官，廣設方略，寇賊悉平。延熹四年，羌寇鈔關中，規討之，羌遣使乞降。徵還拜議郎。論功當封，而中常侍徐璜等陷以前事下之於吏，遂以餘寇不絶，坐繫廷尉，論輸左校。諸公及太學生張鳳等三百餘人，詣闕訟之。會赦歸家。徵拜度遼將軍，上書薦中郎將張奂以自代，朝廷從之。及黨事大起，天下名賢多見染逮，規雖爲名將，素譽不高。自以西州豪傑，恥不得豫，乃先自上言：臣前薦故大司農張奂是附黨也。又臣昔論輸左校時，太學生張鳳等上書訟臣，是爲黨人所附也，臣宜坐之。朝廷知而不問，時人以爲規賢。《陳蕃傳》云：蕃字仲舉，汝南平輿人也。李膺等以黨事下獄考實，蕃因上疏極諫。帝諱其言切，託以蕃辟召非其人，遂策免之。竇后臨朝，以蕃爲太傅，録尚書事。蕃與后父大將軍竇武同心盡力，徵用名賢，共參政事，謀誅中官。及事泄，曹節等矯詔誅武等。蕃時年七十餘，聞難作，將官屬諸生八十餘人，並拔刃直入承明門，攘臂呼曰：大將軍忠以衛國，黄門反逆，何云竇氏不道耶。王甫時出與蕃相迕，遂令收蕃。蕃拔劍叱甫，甫兵不敢近，乃益人圍之數十重。遂執蕃送黄門北寺獄，即日害之。蕃友人朱震時爲銍令，聞而哭之，收葬蕃尸，匿其子逸於甘陵界中。事覺繫獄，合門桎梏，震受考掠，誓死不言，故逸得免。後黄巾賊起，大赦黨人，乃追還逸，官至魯相。《竇武傳》云：武字遊平，扶風平陵人。延熹八年，長女選入掖庭，桓帝立爲皇后。武封槐里侯，拜城門校尉。時國政多失，内官專寵，李膺杜密等爲黨事考逮。武上疏諫，有詔原李膺等。靈帝立，拜武爲大將軍，封聞喜侯。武既輔朝政，常有誅剪宦官之意。後武奏收曹節王甫等。長樂五官史朱瑀盜發武奏，曹節聞之，矯詔捕收武等，武等皆自殺。武府掾桂陽胡騰，少師事武，獨殯斂行喪，坐以禁錮。武孫輔時年二歲，逃竄得全。事覺，節等捕之急。胡騰及令史南陽張敞共逃竄輔於零陵界，詐云已死，騰以爲己子，而使聘娶焉。《宦者傳》云：侯覽者，山陽防東人。桓帝初爲中常侍，以佞猾進，倚勢貪放。延熹中賜爵關内侯，進封高鄉侯。兄參爲益州刺史，民有豐富者，輒誣以大逆，皆誅滅之，没入財物，前後累億萬計。太尉楊秉奏，檻車徵於道，自殺。覽坐免，旋復官。建寧二年，喪母還家，大起塋冢。督郵張儉因舉奏覽貪侈奢縱，前後請奪人宅三百八十一所，田百一十八頃。起立第宅十有六區，又豫作壽冢石槨雙闕，高廡百尺。破人居室，發掘墳墓，虜奪良人妻略婦子及諸罪釁，請誅之。而覽伺候遮截，章竟不上。儉遂破覽冢宅，籍没資財，興言罪狀。又奏覽母生時，交通賓客干亂郡國，復不得御覽。遂誣儉爲鈎黨，又故長樂少府李膺，太僕杜密等，皆夷滅之。遂代曹節領太僕。熹平元年，有司舉奏覽專權驕奢，策收印綬自殺。曹節字漢豐，南陽新野人也。初以西園騎遷小黄門。桓帝時遷中常侍，奉車都尉。靈帝即位，封長安鄉侯。時竇太后臨朝，后父大將軍武與太傅陳蕃謀誅中官，節與長樂五官史朱瑀，從官史共普張亮，中黄門王尊，長樂謁者騰是等十七人，共矯詔以長樂食監王甫爲黄門令，將兵誅武蕃等。節遷長樂衛尉，封高陽侯。《董卓傳》云：卓字仲穎，隴西臨洮人也。拜并州牧。大將軍何進司隸校尉袁紹謀誅閹宦，而太后不許，乃私呼卓將兵入朝，以脅太后。卓得召，即時就道。未至而何進敗。獻帝時遷太尉，更封郿侯。卓乃與司徒黄琬司空楊彪俱帶鈇鑕，詣闕上書，追理陳蕃竇武及諸黨人，以從人望。於是悉復蕃等爵位，擢用子孫。尋進卓爲相國。後爲王允吕布等所誅。

著録

清・佚名《古人傳奇總目》《獅吼》：汪昌期作，陳慥事。

又《投桃》：汪昌期作，潘用中事。

又《三祝》：汪昌期作，范文正父子事。

又《種玉》：汪昌期作，何仲儒事。

又《二閣》：汪昌期作，朱生事。

又《長生》：汪昌期作，吕純陽事。

又《高士》：汪昌期作。

又《同昇》：汪昌期作。

清・佚名《傳奇彙考標目》卷上 汪廷訥：字昌期，休寧人。《高士》，《天書》，《長生》，《獅吼》，《投桃》，潘用中事。《二閣》，朱生事。《同昇》，《三祝》，《種玉》，《七國》。

清・黄文暘、佚名《重訂曲海總目・明人雜劇》：汪廷訥字昌期：《廣陵月》。范文正事。《種玉》，《七國》。

又《明人傳奇》 汪廷訥：《種玉記》，《獅吼記》，《天書記》，《長生記》，《同昇記》，《三祝記》，《高士記》，《二閣記》，《投桃記》。

清・支豐宜《曲目新編・明人傳奇》《種玉》，《獅吼》，《天書》，《長生》，《同昇》，《三祝》，《高士》，《二閣》，《投桃》，右九種汪廷訥作。

又《明人雜劇》《廣陵月》，汪廷訥作。

清・姚燮《今樂考證・著録三・明雜劇》 汪廷訥一種：《廣陵月重會姻緣》。案：廷訥字昌朝，一本作昌期，新都人。

又《著録六・明院本》 汪廷訥十種：《種玉》，《獅吼》，《天書》，《長生》，《同昇》，《三祝》，《高士》，《二閣》，《投桃》，《青梅》。

清・王國維《曲録》卷四 《高士記》一本，《長生記》一本，《天書記》一本，《獅吼記》一本，《投桃記》一本，《二閣記》一本，《同昇記》一本，《三祝記》一本，《種玉記》一本，《七國記》一本。右十種，明汪廷訥撰。

藝文

清・金德瑛《觀句絶句三十首・獅吼記》 獅吼争憑謔語傳，隔簾花霧羃嬋娟。祇因千劫生纏縛，易墮難陀額粉禪。

清・王先謙《和檜門先生觀劇絶句三十首・獅吼記》 妻婢方出傳裏知，烏雲釵畔戲題詩。談禪未礙聞獅吼，難解涪翁簡帖詞。

雜録

明・汪廷訥《獅吼記・小引》 婦人秉陰氣以生陰，猶水也，□深沉而不可測。爲男子者，以好色之心愛之，愛生寵，寵生梗，梗生妬，有由來矣。自非大丈夫，鮮不遭其蠱惑，剛腸柔於紅粉，俠氣萎於衽席，甚且束手受制而莫可，誰何此無異，故總之愛爲禍始也。嗟夫，苦海何能溺人，人自溺耳。余竊慨夫之於婦三綱之一倒壞至此，後將何極。乃採《獅子吼》故事，編爲雜劇七齣，欲使天下之强婦悍婢盡歸順於所天。説者以爲前段似謔，後段似幻，不在即謔寓正，就幻寄真，意在言詞之外。至於詳稽經典，雜引史傳，則言皆有據，事匪無徵，其誰曰不然。惟願觀場者從。

又《又叙》 汪無如曰：往余編《獅吼》雜劇，刻布宇內。人人喜誦而樂歌之，蓋因時之病，對症之劑也。秣陵焦太史，當今博洽君子，以爲不足盡蘇、陳事蹟。余復廣搜遠羅，就丘眉山當日之事，庶無滲漏矣。乃取雜劇而更編之，始以七齣，今以三十齣。閨闈之隱情，悍戾之惡態，摸寫殆盡。

不待終場而觀者無不撫掌也。復以幽冥恐懼之，以菩提化誘之，則凶人可善，善人可佛，誰肯甘於恃頑怙惡也者。其於今日風俗之陵夷，夫綱之頹敗，未必無小補云。

許自昌

論説

明・葉晝《題橘浦記》 讀《橘浦記》罷，拍案大叫，曰：人耶，畜生；畜生耶，人；人，畜生耶，劣畜生；畜生，人耶，勝人；畜生勝人耶，畜生；人劣畜生耶，人。咳。

明・穢道比丘《橘浦傳奇叙》 異哉，涇陽傳書之事也，不知何人填入曲譜，協以宫商，而松江友人稍加更易，益便觀覽。莫不張目撟舌，驚心動魄，令人欲鼓湘江之瑟，扣喬口之橘，恍惚怳惘，莫能自按。何哉。蓋彼既托事以攄情，此則因文而演義，咸能感人，兩不相妨者也。夫吴楚相去數千里，而吾郡中，有柳毅橋、柳毅祠，洞庭山有橘社，無非因楚之洞庭湖，而傳吴之洞庭山，以訛傳訛，好事詫爲龍宫異蹟，神僊姻眷云耳。何必問其有無哉。且北調肇於燕京，南曲盛於永嘉；北調有中原自然之音，而南調饒悠揚靡曼之致。閨情密約，匪南詞不可，茲涇陽之事，描寫殆盡。中間黿蛇等，頗知感恩，一段真心。奈人爲萬物之靈，反生忮害。作記者其感於近日人情物態乎。是可慨也，特爲拈出。

明・淳齋主人《題節俠記》 老媪，亘古之惡物也，妖物也，奇物也，傑物也，趣物也。腐措大往往極口罵之，不少恕，是烏足以孤其心。非他無暇論，即登極時，宋家諸鬚眉天子，能令可汗□朝乎。喜怒褒誅，能不漁佞倖左右乎。則此傳奇何能不作乎。就此傳奇之妙，不在於佃先之能諫，而在於老媪之不殺，不在於劉生之死豢，而在於潤華之憣才。至若永嗣豢授之怙寵趨炎，傾邪側媚，描寫逼真，如燈取影，可謂化工。

明・祁彪佳《遠山堂曲品・能品》 《橘浦》：余閲黄山人所撰《柳毅》傳奇，嫌其平衍，乃此又何多駢枝也。於傳書一事，情景反不徹。詞喜用古，而舌本艱滯，反爲累句。惟錢塘君數北調，有豪舉之致，故拔入能品。

又 《水滸》：記宋江事，暢所欲言，且得裁剪之法。曲雖多穉弱句，而賓白卻甚當行，其場上之善曲乎。

傳記

清（康熙）《蘇州府志》卷六七 許自昌，字玄祐，長洲之甫里人。父朝相以孝友樂善稱於鄉。自昌生而穎敏，少讀書即好漁獵，記兩漢、四唐之業，飲食其中，不屑屑爲經生言。遊南雍，登覽江山，志意抒發。顧數奇，屢躓場屋，遂謁選，授文華殿中書。日以揚扢風雅爲事，輦下豪賢皆折輩行與交。而自昌悒悒不自得，亟請假歸里。葺圃娱親，依依膝下，又曲體親心。爲德益力，歲兇則減價平糶，飼飢絮寒，凡里中傜役最劇者，率身任之，不以煩桑梓。先後燔債券無算。末年産益落，然族屬故以緩急告者，未嘗不委曲應之也。後兩親相繼殁，毁幾滅性。因生母陸多病，親黨勸節，惟朝夕侍湯藥，刻不忍離。既見母病漸劇，預爲誡敕諸子，微及身後事。家人方訝其不祥，及承諱，神氣縣惙，已不可爲，猶匍匐成喪，以勞毁卒，年四十有六。自昌生平以讀異書、交異人爲快。所居與陸天隨故址近，爲剔灌構祠之，刻其唱和詩，弛如盛唐名家集行世者，多出其校讐。而内行淳備，寡嫂如事母，厚嫁姪女過於所生。屬纊云，猶以嫂節被旌，爲搏顙簀上，至感極流涕以死。所著有《秋水亭草》、《唾余集》、《樗齋詩草》、《樗齋漫録》若干卷。

紀事

清・佚名《曲海總目提要》卷一四《水滸記》 記内演宋江事，皆据羅貫中《水滸傳》。唯張三郎借茶，閻婆惜活捉，及張三郎調戲宋江正妻孟氏等齣，皆係脱空結撰。宋江事止於江州劫法場小聚會，便作團圓，避冗長也。詞曲甚婉麗。自署楳花墅編,不知何人所作。按《宋史》云:宋江起爲盜,以三十六人,横行河朔,轉掠七郡,官軍無敢攖其鋒。宋時畫手李嵩輩,傳寫其像,士大夫頗不見黜,龔聖與至爲作《三十六贊》。周公謹《癸辛雜識》載之極詳,蓋實有其人,非他家傳奇子虚亡是者比也。記中劉唐醉酒一劇,近日梨園喜演之。第《水滸傳》劉唐綽號赤髮鬼,《癸辛雜識》則尺八腿,爲小異云。

著録

清・佚名《傳奇彙考標目》卷上 許自昌,字元祐,吴縣人。所著有《梅花墅傳奇》數種,而唯《水滸記》最行於時。《水滸》一名《青樓》。

又 許自昌,字元祐,吴縣人,所著有《梅花墅傳奇》數種,已見上卷。《報主記》趙子龍事,《靈犀佩》,《弄珠樓》。

清・笠閣漁翁《笠閣批評舊戲目》 《水滸記》假屠赤水名,中、下。

清・姚燮《今樂考證・著録七・明院本》 無名氏:【略】《水滸》。

清・王國維《曲録》卷四 《水滸記》一本,《報主記》一本,《靈犀珮》一本,《弄珠樓》一本。右四種,明許自昌撰。

藝文

清・顧景星《白茅堂集》卷一〇《合肥公邀同錢牧齋看丁繼之演水滸赤發鬼,丁年已八十,即席次牧齋壽丁六十詩韻》 左右看君正少年,翠鬢紅袖並花前。按歌傳遍青樓曲,作使當場白打錢。酒態慣撩監史罰,舞腰猶博善才憐。貞元朝士今無幾,卻有民間地上仙。

汪拱恕

論説

明・祁彪佳《遠山堂曲品・具品》《全德》:此第記竇禹鈞初生儀、儼諸子事,非《五桂記》也。雖欲竊陰德之緒餘,而未免入俗。

紀事

清・佚名《曲海總目提要》卷一一《全德記》 明蘇州人王稺登所撰也。稺登,字百穀,嘉靖間諸生,詩文有盛名。此載竇禹鈞全德事,以《竇諫議録》据而增損成之。如高懷德、石守信輩,或因事附會,或憑空結撰。而以禹鈞積德致多子爲大要,蓋欲爲世人作好事榜樣也。《范文正公别集・竇諫議録》:竇禹鈞,范陽人,爲左諫議大夫,致仕。諸子進士登第,義風家法,爲一時標表。馮道贈禹鈞詩云:燕山竇十郎,教子以義方。靈椿一株老,仙桂五枝芳。人多傳誦。禹鈞生五子,儀,禮部尚書;儼,禮部侍郎;侃,左補闕;偁,左諫議大夫參知政事;僖,起居郎。初禹鈞家甚豐,年三十無子,夢祖父謂曰:汝早脩行,緣汝無子,又壽算不永。禹鈞唯諾。禹鈞爲人素長者。先家有僕者,盜用房廊錢二百千。僕慮事覺,有一女年十二三,自寫券繫于臂上云:永賣此女與本宅償所負錢。自是遠逃。禹鈞見此女子券,甚哀憐之,即時焚券,收留此女,付妻曰:養育此女,求良配嫁之。及女笄,以二百千擇良匹,得所歸。後舊僕聞之,歸,感泣訴以前罪,禹鈞不問。由是父子圖禹鈞像,日夕供養,晨興祝壽。又公同宗及外姻甚多,由公葬者二十七人。親戚故舊孤女,由公嫁者二十八人。故舊相知由公而活族者數十家,四方賢士賴公而舉火者不可勝數。如此者十年,復夢祖父告曰：汝自數年以來，名掛天曹。陰府以汝有陰德，延算三紀，賜五子，各榮顯，終身福壽，且升洞天充真人位。言訖，復祝禹鈞曰：陰陽之理，大抵不異。善惡之報，或發于見世，或報于來世。天網恢恢，疎而不漏，此無疑也。禹鈞愈積陰功，年八十二，五子八孫，皆貴顯于朝廷。《施義》一齣，皆禹鈞實事。中述夫人之語：凡君九族中未婚者，助錢娶之。未配者，助錢嫁之。有負財帛者，莫與較量。此乃以夢中祖父語。謂爲其妻所勸，蓋歸功於内助之意。《宋史·高懷德傳》：懷德係周天平節度使高行周之子，豪華年少，以軍功世其家者，負債送女，乃禹鈞僕者之事，嫁名于懷德也。又前後情節，懷德貸禹鈞銀，以二百兩付高童兒往金陵生意，童兒被人騙去，逃亡在外。及後懷德赴總管任，遇見童兒，恕罪留用，此又即以禹鈞事爲懷德事也。《宋史·石守信傳》：守信，開封人，非廣州人。周恭帝時已爲節度，非趙太祖拔于側微者。與高懷德常並將破劉筠，無爲懷德壻事。守信官中書令，封衛國公。懷德官侍中，封冀國公。

王錂

論説

明·呂天成《曲品》卷下　《春蕪》：宋玉事，予曾作《神女》、《雙棲》二記。串插有景，然何必禪寺也。間爲一友賦幽香者。

明·徐復祚《曲話》　《春蕪記》楚國王二竟有不怕府縣三司作之句，作者故爲此不通語，駭人聞聽。然插科打諢，正自有趣，可以令人捧腹，不妨略一見之。至若元人雜劇，凡駕唱多自稱廟謚，如漢某帝、唐某宗之稱，真堪噴飯矣。

傳記

明·呂天成《曲品》卷上　王錂劍池，錢塘人。劍池校曲巧多，久沈酣於音藏。

著録

清·王國維《曲録》卷四　《春蕪記》一本，明汪錂撰。

沈自晉

論説

清·周銘《松陵絶妙詞選》卷二　鞠通精於曲律，其詞宫商悉合，與世之塗抹者自異。

清·殷增《松陵詩徵前編》卷八　沈自晉精通音律，嘗隨其從伯詞隱先生爲東山之遊，海内詞家群推服焉。【略】公之度曲，意清神遠，名噪詞場。

傳記

清·沈自友《鞠通生小傳》　癸巳春前一日，伯兄謂予曰：七十老而傳。傳者，傳其行事也。茲幸逾期，其有以傳我。予驚謝曰：兄執詞壇牛耳，豈無碩儁鴻裁，而假手於淪落無聞之子。兄曰：否否，子知我。昔人有言：外人那得知。且班、馬二史，實武春秋，咸以其家傳殿國史，即曰古今人不相及，寧不慕而企之。予益謝不敏，辭之再三，不獲，作鞠通生傳。生名自晉，字伯明，又字長康，鞠通則別號也。少而穎朗，飭躬清謹，純孝性成，色養無怠。赴鶺鴒之難，感泣路人；敦葛藟之恩，誼深急難。懿行難悉書，書其概耳。爲人恂恂，弱不勝衣，無王、謝輕浮風氣。驟即之，落落穆穆也；徐而察之，温如也；已徵其譚説古誼，揚搉風雅，纚纚忘倦，令人眉舞肉飛。弱冠補博士弟子員，聲譟黌序，不屑俯首帖括，沉深好古，旁及稗官野乘，無不窮蒐。乃若夙世心通，畢生偏嗜，天授非人力者，則詞曲一途，固鞠通所以自命者也。海内詞家，旗鼓相當，樹幟而角者，莫若吾家詞隱先生與臨川湯若士。水火既分，相爭幾於怒詈，生蟬緩其間。錦囊彩筆，隨詞隱爲東山之遊，雖宗尚家風，著詞斤斤尺矱而不廢繩簡，兼妙神情，甘苦匠心，朱碧應度，詞珠宛如露合，文冶妙於丹融，兩先生亦無間言矣。一時名手，如范、如卜、如袁、如馮，互相推服，卜與袁爲作傳奇序，馮所選《太霞新奏》推爲壓卷，范有新推袁沈擅詞場及幸有鍾期沈袁在之句，諸君子之心折何如。其牙室利靈，筆顛便倩，安腔穩貼，押韻尖新，名優愛唱其辭，如黄河遠上諸什，壁不勝劃矣。鞠通者，豈獨聰於琴哉。實能聰人之耳。今者俗調濫觴，病譫夢囈，聽之悶懨欲嘔；及聞一曲清商，乃知《廣陵》猶在人間，《霓裳》恍疑天上，足爲詞場振聾之鐸，則起衰之功，寧出昌黎下。而市上胡琴，盡堪碎矣。生有子而才，能世其家學，滄桑悲感，早裂青衫，於是不爲扣牛之歌，而爲鳴鶴之和。芝華療饑，《黍離》賡詠，酒間擊缶，鐙下缺壺，相樂也；已而相泣。父子墻東之隱，欲與首陽爭峻；彼王霸高眠，反爲其妻所誚，良足愧矣。作史者如范詹事，獨行、文苑，分二傳，應兼收哉。所著文辭甚富，《翠屏山》、《望湖亭》二劇，久行世；散曲如《賭墅餘音》、《越溪新詠》、《不殊堂近稿》及《續詞隱九宮譜》、《耆英會》諸劇，亦將次刻行，老筆常新，撰述正無紀極也。

清・沈光熙《吴江沈氏家譜》　沈自晉，字伯明，晚字長康，號西來，又號鞠通。萬曆癸未年九月十八日生，治書，補邑庠生，康熙乙巳年二月二十六日卒，年八十三歲，葬西原無字圩先塋。

又　鞠通公，諱自晉，字伯明，晚字長康，爲容襟公長子。初生時，其大父春洲公夢金山一僧來投寄，故又自號西來。公少而穎朗，飭躬清謹，弱冠補博士弟子員，恂恂若不勝衣，無王、謝輕浮習氣。驟即之，落落穆穆然；徐察之，温温然；已而論説古今，揚搉風雅，纚纚忘倦，能令聽者眉飛肉舞。生平敦尚氣誼，見義必爲，凡族黨公舉，鶺鴒急難，靡不竭蹶以赴。如定庵公捐立義莊，魯沙公重修族譜，公皆左右贊成之。於書無所不覽，而尤精通音律，錦囊彩筆，嘗隨其從伯詞隱先生爲東山之遊，一時海内詞家，如范香令、卜大荒、袁幔亭、馮猶龍諸君子，群相推服。卜與袁爲作傳奇序，馮所選《太霞新奏》推爲壓卷，范有新推袁沈擅詞場及幸有鍾期沈袁在之句，其心折爲何如。所著《翠屏山》、《望湖亭》二劇，久已膾炙人口，又《廣輯詞隱南九宮十三調詞譜》二十六卷，較原本益精詳，至今詞曲家奉爲金科玉律。其他雜著則有《賭墅餘音》、《越溪新詠》、《不殊堂近稿》及續《耆英會》劇本，撰述甚夥，老筆常新，真可謂詞場佳話也。晚年隱吴山，別自號鞠通。鞠通者，古琴中食桐蛀，有之能令絃自和曲者也。公所度曲，意新神遠，安腔穩貼，押韻尖新，名優愛唱其詞，如黄河遠上之什，壁不勝畫矣，豈止如琴中之蛀，僅能和曲於既彈之後哉。

清・沈祖禹、沈彤《吴江沈氏詩集録》卷五《沈自晉傳》　公名自晉，字伯明，晚字長康，太常公玄孫。弱冠補諸生，乙酉棄去，隱吴山，別自號鞠通生。鞠通者，古琴中食桐蛀，有之能令絃自和曲者也。公善度曲，故以自況云。初，族父詞隱先生爲樂府，精於法律，臨川湯若士先生則尚意趣，兩家相勝也而不相善。公謹守家法而詞旨加秀潤，若士亦擊賞無間言。一時詞家如上海范香令、秀水卜大荒、吾吴馮夢龍、袁令昭諸君，並推服之。著《廣緝詞隱先生南詞譜》等書行世，詩未成集。

清（乾隆）《吴江縣志》卷三二　沈自晉，字伯明，別自號鞠通生，太常漢玄孫。明諸生，爲人謙和孝謹，工詩詞，通音律，乙酉後隱居吴山，年八十三卒。所著有《廣輯詞隱先生南九宮十三調詞譜》二十六卷，較原本益精詳，至今詞曲家通行之。

紀事

清・佚名《曲海總目提要》卷五《望湖亭》　蘇人沈伯明作也。萬曆初，吴江富人顔生，聞洞庭西山高翁女美，遣媒請婚。高必欲覿面，而顔貌甚寢，乃飾其表弟同窗錢生以往。及娶，高必欲親迎，顔復浼錢往。高大會賓客，酒半而狂風大作，高翁恐誤吉期，欲權就其家成禮，錢堅辭之。明日，大風雪，衆賓慫恿，錢不得已從焉。私語顔僕曰：吾成汝主人之事，明神在上，誓不相負。僕未之信也。禮畢送還，顔俟錢登岸，奮拳捶之。高翁詢得其實，訟之縣官。錢生訴三宵同卧，未嘗解衣。官令媪驗女，固處子也。顔大悔，願婚，高翁不可。官乃斷歸錢而責媒。劇因迎親之船未至，顔俊佇立望湖亭以俟之，故標曰望湖亭也。錢名選，字子青，蓋取青錢萬選之意。顔名俊，其母乃錢之妗。因高女出遊相遇，是添出關目。相親之時，問以三高祠故事，亦是設想當然。作合者尤少梅，誤獻代相之策。顔俊貌陋，爲婢小正所譏誚。選往迎親，俊使僕小乙往偵之。成親之夕，選坐聽更點，不敢脱衣而卧，皆是懸揣。内中又設出文昌示現，以爲天定姻緣。又作登第結束，皆是情景所當有，不必皆實也。

又《翠屏山》 明沈自晉撰。所演楊雄事。雄與石秀爲異姓兄弟，秀居雄家。雄妻潘氏與僧有奸。雄爲吏，每公事入值，則僧即至。秀知之，以告雄，且囑雄密圖。雄自外醉歸，不覺忿詈其婦，婦泣訴，以爲秀嘗欲見污，不從，故反設説誣陷。雄信焉，遂與秀離。秀憤甚，欲實之，而恐彰雄醜。夜伺其僧自門出，而殺之於道，褫其衣以示雄。雄始悟，乃托名燒香，與其妻偕往翠屏山而手刃之。因與秀同投梁山泊。按劇中情蹟，全本水滸演義，雖小有點竄，而大段無殊也。龔聖與賽關索楊雄贊云：關索之雄，超之亦賢。能持義勇，自命何全。又拚命三郎石秀贊云：石秀拚命，志在金寶。大似河魨，腹果一飽。劇内巧雲、迎兒、海闍黎、潘公、頭陀等，俱本演義。時遷、宋江，亦從演義中點入。按《水滸傳》云病關索，龔聖與云賽關索。關索者，相傳羽之子也。據史，羽子平，爲孫權將所殺。又羽既謚壯繆，以子興嗣侯，爲諸葛亮所器，弱冠爲侍中中監軍數歲卒。不言又有索。今滇黔間有關索嶺，最爲險峻，當是諸葛亮南征孟獲時，關索踰嶺建功，故土人因以爲名。而後世傳聞其驍勇，故群盜亦借以爲號也。陳壽之史甚畧。既已失載，而演義詳叙征孟獲事，亦不及之。演義多撮空添出人姓名，獨於關索反漏，殊不可曉。

著　録

清・姚燮《今樂考證・著録六・明院本》 沈自晉四種：《耆英會》、《翠屏山》、《望湖亭》、《一種情》。案：四種爲沈伯明作，見其所著《南詞新譜》中。

鄭之文

論　説

明・湯顯祖《董元卿旗亭記序》 予讀小史氏宋靖康間董元卿事，伉儷之義甚奇。元卿能不忘其君，隱於仳離。某氏能歸其夫，且自歸也。最所奇者，以豪鷙之兄，而一女子能再用之以濟。卻金示衣，轉變輕微。立俠節于閨閤嫌疑之間，完大義于山河亂絶之際。其事可歌可舞，常以語好事者。而友人鄭君豹先遂以挾日成之。其詞南北交參，才情並越。千秋之下，某氏一成馬間婦人，時勃勃有生氣。亦詞人之筆機也。嗟夫。董生得反南冠矣。獨恨在宋無所短長於時，有以自見，使某氏之俠烈，不獲登於正史，而旁落於傳奇。雖然，世之男子不能如奇婦人者，亦何止一董元卿也。萬曆歲癸卯小春臨川湯顯祖題。

明・吕天成《曲品》卷下 《白練裙》：鄭爲孝廉時，風流瀟灑，於秦淮曲中説刺老妓，戲成《白練裙》。俄爲大中丞所訶，遂不行。曲未入格，然詼諧甚足味也。

又 《旗亭》：董元卿遇俠事佳，曲多豪爽。湯海若爲之序。

又 《芍藥》：盧儲文爲賞閨閤，可羨可敬。鄭公恨不遇耳。詞多俊語，海若甚賞之。

明・祁彪佳《遠山堂曲品・能品》《芍藥》：鄭君詞曲，可稱文人之雄。所少者，曲折映帶之妙耳。

又《旗亭》：曲亦爽亮，但鋪叙關目，猶欠婉轉。後得清遠一序，殊爲增色。

傳記

明・吕天成《曲品》卷上　鄭之文，豹先。南城人。【略】右六人，上之下。【略】鄭進士月露才華，風流雅格。少陵輩英於粉署，摩詰標題於京曹。以其一片烈腸，雅負千秋俠骨。

清（順治）《真定縣志》卷一四　上巳同梁函三出郭，觀新鑿水田，因賦贈《酌梁慎可墨香亭留别》詩，盱江鄭之文。

清・佚名《傳奇彙考標目》　鄭之文，字豹先。南城人。一云：字應尼。新城人。

清（乾隆）《蕪湖縣志》卷八　江西南城人，進士，郎中。萬曆四十三年接任。

清（同治）《南城縣志》卷八　字應尼，一字水濂，號愚公。萬曆三十八年進士，授南京工部主事，歷郎中，出知真定府。爲人高簡清峻，風流軼群。與黄貞甫、曹能始、鍾伯敬、王季重相友善。著有《遠山堂集》、《錦研齋集》、《愚莊稿》。居家三十年，足不履公門，鄉里重之。舊《府志》按《姚志》、《省志》、《詩徵》俱作應尼。《詩徵》載其弟時遊金陵，與吴非熊輩作《白練裙》雜劇，以詩歌聞於時。知府免舊詩，時有詩入白門新社。

清・王國維《曲録》卷四　之文，字應尼，一字豹先。南城人。官至南部郎，後出爲知府。

紀事

明・沈德符《萬曆野獲編》卷二六《白練裙》：頃歲丁酉，馮開之年伯爲南祭酒，東南名士雲集金陵。時屠長卿年伯久廢，新奉恩詔復冠帶，亦寓此。公慕狹邪寇四兒名文華者，先以纏頭往。至日，具袍服、頭踏，呵殿而至，踞廳事，南面，呼媼出拜，令寇姬傍侍行酒，更作才語相向。次日，六院喧傳，以爲談柄。有江右孝廉鄭豹先名之文者，素以才自命，遂作一傳奇，名曰白練裙，摹寫屠憨狀曲盡。時吴下王百穀亦在留都，其少時曾眷名妓馬湘蘭名守真者，馬年已將耳順，王則望七矣，兩人尚講衾裯之好，鄭亦串入其中，備列醜態。一時爲之紙貴。次年，李九我署南禮部，追書肆刻本，毁其板。然已傳播遠近無算矣。余後於都下遇鄭君，譽其填詞之妙，鄭面發赤，囑余勿再告人。

明・祁彪佳《遠山堂曲品・逸品》《白練裙》：豹先爲孝廉時，遊秦淮曲中，遂搆此記，備寫當時諸名妓，而已仍作生，且以刺馬姬湘蘭，並諷及王山人百谷。俄爲大司成所訶，僅半本而止。

又《遠山堂劇品・能品》《旗亭》：董元卿遭胡金之亂，得遇隱娘，既能全元卿於宋，復能全己於元卿，隱娘之俠，高出阿兄上矣。區區衲中之金，何足窺此女一班哉。

又《芍藥》：盧儲之婦，能賞其文於未第之先，閨閣中如此具眼，不愧女狀頭之號矣。登第、成婚，俱是順境，無他曲酸苦之態；詞之秀逸，亦雅足配之。

清・錢謙益《列朝詩集》丁集上　之文，字應尼，南城人。公車下第，薄遊長幹。曲中馬湘蘭負盛名，與王百穀諸公爲文字飲，頗不禮應尼。應尼與吴非熊輩作《白練裙》雜劇，極爲譏調，聚子弟演唱，召湘蘭觀之，湘蘭爲之微笑。定襄傅司業清嚴訓士，一旦召應尼跪東厢下，出衜袖一編，擲地數之曰：舉子故當爲輕蛺蝶耶。收以夏楚，久之乃遣去。應尼舉進士，傅公爲北祭酒，介余往謝過，公一笑而已。【略】崇禎末，余作長歌寄之，有曰：子弟猶歌《白練裙》，行人尚酹湘蘭墓。應尼亦次韻相答。

清・佚名《古人傳奇總目》《旗亭》，鄭豹先作。董元卿事。

又《芍藥》，鄭豹先作。盧儲文事。

著録

清・佚名《傳奇彙考標目》卷上　鄭之文：《白練裙》、《旗亭》、《芍藥》。

清・佚名《古人傳奇總目》　《旗亭》、《芍藥》，鄭豹先作。

清・黄文暘、佚名《重訂曲海總目・明人傳奇》　鄭之文：《芍藥記》、《旗亭記》、《白練裙》。

清・梁廷枏《曲話》卷一　作曲人自一種至數十種，有姓氏可考及或隱其本名而寓以他稱者，【略】以傳奇言之，【略】其人各三種者，明人如：【略】鄭之文之《白練裙》、《旗亭》、《芍藥》。

清・支豐宜《曲目新編・明人傳奇》　《白練裙》、《旗亭》、《勺藥》，右三種，鄭之文作。

清・姚燮《今樂考證・著録六・明院本》　鄭之文：《白練裙》、《旗亭》、《勺藥》。

清・王國維《曲録》卷四　《白練裙》一本，《旗亭記》一本，《芍藥記》一本。右三種，明鄭之文撰。

劉還初

論説

明・陳繼儒《李丹記題辭》　乃借裴諶王恭伯故事，作《李丹記傳奇》。從人間演唱一翻，可以哭世、可以做世、可以住世、可以出世。其中汪洋恍惚，滅没出現，非凡夫思路所能窺，非文士筆端所能狀。覺蓮邦之净土遥，桃源之蹊徑淺，醉鄉睡鄉之日月促。徐天池《四聲》，湯義仍《四夢》，又無論矣。其傳奇中之《南華經》哉。

著録

明・徐𤊹《徐氏紅雨樓書目》卷三《子部・傳奇類》　《李丹記》。

王驥德

論説

明・屠隆《題紅記叙》　夫生者，情也。有生則有情，有情則有結。條桑陌上，皇娥因之而援琴；杲日水濱，漢女由斯以解珮。重泉相許，興哀紫玉之歌；來世尋盟，抱痛青陵之曲。天台仙籍，猶興感於懷春；宛洛亡魂，不忘情於思舊。何況深宫怨女，送白日於上陽；穉齒佳人，棄紅顔於淑景。奏笙歌於别院，望玉輦之不來；照鐙火於西宫，愁金鑠之又合。對月有懷，寂寂衣間禁步；看花不語，泠泠臂上守宫。雨滴梧桐，擁錦衾於永夜；霜飄楊柳，聽禁漏於長門。以此言悲，悲可知已。又況水魄雲魂，大饒風格，錦心繡口，夙富才情。玉樹階庭，埒咏絮之謝媪；彩毫闈闥，壓迴文之蕙孃。而以其纏綿婉麗之藻，寫彼凄楚幽怨之情。宜其聞之者傷心，感之者隕涕也。會稽王生伯良，江南竹箭，早負才子之名，海外木難，兼有風人之致。苞武庫之學，驅今古於詞鋒；因樂府之餘，叶宫商於法曲。恨風鬟而慘緑，摭遺事於宫娥；託霜葉以題紅，綴麗情於韓女。情傳天上，新詩兼新恨並深；水到人間，波痕與淚痕俱濕。亦聊寄慇懃於一片，含情欲托何人。迺竟諧伉儷於百年，作合適符冥數。事固奇矣，詞亦斐然。子不云乎：爲之猶賢乎已。

明・毛以燧《男王后序》　余侍先君子山陰署中，獲同王伯良先生研席。先生於談藝之暇，每及詞曲，津津乎有味其言之。吾邑詞隱先生爲騷壇盟主，持法之嚴，鮮所當意，獨服膺先生，謂有冥契；諸所著撰，往來商榷。有《方諸館樂府》二卷，悉散套與小令，家繕部兄方爲剞之金陵。

又《曲律跋》 余不諳詞法，而酷好詞致。猶憶弱冠之年，侍先君子山陰署中，獲同王伯良先生研席。先生於譚藝之暇，每及詞曲，津津乎有味其言之。余問舉古傳奇若雜劇中瑕瑜處相質，先生輒頤解首肯，謂可與言曲。先生於此道，故本夙悟，加以精探逖攬，自宮調以至韻之平仄，聲之陰陽，窮其元始，究厥指歸，靡不析入三昧。吾邑詞隱先生，爲詞壇盟主，持法之嚴，鮮所當意，獨服膺先生，謂有冥契；諸所著撰，往來商榷。先生嘗欲進余堂廡，指授衣鉢，余謝未皇。歲癸亥，先生病，入秋忽馳數行，緘一帙來，曰：吾生平論曲，爲子所賞，顧喙也，非筆也。寢久法不傳，功令斯湮，正始永絕，吾用大懼。今病且不起。平日所積成是書，曲家三尺具是矣，子其爲我行之吳中。余啓讀之，則《曲律》也。方在校刻，而訃音隨至，玆函蓋絕筆耳。先生淹通藻發，其所爲詩若古文辭，卓然成一家言，有《方諸館集》久行於世。遺草多未入梓，獨忍死以是編相付。先生嘗謂：吾姑從世界缺陷處一脩補之。此意殊可念。先生舊嘗校注古本《西厢》、《琵琶》二傳，一洗沉謁，特擅精博，並徵余言弁首，猶是屬意衣鉢狂狷之極思。余卒逡巡未能一領其秘，亦不意其遂爲古人，竟以此負先生矣。先生作有《題紅記》，及《男后》、《離魂》、《救友》、《雙環》、《招魂》諸劇，膾炙一時；乃最所得意則有《方諸館樂府》二卷，悉散套與小令，家繕部兄方爲剞之金陵。蓋先生一生，鍾有情癖，故但涉情瀾，留連宛轉，盡態極妍，令人色飛腸斷，尤稱擅場，洵是千古絕技。今二書並行，庶不爲千古絕學，藉以不終負先生嘉惠之意，其在斯乎。余原不諳曲法，故律中微密不置論，亦不須復論，聊綴數語簡後，用紀顛末，以志輟絃之痛。

明・祁彪佳《遠山堂劇品・雅品》 《男王后》北四折：取境亦奇。詞甚工美，有大雅韻度。但此等曲，玩之不厭，過眼亦不令人思。以此配《女狀元》，未免有天巧人工之別。

又《棄官救友》：石中郎以忠致其君，穆考功以義全其友，鄭夫人以節報其夫：此等事，在眼前已邈焉若千古矣。方諸爲穆内史慷慨歌之，原不欲以詞藻見奇，固自灑灑可觀。南曲向無四出作劇體者，自方諸與一二同志創之，今則已數十百種矣。

又《倩女離魂》：方諸生精於曲律，其於宮韻平仄，不錯一黍。若是而復能作本色之詞，遂使鄭德輝《離魂》北劇，不能專美於前矣。白香山作詩，必令老嫗能解，此方諸之所以不欲曲爲案頭書也。

又《兩旦雙環》：天然情景，不假安排，而別離會合，事事巧湊。然其詞備別離之苦，即會合終是不快，奈何。

又《金屋招魂》：方諸生遵詞隱功令，嚴於法者也，而曲猶能婉麗如許，蓋其詞筆天成，豈盡由推敲中得耶。此劇雖不足寫李夫人之生面，而姍姍一歌，幾於滿紙是淚矣。

傳記

明・沈寵綏《度曲須知・詞學先賢姓氏》 王伯良，諱驥德，山陰人。文學。別號方諸生。

清（乾隆）《紹興府志》卷五四 王驥德，字伯良。渭弟子，居隔一牆，渭填詞每畢，輒呼伯良，騎牆讀之。有《方諸館樂府》，又作《曲律》，盛自詩詡。

紀事

清・佚名《曲海總目提要》卷一二《裙釵壻》 明中葉時人作，自稱秦臺外史，未詳姓名。所本者陳子高傳。據傳司空之女，不諧婚配，劇作與子高伉儷，子高婚夕，尚是女粧，故曰裙釵壻也。李詡《陳子高傳》：子高，會稽山陰人，世微賤，織履爲生。侯景亂，子高從父寓都下，時年十六，尚總角，容貌豔麗纖妍，潔白如美婦人，螓首膏髮，自然蛾眉，亂卒揮白刃，縱橫間噤不忍下，更引而出之數矣。陳司空霸先平景亂，其從子蒨以將軍出鎮吳興，子高於淮渚附部伍寄載求還鄉。蒨見而大驚，問曰：若不欲富貴乎。盍從我。子高本名蠻子，蒨嫌其俗，改名之。既幸。愈憐愛之。子高膚理色澤，柔靡都曼，而猿臂善射，上下若風，性恭謹，恒執佩身刀，侍酒炙。蒨性急，有所恚，目若虓虎，睒睒欲啖人，見子高則立解。子高亦曲意傅會，得其歡。蒨常爲詩贈之曰：昔聞周小史，今歌明下童。玉麈手不別，羊車市若空。誰愁兩雄並，金貂應讓儂。且曰：人言吾有帝王相，審爾，當册汝爲后。子高叩頭曰：古有女主，當亦有男后。劇遂以虚語作實事。蒨夢騎馬登山，路危欲墮，子高推捧而昇，乃配以寶刀，備心腹。王大司馬僧辨下京師，功爲天下第一，陳司空次之。僧辨留守石頭城，命司空守京口，爲第三子頠約娶司空女。頠有才貌，司空女窗隙窺之，謂侍婢曰：世寧有勝王郎子者乎。婢曰：吴興東閤日直陳某，且數倍王郎子。時蒨解郡，佐司空在鎮，女果見而悦之，遂私焉。書一詩白團扇，畫比翼鳥其上，以遺子高曰：人道團扇如圓月，儂道圓月不長圓。願得炎州無霜色，出入歡袖百千年。事漸洩，所不知者，司空而已。子高恃寵凌其侶，其侶因竊團扇與頠，且告之故。僧辨用他事停司空女婚，司空遂襲僧辨，並其子縊殺之。蒨率子高實爲軍鋒焉，自是子高引避不敢入，蒨知之，仍領子高之鎮，女以念極結氣死。蒨後嗣統，子高爲右衛將軍散騎常侍，廢帝時坐誣謀反誅。

著録

清·黄文暘、佚名《重訂曲海總目·明人雜劇》 秦樓外史：《男王后》。

清·姚燮《今樂考證·著録三·明雜劇》 王伯良五種：《男王后》、《救友》、《雙鬟》、《招魂》、《離魂》。其自序云：予昔譜《男后》劇，曲用北調，而白不純用北體，爲南人設也。已爲《離魂》，並用南調。鬱藍生謂：自爾作祖，當一變劇體。既遂有相繼以南詞作劇者。後爲穆考功作《救友》，又於燕中作《雙鬟》及《招魂》二劇，悉用南體，知北劇之不復行於今日也。毛以燧云：余侍先君子山陰署中，獲同王伯良先生研席。先生於談藝之暇，每及詞曲，津津乎有味其言之。吾邑詞隱先生爲騷壇盟主，持法之嚴，鮮所當意，獨服膺先生，謂有冥契；諸所著撰，往來商榷。有《方諸館樂府》二卷，悉散套與小令，家繕部兄方爲劂之金陵。

清·支豐宜《曲目新編·明人雜劇》 《男王后》，秦樓外史。

清·王國維《曲録》卷三 《男王后》一本，明秦樓外史撰。

藝文

明·毛以燧《哭王伯良先生詩》《曲律》附　官衙觚槧乍相依，夜夜燒燈屑競霏。非但能言不可得，只應天壤解人稀。

又　《方諸集》在見琳琅，餘草塵緘積滿床。手取一編臨殁寄，敢辭含痛與商量。

湛然

論説

明·祁彪佳《遠山堂曲品·具品》《妬婦記》：湛然大師以婦人悍妬，多入三塗，遂取房玄齡事，諱其名爲白心室。雖大師一片婆心亦未免老僧饒舌。

明·沈泰《盛明雜劇二集》卷一九《魚兒佛》 明袁鳧公于令批點云：蓮韻瀟洒，宗語雋逸，尋微之功，不減輔嗣。湛公作雅俗迴判矣。又：初讀是元詞，三復讀之，終是元詞。

清·佚名《曲海總目提要》卷一二《魚兒佛》 明湛然和尚所撰，而寓山居士者爲之潤色。其略云：會稽金嬰，以釣魚爲業。其妻鍾氏，每勸夫念佛，且戒勿殺生。嬰旋悔悟，從其言。而時有斷續，妻乃懸一鈴於門，每出入撞之有聲，則隨聲念佛。觀世音幻作婦人，即以魚籃爲緣，先度其妻。嬰念終未堅。乃歷之輪迴惡道，復惕之以魚鱉冤孽，始證善果。按禪門自沈蓮池教出，皆以念佛爲宗。劇中所演，大約言人雖有罪孽，但能專心持佛，則不唯不墮地獄，且可成佛作祖。蓋湛然借此以闡發宗旨者。

傳記

清（乾隆）《浮梁縣志》卷一二　明僧至妙，字湛然。本邑人。俗姓黄，永樂間應召舉高僧，上命賦《雪塑騎虎羅漢詩》，云：凜凜威風色則空，天寒流注梵王宫。日高便擬問尊者，騎上天台不見踪。稱旨，賜衣帽，宴儀部，部官簪花戲曰：好花簪向僧伽帽，料得師心也愛花。答曰：若使此花能結子，老僧原是佛陀耶。在座抵掌隨續曰：未許此花開佛地，恐將春色穢袈裟。衆益奇之。

著録

明・祁彪佳《遠山堂曲品・具品》　釋湛然：《妬婦記》。

清・佚名《曲海總目提要》卷一二　《魚兒佛》雜劇，明湛然和尚所撰。

清・支豐宜《曲目新編・明人雜劇》　《魚兒佛》，僧湛然作。

清・梁廷枏《曲話》卷一　以雜劇言之，其人各一種者，【略】明人如：【略】僧湛然作《魚兒佛》。

清・黄文暘《曲海目・明人雜劇》　《魚兒佛》，僧澹然作。

清・黄文暘、佚名《重訂曲海總目・明人雜劇》　釋湛然：《魚兒佛》。

清・姚燮《今樂考證・著録三・明雜劇》　僧湛然一種：《魚兒佛》

案：僧系越人。

清・王國維《曲録》卷三　《曲江春》一本，《魚兒佛》一本。右二種，明僧湛然撰。湛然，一號寓山居士。

吕天成

論説

明・王驥德《曲律・自序》　同舍鬱藍生早擅慧腸，並工《風》、《雅》之脩，兼妙聲律之度。

又《曲律》　同舍有吕公子勤之，曰鬱藍生者，從髫年便解摛掞，如《神女》、《金合》、《戒珠》、《神鏡》、《三星》、《雙閣》、《雙棲》、《四相》、《四元》、《二婬》、《神劍》，以迨小劇，共二三十種。惜玉樹早摧，賫志未竟。

又　鬱藍生吕姓，諱天成，字勤之，别號棘津，亦餘姚人，太傅文安公曾孫，吏部姜山公子；而吏部太夫人孫，則大司馬公姊氏，於比部稱表伯父，其於詞學，故有淵源。勤之童年便有聲律之嗜。既爲諸生，有名，兼工古文詞。與余稱文字交垂二十年，每抵掌談詞，日昃不休。孫太夫人好儲書，於古今劇戲，靡不購存，故勤之汜瀾極博。所著傳奇，始工綺麗，才藻燁然；後最服膺詞隱，改轍從之，稍流質易，然宫調、字句、平仄，兢兢毖眘，不少假借。詞隱生平著述，悉授勤之，並爲刻播，可謂尊信之極，不負相知耳。勤之制作甚富。至摹寫麗情褻語，尤稱絶技。世所傳《繡榻野史》、《閒情别傳》，皆其少年遊戲之筆。余所恃爲詞學麗澤者四人，謂詞隱先生、孫大司馬、比部俟居及勤之，而勤之尤密邇旦夕，方以千秋交勗。人咸謂勤之風貌玉立，才名籍甚，青雲在襟袖間，而如此人，曾不得四十，一夕溘先，風流頓盡，悲夫。余頃賦《四君咏》，别刻《方諸館集》中。《曲律》故勤之及比部促成，嘗爲余序，唶有餘悵，遂並比部梗概，識之後簡。

又　勤之《曲品》所載，搜羅頗博，而門户太多。舊曲列品有四：曰神，曰妙，曰能，曰具。而神品以屬《琵琶》、《拜月》。夫曰神品，必法與詞兩擅其極，惟實甫《西厢》可當之耳。《琵琶》尚多拗字纇句，可列妙品；《拜月》稍見俊語，原非大家，可列能品：不得言神。《荆釵》、《牧羊》、《孤兒》、

《金印》，可列具品，不得言妙。新曲列爲九品。以上之上屬沈、湯二君，而以沈先湯，蓋以法論；然二君既屬偏長，不能合一，則上之上尚當虚左。至後八品，亦似多可商略。復於諸人，概飾四六美辭，如鄉會舉主批評舉子卷牘，人人珠玉，略無甄别。蓋勤之雅欲獎飾此道，誇炫一時，故多和光之論。余謂品中止宜取傳奇之佳者，次及詞曲略工、搬演可觀者，總以上中下三等第之，不必多立名目。

明・祁彪佳《遠山堂曲品・逸品》《二婬》：不知者謂吕君作此，實以導淫，非也。暴二婬之私，乃以使人恥，恥則思懲矣。構局攢簇，一部左史，供其謔浪，而以淺近之白，雅質之詞度之。此鬱藍遊戲之筆。

又《艷品》《三星》：煙鬟閣主人，色天散聖也。此記以自寫其壯懷，備極嬿婉歡笑之境；而赤虹紫電，噴薄紙上，自是詞場大觀。

又《戒珠》：勤之每下筆，藻采飈發，傾倒胸中二酉。如此記傳王、謝風流，收羅一部晉史。語以駢偶見工，局以熱艷取勝。

又《藍橋》：於離合悲歡、插科打諢之外，一以綺麗見奇。字字皆翠琬金鏤，丹文緑牒，洵爲吉光片羽，支機七襄也。直堪對壘《曇花》，且能壓倒《玉玦》。

又《金合》：盧子良薄神仙而欲作人間宰相，卒不免風雪長安。以此爲張無頗遊仙對證，名根安得不淡。水晶宫一段，光景奇幻，閲之令人目眩。

又《神女》：此勤之未解音律時之作。沈詞隱評之，謂：東隣客舍，曲有情境，而音律尚墮時趨。乃其才情富麗，每一詞如萬繡齊張，亦堪配《騷》，亦堪佐《史》。

又《雅品殘稿》《李丹》：劉慈水閲擲李事，寄之，屬鬱藍生作記，二十日而成。鬱藍尚自遜遏握管未疾也。

又《遠山堂劇品・雅品》《秀才送妾》：《輟耕録》載：維揚秀士爲部主事致一妾，自邗關達於燕邸。時天漸暄，多蟲蚋，乃納之帳中。部主事初疑之，既而謝曰：君真長者也。相與痛飲盡歡而散。劇中水仙作合，以配於焉支公主，則勤之增之。以爲柳下、叔子之輩，必獲美報若斯耳。

又《兒女債》：向見有傳子平二折，第碌碌完兒女債耳，閲之殊悶。勤之盡易前二折之詞，而於禽子夏北調，大闡玄機，有眼空一世之想。末折變幻，尤足令癡人警醒。乃知向所見，非全劇也。

又《勝山大會》：此必實有其事。鬱藍以險韻譜之，意想無出人頭地；若詞之瑩潤，則非作家不能。

又《夫人大》：此勤之初筆也。填實梁冀、孫壽事，及友通期冥訴，而冀、壽卒無恙，何耶。詞惟濃整而已。

又《逸品》《耍風情》：傳婢僕之私，取境未甚佳，而描寫已逼肖矣。披襟讀之，良爲一快。

又《纏夜帳》：以俊僕狎小鬟，生出許多情致。寫至刻露之極，無乃傷雅。然境不刻不現，詞不刻不爽，難與俗筆道也。

又《海濱樂》即《齊東絶倒》：傳虞舜竊負瞽瞍，爲桃應實謊，爲咸丘蒙附會，錯綜唐、虞時人物事蹟，盡供文人玩弄，大奇，大奇。

又《姻緣帳》：瑶靉仙何預人事，而喋喋爲閨閣饒舌。疎者令之親，懼者動以怒；畢竟疎者不終疎，懼者乃終懼，兒女之情，固如是耳。瑶靉仙何事而饒舌哉。

著録

清・佚名《傳奇彙考標目》卷上 吕文字天成，金華人，《神鏡》。

清・佚名《古人傳奇總目》《神鏡》，吕天成作。

清・黄文暘、佚名《重訂曲海總目・明人雜劇》 竹癡居士，《齊東絶倒》。

又《明人傳奇》 吕天成：《神鏡記》。

清・支豐宜《曲目新編・明人雜劇》：《齊東絶倒》，竹癡居士作。

又《明人傳奇》《神鏡》，吕天成作。

清・姚燮《今樂考證・著録三・明雜劇》 竹癡居士一種：《齊東絶倒》。居士秣陵人。

又《著録六・明院本》 吕天成十種：《神女》、《金合》、《戒珠》、《神鏡》、《三星》、《雙棲》、《四相》、《四元》、《二婬》、《神劍》。

藝文

明·王驥德《方諸館樂府·哭呂勤之》 吾友郁藍生呂勤之氏，翩翩佳公子也。賦資穎妙，兼解曲理，所賦豔詞，流布海内，可數十種，率斤斤功令，稱松陵衣鉢高足。與予交近二十年，以此道桴應，抵掌無兩。曩子入都時，時治牘寒暄。昨予以數行南訊，未至一日，而勤之卒矣。傷玉樓之中萎，悵朱弦之絶和，泫然雪涕，不能已已。勤之好詞，遂以詞哭，俾焚之幾筵，庶幾長歌當泣之指。〔榴花泣〕鍾期已逝，有指不須彈。嗟流水共高山，破青琴只合付潺湲，料知音再覓應難。風流吕安，這些時哭殺嵇中散。慘凄凄鶴怨猿驚，恨悠悠天上人間。〔錦纏道〕你占詞壇，羨天生雕心繡肝，小小筆堪餐。記韶年、賦他《神女》，便富情瀾。幾回家度新聲春生象板，近年來譜閒情花滿金環。露竹殺千竿，題愁寫怨，淋漓濕未幹。誰不唱元郎曲，俏才名早已遍長干。〔玉芙蓉〕離歌掠繡鞍，别色凄金盞，陡西城分手，正值春殘。詩題粉扇桃花綻，詞染紅箋柳葉繁。風蒲岸，蕭蕭掛帆，做得個斷腸聲裏唱《陽關》。〔古輪台〕到長安，三年雲樹隔稽山。相思幾負看花限，烏絲片簡，北雪南飆，不斷黄河飛雁。忽叱離腸，催成淚眼，不知書去慰加餐。錢塘一晚，瞬息間已夢邯鄲。翎催彩鳳，枝雕瓊樹，塵埋玉案，回首鎮潸潸。情千萬，賦成幾字血痕丹。〔尾聲〕聊憑寄，驛使還，待焚香向金爐一瓣，怕魂在煙鬟片影寒。

范文若

論説

明·祁彪佳《遠山堂曲品·逸品》《花筵賺》：洗脱之極，意局皆凌虚而出，真是語不驚人死不休。温之癡，謝之顛，此記之空峭，當配之爲三。

明·張琦《衡曲麈譚·作家偶評》 近之奇崛者，有范香令，結構玄暢，可追元人步武，惜乎不永，一時絶嘆。

明·空谷玉人《花筵賺序》 史載太真婚姑女事甚略，關漢卿因之有《玉鏡臺》劇，鋪序結構，頗落平腐。夫此事情文之妙，全在婚夕手批紗扇，撫掌大笑一段。先期點破，興致索然。水墨賦詩，書生伎倆，借以描畫，偉人何異。使廉藺作三日新婦，甯如香令。此本風流奇詭，極態窮工，驚心動魄，不愧千秋佳話也。太真生平俶儻壯烈，余尤愛其制《錢鳳》折，陶荆州事幼與才小不逮，然《投梭》折，齒人能作石頭數語，牽作陪場，差不至韓非、老子。要之，世無不兒女之英雄，無不放誕之忠孝，封侯廟食，作佛成仙。情之所鐘，正在此輩。吾安得起郭令公、文信國香眉兩居士而語之。西神空谷玉人書於烏衣諸郎坐處。

明·鄭元勳《鴛鴦棒題詞》 香令先生遺書，以《夢花酣》、《鴛鴦棒》二劇屬予序。一爲情至者，一爲不及情者。或曰：先生花骨繡胸，傳其情至者足矣，惡取夫不及情者而歌舞之。曰：不觀夫詩之有美有刺乎。不知情之不及，惡知夫情至者之爲至也。嗟乎，人情百端俱假，閨房之愛獨真。至此愛復移，無復有性情者矣。覽薛季衡、錢媚珠事，使人恨男子不如婦人，達官不如乞兒，文人不如武弁，其重有感也，夫吾安得乞其棒，打盡天下薄倖兒也。雖然，獮鷹見不義者而觸，窮奇煦之，亦問夫人之性情何若耳。

傳記

清（康熙）《續修汶上縣志》卷四 范文若，江南上海人。崇禎時爲汶上令，豐神俊異，材智超群。其治汶也，以禮自持，剪惡安良，吏胥守法。時白蓮教賊作亂，陷鄆城，過汶上，憚若威名，不敢近。任二年，調繫浙江秀水縣。

清（乾隆）《上海縣志》卷一〇 范文若，字更生。初名景文。萬曆丙午舉於鄉，與常熟許士柔、孫朝肅、華亭馮明玠、崑山王焕如五人，爲拂水山房社，以奇文鳴一時。乙未成進士，除汶上知縣，以嚴察爲治，改知秀水，案牘之間不廢文翰。再調光化，意不自得，或兼旬不治事，扁舟往來江漢間，以釣簡、詩卷自娱，遷南京兵部主事，爲考功中傷，左遷，稍移南大理評事，以憂去官，卒年甫四十八。文若美姿容，工談笑，雅慕晉人風度，好爲樂府詞章，識者擬之湯臨川云。

清（嘉慶）《上海縣志》卷一九　生而穎異，甫數歲試童子科，郡守許繩齋見其韶秀，能文善書，應對敏捷，抱置膝上，曰：世間何物爲寶，如此子乃真寶耳。後丙子舉於鄉。【略】文若恃才誕傲，故不能通顯。里居時，值天暑，納涼書室，家人劉貞懷利刃直前，洞刺其胸。太夫人聞變往救，母子俱殞。

清（光緒）《光化縣志》卷五　范文若，字更生。上海進士。令光化，高才碩學，能賞識名彦，一時文風丕振。城遷草創，雉堞卑小，前令黄欲增廣之，會遷去，范力任，踰年告成，備禦攸賴焉。遷南京駕部主事。

著録

清・高奕《新傳奇品》　范香令，松江人，博山堂。琪花瑶草，餘香襲人。所著傳奇五本：《花筵賺》、《鴛鴦棒》、《倩畫圖》、《勘皮靴》、《夢花酣》。

清・佚名《傳奇彙考標目》卷下　范文若，字香令，號荀鴨，又自稱吴儂。松江人。《花筵賺》、《鴛鴦棒》、《倩畫烟》、《勘皮靴》、《夢花酣》、《花眉旦》、《金明池》、《雌雄旦》、《歡喜冤家》。

清・黄文暘、佚名《重訂曲海總目・國朝傳奇》　范香令松江人　《花筵賺》、《鴛鴦棒》、《倩畫姻》、《勘皮靴》、《夢花酣》。

清・支豐宜《曲目新編・著録八・國朝傳奇》　《花筵賺》、《鴛鴦棒》、《倩畫眉》、《勘皮靴》、《夢花酣》，右松江范香令作。

清・姚燮《今樂考證・著録八・國朝院本》　范香令十種：《花筵賺》、《鴛鴦棒》、《倩畫姻》、《勘皮靴》、《夢花酣》、《金明池》、《花眉旦》、《雌雄旦》、《歡喜冤家》、《生死夫妻》。案：香令，松江人。余所見者，《花筵賺》、《鴛鴦棒》二種而已。自署其刻本曰博山堂稿，自署其名曰吴儂荀鴨撰，或署曰荀鴨檀郎。其托姓荀者，荀令香之意耶。其託名鴨者，博山鴨爐意耶。亦一奇已。上五種，焦氏《曲考》列其目。下五種，自沈氏《南詞譜》補入也。但《歡喜冤家》二種似雜劇題，未敢臆斷，姑附之。

雜録

明・范文若《花筵賺・原序》　每嗟文有文魔，詩有詩魔，詞有詞魔。詞固忌堆砌，亦定以香豔爲主。元人之妙，在冷中藏謔，然後語即關、鄭、白、馬，亦不多得。非元劇便佳也。古人云：有文章者謂之樂府，無文飾者謂之俚歌。如單取淺俗，則盲本《琵琶》，且登元人之席矣。《花間》、《蘭畹》，昔人以被之絲肉者，今試思何等清新流麗。乃俗筆動祖《白兔》、《殺狗》，爲不可及。繫彼時諳曲者悉老書會，無難字，無梗句，戲子易於習唱，故相傳不敗。其後漸出詞人之手，則又當別論矣。噫，聲音一道，無關理學，何苦復驅之爲學究。余《博山堂樂府》數種，大率思語、情語。世無柳夢梅、杜麗娘，索解人未易也。《花筵賺》稍稍通俗，姑先梓之，以問諸里耳，已見大意。

程士廉

論説

明・祁彪佳《遠山堂劇品・具品》　《小雅四紀》，南北四折。四時之樂，何必在酒，乃每曲以酣飲絶勝乎。《訪戴》一出，略有點綴，終不得爲俊雅之調。

著録

明・祁彪佳《遠山堂劇品・具品》 程士廉：《小雅四紀》南北四折。

清・王國維《曲録》卷三 《幸上苑帝妃春遊》一本，《泛西湖秦蘇賞夏》一本，《醉學士韓陶月宴》一本，《憶故人戴王訪雪》一本。【略】

右二百六十六種，元無名氏撰。

王澹

論説

明・王驥德《曲律》卷四 以余所善，史叔考撰《合紗》、《櫻桃》、《鶼釵》、《雙鴛》、《孿甌》、《瓊花》、《青蟬》、《雙梅》、《夢磊》、《檀扇》、《梵書》，又散曲曰《齒雪餘香》凡十二種。王澹翁撰《雙合》、《金椀》、《紫袍》、《蘭佩》、《櫻桃園》，散曲曰《欸乃編》，凡六種。二君皆自能度品登場，體調流麗，優人便之，一出而搬演幾遍國中。

又 吾友王澹翁，好爲傳奇。余嘗謂澹翁：若毋更詩爲，第月染指一傳奇，便足持自愉快，無異南面王樂。澹翁曰：何謂。余謂：即若詩而青蓮、少陵，能令豔冠裳而麗粉黛者日日作《渭城》唱乎。澹翁大笑，鼓掌以爲良然。一時戲語，然亦不失爲千古快談也。

明・沈泰《盛明雜劇二集》卷二八 明代如道人評《櫻桃園》：從來賄買關節自謂錢可通神，不知盡爲傍人收漁人之利耳。特拈此劇以爲熱中僥倖者作一服清涼散。

明・祁彪佳《遠山堂劇品・艷品》 《雙合》：澹翁饒有才情，閑於法而工於辭，雖纖穠之中，不礙雅則，但人面桃花，情長而景短，引入他事，慮其蔓衍，不引入，又慮寂寥，所以此曲終未得爲大觀也。女殤在崔舍人從戎先，及其凱旋，自云已歷半載，而情感復生，乃其死方三日之内，是其粗處。

又《遠山堂劇品・能品》 《孝感》：吐詞豐蔚，守律亦嚴。但爲許君作傳，欲盡傳其生平，而并以貢諛，自不能有一段凌空出奇之妙矣。

又《雅品》 《櫻桃園》南四折：張玉華蕭寺孤魂，歐陽生爲結緣於櫻桃花下，自是寒食東風，不至抱梨花之泣，以得雋報張生，宜矣。澹居士詞筆老到，不輕下一字，故字句俱恰合。

傳記

清（康熙）《香河縣志》卷一一 王澹，會稽人。《宿淑陽白衣寺》、《白衣寺贈萬輝上人》、《淑陽諸文學招集賦謝》等詩。

紀事

清・佚名《曲海總目提要》卷一三《櫻桃園》 明紹興人撰。記汪應辰櫻桃園故人密語事。劇中歐陽彬、魏簡、張玉華，皆係撰出，而又譌汪應辰爲汪藻。應辰，號玉山，少年狀元，官至尚書。藻號浮溪，官至學士。皆南宋時最有名望而判然二人。撰者不知玉山爲應辰，故訛作藻耳。淳熙中王季海爲相。奏起汪玉山爲大宗伯，知貢舉，且以書速其來。玉山將就道，有一布衣友，平生極相得，屢黜於禮部，心甚念之，乃以書約其胥會於富陽一蕭寺中，與之對榻。夜分，密語之曰：某此行或典貢舉，當特相牢籠。省試程文易義，冒子中可用三古字，以此爲驗。其人感喜。玉山既知舉，搜易卷中，果有冒子内用三古字者，遂置之前列。及拆號，非其友也，竊怪之。數日，友來見，玉山怒責之曰：此必足下輕名重利，售之他人，何相負如此。友指天日誓曰：某以暴疾幾死，不能就試，何敢泄之於他人。玉山終不釋然。未幾以古字得者來謁玉山，因問頭場冒子中用三古字何也。其人沉吟久之，對曰：茲事頗怪。某之未就試也，假宿於富陽某寺中，與寺僧閒步廡下，見室陬一棺，塵埃漫漶。僧曰：此一官員女也，殯於此十年矣，杳無親戚來問。因相與默然。是夜夢一女子行廡下，謂某曰：官人赴省試，頭場冒中可用三古字，必登高科，但幸勿忘，使妾朽骨早得入土。既覺，甚怪之。遂用其言，果獲濫叨。近已往寺中葬其女矣。玉山驚嘆。此事出宋人稗史，相晤在富陽蕭寺，劇作櫻桃園，以唐時登第者，有櫻桃宴，故借此寓意也。按汪應辰年少高科，讀書講學，考亭與相契厚，與汪玉山尚書尺牘，俱載朱子全集内。

著録

明・祁彪佳《遠山堂曲品》　王澹：《雙合》、《孝感》、《櫻桃園》。

清・黄文暘《曲海目・明人雜劇》　《櫻桃夢》，澹居士作。

清・黄文暘、佚名《重訂曲海總目・明人雜劇》　王澹翁又號澹居士：《櫻桃夢》。

清・梁廷枏《曲話》　以雜劇言之，其人各一種者，【略】澹居士作《櫻桃夢》。

清・支豐宜《曲目新編・明人雜劇》　《櫻桃夢》，澹居士作。

清・姚燮《今樂考證・著録三・明雜劇》　王澹翁一種：《櫻桃園》一作《櫻桃夢》。

清・王國維《曲録》卷一　《櫻桃園》一本，明王澹翁撰。

邱瑞吾

論説

明・呂天成《曲品》卷下　《合釵》：即明皇、太真事，而詞不足。内《遊月宫》一齣，全鈔《彩毫記》，可笑。

明・祁彪佳《遠山堂曲品・能品》　《運甓》：詞氣宏敞。陶士行之忠孝，凛然當場。惜填過繁，未免收處有病。

傳記

明・呂天成《曲品》卷上　吾國璋，邱瑞。杭州人。【略】右十人，下之下。

清・佚名《傳奇彙考標目》　吾邱瑞，字國章。杭州人。吾邱，複姓，元高士吾邱衍之後。至今杭人猶有姓吾邱者。

清・王國維《曲録》卷四　瑞，字國璋，杭州人，元吾邱衍之後，《曲品》及《曲海目》作邱瑞吾，誤。

紀事

清・佚名《曲海總目提要》卷一四《運甓記》　作者未詳。記陶侃運甓事。《陶侃傳》，侃少孤貧。鄱陽范逵遇侃，倉卒無以待賓，其母乃截髮以易酒肴。及爲武岡令，陳敏與其子恢據有吴越之地。劉弘舉侃爲江夏太守。有問侃于弘者曰：侃與敏有鄉里之舊。弘曰：侃之忠能，吾得之已久。侃潛聞之，遽遣子洪詣弘以自固。弘引爲參軍，資以遣之。于是擊恢，所向必破。及杜弢以梁益二州叛，帝使侃擊弢。參軍王貢舉兵與弢合，侃大破之。王貢誘五溪蠻相結，侃諭降貢而走弢。後遷廣州刺史。在州無事，輒朝運百甓於齋外，暮運於齋内。曰：吾方致力中原，過爾優遊，恐不堪事。王敦平，遷都督荆雍等州軍事。諸參佐或以談戲廢事者，命取其酒器蒱博之具，悉投于江。暨蘇峻作逆，温嶠固請侃爲盟主。侃便戎服登舟，與庾亮等會石頭，部將彭世斬峻於陣。侃旋江陵，封長沙郡公。初，侃夢生八翼而上天登天門八重，惟一不得入。又嘗以針刺指見血，洒壁而爲公字，後果爲公位，至八州都督。母湛氏，侃爲縣吏時，以一蚶鮓遺母。母封鮓及書責侃，亦見《晉書・列女傳》。又侃將葬母，未得葬地，家忽失一牛。遇一老父謂曰：前岡見一牛眠處，其地若葬，位極人臣。侃尋牛得之，因葬其母。又按《温嶠傳》：元帝初鎮江左，劉琨使嶠奉表勸進。母崔氏固止之，嶠絶裾而去。及至，拜爲侍中。嶠知王敦有異志，謬與錢鳳相結。丹陽尹缺，鳳薦嶠，嶠僞辭之。及餞別，又僞醉，以手版擊鳳。臨去，涕泗横流，出閤復入。于是敦深信之，而錢鳳讒不行。及在江陵，值蘇峻之亂，遣王愆期等要陶侃同赴難，卒滅峻。又按《王導傳》：遇江人士。每至暇日，相與出新亭飲宴。周顗中坐而嘆，相視流涕，惟導愀然變色曰：當共戮力王室，克復神州，何至作楚囚相對泣耶。又云導妻曹氏性妬，導甚憚之，乃密營別館以處衆妾。曹氏知將往焉，導恐衆妾被辱，遽先命駕。又《郭璞傳》：王敦將舉兵，使璞筮之。璞曰：無成。敦怒，收璞斬之。又按《下壼傳》：蘇峻至東陵，壼率諸軍與戰，爲峻所破。峻進攻青溪口，壼時發背創猶未合，力疾苦戰，遂死之。二子眕、盱見父歿，相隨赴賊，同時見害。又按《甘卓傳》：卓始與陳敏結。敏既作亂，因共滅敏。其後征杜弢，亦屢經苦戰。又按《元帝紀》：王敦晝寢，夢日環其城。驚起，使五騎物色追帝，帝疾馳去，僅而獲免。傳奇中以一時之事，錯綜而成，俱與史傳相合。

著録

清・佚名《傳奇彙考標目》卷上　吾邱瑞：《合釵》。

清・黄文暘、佚名《重訂曲海總總目・明人傳奇》　邱瑞吾：《合釵記》。

清・佚名《古人傳奇總目》　《合釵》，吾邱瑞作。

清・梁廷枏《曲話》卷一　邱瑞吾作《合釵》。

清・支豐宜《曲目新編・明人傳奇》　《合釵》，邱瑞吾作。

清・姚燮《今樂考證・著録七・明院本》　邱瑞吾：《合釵》。

清・王國維《曲録》卷四　《合釵記》一本，明吾邱瑞撰。

朱期

論説

明・吕天成《曲品》卷下　《玉丸》，此即君自況也。別有傳奇，亦平暢。

明・祁彪佳《遠山堂曲品・具品》　《玉丸》：作南傳奇者，搆局爲難，曲白次之。此記局既散漫，且詞不達意，意既蒙晦，而詞遂如撞木鐘，扣石鼓，雖填得暢滿，亦何益哉。玉丸之遇，萬山以自況者。虞江故有曲派，吾未敢爲此君許也。

傳記

明・吕天成《曲品》卷上　朱期，萬山。上虞人。【略】朱乃世家令子，終困志於卑官。

清・佚名《傳奇彙考標目》　朱期，字萬山，上虞人。

紀事

清・佚名《古人傳奇總目》　《玉丸》，朱萬山作。此君自況。

著録

清・佚名《傳奇彙考標目》卷上　朱期：《玉丸》。

清・佚名《古人傳奇總目》《玉丸》，朱萬山作。

清・黄文暘、佚名《重訂曲海總目・明人傳奇》　朱期：《玉丸記》。

清・梁廷枏《曲話》卷一　朱期作《玉丸》。

清・支豐宜《曲目新編・明人傳奇》《玉丸》，上虞朱期作。

清・王國維《曲録》卷四　《玉丸記》一本，明朱期撰。

單本

論説

明・祁彪佳《遠山堂曲品・逸品》《蕉帕》：槎仙生而不好學，故詞無腐病；生而不事家人産，故曲無俗情；且又時以衣冠優孟，爲按拍周郎，故無局不新，無詞不合。龍驤、弱妹諸人，以毫鋒吹削之，遂令活脱生動。此君於詞曲，洵有天才。

又《露綬》：全是一片空明境界地，即眼前事、口頭語，刻寫入髓，决不留一寸餘地，容别人生活。此老全是心苗裏透出聰穎，真得曲中三昧者。舊本《佩印》之傳朱翁子，何足道哉。

清・高奕《新傳奇品》　單槎仙，新妝越女，粉媚脂香。

傳記

清・王國維《曲録》卷四　本，字槎仙，會稽人。

著録

清・高奕《新傳奇品》　單槎仙：《蕉帕記》、《露綬記》。

清・佚名《傳奇彙考標目》卷上　單本：《露綬》、《蕉帕》。

清・佚名《古人傳奇總目》《露綬》、《蕉帕》，單槎仙作。

清・黄文暘、佚名《重訂曲海總目・明人傳奇》　單槎仙：《露綬記》、《蕉帕記》。

清・梁廷枏《曲話》卷一　單槎仙之《蕉帕》、《露綬》。

清・支豐宜《曲目新編・明人傳奇》《露綬》、《蕉帕》，右二種，單槎作。

清・姚燮《今樂考證・著録五・明院本》　單槎：《露綬》、《蕉帕》。

清・王國維《曲録》卷四　《露綬記》一本，《蕉帕記》一本。右二種，明單本撰。

陳汝元

論説

明・吕天成《曲品》卷下　《金蓮》：摭三蘇事，得其概，末添抱不平，正是戲法耳。詞、白俱駢美。

又《紫環》：事亦佳，尚未脱套。觀其白工，正非草率者。

明·祁彪佳《遠山堂曲品·艷品》《金蓮》：至於韻金屑玉，以駢美而歸自然，更深得鍊字之法。

又《紫環》：若其霞明霧湧之詞，是主人剩技耳。

又《太霞》：眉公評之以駢麗精整，雄奇變幻，足爲此曲定論。

又《遠山堂劇品·艷品》《紅蓮記》北四折太乙傳此，藻艷俊雅，神色俱旺，且簡略恰得劇體。

傳記

明·吕天成《曲品》卷上 陳汝元，太乙。會稽人。【略】太乙知州，貧而嗜古。

清（康熙）《延綏鎮志》卷三 陳汝元，山陰人。萬曆十二年後任城堡廳同知。

清（康熙）《延綏鎮志·職秩》 陳汝元，山陰人。萬曆四十五年任城堡廳同知。

清（康熙）《山陰縣志》卷二〇 陳汝元，舉萬曆丁酉鄉薦，陝西清澗知縣。有三奇十異之政，陞延綏同知，以母老乞養歸，加銜運同。

清（乾隆）《直隸易州志》卷一二 陳汝元，浙江山陰人，舉人。萬曆三十五年任知州。

清·黄文暘、佚名《重訂曲海總目》 陳太乙，號函三館主人。

清（道光）《清澗縣志》卷五 陳汝元，浙江山陰人，明爽有威儀，博學能文，長於政事。百廢俱興，不勞民力。訓課有方，士樂就之。今言修葺者，必以汝元爲法。重修縣志，號爲實録，陞城堡同知。士民礱石以志去思焉。

紀事

明·祁彪佳《遠山堂曲品·艷品》《紫環》：内傳麗雲入宫、出宫，瑶娘失偶、得偶，不必作意紐合，自是大家舉止，饒有豐韻。

又《金蓮》：記蘇長公，此可稱實録。然亦有附綴以資諧笑，如鮑不平之雪憤是也；亦有省削以爲貫通，如賜蓮之在廷對、焚券之在瓊崖、再謫之後即内召入直是也。

又《太霞》：函三主人作此侈杜將軍閥閱功名之盛，卒之默契玄詮，以證仙終。其稱全者，即杜也；《太霞》者，將軍集名也。

又《遠山堂劇品·艷品》《紅蓮記》：北四折。東坡爲五戒後身，僅見之小説，亦因坡公爲夙慧，想當如是耳。紅蓮事，葉美度已採入《玉麟記》中。

清·佚名《曲海總目提要》卷一二《紅蓮債》 刊本云古越函三館編，未詳誰筆。本小説明悟禪師趕五戒一段事蹟，演成傳奇。謂五戒因紅債敗道，故曰《紅蓮債》也。蘇軾爲戒和尚轉身，乃五祖山戒禪師。傳奇與小説皆稱法號五戒，未的。略云：浄慈長老五戒，俗姓金，本西京洛陽人，爲大行禪師高第。禪師圓寂，衆皆推戒住持。與師弟明悟最相契合。悟俗姓王，河南太原人也。戒嘗于雪中拾得一女子，付道人清一看養。及年十六，裝作小頭陀，戒召至禪室，留而不返，改爲女裝。悟偵知之，請戒觀白蓮花，各賦一絶，悟詩有紅蓮争似白蓮香之句。戒因悟指破，别悟至本院中立時坐化，作辭世頌一首。悟來見之，懼其誤入塵網必至毁佛謗僧，亦即相隨坐化。轉世爲人，追而警悟，俾勿墮落。於是戒轉身爲蘇軾，悟轉身爲佛印。軾官端明殿學士，方與妾朝雲妓琴操等歡讌，佛印至門。門者不納，印投詩云：天半悠悠去路長，鶴歸華表誤遼陽。君家若問前生事，兩瓣紅蓮一段香。軾見詩，若有所感，立請相見，問其因果之説。印言琴操即清一，朝雲即紅蓮，東坡即五戒，己即明悟。於是琴操改尼裝，朝雲改女道士裝，而軾亦改道裝。朝雲即紅蓮，故標曰《紅蓮債》云。

又《金蓮記》 作者未詳。記蘇軾傳金蓮歸院事。軾生十年，父洵遊學，母程氏親授以書。嘉祐中制策入三等。王安石行新法，軾極論之，因遂請外，通判杭州。後知湖州，時事有不便民者，軾不敢言，而以詩託諷。御史李定舒亶等摭其表語，并媒孽所爲詩，以爲訕謗，逮赴臺獄，欲置之死。神宗獨憐之，以黄州團練副使安置。軾因築室於東坡，自號東坡居士。哲宗立，召爲禮部侍郎尋除翰林學士。嘗鎖宿禁中，召對便殿。宣仁后因言先帝每誦卿文章，必嘆曰：奇才，奇才。今進用卿，蓋以此耳。軾不覺哭失聲，宣仁后與哲宗亦泣，左右皆感涕。已而命坐賜茶，撤御前金蓮燭送歸院。此金蓮記所由名。但本中移作登第時事耳。紹聖初安置惠州，又貶瓊州别駕，居昌化，昌化故儋耳地，非人所居。初僦官屋，有司猶謂不可。軾遂買地築室，獨與幼子過處。徽宗立，量移廉舒等州。後卒于常州。本中資政殿學士太師等官，皆高宗追贈之爵也。子邁過，俱善爲文。邁駕部郎中，過承務郎。軾遷海外，過獨侍之。又按《蘇轍傳》：轍與軾同登進士科，極言新法不便，出爲河南推官。後權吏部尚書，使契丹。傳中無遷兵部尚書出鎮之事。徽宗即位，罷祠居許州，築室于許，號潁濱遺老。按《程頤傳》：軾不合于頤，頤門人合攻軾。本中因是附會，有過于調侃道學處。按《黄庭堅傳》：庭堅與秦觀等俱遊蘇軾門，而庭堅尤長於詩，人以配軾，故稱蘇黄。而《秦觀傳》亦云觀善文詞，見蘇軾於徐，爲賦黄樓，軾以爲有屈宋風。後亦坐黨籍出貶。又按《章惇傳》：惇初與蘇軾遊，後哲宗用爲尚書左僕射，專以紹述爲國是報復怨仇，無一得免。又起同文館獄，欲覆諸人家。後爲任伯雨劾奏，貶雷州司户參軍。初蘇軾亦謫雷州，不許占官舍，遂僦民屋。惇又以爲强奪民舍，至是，惇問舍于民。民曰：前蘇公來，爲章丞相幾破我家，今不可也。本中蘇章相遇事，即彷佛此節爲之。又按《李定傳》，定爲御史中丞，劾蘇軾湖州謝表語侮慢。又論軾文章怨謗，竄之黄州。而《張璪傳》亦云蘇軾下臺獄，璪與李定雜治，謀致軾於死，卒不克。以上雜見史傳。按《東坡年譜》壬戌七月在黄州，遊赤壁，有《赤壁賦》。十月又遊之，有《後赤壁賦》。又按《東坡詩集》，聖主如天萬物春二詩序云：余以事繫御史獄，獄吏見侵，自度不能脱死，獄中不得一别子由，故作二詩授獄卒梁成以遺之。又按《東坡詩注》，佛印禪師法名了元，饒州人。公久與之遊，時住持潤州金山寺。公赴杭過潤，爲留數日，解所係玉帶以鎮山門。又《朝雲詩》序云：予家有數妾，相繼辭去，獨朝雲隨予南遷。朝雲姓王氏，錢塘人。又《悼朝雲》詩序云：朝雲從泗上比丘尼學佛，略聞大義。以上俱見蘇軾本集。又琴操，錢塘妓也。亦通佛書，軾守杭日喜之。一日遊西湖，戲語之曰：我作長老，汝試參禪。琴操敬諾。軾因問曰：何謂湖中景。對曰：落霞與孤鶩齊飛，秋水共長天一色。何謂景中人。對曰：裙拖六幅湘江水，髻挽巫山一片雲。何謂人中意。對曰：隨他楊學士，鼈殺鮑參軍。操問如此究竟何如，子瞻曰：門前冷落鞍馬稀，老大嫁作商人婦。操言下大悟，遂削髮爲尼。見《山堂肆考》。本中事蹟，俱可考證，但前後情節不無少改，如軾母程氏卒于嘉祐二年，父洵卒于治平三年，妻王氏卒於治平二年，年譜可考，不應南遷時尚在。又軾與佛印朝雲琴操爲明悟五戒及紅蓮清一後身，雖相傳俗説，然屬不經。

清·佚名《古人傳奇總目》《金蓮》，陳太乙作。三蘇事。

著録

清·佚名《古人傳奇總目》《金蓮》、《紫環》，陳太乙作。

清·佚名《傳奇彙考標目》卷上　陳汝元：《金蓮》、《紫環》。

清·黄文暘、佚名《重訂曲海總目·明人雜劇》　陳太乙作《紅蓮債》。

又《明人傳奇》　陳汝元：《金蓮記》、《紫環記》。

清·梁廷枏《曲話》卷一　作曲人自一種至數十種，有姓氏可考及或隱其本名而寓以他稱者，以雜劇言之，其人各一種者，【略】明人如：【略】函三館作《紅蓮債》。【略】以傳奇言之，【略】其人各二種者，明人如：【略】陳汝元之《金蓮》、《紫環》。

清·支豐宜《曲目新編·明人傳奇》《金蓮》、《紫懷》，右二種，會稽陳汝元作。

又《明人雜劇》《紅蓮債》，函三館作。

清·姚燮《今樂考證·著録三·明雜劇》　陳太乙：《紅蓮債》。

又《著録六·明院本》　陳汝元：《金蓮》、《紫懷》。

清·王國維《曲録》卷三《紅蓮債》一本，明陳汝元撰。

又《金蓮記》一本，《紫環記》一本。右二種，明陳汝元撰。

徐陽輝

論說

明・祁彪佳《遠山堂曲品・逸品》《青雀舫》：陳眉公曰：名妓翻經，老僧釀酒，將軍翔文章之府，書生踐戎馬之場，雖乏本色，故自有致。此數語爲古今闢大戲場，玄輝、林宗，遂借之爲鉗錘捧喝矣。疎疎散散，靈氣統於筆墨，若無意結搆，而湊簇自佳。

又《有情癡》北一折，署徐元輝作：點醒處機鋒頗利，絶似《葫蘆先生》。至於玉娘、玉郎當面煞風景，尤爲癡情者頂門一針。

又《遠山堂劇品・能品》《脱囊穎》南北四折，署徐元輝作：平原之殺愛妾也，爲其見跛者一笑耳，乃即以毛遂無跛，無乃蛇足乎。然映出脱穎一段，亦自有致。調有高爽之句，但第三折調不全，何不盡改爲北。

傳記

清（光緒）《鄞縣志》卷三八 字元暉。諸生。工詩，尤善填詞。所著樂府數種，唯《青雀舫》獨傳。嘗愛屠隆名妓翻經，老僧釀酒，將軍擅翰墨，文士馳戎馬之語，遂演爲全本。其《老僧釀酒》一劇，更爲時所賞。

紀事

清・佚名《曲海總目提要》卷八《有情癡》 明徐陽暉所撰。演衛叔卿點化有情癡事。有情癡不著姓名，蓋以自寓也。中間大約玩世不恭，語多譏刺。始云：富貴的人，百般去趨奉他；貧賤的人，百般去欺侮他。譏世人炎涼情狀也。又云：胸中本無一字，做出滿腹的態度來，拾他人之唾餘，爲自己之識見。文宗班馬，他亦曰班馬；詩推李杜，他亦曰李杜。譏世人假託聲氣也。又云：酒食到口，人人都説相知；利害及身，箇箇盡成反面。譏世人凶終隙末也。又云：古人以終南爲捷徑，如今只消在接官亭。古人出疆必載質，如今只消一箇紅手本。譏世人奔走勢利也。又云：有無不能相通，多寡不能相濟，只喜錦上添花，不肯雪中送炭。譏世人慳吝嚚薄也。至末以酒色爲戒，而撰出玉郎、玉娘作點染，次第敷演，警醒凡情。《列仙傳》云：衛叔卿，中山人，服雲母得仙。其子度世，往華山尋之，至其巔絶巖之下，望見其父與數人博戲於石上，紫雲鬱鬱，白玉爲床。度世問曰：同博者誰。叔卿曰：洪厓先生、許由、巢父、王子晉也。後度世亦服雲母仙去。

又《脱囊穎》 明徐陽暉所撰。演毛遂脱穎事。躄者、毛遂原屬二人，劇中合爲一事，以便前後貫串。《史記・平原君傳》云：平原君家樓臨民家。民家有躄者，槃散行汲，平原君美人居樓上臨見，大笑之。明日，躄者至平原君門請曰：臣聞君之喜士，士不遠千里而至者，以君能貴士而賤妾也。臣不幸有罷癃之病，而君之後宫臨而笑臣，臣願得笑臣者頭。平原君笑應曰：諾。躄者去，平原君笑曰：觀此豎子乃欲以一笑之故，殺吾美人，不亦甚乎。終不殺。居歲餘，賓客門下舍人稍稍引去者過半。平原君怪之曰：勝所以待諸君者，未嘗敢失禮，而去者何多也。門下一人前對曰：以君之不殺笑躄者，以君爲愛色而賤士，士即去耳。於是平原君乃斬笑躄者美人頭，自造門進躄者，因謝焉。其後門下乃復稍稍來。秦之圍邯鄲，趙使平原君求救，合從於楚約，與食客門下有勇力文武備具者二十人偕。平原君曰：使文能取勝，則善矣；文不能取勝，則歃血於華屋之下，必得定從而還。士不外索，取於食客門下足矣。得十九人，餘無可以取者，無以滿二十人。門下有毛遂者前，自贊於平原君曰：遂聞君將合從於楚，約與食客門下二十人偕，不外索。今少一人，願君即以遂備員而行矣。平原君曰：先生處勝之門下，幾年於此矣。毛遂曰：三年於此矣。平原君曰：夫賢士之處世也，譬若錐之處囊中，其末立見。今先生處勝之門下，三年於此矣，左右未有所稱誦，勝未有所聞，是先生無所有也。先生不能，先生留。毛遂曰：臣乃今日請處囊中耳，使遂得蚤處囊中，乃穎脱而出，非特其末見而已。平原君竟與毛遂偕，十九人相與目笑之而未發也。毛遂比至楚，與十九人論議，十九人皆服。平原君與楚合從，言其利害，日出而言之，日中不決。十九人謂毛遂曰：先生上。毛遂按劍歷階而上，謂平原君曰：從之利害，兩言而決耳。今日出而言從，日中不決，何也。楚王謂平原君曰：客何爲者也。平原君曰：是勝之舍人也。楚王叱曰：胡不下。吾乃與而君言，汝何爲者也。毛遂按劍而前曰：王之所以叱遂者，以楚國之衆也。今十步之内，王不得恃楚國之衆也，王之命懸於遂手。吾君在前，叱者何也。且遂聞湯以七十里之地王天下，文王以百里之壤而臣諸侯，豈其士卒衆多哉。誠能據其勢而奮其威。今楚地方五千里，持戟百萬，此霸王之資也。以楚之彊，天下弗能當。白起小豎子耳，率數萬之衆，興師以與楚戰，一戰而舉鄢郢，再戰而燒夷陵，三戰而辱王之先人。此百世之怨，而趙之所羞，而王弗知惡焉。合從者爲楚，非爲趙也。吾君在前，叱者何也。楚王曰：唯唯，誠若先生之言，謹奉社稷而以從。毛遂曰：從定乎。楚王曰：定矣。毛遂謂楚王之左右曰：取雞狗馬之血來。毛遂奉銅盤而跪，進之楚王曰：王當歃血而定從，次者吾君，次者遂。遂定從於殿上，毛遂左手持盤血，而右手招十九人曰：公相與歃此血於堂下。公等録録，所謂因人成事者也。平原君已定從而歸。歸至於趙曰：勝不敢復相士。勝相士多者千人，寡者百數，自以爲不失天下之士，今乃於毛先生而失之也。毛先生一至楚，而使趙重於九鼎大吕。毛先生以三寸之舌，彊於百萬之師。勝不敢復相士，遂以爲上客。

著録

清・笠閣漁翁《笠閣批評舊戲目》 青雀舫，徐元暉作。

清・黄文暘《曲海目・明人雜劇》 《脱囊穎》、《有情癡》，二種，徐陽輝作。

清・黄文暘、佚名《重訂曲海總目・明人雜劇》 徐元暉一作陽輝：《脱囊穎》、《有情癡》。

清・梁廷枏《曲話》卷一 以雜劇言之，【略】其人各二種者，明人如：【略】徐陽輝之《脱囊穎》、《有情癡》。

清・支豐宜《曲目新編・明人雜劇》 《脱囊穎》、《有情癡》。右二種徐陽輝作。

清・姚燮《今樂考證・著録三・明人雜劇》 徐元輝二種：《有情癡》、《脱囊穎》。

又《著録六・明院本》 徐元暉一種：《青雀舫》。

清・王國維《曲録》卷三 《有情癡》一本，《脱囊穎》一本。右二種，明徐元暉撰。

孫源文

論説

清・焦循《劇説》卷三 《餓方朔》：余嘗憾元人曲不及東方曼倩事，或有之而不傳也。明楊升菴有《割肉遺細君》一折，又茅孝若撰辟戟諫董偃事，皆本正史演之。唯笨菴孫原文《餓方朔》四齣，以西王母爲主宰，以司馬遷、卜式、李陵、終軍、李夫人等串入，悲歌慷慨之氣，寓於俳諧戲幻之中，最爲本色。

傳記

清（康熙）《無錫縣志》卷二一 字南公。繼臯子。雖爲諸生，而非其意。善飲酒，好讀書，頗類滑稽玩世者。其學經史百家無不畢覽。軀體短小，服古時衣冠，慷慨語天下事，或古今成敗，莫不窮其源流。被服忠孝，至性過人。崇禎十七年五月，聞京師失守，帝死社稷，源文行坐悲泣，無間晨夜。及秋，賦《聞雁》詩曰：少小江南住，不聞鳴雁哀。今宵清枕舊，知爾歸京來。未幾，喀血聲瘖，流淚而絶。

著録

清・焦循《曲考》《餓方朔》，孫源文作。

清・黄文暘、佚名《重訂曲海總目》附《曲考》 孫源文，號笨庵。《餓方朔》。

清・梁廷枏《曲話》卷一 以雜劇言之，其人各一種者，【略】國朝如：孫源文作《餓方朔》。

清・支豐宜《曲目新編・國朝雜劇・補遺》《餓方朔》，孫源文作。

清・姚燮《今樂考證・著録四・國朝雜劇》 孫源文一種：《餓方朔》。

清・王國維《曲録》卷三《餓方朔》一本。明孫源文撰。源文，字南公，無錫人。

王異

論説

明・祁彪佳《遠山堂曲品・能品》《檢書》：用調恰當，無一可删處，演之儘可悦目。但耳子爲女，賈女作男，止入傳奇纖巧一道耳。輕烟爲廣陵之妓，安能遽逸至滇中作賊。賈女亦安能以紅粉戴兜鍪，從戎對壘哉。

又《水滸》：此梅花主人改訂者，曲白十改八九，穉弱亦十去八九矣。前本用犯調，有不便於歌者，今取調極穩；前本宋江有妻似嚽，今并去之；惟下韻仍雜，不能爲全瑜耳。

又《保主》：趙子龍爲生。傳事能不支蔓。但曲有繁簡之宜，未必一簡便屬勝場。如此記，每一人立脚未定，便復下場，何以聳觀者耳目。

又《看劍》：格善變，詞善轉，便是能手。此記生、旦通本不脱豪俠之氣，而始終作合者，乃在一黎女，大奇。大奇。其間聚散，原不關一劍，此中似可省一二轉摺。

又《弄珠樓》：輕描淡染，不欲一境落於平實。但姓名之錯認，創於《拜月》遂多爲不善曲者所襲。無功今之作手，何不别尋結搆耶。

又《種玉》：此梅花主人改訂者，簡鍊過原本，一洗脂粉之病。

又《花亭》：此無功改《百花》本也。彼以鄒化爲生，此以江六雲爲生。情節亦不無稍異。

又《靈犀佩》：大凡情緣一起，必有一種大不快人意處，爲之顛倒，爲之齟齬，方見吾輩獨有所鍾。乃蕭鳳侶但繫情於竇湘靈，而并以得梅瓊玉，無情有情，其何以解。至於兩魂互换，各不相認，似涉于穉。

又《瑪瑙簪》：無功諸作，一以曲折争奇。阿兄伯彭有《將無同》記，此略取其意，惟卞生之遇薄女不同耳。無功喜傳女俠，故紅俠中每有技擊者。

傳記

清・王國維《曲録》卷四 異，字無功，郜陽人。

紀事

清・佚名《曲海總目提要》卷一〇《靈犀佩》 刻本云武林竇恩樓鐫，未詳誰筆。以蕭鳳侶得二女爲配，用靈犀佩作關目，故名其事創造無所本。衢州信安諸生蕭鳳侶，字靈儀。科試未録，赴杭州考遺才，寓酒肆竇二家。二有女湘靈，甚美，八歲時爲人所掠賣。二之妻，本娼女也，遂以爲女。妻死，二復使湘靈當壚。鳳侶見而愛之，爲費三百金，欲納爲妾。而信安尤尚書表之子名效，恃勢驕横。嘗在文昌庵中，覩梅侍御之女，偶失一靈犀佩于地，與尼密謀，欲佔爲妾。會赴省應試，來至酒家。見湘靈而大悅，贈之以佩，將强挾去。寶二慕勢，欲以予效。湘靈則戀鳳侶，不肯行。效訪湘靈本非二所出，適信安縣令詹拱，以闈事赴省，效乃使僕控于令，言湘靈係僕所生女。拱即欲斷予尤僕，而聞鳳侶録遺第一，乃周旋其間，發保還家，俟出闈細鞫。及榜放，尤雋而蕭落第，拱遂斷湘靈與尤。湘靈必不願從，以靈犀佩贈鳳侶，乘夜即自縊。梅侍御女者，字曰瓊玉，少失父。母夫人挈往庵中還願，爲效所窺，與庵尼定計誑其母入庵念佛，旋以輿夫往舁其女，云母忽中風，急須往視。遂舁入尤尚書園中。瓊玉見非尼庵，驚問其故，告以尤公子娶爲妾，瓊玉大怒啼哭。尼趣僕以舟載之送往杭州，瓊玉乘間投入桐江中。鳳侶下第歸，經其處撈救入舟。是日瓊玉投江，湘靈投環。丙靈公召其魂問之，憫其貞烈，檢籍披視，兩人當爲鳳侶妻妾，乃令卒送還陽世。卒向兩人索錢不得，互易其處，比蘇則非本來面目矣。鳳侶所救者瓊玉之軀，初不與相識，而女所敘者皆實湘靈語。正欲挈歸，梅夫人以失女遍覓，見之舟中，急呼女，而女不認母。母以鳳侶竊其女，控之於令。令故識湘靈，以爲的是梅女，方欲治鳳侶拐騙之罪而聞朝命，改官臨安參軍，倉卒遷徙，不竟其事而去。鳳侶語梅夫人，試同往寶宅，訪其再生與否，以證明之。夫人留女于家，偕鳳侶同往。則湘果復生，亦不認其父，而父强之當壚。夫人至，則痛哭呼母，鳳侶問之，則不識也。夫人欲攜歸，寶二云：我真女已失，此女又攜去，是絶我也。予我三百金任挈而去。鳳侶急往富春，貸金于友。及至而尤僕聞湘靈復生，蜂擁奪去，送入京師矣。瓊玉初在家時，嘗于鏡中見一男子，及與鳳侶見，告母曰：此生即鏡中所見者也。臨去謂母曰：兒此去誓不復生，舟中攜歸之女本兒血肉軀，母當以爲女，嫁此生可也。母以女言告鳳侶，鳳侶即以所貸金及靈犀佩爲聘物，而告夫人云：我入京赴監肄業，成名乃歸。越二年，果雋于北闈。尤僕送梅女入京，效會試落第，方悶悶，見而甚喜，欲與狎昵。女大呼，爲尚書所覺。細詰其故，云梅侍御之女，非店家女也。尚書問侍御家事，語甚詳悉，乃送居後園，使人守之，不令子入。及鳳侶登鄉榜，送硃卷于尚書。見其刻聘妻梅氏，注云侍御之女，尚書急呼梅女問故。女細告换魂情事，尚書大奇之，正欲作合，使嫁于蕭。而鳳侶已擢狀元，以尚書爲鄉先達，先趨謁之。尚書語以梅女之姻，鳳侶亦告以换魂事，而以已有先聘者，不可再娶。尚書云：此本梅侍御女，當致書與夫人，令自主可也。鳳侶遂乞假還家，尚書遣僕送梅女。舟至張家灣，上岸謁丙靈公廟，訴以换魂之故。丙靈公治前卒之罪，使卒爲之改正。於是二女各易其魂，復現本來面目。夫人大喜，納鳳侶爲婿，以二女並嫁之。

著録

明・祁彪佳《遠山堂曲品・能品》　《檢書》、《水滸》、《保主》、《看劍》、《弄珠樓》、《種玉》、《花亭》、《靈犀佩》、《瑪瑙簪》。王元功。

清・佚名《傳奇彙考標目》卷下　王無功：《弄珠樓》、《百花亭》，《靈犀佩》。

清・王國維《曲録》卷四　《弄珠樓》一本，《百花亭》一本，《靈犀珮》一本。右三種，明王異撰。

王玉峰

論説

明・呂天成《曲品》卷下　《焚香》：王魁負桂英，做來甚悽楚。別有《三生記》，則合《雙卿》而成者。《茶船》事則載雙卿事，詞不及此。

明・湯顯祖《焚香記・總評》　此傳大略近於《荆釵》，而小景布置，間仿《琵琶》、《香囊》諸種。所奇者，妓女有心，尤奇者，鴇兒有眼。若謝媽媽者，蓋世皆是，何況老鴇。此雖極其描畫，不足奇也。作者精神命脉，全在桂英。《冥訴》幾折，摹寫得九死一生光景，宛轉激烈。其填詞皆尚真色，所以入人最深。遂令後世之聽者泪，讀者顰，無情者心動，有情者腸裂。何物情種，具此傳神手。獨金壘换書，及登程，及招婿，及傳報王魁凶信，頗類常套；而星相占禱之事亦多。然此等波瀾，又氍毹上不可少者。此獨妙於串插結構，便不覺文法沓拖，真尋常院本中不可多得。

清·袁于令《焚香記序》　樂府之淫濫，無如今日矣。所稱江南勝部，自王實甫、高則誠而下，王弇州首推《拜月亭》。猶曰所嫌者，曲終不能使人泪下。斯言也，真得詞家三昧。蓋劇場即一世界，世界只一情。人以劇場假而情真，不知當場者有情人也，顧曲者尤屬有情人也；即從旁之堵牆而觀聽者，若童子、若瞽叟、若村媼，無非有情人也。倘演者不真，則觀者之精神不動；然作者不真，則演者之精神亦不靈。兹傳之總評，惟以真字足以盡之耳。何也。桂英守節、王魁辭姻無論，即金壘之好色，謝媽之愛財，無一不真。所以曲盡人間世炎凉喧寂景狀，令周郎掩泣，而童叟村媼亦從而和之，良有以已。然又有幾段奇境，不可不知。其始也，落魄萊城，遇風鑒操斧，一奇也。及所聯之配，又屬青樓，青樓而復出於閨幃，又一奇也。新婚設誓，奇矣；而金壘套書，致兩人生而死、死而生，復有虚訃之傳，愈出愈奇。悲歡沓見，離合環生。讀至卷盡，如長江怒濤，上涌下溜，突兀起伏，不可測識，真文情之極其紆曲者，可概以院本目之乎。

紀事

清·佚名《曲海總目提要》卷一四《焚香記》　明初舊本，未知誰作。王魁桂英焚香盟誓，故名。事實全据魁傳中間陽告陰告，皆大關目。陽告本傳所無。桂英重生與魁偕老，則作者不得不然也。此等事後來頗多。宋滿少卿早年落魄，焦大郎以女贅之。滿登科富貴，别娶他氏，絶不相聞，焦飲恨而終。一日入其署中，滿忘所以，留與懽寢，天明已斃。此陰告之報也。元周廷章誑王嬌鸞，既而負約，王將自盡，取其交好姻盟本末，緘入官封，致與邑宰。捕廷章，杖殺之。此陽告之報也。宋柳貫《王魁傳》云王魁下第失意，入山東萊州。友人招遊北市，有敫氏婦絶艷，酌酒曰：某名桂英，酒乃天之美禄，足下得桂英而飲天禄，明春登第之兆。乃取擁項羅巾請生題詩。英并曰：君但爲學，四時所須，我爲辦之。由是魁朝去暮來。踰年，有詔求賢，英爲辦西遊之用，至州北海神廟盟於神曰：吾與桂英，誓不相負，若生離異，神當殛之。後唱第爲天下第一，英寄詩數首，魁竟不答，而魁父已約崔氏爲親。及魁授徐州僉判，英喜曰：徐去此不遠，當使人迎我矣。復遣僕持書以往，魁方坐廳决事，大怒，叱書不受。英曰：負我如此，當死以報之。揮刀自刎。魁在南都試院，有人自燭下出，乃英也，曰：君負誓渝盟，使我至此。後數日，魁死。今萊州海神廟中塑英執魁跽神前，殆即記中陰告事云。然按周密《齊東野語》辯《王魁傳》一事甚詳，云《異聞集》乃唐末陳翰所編，有《王魁傳》，而魁乃宋朝人，後又云有妄人託夏噩姓名作《王魁傳》，今緑窗女史又刻柳貫然，則作者姓名，蓋未的也。記中魁字俊民，然俊民，實魁之名。宋人大抵以狀元連姓相稱曰某魁，如馬涓則云馬魁，見何薳春渚紀聞魁非名也。據密所載，俊民字康侯，嘉祐中御試，王安石爲詳定，官俊民狀元及第。次年赴徐州任。明年嘉祐八年爲應天府發解官，得狂疾於貢院中。嘗對一石碑呼叫不已，碑石中若有應之者，亦若康侯之奮怒也。病甚，不省覺，取書册中交股刀自裁及寸。左右抱持之，遂免。出試院未久，疾平復，起居飲食如故，但愔愔不樂。或云生平自守如此，乃有此疾。歲暮徐醫以爲有痰，以碧霞金虎丹吐之。或謂心藏有熱，勸服治心經諸冷藥。積久爲夜中洞泄，氣脱内消，飲食不前而死。康侯父知舒州太湖縣，遣一道士與弟覺民自舒州來，云道士能奏章達上清，訴問鬼神幽暗中事。道士作醮書符，傳道冥中語云，五十年打殺謝吴劉不結案事。康侯纔二十七歲，豈宿生耶。此密据俊民友人所記書之者也。觀此有道士上章事，或其友人爲之諱，未可知。俊民，萊州掖縣人。密，宋末人，字公謹。萊州人相傳云：王魁性酷嗜酒，不能暢意，桂英每日以酒沃面，沃畢，令婢傾而棄之。魁適見傾酒，遂取飲立盡，自後每日如此。桂英以爲多情，因與相締。後竟爲所負云。

又《釵釧記》　係明時舊本，不知誰作。皇甫吟史碧桃爲韓時忠誑取釵釧，致生無限波瀾。其事蹟則有數條相近者，或見正書，或見稗史。作者將數事串合，翻换成編，未必實有皇史其人也。劇中大略：真州皇甫吟奉母張氏，居州學之旁。貧而善文，其父曾與富民史直議姻，直嫌吟窶，欲以女改字樞密魏國相。女知父意，私遣婢芸香約吟至後園贈物，使即行聘。芸香至吟家，不值，以情告吟母。吟歸始知，與友韓時忠講書，漏言于時忠。時忠怵以利害，阻吟勿往，昏夜僞作吟，抵史園内。碧桃芸香皆本未識吟，遂以釵釧等物贈之。時忠欲偷懽，碧桃堅拒不可，不得已而去。時忠亦心悔，不敢爲吟言。及魏議姻漸迫，而碧桃待吟信不得，復遣芸香往趣之。吟母疑其詭計圖害，怒相詬詈。芸香忿歸，告于碧桃。碧桃念爲吟所誑，又不敢爲父言，義則不可他適乃題詩壁上，自投于河。時張所奉命巡視陵園，道經瓜州，碧桃附木浮至江口，拯問所由，愍其節烈，撫以爲女。史直覓女不得，拷問芸香，乃控吟于州，以芸香爲證，州守入吟罪，而釵釧則未得也。學士李若水恤刑江淮，吟母訴冤，若水以釵釧不得爲疑，細詢吟隱情。乃言史直設謀令婢誘己，賴講書時洩于時忠，指明利害，始獲倖免。若水知必係時忠詭幻，託名觀風，邀時忠入幕，令人至其家紿取釵釧，果得之篋中。於是令芸香出證，識其面貌，遂致時忠于法，而立釋吟，以釵釧還之史直。憫吟受屈，接其母子同居。吟感碧桃之貞，義不婚娶。及入京應試，出若水門下，同榜謁見，若水獨留吟。會張所回京，過若水，見吟而問之，若水爲言吟與己前後情蹟，所知即其女夫，託言有女將嫁，欲取其釵釧作式，吟出之袖中。所持歸示女，女大號慟。所言吟誓不別娶，乃屬若水爲媒，向吟具悉其事。吟亦已迎母及史直來京，遂成婚配，事所及直皆爲妻父。許公《異政録》：萊州閻瀾與柳某善，有腹婚之約。閻得子自珍，柳得女鸞英，遂結夙契。柳登進士，仕至布政。而瀾由貢得教職以死，家貧不能娶。柳欲背盟，鸞英泣告其母曰：身雖未往，心已相諾，他圖之事，有死而已。母白於父，父佯應之而未許。鸞英度父終渝此盟，乃密懇鄰媪往告自珍曰：有私蓄，請君以某日至後圃挾歸，姻事可成，遲則爲他人先矣。自珍聞之，喜不自抑，遂與其師之子劉江劉海具言其故。江海密計設酒賀珍，醉之於學舍，兄弟如期詣柳氏。鸞英倚圃門而望，時天將暮，便以付之。而小婢識非閻生，曰：此劉氏子也。鸞英亦覺其異，罵之曰：狗奴何以詐取我財，速還則已，不然當告官治汝。江海恐事洩，遂殺鸞英及婢而去。自珍夜半醉醒，自悔失約，急詣柳氏圃門，直入圃中，踐血屍而蹶，懼而歸。達曙，柳氏覺女被殺而不知主名，官爲遍訊，及鄰媪，遂首女結約事。逮自珍至，血衣尚在，一詞不容辯，論死。會御史許進巡至，夜夢女子泣曰：妾柳鸞英爲劉江劉海所殺，反坐吾夫，幸公哀辯此獄。明日，召自珍密問之，具述江海留飲事。進僞爲見鬼自訴之狀，即捕二兇訊之，叩頭款服，誅於市。遂釋自珍，爲女建貞節坊以表之。自珍後登鄉薦。《今古奇觀》：江西石城縣魯廉憲之子學曾，幼與顧僉事女阿秀約婚。學曾父母俱亡，家計日落，僉事欲悔親。夫人孟氏知女執性，與相商酌，乘僉事課租東莊，令老園公約學曾傍晚至後園，贈以金帛。園公未見學曾，與孌媪言之。學曾至姑母家，向表兄梁尚賓借衣，尚賓生心，以語阻止，夜至顧園見孟氏。孟令女出見，面贈銀盃金飾等物。尚賓即强女懽，歸復誑學曾，遲二日從前門入，勿爲所暗算。學曾如其策，守門者入白孟氏，孟深駭之，出見訝其貌非是，然以前事無知者，呼女出見。女使僕婦傳語曰：來已遲，不堪作婦矣。無物相贈，金釵二股，金鈿一對，表寸心而已。語畢即自縊。孟氏憤責園公。僉事歸詰問，遂控學曾於縣，抵以重罪。尚賓聞女縊，失口言可惜一美女，母究其情，倉卒不能隱，母氣憤數日病没。尚賓妻田氏以夫喪心，與相鬧，尚賓拳歐之，田氏索休，尚賓即予離書手印。久之，巡按御史陳濂至。僉事乃其父同年也，屬濂殺學曾。濂心疑其事，呼學曾細問，乃知曾向表兄借衣。於是掩門數日，微行至尚賓家，僞作布商，有亟事欲歸，賤賣其貨。尚賓貪其利，乃以所獲顧氏之物輳銀付之，濂即命役擒尚賓，而邀僉事，出物相示，僉事見皆己物，問何自來，濂留僉事于後堂，出鞫尚賓，盡吐實。乃釋學曾，抵尚賓大辟。僉事疑尚有物在田氏手，强縣令究田氏。田氏聞信，即往投孟夫人，言夫行惡，故離書現在，乞夫人申救。語次，阿秀附魂田氏，訴己冤苦，願無絶姻親。孟氏爲夫言，止令不究田氏，撫以爲女，嫁于學曾。《龍圖公案》：廣東潮州王之臣妻魏氏，子朝棟，幼聘鄒士龍女瓊玉。之臣官松江同知，没後家窘。士龍官至參政，嫌朝棟貧，欲改盟。瓊玉與婢丹桂約朝棟至園，贈以金鐲銀釵，往來情密。有賊祝聖八者，偶入女室，殺婢而去，士龍疑女有别故。會朝棟母病，以金鐲換銀，士龍即控于官，言朝棟通奸殺婢。包拯呼女面質，知朝棟未嘗殺婢，禱神示夢，擒賊聖八，使役至其家誑出釵飾，乃入聖八之罪，而使朝棟成婚。又云：浙江定海夏侍郎正子昌時，指腹定高僉事科之女季玉。正亡，昌時貧甚，科欲悔親。季玉竊父銀及鈿鐲寶釵，使婢秋香約昌時入後園面付。昌時語其友李善輔，善輔醉昌時酒，乘夜至高氏園。秋香持物予之，覩貌非是，方欲聲唤，善輔取石擊殺，持物而去。及昌時至，見婢死于園，懼而遁回。僉事欲究女，季玉云己實約昌時，必是奸婢不從而殺，科遂控于顧知府，以女爲證，定昌時罪。包拯私行，被定海縣捕送監獄内，閒中問昌時，得其漏言善輔情節。即取巡按印示令，令大驚，迎請登堂。傳令考通府諸生，取善輔爲首，待之甚厚。久之託言嫁女，令善輔取奩具爲式，遂得高氏之物。抵善輔重辟，使昌時與季玉成婚。

著録

清・佚名《傳奇彙考標目》卷上　王玉峰逸其名，松江人：《焚香》。

又月榭主人：《釵釧》。

清・佚名《古人傳奇總目》《焚香》，王玉峰作。王魁、桂英事。

清・黄文暘、佚名《重訂曲海總目・明人傳奇》　王玉峰，《焚香記》。

又　月榭主人：《釵釧記》。

清・支豐宜《曲目新編・明人傳奇》《焚香》，王玉峰作。

又《釵釧》，月榭主人作。

清・姚燮《今樂考證・著録六・明院本》　月榭主人一種：《釵釧》。

又《著録七・明院本》王玉峰一種：《焚香》。梁子章云：《焚香記》：《寄書》、《拆書》，關目與《荆釵記》大段雷同。金員外潛隨來東，孫汝權亦下第留京，一同也；賣登科人寄書，承局亦寄書，二同也；同歸寓所寫書，同調開肆中飲酒，同私開書包，同改寫休書，無不之同，當是有意勦襲而爲之。又云：曲有抄襲上文，仍襲用前曲，如《西厢》之《鎖南枝》、《焚香》之《玉交枝》，皆不復增減一字。

清・王國維《曲録》卷四　《焚香記》一本，明王玉峰撰。

楊珽

論説

明・吕天成《曲品》卷下　《龍膏》：此張無頗事，往余譜《金合記》，此君見之，謂龍宫近怪，易爲元載女。是亦一見也，然非本傳矣。

又《錦帶》：余述事，乃假託。詞亦具有情致。

明・祁彪佳《遠山堂曲品・能品》《龍膏》：楊君見吕鬱藍《金合》，謂龍宫近怪，乃易龍女爲元載女。艷異遠遜吕作，而色澤亦自不減。聞半出之王伯彭手。

又《錦帶》：詞章斐然，第苦不得佳境。中如喬招討之背約，馬當户之奪婚，即作者或以意創，終似近於蹈襲。

傳記

明・吕天成《曲品》卷上　楊珽，夷白。錢塘人。

紀事

清・佚名《古人傳奇總目》《龍膏》，楊夷白作。張無頗事。

又《錦帶》，楊夷白作。余述事。

著録

清・佚名《傳奇彙考標目》卷上　楊珽：《龍膏》、《錦帶》。

清・黄文暘、佚名《重訂曲海總目・明人傳奇》　楊第白：《錦帶記》、《龍膏記》。

清・梁廷枏《曲話》卷一　楊夷白之《龍膏》、《錦帶》。

清・支豐宜《曲目新編・明人傳奇》《龍膏》、《錦帶》，右二種，楊第白作。

清・姚燮《今樂考證・著録七・明院本》　楊第白：《龍膏》、《錦帶》。案：《錦帶》本，一署四德堂作。

清・王國維《曲録》卷四　《龍膏記》一本，《錦帶記》一本。右二種，明楊珽撰。

王元壽

論說

明・蘭畹居士《異夢記序》 人世，一夢也。蟻柯、蕉鹿、黄粱、櫻桃，昔人已往往勘破。渭塘異夢，友人何猶認爲夢非夢也。嘗備覽終篇，不屈輩真，類其强項；戀戀甸環，類其鍾情；西台之周全成就，類其篤友誼。而其間所遇之非偶，亦間嘗值之。傳奇之幻境，實友人之真境也。以故播弄婉轉，模寫逼真，一片幻境，卻成真境。即知者睹此，亦常若夢中説夢。偃師之技，恐亦未能若爾已。然須語王生奇俊，到夢驗時亦須識破，毋便認爲非夢也。萬曆戊午孟春蘭畹居士題。

明・祁彪佳《遠山堂曲品・能品》 《北亭》：此記作在《李丹》之前，而境界多相似。波斯仙叟之贈金，則又似小説所載杜子春事。《李丹》之王敬之，提醒以裴信玄；此記之李令伯，提醒以盧二舅。學仙者豈不能如禪家直截機鋒，而必令魔内生魔，方以道證道耶。令伯爲田水月所困，則伯彭乃自寄其所慨耳。

又 《玉馬墜》：《玉馬墜》原有傳記。乃若黄損以追尋素玉，轉展困苦，正堪爲癡情者解嘲。然非我輩有情，不能道此。

又 《一輪畫》：陳建伯自是多情者，與緑翹作合一段，絶得稔色之趣。但其後巧遇之處，反欠恰合。

又 《擊筑》：高漸離不死，而始皇卒以荆卿死，快極，快極。傳之者，激烈中轉爲悠揚之韻，覺滿紙蕭瑟，令人泣下。

又 《紫騮馬》：取意於王焕《百花亭》劇。乃其失婦、得婦處，别搆一局，自是文人流利之筆。此伯彭得意作也。

又 《將無同》：匠心獨搆。談生、賈妹，皆無是公也，故名其曲曰《將無同》。風流自賞，如昔人評謝康樂詩：似東海揚帆，風日流麗。

又 《中流柱》：傳耿樸公强項立節，而點綴崔、魏諸事，俱歸之耿公，方得傳奇聯貫之法。覺他人傳時事者，不無散漫矣。

又 《紫綬》：記文姬保孤事，有陸無從、欽虹江各出其長。近日馮猶龍删合之，足稱合作。伯彭此記，於李燮傭工處，描寫苦狀，閲之令人酸楚；且陳列條暢，竟可與欽、陸二先生争勝。

又 《石榴花》：伯彭喜爲兒女子傳情，必有一段極精警處，令觀場者破涕爲歡，若此記羅惜惜尋花下之盟，竟致悮約是也。然結末只宜收拾全局，皆叠起峯巒，未免反致障眼，如惜惜之悮謁，非乎。

又 《莫須有》：雜取《博笑記》中事，串入於巫嗣真一人，巧笑叠出，想見其胸有成竹，非徒資謔浪於他人者。

又 《領春風》：爲柳耆卿寫照，風流不減當年。可與周禹錫之《宫花》争道而馳。

又 《鬱輪袍》：大意本王辰玉劇。應試一折，全用劇中之曲。萬户傷心之咏，乃仍之《奪解》者；但王推冒試、王球復冒婚，則伯彭意爲之，恐閨門太寥落耳。然末段似多一二轉，於煞局有病；至若詞之清新，當爲諸本最。

又 《寶碗》：伯彭諸詞，帶有一種秀媚之致，全似翩翩少年。此記首尾關鍵，俱爲濯錦小兒所播弄，較他曲更覺輕洒。

又 《鴛鴦被》：取意於《錯送鴛鴦被》劇，而穿插别一情境。朱次柟投之江上，反以登山破賊，及得第處乃從辨卷來，事俱可詫；但每從一被上生出情致，正自不必。

又 《題燕》：劉方、劉奇事，自葉桐栢作劇之後，已再見於黄履之之《雙燕記》矣。此記插入妓女夜來，而二劉顛連之狀，層叠點綴，令觀者轉入而轉見其巧。

又 《異夢》：無端渭塘一夢，王生幾遭縲絏。顧女兩厄於奸人，其魘夢耶。賴有李中丞、吴學士，成名成婚，方不負碧甸環之約耳。此曲排場轉宕，詞中往往排沙見金，自是詞壇作手。

又 《鸞書錯》：向有《錢秀才錯配鳳鸞儔》一傳，奇姻已出人意外。今之錯中更錯者，則伯彭之巧思耳。

又《梨花》：《紅梨花傳奇》有兩種，皆本之元人《三錯認》劇。此記結構稍幻，而三婆説鬼一段，情趣少減；惟後之再遇金蓮，覺有無限波瀾。

又《靈寶符》：予向閲元人《看錢奴》、《來生債》二劇，喟然異之曰：是可以砭錢虜矣。乃摭爲傳，寄示伯彭。不一月而新聲遂爾遶梁，北詞之雄，南詞之婉，兼極其致。

又《玉扼臂》：取汪昌朝所傳《韋將軍聞歌納妓》劇，而雜之以虎易美姝事。其中以豪俠肝腸，不乏麗情婉轉，是作者傳神處。

又《空緘》：劉元普之仗義，奇矣；李伯承一不識面之交，以空緘托妻子，奇更出元普上。此記貫串如無縫天衣，詞曲中忠、孝、節、俠，種種具足。此與《紫綬》，皆伯彭有關世道文字也。

又《紫綺裘》：田夫人幽配崔煒，事極詭異。記中崔子以好施受祉，任賊以撲滿招尤，作者欲以惕世也。

又《紫臺怨》：向見元人《漢宮秋》劇，覺染指一臠，猶有餘味。伯彭以工詞麗響，爲明妃寫照。後之紫臺相合也，更足以消磨青塚之幽恨矣。

紀事

清·佚名《曲海總目提要》卷一八《石榴花》 係明時人所作，未知誰筆。演張幼謙、羅惜惜事。本據《情史》，而加以點綴，以石榴花下相約，故名《石榴花》。其姻緣巧合，故又名《巧聯緣》也。劇中幼謙、惜惜，同學相訂。張父忠父，館于湖北帥趙葵之幕。《情史》但言湖北帥，未言趙葵。賴趙之力，得成婚配，與《情史》相合。其稍異者，謂辛無文于天妃宮，窺見惜惜之美，特懇縣令爲媒。羅父悔幼謙親，以女許辛。惜惜聞之，改男粧遁走。道遇趙葵，收以爲子。幼謙入闈已畢，未及待榜，來探羅女。適至其宅，而羅女方遁，辛遂控張于縣。圄之獄中，及張獲雋。被釋赴京，擢魁。惜惜聞其得第，特往訪之，誤造其同姓同年張友堅之寓。忽友堅他出，而寓有内眷，惜惜疑幼謙別娶。投張前所寄《長相思》詞，見後《情史》内。并作書訴怨。友堅驚駭，爲幼謙言之。會趙葵見惜惜言動恍惚，詰問始得其情，遣人詣張訪實。而惜惜之婢，初隨惜惜同行，在路失散，後遇幼謙，挈置邸寓。幼謙乃遣婢往探，果是惜惜。遂白其情于趙，與惜惜成婚。《情史》：浙東張忠父，與羅仁卿隣居。張宦族而貧，羅崛興而富。宋端平間，兩家同日生産。張生子名幼謙，羅生女名惜惜。稍長，羅女寄學於張。人常戲曰：同日生者合爲夫婦。張子羅女私以爲然，密立券約，誓必偕老。兩家父母罔知也。年十數歲，嘗私合於齋東石榴樹下，自後無間。明年，羅女不復來學。張子雖屢至羅門，閨院深邃，終不見女。至夕，張子書詞名《一翦梅》云：同年同日又同窗，不似鸞凰，誰似鸞凰。石榴樹下事怱忙。驚散鴛鴦，拆散鴛鴦。一年不到讀書堂，教不思量，怎不思量。朝朝暮暮只燒香。有分成雙，願早成雙。伺其婢連日不至，又成詩云：昔人一別恨悠悠，猶託梅花寄隴頭。咫尺花開君不見，有人獨自對花愁。一日，婢至，與之云：齋前梅花已開，可託折梅花遞回信來。去無報音。明年，隨父忠父，館寓越州太守齋，兩年方歸。羅女遣婢餽箋，篋中有金錢十枚，相思子一粒。張大喜，語婢欲得一會期，且復書一詩云：一朝不見似三秋，真箇三秋愁不愁。金錢難買尊前笑，一粒相思死不休。嘗擲金錢爲戲，母見詰之，云得之羅女。母覺其意，遣里媪問婚。羅父母以其貧，不許，曰：若會及第做官，則可。明年，張又隨父。同越州太守候差於京，又兩年方歸。而羅氏受里富室辛氏聘矣。張大恨，作詞名《長相思》云：天有神，地有神，海誓山盟字字真，如今墨尚新。過一春，又一春，不解金錢變作銀，如何忘卻人。遣里媪密送與女。女云受聘乃父母意。但得君來會面，寧與君俱死，永不願與他人俱生也。羅屋後牆内有山茶數株，可以攀緣及牆。約張候於牆外，中夜令婢登牆，用竹梯置牆外以度。凡伺候三夕而失期，賦詩云：山茶花樹隔東風，何啻雲山萬萬重。銷金帳暖貪春夢，人在月明風露中。復遣里媪遞去。女云三夕不寐，無間可乘。約以今夕燈燭後爲期。至期，果有竹梯在牆外，遂登牆而下。女延入室，登閣，極其繾綣。遂訂後期，以樓西明三燈爲約。如至，牆外止一燈，不可候也。自後無夕不至，或一二夕，或三四夕，明三燈則墻外亦有竹梯矣。月餘，又隨父館寓湖北帥廳。先數夕，相與泣別，女遺金帛甚厚，曰：幸未即嫁，則君北歸尚有會期。否則君其索我於井中，結來世姻矣。其年，張赴湖北留寓。試畢歸里，則女亦擬是冬出。適聞張歸，即遣婢訂約今夕，且書《卜算子》詞一闋云：幸得那人歸，怎便教來也。一日相思十二辰，直是情難捨。本是好姻緣，又怕姻緣假。

若是教隨别箇人，相見黃泉下。張如約至，女喜且怨曰：幸有斯會。奈何又向湖北，又不務早歸，從今若無夜不會，亦祇兩月餘矣。當與君極歡，雖死無恨。君少年才俊，前程未可量，妾不敢以世俗兒女態，邀君俱死也。相對泣下。久之，張索筆和其《卜算子》云：去時不繇人，歸怎繇人也。羅帶同心結到成，底事教拚捨。心是十分真，情没些兒假。若道歸遲打棹篦，甘受三千下。自是遂無夜不至。半月餘，爲羅父母所覺，執送有司。女投井不果，令人日夕隨之。張到官，歷歷具實供答。宰憐其才，欲貸其罪。而辛氏有巨貲，必欲究竟。張母遣信報其父，父愬湖北帥闕節本郡太守。未幾，湖北帥寓試揭曉，張作周易魁，旗鈴就圄中報捷。宰大喜，延至公廳賀之。送歸拜母，申州請旨。邑方逮女出官，中途而返。太守得湖帥使書，而本縣申文亦至。辛氏以本縣擅釋張子，赴州陳訴。太守曉辛曰：羅氏，不廉女也。天下多美婦人，汝焉用此爲。當令羅氏還爾聘財。辛辭塞。太守令吏取辛情願休親狀，行移本縣，追理聘財。密書與宰，令爲張羅了此一段因緣。宰具札招羅仁卿公廳相見，即賀其得佳壻。盛禮特筵，具道守意。羅歸，招張來贅。張明年登科，仕至倅，夫婦偕老焉。

又《尺素書》一名《空函記》 小説中劉元普雙生貴子，即其事也。雖無確證，事當有之。足以勸世勵俗，裨助風教，蓋佳話也。宋真宗時，洛陽劉弘敬，字元普，官至青州刺史。年甫六旬，告歸林居，與繼室王氏相得。富而好義，揮金如土，四方聞其名。但以無子爲憂，家事一切委妻姪王文用。時有李遜者，字克讓，本粵西人，寓居京師。成進士，授錢塘縣令。抵任未一月，病垂危。念無可託妻子者，惟洛陽劉元普名聞天下，而素未相識，不可以自通。既而心計，非此人不可。乃作空函，緘封甚固，書函面曰：辱弟李遜書呈洛陽恩兄劉元普親拆。呼妻張氏、子彥青付之，曰：此吾八拜交也。可往投之，必能濟汝母子。遜没，權厝浮丘寺中。彥青母子執書往投弘敬。弘敬默計遊好中無所謂李克讓者，函面語甚暱，而展函則無一字，茫然不能解。已而悟曰：我知之矣。乃呼妻王氏出見之曰：此吾故交妻若子也。舍之南樓，飲食家具悉備。張氏性温淑，有遺腹數月。彥青字春郎，英敏老成，弘敬視同骨肉。且遣使迎遜柩于錢塘。弘敬愛彥青，每自傷無後，王氏曰：當亟娶妾，不可遲也。姪文用往汴京，即以屬之。襄陽刺史裴習字安卿，汴人也。妻鄭氏早亡，惟一女蘭孫隨于任所。習居官清謹，性尤慈仁。暑月飲水，因念獄囚拘禁之慘，命獄吏散禁諸囚，日給凉水。獄囚竟乘懈脱逃，盡殺獄卒及府佐貳。事聞，逮繫法司，家産没官，蘭孫借清真觀棲息。習瘐死獄中，蘭孫不能殯，乃插標號慟，賣身葬父。媒氏薛媪，引王文用視之。買歸謁其姑，姑大喜，勸弘敬納爲側室。弘敬察其體態不似民女，而愁恨之色，若有大冤者。細詰之，盡得其實。憮然曰：此賢使君女也，安可辱爲小星。乃令别居内室，而遣使迎習柩于襄陽。會兩柩俱至，即爲買兩地，擇吉俱葬焉。王氏猶勸弘敬納蘭孫，弘敬乃認爲女，以絶其念。且選吉日，以蘭孫嫁彥青。三人者，感弘敬入於骨髓。一日，弘敬夢兩人紫袍象簡，且拜且言曰：某襄陽刺史裴習，某錢塘縣令李遜也。上帝憐兩人清忠，封習爲天下都城隍，遜爲天曹府判官。習繫死，幼女無投，承公大恩，賜之佳婿，又賜佳城。遜與公無交，難訴衷曲，故以空函寓意。公慨然認義，養生送死。已出殊恩，淑女承祧，尤爲望外。吾兩人合表上奏天庭，官加一品，壽益三旬，子生雙貴。遜有遺腹小女鳳鳴，明早出世，以奉長郎君箕箒。公與我媳，我亦與公媳，略盡報効之私。弘敬夢覺，而張氏、彥青、蘭孫得夢皆相同。翼日，張果生女。未幾，弘敬妻王氏果生一子。弘敬以夢中示兆，取名天祐，字曰夢禎。是時年已七旬，洛陽人皆以爲陰隲之報。周晬之後，乳母偕天祐遊戲。侍婢朝雲抱天佑，失手墮地，乳母大詬之。朝雲不能堪，曰：七十生子，事多可疑，一跌耳，何足詬也。弘敬聞其言，夜呼朝雲侍寢。明歲亦生一子，取名天錫，字曰夢符。蘭孫之舅氏鄭某，故西川節度使，召擢樞密副使。以書抵蘭孫，令入京相見，彥青母子遂偕入京，彥青就試，擢大魁。歸探弘敬，以妹字天祐，又以鄭女素娟字天錫。三姓爲至戚。而鄭與彥青，前後奏聞弘敬陰功盛德，天子爲進爵加秩，果至一品。弘敬乃集賓親，語及空函認義之事，其初并未令王氏知也。厥後兩子皆登第，而年果至百歲。按：明正德初，同安林瀚，爲南京兵部尚書，年已七十。建造房屋，匠斲巨梁未上，一婢偶出，橫騎此梁，衆共叱之。婢怒而罵曰：公卿將相，豈不自此出。騎一梁何詬也。瀚聞異之，呼侍寢。生子名曰庭機，時南京兵部銜曰參贊機務也。至嘉靖中，庭機亦爲南京兵部尚書，此頗與朝雲事相近。《太平廣記》云：唐彭城劉弘敬，字元溥，世居淮淝間，資財豐盛。長慶初，有善相人于壽春相逢，決其更二三年必死。元溥信之，乃爲身後之計。有女將適，抵維揚，求女奴資行。用錢八十萬，得四人焉。內一人方蘭蓀者，有殊色，而風骨姿態，殊不類賤流。元溥詰其情，對曰：賤妾家本河洛，先父卑官淮西。不幸遭吳寇跋扈，緣姓與寇同，疑爲近屬。身委鋒刃，家仍没官，以此湮沈無訴。賤妾一身再易其主，今及此焉。元溥太息久之，因問其親戚，知其外氏劉也。遂焚其券，收爲甥，以家財五十萬，先其女而嫁之。蘭蓀既歸，夢見一人，披青衣秉簡，望塵而拜曰：余蘭蓀之父也。君壽限將盡，余感君之恩，當爲君請于上帝。後三日，復夢蘭蓀之父立於庭，紫衣象簡，侍衛甚嚴。前謝元溥曰：余幸得請君于帝，許延君壽二十五載，富及三代。其殘害吾家者，悉獲案理。帝又憫余之冤，署以重職，獲主山川于淮海之間。嗚咽再拜而去。後三年，相者復至，迎而賀元溥曰：君壽延矣。自眉至髮而視之，有陰德上動于天者。元溥始以蘭蓀之父爲告。相者曰：昔韓子陰存趙氏，太史公以韓氏十世而位至王侯者，有陰德故也。

著録

明・祁彪佳《遠山堂曲品・能品》　《北亭》、《玉馬墜》、《一輪畫》、《擊筑》、《紫騮馬》、《將無同》、《中流柱》、《紫綬》、《石榴花》、《莫須有》、《寶碗》、《領春風》、《鬱輪袍》、《鴛鴦被》、《題燕》、《異夢》、《鸞書錯》、《梨花》、《靈寶符》、《玉扼臂》、《空緘》、《紫綺裘》、《紫臺怨》，王元壽。

清・沈復粲《鳴野山房書目・子之十・樂府家二・傳奇》　《金鈿盒》。

朱葵心

論説

明・朱葵向《回春記叙》　靖康中，方臘、宋江輩起。羅貫中、關漢卿作《水滸傳》。夫羅、關二公作傳大意非爲宋公明也，非爲李阿三也，非爲魯家胖和尚也。大抵宋季風習波靡，有幾個奸太尉、狠都巡、惡衙内、刁押衙，又有幾個獻媚請間的鄉紳、喜聽分上的守令，狼吞虎噬，嚼善欺良。宋公明不平，羅、關二公代爲之不平，故傳中抑揚諷刺、披覽自見，且持此數莖禿毫，將鼠輩須毛眉發聲音笑咳描繪不漏些子，而宋與羅若關之心事慰矣，是其不得不傳者也。餘嘗過西子湖，拜岳王廟，見范武穆像祇土木圍之，乃以鐵范秦檜、萬俟卨、長舌婦于嶽墳之前，豈愛檜、卨哉。蓋人之不欲朽，檜、卨更甚於不欲朽武穆也，是其不得不範者也。吾兄苦心大類此乎。兹記者宜作是觀。崇禎甲申中秋日弟朱葵向書於梧竹溪頭。

明・佚名《回春記跋》　兹記齣齣俱商調、越調、雙調、中吕、仙吕、正宫，其實皆北音也，恐贅不及書於牌名之上。嗟嗟，南人而北其音，欲當事者平秦復燕，是則草野一念之孤忠云爾。

姚子翼

傳記

清・佚名《傳奇彙考標目》　姚子翼，字襄侯。秀水人。

紀事

清・佚名《曲海總目提要》卷一四《祥麟現》　係近時人作。所引楊延昭王欽若等，皆本《北宋演義》、《楊家將傳》二書，而參以漢時許武分産事。初楊文鹿妻不容納妾，兄文標佯據其産，激鹿妻連蓄數妾。後生七子團圓；故名《祥麟現》也。略云。成都楊文鹿，弱冠成名，官御史。祖産甚厚，兄文標掌之。兄生三子，而文鹿夫婦年四十無子。其妻甚妬。時遼宋對壘，王欽若與文鹿父有仇，薦使和番，挈啞僕楊瑞以往。蕭后方遣耶律夫人，設天門陣七十二座以攻宋。都招討楊延昭探其陣面。值文鹿辭别，延昭謂曰：彼陣不全，易破耳。毋與和。文鹿至遼，蕭太后賞其才，使耶律夫人允文鹿和。配以夜珠，不使歸國。時王欽若以密札進蕭后，言陣圖不全，宜早補完。迨延昭出關搦戰，見陣已全，懼而墜於地，兵敗回營。賴孟良暗箭射中耶律，得以相持。文鹿謂和議成，詣耶律營與别。見欽若書，乃竊兵符潛遁入關，欲投延昭，述其始末。適延昭詣八大王祝壽，文鹿誤投欽若營。奏文鹿通番，旨令欽若監斬。啞僕走愬孟良，口不能言，用手勢作欲殺狀，指燈籠上楊字。良問欲殺者何人，僕手勢作王字。良以爲王欽若奏而殺其主將延昭也，徑奔法場殺欽若。覓延昭不見，乃知誤殺。延昭白於八大王，詰問，文鹿出欽若手書，乃知通番者欽若也。遂釋文鹿，奏其事於朝。以文鹿參延昭軍，並釋孟良罪。伐遼有功，文鹿高官顯爵。其妻勸令與文標分産，欲嗣一姪爲子。文標欲激文鹿妻娶妾，故作種種驕態，笑其絶後，不肯分産。文鹿妻大怒，立娶五妾，各生一子。妻亦生一子。初夜珠欲追文鹿回，不能及。耶律夫人没於軍，夜珠代將。因在天罡陣中交兵，時適當分娩，負痛走天魔陣中。血光冲破，兩陣皆敗，延昭得成功。及是時，夜珠所生子已十三歲。奏明蕭后，攜入宋朝講和。楊延昭送至文鹿之宅，於是共得七子團圓。文鹿生子滿月，拜謝家廟，則其兄已先焚香禱告，保佑其所生之子。且具陳激發弟婦之情。文鹿夫婦聞之，不勝感激。舉家和好，産業均分云。據《演義》：爲遼壻者，楊四郎延朗，自名木易。破天門陣者，延昭妻柴郡主。大戰一日，動摇胎孕，育子昏倒。血光衝破陣勢，木桂英遂用飛刀斬鐵頭太歲。此劇借用，小變其文。《宋史楊延昭傳》：延昭本名延朗。太平興國中，爲軍先鋒。流矢貫臂，鬬益急，徙緣邊都巡檢使。真宗咸平冬，契丹擾邊。攻之甚急，延昭守甚堅，契丹潰去。拜莫州刺史，屢訪邊要。帝指示諸王曰：延昭治兵護塞有父風，深可嘉也。是冬，契丹南侵。延昭伏鋭兵掩擊，契丹大敗。獲其將，函首以獻。進團練使。率兵抵遼境，破古城，俘馘甚衆。真宗選邊州守臣，御筆録以示宰相，進防禦使。在邊二十餘年，契丹憚之，目爲楊六郎。《遼史・后妃傳》：景宗皇后蕭氏，聖宗尊爲皇太后。攝國政，委于越休哥以南邊事。統和元年，上尊號曰承天皇太后。習知軍政，澶淵之役，親御戎車。賞罰信明，將士用命。《後漢書・許荆傳》：荆，會稽陽羨人。祖父武，太守第五倫舉爲孝廉。武以二弟晏、普未顯，欲令成名，乃曰：禮有分異之義，家有别居之道。於是共割財産，以爲三分。武自取肥田廣宅，奴婢彊者。二弟所得，並悉劣少。鄉人皆稱弟克讓，而鄙武貪婪。晏等以此並得選舉。武乃會宗親泣曰：吾爲兄不肖，盜聲竊位。二弟年長，未豫榮禄，所以求得分財，自取大譏。今理産，所增三倍于前。悉以推二弟，一無所留。於是郡中翕然，遠近稱之，位至長樂少府。《通鑑綱目》：荆王元儼，太宗子。廣顙豐頤，嚴毅不可犯，天下崇憚之。名聞外裔，呼爲八大王。遼人入使，必問安否及所在。劇中以爲德昭。《宋史・宗室傳》：周恭肅王元儼，少奇穎，太宗特愛之。每朝會宴集，多侍左右。帝不欲元儼早出宫，期以年二十始就封，故宫中稱爲二十八太保，蓋元儼於兄弟中行次也。真宗即位，封廣陵郡王，祠太清宫，加兼中書令。仁宗加太尉尚書令，兼中書令。凡有請報可，必手書謝牘。陝西用兵，問翊善王涣云元昊平未。對曰未也。曰如此安用宰相爲。聞者畏其言。

又《上林春》　明季人作。演武后臘月遊上林，催春放花，故名。按唐《武后催春》，見《卓異記》。劇中惟安金藏見于正史，而關目内僞者十居八九，《金藏傳》中不載。其中鑿空添出，非有實也。略云。安金鑑，房州人。樂工金藏，其同母弟也。本儒家，金鑑以其弟習業卑，絶之門外，金藏依父執皇甫翁以自活。鑑與里中無賴子東方白西門虎相狎昵，其妻韓氏嘗規之，不聽。天大雪，白與虎置酒招金鑑飲。時武后欲遊上林，下詔催花。凌晨，群芳爛熳，獨牡丹不發。后怒，貶牡丹于洛陽。虎以其事告鑑，稱后爲神，獨鑑作詩隱寓譏武后之意。虎出扇索書，即以此詩書扇而别。鑑大醉，卧仆雪中，金藏來探其兄，扶掖以歸。及醒，以弟扶己爲飾説，夜半逐之。韓氏命乳媪持被使宿門房，天明而去。鑑得寒疾甚危，會白虎二人來請貸，乳媪惡其致鑑疾，詈逐之，二人啣憾。武后方置銅匭，使人告密。虎與白計，遂以鑑詩投匭，告鑑謀反，語涉廬陵王。金藏與皇甫翁俱以候疾在鑑所，緹騎至，舉家倉皇。皇甫翁云：須得以形似者代鑑，庶或可免。金藏毅然請行，其嫂與翁阻之不得，乃赴理。大理卿來俊臣加以酷法，金藏剖腹見五臟，以明廬陵不反。武后命太醫療治，始獲少瘳。其初代鑑行也。鑑方病甚，不知，及愈，韓氏始告之。鑑猶不信，與東方西門益密，耽溺嫖賭，家日敗。韓氏屢諫不從，乃與皇甫翁謀，候鑑歸，韓特覩粧作改嫁狀，與之訣，席卷其餘貲去。鑑憤恨欲死，乳嫗留至家，爲辦供給，勸使讀書。白等探知踪跡，至嫗家，怖以題詩事發，索詐百金。嫗爲轉貸于皇甫，以付二人。鑑始知弟之友愛，二人之險。二人持金置酒妓家，欲分之。白潛置毒酒中以飲虎，毒將發，虎亦持斧砍白，二人俱死。鑑去安姓，以金鑑應試。試題惜春三日萬花開，用《上林春》事。鑑痛其弟冤，仍以前詩應試。主司上聞，武后心疑，鞫之，兄弟爭承。會徐敬業起兵，以迎廬陵爲詞。廬陵王解散其兵，率敬業歸房州，上表請命。后悦，使使召廬陵。忽報牡丹盛開，遂以金鑑爲狀元，金藏爲指揮使，授敬業官，使收鞫來俊臣。敬業以熾火圍甕，使俊臣入，俊臣伏罪。鑑藏兄弟同給假歸，感嫗之德，趨往謁之。嫗已至皇甫家，因同叩皇甫翁。翁乃告鑑以其妻現在，改適非真，欲激鑑使成名。嫗資即妻資，所付東方白西門虎金，亦妻資也。于是夫婦歡然相見，兄弟益加友愛云。《卓異記》云：武后臘月將遊上苑，下詔曰。明朝遊上苑，火速報春知。花須連夜發，莫待曉風吹。凌晨百花皆開，若有神助。劇中所引是實，但牡丹獨不開，則係揑造添入。《綱目》云：中宗嗣聖十一年秋八月，太后出梨花一枝以示宰相，宰相皆以爲瑞。杜儉獨白今草木黄落，而此更發榮，陰陽不時。咎在臣等。太后曰。卿真宰相也。又云：有告皇嗣潛有異謀者，太后命來俊臣鞫其左右。左右不勝毒楚，皆欲自誣。太常工人安金藏大呼曰。請剖心以明皇嗣不反，即引佩刀自剖其胸，五臟皆出。太后聞之，令轝入宫，使醫内五臟，以桑皮線縫之，傅以藥，經宿始蘇。太后親臨視之，即命俊臣停推，睿宗由是得免。徐敬業事之見於劇中者，皆牽合附會，不實。《綱目》又云：太后命來俊臣鞫周興。俊臣與興方對食，謂興曰：囚多不承，當爲何法。興曰：此甚易耳。取大甕以炭四周炙之，令囚入中，何事不承。俊臣索大甕，如興法，起謂興曰：有内狀推兄，請兄入此甕。興惶恐服罪。

著録

清・佚名《傳奇彙考標目》卷下　姚子翼：《遍地錦》、《上林春》、《白玉堂》、《祥麟現》。

清・王國維《曲録》卷四　《遍地錦》一本，《上林春》一本，《白玉堂》一本，《祥麟現》一本。右四種，明姚子翼撰。

謝國

論説

明・祁彪佳《遠山堂曲品・逸品》　《蝴蝶夢》：寤雲功成而不居，在世出世，特爲漆園吏寫照。舌底自有青蓮，不襲詞家淺瀋，文章之府，將軍且横槊入矣。

明・陸夢龍《蝴蝶夢叙》　周公瑾精於音樂，三爵之後，有缺必顧。其時鸞卷金革，自少至壯，手口卒瘏，安所垂暇，而沉湎自適。餘謂：夫簡發而櫛，數米而炊，弊弊焉。以身勞天下而惟恐不給者，皆不足以弘濟天下者也；成天下之事者，必有餘於天下；成天下之大事者，必大有餘於天下。夫既大有餘於天下矣，嬉笑遊衍安適，而非其餘所及哉。余友謝大將軍寤雲，大魁天下，揚曆南北，多所建豎，以韜鈐之餘灑詞翰；以詞翰之餘，度爲梨園法曲，親教習而試之。令人鼓舞，感慨冷熱心，而熱冷心如所行《蝴蝶夢》其一也。大將軍彭湖之役，余舅氏曰：生先生方在幕中，爲餘言火攻曲折，因思與當時赤壁燒摻，大小雖殊，然紅毛銃既奇絶，舟船百丈，舷堞如城，外塗打馬油，激水周灌，灌所不及，方拌貯水，密排布之。所隙惟罛罭數尺，爲書契以來所未有，而寤雲用利錐攛頭夜釘其舩，木桶盛火藥，縛布引之，計火發而墜，正入罛罭，其覃思妙用，視以一炬焚首尾，相接者則徑庭矣。然功不見録，而角巾南山，將母亦莊生所言，能不龜手之藥一也。或以封，或不免於洴澼絖乎。余觀近人士著傳奇，如緯真《曇花》、義仍《二夢》，咸以汗馬之烈，歸計出世。或謂英雄神仙原無二道，或謂抒其感憤。寤雲此記，吾烏知其志，所雲第以道心觀之，用世戲，出世亦戲，無所等差。今世固未能卻走馬以糞也。君亦安得遂觀魚化蝶之事，尚憑軾而觀君之戲哉。

綜述

明・謝國《蝴蝶夢・凡例》 一，髑髏改爲骷髏，諧俗也。一，古今小説，載莊子妻田氏，竟齎愧以歿。今易田爲韓，醜之也。然登伽尚證聲聞。田即婬，猶登伽等耳，何遽絶其愧悔自新之路。恐玄律亦不若是之板，是編易以愧得修，因修得證，非特收場了局，不至索然，即質之柱下，亦應首肯。一，編中多用《南華》事實，則説白不得不引用《南華》語。然《南華》文辭玄奥，觀者尚未了然於目，聽者安能了然於耳。屢欲易以家常淺近語而不能，抑且不敢。稍微芟繁就簡，使聽者即不盡解，或不甚厭而已。一，牌名之高下疾徐，頓挫馳驟，各有義趣。犯太多則腔不純。雖作俑本於元人，而濫觴極於今日。夫描寫之工在曲，繞梁之妙在音，與牌名無涉，徒多此伎倆奚爲。是編所用牌名，一遵舊譜，間有一二犯者，皆慣用既久，聊存此一體也。一，曲之有象，售者之巧也。是編第以遺閑，原非規利，爲索觀者多，借剞劂以代筆劄耳。特不用象，聊以免俗。一，是編評點原有數家，不敢不摘録以借文蕪拙，亦不敢盡録以爚溷鑒觀。至於圈釋之當，仇校之精，幾無一字一音訛漏，則借力于訂閲諸友爲多。生平不能藏人之善，並爲拈出。

傳記

清（康熙）《會稽縣志》卷二一 謝國，武甲，萬曆三十八年庚戌科。謝弘儀狀元。

清（康熙）《新興縣志》卷五 會稽人，舉人。崇禎四年任知縣。

著録

明・徐㶿《徐氏紅雨樓書目》卷三《子部・傳奇類》《蝴蝶夢》，謝弘儀。

吴德修

論説

明・祁彪佳《遠山堂曲品・雜調》《偷桃》：東方曼倩以滑稽玩世，傳有西王母此兒三偷吾桃之語，故是一段佳話，惜此記鄙俚不文。安得即借東方之舌，巧傳出當年生面乎。

著録

明・祁彪佳《遠山堂曲品・雜調》吴德脩：《偷桃》。

孫鍾齡

論說

明·孫鍾齡《東郭記引》 峨眉子曰：樂府之傳，其間節義廉恥，不過十之一耳，盡爲富貴利達者傳耳。既盡爲富貴利達者傳，則齊人老先生又安可不傳乎。況其二夫人更超超賢甚者乎。然予傳之，而中庭訕泣以後，多增益之者何也。皆鄒夫子意也。蓋乞墦者必登壟，而妻妾之奉，宮室之美，所識窮乏者之得我，總皆大人所必至者耳。然而卒托之附於陵以終者，何也。則以齊人丈固猶可附于於陵也，蓋乞矣。而尚欲蓋之，爲之妻妾者知矣，而尚復羞之。如齊人生者，反可謂之陳仲子。而其妻其妾，亦貴婦中之辟纑人矣，又安可以不傳乎。嗟夫。假令吾孟老觀之，又不知歎息何如矣。萬曆戊午重九越三日，峨眉子孫仁孺書於白雪樓。

明·王克家《刻醉鄉記序》 人生原幻住，世界等虚空。槐國黄粱，秦臺楚榭，誰真誰幻。而況驟加之功名，偶聚之伉儷乎。達人道眼覷破。高才綺語，礙我晴空，艷質名姝，比他革穢。人睡我寤，人醉我醒。盡大千世界，如起滅浮漚，又何憾焉。惟是未能超世，亦復有情。而奇文受嫉於拙目，深情抱恨於孤闈，魔鬼司權，英雄短氣，此真千古不平之冤。而慧人開士，往往才而窮，窮而癡，癡而憤，憤而縱酒尋花，長歌慟哭，無所不發抒。迨至世人皆欲殺，而夢夢之老，一朝豁慈悲之目，而無所不隨順措大之懷，此又閻浮世界之大凡也。蘇子瞻遇不邕，志托《睡醉鄉記》以寄牢騷；吾友孫仁孺才未逢知，更譜《醉鄉傳》以寫情事。其所載銅白多金而先售，歐陽蒙目而誤收，窮鬼情魔從中磨折，自有天地，便有此等，何足爲怪。顧一經描寫，勘盡世情，真與《西遊》、《水滸》盡其變，《道德》、《南華》竝其幽，《法華》、《楞嚴》同其妙。從今以往，卓家幼女，郗氏老翁，任他各從所好；銅相公、白才子，任他先我着鞭，而酒癖詩魔，愁花悶月，果有烏有生其人，恐終勤魁宿之駕，而辱嫦娥之眄也。謝安石四十不仕，子弟朱紫滿門。每從簾下過，婦以爲言，謝捉鼻答曰：但恐不免耳。想爾時東山絲竹，亦復何在。則當銅白睡鄉得意時，烏生雖感憤無益也。仁孺兄即未能斷綺語，業而忘情，大爲慧業文人解嘲而説法。予刻而傳之。讀其文，海内當想見仁孺之人已。

明·祁彪佳《遠山堂曲品·逸品》 《東郭》：掀翻一部《孟子》，轉轉入趣。能以快語叶險韻，於庸腐出神奇，詞盡而意尚悠然。邇來作者如林，此君直憑虚而上矣。

又 《睡鄉》：孫君聊出戲筆，以廣《齊諧》。設爲烏有生、無是公一輩人，啼笑紙上，字字解頤。詞極爽，而守韻亦嚴。

著録

明·佚名《東郭記跋》 嘗讀蕭伯玉《齊人篇》，戲作十首，各一儀局，俱堪諸笑。聊刻其一，以爲此傳別録，即以作跋可也。遊戲之仙，滑稽之聖，當不令湯若士獨有臨川。摹齊人之態，久於齊也。夫齊人則誠何人也。曰：齊之人大抵然也，是故人之而不名。蓋吾觀孔子之爲《春秋》也，鄙其國，則舉其號，如吴如於越者是也；鄙其人，則不著其名，如荆人小邾人者是也。孟子因之而著《齊人》云：齊人者，何許人也。其爲烏有乎。其爲無是人乎。夫亦有其人而諱之乎。且衆而舉之乎。吾請案其生平，摹其光景，就其人想其事，就其事實其人，其卑而能傲也，毋乃爲子敖乎。則不與驩言，何遍國之皆孟子。其污而能文也，將又爲景丑乎。則召不俟駕，豈東郭之有齊王。其爲稷下之贅壻與。故應以播間爲滑稽，淳于髡聊復爾，其爲仕齊之鄒臣與。故應以小才爲饜足，盆成括何足云。通其重飲食者於爵禄，當爲未諫之蚳鼃，行其嬌妻妾者於賢人，又似幣交之儲子。其乞萬鐘於蓋，而又復顧盼於生鵝，將爲仲子之兄，戴其受壯者之詛；而又復啼呼雅，將爲平陸之距，心染指燕鼎之餘，而勤王于湯武，既意其爲沈同甘心齊廷之豢，而解王以周公，又疑其爲陳賈三齊之粟，藉口以要賢，雖其將主之詞，時子之爲人也，近似二霸之動，流涎而請復，若非學古之道，公孫之得免者幾希；以衆人之口，爲賢人之譏，去齊時之士，當是中庭侶也。度君子之心，以小人之腹，宿晝間之客，故知墦間來耶。公孫氏雖無聞焉，然何以來右師之吊。東郭氏即未著耳，又何以近乞祭之墦。蓋宮室之美，妻妾之奉，大要不出諸大夫。踰階而揖，歷位而言，故知即此諸君子。氏族故蕃，已遍乎秦、楚、燕、韓、趙、魏，氣骨相近，便是其父子兄弟夫妻。嗟嗟，生而猶死，哭其夫者，幾不減于華周、杞梁；臭而如芳，傳其事焉，尚猶追夫管仲、晏子。蓋有之矣，誠然乎哉。

清·黄文暘、佚名《重訂曲海總目·國朝傳奇》 白雪道人：《醉鄉記》。

清·姚燮《今樂考證·著録七·明院本》 孫仁孺二種：《東郭》、《醉鄉》。

沈嵊

傳記

清·佚名《傳奇彙考標目》 沈浮中，疑是孚中，字會古。錢塘人。明末生員。恃才傲物，人有叱獃之目。

紀事

清·佚名《曲海總目提要》卷一〇《綰春園》 武林沈孚中作，譚友夏、鍾伯敬批評，新安汪猶龍序刻。大略與《遠塵園》無異。略云。楊珏字兩玉，嘉興秀水人，副史楊翰之子。元丞相伯顔擅權，罷科停舉。至元四年，珏與友人韓畹生名夢蘭赴省對策。珏方下第，留滯西湖昭慶寺，畹生公車北上。有閑闊朮者，約珏錢畹生飲湖中。會江西廉使維揚崔固擢侍御史，挈夫人許氏女倩雲詣京，假道杭州，進香天竺。威遠伯阮翀流寓錢塘，園名綰春，翀妹蒨筠，貌與崔倩雲無異。時直重陽，翀與妹赴園賞菊。而崔固僑寓該園，倩雲賦《醉雲軒菊花詩》題于綾帕云：芳園黄菊主人栽，不管無人只管開。霜冷杜鵑楓葉落，卻將何面待陶來。帕上繫琥珀墜一枚，藏袖中，乘父母進香，遍觀園景。楊珏閑步入園，與倩雲遇，兩情相許。倩雲墜帕于地，珏得之狂喜，然以所遇爲園主女也。固進香畢即行，留家屬于揚州，輕裝赴闕。綰春園自此扃鐍，珏往不可入。有孟尼静照者，自揚徙杭，與阮兄妹相熟，遇珏于園外。珏父守揚時，夫人爲此尼蓋庵，珏因得悉園主爲威遠伯，有妹蒨筠。以其音與倩雲同，遂疑崔氏爲阮。珏自此移寓孟庵，倩尼達情愫于蒨筠，和詩題帕後云：新詩只把舊愁栽，一閉桃源再不開。紅葉止傳離别恨，依先流入御溝來。帕墜付尼。蒨筠見帕驚異，私念帕上之名，與己同字異音。己無其事而心不忍絶之，留其墜，帕另以羅帕題一詩，并解所佩漢玉環答之。忽卒忘署筠蒨字，詩中之意，不過詢得帕所由。而珏見字跡相同，不署名字，始終認爲倩雲也。時畹生入京，選授香山縣令。聞珏在西湖，强邀之任，固辭不去。而阮翀家接京書，知爲權相所誣。權相者，伯顔也。伯顔官銜，曾議用薛禪二字，阮翀以犯世祖廟號，與學士涉剌班謚力駁不可，顔心恨之。都轉運納剌因言叛逆剌泰，前翀父胄所招撫。今剌泰復叛，乃翀召之。上怒，詔戮翀家。翀聞信託尼挈妹逃揚州，已被逮入京。以父胄殉節功，免死，流香山嶼。會香山令畹生内擢御史稔知其冤，挈之入京，代爲申辨。珏自别畹生歸其所寓菴，菴蓋阮氏家廟。已封鎖，探知異變，謂阮妹已亡，祭奠湖濱。朝夕對環帕哭泣，旅病懨懨，無心應試。而蒨筠至揚，寓崔夫人園後空五菴中，倩雲與結爲姊妹。一日至庵書帙中見墜帕，後有和詩及書生名姓，不知何由入筠手，又不便詳詢，密攜之去。是時朝中崔韓諸人，交章參劾伯顔，並辨阮翀冤。得旨，阮翀復爵征蠻，崔固撫禦苗賊，伯顔謫河南，納速剌遣戍，籍其家賜翀。崔阮相見，各言女妹之名，已知音同字異。崔迎妻女到署，即聞苗警，仍命由水路送歸揚州。翀亦尋妹至京。而珏已領鄉薦北上。舟泊黄河口，與崔眷回揚之舡逼，舟子訶逐。楊僕通主姓名，入倩雲耳，因私取水窗遥睇，知爲向年園中所見帕上和詩人。兩舟相隔，難通一言，仍出庵中所得墜帕還擲于珏。珏拾之，且喜且驚，以爲阮妹重生，仍出玉環羅帕還擲過舡。方擬次早訪問，而五更順風，揚帆即去，醒已行數十里矣。時剌泰兵圍兖，崔固殁于王事。珏蒨筠抵都，備言與孟尼寓庵情事，翀亦爲言崔郎即借寓綰春園之人也。珏赴京會試，館于畹生齋，忽忽不樂。畹生詢得前事，以認爲姊妹。珏又言其人已死，其物猶存，復有舟中贈答之異。而畹生向在香山見翀，知其妹不死，因具言之。珏大喜，浼畹生作伐，阮氏允婚。榜發，珏擢翰林。倩雲同母歸揚，不復見蒨筠。一日尼至崔家，見玉環詩帕，知爲阮蒨筠之物，遂以往日珏以帕墜託售，阮以環帕相易之事告之倩雲，雲始悟彼此錯誤。未幾，崔固訃至。賊兵壓淮，崔氏母子同孟尼避難杭州，仍寓綰春園。楊珏贅居阮氏。合巹之夕，敘墜帕始末，阮妹全然不認，訐辨久之。明日其兄翀見墜帕及倩雲二字，方悟崔女倩雲寓綰春園時所貽物也。蒨筠避難時，感崔女憐愛，欲求共聚。翀以崔公靖節，家口存亡未卜。珏遂請假往揚州尋訪。翀亦奉命泰州討賊。一戰成功，假歸，同珏至揚。崔氏舊居，盡爲瓦礫，怏怏南行。途遇孟尼知崔夫人母女無恙，寓綰春園内。乃遣媒聘合，兩帕重圓，珀墜玉環復合。劇内載伯顔貶南思州陽春縣安置，至龍興集遇納速剌遣戍，彼此責詈。一時雷電，兩人俱震斃。以彰惡報。按陶宗儀《輟耕録》重紀：至元間太師丞相伯顔專擅蠹政貪惡無比，以罪左遷南思州達魯花赤。至隆興卒，寄棺驛舍。滑稽者題于壁云：百千萬錠猶嫌少，堆積金銀北斗邊。可惜太師無脚力，不能搬運到黄泉。是則人譏尤甚于天譴矣。又按《輟耕録》：丞相伯顔所署官銜，計二百四十六字，曰元德上輔廣忠宣義正節振武佐運功臣太師開府儀同三司秦王答剌罕中書右丞相上柱國録軍國重事監修國史兼徽政院侍正昭功萬户府都總使虎符威武阿速衛親軍都指揮使司達魯花赤忠翊侍衛親軍都指揮使奎章閣大學士領學士院知經筵事太史院宣政院事也可千户哈必陳千户達魯花赤宣忠幹羅思扈衛親軍都指揮使司達魯花赤提調回回漢人司天監群牧監廣惠司内使府左都威衛使司事欽察親軍都指揮使司事宫相都總管府領太禧宗禋院兼都典制神御殿事中政院事宣鎮侍御親軍都指揮使司達魯花赤提調宗人蒙古侍衛親軍都指揮使司提調哈剌赤也不干察兒領隆祥使司事。當其擅政之日，前後左右，無非陰邪小輩，惟恐獻諂進佞之不至，孰能告以忠君愛民之事。有一王爵者奏云：薛禪二字，人皆可以爲名。自世祖皇帝廟號之後，遂不敢用。今太師伯顔功高德重，可以薛禪名字與之。時御史大夫帖木兒不花，亦其心腹，每陰嗾省臣奏允其請。文定王沙剌班時爲學士，從容言于上曰：萬一曲從所請，關係匪輕。遂命學士另議以元德上輔四字代之，加于功臣之上。又京畿都運納速剌上言：太師伯顔功勳蓋世，所授宣命，難與百官一體，合用泥金書詞以尊榮之。省臺院官議不可行。宛轉稟白，止金書上天眷命皇帝聖旨八字，餘仍墨筆云。

著録

清・佚名《傳奇彙考標目》卷下　沈浮中：《幻春園》。

清・梁廷枏《曲話》卷一　沈孚中作《宰戍》。

又　沈嵊之：《綰春園》、《息宰河》。

清・支豐宜《曲目新編・明人傳奇》　《息宰河》、《綰春園》，右二種，明沈嵊作，見《北墅緒言》。

清・姚燮《今樂考證・著録七・明院本》　沈嵊：《息宰河》、《綰春園》、《宰戍》。

清・王國維《曲録》卷四　《息宰河》一本，《綰春園》一本，《宰戍記》一本。右三種，明沈孚中撰。

沈自徵

論説

明・沈泰《盛明雜劇》卷一四　《簪花髻》：明張佩玉評：流離寂寞中創出一種極豪爽行徑，却信才人到底不置愁地。

明・祁彪佳《遠山堂劇品・妙品》　《簪花髻》北一折：楊升菴戍滇時，每簪花塗面，令門生畀之以遊。人謂於寂寥中能豪爽，不知於歌笑中見哭泣耳。曲白指東扯西，點點是英雄之淚。曲至此，妙入神矣。

又《霸亭秋》北一折：傳奇取人笑易，取人哭難。有杜秀才之哭，而項王帳下之泣，千載再見；有沈居士之哭，即閲者亦唏嘘欲絶矣。長歌可以當哭，信然。

又《鞭歌妓》北一折：裴尚書舉舟贈張本立，即鞭笞奴妓之偃蹇者，了無愧色。此其寄牢騷不平之意耳。劇中妙在深得此意。不然，與小人得意、一旦誇張者何辨。

清·王士正《古夫于亭雜録》卷四《詞曲非小道》 元曲之本色當行者不必論，近如徐文長《漁陽三弄》、《木蘭從軍》，沈君庸之《霸亭秋》，【略】激昂慷慨，可使風雲變色，自是天地間一種至文，不敢以小道目之。

清·朱彝尊《静志居詩話》卷二二 沈氏多才，自詞隱生璟訂正《九宫譜》，爲審音者所宗。而君庸亦善填詞，所撰《鞭歌伎》、《灞亭秋》諸雜劇，慨當以慷，世有續《録鬼簿》者，當目之爲第一流。詩則嫌其稍平衍也。【略】君庸《和施壘山學博送别》云：苜蓿闌干春漸肥，榆關滇海雁書稀。管城亦有封侯骨，磨盾看君試短衣。

傳記

明·鄒漪《啟禎野乘》卷六《沈文學傳》 公名自徵，字君庸，南直吴江人也。幼磊落自負，大言雄辯，無所媿阻。父某爲南刑郎。公年十五，鎖之書室，夜必穴牖出，明旦復安卧室中。父□其課書令讀，了了不差隻字，故無所疑。已授田五十畆，公笑曰：吾家祖業恒豐，自父□仕，以冰蘗自厲，載家祖往□官厨，先業遂騸焉。有世上男子可禄以五十畆者耶。遂盡費去。顧性尤好兵家□，九邊形勝握塵娓娓，詳略本末如出一軸。家無半册書，每訪友不值，即入其室取書，點次覽畢，便能覆憶，故未□下帷而淹通今古。一友有金史，苦未易竟讀，更番置几上。候公至，□他適，囑家人供公縻以恣評閲，積久丹黄遂遍。其友乃合全帙示公，公始知之，相對大笑不止。爲文據案直書，格無定體，尤長北劇，世所傳《霸亭秋》、《鞭歌妓》、《簪花髻》，合名爲《漁陽三弄》者是也。崇禎三年，遵化水平破兵使者張椿聞公知兵事，□居幕府。公爲卧復遵、水，事定後封笎□長揖策蹇去之京師。時督師袁崇焕擁重兵壁城下，疑其有外心，大司馬募士能入袁營探實者予上賞，公慨然應募。司馬欲予騎三百，公曰：不可。崇焕無反心，某往必不敢加害，苟欲害，某三百騎亦不能救，徒滋疑耳。如崇焕敢殺某，則反狀明白，公即知所備矣。某又何惜一死報君父。司馬乃授以令箭，夜縋城出，至袁營，厲聲呼曰：大司馬有語致督師。諸軍注弓執矢欲射，視之一人耳，乃不疑，令入。公説曰：天子新踐祚，即不次□公，可謂公知己，固知公必不忍負朝廷。但公列營城外而不入朝，天下何從識公忠誠哉。□省含沙，明主投杼，公族無噍□矣。且公往殺毛文龍，人已疑公。方冀公立功名自□，稍不盡節，天下且爭臠公，不可畏歟。崇焕改容謝，請即日入朝。公曰：誤矣。城中人情洶洶，苟縣焉入朝，此盧杞所以阻懷光也。俟某入城具以情告而後進，則群疑盡釋，公安于泰山矣。焕唯唯惟命。公具道所以于大司馬。于是天子始召見焕，賜貂裘、玉帶，慰安之。繼召見，遂下焕獄，族誅焉。居京師十年，其寓月遷日改。友訪之，或見其名媛麗姬數十環侍，極綺羅珍錯，或見其獨卧敗席竈上，惟鹽虀數莖；又或見其峨冠大蓋，三公九卿前席請教；又或見其呼盧唱□，窮市井□□以爲歡，終莫定其何如人。年四十二，京邸費餘簡□中猶數千金，歸而置椽金□，層□疊棟，雕欄危石，殫力營繕，復市良田千畆，給散宗族故交凡數百金。已而念母氏早喪，未嘗盡一日養，即取新搆及千金田産悉歸禪院資母冥福。仍作窶人，居吴江，僻地茅屋，躬耕無悔也。庚辰，大司成薦之天子，以賢良方正辟，辭不就。同鄉葉御史紹□巡按廣東，值海寇横擾，問策，公乃密函授計。于是懸招降令，説其黨自相誅縶，兩廣遂平。仍隱吴江西鄉而卒。□曰：明南北劇不下數百家，其彷彿銅琵琶鐵綽板唱大江東去者，惟徐文長《四聲猿》稱獨步。已讀君庸《漁陽三弄》，悲壯激越與之並駕，而沉□則又過焉。已讀君牧傳君庸事，意氣無雙，信宇宙奇男子，然抑何類文長也。文長遭遇胡公，尊禮無匹，白鹿一表，英主動色。君庸雖出入兵間，抗韻幕府，時無襄懋，故名不大顯，然楓江笠□布衣終老，視狂易殺妻縲絏幸免者禍福竟何如哉。特文長集賴中郎以傳，君庸詩文散佚，聞有《冬青樹》一劇不減燕市悲歌，亦復化爲異物，安得世有爲君庸中郎者物色斗□使豐城獄中物復拭以□陰土乎。嗚呼，此詞壇吊古□奇之士所以聞廣陵散名而三歎也。

清（康熙）《吴江縣志》卷三五　沈自徵，字君庸，副使琉子也。幼自負，好大言。父琉授以田五十畝，乃笑曰：吾家祖業恒豐，自父以清苦結百姓歡，載家租往餉官厨，而先業隳焉。有世上男子，而五十畝者耶。一朝盡棄之，得二百金，賙周親，饗賓客，立盡。好兵家，崇禎三年，永平副使張椿聞其名，延致幕府。自徵爲椿晝甚至。既慨然慕魯仲連爲人，一完第蹇去。時督師袁崇煥擁兵不朝。大司馬募能入袁營操得其情者予上賞，自徵出應。大司馬予騎三百，自徵曰：無庸。徵承命往，崇煥必不敢加刃，苟欲殺徵，三百騎奚益。如煥殺徵，則反狀明白，公知所備矣。徵何惜一死以報。乃夜縋城出，説煥曰：天子新踐祚，知公不負朝廷。但今列營城外而不朝，何從識公之忠誠哉。且公往年殺毛文龍，人心至今未嗛，稍不盡節，則天下爭臠公肉矣。煥改容謝曰：明日即入朝。自徵曰：不可。城中人情恐懼，未測公懷，驟入朝，此盧杞之所以阻懷光也。俟徵入城，具以情復，苟得詔宣召，而後入覲，則上下之禮咸得矣。煥允之。自徵入城具道於司馬，於是天子始召見煥，賜貂裘、玉帶。繼召見，遂誅煥，自徵一説之力也。居京師十年，橐中累千金，乃歸姑蘇。出裝市居甚宏麗，市良田千畝給昆弟、宗族及故交。已念母早喪，未嘗一日養，即取所市居及田悉歸釋氏宮，資母冥福。仍作窶人，居吴江之野，茨屋躬耕無悔色。庚辰，大司馬薦之朝，以賢良方正科辟，自徵喟然嘆曰：吾肆志已久，豈能帶腰冠首，受墨吏束縛耶。辭不就，竟卒。自徵穎悟絶人，爲文立就，不録稿，散失莫紀。惟仿元人作《漁陽三弄》曲，其友梓之行世。蓋其借以自寄也。

清（乾隆）《吴江縣志》卷三一　沈自徵，字君庸。國子監生。天啟末入京師，遂歷遊西北邊塞，窺其形勝，還而亹亹談不置。於山川陸原要害，如視諸掌。居京師十年，爲諸大臣籌畫兵事，皆中機宜，名聲大振，而橐中亦累數千金。乃歸山，裝置房舍於府城之閶門，甚宏麗。隱於邑之西，茆屋躬耕，豁如也。崇禎七年葉紹顒巡按廣東，海寇劉香作亂，遣使問策。自徵密函授計紹顒，遂勾平兩廣，受勑獎。十三年國子監祭酒某薦諸朝，以賢良方正辟。明年卒於家，年五十一。惟仿元人爲《鞭歌伎》、《霸亭秋》、《簪花髻》三曲以自寓，友人刊之行世。友人咸目爲明以來北曲第一云。

清・佚名《曲海總目提要》卷八《簪花髻》　明沈自徵所撰也。《詞苑叢譚》云：吴江張倩倩，適同邑沈自徵。自徵負才任俠，所著《灞亭秋》、《鞭歌妓》、《簪花髻》詞三齣，名《漁陽三弄》，與徐文長並傳。倩倩有（憶秦娥）云：風雨咽，鷓鴣啼破清明節。清明節，杏花零落，悶懷千疊。情悰依舊和誰説，眉山鬬鎖空愁絶。空愁絶，雨聲和淚，問誰淒切。《填詞集艷》云：倩倩艷色清才，年纔三十四没。遺詩僅存一二。按倩倩本才女，可比楊慎夫人。故自徵於劇中采黄氏之詩，又借慎之簪花跌宕以自況也。楊慎，字用修，四川新都人，大學士楊廷和子。正德六年辛未科狀元及第，授翰林院修撰。嘉靖初年，廷和爲首輔。因議大禮不合，致仕歸。慎亦兩上議大禮疏，率群臣撼奉天門大哭，廷杖者再，謫戍雲南瀘州永昌衛三十餘年。卒於滇，年七十二。世宗每問楊慎云何，閣臣以老病對，怒稍解。慎益自放，嘗大醉粉紅傅面，作雙丫髻，插花。諸伎擁之，遊行城市。苗蠻以精白綾作械遺諸伎服之。酒間乞書，醉墨淋漓，苗蠻輒購歸裝潢成卷。嘗語人曰：老顛欲裂風景，聊以耗壯心。遣餘年耳。慎博極群書，著述最富，文集之外，又有外集，及《丹鉛録》、《藝林伐山》、《謝華啓秀》等書，凡百餘種，皆盛行於世。陸遊《避暑漫抄》云：咸通中優人李可及，滑稽諧戲，獨出輩流，雖不能託諷諭，然巧智敏捷，亦不可多得。嘗因延慶節緇黄講誦畢，次及優倡爲戲，可及褒衣博帶，攝齊升座，稱三教論衡。偶坐者問曰：既言博通三教，釋迦如來是何人。對曰：婦人。問者驚曰：何也。曰：《金剛經》云：敷坐而坐，非婦人，何須夫坐而後兒坐也。上爲之啓齒。又曰：太上老君何人。曰：亦婦人也。問者益所不喻。乃曰：《道德經》云：吾有大患，爲吾有身，及吾無身，吾有何患。非婦人，何患於有娠乎。上大悦。又問曰：文宣王何人也。曰：婦人也。問者曰：何以知之。曰：《論語》云：沽之哉，沽之哉，我待賈者也。非婦人。奚待嫁焉。上意極歡，賜予頗厚。劇中借用其語。

又《霸亭秋》　亦沈自徵撰。自徵落拓不羈，故借杜默以自喻。白云：三場文字，那一字不筆奪天孫之巧，那一句不文補造化之虛。直經他剥落一場，滿四海無人識得。只得袖了卷子回來，當藏之名山石室，以俟百世聖人而不惑，永不與世人觀看。蓋自徵下第後所作也。《山堂肆考》云：和州士人杜默，累舉不成名。因過烏江入謁項王廟，時正被酒霑醉，才炷香拜訖，徑升偶坐，據神頸，拊其首而慟，大聲語曰：大王有相虧者。英雄如大王，而不能得天下。文章如杜默，而進取不得官。語畢又大慟，淚如迸泉。廟祝畏其獲罪，扶掖以出，秉燭檢視，神像垂淚亦未已。霸亭，霸王廟之亭也。然霸亦借意于灞，謂人不第而歸，每于灞水亭邊送别，當此秋景，最難爲情，每每凄然墮淚。故又託以自況也。

著録

明・祁彪佳《遠山堂劇品》 沈自徵：《霸亭秋》北一折、《鞭歌妓》北一折、《簪花髻》北一折。

清・佚名《曲海總目提要》卷八 《簪花髻》雜劇、《霸亭秋》雜劇，明沈自徵撰。

清・黄文暘《曲海目・明人雜劇》 《鞭歌妓》、《簪花髻》、《霸亭秋》三種，沈自徵作。

清・黄文暘、佚名《重訂曲海總目・明人雜劇》 沈自徵字君甫：《鞭歌妓》、《簪花髻》一作《簪花記》、《霸亭秋》。

清・梁廷枏《曲話》卷一 以雜劇言之，【略】其人各三種者，【略】明人如：沈自徵之《鞭歌妓》、《簪花髻》、《霸亭秋》。

清・支豐宜《曲目新編・明人雜劇》 《鞭歌妓》、《簪花髻》、《霸亭秋》，右三種，沈自徵作。

清・姚燮《今樂考證・著録三・明雜劇》 沈君庸三種：《杜秀才痛哭霸亭秋》、《傻狂生喬臉鞭歌妓》、《楊升庵詩酒簪花髻》一本作《簪花記》。

清・王國維《曲録》卷三 《鞭歌妓》一本，《簪花髻》一本，《霸亭秋》一本。右三種，明沈自徵撰。

藝　文

清・王士禛《蠶尾續詩》卷七《雜題近人諸傳奇》 漳南百戰畏重瞳，玉玦三提失沛公。千載楚江秋色裏，寒山如嘯哭英雄。

雜　録

清・徐釚《詞苑叢談》卷八 張倩倩《憶秦娥》：吴江張倩倩，適同邑沈自徵。自徵負才任俠，所著《灞亭秋》、《鞭歌妓》、《簪花髻》詞三齣，名漁陽三弄，與徐文長並傳。

清・王士正《古夫于亭雜録》卷六 《沈夫婦》：吴江沈君庸自徵作《霸亭秋》、《鞭歌妓》二劇，瀏灕悲壯，其才不在徐文長下。乃其妻張亦才女也，嘗有《寄外》詞云：漠漠輕陰籠竹院。細雨無情，淚溼霜華面。試問寸腸何樣斷。殘紅碎緑西風片。萬轉相思才夜半。又聽樓頭，叫過傷心雁。不恨天涯人去遠。三生緣薄吹簫，伴。張名倩倩。

吴炳

論　説

明・無疾子《情郵記小引》 無情則死，有情則生。宇宙間，文人韻士，艷姬逸女，相求相望，倏聚倏散之緣，無情者都認作死煞底板，有情者從旁睨之，輒泠然曰：此大塊之蘧廬，而人生之信宿也，則郵之説也。郵亭半宿，千古傳爲風流佳話。兹又曷爲乎傳爾。曰：傳，則傳其奇者而已矣。凡見面成思，聞聲起慕，或倩魚覓秏，或假鳥尋蹤，皆出尋常情理之中，種種殊無奇處。此記，香閣中有兩能詩女子，一奇也。先後居停，一詩兩和，二奇也。郵亭何地。婚姻何事。咏於斯，夢於斯，證果於斯，三奇也。情深聯和，一而二，三而四，競秀争妍，各極其至，四奇也。甚而樞府之金屋，不克藏娃，運使之鐵腸，不堪留息，婉轉作合，雙締良姻，五奇也。至其曲白關目，無不遠駕元人而上。昔若士譜《牡丹亭》，柬友人曰：此案頭清供，非氍毹上生活也。余以爲白香山作詩，必使老婢悉解。持此問若士，未免唐突。自此記出，而案頭畜之令人思，氍毹歌之令人艷。夫子曰：興於詩，成於樂。其是之謂夫。

明・牡丹花史《緑牡丹跋》 佳人善詩，詞場舊例也。但他劇或情詞聯咏，或艷語流傳，雖則稱奇，殊爲傷雅。沈、車二姝，妙在暗中主盟，暗中締社，機關巧藏，風情不漏。藴藉風流，於此乎最。

清・高奕《新傳奇品》 吴石渠，宜興人。道子寫生，鬚眉活現。

清・黄宗羲《思舊録》 吴炳，號石渠。長於填詞，所著有《西園》、《情郵》、《畫中人》、《療妒羹》、《緑牡丹》，雖多剿襲，而不落俗。徐虞求先生甚不喜之，曰：五院本乃石渠之五經也。

清・焦循《劇説》卷三 演小青故事爲傳奇者，有《療妬羹》、《風流院》兩種，當以徐野君《春波影》爲最。《聞見卮言》云：【略】而吴石渠炳之《療妬羹》，朱价人京藩之《風流院》，易千秋爲馮致虚。以千秋之才，因小青而反没，不亦冤哉。

清・梁廷枏《曲話》卷三 石渠四種中，以《緑牡丹》爲最，《療妬羹》、《畫中人》次之。《療妬羹》、《題曲》一折，逼真《牡丹亭》。如云：一任你拍斷紅牙，拍斷紅牙，吹酸碧管，可賺得淚紛沾袖，總不如《牡丹亭》一聲《河滿》便潸然。四壁如秋，半響好迷留，是那般憨愛，那些癆瘦。只見幾陣陰風凉到骨，想又是梅月下俏魂遊。天那。若都許死後自尋佳耦，豈惜留薄命，活作羈囚。此等曲情，置之《還魂記》中，幾無復可辨。

又《西園記》：亦石渠四種之一也。末《道場》一折，車遮韻，純用入聲，尖刻流利，允稱神技。

又 粲花三種，情致有餘，而豪宕不足。

傳記

清（康熙）《常州府志》卷二四 吴炳，字可先，宜興人。進士，授蒲圻令，辨冤獄，均田賦，陞刑部主事。時魏忠賢用事，屢起大獄。炳乞改工部，都水司，值三殿工採石濬縣，恤工匠之困。知福州府時，撫軍某兵敗，舟焚欲没洋，賈金以償，囑炳文致其獄，炳曰：殺人媚吾，何忍。病告歸。後督江西，播遷閩粤，不食而死。所著樂府五種行世，《説易》一編失稿。

清（康熙）《常州府志》卷三〇 吴炳，毘陵人，畫花鳥，寫生折枝，巧奪造化。光宗、李后多愛其畫，恩賚甚厚。

《明史稿・吴炳傳》 吴炳，宜興人，萬曆末進士，授蒲圻知縣。崇禎中歷官江西提學副使，江西地盡失，流寓廣東。永明王擢爲兵部右侍郎，從至桂林。令以本官兼東閣大學士，仍掌部事，又從至武岡。大兵至，王倉猝奔靖州，令炳扈王世子走城步，吏部主事侯偉時從之。既至城，已爲大兵所據，遂被執送衡州。炳不食，自盡於香山寺，偉時亦死之。

清（乾隆）《大清一統志・常州府・二》 吴炳，宜興人。萬曆進士，歷江西提學副使。江西地失，流寓廣東，走靖州，爲大兵所執，送衡州，炳不食，自盡於湘山寺。

清（同治）《蒲圻縣志》卷六 吴炳，字可先，直隸宜興人。萬曆己未進士，四十八年仕。氣度温和，斷事明慎。善造口登耗，與張光前同稱撫按。屢循良第一，去，立有碑生祠，陞刑部主事，調工部，陞福州知府，官至江西提學。

清（光緒）《武岡州志》卷四二 吴炳，宜興人，萬曆末進士，授蒲圻知縣。崇禎中，流寓廣東，永明王擢爲兵部右侍郎，從至桂林，又從至武岡，以本官兼東閣大學士，入閣辦事。大兵至，王倉猝奔靖州，令炳扈王世子，走城步，吏部主事侯偉從之。既至城步，已爲大兵所據，遂被執衡州。

紀事

清・佚名《曲海總目提要》卷一一《緑牡丹》 明吴炳所作。謝英、顧粲，率皆捏造。翰林學士沈重，亦無其人。白云，世居吴興，炳乃宜興人，蓋以自喻也。車静芳、沈婉娥，閨閣能詩，亦屬點染情蹟。至柳五柳、車尚公，不過借音律字目遊戲。第二十折云：那兩個人，都叫他做六五六尺上工，分明一隻笛曲兒。作者已自説明。後第二十四折，范虚云：賤號思訶，這些人就順口兒叫凡四合，亦此意也。前後俱以緑牡丹作眼目，故以爲劇名。顧生刻社稿，沈學士立社規，蓋因明季諸生多標榜文社，借此諷之。又倩代傳卷等弊，場屋多有。劇中亦以譏笑時人也。沈學士邀諸秀士爲文會，密寓爲女擇婚之意。謝英館於柳五柳之家，每爲五柳捉刀。而車尚公之妹静芳，善於詞章，亦代兄屬稿。沈以《緑牡丹》爲題，各賦一絶，遂取柳第一，車第二，而顧屈第三。車遂圖爲沈婿，而願以妹許柳。其妹静芳窺柳面貌，察其非才士，乃語兄召柳親試，而已在簾内命題，復以緑牡丹，俾賦一首。柳仍覓謝代作。而謝已覺其情，乃作一惡詩與之，以龜自比。柳不能辨，親筆書之，静芳大哂笑。而柳猶不悟，堅執爲己作，及知謝毒謔，仍忿詈逐謝。沈學士知前首取之詩，實係謝作，竟許以女。而車妹亦賞顧之才。會兩人登第，於是謝娶沈，顧娶車。五柳尚公亦相趨奉，反爲作柯斧，以成其美云。

又《畫中人》 明萬曆己未進士宜興吴炳作也。雜采趙顔、張擢、葛棠等事，爲此記云。唐進士趙顔，於畫工處得一軟障，圖一婦人甚麗，顔謂畫工曰：世無其人也，如可令生，某願納爲妻。畫工曰：余神畫也。此亦有名，曰真真，呼其名百日，晝夜不歇，必應。應則以百家綵灰酒灌之，必活。顔如其言，遂呼之百日，晝夜不止，乃應曰：諾。急以百家綵灰酒灌，遂活，下步言笑，飲食如常，曰：謝君召妾，妾願事箕箒。終歲生一兒。兒年兩歲，友人曰：此妖也，余有神劍，可斬之。其夕遺顔劍。真真泣曰：妾南岳地仙也，人畫妾形，君又呼妾名，既不奪君願，君今疑妾，妾不可住。言訖，攜其子卻上軟障，嘔出先所飲百家綵灰酒。唯添一孩子，皆是畫焉。臨川進士張擢，赴省試，行次玉山道中，暮宿旅店，於榻上得絹畫一幅，乃一美人寫真，旁題四娘二字。擢注目不釋，援筆書曰：捏土爲香，禱告四娘，四娘有靈，今夕同牀。因挂於壁，沽酒獨酌。持杯接其吻曰：能爲我飲否。燈下恍惚，覺軸上應聲，莞爾微笑。醉而就枕，俄有女子卧其側，撼之使醒，曰：我是卷中人，感爾多情，故來相伴。於是撫接盡歡。將去告曰：先詣前途以俟。自是每來就宿以爲常。抵臨安，試畢西歸，將至玉山，慘然曰：明當抵向來邂逅之地，吾當與子決别。及期，擢執其手曰：我未曾娶，願與汝同歸。女曰：我夙緣合伉儷，今則未也。君今舉失利，明年授室，爲别不久，他時當自知。瞥然而去。擢果下第，尋約婚於崇仁吴氏，來春好合。妻之容貌，絶類卷中人，而排行亦第四。一日戲語妻曰：方媒妁許議卿，吾私遣畫工圖爾貌。妻未之信，開笥出示。吴門長幼見之，以爲無分毫不似者。明天順間，紹興上舍葛棠，築亭於圃，扁曰風月平分。壁間張一古畫，乃桃花仕女。棠戲曰：誠得女捧觴，豈吝千金。迨夜，一美姬進曰：久識上舍詞章之工，日間又垂深念，特至此。歌以侑觴。棠飲半酣，略不計真僞，曰：吾欲一杯一曲。姬連歌百曲，棠沈醉而卧。翌曉視畫上，不見仕女，少焉復在。棠慮其致禍，乃投諸火。此數條雜見説部中，《情史》一並臚載，皆畫中之人也。劇云：庚長明與鄭瓊枝有緣，華陽真人贈以美人圖，令之拜唤。瓊枝生魂，竟與長明交接。其真身得病而亡，停柩寺中，長明啓而活之，遂成夫婦。則又借用《倩女離魂》，及拜住與速哥失里事。而其關目又彷彿《牡丹亭》。蓋吴炳《粲花五種》，皆力摹湯顯祖四夢云。按崔徽寫真圖，自題其後曰：崔徽一旦不及卷中人矣。《畫中人》，即取卷中人之意。又曲中每云畫兒裏愛寵，此其標名之因也。胡圖取華陽之法，以呼美人，乃降一醜男子，驚悸成疾。人安肯自名胡圖者。宋時稗乘，有一人登場，自通曰公道，秉銓者云：公道不用。又一人登場，自通曰胡圖，秉銓者云：胡圖儘去得。作者本此。

又《西園記》 明萬曆末年，宜興人吴炳撰。開卷《西江月》云：買到蘭陵美酒，烹來陽羨新茶。逗出自己籍貫。炳少年登第，有才名，撰曲五種，曰：《畫中人》、《療妬羹》、《緑牡丹》、《西園》、《情郵》，名爲五種曲，此其一也。五種皆寓才子佳人之意，事蹟多係假託，或其自喻，亦未可定。略云：武林趙禮，字子約，别號陶齋，嘗宦觀察使。年未五十，乞假林居，卜築西山僻處，名曰西園。夫人梁氏，子惟權，字于度。女玉英，許字王錦衣之子伯寧。禮友王孝廉號簡庵，遺女玉真，託禮擇配，居在西園門首。英、真二女，相愛不啻如姊妹。而伯寧與惟權同讀書，騃蠢無賴，朋寮斥爲白丁。玉英頗知之，悒悒多恙。時邀玉真談笑，以遣悶懷，玉真輒由西園入。襄陽張繼華，字繡林，名馳吴越間，惟權與相慕，武林名士夏玉，字韞卿，則繼華友也。繼華遊學杭州，與玉同居净慈寺。一日，繼華閑遊至西園，抵紅樓下，倦卧花茵。玉真在樓上，偶折梅花一枝，失手墜繼華頭，繼華驚醒。玉真婢翠雲尋花至其處，繼華仰窺玉真，遂以花還翠雲，欲其通姓名於玉真。玉真謂出男子手，不宜接受，仍使翠雲還之。翠雲則邀繼華揖己，曰：此吾小姐所還贈也。繼華大喜，立綴詩一絶云：羞桃辟杏踞春開，親自佳人手折來。草短花深眠竹穩，暗香飛送夢驚回。囑翠雲口誦於其主。頃之，玉英至樓上，見其下有人，欲捲簾遽止。繼華未見其面，以爲折梅者愛己而復來也，手擎花枝，朗誦所吟之句。玉英以爲風狂，徑去不顧。繼華歸寓，述於夏玉。玉曰：園主趙觀察有女玉英，共傳其才美，所遇者必是。明日，繼華復訪西園，適與禮遇，禮令子惟權出見，邀繼華館於家，與惟權、伯寧同研席。時玉英已病，延請師巫。繼華誤認爲折梅者，以爲緣己而病，心甚憂切。及見翠雲從外入，姑試詢之，則曰：無病。問其主是玉英乎。翠雲行急，遥應曰：是玉真也。英、真音近，繼華謂真果病矣。無幾何，玉英竟死。繼華適訪玉，未之知。抵園中，又與玉真遇，蓋玉真欲唁趙母也。繼華謂玉英已愈，遮而欲與言。玉真不能入，走出園外，還其家。繼華方訝之，問館童，云玉英已死。繼華謂玉英死而魂出外，所見者鬼也。奔還浄慈，與夏玉謀，約惟權同赴京會試，三人並登第。惟權旋里，復約繼華主其家。繼華畏鬼，不敢居園中，請居別院。而是時玉真已過房爲趙女，惟權乃以玉真之居，爲繼華舍館焉。玉英之亡也，王伯寧知趙撫玉真，懇夏玉爲媒。惟權以爲不可，反囑玉與繼華議婚。繼華之來，知玉英亡，不知有玉真在也。燈月之上，時時呼玉英，玉英感其意，爲幽媾。虞其畏己爲鬼，乃嫁名於玉真，與訂婚約。及玉爲玉真議婚，繼華堅拒不可。玉英知之，力勸繼華從趙命。婚夕，見玉真，繼華驚駭，以爲有鬼，蓋猶誤認爲玉英也。玉真與婢翠雲，歷叙前後踪跡，始知非鬼，猶不悟嫁名者爲何人。玉英知冥緣已盡，乃以實告繼華。於是白之禮夫婦，爲玉英延浄慈大智禪師，建水陸道場，拜梁皇大懺，結壇施餤，追薦玉英，得生天界云。

又《情郵記》 吴炳撰。劉士元於郵亭賦詩，王女與婢，前後賡和，彼此情感，故以是名。略云：劉乾初，字士元，姑蘇人，與同學蕭長公契厚。蕭官青州守，以書邀劉。適樞密阿乃顔恃勢，囑有司買妾維揚，無出衆者。通判王仁慮禍，將婢紫簫充己女以獻。女與婢皆善詩賦。樞密得婢，喜不勝，與何金吾議，擢仁長蘆轉運使。初劉訪蕭，抵黄河東岸驛，見驛亭粉壁，題詩寄懷云：年少飄零只一身，風波愁殺渡頭人。青衫穩稱騎羸馬，白面難教撲暗塵。但説荆山當有淚，自生空谷孰爲春。蕭蕭旅館河流上，忽憶青州太守貧。值仁之長蘆，過驛亭，驛丞趙德，其鄉人也，留款甚洽。仁女見壁上詩稱賞，援筆和云：閨中弱質病中身，也向天涯作旅人。暗緑柳條全繫恨，淡黄衫子半蒙塵。題未竟，母趣之行。適紫簫詣京，後至，覘所題，知爲閨秀語，遂續其半云：真娘墓上空題句，燕子樓中幾度春。十斛珍珠等閑看，不如荆布本來貧。及劉至青州，蕭已轉盧龍觀察使，不遇而歸，復詣此驛，見所和詩，度必貧家女被迫爲妾者。詢諸驛中，謂樞密所娶，遂尾其車後，誦詩使聞之。紫揭帷視，從者叱劉避。劉不敢前。遂入京師，託爲紫中表，望門求訪，復受閽人笞辱。旅中大窘，適遇蕭使者，挈詣盧龍，留居署中。樞密妻性妬，拘紫別院，不令見夫，囑媒賣妾。蕭聞，以千金贖紫，與劉爲匹。劉詢紫和詩僅半，度前所題亦必才女。紫令夫訪得題詩之女，當令並侍。劉大以爲賢，然但知爲王氏女，不知爲婢紫簫也。樞密知紫爲蕭所售，誣以他罪，削籍歸吴。劉無所依，乃與紫謁其父。仁心内慚，拒不相認。夫人念女愛紫，私贈資斧。及劉試擢大魁，奏樞密罪，奪其職。詔使巡淮南，樞密黨何金吾，乘樞密勢孤，劾其奪命官女爲妾，波及仁，削職候勘。會劉奉命鞫仁，過黄河驛，睹所題感懷詩，復命紫和前韻。及讞仁，紫囑劉力庇其父，而是時仁女又至驛中，復和前韻。劉復見之，心益眷眷。趙驛丞欲劉庇仁，乃與仁計，以其女紿爲族女，與劉會於驛亭。劉果大喜，聘以爲妾，及花燭，與紫相見，始知真仁女也。叙爲姊妹，與劉偕老，而仁罪盡釋。時蕭以樞密既敗，復官還朝，又與劉相晤云。

著録

清・高奕《新傳奇品》 吴石渠，宜興人。【略】所著《粲花館主人傳奇》五本。《畫中人》、《療妬羹》、《緑牡丹》。

清・佚名《傳奇彙考標目》卷下 吴炳，號石渠，宜興人。所著有《粲花五種》：《緑牡丹》、《療妬羹》小青事、《畫中人》、《西園》、《情郵》。

清・佚名《古人傳奇總目》 《西園》，吴石渠作。張繼華事。《情郵》，吴石渠作。劉乾初事。

清・黄文暘、佚名《重訂曲海總目・國朝傳奇》 吴石渠名粲花主人，宜興人。《畫中人》、《療妬羹》、《緑牡丹》、《西園記》。

清・支豐宜《曲目新編・著録八・國朝傳奇》 《畫中人》、《療妬羹》、

《緑牡丹》、《西園》，右四種，宜興吳石渠作。

清・姚燮《今樂考證・著録八・國朝院本》 吳石渠五種：《畫中人》、《療妬羹》、《緑牡丹》、《情郵》。周亮工云：近虞山云：小青本無其人，其邑子譚生造傳及詩。曰小青者，離情字，正書心旁似小字也。或言姓鍾，合鍾情二字。虎林徐野君譜爲《春波影》，荆溪吳石渠譜爲《療妬羹》，詞皆綿麗可觀。或語予云：小青夫馮某，尚在虎林。則實有其人矣。梁子章云：石渠才情綺麗，撰曲四種，甚爲藝林所稱。笠翁引與玉茗並論，不爲無見。又云：石渠四種中，以《緑牡丹》爲最，《療妬羹》、《畫中人》次之。《療妬羹・題曲》一折，逼真《牡丹亭》，如云一任拍斷紅牙，拍斷紅牙，吹酸碧管，可賺得淚紛沾袖，總不如《牡丹亭》一聲《河滿》，便潸然四壁如秋。半晌好迷留，是那般憨愛，那般癆瘦。只見幾陣陰風涼到骨，想又是梅月下俏魂遊。天那。若都許死後自尋佳耦，豈惜留薄命活作羈囚。此等曲情，置之《還魂記》中，幾無復可辨。又云：《西園記》末《道場》一折，車遮韻，用入聲，尖刻流利，允稱神技。烏程張鑑書《緑牡丹》院本後云：此吾鄉緼氏啓釁於復社之原，近日讀而知其故者，鮮矣。書中以管色爲烏有，亡是之辭，其實柳五柳、車尚公、范思訶，據《復社紀略》，各有指斥。其於越人，疑亦王元趾、陳章侯一流。而吳興沈重者，以在朝則影黎愧庵、倪三蘭，在野則影張天如、楊子常、周介生輩。大致如《風筝誤》、《燕子箋》，亦明季文字風氣所趨；而語語譏切社長，極嬉笑怒罵之致，宜愧庵當日按試，械時相閫人，究及書肆賈友，而毁板厲禁之。但今玩其編簡，已經蠹缺，無頭訖可檢，不知是原刊，抑係後來重雕。要其詞藻有不能没者。蓋相國子弟育仁暨二子儼、伉儷人爲之，謝英、顧粲，直用自況，惜乎名氏湮没。退庵主人題《情郵記》云：吾思：郵者，寄也。作者命名，殆自寫其寄托之遥深耶。案：山陰吕先生洪烈嘗言：粲花先生曲有五種。而《曲考》所載，次《情郵》一種於無名氏中。近得刻本，始知爲粲花所作，遂足五種之數。

清・王國維《曲録》卷五 《畫中人》一本，《療妬羹》一本，《緑牡丹》一本，《西園記》一本，《情郵記》一本。右五種，國朝吳炳撰。

藝文

清・陳維崧《崇川署中觀小史演劇》《本事詩後集》卷一二 王郎年小好腰身，吳子風姿儼洛神。寒夜如年情似水，相看真是畫中人。時演《畫中人》。

清・楊芳燦《真率齋初稿》卷五《消夏偶檢填詞數十種，漫題斷句，仿山遺山論詩體》 藥煮倉鶊竟不靈，蛾眉謡諑誤娉婷。人間我亦多情客，冷雨幽窗哭小青。粲花五種樂府中，《療妒羹》最工。

清・凌廷堪《校禮堂文集》卷二八《論曲絶句三十二首》 其二十 鷁齒顰眉各鬭妍，粲花開出小乘禪。鼎中自有神丹在，但解吞刀未是仙。其二十一 仄語纖詞院本中，惡科鄙諢亦何窮。石渠尚是文人筆，不解俳優李笠翁。

李梅實

紀事

清・佚名《曲海總目提要》卷九《精忠旗》 演岳飛事。杭州李梅實草創，蘇州馮夢龍改定。夢龍云：舊有《精忠記》，俚而失實，識者恨之。從正史本傳，參以湯陰廟記事實，編成新劇，名曰《精忠旗》。《精忠旗》者，高宗所賜也。涅背誓師，岳侯慷慨大節所在。他如張憲之殉主，岳雲銀瓶之殉父，蘄王諸君之殉友，施全隗順之殉義，生死或殊，其激於精忠則一耳。編中長舌私情及森羅殿勘問事。微有粧點；然夫婦同席及東窗事發等事，史傳與別紀俱有可據，非杜撰不根者比。方之舊本，不逕庭乎。第二折家中一女五男，性俱忠孝，即銀瓶女與雲雷霖震霆也。《宋史》本傳云：飛學射於周同，盡其術，能左右射同死。朔望設祭于其家，父義之曰：汝爲國用，其殉國死義乎。今見第二折。史言飛背有盡忠報國四大字，此劇云飛令張憲所涅。第三折引李若水張叔夜點綴，因兩人皆宋忠臣也。第四折《送檜南歸》，敘兀朮與檜妻褻狎，頗覺過當。然宋人小説中曾有同席語，而《檜傳》云檜與妻王氏及婢僕一家航海歸行在，自言殺監己者奪舟而來，朝士多疑之。惟宰相范宗尹力薦其忠，則非盡無因也。《檜傳》云檜於一德格天閣書趙鼎李光胡銓姓名，必欲殺之而後已，今見第六折中。或告吴元美作《夏二子傳》，指蚊蠅也，檜尤惡之。又知處州薛弼言木内有文曰天下太平，詔付史館，自此祥瑞之奏日聞。今亦見第六折。凡論人章疏，皆檜自操筆以授言者，識之者曰。此老秦筆也。今見六折檜自白中。《飛傳》云吴玠素服飛，願與交驩。飾名姝遺之，飛卻不受，玠大敬服。今見第七折。《飛傳》云飛入見，帝手書精忠岳飛字製旗以賜之。今見第九折。此記名《精忠旗》，蓋因此也。第十三折檜妻云奴家王氏，王次山之女。按檜妻王珪女孫，今所云次山，乃王次翁字，慶曾非珪子也。慶曾在政府與檜極厚，其子孫作《王次翁家傳》云：檜奪張俊韓世忠、岳飛三大帥兵權，皆次翁爲參政府，與檜密謀所致。故此劇以檜妻爲次翁女以辱之也。《張憲傳》云：檜與張俊謀殺飛，密誘飛部曲以能告飛事者，寵以優賞，卒無人應。聞飛嘗欲斬王貴，又杖之，誘貴告飛。貴不肯，曰爲大將寧免以賞罰用人，苟以爲怨，將不勝其怨。檜俊不能屈。俊劫貴以私事，貴懼而從。時又有王俊者，善告訐，號鵰兒，以姦貪屢爲憲所裁。檜使人諭之，俊輒從檜、俊謀。以憲貴，俊皆飛將，使其徒自相攻發。因及飛父子，庶主上不疑，俊自爲狀付王俊，妄言憲謀還，飛兵令告王貴，使貴執憲。憲未至，張俊預爲獄以待之。屬吏王應求白張俊，以爲密院無推勘法。俊不聽，親行鞫煉，使憲自誣，謂得雲書營還兵計。憲被掠無全膚，竟不服。飛責王貴，今見第七折。張俊誘王貴，見第十七折。推勘張憲，見第十八折。《飛傳》云李若樸言飛無罪，爲卨劾去。故十九折形容若樸甚激烈，何鑄亦明其無罪，故並載之。《飛傳》云中丞何鑄、侍御史羅汝楫交章彈論謂金兵攻淮西，飛至舒蘄而不進。今作万俟卨詰問飛語。《飛傳》云卨白檜簿録飛家，取當時御札，藏之以滅跡。又云嘉定間岳霖子珂，以淮西十五御札，辨驗出師應援之先後。第二十折飛云不救淮西，當日裏御札君王命。卨云拿御札來看。飛云你收回御札使我無踪影蓋指此也。《左編獄詞》坐飛自語己與太祖俱三十歲除節度使，爲指斥乘輿。敵至淮西前後受親札十三次不即策應，爲擁兵逗遛，今見第二十二折《世忠詰奸》秦檜答世忠語。韓世忠解兵罷政卧家十年，嘗跨驢遊西湖，自稱清凉居士。此劇言世忠詰問莫須有語，因此遂解冠帶而去，是點綴生情。第二十四折《東窗畫柑》故實，詳《精忠記》。《精忠記》云：寫一紙書藏黄柑内，是緣飾語。此云送一封帖子，是據實。二十五折六折獄卒隗順候飛死，負其骸埋於九曲叢祠事，載《西湖志》，已詳《精忠記》内。《飛傳》云建州布衣劉允升上書訟飛冤，下棘寺以死。今見第二十七折。但云允升自撞死，與史稍異。第二十九折《銀瓶墜井》事，已詳《精忠記》。飛妻無投井事，係點綴。岳珂飛第三子霖之子，後來作《籲天辨冤録》者，亦隨筆點入。第三十折云飛子雷霖震霱，皆徙嶺南。震霱年幼死於中途，此與史不合。震後爲朝奉大夫，提舉江南東路茶鹽公事。霆後爲修武郎，亦不名霱。施全刺檜事，已見《精忠記》。《西湖志》：檜遊西湖，舟中得疾。見一人披髮厲聲曰：汝誤國害民，吾已訴天得請矣。檜歸無何而死。今見第三十二折。《志》又云王氏設醮，方士伏章見熺荷鐵枷，問太師何在，熺曰在酆都。方士如其言而往，見檜與万俟卨俱荷鐵枷，備受諸苦。今見第三十三折。《志》云方士，此云押衙何立，稍異。何立入山修道，今有廟在蘇州。《飛傳》云紹興末太生學程宏圖上書訟飛冤，詔飛家自便。今見第三十七折，而以岳珂辨冤合爲一齣。褒忠建祠，事蹟俱詳載《精忠記》。

著録

清·佚名《曲海總目提要》卷九《精忠旗》。

藝文

清·陳維崧《湖海樓詞·夜合花·廿二夜原白堂中觀劇即事劇演精忠》

青溪門邊，碧油坊底，一庭霜月初濃。鄰家夜賽，春燈社火攢空。儆越覡，舞巴童。颭靈旗、不滿微風。正無聊賴，聽歌簾罅，沖洒欄東。神弦一曲才終。更有梨園雜爨，院本絲桐。岳家遺恨，夜堂一片刀弓。悲曼衍，嘯魚龍。若當場、淚灑鵑紅。須行樂耳，何知底事，且嚼金鐘。

梅孝己

論説

明・梅孝己《灑雪堂・小引》 人心不必然之想，即天下終必有之事。故偶有所設，雖怪誕恢奇，世先有之；機之所動，靡不然矣。況夫鍾情之至，可動天地，精氣爲物，遊魂爲變，將何所不至哉。故重言情者，必及死生。然而變不極者，致不窮也，極之爲此死而彼生，神生而軀死，盡之矣。即如雲華附月娥事，豈但事出不經，即其姓氏名字之間，固已自露其烏有亡是之意。然而情則何可泯也。是其傳之者，必自有一種難處之情，而鐘之至也，欲如其死；求其遂也，欲如其生；礙其人也，則生不於其身；明其緣之定也，則假借以指腹爲盟，而符合以神人之夢。是直破事勢之難，而窮死生之變者也。傳者之事，何取於真；作者之意，豈遂可没。取而奇之，亦傳者之情耳。崇禎改元春正月西陵梅孝己識。

明・馮夢龍《灑雪堂》 是記窮極男女生死離合之情，詞複婉麗可歌，較《牡丹亭》、《楚江情》未必遠遜，而哀慘動人，更似過之。若當場，更得真正情人寫出生面，定令四座泣數行下。是記情節關鎖，緊密無痕，插科亦俱雅致，惟脚色似偏累生、旦。然古傳奇如《琵琶》、《金釵》，無不如此。他脚雖稀，亦自不妨見長也。

著録

清・姚燮《今樂考證・著録八・國朝院本》 梅孝己：《灑雪堂》，即前目龍子猶改定本。

孟稱舜

論説

明・祁彪佳《孟子塞五種曲序》 會稽孟子塞先生之爲曲，則真古之詩也。抑非僅古之詩，而即古之樂也。先生前後有曲五種。《二胥》、《二喬》則所言君臣、父子、兄弟、夫婦、朋友之道畢備：《二胥》則遭國之難，而艱難痛哭以全忠孝；《二喬》則逢世之亂，風流慷慨以立功名；《赤伏符》則言天命有定，奸邪不得妄干，大業世授，子孫不容輕棄；《鴛鴦塚》、《鸚鵡墓》則專言男女夫婦之情。《嬌紅》變而卒返於正；《貞文》正而克持其變。至其爲文也，一人盡一人之情狀，一事具一事之形容；雄壯則若銅將軍鐵綽板唱大江東去之辭，嫵媚則如十七八小女娘唱曉風殘月之句。按拍填詞，和聲協律，盡善盡美，無容或議。可興、可觀、可群、可怨，《詩》三百篇，莫能逾之。則以先生之曲爲古之詩與樂可；而且以先生之五曲作《五經》讀，亦無不可也。昔人謂梨園子弟有能唱孟家詞者，其價增重十倍，夫猶僅以其情、文之特絶言之耳。《嬌紅》、《二胥》久行於世，《二喬》、《赤伏符》俱後出，而斯記則攜至金陵，同志諸子爲之鋟而傳焉。

又《遠山堂劇品・雅品》 《死裏逃生》南北四折：子若作南曲，尚能鬆秀如此，横行詞壇，當無敵手。闍黎面孔，已被此劇剥盡，是文之以怒罵當嘻笑者。

又《殘唐再創》即《英雄成敗》：爲落第士子吐氣，篇中俱是憤語。作手輕倩，元人之韻，呼集筆端。

又《眼兒媚》北四折：陳教授多情至此哉，可爲《牡丹亭》之陳教授解嘲矣。詞如鳥語花笑，韻致娟然。

又《逸品》《花前一笑》北五折：唐子畏以傭書得沈素香，此正是才人無聊之極，故作有情癡。然非子若傳之，已與吳宮花草同烟銷矣。此劇結胎於《西厢》，得氣於《牡丹亭》，故觸目俱是俊語。

又《桃花人面》北五折：作情語者，非寫得字字是血痕，終未極情之至。子塞具如許才，而於崔護一事，悠然獨往，吾知其所鍾者深矣。今而後，崔舍人可以傳矣；今而後，他人之傳崔舍人者，盡可以不傳矣。

明・宋之繩《二胥記叙》 東越卧雲子，長才博洽，矩則一本先民，於時少可。既慨且慷，往往撫長劍，作浩歌，不復知唾壺口缺。所著二傳奇，《鴛鴦塚》婉麗入情，《二胥記》則有愾乎中，凛乎忠孝相感。所謂長言之不足，從而咏歌之，又從而痛哭之者，是邪，非邪。王實甫大小劇十有三，關漢卿六十有一，大約多遵路秉蕳之遺旨。而雲子獨莊語忠孝，近於迂。宋時宮伶，作二聖環置腦後一語，大干時宰怒，故雖市里恢笑，亦多轉喉觸忌之禁。而雲子正言不顧，近於戇。迂也，戇也。有知雲子者，而雲子可以無憾；有罪雲子者，而雲子亦可以無憾矣。

明・馬權奇《二胥記題詞》 余友卧雲子，方行紆視之士也。而所著《嬌紅記》，則道兒女子之情，委折微奧，如身涉之者。此若陶靖節賦《閑情》，人與言固有如是，其不相肖者虖而非也，《閑情》一賦，所言近褻，而情深於一往，非夫賦情之至者不能道也。天下忠孝節義之事，何一非情之所爲。故天下之大忠孝人，必天下之大有情人也。則雲子之深於言情者，其正雲子論世不誣，獨行不欺之明驗虖。乃今而雲子復以《二胥記》示余，則篤摯慷慨，其言與《鴛鴦塚》詞異也。顧其所認於賦情之至者，則均也。申生感王嬌之死，而以身殉。包胥欲自踐其復楚之一言，至痛哭秦庭，水漿不入口者七日，而甘以身殉。雖事之大小不同，後之成否各異，而要其之死靡他之心，則匪特二胥等也。即前後二申，豈有異乎。余謂此記以二胥名，合雲子兩詞，而以二申集名之可也。往雲子有《桃花》兩劇，道閨房宛孌之情，委曲深至。余友倪鴻寶稱爲我朝填詞第一手，至比之《國風》之遺。而老生夙儒，則又呰之。雲子因作《殘唐再創》辭，以解其嘲。今之《嬌紅》猶昔之《桃花》，而今之《二胥》，猶昔之《再創》也。有十七八女郎唱楊柳岸曉風殘月，以鳴其豔，則不可無丈二將軍鐵綽板唱大江東去辭，以舒其豪。填詞家固必兼此兩種，乃爲當家。元王實甫之《西厢》，是十七八女郎唱楊柳枝之辭也；馬東籬之《孤雁漢宮秋》，是銅將軍唱大江東去之辭也。乃今而兼擅兩家之勝者，其我雲子虖。天下之深於情者有矣，能道其深情者不可得。得雲子詞讀之，余知其深於情也於世無再，其能道其深情亦於世無再也。往余讀《鴛鴦塚》詞，春雨蕭疎，書臺閒寂，輒涕琅琅不能止。今讀《二胥記》詞，則壯氣嶽立，鬚髯戟張，覺吳市之後，秦庭之哭，兩人英魂浩魄，至今猶爲不死。嗚呼，余之所服膺於雲子者，夫又寧以其辭也哉。

又《鴛鴦塚題詞》 孟子塞方行紆視之士也。與余同研席時，余壯而子塞弱冠耳，然其心則蒼然。好讀《離騷》、《九歌》，諷咏若金石。余時治《韓嬰詩傳》，與之辯問往復，未嘗不歎謂三益也。蓋獨行不欺，論世不誣，余信之稔矣。嗣後，有《花間一笑》之劇，鄉人頗有訾之者。余每曰：使挑人者必唐伯虎，受挑女郎必如知唐伯虎而後可。車來賄遷之事，久宜絶跡於世矣。人以余爲强詞。今春余里居，子塞以《鴛鴦塚》詞擲余，曰：子不解填詞，姑以文字觀之可也。余曰：唯唯，否否。宇宙之有音律，子獨以爲填詞設虖。《記》曰：張而不弛，文武所不爲也；弛而不張，文武所不能也。此雲英《韶濩》之由，願子無以文字畸之。所慮者，子偏以清徵清角譜之耳已。閱之，而果然春雨蕭疎，書臺迥寂。讀至私悵詰祟以後，未始不淚浪浪也。深于情者，世有之矣。能道深情委折微奧一一若身涉之，顧安得再一子塞虖。嗟虖，宋玉賦《高唐》，笑登徒子有淫行，靖節賦《閑情》，梁昭明以爲《國風》之愆。余所心賞在二者之外矣。或曰：子塞自題云節義者何。余曰：此方行紆視之尤契，亦廣大教化之弘願也。

明・王業浩《鴛鴦塚序》 予少時，偶讀《嬌紅傳》而悲之。然阿嬌誓死不二，申生以死繼之，各極其情之至，交得其心之安。示現鴛鴦，脱然存殁之外，又不勝擊節嘆賞也。夫古來佳人才子，每艱配偶，造化播弄，無可奈何。藉令天公作合，國秀國能輒雙雙兩兩，而子女成行，形影相守，即味如嚼蠟，何如巧阻魔分，俾各盡其孤行之致，獨擅千秋之可涕可歌乎。如嬌、申相逢在未嫁未昏之時，若舅妗不以中表辭，帥子不入憐憐語，遣完《玉鏡臺》故事，則兩人轉眼便是緑暗紅稀，春風桃李花開，秋雨梧桐葉落，情盡緣老，凄凉隨之矣，安能貫通死生，遊戲奇特，俾造化不得主張耶。且阿嬌非死情也，死其節也；申生非死色也，死其義也。兩人爭遂其願，而合於理之不可移，是《鴛鴦記》而節義之也。正爲才子佳人天荒地老不朽之浄緣，以視紫玉韓重輩，勝氣更凛凛烈烈。彼秦樓仙侣，跨鳳雙飛，明月玉簫，使千載之下寄想。乃兩人情味位置豈有遜焉。予友孟子塞，邃於理而妙於情者也。暇日弄筆墨，有感於斯，即譜爲傳奇，令嬌、申活現，而兒女子之私，頓成斬釘截鐵，正覺正法，爲情史中第一佳案。至其摛詞遣調，雋倩入神，據事而不幻，沁心而不淫；纖巧而不露，酸鼻而不佻；臨川讓粹，宛陵讓才，松陵讓律，而吴苑玉峰輸其濃至淡蕩，進乎技矣。予深悲嬌、申之始，亟賞嬌、申之終。鼓掌稱絶於《鴛鴦塚》，得孟先生長不壞也。走筆而叙之。

明・陳洪綬《節義鴛鴦塚嬌紅記序》 今天子廣勵教化，誅凡衣冠而鳥獸行者。或曰：是某某者皆道學之士，所共推爲賢者也。且其人亦既讀書知理義矣，何至行同於狗彘若此。余曰：嗚呼，若人非不知理義之患也。惟知有理義而貌之以欺世，而其真情至性與人異，故自墜於非人之類而不知也。蓋性情者，理義之根柢也。苟夫性情無以根柢，則其於君臣父子兄弟朋友夫婦之間，殆亦泛泛乎若萍梗之相值於江湖中爾。天下殘忍刻薄悖逆乖暌之事無不緣是而起。太史公推申、韓之禍本於道德，其意亦猶是也。往余聞此論於孟子塞，每嘆爲信然。今又得子塞《鴛鴦塚記》讀之，而知古今具有性情之至者，嬌與申生也；能言嬌與申生性情之至而使其形態活現精魂不死者，子塞也。子塞文儗蘇、韓，詩追二李，詞壓秦、黄。然其爲人則以道氣自持。鄉里小兒，有目之爲迂生爲腐儒者，而不知其深情一往高微窅渺之致。問諸當世之男子而不得，則以問之婦人女子；問諸當世之婦人女子而不得，則以問之天荒地老古今上下之人，而庶幾或有得焉。觀此記者，亦可以想其性情之至矣。昔時子塞有《古今名劇選》及桃花諸曲行於世。一老先生見而呵之，以爲不正之書。又一老先生以爲詩曲等也，夫子删詩，不廢鄭、衛，况子塞所著所選又皆以情而出於正者乎。此言是矣。予猶以爲未盡也。今有人焉，聚徒講學，莊言正論，禁民爲非，人無不笑且詆也。伶人獻俳，喜歎悲啼，使人之性情頓易，善者無不勸而不善者無不怒，是百道學先生之訓世，不若一伶人之力也。且若前此講學解理義者，不免行鳥獸之行，而申、嬌兩人能於兒女婉孌中立節義之標範，其過之不甚遠也哉。則子塞此辭所以言乎其性情之至也，而亦猶之乎體明天子廣勵教化之意而行之者也。若其鑄辭冶句，超凡入聖，而韻叶宫商，語含金石，較湯若士欲拗折天下人嗓子者又進一格，則猶以其詞言之耳，非子塞作此記之旨也。

傳　記

清（康熙）《會稽縣志》卷一九 順治六年貢生，稱堯弟，有《史法》諸書及傳奇數種。

清（乾隆）《松陽縣志》卷七 孟稱舜，字子塞，會稽人，訓導。品方正孤介，不肯與俗伍，不肯以私阿，力以勵風俗、興教化爲己任。朔望升堂講道，闡明濂閩心學，課士嚴整，毋敢或譁。學富才敏，昕夕誦讀不絶，寒暑著述無休。適學宫頽廢，謀如家事，汲汲不休，廟廡俎豆有未備者，皆繕補之，尊經閣籍其落成，其有功聖門蓋不少云。

紀　事

清・佚名《曲海總目提要》卷八《桃花人面》 明孟稱舜作。按唐人小説，博陵崔護，資質甚美，少而孤潔寡合。舉進士第。清明日，獨遊都城南，得居人莊一畝之宫，而花木叢萃，寂若無人。扣門久之，有女子自門隙窺，問曰：誰邪。護以姓字對，曰：尋春獨行，酒渴求飲。女入，以杯水至，開門設牀命坐，獨倚小桃斜柯佇立，而意屬甚厚，妖姿媚態，綽有餘妍。崔以言挑之，不對。目注者久之，崔辭去。送至門，如不勝情而入。崔亦睠盼而歸，爾後絶不復至。及來歲清明日，忽思之，情不可抑，徑往尋之。門院如故，而已扃鎖矣。崔因題詩于左扉曰：去年今日此門中，人面桃花相映紅。人面秖今何處去，桃花依舊笑春風。後數日，偶至都城南，復往尋之，聞其中有哭聲，扣門問之，有老父出曰：君非崔護耶。曰：是也。又哭曰：君殺吾女。護驚怛莫知所答。父曰：吾女笄年知書，未適人，自去年以來，常恍忽若有所失，比日與之出，及歸，見左扉有字，讀之，入門而病，遂絶食數日而卒。吾老矣，唯此一女，所以不嫁者，將求君子以託吾身，今不幸而殞得非君殺之耶。又持崔大哭。崔亦感慟，請入哭之。尚儼然在牀，崔舉其首，枕其股，哭而祝曰：某在斯。須臾開目，半日復活。父喜，遂以女歸之。作者前後情節都無改易，唯女郎本未傳姓字，今撰葉蓁兒以實之，似亦借桃夭之意，相爲映帶云。

又《花舫緣》 明孟稱舜作。唐寅遇華學士婢事，見《涇林雜記》。作者本用此事而其中小有改竄。如華學士則云沈八座，桂華則云慵來。又相遇本在無錫，而此以爲虎丘，則參用小説所記也。小説亦云華學士婢，而以婢名爲秋香，又與陳元超事相混云。

著録

清·佚名《曲海總目提要》卷八 孟稱舜，字子若，一字子塞，又作子適。浙江會稽人。所作雜劇有《桃花人面》、《英雄成敗》、《死裏逃生》、《眼兒媚》、《花前一笑》等存，《紅顔年少》佚。傳奇有《二胥記》、《赤伏符》、《嬌紅記》、《貞文記》等。

清·黄文暘、佚名《重訂曲海總目·明人傳奇》 孟稱舜字子若 《桃花人面》、《英雄成敗》、《死裏逃生》、《紅顔年少》、《眼兒媚》、《花舫緣》一刻作明卓珂月所著。

清·焦循《劇説》卷三 山陰孟稱舜，字子若。其《柳枝集》有《花前一笑》雜劇，即唐伯虎遇侍婢事。卓珂月本其事作《花舫緣》，改華爲沈，改秋香爲申慵來。《古夫于亭雜録》又謂：係江陰吉道人，非伯虎。秋香乃上海大家，非吴興華學士。

清·支豐宜《曲目新編·明人雜劇》 《桃花人面》、《英雄成敗》、《死裏逃生》、《花舫緣》、《紅顔年少》，右五種，孟稱舜作。

清·姚燮《今樂考證·著録三·明院本》 孟子若六種：《桃花人面》、《唐伯虎千金花舫緣》、《死裏逃生》、《紅顔少年》、《英雄成敗》、《陳教授泣賦眼兒媚》。

清·王國維《曲録》卷三 《桃花人面》一本，《英雄成敗》一本，《死裏逃生》一本，《紅顔年少》一本，《花舫緣》一本，《眼兒媚》一本。右六種，明孟稱舜撰。

黄家舒

論説

明·祁彪佳《遠山堂劇品·逸品》 《城南寺》北二折：杜牧之狀元入城南寺，遇入定僧，問其姓名，不對。杜詰之：汝知狀元否。僧云：不知。杜故有禪師都未知名姓，始識空門意味長之句。黄君發之於詞，讀一過，令人名利之心頓盡，其以詞證禪者耶。

傳記

清（乾隆）《金匱縣志》卷一八 黄家舒，字漢臣。少爲高才生。甲乙後棄去，體清羸善病，食不逾半器，坐卧斗室，交膴密護，終歲不出。宋之普欲致一見，至再，終不往。知交過從，討論今古，談讌浹日，流連景光，感慨繫之。其學無所不探，皆務究根柢，文章典縟，金玉亮晚，學禪于靈巖，尤息心西方之教，無子。門人馬翀輯其遺文以傳。

清（嘉慶）《無錫金匱縣志》卷三九 黄家舒，字漢臣。自少稱高才生，與孫源文善。甲申之變，源文殉節，家舒遂棄諸生服，坐卧斗室，謝絶交遊。自名其集曰：《焉文堂集》以見志。知府宋之普聞其名，欲一致之，不可得。體羸，以病自廢，修静業。

清（嘉慶）《無錫金匱縣志》卷一〇 黄漢臣與孫笨庵交善。笨庵死節，漢臣與張秋紹書云：弟曩與笨庵隔河而語，憂形於色，笨庵以殉國死矣，弟從孱軀，尚存人世。每食脱粟半盂，諒無久理。惟兄留心吾邑文獻，實有賴焉。家舒病中伏枕書。

著録

明·祁彪佳《遠山堂劇品》 黄家舒：《城南寺》北二折。

清·焦循《曲考》《城南寺》，黄家舒作。

清·梁廷枏《曲話》卷一 以雜劇言之，其人各一種者，【略】國朝如：黄家舒作《城南寺》。

清·支豐宜《曲目新編·國朝雜劇·補遺》《城南寺》，黄家舒作。

清·姚燮《今樂考證·著録四·國朝雜劇》 黄家舒一種：《城南寺》家舒字漢臣。

清·王國維《曲録》卷三《城南寺》一本，國朝黄家舒撰。家舒，字漢臣，無錫人。

卓人月

論説

明·沈泰《盛明雜劇》卷二三《花舫緣》，明徐翽批點云：向見子若製《唐伯虎花前一笑》雜劇，易奴爲傭書，易婢爲養女，十分迴護，反失英雄本色。珂月戲爲改正，覺後來者居上。

明·祁彪佳《遠山堂劇品·逸品》《花舫緣》北四折 此即子若傳唐子畏原本，易傭書爲奴，易養女爲婢。調中別出佳句，欲與孟劇較勝，而丰韻正自不減；乃其叶調之嚴整，更過於孟；而用韻少雜，則二劇同之。

傳記

清·陳作霖《金陵通傳》卷二二 人月，字珂月，一字蕊淵，崇禎八年副貢生。容修長，目鮮朗。爲詩文奇削琢刻，久則清遠闓肆，刃迎縷解。祭酒吴偉業深重之。著有《蕊淵》、《蟾臺》二集，《古今詞統》、《女才子集》、《卓氏世家》、《貞元軼事》、《臨文訂謬》。子長庚、天寅。天寅原名丙，字火傳，國朝順治十一年副貢生，與宗人省、莊元珠皆以詩名。

清·黄宗羲《思舊録》 卓人月，字珂月，杭之塘棲人，蚤有詩名。丙子，余兄弟以應試寓涌金門黄家莊。珂月夜過余，索酒與澤望棹舟湖中，笑聲震動兩岸，犬聲如豹。

清·朱彝尊《静志居詩話》卷二〇 卓人月，字珂月，仁和人，貢生。有《蕊淵集》。珂月才情横溢，所撰《續千文》，穩帖而奇肆，詩亦不爲格律所拘。《贈女鬟紅衣》云：石家醋醋喜穿緋，裹手擎觴率意飛。坐上恨無姜石帚，長歌一曲《惜紅衣》。

清（康熙）《仁和縣志》卷一一 卓人月，崇禎年選貢。

清（乾隆）《杭州府志》卷九 卓人月字珂月。仁和貢生。才情横溢。所撰《續千文》，穩帖而奇肆，詩亦不爲格律所拘。

清（光緒）《唐棲志》卷一一 卓人月字珂月，别號蕊淵，拔貢生。才情横溢，撰文穩帖而奇險，詩亦不爲格律所拘。以未遇早逝，世謂才命並同長吉。其詩詞樂府及《蕊淵》、《蟾臺》兩集，傳誦海内。

紀事

清·焦循《劇説》卷二 卓珂月有《新西厢》，其自序云：崔鶯鶯之事以悲終，霍小玉之事以死終：小説中如此者，不可勝計，乃何以王實甫、湯若士不能脱傳奇之窠臼耶。余讀其傳而慨然動世外之想，讀其劇而靡然興俗内之懷，其爲風與否，可知也。《紫釵記》猶與傳合，其不合者止復甦一段耳，然猶存其意。《西厢》全不合傳，若王實甫所作，猶存其意；至關漢卿續元，則本意全失矣。余所以更作《新西厢》也，段落悉本《會真》，而合之以崔鄭墓碣，又旁證以《微之年譜》，不敢與董、王、陸、李諸家争衡，亦不敢蹈襲諸家片字，言之者無飾，聞之者足以歎息。蓋崔之自言曰：始亂之，終棄之，固其宜也。而微之自言曰：天之尤物，不妖其身，必妖於人。合二語可以蔽斯傳也。

著録

明・祁彪佳《遠山堂劇品》 卓人月：《花舫緣》北四折。

清・姚燮《今樂考證・著録三・明雜劇》 卓珂月一種：《花舫緣》。

清・王國維《曲録》卷三 《花舫緣》一本，明卓人月撰。人月，字珂月，仁和人。

藝文

明・徐士俊《雁樓集》卷二《祭卓珂月文》 與兄定交，乙丑之年。文情璧合，道誼珠聯。日坐矻矻，夜誦厭厭。弟慚才，兄曾勿嫌。青燈照映，風雨無愆。有義共析，有詩共箋。徐卓唔歌，交情在焉。性有剛柔，我韋子弦。事有紛拏，我經子權。肝腸冰雪，意氣雲天。家居咫尺，書問惓惓。或時遠别，長歌短篇。余從楚歸，見兄若仙。已掇貢魁，行將往燕。他日功名，從此着鞭。又復南來，風塵勉旃。秣陵秋試，當居我先。一朝榜下，英雄倒顛。余既被放，惟兄亦然。此懷莫陳，同病相憐。兄病乃甚，虐鬼牽纏。尚能對客，擁爐着綿。九秋下澣，中心孔艱。急欲驅之，藥攻太嚴。廿九蚤起，忽聞人言。謂是兄亡，咤其妄傳。頃之漸真，匍匐直前。哭兄於牀，淚如涌泉。平昔雄談，欲驚四筵。云胡至此，瞑目長眠。世界殊窄，才人不全。人琴俱亡，筆墨猶鮮。仙樓幾層，玉李星懸。何更須兄，去兹故園。三旬有一，未及顔淵。棄子捨女，辭凰拆鴛。父兮客遊，母兮病痼。白頭王父，暮景愁添。世變如斯，高山可川，魂魄安歸，春風杜鵑。我今祭兄，不火不煙。惟有文章，是兄所忺。一字一淚，幽懷顧瞻。石上青詞，千秋墓田。白楊蕭蕭，蔓草芊芊。勿謂難堪，三生磨旋。

又《哭卓珂月》 十年握手論文章，風雨酸寒得共嘗。宰地脩文上天去，世間筆墨盡無光。

又 君家自許月中人，文彩風流映此身。今夜春江無限好，只愁海底已生塵。

又 六戰文場毛羽摧，曾無一個解憐才。衆香國裏如登隽，留取香名去占魁。

又 憶昔挑燈作唔歌，花痕粉暈不嫌多。君才未盡身先盡，每展殘編唤奈何。

又 錦囊佳句涌春潮，歎雪懷烟恨未消。魂魄有知應眷此，相於閣下草蕭蕭。

又 嗑指抽毫志未灰，漆燈猶照讀書臺。願將天下文人力，齊赴天門奪子回。

又《跋西月留痕卷》 郭景純遇佳山水輒剪爪髮埋之。文人之文，其愛護何啻爪髮。一點一畫，俱挾靈氣。此中之殘牋斷葉，皆珂月埋爪髮處也。余與卓子，若左右手，每有所得，互相拈示，正如牽一髮而通身都動。對此不覺慘然，爲書數言於紙尾，亦閒劃金釵記月痕意也。

茅維

論説

明・祁彪佳《遠山堂劇品・雅品》 《新豐記》北四折，誤署周藩誠齋作。詞意條暢，一洗油腔陋習。但馬周窮困之狀，描寫未盡，轉覺乏慷慨之概。

傳記

清・錢謙益《列朝詩集小傳》丁集下《茅太學維》 維，字孝若，歸安人。父坤，字順甫，世所稱鹿門先生者也。萬曆間，苕之稱詩者，臧懋循晋叔、吴稼𤇍翁晋、吴夢暘允兆，而孝若與元抗行爲四子。不得志於科舉，以經世自負，詣闕上書，幾得召見，如陳同甫所謂天子使召問，何處下手者。爲鄉人所構，幾陷大僇。晚年數過余山中，盱衡振腕，思得一當。余和其詩，深規切之，卒不能改也。有十賚堂集數十卷，流覽篇帙，才調斐然，以檢括爲難耳。嘗以所作雜劇屬余序，已而語人曰：虞山輕我。近舍湯臨川，而遠引關漢卿、馬東籬，是不欲以我代臨川也。其奡兀如此。

清・佚名《曲海總目提要》卷一三《雙合歡》 近時人作。即《盧夜雨事》，曲白稍有異同。曰盧夜雨者，以孟月華避雨墓廬中爲名。曰雙合歡者，宋珍與月華既離而復合，珍又爲妹瑶姬與柳鼎作合，故取雙合歡爲名也。小説云：王有道妹名淑英，此改宋珍妹爲瑶姬。又小説中月華詩句云：拚赴陽臺了宿緣。此句本極不妥，意圓語滯，足以致疑。作者亦知其誤，改曰茅屋相逢事偶然。然王有道休妻之故，實因前句，若如改句，愈覺其棄妻之不審矣。柳生中式，小説止云鄉闈，今劇以爲會試，且云柳爲狀元，宋爲探花。湖廣推官申高，劇以爲翰林學士，蓋是傳奇中舖張故套，然據小説。卻似真有此事。據劇，則反成子虚矣。明代會闈主考，無所謂學士申高。狀元探花，無所謂柳鼎、宋珍，不如據小説爲得實也。隆萬以前，各省巡按主闈試，聘取簾官，固有從他省來者，小説殆非謬耳。

又《鬧門神》 近時人作。言除夕换桃符，新門神已至，而舊門神不肯去，互相爭嚷，醜態百出。宅神和合神竈君鍾馗五路財神等並爲解紛。其意蓋以譏守令官有新舊交代者，新官已至，而舊官不肯去，以致喧爭不息也。明沈周門神詩云：莫向新郎訴恩怨，明年今夜自分明。隱寓此指。兩生天内採取此折，以補入一文錢劇，爲盧至家之門神，更增幻矣。

清（乾隆）《湖州府志》卷二一 茅維字孝若，號僧曇。坤季子。能詩，與同郡臧懋循、吴稼𤇍、吴夢暘並稱四子。萬曆四十四年，北闈登乙榜，擬授翰林院孔目，協修國史，以璫禍起，謝去。先是，見楊漣擊璫疏，遂發憤上葉福清相國奏記，福清不能用其書，京師傳誦，謂之曲突書。維一生之經略，填胸滿臆，好奇策，慷慨奮發，語多要害。崇禎二年，詣闕上《治安疏》、《足兵餉》二議論三萬言，不用。歸卒。

清（同治）《湖州府志》卷九四 苕之稱詩者，臧懋循晋叔，吴稼𤇍翁晋，吴夢暘允兆，而茅孝若維與之抗行，爲四子。維不得志於科舉，以經世自負，詣闕上書，幾得召見，如陳同甫所謂天子使召問，何處下手者。爲鄉人所構，幾陷大僇。有《十賚堂集》，才調斐然。嘗作雜劇，自比湯臨川，關漢卿、馬東籬不屑也。

清（光緒）《浙江通志》卷一七九 茅維字孝若，歸安人。【略】不得志於科舉，以經世自負。

著録

清・焦循《曲考》 《蘇園翁》、《秦廷筑》、《金門戟》、《鬧門神》、《雙合歡》五種，茅僧曇作。

清・支豐宜《曲目新編・國朝雜劇・補遺》 《蘇園翁》、《秦廷筑》、《金門戟》、《鬧門神》、《雙合歡》，右五種，茅僧曇作。

清・姚燮《今樂考證・著録四・國朝雜劇》 茅僧曇五種：《蘇園翁》、《秦廷筑》、《金門戟》、《鬧門神》、《雙合懽》僧曇字孝若。

清・王國維《曲録》卷三 《蘇園翁》一本，《秦廷筑》一本，《金門戟》一本，《雙合喜》一本，《鬧門神》一本。右五種，明茅僧曇撰。

藝文

明・郭濬《答茅孝若先生以賞花新劇見貽》 凌霞閣外花成陌，花氣氤氳共綺席。瑶華寶樹紛陸離，縹紗仙都塵境隔。【略】主人愛花看不足，遮幕能將蘭燼續。坐擁如花醉復醒，譜出花詞聲戛玉。鏗金戛玉度新聲，陌上紅樓無限情。寧獨石城憐子夜，直令瑶島妬雙成。看花濺淚多清怨，歡悰不逐桃花扇。仲容達音安用深，伯倫耽飲非荒宴。彈絲譜曲何勞騷，世人那解鬱輪袍。劍溜床頭向誰語，醉墨淋漓空爾豪。青天鸞嘯行雲歇，白日龍吟滄海竭。狂來跳入月波中，筆譜霓裳金雹掣。吁嗟兮，昔賢意得成在斯，德清奏韻陰陽鼇，關卿董子詞葩燦，東籬小山高藻披。先生之調都且美，紅牙自奏春風裏。予亦荆高和歌者，仰天哀嘯空詞壘。兩人意氣都無前，一曲清商只自憐。何時獨抱鵾絃至，日就花邊爛醉眠。

楊之炯

論説

明・虎耘山人《藍橋玉杵記叙》　余師謝迹塵囂，怡情雲水，久不作聲聞想。適友人把玩《藍橋勝事》，丐爲傳奇以風世。師咤之曰：箕山之隱，聞風卻瓢，予遑爲人間飾鼓吹乎。友人復跽而請曰：黄鍾絶而雷缶鳴，郢曲高而知音寡，先生得無是慮邪。世有鍾儀，伯牙未可輟操也。師數辭不得，乃强取故傳，稍加鉛飾，表以羽曲，大都托人籟以鳴天籟，皆風世寓言也。倘觀塲君子能入耳而感衷，則李女之貞，未始不足以繼響《栢舟》；盧友之直，未始不足以嗣音伐木。而裴君慈帥師討罪，奮三尺於燕中；授訣飛仙，起二老於地下。未必不足以壯玁狁之薄伐，觸蓼莪之深思也。至若出入玄谷，吐咳丹砂，則烟霞之味，又在撫無絃者賞之。彼煙火塵襟，慾深天淺者，寧能作是觀耶。雖然，人生三萬六千，統屬傀儡塲中，求其解脱羈縻，自持線索者，古今不可屈指。誰爲袪迷雲於中天，懸明月於長夜。則余請以玉杵振清鐸云。

明・吕天成《曲品》卷上　楊亦宦族清流，猶釣奇於髦士。

又　《玉杵》：此合裴航、崔護。選事頗佳，而詞多剿襲。

明・祁彪佳《遠山堂曲品・能品》　《玉杵》：文彩翩翩，是詞壇流美之筆。惜尚少伐膚見髓語，而用韻亦雜。若與鬱藍之《藍橋》較才情，此曲當退三舍。然律以場上之體裁，吾未敢盡爲《藍橋》許也。

紀事

清・佚名《曲海總目提要》卷一〇《玉杵記》　明末餘姚人楊之炯作。合裴航、崔護事爲一。以航得玉杵臼聘仙女雲英，故云《玉杵記》。玉杵事蹟，詳載《藍橋記》中。崔護事蹟，詳載《登樓》、《題門》二記中，作者取此相合。蓋航遇老嫗之女，護遇老父之女，映射有情，聯綴生色也。航事出裴鉶《傳奇》，乃後來作小説戲劇之祖。先遇樊夫人於鄂渚，後遇雲英於藍橋。裊烟之詩箋，卞老之書問，玉兔之擣藥，仙洞之會姻，事蹟甚多，故用爲正面。護所遇女，但有清明前後兩番，且即護與父女三人，事簡而節短，故用爲側面。其關鍵相似者，茅屋畝宫之下，求漿求飲，擎甌捧盃，以解相如之渴。或揭箔微窺，或設牀命坐，足縮不去之態，言挑不對之情，雖仙凡道殊，如出一轍。又皆有七絶詩以供點染，宜乎攢爲合錦，聯作雙環也。雲英有姓字。人面桃花之女，本無所考，《登樓記》作莊慕瓊，雜劇又作葉蓁兒，此仍采登樓姓名，從衆所習聞也。裴航之傳，載明隆慶年間，本事於崔護舉進士第，亦未點出年代，題門以王維爲護之友，亦是空中懸揣。此記又以航合傳，謂是憲穆間人，皆不可爲典要。又因航傳中云，謁故舊友人崔相國，因指護爲相國家子弟，與航交契，此亦取巧善生法處，不爲無根也。裴航詩：向爲胡越猶懷想，况遇天仙隔錦屏。倘若玉京朝會去，願隨鸞鶴入青冥。樊夫人答詩：一飲瓊漿百感生，玄霜擣盡見雲英。藍橋便是神仙窟，何必崎嶇上玉京。崔護詩：去年今日此門中，人面桃花相映紅。人面不知何處去，桃花依舊笑春風。

著録

明・吕天成《曲品》卷下　楊星水所著傳奇一本：《玉杵》。

明・祁彪佳《遠山堂曲品》 楊文炯：《玉杵》。

清・佚名《曲海總目提要》卷一〇 《玉杵記》，明末餘姚人楊之炯作。

清・佚名《傳奇彙考標目》卷上 楊之炯字星水，餘姚人：《玉杵》裴航、崔護事。

清・佚名《古人傳奇總目》 《玉杵》：楊星水作，裴航崔護事。

清・黄文暘《曲海目・明人傳奇》 《玉杵》，餘姚楊之炯作。

清・黄文暘、佚名《重訂曲海總目・明人傳奇》 楊之炯餘姚人：《玉杵記》。

清・梁廷枏《曲話》卷一 以傳奇言之，其人各一種者，【略】明人如：【略】楊之炯作《玉杵》。

清・支豐宜《曲目新編・明人傳奇》 《玉杵》，餘姚楊之炯作。

清・姚燮《今樂考證・著録六・明院本》 楊之炯一種：《玉杵》之炯，餘姚人。

清・王國維《曲録》卷四 《玉杵記》一本，明楊之炯撰。

李逢時

論説

清・焦循《劇説》卷五 《四大癡》：山水隣《四大癡》傳奇：《酒癡》爲姜應詔得不義之財，遂以酒敗家。《色癡》爲莊子扇墳，其妻劈棺事。《財癡》爲臭盧員外一文錢事。《氣癡》爲黄巢以不第造反事。《酒癡》，一名《酒懂》，爲武林李逢時撰。

紀事

清・佚名《曲海總目提要》卷一一 《四大癡》 近時人李逢時撰。以酒色財氣分作四劇，每劇五六齣，猶元人之雜劇也。酒曰酒懂，色曰搧墳，事本蝴蝶夢。財曰一文錢，用盧至事，事本内典。氣用黄巢下第事，事本殘唐。酒懂略云：語溪人姜應召，字飛熊，妻何氏，子惠連。有田有業，甚自得也。性不喜飲，遇酒輒厭，見嗜酒者，必爲攢眉。里中釀金祀神作春社，應召終席不沾涓滴。同社錢小竹者，以官事棄産，匆匆赴社，遺金一錠，應召拾而不還。社神達之上帝，勅酒神耗其家。蕩其檢，以爲不義之罰。應召歸，聞途中店家酒氣，忽覺香美，至家痛飲而睡，夢酒神引入和神之國。有平原督郵，青州從事，盛稱酒德。劉伶、李白、張旭等，歌舞而前。相與豪飲極酣，從此日耽麯蘗，沈湎醉鄉，如是累年。上帝念其平生善良，拾金之事，醉中常悔悟，復勅桃花女化作奔女以試之。應召拒之甚確，於是陰宥其過。其子惠連即於本年中經魁，應召復止酒，終身不飲。色用莊子事。其關目有搧墳、毁扇、病訣、晤俊、露哀、決嫁、劈棺等，與蝴蝶夢無異。末添陰妒一齣，則云莊妻陰魂。念禍起扇墳之婦，因至其家索鬧，適婦艷粧出嫁，莊妻入與争論，化大風一陣，燈火盡滅，衆皆驚散。蓋甚言色之可畏，化爲異物，猶足傷人也。財曰一文錢，事出佛經，中有小異處。略云：盧至，字善長。累世仕宦，富踰陶猗。性慳，以財爲命，儉陋之態，妻子皆不能堪。計口量食，每人日給米二合。其子索後園李，至給一枚，除口糧一日，屑麥作飯，欲喫而止。時當阿蘭節會，遊人甚盛，至托爲遊人，冀相識者留一飽，則省家食一頓也。忽於道拾得一文錢，喜不自勝，握錢而遊。遇乞兒一隊，以所乞酒肉，環聚而飲。中一人出令，舉城中最富者，皆曰：盧至也。又出一令，舉城中最貧者，一人曰：盧至也。衆問其故，曰：彼雖富，然自苦，不如乞兒之樂也。至聞之，亦以其言爲然，遂以所拾一文，欲肆揮霍。沈吟良久，腹中饑餒，聞有唤賣芝蔴者，乃毅然出錢買食。恐他人見奪，行至山林隱僻處食之，自謂諸天帝釋，不若我也。帝釋慧眼照見，念此人前世原在祇園會上，因貪心未净，罰降下方，乃化作募緣僧，來化導之。至不悟，於是攝醇醪飲之，使十日不醒。帝釋則幻爲至面目，抵其家，告妻子云：我平日之慳，有魅纏我也。今幸遇聖僧指迷，大悔前非，願以家貲，廣作善緣布施。徧告遠近，有貧乏欲得銀錢田宅者，於十日內恣意支給，悉出其帑藏，與家人婦子燕衎行樂。越十日，至醒，歸，則其家皆以爲慳魅復來，衆共擊之。至莫知其所以，欲訴之國王，不得達，乃詣給孤獨園，告之於佛。佛令諸弟子幻作十盧至，以點化之。至始豁然省悟，皈依三寶，得證本來云。氣集略云：黄巢，曹州人。世以販鹽爲業，博涉書傳，兼通騎射，負氣矜人，自以爲有異相，必當大貴。祥符元年，開科取士，巢入京應試。時有滎陽鄭畋，本儒家子，志遠大，亦知兵，累舉不第，同赴長安。主司劉允章者，貪而不知文，陰受令狐滈千金，拔爲第一。而巢與畋皆下第，巢怒甚，登允章門辱詈之。允章亦怒，命衆毆之。巢歸，聚衆造反。畋既下第，落魄無聊，然以爲時命未至。口無怨言，堅守窮約，以待來科。巢兵勢日熾，朝命劉允章領兵十萬，留守東都，即以令狐滈爲參謀。巢圍東都，允章不能支，偕滈獻城於巢，面縛請降。巢進兵長安，僭號改元。是時畋已登第，出守鳳州，應詔勤王，刺血移檄十八鎮，合兵勦賊。李克用、劉守光、王行瑜等，聞風四集，大破巢兵，斬巢，再造唐室。天子論功行賞，以畋爲平章政事，兼鳳翔節度使，而以降賊諸人命畋勘問。則允章、滈其首也，畋責其負恩誤國，按法誅之。按《劉允章傳》，允章，字蘊中，咸通中，爲禮部侍郎。請諸生及進士第，並謁先師，衣青巾介幘，以還古制，後爲東都留守。黄巢至，分司李磎挈尚書印走河陽，允章寄治河清。巢僭號，輒受僞官，文書盡用金統，遣取印磎所，磎不與，更悔愧，移檄近鎮，起兵扞賊。磎持印還之，後廢於家。《令狐滈傳》：父綯爲相，滈避嫌不舉進士。懿宗時，綯去宰相，因丐滈與群進士試有司，詔可，是歲及第。諫議大夫崔瑄劾奏綯，請委御史按實其罪，不聽。及遷右拾遺，左拾遺劉蜕，疏言滈未嘗舉進士，而妄言已解，使天下謂無解及第，不已罔乎。《鄭畋傳》：畋舉進士時，年甚少，有司上第籍，武宗疑，索所試自省，乃可。

著録

清・佚名《傳奇彙考標目》 李九標字逢時，武陵人：《四大癡》。

清・佚名《曲海總目提要》卷一一 《四大癡》，近時人李逢時撰。

清・黄文暘《曲海目・國朝傳奇》《揚州畫舫録》卷五 《四大癡》。

清・黄文暘、佚名《重訂曲海總目・國朝傳奇》 無名氏：《四大癡》。

清・梁廷枏《曲話》卷一 以傳奇言，【略】明人有【略】《四大癡》。

清・支豐宜《曲目新編・著録八・國朝傳奇》《四大癡》。

清・姚燮《今樂考證》附《曲考》 無名氏：《四大癡》。

清・王國維《曲録》卷四 《四大癡》一本，明李九標撰。九標，字逢時，武陵人。

徐士俊

論説

明・徐旭旦《春波影・小引》 余奔走長安街，面土尺許，未行一第，跋涉數千里，悲哉，余之遇也。乙丑之秋，又將掛孤蓬，渡浙水而西。荻花蕭條，霜月慘澹，四顧童僕，依棲無色。野君將余水湄，余謂之曰：吾於世人味已嚼蠟，幸爲我求隙地於湖渚，行將與爾賦詠著述，何物五斗，能使人折腰耶。野君戲曰：予冷人也，合受冷趣爾。熱人也，應受熱業爾。若飄然歸來，我當分草堂半榻容汝四大，何必買山而隱耶。余笑曰：子何居高而視下也。區區徐生，亦有心胸頭面者，斑衣捧檄，固知喜動顔色，乃山鬼移文，亦知愧人毛髮，此行余之不得已也。戊辰之役，徜拾得青素，則借一命娛兩親。不然，則袖書歸田，爲老農畢世耳。野君曰：善。吾固知君非久於風塵者，吾將結茆花下以待。已而，閱余行裝，見余諸行卷，因曰：吾亦有數首欲乞子一言，以行於世。開緘出之，則《春波影》也。豔句淋漓，藻色飛動。余捧讀良久，心花皆開，拍案歎曰：嗟乎，余所行世不過一時塵言，而子則千秋慧業，豈不仙凡霄壤，尚敢輕置一喙哉。雖然惟野君知我，亦惟我知野君。野君詞章高妙，人人所知，然余以爲正非野君本色也。野君外服儒風，內宗梵行，其於世間色相，一切放下。高棲山谷，睥睨今古。視富貴如浮雲，功名若苴土，即至山水煙霞，文章句字，亦如夢幻泡影，過眼變滅。但其性靈穎慧，機鋒自然，不覺吐而爲詞，溢而爲曲，以故不雕琢而工，不磨滌而净，不粉澤而豔，不穿鑿而奇，不拂拭而新，不揉摛而韻。蓋直出其緒餘，玩世弄物，彼其胸中寧有纖毫留滯者哉。即其命名《春波影》，而其意固已遠矣。余之知野君者，殆得之文彩之外，章句之先。若區區語其藻豔而已，則名箋灑翰，路口成碑，俊舌歌鶯，青樓偷譜，誰不知之，安見余之爲知野君也。余惟是速了熱業，轉受冷趣，他時分得野君草堂半榻，當以性靈爲師，梵貝爲課，賦詠著述，亦多休卻。野君此時靡詞綺語，亦□一切報罷。我正恐其機鋒四出，技不勝癢，指尖毛孔皆蒸蒸然，不得太平也。

明·王晫《題春波影詩末題記》《春波影》，【略】據傳填詞，略無增飾。乃後來作者紛紛，如《療妬羹》、《風流院》、《情生文》諸本，將小青强生配合，得無唐突西施耶。

明·沈泰《盛明雜劇》卷二四《春波影》：明卓人月評：手筆在元人之上。又：文章不令人愁，不令人恨，不令人死，非文也。若士之後，幸有野君。又：《拜月》、《西厢》化工也，《琵琶》畫工也，曲至此，是化，是畫。

又 卓珂月《花舫緣》、《春波影》二劇序云：友人有《唐解元》雜劇，易奴爲傭書，易婢爲養女，余以爲反失英雄本色，戲爲改正。野君見獵心喜，遂作《小青》雜劇以見幸不幸事，天地懸隔若此。

明·祁彪佳《遠山堂劇品·逸品》《絡冰絲》南北一折：奇事也，而以休文之情語度之，鮫人之淚，瑩瑩緯絡矣。

又《春波影》北四折：此等輕逸之筆，落紙當有風雨聲。小青得此，足爲不死。填詞若野君，再於韻律著意，則駸駸直追元人而上矣。

清·焦循《劇說》卷三《春波影》：演小青故事爲傳奇者，有《療妬羹》、《風流院》兩種，當以徐野君《春波影》爲最。

傳記

清（光緒）《唐棲志》卷一二 徐士俊，原名翽，字野君。仁和《杭郡詩輯小傳》落瓜里人。十三歲從大父鶴南公徙唐棲，因家焉。王丹麓《霞舉堂集》父若赤，艱於嗣。《棲水文乘》其外祖邵中菴代禱於齊之真武帝君。王丹麓《霞舉堂集》次年生士俊。《棲水文乘》迨能言，數夢居一茅菴，其中經卷、藥爐、籐牀、竹几宛若舊御。自悟前身爲嶽道人，遂作《白嶽詩》，人多傳説，此夢始絶。少奇敏，於書無所不讀，發文跌宕，自喜爲樂府詩歌詞，第謹自秘匿，人罕有知者。同里卓珂月，才人也。少負盛名，走四方，如婺一見，驚曰：里有名士，不相聞名，予過矣。即日具書幣招之於家，詩晨酒夕，欣得良友。自此有《徐卓晤歌》傳於人間。已受知觀察檗山胡公，取其文冠多士。是年，遂補杭州弟子籍，更名士俊。當其時，海內争尚風氣，文社迭舉。王丹麓《霞舉堂集》諸名社無不借士俊名爲弁冕，得交者比於孺子元直。士俊恂恂勿敏。《雁樓記》以一間爲婦室，一間爲讀書堂，紀所繫詩，所謂新詩樂府傳桃葉，定本名山署雁樓也。《詩輯小傳》雁樓之外無他地，讀書之外無他事。《雁樓記》中酉後，絶意仕進，惟放情山水，以著作爲娱樂，會故人卓太史招之遊，欣然從之。至看長安明月，忽又不知感從何生也。見報國寺古松，嘆爲希有，每往憩下，盤桓不忍去。一日，踏雪過報國寺，數客繼至，相揖而出。有識者曰：此西泠徐野君也。一客獨爽然若失，似重有慕者。次日至寓，道姓名，蓋麻城令王君義偉也。把臂定交，更命其子執弟子禮，遂同趨麻城。陟五腦山，過子路問津處，揚帆大江，尋東坡諸勝相樂也。已而泣下，曰：當年偕從弟大津赴武陵，溯長江，泛洞庭，登黄鶴、岳陽兩樓，曾日月之幾何，乃楚之山川，竟能再至，而弟兄不可復見矣。愴然。之後遭繼母喪，哀毁過於所生，至性然也。服闋，不樂長征，但往來湖北墅，如生春風，飲醇酒。有問字者，傾心教之。有一長可録者，不惜齒牙奬成之。故所逢迎恐後，遠方聞名，相思其書，往往爲隆、萬時人，或以其人猶在，翻大駭。蓋得名之早而享之最久也。讀書無論卷、葉多寡，自首至末，以覽竟爲率，日有課程，雖老勿替。五經歲讀一遍，有徐廣之風。數十年所著，有二千餘紙，今所傳者《雁樓集》二十五卷。王丹麓《霞舉堂集》大概標舉性靈爲宗，體格甚備，且出最先，人争購之。王丹麓《文集紀》有《尺牘初編》、《尺牘二編》、《尺牘廣編》、《草堂詞統》、《徐卓晤歌》、《春波影》、《絡冰絲》、《葉珍集》、《内家吟》、《歷朝捷録直解》、《太上感應篇註》。《樓里景物略》尚有《雁樓文逸》、《詩逸》、《雲誦尺牘》、内外篇四種未行於世。平生善攝生，自言三十二授自雲陽魯顛仙，年七十餘，望其顔色若童子然。王丹麓《霞舉堂集》論曰：今世之號爲有才者，類多高自稱許，遇文學之士，陽爲結納，而陰實嫉之如仇。蓋嫉人之名，己之名亦旋踵而敗焉，比比然。先生引後進不遺餘力，使得時乘勢以行，其必爲聖天子得人之助。而惜乎，其以布衣志也。雖然，鼓吹士林，而四方翕然宗之，風雅一道若霞蔚之蒸，孰非邦家之光也哉。王力卓丹麓撰。

紀事

明・徐士俊《春波影・自序》 慧業文人應生天上，况名媛乎。彼偶現者影耳。讀《小青傳》，諒庸奴妬婦不堪朝夕作緣者，鬱鬱以死，豈顧問哉。余仿佛其人，大約是杜蘭香一輩。友人卓珂月謂余曰：何不倩君三寸青鏤，傳諸不朽，千載下小青即屬君矣。余唯唯，遂刻絳蠟五分，移宫换羽，悉如傳中云云，以示天下傷心處，不獨杜陵花荒園一夢。劇成，題以《春波影》，蓋取集中瘦影自臨春水照，卿須憐我我憐卿之句也。是夜，夢麗人攜兩袖青梅，贈余解渴。彼小青者，是耶非耶。

明・卓人月《題春波影雜劇序》 余既和小青詩十首矣，友人徐野君遂擬元人體填詞四齣。因小青有讀《牡丹亭》詩，而《臨川集》中又載婁江女子讀《牡丹亭》而死，遂並爲點染，作臨川一重冤案。且謂余曰：《小青傳》中所謂三易照者，今已無存，此劇不知可當第幾圖。余笑而作詩答之。

清・佚名《曲海總目提要》卷九《絡冰絲》 明季杭州人徐翽撰。事出《鄉嬛記》。記曰：梁沈休文雨夜齋中獨坐，風開竹扉，有一女子攜絡絲具，入門便坐。風飄細雨如絲，女隨風引絡，絡繹不斷。斷時亦隨口續之，若真絲焉。燭未及跋，得數兩，起贈沈曰：此謂冰絲，贈君造以爲冰紈。忽不見。沈後織成紈，鮮潔明净，不異於冰；製扇，當夏日甫攜在手，不摇而自凉。休文白云：左目重瞳子，聰明過人，據《梁書》、《南史》本傳。又云：欲將那詩家這幾箇韻兒，像蕭何造律的一般。作下不刊之典，謂約作四聲譜也。後世有指沈韻爲韻經者，故曰不刊之典。又云：嘔絲之野，終日向自己口中一絲絲放出來。按《山海經》，歐絲之野，有一女子，跪據樹歐絲。郭璞注曰：蠶類也。又云：這唤做滿腹經綸。按明英宗時，李東陽、程敏政皆以奇童召見。上出對句曰：螃蟹渾身甲冑。敏政對曰：鳳凰遍體文章。東陽對曰：蜘蛛滿腹絲綸。其後弘正間，敏政官止少詹學士，而東陽入内閣爲宰輔。人謂對句已定兩人名位矣。

著録

明・祁彪佳《遠山堂劇品》 徐翽：《春波影》北四折、《絡冰絲》南北一折。

清・佚名《曲海總目提要》卷九 《絡冰絲》雜劇，明季杭州人徐翽撰。

清・黄文暘《曲海目・明人雜劇》 《絡冰絲》、《春波影》，許翽作。

清・黄文暘、佚名《重訂曲海總目・明人雜劇》 許翽代徐野君作：《絡冰絲》、《春波影》。

清・梁廷枏《曲話》卷一 以雜劇言之，【略】其人各二種者，【略】明人如：徐翽之《絡冰絲》、《春波影》。

清・支豐宜《曲目新編・明人雜劇》 《絡冰絲》、《春波影》，右二種，許翽作。

清・姚燮《今樂考證・著録三・明雜劇》 徐翽二種：《小青孃情死春波影》、《奇女子風裏絡冰絲》。

清・王國維《曲録》卷三 《絡冰絲》一本，《春波影》一本。右二種明徐士俊撰。士俊原名翽，字三有，號野君，仁和人。

藝文

明・王晫《題春波影》 歌扇風流鏤管傳，西湖端可達臨川。 著書已老香名在，好置莵裘鶯燕邊。《春波影》作於天啓乙丑，刻於崇禎戊辰。據傳填詞，略無增飾。乃後來作者紛紛，如《療妬羹》、《風流院》、《情生文》諸本，將小青强生配合，得無唐突西施耶。

李素甫

傳記

清・佚名《傳奇彙考標目》 李素甫，字位行。吴江人。

紀事

清・佚名《曲海總目提要》卷一〇《落花風》 明末人李素甫作。演江練與韋珠娘約，以練口語中落花風三字標出爲題。雖非前後關鍵，而遊戲中尚不墮惡道。蕭莵江練並無其人，惟武仙係金大將是實，而事亦紐合。略言淮陽諸生江練，字楚平，居落虹橋。一日經懷遠街，樓上一女子揀花，誤墜於頭上。仰面窺之，見一女子，因彼此屬意。時有蘇西坡者，亦窺見之。訪其姓氏，父曰韋長官於元，止生二女。長珠娘，年二八；次元兒，年甫十三。西坡屬韋隣居夾七娘爲女介紹。七娘與珠娘婢吉祥計，僞若珠娘召之者，及至，則誣以外婆喚己，改訂他日，蓋共誑其錢財也。西坡暮夜伏墻樹上，遂爲巡徼哨官所擒。欲指爲賊，西坡乃自首與珠娘有約，而極譽珠娘之美。時朝廷遣節度使蕭莵爲建康留守，臨淮知府路己上諂事之，聞其家有女樂而無絶色，方購美女以獻，哨官遂以珠娘白於守。已上呼其父以情懇之，於元不從。怒而寘之獄，使吏卒圍其家，奪珠娘。珠娘方遣吉祥與練期元宵燈節密抵其室。至期赴約，門尚閉，練徬徨無如何，欲敲門以入。練乃其友林生于道旁詰而得其情，教以若行路人自語而逗出姓名以動之。練曰好落花風，吹我江楚平滿身皆香也。珠娘在内聞之，啟門迎練將入，而路守所遣吏卒劫珠娘去。備千金奩具，納之於莵。練悵然莫可爲計，而戀戀不能捨，竟詣留守軍門獻技呈勇，願投爲軍。莵召與語，識其具文武材，令與兩營將相角，無出其右者。立擢爲牙將，營中事宜，一以委之。珠娘至，莵見之甚喜。而珠娘方託病，俾一媪守之，俟其愈而入侍。未幾，果大病，乃使練延醫。練知病者即珠娘，因薦林生善岐黄，呼使治病。至則告之以情，作密札納林生懷中，俾伺便以致於珠娘。媪延林入内室，診脉用藥，言宜用江參阿魏以聒珠娘。珠娘微識其指，不敢問。既而語病證，媪云數夢囈。林即僞能治鬼者，言爲畫一符以鎮之，須密視，不可與四目見。遂以江札投之。珠娘得札，諭其意，未幾遂稱病稍愈。莵愛之甚，未遽迫也。會金朝大將武仙遣兵南伐，都總制余烈鎮守臨淮。莵召練入，珠娘侍於後。練方凝眸，莵語練云：急召余將軍計事。練未及答。莵再呼語之，倉皇應曰：諾及出，大悔，懼爲所誅。而莵已覺其情，試問珠娘何自入路守宅。珠娘以搶奪告，淚珠瑩瑩然。莵語曰：余非戀色者，一少年牙將有文武才，以汝嫁之。珠娘不知爲練，執不可。莵亦不聽，呼練入問曰：汝比來何所爲。練知情露，抵曰：惟讀書耳。曰：讀何書曰：讀《五代史》曰：讀《五代史》何事。曰：讀葛從周以女與卒事。莵故恐之曰：從周非壯夫，若我則殺卒耳。練雖未測其意，强詞以對曰：公宜傚從周，不宜殺卒。莵乃笑曰：此正吾意也。以侍姬嫁汝，其率水師五千扼上遊，爲余將軍聲援。練感泣承命。莵乃治千金裝，飾珠娘以嫁於練。初，珠娘被奪，其隣王保者，誘其妹元兒以覓姊，賣於建康妓梁媪家。父於元出獄歸，則幼女又失，憤恨無已。挈婢吉祥同抵建康，欲訪珠娘之信。練見吉祥而識之，留其主婢於家。而林生應帥府之召，亦居練家。嘗偕練爲狎邪遊，至梁媪宅，與元兒遇。改名十二娘，不知爲珠娘之妹也。練見元兒貌似珠娘，頗心動，以軍務倥偬，無暇相訪。而林生慕之特甚，移寓於其家，與訂密約，誓仝生死。無力相贖，竟乘暮夜抵江干，以汗巾互縛手足，投江而死。遂流至采石磯鴛鴦浦，兩人猶相抱持。里人奇其事，爲造塋以葬，名曰鴦鴦塚。珠娘知之，遣人護其墳，且爲建祠。練儽武仙兵獲勝班師，至其地，土人云：岸有廟，不祭必有風濤之患。練叱其妄。已而風大作，入廟詢道士，則林之僕松烟也。詰其故，知爲林之神，乃捐貲飾廟宇。歸家偕妻與岳及婢吉祥同至廟所，建醮七日而去。葛從周事出稗史中，歐陽修《五代史》不載。此云《五代史》亦假借用之耳。梁葛侍中從周鎮兗之日，有廳頭甲者，年壯未婚，有神彩，善騎射，膽力出人。偶因白事，葛公召入。時諸姬妾並侍左右，内一寵姬，國色也，嘗在公側，甲窺見目之不已。葛公有所顧問，至於再三，甲方流盼殊色，竟忘對答。公但俛首而已。既罷，公微哂之。或有告甲者，甲方懼。但云神思迷惑，亦不記憶公所處分事。數日之間，慮有不測。公知其憂甚，以温言接之。未幾，有詔命公出征唐師於河上。時與敵決戰數日，敵軍堅陣不動。日暮，軍士飢渴殆無人色。公召甲謂之曰：汝能陷此陣否。甲曰：諾即攬轡超乘，與數十騎馳赴敵軍，斬首數十級。大軍繼之，唐師大敗。及葛公凱旋，乃謂愛姬曰：甲立戰功，宜有酬賞，以汝妻之。愛姬涕泣辭命，公勉之曰：爲人妻不愈於爲妾耶。令具貲粧直數千緡。召甲告之曰：汝立功於河上。吾知汝未婚，今以某妻，兼署列職。此女即所目也。甲固稱死罪，不敢承命。公堅與之。葛公爲梁名將，盛名著於敵中。河北諺曰：山東一條葛，無事莫撩撥。又按宋种《世衡傳》：世衡知環州。羌酋慕恩竊與侍姬戲，世衡出掩之。慕恩慚謝，世衡笑曰：君欲之耶。即以遺之。由是得其死力。弇州史料：王越御軍能恤下。一日大雪，方坐圍爐，使四伎抱琵琶捧觴侍。一千户詗賊事，即召入與談敵事甚晰，大喜曰：寒矣。手金卮飲之。復談，則益喜。命絃琵琶而侑酒，則併金卮予之。已又談，則又喜。指其中最姝麗者曰：欲之乎。以予汝。自是千户所至，爲効死力。又按《情史》：揚州女子張麗春，年十七，美姿容，善詩賦。同里曹璧，聰俊工文詞，張頗垂意。曹以貧富所量，不敢啟齒。張翁開塾招生讀書，命宿西軒静室，以便肄業。時值菊節，與麗春相遇，其禮甚恭。翌日，命侍兒蘭香持彩箋作詞寄生，中有赤繩繫足之句。生答詩云：昨夜嫦娥降消息，廣寒已許折高枝。一夕叩門，出四絶句效唐人迴文四時，索生依韻立和。漏下二鼓，生欲求歡，麗春正色不可。張公擇日下聘，贅生入門。咸淳末，海寇犯揚州，市肆一空。殆至張宅，生女卧榻。適臨大池，倉卒無避，恐致辱身，乃相摟共溺池中而死。踰年，其中忽生並蒂蓮花。士大夫詩詞成帙，名《並蒂蓮集》。又：民家有男女以私情不遂赴水死，三日，二尸相攜出水濱。是歲此陂荷花無不並蒂者。李仁卿作《摸魚兒》詞紀其事云：爲多情，和天也老，不應情遽如許。請君試聽雙葉怨，方見此情真處。誰點注，香瀲灩，銀塘對採胭脂露。藕絲幾縷。絆玉骨春心，金河曉淚，漠漠瑞紅吐。連理樹，一樣驪山懷古。古今朝暮雲雨。六郎夫婦三生夢，斷幽恨徒前阻。須會取，共鴛鴦，翡翠照影長相聚。風不住，悵寂寞芳魂，輕烟北渚，凉月又南浦。此兩事與林生十二娘絶相似，作者蓋本於此。

又《賣愁村》不知何人作。演河南石祐仁流寓瓊崖，與賣愁村土妓徐元兒交，元兒負盟不終。事之有無不可考。其村即在廣東瓊州府臨高縣，見地志。略云。石祐仁字介卿，河南開封府人。隨父宦遊瓊崖，父歿僑居。弱冠登賢書，縱情詩酒。步屧賣愁村，見孀婦徐元兒而悦之，婦亦心許。偷兒沈阿雷與元兒鄰。元兒曾與富户康元往來，阿雷夜踵康元入其室。見元兒獨坐月中私語，嫌康元蠢而憶祐仁，呼其名曰：安得從空掉下。阿雷奔告祐仁。祐仁往赴，情甚昵。居數日，祐仁蕭然無所贈，元兒漸落寞，以語譏之。祐仁怒而舍去。征羌將軍蘇雲章者，河南洛陽人。封靖國公，拜征羌將軍，鎮關中。有兩妹，一適鎮遠伯，一未字。雲章性豪爽，雪天讌賞，忽有緑面虬鬚人飛墮筵前索酒。雲章知爲俠客，飲以斗酒而去。其後請急歸里，以女樂無佳者，遣人往南方買妓。腐儒白相，瓊州廩生，本祐仁舊交，亦與鎮遠伯有舊。鎮遠薦之與雲章，遣人挾幣聘爲幕客。初祐仁與元兒通，爲青陽廟戚道士所見。告之康元，元啣之。雲章所遣買妓者寓廟中，元遂與戚謀，誘元兒賣之靖國府。而憾祐仁不置，乘其赴公車，邀刺於道。緑面俠客殺康元，脱祐仁之難。入京擢第，授官翰林。條奏邊事，且薦雲章不宜放歸。朝旨以新進越職，貶官閒住。祐仁至瓊，遷父棺還河南籍。白相受雲章聘，僱人擔行李。阿雷賺入浴堂，盡劫其裝。赤身無措，緑面俠見而憐之，助貲，囑見雲章道故。時阿雷冒相名至河南投謁，雲章方疑之，而相已至，乃呵阿雷而遣之。雲章見祐仁疏，甚慕其人。偕相遊中岳，祐仁適至，始相識，恨相見之晚。邀入第，張宴款留，出女樂侑酒，元兒在其中。知祐仁已貴，深悔前誤，乘夜奔館舍薦寢。祐仁以其既入靖國，則爲友朋婢妾，義不可私，拒不納。元兒慚退自縊死。雲章聞之，愈重祐仁，以其妹適焉。阿雷軼入羌中，引羌入寇。朝以祐仁言驗，復官翰林。起雲章征羌將軍，率兵進討。而緑面俠者，羌種也。本名喇瑪瑚，以馬市隨父入中國，父爲人所殺。瑪瑚得劍術，報父仇，復歸部落。感雲章斗酒知遇，率所部助戰，斬阿雷，平西羌。雲章凱還奏瑪瑚功，封羌。王雲章加食邑。白相從軍歸，得祐仁薦，亦授官教讀。劇中賓白，稱蘇雲章妹曰侍長。按明憲宗稱萬貴妃爲侍長。成祖時稱仁宗張妃曰使長，元時宫中亦有使長之稱，必是宫掖勳貴間有此稱謂也。至所云靖國公，則明代無其人，鑿空不實。鎮遠伯則靖難功臣顧成，爲鎮遠侯，子孫世襲，非伯也。

又《元宵鬧》 不知何人作。演水滸傳中盧俊義始末。以吴用設計，于元宵夜火燒翠雲樓劫俊義出獄故謂之元宵鬧。事跡俱與傳合，惟插入張文遠一段，非傳所有。略云：大名富户盧俊義，力敵萬人，名滿河北，綽號玉麒麟。梁山泊宋江聞其名，欲勾引入夥。吴用設謀，遣鼓上蚤時遷潛至其家爲鬼怪，擲瓦礫，使不安其居。此段小説中所無。而用則僞爲星士造其門，以大言撼之。俊義呼問吉凶，用謂將有危難，須出千里外，方得避免。且造口訣，使俊義題壁以爲後驗，實則以盧俊義反四字藏頭，而俊義不知。促裝欲往泰安州進香。其家管鑰者曰李固，腹心曰浪子燕青。固本乞兒，乞食于俊義門，俊義之妻賈氏愛其貌偉，勸俊義收用，委任家事。青則多技能，尤善伏弩，有俠氣，俊義特重之。至是聞俊義信星士言，將遠行，皆阻之。俊義不聽，留青於家，使固隨行。行近山泊，店家以泊中有大盜，勸使繞道。俊義恃勇，以旗揭車上而進。至則伏兵四出，佯敗，引入泊中被擒。江等説使降，不從，則强留俊義，而放固引車杖先歸。瀕行，用陰謂固云：若主已無歸志，壁上反詩可證也。固歸與賈氏通，賄留守梁中書，首俊義反，逐燕青而占其家。俊義從梁山乞歸，青伏道左哭訴，且勸無歸。俊義不信，歸則被縛至官，嚴拷誣服。固賄獄吏蔡福蔡慶，使陰殺之。福知其冤未决，而江等已覘知之。潛使柴進以千金餽福，福爲轉賂官吏，得從寬發配。固又賄役中道謀害。行入深林，兩役方下手，燕青踵至，放弩射殺役，負俊義逃。憩店中，青出求食，而殺役事覺。官遣吏捕獲俊義去。會江等遣楊雄石秀探信，與青遇，青與雄歸泊。秀入大名，聞人嘆嗟聲，以俊義將戮于市也。秀從酒樓飛墮法場，劫俊義走，寡不敵衆，兩人皆被擒。官既畏賊，不敢即殺，又善視之，得不死。時值元宵，大名府常年燈事甚盛，官欲禁燈，則恐貽笑于盜，下令如常。府有酒樓曰翠雲，爲遊人聚集之所。吴用定計，預遣頭目至大名潛伏，而令時遷于翠雲樓放火爲號，統兵繼進。及期，内外夾攻，城中大亂，官俱出走。于是救俊義石秀于獄，擒李固賈氏，並拉蔡福蔡慶同入夥，唱凱還寨。俊義手剮固及賈氏，江等設宴慶賀。後並受招安，征方臘有功，各授官爵。事皆出《水滸傳》。但傳中尚有宋江率兵攻大名，梁中書告急于蔡太師，遣關勝討江，江誘降之。又雪中賺縛索超；宋江患疽，張順延醫諸事，俱不詳。而李固所交張孔目，則劇中指爲張文遠。謂其殺閻婆媳後實未嘗死，逃至大名，復爲孔目，且與賈氏亦有私。此皆隨手牽合，借景生情，《水滸傳》中不載文遠下落，蓋文遠不過鄆城之吏，原與水泊無干，特用宋江殺婆媳以爲入泊張本耳。《青樓記》謂婆媳活捉張文遠，此又牽及賈氏，可供嗢噱。豈梁山盜魁之妻，必皆文遠染指耶。

著録

清・佚名《傳奇彙考標目》卷下 李素甫，《元宵閙》一云朱良卿作、《稻花初》、《落花風》、《再生蓮》、《賣愁村》。

清・王國維《曲録》卷四 《稻花初》一本，《落花風》一本，《再生蓮》一本，《賣愁村》一本，《元宵閙》一本一云朱佐朝作。右五種，明李素甫撰。

鄒玉卿

論説

明・祁彪佳《遠山堂曲品・雜調》 《青鋼嘯》：曹操之殺董妃，令人憤；馬超之敗阿瞞，令人喜。惜搆詞錯雜，遂不足觀。

又《青釭嘯》：曹操之殺董妃，令人憤；馬超之敗阿瞞，令人喜。惜搆詞錯雜，遂不足觀。

傳記

清·佚名《傳奇彙考標目》 鄒玉卿，號崑圃。長洲人。

紀事

清·佚名《曲海總目提要》卷一四《青鋼嘯》 演馬超事也。超欲殺曹操，故劍鋒嘯躍；操爲超軍所逼，至割鬚棄袍。蓋原本《三國演義，》非實事也。《馬超傳》超字孟起，右扶風茂陵人也。父騰，靈帝末與邊章韓遂等俱起事於西州。初平三年，遂騰率衆詣長安。以遂爲鎮西將軍，遣還金城；騰爲征西將軍，遣屯郿。後騰襲長安敗走，退還涼州。復與韓遂不和，求還京畿。於是徵爲衛尉，以超爲偏將軍，封都亭侯，領騰部曲。超既統衆，遂與韓遂合從及楊秋李堪、成宜等相結，進軍至潼關。曹公與遂、超單馬會語，超負其多力，陰欲突前捉曹公。曹公左右將許褚瞋目盼之，超乃不敢動。曹公用賈詡謀，離間超遂，更相猜疑，軍以大敗。超走保諸戎。曹公追至安定，會北方有事，引軍東還。楊阜説曹公曰：超有信、布之勇，甚得羌胡心。若大軍還，不嚴爲其備，隴上諸郡，非國家之有也。超果率諸戎以擊隴上郡縣，隴上郡縣皆應之。殺涼州刺史韋康，據冀城，有其衆。超自稱征西將軍，領并州牧，督涼州軍事。康故吏民楊阜、姜叙、梁寬、趙衢等合謀擊超阜、叙起於鹵城，趙出攻之，不能下。寬、衢閉冀城門，超不得入。進退狼狽，乃奔漢中依張魯。魯不足與計事，内懷於邑。聞先主圍劉璋於成都，密書請降。先主遣人迎超，超將兵逕到城下。城中震怖，璋即稽首，以超爲平西將軍，督臨沮。因爲前都亭侯，先主爲漢中王，拜超爲左將軍，假節。章武元年，遷驃騎將軍，領梁州牧，進封斄鄉侯。典略。建安十六年，超與關中諸將凡十部俱反。其衆十萬，同據河潼，建立營陣。是歲曹公西征，與超等戰於河渭之交，超等敗走。超至安定，遂奔涼州。詔收滅超家屬，超復敗於隴。上後奔漢中張魯，以爲都購祭酒，欲妻之以女。或諫魯曰：有人若此，不愛其親，焉能愛人。魯乃止。超遂從武都逃入氐中，轉奔往蜀。山陽公載記：超因見備待之厚，與備言，常呼備字。關羽怒，請殺之。備曰：人窮來歸我，卿等怒以呼我字故而殺之，何以示於天下也。張飛曰：如是，當示之以禮。明日大會，請超入，羽、飛並杖刀立直。超顧坐席，不見羽飛，見其直也。乃大驚，遂一不復呼備字。明日歎曰：我今乃知其所以敗，爲呼人主字，幾爲關羽張飛所殺。自後乃尊事備。

又《雙螭璧》 不知誰作。其事蹟，大段本之稗官，而改换姓名，添飾關目，以雙螭璧爲樞紐，蓋稗官所無也。略云：錢塘裴碩，字遜之。妻金氏，家素封。年邁無子，姪曰正宗，字子胄。妾曰梅姑，有孕未産。女贅奚屺爲婿。金溺愛屺，逐正宗於外，以家業盡付屺夫婦。屺傲狠兇惡，其妻甚賢，時勸存厚道，屺不聽，必欲盡吞碩産。會當清明，碩命婿辦祭物。老夫婦同往掃墓，至則婿女皆不在，而正宗方負土荷鍤。久之婿乃至，問其遲延之故，則曰先祀祖塋，然後及此。金大憤怒，立呼正宗歸家。以鎖匙簿籍，盡付掌管。屺恨正宗，欲誣陷之。時有白蓮教賊首王鴻儒之妻，自稱一蓮夫人，剽掠粵閩州縣，聘武林龍升爲軍謀。龍升，正宗友也。屺聞，乃與羅定州同喬德者密計，令寺僧出首正宗通賊謀叛。錢塘縣令郭鼎，立擒正宗拷訊。以謀叛無實跡，而知龍升從賊，匿而不報，發榆林衛充軍。臨行，碩以螭璧一枚，令佩於身。螭璧者，碩遠祖晉公度所遺，傳十七世，二璧合而成雙，名曰雙螭璧。碩以一予妾梅姑，今以一予正宗云。初正宗被逐於外，屺念妻黨無他人，惟梅姑有姙，懼其生子，百計欲殺之。屺妻聞夫計，密使老僕畢義，載梅姑送牟尼庵中。屺謂梅姑逃去，心大喜，告岳父母，言其已逃，碩不能詳，嘆息而已。踰年，梅姑生子。周晬屺妻令義送衣鐲等物，而作疏以祈佛祐。屺偶至庵，見疏書碩名，與妻金氏，側室梅氏，同保佑小男線兒。屺大驚駭，念梅姑有子，則裴産終當歸彼，乃與家童密計，紿梅抱子歸宅。閉之室中，將俟更深殺之，爲畢義所覺，竊線兒逃去，而梅竟爲屺所殺。梅以兒付義時，取碩所予螭璧，令佩兒身。義走京師，變姓名爲田。兒稍長，取名田延宗，字曰子膺。正宗之戍榆林，隸參將鄭重麾下。重愛其文學，爲脱戎籍，改名宗文，令入府泮。後領鄉薦，而重遷天津總兵，乃以女許字宗文。宗文與田延宗，嫡兄弟也，彼此不相識，其家亦不能知。時屺雖殺梅，知畢義走，心常疑懼，恍惚如見梅，遂得瘋疾。而龍升途遇畢義，知屺害梅，夜入裴宅，殺屺而去。喬德聞屺被殺，懼而走京師，候補官，宗文會試主其家。德聞宫中購玉器，見宗文螭璧，欲買之，宗文不可，德使人竊得以獻。宗文試畢，覓璧無有，心大疑居停。而德見田延宗有璧，與相似，遂告宗文曰：偷汝璧者，田延宗也。宗文控于御史，御史斷延宗璧予文。宗文試擢大魁，用薦招撫叛寇，作書射賊營，約龍升歸順。會一蓮已戰死，升率餘黨悉降。奉詔班師，迎碩夫婦入京奉養。而田延宗新擢鼎元，太后欲令尚主，賜以螭璧。延宗得璧涕泣，問其情，言有祖傳之寶，爲勢豪宗文冤陷迫奪。宗文奏係喬德指證，而宫中之璧，即喬德所獻也。於是朝庭知皴弄竊詐，皆德所爲，令法司治罪。而喻輔臣陳循，爲宗文延宗解紛。及至公所，裴碩夫婦及畢義皆會，各叙本末，始知宗文延宗爲親兄弟。乃奏明復姓，並締良姻，一門顯榮，雙螭復合。

著録

清·佚名《傳奇彙考標目》卷下一二七 鄒玉卿：《雙螭璧》、《青缸嘯》。

清·王國維《曲録》卷四 《雙螭璧》一本，《青虹嘯》一本。右二種，明鄒玉卿撰。

范世彦

論説

明·范玠《磨忠記序》 當世魏監一案，視忠良如仇讐，桎梏相尋，兀兀然朝夕不能自保。嗟乎，縉紳輩竟坐磨蝎宫也。大抵媚臣目中有火，見雕輪炙轂則鑚之。忠臣心中有火，見指鹿竊鈎則彈之。於是矯矯獄立者，勿肯效駑馬局促轅下，禍斯慘矣。幸遇聖天子當陽殲罪之魁，復降璽書，起溝中瘠，堪與唐虞誅兇，闢門並隆焉。是傳出，聊碑於夫婦之口，俾吐冤死諸公之憤，令世世知聖政明斷交至云。

明·佚名《磨忠記跋》 是編也，俱像魏監實録，縱有妝點其間，前後相爲照應，無非共抒天下公憤之氣。如落一齣，便覺脉絡不相關合，演者勿以尋常視之。

明·祁彪佳《遠山堂曲品·具品》 《磨忠》：作者於崔、魏時事，聞見原寡，止從草野傳聞，雜成一記，即説神説鬼，去本色愈遠矣。調多不明，何以稱曲。

綜述

范世彦《磨忠記·序》 嘗見里中父老言及魏監事，便刺刺不啻欲啖其肉。皆緣日前之勢燄熏灼，稍有片言隻字忤其旨者，禍且立至，不下當年腹誹之誅。於是道路以目，人思傾之久矣。所最慘者，悻毒縉紳，方見削奪，旋見拿□，磨滅殆盡。徬徨錯愕，幾成鈎黨之世。且穢惡萬狀，載於諸名公奏疏者，覩之令人毛發都竪。今幸數年盤踞之奸，一朝摧折，諸忠公盡蒙卹典，書之史册，萬古知聖天子雨露雷霆，運於不測，當今幽遐興堞，華封之祝擊壤之歌，氣象復見矣。是編也，舉忠賢之惡，一一暴白，豈能盡罄其概，不過欲令天下村夫厘婦白叟黃童覩其事，極口痛罵忠賢，愈以顯揚聖德如日。爲善究竟得芳，爲惡究竟得臭。一言一動，皆有鬼神糾察，借以防範人心，又其剩意，則是編未必無益於世云。秀水范世彦徵父題於噓霞館

湯子垂

著録

清・佚名《傳奇彙考標目》卷下　湯子垂字里不詳：《續精忠》。

清・王國維《曲録》卷四　《續精忠記》一本，明湯子垂撰。

黃粹吾

論説

明・祁彪佳《遠山堂曲品・能品》　《昇仙》：情緣盡處，立地成佛。以此爲《西厢》註脚，亦是慧眼一照。但鶯娘千古艷香，忽然消滅，其如色界之寂寞何。且成佛又何必在紅娘後也。

又　《胡笳》：《琵琶》之妙，在不拾中郎一事，能於空處現神情。此記以蔡琰結局，遂稱《續琵琶記》。白倶學究語，曲亦如食生物不化，是何等手筆，乃敢續《琵琶》乎。

清・焦循《劇説》卷二　《西厢記》始於董解元，固矣；乃《武林舊事》雜劇中有《鶯鶯六么》，則在董解元之前。《録鬼簿》王實甫有《崔鶯鶯待月西厢記》，同時睢景臣有《鶯鶯牡丹記》。王實甫止有四卷，至草橋店夢鶯鶯而止，其後乃關漢卿所續詳見《曲藻》及《南濠詩話》。李日華改實甫北曲爲南曲，所謂《南西厢》，今梨園演唱者是也。王實甫全依董解元，惟董以敵賊下書者爲法聰，實甫改爲惠明。關所續亦依於董，惟董以張珙用法聰之謀，攜鶯奔於杜太守處；關所續則杜來普救寺也。日華南曲則一沿王、關耳。傖父漫譏漢卿所續之非，蓋未見董詞也。查伊璜以關所續未善，更作《續西厢》四折，大概仍用董、關，而增以應制、賦詩，即用待月西厢之句；又夫人欲以紅娘配鄭恒，紅娘不許而欲自縊。事皆蛇足，曲亦村拙，遠不及漢卿矣。碧蕉軒主人作《不了緣》四折，則本自從別後減容光一詩而作也：崔已嫁鄭恒；張生落魄歸來，復尋蕭寺訪鶯鶯，不可復見一情詞悽楚，意境蒼凉，勝於查氏所續遠甚，董、關而外，固不可少此別調也。明人又有《續西厢昇仙記》，序稱盱江韻客所撰，謂紅娘成佛，而寫鶯鶯之妬；鄭恒訴于陰官，鬼使擒鶯、紅來救之；意在懲淫、勸善，但詞意未能雅妙耳。卓珂月有《新西厢》，其自序云：崔鶯鶯之事以悲終，霍小玉之事以死終：小説中如此者，不可勝計，乃何以王實甫、湯若士不能脱傳奇之窠臼耶。余讀其傳而慨然動世外之想，讀其劇而靡然興俗内之懷，其爲風與否，可知也。《紫釵記》猶與傳合，其不合者止復甦一段耳，然猶存其意。《西厢》全不合傳，若王實甫所作，猶存其意；至關漢卿續之，則本意全失矣。余所以更作《新西厢》也，段落悉本《會真》，而合之以崔鄭墓碣，又旁證之以《微之年譜》，不敢與董、王、陸、李諸家争衡，亦不敢蹈襲諸家片字，言之者無飾，聞之者足以歎息。蓋崔之自言曰：始亂之，終棄之，固其宜也。而微之自言曰：天之尤物，不妖其身，必妖於人。合二語可以蔽斯傳也。

張琦

論説

明・清懶居士《序吳騷初集》 夫世間一切色相，儔有能離情者乎。顧情一耳，正用之，爲忠憤，爲激烈，爲幽宛；而抑之，爲憂思，爲不平，爲枯槁憔悴；至於纚纚一腔，難以自已，遂暢之爲詩歌，爲騷賦，而風雅與三閭諸篇竝重於世。昔史遷之傳三閭也，悲其值而大其志，謂足以兼國風小雅；而班固氏亦美之曰：弘博麗雅，爲詞賦宗。此皆窺見平情而深乎其味者。然情寧獨平哉。佳人幽客，好事多磨，繾綣縈懷，感時觸景，聯牀同調，兩地吊天。我輩鍾情，豈同槁木。故竅發於靈，而響呈其籟，代不乏矣。漢以歌，唐以詩，宋以詞，迨勝國而宣於曲，迄今盛焉。總之，以風雅爲宗，而憤激幽情，錦心慧口，相伯仲也。南國謳唫，不減江皋諷咏；三吳丰韻，類延晉代風流。詞本於騷，而地別于楚，故因弁其騷曰吳。嗟嗟，今樂府濫觴極矣。自有茲帙也，洛陽紙貴，收盡陽春冰玉蛟螭刻成天巧，豈非造物之情至此而一暢耶。世不乏有情人，而知吳騷之足尚也。

明・許當世《序吳騷二集》 蓋自楚三閭大夫以騷著，而楊子雲氏，于是乃爲作反騷。嗟乎，騷可廣即廣矣，可更廣反亾爲也。反反騷所爲作也，何也。夫人莫情真，情莫怨真。而離騷，其言哀，其志切，其托諷遠，怨矣哉所云。情之所鍾，政在我輩。三閭大夫其人也，大夫其有情癡也哉。太史公謂其作離騷，蓋從怨生也，有味其言之也。雖然，大夫騷于楚，楚有騷。我吳亦有騷也。吳騷廣楚騷者也。曩初集行，已紙貴洛陽。海内復渴想次集，遂復輯次集以廣初集。夫兩集皆曲也，曷爲而騷之。曰體異而情同也。情曷爲而同。其摛詞不必盡怨矣。他弗具論，間且歡曰：繇怨而歡，歡復致怨者，人間世聚散之常也。總之，怨其情種也，獨不曰作者類不必盡吳人乎。曷爲而冠之吳也，曰地異而寄情于響者大都屬吳音，即不盡吳音，而按拍無如吳人工也。然則吳之騷曷爲而不騷其體。【略】今日者，即起三閭大夫汨羅中，其能不以曲易之仍騷哉。則吳騷之集于初也，洵足爲楚騷廣；次以是集，稱廣廣騷，夫誰曰不可。王孝伯有知，當又以痛飲酒熟讀前後兩吳騷爲快矣。千載下應不乏賈長沙有爲文吊諸君子耳。爲子雲氏者其爲誰。

明・半嶺主人《序吳騷三集》 懷沙寫志，幽憂無巳蓋繼三百而作者，自宋子師之而漢賈生擬感□之論，凡幽人志士不平而喜爲古言辭者。人非楚而楚其辭，搖筆而從子雲之後者，不乏人也。然賦體浮誇，引用古字稱長，學士經生，亦多未解。世因變之爲詞曲，語近本色，遂與里耳相通。總之，體異而志同也。居士號騷隱。復集樂府而弁以騷，良有深意乎。今好事者聞其名號，便覺鬱沈之色，都爲振起，且欲即覩其全而未可得。茲復手輯佳本，授之剞劂，至再而三。其韻嚴，其響和，其節舒；其慷慨類俠，滑稽類諷，怨思類憤。悲歌惜若挾三閭大夫而出佩蘭沈潭之貌，吐其《九歌》、《天問》、《哀郢》之辭也。廼居士少孤食貧，意氣違俗所如多不合宜，其沾沾以騷著耶。是刻也，長夏掩扉，散髮痛飲，手拈數闋，長謳再過，實岑寂中知巳耳。若九官之辯，有譜法在，何庸贅。

又《吳騷合編跋》 客歲浪走清漳，時維春暮，江皋鼓棹，歷水陸之程者凡三千里。途中花鳥牽情，溪山惹恨，旅懷幽思，勃不自禁。惟以所携舊選詞餘一編，醉吟狂抹，坐銷鞭塵，帆影之苦，歸途潦倒。喜荔香兩袖明月一航，俱堪作吟囊詞料。值秋期落魄，興味索然，無復得句。繼而病，病且憊，時更於枕上把□前編。每讀傷心之語，則沉沉刻骨；讀快心之語，則躍躍色喜，呻唫痛楚，稍或藉以忘去。予伯兄騷隱生視予，偶見茲帙，因而謂予曰：大凡情之鬱而不伸者，則隱伏而爲祟。故昔人書空擊劍，痛飲歌騷，寄情於筆墨之中，寓言於花月之際，無非銷此壘塊。余向日吳騷之刻，端以此意。夫曲雖末技，精心研弄，亦能破愁却病。則删訂一役，不特爲詞壇良史，韻府功臣，即以當肘後青囊奚不可之有，况以律調精嚴，宫商得所，俱堪爲後人藥石，而采風正樂與凡扶衰起敝之苦心，亦庶幾乎近之。否則紙上精神淹没不傳，其不從而爲祟者幾何。宜亟付諸梓。予因而扶病，訂定斟酌再三，以成是刻。倘有謂其憑臆去取，則《中州音韻》、《九宫詞譜》諸書俱堪廢置，而選者亦奚任其咎。是爲跋。

傳記

清·佚名《傳奇彙考標目》卷下 張楚叔，號松臞道人，一號騷隱居士，又署白雪齋主人。武林人。

紀事

唐·薛用弱《集異記》卷第二 王維右丞，年未弱冠，文章得名。性閑音律，妙能琵琶，遊歷諸貴之間，尤爲岐王之所眷重。時進士張九皋聲稱籍甚。客有出入於公主之門者，爲其致公主邑司牒京兆試□，令以九皋爲解頭。維方將應舉，具其事言於岐王，仍求庇借。岐王曰：貴主之强，不可力争，吾爲子畫焉。子之舊詩清越者，可録十篇，琵琶之新聲怨切者，可度一曲，後五日當詣此。維即依命，如期而至。岐王謂曰：子以文士，請謁貴主，何門可見哉。子能如吾之教乎。維曰：謹奉命。岐王則出錦繡衣服，鮮華奇異，遣維衣之。仍令賫琵琶，同至公主之第。岐王入曰：承貴主出内，故携酒樂奉讌。即令張筵，諸伶旅進。維妙年潔白，風姿都美，立於前行，公主顧之，謂岐王曰：斯何人哉。答曰：知音者也。即令獨奏新曲，聲調哀切，滿座動容。公主自詢曰：此曲何名。維起曰：號《鬱輪袍》。公主大奇之。岐王曰：此生非止音律，至於詞學，無出其右。公主尤異之，則曰：子有所爲文乎。維即出獻懷中詩卷。公主覽讀，驚駭曰：皆我素所誦習者，常謂古人佳作，乃子之爲乎。因令更衣，昇之客右。維風流藴藉，語言諧戲，大爲諸貴之所欽矚。岐王因曰：若使京兆今年得此生爲解頭，誠爲國華矣。公主乃曰：何不遣其應舉。岐王曰：此生不得首薦，義不就試，然已承貴主論托張九皋矣。公主笑曰：何預兒事，本爲他人所託。顧謂維曰：子誠取解，當爲子力。維起謙謝。公主則召試官至第，遣宫婢傳教。維遂作解頭，而一舉登第。

清·佚名《曲海總目提要》卷一二《鬱輪袍記》 明王衡有雜劇，此爲全本，自稱西湖居士编，不著姓名，錯舉王維事實，而仍以《鬱輪袍》爲名，亦多所綴飾。略云：王維寓居河東，十九擢省元。結禪社，卜築輞川，與友裴迪同居。弟縉性狡猾，夤緣先中進士，甚輕維。尚書蘇頲妻韋氏孀居，爲女蕙芳擇壻，令文士投詩。維獨不可。樂師段媼，於韋處彈維所制《鬱輪袍》曲，蕙芳慕其才，贈金箋及琵琶，求其他稿。維答以近作數首，并自畫《輞川圖》，以達求婚之意。值縉過蘇樓下，其婢誤以爲維，鄙其貌陋，姻事作罷論。迪維會試，縉亦候選，仝詣京師。岐王賞維才，欲飾爲樂工謁長公主。以《鬱輪袍》進，求奪狀頭。維不願往。豪家子王推與縉索舊負，縉上岐王書，令推冒維名以往。公主爲屬考官温履真，擢推第一。主司張九齡秉公黜之，擢維狀元。李林甫争不得，而岐王令查落卷，見王推名，知其僞，甚悔之。時值禄山之叛，欲署維僞職。維服瘖藥以拒，被拘。縉推前後冒維名，以求蕙芳。韋詢得實，面斥辱。蕙芳亦被掠至京。李光弼破禄山，獲於軍中，知爲頲女，留養署中。林甫指維降賊，岐王爲辯奏，授維中允。光弼以蕙芳爲己女，迎韋至家，段媼亦之京師。光弼知維未娶，欲以女妻之，維云已聘蘇女。適段媼詣女，與光弼述其始末，遂以女嫁維。按：王推僞作王維，公主屬趙履温擢第，此本王衡關目。面張九齡秉公黜推，則與衡異。維居輞川，裴迪唱和，是實事，亦與衡同。而自畫輞川圖以送蘇女，則又與衡異。王維輞川圖畫苑中最著名者衡引曹崑崙，此則引段師，亦似與角勝。維弟縉與維極友愛，維被汙於禄山，縉請解官以贖其罪。而劇云□縉種種作惡，與維爲難，似彼時弟兄不睦。而弟先兄舉，乃借此以寓意也。詐瘖被拘及凝碧池之詩，皆是實事。彼時李林甫久没，安得陷之。救維者縉，而肅宗亦自以百官何日朝天之句，諒其本心，故由給事中左遷中允耳。若初登進士，則中允之授，乃爲殊擢，豈辯奏所能得乎。維並無蘇頲壻之説，奪《解記》又以爲李林甫壻，皆不知何據。

又《詩賦盟》 刻曰：西湖居士编，不著姓名。雖託于志寧、虞世南事，而悉屬牽引，非實蹟。以駱俊英、于如玉賦詩訂盟，故曰《詩賦盟》也。略云：駱俊英，字文魔，檇李人。父希古，家素封。重九之節，命子邀友施幔亭、張惸甫賞菊。英詣施書室，見一詩什，甚麗。詢之蒼頭，云于志寧女如玉，施氏之甥，甥將赴京，隨母辭舅，詩其所作也。英袖歸和韻，復綴《秋聲賦》，倩蒼頭達其意。玉亦作賦以答之。玉婢紅香，窺見英美，又爲詩詡。

玉屬英求施憩之母氏。施邀姊遊烟雨樓，英乘間入謁。玉母見英才品，心亦許之。適虞世南子基，亦偕張懆甫登樓。而張乃玉母中表之戚，與基年家，令女勿避席。基覩玉之艷，浼張執柯，施以英故爲拒張。復以英窗稿琴譜呈于姊，玉母亦以玉《香奩集》及繡譜酬之。施遂促英納采，張使基聘女已不及，心甚啣之。值突厥擾邊，志寧薦張寶相往討，而世南舉其子基爲副。基赴闕，于夫人亦抵京。張係寶相之表叔，囑基浼寶相求婚于志寧。會突厥平，寶相封安國侯，基授職肄業。寶相言基姻事，志寧允之，而夫人言已納英聘，夫婦爭不决。玉知之，憂懣成疾。約英晤於園亭，以爲永决。英試復不第，玉執志不改，慰之以詩。施懷不平，以甥女進御，授爲充華。志寧、世南爲奏請得免，英復叩闕疏陳其情，有詔使歸前聘，賜英完婚。試英之才，授以清要。而志寧以曾許基婚，乃撫紅香爲義女以嫁之，用踐後約。按虞世基乃世南之兄，唐時避太宗諱，或有單揭其名曰基者，安得以世南子名基也。世南子無文采，爲將作大匠。而隋將來護兒之子來濟，以文學行誼爲高宗相。故時人語曰：來護兒兒作宰相，虞世南男作木匠。劇因此語，遂謂世南子非名流，假託以供戲筆耳。于志寧、張寶相皆彼時將相大臣，然大概不過借名渲染。貞觀時，太宗選一宫嬪，魏徵言其已字，太宗詰其父母及夫家，皆云無有。太宗以語徵，徵復争之。太宗納徵言，遂止其事，此于女選充華而奏免之所由影借也。

又《靈犀錦》 刊本曰：西湖主人撰，不載真姓名，蓋杭州人也。即雙玉人中張善相事，而增飾紐合，以《靈犀錦》爲關目，故名。劇云：張善相者，東魏建州沁水縣人，字曰思皇。幼聘都督段韶女琳瑛爲室。善相祖完淳，供養禪師林澹然于家，教以五遁及騰空縮地之法。時值清明，段夫人曹氏率女掃塋。桑參將子嘉，號曰桑皮觔者，邀于路而窺之。善相亦至，怒毆嘉，嘉竄以免。與門客管賢士謀，欲害善相。善相即毆嘉，則詣段宅請妻母之安，留宿西軒。曹使琳婢瘦紅視之，善相將與狎，爲他婢肥綠所覺而去。善相辭歸，一日正馳馬，有九頭鳥孫鬼車遮與大鬧，鬼車忽斃。蓋管縱妻上官氏與嘉通，共謀囑鬼車向善相索鬧。乘其喧嚷，嘉僕踢殺鬼車，執善相送于官，謂其殺人也。嘉既陷善相于獄，即賄獄卒朱儉盆殺善相。善相欲殺儉，儉告以情，善相即遁出。殺嘉及賢士，竄入一園中，乃即段氏園也。復遇瘦紅，使通殷勤于琳，遂與瘦紅狎，捕者方急。善相欲投其友杜伏威薛舉，思與琳相別而行。紅爲竊琳所佩靈犀錦與善相，教善相託言偶拾，須面還琳。琳不得已出別，乃裂錦題詩，各持其半。復以所佩寶劍與善相，蓋琳亦通劍術也。杜薛起兵孟門山，朱儉亡命往投之。伏威令探善相，儉至沁水不值，索林師書而返。夜宿娼家，娼即上官氏，買女二人曰紅瘦綠肥。儉爲獄卒時，賢士邀至家，共謀善相。上官氏識儉，聞官捕儉甚急，即首官遣卒縛儉。儉殺瘦肥二女而竄，遇善相于塗，告以故。善相誤以紅瘦爲瘦紅，不勝痛惋。時齊主命將軍商擅相討賊，兵敗身亡，傳者訛爲張善相。瘦紅悲慟欲絶，琳亦欲自將兵討賊，以報夫讐。會善相已入杜薛軍中，桑參將承命來討，善相一鼓殺之。戰時失去半錦，桑之壯丁拾得，誑段氏曰：善相陣亡，拾錦相報。琳急欲往討。先遣紅綠兩婢抵京白父韶，請將兵誅賊以洩憤。至則韶已奉命出勦，紅綠亦粗知兵，遂從軍中。伏威等用術陷韶大峪中，善相見二婢于陣，疑以爲鬼。因令朱儉至峪召瘦紅，始知昔誤。即使説韶，韶令傳語善相等相率歸朝，畀封侯之賞。善相等果如所諭，韶爲奏聞齊主，並授顯爵。善相娶琳瑛爲妻，以瘦紅爲妾，歸省完淳，鎮守青州云。按張善相等皆起于隋末唐初，此劇在北齊時已俱貴顯，相去尚遠，不足信也。

又《題塔記》 梁灝事流傳已久，演傳奇者亦不一而足。或曰《題塔》、或曰《青袍》、或曰《折桂》、或曰《不伏老》，關目波瀾，互相同異。總以晚年登第，父子狀元。未遇之士，借以自慰，且風勵天下讀書應舉，毋半途遂廢。此作者意也。唐時新進士讌集曲江，必題名雁塔，故曰《題塔記》。王禹偁、賈同皆文學知名，串入相映帶。灝依禹偁爲學，近于弟子。劇以爲兒女姻家，亦是傅會，且禹偁太平興國中登第，年不甚長。灝其後輩，至雍熙成名，恐無天福應舉之説。按《宋史·梁灝傳》：灝字太素，鄆州須城人。王禹偁始舉鄉貢，灝依以爲學，大加器賞。初舉進士不中第，留闕下。獻疏極言設科之選，所取不出於詩賦策論。丘園之下，豈無宏才茂德之士哉。疏上不報。雍熙二年，復舉進士。廷試日，太宗詔升殿，詢其門第，賜甲科。真宗初，詔群臣言事。灝時使陝西，途中作聽政箴以獻。後又使河北還，以爲翰林學士。灝美風姿，强力少疾，閨門雍睦。與人交，久而無改，士大夫多之。卒年九十二。子固，字仲堅。初以遺蔭賜進士出身，服闋，詣登聞院。讓前命，願赴鄉舉，許之。大中祥符元年，舉服勤詞學科，擢甲第。此灝父子俱登首甲，載在史傳之可考者。至他書所録其及第謝啓則云：皓首窮經，少伏生之八歲，青雲得路，多太公之二年。其謝恩詩則云：天福三年來應舉，雍熙二載始成名。饒他白髮巾中滿，且喜青雲足下生。觀榜更無朋輩在，到家惟有子孫迎。也知年少登科好，爭奈龍頭屬老成。雅俗相傳，用爲佳話。蓋自後晉天福二年，歷後漢、後周而至宋雍熙二年，前後共四十八年矣。明人《不伏老》雜劇，已極摹畫其老而益堅之志。其同時應舉，則有賈同。同先得官，而灝不就。本中情節與此相符，至如王禹偁以私議孝章皇后禮儀，遂坐謗訕，罷知滁州，亦載本傳。唯流落延鄜一節，似從灝下第羞歸生出。扈蹕北征一節，似從灝奉使陝西生出。隨手撮撰，不盡合於正史云。

著録

清・佚名《傳奇彙考標目》卷下　無名氏：【略】《金鈿盒》。

又　松攞道人張楚叔號松攞道人，一號騷隱居士，又署白雪齋主人。武林人。《題塔》、《河梁怨》。

清・佚名《曲海總目提要》卷一二　《詩賦盟》，刻曰西湖居士編，不著姓名。雖託于志寧虞世南事，而悉屬牽引，非實蹟。以駱俊英于如玉賦詩訂盟，故曰《詩賦盟》也。《靈犀錦》刊本曰西湖主人撰，不載真姓名，蓋杭州人也，即雙玉人中張善相事，而增飾紐合，以靈犀錦爲關目，故名。《鬱輪袍記》，明王衡有雜劇。此爲全目，自稱西湖居士編，不著姓名，錯舉王維事實，而仍以《鬱輪袍》爲名，亦多所綴飾。

清・笠閣漁翁《笠閣批評舊戲目》　《鬱輪袍》，西湖居士作，中中。

清・支豐宜《曲目新編・國朝雜劇》　《鬱輪袍》。

清・王國維《曲録》卷四　《金鈿合一本》，【略】，無名氏撰。

朱京藩

論説

明・祁彪佳《遠山堂曲品・逸品》《風流院》：《春波影》傳小青而情鬱，鬱故嫵媚百出。《風流院》演爲全本而情暢，暢則流於荒唐，故有所謂窈窕仙子，幽囚落花檻中者。且傳得湯若士粗夯如許，大煞風景。至其詞，時現快語，不得以音韻律之。

又《半繻》：以非烟之不終合也而合之，差快人意。詞極輕爽，正於疎處更見才情。然較之《風流院》，此亦可爲應規入矩之作。

又《玉珍娘》北一折：朱君於劇中直自叙其姓名，而寫其一段淋漓感慨之致。玉珍娘直寄情耳，非繫情也。

明・柴紹然《風流院叙》　余讀《風流院》而不禁唏噓太息，感慨流連也。讀者然，而作者從可知矣。夫士抑欝不得志，窮愁悲憤，迺始著書以自見。朱子懷才未偶，著述滿笥，至不得已而牢騷憤懣，復爲斯記，良足悲已。以彼其才而黻黼皇猷，光昭史册，詎不成一代文章，迺俾之欝欝無聊，戲托諸生旦净丑以見志也，悲夫。抑不足悲也。古今來，常理窮而後變，變而後通。名山大川之靈，彙結爲□，才鮮不犯造物之忌，忌之深，則其虐之酷，迨至奇窮，歷盡萬死一生，始取生平所羨慕者報之，慰之，此古今之常理也。小青一女子尚然，大丈夫又可知矣。至如舒潔郎曠世逸才，遭逢不偶，悲歌慷慨，以至移情花柳，死而復生，乃始酧之以絶色，報之以功名。嗚呼，其初抑何蹇抑，而其後得於造物者，又何豐也。則又古今之常理也。然則舒生非他，夫亦作者自爲寫照云爾。是記成，囑余弁首。余唯。是紀事之幻，寫景之真，呼應之周，波瀾之巧，與夫賦句之奇艷，之自然，業已字櫛而句比之，又復何贅。獨其窮愁悲憤，記未成而惻惻然者。記已成，而益不勝其悽悽然、悵悵然也。聊書數語以慰之云。

明・蛾衲牧幻《風流院叙》 不可解人，好讀奇書，深探禪穴。每於清夜焚香，跏趺静坐，苦信踰於衲子。曾以慧性靈虚筆作古秀，嘗謂余曰：某宿老本一浄僧，衹緣名色二情不斷，生此膽部耳。稍老，遂願自能於此色香中了去。當是時，座客咸爲撫掌。因閲小青《焚餘》，蹙眉凝眥而嘆曰：才子未成名，佳人不歡偶。荒荒於心，着筆有意乎。乃爲作傳奇，題曰《風流院》。一章大義，以風流爲宗，怨愫爲本，義俠爲用，果報爲教。故湯若士之居院，南老人之弄素，嘿歌履青，冥構思謔，通篇之面目也。兼以腔韻和，音律正，塲户清，關目密，科諢翻新，收塲脱套，是傳奇中一座南陽無縫塔也。是以明道人與之於微，竟將不可解人意中之意，言外之言，輕挑仰逗，盡情拈出，故以每日聯窗共覩之外，把臂絶倒，割腸相惜。或焚香煮茗，興歌於山凹，或枕糟呼麯，浪迹於湖濱。倏而峨冠博帶，爲山中之宰相，倏而蓬首垢面，作塵闕之散人。塵間數地，身長無限，呼朋引類，不信可訟。若此者，乃不可解人之作《風流院》，而明道人之不以評《風流院》者也，余又烏足以知之。於坐禪之隙，戲爲綴墨。

紀事

明・朱京藩《小青傳》 曆昌間，武林有一翁，姓馮名炫，長於錢堆，不識世事，專以布帛菽粟賤天下珠玉。一日忽遊維揚，競購一姬，小字小青。年紀十六，才色絶倫。小青之母係諸閨養娘，貪其金帛，不孜其人之清濁，竟以親女予之。小青之怨自此始。小青初意，以爲天生我才必爲我用，決不落於蠢鄙庸俗之手。即嫁斯人如許如許，分明日與豺虎爲伍，何恨如之。無何從而之杭。未登户庭而哮聲達外。問於旁，則曰：主母恚甚。小青兩淚如涌注焉。須臾其婦出見，滿臉皆刀劍容，別無他語，但曰：標致，標致。而已。此時此際，分明百千羅刹將小青枷紐，嘈雜哵喋，以条五殿閻老。嗟乎，押衙何在，恨不即刻以明珠贖還。小青自此知惟有死路矣。其娘乃閉之閒房，日用飲食，艱難清苦，不可枚記。一夜月色大明，四牆人静。小青徘徊於檻霤之下，觸景追前，心腸斷碎，乃發嘆曰：不料小青竟至於斯。當日一尼僧相予，此兒福薄。予又夢見手折花一枝，片片因風墮地。不料小青竟至於斯。然天之能摧折我者，身軀也，不能埋没者，文章也。倘我死後文章在，即我在，我在□文章人必我憐，更有文章之尤者，得我矣。我爲文章之尤者所得，我與文章之尤之人，相與叙衷曲，玩物情，花晨月夕，焚香燒茗，作無涯清賞，又何苦苦豺虎爲。雖然，血肉之感領與空魂之沾着無異焉耶。是夜耿耿達旦。後得楊夫人遊説，出獨居孤山一莊。楊夫人者，婦之姻戚，美而賢，雅好詞賦，以當世皆篾才者。一見小青，憐而愛之，迭往呼之同榻，因而熟覩小青所著，嘆曰：何物女流才技至此，惜不得一好郎君配之。楊夫人以爲青春之易邁也，人事之不堅也。人苟懜懜憒憒，不知早暮，則已。苟而知之，不趨其長而守其短，吾不取焉。乃以司馬文君之奇諭小青，又以紅拂衛公之偉動小青，又以韓君平章臺柳之故事訂小青。小青聆其言而心肯之難：其人也，是時雖有文章之尤者，其不我值也。而不知是時文章之尤者，亦難其人也。小青居孤山半載，寥落悽惋，不可枚記。恨即題詩賦詞，大都西湖一水，千山不堪舉筆。一□媪俳優善謔，小青喜之，謂之鬧樓娘。恒銷簪珥唤□□詞者胡亂，又賴得楊夫人源源往顧，雖眼前暫遮而於中自傷，容顔竟與梅花争瘦矣。一夜風鈴甬頻剪淚燭。取《牡丹亭記》閲遍，忽然嘆曰：小青自有一人，當於死後見之。杜麗娘其予之前身乎。所謂柳夢梅者，抑千里乎。抑同里乎。予當亦圖一丰容傳於人間，以試伊人之誠信也。天下有誠信如柳者，予不爲醉乎。有癡情如予者，而柳不爲戀乎，是知予死之日政生之期也。言意嗚愴，一病果成是時。楊夫人又奔宦吴地，無有解免者。兼以哮聲日逼，漸漸不人食，飲梨汁延息。雖四肢懶擡而粧不艸草。婢曰：青娘病已如此，胡不討些舒逸。小青曰：吾從來愛好，其天性也。倘首如飛蓬，其何以夢中對我人乎。不移時，命婢取紙。紙到圖成；風情體態，與生無二。大概其像，低其首將右手小指抵其唇，雙目斜盼，左袂長垂，一段怨情難敘。小青即以之掛壁，焚香斟茗以奠之，曰：小青，小青，爾終爲畫裏愛寵耶。言畢淚如河海，羅衣盡濕，急命婢收之。有頃，鬧樓娘來，小青出牀頭一卷，生平詩集也，并此畫俱付與鬧樓娘。鬧樓娘不知其故，小青曰：我病不好。此書是我之詩，此畫是我之容。我死後有哭我者，欲與我同穴而處者，其風流才性類我者，汝將我二物遺之，毋以亂遺，予必爲祟也。又出一紙包，曰：內中零星珠玉與汝女。鬧樓娘亦流淚妝之曰：婆雖不才，深會青娘意也。小青曰：更有不了一事。

楊夫人爾知與我好者也,迢遥澗隔,相思展轉,不獲一見。爲恨今欲以書別之。幸爲我覓便以遞。乃命婢取筆研,哭泣而書,完即氣咽。閙樓娘等扶喚不醒,歸之于牀。有頃其俗翁來,其婦亦來。婦竟不辨其後事,惟以搜撿形跡爲急。因而索閙樓娘袖得此二物。詩即付之一火。將欲焚畫,閙樓娘死諍曰:此我家下所帶來觀音像,要青娘頂禮。强病者并付之火母,使我婆子罪案如山。其婦亦狐疑,擲而還之。閙樓娘持之即去,深恨詩稿爲妬婦所焚,負小青於地下,乃縊於梁家,人聞而救之,不知其故。閙樓娘亦不云其意,悵悵連日,後開其珠玉包,尚有小青詩十二首,乃其稿之一章也。因并此畫俱寄與楊夫人。楊夫人在署,未得書,已夢小青曰:妾不遠千里來,蓋以夫人厚我也。我生母爲金帛而失我,夫人其愈於生母迢甚,生□其有愧於夫人迢甚。妾長眠時已有書托陳嫗見寄,不日將至。妾在九泉怨亦不少解,惟有每日乘風駕霧,來往倏忽如意。楊夫人聆言而悸覺來寒汗沾背。天明書至,讀之大慟,語其夫欲歸吊之。即日起程。抵於武林,關不返家,即往孤山哭奠。哭聲沸天,聞者心惻。是夜即宿於樓,張燈設幔,陰陰閃閃,恍惚□小青語。語中有:夫人珍重句。婢環輩亦聽聞。乃於陳嫗索其畫。展畫而視之,竟日呆想,飯不爲箸,早暮必茶禮問敘焉。其相愛如此。嗚呼,予抱才而遊,無一寧所,每到好光景處,寂寥難遣。取小青詩文讀之,愈爲悲痛,更深恨其全集爲妬婦所焚,不得醉所讀耳。嗚呼,小青爲怨婦,余爲怨夫,兩怨交發,天地寡色。小青怨於冥,予怨於陽。怨於冥,怨有歸宿之處,怨於陽,怨無安頓之所。如小青憐我孤漢,去冥而就陽,不則予去陽而就冥。夫小青所謂文章之尤之人,予小子不敢多讓。若謂予未必盡誠信,則願小青早有以試我也。其所存十二詩與楊夫人書已行於世,而文章人亦共憐之焉。有此傳而小青始在矣,有此傳而小青始可無怨矣。僕聞風雲龍虎,大才人自有感會之妙非可俗語而論,今以後小青死而生,朱君生而死,生死交情,神妙莫測。余當拍掌狂笑,以賀之知者會焉。

著録

清・黄文暘、佚名《重訂曲海總目・國朝傳奇》 朱京樊:《風流院》。

清・支豐宜《曲目表・國朝傳奇》《風流院本》,朱京樊作

清・姚燮《今樂考證・著録十・國朝院本》 朱京藩一种《風流院本》。

清・王國維《曲録》卷五 《風流院》一本,國朝朱京樊撰,字里未詳。

明・朱京藩《風流院叙》 余生也晚,漢不能與曹吴諸人弄文,唐不能與元白諸人賦詩,宋不能與秦蘇諸人敲詞,即明亦不能與王李諸人互相酬答,孑然一身,澹蕩于春風秋霧中而已。嗚呼,知我者其誰乎。抑天乎。抑木乎。石乎。抑鳥獸鬼魅乎。渺浩者天,天不可問。無言者木石,木石不可諧。蠢然者鳥獸,不測者鬼魅,鳥獸不可群,鬼魅不可老。余果已哉,必窮神於四荒,搜思於六隱,上下古今,摭捃人物。有知我者,余從而誦之,拜之,哭之,欣之,生之,死之。夫所謂知我者,不必其見我也。吴越而同堂也,冰炭而共覩也,存亡而一轍也。志以性通,氣以味合,倏忽迭來,莫知其故。是故阮藉有窮車之哭,孫登有高山之嘯,李白有愛月之癡,杜甫有貪盃之雅。雲從龍,風從虎,水流濕,火就燥,磁引鍼,雷起蟄,投其所好,即赴湯蹈鑊所不辭也。余之於小青也,未知誰氏之家,一讀其詩,如形貫影,相契之妙,不在言表。即世人亦有契之者,而我契則別焉矣。故爲之設木主,置之齋几,名香好茶,朝朝暮暮。今又值下第之慘,爲之作記,以況其苦怨,名曰《風流院》。小青爲讀《牡丹亭》一病而夭,迺湯若士害之,今特於記中有所勞若士以報之。至於文章之工拙,關目之嫌好,原俟天下解人自辨。雖上不能與董解元、王實甫争衡,而較之今日辭壇蛇腔馬調者,庶幾徑庭矣。嗚呼,人苟有才,其知香識美必爲上天所諱忌。男子有才,必蹇抑于功名。女子有才,必迍邅於遭際。即余記中入院之後,而復困厄者,亦不有才之故云。己巳小雪後二日,不可解人朱京藩題。

朱九經

紀事

明·朱國禎《湧幢小品》卷二〇《文文山》　文丞相，夢至天庭，坐不孝之罪，於戲，忠孝不兩全已豫兆之矣。丞相嗜象弈，以其危險制勝奇絶者命名。自玉層金鼎至單騎見虜爲四十局。玉層，蓋公所居之山也。吉州泰和縣贛江濱黄土潭有神物棲其間。歲亢旱，民禱輒應。公生，潭沙清淺。公殁，潭近居民夢神歸，騶從甚盛，乃公也，自是潭深墨如舊。兩任贛州提刑。江水汎溢，勤王召募，溢尤日甚。又暑月喜溪浴。與弈者周子，善于水面以意爲枰，行弈決勝負，愈久愈樂。忘日早莫。或取酒炙就飲啖，荆南草竊成汭亦類此。蓋神有正有怪，自不同也。丞相兵敗于吉之空坑。有石大如數間屋，忽然自山頂落，當路徑。元兵望而大驚。稍却，公乃得脱去。鄒渢等以餘兵拒戰，死傷塗地。今宋史丞相傳云：空坑之戰，得趙孟濚紿元兵以免。蓋史作于元之盛時，極詆陋，至云丞相求爲黄冠，欺妄尤甚。同時仗義效力者，蕭文琬父子、梁克中、尤最，俱遺漏不書。而全子仁驕淫不事事，無智略，死爲人所逼，乃反立傳。史家之謬如此。趙孟僩，宋之宗室，年十七，及冑舉，文天祥辟爲參謀。天祥北去，居吴，依親友以居。越十年爲道士，名道淵，居松江北道堂。又五年爲僧，名順昌，因自號三教遺逸，改道堂爲本一庵。臨終手辭以訣，有曰文山之客，千古忠貞。丞相若不市死，便非事體，便無收拾，此正天之所以成人美也。于少保更賴得一刀，乃知左右之贊，與徐石不殺于謙，今日無名之語爲有功。黄冠歸故鄉，是何意，實欲出來舉兵復宋。蓋甯敗，甯多殺人，而此志不肯息也。留夢炎之言，已觀其深矣。

又《文陸二事》　福唐劉汝鈞貽書括蒼吴思齊子善，論文丞相事。初自江西起兵時，崎嶇山谷，購募義徒，畊氓、洞丁，造轅門請甲仗，不啻數萬。而尹玉實爲驍將，大衣冠指撝，衆皆詣闕，感泣，求效死。已而當國，二揆交沮用兵，師無宣諭，卒無犒賞，盤桓月餘，僅令守姑蘇一路。張彦提重兵居毘陵，且有叛志，尹玉竟以絶太湖吊橋，首尾不救而溺死。未幾，獨松告急，朝廷四詔，政府六書，趣援根本。一日一夜，倉皇就道，及至行都，而獨松隨以破陷。復令駐兵餘杭，守餘杭，守獨松，朝議不一，衆心離散。會有尹京之命，餘慶遽奪其印不予，漢輔遁，德剛遁，北軍入城。與權陳宜中又絶江遁，乃即日拜樞使，又拜首揆，補宜中處，且令往軍前講解，毅然請行。及被囚以北，中道奔迸，收集亡散，無兵無糧，天下大勢去矣。正閏交馳，真僞更作，是不一姓。當世之爲大臣元老者，視易姓如閲傳郵，況當滄海横流之際，而彼乃以異姓，未深得朝廷事權。欲隻手障之，至死不屈，微、箕、二子且有愧色于宗國矣。其書大略如此。又淮陰龔開所作文陸二丞相傳云：方唐末五代之季，藩鎮跋扈，武臣驕矜，君臣父子之義不明，而土地甲兵之强類無不欲黄屋左纛自爲者。先宋知其然，一旦踐大位，即罷諸節度兵符，遽用儒臣爲通判。其權雖分，其勢遂弱，石晉所割境土，終不能復。迨乎宣和衰亂，北兵南下，急若建瓴，曾不得乘一障，設一候，而遂至奔亡不守。後宋再造東南，區區山湖之間，内政不修，惟恃夫江淮爲外藩。久之且南北夾攻，而沛蔡之藩籬自撤，荆襄受圍，鄂渚交警，巴蜀侵陷，廣西之烽燧亦不絶，此其國勢垂盡，受兵處多，殆如囊中探丸，圍中逐鹿，無復有潛藏隱伏地矣。所可幸者，天下學士大夫，二三百年祖宗培養作成之澤，薰蒸者久，忠臣義子，或死節，或死事，蓋無媿焉。卒之，文國瑞、陸秀夫，前後死國，精忠激烈，誠有在于天地，而不在于古今者。於戲，吴、晉、陳、隋之變，豈復有一人若是哉。龔開者，字聖予。少嘗與秀夫同居廣陵幕府，及世已改，多往來京師。家益貧，故人賓客候問日至。立則沮洳，坐無几席。一子名浚，每俯伏榻上，就其背，按紙，作唐馬圖。風騣霧鬣，豪骭蘭筋，備盡諸態，一持出，人輒以數十金易得之，藉是故不饑。然竟無所求於人而死。志節既峻，儀觀甚偉，文章議論甚高古。殆亦不愧秀夫者。崖山舊有石勒云：元大將張弘範滅宋於此。嘉靖中，督學陳埜磨去之，改曰宋少帝及其臣陸秀夫死國于此。并篆文丞相正氣歌，立碑于五坡嶺。吾友區海目有詩云：崖無滅宋字，濤有撼胡聲。埜字山甫，號宅平，紹興人。官參政。嚴分宜惡之，嗾其黨楊以誠劾退之。居林下四十年。卒年八十有七。子孫蕃盛。一説作林泮。泮，閩人。官尚書。區字用孺，高明人。官中允。張世傑已溺死，諸軍棺斂，焚屍島上，其中膽大如斗，更焚不化。衆皆號慟。須臾，雲中見金甲神人大聲曰：太上以我驅馳，關係不小，以多方措置恢復矣。由是軍心皆不移，葬之香山之赤坎村。陸秀夫輓以詩曰：曾聞海上鐵斗膽，猶見雲中金甲神。蓋《說郛》之說如此。然崖山之敗，秀夫負祥興帝入海。世傑知事不濟，奪舟先去，行收兵，欲再立趙氏後。遇楊太后，告之故，太后大慟死，世傑葬之海濱。欲投占城，颶風溺死，則在秀夫赴海之後矣。二說再詳。然謂世傑葬陽江之赤坎村，則陽江無此村。陳白沙因陽江令何昌之說，封墓立祠，作心賀卷贈之，蓋誑白沙也。君子可欺以方，信矣。

著録

清・佚名《傳奇彙考標目》卷下　朱九經字里未詳：《崖山烈》。

清・王國維《曲録》卷四　《崖山烈》一本，明朱九經撰，字里無考。

紀振倫

論說

明・佚名《三桂記序》　和氣致祥，自古重之。是編之作也，小桃僅一私幸耳。而二桂挺生，其嫡母猶溺於私，每有不愜之意。其子與僕，私竊而長育之，曲成其美。而嫡母無妬忌之失者，子與僕之力居多。雖謂一門之和氣可也。家門興替，出自閨中。馮衍有忌妻，不免自操井臼；劉孝標有妬婦，遂致家道坎坷。婦德之賢否，關家運之盛衰，予固録是傳奇以愧世之妬婦，又因以爲世之孝子義僕勖哉。

明・祁彪佳《遠山堂曲品・具品》　《三桂記》：詞亦朗然可觀。但以老夫狎一青衣，境界庸俗，無堪賞心耳。

又　《七勝》：孔明七勝孟獲，事故可傳。此曲演出熱艷，亦可免於荒俚。

又　《折桂》：此亦傳梁太素者。母與孫係添出。雖其中點綴一二，終是庸筆所爲。以視《題塔》一記，何異蜣轉之於蘇合也。

紀事

清・佚名《曲海總目提要》卷一六《三桂記》　明人所作。序云：和氣致祥，自古重之，是編之作也。小桃僅一私幸耳，而二桂挺生，其嫡母猶溺於私，每有不愜之意。其子與僕私竊而長育之，曲成其美，而嫡母無妬忌之失者，子與僕之力居多。雖謂一門之和氣可也。家門興替，出自閨中。馮衍有忌妻，不免自操井臼。劉孝標有妬婦，遂致家道坎坷。婦德之賢否，關家運之盛衰。予固録是傳奇以愧世之妬婦，又因以爲世之孝子義僕勖哉。其略云：洛陽全正，以布衣居家。清明日舉家祭掃，正以疾獨留，與婢小桃私，因有孕。而妻甚妬，不可明言，乃題詩於小桃衣襟之上云：五十年來鬢已絲，春風忽向小桃枝。老天若肯綿宗祀，記取清明拜掃時。會正以薦起吏部侍郎。妻亦潛知其事，每加箠楚，又欲於産時害其母子。其所生子全孝聞之，索父所題詩閱之，果父筆也。因與婦咸氏及僕全旺密計，藏小桃及所産子於外，詭云已死，潛教讀書。後父致仕歸，則已皆弱冠矣，率之來見，母知之愧甚。而三人者，旋並登第。妻亦愧其前愆，始與小桃和好無間。按劇中情蹟，大約非實。全生名孝，不過因其孝而稱之，未必有其人也。明吏部侍郎陞尚書者，亦無全正其人。不過隨手撮撰。

又《折桂記》　序云秦淮居士，未審果爲何人。所載亦梁顥事也。薛瓊之女玉梅，從空飄墮望仙樓上，遂爲梁顥夫人。其事甚怪，然此乃以天賜夫人事相隱射，非盡憑空杜撰也。梁固，中大中祥符二年狀元，後梁顥十五年。是時真宗東封太山，又祀后土汾陰。連年兩狀元張師德、梁固，皆狀元之子。魏野贈詩云：封禪汾陰多故事，狀元俱是狀元兒。今云子先及第，父晚成，不過點綴好看耳。劇中云：梁顥連赴九科，至第十次，必得狀元而後已。雖其子孫皆先中甲科，己亦曾中榜眼探花，寧告退，歷科比試。此乃習舉業者歆羨狀元之至，而爲此説也。按明狀元，遲暮而最有重名者，萬曆己丑之焦竑，係嘉靖己酉舉人。天啓壬戌之文震孟，係萬曆甲午舉人。焦十四科，文十科。作者或暗有所指，未可懸斷也。《郝經集》有天賜夫人詩。夫人四川人，將嫁，一夕忽大風吹至遼東梁家，遂成夫婦。又劉氏鴻書，引《林居漫稿》云：山東新城王氏，自嘉靖己未見峯司農起家，迄於今，子弟相繼登甲榜者十餘人，又多躋華顯，冠裳之盛，海内無兩。然睹其始，可異焉。司農曾祖某，避難新城爲農工。一日大風晦暝，有女子從空而墜。問之，即某縣祁氏女也，晨起取火。不覺至此，蓋頃刻而五百餘里矣。主人以爲天作之合，遂令諧伉儷焉。今之濟濟斌斌於仕途者，皆祁之自出也。其事若甚怪，而司農弟立峯民部所爲大槐記實載之，則非妄矣。又《良鄉縣志》，金梁斗南，字拱辰，邑南里人，登進士第一，累官至河南都運。性穎悟，讀書精熟，尤喜作詩，有幹局，長於吏事，能剖繁治劇，時輩服其通敏。二子敬、恭。敬，左司郎，恭，仕元爲中書平章事。相傳斗南少讀書閻山，與同舍生論及鬼神。斗南以爲不足畏。同舍生曰：閻山廣寧廟，汝能夜往讀乎。斗南曰：諾。當至其壁爲驗。往則遥見殿上燈燭照耀，聞曰丞相來，燈燭盡滅。斗南以筆至殿壁間，由門至東北隅，暗中觸一物，捫之則人也。攜以歸，乃一女子，有殊色。問其故，曰：妾蘇州人，因清明園中觀擊毬，忽怪風晝晦，昏憒中不省何以至此，而爲公所救。人皆驚異。事聞，詔以女配斗南，生二子。人以爲天賜夫人。郝經《天賜夫人詩》：八月十五雙星會，佳兒佳婦好婚對。玉波冷浸芙蓉城，花下摇光照金翠。黑風當筵滅紅燭，一朶仙桃降天外。梁家有子是新郎，芈氏忽從鍾建背。負來燈下驚鬼物，雲鬟欹斜倒冠佩。四肢紅玉軟無力，夢斷春閨半酣醉。須臾舉目視旁人，衣服不同言語異。自説成都五千里，恍惚不知來此際。玉容寂寞小山顰，俛首無言兩行淚。甘心與作梁家婦，詔起高門榜天賜。幾年夫壻作相公，滿眼兒孫盡朝貴。須知伉儷有緣分，富者莫求貧莫棄。望夫山頭更賦《白頭吟》，要作夫妻豈天意。君看符氏與薄姬，關繫數朝天子事。《情史》：廣寧閻山公廟，靈應甚著，又其像設獰惡，林木蔽映，人白晝入其中，皆恐怖毛豎。旁近言静夜時聞訊掠聲，故過者或迂路避之。參知政事梁公肅，家此鄉之牽馬嶺。作舉子時，與諸生談及鬼神事，因有言我能以昏暮或陰晦之際，入閻山廟，巡廊廡一周。諸生從臾之。明日晚偕往，約諸生待於廟門外。奮袖徑入，至廟之東隅，摸索有一人，倚壁而立。梁公意其爲鬼，負之出。諸生迎問何所見，梁公笑曰：我負一鬼至矣，可取火照之。及火至，見是一美婦，衣裝絶與鄉俗不同，氣息奄奄，狀若昏醉，環立守之。良久開目，問此爲何地，諸生爲言其處及廟中得之者，且詰其爲人爲鬼，何所從來，婦言我揚州大族某氏女，以吉日迎往壻家，肩輿中忽爲大風所飄，神識亂散，不知何以至此。諸生喜曰：梁生未受室，神物乃從揚州送一妻，可因而成之。梁公乃挈婦歸。尋擢第，不數十年，致位通顯，婦舉數子。故時人有天賜夫人之目，至于傳達宫禁。梁公以大定二十年節度彰德，都下耆舊，仍有及見之者。兵亂後，梁氏尚多。問其家世，多天賜諸孫行云。

又《七勝記》 不知何人所作。按《三國志》載亮南征事甚略，孟獲七縱七擒見《漢晉春秋》，而擒之縱之之實亦不盡載。按亮《出師表》云：五月渡瀘，深入不毛。即指擒孟獲事。劇中多半原本演義，作者但取其情節可觀，亦不暇訂其真僞也。五路進兵之説，後主傳及亮傳俱無之，不知何所據。亮妻黄氏，載《襄陽記》。麋氏亦無可考。《諸葛亮傳》云：建興元年，封亮武鄉侯，開府治事，頃之又領益州牧，政事無巨細，咸決于亮。南中諸郡，並皆叛亂，亮以新遭大喪，故未便加兵。且遣使聘吴，因結和親，遂爲與國。三年春，亮率衆南征，其秋悉平。軍資所出，國以富饒。《漢晉春秋》云：亮在南中，所在戰捷。聞孟獲者，爲夷漢所並服，募生致之。既得，使觀營陣之間，問曰：此軍何如。獲對曰：向者不知虚實，故敗。今蒙賜觀看營陣，若衹如此，即定易勝耳。亮笑，縱使更戰。七縱七擒，而亮猶遣獲，獲止不去曰：公天威也，南人不復反矣。遂此滇池南中平，皆即其渠率而用之。《鄧芝傳》云：吴王孫權請和，先主累遣宋瑋、費禕等與相報答。丞相諸葛亮深慮權聞先主殂隕，恐有異計，未知所如。芝見亮曰：今主上幼弱，初在位，宜遣大使重申吴好。亮答之曰：吾思之久矣，未得其人耳，今日始得之。芝問其人爲誰，亮曰：即使君也。乃遣芝修好於權。權果狐疑，不時見芝，芝乃自表請見權曰：臣今來亦欲爲吴，非但爲蜀也。權乃見之，語芝曰：孤誠願與蜀和親，然恐蜀主幼弱，國小勢逼，爲魏所乘，不自保全，以此猶豫耳。芝對曰：吴蜀二國四州之地，大王命世之英，諸葛亮亦一時之傑也。蜀有重險之固，吴有三江之阻，合此二長，共爲脣齒，進可并兼天下，退可鼎足而立，此理之自然也。大王今若委質於魏，魏必上望大王之入朝，下求太子之内侍。若不從命，則奉辭伐叛，蜀必順流見可而進。如此江南之地，非復大王之有也。權默然良久曰：君言是也。遂自絶魏，與蜀連和，遣張温報聘於蜀。蜀復令芝重往。權謂芝曰：若天下太平，二主分治。不亦樂乎。芝對曰：大天無二日，土無二王。如并魏之後，大王未深識天命者也。君各茂其德，臣各盡其忠，將提枹鼓，則戰争方始耳。權大笑曰：君之誠款，乃當爾耶。《秦宓傳》云：吴遣使張温來聘，百官皆往餞焉，衆人皆集而宓未往，諸葛亮累遣使促之。温曰：彼何人也。亮曰：益州學士也。及至，温問曰：君學乎。宓曰：五尺之童皆學，何必小人。温復問曰：天有頭乎。宓曰：有之。温曰：在何方也。宓曰：在西方。《詩》曰：乃眷西顧。以此推之，頭在西方。温曰：天有耳乎。宓曰：天處高而聽卑。《詩》云：鶴鳴九皋，聲聞于天。若其無耳，何以聽之。温曰：天有足乎。宓曰：有。《詩》云：天步艱難，之子不猶。若其無足，何以步之。温曰：天有姓乎。宓曰：有。温曰：何姓。宓曰：姓劉。温曰：何以知之。答曰：天子姓劉，故以此知之。答問如響，應聲而出，于是温大敬服。《襄陽記》曰：黄承彦者，高爽開列，而爲沔南名士。謂諸葛孔明曰：聞君擇婦，身有醜女，黄頭黑色，而才堪相配。孔明許諾。即載送之。時人以爲笑樂，鄉里爲之諺曰：莫作孔明擇婦，止得阿承醜女。

著録

清・佚名《傳奇彙考標目》卷上　《三桂》，一名《三桂聯芳記》。

清・李調元《雨村曲話》卷下　閲世道人，不著氏名。所輯有六十種曲，大抵皆南曲也。但不列撰人姓名。除可考已見前記外，其餘撰人皆不可考。今記其全目，以備觀覽。【略】《霞箋記》。

清・佚名《古人傳奇總目》　《三桂》。

又　《霞箋》，翠眉娘事。

清・黄文暘、佚名《重訂曲海總目・明人傳奇》　無名氏：《三桂記》、【略】《霞箋記》。

又《國朝傳奇》　無名氏下：《折桂傳》。

清・梁廷枏《曲話》卷一　其餘無名氏可考，亦無别寓他名，而其曲仍行於世者，【略】明人有【略】《三桂》、【略】《霞箋》。

清・支豐宜《曲目新編・明人傳奇》　《三桂》、《霞箋》。

清・姚燮《今樂考證・著録七・明人院本》　無名氏：《三桂》。

又《著録十・國朝院本》　焦氏《曲考》所載無名氏若干种：【略】《折桂傳》。

清・王國維《曲録》卷四　《三桂記》一本，【略】《折桂傳》一本，【略】無名氏撰。

張景

論説

明・祁彪佳《遠山堂曲品・能品》《飛丸》：易完虚幾死於嚴世蕃，略見之《鳴鳳記》，但傳解免者爲陸姑事；而此以出之世蕃女，卒與諧婚，未知是否。曲能以駢麗勝，但賓白不當家，遂有如里老罵座，村巫降神者。

著録

清・佚名《傳奇彙考標目》别本第三十二　張景，字里未詳：《飛丸》。

清・黄文暘、佚名《重訂曲海總目・明人傳奇》　無名氏：【略】《飛丸記》。

清・梁廷枏《曲話》卷一　其餘無名氏可考，亦無别寓他名，而其曲仍行於世者，【略】以傳奇言，【略】明人有【略】《飛丸》。

清・姚燮《今樂考證・著録七・明院本》　無名氏：【略】《飛丸》，

有兩本。

清・王國維《曲録》卷四 《飛丸記》一本，明無名氏撰。

許恒

論説

明・倪倬《二奇緣・小引》 傳奇，紀異之書也。無奇不傳，無傳不奇。蓋人有生以後，好逑作合，静好百年緣之嘗也。邂逅適願，期爲比翼，緣之奇也。有奇緣者不一士；紀奇緣者不一書。大約今之盛稱者，或雜珮相投，願赴鶼鶼之會，或抱衾矢好，同爲燕燕于飛。人曰此奇緣也。以余聞楊、費二公事，則有異。楊、費二公於正德辛巳之歲同登甲榜，意必以文章名世者。今考其所遇，一則會碩女于艱危，一則獲神女于井底，與難同時，雙諧佳偶。寶華寺兇僧，寔二公之月下老人也。聞兹事者，莫不拍案驚詫者。蓋不奇神女之於懋中；竊奇張氏之於維聰矣。夫張氏以甕牖桑樞之子，而能識名士於困投，决僞帝於方盛，非具眼不能，且復改粧避難如木蘭崇古故事，卒遂伉儷之好，倘所謂女俠者非耶。嘗試論之，有奇人斯，有奇緣，理有固然，無足怪者，然并渫不食，爲我心惻，懋中甫脱罝羅，旋獲令淑交甫解珮，柳毅傳書，方斯蔑異。以緣論之，不可謂不奇也。此《二奇緣》所繇名也。二公之事去今不下二百年。吾友許子能以蒼堅古悍之筆，傳其事於不朽。説者曰此亦與有緣焉。今讀是書，關目緊合，則宜扮演；度曲精工，則宜管絃；於以傳諸無窮，將百世以下，猶令人嘆楊、費奇緣賴許子以傳也。今將付諸剞劂，使優伶習之矣，但得如記曲娘子者爲我歌之，毋使周郎顧，則余心慰甚。

著録

清・佚名《傳奇彙考標目》卷下 本朝【略】無名氏：【略】《二奇緣》。

清・姚燮《今樂考證・著録九・國朝院本》 許恒一種：《二奇緣》。恒字南言，吴人。有改其所撰，易名《千里駒》者。

清・王國維《曲録》卷五 《二奇緣》一本，【略】右九十五本見《傳奇彙考》，均無作者名氏。

金懷玉

論説

明・吕天成《曲品》卷上 金懷玉，爾音。會稽人。【略】又十人，下之下。【略】金乃稽山學究之翁。

又 金懷玉所作傳奇九本。《香裘》：江秘事，亦有趣。狀敗家子處，堪儆俗。詞則不可道也。《寶釵》：此《耳談》中楊大中一段，甚奇，搬出亦可。《望雲》：詞未佳，遠遜程叔子所作。然其紀梁公妙事殆進，演甚好。《完福》：此吉慶戲，俗境也。王生事，不核。《妙相》：全然造出。俗稱爲賽目連，閧動鄉社。《摘星》：霍仲孺事佳，而才不逮。今已爲《種玉》所掩。《繡被》：此紀東漢王忳事，而失其實，不足道也。《八更》：紀匡衡事，而絶不相蒙，何也。豈以《琵琶》誣蔡故耶。《桃花》：崔護事佳，而改造失真；且境態不妙，何以曲爲。與俗本《西湖記》一類。以上下下品。

明・祁彪佳《遠山堂曲品・具品》 《香毬》：江子以把釣誤入徐舟，徐夫人忽有婚姻之約，老婦粗率，一何至此。記中備江秩之狀，堪爲敗家子下一針鋑。

又《寶簪》即《合簪》：小説中有楊大中事，此易其名爲楊充；於二子認父處，亦具梗概，但瑣雜不堪耳。

又《望雲》：演狄梁公事甚備，可以文金君他作之陋；然以言乎還淳返雅，則未也。

又《完福》：事出意創，於悲歡兩境，俱無入髓處。謬以黄香爲仙姬之子，不知金君何所爲而搆此思。

又《妙相》：演説因果，止堪入村姑、牧豎之耳。内多自撰曲名，且以北曲犯入南曲，大堪噴飯。

又《摘星》：霍仲孺傳，已有《種玉記》揚其世美。懷玉效之，轉覺寒酸淡薄。

又《綉被》：東漢王忳遇金彦於旅邸，邂逅托以生死，忳卒葬彦而却其金，蓋大節也，柰何以鄙褻傳之，令觀者如墮雲霧中。

又《八更》即《鑿壁》：詞曲不能工美，得一明暢者足矣；然非筆力推敲得出，明暢亦自不易。著此等曲，如衣敗絮行荆棘中，觸處是礙。傳匡衡而引入孝婦之冤，何也。

又《桃花》：腐塾習氣，時時露出。文章惟俗字不可醫，正謂此等手筆耳。傳崔護僞作傭書，如唐伯虎之於華學士，乃復造爲指腹分襟之説，益其俗矣。

又《三槐》：王景叔父子功業，搬演殆盡，而能貫串有條，一洗諸作庸陋之習。金翁晚年爲詞，幾幾進乎技矣。

傳記

明・吕天成《曲品》卷上 金懷玉，爾音。會稽人。

清・王國維《曲録》卷四 懷玉，字爾音。會稽人。

紀事

清・佚名《曲海總目提要》卷一〇《桃花記》 明孟稱舜用孟棨《本事詩》作《桃花人面》雜劇。崔護事蹟已詳載稱舜劇中。此記紹興人金懷玉作。亦係明時人，未知與稱舜孰後先也。《本事詩》原無女子姓名，稱舜撰名曰葉蓁兒。此記撰名曰莊慕瓊。彼此互異。記云護父崔鵬與莊隱同年，幼時曾割襟訂婚。鵬夫婦俱没，護不知其詳。發解遊西湖，見慕瓊之美，因改姓名曰秦晉，傭書於莊。與慕瓊私訂婚約。入都登甲第，歸過其宅，值瓊他出，遂有題詩門上。及哭女復活之事，蓋前段皆非事實，恐直叙本末，未免寂寥，故緣飾成章也。楊嗣復牛僧孺等俱係添出關目，悉怛謀以維州降，李德裕受之，僧孺勸帝勿納，送還吐蕃，此是實蹟。而假託崔護説降，此作者欲熱鬧好看，爲護生色也。僧孺子求婚不遂，亦係揑造。義犬救焚乃晉時楊生事，今借爲楊嗣復。《太平廣記》：晉太和中，廣陵人楊生者，畜一犬，憐惜甚至，常以自隨。後生飲醉，卧荒草中。時方冬燎原，風勢極盛，犬乃周匝嗥吠，生都不覺。犬乃就水自濡，還即卧於草上，如此數四。跬步草皆沾濕，火至免焚。爾後生因暗行墜井，犬又嗥吠至曉，有人經過，怪其如是，因就視之，見生在焉，遂求出己，許以厚報。其人欲請此犬爲酬，生曰：此狗曾活我於已死即不依命，餘可任君所須也。路人遲疑未答，犬乃引領視井，生知其意，乃許焉。既而出之，繫之而去，卻後五日，犬夜走還。

又《摘星記》 不知誰作，演霍仲孺事也。仲儒本與衛少兒私通，劇以爲原屬夫婦。衛媪三女，長君孺，次少兒，又次子夫。劇則去君孺而增一淑女，且并爲霍仲孺妻。衛媪本平陽公主家僮，劇以爲張湯首媪，是衛律宗族，故將少兒入官爲奴。仲孺河東人，吏畢歸家，少兒所生子去病，爲票騎將軍。道出河東，至平陽傳舍，遣吏迎中孺。大爲中孺買田宅奴婢而去。劇以爲仲儒，以修玉牒功，拜副中郎，與蘇武偕使外國。去病破匈奴回，始得相遇。仲孺别娶婦生，霍光，劇以爲淑女所生子。少兒更爲詹事陳掌妻。劇以爲平陽公主欲寘少兒于死，仲孺以計出之，卒爲夫婦。平陽侯本名曹壽，劇作曹時。凡此關目，皆屬作者隨手結撰，非實事也。第六折衛媼與三女夢遊天上，子夫摘紫薇星，少兒摘武曲星，淑女摘文曲星。後子夫爲后，少兒子去病爲將，淑女子光爲相，皆應其夢，情蹟亦屬子虛。

著録

清・佚名《傳奇彙考標目》卷上　金懷玉字爾音。會稽人。《香裘》江秘事。《寶釵》楊大中事。《望雲》即狄梁公事，然與程叔子所作事雖同而詞實異。《摘星》霍仲孺事。《完福》王生事。《妙相》俗稱《賽目連》，即今時下所演之《王氏女三世修》是也。亦名《葵花記》。《綉被》東漢王忳事。《桃花》崔護事。《八更》紀匡衡事。

清・佚名《古人傳奇總目》　《妙相》，金懷玉作，目連事。《八更》，金懷玉作，匡衡事。《寶釵》，金懷玉作，楊大中事。《摘星》，金懷玉作，霍仲儒事。《桃花》，金懷玉作，崔護事。《完福》，金懷玉作，王生事。《繡被》，金懷玉作，王忳事。《香裘》，金懷玉作，汪泌事。

清・黄文暘、佚名《重訂曲海總目・明人傳奇》　金懷玉會稽人。《繡被記》、《香裘記》、《妙相記》、《八更記》、《望雲記》、《完福記》、《寶釵記》、《桃花記》、《摘星記》。

清・梁廷枏《曲話》卷一　其人各九種者，【略】金懷玉之《繡被》、《香裘》、《妙相》、《八更》、《望雲》、《完福》、《寶釵》、《桃花》、《摘星》。

清・支豊宜《曲目新編・明人傳奇》　《繡被》、《香裘》、《妙相》、《八更》、《望雲》、《完福》、《寶釵》、《桃花》、《摘星》。右九種會稽金懷玉作。

清・姚燮《今樂考證・著録七・明人傳奇》　金懷玉九種　《繡被》、《香裘》、《妙相》、《八更》、《望雲》與程文修同目異詞。、《完福》、《寶釵》、《桃花》、《摘星》。

清・王國維《曲録》卷四　《繡被記》一本，《香裘記》一本，《妙相記》一本，《八更記》一本，《望雲記》一本，《完福記》一本，《寶釵記》一本，《桃花記》一本，《摘星記》一本。右九種，明金懷玉撰。

高一葦

論説

明・祁彪佳《遠山堂曲品・具品》　《葵花》：前半全襲《琵琶》。後半孟日紅被毒，竟入荒誕。作者之胸次眼界，只如是耳。

又《遠山堂劇品・能品》　《合縱》：雜入張儀一事，較《金印》稍詳。曲有數語襲《金印》者。雖其他稍遜之，而時出本色，令人會心。

紀事

清・佚名《曲海總目提要》卷五《金印合縱記》　按《史記・蘇秦傳》云：蘇秦者，東周洛陽人也。東事師於齊，而習之於鬼谷先生。出遊數歲，大困而歸，兄弟嫂妹妻妾，竊皆笑之曰：周人之俗，治産業，力工商，逐什二之利以爲務。今子釋本而事口舌，困不亦宜乎。蘇秦聞之而慚自傷，乃閉室不出出其書徧觀之，得周書陰符，伏而讀之期年以出揣摩曰：此可以説當世之君矣乃西至秦，説惠王，惠王弗能用。去遊燕，説燕文侯文侯曰：子必欲合縱以安燕，寡人請以國從。於是資秦車馬金帛以至趙，説趙肅侯。趙王飾車百乘，黄金千鎰，白璧百雙，錦繡千純，以約諸侯。是時秦惠王使犀首攻魏且欲東兵，蘇秦恐秦兵之至趙也，乃激怒張儀，入之於秦。又説韓、魏、齊、楚，於是六國縱合，北報趙王。行過雒陽，車騎輜重，諸侯各發使送之甚衆，擬於王者。周顯王聞之恐懼除道，使人郊勞。蘇秦之昆弟妻嫂側目不敢仰視，俯伏侍取食，秦笑謂其嫂曰何前倨而後恭也。嫂委蛇蒲服，以面掩地而謝曰：見季子位高金多也。蘇秦喟然嘆曰：此一人之身，富貴則親戚畏懼，貧賤則輕易之，况衆人乎。又《張儀傳》云：張儀者，魏人也。始嘗與蘇秦共事鬼谷先生學術。蘇秦已説趙王而得相，約縱親然，恐秦之攻，諸侯敗約後負，念莫可使用於秦者，乃使人微感張儀曰：子始與蘇秦善，今秦已當路，子何不往遊以求通子之願。張儀於是之趙，上謁求見蘇秦。蘇秦乃誡門下人不爲通，又使不得去者數日。已而見之，坐之堂下，賜僕妾之食因而數讓之曰：以子之材能，乃自令困辱至此。吾寧不能言而富貴子，子不足收也。謝去之。張儀之來也，自以爲故人求益反見辱，怒念諸侯莫可事，獨秦能苦趙，乃遂入秦。蘇秦已而告其舍人曰：張君天下賢士，吾殆弗如也。今吾幸先用，而能用秦柄者獨張儀可耳。然貧無因以進，吾恐其樂小利而不遂，故召辱之以激其意。子爲我陰奉之。乃言趙王，發金幣車馬，使人微隨張儀，與同宿舍，稍稍近就之，奉以車馬金錢，所欲用爲取給而弗告。張儀遂得以見秦惠王。惠王以爲客卿與謀伐諸侯。蘇秦之舍人乃辭去張儀曰：賴子得顯，方且報德何故去也。舍人曰：臣非知君，知君乃蘇君。蘇君憂秦伐趙，敗從約，以爲非君莫能得秦柄。故感怒君，使臣陰奉給君資，盡蘇君之計謀。今君已用，請歸報。張儀曰：嗟乎，此吾在術中而不悟，吾不及蘇君明矣。爲吾謝蘇君。蘇君之時，儀何敢言，且蘇君在，儀寧渠能乎。

又《葵花記》 明初舊本，未知誰作。演高彦真孟日紅事，荒唐無據。曰《葵花記》者，梁相埋日紅于古井，種葵花井上以覆之，故即以爲名也。略言：高彦真者，湖廣高城人。少而失怙，母楊氏，口授書史，及長娶妻孟日紅。鄰翁焦大，勸入洛陽應舉，甫擢上第。爲權相梁計所逼，入贅其女月英。彦真與月英相商，遣僕梁才，迎接母妻入洛。爲計所覺，藏彦真家書，且閉才於密室，不令與女及彦真見。彦真母妻日夜憶彦真，杳無一信。年荒家貧，楊得危疾，日紅割股肉啖之，終不能愈，賴焦翁之力竭蹶襄事，僅獲葬霾。以墳墓託翁，入京尋夫。道遇草寇機關大王，掠入山中，逼爲壓寨夫人，日紅誓死不辱，錮之牢内。守者夫婦憐其節義，竊令旗與偕逃脱，出關口，徑投洛下。店媪爲日紅言，彦真已得第再婚，因引日紅見梁相。梁令女設宴款待，而與婢梅香密計，貯毒酒于鴛鴦壺，日紅飲之立斃。月英詰問梅香，言一出其父意，乃不敢言。計乃舁日紅埋于後園井中，覆葵花其上。九天元女察知，命土神灌以活命丹，又使雷神於七日之後，揭開井蓋，挈出近郊，返魂重生，引之見己，授以神書寶劍，戰册陣圖，俾至征西大元帥處投軍立功。元帥以其弱女，未即深信，使日紅排陣。乃以元女陣法，頃刻布置，縱横變化，難以測識。遂授前鋒女將，出討機關，一戰擒之。奏功于朝，封爲五軍都督一品夫人，命公卿大臣，悉皆趨賀。太后聞其英烈，召之入宫。日紅以梁計鴆害情由，訴請報冤，獲奉密旨，令其自問。會彦真先至，日紅痛訶叱之，彦真辭窮，但力辨不知謀害事。及梁計至，日紅復痛詰責之，計初抵飾，及呼梅香細鞫，供係其主决策，而己爲之設謀，月英則實無與。於是備奏于朝，褫計職，謫居口外，重戮梅香，夫婦歡好如初。以月英本不知情，仍留共聚。

阮大鋮

論説

明·佚名《燕子箋原叙》 天地者，文人之逆旅；歌詞者，才士之性靈。始於三唐，而其風遂流爲雜劇；盛於兩宋，而其製悉備乎九宫。施、高、湯、沈之餘，詎無雅唱。關、鄭、馬、白之外，間有名篇。求其辭屏淫哇、義符比興者，則惟《燕子箋》一書。以司馬之奇才，譜遏雲之逸響，洵足以緣情定性，考古證今也。鏗鏘協律於吴綾，冶豔流情於玳管。尋宫數羽，等顧曲之周郎；摘粉搓酥，擬填詞於左譽。至其所稱茂陵華胄，藝苑名流，雕龍髫鬌之年，繡虎綺紈之歲，當筵染翰，筆垂露而花生，入座驚人，賦凌雲而鳳舞。而且鸞交兩美，燕合雙姝；搴翠袖以相憐，惟存宛轉，戀紅衫而欲絶，但有纏綿。歸向扶風，較孟光而益麗，攜來蜀郡，擬卓氏而無慚。斯已暢文苑之勝情，極璇閨之雅事。況乃雁塔題名而後，曳履瑶墀，虎頭拜爵之餘，談兵玉帳。憶當日秦樓惜别，離愁誰慰於從軍。幸此時韋曲尋歡，良覿並欣於綰帶。宋玉指巫山爲雲雨，憑虚而大有鍾情，屈平借香草爲友朋，即物而何妨託興。於是毫抽五色，覺銀箏檀板聊以爲娱，曲按五聲，俾巷婦衢童聞而知感。聽之將或歌而或泣，作者亦宜雅而宜風。此殆如南部詞流，發悲歌於玉樹，西崑才子，奪逸韻於金荃者也。攬厥始終，綜其本末，體製要由於樂府，興觀允助乎騷壇焉耳。

明·韋佩居士《燕子箋序》 此石巢先生所填第六種傳奇矣。或曰：澤畔行吟，與其江蘺杜若，從乎彭咸，毋寧桃花扇底，歌樂太平之爲善怨耶。而不盡乎此也。或曰：野史稗官，奇書軼事，新料瑰瑋，辟諸琪花瑶草，棄置可惜。填詞以爲詩家之尾閭，收詞賦之甌脱，是亦才人弸肆之致也。而不盡乎此也。或曰：隱几含毫，登場觀劇，是屬兩事。頗有填成玄圃玉積，及演出，若三家村學堂總角徒弟背賢文，咳咳平腔，久而不盡者。此詞能使霞衣花袖，按節踶態，濃纖閒鬧，推换停匀，鬼國天魔，海童怪馬，洞心駭目，以此壓倒響屧緋袍五倫四德耶。似也，而不盡乎此也。然則誰居。韋佩居士曰：盍合詞之全幅而觀之。構局引絲，有伏有應，有詳有約，有案有斷，即遊戲三昧，實御以左、國、龍門家法。而慧心盤腸，蜿紆屈曲，全在筋轉脈摇處，別有馬跡蛛絲，草蛇灰線之妙。介處、白處、有字處、無字處，皆有情有文，有聲有態，以至眉輪眼角，衣痕袖摺，茗椀香爐，無非神情，無非關鍵，此亦未易與不細心人道也。夫綦席枕藉，送客留髡，傷於荒矣；挑金贈藥，韓香温鏡，誨之婬矣。繹此而必出於五倫四德，以賺配饗白豬肉，尤爲可嘔，孰如此因情作畫，因畫生情，非夢非真，有意無意，始以懷春，終焉正範。樂而不淫，哀而不傷，温柔敦厚，石巢先生始於性情矣。即以續大小山，鼓吹風雅，且以爲女嬃、肆姐，託物流連，足代反《離騷》也。何爲而不可哉。何爲而不可哉。

明·漳川吏行者《牟尼合題詞》 人以緣生，復以生生緣緣中變幻，遂成器世界，而爲一大戲場。三千大千，盡弄情鬼，往古來今，都爲識死。以悲懽離合，膠柱冤親，致生旦净丑，塗抹本來。試問當場燈火，從何生滅。傀儡線索，從何提掇。彼啼笑中人，自不能覺自，反借冷眼一點，諸趣立空。咄咄大夢，何所把持。獨有形山一寶，隨刼往來。恩愛不能染，兇錟不能催，水火不能焚溺，歷盡生老病苦，止落精精光光，團圓一顆。噫，亦奇矣。石巢老人，犀照赤水，鉢降驪龍，鄭重此物，顧同彼岸。以爲此方教體，利於扮演聲歌。於是借機説法，遊戲三昧。拈出達摩舊案，廣宣牟尼新聞。使恒沙國土，皆知善果福報，不出個中。即梁武帝機緣未凑，當面錯過。然折蘆慈航，猶得及於子孫。保有寧馨，以圖家慶，回視兇魔，奈我佛珠何。倘人人知有家珍，生長愛護，不離寶母，永離危險，庶不負石巢一念婆心乎。不然擊鼓鳴鐘，上堂白槌，不能感發一切善男女。則棒喝葛藤，反不如板腔慈悲，石巢不更爲法王功臣云。

明·曹履山《牟尼合序》 漁山曰：詩之新聲，已聞其概。此曲之即新成故，可得詳與。百子曰：凡曲既從新生，正當息慮于喁，以聽風之自轉。奈何抽黄對白，託爲牛鬼蛇神。此曲本近三百年來，惟《琵琶》、《西廂》。然《琵琶》不能無間，近代兩夢傳奇，足厭人意。往時梁谿、松陵兩先生，號能顧曲。然梁谿猶在近遠之間，至兩夢傳奇之外，復有他本。中多奥句，更多屋下架梁，令人憒憒不暇舉其凡。所以然者，景不從心，一切皆由外轂。悉類市寶，矇昧金針，究使一二君子登場；鐘鼓元聲，不知誰爲獨有。至於牌名合拍，尚爾惽然莫知，於是倩彼伶人，徒取充韻。有强合宫調，或轉入商聲；元是越聲，或插入南調。諸如此類，襲沿强尋，一事彙合，各本同調。中間成事，悉做不知。夫盡力前詞，已非如各代。自號一家，况見種種祖襲謬傳。豈三調之正聲，非《韶》、《夏》之鄭曲乎。漁山曰：論變既詳，無如請式。於是撰《蕭思遠牟尼合》事，自唱自板，抵十五六日，迄用有成，語語由衷，半字不寄籬下。總若天風自來，悉成妙響。夫妻父子，與人間朋友，僞氣俠腸，接笋穿微，一絲不漏。惟是妙處，令人設身易地，痛癢自知。雖剥盡四庫靈文，不知何處下手。正恐到下手處，纖毫無用，於此獨見天心，正是百子頭門。海内始知大龍獨步，視向之黄鐘音首，到此别開洞天，而樂府之精微乃盡。擬於今秋八月，須邀何人賞聽。則天門之内，一座青山，呼起謝朓、青蓮，百子當歌，漁山爲之起舞。

明·王思任《春燈謎叙》 臨川清遠道人，自泥天竈，取日膏月汁，烘燒五色之霞，絶不肯俯齊州，掄煙片點。於是《四夢》熟而膾炙四天之下，四天之下，遂競與傳其薪而乞其火，遞相夢夢，凌夷至今。胡柴白棍，竄塞眯哭，其中竟不以影質溺，則亦大可咍矣。道人去廿餘年，而皖有百子山樵出，早慧早髯復早貴。肺肝錦洞，靈識犀通，奥簡遍採，大書獨括。曾以文魁髮燥，表壓會場，奉使極旗亭郵道之踪，補衮益山龍穀藻之美。著作建明，別有顛尾，時命偶謬，丁遇人疴，觸忌招譽，渭涇倒置。遂放意歸田，白眼寄傲，只於桃花扇影之下，顧曲辯撾。一日拍案大叫，以爲天下事有何經。正萬車載鬼，悉黎丘耳。乃不譜舊聞，特舒臆見，劃雷晴裡，布架空中。

甫閲月而《春燈謎記》就，亦不減擊鉢之敏矣。中有十錯認：自父子兄弟，夫婦朋友，以至上下倫物，無不認也，無不錯也。文笥鬬縫，巧軸轉關，石破天來，峰窮境出。擬事既以贍貼，集唐若出前緣。爲予監優兩夕，千人萬人俱大歡喜。或癡其神，或悖其魄，或顛其首，或迸其淚。真有此學官之兒，真有此樞密之女，奪舍離魂，飛頭易面，亦可謂偃師般倕之最狡極獪者矣。然予斷之，兩言而止。天下無可認真，而惟情可認真；天下無有當錯，而惟文章不可不錯。情可認真，此相如、孟光之所以一打而中也；文章不可不錯，則山樵花筆之所以參伍而綜也。作易者，其有憂心乎。山樵之鑄錯也，接道人之懸夢也。夢嚴出世，錯寬入世，至夢與錯交行於世，以爲世固當然，天下事豈可問哉。

清・李調元《雨村曲話》卷下　阮大鋮，自號百子山樵，所撰《燕子箋》，名重一時。然其人心术既壞，惟覺淫詞可憎，所謂亡國之音也。

清・董康《燕子箋跋》　阮圓海自撰曲本《燕子箋》、《春燈謎》，先出家伶奏伎，競詡新聲。當時清流諸子，且譽且笑詆之，寖成仇局，其名乃盛傳於世。予得詠懷堂原本，重爲校刊。觀其措意命辭，不必窮幽極妍，而脈絡貫穿，自然融洽，殆非凡手所能企及。特縱筆所至，曲家舊譜未暇一一檢覈，如《燕子箋》第六《寫像》一齣，〔天燈魚雁對芙蓉〕，原作〔山漁燈犯〕。案：〔山漁燈犯〕，乃〔山花子〕、〔漁家傲〕、〔剔銀燈〕三調合成，本屬犯調，不應更加犯字，兹依《九宫正始》更正。又原曲承謝下數語，與譜未諧，略爲更易數字，恐未免臧晉叔改竄玉茗《四夢》之譏也。

傳記

清・錢謙益《列朝詩集小傳》丁集下　大鋮，字集之，堅之之從孫也。萬曆丙辰進士，天啓間官吏科給事中。坐奄黨禁錮。弘光登極，召拜兵部尚書，督兵江上。亂後不知所終。

清（光緒）《通州直隸州志》卷末《詠懷堂集》　故明熹廟時璫禍大作，黄門北寺之獄興，諸賢相繼逮繫笞掠死，六君子其最著也。而國是淆於上，清議激於下，名流俊彦高自題目，如所謂顧廚俊及者。當是時，四公子之名藉甚。四公子者，桐城方以智、陽羡陳貞慧、歸德侯方域與冒襄也。襄少年負盛氣，才特高，尤能傾動人。嘗置酒桃葉渡，以會六君子諸孤。一時名士咸在，酒酣以往，輒狂以悲，且詈阮大鋮，鋮故閹黨也。時金陵歌舞諸部甲天下，而鋮歌者爲冠，歌詞皆出其主人。鋮欲自結。會襄宴客，鋮令歌者來。襄與客令之歌，且罵且稱善，鋮聞益恨。甲申興黨獄，貞慧捕得，幾死，襄、誠意伯廑死。

紀事

清・佚名《曲海總目提要》卷一一《雙金榜》　阮大鋮撰。劇中皇甫敦、敦二子、詹孝標、皇甫孝緒及藍廷璋、汲嗣源、莫佽飛等，俱係憑空撰出。推其大指，總因崇禎初年，大鋮麗名逆案，棄不復用，借傳奇以寓意，謂己無辜受屈，欲求洗雪之意。盗珠、通海兩重罪案，是大關目。彼時劾大鋮者，言其叩馬獻策，以致左光斗、魏大中之死，是大鋮一罪案也。崇禎之初，大鋮上通算七年一疏，言天啓七年中，前四年王安、楊漣之罪，後三年魏忠賢、崔呈秀之罪。以王、楊、魏、崔並稱，公論愈忿，是又大鋮一罪案也。記中云：莫佽飛盗珠，遺金一錠，認作真贓，扭在寒儒身上。又云：佽飛少年無賴所爲，與皇甫敦並無干涉，蓋欲卸罪於他人也。藍廷璋定盗珠之罪，苗帥府立通番之案，暗指當時議定逆案韓爌、劉鴻訓等諸人也。汲嗣源爲之争執，掛冠而去。是時楊維垣與大鋮最厚，極力左袒大爌，應是指維垣也。白中有云：通番立案，題請過的，要請封，須把表字頂了名子。恐元名在御前，甚不穩便。又云：市舶通番一案，還仗大力，全與消磨，日後更無痕跡。蓋因逆案定本，在崇禎御前，欲當事者巧爲覆蓋，朦朧起用也。詹孝標訐奏通番一案，皇甫孝緒訐奏盗庫一案，皇甫敦云：兩個孩兒，各人見教本章，無一字鬆泛。蓋大鋮問徒，深恨劾者，作此諧謔，以洩其忿也。藍廷璋係鞫獄問罪之人，今云以女嫁孝緒，爲其子媳，亦因深恨定逆案者，作此以洩其忿也。莫佽飛爲皇甫敦辨冤，盗珠、通海兩節心事俱白。苦盡甘來，昭雪封贈，蓋冀有爲之抱白者，朝廷湔濯用之，得如其所願也。詹孝標、皇甫孝緒，同年互訐。按大鋮與魏大中，俱丙辰進士，因吏科都給事中缺，左也。生云：丹青是我畫，詩箋是酈小姐真筆。供説燕子啣來，就渾身是口，誰人肯信，定要受刑問罪。以燕子比維垣，言其代奏己疏，以致獲罪。生入節度使賈公幕，改名卞無忌。大鋮自比入士英之幕，便可無忌憚矣。鮮于佶假狀元奸遁事，指沈同和。同和中丙辰會元，房考給事中韓光祜，聞有物議，召而試之，文理不通，因自檢舉。同和斥革問罪。《開元天寶遺事》云：長安郭紹蘭，適巨商任宗，賈於浙中，數年不歸。紹蘭作詩一首，繫於燕足。宗時在荆州，忽見一燕飛鳴於頭上，訝視之，燕遂泊肩上。見有一小封書繫足間，解而視之，乃妻所寄之詩。宗感泣而歸，首出詩示蘭。按劇中燕子啣箋，蓋用此事。大指言妓女華行雲，與酈學士之女飛雲，面貌相似。霍都梁與行雲舊交，入都應試，復主其家。援筆畫撲蝶聽鶯圖，寫己及行雲春容其上，標款於末，付禮部裝潢匠人趙酒鬼裱之。飛雲亦以己所畫水墨觀音，令老僕送趙裝裱，其後兩家各誤取其畫以去。飛雲見像，儼然與己無二。而有一男子在傍，心甚驚駭，題一詩箋，以誌其異。風吹脱手，颺入半空，爲燕子啣去，墮於華宅。都梁拾得，亦以爲異，即和其韻，欲覓人以大士像送還，而易己所畫撲蝶圖。兩人適各抱恙。醫者孟婆，出入酈、華兩家，偵飛雲之病，探得其觀畫之故。及偵都梁病，則見酈詩在焉。孟婆心中，謂兩人當因此相思致病矣。鮮于佶者，都梁之友，與黠吏謀割都梁闈試之作，以爲己卷。是時酈學士爲總裁，因安禄山亂，奉詔暫停放榜。佶恐獲雋之後，其文傳誦，必爲都梁所知。方欲以計相陷，適在華宅，知燕子啣箋之事，（按：崇禎初劾大鋮者，御史毛羽健也。故托之燕子箋云。）遂布流言以嚇都梁。云有指其以詩箋關通試官者，都梁果懼而遁，改名卞無忌，投西川節度使賈南仲幕中。南仲以爲參謀，共討禄山。時酈飛雲隨母避禄山難，中道相失，遇孟婆，即與偕行。賈節度軍士收得之，養爲己女。而華行雲於道反遇酈母，母疑爲女而挈之，及知其非，然已失親女，遂收爲女。既而亂定，闈榜亦放，鮮于竟得鼎元。賈以卞有軍功，以女妻之。孟婆見卞，乃指以爲霍。而霍猶未知出酈之門，酈亦不覺鮮于之僞。行雲見佶卷，告於父曰：此予表兄霍都梁文也。酈召佶試之，竟日不成一字，至鑽狗竇而逃。酈乃奏黜鮮于，以狀元歸霍。霍趨謝，俾女見之，則係舊交，非表兄也。酈、賈本同年，具悉踪跡，適頒文武兩重誥命，乃以軍功品秩封酈女，以詞垣品秩封華女云。《奸遁》一折，流傳世俗，亦有所因。聞韓光祜以人言藉藉，招同和於私第試之，出

光斗等必欲以此缺與大中，大鋮遂與大中訂讐。同年搆隙，寓此意也。中間情節變幻，而曲白皆極緊湊，與《燕子箋》、《春燈謎》同一機杼，當時盛行於世，頗有名士風流。然初入逆案，已爲清議所擯。而晚年出山，大肆猖獗，衆稱馬、阮，詆其奸邪，雖有文筆，殆無足取。盜珠事，亦有影射。《佛國記》：僧尼羅國王，以金等身鑄佛像，髻裝珠寶。有盜者以梯取之，像漸高而不及，盜歎佛不救衆生，像俯首與之。後盜被擒，言其事，視像尚俯。王重贖其珠而更裝之。《廣異記》：則天時，西國獻青泥珠一枚，大如拇指，後以施西明寺僧，布金剛額中。有賈胡用十萬貫買之，納腿肉中。則天尋問，知爲至寶，復索得寶持之。又咸陽嶽寺後，有周武帝冠，其上綴冠珠，大如瑞梅。天后時，有士人過寺，見珠，戲而取之。天大熱，至寺門易衣，以紙裹珠，放金剛脚下，因忘取之。後憇陳留旅邸，夜聞諸胡鬬寶，因説冠上綴珠。胡人驚駭，以五百千與士，令持珠還。定價五萬緡，合錢市之。邀士偕行東海上，以銀鐺煎醍醐。又以金瓶盛珠，於醍醐中重煎。甫七日，有二老人及徒黨數百，齎持珠寶來至，未幾山積。莫佽飛盜珠者，佽，刺也；飛，非也。言莫妄刺非其人也。佽飛衣敦之衣，又遺銀一定，僧遂執爲敦盜，言李戴張冠之意，瓜田李下之嫌也。藍廷璋入罪，汲嗣源欲出其罪者，藍、濫也；汲，急也，言濫入者須急出也。敦以子托商人，商人遺囑，令改姓歸宗。醫者代書，誤皇甫作黄父，遂使其子不能知。言改頭换面，全失本來也。竄徙嶺表，娶蠻女爲妻，又爲佽飛迎入海舶，言潦倒無賴，隨波逐流也。説佽飛招海外群蠻，納款貢琛，言反邪歸正，補過无咎也。兩子互訐，兩事因以得白，言多年舊案，終獲平反也。始以佽飛受累，卒以佽飛辨冤，言始則刺之者陷於罪，繼則刺之者白其非也。詹孝標者，古有阮瞻，皇甫孝緒者，古有阮孝緒，暗藏己姓也。其寓意如此。

又《燕子箋》 明末阮大鋮作。以燕子銜箋作關目，故名。**【略】**此記乃其廢棄時所作也。按劇中霍都梁，大鋮自寓也。先識妓女華行雲，行雲是門户中人，以比呈秀。後娶酈飛雲，是貴家之女，以比東林。是時東林及呈秀之黨相攻，皆互詆爲門户也。其云：朱門有女，與青樓一樣。暗詆東林也。其云：走兩路功名的是單身詞客。大鋮自比兩路兼走，未嘗偏着一黨也。生因塲期改夏，初欲回家去。店主人云：功名大事，没有打回頭的道理。生因問及昔年相與華行雲，以見不得吏掌科，不得已乃投呈秀

《孟子》士憎兹多口句爲題，而同和不能記，語韓僕曰：若主人奈何以幽僻論題難我。於是韓决意檢舉。此狗竇之説所由來也。是科，總裁大學士吴道南，江西崇仁人，己丑榜眼也。先是庚戌春闈，吏侍蕭雲舉、禮侍王圖總裁，取韓敬爲會元。敬卷本在南企仲房内，庶子湯賓尹易在己房，又指使各房互换，共十八卷。道南以禮侍知貢舉，榜放時欲具疏糾之。有勸沮者曰：公與兩主司同官，若以此奏劾，人必謂争内閣一席，齕齮兩公也。道南乃止，而簿載易卷之號甚詳。明年辛亥京察，御史孫振基劾湯賓尹、韓敬，首及闈中易卷事。禮部覆驗如其言，遂以察典勒賓尹閑住，敬降補行人司副。越兩科，道南主試，適有同和之事。朝官中頗有厚於賓尹、敬者，沸騰不止，其事遂上聞。然道南無私，不受其累。劇云：鄺安道上本檢舉，奉旨安心供職，不必引咎求斥。蓋指此也。割卷之弊，明代時時有之。相傳文徵明繕卷太工，每科試卷皆被人割去，其文從未達於考官，亦一證也。嘉靖壬戌，大學士袁煒教習翰林，每呼至書室内，鎖門試以難題，傍晚不令遽出。鄺安道令門官鎖門，蓋引此也。據劇：鄺所出題，其一恭慰大駕西狩表一道，其二安史平鼓吹詞一章，其三箋釋先世《水經注》序一首。則題本不易屬筆也。

又《春燈謎》 又名《十錯認》，阮大鋮作也。福王時，大鋮起掌兵部。言官論之，中有云：恐《燕子箋》、《春燈謎》，非掌上之兵符，袖中之黄石也。按：大鋮當崇禎時作此記，其意欲東林持清議者，憐而恕之。言己是誤上人船，非有大罪。通本事事皆錯，凡有十件，以見當時錯認之事甚多，而己罪實誤入也。《沉誤》一齣，是大關目。搜出箋紙，遂綑縛批明罪犯，欲沉水中。宇文生哭訴：年少書生，不戒杯酒，乘醉誤入官舫。箋詩是客路良辰，偶遇新知，逢塲消遣，總是風流罪過，何曾犯法，扭作賊情。韋節度不聽，竟沉於水。以見己與呈秀，不過書札往還，無别件事情也。宇韋於元宵打燈謎，生出無限波瀾，故標此三字曰春燈謎，亦寓意彼時朝局人情，有如猜謎云。宇文學博之子宇文義、宇文彦，兄弟皆能文，義留家讀書。而彦隨母之父任所，會抵黄河驛前，泊舟岸側。時值元宵令節，彦挈老僕陳英上岸觀燈。而韋節度之舟亦泊於岸，相去甚邇。韋有二女，其次女抱病，長女聞燈甚盛，竊父衣巾，改裝男子，使婢春櫻，亦改裝爲僮，相隨上岸。迨抵道廟觀燈，有題詩謎於燈上者，猜着者衆人出采，以爲韻事。宇文生猜得孟光二字，韋女猜得司馬相如四字。衆皆喝采歡笑，廟祝遂留二生共飲。韋女恐爲人覺，不敢明言，但改姓爲尹而已。酒間，宇文强韋唱和，韋亦勉强和之。各寫詩箋，互執而去。船因風起各移，而僕婢之名，音聲相似。又當夜半，韋竟誤入宇文舟，宇文亦誤入韋舟。迨及天明，韋女見宇文之母，不敢正言，仍稱尹氏，母遂撫以爲女。而宇文見非己舟，滿目奩具，懼而無計，傅粉墨於面，突出艙中，被擒質問，搜得詩箋。節度見是女詩，大怒不已，詰婢春櫻，櫻投水自盡。遂剥彦衣，書其背曰獺皮軍賊，投之水中。時獺賊之黨方横行，巡緝者拯之而蘇，以爲真賊，録送獄中，問其姓名。恐辱父母，詭名以對。問者不甚察，竟抵重辟。韋節度見春櫻溺水，虞婢溺敗名，命以彦衣衣之，家人爲具棺，寄於廟祝，曰一書生，不告以實。廟祝私念必宇文生也，書其柩曰宇文彦。彦母之父任，復遣陳英徧覓彦，不可得，至廟詢之，謂彦亡矣。是時彦兄義已擢大魁，鴻臚官老耄，唱名時悮呼李文義。朝廷謂天意欲更之，倘正其誤，則大典不光，遂改其姓爲李，授巡方御史，並父亦從其姓。彦在獄中，有盧孔目者，甚憐其冤，導以自訟於御史。然名已非真，御史不知其弟也。而察其罪有可矜，杖而釋之。彦遂用孔目籍貫，改名盧更生，入京應試。韋節度先已内召，以次女字文義矣。會受命總裁，擢更生上第，知文義之父有一女未字，遂爲更生執柯，俾爲李氏之壻。更生亦不知其爲父與兄也。及至花燭時，各各相認，始知種種錯誤：男入女舟，女入男舟，一也。兄娶次女，弟娶長女，二也。以媳爲女，三也。以父爲岳，四也。以韋女爲尹生，五也。以春櫻爲宇文生，六也。義改李文義，七也。彦改盧更生，八也。兄豁弟之罪案，九也。師以仇爲門生，而爲媒己女，十也。蓋以喻滿盤皆錯，故曰十錯認云爾。鄭振鐸《〈春燈謎〉跋》：阮氏之《燕子》、《春謎》，余於暖紅室及董氏所刊者外，嘗得明末附圖本數種，均甚佳，惟惜皆後印者。陳濟川以原刻初印本《春燈謎》一函見售。卷上下各附圖六幅，繪刊之工均精絶。余久不購書，見之，不禁食指爲動，乃毅然收之。董綬經刊阮氏四種曲時，其底本亦是原刻者。原書經董氏刻成後，即還之文友堂；後爲吴瞿安先生所得。瞿安先生嘗告余云：董本謬誤擅改處極多，他日必發其覆。今瞿安先生往矣，此事竟不能實現。原本仍在川滇間。他日當必能有人繼其遺志者。余今得此本，如有力時，當先從事於《春燈》一劇之發覆也。憶瞿安先生藏本，插圖均奪去。獨此本插圖完整無闕，尤足珍也。余去歲售曲數十種於守和，曲藏爲之半空。今乃復動收曲之興，殊自詫收書之志，雖歷經挫折而仍未稍衰也。守和云：君年力正富，不患不能償所失。余深感其言。自信：若假以歲月，余之曲藏，誠不患其不復能充實豐盛也。

又《牟尼合》 亦名《牟尼珠》，阮大鋮所撰，演蕭思遠被害。事屬撮撰，亦因己在逆案，故借思遠寓意，言定入逆案者乃冤情也。略言：蕭思遠，字德祖，梁武帝之孫。妻荀氏，生子佛珠。達摩付武帝牟尼珠一對，傳至思遠，生子時，放光滿室，故名佛珠。幼定王千牛倜之女。龍塘寺壁有張僧繇畫龍，四月八日都人共建濯龍會，思遠爲會首。是日有芮小二夫婦，走馬賣解，建康招討使封其蔀，欲得其馬，芮不肯與。鎖拏作賊，思遠爲解救，以語犯封，封大怒，會麻叔謀開河，封首思遠建濯龍會，圖謀不軌，檄捕思遠。思遠遁走，改名梁德祖，依芮居海州之廟灣。叔謀用陶榔兒蒸食小兒，封以佛珠開送，遣役捕取。荀氏題詩云：裙布蕭然婦，深冤欲訴誰。有人收此子，相報佛頭珠。以詩裹珠繫衣領，欲拋之僻處，痛哭暈絶，而佛珠已取去。叔謀用王倜爲副中軍，倜乘間竊一兒出，即佛珠也。被追急，棄之白衣庵。鹽商令狐頔，同妻岳氏，設齋求子，見供桌有小兒，大喜，攜歸以爲子，名曰佛賜。思遠作書令芮取其妻，妻未至而思遠爲海盗刼去，欲以爲盗魁。思遠不從，盗怒，殺死擲海邊，達摩以返魂香救活，留住海外香草叢林。居十年，達摩折蘆渡海，送思遠歸，館于令狐，教其子佛賜。芮往迎荀氏至海州，又避海賊之亂，偕至揚州。因女道士薦入王倜宅，教其女。佛賜登第，聘王倜女，思遠以珠爲賀，令狐用雙珠爲催妝禮。倜令荀氏綴之領巾。成婚之夕，荀氏送女至令狐宅，思遠與妻相遇，倜敘竊兒事，頔敘收兒事，始知佛賜即佛珠，倜女即幼時所定也。時已在唐武德初，裴寂奏麻、封二人之奸，皆誅死，召封思遠爲蘭陵郡公。吴琯《開河記》：寧陵下馬村陶榔兒，家中巨富，兄弟皆兇悖，以祖父塋域傍河道二丈餘，慮其發掘。乃盗他人孩兒，年三四歲者，殺之，去頭足蒸熟，獻麻叔謀。咀嚼香美，迥異於羊羔，愛慕不已，召詰榔兒，榔兒乘醉泄其事，及醒，叔謀乃以金十兩與榔兒，又令役夫置一河曲以護其塋域。榔兒兄弟，自後每盗以獻，所獲甚厚。貧民有知者，競竊人家子以獻，求賜。襄邑寧陵睢陽界，所失孩兒數百，冤痛哀聲，且夕不輟。虎賁郎將段達爲中門使，掌四方表奏事。叔謀令家奴黄金窟，將金一埒贈與，凡有上表及訟食子者，不訊其詞理，並令笞背四十，押出洛陽。道中死者，十有七八。時令狐達知之，潛令人收兒骨，未及數日，已盈車。於是城市村坊之民，有孩兒者，家置木櫃，鐵裹其縫，每夜，置子於櫃中鎖之。全家秉燭圍守，至明，開櫃，見子，即長幼皆賀。

又《獅子賺》 刊本注百子山樵撰，不書姓名，蓋明末阮大鋮所作也。劇中關目皆空花幻影，與皈元、曇花、雙修諸劇，同借傳奇説法也。其曰《獅子賺》者，《大藏經》載菩薩作獅子吼，優樓頻羅經有獅子眼王菩薩，又佛座爲獅子座。故僧家有力能承佛法者，稱法門獅象。劇中以獅子作引，後以打破獅子現本來面目作歸結。所謂但有言説，都無實義，故曰賺也。劇云：等輪王者，統攝幽明，總持三界，謂無始以來，陰陽撮合，晝夜平分。人有罪愆，鬼亦有公案，人死而爲鬼，歷諸地獄，鬼轉而爲人，亦受諸苦惱。輪王宅心平等，秉教圓通，無異同也。遂定等輪律三條，使獅頭僧傳諭酆都一切官吏軍民男婦諸鬼，使盡改前非，各安本分，有犯者必依律罰往陽世受罪。【略】王隱《晉書》云：蘇韶死而蘇云：顔淵、卜商爲地下修文郎。劇内説白有鍾馗妹脱鞋爲鞋杯，與鬼判奉酒，此絶荒誕。然元末楊維楨好以妓鞋承酒，謂之鞋杯，不爲無因也。

著録

清・佚名《傳奇彙考標目》卷下 阮大鋮號圓海，懷寧人，所著有《詠懷堂傳奇》數種，而《燕子箋》最膾炙人口。《雙金榜》、《燕子箋》、《春燈謎》亦名《十錯認》、《牟尼合》、《忠孝環》。

清・高奕《新傳奇品》 阮大鋮，金陵人，道學面君，步履不妨。所著傳奇五本：《雙金榜》、《春燈謎》、《牟尼合》、《忠孝環》、《燕子箋》。

清・笠閣漁翁《笠閣批評舊戲目》 《獅子賺》阮圓海作，下中。《燕子箋》阮圓海作下中。

清・黄文暘、佚名《重訂曲海總目・明人傳奇》 阮大鋮：《春燈謎》、《燕子箋》、《雙金榜》、《牟尼合》、《忠孝環》。

清・支豐宜《曲目新編・明人傳奇》 《雙金榜》、《牟尼合》、《忠孝環》、《春燈謎》、《燕子箋》，右五種，阮大鋮作。

清・姚燮《今樂考證・著録七・明院本》　阮大鋮六種：《雙金榜》、《牟尼合》一名《馬郎俠》、《忠孝環》、《春燈謎》一名《十錯認》、《燕子箋》、《獅子賺》。

清・王國維《曲録》卷四　《雙金榜》一本，《牟尼合》一本，《忠孝環》一本，《春燈謎》一本，《燕子箋》一本。右五種，明阮大鋮撰。

夏基

紀事

清・佚名《曲海總目提要》卷一五《撮盒圓》　明末人所作。《自序》云：磊道人、癯先生合編。未詳其姓氏。演聞人淵于廟市買得金鈿合半面，蓋中藏甘氏婚書。有女紫鴛幼時許姪留哥爲妻，以金鈿盒各執一扇爲據。淵後于揚州福清庵遇紫鴛，遂冒認留哥，合鈿成婚。故名撮盒圓也。明人雜劇有《丹桂鈿盒》，亦相仿。劇中云湖盜趙海，是劉六劉七餘黨，蓋正德年間事。略云：聞人淵，字次卿，南直隸姑蘇人，官翰林院編修。弱冠未諧良偶，與友江文長向雄成最相契。閑遊廟市，見雜銀换錢者，攜一半面金鈿盒蓋，淵買之歸，細玩盛盒紙簏内，藏婚書一紙云：立婚書姑甘氏，有女紫鴛，許姪留哥爲妻，年俱二歲。今因赴任出京，特將金鈿盒各執一扇爲據，日後長大，合鈿成婚。紙背書紫鴛甲子年七月七日子時生，已十七歲矣。淵乞假南旋，方謀娶婦文長亦因下第，攜妾迴風爲五湖之遊。時雄成官荆襄總戎，淵與文長札，令探雄成。淵南下，路經維揚，借寓福清尼庵。適甘氏同女紫鴛亦寓于此，淵窺見紫鴛絶色，愈深思慕，婚書鈿盒，又適相符，竟冒認留哥，託尼妙通與甘氏言。甘氏大喜，邀淵相見，即留寓，但疑其吴音，因留哥原京師人也。淵詭云：自幼所從業師俱吴人，又在南方住久，故不覺聲音變耳。居數月，甘氏忽患心痛，淵行笈中有京師前門外李姓所賣治心痛藥，欲親送至甘氏卧室，而誤入紫鴛室。紫鴛侍母湯藥未回，淵癡迷留戀良久，遺失心痛藥而去。紫鴛入室見藥，亦不細察，持藥與母服，病旋愈。時文長同妾迴風遊君山，被洞庭大盜趙海劫迴風去，拘禁凌逼。迴風貞操凛然，海不敢犯。文長與總戎雄成借冠服儀從，扮爲新任巡江都司，拜訪趙海。海感其以禮相待，因出迎謁，設筵款文長，文長亦答席。暗移舟出港，始語以失妾迴風之事。海懼，即送迴風還之。甘氏病愈，益屬意于淵。淵遂浼妙通爲媒。甘氏云：須有半扇鈿盒方成婚。尼與淵言，淵即出鈿盒蓋付之。結褵之後，淵仍儒巾青袍，甘氏猶以爲真留哥也。而家人聞桂忽至，報陞翰林學士，甘氏方悟其非姪，然喜得佳婿。金鈿巧合，洵天緣也。文長亦中解元。迴風在賊營中，拾得半面盒底，文長謂與淵廟市所買半面盒相似，遂往晤淵，共叙離情。淵則扮書生得妻，文長則扮官長救妾，相詫異事。文長乃出盒底贈淵，果即甘氏所遺失者。淵以示甘氏紫鴛，益大驚異。淵與紫鴛，本非中表，皆鈿盒撮合成配。而所謂留哥者，幼年散失，不知所向，姻緣固有定數耳。按聞人淵、江文長、向雄成三人俱無考。而《今古奇觀》小説内，有陳御史巧勘金釵鈿一段，作者或影借此。但彼係梁尚賓奸騙，致女阿秀身死，魯學曾金鈿雖合，而所配則田氏，非阿秀。不如此劇足爲風流佳話也。

著録

清・姚燮《今樂考證・著録六・明院本》　磊道人、癯先生合作一種：《撮盒圓》。

王光魯

論說

明・祁彪佳《遠山堂曲品・逸品》《想當然》：相傳爲盧次楩所作，譚友夏批評，然觀其詞氣，是近時人筆，即批評亦未屬譚。劉一春事，本之《覓蓮傳》，此於離合關目，亦未盡恰，但時出俊爽，才情迫露。

清・繭室主人《成書雜記》 一、原傳舊有刻本，語頗雜惡，一經點綴，俱爲生動，藏聲石鼓千年遇張茂先也。至人名、事境並無一字改易，惜文繁不能盡贅，博雅君子當並觀之。一、前人因曲譜名，後人按名造曲者，以腔板既定，人不敢創易故也。然腔板不換，則其中或增字或減字，皆隨人詞意筆勢所到聯絡成文而已。近時歌人或數字咯□，則謬爲裁補，甚至代爲刪芟，文闕理荒，不知曲聖板師自有那挪借之法。先生間有增減，幸恕筆削。一、俚詞膚曲，因場上雜白混唱，猶謂以曲代言。老余姚雖有德色，不足齒也。吳人清唱，因其腔板熟落，窮力吟詠，或至奉爲終身首調，不知裏巷鄙語，雖使二八好女歌之，終亦濕鼓啞缶而已。又有填詞集事雜白唱，尚或可曉，一人清唱，如啖木屑者。是本合白即記，拆白即詞。縱使筲板間綴高唱低詠於虎丘石上，千人叢中，當亦雅俗首肯，不至爲解人嘲也。一、作曲俱依古調名色標列極楚，又有如六犯宮調、九回腸，俱系眼前熟調，首尾過接，自有一定師傳，點板注名所重，似不在此。一、元人詞曲多配絲弦，况北調簡勁真率，目多寓於曲中也。以至苦面老優妄加枝節，如露滴牡丹開，原難做作，不得不添君瑞多丰采矣。此本委蛇詳備，如謝點金之手，先生苦心也。亮之，亮之。一、是本原無圖像，欲從無形色處想出作者本意，故是超乘。但雅俗不齊具，凡各境未免有展卷之歎。茲集本齋更加校讎，鐫刻不啻苦心，豈得不一，煩名手繪斯無字句之神情，以標其勝。故擇句皆取其言外有景者，題之於本圖之上，以便覽者一見，想像其境其情，欣然神往，是由夫無形色者也，用是以補其缺陷。一、時曲取事幽奇，多方淩駕波瀾，筍節博設遠收。至於個中情景，舌亂齒忙，本味未出，而心已爲關目促去。作者以此投時，演者以爲省事，不知終場急鼓繁聲，倉皇跪拜，有何意趣。獨先生茲本，取事未嘗不奇，而回峰過峽，引水歸源，恣意橫皴，歡腸袍舌，更妙在嵌空著步，纏綿幽曲，必欲節節盡情，臺上，案頭共珍名作。一、是集讎校獨精，告成不易，實亦先生精魄所在，愛玩不忍輕褻，公傳我輩，同藏斯寶，如有用心精校，紙板精瑩，圈點細膩，廣傳幽谷窮鄉，不佞正大有望於同志也。若不如公榮或兼易陽虎之面，先生何以教我。

清・心印吟室主人《想當然傳奇題記》 玩此記須看他一段關節，如劉生初一卜巫耳，如何遽生妄憶；蓮、勻始未面生耳，如何便動閨思，此便是幻中真。再觀一梅遇，本意中人反爲仙遊；再梅遇，本急相熱，反苦相就，此又是真中幻。春遊，耿生本妒，反使醉裏遇仙；假試，窺探誠深，竟令真處成僞，此又是真中幻。文仙青樓一夢，遽害一場女相思，費一番間綢繆。馬皋始憾方深，乃竟一探花返旆，無意撮合，此又是幻中真。真真幻，幻幻真，世情看破，原是如此。

傳記

清（嘉慶）《瓜州志》卷八 王光魯，字漢恭。瓜洲諸生，潛心績學，屏跡城東寺樓，去其梯，期以三年，盡讀古人書。閱二載，以母病歸侍養。光魯學窮本源，東南名輩皆推仰之。王鳳洲《綱鑑輿地志》光魯所輯也。《碧漸堂詩集》、《閱史約書》十五卷，最爲世所珍。著《碧漸堂集》。

著録

清・姚燮《今樂考證・著録七・明人傳奇》 王光魯一種：《想當然》。《曲考》署大名盧次楩柟作。周亮工云：元人作劇，專尚規格，長短既有定數，牌名亦有次第。今人任意增加，前後互換，多則連篇，少爲數闋，古法蕩然矣。惟予門人邗江王漢恭名光魯所作《想當然》，猶有元人體裁，其曲分視之則小令，合視之則大套，插入賓白則成劇，離賓白亦成疋曲，不似今人全賴賓白敷衍也。今托盧次楩之名以行，實出漢恭手。

清・王國維《曲录》卷四 《想當然》一本，明盧枏撰。

雜録

明・譚元春《批點想當然序》 《想當然》者，相傳謂盧柟次楩所著爲傳奇，而自異其名者也。吴人客遊于楚，篋中攜此。譚子見而賞之，乃爲竟讀。夫忠孝俠烈之事，散見於經史，而情麗獨歸之曲。忠孝俠烈，人所自爲，欲自言之，則不可無論，名心淡泊，無能自舉，即欲極力自寫，反多阡隔不通之處。一經才人手筆，以文代辭，以理遡事，合衆人之喜怒，當日之情事，以觀其行徑，雖言談接湊，不必盡然，而要不可移之於他人者，則人之想專而味出也。六經之悠宕者，無如詩，則言情爲多。周秦以下爲騷、爲賦、爲歌行、爲詩餘。三代詩體，簡勁質樸，亦其氣運留之想，固自雋要之。一涉悠宕，即不能不爲騷、爲賦、爲歌行、詩餘，以專爲情麗之所歸者，則勢使然，亦三代人所不禁也。有名人女子終身情性所結，覆匿昏迷，婉轉自度，不幸而遇俗子，以刀馬扁鼓傳之；或遇不讀書、不静悟之人，加以惡詩俚句，演爲小説，述爲歌聲，遂使起居服飾仍是前人，但易其姓氏，而謂之後人，可乎。即後人之行徑誠是，我不能出心想以迎之。則仍不如置之冥漠，聽後世有耳目，有情性者自爲之正，不必汲汲欲傳，令人痛惜徘徊，歸咎于作者之不善也。且生旦兩人合爲一傳，則兩人有兩人之想。浄醜外末，嬉笑怒駡，種種詛祝憐惜之人，則亦有浄醜外末嬉笑怒駡之想。夫傳兩人則兩人已耳。浄醜外末，兩人深不願有此。然無之則不奇，不奇則不傳。世無才人，並浄醜外末鬚眉如土木矣。況言詞轉動之外，有舉目不見、傾耳不聞，千變而不離者，半面乍睹，如見故人，避就遷延，如長癡木。當徑者爲情所使，忽忽不知自非此中人。孰能以一點靈根化爲千百字，不許一字不靈，一句不肖，令四時之氣，草木之情意外，不相干涉之人，盡爲佐使乎。次楩磊落半生，竟以狂死，偶出而爲是編，其豪氣難除，用心不細，故鄉生處、硬處、處，不能盡爲。次楩掩至其意到神開，覺讀者有如或見之之意，總不肯一語落前人窠楩，揣摩之極，變爲天然。不獨他人不能代言，即質之次楩，或亦非學問讀書之所至也。則並其生處、硬處、處，合而成一次楩之作，正不必爲解嘲矣。或曰：盧固濬人，其序稱大江以南，殆非盧作。余意盧散人也，足跡半天下所至爲號。陸尚書爲吴人，始仕濬令，出次楩於嘉肺中，陸歸盧隨之，客于吴。書成而得吴名，不復自珍，旋又棄去。生平倚酒嫚駡，無故人知己。將死之歲，弇州先生複以家難流離長安，故遺文散而不收，致今始傳留耶。或曰：此本陸尚書少年所爲，以其宦久而官高，不便以詞曲傳得意之文，又不忍廢，故託之門生後輩，以爲不朽，詭云次楩耳。嗟乎。鄭康成之春秋亦名服注，許先生之草跡竟爲右軍，幸而傳之足矣。敢苛求其爲陸爲盧耶。次楩博譏前哲，謂取所論著而姑著而姑韻之以爲賦。今讀其《幽鞠》、《放招》之類，非取所論著而姑韻之，以爲騷者乎。塑面畫皮，影射往古，自是嘉隆間習氣，何此編亭亭多新異耶。吾愛次楩，當削去《幽鞠》、《放招》諸篇，獨存《想當然》，則亦不知次楩爲嘉靖間人也。

清・周亮工《因樹屋書影》第一卷 元人作劇，專尚規格，長短既有定數，牌名亦有次第。今人任意增加，前後互換；多則連篇，少惟數闋，古法蕩然矣。惟予門人邗江王漢恭名光魯，所作《想當然》，猶有元人體裁。其曲分視之則小令，合視之則大套，插入賓白則成劇，離賓白亦成雅曲。不似今人全賴賓白爲敷演也。又常見檇李李君實所爲《禮白岳記》，分視之各爲一則，合視之共爲一記；而詩即連綴於中，分視之則詩，合視之詩亦記也。詩文照映，使山水神情，無所遁避其間，真是合作。今人爲遊記者，意在謀篇，終難逐境；章法固自貫串，境地終未分明。且記自記，詩自詩，使讀者因記以憶詩，持詩以尋記，筆墨間隔，神情不屬，不數行欠伸欲卧矣。故予以爲王生之劇，李公之記，皆可爲今人法也。《想當然》託盧次楩之名以行，實出漢恭手。

智達

論説

清・嚴而和《净土傳燈歸元鏡序》　近日賢智者參禪習教，不暇念佛，愚拙者應名了事，不信西方。將迦文苦口丁寧，幾成虚設，五濁難信，豈不然歟。心師悲之，欲使人人咸歸净域，無計可爲筏渡，因思蓮社中主張净土者，唯盧山、永明、雲棲三大老，其行願精確，而事實尤昭著人之耳目。爰是搜三祖本傳塔銘，一生實蹟，敷爲四十分，借諸伶人，當場搬演，音樂問答，出相露布，俾三祖公案一朝重新，净土法門燈傳無盡。嗟乎，莊言元旨，幾成睡夢久矣。唯此熱閙場中，人競觀聽，因是觸目驚心，感人心肺，從此而茹齋戒殺，從此而念佛往生，豈非火宅中一劑清凉藥哉。黄葉止啼，莫此爲妙。異哉，借幻人以傳真諦，變瓦礫而作黄金，匪但遊戲閻浮，實迺循循善誘。雖然，噫嘻，可與悲心上智者道，難可與法執未化者言也。壬辰孟春，廣陵嚴而和序。

清・孟良胤《净土傳燈歸元鏡序》　從來佛法即世法，以世法具佛法，至理也。通乎此者，始知三界空花，本無定法，其中若親朋眷屬，富貴功名，離合悲歡，是非人我，不啻一場雜劇耳。予是以官味蕭然，隨緣遣日，署中無事，每每作蒲團空觀。予將解組，故人心融師以所搆《净土傳燈歸元鏡》實録稿乞予叙，以冠篇首。予閲之，甚符予意。杭俗尚講經，喜設佛會，愚夫愚婦動輒千人，至詰其所得，則茫無所知。噫嘻，蟻聚終日，又何益於身心性命乎。今心師以悲濟之願，搆茲實録，俾三祖一生實行載之於紙上者，復演之於當場，音樂宣和，情景昭著，與净土之水鳥林木，又何異哉。使人之觸於目，警於心，或發願往生，或專心念佛，或戒殺茹齋，或止惡歸善，較之於打閧茫然者，奚啻倍蓰。此真以如幻法門，巧設方便。見聞者，當裂諸見網，勿隨情認戲，則法法歸真，同生蓮域，庶不負作者之本懷云爾。時維庚寅菊月哉生明日，浙江右布政關西孟良胤識。

清・佚名《歸元鏡上卷總評》　一《方便》分，是卷《彌陀經》，説到持名不亂，即得往生，這個大方便纔出，得未曾有。人天凡聖，安得不踴躍驚喜。此處是傳燈眼目，不可忽過。神運殿，係盧山勝蹟，非如世劇，隨意揑造也。《結社》分，未結社前，不知念佛；及大師出此方便，衆人方大驚喜，各各深信，果到西方。傳燈正脉，全在於此。貪、嗔、癡、睡，乃自心妄魔，非外魔也。輪廻六道，俱此輩造成；一離此魔，即入聖位。此分語意，極醒豁人迷，須當體認爲妙。第八分桓玄入山，意欲邀師，助己謀篡。及見師顔，謀不敢發，足見大師慈威懾奸處。汏僧，是催人作祖的因地，正是因禍而得福，事不極不發也。如今人到極處，又不肯發出世大心，對此一僧，豈不愧死。《受囑》分，是永明高麗最初往因。一發弘願，遂證祖果。一願護法，遂登王位。因果豈有忒哉。噫，今時留意惟在妙年英俊輩，而誰知聖賢反在老年殘疾之人。故知在心不在相也。今人何得以容貌取人乎。《驗夢》分，是接下永明的肯綮，萬不可缺。永明以國課放生時，已拚一死。其主意，全在以我一人之命，活億萬生靈之命，雖死亦快活。故當堂直認，臨斬顔色不變。意見之卓，真不可及。高登祖位，非此而何。　許自新，即蓮大師前身。其勘問時，被永明一席話，撥動真如，從此而棄俗出家，累世來遂証雲棲之果，則人安可以小善因而忽之也哉。故永明、雲棲，其修証行願，若合一轍。高麗王不得瘋僧一指，幾乎墮落。可見富貴迷人，一至于此。故修行人不願昇天，正慮此故。如今處富貴而迷却者，十之八九矣。永明于智者巖七度拈鬮得净土，後于觀中，大士灌以甘露，遂獲辯才，作《宗鏡録》百卷、《萬善同歸集》等，俱載于《蓮宗祖傳》。見者知之。永明登座説法，説四科，揀主張，净土壁立萬仞，直指還元，故曰開權顯實。此一分，與佛説《彌陀經》，遠祖結蓮社，同一悲心，共一機用；内皆最上法乘，切莫當面放過。

又《歸元鏡下卷總評》　趙龍之殺，以積惡滅倫所致，非爲首舉殺也。至死猶不知罪，誣告反坐，其苦自招，宜哉。世人所畏惟閻王，而閻王頂禮惟是莊嚴净土之永明。則人豈可不勇猛回頭，一心念佛求生西方乎。許自新見地獄之苦，一回陽間，即發出世大心。乃云：我決意要了明生死大事，即便棄家。如此鐵漢，世所希有。《道傳海外》分，不獨高麗王棄位出家，即行人官，亦非凡品，所爲善人俱會一處也。許公一受遺囑，即便立化，當是精進勇猛心所致，詢非諸人可及。大勢至菩薩，是念佛領袖。其中言語，皆結上起下要緊的接脉，切勿視爲緩局。一切佛祖出家，各有時節因緣。今烹茶碗裂，是時節已到，就機觸發耳。七筆勾，是大師親作，勾却遂此出塵，今特拈出，以見祖師心腸，早已打掃乾净。《搜山》分中，從虎發諢五種人該吃，是諢中發勸。怕老婆也該吃，又是勸中發科。至于父母也不孝了等語，又是科中發勸。我見你跪在土地娘娘面前，又是勸中發諢。下場正如陽羨書生，幻不可測，觀者莫等閑看過。《車昌發悟》分，是一則實案公據。其中魔佛互混，非到家人不能知得。大師病于白下，其事杭人皆知之。若不拈出，反失真蹟，雖欲隱惡，不可得也。大師因緣，却從祈雨而起。可見龍天推出，與强出頭者大是不同。朱橋之建，太守啓請，每人施銀八分，每棒大悲一咒，皆是事實。至于潮神請旨，普陀護法，俱是真理。何也。憨山云：錢王以萬弩射之而不却，吾師以念佛呪之而息波。噫，異哉。大師以大悲故，發原普濟，救拔幽魂，故座上現滿月之相，以致大士稽首，與今之逐蠅頭而了故事者，天淵隔矣，何得以瑜伽鄙之。《再頒遺囑》是大師條理精密處。《彌陀接引》是大師不違本意處。此分内言言警發，極醒人意。同生同樂，切勿視爲奇特。人人可生，只在一心不亂。

清・流通《净土傳燈歸元鏡跋》 諸法三昧，其名甚衆，功高易進，念佛爲先，故世尊圓機授道，直指西方。蓋净土一門，竪超三界，横截五道，一得往生，不受後有，直臻無上菩提也。盡大藏中，八萬四千法門，無如此簡要直捷。奈密織癡網，淺智之刃莫揮，故佛見是利，衆生若盲，良可痛悼。洎蓮宗諸祖，現身説法，生彼者無量無數，而廬山、永明、雲棲三老，其最著者也。吾師不避疑謗，設異方便，搜三祖傳記，演爲實録。一時遠近見聞，翕然傾動。真如時雨溥潤大地，諸人佛性，悉得發生。可謂擲出龍宫之寶，徧給群生。非宿緣之有幸，豈得遇于斯因。但當諦信，無恣口業，間有喜談理性，厭聞事相。豈知真心圓裹太虚，一切依正報相，皆吾心現量所具。若真理性洞明，當知事外無理，相外無性。苟諸緣放下，一念萬年，本性彌陀，復何遠哉。或以真實妙諦，不應開此如幻法門。《經》云：但有言説，俱成戲論；一切幻相，悉皆空寂。身從無相中受生，猶如幻出諸形像；假音聲作佛事，正是以幻覺幻；凡諸遊戲神通，總成一行三昧。從此發真歸元，不爲幻相所惑。即是觀第一義。就令下根見解，一句染神，早植净因；甚或謗誹，一落識田，已含智種。矧兹五濁惡世，四面火焚，惟佛一人，力能救援。三根普攝，妙難思議。故群經森列，徧讚西方，用宜深信，生大歡喜，佛説難信之法，洵能篤信勿疑。是人甚希有，過于優曇華。今我心大師，悲劫濁之方殷，傷邪見之剌謬，將醍醐上味，侑以清歌，如甘露灌頂，徹骨清凉。論事相，則懺六根，雪三業。究宗旨，則空萬法，了一心。聲聲演出無生忍，句句全談理事足。俾見聞隨喜，盡忻寶所，一切有情，偕臻壽域，共報佛恩，説如是法，名真實慈。正是：法音直指歸元路，慧鏡高懸照古今。見聞諸仁者，畢發菩提心。盡度一切衆，咸入蓮華藏。

清・佚名《歸元鏡問答因緣》 問：師何發心，構此《實録》。答：從悲心所構。一切有情，皆當成佛。因迷五欲，貪戀執着，流落他鄉，輪轉受苦。今就他聲色欲中，引其信受，正使就路還家，極爲省便，憫一切故。問：《歸元鏡》何門所攝。答：净土門攝。以净土中水鳥林木，皆演法音故。問：内中所屬何義。答：是權巧化導，屬乎方便。又係大乘了義，不類二乘有漏。以念佛必成佛故，放生具大悲心故。問：《歸元鏡》畢竟名戲，何成祖録。答：妙理圓通，切莫擔板。若滯境守愚，亡失方便，終落二乘外道。所以祖師云：盡十方界，是一戲場。諸佛出世，皆同影現。總明無一實法與人，皆是黄葉止啼，權巧方便。遊戲三昧，如寒山拾得，布袋蜆子諸聖，皆截斷聖賢藤索，掀翻佛祖家私，打破虀瓮，别開生面，是以機用方便而遊戲者。至於普門大士，或現男女僧尼，或現宰官妃后，或現餓鬼修羅，或現畜生地獄，隨類度生，不拘繩尺，是以大悲方便而遊戲者。種種方便，窮劫難述。故須識祖師機用，具普門手眼，方知《歸元鏡》消息。汝輩當求法慧二眼，高枕虚空，正好看大地衆生演雜劇也。問：歸元祖録，是虚是實。答：非虚非實。何以故。若詮體，則纖塵不立，故非實。詮用，則萬法森羅，故非虚。今《歸元鏡》者，或顯理，或顯事，或事理互融，或真妄兩顯。雙收無礙，不離體用，故云非虚非實。問：用何三昧，得成歸元妙義。答：有五種因緣，和合成就：一佛法、二世諦、三文字、四音律、五通俗，缺一則不可。何以故。缺佛法，則不成祖録。缺世諦，則究成杜撰。缺文字，則語言乖舛。缺音律，則聲調不和。缺通俗，則流通不遠。故必須五緣和合，成此方便。問：《歸元鏡》具幾許功德。答：其功德不可思議。譬人以大千七寶，持用布施，所得功德，不及萬一，何以故。世財布施，屬有漏因，念佛往生，證無漏果故。若論權巧弘法，方便利生，即緣覺聲聞，亦當避地三舍。問：能演之人與所演之處，果能生福否。答：福利甚大，所演之地即成道場。能演之人，究竟成佛。何以故。以如來威神，三祖願力故。又能存者獲長壽，增智慧，釋病苦故。亡者拔業障，出三塗，獲往生故。問：《歸元鏡》，有發心信受者，蒙幾許利益。答：發心歸向，根器不同，約其因地，畧有五種：一者，初地見聞，感動慈念，隨即戒殺者，得《歸元鏡》之毛。二者，見聞發心，歡喜生信，隨即持齋，放諸生命者，得《歸元鏡》之皮。三者，净心隨喜，生難遭想，深信因果，朝夕念佛者，得《歸元鏡》之肉。四者，深心净信，脱離世緣，厭娑婆苦，一心念佛，求生西方者，得《歸元鏡》之骨。五者，見無所見，聞無所聞，契自性彌陀，了唯心净土，一脚踢開三祖燈光，一槌擊碎歸元鏡影，竿木隨身，逢場作戲，拖泥帶水，方便提携，遊戲中現寶王刹，微塵内轉大法輪。若此者，得《歸元鏡》之髓。蓋惟得髓，方稱歸元之本懷耳。噫，微斯人吾誰與歸。

清・焦循《劇説》卷二 《洞天玄記》寫形山道人收崑崙六賊事，所以闡明老氏之旨。《歸元鏡》寫沈蓮池爲僧事，所以發攄禪氏之談。於傳奇中别一蹊徑。

紀事

清・佚名《曲海總目提要》卷一二《歸元鏡》 明萬曆間杭州報國寺僧智達所撰也。智達，别號心融，自稱嬾融道人，時又稱爲心師。其劇名異方便净土傳燈歸元鏡三祖實録，採晉時盧山遠公、五代時永明壽禪師、明隆萬時雲棲蓮池大師三人在俗以至出家成道傳燈實行，皆據本傳塔銘爲主，意在勸人念佛戒殺茹齋，求生西方，以三祖作標榜。録皆真經真呪，真法真理，真祖實事，真心發願，借人顯法，權巧化導，故不曰傳奇，而曰實録。不曰齣，而曰分録，分四十二分，取華嚴經四十二字母之義。其中曲白皆本藏經語録，不等泛常戲劇云。按萬曆時蓮池之教盛行，專修净土，念誦阿彌陀佛，其教原本於遠公壽師。作者緣起，實爲蓮池。序云：近日賢智者參禪習教，不暇念佛，愚拙者應名了事，不信西方。心私悲之，欲使人人咸歸净域，因思蓮社中主張净土者，惟盧山、永明、雲棲三大老。爰是搜三祖本傳塔銘一生實蹟，敷爲四十二分，借諸伶人當場搬演。音樂問答，出相露布，俾三祖公案。一朝重新，净土法門，燈傳無盡，大旨于參禪者不甚許可，欲人專脩净土也。佛經云：歸元無二路，方便有多門。作此録者，或顯理，或顯事，或事理互融，或真妄兩顯，故取名歸元鏡云。釋迦與舍利弗言，西方佛土有世界名爲極樂，其佛號阿彌陀。又云：若有善男子，善女人，聞説阿彌陀佛，執持名號，若得一日以至七日，一心不亂，即得往生極樂國土。舍利弗言，弟子就此下凡，到南閻浮提傳此净土法門，把此一卷彌陀經，宣揚流布，廣度衆生。此通本關鍵也。《釋氏通鑑》云：盧山遠法師諱惠遠，出鴈門賈氏。少爲儒生，博極群書，尤邃《周易》、《莊》、《老》。道安法師門徒數千，遠居第一座。安嘗曰：使道流東國，其在遠乎。晉武帝甲申太元九年也，前秦國亂，來遊于晉，抵江西，見盧山愛之，乃止江州龍泉精舍，次寓慧永之西林寺，復于山東建東林寺。時天下奇才，多隱居不仕，聞盧山遠公之道，皆來從之。遠公每送客，不過虎溪。道士陸脩静偕陶淵明入山見師，送之，執手告語，不覺過虎溪，三人相顧大笑。今人圖之爲三笑圖。乙卯八月初六日，遠公合掌向西而逝，壽八十四歲。《東坡集》云：錢塘壽禪師，本北郭税務專知官。每見魚鰕，輒買放生，以是破家。後遂盜官錢爲放生之用，事發坐死，欲赴市矣。吴越錢王使人視之，若悲懼如常人，即殺之，否則捨之，禪師淡然無異色，迺舍之。遂出家，得法眼净。又《釋氏通鑑》云：杭州慧日永明智覺禪師，名延壽，出餘杭王氏。年二十八爲華亭鎮將，志慕真乘，禮龍册寺翠巖參禪師剃染，野蔬布襦，以遺朝夕。吴越忠懿王弘俶，請師開山靈隱新寺，明年遷永明大道場。凡十五年，度弟子一千二百人。嘗與七衆授菩薩戒，夜施鬼神食，放諸生類，不可稱算。餘力念法華經萬三千部，著宗鏡録一百卷。宋太祖開寶八年寂，年七十二。釋德清古杭雲棲蓮池大師塔銘云：雲棲大師，諱袾宏，字佛慧，别號蓮池，俗姓沈氏，古杭仁和人。師生而穎異，年十七，補邑庠，顧志在出世，每書生死事大四字于案頭。前婦張氏生一子，殤，頃婦亦亡，議婚湯氏。年二十七父喪，三十一母喪，因涕泣曰：親恩罔極，正吾報答時也，至是而長往之志決矣。除日師命湯點茶，捧至案，盞裂。師笑曰：因緣無不散之理。訣湯曰：吾往矣，汝自爲計。湯亦洒然曰：君先往，吾徐行耳。師乃作一筆勾詞，竟投西山無門洞性天理和尚祝髮。居頃，北遊五臺，感文殊放光。至伏牛，隨衆煉魔。至金陵瓦官寺，病幾絶寢。病間歸，乞食梵村，見雲棲山水幽寂，遂有終焉之志，因結茅以棲之。村多虎，居民最苦之。師爲諷經施食，虎患遂以寧。歲亢旱，村民乞師禱雨，師擊木魚循田念佛，時雨隨至。民異之，因相與發其地，不日成蘭若。自此道大振，海内衲子歸心，遂成叢林。梵村舊有朱橋，屢被潮汐衝塌，行者病涉，請師倡造。師云：欲我爲者，無論貧富貴賤，人施銀八分而止。不日累千金，鳩工築基。每下一樁，持呪百遍，潮汐不至者數日，橋竟成。萬曆戊子歲大疫，師就靈芝寺禳之，疫遂止。臨終時預於半月前入城别諸弟子，作三可惜十可嘆以警衆，念佛而逝。其偶湯氏，亦後師祝髮，建孝義菴爲女叢林主，先一載而化。吴應賓孝義菴主大尼太素師塔銘云：菴主姓湯氏，法號袾錦。四十七出家受具，先大師涅盤一歲，端坐念佛而寂。學者稱太素師。

著録

清・黄文暘、佚名《重訂曲海總目・國朝傳奇》 釋智達：《歸元鏡》又名《傳燈録》。

清・梁廷枏《曲話》卷一 釋智達作《傳燈録》【略】。國朝僧智達作《傳燈録》，即《歸元鏡》也。

清・姚燮《今樂考證・著録八・國朝院本》 釋智達一種：《傳燈録》即《歸元鏡》。

雜録

清・佚名《歸元鏡規約》 一、此録專修廬山、永明、雲棲三祖，在俗以至出家成道，傳燈實行，其本傳塔銘外，不敢虚誑世俗。一、此録本願，專在勸人念佛，戒殺茹齋，求生西方，以三祖作標榜，分分皆實義，切勿隨例認戲，但各演實録，若不以戲視者，其功德無量。一、此録情求通俗，上而慧業文人，以至稚童幼女，使無一不通曉，故一切深文奥義，不敢贅入。一、此録皆真經真呪，真法真理，真祖實事，真心發願，借人顯法，權巧化導，故曰實録，隨喜者詳之。一、此録於祖師法諱，或俗名，皆不敢直呼，但曰某甲，尊法也。一、此録不曰傳奇，而曰實録，不曰齣而曰分者，以此中皆真諦，非與俗戲等故别之。一、此録皆佛祖菩薩，萬勿使彼立演，觀古人爲尸之意，益當敬信，如勢有不可者，寧勿演可也。一、觀聽諸善人，宜坐兩旁，當正心凝慮，静念隨喜。觀畢，當效法先賢，一心念佛，求生西方。一、搬演諸善人，當如親身説法，宜齋戒正念，此名以法布施，較之以財布施者，等無差别。一、演法主人當誠心肅念，香燭列供，如説法等，不得設葷餚，茶食方可，清演無量功德。一、此録演完，不得找雜戲一齣，以亂正法勝心。在演法者亦不得稍去一分，以失祖師真蹟。一、此録，分四十二分，取《華嚴經》四十二字母之義。其中曲白皆本藏經語録。演法者，切勿以私心臆見，攙入俗語混亂佛法，後必遭報，慎之。一、此録皆大乘方便，絶不同《目連》、《王氏》等劇，故曲皆佛法，最喜雅調摸寫，介白清楚，低昂激切，使人一見感悟同心。不在事相奢華，跳舞繁冗，萬勿增入，紙劄火器，粧點醜局，反涉惡套也。一、善男信女，歡喜助資，搬演流通者，現生福壽雙隆，没世必生净土。一、此録發願利生方便説法，仰報佛恩，并酬祖意，未嘗輕以臆見邪法，惑亂四衆，幸諸善人，勿生誹阻，有乖流通，自棄於净土也，幸甚。休閑老衲懶融道人識。

又《戲劇供通》 嘗聞：祖師有聞舉輓歌而悟道者，有聞乞人行歌而悟道者，豈戲劇不足以悟道乎。吾以爲戲劇即道，第世人習焉而不覺耳。即今思之，父母妻子，親朋眷屬，豈不是同夥戲人。富貴功名，即是粧點的服色；田園屋宇，即是搬演的戲場。至于榮枯得失，聚散存亡，即是一場中悲歡離合。其中凶頑善類，君子小人，互相酬酢，即是一班生旦净丑；纔離母腹，即是開場之期；蓋棺事定，便是散場之局。然則閻浮世界有一而非戲乎。猶未也。進而思乎其人。彼一人之身也，倏而男，倏而女，倏貴倏賤，倏文倏武，倏老倏幼，倏生倏死，倏人倏畜，變幻不常，苦樂莫定。較與苦海衆生，輪迴六道，改頭易面，隨類受形者，寧有異乎。夫衆生因迷逐妄，隨業受報，枉淪苦趣，無有真實。然則生死果報，無始至今，宛同一戲耳，又何疑于世劇也乎。猶未也。更進而求乎其道。彼諸人苟一當場，笑也而無喜心，啼也而無悲心，惱怒也而無煩惱之念，求乞也而無貪得之懷。男女交懽而從無癡淫之想，打駡也而不嗔，殺戮也而不恨，極意拈弄於自己，主人安然不動，鑼鼓一歇，便現本地風光，瀟洒天然，具有大解脱風味。較與祖師之隨機應務，菩薩之隨類度生者，又何以異乎。嗟嗟，戲場中曰説妙法，而世人不知，止供壺觴笑謔。彼戲人曰轉法輪，而自又不知，僅作糊口生涯。夫世人藉戲人以醒迷，而戲人復迷於所迷，是以迷人而復迷迷人也。茫茫長刦，無有出期，悲夫。

又《客問决疑》 有客問於懶翁曰：師所作《歸元鏡》，誠足以悦目驚心。然諸善士每每竊議，以爲大乘教典，曠代祖師，編入戲劇，暢演高歌，酒肆謡坊，壺觴笑謔，褻聖慢賢，莫此爲甚。予亦惑之。敢請，果爾否耶。翁曰：然。誠有是言也。然此輩初心起信，法執未融，但知奉佛，不知報恩。固守常法，不識方便，無怪其疑且毁也。而孰知弘法利生，正所以報佛恩故。巧設方便，正所以弘利生故。今拈爲俳場者，正借彼幻人，顯諸實法，投其所好，引彼見聞，使其發心念佛，求生净土耳。如《維摩經》云：先以欲鈎牽，次令人入佛智，正爲此也。故云：歸元無二路，方便有多門。客曰：其如不信者多，而皈向者少，奈何。翁曰：《三藏》十二部，皆金口所宣，人人能奉持否。法華會中，尚有五千退席，安得使人人皈信。但于不信衆生，植其因，投其種耳。何以故。不信之人，大都耽于聲色名利。豪縱淫騁，流連一生，佛法名字，没世不聞。三寶之地，足跡不至，亦不知孰爲彌陀，孰爲净土，沉没苦海，大可悲憐。故此《實録》者，正富貴場中之獲渡耳。假此方便，誘其見聞，一歷耳根，永爲道種。正如《彌陀疏鈔》云：或信或疑，或讚或毁，知有彼佛，便成善根，多劫多生，俱蒙解脱。今《歸元鏡》者，亦復如是。但使見聞者，知有彌陀可念，有净土可生，無論信謗，已投種于土，雨露所滋，多劫多生，必蒙解脱。但不聞不知，則不成種。嗟呼，闡揚净土，十方聖賢歡喜無量。即三祖復起，亦必歡喜無量，肯嫌爲褻慢耶。況佛法遍一切處，斷不遺於戲場，菩薩度一切人，决不揀於净穢，此不嫌褻慢之明徵也。其以爲褻慢者，皆常人二乘之見，自心疑懼耳，於佛法何有。噫嘻。設使有褻慢之罪，予當其辜，使人人念《彌陀》而生樂土，予雖入地獄，亦歡喜無量矣，何懼之有。善男子，莫生疑惑。如永嘉云：若以妄語誑衆生，自招拔舌塵沙劫。予亦如是，若以邪法邪心誑惑世者，亦墮地拔舌泥犁。如不爾者，願如來加被，仗佛威神，當令世世流通，見者聞者，皆覩彌陀，讚者毁者，悉生安養。客乃大悟，稽顙而作偈曰：我初疑爲劇，不識爲方便。佛見與戲見，交搆於胸中。罪業宛然生，都從自心起。今聞師所説，如夢方始覺。世出世間事，皆同戲幻等。但取救脱人，即成無上法。譬如醫病人，但取能愈病。遲速不同倫，不問藥貴賤。歸元亦如是，借幻而逗機。但植净土因，何有法非法。我今深奉持，讚嘆莫能盡。客踴躍歡喜，作禮而去。

周公魯

紀　事

清・佚名《曲海總目提要》卷一一《錦西厢》 周公魯撰。據《會真記》，鶯鶯委身于人，張生往訪鶯鶯，作詩以絶之云：自從消瘦減容光，萬轉千迴嬾下床。不爲旁人羞不起，爲郎憔悴卻羞郎。他書又有云鶯鶯所嫁即鄭恒者，乃截草橋以後數折不用，言紅娘代鶯鶯以嫁于恒。其詩亦紅所作，而嫁名于鶯鶯者。翻改面目，錦簇花攢，故曰錦西厢也。略云：張珙于草橋客店，夢與鶯鶯叙别，且受孫飛虎之侮。及覺，與琴童言。琴童亦夢鄭恒中狀元，奪娶鶯鶯，紅娘與辨，遂奪紅去。珙欲回普救寺，琴童力勸入京。考官學士白居易以月明三五夜爲詩題，五律、五絶、七絶三體，聽人自占。珙病甚，不能作詩，遂以鶯鶯所作《待月西厢下》之什，草率完卷而出。居易賞其情致，而疑以爲婦人之作，置之下第。拔鄭恒五律爲首，擢大魁，授協律郎，奉詔與崔氏完婚。老夫人聞報，謂珙得第。及閲報帖，乃鄭恒也。恒奉命至蒲，鶯鶯以死自誓，不肯渝盟。紅娘乃與夫人計，自請代鶯以往。夫人慮恒覺，與女潛歸博陵。珙不第，回普救以訪崔。抵西厢，門户闃寂。法本法聰俱他往，其留寺之僧，不知委曲，但云崔已適鄭而已。珙惘然自失，還宿草橋，欲詣恒以與鶯決。初孫飛虎爲杜確誅死，而其妻自號伏虎女將，哨聚如夫時。痛夫爲珙所害，欲殺之以甘心。聞其復來，引卒以圍普救。至則珙已去，崔氏母女亦去。遍搜西厢，一無所有，僅得畫扇一柄，乃珙别後，鶯鶯手畫珙像，執玩以當面晤者。題其上曰君瑞小影。鄭恒之來，母女倉卒移家，誤墜屋角。伏虎得之，悦其美麗，頓釋前恨，必欲得之以爲夫。徑赴草橋，圍店以索。珙無策禦之，幾欲自盡。琴童乃易珙衣冠，冒名出應，珙得遁去。而伏虎夜醉，未及細察，遂與琴童狎焉。天明視之，與扇中人絶異。初欲殺琴童，童以實告。伏虎念已失身，且天緣也，竟委己事之，改其名曰七絃大王，教以武藝，推爲寨主。珙既得脱，即訪恒寓，自稱崔氏表兄。恒留珙書室，出赴同年公讌。紅娘知之，恐恒、珙接洽，點破機關，乃易舊粧出見。珙意紅必隨鶯適恒，不知所嫁者即紅也。紅娘卒不明言，惟責珙落第來遲，而恒以奉旨歸娶相壓，以致舊盟之渝。因出詩一首，言鶯所命以與張者，趣珙速别。遂翩然入内，不復再見。珙恚鶯與絶，急求功名。素與居易相知，即往投居易。居易詢被黜之故，告以抱恙，勉書妻詩以塞白耳。居易亦願爲之地。會德宗有意搜落卷，得珙詩而賞之，疑其女人充作男子以試者，欲召試之，問居易識此人否。奏以現在寓中。即時召對，復用前題，命賦古風。大稱旨意，欽賜狀元，授翰林學士。珙奏鄭恒奪其妻，詔居易訊恒情蹟以聞。恒茫然不解，以詰紅娘。紅言嫁時實處子，奈何聽妄語自疑其妻。恒啣珙甚。會吐蕃入犯，恒屬張延賞以邊才薦珙爲會盟使。吐蕃圍珙，七絃與妻統卒往救，以解其圍。珙率七絃夫妻奏捷。居易聞珙還，益欲詰明崔女事以奏。紅娘度不能隱，具以告恒，言鶯實隨母居以待珙。居易爲珙奏聞，珙乃遣琴童詣博陵迎崔母女，始與鶯鶯相聚。恒亦攜紅娘謁老夫人，認爲母女。珙、恒俱至顯位，琴童夫婦以軍功授官。按：《會真記》本元稹所撰。稹與白居易最密，劇中引入居易以此。張延賞之相在德宗中年，元白登仕籍，已不相及矣。《會真記》云：張行文戰不利，遂止于京。後歲餘，崔已委身于人，張亦有所娶。後乃因其夫言于崔，求以外兄見。夫語之，而崔終不爲出。張怨念之誠，形于顔色。崔知之，潛賦一章，詞云自從消瘦減容光云云，竟不之見。劇中紅代鶯嫁，珙以表兄相訪，本此。又按：《會真記》崔氏婦，鄭女也。張出于鄭，緒其親乃異派之從母。然則張不惟與崔爲表兄妹，而與鄭實表兄弟也。《記》云因其夫以外兄求見，而不言夫之爲親戚，則夫不姓鄭明矣。王銍《辨證》：微之作《陸氏姊誌》云：予外祖父授睦州刺史鄭濟。白樂天作微之母鄭夫人誌，亦言鄭濟女。則鶯鶯者，乃崔鵬之女，於微之爲中表，正傳奇所記鄭氏爲異派之從母者也。趙愚軒《鶯鶯傳》跋：予丁卯春二月，啣命陝右。道出于蒲東普救之僧舍，所謂西厢者，有唐麗人崔氏女遺照在焉。因命畫師陳居中繪摹。劇中于西厢得畫，係本此而翻换爲張生之像也。

著　録

清·佚名《傳奇彙考標目》卷下　周公魯字公望。崑山人《翻西厢》。

清·王國維《曲録》卷四　《錦西厢》一本，一作《翻西厢》明周公魯撰。公魯字公望，崑山人。

無名氏

紀　事

清·佚名《曲海總目提要》卷一三《珠衲記》　一名《衣珠》，未知何人所作，曾經湯顯祖批改。略云：成都趙旭，探劉氏祖姑，不爲禮。其女孫湘雲，令婢荷珠贈旭物，荷因與旭私。旭嘗買鯉魚放生，乃小龍也。龍神爲旭攝湘至夷陵，與王母爲女，付湘衲衣，中藏明珠，令予一貧士，即旭也。入都題詩旅壁。帝夢九輪紅日，詳夢者曰：此旭字也。會微行，見旭所題，大賞異，令内監覓得予官。後湘、荷并歸於旭。皆憑空撰出，然有趙姓因帝微行得官，載於稗史。又旭白云：因唯字誤不從口，寫作厶傍，竟致淪落。又云：上寫玉音四句云：單單去吉，吴矣吕台，卿言通用，爲朕拆來。因此擯棄不用。則其説亦有所本，非妄飾也。唐尉遲偓《中朝故事》云：大中皇帝多微行坊曲間，跨驢重戴，縱目四顧，往往及暮，方歸大內。一日，到天街中，道傍見一人，狀若軍將，坐槐樹下石上。見上來遽起，鞠躬而立。上詰之，云：姓趙，淮南人也。問之，云：聞杜琮相公出鎮淮南，欲往謁耳。上曰：舊識耶。對云：非舊識，始往投誠。上曰：公聞杜公何如人也。對曰：杜是累朝元老，聖上英明，復委用之，非偶然也。上悅之。詰曰：懷中何有。乃一牘述行止也。上留之，戒曰：但留邸中伺候，杜公必來奉召。翌日，上以狀授邠公，乃批云：授淮南別敕押衙。終身獲厚禄焉。大中，宣宗年號，邠公，即杜琮也。《唐闕史》云：進士單長鳴者，隨計求試於春官日，袖狀訴吏云：某姓單，爲書榜者易爲單，誠姓氏之僻，而援毫吏得以侮易之，實貽宗光之羞也。主司初不諭，久之方云：方口尖口，亦何異耶。長鳴厲聲曰：不然，梯航所通，聲化所暨，文學之柄，屬在明公。明公儻以尖方口得以互書，則台州吴兒，乃吕州矣兒也。主文者不能對，詞場目爲舉妖。

又《牧羊記》　明時舊本，不知誰作。全本《史》、《漢》，稍有異同，如衛律令妓勸武，妓見武忠節，借劍自刎，此添出情節也。又如黃石公二仙點化，及野熊引入洞中，亦是添出。又云李陵、霍光出兵，陵與管敢被執，陵遂降匈奴，按敢是陵部卒，敢憾陵，投降匈奴，告以陵軍無援。匈奴急圍陵，曰：李陵，韓延年趣降。陵兵敗矢竭而降也。霍光未嘗與陵并將，因《陵傳》有霍子孟謝汝句，故牽及耳。《望鄉臺》一折，本《陵傳》置酒悲歌事。母妻燒香及團圓，皆着色點綴。《漢書》云：蘇武，字子卿，少以父任，兄弟并爲郎，稍遷至栘中廐監。天漢元年，武帝遣武以中郎將使，持節送匈奴使留在漢者。與副中郎將張勝，及假吏常會等，俱既至匈奴，置幣遺單于。單于益驕，方欲發使送武等，會張勝與長水虞常等謀劫單于母閼氏歸漢，事發，單于欲殺漢使者。左伊秩訾曰：宜皆降之。單于使衛律召武受辭。武引佩刀自刺。律驚，自抱持武，馳召醫。醫鑿地爲坎，置熅火，覆武其上，蹈其背以出血。武氣絕半日，復息。單于壯其節，朝夕遣人候問武，而收繫張勝，會論虞常，欲因此時降武。劍斬虞常已，律曰：漢使張勝當死，降者赦罪。舉劍欲擊之。勝請降。律謂常曰：副有罪，當相坐。武曰：本無謀，又非親屬，何謂相坐。復舉劍擬之。武不動。律曰：律前負漢歸匈奴，幸蒙大恩，賜號稱王，擁衆數萬，馬畜彌山，富貴如此。蘇君今日降，明日復然。空以身膏草野，誰復知之。武不應。律曰：君因我降，與君爲兄弟。今不聽吾計，後雖欲復見我，尚可得乎。武罵律曰：女不顧恩義，畔主背親，何以女爲見。且單于信女，使決人死生，不平心持正，反欲鬭兩主，觀禍敗，匈奴之禍，從我始矣。律知武終不可脅，白單于，單于愈欲降之。乃幽武置大窖中，絕不飲食。天雨雪，武卧齧雪，與旃毛并咽之，數日不死。匈奴以爲神，乃徙武北海上無人處，使牧羝，羝乳，乃得歸。別其官屬常惠等，各置他所。武至海上，廩食不至，掘野鼠，去草實而食之。杖漢節牧羊，卧起操持，節旄盡落。初，武與李陵俱爲侍中，武使匈奴明年，陵降，不敢求武。久之，單于使陵至海上，爲武置酒設樂，因説武降。武不可。陵與武飲數日，復曰：子卿壹聽陵言。武曰：自分已死久矣，王必欲降武，請畢今日之歡，效死於前。陵喟然嘆曰：嗟乎義士。陵與衛律之罪，上通於天。因泣下沾衿，與武決去。陵惡自賜武，使其妻賜武牛羊數十頭。昭帝即位數年，漢求武等。匈奴詭言武死。常惠夜見漢使，教使者言，天子射上林中，得雁足，有繫帛書，言武等在某澤中。使者如惠語，以讓單于。單于驚謝曰：武等實在。於是李陵置酒賀武，起舞悲歌，泣下數行，因與武決。官屬隨武還者九人。武以始元六年春至京師，拜爲典屬國，秩中二千石，賜錢二百萬，公田二頃，宅一區。武留匈奴凡十九歲，始以强壯出，還時，鬚髮盡白。宣帝時，賜爵關內侯。武在匈奴，生子曰通國，後因使者贖還，上以爲郎。李陵，字少卿，少爲侍中建章監，拜騎都尉。將步卒五千人出居延北，至浚稽山，與單于相值，騎數萬，圍陵軍。累戰，多所擊殺。單于兵益多，陵軍無後救，敗降單于。單于壯陵，以女妻之，立爲右校王，衛律爲丁零王，皆貴用事。衛律者，父本長水胡人，律生長漢，用協律都尉李延年薦，命使匈奴，使還，會延年家收，律懼并誅，亡降匈奴，常在單于左右。陵居外，有大事，乃入議。按蘇武告雁，非實，乃元郝經事也。中統元年三月，元世祖欲定和議於宋，以郝經經字伯常爲翰林侍講學士，佩金虎符，充國信使以行。賈似道拘留儀真，不遣。至元十一年，伐宋，問執行人之罪。時，經在拘所已十五載，以音問不通，乃於季秋甲戌，用帛一方，博二寸，高五寸，書曰：霜落風高恣所如，歸期回首是春初。上林天子援弓繳，窮海累臣有帛書。中統十五年九月一日放雁，獲者勿殺。國信大使郝經，書於真州忠勇軍營新館。凡五十九字，以蠟丸帛。先是有以雁獻經者，經命畜之。雁見經，輒鼓翼引吭，似有所訴。公感悟，北向再拜，以帛書親繫雁足，祝之北飛。十二月，伯顔師渡大江。十二年二月，似道懼，送經歸國。三月，虞人獲雁於汴梁金明池。四月，經至燕。七月卒，年五十三，謚文忠。其書中統十五年，即至元十一年。南北隔絶，故不知也。宋亡，帛書爲安豐教授王時中所得。延佑五年，學士郭貫奏聞，仁宗敕中使取之，裝潢成卷，文臣各題識之，藏秘書監。明初，宋濂題其後甚詳，云帛背有陵川郝氏印，方一寸，文透於面。

又《百順記》 不知何人撰。所記乃王曾事也。曾於真仁時以三元致位宰相，封沂國公，富貴功名壽考，一時無比，爲後世所艷羨。作者以曾終身皆處順境，又增飾其子之科名，而標曰《百順》。凡賓筵吉席，無不演此劇者。其事與《宋史》本傳亦不甚繆，中間所綴金蓮燭送曾歸第，則移蘇軾、王珪事附之。而以楊億女爲曾次室，則大繆。億與曾同時，億爲學士，最有文名，性喜談諧，於同官多面謔，獨致敬於曾，嘗語曾曰：於公不敢相戲。安有以女嫁曾之理。乃作者妄加點綴也。曾子繹中武狀元，亦不經。

又《黑鯉記》 明代松江人所作，相傳已久，不知誰筆。所演本劉才事，而抽出才子鼎儀買鯉放生，得救己命一事，用爲劇名。其事真僞未可定。略云：劉才，字朝用，保定安州人，由吏員選松江府司獄。妻王氏，子鼎儀，爲諸生，才素耿介。獄吏倪恩守才法度，貧苦自甘，其妻陳氏紡績糊口，與兄陳老夫婦同居。上海縣諸生費應元，酗酒踢父致死，問凌遲繫獄。禁子錢勝受其賄，每弛杻械。才莅任，責勝疏虞，嚴鎖應元。元以銀二十兩浼勝賄才及恩，才堅拒不納。勝紿應元云：送才子鼎儀矣。遂自納其銀，仍寬鎖具。值才隨衆官出迎新郡守，應元與二盜趙經、劉副者，醉勝以酒，越獄而逃。推官方鈍拘才與恩、勝嚴審。勝誣才與恩三分均分應元銀。鈍以受賄可疑，而失囚事大俱抵死，置獄。鼎儀欲詣京訴辨，慮母無依。恩妻與兄仗義迎歸養之。鼎儀渡淮而北，有漁翁持一黑鯉賣於市，尚能跳躍。鼎儀念父被禁，如魚入網，遂買縱河中。行數里，遇越獄盜趙經劫其行囊，裸體束縛，擲蘆葦中。會方鈍百取入京，舟子見巨鯉躍蘆中，及往取之，見鼎儀僵卧，乃救入舟中。詢知即劉才之子，語鈍以入京爲父辯冤。鈍心憐之，即挈以往至京，具本訴冤。詔令巡按覆審。鈍已擢吏科給事中，留鼎儀應試。巡按鞫問，恩力辯才却金無罪。御史以失囚事重，不能并出，遂釋才而獨坐恩。才救恩不得，乃投泖塔寺剃髮爲僧，欲俟便爲恩辯冤。費應元既越獄，與劉副偕逃。副歿於路，應元往霸州，投大盜劉六、劉七，共擾山東、淮海間。官兵追急，劉六、劉七俱死，應元竄免，復爲響馬，劫殺東原驛丞賈得用，得其文憑，冒名赴任。經劫鼎儀後，以偷竊事露，徒配東原。應元恐泄其情，與結兄弟。鼎儀中探花，未知父罪已白，給假省親，過東原驛，遇經，發其劫己之罪，經又供驛丞即費應元，乃并擒付吏，具奏於朝，一并正法。將抵里，知父被剃，遂不歸家，訪於虎阜，遇其父，迎歸與母完聚。蓋恩既獨認罪，臨刑有僧鳴冤，願代之，即才也。恤刑者爲緩決奏聞，詔誅錢勝而釋恩罪，才豁免不究。才雲遊虎阜，遂與子相遇。其後劉、倪兩家，子孫皆榮顯云。按劇内劉才妻口中引吏員徐晞爲尚書，徐晞，常州府江陰縣人，其爲尚書，在正統中，作者蓋明中葉時人也。方鈍，湖廣岳州府巴陵縣人，世宗時爲户部尚書。劇云湖廣長沙縣人，由庚辰進士爲松江府推官，不謬。但庚辰乃正德十五年，是時會試中式舉人，因武宗南巡，明年辛巳始殿試，當云辛巳進士，不當云庚辰也。劉六、劉七，武宗時大盜，正德六年，由霸州起，猖獗殊甚，蹂躪兩畿、山東、河南、湖廣等處。劉六先死，陸完提督軍務，追劉七於鎮江，與諸將殲之狼山。劇云陸完打探賊船在浪山水面，令遊江都指揮使李斌討擒賊首，不誤。但平劉七，是正德七年事，而叙方鈍爲庚辰進士，乃正德十五年，其爲推官，又當稍後，則嘉靖初年矣。謂費應元此時越獄爲劉六、劉七之黨，誤也。或改方鈍爲戊辰進士乃合。陸完添一字云陸志完，亦謬。劉鼎儀《自叙》云：中雍熙榜進士。按正德時，狀元吕柟、楊慎、唐皋、舒芬、楊維聰，無所謂雍熙者，乃僞撰也。

又《綈袍記》 未詳誰作。記范雎受須賈綈袍事。雎妻蘇瓊瓊，妾蘇簡簡，史無其人。按白居易樂府有云：蘇家小女名簡簡，芙蓉花腮柳葉眼。此蓋借用其姓名也。魏齊亦無逼其妻爲子婦之事，係憑空撰出。故其第一齣有悲歡離合戲中情，休向人前問假真之句。按《范雎蔡澤列傳》云：范雎者，魏人也，字叔，遊説諸侯欲事魏王，家貧無以自資，乃先事魏中大夫須賈。須賈爲魏昭王使於齊，范雎從，留數月。齊襄王聞雎辨口，乃使人賜雎金十斤及牛酒。雎辭謝不敢受。須賈知之大怒，以爲雎持魏國陰事告齊，故得此饋，令雎受其牛酒，還其金。既歸，心怒雎以告魏相。魏相，魏之諸公子，曰魏齊。魏齊大怒，使舍人笞擊雎，折脅折齒，雎佯死，即捲以簀置廁中，賓客飲者醉，更溺雎，故僇辱以懲，後令無妄言者。雎從簀中謂守者曰：公能出我，我必厚謝公。守者乃請出棄簀中死人。魏齊醉，曰：可矣。范雎得出。後齊悔，復召求之。魏人鄭安平聞之，乃遂操范雎亡，伏匿，更名姓曰張祿。當此時，秦昭王使謁者王稽於魏，鄭安平詐爲卒侍王稽。王稽問：魏有賢人可與俱西遊者乎。鄭安平曰：臣里中有張祿先生，欲見君言天下事。其人有仇，不敢晝見。王稽曰：夜與俱來。鄭安平夜與張祿見王稽。語未竟，王稽知范雎賢，謂曰：先生待我於三亭之南。與私約而去。王稽辭魏去，過載范雎入秦，至湖關，望見車騎從西來，范雎曰：彼來者爲誰。王稽曰：秦相穰侯。范雎曰：吾聞穰侯專秦權，惡内諸侯客，此恐辱我，我寧且匿車中。有頃，穰侯果至，勞王稽，因立車而言曰：關東有何變。曰：無有。又謂王稽曰：謁君得無與諸侯客子俱來乎。王稽曰：不敢。即別去。范雎曰：吾聞穰侯，智士也，其見事遲，鄉者疑車中有人，忘索之。於是范雎下車走，曰：此必悔之。行十餘里，果使騎還索車中，無客乃已。王稽遂與范雎入咸陽，已報使，因言曰：魏有張祿先生，天下辨士也，臣故載來。秦王弗信，使舍食草具，待命歲餘。及穰侯爲秦將，且欲越韓、魏而伐齊綱壽，欲以廣其陶封，范雎乃上書。昭王大悦，拜范雎爲客卿。范雎日益親，因請間説秦王，乃拜范雎爲相，收穰侯之印，使歸陶，封范雎以應，號爲應侯。范雎既相秦，秦號曰張祿，而魏不知，以爲范雎已死久矣。魏聞秦且東伐韓魏，魏使須賈於秦。范雎聞之，爲微行敝衣，間步之邸，見須賈。須賈見而驚曰：范叔固無恙乎。范雎曰：然。須賈笑曰：范叔有説於秦耶。曰：不也，雎前日得過於魏相，故亡逃至此，安敢説乎。須賈曰：今叔何事。范雎曰：臣爲人庸賃。須賈意哀之，留與坐，飲食。曰：范叔一寒如此哉。乃取其一綈袍以賜之。須賈問曰：秦相張君，公知之乎。吾聞幸於王，天下之事，皆決於相君。今吾事之去留在張君，孺子豈有客習於相君者哉。范雎曰：主人翁習知之，唯雎亦得謁。雎請爲君見於張君。須賈曰：吾馬病車軸折，非大車駟馬，吾不出。范雎曰：願爲借大車駟馬於主人翁。范雎歸，取大車駟馬，爲須賈御之。入秦相府，府中望見，有識者皆避之。須賈怪之。至相舍門，謂須賈曰：待我，我爲君先入通於相君。須賈待門下持車良久，問門下曰：范叔不出何也。門下曰：無范叔。須賈曰：鄉者與我載而入者。門下曰：乃吾相張君也。須賈大驚，自知見賣，乃肉袒膝行，因門下入謝罪。於是范雎盛幃帳，侍者甚衆。見之，須賈頓首言死罪，曰：賈不意君能自致於青雲之上，賈不敢復讀天下之書，不敢復與天下之事。賈有湯鑊之罪，請自屏於胡貉之地，唯君死生之。范雎曰：汝罪有幾。曰：擢賈之髮，以續賈之罪，尚未足。范雎曰：罪有三耳，公前以雎爲有外心於齊，而惡雎於魏齊，公之罪一也；當魏齊辱我於厠中，公不止，罪二也；更醉而溺我，公其何忍乎。罪三矣。然公之所以得無死者，以綈袍戀戀有故人之意，故釋公。乃謝罷，入言之昭王，罷歸須賈。須賈辭於范雎，范雎大供具，盡請諸侯使與坐堂上，飲食甚設，而坐須賈於堂下，置莝豆其前，令兩黥徒夾而馬食之。數曰：爲我告魏王，急持魏齊頭來，不然者，我且屠大梁。須賈歸，以告魏齊。魏齊恐，亡走趙，匿平原君所。范雎於是散家財物，盡以報所嘗困厄者，一飯之德必償，睚眦之怨必報。秦昭王聞魏齊在平原君所，欲爲范雎必報其仇，乃佯爲好書遺平原君曰：寡人聞君之高義，願與君爲布衣之友，君幸過寡人，寡人願與君爲十日之飲。平原君畏秦，且以爲然，而入秦見昭王，昭王與平原君飲。數日，昭王謂平原君曰：范君之仇，在君之家，願使人歸取其頭來。不然，吾不出君於關。平原君曰：魏齊者，勝之友也，在固不出也，今又不在臣所。昭王乃遺趙王書曰：王之弟在秦，范君之仇魏齊，在平原君之家。王使人疾持其頭來，不然，吾舉兵而伐趙，又不出王之弟於關。趙孝成王乃發卒圍平原君家急，魏齊夜亡，出見趙相虞卿。虞卿度趙王終不可説，乃解其相印，與魏齊亡。間行，會諸侯莫可急抵者，乃復走大梁，欲因信陵君以走楚。信陵君聞之，畏秦，猶豫未肯見。魏齊怒而自剄。趙王聞之，卒取其頭與秦。秦昭王乃出平原君。後應侯任鄭安平，使將擊趙，鄭安平爲趙所困，急以兵二萬人降趙。王稽爲河東守，與諸侯通，坐法誅。而應侯日益以不懌。昭王臨朝嘆息，欲以激勵應侯。應侯懼，不知所出。蔡澤聞之，往入秦。蔡澤者，燕人也，聞應侯任鄭安平、王稽，皆負重罪於秦。應侯內慚。蔡澤乃西入秦説應侯，應侯延入坐爲上客。後數日，入朝言於秦昭王曰：客新有從山東來者曰蔡澤，其人辨士，明於三王之事，五伯之業，世俗之變，足以寄秦國之政。臣之見人甚衆，莫及，臣不如也。臣敢以聞。秦昭王召見與語，大悦之，拜爲客卿。應侯因謝病請歸相印，昭王强起，應侯遂稱病篤。范雎免相，昭王新悦蔡澤計畫，遂拜爲秦相。劇中所載皆據實，元人有《誶范叔》雜劇，不載雎妻妾，關目亦異，當互看。

又《醒世魔》　明季人作。演弓德、董芳、花氏等，各以前世因，互相報復，後得觀音菩薩指點成道，意在喚醒世魔，勸人爲善，故曰《醒世魔》也。弓德，京師宛平人，少孤，負俠氣，充東廠番子手，長於緝捕，人皆呼爲俊俏眼，又以其嗜義輕財，亦謂之小孟嘗。中城御史易弘器，以銀三十兩付役董芳購玉杯，爲母上壽。芳持銀被酒，爲人拐去，及覺，徬徨無措。弓德爲之緝獲，以金還芳。芳妻花三姐有姿容，憎其夫嗜酒，不相得。德經芳門，三姐傾水，誤污德履，延入換履，悦德貌。會其夫將遠出，遂與德訂約。及期德往，方私盟，其夫遽返。德避床後，聞其夫顧三姐叮嚀，語刺刺不休，已去復回者三。三姐輒詈且詛其死。德不勝憤，拔刀殺三姐而去。何正者，擔水爲生，奉母至孝，曾割股療母病。三姐被殺，正擔水至其家，見屍驚倒。鄰人環至，以正殺人，繫至官，嚴刑誣服，不三日，將殺戮，人多哀其冤。德聞，赴法場自首，請釋正。御史上聞，朝命兩宥之。德乃延正至家，盡以産業付正，使養母，而飄然遠逝，欲爲僧。途遇董芳，詳告其事，芳亦願出家。先是定陶人孫承與其友丘五岳，皆富而無子。九日登高，遇僧曰慈航，化其莊房爲佛院，請建大士像，承與五岳并許之，請僧住持。僧留圖一幅，謂當有有緣者來駐錫，遂辭去。至是，見德、芳於廟，爲披剃，命二人名曰回光、返照，囑赴定陶。承見兩人貌與圖合，乃請住院修持。花三姐死，其魂入冥府，不録。時，嚴嵩新敗，見嵩黨皆爲牛羊，而三姐之姊生時貞静好行善，托生爲男，當早貴，責三姐不端，不顧而去。三姐入枉死城，城中魔王悦其貌，欲留爲室。大士降旨不容，令托生。即令魔王幻形，以昭果報。孫承生一女，丘五岳亦舉一子，五歲，貌甚陋。五岳病危，以子托承，承即以爲婿。五岳亡，承撫婿如子，年漸長，將成婚，女嫌其婿醜。端午觀競渡，有流寓秀才麻魁，見孫氏，兩相悦。歸問其寓中王小二，知爲孫氏女。遣人作伐，欲娶之。孫以實告。孫氏含怨。乳媪窺其意，設計使孫氏以書招麻，挈資同奔。書爲王小二所得，冒爲麻，夜赴孫約。孫及其乳媪果以資出，偕行數里，孫氏覺，欲聲張。王小二殺其二女，以其頭投道旁井中而去。回光、返照在院清修十八年，是夜，回光忽見有青面魔王入院，呼返照出，啖之，恐及己，急走渡溪。時，天方大雪，光陷入井中，承率人覓其女，見屍井旁，聞井中有聲，急出之，則回光，并得二首，遂以光付官。受諸刑下獄。小二贓敗，始知殺人者爲小二，伏誅。回光得釋，照亦未嘗被啖也。於是大士現形，指示諸人因果報應，謂董芳、花氏前生皆僧，芳犯酒戒，花殺放生牛，德爲監齋使者，惡花欲殺之。芳逐花，飢死，故有今生業緣。而孫氏女又花轉世，德曾向花立誓，負約願受官刑，故有此報。麻魁即魔王幻出，小二即放生牛，孫承、丘五岳皆以前生溺殺兒女，故艱於子嗣也。回光、返照感悟，俱得證果云。《向敏中傳》：敏中在西京時，有僧暮過村中，求寄宿。主人不許。寄宿門外車廂，夜有盗自墻上扶一婦人囊衣而出，僧自念不爲主人所納，今主人家亡婦及財，明日必執我，因亡去。忽墮眢井，則婦人已爲盗所殺在井中矣。明日，主人搜得之，執詣縣。僧自誣服，獄成。詣府，讞亦無異。獨敏中以贓不獲，致疑，引僧問得其實。敏中密使吏暗訪之，吏食村店，店媪聞自府中來，問曰：僧之獄何如。吏答之曰：昨已笞死矣。媪曰：今獲賊何如。曰：已決此獄，雖獲賊亦不問也。媪曰：言之無傷矣。婦人者，乃村中少年某所殺也。指示其舍，吏就舍中捕獲之。案問具服，并得其贓，僧得出。又《太平廣記》所載東西兩廊僧事，亦相似，而其事迹尤詳。劇中所載，更與相合。《廣記》所載是唐時事，向敏中是宋時事，前後相同，亦可異也。

又《撮盒圓》　明末人所作，《自序》云磊道人、癯先生合編，未詳其姓氏。演聞人淵於廟市買得金鈿盒半面，蓋中藏甘氏婚書。有女紫鴛幼時許侄留哥爲妻，以金鈿盒各執一扇爲據。淵後於揚州福清庵遇紫鴛，遂冒認留哥，合鈿成婚，故名《撮盒圓》也。明人雜劇有《丹桂鈿盒》，亦相仿。劇中云湖盗趙海，是劉六、劉七餘黨，蓋正德年間事。略云：聞人淵，字次卿，南直隸姑蘇人，官翰林院編修。弱冠未諧良偶，與友江文長、向雄成最相契。閒遊廟市，見雜銀換錢者，携一半面金鈿盒蓋，淵買之歸，細玩盛盒紙籤内，藏婚書一紙云：立婚書姑甘氏，有女紫鴛，許侄留哥爲妻，年俱二歲。今因赴任出京，特將金鈿盒各執一扇爲據。日後長大，合鈿成婚。紙背書紫鴛甲子年七月七日子時生，已十七歲矣。淵乞假南旋，方謀娶婦，文長亦因下第，携妾迴風爲五湖之遊。時，雄成官荆襄總戎，淵與文長札，令探雄成。淵南下，路經維揚，借寓福清尼庵，適甘氏同女紫鴛亦寓於此。淵窺見紫鴛絶色，愈深思慕，婚書鈿盒，又適相符，竟冒認留哥，托尼妙通與甘氏言。甘氏大喜，邀淵相見。即留寓，但疑其吴音，因留哥原京師人也。淵詭云：自幼所從業師俱吴人，又在南方住久，故不覺聲音變耳。居數月，甘氏忽患心痛，淵行笈中有京師前門外李姓所賣治心痛藥，欲親送至甘氏卧室，而誤入紫鴛室。紫鴛侍母湯藥未回，淵痴迷留戀良久，遺失心痛藥而去。紫鴛入室見藥，亦不細察，持藥與母服，病旋愈。時，文長同妾迴風遊君山，被洞庭大盗趙海劫迴風去，拘禁凌逼。迴風貞操凛然，海不敢犯。文長與總戎雄成借冠服儀從，扮爲新任巡江都司，拜訪趙海。海感其以禮相待，因出迎謁，設筵款文長。文長亦答席，暗移舟出港，始語以失妾迴風之事。海懼，即送迴風還之，甘氏病愈，益屬意於淵。淵遂浼妙通爲媒。甘氏云：須有半扇鈿盒方成婚。尼與淵言。淵即出鈿盒蓋付之。結縭之後，淵仍儒巾青袍，甘氏猶以爲真留哥也，而家人聞桂忽至，報陞翰林學士，甘氏方悟其非侄，然喜得佳婿，金鈿巧合，洵天緣也。文長亦中解元，迴風在賊營中，拾得半面盒底，文長謂與淵廟市所買半面盒相似，遂往晤淵，共叙離情。淵則扮書生得妻，文長則扮官長救妾，相詫異事。文長乃出盒底贈淵，果即甘氏所遺失者。淵以示甘氏、紫鴛，益大驚異。淵與紫鴛，本非中表，皆鈿盒撮合成配，而所謂留哥者，幼年散失，不知所向，姻緣固有定數耳。按聞人淵、江文長、向雄成三人俱無考，而《今古奇觀》小説内，有《陳御史巧勘金釵鈿》一段，作者或影借此，但彼係梁尚賓奸騙，致女阿秀身死。魯學曾金鈿雖合，而所配則田氏，非阿秀，不如此劇足爲風流佳話也。

又《孝順歌》 一名《二十四孝》，明末人所作，不知姓名。演女媧氏煉石補天，攝古人精魄，將身前事現身敷陳，教人孝順，故以爲名。補天之説，原屬荒誕，而二十四孝錯舉史傳雜説，愚夫孺子，皆能道之，作者全據此。然至聖如虞舜，首編劇中，未免近於狎侮，非所宜也。略云：女媧聖母奉玉帝敕旨，重補天缺，採五色精華之石修煉。丹爐輕清之氣，已將凝聚上昇，爲下方煞氣冲散。乃以五行全寶丹置鼎中，命五丁神將守護。少頃，煞氣并丹鼎冲倒，女媧大驚。慧眼觀之，乃下界缺陷難完。於是撮古今最著二十四孝之精魄，令其將生時孝道詳演之。天下士庶，悉皆感化，親心愉悦。女媧奏聞玉帝，命將二十四孝俱引上天，别類分門，以大舜、漢文爲帝孝，曾參、閔損、仲由爲賢孝，萊子、姜詩爲順孝，黄香、陸績爲幼孝，剡子、孟宗、庾黔婁、黄庭堅爲病孝，吴猛、王祥、郭巨、董永、朱壽昌爲苦孝，江革、蔡順、楊香爲難孝，王裒、丁蘭爲追孝，唐氏爲女孝。玉帝召入殿前，賜宴黄金闕内，太白金星陪位，以昭示寵榮，俾流芳萬載云。二十四孝故實，其一大舜耕田。虞舜，瞽瞍之子，性至孝。父頑母嚚，弟象傲。舜耕於歷山，有象爲之耕，鳥爲之耘，其孝感如此。帝堯聞之，事以九男，妻以二女，遂以天下讓焉。其二文帝嘗藥。前漢文帝名恒，高祖第三子，初封代王，生母薄太后，帝奉養無怠。母嘗病三年，帝目不交睫，衣不解帶，湯藥非口親嘗弗進，仁孝聞於天下。其三曾參心痛。周曾參字子輿，事母至孝。參嘗採薪山中，家有客至，母無措，望參不還，乃嚙其指。參忽心痛，負薪以歸，跪問其故。母曰：有急客至，吾嚙指以悟汝爾。其四閔損御車。周閔損，字子騫，早喪母，父娶後母，生二子，衣以綿絮，妒損，衣以蘆花。父令損御車，體寒失靷，父察知其故，欲出後母。損曰：母在一子寒，母去三子單。母聞悔改。其五子路負米。周仲由，字子路，家貧，嘗食藜藿之食，爲親負米百里之外。親没，南遊於楚。從車百乘，積粟萬鍾，累裀而坐，列鼎而食，乃嘆曰：雖欲食藜藿爲親負米，不可得也。其六剡子鹿乳。周剡子性至孝，父母年老，俱患雙眼，思食鹿乳。剡子乃衣鹿皮，去深山，入鹿群之中，取鹿乳供親。獵者見而欲射之，剡子具以情告，乃免。其七萊子斑衣。周老萊子至孝，奉親極其甘脆。行年七十，言不稱老，嘗着五彩斑斕之衣，爲嬰兒戲於親側。又嘗取水上堂，詐跌卧地，作嬰兒啼以娱親意。其八董永賣身。漢董永家貧，父死，賣身貸錢而葬。及去上工，路遇一婦，求爲永妻，俱至主家，令織縑三百匹，乃回。一月完成，歸至初相會處，婦曰：因君孝心感天，遣我助織。遂辭永騰空而去。其九郭巨埋兒。漢郭巨家貧，有子三歲，母嘗減食與之，巨謂妻曰：貧乏不能供母，子又分母之食，盍埋此子。兒可再有，母不可復得。妻不敢違。巨遂掘坑三尺餘，忽見黄金一釜，金上有字云：天賜黄金郭巨孝子，官不得奪，民不得取。其十姜詩躍鯉。漢姜詩事母至孝，妻龐氏，奉姑尤謹。母好飲江水，去舍六七里，妻常出汲而奉之。母更嗜魚膾，又不獨食。夫婦嘗力作供膾，召鄰母共食。舍側忽有涌泉，味如江水，日躍雙鯉，時取以供母。其十一蔡順拾椹。漢蔡順少孤，事母至孝，遭王莽亂，歲荒不給。拾桑椹以異器盛之，赤眉賊見而問之。順曰：黑者奉母，赤者自食。賊憫其孝，以白米三斗、牛蹄一隻與之。其十二丁蘭刻木。漢丁蘭幼喪父母，未得奉養，而思念劬勞之恩，刻木爲像，事之如生。其妻久而不敬，以針戲刺其指，血出。木像見蘭，眼中垂泪。蘭問得其情，蘭將妻棄之。其十三陸績懷橘。後漢陸績年六歲，於九江見袁術，術出橘待之。績懷橘二枚，及歸，拜辭墮地。術曰：陸郎作賓客而懷橘乎。績跪答曰：吾母性之所愛，欲歸以遺母。術大奇之。其十四江革供母。後漢江革少失父，獨與母居。遭亂，負母逃難，數遇賊，或欲劫將去。革輒泣告有老母在，賊不忍殺。轉客下邳，貧窮裸跣，行傭以供母。母便身之物，莫不畢給。其十五黄香扇枕。後漢黄香，年九歲失母，思慕惟切，鄉人稱其孝，躬執勤苦，事父盡孝。夏天暑熱，扇凉其枕簟，冬天寒冷，以身暖其被席。太守劉護表而異之。其十六王裒泣墓。魏王裒事親至孝，母存日性怕雷，既卒，殯葬於山林，每遇風雨，聞阿香響震之聲，即奔至墓所拜跪泣告曰：裒在此，母親勿懼。嘗讀《詩》至哀哀父母，生我劬勞，未嘗不三復流涕。門人盡廢《蓼莪》之篇。其十七吴猛飽蚊。晉吴猛年八歲，事親至孝。家貧，榻無帷帳，每夏夜，蚊多噆膚，恣其膏血之飽，雖多不敢驅之，恐其去己而噬其親也，愛親之心至矣。其十八王祥卧冰。晉王祥早喪母，繼母朱氏不慈，父前數譖之，由是失愛於父。母嘗欲食生魚，時天寒冰凍，祥解衣卧冰求之，冰忽自解，雙鯉躍出，持歸供母。鄉里驚嘆爲孝感所致。其十九楊香打虎。晉楊香，年十四歲，嘗隨父豐往田穫粟，父爲虎曳去。時，香手無寸鐵，惟知有父，而不知有身，踴躍向前，搤持虎頸，虎亦磨牙而逝，父得免於害。其二十孟宗哭竹。晉孟宗少喪父，母老疾篤，冬日思筍煮羹食。宗無計可得，乃往竹林中抱竹而泣，孝感天地，須臾地裂，出筍數莖，持歸，作羹奉母，食畢疾愈。其二十一黔婁嘗糞。南齊庾黔婁爲孱陵令，到縣未旬日，忽心驚汗流，即棄官歸。時父病始二日，醫者曰：欲知瘥劇，但嘗糞，苦則佳。黔婁嘗之，甜，心憂之。至夕稽顙北辰，求以身代父死。其二十二唐氏乳姑。唐崔山南曾祖母長孫夫人，年高無齒，祖母唐夫人每日櫛洗陞堂，乳其姑，姑不粒食數年而康。一日有病，長幼咸集，乃宣言曰：無以報新婦恩，願子孫婦如新婦孝敬矣。其二十三壽昌認母。宋朱壽昌年七歲，生母劉氏爲嫡母所妒，出嫁，母子不相見者五十年。神宗朝，棄官入秦，與家人决，誓不見母，不復還。後行次於同州得之，時母七十餘。其二十四山谷滌器。宋黄庭堅，元祐中爲太史，性極孝，身雖貴顯，奉母盡誠。每夕親自爲母滌溺器，未嘗一刻不供子職。

又《雙龍佩》 明時人所作，不知姓字。演袁彬事，謂英宗以雙龍佩賜彬，始終以佩作關目，故名。中間所引姓名俱實，其事迹則真僞參半，而僞者居多，足淆視聽，附辨於後，以證其訛。略云：英宗土木之變，惟錦衣衛校尉袁彬從駕，備歷勞悴。帳中嚴寒，以脅護帝足。帝念其勞，解所繫雙龍佩賜之。朵顔帖木乃公遣人夜入帳，欲害英宗，見火光起帳中，有龍盤帳外之異，驚而仆地，不敢加害。也先屢次送歸，邊將慮其詭計，不敢迎。也先與弟伯顔送至大同，定襄伯郭登拒之。復詣居庸關，值楊善奉敕迎上皇，云使臣李實歸，於上前述也先、伯顔意，因遣迎駕。及入關，内閣王文密奏使上皇毋居宫中。此説誤，王文亦尚未爲内閣。時，御史鍾同、禮部員外章綸、錦衣衛百户龔遂榮，請迎英宗，遜大位。景帝怒，發錦衣衛杖一百，同斃杖下。大學士于謙力諫不從，謙欲辭職，詔謙防禦九邊。遂奉上皇居南宫，送錢后同居。上皇述袁彬勞，景帝授彬錦衣衛百户。瞽者楊暄善卜，楊暄非瞽者，亦誤。彬邀與上皇卜，言其後福甚大。景帝命扃南宫，灌鎖以銅鐵汁，伐沿墻樹，禁人出入，遣錦衣衛千户門達主其事。彬與達争之，以頭觸南宫門。大學士徐有貞解釋之，謂彬云：此出上意，必太后始可救。彬使妻充作軍人之婦，入宫掃雪，密啓太后云：大臣欲迎立襄王世子。太后以密詔付彬示徐有貞，同文武迎立上皇。又賜雙龍佩一枚，云：一留上皇，一賜汝夫，爲紀功之符券。有貞與石亨、曹吉祥等奪門迎上皇於南宫，左右都督張軏、張輗巡緝防禦。天忽晦暝，及子時，上皇登輦轂，天更皎潔。英宗遂改元天順，誅王文，欲赦于謙，石亨云：不斬于謙，此舉爲無名。遂并誅謙。詔授袁彬錦衣衛指揮，門達居其下。石亨恃功驕縱，達投亨門下爲義子，曲盡諂媚。亨益肆横。民多受冤，投《萬冤録》控於袁彬。元宵夜，英宗幸彬第，見其《録》，袖入禁中。亨銜彬，與達謀，陷彬與也先通，遣達首於英宗，逮彬繫獄。妻持血疏入朝辨冤，爲亨所見，抑不得奏。時，詔亨與有貞同鞫彬，有貞知其冤，畏亨勢力，不敢明辨。亨嘗與達謀不軌，卜於楊暄，有悖逆語，書於禱神之疏。暄默藏之。亨恐泄其謀，使人刺暄。暄預知之，逾墻出避，入有貞寓。有貞以亨、達陷彬事告之，暄告有貞以亨悖逆之語，有貞令奏於朝。英宗方親審彬事。暄擊登聞鼓，奏亨逆語。英宗鞫得其實，而細詰彬通敵事，彬自訴從前隨駕之功，且出雙龍佩一枚以爲證。英宗感悟，誅亨、達，復彬職，賜以節旄，命有貞送彬夫婦歸第。《英宗實録》：正統十四年七月己丑，瓦剌兵分道入寇，下詔親征。癸巳，命郕王居守，張輔、朱勇、顧興祖等率師從。瓦剌兵圍馬營城，西寧侯宋瑛、武進伯朱冕與也先戰於陽和，敗没。甲午，車駕發京師，辛丑，至宣府，八月己酉，駐蹕大同。鎮守太監郭敬密以敵計告，始議旋師，命廣寧伯劉安充總兵官，鎮大同。庚戌，車駕東還。丁巳，至宣府，恭順侯吴克忠與其弟都督克勤戰没，朱勇及永順伯薛綬救之。至鷂兒嶺，全軍盡覆。辛酉，次土木，壬戌，移營。敵乘之，大潰，英國公張輔等皆死之，王振亦被殺，也先擁帝去。至宣府，有異謀。是夕，雷震也先所乘馬，有赤光覆帝寢幄，乃止。九月癸未，郕王即位，遥尊帝爲太上皇帝。十月戊申，也先等擁上皇至大同。丙辰，也先破紫荆關。戊午，也先列陣西直門。己未，邀大臣迎駕。庚申，于謙、石亨敗敵於德勝門外。壬戌，也先由良鄉西去。《景帝實録》：景泰元年正月丁丑朔，以上皇在北，罷朝賀。六月己亥，擢禮科都給事中李實爲禮部右侍郎，大理寺丞羅綺爲右少卿，同使瓦剌。壬寅，也先使至居庸關，命李實等賫銀幣迎犒之，即與偕往。戊申，瓦剌可汗遣使來議和。庚申，命右都御史楊善、工部右侍郎趙榮使瓦剌。癸亥，李實還自瓦剌，以也先使者把秃等來，賜敕報之。己巳，楊善等抵瓦剌，也先許送上皇還國，與伯顔、帖木兒各置酒餞上皇。八月癸酉，上皇發瓦剌。壬午，至宣府。癸未，太常少卿許彬以奉迎至，上皇命書罪己，敕諭群臣。甲申，遣商輅迎上皇於居庸關。丙戌，還京師，帝迎見於東安門，遂入南宫，帝及百官朝謁。癸巳，御奉天門，宴瓦剌送駕使臣。三年五月，廢見深爲沂王，立見濟爲皇太子。十月戊戌，左都御史王文入閣，預機務。四年十一月辛未，見濟薨。五年五月甲子，下禮部郎中章綸、御史鍾同於詔獄。是年，也先爲知院阿剌所殺。八年正月辛巳，胡濙等詣左順門問安，出集禮部，議以明晨入朝，疏請沂王，群臣以次署名而進。壬午，百官方待漏朝房，忽聞南城呼譟震天，石亨、徐有貞等已奪門迎上皇。二月乙未朔，廢景帝爲郕王，遷之西内。王世貞《錦衣志》：英宗在敵營，校尉袁彬始得見。袁彬者，少以材力射生，選從刺奸緹騎，既從征，没敵麾下牧馬矣。久之，乃使侍上。上方坐橐駝帳中，得彬甚喜。彬温美多數計，善言笑，時時爲隱語悦上。獲一羊髀，烹而共啖之。晝斧薪伐冰，夜則以背承上足而寢。敵挾上攻雲中，轉戰上谷，遂躪關而下，趨京師。小不遂，輒欲僇殺彬，上至爲泣請之，僅免。彬嘗病中寒，上親爲治糜啖之，身壓彬背，汗洽良已。上還，稱太上，絀彬勞，僅拜錦衣百户。天順初召見，彬語絮且泣，超爲都指揮僉事，理錦衣事，賜城東甲第一區，黄金十鎰，白金二十鎰，綵綺鹽醪醯醬乾糒充實。又加賚妻異繒精醪，各有差。間夕宴對，略用家人禮。彬畏滿好避，而同列門達、逯杲顯，達初以錦衣校理鎮撫司遷至指揮，而其所任校逯杲繼起，與同列中貴人曹吉祥、忠國公石亨，干請不已。上心厭之，欲稍稍削其重以屬彬。固謝不敢，乃屬杲。杲數伺忠國公罪狀聞上，并其從子定遠侯彪誅之。上益貴重杲。杲遂持吉祥陰事，擬之急，乃與從子欽殺杲，攻長安門。詔族吉祥，贈杲右都督。彬請急，不任，而門達獨重。上已誅曹、石，恒借達爲强，賞賜無算。袁彬猶以義故，位達上。達知上薄之，構以死罪劾奏。上不平曰：是負我者，然故人不死足矣，此外以任若。達執彬下獄，脅以火，五毒更下。彬不勝苦，且誣伏矣。而燕中少年楊賢者，嘗爲漆工尚方，奮曰：袁公，上魚服侣也，門達何人，而輒害之。因上疏詆達奸惡數十百事，而極稱彬枉，且有社稷功，不宜罪。詔并下達治，達捶賢百餘，賢恐遂死，不得白，謬攀大學士李賢。達以醪肉食之，持牘面訴曰：李賢令楊賢中臣爲袁彬地。上爲集群臣於朝堂。楊賢出餘肉大呼曰：門指揮醪肉食我，而令引李，李學士貴人，吾何從見之。上悟，趣出袁彬，令分司南都，餘具置不問。自是達漸寵衰矣，居一載，驛召袁彬還職，寄如故。憲宗初，達論戍嶺表，瀕行，袁彬帥僚出餞郊墅，揮囊金爲解裝，良厚。衆咸多彬不念惡，有古長者風。又按徐有貞，初名珵，吴人也，由庶吉士進侍講。英宗北狩，建議南遷，于謙請斬倡南遷議者。有貞恨入骨。景泰中，以治河功，進副都御史。石亨、張軏、張輗等就有貞謀。有貞指示乾象，約亨等收諸門鑰，薄南城門以迎英宗。進兵部尚書，旋封武功伯，拜華蓋殿大學士，入内閣。御史楊瑄、張鵬論石亨、曹吉祥，二人泣訴於上，言御史承有貞風旨。上下有貞獄，出爲廣西參政。尋中蜚語，流金齒。王世貞作《有貞傳》云：有貞自計，不大置王文等罪，己功亦眇，遂悉誣以迎立外藩，死戍有差。又按于謙，字廷益，錢塘人。正統中，爲兵部右侍郎。土木報至，尚書鄺埜殁於陣，景泰初進兵部尚書，虚己委謙兵事。廷議遣使與也先和，且迎太上。上意不懌，曰：我非貪此位，而卿等强樹焉，今復作紛紜何。謙從容曰：天位已定，寧復有他，言和者覬以解目前而得爲備耳。上顧而改容曰：從汝，從汝。於是楊善以奉使往，而上皇返駕。後石亨等奪門，下謙與大學士王文獄，謂謙、文與中貴人舒良、王誠、張永等謀迎襄王子，坐以謀反。鉆鑽鍛煉，文不勝憤，辨之苦。謙笑曰：亨等欲殺我，辨何益。遂論棄市。其日陰霾翳天，行路嗟嘆。憲宗初，復其子冕官，爲府軍前衛千户，後改文資，至應天府尹。孝宗初，謚謙肅愍，神宗時，改謚忠肅。

又《沉香亭》 明初人作，不知誰筆。其情節與《驚鴻記》相同，而提出李白賦《沉香亭》詩以爲標目，蓋曰驚鴻者，以江妃賜白玉笛作《驚鴻舞》而名。曰沉香亭，則取楊妃賞花，李白賦詩爲大關鍵。江妃事迹，則撮其傳中數件，如所居植梅，榜曰梅亭，號曰梅花，戲稱曰梅精，作《梅花》及《蕭蘭》等賦，漢邸躡履，太真相疾，戲馬召幸，珍珠封賜，皆與傳合，其他則係捏造。明皇回京以後，詔元都觀，江妃時出家爲尼，捧茶出謁。明皇問其履歷，復召入宫。楊妃事迹，亦撮其傳中數件，如鈿合定情，錦綳拜母，霓裳羽衣之舞，比翼連理之誓，馬嵬坡之裹褥，玉妃院之叩扉，皆與傳合。其賞牡丹花一齣，則題中最要緊關目。而末後以少君之術，召致相見，亦本傳記。其以江妃、李白，亦隨太上得見玉妃。玉妃指示云：唐天子乃孔聖真人，梅夫人乃王母侍女許飛瓊，李白乃方壺仙吏，而己爲太乙玉女。則皆點綴設色，非實語也。玉妃語李白云：汝紋亦有水厄。蓋唐人小説，相傳李白捉月采石，墜江而死，故唐詩即有李白騎鯨魚之句。明嘉靖中，王世貞《題李白匡山讀書處歌》亦云：潯陽雨，夜郎霧，采石捉月月不顧。然以范傳正志文考之，白卒後葬於宣城謝公山，無墜江事也。且白自放還山後，以永王璘之亂，長流夜郎，雖獲赦歸，不復至京。太上還宫，無由更得宣召。蓋增此一段，與沉香賦詩相照應耳。《太真外傳》：開元中，禁中重木芍藥，即今牡丹也，得數本紅、紫、淺紅、通白者，上因移植於興慶池東沉香亭前，會花方繁開，上乘照夜白，妃步輦從。詔選梨園弟子中尤者得樂十六色，李龜年以歌擅一時之名，手捧檀板，押衆樂前。將欲歌之，上曰：賞名花，對妃子，焉用舊樂詞爲。遽命龜年持金花箋宣賜翰林學士李白，立進《清平樂》詞三篇。承旨猶苦宿酲，因援筆賦之。第一首：雲想衣裳花想容，春風拂檻露華濃。若非群玉山頭見，會向瑶臺月下逢。第二首：一枝紅艷露凝香，雲雨巫山枉斷腸。借問漢宫誰得似，可憐飛燕倚新妝。第三首：名花傾國兩相歡，長得君王帶笑看。解釋春風無限恨，沉香亭北倚花笑你，甘心受雪壓霜欺。爭如我年年得意，占斷躡青時。王益加稱美，作梅杏詞以和解之。又按《開元天寶遺事》：寧王宫有樂妓寵姐者，美姿色，善謳唱，每宴外客，其諸妓女盡在目前，惟寵姐客莫能見。飲至半酣，詞客李太白恃醉戲曰：白久聞王有寵姐，善歌，今酒肴醉飽，群公宴倦，王何怯此女示於衆。王笑謂左右曰：設七寶花障，召寵姐於障後歌之。白起謝曰：雖不許見面，聞其聲亦幸矣。

又《玉瑑緣》 明末人所作，未知姓名。記鮮于同事。《今古奇觀》小説有《老門生三世報恩》及《鈍秀才一朝交泰》二段，劇採鮮于同以作正文，又借鈍秀才爲餘波，以相映帶，與《三報恩》同一事實，而變幻情節，與彼互異。其曰《玉瑑緣》者，言同妻孔氏有祖傳玉瑑，同會試時，妻爲送行，贈以玉瑑。同生子托人寄孔氏，以玉瑑爲證據也。鮮于同，字巨通，廣西桂林府興安人，八歲有神童稱，十歲入學，小説相同。與同窗巫御字所如友善。凡與巫善者，率多不利，里中以爲鈍秀才，望而避之，獨同與善如故。同三十歲時，聘孔静貞爲妻，誓不登黄榜，不諧花燭。年至望六，而孔猶未嫁。縣令蒯誠，字潤之，浙江仙居人。少年進士，惡老喜少。科試閲卷，彌封以誇眼力，謂必取年少英才。及案發，批首則同，蒯大不樂。聘爲内簾官，决意欲落同卷，但取筆意清疏無實學者，力争一卷，與他簾官馮迪互相喧嚷，摘出迪所呈卷中有別字。主考因駁彼卷，而中蒯所呈，及拆卷，則又同也。蒯慚且恚，拒不與見，出場即行取擢。授禮科，禮闈復與分考。同以《春秋》中式，及會試，改《易經》。蒯不疑同，復中同卷。初，興安諸生牟奎，字伯就，蒯爲令時，毁公孫弘之祠，造賈誼之廟，使奎主其事。奎科試不爲蒯所識，嘗譏刺之。及馮迪力薦奎卷，爲蒯所駁。而同之卷，則蒯竟代主考書中字於卷面，奎銜恨入骨。抵京，與迪謀構無賴子出首，言張天師女婿楊應龍叛，蒯誠爲之内應。蒯奉旨革職拿問。適同選刑部主事，上疏爲辨冤，蒯得回籍候旨。同正窮究誣首之黨，將根及於奎。時以倭犯浙，命同監軍兼御史，巡按浙省。奎大窘蹙，方挈其妹文綃在京，乃星夜逃出都門，乘同與蒯會飲，使妹改男裝，作門子以伺。同見而大悦，挈往浙署，私與之昵，竟生一子，使人送至本籍，屬聘妻孔氏撫爲子，而仍留文綃於左右以充門役。居久之，擢陞四川巡撫，討平楊應龍。巫御、牟奎，皆賴同力，以軍功授官。同子巡舉神童，御試《西平賦》，賜爲狀元，與蒯誠子遂爲同年進士，遂之科名，蓋同所成就也。同有平播功，其子當得錦衣恩蔭。同又令讓於蒯誠之孫蒯年，以報其恩。於是父子承命旋里。同始與孔氏成婚，巡即娶巫御之女。按播州，夜郎且蘭地，漢屬牂牁郡，唐初置郎州，已改播州。乾符中，楊端應募禦却南詔，授武略將軍。值唐亂，留據其地，歷宋、元至明，子孫世守。元世祖授楊邦憲爲宣慰使，明初授楊鑑爲播州宣慰使，隸四川，其地廣袤千里，介川、湖、貴、竹間。西北塹山爲關，東南附江爲池，領黄平、草塘二安撫，真、播等六長官司。隆慶六年，應龍襲職，驕蹇不法，酷殺樹威。嬖小妻田雌鳳，遂殺嫡妻張氏，結關外生苗，肆行劫掠。萬曆十七年，妻叔張時照上變，告應龍反。貴撫葉夢熊請剿。蜀中撫按以蜀三面鄰播，請撫。逮詣重慶，論斬。會倭入朝鮮，應龍請將兵征倭。詔出於獄，歸而抗命，再撫再叛。先後督撫王繼光、邢玠、江東之等不能定。起都御史李化龍節制川、湖、貴三省軍事，總兵劉綎、麻貴、陳璘、董一元、童元鎮、李應祥等數道并進，化龍委綎專制。三十八年，綎兵直入海龍囤，應龍自縊，獲其子朝棟及妾田雌鳳，分播地爲二，屬蜀者曰遵義，屬黔者曰平越。據明太祖御製《周顛仙人傳略》：顛人周姓，自言南昌屬郡建昌人，年十四歲，患顛疾，入南昌，乞食於市。元至正間，嘗入撫州。陳友諒入南昌，顛不與語。後見太祖於南昌東華門，又謁見於建業，曰：告太平。太祖見其顛狀，以巨缸覆顛於内，用火蒸之者數次。揭缸，輒無恙。太祖異之，欲西征九江，特問顛者。應聲曰：可。至湖口，縱之去，莫知所之。洪武癸亥，有赤脚僧名覺顯者，自言於匡廬深山中見一老人寄語。又數年，太祖患熱，赤脚僧言周顛仙人遣送藥至，其一曰温良藥兩片，其一曰温良石一塊，服之立愈。僧云：仙在匡廬竹林寺中。

又《逍遥樂》 明時舊本，不知何人所撰。演蕭、姚、駱三姓男女配合事，故用同音作《逍遥樂》也。李敬業與駱賓王等於嗣聖元年起兵揚州，旋取潤州。李孝逸擊殺之，餘黨皆捕得，傳首神都。劇以敬業、賓王皆受詔撫，係僞造。其他關目，亦皆空中樓閣。按《賓王本傳》，義烏人，七歲能賦詩。武后時，數上疏言事，除臨海丞，怏怏不得志，棄官去。徐敬業亂，以爲府屬，代敬業爲檄武后罪。后初讀但嘻笑，至一抔之土未乾，六尺之孤安托，矍然曰：誰爲之。或以賓王對。后曰：有才如此，而使之淪落不偶，宰相之過也。敬業敗，亡命不知所之。又《靈隱志》云：宋之問遊靈隱，月夜吟詩曰：鷲嶺鬱岧嶤，龍宫鎖寂寥。吟第二聯終不如意，旁一老僧曰：何不云樓觀滄海日，門對浙江潮。或曰：僧即賓王也。據此，則敬業之敗，賓王亡命爲僧是實。劇稱宫人駱氏，即其妹，無考。又《太平廣記》中言徐敬業亦逃免未死，然則徐、駱之生，似非無本，緣飾爲降服授官，太荒唐矣。據云：河南開封府人蕭允讓、姚輔德，兩人同學相友善。蕭曾與駱賓王結爲兄弟，賓王佐英公李敬業幕，客揚州。蕭别姚往訪之。姚鄰朱泓，家頗豐，無子，撫甥趙桂爲子，年已七十餘，忽思娶妾。同里蕭氏女，甫二八，有殊色，父殁，其繼母急欲改嫁，給其女，賣與泓爲妾。花燭夜，見泓老邁，知爲繼母所紿，以死拒泓，閉户號泣不止。輔德憐之，倚梯於墻勸慰。蕭曾一見姚，聞其聲，呼使逾墻入室訴苦，且願以身屬。爲趙桂覺，告泓，排闥入，縛送兩人於官。駱賓王之妹美而艷，以選繡女入宫，繼奉武后密旨，令改裝作内監，巡撫河南，别有所命。至則遇蕭、姚事，廷鞫知奸情不實，而蕭、朱非偶，乃償泓禮物，責桂，以蕭配姚，且促輔德急入京應試。駱招諸生觀風，允讓從揚歸就考。駱悦其才貌，邀入後堂飲會。武后以駱久不報命，下旨切責，勒限回朝。駱情急，以實告允讓，願爲夫婦。潛逃，欲赴其兄幕避迹。事聞，后怒，下諭獲駱者與美官。時，輔德已登第，授桃源縣令，而趙桂亦以資授桃源巡檢。桂方憾駱見責，適與相遇，縛送輔德。輔德夫婦念舊恩，潛釋去。而桂已申聞巡撫狄仁傑，狄高其義，爲詳疏奏聞，以輔德、趙桂俱送京候旨。蕭氏同其繼母回籍，繼母之姊瞷蕭美，又食貧，設計僞作輔德書報蕭，謂已問大辟，勸蕭别嫁。適駱潛回豫，聞之，憂蕭繼母不端，復改裝稱富商馬姓，至開封出重資購蕭爲妾。其母及姨許之。蕭佯應，欲臨期自盡也。而家有老僕，不解蕭意，奔赴京以告於輔德。時，輔德見武后重其才，授官翰林，遣人迎眷。駱假馬姓入贅蕭家，蕭持刀欲自刎。駱以實告，乃從駱居。駱歸揚，蕭入都覓輔德，輔德方怒甚，拒不許見，比之以買臣妻，使入尼庵出家。時，賓王方助英公起兵匡復，允讓夫婦勸其受撫。會仁傑入相，中宗正位，於是敬業、賓王從允讓議，斂兵歸命。廷命英公仍鎮揚，而授賓王、允讓皆爲翰林。允讓見輔德，始知蕭氏受誣見拒，乃與駱氏拉輔德俱至尼庵，爲輔德請罪，迎歸復爲夫婦。

又《留生氣》 一名《詞苑春秋》，明初舊本，未知誰作。演唐中宗時裴伷先事，而與本傳多不合。所引狄仁傑等事迹，亦與正史互異。考《唐書》云：伷先，宰相炎之從子，未冠，推蔭爲太僕丞。炎死，坐流嶺南。上變，求面陳得失。天后召見，曳出，杖之朝堂。長流瀼州。歲餘，逃歸，爲吏迹捕，流北庭。無復名檢，專居賄。五年，至數千萬，娶降胡女爲妻。妻有黄金、駿馬、牛羊，以財自雄。養客數百人，自北庭屬京師，多其客。詷候朝事，得八九。時，補闕李秦授爲武后謀曰：讖言代武者劉，劉無彊姓，殆流人乎。今大臣流放者數萬族，使之叶亂，社稷憂也。后謂然。夜半，以秦授爲考功員外郎分走使者，賜墨詔，慰安流人，實命殺之。佃先前知，以橐它載金幣賓客，奔突厥。行未遠，都護遣兵追之，與格鬭，爲所執，械繫獄，以狀聞。會武后度流人已誅，畏天下姍請，更遣使者安撫十道，以好言自解釋曰：前使使慰安有罪，而不曉朕意，擅誅殺，殘忍不道，朕甚自咎。今流人存者一切縱還。由是佃先得不死。中宗復位，求炎後，授佃先太子詹事丞，遷秦、桂、廣三州都督。坐累且誅，賴宰相張説右之，免官。久乃擢節度范陽，歷官至工部尚書，封翼城縣公。略云：裴佃先，字孝則，唐高宗朝御史大夫且之子。且持節監軍征高句麗，陷歿。佃先幼孤，撫於伯父炎。炎死，朝有收録忠良子孫之詔，有司以名聞，佃先聞命赴都。翰林學士狄仁傑，且之門生也，養疾在家，餞佃先行，以妹宜生許字。佃先至都，武三思方用事，大理卿來俊臣、補闕李秦授諂奉之。三思欲假收録忠良之詔以網羅人物，拜佃先太僕寺丞，陰令俊臣、秦授説諸新進，使入其黨。秦授見佃先，勸使依附三思，佃先唾而罵之。秦授譖於三思，會武后廢中宗爲廬陵王，改元如意，國號曰周，廷讀詔書，佃先指爲篡逆，裂詔書不奉命。武后命收斬之。鳳閣舍人張説疏救，得免死，發大理寺勘問。俊臣承三思旨，將致佃先於死。張説復爲請旨從寬，謫戍瀼州。初，佃先得官太僕，即令家人裴襄以書及聘物往迎狄氏，仁傑遣妹宜生就道，中途聞謫戍之信，復歸故鄉。當是時，李敬業等先後起兵，而可汗默啜連高句麗內侵。武后以婁師德薦，起仁傑爲河北大元帥，督師征剿，賜内厩天馬照夜白，星馳入京。仁傑移檄瀼州，取佃先軍前效用。佃先與先鋒李孝逸夜入敵營，生擒默啜，斬馘數千。仁傑據功上奏。三思見佃先名，令內史楊再思劾其離伍冒功，改戍北庭。秦授復上言請盡殺流放諸臣在外者。武后即以爲考功員外郎，賫墨敕而行。宜生在京聞之，與養娘謀，改男裝，乘其兄照夜白馳至北庭，托爲狄府差官，見佃先，使之遠避。往返七晝夜，佃先潛逃崎嶇山谷間，爲都護追及，將被殺，佃先以辭説之，使解京就戮。會仁傑班師回，聞武后病，擁兵城外，以觀動靜，密召張柬之等共謀。佃先扭解入都，至狄門與宜生訣，忽報廬陵登位，張柬之輩擒武三思等。仁傑移兵入城。朝議起諸被難官。佃先拜大理寺卿，命勘武黨，三思、俊臣、秦授等俱伏誅。奉旨，佃先與宜生成婚。按史來俊臣伏誅，在武后神功元年，武三思之死，則又在景龍元年，劇與史前後不符。《通鑑》：嗣聖十五年，周武氏以狄仁傑爲河北道副元帥以討默啜，默啜盡殺所掠趙定男女萬餘人而去。仁傑將兵追之，不及。劇中生擒默啜，亦係僞撰。又按狄梁公之卒，在武后久視元年，而張柬之等舉兵討武氏，則在神龍元年，相去六年，安得有仁傑與柬之同謀之事。特以柬之爲仁傑所薦，故牽合附會以成關目耳。

又《文媒記》 明時舊本。演唐盧儲事，已詳《芍藥記》中。李翺改作李遨，情節大半增飾，謂儲投卷得妻，故曰《文媒記》也。略云：盧儲，字大有，姑蘇吴江人。花朝郊外閒遊，與趙弼字夢賚相遇，飲酒談心，遂相契合，弼念儲貧寠，作書薦與揚州郡牧李遨。遨字翔甫，紹興人也，年垂六十，尚無子嗣。夫人黄氏，女曰翠玉，貌美才艷。儲趁漁舟渡江，寓萬松禪寺，及謁遨，遨方奉命浙西。翠玉於書室見儲所投諸文卷，翻閱既畢，賞之意，屬留於揚以俟遨歸。遨歸見儲卷面批必爲狀頭四字，係女親筆，問夫人及婢，因知女所屬意。即召儲與締姻盟，留儲讀書於內署。遨復公出，儲乘閒抵園中會仙亭，探得翠玉卧室，竊入求歡。翠玉滅燈，以雲英代己，用吴綾一幅，題詩於上，末寫書贈雲英四字，使雲英納儲袖中。翠玉乳母之子文童，夫人所遣事儲者也，潛知其事，以告於母。母恐事發貽累，偕其子白之於夫人。夫人乃贈儲金，而遣歸就學。翠玉令雲英邀儲相別於晚翠亭。儲初不知翠玉之紿己也，復趁漁舟以歸，吁嗟不已。漁婦詢得其情，爲之畫策，屬老妓張嫗，繆作淮安郭夫人，其女蕙芳，繆作郭女，邀李夫人母女同赴金山泛月。其舟晚泊金山，蕙芳邀翠玉夜話，儲突入求歡，翠玉面叱而去。未幾，儲赴試，擢第一，承恩歸娶。先遣人至揚，下催妝柬帖云：昔年曾向玉京遊，第一仙人許狀頭。今日已成秦晋友，早教鸞鳳下妝樓。翠玉將出閣，白之於母。令雲英別居伴月軒，不侍左右，成婚半載。使雲英侍寢，納爲側室，儲又以邊材督師，與趙弼同討番寇，寄妻妾於雲林鎮一葦寺尼庵中，功成凱旋，挈家歸里，不復戀仕，與玉、英逍遥共樂云。《南部新書》：李翺尚書牧江淮郡日，進士盧儲投卷來謁，李置文卷几案間。長女及笄，見文卷尋繹數四，謂小青衣曰：此人必爲狀頭。李公聞之，深異其語，乃納爲婿。來年果狀頭及第，纔過殿試，即赴佳期。按《芍藥記》載盧儲東風與拘束，留待細君開詩，故以爲名，而其關目，本之實事居多。此《記》不載題芍藥花詩一段事，而從前關目，皆與實事不合，蓋翻案也。

又《雪裏梅》 明季舊本，未知誰筆。演劉文光得妾事，取女詩中凌寒雪裏梅爲標目也。《情史》：瑞州劉舉人文光，廖舉人暹，嘉靖乙丑，會試京師，廖從老嫗買妾，僞指劉曰：娶汝，劉君也。女即拜劉，劉辭謝。明日，老嫗詣劉講婚，劉曰：娶妾者，廖也，非我也。嫗歸語女，女誓曰：吾既拜劉，業已許之，豈肯易志。不然，有死而已。劉不得已曰：後三年方得來娶。女矢無他適，劉遂納聘。辭赴南雍，酌酒爲別。女贈詩云：玉手纖纖捧玉杯，仙郎南去幾時回。天涯到處生芳草，須記凌寒雪裏梅。

又《馬上郎》 明初舊本，不知誰作。所演梅先春與木瓊桃魂夢間於馬上相見，瓊桃借軀以配先春。事甚恍忽，小説中載之。白居易詩：墻頭馬上遥相見，一見知君即斷腸。劇所由取名也。略云：洛陽梅先春，字花卿，僑居汴京。春和景明，於碧桃樹下隱躍見一美人，追而尾之，不可復見。乃取素絹畫目中所見爲美人圖，題詩其上云：如烟一種津頭樹，飛紅正滿簾前路。榆錢難買少年回，柳絮能牽幽夢去。使書童憨頭假賣花爲名，冀遇其與畫相似者。朝散大夫木某妻縣君，與女瓊桃賃居花園中，憨頭過其門，喚入買花。見瓊與畫相似，展畫閲視，爲其母女所覺，取而觀之。瓊見所畫與己酷似，又見先春所題詩，忽暈於地。縣君怒憨頭而詬責之。憨頭則大喜，回報先春訪得美人，但未知其姓氏也。時有番僧花長老，遊方普光寺中，有役召鬼神之術，先春叩請。告以姻緣在木梅桃柳，安排已定。先春不能解也。瓊觀畫後，時時見一美男子在墻頭上窺視，因此得病。其鄰女李鸞姐，相與如姊妹，數相過從，瓊喃喃喚馬上郎不置。鸞爲其母言，母以爲着魔，無如何也。遼將南侵，兵抵汴城，士女四散分竄。木縣君與女及鸞相失，縣君投碧霞觀爲道姑，鸞投白雲庵爲小尼，既而得相見。而瓊依茶姥以居，未幾病劇，茶姥棄之路旁，遂斃於碧桃樹下，風姨吹花瓣掩其屍。先春携畫而行，失於半道，爲鸞所拾。先春亦至白雲庵借寓，鸞使居静室中。先春於月夜恍惚見一美女在碧桃花前，遂與瓊魂幽媾於花陰。時，女執花俛首，吟詩二句，即先春詩前二句。先春如夢如痴，不能辨人鬼。鸞屢挑之，先春不甚屬意。一晚，鸞遍覓先春不得，見其卧花下，扶入己房中。先春醒而驚異，不知所遇者爲尼爲他美人也。鸞見其薄己，怒推出門。木縣君以觀回禄，夜半投鸞，遇先春自其房出，而鸞見先春冷淡，乃懸瓊畫於室，禱請相助，以博先春之歡心。畫中美人忽與相語，言己即瓊，頗妒鸞欲分其愛。鸞知瓊已死，乘先春入己房，僞作瓊語，言己即桃花美人。先春因與媾，而鸞念非破瓊之交，則愛己不固。乃告木母云：其女實存，在先春之室。母偕鸞趨索，隱隱見一女，迫視之，則無所有。方互喧攘，而瓊以仙官命，使借柳尚書女眉兒之軀以還魂，爲梅生婦。柳尚書者，名金，樊城人，以待制使遼，獲就和議，遷尚書。家去白雲庵不遠。於是瓊魂乘夜告先春，言：我乃柳眉兒也，使覓己聯姻。先春俟黎明，即出庵狂走。木母不得女，且失先春，亦出庵追之。尚書家屬遊金綫池，眉兒在車中，先春謂是其妻，木母謂是其女，皆狂奔力追。木母問御車者，答云柳氏。木母遂怏怏去，而先春直入其宅，抵死認爲己妻。尚書大怒，以爲中風之人，令人以桃枝痛擊。先春猶誦柳絮、榆錢句不絶。擊之良久，乃縱使去。而尚書女猝遇心疾暴殞，尚書謂妖人所爲，使捕先春，已不可得。擒花長老以爲妖人，痛擊之。長老一無所苦，而口誦柳絮、榆錢二句，言汝即日明白此段因果，乃脱縶而去。尚書不得已，邀白雲庵尼以禳之。鸞至而女蘇，不認其父，口稱瓊桃，與鸞認姊妹如熟識。鸞乃歸告木母，令往認之。先春脱去，即入試場，擢探花。太尉岳進，曾以陪柳金宴争坐不協，先春告以柳女即其妻，而妻父不肯相認。進挺身送先春往，尚書見先春大怒，以爲妖人，仍欲擒治。女自内出與相見，自述本木氏，借柳以還魂。會鸞引木縣君至，女一見慟哭，認爲母女，衆皆駭異。乃以女嫁先春。初，兵亂時憨頭與先春相失，及是亦復歸，叙述賣美人圖事，而圖方在鸞所。女又與鸞厚，遂令還俗爲副室云。

又《剸犀劍》 明嘉靖間人所作。其馬維玉、崔漪事迹，似當有因，而姓名不免詭托。又以當時文武職官不便直言其姓氏，故托之唐時耳。觀其引羅希奭、吉温與張九齡、李光弼、郭子儀、馬璘爲一時人，可見非實指此數人也。劍名以爲因此被禍之故耳，於中間事迹，亦無甚緊要。略云：彰德人馬維玉、崔漪、李璧、姬呈四人爲友，呈本豪惡，爲富不仁。春遊普福寺，見富人杜萬里之女玉律於寺中還願，美麗出群，遂囑無賴子穆逸叩萬里求親。萬里以女許漪已久，而逸言頗無狀，怒而詬絶之。逸有妻白氏，貌陋多疾，逸乃與呈計，邀漪與呈共飲，酒後以言觸漪，故激其怒以生釁端。因攘臂作揮拳之狀，漪方含笑不與校，而其妻自内出勸，逸竟陡挈棒棰擊殺病妻，誣告漪乘醉殺人。姬呈以重賄納武安令托名吉温，傳致其死罪。維玉與璧倡三學諸生，公訟漪冤。令不肯聽。維玉惡呈陷友，俟其出縣廷，邀而毆之，且持己橐數百金送吏，求脱漪死。吏爲援赦例減等，發配階州。呈又賄解差，遣兩惡僕尾其後，於半途殺漪。維玉度當有變，暗持寶劍相隨。兩僕將殺漪，維玉突出揮刃殺僕并解役，贈漪百金，恚之遁走。漪有姑丈爲河西兵馬使，遂往投之。維玉所携寶劍，遠祖世傳，以劍揮石，輒從中兩分，所謂劃犀劍也。既殺三人，歸途遇呈、逸，欲并殺之。兩人急走免。因共計首維玉於河南節度使，言其輸資餉叛，有劃犀劍爲證。節度使擒訊，將立斬之。督兵部招討飛符召節度使議軍事，乃暫羈於獄中。會直指使者巡彰德，維玉妻魯氏攔輿訴冤。使者入境時，已私行訪得其實，乃提維玉及呈、逸面質，具得冤狀。而呈、逸朋謀害漪之情，亦互相供招，於是定兩人大辟，而釋維玉。使者奇維玉偉貌，且賞其才武，作書薦之招討使，效力軍前。崔漪之入獄也，其聘妻與父商，改爲男裝，僞稱萬里之侄，入獄探漪，贈以資斧。及漪發遣，妻復男裝送行。漪察其非男子，乃告漪以實，與之設誓，衣不解帶，髮不再理，以待其歸。漪所投兵馬使，爲援例納監入北闈，連擢科第。初，漪被陷，維玉與李璧爲動公呈。姬呈恨維玉、璧，欺璧孤弱，擒至家痛毆，逼寫服約，言竊其杯鼎。璧憤恨甚，削髮爲僧，投汝寧延慶寺静緣爲師，法名正覺。静緣本軍官，教僧兵三百，皆擅武藝，璧故多膂力，得静緣指授，無能與角者。静緣付以衣鉢，俾爲住持。維玉往投招討，過其寺中，相見驚喜。正覺願以僧兵助征，乃盡發僧兵以行。招討即以維玉爲前部先鋒，率僧兵出戰，一鼓敗賊，擒其魁。奏功於朝，授維玉爲西京留守，正覺爲護國禪師，漪以翰林官宣詔。三人相晤，悲喜交集。漪因歸家與杜氏成婚。

按《馬璘傳》：璘，岐州扶風人。劇云彰德，不合。少孤，流蕩無業。開元末，挾策從安西節度使府，以奇勞累遷金吾衛將軍。至德初，王室多難，統金甲三千，自二庭赴鳳翔。肅宗奇之，委以東討，從李光弼攻洛陽。史朝義衆十萬陣北邙山，旗鎧照日，諸將未敢擊，璘率部士五百薄賊屯。出入三反，衆披靡乘之，賊遂潰。光弼曰：吾用兵三十年，未見以少擊衆，雄捷如馬將軍者。

又《金鏡記》 明初舊本。全據徐德言本事而作，其後張鳳翼爲《紅拂記》，馮夢龍爲《女丈夫記》，皆以紅拂爲主，而兼及樂昌。此劇則全載樂昌事，以賣鏡、買鏡爲前後關目，故名之曰《金鏡記》也。《太平廣記》：陳太子舍人徐德言之妻，後主叔寶之妹，封樂昌公主，才色冠絶。德言爲太子舍人，方屬時亂，恐不相保，謂其妻曰：以君之才容，國亡必入權豪之家，斯永絶矣。倘情緣未斷，猶冀相見，宜有以信之。乃破一鏡，各執其半，約曰：他日必以正月望，賣於都市。我當在，即以是日訪之。及陳亡，其妻果入越公楊素之家，寵嬖殊厚。德言流離辛苦，僅能至京。遂以正月望訪於都，適有蒼頭賣半鏡者，大高其價，人皆笑之。德言直引至其居，予食，具言其故。出半鏡以合之。乃題詩曰：鏡與人俱去，鏡歸人不歸。無復嫦娥影，空留明月輝。陳氏得詩，涕泣不食。素知之，愴然改容，即召德言還其妻，仍厚遺之。聞者無不感嘆，仍與德言、陳氏偕飲，令陳氏爲詩曰：今日何遷次，新官對舊官。笑啼俱不敢，方驗作人難。遂與德言歸江南，竟以終老。

又《白羅衫》 係明時人所作，未知誰手。演蘇雲事，本之小説。曰蘇知縣羅衫再合，姓名事迹皆符。涿州蘇雲，明永樂間登進士，除授蘭谿尹，挈妻赴官。舟至黄天蕩，船户徐能行劫，縛雲投水中，掠其妻鄭氏還家，使老婢朱媪守之。徐能弟徐用者，義士也，乘能與衆賊飲，令鄭氏從後門出。朱媪願與同去。夜走五六十里，朱媪不能前，投井而死。時天色微明，路旁有茅庵，鄭氏叩門求暫息，尼出延入。而鄭適分娩，遂於厠屋中産一子，恐賊踪迹得之，以所衣羅衫裹其兒，衫内插金釵一股，棄於道。鄭氏乃削髮於當塗縣慈湖老庵中。徐能追鄭不及，得其子，撫爲己子。及長，名曰徐繼祖。年十五，即發鄉榜，會試經涿州，人馬俱疲，入一室，見老婦，求飲。老婦見繼祖，不覺泪下。怪問之。對曰：老身張氏，有二子，長子蘇雲，職受蘭谿尹，喪於江盜之手，使次子雨往探，又没於蘭谿。今見君面貌與長子無二，不能不感傷也。繼祖亦爲嘆息。是夕，宿老婦家，明日將行，老婦取羅衫一件相贈，曰：老身有兩白羅衫，男女各一，花樣皆同。女衫與兒婦矣，男衫折叠時燈煤忽墜，領燒一孔，嫌其不吉，未與兒服。今見君如見吾長子，故以此相送。春闈得第，煩君使人於蘭谿探一實信，寄與老婦。言訖痛哭，繼祖亦不勝感傷。會試登進士，授中書舍人。居二年，擢監察御史，奉差往南京刷卷，就便省親歸娶。道至當塗，適前蘇夫人鄭氏來訴冤，繼祖取狀觀之，所告者，即徐能也。繼祖因思涿州老婦之言，心疑其事，且少時同學常笑己非親生子，此惟老僕姚大知之。因呼詰問。僕不敢隱，具以實告，遂并得所裹羅衫於大妻。先是蘇尹被沉爲徽客陶某所救，流離數載，教學三家村，久之別去，過常州，求籤於烈帝廟，有骨肉團圓，金陵豸府之語。即往南京，投狀於操江林都御史臺下。林與繼祖言及之，會徐能自以御史之父，揚揚自得，與賊前同謀害尹者俱抵署中。繼祖與聚飲，令人盡擒之。以蘇尹證，諸賊皆俛首伏罪，遂并誅之，獨釋徐用，乃拜跪呼蘇尹爲父。初不敢承，出羅衫爲據，始知果爲己子，於是以羅衫往迎鄭氏於庵，因上疏復姓名曰蘇泰，葬其叔蘇雨，且迎祖母就養。初，徐能所操舟，乃王尚書舟也，後盜已誅，不株累王氏。尚書感之，因以愛女妻繼祖。《太平廣記》、《原化記》云：唐天寶中，有清河崔氏，家於滎陽，母盧氏，善治生，家頗富。有子策名京都，受吉州大和縣尉。其母戀故產不之官，爲子娶太原王氏女，與財數十萬，奴婢數人。赴任，乃謀賃舟而去。僕人曰：今有吉州人孫姓，云空舟欲返，傭價極廉。儻與商量，亦恐穩便。遂擇發日，崔與王氏及婢僕列拜堂下，泣別而登舟。不數程，晚臨野岸，舟人素窺其橐，伺崔尉不意，遽推落深潭，佯爲拯溺之勢，退而言曰：恨力救不及矣。其家大慟。孫以刃示之，皆惶懼，無復喘息。是夜即納王氏。王方娠，遂以財物居於江夏。後王氏生男，舟人養爲己子，極愛焉。其母竊誨以文字，亦不告其由。崔之親老在鄭州，訝久不得消息，積望數年，天下離亂，人多飄流，崔母分與子永隔矣。爾後二十年，孫氏因崔財致産極厚，養子年十八九，學藝已成，遂遣入京赴舉。此子西上，途過鄭州，去州約五十里，遇夜迷路，常有一火前引而不見人。隨火而行二十餘里，至莊門，扣開寄宿。主人容之，舍於廳中，乃崔莊也。其家人竊窺，報其母曰：門前宿客貌似郎君，言語行步，輒無少異。母欲自審之，遂召入，陞堂與之語話，一如其子，問乃孫氏矣。母垂涕，其子不知所以。母曰：郎君遠來，明日且住一食。此子不敢違長者之意，遂諾之。明日，母見此子將去，遂發聲慟哭，謂此子曰：郎君勿驚，昔年唯有一子，頃因赴官，遂絶消息，已二十年矣。今見郎君狀貌，酷似吾子，不覺悲慟耳。郎君西去，迴日必須相過，老身心孤，見郎君如己兒也。亦有奉贈，努力早迴。此子至京應舉，不捷，却歸，至鄭州，還過母莊。母見欣然，遂停數日。臨行，贈資糧，兼與衣一副，曰：此是吾亡子衣服，去日爲念，今既永隔，以郎君貌似吾子，便以奉贈。號哭而別，他時過此，亦須相訪。此子却歸，亦不爲父母言之。後忽着老母所遺衣衫，下襟有火燒孔。其母驚問何處得此衣，乃述本末。母因屏人泣與子言其事：此衣是吾與汝父所製，初熨之時，誤遺火所爇。汝父臨發之日，阿婆留此以爲念。比爲汝幼小，恐申理不了，豈期今日神理昭然。其子聞言慟哭，詣府論冤。推問，果，伏誅孫氏，而妻以不早自陳，斷合從坐，其子哀請而免。

又《斷機記》 亦名《三元記》。演淳安商輅事，明成化間人所作。相傳吴縣王鏊，成化甲午、乙未鄉、會試皆第一，自擬必作三元，及殿試，得榜眼，疑宰相商輅忌其名而阻之，乃令人作《斷機記》，言輅父歿而輅始生，以詆諆輅。及後鏊入内閣，見輅有揭帖，力請以鏊爲狀元。憲宗不從，其疑始釋。然此《記》甚淺陋，乃當時無學識人所撰，决非鏊筆，亦非鏊門下士所爲也。其曰《斷機記》者，借古人斷機教子事以爲關鍵也。《吾學編》：商輅，字弘載，淳安人。宣德乙卯發解第一，正統九年會試，明年廷試，皆第一。爲翰林修撰。十四年，景帝監國，入内閣陞侍讀。成化中，累官吏部尚書，兼謹身殿大學士，以少保致仕。家居十年，壽七十二，贈太傅，謚文毅。馬文升嘗言：明朝賢佐，商公第一。楊文貞士奇、李文達賢，皆不及也。《鴻書》：商文毅公三元及第，官至元輔，德望首稱，止此一人而已。公之父爲嚴州掾，公生於吏舍中。刺史於是夕夢天門開，有神人乘鸞車降公廨，詰旦公生，故命名輅。今俗行傳奇，造言生事，可笑尤甚。蓋公之父親見公發解，絶無遺腹之事。紀此以詔後學云。《樵書二編》、《朝野紀略》：商輅父名仲宣，爲嚴州府吏。輅生時，太守夜間遥見吏舍有光，踪迹之，非火也。翌旦，問群吏家夜間有何事，群吏云：商仲宣生一子。太守曰：此子必貴，非尋常人，宜善撫之。是日，適有以《宋馮文簡京中三元記》饋之，後輅竟中三元入相云。據此輅父自名仲宣，此《記》云商霖，亦誤。《代醉編》：淳安商文毅公，鄉、會、廷試皆第一，文錦坊北所建三元坊是也。第三十四折：仰本府給銀五百兩，起造五鳳牌坊。本此。劇云：商輅之父名霖，聘妻秦氏，未娶而霖卒，其妾生遺腹子曰輅。秦氏辭其父母，至商門守節，與妾共撫其子，長而教之。輅稍懈怠，秦督責之，自斷其機以示警。輅乃連中三元，貤封二母。按此本非輅事，乃章綸母也。《溫州府志》、馮夢龍《情史》及《名山藏》諸書，皆載其事。綸父，溫州樂清人，名文寶，聘金氏未成婚，納妾包氏，有妊而文寶病篤。金請於父母，往視之。文寶一見即逝，金氏撫妾守喪。追妾生綸，親教讀書，通《四書》大義，復遣就外傅。正統元年，成進士，官禮部郎中。景泰五年，疏請朝上皇於南宫，復汪后之位，沂王之儲。初恐貽母憂，金氏謂曰：吾平日教爾，能諫死職，我雖爲官婢，無恨也。綸忤旨，杖垂危，禁錮詔獄。金氏怡然。天順二年，復官，終養二母。金氏每吟詩見志，詩曰：誰云妾無夫，妾猶及見夫方殂。誰云妾無子，側室生兒與夫似。兒讀書，妾辟纑，空房夜夜聞啼烏。兒能成名妾不嫁，良人瞑目黄泉下。後綸官至禮侍。綸與輅同時人，作者當誤記耳。又松江張鎣，成化間官至禮部尚書，聘媳未娶而子死。其媳京師人也，遠抵雲間，爲夫守節，垂數十年。修撰錢福有文紀其事，且請旌之。而學士顧清則以爲不可，福忿，至與相詬。陸淵《雜記》中載其事，亦略同時也。

又《立命説》 明時人所撰。記袁黄事也。袁黄，字坤儀，别號了凡，浙江嘉善人。隆慶庚午舉人，萬曆丙戌進士，官兵部職方主事，贊畫征倭，有名聲。所著《兩行堂集功過格》，盛傳於世。《記》中所載，乃據其所作《立命篇》，始末皆實事也。袁黄自叙訓子云：予童年失父，老母命棄儒學醫。後在慈雲寺遇一老者，修髯偉貌，飄飄若仙，語予曰：子仕路中人也，明年即進學矣，何不讀書。予告以故。曰：吾姓孔，雲南人也。得邵子《皇極正傳》，數該傳汝，故萬里相尋。予遂起讀書之念，禮郁海谷爲師。孔爲予起數卜終身休咎，言某年入學，某年補廩，某年當貢，某年選四川縣令，在任二年半，即宜告歸，所惜無子。予謹識之。自後考校名次悉驗，貢入南監，訪雲谷禪師於棲霞山，對坐一室，凡三晝夜不瞑目。雲谷問曰：凡人所以不得作聖者，祇爲妄念相纏耳。汝坐三日，不見起一妄念。予曰：吾爲孔先生算定，榮辱死生，皆有定數，無可妄想。雲谷笑曰：極善之人，數拘他不定，極惡之人，數亦拘他不定。汝二十年來，被他算定，不曾動轉一毫，乃凡夫也。予問曰：數可逃乎。曰：命自我作，福自己求。詩書所稱，的爲明訓。我教典中説求功名得功名，求富貴得富貴，求男女得男女，求長壽得長壽。諸佛菩薩，豈誑語欺人。汝能將向來不登科、不生子之相，盡情改刷。力行善事，多積陰德，安得而不受享乎。予拜而受教，因將往日之罪，佛前盡情發願，爲疏一通。先求登科，誓行善事三千條，以報天地祖宗之德。雲谷出《功過格》示予，令所行之事，逐日札記，善則記數，惡則退除。自號了凡，蓋悟立命之説，而欲不落凡夫窠臼也。至明年考科，舉孔先生算，該第三，忽考第一，其言不驗，而秋闈中式矣。自己巳發願至己卯，歷十餘年，而三千善行始完。遂起求子道場，亦許行三千善事，辛巳生男儼，後中天啓乙丑進士。予至癸未八月，三千之數已滿。九月起中進士道場，許行善事一萬條，丙戌登第，授寶坻知縣。置空格一册，名曰《治心編》。孔公算予中壽，今六十九歲矣。雲谷所授立命之説，乃至精至正之理，其熟玩而勉行之。作者自稱萬春園主人，未詳真姓名。云黄，字學海，是爲改字，非真也。母李氏，妻沈氏，可補其自叙所不載。孔先生、雲谷禪師之説，皆與自叙相合。其叙贊畫事頗詳，大段與史合。云日本國平秀吉，薩摩州人，國王用爲關白，使攻朝鮮，衆推之曰大閤王，抵釜山鎮，與倭中馬島相對，由此進迫王京。左將軍行長，右將軍清正，協同攻擊。朝鮮國王李昖已失慶尚、江原、忠清三道。神宗遣經略宋應昌救之。李如松、劉綎并將，黄令寶坻辦火藥。應昌薦爲贊畫，擢兵部主事。如松決計用兵，兵部尚書石星聽沈惟敬之言，專主和款。如松兵抵平壤，欲待倭南奔渡江，亂流擊之。關白等占平壤二年，大同江運餉，龍山倉積粟，屯兵鳥島，聚衆釜山。如松等兵截餉燒倉，如松於江中敗倭，綎又大敗秀吉於鳥嶺，朝鮮遂無倭。按是役無大功，劇不能不稍鋪張也。劇又叙如松敗倭於江，袁、黄鳥嶺接應，綎敗倭於鳥嶺，黄亦趕殺，皆是爲黄排門面也。云劉綎侍兒戎裝，又云女將同追於鳥嶺，史雖不載，相傳有之。云宋陞兵尚，黄進通參，黄子儼成進士，奏伊父年老求歸，准同應昌回京辦事，儼授禮部主事，按儼天啓五年進士，去此時幾三十年，甚謬。

又《四美記》 明初舊本，不知誰作。以蔡襄母子、夫婦忠孝節烈爲四美也，本爲蔡錫作，而托其事於蔡襄。按《忠惠别紀》云襄母盧氏，而劇中云王氏，非是。第十齣《封遼》、十七齣《議親》俱係點綴。蔡襄《萬安橋記》云：泉州萬安渡石橋，始造於皇祐五年庚寅，以嘉祐四年辛未訖工。累趾於淵，釃水爲四十七道，梁空以行，其長三千六百尺，廣丈有五尺。翼以扶欄，如其長之數而兩之。靡金錢一千四百萬，求諸施者。渡實支海，去舟而徒，易危而安，民莫不利。執其事盧實、王錫、許忠、浮圖義波、宋善等十有五人。太守莆陽蔡襄爲之合樂讌飲而落之。明年秋，蒙召還京，道由是出。因紀所作，勒於岸左。跋云：萬安橋未建，舊設海渡渡人，每歲遇颶風大作，或水怪爲祟，沉舟被溺者無算。宋大中間，某年月日，濟渡者滿載至中流，風作，舟將覆，忽聞空中有聲云：蔡學士在。急拯之，已而風浪少息，舟人皆免於溺。既渡，舟人細詢同渡者之姓，一舟皆無。止有一婦之夫，乃蔡姓也。時，婦方娠已數月矣，舟人心異之，往而白其母。其母感衆人之言，亦以爲異，即發願禱於天曰：吾今懷娠，若生子，官果至學士，必造輿梁以免病渡之苦也。後生子襄，以狀元及第，後出守泉州。追憶前日得免覆舟之難，促公創造此橋者，至於再三。公私計海之深極千丈，若欲築趾累石，將從何處着力，違命者累年。夫人復督責不已。一日，忽命工房吏寫文牒申報海神，公亦勉承母命，自以爲迂誕而不可必，乃命皂隸投文海濱。隸畏溺死，衆皆受責，無敢從命者。有一風皂隸出而倡言曰：吾願賫文以往。既至，即就酒肆痛飲，飲畢，酣睡於海涯，半日始醒。起視之，則文牒已易封矣。封上無他書，止一封字，乃返而呈於蔡公。拆而閲之，内一醋字在焉，翰墨如新。公夜卧轉展思之，方悟其意曰：醋字以酉配昔，神其許我以廿一日酉時興工乎。至期，潮果退舍，沙泥壅積者丈餘，潮之不至者八日，遂創建此橋。《薛氏筆語》云：閩中洛陽橋圮，發石，有刻文云：石頭若開，蔡公再來。鄞人蔡錫者，永樂癸卯舉人，入太學，仁廟以學行授兵科給事中，陞泉州知府。錫至，欲修橋，橋跨海，工難施。錫無可爲計，欲以文檄海神。忽一醉卒趨路而前曰：我能賫檄往復。乞酒飲，大醉，自没於海，若有神擎捧之者。俄而以醋字出，錫意必八月二十一酉時也。遂於是日舉工，潮旬餘不至，工遂成。語載錫本傳中，此實事也。人不知而以事附蔡端明，且以爲傳奇中戲妄之語，非也。後錫官至都御史，以才廉聞。《八閩通志》云：蔡公守泉郡，甃石爲橋。在府城東三十八都，名萬安橋，亦名洛陽。《泊宅篇》云：泉州萬安渡，水闊五里，上流接大溪，下即海也。每風潮交作，數日不可渡。蔡襄守泉州，因故基修石橋，兩岸依托山中巨石，橋岸造屋數百楹爲民居，以其僦直入公帑。三歲度一僧掌橋事，春夏大潮，水及欄際，往來者不絶，如行水上。又按《瑯琊代醉篇》云：蔡興宗，五代宋人。傳奇作蔡襄父。傳奇雖屬戲事，然使初學小生習見稔聞，誤亦不淺。襄封遼被留，襄妻在京，爲豪惡所逼，矢節自守。與《香囊》張九成妻事相似，兩人皆狀元，作者不知何意。夏得海即風皂隸也，姓名造出。萬曆間泉州知府鍾化民重修萬安橋，亦得石刻，略同蔡錫事，時以鍾爲蔡襄後身云。

又《鸞釵記》 未知何人所撰，流傳已久。中引李斯丞相築長城，謂是秦始皇時事，似太寥廓。内有《四書》題目及所作破題，的是明代人手筆。市易用銀，不用錢幣，亦起明時。明初欲專用鈔，曾禁用銀。正統時，尚書胡濙覆江西巡撫疏，以銀折漕，自後通行，而鈔漸壅。故稗官小説中，論及富民，每云有錢鈔，及家私萬貫云云，皆正統以前事也。然此劇所稱劉翰卿帶銀百兩，恰好十錠，乃宋時風氣，以十兩爲一錠。王欽若之妻，納賄四十錠，載於《宋史》，但舉錠數，不言兩數。《尋親記》中亦止言錠數，不言兩數，言錠則兩可知也。劉翰卿，四川成都府華陽縣生員，父有忠，夫婦早逝。繼母張氏，生弟翰貴，而翰卿妻嚴氏，生一子廷珍，一女玉容。有忠弟有義，離間翰卿於張，不令應試。俾往南莊收債，時值大祲，洪山谷民朱義者，將烹子以供父啖。翰卿以所收債與之，而全其子。張謂翰卿匿銀詐己，怒甚。有義爲畫策，以錫灌銀百兩，令翰卿貿易於徐州。臨别，妻嚴以鸞釵一對，與夫各分其半。比至徐州，假銀事發，幾獲重罪。徐州守周孝悌察其非罪，薄責遣還。其母復欲控官，必致於死。翰卿呼廷珍至江口，以鸞釵與之，而自投於江。適孝悌舟過，拯救入京，薦於李斯，奏往臨洮督工，授職總管。張聞翰卿沉江，則立逐嚴氏母子居南莊。而翰貴性特友愛，不直其母，持財物往貽嫂侄。嫂令子女殺鷄食之，翰貴止令毋殺。紛拏之頃，鷄血縷濡，污翰貴衫袖。嫂令留衣待浣，而翰貴獨身歸。時奉檄，三丁抽一戍邊，翰貴方行，被捉爲役夫，押赴臨洮，家人莫知也。張謂嚴母子殺翰貴，訟於官。母子三人争死。官坐嚴重辟，令其女入獄扶侍，而免廷珍之罪。張又賄朱義，令殺廷珍。義感翰卿活子之恩，以情告廷珍，勸入京鳴冤，而偕廷珍抵獄，令别其母。母乃以鸞釵與廷珍，爲永訣。時，翰貴爲役長，築城臨洮，而兄翰卿監工，適相值，乃奏其功，授郎官之職。翰卿以功，擢御史，轄四川軍民。兄弟同行至驛館，朱義扶廷珍遮道訴冤。翰卿呼詰之，則其子也，挈至成都，出嚴氏母女於獄。而繼母年老失明，悔過自怨，匍匐控官，請釋其媳罪，適遇翰卿。於是一家團聚，歡好如初。翰卿禱於天，母目復明，備言爲叔有義唆使，翰卿亦不與叔較也。此劇雖形容母、叔之惡，而兄弟妻子，孝友慈愛，有裨世教，可示勸懲，非妄作也。《築城》齣内，有晏公廟，晏公佐禹治水，後爲水神，江南州縣，往往廟祀。説白中有二句：投水屈原終是屈，殺人曾子又何曾。此宋人對句也。屈屈曾曾，皆有兩音，時以爲警聯云。

又《題門記》　一名《桃花莊》，明初舊本。載崔護題人面桃花之句於門，故曰《題門》。以其所居爲桃花莊，故又曰《桃花莊》云。所載崔護事實，出《本事詩》，已詳《桃花人面》劇中矣。其與《登樓記》頗相異，與《本事》亦微不同。又撰出王維、楚蓮香一段情迹。《本事》崔護無字，亦未言其爲官，此劇云護字長卿，現任中書舍人，與翰林王維、高士孟浩然至契，妓楚蓮香，維所厚也。三人同訪之，相挈偕遊紫陌坡。蓮香出扇索詩，維題句云：輕風細雨濕梅花，驟馬先過碧玉家。正值楚王宫裏至，門前初下七香車。遂以詩扇爲媒，與蓮香訂婚姻之約。護聞謝家莊桃花盛放，與二人别，單騎往觀。莊園主人謝確，字磐石，妻秦氏，女嬌英，婢春紅。春紅在門首看花，嬌英在門内。護得窺見，托以酒渴求漿。語言相聞，護頗留意，而嬌英已情鍾於護矣。執戟花汝石者，强劫蓮香。蓮香母女遁入謝宅，各詢姓字。蓮香爲言，崔舍人嘗與王摩詰語女相遇事。語未畢而花僕劫蓮香去。蓮香令母以維扇還維，甫入花門，西臺御史金紫章先已奏花罪惡，花、金兩人亦係撰出。承旨籍没。蓮香遂入宫侍楊貴妃。崔護逾年復至謝莊，父女皆掃墓，不獲見女，遂題門而去。女歸見詩，感疾危篤，延巫降神。婢告巫以故，巫托神語，爲其父母言之。父怒責婢，乃道崔護姓名，及上年謁漿，前月題門事。未久，女氣絶，而護復來訪，父方出治棺具。母聽婢言，令護入哭，女乃復蘇。父還，遂訂婚約。而郭子儀方討吐蕃，奏爲參軍，遂未及娶而别去。維、浩置酒餞别，維已將題門前後情景，繪成長卷，録護詩於上。浩即書春遊奇遇四字於卷首，以贈其行。是日方飲，魚朝恩遣人乞護爲母作志，護峻却之。元載遣人乞維爲父八十壽文，維又却之。兩人大怒，協謀欲害王、崔。會崔監軍得勝，而手卷偶遺戰場中，軍士拾得，聞好書畫中貴，惟朝恩，以鬻於魚。魚因與元載奏聞於朝，言護廢職閒遊，引誘民間婦女，維恣情圖畫，玷辱名門閨壼。明皇留手卷不發，俟細訪定奪。會因吐蕃掃蕩，海宇昇平，觀荷太液池，楚蓮香忽墜詩扇於地，蓋即王維所題。維嘗奉命爲宫人寫真，以扇復歸蓮香也。明皇覽而問其故。蓮香奏云：本與維有婚姻之約。又問：既與王維訂婚，魚朝恩所進手卷，有王維，復有崔護，知其事否。蓮香復細奏題門始末。明皇欲成全兩人，聞維入直翰林，夜至院中排筵奏樂，適維拉浩在院，避伏床下，呼出令誦所作詩，授以翰院待詔。問維與浩，以崔護題門及維題扇事。維、浩具以實對。明皇乃令孟浩然爲媒，以楚蓮香敕賜王維，配爲夫婦。即令王維同孟浩然爲媒，賫春遊手卷，并金帛花紅爲聘，送崔護至謝家莊成婚。崔護方奏捷抵京，遂諧配偶。

又《江天雪》　明代人所作，不知誰手。樂府《江天暮雪》之曲，流傳誦習，其來已久。演崔君瑞事，蓋本元人雜劇，改頭换面也。元楊顯之《臨江驛瀟湘秋夜雨》，其略云：張商英女翠鸞，渡淮沉舟，父女散失，崔文遠收作義女，與侄通爲婦。後通貴顯，重婚趙氏，不認翠鸞，押鸞遠徙。值秋雨淋漓，鸞不勝楚，宿臨江驛外。適商英避雨驛中，見而悉之，拘通責其罪。通亦自責，貶趙爲婢，與鸞復諧伉儷。此劇事相類，其節目，元人以秋雨，此以冬雪，完聚於江天驛，故名《江天雪》也。越州諸生鄭廷玉，少失怙恃，有妹月娘，適同里崔君瑞。君瑞得第，選金華令，崔行取入京，至虎撲嶺，遇盜，行李一空，寓孀婦王媪飯鋪。工部尚書蘇琇，吴人，崔父執也。崔别月娘，謁蘇假資，蘇乏嗣，有一愛女，欲以妻崔。崔利其資，紿以妻亡，願爲婿。蘇僕王卞諫云：崔狀非端人，性必狡猾，恐其中有詐。蘇不聽。崔知卞議己，甚銜之。適蘇奉命起官採訪使，崔覓釁責卞，卞走姑家，姑即月娘居亭孀媪也。月娘見夫久不至，嘗問卜。卜者云：明月明月，雲遮霧滅。若要相逢，江天暮雪。及卞至，告其姑云：主贅崔君瑞，曾勸阻，故痛懲我以泄恨。月娘竊聽，知夫别就婚，浼卞挈往。卞慮禍堅拒。月娘云：或有意外，當爲解紛。乃與乳媪俱詣吴門。崔觀梅鄧尉，卞引月娘先見蘇氏，蘇女知係前妻，甚相愛敬。無何崔歸，瞯月娘衣服敝垢，謂其辱己，誣蘇女云：此係黠婢，盜金出亡者。遂大詬，批其頰，加以鎖械，令卞押歸越州，行三步與一棍，示必殺之。嚴冬大雪，月娘體弱，且不勝楚。卞憐其冤，釋杻械，曲相保護。至平望江天驛，暮雪不能行，與乳媪坐驛廊，相向啼哭。初，廷玉應試，訪崔覓資斧，值崔行取在道，索晤於逆旅。崔見廷玉襤褸，秋毫不相恤。鄭與妹别，固心恨崔，及登第，尚主爲駙馬，給假省墓，適駐驛中。月娘見其旌節儀從，知爲顯官，欲聲冤，懼不敢前。乳媪代呼叫。廷玉試鞫問之，乃即其妹也。會蘇琇方採訪歸，謁廷玉，廷玉使月娘面叱，且令速歸送崔赴驛，三步一棍，視崔所加於月娘者。琇不敢拒，歸，大詬崔。崔登途，亦值風雪。廷玉使卞束崔，卞故作凌虐狀。崔至驛中，匍匐請罪。廷玉據高座，責其薄倖。月娘亦詬詈不止。廷玉至，欲以崔齒上方之劍。琇不得已，携女詣驛懇求。廷玉不從，琇復浼卞代懇。月娘念卞恩，乃語兄止不治。崔愧悔謝罪。月娘以蘇女本善相待，以妹稱之，復與崔偕老云。

又《鳳鸞鳴》 明末人作。所演雲鳳岐、竇鸞仙，乃唐人事，而官名中軍都督，乃明時始有。生、旦名字中有鳳、鸞字，故曰《鳳鸞鳴》。所引唐相裴延齡、諫議大夫陽城，及回紇犯邊，皆係假托。《唐書》列傳亦無雲鳳岐、竇嵩年，楊大春名。略云：雲鳳岐，西魯雲中人，御史大夫雲九如之子。幼失怙恃，與表叔司空竇嵩年女鸞仙，曾指腹爲婚。鸞仙母黄氏早亡，乳母文媪撫養之，聰慧工翰墨。鳳岐往謁嵩年，留寓梅花書屋，課舉業以待試期。鸞仙獨步在園中遊覽，遇鳳岐，詭云侍婢紈香採花，以扇頭落梅詞調寄《浣溪紗》者，屬鳳岐和。鳳岐即次其韻。鸞仙詞云：幾點遺鈿入曉窗，小階夢冷怯清霜，鏡奩低照壽陽妝。和月飄來簾影静，因風飛去草痕香，玉簫吹徹夜昏黄。鳳岐和云：約略西風逗瑣窗，飛鈿猶帶紛痕霜，玉臺春曉不成妝。雨綫霏微添砌冷，烟絲淡蕩拂泥香，江妃腸斷蝶衣黄。有諫議大夫楊大春，裴延齡之黨也，求婚於竇。嵩年毁其名帖，呵叱之。遂銜恨，與幫閒刁惠懷謀。刁係竇尚書之僕，以罪遣者，爲之畫策。時，韓愈上《佛骨表》，謫貶潮州。楊乃寄書延齡云：鳳岐與韓一黨。延齡果遣人緝鳳岐，發配隴西。初，鳳岐寓梅花屋時，爲竇督課甚嚴，命僕霜鍔，代往年伯陽城處祝五旬壽誕，以霜鍔貌與己相似也。歸值試期，辭竇行。至永安界，暮宿九天元女廟，護法伽藍奉元女敕，變化道人，指示鳳岐避神櫃中，免捕獲之難。霜鍔乃僞作鳳岐，自首投到。鳳岐感其意，結爲兄弟而别。霜鍔隨解人往隴西，嵩年寄書陽城，欲參延齡，誤投大春處。大春告於延齡，延齡大怒。是時，回紇犯邊，遂薦陽城征討以陷之。鳳岐至陽城家，詭云霜鍔，因寄迹焉。而嵩年被延齡參，下獄。緹騎取鸞仙入宫，其婢紈香，與鸞仙貌相似，慨然代往。霜鍔之發配隴西也，夜宿九天元女神廟，夢授九轉槍法，且與揮邪寳劍。適陽城爲回紇戰敗，霜鍔救之，并擒回紇，班師歸第。鳳岐晤霜鍔，始向陽城述代主之事。奏聞於朝，授霜鍔中軍都督之職。初，文媪偕鸞仙避難南安，與陽城私第相近，忽遇鳳岐，不敢相認。楊大春命刁惠懷入獄殺竇嵩年，爲竇所擒，其劍有楊大春名，事聞於朝，交刑部問罪。紈香亦於宫中奏明枉罪之由。帝命陽城、霜鍔廷鞫，曲直洞然。嵩年以原官起用，女鸞仙送歸私第，延齡革職，大春脊杖充軍，惠懷處斬。帝復召雲鳳岐，面試落梅〔浣溪紗〕詞，因紈香在宫中，曾代宓妃作此。鳳岐即寫前和鸞仙詞呈覽。帝大悦，擢授狀元及第。鳳岐憶在陽城居側，曾遇鸞仙，亟往迎歸。上聞於朝，鸞仙、紈香并封一品夫人，配鳳岐，命有司建雙義坊，表揚其事云。按《裴延齡傳》：河中河東人，德宗用參輔政，陸贄極論其譎妄不可任。帝以爲排媢，愈益厚延齡。延齡恃得君，謂必輔政，少所降下，至嫚駡邇臣，時人側目，屬疾卧第，載度支官物輸之家，無敢言。帝念之，使者日三輩往。死年六十九，人語以相安，唯帝悼不已，贈太子太傅上柱國。元和中，有司謚曰繆。《陽城傳》：城，字亢宗，定州北平人。陝虢觀察使李泌薦諸朝，詔以著作佐郎召，使參軍事。韓傑奉詔至其家，城封還詔，自稱老憊。泌不敢强。及爲宰相，又言之德宗，召拜右諫議大夫。裴延齡誣逐陸贄、張滂、李充等，帝怒甚，無敢言。城聞曰：吾諫官，不可令天子殺無罪大臣。乃約拾遺王仲舒、守延英閤上疏，極論延齡罪。慷慨引誼，申直贄等，累日不止，聞者寒懼。城愈勵。帝大怒，召宰相抵城罪。順宗爲開救，良久得免。敕宰相諭遣，然帝意不已，欲遂相延齡。城顯語曰：延齡爲相，吾當取白麻壞之。哭於廷。帝不相延齡，城力也。《回紇傳》：俗多乘高輪車，元魏時亦號高車部。或曰敕勒，訛爲鐵勒，其部落曰袁紇、薛延陀、契苾、羽都播、骨利幹、多覽葛、僕骨、拔野古、同羅、渾思結、斛薛、奚結、阿跌、白霫，凡十五種，皆散處磧北。袁紇者，亦曰烏護，曰烏紇，至隋曰韋紇。大業中，并僕骨、同羅、拔野古，自稱回紇。貞觀三年始來朝。天寳初，裴羅與葛邏禄，自稱左右葉護，助拔悉密，擊走烏蘇可汗。後三年，襲破拔悉密，斬頡跌伊施可汗，遣使上狀。天子以爲奉義王，南居突厥故地，徙牙烏德鞬山昆河之間，南距西城千七百里。西城，漢高闕塞也，北盡磧口三百里，悉有九姓地。九姓者，曰藥羅葛，曰胡咄葛，曰啒羅勿，曰貊歌息訖，曰阿勿嘀，曰葛薩，曰斛嗢素，曰藥勿葛，曰奚邪勿。藥羅葛，回紇姓也。肅宗即位，使者來請助討禄山。乾元元年，請昏。許之，帝以幼女寧國公主下嫁。德宗時，因李泌奏，詔咸安公主下嫁。可汗請易回紇曰回鶻，言捷鷙猶鶻然。

又《桃花𦉼》 明末人作。演衛石、霍霎雲事，悲歡離合，皆以桃花𦉼爲關目。其事正史無所考，中間引入王越，則是成化間故實，借威寧海事以生色耳。略云：衛石，字無言，本貫北平人。父太虚，爲延平太守，愛閩地山川，卜家將樂邑，早赴玉樓。母亦棄世，家業凋零，訓蒙糊口。父存日，曾與霍觀察聯姻，以桃花𦉼爲聘物。岳翁已亡，岳母時氏壽誕，石預支束脩三錢，製壽詩一幅往祝。時氏嫌石貧，有悔親意。其弟大宜，考職縣佐，亦來祝壽。時氏因以桃花㲼與弟。女鬘雲探知母意，乃僞作青衣愛雲，潛出見生，私贈釵環首飾衣服，以固其心。石歸館舍，一日大雪中，望見一人逾山而來，步履健捷，知非常人，留叙荒齋。詢其姓名，則高密侯禹之後裔，曰鄧玉，字伯扶。於天台山括蒼洞，皈依妙手空空兒，精通劍術，年甫十八。衛石年十七，遂結金石之誼焉。大宜選延平二尹，置酒召親鄰。石與飲，甫就席揖遜，而席上桃花㲼，爲劍客張處道用隱身法竊去。處道者，亦空空兒弟子，與鄧玉同學，其性狡猾，師固心識其必墮落也。大宜疑石竊此㲼，告於縣令監禁之。大宜旋携姊及甥女鬘雲赴任去，囹圄稍寬，石得讀書不廢。延平府理刑卞志和，奉巡按之命，至將樂縣中查監，嘉石身居縲絏，志存詩書，釋放寧家。志和事畢赴省，石往叩謁，細詢始末，知是同年之子，因己乏嗣，即認爲子，改名卞志石。應試聯捷，授職行人。是時，威寧伯王越，字世昌，大名濬縣人，鎮守兩廣，官太子太保兵部尚書兼都察院左都御史。鄧玉往獻平蠻策，大喜，命假扮磨刀漢，至金剛洞，探土蠻金剛洞主，山川形勢，士馬强弱。而處道亦往見洞主，以桃花㲼進之，自稱妙手空空兒命來輔佐。鄧玉自蠻中歸報，值越雪中夜宴，解貂裘衣之，賜侍兒碧綃爲妻室。金剛洞主千花，遣處道與其子掠天太歲侵掠兩廣，抵羅平關。時，大宜被擒，獻鬘雲與土蠻子。鬘雲拒不從，而鄧玉大兵驟入關，掠天被擒，知鬘雲良家女子，寄之竹林庵。處道復隱身入玉營行刺，被擒正法。碧綃路過竹林庵，遇鬘雲，詳述前後事，允爲尋訪衛石。而玉縱掠天歸，偕千花洞主來降，獻桃花㲼，玉以獻於王越。適衛石賫詔，賜越金書鐵券。越款石，見桃花㲼，傷感泣下。越詢始末，即以此㲼送之。碧綃與玉已備述衛石、鬘雲之事，石來謁，始知改姓之由。玉又言霍夫人已從竹林庵迎歸，即爲成就良緣。花燭之夜，石疑妻爲侍婢，鬘雲云：鬘字分開，即是愛雲二字，昔日耻於自獻耳。衛石入京復命，鄧玉辭榮入道，設酒於長亭，别石夫婦，舞劍化去。按錢謙益《列朝詩序》云：王越，字世昌，濬縣人。景泰二年進士。廷試日，旋風掣其卷揚去，逾年，高麗貢使携以上進，占者曰：此封侯萬里之徵也。天順中，以御史超拜右副都御史，巡撫大同，進太子太保、兵部尚書。成化十六年，偕汪直、朱永出塞，大破北寇於威寧海，封威寧伯。十七年，佩征西前將軍印，鎮大同、延綏，直敗奪封，編管安陸。弘治七年，年七十二，起總制寧夏甘凉，經略哈密，復大破敵於賀蘭山，加少保兼太子太傅。卒贈太傅，謚襄敏。越姿表英邁，歷西北諸鎮，身經百十餘戰，出意制勝，動有成算。在延鎮時，夜雪張燈，豪飲氈帳中，小校偵敵事者刺報甚悉。越喜，以金甌酌酒，坐而飲之，已即以金甌與之。校得賞，益暢其所欲言。越大喜，指女伎尤麗者謂曰：若無妻乎，以此予汝。紅鹽池之役，半夜襲敵，以逆風往返，敵不爲備，以其得向導之力也。

又《郵亭記》 此卷曰《陶秀實郵亭記》。記陶穀使南唐遇秦弱蘭於館驛，作《風光好》詞，有祇得郵亭一夜眠句，又合雪水煎茶事，以爲冬景故實，用備四景之一。陶穀奉使南唐，南唐中書侍郎韓熙載，聞其所經歷之地，詞色毅然，人莫可犯。熙載設計，令妓女秦弱蘭，僞爲驛卒之女，暮夜掃亭。穀留與狎。弱蘭求得《風光好》詞，熙載置酒宴穀，命弱蘭歌此詞以侑酒。穀頗靦覥，不别熙載，冒雪徑回。時，党太尉進，令党姬侍酒賞雪，爲姬所嘲，心默銜之。會穀歸詣進，留飲，談及郵亭一事，進知穀有風情，即命党姬出拜勸酒。酒罷，以姬贈穀，穀回家，命琴童以雪水烹茶，與姬同啜。而秦弱蘭以鸞膠續斷之句，買舟冒雪特造陶齋，穀遂并納爲姬侍。啜雪水之茶，飲羊羔之酒，爲風流韻事云。按秦弱蘭事迹，已詳元人《風光好》雜劇内，但穀使南唐，尚是周時，元劇與此，皆曰宋太祖時，此小異也。《宋史》云穀邠州人。元劇云李主托疾不見，留穀於館驛，僞相齊丘，命韓熙載至驛，察穀動静。穀題川中狗，百姓眼，馬撲兒，公厨飯十二字於壁。熙載解出獨眠孤館四字，遂使弱蘭誘之。此《記》不取此説，蓋直據《本事》而作也。弱蘭僞爲驛卒女，此《記》從其實，元劇以爲驛卒之孀妻，於陶更欠周旋矣。宋齊丘亦應在前，與陶穀不相值。此《記》不及齊丘爲是。弱蘭姊秦天桃是此《記》添出，非實事。元劇云陶穀因秦弱蘭事，不可留南唐，又無顔歸宋，遂往依吴越王錢俶。曹彬下江南收李煜，弱蘭逸出，吴越得之，貯於别室。大會賓客於湖山堂，令弱蘭於衆中自認，遂得重合。吴越王朝京，奏復穀官，與弱蘭爲夫婦。此《記》無此轉折，而云弱蘭自來覓陶，亦是添出，非事實。又宋人雜説中，有言陶穀出使遇妓，本是使吴越時事，故元劇兩相牽引。此《記》無此轉折，而白中乃云錢塘驛，則又是暗指吴越也。党進醉飽摩腹，曰：吾不負汝。其姬曰：將軍不負腹，恨腹負將軍，不能出少智慧也。此是一事。陶穀得党進之姬，嚴冬雪水烹茶，謂曰：太尉當此時若何。曰：但於銷金帳中，淺斟低唱，飲羊羔美酒耳。又是一事。此《記》合兩事爲一。又以爲進贈穀以姬，蓋亦巧於綴合也。又党進嘗使畫工寫真，閲之而怒曰：畫虎尚須一雙金眼睛，我獨無有耶。令添畫眶金於上。《記》中云：人皆謂我目光如電，望之若神。蓋本此耳。陶穀，字秀實，邠州新平人，本姓唐，避晋祖諱改焉。周世宗時爲翰林學士，宋初轉禮部尚書，翰林承旨。强記嗜學，博通經史，諸子佛老，咸所總覽。多蓄法書名畫，善隸書。爲人雋辨宏博，見後學有文采者，必極言以譽之。党進，朔州馬邑人。開寶二年，太祖師臨晋陽，太原驍將楊業，領突騎數百來犯。進奮身從數人逐業，業急入隍中，會援兵至，緣縋入城獲免。上激賞之。九年，命將河東行營兵，征太原，入其境，敗太原軍於城北。太平興國二年，爲忠武軍節度，在鎮歲餘卒，贈侍中。進出戎行，容貌魁岸，居常恂恂，每擐甲胄，毛髮皆竪。

又《完璧記》　不知作者姓名，所演以相如完璧歸趙爲主，而附以秦王鼓缶、廉頗負荆二事。其添飾關目，有模仿《琵琶》及《香囊》、《四喜》等情節者，大約出諸本之後。《史記廉頗藺相如傳》：廉頗者，趙之良將也，拜爲上卿，以勇氣聞於諸侯。藺相如，趙人也，爲宦者令繆賢舍人。趙惠文王時，得楚和氏璧，秦昭王聞之，使人遺趙王書，願以十五城易璧。趙王與大將軍廉頗諸大臣謀。計未定，求報秦者，繆賢薦相如勇士有智謀，可使。王召問之，曰：臣願奉璧往使，城入趙而璧留秦，城不入，臣請完璧歸趙。相如奉璧入秦，秦王無意償城，相如復取璧欲以擊柱。秦王召有司，按圖，以十五都入趙。相如度秦王特佯爲予趙，決負約不償城，乃使其從者懷璧，從徑道亡，歸璧於趙。趙王拜相如爲上大夫。秦王使使者告趙王，欲與王爲好會於西河外澠池。趙王行，相如從，廉頗送至境。秦王飲酒酣，曰：寡人聞趙王好音，請奏瑟。趙王鼓瑟，秦御史書曰：某年月日，秦王與趙王會飲，令趙王鼓瑟。相如前曰：趙王聞秦王善爲秦聲，請奉盆缻。秦王怒不許。相如進缻曰：五步之内，請得以頸血濺大王矣。秦王不懌，爲一擊缻。相如召趙御史書曰：某年月日，秦王爲趙王擊缻。秦王竟酒，終不能加勝於趙。趙亦盛設兵以待秦，秦不敢動。既罷歸國，以相如功大，拜爲上卿，位在廉頗之右。廉頗曰：我有攻城野戰之功，而相如徒以口舌之勞，位居我上，吾羞爲之下。宣言曰：我見相如必辱之。相如出，望見廉頗，引車避匿。舍人相與諫，請辭去。相如曰：公視廉將軍孰與秦王。曰：不若也。相如曰：夫以秦王之威，而相如廷叱之，辱其群臣，相如雖駑，獨畏廉將軍哉。顧强秦之不敢加兵於趙者，徒以吾兩人在也。今兩虎共鬬，其勢不俱生。吾所以爲此者，以先國家之急而後私仇也。廉頗聞之，肉袒負荆，因賓客至相如門謝罪，曰：鄙賤之人，不知將軍寬之至也。相與歡，爲刎頸之交。《傳》云：秦昭王使人遺趙王書，劇以涇陽君賫詔實之。白起、王翦、王齕、婁緩、李牧，皆添出。秦惠王時，韓魏太子來朝，武王時，韓、魏、齊、楚、越皆賓從。劇中諸國世子進貢，本此。

又《蘆花記》　係明初舊本，不知作者何人。葉盛《水東日記》，彼時已有《繼母大賢》等劇，盛係正統、景泰間人，其傳久矣。閔子騫事在二十四孝中，婦孺皆悉，因有蘆花背上寒之句，故取爲名。據舊説，閔損，字子騫，魯人，孔子弟子，性至孝。父娶繼母生二子，子騫上事父母，下順兄弟，人無間言。值嚴冬，繼母以木棉絮襖衣己二子，而以蘆花爲絮衣子騫。紿其父云皆用棉，父不知也。一日，父命子騫御車，寒不能前，怒而笞之。子騫受責，終不明言。父謂爾衣甚厚，何故云冷。繼母亦含糊應之。父後疑有他故，拆衣視之，悲憤欲出繼母。子騫跽父留之，父猶不允。子騫哭云：母在一子寒，母去三子單。父遂留母。母亦感悟，篤愛子騫。群盗過其邑，重子騫孝行，不敢擾。子騫勸以歸正，盗皆擲戈返耕。季氏召爲費宰，子騫屬使者善辭。去之汶水上，欲北如齊，居家曲盡孝友，故夫子稱其德行，列於顔淵之次。此劇據實事敷演，稍加增飾，勉人盡倫，有裨世道，非無益之詞比。韓愈詩：父兮兒寒，母兮兒飢。兒罪當笞，逐兒何爲。又曰：母生衆兒，有母憐之。獨無母者，其能不悲。蓋指此也。《白帖》：閔子騫兄弟二人，母喪，父更娶，復有二人。後母以蘆花爲絮衣子騫。子騫爲父御車失轡，父持其手，衣甚單，歸持後妻兒手，衣甚温，謂其婦欺己，去之。子騫曰：母在一子單，母去四子寒。父默然。劇因增出子騫弟名曰閔權、閔華。言子騫父往南莊，以子騫囑繼母，子騫性喜讀書，而母使子騫南園種麥，備極艱苦，又使其妻擔水績麻，晝夜不息。弟權輒私代騫耕鋤，權妻又極力保護子騫之妻，而母怒不已，使子騫於雪中衣蘆絮之衣，推車迎父還家，密遣傭工趙彪於路要殺。權妻告其夫，趣令往救。權方力扼趙彪，而其車在山中，爲盗柳展雄所知，擒二人至山，欲加殺害。兄弟争死，雄感其義，大悟己非，釋去二人，率衆降魯。顔路與子騫父爲異姓兄弟，察其繼妻之虐長子，以告子騫之父，而幼弟華亦以兄苦況述於父知之，父即作休書逐妻。於是子騫夫婦及權夫婦，皆痛哭流涕，乞留其母。母乃得留，爲子騫孝所感，愛如己出。而展雄奏聞魯君，賜子騫爵禄云。按母無謀殺子騫事，蓋欲揚子騫之美而甚言之也。《莊子》載柳跖遇孔子事，因點綴作遇子騫；其弟欲代騫命，又影借衛伋壽及趙孝、趙禮兄弟事。

又《青袍記》 係明時舊本，不知誰作。凡演梁灝事者有數種，此劇空中飄女於望仙樓上，與《題塔記》相同，而關目又各别。取名青袍者，言灝以青袍覆女也。略言：梁灝少年奉母，本係文曲星謫降。一日，雷神奉符擊衆仙，四蓬頭等皆覓地躲避。而純陽吕洞賓化爲粒粟，避於灝之指甲中，獲免雷擊。感激相庇，攝一美女爲妻以報之。女名玉梅，其父薛瓊，四川成都人，除授東平刺史，舟泊州之界口。灝遵母命，讀書望仙樓上。月夜將半，洞賓遣柳樹精起大風，吹女至樓。女之上體無衣，灝以青袍蓋覆，負歸送母室。明早，使其二友白於刺史。薛與妻陳氏大喜，遂以女嫁灝。越三年，瓊遷廣東兵憲。灝是科發解，生子名固，旋因五季危亂，隱居不出。其後宋室太平，固亦年長。灝中會元，與固同登甲第，而固擢狀元，灝爲探花，其受業韓琦爲榜眼。灝不願居子與門人之後，抗辭不與傳臚。旨令每科殿試，其後與孫棟同中，灝榜眼，棟探花。又辭不與傳臚，直至八十二歲，與曾孫同售，始中狀元。灝母高年，因洞賓感灝之庇，贈仙丹一粒服之，故逾百歲無恙，四代子孫，并登高第，晝錦歸里，各奉誥命，以祝壽筵，備人間之樂事云。劇中所用官名，皆是明時制度居多，白云：孫名梁棟，曾孫名梁材，梁材正德間進士，官至户部尚書，世宗時名臣也，或借此寓意。又云：灝兩次自求不與名第，遂一次拔二甲一名爲探花，一次拔二甲一名爲榜眼。按宋仁宗時，王安石爲第一，以策中孺子其朋四字不佳，被駁。韓絳第二，又以現任官不宜居首。王珪第三，亦與絳同。乃拔二甲一名楊寘爲狀元，而安石翻作第四。此宋朝故事，劇與暗合者也。《釋氏稽古略》：《國清寺記》碑刻云：豐干托迹天台山國清寺，庵於藏殿西北隅。乘一虎，遊松徑，見一子可年十歲，扣之，無家無姓。師引之歸寺，養於厨所，號曰拾得。有一貧士從寒巖來，曰寒山子，三人相得歡甚。閭丘太守問豐干所從來，曰：天台國清。曰：彼有賢達否。干曰：寒山文殊，拾得普賢，宜就見之。閭丘到寺訪豐干，謁二大士拜之。二士走曰：豐干饒舌，彌陀不識，禮我何爲。遁入巖穴，其穴自合。寒、拾有詩，散題山林間，寺僧集之成卷，版行於世。

又《十義記》 明時舊本，不知何人所作。憑空結撰，無可證據。男女共十人，皆仗義救韓朋夫婦，故以爲名，蓋因古有八義，擴爲十義也。略云：關中諸生韓朋、韓福，與同里鄭田、李昌國爲友。黄巢寇關中，掠美女，聞朋妻李翠雲容貌艷麗，令點媪説朋，朋詬之。巢怒，遣裨將張義逮朋一家。義乃朋舊僕，不忍擒，遂自刎，縱朋遠遁。巢復追及之。韓福紿爲兄，令朋遠走。巢殺福，欲污翠雲，拒以懷娠，巢猶强之，雲遂截髮毁容。巢怒繫於獄。巢妻憫其節，囑獄卒善待之。及將分娩，獄卒妻憐其苦，留於家。生一子，名曰困英，欲匿無所。李昌國、鄭田心慕程嬰、杵臼事，李爲匿其子，挈家遁走湖州德清，依同姓李國仁以居。國仁夫婦耆年乏嗣，遂撫困英，名之曰泰。巢憤雲不從，以賞其部卒馮獻。獻重雲節，贈以資斧，令逃出關，投白雲庵母姨處爲尼，改名志真。獻耻事巢，遂赴水斃。朋之亡走也，抵姑蘇，投長者柳子安爲塾師。久之，鬢髮班白，欲覓妻子音耗，辭柳，易道妝往函谷。而泰已長成，試文武皆第一，授函關節度使。迎昌國之任，贈以封典，辭不受，而容戚然。方欲問其故，適朋詣轅門唱道情，泰令歌之以解父悶。昌國視其貌類朋，詢，果是。抱持痛哭，各叙始末。俾泰認其父，雲在尼庵，爲無賴子所侮，訟於泰。細鞫之，乃其母也，迎入署，與朋訴離别。泰復奏請誅巢，詔命李存孝同討，遂擒巢，磔於市。以父冤奏，旌奬授職。按古有韓朋，又名韓憑，世所傳青陵臺事，夫婦化爲蛺蝶者，即其人也。劇以韓、李夫婦篤於義烈，寧死不忍離析，故借用其名耳。黄巢、李存孝，亦不過隨意點入，非必其時其事也。

又《和戎記》 係明人舊曲，作者無可考。劇中云：漢帝欲以王嬙爲后，使毛延壽圖其貌。嬙乃自爲圖，延壽以不得金，故毁損之以進。帝疏之，久不見御。會帝閒行後宫，聞有彈琴者，問之乃王嬙也。因召見之，至則光輝動人，即册爲后，使人誅毛延壽。延壽聞之，乃藏其原圖，潛走匈奴，獻於單于，教其指圖索取。漢以宫人蕭善音者，代昭君出降。延壽復言於單于，單于復出師侵伐。漢帝不得已許之。嬙至塞外，請先誅毛延壽，乃入。單于即殺延壽，嬙自投烏江以死。因夢見漢帝，復取其妹王秀真云。按劇中所演多憑空撮撰，考之《漢書》云：竟寧元年，單于自言願婿漢氏以自親。元帝以後宮良家子王嬙，字昭君，賜單于。《後漢書》又云：昭君字嬙，南郡人。元帝時以良家子選入掖庭，時呼韓邪來朝，帝敕以宮女五人賜之。昭君入宮數歲，不得見御，積悲怨，乃請掖庭令求行。呼韓邪臨辭大會，帝召五女示之。昭君豐容靚飾，光明漢宮，顧景裴回，竦動左右。帝見大驚，意欲留之，而重失信，遂與匈奴。《西京雜記》又云：元帝使畫工圖宮人，皆賂畫工，而昭君獨不賂，乃惡圖之。既行，遂誅毛延壽。《琴操》又云：本齊國王穰女，端正閒麗，未嘗窺看門户。穰以其異，人求之不與。年十七，進之。帝以地遠不幸，欲賜單于美人。嬙對使者越席請往，後不妻其子，吞藥而卒。雖其事雜出，無所考正，要之，嬙不過一宮人，未嘗爲后。果爲后，焉得復以與敵。元帝時匈奴已不競，故願婿漢氏，烏有按圖索取之事。至被圍而出蕭善音以求退兵，此尤悖謬者。毛延壽遁走塞外，及復取王嬙之妹，皆無所據。嬙自投烏江以死，則作者欲加之美名，故曲爲之説也。

又《羅帕記》 係明時舊本，秦淮墨客重校。憑空結撰，始以羅帕構禍，後因以團圓，故用爲名。略云：王可居，湖廣漢陽人。父伸，禮部郎中，早背，母焦氏，娶侍郎康柱璞女淑貞爲室。王已中解元，值母誕，康遣差官姜雄饋賀儀。王見雄無禮，夫婦面叱之。雄故傲狠，不屑居人下，恚甚。淑貞偶遺羅帕，雄袖之去，欲乘機陷之。遂投賊沈良，與立文約，許爲内應。詣武昌知府陳崇首效力，陳睹雄偉貌，授以先鋒，令討良。雄乃背良約，紿良劫營，擊敗之。良遁水洞中，雄得官漢陽守備，乃謬寫情書，裹羅帕中，屬妓李三爲情人遺淑貞者，故令可居見。不得已而投之，可居怒甚，立休淑貞歸。父邀可居詢其故，亦以爲真，逼女自盡。母度女有冤，遣僕送避外戚家，而令乳嫗醉李三，欲鉤其實情。李初意得姜賄，俾二人夫妻反目而已，見女被逼殺亦悔，醉後真情盡吐。父母聞之，方欲追女還，而女方懷妊，中夜躑躅於途中。趙元壇遣黑虎攝至山東王佛兒家，王異之，留爲義女。父母追女不得，皆大悔恨。可居亦愧甚，願事岳母如母。康夫人遂接可居母同居。而姜雄聞之，恐及禍，復誣柱璞與可居通沈良，奏於朝。詔下有司逮捕。知府崇首知其冤，潛縱二人去，變易姓名，匿翰林邢繼恩家。夫人與可居母遠投尼庵，暫寄棲息。淑貞在王宅産一子，王夫婦高年甚珍愛。稍長就塾，取名邦濟，淑貞嚴課之，才學甚富，遣試京師。可居潛邢氏垂二十年，嘗有神給主人女試之，正色堅拒。久之，見事已息，辭璞入京就試，與邦濟俱雋。邦濟擢大魁，授河南參政，可居授河南副使。會宴時，可居遺帕於地，邦濟之僕拾之，以呈淑貞。淑貞大驚異，爲子述其始末。邦濟慰母，緩訪踪迹，當自得也。可居偕璞赴任，爲良所掠，言已乃命官，且告當日姜雄誣陷之情。良遂釋可居，還其符信。俟到任之日，即納款降。邦濟之官，途中進香，淑貞已於尼庵會母姑，遂并迎之任，時奉上臺令，使姜雄拒良。可居與雄賭能招良納款，比往，良果卸甲。可居乃奏雄失機及誣陷事，詔治雄罪。邦濟置酒賀可居，詢其向日踪迹，淑貞簾内覘之，果其夫也，出羅帕示之。邦濟始獲拜其父及其外祖云。

又《全忠孝》 又名《龍泉劍》，明時舊本，未知誰作。所演楊鵬、楊鳳事，憑空結撰，以楊鵬兄弟報國爲忠，兩人妻事親爲孝也。其父以龍泉寶劍與二子鵬、鳳，故名《龍泉劍》。略云：楊夔，字虞臣，唐楊綰後，原籍青陽郡。永平間，夔在襁褓，隨父吏部侍郎毅，徙家平江路嘉定州。夔官諫議大夫，年七旬，歸林下。夫人早逝。子二人，長鵬，字九萬，娶趙氏；次鳳，字九苞，娶錢氏。鵬習文，鳳習武。從師曰孫弘任，文武兼通。同窗畢魁、胡説，皆赤貧。鵬、鳳告於父，以姑女妻魁，又時時濟説之乏。州舉鵬、鳳赴公車，鵬試文場第一，鳳試武場第一，皆擢大魁。契丹降臣辣都謨爲宋右丞相，與鵬、鳳會飲，演院本《李林甫》劇，都謨疑訕己，遂與之有隙。鵬、鳳歸省親，適契丹廣道王擾邊，都謨薦鵬爲交州刺史，鳳爲韓州刺史，欲陷之。二人以其謀告父，父言處邊地正可揚名立節，報國厚恩，宜速携家抵任。乃以龍泉劍二口與之，使各佩其一。二人遂之任，鵬遇契丹兵，使妻匿草中避之，挺身述官爵，遂被擒。鳳力退番兵，其妻亦失散，妯娌遇於途，偕至青陽鎮，宿土神廟。神化白猿，引投楊中員外。中妻汲水，見二女告遇難之故，挈歸家見中。中問其夫家之姓，檢視家譜，則夔係其堂兄，二人係其侄婦也，遂留居焉。契丹説鵬降，鵬守節不屈，且説契丹，令早納款。夔知子被拘，度其不辱，胡説謁夔，因許入契丹探鵬，索夔家書，詣契丹帳，與鵬相會，亦被拘。夔復修書，遣僕詣韓州，令鳳救其兄。鳳引兵與契丹遇，契丹自揣不敵，願束手降。鵬、説并歸。詔納契丹降，陞鵬禮部尚書，鳳爲兵部侍郎，兄弟皆給假省親。初，鵬、鳳妻居楊中家，乏薪水費，出龍泉劍使老嫗鬻之。黠徒秦紀，留劍指爲回聘之物，欲占二女爲妻。二人與争，控於青陽衛指揮。其指揮使即畢魁也，魁本軍籍襲父職，故得此任。研問之次，得二女口供，知即妻之表嫂，乃痛治秦紀，令妻送二女歸嘉定，親詣京師，奏夔一門忠孝。即令魁賫詔至夔所，封夔爲吳興郡公，妻贈夫人，鵬弘農郡公，鳳祁川郡公，二妻皆郡夫人。按宋時無永平年號，亦無青陽郡，亦無韓州，亦無契丹降將爲宋相者，惟郭藥師曾降宋，亦未嘗爲宋相也。交州即交阯，地與契丹相去遼絶。平江路則又元時之名，中間所居地名，言在沈周鄰近，蓋正德以後人所作。

又《三元記》 明初人作。所演馮京父事。京少年中三元，官至參知政事。宋時連舉三元者王曾、宋郊、馮京，當時有不愧科名之目。孫何、楊寘，或以爲三元，或以爲非也。後世艷稱科目之盛，以爲必有陰德致之，故舉厚德卓行，悉歸京父，不盡實也。《京傳》不載父名及其行事。姚庭若《不可録》曰：馮京之父壯歲無子，其妻與銀數錠曰：君未有子，可爲置妾之資。至京師，問牙婆，引一女來，立契償銀訖。牙婆去，公問女之所由，女涕泣不言。固問之，女曰：父爲官，綱運欠折，鬻妾賠償。馮惻然不忍犯，即呼牙婆遣女還父，不索原銀。女泣拜而去。馮歸，妻問妾安在，馮以實告。妻曰：君用心如此，何患無子。居數月，妻有娠，里人皆見鼓吹喧闐，迎狀元至馮家。是夕生京，鄉會殿皆第一。略云：馮商，字民末，湖廣江夏人。家素封，慷慨好施，行善惟恐不及。中年無子，大雪中，假貸者絡繹，商賑恤無倦。里人王以德，被誣坐贜二十兩，繫獄，其妻願鬻身爲婢妾，以償夫贜。商愀然，以銀贈之，以德免辟刺配，送其妻來。商還券，且助行資，夫婦得偕往配所。商赴京貿易，妻金氏出白金數笏，囑置妾。商至京，買得運使張祖之女，以損官糧繫獄，賣女償之。商立送女還。祖老而無子，方痛女遠離，及女還，感入骨髓。適富鄭公喪偶，祖遂以女嫁焉。商歲暮歸，道經河南投宿，而逆旅主人則王以德也，感商恩，囑妻侍枕席。商曰：此非報我，乃喪我名節也。堅拒之。門已鎖，商危坐不寐，書四句云：美色人人好，皇天不可欺。我不淫人婦，人不淫我妻。天未明而去。有趙甲者，在京賣藥，三年獲利歸，遺銀於客店。商入店得銀，坐而待之。甲歸始覺，家負官糧待償不得，一家盡不欲生。甲奔至店，則商方坐待，出原物還之。商在道復有失馬者，認商馬，面唾商，拽馬去。商不與辨。失馬者歸，得己馬，乃歸馬而謝商。商累積陰功，上感帝心，命文曲星降生爲商子，而以織女星降於富鄭公家爲商媳。商妻生子京，里人并見室中鼓樂，送狀元至馮家。年十八，連掇三元。鄭公以京生年月日皆與女合，許配爲室。京衣錦省親，擇吉成婚。商夫婦皆受封誥，壽登耄耋。《宋史·馮京傳》：京字當世，少雋邁不群，舉進士，自鄉舉禮部以至廷試皆第一。時猶未娶。又云：試知制誥，避婦父富弼當國嫌，拜龍圖閣待制，知揚州。《唐宋叢書》：馬涓父中年無子，買一妾極姝麗，每理髮必引避，如沮喪狀。公怪問之，曰：妾父某官，不幸亡。去家甚遠，無力歸去，故賣妾。今服未除，約髮者實麻帛，不欲公見耳。公惻然，即日訪其母還之，且厚資助。是夕，夢一羽衣曰：天賜爾子，慶長涓涓。果生一子，因以涓名。及長，魁太學，鄉薦廷試皆第一。又《不可録》云：太倉吏員顧某，凡送迎官府，主城外賣餅江某家。後餅家被仇噬盜，顧集衆訴其冤，得釋。江有女年十七，卜日送顧所，曰：感公之德，願以此女爲妾。顧使妻具禮送歸，父又携往，卒不受。餅家乃以女他適。後數年，顧考滿赴京，撥韓侍郎門下辦事。一日，侍郎他往，顧偶坐宅門首，夫人見而問之，顧跪伏不敢仰視。夫人曰：起，起，公非太倉顧提控乎。我即賣餅家女也，嫁爲相公側室，尋繼正房。今日富貴，秋毫皆公賜也。每恨無由報德，今幸相逢，當爲相公言之。侍郎歸，備陳始末。侍郎曰：仁人也。竟上其事，孝宗稱嘆，即用爲禮部主事。又《不可録》云：餘干陳生善醫，有貧人病怯幾危，陳治之痊。後薄暮過其家，因留宿，其姑與婦議令伴宿以報恩。陳亦心動，隨力制之曰：不可。婦强之。陳連呼曰：不可，不可。後幾不能自持，又大呼曰：不可二字最難。迄明乃去。後陳子入試，主者棄其文，忽聞呼曰：不可。挑燈復閱，再棄之，又聞連呼曰：不可，不可。最後又閱，决意去之，忽聞大聲曰：不可二字最難。主者因録之榜後。房師問其子，子歸語父，父乃言之，後其子成進士。

又《兩生天》 又名《一文錢》，不知何人所作。演盧至、龐蘊兩人事，盧至見《四大痴》中，龐蘊事，即《元人百種》中《龐居士誤放來生債》也。此以兩劇合而爲一，而中間關目事迹，又與前兩劇大同小異，兩人皆以帝釋點化證果，故謂之《兩生天》，以至發端，故又名《一文錢》也。據云：西安盧至，襄陽龐蘊，前生皆大羅漢，以凡心未净，托生爲人。至爲富翁，極貪慳，蘊則清修好施。如來佛謂貪慳固必墮落，施舍亦非第一義，施與人造福，同自己作福，施與人造業，亦同自己作業也。因命帝釋化身指引兩人入道。至亡身殖貨，常以不滿千萬爲憾，朝營夕算，其妻子常凍餒。至夷然不顧也，其家門神，七年不換，歲終負債者以所畫準利百文。將易之，至猶以爲侈，減口食以補百文之數。其司閽者夢舊門神踞位不肯去，與新門神爭，家中井竈諸神悉出解紛，而爭不已。遇九天糾察善惡司叱退舊者，而新者始得就廡。元旦，至欲省家中所有麥屑飯，枵腹出遊，於路拾得一文錢，狂喜不知所措。遇賣芝麻者，念欲療飢，又可多得，慨然以錢易芝麻一撮。見犬，恐其奪食，聞烏又慮爲所攫，乃入深山茂林之中，恣意啖之。其樂融融，以爲帝釋不知也。而帝釋適至，化爲僧以語開導，至終不悟，乃飲以酒，使醉卧，已則化爲至，入其家，呼妻子家屬，謂遇神僧點化，大悔其平日所爲。置酒暢飲，洞開庫藏，悉散給里中之貧者，歡聲載道，如是者十日。至醒而歸，帝釋指爲慳鬼，命衆逐之。至憤，欲訴之官。帝釋以神通引至佛座，至見佛告冤，佛命弟子化爲十至，教導之。至始感悟，佛爲摩頂，使修行歸本。蘊全家好善，常取其所藏債券悉焚之，有求輒應，周急無倦。養濟院有一夫一婦，婦瘋而夫聾，婦善歌，夫負其婦，歌以乞食。至蘊門，蘊聞其歌忠、孝、節、義四曲，大喜，厚恤之。蘊過磨坊，憐打麥人羅和辛苦，給以銀，使歸休息。和持銀去，一心繫銀，終夜不得睡，乃以銀還蘊而出家。有僧來見，蘊以爲必化緣也，及見，一無所請，但勸蘊勿輕施。蘊不喜。僧謂：子不信吾言，頃必有聞見也。薄暮過馬櫪，聞馬牛騾皆作人語，各吐其前生爲人，負蘊財不得償，今生爲馬牛騾以償之。蘊始悔平日好施，反造業也，乃盡載其家資沉海中，與妻女入山修道。亦得帝釋接引見如來，與至俱復爲阿羅漢云。《釋氏稽古録》：襄州居士龐蘊者，衡州衡陽縣人也，字道元，世本業儒。少悟塵勞，志求真諦。德宗貞元初，謁石頭遷禪師，豁然有省。後與丹霞天然禪師爲友。元和六年，北遊湘漢，隨處而居。有女靈照，賣竹漉籬以供朝夕。士問靈照：古人道明明百草頭，明明祖師意，如何會。女曰：老老大大，作這個語話。士曰：你作麽生。女曰：明明百草頭，明明祖師意。士乃笑。劇中所引相合。按羅和一段，事雖不實，不爲無因。有鋪家失銀二兩，不知何人所竊。數日之後，忽呼店中小二詰之，即首服竊銀。蓋小二每夜必唱小曲，自竊銀後，計畫作何生理，終夕不睡，絶無唱聲，故爲主人所覺也。又唐人有本業漸大，心計轉粗，不暇唱渭城語。劇中合兩事爲一，以供點綴。

又《五代榮》 演江陰徐晞事。按《畜德録》所記，晞實長者，故以五代榮美之，卜者臧知先曾決晞大貴，後與晞相依倚，亦係實事。但云臧爲盜攀，臧女燈兒乞晞救父，臧出獄，以女送晞爲婢，晞竟以爲子媳，似即《畜德録》所載卒伍事而兩相異同者也。陳沂《畜德録》：尚書徐公晞，少爲刀筆吏。縣有卒伍補謫發誤勾攝者，欲公脱之，夜飲公於家，以他事出避。其妻有美色，令侍酒以悦之。公不能留。明日抱案，已脱勾攝，且語其人曰：吾昨歸恐汝疑，故速致此。鄉人服之。公爲兵部郎中，一員外郎待公甚薄，其人卒於官，公親爲殮，且重賻之。因其邑令照拂其家，公子以蔭官尚寶，孫中書舍人，亦至通政。《列卿記》：徐晞，直隸江陰人。永樂中邑吏，正統七年，任兵部尚書。十年卒。朝鮮兵攻困江陰，索犒金錢一萬。晞家有仙人所贈摇錢樹，即摇錢與之。此事捏造甚怪，然摇錢樹正可對沈萬三家聚寶盆，亦理所或有也。朝鮮吉摩三太子圍昆明，索犒金錢。有異寶曰攝魂幡，如無符咒藏於帽中，過此幡下，即便昏到。晞授經略禦之，不能取勝。有繆大郎者，初嘗爲盜，晞脱其死，適臧知先經此地，大郎與符咒，由幡下過，謁晞言之，復遣知先見大郎内外相合。禽吉摩，降。此本《封神演義》中事，姜子牙兵至臨潼關，守關將卞吉，懸幽魂白骨幡於關門，過此者即昏倒，雖雷震子、土行孫輩亦不能免。後得其符咒置頂上，乃過此幡，殺卞吉。徐彦能夫婦，晞夫婦，晞子納及臧氏夫婦，孫敏及趙氏夫婦，敏又生子，凡五代，彦能九十欽賜五色靈芝，以合五代登榮之兆，故曰《五代榮》。雖其事有所增飾，然晞由吏員至大司馬，子孫受其蔭，實由盛德所致，故人艷稱之，非無因也。經略之稱，起萬曆以後，作此《記》者，蓋啓、禎時人。

又《古城記》 劇中第十五齣云：可速送到尚寶司重鑄。必明時人所作也。按《三國志》，關羽實奔先主於袁軍，無至古城會張飛之説。又《飛傳》中但言其隨先主依袁紹，略不載其據古城事。又劇中所演五關斬將，亦正史所無。又斬蔡陽，乃先主與龔都合時事，劇中以爲關羽至古城時所殺，此皆原本《三國演義》，未嘗考實也。《蜀志先主傳》云：袁術欲經徐州北就袁紹，曹公遣先主督朱靈路招要擊術。未至，術病死。先主據下邳，靈等還。先主乃殺徐州刺史車胄，留關羽守下邳，而身還小沛，遣孫乾與袁紹連和。曹公遣劉岱、王忠擊之，不克。五年，曹公東征先主，先主敗績，曹公收其衆，擄先主妻子，并擒關羽以歸。先主走青州，刺史袁譚，先主故茂才也，將步騎迎先主。先主隨譚到平原，譚馳使白紹，遣將道路奉迎。身去鄴二百里，與先主相見。駐月餘日，所失亡士卒，稍稍來集。曹公與袁紹相拒於官渡，汝南黄巾劉辟等叛曹公應紹。紹遣先主將兵與辟等略許下。關羽亡歸先主。曹公遣曹仁將兵擊先主。先主還紹軍陰欲離紹，乃説紹南連荆州牧劉表。紹遣先主將本兵復至汝南，與賊龔都等合衆數千人。曹公遣蔡陽擊之，爲先主所殺。《關羽傳》云：關羽，字雲長，河東解人也，亡命奔涿郡。先主於鄉里合徒衆，而羽與飛爲之禦侮。先主與二人恩若兄弟。先主襲殺徐州刺史車胄，使羽守下邳城，行太守事，而身還小沛。建安五年，曹公東征，先主奔袁紹，曹公禽羽以歸，拜爲偏將軍，禮之甚厚。紹遣大將軍顔良攻東郡太守劉廷於白馬，曹公使張遼及羽爲先鋒，擊之。羽望見良麾蓋，策馬刺良於萬衆之中，斬其首還，紹諸將莫能當者，遂解白馬圍。曹公即表封羽漢壽亭侯。初，曹公壯羽爲人，而察其心神無久留之意，謂張遼曰：卿試以情問之。既而遼以問羽，羽嘆曰：吾極知曹公待我厚，然吾受劉將軍厚恩，誓以共死，不可背之。吾終不留，吾要當立效以報曹公乃去。遼以羽言報曹公，曹公義之，及羽殺顔良，曹公知其必去，重加賞賜。羽盡封其所賜，拜書告辭，而奔先主於袁軍。左右欲追之，曹公曰：彼各爲其主，勿追也。

又《群星輔》 不知何人所作。演漢光武起兵事，雲臺二十八將皆上應列宿，故曰《群星輔》也。關目悉本小説演義及所謂《金和春秋》者，與正史大半相謬，而荒幻不根之説甚多。據云：漢光武生南陽白水村，父長沙王欽，爲王莽所殺，伯父鉉撫以爲子，改其姓名曰金和。與鄧禹共事嚴光，嘗偕禹訪光於釣臺。光决文叔爲真主，當有二十八宿相輔。王莽天鳳元年，令其黨蘇獻挂榜招賢。岑彭武舉第一，拔爲狀元，授棘陽郡守。馬武技勇亦第一，以其貌醜，置之第二。武遂大怒，題反詩於五鳳樓，欲落草爲寇。光武遊學京師，至教場中，箭射王莽，莽欲殺之，竇融力救乃免。光武自教場出，與鄧禹同遇馬武，遂偕飲酒樓結盟。欽天監王封奏妖人劉秀，上應天心。蘇獻令蘇虎擒捉，武下樓力戰退賊。光武獨身避於劉唐園内，爲唐所覺，與叔侄，匿於家中。爲僕崔榮出首，莽急捕光武。光武遁去，唐妻及子皆自刎。唐被擒，置油鑊中，不屈而死。竇融遇光武，引至家，重陽之日，携妻出城，令光武雜從人中以出。王莽畫影圖形，必欲捕光武。老君化爲道士，指示姚期，令救真主。光武方避禹王廟，期迎至家，出市酒食。莽將追及，入期宅，縛光武去。馬武突至，殺退莽將，期亦來救，與武交鋒。光武爲言兩人皆救己者，語未畢，而莽將復至。有紅牛入圍觸賊，光武遂乘牛以脱重圍，抵草庵中，乃遇鄧禹。馬武、姚期亦至，遂偕往白水村起義，有衆三千，王霸、馮異、王常等畢會。禹付霸一錦囊，使臨戰開閲，乃以計賺岑彭之母，使諭彭降。彭方與馬武大戰，母出諭之。彭遂獻棘陽城。王尋鎮守南陽，鄧禹激馬武，不使爲先鋒。武怒而去，乃使岑彭爲先鋒。武慮彭占首功，僞降於尋。尋令掌管糧運，彭兵至，武作内應，遂取南陽。乘勝入京，討誅王莽。河北王郎子領兵報仇，其將桓欽令王郎愛姬扮女仙，飛身入光武營説降，爲馬武射中墜於鶴背，光武斬之，遂平王郎。築壇即位，以陰麗華爲后，而大封功臣，鄧禹等皆侯爵。

又《雙忠孝》 不知何人所撰。以蜀漢壽亭侯子關興，西鄉侯子張苞從先主討吴，爲父復仇，故謂之《雙忠孝》。事本《演義》，與正史離合參半。按《綱目》：獻帝建安十六年冬，劉璋遣使迎劉備，備留兵守荆州而西。目云：法正至荆州，説備取益州。備以爲然，乃留諸葛亮、關羽等守荆州，自將步卒數萬而西。二十年夏，劉備、孫權分荆州，備使關羽守江陵，權使魯肅屯陸口。二十四年八月，漢中將關羽取襄陽。目云：羽使麋芳守江陵，傅士仁守公安，自率衆攻曹仁於樊。仁使于禁、龐德等屯樊北。八月，大霖雨，漢水溢平地數丈。禁與諸將登高避水。羽乘大船攻之，禁等窮迫，遂降。龐德力戰，矢盡，戰益怒，氣益壯，而水浸盛，吏士盡降，德乘小船欲還仁營，船覆，爲羽所得，立而不跪。羽謂曰：何不早降。德罵，羽殺之。冬十月，孫權使吕蒙襲取江陵，魏王操帥師救樊。關羽走還，權邀斬之。十二月，蒙卒。目云：自許以南，往往遥應關羽。羽威震華夏，曹操議徙許都，以避其鋭。初，魯肅嘗勸孫權以曹操尚存，宜且撫輯關羽，與之同仇。及吕蒙代肅，以爲羽素驍勇，有兼并之心，且居國上遊，其勢難久，密言於權，欲取羽。權善之。權嘗爲其子求婚於羽，羽罵其使，不許。至是蒙上疏曰：羽討樊而多留備兵，必恐蒙圖其後故也。蒙嘗有病，乞分士衆還建業，以治疾爲名。羽聞之，必撤備兵，盡赴襄陽。大軍浮江，晝夜馳上，襲其空虚，則南郡可下，而羽可擒也。遂稱病篤。權乃露檄召蒙還，陰與圖計。下至蕪湖，陸遜謂曰：關羽接境，如何遠下。蒙曰：誠如來言，然吾病篤。

遜曰：羽務北進，未嫌於我。今聞君病，必益無備。若出其不意，羽可擒也。蒙曰：羽素勇猛，未易圖也。蒙至都，權問誰可代者，蒙以遜對，權乃召遜代蒙。遜至陸口，爲書與羽，稱其功美，深自謙抑。羽意大安，稍撤兵以赴樊。權乃以蒙爲大都督，發兵襲羽。曹操使徐晃屯宛，以助曹仁。晃攻羽，破之。羽撤圍退，然舟船猶據沔水。呂蒙至潯陽，盡伏其精兵𦪇𦨣中，使白衣摇櫓，作商賈服，晝夜兼行。羽所置江邊屯候，盡收縛之。麋芳、傅士仁素皆嫌羽輕己，羽之出軍，供給軍資，不悉相及，羽言還當治之，芳、仁咸懼，於是即降蒙。入江陵，釋于禁，得關羽及將士家屬，皆撫慰之。關羽走還，兵皆解散，纔十餘騎。權先使潘璋斷其徑路。十二月，獲羽，斬之，遂定荆州。呂蒙未及受封，發病而卒。昭烈帝章武元年，帝自將伐孫權。目云：帝耻關羽之没，將擊孫權。群臣諫者甚衆，皆不聽，乃留諸葛亮，輔太子守成都，而自率諸軍東下。車騎將軍張飛，爲其下所殺。飛雄猛亞於關羽，羽善待卒伍，而驕於士大夫，飛愛禮君子，而不恤軍人。帝常戒之，飛不悛。至是，當率萬人會江州，臨發，爲帳下所殺，以其首奔孫權。孫權請和，不許。帝遣吴班、馮習攻破權，將李異等於巫，進軍秭歸。略云：關興，漢壽亭侯關羽之子也，少年英武。羽鎮荆州，赴魯肅臨江之會，興與母平夫人、妹玉貞，恐羽爲肅所算，欲率兵往援。會西鄉侯張飛之子苞自閬中來，遂與俱行，至江上迎羽歸。魯肅死，孫權益懼羽，知羽有女未字，遣諸葛瑾爲媒，約爲婚姻。羽怒駡，且欲殺瑾。瑾歸訴於權，權召呂蒙謀降魏，并力取荆州。先主命羽率兵取樊城，進圖許都。時，羽威震華夏，所向無敵。受命後，留興居守，進兵破襄陽，圍樊。曹操命于禁、龐德等統七路軍馬救樊。兵合，掘川灌曹兵，七軍皆覆。縛于禁，斬龐德，軍聲益震。乃檄興赴川中奏捷，使麋芳、傅士仁守荆。權乘羽圍樊，以呂蒙爲都督，命襲荆州。蒙使兵衣白，僞爲商賈，賺沿江守卒縛之，僞爲樊歸卒，呼城。城啓，蒙引軍入，芳、仁皆降。蒙厚撫平夫人，而欲爲吴世子娶玉貞。玉貞大駡，自刎而死。羽與曹將徐晃戰不利，退守麥城，使廖化求援於劉封。封羈化，不發兵。羽聞荆州破，欲馳至川請兵。蒙使潘璋伏兵於道，羽至，被害。璋回兵至麥城，參謀王甫及周倉皆死之。興自川回，在道遇廖化，聞變，與化俱奔蜀。上聞，先主震怒，即發兵八十萬討孫權，移檄閬中。張飛憤甚，勒期使范姜、張達造素甲，起兵，命子苞引水師先發。姜、達違限，飛怒，各鞭數百。姜、達憾，乘飛醉卧，入帳行刺，取首級奔吴。苞奔赴大軍，先主命興、苞爲左右先鋒。權既得荆州，設宴召呂蒙、潘璋等大會。蒙忽昏暈，自稱壽亭侯，駡紫髯鼠輩，以詭計殺人。權等皆跪拜。蒙歸，七竅流血而死。權聞先主伐吴，使潘璋爲先鋒拒敵。興、苞大破之。璋走，興追之入山。日暮，至一莊家借宿，登堂，見燈火熒煌，中供壽亭侯像。莊主姓劉，感侯德政，一方皆設像奉祀也。方款留，聞叩門聲，復有人借宿，則璋也。興斬之，持其首歸營。權聞前軍敗，懼，縛姜、達二人，送關夫人及飛首還漢，獻版圖請降。先主乃設祭，斬姜、達，以其首及璋首祭關、張。羽精靈不散，遇普净禪師點化，引入如來座，授記證果。上帝嘉羽等忠義，封羽爲護法伽藍伏魔大帝天尊，飛閬中王，同會西方，而玉貞亦已證佛法，爲密多尊者。後主嗣立，晋關、張王爵，興、苞襲封爲侯，興賜趙雲女，苞賜馬超女爲婚。按劇中以關羽爲壽亭侯，此歷來相傳之誤。漢壽乃地名也，程敏政曰：關將軍羽仕漢，封漢壽亭侯。考之史，漢壽本縣名，在犍爲，史稱費禕見害於漢壽，唐人詩亦曰漢壽城邊野草春是已。漢壽者封邑，亭侯者爵也。東漢之制，有縣侯、鄉侯、亭侯，皆以寓食人之多寡。今去漢而以壽亭爲封邑，誤矣。昭烈勸進表，其首列銜曰前將軍漢壽亭侯關羽。若以漢爲國名，則不當錯置於職名之下。陳繼儒亦云：漢壽本蜀郡縣名，後人不讀書，遂謂漢之壽亭侯。不知壽義何據，可笑甚。然考羽本傳，曹操表封羽爲漢壽亭侯，在刺顔良之後，此建安五年，與袁紹相拒於官渡時也。蜀之漢壽縣，本廣漢郡之葭萌縣，劉先主始爲漢壽縣。先主稱帝在建安二十五年後，敏政執此縣名以證漢壽亦誤也。漢壽凡有三處，其一即葭萌縣，其一湖廣武陵縣，實漢義郡之索縣，後漢之臨沅縣，順帝改爲漢壽。後漢《地理志》與晋《地理志》皆名漢壽。晋《潘京傳》云：武陵漢壽人。《三國·吴·潘濬傳》亦云：武陵漢壽人。其一《名勝志》云荆州有漢壽城，又云古荆州刺史治，有漢壽亭，即曹操表封關羽處。蓋羽所封，非蜀之漢壽也。又按羽本亭侯，如先主封宜城亭侯，張飛封新亭侯之類，是取亭名，不必邑名也，《名勝志》爲的。又考宋許觀《東齋記事》：紹興中，洞庭漁人獲一印，方二寸，制甚古。紐有連環，四面相貫，上總一大鐶，所以佩也。漁者謂金印，而白於官，辯其文，乃壽亭侯印四字，疑必關侯所佩也，遂留長沙官庫。守庫吏見印上有光焰，而白於官。乃遣人送荆門關公祠，光怪遂絶。據此乃壽亭侯印，而非漢壽亭侯印也。

洪邁謂壽亭侯印，乃後人鑄於廟中，所見非止一處，想當然耳。王世貞《觀劇》詩云：心心托漢壽，語語厭温侯。亦漢壽相聯之證。又按伏魔大帝，乃明萬曆時封，劇云即彼時，亦誤。

又《檜頭水》 不知何人所作。大意以曹操於漢末害伏后、董妃等事，不可無報，遂將後來齊王之廢，以爲報應。故作幻想，言司馬師是董承之子，高貴鄉公髦是獻帝之子，以爲如是，而報操始快也。關目情節，荒幻殊甚，曰《檜頭水》者，意謂檜頭之水，異日所滴，與前日所滴，點點相似，譬之前因後果，亦無異也。據云：車騎將軍董承，貴妃之兄，有子名圓，娶媳伏氏，即漢帝伏后之妹，小字飛瓊。丞相曹操令華歆上疏，請帝獵於許田。穿宮内使高文長奉貴妃命，使承保駕。帝以御箭予操射鹿，群臣以爲帝射，皆呼萬歲。操竟遮帝，以身當之。獻帝憤甚，用貴妃説，宣承入宫，賜以錦衣玉帶，暗縫血詔於帶襯，使承募兵勤王。伏后父完及醫生吉平、侍郎王子服、吳子蘭、長水校尉和輯、議郎吳碩等七人，用白絹立義狀，歃血神前，書名畫押，欲共誅操。平又獻策，俟操頭風病發，以鴆毒之。操黨張緝密以宫中隱微事，一一報操預知。伏后、董妃與帝哭泣，操已疑忌，而承家奴慶童與婢雲英私通，爲承所拷責，遂越墻投操，出首七人謀害操事。操乃置酒請完與承等，面拷吉平，令證完、承。平至死憤詬。操遂令孫曹芳，率兵抄子服等家，又令慶童、雲英出證，遂殺完與承於座。使張緝搜承家，得所藏血詔。承子圓賴文長通信，其父與司馬懿最善，懿閒居守陵。承以祭陵相見，曾托其子圓，遂逃往投懿。抵潼關，曹操率重兵追及。賴馬超救以免。操敗於超，至割鬚棄袍而還。懿撫圓以爲子，改其姓名曰司馬師。圓妻伏氏偕圓共竄，抵宛陽山，疲不能前，投一村家，乃高文長之姑也。高姑問知承媳，且係伏后之妹，遂留止於家。操是時大肆凶惡，使曹芳入宫，逼伏后、董妃至死。遂假朝命，加九錫，封魏王。貴妃有一子，甫期歲，高文長抱藏出宫，投宛陽山，以付圓妻撫育爲子。及長，取名高貴鄉，迨年十八，圓妻與説明踪迹，令訪圓於懿所。曹操病中，時時見完、承、吉平等，遂淹然自斃。傳丕，至芳，廢獻帝爲山陽公。董圓改名司馬師，父懿身故，代掌兵權。高貴鄉往投之，師細加詰問，知爲獻帝之子，乃奉以爲主，屯兵城外。張緝女嫁曹芳，時立爲后，芳亦與謀，寫密詔付緝，欲除司馬師。師執緝，搜詔，既殺緝，遂并執芳及緝女，奉高貴鄉命以殺之，而封師爲晉王。按《通鑑》：漢帝建安四年，車騎將軍董承稱受帝衣帶中密詔，與劉備謀誅曹操。五年春正月，董承謀泄。壬子，曹操殺承及王服种輯，皆夷三族。又按《通鑑》：興平二年夏四月，立貴人伏氏爲皇后，以后父侍中完爲執金吾。建安十九年十一月，魏公操弑皇后伏氏。初，董承女爲貴人，操誅承，求貴人殺之。帝以貴人有妊，爲請不得。伏后懼，與父完書令密圖之。至是事泄，操使郗慮持節策收皇后璽綬，以尚書令華歆爲之副，勒兵入宫收后。后閉户藏壁中，歆壞户發壁，就牽后出，遂將后下暴室，以幽死。又按史：齊王芳，明帝養子，景初二年即位，時甫八歲。明帝使司馬懿輔政，時與操相隔四十餘年。劇當獻帝時，操爲相國，輒云使芳率兵行諸凶惡事，謬甚。且係操曾孫，非孫也。又按《甲子會紀》：魏廢帝嘉平六年，司馬師殺中書令李豐及光禄張緝，遂廢其后張后。既而廢其主曹芳，遷之河内，迎高貴鄉公曹髦立之。《綱目質實》云：高貴鄉，古地名，漢屬元城縣。劇以高貴鄉爲姓名，且云司馬師爲董承之子，高貴鄉爲獻帝之子。蓋作此扭合，以爲獻帝泄憤，而太涉謬妄矣。張緝本廢帝張后之父，與曹操甚遠，言緝謀害伏、董亦謬。高文長則史無其人，餘不必深辨。按有《青鋼嘯記》，專爲馬超而發，此劇亦名《青缸嘯》，亦拉入馬超事，而關目全在董承父子。又承有劍名青缸嘯，承付其子圓，圓付其妻伏氏，伏氏使高貴鄉覓圓，又付以此劍，故名，甚覺支離。其開宗、結尾皆以檜頭水爲照應，於通本較吃緊。

又《赤松記》 作者不知何人。按張良雖學辟穀，道引輕身，未嘗有仙去之事。作者艷慕神仙，故因張良欲從赤松子遊一語，遂作此《記》。又以黄石公事，頗涉奇誕，并附會入之。商山四皓，載本傳中，不過隱逸之士，義不爲漢臣，而張良引爲太子客，今亦扭合爲仙。又撮取蕭何下吏、韓信被戮二事，益以見良之高也。良妻李氏、許氏，俱無可考。托鄰寄衣及妄報死信，係撰出關目。劇中梗概，與《千金記》相仿佛，惟項伯告張良事，《千金》所無，此較細密。演韓信顛末，前多相同，但《千金》載其封齊王而止，此并叙其見誅事。其餘事實，大半吻合。

又《草廬記》 劇中事實，以三顧草廬爲主，原本《演義》者居多，如先主燒屯偽遁，夏侯惇爲所敗，未嘗有曹仁復敗於新野之事。徐庶實從先主南行，當陽敗後，乃詣曹操，安得先在操軍，而爲操説先主乎。又諸葛亮隨先主走夏口，今以爲先主懼劉琦不發兵，而令亮先詣琦。又甘夫人得趙雲救獲免，今以爲投井而死。又《江表傳》載蔣幹往説周瑜，而未嘗因此殺蔡瑁、張允。又龐統曾爲周瑜功曹，其後爲先主治中從事，未嘗因蔣幹往曹軍獻策。又孫權遣周瑜、魯肅等隨亮詣先主，并力拒曹公，瑜無欲殺亮之意。造箭祭風，俱齊東野語。又《江表傳》：黄蓋先書報曹公，欺以欲降，曹公特見行人，密問之，則賫書者不過偏裨，闞澤爲吴名臣，必無是理。又黄蓋爲流矢所中，呼韓當得生，今以爲墮水死。又操既敗，從華容道步歸，遇泥濘，使兵負草填之，得過。先主尋使人放火，無所及，今以爲關羽縱之。又周瑜固嘗有計欲留先主，而孫權不從，今以爲求救於喬國老。凡此皆出於《演義》，無稽之談，不足爲據。作者亦未深考正史，而筆亦塵雜，大抵詞家略通文墨者，熟得數十種曲本，便拈筆爲之。觀其第一齣所云换羽移商實不差，戲文編撰極精嘉者可見也。

又《通仙枕》 一名《雙恩義》，不知何人所作。演劉弘敬事，弘敬義嫁蘭孫，載《太平廣記》。其撫李遜之子，見於小説，并合裴女事，標曰：李克讓竟達空函，劉元普雙生貴子。樂府家因作《尺素書》劇，此則又幻出通仙枕一節，以作標題。其曰《雙恩義》者，則以裴、李兩家俱感其恩義而言也。　略云：李春芳，字彦青，本籍西粤人。父名克讓，携妻張氏及子春芳、女瓊芳，流寓京師十載，中三甲進士，授錢塘縣尹。在任一年，忽遭奇症，自度不起，妻子無親戚可依，素聞洛陽劉弘敬，字元普，疏財好義，但無一面，因使妻自往煎茶，乘間作書一函，緘付妻子，封面云：辱弟李遜書，呈洛陽恩兄劉元普親拆。未幾遂没。弘敬，洛陽人，嘗官青州刺史。饒有家資，年餘七旬，繼妻王氏，無子，風鑑者言其斂怨招慝，壽在旦夕。弘敬叱辱總管内侄王文用，傳示鄉城，一切債券盡還。誕辰開燕，有道人送畫一軸。張挂時，中有音樂，及開展，則跳出快活仙，遺下通仙枕，枕字兩行云：此枕通仙，暫與君眠。奇緣妖禍，一夢九天。仙復跳入畫中而去。及春芳母子持遜書至，弘敬茫然不省，默揣必慕我虚名，欲托妻子，乃認八拜之交，使居西園，取遜柩於錢塘浮丘寺中，爲之營葬。裴蘭孫者，襄陽刺史裴習字安卿之女也。習居官甚清，且極仁慈。在京時，曾疏劾丁謂。及守襄陽，因天暑，寬縱獄囚，大盜李二虎號賽李逵乘懈越牢，殺劉通判、王把總而去，事下三法司。謂委刑部侍郎與都御史兼大理卿趙抃、錦衣指揮使林特會審，謂欲置重辟，抃堅執不可，習得不受非刑，從輕謫配。出獄，候旨於清真觀中，感病而没。蘭孫惟一母舅鄭公佐，爲西川節度，道遠不能通，乃插標賣身以葬父。弘敬妻王氏，以夫慮乏嗣，使侄繼宗字天祐及己侄文用挾資買妾。遂憑媒薛媪，用銀百金買歸。弘敬見其慘容，詢得事實，語王氏云：我寧滅絶子孫，敢污裴使君之女。乃令認己爲父，而迎其父柩，與李同葬。王文用欲得李瓊芳爲妻，浼姑言之。弘敬不可。乘間調戲瓊芳、蘭孫，俱爲所叱。弘敬亦頗知之，且於枕中得夢，瓊芳合配劉天祐，蘭孫合配李春芳，遂擇吉日，各令相配。文用大恨，會賽李逵以妖術作亂，文用遂首弘敬黨妖，竊其通仙枕爲據，謂裴習縱盗，本是妖黨，劉弘敬窩藏其女，并牽及春芳兄妹。弘敬方遣春芳、繼宗入都應試，鄭公佐自西川召入，拜樞密使，總裁春闈，已拔二人卷進呈。而丁謂遷大司寇，必欲文致其獄。瓊芳紿文用，使之寬己，從輕發保。文用挺身保出，逼以爲妻。瓊芳紿使成婚，刺殺文用。元普之僕劉恩，見其義烈，當官認爲己罪。丁謂方鍛煉未已，公佐疏劾謂奸，辨弘敬無罪。而春芳已擢狀元，繼宗已擢探花，朝廷因公佐言，釋弘敬於獄，抵謂羅織之罪，命春芳、繼宗討賊，頃刻成功，加官晋爵。王氏生子彌月，衆人俱夢裴習、李遜告以請於上帝，爲弘敬益算延齡，兼生貴子。弘敬乃述李遜空函事，聞者益嘆羨其厚德云。

又《百歲圓》 不知何人所作。演司馬光事，謂光父子榮顯，母登百歲，故云《百歲圓》。種種謬誕，俱齊東野人語，蓋鄙妄人所編也。據云：司馬光妻鮑氏，子四人，長康，已中進士，母年九十六。光任龍圖閣直學士。元豐七年，與諸臣崇政殿講論。司農卿鄧綰請行農田、水利、青苗、免役等新法。光議不合，乞假養親。詔留輔政，命子歸省。福清人鄭俠舉進士，官光州司法參軍。綰薦入京，授安上門監察。見流民爲新法所苦，欲繪圖上達，革除朝弊。綰毁其圖。畫工李榮，年甫十二，幼失怙恃，撫於鄰家畫師，遂擅絶技。俠復命榮繪圖，見其兩掌各有痣，心頗奇之，留署中讀書，以其圖送銀臺司上達。詔盡革新法。會哲宗冲齡嗣位，光居政府，遐邇嚴憚。以母年九十九，辭朝歸，祝母壽。綰嘗薦道士王老志，封爲通微洞元真人。光力排之。值光歸，綰及蔡京與老志立議單，使通於金，云：光謝事，可率兵擁幼主北往。幼主二掌心各有痣，不能僞也。老志如言詣金。遂統兵逼汴京，要哲宗詣營。鄧綰、蔡京故作難色。而鄭俠爲御史中丞，度必有通謀者，於是密奏太后。飛騎召光，而以李榮代往。光聞其事，未及朝，遂單騎入金營索哲宗。及見李榮，大駭，叱其非是。而金亦疑光，使老志驗光真僞。光度老志當有奸謀，請得挈歸。及還朝，綰、京以哲宗已在金營，請立岐王，且治鄭俠之罪。俠以李榮事告光，光請哲宗御崇政殿，嚴鞫老志，出議單質於帝前，乃以綰、京正法。光晉爵上柱國，俠加吏部尚書。李榮有代主功，封列侯，賜婚俠女。光子四人，皆登科甲。母壽百歲，詔賜金幣。命光父子榮歸拜祝後，入朝輔政。按司馬光，陝西夏縣人。進士甲科，神宗時擢翰林學士。與王安石、吕惠卿於上前極論新法之弊。拜樞密副使，力辭不受，乃以爲端明殿學士，出知永興軍，判西京御史臺，提舉崇福宮。進《資治通鑑》，加資政殿學士，居洛陽十五年。哲宗初，太皇太后臨政，起爲門下侍郎。元祐元年，拜尚書左僕射，是年卒，年六十八。又按鄭俠，字介夫。福清人，進士高第。調光州司法參軍，爲王安石所知，欲用爲京官。俠以青苗、免役、保甲、市易等事爲非，辭不肯受，乃除監安上門。熙寧六年不雨，至七年三月，俠知安石不可諫，悉繪所見爲圖，奏疏詣閤門，不納，乃假稱密揭，發馬遞，上之銀臺司。哲宗反覆觀圖，長吁數四，命開封體放免行錢，三司察市易，司農發常平倉，青苗、免役權息追呼，方田、保甲并罷，凡十有八事。民間歡叫相賀，越三日大雨，遠近沾洽。輔臣入賀，帝示以俠所進圖狀，且責之，皆再拜謝。安石求去，群奸切齒，遂以俠付御史，治其擅發馬遞罪。吕惠卿、鄧綰環泣帝前，於是新法如故。安石去，惠卿執政，俠上疏論之，并言禁中事。惠卿奏爲謗訕，編管汀州。惠卿又嗾御史劾之，追還對獄，議致之死。帝曰：俠所言，非爲身也。忠誠可嘉，豈宜深罪。但徙英州。哲宗立，起泉州教授。元符七年，再竄英州。又按鄧綰，成都人。通判寧州，王安石專政，薦於神宗，除集賢校理。鄉人皆笑且罵。綰曰：笑罵從汝笑罵，好官自我爲之。尋同知諫院擢御史中丞。安石去位，綰附吕惠卿，安石復相，綰攻惠卿，附安石。有旨，綰操心頗僻，賦性奸回，斥知鄧州卒。又按蔡京，仙遊人。司馬光秉政，京知開封府。光復差役法，爲限五日，同列病其太迫，京獨如約，光大喜。又按王老志，濮州人。用太僕卿王亶薦，召至京師，館於蔡京第，封爲洞微先生。

又《群星會》 不知何人作。演萬氏一門以積善致福，百歲壽母，四代相見，雙生二子，文武狀元，與桂氏二女聯姻。劇中人物，皆天星降生，故謂之《群星會》。事太誇誕，而吉祥可取。　按天文書曰：星之爲言，精也。陽精爲日，日分爲星。故其字從日下生，庶物蠢蠢，咸得繫命。其或化而爲人，見於記載者，則傅説騎箕尾，張良爲弧星，皋陶、蕭何昴星，樊噲狼星，東方朔歲星，李白長庚，蘇軾奎宿，以至高辛二子、堯時老人。李淳風知西市飲酒僧，太史奏五百里内賢人聚，紛紛不一。劇中姓名雖不實，而其説非無本。據云：直隸順天府狀元宰相萬康，累世積善，身爲元老，母夫人單氏，壽百歲，妻盛氏，子萬吉，世其家學，殿試第一，累官吏部尚書。媳施氏，三世皆命婦。單夫人誕日，舉朝上壽。上遣中使賜御書匾額，以旌其門，其他賜予甚厚。海上諸仙以珍奇托迹而至者，接踵於户。康父子爲善益力，閭中皆贊成之。上感天帝，命錫佳兒。施氏雙生二子，同籍桂聯芳、引芳，兄弟進士。聯芳總憲，引芳冢宰，亦皆好行善。奉旨賑濟，捐銀萬兩。天帝命各錫以一女，爲萬氏子配。吉招聯芳兄弟爲湯餅會，知其二女與二子同日時生，遂約婚姻。山賊龍吟、鮑虎等嘯聚山谷，侵犯州縣。吉二子年長，皆有神童之目，長名曰邦孚，次曰國寧，嘗夜讀，稍倦，隱几而卧。邦孚夢見文昌，授以天書。國寧乃夢關壯繆，教以兵法。自是所學益進，應試成進士。吉以其年幼，請停殿試，放回讀書。不允。邦孚殿試，又擢狀元。國寧探花，又以國寧所對策，深通武略，命兼武狀元。兄弟同奉命討賊，得仙人陰助，賊平凱還，賜御前金蓮炬歸第。迎桂氏女玉鸞、針鳳爲婚。上命於其門建四狀元坊，工費甚大。仙人魯班至，頃刻告成。孚邦、國寧合卺之夕，守門者告狀元坊上有祥光數道，得星圖一幅，上繪列宿，旁注人名：單母爲壽星，康爲禄星，吉爲福星，盛氏爲景星，施氏爲德星，邦孚爲文曲，國寧名武曲，桂聯芳、引芳爲天富天貴，玉鸞爲紅鸞星，針鳳爲織女星，是所謂群星會也。按本朝大學士錢塘黄機，壽母百歲，奉恩旨旌門，其子亦官翰林。其曰順天人，則本朝大學士高陽李霨，其父國楷，本明啓、禎時内閣，父子宰相。又大學士宛平王熙，其父崇簡，禮部尚書，父子皆極品。疑劇所指，爲此數家而發。或爲黄母上壽而作，亦未可定。極陳富貴壽考、吉祥可喜之事，爲頌禱辭，最宜演唱。

又《兩香丸》 不知何人作。演顔潔與白蓉仙、白眉與王翠翹，皆以香丸拯難作合，故名《兩香丸》。翠翹本名妓，爲徐海所得。劇故翻案言其貞烈，蓉仙則鑿空撰出也。略云：明世宗時，嘉興諸生顔潔，字璧人，與温州白眉相善。眉，字良士，父璧，山西司李。在任時，聘太原富人王臣女翠翹計脱假母，而自徙居海上，更稱王翠翹云。海上多文儒貴遊，尤好以音律相賈重。令翹兒一啓齒，以爲絶世無雙，爭艷惜之。以是翹兒之名滿江南，歲所得纏頭無算。乃翹兒更以施諸所善貧客，槖中一錢不留也。久之，倭人寇江南，掠海上，焚其邑，翹兒竄走桐鄉。已而轉掠桐鄉，城陷，翹兒被掠，諸酋執以見其寨主徐海。徐海者，故越人，號明山和尚者是也。海初怪其姿態不類民間婦女，訊之，知爲翹兒，試之吴歈，及彈胡琵琶以侑酒，絶愛幸之，尊爲夫人。斥帳中諸姬羅拜，咸呼之爲王夫人。翹兒既已用事，凡海一切計畫，惟翹兒意指使，乃翹兒亦陽昵之，陰實幸其敗事，冀一歸國以老也。會督府遣華老人檄召海，肯來降，與之官。督府即胡宗憲。海怒而縛華老人，將斬之。翹兒諫曰：今日之勢在君，降不降，何與來使也。親解華老人縛，而厚與之金，勞苦之。華老人者，海上人也，翹兒故識之。而華老人亦私覘所謂王夫人者，心知爲翹兒，不敢泄也。歸告督府曰：賊不可圖也。第所愛幸王夫人者，臣視之有外心，當藉以磔賊耳。督府曰：善。乃更遣羅中書詣海説降，而益市金珠寶玉以陰賄翹兒。翹兒日夜在帳中從容言大事必不可成，不如降也。江南苦兵久矣，降且得官，終身當共富貴。海遂許羅中書，約降於督府。督府選日，大整兵，佯稱逆降，比迫海寨。海信翹兒言，不爲提備。督府急麾兵鼓噪而進，斬海首，而生致翹兒，盡諸倭人殲焉。捷至，督府供帳轅門，以饗諸參佐，令翹兒歌而遍行酒。諸參佐皆起爲督府壽，督府酒酣心動，亦握槊降階，而與翹兒戲。夜深，席大亂。明日，督府頗悔夜來醉中事，而以翹兒功高，不忍殺之，乃以賜所調永順酋長。翹兒既從永順酋長，去之錢塘舟中，輒悒悒不自得，嘆曰：明山遇我厚，我以國事誘殺之。殺一酋而更屬一酋，何面目生乎。夜半投江死。

又《泮宫緣》 一名《鴛鴦鬧》。不知何人作。巫高謁泮宫歸，鄰女山衣雲見而悦之，以詩贈答，得就婚姻，故名。姓名、事迹，俱係僞撰。略云：巫高，字臺卿，吴中云水人。縣令全士誠試童子，拔第一。鄰家山媪，有女衣雲，婢曰芸枝，俱有美色。高入泮歸，衣雲及婢登樓見之，目成。高積思成疾。其童書城於後園伺隙，賺芸枝入齋中，看并頭蓮。高浼轉達芸枝，囑賦《并頭蓮》詩，乘間進説，勸和之，以爲終身之訂。乃裹詩於所繡鴛鴦内以遺高。衣雲之叔豈仁者，嗜賭無賴，謀奪嫂産。與刁仲謀設計，以釵股聘衣雲爲媳。豈仁逼嫂受聘，不從。高得和詩，擬托同庠生金友蘭作爲媳，久之，臣挈女僑居吴江，贅眉於寓。眉與潔約，携妻省親，必過武林，潔造西湖相晤。比潔至，杳不得眉信。有狂僧者，自稱法劍和尚，餘杭徑山第一代祖師也。示寂千年。其侍者二人，墮紅塵中。其一翠翹，其一白蓉仙，即眉之妹。蓉仙與潔有緣，法劍托名善相，云潔異日大貴，當擅文武威風，且目前即遇美女。取一香丸與佩，并授囊封偈語四句，留爲後驗。白眉出贅未歸，家厄於火，璧驚而殞。蓉仙被無賴子乘火掠去，賣與錢塘謝媪，逼勒爲娼。蓉仙不肯從，賣字以給朝夕。有匡子一者，山陰徐渭之甥，挾千金欲買蓉仙，以計拉往遊湖。潔一見目成，造蓉仙家，與訂盟約，贈之香丸，紿媪云：自幼割襟爲聘。媪欲携女予匡，會以倭亂，潔既失散。而媪偕女奔竄，遇潔僕捷兒，號爲鐵炮杖者，迎而舍之於毛家埠。眉携妻行，舟抵湖口。湖賊徐海掠得，棄眉於岸，欲以翠翹爲壓寨夫人。翹怒詬，自投於湖。幸不死，水月庵尼僧静慧拯入庵中。舟子張姓，得狂僧所予香丸，捨於佛前，翹取以爲佩。眉見妻投湖，欲赴山西，白其事於岳。會潔姨丈范少司馬韓，嘉靖時無此人。招潔入京。潔亦以倭亂，其家盡遭賊，欲往投范，遇眉於宿遷逆旅，遂挈偕往京師。翠翹居庵中。匡子一以徐渭薦，總督胡宗憲令招撫倭寇，過尼庵，窺翠翹之美，將奪之去。捷兒適至其所，告翹以故，挈至毛家埠，與蓉仙認姑嫂，同居。子一入倭營，則徐海已爲海賊，與倭合勢。子一説降，反爲所懾。訪蓉仙之信，欲掠以送於海。捷兒知之，奉蓉、翹竄山中。九天玄女使力士幻作兩虎，駝兩女入徑山。授以兵機劍法。子一不得蓉，遂降於海，爲賊將。潔、眉抵京，并成進士。潔以學士督師征倭，眉爲贊畫。倭將用長刀砍陣，兩人大困，走入蘇城，遂被重圍。蓉、翹奉玄女命，飛劍入陣，大敗倭兵。徐海投海自盡。潔擒子一殺之，以泄其憤。遂與蓉仙爲夫婦。眉亦知妻尚在，迎歸署中。相面狂僧復現身説法，指明二女爲當年侍者。而潔、眉又具奏，建九天玄女廟於徑山。王翹兒者，故臨淄民家女也。自少鬻於倡家，冒其姓爲馬，假母呼之曰翹兒。携之來江南，教之吴歈，即善吴歈。教之彈胡琵琶，即善彈胡琵琶。翹兒貌不逾中色，而音吐激越，度曲婉轉，往往傾其座人。一時平康里中諸老妓，皆從翹兒習新聲，竟不能過之也。然翹兒有至性，雅不喜媚容。大腹賈賚多金賂翹兒，意稍不屬，輒惛惛不開眼，或竟夕虛寢而罷。明日，大腹賈恚而收金去。以是假母日窘，而數答罵翹兒，翹兒愈益厭苦之。會有少年私金與翹兒者，遂以伐。適仲謀至，求閲試卷。高倉卒墜詩，爲仲謀所拾，以示豈仁。因草檄討高，首詩於縣。士誠愛高甚，密傳芸枝，詢得兩惡詐陷之故，枷責豈仁、仲謀，而以繡鴛鴦及詩付芸枝携歸。金友蘭見檄，勸高急赴省試，留書城探訟事。山媪以事平，欲招高畢姻，而高已行矣，乃出詩付書城寄高。豈仁、仲謀乘全令入簾，高往應試，仍以聘禮强委山氏，欲劫衣雲。母女惶懼，不知所出。會高及友蘭并捷，皆出士誠之門。書城以主人捷音至，媪乃以舟送女及婢赴金陵完婚。兩惡追至江中，殺舟子，縛衣雲，沉芸枝於江。書城赴水，投蘆葦間，上流官船至，救入船中，乃全令也，以實訴之。遣役捕賊，縛兩惡正法，截衣雲還其母。命書城趣兩生會試，告以江中之變。試畢，高擢探花，感士誠恩，伏闕薦舉。士誠已陞杭守，俟任滿内擢。高授浙江巡按，乃托友蘭歸報山媪，俟復命歸娶。先是高在金陵，與友蘭遇異僧斷厓，爲言終身休咎，且云捷後赴外任，有憂中得喜之事，尚能相會救解。至是代巡浙江，微行作星士，爲士豪萬言所覺，延入密室，欲醉而殺之。書城如厠，忽遇芸枝，乃知其未死，爲人救至杭。萬言誘其人醉，埋井中，强占爲妾。因引書城逾垣，首於官。斷厓僧亦知高有厄，躍入萬言家，與高對坐。萬言未得害，而士誠率衆排闥入，救高出，置言於法，送芸枝歸山氏。是時，倭王木利蘭以妖術擾浙境，高禦之，戰敗，被圍甚急，斷厓忽至，以神通力一戰殲之。奏凱還朝，進高平章軍國事，士誠内擢，授友蘭爲翰林，斷厓爲通天真人，衣雲爲賢節夫人，芸枝爲全義夫人。高娶衣雲爲妻，納芸枝爲妾。按日本即古倭奴國，地在浙江東海中，世以王爲姓。有五畿七道，及屬國百餘。元世祖招之，不至。明洪武二年，出没海島，遣萊州同知趙秩持詔諭其國王良懷。十七年，倭頻寇浙東，命信國公湯和巡視海上，築城以備之。既而屢寇浙東。命都督楊文、劉德、商嵩巡視兩浙，復命魏國公徐輝祖、安陸侯吴傑往浙，訓練海上軍士，同楊文等防寇。永樂初，日本王源道義遣使入貢，賜冠服文綺金印。十七年，遼東總兵都督劉江大破倭寇於望海堝，生擒數百，斬首千餘，無一人逸者。將士請曰：將軍臨陣，作真武披髮狀，何也。曰：賊始魚貫而來，爲蛇陣，故披髮作此狀，以鎮服之，所以愚士卒之耳目，作士卒之鋭氣，此固兵法，諸君未察耳。嘉靖二十五年，倭寇寧、台，巡按浙江御史陳九德請置大臣，開軍門，治兵捕討。乃以朱紈爲右副都御史，巡撫浙江，尋罷。三十一年，廷議復設巡視重臣，以都御史王忬提督軍務，巡視浙江海道，改巡視爲巡撫。三十四年，倭犯乍浦、海寧，陷崇德，掠塘西、新市、横塘、雙林、烏鎮、菱湖諸鎮。巡撫李天寵束手無策，總督張經駐嘉興，破倭於王江涇。趙文華視師，以縱寇劾經，逮經及天寵，以巡按御史胡宗憲代天寵，又以周琉代經。未幾罷，琉以楊宜爲總督。三十五年，倭衆數千自乍浦入，欲犯杭州。遊擊將軍宗禮帥兵戰於皂角林，大捷，賊稱爲神兵。嗣後倭不敢犯浙。

又《杞梁妻》 不知誰作。演杞梁妻哭倒長城事。考《左傳》，杞梁即杞殖，未嘗有長城事。其源起於樂府，真贋未可知。而世傳孟姜女事，婦孺皆習熟以爲故實，作者本之。《金罍子》云：何燕泉謂杞植，字梁，春秋齊人。距趙及秦築長城時，不啻數百年。而《列女傳》及《樂府注》所謂城頹，乃杞都城，非長城也，秦、趙所築，去杞不啻千數里。唐僧貫休《賦杞梁妻》云：秦之無道兮四海枯，築長城兮遮北胡。築人築土一萬里，杞梁貞婦啼烏烏。二事打合成調，不知何據。予按貫休《賦杞梁妻》事正無據，而誤亦有因。秦築長城，以拒胡。齊亦嘗築長城，以備楚。《括地志》云：齊長城，西北起濟州平陰縣，緣河，歷太山北岡。上經濟州、淄州，即西南兖州博城縣北。東至密州瑯琊臺入海。而《齊記》以爲齊宣王築，《竹書紀年》曰齊閔王，不知的自何時，但既曰備楚，則楚之抗衡中國，宜莫甚於春秋。蓋春秋齊既有之，其杞梁妻哭而頹者，即齊之長城。澒洞相傳，世遂以爲秦之長城。而詩家不考所出，并未審梁何時何人，死於何事，便以爲死於秦築長城之役。今遼東前屯衛中所芝麻灣有石人立海澨，若世所謂望夫石者。而世又相傳以爲杞梁妻孟姜者，哭夫死，因葬於此，則影響附會，而形音逾失其真者也。

又《長城記》 杞梁妻事，本之樂府，有弋陽腔，專演杞梁妻哭倒長城者，其事迹已詳《杞梁妻》劇中，此《記》又多增飾。按《孟子》華周杞梁之妻，善哭其夫，即《左傳》所載杞殖之妻也。杞殖蓋齊大夫，其長城必在齊地，今山東長清縣，尚有長城故迹。所謂杞婦摧城，當是指此。殖妻乃齊女，故相傳以爲姜氏也。樂府《杞梁妻》，則指後世築長城事。今遼東有孟姜女廟，疑本於此。此劇以爲築長城臨洮，則更與遼東相去懸絶矣。劇中又云與趙惠王墓相近，則又應在直隸山西邊地，不宜指爲臨洮。蓋作者不明地理，但知長城萬里起臨洮屬之遼東，皆可通稱，而不知地界睽隔，不宜妄牽引也。《孟子》云杞梁，《左傳》云杞殖，今云范殖，字杞梁，杞州人氏。其妻姓許，字孟姜，蓋本之稗史雜記，不免傳訛，然皆有因，非同烏有。蒙恬築長城，出於正史。盧生入海得玉函，函中有詩，蓋影射祖龍、滈池君及二世亡秦之説。秦皇令趙嬰訪和氏連城之璧，杞梁入趙惠王墓，得之以獻。此類隋《開河記》中入宋襄公墓事。趙嬰無其人，秦有子嬰，秦趙同姓，蓋因此附會也。蒙恬以杞梁禱神，掘三丈坎埋之。又因孟姜女摧城，懸之百尺長竿，令人射殺。皆空中樓閣，故作極危險事，以表其夫婦團聚之難。孟姜萬里尋夫，俗傳甚著。衝雪遇虎，備極形容。杞梁弟善送嫂還母家，至中途，嫂自去。後嫂家不見女回，而中途有殺死婦人，嫂家因訟叔奸嫂不遂，將嫂殺死，叔坐重辟。後遇廉明官審出，其嫂蓋被人誆去，而殺他婦人以淆耳目者。此事本《龍圖公案》。杞梁兄弟當輪一人役，其母曹氏決令長者，云少者妾所生，長者己所生，寧役己子。此事本元人雜劇。趙嬰欲得和璧，許獻璧者，以女珠兒妻之。杞梁獻璧，嬰欲妻以女，杞梁以己有妻，遂令弟善爲嬰婿。亦是點綴好看，不必有着落也。

又《訪友記》 不知何人作。記梁山伯訪祝英臺事，相傳最久，故詞名有〔祝英臺近〕。而南中人指蝴蝶雙飛者，爲梁山伯、祝英臺，亦因此也。英臺或云上虞人，或云宜興人。《寧波府志》云：義婦冢在寧波府西十六里，晋梁處仁及祝氏英臺合葬處也。處仁，字山伯，家會稽。少遊學，道逢祝氏子，同往肆業者三年。祝先返，後二年，山伯方歸。訪之上虞，始知祝乃女子也，名曰英臺。踵門引見，詩酒而別。山伯退慕其清白，告父母求姻。時，祝已許鄮城馬氏，弗遂。山伯後爲鄮令，嬰疾不起，遺命葬於鄮城西清道原。明年，祝適馬氏，舟經墓所，風濤不能前。英臺聞有山伯墓，臨冢哀慟，地裂而埋璧焉。從者驚引其裾，片片飛去。馬氏遂言於官，欲發冢。有巨蛇守護，不果。事聞於朝，丞相謝安奏封義婦冢。安帝時，孫恩寇鄮。太尉劉裕夢山伯效力却賊，奏封義忠王，立廟祀之。《地圖綜要》云：國山善卷洞，有祝英臺故宅。《常州府志》云：祝陵在宜興善權山，其崖有巨石，刻云祝英臺讀書處，號碧鮮庵。俗傳英臺本女子，幼與梁山伯共學，後化爲蝶。

又《卧冰記》 不知何人所作。按王祥卧冰等事，俱載《晋書》。第十三齣祥母命祥往海州鬻絹，爲盜所擄，而覽挺身求代，此係撮撰。又祥應吕虔之辟，其母已卒，劇中所演亦不合。《王祥傳》云：祥，字休徵，瑯琊臨沂人。祥性至孝，早喪親。繼母朱氏，不慈，數譖之，由是失愛於父。每使掃除牛下，祥愈恭謹。父母有疾，衣不解帶，湯藥必親嘗。母常欲生魚，時天寒冰凍，祥解衣，將剖冰求之。冰忽自解，雙鯉躍出，持之而歸。又思黄雀炙，有黄雀數十飛入其幕，復以供母。鄉里驚嘆，以爲孝感所致焉。有丹柰結實，母命守之。每風雨，祥輒抱樹而泣。其篤孝純至如此。漢末遭亂，扶母携弟覽，避地廬江，隱居三十年，不應州郡之命。母終，居喪毁瘁，杖而後起。徐州刺史吕虔檄爲别駕，祥年垂耳順，固辭不受。覽勸之，爲具車牛，祥乃應召。《王覽傳》云：覽母朱，遇祥無道。覽年數歲，見祥被楚撻，輒涕泣抱持。至於成童，每諫其母。其母少止凶虐。朱屢以非理使祥，覽輒與祥俱。又虐使祥妻，覽妻亦趨而共之。朱患之，乃止。祥喪父之後，漸有時譽。朱深疾之，密使鴆祥。覽知之，徑起取酒。祥疑其有毒，争而不與。朱遽奪反之。自後朱賜祥饌，覽輒先嘗。朱懼覽致斃，遂止。

又《節孝記》 所記黄孝子事，見於《一統志》、《正德郡志》及《南城縣志》諸書。然志所載甚略，而此《記》頗詳。或其同鄉之人，細核事迹而爲之，未可知也。南城人黄普，字文博，宋末爲統制。妻陳氏，子覺經。覺經方五歲，普與同里曾友之聯姻。元兵至江西，普偕胡楚材倡集義兵，保護城池，爲元將萬户木華黎所殺。華黎又掠得陳氏，欲納爲妾。陳氏守節抗駡，華黎將殺之。其母太宜人救免，令給事左右，常保持不使受污。覺經失父母，其僕陳容夫婦撫養成人。及長，辭别老僕，遍遊四方。尋親所歷之地，豫冀、關隴、巴蜀、滇池、大理、金齒、龍番、九寨、五羊、七閩、八桂、兩浙、長淮、清通、大都輦下，復過臨濠、集慶、冀州，又至湖廣，備閲艱苦。至鸚鵡洲，遇老客姜半仙，以夢中所記《西江月》詞，乞爲詳解，得汝州春店四字。覺經依其言，尋至汝州，果遇其母。適有朝旨，俘獲人口，悉放還鄉，令親人認取。覺經遂奉母歸。其所聘曾女慶貞，父逼改嫁不從，守節數十年，竟爲夫婦。據此則普夫婦及曾氏，皆當大書特書。今《郡邑志》止及覺經，《忠義傳》中有楚材，無普。《列女傳》中亦無陳氏、曾氏，疑多粉飾成關目也。胡楚材，《志》作吴楚材，應從《志》。《南城縣志》：吴楚材，名炎，以字行，贈朝奉郎。德祐元年，建昌降。明年春，楚材還其鄉嶺，糾集民兵。既失利，且乏援，元兵誘降。其衆多解去，楚材走光澤，爲人所執。及其子應登以獻，郡遣録事婁南良訊之，曰：汝何錯舉。楚材抗聲曰：不錯。不錯。如府録所爲，乃大錯耳。府録受宋官爵，今乃爲敵用事，還思身上緑袍，自何而得。吾一鄙儒特爲忠義所激，爲國出力，事雖不成，正不錯也。南良愧而語塞。及吴浚爲江西制置招討使，斬楚材父子，傳首諸邑。益王立於福州，聞而哀之，贈官朝奉郎，即邵武境上立廟，賜名忠勇。《一統志》：黄覺經，字一真。五歲，因亂失母。稍長，誓天誦佛書，願求母所在。乃渡江涉淮，行乞而往。衝風冒雨，備歷艱苦。凡三十八年，至汝州梁縣，得之。至治中，旌表門閭。按此劇與《萬里圓》俱謂之黄孝子，世俗相傳，遂以此爲江西黄孝子，《萬里圓》爲蘇州黄孝子，以示分别云。按《詳夢》一折，最爲動人。然《志》中初不載，恐未的確。明天順、成化間有文安縣孝子王原，尋親至登州，得一夢。寺僧爲詳解，後如其言，遇父於河南之蘇門山。恐作者傳聞，合兩事爲一事也。

又《千祥記》 不知誰作。大略云：洛陽賈鳳鳴者，曾爲梁州太守，辭官隱居，中郎將袁盎薦爲長沙知府。年近八十，娶妾施玉娥，歡會於千祥軒内。生子名誼，長沙士大夫因設酒於千祥軒致賀。有太僕卿柳國忠者，戲語云：笑殺長沙百萬家。鳳鳴因續成一詩云：八十年來養一娃，笑殺長沙百萬家。若是老夫親骨血，後來依舊管長沙。其後誼爲梁王太傅，兼理長沙府事，迎養父母於郡署。鳳鳴年已百歲，復邀長沙士大夫讌賞，柳國忠仍在坐中。鳳鳴語舊事，共相歡笑。疑此《記》乃爲耆年生子者解嘲，而嫁名於賈誼之父也。明武宗時，福建同安人林瀚爲南京兵部尚書，參贊軍務，年逾七十生子，取名庭機。至萬曆初，庭機亦官南京兵部尚書，與命名之意適相符合，事頗有類於此。按《賈誼傳》，未嘗載其父名，亦無爲二千石之説。且誼爲梁王太傅，又嘗爲長沙王太傅。長沙在今湖廣，梁在今河南，相去一二千里，不容紐合。《記》云以梁太傅兼理長沙府事，又叙梁王自白云長沙梁王，是以梁爲國名，而其封乃在長沙。非特與《漢史》背馳，於地理亦太疏謬矣。梁王左妃失寵，求誼作賦以獻，復得寵幸。是借用司馬相如爲陳皇后作《長門賦》事。至於施玉娥展靈旗等，皆係空中樓閣。唯言河南太守吴公拜爲廷尉，特薦誼才，與本傳相合。

又《紫金魚》 未知誰作。中引定興王木清泰，唐時本無其人，乃屠隆《曇花記》中造出名字。屠隆，萬曆間人。作此者，當更在其後也。李、郭爲婚，蓋意揣當然，而非事實。元宵看燈，郭女失去，魚朝恩抱入宫中，張良娣育爲公主，則借用宋時王寀事也。略言：李光弼與郭子儀指腹爲婚，李以上賜紫金魚，郭以上賜玉帶，贈爲聘答之物。李生子名天馨，郭生女，元宵看燈失去。天馨年長登第，朝廷選爲駙馬。獅蠻作亂，征剿立功，造承恩坊。郭子儀、魚朝恩陪宴，子儀席間感嘆失女，朝恩言抱女入宫本末，始知公主即郭女云。岳珂《桯史》：宋神宗朝，王襄敏公韶在京師，會元夕張燈，家人皆步出，將帷觀焉。幼子寀，行第十三，方能言，珠帽錄服，憑肩以從。至宣德門，上方御樓，簫鼓雷動，士女仰觀，喧擁闐咽。轉盼已失所在，騶御皆恇懼不知所爲。家人不復至帷所，狼狽歸，未敢白，請捕。襄敏訝其反之亟，問知其爲失南陔。南陔，寀自號也。公曰：他人當遂訪，若吾十三子，必能自歸。家人咸叵測。居旬日，内出犢車至襄敏第，有中大人下宣旨，抱南陔出車中。家人驚喜迎拜。天語既定，問南陔以所之，乃知是日奸人利其服裝，自第中已竊迹其後，既負而趨。南陔覺負己者之異，亟納珠帽於懷。適内家車數乘將入東華，南陔過之，攀幰呼焉。中大人悦其娟秀，抱置之膝。翌早，擁之上閣，以爲宜男之祥。上問以誰氏子，竦然對曰：兒乃王韶之幼子也。具道所以。上以其占對不凡，令暫留欽聖鞠視。密詔開封捕賊，盡戮之。乃命載以歸。且以具獄示襄敏，賜壓驚金犀錢果，直巨萬。

又《雙璧記》 未知撰人。記宋朝焦狀元事。粗得影響，而附會成之。略云：有焦文玉者，嘗捐館金以脱人之死。且其妻爲娶妾，而文玉未嘗與同衾，迨妻孿生二子，文玉始與妾生一子。妻之長子韜，中文狀元；次子略，中武狀元；妾之子熄，中武探花。以見文玉長厚，雙生連璧，乃談因果勸善之意也。情節俱係生造，惟焦狀元是實事，但焦名蹈，非韜，誤其音耳。《文獻通考》：神宗元豐八年，進士四百八十五人，省元焦蹈，狀元同。《事文類聚》：元豐八年，尚書户部侍郎權知貢舉開寶寺寓禮部貢院，夜四鼓火，翟曼、陳之方、馬希孟皆焚死。其後别試，焦蹈爲魁。諺云：不因南省火，安得狀元焦。陳繹，《金罍子》云：宋元豐間，開寶寺寓禮部貢院火，其後别試，乃更得焦蹈爲魁。故時有不緣南省火，焉得狀元焦之句。天順癸未，禮闈亦灾。時御史焦顯爲監試官，好事者亦爲之詩云：先兆或從焦御史，未然奎焰可爲灾。兩事偶相似也。《記》中火焚貢院，復開科試，正其事也。明萬曆十七年己丑科狀元焦竑，字弱侯，江寧老名士，素有文名，作者或是此時人。因焦狀元而記及焦蹈，考核不真，遂曰焦韜也。

又《百壽圖》 一名《柏壽圖》，不知何人所作。所演趙璋女月香，本之《今古奇觀》兩縣令競義婚孤女事。而改前令石璧爲趙璋，又改後令鍾離義爲寇準。然據《厚德録》，則鍾離君本失其名，義字乃小説添出。其前令及前令之女，亦失書其姓。石璧與月香，亦小説所添出也。劇以《百壽圖》標名，謂貴戚曹大本家之畫圖，被盜失去。而賈昌有祖傳《柏壽圖》，幾至李代桃僵。趙璋辯其誣而出之，因獲罪於權貴，以得重禍。此非傳奇中要緊關目，似不如取競婚之意爲名也。宋李元綱《厚德録》：江南有國日，有縣令鍾離君，與鄰縣令許君結婚。鍾離女將出，適買一婢以從嫁。一日，其婢執箕帚治地，至堂前，熟視地之窊處，惻然泪下。鍾離君適見，怪問之。婢泣曰：幼時我父於此穴地爲毬窩，道我戲劇。歲久矣，而窊處未改。鍾離君驚曰：而父何人。婢曰：我父乃兩政前縣令也。身死家破，我遂落尼間，更賣爲婢。鍾離君遽呼牙儈問之，復咨於老吏，具得其實。是時，許令子納采有日，鍾離君遽以書抵許氏，而止其子，且曰：吾買得前令之女，吾特憐而悲之，義不可久辱。當輟吾女之奩篚，先求婿以嫁前令之女也。更俟一年，別爲吾女營辦嫁資，以歸君子，可乎。許答書曰：蘧伯玉耻獨爲君子，君何自專仁義，願以前令之女配吾子。然後君別求良配，以嫁君女。於是前令之女卒歸許氏。此等事，前輩之所常行，今則不可得而見矣。又按《宋史·陳規傳》：規嘗爲女求從婢，得一婦，甚閒雅，怪而詢之，乃雲夢張貢士女也。亂離夫死，無所托，鬻身求活。規即輟女奩嫁之。聞者感泣。事亦相類。又按《搜神記》：趙明甫令蒲，爲女覓一女僕。忽掃庭而流涕，問其何故，女僕曰：某父嘗爲此邑令，遭亂離，被人掠賣，以至於斯。令乃輟女奩具，先嫁之。據劇云：江左趙璋，字瑶京，由貢士爲江州德化縣尹。妻曾氏，已故。遺女月香，蹴踘滾入穴中，用水浮之而出。國戚曹大本，失去《百壽圖》一軸，令所在張檄緝捕。又遍放私債，令州縣官催討。商民賈昌有祖傳《柏壽圖》，王維所畫。妻弟谷六痴，怒昌不恤，遂首昌盜畫。璋呼詰不符，縱昌不問。又醫人華直等，以徵債事，具呈於縣。璋遍召負曹債者，取曹券當堂燬之。又捶曹所遣役，役乃構禍，罷璋官，且追璋抵償債銀五千兩。璋忿，欲服藥自盡。華直以藥與之，服立死。後負而遠遁，用藥解之，復生，乃相與僑居太原。賈昌見璋亡，監司押賣其女，乃出三百金買歸，屬妻谷氏好待。昌後賈販於外，谷氏聽弟謀，鬻月香於令，其令乃寇準也。其女字上高令狄誼子，將嫁而買婢，及得月香，詢知前令之子，作書與誼，以璋女嫁其侄原。賈昌商歸，其妻誑以月香已死。昌詰而得其情，忿怒遠出，改名甄義。抵太原，與璋及華直遇，三人共居。六痴誑姊覓夫，挈至太原。時，直勸義納繼室，六痴不知即昌，乃與媒計，以姊嫁之。誘姊云：已覓得昌所在。輿入其寓，己即挾資以竄。谷氏入，則見昌方娶婦。昌又以爲婦轉嫁也，反目大鬨，直等爲和解之。狄原赴舉擢第，以璋故，力攻大本，言其私交趙元昊，黜退。原復爲璋辨雪，復其官，父女翁婿乃獲相聚。

又《瓊林宴》 不知誰作。其事迹似《龍圖公案》。而《公案》無此事，蓋皆附會成編也。言延安范仲虞，字舜臣。妻陸玉貞，子錦。汴京開科，仲虞賣驢作費，全家赴汴，訪婦弟陸榮。榮母吴氏，其夫故將軍也。榮習武而貧，幼與太尉葛登雲聯姻。登雲知陸貧，甚悔。會生日，榮到門，欲入爲壽。登雲大怒，誣爲盜黨，置之獄。初，仲虞行至中途，忽遇虎，銜錦去。榮方樵，見虎銜人，打虎救錦還。始知爲甥也，留家中侍母。未幾，爲登雲誣陷，而錦仍侍吴氏。登雲出獵，遇虎銜錦去。仲虞適他往，唯玉貞在。登雲見玉貞美，强歸家，欲逼爲妾。玉貞不從，乃羈葛府中。仲虞求妻不遇，入汴應試。試畢，聞妻在葛府，乃造登雲往索。登雲抵言無有，以好待之，而夜遣人打殺仲虞，用大箱盛之，投諸曠野。途遇報録者，叫唤狀元范仲虞，乃棄之而去。仲虞幸不死，從箱中出，風狂不省人事。獨念妻冤抑，數闖開封府，屢斥不去。登雲之殺仲虞也，其婢知之，以告玉貞，玉貞慟哭。登雲妻及女艷珠聞而憫其冤，啓後門縱之去。爲登雲所覺，遣人追及，勒殺於路旁。土地知其冤，化爲老人，訴於開封府。吴氏嘗遣僕可福擔本覓利，有穆倫者，取其財而殺之。穆倫買仲虞之驢，其子騎入開封。驢見登雲殺玉貞，瘞路旁，竟三突開封府。榮母吴氏知榮之爲登雲誣陷也，亦率范錦訴冤於開封。開封尹即包龍圖拯也，念驢叩府，必當有奇冤。遣吏跟尋，至土地祠旁，向地數嗅，掘得婦人屍。又縱驢行，直至穆倫家，禽倫赴鞫。倫供殺陸僕可福。拯詢吴氏，語相符，遂殺倫償可福命。而婦人死案未白也，拯受老人訴，遣吏隨老人至土地祠，不復見。拯念老人即土地也，命撻土地赴審。

土地言婦人枉死狀，拯用還魂枕，令婦人復生。玉貞乃詳述登雲逼殺始末。拯令吳氏及錦與玉貞相見，而仲虞狂疾亦瘳，拯令背所試文，皆記憶，乃具奏。仍以仲虞爲狀元，錦亦賜甲第。登雲被戮，艷珠仍歸陸榮。時因狀元失去，瓊林宴未舉，久之得仲虞，乃舉宴，故標名曰《瓊林宴》云。

又《珍珠記》 一名《珍珠米糷記》，不知何人所作。《記》稱洛陽高文舉負欠官銀，不能償。有王百萬，年暮無子，慨捨家財，於十字街頭救濟貧困，適遇文舉，奇其狀貌，邀之至家，以女金真妻之。後文舉上京應試，得中狀元。適奸相温閣者，有次女未字，竟逼贅文舉爲婿。文舉念王氏恩重，暗遣張千持書迎之。張千携書，爲温氏所見，拆改語意。致張千至洛，爲王百萬合家痛毆。王金真以夫婦臨別時盟誓真切，料文舉必不負心，親至京訪之。值文舉召入内院，數月未回。張千銜前忿，構金真於温氏前。温氏遂將金真剪髮剥鞋，執澆花掃地之役。賴老奴左右之，幸得不死。後文舉自内院歸，獨卧書室，偶思食米糷。老奴進之，文舉訝其味似金真所造，又於米糷中得珍珠半顆，認係臨別時與金真各分一半之物，遂根問老奴。老奴含胡以應。至晚，密令金真代至書室掃地，始得與文舉相會。文舉以力不能救，導之逾墻而出，赴包龍圖告理。翌日，包拯審明具奏，詔謫温閣，斬張千，許令王金真亦將温氏剪髮剥鞋，執澆花掃地之役。王金真遂將温氏鎖繫轎前，直至洛陽。賴王百萬夫婦苦勸，金真與結爲姊妹，共事文舉終身焉。按《記》内情事荒唐，大略本於世俗所謂《龍圖公案》，而實白村鄙，乃弋陽曲之最下者。

又《斷烏盆》 小説有《龍圖公案》者，凡世俗相傳没頭腦對證之事，問官審究得實。或辨明冤枉，或誅戮奸凶。大抵假托於鬼神夢卜者居多，而一切歸之於包拯，於是有包龍圖日斷陽夜斷陰之説。其事有載於他書者，有傳於案讞者，亦有憑空杜撰全無根據者。行世已久，傳奇家往往採摭以作劇，烏盆子亦其一也。略言：拯守定州時，揚州富人李浩，至定州買賣，嘗醉卧城外，有丁千、丁萬者，奪浩囊金而殺之，火焚其屍，搗骨雜泥土，燒作瓦盆，賣與王老。一日，王老小遺，盆子叫屈，細述被殺緣由。王老遂携盆出首。拯呼瓦盆問之，寂然無聲，怒責王老。王老歸，甚怨恨。而瓦盆復叫冤，言借一衣掩蓋，便可見天日。王老復携盆謁拯。拯問，瓦盆歷訴冤情。拘千、萬兩人勘問，不承。又拘兩人妻究問，供所奪浩金見埋墻内，兩人乃服罪。今劇中云符召其家鍾馗等，問明此事，則又加增飾，以爲龍圖斷陰之證據也。

又《題塔記》 梁灝事，流傳已久。演傳奇者，亦不一而足。或曰《題塔》，或曰《青袍》，或曰《折桂》，或曰《不伏老》。關目波瀾，互相同異。總以晚年登第，父子狀元。未遇之士，借以自慰。且風勵天下讀書應舉，毋半途遂廢，此作者意也。唐時新進士讌集曲江，必題名雁塔，故曰《題塔記》。王禹偁、賈同皆文學知名，串入相映帶。灝依禹偁爲學，近於弟子。劇以爲兒女姻家，亦是傅會。且禹偁太平興國中登第，年不甚長。灝其後輩，至雍熙成名，恐無天福應舉之説。按《宋史·梁灝傳》：灝，字太素，鄆州須城人。王禹偁始舉鄉貢，灝依以爲學，大加器賞。初，舉進士不中第，留闕下，獻疏極言設科之選，所取不出於詩賦策論，丘園之下，豈無宏才茂德之士哉。疏上不報。雍熙二年，復舉進士，廷試日，太宗詔陞殿，詢其門第，賜甲科。真宗初，詔群臣言事。灝時使陝西，途中作《聽政箴》以獻。後又使河北還，以爲翰林學士。灝美風姿，强力少疾，閨門雍睦。與人交，久而無改，士大夫多之。卒年九十二。子固，字仲堅。初，以遺蔭賜進士出身，服闋，詣登聞院，讓前命，願赴鄉舉。許之。大中祥符元年，舉服勤詞學科，擢甲第。此灝父子俱登首甲，載在史傳之可考者。至他書所録，其及第謝啓則云：皓首窮經，少伏生之八歲；青雲得路，多太公之二年。其謝恩詩則云：天福三年來應舉，雍熙二載始成名。饒他白髮巾中滿，且喜青雲足下生。觀榜更無朋輩在，到家惟有子孫迎。也知年少登科好，争奈龍頭屬老成。雅俗相傳，用爲佳話。蓋自後晋天福二年，歷後漢、後周，而至宋雍熙二年，前後共四十八年矣。明人《不伏老》雜劇，已極摹畫其老而益堅之志。其同時應舉，則有賈同。同先得官，而灝不就。本中情節，與此相符。至如王禹偁以私議孝章皇后禮儀，遂坐謗訕，罷知滁州，亦載本傳。唯流落延鄜一節，似從灝下第羞歸生出。扈蹕北征一節，似從灝奉使陝西生出。隨手撮撰，不盡合於正史云。

又《破窑記》 元王實甫、關漢卿皆有《呂蒙正風雪破窑記》，馬致遠又有《呂蒙正風雪齋後鐘》。今所行《破窑記》，未知誰本。考《水東日記》，所載相府退衙一段，今本無有。則此《記》非元時本，或是明時人删改，或是另作，未可定也。因劇中有綵樓選婿一事，又謂之《綵樓記》云。飯後鐘本王播事，今借用。宋宰相無劉懋，蒙正母乃劉氏也。《文獻通考》：太宗太平興國二年，進士一百九人，狀元呂蒙正。《堯山堂外紀》：呂蒙正父龜圖，好内寵，蒙正與母劉氏俱被出，因淪躓窘乏。或謂其嘗處破窑中自嘆，有撥盡寒爐一夜灰之句。他日相府退衙，片雪沾衣，欲斬執役人。其妻因舉撥灰詩諷之。又嘗有《鵲吻》詩曰：獸頭原是一團泥，做盡辛苦人不知。如今擡在青雲裏，却忘當年窑内時。《歸田録》：呂文穆公未第時，薄遊一縣。時，胡大監旦隨其父宰是邑，待呂甚薄。客有喻胡曰：呂公能詩，宜少加禮。胡問警句，客舉曰：挑盡寒燈不成夢。胡笑曰：乃一渴睡漢耳。呂甚恨而去。明年，首中甲科，寄聲於胡曰：渴睡漢狀元及第矣。胡曰：待我明年第二人及第，輸君一籌。既而次榜亦中首選。文穆公，蒙正也。按蒙正詩：十謁朱門九不開，滿頭霜雪却歸來。還家羞對妻兒面，撥盡寒爐一夜灰。與挑燈寒夜句，大略相似，恐因此傅會也。《一統志》：饐瓜亭在河南府城南，下臨伊水。宋呂蒙正微時過此，見賣瓜者，無錢可買。其人偶遺一枚於地，蒙正取食之。後作相，建亭於此，以饐瓜名，示不忘貧賤也。《幕府燕閒録》：呂蒙正方應舉，僦舍建隆觀，沿汴入洛，鑿室而去。自冬涉春方回，啓户視之，床前槐枝叢生，高二三尺。蒙茸合抱。是年登科，十年作相。葉盛《水東日記》：今書坊相傳射利之徒，僞爲小説雜書。南人喜談，如漢小王光武、蔡伯喈邕、楊六使文廣。北人喜談，如繼母大賢等事甚多。農工商販，抄寫繪畫，家畜而人有之。女婦尤所酷好，好事者因目爲《女通鑑》。甚者晉王休徵、宋呂文穆、王龜齡諸名賢，至百般誣飾，作爲戲劇，以爲佐酒樂客之具。意者出於輕薄子一時好惡之爲，如《西厢記》、《碧雲騢》之類。流傳之久，遂以泛濫而莫之救歟。嘗考之呂文穆公微時，渴睡漢、饐瓜亭、寒爐撥灰事，頗見傳記。今從而飾之曰：他日相府退衙，片雪沾衣，欲斬執役人，其妻因反撥灰詩諷之云云。又嘗有《鵲吻》詩諷之曰：獸頭元是一團泥，做盡辛勤誰不知。如今擡在青雲裏，忘却當初窑内時。噫。豈其然乎。《摭言》：唐王播，少孤貧。嘗客揚州惠照寺木蘭院，隨僧齋食。後厭怠，乃齋罷而後擊。後二紀，播自重位出鎮是邦，因訪舊遊。向之題名，皆以碧紗籠其詩。播繼以二絶句曰：三十年前此院遊，木蘭花發院新修。如今再到經行處，樹老無花僧白頭。上堂未了各西東，慚愧闍黎飯後鐘。三十年來塵撲面，如今始得碧紗籠。

又《種種情》 不知何人作。唐吉萃龍爲友柯文巧所誑，百計謀陷，反得成就婚姻，立功受爵，意外得種種遇合，故曰《種種情》。作者之意，欲於朋友一倫，勸善懲惡也。所引蕭銑、劉黑闥等姓名，皆見正史，而事實不符，特借用爲關目耳。略云：吉萃龍，字自天，維揚人。家世儒者，貧無妻室。與同窗友柯文巧字拙生者善。慨交道不古，相與盟於伏魔神像之前。兩人各訂一館，吉之主人在本地，柯則在京口。時，故梁蕭銑之女蕭月仙，踞江上，收拾餘燼，爲恢復計。江中人往往遭劫掠。文巧患之，且以母老往來不便，商之萃龍。萃龍慨然願相易，挈書籍兩箱渡江。爲蕭裨將柳媚娘所劫，憐其書生不殺，取箱而去。萃龍至館，居停乃隋尚書路惟坦也。二子一女，長子逵，婢出，次子義及女花卿，皆嫡出而失母。逵讀書於外家，義以萃龍爲師，甚相得。惟坦亦甚愛萃龍才，欲以女花卿許字，稍嫌其年長，未發口。花卿美而艷，工詩畫。曾在書館壁畫梅一株，爲萃龍所見，甚歆慕。其婢宫春，楊越公素之孫女，遭亂流落，爲路婢。私見萃龍，悦之，思委身焉。告於花卿，花卿許爲轉請於父。柯文巧聞萃龍遭劫，自以爲幸。及至館，主人爲盜所殺，全家被難。文巧亦幾死，失館過江，訪萃龍，蓋欲謀萃龍館也。萃龍竟欲辭其主人以讓之。適逵之岳父死，逵歸而無師。惟坦并延文巧訓逵，遂俱留焉。初，蕭銑之被戮也，其女月仙自縊，帶忽斷，有龍自天降，環繞久之而去。至是劫得萃龍箱，啓視，中有詩文集，自署其姓名曰吉萃龍，字曰自天，以爲此必有天緣。乃作書一通，附以白金百兩，命媚娘物色萃龍，達之而還其箱。會惟坦賓主皆至金山訪僧，萃龍題詩。媚娘見其姓氏，追及還箱，且達書、幣。文巧訶以爲賊，幾爲媚娘所殺。萃龍力請，乃免。歸遇花卿、宫春出賞花，萃龍作詩美之。文巧竊其詩，欲告於惟坦，而逐萃龍。置之几上，會出。宫春偶至館，見而藏之。花卿嘗作叠字詩一帙，謂有能續者，即願許配。宫春欲携付萃龍，遇逵奪去，告於師，欲污蠛其姊。文巧代謀，令陰置萃龍案上，使惟坦見。萃龍信手得之，不知誰作，續和無遺，仍留案間。果爲惟坦見，怒甚，責宫春，飾以水濕欲曬，爲逵奪去。惟坦見續和詩工，又其子義爲師力言，竟以花卿許配萃龍，而使文巧爲媒。文巧雖憤，無可如何也。秋闈應試，褚遂良爲考官，文巧與萃龍鄰號坐。萃龍文早竣，而文巧一字不成，詭稱腹痛，索萃龍卷閲，故失手污之。萃龍以文讓其抄録。榜發，文巧得隽，方驕萃龍，適其房師以賄敗，凡所中式，皆革去而受杖，文巧亦與焉。文巧又嘗置酒招萃龍飲，强之醉。潛往其館，欲竊主人陳設古玩，而誣萃龍以盜。夜入室中，守者執文巧爲盜，痛毆之。而前蕭月仙所寄書，則爲文巧竊得。文巧既遭褫革，在京無聊，聞月仙起兵破閩，朝廷命李衛公靖出榜招智謀之士，赴蕭軍招撫。文巧遂以書出首，謂萃龍與蕭通。請索書觀之，知蕭慕吉，非吉通蕭，乃舉萃龍爲參謀，使往説蕭降。萃龍承命往，蕭使媚娘爲媒，招萃龍爲婿，從則皈依，不從則殺萃龍。萃龍不得已，與成婚。文巧聞之，又首萃龍與逆爲婚，其妻族皆逆黨，欲圖花卿爲己妻也。惟坦、花卿、宮春皆被逮。惟坦次子義挾資奔救，而差官本楊素家將，識宮春爲故主，方爲營釋。值劉黑闥起兵攻破鎮江，大肆屠掠。惟坦一家以被逮入都得免，獨長子逵不顧其父，家居被殺。萃龍既招蕭月仙降，朝命即使率月仙兵征黑闥，伏魔大帝陰助之。黑闥平，萃龍受封爵。惟坦、花卿、宮春皆得釋。花卿、宮春并歸萃龍，與月仙爲姊妹，而不分妻妾。伏魔命周倉攝文巧魂，一一詰責之。文巧伏罪。伏魔使化爲人面虎，至萃龍家乞食，以示報應云。

又《雙鴛佩》 不知何人所作。演馮珏、陸韜與霍素娥、青霞姊妹以雙鴛佩相訂，故以爲名。其事無所出，借賈似道、廖瑩中點綴耳。略云：金陵人馮珏，字比玉，陸韜，字龍士，皆失怙恃。珏父曾官冢宰，與司馬霍匡相善。珏、韜好友楊義忠，字君烈者，應試臨安。賈似道倡公田之議，義忠率諸生擊登聞鼓，奏其失。似道怒而逮之，乃亡入太湖。湖賊花再芳，嘯聚洞庭東西二山，用遁法邪術，官兵不能剿。義忠説使歸正，再芳不從，權依之以避禍。霍匡，字定菴，夫人李氏，生二女，長曰素娥，次曰青霞，皆貌美未字。統制杜仲宣，匡故友也，遣子復美應試臨安，致書求婚，寓匡園亭。匡出雙鴛佩，令復美題咏，句甚俚俗。匡妻以佩付二女，素娥見詩不悦，每恐父輕諾其婚。時，馮珏、陸韜亦與公田奏內，恐似道追緝，并來投匡。匡以同年之子留與復美同寓，亦令和雙鴛佩詩。似道方造十二樓，起半閒堂，與門客廖瑩中及諸姬妾鬭促織爲樂。銜匡首沮公田，見湖賊甚張，遂薦匡督師往剿。賊用妖術禽匡，迫降不從，將殺之。義忠勸止，拘置營中。初，匡女遊園，見二生所和雙鴛佩詩，清麗可喜，姊妹皆屬意。乳媼遂索雙佩以贈二生。復美潛知之，竊陸、韜佩以告匡，匡怒，逐二生。方究二女，會有詔促行，遂倉卒去。復美見匡行，則乘夜入內室，圖誘二女。爲乳媼所辱，與群僕噪而逐之。懷憤而還，私結瑩中謁似道，誣匡賴婚，且言：二女皆絶色，匡已降賊，請籍其家，逮二女，第以一與己，可留其一也。似道從其言。匡僕聞之，告夫人與二女，買舟遁江南。似道使瑩中與復美掩捕之。適珏往探復美，意珏藏匿，擒見似道。珏以言侵之，似道怒，繫之獄中。獄官朱恩，昔爲珏父長班，感其舊德，縱珏出獄，遂自盡。匡妻女避難，素娥方抱疾，中途遇賊黨，與乳媼并棄於岸，而劫夫人與青霞，欲獻再芳。會義忠見之，詢是匡妻女，遂留養橘園，欲乘機送匡同歸。素娥見母、妹被劫，自投於河，爲女真觀道姑所救，留與乳媼權棲觀中。珏之出獄也，道遇賊黨，亦爲所擒，與匡所拘地咫尺。聞匡浩嘆，方與共訴踪迹，適義忠至，詢珏近狀，及被掠之故。珏具言其詳。義忠遂告珏，言匡妻女皆在，惟失素娥。乃令珏出鴛佩，許爲尋覓素娥，而縱珏出營，令速應試。陸韜於女真觀遇乳媼，告以素娥在觀，青霞被掠。立辭乳媼，欲訪青霞。與珏遇逆旅中，韜告珏曾見素娥，珏亦告韜青霞之信，乃同入京應試。而復美與瑩中遍覓二女，不得。一日，見素娥於觀中，乃與僕劫之去。乳媼仆地痛哭。義忠適至，詢其由。乳媼告素娥被劫事。義忠率勇士尾之。復美之意，謂似道必以素娥爲己配也，似道則令瑩中舁入府中，欲以爲妾，復美方大悔恨。而義忠於途中奪之，出珏鴛佩以示素娥，送至橘園，與母、妹相聚。珏、韜入京，虞似道爲難，珏改姓名馬雙玉，陸改龍韜，皆擢高第。似道陪宴瓊林，識珏，仍欲陷之，奏令督師，以韜爲監軍，共剿湖賊。珏、韜致書義忠，令爲内應。義忠勸再芳納款，堅不肯從，遂紿領全軍以對敵，而密詣珏降，邀再芳入營議事。恐其遁去，以鷄犬血灑於地，遂擒再芳，班師入京。義忠奏明匡忠烈狀，詔復原職。珏、韜奏復原名，珏授修撰，韜授編修，義忠授都督同知。而似道爲珏、韜所劾，貶循州校尉。鄭虎臣押解，死於木棉庵。義忠復以雙鴛佩訂盟事奏聞，詔賜二女與珏、韜爲夫婦。

又《幻奇緣》 未知何人作。所演豐瑞兄弟事，謂出東魏時，史傳無其人，蓋鑿空造出也。兄弟兩人姻緣甚幻，故曰《幻奇緣》。中州人豐瑞，字有年，堂弟祥，字有歲，并爲諸生。瑞每夜夢登仕籍，由令作守，遷兖州兵巡道，至山東巡撫。弟每夜夢一丐者拉往求乞。如是各半歲。書童獻計，請畫兩圖，其一曰出賣榮華，其一曰出賣窮神，使書童持入市中。有賈去者，其夢或隨以去。同里巨富董齊，字青疇，妻馮已逝，一女貞貞，與乳娘同居。

齊使賣花取給，謂之花婆，每與貞貞竊議，以齊慳吝特甚，勸導不納，思得一法，鎮壓其財星。適遇書童，乃買其窮神之畫，使貞貞藏於篋。又有松一枝者，貧窶乞丐，而氣甚豪俠，力舉千鈞，善使槍棒。其女福兒，自負才貌，以針指自活。見所賣榮華之幅，取其吉利，買藏篋中。瑞、祥兄弟自此遂不復夢。是時，東魏胡太后握權，西廠内監榮華以剪滅邛州王羽，官銜邛州神武團練使，出鎮關東，壓伏齊梁六鎮。朝廷崇尚釋氏，方作永明閒居寺，親講佛書。奉胡太后懿旨，使榮華賫帑百萬，建造瑶光寺。有鄒之極者，瑞、祥同庠，而齊之表内侄也，欲得貞貞爲妻。齊不允，且詬辱之。之極大恨。之極嘗邀豐氏兄弟賞春於杏花村，瑞於送春之日，邀鄒答席。祥小恙未與，而之極淹留博場，久之未至。適一枝求乞而來，瑞見其氣概軒昂，談吐不凡，留與快飲。迨之極至，見有乞兒在座，以爲輕己，遂與訂仇，乃投榮監於瑶光，出首云：中州秀士豐有年、有歲兄弟，謂上公猖狂亂法，暗謀行刺，所謀不遂。畫圖二幅，寫姓名、官銜，在街坊出賣，肆行無忌。其畫在妻松福兒董貞貞家。華問云何，之極答曰：出賣榮華，榮華者，上公之姓名也。出賣窮神，窮神者，隱邛神二字，邛州神武將軍，上公之官銜也。華以之極盡忠於己，收爲義子，委授七品之職。而立捕其兄弟，酷刑拷訊。使中州牧守發配寧夏衛充軍，并遣卒捕二女入獄。胡太后幸火鷄山，恐承值女士鄉音不通，遣内史屬華買本地女子二人入侍。二女被禁，共商買畫之事，恐一承認，則實豐氏兄弟之罪，定計堅抵無有。而華聽之極謀，竟以二女送入行殿，承值胡太后。於時東山葛榮倡衆作亂，以瑶光財賄山積，引兵襲之，殺華於寺，盡劫其資。且聞胡太后欲幸瑶光寺，建圓滿道場，謀欲劫胡太后駕。太后聞之，不復赴寺。葛榮直逼火鷄山。太后下旨：有退榮兵擒得榮者，不論軍民人等，賜爵一品，食禄萬户。董齊聞其女被禁，正覓一枝相商，何策救女，付五十金俾爲料理。途遇二豐爲解差所扼，自述受之極賄，使在榆林山路殺之。一枝遂殺解差，予二豐以五十金，令入京赴試。轉至驛前，恰遇之極，遂并殺之。與齊同入火鷄山，探二女之信。聞山中大呼有懿旨，召勇士殺賊。一枝即拔一棗樹爲兵器，直前搏殺葛榮，榮兵盡竄。太后還朝，授爲東山鎮守挂印總兵。太后因問二女履歷，二女恐以無夫答，則被留宫中，遂言有夫，名曰豐有年、豐有歲。蒙賜黄金、綵緞，俾其父領出，以歸其夫。及見殿試榜發，榜眼即豐有年，探花即豐有歲。太后大喜，宣問姻事，皆答未聘，太后以爲薄倖，立褫冠帶，令禮部押回，與二女面對。乳娘乃爲二人具述二女被鄒之極陷害，指爲豐氏兄弟之妻。獄中相商，藏畫不認，以出二人之罪。及入宫喚問，恐留不出，乃指夫名以應。二豐乃并認爲妻，自承己誤，求巡按高拔奏明。奉懿旨以福兒配有年，貞貞配有歲。按明汪直開西廠，魏忠賢稱上公，前代無有也，作者當是明末人。

又《白玉環》 不知何人作。事無可考。以高女贈蔡生白玉環，故名。前後落場詩句，并集《西廂記》中語。其關目亦仿佛《西廂》中間閨詞一首，用溪、西、鷄、齊、啼爲韻，而中藏一二三四五六七八九十百千萬兩丈尺雙半字。三十年前，南方盛傳此體，文人墨士，作者甚多。恐是有人見此劇而偶然效之，遂致流傳也。然其原作，甚不爲佳，殆無足取。據云：長安人蔡莧雙，字單撰，世居東溪。年少高才，未有妻室，與同窗田偕行善。莧雙欲就試，乏資，以家傳世寳白玉環一雙，命僕隨遊典賣。千户高月旦者，有一子一女，女名蒲玉，貌美，通詩書，及笄，未字。子名湖龍，尚幼。清明節，月旦挈家祭掃，遇隨遊持環欲售，月旦以厚價得之，付與蒲玉。時，外番十央王、一草王等内侵，朝廷命月旦隨總兵白亦馬出師往討。莧雙試歸，節届端陽，出觀競渡。經月旦門，遇蒲玉，一見目成，移時分散。蒲玉病，田偕行者善醫，即玉之表兄也，玉母延之診視。偕行見其表弟湖龍，年長而未就塾，因薦莧雙爲師。莧雙赴館。蒲玉之婢曰蓮翹，端陽日與蒲玉同見莧雙，且知玉之屬意也，告玉。玉方作詩懷所見，詩置杯底。蓮翹取杯貯茶送莧雙，而詩黏杯底，誤入雙手。雙狂喜而和之，欲托蓮翹轉達而未付。湖龍竊紙，使其姊剪馬爲戲，亦誤竊雙詩。玉與己作溪、西、鷄、齊、啼詩同置書中。湖龍復誤取玉作歸雙。雙以玉眷己之至也，告諸蓮翹。翹使作簡約玉私會。玉得簡怒甚，欲責蓮翹。雙聞之，積想成疾，疾且危。翹以告玉，玉大憐愍，遂約雙夜會於書齋。玉以白玉環贈雙，爲終身之訂。是夜，爲其母所覺。將近中秋，具脩脯，附以贐儀，陰辭雙。雙不得已辭歸。月夜方思玉不置，而偕行來邀飲，醉後出遊，不覺遺環。月旦凱旋，得環於路，心疑其女，將欲拷蓮翹。會朝命至，陞江南總兵，即日挈眷同行。莧雙失環，鬱鬱不樂。偕行來勸，同遊江上觀燈。遇月旦，兩人同求見。月旦愛莧雙才，留署中。未幾應試，莧雙、偕行皆得第。雙囑偕行爲媒，求蒲玉爲婦，月旦欣然應允。合巹之夕，重出玉環，各言始終得失，以爲前緣定數，不偶然也。

又《珊瑚釧》 不知何人所作。所演秦一木遇段如圭事，具見《西湖記》中。而改作《珊瑚釧》者，《西湖記》云拾得珊瑚樹，於理未協，此處改换爲是。其關目亦屢有異同處，應并存也。巫山秦一木，已登秋榜，未有子嗣。辭妻葉氏，遊學杭州，寓姚愛溪客店。春色融和，買艇遊西湖。適段百萬名人言者，挈子奇聞、女如圭出遊孤山放鶴亭。如圭顧秦生留意。天暮風雨，匆遽散去，遺失珊瑚寶釧，秦生拾之。乃倩姚愛溪、弓佳之二人薦入段宅傭書，改名何易，遣僕秦旺歸家。奇聞性痴騃，畏父師督課，每倩秦生代作文，則父師大悦，一日不能離秦生。偶偕其姊於書室外鬬百草，秦生誘奇聞去，突出見如圭，叙相慕之意，以還珊瑚釧爲辭。奇聞忽衝散，不勝悵怏。葉氏令秦旺寄書，促生會試。生方以戀如圭致病，如圭憐之，以厚實胭脂五枚、花一枝、檀香等一把封付奇聞，詭云海上仙方，付生治病。奇聞願秦生病愈，代己作文，不疑姊之有私也。秦生與姚愛溪詳謎，愛溪指出，約於後花園相等。夜至園中，如圭果來。而頗持正論，不肯苟合。請俟來春會試得隽，倩媒合婚。乃復以珊瑚釧贈生，并銀十兩爲旅資，遂偕秦旺歸家。入京會試，探花及第，告假祭祖娶妾。同年全其美授仁和知縣，秦生以珊瑚釧付之，即爲聘如圭之禮。其美抵任，富豪成尚難謀娶如圭，人言已允。而如圭堅守秦約，尚難控縣。全其美受秦生之托，以爲六禮未行，勒捐八字不還，反告悔賴人妻，將尚難責遣，而出秦生珊瑚釧以聘如圭。於是人言備奩具送至秦生家。正妻葉氏不得已而納之，其後歡好無間云。

又《金貂記》 按《唐書·薛仁貴傳》：仁貴，絳州龍門人。少貧賤，以田爲業。妻柳曰：今天子自征遼東，求猛將，君盍圖功名以自顯。乃應募，立奇功，遷右領軍中郎將。顯慶三年，詔副程名振經略遼東，破高麗於貴端城。明年，遇高麗大將温沙多門，生擒之，拜左武衛將軍，封河東縣男。未幾，高麗餘衆復叛，出爲鷄林道總管。坐事貶象州，會赦還。帝思其功，乃召見。又按《高麗傳》：顯慶龍朔中，仁貴數與高麗戰，數有功。及破平壤，剖其地爲都督府者九，而以仁貴爲都護總兵，鎮之。又按《尉遲敬德傳》：敬德，性悻直，頗以功自負，嘗侍宴慶善宫。有班其上者，敬德曰：爾何功，坐我上。任城王道宗解喻之，敬德勃然，擊道宗目，幾眇。太宗不懌，敬德頓首謝。及帝討高麗，敬德上言諫，不納。詔以本官行太常卿，爲左一馬軍總管。師還，復致仕。又按《宗室·道宗傳》：帝將討高麗，詟州都督張儉不敢深入。道宗請以百騎往，且約還期。帝曰：賁育之勇何以過此。及從李勣戰，亦數著奇績，不聞有誣構仁貴一事。今本中所演，與正史殊多不合。鎖陽城之被困，既各傳俱不載，而敬德黜免歸田，佯疾自廢，作者於此極意模寫，或採諸野史，或别有寄托，俱未可考。其誣譭道宗處，似從敬德慶善宫争功一節，曲意點綴而出。此亦傳奇家借以抑揚，用成關目云。其曰《金貂記》者，言太宗得白袍將之救，賜以金貂，而不知其姓名。後仁貴貧窘，以金貂賣於人，其人持此以獻於太宗，乃憶當時所賜陣中救主之將。於是仁貴之功得白，故以爲標目也。

又《狀元香》 不知何人所作。演蔡襄造洛陽橋事，與《四美記》詳略互異。謂襄母誦普門大士號十萬遍，以香瓣識之。襄得狀元，故名《狀元香》。關目最荒幻。按《廣輿記》諸書，洛陽江在福建泉州府晋江縣，唐宣宗微行至此，覽山川之勝，嘆曰：大類吾洛陽。因名洛陽。橋在府東北，跨洛陽江，一名萬安橋，郡守蔡襄建。其事詳襄自記及《愼蒙志》，録載於後。又有以爲蔡錫事者，已辨證於《四美記》中矣。按襄曾爲泉州郡守，建洛陽橋。劇稱八閩安撫，非是。又按史，仁宗至和二年，以趙抃爲殿中侍御史，抃彈劾不避權倖，聲稱凜然。京師目爲鐵面御史。又包拯事，屢見諸劇，此云爲浙閩採訪使，亦係捏造附會。據云：泉州蔡襄，母張氏，嘗夢神令持誦大悲觀世音菩薩，滿十萬，當生子作狀元。遂如法持誦，每千遍，以信香一瓣記之。香滿百，果有身。三月而夫已逝，送葬，渡洛陽江，遇風，舟將覆。空中語云：船中有蔡狀元。風遂息。同舟無蔡姓者，母感神祐，許他日生子建橋，以濟行人。及生襄，既長，母出香，告以故。命入京應試，遇大士像，即焚此香。時太尉刁戩擅權，子鉦居泉州，造渡船二隻，踞東西岸，婪詐渡者，甚且劫財漁色。襄母同襄妻吴氏過渡，索詐不已。劫吴氏歸，鉦見其美，逼之，不從，撲死，沉屍於海。洛陽龍神奉大士旨，救蘇，養於宫，爲己女。張氏知媳遇害，欲自盡，爲府吏夏龍勸止。語以浙閩採訪使包拯將到，宜往控告。張乃北上。會拯微行入閩，過洛陽渡。鉦索渡錢，不敷，縛懸於廠。夏龍過而解之，拉至酒肆，悉鉦凶惡。拯出使印示之，命龍隨後來京，以爲款證。襄擢狀元，奉母命奉請建橋。刁戩恐橋成，其子失利。乃誣襄欲通倭，褫職回籍。遇母於觀音庵。戩遣卒尾害襄，卒入庵，張氏喊救，被踢死。襄逸出，遺衣，給卒取，乃得脱去。張氏得大士救蘇，謂子被殺，赴闕鳴冤，以無證下獄。襄不知母復生，亦詣闕上書。朝廷以母子皆誣奏，皆命處決。會拯至京，劾刁父子害襄狀。旨以拯越期出位，與襄母子俱付法司，遣司禮監潘隆同法司趙抃於午門審鞫。數賂隆左袒，而抃執法不徇，夏龍又途獲殺襄之卒，以爲證襄冤，乃白。拯復原官，襄授八閩安撫使，母封一品夫人，妻贈貞烈夫人，數父子伏法。襄因奏請設法建橋，不支國帑，朝旨褒嘉，即日赴任鳩工，而潮水衝涌，不能下礎。襄移文檄泉州府，化於龍王廟中，懇停潮三日。初，夏龍除惡有功，同事相慶，號曰得海。泉守見檄，謂須人下海，乃集衆役，詢何人下得海。龍謂呼其號，遽出應命。及令以文入海，乃泣别妻子，醉卧海厓。巡海水族見其文，取入宫。龍王他出，公主故襄妻也，知其夫欲建橋，矯龍王命，停潮三日，密附小札候姑及夫。得海醒，見文已换，遂繳於襄。襄大喜，及見妻書，知尚未死。時潮果三日不至，然基址得立，而費用已竭。襄乃立關於通衢，募人助工。至六日，無樂輸者。襄餓垂斃，母聞而舁歸署。於是普門大士化爲美女，自稱新寡，挾千金裝坐舟中，環行城河中，有能以金銀遥擲，中者即嫁之。舉國若狂，金銀滿船，總無一着。適吕純陽過，以遊戲神通擲金着身，美女赴水，現大士像。命純陽送金至襄所。襄尚未蘇，純陽以金一錠接其口，即平復如初。純陽忽不見，遺一束於舟，知大士助金始末。刻日成功。遂設醮於龍王廟。龍王送還吴氏而去。姑媳夫婦相見驚喜，備述大士、龍神之力。上疏請封。朝命包拯賫敕賜橋名曰萬安。晉蔡襄工部尚書，兼領東閣大學士，母妻加封，夏龍授工部主簿。

又《丹心照》 不知何人作。演楊繼盛事。因閲《鳴鳳》舊編，翻换争奇，謂繼盛一片丹心，故曰《丹心照》。其事迹真者居多，而亦不免附會。至謂繼盛之女爲穆宗皇后，則謬極矣。略言：楊繼盛，别號椒山，直隸保定容城人，中丁未進士，拜車駕司員外郎。見嚴嵩擅權，仇鸞被寵，夏言、曾銑受讒，下大理獄，繼盛與妻張氏、妾槐月娥、子應尾、應箕云：欲劾嚴嵩以報國。車駕郎中王繼津名遴，與繼盛同年進士，來告夏、曾被戮。繼盛益慷慨欲擊嵩。其子應尾，已聘同窗李鶴峰之女，遴遂爲子求繼盛女，而以女許聘其次子應箕。繼盛遂上疏，諫阻開馬市，論其十不可五謬，以痛詆嚴嵩。世宗批本云：繼盛之言是也。會帝與嵩弈，嵩因袖本而出，改籤蒙蔽，令錦衣衛拿送大學士趙錦，於武英殿鞫審，重刑酷訊，貶謫臨洮狄道典史。繼盛至狄道，因縣令李魚泉考滿，上司委掌縣印。巡按姚景弘發官銀買絨千匹，價直止四之一。繼盛責打差官，執其所發之票，聲言必欲奏聞，馳馬徑行。景弘至跪門請罪。又屬臨洮知府應養虚追回，繼盛勒令開通洮水，以溉民田乃已。會給事中厲汝進劾景弘貪酷，而大學士徐階特薦繼盛，擢陞武選員外郎，遂承命還京。上疏劾嚴嵩十大罪五奸，時嘉靖三十二年也。嵩激帝怒，令校尉拿送刑部。嵩門生何鰲爲尚書，世蕃又令刑部員外李天榮囑鰲害繼盛，嚴刑拷訊，逼供主使，以疏中有或問二王令其面陳嵩惡語，乃引詐傳親王令旨律，定繼盛大辟。在獄三年，王遴探視，報以凶信。刑科鮑道明監斬。繼盛妻張氏代夫屍諫，道明雖憫惻而不敢奏。張自刎死，妾槐氏，金山衛充軍，長子應尾，榆林衛充軍，次子應箕，臨洮衛充軍。李天榮受嵩父子指，囑解役中途害二子。王遴以繼盛故，被貶榆林驛。驛丞目擊解役行凶，令家人永文毆役，救應尾同行。曾銑部下副將葉真，因銑冤倡亂，道劫遴與應尾。遴以大義曉之，真乃帖服。槐月娥抱幼女流徙金山，避雨至董家莊，乃鄉官董傳策家也。時，松江知府嚴元，即嵩之僕，李天榮囑解役殺槐母子，役以告傳策，傳策婢秋香願代槐死，其夫人又願以女代槐女。及送秋香與女至府，元欲占秋香爲妾。役遂誑取所抱女以還傳策，而秋香竟刺殺元而自刎。應箕解至臨洮界，入一廟中，即繼盛生祠。百姓方紛紛祭享，見應箕，詢得其故，共迎養於家。解役告以李天榮囑殺應箕，因念忠臣後不忍之故，遂僞報嚴氏云：應箕已死。久之，朝命總兵葉真籍没嚴嵩家，貶嵩養濟院，世蕃處斬。應尾、應箕等赦還，兄弟連科同榜進士。繼盛贈太常正卿，謚忠愍。應尾兄弟得官，應箕與王氏成婚。

又《投唐記》 演尉遲恭投唐，真姓名作假故實，半出俗傳，足以淆亂正史，惑人聽聞。按之大抵多不合也。建成、元吉乃二人名，今曰世安、世福，將二名换去。劉文静誤作文進。魏王李密開宴，軍師李勣、大將程咬金、秦瓊、丞相魏徵。秦王之鎮秦州，路遇李密，言語不遜，密令程咬金、秦瓊追趕。咬金獲秦王，囚在南牢。密破孟愷公兵，又得生子之信，衆囚并赦，獨不赦秦王。李勣、魏徵、秦瓊改詔書一字，私自釋之。密歸，逐三人，咬金亦遂逃去，同歸秦王。瓊獨投紫陽觀入道。秦王過羑梁城北關，劉武周遣將胡敬德攻之，程咬金戰敗。秦王乃令徐勣激瓊出山，瓊與敬德大戰。敬德屢追秦王，被秦王箭中幞頭鳳眼。秦王及瓊勸敬德降，敬德云：武周若死則降。秦王令劉文進用反間計於可汗，可汗怒殺武周。文進持首歸示敬德，敬德遂降唐。敬德禽孟愷公，及其妻黑氏夫人、白氏女，俱配與敬德。建成、元吉定計，令秦王伐王世充，世充將燕夷追秦王。敬德方洗馬，赤身上馬，射殺燕夷。世充將單雄信又追秦王。敬德持單鞭至御花園，與雄信力戰。彼此奪槊，救出秦王，卒滅世充。

又《西川圖》 演劉永誠事也。《明史·宦官傳》：中官劉永誠，永樂中爲偏將，累從成祖北征。宣德、正統中，再擊兀良哈。後監鎮甘涼，戰沙漠有功。景泰末，掌團營。英宗復辟，勒兵以從，官其嗣子聚爲錦衣僉事。成化時，永誠歿。聚後以征西功，封寧晉伯。鄭曉《吾學編·太傅彭文憲公傳》：彭時，字純道，正統十三年進士第一人，成化五年爲吏部尚書大學士。太監劉永誠歿，家人陳有軍功，乞贈伯爵。時力沮，寢其事。按永誠累立戰功，實中官最有勛名者，故史館特爲立傳。彭時沮其贈爵，則以明朝祖制，中官無封侯伯之例。時本賢相，非忌嫉也。後其子聚有功，自得封爵，無可沮者。《記》中言有大臣梁甫爲難，乃從空點綴，彼時未嘗有此人也。《弇州史料》：正統九年，太監僧保出喜峰口，曹吉祥出界嶺口，劉永誠出劉家口，俱駐古北口。同成國公朱勇等各率精騎萬人，征兀良哈，陞賞有差。又景泰三年，總督少保尚書于謙、總兵武清侯石亨等，議選精兵十五萬，分爲十營，俱聽謙、亨及太監劉永誠、曹吉祥節制。又天順元年，以迎駕功，太監劉永誠侄聚爲錦衣衛，世襲指揮僉事，且賜永誠敕書奬諭之。成化初，御馬監太監劉永誠侄聚封寧晉伯，從永誠積戰功至都督，自以破西番功世襲。

又《醉將軍》 不知何人所作。演鮑宣、董賢事。略得影響，而荒唐者居多，以中間有所謂辛十郎者，漢帝封以爲醉將軍，故標此名也。按史：鮑宣，字子都，渤海高城人。哀帝建平中，爲諫大夫。上書論事，譏切幸臣董賢等。上以宣名儒，優容之。尋復上書，中言董賢以令色諛言自進，賞賜無度，竭盡府藏，誠欲哀賢，宜爲謝過天地，解仇海内，免遣就國。收乘輿器物，還之縣官。是宣結怨董賢之實。然上因此徵宣爲司隸，賢初未嘗能害宣也。元壽二年，下司隸鮑宣獄，髡鉗之。劇中剪宣鬚髮，本此。然此因宣没入丞相孔光車馬，御史坐以摧辱宰相，距閉使者，乃抵宣罪，不由董賢也。其初以王商之辟薦爲議郎，劇以爲髡鉗後賴王商復官，事則有因，而前後顛倒也。宣貶後竟爲王莽所殺，未嘗復官。宣子永，光武時復爲司隸。其妻述先姑之言，蓋桓少君。劇云宣妻錢氏，亦誤也。《宣傳》云：王莽召捕隴西辛興，興與宣女婿許紺，俱過宣一飯去。宣不知情，坐繫獄自殺。劇中辛十郎，蓋謂辛興也。女婿本許紺，劇妄以爲帝子也。女載月之名，亦是添出。引及龔勝、梅福者，宣書中薦勝可大委任。而勝與福之去，皆在此數年間，高節相似。然謂時人皆以挂冠而去，爲董賢所收拷，則謬也。勝於平帝元始二年，以王莽專政乞骸骨，太后優禮而遣之。梅福亦知莽必篡漢，一朝棄妻子去，不知所之，皆平帝時事。董賢已亡，且安得有拿問拷訊之事。《綱目書法》云：建平四年後，封拜誅斥凡十九，其十一皆爲董賢。蓋因賢而誅斥者，鄭崇、孫寶、毋將隆、王嘉、丁明諸人，非宣與勝、福也。賢爲大司馬衛將軍，年纔二十二，美麗自喜，侍中驂乘，雖曰黄門郎，非中官也。劇云賢是内監，亦謬。百官因賢奏事，寵在丁傅之右，孔光不敢鈞敵，權與人主侔。劇云位在百官之上，坐大堂理事，先要百官過堂，科部齊來，蓋本於此。董貴妃雖則寵幸，漢史無專傳，亦并無害皇后事。哀帝皇后傅氏，傅太后從弟之子，并非王氏。劇云王皇后，又以王商爲后族，是誤爲孝元后也。傅后至平帝時，王莽白皇太后貶居桂宫，復廢爲庶人，就其園自殺。乃王莽害傅之族，與董妃無與也。哀帝諱欣，劇乃以爲太子之名。且帝本未生子，更不必辨矣。董賢之縊，在平帝時，亦是王莽承太后旨誅之。劇作王商逼哀帝殺賢，王商成帝時已亡矣。劇中大略：言董賢恣横，朝臣多爲所陷。鮑宣髡鉗，貶劍州。其女載月，與僕遁走。至大鵬岡，爲妖僧所迷，殺僕留女。方欲圖奸，善拆字欒嚼者，與猛士辛十郎言妖僧截路之故，十郎乘醉殺僧，救鮑女，送於鵲橋集賢堂尼庵中。宣既貶徙，賢囑解差於途中害宣。十郎復以僧頭充宣之首，令差報賢，而指示宣使至鵲橋，遂與女遇。王皇后母子皆爲董貴妃所陷，辛十郎於古廟中救皇子之危，亦請赴集賢堂，與宣相見。辛投大將軍王商，授以都尉，戕董賢於水中。又使以兵挾制漢帝，罪董妃而迎后。復鮑宣之官，以其女爲皇子妃。封辛十郎爲醉將軍。其情迹關目，俱是幻出。

又《天燧閣》 不知何人所作。演明太祖時沈萬三事。言萬三家中建天燧閣，設太祖龍牌，朔望祝聖。被陷謫戍，後得辨明，故以閣標記名。其事迹即聚寶盆故實也，互見《聚寶盆記》中。略言：沈萬三，蘇州吴縣人。其父雲路，元朝別駕，爲張士誠所逼，殉節而亡。萬三捕魚吴淞、三泖間，妻趙氏，田家女也。萬三與樵夫張留兒善，偶遇青田劉伯温基，言萬三十日内富可敵國，留兒亦官至三品，而虎眼非善相，約三年後與萬三見於金陵。萬三捕魚，入水得一瓦盆。歸家貯飯喂犬，隨盡隨滿，更投以錢，錢亦立滿。乃换金銀等物投之，皆立滿，蓋此盆乃聚寶盆也。萬三移家金陵，爲海内富民第一。留兒遂以妹麗娘爲萬三妾。其家男女三百七十五口，住房一萬三間，市産官田一萬三頃，租房一萬三所。明太祖定鼎後，劉基爲弘文館學士，往晤萬三。見其宅法不佳，犯寒冰壓鯉之勢，謂旦暮即有不測奇禍，使建天燧閣以鎮之。時，太祖在宫中，以軍需缺乏爲憂，馬后勸取户口册籍檢視，令富民輸資。閲册惟萬三最富，太祖心動。會微行，憩一茶館中，乃萬三揮萬金予留兒開設者。而留兒狠毒無良，極言萬三之富，且謂其建閣以詛太祖。太祖於是授留兒爲錦衣指揮，而語李善長、徐達、常遇春、劉基等，言萬三建高閣，與宫殿相亞，可闞禁中。令遇春率兵滅其家，基力諫乃止。又聽留兒言，以教場大閲，使萬三辦蓋廠窑瓦十萬片，擺宴紅桌萬張，果品肴饌萬桌。遇春奉命操演，萬三果立辦。留兒又獻計，令萬三築西南外羅城，限一月完工。其城如限皆繕，惟西城三十餘步，隨築隨倒。命以繩懸萬三於長竿，促限滿不完，即斷繩，墜萬三於江中。竟賴神力，其塌陷處，亦得完工。太祖乃授萬三户部司務之職，建鬼子母祠，名其門曰聚寶。賜銀錢一文，令每日輪對合之利，通計一月，應一萬七百三十七萬四千八百八十二兩四錢。户、工二部估計家産，略如其數，尚虧一百八十二兩二錢，奏請依違誤軍需律斬。群臣共爲求寬，乃謫三千里外充軍。令張指揮押赴燕地，留妻趙於家，而挈麗娘同行。會常遇春破元都，追至漠北。班師抵燕京，於諸衛中撥軍妻以造棉甲，麗娘與焉。遇春見其色美，欲逼污之。麗娘知遇春素畏其妻，遂呼救於鄂國夫人。夫人陳氏根究其情，勒令遇春上章奏明萬三冤狀，夫人亦自奏馬后，白萬三之冤，斥留兒之惡。馬后親至沈宅，啓天燧閣視之，見龍牌及兩册，始盡悉其冤。會太祖亦至，知留兒陷害之故，立命召萬三還，復其職，以所籍物賜之，又命誠意伯劉基鞫定留兒之罪。初，留兒詐得聚寶盆，竊取試之。投金寶於内，失墮燭煤，立時火滿盆中，燬其屋舍什物幾盡。基用楊柳水灑之，火即隨息。基語留兒云：聚寶盆是妖物禍根，須持去以滅其迹。留兒遂以予基。萬三南還，基已奏殺留兒，以聚寶盆復還萬三。萬三乃對衆人，將盆擊碎。會麗娘已生一子，遂與妻妾安居樂業，以終其身。《餘冬敘録》：舊稱沈萬三家有聚寶盆事，云在沈氏，貯少物，經宿輒滿，百物皆然，他人試之不驗。事聞，太祖取入，試不驗，遂還沈氏。後沈氏籍没，乃復歸禁中。嘗疑世豈有此物，物安有是理。比見宋初人吴淑《秘閣閒談》云：巴東下巖院主僧水際，得一青磁碗，携歸。折花供佛前，明日花滿其中。更置少米，經宿米亦滿碗，錢及金銀皆然。自是院中富盛。院主年老，一日，過江檢田，懷中取碗，擲於中流。徒弟驚愕，師曰：吾死，爾等寧能謹飭自守。棄之，不欲使爾增罪戾也。然則昔人亦嘗傳此，世果有此物乎。院主之識高矣。《七修類稿》：國初南都沈萬三秀者甚富，今會同館是其故宅，後湖中地是其花園，京城自洪武門至水西門是其所築。太祖嘗犒軍，萬三欲代出犒銀。上曰：朕有百萬軍，汝能遍濟之乎。對曰：每一軍犒金一兩。上曰：此雖汝至意，不須汝也。由此遂欲殺之。太后苦諫：彼固富敵國，然未嘗爲不法事，奈何殺之。得流雲南。其婿余十舍，亦流潮州。今聞二家子孫尚富，富乃點化之術也。詳《近峰聞略》。《天禄識餘》：沈富，字仲榮，行三，人因以萬三秀呼之。元末，富甲江南。其弟貴，以詩諷萬三云：錦衣玉食非爲福，檀板金樽可罷休。何事子孫長久計，瓦盆盛酒木棉裘。萬三不能聽，貴遂隱於終南，不知所終。又按稗乘，言萬三有子，當永樂時，爲錦衣帥紀綱入幕之賓，假借聲勢，復致巨富。《翦勝野聞》：太祖嘗於上元夜微行，京師時俗好爲隱語，相猜以爲戲。乃畫一婦人，赤脚懷西瓜，衆嘩然。帝就視，因諭其旨，甚銜之。明日，命軍士大僇居民，空其室。蓋馬后祖貫淮西，故云。《野聞》又云：洪武二十五年，下度僧之令，天下沙彌至者三千餘人，中有冒名倩代者。帝大怒，悉命錦衣衛戮之。吴僧永隆請焚身以救免，帝允之，敕中官以武士衛其龕。至雨花臺，出龕望闕拜辭。入龕，書偈一首，又取香一瓣，上書風調雨順四字，語中侍曰：煩語陛下，若遇旱，以此香祈雨，必驗。乃秉炬自焚。骸骨不倒，異香逼人，群鶴盤旋，舞於龕頂上。乃宥三千人誅。時大旱，命以所遺香，至天禧寺禱雨。至夜，雨大降。上喜曰：此真神聖永隆雨也。御製《落魄僧》詩以美之。《龍興慈記》：太祖憫常開平遇春無嗣，賜二宫女。妻悍，不敢近。晨起捧盂水盥櫛，開平曰：好白手。遂入朝去。及回，内出一紅盒，啓之，乃斷宫女手也。太祖命力士支解其妻，分賜功臣，上寫悍婦之肉。開平回，不見其妻，驚成癲癇。王肯堂《筆塵》：俗傳沈萬三家有聚寶盆，以物投之，隨手輒滿，用是致富敵國，後爲高皇帝碎而埋之金陵南門下，故名爲聚寶門。初疑其誕，今觀《聞見録》所紀，則宋時有是事矣。主父齊賢自言少羈貧，客齊魯村落中，有牧羊兒入古墓中求羊，得一黄磁小褊瓶，樣製甚樸。時，田中豆莢初熟，因用以盛之。纔投數莢，隨手輒盈滿。兒驚以告同隊兒，三四試之，皆然。道上行人見之，投數錢，隨手亦盈滿，遂奪以去。兒啼號告其父。父方耕田，持鋤追行人。及之，相争，競以鋤擊瓶破，猶持碎片以示齊賢。其中皆五色畫，人面相聯貫，色如新，夫金翅鳥心之爲如意珠也。有此功用矣，然彼神物也，此陶人之所爲耳，而其神如之，異哉。

又《天中天》　不知何人所作。演釋迦牟尼佛出世，以至雪山修道，忉利天宫説法，一家眷屬，皆成正果。其説大概本諸内典，間雜以小説家言，取《本行經》天中天三字以爲劇名。略云：迦毗兜施羅國净飯王，懿摩王孫，尸休羅子也。遷都雪山之北，因其地有釋迦樹，遂號釋種。元妃摩耶夫人，德冠後宫。次妃大愛道，賢推列嬪。中年未有太子，摩耶夫人夜夢天神乘白象趨入右脅，覺而有娠，自是得種種異兆。逾年四月八日，在園林宴賞，俄有五色祥雲盤繞其間，又有仙樂從無憂樹杪擁護玉幢雲車而下。摩耶夫人心動，以手攀樹，而太子從右脅生。無乳，乳於大愛道。就浴金盆，卓然直立，周行七步。一手指天，一手指地。忽有金龍九條，口噴清泉，從頂灌足，太子毫無懼色。浴罷，莊嚴相好，愈加豐滿。時有三十四種瑞應，各國皆來貢獻。偷羅厥叉國王獻七寶毗羅帽，跋羅國獻錦斕袈裟，德乂尸羅國獻金鉢盂，拘姿國獻錫杖。各有天人先期指授，至是來獻。有净居天王知佛出世，因緣化爲仙人，來見净飯。指言四物，皆太子所用，爲將來出家之具。言訖不見。稍長，名曰悉達，從左相跋陀羅尼受書，悉達具夙慧，無書不知，輒以難其師，師愧服。悉達常欲棄家修道，净飯命内監車匿以五百蒼頭防護，爲聲色玩好之樂，以悦其意。而悉達一無所嗜，出遊郊外，有獻猿猴、鸜鵒者，猿猴能爲和尚，鸜鵒能念佛，命解縧釋之。時，净居天王復化作生老病死四相，指點開示。悉達出家之志愈堅。初，自悉達生七日，摩耶夫人即昇忉利天宫。善覺國王有女曰耶輸，德容俱美，各國求婚，未得佳偶。耶輸夢遊天宫，見摩耶夫人，授以偈語云：挽雕弓，透鐵鼓。天中天，定婚譜。醒而告諸國母云：國中舊傳鐵鼓七面，曾懸賞募射，無能射者，疑因緣在此。即下令各國太子，有能射透鐵鼓者，即以爲婿。聞聲而至者紛紛。悉達本無室家之想，净飯王强促之行。至則一發而洞中，遂擇吉婚娶。合巹之後，名雖爲夫婦，而無男女之事。净飯王使大愛道曲諭，耶輸亦對天禱告，願和諧生子。而悉達卒不動。天神感耶輸意，爲降甘露與夫婦共飲，耶輸一飲而有娠。時，悉達年十九，棄家求道之心日切，而净飯防之益至，不得脱。中秋夜，净居天王來，以法使防衛之人悉酣睡，悉達乃得乘寶馬出城，净飯及耶輸聞，遣車匿追之。悉達剃髮，使車匿携歸謝其父。而飛錫雲遊，所遇皆旁門外道，惟目犍連見而知爲古佛降生，禮足立誓而別。瀕行，謂有舍利弗及迦葉可與談道，囑向北行。渡恒河，經跋迦嶺，路途艱險，卒無退悔心。攀援前進，有白猿獻果，鸜鵒供花，知爲釋放前因而至也。净飯知悉達遠去，使跋陀羅尼同車匿窮追，相遇於嶺間，勸諭回家，悉達不從。忽有流泉一道，自山頂而下，匯爲深澗，隔斷來人，跋陀羅尼不得已而返。車匿投身入澗，願從悉達行，引之而去。净飯王之從子提婆達多，悉達之從弟也。爲人凶惡，知悉達出家，覬净飯王國位。而悉達去後，耶輸産一子，名曰羅睺羅。提婆達多謂非悉達所生，净飯亦疑之，命達多持刀直入，殺其子母。空中有神，格刀墮地，得不死。悉達至雪山尼連河畔，修持六載，大道將成，爲邪魔所妒。初，使天女勾引，繼以毒龍、猛獸、刀輪、鐵丸，種種怪異相加，欲破真修。悉達金光普照，群魔隨至隨滅，各各皈依，頂禮而退。因緣既至，遂成無上菩提，號釋迦牟尼佛。阿難、舍利、目犍連、迦葉仙人諸大弟子先後皆來侍座。欲建道場説法，諸弟子皆爲化緣。而提婆達多思欲壞道，百端謗毁，阻撓善緣。目犍連引之入地獄，使遍觀諸苦，猶不省悟。至後欲出不得，目犍連使誦本師釋迦牟尼佛，即時地獄光明，得出，隨即皈依。羅睺羅漸長，佛使阿難以神通攝歸佛所。耶輸追之不得，發狂叫號。阿難引至佛前，開示數語，亦願出家。佛母摩耶夫人在忉利天宫，佛至天宫爲母説法，隨歸本國。爲父净飯王上壽，王亦修行數年矣。上壽之日，摩耶夫人亦至，於是人天大會，舉家眷屬，皆成正果云。《本行經》曰：净飯王嚴駕抱太子，謁自在天神廟。神像起，禮拜太子足。王驚曰：我子於天神中，更爲尊勝，宜字天中天。即佛第二小字也。《周書異記》曰：周昭王即位二十四年，四月八日，江河泉忽然泛漲，井水溢出，山川震動。有五色光入貫太微，遍於四方，盡作青紅色。太史蘇由奏曰：有大聖人生於西方，一千年外，聲教及此。昭王即敕鐫石記之，埋於南郊天祠前。此即佛生之時也。又曰：周昭王二十四年，天笠迦維衛國净飯王妃摩耶氏，夢天降金人，遂有孕。於四月八日，太子生於右脅，名悉達多。年十九，入檀特山，修行證道。《元妙内篇》曰：老子入關之西，天笠維衛國國王夫人名净妙，老子因其晝寢，乘日之精，入净妙口中。後年四月八日夜半時，剖右脅而生，墮地即行七步。舉手指天曰：天上天下，唯我獨尊。三界皆苦，何可樂者。於是佛教興焉。《普曜經》曰：佛兜率天降神於西域迦維衛國净梵王宫，摩耶夫人剖右脅而生。時多靈瑞，生而能言。《本相經》曰：牟尼佛年十九，逾城出家，學道勤行，精進禪定。六年成道，具三十二相，八十種好。釋道安《西域志》曰：摩訶賴國有阿耨達山，王舍城在山東南角，竹園精舍在城西。又有佛浴所，六年苦行處。《發迹經》云：净名大士是往古金粟如來。《釋氏稽古略》：按明教大師《正宗記》曰：天地更始，閻浮洲方有王者興，曰大人。大人者没後，王因之繼作而不已，古今殆不可勝數。後世有王者曰大善生，大善生出懿師摩，懿師摩出憂羅陀，憂羅陀出瞿羅，瞿羅出尼浮羅，尼浮羅出師子頰，師子頰出净飯王。然此七世皆王，獨懿師摩净飯號爲聖王，如來即出於净飯聖王者也。始如來以往世會然燈佛於蓮華城，然燈授之記曰：汝後成佛如我，號曰釋迦牟尼。更劫無數，逮迦葉佛世，乃以菩薩成道，上生於覩史陀天，應其補處，號護明大士。及其應運適至，大士乃以迦毗羅國，處閻浮提之中。白净飯王，真轉輪族，宜因之以生。即捐天壽，示乘白象，從日中降神，於其母摩耶夫人右脅而止。及其將生，摩耶乃往國苑無憂木下，其花方妍，夫人欲取之，舉手，聖子乃自其右脅而誕。神龍澍水以澡之，地發金蓮以承之。聖子乃四方各踏七步，以手上下指之曰：四維上下，唯我最尊。王尋持之，與謁天廟。天像起爲之致禮。還宫，大集賢者，爲其名之，號曰薩婆悉達。稍長，命師傅教以世書，未幾，立爲太子。爲娶，太子已大潔清，雖示同世娶，而非有凡意，以夙業緣，乃指其妃之腹云：却後六年，汝當生一男。一旦命駕欲遊，雖更出四門，而皆有所遇，終以其老病死。與沙門者感之，而出家之意愈篤。太子時年十九歲，二月八夜，乘馬出自北門。至檀特山，小息林間，遂釋衣冠，自以其所佩寶劍截其鬚髮，誓曰：願共一切斷此煩惱。净居天化人，以僧伽梨致太子，因得法服，服之，進入其山嘉處，彌樓寶山，居其阿藍伽藍，習不用處。定三年，復進鬱頭藍處，習非非想。定三年，進象頭山，雜外道輩爲之苦行，日食麻麥。居六年，以無心意無受行，而外道亦化。聖人乃自思之曰：今此苦行，非正解脱。吾當受食，而後成佛。即沐浴於尼連河，受牧牛氏女所獻乳糜，尋詣畢鉢木下。天帝化人，擷瑞草以席其坐。以二月七日之夕，入正三昧。八日，明星出時，示廓然大誤，乃成等正覺，陞金剛座。天帝師之，請轉法輪。先是憍陳如五人侍從，於山中至此。首與度之，故入鹿野苑，談四諦法。然因是而得道果者，亦億計，遂獨之摩竭提國，化優樓、迦葉弟兄三人。時，國主瓶沙王有竹林園，施佛爲精舍，請如來館之。未幾，王舍城舍利弗、目犍連皆從受化。如來曰：彼二來者，當爲我上足弟子。於是度之。初，大迦葉入山習禪，至是趣竹林精舍，如來起迎，謂衆曰：吾滅後而法被來世六萬歲者，此人之力也。是時，如來成道已六載矣。後迎之還國，以見父王。父王大喜，因詔其族五百貴子從之出家。及其還宫也，其子羅睺羅禮之，持聖人之衣，而告衆曰：此正如來也。用是爲母釋其群疑。其後以化期將近，乃命摩訶迦葉曰：吾以清净法眼，涅槃妙心，實相無相，微妙正法，今付於汝，汝當護持。并敕阿難副貳傳化，無令斷絶，而説偈曰：法本法無法，無法法亦法。今付無法時，法法何曾法。偈已，復謂大迦葉曰：吾將金縷僧伽梨衣亦付於汝，汝其轉授補處慈氏佛，俟其出世，宜謹守之。大迦葉敬奉佛敕。世尊一旦往拘尸那城娑羅雙木之間，欲般涅槃。會純陀長者懇獻供養，如來因之，復大説法，度須跋陀羅。右脅而卧，泊然大寂，内之金棺。待大迦葉至，而後三昧火燔然而焚。燼已，而舍利光燭天地，天人神龍，分而塔之。又曰：稽夫如來之生也，當此周昭王七年甲寅之四月八日；其出家也，當昭王之二十七年壬申之二月八日；其成道也，當昭王三十三年之戊寅；其滅度也，當穆王三十六年壬申之二月十五日。化已凡一千一十七年，以漢孝明帝永平十年丁卯之歲，而教被華夏。嗚呼。如來示同世壽凡七十九歲，以正法持世方四十九年，化度有情，不可勝數。若如來之生與滅，及其出家成道，或當周昭王、穆王之年。然自周武王至厲王皆無年數，及宣王方有之。《舊譜》乃曰：昭王九年、二十七年、三十三年，穆王之三十六年，或者頗不以爲然，吾嘗辨之。故考太史公三代世表，視其序曰：余讀諜記，黄帝以來，皆有年數，稽其曆、譜、諜終始五德之傳，古文咸不同乖異。夫子之弗論次其年月，豈虚哉。以此驗三代以前，非實無年數。蓋太史公用孔子爲《尚書》之志，故不書其年，乃作世表。嵩又評曰：其付法於大迦葉者，其於何時，必何以明之。曰：涅槃會之初，如來告諸比丘曰：汝等不應作如是語，我今所有無上正法，悉已付囑摩訶迦葉。是迦葉者，當爲汝等作大依止。此其明矣。《正宗記》又評曰：《寶林傳燈》一書，皆書天竺諸祖入滅之時，以合華夏周秦之歲甲。然周自宣王已前，未始有年，又支竺相遠數萬餘里，其人化滅，或有更千餘歲，其事渺茫隔越。吾恐以重譯比校，未易得其實，輒略其年數甲子，且從而存其帝代耳。唯釋迦文佛菩提達磨至於中國六世之祖，其入滅年甲，稍可推校，乃備書也。

又《大椿樓》 不知何人所作。演唐李泌功成歸隱衡山，詔有司治室，御題所居樓曰大椿，故名。中間事迹，與正史離合參半，前後歲月，亦多不符。略云：李泌，字長源，荆州人。與肅宗爲布衣交，參帷幄，克復兩京。性耽高隱，辭歸衡山。聞山中有懶殘和尚者，過訪之。懶殘方食芋，見即知泌姓名，謂必高隱絶俗，然尚須向富貴場中打破錢關，方能入道。囑出山領取十年宰相。泌果奉召入京。回紇入寇，逼近靈州。靈州人盧從愿，官尚書，解組家居。有一女，小字和璧，德容俱美，性喜淡泊，及笄未字。從愿有兩姨表妹，爲宰相元載妻。聞警，遂挈女避兵至京，以女托載夫婦，愿則返靈州。時，載方通賄賂，尚豪奢，極聲色之慾。娶妾曰薛瑶英，善歌舞，載寵之。居處服食，若仙神。瑶英有心疾，惟食胡椒即止，有贈者輒收之，至八百石。泌至陜，肅宗與行軍，軍士指黄衣者爲聖人，白衣者爲山人，即賜紫授官。載與内官魚朝恩皆妒泌，謀中傷之。懶殘知泌方有事，入京與語，幻爲名繮利關，使泌入夢，知世人於錢關爲最難破。時，載與朝恩皆貪墨，外雖合而中實水火。載言於上，遣朝恩與回紇議和。朝恩銜之，使回紇索載女爲其子配，方許和。上命載如其請。載惟一女，不忍嫁外國，乃欲以從愿女和璧爲己女代嫁。和璧許之，而請自見上。見則直陳姓氏，謂不宜失信於異域。上怒，立命朝恩勒載親女出嫁，而問和璧以所願從。璧奏願適一白衣以終老，不樂富貴也。帝乃於光福坊，置第一區賜泌，與和璧爲婚。回紇得載女，嫌其貌醜，且無奩贈，置其女於陰山，復大舉入寇。朝命郭子儀爲元帥，長史泌爲參謀，率兵拒勦。泌知回紇貪甚，欲以金錢餌之，和璧亦知兵，言與泌合，遂以計告元戎。子儀用金錢數萬，糗糧百斛，與敵對陣時，抛擲誘之。敵争得錢，負重不復進。泌與子儀率兵奮擊，回紇敗走，被擒。凱還，子儀晋封汾陽王，泌封鄴侯。載、朝恩争寵，互收款迹劾奏。上命誅朝恩，勒載自盡，籍其家，妻妾没入宫。和璧不念舊惡，勸泌爲載言於上。得稍寬，且以銀贈之。泌力請歸山，御製詩贈行，詔於衡山下建樓房一所，御書大椿樓額以賜之。泌生一子，與子儀聯姻，且勸之早退，迎從愿俱去。後數年，子儀亦隱。泌復生孫，生日，設壽筵於大椿樓。麻姑送酒至，舉家眷屬共飲之，皆成仙。按《通鑑》云：唐天寶十五載，李泌至靈武。初，京兆李泌以才敏著聞，元宗欲官之。不可，使與太子爲布衣交。楊國忠惡之，奏徙蘄春，後隱居潁陽。上自馬嵬遣使召之，謁見於靈武。上大喜，出則聯轡，寢則對榻，事無大小，皆咨之。上欲以泌爲右相，泌固辭曰：陛下待以賓友，貴於宰相矣。上乃止。九月，以廣平王俶爲天下兵馬元帥，李泌爲侍謀軍國元帥長史。上與泌出行軍，軍士指之，竊言曰：衣黄者聖人，衣白者山人。上聞，以告泌曰：艱難之際，不敢相屈以官。且衣紫袍，以絶群疑。泌不得已受之。上笑曰：既服此，豈可無名稱。出懷中敕，以泌爲侍謀軍國元帥府行軍長史。泌固辭。上曰：俟賊平，任行高志。肅宗至德二載，李泌歸山。泌求歸山不已，上固留之，不能得，乃聽歸。敕郡縣爲築室於山中，給三品料。乾元元年，册命回紇可汗爲英武威遠毗伽闕可汗，以上幼女寧國公主妻之。寶應元年，以元載同平章事。代宗大曆三年，徵李泌於衡山。泌既至，復賜金紫，爲之作書院於蓬萊殿側。上時過之，欲以泌爲相，固辭。五年，魚朝恩伏誅。十二年，誅元載，載妻子皆伏誅。有司籍其家，胡椒至八百石，他物稱是。又按《唐書・李泌傳》云：初，泌無妻，不食肉。帝乃賜光福里第，詔食肉。爲娶朔方故留後李暐甥，婚日，敕北軍供帳。《地志》：衡山烟霞峰，僧懶殘居此，旁即李鄴侯讀書處。又云：天寶初，懶殘居衡嶽寺，爲衆僧執役，食退即收所餘。性懶而食殘，因名懶殘。李泌寓衡，嘗夜訪懶殘。方撥火中煨芋，出半芋食之，曰：慎勿多言，領取十年作相。後果然。其事互見《鄴侯家傳》等書。《情史》云：元載末年，納薛瑶英爲姬，處以金絲帳却塵褥，衣以龍綃衣。載以瑶英體輕，不勝重衣，於異國求此服也。惟賈至、楊炎雅與載善，時得見其歌舞，至贈詩云：舞怯珠衣重，笑疑桃臉開。方知漢武帝，虚作避風臺。炎亦作長歌美之，略曰：雪面澹娥天上女，鳳簫鸞翅欲飛去。玉釵碧翠步無塵，楚腰如柳不勝春。《國史補》：李相泌以虚誕自任，有人遺美酒一榼。會有客至，乃曰：

麻姑送酒來，與君同傾。傾之未畢，閽者云：某侍郎取榼子。泌命倒還之，略無怍色。

又《魚籃記》 畫家有魚籃觀音像，庵寺中亦多塑魚籃觀音者，於是《龍圖公案》裝點金鯉作祟一段，而作劇者又小變其關目云。《公案》：揚州儒生劉真，字天然，宋仁宗皇祐三年，入東京應試，寓居開元僧房。囊篋蕭然，作草書求售。爲金丞相所賞，延置西館教子弟讀書，衣食充裕，益攻書史。真偶入園中，見金女金綫之美麗，心渴慕之。先時牡丹盛開，金女倚闌飲酒，池中金鯉揚鬐水面，女傾殘酒，爲鯉所吸。金鯉者，妖魚也，素居碧油潭，幻化不測，徙入金氏園池。既吸金女酒，知其性愛牡丹，每夜吐氣噴之，花色愈鮮，引女日攀玩。且覺劉生慕女情切，遂幻作女形，叩書館惑之。既而與真潛遁歸揚，金父由生去不問也。鯉既去，牡丹枯萎，女思憶成病。父命覓此花於揚州，惟劉生宅最佳。金僕訪之，見女立簾下，問之，曰：我即金女也。已而見劉生，即劉真也。告以女病覓花，真笑曰：女從我半年矣，安得在家。金僕大駭，歸報其主。遣人迎假女歸家，假女即與劉生偕至。父母不能辨，乃質之開封尹包拯，懸軒轅照魔鏡於堂上，令二女并照，爲妖魚黑氣所昏。及氣散，而二女皆失。拯乃牒城隍神，使陰兵察覆。知其妖爲碧油潭之鯉也，牒龍王遣水族神兵捕之，戰皆敗。龍王奏於上帝，遣天兵討之，又不能得。包拯索之急，龍王緝搜甚迫。鯉乃竄南海普陀蓮葉之下，觀世音大士取入魚籃中。都下鄭翁家，日懸淡墨觀音像，敬事無厭。夜夢云：汝明日至河岸，引我見包大尹。次早，果見中年婦人，手執竹籃，立楊柳樹下，告翁以妖魚被攝入籃之故。翁遂導之謁拯。拯欲殺魚。婦人不可，携籃竟去。拯給賞錢五十貫。婦人以錢與翁，曰：報汝三年奉事之勤，將此事傳於世上。鄭翁方憶家中奉觀音一事，請畫工繪水墨觀音之像，手提魚籃。京都人效之，今所謂魚籃觀音是也。初，鯉攝金女入碧油潭巖穴中，拯遣人尋得，令劉真以氣呵之，金女乃蘇。拯爲作伐成婚，明年真遂得登第。

又《雙杯記》 不知何人所作。大略據《醒世恒言·張廷秀逃生救父》一節，劇中小有異同。因兄弟聯登，故又名《喜聯登》。明萬曆間，江西進賢人張權，祖係富民，至權貧窶，以匠作糊口。妻陳氏，生二子，長曰廷秀，次曰文秀，家雖窘，皆就塾讀書，甚聰敏。因避差役擾，徙僑蘇州閶門外。有專諸巷王憲者，富而無嗣，止生二女，長瑞姐，字同里趙昂，次玉姐，未納采。時爲瑞治妝奩，顧權作奩具，見廷秀俊偉，收爲嗣，助權資斧，令改業。後覘廷秀勤學，即以次女訂絲蘿。初，昂利憲財産而入贅，及見憲待廷秀厚，夫婦深嫉之，欲陷權父子，遂賄捕卒楊洪，誣權以盜，逮繫獄中，且唆憲逐廷秀。憲妻聞甚恚，取二玉杯，一付己女，一遺廷秀而遣之，期後當再合也。廷秀痛父冤，與弟詣上司辨控。昂復囑洪害於途。洪乃紿廷秀兄弟同舟，投之江。適有河南商人褚衛販布潤州，聞呼撈救，得文秀。衛乏嗣，即以文秀爲子，挈歸河南。廷秀亦得神力，吹傍蘆洲，遇金陵客船救之去。憲遂逼玉改適。玉不從，命自經。母知急救醒，遂不復奪其志。廷秀在金陵，貧無倚，混迹俳優間。值台州邵承恩任南京禮部，觀劇之次，見廷秀品不凡，詢其故而憫之，遂收爲子，令勤讀。無幾，與弟文秀各魁其鄉薦，明年并成進士。文秀擢巡按山西，廷秀授常州推官。文秀之官，而廷秀以蘇、常咫尺，先抵蘇，微服過憲。適昂以粟監補山西洪同主簿，方款客演劇。廷秀以優人入謁，客皆哂之。而昂獨駭然，謂已斃江中，何由復活也。憲怒詰廷秀，秀紿以落魄無如何，遂登場作王十朋之態。憲益怒。倏聞府廳官畢至，客皆驚避。廷秀即出迎與坐談。憲覘知，愧無地。昂知事敗，急促裝避至洪同，及謁文秀，立鞫其罪而誅之。昂妻愧，遂自投繯。廷秀携父出獄，杖斃楊洪。憲迎權夫婦謝罪，憲妻乃擇吉，使秀與玉成婚，雙杯復合。此劇雖屬子虛，但聞蘇州專諸巷尚存王玉杯之名，疑果有其事也。

又《天緣記》 其名曰《擺花張四姐思凡》，出於鼓詞，荒唐幻妄，然鋪設人物兵馬、旗幟戈甲、戰鬬擊刺之狀，洞心駭目，可喜可愕，亦有足觀者。段成式《諾皋記》云：天翁姓張，名堅，字刺渴，漁陽人。然則謂天女姓張，固非無因也。大略云：張女四姐，玉皇之女，王母所生，姊妹共七人，居斗牛宮中。宋仁宗時，東京崔文瑞者，貧士也，奉母居破廟中。女與崔有仙緣，故下嫁之。崔一旦巨富，金珠寶貨，不可算數。富人王員外，誣崔爲盜，張指揮納其賄，酷刑拷崔。女乃入獄救崔出，盡縱獄囚，殺王員外。指揮奏於朝，遣包拯捕女，又爲所擒，已而釋還。奏請用楊家將討之。楊文廣、呼延慶與戰，皆爲收入攝魂瓶中。復用楊家女將木桂英、李三娘、查查公主、藍峰小姐、賽花小姐五人，皆能駕霧騰雲，飛沙走石，交戰時各顯神通，復盡被收入攝魂瓶。包拯入地府，又往佛國遍察之，皆不得其根底。乃至南天門謁老君，引奏玉皇。查點斗牛宮，始知其下界三日，乃命火龍哪吒、齊天大聖、三天將同往，令取還天宮。及交戰，復皆大敗。訴於王母，令其姊妹六仙女共説之，令謁玉皇，復還天上，乃呼崔母及文瑞同昇，俱證仙果。其所盜用天上三寶：一曰鑽天帽，戴之則三十三天任其獨往獨來；一曰入地鞋，履之則十八層地府任其自出自入；一曰攝魂瓶，用之則天神天將皆爲所攝。其説頗仿《西遊記》、《封神演義》，各齣皆仙女當場，戎裝武飾，他劇所無也。

又《昇仙記》 不知何人所作。劇中大概，據《韓仙傳》組織而成，然其事多誣，今詳載於後。按《韓愈集》，公詩題云《左遷至藍關示侄孫湘》，則湘乃愈之侄孫，非侄明矣。又按《唐世系表》，湘字北渚，愈侄老成之子，長慶三年進士。又按《愈集》，有《宿曾江口示侄孫湘》二首，而《賈島集·寄韓湘》詩又有過嶺行多少，潮州瘴滿川之句，則愈之赴潮，湘實從行，非邂逅不期之遇也。而湘第進士，去是年纔四年耳，後官至大理丞，湘固愈輩人，何得有神仙事耶。且愈素好奇，彌明聯句，猶爲志之，豈有親侄成仙而不爲之傳者乎。考之段成式《酉陽雜俎》載：韓愈侍郎有疏從子侄，自江淮來，年甚少，韓令學院中伴子弟，子弟悉爲凌辱。韓遂假僧院令讀書，經旬，僧復訴其狂率。韓遽令歸，且責之曰：市肆賤類，尚有一事見長處，汝竟作何物。侄拜謝，徐曰：某有一藝。因指階前牡丹曰：叔要此花青紫黄赤，唯命。韓大奇之，遂給所須試之，乃豎箔曲尺，遮牡丹叢，不令人窺，掘窠四面，深及其根，寬容人坐，賫紫礦輕粉朱紅，旦暮治其根，凡七日，乃填坑。牡丹本紫，及花發，色白紅歷緑，每朵有一聯詩，乃是韓出官時詩一韻，曰雲横秦嶺家何在，雪擁藍關馬不前十四字。韓乃驚異，侄且辭歸江淮，竟不願仕。據此，則愈自有疏從侄，挾術自售，非湘明甚。而花上之句，即侄於愈還朝之後，述其初赴潮之詩，亦非愈侄之逆自爲也。又公《遺集》有《贈族侄》詩云：擊門者誰子，問言乃吾宗。自云有奇術，探妙知天工。疑謂此人。事記成式，與公同時不誣，其餘則唐時人因愈闢佛老，故多造異説謗之。《韓仙傳》則殊冗雜，不能典雅，必是明朝請仙或道士手筆。《青瑣集》亦載此事，且謂湘送愈藍關，一宿即辭去，愈留之不可得，作别湘詩云：舉世都爲名利醉，伊予獨向道中醒。他時定是飛昇去，衝破秋空一點青。既雅非愈本趣，兼詞句凡猥，決非愈作。至謂湘出藥一瓢，戒愈曰服一粒，以禦瘴烟。愈謝湘有慮不脱死，魂遊海外，一思至此，不覺垂泪之語。愈素骨鯁，一旦衰颯狂惑，遂至此乎。必不然矣。《韓仙傳》云：上帝召湘謂曰：卿叔韓愈，乃吾仙甫冲和後身也，子何不往度乎。湘遂領旨而下。元和十年，愈爲考功郎中，知制誥。十二年，憲宗宴愈，問曰：去冬無雪，可禱乎。愈曰：人主至誠，熒惑失度尚從之，况雪乎。憲宗出旨，遂限愈三日内精禱致雪，愈大惶措。湘遂出榜檐頭曰：賣風雲雨雪。市夫報於愈，愈收湘，湘已異形，不能識。愈曰：汝能祈，爲我試之。湘遂登壇，半日雪立降，深可尺許。愈謬不信。是日拜刑部侍郎，宴賀。湘謁之，微勸以急流之説。叔果大怒。湘曰：神仙有變化之妙。愈曰：汝能盡一杯之酒，能置諸公醉耶。湘遂取所佩葫蘆寸許，盛酒半杯，因而遍席勸之，中宵不竭。愈曰：汝可召一妓飲舞乎。湘面空召之，仙妓立降。愈曰：可召鶴乎。湘即召鶴下舞，尋化爲羊，口出歌賦，其中無過勸愈之修省也。愈皆以爲幻。次日復謁，愈曰：何來。曰：上壽耳。愈曰：何貺。曰：金蓮耳。遂索火一缶，投以丹，少頃，蓮花大發，中一葉自然成聯云：雲横秦嶺家何在，雪擁藍關馬不前。愈曰：此何語也。湘曰：公遭竄，當驗之。愈大忌之，執湘書供狀，狀有云：昌黎郡清夫謹狀。湘遂示以原形，愈大哭，湘百計諭之，愈終不就，湘乃去。上迎佛骨，愈表諫，上怒，貶潮之刺史，經藍關，值大雪，從者二人皆遁去。湘冒雪見之，愈悲喜交集，始曰：子先言誠有驗，予迷耳。遂携湘往入潮。溪有鱷魚，食人及畜。愈作文祭，湘敕神殺之。民大驚異，常教愈導引。長慶二年，召歸，拜國子祭酒。五月，復拜吏部侍郎。湘復諭之，愈遂隨遁。湘復命於帝，帝命度之。湘詭號雙目，爲愈之師，授以至道，始入太清，帝遣送於崑崙爲使焉。

又《奪崑崙》 作者未詳。記狄青奪崑崙關。青，汾州人，從軍，累立戰功，官至樞密副使。廣源川蠻儂智高以其衆叛，乘南方無備，連破邕、賓等七州，至廣州，所至殺吏縱掠，東南大駭。朝廷遣驍將張忠、蔣偕馳驛討之，甫至，皆爲所摧陷。又遣楊畋、孫沔、余靖招撫，皆久之無功。仁宗憂之，遂遣青爲宣撫使，率衆擊之。青所居四面陳兵彀弓弩，皆數重，所將精鋭，列布左右，守衛甚嚴，戒諸軍毋得妄與賊鬬。廣南西南鈐轄陳曙乘青未至，以步兵八千犯賊，潰於崑崙關。知邕州蘇緘與賊戰，復敗走。青至賓州，斬曙械緘以聞。時，智高還守邕州，青懼崑崙關險阨，爲所據，乃按兵不動，下令賓州具五日糧，休士卒。值上元節，令大張燈燭，首夜宴將佐，次夜宴從軍官，三夜饗軍校。首夜樂飲徹曉，次夜二鼓時，青忽稱病，暫起如內。久之，使人諭孫沔，令暫主席行酒，少服藥乃出，數使勸勞坐客。至曉，客未敢退，忽有馳報者云：是夜三鼓，元帥已奪崑崙矣。初，賊諜知青宴樂，不爲備。是夜大風雨，青率兵半夜時度崑崙關，既度，喜曰：賊不知守此，無能爲也。已近邕州，賊方覺，逆戰於歸仁鋪，賊之標牌軍爲馬軍所衝突，又縱馬上鐵連枷擊之，遂皆披靡。賊大敗，智高焚城遁去。先是謡言：農家種，糴家收。智高爲青所破，皆如其謡。初，諫官韓絳言：青，武人，不足專任，請以侍從文臣爲之副。宰相龐籍曰：青起行伍，若以侍從之臣副之，彼視青如無，青之號令，不得行矣。青昔在鄜延，居臣麾下，沉勇有智略，若專以智高事委之，必能辦賊。於是詔嶺南用兵，皆受青節度。及捷書至，上喜謂龐籍曰：今日皆卿功也。青還，加護國軍節度，仍遷其子官。未幾，擢青樞密使。《左編》：智高兵敗，奔邕州。其下皆欲窮其窟穴。青不從，智高獲免。天下皆罪青不入邕州，脱智高於垂死。然青主勝而已，不求奇功，卒爲名將。又云：青始與孫沔破賊，謀一出青，賊已平。經制餘事，悉以委沔，沔始服其勇，又服其爲人莫及也。蔡絛《鐵圍山叢談》：南俗尚鬼，狄武襄青征儂智高時，大兵始出桂林之南，道旁有一大廟，人謂其神甚靈。武襄遽爲駐節而禱之，因祝曰：勝負無以爲據，乃取百錢自持之。且與神約，果大捷，則投此期盡錢面也。左右諫止，倘不如意，恐沮師。武襄不聽，萬衆方聳視，已揮手倏一擲，則百錢盡紅矣。於是舉軍歡呼，聲震林野。武襄亦大喜，顧左右取百釘來，即隨錢疏密，布地而釘帖之，加諸青紗籠，覆手自封焉，曰：伺凱旋，當謝神取錢。其後破崑崙關，敗智高，平邕管，及師還，如言取錢，與幕府士大夫共視之，乃兩字錢也。按史，孫沔與狄青本非舊交，劇言沔與青微時契好，沔所聘妻有婢，爲青之舅所殺，青方爲卒徼巡，其舅以殺婢之刀置於關廟周倉手中。侵晨，道路行者見婢屍，共報於官。執巡更者，則青也。其舅又挺身證成青罪，問大辟，繫獄。沔成進士，爲御史，心疑青屈，托言須審周倉，密令人以炭塗倉刀上，遠近聞之，以審周倉爲異事，觀者無算，青舅亦在衆中。沔忽閉門，使衆人先後捫倉刀，有殺人者，倉即殺之。青舅獨不敢捫。沔使衆人出手觀之，皆黑，惟青舅白。鞫問，乃服罪。於是出青，往投韓琦，立軍功。沔娶後，官亦漸顯。兩人偕承命征儂智高，遂破賊於崑崙關。此段情節，皆係增飾，青由韓琦賞識，則是實事。

又《出師表》 此《記》明嘉靖中沈鍊子沈襄事也。楚人江進之嘗作《沈小霞傳》，小霞即襄字，而《今古奇觀》小説有《沈小霞重會出師表》，出師表事，江《傳》未及，其妾姓，及年家何人，中道何地，《傳》亦未詳，須參小説看之，乃爲完備。《沈小霞傳》：錦衣衛經歷沈鍊以攻嚴相得罪，謫佃保安。時，總督楊順、巡按路楷，皆嵩客，受世蕃指：若除吾瘍，大者侯，小者卿。順因與楷合策，捕諸白蓮教通俺答者，竄鍊名籍中，論斬，籍其家。順以功蔭一子錦衣千户，楷候補五品卿寺，順猶怏怏曰：相君薄我賞，猶有不足乎。取鍊三子杖殺之，而移檄越，逮公長子諸生襄，至則日掠治，困急且死。會順、楷被劾，卒奉旨逮治，而襄得末減問戍。襄之始來也，止一愛妾從行，及是與妾俱赴戍所。中道，微聞嚴氏將使人要而殺之。襄懼欲竄，而顧妾不能割。妾曰：君一身沈氏宗祧所係，第去勿憂我。襄遂紿押者：城中有年家某，負吾家金錢，往索可得。押者恃妾在不疑，縱之去，久而不返。押者往某家詢之，云：未嘗至。還復叩妾，妾把其襟大慟曰：吾夫婦患難相守，無頃刻離，今去不返，必汝曹受嚴氏指，戕殺吾夫矣。觀者如市，不能判，聞於監司，監司亦疑嚴氏真有此事，不得已，權使寄食尼庵，而立限責押者迹襄。押者物色不得，屢受笞，乃哀懇於妾，言襄實自竄，毋枉我。因以間亡命去。久之嵩敗，襄始出訟冤，捕順、楷抵罪。妾復相從。劇中大關目在《出師表》一節，史傳未載，但載保安州學生，聞世蕃正法，割其片肉以祭鍊。而保安州至今有沈青霞祠，其賈石事，未知的否。然所據小説，其首尾皆不謬，則當真有其事也。據云：鍊生平最喜前後《出師表》，手自抄録凡數百篇。其謫佃保安也，州人賈石夙慕其名，空宅讓鍊，自居他所。石兄衛千户，石亦宣府衛舍人也，兄没應代襲，棄而務農。鍊見其仗義，與結爲兄弟。及鍊瘐死，石買屍棺殮，埋於隙地而默記之，勸衮、褒走避，兩人不能從。石知禍必及，將徙河南，見鍊有手書兩《出師表》黏於壁上者，問衮、褒索之去。未幾，二子果被難。順、楷并欲捕其居亭，不得而止。及沈襄雪冤受官，於保安訪父遺殖，茫然不能知。久之，有老父延入草堂，挂一軸子，乃楷書前後《出師表》也，《表》後但寫年月，不書姓名。襄注視之，乃其父筆，老父爲言往日與鍊交，及鍊被禍本末，云已因此避難，順、楷罷去，始還故鄉。鍊妻在雲州，幼子已入學，不久將至。語未畢而衮至，石引二子至鍊墓所，又言衮、褒死，賴毛獄卒藁葬於城西。乃破土棺殮，車載三柩南還，向賈石乞《出師表》歸，懸供祠堂中。

又《豐年瑞》 不知何人作。以山農時畯，累代積善，天賜雙珠，子孫榮顯，夫婦壽登百齡，福禄希有，故作此劇。抽出賞雪一節，名曰《豐年瑞》云。老農時畯，字守畦，常熟濱湖人。妻殷氏，弟時良，習匠業，長子時雍。世崇善德，上格蒼穹。小普陀庵中觀世音大士敕利市、招財、龍王、家宅、土地、錢神、文昌、田公、田母、南極、王母、天仙、張仙諸神皆默佑之。畯於雪中偕長子雍鋤田，湖中忽見蜃樓放光，龍女奉大士命，以寶珠二顆，置蚌內，畯父子網得之。妻適產次子，弟良携酒共飲，即取名曰時敏。良勸使雍出外經商，以珠一顆付之。行至松江，收綾布貿易，遇利市招財，幻作商人，授以《武藝全書》、《兵法便覽》二策，并傳劍法。雍携貨抵劉河海口，颶風忽來，不得已投以寶珠，波濤始息。飄入扶南國，國中盡是女子，國主河東吼，愛雍少年聰俊，逼諧伉儷。與東西女國八百媳婦交易，得玉鞭、海馬、竹箭、膠弓，滯留三載。雍思親，別女主浮海而歸。行抵常熟，適穿窬貝戎，夜竊其家，爲諸神呵擊，一無所獲。方喘息林中，自語驚悸，爲雍所覺，拔劍欲誅之。貝戎哀訴飢寒所迫，時雍憫之，贈以白金十兩，戒其改過。雍歸家見父母，始知弟時敏已過繼嘉禾豐姓，亦帶一寶珠去。豐姓者，乃文華殿大學士相度，字休文，止生一女，名夢花，因詣闕，舟泊濱湖，閒步遇時畯耕田，殷氏饁餉，見敏而愛之，且與夢花同年月日時，即繼作螟蛉焉。時良因雍歸家，辭往京師。是時，干城大將軍侯封，字定遠，鎮守沿海地方。其女繁弱，母早亡，獨居豐城，閲韜略書。初夏驟雨，以水甌受天泉，有龍吐珠甌內，即雍所抛也。河東吼念雍不置，興師泛海索雍，侯封與戰敗之，吼復引兵圍城。繁弱同蒼頭詣任省親，借小普陀尼庵暫憩，適相女夢花亦來進香，一言投契，結爲姊妹。夢花以母授寶珠贈繁弱，繁弱亦以天雨寶珠贈夢花，皆時畯所獲之珠也。繁弱聞扶南侵犯，急易男妝往，因天暮借宿畯家，雍願同往軍前效力。至城下，繁弱與河東吼大戰良久，時雍接戰，女主見之，責其薄倖，慫使歸國。時以家有父母，堅執不允，以玉鞭、膠弓、竹箭贈之。吼皆擲之海中，大愠而去。侯封叙時雍功上聞，賜以明珠。其叔時良至京，爲木工，承役造麒麟閣，掘地得太平錢一千萬貫，乃仙人劉海默運至此也。良以貢於朝，授工部司務。敏在相家，聞其妹之乳母言己係螟蛉，於是潛入閨房，竊明珠與夢花，私訂婚姻之約。家人促赴試，文昌命魁星助其文思，朱衣點頭。三場既畢，閒遊街市，入酒樓沽飲，適雍賫捷奏來京，良亦登樓叙話，各出明珠相示，知相敏即時敏，骨肉歡聚之頃，報相敏中狀元。時雍代侯封掛干城將軍印，同賜宴麒麟閣。時敏乃具疏陳情，請得歸宗，且娶夢花。奉旨授翰林學士，賜夢花爲配。侯封女繁弱亦賜婚時雍，俱以明珠爲聘。接時畯、殷氏入京。花燭之夜，夢花、繁弱各出明珠，即濱湖所獲，始信天緣，非偶然也。夢花、繁弱各產五子。時畯、殷氏百歲齊眉，壽誕日，值第九、第十兩孫彌月，朝廷賜百壽冠服，進封壽寧公，殷氏封齊國夫人，以表尚德尚齒之意，時雍加武靖侯，時敏加文安伯，侯氏、相氏封一品夫人，出仕各孫，俱加一級，未仕者并送入翰林院，充庶吉士讀書，九孫、十孫各賜洗兒錢萬緡，闔門歡宴。又值瑞雪，共慶豐年之兆。忽仙樂鳴空，異香繞室，壽星王母及上八洞群仙、東方曼倩、靈芝仙子俱降，各持物爲壽，漢鍾離長生丹一丸，曹國舅百壽圖一軸，吕純陽流霞酒一壺，張果老靈壽杖一枝，韓湘子安期棗百枚，何仙姑青精飯一盂，藍采和如船藕二枝，李鐵拐麟脯饌一盤，東方曼倩蟠桃四顆，靈芝仙子靈芝二樹。一門福禄壽俱全，備人間盛事云。按劇本空中樓閣，非是實事，然明崇禎時有時敏，即係常熟人，庚午舉人，甲戌進士，官至兵科給事中，地與名姓皆合，此劇或即以指敏，未可知也。女國數處，出《梁四公記》。相度、河東吼、貝戎，俱係詭托。

又《善慶緣》 不知何人所撰。演竇儀、竇儼事，因《易》云積善之家，必有餘慶，而周興嗣千文，又云福緣善慶，故名《善慶緣》。其事俱有影響，然謬誤不合者甚多。蓋作者但聞竇十郎之説，而未諳《宋史》及考《范仲淹集》也。其略云：洛州竇天光，官庭邑侯，中保大將軍，年八十致仕。夫人姚氏，生五子，長曰倫，翰林，次曰信，探花，三曰仁，榜眼，其四曰儀，五曰偃，俱中鄉舉。家道饒裕，性好行善，嘗濟人緩急。一日，於園中觀梅，有太平州錢姓者，以販油虧本，丐於途中，天光贈以資斧歸鄉。天賜天光藏金，即以金糴米，大賑貧者。庠生趙星，舊逋官糧數十金，追比甚急。女瑚璉，不忍父受辱，倩張媪鬻身天光家爲婢，父母哭於途。儀糴米歸，於路見之，詢其故，遂贈生八十金，令携女歸，以半完官，以半自給。復有貧民許有才，鬻子於天光，贈之銀而不留其子，有才忽遽失銀於地，儀拾得憩道旁，俟其至而還之。一門積德皆類此。儀、偃詣長安會試，父夢神人贈丹桂三枝，自念僅二子與試，未詳三桂之意，然知爲吉兆無疑也。儀、偃過宜山界，渴欲飲池中水，有一人止之云：此水有蛇毒，食之殺人。詢其姓名，即向日失銀人也。偃分路探母舅，而儀抵太平州投宿，其店主即天光昔日贈資者，留儀居停，殷勤款待。天遣金精化爲婦人，紿言鄰女，夜扣儀門，儀閉户不納，女詐稱投水自盡，儀不得已開門，女百方誘之，儀不爲動，至拔劍逐之，女化金光入地，掘視之，乃金一錠也。儀謂取之非義，乃仍埋地中。及就試，偃中狀元而儀得榜眼，趙星亦中探花。偃以弟不敢先兄，具疏力讓，詔以榜定不可改，而兄弟友愛可嘉，亦賜儀狀元。初，趙女鬻身救父，孝感上帝，太白金星授以天書寶劍，且予神力，夢中囑付云：西番有變，當效力勤王。醒而得劍與書，遂白其父，及是西番果叛，星薦其女能破敵，詔授瑚璉貞淑護國大將軍，往剿。偃謂女子將兵，薦紳無色，遂請將兵五千以援秦州，與統制李子通被困，乃潰圍乞女救，至則解其圍，偃始大服。敗番凱旋，值唐太宗萬壽之辰，即賜女爲武狀元，與偃諧伉儷，殿上結姻，三桂之兆始驗。天光壽百歲，子孫盡榮顯云。按竇禹鈞，范陽人，五子皆貴，馮道贈之以詩，所謂燕山竇十郎，教子以義方。靈椿一株老，仙桂五枝芳也。范陽當云涿州，今竇店即其故址，劇誤涿爲洛，又稱天光不稱禹鈞，亦誤。禹鈞諫議大夫，劇中官名杜撰，亦誤。禹鈞五子曰儀、儼、侃、偁、僖，劇有倫、信、仁，而無侃、偁、僖，亦誤。儀長子，儼次子，劇云第四、第五子，亦誤。儼稱曰偃，亦誤。禹鈞五代時人，儀、儼皆宋官，劇稱唐太宗時人，亦誤。禹鈞有僕，盜用房廊錢二百千，寫券係女臂云：永賣此女與本宅，償所負錢。自是遠逃。禹鈞即時焚券，留女付妻養育。及笄，以二百千擇良匹，得所歸。僕歸訴前罪，禹鈞不問。父子奉禹鈞像日夕供養。劇中毀券釋趙女，暗仿其事，移在儀名下。禹鈞元夕往延慶寺燒香拾銀二百兩，金三十兩，持歸，明日詣寺，守候失物主。一人涕泣至，問其所因，曰：父犯大辟，貸得金銀，將贖父罪。昨暮一相知置酒，酒昏忽失去，今父罪不能贖矣。禹鈞驗其實，遂與同歸，以舊物還之，加以惻憫，復有贈賂。劇中劉有才失銀事本此，亦移在儀名下。夢贈丹桂三枝，即因丹桂五枝芳而約略點綴者也。却奔、埋金，借他人事飾之，亦想當然耳。宋天聖二年，宋祁擢第一，兄郊第十，章聖謂弟不可先兄，改郊第一。明永樂二年，周孟簡擢第二，兄述第三，成祖謂弟不可先兄，改述第二，孟簡第三。劇中并賜狀元，借此二事而小變其説者也。

又《四全慶》 一名《三鼎爵》，未知作者何人。所演漢霍仲孺事，與史傳全不合。蓋俗語云：妻財子禄前生定。謂妻之財，子之禄，皆前生所定也。作者誤分爲四項，以爲妻財子禄俱全，謂之四全慶。又不悉故事，妄相牽引，其曰三鼎爵者，以仲孺父子三人皆受顯爵也。略云：霍登遺，字仲孺，平陽人，居東城坊，讀書好飲，天性豪放。初春雪霽，登三仙閣，值僧設譙款鄧通，登遺踞坐飲啖，通與之詬。登遺云：吾當盡得妻財子禄，視爾富貴蔑如也。相士瞿岳者，傳達摩異術，其妻劉氏，平陽公主園吏衛忠次女之乳娘也。岳相法通神，而性最戇直，適至三仙閣，相二人云：登遺富貴，不求自得。通行旱運，後當餓殍。通怒，令家人毆岳。獵者東方豹挺身救之。通僕不能敵，乃去。岳觀豹相云：豹當作十年草寇，其結果在登遺手。三人遂相訂交。通以相者言必欲妻財子禄兼全，使其術不驗，聞薄昭女夢雲、衛忠女少兒，皆擅才貌，并欲娶爲妻。蜀道有銅山，請得鑄錢。主簿逢仁，參軍史美，撫爲己子，且冒邊功得萬户侯，食千鍾禄，則四事全矣。慮昭不允姻，遂僞作昭家書，持庚帖選日，俾贅東城坊崔鄧通爲婿，通本姓崔也。薄夫人陸氏無子，以内侄爲子，性愚魯，誤讀崔鄧通爲霍登遺，遂以夢雲贅之。通恚登遺誤贅，以告薄昭，昭怒，遣人召登遺詢問。至絳州草庵，通密令人害登遺。瞿岳適至，察登遺氣色不佳，僞作薄氏之僕，言夢雲有恙，呼之速歸，指令遠遁。通僕追甚急，乃竄入平陽公主府中，通僕不能入。歸，誑通云已殺登遺，乃止。衛少兒者，其父忠，生二女一子，長女子夫，已入宮中，子曰青，爲羽林侍衛，次女少兒，未嫁。少兒晝寢，夢一書生折花相贈，夢神示以詩云：雨下佳人合，登臨遺舊歡。行將韋幼息，好結夢中緣。乳媪劉氏驚醒之，占其夢云：雨下佳，霍字也。登臨遺舊歡，非登臨即登遺也。行將韋幼息，行與韋合，衛字也。幼息，少兒也。夢中之語，當有姓霍者與少兒有緣也。登遺竄園中，倦卧廊下，爲少兒所見。劉媪蹴之醒，問其姓名與夢合，媪遂主婚，使少兒贅登遺。時，鄧通求得詔旨，使娶少兒，其兄青未知少兒嫁霍，歸與妹言之。少兒大驚，會生一子，即挈投乳媪家。東方豹之救瞿岳也，鄧通遷怒，使人捕之。豹殺捕者，遂入太行山爲盜魁，大擾州郡。少兒遭亂，以子付乳媪，易男裝隨登遺他徙，遇賊衝散。登遺被擒，見寨主，即豹也，遂留寨中。而少兒隻身無依，乃至京師訪登遺。初，登遺之遁，不及與夢雲别，夢雲已懷孕，未幾生一子，其父昭接女入京，令棄其子。夢雲乃刺霍登遺所生子六字於兒股，而棄之途中。瞿岳抱歸，知爲故人子，育之於家。見其妻抱少兒子亦登遺所生，乃并撫之。兒名霍光，弟名霍去病，光讀書甚聰慧，去病多膂力，擅武藝。少兒在京，度登遺或入考場，遂更姓名曰韋幼息，亦進場赴考，擢得大魁。薄昭强贅爲婿，使夢雲配之。少兒爲夢雲述己之行藏，夢雲戒令勿泄，結爲姊妹，共留意，以訪登遺。景帝嘗微行，遇霍光於鄉塾，與談經書，大異之。復進香堯廟，過太行，爲東方豹所犯。霍去病突出，擊退豹兵，問其姓名，知即光弟，默記二人名。而捕太行賊甚急，登遺力勸豹納款，豹不肯降，即自刎以爲登遺功。登遺散遣其衆，函豹首以獻，詔封萬户侯。景帝以鄧通吮癰，故銜之，籍没通家産，以賜登遺，且令捕通。通入古廟，僵卧廊下，登遺緝至廟中，見通已斃。瞿岳相見，謂相法皆驗，邀歸，令二子出認其父。少兒又奉詔召岳，并召二子。抵岳家，忽見登遺，驚駭，易妝出認，相與具疏奏明其事，二子後皆大顯。按《漢書·霍光傳》：霍光，字子孟，票騎將軍，去病弟也。父仲孺，河東平陽人，以縣吏給事平陽侯家，與侍者衛少兒私通，而生去病。仲孺吏畢歸家，娶婦生光，因絶不相聞。久之，少兒女弟子夫得幸於武帝，立爲皇后，去病以皇后姊子貴幸。既壯大，乃自知父爲霍仲孺，未及求問，會爲票騎將軍，擊匈奴，道出河東。河東太守郊迎，負弩矢先驅，至平陽傳舍，遣吏迎霍仲孺。仲孺趨入拜謁，將軍迎拜，因跪曰：去病不早自知爲大人遺體也。仲孺扶服叩頭曰：老臣得托命將軍，此天力也。去病大爲仲孺買田宅奴婢而去，還復過焉，乃將光西至長安，時年十餘歲，任光爲郎。又按《史記·衛將軍傳》：大將軍青者，平陽人也，其父鄭季爲吏，給事平陽侯家，與侯妾衛媪通，生青，青同母兄衛長子，而姊衛子夫，自平陽主家得幸天子，故冒姓爲衛氏。字仲卿，長子更字長君，長君母號爲衛媪，媪長女衛孺，次女少兒，次女即子夫。又按《史記·佞幸傳》：鄧通，蜀郡南安人也，以濯船爲黄頭郎，文帝幸之，賞賜通巨萬以十數，官至上大夫。上使善相者相通，曰：當貧餓死。文帝曰：能富通者我也，何謂貧乎。賜通蜀嚴道銅山，得自鑄錢，鄧氏錢布天下。景帝時，有告通盜出徼外鑄錢，下吏驗問，盡没入鄧通家。尚負責數巨萬，一簪不得着身，寄死人家。

又《三虎賺》 不知何人作。演趙岐觸勢被殺，三俠士扮虎救之，妻子離而復合，報仇完聚，故劇名《三虎賺》。借正史姓名點綴，其事無所據。略云：趙岐，字邠卿，京兆長陵人。妻馬氏，外戚馬融兄女。一子名璧，尚在齠齡，顧乳母周氏撫育。岐官東京監察御史，是時，漢靈帝寵用閹宦唐衡專政，由司禮監新進侯爵，各官往賀，岐不屑屈節媚之。馬氏勸其明哲保身，岐先詣妻叔馬融處飲，醉後詣唐衡，以詩譏刺其假冒邊功，夤緣侯爵。衡大怒，命吏部謫岐太原府清源縣典史。衡兄唐玹，官虎牙都尉，致仕在家，限邑中獵户獻貂皮、虎皮、狐皮、鹿角，需索無厭。衆苦之，告於趙岐。岐差役拿唐玹，被責。岐親至玹宅，玹因本府刺史曹孟德，大父亦内監，與唐衡係世戚，密囑害岐，遂特疏參之，除冠帶監禁。衆獵户劫出岐，并攢毆唐玹殞命。俠士孫嵩，字賓石，將妻劉氏、周歲女淑兒托往北海村避難，自往救岐。適守備追兵至，嵩擊死守備，而岐已逸去。妻馬氏聞信，將子璧托乳母周氏，往其弟周義處斂迹，己身被逮。至太原，刺史曹孟德即僉解詣京，途經南嶺山，被黄巾賊張角劫入營，威逼不從。乳母弟周義善醫馬，周氏因遇解役，述馬氏被擄，命其弟投張角，私入後營，救馬氏歸家，與乳母相依。趙岐自首投到，曹孟德即奏聞，將處決。俠士孫嵩偕勇士勝天王、活羅刹、賽金剛等，扮三虎劫之，避難於北海，改姓孫，字臺卿。孫嵩亦棄獵户業爲商賈，積資累萬。訛傳趙岐已被虎啖，馬氏悲慟欲絶。岐子璧年長十四，有勇力，適黄巾賊至，璧擊死張角，餘賊三千，願推爲主。璧命换白旗素甲，旗上書孝子大將軍趙，盡誅閹宦，與父報仇。母大怒，責其爲寇墮家聲，欲斬之。衆賊哀求方已。命書大漢孝子大將軍趙，請誅閹宦，與父報仇，易赤幟。時，曹操爲唐衡所薦，授驍騎將軍，征剿趙璧，被圍山谷之内。孫嵩經商過此，奮勇救出，與璧大戰，亦被擒。而岐及嵩女淑兒俱被擄，曹操懼甚。周義因善醫馬，在其帳下，勸操請旨誅唐衡，趙璧即投誠矣。操即遣義至璧營説之。璧知係救母恩人，具表付周義，詳奏唐衡惡款。靈帝大悟，命曹操籍唐衡家産。是時，趙璧營中，趙岐、馬氏、孫嵩女淑兒及乳母周氏，俱相聚大喜。璧入朝待罪，奉旨斬唐衡。嘉趙岐之忠，趙璧之孝，馬氏之節，孫嵩、周義、周氏之義，岐封光禄大夫同知中書省，馬氏封吴郡夫人，趙璧封龍衛將軍，孫嵩封虎衛將軍，周義爲太醫院大使，周氏賜黄金五十兩，着有司歲給膳米百石，周義爲媒，孫嵩女淑兒配趙璧完婚。趙岐與孫嵩親情友誼，迴超流俗云。

又《鳳和鳴》 不知誰作。事實即本王世貞《鳴鳳記》，以其《記》下本增飾鄒應龍、林潤、郭希顔事，謂能繼迹夏、楊，故曰《鳳和鳴》也。略云：陝西長安鄒應龍，與福建莆田林潤，曾共受業於江西郭希顔。鄒、林遂結爲異姓兄弟，其妻亦稱妯娌，同居臨安。時，希顔已爲翰林，鄒、林成進士，謁選，以不關通嚴世蕃，遂使應龍巡邊，潤安緝滇南。因兩地軍情叵測，倘至激變，必當受害也。禮部主事董傳策，與工科給事吴時來、兵部郎中張翀連名劾嵩父子，嵩誣以譭謗大臣，詔皆杖八十遣戍。錦衣衛指揮朱希孝憫之，令校衛用出頭杖，以存其命。時，鄢懋卿爲都巡鹽，趙文華官兵部尚書，皆嵩牙爪，趨承恐後。懋卿惡文華每事居其先，潛詣西山，求赤肚子長生丹進嵩。文華亦詣其所求藥，二人諂諛皆類此。江西解元易弘器，有田近嵩北莊，逼令獻納。弘器崛强，拂世蕃意。值會試入京，世蕃與鄢、趙謀，邀飲，醉以巨觥，酣卧書室，以醜婢充家人妻，斷其首，欲并殺弘器，因誣以奸。世蕃表姑陸氏聞其謀，竊匙鑰釋弘器，慮禍及身，自投於井。郭希顔令弘器逃往邊塞，俾謁應龍，遂具疏劾嵩父子。世蕃遏其本不奏，希顔知之，挂冠歸江西。過臨安，以信慰鄒、林家屬，值緹騎追逮希顔，繫江西獄。嵩誣以逃職譭謗，勒斃獄中。應龍以恩信賞邊軍，士皆感德。復命歸，遇張翀、易弘器，言皆受嵩誣陷。應龍乃剴切奏嵩奸惡。詔奪嵩職，歸田里，世蕃戍南雄，應龍陞通政使，被害者盡赦歸。林潤按滇復命，即授江西巡按，訪世蕃不赴戍所，居家益横，令受害者皆具控，即據實奏聞。詔誅世蕃，發嵩入養濟院，没其家産，追贈夏、曾、楊、郭，即以嵩宅建祠祀之。鄒、林皆陞都御史，其妻并授封誥云。按此劇事實，大段詳《鳳鳴記》，其易弘器一段，又互見《鳴鳳》、《飛丸》二記中。史傳無鄒應龍、林潤受業郭希顔之説，三人異地，本不相涉也。巡邊及安緝滇南，皆御史之職，若云初謁選，豈能遽受此任。且不得云世蕃所排也。二人劾嵩，亦未聞有宿怨，自以公論耳。郭希顔因疏中有違帝語，因此被戮，其時世宗以諭群臣，嚴嵩以同鄉故，尚爲委曲，非以劾嵩誅也。希顔方宴客，使者即家誅之，亦非斃於獄也。應龍陞通參，世宗諭徐階，猶指爲邪物，非通政使也。夏、楊等追贈，在隆慶初，非世宗時也。其餘大略與史相合。

又《清平樂》 不知何人所作。以書生時化從軍，遇高麗女主，得其所撰《清平樂》詞，遂成夫婦，後以勤王功受封，故名。劇中姓名事迹，皆屬子虛，無可據也。略云：玉泉山清隱道人，修煉得長生之術，知趙宋將有事，欲煉一鏡，以助兩俠靖妖氛。與其徒浄凡，在爐間談道，浄凡私自出山而去。時當宋季，常州人時化，字繼先，儒家子也，父善長，母穆氏，家貧親老，抱才未遇，將赴京應試，而苦無資。金陵人金濟者，任俠不羈，佯狂行乞，人皆呼爲金花子，與化遇於途。問狀，告以苦衷，濟許其以行資相助，遂結爲兄弟。濟之鄰居有李氏慧貞，司馬李勸之女，家世富，兩親俱亡，獨居未字。濟雖許化而無從得銀，乃求見慧貞，以實告。慧貞素重其俠，出金付濟，使助化。化乃辭親，與濟偕行。無賴田又三，嗜賭負債，爲同夥所逼，路逢大賈，爲償所負，挈以同行。又竊賈銀，爲其僕所覺，將送官懲治，乞哀於道。化適見之，贈銀排解，與俱宿店。又三復竊化資而逸，投將軍天元和尚幕下。時化途窮，仗濟相扶到京。時，高麗國女主賽昭君，航海入寇金陵甚急。而朝所用事者，曰平章柴朗、魏國公朱參、吏部尚書牛偉、左都御史羊健，皆庸鄙貪財，無遠略，聞寇警，漫無禦敵之策。天元和尚者，少林寺僧，以羊健薦，奏對稱旨，授爲將軍，帥兵剿寇。軍興乏餉，牛偉請令應試者捐資方許入場。化不得與試，值天元招軍，濟與化遂俱投軍效用。天元貪婪無忌，生殺自恣，借徵餉爲名，誅求郡縣。羽檄旁午，當是時，山東、河北年荒饑饉，流離載道。浄凡適至，衆擁爲主，起兵攻天元。天元遣化取民間少年女子爲女兵，實欲取樂也。化不奉令，天元怒甚，提至將殺之。而所遣往提者乃金濟，濟縱化走，己則潛至中軍欲刺元，元覺被擒。會浄凡兵將至，元倉惶應敵，羈濟於後營。營中被擄民間女甚衆，李慧貞亦在焉，有惡弁欲逼與爲婚，濟殺弁而釋慧貞及衆女，皆使逸去。弁即田又三也。化南走投高麗軍，女主悦其才，留爲參軍。女主方欲擇配，心屬化而未言，作《清平樂》詞一闋云：天分南北，芳心一樣熱。關關鳩鳥河頭立，守盡等閒風月。千里赤繩繫早，一見夢魂顛倒。鶼鶼共效于飛，舉案齊眉同老。爲化所見。女主以爲天緣，遂與成夫婦。濟既釋慧貞，恐其獨行受侮，送之歸，遇化父母，使同居一室，而脱身訪化於高麗軍，果得見。時，浄凡破天元，遂引兵内逼。濟説化夫婦返正勤王，朝命以濟爲先鋒，與浄凡戰。浄凡能爲百里霧，而賽昭君有神劍寶瓶，能攝雲霧，遂破浄凡軍。浄凡又善幻，化作其夫化狀，賺去劍瓶，賽昭君困甚。而清隱道人以照妖鏡至，收其徒歸，化與賽昭君及濟乃得戮力平亂。方浄凡之引軍内逼也，朝廷率六軍禦之，敗績，賴濟之救。宋帝微行至一村，叩門，見二老一少女，則時化之親及李慧貞也，留帝信宿。濟引軍至,迎回宮中。事平,化封靖南侯,榮加三代,賽昭君爲長洲郡主,以慧貞爲公主,而即以濟爲駙馬,欽賜完婚,遥授清隱道人爲元宗教主云。按劇中稱趙宋時事,而其中姓名皆《宋史》所無,高麗國亦無女主嗣位者,其爲捏造無疑。《仙釋傳》中亦無所謂清隱道人及浄凡名。又按明嘉靖中,東南倭寇縱横,都督萬表建議,欲練少林僧兵禦之,劇中少林兵本此。又按劇云高麗國航海入寇金陵甚急,記明嘉靖中,倭寇十七人直犯應天。兵部尚書張時徹等聽其出入不能制,城内人甚喧擾。疑暗指此也。魏國公,應是暗指徐中山之後襲爵者。柴朗、朱參、牛偉、羊健,俱非真姓名,蓋影射豺、猪、牛、羊,以示譏也。

又《翻千金》 不知何人作。《千金記》所重在韓信報漂母之恩,今以漢誅韓信結局,而於蒯通口中叙信功,似指高帝待信寡恩之意。其首尾述張良事,以便作團圞也。劇中節目,如韓信登壇拜將,定三秦,破齊魏,會垓下,王齊楚,皆見《千金》,大略相仿。張良得倉海君,博浪沙中副車,遇黄石公圯橋上傳兵法,及後從赤松子遊,皆見《赤松記》。項羽爲虞公贅婿,調伏烏騅,見《玉麟符記》。宴鴻門别虞姬,分見《千金》、《赤松記》。其蒯通説信鼎立,信不肯聽,通揣信必敗,乃生祭信,及信受誅鐘室,云悔不用通言,高帝擒通欲烹,通歷數信十大功勞,高帝亦以其言近理,特釋通罪,則他本所無,雖有增飾,非無根也。

又《紫金鞍》 不知何人所作。係憑空結撰,姓名具屬捏造,似受青樓局騙,演此以泄憤,其命名亦不甚貼切。據劇内以平賊榮封作收場,賜以紫金鞍,取安貞之意,故題是名也。略云:蘇州潘次安,字再貞,美才貌,幼失怙恃,依姑丈莊正儒。以女淑娘,割襟許字安。正儒殁,姑因乏嗣,教育安甚摯。安與舅兄戚尊誼相得,爲道義交。黠友曹二植者,誘安與狹邪女陸么鳳遊,甚昵。植與鳳及幫閒詹會趨言專會趨奉耳。局安費多金。姑知怒,責館童春兒。蒼頭莊科勸令畢姻,以束其心。遂結縭莊宅。安迷於么鳳,嫌姑禁制,密携么鳳之西湖,沉湎花酒。歲科兩考皆不赴,學使除其名,漸乏資斧。植與么鳳以計脱安,適賈尚書子南京應試,附其財勢,挈么鳳往投,匿鴇桂媽家。安踪迹之南畿,無所遇,適尊誼以學使臨場大收,其同寓友匿喪被攻不許入。誼勸安貸其卷入試,及放榜,安名第一,誼亦中式。么鳳知之,復與親密。誼勸安歸慰其姑,安戀么鳳,遂携之京師。尋擢大魁,賜宴瓊林。緣與么鳳遊春郊野,誤不赴宴,遂被黜革。而二植以賈尚書力,補武林驛丞。么鳳復棄安隨植南歸。尊誼登進士,授部曹,勸安毋戀青樓,以圖進取。安迷不悛,猶以么鳳爲植所誘往也,氣憤成狂疾。其姑遣僕探安,遂勸之歸。時届端陽,植與么鳳於水次觀龍舟,安疾少瘳,急往瞰鳳。鳳謂植云:今不拒絶,纏繞無已。遂厲聲拒安,安始悔悟。初,館童春兒因安迷戀,自西湖遁歸,遇太湖賊擒授僞職,留賊中。二植携么鳳赴任武林,亦被擒,欲誅之。春兒係舊識,叩賊求免。植遂從賊。尊誼念安負才遭困,薦剿湖賊。春兒潛與安約爲内應,賊俱被縛,并擒么鳳。二植罪應大辟,遂正法焉。春兒以功免罪,尊誼、次安皆遷官,姑與妻皆封誥云。按坊刻有《王翠珠傳》,云翠珠禾城名妓也。聲色絶群,慕之者非重價不輕接。國學生潘某聞其名,挾重貨往,情甚綢繆,分釵破鏡,翦髮焚香,誓同生死。歲餘,潘槖十蕩八九。赴試秋闈,臨歧戀戀不能捨。潘以家業中落,淹逆旅者兩載,歸即候翠。翠與富商對飲,若不識一面者,發言先以姓問。潘大駭,意其以商故。明日亦然。潘怒,出所翦髮擲還之。翠始回笑呼茶,意殊不浹。潘歸大恨,欲礪刃磔之。友人勸解,潘乃作《解嫖論》以示人。後復就秋試,夜泊江邊,見富商立舟上,顔枯衣褸,爲人執簿籍。潘詰其故,則其家資盡耗於翠,爲其所紿,流落無倚,寄食於人。潘出囊資十緡贈之。潘是年領薦回,翠母子先艤舟迎矣。潘乃揚帆不顧而去。劇所本乃此《傳》也。《傳》又言翠母子竟托生潘宅爲犬,此蓋潘惡翠之極,故作是語。此劇或即其所爲,未可知也。

又《射鹿記》 不知何人所作。凡演三國事者,俱各提一事爲主,此則據《演義》曹操許田射鹿一段,以作根柢,而要緊人物,則劉備、馬超,謂其初董承、劉備、馬騰等,合謀圖操。其計不就,演至馬超歸先主以結局。與正史離合參半,不可盡信,亦不爲無本也。據《演義》:曹操殺吕布,自下邳班師回許昌,以劉備爲徐州牧,令入朝見帝,拜左將軍宜城亭侯,自此稱爲皇叔。程昱勸操興霸王之業,操因朝廷股肱尚多,請獻帝田獵,以觀動静。并馬而行,駕至許田,獻帝令劉備射兔,忽見林中大鹿衝出,帝三射不中,顧操使射。操借帝雕弓,射中鹿背,將校皆以天子射中,踴躍同呼萬歲。操竟勒馬遮於帝前以當之。關羽大怒,提刀欲斬操,而備摇首送目,羽乃按止。帝回,泣語伏后。后父伏完力薦董承,乃縫密詔於玉帶襯中賜承,承遂與侍郎王服、將軍吳子蘭、長水校尉种輯、議郎吳顧、西凉太守馬騰、豫州牧劉備等，協謀圖操。會袁紹滅公孫瓚，袁術尊爲帝，棄淮南，欲歸河北。操令備擊術，至徐州，張飛殺袁術將紀靈，關羽殺車胄。懼操來攻，求救於紹。備時，董承等謀操事發，爲操所殺。操以其黨尚有劉備、馬騰，遣兵攻備。備走青州投袁紹。及取荆州，入漢中。而馬騰子超，爲操所蹙，亦至蜀投先主。劇中情節，大略如此。

又《銀牌記》　不知何人所作。本元人《兒女團圓》雜劇中，稍加增飾，情節相同，添出銀牌各半爲會合符驗，故名《銀牌記》也。略云：蠡吾白鷺村富人韓弘道妻張氏，四十乏嗣。妾李春桃懷娠，元人劇云春梅。寡嫂陳有子曰安童，與弘道同居，欲獨吞其産，唆張逐春桃。弘道欲留之，張不可。弘道乃以所佩銀牌，上刊己名，分其半贈之，他日生子可爲據也。春桃無所歸，遇女醫，使投巡鋪李寡婦同棲。新莊店人俞循禮，晚年無子，叩太乙山仙姑祈嗣，妻得孕。復卜男女，籤云：萬物各有主，不好明明許。是女不是男，是男還是女。俞不能解。春桃居鋪中産子，而寡媪適出，度不能保，方啼哭，有獸醫王姓者，俞舅也，贈銀二兩取之去。春桃繫銀牌付之。俞妻生一女，王以春桃子易之，而名其女曰彩鸞，俞不知也。滿月時，王以銀牌爲賀，母令繫之。稍長讀書，取名元豹。春桃與媪亦移居他所。初，春桃既逐，陳氏分弘道財産，子皆蕩盡。及陳氏殁，安童益無藉，弘道怒逐之。夫婦皆悔遣春桃，致己乏嗣。逾十七載，男女皆長成。王貸牛於循禮，循禮拒之，王恨其吝。王嘗貸弘道銀，往償之。弘道念其貧，不肯受，遂還其券，且謂云：予無子，蓄財何爲。取借券盡焚之。王謂弘道云：公有盛德，何乏嗣。弘道告以春桃被逐事。王念所易子即其出也，云：别時有記驗否。弘道述銀牌各半爲驗，王吞吐欲言，細詢之，復贈以金，王遂以實告，持銀牌往逕元豹於别墅。豹從塾中讀書歸，塗遇王，告以本生父母，出銀牌相合，遂隨弘道歸家。俞知而訊其妻，妻度不能隱，具告其情。俞索己女，王亦送歸俞。元豹試擢大魁，特疏尋母，遇於井邊，迎歸奉養。念俞撫育恩，常往省視。王爲執柯聘彩鸞爲配，且與安童和好，以家資賙恤之。

又《四郡記》　此《記》未知何人所作。與《古城記》皆以劉備、關羽爲主，《古城》所演，係劉、關前截，在徐、沛間事；《四郡》所演，係劉、關後截，與孫氏争荆州事。劉、關起手，大略相彷。諸葛亮、魯肅、周瑜等則皆《古城》所無也。大略載劉備與孫權共破曹操，操既還許，荆州本應屬權，而備用計得之。及取益州，權復來索。備令羽守，魯肅争而不得。其後權遣陸遜、呂蒙圖羽，則不復載，蓋爲羽諱也。情節與正史頗合，劇據《演義》爲多。《演義》之指，以爲諸葛亮、周瑜鬭智，着着争先，凡瑜所規畫計謀，皆不出亮所料，瑜至氣死，而荆州終屬於劉。然若所言，無論權、瑜智勇，非《演義》之策所能籠絡，而備、亮無一毫信實，專以反覆詭詐，貪小利而忘大義，志苟得而昧遠圖，反曹操之不若矣。彼時孫、劉并力禦曹，駈蛩相倚，備娶權妹，權借荆州，犄角争衡，同舟共濟，一以自救，一以謀敵。雖未必推心置腹，而拒操方急，豈暇相圖。迨局勢稍定，備無立錐，荆州尚非己物，於是規取西川，以爲進步。及既得益州，而荆州要地，亦不肯復還。其初周瑜有先見之明，勸權及早簕制，不幸短折。魯肅又材不及瑜，嫌隙漸開，交猜互構。孫、劉若争荆州，而曹勢彌成矣。蘇軾言甫托夢於軾，謂亮恨先主失計，欲吞吴也，亮草廬畫策，即云孫權可以爲援，豈有百出詭變以誑權、瑜之理。流俗艷稱三氣周瑜，不可不辨。

又《赤壁記》　未知何人所作。演周瑜赤壁燒船，本是事實，但此舉皆瑜勛績，而《演義》歸美諸葛亮，創爲祭風之説。又增飾種種變詐，以術制瑜，劇遂據爲墻壁，此與正史不合也。劇中劉備自冀投荆，關、張輔翼，諸葛入幕，結好孫權，種種情迹，已互見《錦囊》、《古城》、《草廬》、《四郡》諸記中，即祭風燒船，亦俱互見《草廬記》。然赤壁爲此劇正面，所宜詳載。【略】杜牧《赤壁》詩：東風不與周郎便，銅雀春深鎖二喬。因東南風急一段，發此論也。《演義》緣此，遂謂冬月必無東南風，造出孔明祭風之説。云周瑜僞病，亮與魯肅言：惟某能醫。及入見，索紙書十六字云：欲破曹公，須用火攻。萬事俱備，祇欠東風。乃爲瑜畫策，於南屏山下築三層七星壇，用百二十人圍繞，作法三日，借三日夜東南風。十一月二十日甲子祭起，至二十二日丙寅風息，瑜遂以此破曹。劇亦據此作要緊關目，蓋見景生情，將無作有也。至云瑜俟三更風轉，令丁奉、徐盛潛殺孔明，追及其船，趙雲射斷篷脚而去，則太誣矣。

又《百花記》　未知誰作。其情迹多係空中樓閣，以百花點將爲關目攢簇處，故曰《百花記》。略云：秀水鄒化，字玉林，宋鄒鳳之曾孫。妻江氏，鄱陽江萬里之裔。妻父江洪，妻母歐陽氏，妻弟江六雲。元皇慶二年，左丞相鐵木迭兒奏請開科取士，六雲約化同入京應試。化令妻向岳父母借貸資斧。六雲先行，訂於蘇州相晤。時有安西王阿難答，世祖開國勛臣，鎮守嘉興等處，廣積糧儲，羅網豪傑，與右丞相阿忽台表裏爲奸，蓄謀叵測，女百花公主，美而且武，恃其材勇，常欲集師數萬，以圖大舉。江氏道過安西府門，家將擒入，指爲探聽軍情。安西問係鄉人，即欲縱去。百花見其妍慧，啓父留以侍己，名曰江花右，使習陰符。化見妻一去三日，疑其父母不肯借貸，親往岳宅，與妻握別而行。及至妻家，洪夫婦云未見女，洪疑化竊賣其女，化又疑洪轉嫁其妻，同控縣令。令斷化無故謀妻，擬戍爲羽林衛卒。解至京師，鐵木迭兒憐其才，授爲侍衛指揮使。安西故與迭兒交惡，迭兒奏免各路糧稅差徭，安西不從，轉加田賦，陳兵出入，反形漸露。迭兒奏其不軌，阿忽台力庇之。旨以事迹未彰，干戈不可輕動，令迭兒選廉能官十二員，分十二道，巡察天下。其轄安西地者，即以安西委之。六雲進士及第，授浙江道御史，膺命採訪浙地，兼探安西王謀反一事。易服私行，至安西府門，被拿送入。安西方惡人探聽，六雲乃改名海俊，自稱鄉里蒙師。安西愛其才，授爲參軍，委以兵事。俊因僞作心腹，以俟機便。八剌鐵頭者，安西近侍也，恐安西昵俊而疏己，欲陷誅之。公主每於百花亭演武，如有人擅進此亭，即時處斬。八剌以酒醉俊，令人舁入百花寢床，會花右先至，見而大驚，使匿書案下。未幾，百花入内室見之。呼出問姓名，知爲八剌所陷，令越墻去，然眷戀之色，爲俊所覺，因潛伺之。百花復呼俊，與訂終身，以所佩雙劍，分其一贈俊。已而安西果叛，築壇仿漢制，拜百花爲大將。百花點將時，分南北二部，以俊爲總提南北兵馬參贊軍務考功護軍使，花右爲南部挂印先鋒女將，用軍法斬八剌於轅門，以報俊仇也。俊既授僞職，令駐平望鎮以防湖。俊即脱身赴京師，仍名江六雲以復命，而潛謁迭兒，具言被執始末。迭兒許爲轉達表章，令六雲密往，無使安西覺，俟大兵來討作内應。迭兒遂薦鄒化爲總兵都督，率領鐵騎，征剿安西。安西盡力攻蘇州，州守伯顔堅拒，不能克。聞化兵至，百花即遣花右將前部迎之，及對壘，夫婦皆驚駭。戰未合，花右鳴金收軍，遣火頭軍吴壽星投戰書，密與化約，許爲内應。大戰之日，俊與花右佯敗走，化引兵追，與百花戰。化亦佯敗走，百花追之，俊與花右忽反戈襲其後，百花大敗，化等遂率兵圍安西父女於鳳凰山。安西尋被獲，百花遁走德清庵爲尼。六雲失百花，悵甚，方遣卒分道尋覓，而百花令壽星以所佩雙劍之一，持寄六雲，言身已入空門，留示憶念。於是化與六雲親詣庵中，迎百花至營奏捷。疏中飾言百花率先歸順，并請少寬其父。朝旨超擢化三邊總督，六雲兵部侍郎，貸安西之死，以六雲、百花婚配爲夫婦。按《元史·鐵木迭兒傳》：皇慶中，正爲中書右丞相，則所指是其人也。但此劇以迭兒爲忠臣，言其奏准官家，詔赦天下軍民，罷役免差，減商旅之税十三，田糧十二，薦賢討賊，皆其首功。史傳則迭兒在奸臣之列，遣使分行各省，括田增税，苛急煩擾。南方騷動，遠近驚懼。再入中書，居首相，怙勢貪虐，凶穢滋甚。劇所載正與相反。又劇云伯顔守蘇州抗安西，蓋指伯顔與迭兒爲一路人，據史則伯顔持正，迭兒以其不附己，譖而殺之，亦不相合。《元史·宗室世系表》：世祖十子，次三安西王忙哥剌，《諸王表》忙哥剌，至元九年封，出鎮長安。子阿難答，至元十七年襲封，大德十年誅。劇云佐世祖一統之基，封王爵，居百寮之上。又云亦係奇握温氏苗裔，多與史合。《武宗本紀》：成宗末，安西王阿難答與左丞相阿忽台等，謀推成宗皇后伯要真氏稱制，阿難答輔之。仁宗定計，誅阿忽台，遣使迎武宗至上都，執阿難答賜死。《宰相年表》：成宗大德七年癸卯，左丞相阿忽台，至十一年止，武宗至大四年辛亥，右丞相帖木迭兒，兩人未嘗同相。又迭兒左，阿忽台右，元制右在左上，劇亦未合。科白内浙江道御史、三邊總督，皆明代官制，元時無有。按《諸公主表》云：秦漢以來，惟帝姬得號公主，而元則諸王之女，亦概稱焉。劇稱公主，與史相合。又按《表》高昌公主位下石魯罕公主，太宗孫女，適火赤哈兒子高昌王紐林的斤。主薨，繼室以其妹八卜叉公主。又薨，繼室以兀剌真公主，世祖之孫安西阿難答女也。

又《寶釧記》 一名《七紅記》，不知何人所撰，與《八黑劍舟記》似出一手，皆上虞魏浣初評，李裔蕃釋，或即二人筆，未可知也。朱、陳相遇，以寶釧作合，故名《寶釧》。又始終賴漢壽亭侯神力，同赤面者七人相助，故又名《七紅》也。略云：襄陽儒生朱聘，字達夫，美才品，幼失怙恃，寓城之衍慶寺讀書，與黠僧如真善。奉關侯像，朝暮焚香不少懈。有巨室陳諧女芳華，携婢碧桃，遊吴平章集芳園，適聘亦至，眷華之美，華亦喜聘英俊，目成而去。詢知陳女，遂竊入其園内，見華倚欄玩花，遣婢候母，直前與揖，告以佳人宜匹才子。華已心許，囑使行媒。聘訴己貧，華則贈以寶釧。婢碧桃至，亦慫恿之，且使聘於望日詣園，贈以納采資斧。及期，僧邀聘飲，聘辭不勝。僧詰之，告以故。僧紿爲稱慶，强聘沉醉，即潛入陳園。適華有母族至，邀華會飲，華不敢拒，以銀付碧桃遺聘。及見僧，叱之，僧求歡，桃堅拒，僧手刃遁歸。華父聞桃斃，且懷白金，心知非盗，必華有所私也。責婢紅杏，杏以實告。鳴於官，擒聘酷訊，不能自白，哭禱漢壽亭侯，祈示凶身，以明己冤。侯示夢責聘品不端，故及於禍，然與華本有夙姻，冤當爲汝明。值御史葉夢弼巡楚，侯示兆於葉，言朱聘之冤。葉細鞫，知僧假冒，擒送獄中，而釋聘俾與華諧伉儷。僧素習幻術，遁出獄，投北寇旭烈爲軍師，大擾邊塞。朝廷遣馬光祖往征，屢敗。會聘擢大魁，賈似道欲妻以女，不從，用計薦爲光祖參謀。遭僧幻術，亦大困。關侯指示，令布八門金鎖陣，又會七神，以十萬衆助之。七神者，張道陵天師、赤心忠良王元帥、劍仙崑崙、虬髯張仲堅、唐將秦叔寶、上仙鍾離權及漢壽亭侯也，皆秉南方丙丁之氣，故赤心赤面。聘遂大捷，擒妖僧正法。凱旋具奏，敕封七神。光祖及聘皆晉爵，芳華封國夫人。按《馬光祖傳》：嘗爲沿江制置大使，江東安撫使，兼行營留守，修飭武備，防扼要害，邊賴以安。劇引入亦非無據。《龍圖公案》：孝感諸生許獻忠，與屠家女蕭淑玉相慕，蕭以梯引許入樓，後用白布下垂相接。有僧明脩攬布而上，女不肯從，僧竟殺女。鄰人告女父輔漢云：許生素有奸狀。女父訟於官。包拯察許慈祥，非殺人者，問云：汝平日往來樓下，曾見何人。答云：惟有叫街僧敲木魚而已。包乃諭二胥，使娼僞作女，乘僧夜行，啼哭索命，僧盡吐真情。二胥捕僧送讞，乃出許生。劇中僧入園殺婢，似用此事。

又《登樓記》 所載崔護事，見《桃花人》面雜劇。《記》中正旦爲莊小姐，與《桃花》劇互異，蓋護所遇之女，本無姓名，故作者隨意結撰也。謂崔護本於莊宅傭書，莊女慕瓊獨居小樓，護見其美，乘夜登樓，慕瓊背燈解衣，持針縫紉，護突前戲調。慕瓊甚持正，而心亦愛護，不忍聲張。及聞人聲，護不得已而出。故以登樓作關目，言前後事迹皆因此也。大段則據本事，作者亦未知何人。莊宅傭書，莊女慕瓊，全與金懷玉《桃花記》相似，但彼改姓名曰秦晋，而此直曰崔護，此則其各異者也，關目亦此直而彼曲。或先有《登樓記》，而懷玉又加改竄，未可知也。

又《雙蝴蝶》 不知何人所作。事本小説《龍圖公案》，開封尹包拯宿城隍廟，夢見蝴蝶一雙，醒而遣人捕蝶，後果以此明冤獄，故以爲名。《元人百種曲》中有《雙勘蝴蝶夢》，與此劇中姓名、關目迥異，而斷事則皆包尹也。包尹事迹屢見《元曲考略》中，葛、藤二姓，作者蓋取斬斷葛藤之義，其人無考。羅浮山中産仙蝶，卵生，五彩陸離，大者如車輪。見《羅浮山志》。略云：滕仲文，字可聞，庠名斐，江左安慶人，拔貢生。妻葛氏，子繼京。時當大比，仲文欲入京應試，而無行資，惟祖傳漢玉墜一枝可售，急切無主，謀諸葛氏。葛氏謂有姑在京長安寺出家，可與俱投。乃以所居托鄰人郝新典賣，得二十金，挈室赴京。有僕陳義，往嶺南經商未歸，仲文以破書一篋及舊衣巾，留新處，囑俟僕歸付之，并令到京。仲文將至汴，遺金於店中，行數里始覺，急返店求金，留妻子坐山坡以待。俄而虎出，銜子繼京去，葛氏方驚仆。有葛登雲者，國戚也，獵於山前，遇葛氏，悦其貌，劫之歸，强逼諧歡。葛以死拒之。登雲素恣横，有女曰顔珠，賢孝，數諫其父，不從。至是聞葛氏被劫，急往救，挈歸繡闥，與同寢處。虎銜繼京走，遇賣糖人唐老擊鑼，虎懼而逸，繼京墜地，唐負歸養之。陳義經商，獲利而歸，并携仙蝶一雙，將以進主人。遇郝新，始知其主全家入都，遂挈所留衣巾亦赴汴。仲文得遺金而返，妻子皆失所在，四面叫呼，毫無踪迹。投一店，乃登雲責逐長班所開，以其主劫良家婦語於仲文，問其姓則葛，其籍則安慶也。仲文知即己妻，大憤，奔至其門痛詈。登雲佯款之齋中，而夜命僕殺之。上帝遣煞神救護，使作瘋癲狀，刀不能傷。登雲令置空箱中，舁棄荒野。樵夫見而開視，因得逸去。陳義之行也，郝新有子在京賣麵，新囑義訪之。義至京，不見其主，遇雨，道逢郝子，留至家。義以衣濕開囊，取其主衣巾暫换，囊中有金，爲郝所見，勒殺義，以磨壓其屍，取金，放蝶飛去。龍圖閣待制包拯知開封府，莅任宿廟，夢見雙蝶，狀甚異，醒而命役捕蝶。役見有蝶棲糖擔，荷擔者唐老也，繼京與同覓父，遇役，蝶飛去。役拘二人見拯，得其父子離散狀。乃釋唐而使繼京即以父名應試，仍遣役再捕，限期必得。時有高僧道隆，爲國師，住華嚴寺開講。登雲之女痛父不悛，夜焚香祝天，默佑其父改過，爲登雲所聞，痛悔前非，皈依道隆求懺。道隆講法，聽者甚衆。拯則奉命爲設齋。適有瘋癲人闌入，道隆予棒，殞絶於地。拯怒而去。時，繼京應試得售，擢探花，上命以登雲之女顔珠配之。顔珠念己將成婚，葛氏獨居不便，送入皇姑寺。皇姑寺即長安寺也，女僧爲葛氏從堂姑，亦即登雲之姑也，始知互有瓜葛。葛氏行，以漢玉墜留顔珠處，以爲非持此相驗，雖召不至也。繼京與顔珠合巹之夕，見玉墜，詢所自，知其母在寺，亟奔赴之。中途遇唐老，告以拯命捕蝶，蝶飛至郝家磨下，獲一屍，屍腐而衣巾可疑。繼京即往視，以爲其父也。時，郝又投庇於登雲，繼京遂以爲登雲使郝殺其父，見母哭告，而劾登雲於朝，願休妻報仇。拯亦奏登雲不法，并劾道隆殺人。朝旨命拯鞫，拯將殺登雲，而道隆携瘋癲人至，則已醒然一葛仲文也，乃知被殺者其僕陳義，遂以郝抵命，釋登雲，賞唐老。仲文仍應試擢狀元，而繼京、顔珠復而夫婦。

又《雙巹緣》 不知何人作。演王尚友爲友翟斌代聘文氏女，斌亦爲尚友作伐，娶史氏女，同時合巹於繡谷園，故謂之《雙巹緣》。中有王守仁延斌入幕，用其謀以平宸濠，及破賊劉六、劉七，此特借以爲關目，非真事也。略云：翟斌，河南洛陽人，本姓王，憎世俗附會其宗譜，改姓翟，以文武全才自任，故名斌。僑居金陵之繡谷園，里中戚新、陸羨約爲文昌社，屬斌草疏。新，富家兒。羨，南康守道扶倫之子。皆鶩名結社，而不讀書。及期，斌携疏稿赴戚家禮神。新表妹文桂娘有才貌，幼孤，新母撫爲女。見斌疏草，愛其詞，加評語，獎嘆而藏之。斌等夜飲，桂娘從屏間窺斌，并悦其貌。翌日，斌來謝，遇桂娘，桂娘趨避，遺疏稿於地，斌拾得之，既驚其艷，又感其知己，而不知何名。歸詢園主花婆，囑爲媒妁，并以浼羨。羨素知桂娘美，佯頷之，竟造新求爲己室，新許之。花婆適至，以斌意達新母。桂娘意屬斌，而新輒詬花婆，花婆以告斌。斌怒，登羨門大詈。羨僞爲不安狀，留斌强醉，使人邀於途，將殺之。文昌帝君陰令天聾地啞救免，告以難，連夜出城他往。時，斌祀神疏流傳至會稽，才士王尚友深慕其人，尚友伯守仁赴任江西，尚友送之，繞道至金陵訪斌。斌適逃難，遇於江干。尚友薦斌於守仁幕，談兵，恨相見晚。會宸濠反，用斌謀，破濠。初，斌遁去，羨將强娶桂娘，桂娘哭别其姑，懷利刃，欲至羨家，殺羨而自刎。會羨父扶倫降濠，官籍其家，捕羨解京，桂娘得免。然與新已大不合，借居繡谷園以待斌。斌之年伯御史史一清，有女素瓊，通詩書，知大義，勸其父劾劉瑾，瑾伏誅，一清受命巡按江南，微行，爲流賊劉六、劉七所劫，羈寨中，竊其印賺官糧。瑾黨劾一清從賊，素瓊刺血叩閽，以伸父冤，請兵討賊。會宸濠平，守仁奏凱，薦斌功，守仁封新建伯，斌賜進士，官兵部郎中，即命兩人討流賊。尚友已得第，授應天府司李。戚新聞其未娶，囑尚友同年爲媒，欲以桂娘結婚。尚友告以斌爲己好友，代斌下聘，俟其歸娶。素瓊叩閽，得諭旨，潛至江南訪其父，與桂娘同寓繡谷園。守仁偕兵與流賊戰，一清聞，盡以賊虚實作書射守仁軍中，許爲内應。斌斬劉六，一清縛七以獻。與斌會，欲以女妻斌。斌以實對，乃爲尚友作伐，一清許之，遂俱至金陵繡谷園中，分東西兩寓，同時合巹云。按平宸濠功，無翟斌名，從逆者，亦無所謂陸扶倫。兵部尚書陸完，曾任江西按察司，及掌中樞，爲濠題復護衛，後以濠黨被罪，劇中借此影射。守仁之封新建伯，則在嘉靖初，非正德時事也。劉六、劉七，初發難於霸州趙鐩、邢老虎、劉三等附之而愈劇。後沿江掠聚，駐兵武昌陽邏團風鎮。湖廣巡撫馬炳然携家赴官，遇賊於爛泥鋪，脅與俱至南京，炳怒駡之，遂遇害。劇中所謂史一清，借用馬炳然事。其平賊者，陸完、彭澤等，非守仁也。且劉瑾、劉六、劉七、宸濠，雖俱是正德間事，而瑾在初年，劉六等在中年，宸濠又在後來，不宜妄串爲一。又按應天，明之京府也，其推官非進士初任官，巡按有上下江，不宜云江南，守道不宜但標南康，俱誤。王守仁祇平宸濠，無討流賊事，劉六、劉七在前，陸完既平流賊，始召入爲兵部尚書，完轉吏部，繼之者王瓊，始薦守仁爲南贛巡撫。劇先叙守仁平宸濠，後及劉六、劉七，蓋但知守仁以軍功封，未考其事實也。

又《鸞刀記》 作者無可考。劇中事實，全本《水滸演義》，但亦有撮撰處，不盡與《演義》合。盧俊義妻賈氏，本與李固同謀，宋江救俊義時，與李固俱爲所殺。今劇中以爲貞烈自守，且先上梁山，此大不合也。又李固隨俊義被擄，吴用縱之歸，乃鳴之於官。而劇中第十齣車夫云：我等隨員外去至山東，被宋江等將我員外拿去，坐了第二把交椅。李固云：有這等事，謝天謝地。又燕青本爲賈氏所逐，而劇中第十四齣燕青云：從那日李固出奸惡之言，竟投他處潛身。此小不合也。作者之言，蓋以戲取團圓，雖淫如賈氏者，亦必曲爲之説，以歸於正。然目今梨園所演，多從改本，改本亦不知何人所定。所增石秀劫法場等齣，俱實據《演義》，而叙賈氏、李固處，亦一一與《演義》吻合，與此較異。據《水滸傳》云：山東呼保義，河北玉麒麟。其後石碣鐫名，宋江曰天魁，盧俊義曰天罡，則盧與宋并稱，視他盜有巨細輕重。《通鑑》云：張叔夜擒其副將。殆指此人，故羅貫中爲之描寫，亦異於他人也。然由《傳》觀之，盧本富室良民，宋江先令吳用詐作術士，誘令避灾出外，道經梁山，又使群盜次第引誘，令入寨中。盧不肯從，又造詩暗藏盧俊義反四字於句首，流傳蜚語，遂至李固首官，捕鞫定辟，種種禍變，相挺而起。江之設心，雖虎豹蛇蝎，不若是之毒也。放冷箭燕青救主，劫法場石秀跳樓，時遷火燒翠雲樓，吳用智取大名府，是《水滸傳》中熱鬧筆墨，而亦此劇中要緊關目。內中黑旋風裝啞，戴太保神行，蔡福、蔡慶之周旋，李成、聞達之戰鬭，皆據《傳》敷衍，惟罪僅歸李固，而與賈氏團圓，與《傳》爲異。別本標名曰《聚星》者，以梁山全局而論也，此劇標名曰《鸞刀》者，指俊義一身而言也。蓋皆記盧事，而變文以示異耳。然按別本殺李固與賈氏，此却不及賈氏，則宜以《鸞刀》名別本，以《聚星》名此本爲當。又按水滸群盜多在齊魯左右，今乃因一俊義騷擾河北。梁中書世傑以蔡京之婿，坐綰重鎮，帳下又多猛將，而大名爲所蹂躪，則其關係殆非小也。然梁世傑亦係生撰，未嘗的有其人，餘更不必論矣。

著録

清·佚名《傳奇彙考標目》卷上 明，無名氏：《白兔》、《玉環》、《殺狗》、《教子》、《羅囊》、《綈袍》應侯范雎事、《鑲環》藺相如事、《三晉》趙簡子事、《百順》、《鸞釵》、《雙紅》、《千祥》、《鵜釵》、《金雀》、《異夢》、《四景》、《羅衫》、《雙孝》、《麒麟》、《黑鯉》劉司獄事。《金花》、《題門》、《錦囊》、《吐絨》、《投梭》、《三桂》一名《三桂聯芳記》、《蟠桃》、《瑞玉》、《東郭》、《衣珠》、《懷香》、《花園》、《磚礫》、《赤松》留侯張良事、《金臺》樂毅事、《犀合》、《箜篌》乩仙筆。《離魂》倩女事、《菱花》、《江流》、《東牆》、《王煥》、《卧冰》、《鴛簪》、《張叶》、《紅絲》、《南樓》。

清·黃文暘、佚名《重訂曲海總目·明人傳奇》 無名氏：《玉玦記》原本作《王煥記》、《張叶記》、《牧羊記》、《孤兒記》、《玉環記》、《教子記》、《綵樓記》國朝作者有同名、《百順記》、《鸞釵記》、《白兔記》、《躍鯉記》、《雙紅記》、《四景記》、《尋親記》、《金雀記》、《水滸記》、《鵜釵記》、《雙孝記》、《玉佩記》、《千祥記》、《羅衫記》、《麒麟記》、《異夢記》、《七國記》、《黑鯉記》、《題門記》、《殺狗記》、《東郭記》、《投梭記》、《金花記》、《錦囊記》、《情郵記》、《瑞玉記》、《蟠桃記》、《吐絨記》、《衣珠記》、《四豪記》、《三桂記》、《花園記》、《青樓記》、《磚渠記》、《紅絲記》、《霞箋記》、《犀盒記》、《赤松記》、《鑲環記》、《綈袍記》、《箜篌記》、《東墻記》、《江流記》、《鴛簪記》、《五福記》、《離魂記》、《菱花記》、《金臺記》、《南樓記》、《卧冰記》、《節俠記》、《飛丸記》、《四賢記》、《琴心記》、《運甓記》、《玉合記》、《贈書記》、《牡丹亭記》或云亦湯臨川先生中年所作，後改削爲《還魂記》、《目連救母》一作《勸善今科》。

清·梁廷枏《曲話》卷一 其餘無名氏可考，亦無別寓他名，而其曲仍行於世者，以雜劇言，【略】明人有《相思譜》、《錯轉輪》。以傳奇言，明人有《王煥》、《張叶》、《牧羊》、《教子》、《孤兒》、《玉環》、《綵縷》、《百順》、《鸞釵》、《白兔》、《躍鯉》、《雙紅》、《四景》、《尋親》、《金雀》、《水滸》、《鵜釵》、《雙孝》、《玉佩》、《千祥》、《羅衫》、《麒麟》、《異夢》、《七國》、《黑鯉》、《題門》、《殺狗》、《東郭》、《投梭》、《金花》、《錦囊》、《情郵》、《瑞玉》、《蟠桃》、《吐絨》、《衣珠》、《四豪》、《三桂》、《花圈》、《青樓》、《磚渠》、《紅絲》、《霞箋》、《犀盒》、《赤松》、《鑲環》、《綈袍》、《箜篌》、《東牆》、《江流》、《鴛簪》、《五福》、《離魂》、《菱花》、《金臺》、《南樓》、《卧冰》、《節俠》、《飛丸》、《四賢》、《琴心》、《運甓》、《雙紅》、《目蓮救母》。

清·支豐宜《曲目新編·明人傳奇》 《桃花扇》、《玉煥》、《張叶》、《牧羊》、《孤兒》、《玉環》、《教子》、《綵樓》、《百順》、《鸞釵》、《白兔》、《躍鯉》、《雙紅》、《四景》、《尋親》、《金雀》、《水滸》、《鵜釵》、《雙孝》、《玉佩》、《千祥》、《羅衫》、《麒麟》、《異夢》、《七國》、《黑鯉》、《題門》、《殺狗》、《東郭》、《投梳》、《金花》、《錦囊》、《情郵》、《瑞玉》、《蟠桃》、《吐絨》、《衣珠》、《四豪》、《三桂》、《花園》、《春樓》、《磚渠》、《紅絲》、《霞箋》、《犀盒》、《赤松》、《鑲環》、《綈袍》、《箜篌》、《東牆》、《江流》、《鴛簪》、《五福》、《離魂》、《菱花》、《金臺》、《南樓》、《卧冰》、《節俠》、《飛丸》、《四賢》、《琹心》、《運甓》、《幽閨》或曰施君美作，無可考。《飛丸》、《雙紅》、《目蓮救母》右六十六種，古本，無名氏可考。

清・姚燮《今樂考證・著録七・明院本》 無名氏五十五種：《王煥》、《張叶》、《孤兒》、《玉環》、《教子》、《百順》、《鸞釵》、《躍鯉》、《雙紅》與更生氏本不同、《四景》、《尋親》、《金雀》、《水滸》、《鵝釵》、《雙孝》、《玉佩》、《□□》、《羅衫》、《異夢》、《七國》、《黑鯉》、《題門》、《投梳》、《金花》、《瑞玉》、《蟠桃》、《□□》、《衣珠》、《四豪》、《三桂》、《花園》、《青樓》、《磚礫》、《紅絲》一云四合堂作、《霞牋》、《贈書》、《犀盒》、《赤松》、《鑲環》、《綈袍》、《箜篌》、《東牆》、《江流》、《鴛簪》、《五福》、《離魂》、《菱花》、《金臺》、《南樓》、《節俠》、《飛丸》有兩本、《四賢》、《運甓》、《目連》一作《目連救母勸善記》、《春桃》見《升庵集》,失名。

清・王國維《曲録》卷四 《白兎記》一本《六十種曲》本。《玉環記》一本《六十種曲》本。《尋親記》一本《六十種曲》本。《金雀記》一本《六十種曲》本。《東郭記》一本《六十種曲》本。《投梭記》一本《六十種曲》本。《霞箋記》一本《六十種曲》本。《節俠記》一本《六十種曲》本。《飛丸記》一本《六十種曲》本。《琴心記》一本《六十種曲》本。《四賢記》一本《六十種曲》本。《運甓記》一本《六十種曲》本。《贈書記》一本《六十種曲》本。《四美記》一本《傳奇十種》本。《觀音魚籃記》一本《傳奇十種》本。《漢劉秀雲臺記》一本《傳奇十種》本。《高文舉珍珠記》一本《傳奇十種》本。《袁文正還魂記》一本《傳奇十種》本。《牧羊記》一本,《孤兒記》一本,《教子記》一本,《綵樓記》一本,《四節記》一本《曲品》云：一記分四截自此始。此以壽鎮江楊相公者也。《百順記》一本,《合鏡記》一本,《四豪記》一本,《赤松記》一本,《雙紅記》一本,《離魂記》一本,《犀合記》一本,《五福記》一本韓忠獻事。《五福記》一本徐勉之事。《黑鯉記》一本,《綈袍記》一本,《鑲環記》一本,《金臺記》一本,《箜篌記》一本右十九本見《曲品》。《鸞釵記》一本,《千祥記》一本,《鵝釵記》一本,《異夢記》一本,《四景記》一本,《羅衫記》一本,《雙孝記》一本,《麒麟記》一本,《金花記》一本,《題門記》一本,《錦囊記》一本,《吐絨記》一本,《三桂記》一本,《蟠桃記》一本,《瑞玉記》一本,《衣珠記》一本,《花園記》一本,《磚礫記》一本,《菱花記》一本,《江流記》一本,《東牆記》一本,《王煥記》一本,《張叶記》一本,《鴛簪記》一本,《卧冰記》一本,《紅絲記》一本,《南樓記》一本右二十七本見《傳奇彙考》。《玉珮記》一本,《青樓記》一本,《目蓮救母》一本右三本見《曲海目》。《劉盼盼》一本,《錦香亭》一本,《陳光蘂》一本,《陳廵檢》一本一名《梅嶺記》。《韓壽》一本傳奇,非《青瑣記》。《朱買臣》一本,《黄孝子》一本,《風月亭》一本,《劉文龍》一本,《一夜鬧》一本,《賈雲華》一本,《唐伯亨》一本古曲,非《犀合記》。《周孝子》一本,《王魁》一本,《吕星哥》一本,《風流合三十》一本,《賣粧亭》一本,《盜紅綃》一本,《孟姜女》一本,《冤家債主》一本,《翫江樓》一本,《李勉》一本,《陳叔文》一本,《分鏡記》一本古本,非《合鏡記》。《燕子樓》一本,《同庚會》一本,《瓊花女》一本,《太平錢》一本,《鬼做媒》一本,《韓玉箏》一本,《郭孔目》一本,《牆頭馬上》一本,《司馬相如》一本舊本,非《琴心記》。《張資一本,《鴛鴦燈》一本,《錦機亭》一本,《進梅諫》一本,《覓水記》一本,《尋母記》一本,《詐妮子》一本,《復落倡》一本,《劉孝女》一本,《孟月梅》一本,《生死夫妻》一本,《李寶》一本,《林招得》一本,《琵琶怨》一本,《崔護》一本右四十九本見沈璟《南九宮譜》中,有與金人院本元人雜劇名目相同者,然其下皆注傳奇,又入南曲。知爲明人傳奇無疑矣。《東嘉韞玉傳奇》一本見葉盛《菉竹堂書目》。《饐瓜亭》一本見楊慎《升庵外集》。《洛陽橋》一本秦徵蘭《天啟宮詞》自注：乙丑登高,聖駕臨幸鐘鼓司,掌印官執板唱《洛陽橋記》攢眉黛鎖,《不開一閧》。次年亦如之。見《静志居詩話》。《伏虎縧》一本《曲海目》云：相傳爲元人作。説不足據,姑附於此。右一百二十種,明無名氏撰。

戲劇家部·清代戲劇家分部

袁于令

論說

明・陳繼儒《題西樓記》 天上無雲霞，則人間無才子；天上無雷霆，則人間無俠客。余常持此仰世，世鮮足當者。晚得袁白賓，不愧斯語。袁氏家世多循吏文範，白賓繼之公車，言極靈極快，其遊戲而爲樂府，極幻極怪，極艷極香。近出《西樓記》，凡上袞名流，冶兒遊女，以至京都戚里，旗亭郵驛之間，往往抄寫傳誦，演唱多遍。想望西樓中美少年，何許風流眉目，而不知出於金閶白賓氏。筆力可以扛九鼎，才情可以蔭映數百人。特其深心熱血，尚留此心，忠孝男兒耳。夫才而不能俠，則曲士鄙儒；俠而不能才，則悍夫走卒。兩者兼之，如雲霞之黻黼河漢，雷霆之鏗訇乾坤，使一切聞且見者，揚除愁風苦雨之淒涼，解脱埋雲罨霧之迷塞。此天上不常有，而人間不可無也。夫世人與之正言莊語，輒低迷欲睡間，雜以嘲弄諧謔，曼歌長謡，不覺全副精神，轉入聲聞。酒知見香中，東方生用之大隱，端師子政黄牛用之説法，蘇長公用之行文，而徐文長用之演《四聲猿》，湯臨川用之演《四夢》，皆古今才子俠客之大總持也，而又何疑于白賓氏之《西樓記》。眉道人陳繼儒題於頑仙廬。

明・石侶《玉茗堂批評西樓記序》 聲諧裏耳，所謂伯牙鼓琴而流魚出聽，非也。然則《西樓》又人人可讀也，或奇其事，或譜其宫調，或味其文章，政如醇醪美醒，善醉者得其趣，即不善醉者亦得其味也。

清・袁棟《書隱叢説》卷七 世所演《西樓記》傳奇，乃吴郡袁籜菴所填詞。沈同和雄豪一鄉，凡新到妓女，必先爲謁見。穆素徽者，頗有才貌，且年甚少，循例謁沈。是時適有文會，袁生亦在焉。席半，袁頗眷穆，穆亦心許之，私語移時。沈爲不懌，促之入座。終席而罷，袁生自是怏怏失志，如崔千年之於紅綃妓也。有門下客馮某者，喜任俠，有膽力，揣袁之情，聞袁之語，慷慨自負，以必得素徽爲報。先是沈生屢呼穆同遊，穆頗厭之。是日，沈與穆又同遊虎阜，馮單身徑造沈舟，負穆而去，僕從不能當也。沈甚不平，爲興訟焉。袁生之父懼，送子繫獄。袁生於獄惆悵無聊，爲作傳奇。袁乃于鵾切也，西樓至今尚在吴江縣城外。

清・沈峙莽《西樓記序》 記名《西樓》，由來久矣，譜自名人，傳諸當世。其間，才子興豪，佳人情重，高明仗義，俠女捐軀，加以讒工貝錦，舛構狂愚，遂成一部絶妙傳奇。顧吾謂其尤奇者，則在闤闠而求凰下里，青樓而花燭狀頭，此千古未有之奇，實爲他傳所未載之妙也。以是，知紅絲一系，洵不論乎貧富貴賤，而月下翁之手段，固有巧于撮合而出人意表者乎。向有舊本，不便取携，爰付剞劂，改爲短幅，庶幾閲者登山臨水，取之袖中，隨時可探其秘妙也。

清・姚燮《今樂考證・著録八》 全椒金兆燕云：有奇可傳，乃爲填詞。雖不妨於傅會，最忌出情理之外。《西樓記》於撮合不來之時，突出一須長公殺無罪之妾以刼人之妾，而贈萍水之友以爲妻，結構至此，不謂之苦海得乎。案：令昭一字白賓，又自號爲幔亭仙史。

傳記

清（順治）《江陵志餘・贈言》 古吴袁于令，原名晉公，字凫公。

清・褚人穫《堅瓠集》 袁籜庵于令，作《瑞玉傳奇》，描寫逆璫忠賢私人巡撫毛一鷺及織局太監李實搆陷周忠介事甚悉，詞曲工妙。甫脱稿，即授伶人，郡紳士約期邀袁，集公所觀演唱。是日，羣公畢集，而袁尚未至。伶請曰：劇中李實登場，尚少一引子，乞足之。於是各擬一調，俄而袁至，告以故，袁笑曰：幾忘之。即索筆書《卜算子》云：局勢趨東廠，人面翻新樣。織造平添一段忙，待織就，彌天網。羣公嘆服，各毁其作。一鷺聞之，持厚幣致袁祈請，袁乃易一鷺曰：春鋤。

清（乾隆）《江陵縣志》卷一七 袁于令，長洲人，貢生。荆州府知府。

又 何氏者，國色，工詩詞。居平巷，識袁籜庵才，誓以終身，嘗傾貲助之。及袁守荆州，何自親訪焉，公適外出，未之見也。旋暴卒，瘞之後圃。公每憶前事，竊悵憾。今所傳《西樓記》，或謂爲何作也。公故以製曲擅名當世，王漁洋所謂紅顔顧曲袁荆州也。後二十年，太守蜀中李公偶遊後圃，恍惚見女郎徘徊月下，就視即滅，心詫之，旦以問其部下，有老吏白其故，乃命啓棺而斂焉。改葬於草市之岳山壖。且曰：袁與何雖中乖，然夙世緣也。

清・吴修《昭代名人尺牘小傳》卷一二　袁于令，字令昭，又字韞玉，號籜庵，吴縣人。官荆州知府，工度曲，以《西樓記》樂府馳譽于時。

紀事

清・佚名《曲海總目提要》卷九《西樓記》　吴郡袁于令作。于令於順治年間，爲荆州知府，以狂誕不謹，被巡按御史劾罷，僑寓江甯，落魄終身。于令少年無行，有青樓女爲其所歡，相傳貌本中下，後被富人奪去，故託此以寓意。其言于鵑者，于鵑爲袁，蓋自謂也。祭酒吴偉業有《贈荆州守袁大韞玉詩》四首，中云彈絲法曲楚江情。註《袁西樓樂府》有《楚江情》一齣，即指此。韞玉者，于令字也。于令所歡，名爲白一，故曰穆素徽。池同蓋指沈同和，池字與沈相似。同和父官巡撫，故曰公子。大略謂鵑少年領解，父御史，治家甚嚴。而鵑與素徽相會于西樓，歌其所撰《楚江情》曲，以爲天下第一才子。爲趙伯將所間，讚于御史，逐徽他徙。池同買歸，百方偎倚，而不能變其憶鵑之心。鵑聞素徽被逐，亦飲食俱廢，甚至不欲赴公車。其友胥長公舍妾輕鴻，救素徽出池門，以還于鵑，擢第成親，父乃不奪其志。又點入劉楚楚、李貞侯等，爲鵑、徽氣類中人，周旋關注。又長公殺池、趙以快于之心，皆空中布置也。池同，以指沈同和。其所云趙伯將，乃指趙鳴陽也。鳴陽代同和屬稾，同和第一而鳴陽第六。禮部磨勘原卷，三篇本同和作。經文四篇，兩篇抄刻文，兩篇草稾則鳴陽之筆，非盡出鳴陽也。兩人皆革斥。同和本巡撫沈恂之子，家素封。而鳴陽以才入中官之幕頗用事。于令或與兩人有隙，或爭妓者即同和，未可知也。嫁娶吉期，用不將日。將與陽同韻，而蘇人以趙爲不端之稱，故託名于此。胥長公者，聞以指載妓之舟子。《詩》云：于胥樂兮。故取于與胥相連也。長公，猶言長年三老也。李節者，猶言禮節也。此人與鵑善，故云有禮節也。劉楚楚者，語言楚楚可觀，言妓之稍佳者也。書童文豹者，聞報也，聞信則報，故以爲名也。《樓會》、《錯夢》諸折，頗爲詞客所賞。《樓會》仿《紅梨記》之《亭會》，《錯夢》則又换《牡丹亭》之《驚夢》。彼以女夢男，此以男夢女云。

又《鷫鸘裘》　亦袁于令撰。司馬相如事，詳《琴心記》、《鳳求凰》、《緑綺記》諸劇，此取鷫鸘裘换酒爲名，據本傳。又旁採諸書，凡係相如故事，大概填入。言相如以資爲郎，官授武騎常侍，勿克展其才，遂辭職歸成都，著書食貧。故人王吉授臨邛令，過訪之。約之任所，適應梁王聘，與鄒陽、枚乘輩，皆受王知，欲踐吉約。之臨邛，富人程鄭、卓王孫邀吉飲，并邀相如。相如素聞卓女文君美而知音，携緑綺琴以往。窺文君於簾内，座中撫《鳳求凰》之曲以挑之。王孫重令友，留居書室。文君新寡，知其不凡，欲托以終身，恐父嫌其貧，必間阻，使婢翩雲往約，遂奔相如，遁歸成都。日貧悴，令童研奴典鷫鸘裘以沽酒。長者陽昌，重相如才，與之酒，還其裘。文君勸歸臨邛，貸諸昆弟。及至無應者，乃售車馬，賣酒於市。身着犢鼻褌，滌器，文君當壚。程鄭、王吉勸卓收恤，乃贈女嫁時衣飾錢百萬，僮百人，令歸成都，買田宅。一日過昇仙橋，題其柱曰：大丈夫不乘駟馬車，不復過此橋。適武帝閲《子虚賦》，疑爲古人，云：恨不與此人同時。供奉官楊得意者，蜀人，奏云：此同邑司馬相如所作也。帝即詔枚乘往召。接徵詔詣闕。帝畋上林，賜御札，令作《上林賦》。稱旨，授著作郎，賜金帛。群臣宴賀。復代陳皇后作《長門賦》，后亦賜金。中郎將唐蒙通夜郎西僰，使萬人轉運，民不堪命，遂至激變。詔相如諭蜀，皆就撫。或勸歸慰文君，相如急於覆命，即詣闕廷，拜中郎將。建節入蜀，使通諸蠻，授空頭敕書，許以便宜行事。成都守郊迎，臨邛令吉負弩前驅。相如念舊交，令充參謀。卓王孫亦具金帛珍玩，於都亭設席，浼吉謝。相如爲填授都督銜，冠帶後堂與見。時冉、駹、邛、筰等處，皆貢琛内附，葉榆書生，盛覽張叔，願從受學。復命，詔賜金玉，有加於前。相如素有渴病，養閒茂陵園，見一女子美，欲聘爲妾，令研奴寄書歸，使毋泄於文君。研奴以告，文君寄《白頭吟》自絶。相如詰研奴。研奴紿云：主母卜之嚴遵。相如乃絶茂陵女，歸，與文君好益篤。詔賜金莖仙露，以治渴病，且加文君封誥云。

著録

清・佚名《傳奇彙考標目》卷下　袁于令字令昭，號籜庵。吴縣人。仕至荆州知府。所著有《劍嘯閣傳奇》五種：《西樓》、《金鎖》、《玉符》、《珍珠衫》、《鷫鸘裘》。

清・黄文暘、佚名《重訂曲海總目・國朝傳奇》　袁令昭吴縣人：《西樓記》。

清・支豐宜《曲目新編・著録八・國朝傳奇》《西樓》，吴縣袁令昭作。

清・姚燮《今樂考證・著録八》　袁令昭一種，《雙鶯》刻本，幔幔亭仙史。

又　袁令昭六種：《西樓》、《合浦珠》與後夫容山樵作同目異辭、《珍珠衫》、《戰荆軻》、《竇娥冤》、《鷫鸘裘》。

清・王國維《曲録》卷三　《雙鶯傳》一本，國朝袁于令撰。

又《西樓記》一本，《金鎖記》一本，《玉符記》一本，《珍珠衫》一本，《鷫鸘裘》一本。右五種，國朝袁于令撰。

藝文

清・吴偉業《吴梅村詩集》卷九《贈荆州守袁大韞玉》　袁爲吴郡佳公子，風流才調，詞曲擅名。遭亂北都，佐藩西楚，尋以失職，空囊僑寓白下。扁舟歸裏，惆悵無家，爲作此詩贈之。詞客開元擅盛名，蕭條鶴發可憐生。劉郎浦口潮初長，伍相祠邊月正明。擊築悲歌燕市恨，彈絲法曲楚江情。善才已死秋娘老，濕盡青衫調不成。

清・龔鼎孳《定山堂詩集》卷一七《袁籜庵招飲，演所撰西樓傳奇，同秋嶽賦》　鳳管鵾弦奏合圍，酒場新約醉無歸。可憐薊北紅牙拍，猶唱江南金縷衣。詞客幸隨明月在，清歌應遏彩雲飛。上林早得琴心賞，粉黛知音世總稀。

又　寒城客思繞更籌，夢裏横塘阻十洲。一部管簫新解語，六朝人物舊多愁。烏棲往事談何綺，鶯囀當筵滑欲流。落魄信陵心自苦，征歌莫訝錦纏頭。

雜録

清（乾隆）《梅里志》卷一八　袁韞玉作《西樓記》，夜持百金就正於馮猶龍，馮曰：尚少一齣，今已爲增入矣。乃《錯夢》也。

清・梁紹壬《兩般秋雨盦隨筆》卷一　袁籜庵于令以《西樓記》得名。一日，出飲歸，月下肩輿過一大姓家。其家方宴客，演霸王夜宴。輿夫曰：如此良宵風月，何不唱綉户傳嬌語，乃演《千金記》耶。籜庵狂喜欲絶，幾至墮輿。真賣菜傭奴，俱有六朝烟水氣也。

又　撰《西樓記》之袁于令，爲人貪污無耻，年逾七旬，猶强作少年態，喜縱談閨閫，淫詞穢語，令人掩耳。後寓會稽，暑月忽染奇疾，口中癢甚，因自嚼其舌，片片而墮，不食不言，二十餘日，舌本俱盡而死，綺語之戒，其罰如此。

清・焦循《劇説》卷六　吾里中徐坦庵作《珊瑚鞭》傳奇成，邀袁籜庵觀之，作《拂霓裳》詞云：儘商量。人生萬事熟黄粱。收拾在，春風錦繡一奚囊。英雄啼有淚，兒女笑生香。杜韋娘。趁當筵、歌舞拂霓裳。風流況。是客座上有周郎。摧拍了，不教絃筦誤宫商。調高人語静，燭短酒杯長。謾端相，繡簾開，明月遶歌梁。

清・楊恩壽《詞餘叢話》卷三　袁韞玉《西樓記》初成，就質馮猶龍，馮覽畢，置案頭不致可否，袁惘然而别。馮方絶糧，室人以告，馮曰：無憂，袁大今夕餽我矣。家人以爲誕。袁歸，躊躇至夜，忽呼燈持百金就馮。至門，門尚開。問其僕，曰：主方秉燭相待。袁驚趨而入。馮曰：吾固料子必至也。詞曲俱佳，尚少一齣，今已爲增入。乃《錯夢》也。袁不勝折服。

馬佶人

論説

清・高奕《新傳奇品》 馬亘生吳縣人。五陵年少，白眼調人。

紀事

清・佚名《曲海總目提要》卷一五《梅花樓》 明嘉靖間舊本，未知誰筆。演蘇彥、巫婉娘訂盟，彥得禍，婉娘以憶死，停柩梅花樓下，其後返魂完好，故名。姓名事迹，皆係揑造。所引真娘墓短簿祠，則載《姑蘇志》。仇賽甫，則指仇鸞也。據云：長洲人蘇彥，字仙才，十五學劍，二十成文。所交金陵朱鵬，同郡陸堅，皆豪士也。鵬已爲山東巡撫，堅尚豹隱。彥有寶劍，號霜蕖，傳家已久，不輕示人。有木華者，權相仇賽甫名路之門客。爲仇採骨董於蘇，聞彥有寶劍，强堅相引同觀。彥出劍，果神物也。華説彥獻之仇府，則富貴可得。彥怒罵，立揮使去。華銜之。虎丘山塘故宦之女巫婉娘，有殊色，失怙恃，與乳媪相依，居一小園中。家貧，以園之半出賃爲酒館。彥至虎丘訪僧，過真娘墓，誦任彥良何事世人偏重色，真娘墓上獨題詩句，笑爲村豎語，因入酒館索酒賦詩，反任意以吊。酒後倚樓，卒見婉娘，目成心許，留連日暮而去，以後思之不置。重過其地，忽有青衣女引入大厦，珠簾繡幕，非復入境。俄有艷者出見，邀飲致謝，語甚殷勤，但有無端雀角，辜負梅花，斂鍔空還語。彥方不知所謂，忽一官自外入，身矮而多鬚，高呼索醉。彥驚避。久之鷄三鳴，人物臺榭，忽皆不見。蔓草中有小石碑，拂視之，則真娘墓。旁有祠，則短簿祠也。乃悟向所見，蓋真娘及王珣耳。婉娘見彥後，亦思之成疾，方欲訪問其姓名，而彥復至，遂相與訂終身之約。木華至京，讒彥，誣以私藏利器，有反形。緹騎逮問，彥惟一僕曰長鬚，欲隨行，緹騎不許，對主自刎而死。至京，仇屬大理嚴鞫，而長鬚魂附大理，責問首人木華，杖殺之。及醒，華已死。下彥於獄。會東撫朱鵬薦彥有文武才，而陸堅聞彥難，亦馳至京，擊登聞鼓鳴冤。朝命釋彥，還其劍，赴軍前立功贖罪。初，婉娘與彥盟，約其再至，已而杳然。及聞其被禍，憂鬱病危，禱於虎丘寺，扶病草疏，祈夫冤雪早歸，不勝悲憤，竟卒於寺旁梅花樓下。寺中伽藍神方拘訊，爲真娘所聞，謂其陽壽未絶，授以金丹，引魂入柩，以俟彥來相救。彥以軍功得官歸，訪婉娘，知其已死。有乳媪爲堅所收養，彥乃獨至梅花樓下設奠哭之，忽聞柩中有聲，以霜蕖劍啓視之，婉娘復活。乃同造堅家，呼媪相見。堅復爲彥買宅成婚。未幾，有三神人見於宅中，即伽藍、真娘，其一則僕長鬚也。勸衆以世緣既畢，宜事清修，各登證果云。唐名妓真娘墓，在虎丘之西，往來遊士，多著篇咏。有舉子譚銖題一絶云：虎丘山下冢累累，是處松楸盡可悲。何事世人偏重色，真娘墓上獨題詩。後人由是閣筆。宋王元之《題真娘墓》詩云：女命在乎色，士命在乎才。無色無才者，未死如死灰。虎丘真娘墓，止是空土堆。香魂與膩骨，消散如黄埃。何事千百年，一名長在哉。吳越多婦人，死即藏山隈。無色固無名，丘冢空崔嵬。惟有真娘墓，客到情徘徊。我是好名者，爲爾傾一杯。我非好色者，後人無相咍。劇中詩意本此。短簿祠在真娘墓旁，晉時王珣爲桓温主簿，捨宅爲虎丘寺，後人立祠寺旁，以其生有短主簿之名，故名祠也。朱鵬應作翟鵬，嘉靖時翟鵬爲宣大總督，今改翟爲朱，改宣大爲山東耳。

又《十錦塘》 馬佶人作。演武林和鼎事，匪人水孽謀占其妻，陷之下獄，良友司理褚國士救之，赴京應試，大魁天下，乞假榮歸，除奸報讐，夫妻重聚。十錦塘係杭州西湖地名，與劇中關目無涉。因鼎杭人，且于十錦塘遇水孽，即以名劇，其敷演情節，大抵本於野乘，無實據也。略云：和鼎字調孟，杭州人，妻卓氏，讀書孤山。家貧甚，大雪中令妻摘梅花解渴，吟咏自樂。汴州解元褚國士字賓王者，適過此，嘉鼎勤學，遂訂金蘭之契，勸其靜守待時，以出門跬步即樊籠戒之，蓋慮其不識世路險巇也。鄰有梅花莊，豪紳水孽字望月之别業，雪中來賞梅花，瞥見卓氏美麗，欲謀之，以莊媪潘氏素與卓善，强爲畫策。潘氏教孽以恩結之，鼎方進城，以妻所織布，易粟斗許歸。至十錦塘，孽邀至舟中，樽酒禦寒，解綈袍以贈。隔數日，又餽以銀米。卓氏諫以斷不可受，而鼎困窮之際，深感其誼。又數日，孽詭云薦館于金陵趙九員外，命僕水溢隨之往，使潘氏伴其妻。鼎欣然去，卓氏諫不從，判袂時，鈕扣偶鬆，鼎爲扣之，卓氏請待夫歸方開，黯然而别。孽窺卓氏貞静，未易圖，乃遣所交緑林豪客搶至家中。緑林豪客者，年十三，爲父報讐，殺人逢赦，流徙金陵右衛。又見土豪强姦少婦，不從致死，憤擊殞命，搜捕甚急。孽罷别駕任，愛其勇健，爲攜歸杭州，藏六和塔下爲盜，孽即窩主也。一日劫商人仲義、樂其利船，約三千金。及詢仲義，則義父與其利同泛江湖者二十餘年，嘗遭風濤，兩家貨俱覆没，義父溺水亡，而其利索詐。仲義賠償本利銀六百兩，謂其尚逋百分之一，强逼爲僕。豪客大怒，斬其利，即以三千金與義，蓋劍俠之流也。水孽不敢明言己事，僞云一書生之妻，爲土豪奪去，求其救回。豪客不知，竟爲焚鼎草舍，劫卓氏至孽家。孽調戲之，卓氏貞性激烈，觸堦流血，其母責子不肖。留卓氏居梅花書屋，謹衛護之，後以訓子不從，氣死。和鼎將至金陵，水溢挈行囊逋去，徧訪城中，無所謂趙九員外也。飢甚，入店一餐，而飯錢無措，店家脱其衣抵之，復推仆于地。錢塘邑吏尤德弘奉差至此，見而憫之，代償飯錢，還其衣，挈歸杭州，則茅屋已焚，徧尋卓氏，杳然無跡。將投西湖，潘媪救之，留宿梅花莊，亦奉孽計以誘鼎也。孽隨遣僕水滿告鼎，途中謀殺其子溢。邑令錢富受賄，嚴刑拷之，屈招下獄。而仲義亦爲樂其利之子告謀財害命下獄，貌與鼎似，孽又暮夜餽金千兩，錢富即命吏尤德弘討鼎氣絶病狀，義慨然代鼎死。富以貪酷罷去。理刑即鼎友褚國士，進士起家，方署錢塘縣事，親身查監，見鼎讀書不輟，疑其爲鬼，細詢之，始知義代死及被陷情節，立釋之出獄，中文學道，復其青衿，秋闈中式，設酒餞别，孽聞，懼甚，求豪客追殺之。豪客佯諾，而心憐鼎，單騎追及，述孽奸謀，即解佩劍投之東流，反邪歸正。鼎春闈聯狀元及第，上疏乞歸，國士已訪孽罪惡，按律處斬，接卓氏居署中。初卓氏思夫，嚙指血畫一小像，朝夕相對，以梅花供之。鈕扣雖盛暑不開，比鼎榮歸，始解其扣，深感妻德，并悔誤識匪人，于天竺建水陸道場，超度仲義，報其恩焉。

著録

清・高奕《新傳奇品》　馬亘生吳縣人：《梅花樓》、《荷花蕩》、《十錦塘》。

清・黄文暘、佚名《重訂曲海總目》　馬亘生吳縣人：《索花記》、《荷花蕩》、《十錦塘》。

清・梁廷枏《曲話》卷一　馬亘生之《索花樓》、《荷花蕩》、《十錦塘》。

清・支豐宜《曲目新編・著録八・國朝傳奇》　《索花樓》、《荷花蕩》、《十錦塘》。右吳縣馬亘生作。

清・姚燮《今樂考證・著録八・國朝院本》　馬亘生四種：《索花樓》、《荷花蕩》名蓮盟、《十錦塘》、《梅花樓》。亘生，吳縣人，或作更生。案：《荷花蕩》刻本署上黨擷芳主人編。或云《索花樓》只《梅花樓》，姑俟考。

清・王國維《曲録》卷五　《梅花樓》一本《曲海目》作《索花樓》。《荷花蕩》一本，《十錦塘》一本。右三種，國朝馬佶人撰。佶人字更生，吳縣人。

丁耀亢

論説

清・龔鼎孳《化人游詞序》　暑氣如蒸，忽作赤脚層冰想，使人意冷；客況如秋，忽讀《化遊詞》，使人意熱。胸中有此副本領，便是淵明乞食，真卿借米，杜陵未到彭衙時，索盤飧不可得，不能禁吾游之不暢也。文詞奇幻，選艷徵豪，驚心動魄，遂令青鞵布襪，與十洲平分千古。眉道人李公子傳後，久不見此想頭矣。卓老云：作《西廂》、《幽閨》者，必有大不得意於君臣朋友之間。此語情至，殆索鮮人不得舉。似化游人，當知其非悠悠則放鶴主人已携友成本矣。主人事業文章炳宇内，所過甘霖霈四野。所著作篇章，皆成霹靂聲。何有於香奩數小詩，而爲傳奇若此。然而爲此者，正如宋廣平而賦梅花，欲使覽者知絶世才媛，遭時不偶，以播遷發其幽思，因淪落而傳其姓字，爲天下憐才者一澆塊壘也云爾。

清・郭棻《坤蛇膽表忠記原序》 忠愍大節，如日星海嶽。弇州題碑，中郎之誄，有道無媿辭矣。後人敲音推律，被之管絃，以其腴而易傳，婉而多風也。曩如《鳴鳳》諸編，亦足勸忠斥佞。獨是以鄒林爲主腦，以楊夏爲鋪張，微失本旨。今上幾務之暇，覽觀興歎，思以正之。嗣以辭曲非本朝所尚，慮有旁啓，未涣綸音。相國馮公、司農傅公，相顧而語曰：此非丁野鶴不能也。于是札屬殷重。野鶴受書，屏居静室，整衣危坐，取公自著《年譜》，沉心肅誦，作十日思。時而濡毫迅洒，午夜呼燈，時而剿心斷鬚，經旬閣筆。閲數月而茲編成，曰《蚺蛇膽》，志實也，曰《表忠》，颺美也。繕寫裝演，質之二公，會有以《後疏》一折，借黄門口吻，指前代敝政，搢紳陋習，過于賈生之流涕，有如長孺之直戇。復屬筆竄，慎重入告，微詞著書，大臣體應如是，無如野鶴五十年來，目擊時事髮指眦裂者。非伊旦夕嘗以不能躋要津、職諫議，忼慨敷陳，上規下戒，比于魏徵、陸贄，遑遑見之悲歌感歎。茲幸從事編纂，得少抒積衷。方掀髯大叫，矚然以喜。乃欲令之引嫌避忌，頓焉自更。野鶴然乎哉。于是斂橐什襲，擬付名山，才人之志，亦復如是。是亦足以見出與處之難與易矣。囂嘻。淩雲褒美，揚雄之賦以傳，枕祕藏書，王充之論未泯。立言不朽，要自有萬丈光芒在。矧表章忠義，非所埒于鞶繡之辭者乎。野鶴之文可傳，其不欲必傳之心尤可傳也。

綜述

清・丁耀亢《題辭》 唐稱樂府，宋稱詩餘，元稱詞曲，一漸而分，淺深各別。若使詩餘再用樂府，則仍涉唐音，若聽詞曲再拈詩餘，則不爲元調。故同一意也詩餘必出以尖新，同一語也元曲必求其穩貼。要使登塲扮戲，原非取異工文，必令聲調諧和，俗雅感動。堂上之高客解頤，堂下之侍兒鼓掌。觀俠則雄心血動，話別則淚眼涕流。乃制曲之本意也。故《琵琶》以之論耳。

清・宋琬《化人遊總評》 《化人遊》非詞曲也，吾友某渡世之寓言，而托之乎詞者也。世不可以莊言之而托之于咏歌，又不可以莊言之而托之于傳奇。以爲今之傳奇，無非士女風流，悲歡常態，不足以發我幽思幻想，故一托之於汗漫離奇，狂游異變，而實非汗漫離奇，狂游異變也。知者以爲漆園也，《離騷》也，禪宗《道藏》語録也，太史公自叙也，斯可與化人遊矣。

清・查繼佐《赤松遊序》 紫陽曰：張良始終爲韓。野鶴子所爲，寓言而心傷者哉。亡秦以韓善耳。不然亡秦不以韓，而秦亡即何必以韓。顧余以留侯之始終爲韓者，一在秦，一在楚。秦之有韓不可忘，楚之無韓不可忘。不忘秦，於是從漢王入武關，不忘楚，於是從漢王逼垓下，此留侯之所爲始終也。使楚不立韓，王成，韓亦無責於楚，而韓仇專在秦。當時漢之爲韓報仇，不如楚之爲報仇烈也，嘉首事之功也。及楚立韓而又敗之，是楚以韓仇自予，而留侯之中，遂有兩必報。而漢王之爲，留侯亦遂兩獲報。烏江之役，不又大於博浪乎哉。野鶴子亦或以余言爲不謬矣。壬辰之春，遇野鶴子燕市，相把欷歔，爲余言亡匿故事，若有十日，索不可得者也。其才肆足霸大東，而其骨氣軒爽，又足以僊末世。其始終吾不得而知之矣。從猶龍楊太史座，示我《赤松遊》一本，因得想見登塲子房。嗟乎，古今苦傅粉丑净多，而生旦獲全者寡。昔虞子以太白爲上下通塲，生即何不以子房而太白副之。太白醉而僊，僊謫矣，子房餓而僊，僊成。一脱靴、一納履，平氣之與任氣，大小懸赤松青蓮，亦堅脆稍別矣。猶龍曰：釣史有梅花讖，又有玉瑑緣，梅與松爲歲寒故友。今日相對，非昨而黄石可祠。劍玉欲化，俱有玄而上僊之情。兩人請弗以凡五官相拱揖也。野鶴子初有《化人遊》，情詞懸幻，龔芝麗已爲之叙，有曰：知非悠悠之論也。余得是意而更爲《赤松遊》作贊如左。

清・湖上鷗吏《西湖扇傳奇叙》 自古絶世才媛，不經流離播遷，其幽思不出，而其名必不傳。如明妃、文姬，皆有漢一代名姝，使當時者羈縻不行，烽烟净息，則兩人且弱質老於宮中，摛詞不出牖下，顧安得聲施至今，令聞其事者，感慨唏嘘，讀其詞者，婉轉欲絶，如墨客詞人所云云哉。故曰：佳人薄命，非命薄也，夫固以命薄傳其佳也。余昔走馬向長安道上，見所謂《蕙湘詩》者四首，清婉悲怨使人戚痛欲泣下，每思傳其事而未得。來湖上，白描難効，優伶之丹朱易摹。古云丹青女易描，真色人難學，又曰畫鬼易，畫美人難。豈非以真人莫肖，而假態能工乎。自元本久湮，《殺狗》、《荆釵》既涉俗而無當于文人之觀。故時曲日競，越吹吴歈，僅纂組而止可爲案頭之賞，較之元本，大逕庭矣。愚謂凡作曲者，以音調爲正，妙在辭達其意；以粉飾爲次，勿使辭掩其情，既不傷詞之本色，又不背曲之元音，斯爲文質之平，可作名教之助。近見自稱作者，妄擬臨川之《四夢》，遂使夢多於醒；因摹圓海之十錯，又令錯亂其真，不知自出機杼，總是寄人籬下。仙俠爲以人而補天，無非過脉，忠孝乃觀風以化俗，妙在不板。士女風流，久作離合套本，刀馬熱鬧，最忌清濁雜倫。詞病多端，傷巧傷俚同一病也；曲妙各種，用雅用俗同一妙也。時曲既多，新聲争艷。至有琢字鏤詞，截脂割粉，落韻不求穩而求生，立意不用平而用怪。故曲曰傳奇，乃人中之奇，非天外之事。五倫外豈有奇人，三昧中總完至性。若以李賀鬼才，何不以之作詩。柳七艷情，止可因爲散曲。不得已而用典襯題，無奈何而加青敷色，豈必以類書爲繪事，借客爲正主乎。至于句語關目，尤貴自然。近多開口即排，直至結尾，皆成四六者，尤爲不情。如能忽散忽整，方合古今，半雅半俗，乃諧觀聽。步元曲而困其範圍，愧成畫虎，摹時詞而流爲堆砌，未免雕猴。有好句而律苦難調，欲填詞而語多傷弱。語曰：何以聽，何以射。必如馬上擊毬，庭中滚彈，巧不傷格，俗可入古。甚矣詞家之難也。予素不知曲，近取南北譜元人各種而觀之，略窺當年作者之心，方識後人趨文之獘，妄爲商確，以俟公瑾。

又《表忠記評》 按《年譜》，自述在狄道開煤窑、禁征褐，悉如此齣。至立學校，引水興利等政，則先生實有經濟，未得少抒，徒以死忠自見，亦可悲矣。先生之蒞吾諸者，百二十年。亢産於諸私淑，久而得官於容，爲先生繪其生面豈偶然哉。聞之諸人傳曰：先生將赴南都時，與一老生相别，命沽酒一杯永訣。自謂此行爲國除奸，未必復見。然則殉義之志久決矣。諸之老孝廉劉斗酌諱元化，以洛川令終，今年八十五。謂亢言如此公祠在諸邑西門内，亂後圮碑存焉。詩次忠愍原韻青史徒傳烈骨香，未問天筆贊曹郎。當年疏草留忠愍，隔代哀封賴聖王。按譜寫真成感慨，因天勸世愧荒唐。漢朝誰薦淩雲賦。空嘆相如不遇揚。評末結歸重於表忠。御序而頌美本朝者，既見盛典之不朽，亦以順天心彰王道也。堂堂序論，皆忠愍之見徵於天者，彼嚴趙諸子安在哉。灰飛烟滅，止見其愚横貪痴，供鐵檜之瓦擊耳。

清・丁耀亢《作本末》 昔吾友王子房慕漢留侯之爲人，因自號子房。既通朝籍，見逆闖起於秦，乃抱椎秦之志。明癸未，請兵滅闖，而及於難。余悲子房之亡，欲作《赤松》以伸其志。至甲申，而中原淪於闖。我大清入，而掃除秦寇，真有漢高入關之遺風焉。因讀《史》至《留侯傳》，太史公摹擬椎秦授書大關節處，鬚眉衣摺，勃勃欲動頰上三毛矣。千古傳奇之妙，安有如太史公者。何假别作註脚，登場扮演乎。每念子房第一人品，第一事功，俠矣而不死，宦矣而不溺，勇矣而不武，仙矣而不詭，三代而下，惟鴟夷與留侯二人踪跡略似。然彼携妹載寶而去者，仍嫌其霸氣賈心，何如留侯之見首而不見尾也。今來長安，遇西樓詞客、北嶽樵史，傳余以音律之秘，共相倡和，續前數年未完之業。計作於明之癸未，成於今之己丑，共得四十六齣，名曰《赤松遊》，可以勉忠孝、抒憤懣，作福基長道，力名教樂地，詞曲勝場，安得使吾子房復起浮白擊節乎。若夫工詞誇艷，則吾豈敢。

清・丁慎行《重刻始末》 《西湖扇》詞曲，浙中舊有刊本，蓋先惠安公羈迹燕京時筆也。紈扇離合，萍蹤聚散，往事已付于夢幻中矣。石渠先生，天下有情人也。懇求先惠安公一諾，而借題説法，寓意寫生，遂使才子佳人，苦海離愁，一旦作滿場歡笑，西湖之盟如舊，胡拍之調重逢。是不但爲石渠先生功臣，真爲古今來怨曠作合慈筏矣。奈值蠹魚構禍，梨棗無存，先惠安公壽逾古稀，竟赴修文之召，諸如所著：《天史》、《陸舫》、《椒丘》、《江干》、《歸山》、《聽山亭》、《逍遥遊》、《漆園草》、《化人遊》、《赤松遊》、《表忠記》、《非非夢》、《星漢槎》等，久流傳遠近，膾炙人口，惟《西湖》刊本失傳。四方大人君子，弔故人求遺書者，每以爲憾。甲寅春，偶於友人案頭得之，如獲重珍。想筆墨有靈，鬼神呵護，不使斷編殘帙，零落於蕪榛莽中，未可知也。兹因搜集先惠安公遺詩，刻成敬爲重梓，仰副海内名公稱奇念舊雅懷，亦以見後人珍存遺墨之意。若云斡蠱貼羞，薦芰章陋，有任之知我罪已耳，小子行愧不敢辭。

清・丁守存《表忠記傳奇書後》 東武同宗野鶴先生，爲存七世伯祖，生明季，以明經老，學問淵雅，著作甚富。尤嫺音律，名著齊魯間。與先七世高祖副憲右海公，以昆季相過從。傳有所輯《天史》一書，歷采史乘所載因果實事，卷帙浩繁，以彰天道、勵人心，版已漫滅，印本尚有存者，未之見也。傳奇十三種，亦多散佚。其他詩、古文、詞，尤不多覯。惟沈歸愚先生所選《國朝詩別裁》，載七律一首而已。先生生平多異蹟。有鐵色珊瑚一枝，長尺有咫，貽自海藏龍君，事尤奇詭。先生自譔《出刦記略》、《山鬼談》一篇紀其詳，曾見刻本。鐵珊在諸邑小天台山宗祠中，爲世守之珍不誣也。道光丁酉，存奉先君諱旋里，至宗姪孫汝楠家，得《蚺蛇膽表忠記》傳奇鈔本。讀之，知爲先生晚年之作。蓋諸邑爲楊忠愍公棠蔭所留，而先生又曾秉鐸容城，故言之尤親切。惜字多沿誤，殘蝕不完。同治壬申，以倖滿自鄂赴都，經里門，晤宗姪、曾孫偉堂，得原刊《表忠記》本，檢入行篋，回楚攜之任所，同人多先覩爲快。集貲付崇文書局，胡月樵、張鹿仙兩觀察加之校訂重刊，附《忠愍公全集》之後，以勵風教而廣流傳盛舉也。刻既成，敬誌其緣起如此。

傳記

清（康熙）《諸城縣志》卷七　丁耀亢，字野鶴，侍御公惟寧少子，穎卓多大略。弱冠補諸生，藉藉有聲，走吴會，與董思白、喬劍浦兩先生遊。屢試不第，取漢、魏、晉、唐詩縱讀，與諸古人上下。丁亥，遊京師，爲旗下教習，與王宗伯覺斯、龔司馬孝升、劉相國憲石、薛宗伯行塢、張司馬坦公，以詩抗衡。任容城博士，陞福建惠安縣知縣。以疾告歸，卒於家。公之詩刻苦雄傑，不寄人籬下，自成一家言。所著有《陸航》、《椒邱》、《江干》、《聽山亭》共三十卷行世。傳奇《草堂》弗載焉。

清・王士禛《古夫子亭雜録》卷五　諸城丁野鶴，與丘海石友善，而皆負氣不相下。一日飲鐵溝園中，論文不合，丘拔壁上劍擬，丁將甘心焉。丁急上馬逸去。丁著《天史詩》多奇句，如《老將》云：低頭憐戰馬，落日大江東。《老馬》云：西風雙掠耳，落日一回頭。此例皆警策。丘晚爲夏津訓導，《過梁山泊詩》云：施羅一傳堪千古，卓老標題更可悲。今日梁山但爾爾，天荒地老漸無奇。丁遷惠安令，丘遷高要令，皆不赴。

清（康熙）《青州府志》卷一八　丁耀亢，字野鶴，諸城人。少穎異，有智畧。弱冠走吴會，與董思白、喬劍浦遊，屢試不第。丁亥遊京師，與王宗伯覺斯、龔司馬孝升輩，講論風雅。任容城博士，陞福建惠安知縣，以疾告歸，卒於家。公之詩駿發雄傑，成一家言。所著有《陸舫》、《椒丘》、《聽山亭集》三十卷行世。

清・張維屏《国朝詩人徵略》卷一四　丁耀亢：字西生，號野鶴，山東諸城人。貢生，官惠安知縣，有《椒邱》、《陸舫》諸集。王士禛《池北偶談》載其陶令兒郎諸葛妻一律，謂野鶴晚遊京師，與王文安諸公倡和，其詩亢厲無此風致，蓋亦有所不滿矣。先生有《赤松遊》、《表忠記》諸傳奇行世。野鶴著《天史》詩多奇句，如《老將》云：低頭憐戰馬，落日大江東。標題《化人遊歌》摘句：故國青山萬里夢，老親白髮五更心。交遊倦後存真率，詞賦年來愛老蒼。

清（咸豐）《青州府志》卷四六　丁耀亢，字野鶴，惟寧子。少孤貧，負奇才，倜儻不羈。弱冠爲諸生，數千里走江南遊董其昌之門。既歸，鬱鬱不得志，作《天史》十卷，以示益都鍾羽正，羽正奇之。明季鄉國盜起，時益都王遵坦用劉澤清兵捕土寇。耀亢素善遵坦，遇於日照，更爲募數千人，解安邱圍。順治四年，入京師，由順天籍拔貢，充鑲白旗教習，詩名大噪。後爲容城教諭，遷惠安知縣，以母老不赴。爲詩踔厲風發，開一邑風雅之始。六十後□□，□署木雞道人，其詩甚富。新城徐夜，嘗於逆旅□一客，據案大嚼，旁若無人。遽擲一巨編示夜曰：我諸城丁野鶴也，頃有詩數百篇，無人知者，子爲我定之。尚書王士禛傳其事，以爲美談。其《野鶴詩鈔》十卷，著録於《四庫全書目》。《陸舫詩草》以前，耀亢所自刻。《江干草》以下，其子慎行所續刻也。兄子豸佳工賦，爲古文，亦有識辨。

紀事

清・佚名《曲海總目提要》卷四六《表忠記》　一名《虎口餘生》，近時人作，聞出織造通政使曹寅手，未知是否。演明末李自成之亂，本朝大兵聲討，小醜殄滅，死難忠魂，俱得昇天，故曰《表忠記》。其端則自米脂縣令邊大綬掘闖賊祖父墳塋，後爲賊擊，幾死。皇師討賊，大綬獲全，且得邀恩至顯官。其自述有《虎口餘生記》，故又謂之《虎口餘生》也。事非無因，擇其有可據者，詳載於後。略云：明崇禎初年，延安賊李自成作亂，自稱闖將，流劫海内，屠毒生靈。任丘人邊大綬除授陝西延安府米脂縣知縣，捕賊黨薛老、紫喬、齊文等正法，撫輯瘡痍，民賴以稍蘇。大綬志在滅賊，念賊本邑人，欲掘其祖父墳墓，以舒積憤。訪知貢士艾詔，知有石匠李成，曾築賊墓，詢得賊葬其祖李海及其父守忠處，地名三峰子，穴中有黑碗可識，遂率兵民發之。日暮雪深，宿於窑舍，夢賊祖先皆伏地乞哀，大綬叱退之。明日復發一冢，果得黑碗，取海骨驗之，其堅如鐵，額上生白毛六七寸許。再掘守忠墓，内有白蛇，長尺餘，生角，守忠骨皆生黄毛。大綬斬蛇取骨，聚火悉焚之。時，自成嘯聚百萬，自號闖王，與其黨牛金星、楊承裕、劉宗敏等議所向。承裕勸賊先據留都，宗敏謂宜先攻河南，牛金星則主先取關中，然後旁掠三邊，攻取山西，後襲居庸。賊從其説，先分兵四出，牽制官軍，賊乃長驅入關。當是時，官軍屢覆，羽書旁午。大學士范景文請親征，都御史李邦華請遷都，或請徵天下兵，或請太子監國南都，而閣臣李建泰、兵部尚書陳演素與兵部侍郎孫傳庭有隙，薦爲督師，欲以傳庭嘗寇也。傳庭方卧病，聞命蹶起，即日就道。既莅仕，檄召各省總兵卜從善、白廣恩、秦翼明、牛成虎等各率所部聽調。乘夜微行，登山相度形勢，遥望賊營，天明未歸。虎等疑其怯賊遠遁，各欲散歸。頃之，大開轅門，召諸將，諸將倉皇奔命，各授命進剿。遇賊大戰，賊屢敗，所至皆有伏。自成欲自殺，衆抱持得不死，以兜鍪與小卒，易冠而逃。至七盤山，遇成虎縛卒，傳庭以爲自成也，詢知其僞，憤甚，嘔血數斗。自成得脱，至襄陽，與其弟一隻虎、養子李雙喜等會，畏傳庭，欲率衆匿山險中，以避其鋒。俄聞傳庭卧病，用牛金星計，以婦女散入孫部，誘其屬，醉而襲之，官軍大敗。傳庭死，賊遂入山西。巡撫蔡懋德控制有方，中軍應時盛及所屬將朱孔訓、沈萬登、牛勇、宋正奇等皆忠勇。懋德方分遣守禦，而爲巡撫汪宗友誣劾解任。懋德欲行，官民閉城保留，復莅事。時，宗友巡歷平陽府，自成子雙喜以孩兒兵僞爲歌童，賺宗友入城，殺之，平陽陷，自成大喜，遂僭號，改雙喜名洪基，即以爲僞年號。自成方患懋德守太原，不得破，而參將張雄與洪基通，許爲内應。兵至太原，懋德坐城樓罵賊，發矢中自成左目。出兵擊賊，賊敗去，諸將奪勇擊，墮陷坑。孔訓爲炮擊，賊以内應猝入城。懋德知不能支，將自盡，忽見時盛手提四首至，問之，則其妻子也，恐遭賊辱，手斬之。從懋德入關壯繆廟，同縊死，百姓亟埋之廟後。賊至代州，守將周遇吉出奇兵大破之，擒其子洪基。洪基素驍，爲自成所愛，聞被擒，徒步至城下，獻賂求釋。遇吉懸洪基於竿首，諭自成解甲歸命，始釋之。自成欲降，牛金星等阻之，不果，遇吉遂斬洪基，自成悉衆攻城。遇吉退保寧武關，乘間至所居，辭其母，母勉以大義，其妻子及僕皆從容自盡，其母積薪閉户，自焚死。遇吉益奮勇殺賊，連斬驍將數員，身被箭如猬，猶以鞭擊一隻虎墮馬。賊圍益急，遂拜闕自刎。賊逼京師，舉朝無措。飛檄召左良玉、黄得功、劉澤清、唐通等人衛，不至。命太監王承恩提督禁城内外。賊勢如潮涌，攻平則彰義門，守卒皆飢餒，不用命。先是太監杜勳奉命監宣府軍，降賊，訛傳死於亂軍，朝命建祠賜祭。至是入城，欲説城中降賊。承恩拔劍斬之。司禮王德化竊玉璽欲奔賊，爲承恩覺，搜出璽，亦斬之。城破，周后、袁妃皆自盡。懷宗手刃公主，走縊煤山。承恩聞之，急赴亭上，縊於旁。宫女投御河死者無算。招費氏。費以爲徒死無益，獨不死。賊入城，廷臣范景文、李國楨、李邦華、王家彦、吴麟徵、施邦耀、孟兆祥、倪元璐、劉理順等皆死之。賊至承天門，引弓欲射天字，不中。入宫，聞懷宗、周后及袁妃等自殉，命殯之，并殯承恩，大索宫中，得費氏，自稱長公主。賊黨勸自成納之，自成不肯，以付其弟一隻虎李過。過喜，置酒成婚。費氏紿使醉，出匕首刺殺之，因自刎。諸盡節者，忠魂不散，玉帝使真武、伏魔二帝收録，隨懷宗上昇，而命諸天神俱下界，輔我大清掃蕩妖氛。龍飛定鼎，永奠中原。時，賊方使僞相牛金星以嚴刑拷掠巨室，索獻藏金，劫掠子女，恣意淫樂。聞天兵至，急載輜重，狼奔鼠竄。我師追擊，連破之。金星爲衆軍踐爲泥，賊黨殆盡。自成孑身走入九宫山，居民覺，群聚毆之，既以鋤擊殺，分裂其屍，以首獻軍前，賊遂平。邊大綬之任米脂也，失上官意，被劾歸任丘。賊偵知掘墳墓事，檄僞官械解。行至中途，見賊敗逃，解者散去。大綬匿林中，遇虎，幾爲所噬。出投大軍，以情告，軍中驗僞檄，知狀實，聞於朝廷，憐其孤忠，授官，仕至山西巡撫。又按塘報云：陝西延安府米脂縣邊大綬爲塘報事，職自正月初二日奉制臺密札，隨喚貢士艾詔面諭機宜，尋訪李成去訖。至初八日，艾詔回縣云：自榆林尋得李成來見。職隨喚進堂後詢問，稱言係闖賊里人，曾爲賊祖葬墳，因識其墓所。賊祖李海，父守忠，係本縣雙泉都二甲人，闖賊名李自成，幼曾爲僧，俗名黄來僧，爲姬氏牧羊兒。自崇禎三年，西川賊不沾泥作亂，流入賊營，不知下落。至崇禎九年，賊領人馬千餘，來縣城外，自通姓名，回家祭祖，號稱闖將，人始知其姓氏。今年月已深，不記其祖葬處。當日葬時，開土是三空穴，內有黑碗一個，因填其二穴，用一穴葬，仍以黑碗點燈置墓內，今但發有黑碗者，即賊祖也。職隨喚練總黑先正堡長官王道正，率領箭手三十名，鄉夫六十名，即刻起身入山。晝夜行二百里，始到其地名三峰子住宿。是爲初九日，夜下大雪，深二尺餘，山路陡滑，馬不能進。職下馬步行五六里，至其山，鳥道崎嶇，久絕人迹，旋開道攀援而上。又一里許，見窑舍十餘處，墻垣尚存，即賊村莊。再過一山，則其墓也。四面山勢環抱，林木叢雜，大小墓二十三所。伐五六冢，其骨皆血色油潤，不似遠年枯骨，然皆無黑碗。天晚難以下山，遂至賊舊窑內向火。至天明，再掘數冢，而黑碗見，即李海也，其骨黑如墨，頭額生白毛六七寸許，其左側稍下一冢，是李守忠墓，頂上長榆樹一株，其粗如臂，根枝四圍籠罩。用斧斫斷，其墓始開。中間盤白蛇一條，長一尺二寸，頭角嶄然，揚起向日張口，復盤卧。隨取裝入黑光正順帶中，伐其骨骸，凡骨節間，皆緑如銅青，生黄毛五六寸許，其餘骨骸有毛者七八冢，盡數伐掘，聚火燒之。大小林木千餘株，悉行斫伐，斷其山脉。賊墓已破，賊勢自敗。其黑碗、白蛇呈驗軍門訖，理合塘報。崇禎十五年五月十四日塘報。

崇禎元年，延安大饑，不沾泥、楊六郎等掠富家粟，有司捕之急，遂爲盜。米脂人李自成狡黠善走，能騎射，家貧爲驛書往投焉。不沾泥等相繼俘獲，自成走匿山澤間。二年，山西兵潰於涿鹿，叛走。自成出與之合，旬日間，衆至萬餘，推高迎祥爲首，稱闖王，轉寇山西、河南。賊中稱自成爲闖將。已而官軍擊斬迎祥，群盜推自成爲王。七年，總督洪承疇率兵先後剿賊，李自成與張獻宗奔盩、鄠間。六月，總督陳奇瑜圍李自成於漢中車厢峽，自成請降。奇瑜許之，給免死票。自是復縱横不可制矣。八年，洪承疇擊李自成於秦平，連敗之。九年，左良玉擊敗李自成於朱仙鎮，自成誘別賊入河南當官兵，而自帥麾下奔漢南，循南山、遵商雒而行，復出陝西，官軍敗績於羅家山。夏四月，賊分陷米脂、延安、綏德。賊本延安人，至是再入延安，衣錦繡晝遊，從亂者益衆。十年，官軍敗績於寶鷄，李自成寇涇陽、三原。十月，李自成同過天星等九股陷寧羌，分三道入西川。十一月，洪承疇敗賊於梓潼。十二月，秦兵大破李自成於函谷。自成窮蹙，欲自殺者數四，養子李雙喜救之。自成因令軍中盡殺所掠婦女，以五十騎衝圍而南。初，諸將左良玉等困自成崤、函諸山中，斷其要害，合圍甚密，將生禽之。督師楊嗣昌曰：圍師必缺，不若空武關一面，設伏以縛之。自成乘隙突走，諸將不能禦，遂自武關逃入鄖陽，息馬深山中。時，河南大饑，饑民從賊者數萬，勢復大振。十二月，陷永寧，群盜響應。十四年，陷河南府，福王遇害。二月，群盜圍開封府。四月，以陝督丁啓睿督師，楊嗣昌飲藥死。九月，陝督傅宗龍兵敗，死之。十一月，襄陽陷，陝撫汪喬年自刎。十五年春，起孫傳庭兵部侍郎，督西兵剿寇。傳庭檄召諸將於西安聽令，縛總兵賀人龍，數其罪，斬之。賊聞人龍死，酌酒相賀曰：賀風子死，取關中如拾芥矣。丁啓睿兵敗下獄，河決，開封陷。孫傳庭自若，傳庭治兵於登封。十六年，賊陷承天府。欽天監博士楊永裕降賊。群賊推自成爲大元帥，據襄陽，號曰襄京，益兵攻鄖陽。王光恩禦之，賊屢戰不利。孫傳庭復遣高傑以兵援，擊賊敗之。賊退屯襄陽，謀向潼關，逾越山險。六月，進孫傳庭兵部尚書，督師七省。七月，自成聞秦督兵將至，留賊守襄陽，率精鋭往河南。庚子，孫傳庭發兵潼關，分道進討，以總兵牛成虎副將、盧光祖爲先鋒，令河南總兵卜從善、陳永福合兵洛陽，檄左良玉赴汝寧夾擊。八月，傳庭師次閿鄉，自成悉發荆襄諸賊會於河南。賊將渡河，總兵劉行起以兵逐之。牛成虎遇賊於洛陽，擊破之，再敗之河岸，追奔至汝州。九月，傳庭次汝州，進拔寶豐，搗唐縣，盡殺賊家口復郟縣。自成將步騎萬餘迎戰，官軍前鋒擊斷自成纛，進逐之。賊披靡，逃亡者相屬。自成復遣其弟一隻虎迎戰，三戰三北。自成奔襄城，諸軍進逼之。自成累敗而懼，挑土築墻自守。大雨連旬，傳庭軍乏餉，與賊戰，陷伏中，大敗。傳庭及白廣恩退屯渭南，賊合衆數十萬陷渭南，傳庭没於陣。賊屠渭南，陷臨潼，關中瓦解。復陷西安、延安，三邊皆没。賊無後顧，長驅而東矣。賊前鋒入山西，巡撫蔡懋德先屯平陽，至是以歲暮還太原。賊至河津，陷平陽，懋德死之。十七年正月，李自成稱王於西安。賊薄寧武關，總兵周遇吉悉力拒守，戰三日，殺賊萬餘。賊引兵復進，遇吉敗，闔室自焚，揮短刀力鬭，被流矢，牙兵且盡，見執，罵賊死。李自成嘆曰：使守將盡周將軍者，吾安得至此。三月乙巳，李自成自山西抵京師。丁未，京城陷，懷宗殉國。丙辰，我大清兵入關討賊，傳檄遠近。自成聞之，大驚，率兵六萬東走。大兵追之，所向披靡，賊遂大潰，奔竄還京。丙戌，自成僭號。丁亥，焚宮殿，出齊化門西走。大兵追之，賊連敗，入山西。大兵西伐，自成棄陝出關。我師定三秦，下河南，入楚，取荆襄。自成南奔辰州，爲我大兵所逼，勢日蹙，食盡，逃者益衆，走村落中求食，村民合圍，伐鼓共擊之。自成陷於淖，衆截其首驗之，左臚傷鏃，始知爲自成。《紀事》云：賊至太原，太原無重兵，巡撫蔡懋德遣牙下驍將牛勇、朱孔訓出戰。孔訓傷於炮，牛勇陷陣亡。懋德知事不可支，寫遺表令監紀賈士璋間道奏京師。中軍應時盛見之，退歸先殺其妻子，誓戰死。賊登城，懋德、時盛策馬赴敵死。賊入宫時，宫人魏氏大呼曰：賊入大内，吾輩必遭所污，有志者早爲計。遂躍入御河。從死者積一二百人。宫人費氏年十六，投眢井，賊鈎出之，見其姿容，争相奪。費氏紿曰：我長公主也，若不得無禮，必告汝主。群賊擁見自成，自成命内官審之，非是，賞部校羅賊。羅携出，費氏復紿曰：我實貴裔，義難苟合，請將軍擇吉行禮，生死惟命。賊喜，置酒極歡。費氏懷利刃，俟賊醉，斷其喉立死，因自刎。太監王承恩從死煤山，諸書所載皆同。李賊性慘酷，斷耳劓目，截指折足，剖心鏤體，日以爲常，談笑對之。刳人腹爲馬槽，實以芻椒飼之。飲馬則牽人貫耳流血雜水中，馬習見，遇人則嘶鳴，思飲啖焉。殺人數萬，聚屍爲燎，名曰打亮。無子，以李雙喜爲養子，嗜殺更酷於自成。自成在襄陽，以構殿鑄錢，皆不成。斬一謀士，令術士問紫姑，卜之不吉，因立雙喜爲僞世子，改名洪基，以厭之。鑄洪基年爲錢，又不成。寶豐舉人牛金星，向有罪當戍邊，自成以其女爲妻。金星薦卜者宋獻策，善河洛數，獻策長不滿三尺，見自成獻圖讖。自成大喜，拜軍師。

著録

清·笠閣漁翁《笠閣批評舊戲目》 《化人遊》，野航居士作。中中。《西湖扇》，紫陽道人作。中下。

《清朝文獻通考》卷二三四《經籍考·二四》 《丁野鶴詩鈔》十卷，丁耀亢撰。耀亢字西生，號野鶴，諸城人。順治中由貢生官至惠安縣知縣。

清·黄文暘、佚名《重訂曲海總目·國朝傳奇》 無名氏：《化人遊》。

清·姚燮《今樂考證·著録九·國朝院本》 野航居士一種：《化人游》。

又《著録十·國朝院本》 紫陽道人二種：《西湖扇》。

清（咸豐）《青州府志》卷三三 丁耀亢：《野鶴詩鈔》十卷見四庫全書總目，《陸舫詩草》五卷，《逍遥游》一卷，《椒邱詩》五卷，《江干草》一卷，《歸山草》二卷，《天史》十卷，《西湖扇傳奇》一卷，《化人游傳奇》一卷，《蚺蛇膽傳奇》一卷，《赤松游傳奇》一卷本傳俱不載見縣志。

藝文

清·佚名《題西湖扇傳奇曲末》 天上雙星不易投，飛花常恨水東流。明妃不返仍青塚，蔡女重歸已白頭。豈有元珠還合浦。空傳彩鳳下秦樓。挑塲但作真如相，玉杵年年伴酒籌。

清·佚名《表忠記題詞》 兹刻一脱《鳴鳳記》枝蔓，專用忠愍爲正脚，起孤忠于地下，留正氣于人間，全摹年譜，不襲吴趨本。奉命進呈，未敢自衒，姑公之海内，以補忠經云爾。

清·張炳堃《表忠記題辭》 扇底桃花，祗摹繪、小朝廷事。又豈識、姦諛柄國，早基禍始。夸父能翻西逝日，昌黎獨障東之水。痛孤臣、丹憤欲回天，天如醉。 揾不盡，英雄淚。使不盡，僉壬伎。只當塲搬演，猶令心悸。此志由來光日月，斯文亦自關元氣。算不應、隨例列稗官，春秋義。《滿江紅》

清·丁守存《表忠記題辭》 健筆淩雲，能寫出、孤臣心事。直欲爲、批鱗抗疏，鄒林倡始。搔首能通天帝座，揮豪盡灑湘江水。拚一腔、熱血染丹楓，楓林醉。 彈的是，興亡淚。寫的是，奸諛伎。讀黄門一折，閲之生悸。兩疏風霜昭大節，一編户牖驚真氣。二百年、蠹簡喜重刊，標忠義。《滿江紅》

清·胡鳳丹《表忠記題辭》 同朝不同官，獨傷烈士披忠肝。同心不同地，獨爲孤臣寫忠義。琅琊廣文丁野鶴，目擊時事皆鑿鑿。匏繫容城年復年，一盤苜蓿甘淡泊。楊公死西市，丁公隱東山。義憤填胸臆，老淚流潸潸。譜成一曲《蚺蛇膽》，四顧風雲色慘澹。往事至今三百年，猶令頑懦生觀感。吁嗟乎，宣公奏議賈生策，淋漓同灑一腔血。此記莫作傳奇看，史筆森嚴闡貞烈。幸有周郎能顧曲。遺書搜出重校録。酒酣耳熱一悲歌，太息公亡明社屋。古風一章。

劉方

論說

清・止園居士《題天馬媒》 玉馬，一稱天馬，馬升於天，入帝廄也。馬媒者何，黄裴其蹇修也。玉爲馬，馬能蹄齧，人爲奇玉，爲奇獸。一措大唱，名御殿得兩名姝，爲奇男子，一在曲中，一在賈人柁樓底，皆善調箏，大江不能沈，天子不能留，爲奇女子。有奇女子皆名姝，一節度使不敢奪。真瓊瓊得假瓊瓊，卻爲人紿贈去，又爲一奇事。傳奇無奇於此者。晉充負奇才，解音律，傷積木之未踐，歎絶世之難得，輒借以發其奇。奇於本色，不奇於藻繪。故搆造自然，暢俊可咏。此曲遂流膾吴中。曲本詞，詞本古樂府，樂府本騷賦。晉充賣餘弩爲南歌，非其志也。予嘗命黎園飜演終場，不第快耳，頗益風教，使天下無義氣丈夫，漁色而並漁貨，媒權而卒媒禍者，帝胥勑玉馬踣而碎之。嘻，可畏也夫。

清・張積禪《天馬媒引語》 《抱朴子》云：真玉女，鼻上有黄玉如黍。無此誌者，鬼試人耳。持法眼相世，咸識其真。而小試之於詞曲，亦必有一縷天然之韻。如風行水、雲出岫，又如花獻笑，雪舞空，油然斐然，可以踵騷林而入元室，乃真詞曲也。不則老酸究飣餖藝語魅人，識者謂於真韻無當矣。故論詞曲以韻爲主，韻以天然爲主。天然真韻，正不容人力佈置，亦未許僞眼便識。彼周太賓彈獨絃琴，以和八音絳樹，一聲兩曲，分聽各妙，豈非天然化境乎。吾社劉子晉充，仙才俠骨，翩若行空天馬，殆不可羈，世無薛翁神鑒，猶然轅下局促耳。家從文方伯公一見驚賞，引締忘年，雖昌黎之遇長吉未或過之。向所云識其真者，非耶。爾迺臨風歎玉，吐沫成花。有概於玉馬舊事，譜作傳奇，無踰浹旬，殺青已就，率有天然韻致，漸近匪夷，題曰《天馬媒》，取類寄辭，端有在己。然而靈心妙應，則媒合繇天。今以苕發飈舉如晉充，即屠龍若承蜩也。顧就雕蟲，見其顛末，才則真而遇未展，能毋爲壯心扼腕也者。予嘗贈之詩云：微參商徵激爲音，仙譜新翻字字金。解得劉琨清嘯意，繞梁聲裏寄雄心。倘以知音許我乎。異日金臺市駿，烏知是編，不吐光怪以媒之，而謂龍友、權奇，不遂空一時馬羣者，余所未信。

清・周裕度《天馬媒題辭》 晉充，吴下韻士也，讀書譚詩，名誼俱馥。辯者不能與論才，博者不能與論學，任俠者不能與較肝膽。雖杖頭不挂一錢，缾底不儲半粟，意豁如也。歲己巳，訪張叔翹先生來遊雲間，予始獲與遊處，過從莫逆靡閒。春秋，每課一目，拈隻韻，一時同社面赤未就，而晉充已稿落几上，舒嘯自若矣。其武庫之敏贍如此。庚午，偕予澄江之役，相與上下千古，偶拈稗史，可作院本者，如黄損玉馬故事，其一也歸未浹月，而傳奇告成。予受而卒業，則見其紉事之密，繪詞之麗，意無不抒，而境無不暢，可謂巧手敏心，各盡其妙。嘗謬論天下，有愈奇則愈傳者，有愈實則愈奇者。奇而傳者，不出之事是也。實而奇者，傳事之情是也。黄損以千金之良玉，浪投於素昧生平之羽客，而宿世嘉緣，藉以永締，可謂奇矣。而非有晉充萬斛詞源，從實地實情寫出，則玉娥一片冰心，瓊瓊千秋合調，奸雄銷鑠而善類明揚，一一公案，幾同寒雲俱散矣。是編也行天下，必先賞晉充之餘技，而徐得晉充之人。夫晉充也，而以餘技鳴悲矣。識晉充者不以人，而以餘技愧矣。會有賞晉充者，欲付殺青氏，因序而歸之。

清・高奕《新傳奇品》 劉晉充吴縣人，山中礮響，應聲徐來。

綜述

清・劉方《天馬媒・自題》 嘗慨平臺詞賦，迄今生色，而繼響寥寥，蓋孝王賓客，已同衰草寒烟，銷滅盡矣。余承先世清白之遺，貧無負郭，糊口四方者數載。于兹，求其好客如王孫，知己如遠山，憐才如漢令者無有也。歲己巳，始獲見雲間張方伯七澤先生。先生高卧林泉，蕭然物外，性好舟居，所携惟圖書數卷，酒鐺茶具，從一二勝引，徜徉於名山勝水間，涉三泖、泛五湖，遇詞臣與談詩，遇學士與談文，遇良將與談兵，遇僧侣與談禪，遇俠客與談劍，遇羽衣與談黄、老，遇美人與談歌舞，遇樵夫、牧子、漁父、谿翁，與談村居烟水之樂。耳目所收，觸境成趣，兼之長厚性成，絶不作軒冕氣。即以余之鄙陋，一見輒引爲忘年，亦與之縱談今古瑰異俠烈之事。客歲春日，先生挈公遠及余放舟虎谿，偶翻《情史》，見《玉馬墜》一則，甚異之，屬余爲傳奇。余雖雅嗜音律，顧何能爲役。然予謬承先生旨，又不敢以不敏辭。扁舟所至，復見烟嵐幻出，波縠恣生，山容水色，殊可人意，遂捉筆草成，顔曰《天馬媒》。此曷以故。大凡姻緣作合，實有天意，夫豈人爲。緣之所許，死者可以復生，離者可以再合。如黄益叔一事，無天馬媒，裴玉娥必困於豪室，薛瓊瓊必終於長門。是以若淑之倫，天必假以奇緣，迴遹之流，天必降以奇禍。則《天馬媒》一傳可鏡也。且從來艷稱撮合者，曰押衙、曰崑崙、曰黄衫客，未見有物類而能作人之合者。噫。今人類獸心，無論爲人撮合，凡見人稍有遇合，必思百計傾陷，亦有愧于物類實多，此予之作傳奇也，非傳詞也。予明知片雲作雨，不增潤於江湖，五色爲絲，方能炫其藻采。是刻也，無乃厠瓦缶於大吕，資章甫而遊越耶。抑知孤芳在壑，不知金谷之春；獨鳥韻山，無藉韶英之響。如或審音辨律者有所揶揄，予當謝之曰：毁譽榮辱，各行其志，今日不借昨日，吾胸不貸彼胸。則是編原不與詞壇樹幟者爭好醜，又何必原其始，究其所終哉。災木既成，是爲序。辛未之巧夕，地如劉方。

紀事

清・佚名《曲海總目提要》卷一九《小桃園》 劉普充撰。謂劉淵關謹張賓等於小桃園結義，破晉興趙。蓋以淵爲先主曾孫也，乃深惡司馬氏而作。穿鑿附會成之。據云：晉懷帝時，雁門劉淵，乃蜀北地王湛之子。尚書令郤欽思，郤正之子。又有諸葛宣于者，諸葛亮之孫。關謹者，關羽之孫。張賓者，張飛之孫。趙勃者，趙雲之孫。姜發者，姜維之孫。而都督陸機者，吴陸遜之孫也。淵變姓名爲金卯武，寄居姑母家，欲入京訪父執欽思，至并州三義廟。夜宿神案前，夢周倉引入一處，名爲小桃園。有詩在壁曰：京洛逢交契美緣，急尋白鶴引高賢。龍吟若遇平陽地，木虎泥龍始改年。夢中又有數人結義，醒而識。之及見欽思，叙述姓名，欽思留館書室。妻趙氏夢金甲神引一書生入房中，云與其女鳳楨有婚姻之分。書生化金龍而去，鳳楨夢亦相同。一日，鳳楨與婢紅蘭至園，見淵狀貌英偉，紅蘭勸鳳楨與淵結盟。會欽思亦奇淵，以女許嫁，而陸機欲獻媚於東海王越，譽欽思女之美，東海遣使聘郤女。欽思乃令紅蘭代行，紅蘭入王宫，妃胡氏深嫉之，使婢送藥酒令飲，王不知而誤飲，遂殞。胡氏告紅蘭鴆殺王，朝廷不能辨，紅蘭觸堦死，命捕欽思入獄，捕其妻及婢發給漢中長沙王。其婢，即鳳楨所僞稱也。淵訂婚時，以詩一句已驗，遂别欽思，往延安白鶴山，以訪詩中所謂高賢者。諸葛宣于隱此山中，得其祖祕術，預備二錦囊，一與山南趙勃，令殺差救后。一與沁州張賓，令打虎救主。公差押趙氏母女道過白鶴山，勃伺於岡頭，擊差立斃，及見趙氏，即其姊也，遂留其母女於家。劉淵抵雁山，遇虎，張賓突出以拳擊虎，立斃。乃偕淵往白鶴訪宣于，道遇姜發於雁山之下，留至家中，烹虎同食，同訪宣于。至諸葛家，趙勃亦至，自述救姊事，淵知妻即其甥，與母同居勃家，宣于遂偕淵等同至霍州龍吟山訪關謹。謹時閉門耕讀，種桃百株，名曰小桃園。淵等既與謹相見，六人遂結義于小桃園。同至京中起兵，取平陽，淵立爲王，以宣于爲軍師，關張等爲將。宣于遣將四出，獨使趙勃隨淵以攻孟津，殺守將夏侯鵬，乃夏侯惇之孫也。晉遣陸機拒戰，淵小勝，繼而劫機營，爲所詐，大敗而退。機追淵甚急，勃與淵易服而逃，勃自刎，淵乃得脱去。機率兵窮追，姜發張賓關謹俱至，機爲謹所擒。淵兵乘勝入洛，懷帝亦被擒。淵遂即真，大封功臣，而立郤氏爲后。其即位在甲寅年戊辰月，應木虎泥龍之祥也。按《晉書・劉淵載記》，劉元海，冒頓之後，漢高祖以宗女爲公主，妻冒頓。其子孫遂冒姓劉氏，世居西河離石城。父豹，魏武時左部帥，妻呼延氏，祈子於龍門，見一大魚頂有二角，遂生元海。習詩、易、尚書、春秋、孫吴兵法、史漢諸子，猿臂善射，膂力過人，姿儀魁偉，身長八尺四寸。咸熙中爲侍中，在洛陽，文帝深待之。豹卒，武帝以元海代爲左部帥，楊駿輔政，以爲建威將軍，五部大都督，元康中失官，成都王穎鎮鄴，表行甯朔將軍。元海從祖左賢王劉宣，議推元海爲大單于，穎又拜元海爲北單于參丞，相軍事。元海至左國城，宣等上大單于之號，都於離石。又元海曰：吾漢氏之甥，約爲兄弟，兄亡弟紹，且可稱漢。追尊後主以懷人望，乃爲壇南郊，僭即漢王位，追尊劉禪爲孝懷皇帝，立妻呼延氏爲王后。又元海進據河東，攻寇蒲坂平陽，皆陷之，平陽屬縣壘壁皆降。劇所載合。懷帝永嘉二年，元海僭即皇帝位。按史淵因太史令宣于修之勸，遷都平陽，又言歲在辛未，當得洛陽。又云：命子聰寇洛陽，東海王越遣平北將軍曹武等拒之，王師敗績，聰等寇洛陽，護軍賈蔭戰於大夏門，斬聰將呼延顥，其衆遂潰。聰令將劉厲呼延朗等督留軍，東海王越命參軍孫詢率勁旅擊朗，斬之，厲赴水而死。又按永嘉五年，懷帝蒙塵，先一年劉淵已没，逼懷帝者，劉聰也。劇以爲淵，拒聰兵者，河南尹劉默也，劇以爲陸機。俱不合。按《張賓傳》。係趙郡中丘人，父瑶，中山太守，賓爲石勒長史，勒稱爲右侯，未嘗事淵。劇妄引入耳。闞趙等皆僞撰。又按晉惠帝太安二年，陸機爲成都王穎將，與長沙王乂戰，機軍大敗，穎使孫秀收機殺之，與劉淵無涉。劇以機祖遜計擒關羽，故託名羽孫謹殺機，以示相報應耳，非謂實有其事也。

又《天馬媒》　蘇州人劉普充所撰。演黃損與裴玉娥事，與《玉馬珮》互有異同。其以玉馬爲關目，則皆相彷也。黃損，字益叔，連州人。與薛瓊瓊訂盟，家傳玉馬墜一枚，希世之寶。氤氳使者奉上帝之命，問損收取，以予玉娥。損見其道貌，即解以贈。損年伯廣陵張誼，字道濟，爲荆襄帥，邀損爲記室。損方至京探瓊瓊，其母馮氏，正欲款留，張使投書，立趣。損即别瓊瓊赴襄陽，抵江邊渡口，附舟而行，舟中賈客裴成，有女玉娥，在艙彈箏。損題詩相贈，隔窗密語，約於中秋至涪州相會。損赴襄幕，忽乘夜越牆而出，至涪覓玉娥，解纜脱舟，女隨波逝。道遇瓊瓊之母，救入舟中。瓊瓊因與損盟，吕用之欲逼娶之，拒而不見，用之乃以進于宫中。其母無所依，乘舟還蜀，乃遇玉娥也。母既得玉娥，復偕至京，意欲以續瓊爲妓，玉娥大怒，言已有夫，詢其姓名，即是黃損。母令守志以待損。氤氳使者知玉娥有難，以玉馬墜贈之。初黃損見女墜水，念裴不已，而知其無益，乃入京就試。會擢上第，訪得瓊瓊入宫事，深恨用之，具奏劾其奸惡。而用之則誣奏黃損與瓊瓊，私相遞柬，會張誼朝京，奏用之害損，詔發瓊瓊與損，令誼與用之會審明白，用之欲入二人罪。誼奏瓊瓊與損，實係先訂姻盟，在後並無往來，用之所參，以强逼瓊瓊不從，又怪黃損劾奏之故，詔令張誼主婚，以瓊瓊配與黃損，而斥用之蠹國殃民，挾仇妄奏，勒歸田里。瓊瓊既歸損，損與言及舟遇玉娥，及解纜不救事，瓊瓊甚爲歎息，令損另設房榻，置玉娥之座。兩日内分一日虚卧于彼，每食亦必設玉娥虚坐，以答其情。用之害損不遂，正爲别圖，而諸葛殷語用之，從前入宫者係假瓊瓊，尚有真者在薛媪家，用之遣人强娶入宅，玉馬爲怪，聽道人之言，令殷送至損宅。損不知是玉娥，拒不肯受。用之令人乘夜送玉娥至損門，撇之而去，損見乃知是玉娥，於是與瓊瓊並納。用之聞之氣憤自盡，損正欲迎接薛媪裴老，而裴老以貧困，買一小舟，苟且度日。薛媪賃舟探損，遂獲見女，養之終身。劇中又有瓊瓊乞巧遇織女，織女告以楚蓮香事，其事不見書傳，題門記中所謂王維之妾也。

著録

清·高奕《新傳奇品》　劉晉充所著傳奇三本：《羅衫合》、《天馬媒》、《小桃園》。

清·黄文暘、佚名《重訂曲海總目》　劉晉充：《羅衫合》、《天馬媒》、《小桃源》。

清·梁廷枏《曲話》卷一　劉晉充之《羅衫合》、《天馬媒》、《小桃源》。

清·支豐宜《曲目新編·著録八·國朝傳奇》　《羅衫合》、《天馬媒》、《小桃源》。右三種，劉晉充作。

清·姚燮《今樂考證·著録八·國朝院本》　劉晉充三種：《羅衫合》、《天馬媒》、《小桃源》。

清·王國維《曲録》卷五　《羅衫合》一本，《天馬媒》一本，《小桃源》一本。右三種，國朝劉晉充撰，字里未詳。

查繼佐

論説

清・焦循《劇説》卷二　漢卿所續之非，蓋未見董词也。查伊璜以関所續未善，更作《續西厢》四折，大概仍用董、関，而增以應制、賦詩，即用待月西厢之句。又夫人欲以紅娘配鄭恒，紅娘不許而欲自縊。事皆蛇足，曲亦村拙，遠不及漢卿矣。碧蕉軒主人作《不了緣》四折，則本自從别後減容光一詩而作也。

清・劉振鹿、周驤《東山外記》卷二　《鳴鴻度》之作，存梅福門卒事，其開場以北音集《易》爲填詞，長短平仄如譜，且用韻最奇，體亦創見。

傳記

清（道光）《海昌備志》卷三〇　查繼佐，繼仲弟，字伊璜，號與齋，又號左尹，自號東山釣叟。崇禎癸酉舉人，浙東授職方主事。後不復出，晚闢敬修堂于杭之鐵冶嶺。著書其中，學者稱敬修先生。

清（光緒）《海寧州誌稿》卷二九　查繼佐，字伊璜，號與齋，自號東山釣史。生有異才，詩文詞曲皆作未經人道語。崇禎癸酉舉于鄉，浙東授職方主事，後不復出，寄情詩酒，一時推風流人豪。晚闢敬修堂于杭之鐵冶嶺，講學其中，弟子著録甚衆，學者稱爲敬修先生。平生有知人鑒賞，識海陽吴六奇于微時。及罹史禍，卒得其力。

紀事

清・佚名《曲海總目提要》卷二〇《續西厢》　近時人查繼佐撰。王實甫《西厢》，有關漢卿續四齣。此蓋彷彿其意爲之。尾聲云：靠得會作賦的楊巨源，笑煞那續西厢的關漢卿。淺其意，似薄漢卿，欲駕而上之，時論未之許也。齣中云張生中後，有旨命張題詩，題是《明月三五夜》。張即將鶯鶯所贈詩寫入。朝廷詰問，張具奏其事。且乞河中府尹，以便成婚。此作者撮撰新異處，其餘與漢卿關目多同。其云會作賦的楊巨源者，《會真記》云：所善楊巨源，好屬詞。因爲賦崔娘詩一絶云：清潤潘郎玉不如，中庭蕙草雪消初。風流才子多春思，腸斷蕭娘一紙書。故引及之也。

又《非非想》　海寧人查繼佐撰。繼佐，字伊璜，崇禎癸酉舉人。才名甚著，以孝廉終。所著有《非非想》及《三報恩》流傳於世《非非想》劇，以佘重余千里姓名、面貌相似作關紐。中間情節及所點綴，皆極怪誕，爲人意想所不到者。故不第曰《非想》，而曰《非非想》。惟所載張幼于事雖未確，而實有其人。且生平怪誕事最多，門人甚衆，不爲無因。幼于，名獻翼，又名敉。長洲人，萬曆中太學生。刻意爲歌詩，名聲籍甚。家居石湖，狎聲妓。以通隱自擬。晚年與王穉登争名，不能勝。頽然自放。與所厚善者張生孝資，相與點檢書傳。采取古人越禮任誕之事，排日分類，倣而行之。或紫衣挾妓，或徒跣行乞，遨遊于通邑大都。兩人自爲儔侶，劇中狂怪之態，頗得其實。

著録

清・黄文暘、佚名《重訂曲海總目・國朝雜劇》　查繼佐字伊璜，海寧人：《續西厢》。

清・梁廷枏《曲話》卷一　查繼佐作《續西厢》。

清・支豐宜《曲目新編・國朝雜劇・補遺》　《續西厢》，查繼佐作。

清・姚燮《今樂考證・著録四・國朝雜劇》 查伊璜一種：《續西厢》。

伊璜名繼佐，海甯人，別署東山釣史。

又《著録九・國朝院本》 查伊璜一種：《梅花讖》伊璜，海昌人。

陳文述云：海昌查孝廉有此院本。

清・王國維《曲録》卷三 《續西厢》一本，國朝查繼佐撰。

雜録

清・焦循《劇説》卷四 鈕玉樵記吴六奇恃軍事云：海寧查孝廉培繼，字伊璜，家居，歲暮命酒獨酌。一丐者避雪廡下，强直而立，孝廉异之，呼入坐而問曰：我闻街市间有手不曳杖，口若銜枚，敝衣枵腹而無寒饿之色，人皆稱爲鐵丐者，是汝邪。曰：是也。能飲乎。曰：能。傾甌与飲，立盡。又盡三十餘甌，無醉容。查醉，丐出仍宿廡下。孝廉酒醒，謂家人曰：鐵丐衣籃褸，何以禦寒。亟以我絮袍與之。丐披袍去，亦不求見致謝。明年，孝廉寄寓杭之長明寺，遇前丐于放鶴亭側，露肘跣足，昂首獨行。詢以舊袍，曰：已質付酒家矣。孝廉奇其言。問：曾讀書識字否。曰：不讀書識字，不至爲丐也。孝廉悚然心動，薰沐而衣履之。諗其姓氏里居，丐曰：僕系出延陵，心儀曲逆，家居粤海，名曰六奇。祇以早失父兄，性好博進，遂致落拓江湖，流轉至此。因念叩門乞食，昔賢不免，僕何人斯，敢以爲污。不謂獲遘明公，賞于風塵之外。僕雖非淮陰少年，然一飯之恵，其敢忘乎。孝廉亟起而捉其臂曰：吴生海内奇傑。以酒友目吴生，失吴生矣。盤桓累月，贈以資，遣歸粤東。六奇世居潮州，爲吴觀察道夫之後。略涉詩書。寄身郵口，於関河形勝，無不諳熟。維時天下初定，王師由浙入廣，六奇請見主帥，條陳：粤中形勢，傳檄可定。奇有義結兄弟三十人，擁衆據土。請假游劄三十道，先往馳諭。近降遠應，不踰月而破竹之形成矣。如其言行之，粤地悉平。由是征閩、討蜀，屢立奇功，數年之间位至通省水陸提督。康熙初，開府循州，即遣牙將持三千金存孝廉家，奉書幣致孝廉來粤。供帳舟輿，俱極腆備。恃度梅嶺，吴公子已迎候道左，執禮甚恭。樓船簫鼓，由青江順流而南。凡轄下文武僚屬，無不願見查先生。去州城二十里，吴躬自出迎。至府，則蒲伏泥首，自稱：昔年賤丐，非遇先生，何有今日。居一載。軍事旁午，凡得查先生一言，無不立應。義取之貲，幾至鉅萬。先是苕中富人莊廷鑨購得朱相國《史概》，博求三吴名士增益修飾，刊行于世。前列条閲姓氏十餘人，以孝廉夙負重名，亦借列焉。未幾，私史禍發，凡有事于是書者，俱置極典。异力爲孝廉奏辨，得免。孝廉嗣後益放情詩酒。盡出橐中金，買美鬟十二，教之歌舞。夫人亦妙解音律，親爲家伎拍板，正其曲誤。以此查氏女樂，遂爲浙中名部。孝廉之在幕府也，園林極勝。中有英石峰一座，高可二丈許，嵌空玲瓏，若出鬼製，孝廉極所心賞，題曰縐雲。閲旬往視，忽失此石，則已命載巨艦送至孝廉家矣。鉛山蒋清容太史本此作《雪中人》傳奇。江都張山來云：聞將軍乞食時，好以荻莖于地上判某日及草封字。《雪中人》弟二齣，吴云：幾日不曾演習判字，待我在雪地上試寫一回。本此。蒋太史又有《桂林霜》、《空谷香》、《香祖樓》、《四弦秋》、《一片石》、《第二碑》、《冬青樹》、《臨川夢》諸劇。

清・姚燮《今樂考證・著録四・國朝雜劇》 吴騫《拜經樓詩話》云：查孝廉晚益耽聲伎之樂。家蓄女伶，並一時妙選。嘗自製《鳴鴻度》等新樂府，登場搬演，視湯玉茗所云傷心拍遍無人會，自掐檀痕教小伶者，未免生党姬之妬矣。厲樊榭云：查家旦色，皆以些爲名，故西河有祇有柔些頻顧影，猜人不欲近闌干之句。伊璜名繼佐，海甯人，別署東山釣史。

清・楊恩壽《詞餘叢話》卷三 查伊璜孝廉自遭私史禍，益放情詩酒。家僮、侍婢，俱解音律，悉以些名之。有雲些、月些二婢，尤聰俊。孝廉每得佳句而未成套者，輒令二些記之，續有所得，輒歌前句，串合成套。名曰活錦囊。

葉承宗

綜述

清・葉承宗《孔方兄・自序》　濼湄嘯史曰：徐山陰所演，南北間出，迺當時新樣錦機，在今殊成油調，頗爲選家所不貴。且韻脚層見疊出，又犯德清所譏。吴心臣，慧人也。遂覺後來居上。余歲除酣飲，興會偶及，遂成此調。多演數韻，借山陰粉本而濫觴，焉得無康成入室操戈乎。然韻脚不重，宫調不奸，畧有微長，焉得起文長老子與之細論文耶。嘯史又曰：此余乙酉除日戲筆也。貯諸巾笥，攜之而南。將圖授梓，不意兵嬲，竟失元編。禪榻宵永，緣韻憶句，尋調綴篇，復成完曲。以資寤歌。若夫後幅，迺效《四聲猿》體。按（太平令・煞尾），原繫六字三韻，其上字必用去聲。自文長創爲八字四韻，衍爲長篇，遂成絶調。而後來竟無有屬而和之者，獨吴心臣太史襲而衍之。余不揣鄙陋，因其調法，益廣百韻，韻不複押，曲不南絫，鋭效郢音，遑恤邯步。海内明眼人，當不以我爲西顰之效也。田御宿曰：詞旨風華，音節響亮，備極推敲，出以渾成。偉麗秀爽，情韻雙饒，允稱作手。至（太平令）一曲，博學宏才，熱腸傲骨，俱見筆端，其波瀾層遞處，轉起轉生，取象題中，拓境題外。窮思極想，又似一氣呵成。意不堆砌，字不重複，韻不扭捏，妙合天然。襍之元人名曲中，不知誰爲伯仲。欣賞，欣賞。

傳記

清（道光）《濟南府志》卷五三　葉承宗字奕繩，其先麗水人。成化初，有金吾尉竇者，其高祖也。從德王之國，因家焉。承宗少嗜古，能文章。前明天啟舉人。崇禎十三年，歷城知縣屬輯邑志，取劉勑舊編，更正補綴，成十六卷，時以爲佳史。順治二年，登進士，授臨川知縣。值歲祲，發廩賑饑，所活甚衆。大府課吏例，視催科定殿最，承宗曰：此豈有司博□考時耶。停徵數月，民甚賴之。立香楠社，課諸生，多知名士，侍讀李來泰其一也。五年冬，贛鎮金聲桓爲逆，攻撫州，甫策防禦，而守將已應賊。城破被執，逼授僞官，不屈。賊怒，繫於獄，仰天歎曰：得死所矣。至夜自盡，時十月初七日也，年四十七。弟承祧焚其尸。

清（同治）《臨川縣志》卷三三　葉承宗，歷城進士。順治四年任知縣。

陸世廉

論說

清・鄒式金《雜劇三集》卷三一《西臺記》眉批：表貞臣志節易，寫義士胸懷難。妙在不矜浮艷，實地描摹，肝膽鬚具見。

傳記

清（乾隆）《長洲縣志》卷二四　陸世廉，字起頑，號晚菴。祖象閏，嘉靖己酉舉人。世廉爲諸生，有文譽，試輒高等。儀度修偉，長於説經，從學者衆。九試鄉闈不售，崇禎庚辰，以薦授廣州府通判。在南中累遷光禄寺卿，遭亂崎嶇，歸里門二十年，屢空晏如。著述甚富，年八十五卒。

紀事

清・佚名《曲海總目提要》卷九《西臺記》　陸世廉作。文天祥、張世傑、謝翱事。雜見《宋史》、《通鑑綱目》、《紀事本末》諸書。以西臺慟哭而名也。《宋・文天祥本傳》云：天祥名雲孫，以字行。廬陵人。年二十舉進士第一，歷官湖南運判。致仕。德祐改元元師渡江，詔天下勤王。天祥奉詔起兵，盡以家資爲軍費，提兵二萬赴臨安。有旨，令詣軍前議和。元伯顔拘留之。左相吳堅等奉降表至，天祥憤駡。與客杜滸十二人，定計夜亡。展轉四明天台，至温州。時益王自永嘉趨福州，建大元帥府。天祥奉書勸進，遂即位。以觀文殿學士召至行都，除右丞相。以同都督出劍南收兵。明年五月，引兵出江西，入會昌，戰雩都，大捷。因開府興國。元李恒攻興國，同起事者皆死。天祥奔汀州，妻妾子女皆陷。明年三月，趨海豐。衛王即位，天祥上表自劾。有詔獎諭，乞入朝，不許。加少保信國公。元張弘範以大軍下海，天祥方飯五坡嶺，騎突至，被執。急擁之上馬，弘範送之燕京囚。兵馬司孛羅召見，樞密院命之跪，抗詞不屈。孛羅怒曰：汝欲快死耶。汝死必不可得快。曰：得死即快，復何不快。孛羅呼引去。元世祖召問曰：汝何願。曰：天祥受宋恩，爲宰相，願一死。明日，送柴市刑。《綱目後編》云：張世傑與元張洪範戰于崖山，軍大潰。會日暮，風雨昏霧四塞，咫尺不能辨。世傑以十六舟奪港去，丞相陸秀夫負帝赴海。世傑行收兵，遇楊太妃。欲奉以求趙氏後，楊太妃曰：我忍死艱關至此者，正爲趙氏一塊肉耳。今無望矣。遂赴海死。世傑葬之海濱。世傑謀入廣，颶風大作。將士勸世傑登岸，世傑曰：無以爲也。登柁樓，露香祝曰：我爲趙氏，亦已至矣。我未死者，庶幾敵兵退，別立趙氏，以存祀耳。今若此，豈天意耶。風濤愈甚，舟覆，世傑死。按：張丁《西臺慟哭記》注：登西臺慟哭記者，粵謝翱之所爲也。宋丞相文信國公值國亡，數起兵南服。翱，布衣也，倜儻有大志。會丞相開府時，杖策軍門，署以爲諮議參軍。後丞相死，翱慟知己之不復，故登斯臺。以竹如意擊石，作楚歌，招其魂。西臺者，子陵之西臺也。明宋濂《謝翱傳》云：謝翱，字皋羽。福之長溪人，後徙建之浦城。試進士不中，落魄漳泉二州，倜儻有大節。會丞相文天祥開府延平，翱長揖軍門，署諮議參軍。聲重梁楚間，已復別去。及宋亡，天祥被執以死。翱悲不禁，隻影行浙水東。逢山川池榭，雲嵐草木，與所別處及其時適相類者，則徘徊顧盼，失聲痛哭。嚴有子陵臺，孤絶千丈，於是天涼風急，翱挾酒以登。設天祥主於荒亭隅，再拜跪伏。酹畢，號而慟者三。復再拜起，悲思不可遏，乃以竹如意擊石作楚歌，聞者爲傷之。

著録

清・佚名《傳奇彙考標目》卷下　陸起頑字生公，吴縣人：《八葉霜》。

清・黄文暘、佚名《重訂曲海總目・國朝雜劇》　陸世廉字晚庵：《西臺記》。

清・梁廷枏《曲話》卷一　陸世廉作《西臺記》。

清・支豐宜《曲目新編・國朝雜劇・補遺》　《西臺記》，陸世廉作。

清・姚燮《今樂考證・著録四・國朝雜劇》　陸晚菴一種：《西臺記》。

清・王國維《曲録》卷三　《西臺記》一本，明陸世廉撰。世廉字起頑，號生公，又號晚庵。長洲人，弘光時官光禄卿。入國朝，隱居不出。

又《八葉霜》一本，明陸世廉撰。

王翃

綜述

清・王翃《紅情言・自敘》　會稽史氏作《唾紅》傳奇，情事兼美，盛爲演者傳習。甲戌春日，偶得之於友人齋頭，然詞甚潦艸，不堪寓目，余竊嘆其不工。友人曰：無傷。第因其事而易之以詞，則兩善矣。余然其言。退而比協宫調，措詞聲韻，拾其情而變幻之，間出己意，以吐其未盡之奇。抽思三月而始告成。余不忍去其原傳，因題之曰《紅情言》云。

清・鄭士毅《紅情言敘》　所謂其歌有思，其哭有懷，嘻笑怒駡之間，大都有所激發而作。雖卑事儕俗，以全神及之，選韻發聲，必陳言之務去。

風雲金石，心手天然。雕蟲小技，壯夫爲之，蓋亦大有不侔者也。介人之《紅情言》，吾得以一斑窺之。

傳記

清・沈季友《檇李詩係》卷二四《秋槐老人王翃》　翃，字介人，嘉興梅里人。家故業染，日坐闤闠間，一手挾古今書以觀，一手數錢，與市販菜傭相應答。飲少而嗜酒，屏絶慶弔，自處名教外。爲詩文高自矜許，好製詞曲。作《紈扇記》，忌者誣以詆毁里紳，訟之官。家計日落，然詩日益有名。每置酒召客，伎樂雜陳。翃輒散髮赤足，叫呼號嘯，雖嚴客無所避。人多以禰正平、杜子美目之。遊山陰，與陳章侯善。王季重見其詩，嗟賞焉。陳卧子作序，謂有盛唐之風。其舊作曰《春槐堂集》，後作曰《秋槐堂集》，共千餘首。壬辰，舟次贛州，被盜皆没於水，深自悔痛惜，每終夜擁被記憶。

清（康熙）《嘉興府志》卷一四　王翃，字介人，陳子龍盛稱其詩。有《秋槐堂集》。同里蔣之翹楚穉輯《檇李詩乘》四十卷、屠廷楫《爾濟有鹿干草堂集》。朱治憪、李身明及張志遠已下十七人並采詩話增。

紀事

清・張維屏《国朝詩人徵略》卷三　王翃：字介人，浙江嘉興人。有《二槐草存》。天崇之間，詩歸盛行，人沿竟陵流派，翃毅然獨尚唐音。君謁陳卧子，君詩有前路夕陽外，行人春草中。句，卧子擊節曰：此今之高三十五也。秋槐老人家故業染，一手挾書，一手數錢，與布販、菜傭相應答。好製詞曲，作《紈扇記》，忌者誣以詆毁。里紳訟之，官家計日落，然詩日益有名。摘句：江山雄白下，人物近黄初。夜月旌旗五馬渡，秋風草木八公山。西蜀喻通司馬檄，中山謗滿樂羊書。

著録

清・笠閣漁翁《笠閣批評舊戲目》《紅情言》王介人作中上。

清・姚燮《今樂考證・著録八・國朝院本》　王翊四種：《紅情言》、《榴巾怨》、《詞苑春秋》、《博浪沙》。其《紅情言》自序云：會稽史氏作《睡紅》傳奇，情事兼美，盛爲演者傳習。甲戌春日，偶得之於友人齋頭，然詞甚潦草，不堪寓目，余竊嘆其不工。友人曰：無傷，第因其事而易之以辭，則兩善矣。余然其言，抽思之月而始成，因題曰紅情言云。案：翊字介人，嘉興人，自署其名曰太原介人。自序所稱史氏，謂叔考也。

來鎔

論説

明・祁彪佳《遠山堂曲品・逸品》《紅紗》北一折：痛罵糊塗主司，或哭或笑，豪氣拂拂紙上。聞來君方少年，何憤懣乃爾。

又《碧紗》北四折：王播當不得意時，寄食僧寮，止數□木蘭花稱相知友。天之困文人，乃至此哉。迨至碧紗籠盖，聲光熠燿，痴人方歡羡不已，不知元成記此正爲之痛哭耳。

又《閒看牡丹亭》南一折：徐野君《春波影》有小青翻閲《牡丹亭》一境，元成爲再記數語，無字不令魂斷。

傳記

清（康熙）《蕭山縣志》卷一八　來集之，字元成。崇禎乙亥特典選拔第一舉，庚辰進士。司李皖城，皖，巖邑也。當流賊張獻忠蹂躪，兵賊交訌，先生日籌峙糧，夜雜卒伍廵雉堞。時鎮標將剽悍楚兵數千，撫軍靳格其餉。先生披誠開導，始給與，鎮兵乃安。鳳督馬士英募黔兵，道徽祁肆掠，民與格，殺傷數兵，將治以亂民律，諉先生查核。全活甚衆。適武昌鎮左良玉將十萬師東下，檄清君側目無王臣。先生長揖而進，獨以不可造次爲言，左心折，爲戢兵不暴。皖得紓旦夕憂。士英稔其才，考授樞垣。因馬阮比周，耻附其門。士英恚改樞部。未幾，朝臣薦，復晉貳奉常。歸里，益留心民瘼。西江塘圮，親督修築，堅久不潰。蕭民苦浮丁夥，議照田均派，貧户賴以蘇困。康熙十九年，薦博學弘詞，一年赴。初，壬午分校南闈，拔知名士戚藩等九人。隣房所得士，如盧象觀、黃淳耀先生。力贊曰：二文氣骨高岸，必奇英後。皆殉節，人咸服之。公賦性孝友，爲人平易坦直，遇大節凛不可犯。博學嗜古，善屬文，書法章草，晚歲讀粲。同與黃冠往來，終非苦縣之學。自號倘湖，不忘先人課讀處。其自誌墓銘，蓋質而文。云：所著有《易圖》、《親見》、《讀易隅通》、《卦義一得》、《春秋志在》、《四傳權衡》、《樵書初二編》、《南行偶筆》、《載筆》、《倘湖藏稿》若干卷，行於世。

清（康熙）《紹興府志》卷五〇　來集之，字元成，蕭山人。崇禎乙亥拔貢，乙卯魁兩浙，庚辰成進士，司皖城，受張獻忠蹂躪，兵民雜處，集之苦心調劑。又左良玉勤王兵東下，遠近震驚，皖賴集之，民得無恐。壬午分校南闈，得戚藩陶履卓，皆名士。家居手不釋卷。

清（康熙）《宿松縣志》卷二三　來集之，字元成。浙江蕭山人，由庚辰進士任皖司理，廉正不阿。時寇荒駢集，防禦賑恤，不遺餘力，愛民若子，待士如賓。壬午分校南闈，得人最盛。奉委查盤六屬，至太湖，復委查徽寧，星檄迴車，松士民迎至湖，集之和氣婉容，相見若父子。宵征抵松，見民散田荒，七十里絶少雞犬，嘆息淚下，禽蠹殄奸，瞬刻正法。士氣民冤，一朝伸雪。時比之閻羅包老云。集之兩越名宿，書畫、詩文流傳海内，以治行第一，報欽取内，松至今懷思不已。

清（康熙）《安慶府志》卷一二　來集之，浙江蕭山人。崇禎庚辰進士，壬午司李皖。李皖困兵荒十年餘，罹法者多□於□寒，集之□讞獄，凡薄罰小□開三面肅之。前後上躅漕，議筆禿紙毛，灾民賴以□□。□□癸未秋，左兵艘泊□滸，婦女被擄者無筭。集之直入総兵方國安營贖回，民獲完聚，至今□□之。集之□文章聲，分闈摸索皆名士，雅稱得人。著有《易象圖》、《易隅通》諸書，尤善古文辭，好引士類。稍暇，進諸文學，論晰疑義，問字者踵相錯，奬□不倦，後以行取去人士，如失□保。

清（光緒）《浙江通志》卷一八〇　來集之，尋家居三十年，手不釋卷。著有《易圖》、《親易》、《讀易偶通》、《封義一得》、《春秋志在》、《四傳權衡》、《樵書》、《南山載筆》、《倘湖近刻》。

紀事

清·佚名《曲海總目提要》卷九《藍采和》　不知誰作，自號元成子。演鄉社會飲，傀儡侑觴，藍采和逢場作戲。題曰《冷眼》，又名《藍采和鬧劇》。畧云，長安市上二社長，釀金貰酒，聚飲尋樂，觀演傀儡。仙人陳陶，隱其姓氏，混稱藍采和。手拖拍板，一脚着靴，一脚跣行。唱《踏踏歌》。亦來社會中觀場。傀儡所搬弄者：《羊質虎皮、見草而悦、見狼而戰》也，《中山狼恩將讐報》也，《昏夜乞哀、白日驕人》也，《雪裏送炭、錦上添花》也，《看錢富人》也，《欺善怕惡》也，《癡父子宋人揠苗》也，《烈兄弟趙禮讓肥》也，《嚴子陵羊裘釣澤》也，《美夫妻饁至如賓》也，《好朋友范張雞黍》也。傀儡演畢，衆客將散。詢道人飲酒食肉否，欲以餘剩與之。道人云：我飲者，玉液金波。村醪豈堪入。口食者，瓊芝玉草。芻豢豈堪充腹。衆客大驚，社長以爲癡道人。道人云：汝癡，我非癡也。長歌一曲，皆醒俗之言，化金光而去。按：陸游《南唐書》：其時有藍采和，相傳以爲即陳陶也。

又《挑燈劇》　來集之撰。因《小青傳》中有讀《牡丹亭》詩云：冷雨幽窗不可聽，挑燈閒看牡丹亭。人間更有癡於我，不獨傷心是小青。乃借此以寓意。亦以美人幽怨，比名士之飄流無所遇也。情致酸楚，哀感頑艷，不愧才人之筆。按：人間更有癡於我。此句本有着落：萬曆中年，湯顯祖《還魂記》初出，吴江俞二娘，年少才美，取此記晨夕展玩，未幾得病而没。顯祖《玉茗堂集》中親紀其事。小青挑燈之作，蓋指此也。後人閲《小青傳》者，不知有俞二娘事，以爲空虚懸揣，反覺無謂矣。唐人本事詩，皆推原作詩緣起。馬端臨《論陸游·沈園詩》言。若無註解，後世不知其作此詩之故，以見詩小序之不可廢。即此小詩，亦其一證也。

又《女紅紗》 蕭山人來集之撰。集之父宗道，明天啟崇禎間内閣大學士。集之學問淵博，才名早著而未得一第。崇禎之末，僅由《明經》起家。故頗多牢騷不平，借此劇以抒憤。才思横溢，動心悦目，大指言場屋之中，主考不乏糊塗者。故詭其號曰：胡塗。又設爲三種舉子：一名文運。字曰中盛，又曰中衰。謂孤寒一等之人，專恃文章。得志則爲文運中盛，不得志則爲文運中衰也。一名臭銅。典舖家子弟但有錢財。一名白丁。顯宦家子弟但有勢力。蓋舉子，不出三種人物，故詭託姓名，以該萬衆也。科場中向來有朱衣點頭，紅紗罩眼之説。故取《紅紗》作關目。言有二仙女，奉玉帝之命，使入闈中。以紅紗罩試官之目。玉帝因試官作弊多端，令上清紫霞宫紫極真人，與二仙加勅一道，使在闈中打聽試官明暗公私。轉天宫時，即以紅紗寫作覆本，一一奏聞，默行賞罰。時考官以《若耶溪西子曉起梳頭》爲題，試七言律一首。第二聯押鴉字，第三聯押花字，餘韻不拘。三舉子各竭心思，村雅懸絶。初閲時，仙女以紅紗罩眼。其後，則去其紗以清其目。而考官入暮夜之金，受當道之囑，竟取二種入彀，而遺孤寒善文之人。於是二仙女以紅紗備書試官情節，如何受賄，如何聽人情，如何看文字，一一奏聞天帝。并請設鑽刺之獄，以罪不讀書，專務奔競之人。其有文字奇拔，不比尋常者，不論其命之應中與否，請破格收羅，以示考取遺才之意。蓋彼時關節盛行，誠有如集之所指者，而嬉笑怒罵，未免過當云。中間所載《若耶美人曉起梳頭》歌四首。其一文運所作，云：未向吴龍鬬越蛇，苧蘿山上月初斜。亭亭欲舞青金鳳，拍拍難飛翠玉鴉。高插半梳雲擁月，輕垂雙鈿水生花。只今留得香魂在，脂粉迷離點石涯。其一銅臭所作，云：是處紅顔解浣紗，何須買棹問施家。庭前乍舞雙雙蝶，門外閑飛點點鴉。再傳已非別樣粉，欲簪不是舊時花。誰知一朵烏雲髻，破盡姑蘇百歲車。其一白丁所作，云：百花叢裏是儂家，玉鏡臺常傍若耶。香散引來千翼鳳，髻成盤出一蹲鴉。坐當繡檻偏宜繡，行近花庭欲妬花。曾是粧臺梳掠後，五湖高士共烟霞。兩仙女又自作一首，云：粧臺傍處越兵譁，一笑中間放越蛇。今日東吴宛走鹿，當年西子髻堆鴉。捧心艷益芙蓉色，浣水香清荳蔻花。共是忠魂應不泯，耶溪湘水兩無涯。

又《碧紗籠》 來集之撰。演王播事。第一折《木蘭花發院新修》言播在揚州惠照寺木蘭院中，以酒奠木蘭花，作文侑觴，正見木工石工修院也。第二折《慚愧闍黎飯後鐘》言寺中上座設計，於飯後鳴鐘。播方折花供佛，聞鐘響而赴齋，則齋已畢。播乃題詩二句於壁，飄然竟去也。第三折《樹老無花僧白頭》言播去後二十年，木蘭花神與菊花神、桃花神、松神共談因果，立地焦枯。昔年上座，已老病龍鍾，聞花神語，猛然自省。又見播已爲宰相，懼其報怨，乃取播平日所題詩句，盡以碧紗籠護也。第四折《而今方顯碧紗籠》則言播爲宰相，奉旨節制江淮，特至院中，訪從前故蹟。寺僧恐懼悚惶，曲盡諂笑脅肩之態。播見舊題二句，亦以紗籠，乃續題二句於後，語次雖帶詼諧，絶不修舊怨也。此亦集之自寓之意。《摭言》：唐王播，少孤貧。嘗客揚州惠照寺木蘭院，隨僧齋食。後厭怠，乃齋罷而後擊鐘。後二紀，播自重位出鎮是邦，因訪舊遊。向之題名，皆以碧紗罩其詩。播詠以二絶句曰：三十年前此院遊，木蘭花發院新修。如今再到經行處，樹老無花僧白頭。上堂未了各西東，慚愧闍黎飯後鐘。三十年來塵撲面，如今始得碧紗籠。

又《鐵氏女》 來集之撰。明布政鐵鼎石死節，成祖以其二女發教坊，逼勒萬端。誓不失身。禮部官察驗，二女口吟二詩，官爲奏聞，特予落籍。《紀事》：鐵鉉死，妻楊氏并二女發教坊司。楊氏病死，二女終不受辱。久之，鉉同官以聞，文皇曰：渠竟不屈耶。乃赦出，皆適士人。錢謙益《列朝詩序》云：遜國諸書，載鐵氏二女詩。謂：鐵司馬就義，二女没入教坊，獻詩于原問官。上聞，得赦，出嫁士人。余考鐵長女詩，乃吴人范昌期《題老妓卷》作也。詩云：教坊落籍洗鉛華，一片春心對落花。舊曲聽來猶有恨，故園歸去卻無家。雲鬟半軃臨青鏡，兩淚頻彈濕絳紗。安得江州司馬在，尊前重爲賦琵琶。昌期，字鳴鳳。詩見張士淪《國朝文纂》。同時杜瓊用嘉亦有次韻詩，題曰《無題》，則其非鐵氏作，明矣。次女詩所謂：春來雨露深如海，嫁得劉郎勝阮郎。其語尤爲不倫。宗正睦《檡論革除事》謂建文流落西南，諸詩皆好事者僞作。則鐵女之詩可知，革除間事。野史所載，大半訛謬，此亦其一端也。

又《阮步兵》 蕭山來集之撰。陳留阮籍爲步兵校尉，嘗於酒肆見少婦之美，醉卧其側。睡至天晚醒時，隱躍見日色天光，乃此婦紅裙閃爍也。奚童因言：近鄰兵家之女，遠勝酒婦。籍欲往見之，童云：昨日已死。籍即趨詣其家，撫棺慟哭。父母皆稔其狂，避而去。籍哭既畢，語童云：我因一酒字，罰作步兵校尉；彼因一色字，罰作兵家女兒。同工異曲，當同病相憐也。令呼主人翁，葬此女於胭脂山，以鏡臺峰爲對案。他日身死，陶家之側，得與相近。遂長嘯而去。《世説》云：阮籍鄰家婦，有美色，當壚沽酒。阮與王安豐常從婦飲酒，醉即眠其婦側。夫始殊疑之，伺察，終無他意。又云：步兵校尉缺，廚中有貯酒數百斛，阮籍乃求爲步兵校尉。《唐類函》：兵家女有才色，未嫁而死。阮籍不識其父兄，徑往哭之，盡哀而返。

著録

明・祁彪佳《遠山堂曲品・逸品》 來集之鎔：《紅紗》北一折，【略】《碧紗》北四折，【略】《閒看牡丹亭》南一折。

清・焦循《劇説》卷五 《兩紗》雜劇，題元成子作。一爲《紅紗》，謂試官閲卷，紅紗照眼也。【略】一爲《碧紗》，本唐王播木蘭院故事也。

清・梁廷枏《曲話》卷一 元成子之《藍采和》、《阮步兵》、《鐵氏女》。

清・支豐宜《曲目新編・國朝雜劇》 《藍采和》、《阮步兵》、《鐵氏女》，右三種，元成子作，一名《秋風三疊》。

清・姚燮《今樂考證・著録四・國朝雜劇》 元成子三種：《藍采和》、《阮步兵》、《鐵氏女》，合刻一編，題曰《秋風三疊》。

清・王國維《曲録》卷三 《藍采和》一本，《阮步兵》一本，《鐵氏女》一本，右三本名《秋風三疊》，《挑燈劇》一本，《碧紗籠》一本，《女紅紗》一本。右六種，明來集之撰。集之，號元成子。

雜録

清・焦循《劇説》卷五 《兩紗》雜劇，題元成子作。一爲《紅紗》，謂試官閲卷，紅紗照眼也。一爲《碧紗》，本唐王播木蘭院故事也。《紅紗》中試若耶美人曉起梳頭詩，主司之式，要翻空，取言外之神。故天字號秀才以徵實描寫被斥，地字號秀才以筆意虚寫見賞，脱盡應試科諢。毛西河作《來元成墓志銘》云：君諱集之，字元成。自爲誌云：予所著有某書及雜劇之《兩紗》、《秋風三疊》而已。案：《兩紗》、《三疊》，史志皆不載，顧予知君事。君以崇禎己巳赴童試，縣斥之，粘其文於門。庚午再試，再斥之。然而府試拔第一。時年二十七，始附學。於是作《兩紗》劇：一、《紅紗》，謂以紗幛目眯五色也。一、《碧紗》，則紗蒙其舊所爲詩，貴與賤易觀也。夫通塞之難憑如此。

鄒式金

論説

明・祁彪佳《遠山堂曲品・雅品》 《春風弔柳七》南一折，予常譜韻事，以弔柳七爲第一。得此數語，婉轉令人魂消欲死。

清・鄒式金《雜劇三集》卷三四 《風流塚》眉批謂《遶池遊》折：婉媚清新。又謂：情中三昧，前人未道。

傳記

清（道光）《無錫金匱續志》卷六　鄒式金，字仲情。崇禎庚辰進士，福州泉州知府。唐王升府爲道政，由鄒氏式金上病劄，拂袖歸。洪文襄承疇兩薦出山，皆不就。築衆香菴於雙河口，自號木石居士。三十年不下樓，年八十二。著《宋遺民録》、《香眉亭詩稿》。

著録

清・黄文暘、佚名《重訂曲海總目・國朝雜劇》　鄒仲情：《風流塚》。

清・姚燮《今樂考證・著録四・國朝雜劇》　鄒仲情一種：《風流塚》。

鄒兑金

論説

明・祁彪佳《遠山堂曲品・逸品》《空堂十舉觴》北一折：張幼于爲吴中第一狂士，記其空堂自觴，却與唐子畏、祝希哲千里對面，醉語、夢語無不是醒語、化語。凫公云：作者其青蓮、坡老之裔孫，若士、文長之季孟耶。

清・鄒式金《雜劇三集》卷五《空堂話》眉批：叔弟深入禪那，此文從妙悟中流出，筆墨俱化，逸氣高清，藻思雅韻，特餘技耳。

傳記

清（光緒）《無錫金匱縣志》卷四〇　鄒叔介兑金，崇禎丁丑，公車北上。渡江，泊舟金山，狂風大作。叔介見有覆舟，招手疾呼，出金援救。衆操舟競援，活十一人，獲死屍十九。復捐三百鍰，設救生船二十餘艘，號紅船。至今好善者踵行之。叔介賫貲既罄，竟歸，不復赴試。子即殿撰忠倚。

著録

清・黄文暘、佚名《重訂曲海總目・國朝雜劇》　鄒兑金字叔介：《醉新豐》、《空堂話》。

清・梁廷枏《曲話》卷一　鄒兑金作《空堂話》。

清・支豐宜《曲目新編・國朝雜劇・補遺》《空堂話》，國初無錫鄒兑金作。

清・姚燮《今樂考證・著録四・國朝雜劇》　鄒叔介一種：《空堂話》。叔介名兑金，無錫人。

清・王國維《曲録》卷三《空堂話》一本，國朝鄒兑金撰，兑金字叔介。

又《八寶箱》一本，國朝鄒兑金撰。

鄭瑜

論説

明·祁彪佳《遠山堂劇品·雅品》《椽燭修書》南一折，宋子京燃椽燭，擁歌姬，修潤《唐書》，是一番極富麗景象。詞亦華美稱之。

著録

清·姚燮《今樂考證·著録四·國朝雜劇》 西神鄭瑜四種：《汨羅江》、《黄鶴樓》、《滕王閣》、《鸚鵡洲》。鄭瑜字無瑜。

清·黄文暘、佚名《重訂曲海總目》 鄭無瑜：《鸚鵡州》、《汨羅江》、《黄鶴樓》、《滕王閣》。

清·王國維《曲録》卷五 《汨羅江》一本，《黄鶴樓》一本，《滕王閣》一本。右三種，國朝鄭瑜撰，瑜西神人。

王鑨

論説

清·王鐸《雙蝶夢序》《雙蝶夢》，予胞三弟子陶所撰也。弟名鑨，負奇博古，蹈繩孝悌，苦琢帖括家言，工詩賦，不第。噫，弟于一第猶之掇，而仍然未舒于一喻，豈非司文章命者，誤其權，亂其末，而旁仄英雄乃爾乎。蓋因秉國者，一遘弟于河壖，遂特達相知，奪其堅辭，授以鹿城令。兵氛，海上之民，沸然猶魚鼈，弟晝夜寢處城上，同苦含糗，潔己瘁劬，卒保孤城于攻躪之餘。英雄失志，故畧于撥劇整亂，露其一斑耳。或曰：使子陶帶櫑具，佩環玦，如華龍柳褒，待詔金馬，陳湯，甘延壽，策奇勳于邊圉，好古負奇氣，發攄以爲民救，不尤偉歟。予曰：非也。扁泉皆通，冬穗可以困十堯。今觀《雙蝶夢》並《司馬衫》數傳奇，非讕淫無關世教者。平寇殿邦，解組尋親，是豈謔贈芍藥，爾莍握椒，徒以蠱俗雕心，蝨訟蚍齕，失風雅之餘韻乎。顧坊刻叢説，陳氏、白氏、龍氏，本九宫十三調，不過陰陽啓閉已耳。而叶八風，調百度，郊廟燕饗，和神人，化夭癘，斯道之大，鳳獸儀舞，天地昭而且官，媿小雅，寓國風，佗作謔浪莠言，寄愁埋憂，不處靖而紕放，得與蹈繩者，共牢同鬲也耶。然則英雄亦自有權，亦自有末，非造物所能專其命者。得志爲天下濟，不得志，逍遥自栩，隨地足以分慈。使人來求，正不必待詔金馬門，邴邴然行蹎眠瞑，農桑户口，皆爲文章。何況山權海王，不可爲胸中之輮軨之笙簧乎。雖然，吾弟既作夢觀，千古涕笑，墨墨夜中也。語云：性命粃糠，爲堯舜勳華。精治身，治天下國家爲緒餘。有爲文章之君者，在關世教之先，雲龍天鬼，三教合爲一視。奚論莊語非莊語，是夢非夢。嗟乎，登日觀，睇滄海，紅紫蜿飛，光耀無極。消納有户，收入芥子。坎離混沌，彼甘陳華龍輩，又安足勦説哉。至是而博古奇才，又何有牢騷不平之有。或曰：唯唯。恢諧言笑也，即痛哭流涕也。風雅有瑨，英雄無不爲喻。司文章命者，肺風腎雨，别觡僕僕，其亦徒勞也夫。

清·薛奮生《秋虎丘序》 元人傳奇之妙，全是一派天機。情淡而真，詞香而艷，變幻多端，不留痕跡，所以擅場千古，後有作者，莫敢望其肩頂。歷數百年，有湯若士《牡丹亭》、盧次楩《想當然》二册，摹景填詞，差足追美前人，餘皆碌碌未之數也。今讀大愚先生《秋虎丘》，淡真香艷，筆筆化工，直造元人堂奥，又不僅與《牡丹亭》、《想當然》鼎峙争奇已也。才大如先生，使臨川、梨陽有靈，能不妬殺耶。快誦數過，不禁頫首。

清·董訥《秋虎丘序》 孟津王夫子，博學廣著述，海内傳誦久矣。其季郎王子夙夜以夫子所作傳奇見貽，命爲言弁簡端。余喟然曰：此夫子日月之餘照，江海之細波，泰華之半麓也，何足爲夫子傳。夫子之學，窮乎身心之奥旨，極乎性命之微言，括乎乾坤之精義，賢聖之秘藴，所得者深，所見者大，所流者光。故其爲文浩浩。落落，萬象畢具驅韓役柳，直追秦漢以上，而遇物感興，孤吟長嘯，又兼少陵、太白之長，而獨成一家。至填詞小技，又升菴、稼軒所不敢望其津涯者，亦末事耳。若夫排場之文，宫商之調，雖工麗奇巧，不過翰墨游戲，何足爲夫子傳。王子曰：否否。文章無分巨細，必關世道人心，乃爲可貴。《三百篇》中，清廟明堂之歌，思女勞人之什，皆載焉。凡以激發人之忠孝，感動人之道義也。先大夫爲此，豈徒邂逅佳話，爲悲喜離合之狀，以悦耳目耶。子盍竟厥讀。余曰：子言是也。傳奇中齊將軍服倭一節，爲朝廷靖邊疆，爲友朋完匹配，不遺擁兵縻餉，掠子女玉帛，利私圖師，老無成之譏，真千古忠臣矣。夫子之言不可傳乎。噫嘻。人生亦大戲局。爲忠臣義士，則觀者肅然敬之。爲奸人邪子，則觀者怫然惡之，又安得以排場之文，宫商之調，爲翰墨游戲，而不可與身心之奥旨，性命之微言，乾坤之精義，賢聖之秘藴等，傳夫子哉。是爲序。

清・嚴秋槎《秋虎丘序》 不事雕飾，不尚辭藻。專心白描，擅長□□，是得元人三昧者，可與《牡丹亭》、《長生殿》諸院本分壇樹幟。

傳記

清・王鐸《擬山園選集》卷七六 王鑨，字子陶，廩生。試軼其曹才高卓心氣沉潛。爲文多奇奥犇放。屢試不第，常閉門攻苦，吕自鏕也。工詩賦、古文、詞曲，奥衍奇博，不爲淺近。著有《紅藥壇集》。喜書畫彝鼎之器，吕副榜貢，爲崑山知縣，多善政，崑山人山祠之。陞刑部河南清吏司員外郎。室楊氏，封孺人。子無逸，貢生；無忝，丁酉舉人，爲弟鐔嗣。

清（順治）《孟津縣志》卷二 王鑨，字子陶，順治元年，豫王考授貢生，初授江南蘇州府崑山縣知縣，陞刑部河南司員外郎。

清（道光）《濟南府志》卷二九 王鑨，河南孟津人，進士。康熙三年，以僉事任提督學院。

吴偉業

論説

清・李宜之《秣陵春序》 南詞以《拜月》、《琵琶》爲二絶，《荆釵》、《繡襦》以下皆不及也。嗣後，騷人遊戲多以散套小令特傳，竟無院本可與二傳相頡頏者。學士家以《牡丹亭》爲異書，然才情横放，不能拴縛，遂有清真音譜未諧之病，殊不爲行家所賞，而戾家尤苦之。《錦箋》輕圓而味稍薄，《曇花》富贍而機不靈，《西樓》有雋語而失之佻，《燕子箋》有新趣而失之俗，《鴛鴦棒》等，則浪子不已，幾於娼夫，大非風流儒雅之體矣。灌隱之爲《雙影記》也，審節宫羽，穩協陰陽，不騁才情，并不用學問，而字字敲打，如出鶯喉燕吭間，無不歌誦妥溜，妙會諧絲竹者，此真詞林老手，與《拜月》、《琵琶》分鼎立於三百年之上者也。卓吾以《拜月》爲化工，《琵琶》爲畫工。記中有天匠自成，不見痕跡，如化工之生物者；有芳鮮縟麗，五彩爛然，如畫工之繪物者。兼長固奇於獨妙矣。《琵琶》無北詞，《拜月》僅《議遷》一齣。灌隱此記，北詞六七見，又别雜劇幾種，其本色中出色，不獨與實甫、漢卿並驅，幾欲追董學士而先之，不更奇乎。宋之工詞者，輒不工詩。元四大家及君美、則成之徒，俱不見他著述。灌隱五古，直逼漢、魏；歌行近體，上下初盛；叙記之文，不媿唐宋大家；而寄興詞曲，復推宗匠，又一奇也。余弱冠時，嘗爲《步非烟》雜劇，頗有一二本色語，兵燹中失去其本。與草衣道人往來吴越間，多以南詞散套及小令紀其事，亦頗協律。一生蹭蹬，并不得爲。元詞人路吏山長之官，窮老閉門，無所發憤，意欲藉古人奇情韻事，譜爲烟花粉黛、神頭鬼面之詞。及見此記，不覺小巫氣盡。因戲語灌隱：初成績不欲曲子詞布汴雒，曷不若香匳并嫁致堯乎。灌隱笑曰：曲子果流布，則世皆知爲放言自廢之人，花月填詞，正自有日。老兄若肯學君家浪子，綴一小語爲詞，固當爲人争傳，我決不學曲子相公，專記人收拾焚燒之不暇也。癸巳秋七月，寓園居士書於尹綴樓。

清·高奕《新傳奇品》 吳駿公太倉人，女將征西，容嬌氣壯。

清·徐釚《詞苑叢談》卷五 吳祭酒梅村撰《秣陵春》、《通天臺》雜劇，直奪湯臨川之座。中有《菩薩蠻》一調云：謝家池館桐花毿，畫屏屈曲翹紅袖。欲翦鳳凰衫，青蟲摇羽簪。一枝雙荳蔻，淺立東風瘦。春思遠於山，眉痕凡幾灣。雕艷似温尉。

清·吳梅《通天臺跋》 梅村樂府，嗣響臨川，南部夢華，託諸幻影，艷思哀韻，感人深矣。傳本絶少，又掩於詩名，幾與碣石幽蘭，同此淪隱。考《秣陵》一劇，有集中《金人捧露盤》詞，足資談屑。而《臨春閣》、《通天台》，則西堂《梅村詞序》：古夫于亭雜録，僅述其目，知者益鮮。江山劉君子庚，睬梅振古齋刻本，則三種完具。豐城劍氣，忽焉騰霄，文字有靈，洵不誣也。而墨色黯淡，縑素欲裂，讀之益增淒感。先生考終命以詩人表墓，俯仰身世，不殊枯樹江南，發爲聲歌，復環姿妍骨，一以悲哀爲主。蓋所遇爲之，先生實不能自止。高涼冼氏，或感忠州義師，而隱刺寧南輩歟。初明一表，當即敬通，自序石頭車駕，脩陵松櫝；臨春妙曲，益寓憑弔之懷爾。左氏之書義深，君父若先生者，詞人云乎哉。吾鄉藏書之富，首推藝芸。佞宋劫灰伊後，經濟蕩然，而劉氏古紅梅閣巋然尚存。梅與子庚交且十年，乃得此帙，亟爲重刊，海內知己，定符元賞。《秣陵春》卷帙較富，尚俟他日云。宣統庚戌，長洲吳梅。

傳記

清·顧湄《吳梅村先生行狀》 先生諱偉業，字駿公，姓吳氏。吳爲崑山名族。五世祖禮部主事諱凱，高祖河南參政諱愈，父子皆八十，有重德，其行事載《吳中先賢傳》中。曾祖鴻臚序班諱南。自禮部公以下，三世皆葬於崑。祖贈嘉議大夫、少詹事諱議，始遷太倉。父封嘉議大夫、少詹事諱琨，以經行崇祀鄉賢祠。母朱太淑人妊先生時，夢朱衣人送鄧以讚會元坊至，生先生，有異質。少多病，輒廢讀，而才學輒自進。迨爲文，下筆頃刻數千言。時經生家崇尚俗學，先生獨好三史，西銘張公溥見而嘆曰：文章正印，其在子矣。因留受業，相率爲通經博古之學。年二十，補諸生。未踰年，中崇禎庚午舉人。辛未會試第一，殿試第二。西銘公鄉、會皆同榜，文風爲之丕變。時有攻辛未座主宜興相者，借先生爲射的，莊烈帝御批其卷，有正大博雅，足式詭靡之語，言者乃止。授翰林院編修，先生尚未授室，給假歸娶，當世榮之。乙亥入朝，充纂修官。值烏程柄國，先生與同年楊公廷麟輩，挺立無所附。烏程去，武陵、蘄水相繼入相，先生皆與之迕。先是吾吳有奸民張漢儒、陸文聲之事，烏程實陰主之，欲剸刃東南諸君子。先生以復社著名，爲世指目。淄川傳烏程衣缽，先生首疏攻之，直聲動朝右。丙子，主湖廣鄉試，所拔多知名士。戊寅三月二十四日召對，先生進端本澄源之論，欲重其責於大臣，而廣其才於庶寮，乃昌言曰：冢臣職司九品，若冢臣所舉不當，何以責之臺省。輔臣任寄權衡，若輔臣所用不賢，何以責之卿寺。言極剴切，上爲之動容。已與楊公士聰謀劾史𡎺，𡎺去，而陰毒遂中於先生。己卯，銜命封延津、孟津兩王於禹州，𡎺謀以成御史勇事牽連坐先生，會𡎺死，事寢。陞南京國子監司業。甫三日，而漳浦黄公道周論武陵奪情拜杖信至，先生遣太學生涂仲吉入都，具橐饘。涂上書爲漳浦訟冤，干上怒，嚴旨責問主使，先生幾不免。庚辰，晉中允、諭德。癸未，晉庶子。甲申之變，先生里居，攀髯無從，號慟欲自縊，爲家人所覺。朱太淑人抱持泣曰：兒死，其如老人何。乙酉，南中召拜少詹事，加一級。越兩月，先生知天下事不可爲，又與馬、阮不合，遂拂衣歸里，一意奉父母歡。易世後，杜門不通請謁。每東南獄起，常懼收者在門。如是者十年。本朝世祖章皇帝素聞其名，會薦剡交上，有司敦逼，先生控辭再四，二親流涕辦嚴，攝使就道，難傷老人意，乃扶病入都，授祕書院侍講、國子監祭酒。精鋭銷耎，輒被病弗能眂事。閒一歲，奉嗣母之喪南還。上親賜丸藥，撫慰甚至。先生乃勇退而堅卧，謂人曰：我得見老親，死無恨矣。未幾，朱太淑人没，先生哀毀骨立，復以奏銷事，幾至破家，先生怡然安之。嘉議公八十而逝，有幼女，先生爲嫁。蓋先生天性孝友，初登第後，嘉議公勑理家事，歲輒計口授食，蕭然不異布衣時，俸入，即上之嘉議公，未嘗有私蓄也。後析産，與二弟均其豐嗇，舉無間言。先生性愛山水，游常經月忘反。所居乃故銓部王公士騏之賁園，先生拓而大之，壘石鑿池，灌花蒔藥，翳然有林泉之勝，與士友觴詠其間，終日無倦色。其風度沖曠簡遠，令人挹之，鄙吝頓消。與人交，不事矯飾，煦如陽春。生平規言矩行，尺寸無所踰越。每以獎進人材爲己任，諄諄勸誘，至老不怠。喜扶植善類，或罹無妄，識與不識，輒爲營救，士林咸樂歸之。而於遺民舊老，高蹈巖壑者，尤維持贍護之，惟恐不急也。先生之學，博極羣書，歸於至精，有問經史疑難、古今典故，與夫著作原委，旁引曲證，洞若指掌，多先儒之所未發。詩文炳耀鏗鍧，其詞條氣格，皆足以追配古人，而虛懷推分，不務標榜，尤人所難。自虞山没後，先生獨任斯文之重，海内之士與浮屠、老子之流以文爲請者，日集於庭，麾之弗去。一篇之出，家傳人誦，雖遐方絶域，亦皆知所寶愛。雅善書，尺蹏便面，人争藏弆以爲榮。所著《梅村集》四十卷、《春秋地理志》十六卷、《春秋氏族志》二十四卷、《綏寇紀略》十二卷，又樂府雜劇三卷。先生生於明萬曆己酉五月二十日，卒於今康熙辛亥十二月二十四日，享年六十有三。寢門之哭，學士大夫輒失聲曰：先生亡矣，一代文章盡矣。【略】先生屬疾時作令書，乃自叙事略曰：吾一生遭際，萬事憂危，無一刻不歷艱難，無一境不嘗辛苦，實爲天下大苦人。吾死後，斂以僧裝，葬吾於鄧尉、靈巖相近，墓前立一圓石，題曰詩人吴梅村之墓，勿作祠堂，勿乞銘於人。又勑三子：若能效陳、鄭累世同居之義，吾死且瞑目。嗚呼，先生之心事可悲也已。

清・陳廷敬《吴梅村先生墓表》 蘇州郡治西南三十里西山之麓，有壙罣如者，詩人吴梅村先生之墓也。先生宦達矣，行事卓卓著於官，而以詩人表其墓者，從先生志也。【略】先生少聰敏，年十四能屬文。里中張西銘先生以文章提唱後學，四方走其門，必投文爲贄，不當意，即謝弗内。有嘉定富人子，竊先生塾中稿數十篇投西銘，西銘讀之大驚。後知爲先生作，固延至家，同社數百人皆出先生下。弱冠舉於鄉，爲崇禎辛未科會試第一人，廷試第二，授編修。是時年二十三耳。制辭云：陸機詞賦，早年獨步江東。蘇軾文章，一日喧傳天下。當時中朝士大夫皆以爲不媿云。崇禎中，黨事尤熾。東南諸君子繼東林之學者，號曰復社。西銘以東林之末響爲復社先，而先生西銘高弟也。西銘既爲復社主盟，先生又與西銘同年舉進士，故立朝之始，遂已大爲世指名。當是時，淄川張至發，烏程黨也，繼烏程而相，剛愎過烏程。先生始進，即首劾淄川，奏雖寢不行，其黨皆側目。頃之，遷南京國子監司業。時黄道周以事下獄，先生遺監中生涂某賫表至京，涂伏闕上疏，申理道周，黨人當軸者以爲先生指使，將深文其獄以中先生。會其人死，乃已。旋奉使河南封藩。丙子，典試湖廣，當時號得士。尋遷中允、諭德。丁嗣父艱，服除，會南中立君，登朝一月歸。本朝初，搜訪天下文章舊德，溧陽、海寧兩陳相國共力薦先生。以祕書院侍讀徵，轉國子祭酒。尋丁嗣母憂，歸於家，時年四十五。先生既無意功名，年力尚强，閉户著數千百言，而尤以詩自鳴，悲歌感激，有不得於中者，悉寓於詩。時東澗在虞山，先生居婁東，皆以詩倡海内，海内宗之，稱吴中二老。

清（康熙）《蘇州府志》卷六六 吴偉業，字駿公，太倉人。母妊時，夢朱衣人送鄧以讚會元匾額至。童子時即篤好《史》、《漢》文，不屑屑世俗學。二十二中崇禎庚午舉人，辛未會試第二。愍帝批其卷云：正大博雅，足式詭靡。殿試第二，授翰林院編修，給假歸娶，當世榮之。乙亥，充纂修官。先是，有奸民首先復社事，欲剚刃在南諸君子，當軸陰主之，偉業疏論不少借。丙子，主湖廣鄉試。戊寅三月，召對，爲言：冢臣職司九品，若所舉不當，何以責之臺省。輔臣任寄權衡，若所用不賢，何以責之鄉士。言極剴切，愍帝韙之。陞南京國子監司業，適黄道周論楊嗣昌奪情事，予杖。偉業辦櫜，遣太學生涂仲吉入都訟冤，下旨嚴詰，主使幾不免。晉中允庶子。

清（康熙）《江南通志》卷四二 皇清順治辛卯，總督馬國柱疏薦授祕書院侍講，奉敕纂修《孝經演義》，陞國子監祭酒。丁母憂，南還□□十餘年卒。偉業以文學負重名，尤好引掖後進，爲文宏麗，詩尤擅勝，稱大家。

紀事

清・吴偉業《秣陵春・自序》 客有問於余曰：《秣陵春》何爲而作也。自《華山畿》紀於樂府，而幽婚冥媾，歷見稗官，後世猶疑其事。今子之説，非形非影，爲有爲無，此恢諧滑稽所不談，而《虞初》、《諾皋》所不載者也。得毋迺誕之乎。余笑曰：是所謂夏蟲不可語冰，知宋人之刻楮葉，而不識木鳶能飛者也。今夫阿房閣道，鉅麗之極觀也。咸陽三月，刦灰具燼，而海中有三神山，以金銀爲宫闕，二者吾不能定天下之居處。鄭女曼姬，嫻都嫽治，章華宮中，十年不能望幸。而巫山之神女，高唐入夢，得薦寢于君王，二者吾不能定天下之美麗。魚龍曼衍之戲，西域幻人，吞刀吐火，而〔月中天〕樂，紫雲一曲，唐玄宗以玉笛吹之，名曰《霓裳羽衣》，二者吾又安能定天下之聲音哉。彼夫文人才士，放誕窮愁，怨女貞姬，憂思鬱結。惝兮若有所亡，怳兮若有所見。杳矣冥矣，縹緲無所不之矣。況乎侯王則陵廟丘墟，妃主既容華消歇。蕭條乎原野，瀏栗乎悲風，魑魅之與隣，鼪鼬之與游。其平生圖書玩好，歌舞戰鬭之娱，雖化爲飄塵，灌莽不能有以磨滅也。於是神僧異人從而取之，以出其變化，李少君之帳中，佛圖澄之掌上，皆是物也。而又何疑于余之説乎。余端居無憀，中心煩懣，有所徬徨，感慕髣髴，庶幾而目將遇之，而足將從之，若真有其事者，一唱三嘆，於是乎作焉。是編也，果有託而然耶。果無託而然耶。即余亦不得而知也。客廼听然而笑曰：善。灌隱主人漫題。

清·佚名《曲海總目提要》卷一九《臨春閣》 吴偉業撰。偉業字駿公，别號梅村。崇禎四年辛未會元榜眼，累遷諭德，福王時官至少詹。入本朝起用，授國子監祭酒。與錢謙益、龔鼎孳齊名，近時人選三人詩文集，謂之江左三大家。所演《臨春閣》，事隱指福王也。福王中使四出，遴選秀女。中山王裔孫徐國公之女，已經選妃，又有祁姓、阮姓，俱經選擇。偉業送女道士卞玉京詩：詔書忽下選蛾眉，細馬輕車不知數。記其事也。又云：中山有女嬌無雙，明眸皓齒垂明璫。曾因内宴直歌舞，坐中瞥見塗鴉黄。歸來女伴洗紅粧，枉將絶技矜平康，如此才足當侯王。紀中山女被選事也。又云：依稀記得祁與阮，同時亦中三宫選。可憐俱未識君王，軍府抄名被驅遣。紀祁、阮同被選也。又云：漫詠臨春瓊樹篇，玉顔零落委花鈿。當時錯怨韓擒虎，張孔承恩已十年。則言徐與祁、阮未承恩澤，不能及張、孔也。此劇大指即此詩意。洗氏無謁陳主事，是借用秦良玉事也。崇禎時，四川石砫女將秦良玉，奉詔勤王，入都陛謁。崇禎特賜之以詩，末句云：他日功成麟閣上，丹青先畫美人圖。偉業暗引洗氏，以比良玉耳。《隋書·譙國夫人傳》：譙國夫人者，高凉洗氏之女也，能行軍用師，壓服諸越。羅州刺史馮融，爲其子高凉太守寶，聘以爲妻。寶卒，嶺表大亂，夫人懷集百越，數州宴然。至陳永定二年，其子僕，年九歲，遣帥諸首領朝於丹陽。僕以功封信都侯，加平越中郎將，轉石龍太守。詔使持節册夫人爲中郎將石龍太夫人，復賚繡幰油絡，駟馬安車一乘，給鼓吹一部，并麾幢旌節，其鹵簿一如刺史之儀。至德中，僕卒。後遇陳國亡，嶺南未有所附，數郡共奉夫人，號爲聖母。高祖遣陳主遺夫人書，諭令歸化。夫人乃帥衆迎總管洸入廣州，嶺南悉定，册夫人爲宋康郡夫人。未幾，番禺人王仲宣反，圍洸於州城。夫人帥師救洸，親被甲，乘介馬，張錦傘，領彀騎，衛詔使裴矩巡撫諸州。高祖異之，追贈寶爲廣州總管譙國公，册夫人爲譙國夫人。仍開幕府，置長史以下官屬，給印章聽發部落六州兵馬。若有機急，便宜行事。時番州總管趙訥貪虐，諸狸獠多有亡叛。夫人遣長史張融上封事，論安撫之宜，并定訥罪狀。上遣推訥，竟置於法。按：洗氏封譙國夫人，已屬隋事，今皆作陳時點染。《陳書·張貴妃傳》：貴妃名麗華，性聰慧，甚被寵遇。後主至德二年，乃於光照殿前，起臨春、結綺、望仙三閣。閣高數丈，並數十間，其窗牖壁帶懸楣欄檻之類，並以沉檀香木爲之。又飾以金玉，間以珠翠，外施珠簾，内有寶床寶帳。後主自居臨春閣，張貴妃居結綺閣，龔、孔二貴嬪居望仙閣。以宫人有文學者袁大捨等。爲女學士，與狎客共賦新詩，互相贈答。採其尤艷麗者，以爲曲詞，而貴妃才辯彊記，善候顔色。是時後主怠於政事，百司啓奏，並因宦者蔡脱兒請。後主置張貴妃於膝上，共决之。按：劇前總目云：洗夫人錦繖通侯，張貴妃彩筆詞頭，青溪廟老僧説法，越王臺女將邊愁。今止二折者，蓋青溪爲隋害貴妃之所。後二折大意，説陳亡而洗氏歸隋，寓傷感之意。優場演唱，無取乎爾，故止存其前半也。

又《通天臺》 吴偉業撰。以沈炯自喻也。《陳書·沈炯傳》：炯字初明，梁武帝時釋謁王國常侍，遷爲尚書左民侍郎，出爲吴令。侯景之難，景將宋子仙據吴興，遣使召炯，逼之令掌書記。子仙爲王僧辯所敗，僧辯素聞其名，於軍中購得之。及簡文遇害，高帝南下，侯景東奔至吴郡，獲炯妻虞氏、子行簡，並殺之。炯弟攜其母避而獲免。侯景平，梁元帝愍其妻子嬰戮，特封原鄉縣侯，邑五百户。僧辯爲司徒，以炯爲從事中郎。梁元帝徵爲給事黄門侍郎，領尚書左丞。荆州陷，爲西魏所擄，魏人甚禮之，授炯儀同三司。炯以母老在東，恒思歸國，恐魏人愛其文才而留之，恒閉門卻掃，無所交遊。時有文章，隨即棄毀，不令流布。嘗獨行經漢武通天臺，爲表奏之，陳己思歸之意。其辭曰：臣聞喬山雖掩，鼎湖之靈可祠，有魯既荒，大庭之迹無泯。伏維陛下，降德猗蘭，纂靈豐谷。漢道既登，神仙可望。

射之罘於海浦，禮日觀而稱功，横中流於汾河，指柏梁而高宴，何其樂也。豈不然歟。既而甲帳珠簾，一朝零落，茂陵玉椀，宛出人間。陵雲故基，共原田而膴膴，别風餘趾，對陵阜而茫茫。羈旅縲臣，能不落淚。昔承明既厭，嚴助東歸，駟馬可乘，長卿西返。恭聞故實，竊有愚心，黍稷非馨，敢忘徼福。奏訖，其夜炯夢見有宫禁之所，兵衛甚嚴，炯便以情事陳訴。聞有人言：甚不惜放卿還，幾時可至。少日，便與王克等竝獲東歸。

著録

清・佚名《傳奇彙考標目》卷下 吴偉業：《秣陵春》。

清・黄文暘、佚名《重訂曲海總目・國朝雜劇》 吴偉業號梅村：《臨春閣》。

又《國朝傳奇》 吴偉業：《秣陵春》。

清・支豐宜《曲目新編・著録八・國朝傳奇》《秣陵春》太倉吴偉業作。

清・姚燮《今樂考證・著録四・國朝雜劇》 吴梅村二種：《通天臺》、《臨春閣》。刻本署灌隱主人。

又《著録八・國朝院本》 吴偉業一種：《秣陵春》，一名《雙影記》。

清・王國維《曲録》卷三 《通天臺》一本，《臨春閣》一本，右二種，國朝吴偉業撰。

又 《秣陵春》一本，國朝吴偉業撰。

藝文

清・吴偉業《梅村詩余・金人捧露盤・觀演秣陵春》 記當年，曾供奉，舊倪裳。歎茂陵、遺事淒涼。酒旗戲鼓，買花簪帽一春狂。緑楊池館，逢高會、身在他鄉。　喜新詞，初填就，無限恨，斷人腸。爲知音、仔細思量。偷聲減字，畫堂高燭弄絲簧。夜深風月，催檀板、顧曲周郎。

清・錢謙益《有學集》卷一一《讀豫章仙音譜漫題八絶句，呈太虚宗伯並雪堂、梅公、左嚴、計百諸君子》 《牡丹亭》苦唱情多，其奈新聲水調何。誰解梅村愁絶處，《秣陵春》是隔江歌。

清・周綺《曲目新編題詞》 今古才人聚一編，尤吴李蔣最堪憐。世人莫認爲兒戲，不比《桃花》、《燕子箋》。尤西堂、吴梅村、李笠翁、蔣莘畬四家所製詞曲爲本朝第一。

清・沈修《臨春閣題辭》 樂府三種成，繇駿公吴君靈□聿録其二：

靖節自祭，《通天臺》焉；莊生寓言，《臨春閣》焉。血罄遺耇，節旌玄妃。初明麗華，斯襲幻影。文隱誼賾，厥惟《臨春》。繹思頻仍，乃鏡厓略。用白修蕴，序之云云。孝慈端型，爰逮國勝。内壺操潔，夙崇前明。甲申之春，莊烈矢蓋。從者牣佰，椒風穆馨。宏光肅明，熬難京雒。隆武孝毅，宅貞龍潭。軍熸桂林，永歷遯緬。王后耿節，粤芳滇雲。然於麗華，礽牒異也。天啟正適，懿安徽稱。魯王雙嬪，越郡令族。先後徇烈，朔南偕榮。昆岡鬱攸，爐璞冐滓。璧月靈魄，姓同常娥。亦三人焉，甯不謂盛。曰隱熹后，將嫌黜尊。曰甄前妃，病尚存國。吴氏命筆，則元妃乎。蛟關阬兵，長垣困仇。琅琦陘家，健跳阽身。蠣風鯨濤，尺組嬰脰。妃也命嗇，甚前嬪焉。小君笄珈，國□沈井。娙娣云挈，晥增張星。令光薨徂，伯緒文悼。齊嫣崩札，臨沂策哀。先生託音，情益幻矣。南朝六闈，陰漸朔邦。獻容令嬴，遺羞晉梁。妙登婧英，巇行齊宋。奄宅江表，陳宫夙貞。皇英昔風，適導昆軌。慈訓弘範，德芬椒衢。妙容婺華，躬協蕙問。龔孔張辭，狎客矢詠。信若豔蠱，冥節韌只。麗華命字，宫庭四焉。陰劉聿隆，張楊聿陵。碩人其頎，甯任吉悔。□髮富鞸，妙神嫺華。毓胚前星，齡始十算。有仍玄妻，西京上官。夔昭弗任，矧曰元秀。姊月馨媚，膝端瑩如。物之珍尤，靈亦甚也。譽樂既甚，眚患攸弔。令質婉嫕，能遂億逞。靚飾妙采，云足寓道。玉樹瓊蕊，爰可詠德。陳后苟哲，曷兆亡釁。夏喜殷妲，徇尚寵國。況靡虐行，天實孕美。象服溟嶼，炯戒耽逸。若元妃者，斯更淑已。循測妙恉，麗華應尸。今其曲文，蓋適誠敬。賓主易類，正名爰訛。青谿昔祠，靈媛肅饗。負劍嬰妭，側焉嬪從。文心斡旋，位著仍穆。譙國聖母，聿旌忠州。陳亡翼隨，秦實洗病。事不史吻，勳紅崖焉。麗華亭亭，棲影結綺。業用比興，曷標臨春。懷宗弗閔，作者冥諷。社稷之徇，甸侯云然。陪敦失馮，甯是蓋職。野井辱唁，卒稱主君。次睢作牲，虐弄鄫子。效節旌皜，榮加寄公。若夫天王，分則無外。叔帶犯順，襄邑鄭汜。僭翮不賓，敬宮姑獮。春秋律嚴，曾莫貶議。遜出自竇，后緡且然。漢京參移，宋鼎再卜。唐葉廟寢，亦恒淪夷。昆陽碩猷，天祖盛責。尹室潛斃，國君愚誠。思陵炪謀，經瀆諒爾。膳井媚雪，六朝春荒。煤邱仄曛，九縣姓革。後主衡德，奚朋烈皇。孝陵言動，實汰永定。名傑富穰，績戡興王。淫威脅從，域易反正。朱繩伐軀，俊碩凉志。桂福唐魯，曷羈人心。瓊臺寶衣，失慮孰甚。闕觀敬節，女貞攸宜。辯亡成篇，魏武託愍。既慶妃烈，冥招帝魂。先生此文，信匪虚作。薊訓銅狄，牧之庭華。臨川鉛山，言遜有物。振古舊鍥，愁遺蟫餘。劉君子庚，昔以君贈。爰更授槧，傳諸人焉。庚戌花朝長洲沈修。

李漁

論說

清・黃鶴山農《玉搔頭序》 昔人之作傳奇也，事取凡近而義廢勸懲，不過借伶倫之唇齒，醒蒙昧之耳目，使觀者津津焉互相傳述足矣。自屠緯真《曇花》、湯義仍《牡丹》以後，莫不家按譜而人填詞，遂謂事不誕妄則不幻，境不錯誤乖張則不衒惑人。于是六尺氍毹，現種種變相，而世之嘉筵良會，勢不得不問途于庸瑣之劇。豈非宴亭中一大恨事乎。此余所以讀《玉搔頭》而擊節不置也。《玉搔頭》者，隨菴主人李笠翁所作。其事則武宗西狩，載在太倉《王長公逸史》中。其時，則有逆藩之窺覬，羣邪之盜弄，王新建之精忠，許靈寶父子之正直，及劉娥之凛凛貞操，無一不可以傳，而惜未有傳之者。乙未冬，笠翁過蕭齋。酒酣耳熱，偶及此，笠翁即掀□聳袂，不數日譜成之。觀其調御律吕，區晝宮商，集花間草堂於毫間，坐鄭虔輝、喬孟符於紙上，有風有刺，駸駸乎金元之遺響矣。笠翁何以得此哉。蓋笠翁髫歲即著神穎之稱，於詩賦古文詞罔不優贍，每一振筆，瀰漶風雨，倏忽千言。當塗貴游，與四方名碩，咸以得交笠翁爲快。家數饒，其園亭羅綺甲邑内，久之中落，始挾策走吳越間，賣賦以餬其口，吮毫揮灑怡如也。嗟乎。笠翁有才若此，豈自知瓠落至今日哉。余因序次其所爲傳奇而并及之，且令天下知笠翁不僅以傳奇著也。

清・孫治《蜃中樓序》 古今以來，恍惚瑰異之事，何所不有。《齊諧》志怪，流傳人間，非盡誣也。而亦有賢人君子，好爲寓言者，如江妃佚女之詞，要皆感憤之所作。至如唐人所傳柳毅事甚奇，人艷稱之。但涇河小龍，夫也一旦而誅殛之，妄一男子無故而爲伉儷。要於大道，不可謂軌於正也。李子以雕龍之才，鼓風化之鐸，幻爲蜃樓，預結絲羅狀，而後錢唐之暗嗚睚眦，柳生之離奇變化，皆不背馳於正義。又合張生煮海事附焉，於乎亦奇觀矣。昔漢武之時，文成樂大之屬，以爲祀竈，而黃金可成，河決可治。今天下財用日匱，黃河之變，又甚於宣房時世，儻有其人乎。又不止爲交甫贈珮，作一段奇緣觀矣。

清・墨菴居士《蜃中樓序》 傳書、煮海，本二事也，惟龍女同，龍宮亦同，故笠翁先生合其奇而傳之。侈賦海虁龍之才，寫橘潭沙島之勝，情文相生，亹亹來逼，試拍而歌焉，可以砥淫柔暴，敦友誼，而堅盟言。吾知笠翁泚筆時，慘淡經營，實有一段披瞽振聾之意，鬱勃欲出，不僅嘲風弄月，欲頡頏于馬、關已也。世有公瑾，決以余爲知言。

清・王瑞淑《比目魚傳奇敘》 有萬物然後有男女，此有天地來第一義也。君臣朋友，從夫婦中以續以似。笠翁以忠臣信友之志，寄之男女夫婦之間。而更以貞夫烈婦之思，寄之優伶雜伎之流。稱名也小，事肆而隱。《老子》曰：聖人爲腹不爲目。旨哉。宋督見孔父之妻，目逆而迎之曰：美而艷。至使史臣監謗者。而道路以目譚楚玉、劉藐姑，初以目，繼以目語，而終以自比，目之足以死生人，如此其甚也。《莊子》：曰子非魚，安知魚之樂。安知魚之足以寄人死生，如此其神也。考諸物化，自無情而之有情，老楓爲羽人，朽麥爲蝴蝶也。自有情而之無情，賢女爲貞石，山蚯爲百合也。兩人情至，此忽然忘窈窕之儀，而得圉圉之質。彼倏然失儒雅之規，而適悠然之逝。《中孚》豚魚吉，《易》辭豈欺我哉。笠翁以神道設，歸之慕容介，其實皆自道也。說者謂，文章至元曲而亡，笠翁獨以聲音之道與性情通。情之至，即性之至。藐姑生長於伶人，楚玉不羞嵩鄙事，不過男女私情。然情至而性見，造夫婦之端，宅朋友之交，重以國事滅恩，漪蘭招隱，事君信友，直當作《典》、《謨》訓誥觀。吾鄉徐文長先哲，爲《四聲猿》千古絶唱，《比目魚》其後先於喁也哉。

清・郭傳芳《慎鸞交傳奇序》 秦漢近古既久，文章一脉，遂移任於唐宋八家。秦漢宜古，八家宜今，雖君子才人不能越其規彀。有明幾二百年，不察秦漢所以渾異之，故又不察八家所以昌明之，故負今人之胸臆，襲古人之毛膚，渾異之氣不一見，而昌明之言已盡失。滿世顰巧，不分工拙，西施再起，反詫其捧心之謬。此屠、湯諸前輩所以寧謝文名，而必爲傳奇以表異也。屠、湯既往，襲取屠、湯者，又掩伏於《曇》、《夢》之間。犬吠驢鳴，莫知所底，亦如前人之襲取秦漢。此笠翁所以按劍當世，而爲前後八種之不足，再爲内外八種以矯之。予小子性不嗜奇，然遇《蔡》、《崔》、《曇》、《夢》、《四聲》等作，未嘗不擊節流連者，才之驅人使然也。予家密於燕。十年來，京都人士大噪前後八種，予購而讀之，心神飛越，恨不即覯其人。歲丁未，予丞於咸寧，笠翁適八閩。名士對小吏，其聲價相懸，豈止銖鎰。然笠翁自恥作吏，而不耻人作小吏。且數數移趾，爲玉屑談，盡示生平著述。予閲《資治新書》之首卷，遽拍案狂叫曰：笠翁，當今良吏也。抱實際而躬虚務，無心當世也明矣。笠翁曰：予能言之，未必能行之。姑舍此而商風雅。遂出《慎鸞交》劇本，屬一評。以斯劇也，介乎風流道學之間。予爲人頗近之，故取以相質。予快讀數過，不覺掀髯起舞。乃知前後八種，猶爲笠翁傳奇之貌，而今始見其心也。由是鍵户熟評，寧評無略。華、王、侯、鄧四片心肝，已爲作者提出。而作者一片心肝，又似爲予提出。笠翁視之，不覺撫膺稱快。由是貢予爲有道，美予爲知言。説項之私噪耳於名公大人，而在上諸公之覆予者，向以腐儒恤之，後以才士憐之。于是咸丞廳壁，罣罣乎非俗吏已。嗟呼。笠翁不矜報負，惟解憐人，人苟鮮惡，而即稱爲善，斯名士之心乎。抑大吏之心乎。予因謂笠翁爲當今良吏，惜乎有蘊莫展，而徒使建幟於風雅之壇。笠翁之以傳奇著，猶即小子之以咸丞著耳。或謂：子不臚指詞蘊之所在，但瑣述交誼云何。曰：評已載矣。評叙詞之所由作，此叙評之所由作也。

清・樗道人《巧團圓序》 笠翁之著述，愈出而愈奇；笠翁之心思，愈變而愈巧。讀至《巧團圓》一劇，而事之奇觀止矣。文章之巧，亦觀止矣。筆筆性靈，言言精髓，吐人不能吐之句，用人不敢用之字，摹人欲摹而摹不出之情，繪人争繪而繪不工之態。然此非自笠翁始也。古來文章，不貴因而貴創。自六經以至《南華》、《離騷》，盲傳、腐史，無不由創而傳。從前無是格也，若僅依樣沿襲，陳陳相因，作者乏心嘔雕腎之功，讀者亦無驚目動魄之趣。覆瓿之外，烏所用之。今日詩文之病悉是也。故生面忽開，即院本俳詞，儘堪膾炙；臼巢再見，即高文典册，亦屬唾餘。知此而後可讀古人之書矣，知此而後可讀笠翁之傳奇矣。然世儘有好爲新奪，無奈牛鬼蛇神，幻而不根；鑿空羽化，妄而鮮實，自爲捧心之妍，而徒令觀者掩鼻。非不務創，以其有創之心，無創之具也。笠翁則誠有其具矣，錦心爛焉，繡口燦焉，生花之筆，又復滋而蔓焉。不必陳言之務去而鮮葩競發，秀萼怒生，一切㨶殘苞望而却走。是天固縱之使創，彼腐般迂倕，烏得而繩墨之。是劇於倫常日用之間，忽現變化離奇之相，無後者鬻身爲父，失慈者購嫗作母。鑿空至此，可謂牛鬼蛇神之至矣。及至看到收場，悉是至性使然。人情必有，初非奇幻，特飲食日用之波瀾耳。至觀其結想摛詞，段段出人意表，又語語仍在人意中。陳者出之而新，腐者經之而艷，平者遇之而險，板者觸之而活。不獨此也，事之真者能變之使僞，僞者又能反而使之即真；情之信者能聳之使疑，疑者又能使之帖然而歸於信。神乎。神乎。文章三昧，遽至此乎。由爛熳以造恬雅，自鑪錘而臻渾化，上搴元人之旗，下奪臨川之席，吾不意天壤間，竟有此等異人，著此等異書，供人快讀。今而後吾不敢復以煙火文人目笠翁。

清・莫愁釣客《巧團圓序》 從來院本，千奇百詫。其間情事，總不越五種人倫。大率摹繪夫婦之情者，十之七八，其餘四種，合計不過二三。以末世人情，厭正而趨奇，嗜淫而惡慤。夫婦可奇，而君臣、父子、兄弟、朋友不能奇也；幃箔易淫，而家庭、殿陛、塤箎、縞帶不得淫也。奏古樂而令人忘倦，即起師曠不能。予嘗語同人曰：上下千古，能摹繪君臣、父子、兄弟、朋友之情，而與夫婦無間。令人忘倦起舞者，惟湖上笠翁乎。是劇一出，其稾本先剞劂而傳。遠近同人，無不服予之先見。賣身爲父，購婦爲母，奇莫奇於此矣。題帕委身，捐軀贖美，淫莫淫於此矣。究之敦孝敦慈，率由天性。矢節矢義，迥别閒情。一軌於至正至慤，人詫笠翁之能作怪，吾服笠翁諸劇似怪而絶不怪也。至填詞賓白，字字化工，不復有墨痕楮跡。笠翁之自信若是。吾儕之信笠翁者，亦若是耳。

清・樸齋主人《風箏誤序》 是劇結搆離奇，鎔鑄工鍊，掃除一切窠臼。向從來作者搜尋不到處，另闢一境，可謂奇之極、新之至矣。然其所謂奇者，皆理之極平。新者，皆事之常有。近來牛鬼蛇神之劇充塞宇内，使慶賀讌集之家，終日見鬼遇怪，謂非此不足悚人觀聽。詎知家常事中，儘有絶好戲文，未經做到耶。是劇一出，鬼怪遁形矣。

清・耦塘居士《十二種曲・小引》 詞莫盛於宋，曲莫盛于元。詞變爲曲，而文人之心思盡矣。《六十種》中，類皆有所附會寄托，以寫其草蛇穿插之巧，至今倚聲家宗之。有明作者林立，笠翁而外，首選臨川，顧臭味略殊，不無宋詞蘇、辛、姜、張之别，其妙則異翮同飛也。余非詞人，雅喜顧曲，居常校書。校梓之暇，先後將《笠翁十種》縮本付刊，取便歌兒誦習也。復益之以玉茗堂兩夢，蓋《紫釵》在四劇中稍遜，而《還魂記》則吴下早有袖珍書也。癡人説夢，未免有情，愁緒歡悰，氍毹同盡，枕函具在，用當買絲之繡而已。耦塘居士題於大知堂。

清・泠西梅客《凰求鳳序》 張繡虎曰：吾少時讀傳奇，數十本耳。今則家翻新譜，曲换新聲，驟增數百十本，其實不脱古人窠臼。《琵琶》、《荆釵》、《西厢》、《幽閨》等名曲，或竊其文辭，或做其情節，改頭换面，别是一班傀儡登場。不得已牛鬼蛇神，衒奇飾怪，按實求之，了無意味。譬之傖父擬古詩，一則曰李、杜，一則曰元、白。即使字字酷肖，李、杜、元、白已死，那得腐屍復生。夫在天爲雲，今日之雲，必不同昨日之雲。在樹爲花，今日之花，或即是舊年之花，却不竟是舊年之花。文心百變，那得倒成甲板乾坤，都被一二措大，咬文嚼字，完得箇依樣葫蘆，便號絶世才子，當代大家。今觀笠翁所著傳奇，未嘗立意翻新，有一字經人道過，笠翁唾之矣。又曰：市井兒着新鞋襪，臨風顧影，便自謂宋玉、衛玠，扭捏出許多輕薄，何如左太冲亂石一車。世間美男子，又具才情，千古所無。若使有之，三女奔焉可也。讀《凰求鳳》者，作如是觀。

清・虞巍《憐香伴序》 蛾眉不肯讓人，天下男子且盡效顰。乃欲使巾幗中，承乏緇衣縞帶之風，非特兩賢不相厄，甚至相見輒相悦、相思、不相舍，卒至相下以相從。此非情之所必無，而我笠翁文中之所僅有乎。笠翁才大數奇，所如寡遇，以相應求、相汲引，而寓言閨閣，此亦禮失求野之意，感慨係之矣。嗟乎。自龍蛇懼深，鶬羹效寡，尹夫人之待邢，桓南郡之待李，幾爲名姝韻事，不知桓南郡之我見猶憐，其憐之甚，正妬之甚也。尹夫人之自痛不如，其痛之深，亦妬之深也。即趙家姊妹雙飛紫宫，且以寵時之比肩，遂忘微時之擁背。歌罷鳳來，詈如鼠嚙。然則同氣分形且不樂，婕妤之體自香矣。况陌路相逢，以美人而憐美人之香，誰則覯之。雖然，當場者莫竟作亡是公看也。笠翁携家避地，窮途欲哭。余勉主館粲，因得從伯通廡下，竊窺伯鸞，見其妻妾和喈，皆幸得御夫子。雖長貧賤無怨，不作白頭吟，另具紅拂眼。是兩賢不但相憐，而直相與憐李郎者也。嗟乎。天下之解李郎者，可多得乎哉。勾吴社弟虞巍玄洲氏題。

清・黄媛介《意中緣序》 不慧自長水浮家西湖，垂十三年所矣。湖曲一椽，日與落照晚峰相狎，饑思煮字，閒或看雲，每嘆許大西湖，不能生活一擔簦女士，豈西子不能讓人耶。然而三十年前，有林天素、楊雲友，其人者，亦擔簦女士也，先後寓湖上，藉丹青博錢刀，好事者時踵其門，即董玄宰宗伯、陳仲醇徵君，亦迴車過之，讚服不去口，求爲捉刀人而不得。今兩人佩歸月下，身化彩雲久矣。笠翁先生性好奇服，雅善填詞，聞其已事，手腕栩栩欲動。謂邯鄲寧耦廝養，新婦必配參軍。鼓憐才之熱腸，信鍾情之冷眼。招四人芳魂靈氣，而各使之唱隨焉。奮筆絺章，平增院本家一段風流新話，使才子佳人良願遂於身後。嗟夫，孽海黑風，茫無岸畔，從來巾幗中抱才負藝者，多失足於此。苟不幸而失足，斯亦已矣。何至形銷骨毀之後，尚乞靈於三寸不律，爲翻月籍而開生面耶。抑造物者亦有悔心，特倩文人補過耶。此不慧之所以心慧重憐，而欲倩巫陽聞之湖水也。

清・范驤《意中緣序》 予自吴閶過丹陽道中，旅食鳳凰臺下，凡遇芳筵雅集，多唱吾友李笠翁傳奇，如《憐香伴》、《風箏誤》諸曲，而梨園子弟，凡聲容雋逸、舉止便雅者，輒能歌《意中緣》，爲董、陳二公復開生面。夫唐人不作而小説家窮，元曲輟音而傳奇道盡。笠翁天才騷屑，觸手則齊諧、諸臯比肩，摇筆則王實父、貫酸齋接迹。近自湯臨川《牡丹亭》、徐文長《四聲猿》以來，斯爲絶唱矣。當事諸公購得之，如見異書，所至無不虚左前席。或疑李子雪驢風馬，屢空不給，何至名動公卿乃爾。彼《清平樂》詞，李龜年持金花箋，梨園子弟撫絲竹，至尊親調玉笛以倚曲，手持頗梨七寶杯酌西涼蒲萄酒者，更何人哉。

清・徐林鴻《意中緣跋》 同誰學圃，栽河陽未盡之花，約伴登樓，度都尉可憐之曲。僕本恨人，曾經樂隨事起，鄉須憐我，未免傷遂心生。一日，笠翁惠讀《意中緣》本，驚心是豔，信□皆奇，佳人本難再，喜得其宜，才子自堪銷，巧作之合。光分釵燄，訝羅帳之開時，影廻鏡波，想珠簾之垂處。相思地就，離恨天完，請問笠翁，那時置身，是何法界。

清・虞鏤《風箏誤叙》 屈子曰：衆人嫉余之蛾眉，謠諑謂余以善淫。憂讒畏譏，《離騷》所由作也。然二閭九畹，並馨千載，貞者不得誤爲淫，亦猶好者不得誤爲醜，所從來久矣。我笠鴻行悖曾史，才妙機雲，芳體錦心，幾於遺世獨立。顧以負俗之累，悴遊澤畔。嗟乎。天地間黑白固無殊觀，妍媸殆將奪面乎。因思極媸冒妍，極妍混媸者，往事有二：里婦顰偷越艷，畫工態掩，漢娃是也。既而思浣紗溪上，瓊姿孤映清漪，響屧廊邊，珊韻祇聞獨步。顰者自顰，效終誰效。況乎紅顏雖薄，白璧難淄。平日按圖索瘢，棄予如遺者，一旦和親辭陛，光動左右，乍轉秋水之眸，始識春風之面，慷慨兮胡塞晨征，懊喪兮漢宮秋思，美人塵土何代無。惟青塚黄昏至今詠焉。則知丹青黝黑，不能有誤王嬙，而反以不朽王嬙，凡爲嬙者，俱可浩然自信於天地之間。此笠鴻《風箏誤》一編寫照。寓言或在有意無意間乎。讀是編而知媸冒妍者，徒工刻畫。妍混媸者，必表清揚。同此一人之身，昔駭無鹽宿瘤，如鬼如魅；今稱玉環飛燕，胡帝胡天，人顧蛾眉信否耳。謠諑誰能誤之。笠鴻之才，妖冶已極，余不才亦妬婦也，今且與老奴爭憐之矣。

清・睡鄉祭酒《玉搔頭序》 人則天子，浪遊而國事無恙，幾爲可待之事矣。是劇合一君二臣之事，而聯絡成文，使孩童婦女皆知二公有臣君之實。二公既有臣君之實，則武宗亦與有知人之明。由是觀之，其儌倖不至失國，亦理之所當無，而事之所合有者也。以此示勸于臣，則臣責愈重；以此示誡于君，則君體不愈嚴乎。作是劇者，原具此一片深心，非漫然以風流文采見長也。有責其以袞冕登場，近于褻嫚者。吾不知《嫖院》一劇，始自何年，徒暴其短者，不聞見罪于世；而代文其過者，反蒙指謫于人，亦何幸于前，而不幸于後歟。

清・胡介《奈何天序》 泛觀宇內，飲啄融融，峙流浩浩，天顧安所得，奈何哉。奈何有天，即才色者爲之也，即自見其才色者爲之也。唯自見其才色，始有輕其匹敵之意。天壤乃有王郎新婦，得配參軍。吾嘗薄其語，爲有無君之心，不可以訓也。他如傳奇所載：執拂女棄越公而奔，崔氏委鄭恒而自鬻，蔡姬卓女，相爲美談。律以人臣不貳之義，皆操莽之流亞也。善乎子輿氏曰：聞誅夫伯夷，則曰以暴易暴。史遷作傳，首伯夷於繇光，文詞不少概見，獨於《采薇》一歌，備書而三致意焉。作書者其有憂乎。是足以系君臣之重已。笠翁艷才拔世，藻思難羈，所著稗官家言，及填詞楔曲，皆喧傳都下，價重旗亭，率憐才好色者十之六七。惟傳闕里侯事，壹去陳言，盡翻場面，唯才色者是厄焉。何也。吾知笠翁其有憂乎。亦曰爲闕也，婦者不當自見其才色也。自見其才色，爲之闕者難全已。況闕又不全者乎。故闕忠之於主僕可訓也，三歸之於夫婦不可訓也。卒之吴氏羞承覆冰，三婦恪奉衾裯，而後夫婦之重以全。讀是傳者，止以觀夫婦之重乎。雖然玉石雜陳，蕭蘭并種，即妍媸何定哉。人亦徒爭一尺之面耳。以吾觀世之擁高貲、挾重勢者，雖銖錢疋練，恡情去留，父子兄弟，動見猜忌。衆叛親離，緩急不收。一人之用，其人雖美冠玉乎。吾彌見其齷齪也。以視闕生得闕忠而任之，聽其焚馮驩之卷，輸卜式之財，知人善任，卒以成功名。雖齊小白任堂阜之囚，而抱婦人以與霸業，何以異此。豈世間守財魯所得望其項背乎。吾見城北徐公，美不過是矣。

清・紫珍道人《奈何天序》 世間百千萬億，止靠一天。而天自盤古至今，春秋高矣，不無龍鍾暮景，設施布置，大都不合時宜。故今日之天，舍却奈何二字，別無名號可呼。開闢之初，男女無心，忽然奏合，彼時妍醜二字，料無分別。即妍者未必甚妍，醜者亦未必奇醜。變化至今，鑪錘改樣。遂令美惡太殊，以致愛憎紛起。詎非造物者之過歟。簇簇閨英，令其五官完具足矣。奈何夷光其貌，道蘊其才。既令才貌相兼，則當予以佳匹。即云至美雖金，好物鮮並，亦當配一尋常男子，奈何以蘧蒢戚施之人，令人見而思避。如闕不全其人者，溺其珠而糞其玉，一之已甚，況復至再至三。顛倒若此，安得不以奈何二字加之。非特此也。袁經略負命世之才，具掀天之手，即使佳麗成行，温柔作隊，爲風流侈靡之郭令公，亦未爲已甚，奈何天絶坐失，擁嫫姆以終身。韓解元抱憐香之素志，具冠玉之清標，使之永有麗娟，常餐秀色，爲琴心獨注之相如，亦未爲不可，奈何覿面難逢，致王嬙之別嫁。闕忠貌隣潘宋，心並許張。使之生於貴族，早歷宦途，暢所欲爲，更不知作何竪立。奈何屈作人奴，胸前瑞雪忽紛飛，眼底桃花終墮落。鵬□乘風上碧霄，蛟龍獲雨歸丘壑。嗟乎，子見奈何天上，英雄躋蹐，才子蹌蹌，爲袁，爲韓，爲闕忠者，不知凡幾，豈特三女同居，爲淚雨愁雲之世界乎。湖上翁不知決幾許西江之淚，噴多少南嶽之雲，濡墨寫嗔，揮毫洩痛於無可奈何處。忽以奈何問天，天亦不能自解，笠翁又代爲解之。此紅顔薄命之註脚所由來也。世人不知，翻怪笠翁蹂香躪玉，蝕月摧花，演此殺風景之傳奇，爲燒琴煮鶴者作俑。不知作俑者天，非人所能與也。天之作俑已久，亦非自今日始也。然使他人搦管，勢必奮極思改，不顧倫常。斥冰人而翻月籍，擲琴瑟而抱琵琶。其所復風紀，不亦多乎。以憤世之心，轉爲風世之事。此種奇才，此種大力，非笠翁不能有。至於文詞之奇麗，關目之神巧，總非人工可到。若使人工可到，便非奈何天上鍊石手矣。

清・劉廷璣《在園雜志》卷一　李笠翁漁一代詞客也，著述甚夥，有傳奇十種，《閒情偶寄》、《無聲戲》、《肉蒲團》，各書造意創詞皆極尖新。沈宮詹繹堂先生評曰：聰明過於學問。洵知言也。但所至携紅牙一部，盡選秦女吴娃，未免放誕風流。昔寓京師，顔其旅館之額曰賤者居，有好事者戲顔其對門曰良者居。蓋笠翁所題本自謙，而謔者則譏所携也。然所輯《詩韻》頗佳，其《一家言》所載詩詞及史斷等類亦別具手眼。

清・杜濬《凰求鳳序》　主人之大患有三：一曰淫，一曰妬，一曰詐。淫者，不顧身而遑顧名；妬者，不容己而遑容人；詐者，不恤死而遑恤生。吾友笠道人深憂之。以爲此非莊語所能入，法拂所能争也。必也以竹版爲針砭，以俳優爲直諒，則機圓而用捷矣，其惟傳奇乎。於是《凰求鳳》之書又出焉。問：何以止淫。曰：請觀呂哉生。夫世之之無，僅識形骸略具，而自以爲宋玉者多矣。佻兮倢兮，不自知其醜也，大抵造業耳。佳人安在哉。而哉生者，男子中之夷光也。向令稍示目成，可使世無貞婦，而乃防温柔如暴客，指門限爲死關，卒至感動文星，掇上第之榮，而擁三婦之艷，哉生之志亦得矣。然則哉生非不慕色也，惟知夫非不淫，則色不可得而好也。其識高耳，則淫與不淫之得失明矣。問：何以已妬。曰：請觀喬氏。夫許仙儔歸心呂郎，代求正室，無他腸也。而喬氏妬心一起，遂生無限之戈矛。其才又非許敵，遭折辱焉。龐涓死於孫臏，喬氏之不死於許幸耳。曹氏清净無爲，獨坐而享其成。喬氏之妬，曹氏之資也。則妬與不妬之得失又明矣。問：何以息詐。曰：請觀何媪。當許仙儔之弄喬氏，何異張儀之欺懷王；殷四娘之説呂郎，何異陸賈之調平、勃。乃好勝者必遇其敵，專利者必喪其本。而何媪，本疆人也。尋行數墨，規規媒妁中不使一智，不畫一策，起而收功，集事朱提之賞，直搤殷四娘之喉而奪之，殷雖梟無如之何也。則詐與不詐之得失又明矣。且夫三婦始而參差，終歸一致者，何也。豈非由其起見，俱從愛惜呂生一人故耶。真愛呂生，自不得不各蠲私忿，理勢固然哉。向使東漢諸君子有此，則可無甘陵之禍；北宋諸君子有此，則可無元祐之禍。奈何傾軜覆轍，前後相尋，勇私鬭而怯公戰，以至於糜爛不可收拾者，蓋其智曾不若此數婦人耳，此又余所以觀樂而泣也。

傳記

清・吴修《昭代名人尺牘小傳》卷二　李漁字笠翁，錢塘人，一作蘭溪人，流寓金陵。著《一家言》，能爲唐人小説，吴梅村所稱精于譜曲。時稱李十郎。有《風箏誤》等傳奇十種及《芥子園畫譜》初、二、三集行世。

清（光緒）《黎城縣續志》卷二　李漁，字笠翁，家湖上。才名譟一時，能爲元詞曲及唐人小説。以聲伎自娱，所至傾動公卿。李煐、黄辛、建德與之友。後遊於黎，煐、黄爲賃廡居之。今磊園有荒冢，傳是其之姬云。

清（光緒）《蘭谿縣志》卷五　李漁，字謫凡，邑之下李人。童時以五經受知學使者，補博士弟子員。少壯擅詩、古文詞、雜著，有才子稱。好遨遊，自白門移居西湖上，自喜結鄰山水，因號湖上笠翁。題室楹云：繁冗驅人，舊業盡抛塵市裏；湖山招我，全家移入畫圖中。性極巧，凡窗牖、牀榻、服飾、器具、飲食諸制度，悉出新意，人見之莫不喜悦，故傾動一時。所交多名流才望，即婦孺亦皆知有李笠翁。晚年思歸，作《歸故鄉賦》，有云：採蘭紉佩兮，觀瀫引觴，蓋於此有終焉之志也。生平著述滙爲一編，名曰《一家言》，又輯《資治新書》若干卷，其簡首有《慎獄芻言》、《詳刑末議》數則，爲漁所自撰，藹然仁者之言。作詩文甚敏捷，求之可立待以去。而率臆構思，不必盡準於古。最著有詞曲，其意中亦無謂高則誠、王實甫也。有十種曲盛行於世，當時李卓吾、陳仲醇名最譟，得笠翁爲三矣。論者謂近雅則仲醇幾，諧俗則笠翁爲甚云。昔漁嘗於下李村，閑鑿溝引水，環繞里址，至今大得其水利。

紀事

清・佚名《曲海總目提要》卷二一《奈何天》 李漁作。事無所本，大略謂婚姻子禄，皆前生注定，即如巧妻之伴惡夫，亦是天數，非人力所可奈何也。然因焚券免債，輸糧助邊，力行實事，遂得受爵變形，隱寓勸人爲善之意云。荆州闕素封，貌醜而富，家貲至二百萬，里人目爲闕不全，然爲人頗忠厚誠實。初娶鄒長史女，才甚高，婚夕大怖。甫滿一月，以書房爲浄室，供大士像其中，改作道裝，修行不出。再娶何執戟女，色甚美。甫三日，亦入浄室。三娶袁經略之妾吴氏，才色俱絶。未嘗合歡，以死怵夫，即入浄室。袁經略者，名瀅，江陵人。妻妬甚，乘袁討賊在外，輒嫁其二妾。素封所買者周氏，偵知其醜，臨上車時自縊，故袁妻以吴代之。吴既怵素封以死，遂與鄒何二氏，同居浄室。吴乃扁額爲奈何天。後偵袁歸，買舟往謁，欲復事袁。而袁以爲覆水不可收，卻還於闕。吴不得已，遂與素封爲夫婦。素封之僕闕忠，仗義多智。素封嘗遣收債，輒焚券以結衆心。又知是時方南北征討，勸輸十萬金餉邊。半途買米而往，軍糧既足，飢民悉賑。袁經略奏其功于朝，授素封爲尚義君，闕忠爲招討使。忠乃爲主母并請三副封誥歸家。而三官之神，奏素封善行于玉帝，竟令變形使者易其形。于是三氏並受封，與夫歡好。一門諧和，享富貴終其身。

又《憐香伴》 亦李漁作。憑空結撰，無所本。略云：石堅，字介夫，江都諸生也，原籍嘉禾。母范氏，揚州人。舅無子，以堅入繼，從其姓曰范，改名爲石。妻崔氏雲箋，才色甲於揚州。其中表張三益，亦諸生，與堅善。山陰孝廉曹有容者，垂老不第，與江都教諭汪仲襄約同計偕，挈女語花行，抵江都，暫寄尼菴。其庵范氏香火也。雲箋赴庵禮佛，忽聞蘭麝之氣，詰尼，得語花，一見相憐愛，各賦《美人香》詩一首。有容方遷寓學宫，語花與雲箋不忍别，訂小春朔，託爲佛事，復會於庵。雲箋攜詩歸，囑夫和之，不言其事。至期，與曹會，益相憐，相約爲來生夫婦。繼而曰：來生不如今生。雲箋乃勸語花并嫁范生，佛前立誓而散。雲箋歸語其夫，乃屬張三益爲媒，言妻久病，願退居而讓曹女爲正室。周公夢者，亦諸生，竊見語花，亦欲愬三益爲媒。聞石述其事，公夢驚駭，先譖于有容。及三益見，有容面斥之，并囑仲襄以石爲劣生，報學使者。石與仲襄鬨，仲襄訴石毆師，石竟被褫，挈室歸嘉禾，以原名范石雋拆榜，而三益亦雋南榜。時有容已登第，官翰林。而語花憶雲箋成病，懨懨一息，醫藥不能療。有容詰婢，知其女之憶詩友也，乃出示招女子之能詩者，以爲女伴。雲箋隨夫入都，聞此信，即僞爲未嫁之女，就試于有容，拜爲義父，得見語花，語花病遂愈。有容會試同考，堅與三益並出其門。有容識三益，而不知石堅之即范石也。問堅娶否，云曾聘崔氏，自幼相失，而未娶。有容反浼三益爲媒，會奉命使琉球，年老憚行。堅請於朝代之，有容益大愛堅，遂與語花成婚。三日而出使。魏冢宰之子知有容有女，求婚，有容許之。雲箋以曾受石氏聘爲辭，語花亦告其父，聘雲箋者即堅也。有容不得已，以事聞於朝。會堅使歸，朝命崔曹並嫁堅，不分嫡妾。合巹之夕，有容始知石堅即范石，雲箋即范石之妻，與女同在尼菴賦詩訂盟者也。以美人香爲因緣，故曰《憐香伴》。

又《蜃中樓》 李漁合記二龍女事。柳毅客于涇陽，見一婦人牧羊道畔。毅怪視之，乃殊色也，凝聽翔立，若有所伺。毅詰之，對曰：妾洞庭龍君少女也，父母配嫁荆川次子，而夫婿爲婢僕所惑，日以厭薄。訴于舅姑，又以頻切得罪，遂遭毁黜，以至于此。言訖歔欷流涕，悲不自勝。又曰：洞庭于兹，相去不知其幾多也。聞君將還吴，欲以尺書寄託，未卜可乎。毅曰：洞庭深水也，子有何術，可以導我。女曰：洞庭之陰，有大橘樹焉，鄉人謂之社橘。君舉樹三發，當有應者。遂于襦間解書以進。毅乃置書囊中，因復問曰：子之牧羊，何所用哉。女曰：非羊也，雨工也。曰：何爲雨工。曰：雷霆之類也。語竟别去，毅乃訪于洞庭之陰，果有社橘。向樹三扣，俄而武夫出波間，引毅以進，止于大室之隅。未幾而洞庭君出，因取書進之。洞庭君覽畢，以袖掩面而泣。時有宫人密侍君者，君以書授之，令達宫中。須臾，宫中皆慟哭。君驚謂左右曰：無使有聲，恐錢塘所知。毅問錢塘何人也，曰：寡人愛弟也。又問何故不使知，曰：以其勇過人耳。昔堯遭洪水九年，乃此子一怒也。詞未畢而大聲忽發，天拆地裂。見有赤龍長萬餘丈，頂掣金鎖，鎖牽玉柱，千雷萬霆，繳繞其身，乃擘青天而飛去。毅恐蹶仆地，君親起持之。俄而祥風慶雲，融融怡怡，紅妝千萬，笑語熙熙。中有一人，自然蛾眉，近而視之，即前所寄詞女也，香凝環繞，入于宫中。又有一人，披紫裳，執青玉，自外而入。左右謂毅曰：此錢塘君也。毅起趨拜之，錢塘亦盡禮相接。既而告兄曰：適者辰發靈虛，巳至涇陽。午戰于彼，未還于此。剛腸激發，不暇辭候，驚擾宮中，復忤賓客。因退而再拜。君曰：所殺幾何。曰：六十萬。傷稼乎。曰：八百里。無情郎安在。曰：食之矣。明日，宴毅于凝碧宮，奏錢塘破陣及貴主還宮樂。又明日宴于清光閣，錢塘請以女歸毅，毅肅然作色而辭之。錢塘逡巡致謝，遂去還家。閱數月，徙居金陵，失偶求配，媒氏以盧氏女報焉。居月餘，毅視其妻，甚類龍女，細詰之，果是也。因曰：今日報君之意遂矣。夫龍壽萬歲，當與君共之。遂徙家南海，復歸洞庭。凡十餘歲，莫知蹤跡焉。又按元人李好古《張生煮海》雜劇，張羽，字伯騰，寓居石佛寺中。夜鼓琴，東海龍神第三女出聽，心悅而慕之，詭言龍氏女，小字瓊蓮，與締約焉。生遂至海上相尋，遇東華上仙，以法寶三物與之，煮海令熱，龍神乃出女爲配。以上二事，適有相類，作者合而爲一，錯綜成文，雖微有不同，而大概悉符焉。唯寄書本柳毅事，而此云張羽代之。又假蜃樓遇合，先引其端，此則傳奇紐合，用爲關鍵焉。按：唐柳毅事，出《異聞集》，元人尚仲賢，已先有《柳毅傳書》劇。張羽事出在元劇。二事不相連，今取作合傳之意。言洞庭之女，與東海之女，本係堂姊妹。洞庭女探妹至東海，二女在蜃樓遊玩，因見柳張二生，遂於海上幻出虹橋，引與相訂。其後洞庭之女以錯配涇河，誓死不從，受其磨折。張羽代毅傳書，始得成姻。東海之女聞洞庭女嫁涇河，極相譏笑，後乃知其非本心。東海初不欲許張羽，以煮海波沸而婚之。其中据實者多，略加改換耳。

又《風箏誤》　李漁作。憑空結撰。大概寓意在碔瑜混淆，妍媸難辨。然關目奇幻，以風箏作線索，故名風箏誤云。略曰：韓世勳，字琦仲，茂陵人，美丰姿，才思敏捷。失怙恃，依父友戚補臣，與其子友先同肄業。友先性驕縱，才不敵韓。里中詹武承，字列侯者，任西川招討使，因事罷歸。喪偶乏嗣，蓄二妾，梅氏生女愛娟，柳氏生女淑娟。淑娟美多才，而愛娟粗拙。蜀中蠻擾，起詹鎮蜀。詹見二妾常角口，因築垣，令分處東西院。詹與戚，同年友也，祖餞時，遂以二女姻事囑戚。時屆清明，韓展卷次，作感懷詩云：謾道風流擬謫仙，傷心徒賦四愁篇。未經春色過眉際，但覺秋聲到耳邊。好夢阿誰堪入夢，欲眠竟夕又忘眠。題未竟，值友先以風箏屬韓畫，韓即以此詩書風箏上，續後二句云：人間無復埋憂地，題向風箏寄與天。友先乘風摇曳，忽線斷，墮柳氏庭中。見所題詩，命淑娟和。淑娟拒不欲題，柳强之，且令倒押其韻。淑娟遂題曰：何處金聲擲自天，投階作意醒幽眠。紙鳶只合飛雲外，綵線何緣斷日邊。未必有心傳雁字，可能無尾續貂篇。愁多莫向穹窿訴，祇爲愁多謫卻仙。甫題畢，值愛娟乳媪邀淑過東院。友先歸，令僕于詹處索風箏。柳知夫與戚相契厚，遂以付僕。僕至書室，適友先倦寐。韓覩和詩，遂易以素紙。翫其句意妍麗，度必出之閨秀。詢館童，知詹女聰慧，遂復賦一絕云：飛去殘詩不值錢，索來錦句太垂憐。若非綵線風前落，那得紅絲月下牽。亦題風箏上，故令線斷，落在詹宅，令奚童往索以探其意。而嫁名友先。孰意入愛娟手，愛娟素不慧，詢乳媪。媪言柳處亦獲風箏，上有詩，淑曾和韻，前詩係戚公子作也。愛遂慕戚才貌，且疑淑有意，與媪謀，託淑娟名，俟索風箏者于門，期戚生夜赴，以訂盟約。韓喜不勝，抵暮入，詢以詩意，愛娟所答皆謬。韓疑，索燈照瞰，愛貌不揚，驚走。值試期近，別補臣赴試，遂擢大魁。補臣知子不肖，欲箝其心，因詹以姻事託，而素悉愛娟陋，即以贅友先。初詹抵蜀，蠻兵用象戰，詹每失利，朝議以韓監其軍。韓與詹飾假獅以進，遂大捷。詹詢韓未娶，屬臬使作伐，欲以淑娟許韓。韓疑即愛娟，拒不允。詹稔韓父事補臣，遂致書，令主婚聘女。補臣遂爲納采，及韓復命歸，補臣促韓擇吉完姻。韓峻拒，强之，不得已而婚。韓意甚不樂，柳詢其故，韓具述前事。柳乃張燈令細認，則甚美，非向所遇也。韓甚慚愧，不知假託爲誰。值詹遷官過家，兩婿二女，並叙一堂，議迎於郊。始知即愛娟也，厥疑始釋。詹歸見二婿甚喜，其後梅、柳亦更相厚云。

又《慎鸞交》　亦李漁作。劇中有花案，蓋指明代事。姓名關目，則皆撰出。唐時孫光棨有《北里志》，亦題妓女之高下。而崔涯、張祜嘲李端端，有鼻似煙窗耳似鐺之句。端往見二子哀求。乃更贈曰：覓得黄騮被繡鞍，善和坊裏取端端。揚州近日渾成錯，一朵能行白牡丹。或曰：李家娘子，纔出墨池，便登雪嶺。事見《雲溪友議》。至明而吳中白下，花案盛行。每年好事者，以有名妓女，評定優劣，出榜遊街。然亦有賄賂鑽營等弊，劇中皆載之。取某花比某人，花之貴賤，定妓之妍媸，故謂之花案。《續説郛》所載：冰華梅史有《燕都妓品》，曹大章有《蓮臺仙會品》、《秦淮士女表》，潘之恒有《曲中志》、《金陵妓女》，皆所謂花案者也。略云：華秀，字中郎，下相人，西川節度元五之子。年少登科，未廷試，告假省親。送親之任，歸途遊吴。吴中名士侯雋，方與諸好事定花案，將迎榜於虎阜。而秀適至，拉同游讌。有妓曰王又嬙，廣陵名家子，流落賣歌。又一妓曰鄧蕙娟，與雋甚暱，以身許之。而嬙潔身不字。雋定花案，知嬙色藝皆在娟上，不以私紬公，定嬙第一，而娟次之。飲於虎阜，嬙獨屬意于秀，以詩定交，秀許十年後來娶。雋則急欲得娟，貧不能遂。秀解囊買娟贈雋，而雋妻妬甚。雋置娟於菴，身赴闈試，約登第即相迎。未幾廷試，秀得狀元，雋一甲第三。時嬙避喧鄉居，爲土豪所見，盜其貲而以債餌之，欲奪其志。嬙告州守，守爲申冤。再遷居，與娟遇，同住菴中。嬙方静守十年之約，而娟則以雋旦晚必遣人來迎也。秀雋得第後，一内相家有二女，願於新科中擇婿，意在秀。秀堅辭之。雋元配已亡，遂雙取之，憐新棄舊，作書絶娟。秀則奉朝命平賊，過吴訪嬙，并遇娟。娟愬其憤於秀。秀還朝，拒雋不與見，以微諷之，雋始悔。適秀父内召，亦從吴門過。吴守白知兩事。乃以別舫載嬙、娟至京，以試秀而諷雋。秀守前約，雋亦愧謝，于是兩妓各歸其夫。作者以嬙不輕許，其交甚固，娟輕許，其交幾拆，故曰慎鸞交也。

又《凰求鳳》 一名《鴛鴦賺》。李漁作劇共十種，此其一也。姓名皆係生造，關目亦太兒戲。吕曜，字哉生，金陵人，少年鄉薦，才貌兼絶，青樓輩皆傾心。少奉《感應篇》，力守色戒，獨與妓許仙儔善。許貌美能詩，愛曜特甚，誓必嫁曜。曜約娶名家女爲婦，以許爲側室。許願出己貲代曜娶婦，遂爲偏訪名姝，得曹氏女淑婉，才色無雙。時又有喬氏夢蘭者，縉紳喬國用之女也，才色亞于曹。國用老瞶，任女自擇婿。喬知曜才，曾于簾間一見，心悦之。商之媒媪何氏，何告以許妓代爲擇配，喬不覺大怒，急用反間計授何。告曜云，許欲求不若己者配曜，恐奪其寵也。曜果怒許而託何爲媒。何以喬之美告，遂引曜至喬家。喬出見，各賦詩爲訂。喬詩欲曜絶許，而尅期以輿迎曜，入贅其家。許見曜，以曹氏之美告，曜辭色俱冷，許大疑之。爲曜縫衣，於袖中得與喬贈答詩，恨甚，密搆一計以傾喬。時曜赴試畢，以朝議出師瓦剌，命舉子回籍候榜。適及喬氏婚期，許來視曜，而令人先以輿至，僞作喬之迎曜者。曜不知許計，託辭别許而去。入一園中，四顧非喬居也。及卻扇，新人甚美，顧非喬氏，曜如在夢中。忽二婢牽曜至簾前，簾内厲聲責曜負心，必欲鞭曜。左右皆云是喬女，而曜聞其聲甚熟，心益疑。及卷簾視之，則許也，始知見賣。而悦曹之美，未嘗不感許之情，自悔其初妄聽。顧心時時念喬，常不能釋。是夕，喬盛設花燭俟曜，而空輿徑歸。但于園公處得許所僞作曜書，留與喬者，責其妬而謝絶之，并還所贈詩。喬慚愧欲死，不知其詐也。許與曹閉曜於園中，招女待詔殷媪，爲曜按摩。許又僞作喬氏失夫榜帖云：走脱新郎一箇，送還者謝若干，報信者謝若干。殷遂揭榜報喬，喬益憤，欲率婢僕往刦曜。殷阻之，且爲畫計。往見曜，令佯作病篤狀，又囑醫卜云：有陰人呪詛，病者必危，而曹、許亦皆不可保。曹、許窘甚，問計於殷，願娶喬同居。于是殷往來遊説，喬亦自悔其妬。三女各出貲，共搆一第，名其堂曰求鳳，以居曜，而擇吉娶喬歸。

又《巧團圓》 亦李漁所作。序云：若僅依樣沿襲，陳陳相因，作者乏嘔心雕腎之功，讀者亦無驚目動魄之趣，覆瓿之外，安所用之。是劇於倫常日用之間，忽現變化離奇之相。無後者鬻身爲父，失慈者購媪作母，鑿空至此，可謂牛鬼蛇神之至矣。及至看到收場，悉是至性使然，人情必有，初非奇幻，特飲食日用之波瀾耳。漁既自云鑿空，不必問其有無也。略云：漢陽姚繼，字克承，幼失二親，但記父爲布商，臨終予一玉尺，爲傳家之寶。與姚器汝比鄰而居。每夜夢上三間小樓，床後一箱，有泥人、土馬、棒槌、鑼鼓、刀鎗、旗幟等物，夢中戲耍以爲常。一日夢老人告云：此樓乃汝生身之所，玉尺非父母所賜，然婚姻所係，不可輕棄。繼醒，莫得其解。鄰居姚器汝，本四川人，官至八座。見流賊勢盛，棄官離鄉，變姓名曰曹玉宇，與妻及撫女，僑居漢口。見繼聰慧老成，欲以女嫁之，即立以爲嗣。試其能否，令商販于松江。其所撫女賢淑多智，念當亂世，一旦遇賊，不能自衛，亦欲委身于繼，俾護其家。書《詩經》四句曰：關關雎鳩，在河之洲。窈窕君子，淑女好逑。以帕裹詩，于籬隙投繼。改後二句，以寓意也。繼亦書《詩經》四句曰：投我以瓊瑶，報之以木桃。匪報也，永以爲好也。以玉尺裹詩，于籬隙答女。改前二句，亦寓意也。兩人遂心許結婚矣。鄖陽尹小樓世襲錦衣千户，家頗殷實，生一子，年數歲，與羣兒入山戲，羣兒盡歸，獨失尹兒。小樓夫婦遂無子，争嗣者甚衆，小樓皆不欲，欲得一真心願爲子者。乃往江蘇各處，改姓伊，改籍武昌，插標賣身爲父，大驚市人。抵松江，繼一見心動，即買爲父，委曲順事之，小樓大喜。是時流賊遍躪楚地，器汝避難，與女相失。女入賊營，小樓妻亦入賊營。初小樓慮繼知其家富，即孝事非真情，居久之，未嘗以實告。然客外久，欲挈之歸家。繼亦告小樓以題帕女之約，欲歸漢陽。遂附舟江行，令繼先至漢口與女婚，而己返故鄉待之。舟抵漢口，風甚利，繼甫登岸，小樓未及與語真姓名籍貫，而同舟者趣開帆，悔已無及。繼至漢陽舊居，器汝家皆蕩爲烟燼，鄰人告器汝遠遁，且聞其女在賊營。賊以所掠婦人於仙桃鎮市賣，繼乃之仙桃，冀遇其女。及至訪之，則賊以布袋密縫，案斤索價，無擇老少美醜。繼持數十金買得一袋，啓視之，皤然老婦，蓋即小樓妻也。繼念其老，即母事之。老婦心感繼，謂曰：袋中有袖一尺者，色美甚，且以藥毀面，賊不敢侵。急買之。不可失也。繼聞袖中有尺，心疑贈帕之女，買歸，果是。大喜，遂成婚。而奉所認母抵武昌，訪所認父，則武昌無伊錦衣者。時器汝避賊，朝廷念其材，起爲督師。女聞信，即令繼作書往候。器汝以繼稱壻不稱子，不甚喜，但令于途候之。繼以爲薄待己，不敢遽投，而又失所認父。其假母曰：我家姓尹，居鄖陽，亦世武職，有貲財，可往相依也。繼乘間秋試，試畢，則立之鄖陽。及見尹，即所認父也，抱頭哭。其母見尹，亦抱頭哭。繼始知兩次所認之父母，故夫婦也，心大奇之。父母命繼夫婦居小樓。繼甫登樓，如熟遊者，所見之物皆熟識。告妻曰：床後當有一箱，箱中之物某某。啓視之，果然。父母聞而視之，悉大駭異。其妻曰：向時鄰居，聞議者藉藉，云汝本非姚氏子，以數金買得。由是觀之，乃真尹氏子也。父曰：有是哉。信如是，左足當有枝指。驗之果是。父母與子相抱持大哭。而器汝督師過其地，知實尹子，遂止認翁壻，與尹爲姻家。其情節幻甚，故名巧團圓。劇中李自成稱闖王。按流賊本以高迎祥爲闖王，自成則呼闖將。迎祥死，自成乃稱闖王。其一隻虎，獨行狼，蝎子魂，過天星，皆賊號不謬。過天星者，本名惠登相，降于明，舟中與左良玉爭言，絶江而去，後不知其所終。布袋盛婦人賣，流賊果有其事，非妄捏也。

又《玉搔頭》 一名《萬年歡》。亦係李漁所作。明武宗幸劉倩，及取范欽女，原有此事，但作者於史學甚疎，道聽塗説，多失事實。今据所撰，節略于前，稍爲辨證于後。劇云：武宗委朝事于許進父子，而與江彬微行大同，幸妓女劉倩倩，託名威武將軍臨别，以玉搔頭爲信物。歸途失之，爲緯武將軍范欽女所得。武宗遣内侍迎倩，而倩力拒不從，虞以方命獲罪，懼而遁走。遍覓緯武將軍，乃誤抵范欽之署，收爲義女。范女淑芳，赴父任所，遇寧王亂兵，從者衝散。道次饒州，是時武宗失倩，方繪圖懸購，州役覩欽女面貌酷似，以聞於守。武宗適南征叛藩，駐蹕金陵，州守具奏，送女至行在。范欽旋亦知帝購倩，後先送至，武宗遂兩納爲妃。此其大略也。按：許進，在武宗時曾爲吏都尚書。在正德初，居潚張綵之前，與劉瑾若離若合。或云懼瑾而死，未嘗爲大學士。武宗微行，乃後來事，彼時已無瑾與進。爲宰相者，楊廷和、蔣冕、梁儲、毛紀等也。武宗南征，安得有許進。副將軍乃都督許泰耳。讃官至大學士，誥官至户部尚書，俱在嘉靖中年，去此時甚遠。進爲太宰，誥以給事中改編修，非庶吉士也。武宗初欲出居庸，巡關御史張欽，持勅書坐關門，堅拒使者，三疏諫沮。時傳張御史閉關三疏，武宗已至沙河復還。後偵欽行部喜峯，乃乘間出口。明春回鑾，至關口，笑曰：御史虞有他變，今朕已入關矣。此云巡補官阻駕，擢爲兵部主事，亦影掠也。勅居庸守臣，不令羣臣出關，是實事。委任廷和、冕等，朝政不悮。今移作許進父子。江彬、錢寧改姓爲朱，自稱義子，亦俱實事。彬以邊軍内操，持寵擅作威福。今謂彬爲篾片，太涉詼諧。且彬當世宗未入之初，楊廷和奏聞張太后，執送詔獄，散其操軍，武宗未嘗罪彬也。王守仁由鴻臚卿任巡撫，是實事，乃兵部尚書王瓊所薦，亦不與許進同時。此云進與守仁商議國事，誤也。守仁初撫江西，後撫南贛，其平濠繫南贛時事，非江西巡撫。江西巡撫在省城南昌，故孫燧爲濠所殺。守仁在南贛，故濠出而守仁兵擣其後也。濠自南昌舉兵，蔽江而下。攻安慶，爲守將楊鋭、知府張文錦所扼，不能下，捨之而去。至黄石磯，守仁乘其出，攻破南昌。濠還兵自救，遂爲所執。此云守仁揣濠窺伺南都，必從江西經過，是不知濠之巢穴在南昌也。宸濠請復護衛，是實事，其勾賊爲黨，亦實。然是江右湖賊，另有姓名，此云趙風子劉六，非也。趙劉乃流賊，已爲彭澤陸完所平矣。武宗南巡，自稱威武將軍鎮國公朱壽。内閣不肯作勅，既乃委曲以從。南行之時，諫者甚衆，至有杖死者，皆江彬激帝之怒，時未嘗有許讃兄弟也。武宗在大同，幸樂户劉良之女。以簪爲信物，至蘆溝橋失之。尋令内侍召劉女，女不肯行。武宗自馳往召，乃就道。又武宗嘗入總兵范欽舟中取其女。其後二女皆無所聞。劇内有鹽商欲娶劉倩，劉母唱云：小女道，淡眉淡臉淡櫻桃，怎做得鹽商妻小。此亦有出。弘治間，華亭錢福狀元，有所歡妓嫁于鹽商。

福作詩云：淡羅衫子淡紅裙，淡掃蛾眉淡點脣。可惜一身都是淡，如何嫁與賣鹽人。

又《意中緣》　李漁撰。演杭州女子楊雲友、林天素事。据嘉興女子黄介所作序，二人雖與董其昌、陳繼儒相識，初未嘗爲其妾媵。李漁以爲二女子善畫，自應配天下名流善書畫者。一時才士無過董陳，二女爲其妾媵，必所樂從。故以雲友歸董，天素歸陳，而標曰《意中緣》也。情節變幻，皆係扭合。黄介《意中緣序》云：不慧自長水浮家西湖，垂十年所矣。湖椽一曲，日與落照晚峯相狎。每歎許大西湖，不能生活一擔簦女士。然而三十年前，有林天素、楊雲友其人者，先後寓湖上，藉丹青博錢刀，好事者時踵其門。即董元宰宗伯、陳仲醇徵君，亦迴車過之，讚服不去口，求爲捉刀人而不得。今兩人佩歸月下，身化彩雲久矣。笠翁雅善填詞，聞其已事，謂邯鄲豈偶然斷養，新婦必配參軍，抒憐才之熱腸，信鍾情之冷眼，招四人芳魂靈氣而各使之唱隨焉。奮筆絺章，平增院本中一段風流新話，使才子佳人，良緣遂於身後。殆造物者有悔心，特倩文人補過耶。黄介字皆令，工詩文，錢謙益、吴偉業輩皆有詩與相贈答。据劇云：楊雲友，林天素，皆僑寓西湖。楊能僞作董之書畫，林能僞作陳之書畫。初本與兩公不相識，後嘗見之，遂甘心爲妾御。雲友爲人所紿，至于流落不堪，而終能自衛，潔己不污，以歸于董。据黄皆令之傳，則云董宗伯、陳徵君皆嘗訪之，求爲捉刀人而不得，亦未嘗言其所天何人，且未言其卒于何時，若何結局。大略或困頓食貧以終老，要不失爲良人婦也。其畫可充董陳，或亦可以傳後，後人不知，誤認爲董陳之妾。俗語不實，流爲丹青，豈非口孽歟。据黄皆令評云：楊雲友之夫，因妻得官，杭人皆知其事，其與董無涉明甚。劇中以爲楊父曰象夏，本老諸生，因負債不能還，且不能葬親，恃女畫以度日。僧是空百計圖之，適董思白、陳眉公同至杭州，與好友江秋明字懷一至西湖觀畫，詣是空骨董店中。雲友假董畫，閩妓林天素亦僑杭，假陳畫。董、陳見而愛之。陳即與江詣林定議爲婚。而董觀楊扇題詩，是女子之作，問是空，空恐董知之，爲其所娶，紿云不知誰作。董方託江訪此女踪跡，放舟先回松。而是空託名董欲娶楊，以二百金爲聘，使黄天監者僞充作董，娶之入舟，即挈往京師。江與陳不知，皆疑董娶，已乃知非是。黄天監者，生而隱宫，雲友見其貌不揚，試之詩畫，一無所知。僧買一婢妙香事雲友，婢初無受僧詆，恨僧甚，乃共與黄謀，醉僧而沉之河。從黄入京師，垂簾賣畫，名震一時。以貲代黄納一職銜，善遣之去。復還之家覓父，不得見。天素別陳還閩葬親，改裝男子，爲海寇劉香劫入營中作書記。遣僕抵江，索陳札與閩將，攻殺香，而奪林歸于陳。陳與江知雲友已還，欲爲董作合，乃俾林改裝作男子娶雲友爲室。及娶回，始告之故。雲友乃心喜。其爲初嫁女，謂其在董宅，至松江訪之，無有，大驚哭。董乃留與同居，及召爲宗伯，董之班役至松，告以京師賣畫馳名女子曰楊雲友，董遂挈楊父同北上。比至都，則女已返。董贈女父貲南返覓女，相遇而告之故。乃持陳與江書，送女入都，爲董之室。按：劉香，啓禎時海寇也。

著録

清・黄文暘、佚名《重訂曲海總目・國朝傳奇》　李漁錢唐人：《奈何天》、《比目魚》、《蜃中樓》、《憐香伴》、《風箏誤》、《慎鸞交》、《巧團圓》、《鳳求凰》、無名氏所作同名。《意中緣》、李元玉所作同名。《玉搔頭》、以上爲《笠翁十種曲》，先刊行。《偷甲記》、《四元記》、《雙錘記》、《魚籃記》、《萬全記》。

清・李調元《雨村曲話》卷下　李漁音律獨擅，近時盛行其《笠翁十種曲》。十種者：《憐香伴》、《風箏誤》、《意中緣》、《凰求鳳》、《奈何天》、《比目魚》、《玉搔頭》、《巧團圓》、《慎鸞交》、《蜃中樓》。勾吴虞巍序而行之，稱笠翁妻妾和諧，雖長貧賤，不作《白頭吟》，另具紅拂眼。亦可取也。世多演《風箏誤》。其《奈何天》，曾見蘇人演之。

清・支豐宜《曲目新編》　《奈何天》、《比目魚》、《蜃中樓》、《憐香伴》、《風箏誤》、《慎鸞交》、《凰求鳳》、《巧團圓》、《玉搔頭》、《意中緣》、《偷甲記》、《四元記》、《雙錘記》、《魚籃記》、《萬全記》（右十五種，錢塘李漁作）。

清・姚燮《今樂考證・著録九・國朝院本》　李漁十種：《奈何天》、一名《奇福記》。《比目魚》、《蜃中樓》、《憐香伴》、一名《美人香》。《風箏誤》、《慎鸞交》、《凰求鳳》、一名《鴛鴦賺》。《巧團圓》、一名《夢中樓》。《玉搔頭》、《意中緣》與李元玉同目。案：焦氏《曲考》以笠翁《凰求鳳》誤作《鳳求凰》，而梁氏《曲話》、支氏《曲目》仍之，故梁氏論命名相同之曲，有李漁有《鳳求凰》，無名氏亦有《鳳求凰》之説也。

清・王國維《曲録》卷五　《奈何天》一本，《比目魚》一本，《蜃中樓》一本，《美人香》一本，《風筝誤》一本，《慎鸞交》一本，《凰求鳳》一本，《巧團圓》一本，《玉搔頭》一本，《萬年歡》一本，《意中緣》一本，《偷甲記》一本，《四元記》一本，《雙錘記》一本，《魚籃記》一本，《萬全記》一本。右十六種，國朝李漁撰。

藝文

清・吴偉業《吴梅村詩集》卷一〇《贈武林李笠翁》　笠翁名漁，能爲唐人小説，兼以金元詞曲知名。家近西陵住薛蘿，十郎才調歲蹉跎。江湖笑傲誇齊贅，雲雨荒唐憶楚娥。海外九洲書志怪，坐中三疊舞回波。前身合是元真子，一笠滄浪自放歌。

雜録

清・梁紹壬《兩般秋雨盦隨筆》卷六　笠翁晚年，卜築於杭州雲居山東麓，緣山構屋，名曰層園。卒，葬於方家峪九曜山之陽。錢唐令梁允植題其碣曰：湖上笠翁之墓。日久就圮，仁和趙寬夫坦命守冢人沈德昭修築之，復樹故碣，且俾爲券藏於家，可謂風雅好事者矣。

李玉

論説

明・佚名《人獸關叙》　支那世界，大抵德怨之藪也。然有一大利焉，曰報。報者，動於人心之不自已而治天下者，藉爲不斧不鉞之勸懲者也。德而無報，誰相勸於樹德。怨而無報，誰相懲於造怨。故以德報怨，斥爲不情之事；而以怨報德，名曰刑戮之民。民而謂之刑戮，其生也罔，其死也慙，陽不齒於人，而陰且羞以爲鬼。彼辱魂無所之，不胎於毛角而何哉。稗官家所載負心事非一，而桂氏之負施爲最刻；所載負心之報亦非一，而桂氏一門之得報爲最顯。施之德，桂不能報，而其女爲報之；桂之怨，施不及報，而其舅爲報之。報之不盡，而閻老爲報之。女降妻而爲妾，父之遺殃也。父脱犬而猶爲人，女之餘庇也。

明・佚名《人獸關總評》　戲本之用開場表白，此定體也。原本遝扮《大士》一折，雖曰新奇眩俗，然鄰於亂矣。况云大士故賜藏金於負心之人，使之現報以儆世俗，尤爲悖理。今移《大士》折於《贈金設誓》之後，爲《冥中證誓》張本，線索始爲貫串。且戒世人莫輕賭呪，大有關係。上卷猶屬平演，至下卷《勸惡》、《拒客》、《證誓》、《證夢》、《犬報》諸折，令人髮竪魂摇。前輩名家，未或臻此。牛公子改爲戌公子，以牛姓時有，故避之。

又　添《義贖施房》一折，不惟情節關係難省，亦見公子勢頭不可使盡。負心變犬，事出小説，原名桂遷，此改桂薪，作者或有指也。因貧棄壻，傳奇多有之。然未有如桂氏顛倒之甚者。始而贈之爲婢，惟恐其不納；既而絶之如仇，又惟恐其不遠。貧富變於一朝，恩怨懸於千里，誓語不磨於佛殿，現報明示於冥司。寧不令負心者惕惕焉。

明・馮夢龍《永團圓叙》　於戲，是一笠菴傳奇第二編也。一笠菴穎資巧思，善於布景。如太守喬主婚事，情節本妙，添作二女志鹿得麞，遂生出多少離合悲歡段數。文人機杼，何讓天孫。江翁一女是靳，乃至挈雙璧而歸之。又俱作太守人情，自己全不討好，所謂小人枉自做小人也。中間投江遇救近《荆釵》，都府招婚近《琵琶》，而能脱落皮毛，掀翻窠臼，令觀者耳目一新，舞蹈不已。邇來新劇充棟，率多戲筆，不成佳話，兼之韻律自負，實則茫然視此不啻霄壤隔矣。初編《人獸關》盛行，優人每獲異稿，競購新劇，甫屬艸，便攘以去。上卷精采焕發，下卷頗有草草速成之意。余改竄，獨於此篇最多，誠樂與相成，不敢爲佞。然余猶嫌蘭芳投江後，凡三折而始歸高公，頭緒太繁，且懼內涉套。而刼官刼庫，甚非美事，有礙賓筵。若能於香客處，生一花頭逕達高所，似更雅觀。且此處省力，俾優人得盡力於後折，方在擬議。而演者已布吴中，習其熱鬧，因而置之尚留微憾。古吴龍子猶述。

明・佚名《永團圓總評》 太守主婚事奇，中丞招婚事更奇。二女一混，而夫不知其妻，姑不知其媳，妹不知其姊，并父不知其女，如此意外團圓，倍覺可喜。蜃樓海市，幻想從何處得來。古傳奇全是家門正傳，從忠孝節義描寫性情。新劇只□餘波點染，縱觀發□，否則以幻怪取異而已。此劇如上卷之《鬧府》、《斷配》，下卷之《看録》、《訊因》、《勸女》、《團圓》等折，即古劇中何可多得。而點染襯貼處，亦複不乏。如《看會生嫌》折，新劇中，得未曾有。余爲補凡二折：一爲《登堂勸駕》，蓋王晉登堂拜母，及蔡□辭親赴試，皆本傳血脉，必不可缺。又一爲《江納勸女》，蓋撫公招婚，事出非□□任夫人，豈能爲□讓之事。必得親父從中調停一番，助姑慰解，庶乎彊可。且父女岳婿借此先會一番，省得末折抖然畢聚寒温，許多不來，此針線最密處也。《招婚》、《看録》及《書齋偶語》三折，俱是本傳大緊要關目，原本太直遂，似乎高公勢逼，蔡生懼而從之。蕙芳含怨，蔡母子强而命之，不成事體，須是十分委曲描出一番萬不得已景象，不得不全改之，觀者勿以余爲多事。

清・錢謙益《眉山秀題詞》 自《三百篇》亡，而後《騷》賦繼之。然以之入樂，則節奏未諧。于是《白苧》、《子夜》，始爲濫觴。然樂府不入俗，而後以唐絶句爲樂府。絶句少宛轉，而後有詞。詞不快北耳，因有北曲。北曲不諧南耳，又有南曲。遞沿遞變。于是，宋元諸君子，遂于此道自闢蠶叢，幾與西京大曆詩文互雄。一代明興，如用修之胸羅《四庫》，而宫羽全乖；若士之筆倒三湘，而竹絲不協甚矣。習服衆精之難也。往與海內賞音之士品定得失，謂伯龍、伯起諸子已成隔世，而新聲間出，則元玉氏《占花魁》、《一捧雪》諸劇，真足令人心折也。元玉言詞滿天下，每一駱落，雞林好事者争被管絃，如達夫昌齡聲高當代，酒樓諸妓咸歌其詩。元玉管花腸篆，標幟詞壇。而蘊奇不偶，每借韻人韻事譜之宫商，聊以抒其壘傀塊。丙戌歲，予寓郡城拙政園居，得盡讀其奚囊中秘義，即使延年協律，當亦賞其清柔；善顧周郎，無能摘其紕繆。因有慨于元豐之季，抱經濟才如玉局父子，而侘傺窮徙；秦太虛忠義文章，不究其用，至埋骨貶所。嗟乎，才爲世忌，千古同悲。此元玉所爲擊碎唾壺，五岳起于方寸，不浹旬，而《眉山秀》成已，令魚出聽而雲爲停矣。予每嘆人各有能、有不能，鳧短鶴長，限于賦也。以司馬子長，天才灝衍，河漢無極，而賦則未閑。故相如一傳，不無艷心于《子虚》、《上林》。少陵足遍萬里，讀破萬卷，稱沉雄典核矣，而樂府不傳。青蓮天姿奇邁，雖被酒之餘，而抗浪沉香亭上，《清平》三調，縱筆立揮，無不入妙。假令少陵授簡，恐亦閣筆。元玉上窮典雅，下漁稗乘，既富才情，又嫺音律，殆所稱青蓮苗裔，金粟後身耶。于今求通才于寓內，誰復雁行者。昔大曆中女子，能按香山《琵琶行》，至索價十萬。元玉此劇，傳諸顧曲者，又增一番聲價矣。順治甲午歲菊月，題于拂水山房并書。

清・吴偉業《清忠譜序》 先朝有國二百八十餘年，其間被寺人禍者凡三：王振、劉瑾專恣於前，魏忠賢擅竊於後，馴致流毒天下，而國家遂亡。然振、瑾之專執，皆岌岌所以危而復安者，以衆賢聚於朝廷，其一二大臣及內外大吏，尚未敢顯爲閹寺私人也。至魏忠賢之擅則不然，上自宰輔禁近，下暨省會重臣，非閹私人莫參要選。時傾險之士，思逞志於正直者，亦願爲之爪牙，供其走噬，甚至自負阿父養子而不惜。而東林之難作矣。故自辛酉至丁卯七年之中，在朝諸賢，無不遭其坑戮，而國家之氣以不振。吾郡周忠介公，初吏閩，即裁税閹高宷，以强項聞。及立朝，又無所迴避。文文肅以新進疏得失，語攻東廠，與公同邑相善，賢黨深忌之，公既免歸，文肅亦削逐。猶不釋憾，迺以巡撫起元周公減袍價一案羅織，公斃詔獄，文肅蓄毒藥待命。思陵嗣位，羣兇伏辜。東林君子幸存者相繼起用。文肅推時重望，訟公冤獨力。至今邦邑人士逮於婦穉，咸識公名，稱述遺事，如當日者。以文肅爲之友，而表之於其後也。方公被逮，時宣詔於郡西察院，民隨而號泣請救者萬人，見公將就桎梏，咸戟手憤詈，因直前擊緹騎，幾爲變。賴郡守寇公、邑令陳公撫之而後定。事聞，詔捕首亂，顏佩韋等五人毅然詣官府，自列赴死，無改容。嗚呼。公之節義，能使人感奮至此，可謂難矣。聞公在詔獄，賢黨虐脅之者萬端，五毒備嘗，辭色不少屈，卒以不可屈而私斃之。公長嗣曰茂蘭。緹綺之挾公入都也，蘭願徒步從，公反覆喻之，因痛哭而止。及逆賢敗，刺身血書疏伏闕，鳴父冤，請即加誅賢黨某某等，時稱其孝。逆案既布，以公事填詞傳奇者凡數家，李子玄玉所作《清忠譜》最晚出，獨以文肅與公相映發，而事俱按實，其言亦雅馴。雖云填詞，目之信史可也。余所惜者，先朝列聖相承，思陵躬親菲惡，焦勞勤政者十有七年。而逆寇射天，神京淪陷，追維始禍，起於延西二撫之貪婪，皆逆賢黨也。當是時，逆布其黨宇内，秦中要地二撫，實閹腹心，肆虐繼貪，莫之敢指，貽禍全秦者數歲。終於賊焰燎原，災彌穹壤，一敗而不可救，真可痛也。尤扼腕者，思陵圖治，相文文肅僅兩月，忌之者即以事中之去位，國政愈不可爲。甲申之變，留都立君，國是未定，顧乃先朋黨、後朝廷，而東南之禍亦至。噫。彼爲閹黨漏網之孽，固無足怪，誰爲老成喪心耄及，更可痛也。假令忠介公當日得久立於熹廟之朝，拾遺補過，退傾險而進正直，國家之禍寧復至此。又使文肅之相不遽罷，扶衰救弊，卜年或可再延。而一誤再誤，等於漢唐末造之覆轍。始信兩公於閹黨之事，決然以死生去就爭之，其有關宗社非細也。余老矣，不復見他年事。不知此後填詞者，亦能按實譜義，使百千歲後觀者泣，聞者歎，如讀李子之詞否也。梅村吴偉業題。

清·吴偉業《北詞廣正譜序》 李子元玉，好奇學古士也。【略】所著傳奇數十種。即當場之歌呼笑罵，以寓顯微闡幽之旨。忠孝節烈，有美斯彰，無微不著。間以其餘閒，採元人各種傳奇、散套，及明初諸名人所著中之北詞，依宫按調，彙爲全書。復取華亭徐於室所輯，參而訂之。此真騷壇鼓吹，堪與漢文、唐詩、宋詞並傳不朽矣。予至郡城，嘗過其廬，出以相示，喜其能成前人所未有之書也。

清·萬山漁叟《兩鬚眉敘》 大丈夫處彝倫顛蹶、天步艱難之日，不具二十分才、二十分識、二十分膽，以周旋於呼吸存亡之會，必無以抒忠孝之懷，而錫身世之福。至若女子，目不覩《陰符》、《黄石》之書，身不歷名山大川之險，蘋蘩箕帚而外無他事，一旦臨大難，遇大敵，保巖城于纍卵，活萬命於重圍，雖偉男子猶難之。小范老子，胸中數萬甲兵，吾服其才。諸葛武侯，抱膝隆中，已定三分之局，吾服其識。郭汾陽單騎入回紇之營，吾服其膽。此丈夫中之丈夫也。木蘭代父從軍、劉遐妻拔困出夫、荀崧女踰城救父，皆才識膽全備而後行之不疑，期之克就。此女子中之丈夫也。一笠菴主人，譜黄大將軍、鄧夫人救荒守砦，撫寇成功始末，而顔之曰：《兩鬚眉》。予續之卒業，爲之斂容而嘆。夫將軍一書生耳，遭家多難，九死一生，不沾沾以筆墨小伎，捷取榮貴。熟覽天下之大勢，揣摩流寇之情形，立談致樞相改容折節，不費斗糧，不煩一兵，挺身臨虎狼之穴，慷慨敷陳，□侃鑿鑿，俾憬然發其返邪歸正之心，降師數十萬，恢復郡縣數千里，因以建牙樹纛，保障山河。而夫人以儒家女至性過人，嘗不惜捐軀。脱夫于犴狴兵荒，滂至破産，存活梓里萬計，冒矢石、調鄉勇，堅壁死守。有撓法者，立斬以殉，卒殲巨寇，保桑梓。女中韓範之顯，表于椽筆，載于鸞章。厥後，與將軍受天家之禄，而被衮服之榮。功在旂常，名垂彤史，是夫是婦，古今無兩。皆有濟世之才，奇中之識，定難持危，不避險患之膽，洵不愧鬚眉丈夫也。一笠菴主人，錦心繡腸，摇筆隨風，片片霏玉，以黄絹少婦之詞，寫天懷發衷之事。今天下血性男子，閲是傳想見鬚眉如戟，甬然興敬，豈猶是宋艷荀香，描摩兒女子幽夢柔情，咿咿啞啞，作曉風殘月之調，以宕人心魂，迷人耳目已哉。抑予又有説焉：子輿氏以儀衍爲妾婦，孔明以巾幗遺司馬仲達，彼世之痛癢，不切于人倫學術，無裨于治家，而徒苟且，功不出、處無據，一旦有事，聽鼓鼙而色變，聞風鶴而膽寒，喪師辱國，爲天下笑。雖具有鬚眉，亦何所置其顔面。若而人者，皆當以妾婦目之，以巾幗贈之，四十萬人齊解甲，更無一個是男兒。花蕊夫人句也。嘻。可以知是傳取名，徵實之旨也夫。順治十年六月望日，萬山漁叟題于松菊莊之游舫。

清·高奕《新傳奇品》 李元玉吴縣人康衢走馬，操縱自如。所著《一笠庵傳奇》三十二本。

清·清涼道人《聽雨軒筆記》卷一 辛亥二月四日於永泰村觀蓮喜班演《一捧雪》傳奇，因憶昔於紹興永壽堂閲遼陽劉廷璣《在園雜志》所載，略叙於此。明太倉王思質忬家藏右丞所寫《輞川》真迹，嚴世蕃聞而索之。

思質愛惜世寶，予以摹本。世蕃之裱工湯姓者，向在思質門下，曾識此圖。因於世蕃前陳其真贋，世蕃心銜之而未發也。會思質總督薊遼軍務，武進唐應德順之以兵部郎官奉命巡邊，嚴嵩觴應德於内閣，微有不滿思質之言，應德頷之。至思質軍，欲行軍中馳道，思質以己兼兵部堂銜難之。應德怫然，遂參思質軍政廢弛，靡耗國帑，累累數百言。先以稿呈世蕃，世蕃從中主持之，逮繫思質至京，論法棄市。後世蕃伏誅，思質之子鳳洲世貞、麟洲世懋豫賄行刑者斷其一股，持歸熟之，以祭思質。兄弟對坐啖之。傳奇所云莫懷古，蓋寓勸戒於姓名。又云，以一杯之微，至於殺身，則作者自言其意。情節雖略爲變更，而事實猶依稀可溯也。至玉杯名一捧雪者，係當時封疆大吏，作苞苴以餽世蕃，籍没之後，流轉於權貴家。廷璣曾一見之，玉色純白無疵，就日視之，則其中霏霏若飄雪然，洵是尤物。傳奇蓋合二事而敷衍者也。予謂此劇起釁雖由玉杯，而樞紐則在《遠遁》一齣，然紕漏甚矣。至懷古方於嚴，一逃則奇禍立至，此不待智者而後知，懷古何以昏瞀至此。至懷古方夫懷古身爲職官，妻孥皆在原籍，普天莫非王土，挈妾逃欲何之，且方結怨以懷寶取禍，以杯藏之戚南塘繼光處，而南塘不鑒前車，復以此觴巡按。巡按又因玉杯私怨，擅用尚方劍殺重臣，何其昧也，皆情理必無之事也。安得才藻如孔東塘、洪稗畦者，爲之增補其罅隙哉。

明・焦循《劇説》卷四　元玉係申相國家人，爲申公子所抑，不得應科試，因著傳奇以抒其憤，而《一》、《人》、《永》、《占》，尤盛傳于時。其《二捧雪》，極爲奴婢吐氣，而開首即云：裘馬豪華，恥爭呼貴家子。意固有在也。

清・梁章鉅《浪跡叢談》卷六　《一捧雪》傳奇，他處少演者，余惟從蘇州得觀，蓋即蘇州事，故蘇人無不能言其本末。所謂莫懷古，乃隱名，若謂莫好古玩，好古如以手捧雪，不可久也。沈德符《野獲編》云：嚴分宜勢熾時，以諸珍寶盈溢，遂及書畫骨董，時鄢懋卿以總鹺使江、淮，胡宗憲、趙文華以督兵使吳、越，各承奉意旨，搜取古玩，不遺餘力。傳聞有《清明上河圖》手卷，宋張擇端畫，在故相王文恪家，難以阿堵動，乃托蘇州湯臣者往圖之。湯以善裝潢知名，客嚴門下，亦與婁江王思賢中丞往還，思賢名忏，弇州山人世貞之父。乃説王購之，王時鎮薊門，即命湯以善價購之。既不可得，遂屬蘇人黄彪摹一本應命，黄亦畫家高手也。嚴時既得此卷，珍爲異寶，用以爲諸畫壓卷，置酒會諸貴人賞之。有妒中丞者，直發其爲贋本，嚴世蕃大慚怒，頓恨中丞，謂有意紿之，禍本自此成。或云即湯姓者，怨弇州伯仲，自露始末，不知然否。又王襄《廣彙》云：嚴世蕃嘗索古畫於王忏，云值千金，忏有臨幅，絶類真者，以獻。乃有精於辨畫者，往來忏家，有所求，世貞斥之，其人知忏所獻畫，非真迹也，密以語世蕃。會大同有虜警，巡按方格劾忏失機，世蕃遂告嵩票本論死。《廣彙》所載稍略，而情節與《野獲編》相同。又孫之騄《二申野録》注云：後世蕃受刑，弇州兄弟贖得其一體，熟而薦之父靈，大慟，兩人對食畢而後已。詩畫貽禍，一至於此。況又有小人交構其間，釀成尤烈也。按所云詩者，謂楊椒山死，弇州以詩吊之，刑部員外況叔祺録以示嵩；所云畫，即指《清明上河卷》也。又按湯臣即湯裱褙，今蘇州裝潢店尚是其後人，聞乾隆間，尚有湯某者精於此藝。余初至蘇時，則群推吳文玉者爲絶技，余所得字畫頗佳者，皆以付吳，其工值不論資，而裝成自然精絶。繼至，則吳文玉已物故，有子繼其業，雖一蟹不及一蟹，然究係家傳，海内殆無第二家矣。

清・楊恩壽《詞餘叢話》卷二　《千鍾禄》演建文帝出亡，雖據野史，究失不經。然詞筆甚佳也。《慘睹》一齣，發端無限悽涼。帝子飄零，迥異游僧。托鉢選詞，何親切乃爾。收拾起大地山河一擔裝，四大皆空相。歷盡了渺渺程途、漠漠平林、壘壘高山、滚滚長江。但見那寒雲慘霧和愁織，受不盡苦雨悽風帶怨長。雄城壯，看江山無恙，誰識我一瓢一笠到襄陽。余尤愛《尾聲》，既云路迢迢心怏怏，何處得穩宿碧梧枝上，行將進場矣，忽飄來一杵鐘聲，遂嘆道：錯聽了野寺鐘鳴當景陽。神情之合，排場之佳，令人歎絶。

傳記

清・吴偉業《北詞廣正譜序》　李子元玉，好奇學古士也。其才足以上下千載，其學足以囊括藝林。而連厄於有司，晚幾得之，仍中副車。甲申以後，絶意仕進。以十郎之才調，效耆卿之填詞。所著傳奇數十種。

清・佚名《傳奇彙考標目》卷下　李玉，字元玉。吳縣人。

紀事

清·佚名《曲海總目提要》卷一六《萬民安》 明季蘇州人作，不知誰筆。演葛成擊殺黃建節事，謂因此而蘇民得安，故曰《萬民安》也。其捐金完配，及堅辭贈婦二段事情，當是緣飾爲觀美者。臨刑地震，亦是捏造，依仿古人六月飛霜等件，以爲關目耳。按《紀事》等書論礦稅之弊，其一條云：萬曆二十九年六月己巳，太監孫隆採稅浙直，駐蘇州，激變市人，殺其參隨黃建節等數人。撫按詰亂民，有葛成獨引服，不及其餘，下獄論死。此實事也。自建節外，其數人未録姓名。今此劇臚載頗詳，蓋同時人所作，當從實不謬。稗官、樂府不嫌瑣綴，亦可具見彼時情狀也。又按萬曆三十二年，都御史温純疏云：稅使借皇上之威福，以十計；參隨又借稅使之聲勢爲聲勢，以百計；土棍又借參隨之牙爪爲牙爪，以千萬計。宇内生靈，能勝此千萬牙爪之吞噬搏擊否。劇中所記，參隨土棍，相倚作奸，與純疏參觀，知其不謬也。今蘇州虎丘内有葛賢祠，府縣志亦皆載入。略云：長洲人葛成，機户中傭工織匠也，年三十餘。妻曹氏，已故，一子方在襁褓。鄰居韓媪，其夫在日，曾領内府黃絲官價，織造黃帛綢絹，舊規上下那移，遠年沉閣，是年其夫已亡。媪聞朝廷已經豁免，而部中澈底清查，重追舊欠。京差二人至蘇提吊，搶其女雲娘去，以作抵償。成問媪所欠幾何，差云：據府中文，韓媪尚欠三十兩。時，成累年蓄積，適有此數，欲娶繼室以撫其子，遂傾囊付差，以償所欠。媪女得還，媪欲送女與成爲繼室，成堅執不可。二差勸媪爲成撫子，媪遂抱成子歸家。保定房壯麗春闈下第，其母舅鄭尚甫客蘇忘歸，壯麗至蘇接取，與名士張獻翼號河梁者同遊虎丘，微聞其事。韓媪遂以女鬻壯麗爲妾，以三十金還成，成堅不受，令媪備女奩資。母女感成刻骨。鄭尚甫者，商販吴中，虧本久寓，娶吴女沈氏爲妾，多年未得生子，而尚甫已逾七旬，恐誤沈終身，欲擇所歸以贈。其甥娶妾，借其寓所。尚甫因問韓女根由，具述葛成恩德。尚甫念成疏財仗義，居心忠厚，聞其有幼子而無室，遂作手書，以沈氏送成爲妻，并贈白金百兩。成義不肯受，鎖沈於屋，走白其母，令挈女歸。至則沈母他出，成歸家昏黑，不肯入室，恐犯瓜李之嫌，祇於門外立談，倦則睡於門首。長洲縣令鄧雲霄三更巡夜，見成熟睡門首，疑以爲賊，及聞門内女人聲音，又疑其拐騙婦女，開門呼女問之，乃得其實。雲霄稱嘆，欲爲報聞各憲，旌表門閭。天明，沈母至，成以女及銀歸之。女既感成，又念一再從夫，皆有齟齬，乃出家於洋澄湖旁静室爲尼，取名静真，與母同去，挈成子撫之，以報其義。是時，部差稅司黃建節，廣抽各項稅銀，蘇州六門，各派參隨分管抽稅，不論肩挑步擔，十取其一，各色店鋪，十取其二，機坊十取其三。建節設署於葑門外瓦屑涇，大開栅門，見貨便抽。其黨徐怡春等，分據水陸，要截鄉農，苛取虐斂。人心惶惑，俱不聊生。滿城百姓，相約罷市，齊集元妙觀中，呼聲震天。葛成亦在其内，屈指建節、怡春及湯辛、徐成等十二人，凶惡相仿。衆議推成爲首，欲共擊殺建節等。有豎子滿腊梨，賣瓜爲業，爲群棍所奪，號哭於路。成以蕉扇一揮，萬衆俱集。將出葑門，棍徒閲扇索稅，成出語抵觸，遂擒見徐成，欲送建節處枷示。於是衆憤不可復遏，立剥徐成之衣，投入水中，并火建節衙署，揮拳斃之，投入火内。自初六至初九，焚燒三晝夜不息。知府朱燮元、知縣鄧雲霄極力排解，衆聚不能即散。指揮楊姓署游擊印，鎮東城，立馳令箭，申聞撫院，指爲亂民。葛成乃挺身出認。雲霄告燮元以巡夜見成不納沈女事，燮元遂改成名曰葛賢，願力庇之。而蘇松兵備道鄒墀自太倉聞變，至府城，奉巡撫檄研審，必欲正葛成聚衆倡亂之罪，置之重辟。刑房畢成名極力相援，張獻翼又率諸生求府縣官，燮元、雲霄力爲解救。墀責以不思弭變，反欲養奸。兩人合辭云：寧將職等題參罷職，固所甘心，不能不爲愚民乞命。墀不肯從，具招轉詳，遂定成死罪。静真母女至獄探成，成恐己子難保，囑静真認以爲子，改姓名曰鄭天祐。墀以成獄詳撫奏聞，有旨不時處決，綁赴市曹。忽爾地震，雲霄正欲馳報撫院，請暫停刑。巡撫亦恐有冤，使人傳令箭將成暫放，具奏於朝緩決。淹繫久之，鄭尚甫與韓媪俱殁，而房壯麗成進士，歷任河南道御史，奉命巡按蘇松，先送妾雲娘至蘇，問其有何親戚。雲娘即以恩人葛成爲托。壯麗在蘇時，亦知其顛末，遂力任出豁。比巡江左，滿腊梨方欲挺身爲成控冤，挾狀懷中，道經雨淋，抵庵中曬紙。静真問其狀詞，云欲爲成控訴。静真取視不謬，悲感涕泣。天祐怪而詢之，告以汝本葛氏之子，非己所生。天祐年已十三，奔至獄中見父，即赴按院訴冤。腊梨相從扶助。時萬曆四十一年，壯麗舟至黃河，於金龍四大王廟賽神，而其神即葛成生魂也。跳神時巫語云云。壯麗亦驚駭。會舟抵滸墅關，天祐撲水具控。壯麗覽狀，即提原卷，見口供雖已招定，而司道府縣審結語有云一人倡義，萬民安枕，尚有百姓辨冤，臨刑地震許多情節，取成覆讞，具疏請寬。奉旨釋放寧家。松江隱士陳眉公，名繼儒，慕成之義，延至佘山居住。蘇州士民相率建生祠於元妙觀內，稱爲葛將軍云。按房壯麗，直隸保定府安州人，萬曆間進士，天啓時歷官吏部尚書。後入逆案內。其初爲巡按，固當有聲名也。朱燮元，浙江山陰人，萬曆間進士。天啓時爲雲貴總督，平奢崇明之亂，稱爲名臣。張獻翼，蘇州府長洲人，爲諸生，有文學。晚年狂甚，劇中所載醉後穿女人衣及大紅方巾，花紙道袍，皆是實事。陳繼儒，松江華亭人，萬曆間諸生，隱居佘山，奉詔徵聘，不仕，時稱徵君。又按《定陵志略》：萬曆二十九年六月，蘇州民變。時，蘇杭織造太監孫隆，兼管稅務，無賴盡投入其幕，奉札委稱稅官。蘇城六門，門各立稅，隻鷄束菜，咸不得免。民不聊生，洶洶思亂。本月初六日，忽有二十七人蓬頭跣足，衣白布短衫，手各持一芭蕉扇，遍走諸稅官家，焚毀其室廬長物。執其人榜之通衢，無不立斃。雖止二十七人，所至如風雨，人莫攖其鋒。即高墻峻宇，首者執扇一揮，諸人皆立躍而上。次日，誤入一民家，其家以經紀爲業，無他過犯，跪而迎之門，請罪。首者取腰間手摺視之，曰：誤矣。蓋一稅官家與其人俱與腐店爲鄰故也。首者即率諸人羅拜，謝驚恐，仍趨彼稅官家。稅官懼，投於河。諸人從河中撈起，擊之，兩眼俱突出，猶毆不已，至死乃罷。有童某者，爲州判，擁資數萬，亦充稅官，收劉河稅。及民變起，洶河奔避，中寒死。又焚一宦家，宦家盡室潛匿，其子孝廉藏箱籠中，寄鄰家得免。稅監孫隆乘夜走杭州以避。如是者三日。諸稅皆次第芟盡，至第四日，六門各有榜文云稅官肆虐，民不堪命。我等倡義，爲民除害。今事已大定，四方居民，各安生理，毋得藉口生亂等語。連日合城寂然，路無行人。第五日，道府始下令捕諸爲亂者。有葛賢者，挺身投官，曰：倡義者，我也。以我正法足矣，若無株連平民，株連則必生亂。當事者乃止，就葛賢具獄論死。後遇赦得出。越三十年，而賢尚存，叩以當日情事，頗多支吾。或曰：倡義者，實非葛賢。但其束身就獄，爲民請命，是亦有足風者。《紀事》云葛成，《志略》云葛賢，劇云本名葛成，郡守朱燮元改爲葛賢也。此亦可補史乘所未及。

又《太平錢》 明時舊本，不知誰作。事出《太平廣記》，謂張老以太平錢聘韋氏，故名。但張老本無名，作者以爲張果老，事在梁天監中。作者既以爲果老，遂改作唐開元時，且以明皇令果老門法等事，填綴于內。韋女之兄名義方，作者既以張老爲唐人，并改義方名曰固，而以定婚店事，增入義方名下。蓋兩種情節，皆艷異新奇，動人觀聽。又皆韋姓，紐合甚易，閱者亦忘其各別也。張老曰果老，邯鄲呂翁曰洞賓，劇中往往如此。

又《千里舟》 明萬曆間人作。小説有《雙漸趕茶船會蘇卿》一段，元人劇中亦用此事。作者不見古本，乃據此揣摩敷衍。因神助舟行，一日千里，故名《千里舟》也，餘無所考。略云：雙璧，字藍田，江西南昌人，官登卿貳，告歸林下。妻夏氏，子雙漸，字雲鴻，年二十，遊學金陵。父與銀五萬兩爲行資，旅寓秦淮河館，閒步桃葉渡，遇女蘇卿，目成，相思致病。蘇卿者，廉訪蘇天挺之女，江南松江人，母早亡，隨親赴任陝西。行至黄河，蘇天挺以朝廷命臣，不屑諂媚神鬼。金龍四大王大怒，欲害其舟。判官云：冥數，天挺官星尚旺，其女陽壽未終，尚有榮顯之日，但傾覆其舟，飄散二人，足蔽其辜矣。天挺幸船板扶身，仍赴任所。蘇卿得蘇媼撈救，强以青樓之事，冰雪堅持。假母賄一女巫關亡，詭云蘇廉訪已死，囑女順從蘇媼。適雙漸囑幫閒柳奉卿、胡思傳求蘇媼，因設謀，言原係宦家之妾，母女相依擇婿。雙漸遂賃其園，見侍婢元霜，以詩扇贈之曰：朱樓天半鎖葳蕤，樹影周遮花影差。吟罷新詩無一語，東鄰盼斷眼迷離。爲蘇卿所見，因偕元霜往雙漸書室。方叙談之頃，蘇媼忽至，責以調戲良家。柳、胡二人串合，先以二萬金入贅。蘇卿詳述始末，知蘇媼非生母，然留戀蘇卿，復向家中取銀。母私與五萬，遂建園亭，置金珠錦繡。十萬金用盡，復遣僕青湘歸家，向父母索銀。父已悉其子狂放，氣忿甚，欲親往金陵訓責之。青湘奉母命先至，囑雙漸速避迹遠方。蘇卿私贈銀五十兩，衣服一篋，匆遽別去。適江西茶商馮奎慕蘇卿，以銀二萬兩，浼柳、胡二幫閒娶蘇卿爲妾。蘇媼貪利許之，慮卿貞節，賄貝葉庵女尼即空，誘卿至庵。蘇媼偕往，僞作心痛，命元霜向茶船取火烹薑湯，馮商留之，復命卿往取。方登舟，馮商即揚帆往浦口，卿堅志不從。而蘇天挺已由陝西廉訪擢浙江巡撫。雙璧由太僕卿擢福建巡撫，雙漸復狀元及第，請假暫歸。至金陵，訪蘇卿，遇胡思傳，知爲馮商謀騙，將往杭州。鼓棹至金山，蘇卿先數日入寺焚香禱告，且留書於老僧，令與雙生。雙漸後數日至金山，老僧與以卿書，言一至杭州，即當自盡。漸計即日卿當抵杭，必須是日趕到。四金剛奉佛敕云：雙漸、蘇卿，係玉皇案前金童玉女謫凡，默運神力護送。一晝夜千里，由鎮江至杭州。泊舟塘棲，遇茶船，夜見蘇卿，暗携入己舟。而元霜以石投河中，詭云蘇卿赴水，馮商驚喊，爲蘇巡撫差官擒去。詢元霜具悉情事，雙漸見父與婦翁，復詳述始末。俱大喜，將馮商發邊遠充軍，茶船五百，變賣充餉，雙漸與蘇卿成禮完聚云。按劇中引馬湘蘭，湘蘭，萬曆間金陵名姬，豪俠，且有詩名，與蘇州老名士王穉登最善，嘗欲嫁之。賓白中所云王百穀，即穉登也。又引王鳳洲點綴，皆彼時名公。蓋雙漸趕蘇卿事，本在元以前，作者借以寓意，改作隆萬間事，或別有所指。結尾云：茶船久撥琵琶調，編出新詞逸韻飄。則係舊事翻新，無可疑也。雙璧、蘇天挺，明隆、萬間卿貳中并無此人，俱係假托。

又《一捧雪》 蘇州人李元玉撰。與《人獸關》、《永團圓》、《占花魁》共四種，所謂一、人、永、占也。相傳太倉王忬家傳玉盃，名一捧雪。又有張擇端《清明上河圖》，皆希世之寶。嚴世蕃索取二物，忬作僞者送去。有湯裱褙者，摘其非真，世蕃大銜恨。而忬子世貞，字元美，高文博學，少有重名，時時譏切嚴氏，且經理楊繼盛之喪。嚴嵩父子益大恨，遂以邊事陷忬坐法。此劇託名莫懷古，實指忬也。莫懷古者，言忬之禍，莫是以懷古而得也。又懷古字無懷，其子昊又字葛天，言其父子不知世間機械，如無懷葛天之民也。劇云：莫懷古官太僕卿，與嚴世蕃素厚。裱褙湯勤出門下，懷古薦于世蕃，官以經歷。懷古有玉杯一捧雪，祖傳九世。勤言于世蕃，世蕃索之。懷古以贋往，世蕃不知也，轉懷古太常卿。會勤謁懷古致謝，懷古漏言，其僕莫誠力諫不聽，出真者示勤。勤遂譖于世蕃，圍懷古宅，索之無有。蓋誠于紛挐之際，竊藏以出。懷古遂挈家遁于好友薊鎮總兵戚繼光家。勤復嗾世蕃必殺懷古而後已，跡至繼光所。莫誠代戮以救其主，勤復謂其首非是。并逮繼光及懷古之妾雪豔，令錦衣陸炳鞫之。勤誘雪豔嫁己，則當改供。雪豔僞許勤，勤即言懷古首是。炳乃題覆，還繼光官。勤强婚雪豔，爲所刺死，雪亦自刺。懷古子昊論戍，緹騎至吳。其師方毅庵，江右人，設計令書童文鹿代戍，遂挈昊至其家。久之，世蕃被劾論斬，傳首九邊。昊成進士爲代巡，抵薊鎮，聞毅庵言繼光殺懷古，欲報宿怨，將因事誅之。繼光與辨心跡，示以一捧雪，且出懷古于署中。父子相見，始知僕誠代戮。於是奏聞于朝，復懷古職，雪艷、莫誠，皆褒贈焉。按：徐學謨《世廟識餘録》云，世蕃門客吳人湯裱褙者，以能鑒古，頗用事。世蕃受賂遺既多，遂旁索古書畫。凡獻古書畫者，必先賄湯裱褙辨以爲真蹟，始收之。而吳中一都御史偶得唐張擇端所畫《清明上河圖》贋本，以饋世蕃。而賄不及湯，湯直言其僞。世蕃大怒。後都御史竟陷大辟，而湯先已遣戍去矣。學謨吳人，嘉靖年間進士，萬曆初官至禮部尚書。博學多聞，所記不妄，其爲忬無疑。田藝蘅《留青日札》則云，《清明上河圖》乃蘇州陸氏物，嚴以千二百金購得之，纔得其贋本，卒破數十家。其禍皆成于王彪、湯九、張四輩，其説與徐異。湯九當即湯裱褙也。林潤等抄没嚴嵩簿，有宋張擇端《清明上河圖》，無一捧雪盃。然嚴物別寄者甚多，不能決其有無也。劇中所載世蕃于家中代擬旨意，及董傳策、張翀、吳時來劾嚴嵩，皆實事。但戚繼光總理薊鎮，在隆萬年間，非嵩同時事耳。莫誠、雪艷，皆撮出。方毅庵亦假託。王忬總督薊鎮，劾者即其門生方輅，時爲巡按。忬本與密商，令其輕劾，欲卸事得微罪去。既而得重禍，輅亦悔無及矣。作者託名于方，以寓爲輅出脱之意。按：王忬，蘇州太倉人，嘉靖間由進士官御史。二十九年庚戌，俺答入内地，忬守通州有功，擢僉都御史，巡撫山東。尋進兵部侍郎，代楊博爲薊督，進右都御史。以失事被劾，甫逮獄中。而部將楊照有軍功當議抵，相嵩抑不叙，中以危法，竟不能免。穆宗時其子世貞訴冤，復其官。陸炳，平湖人，世宗時掌錦衣衛事，頗周旋士大夫，故人不甚怨。董傳策，松江人。吳時來，江西人。張翀，廣西人。同時劾嵩。傳策與大學士徐階同鄉，而時來、翀皆階門生。嵩以爲階指使，皆重謫。嵩敗起官，傳策至吏部侍郎，時來至右都御史，翀至巡撫。

又《人獸關》 李元玉撰。以桂薪妻子變犬而名。小説云：施濟，字近仁，賑貧恤寡，有豪名。父鑑虞其散盡家貲，必致蕭索，乃密窖金銀於土中，而默記其處。鑑一旦病死，濟初不知有窖金也。年踰四十，妻嚴氏生子曰還，濟挈金三百兩往虎丘觀音殿中進香還願。忽見一人哭泣，欲投劍池，乃其少時同窗桂遷，因貸李平章三百金，爲所逼迫，窘而自盡。濟慨然以三百金予之，遷感激流涕，於大士前誓云，受施君活命恩，今生倘不能補答，來生亦當作犬馬相報。遷歸，攜子詣謝。濟憫其窮，俾挈家相依，畀以桑園一所，茅屋數椽，菜畦十畝。遷欲以子女送濟爲奴婢，濟不可而止。遷暨妻孫氏，移居施宅，嚴與孫一見如故，指腹爲婚。入宅未幾，遷夫婦掘得鑑所藏金數千，頓生異志。會濟病殁，遷妻與夫密計，乘機潛往會稽大買田宅，爲富人，竟與施不相聞問矣。久之，施氏家計日落，同里支參政與濟舊交，知其盛德，後必昌熾，遂以己女字還。而支故廉吏，不能爲施治生產也。還母子念與桂厚，且有三百金之贈，赴紹求助於遷。遷夫婦漠然不復存恤，僅給路費二十金，而其子復大肆倨侮。母子飲恨歸，嚴氏旋病殁。還益貧窶，市所居屋於牛公子家。方拆卧房裝摺，得一帳簿於天花板上，云某處某處埋銀若干，蓋其祖親筆。如言掘之，皆符合。惟桑園所藏，化爲無有，亦不疑桂所發也。於是遍贖田產，復爲富人矣。桂遷已得志，則以多金託友尤滑稽同入京求官。滑稽竟自入粟，授親軍指揮使，且倚勢索遷囊金。遷憤恨買刀欲刺之，恍惚夢見施濟夫妻，父子愧而拜謝，則己與妻子皆化爲犬。驚醒惶懼，乃棄刀河內，束裝而歸。欲與妻子商所以報施氏者，入門，則二子已死，妻亦垂危。其長子魂坿母身，言母及兄弟皆投施家爲犬，有肉瘤者，即其母也，父遲一年，亦當爲施犬，以踐前誓，惟妹合配施還，獨免此難。遷聞言與夢合，毛骨悚然，而妻已氣絶矣。家復失火，房屋燬盡。遷市田產，挈女至蘇，以爲施郎必貧，則贈金續好可滌前愆也。及至，則施氏居然富室，還已娶支參政女。遷乃納女爲妾，且拜奠悔罪於還父母之祠。前有三黑犬，突出銜衣哀叫，其一背上肉瘤隱起。遷憶前夢及妻臨絶之言，知墮輪迴，且悲且懼。遂造佛堂，朝夕梵唄，養三犬於堂內。一歲俱斃，買地葬之。施還讀書登第，遷偕至京。尤滑稽受賕下獄，竟死獄中。遷知果報不爽，持齋誦經終其身。《記》中全据此説，醒心怵目，足警世之負義忘恩者。桂遷改名桂薪，施母尚在，稍異同耳。按：今蘇州閶門內，施家宗族頗多，有讀書者，亦有開紬緞行者，皆云是施濟子孫。云濟初富後，以作糧長賠累家貧，以故桂氏悔親。今小説中桂有負李平章債語。平章，元時官名，明太祖初尚有之，其後改官制，則無此名矣。糧長運糧，亦明太祖制度。由此推之，是明初人也。蘇人皆云桂是龍游人，小説則云會稽人，未知孰的。

又《占花魁》 明萬曆間人撰。不著姓名，署曰一笠庵，或曰李元玉所作也。以王美娘稱花魁娘子，而秦種得之，故名占花魁。《情史》云：小説有賣油郎慕一名妓，乃日積數文。如是二年餘，得十金，鎔成一錠以授嫗，求一宿。是夜妓自外醉歸，其人擁背而卧，達旦不敢轉側。妓酒醒時，已天明矣。問何不見唤，其人曰：得近一宵，已爲踰福，敢相犯耶。後妓感其意，贈以私財，卒委身焉。夫十金幾何，然在賣油郎，亦一夕之豪也。中間籠盛卜喬事，亦有所本。《西湖游覽志》云：宋時靈隱寺緇徒甚衆，九里松一街，多素食香紙雜貨舖店，人家婦女往往皆僧外宅也。常有僧慕一婦人，不得其門而入，每日歸寺，必買臙脂果餅之屬，在手顧盼不已。如是久之，婦人默會其意，語其良人，設計誘之。漸至謔笑，僧喜甚，謂可諧矣。婦人曰：良人在，奈何。僧盡捐衣鉢，使之經商。數日，果見整裝，刻日戒行。僧於是日到其家，呼酒設饌，獻酬交錯。已而婦令先解衣就寢，取其衣束之高閣。忽扣門甚急，婦人曰：良人必有遺忘而歸矣。僧遑遽不知所爲，婦曰：有空籠好避。僧亟竄入籠中，婦遂鑰之，僧不敢喘動，與夫舁於遠路。迨曉，邏卒見之，舁於官府。啓鑰，則一髡裸體在焉。京尹袁尚書笑曰：是爲人所誘耳。勿問，復鑰投諸江。小説所載，較《情史》頗詳，而劇又加以增飾，言秦種之父良，本种世衡部將。王美娘本内監莘善之姪女，其名曰瑶琴。靖康之亂，各自失散。秦良爲金所拘，置之冷山。秦種、莘善皆南竄。種至杭州，賣油以自業。瑶琴與僕沈仰橋及其妻蘇翠兒同行，被亂兵衝散。仰橋他走，而瑶琴與仰橋之妻皆爲匪類卜喬所掠賣。仰橋妻路唱《楊花》小曲，得遇仰橋奪回。設酒肆于盛澤鎮，誘卜喬。若與將狎者，納之籠中，鎖擲于路。巡徼官檢視，以投於江。仰橋遂遷居湖上之十錦塘。而瑶琴竟入青樓，初立誓不污。劉四媽説以從良之策，乃勉從之。名重一時，文人學士，趨之若狂。秦種一見鍾情，積一年之蓄，得十金以博一宵之愛。而美娘適醉，種謹奉之，不致與褻。美娘醒而憐之，亦鍾情于種。會受万俟公子之侮，去其鞋襪，棄于雪塘。種適見之，扶入堤前茶肆，則仰橋夫婦所居也。送歸其假母。美娘遂屬劉四媽爲母言，贖身嫁種。時良自金逃回，從楊沂中破劉豫，以功擢大尉。此非小説所有。會高宗賜天下大酺，秦良、莘善皆至法相寺中。種夫婦亦至寺，乃獲相遇。種得爵蔭，美娘亦受誥封云。

又《永團圓》 此與《一捧雪》、《人獸關》、《占花魁》三劇，皆蘇人李元玉所撰。時人合名之曰一、人、永、占。而此劇與《人獸關》又皆説悔親事，蓋當時或實有之。金陵蔡文英，家貧未娶，妻父江納，惛其窮困，欲悔親，乃設酒延蔡至，結勢宦賈金彈壓之。還蔡原所聘金，逼使寫退婚契。蔡不得已從之，寫畢，託言必其母書押乃可。江令賈僕持所還金隨之。至家，蔡言于母，潛從他處遁去，鳴于官。府尹高誼即令捕賈僕至，一訊而伏。高詭爲退親，令江出銀六百兩與蔡，而欲江女親出問其肯否。會江女夜走，不知所之。江迫于官，又以既許退婚，當必無事，乃以次女代之。及至官，高即以銀授蔡，并令娶女歸，江甚悔恨。先是江女聞父悔親，欲投江死，人救之得免。中途復爲盜所獲，以死自誓。適高誼秩滿還京，路經其處，盜欲謀之，女密以告，因急避去。後高陞山東巡撫，緝獲羣盜，因得江女以爲義女。會蔡生中進士第，受兖州寧陽縣尹。謁見之後，高即以女歸焉。按：劇中情節頗涉奇異，然有云蔡文英狀元商輅一榜，則似實有其人。至應天府尹高誼，字雲天，係撮撰。寓其高誼薄雲天，能不受賄，而成全蔡文英也。又馮夢龍改本小有異同。

又《麒麟閣》 李元玉作。演秦瓊麟閣圖形，與正史多不合。羅藝妻乃孟氏，今以爲秦瓊之姑，尤屬悖謬。藝子羅成，亦係撮撰。《唐書》：秦瓊字叔寶，以字顯，齊州歷城人。始爲隋將來護兒帳內，俄從張須陀擊賊，以前後功擢建節尉。從須陀擊李密滎陽，須陀死，率殘兵附裴仁基。仁基降密，密得叔寶，大喜，以爲帳內驃騎，待之甚厚。後歸王世充，署龍驤大將軍。與程驍金計曰：世充多詐，數與下呪誓，乃巫嫗，非撥亂主也。因約俱西走，於是來降高祖。俾事秦王府，從鎮長春宮，拜馬軍總管。戰美良川，破尉遲敬德，功多，帝賜以黃金瓶。尋授秦王右三統軍，拜上柱國，進封冀國公。每敵有驍將鋭士，震耀出入以誇衆者，秦王輒命叔寶往取之。躍馬挺槍，刺於萬衆中，莫不如志。及平隱巢功，拜左武衛大將軍。後稍移疾，嘗曰：吾少長戎馬間，歷二百餘戰，數重創，出血且數斛，安得不病乎。貞觀中，詔司徒趙國公無忌，鄂國公敬德，盧國公知節，英國公勣等，并叔寶竝圖形凌烟閣。尉遲敬德，名恭，以字行。從擊王世充，世充自將兵數萬來戰。單雄信者，賊驍將也，騎直趨王。敬德躍馬大呼，横刺雄信墜。乃翼王出，率兵還戰，大敗之。程知節，本名驤金，濟州東阿人，善馬矟。事李密，爲王世充所獲，與秦叔寶來奔。授秦王府左三統軍，後封盧國公。單雄信，曹州濟陰人，能馬上用槍，李密軍中號飛將。偃師敗，降世充爲大將。秦王圍東都，雄信拒戰，槍幾及王。徐世勣呵之曰：秦王也。遂退。後東都平，斬洛渚上。李勣，字懋公，本姓徐氏。秦王平洛陽，得單雄信，勣故人也。表其材武，且言若貸死，必有以報。請納官爵以贖，不許，乃號慟割股肉啗之曰：生死永訣，此肉同歸於土。爲收養其子焉。羅藝，字子廷，襄州襄陽人。勇攻戰，善用槊，自稱幽州總管。謂官屬曰：唐公起兵據關中，民望所繫，王業必成，吾決歸之。乃奉表以地歸，詔封燕王。後以謀反被誅。按：秦瓊等圖形凌烟閣，不云麒麟閣也。《漢書·蘇武傳》：上思股肱之美，迺圖畫其人於麒麟閣。注云：武帝獲麒麟時作此閣，遂以爲名。蓋作者誤記作秦瓊事，故以命名耳。

又《清忠譜》 李元玉撰。周順昌最忠且清，故名。按：周順昌，字景文，吴縣人，舉萬曆四十一年進士。授福州推官，捕治税監高宷爪牙不少貸。宷激民變，劫辱巡撫袁一驥，質其二子，并質副使吕純如。或議以順昌代，順昌不可，純如以此銜順昌。擢吏部稽勳主事。天啓中，歷文選員外郎，署選事。力杜請寄，抑僥倖，清操皭然。乞假歸。順昌爲人剛方貞介，疾惡如仇。巡撫周起元忤魏忠賢，削籍，順昌爲文送之，指斥無所諱。魏大中被逮，道吴門，順昌出餞，與同卧起者三日，許以愛女聘大中孫。旂尉屢趣行，順昌瞋目曰：若不知世間有不畏死男子耶。歸語忠賢：我故吏部郎周順昌也。因戟手呼忠賢名，罵不絶口。旂尉歸以告忠賢。御史倪文焕者，忠賢義子也，誣劾同官夏之令，致之死。順昌嘗語人：他日倪御史當償夏御史命。文焕聞大恚，遂承忠賢指，劾順昌與罪人婚，且誣以贓賄，忠賢即矯旨削奪。先所忤副使吕純如，順昌同郡人，以京卿家居，挾前憾，數譖於織造中官李實及巡撫毛一鷺。已而實追論周起元，遂誣順昌請囑，有所乾没，與起元等並逮。順昌好爲德於鄉，有冤抑及郡中大利害，輒爲所司陳説，以故士民德順昌甚。及聞逮者至，衆咸憤怒，號冤者塞道。至開讀日，不期而集者數萬人，咸執香爲周吏部乞命。諸生文震亨、楊廷樞等前謁一鷺及巡按御史徐吉，請以民情上聞。旂尉厲聲罵曰：東廠逮人，鼠輩敢爾。大呼囚安在，手擲鋃鐺於地，聲琅然。衆益憤曰：始吾以爲天子命，乃東廠耶。遂蠭擁上，勢如山傾。旂尉東西竄，衆縱横毆擊。斃一人，餘負重傷踰垣走。一鷺、吉不能語。知府寇慎、知縣陳文瑞素得民，曲爲解諭衆，始散。順昌乃自詣吏。又三日，北行。一鷺飛章告變，東廠刺事者言吴人盡反，謀斷水道劫漕舟，忠賢大懼。已而一鷺、言縛得倡亂者顏佩韋、馬傑、沈揚、楊念如、周文元等。亂已定，忠賢乃安然，自是緹騎不出國門矣。順昌至京師，下詔獄。忠賢嗾許顯純鍛鍊坐贓三千，五日一酷掠。每掠治，必大罵忠賢。顯純椎落其齒，自起問曰：復能罵魏上公否。順昌噀血唾其面，罵益厲，遂於夜中潛斃之，時六年六月十有七日也。明年，莊烈帝即位，文煥伏誅，實下吏，一鷺、吉坐建忠賢祠，純如坐頌璫，並麗逆案。順昌贈太常卿，官一子給事中。瞿式耜訟諸臣冤，稱順昌及楊漣、魏大中清忠尤著，詔謚忠介。長子茂蘭，字子佩，刺血書疏詣闕愬冤。詔以所贈官推及其祖父。茂蘭更上疏請給三世誥命，建祠賜額，帝悉報可，且命先後慘死諸臣，咸視此例。茂蘭好學砥行，不就蔭叙。國變後，隱居不出，以壽終。諸生朱祖文者，都督先之孫，當順昌被逮，閒行詣都，爲納饘粥湯藥。及徵贓，令急奔走稱貸諸公間。順昌櫬歸，祖文哀慟發病死。佩韋等皆市人，文元則順昌輿隸也。論大辟，臨刑，五人延頸就刃。語寇慎曰：公好官，知我等好義，非亂也。監司張孝流涕而斬之。吴人感其義，合葬之虎丘旁，題曰五人之墓。其地即一鷺所建忠賢普惠祠址也。劇中事皆据實，補出夫人吴氏，及女許魏大中孫允柟之名，生員叩撫按求寬者，添出王節、劉允儀，不載文震亨、楊廷樞。又云吴默倡義，合葬五人于半塘，文震孟祭五人墓，且爲求旌，皆足補史傳之闕。賓白中叙出收崔、許爲腹心，縱田、楊爲爪牙，楊大洪、左浮丘紛紛逮繫，萬元白廷杖殺身，文文起劾忠賢，削籍歸家，俱係實事。震孟至竹塢訪順昌，談及害王安及捏熊楊一案，鍛鍊汪文言，株連楊左等十七人，亦俱實事。毛一鷺爲乾兒，陸萬齡請配享忠賢于孔廟，亦俱實事。順昌詈忠賢，史傳云，逮魏大中時，此云半塘愬像時。錦衣審問，但有顯純，此云有文煥、徐吉持平。相傳有此，然後來吉與一鷺俱以建祠削奪。此云一鷺欲嗾李實奏屠城，城隍將草稿塗抹。一鷺改稿略輕，而不如徐疏之寬。通政使徐如珂先進吉疏，後進一鷺疏，遂獲止坐五人。流傳互異，未知的否。茂蘭崇禎初上血書，通政使錢春立具疏奏請。嗣後各家子弟所上冤奏，皆春立刻封進。茂蘭未嘗擊登聞鼓，其天啓時茂蘭欲訴冤，被人呵打，徐如珂勸令放回之説，未知的否。或云如珂以侍郎居家畏禍，至於服毒，則先投徐疏之説，當不誣也。陰封順昌應天城隍，五人爲部下五方功曹之説，雖係俗傳，然順昌率五人捉顯純，稗史頗載。餘並與史傳相合。

又《七國記》 李元玉演孫臏事，採元劇增飾成之。臏父摻，母燕國公主，妻蘇氏，丞相秦之女，皆係添出。王敖同學於鬼谷，爲龐涓謀害臏，涓侍兒金花寶帶與臏言涓欲害臏，後亂箭射殺王敖，以金珠酬金花寶帶，皆係添出。元劇鄭安平乃公子申部將，此云先爲丞相，元劇卜商載臏往齊，此云朱亥及孟嘗君兩人，又　互相異者。要之惟孫、龐同學於鬼谷，其後涓圖殺臏，臏攻殺涓，乃是實事。餘多附會，而點入同時人姓名，取攢簇生色耳。按：今宛平縣戒壇之旁，有孫臏、龐涓洞。蓋臏本燕人，疑孫龐嘗學道於此。記稱鬼谷在楚之雲夢山，殆尤不的也。所載孫、龐事，止係齊魏，而標名七國，似不如馬陵道之的。孫臏擺陣，龐涓僅識其二，其後擺者不識，與元劇同而小異。元劇云，臏擺一字長蛇陣，鄭安平以爲扁擔陣，今云王敖。臏擺天地人三才陣，鄭安平以爲丫髻陣，今云王敖，以爲三脚香爐陣，又云三角糉子陣。臏擺九宫八卦陣，鄭安平見有八座門，以爲螃蟹陣。又見有小軍被亂鎗戳倒地上，以爲鼇鼊陣。龐涓口中又以爲滑亂陣。今亦以爲敖與涓之言，此其小異者也。元劇以鄭安平爲龐部將，今改作秦之相國，此大異者也。元劇各國伐魏時諸將之名，今亦略改。楚將吴起，今改昭常，蓋因初演鬼谷教孫龐時，即云授以吴起兵書，不便覆出也。元劇有韓將馬服子，今删去，蓋馬服子本趙將趙奢子括，因奢封馬服君，故云馬服子，本非姓名，元人故呼爲姓名以示戲，今覺其太謬，遂爲删去也。餘辨證見前。又按《史記》，蘇秦張儀，皆受學於鬼谷先生，是蘇、張、孫龐本同一師也。劇遂以秦與臏綴合，謂爲翁壻云。

又《埋輪亭》 吴縣人李元玉、朱良卿等同作。演後漢張綱事。以綱埋輪都亭爲名。其繆誤處甚多，附辨于後。略云：張綱字文紀，益州人，娶李氏。子揖甫三歲，挈家寓京口。綱素耿介，梁冀擅權，綱欲攻之。適中官單超薦廉官十人，詔起山陰趙君安爲諫議，綱爲御史，巡視洛陽等郡。君安過京口，與綱相誓，皆欲殞身報國。君安妻甫有娠，各以後事相託。蘇州人李壽、李禄，流寓鎮江，貧窶特甚。壽稍通文墨，禄性豪俠。壽抱疴，禄不能給藥餌，脱衣售于市。綱憫其友愛，贈銀三兩。壽病瘳，與禄往謝，綱以書薦壽于君安，收爲記室。禄隨綱之任，爲家丁。時大將軍梁冀，以己有擁立功，諷胡廣疏請封王，而中使單超奉詔，僅加九錫，進爵爲公，云趙諫議援引古制，非親不王。冀遂啣君安特甚。冀子胤，封襄邑侯，居洛陽，大肆豪横。綱巡廣陵，招撫大盜張嬰，及抵洛陽，微行具得嬰惡蹟，埋輪都亭，具疏劾冀父子。而遣李禄率卒擒胤，方質問罪款，加以拷掠。冀輒取旨誣綱得廣陵賊張嬰赤金千兩，託名招撫，授賊顯職，遣官校逮入京師，并擒綱家屬。李禄聞信，乃先用巡按印作假文書，飛遞鎮江有司官，言有棍徒被拏。

復僞託梁府到縣，欲害本院家屬，須即捕治。及差官至縣，令以爲僞，刑訊扭解綱所。禄遂迎綱妻子至蘇州避之。君安在都，聞綱有入境疏劾冀，爲冀所遏，反遣緹騎逮綱，乃臚冀二十四款，令李壽謄稾，壽遂竊君安稾以首於冀。冀復取旨拏君安下獄，與綱並拷。刑部尚書胡廣酷刑羅織，皆命決于市曹。單超奏請寬二人罪，奉旨詣市，而君安已戮。綱獨被釋，謫戍玉門關。解役受冀指，至古廟中，欲殺綱。禄潛尾其後，殺解役。綱遂以妻子託禄，而自詣貶所。禄兄壽附冀，得官刑部員外，給假歸里。禄訴而拒之，不以爲兄。壽慚，復歸京師。越十四載，君安遺腹女娥英知父冤，易男裝，挾刃至京，欲復父仇。禱於城隍廟，倦卧案下。君安以生前正直，爲城隍神，知女至此，示以明日仇人當至，吾陰助汝力。已而李壽果至，屏左右，默禱。娥英突出，手刃之，慷慨詣獄。時綱子揖，易姓名曰李賀，年甫十七，一舉成進士，召對稱旨，授洛陽御史。禄乃以綱冤告之，揖大悲憤，上章劾冀，冀復矯旨逮送獄中。適單超侍太后進香萬壽寺，禄入寺見超，訴其主冤。超細詰禄，知李賀即張綱之子，乃以冀惡具奏，取旨籍没冀家，授禄都尉，使擒冀父子。而追卹君安，赦綱還朝，李賀復姓名張揖。揖出獄，即奏趙君安子殺人報仇，其罪可恕，奉旨赦罪。娥英自陳乃君安之女，朝廷驚異，賜揖爲夫婦。揖迎母至咸陽驛，君安妻探女詣京，與遇驛中。綱亦被召宿驛，兩家完聚，並蒙國恩。按《張綱傳》綱父晧，犍爲武陽人。綱字文紀，司徒高第辟爲御史。順帝漢安元年，選遣八使，徇行風俗，皆耆儒知名，多歷顯位。唯綱年少，官次最微，餘人受命之部，而綱獨埋其車輪于洛陽都亭曰：豺狼當路，安問狐狸。遂奏曰：大將軍冀，河南尹不疑，蒙外戚之援，荷國厚恩，以芻蕘之資，居阿衡之任，不能敷揚五教，翼讚日月，而專爲封豕長蛇，肆其貪叨，甘心好貨，縱恣無底，多樹諂諛，以害忠良，誠天威所不赦，大辟所宜加也。謹條其無君之心十五事，斯皆臣子所切齒者也。書御，京師震竦。時冀妹爲皇后，内寵方盛，諸梁姻族滿朝。帝雖知綱言直，終不忍用。時廣陵賊張嬰等衆數萬人，殺刺史二千石。寇亂揚徐間，積十餘年，朝廷不能討。冀乃諷尚書以綱爲廣陵太守，因欲以事中之。綱單車之職，將吏卒數十人，徑造嬰壘，以慰安之。嬰出拜謁，綱延置上坐，問所疾苦，譬以順逆利害。嬰聞泣下，將所部萬餘人，與妻子面縛歸降。綱乃單車入嬰壘，大會置酒爲樂，散遣部衆，任從所至。南州晏然。朝廷論功當封，梁冀遏絶乃止。天子嘉美，欲徵擢用綱，而嬰等上書乞留，乃許之。綱在郡一年，年三十六卒。張嬰等五百人制服行喪，送到犍爲，負土成墳。詔拜綱子續爲郎中，賜錢百萬。《梁冀傳》：順帝拜冀爲大將軍，沖帝在襁褓，冀侈暴滋甚。質帝嘗朝羣臣，目冀曰：此跋扈將軍也。桓帝建和中，益封冀三萬户，又封冀子胤襄邑侯。元嘉元年，帝崇殊典，禮儀比蕭何，增封比鄧禹，賞賜金錢、奴婢、綵帛、車馬、衣服、甲第比霍光，以殊元勳。每朝會，與三公絶席，帝猶以所奏禮薄，意不悦。初，父商獻美人友通期于順帝，通期有微過，帝以歸商。商出嫁之，冀即遣客盜還，生子伯玉。冀妻孫壽使子胤誅滅友氏。郎中汝南袁著，年十九，見冀凶縱，不勝其憤，乃詣闕上書，謂宜抑損權盛。書得奏御，冀聞，密遣掩捕著。著乃變易姓名，託病僞死。冀知其詐，陰求得，笞殺之。及冀誅，有詔以禮祀著等。冀諷衆人共薦其子胤爲河南尹。胤一名胡狗，時年十六，容貌甚陋，不勝冠帶，道路見者，莫不嗤笑。冀一門，前後七封侯，三皇后，六貴人，二大將軍，夫人女食邑稱君者七人，尚公主三人，其餘卿將尹校五十七人。在位二十餘年，窮極滿盛，威行内外，百僚側目。陳授因小黄門徐璜陳災異，冀考授死。帝由此發怒，與中常侍單超、具瑗、唐衡、左悺、徐璜等五人成謀誅冀。具瑗將左右廄騶虎賁羽林都候劍戟士合千餘人，與司隸校尉張彪共圍冀第。冀及妻壽，即日自殺。悉收子河南尹等送詔獄，棄市。《資治通鑑》：冀使人乘勢横暴，妻略婦女，毆擊吏卒，所在怨毒。又云：孫氏宗親，皆貪饕凶淫。各使私客，籍屬縣富人，被以他罪，閉獄掠拷，使出錢自贖。貲物少者，至於死徙。又《通鑑》：帝欲褒崇梁冀，使中朝二千石以上，會議其禮。特進胡廣等咸稱冀之勳德，宜比周公，錫山川土田附庸。黄瓊獨曰：冀可比鄧禹，合食四縣。朝廷從之。冀以所奏禮薄，意不悦。《後漢書·列女傳》：酒泉龐淯母者，趙氏之女也，字娥。父爲同縣所殺，而娥兄弟三人，時俱病物故。娥陰懷感憤，乃潛備刀兵，常帷車以候讐家。十餘年不能得。後遇於都亭，刺殺之。因詣縣自首曰：父讐已報，請就刑戮。福禄長尹嘉義之，解印綬，欲與俱亡。娥不肯去曰：怨塞身死，妾之明分，結罪理獄，君之常理。何敢苟生，以枉公法。後遇赦得免。州郡表其閭，太常張奐嘉歎，以束帛禮之。

又《風雲會》　演趙太祖及鄭恩事。小説有《趙大郎千里送京娘》，又有殘唐、五代、北宋等演義，中間多趙公子與鄭恩結義始末，流傳甚久。元人彭伯城有《京娘怨》，羅貫中有《龍虎風雲會》，此又合兩種爲一，而變換成編也。據小説，京娘乃山西人，太祖送還其家。京娘爲父母所疑，竟至自盡。伯成《京娘怨》蓋本此也。今以爲趙普之妹而嫁於鄭恩，則更屬附會矣。鄭恩僅見演義，《宋史》本無其人。雪夜訪趙普是實事，而分遣四將中，有征吴越者，太祖並無征吴越事也。韓通、趙普等，皆是點綴作關目。按劇：以趙太祖及鄭恩爲大關鍵，恩從太祖，如雲之從龍，風之從虎也。太祖鬧勾闌，于口中敘出其打擂臺，則初出時事。時有市鐵胎硬弓者，他人不能開，恩獨開之。太祖至，則一引而折，恩遂拜太祖爲兄。趙普之父信，求子于龍山廟，生普及女京娘。子女既長，率至龍山進香，以雙龍笛酬願，乃歸。道遇二賊，曰滿天飛、遍地滚，劫京娘去，寄于青牛觀中。觀主即太祖之叔也。太祖養病于觀，聞京娘哭泣，詢其叔而知之，乃出京娘，以己所乘馬乘之，而己步行相送。二賊追至，太祖搏殺。跋涉千里，送歸信宅。鄭恩骨相故寒薄，夜宿龍山廟。廟神爲换公侯之骨，且以龍笛與之，語以婚姻爵禄，皆由此始。恩至信家，京娘已歸。信見恩所攜笛，徵得其故，遂以京娘許婚。恩與信别，欲投太祖以取功名。道遇韓通之母，爲猩猩攝入破廟中，將以爲食。恩即搏殺猩猩，救出通母。一日路聞戰鬬聲，則太祖與土豪董家五虎相殺。五虎共圍太祖，太祖不能勝。恩手無兵器，乃倒拔路旁棗樹以爲兵，與太祖共擊殺五虎，相隨入京師。陳橋兵變，太祖即位，恩于教場角力，佩以先鋒之印，大立戰功，娶京娘爲婦。

又《長生像》 稗官中有滕大尹詭斷家私一事，作者點綴成編，其要緊關目，在倪太守行樂圖，其圖畫一坐像，烏紗白髮，丰采如生，懷中抱嬰兒，一手指地下，故謂之《長生像》也。據舊説，明永樂間，順天府香河倪守謙，字益之，曾官知府，家業富厚。夫人陳氏，止生一子善繼，婚娶之後，夫人早没，守謙年七十九，納莊家女梅氏爲妾，生子善述，甫五歲，而守謙去世。田房産業，遺筆盡予善繼，惟以行樂圖一軸私付梅氏，且囑付云：其中自有奥妙，須俟兒長而兄不肯相顧，訴之賢明有司，述遺命求其推究，可無誤終身也。梅子善述年十四，懇兄求一絹爲衣，而兄不予。梅乃與子言，令持畫軸訴之滕尹。滕尹者，川人，以孝廉入仕，嘗辨冤獄，出人死罪，有賢明聲。閲軸數日，茫然不得其解，啜茶偶翻，濕透軸像，從日光中照見軸中之字云：老夫官居五馬，壽逾八旬，旦夕無所恨，但孽子善述，年方周歲，急未成立。嫡善繼，素缺孝友，日後恐爲所戕。新置大宅二所，及一切田産，悉以授繼。惟左偏舊小屋可分與述。此屋雖小，室中左壁埋銀五千，作五罎，右壁埋銀五千，金一千，作六罎，可以準田園之額。後有賢明有司主斷者，述兒奉酬白金三百兩。八十二翁倪守謙親筆。於是滕尹設計，召集善繼兄弟宗族，親詣其家。入門之次，若有所見，與之揖讓答問者，陞堂具賓主，向空語者久之。已而復言狀貌服飾若何，倪氏一門皆以爲守謙現形，敬滕尹如神，一一從命。遂按軸中所指發其藏，果盡得之。乃以白金盡予善述，而滕尹挾黄金以去，謂守謙所贈也。作者易滕尹爲包拯，以龍圖名重，用以聳動人耳目云。

又《武當山》 演楊瑞寰武當山進香事，或有其人而非真姓名，且緣飾成編也。夔州楊佃，字介穀，妻安氏，其叔楊瑞寰，富而無子，妻牛氏，恐瑞寰之以佃爲嗣也，厭絶而不禮焉。衛指揮馬志明，年老無子，有侄繼成，圖其襲蔭。志明妻鍾氏，瑞寰妻牛氏，皆有娠，牛必欲得子，而繼成第欲鍾之得女。於是與收生趙嫗謀，以牛女易鍾子。張獻忠作亂，閣部楊嗣昌督師湖廣，以志明爲副總兵，剿獻忠。爲所誑，逼降不從，羈賊中十餘年。繼成竟襲志明指揮之職。時有功令，生員兼習騎射，楊佃方挾弓矢出，而趙嫗子入志明宅爲小偷，殺其守門者逸去。繼成見佃有兵器，執以爲賊，送於獄，定罪應死。提學道力庇之，發配充軍。妻安氏，官賣銀十兩。趙嫗子買得之。安不受辱，用黄布書冤情，沿街求助。初，瑞寰祈嗣於真武，及生子，往武當山酬願，歸而遇安氏，贖回養於家。志明之女，名曰繼英，年長，痛其父，日夜習武藝，欲報冤。瑞寰子名倖，亦通韜略，善騎射，會楊嗣昌檄郡縣考取將材，繼成以世將往試。倖與繼英亦應募求試。嗣昌用倖、繼英爲左右先鋒，謂繼成無武藝，革逐之。即以繼英襲父職，楊佃之發配也，道逢賊兵，掠入獻忠營，用爲部卒，監守志明。兩人敘述本末，欲共圖獻忠。佃令志明僞降賊，賊以爲將，亦用佃爲頭目。志明作書，令佃出投嗣昌。嗣昌遣兩先鋒剿獻忠於武當，四人裏外相應，竟擒獻忠。而趙嫗母子争言，與繼成互訟於官。於是趙嫗以男易女。嫗子殺人，繼成圖叔襲蔭，機謀盡露。嗣昌令倖與繼英當堂滴血，各歸本宗。

又《千鍾禄》 本名《千忠戮》，所演乃程濟事也。嚴震直追擒建文，爲濟所罵，慚而自裁，此係扭合。濟及震直，《明史》皆有傳。程濟，朝邑人，有道術。洪武末，爲岳池教諭。岳池去朝邑數千里，或見濟嘗在朝邑，而治岳池學事不廢。建文初上書，言某月某日，北方起兵。朝廷謂其非所宜言，逮至京，將殺之。濟入見，仰面大呼曰：陛下幸囚臣，臣言不驗，死未晚。乃下之獄。已而燕兵起，帝乃釋濟，以爲翰林院編修，參軍謀，從諸將北征。徐州之捷，諸將樹碑叙戰功，及統軍者姓名，濟一夜往祭其碑，人莫測。後燕王過徐，見碑大怒，趣左右以鐵椎椎碑。再椎，遽曰：止爲我録碑文來。已而按碑誅之，無得脱者。濟姓名正在椎脱處，得免。淮上諸將敗，帝召濟還。初，濟與邑人高翔並以明經徵。翔勵名節，濟好術數，翔數止濟勿爲此，濟不聽。既在兵間，濟又勸翔學我術，翔曰：我願爲忠臣。金川門破，翔召濟同死，濟曰：我願爲智士。翔竟死之，濟亡去。或曰，事急時，帝召濟問計，濟曰：天數已定，惟出走可免難。立召僧爲帝落髮，濟從之出。每遇險，以濟術脱。相從數十年，後莫知所終。嚴震直，字子敏，烏程人。洪武末年，爲工部尚書。建文中，嘗督餉山東，已而致仕。成祖即位，召見，命以故官，巡視山西。至澤州，病卒。野史有言震直曾遇建文，退而自縊者，非實蹟也。《紀事本末》：建文帝有南歸之思，御史密以聞。閹吴亮老矣，逮事帝，乃令探之。建文帝見亮，輒曰：汝非吴亮耶。亮曰：非也。建文帝曰：吾昔御便殿，汝尚食。食子鵝，棄片肉於地，汝手執壺，據地狗餂之。乃云非是耶。亮伏地哭。建文帝左趾有黑子，摩視之，持其踵復哭，不能仰視，退而自經。於是迎建文帝入西内。程濟聞之，嘆曰：今日方終臣職矣。往雲南焚菴，散其徒。帝既入宫，宫中人皆呼爲老佛。按劇所載，皆据東吴史仲彬《致身録》。《録》云：洪武三十一年戊寅冬十一月，史仲彬以明經除翰林院侍書。建文元年春正月，遣往衡山。二年夏五月，改徐王府賓輔，仍兼原官。三年春正月，副工部尚書嚴震直督餉山東。閏三月，彬歸報命。冬十一月，以省親還鄉，隨賜勅命。四年三月，彬入京陛見，口授翰林院侍讀。夏六月庚申，廷議避難，彬請從方孝孺堅守之策。大内火起，建文從鬼門遁去，從者二十二人。八月十五勅命，師逸去，皇帝追彬。癸未正月，彬往襄陽。甲申八月，大師同楊、程、葉三人來家。丁亥春三月，同何洲往雲南謁師。庚子秋八月，彬往雲南。甲辰秋七月，洪熙改元。八月，彬往雲南。

又《眉山秀》　不知何人作。所載秦少游、蘇小妹事，多本小説家蘇小妹三難新郎一卷事蹟。閉門推出窗前月，投石沖開水底天，對句警拔，世俗流傳，以爲嘉話，然非事實也。東坡、佛印等，皆點綴生情，真僞參半。《樵書初編》：世傳蘇子瞻有小妹，嫁爲秦淮海之妻，而造爲無稽之談以實之，皆妄也。按《墨莊漫録》云：延安夫人蘇氏，丞相子容女也，有詞行於世。或以爲東坡女弟，適柳子玉者所作，非也。《菊坡叢話》云：老蘇先生之女，幼而好學，慷慨能文，適其母兄程璿之子之才。作詩曰：女母之兄汝伯舅，求以厥子來結姻。鄉人婚嫁重母族，雖云不肯將安云。人言蘇子無妹，卻有此詩。然則子瞻固有二妹，一適柳子玉之子，一適程之才，第非秦淮海耳。東坡一帖云：秦少游當今文人第一流，其子甚奇，有父風。張世南《游宦記聞》：秦少游子名湛，字處度。《樵書》云：觀此帖，知坡公與少游非至戚也。劇本眉山實事，及流俗相傳小説等，攢簇成編，以悦耳目。言蘇老泉與黄山谷同作《繡毬花》詩，老泉詩未成，其女小妹爲續完半首。山谷大加稱賞，因爲秦少游議親。王介甫聞老泉女之聰慧，亦遣使爲子元澤求親。老泉索少游、元澤詩文，送女自閲。女評兩人皆係才人，而王作才氣太露，恐其不永。老泉窺女意，遂許少游。花燭之時，出題三難，然後成婚。介甫既憾老泉不許婚，老泉又作《辨奸論》譏之，而韓稚圭、歐陽永叔等又皆爲介甫所貶，老泉遂高蹈還家。東坡送親還，往辭介甫。吕惠卿在坐，介甫説如意君事，坡不能答。又面屬帶中峽水以治肺疾。及後回京，失誤取下峽之水，爲介甫所嗤，遂因事貶黄州團練使。初東坡守杭州，曾與僧佛印、妓琴操、月素等説偈。後徙黄州，遊赤壁，與山谷、佛印飲酒賦詩。忘其遷謫。而少游亦以東坡親黨，謫監柳州酒税。長沙妓文娟，素慕少游，先有冒名以往者，爲所拒卻。及少游至，文娟見其詞，知真少游，留居甚久。比抵貶所，小妹以道遠多險，改男裝赴楚，即自稱少游。文娟見之，以爲真少游也，反疑前者少游之僞。及元祐初，東坡召還京，爲翰林學士，少游亦召還館閣。接文娟至京，不肯認。東坡令小妹出見，爲語改裝之故，文娟乃喜。是時介甫罷歸，僑寓鍾山半山堂。嘗騎驢獨行，見老媪呼猪曰王安石，不勝慚憤。而東坡夢中示現，爲五戒前身，妓琴操爲清一，妾朝雲爲紅蓮，以結前生公案。小妹先奉元祐太后之命，召回京師，入宫作賦，大被賞賚。東坡適從内院以金蓮燭送歸第，於是東坡兄妹、少游夫婦妻妾一時並娶，爲風流佳話云。《義倡傳》：義倡者，長沙人也，不知其姓氏，家世倡籍。善謳，尤喜秦少游樂府，得一篇，輒手筆口詠不置。久之，少游坐鈎黨南遷，道長沙，訪潭土風俗，伎籍中可與言者，或言倡，遂往焉。少游初以潭去京數千里，其俗山獠夷陋，雖聞倡名，意甚易之。及觀其姿容既美，而所居復瀟洒可人意，以爲非唯自湖外來所未有，雖京洛間亦不易得。坐語間，顧見几上文一編，就視之，目曰《秦學士詞》。因取竟閱，皆已平日所作者，環視無他文。少游竊怪之，故問曰：秦學士何人也。若何自得其詞之多。倡不知其少游也，即具道所以。少游曰：能歌乎。曰：素所習也。少游愈益怪，曰：樂府名家，無慮數百，若何獨愛此乎。不惟愛之，而又習之歌之。若素愛秦學士者，彼秦學士亦嘗遇若乎。曰：妾僻陋在此，彼秦學士，京師貴人也，焉得至此。藉令至此，豈顧妾哉。少游乃戲曰：若愛秦學士，徒悦其詞耳。若使親見容貌，未必然也。倡嘆曰：嗟乎，使得見秦學士，雖爲之妾御，死復何恨。少游察其語誠，因謂曰：若欲見秦學士，即我是也。以朝命貶黜，因道而來此爾。倡大驚，色若不懌者。稍稍引退，入謂母媪。有頃，媪出，設位坐少游於堂。倡冠帔立階下北面拜。少游起且避，媪掖之坐以受。拜已，且張筵飲，虚左席，示不敢抗，母子左右持觴。酒一行，率歌少游詞一闋以侑之。卒飲甚懽，比夜乃罷。止少游宿，衾枕席褥必躬設。夜分寢定，倡乃寢。先平明起，飾冠帔，奉沃匜，立帳外以待。少游感其意，爲留數日。倡不敢以燕惰見，愈加敬禮。將别，囑曰：妾不肖之身，幸侍左右。今學士以王命不可久留，妾又不敢從行，恐重以爲累，唯誓潔身以報。它日北歸，幸一過妾，妾願畢矣。少游許之。一别數年，少游竟死于藤。倡雖處風塵中，爲人婉娩有氣節，既與少游約，因閉門謝客，獨與媪處。官府有召，辭不獲，然後往，誓不以此身負少游也。一日晝寢，寤，驚泣曰：吾自與秦學士别，未嘗見夢。今夢來别，非吉兆也。秦其死乎。亟遣僕順途覘之。數日得報，秦果死矣。乃謂媪曰：吾昔以此身許秦學士，今不可以死故背之。遂衰服以赴。行數百里，遇於旅館。將入，門者禦焉，告之故而後入。臨其喪，拊棺繞之三週，舉聲一慟而絶。左右驚救，已死矣。湖南人至今傳之，以爲奇事。京口人鍾鳴將之常州校官，以聞於郡守李次山，結既爲作傳，又系贊曰：倡慕少游之才，而卒踐其言，以身事之，而歸死焉。不以存亡間，可謂義倡矣。

又《萬里圓》 近時人所著。演黄向堅萬里尋親事也。《蘇州府志》云：黄孔昭，字含美，吴縣人。崇禎癸酉舉人，壬午選雲南大姚令。曾斷一疑獄，稱神明。令七年，民咸德之。桂王擢御史，謝去，隱居白鹽井，教授。子向堅冒險入滇以迎，孔昭不欲歸。諸門人醵金爲贐，曰：先生不歸，孝子萬里之名爲無名矣。孔昭乃歸。經年抵吴，隱西郊者三十年。又《黄向堅傳》云：向堅，字端木。孔昭官姚江，道梗不歸，向堅晝夜涕泣，徒步往滇中。始順治辛卯十二月，訖癸巳六月，自吴入滇，懸崖絶壑，豺虎猺獞之區，無所不歷。繭足黧面，蒲伏至白鹽井，得遇二親。與其從弟向嚴，肩負藍輿而行，歸抵里門，孺慕承歡。凡二十六年而母殁，父登九十，無疾終。向堅負土營葬，不再期。得關膈疾，以身殉，稱完孝云。中間有所謂道前黄者，係巡撫傳宣。本與此無與，出金賄作劇者填入其中云。又所指秦鹿云，以影馬士英也。向堅有子孫，現居閶門外，無登仕籍者。其所刻有《旌孝編》，即載向堅尋親事迹，士大夫所作詩詞，諸體咸備，裒然成帙。

又《羅天醮》 不知何人所作，或因嫌貧悔婚，故托劇以泄忿。内插王守仁擒宸濠及孫燧、許逵死節事，不過點綴作關目耳。後因設醮會合收韻，故名《羅天醮》焉。略云：蘇州龍履祥，幼時，父母與門氏割襟，定其女秀鸞爲室。及長，彼此失怙恃，不能諧伉儷。鸞依表兄戚維榮，榮妹秀英與鸞皆美艷，而鸞擅詞賦。王守仁總督兩廣，履祥其甥，致書邀赴廣。履祥志遠大，不屑就幕，家居自如。時，孫燧巡撫江西，許逵爲副使，而蘇州陸寬新任兵巡道，維榮與寬子德咸善，置酒賀咸，邀祥爲客。二秀於屏後瞰祥風貌，竊相喜悦。會行酒令，維榮無所答，屏後詢鸞，一一指教，座中皆疑，詰榮孰代答者。榮露鸞名，祥始悉已聘之才，涴咸與榮述割襟事。而榮以祥貧咸富，竟背祥盟，而以鸞字咸。鸞聞，欲作詩致祥，不得便，會榮出，祥乘間入，鸞急走避，使青衣以所作詩付祥，令速歸作迎娶計。祥貧無措，榮益逼鸞，鸞紿以疾，召女醫孟媪診視，以書涴媪約祥，夜至後户，贈畢姻資。祥亦以回札附媪覆鸞。媪遇榮，惶遽遺祥書。榮知，遂與家人伏暗處，候祥至，用器皿納祥袖中，誣以盗，控之學博，褫革懲罪。祥乘押差出，脱身至廣詣守仁。榮紿鸞，言祥已斃，使咸强娶鸞，鸞計無所出，潛投江中。兵備楊銑赴安慶任，救之，撫爲義女。時，宸濠叛，孫燧、許逵罵賊不屈，皆死節，惟陸寬降，逮寬子付京定罪。而王守仁與吉安知府伍文定等率兵討濠，奏祥贊畫功，命代寬職。及入京獻俘，陞江西巡撫，過吴門，學博與榮皆懼禍，謀贖前罪，紿己妹爲鴦，慫祥續舊盟。祥亦釋怨成花燭，及訊往事，英語皆不符，細詢其故，知鴦已沉江，此其妹也。祥初不欲婚，强而後可，乃携榮夫婦同赴任。時，宸濠已平，兩江寧靖，有司設羅天大醮於朝天宫，邀天師結壇，薦諸盡節者。祥憫鴦守節，繕疏附薦。鴦亦慫銑薦祥，祥見己名甚驚異，詢銑，銑述女夫事，祥猶以爲同姓名者，祈天師伏壇查二人名。天師遍索無有，叩之三星，言二人在陽世，當貴顯。銑心大疑，細詢鴦，鴦爲述前事，出舊聘玉鴛一枚付銑。又詢祥，語皆合，遂以配祥。榮疑祥別聘，使妹拒之。祥述始末，乃悟。及成婚，果鴦也。二女仍敘姊妹，與祥偕老焉。按明正德十四年，寧王宸濠反，江西巡撫孫燧，副使許逵抗節不屈，皆被殺。南贛巡撫王守仁與吉安知府伍文定等率兵討濠，不久擒濠。劇中所引，蓋實事也。然是時守仁非總督，其督兩廣，在嘉靖五六年間。姚鏌討岑猛叛黨未平，乃用守仁代之。守仁至，其黨盧蘇、王受來降，守仁令不釋甲而杖之，遂以無事。此倒説在征濠前，燧、逵不屈，餘官頗降賊，無所謂陸寬。初，宸濠請復護衛，尚書陸完議從之，濠數與完通。及誅濠，大學士楊廷和以完爲濠黨，奏完下獄遣戍。陸完，蘇州人也。作者諱而爲寬，以其附濠，故托名陸寬降濠也。兵備楊銑守安慶，亦屬近是。内時守安慶者乃參將楊鋭也。宸濠攻其城，鋭固守不下，濠不敢越而東。守仁乃得平濠，厥功甚大。今云楊銑，當改正。龍履祥爲守仁甥，則妄牽合耳。劇内同守仁討賊者，伍文定及臨江知府戴德孺、贛州知府邢珣，皆實。濠平以後，功賞甚薄，守仁累疏争之，文定陞僉都御史，久之，官至尚書，而戴、邢僅稍遷，不得重用。從濠反者劉養正，劇云爲其參謀，亦實。養正，江西舉人，初嘗講學，與守仁甚善，及濠擒，瘐死獄中。守仁收瘞，以文祭之曰：誅者國法，祭者友誼也。然時人頗議其非。御史程啓琉，劾守仁先與濠通，擒濠非其本意，且指及瘞養正事。彼時楊廷和與王瓊不協，以守仁乃瓊所薦，每抑其功。然平濠實出守仁，啓琉之疏，報聞而已。

著録

清・高奕《新傳奇品》 李元玉吴縣人康衢走馬，操縱自如。所著《一笠庵傳奇》三十二本：《一捧雪》、《人獸關》、《占花魁》、《永團圓》、《麒麟閣》、《風雲會》、《牛頭山》、《太平錢》、《連城璧》、《眉山秀》、《昊天塔》、《三生果》、《千忠會》、《五高風》、《兩鬚眉》、《長生像》、《風雲翹》、《禪真會》、《雙龍佩》、《千里舟》、《洛陽橋》、《武當山》、《清忠譜》、《掛玉帶》、《意中緣》、《萬里圓》、《萬民安》、《麒麟種》、《羅天醮》、《秦樓月》。

清・佚名《傳奇彙考標目》卷下 李玉，字元玉。吴縣人。所著有《一笠庵傳奇》。

清・黄文暘、佚名《重訂曲海總目・國朝傳奇》 李元玉：吴縣人《一捧雪》、《人獸關》、《永團圓》、《占花魁》以上爲一笠庵四種，先刊行于世、《麒麟閣》、《風雲會》、《牛頭山》、《太平錢》、《連城璧》、《眉山秀》、《昊天塔》、《三生果》、《千忠會》、《五高風》、《兩鬚眉》、《長生像》、《風雲翹》、《禪真會》、《雙龍珮》、《千里舟》、《洛陽橋》、《虎邱山》、《武當山》、《精忠譜》、《掛玉帶》、《意中緣》、《萬里緣》、《萬民安》、《麒麟種》、《羅天醮》、《秦樓月》。

清・梁廷枏《曲話》卷一 其一人而多至三十一種者，國朝李元玉之《一捧雪》、《人獸關》、《永團圓》、《占花魁》、《麒麟閣》、《風雲會》、《牛頭山》、《太平錢》、《連城璧》、《眉山秀》、《昊天塔》、《三生果》、《千忠會》、《五高風》、《兩鬚眉》、《長生像》、《風雲翹》、《禪真會》、《雙龍珮》、《千里舟》、《洛陽橋》、《虎邱山》、《武當山》、《清忠譜》、《掛玉帶》、《意中緣》、《萬里緣》、《萬民安》、《麒麟種》、《羅天醮》、《秦樓月》。按：此就大略言之，考證當不止此。俟再補入。

又 吴門李元玉有《一笠庵廣正九宫譜》，採元人各種傳奇散套及明初諸名人所著之北詞，依宫按調，彙爲全書。於牌名、體格同異處，辨證甚屬精詳。所收尤博，多今未見者。先是華亭徐于堂輯有原稿，李氏取而參討之。吴梅村爲之序，稱爲騷壇鼓吹，堪與漢文、唐詩并傳不朽，可謂知言。

清・焦循《劇説》卷四 明祁參政承爍，集元、明傳奇八百餘部，益以本朝，則益多矣。其中三家所撰最多。【略】李元玉一笠庵，二十九本：《一捧雪》、《人獸關》、《永團圓》、《占花魁》、《五高風》、《雙龍鳳》、《昊天塔》、《兩鬚眉》、《三生果》、《牛頭山》、《武當山》、《麒麟閣》、《虎邱山》、《長生像》、《千里舟》、《眉山秀》、《連城璧》、《千忠會》、《掛玉帶》、《意中緣》、《風雲翹》、《洛陽橋》、《太平錢》、《萬里圓》、《風雲會》、《羅天醮》、《麒麟種》、

《萬民安》、《禪真會》。元玉係申相國家人，爲申公子所抑，不得應科試，因著傳奇以抒其憤，而《一》、《人》、《永》、《占》尤盛傳于時。其《一捧雪》，極爲奴婢吐氣，而開首即云：裘馬豪華，耻争呼貴家子。意固有在也。

清・支豐宜《曲目新編・國朝雜劇》 《一捧雪》、《人獸關》、《永團圓》、《占花魁》、《麒麟閣》、《風雲會》、《牛頭山》、《太平錢》、《連城壁》、《眉山秀》、《昊天塔》、《三生果》、《千忠會》、《五高風》、《兩須眉》、《長生像》、《鳳雲翅》、《禪真會》、《雙龍佩》、《千里舟》、《洛陽橋》、《虎邱山》、《武當山》、《清忠譜》、《挂玉帶》、《意中緣》、《萬里緣》、《萬民安》、《麒麟種》、《羅天醮》、《秦樓月》。右三十一種，吴縣李元玉作。

清・姚燮《今樂考證・著録八・國朝院本》 李元玉三十一種：《一捧雪》、《人獸關》、《永團圓》、《占花魁》、《麒麟閣》、《風雲會》、《牛頭山》、《昊天塔》、《太平錢》、《連城壁》、《眉山秀》、《三生果》、《千忠會》、《五高鳳》、《兩鬚眉》、《長生像》、《風雲翅》、《禪真會》、《雙龍佩》、《千里舟》、《洛陽橋》與許見山同目。《虎邱山》、《武當山》、《清忠譜》、《掛玉帶》、《意中緣》與李笠翁同目。《萬里緣》、《萬民安》、《麒麟種》、《羅天醮》、《秦樓月》。

清・王國維《曲録》卷五 《一捧雪》一本，《人獸關》一本，《占花魁》一本，《永團圓》一本，《麒麟閣》一本，《風雲會》一本，《牛頭山》一本，《太平錢》一本，《連城壁》一本，《眉山秀》一本，《昊天塔》一本，《三生果》一本，《千忠會》一本，《五高風》一本，《兩鬚眉》一本，《長生像》一本，《鳳雲翅》一本，《禪真會》一本，《雙龍佩》一本，《千里舟》一本，《洛陽橋》一本，《武當山》一本，《虎邱山》一本，《清忠譜》一本，《掛玉帶》一本，《意中緣》一本，《萬里緣》一本，《萬民安》一本，《麒麟種》一本，《羅天醮》一本，《秦樓月》一本，《埋輪亭》一本，《一品爵》一本。右三十三種，國朝李玉撰。

張大復

論説

清・高奕《新傳奇品》 張心其吴縣人，去病用兵，暗合孫、吴。

清・袁棟《書隱叢説》卷八 《如是觀》，前有《恨賦》，後有《反恨賦》，以前人之所恨者一一而反之於正，使人心快然也。傳奇有《精忠記》，復有《倒精忠》，中演岳飛直搗黄龍府，迎取二聖還朝，奸檜典刑，山河恢復，觀之者田夫販竪，亦爲之快意。一名《如是觀》，謂水月空花，當作如是觀耳。文人學士又不覺爲之墮泪也。因思秦皇雖無道，而扶蘇當正位而戮高。晋獻雖信讒，而申生宜完身而得國。明皇雖播遷，而梅妃當歸宫而寵愛。建文雖流離，而孝孺宜盡忠而反正。安得見之空言，一一而反其恨乎。《女仙外史》以谷應泰所言仙乎妖乎之唐賽兒，起義山東，糾集向義之舊臣，援救陷冤之患難，空奉建文名號，立闕設官，與永樂爲難，直至榆木川而止，亦快矣哉。

紀事

清・佚名《曲海總目提要》卷一一 《如是觀》 一作《翻精忠》，聞係明末時吴玉虹作，以精忠直叙岳飛之死，而秦檜受冥誅未快人意，乃作此以翻案。言飛成大功，檜受顯戮，兩人一善一惡，當作如是觀，故名《如是觀》也。事迹有真有假，《精忠》真者大半，此劇多係綴飾。李綱、李若水請徽宗臨朝奏事，徽宗宣至便殿，二人因奏兵機事。徽宗宴飲不恤，聞文武狀元遊宫，幸翠華樓觀之。李若水言秦檜利於北，不利於南，岳飛利於南，不利於北。遂命檜爲河北行人司使，岳爲江南游擊將軍。此段非實事。兀朮令粘罕爲先鋒，斡離不合後，自領中軍，長驅渡河圍汴京。要道君親至軍前，李若水見諸臣奔竄，勸之盡節，不從。又見康王飛馬至金營議和，因至萬壽宫見道君。金以康王年幼，不准議和，逼道君、欽宗俱至營中。李若水從行，見二聖在金營受辱，極罵而死。二聖及后妃等北去。秦檜聞斡離不要送還二聖，班師北還，與妻王氏議。王氏逆料二聖决不能回宫，立意身在南朝心向北，乃設香粉鴛鴦計。假作採桑婦，以誘兀术。秦檜見之，因俯伏獻酒。兀术抱王氏上馬而去。其後岳飛連復數郡，王氏獻反間計，金遂令檜夫妻南回，贈王氏以金念珠，王氏亦以九珠金鳳釵獻。兀术欲放二聖回，爲王氏所阻。檜夫妻道遇飛兵，紿言殺監守逃回。牛皋勸飛殺之，不從。檜至臨安，即拜平章。王氏憶兀术恩情，相思成病。因聞報見飛連破兀术，煩惱泣下。檜回朝置酒東窗，爲王氏解悶，設計陷飛，假作詔書，將十二金牌召飛班師，且欲首飛通謀金國，令家將田思忠賫詔以往。王氏因作私書付田，密送兀术。其後王氏又詐説奉太后旨勘問飛母，欲賺其親筆手書，召飛回師。飛母痛罵長舌婦。王氏計無所出，遂遣家將戚方行刺云云。宗澤卧病，岳飛進見。諜報二聖北去，因將印符交岳，連呼渡河而亡。岳回家見母，母因將金針刺岳背作精忠報國四字。康王泥馬渡江，至臨安，李綱、趙鼎等重領朝政，張俊、劉翊等復整軍容。二聖住草窩内，道君及太后病，尋米不可得。朱后拾枯枝請道君、太后暖火。又安置五國城，二后皆死。又云二聖至五國城，路遇風雪凍倒，有一南朝老人，扶之而行，宿古廟廊下。又有一野老進食，欽宗賜以玉龍佩，令持之南朝進之。飛接假詔，不肯班師，百姓攀留。牛皋拿獲送私書人，因將田思忠梟首，連夜進兵。檜誣飛擅殺使臣，反投金國，拿飛家屬。飛母及妻張氏令雲自投大理寺獄，李綱及夫人與子自縛保奏岳飛不反。高宗欲殺三人，太后旨免之。兀术設計誘飛至草坡，以鐵浮圖圍之。岳令牛皋解鞍牧馬，遇雲兵至，突圍至全城。飛入城謁廟，獨登翠華樓，題《滿江紅》詞。戚方放箭而去，飛令軍中揚言中箭而亡，合軍發喪，以誘兀术，因此取勝。牛皋追术，遇仙人鮑方云：徽、欽無道，玉帝差赤鬚龍攪亂山河，今將數滿。遂將角端止住宋軍，現金橋渡术過海。飛到五國城，迎二聖還朝。勘問秦檜、王氏，招出通奸兀术，立誓反間，搜王氏金念珠，將檜與王氏淩遲處死。

又《天有眼》　明末人寒山作，不詳姓氏。所演萬曆年間程子忠事，以子忠從軍十年，其妻守貞養子，鬻身娶媳。其子與婦，皆欲賣身贖母，義士贈金，穿窬竊去，被雷擊死。子忠以軍功授職榮歸，夫妻子媳團聚。善惡之報，昭然不爽，故名《天有眼》也。事出小説，不根史傳，無可證據。略云：程子忠，山東高唐州人，雙親早逝。妻袁七娘，子官保壽。是時，萬曆承平日久，南蠻溪洞盤瓠氏强盛，洞主乃女子也，少年勇猛，統轄五種苗丁：一曰猺丁，二曰獠丁，三曰蠻丁，四曰黎丁，五曰蛋丁，剥獸爲衣，射鳥爲食，架木作屋，名曰排闌，破土藏身，號爲寢洞。人甚獷悍，風俗荒誕。造竹槍、竹弩、藤牌，三日一獵。部下黎丁太保，素管諸蠻，又有獠丁太保，能擊虎，猺丁太保能殺熊，爲所任用。聚衆萬餘，侵擾雲、貴、兩廣地方。朝中推兵部侍郎王季文武才能，授兩廣、雲、貴四省經略。王季者，字仲叔，山東萊州人，平蠻將軍王豸之後也。召募民間義勇，至高唐州，程子忠應募，用爲親隨。遂與妻別，子官保壽已五歲矣，妻願爲守節撫育幼子。而本州富户傅足字爾豪者，號爲攀角牛，見七娘姿容妍麗，與鄰右余仁號爲過街鼠者謀，仁令妻邀七娘至家共飲，夜静滅燭之後，仁妻藏避，導傅足潛入圖奸。七娘窺破其意，以言餂之。仁妻盡露真情。七娘勸其飲醉，不省人事，竟從後門歸家。傅足來，誤奸仁妻。仁復嚇詐拿奸，點燭視之，乃己妻也，各大羞慚。袁於是得全節操。時，子忠欲建功業，獻苦肉計於王季，往探蠻洞地利形勢。季乃摘其過失，重責六十棍，拋於營外二十里。黎丁太保巡哨見之，收入排闌居住調養，棒瘡平復，進與洞主盤瓠氏。洞主愛程子忠姿容俊偉，招爲賴伴。賴伴者，即女婿之稱也。命蠻男蠻女坐地踏歌，復以黄金白璧異寶奇珍，請咖嘛師進酒配合，名爲宣和，又名爲過賴。獠、猺二太保以事出於黎，其心不忿，言語相争。黎於坐間殺獠，黎復爲猺所殺。洞主使衆擒猺，猺丁太保越澗亡走。洞主遂與子忠諧秦晋之歡。王季知子忠已入賊營，屢遣遊兵擾之。子忠出戰，官兵詐敗以惑洞主，益傾心信托。因勸止其擄掠，洞主皆聽從，諸郡得寧静七載者，子忠之功也。洞主旋生一子，稱爲郎牙，夫婦之情愈篤。王季遣人招撫，洞主猶倔强不從。子忠力陳區區蠻洞，不足當天下之大，遂奉表降，詔以盤瓠氏納款歸誠，宜加奬勵，賜金印一顆，世襲宣慰司，仍管諸洞蠻丁。程子忠忍辱立功，賜銀印一顆，世襲宣慰司副使，即隨王季同往京師謝恩朝覲。袁七娘在家撫育官保壽至十五歲時，值萬曆十六年高唐州荒旱，晝夜紡績，以謀朝夕。官保壽傭工養母。訛聞子忠已殁，爲子定婚陳氏，而苦乏資，與媒嫗施氏商，鬻身娶媳。攀角牛傳足者，適斷絃欲繼娶，出財禮銀二十兩。官保壽痛母捨身娶媳，懇求諫沮。母以宗嗣爲重，竟往傳宅。官保壽亦於是日合巹，自誓不贖母歸，不忍夫妻完聚。七娘至傳家，冰霜凛然，欲逼成親，以利刃自刎。傳足不得已，全其貞烈，留家執婢役，必償銀四十兩，方釋之去。官保壽知母守節，願同妻陳氏賣身贖母。禱於雷鳴大王廟，大盜一枝梅伏梁上竊聽，憫其孝心，即贈銀四十兩。喜甚持歸，過街鼠余仁伺之，半夜偷其銀去。次日，官保壽、陳氏哀苦憤極，一投水，一自縊。雷神大王神力默護，得以復蘇。而余仁爲雷擊死，手中堅持銀二大錠，觀者拍之不開。官保壽至，其手即鬆。人共驚異，以爲善惡昭彰，皇天有眼也。七娘井邊汲水，見馬上官長貌似其夫，方切疑駭。而子忠果衣錦榮歸，差人訪妻子消息，悉知妻鬻身娶媳，誓不改節，子媳賣身贖母，義士贈金，爲盜竊去，子媳自盡救蘇，盜遭雷擊，種種情事，即遣本州官吏以上賜鳳冠霞帔接至公館。十年離别，一旦骨肉團圓，悲喜交集，命有司重修雷鳴大王廟，挈妻子赴任，與盤瓠氏歡聚，共樂溪洞，子孫繁衍云。按明萬曆間山東人爲督撫者，無所爲王季，係僞撰。

又《海潮音》 係蘇州人張心其作。心其居閶門外寒山寺，自號寒山子，粗知書，好填詞，不治生産，性淳樸，亦頗知釋典。《醉菩提》亦其所作也。此劇據《香山寶卷觀音大士修道因緣》，其曰《海潮音》者，《普門品》云：妙音觀世音，梵音海潮音，勝彼世間音。故演觀世音事，目爲海潮音也。又有《香山記》，與此大略相同。妙莊王生三女，孟配文，仲配武，季則大士也。王欲爲擇婿，大士不樂世緣，誓焚修。王怒，令於白鵲寺剃髮，受諸勤苦。大士怡然，採樵汲水，行一切行。王知益震怒，令焚其山。大士運神力遁去，遂至香山，結跏趺坐，已成道矣。時，妙莊王不豫，藥不能療，出榜延醫。大士即化梵僧，揭榜愈王疾。後知大士無恙，憤甚，率武士至香山，剜其目，復斷其臂而回。後大士即現千手千眼，王聞始悔悟，夫婦率二女，暨闔宫眷屬，詣香山懺禮。大士爲説法要，父母俱大悟焉。又善財童子歷參五十三善知識，皆大士化現，令善財頓契妙心，不離當處而證菩提。其後妙莊王夫婦俱得無上正等正覺云。按《大悲經》，觀世音菩薩，係過去正法明如來，於賢劫中復現菩薩身，承事釋迦牟尼佛。又按《法華》、《楞嚴》諸經，俱載觀世音普門大士圓通第一，以三十二應，隨類現身而爲説法。又《華嚴經》，善財童子南詢，參五十三善知識而證菩提云。又考《西遊記》云：紅孩兒者，牛魔王之子，名曰聖嬰大王，要唐僧於路，孫行者與之力戰，不能服，乃往南海，請觀世音用法力收之，令相隨至南海，道上五十三參，始至南海。其説與佛經各異。而此劇則又云：觀世音口中吐光，令紅孩兒引之，愈引愈不盡，於是降伏。既歸觀世音，乃爲收服火龍道者。火龍道者，孽龍也。妙莊王信事之，勸王蒸食小兒以煉丹。紅孩兒與戰擒之，妙莊王乃識其妖妄，而信觀世音，以歸於正道。蒸食小兒之説，亦本《西遊記》，另爲一節，此乃串合爲一也。蓋因善財有南詢事，南方屬火，故曰紅孩。其點綴火龍，亦是此意。其言心火最難降伏，降伏心火，便成正覺也。

又《醉菩提》 張心其作，記濟顛和尚事。武林人有敷演杭州故事者，其名曰《西湖佳話》，臚列頗詳。又小説有《濟顛傳》，蓋流傳既久，真贋錯雜，惟《西湖志餘》所載總括大凡，脱略事迹，足徵信云。《西湖志餘》：濟顛者，本名道濟，風狂不飭細行，飲酒食肉，與市井浮沉，人以爲顛也，故稱濟顛。始出家靈隱寺，寺僧厭之，逐居淨慈寺，爲人誦經下火，累有果證，年七十三歲，端坐而逝。人有爲之贊曰：非俗非僧，非凡非仙。打開荆棘林，透過金剛圈。眉毛廝結，鼻孔撩天。燒了護身符，落紙如雲烟。有時結茅宴坐荒山巔，有時長安市上酒家眠。氣吞九州，囊無一錢。時節到來，奄如蛻蟬。涌出舍利，八萬四千。贊嘆不盡，而説偈言。嗚呼。此其所以爲濟顛也耶。今寺中尚塑其像。《西湖佳話》載濟顛醉遇馮太尉，責令供狀。濟顛供云：南屏山淨慈寺書記僧道濟，幼生宦室，長習儒風。自威音王以前，神通三昧；至傳燈佛下世，語具辨才。宿慧暗通三藏法，今修背記《十車經》，廣長舌善譯五天竺書，圓通耳能省六國梵語。清涼山一萬二千人，猶記同過滑石橋；天竺寺五百餘尊者，也曾齊登鷲峰嶺。理參無上，誰不豎降旗；妙用不窮，自矜操勝著。雲居羅漢，惟有點頭；秦州石佛，自難誇口。剃光頭，賣響卜也吃得飯；洗淨手，打口鼓也覓得錢。倔强賽過德州人，蹺蹊壓倒天下漢。有時娼妓家説些因果，風狂不是風狂；有時尼姑寺講些禪機，顛倒却非顛倒。本來清淨，笑他龍女散花多；妙在無言，笑殺文殊獅子吼。唱山詞聲聲般若，飲美酒碗碗曹溪。坐不過，禪床上醉翻觔斗；戒難持，鉢盂内供養屠兒。袈裟當於盧婦，盡知好酒顛僧；禪杖打倒龐婆，共道風流和尚。十六廳宰官，莫不儘我酒後往還；三天竺山水，從來聽予閒中坐卧。醉昏昏偏有清頭，怔碌碌却無拘束。雖則欲加罪和尚易欺，衹怕不犯法官威難逞。請看佛面，稍動慈悲；拿出人心，從寬發落。今蒙取供，所供是實。劇中大意：言台州李贊善之子，名修元，其表兄毛子碩太尉，奉佛長齋，嘗挈修元及沈提典同詣靈隱寺，謁瞎堂遠禪師。遠上堂云：願得高山一株木，你道將來何所欲。參學者皆不答，修元輒答曰：棄了這間茅草庵，祇向靈山別造屋。遠云：匠人在那裏。修元竪指曰：這不是匠人。遠云：斧子聻音呢。答曰：劈碎你天靈蓋。遠即下座。當晚修元叩方丈門云：元來一入門來，亦祇争得一步。遠云：要入老僧室，還遠在。其夜即削髮出家，名曰道濟。毛、沈勸歸不從，大笑而已。遠令打坐參禪，辭以不慣，示以機鋒，言下立悟。然性好酒肉，時時作瘋癲狀，因名之曰濟顛。毛太尉遣虞候試之，引使挾妓輒往，令群童與俱，凡百戲耍，無所不爲。遠正言指示，濟輒云各相不涉也。毛見其狂縱，緣己所引，心甚鬱鬱，忿而成疾，開葷駡僧，病勢日篤。濟往視之，毛云：因汝而起。濟不答，但呼酒痛飲，云無所慮，飲畢酣睡。而毛爲冥卒所攝，遊地獄中，夜叉方共搏擊，忽見四金剛擁衛一祖師，叱卒令去，傳語閻君放回。卒初不從，韋馱怒擊之，金剛奪毛還陽。所擁祖師乃濟也。毛知其異，遂復茹齋奉佛。貧子王溜兒者，以母老不能養，告濟。使入萬松林，取一促織，當得錢五百貫。時有王子趙栴，好鬭促織，宋太尉方爲覓佳者不得，至松林即買去，予錢如濟所示。於是衆口藉藉以爲神。毛約宋、沈及濟父，皆來寺中，促織頓死。宋大哭，濟令視之，蓋其蝨所變也。舉火度促織，作法語數十句送之，化作青衣童子，昇天而去。濟嘗與沈同宿娼家，隔壁而卧，用禪機醒妓，兩妓俱悟，即謝客焚修。濟入龍王廟，有王孝子亦至，其前生用假銀，當受天誅，濟令伏袈裟下，雷擊不能傷而退。遠禪師回首，靈隱衆僧不能容。濟遂移净慈，長老欲建寺，濟設緣簿，送毛太尉，而現身雲端，祈太后布金造寺。太后親詣净慈，濟預令闔寺僧接駕。及至，已獨不出。太后必欲見道濟，濟持酒罏出謁，飲盡一斛而去。太后乃捐金敕建，命毛、宋兩太尉督工。迨寺成，濟即留書別兩妓，使人報長老，回首坐化，留偈云：數十年來狼藉，東壁打到西壁。今朝收拾歸來，依舊水連天碧。長老來視，墨迹未乾。公卿戚里并集，頂禮奠酒，濟於雲端現身説法，戒世人須斷葷酒云。

又《天下樂》 此劇亦張心其作，以五福財神爲主，言此五人皆能散財濟貧，力行善事，求得甘雨，以致豐年，國家既封五路大總管，原賜金帛，玉帝復封爲財帛司五路大將軍，掌管人間利禄，令東西南北中五方，無不豐登富厚，自然天下安樂，萬世太平，故名之曰《天下樂》也。五路神，俗名路頭，又謂之財神，未知所始，近世無不禱祀，而江浙尤甚。杜平，字鈞卿，杭州錢塘人，累世爲商，家資巨萬，父母早亡，未及婚娶，與金陵李四、錫山任安、丹徒孫立、姑蘇吴彦正同業營生，意氣相得，願散資財普濟窮民。平拯濟江浙將遍，自往都下淮揚，而出資八十萬，令四人分濟四方，一往滇貴，一往齊燕，一往湘楚川隴，一往閩粤。於是吴越分野，常有金光五道，亘天而起。時，鍾南山秀士鍾馗，與妹媚兒同居，聞唐高祖開科取士，欲赴京應舉，貧乏無資。平在長明寺中，大捨錢帛穀米，馗聞其名，詣寺訪之。平即邀至家中，贈百金爲資斧，佐以寶劍。馗爲人好剛使氣，乘醉入寺，寺僧方爲杜作瑜珈道場，延請法師施食。馗見大詫，以爲妖誕，毁榜毆僧，且謂平曰：人之禍福在天，何得托名於鬼。若鬼果能作禍於人，是爲害人之物，必當盡殺而啖之。諸餓鬼訴於觀音大士，大士知其正直，後將爲神，而怒其謗佛，乃令五窮鬼損其福，五厲鬼奪其算。馗赴京，旅次痁瘧，及稍愈，由徑道往長安，夜抵陰山窮谷中，爲衆鬼所困，變易形狀，紺髮墨面，叢生怪鬚，塞土於口而去。馗入京就試，獲中會元，殿試之時，以貌醜被黜，自觸殞身，大鬧酆都。奏知玉帝，玉帝憫其正直無私，懷才淪落，封爲驅邪斬祟將軍，領鬼兵三千，專管人間祟鬼厲氣。初，馗之赴舉也，平厚賙其家，且使婢爲其妹役，馗深感之。平以貿易入都，馗方登第，以妹許平，未及嫁而馗爲神。時，天子御朝，八方王子萬里入貢，云睹五道祥雲，輝映中國。而其時適三月不雨，有旨問袁天罡，天罡云：五雲之瑞，應在五人。及召平等入見，平訟馗冤，請爲立廟褒封，三日甘霖必沛。乃贈馗狀元，而令平等禱雨，如期雨降，遂拜平天下五路大總管。馗踐前約，親率衆鬼，笙簫鼓樂，燈火車馬，自空而下，以妹嫁平。五人復受玉帝之敕，爲五路大將軍。又令多寶天尊，賜以天女繡花雲蟒五件，辟邪金盔五頂，其僕招財、利市，俱得并封。按五路及招財、利市之説，不見正書，然流俗相傳，祀之已久。鍾馗貼於後門，亦未知所始，似取《山海經》、《風俗通》神荼、鬱壘伏邪制鬼之意，然此乃今所謂桃符也。馗係唐時終南山進士，見夢唐皇，請爲驅邪辟鬼，説家多載其事。然本應武舉，宋孫知微作《雪鍾馗圖》，破巾短褐，束縛一鬼，荷於擔端，行雪林中。李鷹云：想見武舉不第，胸中未平，又怒鬼物擾人，擒捕擊搏，戲用餘勇也。又按蜀王時，每年杪冬末旬，例進畫鍾馗，趙忠義以第二指挑鬼眼睛，蒲師訓以母指挑鬼睛。蜀王問畫優劣，黄筌以師訓爲優。蜀王曰：師訓力在母指，忠義力在第二指，筆力相敵。并厚賜金帛。是鍾馗捉鬼，唐時已盛傳矣。宋元已後，多有畫《鍾馗嫁妹圖》者，程坦與米元章同時，嘗畫鍾馗小妹二幅，湯垕詆其俗惡，然亦未知所始。馗手中執劍，或腰一劍，按劍有終葵首，載於《周禮注疏》。昔人嘗言，創鍾馗之説者，或因終葵首而附會之，亦未知是否。又按温庭筠貌陋，唐人謂之温鍾馗，則馗之陋甚的，但非鬼所變易耳。

又《釣魚船》 亦近代人作。本《西遊記》劉全進瓜事，而稍加改换，情節多相同。略言：長安人劉全，妻曰桃氏，夫婦以捕魚爲業。唐太宗貞觀中，術士李淳風嘗趁全船渡河，與錢不受，淳風爲全拆一魚字，教全於三曲灣王家港捕魚，必應多獲。已而果然。全乃日送魚以餉淳風。淳風預爲判斷，無不如意。涇河龍神知之，怒其殄滅水族，命鱉丞相、蚌參軍之屬，使擒劉全夫婦，下之油鍋。身化老翁，向淳風卜雨。淳風曰：明日子時興雲，寅時下雨，辰時雨止，共下三寸零二百三十點。涇龍念雨由己下，可自主也，乃與淳風賭雨數，不如言則碎其所懸幟。甫回水晶宫，而天符下，使龍行雨。涇龍乃故遲一時，而多下少許。初，劉全餉淳風魚，淳風視全面色晦滯沉黑，語之曰：汝夫婦即時有重禍。全未抵船而船已覆，妻溺於水，全幸免於難。涇龍復詣淳風，擊碎懸幟。淳風曰：若犯天條，罪當重辟，何怒爲。涇龍大怖，求救於淳風。淳風曰：我不能救若，上帝命三曹會議，天曹官李連，地曹官崔珏，人曹官魏徵，行誅者人曹也。今爲唐宰相，惟求唐太宗可以救若。會淳風進圖於太宗，涇龍乃化爲綫，伏於圖内，拜哭求生，并以徑寸寶珠爲獻。唐太宗問得實，乃召魏徵入朝，與之對弈。至午刻，魏徵假卧片時，則已夢誅涇龍矣。徵醒，唐太宗問而知之，方甚惋惜。而涇龍以唐太宗許救而受誅，怨恨爲祟。於是使尉遲敬德、秦叔寶守前門，鍾馗守後門，以鎮壓之。而涇龍復固要唐太宗詣天妃辨證，始知魏徵於夢中行誅，非唐太宗不救也。天妃欲得人間瓜果，唐太宗募人進瓜。劉全念妻亡不得相見，乃應募服毒。淳風言全即還陽，毋釘其柩。全進瓜於天妃，天妃詰全之情而憫之，欲生其妻桃氏而屋舍已壞。會唐太宗御妹瓊英當返仙界，遂令借瓊英軀以返魂。劉全與妻俱放還。及全醒，而妻不可見。方詣宫門覆奏進瓜本末，而唐太宗妹復蘇，所説皆漁船事，且宫中綵女并見瓊英飛昇雲路，於是命全迎歸伉儷，而畀全以駙馬之號。全不願爲官，但願得船釣魚，逍遥自樂。乃不拂全意，聽其所如，劇名《釣魚船》，以此故也。按《西遊記》載此事，乃唐三藏往西天取經張本也。其説雖屬荒唐，然係元時丘處機所作。處機道行高妙，必有所寓托，非苟然也。此劇大段本之，而各有同異。《記》云漁者張稍，進瓜者劉全，此云漁者亦劉全。《記》云全妻翠蓮，此云全妻桃氏。《記》云翠蓮與夫角口自縊，此云龍王擒下油鍋。《記》云術士袁天罡之叔守誠，此云李淳風。《記》云森羅殿，此云天妃宫。《記》云永免差傜，此云封爲駙馬。此其大同異也。《記》云白衣秀士，此云老翁。《記》云辰時布雲，巳時發雷，午時下雨，得水三尺三寸零四十八點，此云子時興雲，寅時下雨，辰時雨止，下雨三寸零二百三十點。《記》云蝦臣、蟹士、鰣軍師、鱖少卿、鯉太宰，此云鱉丞相、蚌參軍。《記》云少些點數，此云多下點數。《記》云魏徵守後宰門，此云鍾馗守後宰門。《記》云玉英，此云瓊英。此其小同異也。又《記》中但言龍王夜半托夢求救，不言化綫獻珠，又但言人曹官魏徵，不載天曹李連、地曹崔珏之説。又案《記》中有魏徵寄書崔珏及唐太宗借相良金銀一庫二事，此劇亦皆用之，但改相良曰徐長者云。《唐書·李淳風傳》：淳風，岐州雍人，於占候吉凶若節契然，當世術家意有鬼神相之，非學習可致，終不能測也。魏徵爲人曹官之説，本係鑿空，然元時劉元塑東嶽大帝侍臣像，仿徵塑之，是必徵象怪奇，儼如神明也。秦叔寶、尉遲敬德，世仿其像爲門神，似非無本。鍾馗當在貞觀之後，劇因後世貼鍾馗於後門而附會之耳。《元史·方技傳》：劉元，字秉元，寶坻人。大都南城作東嶽廟，元爲造仁聖帝像，巍巍然有帝王之度。其侍臣像乃若憂深思遠者。始，元欲作侍臣像，久之未措手，適閲秘書圖畫，見唐魏徵像，矍然曰：得之矣，非若此，莫稱爲相臣者。遽走廟中爲之。即日成，士大夫觀者咸嘆異焉。丘濬《天妃廟碑》：天妃宫，江淮間濱海多有之。其神爲女子三人，俗傳神姓林氏，遂實以爲靈素三女。太虚之中惟天爲大，地次之，故製字者謂一大爲天，二小爲地，天稱皇，地稱后。海次於地者，宜稱妃耳。其數從三者，亦因一大二小之文。蓋所祀者海神也，元用海運，故其祀爲重。司馬温公則謂水陰類也，其神當爲女子，此理或然。

又《井中天》 作者姓名不可考。通本演《平妖傳》，而借鄭信神臂弓一節，改作李遂事，以遂得弓於井，卜吉又逐永兒入井，有兩番關目，故曰《井中天》也。按《平妖傳》：貝州王則之反，皆由聖姑姑、左瘸師、胡永兒、張鸞、卜吉諸人，以妖法煽動，其後則與永兒驕淫過甚，鸞、吉避去。文彦博統兵征剿，彈子和尚返邪歸正，用五雷法佐彦博擊殺左瘸，遂擒則、永。劇中皆本此敷演，而節去從前半截，但於科白中敘出。蓋傳太繁，不能盡臚也。據《宋史·明鎬傳》：王則者，本涿州人，歲饑，流至恩州，爲人牧羊，後隸宣毅軍爲小校。恩冀俗妖，幼習五龍滴淚等經，言彌勒當持世，則背刺福字，妖人因妄傳其字隱起，爭信事之。而州吏張巒、卜吉主其謀。慶曆七年冬至，率徒劫庫，僭號東平郡王，以張巒爲宰相，卜吉爲樞密使，旗幟號令，率以佛爲稱。仁宗命知開封府明鎬爲體量安撫使。則未下。又命參知政事文彦博爲宣撫使，以鎬副之。初，鎬至，州民趙宗本等自城上繫書射鎬帳，約爲內應，夜垂絙以引官軍。城幾克，賊以數百人夜出，復皆就獲。顧城峻不可攻，乃爲距闉。將成，爲賊所焚，遂即南城爲地道，日攻其北牽制之。及彦博至，穴通城中，選壯士中夜由地道入。衆登城，賊縱火牛，官軍以槍中牛鼻，牛還攻之，賊大潰，開東門遁。總管王信捕得則，其餘衆保村舍皆焚死，檻送則京師，支解以徇。略云：李遂入井，與日霞仙子成親，贈鐵胎神臂弓，後用以破王則。仙子以所生子還之。蓋文彦博征王則，多目神書六字於銀盆以示之，曰：逢三遂，妖魔退。三遂者，諸葛遂智、馬遂及李遂也。諸葛遂智即彈子和尚，本稱蛋子和尚，由鵝蛋中生，泗州迎暉寺中慈雲長老收而養之。及長，聞辰州雲夢山白雲洞有白猿神，竇藏天書，三次入洞，盜取天書二十四幅。雷文雲篆，不能認識，遇聖姑姑於華陰楊春巡簡家，爲之講解，結爲姊弟。聖姑姑者，益州雁門山老狐，子曰黜兒，被獵户射傷左股，因名左黜。女曰媚兒，嘗與劍門關廟道士賈清風有情，未幾早没。聖姑姑與左黜方以幻術誘楊春夫婦，奉之如神。及姑姑見蛋子天書，皆畫符遣將，呼風喚雨，豆人紙虎，梯雲縮地之法，凡七十二變。姑姑、左黜、蛋子三人日夜練習，妖術頓成。時又有道士張鸞者，亦多幻術，嘗得媚兒畫像，持示汴京富户胡洪，以爲仙女，夜供書齋禮拜。其妻張氏怒而燬之，灰飛入口有娠，生女曰永兒。聖姑姑知前生是其女，密授以法。洪被回禄，家赤貧。永兒變法取錢物，復令致富。洪懼得禍，擇一下愚男子憨哥嫁之。憨哥，即賈道士轉生也。暑月，夫婦乘凉，坐城樓屋脊上。遊徼者以爲妖，射憨哥墮地。永兒知聖姑姑已離楊巡簡，在鄭州山中，乃之鄭州訪之。雇卜吉車坐，抵城東門內，入一空宅。卜吉候索車錢，久不見出，入趣之，則永兒徑投入八角井內。見者謂吉逼殺此女，擒送州署。州官令入井索取。吉入內，徐行至山洞中，遇聖姑姑，與一三足兩耳黄金鼎，令獻州官。州官得鼎，復將吉刺配密州，又令解役於中途害吉。聖姑姑已與張鸞密計，令救吉。鸞剪紙爲月，以示解役，遂縱吉去。而州官聞解役言，且見兩輪月，以爲妖人。呼鸞問之，鸞令取鼎，鼎内躍出卜吉，立殺州官。朝廷命包龍圖拯爲開封尹，捕捉妖人。有杜七聖者，與彈子和尚鬬法。拯命擒彈子，百計不能得，爲所騷擾。及至擒送市曹，彈子用術致風雨，遁去無迹。遂出榜文，遍募擒妖。而永兒在貝州，賣泥蠟燭以動衆。有排軍王則，見而悦之，欲求其法。永兒遂引謁聖姑姑，令配爲夫婦。貝州有軍六千，知州張德未給月糧，衆心并怨。聖姑姑等設計，令張鸞、卜吉、彈子、左黜各變法取倉庫中錢米，運至則家，令給軍士。德知則散糧米於衆軍，而檢視倉庫，失物無算。拷則問其何術，乃供鸞、吉等四人所爲。德知鸞、吉鬧鄭州，彈子擾開封，大驚駭，傳檄捕捉。左黜遂激衆爲變，殺州官，擁則倡亂。仁宗遣冀州太守劉彦威討之。三敗於城下。永兒遂大掠河北。則日漸驕縱，逼殺烈女闕疑之妻趙無瑕。永兒亦各自爲恣。包拯應詔薦賢討賊，乃舉西京留守文彦博爲招討，三路興師。永兒夜飛大磨盤，從空打彦博。彦博夙奉九天玄女，玄女令多目神抱離所坐交椅，而語以須用三遂以破賊。時，則、永及左黜惡貫漸盈，鸞、吉皆遁去。彈子素有根器，自則叛時，徙居城外，不入其黨。玄女又密授彈子天罡正法，令破妖護國。彈子改名諸葛遂智，應彦博招，爲之謀主。有軍士馬遂，幼與則同讀書，爲彦博招則降，欲乘間殺則，拳落則牙，被則部卒所殺，而則亦傷唇，不能用符咒。於是李遂請用掘子軍五百名，由地道入城中，用神臂弓射賊。賊兵大敗。遂智用法追左黜，以雷殛之，永兒亦被殛，則獨就擒，送京師正法。彦博與李遂奏凱進爵，貝州以平。初，聖姑姑見賊勢漸衰，欲往天柱山頂池中，取神刀殺彦博。九天玄女變爲處女，誑取其刀，以照妖天鏡照之。聖姑姑受縛。玉帝罰送白雲洞，代猿神看守天書，永遠不令出洞。

又《金剛鳳》 作者未知何人。記五代吴越王錢鏐事，以稗史中金剛女與鏐相遇之説，而緣飾之。金剛者，言此女名鐵金剛也。鳳者，言王妃名李鳳娘也。與正史全不合，説甚荒唐。其略云：吴越王錢婆留，少失父母，雄略過人。鄰母告以生於錦屏山，有姊嫁徽州吴姓。王少年恃勇，有侯名魯金者，採珍玩於浙中。杭守李彦雄不能應其求，湖守劉漢宏、越守董昌，以善趨奉爲所喜。金方肆侮彦雄，王應募爲夫，忿怒擊金而遁。借宿山村老媪家，媪女鐵金剛，搏虎而回，校勇相契，許結夫婦。王往徽訪姊，道逢顧全武等，劫取魯金所括金珠，擁王爲首。王不取一物，徑投徽姊。姊不肯認，姊夫吴濟留居。會魯金以失事奏劾彦雄，遣官逮治其女鳳娘。遂使牙將鍾起等殺逮者，起兵自立爲南唐王。而吴越王亦偕吴濟投南唐。唐王以魯金之劾，皆其所致，盛怒欲罪之。時，錢塘潮水嚙堤，築不能就。鳳娘勸使築堤，能拒潮水與否。王承命而往，以强弩射退潮頭，其堤立就。南唐乃配之以女，拜爲駙馬，封爲吴越王。而顧全武入山爲盜，擁戴鐵金剛，以爲寨主，遣軍謀葛天民，遍訪吴越王。聞其爲南唐駙馬，金剛大怒，攻城，無能遏其鋒者。王妃用計，迎以爲正妃，使婢侍絡繹趨侍。金剛見侍者皆美艷，而照鏡之次，醜怪不堪，因此自盡。吴越王遣鍾起、顧全武等殺宏誅昌，撫有全浙。吴濟亦拜爲將。於是祭奠金剛，加以封贈，重酬鄰母，而改錦屏山爲衣錦山云。《五代史・吴越世家》：錢鏐，字具美，杭州臨安人。臨安里中有大木，鏐幼時與群兒戲木下，坐大石，指麾群兒爲隊伍，號令有法。群兒皆憚之。及壯，以販鹽爲盜。縣録事鍾起，有子數人，與鏐飲博，起嘗禁其諸子。豫章人有善術者，望斗牛間有旺氣，因遊錢塘占之。乃之臨安，以相法隱市中，謂起曰：君縣有貴人，君之相不足當之。起置酒，悉召縣中賢豪爲會。鏐適從外來，術者望見曰：此真貴人也。起始縱其子等與鏐遊。鏐善射與槊，稍通圖緯諸書。唐乾符二年，浙西裨將王郢作亂，石鑑鎮將董昌募鄉兵討賊，表鏐偏將，擊郢破之。黄巢掠臨安，鏐與二十人伏山谷中，伏弩射殺其將，引兵趨八百里。八百里，地名也。告道旁媪曰：後有問者，告曰臨安兵屯八百里矣。巢衆至，聞媪語，曰：向十餘卒不可敵，况八百里乎。急引兵過。都統高駢表昌杭州刺史，以鏐爲都指揮使。中和二年，越州觀察使劉漢宏遣兵屯西陵，鏐率八都兵斫其營，大敗之。漢宏遁免。四年，攻破越州，執漢宏，斬於會稽。鏐乃奏昌代漢宏，而自居杭州。光啓三年，拜鏐左衛大將軍、杭州刺史，昌越州觀察使。頃之，拜鏐杭州防禦使。唐陞越州威勝軍，以董昌爲節度使，封隴西郡王，杭州武安軍，拜鏐都團練使，乃以成及爲副使，杜稜、阮結、顧全武等爲將校，沈崧、皮光業、林鼎、羅隱爲賓客，累拜鎮海軍節度使，加同中書門下平章事。乾寧二年，越州董昌反，因謡言有羅平鳥主越人禍福，乃僭國號曰羅平。鏐以昌反狀聞。昭宗削昌官爵，封鏐彭城郡王，浙江東道招討使，遣客諭昌改過。昌執妖人送軍中，自請待罪。鏐乃還兵。昌復拒命，遣其將陳郁、崔温等屯兵拒戰，乞兵於楊行密。鏐遣顧全武攻昌，斬崔温，攻之逾年，執昌歸杭州。昌投水。昭宗拜鏐鎮海鎮東軍節度使，加檢校太尉中書令，賜鐵券，恕九死。鏐如越州受命，還治錢塘，號越州爲東府。光化元年，移鎮海於杭州，加檢校太師，改鄉里曰廣義鄉，勛貴里，所居營曰衣錦營，圖形凌烟閣。又陞衣錦營爲衣錦城，石鑑山爲衣錦山，大官山曰功臣山。鏐遊衣錦城宴故老，山林皆覆以錦，號其幼所嘗戲大木曰衣錦將軍。天復二年，封越王。天祐元年，封吴王。梁太祖即位，封吴越王。太祖嘗問吴越進奏吏曰：平生有所好乎。曰：好玉帶名馬。太祖笑曰：真英雄也。乃以玉帶一匣，打毬御馬十匹賜之。開平四年，鏐遊衣錦軍，作《還鄉歌》曰：三節還鄉兮挂錦衣，父老遠來相追隨。牛斗無孛人無欺，吴越一王駟馬歸。乾化末，尊鏐尚父。唐莊宗入洛，賜玉册金印，起玉册、金券、詔書三樓於衣錦軍。卒年八十有一，謚武肅。

又《獺鏡緣》 近時人所作。借許真君殺蜃精事，而附會成編也。《事文類聚》：許真君名遜，字敬之，汝南人。於豫章遇一少年，容儀修整，自稱慎郎。真君與之語，知非人類。指顧之間，少年去。君謂門人曰：適來少年，乃是蛟蜃之精。吾念江西累爲洪水所害，若非剪滅，恐致逃遁。蜃精知真君識之，潛於龍沙洲，化爲黄牛。真君以道眼遥觀，謂弟子施太玉曰：彼之精怪，化作黄牛，我今化其身爲黑牛，仍以手巾挂膊，將以認之。汝見牛奔鬭，當以劍截彼。真君乃化身而去。俄頃，見黑牛奔趁黄牛而來，太玉以劍揮黄牛，中其左股，因投入城西井中，從此井徑歸潭州，却化爲人。先是蜃精化爲美少年，以珍寶財貨數萬，獲娶潭州刺史賈至女。至是真君求見賈使君，謂曰：聞君有貴婿慎郎，乃蛟蜃，老魅焉敢遁形。蜃精復變本形，爲吏所殺。真君，晋太康間，於洪州西山，舉家四十二口，拔宅上昇而去。繡衣郎者，水獺精也，於金山聽經，江右一女子，隨其舅至山，獺入寺見之，心甚愛慕。老僧知其有孽緣，面叱而去，竟投女家，化作男子，自稱繡衣郎。女受其迷，不知獺妖也。既而有妊。其舅漸覺有異，以箭射繡衣郎殺之，即變爲獺，烹食其肉。女私取獺骨，骨中有鏡，因以骨與鏡函封密藏。未幾生子，甫數歲，履水不啻平地，入深淵捕魚鱉等物如寄，性極鹵莽，因呼之曰莽男兒。有相者言龍潭中有穴，當出貴仕。母以父骨告其子。莽男兒即負投潭中，潭中龍出鬪，不勝，徙去。繡衣骨既入穴，得地氣者久之，化而爲龍，挾其母飛騰而去。莽男兒以勇聞，朝廷遣將兵捕賊。賊首即母之舅，遂招以降。莽男兒受勛封，母之舅亦拜官。龍復於雲端示現，告以夫婦偕老，己因脱離前身，乃獲换骨，舅非仇人，乃恩人也。莽男兒竟享富貴終其身。

又《吉祥兆》 近時人作。無事實，憑空結撰，以供喜慶。劇中有庭生五色靈芝及波斯獻寶，種種祥瑞，故名《吉祥兆》也。略云：公孫禎，字國華，妻劉氏，生子逸，娶室尹真真，俱有才貌。禎官部曹六十歸林下，世積善。神仙猿公爲栽靈芝作瑞徵，禎嘗玩賞。一日，邀統制賈國祚同賞鑒。賈恃權欲索此芝，禎愛不允，賈銜之。值烏南國女主花花因貸糧不遂，擾邊。賈懷夙恚，遂薦逸妻尹往説。尹有妊，逸易女妝代尹。賈令家將施恩要而焚之送旅。猿公授仙訣滅其火，遂直詣女主。女覘逸美，邀入營，甚相契合，不知其爲男子也。尹在家産一男，貌俊偉。適逸思親於月下，女主潛聽，知其情，將以終身托逸，拔劍紿欲誅之。逸惶恐，具言始末。花花令毋露，遂與結姻，密議納款。值試期迫，趣逸入棘闈。禎因逸未歸，方無計。尹即冒逸名赴試，擢大魁。賈益怒，詢知尹無恙，痛責施恩。恩遁匿尹處。賈復奏尹才能，令招撫花花。尹奉命往，賈遣校方豹刺於途。恩竟擒豹，豹亦謝罪投麾下。尹未至而花花解甲，與逸入京。傳郵逢尹，各叙衷曲，因在軍中，不敢泄其情。及花花入朝代奏男女易妝事，詔令各復其姓名。時，波斯未臣，賈國祚往征敗績，削官去。乃命花花招撫波斯。遂獻諸珍寶，率屬國朝賀。後花花亦生子，并偕老焉。禎夫婦百歲，子孫榮盛，果應靈芝祥瑞云。

又《紫瓊瑶》 不知誰作。所演燕脆事，本無此人。言脆以清廉積善，完人節義，陰功浩大。老君送尹喜爲子。尹喜之謫，因玉帝以紫瓊瑶爲老君壽，尹喜誤碎瓊瑶，故令降生塵世。脆妻李玉娘生子，左股有瓊瑶兩字，小名因曰瓊瑶。比年稍長，出獵郊外，許真君授以瓊瑶一枚，佩在身上，黑夜如同白晝。諸神欽服，邪魔自滅。父脆奉命勤王，遇妖賊解横行，有火龍烏鴉軍，飛出陣前。脆方危急，瓊瑶突至，殺賊救父，遂父子封拜，欽賜成婚。此《紫瓊瑶》所由名也。略言：燕脆，字公宿，長安人，官建康刺史。妻王氏，念脆無子，爲納二妾，一即玉娘，一陳氏，父爲漕運官，虧課抵罪。陳氏賣身救父，脆妻買得。醉脆酒而奉之，脆見氏悲慘，廉得其情，且知已字鄒文，遂召文，立配爲夫婦，又贈之金。文入都，即成進士，後官終事，擢至大寮。感脆恩，特薦遷巡撫，而以女字其子。據此，脆以盛德而獲福，蓋理所宜有，或果有其人，而姓名則隨意改换者也。王安石還妾事頗相似。狄仁傑、宋之問隨意點入，俱非實迹。《言行録》：王荆公知制誥，吴夫人爲買一妾，公見之曰：何物女子。曰：夫人令執事左右。曰：汝誰氏。曰：妾之夫爲軍大將部，米運失舟，家資盡没猶不足，又賣妾以償。公愀然曰：夫人用錢幾何得汝。曰：九十萬。公呼其夫，令爲夫婦如初，盡以錢賜之。

著録

清・高奕《新傳奇品》 張心其所著傳奇十六本：《如是觀》、《醉菩提》、《海潮音》、《釣魚船》、《天下樂》、《井中天》、《快活三》、《金剛鳳》、《獺鏡緣》、《芭蕉井》、《喜重重》、《龍華會》、《雙節孝》、《雙福壽》、《讀書聲》、《娘子軍》。

清・佚名《傳奇彙考標目》 張大復字星期，吴郡人：《如是觀》、《釣魚船》、《井中天》、《小春秋》、《天有眼》、《醉菩提》、《金剛鳳》、《發琅釧》、《龍飛報》、《吉祥兆》、《痴情譜》、《獺鏡緣》、《紫瓊瑶》。

清・黄文暘、佚名《重訂曲海總目》 張心其：《如是觀》、《醉菩提》、《海潮音》、《釣魚船》、《天下樂》、《井中天》、《快活三》、《金剛鳳》、《獺鏡緣》、《芭蕉井》、《喜重重》、《龍華會》、《雙節孝》、《雙福壽》、《讀書聲》、《娘子軍》。

清・支豐宜《曲目新編・著録八・國朝傳奇》 《如是觀》、《醉菩提》、《海潮音》、《釣魚船》、《天下樂》、《井中天》、《快活三》、《金剛鳳》、《獺鏡緣》、《芭蕉井》、《喜重重》、《龍華會》、《雙節孝》、《雙福壽》、《讀書聲》、《娘子軍》。右十六種，張心其作。

清・姚燮《今樂考證・著録九・國朝院本》 張心其十六種：《如是觀》、《醉菩提》、《海潮音》、《釣魚船》、《天下樂》、《井中天》、《快活三》、《金剛鳳》、《獺鏡緣》、《芭蕉井》、《喜重重》、《龍華會》、《雙節孝》、《雙福壽》、《讀書聲》、《娘子軍》。

清・王國維《曲録》卷五 《如是觀》一本，《醉菩提》一本，《海潮音》一本，《釣魚船》一本，《天下樂》一本，《井中天》一本，《快活三》一本，《金剛鳳》一本，《獺鏡緣》一本，《芭蕉井》一本，《喜重重》一本，《龍華會》一本，《雙節孝》一本，《雙福壽》一本，《讀書聲》一本，《娘子軍》一本，《小春秋》一本，《天有眼》一本，《發琅釧》一本，《龍飛報》一本，《吉祥兆》一本，《癡情譜》一本，《紫瓊瑤》一本。右二十三種，國朝張大復撰。大復，字星期，一字心其，號寒山子，蘇州人。

黃周星

論説

清・黃周星《人天樂・自序》 嗟乎，士君子豈樂以詞曲見哉。蓋宇宙之中，不朽有三，儒者孰不以此自期。顧窮達有命，彼碩德豐功，豈在下者所敢望。于是不得已而競出于立言之一途，此庾子山所謂窮者欲達其言，勞者須歌其事也。然上下數千年，立言之士，莽莽如塵沙，汸汸如煙海，其纂組鞶帨，駢闐狼籍，殆不啻高齊熊耳，去天一握。而吾欲以詹詹諓諓者，離跂攘臂于其間，豈非太倉之稊米，大澤之礨空，而且小得意則人小怪，大得意則人大怪，乃欲求子雲于千百世之下。吁，其亦可哀也已。僕生來有文字之癖，即八股功令，少時皆唾棄不顧，而獨酷嗜詩詞古文。迨倖邀鹵莽之獲，則益性命以之，約計五十年中，其所撰著不下數十種，不幸洊罹鋒燹，燔溺剽敚，所存不過千百之一二，未免有見少之憾。然昔人池草燕泥，雲漢雨桐之句，雖少亦傳，而萬首詩窖，乃有不憖遺一字者。則不獨身之窮達有命，即文之顯晦亦有命矣。且僕久處賤貧，備嘗艱險，自喪亂以來，萬念俱灰，獨著作之志不衰。邇來此念亦灰，獨神仙之志不衰耳。然天上無凡俗神仙，必欲蜕凡祛俗，則又非文字不可。于是不得已而出于詞曲之一途。少陵云：文章一小技，于道未爲尊。況詞曲又文章中之卑卑不足數者。然果出文人之手，則傳者十常八九。試觀王寔甫、高東嘉之戲劇，婦孺輩皆能言之，而名公鉅卿之鴻編大集，或畢世不入經生之目，則其他可知矣。雖詞曲一道，其難十倍于詩文。而欲求流傳近遠，斷斷非此不可。此僕之傳奇所爲作也。但苦懷抱惡劣，萬事傷心，而又多俗累窮愁，喧卑冗雜，每一搦管，則米鹽瑣聒于斯，兒女呌號于斯，彼觀者所謂可歌可舞者，皆作者所謂可憤可涕也。昔湯若士作《四夢》，自謂人知其樂，不知其悲。楊升庵讀《西厢》，謂其人必大不得意于君臣父子之間。以古準今，何獨不然。茲僕所作《人天樂》，蓋一爲吾生哀窮悼屈，一爲世人勸善醒迷，事理本自顯淺，不煩詮譯。若置之案頭，演之場上，人人皆當生歡喜之心，動修省之念，其于世道人心，或亦不無小補。雖然，是豈僕之得已哉。夫思德功而不可得，乃降而爲立言，思立言而又不可得，乃降而爲詞曲。蓋每下愈況，以庶幾一傳于後世。後之覽者，或因詞曲而知其人，因其人而并及其詩文，未可知也。嗚呼，人之稱斯文也，豈不重可悲也哉。

清・馭雲仙子《純陽呂祖命序》 旨哉《人天樂》，誠濟世之慈航也。豈夫以濟世之心，運如椽之筆，不啻舌上蓮花，空中樓閣，真堪覺悟一世。豈徒作文字觀而已哉。蓋嘗思之，不可見者心也，可見者文字也。使非以可見之文字，寫不可見之心，則心終隱于寂滅之境，而濟世之術窮矣。此《人天樂》之所以作也。夫《人天樂》何言也。曰：善言也。一言之不足而長言之，長言之不足而又詳言之。曷言乎長言之。即《述懷》以至《浄口》等齣是也。曷言乎詳言之。即《不盜》、《不淫》、《不貪》、《不嗔》等齣是也。要皆救世婆心，發爲津梁文字耳。至于《天殿》、《天食》等齣，極言單越洲之勝妙，皆因前生修十善而得。此《阿含》、《太乙》諸經所備載。而觀者或以爲寓言。夫寓言莫精于《南華》，而《南華》實玄門之妙諦也。惟善讀《南華》者，方許讀《人天樂》，亦惟善解作《南華》之心者，方許解作《人天樂》者之心。倘不曙乎此，而徒曰斯曲也，是舌上蓮花。彼曲也，是空中樓閣，則猶隔一塵劫矣。又何足語《人天樂》也哉。况乎阿脩羅，魔心也。支天大士，道心也。道堅而魔始退，魔馘而道始全。豈徒恃夫搏砂鍊汞，黄芽白雪之爲事哉。以故帝君愛其才，祖師欽其道。名登紫府，位列仙班。此人天福報之理，所必然耳，又何疑乎。噫。吾與笑蒼子周旋之日久矣。笑蒼子愍人世之勞苦，汩没于聲色貨利中，無有已時。因假軒轅生之名，現身説法，演爲《人天樂》一書，以畧述夫力善之概，非徒自覺，欲以覺人也。吾故曰：《人天樂》誠濟世之慈航也。兹偶過清虚，謹識數言于首。願讀斯傳奇者，毋視爲泛常戲劇，當尊之爲《道德經》也可，當尊之爲《太上篇》也可。頌曰：傳此《人天樂》，覺世發道心。效是行持者，可證法王身。善哉，善哉。

清·梅華外臣《書吕祖序後》 《論語》載桀溺之言曰：滔滔者天下皆是也，而誰與易之。其言是也。吾夫子不聽，又西之郢，見沮于子西，見譏于接輿，卒老於行而世莫能用。豈其先幾之哲，竟不如沮溺耶。非也。吾嘗以佛氏之果位譬之。有小乘禪者，自了之外，不復度人，而人又難度，則益棄去不顧。沮溺猶是矣。有大乘禪者，弘法度人，不以治亂爲辭，不以難易自解。吾夫子猶是矣。此豈沮溺輩所知乎。今吾與笑蒼道人頗類于是。吾絶意斯人，噤不道隻字，沮溺之流耳。道人著書等身，世弗覺悟，然後知斯人不可與莊語。于是不得已而託之詞曲，以曲行其勸善之心，始終不勸。洵不媿爲仲尼之高弟歟，吾滋媿矣。此《人天樂》一書，所以上感吕祖，從九天灑藻而爲之序也。豈偶然哉。觀是劇者，思之毋忽。梅華外臣謹識。

清·磨崖漫士《人天樂題詞》 立于四大海之中，超乎三聖人之外，世有其書乎。曰：有之，屈原《離騷》是也。原之《離騷》，琦瑋儞俺，窮高極深，然言言悉本于忠孝。則知一切神仙詞曲，未有不本于忠孝者。今讀笑蒼子《人天樂》，有原之心焉。《人天樂》何爲作耶。曰：軒轅生忠孝人也。軒轅生産于鍾阜，遊于江潭，似《騷》鄉里。制科青瑣，似《騷》芊姓。修十善，似《騷》規矩。値滄桑，似《騷》澤畔。急朋友，似《騷》香草君子。偕隱妻癡僕，似《騷》女嬃、蹇脩。宜笑蒼子之借以自况也。而俗人聞單越洲之説，或有疑其荒誕者。夫豎亥量五億十萬九千八百步，不似單越之運肘乎。三桑在削船東，高百仞，女子跪樹歐絲，不曲躬鉅野乎。岐舌不死之國，金膏燭銀之實，不自然宮殿，衣食夫婦乎。國策一經兩海，莊周藐姑神人，穆天子之所巡，西王母之所歡，鄒衍主運之談，相如《子虛》之賦，不恢譎溟涬乎。彼北人疑饜，越人駭毳，無足怪也。戊午秋，笑蒼子與余别二十五年，一旦返金陵，出《人天樂》示余，如立四大海，超三聖人，巴渝天池，于遮若士，爲之拊節不能已已。雖然，其大指亡他，要之勸人爲善，歸于忠孝而已。太史公推《離騷》之志，謂可與日月争光，于《人天樂》何獨不然。

清·顧埜和《人天樂跋》 此曲製成，持詣仙壇。上呈文昌元皇鑒定，有桂殿左卿周公諱道明降壇，命善書童子録就賫送南宫掛號，隨奉法旨云：此曲字句通仙，文情秀美，甚妙甚妙。雖係戲談，大有省世之論，亦有關乎造化。此曲可與智者喜賞，不必入俗人觀，命天妃戲女，置在崑崙園中，以供遊樂可也。

傳記

清·卓爾堪《遺民詩·黄周星小傳》 周星，一名人，字略似，一字九煙，號而庵。湖廣湘潭人。進士。隱居江南，性孤介，寡言笑。少年多著作。從長沙過洞庭，夜半爲劇盜所掠，盡取舟中圖籍投之水。後復著成集。乙酉夏，時際百六，避跡蕪陰，蒼黄從矛鏑叢中攫得一集，挈之以行，復爲盜掠。今所存，皆鼎革以後所作，頗近於《騷》。素懷靈均之志，終投秦淮以死。選《唐詩快》，著《夏爲堂詩》。

清（康熙）《繁昌縣志》卷一二 黄周星，字九煙，江寧人。本黄氏子，湖廣周姓抱養。成進士。文章奇古，尤長於詩。明季棄官歸里，以翰墨自娱。舊邑古氏延設絳帳，遂家焉。時監司周公體觀重其才，欲爲買山終老，傾蓋周星，簪冠野服，相對落落。然觀知其廉介，不復以累。有同年友爲守者招之，至餽以金，不受。觴咏經旬，賣卜而返，後徙於湖上。

清（乾隆）《長沙府志》卷二九 黄周星，字九煙，湘潭人。父逢泰宦遊，生星於江南，爲上元黄氏撫養，遂冒其姓。七歲工書法，十二入南監積分，中鄉榜，成進士，授職不就。歸潭葬父畢，復返上元。詩、古文直逼古人，選《唐詩快》三集行世。明亡，僑寓某所，狀類瘋顛，投某水死。

清・汪有典《黄周星傳》 公諱周星，字九煙，上元人。育於楚湘周氏。崇禎庚辰，成進士，除户部主事。疏請復姓。亂後，變姓名曰黄人，字略似，號半非，又號圃庵，又曰汰沃主人，又曰笑蒼道人。布衣素冠，寒暑不易。生平正直忠厚，好濟人利物，而真率少文，剛腸疾惡。自鐫一印，文曰性剛骨傲，腸熱心慈。自詡與正人君子、鬼神仙佛相知，而與小人多不合。嘗賦詩云：高山流水詩千軸，明月清風酒一船。借問阿誰堪作伴，美人才子與神仙。【略】公感憤、怨懟、無聊、不平，則一寓之於詩。喜食鐺底焦飯，人呼爲鍋巴老爹，遂欣然受之，賦詩云：竈養幸無郎將號，鍋巴猶得老爹名。兒曹相笑非無謂，慚愧西山有此生。學仙恨少休糧訣，嚇鬼空多噉飯身。如此老爹應餓煞，鍋巴敢望史雲塵。隔江船尾競琵琶，金帳甯知雪水茶。新婦羹湯多得意，老爹自合嚼鍋巴。哺親焦飯記先賢，苦節多存感慨篇。莫道鍋巴非韻事，鍋巴或借老爹傳。公静卧一室中，每夜起，攝衣冠肅客，絮語不休。質明，或問故，則曰：吾故人忠魂來相慰耳。年七十，忽感愴傷心，仰天嘆曰：嘻，而今不可以死乎。自撰墓誌，且爲銘曰：笑蒼乎，笑蒼乎，爾既不屑生前之富貴，獨不留死後之文章乎。既不能飛身於碧落，獨不當演夢於黄粱乎。而今竟若此，是安得不心傷乎。然則爾之英風浩氣，甯不蟠五嶽而配三光乎。與妻孥訣，取酒縱飲，盡數斗，大醉自沈於水，時庚申五月五日也。先是，明亡之四年丁亥，葉公尚高亦以五月五日自盡。【略】汪有典曰：嗚呼，公之自撰墓誌也，謂一生事事缺陷，五倫皆然。自少至老，未嘗一日安樂。蓋生世不辰，遂與貧賤相終始。然積功累行，孳孳爲善。非義所在，一介不苟。俯仰之間，毫無愧怍。庶幾文人之有行者，惟公能實踐其言。公變姓名，有贈詩云：半非略似君尚云，此曹安得復爲人。嗚呼，此曹安得復爲人。

清（乾隆）《長興縣志》卷九 黄周星，字九煙，號圃庵。後别名略似，又自號笑蒼子、笑蒼道人。上元人。幼撫於楚湘周氏，名周星。年二十三，舉京闈，讀書金陵，遇本生父母。崇禎庚辰進士，授户部主事，具疏復姓。明年，南都陷，遂棄家，流寓長興，五遷而至烏程之南潯，隱居不出。生平真率少文，剛腸嫉惡，嘗自鐫一印曰：性剛骨傲，腸熱心慈。釋南潛本南潯董氏，出游方外，嘗於長沙遇陶仲調，問訊湖州寓公。黄九煙曰：此古之傷心人也。時寒燈熠熠，光爲激射，展《滄海遺民録》，黯然而别。周星衣衲布袍氈片，寒暑不易。顧獨愛熱飲，而吴中酒注多無蓋，見之，輒恚罵不止。庚申，行年七十，忽感愴傷心，仰天歎曰：嘻。而今不可以死乎。爲《解蜕吟》十二章，自撰墓志，與妻孥訣。慷慨命酒數斗，大醉，賦《絶命詞》，遂自沈於水，時五月五日。周星胸中空洞，惟山水文章，嘗作詩云：高山流水詩千軸，明月清風酒一船。借問阿誰堪作伴，美人才子與神仙。擬作將就二園，稱將就主人。每薄暮出户，望夕陽江水，呼夕陽爲老友，江水爲淡友。又以江外數峰爲遠友。爲《江上三友詩》，世多傳之。

清（乾隆）《古田縣志》卷七 黄周星，字九煙，江寧人。丙戌後避地古田，主鄭工部家，凡高人韻士之與鄭善者，詩酒皆得歡洽，獨變姓名曰吉生，鄭亦目笑存之。忽一日，語鄭曰：三日後，當有迹吾到此者，吾其别汝乎。賦長歌一章，鄭倚聲而和，遍視諸友，隨焚其稿，尋遁去。

清（乾隆）《長洲縣志》卷二七 黄周星，字九煙，金陵人。少育於楚湘周氏。崇禎庚辰進士，授户部主事。國變棄家，流寓吴越。在吴寓陽城湖濱，後更名，又更字略似。或笑或哭，感觸無端，遇沈冥放廢之士，執手悲歌，聲激波際。年七十，泛舟浙東，披髮長嘯，自沉水死。

清（乾隆）《杭州府志》卷一〇五 黄周星，字九煙。崇禎庚辰進士。性孤介，初授民部郎，忤主者，退老江湖間。貧不能自給。康熙癸卯，依故人寓海寧西門，以詩文羔雁者屨滿，有贏金分貧士。居歲餘，徙家武塘。

清（嘉慶）《嘉興府志》卷七九 名周星。情極簡傲，或以詩文就正者，哂而置之。其寓武水，遇隱士崔金友於市，負擔而吟，黄揖之入室，索觀近著。崔出《樵隱近詠》，其五律《書懷》云：花落無人徑，雲飛到處山。《訪友》曰：野曠天垂遠，花深日出遲。七律《憶舊》云：因風去住鄰黄蝶，與世浮沉笑白鷗。《贈友》曰：吟思白社傾佳釀，坐對青山讀異書。不禁驚賞曰：此真鏗金霏玉之音也。吾所厭惡者，大抵皆蛙鳴犬吠耳。遂與之定祖。

清・周系英《黄周星述》 黄九煙先生，名周星，江甯上元人。其先爲湘潭人。崇禎庚辰進士，榜姓周名星，後復本姓黄，即以周星爲名。先生父母貧甚，賣腐爲業，與周氏鄰，富而無子。先生始生，即爲周氏所撫。弱冠成進士，不自知爲黄也。周氏父母相繼卒，忽有瞽婦詣門，呼先生小名曰汝人也。

清（咸豐）《南尋縣志》卷一四　黄周星，字九煙，號圃庵。上元籍，廣東人。幼撫於楚湘周氏，名星。繫楚籍入成均。崇禎癸酉舉北畿賢書。【略】庚辰成進士，終周氏父母喪，經理弟妹婚嫁畢，謁選户部主事，乃具疏復姓歸宗。國變，高隱不仕。變名曰黄人，字略似，號半非。擬作將就二園，稱將就主人。又曰汰沃主人，又曰笑蒼道人。布衣素冠，寒暑不易。流寓長興，五遷而至南潯之墨溪，賣文自給。工篆隸，求者如市。性耿介，處交遊間，語言不少假借。喜施與，雖簞瓢屢空，遇當阨者，必多方濟之，家貧益落。康熙庚申春，年七十，忽感愴傷心，仰天歎曰：嘻，而今不可以死乎。爲《解蜕吟》十章，自撰墓志，與妻孥訣，忼慨命酒，盡數斗，大醉。次日，漫書謝疊山宋室忠臣，止欠一死，今不死復何待。家人時護持之，五月五日，賦絶命詞數章，遂投聞濤橋下，賴救以免，繼又赴水。越數日，傷病死。葬於潯。世所稱獨樹墳是已。著有《唐詩快》、《鶩天》、《泣鬼》、《移人》三集，凡三十卷。自編《圃庵詩文》、《芻狗齋集》、《夏爲堂集》、《山曉閣詩集》、《千家姓編》、《廋詞》、《斝箋》、《復姓紀事》、《夏爲堂别集》、《詞餘》、《唐宋八大家文備》、《益蒙集》，又有《夢史》，佚不傳。

清（光緒）《湘潭縣志》卷六六　黄周星，字九煙。祖父之屏，自有傳。父逢泰，明萬曆時舉人，教授南京。星生於上元，更姓黄氏，蓋母卒，寄養其家云。六歲能文，七歲善真行草隸。江南盛傳周郎帖，由是顯名。十二入南監，稱黄周星。崇禎十三年進士，户部主事。政亂不官，歸丁父喪。九弟皆各散居，星仍還上元。【略】南都立主，遂無蹤迹之者。福王敗没，星流寓湖州。江浙大定，復頗與遺民文人相往還。文詞沈博絶麗，而語言若狂易。以己無家輒自詫。有名園東西分建，曰將就二園，自爲記，言天仙取其圖本爲營作矣。江南名士甚重之，爭言黄九煙。其詩歌傳播一時，湖廣人士，惟星及杜濬得與海内勝流相抗接，雖王岱不及也。

紀事

清·佚名《曲海總目提要》卷三一《人天樂》　不知何人所作。以佛經所載鬱單越爲人樂，以道家所稱中海崑崙爲天樂。善士軒轅載應生鬱單越，又以夙有仙緣，積德累行，得吕祖相引，遊鬱單越，即拔宅上昇崑崙，故謂之《人天樂》。其情節甚荒誕。按佛經，鬱單越即北俱盧洲，所謂四大部洲之一也。《阿含經》云：其地多山，山側有諸園觀浴池，生衆雜花樹木，清凉華果，豐茂無數，衆鳥相和而鳴。又其山中多衆流水，其水洋順，無有卒暴，衆花覆上，泛泛徐流。地生軟草，盤縈右旋，色如孔翠，香如婆師，軟若天衣。其地軟柔，以足蹈地，地凹四寸，舉足還復，平地如掌，無有高下。又其地無有溝澗、坑坎、荆棘、株杌，亦無蚊虻、蚖蛇、蜂蠍、虎狼、惡獸。地純衆寶，無有石砂，陰陽調柔，四氣和順，不寒不熱，無衆惱患。其地潤澤，塵穢不起，百草長生，無冬無夏。其土常有自然粳米，不種自生，無有糠糩。又有自然釜鑊，有摩尼珠，名燄光，置鑊下，飯熟光滅，不假樵火，不勞人功。有樹名曲躬，葉葉相次，天雨不漏，彼諸男女，止宿其下。復有衣樹，高七十里，華果繁茂，其果熟時，皮殼自裂，出種種衣。復有莊嚴樹，出種種嚴身之具，鬘樹出種種鬘，器樹出種種器。復有樂器樹，出種種樂器。有地名善見，東出善道河。河中有衆寶船，彼方人民，欲入其中洗浴遊戲時，脱衣岸上，乘船中流。遊戲娱樂訖，渡水，遇衣便著，不求本衣。又其土人無有衆病，氣力充足，顔色和悦，身體相類，顔貌同等。少壯如閻浮提二十許人，無有衰耗。若其人民起欲心時，則熟視女人而捨之去，彼女隨後往詣園林。若彼女人是彼男子父母骨肉中表，不應行欲者，樹不曲蔭，各自散去。若應行欲者，則樹曲躬迴蔭其身，隨意娱樂。一日二日，或至七日，乃散去。彼人懷妊，七日八日便産，隨生男女，置於四衢。有行人經過，出指令㖟，指出甘乳，充適兒身。過七日，其兒長成，與彼人等。其土人民，無所繫戀，亦無畜積，壽命常定，死盡生天。何故壽命常定，其人前世脩十善行，身壞命終，生鬱單越，壽命千年，不增不減。若有不殺不盜不淫，不兩舌惡口妄言綺語，不貪取嫉妬邪見，身壞生鬱單越。有人施沙門婆羅門，及施貧窮乞兒瘡病困苦者，給其衣服、飲食、乘輿、華鬘、塗香、牀榻、房舍，又造立塔廟、燈燭供養，其人命終，生鬱單越。又按《樓炭經》亦有《鬱單越品》。又《立世論》、《太乙經》等所言，大略相同。略云：軒轅載號冠霞，鍾山人也。初撫於汝南異姓，後歸江夏本宗。中庚辰進士，甫登仕籍，家口散失，惟室人宋氏相隨，流寓四方。性喜濟人，雖貧困，間有所得，輒傾囊施予。常以衣食累人，每羨北俱盧洲之樂，以此脩持十善益力。家不殺生，平日奉關壯繆甚誠。然當祭祀，亦惟潔蔬果供獻，不犯殺戒也。常遭穿窬偷盜，空諸所有，掘地取泥，補塞牆隙。遇藏金，妻孥皆欲取，載以爲非義之物，即命以土掩之。假巨族郊園習静，鄰婦石二芸，園主之妾卞小越，皆悦其貌來奔。拒之去，遂即日遷他寓。功德大天女者，天上福神也，所至之處，能使貧者富，賤者貴，夭者壽，孤者多男，種種利益，無不立應。而有妹曰黑暗，所至輒多災禍，與功德相反，然與功德不暫離。一日，功德獨造富翁王和家，和孳孳爲利，知功德神力，供養甚恭。黑暗踵至，和懼卻，并辭功德。功德聞載積善，往試之。載安命，不屑屑富貴也。功德去，黑暗亦不至。載好行善，而同志落落，所相得者，田般菴、成爰斗、張古山數人而已。其他往往生謗毁，加污衊，載處之恬然。常誦《金剛經》中若善男子爲人輕賤，是人先世罪業，應墮惡道，以今世人輕賤，先世罪業，即爲消滅數語以自解。平生不讀非聖之書，以凡批評書史詭異穿鑿者，雖小有才，不足取也。每自省無兩舌惡口妄言之業，惟綺語習未盡，晚以此爲戒，常謂人云：好作綺語，必當墮泥犂地獄。彌留大海中。阿修羅王，名毗摩質多，見内典。神通廣大，以素染嗔慢懷諂曲故，樂與諸天戰鬬。忽慕鬱單越洲安樂，欲興兵吞佔其地。而毗沙門天王爲此洲護持，遣其子那吒率兵往拒，且求援於摩利支天大士。掃除魔障，降伏修羅，鬱單越洲得以無恙。時載游揚州，四明周生失館將行，乞載助以歸資。楚中李生遭母喪，貧無以殯。載出數金爲賻。鑾江吴孝廉，載同年生也，途窮不能赴公車。閩海劉大年亦與載同榜，遇盜顛沛，卧病舟中。載倒筐分給兩人，各啣感去。揚之節推與載爲故交，言無不聽。無賴皮青私怨富户東方望，摭其短，飾爲罪款，浼載達節推，轉申御史。饋載禮物，且許厚酬，載卻之。望聞，具禮至門，叩謝，載亦不受，而使人爲兩姓解和。載過三衢，有宦婦何氏夫死，没爲婢。毛侍御之女爲兵掠，索銀取贖。載助何氏金，而贖毛女嫁貢生吉某。送有賣子者，父子痛哭，不能別，載爲贖還。載嘗與乩仙聯句贈人，又有死友顧屺示夢於孫霽容，求載作傳。載以仙鬼爲文字相知，意甚得。嘗作將《就園記》，言依將就兩人爲兩園。有羅浮嶺鬱越堂經三亭等勝，皆空中樓閣也。乩仙索觀稱善，達之文昌帝君，轉奏玉帝，依此紀造成天園於崑崙頂，以待載至，使居之。載又嘗於夢中救鬼託生，陰德感上帝。載本無子，中年連舉二雄，曰旭，曰朔，皆成進士。吕祖下降，欲接引載爲仙，以載曾有詩云恨不身生鬱越洲，吕祖謂非成仙了道之處，乃引載一至其地，即使入崑崙。未幾拔宅飛昇，全家皆住崑崙頂將就園云。

著録

清・姚燮《今樂考證・著録四・國朝雜劇》 黄九煙一種：《試官述懷》。又黄九煙二種：《惜花報》、《試官述懷》。《笠閣評目》有《惜花報》一種，署爲王丹麓作，非。蓋此劇九煙爲丹麓紀事作也。

清・支豐宜《曲目新編・著録八・國朝傳奇》 黄周星一種：《人天樂》，周星字九煙，一字笑蒼道人，秣陵人。

傅山

論説

清・傅山《紅羅鏡・序》 大戲塲維摩曰：功當成好事業，不必假好人手；緣當合好風流，不必輒好人收；名當傳好文章，不必出好人口。用世大賢，看取《紅羅鏡》可也。

傳記

清（康熙）《平遥縣志》卷八 青主先生清風介節，從不一伍流俗，每來此地，多主温文學秋香居士家。温名毓，桂邑高士也。一介不取，執親喪，居廬三載，徵君雅重之。每與共遊，贈詩以古君子稱焉。慈相寺慶曆大碑，徵君嘗往觀之，摩挲竟日，謂人曰：此平陶一寶也，石雖殘而神氣獨完。因手搨數十字以歸，令諸孫臨摹珍藏。先生一日如超山，訪大機和尚。至百福寺殿前，久之，大機不出，意謂當造彼方丈也。而徵君失意久之，亦遂不入。蓋大機爲徐武寧苗裔，賦性雄烈，不可一世。而徵君嚴介不輕下人，因兩不相值而歸。故超山名勝，至今不得先生一字留題，千古憾事也。

清·戴夢熊《傳徵君傳》 徵君傅山，字青主，一字公他，別號石道人。世爲山西之忻州人。祖霖，登明嘉靖壬戌進士，歷官少參。父之謨，以明經碩彥，衣被學徒。山其仲子也。少參通籍，後寓居太原。因隸籍陽曲云。山生而穎異，讀書十行並下，過目輒成誦，少參極鍾愛。迨長，學益該博。凡古今典籍、諸子百家，靡不淹貫。工詩賦，善古文詞。臨池神似二王，晉之人重焉。且精繪事，每搦管寫意，各極其妙。又以餘力學岐黄術，擅醫之名徧山右，罔弗知者。方山年十四，即受知於文太青先生。十六餼於庠，爲督學袁山先生深所器重。時先生檄取晉士數十人，俾讀書三立書院。山與焉。後袁爲直指誣奏下詔獄。山以諸生詣闕訟冤，海内因是無不知有傅山其人矣。迨袁誣既白，出督九江，屢遣使召山，山終不往。甲申歲，賊李自成犯闕，懷宗殉國。山遂棄置青衿，爲黄冠侶。時而遨游平定、祁汾之間。不則坐深山閱釋典，户外事弗問也。性至孝，居母貞髦君喪，卧苦枕，出飲粥，不茹蔬者百日。友愛諸季，先人遺産爲其弟蕩費殆盡，無怒也。及弟歿，遺孤尚幼，山撫之不翅己子。年三十餘失偶，絃不再續。康熙戊午，舉博學鴻詞，屢辭弗獲。抵都門，復以老病懇辭未就試，乃歸。後授中書職銜，山不欲違厥初志，避居遠村，惟以醫術活人。登門求方者，户常滿，貴賤一視之，從不見有倦容。里黨婣戚有緩急，視其力而竭其心。與人言，依於忠孝。謀事要於誠義。雖足跡不入城市，而達官士夫、騷人墨客欽其名者，率紆道求見，冀得一面以爲榮焉。所著有《性史》、《十三經字區》等書行於世。戴子曰：余始至并州，即聞有石道人云。後詗之其人，乃知即爲青主先生，豈今世之士哉。當其懇辭徵辟，余具藍輿，欵段力爲勸駕，先生黽勉就道。而終以疾辭，尚志高風，介然如石。石道人之名，信然乎。信然乎。在昔周黨、王霸、劉茂、王烈名垂漢史，今先生似之。太原何高士之多也。況其託迹山林，俗吏罕識其面，而顧獨不鄙夷。余憶應召之後，以長箋見寄，纍纍數百言。慮其衰老，不復能把握也。惓惓之意，溢於言表。亦何幸哉。蓋先生之品，固不待文而傳，抑余雖不文，其待先生而傳也耶。

清（康熙）《陽曲縣志》卷一四 傅山，字青主，一字公他，別號石道人。世爲山西之忻州人。祖霖，登明嘉靖壬戌科進士，歷官少參。父之謨，以明經碩彥衣被學徒。山，其仲子也。少參通籍後寓居太原，因隸籍陽曲云。山生而穎異，讀書十行並下，過目輒成誦，少參極鍾愛。迨長，學益該博，凡古今典籍，諸子百家，靡不淹貫。工詩賦，善古文詞。臨池神似二王，晉之人重焉。且精繪事，每搦管寫意，各極其妙。又以餘力學岐黄術，善醫之名遍山右，罔弗知者。山方年十四，即受業於文太青先生，十六餼於庠，爲督學袁山先生深所器重。時先生檄取晉士數十人，俾讀三立書院中，山與焉。後袁爲直指誣奏下詔獄，山以諸生詣闕訟冤，海内因是無不知有傅山其人矣。迨袁誣既白，出督九江，屢遣使召山，山終不往。甲申歲，賊李自成犯闕，懷宗殉國。山遂棄置青衿，爲黄冠侶，時而遨遊平定、祁汾之間。不則坐深山閱釋典，户外事弗問也。性至孝，居母貞髦君喪，卧苦枕，出飲粥，不茹蔬者百日。友愛諸季，先人遺産爲其弟蕩費殆盡，無怒也。及弟没，遺孤尚幼，山撫之，不啻己子。年三十餘，失偶，絃不再續。康熙戊午，舉博學宏詞，屢辭弗獲。抵都門，復以老病懇辭，未就試，乃歸。後授中書職銜。以不欲違厥初志，僻居遠村，惟□醫術活人，登門求方者户常滿。貴賤一視之，從未見有倦容。里黨婣戚有緩急，視其力而竭其心，□人言依於忠孝，謀事要於誠義。雖足跡不入城□，而達官士夫、騷人墨客，欽其名者，率紆道求見，冀得一面以。

清·郭鋐《徵君傅先生傳》 徵君初名鼎臣，後改山，青主其字也。明季充太原諸生，食廩餼。累世仕宦，青主無膏粱習。奇才絶世，酷嗜學，博極羣書，時稱學海，爲文豪放，與時眼多不合。詩詞皆慷慨蒼涼之調，不作軟媚語。最善臨池，草、楷、篆、隸俱造絶頂，筆如鐵畫，不摹古，不逢時，隨筆所至。或正或側，或巨或細，或斷或續，無不蒼勁自異。畫更古雅絶倫。一生重氣節，以聖賢自命。其元配張氏早卒，終身不再婚。爲文宗袁公繼咸，所深器重。繼咸被御史張孫振誣劾，青主出萬餘金糾通省諸生，詣闕代白，卒脱繼咸，罪孫振。甲申之變明没，清朝鼎新。青主棄數千金腴産，令族分取，獨挈其子眉隱於城東松莊。棄員不應試出仕。令眉亦勿習舉子業。肆力於古文詩歌，並古今法書。其學、其書，與阿父埒。青主戴道巾，衣朱衣，自名朱衣道人。師事還陽道人，遨游山水。任其所往，或劾其與南朝明赦帝通，下獄嚴訊，青主受刑不少屈，唯呼闕夫子泣，勘官憐其義，代解乃得出。嗣後康熙戊午年間，詔舉博學鴻詞，當事六科李宗孔、劉佩先諸公以青主名薦，奉旨徵聘，青主辭不就。督撫遣吏迫就道，至都中，上欲授職，青主七日不食。復佯癲將絶，都諫魏象樞拜疏，代懇賜骸骨歸。尋卒，年八十歲。

清（康熙）《淮安府志》卷一一　傅山，號青主。太原學廩生。嘗往來於淮，寓龍興寺，與邑人張應錫傾蓋成知己。山詩名遍天下，淮人求詩字，門限幾斷。又數爲淮民脱冤，人德之。甲午，在京親友以博學宏辭薦，不應，知縣設計强行，公即不食，至京病甚，朝庭嘉其節，免入試。歸游淮安，留連經月。每歲一至。

清（康熙）《曲沃縣志》卷二〇　傅公他，名先考，陽曲人。與衛周祚善，嘗淩晨獨出，子眉皇錯，莫知所之。久之，始歸，詰之不應。再問，曰：到曲沃訪衛君，距城十里，衛知之欲迓，即返也。後遊中條，與客話晉中山水，每道青玉峽、紫霞洞、飛瀑冰巖諸勝，蓋久居紫金山中，卒無名者。

清・全祖望《陽曲傅先生事略》　朱衣道人者，陽曲傅山先生也。初字青竹，尋改字青主，或别署曰公之它，亦曰石道人，又字嗇廬。家世以學行師表晉中。先生六歲啖黄精，不樂穀食。强之，乃復飯。少讀書，上口數過即成誦。顧任俠，見天下且喪亂，諸號爲薦紳先生者，多腐惡不足道。憤之，乃堅苦持氣節，不肎少與時媕婀。提學袁公繼咸，爲巡按張孫振所誣，孫振故奄黨也。先生約其同學曹公良直等，詣匭使，三上書訟之。不得達，乃伏闕陳情。時撫軍吴公甡亦直袁，竟得雪。而先生以是名聞天下。馬文忠公世奇爲作傳，以爲裴瑜、魏劭復出。已而曹公任在兵科，貽之書曰：諫官當言天下第一等事，以不負故人之期。曹公瞿然，即疏劾首輔宜興及駱錦衣養性，直聲大震。先生少長晉中，得其山川雄深之氣，思以濟世自見，而不屑爲空言。于是蔡忠襄公撫晉。時寇已亟，講學於三立書院，亦及軍政軍器之屬。先生往聽之，曰：迂哉蔡公之言，非可以起而行者也。甲申，夢天帝賜之黄冠，乃衣朱衣，居土穴，以養母。次年，袁公自九江羈於燕邸，以難中詩貽先生曰：晉士惟門下知我最深。蓋棺不遠，斷不敢負知己，使異日羞稱友生也。先生得書，慟哭曰：公乎，吾亦安敢負公哉。甲午，以連染遭刑戮，抗詞不屈，絶粒九日，幾死。門人有以奇計救之者，得免。然先生深自咤恨，以爲不如速死之爲愈。而其仰視天，俛畫地者，並未嘗一日止。凡如是者二十年。天下大定，自是始以黄冠自放，稍稍出土穴與客接。然間有問學者，則告之曰：老夫學莊列者也，於此間諸仁義事，實羞道之。即强言之亦不工。又雅不喜歐公以後之文。曰：是所謂江南之文也。平定張際者，亦遺民也。以不謹，得疾死。先生撫其尸哭之曰：今世之醇酒婦人，以求必死者，有幾人哉。嗚呼張生。是與沙場之痛等也。又自歎曰：彎强躍駿之骨，而以佔畢朽之。是則埋吾血千年，而碧不可滅者矣。或强以宋諸儒之學問，則曰：必不得已，吾取同甫。先生工書，自大小篆隸以下無不精。兼工畫。嘗自論其書曰：弱冠學晉唐人楷法，皆不能肖。及得松雪《香山墨蹟》，愛其員轉流麗。稍臨之，則遂亂真矣。已而乃媿之，曰：是如學正人君子者，每覺其觚稜難近。降與匪人遊，不覺其日親者。松雪曷嘗不學右軍，而結果淺俗。至類駒王之無骨，心術壞而手隨之也。於是復學顔太師。因語人學書之法，寧拙毋巧，寧醜毋媚，寧支離毋輕滑，寧真率毋安排。君子以爲先生非止言書也。先生既絶世事，而家傳故有禁方，乃資以自活。其子曰眉，字壽髦，能養志。每日樵於山中，置書擔上。休擔，則取書讀之。中州有吏部郎者，故名士，訪先生。既見，問曰：郎君安往。先生答曰：少需之，且至矣。俄而有負薪而歸者，先生呼曰：孺子來，前肅客。吏部頗驚。抵暮，先生令伴客寢，則與叙中州之文獻，滔滔不置。吏部或不能盡荅也。詰朝，謝先生曰：吾甚慙於郎君。先生故喜苦酒，自稱老蘗禪。眉乃自稱曰小蘗禪。或出遊，眉與子共輓車。暮宿逆旅，仍篝燈課讀經、史、《騷》、《選》諸書。詰旦，必成誦始行。否則予杖。故先生之家學，大河以北，莫能窺其藩者。嘗批歐公《集古録》曰：吾今乃知此老真不讀書也。戊午，天子有大科之命，給事中李宗孔、劉沛先以先生薦。時先生年七十有四，而眉以病先卒，固辭，有司不可。先生稱疾，有司乃令役夫舁其牀以行，二孫侍。既至京師三十里，以死拒，不入城。於是益都馮公首過之，公卿畢至。先生卧牀，不具迎送禮。蔚州魏公乃以其老病上聞，詔免試，許放還山。時徵士中報罷而年老者，恩賜以官。益都密請，以先生與杜徵君紫峰，雖皆未豫試，然人望也。於是亦特加中書舍人以寵之。益都乃詣先生，曰：恩命出自格外，雖病，其爲我强入一謝。先生不可，益都令其賓客百輩説之，遂稱疾篤。乃使人舁以入。望見午門，淚涔涔下。益都强掖之使謝，則仆於地。蔚州進曰：止，止，是即謝矣。次日遽歸，大學士以下皆出城送之。先生歎曰：自今以還，其脱然無累哉。既而又曰：使後世或妄以劉因輩賢我，且死不瞑目矣。聞者咋舌。及卒，以朱衣黄冠殮。著述之僅傳者，曰《霜紅龕集》十二卷。眉之詩亦附焉。眉詩名《我詩集》，同邑人張君刻之宜興。先生嘗走平定山中，爲人視疾，失足墮崩崖。僕夫驚哭曰：死矣。先生旁皇四顧，見有風峪甚深，中通天光，一百二十六石柱林立，則高齊所書佛經也。摩挲視之，終日而出，欣然忘食。蓋其嗜奇如此。惟顧亭林之稱先生曰：蕭然物外，自得天機。予則以爲是特先生晚年之踪跡，而尚非其真性所在。卓爾堪曰：青主蓋時時懷翟義之志者。可謂知先生者矣。吾友周君景柱守太原，以先生之行述請，乃作《事略》一篇致之。使上之史館云。

清（乾隆）《新修曲沃縣志》卷三四　傅山，字青主，一字公他，陽曲人。與衛蒿同受知於提學袁繼咸。以節義相助，嘗往來邑中，與蒿講道，或留宿顧炎武之寓園。凡青玉峽、紫霞洞、冰巖、白石諸勝，皆有遊蹤，借寓白石小樓，有詩。

清（乾隆）《汾州府志》卷一二　字青主，陽曲人。與汾陽胡庭友善，其書法、篆隸及詩、古文辭，一時珍貴之。康熙戊午，舉博學鴻辭，授内閣中書，未仕。

清（乾隆）《介休縣志》卷一〇　傅山，字青主，一字公他，陽曲人。【略】工詩，善古文。書法得二王神理，又工隸篆。康熙戊午，以鴻博薦，授内閣中書，辭歸。嘗攜衣草履，遨遊祁汾間。至介，書有道先生無愧碑，士大夫争迎至室，今猶寶其墨跡也。

清（道光）《太原縣志》卷七　傅山，字青主。其先忻州人，寓陽曲久，因隸籍焉。諸子百家靡不淹貫，詩歌、古文詞及字學，尤其所長。甲申後，棄諸生，自稱石道人。嘗寓太原，今城内小西街尚有别業，人稱爲傅家大門云。

清（道光）《陽曲縣志》卷一三　傅山，康熙戊午舉博學宏詞科，屢辭勿獲。抵都門，復以老病辭。授内閣中書銜，放歸。越六年卒。【略】及卒，四方會葬者數百人。所著有《性史》、《十三經字》、《周易音釋》、《春秋人名韻》、《地名韻》、《兩漢人名韻》若干卷。

清（同治）《榆次縣志》卷九　傅山，字青主，陽曲高士也。國朝康熙隱於黄冠，嘗往來榆邑、沙溝，與王介石友善，並與彌陀洞僧人了法相酬贈，又時至城内大乘寺。

徐沁

論説

清・李漁《香草吟傳奇序》　歲丁巳，自春徂冬，湖上翁善病不起，刀圭罔效，入冥界而復出者三。因索驗方於古人，取枚乘《七發》，暨陳琳《檄》，輾轉讀之，疾且愈甚，古語真欺人哉。迨戊午春，朱子脩齡持若耶野老霍鯉，並所撰《香草吟》填詞，索予言弁首，以問世。予病中得故人書甚喜，然操觚染翰，豈病者事乎。剖緘讀之，則非書非詞，乃方與藥也。合《本草》一部，鎔鍊成書，欲起死人而活之，先以金石草木之腐且朽者，幻之使活，盡着優孟衣冠，歌舞笑啼於紙上，以活藥垂死之人，未有不霍然起者。讀未竟，而疾退十舍，因嘆若耶野老爲異人，豈知湖上翁有填詞癖，故用以酒解醒之法，仍以填詞藥之乎。抑無意爲之，而我適逢其會，若世僞所謂病退遇良醫者乎。若是，則折肱知醫，操觚染翰，誠予病者事也。從來游戲神通，盡出文人之手，或寄情于草木，或託興於昆蟲，無口而使之言，無知識誼而使之悲歡離合，總以極文情之變，而使我胸中磊塊，唾出殆盡而後已。然卜其可傳與否，則在三事：曰情、曰文、曰有裨風教。情事不奇不傳，文詞不警拔不傳，情文具備而不軌於正道，無益於勸懲，使觀者聽者啞然一笑而遂已者，亦終不傳。是詞幻無情爲有情，既出尋常視聽之外，又在人情物理之中，奇莫奇於此矣。而詞章之盡善，音節之允諧，與予昔著《閒情偶寄》一書，所論填詞意義鮮不合轍，有非警拔二字足以概其能者。至于自巔至末，無一語一字不似棒喝爲心，即其由豎起見，借藥命名，大旨若斯，其餘皆可不言而喻，三美克擅，詞家之能事畢矣。健元明諸大劇而傳，奚俟被管絃，授梨棗以後而知之哉。

清・芋城醉侯《香草吟序》 天地之間接於吾前者，日新而不窮，而才人必盡力以取之，甚矣其貪而不知止也。然感物造端，窮極變化，不過自言其情而已。今夫鳥獸之飛鳴，草木之榮落，此亦何與於人。而達士以抒其曠懷，勞人以寄其感慨者，情爲之耶。境爲之耶。瓊花久絶于世，或以瑒花爲唐昌遺種，褐父睨之曰：是可以爲米囊。往有游于粤西者，問：此地固多白鷴乎。對以味如公鷄。天下之境可觀可樂，所遇皆是，苟非有情，孰視之若無覩也。凡爲世俗所掩抑如瑒花、白鷴者，不少矣。造物者顧不甚惜，才人之雕飾萬彙，宜若有功于亭育者，而往往忌之。夫文生於情，情固其所自有，非才不足以發之才，則天所與也。幸而與之，因以用其所自有，亦未嘗奢取于造物，而必憔悴而困抑之乃已，其故何也。

清・寒冰生《廣寒香傳奇弁言》 虚無飄忽之境，至廣寒而極矣。自虹橋之説興，守陳之家遂謂圓蒼，真可梯也。不知廣寒可自無而之有，亦可自有而之無。自無而之有者，元霜、玉杵，姮娥尚欲嫁人；自有而之無者，叢桂精藍芬芳，僅參無隱。此其故可悟之於未有聲色之先，而不可執之於既有聲色之後者也。初余閲《廣寒香》，意其必爲翠妻解嘲，及觀米生梯榮於至尊，好述於兩美，皆未嘗藉手霓裳羽衣，而君臣夫婦一段奇緣，俱從詩心幻出，雖清輝異馥，與詩篇相終始。而廣寒之境，向必擴實而徵者，今不過蹈虚而遇之，然後嘆蒼山子之意，至深遠也。夫人有悲歡離合，月有陰晴圓缺，借月證人，昉自坡老。蒼山子以《廣寒香》顔其劇，殆亦師是意而寓言乎。獨是密證有無，而廣寒且爲幻影，又何有於廣寒之香。抑知蒼山子得香於廣寒，猶之米生現廣寒于詩心，而非向明鑑中着此一點塵也。第廣寒未始有香之先，香從何生。廣寒既已有香之後，香從何寂。有耶無耶。請蒼山子下一語。

清・南陽遠峰氏《易水歌序》 余嘗讀史遷《荆卿列傳》，至請樊於期之首以獻秦，於期偏袒搤腕，進而自刭。笑謂豸山：將軍之頭，不及劍客之一言，何輕重不等如是。豸山謂余，燕丹結客，微獨荆卿爲丹被創而殞，田先生激卿而伏劍，高漸離交卿而被誅，無他，爲客故也，於期又何足論。至扶蘇以子殉父，蒙恬以臣殉君，君子痛之，而且愚之，此又不可與荆卿同日而語者。豸山因系之以歌，編爲傳奇，託之以女媧補恨，爲扶蘇補之，而荆卿付之無可如何而已，大率寓言也。

綜述

清・徐沁《香草吟・自題》 世傳藥名詩者，惟宋陳郎中亞爲著，如風雨前湖夜，軒窗半夏凉，及碁怕臘寒呵子下，衣嫌香暖宿紗裁，俱不失風人之體。又有《生查子・閨情》三闋，亦婉麗可誦。第未免字多假借，少乖音義耳。劉貢父謂，是格不始于亞。張籍《答鄱陽客》有黄葉霜中半夏枝之句，業已見於唐人。殊不知王融、沈約、庾肩吾輩之作，尚在六朝也。迨蘇仇仙游戲翰墨，因有《杜處士傳》。於是，藥物爲詩、爲詞、爲文，一聽人之取裁陶冶，各極其變，安在不可被之管絃以資悦生乎。夫藥爲却病延年之具，人盡知也。其術之神者，至於洞垣起死，而下者，窒方畔理，馴至於殺人。今儒之逃于醫者比比，吾見其殺人矣，而未見其神于術也。是豈藥之罪哉。偶取《本草》一編，暇輒披閲，久而有概於心，所謂多識於鳥獸草木之名，誠莫備於此，取精造物顧用之者何如。藥豈能自神耶。況醫者，意也。詩人皆以命意爲主。彼陳郎中特善通其意，以合於旨，與窒方畔理者大相逕庭。余師其意，得虞山蕭觀瀾《桑寄生傳》，更而演之，詞成奏闋，不覺羈愁客疢，霍然而起，始悟藥物之爲効，一至於此。嗟乎，今人投劑，由口而入五藏，其効與勿効，未之或諗。余之攻疾，自聰及視，神情大暢，且能使物我相感，人己兩忘而同歸於至樂，較之窒方畔理者，果孰多耶。故不敢自秘其方，使覽者知余意之所存，庶幾於悦生之道不無小補云。若耶野老題于柯山客館。

清・徐沁《載花舲・自序》 贊嘆之不置，没當日關漢卿、馬東籬諸人填詞演唱，其情事必大有可觀，惜其未之聞也。嗟乎，紅顔滯人，賢者不免，惟鍾情者可與言情，亦惟解情者始堪紀情耳。《載花舲》，亦言情之作也，往往游渚宫，偶日爲提筆，旬有五日而畢。讀者當自知之，世有不近人情者，得無掩卷棄諸。野老。

傳記

清（乾隆）《紹興府志》卷五四 徐沁，字永淙，餘姚人。博通經史，善考証。康熙三十三年，薦舉博學宏詞，辭不就。退居邪溪，更名若邪野老，著書秋水堂。著有《越書小纂》、《三晉紀行》、《墨苑志》、《楚游録》、《謝皋羽年譜》。亦能填詞。

清（嘉慶）《山陰縣志》卷一五 徐沁，字埜公，號永淙。博學能文，推官陳子龍目爲國士。性恬澹，弗仕進。著作甚富，慷慨好施。

著録

清·笠閣漁翁《笠閣批評舊戲目》 《香草吟》，徐野君作，上下。

清·黄文暘、佚名《重訂曲海總目·國朝傳奇》 耶溪野老：《香草吟》、《載花舲》。

清·姚燮《今樂考證·著録八·國朝院本》 若耶野老二種：《載花舲》、《香草吟》。

清（光緒）《餘姚縣志》卷一七 《四庫提要·謝皋羽先生年譜》：沁嘗刊謝皋羽《希髮集》，因復搜採遺事爲作是譜。黄宗羲爲作序。

清·王國維《曲録》卷五 《香草吟》一本，《載花舲》一本。右二種，國朝耶溪野老撰。

汪光被

紀事

清（康熙）《休寧縣志》卷五 汪光被，字幼安，上溪口人。浙江副榜貢教習、知縣。

清·佚名《曲海總目提要》卷二六《芙蓉樓》 近時人所作，其自號曰雙溪鷹山，不知姓氏。據所演云：大元皇太后趙氏，親政之餘，頗耽詞賦。芙蓉花開，命光禄寺排宴芙蓉樓，賦詩紀勝云：筵開烏鵲渚，駕發鳳凰城。路向華峯近，人從僊掌行。紅衣隔浦艷，翠影入池輕。寄語涉江者，能忘結珮情。乃命内官尚忠，宣西臺御史鄭鴻昭，文館脩撰杜兆祥，諭禮部刊刻，頒行天下，仍傳示十二行省等官，凡有女子和詩者，呈覽選定。山陰女子杜弱蘭、李蒨華，素有詩名，人稱閨中李杜。兩人依韻成章，先後呈進，時進詩者共三百餘篇。太后獨賞二女之作，命司禮監尚忠，尚衣監宋萬化，召入宫，設坐賜茶，賜號女學士，居百尺樓，俾掌四庫藏書。以新狀元孟珩配弱蘭，姚若采配蒨華。孟珩字楚臣，山陰人也。與表妹蒨華同居，索逋維揚，遇高郵姚若采，訂文字交。若采延至家，朝夕同課誦，比鄰鄭英者，御史鴻子也，鴻與兆祥同年，幼聘弱蘭爲英室。英弇鄙不文，弱蘭聞之，心竊怨恨，不敢言也。英偶出，珩亦醉歸，誤入英書室卧。英歸與詬，執送于官，知州卞廷元素愛士，以若采爲才，字以女。若采聞珩被拘，趨入州署辨白，改珩名爲孟玉，言是己胞弟，廷元面試，甚嘉賞之，録送學使者，遂以姚孟玉名入秋闈，與若采同雋，且并出廷元之門。鄭英之執珩，欲廷元罪懲之，見廷元力庇，則大愠。尋見二人皆出廷元門，益愠。入京訴於父鴻，言廷元有私。鴻即劾廷元及若采、孟玉，時廷元已遷御史，皇太后下旨，言廷元私二人，無有實跡，令自行回奏。姚若采、孟玉暫停會試，候旨定奪。廷元抗辨，且言鴻以子英故挾私誣陷。廷臣覆奏如廷元言。太后命召若采、孟玉同赴闕下，親御芙蓉樓試之。令弱蘭出三題，擬《倭寇蕩平聖駕親御武成殿獻捷羣臣賀表》一道，箋注《山海經序》一篇，《宮中行樂詞》十首，以試孟玉。令蒨華出三題，《辨真論》一篇，《聖帝擊壤歌》四十聲，《司馬文園賦》一篇，以試若采。即令二女閱二人之文，閱畢呈覽，皆薦爲第一。太后以爲然，並賜狀元及第，令二女嫁之。弱蘭奏先字鄭英，若采亦奏曾聘卞女。太后召英及卞女入謁，見其貌皆陋，乃令二女嫁二姚如前旨，而以卞女嫁英，並賜英爲光禄寺署正。初，兆祥入京，改官山東肅政廉訪司，尋以倭亂，拜江浙行省樞密院使，討倭屢捷，倭窮請降，乘機殺其長，奏功于朝。于是並開兩宴，頒示欽定賜宴圖式，一曰布昭武功，一曰誕敷文治。兆祥父女恩榮光寵，冠絶一時，而孟玉改名孟珩，仍與若采如親兄弟。珩見蒨華，知即表妹，二女皆以原授女學士晉封夫人。

又《廣寒香》 近時人作，其自號曰蒼山子，不知的姓名。其關目全在壁間畫月，故曰《廣寒香》也。略云：臨安米遥，字遠思，自恃才高，詩酒狂放。宋徽宗爲端王，慕其名，遣高俅贈以玉章，聘之入邸。至淮安，題詩酒家之壁曰：桂花宜向月中看，誰送書生上廣寒。題未畢，爲土豪殷文蔚所毆辱，奪玉章以去。酒傭王小二，以鴛鴦玉結償之，文蔚禁諸客舍，不許舍遥。遥倉卒反投文蔚園中寄宿。文蔚有女天眷，月下聞怨歎聲，呼而問之，遥訴爲文蔚所辱，奪其玉章，玉章上有天眷兩字。天眷駭異，且見遥才雋，與訂姻盟。遥久立冒寒，病三日乃去。湘娥者，天眷之婢也，注意于遥，與語頗暱，忽見園中鬼卒交戰，驚隕于地，遥叱散鬼卒，而文蔚以爲破其法，追欲殺之。湘娥開後門縱之去，鬼卒者，文蔚所練妖術，翦紙撒豆而成者也。文蔚威行里中，又習妖術，又募劍客，欲刺其所不快者。天眷聞之，假託劍客書并匕首，置文蔚枕函之旁，曰：不悛，天遣殺汝。文蔚大怖，易轍爲善民。道士馬友元，大茅君弟子也。過淮陰，知天眷湘娥，當爲米遥妻妾，而因緣頗幻，乃于遥所題詩壁，畫一月輪。每夜昏黑，月輒放光，香風仙樂，種種變現。遊人日詣賞翫，小二以此起家千金。遥入汴京，聞徽宗踐極，開科取士，意欲先赴春闈，後趨召命。及赴試日，爲同舍所紿，痛飲醉卧。追醒，舉場已閉，徬徨無計，適遇高俅要謁徽宗，改其姓名曰元章用，送入貢院，遂擢鼎元。馬友元方以仙術幸于徽宗，空中駕仙槎，與徽宗及章用入月宫，章用見前所題詩未完，續二句于下云：今日天香攜滿袖，嫦娥已許借枝攀。章用亦自以爲入廣寒也。是日，文蔚夫婦率女及婢，賞月于酒家，則隱隱聞天樂聲，及羣仙往來狀，已又覩一仙題詩，頃之散去，月不復明，而畫壁上添詩二句，手蹟與米遥無二。文蔚之改行也，盡還窮民貸券，民甚德之，請于縣令朱景仁，給扁示奬。文蔚獨念無故辱米生，恨悔無及，初奪玉章時，遥曰：玉章吾至寶，將以聘妻。文蔚靳之曰：汝能發跡乎。吾以女妻汝。後與妻女言，且悔且心動，曰：此當有天緣，他日必覓米生爲婿。遂以玉章付女。女本與遥有約，因藏篋中。章用既受徽宗知，奏明微時爲文蔚所辱，及遇殷女事，乞得巡按淮揚，一以報怨，一以就婚，不知文蔚之爲女父也。抵任，即遣山陽令捕文蔚，而景仁力保文蔚爲善民，不得已而止。然不捕文蔚無由得玉章，乃以鴛鴦玉結付景仁，信係微時殷女所贈之物，以此聘殷女。景仁遂詣殷，殷家人奔告文蔚，言縣令且至。文蔚謂擒己，懼而走，姑匿酒家，喘息未定，而章用亦私行過酒家，仍自稱米生，文蔚謝罪，告以付女玉章，欲覓爲婿之意。章用始知天眷即文蔚女，認爲翁婿，顧未告以擢科代巡，默計娶女歸，自了然也。景仁持玉結至文蔚家，文蔚已出，乃以求婚事告其妻。文蔚妻與天眷，天眷見玉結，曰：此湘娥物，必娥與按君有約。乃以湘娥爲女，嫁章用。其實湘娥晤遥時，未嘗予玉結，蓋曾買花于王小二，以此抵押，小二以此償遥者也。章用得湘娥，用其計，仍稱米遥，云係巡按好友按君代爲婚娶。及迎天眷至，則米生即按君也。天眷大驚駭，不願爲婚，湘娥具陳始末，乃以正室讓天眷，章用復改名米遥云。劇中云：徽宗改米遥曰元章用，云嘗恨米元章乃本朝名士，未竟所用。按元章正在徽宗時，不宜作此語，其章惇、曾布、种師道等，皆徽宗時人，隨意點入。高俅《宋史》不立傳，《通鑑》亦不載，馬友元亦不見正史。是時林靈素最著，其餘方士亦多不能詳也。畫月放光，方士有其術，此處説得太幻，亦踵事增飾耳。內稱翰林院學士曾布，又稱史館諸公，宋時翰林與館閣，各職掌，自明迄今，則館閣職掌，皆翰林所兼，不可無辨。又稱元微之作《會真記》，索白香山和韻，《會真記》未嘗有居易和詩，杜牧和韻一首，乃後來事，非同時人。居易和稹夢遊春詩，蓋指此事。然廣七十韻爲百韻，亦非和韻也。內云昔賢一歲文成，除夕尚以酒祭，此用賈島除夕祭詩事，又曰种師道答章惇云，所言公，公言之，所言私，王者無私，此用宋昌答周勃語。

又《易水歌》 南陽遠峰氏序云：余嘗讀史遷《荆卿列傳》，至請樊於期之首以獻秦，於期偏袒扼腕，進而自剄。笑謂豸山：將軍之頭，不及劍客之一言，何輕重不等如是。豸山謂余燕丹結客，微獨荆卿爲丹被創而殞，田先生激卿而伏劍，高漸離交卿而被誅，無他，爲客故也，於期又何足論。至扶蘇以子殉父，蒙恬以臣殉君，君子痛之，而且愚之，此又不可與荆卿同日而語者。豸山因繫之以歌，編爲傳奇，托之以女媧補恨，爲扶蘇補之，而荆卿付之無可如何而已，大率寓言也。按豸山不知何人，所演秦事，荆軻妻鮑氏及子辟彊，俱係撰出。扶蘇反正，是作者翻案處，其餘事迹，雜見《史記》。《始皇本紀》云：齊人徐市等上書，言海中有三神山，名曰蓬萊、方丈、瀛洲，仙人居之。請得齋戒，與童男女求之。於是遣徐市發童女數千人，入海求仙人。又云：收天下兵，聚之咸陽，銷以爲鐘鐻，金人十二，重各千斤。又丞相李斯言：臣請史官非秦紀皆燒之，非博士官所職，天下敢有藏詩書百家語者，悉詣守尉雜燒之，有敢偶語詩書棄市，以古非今者族，吏見知不舉者與同罪。令下三十日不燒，黥爲城旦。所不去者，醫藥、卜筮、種樹之書。若欲有學法令，以吏爲師。制曰可。又始皇曰：諸生在咸陽者，吾使人廉問，或爲妖言以亂黔首。於是使御史悉案問諸生，諸生傳相告引，乃自除犯禁者四百六十餘人，皆坑之咸陽，使天下知之以懲，後益發謫徙邊。始皇長子扶蘇諫曰：天下初定，遠方黔首未集，諸生皆誦法孔子。今上皆重法繩之，臣恐天下不安，唯上察之。始皇怒，使扶蘇北監蒙恬於上郡。又云：營作朝宫渭南上林苑中，先作前殿，阿房東西五百步，南北五十丈。上可以坐萬人，下可以建五丈旗。劇又云：趙高故嘗教胡亥書及獄律令法事，胡亥私幸之。又云：趙高欲爲亂，恐群臣不聽，乃先設驗，持鹿獻於二世曰：馬也。二世笑曰：丞相誤耶，謂鹿爲馬。問左右，左右或默，或言馬以阿順趙高，或言鹿者，高因陰中諸言鹿者以法。《荆軻傳》云：荆軻嘗遊，過榆次，與蓋聶論劍。蓋聶怒而目之。荆軻出，人或言復召荆卿。蓋聶曰：曩者吾與論劍，有不稱者，吾目之，試往，是宜去不敢留。使使往之主人，荆卿則已駕而去榆次矣。使者還報，蓋聶曰：固去也，吾曩者目攝之。又云：左右既前殺荆軻，秦王不怡者良久，已而論功賞群臣及當坐者，各有差，而賜夏無且黄金二百鎰，曰：無且愛我，乃以藥囊提荆卿也。又云：秦逐太子丹，荆軻之客皆亡。高漸離變名姓爲人庸保，匿作於宋子，久之作苦，聞其家堂上客擊筑，傍徨不能去，每出言曰：彼有善有不善。從者以告其主曰：彼庸乃知音，竊言是非。家丈人召使前擊筑，一坐稱善，賜酒。而高漸離念久隱畏約無窮時，乃退，出其裝匣中筑，與其善衣，更容貌而前。舉坐皆驚，下與抗禮，以爲上客。使擊筑而歌，客無不流涕而去者。宋子傳客之，聞於秦始皇。秦始皇召見，人有識者，乃曰高漸離也。秦皇帝惜其善擊筑，重赦之，乃矐其目，使擊筑，未嘗不稱善，稍益近之。高漸離乃以鉛置筑中，復進得近，舉筑撲秦皇，不中。於是遂誅高漸離。其餘燕丹、荆軻事，詳見《易水寒》雜劇。燕丹與鞠武俱得仙去，亦屬撮撰。公子將閭本諸公子，爲二世所殺，劇中作始皇弟，又佐扶蘇反正，皆空中樓閣也。

著録

清・黄文暘、佚名《重訂曲海總目・國朝傳奇》 無名氏：《芙蓉樓》

又 蒼山子：《廣寒香》。

焦里堂《曲考》以爲雙溪鷹山作。

清・姚燮《今樂考證・著録八・國朝院本》 蒼山子二種：《廣寒香》、《豐樂樓》。

薛旦

論説

清・高奕《新傳奇品》 薛既揚吴縣人，鮫人泣淚，點滴成珠。

綜　述

清·薛旦《續情燈·敘》　左旋娟，右提嫫，香膚玉面，清歌而纖舞者，環列前後，不爲過也。而有不儘然者，或終身捧一黄臉婆子，或日夕禦一垢首侍兒，啜糟饜糠，謀生之不暇，何佳麗□肯，婦者或以而强買娉婷，妄羅黝質，是何異芳蒼當齒，俗物爲折，致使斂怨縮眉，幽思約帶，委志不遂，而多飲恨，天地間有情之憾，莫有甚於此者。余《續情燈》之作，乃所以平天地間有情之憾乎。請觀景韶之遇尹停霞，秦堅之遇馮娟娘，彼此相投，如鎡石之引鐵，琥珀之吸草，抑何其用情之至，而作合之奇耶。作者之意，蓋謂情不至則連者可斷，情一至則斷者可續。燈者，光之生於情者也，有情即現，無情則滅，讀者須會其意。若云天地間真有是燈，則癡人説夢矣。時崇禎癸未中秋望日繡霞堂主人聽然子撰。

又《自題詞》　曉吹吟桐，如聽別離之奏；飄花點竹，似驚摇落之情。不茶不飯，誰嘗芍藥之羹；如醉如癡，疑中釀花之酒。風襟月況，徜徉于沙渚煙島之間；黯意綺思，馳想於舞榭歌筵之地。懷佳人兮我也，思公子兮誰哉。空懷握裹余香，寧睹帳前微笑；因念芳馨麗女，錯配襟裾馬牛。酒肉村夫，消受朱門香玉，遂使新箏不弄，坐握春纖，長笛羞合，似聞嬌歎。衣香方歇，將彩袖欲指；妝影乍澄，覺玉顔委頓。漸見細腰將折，堪憐粉成痕。聞鶯花底，於中之牽志難忘；落月屋樑，此際之凄其幾絶。余是以作爲聲歌，用平憤恨。並唱新詞二闋，以贈天下情人。其一：春花春草，引得紅裙繞。燕子避人復進，柳花貼地還高。有個人兒，香膚雪面，逗出秋波明妙。怪無端回頭一笑，端的爲書生年少。其二：浪酒狂茶，總是相思滋味。恨閣雨擔雲，昨夜東風惡。記得當年，春纖玉腕，伴整金釵落。容容易易，低語呼郎，郎情休要薄。聽然子漫題。

紀　事

清·佚名《曲海總目提要》卷一九《九龍池》　薛旦作。言顧況于九龍池見賀蘭進明女，女贈況金錢，蓋借用元人《金錢記》事，而改换面目者也。略云：唐顧況，字逋客，海鹽人。遊長安，受業于李白。白薦于賀蘭進明，與其子晃讀書。時詔士女踏青九龍池，進明女洛珠與焉，況亦往觀，遇珠于途，注目久之，珠乘間以金錢十二投況。初，進明請女塾師鳳十三娘訓洛珠，以御賜開元金錢十二枚遺女鎮書，珠所投即此也。歸嘗聞父稱況才貌，始知即擲錢生。況亦知投錢者即進明女，適假館，珠步園中，覘況書室清幽，刻詩于竹云：陌上春歸後，金錢卜未曾。好將斑點淚，灑上竹青青。況見其詩，知珠所題，遂以錢卜珠姻事。值晃入見之，奪錢三枚以告父。況慮禍，抹去珠竹上詩，棄書篋以遁。進明遺僕追之，扃珠層樓上，令自斃。時詔授進明北海太守，復陞淮南招討，女師與僕共計放珠，挈之遠遁。況逃匿磨鏡奚少山家，其女眉仙欲托以終身，況感其父庇，即以金錢三枚私聘之，遂辭歸。值安史叛，張巡守睢陽，遣南霽雲請救于淮南，進明忌巡功，不往救。巡與南霽雲、雷萬春皆盡節。適少山攜女逃入華陰，十三娘挈珠亦至，因同邑，聚居一處。況至華陰，令欲擒解進明。適李白亦詣縣，縣尹責其不下驢，詢之乃白也。尹大窘，白見況被執，勸尹釋之，贈以資斧，令暫寓華陰山讀書候試。少山過馬嵬，獲太真履，珍藏之。安史平，少山與珠皆歸長安，詔以千金購太真履，少山獻之，竟致巨富。進明被召，巡陰索其命，第宅丘墟，子晃丐于市，以昔奪錢三枚，估于少山。遇女師憐其貧，告于珠，珠往見之，晃疑妹爲鬼，驚悸成狂疾。況入長安赴試，少山邀歸，欲以女妻之。尋擢大魁，浼女師執柯，遂述珠先投金錢訂盟之故，珠與眉仙，不知狀元爲況，皆不願字。女師細剖明，二女遂稱姊妹，皆與況成伉儷云。南霽雲請救事，唐史載之，而韓愈《張中丞傳後記》爲詳。所謂斷一指，血淋漓，以示賀蘭者也。李白至華陰事，唐人雜説中載之，所謂天子殿中，尚容走馬，華陰道上，不許騎驢者也。馬嵬拾履，本係馬嵬之媪，《太真外傳》載之，而劉禹錫馬嵬詩，有數句詠其事，劇改入磨鏡人名下。

又《蘆中人》 蘇州人薛旦所作。旦字既揚，善填樂府，其繼娶之室曰停雲，出自名家，歌劇稱最，夫婦居無錫。嘗作樂府數種，曰《醉月緣》、曰《續情燈》、曰《昭君夢》、曰《鬧荊鞭》此記即《鬧荊鞭》改名也。以弋陽腔有《臨潼記》，皆齊東野人語，乃參酌正史稗乘爲之評者謂其跨躐臨川，韜軼香令云。《吴越春秋》：伍子胥者，楚人也，名員，祖舉，父奢，兄尚，三世爲楚忠臣。楚平王有太子名建，平王以伍奢爲太子太傅，費無忌爲少傅。平王使無忌爲太子娶于秦，秦女美容，無忌報平王曰：秦女天下無雙，王可自取。王遂納秦女爲夫人而幸愛之，生子珍，而更爲太子娶齊女。無忌因去太子而事平王。念太子立當害己也，乃復讒太子建，使守城父，又言建將爲亂。平王召伍奢而按問之，奢知無忌之讒，因諫之曰：王獨奈何以讒賊小臣而疎骨肉乎。無忌復言：王今不制，其事成矣，王且見擒。平王大怒，因囚伍奢，太子奔宋。無忌復言平王曰：伍奢有二子，皆賢，不誅，且爲楚憂。可以其父爲質而召之。王使使謂奢曰：能致二子，則生，不然，則死。伍奢曰：臣有二子，長曰尚，少曰胥。尚爲人慈温仁信，若聞臣召輒來。胥爲人少好于文，長習于武，文治邦國，武定天下，執綱守戾，蒙詬受耻，雖冤不爭，能成大事。此前知之士，安可致耶。平王即遣使者往召尚胥云，進奢爲國相，封二子爲侯。尚謂子胥曰：父幸免死。二子爲侯，使者在門，汝可見使。子胥曰：君欺其臣，父欺其子，今往方死，何侯之有。尚曰：父子之愛，恩在中出，徼倖相見，以自濟達。子胥歎曰：與父俱誅，何明于世，尚且行矣。吾去不顧，勿使臨難，雖悔何追。楚得子尚，執而囚之，復遣使追捕子胥。胥乃貫弓執矢，去楚。楚追之，見其妻曰：胥亡矣。去三百里。使者追及無人之野，胥乃張弓布矢，欲害使者。使者俯伏而走，胥曰：報汝平王，欲國不滅，釋吾父兄，若不爾者，楚爲墟矣。使返報平王，王發大軍追子胥，至江，失其所在，不獲而返。尚至楚就父，俱戮於市。伍員奔宋，道遇申包胥曰：今吾將復楚辜，以雪父兄之耻。申包胥曰：子能亡之，吾能存之。胥遂奔宋。伍員奔吴，到昭關，關吏欲執之。伍員因詐曰：上所以索我者，美珠也。今我已亡矣，將去取之。關吏因舍之。追者在後，幾不得脱。至江，江中有漁父乘船泝水而上，子胥呼之，謂曰：漁父渡我。如是者再，漁父欲渡之。適會旁有人窺之，因而歌曰：日月昭昭兮侵已馳，與子期乎蘆之漪。子胥即止蘆之漪，漁父渡之千潯之津，子胥有饑色，漁父爲取餉。有頃，持麥飯鮑魚羹盎漿，求之樹下，因歌而呼之曰：蘆中人、蘆中人，豈非窮士乎。如是至再。子胥乃出蘆中而應，飲食畢，欲去。解百金之劍以與漁者，漁父辭不受，謂子胥曰：亟去勿留，且爲楚所得。子胥曰：請丈人姓字。漁父曰：吾所謂渡楚賊也，何用姓氏爲。子爲蘆中人，吾爲漁丈人。富貴莫相忘也。子胥既去，誡漁父曰：掩子之盎漿，無令其露。漁父諾。子胥行數步，顧視漁者，已覆船自沈于江水之中矣。子胥至吴，乞食溧陽，適會女子擊綿于瀨水之上。筥中有飯，子胥曰：夫人可得一餐乎。女子曰：妾獨與母居，三十未嫁，飯不可得。子胥曰：夫人賑窮途少飯，亦何嫌哉。女子知非恒人，遂許之，發其簞筥，長跪而與之。子胥再餐而止。女子曰：君有遠逝之行，何不飽而餐之。子胥已餐而去，又謂女子曰：掩夫人之盎漿，無令其露。女子嘆曰：妾獨與母居三十年，自守貞明，不願從適，何宜饋飯而與丈夫。越虧禮儀，妾不忍也。子行矣。子胥反顧，女子已自投于瀨水矣。子胥之吴，求勇士薦之公子光，乃得勇士專諸。專諸者，堂邑人也。伍胥亡楚如吴時，遇之於途，專諸方與人鬭。將就敵，其怒有萬人之氣甚不可當，其妻一呼即還。子胥怪而問其狀，何夫子之怒甚也，聞一女子之聲而折道，甯有説乎。專諸曰：屈一人之下，必伸萬人之上。子胥知其勇士，陰結之，欲以爲用，進之公子光。王僚十二年，公子光伏甲士于窟室中，使專諸置魚腸劍炙魚中，以刺王僚。公子光遂自立爲吴王。闔閭九年，吴王入郢，伍胥以不得昭王，乃掘平王之墓，出其屍，鞭之三百。子胥入鄭，遂引軍擊鄭，以鄭定公嘗困迫子胥也。定公大懼，乃令國中曰：有能還吴軍者，吾與分國而治。漁者之子應募曰：臣能還之，不用尺兵斗糧，得一橈而行歌道中，即還矣。公乃與漁者之子橈。子胥軍將至，當道扣橈而歌曰：蘆中人。如是再。子胥愕然大驚曰：公爲誰。曰：漁父者子。吾君令有能還吴軍者，與之分國而治，臣念前人與君相逢于途，今從君乞鄭之國。子胥歎曰：悲哉，吾蒙子前人之恩，自致於此。上天蒼蒼，豈敢忘也。乃釋鄭國還軍。申包胥亡在山中，使人謂子胥曰：子故平王之臣，北面事之。僇屍之辱，豈道之極乎。子胥不聽。包胥之秦求救，晝馳夜趨，足踵蹠劈，裂裳裹膝，鶴倚哭於秦庭，七日七夜，口不絶聲。秦桓公大驚，爲賦《無衣》之詩，使公子子蒲子虎率車五百乘救楚。吴軍去，昭王反國。闔閭三年，楚子常與昭王共誅費無忌，遂滅其族。《左傳・定公四年》夏，伍員爲吴行人以謀楚。楚自昭王即位，無歲不有吴師。冬十一月，吴從楚師，五戰及郢，楚子取其妹季芈畀我以出。吴入郢，以班處宫，楚子奔鄭。鍾建負季芈以從。初，伍員與申包胥友。其亡也，謂申包胥曰：我必復楚國。申包胥曰：勉之。子能復之，我必能興之。及昭王在隨，申包胥如秦乞師，立依於庭牆而哭，日夜不絶聲，勺飲不入口七日。秦哀公爲之賦《無衣》。九頓首而坐，秦師乃出，敗吴師。楚子入於郢，將嫁季芈。季芈辭曰：所以爲女子，遠丈夫也。鍾建負我矣，以妻鍾建。

又《續情燈》 吴人听然子編。據小説而作，演景韶咏《美人曉起》詩，與尹停霞匹配事，劇内以神燈引路，景、尹復合，是名《續情燈》也。略云：姑蘇景韶，字烟客，美才品，與友秦堅字若金者，最契厚。時，雲間諸生彙選新詩，曰《同人唱和集》。景作《美人曉起》詩云：曉情如夢怯衣香，起學吴姬新樣妝。小髻乍成思點綴，賣花聲却在山陽。亦以是詩入刻。有劍仙崔七娘寓吴門，韶詣問功名婚姻事。崔以劉海蟾沫爲丸贈韶，復述偈言，云有後驗。雲門尹縣君孀居，惟一女名停霞，貌美而善詩畫，偶閲韶咏，愛其才，摹己容，作《美人曉起圖》於箑，後書韶咏，和韻題一絶云：輕烟和露薄籠香，枕綫紅生試曉妝。得句幾番慵理鬢，醉心若爲怨朝陽。其婢憐兒父李碧峰者，嘗賣雜貨於蘇州，欲求霞字畫，詣崑山考場以覓利。霞謂韶居蘇州，必來崑與考，以箑付李云：遇題詩人，當勿索價。學道嚴公明考韶第一。韶遊市中，適遇碧峰，見箑上所咏詩，屬和者有尹停霞名，甚異之。詢何人筆，碧峰知即題詩人，以實告，即贈以扇。韶謝銀持歸，知停霞即畫中人，寤寐求之，恐其母嫌己貧士，不敢遽行媒。碧峰歸雲間，霞詢所賣扇，峰云景韶售去，且述韶甚俊美，霞亦留意。時，名妓馮娟娟，與秦堅素密，欲字堅，假母難之。適韶以題扇事問計於堅，娟念韶鍾情，苦母拘禁，遂與秦携韶往雲間，令韶復題詩於扇。娟紿爲尼，造霞請畫觀音像，匿扇入霞卧室，達韶思慕意。霞期韶以迎春日過門樓下，或可一面。如期至，上下隔絶，雖各注目，不能通一言。婢趣下樓，霞匆遽蹉跌，悶絶於地，及蘇遂患疾，延醫不能治。韶挾仙姑所贈藥，詣尹請治之。碧峰導之入。韶預云：倘療，不望酬金帛，欲求婚耳。疾果愈，母欲爽言，韶與争，母含糊以應。黠生姚必進者，素嫉韶，知其事，欲間之，詣京師投兵部賈尚書門下，獻霞書畫，復譽其美。賈欲納爲妾。姚請説其母，母貪賄，且畏其權勢，遂允之。度女不從，紿爲韶已第，接女赴京。至昌平驛，女知其情，欲投繯。值嚴公明任廣撫，駐於驛，聞啼哭聲，詢知其事，念己督學江南，曾取韶第一，係門生，且佳士也。賈雖貴，敢奪其聘妻。乃杖姚二十，令霞母子歸雲間。途中值荒饉，盗賊多，仙姑幻草庵，留其母女居之。韶聞霞被奪，憤不勝，詣京以圖報復。初，秦堅與娟遁至京，堅得第，授部郎，因劾賈，被貶嶺南。適嚴撫廣，留堅於署中。嚴自作疏，列賈奸款，訴堅忠直。詔削賈職，召嚴還京，堅復原官。碧峰入京訪霞，賈僕爲言，於途中散失矣。碧峰遇韶告之故，韶念霞散失，必斃於途，悲苦特甚。及試中會元，給假覓霞踪迹，與堅遇於山東，各叙别情，復遇賈削籍歸，兩人共詬辱之。韶携堅夜步，見燈光隱隱前導，異之，隨而行，入一尼庵，遂得會霞母女。見仙姑書偈於壁，詳其指，皆以堅、韶故。始知所導者乃神燈也，遂與霞成婚，入朝受職。

又《玉鐲記》 所記乃近時事，必有其人，而姓名則不無更易也。房衣冏，字懷山，兖州諸生也。李自成之亂，奉母及妻胡氏香玉逃難。至中途，知不能相保，胡氏取玉鐲一對，各分一股。散失之後，衣冏爲兵所得，掠至口外。有周太尉者，令改從己姓，與子天表結爲兄弟，授以參謀之職，領兵三千入關，攻敗闖兵，隨太尉在京。胡氏偕其姑居於弟胡小五家，受其百端誑騙，且逼令改嫁，甚欲潛賣爲娼。胡氏守節自誓，拾橡梡度日。令賣婆張氏寄賣玉鐲，侯成對者賣之，蓋樂昌破鏡之意也。張氏至京，遇衣冏，語之故。衣冏方差往江寧，還家探母妻。小五報官，以爲逃人，爲兖州知府所禁。太尉遣人至兖取回。在京應試，與天表皆登第。衣冏奉使高麗，回家團聚。闖賊入宫，見案上有字云：萬民不可殺，百官不可留。闖賊云：聞周鍾海内名士，教他草詔，頒行天下。

又《狀元旗》 所載賈打墻事，本之小説。趙巽却奔，借用王華事。爲學士時賜宴賦詩，潤筆簪花，則借用王珪事。中間説白，有打馬吊云云，打馬吊起於明末，知是近時人所作也。登封賈打墻，名文魁，貧困徹骨，禱岳神求富，冥司以其福薄，權借賈振宗藏銀六十萬與之。振宗，文魁從兄子也，令其至慳極吝，一文不用，守財終身，却歸振宗。其諸鄙陋，殆至不可名狀。振宗揮金如土，蕩費家業，後乃悔過自新。趙巽，字端中，亦登封人。爲諸生，無以爲生，賣柴自給。歲暮，母使丐貸於姨丈劉員外。劉見巽襤褸，拒而不恤。其表妹默以銀米資之。巽貧益甚，然刻苦淳篤，以巨人長德自待。老儒許穎者，負青苗錢，其女名薛，美而善屬文。神宗遣內監禮聘民間好女爲妃嬪，穎以女應，得百金，復遺於道。鞏拾得，坐待還之。賈文魁慕其賢，延誨振宗。振宗挾妓流蕩，不知所之。文魁密遣侍妾歡姐夜叩書館，欲求種以接嗣。鞏閉户不納，而口占二句以絶之。歡姐慚去。文魁生日，請道士設醮，拜陳緑章，久伏不起。已而白衆曰：適見天榜開，故相停待耳。詰問狀元何名。曰：名不能記。夾道綵旗大書對句云：祖宗不食他人祀，上帝先知暗室心。蓋即鞏口占句也。是科，鞏遂擢大魁。無何，拜翰林學士。神宗於中秋日微行，幸翰林院，賜坐對飲。令內侍磨墨，宫人送酒，争取白團扇索書，以翠翹、金鳳爲潤筆，用花簪帽，且以酒餚果餅一席，賜其母於家。宴時問鞏家室，知其未娶，遂以許氏賜婚。許氏初入宫，神宗以其體帶清寒，不足當人主，命掌書籍，許爲擇配，故以賜鞏。而其父穎亦與鞏同登第，授官儀曹。鞏奉命巡邊，過家門，則文魁垂盡，受托護其家。道經孟津，見振宗流落，挈歸故里，盡以百萬資付之。振宗之妻劉氏，即鞏姨妹也。劇中云：許穎所負青苗錢，神宗恩詔蠲免。考宣仁太后以所欲更易者問神宗至二十餘條，皆點首，惟言至青苗，則置不答。神宗之世，未嘗免青苗錢也。王華，王守仁之父，爲諸生時，居停主人遣妾挑之，持主人札，云：欲度人間子。華拒不納，答句云：恐驚天上人。其後主人延道士上章，伏地甚久。問之，則曰觀放天榜對聯欲度云云。成化十七年辛丑狀元，則華也。各書相傳，似無可疑。然華集所載，與此特異。浙江學道張悦，嘗言謝遷、王華必爲狀元，遷於乙未擢魁。浙江舊布政某，竟陵人，素聞悦語，延華館於家，夢鼓吹旗纛，若迎榜者，引一大白牛而行，送者則布政崔恭也。其子圓此夢云：白牛者，辛丑也，師必是年擢魁，而崔當遷府尹。已而果然。崔以府尹送華歸第，華所自記如此。居停有子已長，焉得求種事。似未必也。按宋稗，岐公在翰苑時，中秋有月，上問：當直學士是誰。左右以姓名對。命小殿對設一位，召來賜酒。公至殿側侍班。俄頃，女童小樂，引步輦至。宣學士就坐。公奏：故事，無君臣對坐之禮。上云：天下無事，月色清美。與其醉聲色，何如與學士論文。若要正席，則外廷賜宴。正欲略去苛禮，放懷飲酒。公再拜就坐。上出御製詩示公，公嘆仰聖學高妙。每起謝，必敕內侍扶掖。夜漏三鼓，上悦甚，令左右宫嬪各取領巾裙帶或團扇手帕求詩。內侍舉牙床，以金鑲水晶硯、珊瑚筆格、玉管筆，皆上所用者於公前。來者應之，略不停輟，都不蹈襲前人，盡出一時新意，仍稱其所長及其容色。上曰：豈可虚辱。須與學士潤筆。遂各取頭上珠花一朵，裝公幞頭，簪不盡者，置公服袖中。宫人旋取針綫，縫聯袖口。宴罷，月將西沉，命撤金蓮燭，令內侍扶掖歸院。

又《齊天樂》　此劇以漢武帝、東方朔爲通本之綱，言其君臣皆根器非凡，用能得道成仙，長生不老。其漢時舊事，隨機點綴，有真有假，虚實參半，亦有憑空結撰者，分別觀之可也。是近時人作，未知出誰手。大略言：東方朔者，無姓，蓋自號曰東方朔，與妻聞人氏細君，友人諸葛逸叟，其至契也。武帝時，鈎弋夫人生子，湯餅慶賀。出招賢榜，以網羅天下文人才士。而是時北有匈奴，東有高麗，邊事方倥偬，田蚡、張湯、桑弘羊、朱買臣各以獻策爲進身之階，以理財裕餉爲急，獨汲黯謂宜得賢以安民。而武帝亦自夢至茂陵，訪求賢士。於是始爲微行，會方朔與司馬相如皆以應詔入都抵茂陵，而衛青亦欲立功邊境，其甥霍去病則訪其兄霍光，先後皆至茂陵，獲於無意中遇武帝，帝見此數人者皆英俊，問其姓氏，因以邊務詢之，娓娓各有所對。帝心默識之。李延年從駕，私問衛青，知即衛夫人之弟，勸以戚里攀援而進。而青慷慨自命，殊不屑也。武帝暮歸，不能入都城，投白谷村借宿。店主人白老虎，窺帝服珠衫，起惡意，鐍之房中。其妻覺之，俾其傭花狗兒導自枯井以出。三更抵城，扣元武門。守者李陵，以昏夜虞有詐僞，拒而不納。轉扣長安門，守者蘇建，啓扉納之。帝乃賞陵盡職，擢爲將，而削建官，召狗兒以爲元武門守者。時，李廣征高麗，王恢征匈奴。廣服高麗，而恢以無功被罪。諸賢士赴闕下者，各獻籌邊之策。乃以衛青爲大將軍，霍去病爲副，北征匈奴，而用司馬相如爲郎將，東方朔爲京兆尹，武帝復御駕親征，大敗匈奴。匈奴叩關請降。武帝築受降城以待之。班師息兵，海内寧謐。仙人章玉子者，憩於林中，紅光徹霄。漢武帝望見知有異，以問方朔。方朔云：此中有仙。遂見玉子問神仙之事，玉子云：欲求長生，必須築臺以降天人。帝乃築柏梁臺以俟之。有獻長生酒者，方朔請嘗其真僞，遂一飲而盡。武帝怒，欲誅方朔。朔曰：令酒果能長生，臣已服之，不可殺也。帝乃笑而釋方朔。朔既貴，欲薦逸叟，叟不肯出，乃迎妻細君入京。伏日賜肉，朔先割肉歸以遺細君。帝責之，朔反自譽，帝亦不罪也。柏梁臺既成，西王母下降，餉帝蟠桃四枚。方朔進二枚於帝，偷食其一，而以其一遺細君。王母曰：是兒天上歲星，已三次偷吾桃矣。吾先度朔，乃度帝。於是授帝長生之藥，服之鬚髮盡黑。方朔與細君特以名爲夫婦耳，一日問曰：汝從我久，未嘗有枕席之愛，能無怨乎。妻曰：無怨也。方朔曰：汝果無怨，當相挈爲仙。乃引妻入瓊樓玉宇中，共遊天界。而武帝壽登耆頤，延年却老，金童玉女，左右列侍，長享神仙富貴之樂。以其壽與天齊，故名曰《齊天樂》也。

又《玉麟符》 未知何人所作。以楚懷王孫心佩玉麟符爲婚姻關鍵，而所演皆項梁、項羽事迹，半實半虛。《史記·項羽紀》：項籍者，下相人也，字羽，初起時年二十四，其季父項梁，梁父即楚將項燕，爲秦將王翦所戮者也。項籍少時學書，不成，去，學劍，又不成，項梁乃教籍兵法。梁與籍避仇吴中，籍長八尺餘，力能扛鼎，才氣過人，吴中子弟皆憚籍。秦二世元年，陳涉等起大澤中，籍斬會稽守殷通，梁佩其印綬，以八千人渡江而西。召平矯陳王命，拜梁爲楚王上柱國，并秦嘉軍，引兵入薛，召諸别將會薛計事。居鄛人范增，説項梁曰：秦滅六國，楚最無罪，自懷王入秦不反，楚人憐之至今。故楚南公曰：楚雖三户，亡秦必楚也。今陳勝首事，不立楚而自立，其勢不長。今君起江東，楚蜂起之將皆爭附君者，以君世世楚將，爲能復立楚之後也。於是項梁然其言，乃求楚王孫心，民間爲人牧羊，立以爲楚懷王，從民所望也。懷王都盱眙，項梁自號爲武信君。章邯渡河擊趙，大破之。趙王歇及陳餘、張耳，皆走入鉅鹿。章邯軍其南，築甬道而輸之粟。楚懷王以宋義爲上將軍，項羽爲次將，范增爲末將，救趙。宋義號卿子冠軍，項羽殺宋義，引兵渡河，沉船破釜，九戰，絶秦甬道。楚兵呼聲動天，諸侯軍無不人人惴恐。羽始爲諸侯上將軍，章邯降羽，羽入關，至新豐鴻門，留沛公飲，燒秦宫室，收其貨寶婦女而東，乃尊懷王爲義帝，自立爲西楚霸王。

又《賜繡旗》 所載漢光武及鄧禹、岑彭、馬武、銚期等，與正史不合。《演義》以馬武、銚期、岑彭、杜茂爲四勇將，故此劇亦以四人串入。《光武本紀》：王莽遣王尋、王邑將兵百萬到潁川，旌旗輜重，千里不絶。時有長人巨無霸，長一丈，大十圍，以爲壘尉。又驅諸猛獸、虎豹、犀象之屬，以助威武。光武將數千兵徼之於陽關，諸將見尋、邑兵盛，反走，馳入昆陽。尋、邑兵圍之數十重，光武出戰，尋、邑兵却，諸部共乘之，連勝。光武乃與敢死士衝其中堅，尋、邑陣亂，乘鋭殺尋，莽兵大潰，死者以萬數。王邑等乘死人度水逃去。《皇后紀》：陰皇后諱麗華，南陽新野人。初，光武適新野，聞后美，心悦之。後至長安，見執金吾車騎甚盛，因嘆曰：仕宦當作執金吾，娶妻當得陰麗華。更始元年六月，遂納后於宛當成里，時年十九。鄧奉起兵，后兄識爲之將。后隨家屬徙淯陽，止於奉舍。光武即位，令侍中傅俊迎后到洛陽，以爲貴人。《東觀漢記》：有陰子公者生子方，方生幼公，公生君孟，名睦，即后之父也。世本睦作陸。後贈宣恩侯。《陰后紀》：后母鄧氏。光武詔大司空曰：吾微賤之時，娶於陰氏。因將兵征伐，遂各别離。幸得安全，俱脱虎口。又《陰后紀》：七歲失父，雖已數十年，言及，未嘗不流涕。《漢書·外戚傳》：孝平王皇后，安漢公莽女也。自劉氏廢，常稱疾不朝會。莽敬憚傷哀，欲嫁之，乃更號爲黄皇室主。及漢兵誅莽，后曰：何面目見漢家。自投火中而死。《元后傳》：莽欲得漢傳國璽，太后不肯授莽。莽使王舜求璽。太后怒罵之，出璽投之地。《鄧禹傳》：禹，字仲華，南陽新野人。受業長安時，光武亦遊學京師，遂相親附。及漢兵起，禹聞光武安集河北，即杖策北渡。追及於鄴，任使諸將，多訪於禹。每有所舉，皆當其才。光武即位，拜大司徒。《岑彭傳》：彭，字君然，南陽棘陽人，王莽時守本縣長。漢兵起，攻拔棘陽。彭將家屬莽前隊大夫甄阜，阜怒彭不能固守，拘彭母妻，令效功自補，彭將賓客戰鬭甚力。及甄阜死，彭被創，亡歸宛，與前隊貳嚴説共城守。漢兵攻之數月，城中糧盡，人相食，彭與説舉城降，乃封彭爲歸德侯。《銚期傳》：期，字次況，潁川郟人。長八尺二寸，容貌絶異，矜嚴有威。父猛，爲桂陽太守，卒，期服喪三年，鄉里稱之。光武略地潁川，聞期志義，召署賊曹掾，從徇薊。光武即位，封安成侯。《東觀漢記》：銚期疾病，使使者存問，加賜醫藥甚厚。其母問期當封何子，期言受國家恩深，常慚負，何宜封子也。上甚憐之。《馬武傳》：武，字子張，南陽湖陽人。少時避仇，客居江夏。王莽末，竟陵西陽三老起兵於郡界，武往從之，後入緑林中，遂與漢軍合。更始立，以武爲侍郎。與世祖破王尋等，拜爲振威將軍。世祖擊賊，武常爲軍鋒，力戰無前。即位，封山都侯。帝與功臣讌語，從容言諸卿不遭際會，自度何所至。武曰：臣以武勇可守尉，督盜賊。帝笑曰：且勿爲盜賊，自致亭長，斯可矣。《杜茂傳》：茂，字諸公，南陽冠軍人。初歸光武於河北，爲中堅將軍，常從征伐。世祖即位，拜大將軍。《郅惲傳》：惲，字君章，汝南西平人。治《韓詩》、《嚴氏春秋》，明天文曆數。王莽時，寇盜群發，惲占象，謂漢必受命。西至長安，上書王莽，令就臣位。莽大怒，繫獄，會赦得出，南遁蒼梧。傳俊聞惲名，請爲將兵長史，有功。惲耻以軍功取位，辭歸鄉里。久之，郡舉孝廉，爲上東城門候。帝出獵夜還，拒關不開。詔賜布帛，令惲授皇太子《韓詩》。惲友董子張，痛父仇不復，惲令客遮仇人，取其頭以示子張。《王莽傳》：夙夜連率韓博上言：有奇士長丈，大十圍，來至臣府。自謂巨毋霸，出於蓬萊東南五，城西北昭如海瀕。軺東不能載，三馬不能勝。即日以大車四馬，建虎旗載霸詣闕。莽留霸在新豐，更其姓曰巨毋氏。《平帝紀》師古注：莽因朝臘日上椒酒，置藥酒中。故翟義移書云：莽鴆孝平。《光武紀》：九月庚戌，三輔豪傑共誅王莽，傳首詣宛。

著録

清・高奕《新傳奇品》 薛既揚：所著傳奇六本。《書生願》、《醉月緣》、《戰荆軻》、《蘆中人》、《昭君夢》、《狀元旗》。

清・笠閣漁翁《笠閣批評舊戲目》 《續情燈》，薛既揚作。下中。

清・黄文暘、佚名《重訂曲海總目・國朝雜劇》 薛既揚：《昭君夢》。

又《重訂曲海總目・國朝傳奇》 薛既揚，吴縣人：《書生願》、《醉月緣》、《戰荆軻》、《蘆中人》、《昭君夢》、《狀元旗》。又無名氏所作同名。

清・梁廷枏《曲話》卷一 薛既揚：《書生願》、《醉月緣》、《戰荆軻》、《蘆中人》、《昭君夢》、《狀元旗》。

清・支豐宜《曲目新編・著録八・國朝傳奇》 薛既揚：《書生願》、《醉月緣》、《戰荆軻》、《蘆中人》、《昭君夢》、《狀元旗》。

清・姚燮《今樂考證・著録四・國朝雜劇》 薛既揚一種：《昭君夢》。

又《著録八・國朝院本》 薛既揚十六種：《書生願》、《醉月緣》、《戰荆軻》與袁令昭同□、《昭君夢》、《狀元旗》、《續情鐙》、《蘆中人》、《後西廂》、《飛熊兆》、《紫瓊瑶》、《賜繡旗》、《齊天樂》、《翡翠園》、《玉麟符》、《粉紅欄》、《喜聯登》。

清・王國維《曲録》卷五 《書生願》一本，《醉月緣》一本，《戰荆軻》一本，《蘆中人》一本，《昭君夢》一本，《狀元旗》一本，《九龍池》一本，《續情燈》一本，《長生桃》一本，《一宵泰》一本。右十種，國朝薛旦撰。旦字既揚，號訢然子，無錫人，本籍長洲。

葉小紈

論説

明・沈自徵《鴛鴦夢序》 《鴛鴦夢》，予甥蕙綢所作也。諸甥姬皆具逸才，謝庭詠絮，璧月聯輝，洵爲盛矣。迨夫瓊摧昭折，人琴痛深，本蘇子卿昔爲鴛與鴦之句。既已感悼在原，而瓊章殞珠，又當于飛之候，故寓言匹鳥，托情夢幻，良可悲哉。若夫詞曲一派，最盛於金元，未聞有擅能閨秀者。即國朝楊升庵，亦多諸劇，然其夫人第有《黄鶯》數闋，未見染指北詞。綢甥獨出俊才，補從來閨秀所未有，其意欲於無佛處稱尊耳。吾家詞隱先生爲詞壇宗匠，其北詞亦未多概見。余伯道無兒，育瓊章爲猶女，愛其絶世靈識，欲與較論宫商，揣桃花扇底之風，一證詞家三昧，傷辨弦往矣。今綢甥作，其俊語韻脚，不讓酸齋、夢符諸君，即其下里，尚猶是周憲王金梁橋下之聲，實可與語此道者，將以陰陽務頭，從來詞家所昧，行與商之。蕙綢即詞隱先生孫婦。崇禎丙子秋日，舅氏沈君庸甫識。

清・葉燮《存餘草述略》 《存餘草》，我姊蕙綢所著也。往年，我先安人刻《午夢堂集》，是時我伯姊昭齊及季姊瓊章皆先我母卒，故《集》中有《愁言》、《返生香》二種，皆先安人手論定入刻者也。仲姊蕙綢，歸于沈。其没也，後我母二十餘年。然余伯仲季三姊氏，自幼閨中相唱和。迨伯季兩姊氏早亡，仲姊終其身，如失左右手，且頻年哭母、哭諸弟，無日不鬱鬱悲傷，竟以憂卒焉。其婿學山，余之從姪也。適余重訂《午夢堂詩鈔》，因簡其遺稿，有詩若干首，自題曰存餘草，蓋其生平所存僅二十之一。學山乃次而梓之，附之于《午夢堂詩鈔》後云。弟燮識。時康熙丙寅，重陽後三日。

傳記

明・葉紹袁《自撰年譜》四十一年癸丑：【略】四月,次女小紈生。

清・周銘《林下詞選》卷七 葉小紈,字蕙綢。沈宛君次女,適同邑諸生沈永禎,是爲詞隱先生孫婦。精於曲律,所著有《鴛鴦夢》雜劇,附《午夢堂集》。女樹榮,亦工詩詞。

清(乾隆)《吴江縣志》卷三七 葉小紈,字蕙綢。諸生沈永禎妻。幼端慧,與昭齊、瓊章以詩詞相倡和。後相繼夭歿,小紈痛傷之,乃作《鴛鴦夢》雜劇寄意,有貫酸齋、喬夢符之風。詩極多,晚歲汰存二十之一,名曰《存餘草》,情詞黯淡,過於姐妹二人。女樹榮,字素嘉,亦工詩詞,適葉舒穎。與吴鏘妻龐蕙纕善,所贈答盛稱於時。

清・沈光熙《吴江沈氏家譜》卷六 沈永禎：配葉氏,順治丁酉年十一月五日卒,年四十五歲。

著録

清・黄文暘、佚名《重訂曲海總目・國朝雜劇》 葉小紈吴江女史：《鴛鴦夢》。

清・姚燮《今樂考證・著録四・國朝雜劇》 葉小紈女史一種：《鴛鴦夢》。小紈名蕙綢,吴江人,沈詞隱先生孫婦。其劇刻《午夢堂集》中。《曲考》、《曲目》均署葉小鸞作,誤。

清(光緒)《蘇州府志》卷一三九 《存餘草》。

雜録

清・錢謙益《列朝詩集・閏集》 沈宜修,【略】工部郎中葉紹袁仲韶之妻也。【略】生三女：長曰紈紈,次曰蕙綢,幼曰小鸞。蘭心蕙質,皆天人也。【略】宛君與三女相與題花賦草,鏤雲裁月,中庭之詠,不遜謝家,嬌女之篇,有踰左氏。

清・徐樹敏《衆香詞・樂集》 沈宜修字宛君,吴江人。明憲副懋所公女,水部葉仲韶室。三女俱能詞。天台無葉汾子序《午夢堂集》曰：吴汾諸葉,葉葉交光。中秀雙姝,尤餘清麗。驚才凌乎謝雪,逸藻娩於班風。湘濤晨捲,新文與旭彩齊暉；金穗宵垂,細慧同夜鐘較静。栽繁花于皓腕,剪秋月爲冰心。蓮舄能飛,翠臙皆語。一則天末鳳棲,爰隨蕭史；一則春塘鴛睡,未許山陰。真連璧之傾城,洵多珠之聚掌。影閟金閨,或惟母認；名鏤紫琬,不許人知。豈期賦樓雖有碧兒,侍案復須玉史。妹初奔月,姊亦凌波。嗟乎傷哉。天邪人也。觀遺掛之在壁,疑魂影之猶來。痛猿淚之下三,哀雁字之失二。左思賦嬌,不堪更讀；中郎絶調,今復誰傳。於是撿厥遺文,花花啣淚；吟其手澤,燕燕窺窗。或崔徽真在卷中,即夫人儼臨殿外。授之梨氏,用告邦人。觀其瑶情蕙質,洵天遣以暫來；知夫霧骨烟姿,定人留而不住。東家有女,請莫效顰；南史若來,幸爲編傳。遂于懺除綺語之餘,有此不揣揄揚之贅。弁諸册首,留作新譚。

清・陳去病《笠澤詞徵》卷二七 沈永啟《惜餘春慢・重閲葉蕙綢表姊遺稿》：鏤管冰生,臨牋翠起,從古名姝不到。魂鎖夜月,淚染春花,滿幅睡痕殘照。乍展還尋,豔句覽至中篇,頓成猿嘯。遍江山、覓不出知音侣,請君休道。　慚愧我、天付愁腸,朗吟再四,驀地低徊痛倒。温柔骨性,慷慨襟期,品行誰人分曉。常自忘懷,奮袂笑破乾坤,踏平蓬島。漫回頭、鸞影妝梳,竟在鳳樓空老。《沁園春・子才姪從余肄業三載,庚寅春將負笈于舅氏葉雲期,余己丑冬暮解館,書此爲别》：點檢芸編,殘冬無幾,别在新春。念三年講習,吾無隱爾,一生進退,汝勉成人。手澤難求,熊丸是望,肄業還傷家力貧。從今去、願賢甥似舅,卓邁羣倫。　臨歧囑語須珍,把學問塵情兩路分。看榮枯有命,從伊冷暖,詩書無恙,勵爾晨昏。凍蕊江頭,斷鴻天際,漠漠寒烟斜日曛。他時望、過卿家癡叔,樽酒論文。

清・殷增《松陵詩徵前編》卷八 葉紹袁,字仲韶,號鴻振,一號天寥,一號粟庵。尚寶紳玄孫。天啟乙丑進士,官工部虞衡司主事。有《天寥》、《梱塵》二集。按：先生幼育於袁尚寶家,故名紹袁。通籍後,以不耐吏職假歸。與夫人宛君、三女、五子唱和自得。《午夢堂》一集，海内流傳殆遍矣。

又 沈宜修，字宛君。山東副使珫女，主事葉紹袁室。有《鸝吹集》。按：主事少而韶令，有衛洗馬、潘散騎之目。宛君十六來歸，瓊枝玉樹，交相映帶，吴中人豔稱之。生三女：長曰紈紈，次曰蕙綢，幼曰小鸞，蘭心蕙質，皆天人也。仲韶偃蹇仕宦，跌宕文史。宛君與三女相與，題花賦草，鏤月裁雲。中庭之詠不遜謝家，嬌女之篇有逾左氏。於是諸姑伯姊，後先娣姒，靡不屏刀尺而事篇章，棄組紝而工筆墨。松陵之上，分湖之濱，閨房之秀代興，彤管之詒交作矣。

宋琬

論說

清・隨綠居士《祭皋陶題詞》 每疑祭皋陶一段公案，强作解事小兒，便道皋陶爲古來第一明允刑官。每日建牙若盧堂上，冤民朝夕膜拜泣禱，決不負人香火。請看范孟博，爲東漢奇男子，突遭牢脩媒蘖奇禍事。孟博慷慨不數語，即爲奏聞帝，立見平反。爲後世沒人理人作萬軍京觀。載之祀典，徵以百牢詎踰與。予聞而嘻曰：此是上碧翁索性培護善類，渠何與事，輒妄獵人間酒肉乎。若值帝醉，得百皋陶無濟耳。不見秦之圜土，歷百餘歲尚化爲丐酒之蟲邪。或曰唯唯否否。閻高一言提救者誰。苟非虞廷士師，惡不可爲我，不爲惡者烏得而免諸。由此觀之，若有能不祭皋陶者，方許他祭皋陶。

清・容水生《祭皋陶弁語》 雜劇院本，詞家之支流也，然出之有道，要不爲無益於世。蓋古之忠臣孝子、義人烈士，事在正史，不但愚氓無由知，即淺學儒生，至有不能舉其姓字者。惟一列之俳場，節以樂句，則流通傳播，雖婦人孺子皆知稱道之。故雜劇之效，能使草野閭巷之民，亦知慕君子而惡小人，此莊士之所不廢也。余家藏書不備，嘗就余所見，輯成《史泣》、《史笑》二書。若以傳奇家例論，則《史笑》多淨、丑，《史泣》多苦生。其間尤痛心酸鼻，不能已已者，莫如東京之范孟博、南渡之岳鵬舉。鵬舉之事，既已廣被樂府，獨恨孟博未遇奇筆。一日，客有授余《祭皋陶》四齣者，余驚喜讀之，大約以辛辣之才，搆義激之調，呼天擊地，涕泗横流，而光焰萬丈，未嘗少減，作者其有憂患乎。其有憂患而無患乎。夫無孟博之憂患，決不能形容孟博之直氣，使千載之上，宛在目前，至於如此也。亦足見雜劇之功偉矣。或曰：吴導、郭揖事在建寧二年，不祭皋陶，與抗辯，王甫案可考也。漢帝赫然誅牢脩、節、甫，而大赦黨人，孟博歸田養道，庸得若是乎。余曰：不然。夫正史能紀實，而不能翻空。雜劇能翻空，而不能翻人心之所本無。彼誼辟神靈，而忠良得蒙湔雪，此所謂翻空，而非人心之所本無者。夫古今之人心，即古今之實事，空云乎哉。彼正史所載，妄語耳。

傳記

清（康熙）《萊陽縣志》卷六 宋琬，順治丁亥科進士。户部主事，歷四川按察使。

清（康熙）《吴江縣志》卷三八 宋琬，字玉叔，萊陽人。父應亨，明天啓乙丑進士。【略】璜挈家渡江，至蘇州，已避亂分湖葉主事家，主事與應亨同年也。同王文貞公崇簡，未至冬，同北歸。順治丁亥進士，歷官浙江、四川按察司使，入覲，卒於都。琬詩文雄麗，爲一時冠，有《安雅堂集》行世。

清（順治）《登州府志》卷一四 宋琬，萊陽人。應亨第三子，丙子舉人，丁亥進士，分守寧紹參政。

清（乾隆）《山東通志》卷二八 宋琬，字荔裳。萊陽人。【略】監督江南蕪湖關，潔已恤商。歲額轉逾於舊，遷户部稽勳司。在司兩月，選人無滯抑之嘆。出爲隴西道，值地震後，修築城垣，瘞屍賑粥，生全者無數。隨督隴西學政，清慎公明，號稱得士。歷永平兵備及寧紹台道，軍民咸戴其德。尋陞四川按察使。致仕，歸其家，尤敦孝友，虚懷下士，樂爲薦揚。工詩古文詞，盛名滿於天下，時稱南施北宋。施謂施閏章也。歿祀鄉賢。

清（乾隆）《永平府志》卷一二　宋琬，字玉叔，山東萊陽人，進士。順治十四年任永平道，慷慨明決，遇事立剖，一時奸宄斂跡，境內肅然。增修府學，規模壯麗，前所未有。又按八佾設樂舞生，捐修樂器，以光祀典。搜輯府志，以備百年文獻。所著有《安雅堂集》、《秦州記異》諸書。調浙江寧紹道，尋陞廉訪使，祀名宦。

著録

清・黄文暘、佚名《重訂曲海總目》　宋琬：號二鄉亭主人。《祭皋陶》。

清・姚燮《今樂考證・著録四・國朝雜劇》　二鄉亭主人一種：《祭皋陶》。

清（光緒）《增修登州府志》卷六二　宋琬：《安雅堂集》十四卷。琬嘗自定其詩文集，官四川時，燬於吴逆之變。此本乃其子思勰摭成之者。詩二卷、文二卷、《蜀道集》八卷，《二鄉亭詞》二卷。其應酬之文，多不可存者。登州爲詩、古文者自琬始，有先民之矩矱。雖其文精力不足，而風華蔭映，一洗樸樕之習，前此未嘗有也。

又卷六四　宋琬：《秦州紀異》一卷、《治蜀條約》一卷、《治蜀讞案》一卷、《紀異》及泰州地震具詳災民情形，求卹上司批覆文案。《條約》乃康熙十一年爲四川按察使時，所立章程。《讞案》乃其審斷判語也。皆事理詳盡，文以簡净不俗。

清（光緒）《山東通志》卷一四三　宋琬：《安雅堂詩》、《安雅堂拾遺詩》，皆無卷數，《安雅堂拾遺文》二卷，附《二鄉亭詞》四卷、《安雅堂未刻稿》二卷。

藝文

清・曹貞吉《珂雪詞・蝶戀花》　看演《祭皋陶》劇，仍用前韻。　水面綾紋堆亂纈。一曲清商，寫出清流節。枉矢離離光未歇，若盧閉處飛霜雪。　呵壁左徒聲乍闋。南北甘陵，鴻影冥冥絶。尺霧消來天問徹，一鞭好弄山間月。

清・梁清標《宋荔裳觀察召飲寓園新劇》　對酒當歌水竹叢，人間何事謗書同。不須重讀三君傳，今古傷心一曲中。

丘園

論説

清・高奕《新傳奇品》　邱嶼雪，常熟人。入薄后廟，綺麗滿身。

傳記

清（康熙）《常熟縣志》卷五　丘園，字嶼雪。東海侯岳之後，隱居塢丘。時或傷今弔古，長言咏歎，託諸音律。撰《歲寒松》、《蜀鵑啼》諸樂府。又與弟源生著《名教表微》一書。

清（乾隆）《唐市志・文苑》　志潔行方，闢既耕堂於塢坵之左，種竹蒔花，浩乎自得。喜寫山水，善吟咏。著有《名教表微》、《既耕堂草》、《梅圃詩餘》、《竹溪雜興》等集。兼工樂府，有《歲寒松》、《蜀鵑啼》，爲賞音家所稱。

紀事

清・佚名《曲海總目提要》卷二〇《蜀鵑啼》　邱園撰。按吴偉業

《觀蜀鵑啼劇》詩序云：蜀鵑啼者，丘子嶼雪爲吾兄成都令志衍作也。志衍一官遠宦，萬里嚴裝，愛弟從行，故人送別，上游梗塞，盡室扶攜。既舍水而登山，甫自滇而入蜀。北都覆没，西土淪亡，身殉封疆，家罹鋒鏑。嗚呼。三十六口，痛碧血之何存；一百八盤，招游魂而莫返。無兒可託，有弟言歸。竄身荆棘之林，乞食猿猱之族，望鑾烟而奔走，脱賊刃以崎嶇。恥趙禮之獨全，赤眉何酷；恨童烏之不免，黄口奚辜。爰將委巷之謳，展作巴渝之舞。庾子山之賦傷心，時方板蕩；袁山松之歌行路，聞且欷歔。余也老逐歡遊，閑逢浩唱，在中年早傷于哀樂，況昔夢重感乎交朋，豈獨伍相窮來。憐者有同聲之歎，遂使雍門曲罷，泫然如亡邑之人，瞻望兄兮猶來，思悲翁而不見。蘭堂客散，金谷詩成，非關聽妓之吟，聊當懷人之什爾。按作劇者既同時人，其事跡多實，惟謂志衍仙去係撰出關目。按偉業《志衍傳》：志衍諱繼善，姓吴，志衍其氏也。博聞辨智，風流警速，生平負志節，急人患難其成進士也。會里中兒刊章告密，天如師爲所搆，志衍鋭身爲營救，卒以免。大司馬鄴仙馮公聞而嚴重之，願與交。已得慈溪令，司馬其邑人益相爲引重。而志衍以母喪未之任，家居侍太公疾，人稱曰孝。事長兄，待二弟，友愛無間言，伉爽曠達，恥爲小節苛禮，而中表故舊及所游門下士一旦請緩急，未嘗以不足爲解。無纖毫德色，後乃得蜀之成都，成都在萬里外，又荆襄陷没，江鄂道斷，賓客逡巡勸少留。志衍曰：吾既受命矣，其敢以利害辭置酒張樂。召所與游人人道別。既上道，復改塗出宜春，道酉陽，涉黔江而入蜀。即日啓蜀王，請發帑金爲備禦計。當時蜀事已棘，而藩府金繒積者數百萬，王恡不應。成都陷，其弟事衍徒跣萬里，望家而哭曰：兄以甲申十一月二十五日遇害，一門四十餘人，同日併命，志衍之入蜀也，天如師已前没，未一歲而司馬馮公亦亡。志衍之死也，友人季曾貫與同難，家人五郎者免矣。奮曰：吾主與主母死矣，義不忍獨生，乃慷慨罵詈而盡於主側。

又《黨人碑》 未知何人所作。刻碑本實事，而打碑則無其事，中間關目，多屬緣飾。按史：劉逵初附蔡京，後乃採衆論，請碎黨人碑。作者以逵有此事，遂奉爲正人之魁首，生出情節。云其婿謝瓊仙，逵爲尚書時，入都謁逵，與俠客傅人龍結爲兄弟。瓊仙爲人，嗜酒豪放，嘗乘醉入廟詆閻王公案多糢糊。卜者劉某以打笤爲業，斷吉凶輒驗，時號劉鐵嘴。瓊仙問卦，言其功名當遲，且目前有意外之禍。瓊仙大怒，遽欲毆之。人龍勸而止。會蔡京深憾司馬光等，立黨人碑於端禮門，石工安民不肯鐫字，而逵傳集九卿科道等，議沮刻碑且具疏劾京。爲京所中，執送詔獄，其女應没入浣衣局中。女逃至鐵嘴家，鐵嘴首於官，逵女偶與鐵嘴女易服。捕者至，遂執鐵嘴女入宫。鐵嘴不得已，乃留逵女於室。瓊仙抵都，逵已入獄。一日詣酒肆，以玉玦質酒豪飲，乘醉過端禮門，見碑書司馬光等爲奸黨，大怒，打碑仆地，守碑者奔告於京。京問知爲逵婿，即擒送樞密童貫府，俾抵重辟。會已暮夜，貫令鎖置一室，未及讞問。人龍過酒樓，聞有醉人打碑，意其爲瓊仙。詢之酒保，語醉者情狀，出玉玦示之，果信。出遇丞相府中内傳宣，誑入李師師家醉之以酒，竊其令箭，至樞密府，言丞相欲取打碑人，誑之出門，挈與偕遁道遇鐵嘴，使卜，鐵嘴言可脱，而卦有争殺象。追者適至，人龍奪刀殺之，取令箭，誑出城以免。京聞瓊仙遁去，益大怒，奏請立殺逵。童貫監斬。内官段笏者，善良人也。過浣衣局，見鐵嘴女，呼而問焉，曰劉逵之女，以父劾京致罪。笏念逵忠，且憫其女，白於太后，赦逵，以女還之，奉詔至獄，則逵方赴市曹。笏即赴市，與貫大争，奪逵去，奏請太后爲帝言，乃釋逵。會帝嘗微行，遇四秀才於斷碑下，共罵蔡京，言司馬蘇程諸正人之屈。帝恍然悟，令秀才拔京鬚以責之，立命逵將兵征田虎，使京爲逵攏馬，以贖前罪。逵抵家，則女已放還，及視之，非己女，以其代女入浣衣，因撫爲女。而是時田虎所用軍師，即劉鐵嘴。蓋聞其善斷吉凶，誑置之幕中，出兵所向，從其言，無不利者。逵爲所敗，走入道觀，安民在觀修行，已成道矣，指示逵擒虎之策。而人龍與瓊仙亦皆投麾下。逵用瓊仙爲參謀，人龍爲先鋒，乃密約鐵嘴爲内應，擒虎奏功。人龍不願爲官，隨安民入道。逵女及鐵嘴女，並歸於瓊仙。《劉逵傳》：逵字公路，隨州隨縣人，進士高第，累拜中書侍郎。初以附蔡京故躐進，京以慧星見去相，而逵貳中書。首勸徽宗碎元祐黨碑，寬上書邪籍之禁。凡京所行悖理虐民事，稍稍澄正。未滿歲，御史余深、石公弼論逵專恣反覆，凡所啓用，多取爲邪黨學術者，及邪籍中子弟，罷知亳州。京復相，再責鎮江節度副使，安州居住。按黨人碑，初刻即有二種，端禮門者徽宗書，郡縣刻石者蔡京書也。皆至百二十人，後增至三百九人。則凡京所不快者皆入。章惇、張商英並在其内。今廣西尚有碑刻，字大而名多，亦有字頗小者，筆畫更勁，蓋皆京所書也。按《宋史》：宋崇甯中，曾布與蔡京不合，御史錢遹言布援元祐之奸黨，擠紹聖之忠賢。布罷，乃立黨人碑於端禮門。籍元符末上書人，分邪正等黜陟之。時元祐、元符末，羣賢貶竄死徙者略盡，蔡京猶未愜意，乃與其客强浚明、葉夢得，籍宰執司馬光、文彦博、吕公著、吕大防、劉摯、范純仁、韓忠彦、王珪、梁燾、王巖叟、王存、鄭雍、傅堯俞、趙瞻、韓維、孫固、范百禄、胡宗愈、李清臣、蘇轍、范純禮、安燾、陸佃，曾任待制以上官蘇軾、范祖禹、孔文仲、孔武仲、朱光庭、孫覺、鮮于侁、賈易、鄒浩等，餘官程頤、秦觀、張耒、晁補之、黄庭堅、孔平仲等，内臣張士良等，武臣王獻可等，凡百二十人，等其罪狀謂之姦黨。請御書刻石於端禮門。蔡京又自書姦黨爲大碑，頒於郡縣，令監司長吏廳皆刻石。有長安石工安民當鐫字，辭曰：愚人不知立碑之意，但如司馬相公者，海内稱其正直，今謂之姦邪，民不忍刻也。府官怒，欲加之罪。民泣曰：被役不敢辭，乞免鐫安民二字於石末，恐得罪於後世。聞者愧之。詔重定元祐、元符黨人及上書邪等者，合爲一籍，通三百九人，刻石於朝堂，餘並出籍。五年，帝以星變，避殿損膳。侍郎劉逵請碎元祐黨人碑，寬上書邪籍之禁，帝從之。夜半，遣黄門至朝堂毁石刻。翌日，蔡京見之，厲聲曰：石可毁，名不可滅也。尋以太白晝見，赦除黨人一切之禁。按天啓時，崔呈秀、王紹徽等造同志點將諸録，統號曰：東林黨人。逮治削奪，不可勝紀。六年，御史盧承欽請立東林黨碑，是時顧秉謙、馮銓等皆銜東林，欲從其言，貴池人丁紹軾不可而止。此記之作，疑借宋事以暗指明事也。

又《百福帶》 一名《御袍恩》。不知何人所作。演宋高瓊、吕惠卿事，多係牽合，以百福帶裹御袍，作會合符驗，故以是名。略云：諸生曹孝威，高瓊妻姪也，富才學，善騎射，幼失怙恃，聘泰安陳宦女。宦物故，母孀居，母女製絨線花卉，以供饘粥。瓊方鎮西延，有勇士衛擒龍者，詣邊從軍。孝威亦詣瓊，遇諸逆旅，結爲兄弟。擒龍至延安，瓊用爲裨將，使征李元昊，俘賊報捷。而吕惠卿巡邊，恚瓊無餽遺，云詔旨但欲撫夏，不宜與戰，將以軍法誅擒龍。瓊釋擒龍，且逐惠卿出境。惠卿歸奏瓊謀不軌，逮赴京師。瓊妻有娠，於井旁産子。緹騎迫之行，妻力不支，投井自斃，瓊欲溺其子，孝威擒龍尾至，勸留之。度瓊至京必及禍，遂擊緹騎，分道遠竄。瓊取上賜御袍，刺血爲書，以百福帶裹其子。擒龍抱歸撫育，而瓊投山谷佛寺中，易姓焚修。時惠卿子朝貴，寓居泰安，與孝威妻家密邇，聞陳女美，易村農服以窺之，令啞僕裝虎夜劫，悮負其母歸。及明，陳女入山拾母骨殖，遍覓無踪跡，欲投崖。樞密韓琦妻泰安進香，救之，收爲女，挈歸京師。陳母見虎隕絶，朝貴令棄之路旁。有貨郎素識陳，舁入草菴，既而復蘇，遂卧菴中調養。孝威欲殺惠卿父子，以報瓊仇，先之泰安刺朝貴。及抵妻母陳宅，知母被虎齧，欲覓虎搏之。夜聞叩户聲，啓視之則虎，拔劍欲斫之，則人也。啞不能言，惟作乞憐狀，度爲人所使。覘户外復得一人，執而詢之，乃吕僕任六，而本謀出朝貴也。孝威殺六，縱啞僕去，挂刀入吕園中。被擒繫獄，時擒龍撫瓊子，命名曰衛高，年已數歲。擒龍欲報吕仇，至泰安，夜入吕園，殺朝貴，倦宿陳母所寓草菴中。貨郎以孝威繫獄告陳母，擒龍於佛座下聞之，出拜母，言與其婿最相契，殺朝貴者非孝威也。立投有司認罪，有司不能決，以二人械赴京，讞問時各引爲己罪。惠卿使啞僕入獄，指誰殺任六者，即立誅之。啞僕指孝威，將受戮。而獄官出韓琦門下，韓夫人方以女故令訪孝威，獄官見孝威名，詢之果是，欲救孝威，乃乘夜縛啞僕戮於市，而縱孝威擒、龍，己亦棄職去。二人逃至邊塞，會瓊於佛寺，適元昊復叛，詔遣韓琦往討，且赦瓊等罪。瓊乃與二人歸京師。衛高已七歲，擒龍妻告以親父母名，令持向所裹御袍，之井亭祭母。適瓊等亦過亭哭弔。擒龍已不識高，細詢高，始知妻使至此，爲言己即擒龍，瓊乃汝父。高初不信，出御袍示之，有血書，相抱痛哭。聞琦討元昊，瓊等皆詣軍前効力。元昊平，班師入京。琦奏瓊等冤，詔復瓊原職，孝威、擒龍皆授官，惠卿得重罪。初，陳母賣花以餬口，韓女見花，疑母所製，邀入府中。母女相見，泣且喜。韓夫人遂留陳母，俾與女居。迨琦率孝威等凱旋，乃贅爲婿，而並認兩母爲岳母云。按：高瓊，燕人，徒亳州蒙城籍。太宗、真宗時，屢官節度使。景德中，契丹兵入内地，力勸帝幸澶淵。卒官太尉。其子繼勳、繼宣，皆累著勳績。瓊去吕惠卿甚遠，安得爲所害。且瓊生平無有挫折，曾孫女即英宗之后，家門貴盛，一時無比，安得有瓊妻投井之事。繼勳爲殿前庫使時，曾賜金帶錦袍，又嘗爲麟府州鈐轄。徙知環州，又徙鄜延路鈐轄，涇原路副都總管，兼知渭州。劇中御袍百福帶，及鎮西延之説，或影借於此。又《繼宣傳》云：元昊反，聲言侵關隴，繼宣請備麟府。未幾，羌兵果入寇河外，陷豐州，俄寇麟府。繼宣帥兵抵天門關，進屯府谷間。遣勇士夜亂賊營，又募黥配厢軍，得二千餘人，號清邊軍，命偏將王凱主之。軍次三松嶺，賊數萬衆圍之。清邊軍奮起，斬首千餘級，共相蹂躪，死者不可勝計。是繼宣與元昊戰，且有軍功，非瓊事也。又韓琦于仁宗時，爲陝西安撫使。劉平與賊戰敗爲所執，時宰入他誣，收繫平子弟，琦辨直冤，劇中琦辨高瓊等冤，影借于此。然前與瓊，後與惠卿，皆未嘗共事也。惠卿屢帥陝西，初以資政殿學士知延州，更易緣邊漢蕃兵制。路都監高永亨，老將也，争之力奏斥之。此劇所借以爲劾逮高瓊者也。又常將兵按邊，趨綏德，抵無定河，歷十有八日而還，此劇所云巡視九邊者也。然在神宗時，與瓊相去甚久，其後又數鎮陝，則更在哲宗、徽宗之世矣。王安石爲相，惠卿參知政事，興起大獄，欲株連蔓引，塗污公卿，且乘勢并陷馮京、王安國、鄭俠三人，皆獲罪。劇遂以陷瓊等當之。蘇轍條奏其姦，蘇軾當制，備載其罪。范純粹又治其上功罔冒事，三人皆韓琦氣誼中人，故遂以爲琦治惠卿之罪。惠卿知杭州時，坐其子淵聞妖人張懷素言不告，淵配沙門島。惠卿責祁州團練副使，安置宣州，然則惠卿以子受累，不爲無据，但非被刺而蒙國法也。中間撮撰亦多有因，但年代太隔遠耳。曹孝威、衛擒龍等，則無其人。

又《幻緣箱》 近時人作，憑空結撰。無所證據，以一箱爲線索，牽合二女姻緣，是名《幻緣箱》也。略云：茂苑人方需，字瑞生，爲諸生，寓虞山道院讀書。偶入茶肆，逢一女月娥，出自名家，父殁，母嫁匪人陳酒鬼。女隨與居，母悔恨而逝。生覘女麗，顧盼久之，娥亦注目。陳歸肆，垂醉詬生。生謀之道者費必仙，欲娶娥。陳索數百金以難之。有兵部侍郎劉廷爵，攜家詣京師，妻染疾，與女琬容留於家。時楊戩擅權，劉疏其惡，戩與童貫謀。付老弱兵三千，令征淮西王慶。廷爵與大理卿徐楨，同邑相厚，臨別，以女姻事託之。楨云：己女社日生，眉髮俱白，年三十猶未字，當并留意，毋掛懷也。適婉容詣虞山進香，祈延母壽，誤墮釵於地。方生得之，持至其家，欲面送還琬。婢秋雲不令入，生尾至卧室。琬大驚，叱之使出。適夫人至，婢無措，匿生於空箱中。母挈琬及婢至己室，扃其閣而去。陳酒鬼與月娥舅陶摸，乘夜爲竊賊，入琬室，挈箱舁歸，送入月娥房，令守之，復往盜他物。娥庶父與舅必爲不良事，啓箱視之，見方生，甚駭異，與娥訂婚姻，決計偕遁，詣京師，投母舅徐楨。娥父利箱中物，先歸視之，則箱空，且失娥。及陶至，疑娥父匿財物以紿之，毆殞娥父，納箱中，置路旁而遁。天明，鄰里報於巡檢云：方先欲聘娥，其父難之，必懷恨斃酒鬼，劫女遠遁矣。巡司係楊戩牙爪，甚狡猾，令緝生。琬婢適出，見箱云：係劉府物。巡司素知戩與劉不合，遂拘禁其婢。以書報戩云：劉治家不正，女有私通等情。戩令緹騎拘琬，赴京嚴審。陶摸遁至淮，與薛姓者俱以推車爲業。方攜娥至淮賃車，陶謂方劫其甥女，奪而去。廷爵妻聞婢女事，同女赴京辯，以婢在獄，無人使令，至淮買一女，即月娥，蓋陶所賣也。琬憐其才貌，以妹待之。緹騎途中擒琬，云審箱中事，娥云：我亦知之，願同赴逮。夫人以舟尾之，遇淮西賊黨，知廷爵妻，遂劫獻王慶。初，廷爵請救，戩拒不發兵。徐楨秉公論辯，戩不得已，令於本處發兵三百以助。廷爵敗入古廟，遇方生，獻計敗慶，留爲參謀。慶得廷爵妻，挾令獻城，劉計無所出，紿以城降，令先送劉妻入城，誘慶入陷坑，遂擒之。劉以琬許方生，妻告劉以受誣被逮，方怒，辭劉詣京往救。戩執琬容、月娥，拘金鷄以候審。方入探，役私告戩，戩亦擒方拘禁。會劉班師還，奏方功，戩遂疏方與琬有奸私事，請鞫之。詔戩同廷爵、徐楨會審，戩謂徐云：方、琬皆劉兒女，毋開言。遂定琬容、方生罪。月娥擬絞，徐執應究其源，戩怒，遂定擬。而陶摸與薛姓者，於京師同居。陶以售娥銀，買役爲刑部劊子手。適宋徽宗微行至其家，薛以菠菜煑腐獻之。徽宗以向未嘗此味，徵其名，薛指荳腐爲金箱白玉板，菠菜爲紅嘴緑鸚哥，徽宗甚喜。時陶亦憫娥冤，謂薛云：我明日當訟三人冤。徽宗詢其事，陶述己毆陳斃置箱中狀，云我何忍害無辜者，聞當决，欲訴冤耳。徽宗令擊登聞鼓以訟，親爲書狀詞。尋有内侍迎駕，陶、薛驚仆地。徽宗即詔停刑，勅有司解巡檢秋雲至京，授薛御膳司，以徐楨女配之，且提戩等親審。陶擊登聞面認己罪，戩慚無以對，遂奪職拘禁。加廷爵職，方以軍功賜翰林修撰。陶能仗義雪冤，授武職。琬容、月娥，皆賜婚方需云。

又《一合相》 近時人作。内演明永樂間方孝孺事，扭捏牽引，多屬子虛。因相士袁柳莊扇頭書一合相，前後以莊作針綫，故用是名。按一合相三字，出《金剛經》，注云：即不可說不可說之數也。此特借取其名，於義無涉。略云：方孝孺，字希直，台州臨海人，官翰林侍講。因劾李景隆，隆銜之。初，相士袁柳莊珙過嵩山少林寺，遇姚廣孝，與談論，甚奇之，且相廣孝當爲宰相。珙遊燕，適成祖微行酒肆，莊跪稱大貴，且云髯至腹，登九五。成祖歸語徐皇后，因醉卧，以髮接之。迨醒，髯已及腹。復召珙問之。云：雖係髮接，與真無異。遂薦廣孝於成祖。及即位，賜以官職。莊云：己相福薄，不受官，惟懇帝書扇頭詩江南一老叟，腹内藏星斗之句。時，帝召孝孺草禪詔，忤旨。景隆譖之，遂誅孝孺，逮其家屬，發女瑤草於教坊。適周顛過孝孺，云有大難，書數字付其家，云一合相能解救。孝孺被戮，門生魏澤匿其子繼祖出亡，朝廷緝之甚急。澤方窘甚，遇一合相，珙扇有此三字，遂以實告。珙云：逃海濱可免，後復得完聚。乃令藏書簏中，紿出城。俾遁走，值嚴冬，繼祖僵雪中，不能起。澤呼之，氣已絶矣。澤益悲苦，以沙覆其身，進退維谷。遇一商者，挈澤投海外國，爲其王掌書記。周顛知繼祖有難，令仙童負至庵，以丹藥救醒。祖告以父造何業，顧罹奇禍如此。顛出葫蘆使觀之，見一舟子，利商人財，欲殺之。女哭求免，舟子投商於江。顛云：舟子即汝父，商即李景隆也。其女投爲外國公主。復見虞人擒一猿，樵夫爲買釋。顛云：樵乃汝父，猿則柳莊也。復有宦者開壙營葬，一老翁懇遲三日，以子孫徙他處。宦者不允，啓壙，有蛇數百蟠於中。宦盡焚之。顛云：宦即汝父，夙生造如是業，故報之以赤族也。繼祖俯伏祈免己難。顛攝祖身於海外國王御苑。王女飛霞，見其俊偉，詢知忠臣後，引使見父。父憫之，收掌書記。飛霞義憤，辭父易裝入中國，欲殺景隆，爲繼祖復仇。初，方女瑤草至教坊，即乘間投井。珙見而救之。瑤草見一合相字，求脱陷阱。珙以瑤草衣覆井，紿云已斃，令人送隱寧波姊家。飛霞易裝漁婦，入景隆府賣魚。景隆覘霞美，留作歌妓。隆體不寧，邀珙決休咎。珙云：三日内不利。隆不之信，拘珙於家。隆惑霞色艷，令奉酒，霞突刺之。家人不知誰刺也，環問於珙。珙始令遍搜，而潛救霞出。霞以實告，遂偕珙詣海外。瑤草之寧波渡海，爲盜所劫，乃飛霞所遣爲己接應者也。霞未悉瑤何人，而以其温秀，與結姊妹，携歸。初，霞已許他國王子，子忽暴殞，其王匿不令人知，嗣澤爲子，使續霞婚。霞慕繼祖才品，欲與匹，以告其父。父乃撫瑤爲女以代霞。及花燭，皆大驚，互詢始末，知即澤與瑤也。祖亦與霞伉儷。已而珙歸國，奏云：四境安寧，宜旌忠義，及赦諸出亡者。澤與繼祖皆得赦回授職云。按方孝孺事迹，詳具《讀書種》内，不具載。李景隆敗歸，孝孺執之於廷，請帝戮之。建文不能聽。此云劾李景隆，似指此事。至成祖令草詔，孝孺激而哭罵，當時即被誅戮。景隆此時亦甫降成祖，己且未保，安能譖孝孺乎。稗史頗載魏澤匿孝孺子事，或云孝孺有後，籍居松江，未知的否。建文諸臣家屬，發教坊者甚衆，不言有孝孺女，恐因所傳鐵布政女而訛也。魏澤云是典史，又或云是顯官改姓名，亦不能得確據，後亦不知其所終。蓋明代人於革除事，無不憫惜諸忠，其間亦不無增飾。孝孺與周顛、袁珙，無交往事跡，想亦皆屬附會也。袁珙相法通神，相傳有辨宰相於嵩山佛寺，識真主於長安酒家對句，二節皆實事。然姚廣孝本於洪武時，太祖分與燕王講經，廣孝薦珙則有之，劇云珙薦廣孝，誤也。景隆雖降，而成祖猶惡之，後亦不得其死，云被刺亦妄。成祖時，奸黨之禁甚嚴，至仁宗乃曰方孝孺等皆忠臣，然未弛其禁。劇云赦回授職，蓋欲團圓，不得不如此也。外國婚配之説，太幻。孝孺前生業報之説，亦殊不經。

又《綱常記》 一名《五倫全備綱常記》，演伍倫全、倫備一門忠孝節義。事雖無考，頗關風化。略云：伍倫全，字天彝，建康府人。父典禮，太平府尹，元配生倫全，繼娶范氏生倫備，同僚安判官遺孤克和，典禮撫爲己子。典禮卒，范氏撫三子如一。三子偶出遊，途遇醉人謾駡，克和怒毆之。范氏念三男漸長，延師施善教各授一經。未幾，醉人病死，其妻告三人於採訪使。逮問，皆不承，欲加刑，則爭相認。官不能決，呼范氏云：子無俱死理，孰當其罪。范以倫備對，而倫全、克和又堅認爲己罪。官再問，范終以備對。官怒，疑備非范出也，細鞫之，范乃曰：備實未亡人所生，先夫臨殁，以倫全、克和囑。今三子并遭誣，若脱備而死全、和，是未亡人殺之也，何以對先夫地下。官爲感動，出三人罪，俱放歸。范命三子應試，皆戀親不欲行。范怒，乃辭入都。倫全擢狀元，倫備一甲第二，告假省親。克和下第，先歸報母。時，范已守節三十年矣。施善教有生女一，恩撫女一，并嫺《内則》，范聘爲媳。全、備歸，成婚奉母，無仕宦意。范謂全忠即是全孝，促之使行。會朝命補倫全諫議大夫，倫備東陽刺史。全之官，慷慨言時事得失，觸權貴怒，謫撫州團練使，守神木寨。將入境，有張打牛者，神木人，與全有舊，相遇於其家。張貧甚，欲投軍，而家有三喪未葬。全解寶劍贈之。全妻施氏與備妻居家養姑，念全未有子，買妾景氏，即使其母送入都，至則全已貶官。景氏母女轉赴神木，至清風嶺，遇克汗兵，爲所掠。路旁有井，景氏嚙血題詩井欄曰：世人誰不死，我死爲綱常。一片心雖朽，千秋骨尚香。建康府太平縣伍大夫側室景氏題。題畢，投井死。時，克汗方與回回作難，欲得才兼文武者爲參謀。打牛投入其部，薦倫全。克汗以兵劫全歸，全峻拒。克汗復使打牛説之，全僕永安奔赴倫備任求救，而景氏之母逃歸，以告范母。克和聞之，亦馳赴東陽，與倫備、永安商，僞作催貢使者，入克汗營。克汗知其僞，欲殺之。於是倫全、倫備、克和及僕永安爭願受死。克汗義之，俱不殺，待以賓禮。全乃説克汗歸命天朝，則回回小國，可不戰而服。克汗遂隨其兄弟入朝。道經井旁，知妾死節狀，建亭井上而去。全、備皆晉爵爲侯，克和授州判，范封郡君，施氏姊妹皆封一品夫人，旌表景氏亭，徵善教爲博士，永安亦授七品散官。按劇中前半范氏脱三子罪，似元人曲中楊興祖之母，後半兄弟爭死於克汗庭，則似趙禮讓肥，妾景氏死節，似小説所稱田六出，然六出死時已爲王進賢侍兒久，若景氏則未與倫全識面，尤爲婢妾所難。蓋作者集衆善以歸之一家，示風勸也。又按景氏殉節處，云在清風嶺，蓋借用宋末王氏清風嶺事耳。《情史》：至元十三年冬，元師渡江，至天台，有千户掠得一王氏婦，夫家臨海人，婦有美色，千户盡殺其舅姑與夫，欲强脅之。不可。明年春，遂驅以北行。至嵊縣清風嶺，婦仰天竊嘆曰：吾知死所矣。即嚙拇指出血，題詩崖石曰：君王無道妾當灾，棄女抛男逐馬來。夫面不知何日見。妾身料得幾時回。兩行清泪頻偷滴，一片愁眉鎖不開。回首故山看漸遠，存亡兩字實哀哉。寫畢，遂投崖死。後楊廉夫感其事，題詩云：介馬馱馱百里程，青風嶺上血書成。祇應劉阮桃花水，不似巴陵漢水清。後廉夫無子，一夕夢一婦人謂曰：爾知所以無後乎。曰：不知。婦人曰：爾憶題王節婦詩乎。爾雖不能損節婦之名，而心則傷於刻薄。譭謗節義，其罪至重，故天絶爾後。廉夫既寤，大悔，遂更作詩曰：天隨地老妾隨兵，天地無情妾有情。指血嚙開霞嶠赤，苔痕化作雪江清。願隨湘瑟聲中死，不逐胡笳拍裏生。二月子規啼斷血，秋風無泪寫哀銘。後復夢婦人來謝，未幾果得一子。《王氏彙苑》：郡守立石，祠貞婦於嶺上。劇云建亭井上，蓋謂此也。《晉陵先賢傳》：周恭叔自太學讀書時，曾識母黨之女爲婚。及登科之後，其女雙瞽，女家且貧，不敢復舉議。恭叔無所嫌，遂娶之，愛過常人。程伊川曰：某年未三十時，亦做不得此事。《宋史》：劉庭式，齊州人。蘇軾守密州，庭式爲通判。庭式未第時，議娶鄉人之女，未納幣。庭式及第，女以病喪明。女家躬耕貧甚，不敢復言，或勸納其幼女。庭式笑曰：吾心已許之矣，豈可負吾初心哉。卒娶之，生數子。

著録

清・高奕《新傳奇品》 邱嶼雪：所著傳奇八本。《虎囊彈》、《黨人碑》、《百福帶》、《幻緣箱》、《歲寒松》、《御袍恩》、《鬧勾欄》。

清・笠閣漁翁《笠閣批評舊戲目》 《黨人碑》邱嶼雪作。中下。《虎囊彈》邱嶼雪作。中下。

清・黄文暘、佚名《重訂曲海總目》 邱嶼雪：常熟人。《虎囊彈》、《黨人碑》、《百福帶》、《幻緣箱》、《歲寒松》、《御袍恩》、《鬧勾欄》。

清・支豐宜《曲目新編・著録八・國朝傳奇》 《虎囊彈》、《黨人碑》、《百福帶》、《幻緣箱》、《歲寒松》、《御袍恩》、《鬧句闌》。右七種，常熟邱嶼雪作。

清・姚燮《今樂考證・著録八・國朝院本》 邱嶼雪八種：《虎囊彈》、《黨人碑》、《百福帶》、《幻緣箱》、《歲寒松》、《御袍恩》、《鬧句闌》、《蜀鵑啼》。

清・王國維《曲録》卷五 《虎囊彈》一本，《黨人碑》一本，《百福帶》一本，《幻緣箱》一本，《歲寒松》一本，《御袍恩》一本，《鬧句欄》一本，《二合相》一本，《蜀鵑啼》一本。右九種，國朝邱園撰。園字嶼雪，常熟人。尤侗《邱嶼雪像贊》：君善顧曲梨園樂府，吾和而歌紅牙畫鼓。

藝文

清・陳維崧《湖海樓詞・沁園春》 桐川楊竹如刺史招飲，劇演《黨人碑》，即席有作。竹如系忠烈公塚孫。《黨人碑》，宋元佑、紹聖事。屈指滑孫，惟我與君，今日相逢。歎家事膺滂，破巢剩壘；丹青褒鄂，硬箭强弓。磊塊誰澆，飛揚不禁，願學當年曹景宗。銀燈底，恰清歌宛轉，妙伎玲瓏。

燭花墳起如龍，又聞樂中山淚滿胸。任刺史筵前，嬌絲脆竹；黨人碑上，怪雨盲風。我已冥鴻，人方談虎，愁殺長安老石工。歌且止，思爾兩家舊事，此曲難終。

清・吴偉業《觀劇詩》 花發春江滿眼空，杜鵑聲切畫簾通。親明形影燈前月，家國音書篋裏風。百口悔教從鳥道，一官催去墮蠶叢。雪山盗賊今何處，腸斷箜篌曲未終。【略】平生兄弟劇流連，高會南樓盡少年。往事酒杯來夢裏，新聲歌板出花前。青城道士看遊戲，白髮衰翁漫放顛。雙淚正垂俄一笑，認君真已作神仙。

尤侗

論説

清・曹爾堪《西堂樂府題詞》 雜劇至元人，曲盡其妙，後人無處生活。吾友悔庵，起而排之，以沉博絶麗之才，爲嬉笑，爲怒罵，雅俗錯陳，畢寫情狀。此則元人之所秘者，後人不能學也。向有《讀離騷》、《吊琵琶》二種，鄒木石太守梓行名家雜劇，已爲壓卷。近復編《桃花源記》，服其老宿談禪；《黑白衛記》，詫其英雄説劍。使馬東籬、王實甫諸君見之，且有撟舌而不下者，況鹿鹿時輩乎。吴中前輩，如張伯起改定《紅拂》，梁伯龍重編《吴越春秋》，未嘗不膾炙騷壇，然其所填詞，淺易流便，大都在里優酒旗歌扇之間耳，豈能沉博絶麗，如我悔庵哉。桓譚嘗語人曰：子雲之作必傳。顧君與譚不及見也。悔庵雜劇，必傳無疑。余老矣，敬援古語爲信。

清・王士禛《漁洋詩話》卷上 長洲尤悔庵工樂府。蚤歲作《讀離騷》諸傳奇，流聞禁中，遂達世祖御覽，歎爲才子。

清・趙翼《池北偶談》卷一五 吴郡尤悔庵工樂府，【略】流傳禁中，世祖屢稱其才。既而世廟升遐，尤一爲永平推官，以細故罷去。歸吴中，時時以樂府寓其感慨，所作《桃花源》、《黑白衛》二傳奇，尤爲人膾炙。

清・延君壽《老生常談》 樂府不傳久矣，歷朝紛紛聚訟，究亦不知何説近是。李、杜偶爲之，皆以現事借樂府題目，不另立名色，即雜於歌行中，最是。若只就題面演説，則了無意味，可以不作。張、王、鐵崖皆不能近古，成其爲張、王、鐵崖之歌行詩可耳。自尤西堂有《明史百首》，後之作者日衆。

清・吴偉業《讀離騷序》 余讀漢史，至孝章於崔駰之事，未嘗不廢書興感也。駰以布衣獻頌，受知人主，謂其才過於班固。既遇之于竇憲，第有詔召見，而憲以白衣阻之。待命授官，會值上賓不果。嗟乎。此其與吾友尤展成何相類也。展成司李北平，政成報績，遭遇視亭伯勝之。而雕龍之才，凌雲之氣，經乙夜之所賞歎，緣鼎湖陟格，不得一望承明之庭。相如被詔於上林，浩然哀吟於雲夢，上有好文之主，下受不世之知，而時會適然，遇與不遇之不同若此，士君子之牢落於斯世者，可勝道哉。展成既退，歸吴門修閒居，養親之樂，詩文爲當代所稱。以其餘暇，操爲北音，清壯佚宕，聽者無不以爲合節。予十年前，喜爲小詞。晉江黄東崖貽之以詩曰：徵書鄭重眠餐損，法曲凄凉涕淚横。今讀展成之詞，而有感於余心也。後之人有追論其世者，可以慨然而歎矣。

清・彭孫遹《讀離騷題詞》 左徒，古今第一怨人也。江潭憔悴，千載同憐。然自《懷沙》賦後，瀟湘一派水，終古生色。即蘅杜小物，亦自比尋常草木，分外幽馨，差足令靈均不恨。才如悔菴，可以怨矣。但羈人遷客，何地無有。安得使悔菴一一抽毫。盡平此胸中五嶽，南園春盡，繁緑盈枝。今雨不來，人踪欲合。命小史按節歌之，每闋一終，浮杯一酌。有如此下酒物，輒覺滄浪亭上，蘇長史咄咄姤人。

清・王士禄《讀離騷題詞》 屈大夫執履忠貞，被放行吟，《離騷》以作。其詞支離紆鬱，托喻抒情。後世幽憂之士，率於此流連而三復焉。吾友悔菴以挾天之才，屈首佐郡久之。直道不容，復投劾以去。其所撰述，至流聞宫掖，世廟嘗嘆其才，若漢武之於司馬，將宫之禁近，會龍馭上賓，其事遂已。是其受知遇主，雖視左徒有殊，至懷才而不得伸，則寔有同者。此《讀離騷》之所由作也。今讀其詞，磊塊騷屑，如蜀鳥啼春，峽猿叫夜，有孤臣嫠婦，聞而拊心，逐客騷人，聆而隕涕者焉。至於推排煩懣，滌盪牢愁，達識曠抱，又有出於左徒之上者。昔人云：痛飲酒，讀《離騷》，便可稱名士。必具悔菴之才之識，始可當此語。不然，略涉高陽之詞，粗舉江籬之句，遂爾妄冀風流，豈不謬哉。

清・丁澎《讀離騷題詞》 古云：痛飲酒，讀《離騷》，便可稱名士。

嗟乎。斯言一何易也。《離騷》者，《三百篇》之變耳。左徒既放江潭，行吟澤畔，故發爲詞章，以抒其憤懣不平之志，要不失風人忠厚之旨，猶夫《三百篇》之意也。後之擬者，蘭臺而下，惟長沙一賦足稱千古知己。然未聞填詞及之也。填詞之作，始於煬帝《望江南》，太白《憶秦娥》、《菩薩蠻》，金荃花間，至宋云盛。迨關、王輩出，則又變爲雜劇。自世變遞降，古音邈焉。風變爲雅，雅變爲頌，頌變爲賦，爲詩，且變爲填詞，爲雜劇，變極矣。而要其所歸，莫不以楚詞爲宗。尤子悔菴，領袖詞壇久矣。一旦譜爲新聲，命曰《讀離騷》，以補詩歌所未備。其猶有遡源復古之思乎。遂使汨羅孤忠，湘潭遺恨，長劍高冠，宛然在目，真千百年如一日也。余居東無事，嘗傳喬補闕《綠珠篇》軼事，亦作《演騷》一劇以寄志，今視尤子，未免有大巫之嘆。嗟乎，尤子，推此志也。美人可以喻君，椒蓀可以况己。翳春蘭兮秋菊，採芳華其未央。豈僅施孟衣冠，流連於一觴一咏之間而已哉。

清・杜濬《李白登科記題詞》 癸丑中夏，余客梁溪。自北禪僧舍移寓碧山莊。因寺寓中濕，髀間楚不可忍。方伏枕呻吟，而吾友悔菴貽余新製《李白登科記》。余覩其名而異之，躍起把玩。命意既高，布采復卓，則聽然而笑。笑者，喜歟。吾不得而知也。已復泫然而泣。泣者，悲歟。吾不得而知也。計余棄場屋已三十年，理在悲喜之外。則又胡然而喜。胡然而悲歟。余亦不得而知也。獨竊深歎，制科射策，始於西漢；學士之名，見於唐初；翰林之官，設於開元。狀元在唐時已有此名，至趙宋始顯。然初授官不過僉判、延評。積官久之，然後入館閣，登兩制，以至執政宰相。未若三百年間，釋褐即踐清華，循資便躋台輔。得之者若登仙，羨之者不容口。其隆重貴盛，至於斯極也。然繇宋合論之數百人中，不愧科名者，越不過十許人，餘亦絶無可采。向來名士，狀元無幾。名士挈日月而行，而歷科狀元，至有不能舉其姓字者。惟梨園弟子，多扮狀元，而狀元之抱負，亦無以遠過於扮者。余嘗私計彼梨園者，與其徒扮狀元，何如徑扮李白中狀元，猶可以解嘲而釋憾耶。而悔菴適告獲我心，遂有此記，可謂古今之至快。乃或者謂李白之不中狀元，兒童走卒知之矣。曲雖工，其如人不信何。余應之曰：是不有蔡邕之例可援乎。夫蔡邕之時，并無狀元之名。然高則誠一旦與之狀元，則羣然而狀元之矣。夫邕亦非人所不知之人也。吾意高生殆亦矯狀元之不學，而借邕之博洽以蓋之。猶夫悔菴矯狀元之無才，而借白之騷雅以蓋之也。何傷乎。且夫以李白之狂，使其在世不死，且笑狀元，不知作何等語。今一旦請入甕中，正似其生平輕薄之報，而非以榮之也。如謂以李白榮狀元則可矣，然而必無是事也。無是事而忽有之，所謂筆補造化。造化元留此缺陷，以待悔菴之筆。悔菴之筆既出造化之意，則謂從來之狀元皆虛，而李白獨實可也。如此則李白可受矣。嗟乎，嗟乎，無可以爲有，則高才不第，何必深憂。千百世後，雖不必盡如李白，安知不附杜甫、孟浩然之驥。此春秋之法。所謂予之者也。由是而相形相反，則有可以爲無。吾懼夫春秋之法，又有所謂奪之者也。悔菴深于春秋哉。若夫余之讀是記也，忽笑忽啼，固別有所觸。而絶不在于區區之間。雖起李白於青山，猶不足以知之也。而况他人乎。

清・程村《鈞天樂序》 原夫龍梭織錦，紓迴多動魄之詞，雁柱題箏，嗚咽盛傷心之調。桓野王能吹長笛，輒喚奈何，范蔚宗自鼓琵琶，猶傷零落。茫茫交集，寧無洗馬之言愁。寂寂笑人，應有中書之自歎。莫不情緣義起，聲以心生，韻寫哀絲，數隕貞夫之涕，桐收焦尾，偏驚庶女之魂。漫思行樂于人間，寔欲寄愁于天上。豈徒愛城東之巧笑，浪擲茱萸，懷河北之蛾眉，興思桂樹者哉。我友悔菴，弱歲騎羊，妙年繡虎。窈窕玉釵之句，譽滿楚宮，清新洞簫之章，聲馳漢邸。百花洲畔，自許清狂，五噫關前，夙推樂託。《鬱輪袍》彈成新調，恥比優伶，《芙蓉鏡》著就佳篇，徒資諷詠。于是平原八洛，張壯武見而傾心，孝穆辭梁，楊丞相聞而握手。貂蟬盈坐，胥知風調無雙，簫鼓當筵，共識才情第一。乃僅鐫龜左輔，剖虎北平，趙京兆之精詳，名揚銅甌，王子猷之高寄，意略馬曹。轆轆猶然，虞羅未免。然而讀凌雲之賦，天子恨不同時，誦蓬山之詞，宮中都呼才子。沉香亭下，行有捧硯之人，結綺閣邊，豈僅劈箋之侶。固知帝念蘇軾，大是奇才，人稱方朔，不徒待詔者矣。無何龍髯既遠，猿臂徒悲，橋山有攀泣之臣，隴西猶數奇之將。箜篌宛轉，寫此愁懷，篳篥淒涼，譜兹別怨。兼之過山陽而腹痛，遵灞岸以情傷。陸雲代贈婦之篇，胡香不返，徐淑傳答夫之柬，鉛粉誰存。固將繪以丹青，垂之紈素。嗟乎，青天碧海，金丹無煉骨之方，翠管紅牙，錦帶有銷愁之曲。珊瑚爲軸，體號連環，玳瑁作牀，題稱碎錦。務使樓成白玉，共推識字之神仙，臺築黄金，不羨呈身之狎客。瑶闕送金蓮之燭，何暇稱愁。銀管題蘂珠之名，聊將忘恨。因之瑯函玉笈，讀盡西藏之秘書，國腹雲和，聽徹《鈞天》之仙樂。廣寒樓閣，脩月文傳，織室河梁，催妝句擅。極萬古傷心之事，罄三生得意之歡。鮮不寫以纏綿，抒其憤鬱。洵好還之天道，亦實獲于我心。況復翠椒作室，彷彿同心，朱鳥爲窗，依稀連理。王子晉之緱嶺，但聽遥吹，秦弄玉之鳳樓，曾矜偕跨。既紅塵之可棄，想碧落以非懸，是也非耶，天乎帝矣。僕也性偏歷落，遇復差池。唱離鴻別鶴之操，時時刻骨，覩蘭畹金荃之製，字字移情。乃搦管而嘆解人，庶續貂以附艷體，固知子虛烏有之雄談，不徒寓言十九，亦念銅絃鐵板之餘烈，猶存諷諫百一云爾。

清・李東陽《鈞天樂序》 夫沅芷澧蘭，屈子攄其幽憤，錯刀玉案，張衡寫此離愁。仰珠闕於青雲，鸞旂縹緲，訪丹邱於渤海，鶴駕逍遥。故知騷客措辭，大抵遺情寓意。至於元人雜劇，半屬淫哇，近代傳奇，尚臻風雅。關漢卿鄭德輝馬致遠白仁甫之外，間有名篇，施君美高則誠湯若士沈伯英之餘，詎多研唱。求其怨而不怒，質而有文，續正始之音，合無邪之旨者，誠難數覯也。紅薇館主人性耽音律，藝擅丹青，度曲能叶新聲，揮毫別開生面，長歌當哭，寫人筌蹏，逸興遄飛，吟殘芍藥。共羨當場顧曲，惟有周郎，可期入市輸錢，争看西子。於是湔除凡艷，捃拾菁華，名以採珍，稱爲合璧，如觀武庫，五兵並陳，似奏雲門，八音迭作，靡不言言屑玉，字字貫珠。抑且繪影繪聲，呼之欲出，是空是色，畫亦通禪，不須袍笏登臺，自可宫商按譜。花間繫節，不辭大白狂浮，月底吹簫，還倩小紅低唱。繼陽春之妙響，擘錦横牋，萃樂府之大觀，釀花成蜜，所謂治世之音和而雅，非如詞人之賦麗以淫也。

清・周權《鈞天樂序》 夫賦傳鸚鵡，都誇才子之奇，譜寫鴛鴦，盡説佳人之艷。悲歡離合，未脱恒蹊；富貴功名，誰翻别調。又其下者，贈韓壽之香，傳爲韻事，折章臺之柳，播作美談。自詡風流，貽譏大雅。若《鈞天樂》一書，有足取也。想其阮籍窮途，時聞痛哭，劉蕡下第，莫解牢騷。因無可奈何之境，作子虛烏有之談，人間之取士無憑，天上之掄才允當。且也故劍堪酬，好作長生之眷，斷釵終續，補完離恨之天。事既新奇，詞長哀艷，宜乎名高樂府，紙貴洛陽矣。惟是舊本糢糊，未免魯魚亥豕。且兵燹之後，板亦無存。檢視篋中，幸藏一帙，斷楮零編，彌覺珍貴。乃請名宿儒重加校勘，且倩工楷者繕寫一通，並爲繪圖付之石印。兩閲寒暑而書成，名之曰《傳奇採珍》。敢謂曲中顧誤，獨寄深情，定知絃外傳音，諒多逸韻。騷人詞客，諒不河漢予言，而咸以先覩爲快焉。

清・閔峯《鈞天樂序》 夫寓言之例，創自蒙莊，遣愁之文，得於居正。此皆不得志者所爲，亦非大有心人莫屬。長洲尤悔庵先生，腹儲韶笥，胸有澄厨，洵一代之奇才，爲三吴之巨擘。乃生當季世，困於明經。運厄龍蛇，秋闈屢躓；志虚鴻鵠，春藻空摛。謁平原之督郵，不足澆步兵壘塊；請毛州之刺史，藉以抒屈子牢愁。知非無爲而然，曷弗略言其故。則有好友卿謀者，舊家公子，慧業文人，訂金石之蘭交，結詩文之蓮社。青衫潦倒，同病相憐；白眼睚眦，懷才莫試。既傷點瑟之知希，旋痛牙琴之中絶。天乎人乎。運也命也。爰問青天而搔首，雖光墜夫晨星；曾指白水兮盟心，猶情深於舊雨。偶值僊臨，爰社乩判。知金童玉女，本習天上之香；而跨鶴乘鸞，皆歷人間之刼。因其侍書於青華，遂託脩文於碧漢。於是仿龍門之合傳，爲小令兮填詞。口鼓雌黄，胸攄冰炭。鴉羣烏合，陋俗子之無知；金穴銅山，笑鄙夫之逐臭。既凄凉欲絶以言愁，復傲兀不羈之如繪。則是貝闕同居，應讓仙家眷屬；玉樓應試，斷推名士文章。姑妄言之，比有情之情史；想當然耳，如無聊之聊齋。然而否極斯泰來，能困然後發。灑盡阮嗣宗痛淚，方開陸士龍歡顔。所以，始則歎榜下劉蕡之涕，悼亡傷荀粲之神；繼而郤詵聯臂於雪霄，劉綱齊眉於月夜，悲歡離合，剥復窮通。極宇宙傷心之境，開英雄鼓掌之場。可知大羅天上，斷無没字之碑；蕋珠宫中，不築瑩財之礦。文運隆哉，錢神休矣。用是寫將心事，譜入笙歌。務使名賭旗高，檀板度銷魂之事；筵開畫閣，管絃侑醉客之觴。氣似牢騷，或恐誠吾儕清福；語非牒狎，不致爲名教罪人。允宜裝以玳瑁，飾以珊瑚，與蘭畹金荃而並重，偕陽春白雪以同賡。悲壯蒼凉，如聽雍門之瑟；激昂慷慨，合敲雷仲之壺。則讀是編者，何妨信假爲真。艷其遇者，亦應破涕爲笑爾。

傳記

清・朱彝尊《翰林院侍講尤先生墓誌銘》 先生姓尤氏，諱侗，字同人，更字展成，别字悔庵，又曰艮齋，晚自號西堂老人。西堂者，先生讀書之所也。先世家無錫，遠祖袤，以政事文學著。南渡初，詩家所稱尤、蕭、范、陸是已。子孫卅登膴仕，載《萬柳溪邊舊話》。其後轉徙長洲之斜塘。曾祖某有隱德，祖某舉鄉飲賓。考瀹國子監生，敕贈徵仕郎、翰林院檢討，亦兩舉鄉飲賓。妣孺人鄭。先生少日，博聞强記，有才名，補學官弟子。歷試于鄉，不利，貢于廷，謁選除永平府推官。不畏强禦，坐撻旗丁降調。康熙十七年春，天子仿古制科取士，或薦先生于朝，召試體仁閣下。上新擢五十人，悉除翰林，纂修《明史》。同日入院，先生最長，以齒序四十九人皆坐其下。留史局三年，分撰志、傳，多至三百篇。覃恩授徵仕郎。子珍以進士出身，改庶吉士。先生乃告歸家居，以詩文縑素，請者盈庭。户先生揮灑不倦，有求必滿其意。同時汪編修琬居堯峰，以古文自矜，少可多怪，見俗子議文章者，恒面斥之，以是人多畏縮，咸樂先生之和易也。歲己卯，天子南巡，先生入見，御書鶴棲堂扁額以賜，時先生年八十有二矣。猶康彊善飯。暇相地于官山之陰，築生壙，自爲之誌。結丙舍曰艸艸山房，俾予分書。予嘗以天台萬年藤杖奉先生，并作歌以贈。先生喜劇，然猶未窘于步，不藉扶持也。歲癸未，天子復南巡，進先生官侍講。甲申六月日以疾卒，距生明萬曆四十六年閏月日，享年八十有七。配曹孺人，有賢行。官右春坊、右贊善兼翰林院檢討者，長子珍也。次瑞，縣附學生。女三人，一嫁縣學生湯萬焞，一嫁陝西提學按察僉事候補布政司參議陸德元，一嫁縣學生金秉寬。孫男一人，世求，以歲貢生考授知縣，以能詩聞。女五人，俱配士族。曾孫一人。先生名雖未登甲乙榜，早爲文社倫魁。弟子著録者，多大學士。崐山徐公元文其一也。所作詩文，流傳禁籞。世祖惜其才命相妨。終受聖主之知，官之翰苑，屢承殊渥。今年春，彝尊詣杭州，偕前輩德清徐公倬謁見皇太子于行殿。令旨賜坐，謂曰：老成易謝，兹來又失一尤展成矣。字而不名，洵異數也已。先生著述甚富，所撰《西堂雜俎》，觀者胥悦，奉爲兔園册。晚輯《艮齋雜記》學者服其雅馴。全集五十四卷，餘集七十卷，《鶴栖堂稿》十卷，俱鏤板行于世。

清·潘耒《尤侍講艮齋傳》 先生姓尤氏，名侗，字同人，一字展成，號悔庵，晚號艮齋。宋相文簡公袤之後。自無錫遷長洲，世有潛德。先生生而穎異，童年偏誦子史騷選。弱冠補諸生，才名籍甚。吴越間修文社，俊髦集者常數百人，咸心折先生，謂必速化。顧久困場屋，乃益肆力於詩詞古文。才既富贍，復多新警之思，體物言情，精切流麗，讀之使人心開目明。每一篇出，傳誦偏人口，賈人輒梓行之，勿能止也。以鄉貢謁選，除永平推官。人謂文士未必諳簿書，而先生吏治精敏，猾胥豪民斂手帖息，怙勢梗法者，逮治無所縱。坐撻旗丁鐫級歸。廷臣多欲薦起之，輒謝勿應。而其文流傳禁中，章皇帝覽而稱善，數爲貴近臣稱賞之。徐公立齋初及第，上知爲先生門人。一日從幸南海子，上忽駐馬問：爾師尤侗年幾何，以何事降調，當補何官。垂詢再三。復語木陳禪師：士子多有才高淹抑者，如新狀元徐元文之師尤侗，最工爲文，僅以鄉貢入仕，旋復罷官，豈非命耶。木陳因言：君相能造命。上曰：朕意亦然。蓋有意召用之矣。無何，世祖賓天。先生自傷數奇命蹇，分老田間。康熙戊午年，詔舉博學鴻儒。公卿交章推薦，召試保和殿前，擢置高等，授翰林檢討，纂修《明史》。先生感不世知遇，思以文章上報國恩。屏絶應酬，覃心史事，分撰列傳三百餘篇，《藝文志》五卷。別採明代故實，倣李西涯體作樂府數十篇。又作《外國竹枝詞》百餘首，其他論撰尤多。居三年，長子珍成進士，選爲庶常。先生慨然曰：知足不辱，知止不殆。吾年踰六十，子幸成名，可以休矣。遂决意告歸。歸而鍵户著書，學益淳深，文益雅健。人之踵門求文者無虚日，先生亦應之不窮。所著《西堂雜俎》、《艮齋雜記》及文集、餘集共百餘卷，盛行於世。常自嫌過多，欲删定爲一編，未暇也。性度寬和，與物無忤，喜汲引後進，一才一藝奬借不容口。兄弟七人，友愛無間，白首如垂髫。配曹夫人，賢明淑慎，鄉黨稱爲禮宗。先生宦遊四方，夫人綜理家政，教其子甚嚴，卒能成名。夫人没，先生悲甚，作悼亡數十篇，名《哀絃集》。子珍既入詞林，累遷宫贊，年壯學富，方當嚮用，時念親老單居，請告歸養，遂不復赴補。清修恬澹，父子同風，天下高之。己卯春，大駕南巡至吴郡，先生獻《平朔頌》、《萬壽詩》。天子嘉焉，書鶴棲堂三大字以賜。癸未春，駕復幸吴，賜先生御書一幅，即家拜侍講，實異數也。先生少攻文辭，中年學道，晚而翛然，類有得者。常言：不講學而味道，不梵誦而安禪，不導引而攝生，此吾所異於世人也。築生壙於官山，自爲之誌，搆丙舍其旁，幅巾、鶴氅，逍遥林野如世外人。年八十七而終。耒自童丱時，即聞先生盛名。年輩懸絶，辱與同薦同官同局修纂，忝爲末契，又謬許余能古文詞，故從其伯子之請爲作傳。贊曰：漢武帝讀司馬相如辭賦，恨不與同時。唐德宗手書韓翃詩，除知制誥。世稱奇遇。艮齋始蒙章皇帝歎賞，繼被今上褒擢，受知兩朝，恩禮終始，豈不尤榮。

古來文人，類多浮薄，或貪榮躁進，或揚己傲物。先生獨篤厚謙沖，恬於榮進，有古君子長者風。王元美傷才士多貧窮卑賤，甚至夭年無子，故有文章九命之説。先生一一與之相反。以是知文人多窮，容有自致之道，非盡天之阨之。如先生，天未始不厚之也。

清・鄭方坤《清朝詩人小傳》卷一 尤侗，字展成，別字悔庵，晚自號西堂老人。西堂者，其所讀書處也。少日博聞强記，有才名。補學宫弟子，歷試於鄉不利。貢於廷，除永平府推官，坐撻旗丁降調。康熙十七年，以博學鴻詞徵召，試體仁閣下。上親擢五十人，官翰林，纂修《明史》。同日入院，先生齒最長，四十九入者皆坐其下。逾三年，告歸。分撰志傳多至三百餘篇，同館未之有也。既家居，以詩文縑素請者盈庭户，揮灑不倦，必滿其意以去。同時汪鈍翁居堯峰，以古文詞自矜，少可多怪，百求不一應。以是人多畏汪之嚴而樂先生之和易云。先生名雖未登甲乙榜，早爲文社倫魁，弟子著録者衆。大學士崑山徐公元文，其一也。早歲所作詩文，流傳禁籞，如《臨去秋波一轉》制藝，《讀離騷》、《弔琵琶》諸南曲，皆經世祖皇帝賞鑒而重。惜其才命相妨，終受聖祖特達之知，官之翰苑，又於南巡迎駕之日晉官侍講。年幾九十乃終，食報於文章亦不可謂不厚也已。所撰《西堂雜俎》，學者胥悦奉爲兔園册。作詩甚富，上焉者爲白傅之諷諭、閒適，次亦如誠齋之道院朝天，萬斛泉源，隨地湧出，要爲稱其心之所欲言。昔雲門説法如雲雨，殊不喜人記録，見即呵曰：汝言不用，反記吾語，異日裨販我耶。今之不事裨販者見亦罕矣。妙取筌蹄，棄高宜百萬層，敬爲海内讀《西堂集》者進一解焉。

清・吴修《昭代名人尺牘小傳》卷一〇 尤侗，字同人，更字展成，號悔庵，又號艮齋，晚自號西堂老人，長洲人。順治戊子拔貢生，官永平府推官，鐫級歸。康熙己未舉鴻博授檢討，告歸，晉官侍講。早歲作《讀離騷》諸傳奇，教坊中播之管絃，爲宫中雅樂，聞者艶之。所著《西堂雜俎》傳入禁中，章皇帝稱爲真才子，入翰林，聖祖稱爲老名士，天下羡其榮遇，比于李青蓮云。有《西堂全集》，餘集一百四十三卷。

紀事

清・佚名《曲海總目提要》卷二〇《讀離騷》 長洲尤侗作。侗作《西堂樂》府六種：《鈞天樂》、《讀離騷》、《弔琵琶》、《桃花源》、《黑白衛》、《清平調》。惟《鈞天樂》用南曲，餘皆北曲。此演屈原事，據原本傳，附以巫山神女等事。其命名則取中山王熙語。熙謂盧元明曰：盧郎有如此風神，惟須讀《離騷》，飲美酒，自爲佳器。侗自序云：予所作《讀離騷》，順治間曾進御覽，命教坊内人裝演供奉。此自先帝表忠至意，非洞簫、玉笛之比也。西陵丁澎題曰：《離騷》者，三百篇之變耳。左徒既放江潭，行吟澤畔，故發爲辭章，以舒其憤懣。要不失風人忠厚之旨，猶夫三百篇之意也。後人之擬者，蘭臺而下，惟長沙一賦，足稱千古知己，然未聞填詞及之也。填詞之作，始于隋，至宋而盛。迨關王輩出，則又變爲雜劇。自風變爲雅，雅變爲頌，頌變爲賦，爲詩，爲填詞，爲雜劇，而要其所歸，莫不以楚詞爲宗。尤子一旦譜爲新聲，以補詩歌所未備，其猶有溯源復古之思乎。《史記・屈原傳》：屈原者，名平，楚之同姓也，爲楚懷王左徒。博聞强志，明於治亂，嫻于辭令。入則與王圖議國事，以出號令，出則接遇賓客，應對諸侯，王甚任之。上官大夫與之同列，爭寵而心害其能。懷王使屈原造爲憲令，屈平屬草藁未定，上官大夫見而欲奪之，屈平不與。因讒之曰：王使屈平爲令，衆莫不知。每一令出，平伐其功曰：非我莫能爲也。王怒而疏屈平。屈平憂愁幽思，而作《離騷》。離騷者，猶離憂也。國風好色而不淫，小雅怨誹而不亂，若離騷者，可謂兼之矣。屈平既絀，其後，秦欲伐齊。齊與楚從親，惠王令張儀佯去秦事楚，願納商於之地六百里。楚懷王貪而信張儀，遂絶齊使，使如秦受地。張儀詐之曰：儀與王約六里。懷王怒，大興師伐秦。秦兵大破楚師，取漢中地。懷王悉發國中兵，深入擊秦。魏襲楚至鄧，楚兵懼，自秦歸。齊怒不救楚，楚大困。明年，秦割漢中地以與楚和，楚王曰：不願得地，願得張儀而甘心焉。張儀如楚，王聽鄭袖，復釋儀。屈平使齊反，諫懷王曰：何不殺張儀。懷王悔，追張儀不及。秦昭王與楚婚，欲與懷王會。懷王欲行，屈平曰：秦，虎狼之國，不如無行。懷王稚子子蘭勸王行。入武關，秦伏兵絶其後，因留懷王以求割地，竟死於秦。頃襄王立，以弟子蘭爲令尹。屈平放流，繫心懷王，冀君之一悟，俗之一改也。其存君興國而欲反覆之，一篇之中，三致意焉。子蘭大怒，使上官大夫短屈原於王。怒而遷之，至於江濱，披髮行吟澤畔。漁父見而問之曰：子非三閭大夫歟。何故而至此。屈原曰：舉世混濁而我獨清，衆人皆醉而我獨醒，是以見放。漁父曰：夫聖人者，不凝滯於物，而能與世推移。舉世渾濁，何不隨其流而揚其波。衆人皆醉，何不餔其糟而啜其醨。何故懷瑾握瑜而令自放爲。屈原曰：吾聞之，新沐者必彈冠，新浴者必振衣。又誰能以身之察察，受物之汶汶者乎。寧赴常流而葬於魚腹之中耳。乃作《懷沙》之賦，懷石自投於汨羅。後有宋玉、唐勒、景差之徒，皆好辭，而以賦見稱。然皆祖屈原之從容辭令，終莫敢直諫。習鑿齒《襄陽耆舊傳》曰：宋玉者，楚之鄢人也，故宜城有宋玉塚。始事屈原，原既放逐，求事楚友景差。景差懼其勝己，言之於王，王以爲小臣。玉讓其友，友謝之，復言于王。玉識音而善文，襄王好樂愛賦，既美其才，而憎之似屈原也。曰：子盍從俗，使楚人貴子之德乎。對曰：昔楚有善歌者，始而曰下里巴人，國中屬而和之者數百人。既而曰陽春白雪，朝日魚離，國中屬而和之者，不至十人。含商吐角，絶倫赴曲，國中屬而和之者，不至三人矣。其曲彌高，其和彌寡。宋玉《高唐賦》：楚襄王與玉游于雲夢，望高唐之觀，其上獨有雲氣，崒兮直上，忽兮改容，須臾之間變化無窮。王問玉曰：此何氣也。玉曰：所謂朝雲者也。昔先王游高唐，晝寢，夢一婦人，自稱是巫山之女，王因幸之。去而辭曰：妾在巫山之陽，高丘之岨。旦爲朝雲，暮爲行雨。朝朝暮暮，陽臺之下。按：劇中大略，以《楚辭》中《天問》、《卜居》二篇，爲第一折。謂男巫女覡，求屈原爲送迎神曲，則亦本辭中《雲中君》、《湘君》、《湘夫人》、《大司命》《少司命》諸作，爲第二折。至第三折，謂洞庭君憐屈原之忠，命白龍化漁父勸之，不從，而迎入水府爲水仙。則《漁父》一篇，加以點染。第四折，接入宋玉作賦，感巫山神女入夢，連卧三日。楚王異之，醒而告王，言神女云：其師屈平，見爲洞庭水仙，五月五日，乃其忌辰，欲招其魂魄，歸葬高丘。乃請王遣巫陽陳設祭奠，并令土人駕舟江中，競渡救援。此則借玉有《招魂》之詞，又有《高唐賦》，幻出空中樓閣，以爲結束也。《天問》、《九歌》、《招魂》，俱見《楚辭》中，不詳載。競渡見《荆楚歲時記》。五月五日，俗爲屈原投汨羅日，故並命舟檝以拯之。舸舟取其輕利，謂之飛鳧。一自以爲水軍，一自以爲水馬。州將及士人，悉臨水而觀之。邯鄲淳《曹娥碑》云：五月五日，時迎伍君，逆濤而上，爲水所淹。斯又東吴之俗，事在子胥，不關屈平也。至巫山神女，因宋玉一賦，後人訛傳，污毁神祇最爲可笑，皆執王因幸之一語耳。此則并謂神女感玉賦，與玉夢中爲夫婦，尤爲荒誕。按：《巫山志》云，巫峽即琵琶峽也，上有陽雲臺，高一百二十丈，南枕長江。宋玉賦云：游陽雲之臺，望高唐之觀。本以寓諷，後世不察，以兒女事褻之。今廟中石刻，引《墉城記》：瑶姬，西王母第二十三女，稱雲華夫人，助禹驅神鬼，斬石疏波，有功，今封妙用真人，廟額曰凝真觀。真人，即此所謂巫山神女也。祠正對巫山，峯巒上入霄漢，山脚直插江中。祝史云：每八月十五夜，月明時，有絲竹之音，往來峯頂上，猿皆羣鳴，達旦方漸止。《集仙録》亦云：雲華夫人名瑶姬，王母第二十三女，西華少陰之氣也。嘗游東海，還過江上。有巫山焉，峯巖挺拔，林壑幽麗，巨石如壇，留連久之。時大禹理水駐山下，大風卒至，崖振谷隕，不可制。因與夫人相值，拜而求助。即勅侍女，授禹勅召鬼神之書。因命其神狂章、虞余、黄魔、大翳、庚辰、童律等，助禹鑿石疏波，决塞導阨以循其流。禹拜而謝焉。禹嘗詣之崇巘之巔，顧盼之間，化而爲石。其後楚大夫宋玉，以其事言於襄王，王作陽臺之宫以祀之。隔岸有神女之石，即所化也。神女壇側有竹，垂垂若篲，有槁葉飛物着壇上者，竹則因風掃之，終瑩潔不爲所污。又《雲溪友議》云：太尉李德裕鎮渚宫，嘗謂賓侣曰：余偶欲賦巫山神女一詩，下句自從一夢高唐後，可是無人勝楚王。晝夜宵征，巫山似欲降者，何也。段記室成式曰：屈平流放湘沅，椒蘭久而不芳，卒葬江魚之腹，爲曠代之悲。宋玉招平之魂，明君之失，恐禍及身，遂假高唐之夢，以感襄王，非真夢也。我公作神女之詩，思神女之會，惟慮成夢，亦恐非真。李公大慚。李商隱詩：荆王枕上原無夢，莫枉陽臺一片雲。與此同一意。又《三峽記》及《八朝窮怪録》諸書，雖其説不一，然仍存其正者。

又《弔琵琶》　尤侗撰。本《漢宫秋》劇，前三折與《漢宫秋》關目略同，但元曲全用駕唱，此用明妃自抒悲怨，爲小異。第四折，引入蔡琰，自傷與昭君同。酹酒青冢，故謂之《弔琵琶》。昭君事蹟，詳《和戎記》及《漢宫秋》。蔡琰本傳：琰字文姬，邕之女，能誦書四百餘卷。初適衛仲道，爲番騎所獲，二十年生二子。曹操贖回，以嫁董祀。又云：琰六歲，父邕夜彈琴，絃絶。琰聞曰：第一絃也。復故斷一絃，聞之曰：第四絃也。《沈遼集》云：大胡笳十八拍，世號沈家聲，小胡笳九拍，末拍爲契聲，號祝家聲。《白孔六帖》云：琰陷羌中，爲《胡笳十八拍》琴曲也。略云：王嬙字昭君，秭歸人，年十七入宫。畫工毛延壽索賄不與，延壽故毁其容，退居永巷。夜獨坐，撫琵琶一曲，爲帝所聞。召見，知爲延壽阻，命收延壽，而勅嬙爲妃。延壽懼誅，叛去，以昭君圖獻單于。單于按圖索女，帝不能違，送嬙出塞。至交河，投水而死。單于以爲皆毛延壽斷送之，殺延壽于水濱。元帝思嬙不置，作圖懸宫中，夜夢嬙自單于來，叙悲怨，以其父母報帝恩養而去。後漢之末，蔡邕女蔡琰爲番騎所獲，在左賢王部中，立爲閼氏。悲憤無聊，念昔昭君，與己同恨，乃攜酒至青塚，親祭奠。訴其苦於昭君之魂，并以《胡笳十八拍》寫入琴中，鼓於塚上，以伸其哀怨云。按：《樂苑》載昭君出塞後，爲書報帝云：臣妾得備禁臠，謂身依日月，死有餘芳，而失意丹青，遠竄異域。誠得捐軀報主，何敢自憐。獨恨國家黜陟，移於賤工，南望漢闕，徒增愴結耳。有父有弟，惟陛下幸少憐之。又有《怨詩》云：秋木萋萋，其葉萎黄。有鳥處山，集于苞桑。養育毛羽，形容生光。既得升雲，上遊曲房。離宫絶曠，身體摧藏。志念抑沈，不得頡頏。雖得委食，心有徊徨。我獨伊何，來往變常。翩翩之燕，遠集西羌。高山峨峨，河水泱泱。父兮母兮，道里悠且長。嗚呼哀哉，憂心惻傷。劇中又借蔡琰口中，言昭君本投水死，力辨先嫁呼韓邪單于，復爲株絫單于婦之誣。《琴操》亦言，昭君有子曰世違，單于死，世違强欲以爲妻，昭君乃吞藥自殺。故其地草皆黄，惟昭君墓獨青也。

又《桃花源》 尤侗《西堂樂府》之一。演晋陶潛去官，王弘送酒，廬山結社，後歸桃花源仙去。按：潛去官彭澤，重陽節，王弘遣白衣送酒，及至廬山參慧遠，皆實事。惟入桃花源一折，則以陶集中有《桃花源記》一篇，故即借此爲歸結，亦非無因也。考潛本傳云：陶潛字淵明，一字元亮，晋大司馬侃之曾孫。少懷高尚，著《五柳先生傳》以自況，時人以爲實録。初爲建威將軍，謂親朋曰：聊欲絃歌爲三徑之資。執事者聞之，以爲彭澤令。郡遣督郵至縣，吏白應束帶見之。潛嘆曰：吾不能爲五斗米折腰，拳拳事鄉里小兒耶。解印去官，乃賦《歸去來辭》。及宋受禪，自以晋世宰輔之後，恥復屈身異代。居潯陽柴桑，與周續之、劉遺民，並不應辟命，號潯陽三隱。嘗言：夏月虚閑，高卧北窗之下。清風颯至，自謂羲皇上人。性不解音，畜素琴一張，絃徽不具。每朋酒之會，則撫而扣之曰：但識琴中趣，何勞絃上聲。常往來廬山，使一門生二兒，舁籃輿以行。時遠法師與諸賢結蓮社，以書招淵明。淵明曰：若許飲，則往。許之，遂造焉，忽攢眉而去。宋元嘉四年卒，世號靖節先生。《廣輿記》：陶淵明，字元亮，入宋名潛，爲彭澤令。八十日，郡督郵至，吏白束帶見之。潛曰：豈爲五斗米折腰。即解印去。自號五柳先生，謚靖節徵士。又云：五柳館在南康府城西栗里，即淵明故宅。《南康府志》：陸脩静故居，注云：宋爲太虚觀。《夢溪筆談》云：觀中脩竹，陸居士手植，出苦笋而味反甘。王逸少建歸宗寺，造鹽齏而味反淡，山中佳物也。又廬山府城南，山之陰也。刺史王弘欲識淵明，不能致，乃令淵明故人龐通之，招飲山下。時淵明有脚疾，使一門生二兒，舁籃輿至。刺史微服以從，遂歡然共酌。《續晋春秋》：潛九日無酒，宅中菊開，摘盈把，坐其側，悵望久之。見白衣人至，乃王弘送酒，便酌醉歸。集中《九日》詩云：世短意常多，斯人樂久生。日月依辰至，舉俗愛其名。露凄暄風息，氣徹天象明。往燕無遺影，來雁有餘聲。酒能祛百慮，菊爲制頹齡。如何蓬廬士，空視時運傾。塵爵恥虚罍，寒華徒自榮。斂襟獨閑謡，緬焉結深情。棲遲固多誤，淹留豈無成。慧遠法師，賈氏子，雁門人。初從沙門釋道安參學，後杖錫廬山，建東林寺。與劉遺民、雷次宗、竺道生、宗炳等十八人，結白蓮社。惟淵明至，則許飲酒。謝靈運求入社，以心雜，不許。詳見《蓮社高賢傳》。虎溪橋，廬山東林寺前。遠送客，至橋則止，過溪虎即嘯。三笑亭，在東林寺前。遠足跡未嘗過虎溪，一日送陶潛、陸脩静，不覺已過溪上，三君大笑而別。後人於此建亭，並見地輿諸書。劉程之，字仲思，彭城人。劉裕以其不屈，旌其號曰遺民。一云劉驎之，字遺民，一字子驥，即《搜神記》中劉子驥也。《桃花源記》詳載《武陵春劇》内。劇中全以《歸去來辭》隱括爲首齣。以白衣送酒，合弘令龐通之招潛共飲山下，爲第二齣。以入廬山參慧遠師，師送過溪三笑，爲第三齣。以潛造生壙自祭，及周續之、劉驎之之徒，皆來祭弔送葬，爲第四齣。以潛入桃花源成仙，爲結案云。潛自祭文見本集，劇并隱括爲曲。按：潛所著《後搜神記》多載神仙事，作者因此謂潛參遠師後，悟道得成仙也。《後列仙傳》中，亦載淵明名。

王維十八歲作《桃源行》曰：漁舟逐水愛山村，兩岸桃花夾去津。坐看紅樹不知遠，行盡青溪不見人。山口潛行始隈隩，山開曠望旋平陸。遥見一處攢雲樹，近入千家散花竹。樵客初傳漢姓名，居人未改秦衣服。居人共住武陵源，還從物外起田園。月明松下房櫳静，日出雲中鷄犬喧。驚聞俗客争來集，競引還家問都邑。平明閭巷埽花開，薄暮漁樵乘水入。初因避地去人間，及至成仙遂不還。峽裏誰知有人事，世中遥望空雲山。不疑靈境難聞見，塵心未盡思鄉縣。出洞無論隔山水，辭家終擬長遊衍。自謂經過舊不迷，安知峯壑今來變。當時只記入山深，青溪幾曲到雲林。春來遍是桃花水，不辨仙源何處尋。

又《黑白衛》 尤侗作。演劍仙聶隱娘事。隱娘翦紙爲黑白衛，置囊中，故用是名。《太平廣記·聶隱娘傳》：唐貞觀中，魏博大將聶鋒女隱娘，方十歲。有尼乞食鋒舍，見而悦之，乞取此女。鋒怒叱尼，尼曰：任押衙鐵匱中藏，亦須偷去矣。及夜，果失所在，搜尋無影響。父母每思之，啼泣而已。隱娘被挈去，至大石穴中，嵌空數十步，寂無居人，猿狖極多。先有二女，皆婉麗，不食，能于峭壁上飛走登木，無有蹶失。尼與隱娘藥，兼令執寶劍一口，長二尺許，鋒利，吹毛可斷。令二女教其攀緣，漸覺身輕如風。一年後，刺猿狖百無一失，後刺虎豹，三年能刺鷹隼，無不中。劍之刃漸減五寸，飛走遇之，不知其來也。至四年，留二女守穴，挈隱娘於都市，指某人，一一數其過。授以羊角匕首，白日刺其人於都市中，人莫能見。以首入囊，返。命以藥化之爲水。五年，又曰：某大寮無故害人若干，夜可入其室，決其首來。隱娘攜匕首入室，度門隙無有障礙。至暝，得其首歸。尼怒何太晚，隱娘曰：見前人戲弄一兒可愛，未忍下手。尼叱云：後遇此輩，必先斷其所愛，然後決之。尼爲開腦後，藏匕首，而無所傷，用即抽之。曰：汝術已神。遂送還家。云後二十年後，可一見。鋒甚懼，後遇夜即失蹤，及明而返。鋒不敢詰因，亦不甚憐愛。忽值磨鏡少年及門，女曰：此人可與我爲夫。父不敢不從，遂嫁之。其夫但能淬鏡，餘無他能。數年後，父卒，魏帥知其異，召署爲左右吏。如此又數年。至元和間，魏帥與陳許節度使劉昌裔不協，使隱娘賊其首。許帥能神算，已知其來，召牙將令曰：早至城北，候一丈夫一女子跨黑白衛至門。遇有鵲來噪，丈夫以弓彈之不中，妻奪夫彈，一丸而斃鵲者，揖之。云吾欲相見，故遠相祗候也。牙將受約束，遇之。隱娘夫妻曰：劉僕射真神人，不然何以動召也。見劉謝罪。劉曰：各親其主，人之常事。魏今與許何異，請當留此，勿相疑也。隱娘謝曰：僕射左右無人，願舍彼而就此。劉問所須，曰每日錢二百文足矣，乃依所請。忽不見二衛所在，後潛於布囊中見二紙衛，一黑一白。後月餘，白劉曰：彼未知信，必使人繼至。今宵翦髮，繫以紅綃，送于魏帥枕前，以表不回。四更返，曰：送其信矣。是夜必使精精兒來殺某，及賊僕射首。此時萬計殺之，乞不憂耳。是夜明燭，半宵之後，果有二幡子，一紅一白，如相擊，於床四隅。良久，見一人自空而踣，身首異處。隱娘出曰：精精兒已斃。以藥化爲水，毛髮不存。隱娘曰：後夜當使妙手空空兒繼至。空空兒之神術，人莫能窺其用，鬼莫得躡其蹤。隱娘故不能造其境，此即繫僕射之福耳。但以于闐玉周其頸，擁以衾，隱娘當化爲蠛蠓，入僕射腸中聽伺。其餘無逃避處。劉如言。至三更，瞑目未熟，果聞項上鏗然聲厲甚。隱娘自劉口中躍出，賀曰：僕射無患矣。此人如俊鶻，一搏不中，即翩然遠逝，未逾一更，已千里矣。視其玉，果有匕首劃處，痕逾數分。自此劉轉厚禮之。元和八年，劉自許入覲，隱娘不願從，云自此尋山水，訪至人，但請給其夫。劉如約，後漸不知所之。迨開成中，昌裔子縱除陵州刺史，至蜀棧道，遇隱娘。貌若當時，相見喜甚，依前跨白衛如故。遺其繒綵，一無所受，但沈醉而去。後一年縱卒，自此無復有人見隱娘矣。按：黑白衛即黑白驢也。衛俗好畜驢，故人以驢爲衛云。宋元詩人每用蹇驢，亦或用蹇衛。《唐書·劉昌裔傳》：昌裔，字光後，太原陽曲人。客河朔間，爲曲環檄李納，剴曉大誼，環上其藁，德宗異之。環領陳許軍，又從府遷，累進營田副使。環卒，上官涚知後務，吴少誠引兵薄城，涚欲遁去。昌裔止涚，爲造飛棚聯柵，鑿城以出，擊賊走之。以功擢涚陳許節度使，昌裔陳州刺史，改陳許行軍司馬。涚卒，軍中推昌裔。有詔檢校工部尚書，代節度，封彭城郡公。元和八年，以檢校尚書左僕射，兼左龍武統軍，召還京師。

著録

清·黄文暘、佚名《重訂曲海總目·國朝雜劇》 尤侗：《讀離騷》、

《弔琵琶》、《黑白衛》、《清平調》。

又《國朝傳奇》 尤侗：《鈞天樂》。

清・支豐宜《曲目新編・著録八・國朝傳奇》 《鈞天樂》，尤侗作。

又《國朝雜劇》 《讀離騷》、《弔琵琶》、《黑白衛》、《清平調》。右四種，長洲尤侗作。

清・姚燮《今樂考證・著録四・國朝雜劇》 尤悔庵五種：《讀離騷》、《黑白衛》、《弔琵琶》、《桃花源》、《清平調》。一名《李白登科記》。

又《著録八・國朝院本》 尤侗一種：《鈞天樂》。

清・王國維《曲録》卷三 《讀離騷》一本，《弔琵琶》一本，《桃花源》一本，《黑白衛》一本，《清平調》一本。右五種，國朝尤侗撰。

又 《鈞天樂》一本，國朝尤侗撰。

藝文

清・李瀅《西堂樂府題詞》 樂府元人擅殊絶，臨川近代尤超越。悲壯重將北調翻，《四聲猿》出田水月。後來伎樂過江東，吳歈越唱徒嘈嘈。填詞浪説阮元海，合拍争傳梁伯龍。只今宇内新聲異，梅村祭酒推舉解。按就銀箏幾斷腸，歌成玉樹都流涕。前年識子姑蘇臺，百斛珠璣咳唾開。一曲滄浪浸花竹，拂衣歸卧興悠哉。以此抗懷同栗里，閒譜宫商得至理。避世如過五柳村，遊仙欲盡桃花水。明妃哀怨左徒忠，紫寨荒江悲不窮。琵琶捍撥《離騷》句，盡寫陽春白雪中。還嗟萬事多反覆，眼底鬚眉何碌碌。聊憑紅袖花青萍，閃閃靈花盈尺幅。白門蕭寺風雨秋，忽漫披吟遣客愁。棒喝忽來高座上，鶴笙疑過碧山頭。如君熟諳九宫譜，躍鐵迴飆那足數。腰鼓勾欄幾抑揚，酒旗歌扇增豪舉。愛君新詞難釋手，對君擊節還搔首。橫吹玉笛海雲邊，浮雲世態夫何有。君不見龜年已老善才亡，三疊霓裳空擅場。吹篪擊筑非無意，何如嘻笑狂歌寄興長。

清・彭孫遹《弔琵琶題詞》 明妃遠行，千古恨事。文通解人，賦中亦復草草，無論東籬矣。悔菴濡毫粉水，染紙錦江，如面其人，如聞其語。至借清笳之拍，極哀艷之思。調促音長，纏綿欲絶。此詞他人尚不堪多讀，況於僕本恨人耶。走筆二章，以當倚和。情生於文，不自知其言之傷也。

一去紅顔帝子家，至今哀怨寫琵琶。朔天二月猶風雪，吹作明妃塚上花。

新詞一奏和人稀，冉冉春雲凝不飛。紅粉青娥齊掩泣，情知不獨爲明妃。

從頭細數傷心事，幽怨琵琶，哀拍蘆笳，一代紅顔萬里沙。沉吟掩卷愁無限，風鬧窗紗，雨滴簷牙，蛺蝶多情苦殉花。右調《羅敷令》。

清・彭孫遹《桃花源》 歸把荷裳製，高隱從兹始。烟外迷津，雲中問渡，桃花春水。想武陵當日避秦人，五柳前身是。 一曲紅牙試，千載分明似。玉骨蟬輕，仙踪羽化，碧霄高逝。想世間不屑折腰人，今古都如此。右調《小桃紅》。

清・王士禛《寄懷悔庵先生并題新樂府四絶句》 余諸先生序新樂府，忽忽五年矣。己酉冬，書來督逋，寒夜風雨，卧不成寐，聽黄河激盪聲，偶爲四絶句，寄先生教之，或即附録卷末代序可乎。 南苑西風御水流，殿前無復按梁州。飄零法曲人間遍，誰付當年菊部頭。悔庵樂府順治中曾進御覽。

猿臂丁年出塞行，灞陵醉尉莫相輕。旗亭被酒何人識，射虎將軍右北平。

五柳歸來對遠公，虎谿三笑許相同。今朝識得廬山面，蓮社花源一徑通。題《桃花源》。

千金匕首土花斑，兒女恩仇事等閒。他日與君論劍術，要離塚畔買青山。題《黑白衛》。

清・吳綺《藝香詞・采桑子題尤悔庵〈讀離騷〉雜劇》 瀟湘千古傷心地，歌也誰聞，怨也誰聞，我亦江邊憔悴人。 青山剪紙歸來晚，幾度招魂，幾度銷魂，不及高唐一片雲。

又《減字木蘭花題尤悔庵〈清平調〉雜劇》 仙子供奉，豈借尋常科第重。失卻珊瑚，只笑唐家結網疏。 知君寄託，掃盡裏兒容做作。爛醉沉香，此後誰堪七寶床。

又《清平樂題尤悔庵〈桃花源〉雜劇》 山空石古，遮斷桃花櫓。采菊東籬杯自舉，獨把義熙留取。 門生兒子籃輿，有時直上匡廬。人道賢哉隱者，不知佛也仙乎。

清・田雯《古歡堂詩集》七言絶卷三《新秋雨夕，卞司寇齋中觀尤展

成〈李白登科記〉傳奇》 四條弦動第三廳，一闋《霓裳》酒未停。偶爾清歌天便妒，秋燈寒雁雨淋鈴。

清・餐霞山人《鈞天樂題詞》 不平收拾寓言中，一卷奇編哭始終。舌本翻來天地小，眼光射處古今空。西堂夢覺楚馥碧，東野詩成霜葉紅。曲中多言愁語。可惜事將少微犯，見《西堂剩稿・哭湯卿謀詩》。《鈞天樂》一書，展成不得志而作。又《傷卿謀之早亡書》中沈子虛，即展成自謂，因以楊墨卿爲卿謀寫照耳。頓教血淚滴英雄。悔庵先生抱一石才，抑鬱不得志，因著是編，以洩不平之氣。嬉笑怒罵，無所不至。雖措詞不無過激，而筆精墨妙，略見一斑。才子行文，豈稗官小説家所能夢見哉。爰題一律以誌傾慕，詞之工拙不暇計也。

雜録

清・尤侗《讀離騷・自序》 元人雜劇，睢景臣有《屈原投江》、尚仲賢有《歸去來兮》、關漢卿有《哭昭君》、張時起有《昭君出塞》、吴昌齡有《夜月走昭君》，俱未及見。世所傳者，獨馬東籬《漢宮秋》耳。顧漢元孱夫，妻子被人奪去，何處更施靦面。東籬四折，全用駕唱，大覺無色。明妃千秋悲怨，未爲寫照，亦是闕事。故予力爲更之。近見西神鄭瑜著《汨羅江》一劇殊佳，但隱括《騷》經入曲，未免聱牙之病，餘子寥寥自鄶無譏矣。予所作《讀離騷》，曾進御覽，命教坊内人裝演供奉。此自先帝表忠微意，非洞簫玉笛之比也。王阮亭最喜《黑白衛》，攜至雉皋，付冒辟疆家伶，親爲顧曲。吴中士大夫家，往往購得鈔本，輒授教師，而宫譜失傳，雖梨園父老，不能爲樂句，可慨也。然古調自愛，雅不欲使潦倒樂工斟酌，吾輩祇藏篋中，與二三知己，浮白歌呼，可消塊壘。亦惟作者各有深意，在秦箏趙瑟之外。屈原楚之才子，王嬙漢之佳人。懷沙之痛，亂以招魂；出塞之愁，續以弔墓。情事悽愴，使人不忍卒業。陶潛之隱而參禪，隱孃之俠而游仙。則庶幾焉，後之君子讀其文因之有感，或者垂涕想見其爲人。

清・尤侗《鈞天樂・自記》 丁酉之秋，薄游太末，主人謝客，阻兵，未得歸。逆旅無聊，追尋往事，忽忽不樂，漫填詞爲傳奇，率日一齣。齣成，則以酒澆之，歌呼自若。閲月而竣，題曰《鈞天樂》。家有梨園，歸則授使演焉。明年，科場弊發，有無名子編爲《萬金記》者。制府以聞，詔命進覽，其人匿弗出也。臬司某，大索江南，諸伶雜治之。適山陰姜侍御還朝，過吴門，亟徵予劇。同人宴之申氏堂中，樂既作，觀者如堵牆，靡不咋舌駭歎。而邏者亦雜其中，疑其事類，馳白臬司。臬司以爲奇貨，即檄捕優人，拷掠誣服。既得主名，將窮其獄，且徵賄焉。會有從中解之者，而予已入都門，事得寢。己亥大計，臬司以貪墨亡命。寘極典，籍其家，聞者快之。然當是時，予僅而後免，始悔戲無益也。階之爲禍，欲焚草者數矣。而吴中好事者，傳爲美談，相與醵金請觀焉，遂演如故。然登場一唱，座上貴人，未有不色變者。蓋知我者希，而罪我者已多矣。於戲。

清・尤侗《清平調・自序》 客恒山者三月。梁宗伯家居，相邀爲河朔之飲，輒呼女伶侑觴。伶故晉陽佳麗，能發南音，側鬢垂袖，宛轉欲絶矣。宗伯語予：子爲周郎，試度新曲。唯唯未遑也。秋水大至，屋漏床床。顧視燈影，獨坐太息，漫走筆成《李白登科》一劇，聊爾妄言，敢云絶調。持獻宗伯。宗伯曰：善。遂授諸姬習而歌之。戊申七夕，悔菴自記。

清・彭孫遹《黑白衛題詞》 司馬子長作《刺客傳》，淋漓盡致，千載猶生。其傳末乃云：惜哉，其不講于刺劍之術。此語不獨爲慶卿道，似因要離聶政一流。頭璧俱碎，深加惋惜。窺其意中，已隱隱有隱娘、紅線一輩人在，使之低回神往。悔菴負絶世之才，多發憤之作。所撰《黑白衛》填詞，惝怳離奇，勝讀龍門一傳，是雖寄託所爲，亦足令天下無義氣丈夫心悸。僕常私謂世間不平事，如聚塵積阜，未易消除。能消除者，唯酒與匕首二物。然拍浮酒海，放浪醉鄉，可以澆磊魂，不可以行胸懷。終不若三寸芙蓉，差强人意。見買若耶溪水劍，明朝歸去事猿公。寄語悔菴，此後當尋僕于飛林削仞、懸崖絶澗之間矣。

葉奕苞

論説

清・尤侗《葉九來樂府序》 予生世不諧，索居多恨，灌園餘暇，間作彈詞辟如學畫不成，去而學塑，固無足比數矣。然當酒酣耳熱，仰天嗚嗚，旁若無人者。其類放言自廢者，與若吾友葉子九來，門地人材並居最勝，方以文筆掉鞅名場，夫何不樂而潦倒於商黄絲竹之間，或者游戲及之耳。雖然，以葉子之才，荏苒中年，風塵未偶，豈無邑邑於中者。忽然感觸，或借此爲陶寫之具，未可知也。是則予所引爲同調者也。

清・朱用純《葉九來詩餘序》 少時見秦少游、周美成諸家詩餘，心竊病之，以爲此咿咿兒語也，非壯夫所爲。及讀歐陽子之書，觀其文章行業正大炳烺，庶幾孔子所謂文質彬彬之君子，而於詩餘則豐美柔艷又不亞於秦、周諸家。然後知詞人之語不足以累人，而亦士君子之所有託焉者也。余又早嬰多難，坎壈輡結無如何，率盡託詩餘以發之，日嘗得一闋。及後年益進，所讀之書日益廣，則又見吾之耿耿不忘於心者，亦行吾所當然者耳，其必有託而見焉，良可已也，又何況詩之餘，抑君子之所期學乎古人者會止是哉。於是廢向所作，絶不復事，凡十餘年於兹。葉子九來猶以予未忘故習也，將刻其詩餘而徵序焉，曰：予其深知是得失之故者，盍爲我言之，而不知予於詩餘，如風之噫，鳥之語，乍響乍息，氣適使然，豈果有得之於心者足以爲葉子贈，且予即能言詩餘之爲得爲失也。若何。葉子其盡善於詩餘也，又若何則又烏足以重葉子。然葉子以卓犖之才，其詩若文，皆祖述唐宋大家，詩餘特其兼能，而風格婉麗又與古作者相頡頏，猶且欲然不足已資其益於窮約無聊如予者。則古人之道，固有大於此不啻百千倍者，其孜孜下問，嚮往之懷何如哉。天下必皆傾困倒廩以爲葉子益矣。

傳記

清・李集《鶴徵録》卷七 葉奕苞，字九來，江南崑山人，監生。先生兄某，早歲成進士，入翰林，頗自矜許。先生少負異才，博雅擅詩歌。至京師，名出兄上，與先公交至契。己未之徵，先生名登薦牘，與先公同爲所忌，並試卷匿之。

清（乾隆）《崑山新陽合志》卷二五 葉奕苞，字九來，國華次子。少師事卧龍山人葛芝及默齋葉弘。儒林有根柢，長爲詩文，沈博絶麗，尤工書法，與海内名士姜宸英、施閏章、陳維崧及同里徐開任、歸莊輩游。流連詩酒，吐納風流，爲時所推重。康熙戊午，舉博學鴻詞，見擯。歸筑半蠶園居之，倘佯林壑，集秦漢以來金石碑刻，參互證辨，細加隸釋，詳核爲古所未有。又作《太甲改元》、《周公居東周詩》、《用周正辨》諸篇，穿穴經義，學者稱之。【略】著有《鋤經堂詩文》及《花間續草》等集。

雜録

清・朱用純《題葉九來小照》 文章足以待詔金馬之門，才略足以高議雲臺之上。湛深之學足以校論天禄石渠，邁往之氣足以傲睨王侯將相。而圖爲形容，烟霞放曠。既薜荔以成帷，亦巖巒而作障。豈見夫古之偉人，建立非常，其所得多在寬閒之野、幽遐之壤耶。

清・朱用純《祭葉二泉文》 嗚呼，君之年少予二歲，而中表行輩則尊者也，雖屬尊者而年比肩，隨故與君幼同師學。稍長而各隨其父兄同患難，及老而同往來遊處悲愉之事者逮五十年。其交好也，不以戚屬，而以友情。不幸而君今殁矣。不二十日，三臨君喪哭之輒慟。予素寡淚，於君不自知淚之何從，其致哀也，亦不以戚屬而以友情。蓋君没而遐邇疎戚哀之者衆，予特於其中一人焉耳。然哭者雖衆，而所以哭之之要或一二端，其一二端者皆予之所同也。予雖一人，而所以哭之，非特一二端，其非特一二端者又予之所獨也。君文章峭厲，詩詞贍雅，揮灑毫素，龍蛇飛走。古人畏其凌轢，當代奉爲宗工。自君没而文采風流倏與俱往焉，可哀也。往昔金石之刻、秘異之書，珍奇之玩，覩聞苟接，不憚重購遠搜，期於必致。自君没而博物好古罕其儔焉，可哀也。意氣倜儻，與世之賢豪冠蓋争相投分，履倒轄投，殆無曠日。自君没而縞紵定交者徙倚而寥落焉，良可哀也。周急濟乏，類爲族屬倡，而窮交故好輒復經紀其歛葬，婚娶其子弟。自君没而親朋倚庇待澤者皆望閭而返焉，又可哀也。邑里備荒賑飢之役，水利財賦之事，靡不悉心籌畫，忘勞任怨。自君没而桑梓綢繆之交誰與其焉，更可哀也。君又少騰才譽，數踏闈門不利，及登薦剡，膺徵命，又卒報罷。方慨有文憎命達，而復賫志不禄。即達士大觀，要亦深可哀也。然是數者，皆人之所同哀。而予於君之所哀者，則自予早歲淪廢以來，沉憂積中，君固曠爽，又雅樂與騷人怨士友。以予交自羈□，結契尤深。君傍文莊故第，踵水部餘業，開池館，治磴彴，花月之辰，觴詠之會，輒招致予，以宣導其志氣，披豁其悒惀，銷沉歲月，不知老至今。而後小有堂前春，及軒下復何忍憶舊歡，追往事，豈不哀哉。君施於予者良殷，予效於君者蔑如。友朋之節，忠告爲重。君即惟義是謀，而予自顧生平切切焉，抒其胸膈，布其懇款，曾幾何，事是不可謂無負於君也。今雖欲冀蒭蕘之采，而又何從，豈不哀哉。

清·朱用純《後記》　圖中聽松者凡十人。率二人坐立爲耦，兩手踞地按膝，若有所思者，萬貞一言。展卷陳筆墨，若苦吟垂就，揮毫有待者，桐城錢飲光澄之也。葉九來奕苞，以子從，倚石指畫，使執經問於先生。先生手執如意，危坐而講論者，朱致之用純也。又其左二人爲張漢章雯、茅康友蕃，談禪並坐。又其左前後行者，萬季野斯同、徐季重開任。季野遇斷崖，迷失路，指問季重所欲之者而後進。蔭竹林深處，陳列酒果，盤罍狼戾，一人斟酒挽臂强飲，一人摇手固辭，酣笑爲歡者，陳躬一覺先、葉敷文方蔚也。此十人者所遇不同，要皆嶔崎恬蕩放廢之士。而九來構半繭園，以自著書悦性。巒嶂多植長松，時時邀此數人聽松濤其下，飛觴賦詩。松無大夫之爵命，人不宰相於山中，相與忘形共適，不異餐芝洗耳，致足樂也。九來恐後者之無傳，令漢來馮君作圖像之，而囑用純爲記，逡巡未逮，後見南昌彭躬菴士望已有《記》，意可不復作。無何而漢章最先殁，次康友，次季野，躬一且以病廢。昨歲首春，而九來復奄棄矣。俯仰今昔，不勝存亡之感。而風清月白，松聲之謖謖如故，其益不能懷也。葉生汝濟復請題，因繼躬菴於邑作《後記》。亦見予於九來，既以半繭爲西州，足跡不忍輒過，而聊以是爲墓劍之挂云爾。二萬寧波人，康友青浦人，餘皆崑山人。汝濟既問業於用純，九來子也。丁卯四月記。

葉稚斐

紀事

清·佚名《曲海總目提要》卷三三《英雄概》　此劇以李存孝爲眉目，而李克用、黄巢、朱温事迹皆附及焉。其所據以《殘唐傳》爲主，參之正史，有合不合，互存旁證，庶幾得之。作者未久，不知誰筆也。按劇中大旨，黄巢之亂，李克用奉命討賊。克用中途得存孝，養以爲子，與共破巢。存孝與存信不睦，存孝有妻鄧瑞雲未婚，存信百計圖之，故構存孝於克用，怒縛存孝，將殺之，已而斥於外，俾立功自贖。及破巢功高，乃進爵受上賞，與瑞雲成婚。《唐書·黄巢傳》：巢，曹州冤句人，世鬻鹽，富於資，善擊劍騎射，稍通書記。乾符二年，王仙芝亂，巢募衆應仙芝，及仙芝被獲，賊黨推巢爲王。僖宗方朝，傳言賊至，田令孜以神策軍奉帝趨咸陽。巢陷京師，自號大齊，建元爲金統，乘輿次興元，詔促諸道兵收京師，遂至成都。中和三年，王鐸使雁門節度使李克用，破賊於渭南，承制拜都督行營都統。克用引軍，自嵐石出夏陽，屯沙苑，營乾坑。二月，合河中、易定、忠武等兵擊巢。巢衆十萬，與王師大戰。賊敗，克用數勝，入自光泰門，身決戰，呼聲動天。巢夜奔，克用窮追巢，巢敗死。《通鑑綱目》：僖宗乾符三年六月，王仙芝陷濮。曹州冤句人黄巢聚衆應之。巢善騎射，喜任俠，粗涉書傳，屢舉進士不第，遂與仙芝共販私鹽，至是應仙芝。數月間，衆至數萬。廣明元年十二月，黄巢入長安。上走興元，詔諸道出兵，收復京師。《五代史·梁本紀》：黄巢陷京師，以温爲東南面行營先鋒使。天子在蜀，諸鎮會兵討賊，温數敗，請益兵於巢。巢中尉孟楷抑而不通，温客謝瞳説温曰：黄家起於草莽，幸唐衰亂，直投其隙而取之耳，非有功德興王之業也，豈足與共成事哉。温乃自歸於河中，拜温河中行營招討副使，賜名全忠。中和三年，拜汴州刺史。《綱目》：乾符五年，大同軍亂，殺防禦使段文楚，推李克用爲留後。廣明元年，克用走達靼。中和元年，赦李克用，遣李友金召之。二年十一月，克用將沙陀趣河中。十二月，以爲雁門節度使。三年五月，克用破黄巢，收復長安。四年，進克用爵爲隴西郡王。昭宗乾寧二年，進爵晉王。《資治通鑑》云：克用與達靼豪帥遊獵，置馬鞭木葉，或懸針，射之無不中。豪帥心服。又云：李克用將兵四萬，至河中，皆衣黑。賊憚之曰：鴉軍至矣，當避其鋒。年二十八，破黄巢，復長安，功第一。一目微眇，時人謂之獨眼龍。《五代史》：李存孝，代州飛狐人，本姓安，名敬思。太祖掠地代北得之，給事帳中，賜姓名以爲子，常從爲騎將。晉已得澤、潞，歲出山東，與孟方立争邢、洺、磁。存孝未嘗不在兵間。方立死，晉取三州，存孝功爲多。梁驍將鄧季筠引軍出戰，存孝舞槊擒之。唐以孫揆爲潞州節度使，存孝伺揆軍過，横擊斷之，擒揆以歸。存孝猿臂善射，身被重鎧，櫜弓坐矟，手舞鐵撾，出入陣中。以兩騎自從，戰酣易騎，上下如飛。《通鑑》：存孝驍勇，軍中莫及。常將騎兵爲先鋒，身被重鎧，腰弓髀槊，獨舞鐵撾。陷陣，萬人辟易。《五代史》：李存信，本姓張氏，善騎射，通六蕃書。從起代北入關破黄巢，存信與存孝俱爲養子，材勇不及存孝，而存信不爲之下，由是交惡。存孝所爲，存信每沮抑之。存孝卒得罪死。此事無所據，皆屬點綴，然存孝與存信相傾，則詳載正史，非鑿空也。

著録

清·高奕《新傳奇品》 葉稚斐，吴縣人。《漁陽》三撾，意氣縱横。所著傳奇八本：《琥珀匙》、《女開科》、《開口笑》、《三擊節》、《遜國疑》、《英雄概》、《八翼飛》、《人中人》。

清·佚名《傳奇彙考標目》卷下 葉稚斐，字美章，吴縣人。《三擊節》、《英雄概》、《琥珀匙》、《開口笑》、《女開科》、《遜國疑》即《鐵冠圖》。後半入靖難事、《八翼飛》、《人中人》。即《東郭記》事。

清·黄文暘、佚名《重訂曲海總目·國朝傳奇》 葉稚斐，吴縣人。《琥珀匙》、《女開科》、《三擊節》、《遜國疑》、《開口笑》、《英雄概》、《八翼飛》、《人中人》。

清·李調元《曲話》卷一 其人各八種者，國朝如：葉稚斐之《琥珀匙》、《女開科》、《開口笑》、《三擊節》、《遜國疑》、《英雄概》、《八翼飛》、《人中人》。

清·支豐宜《曲目新編·著録八·國朝傳奇》 《琥珀匙》、《女開科》、《開口笑》、《三擊節》、《遜國疑》、《英雄概》、《八翼飛》、《人中人》。右八種吴縣葉稚斐作。

清·姚燮《今樂考證·著録八·國朝院本》 葉稚斐八種：《琥珀匙》、《女開科》、《開口笑》一名《胭脂虎》、《三擊節》、《遜國疑》、《英雄概》、《八翼飛》、《人中人》。《開口笑》、《曲考》重入無名氏。《英雄概》、《曲考》重入無名氏。稚斐，吴縣人。

沈謙

論説

清·朱希祖《翻西厢跋》 此《翻西厢》，題古吴研雪子撰，不知其姓氏。謂爲崔鄭洗垢，爲世道持風化。余讀清初沈謙《東江别集·南北曲》二卷中，有：集伯，揆商霖，是日演余新劇《翻西厢》北曲套數一篇。其〔耍孩兒〕云：俺將這《西厢》業案平反盡，費幾許移花門筍。止不過痛惜那雙文，根究出微之漏網元因。似此本《翻西厢》即爲謙所撰。惟謙爲仁和臨平人，祖籍湖洲武康，不可謂古吴，豈别有一《翻西厢》耶。謙與洪昉思、毛稚黄、彭羨明、沈平垣等相唱和，才調稱於時。觀其所作南北曲，亦曲中名手。毛稚黄爲作墓志銘，謂所著有傳奇若干卷，意其不僅《翻西厢》

一種，未知尚傳於世否。書此以俟訪求。

綜述

清・沈謙《翻西厢・自序》 按元稹作《會真記》，王實甫遂演爲《西厢》傳奇，至今傳□□，謂其事果真。予嘗考稹爲姨母作墓誌，其母固爲鄭夫人，而所適永寧尉鵬，又崔姓，則姓氏皆與《會真記》合。記□崔張中表，蓋稹之托名也。厥後，鵬卒于官，稹睨其遺孤女美而能文，乞姻于姨母。母婦鄭太常，莫之許，稹啣之□□，作此記以抒其恚憤，且冀崔鄭敗盟，復爲後□□□□記中淇水横溢，士崩石出，則鄭太常□□□□□□□□□□□□□□所譔誌銘，盛稱夫人□□□□□□□□□書，亦甚明矣。或者猶曰□□□□做傳奇故套，稹作記未嘗言之，秦給事所譔□□□之太過。何以知稹之書爲乞姻不遂，而故爲此誣謗之説也。余謂天下事有因理而求其跡者，亦可因跡而求其理。稹與崔，兄弟也，與鄭，亦兄弟也。藉令崔非令女，禮爲親者諱，稹固不得□言也，張亦何與于稹，豈有無故爲人作記，而反污兩中表之名節家風者乎。閨房鄙事又曖昧難知，稹當日鑿鑿條晰，果得之所見乎。抑得之所聞乎。若以爲己實爲之，張固托名也。稹嘗附宦，宦後猶悔之。稹非不自愛者，乘至親喪亂而誘于弱女弟，此禽獸之行，稹愈不欲自白其污矣。况常人之情，私己者則悦，若崔果私稹，稹後即欲補過絶之，則亦已矣，極力毁之，豈人情也哉。藉曰：毁之非仇于乞姻，亦必有他故。予誠不得其解也。予考其跡如此，推其理又如此，故歷序當年誣謗始末，作爲《翻西厢》，爲崔鄭洗垢，爲世道持風化焉。至□□所作謂稹搆兵爲寇，雖未免形之太過，蓋□、□□□□□□□□□□架式耳。觀本劇者，亦□□□□□□若□□□真是後人之讀《翻西厢》又□今人之讀原本同一轍矣。癸未花朝，研雪子識。

著録

清・笠閣漁翁《笠閣批評舊戲目》 《賣相思》，研雪子作。下上。

又 《翻西厢》，研雪子作。上下。

清・黄文暘、佚名《重訂曲海總目・國朝傳奇》 研雪子：《翻西厢》、《賣相思》。

清・姚燮《今樂考證・著録八・國朝院本》 研雪子二種：《翻西厢》、《賣相思》。

清・王國維《曲録》卷五 《翻西厢》一本，《賣相思》一本。右二種，國朝研雪子撰。

孫郁

論説

清・汪森琴《漱玉堂三種傳奇序》 聲歌之道，感乎性情，達乎天地。擧天下古今之故可傳可詠、可悲可泣者，無一不可寄之於歌，宇宙之文章，莫大于是矣。説者乃謂詩餘而爲詞，詞餘而爲曲，里巷巴人，雜沓唱和者能爲之。於是曲之道亡，而《風》、《雅》不可問矣。漢魏以來，清廟明堂之奏，登之於府，被之於音，足以和神人，格上下，寧謂非曲之祖乎。麥秀以歌名，五子以歌傳，宣尼以歌善，後世識此意者鮮。而乃云曲始於隋有唐間，則亦失其所首矣。天雄孫雪崖先生，國僑之匹也。胸中武庫不啻五車，不特爲冀北一空，竟可單行世界，出其穎間毫末，爲傳奇種種，而於天寶事爲尤奇。何奇乎爾。先生以洞古觀今之識，發寄情流俗之思，令千載以下，或鑒或懲，或賞觀，或痛哭。若僅以如華似火之詞，繡虎雕龍之筆等，爲一戲場把玩之具，尚未窺其全豹也。余僑寓於桐。先生官於桐，甫半載奪之使去。而桐之民之心，無不具有先生。先生曰：世事一大排場也，可聚可散，何意必爲。而桐民猶蔽道不去。先生於袖中出所爲傳奇者以示余曰：子試爲我言之。余之志不在褦襶折腰也久矣。一官匏繫，何莫非戲哉。余故樂其志，而爲之咏味乎其詞。

清・卧雪《雙魚珮傳奇叙》 雪崖編《繡幃燈》傳奇，既燃慧炬，放大光明，照十千世界，俾如獅子吼，百獸聞之腦裂，乃柔馴帖服，皈依琉璃塵珠下，率恒河億萬沙男子，同躋光明灑落，無恐怖極樂國，可稱最上乘，奇矣。近又爲《雙魚佩》，較《繡幃燈》公案，則更奇。夫大衆因緣，歷千萬刼不過婚宦兩種，舍是則大地無傀儡也。雪厓談空説，有如左右手放光令渠，不可思議。此中機緣，孰爲轉輪法王，使婚者宦者，不令貪癡嗔，希求如意，而顧種於獉獉狉狉之福田，真操冰雪沃臂，劃然震醒，無着雙脚處。是兩花點名，無量大普提也。余獨怪其望樓而癡，得無陷姪室不可脱。而雙魚一夢，以得因緣而得此報。個中三昧，尚屬累刼修行，故能立地證果耳。雪厓詩文，如撞黄鐘伐鼓，而又間以此種色香穠纖飛動，似作繁絃嘈管。余則諦眎妙義，不翅松林梵籟，空山中之泠泠木魚響也。雪厓不喜談禪，而與禪合，拈出一相印印證，吾知其投鉢大笑矣。

又《天寶曲史叙》 秋風被草，夜月窺林，託莊夢於三更，寄陶情於一賦。燈花落蓝，讀雪厓嘯侣之編；書葉浮芸，翻天寶梨園之史。色香宛在，繪棠睡於春圖；聲態儼然，奪梅精於笑譜。怪珠履潛脱，蠢哉洛浦；懷甄驚翠鬟，續盟迂爾。長門市馬，珍七夕之嘉遘；銀漢金鍼，幻中秋之盛遊。霓裳羽帶，飛雪圍爐，酒肆盡添頰毛；平明上馬，宫門神傳阿堵。沈香亭下，供奉不媚於閹奴；凝碧池頭，右丞有慙於瞽吏。烏啼華落，何傾城傾國之不辭；粉斷香零，竟胡帝胡天之難再。興亡懸於兒女，太上豈能忘情；勢利起於家庭，元子固當嗣位。凡兹悲歡千狀，悉被商羽五音。趙飛燕仙乎，感留裙而去故；李夫人逝矣，痛隔帳以來遲。調逐雲飛，翰隨雨下。鍾情在我，固知見面猶憐；造化憑君，宜許坐帳不去。追隨湯玉茗，三種擅《四夢》之奇，伯仲盧浮丘，兩才當一郡之盛。寧云小技，庶幾可觀以可風；勿謂綺詞，俾令是儆而是戒。

清・松濤《天寶曲史序》 傳奇，古樂府之遺也。近世作者，其獘有二：非椎鄙不文，爲俚談穢語以取悦閭巷，則填綴古今文賦以矜博雅。顧其語多癡笨，使人聽之悶悶欲卧。二者交病，求其盡態極妍，語語當家，如關、馬諸君子，誠戛戛難之。吾友孫子雪崖，河朔奇士也。所爲詩若文，業已樹幟中原，聲名藉甚。間以緒餘發爲詞曲，有《繡幃燈》、《雙魚珮》二種，流傳江左，吴兒競歌之。兹復成《天寶曲史》，如談詩必本漢魏，論文必本龍門也。詞曲則唐之梨園子弟實其鼻祖。雪崖兹作可謂窮其本矣。一再讀之，有聲有色，有情有態。歡則艷骨，悲則銷魂，揚則色飛，怖則神奪。極才致則賞激名流，通俗情則娱快婦豎。技至此乎。昔王建作《宫詞》百首，其族人守澄曰：禁掖深邃，吾弟何以知之。天寶至今千年矣，其帝妃秘戲，宫寺微言，雪崖皆以三寸不律，一一拈出。然則有《曲史》可以補正史，補正史之未備矣。獨不觀之畫乎。柳城秀才觀寗審《竹林圖》曰：吾當入畫中治之。即騰身赴圖而滅。彷彿聞畫中聲音，俄而，自圖上墜下，指《阮步兵像》曰：工夫及此。衆視之，覺《阮籍像》獨異。唇若方嘯者柳生，尚能於假山水作狡獪，豈雪崖不能於真史傳開生面乎。或曰：他人之爲傳奇者，大約先悲後歡，初離終合耳。兹以五十年太平天子，一朝犯霜霧崎嶇，劍門道上，烏啼花落，無非悲悼。且玉妃偶謫人間，一旦山下逢鬼，環繫羅衣，將無使讀之者不快，觀之者不樂乎。予謂：不然。夫人論情耳，情可以歡，亦可以悲；可以生，亦可以死。金釵鈿合之贈自同，是耶非耶之李夫人恍惚一遇；而靈武返旆，南内稱尊，較之神堯禪祚，置酒未央宫前後相似，其悲歡離合，有出常情之外者。然則讀《天寶曲史》，可以不歌樂天《長恨》矣。試以此言質之雪崖，其亦笑而頷之否。

清・趙澐《天寶曲史序》 壬子初冬來五鹿，晤雪厓先生，出《曲史》見示，云夏口避暑，不三月而成。予讀之竟，慨然嘆曰：此風人之遺意也，不當作傳奇觀。蓋《三百篇》降而漢魏、三唐，三唐降而爲宋詞、元曲，此世數之變也。乃曲之自北而南，則有明爲獨擅。《九宫譜》一書，敝邑先達實有功焉。然律日諧而風日靡，求其情文兼備，聲與氣俱工者，亦何可多得耶。若夫托事命名，《元人百種》亦真假參半。《琵琶》、《西厢》，世之所膾炙也。而中郎與雙文，果爲傳信乎。玉茗堂三夢，皆本於外紀，而《牡丹亭》則全乎虚摹矣。獨雪厓此編以實録作填詞。明皇創始梨園，而采蘋《樓東》之賦，玉環《長恨》之歌，天生兩旦始末也。外末净丑，莫不極一時之選。

人人本色，事事天然。即起此數人於九原，亦無不心服於其位置者，酌斟可云盡善矣。乃予細按其關目，則雪庢更有深旨焉。唐詩曰：薛王沉醉壽王醒。移宫之後，不將壽王情緒細寫數闋，非爲瀆倫者諱乎。暗締之後，不入洗兒狂蕩之態，非爲宫闈存大體乎。凝碧池頭奏管絃，但寫雷海青之激烈；不入王摩詰，非爲才人惜名節乎。華萼之宴，則備其友愛。倉皇幸蜀，□□安父老之詞。纏綿愷惻，如見其悔悟罪己之心。昔人論唐人詩曰：未聞殷夏衰，中自誅褒妲。少陵可謂有體。若宛轉蛾眉馬前死，則傷於薄矣。雪庢殆所謂善善長、惡惡短者乎。予故曰此風人之遺也。至於《私媾》、《遭譴》二折，直從家常事中揣摩擬議而出，情景逼真，神色俱見。賜珠怨却，寄髮回嗔，千古陳事一經拈出，新旨燦然，真化工之筆矣，豈僅填詞云爾哉。

綜述

清·孫郁《天寶曲史·凡例》 一、填詞之貴遵譜也，夫人而知之矣。但陽舒陰歛不叶，則音節乖和；上去去上不明，遂並至于失調。求其依聲協律，誠戞戞乎難之。茲作矩蒦先民，不敢旁溢一字，冀存古典型萬一也。一、填詞之必守韻也，亦夫人而知之矣。及觀古曲，每多借韻。甚有一曲雜用數韻者，殊矣。前人編韻本意。茲作自引至尾，止用一韻，不輕借韻，不重押韻，蓋凛凛乎三尺之是守矣。一、先天、寒山、桓歡三韻，借用相沿已久。茲作惟寒山、桓歡並用，即先天韻亦不借一字，致混魚目也。一、每折之末，俱選唐七絕直書之，以當時人道。當時事，自不至痛癢不着，故不煩更集唐也。一、每折承接處，俱選用唐句。若詩餘，則依事新撰，不襲用舊本也。一、是集俱遵正史，稍參外傳。編次成帙，並不敢竊附臆見，期存曲史本意云爾。一、是曲用脚色既多，粧點復難。弋陽子弟不能演，亦不敢演，不待言矣。即吴下諸善歌者，亦必須冠裳委珮，后服宫妝，錦瑟瑶箏，翠旗步輦，以至盔甲戈戟，妝飾諸神將之物，俱色色出奇，方能稱意。不然恐郊寒島瘦，失却皇家富貴也。請咲而商之。一、是編自五月朔捉管，至中秋望日而成。天寶諸君子坐喉間不去者，幾過百日。措思之苦，雖汗流浹背未嘗輟也。一、予性懶拙，不慣起草。又不可假之他手。每成一曲，即書之簡端。嘗有得一二句旋書者，以故考証雖嚴，舛訛實多。倘知音君子不棄愚昧，校而正之，竊有厚望焉。

清·孫郁《雙魚珮·凡例記略》 一、填詞遵譜尚矣。自詞隱作之於前，鞠通生復述之於後，足稱大備。茲編雖未能神明其意，然尊奉之嚴如金科玉律，一字不敢擅爲那移也。一、德清《中原音韻》，元爲北曲設，非以律南詞也。近讀方諸生《曲律》，乃知有《南詞正韻》一選。向曾於金陵坊間都門河下遍求之，竟不可得。乃近代作者多用周韻，茲仍舊。一、古曲多借韻，又每家麻、歌戈、車遮三韻互用，順口讀來，未免扨人嗓子。茲編自引至尾，止用一韻。本韻外不敢濫借一字，本韻內不敢重押一字。識者鑒之。一、茲編惟十三折間有重押一二字者，以用唐句也。一、近作如齊微之於支思，庚清之於真文，先天之於廉纖，沿習已久，往往借用。茲編惟寒山、桓歡並用，他不敢旁溢一字，致混魚目。一、古曲如《殺狗》、《白兔》、《陳巡檢》等，雖云本色，難免太俚。近若湯臨川、盧次楩、范香令、王伯良、吴石渠諸君子，林立飈起，天矯百變，自是後來者居上。茲編於本色之中，稍施文彩，亦猶陶匏瓦缶，不可行於輓近也。一、茲編詩餘，俱係照依本折情事，按譜新填，並不敢套用前人。一、茲編始於己酉初秋，僅得六折而止。越明年，庚戌二月朔，乃重握管，至三月望前而成。經營之苦哉。廢寢食，不自知其過計也。一、扮演梨園，須從崑調、弋陽、海鹽等，不得過問也。

藝文

清·佚名《天寶曲史題詞》 蓋聞《三百》之風雖邈，餘響常留；短長之句猶傳，知音未遠。睨遊魚於澗底，頻思伯牙之琴；仰秣馬於槽中，每憶瓠巴之瑟。鸞廻綵袖翩躚，柳拂金隄；鳳寫新聲彷彿，泉飛玉竇。望遏雲於郊外，激晨露於林中。猗矣元音，怳然盈耳，茲惟孫老夫子。玉堂世胄，石室通儒。質比王維，寄歌思於花月；文誇宋玉，發慷慨於風騷。名擅詞場，素叶生花之夢；聲蜚藝苑，便高題柱之才。情傷天寶之朝，詞成倒峽；興極梨園之事，墨潑生濤。碧沼香亭，唐風宛在。霓裳羽帶，勝會依然。貴妃笑語花前，一時佳話；學士醉吟月下，千載芳名。後庭玉樹之悲，寄懷宫闕；九鼎龍髯之慕，托傲蓬瀛。竭涪水之螺香，鼠鬚漸潤；貴椒潭之□綱，鳩眼增輝。遂令淇上佳人，扇底新聲爭度；庶使渭城年少，樽前雅調長歌。賤子健學非張藉，才愧李膺。乞食吹簫，望漁人而欲渡；長鳴伏櫪，遇伯樂而增悲。既衰甚於雍門，復曲慚乎郢下。但引商之調，固以寡和爲高；而流水之絃，又貴同聲相應。中心願學，乞雲錦於天孫；拜手題詞，問天香於月姊云爾。

清・沈珩《天寶曲史題詞》　古今稱少陵詩史，前此未有也。少陵生其時，目見貞觀、開元之盛，天下已臻太平矣。一旦政衰人愁，戎馬縱横，秋原野哭，哀江頭而意武功，傷亂願治之懷，皆於詩乎見之。猶夫史公之感激悱刺，見之乎序事間然。自古治亂有由，龍粲檿弧，實以亡周，詩稱亂之。又生信讒信盗，石鯨花萼之悲凉，豈待漁陽鼙鼓而後知耶。雪厓《天寶曲史》一書，在少陵當日，猶有所諱，而不敢盡者，雪厓直譜其事，以爲人主色荒昵惡者戒。前此未有《曲史》，則讀詩史者，亦未盡錯綜而得其解也。有詩史，《曲史》其可少乎。雪厓古近詩，横厲蒼凉，揮綽合今古，虎視河朔間，一時操觚家共相推轂。其爲傳奇，則温嚴悽婉，感人頑艷，而夭矯之骨自存。昔人論樂府貴皦潔逕厲，詩餘貴含蓄穠纖，此集兼工併優。使起少陵爲之，以詩史爲曲史，其與雪厓詞壇相雄長，又未知何如也。

陳二白

論説

清・高奕《新傳奇品》　陳二白：長洲人。閨女靚妝，不增矯飾。

紀事

清・佚名《曲海總目提要》卷二九《雙官誥》　小説有妻妾抱琵琶，梅香守節一事，作者緣此演成。所云馮琳如，亦未必實有其人，或云爲楊善作也。楊善字思敬，大興人。正統中，累官禮部侍郎，視鴻臚寺，十四年，隨英宗至土木，間行脱歸，進右都御史。景泰初，命善與侍郎趙榮，賫金銀書幣使也先，問安於英宗，善以好詞説也先，竟奉英宗歸。景帝薄其賞，僅遷左都御史。英宗復辟，石亨曹吉祥等奪門，善參其謀，封爲興濟伯。善爲人狡黠，嘗陰害人，然使也先一事，其功實大，記蓋移此事於馮琳如也。于謙亦隨意點入。據云。大同諸生馮琳如，故宦家子也。學使者與其父有隙，將以事傅致其罪。琳如别妻子他遁，以醫馳名，治巡撫于謙之疾，立愈，留置幕中。會英宗北狩，謙爲大司馬，令石亨等拒也先，即薦琳如之才，奉使也先，隨駕回京。至天順初，石亨徐有貞等中傷于謙，謙被戮，而琳如官兵部尚書。初，琳如嘗病，問妻盧貞娘、妾某氏、通房婢碧蓮，倘不起當若何。妻云：身出官族，且繫結髮，當守，何必問也。妾云：已生子，當守，亦無他説。婢云：已在可留可去間。妻妾共唾罵之，琳如亦旋愈。琳如有一友面貌相似，共詣相者。相者言琳如後當大貴，而目前不能無破敗。及琳如避仇爲醫，于謙挈往京師，以五百金付其居亭，緘封書信，令送至家，而貌似之友，適抵其居亭，與主人共分金，匿家書不寄。友聞琳如醫道大行，亦頗知一二，即託其名以行。學使者必欲害琳如，使人密刺之，誤殺其友。友僕寄棺僧寺中，僧即書馮琳如牌位以識。琳如久無信，妻妾遣老僕馮瑞出訪之。抵僧寺，見所書牌，歸以没報。妻妾大號慟，既而不能守，相與共謀改適。碧蓮憤激曰：皆去，子誰與育。妻妾曰：若能育，子耶。碧蓮曰：果皆去，則我願育子。妻妾皆拜之，以子予碧蓮而去。碧蓮迎其母何媪共居，日夜紡績以養其子。然貧窘特甚，而督子夜讀不休。子謂非己母，以故不恤。碧蓮曰：汝故有嫡母生母。盍往求濟，老僕從而往，二母皆不顧，乃泣而歸，悉聽碧蓮教。年長應試，一舉成名。琳如既貴，乞假歸里，舟中見其妻浣于岸。已又見妾汲于井，心大疑之。抵家，則門户蕭索，碧蓮出見，亦以爲鬼也。曰：婢爲君守節十數載，備受艱苦，奈何復怖我。琳如告以顯宦榮歸，乃哭拜相認。問妻妾何在，老僕憤而述其事。琳如亦不勝歎息。會京報至，子又登甲科，琳如大喜，扶碧蓮坐，拜之，立以爲夫人。妻妾皆踵門求歸，欲得封典。琳如拒不納，與數間屋，給衣食而已。子亦奉詔省親，父子官誥，皆歸碧蓮。故曰《雙官誥》。其事上聞，御賜忠孝節義四字扁額。琳如忠，子孝，碧蓮節，僕義也。小説曰：馬琳如，相傳實有此事，但官未必如此顯耳。或以爲楊善者，以其言隨英宗駕也。于謙之後，爲兵部尚書陳汝言。又其後有馬昂，今云姓馬，疑即其所託云。于謙正統時爲河南山西巡撫，所引是實。

又《稱人心》　近時人所作。其關目與風流配相同，而姓名詩句各異，蓋必其時共聞有此事影響，各演一劇。或因見新出稗官，愛其聳聽，增飾點綴成之也。宰相衛廷謨，號丹臺，洛陽人。夫人韓氏，女字星波，廷謨六旬，星波祝壽，作《謁金門》詞云：春光好，人在十洲三島。青翠銜來丹篆巧，恩頒鳩杖早。海屋籌添晴曉，並茂椿萱不老。舞彩應憐威鳳小，承歡將膝繞。廷謨門生徐景韓見之，爲其房師文筆峯子文懷作合。翠華村洛蘭藻，父名小溪，以裁縫爲業，貨郎蔣少停，蘭藻題扇詩云：倦起蘭芽日半規，星眸漠漠柳垂垂。無聊欲借愁消遣，笑向東風學皺眉。文懷和云：生怕齊紈化子規，巧留珍重與天垂。無由躍入東風去，幻作情踪沁黛眉。文懷令蔣少停爲媒，聘洛氏。衛廷謨探知嫁期，令婢僞作文懷，娶回宅內，及招文懷飲酒，又令蘭藻僞作贅壻。種種關目，大略與風流配相同。以心中所願如此，果遂其意，故曰《稱人心》也。

著録

清・高奕《新傳奇品》　陳二白：所著傳奇三本。《雙冠誥》、《稱人心》、《彩衣歡》。

清・黃文暘、佚名《重訂曲海總目・國朝傳奇》　陳二白，長洲人。《雙冠誥》、《稱人心》、《彩衣歡》。

清・梁廷枏《曲話》卷一　陳二白：《雙冠誥》、《稱人心》、《彩衣歡》。

清・支豐宜《曲目新編・著録八・國朝傳奇》　《雙冠誥》、《稱人心》、《彩衣歡》。右三種，長洲陳二白作。

清・姚燮《今樂考證・著録九・國朝院本》　陳二白三種：《雙冠誥》、《稱人心》、《彩衣歡》。

清・王國維《曲録》卷五　《雙官誥》一本，《稱人心》一本，《彩衣歡》一本。右三種，國朝陳二白撰。二白字于令，長洲人。

盛際時

論説

清・高奕《新傳奇品》　盛際時：吴郡人。珍奇羅列，時發精光。

清・佚名《曲海總目提要》卷四二《胭脂雪》　所記白皂隸修行，厥子顯貴，當有所指，然未見其事迹。中間御史失印及盜用木瞎子劫其家，則二事皆《智囊》所載也。言洛陽人白懷，本縣之隸，立意爲善，於公門中廣行方便。生子白簡，英敏絶倫，道過鐵嶺山，爲盜魁公孫霸號賽虬髯者禽至山寨。簡以大義相感動，賽虬髯心敬之，贈以貂裘一領，其名曰胭脂雪。賽虬髯掠一女子韓氏，即托簡挈歸，送還其家。韓氏者，淘沙韓若水之女，名曰青蓮。若水貧甚，負本邑富豪莫亮之債，不能償。若水與同業秋愛川，爲賽虬髯誑入山中作工，未及歸家。亮遣家人索債，逼奪其女。亮置女東莊，欲强爲妾。青蓮不從。會盜至，大掠亮家，且劫女去，知其有志節者，故以托簡。簡蒼頭爲畫策，恐送歸而莫亮以盜案相牽也。蒼頭有妹，居梁店鎮，遂送韓氏於妹處，而隨簡入京師。莫亮家有比明鏡，乃三寶太監下西洋時所得，分爲兩片，則無異頑銅，合之則上矚重霄，下徹江海，中見千里之遥，瞽目一照，鬚眉畢現，天下至寶也。盜劫其家，此鏡亦失。若水、愛川於虬髯寨中砌路，拾得之，至杏花渡，以其半予舟人，舟人以予白簡。若水知女在莫宅，急往贖之，而半鏡在銀包內。亮遂以爲盜，執送縣官真瑞圖，傳致死罪，羈禁獄中。又得亮賄，令白懷討若水氣絶病呈，亮令家人賄禁子金，爲懷所持，責禁子保任若水，若水得無死。而縣官追半鏡甚急，愛川許爲遍索，仍至杏花渡唱道情，具述其事，爲之訴冤。白簡在京師作寓，朝廷忽微行，至其寓中。簡不知爲上也，談論良久。天氣漸寒，簡以胭脂雪進，服之而去。明日，令中貴傳旨召簡，賜進士第，授廉訪使之職，因其以裘獻，賜名裘御天。簡亦不敢復姓，私行至新橋，見愛川唱冤情，説至比明鏡事。簡探懷中欲與之，而人叢中爲剪綹者所竊，并失廉訪之印。剪綹者，即蒼頭妹之子也，持鏡與印歸家，青蓮見之，出汲水，忽遇愛川，言若水罪禁，并求半鏡始末。青蓮即取鏡、印，并付愛川。愛川獻於縣官，縣官即將愛川監禁，而藏廉訪之印。簡失印大窘，會縣官遣役迎簡，中有白懷名。簡密致之舟中，與商其事。懷教簡僞失火，以印箱授縣令，火滅還印箱，則印已完璧矣。於是開門理事。若水妻訴冤，簡盡翻其獄，釋若水、愛川，定亮反坐之罪，招降賽虬髯，而納青蓮爲正室焉。《智囊》：瞽者朱化凡居吴江，善卜，就卜者如市，家道浸康。一日晡時，忽有青衣二人傳主人命，欲延朱於舟中問卜。其主人，貴公子也。朱辭以明晨，青衣不可，曰：主人姓卞急，且所占事不得緩，固請同行。因左右翼而去。良久至一舟，似僻地而人甚夥。坐定，且飲食之，謂朱曰：吾儕探囊者，實非求卜。今宵擬掠一大姓，借汝爲魁。朱大恐，自云盲人無用。答曰：無佗，但乞安坐堂中，以木拍案，高叫快取寶來而已。得財當分惠汝。不然者，斫汝數段，投波中矣。朱懼而從之。夜半，如前翼之而行，到一家，坐朱堂中。朱如其戒，且拍且叫。群盜罄所藏而去，朱猶拍呼不已。主人妻初疑賊尚在，未敢出，久之竊視，止一人而其聲頗似習聞者，因前縛舉火照之，乃其夫也，所劫即化凡家。驚問其故，方知群賊之巧。《智囊》：有御史怒其縣令，縣令密使孌兒侍御史，御史昵之，遂乘間竊其篋中篆去。御史顧篆篋空，心疑縣令所爲，而不敢發，因稱疾不視事。嘗聞某教諭有奇才，因其問疾，召至床頭訴之。教諭教御史夜半於厨中發火，火光燭天，郡縣俱赴救。御史持篆篋授縣令，他官各有所護。及火滅，縣令上篆篋，則篆在矣。或云此教諭，乃海瑞也。

著録

清・高奕《新傳奇品》　盛際時所著傳奇四本：《人中龍》、《飛龍蓋》、《胭脂雪》、《雙虬判》。

清・黄文暘、佚名《重訂曲海總目・國朝傳奇》　盛際時，吴縣人。《人中龍》、《飛龍蓋》、《胭脂雪》、《雙虬判》。

清・梁廷枏《曲話》卷一　盛際時：《人中龍》、《飛龍盖》、《胭脂雪》、《雙虬判》。

清・支豐宜《曲目新編・著録八・國朝傳奇》　盛際時：《人中龍》、《飛龍蓋》、《胭脂雪》、《雙虬判》。

清・姚燮《今樂考證・著録九・國朝院本》　盛際時四種：《人中龍》、《飛龍蓋》、《胭脂雪》、《雙虬判》。

清・王國維《曲録》卷五　《人中龍》一本，《飛龍蓋》一本，《胭脂雪》一本，《雙虬判》一本。右四種，國朝盛際時撰。際時字昌期，吴縣人。《新傳奇品》盛際時之詞如珍奇羅列，時發精光。

畢魏

論説

清・馮夢龍《三報恩序》　王周霸秦，功蔽天壤，命超日制。則垂綸飼牛之日，乃舞象奉雉之日，不謂之少不可也。余向作《老門生》小説，政謂少不足矜，而老未可慢，爲目前短算者開一眼孔。滑稽館萬後氏取而演之，爲《三報恩》傳奇，加以陳名易負恩事，與鮮于老少相形，令貴少賤老者渾身汗下。如是，而張東之可相，王翦、趙充國可將，公孫弘、陳亮可應舉，申公可命蒲輪羅結，文潞公可以再列朝班，天下獲老成人之用，未必不繇乎此。萬後氏年甫弱冠，有此奇才異識，將來豈可量哉。至傳中科場假借，或言稍觸時諱。夫假借之得失，即命爲之。況禮義不愆，何恤人言。倘爲鮮于不爲名易，即逆取而順守，吾猶謂商周之不異於唐虞耳。若執此爲謗爲嫌，是未通於命，又安足與言天乎。

清・許飲流《竹葉舟序》 《竹葉舟》傳奇，清初畢萬侯撰。萬侯，字晉卿，吴縣人，所著有《紅芍藥》、《竹葉舟》、《呼盧報》、《三報恩》、《萬人敵》、《杜鵑聲》諸傳奇，見諸《傳奇彙考》及黄文暘《曲海目》。《新傳奇品》云：畢萬侯之詞如白璧黄金，精彩耀目。按畢氏所著，大半散佚，晚近曲家、藏書家多未經見。此本爲梨園家藏本，首尾尚完好。其文筆俊爽，曲律諧協，排場緊湊，洵爲當行，誠不愧白璧黄金之譽也。得此秘籍，不禁狂喜，爰移録之，並畧補其缺漏也。

清・高奕《新傳奇品》 畢萬侯：吴縣人。白璧南金，精彩眩目。

紀事

清・佚名《曲海總目提要》卷一六《三報恩》 馮夢龍序云：余向作老門生小説，政謂少不足矜，而老未可慢，爲目前短算者開一眼孔。滑稽館萬後氏取而演之爲《三報恩》傳奇，加以陳名易負恩事，與鮮于老少相形。萬後氏年甫弱冠，有此奇才異識，將來豈可量哉。按《左傳》畢萬之後必大，此云萬後氏，疑畢姓者所作，而落場詩云：誰將稗史譜宫商，少小書生第二狂。點化紅爐經妙手，墨憨端不讓周郎。夢龍有墨憨齋曲本，則此又係夢龍所改定，蓋同時商酌而成者。第四齣梁德乩賭本，無其事，至嚴還幼、嚴輕、盛當時、强仕、蚤可達、畢登、倪速等，不過撮撰姓名，皆因年老二字生出。陳名易猶言成名易，亦非實有此人也。按小説云：鮮于同，字大通，廣西興安人也。幼敏悟，年十一遊邑庠，累試不第。至五十餘，得貢者屢矣，不屑就。天順中，聞試及期，興安令蒯遇時録科考試，自以少年科甲，必得後生英俊者爲領袖。及至唱名，則鮮于同也，舉邑鬨然。蒯令亦自有愧色。會蒯令以《禮記》入闈，鮮于以爲必獲知遇，將試時置酒歡飲，飲過多，腹疾大作，草率畢卷而出。蒯令因誤收鮮于，乃取學問未充者，以爲必非老成之士，閱畢呈之主司，填榜時《禮經》首卷，仍然鮮于也。蒯令請於主司，欲以他卷易之。主司指堂中扁額曰：此堂既名爲至公，豈可以老少而私爲愛憎乎。遂領鄉薦。明年下第。又三年，公車至京，試期前數日，夢己中魁，而下填《詩經》。鮮于求中之心切，兼諸經無不熟者，因即易《禮》爲《詩》。適蒯令以行取授給事中，又預會試，恐復中鮮于，乃改閱《詩經》。而鮮于復以第十名及第，蒯公大驚。俟鮮于來謁，詢知其故，乃矍然曰：此皆天也。未幾，鮮于同授刑部主事，蒯遇時以直言奏疏，忤大學士劉吉，吉加以罪名，下之詔獄。鮮于同盡力爲之解免，遂從輕降謫。久之，鮮于遷台州府尹。蒯公，台州人也，其子以事繫獄，鮮于爲出之，累官浙江巡撫。時，蒯公家居，携其孫蒯悟謁鮮于，鮮于延之歸，與其孫共學曰：此亦可以報吾師三次之恩矣。後蒯公卒，鮮于亦致仕還鄉，其孫鮮于涵者，與蒯悟又爲同榜進士云。

又《杜鵑聲》 吴縣人畢萬侯撰。本小説《平妖傳》。而點竄姓名，改換事蹟，以新耳目，以平妖傳中獵户趙壹，車夫卜吉，都排王則，合而爲一。名曰：王幻，又改胡員外爲秦員外，胡永兒爲秦嬌哥，謂幻與嬌歌作亂，忽聞杜鵑聲，改邪歸正，後得父子重逢，表其妻節，故謂之杜鵑聲也。略云：獵户王幻，字義夫，東京人。世居北邙山下，妻卜氏，字貞娘，有娠八月。幻與其儕入山，射獵山中，有千年老狐自號聖姑，變幻莫測。有小狐雌雄各一，粗通妖術而未精，老狐教以朝夕向日月拜，積久可以成丹，而已則下山欲得一智慧人傳法，以圖事業，幻獵于山，抵暮月出，忽見一小狐向月跪拜，忽化而爲人，發箭中其股，軼去。幻追之不得，至一山莊，欲借宿。莊惟少女一人，容甚艷，幻欲私之，聞叩門甚急，女謂其兄歸，使幻暫避，幻竊窺，即所射狐也。負創思報仇，幻踰牆而走，狐憾幻，化爲幻狀入幻家，貞娘莫能辨。明日，真幻歸，始知爲狐所污，貞娘憤甚自經死。幻痛其妻死於節，葬于北邙，思之不置，又爲狐所戲弄，遂道裝雲遊。幻有鄰秦員外者，故甚富，遭難蕩然。有妻陸氏，有女嬌哥，同居漏澤院，與乞兒伍，風雪中舉家枵腹，惟錢數文在篋中。嬌哥持出買餅，遇一老媪，授以紫羅囊云，中有變法，且囑以遇急則呼聖姑，當相救，問所居，則云在洛陽義井中。嬌哥歸，按法變錢米，其父詰所自。嬌哥不能隱，出囊與父，焚之，夜呼聖姑，果至，云囊故在也。後其父窘甚，乞哀於女，使再變，變之不止，復成富室。其父以嬌哥嫁一憨哥，取其憨甚，雖其女有異，不致洩也。嬌哥鬱鬱，復呼聖姑，聖姑云：此業緣，緣盡當他圖耳。貞娘之死，冤魂不散，啼於北邙。大西天聖僧阿答兒不花東遊，憩山下，憐之，爲達天庭，使其所懷孕復活。秦員外催租至山，山中人告以一婦人日來村中買糕。既去，則錢化爲紙帛，踪跡至此，忽入墓中。秦因與衆傾聽，隱隱有兒啼聲，掘之，於尸傍得一兒。秦方自憾無子，賄衆人而抱爲己子。嬌哥憎其夫日憨以術挾與俱登門樓，坐屋脊上，爲邏卒所見，射落憨哥，嬌乘間遠軼。此本平妖傳。幻遠遊，亦遇聖僧，謂幻即有奇遇，且贈以偈云，下井尋妻好。開圍放子行欲問真消息，聽取杜鵑聲。僧去，幻於夜半忽聞腥風，有人呼救，就視之，一少年美婦也。云本居東京，爲虎攝至，求幻送歸。幻遂與俱買舟，遇順風，頃刻千里，登岸，同至一井傍婦忽投井，衆見之，以爲必係奸逼，告之官。官使人入井撈尸，衆皆以井舊有怪，不肯入。官即命幻入，幻既入，覺有光，依光而行，別有天地。俄見宮殿巍，然，有人出謂曰：聖姑候子久矣。引入殿見姑，其義女名曰嬌哥，謂有宿緣，山中無儐，召山鷓鴣爲儐，既成婚，知所遇婦，即嬌哥也。翌日見姑，謂幻當富貴，宜舉大事。幻惶懼，姑謂毋恐，我有以相助，遂出豆一籮，草一盤，作法化爲千軍萬馬，命幻入成都舉事。云前已陰散兵糧結衆，此行但當以單粘示，剋期而發。幻挾單至成都，爲官所緝獲，方欲加刑，而聖姑嬌哥率兵至，殺官據城，强幻服袞冕僞號順天王，擁衆二十萬，橫行河北。秦員外所抱子，時已十二歲，名曰繼祖。性善射獵，習武藝，應舉擢武狀元，奉命率兵討妖。與聖姑戰，姑以術敗繼祖，圍之數重。幻雖爲僞王，心常不樂，夜聞鷓鴣啼，忽憶聖僧語，思反邪歸正，告之嬌哥。嬌哥亦方念其父母，意甚合，乃相與謀，使嬌哥夜飛入繼祖營達意，且語以破妖之法。繼祖與立誓，明日如法潰圍攻城。聖姑遁去，幻與嬌哥以城降。繼祖率師還，朝廷以幻爲順天將軍，嬌哥求其父母相見，始知繼祖，乃其弟也，而朝士欲得繼祖爲婿。問年庚，秦員外夫婦皆懵然；繼祖心疑之，詰其家世僕。僕不能諱，語以掘墳抱歸始末。繼祖大慟，求墳所在，往設祭。幻聞之，亦往墳所，視之，乃其妻貞娘之墓，始悟繼祖爲八月鬼胎所生，幻乃真父也。上其事於朝，旌貞娘節，而表其墓云。

又《竹葉舟》 元人所撰《竹葉舟》雜劇，乃陳季卿本事。此則借用在石崇名下，以竹葉舟爲僧家妙用，譬之邯鄲之枕，入夢出夢，將石崇實迹皆作幻境，借舟爲喻，示宦海風波之意也。《晉書・石崇傳》：崇，字季倫，侍中石苞第六子，生於青州，故名齊奴。苞臨終，分財物與諸子，獨不及崇。其母以爲言，苞曰：此兒雖小，後自能得。後爲城陽太守，伐吴有功，封安陽鄉侯，累遷侍中，出爲南中郎將、荆州刺史，領南蠻校尉，加鷹揚將軍。任俠無行檢，在荆州劫遠使商客，致富不貲。徵爲大司農，復拜大僕衛尉。崇有別館在河陽之金谷，一名梓澤。送者傾都，帳飲於此焉。與潘岳諂事賈謐，謐與之親善，號曰二十四友。財産豐積，室宇宏麗，後房百數，皆曳紈繡，珥金翠，絲竹盡當時之選，庖膳窮水陸之珍。與貴戚王愷、羊琇之徒，以奢靡相尚，愷以粭澳釜，崇以蠟代薪，愷作紫絲布步障四十里，崇作錦步障五十里。武帝每助愷，嘗以珊瑚樹賜之，高二尺許，枝葉扶疏，世所罕比。愷以示崇，崇便以鐵如意擊之，應手而碎。愷以爲疾己之寶，聲色方厲。崇乃命左右悉取珊瑚樹，有高三四尺者六七株，條幹絶俗，光彩耀日，如愷比者甚衆。劉輿兄弟少時爲王愷所嫉，愷召之宿，因欲坑之。崇素與輿等善，聞當有變，夜馳詣愷，問二劉所在。愷迫卒不得隱。崇徑造於後齋，索出，同車而去，語曰：年少何以輕就人宿。及賈謐誅，崇以黨與免官。時，趙王倫專權，崇甥歐陽建與倫有隙。崇有妓曰緑珠，美而艷，善吹笛，孫秀使人求之。崇時在金谷別館，方登凉臺，臨清流，婦人侍側，使者以告，崇盡出其婢妾數十人以示之，皆藴蘭麝，被羅縠，曰：在所擇。使者曰：君侯服御，麗則麗矣，然本受命指索緑珠，不識孰是。崇勃然曰：緑珠吾所愛，不可得也。使者出而又反，崇竟不許。秀怒，乃勸倫誅崇。崇正宴於樓上，介士到門，崇謂緑珠曰：我今爲爾得罪。緑珠泣曰：當效死於官前。因自投於樓下而死。載詣東市，崇嘆曰：奴輩利吾家財。收者答曰：知財致害，何不早散之。崇不能答。《緑珠別傳》：緑珠者，姓梁，唐白州博白縣人。漢合浦縣地，州境有博白山、博白江、盤龍洞、房山、雙角山，山上有池，池中有婢妾魚。緑珠生雙角山下，美而艷。越俗以珠爲上寶，生女爲珠娘，生男爲珠兒。緑珠之字，由此而稱。晉石崇爲交趾採訪使，以真珠三斛致之。崇有別廬，在河南金谷澗，澗中有金水，自太白源來。崇即川阜，製園館。緑珠能吹笛，又善舞明君，明君即昭君也。崇以此曲教之，自製新歌。又製《懊惱曲》，以贈緑珠。珠墜樓死，時人名其樓曰緑珠樓。季倫死後十日，左衛將軍趙泉斬孫秀於中書。又按《翾風傳》：崇擇美容姿相類者數十人，聽珮聲，視釵色，玉聲輕者居前，金色艷者居後。又屑沉水之香如塵末，布致象床上，使所愛踐之，無迹者即賜真珠百琲，若有迹者，則節其飲食，令體輕弱，故閨中相戲曰：爾非細骨輕軀，那得百琲明珠。江總詩：緑珠銜泪舞，孫秀强相邀。《晉書》：王愷，文明皇后之弟，字君夫，爲射聲校尉，轉後將軍。世族國戚，性復豪侈，所欲之事，無所顧憚。

著録

清・高奕《新傳奇品》 畢萬侯：所著傳奇六本。《紅芍藥》、《竹葉舟》、《呼盧報》、《三報恩》、《萬人敵》、《杜鵑聲》。

清・黄文暘、佚名《重訂曲海總目・國朝傳奇》 畢萬侯：吴縣人。《紅勺藥》、《竹葉舟》、《呼盧報》、《三報恩》、《萬人敵》、《杜鵑聲》。

清・梁廷枏《曲話》卷一 畢萬侯：《紅芍藥》、《竹葉舟》、《呼盧報》、《三報恩》、《萬人敵》、《杜鵑聲》。

清・支豐宜《曲目新編・著録八・國朝傳奇》 畢萬侯：《紅勺藥》、《竹葉舟》、《呼盧報》、《三報恩》、《萬人敵》、《杜鵑聲》。

清・姚燮《今樂考證・著録九・國朝院本》 畢萬侯六種：《紅勺藥》、《竹葉舟》、《呼盧報》、《三報恩》、《萬人敵》、《杜鵑聲》。

清・王國維《曲録》卷五 《紅芍藥》一本，《竹葉舟》一本，《呼盧報》一本，《三報恩》一本，《萬人敵》一本，《杜鵑聲》一本。右見《新傳奇品》、《傳奇彙考》、《曲海目》。右六種，國朝畢萬侯撰。萬侯字晉卿，吴縣人。

范希哲

論説

清・素泯主人《十醋記弁言》 大凡人之富貴勢禄，以迄嗜好，皆愛河欲海中等等相耳。拈是相者，無不始生於愛，愛極則畏隨之。非愛不能成畏，非畏無以固愛，是畏與愛不一設、不二觀也。若夫于所愛，苟能輕之，凡形骸之中，利害之頃，終身終世之得失臧否，皆可膜視之矣，畏何有焉。要之，愛之至者，即畏之至者也。能愛而畏之至者，即誠之至者也，即真實無妄之謂者也。真實無妄之中，人各具一愛之畏之最切者，又惟俗之所謂婆者是也。吾於是有慨焉。婆者，一物也，亦終身終世之一物也，亦若或得失之，若或不可得失之一物也。若或得之，則張碩之蘭香，于生之紅葉，不一而匹。若或失之，則洛浦之珠飛，高唐之雲散。誰曰永存餘香在臂零，鈿空塵至，於愛之無所施，畏之無所就，亦已晚矣。顧孜孜於愛之畏之之中，甯容一日自已。此龔節度烏有之畏愛，所以因緣而生也。知之者爲節度之順情惜物，不知者爲師氏之踰閾擅權。蛾眉稱屈白頭吟，自可以服文園之慧腸，曾不聞人以妒指之也。吾惟願舉世之畏夫婆者，能如龔節度一畏而獲美姬，再畏而彌禍患、成殊勳，三畏而遠奇凶、拒鴆毒，人亦何尤。夫節度之所愛所畏之爲多事也耶。即曰夫人之妒，妒而感神慈，妒而安壺侶，妒而拔豪傑，妒而生子女。功垂麟閣，慶集螽斯，豈果妒女子之所能哉。真實無妄，愛畏之及於至也者，吾于龔節度知兼備之矣。有師氏女之全才，方可當龔節度之畏愛，有龔節度之畏愛，方能成師氏女之全才。欲不布之聲歌以公天下，使舉世之娥眉不徒工于長袖，從今後之藜杖毋輕弄於深閨，爲龔節度羞，爲師氏女笑，不可得也。若夫汾陽之正正無奇，青蓮之落落多致，一代偉人其于愛河欲海涉乎。否乎。然則知如是之涉乎。愛河欲海者，將奚從乎。請具只眼醒之。

綜　述

清·范希哲《補天記·自序》 見舊有《單刀赴會》一劇，首句辭曰：大江東巨浪千疊，蓋言江水之大，今改爲小者，乃以當日孫權君臣，局量狹隘，志氣藐小也。又言孫氏踞江東數十年，皆魯肅善謀，視孫、劉爲一家之力，議者不察，以爲各立門户，惟荆州是圖，遂將臨江一會，演出關夫子披堅執鋭，詭備百端，拳臂自雄，劾鄙夫之排擊，故作此劇以翻《單刀會》之案。其又名《補天記》者，言伏后以曹操之惡，訴于女媧氏，女媧使覩操受地獄之苦，以彰果報。女媧鍊石補天，故曰《補天記》也。

清·范希哲《萬全記·自序》 紀事著書，原欲垂諸不朽；徵歌度曲，止期暢快一時。奚徒練句敲詞，以相誇示。况氍毹之上，杯酒之間，寄聲色人情者，如夏之雲、冬之日，山嵐水濺，朝槿晨霜，倏忽變幻，過耳觸目，曾不少留，何必確然。於《廿一史》、《十三經》中，追往跡耳。此《富貴仙》之劇所由出也。句不練，詞不敲，惟取洽情須臾，變幻頃刻，匪敢類於考鐘伐鼓，觀指畫褒貶，計富也、貴也、仙也，人所欲而不可得也，于是乎立名，於是乎取義，於是乎寄跡於三千大千，空空色色，耳目因緣中之知識也。其間鋪叙繁文，悉行除抹正定，實切關目三十齣。與其待教梨園删削改抹，莫若自省筆墨，各從實用。如開場前之《引子》原不用者，竟去矣。《下場詩》之有無，隨酌應否而取舍矣。内惟合古腔，闡全本之大套曲白，不得不然。其餘一切無關涉之品題，極力省節。總望敷演之時，照此片言不缺，則厚幸矣。若責余以文理粗率，宫商俚鄙，不能練句敲詞，則此三家村中語，不過少求刹那歡喜，解頤幻態已也，勿以出入怪誕罪我，更爲慶幸。

清·范希哲《雙錯卺·自序》 魚籃道人，言舊有弋陽調，演普門大士收青魚精一劇，辭旨俚鄙，今將踵其名而名之，另作崑腔《魚籃記》。述事不同，而辭旨排調，亦各迥别。劇中之事，本之《稗史·載花船》，以于楚寓居魚籃巷，與尹若蘭相遇，故名《魚籃》。然于、尹婚合非正，而劇中秦婉娘所適非耦，後得改配聞人傑，亦非正理，故名《雙錯卺》。

清·范希哲《雙錘記·自序》 本小説《逢人笑》，演博浪沙力士，誤中副車，以雙錘投海中，爲流球國女主姊妹各得其一，後招以爲婿，故名。

清·佚名《曲海總目提要》卷二六《雙錘記》 一名《合歡錘》。刻本，看松主人作，不載姓氏。自序劇中事云：本小説《逢人笑》，演博浪沙力士，誤中副車，以雙錘投海中，爲琉球國女主姊妹，各得其一，後招以爲壻，故名。按《史記》博浪沙中力士，不載姓名，此云陳大力。又按琉球國，漢時不通中國，此云漢高頒詔，其國上表入貢，皆本小説僞撰。其載留侯事，則與本傳相合。按劇内忽幻出琉球國者，本留侯傳中東見倉海君一語附會影射也。據云秦始皇時，有陳國後裔，以國爲姓，名大力者，勇若賁育，亦通詩書。祖遺鋼錘一雙，重百餘觔，常以自隨。一夕月下，乘醉舞錘，爲張良所見。良方欲報韓讐，遁跡相遇，心疑爲非常人。問訊通姓名，各談衷曲，謀擊始皇于博浪。仙人赤松子、黄石公，知兩人甘心于秦，而懼其徒爲氣質，不能成事，乃各指導一人，使畢其志，然後度以登仙。時琉球國無男王，其長女琳娥繼位，以妹琅英爲元帥。姊妹皆學劍學書，宫中操演女甲士一隊。又有獮猴兵能入山驅虎，下水搏犀。琳娥自念女主，終不足以統其國，思得佳耦，奉以爲主。而本國無人，琅英請行覓配，遂以兵柄委副帥萬人敵，而己則託疾陰與保姆伊氏，渡海入中國。時大力狙擊博浪沙中，誤中副車。此本正史。始皇令儀仗先行，獨與趙高走山中，訪仙跡，遇赤松子煉丹。盗食丹藥發狂，故大力得乘間逸去。始皇既醒，大索天下十日，盡收博浪左右居民戮之。大力憤激，欲自首，道逢赤松，勸其忍辱磨鍊，授以乞兒裝，使隱跡而索其錘投海中，錘竟浮海面去。琅英與伊氏過海，投海濱酒家趙小二。值大索，不能留。俄而海漲，小二家漂没，與妻離散。行乞遇大力，同栖古廟中。官司安插流亡，琅英、伊氏及小二妻，亦得同寓尼菴。張良恐爲大力累，逸至下邳，圯上遇老人，命良納履，約期授書佐漢高起兵。六國並起，天下紛紜。琉球國帥萬人敵，與小琉球交通，藥死獮猴兵，陰圖篡國。琳娥思妹不歸，鬱鬱不樂。御樓觀海，見海上浮一物至，則一錘也，異而藏之。琅英在尼庵，久無所遇，欲歸不得，亦甚憂悶。忽見空中墜一物，亦一錘也，驚詫莫知所自。大力聞秦亂，欲自奮，適赤松至，勸之渡海。而琅英與伊氏及趙小二妻，亦避亂至海濱，遂相會合，同舟俱渡，抵琉球。萬人敵方勾小琉球兵，共圍琳娥甚急。琅英與大力謀，先以計殺其偏稗，得兵六百，乃乘夜大呼元帥琅英疾愈，統兵討賊。賊破圍解，萬人敵與小琉球國唵吽叭喇，逃入海中，爲老獮猴所殺。方獮猴兵之被藥也，老獮猴獨不食，逃入宮，向琳娥哀鳴。娥賜之劍，命殺賊。至是割二首級以獻。娥英姊妹相見，具道大力豪傑，欲並嫁之，使伊氏及趙小二爲媒。大力不從。會漢高定天下，頒詔琉球。娥加小二官，改名大一，使通貢。即上表申奏，欲以大力爲壻。高祖聞之，知大力與留侯有舊，命良使琉球，使大力成婚，爲國王，封娥英爲夫人。趙大一及老獮猴，皆與封爵。大力猶不從，良力勸，乃强允。合巹之夕，見宮中掛雙錘，詢所自始，知皆天意，不可違也。《地志》：琉球在福建東南海中，有大小琉球。國王有三，曰中山王，曰山南王，曰山北王。其人深目長鼻，男子去髭鬚，婦人以墨黥手。爲龍蛇紋，皆紵繩纏髮，從頂後盤繞至額。男以鳥羽爲冠，裝珠玉赤毛。婦以羅紋白布爲帽，織鬬縷皮。並雜毛爲衣，以螺爲飾，能下垂小貝，其聲如佩。無君臣上下之節，伏拜之禮。父子同牀而寢，婦人産，乳必食子。衣食用手，得異味，先進尊長。無他奇貨，尤好剽掠，故商賈不通。人喜鐵器，及匙筯。不駕舟楫，縛竹爲筏，急則羣舁之，泅水而遯。所居地曰波羅檀洞，塹柵三重，環以流水，樹棘爲藩。殿宇多雕刻禽獸。無賦斂，有事則均税。無文字，不知節朔，視月盈虧以知時，視木榮枯以計歲。其譯語，呼天爲甸尼，地爲只尼，日爲非禄，月爲都及。《幕府燕聞》云：唐昭宗播遷，隨駕有弄猴，隨班起居，賜以緋袍，號孫供奉。朱梁篡位，猴見全忠，趨其前跳躍奮擊，遂殺之。劇中獮猴殺賊，疑借用此事。按：琉球國處東南海中，其國甚大，自漢迄宋，不通中國。隋煬帝令朱寬入海，求訪異俗，知有琉球，令寬往撫之，不從，於是遣陳稜討之。知其王姓歡斯，名渴剌兜，不知所由出也。後絶無聞。宋淳熙間，忽掠泉州，喜得鏃鐵。明洪武初，遣行人楊載招諭琉球，其使隨載入貢。其國分中山、山南、山北，稱三王。永樂時，賜閩人三十六姓善操舟者，令往來朝貢。正德中，琉球進玉脂燈。其國信鬼神，女巫最尊，名曰女君。數百人攜枝戴草，步騎縱横，時入王宮遊戲，歌音悽惻。王及妃后，跪拜迎之。自唐宋至元，王之長子至中國，入國子監讀書。又有小琉球，近泉州，霽日可望而見。自閩梅花所，順風七日，可至中山。然去必孟夏，來必孟秋，乘風便也。

又《萬全記》 刊本自序曰四願居士，不標姓氏，未知誰筆。演卜豐妻賢子孝，子帙早掇上第，尚公主，一舉三男，故名《萬全》。又以三男皆帝錫名，曰得富、得貴、得仙，故又謂之《富貴仙》也。其事無出。考《宋史》，光宗、寧宗兩朝，無所謂卜豐、卜帙登第爲顯官者，當是僞撰。卜豐脩史，借用宋祁脩《唐書》事。其諸葛亮陰助平蠻，及蔡伯喈、楊脩、禰衡皆爲卜氏子，則因脩史事牽連點綴，皆無所本。《地志》所載諸葛武侯廟不一，劇中前所指，當在襄陽，後所指，當在永昌。又考神宗熙寧七年，熊本討瀘夷，降之。西南用兵自此始。南宋光、寧間，無平蠻事。英宗治平四年，始命公主行見舅姑禮。英宗嘗謂帝曰：舊制帝女出降，輒皆昇行，以避舅姑之尊，義甚無謂。朕嘗思此，寤寐不平，豈可以富貴之故，屈人倫長幼之序。可詔有司革之。劇中卜帙尚主，雖無據，其言公主脩婦道，葢本諸此也。嘉泰四年五月癸未，追贈岳飛爲鄂王。略云：周官卜氏之後卜豐，字大有，累世簪纓，家傳清德，居浙西歸安。宋光宗時舉庚戌進士。慶元間，拔置史館，遷翰林學士，爲纂脩國史總裁。受命之日，致書勉勵妻子，遠絶親知來往。上賜雅樂一部，許早晚演奏，以獎勤勞。妻令狐氏潔娘，克脩内政，勤紡績以相佐。課其子帙，年少而學成。豐纂脩實録，深憾蔡京、童貫、秦檜誤國，請追贈岳飛爲鄂王。又進《女箴》一帙，帝嘉賞之，賜后及公主朝夕講誦。豐子帙就試京師，思得侍其父，而豐但令中堂一見，即使别寓以遠嫌。試畢，擢一甲第三。臚唱之日，帝喜其英雋，并知即豐之子，召帙同入内殿，下降公主，使帙尚之。時牛皋之子忠，王貴之子孝，憤岳氏寃，逃匿山林，嘯聚亡命，奉張保爲主，結連洞蠻孟天寵入寇。天寵者，孟獲之後也。諸葛武侯殁已久，而精靈不散，時往來隆中。一夕月下，與蔡伯喈、楊脩、禰衡，操琴品竹撾鼓，以舒其情。三人者，皆有未盡之志，武侯許以留心成就之。帙即尚主，迎女於京邸。公主執婦道，奉侍公姑甚謹。豐奉命征蠻，帝親餞之，討軍實而行。天寵有妻曰天左、天右，皆有勇而知兵。又有張保半忠、王孝，爲之聲援。寇黔滇甚急，以爲世無武侯，必無七擒七縱之患。豐嘗作史論，極推武侯。武侯乃陰會岳武穆於廟中，使夢神引豐相見。并攝張保魂，告以禍福使降。命鬼以磁石置廟中，授豐方略，誘天寵入廟，以計擒之。張保得兆，且知武穆已封鄂王，怨已釋而懼禍，即輟王孝、牛忠兵。天寵勢孤，又墮豐計，果入武侯廟。帶甲拜磁石上，不能動。廟祝僞託武侯指使二妻天左、天右，乞哀于豐。豐至廟爲解甲，天寵得脱，畏武侯之威靈，而感豐恩，請降。滇蠻悉平。天寵及保、與忠、孝各有進貢，且以珍、寶芻糧獻豐，皆不受。凱還序功授爵，武侯又陰使伯喈、脩、衡同託生于卜氏，公主一舉三男。帝聞甚喜，召入宮，賜名得富、得貴、得仙。豐子孫繩繩，全家食禄，極一時之隆盛云。

又《雙瑞記》 一名《中庸解》，不知何人作。事演周處中年，聽母訓改行成名。又時吉有二女，守貞愆期，並嫁處。吉亦生子爲神童。兩姓同居，朝廷表閭曰雙瑞，故名《雙瑞記》。按史周魴之子處，膂力絶人，好田獵，不修細行，鄉里患之。處嘗問父老曰：今時和歲豐，而人不樂，何耶。父老嘆曰：三害不除，何樂之有。處曰：何謂也。曰：南山白額虎，長橋蛟，并子爲三矣。處曰：若所患止此，吾能除之。處遂入山射虎，投水斬蛟，乃造見二陸，具以情告，云欲勵志改行，而年已蹉跎。士龍勉之力學，比及期年，州府交辟。《一統志》云：長橋在常州府宜興縣治南，後漢袁府君造，晉周處斬蛟處。元改名萬安橋。南山，疑即荆南山。《綱目》云：吴大司馬荆州牧陸抗卒，吴主使其子晏、景、元、機、雲，分將其兵。機、雲皆善屬文，名重於世。又機、雲本《傳》云：機字士衡，身長八尺，聲如洪鐘，少以文章冠世。葛洪稱云：元圃積玉，無非夜光。張華謂機曰：人患才少，而子更患其多。又曰，平吴之役，利獲二儁。領父兵，拜大都督，爲孟玖輩所譖，被害。雲字士龍，機弟，弱冠與兄齊名。尚書閔鴻奇之，曰：此兒若非龍駒，當是鳳雛。入洛時，嘗投宿逆旅，見一少年，款之坐，共譚老莊，辭致深博。及旦別去，問所宿，乃王弼冢也。雲有笑癖，亦見本《傳》。又《松江府志》：黄耳冢，注云，在府城南。機有快犬曰黄耳，性黠慧，能解人語，隨機入洛。久無家問，機作書，以竹筒繫犬項，令馳歸，復得報還洛，後葬此。劇中數事，皆與《傳》、《志》合。時吉及其二女，與狗徒等，則係僞撰，無可考。據云：周處，字子隱，義興陽羡人，鄱陽太守周魴之子。幼孤，母守節撫之。處藍面赤眉而捲鬚，不修邊幅，好馳馬試劍，酒酣賈勇，横行鄉曲。鄰里遭其害，遷徙無遺。其母數訓誡之，不聽。一日哭勸使改行，求益友以相淬厲。有狗徒者，以打狗爲業，不知所自來，自言愛樊噲爲人，故名樊武陽。與處遇，頗相得。處攜以歸，母初以其匪類，拒之。及與語，頗當理，强留與處爲兄弟。陽羡之西村人時吉者，字時謙，號益道人，腐儒也。無子，有二女貌美，通詩書，吉名之曰大嫫、小嫫，既以醜婦命名。吉又向人作謙辭，言其女極陋，而閉之一室中，終年不得見一人。人皆以其女爲真醜，故大嫫年四十，小嫫年踰三十，無一人過而問者。吉妻雖時與其夫閧，無如何也。時陽羡有三害：長橋之下有巨蛟，興波浪，作禍福，士人懼之，爲立廟酬賽，歲許送美女二人，入蛟宮爲婦，不當意，則鼓浪爲災。南山有虎，負嵎食人，被害甚衆。而處不改行，爲横滋甚。是爲三害。又其時官不卹民，催科嚴酷，民不聊生，怨聲載道。時吉之女小嫫病，吉以其妻言，强啓户，使一登樓禮佛。樓近市，吉雖蔽塞窗牖，而市人嗟歎聲，方求嫁蛟精之女，而不可得。二女並聞之，始服其父謙謹，使二女有貌醜名，不然，皆不免爲蛟宮婦矣。吴郡陸氏兄弟。機、雲二人，負重名。機涉趙王倫事，羈寓京師，憶其弟無可寄書者。機有駿犬曰黄耳，隨入洛，解人意。機作書入竹筒中，繫犬頸，使馳歸，犬果歸吴。雲得書亦以書附犬報其兄，犬數往返，爲狗徒所獲，告之周母。母發筒，則機《辨亡論》也。母素聞機兄弟名，亦知其家有義犬，因指犬誡處及狗徒，曰：人不知義，犬之不若也。處始愧，思改行。出遇時吉及其鄉人禱於廟，祈除三害。處問所謂三害，吉以實告。處乃感奮，入水斬蛟，復登山射虎而斃之。歸見母慟哭，追悔其已往。而令狗徒奉其母，請出從雲學，時年已五十矣。吉親見之，喜其善悔，使狗徒爲媒，以二女許字焉。處既從善，而其貌亦變爲美丈夫，三年學成而歸娶。吉妻但知其凶惡，日夜詈夫，吉不能辯。處母亦聞吉女之醜，特以其能守貞，故强應之。及成婚之夕，二女皆絶艷，又女紅書畫，無所不工，殊出意外。吉妻嫁女，方憂其女之錯配，翌日壻往見，始易憂而喜。初吉妻雖憎其夫之迂，而深念其無子，使收一婢。至是生子已十二歲，爲神童，名時中，與處皆得官。朝廷聞之，賜第，使兩姓同居，御書扁額對聯以旌之。扁曰雙瑞，對聯曰：孝子忠臣，瑞鍾於聖母；吉人貞女，瑞集於神童。其第遂曰雙瑞府。兩姓俱赴官，狗徒改名周武，爲守冢墓云。

又《小江東》 一名《補天記》。刊本云小齋主人作，不著姓名。【略】其情節多係捏造。《綱目》：建安十九年十一月，魏公操弑皇后伏氏。目云，帝自都許以來，守位而已，左右侍御，莫非曹氏之人。議郎趙彦，嘗爲帝陳言時策，操惡而殺之。操後以事入見殿中，帝不任其懼，因曰：君若能相輔，則厚。不爾，幸垂恩相捨。操失色，俛仰求出。舊儀，三公引兵朝見，令虎賁執刀挾之。操出，汗流浹背，自是不復朝請。董承女爲貴人，操誅承，求貴人殺之。帝以貴人有娠爲請，不得。伏后懼，與父完書，令密圖之。事泄，操使郗慮持節，策收皇后璽綬，以尚書令華歆爲之副，勒兵入宮收后。后閉户藏壁中，歆壞户發壁，就牽后出。時帝在外殿，后被髮徒跣而泣過，訣曰：不能復相活耶。帝曰：我亦不知命在何時。顧謂慮曰：郗公，天下寧有是耶。遂將后下暴室，以幽死，兄弟及宗族，死者百餘人。按：劉備、關羽、張飛、魯肅及甘寧、吕蒙事蹟，互見赤壁四郡諸記考略中，不復多引。據云：劉先主入蜀，留軍師諸葛亮及前將軍關羽鎮守荆州。先主入涪，命龐統分路取雒城。統軍失利，中弩死，先主退保涪，使關平以書迎亮來援。時曹操專恣，獻帝、伏后不能堪，以密詔授宮監穆順，命后父伏完，結劉備討操。華歆知之，以告操。操至宮門，搜得詔，殺順害后，而收完族誅之。伏后靈不散，飛至天闕，入一殿宇，甚巍焕，則補闕元君女媧氏所居也。后訴其冤於女媧，求爲報讐，女媧慰留之。而后欲使獻帝知其身後情狀，女媧因遣侍女，同后至江東。託周倉身達之關羽，使聞于先主，而并囑其奮勇勤王。先是，亮得先主書，以兵往援，而留羽獨鎮荆襄。吴人甘寧、吕蒙，欲謀害羽。魯肅不從，以書約會于臨江亭。羽單舸往，甘、吕伏兵江上，欲邀截。肅陰令人輟兩人兵，終不得害。周倉督糧回，聞之，急渡江，風起舟覆。羽適宴罷回，救而視之，乃倉也。方以其不奉命而擅渡，欲斬之。倉不省人事，俄作女人聲，言我伏后也，以被曹操所害，及在天庭事告羽，囑與備亮同報讐。羽謹受命。倉醒而免其罪。甘寧、吕蒙，怨魯肅之脱羽也，借巡江名，欲相機圖羽。月夜與伏后陰靈相遇，以風簸其舟，至江北岸，爲周倉所擒。羽聞之，令釋去，寧、蒙乃俱愧伏。魯肅以吴君臣皆欲附操而仇蜀，憤甚，嘔血死。伏后茹怨不已，女媧氏使侍女引后入意中天，開天隙，使視果報。初見操逆狀，已乃見其銅雀分香，及入地獄，吞鐵丸，受鞭朴狀，后乃大快。穆順魂無所歸，上帝憫其忠，封爲酆都神。女媧復令夢神，攝獻帝、先主，及諸葛亮、關羽、張飛、趙雲、周倉諸人至，與后見，囑以復讐。乃謂后曰：汝知前世之事乎。獻帝即高祖，后即吕后，操乃韓信也。後先主王蜀，關羽一敗曹仁，再擒于禁，水淹七軍，斬龐德。孫、曹皆震恐，勅賜大旗一面，上書威鎮華夏四字，樹之軍中。羽乃設祭遥叩東京，奠伏后以報命云。按小説中，有言曹操、劉備、孫權是韓信、彭越、黥布轉世者，總屬荒唐。劇後暗取其説。

著録

清·笠閣漁翁《笠閣批評舊戲目》 《十醋記》，即范希哲《滿床笏》。中上。

又 《萬全記》，范希哲作。中中。

又 《補天記》，即希哲《小江東》。中中。

清·姚燮《今樂考證·著録九·國朝院本》 范希哲一種：《補天記》。即小江東。

徐石麒

論説

清·李斗《揚州畫舫録》卷二 徐又陵，字坦庵。畫花卉有天趣。工詩詞製曲。有坦庵六種。又著蝸亭雜記、青白眼諸書。

清·焦循《劇説》卷五 吾鄉徐又陵，號坦菴。填詞入馬東籬、喬夢符之室。所作有《大轉輪》、《買花錢》、《拈花笑》、《浮西施》、《胭脂虎》、《珊瑚鞭》、《九奇逢》。《詞評》云：宋高宗在德壽宫，遊聚景園，偶步入一酒肆，見素屏有俞國寶書《風入松》一詞，嗟賞之。誦至明日重攜殘酒，來尋陌上花鈿，曰：未免酸氣，改明日重扶殘醉仍即日予釋褐。坦菴《買花錢》雜劇本此。

綜述

清·徐石麒《拈花笑·引》 女子最弱，到妬時，扛金鼎，舉石臼，丈二將軍不能過也。女子最愚，到妬時，放大光明，無幽不察，可謂極巧窮工。女子最愛修潔，到妬時，雖污池在前，溷厠在後，舉身投之，畧無所恤。凡此種種，雖天性使然，亦童而習之也。姑姨姊妹，竟日喋喋，惟此一義。正如商賈學筭法，子弟讀□經，日增益其所不能，故探奇盡變乃爾。吾向集古今妬婦事，成一帙，命曰《指木遺編》。然其事隱，其詞文，恐不堪入閨閣耳。夏日無事，又爲拈作歌曲，只取通俗，不顧鄙俚。蓋欲入懞懂隊中，説現身法也。倘市兒傳誦，得一二語爲臙脂虎解頤，或可以發其廉耻羞惡之心，却勝啜倉庚膾一碗耳。癸巳夏杪，自題於湖上草亭。

傳記

清（雍正）《江都縣志》卷一七 徐石麒：《三憶草堂詩集》四卷、《甕吟》四卷、《瓢聲》四卷、《黍香集》三卷、《且謡》一卷、《詩餘定譜》十卷、《天人升降圖説》。

清（光緒）《增修甘泉縣志》卷一二 徐石麒，字又陵，一字坦庵。博通經史，精研名理，好著書。尤工詞曲，出入白仁甫、關漢卿之間，於世榮泊如也。漁洋司揚州，郡中名人無不入其門下，石麒獨不往見。李笠翁就訪，終日嘿不與語。同邑郭士璟謂其感憤寄之詩賦，滑稽則寄之南北劇。乾隆丁酉，揚州開局修改曲劇，石麒所著傳奇見列經籍目内。前志稱有《趨庭述訓》、《枕函待問》、《北醒語》、《天人升降圖説考》。今考《趨庭述訓》則録其父語。《升降圖説》，《特瑣録》中之一篇耳。兄子元美，字懿公，知前生，與叔石麒相賡唱，有《徐氏一家詞》之刻。舉順治丁酉鄉試，會有科場之獄，臨軒覆試，用詩賦六，事在康熙二十一年。

紀事

清·阮元《廣陵詩事》卷九 徐石麒一作石麟字又陵，號坦庵，原爲湖北人，流寓江蘇揚州，畫花卉有天趣，工詩詞製曲。以其女延香通曉音律，故石麒每一曲成，高吟之，令其女訂正其不協聲律處云。

清·焦循《劇説》卷五 《買花錢》劇中有誹科舉之弊處，蓋亦作者不第而發不平之作也。本事出於《詞評》云。

又卷六 吾里中徐坦菴作《珊瑚鞭》傳奇成，邀袁籜菴觀之，作《拂霓裳》詞云：儘商量，人生萬及熟黄粱，收拾在春風錦繡一奚囊。英雄啼有淚，兒女笑生香。杜韋娘，趂當筵歌舞拂霓裳。風流况，是客座上有周郎。摧拍了，不教絃筦誤宫商。調高人語静，燭短酒杯長。謾端相，繡簾開明月遶歌梁。坦菴侄元美題其叔《買花錢》雜劇作《風流子》詞，云：千秋同抱怨，風流事，知否幾人經。羨座上酒豪，佳人意許，樓前詩句，天子情傾。相逢處，眼波嬌欲溜，眉宇韻偏生。雅調唱酬，債償閨閣，才華灧瀲，價重墀庭。借于生佳話，傳幽憤不覺，彩筆縱横。意近叩壺王子，擊筑荆卿。愛清商響若，丸皋唳隺，新詞柔似，百囀流鶯。咳唾盡成珠玉，高調誰賡。

清·王國維《曲録》卷五 據其《坦庵續著書目》自謂乙酉揚州爲清兵所陷時，冒死入城，取出其著書殘本云云，則明末清初之人也。今行於世者，有《坦庵詞曲》六種，有舊刊本稀見。内二種爲詞集，四種則爲雜劇，即《買花錢》、《大轉輪》、《浮西施》、《拈花笑》是也。其他雖云有傳奇三種。

著録

清·佚名《傳奇彙考標目》卷下 徐長公：名善，江都人。《大轉輪》、《珊瑚鞭》。

清·姚燮《今樂考證·著録四·國朝雜劇》 徐坦庵四種：《買花

錢》、《大轉輪》、《浮西施》、《拈花笑》。坦庵，字又陵，名石麒，江都人。

又《著録八·國朝傳奇》 徐石麒四種：《珊瑚鞭》、《九奇逢》、《辟寒釵》、《胭脂虎》。

清（光緒）《甘泉縣志》卷二三 徐石麒：《枕函待問編》五卷、《訂正詞韻》四卷、《蝸亭雜訂》十卷、《壺天暇筆》十卷、《續筆》二十卷、《肆筆》十卷、《古今青白眼》三卷、《坦菴瑣録》四卷、《客齋餘話》五卷、《花傭月令》一卷、《三憶草》四卷、《白石篇》一卷、《甕吟》四卷、《且謡》一卷、《忝香集散曲》三卷，《大轉輪》、《買花錢》散劇，《九奇逢》、《珊瑚鞭》、《辟寒釵》、《胭脂虎》、《浮西施》、《拈花笑》傳奇，俱徐石麒。

清·王國維《曲録》卷三 《買花錢》一本，《大轉輪》一本，《浮西施》一本，《拈花笑》一本。右四種，國朝徐石麟撰。

又 《珊瑚鞭》一本，《九奇緣》一本，《胭脂虎》一本。右三種，國朝徐石麟撰。

又 《珊瑚鞭》一本，國朝徐善撰。善里字見前卷三。此本《曲海》作徐石麟撰。善與石麟疑一人，説亦見前。

萬樹

論説

清·吴棠禎《空青石序》 泰伯城邊，縹碧綴山光之一笏；梁鴻溪畔，飛青織水色之千螺。偶因放艇之遊，恰值燒燈之節。覯蜀中之吐鳳，識是才人；遇洛下之騎羊，猜爲名輩。問其姓氏，則大名盈數之家；詢厥郊圻，則射虎斬蛟之里。任彦升釣臺之側，累産詞流；杜樊川水榭之旁，每生騷客。是故河北風華，子昇第一，江東品藻，文度無雙。既親炙夫光儀，復求觀乎著述。且以週來賦手，俱誇謝月宋風；近代詩翁，競詡潘江陸海。流傳頗廣，篇帙逾繁；總屬殺青，無殊曳白。不若高、施雅調，乃足怡心；關、鄭清歌，差堪快意。爰入張氏徙餘之屋，略搜李家吟剩之囊。授此一編，命爲三復。于斯時也，銅蠡晝静，坐滿榭之梅花，銀鴨香温，瀹半壺之茗葉。總使修琴客至，何妨拍掌而吟；假令蠟屐人來，亦且掉頭不顧。初窺半卷，便驚裁剪之工；及覩全文，益見編排之巧。要其注意，大抵言情。紫薑書中，淑女之原篇風雅；紅鵞字裡，狂奴之和韻清新。纔拾殘牋，早隕斷腸之淚；未逢嬌面，思聯鍥臂之盟。螭舫雀爐，助其清怨；絨窓鍼榻，鬱是牢愁。加以沁水雛姬，平陽少女。會製鴛鴦之曲，誨才士以相思；追賡鸚鵡之章，惹名姝以長恨。亦復蹙眉損黛，韄曉天于鴳鵲樓頭；破粉成痕，泣夜夢于鳳凰臺畔。愛文人而欲嫁，不難抱處如烟；有才女以交歡，并可攜之行雨。貞偏工媚，艷不傷淫。並非題扇而惱王郎，安用投梭以嘗謝掾。若夫饞虎横戈，毒虺弄戟。金髯俘掠，屋中贉瓦無多；銅脛燒焚，江上殘城不少。元戎作鎮之地，血裹遊魂；將軍坐嘯之樓，燐啼戰鬼。誰家花鳥，酸風纏十院琵琶；何處樓臺，苦霧埋一軍鶯藥。於是據鞍大帥，草檄參軍。借謝太傅賭墅風流，列陣而殲强賊；假羊開府輕裘氣概，飛書而欵降生。具見韜鈐，足徵經濟，惟其胸藏武庫，斯能斗避文星。倘徒襲故紙以譚兵，豈異向癡人而説夢。至夫靈心不測，依稀宋玉微詞；慧舌無涯，宛轉東方恢語。欲使解頤而去，只須匡鼎之一言；初非談道而來，已覺王戎之三倒。如入玉津之内，堪誇者有玳瑇千枝；似遊金谷之中，最賤者亦珊瑚七尺。由來院本，鮮此雕華；自昔傳奇，讓茲清艷。棄諸笥篋，儘堪佐一斗觥船；演出氍毹，不覺費千行燭樹。試問舞態歌聲之外，何從得冰雪文心；謂言搊箏撾鼓之餘，别自具綺羅香骨。蓋緣鯉庭趨處，曾傳遺草一囊；羊墅乞時，更授《粲花五種》。孕向仙人之圃，藥必延年；巢于佛氏之龕，鳥皆並命。誠淵源之有自，洵才地之無忝。昔叨半面之交，已欲拜康成弟子；今托同心之契，尤當呼元晏先生。良以共入竹林，偕棲蓮幕。百蠻瘴雨，把臂而聽；五管火雲，拍肩以看。椰漿乍白，雙尋犇鵠之亭；荔子剛紅，俱泛潛牛之水。追陪云久，教賤子以倚聲；宫調非難，促狂生而譜曲。粗諧競病，亟揮雲母而填；偶和車叉，速授雪兒以唱。凡屬鄙文之四部，實資大喝之三通。矧夫暢捧雄文，飽觀傑構。綺言迭出，謝康樂之錯彩鏤金；麗句横開，徐孝穆之魚油龍斕。不同俗子，僅説當行；肯學鄙君，專誇本色。料知舊劇，都可炬以秦灰；衹恐新編，未得貴夫洛紙。然而世乏菁英之侶，時多庸妄之夫。或單重文章，致訶茲爲小道；或高談名理，竟叱此爲外篇。遂將繪風斲月之裁弘，直作地老天荒之剩技。則是陸機誚左思爲傖父，可隸名言；鍾嶸譏沈約爲中材，爰成篤論。不知有裨政教，即號奇書；無戾風騷，自稱雅作。探其微旨，不過白鳩黄鵠之變聲；律以佳辭，却合聖女小姑之創調。茫茫宇宙，寧無識曲之人；落落乾坤，詎少知音之客。相如作賦，一時爲之争誇；揚子攡經，數世知其必顯。果可登諸虎觀，奚難播在雞林。此家大司馬，壽諸梨棗以傳，而余老雕蟲，序爲荃蘭之繼者也。嗚呼。天上有無愁之曲，人間寡蠲忿之方。孰能邀玉女以投壺，疇慣喚井公而對博。爲歡有具，除是殘編斷楮之生涯；行樂何年，捨此黄卷青燈之歲月。任諸子盡跋扈於丹鉛之囿，吾兩人且跳盪于粉墨之塲。舞鸜鵒而何辭，按鷓鴣以不吝。君將妙曲，閒吟十里茶山；余把長歌，歸唱半城菱牒。

清·吴秉鈞《風流棒序》 余幼居江南，得熟聞吴歈曲。自僦舍二泉，迄歸遊故隴鏡湖之上，多閲吴越間老伶師奏伎，洋洋盈耳，知爲風雅之遺。間自持樂句按之，頗喜中拍。然能聆其音，未能察其故也。及從紅友山翁遊，由閩而粤，耳其緒論久，於中若有所得。因與家小阮雪舫，共以學填詞請，山翁謂非爛熟元人書，不得其門。余遂購茗水臧氏本讀之。初如啖蔗尾，嚼蜜房，了無可悦。既而漸入，乃覺其腴且甘焉。山翁曰：是可以論曲矣。夫曲有音、有情、有理，不通乎音，弗能歌，不通乎情，弗能作。理則貫乎音與情之間，可以意領，不可以言宣。悟此，則如破竹建瓴，否則終隔一膜也。于是探其篋，得觀所譜諸劇，無不推陳標新，另闢生面，不襲元人之貌，而實徹元人之髓。字義精粲，宫律諧婉，極真朴而不腐，極□幻而不詭，極喬艷而不餖飣，極旖旎而不淫靡，極淘寫冷笑而不傷刻虐，所謂風流藴藉，談言微中者歟。山翁撰著最富，而稿多散逸。即余所見者，幽秀若《空青石》，俊爽若《錦塵帆》，奇横若《念八翻》，新穎若《十串珠》，剪裁點綴若《黄金甕》、《金神鳳》，皆陳言務去，巧法兼備。而恢諧滑稽，其風肆好。最後讀《資齊鑑》一書，則一筆白描，抽絲獨繭。忽而螿啼猿叫，忽而鼉嘯鼉呿。其言，則疏布菜羹；其色，則商璉夏鼎；其旨，則晨鐘春鐸。浩浩乎十餘萬言，如挾天風海濤，而砰磅澎湃者。但以卷帙太重，急難開演，已請山翁節而傳之。其他小劇，若《珊瑚毬》、《舞霓裳》、《藐姑仙》、《青錢賺》、《焚書鬧》、《罵東風》、《三茅宴》、《玉山菴》等，幾于盈箱充棟。陸離杳渺，不可方物。俱令家優試之氍毹上，觀者神撼色飛，相與叫絶。始知理貫而後情超，情超而後音協。余之所得于山翁者，由是更進。因操觚而學爲《雹目書》一種，雪舫亦試作《赤豆軍》、《美人丹》，山翁皆爲印可焉。惟時藥菴吕君，亦有《回頭寶》、《狀元府》、《雙猿幻》、《寶硯緣》諸撰。藥菴令叔守齋，亦攜《金馬門》曲出示。燒燈踏月之次，家大人即命拍新詞侑觴。三載于茲，忘其爲瘴鄉旅客也。丙寅春，飲紅蕉花下，客有言某閨詞之俗者，余謂此可入劇，作筵前一粲。索山翁填之，不半月，而《風流棒》曲成。則遊思運腕，出奇無窮。徑愈折而愈幽，蔗愈吐而愈艶。茶郎之顛，林風之韻，菊人之摯，以及連霍之周圓，童賴之醜報，刻畫畢肖。本言情之書，而不落冷淡生活。引人入勝，雅俗共賞，可稱觀止矣。以視夫世之打油釘餃者流，其真僞醇疵，固有相去河漢者。雪舫云：山翁之曲，當爲六十年來第一手。知言哉。

清·吴秉鈞《風流棒跋》 琰青子曰：向聞香令先生《鴛鴦棒》劇，詫爲傳奇變格。先輩云：此曲固有所感而作，但劇本須扭合團圓，故以净丑心胸，而借正生面孔。其塲終，聊借雙棒以爲解嘲耳。余謂此事令人發指，入劇殊傷風雅。且推溺之仇，非一棒可釋，於人情曲理，實爲不諧。豈若茲編一棒，調侃詼諧，斯不忝風流二字。言理則隨端合節，言情則曲折入微，可云騷壇獨步也。人謂其風致之美，酷似粲花，余謂其律度之工，且過玉茗矣。

清·吴棠禎《風流棒序》 季子難逢，誰是審音之客；周郎不作，疇爲顧曲之人。總復綺繡盈篇，但有覆來醬瓿。宫商合調，弗能譜向旗亭。常見名流，碎琹恨晚；曾傳雅士，焚硯嫌遲。蘸墨書床，頗知詩格；埋毫筆塚，薄有文心。既刻鵠而未成，亦造鳶以不就。所賴鴛州前輩，訓以填詞；蛟水先生，命之度曲。詎識侯芭搦管，終不及夫子雲；袁準調絃，究莫傳于叔夜。西家之顰難效，北面之禮空虔。蓋緣玉女潭邊，專産才人之地；銅官山下，慣生文士之鄉。羊曇爲太傅之賢甥，爰因宅相；何劭乃潁昌之令子，綽有家風。是以弱冠知音，勝衣協律。幟建騷壇之上，名蜚樂府之中。紅杏橋頭，都唱謝郎蝴蝶；白蘋溪畔，齊歌庾信鴛鴦。近貯吟囊，尤多院本。《風流棒》一編，則其新作也。言乎才藻，不妨屈關、鄭爲衙官；論厥編排，幾欲唤高、施爲小友。南音杳麗，珠圓玉潤之輝；北調砰磅，裂石崩雲之響。冷艷則湘娥倚竹，幽奇則山鬼吹燈。悲來覺楊柳之含啼，歡處恍芙蓉之索笑。而且文情曲折，格局廻環。如入桃花流水之村，過客竟迷南北；似遊桂樹亂山之路，居人不辨東西。雲錦月鈎，工緣天造；棘猴木鳳，巧實人成。况乎百種名花，開于頃刻；千卮美酒，釀出逡巡。總屬仙才，非關人力。特恐世有盲夫，時多笨伯，未涉詞場之堂奧，罔知匠石之經營。乃謂座內歌來，殊乏劍拔弩張之勢；燈前演出，絶無蛇神牛鬼之奇。文非巷語街談，聽時欲睡；事不驚魂蕩魄，觀者多逃。斯固俗士之難醫，益信郢人之寡和。然而荆山良璧，自遇卞和；渥水神駒，定遭伯樂。如斯偉製，固當藏以帳中；若此高文，何用懸諸市上。揚雄之經必顯，左思之賦終傳。休防郭氏之偷，稍辟羽陵之蠹。月明烟淡之候，待通人盥手而吟；花飛葉落之時，俟騷客焚香以讀。料知尊意，肯教吴邁遠之嗤人；一任狂奴，聊學禰正平之罵座。

清・吕洪烈《念八翻序》 世有入神之藝，見者無不嘆爲不可及。惟愚妄之人嘆之不已而思效之，以爲我既已心知其妙，或亦力所能及。遂有終其身疲精勞神，殫思畢慮以幾之，而卒無能及之者，才限之也。嗟乎。世未嘗無才，使非有大小分限其際，則夫司馬班楊之文，曹劉顔謝之詩，後世當必重見疊出。何自此千百年間，著述如林。謂各極其致則有之，必欲以此方彼，謂銖兩悉稱，而無毫髮之憾者，余實未之見，即世亦不之許也。故余嘗臨文自咎：彼古人絶作，其字余無不識也，其義余無不解也，在彼何次第安貼，無善不臻，余乃不能以所識所解之字之義，采集成章，每每得之心而失之手，豈非恨事。此意，殆自知有文字以來，蓋鬱鬱以至于今矣。然或理道高深者，非淺學可幾，猶得自恕。若詞曲一途，緣情結境，按譜填辭，似非浩無津涯者比。余又少嗜音聲，時時得竊聞先人緒論。遂謂激徵流商，當必可學而至。不意泛觀古今傳奇，類多不足學。因思非得絶妙好辭，我不以爲矜式。歲在壬午，乃獲見吴石渠先生《粲花五種》，始躍然大快，以爲傳奇之觀，止于是矣。然自是遂不敢妄有所作，而往者效法之思，又成虚願。特日置几案，曼聲吟唱而已。至辛酉、壬戌間，與吴子雪舫，同研席于三山幕府。雪舫喜有同嗜，顧亦未輒撰作。未幾而陽羨紅友萬先生至。于是三人則時倡和，短章小詞，先生許可。因出其向所編傳奇三種相視，余不覺驚起曰：何其酷似我私淑之粲花也。訊之，則粲花實先生之舅氏。余蓋踴躍自喜，雖不幸不見石渠，猶幸得見紅友。因日夕得聞所未聞，偕至粤中，先生即令雪舫與余亦效之而作。雪舫遂成四種。余不自量，彊顔勉作三種。先生則又得五種，并散劇數曲。余又不覺失聲而嘆：土牛何鈍。才分之限，不信然耶。先生每脱一稿，則大司馬留村先生，必令家伶演之登塲，授之梓人。蓋不欲僅播之管絃，而傳之名山也。此《念八翻》一部，先生不以余不敏，而命之題評，余得附名以傳，抑何幸焉。噫。先生於詞曲一道，詣已入神。不謂彊作以效之者，乃及于余，余其愚妄之人乎哉。前有石渠，後有紅友，世人苟欲軒輊其間，是又妄之妄矣。凡其結構之新巧，文采之香艷，音律之精嚴，先生諸作皆然。余于部中，既逐節闡明其上，庶觀者信余心知其妙之言，爲不誣爾。

紀事

清・佚名《曲海總目提要》卷二四《念八番》 宜興人萬樹所作。入貢者二十八國，故名。樹工詩文，所作詩餘，尤膾炙人口。懷才不遇，抑鬱以終。嘗著樂府四種，此其一也。虞柯字上枝，按百家姓云虞萬枝柯，其中藏萬字，又柯與枝即樹也，蓋虞柯即影萬樹二字。略言鹿邑虞柯，世居武平。父雲卿，南臺御史，代巡西蜀，擢大理少卿，勁正不阿，與都御史寇源相失。朶甘思之西三千里，有兩國，一名烏孤律，一名打皮兒叶。吐番勾入爲叛，反側無定。寇源受吐番金珠，許通貢市，雲卿爭執不可。源奏雲卿阻撓貢市，下之獄，且令獄卒致之死。又廣捕柯，獄卒知雲卿冤，私縱之，入五臺爲僧。後有訟其父子冤者，寇源抵罪，雲卿起兵部侍郎。討番，潛結烏孤律擊敗打皮兒叶，擒吐蕃部長。父子皆受顯爵。雲卿討平諸蕃，入貢者凡二十八國，故曰《念八番》也。廣平郭有心，平原鮑不平，皆受雲卿活命恩，竟出死力相救。讐馬方畸人贈柯金，又爲雲卿打點獄事。又疏救雲卿劾罪寇源，獄官蘇復生脱雲卿之死。郭有心，寓言有心人也。鮑不平，寓言抱不平也。方畸人，寓言奇人也。蘇復生，寓言雲卿幾死蘇而復生也。蓋必其父子被禍，有爲之左右周旋者，其姓名則係假託也。都御史無寇源姓名，言用此人，則致寇之源，蓋其父仇，故深詆之也。柯與祝翰林女鳳車相慕，又悦妓阮霞邊。其窗友程道脉者，假託柯名，欲娶鳳車。又首柯私逃，以致柯改粧更名，種種顛沛。祝氏母女避依舅氏。霞邊亦改粧脱逃。蓋必樹少年時，常有姻事及所歡之妓，爲友所間，故忿而詆之。所謂程道脉者，則詆其假道學，自附大儒之後，自許道脉，而其行則謀奪人婚姻，故云爲祝氏殺死，以洩其忿也。雲卿破賊，柯登第，祝許二女皆歸柯。亦極叙樂事，以快心意，其實樹未登第，所慕之色，亦未必能致也。

清（嘉慶）《宜興縣舊志》卷八 萬樹，字花農，又字紅友，學識明達，以國子生遊都下，才名籍甚，然弗輕與人交客。遊秦晉歸，購吴氏鸚鵡園故址，葺而居之。繞園種緑楊，名曰堆絮，名其軒曰蘿隱。吴大司馬興祚總督兩廣，愛其才，延至幕，一切奏議皆出其手。暇則製曲爲新聲，甫脱稿，大司馬即令家伶捧笙璈，按拍高歌，以侑觴。所填樂府凡二十餘種。又以《詩餘譜》舊圖多芬亂，取宋元以來名家詞，字櫛句比，别同異，辨謬譌，成《詞律》二十卷，藝林珍之。歸自粤中，歿於西江舟次，著有《堆絮園集》、《香膽詞》、《花濃集》、《璇璣碎錦》、樂府十六種、《左傳論文》行世，其《詞律》已採入《欽定四庫全書》。

著録

清・佚名《傳奇彙考標目》卷下 萬樹：字紅友，江都人。《空青石》、《風流棒》。

清・笠閣漁翁《笠閣批評舊戲目》 《資齊鑑》，萬紅友作。中上。

又 《玉雙飛》，萬紅友作。上上。

又 《黄金甕》，萬紅友作。上上。

清・黄文暘、佚名《重訂曲海總目・國朝雜劇》 萬樹：字紅友。《珊瑚珠》、《舞霓裳》、《藐姑仙》、《青錢賺》、《焚書鬧》、《罵東風》、《三茆宴》、《玉山會》。會，一作宴。

又《國朝傳奇》 萬樹：字紅友，宜興人。《風流棒》、《空青石》、《念八翻》、《錦塵帆》、《十串珠》、《黄金甕》、《金神鳳》、《資齊鑑》。

清・梁廷枏《曲話》卷一 萬樹：《珊瑚珠》、《舞霓裳》、《藐姑仙》、《青錢賺》、《焚書鬧》、《罵東風》、《三茅宴》、《玉山宴》。

又 萬樹：《風流棒》、《空青石》、《念八翻》、《錦塵帆》、《十串珠》、《黄金甕》、《金神鳳》、《資齊鑑》。

清・支豐宜《曲目新編・國朝雜劇》 萬樹：《珊瑚珠》、《舞霓裳》、《藐姑仙》、《青錢賺》、《焚書鬧》、《罵東風》、《三茅宴》、《玉山宴》。

清・姚燮《今樂考證・著録四・國朝雜劇》 萬紅友八種：《珊瑚球》、《舞霓裳》、《藐姑仙》、《青錢賺》、《焚書鬧》、《罵東風》、《三茅宴》、《玉山庵》。案：《曲考》、《曲目》，《珊瑚球》作《珊瑚珠》，《玉山庵》作《玉山宴》，誤。

又《著録九・國朝院本》 萬樹九種：《風流棒》、《空青石》、《念八翻》、《錦塵帆》、《玉雙飛》、《十串珠》、《黄金甕》、《金神鳳》、《資齊鑑》。

清・王國維《曲録》卷三 《珊瑚珠》一本，《舞霓裳》一本，《藐姑仙》一本，《青錢賺》一本，《焚書鬧》一本，《罵東風》一本，《三茅宴》一本，《玉山宴》一本右見《曲海目》云未刻本。右八種，國朝萬樹撰。樹字花農，一字紅友，宜興人。

又 《風流棒》一本，《空青石》一本，《念八翻》一本，《錦塵帆》一本，《十串珠》一本，《萬金甕》一本，《金神鳳》一本，《資齊鑑》一本。右見《曲海目》。右八種，國朝萬樹撰。字里見卷三。

龍燮

論説

清・趙士麟《江花樂府序》 夢之爲言，幻也；劇之爲言，戲也。即幻也，夢與戲有二乎哉。夫至幻莫如天上卿雲，忽變而爲蒼狗之形也，又忽而丹鳳可駕、玉童可飛也，又如石中之火不可捉，電中之光不可留。元夕烟花，過眼即散；春城爆竹，入耳旋銷也。古來金張許史，韓白衛霍，五侯七貴,三十六功臣,非幻中人乎。富貴功名,權要勢分,歌館樓臺,羅綺絲竹,非幻中事乎。不止綃烟縠霧,秋籜春花,不以戲爲戲,而以爲天下事惟戲爲最真,不以夢爲夢,而以爲天下事惟夢爲至實。故能識夢也戲也幻也,能形諸咏歌也。若非識夢識戲并識幻,其爲咏歌也不又淺哉善哉。太宰素丸熊先生,同羨門彭少宰,與予閒坐銓署藤花下,偶及今昔數事。予歎曰:盡是一場春夢也。太宰戲而喝我曰:此夢也,要做得完。予大悟,謝曰:先生教我矣。看《江花夢》者,當作如是觀。

清·蔣士銓《江花夢序》 事業不遽見,文其先見者也;功名不可期,文其自操者也。甚矣,士之自寶其文,而重知己之爲貴也。蓋我不見古人,讀其文則知之,後人不見我,讀我之文則知之。苟生同斯世,而人不我知,將何託而紓其感以發其歡。嗚呼,塵世中衆生所艷羨而不可必得者,爵禄聲色之好而已。苟既得之,則長生冲舉之願起,自達人視之,則一夢境起滅也。夫人既有身則墮刼而刑靖而國勢昌,和氣流行而天休滋至也。雖幻也,有不幻者存焉,天下事未可盡以戲觀也。此吾名教之説也。《江花》所譜,嬌資玉質,才士佳人。以文章作因緣,假癡呆爲笑謔。出方畧見才智,用錦衣以團圞。似《南華》之編,晉人之塵,仙侶之簫,瞿曇之鉢。以夢名之,而實非夢也。事有不可直致者,不妨旁引曲喻而闡揚之;語有不可顯告者,則貴借境婉譬而默曉之。欲教孝教忠,去奸去佞,入人倍深,感人倍切,同一救世之苦衷也。安可曰夢耶夢耶。吾案頭所列者,五經四子之書,諸子百家之言,及騷人詞客長歌短咏之章,即稗官野史小説家著作,有妙理存焉者亦不廢棄。若詞曲則《琵琶》、《西厢》及臨川《四夢》外,惟雷岸所著《江花夢》。又時時點次而諷誦之。非昵其事也,愛其文也,非躭其詞也,愛其筆靈而摹擬曲肖、情真而形容盡變也。雷岸告我曰:《江花》之梓行,自益都相國;而亟賞咏以十絶者,新城阮亭少司農。并列名公也。嗟嗟,列公梁園庭樹,隋苑鴛鴦也。獨有愁雲一片,儘可障日彌天,思海一漚,翻足飛濤鼓浪。是真者反幻,幻者反真。此則吾之所不能解者矣。《南華》一編,最幻之書也。晉人一塵,至幻之態也。瓊島仙侶洞簫吹月,朝折扶桑,暮宴瑶池,極幻之談也。瞿曇優鉢,馴象騎獅,幡蓋飄飄,雨花繽紛,盡幻之象也。其所謂神道而設教者,天龍八部,牛鬼蛇神,刀山油鑊,湯鼎鐵鋸,墮之則入無間,升之則上九天。羽節導迎,仙真侍衛。謂幻乎恐報施之理有之,謂有乎則又惝恍而不可執也。總之皆所以示教也。堯舜禹湯,文武周公,孔子之聖人出,憫斯世斯民之愚蒙,舉世盡夢也。故以身立範,而又著爲五經四子之書,以醒世而啟迷焉,故天下羣然而知向也。知綱常名教之爲重,則羣趨於臣忠子孝弟悌友信之一途;知《詩》、《書》、《禮》、《樂》之可遵,斯共習於仁義道德之一説。世道由此乃有紀綱,政治由此乃有法度。人性乃有大奸大佞,亂臣賊子之是務去,所以兵入夢矣,必欲於爵禄聲色外,別求長生冲舉之術固妄。即學志聖賢,倘七情五欲之不中乎節,轉有累其所學,則亦終無異於衆人也。奈何哉。奈何哉。石樓先生有聖童之譽,十一齡學使,李石臺先生拔入縣庠,久困塲屋。於是假填詞之文,一發其鬱滯幽憂之氣。則《江花夢》院本所繇作也。夫江郎有文之士也。至焚棄儒冠,遠從戎伍,豈不曰斯世之大,終無知我者歟。而袁氏知其文,功名未立,而鮑氏知其略,卒至建樹邊陲。纏綿閨闥,與世之兒女昵於芳艷、溺於淫狎者,大有異焉。蓋入衆生中,能自出其刼與夢者,文之狡獪靈通,沉雄清麗其次也。既而先生以鴻博舉制科洊宫坊,其文則受知天子矣。無何,改水曹督通倉,不終於子墨客卿之職。莫不疑其文之未足見知於上也。他日,鑾廻潞河,見公蒲伏道左。有汝是好翰林,如何改職之諭。天□惻然。於是益信其文受知之深,而嘆其官之限於禄籍也。江花夢醒,又何憾焉。鶴柴廉使,爲公從曾孫。以此本舊刻漫漶將重鍥之,屬予校勘而序之。予不見公,讀公之文,而知公自寶其文而重知己之心。蓋如此男女才色之借,端不復置論焉。

傳記

清(乾隆)《望江縣志》卷七 龍燮,字理侯,應鼎次子,童時穎敏,善詩文,有時譽。丱角爲諸生,謂科第唾手。已而蹭蹬,援河工例,入國學,嘗修縣志,又與修府志。康熙十七年薦召,中博學宏詞科第四十八名,授翰林院檢討,與修《明史》,由編修開坊,以言者故。尋改爲大理寺寺正,嘗據經決疑獄,同僚稱之。本才敏,恒自矜重,有和蘇詩文賦,亦多傳者。官至工部屯田司員外郎,卒于京師。見《沈志》。

清（道光）《安徽通志》卷一三五　龍燮，望江人。監生，授檢討。

著録

清・佚名《傳奇彙考標目》卷下　龍燮：字二爲，號改庵，安慶人。薦舉博學鴻詞，入翰林，官檢討，左遷大理寺評事。所著有《石樓文集》、《瓊花夢》。尚有《芙蓉城》雜劇。

清・王國維《曲録》卷三　《芙蓉城》一本，見無名氏《傳奇彙考》。國朝龍燮撰。燮字二爲，號改庵，望江人。舉博學鴻詞，授檢討，左遷大理寺評事。

藝文

清・高珩《觀演〈江花夢〉贈雷岸太史》　夢長夢短總堪疑，玉貌金章能幾時。醒後蘧蘧方一笑，神仙未免有情癡。　新聲又見《江花夢》，舊曲還憐玉茗堂。此外騷壇餘子在，天魔小隊夜郎王。　莫道蕃釐觀已荒，聽歌如宴九天堂。瓊花夜入江郎夢，綵筆風來字字香。　屏風仙骨自僊僊，筆亦傾城我亦憐。莫信客兒輕薄語，由來慧業早生天。

清・馮溥《題〈江花夢〉》　得官得婦總堪疑，誰道書生是夢時。寶劍香閨緣並合，庸夫原不解情癡。　雙蛾秀映蕃釐觀，一劍雄登射柳堂。牽得紅絲天上種，瓊花原是大花王。　玉茗新聲筆已荒，歌塲三夢絶華堂。誰知後起多才思，檀板輕敲滿座香。　生來僊骨本應仙，了得塵緣正可憐。連理枝成花並蒂，却教點破夢中天。

清・施閏章《題〈江花夢〉》　瓊花突出舊傳疑，零落荒臺恨此時。何物蕭郎偏好事，儘教詞客盡成癡。　珥筆舊懷金馬客，緘題曾寄緑筠堂。一編獨譜無雙調，樂府千秋有癖王。　竹西歌吹事全荒，忽有新聲笑滿堂。自是才人具仙骨，臨風咳唾總生香。　蘭閣芸香儼是仙，慧心俠骨我猶憐。書生何福能消受，不羡雲中兜率天。

清・鄭重《題〈江花夢〉》　瓊花作何信還疑，金馬香閨倚翠時。自是神仙能鍊性，貽箋贈劍也非癡。　杖策焚冠成壯志，空驚歲月去堂堂。柔鄉别有丸泥膽，朝雨終教屬楚王。　色界情田遍八荒，莫將杯水視坳堂。恨無浣手薔薇露，讀罷應焚七里香。　由來情種本成仙，義俠風流亦可憐。寄語羅浮休幻夢，空留花影正横天。

清・尤侗《題〈江花夢〉》　楚天雲物到今疑，璧合珠聯又一時。何事重煩瑶島客，仙人也肯爲情癡。　神遊漫想朝雲觀，物化閒觀審雨堂。勘取新詩公案在，始知大覺是空王。　玉茗蕭條檀板荒，羡君彩筆更堂堂。美人一去瓊花死，五夜空懷夢草香。　心是菩提骨是仙，人間恩愛上方憐。有情眷屬無生話，蓬島蓉城别有天。

清・彭孫遹《題〈江花夢〉》　咫尺方壺更不疑，合離都在吮毫時。楚天雲雨揚州月，兩地風情一種癡。　閒把君詞吟咏久，夜來凉雨滴秋堂。分明重聽青谿笛，腸斷當年桓野王。　仙境何曾隔大荒，人間真有紫蘭堂。爲雲爲雨皆空色，非水非烟是異香。　風懷珍重玉堂仙，譜出金荃絶自憐。檀板金尊記紅豆，清歌同賞碧雲天。

清・彭定求《題〈江花夢〉》　蘧蘧蝶夢信還疑，又見瓊花爛熳時。世上盡如泡火影，空教拈散作情癡。　多情舊濕青衫淚，好事今傳白玉堂。譜入新翻神女曲，香魂應得配花王。　舞扇歌裙迹久荒，一編吟諷坐秋堂。每當擊節稱心賞，一盞親浮緑蟻香。　玉署從聞寓散仙，人間肉眼衹堪憐。須知恩怨皆泡影，閑話端應付水天。

清・尹瀾柱《題〈江花夢〉》　仙子多情我亦疑，有生却恨不同時。紅絲不隔三千里，待月吟花未是癡。　寶劍蛾眉本自雙，新聲不異鬱金堂。若非天上瓊花合，巫女空勞戲楚王。　廣陵散絶鹿臺荒，一麯霓裳譜玉堂。傾國名花雖夢幻，千秋齒頰已生香。　包塵聲界有真仙，夢幻風流也自憐。但使有情成眷屬，年年碧月照青天。

清・歸孝儀《題〈江花夢〉》　飛墮瑶臺特地疑，溟溟薄霧落花時。紅箋寫就傳新譜，天上人間底事癡。　一編郢雪逢青眼，千里烏衣訪畫堂。都向夢中傳綵筆，微波未肯誤陳王。　隋堤曲舍柳全荒，描盡生新四照堂。蟬影乍疑雲作髻，蓮衣猶傍水生香。　飛白堂前地是仙，團香鏤月調堪憐。賞心獨有尚書最，欲比旃亭雪後天。

清・王士正《觀演〈江花夢〉傳奇，柬龍改庵中允十首》 歌舞并州暫許窺，心如牆壁阿誰知。尊前唱徹銷魂曲，不奈横陳嚼蠟時。 歌似遊絲裊碧空，舞如洛浦見驚鴻。二鄉陌上聞風木，偷入霓裳曲調中。 臨川遺跡草蕭蕭，絶調荆溪又寂寥。自掐檀痕親顧曲，江東惟有阿龍超。 貰酒旗亭風雪顔，凉州一曲唱雙鬟。舊傳龍衮江南録，新譜江郎夢筆山。 掃眉才子鬢堆鴉，脱贈壚頭拂劍花。好補他年游俠傳，閨中今見魯朱家。 楚雲淮水渺無因，知己誰如粉黛真。彷佛褰帷呼小宋，第三車裏内家人。 隻手雙提將相權，晚昇碧落珥貂蟬。真靈位業都如此，那許孤寒到日邊。 漏盡何辭倒玉壺，清歌十斛走明珠。金荃曲妙無人解，合付柔奴與態奴。 三年書記揚州夢，一夢揚州三十年。誰識唐昌舊遊侶，白頭猶剩杜樊川。予去揚州三十有一年矣。 香山翠色玉泉流，小別俄驚二十秋。不負殘年好風景，千峰霽雪一登樓。

清・田雯《題〈江花夢〉》 樂府風流竟絶倫，譜來宫徵亦清新。神仙婚宦平常事，自是嶔崎磊落人。 疑在旌亭寒火間，拚將新句試雙鬟。停歌更覺登樓好，飽看斜陽雪後山。

清・王項齡《題〈江花夢〉》 歲月颼馳剩數君，此時不樂意何云。座無俗客稱同調，酒上衰顔已半醺。 舊事如聽談逸史，清樽絶勝醉紅裙。伯高伉爽真豪士，一曲瓊花天下聞。

清・袁佑《題〈江花夢〉》 虎橋馬市行相訪，燕筑秦箏坐不聞。莫厭新豐常對酒，應憐舊雨幾同羣。 驚看玉笋吟春雪，醉聽瓊花繞暮雲。頭白元方閩海上，紫書今已報条軍。

清・毛際可《題〈江花夢〉》 十載香名繫所思，官齋促膝夜何其。正當竹葉樽闌後，却憶瓊花夢覺時。 小阮我來頻寄宿，是夕宿芝亭寓中大巫君在敢論詩。來朝又作東歸別，折取垂楊第一枝。

清・蘇偉《題〈江花夢〉》 臘月京師賣牡丹，花中富貴信非難。瓊花自是神仙種，不入陽春不許看。 功成姓字勒邊荒，詔許歸休晝錦堂。正是江郎花筆在，鳳衣已惹御爐香。

清・殷譽慶《題〈江花夢〉》 風流應問杜樊川，壁月銀燈記昔年。聽説揚州驚昨夢，瓊花一樹落當筵。 世事紛紛較短長，每從科第論文章。那知草檄江郎筆，清夢曾經到玉堂。 書生勳業竟何如，還恐神仙亦子虛。惟有消魂四聲曲，足傾沈范兩尚書。 一時争唱郢中詞，除却雙鬟更數誰。妙伎自經公瑾顧，從茲聲價重京師。

朱素臣

論説

清・笠閣漁翁《笠閣批評舊戲目》 《聚寶盆》，朱素臣作。上下。《胭脂雪》，中中。

清・吴綺《秦樓月序》 簫裁淚竹，即善離聲；瑟製貞松，偏工麗曲。況乎珊瑚枕上，既待子以三年；翡翠屏中，且思君兮千里。崔徽南浦，寫別淚於生綃；蘇小西陵，悵同心於綰帶。則被之樂府，用諧鸞鳳之音；傳以教坊，可叶鴛鴦之奏矣。粤稽往代，云有才人。門内烏衣，由來第一；囊中青鏤，更自無雙。乍側帽於樓前，纔聞巧笑；偶遺鞭於門外，即動輕嚬。於是下蔡娟娟，河陽窈窕，將花並影，弱處生憐；對雪呈姿，清中得艷。有佳人兮在空谷，宜名士之悦傾城。折梔子之華，同心可贈；採蓮花之菂，苦意難言。黄鵠晨鳴，欲飛焉而且止；紫騮遠去，既行矣而安從。少婦空歎於倚樓，王孫亦悲於破鏡。似蠶絲而不盡，但有纏綿；望烏角以何期，惟存宛轉。鏤金箱篋，歐陽詹腸斷；香鬟軟玉，圍屏河東生心傷。紅淚精誠不泯，人在可今可古之間；時會爲難，事亦若有若無之際。於是毫抽五色，聊以爲娱；聲按九宫，聞而可感。聽之將或歌而或泣，作者不言性而言情。此則玉茗文人，奪烟花於南部；金荃才子，擅月露於西崑者也。誰解記歌，願留心於紅豆；吾爲倚節，且動魄於朱絃。薗栖居士吴綺題於紅鵝館。

清・龔静照《秦樓月總評》 人所不易得者情，情之不易得者真。偶閱維揚女子與天水先生倡和諸什，如春蠶吐絲，悽惻纏綿。儈乎青樓有人，黄閣無人，得不令章臺柳、薛較書專美于前，一時侈爲奇遇，千載傳爲佳話。余慨焉羨之。奇語天水先生，宜速貴之金屋，毋令久困花營，負此有情物也。女士龔静照識。

清・王瑞淑《秦樓月總評》 深情宛轉，幽意纏綿，如讀江淹《恨賦》，使人自然淚下，的是小青一流人物。至其《弔真》一闋，久已傳誦人間，則又當與西陵蘇小之句，並垂千古矣。讀竟歎服。女士王瑞淑書。

清・王立承《秦樓月跋》 此爲瞿安所藏，予以函寄《誠齋樂府》散套小令兩册，宣德錦窠老人自製本。易此以歸。久假均未返趙，互讓之契，二人實默契于心矣。戊辰春，陶君蘭泉影印罕見各曲選及此種，予獨靳《二分明月集》未與，此曲遂流傳于世。瞿安並未責予之冒昧，不先白之，而亦未辨其是其所藏者否也。或以二宣德本易清初本，爲予實自損抑者。但予於書中繡圖獨有特嗜，方以爲受瞿安之惠且逾量焉。病起，整理舊藏，兼收新籍，粗計所有，已藏明清獨收康、乾時刻，以後未收。曲本，多至四百餘種。樂此不疲，方未有艾，喜誌此書得藏始末于此，且以解友人之惑。阿卿曾有疑猜，非所以對磊落如予者，可以休矣。二十二年九月卅日，潞河孝慈王立承識。

清・焦循《劇説》卷三 《雙熊夢》劇，【略】賓白曲詞，俱極當行。

傳記

清（道光）《乍浦備志》卷三六 朱素臣，字九先，居雅山之北。少習舉子業，棄去爲農。暇即手一編，不釋閉，或吟咏以自寫其性靈。爲人方正，有勇力，遇不平即揮拳相助。一日至乍浦，見有老婦披髮而哭於門者，鄰里聚觀莫敢聲。問之旁人，則曰：逆子鞭撻其母，人因其强暴不能禁，亦不能勸也。朱聞之，怒形於色，立唤逆子出，捽其髮而披其頰者數十，逆子俯首作悶痛欲絶狀，其母乃爲之跪而乞免，朱始釋手。曰：以爾母故，饒爾命。見者無不快之。崇禎乙亥秋，李潛夫偕友人遊雅山，聞其名，造廬而請謁焉。一見如故，遂與訂交，稱之畏友云。

紀事

清・佚名《曲海總目提要》卷一八《朝陽鳳》 明萬曆間人作，演隆、萬間海瑞事，牽合荒唐，多與實事相背謬。時，瑞直名頗著，故云《朝陽鳳》也。略云：海瑞，字剛峰，瓊州人，秉性忠直，成進士，授浙江淳安知縣，清介自持。值母誕，貧無所措，與僕海安貸錢，且典朝衣，設壽筵以祝。時，定國公奉命督餉，每縣三千兩，遣吏之淳安，值瑞祝母壽，吏肆威擊鼓。瑞怒笞之，械詣定國府。與算餉，額既足，仍多羡餘。定國無以難，服其耿直，特薦於朝，授兵部主事。尚書張居正，與同官賞花，瑞銜席且進贛詞，居正大怒，令至海外封王。逗遛多年不復召，其家無以爲生，賣婢紫臺於居正之宅。時，居正已大拜，擅權用事，囑考官擢其子懋脩爲大魁。新進士陳三謨作一聯以譏之，有居正不正，懋脩不脩等語。居正大怒，擒至家，鎖禁密室，欲置之死。紫臺夜半聞其哭泣叫冤之聲，且覘謨器宇不凡，縱令遁走。謨在居正密室中，見堆積本章甚衆，請召瑞還朝者，皆概置不答。謨竊擬票令急召還朝，居正不知，誤下部科，瑞由此得還，遷長憲臺。三謨叩告居正，瑞上疏劾居正罪。居正激帝怒，命斬瑞及謨。會定國公經市曹見之，立奏於朝，且極言居正植黨驕横狀。上命定國與大學士申時行、王錫爵會讞，皆以瑞忠謨直，居正仇陷善良，乃逐居正，免瑞議，授謨官。瑞爲謨奏明紫臺救謨狀，因以臺賜謨爲夫婦。按海瑞，廣東瓊山人，嘉靖中，由舉人爲淳安知縣。總督胡宗憲嘗笑語人曰：聞海知縣母夫人生日，買肉二斤矣。言其清貧不能食肉也。劇中貸錢祝壽之説本此。又嘗抗巡鹽鄢懋卿妻，懋卿大怒，瑞亦不顧。劇中抗定國公，亦本於此。然瑞於隆慶間，已擢蘇松巡撫，不應至張居正時，尚爲兵部主事，居正未嘗爲兵部尚書，瑞亦未嘗出使也。蓋緣居正當國，瑞歸林下，群臣薦瑞者多，居正抑而不用。至萬曆十一年，張四維、申時行力矯居正之弊，居正所擯，悉奏召還朝。瑞即家擢吏部侍郎，未幾，遷右都御史。時人以瑞清名最著，而久扼於居正，抒憤詆斥，借瑞發揮，又借定國公勛戚，以鳴鼓樹幟，泄其不平之鳴也。時，勛戚無與居正相抗者，成國公朱希忠，其弟錦衣希孝，讞居正迫王大臣陷高拱事，最爲持平，然亦已經受意於居正，非挺身相異同也。居正子連擢甲科，當時譏議者甚衆，懋脩不脩之語，誠然有之。然懋脩以庚辰中狀元，而前三年嗣脩榜眼，居正丁艱不行，且服緋袍，爲大婚禮儀使。吳中行、趙用賢輩上疏攻之，時已有居正身不正之諺矣。翰林學士王錫爵，詣居正第面觸之。居正至索刀在手，云：爾殺我。劇云徐國公於朝房面斥居正，應暗指此事也。錫爵以掌院持正，力抗首揆，未幾，以遷葬乞歸。有謂不宜與居正太相形者，錫爵不顧。劇指錫爵執持居正之非，亦爲有因。時行則由居正力引得相，極與和同。居正生前，必無同異，迨其没後，收召其所逐，以慰士大夫心耳。是時，有吳仕期者，寧國生員，作書力詆居正，刻版傳布。有好事者，遂托海瑞劾居正疏，亦并刊行。於是操江都御史胡檟，令太平同知龍宗武，密加緝訪。宗武展轉根勘，得仕期姓名。宗武明知非是，以前書刊布，可以互證，遂以成案報檟。檟具奏參仕期，且以札稟居正。居正回札云：若出縉紳，不容不參奏。若出别項奸徒，廉實杖斃之可也。前疏封回未上。檟遂令宗武斃仕期於獄中。迨居正没後，大理少卿王用汲劾檟、宗武殺人媚人，二人皆抵罪。劇中陳三謨譏刺居正，致得重禍，事本據此，非無根也。云海瑞參劾居正者，以彼時有假托瑞疏之説也。然三謨乃居正黨人，爲御史時，與朱璉、曾士楚輩保留居正，大爲朝議所擯，神宗擯廢不用。此却以爲三謨激怒居正，疑與三謨交厚者，爲之出脱以解嘲也。萬曆年間，新進士劾宰相者，居正時有鄒元標，其抗疏與政府爲異者，又有顧允成、諸壽賢、薛敷教等。作者以彼時觀政進士，每多慷慨論事，故有陳三謨面譏居正於朝房之説。

又《未央天》 又名《九更天》。聞明季時有兄弟二人，皆擅才思，其一作《未央天》，其一作《瑞霓羅》，《瑞霓羅》用包拯以銅鍘誅豪惡事，而《未央天》則用聞朗以釘板恤冤。拯黑面，朗金面，兩相對照，謂朗乃《封神傳》中殷太師聞仲之裔孫也。鹽官米新圖，妻周氏，子庶脩，居家時，有鼠墮食中，及釜米化血之怪。庶脩又夢中得句云：避禍於千里，留人到九更。種種不吉，恐在家得禍。新圖有兄新國，家在秣陵，因往探之。新國病垂危，以妾桃琰娘爲屬。琰娘素放誕，與鄰居侯花嘴有私。新圖兄病没，送柩還鹽官，欲携桃氏同往。花嘴遂與琰娘密計，殺妻李氏，焚其首，而以琰娘之衣衣李，首告於秣陵令褚無良，謂新圖奸嫂不遂而殺之。花嘴鄰居作證。褚遂捕得新圖於中道，嚴刑拷訊，傅致死罪。花嘴與琰娘居然若夫婦矣。新圖有僕曰馬義，痛其主冤，欲爲伸控。而縣官以女首未得，三日輒重拷新圖。新圖不勝楚，偶得砒霜，欲服以畢命。馬義適見，奪之去。婦而義妻臧氏見之，細詢其故，臧闞義出，竟引藥自斃。義持首納於官，而身入京師，詣闕下擊登聞鼓控冤。新圖之子庶脩，見僕將去，而新圖益無以自給，乃賣身爲僮，以其資給父。有縣令殷銘新者，妻亡，止存一女，行取入京，道經秣陵，泊舟河下，遂買庶脩爲書僮。而花嘴恐琰娘露其情，詭而鬻之於殷宅，爲其女之乳娘，兩人同在殷令家，不能相識也。馬義之控冤也，掌登聞鼓者，御史聞朗，金面三眼，中間一眼，能照上天下地，接其詞，知有冤，試以釘板令義卧其上，義即毅然就板横卧釘上無所避。朗爲奏於朝，即命朗巡視。朗即檄示秣陵，使無决新圖，俟已至研審。是時，新圖已得旨正法，縛赴市曹，天明即行刑矣。其夜，打鼓至九更而天不明。及明，則已過日中，而朗檄恰至，乃釋新圖。朗因獄情重大，夜宿廟祈夢於城隍之神，其神即新國也，夢一猴示現，口銜十六字云：君公之下，將相之旁，花開葉落，李代桃僵。比質審時，見侯花嘴姓名而疑之，乃遣一妓女，於夜半時僞作花嘴妻魂，向花嘴索其首。花嘴情盡吐，然琰娘未得。朗不便明出新圖，乃僞討新圖氣絶，云已病没，而陰使人踪迹琰娘。庶脩聞新圖死，私脱身往獄前慟哭，銘新知而重之，又喜其英雋，撫爲己子，尋以女許之。挈至京師，令其應試，遂登甲科，選授番禺縣令。銘新亦遷官廣南，聞朗雖未得琰娘，而新圖事已大白，即爲奏聞冤狀，且言其一門孝義，朝旨褫秣陵令褚無良之職，以新圖代之，又以馬義輕生救主，授爲縣佐，贈其妻貞烈夫人。新圖赴任，抵臨江驛，銘新及庶脩亦抵是驛，乃同至秣陵，以琰娘付御史偕花嘴正法，而庶脩、殷女畢姻。御史旌米氏之門，爲建節孝碑坊，以避禍於千里，留人到九更，爲兩旁對聯。於是江寧水西門，相沿不打五更之鼓，云爲此也。其説雖屬附會，亦有所因。言是漢宣帝時事，不過隨意假托耳。

又《文星現》 蘇州朱素臣撰。記祝允明、唐寅及沈周、文徵明事，或得之雜記，或得之傳聞。吳人推重數子，以爲上應文星，故曰《文星現》也。劇以祝、唐爲主，文、沈爲賓，何韻仙、秋香爲祝、唐之配。云四友玩雪賞梅，泊舟婁門關外。唐、祝酒後，裝作乞兒，唱蓮花落。何韻仙者，早失怙恃，與乳媪依母舅盧重環御史以居。倚樓觀雪，聞唱，俯視之。使媪與之酒，問誰所編。答曰：祝允明也。何素愛祝詩文，心念不置。道士顧樵雲，居元妙觀，聞祝、唐負重名，而口角尖利，欲與締交，祝時時愚弄之。及聞韻仙愛己詩文，乃僞作賣梨糕者，以文集包裹，賣之于何。何得之大喜。祝更僞作樵雲化緣脩觀，何書簿若干，并予金環爲信。祝得環，謂可據爲要約也，亦大喜。時盧奉命視鹺兩淮，駐揚州，接甥女抵任所。祝與文、沈至揚勾疏，祝以忌日詣盧，且語言有觸犯，盧大怒，發江都縣枷示轅門。時有朝旨，索祝詩文，將召而官之，踪跡至揚州。盧覓祝殊急，文、沈詣盧，盧重其名留飲。兩人飲次，爲祝請聯甥女之姻，并請釋顧。盧悉如所請，而以祝無從覓，兩人曰：是在我耳。及成婚，即所枷示者也。盧且慚且笑，祝遂攜婦歸蘇。是時唐寅亦詐秋香爲室，文、沈醵酒驩宴。席間各舉生平不檢及怪迂事爲酒令，行之共諧笑，曰，今日可謂文星現矣。《涇林雜記》云：唐伯虎才高氣雄，藐視一世，而落拓不羈，弗修邊幅。其詩畫特爲時珍重，錫山華洪山學士尤所推服，彼此神交有年，尚未覿面。唐往茅山進香，道出無錫。計返棹時當往詣華。傾倒晚泊河下，登岸閒行，偶見乘輿東來，女從如雲，有丫鬟貌尤豔麗。唐不覺心動，潛尾其後，至一高門，衆擁而入。唐凝盼悵然，因訪居民，知是華學士府。唐歸舟，神思迷惑，展轉不寐。中夜忽生一計，若夢壓狀，被髮狂呼。衆驚起問故，唐曰：適夢中見一天神，手持金杵云，進香不虔，聖帝見譴，令我擊汝。持杵欲下。予叩頭哀乞再三，云，姑且恕爾，可隻身持香至山謝罪，或可倖免，不則禍立降矣。予驚醒戰悚。今當遵神教獨往還愿。即微服持包繖奮然登岸，疾行而去。潛至華典中，見主櫃者曰：小子吴縣人，頗善書，欲投府上寫帖，幸爲引進。即取筆書數行於一紙，授之主者，持進白華。呼之入見，儀表俊偉，字畫端楷，頗有喜色，可作吾大官伴讀，賜名華安。安得進身，潛訪前所見丫鬟，云名桂華，乃公素所寵愛者。計無所出，居久之，偶見郎君文義有未妥處，私加改竄，或爲代作。師喜其徒日進，持文誇華。華曰：此非孺子所及。呼子詰之，弗敢隱。因出題試安，援筆立就，舉文呈華，手有枝指。華閱之，詞意兼美，益喜甚，俾掌文房，凡往來書劄悉令裁復，咸當公意。未幾，主典者告殂，華命安暫攝，出納惟慎。而公嫌其未婚，難以重託，呼媒爲擇婦。安聞，潛乞於公素所知厚者，云不欲重費經營，或以侍兒見配可耳。所知因爲轉達，華曰：婢媵頗衆，可令自擇。安遂微露欲得桂華，公初有難色，而重違其意，擇日成婚。合巹之夕，相得甚歡。居數日，唐遂吐露情實云：吾唐解元也，慕爾姿容，屈身就役。今得諧所願，此天緣也。然此地豈宜久羈，可潛遁歸蘇。女欣然願從，遂買小舟乘夜遄發。天曉，家人見安房門封鎖，啓視室中，衣飾細軟，俱各登記，毫無所取。華沉思莫測其故，令人遍訪，杳無形迹。年餘，華偶至閶門，見書坊中坐一人，形極類安。從者以告，華令物色之。唐尚在坊持文繙閱，手亦有枝指。僕尤駭異，詢爲何人，旁云，此唐伯虎也。歸以告華，遂持刺往謁。唐出迎，坐定，華審視再三，果克肖。茶至而指露，益信爲安無疑。奈難以直言，躕躕未發。唐命酒對酌，半酣，華不能忍，因縷述安去來始末以探之，唐但唯唯。華又云：渠貌與指頗似公，不識何故。唐又唯唯，而不肯承。華愈狐疑，欲起別去，唐曰：幸少從容，當爲公剖之。酒復數行，唐命童秉燭前導，入後堂請新娘出拜。珠珞重遮，不露嬌面。拜畢，唐攜女近華，令熟視之。笑曰：公言華安似不佞，不識桂華亦似此女否。乃相與大笑而別。華歸，厚具裝奩贈女，遂締姻好云。又《耳談》載陳元超事云：陳元超名元，句吴人。父侍御，疏論嚴氏，謫死。元少年倜儻不羈，嘗與客登虎丘，見官家從婢姣好姿媚，笑而顧己，悦之。令人跡至其家，微服作落魄，求傭書焉。留侍二子，自是二子文日奇，父師大驚，不知出元也。已而以娶求歸，二子不從，曰：室中惟汝所擇。曰：必不得已，秋香可。即前遇婢也。二子白父母以娶元。既娶，婢曰：君非塗遇者乎。曰：然。曰：君既貴公子，何自賤若此。曰：汝昔笑顧我，不能忘情耳。曰：妾昔見君服喪，表素而華其裏，少年佻達，可笑非有他也。元謂不然，益兩相歡。會有貴客過其主人，元因假衣冠謁客。客與歡，甚從容，言及白吏部，蓋元之外父吏部，正柄國尊顯。主人聞大駭，始悉元始末，亟治百金裝，併婢贈之。又《小説》亦云唐寅事，而婢即名秋香。按寅中正德戊午解元，而華察爲嘉靖丙戌庶吉士，已相去二十八年。其官至學士以及家居，當亦不下十餘年，是時寅已老矣，那得復作此態。《耳談》所載，大約是實。而世以寅風流放誕，因傅會耳。又祝允明有枝指，而寅所未聞，亦是傳訛也。所演允明情蹟，亦多子虛，蓋吴中談唐、祝事籍籍，真僞各半。作記者取而合演之，以供耳目之玩，故不盡核實也。唐寅，字伯虎，一字子畏，吴縣人。童髫入鄉學，才氣奔放。弘治戊午，舉鄉試第一。洗馬梁儲主南試還朝，攜其文示程詹事敏政，相與嘆息曰：一解首不足重唐生也。遂因洗馬召致伯虎，往還門下。儲奉使南行，伯虎乞敏政文以餞。己未會試，敏政爲考官，同舍舉子關通考官家人，事連伯虎，詔獄掠問無狀，竟坐乞文事。論發爲吏，築室桃花塢，般飲其中，家無儋石，客嘗滿座。文章風采，照曜江表，圖其石曰江南第一風流才子。歸心佛氏，取四句偈自號六如。少嘗乞夢九鯉仙，夢贈墨一擔，自是才思益進。祝允明字希哲，長洲人，五歲作徑尺字，九歲能詩，貫綜典訓，發爲文章，茹涵古今。弘治壬子舉於鄉，連試禮部不第。除興寧知縣，稍遷通判應天府。亡何，自免歸。希哲生，右手枝指，自號枝指生。海内索其文及書，贄幣踵門，輒辭弗見。伺其狎游，使女妓掩之，皆捆載以去。爲家未嘗問有無，得俸錢及四方餉遺，輒召所善客，噱飲歌呼，費盡乃已。每出，則追呼索逋者相隨於道路，更用爲忭笑資。華察，字子潛，無錫人，嘉靖丙戌進士，選庶吉士，出爲户部主事，進車駕郎中，再召入爲修撰，遷侍讀學士，掌南院，以給事御史論罷。家本素封，罷官里居，修其業而息之。田園第宅，甲於江左。食不三豆，室無侍媵，其儉約韋布如也。

又《翡翠園》 朱素臣作。演明正德間舒芬事，復用小説湊合，以新耳目。劇内因麻長史謀佔舒宅，搆翡翠園，故以是名。又謂芬所娶二女，曰翡英、翠兒，故又名《翡翠緣》也。略云：儒生舒德溥，江西進賢人，生子芬，少聰慧。德溥授徒于館舍，歲暮歸里。有縣役王姓者，諢名饅頭，虧糧，鬻妻於陝賈，中道號泣。德溥以脩金三十金與之，空囊以歸。除夕與妻食苦菜，夜半聞空中語云：今夜烹苦菜，他年中狀元。寧王長史麻某，素凶悍，與德溥鄰，欲其居以置臺榭。德溥以祖遺，堅執不可。麻陷德溥入盜案，遂據其室爲別墅，額曰翡翠園。縣尹知德溥冤，不爲具獄。麻搆尹于寧王，用他事奪尹職，而使僕持王府令牌，獄中擒德溥，半夜與羣盜俱戮。麻女翡英憐其受誣，欲爲解救。方苦無策，有穿珠趙媼，攜女翠兒，至麻園。翡素愛翠兒，與最善，談及舒冤，翠謀竊令牌往救。翡潛入邃室，密付之。翠出，遇縣役王饅頭，見其惶急，詢得舒事。王感舒贖妻恩，遂執牌示獄吏，紿縱德溥，與俱遁。趙媼素敬德溥，且愛芬才品，欲以翠字之。慮其以門第不敵見卻。值德溥被難，芬母子寓居，度必累妻子，乃與翠告芬母，相攜遠避，以翠許芬。麻知德溥逃，遍行捕緝。王役令德溥變姓名入山寺，念己無倚，向卜肆推命。星家爲易其八字，云自此運亨。是時德溥學徒馬某，選尹進賢，知師被奇冤，訪於王役，役細述始末。馬因王役仗義，重用之，令訪舒父子踪跡。會芬入棘闈，狀元及第，德溥乃出會其妻。馬尹具其事奏，詔以翡英仗義，賜婚舒芬。因女故并寬父罪，僅削其職。芬奏已聘趙氏，詔翠與翡並婚，叙姊妹云。按：正德時，寧藩横甚，藏匿諸盜，恣爲不法。其長史占鄰屋及誣陷人罪，理所當有，然未聞舒芬家有此事，真僞不可知也。舒芬，字國裳，進賢人，正德十二年丁丑科狀元，學行兼擅。正德、嘉靖間，兩被廷杖，官止修撰。正德十四年，寧王反，巡撫王守仁奏疏中里紳協同討賊者，有芬姓名。其父以館穀救人，見于稗史。翡、翠並取之説，所必無也。《庸行編》：江右舒翁，假館湖廣二年，偕諸鄉里同舟歸。途中登岸散步，聞一婦哭甚哀，問故，曰：吾夫負官銀，將鬻吾以償。幼兒失哺必死，是以悲耳。翁問所負幾何，曰十三兩。翁曰：舟中皆塾師，每人一兩，足完汝事矣。返告同行，皆不應。翁遂捐兩年束脩盡與之。未至家三舍，糧竭，衆爭非之。亦有憐而食之者，翁不敢飽。及抵家，語婦云：吾忍饑二日，速炊飯。婦云：安所得米乎。翁曰：鄰家借。婦云：借已頻，專候汝歸償。償其舊可借新也。翁告以捐金之故，婦喜云：如此，則家常飯可覓同飽也。遂往山中採苦菜同食。婦夢中忽聞窗外呼云：今宵食苦菜，明年産狀元。遂促翁覺而告之。翁曰：此神明告我也。是夜即有孕，明年生子芬，果狀元。

又《四奇觀》 蘇州朱素臣、朱良卿等四人合撰。演包拯斷酒、色、財、氣四案，因名《四奇觀》。言拯爲龍圖閣待制，兼攝開封府事。莅任日，修謝恩表畢，隱几假寐，金甲神示以酒、色、財、氣四事。及覺，命帶伏陰枕等寶物四種隨任。蓋俗傳拯能斷陰陽事，故小説粧點云云也。其酒案略云：祥符縣諸生馬驌，字既閑，妻上官氏。上巳日，同社友簡日章、温啓新於曲水園修禊。有姜念茲者，酗酒狡滑，適遲至，驌灌以酒。念茲謔驌，言其妻留飲，故來遲。又云，其妻下體凉冷，其婢春兒胸前温煖。衆厭其謔，觴冷酒罰之。念茲又云，適與馬兒之嫂狎飲，冷必致疾。驌甚懷疑。席散歸，試妻婢冷熱，如所言。而念茲暴病，驌潛遣館童往探，遇醫于途。醫問童以念茲致疾之由，童云，貪色飲冷所致。醫者胗脉，遂言陰症，用藥大補，念茲遂斃。驌益信之，休妻于母家，以婢送襄城縣太常卿羅萬象家爲妾。妻冤不能伸，控念茲於包拯，以驌友温啓新爲干證。拯思念茲已歿，必得其供狀，始能白。遂寫牒，遣啓新詣城隍廟，焚于爐中，持伏陰枕卧神廚下，叩索念茲供狀。鬼吏詢所由，啓新言其事。鬼吏云，神赴岳廟造册，念茲現枷轅門。啓新至其所，念茲囚首垢面，不勝苦楚。枷上書云：酒後狂言，拆散人夫婦。犯人姜念茲。念茲見啓新，泣訴陰司苦狀。啓新述拯遣叩城隍索供，念茲遂親書供狀，以付啓新。吏趣啓新行，遂醒，胸前果有供詞，持以覆拯。拯拘春兒同訊，因問其妻云：上巳日，念茲至汝家，汝坐石上乘凉，春兒擁爐煎茶否。妻婢皆曰諾。拯曰：念茲知汝二人冷煖，故造言以紿汝夫耳。以供狀示驌。閱畢，並無一字，惟素紙耳。驌大駭異，悔己之悮，服拯神明，迎歸復聚。其色案略云：羅萬象官太常卿，居襄城，乞休林下。馬驌送春兒爲萬象妾。春兒姓夏氏，姿色頗麗，萬象鍾愛之。值妻逝，遂以爲正室。方盛暑，憩碧梧軒，萬象拜客歸，以並蒂茉莉遺春兒。春兒簪以金針，令婢碧蓮插壺中。圬者倪阿措築垣，萬象夫婦適服香薷飲，憐阿措酷熱，令婢稍給之，遂與春兒詣荷亭乘凉。婢誤置花壺中給阿措，阿措得花，謂春兒有意，乘夜潛入卧室。適僕羅全者，遺履庭中，阿措以草鞋易履入。春兒方在梧軒納凉，阿措窺卧室無人，脱履潛入帳中。萬象揭幔欲寢，阿措逃去。萬象急遣婢取燭，遍索室中無人，惟履在榻前。萬象識爲全履，謂春與通，啓視，逼令自斃。春兒恨命薄，屢受冤，遂自經。全夫婦本儀封縣錢不廢舊僕，以微過逐出，萬象收之。及是，尉酷拷使供盗情，全大呼冤，不服。包拯出巡至，尉往迎，繫全獄中。拯入署，垣忽頹，度其中有冤者，拘衆匠築之。聞吏與阿措稱拯神明，阿措遂述羅全事云。拯雖明，亦不能斷。吏詢此事究何人所爲，阿措皇遽答云，箬帽下自有人。拯聞其言，立擒阿措。措落帽露金簪，拯度必閨中物，訊所得之由，措言萬象園中所拾。細訊之，云得婢壺中。萬象來謁，拯令坐賓館，使役扃之，拘婢來訊，使認其簪，乃知誤爲阿措所得。遂嚴拷阿措，始供易鞋之情。因邀萬象驗視供狀，而釋羅全出獄。拯令役視春兒屍，縣軟如生，以温凉帽覆之，復活。念阿措下愚無知，罰修文廟傭工以贖罪。萬象還家，以春兒爲妻，受誥命，而憫全無辜受累，賞之金。其財案略云：儀封人監生錢不廢，素慳吝。父瓊，錢塘教授。叔瑶，萊陽令。兄弟俱逝。不廢奉孀母。嫡妹名東珠。瑶妻亦亡，無子，止一女，名西珠。兩女年月日同，惟時不同。瑶官萊陽時，曾以女許簡日章。瓊女未字。兩女甚相得。時屆仲秋，鬭蟋蟀爲戲，瑶女遣婢于園中捕捉，觸土神座，損其臂。星士仇邋遢過其門，母令推二女命，言瑶女當爲夫人，瓊女于九月朔日當殞。母大憂懣，欲飯僧以祈壽，不廢堅執不允。恚邋遢妄

言，幾耗其財，甚啣之。至九月朔，冥司果召土神勾瓊女。二女本同生，而土神以損臂故誤勾瑶女，瓊女得無恙。邋遢復經其門，不廢以妹現存，加以叱辱。邋遢與辨，不廢毆之，悮傷，立斃。不廢以尸抛園池，若其自失足墮水中者。瓊女見之，令婢舁至牡丹花下，多方解救。竈神見土神攝瑶女魂，謂姊妹同年月日，恐有錯悮，不肯押字。令土地覆明冥司，所勾果係瓊女。邋遢之魂，亦詣竈神訴冤。閻羅傳語云：瓊女有救人之心，益壽二紀。瑶女與邋遢俱還陽，二人誤入其尸。瑶女甦，所説皆邋遢語。邋遢所説皆瑶女閨中事。適簡日章應試，便道就親。不廢因叔女瘋顛朦朧，以己妹贅之。花燭時，邋遢突入，持日章大詬，責其停妻再娶。日章驚異，呼告不廢。瑶女忽毆不廢，謂其無辜殺命。互相扭結，控于包拯。拯詢男女語言，及其名字，似各舛錯。一告停妻，一控殺命，茫然不得其解。及訊日章云：結姻係不廢所主，不知其情。訊不廢無辜殺人事，不廢抵云：係瘋顛語耳。拯復細訊，乃知二人皆歿後還陽。遂大喝二人云：汝魂錯入他尸也。二人並倒。拯封鐍其門，以二尸置東西廊，一枕伏陰枕，一卧赴陰床，自作閻羅，攝二魄，訊明其故，各復原身。不廢無辜害人，杖徒三年。以家資百兩，給邋遢調理。瓊女與瑶女皆歸日章。日章中解元，與二女並諧伉儷。其氣案略云：陳留人甯廉，與簡日章等爲友，成進士，授廣州香山令。以路遠，留妻鄧慧娘侍孀母淳于氏居家，令老僕甯忠照管，自攜僕甯孝之任。循例謁孔廟，吏請先謁安黎大王。廉問何神，吏云：此神能降禍福，常年祭以童男女。廉度必邪神，往視之，形貌兇惡，遂毁像，焚其廟。妖神嗔恚，幻爲甯忠，持訃音報母歿。遂委縣佐護篆，丁艱歸。途中又失甯忠，遇大雪，苦不自勝。而妖幻忠詣銓部，首廉僞報母喪，棄印逃職，請治其不忠不孝之罪。時廉已歸，母安然無恙，讓其媳云：何爲使人謬報。廉妻茫然。廉云：持書者即甯忠。妻云：忠向得疾，今始瘳，未嘗出門也。廉大驚異。忽有詔遣校尉捕廉，令包拯治其逃職之罪。廉至，大呼稱冤。拯訊之，以假甯忠事告。拯疑必妖幻，詰廉曾遇妖邪否，廉始悟安黎大王事，具以告拯。拯奏釋其罪，令復之任。潛遣壯丁四十，帶照妖鏡尾廉後，有警即照之。妖果幻爲校尉，途中劫廉。壯丁以鏡照之，皆妖也，盡斬除之。廉復同京謝拯，乃赴香山。按：《龍圖公案》中，並無此四段事，係作者扭合。又按：《太平廣記》中，如李簡、竹季貞、陸彦皆係冥官勾去，陽數未盡久而復生，奪他人

宅舍，非復故形。元時賈雲華亦然。《稗乘》如此者頗衆。劇内瑶女與邈邈返魂互入，其事更奇。《靈犀佩記》中亦有兩女重生，各不認其父母事。然考段成式云：扁鵲易魯公扈、趙嬰齊之心，及寤，互返其室，二室相諮，古來蓋有此事矣。

又《瑶觴記》 不知何人所撰。演劉基事而神奇其説，謂基未遇時，得天書、寶劍，及瑶觴一隻，後佐命功成，以觴上壽，故謂之《瑶觴記》。又曰《萬年觴》。事迹有虚有實，關目多與史繆戾。按錢謙益《列朝詩集小傳》云：基，字伯温，青田人。元至順癸酉明經，登進士第，累仕皆投劾去。方谷真反，爲行省都事，建議招捕，省臺納方氏賄，罷官羈管紹興，感憤欲自殺。門人密里沙抱持，得不死。太祖定婺州，規取處石，抹宜孫總制處州，爲其院經歷。宜孫敗走，歸青田山中，伏匿不肯出。孫炎奉上命鈞致之，乃詣金陵，後以佐命功，官至御史中丞，封誠意伯，正德中謚文成。《紀事》云：元至正十八年十二月，太祖遣使徵青田劉基、浦江宋濂、龍泉章溢、麗水葉琛，胡大海薦四人賢，故遣使以書幣徵之。明年三月，劉基、宋濂、章溢、葉琛至建康，入見。太祖喜甚，曰：我爲天下屈四先生。命有司創禮賢館處之。基自幼聰明絶人，凡天文、兵法、性理諸書，過目洞識其要。至正初，以《春秋》舉進士，授高安縣丞，累官江浙儒學副提舉。元政亂，投劾去，常建議剿方國珍，不用，安置紹興。遊西湖，有異雲起西北，諸同遊者以爲慶雲，將分韻賦詩。基獨縱飲不顧，大言曰：此天子氣也，十年後，應在金陵，我當輔之。時，杭州猶全盛，皆大駭，以爲狂，無知基者，惟西蜀趙天澤奇之，以爲諸葛孔明之流。客有説基者曰：今天下擾擾，以公才略，下括蒼，并金華，明越，可折簡而定。因畫江守之，此勾踐之業也，捨此不爲，欲悠悠安之。基曰：我生平忿方國珍、張士誠等所爲，用子計，與彼何殊耶。且天命將有歸，子姑待之。會太祖下金華，定括蒼。基乃指乾象，謂所親曰：此天授，非人力也。既而總制官孫炎以上命遣使來聘，基遂決計趨金陵，陳時務十八策。太祖嘉納之，留帷幄，預機密事。據云：劉基，字伯温，處州青田人，舉進士，累官江浙儒學提舉。投劾歸，遊西湖，見王氣，知應在金陵。夜過荒丘，得天書三卷，寶劍一口，瑶觴一隻，觴上鎸天子萬壽。天書皆蝌蚪文，不可識，卷末有真字云：欲貫通，訪卧龍。乃以觴付其妻袁氏，而携書劍出訪所謂卧龍者。行至山陰，見漁樵二人，以道服易其衣，引至一處，復見一書生，令改裝閉目，攝之淩空而行，頃刻開眼，則已至成都山中，諸葛孔明之仙居也，遂拜爲師，留與談道。其妻使蒼頭訪之，途遇獵者於黄羊嶺，言猛虎害人，而基衣在林中，爲獵者所得。蒼頭訪得故衣，以爲必遭虎噬，歸報袁氏，招魂服喪。時，元末盜起，明太祖方晦迹皇覺寺，掃地，叱金剛，金剛出走，太祖逐之。遇徐達，勸太祖起義，卜筶得吉，遂與常遇春、李善長等二十三人同會於馮勝家，俱往投郭子興。子興奇太祖狀貌，以所撫馬氏女，贅以爲婿。而子興之子晞妒之，置毒酒中，欲加害。馬后知之，以告太祖。太祖與晞俱行，佯與空中語，謂神相告：晞以毒謀害。晞驚駭，自是不敢復害。基得孔明傳授，精曉天文兵法，出山來投滁陽郭子興，與子興議論不合，欲殺之。太祖救免，基掉臂歸，太祖追及之。子興卒，太祖欲立其子。基與諸將皆不從，太祖乃即吴王位。張士誠據姑蘇，遣兵四出，掠民間婦女，充後庭。其將李伯昇兵至處州，基妻袁氏被擄，威逼不從，幾見殺，得士誠子救脱幽承天寺。太祖既定金陵，分兵四出，徐達、常遇春等討士誠，士誠屢敗，達、遇春等進圍姑蘇，久之，城中食盡，李伯昇陰遣書約降。城破，士誠死。達檢户口，得袁氏，詢之，知爲伯温妻，袁氏始知其夫之未亡也。携至金陵重聚，而所謂瑶觴者亦無恙。基佐太祖定天下，即帝位，大封功臣，基爲誠意伯，宴於朝，出觴上壽，以慶當時符瑞云。按劇中叙劉基點將，以仿韓信、諸葛亮，宣李善長、徐達、常遇春、李文忠、馮勝、鄧愈等聽令，皆是捏造。徐、常取姑蘇是實，善長諭元官民，文忠攻陳友諒，馮、鄧攻方國珍，皆誤。蘇城如蟹，盤門是頭，堅不可破，齊門是臍，一攻即破，此吴下相傳俗説。其實達破葑門，遇春破閶門，諸將乃蟻附登城也。劇中帶叙常遇春采石先登，是實事，而元將姓名狼牙哈里不奮則僞造，時守將乃平章完者不花也。按《庚巳編》：誠意伯劉公未遇時，知青田山有靈異，日手一編，面山而坐，目不暫釋。經歲，忽崖上豁開二扉，公亟擲書趨入，聞有呵之者曰：此中惡毒，不可入也。公不顧，力排而進，其中日色明朗，有石室方丈，壁上七大字云：此石爲劉基所破。公喜，引巨石推之，應手折裂，得石一函，中有古鈔兵書四卷。懷之出，纔展之，而壁合如故。歸，誦之甚習，然猶未得其肯綮，乃多遊深山崇剎，以訪異人。久之，入一山寺，見老道士憑几讀書，知其隱者，拜之請教。道士不顧，公力懇之。道士舉所讀書以授之曰：讀此旬日，能背誦則可，不能姑去。書厚二寸，公一夕記其半。道士驚嘆曰：子天才也。遂傳其學。後佐高皇帝，嘗對御言及道士。上令驛召至闕，年且八十，而容色甚少。命誠意伯及張鐵冠擇建宮之地，初各不相聞，既而皆爲圖以進，尺寸若一。上欲留之，不可，遂放還山，不知所終。劇中劉基得兵書事本此，而妝點作往青城山尋卧龍，其實則青田老道士也。

又《雙熊夢》 一名《十五貫》。聞係近時人撰，或云亦尤侗筆也。記中熊友蘭、友蕙皆獲重罪，蘇州守况鍾禱於神，夢雙熊訴冤，因爲研審而出其罪，故曰《雙熊夢》。友蘭、友蕙皆因十五貫鈔，無端罹罪，故又曰《十五貫》。其情節甚緊凑，唱演最動人，然大抵皆鑿空也。友蘭事，則小説中有錯斬崔寧一段。略云：有一女子，因夫醉歸，攜鈔十五貫，誑云賣妾所得，妾懼，晨往母家。道中與寧相值，問路同行。而其夫是晚爲賊殺，竊其鈔去。鄰里方共追妾，見與寧同行，而寧適攜鈔十五貫，遂鳴於官。官不能白，竟坐斬寧。相傳宋時即有此小説，則或當有其事也。此記姓名各異，且兩事之冤。按鍾事蹟頗多，亦無及此者，及借以點綴，如每本雪冤必演包龍圖之意。謝承《後漢書》：汝南李敬，爲趙相奴。於鼠穴中得繫珠瑠珥相連，以問主簿，對曰：前相夫人昔亡三珠，疑子婦竊之，因去其婦。敬乃送珠付前相，相慚，追去婦還。劇中本此兩事，串合爲一。言淮安人熊友蘭、友蕙兄弟，皆讀書，家甚貧窶。友蘭出外營生，爲舵工以自給，友蕙居家誦讀。鄰居典舖某者，其子甚醜，養媳何氏，美而慧。其室與友蕙僅隔一壁，聞友蕙書聲，嘗歎羨之。翁頗以爲疑，移其室于後。友蕙嫌太逼鄰女之室，亦移于後。友蕙書籍，屢爲鼠損，市藥欲殺鼠，置熱餅中。鼠穴通兩家，鼠竟銜餅入何氏室，其夫不知，取食而斃。翁嘗以鈔十五貫及釵環等物，予媳藏之，鈔環皆被鼠銜入穴，一環銜入友蕙室中。友蕙方乏米，謂是天賜，持至鄰舖易米。適何氏夫死，翁遂執友蕙與媳送于官，以爲因奸而殺也。推官不能辨，抵二人重罪，而索十五貫于友蕙家，則無有也，追責甚苦。友蘭舟抵蘇州，方執舵，且持書。舟中衆客聚談新聞，言及友蕙事，友蘭仆于舟，問之，則友蕙親兄也。有陶客者，老而好義，立取十五貫資之，友蘭負而行。天甫明，至無錫之高橋。少憩，有一女子亦至，詢某村之路。友蘭道所必經也，曰：我力竭，憩此少頃。我先行，汝隨後，相去數丈許。抵其地，當指示汝。語未畢，而追者至，送兩人到官。蓋其女曰侯三姑，女父曰油葫蘆，居户也，賭得鈔十五貫，持歸家。女問何從得，誑云：賣汝爲婢，此即身價也。女大慼。及天將明，姑避于母族，以故早行。有劉阿鼠者，見其門開，潛入室内，欲取鈔去。葫蘆醒而禦之，阿鼠即取屠刀殺之，去。比明，鄰里見葫蘆尸，覓女不得，追而跡之，適見兩人，即並縛。推官不能辨，亦抵二人重罪。推官自淮改調，即前定友蕙罪者也。會是時，况鍾新授蘇州知府，巡撫則周忱。秋審奏已下，熊兄弟皆當決矣。鍾宿廟時，夢兩熊跪而乞哀，又有猴鼠現形，種種變異，及得決熊友蘭、友蕙案，二人皆熊姓，三姑又侯姓，心大疑之。夜半詣撫軍轅門，擊鼓請見，願毋遽決，任其緝訪，兩月不得真情，受罰無所避。忱始以爲莽，既而歎其存心之厚，一聽所爲，予檄令得兼攝他府。抵淮，親往友蕙書室，及何氏所居内室，細驗之。見有鼠出入毁垣，視之，毒鼠餘餅及鈔皆在其中。乃出友蕙何氏罪，復抵常，僞作拆字者，在廟中行術。劉阿鼠聞友蘭未決，亦心驚，詣鍾以鼠字求拆。鍾云：鼠者，竊也，必曾有竊盜事。加蓋爲竄，必當竄乃可。阿鼠以爲神，以實情告之。鍾云：入吾舟可竄也。誑阿鼠入舟。已悉友蘭之冤。而陶客聞友蘭抵罪，大憤，詣鍾陳情。友蘭所得鈔，其所贈也。乃又出友蘭、三姑罪，兄弟皆復就試，並登第，俱出推官之門。鍾念二女無所歸，撫以爲女，即使推官爲媒，嫁三姑于友蘭，何氏于友蕙。

清·焦循《劇説》卷三 蘇州知府况鍾，字伯律，南昌靖安人，始由小吏事吕尚書震。吕薦其才，授禮部主事，進郎中。時仁廟初政，令在京五品以上舉所知。鍾舉左春坊左中允張宗璉。召問楊文貞公士奇曰：人皆薦外任下僚，鍾何乃舉朕宫官。楊對曰：臣與王直方欲擬薦宗璉，不意爲鍾所先耳。仁廟大喜，曰：鍾知宗璉，亦可謂賢矣。即日擢宗璉大理寺丞，蓋已有用鍾意。宣廟即位，大臣奏蘇州等九大郡繁劇難治，遂擢鍾等九人爲知府，皆授璽書以行。公至蘇廉察官吏，去太甚者四五人，嚴禁狡猾，而惠愛窮弱。執勢家侈恣不法者，立杖殺之。吏民大驚，奉行惟謹。又表除京運米二十餘萬，儒生孤寒者，多有所給，于是争獻詩頌。鄒亮獻二十詩，鍾獨稱賞。欲薦其才于朝，會有匿名書數亮過失，潛揭于府治大門者，鍾得書，笑曰：彼欲阻吾薦，正速成亮名耳。遂奏亮才學可用。召試有驗，授吏、刑二部司務，轉監察御史。其勇于爲義，類如此。歲滿去，吏民叩闕請留者八萬人。有儒生爲歌曰：况太守，民父母。早歸來，慰童叟。又曰：况青天，朝命宣。早歸來，在明年。時已有代鍾者，竟易去。文貞公贈以詩云：十年不愧趙清獻，七邑重迎張益州。又數年，鍾卒，吏民多垂泣送柩歸。其政績具見張修撰洪所著傳，及楊穆《西墅雜記》。今所演《雙熊夢》劇，親見稗官小説，而况青天實本于此。

清・俞樾《春在堂隨筆》卷一〇　南宋臨安有劉貴者，字君薦，妻王氏，妾陳氏。一日，攜其妻往祝妻父壽。妻父王翁，以其貧也，予錢十五貫，使營什一，留女而遣婿先歸。途遇其友，同飲而醉。及歸，妾見所負錢，問其故。劉貴醉後，戲之曰：吾因家貧不能共活，已賃汝於人矣。此賃錢也。明日，當送汝去。言已，就枕。既入睡鄉，妾思告知其父母，乃之鄰人朱三老家，告以故，且寄宿矣。黎明即行。而劉貴固熟睡未醒，有賊入其家，竊其錢。劉驚覺，起而追之。適地下有斧，賊即取斧斫劉，殺之，盡負錢去。次日，鄰人見其門久而不啓，入視，得狀。朱三老乃言夜間其妾借宿事，因共追尋。妾行路未半，力疲少憩。有崔寧者，自城中賣絲，亦得錢十五貫，與之同憩。追者至，並要之歸，聞於官。謂崔與妾有奸，殺其夫，竊資偕亡也，竟尸於市。後貴妻以夫死家貧，其父王翁使人迎之歸。途遇大雨，避入林中，爲盜所得，據爲妻。偶言及數年前曾爲賊入人家，殺其主人，得錢十五貫。妻乃知殺其夫者即此盜也，乘間出告於臨安府。事乃白，殺盜，没其家資，以半給其妻。妻遂入尼庵以終。按此事不知出何書，余於國初人作小説曰《今古奇聞》者見之。與今梨園所演《十五貫》事絶異，且事在南宋，非明時也。疑自宋相傳有十五貫冤獄，後人改易其本末，附會作况太守事耳。《十五貫》傳奇，乃國朝吴縣朱素臣作，去况遠矣。

著録

清・高奕《新傳奇品》　朱素臣：吴縣人。少女簪花，修容自愛。所著傳奇十四本。《振三綱》、《一着先》、《錦衣歸》、《未央天》、《狻猊璧》、《忠孝閭》、《四聖手》、《聚寶盆》、《十五貫》、《文星現》、《龍鳳錢》、《瑶池宴》、《朝陽鳳》、《全五福》。

清・佚名《傳奇彙考標目》卷下　朱素臣，未詳其字。吴縣人。《振三綱》、《一着先》、《萬年觴》、《錦衣歸》、《未央天》、《狻猊璧》、《忠孝閭》、《四聖子》、《聚寶盆》、《十五貫》、《文星現》、《龍鳳錢》、《瑶池宴》、《朝陽鳳》、《全五福》、《通天台》、《大吉慶》。

清・黄文暘、佚名《重訂曲海總目・國朝傳奇》　朱素臣：吴縣人。《振三綱》、《一箸先》、《萬年觴》、《錦衣歸》、《未央天》、《狻猊璧》、《忠孝閭》、《四聖手》、《聚寶盆》、《十五貫》、《文星見》、《龍鳳錢》、《瑶池宴》、《朝陽鳳》、《全五福》。

清・梁廷枏《曲話》卷一　其人各十五種者，國朝如：朱素臣之《振三綱》、《一着先》、《萬年觴》、《錦衣歸》、《未央天》、《狻猊璧》、《忠孝閭》、《四聖手》、《聚寶盆》、《十五貫》、《文星見》、《龍鳳錢》、《瑶池宴》、《朝陽鳳》、《全五福》。

清・支豐宜《曲目新編・著録八・國朝傳奇》　《振三綱》、《一著先》、《萬年觴》、《錦衣歸》、《未央天》、《狻猊璧》、《忠孝閭》、《四聖手》、《聚寶盆》、《十五貫》、《文星見》、《龍鳳錢》、《瑶池宴》、《朝陽鳳》、《全五福》。

右十五種，吴縣朱素臣作。

清・姚燮《今樂考證・著録八・國朝院本》　朱素臣十五種：《振三綱》、《一著先》、《萬年觴》、《錦衣歸》、《未央天》、《狻猊璧》、《孝忠圖》、《四聖手》、《聚寶盆》、《十五貫》、《文星見》、《龍鳳錢》、《瑶池宴》、《朝陽鳳》、《全五福》。素臣，吴縣人，與李元玉同時。元玉著《廣正譜》，素臣同校。

清・王國維《曲録》卷五　《振三綱》一本，《一著先》一本，《錦衣歸》一本，《未央天》一本，《狻猊璧》一本，《忠孝閭》一本，《四聖手》一本，《聚寶盆》一本，《十五貫》一本，《文星現》一本，《龍鳳錢》一本，《瑶池宴》一本，《朝陽鳳》一本，《全五福》一本，《萬年觴》一本，《通天臺》一本，《大吉慶》一本，《翡翠園》一本。右十八種，國朝朱素臣撰。

藝文

清・吴綺《秦樓月題詞》　《題情》感天水生事戲爲代賦。〔步步嬌〕記得年時初相遇，人共蒲關杜。清光荳蔻餘，短簿祠邊，猛現出陽臺一處。瘦影爲秋扶，恰便似花病芙蓉露。〔山坡羊〕鬧穰穰高陽朋侶，亂紛紛叢臺歌舞。見脉脉掠鬢無言，愛盈盈秋水頻回顧。罷酒時妝殘月照，初道三生，有笑同樊素。對榻長歎，擁衾私語。踟蹰，求凰調尚迂，趑趄，牽牛約未逋。〔五更轉〕乍分離，縈別慮。繫垂楊白鼻騧，玉兒家住櫻桃塢。喜得茗潔香温，此番重聚。爲雲英，已早把玄霜杵。西樓密誓低低訴，一時價玉鏡臺邊，芳心自許。〔園林好〕剛待把相思破除，睡橫塘花深錦凫。豈料有封姨嫉妒。猛忽地遇狂且，猛忽地遇狂且。〔江兒水〕但願諧鸞翼，寧辭捋虎鬚。向秦庭，痛哭把連城取。同心偷結西陵路，藏春暗入東山墅。幾夜巫山香雨，儘意把五色江毫，搨盡了瑩娘眉譜。〔玉交枝〕海山長固，証盟言梅花幾株。隔牆竊聽防鸚鵡，擲琴心願伴當壚。正章臺柳色未曾疎，武陵桃瓣原無誤。又豈料愁魔未驅，又豈料愁城轉紆。〔玉抱肚〕蘭舟催渡，送離愁片帆南浦。笑痴情空想團圝，把深恩難成辜負。重經虎阜也，有啼烏，把手江關血淚枯。〔玉山頹〕山長水阻，是明月無端賺予。問二分可在揚州，怎三更不照東吴。幾番別夢，好青樓迢迢難赴。又被江攔住。燕將雛，問堂前可認得舊家盧。〔三學士〕傳來尺素煩鯉魚，番教我費盡躊蹰。金環已失葳蕤，鎖斷髮難將鬧掃梳。心似蠶絲渾没緒，羨浮萍反自如。〔解三酲〕忘不了香鉤微步，忘不了玉腕斜舒。忘不了紅窓薄醉横波注，忘不了雪肌膚。忘不了花前軟欵將離情數，忘不了燈下横陳將倦體鋪。難忘處，有羅衾翡翠，繡枕珊瑚。〔川撥棹〕寄恨愁無據，剪羅衫做信符。把題襟麗句親書，把題襟麗句親書，要愁思長圍粉軀。倩賓鴻送遠途，試腰肢似舊無。〔嘉慶子〕一謎思量把百事疎，便廢寢忘餐不自圖。向人前空自支吾，向人前空自支吾，怕聽浮言説子虚。這相思病矣夫，這相逢夢也乎。〔僥僥令〕並頭花可愛，比翼鳥相呼。但願月下仙人能爲主，免使我倚香肩誓願辜。〔尾聲〕離情擬把歡情補，争奈七度空牀看玉蜍。只望你早駕青牛油壁車。

清・吴梅《辛亥冬仲讀菌次曲即書卷首》 舊家詞客讓吴郎，哀樂中年鬢易霜。記取玉簫來世約，虎山山下碧雞坊。瓊花終古艷江都，重譜虹橋仕女圖。十里隋堤曾走馬，不知陌上有羅敷。

朱佐朝

紀事

清・佚名《曲海總目提要》卷二〇《瓔珞會》 吴縣人朱良卿作。所演韋珏事，係憑空結撰。惟耿再成實係大將，而用隋朝人姓名扭合。謂韋珏遇瓔珞夫人授錮成功，故名《瓔珞會》。齊東妄語，村陋無取。略云：韋珏，字雙碧，河東定海人。父官金吾，隨越公楊素征安南，没于陣。珏以蔭叙補衛士，建陽節度使耿再成收置六營中。與秋起韜、田井並爲旗牌，教練士卒。其妻吴氏，生子鶚，爲諸生，聘起韜女井梧爲妻，未娶也。州舉鶚賢才，詣京就試。有揣骨相士，挾術甚神，言起韜家童秋順必貴，勸使逃邊方以圖功名。及珏、起韜同詣，相者言兩人皆早阨晚通。而据相書《千金賦》有云：太陽連眉閣，小人算得確。顴骨連於腦，暗箭難防卻。壽紋散無聚，妻南子北角。此相一齊逢，大難會瓔珞。謂珏目前當有大難。珏問瓔珞之説，相者亦不能明，但云後必有驗耳。時值陳後主遣宋老生用火軍陣以攻上黨，耿再成乃擢田井爲遊擊，俾守巢南以扼之。又使起韜催糧晉陵，使珏迎再成女于譚江驛。葢再成家于邵康，接女之任也。三人並旗牌，井獨遷擢，珏以語侵之，且言巢南戰地，未足爲喜。井遂與珏有隙，而懼不欲往。遇韜僕順述相士言，謂其當貴，乃令冒己名權抵任所。又設計以乞者充耿女，置之鉅舟，標曰耿府，泊于譚江以誑珏。俟珏迎假女去，而真女至，則刧與俱走，挾之他所，逼以爲室。珏果不知女僞，迎入府中，再成大驚異，痛責珏，并逮其妻。起韜行時，迎珏妻于家，以伴其女。遂于韜家執珏妻入獄，令珏復往譚江踪跡之，不獲真，則與妻並殺。初真女至，井冒珏名挾之去，欲加點污。女不從，乃誑至春陽鎮，欲賣于娼家。隋煬帝幸揚州瓊花觀，命再成護駕，點民女爲殿脚女，以拽錦纜。井梧往獄探姑饋食，被擒至龍舟，田井亦售耿女並充殿脚之數。煬帝見二女，詢其氏族，一爲再成之女，一爲韋珏之媳。耿女泣奏爲珏所掠，井梧又與力辨。煬帝以再成正從行，召入舟中，付以二女，令訪珏，還其媳。珏承再成命覓女，不能得，度且死，至鳳兒崖，與解役憩于大樹之下。詢之土人，云此樹名瓔珞，有神居之。珏憶相士言，謂數當盡，觸樹而斃。解役埋之，復於再成。再成已在龍舟得女，知珏實冤，出其妻於獄，以媳畀之。顧聞珏死，心益憐憫。然珏實未死，爲樹神所救。樹神者，瓔珞宫綵雲仙子也，知珏當歸，還其魂，以所觸折枝刻爲二金鐧，書符篆於上，令破火車以建功。珏返魂後，正未知所適從，忽遇其子鶚。初，鶚詣京應試，適抱寒疾，勉强完篇，隱几而卧。宇文化及子尚竊取録之，反塗壞鶚卷。尚擢大魁，鶚以卷污貼出，心甚不服，擊登聞鼓訴冤。詔都統制賀若弼察其弊。化及以子及第，爲求親于再成，再成即以女送京師。方合巹，而尚文字與鶚同，爲若弼察出，奉詔且止花燭，令尚與鶚對試。尚不能措一辭，遂繫於獄。改鶚爲狀元，即以耿女賜婚。化及慚甚，懇内監裴寂設計陷鶚。乘駕幸鳴臺，邀鶚入宫中飲，誘令大醉，舁卧龍床上，俾衛士擒之。時田井在京落魄無聊，宣華夫人在冥府燭井奸惡，化作民婦，引井從地道入鶚卧處，而救鶚由地道出。父珏見之，遂與俱歸。起韜自晉陵回，謁再成，聞珏凶信，再成發珏妻及媳出其府。起韜遂挈女歸，兼令女養珏妻于家。再成復遣起韜散糧巢南，見遊擊非田井，乃僕秋順，擒解耿所，治其罪。宋老生兵至，起韜與戰，爲火車所敗。遇珏父子，珏用金鐧大破老生兵。報捷於再成，再成始知珏復生，遂以二人功暨其子受冤事并奏。詔授起韜巢南總守，珏爲建陽幕府參軍，鶚起故官。初，田井换鶚出，鶚去，而井爲衛士所擒，發再成審鞫再。成女見井，證爲被賺奸人。遂以井正法，以女妻鶚，與井梧爲姊妹云。按：耿再成，明初鳳陽人，與徐達等二十四人俱從太祖起事。以樞密院判攻元將石抹宜孫于慶元，遂取處州。劇言耿再成爲大將，蓋實有其人，而託名于隋末也。所謂宋老生兵，當是指石抹宜孫，變其姓名耳。再成女事無所考。劇中地名官名，皆多繆妄。如云河東定海人，河東今平陽府，定海則沿海縣名，河東安得有定海。巢南，春秋時地名，與上黨不接。宋老生非陳後主之將，宣華夫人在陳亡後，煬帝時不得有陳後主，種種謬悞。又裴寂乃唐高祖功臣，作者以爲内監，尤謬。然諸劇大抵以裴寂爲内監，蓋因寂爲晉陽宫監而誤認也。

又《萬花樓》 朱良卿撰。謂嚴嵩以《萬花樓》詩陷衛茞重罪，因用爲名。事蹟非真，牽扯多謬。夏言、曾銑、周用、吳時來、趙文華、鄢懋卿、張瓚、仇鸞、汪直、徐海等，雖皆彼時人，而所演皆係扭合。衛茞、鄭時薦、曾銑女，未確。略云：衛茞字蘭孫，開封府人。父無譽，國學博士。與母謝氏僑寓京師，御史曾銑以女卿雲字茞。茞爲諸生，富才學，與同窗鄭時薦字西坡者稱莫逆交。茞父歿，而銑總制三邊，代鄢懋卿缺，即遣女與茞成婚。嚴嵩造萬花樓成，衆官往賀，夏言不與，嵩大啣之。嵩與趙文華、張瓚輩作《萬花樓》詩，首倡七律。命子世蕃作徵詩小引，索海内才人題詠。有曹必顯者，要茞賦詩同獻。茞詆必顯諛奸，必顯乃捏作一詩刺嵩，書茞名于後。嵩見詩嗔恚，擒茞欲殺之。通海人汪直以嵩建萬花樓搜索寶玩，凌辱商賈，遂與海寇魏南金、徐明山等結連羣倭，劫掠海洋，侵擾邊地。曾銑用計擒南金，解京師。夏言以嵩梗河套議，令解南金於嵩，以塞其口。嵩釋南金，使復與銑讎。且知茞爲銑女夫，用藥酒喑茞，以代南金，解送刑部，囑侍郎鄢懋卿誅之。懋卿在邊時識南金，謂銑陷平民冒功，以告於嵩。嵩亦以實告云，此一計害三賢法也，懋卿乃諭其意。及茞醒，欲逃不得。有賊牆穴竊懋卿物，茞從穴出，懋卿誤縛竊賊殺之。初，鄭時薦知茞被陷，度必拘茞家屬。勸其母、妻亡投曾銑，而黑夜挺身至刑部探聽。途遇茞，令潛匿以避禍。銑計南金必已正法，而南金復擾邊，銑大驚異，欲再擒之。會被逮赴京，其女及茞母相遇於逆旅，各叙情蹟。而嵩令廠卒刺銑于道，函首送京師。女痛欲絶，與姑同返，至汾陽關口，爲仇鸞所執，指爲軍妻潛逃，拘入營中爲軍士造飯。嵩以夏言謬舉曾銑，勒令致仕。總憲周用、工科吳時來祖餞。懋卿告於嵩，嵩復追言回京師，言亦被害。時薦知銑被戮，悔令茞母妻往邊。其妻霍氏仗義易男裝踪跡之，至關口，仇鸞執之，使充隊長。會茞母汲水，問知姓氏，遂攜其姑媳同居。時薦與茞會試，中道遇曹必顯，茞夤夜作鬼索命狀，必顯謂茞果歿，盡吐造詩真情，乞免其命。茞令寫供狀，執以鳴冤，必顯正法。未幾，茞官翰林，時薦爲部曹，茞悲母、妻飄泊，棄官求之。時薦亦以妻易裝事告茞，往邊關詢老嫗。云其母、妻皆爲隊長所得，茞大驚。時薦適奉詔贊畫軍務，茞往訴其情，遍查軍籍。有鄭霍者，即其妻霍氏。茞遂得與母妻完聚。時嚴嵩亦被劾抄没，發養濟院收管。時薦上疏奏明茞挂冠事，詔復其職，且加優奬云。按：曾銑、仇鸞、汪直、徐海等，雖俱在明世宗時，銑等事在前，直等事在後，不相聯綴也。鄢懋卿未嘗爲三邊總制，連倭之黨能劫海濱，不能擾邊地。曾銑逮受國法，未嘗途中被刺。夏言與嵩相失，非因不賀新樓。張瓚治兵八年，時稱福將，雖無才望，彼時嵩未極盛也，且瓚時爲兵部尚書，而劇言刑科，甚謬。吴時來爲諫官，亦非夏言尚在時事。又按：曾銑，揚州人，劇言江右人，誤。嚴嵩請夏言不赴，蓋有此説，而附會爲萬花樓也。按：言爲首相，嚴嵩屢次請言，言皆不赴。一日，至日晏而往，酒行三爵，言即別去。同席者次輔諸城翟鑾亦不敢後相，隨而去，嵩甚銜之，作記者影掠耳。劇又言汪直海舟在大姑山、小姑山、大小姑山，乃江中内地，直舟安得至此。徐海自號明山，劇言徐明三，亦誤。劇又言夏言囘籍，與夫人及賽瓊同還。按所謂賽瓊，即《鳴鳳記》蘇夫人也，本言之妾。夫人已殁，言遂以爲繼妻，不得有夫人與賽瓊同還事。按：夏言再召時，嚴嵩已加少傅。言本少師，世宗亦加嵩少師，以示並重。而言直陵嵩出其上，凡有所擬旨，行意而已，不復顧嵩。嵩亦默默不能吐一語，而心恨之甚。又故事，閣臣日給酒饌，當會食，言與嵩對案，不食所給，而自攜庖甚豐，亦不以食嵩也。

又《寶曇月》 係近時人作。演正統間楊善事，妝點附會，内中以相士張樸女修行仗義，爲楊氏復仇。西方獅子光王菩薩，始終以寶曇月大圓鏡點化張女，免難超昇，爲大關目，故用是名。略云：楊善別號靜年，順天府人。子馨，負才名。善妻早逝，娶媳曾氏，美姿容。時，王振專恣，也先擾邊。善疏劾振，振銜之，令善使也先議和。有相士張樸，鰥居貧乏，止生一女，貌妍而好善，不欲字人，長齋奉佛，感格西方獅子光王菩薩。知張女夙植善因，數當罹難，遂化老僧詣張募齋。女云：貧無以施僧。詢所願，云：不字人，願生西方而已。僧倨坐，頂後現寶曇月鏡，言：汝塵緣盡在鏡中。女視之，見己身與書生諧伉儷，復見一官長，似欲逼婚，己身作投繯狀。有菩薩騎獅，令金剛揭諦救去。僧收圓鏡，女叩其故。老僧云：定數如此，值汝難，當有菩薩救度也。言畢，遂不知所之。女告其父，甚駭異。適諸生入泮，皆轎馬鼓樂，内一生鵠形徒步，過楊馨門。馨問所由，生以貧苦告。馨遣僕從肩輿，送謁孔廟，詣生家拜其母，詢其姓名，係同宗，名載和，乃貧士也。馨與聯譜爲兄弟，遂迎其母歸，爲和擇佳偶。門客尤順之，覘張樸女美，與執柯。樸遂以女嫁載和。時，王振誣楊善降也先，詔逮馨繫獄。載和委曲爲保全其家屬。順之見馨構禍，復投錦衣衛指揮王山門下。山，王振侄也，素聞馨妻美，欲謀作妾，浼順之往説，言善父子命在叔振掌握，不從當滅門。順之劫載和主其事，和難之。馨妻聞，欲自盡。順之恃豪勢，必欲强曾氏登車。載和惶迫無措，張氏毅然欲代往。和不忍，張紿云：暫緩曾死，以報馨恩，徐圖歸耳。和不得已從之。山以順之贊成，札授千總之職。迨與張結姻，張紿欲以牛首祀祖，山令人速殺牛。張云：非謂真牛，欲順之首也。山惑張艷麗，即誑賀順之，於席間斷其首。張聞惡已斃，度山必污己，遂解佩繘自經。獅子光王菩薩潛釋其繘，云：汝當西歸，故度汝也。令趺坐，但聞仙樂異香，幡幢接引而去。山急欲救，忽詔到，令隨駕親征。值英宗北狩被羈，也先欲加害，有巨蟒蟠帳外。也先悔，以妹侍英宗，英宗納而未御。楊善懇欲覲帝，也先從之。善於帝左右曲爲調護，也先憐其忠，令持節先歸入關。知子被逮，具奏始末。有詔釋馨。英宗復位，振叔侄以罪誅，善陞兵部尚書，馨及載和皆授職。憫張氏仗義，亦授璞職，即以也先妹賜和爲配云。按楊善，順天人，以諸生起家，正統中至鴻臚卿。景泰初，守城有功，遷副都御史。元年庚午六月，瓦剌、知院、參政、完者、脱歡五人，賫番文表至請和。景帝遣使通問，以給事中李實爲禮部侍郎，中書羅綺爲大理少卿，偕北使同往。敕書但言講和，不言迎駕。也先欲送英宗回，伯顔、帖木兒以禮物未備，令實回取，速來和好。實至懷來，遇楊善於道。當是時，可汗不花兵少，其國政皆也先專之。知院、阿剌兵更少，君臣鼎足而立，外親内忌，合兵南侵，利歸也先，敝則均受。也先耻屈意，陰使不花、阿剌來通。不花所遣皮兒、馬黑麻要帝遣使，惟慮和之不早成也。帝乃進善爲右都御史，以少卿趙榮爲侍郎副之。七月終，至也先營。英宗從駕袁彬，促善盡言，善往復辨論，委婉懇切。也先大喜，許送英宗還京。八月初八，不花、也先餞行。十五至唐家嶺，帝遣學士許彬、商輅，迎入京師，時未持一物往，竟獲迎還，善之功也。英宗復辟，善預奪門功，封興濟伯，官止都御史，未嘗爲兵部尚書。正統間，善并無劾王振事，其子襲封伯爵，未有事實。王振没於土木，天順時，嘗加以恩恤。此云英宗誅振，誤也。振侄王山，錦衣指揮，嘗奪樂工之女，威逼致命。大理少卿薛瑄執法，都御史王文庇而出之。瑄爲文所排，此劇中假借張本也。郕王監國時，廷臣請殺王山，未報，而指揮馬順遽叱衆退。給事中王竑直前捽順，廷臣共擊殺之，王乃下令籍山。非天順時事。劇云王振令善使也先，亦謬。劇云：也先以妹侍英宗，英宗未御，後以嫁楊載和。按英宗在北，也先欲進其妹，英宗却之，云俟回京禮聘，諸書悉載此事。又有云：天順時，也先使至，英宗問何以不送妹至。使者云：送至大同，爲石亨取去。其後石亨之誅，蓋基於此，未知是否。

又《一品爵》 吴縣人朱良卿、李元玉等同撰。謂莘臧以射一品爵起釁，因用爲名，然本無其人也。略云：臨淮人莘臧，充經略桓錫材官。其父惟善，鰥居，持齋奉佛，樂善好施。臧年少材勇，見流賊大擾，欲立功自振，不議姻事。勸父續娶，以持門户。惟善娶楊氏，前夫之子樹千，賭博無賴，時至莘宅，惟善亦兒子蓄之。桓錫招降張獻忠麾下四鎮，金聲等咸以爲賊不測，錫意不悦，趣意各歸本鎮。錫壻崔顯者，父官尚書，軍中稱崔公子，以善射名。錫欲誇其能，鐫一品二字于金爵，名之曰一品爵，繫高竿上，射中者即賞之。顯中爵欲取，臧騁其技，射斷懸線，奪爵徑還。顯復令軍士追奪。途遇關中勇士閻信，號金睛豸者，見臧射爵，傾倒之至，遂奪爵以歸。臧與結契友而去。顯大恚，遣卒捕信。信遂逃從獻忠，嗾使復叛。金聲字震遠，陝西總兵，涿州人也。婦兄湯木天，臨淮人，信國公和之裔孫，世襲指揮使。聲奉命會勦獻忠，乃以女萃容送寄木天所。木天與惟善厚，適起官安慶守備。惟善欲以一品爵爲賀，而爵已失去。蓋夫婦同飲酣臥，樹千入見，竊之去。臧見其倉卒而出，心甚疑之，及父覓爵不得，臧心知樹千，私以語父。又恐于母有礙，勸父勿言。父勿能忍，向妻詬其子，妻護子相嚷，夫婦方失歡。而顯與錫謀必欲陷臧，乃令解火藥于陝軍。顯復令騎追及函關，夜用火箭射火藥，藥大發，盡燬于火。臧賴神救，僅免，乃持空批往投金處。聲即欲斬臧，臧具訴奪爵罹禍，及父與湯木天至交。聲以武藝試之，果甚驍悍，遂貰其罪，授爲守備，令赴木天處接女至任。比抵臨淮，木天已挈女赴安慶。臧乘間省父，惟繼母在家，告以父方入獄。蓋惟善嘗捨米五十石于普陀僧住静，其時通海之禁甚嚴，樹千與崔公子謀首于官，謂其以米餉賊。縣官酷訊監禁，禁子憐而恤之。臧聞父入獄，立往探視。樹千復率崔黨來捕之，臧亟走安慶，以情控于木天。木天已令妻偕金女西行，乃與臧計，欲同抵臨淮救惟善。忽報賊至，亟令軍士城守。臧以救父情急，突圍而去。木天與書令求救于聲。臧甫突出，遇賊縛二女子欲殺，臧擊賊而釋之，乃木天妻及外甥金氏女也。臧遂奉以如陝，而賊急攻城。城中民强木天降，木天不可，單騎力戰，被擒，將殺之。閻信亟語獻忠，且繫勿殺。勸降不從，語及莘氏父子被陷，信即提兵往臨淮，欲救出之。時湯夫人至陝，即言惟善之屈于聲。聲立遣人往臨淮取惟善。縣令恐他日貽禍，使禁子先討氣絶，以文覆金云已死。禁子語惟善，使作遺囑。流賊兵突至，城破，獄囚盡出。惟善亦出獄，南竄，遇普陀山僧住静，迎往山中。信不得惟善，而部卒縛崔公子以見，遂燒殺之。惟善繼妻楊氏，與子樹千逃難，爲獻忠所擒。見楊美，納以爲室，引兵蟠據楚中。桓錫以招撫無功，下法司擬罪。金聲連三鎮兵討賊，用臧爲先鋒，三鎮兵皆敗，臧力戰向前，與閻信遇，説使歸朝。會信見獻忠擁楊氏，勸使殺之，獻忠不從。信夜殺楊氏母子，獻忠追之，信并殺獻忠，率其衆降。聲等乃與木天相見。聲以女嫁臧，木天爲媒。臧于鳳陽僧寺追薦亡父，寺僧邀普陀住静結壇，住静偕惟善同行，至則見所追薦者即惟善也。於是父子相遇。聲爲奏明情蹟，授爵加封，并賞木天忠節，復官擢用。信以歸誠，亦授闖職。按：作者乃因繼母所挈子不肖貽害本家而作。姓名事實，俱假託也。所引經略桓錫，蓋暗指熊文燦、楊嗣昌之流。撫張獻忠貽害者，金聲則金聲桓也。文燦總理時，聲桓與左良玉、黄得功等皆總兵會勦。劇引四鎮，言聲桓、良玉、得功、劉澤清，不爲無因。但彼時無四鎮之説，嗣昌建四正六隅之議，劇不知而誤以爲四鎮也。聲桓勦獻忠，無甚功績可紀。劇歸重以美之，削去桓字者，因其後來以叛誅，故變文諱之耳。閻信本不的，以爲信殺獻忠，謬妄極矣。獻忠抵皖，安慶屬邑多殘，而獨府城未破。劇言破安慶，擒守將，亦謬。臨淮亦未破，無閻信劫獄事。新野丁舉人妹，婚于河南，在塗爲獻忠所得，而生子。又聘穀城敖生女弟爲妻。劇中以楊氏爲妻，蓋本此也。按劇，桓錫自述云：統握多官，有出將入相之權。且賜上方，有先斬後奏之命。其指楊嗣昌無疑。

又《吉慶圖》 係近時人作。演明世宗時海瑞、嚴嵩事，增飾點綴。以柳芳春繪《吉慶圖》，趙文華作祥瑞以獻，後柳擢大魁，命娶吉娘、慶娘。世宗謂應圖讖，即以賜柳，故名《吉慶圖》也。略云：淄川人柳圖，字芳春，多才藝，善於丹青。嗜酒落魄，遨遊京師，於酒肆沽飲，囊無資，爲畫李白醉酒於壁間，以償之。董傳策、易弘器會試赴京，入肆賞畫，詢知芳春筆，與坐談，甚相契，遂爲友。鄒元標、陸友奇因劾嚴嵩，友奇謫大理獄官，元標廷杖戍邊遠。時，海瑞復起用爲兵部主事，別妻，微行詣闕，宿旅邸，聞痛楚聲，詢知爲門生元標也。元標携幼女吉，托瑞撫育，遂輕身就道。嚴嵩密遣僕尾元標於途中，僕即以托女事告嵩。嵩囑陸炳、趙瑩珩遣校尉緝之，有髯偉貌挈少女者，即擒赴獄。初，柳繪《吉慶圖》出售，通政趙文華購獻於朝，以爲祥瑞。知柳負奇才，留掌書記奏牘。柳醉閲本章，見有蠹敗朝政者，手裂擲於地。文華怒，送大理獄。獄官友奇詢其故，知柳義憤所激，度必受害，遂縱出獄，且携女慶娘潛遁。適海瑞挈元標女吉娘行，瑞與友奇皆髯，於是二女盡被擒。瑞乃偕友奇伏闕陳嵩奸惡，詔以譭謗大臣，俱逮下獄。友奇斃獄中。奸黨令其女驗父屍，女不識認，蓋元標女也。及細鞫，知皆誤逮。嵩銜瑞，彈其過，令獄吏絶飲食。陸炳不忍，紿爲嵩僕入探，以粥引延其命。迨强健，復劾嵩二十四款。詔令司禮監及陸炳、趙瑩珩、鄢懋卿、趙文華會審。嵩款皆實，懋卿、文華亦伏罪。擢瑞都御史，召元標復職，賜葬友奇，令瑩珩繼友奇女。柳圖入試，值大醉，號軍迫交卷，一揮而成，殿試擢第一，詔賜元標女吉娘、友奇女慶娘爲婚。因二女與柳名與文華所進圖讖相合也，圖并賜柳。柳展玩乃自所繪，始知婚姻有定數云。按作劇者淺陋無學，但聞明代有海瑞、鄒元標，皆忠直之士，妄相紐合，不知相去遼闊，甚可哂也。嚴嵩嘉靖中年爲相，鄒元標萬曆五年進士，部中觀政，聞張居正激帝怒，廷杖吴中行、趙用賢、沈思孝、艾穆，乃上疏劾居正，廷杖戍邊。居正没，元標起用，安得劾嵩。海瑞爲兵部主事，抗疏觸世宗怒，下獄論死，隆慶初釋之，官至蘇松巡撫，轉操江。張居正當國，擯不用。萬曆十一年，復召至京，累遷右都御史。瑞初上疏時，嵩已久没，無劾嵩事。元標亦非瑞門生。所云二十四款，則天啓時楊漣疏也，於瑞無涉。董傳策，松江人，爲給事中時，嘗劾嵩。陸炳，平湖人，爲錦衣指揮使，與嵩結婚姻，盤據相重，嘉靖中先死。繼之者朱希孝，寬然長者。瑞下獄非炳時，且瑞自下刑部獄，非錦衣獄也。鄢懋卿、趙文華之敗，在嵩罷政之先，安得會鞫嵩。且文華視師浙江時，瑞方作淳安令，其爲通政在前，更無交涉。柳圖、陸友奇、趙瑩珩，皆生撰。易弘器，《飛丸記》有其人，亦未的。

又《瑞霓羅》 其事全無影響，太覺奇幻，亦不知撰人姓氏。略言：斗母宫中失錦一端，名曰瑞霓羅。有曲阜人夔吉者拾得，製爲錦帳。每逢朔旦之期，睡於帳中，即有金童玉女引入斗府，見示種種仙境。吉嘗問卜，云有大禍，須遠出避之。有友曰陳温故，咸陽富商也。吉令長子容赴汴京應試，而挈妻易氏及幼子順往投温故。酒間漏言，温故知吉有羅帳，借試之，果入仙境，遂誣吉爲盜，送入獄，且揉損其妻之目，拘繫其幼子順，而藏所謂瑞霓羅帳者。温故之女緋桃，美而賢，見其父爲惡，心大非之，時時以飲食餉易氏，護視甚至。温故欲殺順，緋桃令老蒼頭脱其死。老蒼頭既釋順，遂自刎於曠野。會夔容試畢，未放榜，之咸陽，適經老蒼頭自刎地。温故誑入家中，拘禁之，誣爲殺人賊。緋桃爲語容父母被害之故，甚令去。扃鎖不得出，亦被執送獄。包拯巡咸陽，夔順訴冤。吉友王本明亦代吉父子訴冤。於是拯私行入縣獄，訪得始末，治縣令納賄枉獄之罪，而殺温故以正法。欲殺緋桃，夔妻及容、順共白其有恩。拯釋其罪，判爲容妻。時榜發，容已成進士矣。司馬光、文彦博、蘇軾、范鎮等隨意點入。兩宫争立皇儲，似指明萬曆間福王事，然亦不甚合。

又《御雪豹》 不知誰作。事迹亦無所本。大略言關西湯惠初從劉錡爲裨將，累戰功封和陽王。御賜名馬一匹，曰雪豹。百官見御賜之馬，無不迴避。其馬日行六百里，神駿無匹，平章薛贊心竊妒之。又有駿馬曰火虬，日行七百里，曰烏獮，日行八百里。火虬、雪豹遇烏獮輒跪伏，俟其去，方敢從後而行。烏獮在邊將蕭總兵處，贊遣甥計方來與通譜之弟薛岳，以車載銀三千兩，向蕭買馬，名曰餉銀。時，蕭方失機，贊陰持之，度必當獻馬也。薛岳者寒士，其子蓮兒，慧甚，贊無嗣，養以爲子，名曰薛本宗，故認岳爲弟。計方來者，奸邪小人也，窺岳妻房氏之美，欲奸之。房氏不從，方來乃勾盜取餉去，而誣岳夫婦劫銀。贊不能察，竟以爲盜，送湯惠，令斬岳夫婦。惠妻徐氏、女褒珠察其冤，勸惠釋之。惠乃縱令遁，而報贊云已斬。方乘緝知之，以告贊。贊令方來率錦衣卒搜惠家。時，惠以勤王赴邊庭，方來直入内室，窺見褒珠，遂托樞密謝三才議婚。褒珠懼而從之。本宗年長，贊諱殺岳事，言岳選得幕官，在粤西遠地，而令本宗應試，一舉成名，爲聘都御史周鼎之女，兩人同日成婚。花燭之夕，暗中爲鬼神所移，褒珠竟歸本宗。方來怒甚，遣僮刺本宗。其僮醉反，誤殺方來。本宗夫婦懼贊疑己，乘夜逃去。湯夫人亦慮贊波及，離家避之。岳夫婦竄於外，岳爲馬走，房氏爲店家掌爨。岳隨湯夫人投店，本宗夫婦旅至，惠以功成班師，亦過其地，各相識認，因獲團聚。而贊爲謝樞密所彈，竟得罪去。總兵、錦衣都御史，皆明時官制，作者或有所托，駕名於南宋也。

又《石麟鏡》 不知誰作。其事全無根據，亦太奇幻。秦犇，字瑞芝，官河南巡撫。二女，長玉娥，次素娥。署中浮翠軒生靈芝，根下掘出古鏡，古鏡者，無昧真人所煉也，照出人間未來姻緣。一曰蕭謙，一曰秦玉娥，真人鑄，蕭郎鏡三字於鏡背，埋入龔衙署。玉娥照鏡，見一男子。素娥照，則無有也。久之，玉娥見鏡中男子帶枷鎖，有人追而殺之，男子忽不見。玉娥怖，遂發狂疾。龔與山東巡撫陳大章同剿賊，令二女居舟中。一日，玉娥衣龔衣走上岸，忽入祥符獄。有儒生蕭謙，儀封人也，奉母蒯氏以居，爲賊所禽，欲逼爲軍師，謙不可，而官兵執謙，以爲賊黨也，解謙於軍門，送祥符獄。謙乘獄卒睡逃去，獄卒因以玉娥代謙。謙母蒯叫冤軍門，龔赴京迫，乃釋謙還母，而釋者實玉娥，龔不知也。蒯領玉娥出，非其子，復叫冤於軍門。龔已去，乃遇大章。大章與龔素相忌，知龔誤，欲構其罪，乃羈蒯及玉娥，而奏龔縱賊首蕭謙，遂下龔獄。大章又奏請立斬謙。蒯入獄探謙，詢其所由來。玉娥忽悟，卸男子冠服，復爲女人。是時，大章已爲刑官，將斬謙，知係女子，大驚，不敢聞於上，而留蒯及玉娥於署，令侍其女。蕭謙之逃也，與其友焦占同入京，易名焦謙，獲上第。大章欲辯爲婿，而謙必欲相女，女陋甚。大章令玉娥代相，遂成姻。甫入贅，陳女死，大章不得已，以玉娥爲女嫁謙。謙母蒯得與謙相遇。方龔赴京時，思女玉娥成病，泊舟河西務。無昧真人與言玉娥被禍始末，使龔及素娥照鏡。見玉娥帶鎖，因與龔言：刑部衙門前有一石麒麟，若令一親人入都，以鏡嵌麟口，不唯釋女，并可得佳婿也。會龔被逮入獄，素娥遂送鏡入麟口，且作辨冤本，求都御史夏敏奏於朝。章下，敏勘審，焦占代謙入獄，訴明冤狀。奏聞，治大章罪。謙夫婦團聚。龔又以素娥配占。當素娥嵌鏡麟口，大章不知其異也，收鏡付女。女將嫁時，照鏡，忽見種種怪狀，驚怖而死。玉娥乃得與謙爲婚。前後關鍵，皆此一鏡，故標曰《石麟鏡》云。按《三國志》：孫策既殺于吉，引鏡自照，見吉在鏡中。《獨異志》：唐中宗廢居房陵，有人渡水，拾得古鏡進之。帝照面，其鏡中影人語曰：即作天子。未浹旬，果即位。《稽神録》：魯女思鄺臨妝鏡中，忽見一婦人，抱一嬰兒立其後。《耳談》：世廟時，章中丞煥計偕，夢對鏡，鏡中人語曰：我中則汝中。後放榜，中兩章煥。又杭州張洽，一日照鏡，見鏡中之貌，另一人也。曰：有我有爾，無我無爾。明年赴都，與一舉人同車，是鏡中所見，問其姓名，會稽張洽也，放榜皆發甲。

又《九蓮燈》 近時人所作。其姓名事實皆係撮撰。以富奴借九蓮燈爲關鍵，故名。多暗指明朝事，非無因也。其曰西宮吴妃，欲將國母史后廢置，更立爲正宫，似指萬曆中年鄭妃事。其曰司禮盧憲，與平章霍道南同謀，使獮兒持刃入宫，稱皇后指使，下閣部九卿會審。道南悉聽獮兒誣供。兵部尚書閔覺不從，欲究真情。道南與憲坐覺有逆謀，下獄論死，且捕擒其家屬。似指嘉靖中年事。欽天監鄧元龍綁縛上疏，似指正德間事。閔覺父子下獄，富奴往蓮花山道德真君處，借九蓮燈以護覺。劇所以名《九蓮燈》，蓋以富奴救主人爲全本大關目也，其事無所本。閔遠在妓女鄧飛烟家脱逃，飛烟大受株累。遠又逃入戚輕霞宅，輕霞改妝代遠，其後飛烟嫁輕霞。兩女子先成婚配，卒同歸於遠。此與《耳談》情節八九符合，蓋即此一事也。《耳談》魏輕烟等事迹，詳《贈書記》。按明萬曆時，中外相傳慈聖李太后乃九蓮菩薩化身，此劇恰以蓮花山，借九蓮燈爲名，益似爲彼時事而發。

又《建皇圖》 演明太祖出身皇覺寺始末，有據書史者，亦有傅會者，蓋真妄相錯云。薛應旂《憲章録》：帝，濠州鍾離東鄉人，先世居沛，徙句容。宋季，大父徙度淮，居泗上。父世珍，又徙鍾離。母陳，生四子，帝最少。帝生於元天曆戊辰之九月丁丑，是夕，赤光滿室，上燭於天，里中人看見之，競呼朱氏火起，相率救護，及至無有也。歲甲申四月，喪父，不數月，喪伯兄，又喪母。值旱饑疫，窘甚。鄉人劉繼祖與地，始獲窆。時，帝年甫十七。九月，入皇覺寺。逾月僧乏食，帝西至合肥歷光固汝潁，凡三年，復還皇覺寺。壬辰春，定遠人郭子興起兵，攻拔濠州據之。元將徹里不花憚不敢進，唯日掠良民，以邀元主之賞。人無生路。帝乃禱於神，以卜出處，唯從雄吉。閏三月朔，遂入濠見郭子興。子興育徐王女馬氏爲己女，遂納爲館甥。高岱《鴻猷録》：高皇帝，先世江東句容人，大父熙祖，渡淮家泗州。父仁祖，偕陳太后始遷濠之西鄉，復遷太平鄉。生四子，長南昌王，今靖江王，其後也。次盱眙王，次臨淮王，俱無後。高皇帝，季子也。陳太后嘗夢神人，朱衣象簡，饋丸藥，燦然有光。吞之，覺聞異香，遂娠焉。及期生帝，誕生之夕，紅光燭天，里中人疑失火。旦日多走視之，異香經宿不散。使人詣河取水浴之，自是室中時時有異光，迫視之，無所見。帝少苦多病，仁祖欲度爲僧，陳太后不欲也。至正甲申，疫癘大作，仁祖、陳太后俱不禄，鄉人劉繼祖與地葬之。南昌王、臨淮王亦先後歿，盱眙王徙他境，未幾亦歿。帝時年十七，無所依，乃從汪媼議，遵先志，托身皇覺寺。媼爲具少儀物，得禮寺僧高彬爲師。居寺再閱月，多奇徵，衆頗異之。亡何，寺主僧以歲儉乏食，遣徒衆令各散去。帝乃出遊江淮，西歷金斗，東抵光息，北至潁川。嘗道中病，見二紫衣人與同寢食，病愈失所在。又夜行陷麻湖中，有群兒讙云迎聖駕，叱之無所見。數年，乃復歸皇覺寺，寺殘廢不可居。時元至正壬辰，汝潁蘄黄盜起，韓山童始倡亂。山童被擒，劉福通等擁山童子韓林兒，侵掠汝寧光息等郡縣。又有芝麻李、徐壽輝等，皆强盛。定遠郭子興起兵，與孫德崖等據濠城。帝時年二十五，居皇覺寺，見民多被掠，甚恐，乃以珓禱於寺伽藍神，曰：若神許出境以全生，珓當以陽報。守不出，以一陰一陽報。三祝，投珓皆陰。帝乃祝曰：欲予豈倡義耶。果若是，請復陰之珓。投果復陰。帝又祝曰：倡義事凶，予甚恐，願求陽珓以避難。珓則仍陰，更祝投之，乃一珓桌立。帝意遂決，以歲壬辰閏三月初一日入濠，至門，守者執之，面被創。良久，以帝見郭帥，遂委身行伍。居兩月，得爲親兵，以孝慈皇后妻之。帝在郭甥館乃出城，於里中招兵，郭帥授帝官鎮撫。彭早住、趙均用據濠城稱王，其部下多凌轢濠衆。帝乃説郭元帥以南收兵，遂棄所部數百人，獨率壯士徐達等二十四人，辭出，略定遠，向滁和。徐禎卿《翦勝野聞》：太祖嘗自叙朱氏世德之碑，其文曰：本宗朱氏，出自金陵之句容，地名朱巷，在通德鄉。上世以來，服勤農業。五世祖仲八公，娶陳氏，生男三人。長六二公，次十二公，其季百六公，是爲高祖考。娶胡氏，生二子。長四五公。次即曾祖考四九公，娶侯氏，生子曰初一公，初二公，初五公，初十公，凡四人。初一公配王氏，是爲祖考妣。有子二人，長五一公，次即先考諱世珍。元初籍淘金户，金非土産，市於他方。以先祖初一公困於役，遂棄田廬，携二子遷泗州盱眙縣。先伯考五一公十有二歲，先考纔八歲。先祖營家泗上，置田治産，及卒，家日消。由是五一公遷濠州鍾離縣，其後因至鍾離居。先伯考性淳良，務本積德，與人無疾言忤意，鄉里稱爲善人。先伯娶劉氏，生子四人：重一公、重二公、重三公，生盱眙，重五公生鍾離。先考君娶徐氏，泗州人。長重四公，生盱眙。次重六公、重七公，生五河，某其季也。生遷鍾離後，戊辰年，先伯考有孫六人，兵興以來，相繼寢没。先兄重四公有子曰文正，今爲大都督。重六、重七俱絶嗣。曩者父母因某自幼多疾，捨入皇覺寺中。甲申歲，父母長兄俱喪，次兄守業，又次兄出贅劉氏。某托迹緇流。至正二十四年，天下大亂，諸兄皆亡。淮兵大起，掠入行伍。乃招集義旅，兵力漸衆，因取滁和。龍鳳三年，帥師渡江，駐兵太平。爲念先考君，嘗言：世爲朱巷人，宗族俱存，平日每有鄉土之念。即訪求故鄉宗族之所，遂調兵取句容。明年克金陵，而朱巷距城四十里，舉族父兄昆弟四十餘人至，始得與之叙長幼之禮，行親睦之道。但朱氏世次，自仲八公之上，不復可考。今自仲八公高曾而下，皆起家江左。歷世墓在朱巷，唯先祖葬泗州，先考葬鍾離，此我朱氏之源流也。《翦勝野聞》：淳皇及后疾疫死，重四公繼之，貧薄不能具棺卜穴。太祖與仲兄謀，草葬山谷中。行未抵所而綆絶，仲返計。太祖視屍，忽風雨雷電，太祖避樹下，聞空中神語曰：孰襲取我土。仿佛有應者，具淳皇諱。神曰：爲草人則已。已而暴風揚沙折木，天轉晦。比明，往視之，土裂，屍已陷。田伯劉大秀遂歸其地而棄責，今鳳陽皇陵，即其地也。《憲章録》：癸卯秋七月，上親帥諸將，發舟師二十萬，擊陳友諒於彭蠡湖之康郎山。常遇春等與之聯舟大戰，乘風縱火，湖水盡赤。敵將張定邊迎戰，遇春射之，定邊中矢走。友諒退保鞋山。八月，遇春率諸將溯流而上，友諒出戰，我兵遣火舟、火筏禦之。敵奔潰，友諒中流矢死。其僞平章陳榮以下，悉以樓船、車馬、士卒十萬來降，其子理奔武昌。冬十月，遇春率兵圍武昌。《憲章録》：常遇春，濠州懷遠人，元至正壬辰，年二十三，爲群盜劉聚所得。度聚終不成，乙未，從上和陽，渡江拔采石，取太平，上乃授以總管先鋒，以至都督大元帥，其後爲開國元勛，追封開平王，謚忠武。《翦勝野聞》：常遇春初附劉聚時，嘗晝寢，夢一羽士語之曰：起，起，此處非爾所宜托也，爾主至矣。既寤，適太祖至，於是遂傾心焉。《憲章録》：帝恩威日著，豪傑樂從。李善長、湯和、徐達等數十人，率先歸附。姊子李文忠先同其父母避亂，與帝相失。其父禎，聞帝駐師滁陽，遂携來歸。《續文獻通考》：曹國長公主，高皇帝姊，即孝親公主，下嫁李貞。洪武年，册爲隴西公主，貞拜駙馬都尉，封恩親侯。三年，貞進封曹國公，公主加國號。十一年，貞追封隴西王。《翦勝野聞》：太祖微時，甚見愛於郭子興。郭氏五男惡焉，乃以他事幽之空室中，絶其漿食。馬后竊以餅餌遺之。《鴻猷録》：劉基，青田人，幼聰穎奇絶，天文兵法，無不洞極其妙。仕元爲浙江儒學副提舉，不合，去。遊西湖，見異雲起，曰：此天子氣也，應在金陵。十年後有王者起其下，我當輔之。後以事羈管紹興，行省復起用之。基知時不可爲，棄官歸青田，集衆保鄉里。會上征浙東，基指乾象謂所親曰：此天命也。適總制官孫炎以上命遣使來聘，遂决計赴金陵。《翦勝野聞》：青田劉基伯温，嘗携客泛舟於西湖，抵暮，仰瞻天象而言曰：天子氣在吴頭楚尾，後十年當興，予其輔之。及過蘇閶門，見張士誠曰：貴不過封侯，何能久也。夜登虎丘山，復曰：天子氣尚在吴楚之間。時，郭子興據濠上，就見之，遇太祖，曰：吾主翁也。深自結納。曰：後十年，主君當爲天子，我其輔之。乃拂衣而去。《鴻猷録》：太祖二十四子，俱封王，又封侄孫爲靖江王。國廣西，文正子也。太祖破陳也先，復擒其子兆先，無與也先手搏事。劇中太祖聞也先犇臺較藝，揭其榜文，打也先下臺。湯和、常遇春適至臺下，救出，因投濠州孫德崖。乃《水滸傳》燕青智撲擎天柱事，借用於此。開國帝王，豈宜有是。乃作者之陋也。

又《乾坤嘯》 未知誰作。中有閣部本章堆積如山語，似明萬曆問情事。兵部、都察院合奏邊情，錦衣衛扭解罪人，錦衣大堂傳諭拿人，亦皆明朝事。文彦博審行刺者云：利器傳入内廷，必有其人。又絶似萬曆四十三年挺擊一案。何士晉、陸大受、王之宷等欲究問主使之人，謂張差之挺，必有自來。招出鄭貴妃宫監劉成、龐保，神宗乃潛斃二監於内廷也。韋妃欲陷烏后奪嫡，亦疑暗指鄭妃。宫中搜出利刃，則又影響萬曆初年王大臣及末年張差事。略言：汝寧烏廷慶，三代將家，官檀州統制。其妹則皇后也。將赴任，集負債者，以逋券還之，且各贈金五兩。有韋繼仝者，貧無行，廷慶子紹惡之，但折券，不予金。繼仝恨甚。未幾，以妹韋氏爲帝妃，詔官錦衣。帝與韋宴水晶樓，置朝事不理。皇后烏氏怒責妃，剥去其所賜后服。妃大恨，遣内監丙融與繼仝謀，用利刃，使宫娥卜鳳，置后所居昭陽殿御衣中。帝早朝，宫人以衣進，有刀墮地，刻乾坤嘯三字。乾坤嘯者，廷慶軍所製刀名也。帝大怒，立發校尉拿廷慶，并捕其全家。廷慶至，下法司。其子紹方娶俞氏擎珠，聞捕者至，懼而逃。有趙酒鬼者受紹恩，殺捕者於路，隨紹竄鐵星關，令妻史隨俞氏逃，至靈石縣遇文彦博夫人，收爲女。時，讞廷慶者，即彦博也，心知其冤，而以事涉宫闈，不能具獄。帝復令包拯勘問，卜鳳之置劍於衣也，初不知情，既而見事涉皇后，懼而竊語，欲首發其事。韋妃與融計鴆殺之。拯拘卜鳳陰魂勘問，具得韋、丙之謀，殺融與繼仝，請下妃法司讞問。帝不許。拯乃令卜鳳魂捉妃去。烏紹改名權濟，中式，出彦博門。會事已白，彦博因以女歸紹。

又《艷雲亭》 不知撰者何人。其事皆子虚，無故實。言秦人洪繪，字後素，遊學汴京。樞密使洪都蕭鳳韶爲女惜芬擇婿，其門生鮑卜明以繪文呈覽，鳳韶嘆賞，召令至家，欲面試其才學。而繪適遊艷雲亭，飲醉，迨入蕭宅，沉酣未醒。惜芬方在園中，與乳母遊玩，賦梅花詩一首。見繪醉卧石上，乳母言鳳韶邀請擇婿之故，惜芬令乳母以詩索和。繪立揮付之，而醉仍未醒也。惜芬見詩，頗屬意於繪。適鳳韶回，怒繪之沉醉，使人扶出園門，不復言姻事矣。平章王欽若營艷雲亭於郊壇之鈞天谷，選繡女以悦真宗。鳳韶疏彈欽若，欽若大怒。西夏趙元昊反，遂薦鳳韶率兵往征，而矯旨取其女惜芬入艷雲亭。洪繪他日之蕭宅探信，乳母以惜芬臨去時所題詩予之。詩意若恨繪者，繪感慟欲絶，遂往艷雲亭叩閽，言惜芬實己妻，痛詆欽若亂政。真宗立命欽若還惜芬於繪，并盡遣諸女。欽若怒甚，使家將畢宏殺繪，而拘惜芬於儀曹，不放還家。畢宏遇繪，欲殺，有卜者諸葛暗，瞽目無所見，突衝兩人，繪得逸去。宏懼欽若殺己，問卜於諸葛暗，而繪亦晚投諸葛所居廟中。宏又欲殺繪，暗占卦象，力云不可，令少頃，當有所警。宏睡夢間，見武侯怒擊之，懼而釋繪，因并之儀曹，引惜芬出，與言欽若訂仇之故，而縱之，令許作痴癲狀，以避禍。宏遂自刎死。鳳韶征元昊，至許州，被圍，七表請救。欽若閉門修齋，置不理，勢危甚。洪繪之兄遠，武藝絶人，其妻上官瓊珠，美而且勇。遠往汴覓弟，道經許州，亦圍在城中。鳳韶急迫，欲自刎，遠救止之，與潰圍出。追兵至，薄於河。瓊珠往泰山進香，舟泊其地，兩人遂渡以免。瓊珠爲鳳韶畫策，令遠用美人計，獻瓊珠於元昊，伺便爲内應。元昊納瓊珠，以方率兵攻汶上。未之幸，以遠爲千總，俾奉瓊珠守許州。鳳韶敗，問至京。真宗怒欽若不救，誤封疆，立命爲帥，征元昊。至則兵大敗，欲逃歸，爲亂兵所殺。元昊益猖獗。真宗思洪繪叩閽時，嘗力詆欽若，下詔求之。鮑卜明謂洪繪已死，冒其名，受職方司，俾招撫元昊。初，畢宏之縱惜芬也，言斷課諸葛之神，令往求之。惜芬詐痴，日間乞丐，晚依諸葛，宿宏廟中。惜芬乳母無所依，憑媒嫁於諸葛，見惜芬，相依以居。諸葛聞朝中授洪繪官，喜而往謁，言惜芬在其家。卜明遂并賺聚惜芬，甫迎至宅，而招撫命下，立趣登程。乳母見其貌，知非繪也，告於諸葛。諸葛遂以假官事叩閽，有旨令内監往逮。時，鳳韶及繪皆至許州，爲遠卒所獲，送於遠。遠因與瓊珠擁鳳詔爲帥，據許州以討元昊。元昊兵至，戰敗被殺。鳳詔方奏功，中途遇内監，與卜明證明其僞奏罪，卜明以惜芬歸繪，於是鳳詔復原官，遠、繪弟兄一門受封爵云。

又《虎囊彈》 所演魯智深事，本《水滸演義》。智深見金氏女爲鄭屠所逼，先縱金氏而手斃鄭於市，潛亦遁去。金氏女歸趙員外，而智深適避難至其地，與之相遇，因留居於家。後事將露，乃令智深往五臺山寺披剃爲僧，後轉爲盜，於二龍山作寨主，有救林冲及服桃花山周通、李忠等事，遂歸梁山泊。宋江降後，於杭州僧寺，聞潮而化。今劇中關目，大略據此。後半情迹，與《傳》大不相同。其略云：趙員外爲仇人花子期誣作通梁山賊，已定案矣。其妻金氏，鳴冤得釋。又趙員外有犬嚙死花子期，蓋借義犬故事，皆屬作者增添附會。按龔聖與《花和尚魯智深贊》云：有飛飛兒，出家尤好。與爾同袍，佛也被惱。此是實有其人，而未載其事迹也。此劇增飾甚多，而《虎囊彈》之名，尤覺新奇。言金氏訴冤於种經略師道，其中軍牛健出令，凡訴冤者懸於竿上，彈以虎囊彈一百，能不懼者，乃是真冤。金氏願受彈不懼，健知其冤，爲投狀於師道，乃讞出真情，出趙員外之罪，故標三字爲題也。作者未詳，大抵是近代人手筆。按魯智深出身提轄，本是种經略部將，以金氏之故，三拳打殺鎮關西，亡命於外，投入空門，不改故態。後復於汴京大相國寺炒鬧禪和子，其醉打山門，倒拔垂楊，及捲金銀器皿滚下桃花山，隻身提禪杖打二龍山，皆足聳人觀聽。此劇敷演趙員外及金氏事，以金女本智深所救，故首尾用爲綫索，智深入山本末，亦已略約具焉。然命題之意，以虎囊彈爲主，則非專爲智深也。傳奇演僧家事迹粗豪鬬狠者，《西厢記》則慧明遞書，《昊天塔》則五郎禦敵，皆僅一點出，且此兩人亦無害於人。惟此劇花和尚事形容最詳，其鷙悍之態，亦摹寫殆盡矣。明嘉靖間，都督萬表以倭賊内擾，特募嵩山少林僧以擊之。蓋自北齊稠禪師，唐時窺基，皆以勇俠著聞，後世不絶此派，而少林之僧則無不善拳棒者，此輩若不失本性，入於正果，則如金剛努目，降伏衆流。其墮落惡道者，即是藥叉羅刹也。智深本師授記曰遇潮而寂，後擒方臘，聞浙江潮聲，即刻回首，似有結果。然擒方臘乃韓世忠事，則聞潮坐化之説，亦未的也。

又《牡丹圖》 所演賈似道子畫美女爲牡丹圖，理所應有，而史傳未載其事。鄭虎臣與似道爲仇，竟殺似道，見於正史，然未嘗殺似道之子也。似道貶循州，是實事。韓世忠子韓彦直，亦實有其人，餘多造出。似道子時誼，蔭太常寺卿，蓋明朝宰相子爲恩蔭官，往往至太常卿而止。寧伯儔爲按臺一年，與龍必鼎交代，蓋明朝巡按定例一年交代也。明代宰相之子如嚴世蕃輩，驕横者不少，此劇當有所指。未知誰作，亦不知指何人也。略言：賈時誼者，賈似道之子，置歌姬十院，各以美女領之。嘗於冬月，邀其門客給事中李道中、户部郎中龍必鼎賞雪，令歌姬頭上各插牡丹一朵，名曰賞牡丹。告以十院歌姬，尚少二院，須得海内絶色兩人。爲畫計，令賈檄諭州郡，不拘大家小户，有美女者畫容進獻，名《牡丹圖》。宛城寧伯儔，字重遠，官西水行臺。其女桃瓌，居望春樓，爲畫工史無讓所見，圖形獻賈，詭其姓名曰宓冉之女。賈使人搜得，押解至盤江驛。會稽鄭虎臣，似道之仇也，同妻往臨安，至盤江驛，殺差官，救寧女。虎臣令妻偕女往西水投伯儔，會伯儔代去，不得遇。虎臣妻與寧女居旅店中，店主死，虎臣妻遂爲店媪。有孫漢夫者，赴試臨安，值金兵南下，朝廷以邊警，暫停放榜，漢夫回至盤江驛，拾得《牡丹圖》展玩之次，爲邏者所獲，解入賈府，送行臺治其獄。是時，伯儔任滿，遷經略去，必鼎繼之，兩人交代，而漢夫解至。伯儔夢其女頭戴牡丹，縛赴法場，一年少官救之去，心甚恍惚。移文有《牡丹圖》，伯儔閲視，酷似其女，且云宛城宓冉之女，大疑之。所見孫漢夫，又夢中年少官也。念已交代去，不便理事。而必鼎爲賈相私人，無可與語。乃授中軍密計，僞報漢夫中狀元，奪之出獄。而報者果至，榜已放，漢夫實中狀元也，遂偕漢夫入京。漢夫母唐氏，家居，賈子令人僞報其子爲狀元，誘之出，途中上枷杻。虎臣復救脱。唐氏逃去，投虎臣妻店中。虎臣恨似道不已，與打虎人牛萬里結爲弟兄，投入賈宅，殺其子，偕謁大帥韓彦直，擢爲裨將。是時，伯儔官經略，漢夫爲彦謀，偕破賊軍，還至旅店，遇女及漢夫母、虎臣妻。伯儔上疏，奏似道蒙蔽軍情，貶循州安置。令虎臣爲媒，以女嫁漢夫。虎臣偕萬里竟棄官而去。按韓世忠子，去賈似道甚遠，不宜拉入。

又《漁家樂》 近時人作。其意專詆馬融，必有所指，但未知所指誰也。所演漢事，亦有因，而不甚的。中間以相士萬家春及鄔漁翁女爲關目，云家春相清河王，以漁家樂三字爲讖。其後清河被梁冀遣校尉追急，避入漁舟，校尉射殺漁翁，因此得脱。漁翁女飛霞，代馬融女入冀宅，用神針刺殺冀，竟爲清河之妃。又云，有簡人同者，極貧，馬融以女執由命不由人之説，遂送女於人同。人同後與叔立功，而融事敗，賴人同救以免死。皆全無影響，鑿空撰出。《馬融傳》：融字季長，扶風茂陵人。奏頌忤鄧氏，滯於東觀，十年不得調。陽嘉二年，公車對策，拜議郎，梁商表爲從事中郎，轉武都太守。桓帝時爲南郡太守，有事忤大將軍梁冀旨。冀諷有司奏融在郡貪濁，免官，髡徙朔方，自刺不死。赦還，復拜議郎。才高博學，爲世通儒，前授生徒，後列女樂。年八十八，卒於家。融懲於鄧氏，不敢復違忤勢家，遂爲梁冀草奏。李固又作《大將軍西第頌》，頗爲直正所羞。《梁冀傳》：南郡太守馬融，初除，過謁冀弟不疑。冀諷州郡以他事陷之，髡笞徙朔方。《太平御覽》：袁隗妻馬倫，是季長女，少有才辨。融家勢豐豪，裝遺甚盛。隗問曰：婦奉箕箒而已，何乃過珍麗乎。對曰：慈親垂愛，不敢逆命。君若欲慕鮑宣、梁鴻之高，妾亦願從少君、孟光之事矣。隗又曰：弟先兄舉，世以爲笑。今處姊未適，先行可乎。對曰：妾姊高行殊貌，未遭良匹，不似鄙薄苟然而已。又曰：南郡學窮道奥，文爲辭宗，而所在之職，輒以貨財爲損，何耶。對曰：孔子大聖，不免武叔之毁。子路至賢，猶有伯寮之愬。家君獲此，固其宜耳。隗默然不能屈。《太平廣記》、《朝野僉載》云：唐魏徵爲僕射，有二典事之長參。時徵方寢，二人窗下平章。一人曰：我等官職，總由此老翁。一人曰：總由天上。徵聞之，遂作一書，遣由此老翁人者送至侍郎處，云與此人一員好官。其人不知，出門心痛，憑天人者送書。明日引注，由老翁者被放，由天者得留。徵怪之，問焉，具以實對。乃歎曰：官職禄科由天者，蓋不虚也。《張霸傳》：霸子楷，楷子陵，陵字處沖，官至尚書。元嘉中，歲首朝賀，大將軍梁冀帶劍入省，陵呵叱之，令出，勑羽林虎賁奪冀劍。冀跪謝，陵不應，即劾奏冀，請廷尉論罪。有詔以一歲俸贖，而百僚肅然。冀弟不疑爲河南尹，舉陵孝廉。不疑疾陵之奏冀，因謂曰：昔舉君，適所以自罰也。陵對曰：明府不以陵不肖，誤見擢序。今申公憲，以報私恩。不疑有愧色。《李固杜喬傳》：沖帝末，固以清河王蒜年長有德，欲立之。語梁冀，冀不從，乃立樂安王子纘。年八歲，是爲質帝。及質帝末，固與冀書言天下重器，宜詳擇其人，冀乃召三公中二千石列侯大夫議所立。固及大鴻臚杜喬皆以爲清河王蒜明德著聞，又屬最尊親，宜立爲嗣。中常侍曹騰等説冀曰：將軍實客縱横，多有過差。清河王嚴明，若果立，則將軍受禍不久矣。不如立蠡吾侯，富貴可長保也。冀善其言。明日重會公卿，冀意氣凶凶，而言辭激切。自胡廣趙戒以下，皆曰惟大將軍令，而固獨與杜喬堅守本議。冀罷會，説太后，先策免固，竟立蠡吾侯，是爲桓帝。後歲餘，甘陵劉文、魏郡劉鮪各謀立蒜爲天子，冀因此誣固與文、鮪共爲妖言，下獄。門生王調貫械上書，證固之枉。太后明之，乃赦焉。及出獄，京師市里皆稱萬歲。冀大驚，畏固名德，終爲己害，乃更據奏前事，遂誅之。李固見廢，内外喪氣。羣臣側足而立，惟喬正色無所回撓。清河王蒜事起，梁冀諷有司劾喬及李固，與劉鮪等交通，請速案罪。梁太后素知喬忠，但策免而已。冀愈怒，使人脅喬曰：早從宜妻子可得全。喬不肯。明日，冀遣騎至其門，不聞哭者，遂自執繫之，死獄中。妻子歸故郡，與李固俱暴尸於城北。《李固傳》有夏門亭長，注云：洛陽北面西頭門，門外有萬壽亭。《質帝本紀》：父渤海孝王鴻，母陳夫人。沖帝末，大將軍梁冀徵帝到洛陽都亭，皇太后與冀定策禁中，迎入東宫，即位，年八歲。本初元年閏月甲申，大將軍梁冀潛行鴆。年九歲，丁亥，太尉李固免。《桓帝本紀》：祖父河間孝王，父蠡吾侯。本初元年，太后與兄冀定策，迎入南宫，即帝位，時年十五。《沖帝紀》：永嘉元年，清河王蒜徵至京師。《桓帝紀》：建和元年，清河劉文反，殺國相謝暠，欲立清河王蒜爲天子，事覺伏誅。蒜坐貶爲尉氏侯，徙桂陽自殺。前太尉李固、杜喬皆下獄死。《清河王傳》：孝王慶，章帝子也，立三十五年，子蒜嗣。沖帝末，徵詣京師，將議爲嗣。會大將軍梁冀與梁太后立質帝，罷歸國。蒜爲人嚴重，舉止有度，朝臣太尉李固等莫不歸心焉。中常侍曹騰謁蒜，蒜不爲禮，宦者惡之。質帝末，公卿皆正義立蒜，而曹騰説梁冀不聽，遂立桓帝。蒜由此得罪。建和元年，因劉文欲立蒜，貶徙自殺。《梁冀傳》：順帝時爲大將軍。沖帝在襁褓，太后臨朝，冀與太傅趙峻、太尉李固參録尚書事。質帝初立，常朝羣臣，目冀曰：此跋扈將軍也。冀聞，深惡之，遂令左右進鴆。復立桓帝，而枉害李固及前太尉杜喬。冀大起第舍，連房洞户，柱壁雕鏤，多從娼妓，鳴鐘吹管，酣謳竟路。或連繼日夜，以騁娱恣。客到門，不得通。冀又起别第於城西，以納姦亡。或取良人悉爲奴婢，至數千人，名曰自賣人。延熹二年，帝與中常侍單超等五人，成謀誅冀。虎賁羽林都候劍戟士合千餘人，與司隸校尉張彪，共圍冀第。冀自殺。

又《錦衣歸》 不知誰作。大抵因女父悔親，懷忿作此。或見他人有此事，而作此讖之。其姓名則未必真也。錦衣歸娶，篇末點題。松江毛瑞鳳，字九苞，父雲路，曾爲廣東番禺令。與南海白木賓交厚，白女筠娥，許配瑞鳳，下百金爲聘。雲路卒於任，瑞鳳與母郭氏還家，日漸貧窶。而白已累遷東平道參政，郭令瑞鳳往東平探親。木賓久欲悔親，見其至，大怒，還所聘金。瑞鳳不受，怒而去。時，鳴石山有盜曰十八姨，令部將一枝梅郝崑崙者，劫去東阿餉銀。木賓乃令家人張隆追瑞鳳於途，持元寶二錠送之，詭言筠娥所贈，旋令捕役禽瑞鳳，指爲劫庫巨盜，問成死罪在獄，旨下立決。先有嘉興程衍波者，欲入京謁其母舅總憲丁宣，病困滁州，爲逆旅主人所棄，垂死路旁。瑞鳳分金救之，兩人面貌相似，見者莫辨。衍波聞瑞鳳入獄，急趨往候，願以身代死。而十八姨知瑞鳳誤陷於死，令崑崙劫法場，不知所劫乃衍波也。瑞鳳脱身入京，認作衍波，謁丁總憲，爲之題請，授東平道銜，令討鳴石山盜賊。而木賓以盜案被參革職，送府獄，即令瑞鳳審讞，其家屬封閉署中。時，瑞鳳母郭氏久不得瑞鳳之信，因往東平探之，亦被木賓指爲響馬家屬，羈禁署内。其女筠娥問知爲姑，認親奉侍。而十八姨用衍波爲參謀，令崑崙劫郭氏及筠娥至山寨，爲衍波、筠娥花燭。既而知其非，崑崙遂撮合十八姨與衍波成親。瑞鳳抵任，投書與衍波招安，爲之具奏，免罪授職。於是瑞鳳母子相見，且知筠娥守節。而瑞鳳回署審讞木賓，木賓從前斥辱瑞鳳之語，一一報復。木賓知即瑞鳳，與相詬詈。瑞鳳斥其悔親誣盜，木賓斥其冒名假官，彼此互奏。旨令丁宣審問。於是瑞鳳、衍波、郭氏、十八姨等具述前後情節。有旨各加恩典，并恕木賓之罪，令送女到松，與瑞鳳成婚。其曰《錦衣歸》者，瑞鳳謁木賓時，木賓欲悔親，瑞鳳云：他日錦衣歸第，岳父須留後情。木賓與賭掌云：汝若錦衣歸，老夫親送女陪話。故其後必欲木賓送女至松也。

又《聚寶盆》 記沈萬三事也，萬三者，元末明初人，家巨富，婦人女子無不知沈萬三者。小説中所謂南京沈萬三也。《餘冬敘録》：舊傳沈萬三者，家有聚寶盆事，云在沈氏貯少物，物經宿輒滿，百物皆然。他人試之不驗。事聞太祖，取入試不驗，遂還沈氏。沈氏籍没，乃復歸禁中。嘗疑世豈有此物，物安有是理。比見宋初人吴淑《秘閣閒談》云：巴東下巖院主僧，水際得一青瓷碗，携歸，折花供佛前，明日花滿其中。更置少米，經宿米亦滿碗，錢及金銀皆然。自是院中富盛。院主年老，一日，過江檢田，懷中取碗，擲於中流。徒弟驚愕。師曰：吾死，爾等寧能謹飭自守。棄之，不欲使爾增罪戾也。然則昔人亦嘗傳此。世果有此物乎。院主之識高矣。董穀《碧里雜存》：沈萬三秀者，故集慶富家也，資巨萬萬，田產遍吴下。余在白下，聞之故老云：今之會同館，即秀故基也。太祖嘗於月朔召秀，以洪武錢一文與之，曰：煩汝爲我生利，祇以一月爲期，初二日起至三十止，每日取一對合。秀忻然拜命，出而籌之，始知其難矣。蓋該錢五萬三千六百八十七萬零九百一十二文，今按洪武錢每一百六十文重一斤，則一萬六千文爲一石，以石計之，亦該錢三萬三千五百五十四石四十三斤零。沈雖富，豈能遽辦此哉。聖祖緣是利息祇以三分爲率，年月雖多，不得過一本一利，著於律令者此也。沈萬三秀不知其名，蓋國初巨富者，謂之萬户，三秀者，國初每縣分人爲五等：曰采，曰畸，曰郎，曰官，曰秀，哥最下，秀最上。洪武初，家給户由一紙，以此爲第。而每等之中，又各有等。沈乃秀之三者也，至今民俗有郎不郎，秀不秀之諺云。

又《龍鳳錢》 不知何人撰。演唐明皇遊月宫，擲龍鳳金錢，爲崔白、周琴心所分拾，以成姻緣，故名《龍鳳錢》。又因此錢得吕書心爲配，故又曰《雙跨鸞》也。按《葉法善傳》遊月宫、擲金錢是實事，而崔白、周琴心及吕書心姓氏，皆捏造。其返魂事，即借《葉傳》中除張尉妻屍媚之疾，起姚崇之女，二事影射也。據云：唐明皇時，張果老、葉法善、羅公遠等相繼而至，法善之術尤精，八月望夜，以所執笏擲空中，化成金橋，請駕遊廣寒宫。姮娥出見，命玉女奏《霓裳羽衣曲》。駕回，過洛陽城上，明皇以所携龍鳳金錢二枚擲城中，祝曰：有人拾得者，男爲翰苑，女作次妃。明日，榜諭拾錢者來告。茂苑崔生名白，字曲木，觀光不第，流寓於吕氏園。園主吕伯達與母黄氏居，有妹曰書心。中秋夕，白舉酒獨酌，見樹下有物熒然，取視之，金錢也，上有龍紋，背面有字曰：神龍戲珠，奕奕其光。得鳳成配，萬壽永昌。明日，伯達來告榜諭，白以所拾錢出示。伯達故勢利，謂白將得官，告諸母，以妹許白。而同時拾得鳳錢者，則青州别駕周彦回之女琴心也。兩家皆報官上聞，遣高力士召見。白與琴心相遇，彼此各有情。宫門候見，白吟句云：車馬聯翩逐暗塵，相看半晌即君恩。琴心應聲答曰：明朝須買長門賦，珍重蕭郎是路人。琴心本國色，明皇令入宫，將册爲妃，擢其父爲京府丞。欲授白官，白願以科第出身，乃給御札，縱使遊學，云：來年須作狀元。白思琴心，知不可復得，聞法善神術，潛往相求。葉知有宿緣，授以符三道，囑其覓周氏髮焚符，可攝見也。白令童墨賓賂周姆得髮，天曹果攝琴心至。方與綢繆，對月立誓，伯達窺見，遂驚散。伯達疑白與鄰女私，以酒誘墨賓。墨賓以實告，且竊符一道與伯達。伯達復以金與墨賓，使求髮。墨賓取神廟中周倉鬚紿之。伯達焚符，周倉立至。伯達狂叫，避厠中，其妹聞聲出視，攖倉怒而殞。時，琴心在宫抱病，白以符攝其魂，挾之遠逝。至亳州，將買舟南下，有枉死城中鬼王，欲以書心代琴心死，命追魂使者化爲船家，誘白與琴心入船，故作風濤，令白登岸祭神，攝琴心，并拘吕氏。而洛陽城土地知兩女皆當再生，且貴，急率鬼兵往奪，誤以吕爲周，攝入青城廟柩中。葉法善亦至，奪周氏魂，使附書心之身。有盜發琴心柩，書心附屍而活，盜引出廟，賣與亳州知州温而理爲妾。白祭神返，失琴心，在州訪得，閙於公堂，謂其强占士人婦爲妾。知州則指白爲盜，白出御札示之，知州大恐，賠奩送還。及相見，若不相識。白怨，欲自殺。書心憐其多情，含糊應之。白以爲真琴心也，携入京赴試。書心猝殞，母黄邀青城道士設醮。及蘇，自稱周琴心，不認其母兄。而琴心父彦回已爲中丞。道士以附屍還魂事往告，并白盜開棺狀。彦回來視，會吕母疑女被魅，率之至廟，禱於神。周魂見父痛哭，彦回竟挈之歸。吕母以爲强奪其女，擊登聞鼓聲冤。白試畢，道經彦回門，自稱子婿求見。彦回大怒。白謂其女現在寓中，且出金錢爲據。彦回以爲盜也，奪其錢，鎖之廳事中，欲痛拷掠，會有事出署。琴心聞之，私出隔廳與語，皆與舊事合，許爲訴於父以出之。而白以二女皆琴心，莫知所以。適報人至，報白已中狀元，擁之入朝。明皇嘉白應其語，授官翰林。而彦回方指爲盜，吕母又訴彦回奪其女。明皇召見琴心，果非琴心也。疑莫能釋，問之葉法善。法善乃以二女互易返魂之詳以告，謂皆與白有夙緣。明皇降旨，使二女皆歸白。合卺之夕，龍鳳錢始合，而二女各有怨望。翌日，法善爲白設壇作法，互攝兩魂，各還其身。葉法善《本傳》云：字道元，本出南陽葉邑，今居處州松陽縣。四代修道，皆以陰功密行，及劾召之術救物濟人。母劉書寐，夢流星入口，吞之乃孕，十五月而生。年七歲，溺於江中，三年不還。父母問其故，曰：青童引我飲以雲漿，故少留耳。亦言青童引朝太上，太上留之。弱冠，身長九尺，額有二午，性淳和潔白，不茹葷辛，常獨處幽室。自仙府歸，已有役使之術。遂入居卯酉山，其門近山，巨石當路。師役符起石，須臾飛去。常遊括蒼白馬山，石室内，遇三神人謂曰：我奉太上命，以密旨告子，子本太極紫微左仙卿，以校録不勤，謫於人世。速宜立功，濟人佐國，功滿當復舊任。以正一三五之法授之，自是誅蕩精怪，掃馘凶祆。所在經行，以救人爲志。高宗徵至京，拜上卿，不就，請度爲道士，救人無數。蜀川張尉之妻死而再生，復爲夫婦。師識之曰：屍媚之疾也，不速除之，張死矣。師授符而化爲黑氣焉。相國姚崇之女已終，鍾念彌深，投符起之。中宗時，武三思尚秉國權，師以頻察祆祥，保護中宗。相王及明皇爲三思所忌，竄於南海。師乘白鹿，自海上而至。景龍四年，括蒼三神人又降傳太上之命：汝當輔我睿宗及開元聖帝，未得隱山巖。其年八月，詔徵入京，俄授銀青光禄大夫鴻臚卿越國公。開元初，嘗於正月望夜，引元宗至西凉府觀燈。又嘗因八月望夜，與元宗遊月宫，聆月中天樂，問其曲名，曰《紫雲曲》。元宗素曉音律，默記其聲歸，傳其音，名之曰《霓裳羽衣》。自月宫還過潞州城上，俯視城郭悄然，而月光如晝。師請元宗以玉笛奏曲。時，玉笛在寢殿中，師命人取，頃之而至。奏曲既，投金錢於城中而還。旬日，潞州奏八月望夜，有天樂臨城，兼獲金錢以進。按北宋時，有崔白善畫花鳥，此特姓名相同，非其人也。劇内周琴心自白引詩二句云：明裏開眼暗流泪，面前行樂背銷魂。是明隆萬間蘇州名士王穉登詩，穉登有所歡歸於他氏，作此寄恨者也，作者應在其後。

又《快活三》 未知何人所作。所演蔣霆得婦事，見祝允明文，載在《紀録彙編》，因附會云。霆作揚州太守，以票會銀十萬，其後與婦俱仙。蓋採《太平廣記》之説，有四人言志，一人欲貴，願爲揚州太守；一人欲富，願腰纏十萬貫；一人欲成仙，願騎鶴昇天；又一人云：腰纏十萬貫，騎鶴上揚州。殆欲兼富貴神仙於一身也。作者因蔣霆得婦事，出於意外，遂緣飾成之。以快活之事凡三也。《彙編》云：蔣霆，餘杭人，嘗與二客自遠歸，至諸暨村間，遇晚，遥望大莊宅，即趨之。宅掩雙扉，内悄無人聲。三人者至莊小憩，俄忽雨作。衆意甚不佳。蔣顧門内欲直入，二客不可。蔣言：何傷乎。此吾婦翁家。二人笑止之。門忽啞然而開，一叟出揖客曰：適聞客言頗無狀，誰耶。二人遜謝，蔣面發赤，不能仰視。叟覺之，乃特肅二客入，曰：請即寒居避雨，此郎既云云，乃我婿耳，禮不可與客等，可立俟於門。二人不能違，姑從之。叟遂閉門。至堂揖坐，二客通姓名，叟曰：老夫陶某也。喧涼罷，復咎蔣曰：人孰無顛沛，途間不謹如此，豈周身之道耶。二客又爲遜謝。迨夜，命酒勞客，竟不邀蔣，蔣栖栖獨立檐下，殊不堪也。俄雨止月稍出，蔣將自行覓旅舍，時一更向盡，方起行，忽聞門内暗中低語云：勿行，有物在此，少待，持之去也。蔣諾，念此必二君，既厚得供享，乃復竊主人物乎。良久，墻頭擲出一裹。蔣取視，皆女飾飲器，俱黄白也。速負之行，不久又聞墻頭墜物聲，回顧則二人耳，昏黑不能辨。又念此爲二客竊逸無疑，急復開襆取金匿懷袖間，仍負裹疾走。二人尾之，然不逼近。黎明回視，乃一婦及青衣耳。蔣大驚，駐問之。婦亦驚。既而曰：姑到君旅邸言之。蔣即挽與去，入一館，密叩之，婦曰：我主人女也，幼許嫁某，今且瞽矣，我不願歸，嘗屬意於一姻家郎，期今夕竊負而逃。我伺之不至，忽聞父入内，喧言門客妄語云云，我計爲私郎的矣，亟妝，并少資貨，擲而逾墻。不待二友，徑携之還家，紿家人以娶之途。婦入門甚賢能，爲蔣生一子，已而思其父母不置，謂蔣曰：始我不願從瞽夫，故瀆禮至此，今則思親不能一刻忘，迨病矣，奈何。然父母愛我甚，脱使之知，當亦不多譴。君試圖之。蔣因謀於一友，其人報當爲君效委曲。乃至叟所，爲商人貿易者，事竟，叟款客，縱談客邑中事。客言：二三年前，餘杭有一客，商而歸，道里間以片言得一婦。翁，仙邑人也，翁寧知之乎。叟曰：知其姓耶。曰：聞之，陶氏也。翁矍然曰：得非吾女乎。客復説其名歲容貌了悉。叟曰：真吾女矣。客曰：欲見之歟。曰：固也。叟妻三媪屏後奔出，哭告客：我夫妻祗生此女，自失之，殆無以爲生。客誠能見吾女，傾半産謝客耳。客曰：翁媪固欲見乃女，得無難若婿乎。叟曰：苟見之，慶幸不遑，尚何忤情爲。客曰：然則請丈人偕行矣。叟與俱去，既相見，相持大慟。載之以歸，母女哭絶。分此生無復聞形迹，誰復知有今日哉。婿叩頭謝罪，共述往語。叟曰：天使子爲此言，真前緣也，何咎之有。遂大詔族里宴會，盛禮厚資，遣歸之。復禮客爲媒，遺貺甚夥云。事在成化間。小説有《蔣震青片言得婦》一段，即此事也。劇又牽及轉運漢販洞庭紅，波斯胡買鼉龍殼一事。蓋小説本另一人，言其人甚貧，隨衆漂洋入海，所携惟洞庭紅橘數簍，倭人争以銀錢買之，已獲千金。其人偶乘空入一山中遊玩，見大龜殼，負之而還。後與衆客回至嶺南，賈人波斯置酒邀客，尊貨多者居首坐。波斯入舟見殼，即尊販橘者爲首。衆客方共訝，波斯問值，販橘者甚惶恐。波斯以五萬金酬之，告衆客曰：此鼉龍殼也，每脊有明月珠一顆，顆值萬金。其人遂爲富室。劇以此作霆事，既富且貴，又作神仙，故曰《快活三》也。

又《飛龍鳳》 作者未知何人。言王猷、王勉父子救太子及太子之妃，太子爲龍，妃爲鳳，故曰《飛龍鳳》也。事皆史傳所無，從空結撰。其官名都御史及代巡等，并明朝制度，定武關則當是寧武關之訛耳。大略言：王猷父子世受國恩，猷與崔鶴來同被晋成帝顧命。鶴來女即太子妃，俱甫在襁褓。成帝弟靖淮王圖篡，而奸臣聶參元、黄補石輩爲之羽翼。於是皇后以太子付猷，命其保孤。而鶴來亦以女托猷覆護。時，勉方按楚，猷遂令妻蕭氏、勉妻相氏，懷抱太子及妃往奔勉處。會倉卒間，靖淮王篡位，鶴來盡節死，猷被執送獄，且遣人逮勉，而以黄補石代勉巡楚。蕭氏姑媳不知也，至楚，爲補石所執，解送京師。道經定武關，守關將陸漪，忠而俠者也，密留太子及妃，而以己孿生之一子一女代之。靖淮王皆暗戕殺。皇后驗屍，知其非是，手書血詔，令陸漪入京報仇。漪入爲羽林大將軍，掌禁兵，有所待，未發也。會靖淮王令參元殺猷、勉父子姑媳四人於市，而四人得神護，所斫之首，皆化葫蘆，乃廣延道術士以禳壓。有道人鍾離化者，嘗爲朝官，謬應參元請，爲之鎮妖，而密授陸漪計畫，乘靖淮王、參元出獵，拒而誅之，并誅補石。於是天地轉旋，王、陸兩門并膺重賞，且厚加鶴來贈恤云。

又《蓮花筏》 不知誰作。其事皆鑿空造出。略言：揚州姚秉仁，世爲船户。其弟秉義，從軍十餘年，不相聞。有子曰良，有女曰關關，皆性喜讀書。山東巡撫齊國用，亦揚州人也，接夫人周氏及女玉符往任所，雇秉仁之船。玉符一見關關，喜甚，晨夕不相離。每聞其兄誦書吟詩，且見其風貌，心頗悦之。嘗令作藥名詩一首，日夕諷誦。舟至濟南，國用赴京會議，不便入宅，遂令夫人及女暫留舟中。玉符益與關關莫逆，且注意於良。而秉仁微聞作詩事，懼兒女年少不謹，乃以良兄妹寄其妻母白糧船上，先後入京。是時，安南兵方熾，都御史商瞿檄各省巡撫，會議戰與和孰利。廣東巡撫李諫名窺宰相意，主和。國用面折之，且有叱辱語。諫名大怒，譖於時相方鼎。又與畫策，令人守國用，不能回山左。而假作國用書，言以梗議入獄，令女玉符和番以贖己罪。玉符聞信，即隨官校行。迨晚，官校以逆旅嘈雜，覓舟暫寄玉符，而其舟即秉仁妻母之糧艘也。關關與相見，具悉和番情事。乃令兄良挈玉符以竄，而代玉符和番。方玉符隨官校行，夫人即入京探國用。比相見，知國用止罷官，未嘗入獄，而和番乃僞書也。國用揣諫名爲之，恨入骨，欲赴廣手刃諫名。夫人見國用恨而去，亦孑身入廣訪國用。而秉仁之妻母以失二甥告，秉仁徬徨莫爲計。適遇齊夫人，因隨之入廣。良與玉符偕行，覓得其故舟。玉符乃令良往邊關訪妹，而處舟中以待之。總河張憲扶者，忠義士也，疏請勤王，朝庭即擢爲元帥。聞和番之計，怒甚，使部將姚秉義等棄金帛輜重於關以誘敵，敵至，四面夾攻，且令秉義殺和番女子。諸將用其計，果大困敵。而秉義詢和番女子，則巡撫國用之女，爲父贖罪者，念其父忠女孝，以告憲扶，捨不殺而養於家。及細詢之，乃其侄女也。安南兵已大困，則行金方鼎，用令箭，俾憲扶開前營，縱敵兵出，憲扶遂挂冠去。而薦秉義於兩廣總督，用爲游擊將軍。國用之欲刺諫名也，寓廣州香露寺中。寺僧慧照入定，見國用持刀往，則惡神隨之，忽棄刀還，則吉神隨之。詰其故，國用言初欲殺諫名，既而念其母老，因棄刀池中。慧照即勸國用毋動，國用遂道裝，從慧照書疏，自隱其姓名。姚良至邊關，聞關關被殺，大慟而去。姑入京應試，遂登第，選廣東南海令，挈玉符赴廣。中元之日，設醮於香露寺，追薦亡妹。關關、齊夫人至廣，不知國用在何所，而聞和番女子被殺，亦以是日附齋薦女，命秉仁隨行。醮壇廣設，士女喧闐。秉義率兵校入寺彈壓，於是國用夫婦及女，秉仁兄弟及子，皆不期而遇，乃知關關亦生還無恙也，并接至寺中，相見團聚焉。全本結局在香露寺，故名曰《蓮花筏》云。徐幹因佐超於外域，遂用幹以終始之，此傳奇家布置之法。其班超之母，本傳未載，超在西域三十餘年，不應其母尚存。又班昭子名成，而此云穀，與《後漢書》不符，餘悉仿佛焉。

又《壽榮華》 壽榮華者，玉名也。相傳有美玉三塊，皆有刻文在上，一曰壽，一曰榮，一曰華。壽、榮二玉在富室藍田璧家，華字之玉在武將公羊瓚所。時有壽希文，與藍氏榮娘公羊氏華娘爲配，三玉并聚，故以《壽榮華》爲劇名也。未知何人所作，其事亦憑空造出。壽希文者，泗水人，父没，惟與母居。其姑嫁榮陽藍田璧，藍女榮娘。兩家父母，曾有婚姻之約。年既長，母遣希文探田璧，且欲申前盟。藍子雙玉，失學無賴，匪人都有用，其最契也。一日遊獵，與勇士卞九州争雉，爲所毆，歸，甚憤恨。值將改年，欲絶應酬，有用令書制中不敢領帖字於門。希文遠至，見而大駭。值田璧出，始知無恙，而門帖乃雙玉所妄爲也。希文以告田璧，田璧怒責雙玉，希文亦微誚之，雙玉大恨。而田璧因此抱病垂危，語希文令入贅，出所藏壽、榮二玉，一予希文，一付其女，遣人取希文母來居。時，儐相皆集矣，會田璧没，雙玉不令成婚，而逐希文，且銜宿憾，賄有用令殺之。希文被逐，方無所寄宿。有用僞作瞽道人，誘至桃花塢，欲殺希文。爲九州所覺，即用其劍殺有用，而偕希文入都，令應舉。至半途，九州抱恙，乃囑希文獨往，而九州留寺中養病。是時，有司求殺人賊，見劍鞘刻藍雙玉字，遣捕之。雙玉遁走，乃執其妹榮娘，置獄中。會希文母已至藍宅，乃爲料理家事，送飯食於榮娘。公羊瓚者，黽陽關之鎮將也，女曰華娘，美而且武，祖傳一玉，刻華字於上，瓚與華娘佩之。叛賊刁七郎攻破綿竹、牛渚等關，遣部卒僞作緹騎，若奉朝命逮瓚者。華娘虞變，改男妝，屬櫜鞬以從，夜抵九州所寓寺内。九州與華娘語，悉其情，疑逮騎非實。及四鼓，緹騎即趣瓚行。兩人大疑，踵其後，抵曠野，騎欲殺瓚，九州即奮擊，所殺十餘人，其半逸去。適藍雙玉以懼禍逃竄，七郎之卒遇諸道，斬其首以充瓚，歸報七郎營。瓚命九州爲先鋒，乘七郎之懈，共討誅之。方具疏叙功，而九州以希文故，脱身往榮陽，爲探視藍宅，至則聞榮娘繫獄，乃告榮陽令曰：殺有用者我，非雙玉也。令即釋榮娘，繫九州。朝命九州爲總兵官，華娘至榮陽訪之，知在獄中，告令以其故。令大窘，立出九州。九州不願得官，棄而爲僧，以希文之托，囑華娘以藍氏。華娘乃迎希文母及榮娘往黽陽，逆旅中，故戲調榮，榮怒而峻拒。華告以實，乃偕行。會希文已中鼎元，奉使封王，道經瓚地。瓚令華僞娶榮以紿希文，面擁榮入内。希文謂榮果别嫁，怒甚。瓚遂以己女字之，比成婚，則榮也。盛怒之次，母爲希文分析明白，乃復娶華。榮父所予壽、榮二玉，榮已進於姑，及瓚嫁華，付以華字之玉。瓚亦知此玉有三，謂天緣配合，故欣然嫁女，以應玉符云。

又《奪秋魁》 係近時人作。内演岳飛初年事，與史傳不甚合，半據小説，半屬妝點。飛本傳於宣和四年，真定宣撫劉韐募敢戰士，飛應募，請百騎，擒相州劇賊陶俊、賈進和，復招賊吉倩，補承信郎，無應舉事。今劇内武闈赴試，甚謬。但作者以奪秋元起波，故云《奪秋魁》焉。略云：岳飛，字鵬舉，相州湯陰人，父早背，母姚氏，貧未娶，惟務農業，嫺弓馬，好讀《左氏春秋》。生有神力，挽弓三百斤，弩八石。時屆清明，與母掃祖塋。牛皋、王貴慕飛名往投，遇於塋，義結兄弟，訂赴秋試武闈。時，宋高宗將遣使通問於金，前往者相繼受拘，皆畏避。有殿中御史崔縱字庭直者，毅然請行。副洪皓使金，斡離不點南使名，縱、皓仗節不屈。秦檜、湯思退匍匐拜伏。金發皓，縱於冷山，值縱病，遂於途中觸崖盡節。飛請母以盡忠報國四字刺於背，與皋、貴赴武闈。有小梁王柴貴，恃勇悍，立生死券，與武舉敵，如勝貴者擢武元。衆皆怯。飛即與鬭，誤毆斃之，繫飛獄。節推張世麟女善子平，嘗謂其父言，當以八字勁者爲匹，值麟監武場，覘飛勇，欲字以女。飛母姚知子逮獄，叩麟辨控，畏柴勛戚勢赫，計無所措。牛皋狼狽，於崔縱檐下避風雪，崔女憐其義，贈之衣帛。時，秦檜爲禮部尚書，素忌縱，誣縱降金，逮其女付宜城縣訊鞫。適皋大醉，卧伏案下。縣尹高球酷訊崔女，值皋醒，遂劫崔女歸，與飛母僑居。飛既坐大辟，值宗澤監市曹，世麟知澤忠，令飛母懇澤保救。澤知其枉，遂奏免飛罪。時，湖賊楊么據洞庭，即薦飛往討。么方浮舟湖中，以輪激水，其行如飛，旁置撞竿，官舟迎之輒碎。飛以草浮湖中，作巨筏，塞諸港，與賊戰，賊舟輪被礙，不能行，遂大潰。么欲赴水走，牛皋預設網，遂擒么。及凱旋，授飛招討使，皋亦授職。初，縱羈北地，以書托洪皓遺宗澤，代字其女。澤欲以配飛，世麟先浼澤執柯，以女字飛。澤知牛皋忠勇，亦浼世麟作伐，以崔女字皋，兩諧伉儷云。劇大半據《演義》及小説而作，其柴貴、張世麟、崔連姑等事，俱屬捏造。又高球爲宜城令，前後顛倒，太屬荒唐。岳飛事，已詳載《精忠記》，牛皋、王貴亦具載。宗澤授陣圖，亦詳《如是觀》劇內。《岳飛傳》：賊么恃其險，嘗曰：欲犯我者，除是飛來。及飛擒么，人以其言爲讖。《崔縱傳》：字元矩，撫州臨川人，政和五年進士，歷確山主簿，仙居丞，累遷承議郎。使北以大義責金，怒徙窮荒，縱不少屈。久之，金許南使自陳，而聽其還。縱以王事未畢，不忍言，又以官爵誘之。縱恚恨成疾，握節以死。洪皓、張邵還，歸縱之骨，詔以兄子延年爲後。《洪皓傳》：皓，字光弼，番陽人，政和五年進士，建炎三年擢徽猷閣待制，假禮部尚書，爲大金通問使。至太原，留幾一年。及至雲中，黏罕迫仕劉豫，皓不從，黏罕怒，流遞冷山。久之，與張邵、朱弁同遣還宋。《湯思退傳》：紹興二十五年，參大政。秦檜病篤，招董德元及思退屬以後事，各贈黄金千兩。思退不敢受，高宗以爲非檜黨，信用之，累進左僕射。侍御史陳俊卿言：觀其所爲，多效秦檜。遂以觀文殿學士奉祠龍興。符離師潰，召復相。金帥紇石烈志寧，遣書三省，索海、泗、唐、鄧四郡。思退遣盧仲賢報書，擅許四郡。上批示三省，言思退議論，秦檜不若。已而惑之，仍命思退作書，許金四郡。

著録

清・高奕《新傳奇品》　朱良卿：吴縣人。八音鏦鳴，時見節奏。所著傳奇二十五本：《太極奏》、《玉素珠》、《軒轅鏡》、《蓮花筏》、《吉慶圖》、《飛龍鳳》、《錦雲裘》、《瑞霓羅》、《御雪豹》、《石麟鏡》、《九蓮庵》、《纓絡會》、《贅神龍》、《萬花樓》、《建皇圖》、《乾坤嘯》、《艷雲亭》、《奪秋魁》、《萬壽觀》、《雙和合》、《壽榮華》、《五代榮》、《寶曇月》、《牡丹圖》、《漁家樂》。

清・佚名《傳奇彙考標目》卷下　朱良卿：名佐朝，以字行。吴縣人。《太極奏》、《四奇觀》、《五代榮》、《雙和合》、《九蓮燈》、《蓮花筏》、《快活三》、一云張大復作。《玉數珠》、《清風寨》、《飛龍鳳》、《壽榮華》、《寶曇月》、《虎囊彈》一云邱嶼雪作。《建皇圖》、《朝陽鳳》、《艷雲亭》、《軒轅鏡》、《錦雲裘》、《萬花樓》、《黨人碑》一云邱嶼雪作。《龍燈賺》一云朱雲從作。《萬壽冠》、《照膽鏡》一云朱雲從作。《瑞霓羅》、《元宵鬧》一云李素甫作。《御雪豹》、《石麟鏡》、《吉慶圖》、《漁家樂》、《乾坤嘯》、《贅神龍》、《纓絡會》、《牡丹圖》、《奪秋魁》、《血映石》。

清・黄文暘、佚名《重訂曲海總目・國朝傳奇》　朱良卿：吴縣人。《太極奏》、《玉素珠》、《軒轅鏡》、《蓮花筏》、《吉慶圖》、《飛龍鳳》、《錦雲裘》、《瑞霓羅》、《御雪豹》、《石麟鏡》、《纓絡會》、《九蓮燈》、此種或謂吴興閔吏部洪學門人所著。《贅神龍》、《萬花樓》、《建黄圖》、《乾坤嘯》、《艷雲亭》、《奪秋魁》、《萬壽冠》、《雙和合》、《壽榮華》、《五代榮》、《寶曇月》、《漁家樂》、《牡丹圖》。

又　《四奇觀》、《血影石》、《一捧花》。

清・焦循《劇説》卷四　明祁參政承㸁，集元、明傳奇八百餘部，益以本朝，則益多矣。其中三家所撰最多。朱良卿三十三本：《太極奏》、《四奇觀》、《五代榮》、《雙和合》、《九蓮燈》、《蓮花筏》、《快活三》、《玉數珠》、

《青風寨》、《飛龍鳳》、《虎囊彈》、《建皇圖》、《黨人碑》、《龍燈賺》、《萬壽冠》、《照膽鏡》、《瑞霓羅》、《元宵鬧》、《御雪豹》、《石麟鏡》、《吉慶圖》、《漁家樂》、《乾坤嘯》、《寶曇月》、《纓絡會》、《牡丹圖》、《奪秋魁》、《血影石》、《一捧花》，餘四本未詳。

清・支豐宜《曲目新編・著録八・國朝傳奇》《太極奏》、《玉素珠》、《軒轅鏡》、《蓮花筏》、《吉慶圖》、《飛龍鳳》、《錦雲裘》、《瑞霓羅》、《御雪豹》、《石麟鏡》、《九蓮燈》、《纓絡會》、《贅神龍》、《萬花樓》、《建黄圖》、《乾坤嘯》、《艷雲亭》、《奪秋魁》、《萬壽冠》、《雙和合》、《壽榮華》、《五代榮》、《寶曇月》、《漁家樂》、《牡丹圖》。右二十五種吴縣朱良卿作。

又《國朝雜劇・補遺》《四奇觀》、《血影石》、《一捧花》。右三種，朱良卿作。

清・姚燮《今樂考證・著録八》《國朝院本》：朱良卿二十八種：《太極奏》、《玉素珠》、《軒轅鏡》、《蓮花筏》、《吉慶圖》、《飛龍鳳》、《錦雲裘》、《瑞霓羅》、《御雪豹》、《石麟鏡》、《九蓮燈》、《瓔珞會》、《贅神龍》，即《贅人龍》，《曲考》别以贅人龍入無名氏。《萬花樓》、《建黄圖》、《乾坤嘯》、《艷雲亭》、《奪秋魁》、《萬壽冠》、《雙和合》、《壽榮華》、《五代榮》、《寶曇月》、《漁家樂》、《牡丹圖》、《四奇觀》、《血影石》、《一捧花》。良卿，吴縣人。翟灝曰：馬融女，據《後漢書》有三。三女名芝，有才義，少喪親，長而追感，作《申情賦》。今劇場《漁家樂》所演云馬瑶草者，未知何屬。其一字倫，爲袁隗妻。其一未嫁。袁氏世爲三公，隗少歷顯官，富奢特甚，與所演簡生事相反。瑶草字與芝義合，疑所指爲芝。至其關目，則牽以釋《藏》中波斯匿王女事也。蓋女嘗有我自有業不因父一語，父聞而嗔，即覓一最下窮人，以女付之。後得達。事見雜室《藏經》。

清・王國維《曲録》卷五《太極奏》一本，《玉數珠》一本，《軒轅鏡》一本，《蓮花筏》一本，《吉慶圖》一本，《飛龍鳳》一本，《錦雲裘》一本，《瑞霓羅》一本，《御雪豹》一本，《石麟鏡》一本，《九蓮燈》一本，《纓絡會》一本，《贅神龍》一本，《萬花樓》一本，《建皇圖》一本，《乾坤嘯》一本，《豔雲亭》一本，《奪秋魁》一本，《萬壽觀》一本，《雙和合》一本，《壽榮華》一本，《五代榮》一本，《寶曇月》一本，《牡丹圖》一本，《漁家樂》一本，《四奇觀》一本，《清風寨》一本，《血影石》一本，《朝陽鳳》一本，《一捧花》一本。右三十種，國朝朱佐朝撰。

喬萊

論説

清・喬瑜《耆英會跋》先侍讀公居京師時，築有一峰草堂，著《喬氏易俟》二十卷，久已風行海内。泝歸里時，退居畫川别業，撰《縣志》二十四卷，尤爲吾邑士大夫所景仰者也。復有《應制集》、《直廬集》、《使粤集》、《歸田集》，並《耆英會記》、《使粤日記》、《西粤贈言》諸集，又公萃數十年之精力而成者矣。迄今已二百餘年，板藏家祠。而邑中好學之士，往往踵門，請以板付工人刷印，益廣流傳。豈非公之精神所憑依，有不可得而泯没者耶。今年逾七十，時以此板或有遺失不克珍藏爲懼。所願後世子孫，念祖宗著作苦心，永保此板鄭重而護惜之，俾傳不朽，是則瑜所厚望也夫。

傳記

清・朱彝尊《翰林院侍讀喬君萊墓表》翰林院侍讀寶應喬君以疾卒于京師，其子崇烈扶其柩歸葬于縣治東南箕山之陽，乞檢討吴江潘君耒銘其藏，又請彝尊爲文伐石以表君墓。君諱萊，字子静，别字石林，世爲寶應人。曾祖邦，從祖份，不仕。父可聘，明天啓二年進士，掌河南道御史，以廉直聞。母王氏，有壺行。君中康熙二年鄉試。六年，賜進士出身，除内閣中書舍人。十一年，充順天鄉試同考官，關節不到，以父老請歸終養。尋丁憂，居喪盡禮。服除，補原官。十七年，有詔舉博學宏詞備顧問，君被薦。明年，召試體仁閣下，賦詩居一等，改授翰林院編修，纂修《明史》。史館初設在東安門内，肩輿不得進，君體肥，窘于步趨，騎騾一頭，晨入申出。考稽典籍，念崇禎朝乏實録，與同館四人先撰長編，以資討論。會廣西平，補行鄉試，奉命主考，稱得士。還，充《太祖高皇帝實録》纂修官。實録以國書譯漢文，文義後先恒齟齬，君能曲暢本指，一濡削語簡而事加詳。經進，天子稱善。時上再試詞臣，悦君作，曰：喬萊學問優長，文章古雅。爰命君充日講官、知起居注。尋遷左春坊左中允。纂修《三朝典訓》，進翰林侍講，再進侍讀。皇朝漕運，沿明舊制，自淮入河以達。會通河既失故道，從安東入海，清口日淤，淮、泗泛濫，由洪澤以南諸河下注，治河使者又開減水壩洩之，淮揚州縣七，蕩析離居，穡事俱廢。天子覽臺臣奏，濬海口以瀉積水，遣使者相視，還報可，乃出帑金，命安徽按察使于公成龍董其役。總督河務都御史靳公輔上言：海口高于雲梯關五尺，疏海口則引潮内侵，大不便。因請築堤束水使高，置二牐于邵伯鎮南、高郵州城外，泄洪澤、盱眙、天長之水俾入堤，自車邏鎮築橫堤一道抵高郵，自州城東築大堤二，歷興化白駒場至海口，束所洩之水入海，計需銀二百七十八萬有奇。請先給帑，而徐取償于田畝，子粒，綱鹽。又請設官二百七十餘員，擇才能者任之。疏入，天子下廷臣議，多是河臣言。適君入視直，上御乾清宫西煖閣。閣臣奏事畢，上顧問君濬海口事宜，君直前奏河臣疏非是，上悦曰：此爾一人意見邪。君對：淮揚人所見皆與臣同。翼日，合户科給事中劉國黻等十人，持議河臣之言有四不可行：海口原有故道，第令塞者通之，淺者濬之，俾渟蓄之水悉趨于海，斯已耳。河臣議開大河，築長堤。堤在内地者高丈六尺，河寬百五十丈。近海者堤高一丈，河寬百八十丈，勢必壞隴畝，毁村落，掘墟墓，慘有不忍言者。不可行一。河臣之議，先築圍埂，用水車踏去埂内之水，取土築堤。不知臣鄉地卑，原無乾土，況積潦已久，一旦取土積水中，投諸深淵，工安得成，成亦易壞。不可行二。河臣欲以丈六之堤束水一丈，是堤高于民間廬舍多矣，伏秋風雨驟至，勢必潰。潰而南，則邵伯以南皆爲魚鼈。潰而北，則高郵以北靡有孑遺。即當未潰之時，豬水于屋廬之上，豈有安枕而卧者乎。不可行三。至于七州縣之田，向没于水，今東河使高，田中之水豈能倒流入河。不能入于河，即不能歸于海，淹没之田何由復出。不可行四。上是君言，河臣之議乃寢。未幾，君中蜚語罷歸。歸治廢圃，曰縱棹園，壘石疏池，刺小船往來，讀《易》其中。著《易俟》二十卷、縣志二十卷、詩文集若干卷。君之建議也，于公頗德之，及出領河務，值君歸，恒以地方利弊諮君，君必直言無隱，然終不干以私。三十三年春，有旨召君入京師居住，人疑上意且不測。既至，初不督過。君鍵户不接見賓客，讀《易》著書如常時。居數月，病作，遂不起。君居家孝悌，謹事師友，疎于財，恒周人急。後進有一善，爲人誦其文不去口。性不飲酒，好觀人飲，竟席不倦。嘗闢一峯草堂于宣武門外斜街之南，暇與布衣紃履之士詩篇酬和。退朝，輒考證史事。同館有持異説者，審其本末而匡正之，不與之争也。河議初出，大學士梁公清標，時爲户部尚書，歎曰：江淮之間可謂有人。君卒時年五十有三。【略】嗚呼，古之進言者，不必皆言官也，工執藝事亦可以諫，諫而不入，則罪浮于有言責者。自唐、宋、元、明以來，詞臣之以言獲罪者多矣，或死于戍所，或斃于獄，或殞于杖下，論世者蓋傷焉。君遭遇盛時，片言動聖主之聽，鄉黨之患既釋，返初服而退，可不謂榮焉。方其再召，留之京，安知非别有任使，特不幸而君死爾。表諸墓，後之以詞臣進言者，勿援君以爲戒而不善乎。

清・吴修《昭代名人尺牘小傳》卷九 喬萊，字子静，號石林，江南寶應人。明御史可聘子。康熙丁未進士，除中書舍人，舉鴻博，授編修，官至翰林院侍讀。有《易俟寶應志》、《使粤詩文》等集。

藝文

清・止巢《耆英會題詞》 不見當時歌舞場，路人猶指午橋莊。國門款段歸來後，豪竹哀絲送夕陽。公以言治河忤當事，獲譴歸，築别業城東隅，縱情詩酒，無出山之志。

又 新詞譜出遶梁音，消得君王便賜金。聖祖南巡，公以家伶供奉，蒙賜銀項圈一。因名其部曰賜金班。七載東山閒歲月，無人知道謝公心。劇中大意，公隱然以温公自負。王吕諸奸，皆暗指當日一二執政也。

又 清池四面遶朱闌，縱棹園歌臺，在竹深荷浄之堂北，池水中央。人比黄花立翠盤。紅粉白楊俱寂寞，從教詞客弔燕蘭。部中有管六郎，色藝擅一時。公殁後入都，公卿争羅致之。見查夏重先生《敬業堂集》中。

又　殘帙披唫重愴神，故家喬木百年春。尋常燕子茅簷底，幾箇耕田識字人。

裘璉

論説

清・裘璉《女崑崙・自序》　古今賢相之多，無如北宋。盛時自熙豐以至南渡，奸相亦莫夥焉。是豈循環之理然哉。似道以窮奇饕餮之資，當兵阨財罄之候，日蹙百里，以至於亡，無足怪。然其柄也，舉朝縉紳不能言。而太學兩生葉李、蕭規廷劾之。其斥也，揖后杜君不能戮，而鄭虎臣以一匹夫爲天下擊死之。是豈非綱淪法斁，而庶人下議太阿倒持者耶。乘桴以寓首陽，勤王以寓信越，梅貞隱義以寓衣冠不若巾幗。信矣。嗟嘆之不足，故詠歌之者也。至若女俠登仙流亞，紅線定昬高麗，差勝邯鄲。日本入援，不如諸夏之亡。定哀之間多微詞。覽者或能得其意旨之所存。庶以銅將軍鐵綽板按之，勿作十四五女子歌楊柳樓頭曉風殘月觀也可。

清・裘璉《明翠湖亭四韻事・弁言》　予之欲傳此四韻事，三年於兹，不困於帖括制舉，却輟於衣食奔走。甚矣。閉户著書之難也。閲庚戌，臈遂得卒業宜豐，始於除夕前五日，畢於人日後三日。以予在家度之，或薪米逋償之擾，或往來宴賀之煩，皆不能免。今幸問花河陽，登梅尉之遺止，尋淵明之醉石。江淹云：放浪之餘，頗著文章自娱。予亦用此自娱耳，遑問工否哉。若傳奇本意，見于小序，宫商高下，不敢從時，所藉世之周郎顧予誤也。

清・裘璉《昆明池・小叙》　閲《唐史》，沈、宋皆坐張易之黨，貶南中。其詩雖佳，宜無足稱者。予之傳此，非慕之，嘆之也。何嘆乎爾。中宗初立，庶事叢脞，内有宣淫之母后，耽耽其上，外有奸佞之徒，左右其間。正綢繆桑土，勵精圖治之時也，乃不聞有新政可書，親率羣臣盤游嬉戲，不已甚乎。昭容，婦官也。考之《周禮》，不過九嬪世婦中人耳。雖通詩翰，珥筆内庭已耳。何至結爲綵樓，出游外苑，使之考第羣臣上下，長後宫干政之漸，房州之役，宜其及也。之問、佺期，險惡小人。覽其詩，率侈張謟媚。意其時，曲江燕國諸臣，必有含規隱諷情見乎詞者，而昭容不知取也，是皆可嘆已。語云：唐以詩賦取士，李杜何曾作狀元。夫李杜不第，則謂唐無詩賦也可。之問冠昆明之首，則謂昭容不解詩也可。讀是編，知作者爲嘆，勿爲慕，可與言詩已矣。

清・裘璉《集翠裘・小叙》　狄梁公，唐之純臣也。讀《虞初新志》集翠裘一事，則賢而俠者也。方昌宗供奉雙陸時，一見梁公，固已氣阻。此何待勝負局終迺褫其衣哉。其付馬奴著之，出光範門。則又以詼諧戲笑之態，寓其悲憤激越之情。目中微獨無昌宗，并無武后矣。然則敬君之義奈何。梁公之君，中宗也；梁公之心，房州也；梁公之事，業唐也，非周也。即無武后庸何傷。予故於填詞之末，表而出之，告夫天下之事君以權而不失其純者。

清・裘璉《鑑湖隱・小叙》　富貴之迷人，浸淫於不自覺。而其既且至於欲罷不能。《易》曰：哲人見幾。夫子曰：舍之則藏。蓋難之也。賀知章可謂有道士矣。跡其本傳，夢游帝居，賓珠易餅，皆不足信。予獨因其未老乞休而傳之。雖然，彼不掛冠於開元之日，而獨拂衣於天寶之初，非有先幾之哲者不能。玄宗寵之，餞其行邁，贈以詩篇，且賜之鑑湖一頃，廷臣應制百餘篇。嗚呼，可謂盛矣。世之隱者多有，達而隱者難之。達而隱者多有，隱而見榮於君相，見稱於天下後世者難之。知章可謂有道士矣。嗚呼，予亦四明客也，遇與否，各有其時，乃獨覽其軼事，著爲傳奇，倘亦慨然而興起者乎。

清・裘璉《旗亭館・小叙》　古今風流韻事，有其人已，往讀其書，如親見其事。且不覺身入其中者，往往而有，未有如三詩人旗亭飲雪之韻之甚者也。夫人之才名，動公卿易，動愚夫匹婦難。今使伶官妓女之輩，乃心嚮往之，歌而見，見而拜，拜而願飲其酒。緇衣之好，不過是已。所可慨者，三人之中，唯達夫官差顯稱善終，二王者，皆淪落不偶。又何其動優伶反易，而動王侯顧難哉。點綴雙鬟，雖莫須有，亦想當然。覽是編者，誰爲今之雙鬟也哉。

清・馮家楨《四韻事敘》 楊子雲曰：雕蟲小技，壯夫不爲。甚矣，莽大夫之言陋也。蓋神龍能伸亦能屈，鵾鳥能高亦能下。靈均以美人比君，不貶《離騷》；淵明著《閑情》，不累靖節；廣平賦梅花，不損鐵肝石腸。古來登騷雅之壇者，必多慧業奇性，異節殊勳。公瑾顧曲，風流自喜，銘庸赤壁；安石期功，不廢綠竹，爲晉名臣。令公聲伎滿前，讌必奏樂。出入將相，下而學士大夫，如宋蘇子瞻、秦少游，明唐子畏、康對山，皆躭詞酣曲，望起星雲。嗟乎，聲歌一道，好之爲之，皆出尋常，顧可以小技忽乎哉。裘子殷玉，詩古文妙天下矣。尤酷好填詞，所著玉湖數種藏之家，今春又讀其《四韻事》，有豪情，有逸致，有奇氣，有濟世心，有出世想。繡口錦心，吐其香艷，有若大江東去者，有若楊柳樓頭者。昔人稱：湯若士善南，徐青藤善北。至於《四韻》，殆已兼之，不寧唯是。太史公詑子房形貌，如婦人好女，唐太宗嘆服鄭公，覺其嫵媚。由是言之，婦女之容，嫵媚之態，非智勇瓌偉者不能具，亦不能言也。余交殷玉十餘年，今老且憊矣。清尊白社，無不伶歌而已。和故與殷玉更爲樂府膠漆，余何敢太傅令公自居。抑公瑾諸人，竊有期於作者也。

清・南江笠叟《四韻事敘》 往余同殷玉至清谿，宿家山人樓。時秋雨滿山，紅葉墮空，相與論詩未已也，又相與論辭。殷玉素好填詞，醉書《箴繡當罏》，久嘖嘖人口。自館甥余家，鋭意制舉業，三年不顧曲矣。是夜得詩中韻事四種，讙甚起舞。相謂曰：此可付傳奇家一大嚼也。迄三四年，隨余過宜豐，讀書瑞芝亭。閉門博議，斗酒《漢書》，暇則佐以詩歌。余自慙一行作吏，倡和未遑。上元席次，出所編傳奇《四韻事》示余。則前所云：梁公秘監，沈、宋、高、王諸人事也。因慨然思清溪夜雨時，猶忽忽如昨。今欲復如曩時，風致邈不可得。讀殷玉之詞，知其視宜豐猶清谿也。然殷玉出其著述之才，覃思今古，行將有合。幸不劇擾錢穀兵農，則亦筆札金華白虎。吾知其異日者，雖對清谿猶宜豐矣。迴思瑞芝度曲，且忽忽如前日事。而因思人之著述，遇可爲之時，則當爲之，慎毋淹忽以糜歲月如余也。

傳記

清・柯振嶽《裘太史蔗村先生傳》 先生諱璉，字殷玉，號蔗村。世居邑東之橫山。祖諱兆錦，明崇禎間積功至廣東惠潮總兵官。弘光立，晉右軍都督。魯王監國，封平波伯。考諱永明，諸生。順治乙酉，散家財數萬金，起兵從魯王，王授左軍督。丙戌，殉難錢塘。遺孤三：長瑛，幼璜，先生其次也。甫三齡，有欲爲毀室取子計者，賴嫡母魏、生母劉、庶母俞矢節藏孤，始有完卵。少穎悟好學，家故有玉湖樓，遺書數千卷，罔不鉤元提要。是時，慈谿人文特盛。以詩古文著者，如姚翼方、孫芥夫、馮元公、周弘濟諸君，不可一二數。而姜湛園、鄭寒村二先生，尤當代斗杓也。先生以孤童崛起，年未壯而著作等身。其文如尹吉甫、季札等論，扶植綱常，多前人所未發。詩辭藻古豔，旁及宋、元樂府，尤工填詞。諸老略年輩與交，稱之無閒言。康熙二十六年，纂修《大清一統志》，命尚書健庵徐公爲總裁，訪士於黄梨洲徵君，首以先生名告。遂舉《三楚志》屬焉。是役也，統三江、兩浙、山左、福建諸省，僅得十四人，皆海内耆碩，負天下之重望者也。先生以後輩得與，人雖重徵君言，疑與信半。閱十五日而《三楚志》成，最工且速。徐公覽而偉之，謂昔人《十六國春秋》，安得如此整齊慎核乎。衆乃大驚。先生既受知名公卿，主試者愈思得之以自重。江村高宫詹，尤樊川之奇章也。遲之又久，年且六十餘，無一遇飲新豐之酒，聽山陽之笛。其於窮通存殁，可感正復不少，而先生泊如也。交遊雖廣，動必由禮，稍不合即去之。《别楊給諫》與《祭内父胡户部》文，自謂難進易退，相愛以古人之道，不以貧故累公，其耿介類然。然當世卒以此重先生，先生齒益尊，名益高。乙未舉於禮部，殿試列三甲第一。仁皇帝聞其名，特賜傳臚，與二甲第一同，異數也。而年已七十矣，遂請告歸，惟啟迪後進爲事。焚膏繼晷，手不停披，視布衣時無少異。初，先生痛父之死難，與母之流離辛苦，以保遺孤也。撰行狀呈徵君，曰：天下之人品，至忠孝而止。天下之文章，亦至言忠言孝而止。而能言忠孝者，無如先生。既得徵君墓誌銘，出入與偕。客舍無聊，時輒發篋讀之。且讀且泣，往復不能休。無錫顧高士祖禹嘗書之誌銘後，以記其哀。故自六十至八十，每值初度，四方知交及親戚祝嘏者，必拒之，蓋不忍於二親之心，終其身如一日云。卒年八十有六。所著《横山詩文初集》、《横山文鈔》、《易皆軒二集》、《四韻事填詞》，徵君、健庵、江村、湛園、寒村諸公序之，已開雕行世。其未梓者，尚七八十卷藏於家。柯振嶽曰：予始得《横山集》，謂湛園渾灝，寒村古淡，先生殆兩遜之。近讀其未梓者，乃知暮年所造甚深，斯言謬矣。獨怪都督殉難事，與梨洲書外更不一及，得非鼎革之初，中懷忌諱與。嗚呼。文、謝、張、陸，一君死，復立一君，身可殺，心不可議也。況國朝度量卓越千古。周武釋囚封墓，未聞加意於夷齊。而順治元年，賜謚北都殉難者十九人。乾隆四十一年，欽定勝朝殉節諸臣録，凡抗拒王師而死者，並予褒謚。聖天子大公至正之心，視天下之善如一，不因異代而歧視也若此。惜乎先生後裔，不以其時上聞也。

清（雍正）《寧波府志》卷二六　裘璉，字殷玉，慈谿人。祖兆錦，以布衣杖策入都，授榆次縣丞，累遷兖州通判，改武階。同邑馮元颺掌本兵時，兆錦擢官至鎮守舟山參將。父永明，邑諸生，早卒。璉生而孤露，天才過人，能爲詩古文及樂府詞。時馮太僕家楨喜容納後進，見璉所作，賞之。胡主政亦堂亦奇其文，以女妻焉。弱冠補弟子員，旋援例入太學。蹭蹬場屋者五十餘年，至康熙甲午，始舉順天鄉試。次年，成進士，改庶常，時璉已七十餘矣。未幾，致仕歸。璉才思敏捷，所作詩歌古文，對客據几立盡數紙。或中夜有得，燃燭書之。家貧，常爲人傭文，受其潤筆，至登第後猶然。

清（光緒）《慈谿縣志》卷三三　裘璉，字殷玉，號蔗村，永明子。世居横山，學者稱横山先生。生而孤露，天才過人。家故有玉壺樓，藏書數千卷，罔不鉤元提要。年未壯，著作等身。康熙二十六年，纂修《大清一統志》，命尚書徐乾學爲總裁，訪士於徵士黄宗羲，舉璉以告，遂舉《三楚志》焉。時與修者僅得十四人，皆海内耆碩。璉以後輩得與，人雖重宗羲言，疑信參半。閲十五日，而《三楚志》成，最工且速。乾學覽而偉之，嘆曰：昔人《十六國春秋》，安得如此整齊慎核乎。康熙四十二年，聖祖南巡，璉獻《迎鑾賦》，上止輦受之。召使應試，以失於報名，不得試。四十四年，南巡，乃至杭獻賦。五十一年，聖祖六旬萬壽，璉作《昇平樂府》，上閲之大喜，命近侍記名。五十年六月，上避暑熱河，詢近臣曰：裘璉在否。璉聞之，遂北應甲午順天鄉試，中式第七名。榜進呈，上見璉名喜，謂近侍曰：裘璉中矣。次年，成進士，殿試抑置三甲，讀卷時，上命取璉卷親閲，有對策甚好，字亦端楷之褒，欽命傳臚，改庶吉士。時璉已踰七十，遂乞身歸里。徜徉鴛湖、交谿、檇李間，以山水自娱。著作日富。雍正七年卒，年八十六。

著録

清・姚燮《今樂考證・著録九・國朝院本》　裘璉二種：《醉書箴》、《繡當壚》。璉字蔗村，慈谿人，自號廢莪子。

清（光緒）《慈谿縣志》卷四八　裘璉：《毛詩講義鼎頣》、《五經字類考》、《四書講意與知集》、《爾雅約》、《明史崇禎長編》、《宋元遼金四代史纂》、《諸史注解約》四卷、《三楚人物考》、《普陀山志》十五卷、《定海縣志》八卷、《錢塘縣志》三十六卷、《性理抉微》、《小學廣海》、《經史勺》、《三才類綺》、《三才藻異》、《文選注解輯韻》、《綿囊收》二十卷、《百家姓史略》、《世説臠雋》、《蕢山詩萁》、《見聞紀異》、《申台稿》、《古房稿》、《濟廉集》、《豫歸稿》、《剡溪吟》、《豫遊稿》、《黄鵠遊稿》、《師楚稿》、《征途懷古絶句》、《迴南稿》、《虞上稿》、《吴閶稿》、《辰上稿》、《帝京吟》、《出遊稿》、《下榻集》、《雲耕稿》、《覽筠稿》二卷、《惘帆稿》二卷、《信菊稿》二卷、《倚江稿》二卷、《溯川稿》二卷、《天尺樓古文》三十七卷、《易皆軒二集》四卷、《横山文鈔》、《速先録》八卷、《歷代古文選》、《歷代名表選》、《吾藥集》、《玉湖詩餘》九卷、《萬壽昇平樂府》一卷、《神絃曲》，黄宗羲曰：裘子爲先忠端作《神筵曲》，淋漓悲壯，突過天池。扣舷而和之，聲出金石。《廢莪傳奇》十七卷，裘姚崇曰：《醉書箴》上下二卷，有自序一篇。《繡當壚》上下二卷，康熙丙午，公年二十三著，有序。丁亥，公簡秦中翰《大始詩》自注云：子填《繡當壚》辭時，邑中歌社耆舊、名人皆集，君外祖馮公退庵親點樂句拍板也。《四韻事》四劇，板藏予家。有胡亦堂公、退庵先生序，作於庚戌除夕前五日，成於辛亥人日，時年二十有八歲。甲申，公寄及門陳元之詩，自注云：吴人林君傳予《四韻事》填詞，至内庭供奉，稱旨。按《明翠湖亭四韻事》目次：曰《昆明池》，曰《集翠裘》，曰《鑑湖隱》、曰《旗亭館》。《女昆侖傳奇》二卷、《混天盒傳奇》二卷。

張雍敬

論說

清·張雍敬《醉高歌·總評》　《金鶯兒》原傳止百五十餘字，《醉高歌》填詞乃有萬二千餘言。此非於本題之外別有生髮也，不過就題前題後、反面側面、段落處罅縫處，一一勘得分明，則唯恐描寫不盡，無待乎別有生髮也。

清·潘耒《醉高歌序》　讀其填詞四種，才情直踞元人之上，斯已奇矣。復自評之點之，以暢通之，其章法變化宛然與八股吻合，其論奇而正、新而確。

清·佚名《醉高歌序》　今此傳題目正名，止用二句，以復元人之舊。分爲三劇，以倣實甫之體。每折則各以二字名之，如近代南曲傳奇之例。會存古今南北而酌定之，庶得其當已。

傳記

清（光緒）《嘉興府志》卷五三　張雍敬，字簡庵，初名珩，縣之新塍人。多學，尤長推算。所著《定歷玉衡》，朱彝尊序之，盛有推許語。見《經籍志》詩豪俊，曰《環愁草》。又善填曲，兼工畫。

張韶

綜述

清·張韶《續四聲猿·自序》　猿啼三聲，腸已寸斷，豈更有第四聲，况續以四聲哉。但物不得其平則鳴，胸中無限牢騷，恐巴江巫峽間，應有兩岸猿聲啼不住耳，徐生莫道我饒舌也。紫微山人志感。

傳記

清（康熙）《海寧縣志》卷七　張韶字球仲。湖州訓導。康熙十五年貢生。

清（乾隆）《海寧州志》卷九　張韶字球仲。例貢。休寧知縣。

清（道光）《休寧縣志》卷七　張韶字權六。浙江海寧人。廩貢。康熙四十七年任知縣。

清（道光）《海昌備志》卷三二　張韶英弟，字球仲，號權六。康熙丙辰，以例貢官烏程教諭，後改官天全六番州經歷，終休寧知縣。

著録

清（道光）《海昌備志·藝文志》　張韶：《四書偶參》見《硤志》、《大雲樓集》十二卷。見《餘聞》、《輶軒録補遺》作詩文集。《吴氏備考》云：三册，《舊志》誤作張珍撰。案官教諭時，有《苕游草》。遷經歷時有《天全六番州志稿》，後人編入全集。

清・復翁《續四聲猿跋》 海寧張權六，名韜，司訓烏程，著《大雲樓詩文集》，坿《茗溪唱和詩》、《響臻堂偶參》、《續四聲猿》傳奇。有徐倬、韓純玉、洪圖光、毛際可序。復翁記。

吴城

論説

清・全祖望《迎鑾新曲序》 予攷《尚書》、《大傳》，重華省方羲伯和伯而下，各以八方之舞進。曰舞，則歌在其中矣。夫省方進樂，盖以美盛德之形容，其義主乎頌。而八方各陳其土音，則其義又未嘗不兼乎風，斯六義之所以交資也。後世之樂未足以語乎古，然讀漢志，則巴渝淮楚之音，俱領於奉常。而唐人盛稱魯山于蔿于之歌，時勢雖殊，其義一也。元人始變而爲曲，要亦樂中流別之以時而變者。今天子建中和之極，躬奉聖母南巡，至吾浙東西，老幼士女歡聲夾道。吾友杭人厲君樊榭、吴君甌亭，各爲《迎鑾新樂府》，其詞典以則，其音噌吰清越以長，二家材力悉敵，宫商鍾吕互相叶應，非世俗之樂府所可語。大吏令樂部奏之天子之前，侑晨羞焉。昔人以此擅長者，如元之酸甜諸老，明之康王，不過以其長鳴於草野之間。而二君之作，上徹九重之聽，山則南鎮助其高，水則曲江流其清，是之謂夏聲也矣。

清・杭世駿《迎鑾新曲序》 邃古以來，生而神靈之君，莫如黄帝，恒以太乙與天目在。四維之歲，乘龍而西巡，彭□前驅，松喬俠轂。入空桐，禮廣成子。遊玄圃，禮雲台先先。謁峨眉，見天皇真人。封東岱，奉中華君之具，茨事大隗。入金谷，諮涓子。過楓山，見紫府。先生所遇，皆超絶塵坱之真人。後世迂闊之鯫儒，拘曲之願士，覽真源《抱朴子》之語，輒適適然驚疑而不信，吾欲家到而户喻之而不勝辭費也。後世之所謂神仙不死之徒，不過於億兆庸人中，獨能離去葷濁，絶滅嗜欲，即可以長生而久視。而以聖王視之，彼所謂方丈麗農之區，不能不囿吾域中。囿吾域中，猶吾食毛踐土之百姓也。皇帝撫萬靈，函九夏，水宿星飯，皇然不得寧居，出而省園首之疾苦，彼爲神仙者，猶復逍遥晏安，藏匿而不肯一見，斯亦女青之律之所不宥者也。西王母在極西之國，見於《山海經》、《爾雅》，不爲無稽也。自皇帝後，而堯見之、而穆滿見之、而漢武見之，彼非所謂育養天地洞陽之極尊者耶。而猶恒出而爲世主見，則凡許玉斧葛稚川者流，幸而長不死，尤欲得有道之君，而引伸其説，崇闡其教，偲偲然亟欲貢其所有，以顯靈異於人主，亦事理之所必至矣。今上皇帝紀號之十有六載，巡省方俗，臨幸浙土。洞天福地，吾浙十嘗占其三四。四明龍蓋台山，靈異勝迹往往甲於天下。神仙窟宅，於此雲氣往來，豈無聞見。或化而爲嘉禾瑞穀，以答聖主之憂勤，或變而爲矞雲醴泉，以示蒼昊之靈貺。今上皇帝特厭棄文成五利之所爲，命珥筆執記之臣，削封禪之文，剟符瑞之志，曉然示天下後世，以六五帝四之王之大道，瓌珍異寶，所在皆有，環溢心目，烏睹所謂使者四出以求神仙耶。且吾固疑有仙骨者苦無仙才。木公金母之辭，本王嘉所僞作，真誥所載云林右英之詩，皆拙晦不可曉。降而至於吕嵒、葛長庚丹經道曲，義淺詞膚，無當於騷雅之選。《道藏》中文集之繁富者，莫如陶通明、杜廣成，然求其一篇一句之傳誦於人口者，而不可得。使其奏云璈吹玉琯，自撰歌曲，樊然雜進於文德誕敷，英略不世，出之聖主之前，將恐其逡巡羞恧而自媿其措辭之不工。則所謂飄飄有凌雲之氣，唯吾儒之健于文事者，能勝任而愉快矣。吾友樊榭、甌亭兩先生，有掞天繪日之才藻，而恥蹈襲揚馬之常，故犍狝其詞，詭譎其體，借喬張之雅調，傳佺僑之逸事，率先衢歌巷舞，諸父老迓六飛於天上，被之筦弦，次第進御，聖天子止輦而聽之。每奏一篇，稱賞不置，雖俳優乎使枚皋東方朔若在畢力而爲之，未能有加也。嗚呼，悕矣。愚者輒河漢其言，予爲揚物情，徵往典，縱横論列，以秕糠一世之塵濁，使知授符降斗之禪，不得專美於皇帝，而聖天子一遊一豫，彼神仙者皆可折箠而使也，二君子所稱述詞曲云乎哉。

傳記

清・汪沆《槐塘文稿》卷三《吴太學家傳》 君姓吴氏，諱城，字敦復，號鷗亭。世爲歙縣岩川人。六世祖伯遠公占籍錢塘，考尺鳧翁以詩古文擅名東南，尤工倚聲，鏤板行世。喜聚書，凡宋雕元槧，與舊家秘册，若饑渴之於飲食，求必獲而後已。君幼就塾師受舉子業，弱冠以國子生應鄉試，然非性所好也，遂謝去。克承先志，殫心群籍，插架所未備者，復爲搜求。每日綜理家政，接見賓客，少暇即校勘譌脱，並成善本。數十年來，或久假于戚友不歸，或遭胠篋以去，多有散遺。君嘗客遊京師，於報國寺市上見有宋版《許丁卯集》，先公之題跋私印宛在，不覺狂喜，出豐價購得之，一時輦下名流，咸歌詠以紀其事。家有繡穀亭，亭前朱藤一本，爲尺鳧翁手自攜植，歲月寖久，輪囷盤曲，枝葉上升於架，陰蔽四簷，君愛護唯謹。花時，柔條下垂如瓔絡，蜂喧鄰巷，必置酒高會，出所藏古名瓷酒器一百八件以觴客，復繪爲《朱藤圖》，匄石交題詩於畫之四周，以述先澤。蓋君純孝性成，雖一畫一樹之留遺，惓惓不忘如此。【略】君家故業，中年以往，不耐煩囂，舉而委諸仲弟玉垣，【略】顧念吾杭，一郡爲雅材淵藪，昭代以來，有專集者寥寥，其間鴻篇傑作、名章秀句，湮没失傳者不知凡幾，爰鋭意蒐羅，上自簪組，下迄青衿、韋布、方外、閨秀，得二千三百餘家，或因人【略】存詩，或因詩以傳人，甄録不遺。篇什叢雜，未及編次，瘁十餘載之心力，而君已病肺不起矣，没年七十有一。病中囑季弟玉墀墀稍爲釐正，繕成副本，藏諸篋笥。

清（乾隆）《杭州府志》卷九四　吴城，字敦復，號甌亭。克承先志，殫心羣籍，插架所未備者，復出搜求，勤加校勘，數十年丹黄不去手。

著録

清·姚燮《今樂考證·著録四·國朝雜劇》《迎鑾新曲》二種：《羣仙祝壽》，《百靈效瑞》。上折錢唐國子生吴城作，下折厲鶚作。杭世駿、全祖望序之。

清（乾隆）《杭州府志》卷五九　吴城：《配松齋詩集》四卷，錢塘吴城敦復著。《雲護齋詩話》。

清（光緒）《杭州府志》卷一七五　吴城：《迎鑾新曲》，國朝厲鶚與吴城同撰。

清·王國維《曲録》卷三　《羣仙祝壽》一本，《百靈效瑞》一本。右二種，國朝吴城厲鶚同撰。城字敦復，鶚字太鴻，均錢塘人。

藝文

清·金志章《迎鑾新曲題辭》　法部云韶雅樂傳，清詞字字貫珠圓。粲花才子生花筆，合譜仙音各鬥妍。

笙鶴瑶天瓊出塵，湖山春麗日華新。百靈擁衛羣真集，齊捧三漿壽一人。

詞源三峽湧波濤，刻羽移宫調最高。鳧藻一時歌燕喜，九重天上響雲璈。

樂府新聲妙抑揚，南推高史北喬王。鈞天試聽迎鑾曲，未許前人獨擅長。

清·吴廷華《迎鑾新曲題辭》　譜得迎鑾法曲新，廣場二月播陽春。西方壽佛西王母，都作瞻雲就日人。

詞客毫端雅奏多，十平大樂協中和。賡颺他日金華殿，還進康衢擊壤歌。

清·蔣德《迎鑾新曲題辭》　重見神人啓玉函，帝車南指五雲銜。誰翻絶調迎鑾曲，法鼓仙璈總不凡。

現來天女將花散，幻作羣仙駕鶴迎。不是一時雙綵筆，紫雲何處寫遺聲。

清·丁敬《迎鑾新曲題辭》　孝治真看邁百王，慈宫親奉九霞觴。新聲擬作無疆壽，才子迎鑾各擅場。

羣仙争集百靈趨，龍笛鵾笙調自殊。碧落空歌誰敢和，笑他郢雪祇區區。

析角分宫未易才，共將藻思瀉瓊瑰。一時騶豹争聲價，曾唱鈞天法曲來。

詞筆湯徐信老成，同時對壘合争衡。南湖花隱甌亭長，他日應傳供奉名。

清·汪沆《迎鑾新曲題辭》 仙音兩部協宮商，疊玉駢珠各擅場。此曲自從天上奏，不須樂府數康王。

萬國歡心奉一人，親扶紫罽駐湖濱。山呼不是虚無事，帝德懷柔及百神。

山海仙靈絳節朝，花明行殿競雲韶。欣知聖母西方佛，聽慣瑶房鳳喉簫。

新詞譜出合笙鏞，雙管真堪崎兩峰。却笑粗才晁協律，祇歌並蒂有芙蓉。

清·馬日璐《迎鑾新曲題辭》 東都詞筆柳秦妍，北地新聲關馬傳。西京樂府康王擅，迓鸞旂奏御筵，太和音、雙管齊宣。價重雲韶部，名高黄絹篇，鈔遍霞箋。調（水仙子）。

清·陳章《迎鑾新曲題辭》 譜梨園兩部詞章。味合酸甜，響應宮商。不演參軍，不編待制，不唱中郎。

百靈走烟排隊仗，羣仙會雲翦衣裳。宋艷班香，玉輦南巡，供奉君王。調（折桂令）。

清·舒瞻《迎鑾新曲題辭》 升平雅奏，付與雕龍手。二妙一時真罕有，紀曲費他紅豆。

譜成山渌湖光，傳來刻羽吟商。五色雲中扇筤，九重天上絲簧。調（清平樂）。

清·張雲錦《迎鑾新曲題辭》 八神弭節，七聖隨車，翠華南幸重覩，熊館花明，鵠池柳細，一時行幄同扈。粉箋銀管，話多少迎鑾詞賦。雙成妙曲，誰似仙韶。舜瞳曾顧。

付他關馬名流，周秦好手，也難翻譜。移宮換徵，錦心繡口，繪出升平春宇。六橋三竺，儘贏得錫簫茶鼓。魚龍争演，壓倒東嘉，瑞光交處。調（慶春宫）。

清·張湄《迎鑾新曲題辭》 私聲雙鳳穿雲叫，天上雲間都滿。調協黄鍾，韻飄白雪，壓盡錦城絲管。幔亭何遠，儼三島羣真，驂鸞陪輦。王母蓬池小，桃紅映水清淺。

漫論馬枚遲速，翩翩詞賦手，總輸歌板。絳樹千聲，驪珠一串，好趁花飛鸎囀。重瞳迴眷，正湖鑑澄空，山屏翠展。雅樂流傳，補省方盛典。調（齊天樂）。

清·汪沆《迎鑾新曲槐塘詩稿》卷一四《挽吴歐亭》 七十一年疾飛鳥，纔了十人百事了。乘雲化鶴蓬瀛遊，俯視塵寰枉膠擾。

平生結客擅風流，户外詩簡束笱收。雅集玉山傳競美，名瓷百八鬥觥籌。

萬卷遺書富鄴架，宋槧元雕見者訝。丁卯舊集重購歸，先公手澤難論價。

達人詎受世網牽，杜門息影蹋脚眠。晴幾閒鈔樂志論，夜燈時把悟真篇。

武林耆舊紛殘稿，博訪旁求恣搜討。續成全帙有惠連。一郡人文永爲寶。

任黎誼篤締朱陳，貌敬心親五十春。地下故人多地上，山陽笛裏黯傷神。

洪昇

論説

清·惠潤《四嬋娟題詞》 踵元人爲劇則者，推田水月生。豪蕩滑稽，能發其胸中突兀奇怪不平之氣，庶幾乎騷人之遺矣。余獨怪其傳花、黄二氏。閨閣女子，擅文武才，卒見庸于世。□若張大巾幗，以貶損世之爲丈夫者，似亦過論也。假令閨閣女子果擅文武才如二氏耶，焉知不淪落轗軻，垢面蓬首，負抑鬱困頓之累，以終其身耶。何則。造物所忌者才耳，遑問其爲男子、爲閨閣乎。此余之所以歎也。錢唐洪子昉思，示余以《四嬋娟》劇。余反復其意而悲之。夫于古今千百嬋娟中，獨舉此四人，豈不以四人之所遇勝千百歟。幸而免于淪落轗軻歟。然而天壤之内，復有王郎以及桑榆狙獪之恨。所謂《四嬋娟》者，其二已如此，悲夫。悵兩美之難合，或雖合而不終。昉思用意，較田水月生爲益微而愴矣。天將忌之，則如勿生。既生之又忌之，奚説耶。余安得呼造物者而問諸。

清・汪熷《長生殿序》 曾聞秋士最易興悲，况説傾城由來多怨。青天恨滿，已無尋樂之區；碧海淚深，孰是寄愁之所。所以鄭生馬上，詩紀津陽；自傳筵中，歌傳《長恨》。踵爲填詞，良有以也。逮余汎覽天寶之事，流連秘殿之盟，見夫元人雜劇多演太真，明代傳奇亦登阿犖。而或緣情之作，聊資子野清歌；累德之辭，間雜温公穢語。春華秋實，未可相兼；樂旨潘辭，尤難互濟。今讀稗畦先生《長生殿》院本，事與曩符，意隨義異。聲傳水際，淵魚聽而聳鱗；響遏雲端，皐禽聞而振羽。曲調之工，疇能方駕。至所載釵合定情之後，羽霓奏曲之時，夢雨台邊，朝朝薦枕；避風殿上，夜夜留裙。氏竹參媒，笑匏瓜之無匹；可離獨活，羨連理之交榮。今古情緣，非茲誰屬。或謂虚後宫而故劍是求，得遺世而傾國不惜，豈有他生未上，旋嘆芝焚此世難期。忍看玉碎，得無小過取笑。雙星不知，塵坌入而時異處堂，宗社危勢難完璧。徐温之刃，已漸及于楊庭；甞拳之兵，行將凌于楚子。此而隱忍，不幾覆后稷之宗；若更依回，將且致夫差之踣。權衡常變，夫豈渝盟；審察機宜，乃爲善後。推斯意也，知其黄土之封，榮于金屋；白楊之覆，等于碧城。然吾于此竊有慨焉。設使包胥告急，依牆之計不行；燭武如秦，圍城之師未解。則是珠襦玉匣，安能對香佩以傷心；碧水青山，何止聽淋鈴而出涕。就令乘輿無恙，南内深居，而天孫無補恨之方，方士乏返魂之術，亦衹弔盛姬于泉下，何由效叔寶于臺邊。千古悲凉，何堪勝道。即如班姬失寵，感團扇之微風；陳后辭恩，望長安之明月。許婕妤不平之曲，淚溼朱弦；衛莊姜太息之言，心憂黄裡。他若明妃毳帳，侯媛錦囊，或遼落于江南，或飄零乎塞北，啜其泣矣，傷如之何。茲乃補媧皇之石，賴有蜀牋；填精衛之波，幸存江筆。繁絃哀玉，適足寫其綢繆；短拘長歌，亦正形其怨咽。嗟乎，《鄭》、《衛》豈導淫之作，楚《騷》非變雅之音。是以歸荑贈芍，每記諭于美人；扈茝滋蘭，原寄情于君父。而孔公正樂，不盡删除；屈子抽思，並存比興。猶之子虚烏有，未嘗實有其人；迴雪凌波，要亦絶無是事。于是循環寶帙，似屬寓言；倡歎雕章，無非雅則。馬、鄭、王、白之外，鐃有淵源；施、高、湯、沈之間，相推甲乙。使逢季札，定觀止而無譏；若遇周郎，亦低徊而罔顧。知羣推作者，洵爲唐帝功臣；事竟硜然，恐是玉妃説客。

清・吴舒凫《長生殿序》 南北曲之工者，莫如《西廂》、《琵琶》矣。世既目《西廂》爲淫書，而《堯山堂雜紀》又謂《琵琶》寓刺王四，不花重誣蔡氏，此皆忮刻之論。夫則成感劉後村詩死後是非誰管得，滿村争唱蔡中郎而作。牛趙名氏自宋人彈詞已然，豈高臆造哉。予友洪子昉思工詩，以其餘波填南北曲詞，樂人争唱之。近客長安，采摭天寶遺事，編《長生殿》戲本，芟其穢嫚，增益仙緣，亦本白居易、陳鴻《長恨歌傳》，非臆爲之也。元劇如《漢宫秋》、《梧桐雨》多寫天子鍾情，而南曲絶少，每以閨秀秀才勸説不已，間及宫闈，類如韓夫人小宋事，數百年來，歌筵舞席間，戴冕被衮，風流歇絶。伶玄序《飛燕外傳》云：淫于色，非慧男子不至也。漢以後，竹葉羊車，帝非才子，《後庭玉樹》，美人不專兩擅者，其惟明皇、貴妃乎。傾國而復平，尤非晉陳可比。稗畦取而演之詞場，一新耳目。其詞之工，與《西廂》、《琵琶》相掩映矣。其則成居櫟社沈氏樓，清夜按歌，几上蠟炬二枝，光忽交合，因名樓曰瑞光。明太祖嘗稱《琵琶記》如珍玉百味，富貴家不可缺。然則成以不尋宫數調自解，韻每混通，遺悮來學。昉思句精字研，罔不諧叶。愛文者，喜其詞；知音者，賞其律，以是傳聞益遠。畜家樂者，攢筆競寫，轉相教習，優伶能是，升價什伯。它友遊西川，數見演此，北邊南越可知已。是劇雖傳情艷，而其間本之温厚，不忘勸懲。或未深窺厥旨，疑其誨淫，忌口滕説，予故于暇日評論之，并爲之序。

清・徐麟《長生殿序》 元人多詠馬嵬事，自丹丘先生《開元遺事》外，其餘編入院本者，毋慮十數家。而白仁甫《梧桐雨》劇最著。迄明，則有《驚鴻》、《綵毫》二記。《驚鴻》不知何人所作，詞不雅訓，僅足供優孟衣冠耳。《綵毫》乃屠赤水筆，其詞塗金繢碧，求一真語、雋語、快語、本色語，終卷不可得也。稗畦洪先生以詩鳴長安，交遊燕集，每白眼踞坐，指古摘今，無不心折。又好爲金元人曲子，常作《舞霓裳》傳奇，盡删太真穢事，予愛其深得風人之旨。歲戊辰，先生重取而更定之，或用虚筆，或用反筆，或用側筆、閑筆，錯落出之，以寫兩人生死深情，各極其致，易名曰《長生殿》，一時朱門綺席，酒社歌樓，非此曲不奏，纏頭爲之增價。若夫措詞協律，精嚴變化，有未易窺測者。自古作者大難，賞者亦復不易，試雜此記於元人之閒，真可並駕仁甫，俯視赤水，彼《鶯鳴》者流，又烏足云。

清・尤侗《長生殿序》 自唐樂史作《楊貴妃傳》，陳鴻更爲《長恨傳》，香山衍而歌之。從此，詩人公然播諸樂府，以視武媚，娘桑條韋，殆有甚焉。金元雜劇，有白仁甫《梧桐雨》、庾吉甫《霓裳怨》、岳百川《夢斷楊貴妃》三種，考其絃索亦寥寥矣。錢塘洪子昉思，素以填詞擅場，流寓青門，嘗取開元天寶遺事，譜成完本，名《長生殿》，一時梨園子弟，傳相搬演，關目既巧，裝飾復新，觀者堵牆，莫不俯仰稱善。亡何，以違例宴客，爲臺司所糾。天子薄其罪，僅褫弟子員以去。洪子既歸，放浪西湖之上，吳越好事聞而慕之，重合伶倫，醵錢請觀焉。洪子狂態復發，解衣箕踞，縱飲如故。噫嘻。昔康對山罷官洴東，自彈琵琶，令青衣歌小令侑酒，彼曲子相公薄太史不爲，況措大前程寧足惜乎。若以本事言之，古來宮闈恩愛，無有過於玉奴者，華清賜浴，廣寒教舞，一騎荔枝香，固爲風流佳話。至七月七夕，感牛女事，私誓生生世世，願爲夫婦，則君王臣妾，得未曾有者。既而興慶樓前，秋風飛雁；馬嵬坡下，夜雨淋鈴。宛轉蛾眉，傷心千古。洎夫方士招魂，九華驚夢，金釵鈿盒，重話三生，比翼連理，天長地久，其與漢家天子，是耶非耶。迥不侔矣。計其離合姻緣，備極人生哀樂之至。今得洪子一筆揮寫，妙絶淋漓，假使妃子有靈，生既遇太白於前，死復逅昉思於後，兩人知己，可不恨矣。安知不酌葡萄、斂繡巾、笑領歌意，爲《清平調》之續乎。乃洪子持此傳奇，要余題跋，余八十老翁，久不作狡獪伎倆，兼之阿堵昏花，坐難卜夜，雖使妖姬踏筵，亦未見其羅袖動香香不已也。聊酬數語，以代周郎一顧而已。西堂老人尤侗書於亦園之揖青亭。

清・毛奇齡《長生殿序》 才人不得志於時，所至詘抑，往往借鼓子調笑，爲放遣之音。原其初，本不過自攄其性情，並未嘗怨尤於人，而人之嫉之者，目爲不平，或反因其詞而加詘抑焉。然而其詞則往往藉之以傳。洪君昉思好爲詞，以四門弟子遨遊京師，初爲《西蜀吟》，既而爲《大晟樂府》，又既而爲金元間人曲子，自散套雜劇，以至院本，每用之作長安往來歌詠酬贈之具。嘗以不得事父母，作《天涯淚》劇，以寓其思親之旨。余方哀其志，而爲之序之。暨余出國門，相傳應莊親王世子之請，取唐人《長恨歌》事作《長生殿》院本，一時勾欄多演之。越一年，有言日下新聞者，謂長安邸第，每以演《長生殿》，爲見者所惡。會國恤止樂，其在京朝官，大紅小紅已浹日，而纖練未除，言官謂遏密讀曲大不敬，賴聖明寬之，第褫其四門之員而不予以罪。然而京朝諸官，則從此有罷去者。或曰：牛生周秦行記，其自取也，或曰：滄浪無過惡子美，意不在子美也。今其事又六七年矣。康熙乙亥，余醫痺杭州，遇昉思於錢湖之濱，道無恙外，即出其院本，固請予序。曰：余敢序哉。雖然在聖明固宥之矣。余少時，選越人詩，而越人惡之，訟余於官，捕者執器就余家，捆余所爲詩灶毁之。姜黄門贈余序曰：膏以明自煎，所煎者固在膏也。然而象有齒以焚其身，未聞並其齒而盡焚之也。昉思之齒未焚矣。唐人好小説，争爲烏有，而史官無學，率摭而入之正史。獨是詞不然，誣罔穢褻，概屏之而勿之，及與世之所爲謡詞艷曲者，大不相類。惟是世好新聞，因其詞以及其事，亦遂因其事而並求其詞，雖幸存，而或妍或否，任人好惡，余又安得而豫爲定之。

清・朱彝尊《長生殿序》 元人雜劇中，輒喜演太真故事，如白仁甫之《幸月宫梧桐雨》、庾吉甫之《華清宫霓裳怨》、關漢卿之《哭香囊》、李直夫之《念奴教樂》、岳百川之《夢斷貴妃》是也。或謂古人有作，當引避之。譬諸登黄鶴樓，豈可和崔顥詩乎。此大不然。善書者必草《蘭亭》，善畫者多倣《清明上河圖》，就其同而不同乃見也。錢塘洪子昉思，不得志於時，寄情詞曲，所作《長生殿》傳奇，三易稿而後付梨園演習，匪直曲律之精而已，其用意，一洗太真之穢，俾觀覽者祇信其爲神山仙子焉。方之元人，蓋不啻勝三十籌也。

清・朱襄《長生殿序》 余於燕會之閒，時聽唱《長生殿》樂府，蓋余友洪子昉思之所譜也。往至武林，過昉思，索其稿，僅得下半。後五年，爲康熙庚辰歲，夏六月，復至武林，乃索其上半讀之，而後，驚詫其行文之妙。竊惟黄帝命伶倫作爲律，而樂與焉。下逮春秋時，郊廟燕饗朝會，莫不用樂，其所歌者，類皆《三百篇》之詩。漢興，至孝武帝，始立樂府，采詩夜誦，有越代秦楚之謳，以李延年爲協律都尉，舉司馬相如等數十人，造爲詩篇，論律吕，以合八音之調，六代三唐，亦多以樂府題爲詩。唐之末世，遂變爲詞。至金，則以詞編入小説家言。至元而盛，至明而益揚其流。凡燕會間，賓入大門而奏，卒爵而樂闋，奠酬而工升。歌者在上，匏竹在下，依然猶有先王之遺風焉。外此而弗第郊者用，廟而已。然論其文之工者，《西廂》、《琵琶》、《牡丹亭》而外，指不多屈。昉思是編，凡三易稿乃成，故其文字有意以立句，句有意以連章，章有意以成篇。篇而章，章而句，句而字，纍纍乎端如貫珠，故其音悠揚婉轉，而出於歌者之喉，聽者但知其妙，而不知其所以妙。夫不知其所以妙者何也。以其不知行文之妙也。余因反之復之，諷詠徘徊，見其後者先者、反者正者、曲者直者、緩者急者、伏者見者、呼者應者，莫不合於先民之矩矱。昉思懷才不得志於時，胸中郁結，不可告語，偶托於樂府，遂極其筆墨之致以自見。其文雖爲昉思之文，而其事實天寶之遺事，非若《西厢》、《琵琶》、《牡丹亭》者，皆子虛無是之流亞也。窺其自命之意，似不在實甫、則誠、臨川之列，當與相如詞賦，上追律呂聲氣之元，而獨樂府云乎哉。

清・王廷謨《長生殿序》 余嘗自負能論文，外而仰觀於天，見天之時時能變也，而善爲文者，亦筆筆能變；內而俯察於心，見心之念念能轉也，而善爲文者，亦筆筆能轉。余是以知文章之妙，固出之於天，發之於心，不必倣步前人，錮其所法，障我性靈。而自爲之，則字字幻化，句句幻化，節節幻化，篇篇幻化，不可拘執，不可捉摸，縱横肆出，衝亘八隅，如驚雷、如掣電，如暴風、如疾雨、如烈日、如寒冰，如秋空之皎月、如幽谷之香蘭，如桃李之鋪於萬頃、如松柏之不彫於歲寒，如天馬之馭空、如仙子之獨步，如處女、如脱兔，如忠臣孝子之愁思、如鰥夫寡婦之嘆息，如幽人之于于、如烈士之矯矯，奇怪百出，難以形狀。略舉數則，不能盡之。然每際名下士，與之抵掌掀髯，傾翻古今，論列是非，指摘可否，始而瞪目，既而竪眉。則叱我恨我，讓我罵我，掉臂疾去，都欲殺我何哉。我則終日以思，終夜以泣，某某固名下士也，而何以出此言耶。必吾言之過也，遂反復檢聖人之言，以讀之終日，夜仰觀於天而問之，俯吾之靈明而心繼心以辨之，則翻然益信吾言之無過，而知名下士不識天與心也。嗚呼，哀哉。終日遊於天之下而不識天，終日馳於心之內而不識心，而執筆爲文，號於天下曰：吾雄也、遷也、韓也、柳也、歐也、蘇也，能不自反而問諸天，問諸心耶。嗚呼，哀哉。彼名下士，固同受教於冬烘先生者也。同受教於冬烘先生，則同是一冬烘之天、冬烘之心、冬烘之手、冬烘之筆，同爲冬烘之文，因而集天下之冬烘，同發冬烘之論，而共謀以殺夫違冬烘之言者，則安能與之敵也。或者進余而問曰：子論文而言天與心，麾斥名下士，殆何所據耶。然今日名下士之文亦非可輕矣。吾嘗讀其文，有反有正、有呼有應、有迴有互、有承有轉、有收束、有開拓，有段絡，有辭華，子亦未可輕言也。嗚呼，哀哉。此余之所以謂此爲冬烘也。舉世以此爲文，所以余謂世無文也。我不識何時何人作此反正等法，流至於今，而羣起而棄趨於內，爲其所縛，忘其所自死守其法而不出耶。天下至尊而可師者，莫若聖人。聖人曰：吾法諸天，吾求之心。以聖人而猶法天求心，而吾人獨何從乎。文章非細事也，所以明聖人之道也，明吾人之性也，明吾人之情也，而不法於天求於心得乎。蓋名下士衹知其爲文之法，而不知其法之所從出，故謂之冬烘也。能知天與心，乃法之所從出，則自能生，等等至百千萬億不可説不可説之法，而豈若冬烘不過一反正呼應數法而即已也哉。余之論文而必歸諸天與心者，蓋謂天與心不知其所從來，不知其所從去，亦不知其爲誰也。而能作斯天斯心，亦不知斯天斯心獨鍾於誰也。而能得其精天時而動也，不知其動自何因。則時寒時暑、時暖時涼，時風時雨，時晦時明，時發萬物於春夏，時枯萬物於秋冬，若憎若愛，若棄若珍，難量難測，恍信杳冥，日日能變，日日能新，心因觸而動也，可歌可泣，可悲可欣，可恨可怒，可憎可矜，可笑可哭，可惚可憑，可以發千古之祕密，可以抉吾人之性情，能一往而不迴，能百折而不屈。靈忽莫定，出入無窮，視不可見，聽不可聞。杳然而出於天地之先，即太始亦若出乎其後者也，同夫天亘萬古而不窮者也。蓋以其真故也。惟世間之最真者，莫如天與心。惟天與心爲最真，故其動而觸也，爲人所不能測。惟善能文者剖天抉心，自行所法，故其説亦爲人所不能測。是故文之真也，能樸能茂，能肆能收，能微能顯，能精能粗，能雅能俗，能死能生，能奇能平，能直能曲，能衝能突，能紆能迴，能續能斷，能儉能華，能忽能常，能靈能頑，能戲能莊，能散能整，能有情能無情，能有心能無心，能幻化百千萬億形狀聲音：悲喜慨嘆，憎愛恨怒，離□夭矯，光怪堅深，孤潔寒儉，丰腴清勁，吞吐驚駭苦痛，大哭大笑，而莫可端倪，然亦並不知有若是之能，而行乎不得不行，止乎不得不止。亦若夫天與心之不測，而或者乃指其文曰：某處爲反，某處爲正，某處爲呼爲應，爲承爲轉，爲收拾爲開拓等等之法，學文者當以爲宗，不亦痴乎。不悟法之原而自爲法，而拘於法而失其原，此冬烘所以見悲於識者也，此余之所以爲據者也。故曰：余嘗自負能論文。壬午夏，洪子昉思自杭州來，持所作《長生殿》，擲余前曰：聞子能論文，能識我文乎。余以爲是名下士也，置案頭三日不翻閲。偶朝起，俟水洗面，呆立案左，隨手掀《定情》

篇讀之，不覺神爲所攝。噫嘻異哉。昉思爲誰也，而能是文耶。是文也，而竟出自昉思耶。急追次篇讀之，不自禁又追其次之次讀之，至晝午遂盡上卷。又急追下卷讀之，不自知其拍案呼曰：昉思，其耐庵後身耶，實甫、臨川後身耶。殆玉環後身耶，抑明皇後身耶。何其聲音悲笑，畢肖其人耶。抑得乎天得乎心，而幻化百千萬億不可測之境情，假此游戲人間耶。固超乎冬烘先生之法而自爲法者耶。雖然，何其多情也。多情而出於性，殆收有悟於道耶。然歡娱之詞少，悲哀之詞多，昉思其深情而將至忘情，以悟情之即性即道耶。噫嘻異哉。此所謂心合乎天而發於真者耶。世有昉思之文，則吾儕之真能論文者，可無寂寞之憂，然不免冬烘先生之謀之殺也。昔卓吾云：即爲世人辱我罵我，打我殺我，終亦不忍吾文藏之深山，投之水火。蓋其意欲公諸天下，而不忍文之真種子斷絶於世，使後人無所依歸也。余於昉思之文亦然。

清・容安《長生殿序》　君昉思，客長安，衍明皇妃子事，曰《長生殿》，紀實亦□。始也一時紙貴都下，山左趙内翰尤爲賞鑒。此自精神命脉，絶不向詞句間討生活，故心之發，動人最切。余向作《幻花緣》數齣，好事者持付梨園，乃今而知紅氍毹上，不免使巧匠露齒。夫絲不如竹，竹不如肉，固也。然音節不細，頓乏天然之妙，令歌者舌撟不下，則亦安在肉之果勝哉。昉思此劇，不惟爲案頭書，足供文人把玩，近時讌會家糾集伶工，必詢《長生殿》有無，設俳優非此，俱爲下里巴詞，一如開元名人潛聽諸妓歌聲，引手畫壁，竟爲角勝者。然是此劇之動人，豈徒優孟衣冠，作傀儡故事已邪。我輩閒情著述，要當令及身享有榮名，方不負一生心血。昔王摩詰制《郁輪袍》曲，見知於時，卒致通顯。在昉思初何有他冀。而風流文采，殆過摩詰，後有識者，幸毋以才人本色，第作周郎顧誤。觀斯爲知我昉思者矣。

清・蘇輪《長生殿序》　唐宗禍患，實始屏藩；李氏顛危，率由宫寢。念牝鷄之司旦，則九廟皆傾；恨封豕之當塗，則三靈皆晦。緬惟上皇穢德，幾於燕啄龍漦；原夫天寶頹綱，類彼易牛雒雉。傷心養子，意卸黄裙；太息窮途，長埋紫褥。此先朝阿監，難禁永夜悲來；而舊日梨園，時復數行泣下。粤自神堯應運而後，帶礪無虞；天策建議之初，閨闈整肅。好鷹愛馬，重思太穆遺言；流水游龍，曾覩昭陽快論。蓋襄陽公主之女，合奠坤維；且長孫無忌之門，應嫻内則。迨院入回心，人來感業。武媚娘之宣淫中篝，遠逾斗腕何妃；韋庶人之瀆亂宸居，更甚貽詩昭珮。災生棄婦之年，衅起裏兒之手，千古慨然，從來舊矣。既而受制中璫，移權節度，已忘祖父之艱難，頓使鐘簴之寥落。《霓裳》曲裏，骨肉飄零；羯鼓聲中，山河破碎。攬半鉤之錦襪，渾如白玉連環；捧下地之香囊，直似藍絲條脱。招魂滄海，返也無時；沈醉三郎，悔將何及。所以連昌故址，匪但哀感尚書；《長恨》新歌，不獨愁縈司馬也。老友洪昉思先生，狂若李生，達於賀監，鐵撥銀箏之座，猥憐傾國佳人，柔絲脆竹之場，每説開元遺事。因寄情於樂部，遂傳習於教坊。宫中娘子，綽約如生；塞上吴兒，蹣跚斯在。還看繡褓以牽車，又見黄衫而舞馬。五家巷陌，云霞之羅綺常新；十宅軒除，姊妹之衣香不散。望仙樓風景依稀，朝元閣恩波彷彿。乃復寫精心於初睡，傳密意於横吹，深摹翦發之情，曲繪掃眉之態。可謂芙蓉帳底，親試鴛鴦；玳瑁筵前，微聞薌澤者矣。若夫漁陽突騎，潼關稠疊之霜戈；龍武頓軍，蜀道崎嶇之麥飯。竹林大去，奔馬何之；佛室遄歸，含魚不得。莫不停杯慷慨，心推一騎紅塵；度曲凄涼，淚滴三條樺燭。至於殷勤鈿盒，再到人間；奄冉領巾，仍來天上。展畫圖於别館，想形影於前生，則又鬚眉畢肖。漢武帝之輾轉燈前，顔色宛然，殷淑儀之徘徊幕下也。嗚呼，笙簫兩部，頓教老興淋漓；風月一簾，不過才人游戲。而俯仰道衣，遇主之處；追維長門，伏地之始。范陽餘孽，殲滅無存；楊氏諸姨，風流何在。才終一闋，能消上客之雄心；試閲全篇，可作大唐之實録。僕慣聽引喉，未嫺搞箸；生憎肥婢，誰憑小史。以新翻夢入瓊臺，不解中丞之絶調。何來協律，唱徹曼聲；留得庭蘭，偏增百感。明珠顆顆，須傾七寶頗梨；紅豆纍纍，欲下萬年鸚鵡。坐春風而按拍，快逢君於大令之園；瞻云漢而相思，恍置我以長生之殿。

清・王晫《長生殿跋》　洪子昉思，少工五七言詩，而以餘波綺麗，溢爲填詞，爲雜劇院本，一時樂人争唱之。其客長安日，取《長恨歌傳》編爲《長生殿》傳奇，非但藻思妍辭，遠接實甫，近追義仍。而實白科目，具入元人閫奥。至其摭采天寶事，總以白、陳歌傳爲準，亦未嘗臆爲留棄也。自此劇風行天下，莫不知昉思爲詞客，而若忘其爲詩人也者。嗟乎，洪子遊名場四十餘年，其詩宗法三唐，矯然出流俗之外，而幾爲詞曲所蔽。鄭廣文畫師之感，何以異此。

清・胡梁《長生殿跋》　夫以旋娟燕殿，飛燕漢宮，金屋紀其纏綿，璧臺宣其繾綣，雖説鍾情，寧云盡美。今者一曲淋鈴，惜佳人之不再；半庭殘月，思往事之難忘。得方士以傳情，藉才人而寫怨。雙棲忉利，永聯釵盒之盟；並處仙宫，終守死生之約。空憐白傅，歌《長恨》以何爲；足笑青蓮，賦《清平》而無當。

清・吴牧之《長生殿跋》 名冠昭陽，争説趙家飛燕；恩承天寶，艷傳楊氏阿環。事本同符，情終異致。沈香亭畔，供奉之麗制猶新；凝碧池頭，賀老之琵琶未歇。而乃玉碎馬嵬，頓減六宫粉黛；愁牽秦棧，徒悲一曲淋鈴。寶鏡初分，彩虹長斷。欲紅絲之再續，未冷前盟；求仙路以非遥，還聞私語。每維遺事，實愴中懷。賴此繡口才人，爲填别怨；代彼白頭宫女，聊訴含冤。鸚鵡何求，探瑶編而領香斯在；馬牀詎舞，聆綺語而羅襪如看。爰紀短篇，附陳高制。

清・吴作梅《長生殿跋》 湯臨川遊羅念庵之門，好爲詞曲，念庵每以相規。臨川曰：師言性，弟子言情。至今藝林傳之。梅從稗畦先生遊，頗悉先生爲人，大抵不合時宜，質直無機械，發而爲文，則又空靈變化，不可端倪。《長生殿》一劇，梅竊附桓譚論《大玄》之例，決其必傳無疑也。昔陳子昂才名未高，於宣陽里中擊碎胡琴，文章遂達宫禁。先生詩文妙天下，負才不遇，布衣終老，此劇之作，其亦碎琴之微意歟。世人争演之，徒以法曲相賞，且將因填詞而掩其詩文之名。孰知先生有齟齬於時宜者，姑託此以佯狂玩世而自晦於玉簫擅板之間耶。使遇臨川，定應莫逆而笑，第不知念庵見之以爲何如也。

傳記

清（康熙）《錢塘縣志》卷二一 洪昇，字昉思，號稗村。錢塘國子生，以詩有名京師。尤工院本，宫商五音不差脣吻。旗亭壁間，時聞雙鬟謳誦之，以故兒童、婦女莫不知有洪先生者。顧性落拓，脯脩所入，不啻數千金，隨手散去。後至流寓困窮，因歸，溺於烏鎮。王阮亭輓詩云：菟裘終未卜，魚腹恨如何。昇欲卜居武康山中。所著《稗畦集》，有大曆間風格。

清（道光）《武康縣志》卷一九 洪昇，字昉思，西陵人。胸曠遠，其外父爲宰輔，姻婭俱貴，昇無慕焉。初居杭，惡其塵囂，與弟殷仲來武康，築室於儒學之南。王漁洋送之以詩。

又卷二四 洪昉思寓居前溪，嘗大會賓客，演所撰《長生殿傳奇》，極一時琴酒之盛。今則紅豆飄零，風流闃寂。所居之室，亦復殘礎難尋矣。

清・李桓《國朝耆獻類徵初編》卷四三〇 洪昇，字昉思，錢塘人。上舍生。遭家難，流寓困窮，備極坎壈。康熙甲申，自苕霅還，落水死。有《稗村集》，王士禎所定也。《石門》云：先賢逝已久，予亦宿石門。天寒烏自歸，林表斜陽昏。吏隱計難得，詎知憂世屯。棲棲終裋褐，此意向誰言。又《公子行》云：春明門外酒樓高，稱體新裁蜀錦袍。花裏一聲歌《子夜》，當筵脱與鄭櫻桃。又《客武康有句》云：林月前後人，谿花春夏間。其《送高宫詹入都一百韻》，尤警策，人競傳之。朱彝尊有《酬洪詩》云：金臺酒坐擘紅箋，雪散星離又十年。海内詩家洪玉父，禁中樂府柳屯田。梧桐夜雨詞悽絶，薏苡明珠謗偶然。白髮相逢豈容易，津頭且纜下河船。趙執信曰：昉思，故名族。遘患難，攜家居長安中。殊有學識。其詩引繩切墨，不順時趨。雖及阮翁之門，而意見多不合。朝貴亦輕之，鮮與往還。見予詩，乃大驚，求爲友。久之，爲《長生殿》傳奇。非時演於查樓，觀者如雲，而言者獨劾予。予至考功，一身任之，褫還田里，坐客皆得免。昉思亦被逐歸。予遊吴越間，兩見之，情好如故。後聞其飲郭外，客舟中，醉後失足墜水，溺而死矣。

紀事

清・佚名《曲海總目提要》卷二三《四嬋娟》 錢塘洪昇作。昇仿元人雜劇，作《四嬋娟》，曰謝道韞詠絮擅詩才，衛茂漪簪花傳筆陣，李易安鬬茗話幽情，管仲姬畫竹留清韻。《詠雪》：此《四嬋娟》之第一也。記道韞事。按：《晉書》云，王凝之妻謝氏，字道韞，西安將軍奕之女也。嘗内集，俄而雪驟下。叔父安曰：何所似也。安兄子朗曰：撒鹽空中差可擬。道韞曰：未若柳絮因風起。安大笑爲樂。《世説》所載略同。略云：謝安字安石，太康人，官拜太傅，録尚書事。輔政十餘年，掛冠退隱於上虞之東山。

陶情山水，寄興絲竹，間與兒女輩談論文義，以爲家庭樂事。兄子瑚兒，兄女道韞，皆失怙恃，安撫之如己出。稍長，皆嗜讀書，工詩賦。而道韞才尤高，許字右軍王羲之次子凝之。頗聞凝之人物非烏衣之選，道韞以爲夙緣，無稍怨色。天大雪，安置酒召兒女内集，酒酣，效柏梁體賦詩詠雪。安起句云：白雪紛紛何所似。瑚云：撒鹽空中差可擬。時道韞年僅十四，續云：未若柳絮因風起。安擊節嘉賞，以爲能盡體物之妙，遂不復吟。自是安益誨以留心翰墨，後適凝之，克盡婦道。《晉史》：安以平苻堅功晉太傅，則在出山之後。劇中所稱，與史前後不符。又道韞初適凝之，不樂而還。父奕之曰：凝之逸少子，不惡，汝何恨也。答曰：一門叔父，則有阿大中郎。羣從兄弟，則有封胡羯末。不意天壤之間，乃有王郎。據此則道韞出閣後，其父奕之尚在。劇稱幼失怙恃，非是。且明言不樂，則韞亦未嘗無怨色。封胡羯末，韻朗元川小字，劇中引瑚兒，即朗也。《簪花》：以衛夫人傳《筆陣圖》於王右軍，故名。《四嬋娟》之第二也。據云：王羲之字逸少，瑯琊臨沂人，官右軍將軍、會稽内史。自少以書名，鐘鼎、篆籀、八分、章草，無不悉探其源。後渡江北遊名山，見李斯、曹喜等書，又在許下洛陽見鍾繇、梁鵠等書，復參考張昶《華嶽碑》，遍窺古人用筆微妙。然猶自謂入神之處，無人點化，尚隔半塵。永和九年癸丑，將集蘭亭修禊事，衆推羲之作序親書。羲之念此爲一時勝事，當流傳千載，不可草草落筆。其表姊衛夫人精於書法，擅絶古今，嘗作《筆陣圖》，得書家三昧，久秘枕中，無人得見。羲之欲得其傳，會衛方設絳帳，名家閨秀皆執經受業。羲之雖中表姊弟，亦願入門牆爲師弟。遣人達意，衛夫人允之，遂以筆硯爲贄，詣衛執弟子禮甚恭。衛亦竟以師道自居，出《筆陣圖》指授。羲之盡得其傳，書法遂臻神妙。書《蘭亭序》，爲世寶云。《書斷》云：晉王羲之，字逸少，曠子也。七歲善書，十二歲見前代《筆説》於其父枕中，竊而讀之。父曰：爾何來竊吾所秘。羲之笑而不答。母曰：爾看用筆法，父見其小，恐不能秘之。謂羲之曰：待爾成人，吾授也。羲之拜請：今而用之。使待成人，恐蔽兒之幼令也。父喜，遂與之。不盈朞月，書便大進。衛夫人見，語太常王策曰：此兒必見用筆訣。近見其書，便有老成之智。流涕曰：此子必蔽吾名。晉帝時祭北郊，更祝版，工人削之，筆入木三分。三十三書《蘭亭序》，三十七書《黄庭經》，書訖，空中有語：卿書感我，而況人乎。吾是天台丈人。自言真勝鍾繇。羲之書多不一體。劇中絳帳之説，取爲師者曰設帳云耳。男子則馬融有絳帳事，女子則韋逞母宣成君宋氏有絳帳事，非衛夫人也。《法書要録》曰：衛夫人名録，字茂漪，隸書尤善鍾公云。碎玉壺之冰，爛瑶臺之月，婉然芳樹，穆若清風。《筆陣圖》云：夫三端之妙，莫先乎用筆。六藝之奥，莫匠乎銀鈎。自非通靈感物，不可與談斯道。今删李斯筆妙，更加潤色，總七條，并作其形容，列事如左。貽諸子孫，以爲模範，庶將來君子，時復覽焉。王右軍書衛夫人《筆陣圖》後云：羲之少學衛夫人書，將謂大能。及渡江北游名山，比見李斯、曹喜等書。又之許下，見鍾繇、梁鵠書。又之洛下，見蔡邕《石經三體書》。又於從兄洽處，見張昶《華岳碑》。知學衛夫人書，徒費年月耳。羲之遂改本師，時於衆碑學習焉，遂成書。且時年五十有三。韋續《九品書》以王羲之爲上上，衛録爲上中。又《書品》、《後書品》，皆先王而後衛。又《續書評》云：衛夫人書如插花舞女，低昂芙蓉，故謂之簪花格也。《鬭茗》：《四嬋娟》之第三也。摘取李清照《傳》中烹茶檢書一段，幻出一時情話。謂明誠、清照爲千古第一等美滿夫妻，而清照改節事則諱之。趙明誠字德甫，相國趙清憲之子。博洽多聞，精於賞鑒。幼夢神人手授一書，醒而記其三句云：言與司合，安上已脱，芝芙草拔。告之清憲，謂當爲詞女之夫。後娶濟南李格非之女清照，字易安，姿容絶代，辭藻無雙。伉儷之篤如魚水，筆床相對，日從事於圖史、琴樽、爐香、茗椀，以爲閨中樂事。明誠授淄川守，攜清照之官，公餘之暇，所得俸入，徧令人傳寫未見書籍，購法書名畫彝鼎古器，以供玩賞。時當初夏，散衙，命侍婢緑肥紅瘦。烹陽羨茶，與清照坐歸來堂，啜茗看書論列古今。有人以徐熙牡丹求售，乃在太學時欲得而未遂者，至是竭資得之。晝長無事，互指書中事，以分鬭茗勝負。遂歷數古來美滿夫妻，爲閨房生色。自弄玉、簫史、司馬相如、卓文君、孟光舉案、張敞畫眉，以至恩愛若沈東美、高柔、荀奉倩之類，每舉一耦，飲茗一杯。然自古以來，亦不可多得，乃相與自慶爲芙蓉並頭，鴛鴦比翼，不是過也。明誠言至此，不覺覆手中茶，濕清照羅裙。旖旎情長，狂喜欲絶，自是琴瑟之好愈篤，立誓願生生世世長爲夫婦云。按：明誠夫婦，每飯罷坐歸來堂，烹茶，指堆積書史，言某事在某書某卷第幾葉第幾行，以中否勝負，爲飲茶先後。中則舉杯大笑，或至茶覆懷中，不得飲而起。宋人《稗乘》及易安所自記大略相同。劇中全本此一段，而以爲論夫妻生色，則作者附會也。清照有《漱玉詞》三卷行世，其《聲聲慢》一詞尤婉妙。詞云：尋尋覓覓，冷冷清清，悽悽慘慘戚戚。乍暖還寒時候，最難將息。三杯兩盞淡酒，怎敵他，晚來風急。雁過也，正傷心，卻是舊時相識。滿地黄花堆積，憔悴損，如今有誰忺摘。守着窗兒，獨是怎生得黑。梧桐更兼細雨，到黄昏，點點滴滴。這次第，怎一箇愁字了得。朱文公亦深贊此詞之妙。《畫竹》：《四嬋娟》之第四也，演趙孟頫挈室管道昇浮家泛宅於苕霅間，以琴瑟之好，領湖山之勝。而畫竹尤道昇所長，故拈出爲名目也。趙孟頫，字子昂，宋宗室秦王德芳之後，自四世祖憲靖王賜第吴興，遂爲吴興人。入元，以程鉅夫薦，應詔入都。世祖恩禮甚渥，累官翰林學士承旨。仁宗即位，眷顧益厚，嘗以唐李白、宋蘇軾比之。請給歸里，寄情翰墨，徜徉山水。夫人管氏，名道昇，小字仲姬，泖上小蒸人。性情淡素，不事鉛華，嫻詞賦，尤工畫竹。時值重陽，孟頫在白蘋洲別業，命童婢樵青、漁童泛舟，載夫人同作清遊。盟鷗狎鷺，歌詠中流，相對甚樂。仰見餘不溪上修竹萬竿，娟秀可愛，孟頫屬道昇作畫。畫竟，張舟中對玩。琅玕滿目，風雨欲來，道昇復作《漁歌子》詞寄意云：人生貴極是王侯，浮利浮名不自由。爭得似，一扁舟，弄月吟風歸去休。孟頫以松雪古琴倚聲歌之，又呼漁童擫笛相和。又依韻成一闋云：渺渺烟波一葉舟，西風木落五湖秋。盟鷗鷺，傲王侯，管甚鱸魚不上鈎。歌罷，天淡波沈，潛虬欲起。烟波之樂，以爲前有少伯，後有志和，不是過也。自是夫婦往來苕霅，率以爲常，人皆目爲水仙云。趙孟頫詳《元史》本傳，劇與史合。小蒸鎮在松江泖湖之西，一名蒸溪，又名貞溪，趙文敏公魏國夫人管氏世居於此。詳《松江府志》。趙本傳云：孟頫篆籀、分隸、真行、草書無不冠絶，其畫山水、木石、花竹、人馬尤精。前史官楊載稱孟頫之才，頗爲書畫所掩，知其書畫者，不知其文章，知其文章者，不知其經濟之學。人以爲知言。《瑯環記》曰：管夫人性嗜蘭梅，下筆精妙，不讓水仙。有時對庭中修竹，亦自興致不能自休。《圖繪寶鑑》亦云：管夫人能書，善畫墨竹梅蘭。《漁歌子》詞見本集。又一首云：遥想山堂數樹梅，凌寒玉蕊發南枝。山月照，晚風吹，只爲清香苦欲歸。

又《迴文錦》 錢塘洪昇撰。事本武后御制《竇滔妻蘇蕙織錦迴文傳》，中間牽合點綴處，亦頗有因，與元人《織錦迴文》關目互異。略云：扶風人竇滔，字連波，官秦州刺史，給假里居。妻蘇氏，名蕙，字若蘭，興平人，性格玲瓏，姿才艷麗，然未免嫉妬心。滔雖敬愛之，而不爲束縛。有婢隴禽，乘間獻媚于滔，滔力拒之，隴禽懷恨。時當七夕，夫婦方飲于穿針樓，而朝命忽至，擢滔爲兵部侍郎，促之任。滔赴京，蜀王苻洛與長史尹萬有逆謀，設宴邸第大召朝臣，爲暗結人心計。酒酣出宫嬪媚珠侑觴，滔踞坐凝睇，觸洛怒，被劾，貶謫燉煌。燉煌監軍内監魯尚義所撫甥女曰趙陽臺，有文武才，爲尚義參軍，曾繡鴛鴦一隻。尚義欲爲擇配，令懸繡鴦射之，以卜所從，一發而中鴛右目。時有高僧鳩摩羅什能知未來，尚義以陽臺配耦爲問，言當爲人側室，且宜即以繡鴛招善射者，能中左目，即其耦也。而滔適至，射中左目，陽臺遂嫁爲妾。閨房唱和，興至射獵，甚相得也。會尚義内召，苻洛備宴，藏甲謀亂。以尚義諫阻，發其奸，擒洛治罪，尹萬逃入蜀。尚義加官，滔亦擢用。懼其妻蘇蕙之來，預置外宅，藏陽臺。臨別，陽臺自寫其容于一扇遺滔。蕙至，見其夫神色可疑，陰令隴禽察之。滔方握扇，思陽臺，爲隴所見，竊扇告蕙。蕙大怒，尋究得陽臺所在，率羣婢劫以歸，幽之別室。又聽隴禽讒，數加以不堪。滔惶恐，屢折節請，而蕙不顧。陽臺之嫗被逐，赴尚義求救。尚義至滔第，賺陽臺還。而滔適奉命爲安南將軍，鎮守襄陽，竟攜陽臺赴任。蕙獨居哀怨，織迴文錦一幅，縱横藏詩三十餘首，錯采鏤金，精工絶世，寄至襄陽。滔見而感動，與尚義商，令陽臺從羅什剃度修行，而遣人迎蕙。陽臺行至妬女祠，爲文祀神而去。蕙繼至，見其文，心憐之，遣人追之，不及。蕙既之任。尹萬在蜀作亂，朝復命滔往征。賊潛引兵南下，圍襄陽甚急。蕙在圍中，遣兵拒賊，屢爲賊敗。陽臺往見羅什，羅什謂其塵緣未斷，使之遄返，助以佛力。得入城見蕙，釋怨相愛重，如姊妹。羅什又使陽臺上城樓歌舞以亂賊心，尹萬果惑，乘城而上，爲陽臺所斬。圍解賊平，滔亦提師自蜀，還見妻妾相好異常，乃歸前咎于隴禽，痛懲之。事聞皇后，召見，索觀織錦，深加嗟賞。朝廷論平賊功，滔封侯，蘇氏、趙氏皆爲夫人。后復以蕙爲曠代奇才，特賜蜀江萬頃爲花粉資云。按：陽臺被遣，作者以爲可惜，故幻出後段情節，兩相和好也。射鴛一段，影借唐高祖射雀屏事，杜甫詩屏開金孔雀，即其事也。本傳云：前苻堅時，秦州刺史扶風竇滔妻蘇氏，陳留令武功道質第三女，也名蕙，字若蘭，識知精明，儀容秀麗，謙默自守，不求顯揚。行年十六，歸於竇氏，滔甚敬之。然蘇性近於急，頗傷嫉妬。滔字連波，右將軍真之孫，朗之第二子也，風神秀偉。苻堅委以心膂之任，備歷顯職，皆有政聞，遷秦州刺史，以忤旨謫戍燉煌。會堅寇晉，襄陽慮有危逼，藉滔才略，乃拜安南將軍，留鎮襄陽。初滔有寵姬趙陽臺，歌舞之妙，無出其右。滔置之別所，蘇氏知之，求而獲焉，苦加捶辱，滔深以爲憾。陽臺又專伺蘇氏之短，讒毁交至，滔益忿焉。蘇氏時年二十一，及滔將鎮襄陽，邀其同往。蘇氏忿之，不與偕行，滔遂攜陽臺之任，斷其音問。蘇氏悔恨自傷，因織錦迴文，五采相宣，瑩心耀目。其錦縱横八寸，題詩三十餘首，計八百餘言，縱横反覆，皆成文章。其文點畫無缺，才情之妙，超古邁今，名曰《璇璣圖》。然讀者不能盡通。蘇氏笑而謂人曰：徘徊宛轉，自成文章。非我佳人，莫之能解。遂發蒼頭齎至襄陽。滔省覽錦字，感其妙絶，因送陽臺至關中，而具車徒如禮邀迎蘇氏，歸于漢南，恩好逾重。按史，晉孝武太原五年夏四月，秦幽州刺史苻洛及苻重舉兵反，秦遣兵擊之，斬重，擒洛，赦之。《高僧傳》：鳩摩羅什，天竺僧，姚興迎之入關，待以國師。忽一日，自請于秦王曰：有二小兒登肩慾障，須婦人。興進宫女一，交而生二子。諸僧欲效之，什聚針盈鉢，舉匕不異常食。曰：若能效我，乃可畜室。一説，興常謂什曰：大師聰明超悟，若一旦厭世，何可令法種無嗣。遂以妓女十人，逼令受之。自是别立廨舍，不住僧房。又《蓮社高賢傳》：佛馱邪舍尊者聞什入長安，姚主逼以妾媵，歎曰：羅什如好綿纊，何可使入棘林。妬婦津在臨濟。《酉陽雜俎》云：劉伯玉妻段氏，性妬，後自沉而死。七日，托夢與伯玉曰：吾今得爲水神。伯玉終身不渡水。美人渡津者，皆壞衣毁粧，始得渡。不爾則風波暴發。

又《迴龍記》 杭州洪昇作。演韓原睿棄妻盡忠，妻能守節，孝子尋親立功。原睿于迴龍村投水捐軀，爲人救免。其子又于卧龍閣遇親，故名《迴龍記》也。姓名事蹟無所考，或别有寄託，未可知也。略云：韓原睿，字聖思，楚州山陽人，擅詞翰。家貧，父至善，母易氏，六十齊眉。妻季氏，德性幽閒，生子敬敷。重陽家宴賞菊，表叔柳權忽至。飲次，至善正言諫權：坐享膏腴，煢煢老母，置而不問。權大怒。他日約同學胡羣、苟黨二人至韓宅，毆至善而去。原睿懼爲暗害，赴京應試以避之。途中感寒疾，暫憩聖慈禪寺。寺僧半偈，乞原睿書方丈悟石軒三字。適張丕文以節度使出鎮八閩，平章宋皇犟所薦也。置酒聖慈餞行，見軒扁書法清勁，延之叙談。皇犟命口占一詩，以贈張節度。原睿即吟云：鑾方千騎擁高牙，把酒青門御柳斜。此去武夷山下路，春風開遍荔枝花。皇犟憐其才，留之署中，薦爲建寧府别駕。便道省親，攜妻赴任。柳權負荆請罪，原睿亦不較也。是時閩中都督虞自用，倚恃兵權，殘虐良善。丕文入境之始，見其參軍賈多智，踏損苗稼，痛懲之。自用怙惡不悛，反生嫌忌，操兵買馬，漸露叛形。原睿謁丕文，丕文欲裁兵減餉，原睿以爲不可。而丕文意已決，以密奏付原睿齎入京師奉旨，虞自用麾下兵餉，俱着裁減一半。自用設酒請丕文，即於筵前縛之，逼降不從，全家被害。使馮彪駐紮仙霞嶺，張虎防守温台一帶。原睿妻季氏聞之，大驚，寄書囑其夫不可自投虎口，而多智已率兵圍官署。原睿行至迴龍村，接家書，决計盡忠，奮身投水，吏役救之不死。潛出浦城，至仙霞嶺，遇馮彪逼降。原睿欲拔劍自刎，彪感其忠烈，縱之出關，彪亦棄職隱姓逸去。原睿子敬敷，省試中式，方歸家，聞父遭難，辭祖父母往閩尋親。而原睿復返京師，謁平章皇犟，勸速出師剿捕。皇犟奏于朝，遣大將軍郁通爲帥，原睿爲參謀。敬敷尋親至仙霞關，爲巡兵所獲。見虞自用，詭姓名云韋文方。自用欲釋之，柳權適投軍中，證云係韓原睿之子。自用大怒，立使斬之。賈多智云，不如釋令見母，逼修家書勸原睿降。敬敷見母，悲訴始末，乘夜舉火，潛逃出城。多智率兵抵榕城，卸甲與歌姬暢飲醉卧。原睿兵忽至，擒赴軍前。柳權亦被擒，原睿釋之。復獻策于郁通，單騎説降自用。特旨陞授紹興太守。到任三日，詣卧龍岡卧龍閣行香。季氏同子敬敷亦來許願，夫妻父子相見，悲喜交集。朝廷叙功召入京師賜宴飲。至，敬敷得中探花，原睿陞兵部侍郎，季氏封二品夫人，父至善晉封如子官，易氏贈二品夫人，敬敷授翰林編修。劇中胡羣苟黨，蓋言狐羣狗黨也，其非真姓名無疑。

又《鬧高唐》 杭州洪昇作。大意本施耐庵《水滸》内柴進失陷高唐州一段，爲排場關目。其波瀾脉絡，總歸于破高唐救柴進，即以《鬧高唐》名劇。自序云：觀柴進，則當思所以擇交。觀李逵，則當思所以懲忿。觀藺仁，則當思所以報恩。觀宋江等，則當思所以反邪歸正。觀殷天錫，而知勢力之不足倚。觀高廉，而知妖術之不可恃。觀高俅，而知權奸之誤人國家。觀羅真人、公孫勝，而知紛争擾攘之中，未嘗無遺世獨立之人也。又謂文官如柴進則不愛金錢，武官如李逵則不惜死，故獨爲此二人寫照。如寫皇城夫人之烈，柴大娘子之貞，公孫勝母之節，則以巾幗愧鬚眉，有《水滸》所未及者。事原野乘，特借此以抒懷抱耳。略云：柴進，滄州人，周世宗子孫，有親叔皇城，向居高唐州。進重義疎財，扶危濟困。妻勸以功令森嚴，宜自斂藏，進不從。高唐州司獄大使藺仁赴任，中途被盜，進厚贈之。李逵，沂州沂水縣人，曾路見不平，拳勇傷人，避難柴進莊，進特敬愛。後投梁山泊，適公孫勝辭歸薊州養老母，逵亦辭下山報進恩。吳用不允，逵私下山至進家，而進叔皇城信至，知爲高唐州知州妻弟殷天錫强占花園，毆擊垂危。逵隨進至州，皇城已斃矣。天錫復率多人催讓花園，并毆進。於是逵憤甚，拳斃天錫，進勸逵速去。知州高廉，遂擒進下獄，并提家屬監禁，抄没家産。逵懼吳用，欲往二龍山武松處借兵救進，而戴宗下山探信，遇之，邀至泊中。吳用以違軍令，將斬逵。戴宗爲懇求，方免。宋江率馬步卒三千，往高唐州。高廉有妖術，預演八門陣勢，鬼兵神兵獅王等，自恃無恐。戴宗與戰，爲鬼兵所敗。廉乘勝劫營，吳用伏兵大戰，逵斧傷廉足，因回城固守。暗運妖術，大霧陰霾，宋江難攻，思延公孫勝破之。遣戴宗往薊州，逵願偕行。進在獄，幸藺仁感其恩，默護之。高廉恐有内變，命將進及妻，與皇城夫人處決。皇城夫人觸堦死。時遷入城探事，偏散帖子救進。高廉果慮宋江等劫法場，仍監進夫婦，命藺仁五日内取絶呈。仁縋進枯井中，帶乾糧暫匿，以囚徒尸代之，進得不死。戴宗偕逵至薊州二仙山訪公孫勝，其母與師羅真人，俱不令下山。李逵暗入紫虚觀中，殺羅真人及道童。次日勝宗同逵進謁，真人固安然無恙也，所劈者乃二葫蘆耳。真人重逵之義，授勝五雷正法，付以葫蘆、拂子、寶劍，遂偕逵等詣高唐州。與高廉鬬法，幻作鍾馗天師、釋迦佛，破其鬼兵、神兵、獅王等妖法，廉大敗。李逵斧劈高廉，入城，盡殺廉家口，下枯井救進出。公孫勝願歸山學道，藺仁偕行。柴進以祖宗世受國恩，不可從賊，往汴京叩閽待罪。徽宗命太尉宿元景，招安宋江等，高俅諫阻。徽宗從元景奏，授柴進統制，同往招安，各加官爵。進往高唐州厝叔皇城暨嬸靈柩，宋江等俱往祭奠云。按《宣和遺事》，有小旋風柴進，智多星吳加亮，入雲龍公孫勝，黑旋風李逵，神行太保戴宗等三十六人名，而柴進爲周世宗子孫，則據《水滸傳》，餘無所考。劇内亦有與《水滸》異處，如柴進往汴京叩閽，藺仁隨公孫勝學道是也。宿元景招安，亦非此時事。《宋稗類鈔》：高俅者，本東坡先生小史，筆札頗工。東坡自翰苑出帥中山，留以予曾文肅布。文肅以使令已多，辭之，以屬王晉卿。元符末，晉卿爲樞密都承旨。時裕陵在潛邸，與晉卿善。在殿廬侍班，邂逅，王云：今日偶忘帶篦刀子來，欲假以掠鬢可乎。晉卿從腰間取之。王云：此樣甚新可愛。晉卿言：近創造二副，一猶未用，少刻當以馳内。至晚，遣俅齎往。值王在園中蹴踘，俅候報之際，睥睨不已。王呼令對蹴，深愜王意，大喜。呼隸輩云：可往傳語都尉，既謝篦刀之貺，并所送人皆輟留矣。由是日見親信。踰月，王登寶位，眷渥甚厚，不次遷拜。其儕類援以祈恩，上曰：汝曹爭如彼好脚迹耶。數年間建節，尋至使相，遍歷三衙者二十年，領殿前司職事，恩倖無比，極其富貴。然不忘蘇氏，每其子弟入都，則給養問卹甚勤。靖康初，裕陵南下，俅從駕至臨淮，以疾篤辭歸京師。當時侍行如童貫、梁師成輩皆坐誅，而俅獨死於牖下。

又《錦繡圖》 一名《西川圖》，演劉先主及諸葛亮謀取西川事。有据正史者，亦有採演義者，又有自作波瀾者。與《古城》、《草廬》諸記，皆先主時事，可參觀也。《劉先主傳》：建安十六年，益州牧劉璋，遥聞曹公將遣鍾繇等向漢中討張魯，内懷恐懼。别駕從事蜀郡張松説璋，遣法正將四千人迎先主。前後賂遺以巨億計。正因陳益州可取之策，先主留諸葛亮、關羽等據荆州，將部卒數萬人入益州。至涪，璋自出迎，相見甚歡。張松令法正白先主，及謀臣龐統進説，便可於會所襲璋。先主曰：此大事也，不可倉卒。璋推先主行大司馬，領司隸校尉，先主亦推璋持鎮西大將軍，領益州牧。璋增先主兵，使擊張魯，又令督白水軍。先主并軍三萬餘人，車甲器械資貨甚盛，厚樹恩德，以收衆心。明年，曹公征孫權，權呼先主自救。先主從璋求萬兵，及資寶欲以東行。璋但許兵四千，餘皆給半。張松書與先主及法正曰：今大事垂可成，如何釋此去乎。松兄廣漢太守肅，懼禍及己，白璋發其謀。於是璋收斬松，嫌隙始搆矣。璋勅關戍諸將，文書勿復關通先主。先主大怒，召璋白水軍督楊懷，責以無禮，斬之。乃使黄忠、卓膺勒兵向璋。先主徑至關中，質諸將，并士卒妻子，引兵與忠、膺等進到涪，據其城。璋遣劉璝、冷苞、張任、鄧賢等拒先主於涪，皆破敗，退保緜竹。璋復遣李嚴督緜竹諸軍，嚴率衆降先主。先主軍益强，分遣諸將，平下屬縣。諸葛亮、張飛、趙雲等將兵泝流，定白帝、江州、江陽，惟關羽留鎮荆州。先主進軍圍雒。時璋子循守城被攻，且一年。十九年夏，雒城破，進圍成都數十日，璋出降。《諸葛亮傳》：亮字孔明，瑯琊陽都人，漢司隸校尉諸葛豐後也。父珪，字君貢，漢末爲泰山郡丞。亮早孤，從父元與荆州牧劉表有舊，往依之。元卒，亮躬耕隴畝，好爲《梁父吟》。身長八尺，每自比管仲、樂毅。時人莫之許也，惟博陵崔州平、潁川徐庶元直，與亮友善，謂爲信然。時先主屯新野，徐庶見先主，先主器之。謂先主曰：諸葛孔明者，卧龍也，將軍豈願見之乎。先主曰：君與俱來。庶曰：此人可就見，不可屈致也，將軍宜枉駕顧之。由是先主遂詣亮，凡三往，乃見。因屏人曰：漢室傾頽，姦臣竊命。孤不度德量力，欲信大義於天下，而智術淺短，計將安出。亮答曰：自董卓以來，豪傑并起。曹操比於袁紹，則名微而衆寡，然操遂能克紹，以弱爲强者，非惟天時，抑亦人謀也。今操已擁百萬之衆，挾天子以令諸侯，此誠不可與争鋒。孫權據有江東，已歷三世，國險而民附，賢能爲之用，此可以爲援而不可圖也。荆州北據漢沔，利盡南海，東連吴會，西通西蜀，此用武之國，而其主不能守。此殆天所以資將軍，將軍豈有意乎。益州險塞，沃野千里，天府之土，高祖因之以成帝業。劉璋闇弱，張魯在北，民殷國富，而不知存恤，智能之士，思得明君。將軍既帝室之胄，信義著於四海，總攬英雄，思賢如渴，若跨有荆、益，保其巖阻，西和諸蕃，南撫夷越，結好孫權，内脩政理。天下有變，則命一上將，將荆州之軍以向宛洛。將軍身率益州之衆，以出秦川。百姓孰敢不簞食壺漿，以迎將軍者乎。誠如是，則霸業可成，漢室可興矣。先主曰：善。於是與亮情好日密。關羽、張飛等不悦，先主解之曰：孤之有孔明，猶魚之有水也，願諸君勿復言。羽、飛乃止。劉表卒，琮聞曹公來征，遣使請降。先主在樊聞之，率其衆南行。亮與徐庶并從，爲曹公所追破，獲庶母。庶辭先主而指其心曰：本欲與將軍共圖王霸之業者，以此方寸之地也。今已失老母，方寸亂矣，無益於事，請從此別。遂詣曹公。又建安十六年，益州牧劉璋遣法正迎先主，使擊張魯。亮與關羽鎮荆州。先主自葭萌還攻璋，亮與張飛、趙雲等率衆泝江，分定郡縣，與先主共圍成都。成都平，以亮爲軍師將軍，署左將軍府事。先主外出，亮常鎮守成都，足食足兵。二十六年，羣下勸先主稱尊號，先主未許。卒聽亮説即帝位，策亮爲丞相。《魏略》曰：亮在荆州，以建安初，與潁川石廣元、徐元直，汝南孟公威等，俱游學。三人務於精熟，而亮獨觀其大略。每晨夜從容，常抱膝長嘯，而謂三人曰：卿三人仕進，可至刺史、郡守也。三人問其所至，亮但笑而不言。後公威思鄉里，欲北歸，亮謂之曰：中國饒士丈夫，遨遊何必故鄉耶。《襄陽記》曰：劉備訪世事於司馬德操，德操曰：儒生俗士，豈識時務。識時務者，在乎俊傑。此間自有伏龍、鳳雛。備問爲誰，曰：諸葛孔明、龐士元也。《魏略》曰：庶先名福，本單家子，少好任俠擊劍。中平末，嘗爲人報讎，白堊突面，被髮而走。爲吏所得，問其姓名，閉口不言。吏乃於車上立柱維磔之，擊鼓以令於市鄽，莫敢識者。而其黨伍共篡解之，得脱。於是感激，棄其刀戟，更疎巾單衣，折節學問，始詣精舍。諸生聞其前作賊，不肯與共止。福乃卑躬早起，常獨掃除，動静先意，聽習經業。義禮精熟，遂與同郡石韜相親愛。初平中，中州兵起，乃與韜南客荆州，到又與諸葛亮特相善。及荆州内附，孔明與劉備相隨去，福與韜俱來北。至黄初中，韜仕歷郡守，典農校尉。福至右中郎將，御史中丞。逮大和中，諸葛亮出隴右，聞元直、廣元仕財如此，歎曰：魏殊多士耶，何彼二人不見用乎。庶後數年病卒，有碑在彭城，今猶存焉。

清・焦循《劇説》卷四　稗畦居士洪昉思昇，仁和人，工詞曲，撰《長生殿》雜劇，薈萃唐人諸説部中事及李、杜、元、白、温、李數家詩句，又刺取古今劇部中繇麗色段以潤色之，遂爲近代曲家第一。在京師填詞初畢，選名優譜之，大集賓客。是日國忌，爲臺垣所論。與會凡數人，皆落職。趙秋谷時官贊善，亦罷去。秋谷年二十三，典試山西，回時，騾車中惟攜《元人百種曲》一部，日夕吟諷。至都門，值《長生殿》初成，因爲點定數折。昉思跌宕孤逸，無俗情。年五十餘，墮水死。

清・姚燮《今樂考證・著録九・國朝傳奇》　洪昉思五種【略】。案：《長生殿》初名《沈香亭》傳奇，後去李白，入李泌輔肅宗中興，更名《舞霓裳》，又念情之所鍾在帝王家，遂專爲寫鈿合情緣，更名《長生殿》，蓋經十餘年而稿始成者。

著録

清・佚名《傳奇彙考標目》卷下　洪昇字昉思，號稗畦。錢塘人。《長生殿》、《錦綉圖》、《鬧高唐》。

清・黄文暘、佚名《重訂曲海總目・國朝傳奇》　洪昉思，《長生殿》。

清・姚燮《今樂考證・著録四・國朝雜劇》　洪昉思一種：《節孝坊》。

又《著録九・國朝傳奇》 洪昉思五種：《長生殿》、《回文錦》、《鬧高唐》、《長虹橋》、《四嬋娟》。

清・王國維《曲録》卷三 《四嬋娟》一本，國朝洪昇撰。

又卷五 《回文錦》一本，《迴龍院》一本，《錦繡圖》一本，《鬧高唐》一本，《節孝坊》一本，《舞霓裳》一本，《沉香亭》一本，右見《長生殿序例》。《長生殿》一本。右八種，國朝洪昇撰。

藝文

清・周在浚《長生殿題詞》 錢塘才子譜新腔，紙貴長安遞寫忙。不數沉香亭畔調，何妨名姓入彈章。

清・羅坤《長生殿題詞》 拍手旗亭樂不支，才人慢世許誰知。應將一曲山香舞，堪比洪生絶妙詞。

詞筆婁東迥絶塵，排場我愛《秣陵春》。六朝感慨風流後，跌宕中原有幾人。

搔首天涯唤奈何，紅牙象板手摩娑。多才何處消懷抱，且譜當年《長恨歌》。

清・孫鳳儀《長生殿題詞》 萍蹤忽合果稱奇，艷曲明妝賽夜輝。雖是天涯淪落客，江州未許濕羅衣。

至尊偏是佔風流，午夜香盟七夕秋。已信曲中訛字少，周郎故故動星眸。

載酒江湖乘白舫，徵歌花鳥拍紅牙。何如一曲《長生殿》，消盡離魂在碧紗。

清・陳玉璂《長生殿題詞》 渺渺燕雲入望微，金台逾比舊時非。君才小露《長生殿》，便爾驚人放逐歸。

清・朱彝尊《曝書亭集》卷一九《酬洪昇》 金台酒座擘紅箋，雲散星離又十年。海内詩家洪玉父，禁中樂府柳屯田。梧桐夜雨詞凄絶，薏苡明珠謗偶然。白髮相逢豈容易，津頭且纜下河船。

又《題洪上舍傳奇》 十日黄梅雨未消，破窗殘燭影芭蕉。還君曲譜難終讀，莫付尊前沈阿翹。

清・王士禛《蠶尾續詩》卷七《輓洪昉思》 送爾前溪去，棲遲歲月多。菟裘終未卜，魚腹恨如何。采隱懷苕霅，招魂吊汨羅。新詞傳樂部，猶聽雪兒歌。昉思工詞曲，所製《長生殿》傳奇，刻初成。

清・曹寅《讀洪昉思稗畦行卷感贈兼寄趙秋谷宮贊》 惆悵江關白髮生，斷雲零雁各凄清。稱心歲月荒唐過，垂老文章恐懼成。禮法誰嘗輕阮籍，窮愁天亦厚虞卿。縱横捭闔人間世，只此能消萬古情。

清・王位坤《長生殿題詞》 花落春城雨似絲，五侯池館笛悲時。青綾枉負平生志，紅豆憑傳到處詞。岸幘獨驚焦遂酒，方袍閒賭謝公旗。於今縱有清平句，不擬濡毫上玉墀。

清・梅庚《〈長生殿〉題詞》 老按紅牙尚放顛，驚弦已脱罷相憐。開元天子無愁曲，不掛彈文事不傳。

清・趙執信《飴山詩集》《上元觀演長生殿劇十絶句》 傾國爭誇天寶時，才人例解説相思。三生影響《陳鴻傳》，一種風情白傅詩。

遥指仙山唤太真，華清一浴斬然新。怪來宇内求難得，元在深閨未識人。

脂粉無由污淡妝，雙飛端合在昭陽。酷憐姊妹開來艷，虚憶梅花冷處香。

温泉清滑浸芙蓉，玉女飛來太華峯。石作鳧魚猶觸忤，那教取次近豬龍。

月殿酣歌夢許攀，輕將仙樂落人間。笑他穆滿無情思，身到瑶池白手還。

垂老荒迷花月場，臨淄英略未銷亡。投珠抵璧尋常事，夙遺元臣駐朔方。

蜀山秋雨感飄零，殘夢頻迴舊驛亭。妙寫鈴聲入新曲，可能渾似月中聽。

牛女經年夢亦慵，翻從人世管情蹤。玉妃應有婚姻牘，才過開元便得逢。

黄泉碧落事荒哉，差勝樓船去不迴。本與求仙情味别，何嘗身欲到蓬萊。

清歌重引昔歡塲，燈月何人共此堂。六百餘年尋覆轍，菟裘怪底近滄浪。

余以此劇被放，事跡頗類蘇子美。昔過蘇州有句云：聞道滄浪有遺築，故應許我問菟裘。

又《詠洪昇》 錢塘洪昇昉思，故名族，遭患難，携家居長安中，殊有學識。其詩引繩切墨，不順時趨，雖及阮翁之門而意見多不合。朝貴亦輕之，鮮與往還。才力本弱，篇幅窘狹，斤斤自喜而已。見余詩，大驚服，遂求爲友。久之，以填詞顯，頗依傍前人。其音律諧，適利於歌喉。最後爲《長生殿》傳奇，甚有名。余實助成之，不時唱演，觀者如雲。而言者獨劾余。余至考功，一身任之，褫還田里，坐客皆得免。昉思亦被逐歸，前難旋釋，反得安便。余遊吴趙間兩見之，情好如故。後聞其飲郭外，客舟中，醉後失足，墜水溺而死。

每笑蘇子美，終身惟一蹶。永抛夢華塵，長嘯滄浪月。千秋覓同調，舍我更何人。高騫雲中鶴，俯視爨下薪。當時共造迷，鬼神實假手。委曲以相成，君無道慙負。羣兒旁快意，一網盡無餘。借問即陸者，誰能免淪胥。吊君水仙操，置我愚公谷。得失物雞蟲，死生身翻覆。歌塲倏已散，此是無色天。翩然成獨往，直上三神山。

清·王昶《春融堂集》卷六《觀劇六絶》 長生殿裏可憐宵，曾炷沈檀禮鵲橋。一樹梨花人不見，青騾蜀棧雨蕭蕭。

清·凌廷堪《校禮詩集》卷二《論曲絶句三十二首》 其三十二：《下里》紛紛競品題，《陽阿》、《激楚》付泥犁。元人妙處誰傳得，衹有曉人洪稗畦。

清·舒位《瓶水齋詩集》卷四《觀演〈長生殿〉樂府》 一飯張巡妾，三秋織女星。他生原未卜，此曲竟難聽。羯鼓催聾鼓，盤鈴换閣鈴。青山啼杜宇，何處雨冥冥。

奉詔慚高頔，題詩怨鄭畋。佛堂埋玉樹，仙海寄金鈿。客唱《霓裳序》，人輸錦襪錢。江南花落後，重見李龜年。

白髪談天寶，琵琶唤奈何。未應來赤鳳，從此老青娥。楊柳詞成讖，梨花泪更多。至憐湯殿永，兵馬洗天河。

酒緑燈紅夜，春風舞一場。亂離唐四紀，優孟李三郎。國事休回首，詩篇説斷腸。誰知新舊史，多爲郭汾陽。

清·楊嗣震《長生殿題詞》 曾是江湖氍毹身，歸來暫喜卧湖濱。狂名厭殺天涯滿，小字呼來北裏真。窈窕吴娘歌此曲，風流老輩數斯人。旗亭市上紅樓裏，群指先生折角巾。

文章豪俠動公卿，《水調》何妨曲轉清。是處青衫增悵悵，可憐紅豆誤功名。話來天寶千年恨，翻出《霓裳》一部聲。我欲燈前親按拍，舞裙歌扇未分明。

清·杜首言《長生殿題詞》 開元盛事過雲烟，一部清商見儼然。繡口錦心新譜出，彈詞藉手李龜年。

回護當年用意深，風流天子感知音。傳奇大雅存忠厚，觀者須思作者心。

清·許觀光《長生殿題詞》 海内争傳絶妙詞，紅牙檀板按歌時。當年法曲來天上，此日新腔遍教師。删却煩言偷换譜，裝成麗句助彈絲。玲瓏有調吾能唱，誰似風流獨爾司。

清·佚名《長生殿題詞》 錦瑟瓊簫玉樹箏，開元舊事譜新聲。傷心宛轉蛾眉死，一代紅顔一擲輕。

陽阿激楚調彌高，稗老摛詞興最豪。不道憐才皆欲殺，於時還笑《鬱輪袍》。

《霓裳》曲自禁中傳，轉眼春風事播遷。獨抱琵琶流俗去，空教腸斷李龜年。

僕本江郎賦恨人，歌來長恨更酸辛。樓臺海上虛無裏，何處仙山覓太真。

清·王紹曾《長生殿題詞》 拍罷紅牙滿院春，當筵花草一時新。燈前仿佛三郎在，暮雨淋鈴哭太真。

又 玉環幽怨寫新詞，想見明皇不自持。夜半星前含淚語，長生殿内有誰知。

雜録

清・洪昇《長生殿・自序》 余覽白樂天《長恨歌》及元人《秋雨梧桐》劇，輒作數日惡。南曲《驚鴻》一記，未免涉穢。從來傳奇家，非言情之文，不能擅場。而近乃子虛烏有，動寫情詞贈答，數見不鮮，兼乖典則。因斷章取義，借天寶遺事，綴成此劇。凡史家穢語，概削不書，非曰匿瑕，亦要諸詩人忠厚之旨云爾。然而樂極哀來，垂戒來世，意即寓焉。且古今來逞侈心而窮人欲，禍敗隨之，未有不悔者也。玉環傾國，卒至隕身，死而有知，情悔何極。苟非怨艾之深，尚何證仙之與有。孔子刪書而録秦誓，嘉其敗而能悔，殆若是歟。第曲終難于奏雅，稍借月宫足成之。要之廣寒聽曲之時，即游仙上升之日。雙星作合，生忉利天，情緣總歸虚幻，清夜聞鐘，夫亦可以蘧然夢覺矣。康熙己未仲秋，稗畦洪昇題於孤嶼草堂。

又《例言》 憶與嚴十定隅坐皐園，談及開元天寶間事，偶感李白之遇，作《沉香亭》傳奇。尋客燕台，忘友毛玉斯謂排場近熟，因去李白入李泌，輔肅宗中興，更名《舞霓裳》，優伶皆久習之。又念情之所鍾，在帝王家罕有，馬嵬之變已違夙誓。而唐人有玉妃歸蓬萊仙院，明皇遊月宫之説，因合用之，專寫釵合情緣，以《長生殿》題名，諸同人頗賞之，樂人請是本演習，遂傳於時。蓋經十餘年，三易稿而始成，予可謂樂此不疲矣。史載楊妃多污亂事，予撰此劇止按白居易《長恨歌》、陳鴻《長恨歌傳》爲之。而中間點染處，多采《天寶遺事・楊妃傳》。若一涉穢跡，恐妨風教，絶不闌入覽者，有以知予之志也。今載《長恨歌傳》以表所由，其《楊妃本傳》、《外傳》及《天寶遺事》諸書，既不便删削，故概置不録焉。棠村相國嘗稱予是劇，乃一部鬧熱《牡丹亭》，世以爲知言。予自惟文采不逮臨川，而恪守韻調，罔敢少有踰越。蓋姑蘇徐靈昭氏，爲今之周郎，嘗論撰《九宫新譜》，予與之審協律，無一字不慎也。曩作《鬧高唐》、《孝節坊》諸劇，皆友人吴子舒凫爲予評點。今《長生殿》行世，伶人苦于繁長難演，竟爲傖輩妄加節改，關目都廢。吴子憤之，效《墨憨十四種》，更定二十八折，而以虢國、梅妃別爲饒戲，兩戲確當不易，且全本得其論文，發予意所涵蘊者實多。分兩月唱演殊快，取簡便當覓吴本教習，勿爲傖悮可耳。是書義取崇雅，情在寫真。近唱演家改换有必不可從者，如增虢國承寵，楊妃忿爭一段，作三家村婦醜態，既失蘊藉，尤不耐觀。其《哭像》折，以哭題名，如禮之兇奠，非吉祭也。今滿場皆用紅衣，則情事乖違，不但明皇鍾情不能寫出，而阿監宫娥涕泣皆不稱矣。至于《舞盤》及末折《演舞》，原名《霓裳羽衣》，只須白襖紅裙，便自當行本色，細繹曲中，舞節當一一自具。今有貴妃舞盤學《浣紗舞》，而末折仙女或舞燈、舞汗巾者，俱屬荒唐，全無是處。洪昇昉思父識。

清・金埴《巾箱説》 往予杭州寄亭，去昉思居咫尺。每風動春朝，月明秋夜，未嘗不彼此相過，偕步於東園。游魚水曲，欲去還留；啼鳥花間，將行且佇。昉思輒向予誦明朝未必春風在，更爲梨花立少時之句。且曰：吾儕可弗及時行樂耶。迨甲申春杪，昉思別予遊雲間、白門，兩月而訃至。所誦二句，竟成其讖。至今追思，爲之嘆惋。

又 昉思之遊云間、白門也，提帥張侯云翼降階延入，開讌於九峰三泖間，選吴優數十人，搬演《長生殿》。軍士執殳者，亦許列觀堂下。而所部諸將，并得納交昉思。時督造曹公子清寅，亦即迎致於白門。曹公素有詩才，明聲律，乃集江南北名士爲高會。獨讓昉思居上座，置《長生殿》本於其席，又自置一本於席。每優人演出一折，公與昉思讎對其本，以合節奏，凡三晝夜始闋。兩公并極盡其興賞之豪華，以互相引重，且出上幣兼金贐行。長安傳爲盛事，士林榮之。迨歸至烏鎮，昉思酒後登舟，而竟爲汨羅之投矣。傷哉。予爲文以誄，有云：陸海潘江，落文星於水府；風魂雪魄，赴曲宴於晶宫。西河毛先生頗稱之。先是，康熙戊辰朝彦諸名流，聞《長生殿》出，各釀金過昉思邸搬演，觴而觀。會國服未除，纔一日，其不與者嫉構難，有翰部名流坐是罷官者。後其本遂經御覽被宸褒焉。

清・梁紹壬《兩般秋雨盦隨筆》卷四 黄六鴻者，康熙中由知縣行取給事中，入京，以土物并詩稿遍送名士。至宫贊趙秋谷執信，答以柬云：土物拜登，大稿璧謝。黄遂銜之刺骨。乃未幾而有國喪演劇一事，黄遂據實彈劾。仁廟取《長生殿》院本閲之，以爲有心諷刺，大怒，遂罷趙職，而洪昇編管山西。京師有詩咏之，今人但傳可憐一曲《長生殿》一句，而不知此詩有三首也。其云：國服雖除未滿喪，如何便入戲文場。自家原有些兒錯，莫把彈章怨老黄。秋谷才華迴絶儔，少年科第儘風流。可憐一曲《長生殿》，斷送功名到白頭。周王廟祝本輕浮，也向長生殿裏遊。抖擻香金求脱網，聚和班裏製行頭。周王廟祝者，徐勝力編修嘉炎，是日亦在座，對簿時賂聚和班伶人，詭稱未與，得免。徐豐頤修髯，有周道士之稱也。是獄成，而《長生殿》之曲流傳禁中，布滿天下，故朱竹垞檢討贈洪稗畦詩，有海内詩篇洪玉父，禁中樂府柳屯田。《梧桐夜雨》聲淒絶，薏苡明珠謗偶然《梧桐夜雨》，元人雜劇，亦咏明皇幸蜀事之句，樊榭老人嘆爲字字典雅者也。

孔尚任

論説

清・夢鶴居士《桃花扇傳奇序》 嘗怪百子山樵所作傳奇四種，其人率皆更名易姓，不欲以真面目示人。而《春燈謎》一劇，尤致意於一錯二錯，至十錯而未已。蓋心有所歉，詞輒因之。乃知此公未嘗不知其生平之謬誤，而欲改頭易面以示悔過。然而清流諸君子，持之過急，絶之過嚴，使之流芳路塞，遺臭心甘。城門所殃，洊至荆棘銅駝而不顧。禍雖不始於夷門，夷門亦有不得謝其責者。嗚呼，氣節伸而東漢亡，理學熾而南宋滅，勝國晚年，雖婦人女子，亦知嚮往東林，究於天下事奚補也。當其時，偉人欲扶世祚，而權不在己；宵人能覆鼎餗，而溺於宴安。扼腕時艱者，徒屬之席帽青鞋之士；時露熱血者，或反在優伶口技之中。斯乾坤何等時耶。既無龍門、昌黎之文，以淋漓而發揮之；又無少陵、太白之詩，以長歌而痛哭之。何意六十載後，雲亭山人以承平聖裔，京國閒曹，忽然興會所至，撰出《桃花扇》一書，上不悖於清議之是非，下可以供兒女之笑噱。吁，異乎哉。當日皖城自命以填詞擅天下，詎意今人即以其技，還奪其席，而且不能匿其瑕，而且幾欲褫其魄哉。雖然，作者上下千古，非不鑒於當日之局，而欲餔東林之餘糟也，亦非有甚慨於青蓋黄旗之事，而爲狡童離黍之悲也。徒以署冷官閒，窗明几净，胸有勃勃欲發之文章，而偶然借奇立傳云爾。斯時也，適然而有卻奩之義姬，適然而有掉舌之二客，適然而事在興亡之際，皆所謂奇可以傳者也。彼既奔赴於腕下，吾亦發抒其胸中，可以當長歌，可以代痛哭，可以弔零香斷粉，可以悲華屋邱山，雖人其人而事其事，若一無所避忌者，然不必目爲詞史也。猶記歲在甲戌，先生指署齋所懸唐朝樂器小忽雷，令余譜之。一時刻燭分箋，疊鼓競吹，覺浩浩落落，如午夜之聯詩，而性情加鬯。翌日而歌兒持板待韻，又翌日而旗亭已樹赤幟矣。斯劇之作，亦猶是焉。爲有所謂乎。無所謂乎。然讀至卒章，見板橋殘照、楊柳彎腰之語，雖使柳七復生，猶將下拜。而謂千古以上，千古以下，有不拍案叫絶，慷慨起舞者哉。妙矣至矣。蔑以加矣。若夫夷門復出應試，似未足當高蹈之目，而桃葉卻聘一事，僅見之與中丞一書，事有不必盡實録者。作者雖有軒輊之文，余則仍視爲太虚浮雲，空中樓閣云爾。

清・黄元治《桃花扇傳奇題辭》 有明三百年結局，君臣將相，奸佞忠良，其間可褒可誅、可歌可泣者，雖百千萬言，亦不能盡。茲獨借管絃拍板，寫其悲感纏綿之致，又從最不要緊幾輩老名士、老白相、老青樓，飲嘯詼諧，禍患離合終始之迹，而寄國家興亡，君子小人，成敗死生之大。故貫穿往覆，揮灑淋漓，大旨要歸，眼如注矢，悽音楚調，聲似迴瀾。紀事處，忽爾鍾情；情盡處，忽爾見道。戰争付之流水，兒女歸諸空花。作史傳觀可，作内典觀亦可。甯徒慷慨悲歌，聽者墮淚而已乎。

清・劉中柱《桃花扇傳奇題詞》 一部傳奇，描寫五十年前遺事。君臣將相，兒女友朋，無不人人活現，遂成天地間最有關係文章。往昔之湯臨川，近今之李笠翁，皆非敵手。

清・李柟《桃花扇傳奇題詞》 先生胸中眼中，光明洞達。其是非褒貶，雖自成一家言。實天下後世之公言，所謂游夏不能贊一辭也。列國賢士大夫誰無意見。若聽其筆削《春秋》一書，今已粉碎矣。觀《桃花扇》者，如覩祥麟瑞鳳，當平恕其心，歡喜贊歎，即感慨亦多事，況議論乎。

清・陳四如《桃花扇傳奇題詞》 紈扇而曰桃花，其名豔；桃花而血色染，其情慘。以桃花扇而寫梨溶杏冶，以桃花扇而發嬉笑怒罵，以桃花扇而誅亂臣賊子，以桃花扇而正世道人心。至於齣下之編年紀月，齣末之搜才繫士，不書隱公即位之筆，得再見矣。噫，《桃花扇》之義大矣哉。關中陳四如。

清・劉凡《桃花扇傳奇題詞》 奇而真，趣而正，諧而雅，麗而清，密而淡，詞家能事畢矣。前後作者，未有盛於此本，可爲名世一寶。

清・葉籓《桃花扇傳奇題詞》 慷慨悲歌，凄涼苦語，是何種文章。讀之而不墮淚者，其心必石，其眼必肉。

清・姚燮《今樂考證・著録八・國朝院本》 梁子章云：《桃花扇》筆意疎爽，寫南朝人物，字字繢水繢聲。至文詞之妙，其豔處似臨風桃蕊，其哀處似着雨梨花，固是一時傑搆。然就中亦有未愜人意者：福王三大罪、五不可之議，倡自周鑣、雷演祚，今《阻奸》折竟出自史閣部，則與《設朝》折大相逕庭，使觀者直疑閣部之首鼠兩端矣。且既以《媚座》爲二十一折矣，復加入《孤吟》一折，其詞意猶之家門大意，謂之蛇足，總屬閒文。至若曲中詞調，伶人任意删改，亦斯文一大恨事，然未有先慮其删改，特於作曲時爲俗伶豫留地步者。今《桃花扇》長則七八曲，其少則四五曲，未免故走易路。又以左右部分正間合閏四色，以奇偶部分中戾餘煞四氣，以總部分經緯二星，毋論有曲以來，万無此例，即謂自我作古，亦殊覺澹然無味，不知何所見而云然也。《桃花扇》以《餘韻》折作結，曲終人杳，江上峯青，留有餘不盡之意於烟波縹緲間，脱盡團圓俗套。乃顧天石改作《南桃花扇》，使生旦當場團圓，雖其排場可快一時之耳目，然較之原作，孰劣孰優，識者自能辨之。

清・包世臣《書〈桃花扇〉後》 近世傳奇以《桃花扇》爲最，淺者謂爲佳人才子之章句，而賞其文辭清麗，結構奇縱，深者則謂其指在明季興亡，侯李乃是點染，顛倒主賓，以眩耳目，用力如一髮引千鈞，累九丸而不墜者近之矣。然其意旨存於隱顯，義例見於回互，斷制於激射，實非苟然而作，或未之深知也。道鄰身任督師，令不行於四鎮，故於虎山自剄時，著三百年天下亡於我手之語，以明責其罪。虎山罪明，則道鄰可見。不責高劉者，以其不足責也。然福王之立也，道鄰中夜結士英以定議。福王立，則与崑山齟齬，無以得上游屏翰之力，而爲之曲諱者，蓋不欲專府獄道鄰，使馬阮反得從從罪也。既書道鄰之死不明，而又書祭者責其並不能求死於戰也。龍友死戰而不書者，以黨惡咎重，不許其以死自贖也。崑山之死也，特書後世將以我爲亂臣之語者，明其心之非叛，而罪則當死。蓋崑山不稱兵離楚，則馬阮不奪虎山，許定國雖北渡河，尚可截淮爲守也。至北都自死諸臣，上不能致身以衂國難，下不能引退而遠利禄，是直計無復之，欲買價泉裡耳。故借書賈射利之語以深致其誚。其士人負重名持横議者，無如三公子五秀才，而迂腐蒙昧，乃與戶居者不殊。然而世固非無才也，敬亭、崑生、香君，皆抱忠義智勇，辱在塗泥，故備書香君之不肯徒死，而必達其誠，所以愧自經溝瀆之流。書敬亭、崑生艱難委曲，以必濟所事，而庸懦誤國者，無地可立於人世矣。賢人在野，立巖廊主封域者非奸則庸，欲求國步之不日蹙，其可得乎。然而爲師爲長，端本爲士，士人倚恃門地自詡，虚車務聲華，援黨與以犄摭長短，其禍之發也。常至結連家國而不可救，此作者所爲洞微察遠，而不得不藉朝宗以三致其意者也。

清・蘭雪堂主人《桃花扇序》 《桃花扇》傳奇四卷，前人推許至矣。顧坊間遞相翻印，譌謬幾不堪寓目。今年夏，有以是書求沽者，雖散佚過半，實爲雲亭自刻原槧，友人見而悦之，慫恿重刊以公諸世。爰搜集市肆諸足本，參攷互訂，追涼之暇，日校數頁。其序目題辭諸篇之編次未當者，又復譾加釐正，別爲一卷，冠於首，凡三月而竟事，又閲月而梓成。烏虖。視博弈以猶賢，聽新樂則不倦。知我笑我，亦任諸世之君子焉爾。

清・孔尚任《桃花扇傳奇本末》 族兄方訓公，崇禎末爲南部曹。予舅翁秦光儀先生，其姻婭也。避亂依之，羈留三載，得宏光遺事甚悉。旋里後數數爲予言之。證以諸家稗記，無弗同者，蓋實録也。獨香姬面血濺扇，楊龍友以畫筆點之，此則龍友小史言於方訓公者。雖不見諸別籍，其事則新奇可傳，《桃花扇》一劇感此而作也。南朝興亡，遂繫之《桃花扇》底。予未仕時，每擬作此傳奇，恐聞見未廣，有乖信史。寤歌之餘，僅畫其輪廓，實未飾其藻采也。然獨好誇於密友曰：吾有《桃花扇》傳奇，尚秘之枕中。及索米長安，與僚輩飲讌，亦往往及之。又十餘年，興已闌矣。少司農田綸霞先生來京，每見必握手索覽。予不得已，乃挑燈填詞，以塞其求，凡三易稾而書成，蓋己卯之六月也。前有《小忽雷》傳奇一種，皆顧子天石代予填詞。予雖稍諳宫調，恐不諧於歌者之口，及作《桃花扇》時，天石已出都矣。適吴人王壽熙者，丁繼之友也，赴紅蘭主人招，留滯京邸，朝夕過從，示予以曲本套數，時優熟解者，遂依譜填之。每一曲成，必按節而歌，稍有拗字，即爲改製，故通本無聱牙之病。《桃花扇》本成，王公薦紳，莫不借鈔，時有紙貴之譽。己卯秋夕，内侍索《桃花扇》本甚急；予之繕本莫知流傳何所，乃於張平州中丞家覓得一本，午夜進之直邸，遂入内府。己卯除夜，李木庵總憲，遣使送歲金，即索《桃花扇》爲圍爐下酒之物。開歲燈節，已買優扮演矣。其班名金斗，出之李相國湘北先生宅，名噪時流，唱《題畫》一折，尤得神解也。庚辰四月，予已解組，木庵先生招觀《桃花扇》。一時翰部臺垣，羣公咸集，讓予獨居上座，命諸伶更番進觴，邀予品題。座客嘖嘖指顧，頗有淩雲之氣。長安之演《桃花扇》者，歲無虚日，獨寄園一席，最爲繁盛。名公巨卿，墨客騷人，駢集者座不容膝。張施則錦天繡地，臚列則珠海珍山。選優兩部，秀者以充正色，蠢者以供雜脚。凡砌抹諸物，莫不應手裕如。優人感其厚賜，亦極力描寫，聲情俱妙。蓋園主人乃高陽相公之文孫，詩酒風流，今時王謝也。故不惜物力，爲此豪舉。然笙歌靡麗之中，或有掩袂獨坐者，則故臣遺老也。燈炧酒闌，唏噓而散。楚地之容美，在萬山中，阻絶人境，即古桃源也。其洞主田舜年，頗嗜詩書。予友顧天石有劉子驥之願，竟入洞訪之，盤桓數月，甚被崇禮。每宴必命家姬奏《桃花扇》，亦復旖旎可賞，蓋不知何人傳入。或有雞林之賈耶。歲丙戌，予驅車恒山，遇舊寅長劉雨峯，爲郡太守。時羣僚高讌，留予居賓座，觀演《桃花扇》，凡兩日，纏綿盡致。僚友知出予手也，争以杯酒爲壽。予意有未愜者，呼其部頭，即席指點焉。顧子天石，讀予《桃花扇》，引而申之，改爲《南桃花扇》。令生旦當場團圓，以快觀者之目。其詞華精警，追步臨川。雖補予之不逮，未免形予傖父，予敢不避席乎。讀《桃花扇》者，有題辭，有跋語，今已録於前後。又有批評，有詩歌，其每折之句批在頂，總批在尾，忖度予心，百不失一，皆借讀者信筆書之，縱横滿紙，已不記出自誰手。今皆存之，以重知己之愛。至於投詩贈歌，充盈篋笥，美且不勝收矣，俟録專集。《桃花扇》鈔本久而漫滅，幾不可識。津門佟蔗村者，詩人也。與粤東屈翁山善。翁山之遺孤，育於其家，佟爲謀婚産，無異己子，世多義之。薄遊東魯，過予舍，索鈔本讀之，纔數行，擊節叫絶。傾囊槖五十金，付之梓人。計其竣工也，尚難於百里之半，災梨真非易事也。雲亭山人漫述。

清·孔尚任《桃花扇傳奇·凡例》 一、劇名《桃花扇》，則桃花扇譬則珠也，作《桃花扇》之筆譬則龍也。穿雲入霧，或正或側，而龍睛龍爪，總不離乎珠，觀者當用巨眼。一、朝政得失，文人聚散，皆確考時地，全無假借。至於兒女鍾情，賓客解嘲，雖稍有點染，亦非烏有子虚之比。一、排場有起伏轉折，俱獨闢境界。突如而來，倏然而去，令觀者不能預擬其局面。凡局面可擬者，即厭套也。一、每齣脈絡聯貫，不可更移，不可減少。非如舊劇，東拽西牽，便湊一齣。一、各本填詞，每一長折，例用十曲，短折例用八曲。優人删繁就簡，只歌五六曲，往往去留弗當，辜作者之苦心。今於長折，止填八曲，短折或六或四，不令再删故也。一、曲名不敢新奇，其套數皆時流諳習者。無煩探討，入口成歌。而詞必新警，不襲人牙後一字。一、詞曲皆非浪填，凡胸中情不可説，眼前景不能見者，則借詞曲以詠之。又一事再述，前已有説白者，此則以詞曲代之。若應作説白者，但入詞曲，聽者不解，而前後間斷矣。其已有説白者，又奚必重入詞曲哉。一、製曲必有旨趣，一首成一首之文章，一句成一句之文章。列之案頭，歌之場上，可感可興，令人擊節歎賞，所謂歌而善也。若勉强敷衍，全無意味，則唱者聽者，皆苦事矣。一、詞曲入宫調，叶平仄，全以詞意明亮爲主。每見南曲艱澀扭挪，令人不解，雖强合絲竹，止可作工尺字譜，何以謂之填詞耶。一、詞中使用典故，信手拈來，不露餖飣堆砌之痕。化腐爲新，易板爲活。點鬼垛屍，必不取也。一、説白則抑揚鏗鏘，語句整鍊，設科打諢，俱有别趣。寧不通俗，不肯傷雅，頗得風人之旨。一、舊本説白，止作三分，優人登場，自增七分。俗態惡謔，往往點金成鐵，爲文筆之累。今説白詳備，不容再添一字。篇幅稍長者，職是故耳。一、設科之嬉笑怒駡，如白描人物，鬚眉畢現，引人入勝者，全借乎此。今俱細爲界出，其面目精神，跳躍紙上，勃勃欲生，况加以優孟摹擬乎。一、脚色所以分别君子小人，亦有時正色不足，借用丑凈者。潔面花面，若人之妍媸然，當賞識於牝牡驪黄之外耳。一、上下場詩，乃一齣之始終條理，倘用舊句、俗句，草草塞責，全齣削色矣。時本多尚集唐，亦屬濫套。今俱創爲新詩，起則有端，收則有緒，著往飾歸之義，彷彿可追也。一、全本四十齣，其上本首試一齣，末閏一齣，下本首加一齣，末續一齣，又全本四十齣之始終條理也。有始有卒，氣足神完，且脱去離合悲歡之熟徑，謂之戲文，不亦可乎。雲亭山人偶拈。

清·孔尚任《綱領·跋》 色者，離合之象也。男有其儔，女有其伍，以左右别之，而兩部之錙銖不爽。氣者，興亡之數也。君子爲朋，小人爲黨，以奇偶計之，而兩部之毫髮無差。張道士，方外人也，總結興亡之案。

老贊禮，無名氏也，細參離合之場，明如鑑，平如衡。名曰傳奇，實一陰一陽之爲道矣。雲亭山人偶定。

清·孔尚任《小忽雷題識》 小忽雷長尺許，龍頭匏體，製如胡琴，其木色紫黝，堅如金石，乃外域紫娑羅檀也。脈紋盤繞簇成鳳眼，摩弄日久，光瑩可鑒。頭上刻縷絲髮纖細，傳爲鬼工。項下刻小忽雷三篆字。兩絃穿其下腹，蒙蟒皮彈之，聲忽忽若雷，故以名。攷《南部新書》載：唐韓滉入蜀，代奇木如紫石，匠云：爲胡琴槽，他木不能並。遂爲二胡琴，大曰大忽雷，小曰小忽雷，後獻德皇。《樂府雜録》云：文宗朝兩忽雷猶在風庫，宫人鄭中丞特善之。訓注之亂始落民間。茲蓋其小者。項後刻臣滉手製，恭獻，建中辛酉春。乃韓滉自製。滉畫龍名手也。余得之長安一舉子，因作《小忽雷》傳奇。岸堂孔尚任。

又 家藏小忽雷爲唐樂府舊器，偶檢唐人小説，得鄭中丞遺事，參之别傳，班班可考，且唐朝憲、敬、穆、文四宗二十七年文章事，功莫不相屬，歲丙子九月退食之暇，貫聯雜史，作爲小傳，顧子天石補以詞曲，雖傳奇小道而貶刺奸邪，哀揚節義兼春秋雅頌之微旨，登之優場，當與瞽史座銘並觀，不但粉飾太平而已。岸堂偶書。

清·孔尚任《小忽雷色目》 生旦正色例不雜用，餘色皆許假借。有一色而十數用者，美惡共面，賢佞同身，實屬未安。然優孟衣冠，亦聽其顛倒可耳。岸堂偶定。

清·孔尚任《小忽雷開場》 傳奇大意，二曲一敘，命筆之由，一述家門始末，乃上下兩本之發端。演者疲於供應，又分爲四本，因各製小調，撮其要領，每本亦皆有開場矣。一分爲二，二分爲四，雖小道必有可觀者焉。

清·金埴《不下帶編》卷二 闕里孔稼部東塘尚任手編《桃花扇》傳奇，乃故明弘光朝君臣將相之實事，其中以東京才子侯朝宗方域、南京名妓李香君爲一部針綫，而南朝興亡遂繫之桃花扇底。時長安王公薦紳，莫不借鈔，有紙貴之譽。康熙己卯秋夕，内侍索《桃花扇》本甚急，東塘繕稿不知傳流何所，乃於張平州中丞家覓得一本，午夜進之直邸，遂入内府。總憲李公木菴枏買優扮演，班名金斗，乃合肥相君家名部，一時翰部臺垣群公咸集，讓東塘獨居上座，諸伶更番進觴，座客嘖嘖指顧，大有凌雲之氣。四方之購是書者甚衆，刷染無虚日。今勾欄部以《桃花扇》與《長生殿》并行，罕有不習洪、孔兩家之傳奇者，三十餘年矣。

傳記

清（乾隆）《曲阜縣志》卷八七 孔尚任，字聘之，貞璠子也。康熙三十二年，聖祖仁皇帝幸魯，行釋尊禮，御詩禮堂，尚任以監生同舉人尚鉉充講書官。尚任進講《大學·聖經》，尚鉉進講《易·繫辭》，上甚喜，對大學士明珠、王熙曰：孔尚任等陳書講説，克副朕懷，著不拘例議用。又命尚任、尚鉉同衍聖公敏圻等導駕，遍覽先聖遺跡。迴鑾，授尚任等國子監博士。命從刑部侍郎孫在豐疏濬黄河海口，後以部議停止，還朝。遷部主事，陞員外郎，以事休致。尚任博學，有文名，通音律，諳祖庭典故，嘗患闕里舊志未備，廣搜博採，别撰《新志》二十四卷。又著《岸塘文集》、《湖海集》、《會心録》、《節序同風録》、《桃花扇》、《小忽雷》。

清（光緒）《山東通志》卷一九九 國子監博士孔尚任，字東塘，曲阜聖裔。博雅好古。丙寅丁卯間，從故工部侍郎孫屺瞻治下河，在江都得漢銅尺一，上有文字曰：慮虒銅尺，建初六年八月十五日造，後又得一尺，定爲司馬文正公布帛尺也。孔自作《漢銅尺記》、《周尺考》、《周尺辨》三篇，極精核。

著録

清·佚名《傳奇彙考標目》卷下 孔尚任：《小忽雷》、《桃花扇》。

清·黄文暘、佚名《重訂曲海總目·國朝傳奇》 孔東塘：《桃花扇》。

清（乾隆）《曲阜縣志》卷五三 國朝户部員外郎孔尚任，因明學使陳鎬《闕里志》，别撰《新志》二十四卷，又採曲阜民俗撰《節序同風録》十二卷、《四氏學録》、《會心録》一卷、《孔岸塘文集》六卷、《湖海集》十三卷、《桃花扇》、《小忽雷》、《大忽雷》二卷。

清·姚燮《今樂考證·著録八·國朝院本》 孔雲亭二種：《桃花扇》、《小忽雷》。

清·王國維《曲録》卷五 《小忽雷》一本，《桃花扇》一本。右二種，國朝孔尚任撰。

藝文

清·田雯《題桃花扇》 一例降旗出石頭，烏嘑楓落秣陵秋。南朝賸有傷心淚，更向胭脂井畔流。

白馬青絲動地哀，教坊初賜柳圈迴。春燈燕子桃花笑，餞奏新詞狎客來。

江湖無賴弄潺湲，一載春風化杜鵑。卻怪齊梁癡帝子，莫愁湖上住年年。

商邱公子多情甚，水調詞頭弔六朝。眼底忽成千載恨，酒鈎歌扇總無聊。

零落桃花咽水流，垂楊顛頽暮蟬愁。香娥不比圓圓妓，門閉秦淮古渡頭。

錦瑟銷沈怨夕陽，低回舊院斷人腸。寇家姊妹知何處，更惜風流鄭妥娘。

清·陳于玉《桃花扇題詞》 仙郎花下按宫韶，樂府新編慰寂寥。消得東林多少恨，梨園吹斷白牙簫。

玉樹歌殘跡已陳，南朝宫殿柳條新。福王少小風流慣，不愛江山愛美人。

江流滚滚抱金陵，雪鷺霜鷗詎可憑。不見滿城飛礮火，深宫猶自賞《春燈》。

青樓俠氣觸公卿，珠翠全抛黨禍成。門外烏啼烏柏樹，《桃花扇》底送侯生。

鴛愁鳳恨小樓深，懶向寒牕理玉琴。豪貴又 將阿母奪，春光牢鎖看花心。

翠館珍樓月正圓，中涓夜半選嬋娟。可憐建業良家子，宿粉殘粧雜管絃。

書生誤國只空談，漢水樓船戰欲酣。兩岸蘆花啼杜宇，千秋遺恨左甯南。

兵散潯陽草不青，血流殷處楚江腥。軍中文武如蜂聚，排難須尋柳敬亭。

公子豪華盡妙才，秦淮燈舫一時開。千金置酒渾閒事，不許奄兒入社來。

曲中哀怨向誰論，別館春風早杜門。聞道蘭臺聲伎好，一回歌罷一消魂。

清·王苹《桃花扇題詞》 水天閒話付漁樵，一載南都抵六朝。羌笛檀槽收不盡，濛濛柳色白門橋。

罵坐河房託黨人，陪京防亂落前塵。山殘百子窮奇骨，祇有《春燈》曲調新。

跋扈甯南風鶴中，東林曾許出羣雄。那知不是張韓輩，辜負當時數鉅公。

清製排成毦毹餘，《馬伶》小傳石巢書。描摹若輩聲容處，一任文園賦子虚。

青溪野館明春水，北里頹垣出菜花。都入雲亭新樂府，勝聽白傅舊琵琶。

玉茗青藤欲比肩，石渠俎豆在臨川。濃香絶豔知多少，不及興亡扇底傳。

清·唐肇《桃花扇題詞》 長板橋頭惹恨多，黄金難買玉郎歌。無端社散龍舟歇，翻出新聲付緑波。

金粉南朝重有情，人人知愛聽雛鶯。東林未許花枝好，一陣遊蜂葉底爭。

怨人不解春燈謎，拚使長江鐵鎖開。供奉正忙烽火報，胭脂零落女牆隈。

漁樵二老説興亡，燕子呢喃趁夕陽。眼見九江沈斷戟，烟籠春樹水茫茫。

棲霞山色白雲空，梅嶺春殘亂落紅。六十年來嚦杜宇，桃花血點化春風。

寂寞春燈寫怨詞，秦淮垂柳舊絲絲。江潮夜漲天壇下，漏盡宮門月墜時。

清・朱永齡《桃花扇題詞》 茸茸芳草一江新，桃李無言照水濱。長板橋頭人悵望，秦淮烟雨舊時春。

青溪楊柳兩行秋，粉冷脂殘簫管收。不是石巢歌舞處，淒淒風雨媚香樓。

羽扇新張大寶登，龍墀扶醉賀中興。薰風殿裏開南部，一歲烟花説秣陵。

元宵燈火夜迷離，燕子新教數段詞。羯鼓鼕鼕催玉樹，花開花落後庭知。

樓船骰矢射江鳴，朝野誰人不避兵。肝膽惟存蘇柳輩，烟塵滿地一身行。

鐵鎖長江昨夜開，歌聲咽斷馬嘶來。迷樓辱井無人問，笑指梅花一將臺。

一聲歌罷海天空，剩水殘山夕照中。多少興亡多少淚，樵夫擕酒話漁翁。

曲終江上數峯青，金粉南朝戰血腥。野草閒花愁滿地，一時都付老雲亭。

清・宋犖《題桃花扇》 中原公子説侯生，文筆曾高復社名。今日梨園譜遺事，何妨兒女有深情。

南渡真成傀儡場，一時黨禍劇披猖。翩翩高致堪摹寫，僥倖千秋是李香。

氣壓甯南惟倜儻，書投光禄雜詼諧。憑空撰出桃花扇，一段風流也自佳。

血作桃花寄怨孤，天涯把扇幾長吁。不知壯悔高堂下，入骨相思悔得無。

陳吴名士鎮周旋，狎客追歡向酒邊。何意塵揚東海日，江南留得李龜年。

新詞不讓《長生殿》，幽韻全分玉茗堂。泉下故人呼欲出，旗亭樽酒一霓裳。

清・吴陳琰《題桃花扇》 往事南朝一夢中，興亡轉瞬鬧秋蟲。多情最是侯公子，消受桃花扇底風。

飄零金粉雨瀟瀟，舊院依稀長板橋。莫怪秦淮水嗚咽，六朝流盡又南朝。

名士傾城氣味投，何來豪貴起戈矛。卻奩更避田家聘，彷彿徐州燕子樓。

代費纏頭用意深，奄兒强欲附東林。絶交書别金陵去，肯負香君一片心。

狎客無端製豔詞，何人妙楷寫烏絲。家家燕子聞長歎，唧得紅箋寄阿誰。

滿城兵甲少甯居，行樂深宮尚晏如。小技翻能溷游俠，崑生曲子敬亭書。

寇白門鄭妥娘歌喉百囀鶯，禁中傳點早知名。官家安用倡家選，輸與潛身卞玉京。

漢家驕帥築高壇，庚癸頻呼就食難。公子移書疑内應，殘棋一局等閒看。

遥憶吾鄉老畫師，藍瑛借居香閣墨淋漓。殘山剩水何堪寫，枉寫桃源避世詩。

煙花斷送秣陵春，顛倒朝堂盡弄臣。龍友不爲瑶草賣，可知貴竹有奇人。

虞山倡議采宮娥，自是詩人好事多。明月當頭杯在手，孟津聯語更如何。

冰紈濺血不須嗟，染出天台洞口花。人面依稀筵上見，不知真蹟落誰家。

流分清濁辨來真，復社文人目黨人。何減蘇黄元祐籍，雞林中亦有安民。

田妃抔土改思陵，内監孤忠愁不勝。野乘漫勞增樂府，也如漆室照殘燈。予有《曠園雜志》載《思陵改葬始末》先生采入樂府中。

又 勝絶河房丁繼之，燈船吹竹又彈絲。誰知老去情根斷，卻與才人作導師。

半壁江山劇可憐，銅駝荆棘故依然。閑情付與漁樵話，不學長生便學禪。

蔓草王風歎式微，狡童荒誕事全非。閣高一枕松風夢，獨羨逍遥舊錦衣。

養士恩深三百年，國殤能得幾人賢。傷心閣部梅花嶺，夜夜冬青泣杜鵑。

侯生仙去宋公存，同是梁園社裏人。使院每聞歌一闋，紅顔白髮暗傷神。往余客宋中丞幕，每有宴會，輒演此劇。

闕里文孫正樂年，新聲古調總清妍。譜成抵得南朝史，休與《春燈》一例傳。

清・王特選《題桃花扇》 夜半兵來促管絃，燕巢飛幙各紛然。南朝剩有福王一，縱不風流亦可憐。

板蕩維持見幾人，隻身閣部泣江濱。卻教世俗思忠毅，曾許他年社稷臣。史公貌寢應童子試時，左忠毅首識之曰：好自愛，他年社稷臣也。聞者譁焉。至後果驗。

閹門馬户氣如蕕，百子山樵作好仇。餘毒東林連復社，十分錯誤一生休。

玉樹後庭一曲哀，宫紗歌扇賜新裁。桃花自向東風笑，争似佳人面上來。

鼉鼓鼕鼕夕照微，且剽舊事演新機。仲連去後誰排難，長揖軍門柳布衣。

由來賈禍是文章，公子才人總擅場。一片癡情敲兩斷，還從扇底覓餘香。

清・金埴《題桃花扇》 潭水深深柳乍垂，香君樓上好風吹。須知當日張郎筆，染就桃花才畫眉。

兩家樂府盛康熙，進御均叨天子知。縱使元人多院本，勾欄争唱孔洪詞。亡友洪君昉思有《長生殿》傳奇，與《桃花扇》先後入内廷，並盛行於時。

清・金埴《東魯春日展〈桃花扇〉傳奇，悼岸堂先生作》 南朝軼事斷人魂，重展香君便面痕。不見滿天紅雨落，老伶泣過魯西門。

桃花忍見魯門西，正樂人亡咽鳥嗁。一代風徽今墜也，雲亭山色轉凄迷。

清・顧彩《小忽雷傳奇大意》 《沁園春》 文舉官貧，長康客苦，相對銜杯。正秋窗雨霽，緑蘿垂幄，寒階月淡，黄菊成堆。有絲桐，架鐃篇帙，盡道先生好事哉。風流甚，便如雲勝友，折柬招來。　還須歌舞爲媒，免酒社詩壇寂寞開。算臨川四夢，全教蠹飽，石渠五種，半屬塵埋，欲譜新詞，都無舊物，笑指家藏小忽雷，雷親曾見。試翻成樂府，請上歌臺。

《雙聲子》 梁生厚本，曲江題句，堪繼白傳風流。獨孤延客，座逢鄭注，弱妹許結綢繆。忽雷争買，觸宦寺避禍江州。淮西叛犯，雪夜擒王，預定機謀。　女盈盈，被權閹獻入，教成舞態歌喉。夫妻泣遇，宜春別院，疊遭毆擊成讐。幸變生甘露，冤繫頸泛出金溝。重生賜配成雙，前功拜爵追酬。鄭方士軍功冒薦，女中丞秋宵譜怨。仇太監煽禍中宫，梁秀才賜婚前殿。

清・孔傳志《補閑集》下《題〈桃花扇〉歌》 金陵三月飛桃花，金陵城頭啼暮鴉。珠樓翠院皆寂寞，菜畦瓜隴交横斜。憶昔南朝太平日，占勝秦淮與桃葉。王孫苑外驟鞭過，少婦樓頭靚妝出。往來狎客恣經過，買笑追歡駐錦窩。豔妝婢子擎高燭，冶服仙姝整翠蛾。路人錯認公侯宅，争知儘是煙花窟。東家豆蔻尚含胎，西院芙蓉已堪折。就中尤數玉娉婷，二八香君是小名。偶然心許知名士，齧臂焚香早締盟。皖城逐宦權奄友，見擯清流時已久。欲招狂客入私門，願贈香奩媚行首。豈知巾幗心偏烈，視若鴻毛渾棄擲。才子天涯去避仇，佳人掩鏡甘淪寂。開府樓船勢正炎，千金不惜聘鶼鶼。長齋謝客嚴辭拒，十二紅樓不捲簾。從此芳名遍吴下，桃花扇影胭脂寫。何限男兒繞指柔，斯人卻是純鋼者。詞客吾宗老岸堂，清歌一闋譜興亡。同時賭勝旗亭者，更數江東顧辟疆。悲歡聚散尋常事，話到滄桑發深喟。三寸蘇張舌辯鋒，一腔信國憂時淚。總作浮雲過眼看，何論拆散與團欒。紅兒按拍周郎顧，猶可尊前助合歡。

清・厲鶚《樊榭山房集・外詞》卷二《滿江紅・題〈桃花扇〉傳奇》 千古南朝，剩滿眼、鐘山廢緑。問誰記，渡江五馬，玉樓金屋。複社尚興風影禍，教坊偏占煙花福。笑無愁、帝子莫愁湖，歡娱速。　醉舞散，灰緋燭。

宮騎走，降幡矗。看湘東已了，枯棋殘局。桃葉渡邊飛燕語，桃花扇底銅仙哭。算付將、此曲雪兒歌，難終曲。

清・孔廣林《題聘之族祖〈桃花扇〉、〈小忽雷〉兩傳奇》〔新水令〕衣冠優孟演孫敖，創梨園，有唐天寶。旌賢苧纁衮，癉惡比蕭曹。不詭風騷，詞曲中最仰慕岸堂老。〔駐馬聽〕攷古揮毫，勝代興亡付扇桃。抒懷摛藻，晚唐奸佞寄檀槽。鵰張狐媚膽魂消，忠臣烈士鬚眉照。搏九宵，雄文不比風情調。〔步步嬌〕俺想那一本《琵琶》傳純孝，戲曲關風教，直比如雞唤曉。爽氣西山淡摹描，筆兒超。元是與解者相度料。〔落梅風〕還有好殺狗勸夫，孫家婦，楊氏嬌，小機關棣華聯萼，披聾破迷開牖巧。不由人，賞奇驚妙。〔殿前歡〕每怪那王實甫名擅詞壇，展騰蛟，西厢偏繪鳳鸞交，南風義旨全忘掉。詩和琴挑，鋪張格外饒，人還傚。北劇翻南套，寫來情豔，總是詞妖。〔鴈兒落〕最厭煞形容胭粉嬌，一謎裏趕趁風流閙。牡丹亭傷春夢一場，梅樹邊惜玉魂頻叫。〔得勝令〕他把那泡影當雲巢，幻境認藍橋，可知是柳絮隨風浪，桃花逐雪濤。喧囂，動得人歡笑，哇咬，却澄心早溷淆。〔川撥棹〕你看云亭山人這《桃花扇》呵，偏要寫女嬌嬈，賽男兒英烈表。却奩時義比天高，拒媒時心似冰條，守樓時勇若兵鏖，篤筵時口賽剛刀。寫得來驚鴻泣鮫，不比那尋常家數小。〔七弟兄〕你看《小忽雷》呵，鄭刁鄭刁更仇驕。仗着這盈盈正氣摧强暴，不是聘之彩筆響雲璈，怎到今，烈性飛寒峭。〔梅花酒〕可知他兩部笙簫，幾載推敲繼晷焚膏，助思斟醪雨晦風瀟，腕脱神勞，筆是龍雕，氣湧寒潮。他詞鋒傳信史，要金鑑借前朝，道激烈在垂髫。那平康把義節標，況昂藏忝卿僚，忝卿僚，佐黄袍，佐黄袍，匹禹皋，匹禹皋，致軒堯，致軒堯，沴氛銷，沴氛銷，瑞煙飄，瑞煙飄，遠猷昭遠猷昭，奏咸韶，奏咸韻，鄭聲遥。〔收江南〕鄭聲遥，定把忽雷抛，那春燈决不美人，教南薰歌自有舜琴操。云亭山人呵，把理亂括包，灑洋洋含宮引徵訴根苗。〔鴛鴦煞〕生來不解歌樓調，今番欣覽山人套。真個是氣爽詞清，思新筆妙，暢道百遍吟哦，十分傾倒。不由的規步邯鄲留神兒傚，到其間舌結牙聱，憑取知音勘磨了。〔北雙調新水令套〕。

清・沈赤然《題云亭山人〈桃花扇〉傳奇後二首》 興亡自取復何疑，冐爲金陵王氣悲。只恐深山無史讀，網羅遺事作傳奇。

一載君臣過耳風，桃花扇血尚殷紅。秦淮生色鍾山笑，不道青樓勝鉅公。

清・王昶《春融堂集》卷六《觀劇六絶》 秦淮舊夢已如塵，扇底桃花倍愴神。仿佛鸎鵡初見日，香鈿珠衱不勝春。

清・舒位《瓶水齋詩集》卷五《書〈桃花扇〉樂府後》 其一：粉墨南朝史，丹鉛北曲伶。重來非舊院，相對有新亭。構黨干戈接，填詞筆硯靈。匆匆不能唱，腸斷柳條青。

其二：氍毹秋來客，娉婷夜度娘。文章知遇少，脂粉小名香。不解鸞乘霧，真成燕處堂。秦淮嗚咽水，忍與叶宮商。

又《論曲絶句十四首，並示子筠孝廉》 其一一：流水青山句自工，桃花省識唱東風。南朝無限傷心事，都在宣娘一笛中。

清・張問陶《船山詩草・讀〈桃花扇〉傳奇偶題十絶句》 竟指秦淮作戰場，美人扇上寫興亡。兩朝應舉侯公子，忍對桃花説李香。

顧彩

論説

清・鏡葊居士《小忽雷傳奇序》 杜子美抱有用之文，姓字未題於雁塔；劉去華對不平之策，穎額竟點於龍門。至若賓王之貌聳鳶肩，郎將能高其聲價；犬子之褌裁犢鼻，狗監肯薦其詞章。可知路得青雲，洵在遭逢之幸與不幸；世當白眼，何關品望之才與不才也。夫豈惟文藻爲然，雖是物華亦爾。獄底之劍，非雷焕而鐵合泥休；爨下之琴，無伯喈而桐應爐息。即如唐製胡琴名小忽雷者，埋燕市不知幾代，纔拂拭而貴等璠璵，登岸堂未及三年，一品題而聲流雅頌。物之遇也，天實爲之。考其材産蜀山，伐從樵斧，音含越調，製出神工。韓節度得而賞心，奉作錦江之貢；唐宫家見而動色，留爲樂府之陳。曉奏《雲門》，每隨匏革；夕歌《玉樹》，亦伴箏琶。既而世變雲煙，刼經兵燹。倏焉落販夫之手，賤價求沽；倏焉愜貧士之心，傾囊莫顧。倏焉長門訴怨，酸楚若蔡氏之笳；倏焉永巷防身，激烈抵隱娘之劍。倏焉敲金戛玉，邀傾耳於龍樓；倏焉換羽移宫，聯同心於鳳侣。歎一物之升沈顯晦，已覺銷魂；附數人之聚散窮通，尤堪墮淚。嗟乎。風塵淪落，才子虛名；煙月淒涼，佳人薄命。半生不偶，空存書劍之身；偕老多艱，更阻星河之路。宫娥粉黛，長沾溼於啼痕；羈客鬚眉，全消磨於浪跡。雖晚年奇婚巧宦，佳話曾豔唐人；而今日舊器遺文，深情又鍾我輩。不爲表著，太忍心於翠袖青衫；重與摩挲，難釋手於檀槽牙柱。於是孔門星座，立傳周詳；顧氏仙才，填詞雅秀。叙廿七年之治亂，貫作連珠；歷三四帝之興衰，編成合譜。調高流水，聲聲類芝草之謡；響遏行雲，拍拍壓柘枝之曲。金鈴輭舞，漫奏前溪；紅豆清謳，堪傳子夜。聽瑣瑣之笑啼嬉駡，皆拂瓶説法之文章；看匆匆之離合悲歡，盡筆硯傷心之事業。一唱三歎，百鍊千敲，誰遺此哉，我知之矣。冰絃未絶，無復得鍾子之聽；桃扇頻遮，不屑博周郎之顧。

清・孔尚任《小忽雷題辭》 此齣叙作傳填詞之由，雖冠冕全本，而不必登優孟之場。倘能譜入笙歌，以易加官惡套，亦覺大雅不羣矣。鄆城樊花坡，彈琵琶得神解。偶示以小忽雷，入手撫弄，如逢故物。自製（商調）（梧桐雨）、（霜砧）二曲，碎撥零挑，觸人秋思。惜場上盈盈，未能領會耳。顧子天石傳奇五種，皆未登場。惟《離騷譜》一劇授之南雅小部。曲終人散，已復經年矣。今《小忽雷》清詞麗句，大似粲花。而《秋宫》一折，直奪關、馬之席，此道茫茫，斯爲絶唱。燕市諸伶，惟聚和、一也、可娛三家老手，鼎足時名，景雲不與也。然風流跌宕，實未多讓。今授以新聲，演未三旬，已咄咄逼人。請嘗試之，或有移情之歎。胡琴本北方馬上樂，亦謂之二絃琵琶，蓋琵琶所託始也。《南部新書》載：唐韓晉公滉入蜀，伐奇樹，堅緻如紫石。匠曰：爲胡琴槽，他木不能並。遂爲二胡琴，大曰大忽雷，小曰小忽雷，後獻德皇。《樂府雜録》云：文宗朝，兩忽雷猶在内庫，内侍鄭中丞特善之。訓注之亂，始落民間。康熙辛未，予得自燕市，乃其小者。質理之精，可方良玉，雕鏤之巧，疑出鬼工。今八百餘年矣，頻經喪亂，此器徒存，而竟無習之之人。俗藝且然，傷哉，後之欲聞韶樂者。

傳記

清（嘉慶）《無錫金匱縣志》卷二二 父宸，崇禎十二年舉人，操文場選柄數十年。每辟疆園新本出，一懸書林，不脛而遍海内。好藏書，插架充棟。嘗注杜詩，補輯宋文三十卷。彩字天石，有異才，尤工詞曲。客曲阜，製樂府百餘種。彩子忠，亦工詩。

清・黄印《錫金識小録》卷七 顧文學天石，孝廉，修遠先生子。工詩歌，尤精度曲。久客衍聖公所，所著傳奇至數十種。性簡傲，東海欲招致之，雖間與往還，卒不肯稱門下士。嘗自東省歸，同舟者兩新安人，皆商也。一老僧擔竹篋行囊來求附舟，二人峻拒之，僧荷擔隨舟行，舟泊僧亦止。顧君憐其志，謂舟人：姑納之。固不許。僧聞顧言，已躍入舟，置椶薦趺坐，不語。顧君將晚食，問僧：能飲乎。曰：能。食肉乎。曰：食。遂延與共餐，大恣飲啖，謂顧曰：子文人也，何得有重貲。顧曰：止書篋耳，無他長物。兩客亦謝無有。僧曰：舟中當有三千金，無容諱。僧但居船頭，夜常坐不卧。及舟經某處，盜艘猝至，顧君及兩客皆惶遽，僧曰：可堅卧，老僧在，無憂也。顧卧舟中，但聞格鬭聲及墮水聲。良久，有人呼曰：勿惹補和尚等語，吾等且去。盜遂退。顧君及兩客起謝，遂叩其踪跡，僧曰：吾明季多殺人，今爲僧，見過客被盜劫者輒救之，以補前過。故自號補庵人，人稱補和尚也。子之舟人即盜黨，吾知之，故隨至此耳。兩客出金以贈，笑卻之。顧曰：吾爲師作傳可乎。曰：可。請其姓名，曰：無用姓名，但稱補和尚即可耳。顧作傳竟，復贈以詩，有始信空門有肝膽，英雄到底顯慈悲之句，和尚喜，擔囊篋竟去，顧易舟以歸。和尚別無兵器，其用爲擔者，以純鐵爲之。

紀事

清・佚名《曲海總目提要》卷二四《南桃花扇》 曲阜孔尚任曾作

《桃花扇》。無錫顧彩又作《南桃花扇》。《桃花扇》之首齣白云：日麗唐虞世，花開甲子年。康熙二十三年，四民樂業，五穀豐登，祥瑞並臻，河清海宴，欣逢盛世，到處遨遊。今作《南桃花扇》者，從此翻出，則更在其後也。所演即侯方域事。尚任以張薇出家白雲庵，登壇建醮，侯生李姬至庵相見，薇爲説法，兩人醒悟修行結局。彩改作侯李團圓，蓋全本樂曲，自當以團圓爲正也。且侯方域于順治辛卯尚應秋闈之試，尚任云：拜丁繼之爲師，修真學道，無異説夢，改作爲是。仍名《桃花扇》者，則以爲李香君面血濺扇。楊文驄以筆畫點之，其關目與孔本相同。尚任北籍，彩南籍，故曰《南桃花扇》。也劇中諸人，姓名履歷俱真，關目事蹟，則頗多扭合添飾，今按其本，加以辨駁。庶幾無真僞混淆之患云。正據劇云：侯方域字朝宗，中州歸德人。祖太常，父司徒，久樹東林之幟，壬午，南闈下第，僑寓莫愁湖畔，社友陳定生吴次尾寓三山街蔡益所書坊。時常往來。仲春之候，三人同訪説書人柳敬亭。是時懷寧阮大鋮，原任光禄卿也，以魏忠賢黨名掛逆案，崇禎屏廢不用，徙寓金陵，作《燕子箋》、《春燈謎》諸劇。才思華艷，歌舞聲技，甲于南中。柳爲大鋮門客，應箕作留都防亂揭以攻大鋮。柳見其揭，拂衣出阮門，故諸人喜與之遊。李貞麗者，舊院中名妓也，假女美而艷，延歌者蘇崑生教以詞曲。貴州楊文驄，鳳陽總督馬士英之妹夫，阮大鋮契友也，乙榜縣令，罷職閒居。素善貞麗，過其居，見女之美。畫蘭贈之，爲題字曰：香君。與貞麗言，欲令方域爲香君梳櫳。會當春丁，大鋮往文廟觀祭，爲復社諸生所辱。貞慧于雞鳴埭燕客，用帖借大鋮家樂唱演，而席間諸生復醜詆大鋮大鋮慚恧甚，方欲求好於諸生。文驄因爲畫策，使大鋮出重貲予貞麗，爲方域聘香君。方域聞文驄譽香君之才美，清明日特造訪之，則其母女正在名妓卞玉京家，爲盒子之會。方域遂偕崑生造卞宅，貞麗自卞樓挈女下，留方域飲，約於三月半爲香君上頭。方域以囊空爲辭，文驄云：粧奩酒席，皆已全備。及至是日，大鋮爲費二百餘金，文驄約清客丁繼之沈公憲張燕筑等，陪方域詣李氏。貞麗則邀卞玉京寇白門鄭妥娘等諸名妓皆與吉席，方域作詩一絶，以贈香君，遂合歡于香君之媚香樓。明日，文驄來賀，因道大鋮代出重貲之故，欲方域解釋于貞慧應箕等。方域難卻大鋮厚意，遂言阮本年伯，當爲諸君分解，而香君則大怒，痛罵大鋮，拔簪脱衣，誓不受其籠絡。方域不得已，復從香君之言。而諸名士于丁繼之秦淮水榭置酒看燈船，大鋮夜半駕燈船而遊，又爲諸生所詈，踉蹌而去，于是搆怨益深矣。左良玉率重兵鎮守武昌，因饑，兵缺餉，向轅門鼓譟。良玉遂欲撤兵漢口，就食南京。本兵熊明遇束手無策，使文驄告方域，欲得其父恂書以止良玉。方域以父罷官家居，往返寥闊，乃代作父書，使柳敬亭赴良玉軍，令鎮武昌，不可移兵内地。良玉喜敬亭舌辯，且以恂書止兵，遂留敬亭于幕。而南京公卿方大驚恐，司馬熊明遇集衆會議，明遇出視江上之師。漕撫史可法鳳督馬士英俱至議所，大鋮、文驄雖廢紳，亦皆與座。文驄言良玉係侯司徒舊卒，已發書勸止，當無不從，可法以爲然。而大鋮則以方域卻奩銜恨，遂言良玉欲南下，乃方域發書所招，請當事者捕治方域，可法以爲不可。文驄恐方域受禍，乃馳詣香君之室，以情告方域。使潛避之，方域以可法出父恂之門，遂投可法。崇禎十七年，李自成破北京，鳳陽總督馬士英使大鋮迎福王。史可法已陞南京兵部尚書，建議不可。士英不聽。既立福王，士英、可法及吏書高弘圖、禮書姜曰廣俱入閣辦事。四鎮武臣，靖南伯黄得功、興平伯高杰、東平伯劉澤清、廣昌伯劉良佐，俱進封侯爵，各回汛地。可法督師江北，開府揚州。三鎮與高杰相争，可法調劑其間，令杰鎮揚通，爲標下先鋒得功鎮廬和。澤清鎮淮徐，良佐鎮鳳泗，三鎮未即聽和，同攻高杰。杰又不遵約束，欲渡江掠蘇杭，爲巡撫鄭瑄所扼。是時李自成兵潰而南，將渡黄河，許定國總兵河南，不能阻當。飛章告急，杰乃願引兵開洛防河，將功贖罪。方域自可法幕中，奉可法令，監高杰軍，至睢州。杰爲許定國所殺，方域走還商丘，避難月餘，買舟南下，至吕梁，與蘇崑生遇，語及香君踪跡，遂與崑生偕至金陵訪之。初，方域既去，而大鋮尚銜李香君，會與士英擁立福王，復光禄職銜。馬，阮之黨田仰，推陞總漕，以聘金三百，託楊文驄聘妾。文驄以香君應之，香君欲爲方域守節，峻拒不肯從。士英與仰同鄉，又入大鋮之譖，使人强投聘金，劫香君，送于仰。假母貞麗力勸，香君不肯下樓，撞破頭額，流血濺衣，并污方域所贈詩扇。貞麗不得已，充作香君以行。文驄與蘇崑生往看香君，香君方卧未醒。文驄見血污之扇，用筆點綴，以作折枝桃花。香君不忘方域，崑生許爲探方域于高杰軍中，持桃花扇以爲信。時，大鋮承福王命，選清客妓女，教演《梨園歌》、《燕子箋》諸劇。新春人日，士英與大鋮等會飲賞心亭，徵歌命酒。香君頂貞麗名以應，而席間不肯唱歌，且以語觸大鋮。大鋮甚怒，欲深罪之。文驄爲之勸解，大鋮乃以貞麗名上，令入内承值。崑生自金陵渡江，乘驢而北，高杰已爲許定國所殺，亂兵南下，推崑生墮黄河，奪其驢去。初，李貞麗嫁于田仰，爲嫡妻所妬，以配漕卒，其舟至吕梁，見崑生墮水，亟救入舟中，方共絮語。而方域舟適至，三人共晤，知香君爲己守節。方域見桃花之扇，故偕崑生復往金陵。及至香君所居，則武林畫士藍瑛，與楊文驄舊交。文驄送寓香君之宅，居於媚香樓，與方域、崑生相見，出所畫錦衣張薇松風閣手卷，俾方域題之。大鋮已特授兵部尚書，力報舊怨。周鑣、雷縯祚皆入獄，又欲盡羅織東林、復社諸人之罪。方域自瑛所别去，過三山街蔡益所書坊，遇陳貞慧、吴應箕，爲大鋮所知。捕三人送錦衣獄。令指揮張薇，鎮撫馮可宗鞫問，以爲東林、復社之黨，與鑣、縯祚相鉤結者。薇本崇禎時指揮，有志節，與朝士知名者往還，詰問方域，知爲己題畫之人，乃言若本無涉，而詰應箕、貞慧亦無罪蹟，不得已，姑置三人于獄，作書與可宗，令好待之，勿羅織善類。遂託養病，避居城南松風閣中。校尉捕蔡益所至，薇使匿松風閣，以絶其跡。先是，左良玉在武昌，九江總督袁繼咸送餉至楚，巡按御史黄澍亦奉朝命宣晉爵之旨于良玉，方共宴黄鶴樓。忽聞崇禎煤山之信，三人慟哭拜盟，結爲兄弟。繼咸督師，澍爲監軍，相與戮力觀變。蘇崑生以方域在獄，非求救於良玉，禍不能解，乃間道投左營，具訴馬、阮毒害名流善類，波及方域狀。良玉以方域故甚忿，而繼咸、澍又以福王不認童氏及崇禎太子慫恿良玉。良玉遂屬繼咸草奏劾馬、阮，澍作檄文聲其罪，發兵東向。柳敬亭爲持檄至金陵，至則爲大鋮執送獄中，與方域同禁，良玉偕繼咸、澍及楚撫何騰蛟率舟師下九江，集湖口。馬、阮聞變，調黄得功兵至板磯，以禦左兵。左兵少卻，何騰蛟所部先回武昌，而良玉子夢庚焚破九江，託言督標兵所爲。良玉扼腕，發病而卒，繼咸、澍皆散去。夢庚遂據九江，黄得功駐兵蕪湖相拒。蘇崑生復乘間東返金陵。是時清兵已渡淮而南，勢如破竹。史可法失揚州，縋城而出，至儀真江口，聞福王已遁，投江而死。福王之遁也，往赴黄得功軍于蕪湖，得功部將田雄執之以獻清兵，得功刎死。馬士英、阮大鋮、楊文驄輩紛紛逃去。獄中淹禁者，乘機而出。方域、應箕、貞慧、敬亭等亦皆出獄，李香君與諸妓承值者各散去。香君歸其家，則蘇崑生正來訪之，藍瑛教以權避棲霞山中。適卞玉京爲葆真庵主，香君遂與相依。方域既出，偏訪香君，遇蘇崑生，乃知其處。于是挈歸故里，永諧伉儷焉。

又《小忽雷》 不知何人所作。劇内稱梁厚本與白居易友善，係憑空結撰，餘悉據實敷衍。按《太平廣記》云：唐文宗朝，有内人鄭中丞，善胡琴，内庫有琵琶二面，號大忽雷、小忽雷。因爲匙頭脱損，送在崇仁坊南趙家料理，大約造樂器悉在此坊，其中有二趙家最妙。時權相舊吏梁厚本有别墅，在昭應縣之西南，西臨渭河，垂釣之際，忽見一物流過，長六七尺許，上以錦纏之，令家童接得就岸，乃秘器也。及開視之，乃一女郎，粧色儼然，以羅巾繫其頸，遂解其領巾視之，口鼻之間，尚有餘息。即移至室中，將養經旬，方能言語。云：我内弟子鄭中丞也，昨因忤旨，令内人縊死，投於河中耳。及如故，重泣感謝。厚本無妻，即納爲室，自言善琵琶，其琵琶在南趙家修理。恰值訓注事起，莫有知者。厚本因賂其樂器匠，購得之，至夜分敢輕彈。後值良辰，飲於花下，酒酣，不覺朗彈幾曲。是時有黄門放鷂子過門，私於牆下聽之，曰此是鄭中丞琵琶也。竊窺識之，翼日達上聽。文宗始常追悔至是驚喜，遣中官宣召，問其故，乃捨厚本罪，任從匹偶，仍加賜賚焉。劇据此事，又多所添飾，大略云：厚本字道生，其字添出中官梁守謙之姪。其兄曰梁正言。元和七年上巳，厚本攜酒曲江亭，見白居易題詩，和韻書壁。居易與獨狐郁同至，見而賞之，邀與同飲，郁遂與婦翁平章權德輿言，邀同研席。鄭注以醫出入德輿家，適至權宅，留與同飲。注歸與妻李謀，以妹盈盈，許厚本，即鄭中丞也。小忽雷者，韓滉節度西川，取娑羅木所製。德宗取入内庫，朱泚之亂，散在民間，爲趙二收得，張設古董店中。厚本見而買之，五坊使仇士良後至，以爲官物，奪之去。厚本與訢，士良聞梁正言出入權德輿門，爲于頔謀節度，方欲以此波及厚本。會頔子敏以用賄不效，向正言索原物，正言不肯還。敏竟殺正言，鄭注遇諸塗，同解送京畿督捕官郭鍛，會同御史鄭光業審鞫。光業欲并劾德輿守謙，出疏稿示郭，誤攜所贈潤娘詩。爲郭所持，約同看潤。席間有秋娘講伎，郭遂娶潤娘爲妾。他日道見光業，潤招與語，郭鞭潤娘。光業過郭門，潤題詩擲之，光業亦以詩答。潤遂辭郭鍛而出嫁于江州茶商。白居易貶官江州，令至舟中侑酒，爲作《琵琶行》。初，光業受士良囑，劾德輿守謙以梁正言事，兩人由此罷免。獨孤郁挈厚本，移居昭應坊西。會居易以武元衡爲盗所殺，切言其事，貶官江州司馬。遂攜厚本往江州，因送劉禹錫貶連州、柳宗元貶柳州、元稹由江陵士曹遷通州司馬，故爲送别也。時居易薦厚本于裴度，爲參謀官，協平淮蔡，而鄭注因仇士良引薦燒丹以軍功改入注名下，授以顯職，悔厚本親，令士良進妹，以善彈小忽雷，頗承眷厚，賜號女中丞。居易遷杭州太守，厚本詣之，潤娘亦流落在杭。禮部侍郎鄭光業，奉旨選伎，訪得潤娘于杭，奏使教伎于宜春院，中丞即其所教也。未幾，鄭注李訓激甘露之變，士良殺注，并令勒殺中丞。此俱綴合。厚本下第，依潤娘爲鄰，于御河得中丞，此數折本原傳。爲朝廷所知。居易已遷刑部尚書，召與鄭光業共承詔命，賜厚本與中丞婚配，而居易又爲潤娘作合，以歸于光業云。

著録

清・佚名《傳奇彙考標目》卷下 顧彩：字天石，無錫人。仕中書舍人。《桃花扇》，原係孔東塘所作，天石改爲合圓，稍潤色之。《後琵琶》。

清（乾隆）《無錫縣志》卷三九 顧彩：《往深齋詩集》、《往深齋詞》。

清（嘉慶）《無錫金匱縣志》卷三九 顧彩：《往深齋詩集》，附《往深齋詞》、《辟疆園文稿》四卷。

清・王國維《曲録》卷五 《南桃花扇》一本，《後琵琶記》一本。右同上。右二種，國朝顧彩撰。彩字天石，無錫人，官内閣中書。

藝文

清・孔尚任《小忽雷題辭》 古塞春風遠，空營夜月高。將軍多少恨，須是問檀槽。中丞唐女部，手底舊雙絃。内府歌筵罷，凄凉九百年。

清・田雯《小忽雷歌》 馬上之樂琵琶耳，忽雷大小何以名。大者潛避蛟龍窟，小者飛作霹靂聲。曲項錦纏二尺短，上絃下絃雌雄鳴。南部新書載此語，羌笛箜篌不足數。云是韓滉入蜀時，匠斤巧斲蜀川樹。韓滉幾進德皇朝，内庫中丞翻《六么》。訓注之亂如敗葉，落日没鶻風蕭蕭。臨潁弟子好顔色，法曲妙舞世莫識。玉貌繡衣今白頭，教坊供奉淚沾臆。況此零散八百年，鳳毛檀槽真可惜。當日女官盡能彈，花下二絃誰第一。孔生東塘邀我歌，青衫司馬奈爾何。元都道士倘相訪，鄆州還憶樊花坡。余於丁丑四月，同天壇高鍊師聽樊花坡彈小忽雷入調。

清・查嗣瑮《孔東塘座上聽闗東客彈小忽雷》 鄭中丞已水雲徂，南趙逡巡邏贖得無。零落段師諸弟子，管兒雙淚落東都。

何用旋宫轉轉生，黄鐘變調亦凄清。人間萬老焚書罷，始信琵琶有應聲。

右手曹剛左手裴，抄攏撚撥拍頻催。冷光十二門前月，直照烏孫馬上回。

凉州獲索響偏驕，忽墜游絲轉緑腰。破柱驚雷呼客醒，滿堂風雨正蕭蕭。

清・顔懋僑《小忽雷歌和田山薑韻》 胡琴此其小者耳，龍頭垂項忽雷名。柄長漢尺中二尺，木如紫石叩有聲。上鐫臣滉製恭獻，建中辛酉雙絃鳴。内人訴出兒女語，鄭氏中丞第一數。盡説傳頭始教坊，月下含情認紅樹。甘露變起文宗朝，血污蛾眉罷《六么》。散失人間何足歎，有唐宫殿草蕭蕭。市坊插標損顔色，天家舊物誰能識。孔侯好古典衣買，説起當時淚沾臆。九百年來事已非，重理絃軸真可惜。大絃温温小絃廉，雌和雄鳴聲如一。不辭再彈爲君歌，鳳德之衰復如何。嘆息宫娥手中物，如觀錦襪馬嵬坡。

清・繆沅《小忽雷歌》 蜀中嘉樹高崔嵬，肌理堅緻如瓊瑰。誰人伐樹競鏤刻，斲作大小雙忽雷。檀槽舒呀鳳凰鸒，曲項冰環挂雙索。勞嘈咽切響寥廓，馬上提持手親作。子絃嘹嘵角聲停，鼓此權當伐蜀樂。五絲彩線覆龍首，忽入昭陽伴紅袖。風生鳳撥花催柳，鄭娘曲曲春風手。傳頭轉換聽未終，白日青天雷電走。含光殿前夜月寒，小吏池頭把釣竿。裹來半段蒲萄錦，舊事凄凉説女官。露盤淚瀉如鉛水，碧漢茫茫非一軌。中原澒洞久風塵，此物人間誰料理。小忽雷存大者散，汾水年年叫秋雁。半彎逡邏一堆塵，博古何從辨真贋。金絲軫斷濩索偏，可憐零落將千年。有客相訪來幽燕，買得不惜青銅錢。摩挲一似琴無絃，一彈再鼓何人焉。唐家秘器已莫彈，吁嗟雅樂誰人傳。

清・繆沅《博古閒情》〔商調〕〔集賢賓〕脱下那破煙蓑搭在漁磯，好趁著一片片岫雲飛。路迢迢千株驛柳，花暗暗十度晨雞。纔望見翠芙蓉龍塞峰高，早拜了金華表鳳闕天齊。猛回頭、舊山秋、萬里紅塵中漸老鬢眉。常則是鵷班及早坐晝省，最遲歸。〔逍遥樂〕僑寓在海波巷裏。掃净了小小茅堂、藤牀木椅。窗外兒竹影蘿陰、濃翠如滴。偏映著瀟灑葛裙白紵衣。雨歇後湘簾捲起，受用些清風到枕，凉月當階，花氣噴鼻。〔金菊香〕偏有那文章湖海舊相知。剥啄敲門來問你：帶幾篇新詩出袖底，硬教評批。君莫逼，這千秋讓人矣。〔梧葉兒〕喜的是殘書卷，愛的是古鼎彝，月俸錢支來不勾一朝揮。大海潮，南宋器。甘黄玉，漢羌笛。唐羯鼓，斷漆奇。又收得小忽雷，焦桐舊尾。〔掛金索〕他本是蜀産文檀精美同和璧。撞著箇節度韓公，馬上親雕製。一尺寶萬手流傳，光彩琉璃。膩你看這蛇腹龍頭，含著春雷勢。〔上馬嬌〕人道是鬱輪袍知者稀。那有箇妙手賽王維。樊花坡竟把雙絃理。奇這法曲，傳自舊宫妃。〔勝葫蘆〕每日價梧桐夜雨響空墀。砧杵晚風催，却是那懷裏胡琴聲聲脆。似這般凄情慘意，燈窗雨砌，不濕透了舞裙衣。〔柳葉兒〕問起他宫中來歷，倒惹出萬恨千悲。中丞原是女傾國。爲甚的烏夜啼雉朝飛。直待那鳳去臺空也，纔得于歸。〔醋葫蘆〕想當初秋宫絃索鳴到如今，故府笙歌廢。這九百年幽怨少人知。偏則寫閒情唐人留小記，點綴了殘山剩水。借重的舊文人，都立著雁塔碑。合該那傷心遺事傳，偏買著劫火唐朝器。又搭上多才一箇虎頭癡，做出本小忽雷風雅戲。好新詞芙蓉難比，他筆尖兒學會曉鶯啼。倩一班佳子弟，選一座好臺池。新樂府穿著舊宫衣，把那薄命人兒扮的美。淪落客重來作對，還借你香脣齒，吟出他苦心機。〔浪裏來煞〕試看這易酒濃，還帶些英雄淚。賞新聲，且和你珍重飲三杯。説什麽胸頭有塊壘，那古人都受風流罪。虧他耐性兒熬得甜味苦中回。〔雙調清江引〕看忽雷無端悲又喜。遊戲浮生世都愁，白髮生誰把烏紗棄。聽那景陽鐘兒還要早些起。

清・米爲弼《題小忽雷爲燕庭農部作，因擬古樂府四解》 小忽雷，西蜀材，堅緻如石質理密，山川精氣融爲胎。雪岩錦水莽迴護，歲久色紫同玫瑰。伐檀兮坎坎，山精睊目猿猱猜。此與武鄉祠前柏，太始一氣同根荄，胡爲乎化作小忽雷。一解。忽雷之狀如胡琴，跨馬奏曲聆仙音。大絃么絃互觸撥，青鸞飛嘯黄鶯吟。火不思，琵琶行，相與作伴伸哀情。製者誰，晉公滉。善者誰，鄭中丞。德皇含笑開内燕，鵾雞啼迸雙條冰。春朝月夜歡無邊，凄凉調絶千餘年。二解。燕市古物知音稀，岸塘道眼張如箕。紫雲一片落手底，樂府翻作紅豆詞。龍首牙軸娑羅槽，小篆精楷雕秋毫。紀年辛未仁皇朝，金樽檀板招詞曹。小忽雷，時偶遭，岡鳳鳴，和簫韶。三解。嘉蔭簃，鐫罍古，金與石，座左右。小忽雷，翻然來，桂林風送黄金臺。此爲耐翁舊所藏，成連海上雲茫茫。此器舊在伊小尹師處，蓮龕方伯自粤西寄贈。華年錦瑟何足悲，五聲聾耳師珊師。器雖奇古不從時，譜調屢易誰其知。小忽雷，不能彈，不如碎之摧爲薪。爇向古鼎供柑檀，小忽雷，聽我語，有聲不如無聲佳，倚壁高眠日卓午。四解。

清・蔣學沂《小忽雷歌爲燕庭農部作》 讀君忽雷圖，始覩忽雷狀。忽雷之製擅唐代，懷古輸君發高唱。吾聞忽雷樂府，出自顧子天石翁。詞名久播歌氍中。雲亭山人同按拍，引商刻羽偏能工。忽雷本爲鱷魚骨，利齒排牙肆齮齕。取之繫柱越且清，兩絃勾撥聲泠泠。良工斲造臣滉獻，龍頭古製摹其形。同時翼公秦叔寶之馬亦以忽雷號，名駁偏能食虎豹。若論中唐定鼎功，忽雷應畫凌烟貌。稽之唐書爾雅曾無譌，得君爲詩鳴盛聲相和。雲亭天石已往不可見，恨不取到忽雷相與重摩挲。舊物流傳抑何幸，彈出哀絃韻悲哽。往事梨園一涕洟，坐使詩成發深省。忽雷爾今豈有知，盛衰變幻誰能窺。滄江水暖多蛟螭，恐防夜深風雨化作鱗之而。

清・趙起《題燕庭先生所藏小忽雷》 三尺檀槽香錦裹，縮本橅來携示我。云是唐時小忽雷，屬客題詩到江左。此物飄零九百年，古樂府録今猶傳。曾入滄桑關興廢，欲向紙上敲冰絃。雌雄拂玉指猶憶，嬋娟馬上舞黄金。捍撥紫羅檀，花下酒酣時，再鼓靈和殿。月冷於冰，世間絶少鄭中丞。胡琴亦作廣陵散，我爲歌之發長歎。小槽縷鳳雙影横，九天夜半奔鯤鯨。人間常調不入奏，擬抱清音叩玉京。

清・趙申嘉《題燕庭農部小忽雷拓本》 江村十月梅花開，劉郎遠從燕都來。袖中示我紙一束，繪得唐時小忽雷。娑羅檀木同紫玉，龍首鳳肊蟒皮腹。項上細字十有一，臣滉建中辛酉斲。其時關中屢乏食，滉勤貢獻盡臣職。月奉繒帛及粟米，乃製胡琴進宸極。却怪興元遭播遷，可憐宫闕皆烽烟。洎復長安五閲月，此物得比鐘簴全。滉昔駐節鎮海久，東川西川未出守。其弟韓洄貶蜀中，計時亦在建中後。摩挲銀字恐非真，共舉舊史疑殊珍。我道此琴非贋物，回看光澤留古春。度支轉運領財賦，兩川亦在所轄處。瑣事史宬難具載，南部新書況堪據。有子韓臯曉音律，曾聽彈琴到止息。微旨能會嵇康心，所學或從庭誥得。當時進御玉殿深，兩絃會得君王心。琉璃義甲中丞手，將擬松棟薰風琴。自從流落崇仁坊，鄭李亂後悲流亡。歷九百年今復見，更有大者誰收藏。

清·方履籛《題燕庭農部藏唐小忽雷樂器》 斲琴首貴龍門桐，古音古調難爲工。蜀川良材顯唐代，忽雷大小藏深宮。促柱哀絃感人聽，裂帛新聲傳短柄。誰持妙技獻文皇，内府中丞云姓鄭。繁華轉轂記當年，其器其人俱謫仙。飄流再入彤廷籍，嗚咽重調碧玉鈿。鼎湖一去銅臺散，從言塵寰不復見。忽聞千載躍延津，金石精光如紫電。東塘先生什襲藏，長歌麗句推山薑。遂令曲部雙絃木，收入詞壇古錦囊。瞚息烟雲幾易主，世間争寫檀槽譜。諸城公子偶得之，獨與鼎彝詫奇古。我從燕市昔曾觀，象軸螭衣觸手寒。小字旁鐫臣滉進，紀年猶署建中元。建中之元國多故，天寶宜春委霜露。何事韓公貢奇巧，繁音不惜君心誤。馬上琵琶塞草秋，城頭觱栗陣雲浮。東鄘未授崑崙調，南内先聞回鶻愁。興奴攏撚曹綱撥，雅藝貞元最渾脱。餘事偏傳小忽雷，鵾絃夜洗長安月。伶元遺恨復誰知，想見紅紋按拍時。曲項玲瓏新畫本，緑腰悽冷舊冰絲。君家海上烟縹緲，休捧逊邏歌得寶。一條冷玉戛清商，恐教驚起驪龍爪。

清·吴特徵《題燕庭農部所藏小忽雷》 劉君示我小忽雷，龍頭古製珠銜頤。我爲作歌意鬱勃，欲弔興亡認遺物。虚堂十月霜風吹，泠泠似拂檀槽來。絶響疑傳廣陵散，聲價争重黄金臺。刼灰流落未全改，護持知有精靈在。直如劍氣騰豐城，霹靂飛鳴閲塵海。臣滉當時獻御筵，良工斲誌建中年。歌殘哀怨隋隄柳，咽斷凄凉蜀國絃。雌撥雄吟誇妙手，當筵應作青銅吼。四部中丞不足論，日角山河亦何有。即今變調誰能彈，大者剢没蛟螭淵。空憐花底泉流意，無復人間天際看。劉君好古來少，燕市携囊眩奇寶。只愁依舊化神魚，急雨之而攫鱗爪。

清·譚敬昭《題燕庭曹長所藏小忽雷用張仲舉調〈多麗〉》 正凝思，重翻古調新詞。況春餘、桐陰輭翠，滿庭花影離離。李青青、當場按曲，羅黑黑、背地垂帷。火鳳彈來，水龍吟罷，鶯鶯燕燕鬥雙飛。儘長日，簾波不動，香篆裊霏微。誰曾見，空堂雷輥，殿閣風移。 撥檀槽，這渾不是，何人信手低眉。待追尋、唐宫鼓笛，還參破、孔壁金絲。幾拍紅牙，仍敲鐵板，東塘公子譜傳奇。閲塵刼、一千餘載，真賞樂相知。從今後，朱門緑野，自得因依。

清·儀克中《題燕庭部所藏唐小忽雷樂器寄調〈聲聲慢〉》 雙絃轉玉，曲項雕檀，貢自西川。女部歌殘人間，已閲千年。秋宫記彈夜雨，把興亡、都付春纖。留佳話，博審音，妙手譜入詞牋。 相賞曾經諸老，祇樊花，坡後誰奏當筵。古塞春風，曲意纏綿。銀絲細鏤唐篆，幾摩挲、醉眼花前。但得趣，便何妨、常伴酒邊。

清·陳壽祺《題小忽雷爲燕庭農部作》 傾盃樂與聖蠻奴，貞觀風流舊曲無。何處關山寒夜月，鵾絃彈入塞雲孤。太和遺製五絃絁，鐵撥檀槽妙手能。當日梨園誰弟子，凄凉女部鄭中丞。玉環已破玉宸空，流落人間鳳臆工。想聽阿翹天上樂，内廷愁看牡丹紅。奏罷楓香又緑腰，後來中米亦寥寥。千秋翻出桃花扇，配與吟蟬大海潮。

清·吴嵩梁《爲燕庭農部題小忽雷》 誰伐杪欏樹，將軍破蜀歸。衰朝無雅樂，持汝獻宫闈。絶代難專寵，紅裝委逝波。餘生容復召，猶勝馬嵬坡。甘露成奇禍，權璫事可哀。唐宫俱蔓草，太息此琴材。紫玉塵埋久，雙絃撥未能。花坡今絶調，何況鄭中丞。

清·端木國瑚《題小忽雷爲燕庭農部作》 平章軍國妙丹青，手製琵琶蜀玉形。何似河西楊節度，霓裳進曲雨淋鈴。馬上雙絃進御杯，雲韶仙部後庭催。逝波一去如紅葉，不信人間有鴆媒。南趙檀槽聽裂繒，黄門消息漏中丞。廬江小吏民間曲，寫入宫牆怨不勝。霹靂無聲閟玉宸，傳頭零落一千春。樊裓變調凄凉甚，聽出唐宫玉筯人。

清·林從炯《爲燕庭農部題小忽雷樂器》 蜀國杪欏手製新，兩行銀字伴横陳。德皇内宴春雷滿，行過車聲聽不真。小字唐宫唤欲膺，錦衣玉貌鄭中丞。檀槽舊恨知多少，識曲東塘病未能。

清·劉錫申《題燕庭農部小忽雷》 甘露無端啟禍胎，凄凉樂部鎖烟煤。先朝法物飄零盡，碩果猶存小忽雷。

大小和鳴感逝波，鸞漂鳳泊柰愁何。故鄉異産無多許，且伴青蓮樂府歌。

鷩雷妙技寂無傳，可有中丞再世緣。九百年來空爾爾，娟娟凉月在秋天。

浩刧茫茫自古今，那來閒淚濕衣襟。嶧陽大有孤桐在，好斲虞廷解愠琴。

清・陸繼輅《題小忽雷爲燕庭農部作》 風外烟雲刧後灰，吉金樂石費疑猜。是誰乞取傷心物，留與人間譜可哀。

干卿何事爲沾衣，鳳尾龍香是也非。漫説楊家重生女，真妃仙去又賢妃。

一朝聲律擅千秋，法曲曾煩天上求。偏是雨中鈴解語，替人世世餉離愁。

當時訓注本僉人，死日居然殉國身。獨有平心李商隱，感英重聽一酸辛。

金陵娴疋似前朝，簾外春寒均更嬌。招取柔儀宮裏月，流輝照我賦燒槽。

詞臣出鎮太忽忽，一曲琵琶聽未終。此日青衫尋舊淚，江南花落不相逢。

填詞並憶孔東塘，一扇桃花淚萬行。又似檀槽無別恨，千年住世閱興亡。

熙朝雅樂協箾韶，秋雨梨園掩寂寥。我欲求觀鄭公笏，猶能作頌擬王褒。

清・方廷瑚《題小忽雷拓本後作》 碧天如拭涼飈吹，空庭月皎花陰移。寂無箏篴攪耳畔，空中髣髴聞哀絲。哀絲不作嘈嘈響，似有疑無人簾幌。却是唐時小忽雷，千年紙上流精爽。忽雷轉徙定誰憐，新舊書成總失傳。天意恰教存古物，吉金貞石與同堅。李唐雅重琵琶製，賀老龜年稱絶蓺。誰似當時小忽雷，春宮一曲傳佳麗。麗人艷説鄭中丞，粉黛班中獨擅能。賦誦洞簫偏得寵，詩題紅葉竟何曾。忽雷昔荷官家賜，貢獻相傳來驛使。質儷金徽玉軫精，音誇錦瑟銀篦媚。春秋花月掖庭閒，斜抱當胸續續彈。准擬新恩承紫禁，詎知薄怒誤紅顔。可憐永巷遭讒妬，一樹瓊花委朝露。枉把冰心託素波，御溝拚作貞孃墓。溝水盈盈暮復朝，香魂疑有鵲填橋。他生不信逢通德，再世居然見玉簫。采鸞忽地乘鸞至，誓作死儔盟齧臂。持比伶元恨轉深，淚痕永夜蘭衾漬。忽雷已分渺知音，偏是仙姬念舊深。市肆塵埋稀物色，倩他夫壻爲重尋。攜來如獲連城璧，慢撚輕攏訴幽咽。懊惱牆根有李謩，尋聲識得飛瓊迹。一騎遄趨奏建章，忽聞温諭降蒼蒼。許教季芊歸鍾建，不使韓妻怨宋王。比目並肩恩義重，忽雷譜出昇平頌。免得淒然擁髻吟，底須愁絶隣船弄。仙緣從古竟無終，物換星移悵曉風。人去臺空啼鴂怨，忽雷拋擲草萊中。流離最後歸東魯，紘絶徽殘污塵土。拂拭重登闕里堂，居然上與罍彝伍。四壁金絲相應鳴，忽雷聲價重寰瀛。東卿好古重摹拓，未谷搜奇與釋名。佚事好修唐闕史，釋名引證詳端委。粉黛成塵碧玉烟，金仙淚滴蟾蜍死。獨留此紙轉庚庚，歷刧猶含太古情。自愧詩成慚白傳，琵琶行後忽雷行。

清・李葆恂《小忽雷題辭》 桃花詞隱雲亭叟，燕市摩挲劇有情。小物曾關甘露變，新題合付玉谿生。老苔記筆致精妍，天石傳奇播管弦。一曲檀槽無限恨，嵌銀猶署建中年。龍頭鳳臆式殊精，迻邐塵沙百感生。想見風流畫牛暇，晉公手製字分明。幾將奇器落吾手，曾識華陽相國孫。憶向海王村裏見，重看翠墨也銷魂。此器後歸卓海颿相國，以小忽雷名其齋。文孫友蓮太守與予善，謂余好事，許以見貽，會太守卒，不果。光緒丁酉，見於都門廠肆，索值千金。庚子亂後，不知尚在人間否。此漢陽葉氏舊拓本。今爲陶齋尚書所得，漫題四截句請政。

清・張祖同《唐小忽雷拓本舊藏葉氏，陶齋尚書得之，命題小詞，因謚〈金縷曲〉一首，呈請教正》 懷古凄涼意。記當調掖庭明月，四條紘子。賀老琵琶塲屋後，又見錦城新製，曾掩映內人眉翠。樂府重翻龍香撥，石榴花甘露人驚起。蕭落感，玉塵委。 紫宸別殿繁華地。剩西風蕭蕭似訴，當時情事，欲問紅顔漂泊恨，難得玉簫重世。更休訪崇仁坊址。拓本流傳平安館。託知音，拂拭銀光紙。還補注，晚唐史。

清・闓運《葉氏小忽雷拓本，陶齋尚書得之，乙巳初春題〈琵琶仙〉一闋以寓幽恨》 馬上胡笳，更安史亂後，琵琶淒切。誰道經畫，江淮繁華未銷歇。檀槽自按，幾回看柳花如雪。元相徵歌，李謩擫笛，長自嗚咽。想秦蜀流落千年，又新染桃花扇邊血。多少玉顔漂泊，歎腥羶宮闕。只一曲迻邐沙塵，把古今積恨彈徹。説甚葉氏韓家，那時喧熱。

清・鄧嘉縝《小忽雷題辭》 讓他暖玉無雙，改新粧。粧就龍頭鳳臆，小排場。魚雷兩，參差響，試評量。彷彿人家姊妹，有排行。可憐瓊樹朝朝，付江潮。唯有好春記得，建中朝。梨園散，椒房黯，漫無聊。恰好口脂新綻，鄭櫻桃。飛紅墮溷飄茵，甚前因。人物一般覆雨，與飜雲。崇仁市，昭應吏，漫銷魂。依舊承恩作合，有黄門。阿儂生小歡場，撥龍香。不似開元供奉，譜霓裳。和戎策，單于國，伴紅粧。比似漢家馬上，更凄涼。一番塵夢難尋，久銷沈。難得都官神識，是知音。人間世，滄桑異，託春心。難道多情只解，感人琴。近來風月誰家，渺天涯。猶自拋珠抱玉，説琵琶。描形影，供吟詠，只些些。更無人將人面，問桃花。

雜録

清・桂未谷《小忽雷記》 韓晉公入蜀，伐樹堅如石，匠製胡琴二，名大、小忽雷。進入内府，文宗朝内人鄭中丞善小者，偶以匙頭脱，送崇仁坊南趙家修理。值甘露之變，不復問。中丞以忤旨縊，投御河。權相舊吏梁厚本，在昭應别墅垂釣，援而妻焉。因言忽雷在南趙家，使厚本賂以歸。花下酒酣，彈數曲，有黄門放鷂子，牆外竊聽曰：此鄭中丞琵琶聲也。達上聽，上宣召，赦厚本罪。太弟即位，仇士良追怨文宗，凡樂工及内侍得幸者，誅貶相繼，樂府一空，小忽雷亦不知所在矣。康熙辛未，孔岸堂民部見之燕市，曰：是小忽雷也。購歸賦詩。民部既殁，其子攜以入都，遺於道左，王觀察斗南得之，贈孔太守泗源。太守酒間示余：龍首鳳臆，蒙腹以皮，柱上雙絃，吞入龍口，一珠中分，頷下有小忽雷篆書，嵌銀字。項有臣滉手製恭獻建中辛酉春，正書十一字。以漢尺度之，柄長二尺。木似于闐紫玉。開元宦者白秀正使蜀，回獻雙鳳琵琶，以逤邏檀爲槽，潤若圭璧。此亦逤邏檀也。忽雷，即鱷魚。其齒骨作樂器，有異響。經曰：河有怪魚，厥名曰鱷。其身已朽，其齒三。作忽雷之名，實本諸此。民部座客樊裬善音，言忽雷本馬上樂，又名二絃琵琶，調多不傳，今但知黄鐘變調耳。噫。唐樂且亡，古音何由得聞耶。曲阜桂馥。

呂履恒

論説

清・笠澤漁長《洛神廟序》 予嘗論作南北曲，較作詩餘更難，其故何也，音調法律之間愈難，則愈苦耳。北如馬、白、關、鄭，南如《荆》、《劉》、《拜》、《殺》，皆所謂曲之祖也。有明之填辭者夥矣，然其才情大則愆謬多，湯若士、徐文長兩君子其不論矣。他若張伯起、梁伯龍、梅禹金輩，不可謂不善，然減一分愆謬，又未免減一分才情，必具十分才情，無一分愆謬，可與馬、白、關、鄭，《荆》、《劉》、《拜》、《殺》相頡頏，而後可以言曲，此其所以難也。求之近日，如袁令昭、吴可先之南曲，沈君庸、孟子塞之北曲，吴梅村、尤悔菴輩之南北曲，皆可謂極才情之所之，而無甚愆謬者矣。夫才生於情，而凡天下之言才者，莫不曰發露之不若含藴，絢爛之不若平淡矣。然而月。古今才人之文，誠如日月之麗乎。天也當春，而草木蕃衍，燦然艷陽，古今才人之文，誠如草木之麗乎。地也案有含而不吐，淡而不濃，而能炳炳烺烺於天壤間，使愚夫愚婦皆樂得而道之者乎。是故，古來所傳諸文士、諸英雄、諸美人，亦未嘗不蹤跡坦然，去來明白，俱極其情之至，正與天下人共見之者也。余讀青要山樵所譜之《洛神廟》，如巫娘緑華之情，宛轉而化，而皆歸於正。即何生之才，際遇之俠，皆鍾於情而歸於正，何其踪跡坦然，去來明白乎。至其選辭運意，要未有含而不吐，淡而不濃者。音調法律之間，或依乎元體而爲北，或依乎明體而爲南，要未有不足於才而深於情者，真可謂一無愆謬矣。安得不可與馬、白、關、鄭，《荆》、《劉》、《拜》、《殺》頡頏上下乎哉。

清・易道人《洛神廟序》 予少年時，不飲酒，或痛飲酒。石道翁先生曰：季子飲情飲興，鬱於中，栩栩然者謂之情；感於外，勃勃然者謂之興。

而填詞之道，思過半矣。湯臨川四夢：《牡丹亭》，情也；《紫釵》，俠也；《黄梁》，仙也；《南柯》，佛也。不必問其所鬱所感者安在，第覺情與興何其栩栩勃勃。如青要山樵《返魂香》，賈綵華，情也；李際遇，俠也；李虚真、阿甄，仙也、佛也，亦不必問其所感所遇者安在，第覺情與興，擬何栩栩勃勃也。填詞之道之善，物也善。嘗讀之近世關目，其曲白不佳，宜於搬演，不宜於諷誦，穿插杜撰以見奇，琱鏤湊泊以衒巧，往往不哀而哭，不樂而笑。元人曲白佳，關目不佳，宜於諷誦，而不宜於搬演。其無事於杜撰湊泊，往往不哭而黯然魂銷，不笑而悠然神適，並皆佳妙者，《牡丹亭》而外，物莫能兩。然而君子必有所取爾矣。原夫風雅一變而《離騷》，再變而賦，三變而樂府、古詩，四變而近體，五變而詩餘，六變而傳奇。忠孝節義，亂賊讒諂，擬諸其形容。孟子曰：今之樂猶古之樂也。《三百篇》之中，不無變風變雅，天不滿西北，地不滿東南，君子必有所取爾矣。乃若《洛神廟》，情也不蕩而亂信，俠也不勇而犯義，仙佛也不怪而誕謬，妄以爲杜撰湊泊地步，情也興也，鬱也感也，余姑與之飲酒。

綜述

清・呂履恒《洛神廟・自序》　有感則有言，言則有聲，聲有高下、疾徐、短長之節，於是乎有歌詩。《三百篇》皆可被之管絃者是也。漢人樂府，始有曲。曲也者，委曲以達其所感之情。情莫切於五倫，夫婦其一也。樂府之傳失矣。宋詞元曲，或庶幾焉。孰謂貞臣孝子之情，有異於思婦勞人者乎。昔人云：使人聞之，增伉儷之重。知此者可與讀吾曲，亦不必讀吾曲矣。時康熙己卯七月既望，青要山樵自述。

傳記

清（康熙）《寧鄉縣志》卷六《職官》　呂履恒，字元素，號坦庵，河南新安人。祖維祺，謚忠節，前朝萬曆癸丑進士，南京兵部尚書，著《孝經大全》，學者稱明德先生。父兆琳，國朝己亥進士，福建道監察御史，崇祀鄉賢。公以戊午鄉舉，登甲戌二甲進士，有《制義詩集》行世。於康熙三十八年到任，丁災荒之後，值多事之餘，錢糧積久，倉儲虚耗，縣事幾不可爲矣。公撫字催科，憂勞成疾，幾危。蔬食布衣不異□士。是年夏旱，公引罪自繫鄉鐺，涕泣禱雨，輒應。至於雅意作八衡文不倦，留心民瘼，節省冗費，除革積弊，並編審陋規，俱有碑碣可考云。闔縣士民公志。

清（乾隆）《續河南通志》卷五八　呂履恒，新安人。康熙甲戌進士，授寧鄉令，歷户部侍郎，有政績。詩詞古文皆足發聖賢奥旨，有關風教，遠近稱爲儒宗，卒祀鄉賢。著《治古堂文集》、《夢月巖詩集》。

清（乾隆）《欽定盛京通志》卷四一《職官三》　奉天府府丞呂履恒。河南新安人，進士。康熙五十年任。

又卷五七《名宦》　呂履恒，河南新安人，進士。康熙五十年，任奉天府府丞。奉天兩府科歲考，例以府丞代其事，履恒簡拔寒素，接引後學，考道論文，無倦意，一時士子，鼓舞奮興，文風大振。刻有《留都文萃》，内多觀風月、課賞識之作，至今傳誦不衰。

藝文

清・焦循《劇説》卷六　新安呂履恒，字元素，《夢月巖詩餘》有《念奴嬌・題秣陵春傳奇》云：六朝如夢，誰解道，野老江頭歌哭。海思雲愁，還寄托，舊部霓裳法曲。瑶水筵前，翠微宫裏，夙世仙緣卜。非空非色，個中人自如玉。争奈身作虚舟，心同明鏡，形影交相逐。劫火雖燒蓮性在，不怕罡風顛撲。撥盡鵾弦，撾殘羯鼓，泪斷聲難續。曲終人遠，數峯江上猶緑。

查慎行

論　說

清・長松下散人《陰陽判傳奇序》 天地間多缺陷事，天地不能自補，而俟人補之。人何以補之，補之以事，補之以心。事，則華袞斧鉞，其權伸，其事快；心，則呼天搶地，其勢屈，其心痛。夫至天下後世痛其心而事已無補，天地亦何貴。是人之補之，然使佖佖睍睍，路人君父，則不獨缺陷在事，且缺陷在心。天地但能以人心補事，又將用何物補心。是故天地之寶心爲貴。心貴，故心不易泯。即當局者自甘泯泯，而公道在人，必從而長言之、嗟歎之，流連而歌詠之。甚之感時憤世者，摭其事蹟，譜以宫商，直欲以野董狐代鬼，咎繇王章陰律，手爲平反，由是枉者伸，覆者發，潛德闡奸，誅向之。大痛於心者，究竟大快於事。而天地一缺陷，於是乎坦坦平平。此《陰陽判》傳奇所以不得不作也。余諦觀朱孝子矢志報讎，既不能骈戮讎黨，復不能剚刃讎腹，則是父讎終未報也。獨其枕戈待旦，須臾不忘。雖海有時枯，石有時泐，而此志耿耿不磨，歷二十五年，讎黨盡伏冥誅，卒以戴天爲恨，一慟而絶，他山老人豈誠快其事乎。夫亦痛其心焉耳。痛其心，而按紅豆付梨園，吾知觀劇者見其讎之狠毒也，將羣然而怒，是即孝子之拊膺飲血而怒之者也。見其讎之狡脱也，將羣然而罵，是即孝子之決眥衝髮而罵之者也。見其讎之熸於冥誅、入於異類也，終且羣然而樂，是即孝子之食肉寢皮、破涕爲笑而樂之者也。是編一日不磨，則是事一日不朽。合天下後世百千萬人之公怒、公罵、公樂，以報孝子欲報之冤，而孝子之心畢矣，而孝子之事畢矣。《陰陽判》如之何可以不作。且夫天下顛撲不破者理焉已耳。陽判不公，而至决之以陰判，孰不以爲誕妄無憑。然而苞苴難用於夜臺，請託不行於雷部，積惡餘殃，到頭結案，斷斷如此。奈何不認作照膽鏡，而以爲莫須有、想當然乎。竊願爲人子者，閲是而知親之不可忘；爲人臣者，閲是而知法之不可枉；貪暴邪淫者，鑒此而廻頭苦海；好剛任氣者，感此而釜底抽薪。則是編之作，不但爲孝子補缺陷之事，併能爲天下後世補缺陷之心。女媧氏五色石直可以生花之、管代之，其有裨於世道人心，豈尠也哉。或曰：是非孝子所願，則奈何。余應之曰：惟其不願有是，所以爲孝子。然橋廁之不中，不得謂豫讓之不報智伯；博浪沙之不中，不得謂張良之不報韓古。今大帳簿大率論其心而已矣。閲《陰陽判》者，當作如是觀。

清・長松下散人《陰陽判傳奇跋》 此傳之作，三吴諸君讀《聲冤》、《憫冤》二録，悲練川廷奇朱公之慘死，孝子羽吉之百控不得伸而作也。陽判不公，自有陰判，理所固然。至姓氏里居，稍加改易，亦爲梨園子弟之登場者地耳。後之覽者，庶幾知所尚論云。

清・海上弘軒主人《陰陽判傳奇序》 千鍾緑蟻，難澆扼塞之腸；一曲紅牙，漫寫英雄之恨。江上之悲風夜起，怨入宫商；匣中之秋水時鳴，怒衝冠髮。君前淚落，怕聞《河滿》之詞；燭下眉低，愁唱《鷓鴣》之什。况乎義關毛裏，一腔之熱血横流；事極冤誣，五夜之文犀莫照。苟不乞靈於優孟，肖彼衣冠；誰爲借筆于史狐，傳之簡册。嗚呼，此傳奇之所由作也。夫乾坤浩浩，鴟鴞偕鸞鳳齊生；今古悠悠，孝子與忠臣並録。夢東門之草，兒女子亦解除兇；懸枯塚之頭，大丈夫真能報父。然而世無秦鏡，妖魅宵行；吏有羅鉗，陽烏晝晦。銅山金穴，總爲鬻獄之資；封豕長蛇，不改鬻人之智。縱使洞胸碎首，尚有餘辜；堪嗟嘗膽卧薪，終難共戴。不嫌饒舌，爲語知音。朱公以磊落之才，半生任俠；龐猶以豺狼之性，一市稱雄。苗莠分畦，薰蕕異氣。顧以設糜待餓，名歸長者之門；因而折簡邀賓，釁啓酒人之坐。雖閨中强諫，婦並王章；而醉後疎狂，途窮阮籍。羣兇螘聚，争揮都尉之拳；醜類蜂屯，竟摺應侯之脅。斯時也，奄奄命盡，陳元龍之豪氣未除；渺渺魂歸，蔣子文之英靈不泯。於是孝子拊膺，慈孫動魄。呼天有血，哀號長吏之庭；搶地如崩，隱破讎人之膽。却千金於宅相，西州賴有羊曇；堅一諾於宗盟，南國重逢季布。詎料陶朱之子，已囑莊生；還將狐白之裘，私投鄭袖。面塗粉墨，靡師楊震之清；座繞雷霆，不顧阿香之怒。遂使沉冤盆覆，難將成案；山移時則，痛絶子心。哭殘親骨，銜哀涉險，僵仆黄河遮道，陳詞飽經白挺。凄風苦雨，行人憐范叔之寒；九食三旬，曠野乏王孫之飯。縱喜驄留桓典，其如幕有郗生。叩鑾輿而咫尺難通，情同萬里，磨霜刃而十年未試，憾切終天。冀一當而不能，將萬死其奚贖。然而人間碧血，到底消沉；天上青蓮，終成幻化。談空揮麈，袈裟清百劫之塵；負土成墳，毛髮殉九原之魄。矢精誠乎白日，瀚海生塵；格幽意於蒼旻，炎天飛雪。冥漠之報施不爽，如來之證果非虛。當年獄底殘魂，既淪胥於苦海；今日市中虓虎，都滅跡於閻浮。薛家之三鳳方新，鄧氏之一簪何在。禪心徹處，打開人鬼關頭；慧眼看待，照破陰陽境界。試向笙歌隊裏，坐山僧一箇蒲團；好從游戲場中，聽子弟數聲檀板。

清・方苞《翰林院編修查君墓誌銘》 君諱嗣瑮，字夏重，後更名慎行，浙江海甯人也。余始入京師，查氏負才名者數人，而君尤獲重語。朋齒中以詩名者，皆若爲君屈。君少聞吾邑錢先生飲光深於詩，即泝江繫舟樅陽，造謁講問，逾時而歸。錢先生數爲余道之。及與交久長，見其於時賢中，微若自矜異，然猶以詩人目之。及余脱刑部籍，聖祖仁皇帝召入南書房中，貴人氣焰赫然者，朝夕至必命事專及於余，乃敢應，唯敬對，外此不交一言。又夙畏風欬，常著緇布小冠。諸内侍多竊笑，或曰：往時查翰林慎行性質頗類此，而冠飾亦同，嘻，異哉。余用是益有意於君之爲人。而君尋告歸，及篤老，以其弟嗣庭得罪牽連被逮。同産弟姪並謫戍，而君獨見原。蓋先帝公聽並觀君恬淡寡營，久信於士大夫，故在事者閔焉，而以情達也。君既歿，其子克念以狀請銘數年矣。乾隆元年十有二月，余卧病直廬。或告曰，君之彌甥沈庶常廷芳屬爲通言，速君銘，且告克念之喪。是夜，夢與君問勞如平生。晨起，命家人檢故狀，不得，乃就所獨知於君者以誌焉。覽者即是以求之，其所狀事迹雖不具可也。其詩已行於世者，凡四千六百餘篇，各以時地次，爲五十四集。君卒於雍正五年，年七十有八。父諱遺，字逸遠，爲浙西耆舊。母鍾氏。兄弟四人，皆成進士。妻陸氏，子三人：克建，丁丑進士，鳳翔知府。克承，國子監生。俱先君卒。克念，甲辰舉人。以某年月日葬於某鄉某原。銘曰：所嚮所祈，詎止於斯。而終已無施，惟以弸於詩。

清・沈廷芳《翰林院編修查先生慎行行狀》 先生查氏，諱慎行，字悔餘。初名嗣瑮，字夏重，年四十始更焉。查氏，海甯望族，六世祖秉彝，明嘉靖進士，官給事中，以劾嚴嵩父子，廷杖謫邊，終順天府府尹，事載《明史》。高祖志文，明某府同知。曾祖允揆，明贈武庫司主事。祖大緯，明武庫司主事，皇贈禮部侍郎。父崧繼，明縣學生，皇贈禮部侍郎。自武庫以下三世，皆負才未顯于時。先生爲贈公長子，幼不令習科舉業，故得肆力于經史百家。從黄徵君宗羲遊，長行四方，至金陵作爲歌詩，傳詠人口。同邑楊侍郎雍建，開府貴州，入幕府。時吴三桂餘孽未殄，豺虎塞途，决機命將，轉戰崖箐間，凡兵謀，先生多與焉。歷三載，貴州平，欲論功以聞于朝，固辭。乃之京師，公卿大夫士咸以國士禮之。常過齊、魯、梁、宋，渡洞庭，涉彭蠡，登匡廬之嶺，所至聲望益起。更泝大江，造田間，聞錢先生秉鐙講論，以是詩日富而益奇。康熙三十二年，舉順天鄉試。越九年，方赴公車。聖祖詔選耆儒備顧問，用宰執薦召入南書房，恩遇特重。明年，成進士。故事，庶吉士教習三年，散館始授職。先生入館甫四月，特除編修。扈從塞外者三。凡歲時風土人物，悉紀以詩。每經進，輒稱善。一日天寒雨雪，先生方戴白題偕諸臣侍左右。上顧之笑曰：查某風度爾雅，洵堪爲儒臣冠。即撤御饌以賜，恩賚有加。尋兼武英殿修書總裁，直廬同僚，各任采輯，而先生董其成。平生恬退，重名節。有在事者，待同僚以非禮，先生起争之。其人將構釁焉，遂告歸。羣公留之，不可，饋之贐，弗受。既歸里，杜門著述，而山水之興未衰。復南遊閩、粤，久之始歸。後以其弟禮部侍郎嗣庭獲罪，牽連被逮。同産弟姪並謫戍。世宗因籍嗣庭家，得先生詩集，覽其紀恩諸作，謂侍臣曰：查某忠愛拳拳，固一飯不忘君也。乃獨見原，暨其子克念放歸田里。先生感國恩，痛家難，歸即卧病。以雍正五年八月某日卒，年七十有八。卒之日，椸無新衣，囊無餘儲，惟手勘書萬卷而已。先生品詣矯然，學問渾灝，文章麗則，而尤工于詩。匯韓、白、蘇、陸之長，以發攄性靈，海内咸宗之。所著有《敬業堂集》四十八卷，《續集》六卷，詞二卷，已行于世。《周易玩辭集解》十卷，《蘇詩補注》五十卷，文集八卷，《隨獵日記》、《人海記》、《廬山紀遊》、《得樹樓雜鈔》各若干卷，藏于家。夫人，同邑徵君陸嘉淑女。子三人：克建，丁丑進士，鳳翔府知府；克承，國子生，皆先先生卒。克念，甲辰舉人。孫悰昌、祈昌、禧昌、岐昌、禴，皆世其家學。先生宏獎後進，多成名士。廷芳愧無學，而承提誨十餘載，規爲謦欬，聞見頗悉。既請子方子銘其墓，而其歷官行事之概有未備者，謹撰次如右，獻諸史館。謹狀。

清（乾隆）《海寧州志》卷一一 查慎行，字悔餘。晚築初白庵以居，學者稱初白先生。少肆力經史百家，傳婦翁陸射山嘉淑及其家韜荒容詩學，繼登黄徵君宗羲門，詣益邃。年甫壯，出遊，足跡半天下，故紀遊詩最富。

清（乾隆）《杭州府志》卷九四　查慎行，字夏重。深沉好古，于書無所不窺。而天故遲其遇，俾其馳驅游覽，以吐胸中之奇。嘗挾策至牂牁、夜郎之地，以及齊、魯、燕、趙、梁、宋之區，郵亭驛壁題咏殆遍。癸未成進士，簡入翰林。比歲西巡扈蹕者，再涉大都之河，窮甌脱之境，悉繪於詩。夏重學有本根，斷斷自愛。

清（道光）《海昌備志》卷三四　查慎行，嵩繼子。初名嗣璉，字夏重。號他山，又號橘州。後更名慎行，字悔餘，號查田，晚號初白老人。康熙癸酉，舉順天鄉試。癸未進士，授編修。終於家，年七十八。

清・鄭方坤《清朝名家詩鈔小傳》卷三　查慎行，字夏重，别字悔庵，晚又自號初白庵主人，而初白之名特著。海寧人，爲逸遠先生之賢嗣。少執經於梨州黄徵君之門。紹聞衣德胚胎前光，而又天縱異才，深沉好古，於書無所不窺。而其生平所癖好者，唯於詩，於山水，於友朋，其於進取榮利之途泊如也。少日爲諸生，即杖策從軍，出入牂牁、夜郎之境，以及齊、魯、燕、趙、梁、宋之區。驛壁、郵亭，揮灑殆偏。又嘗渡彭蠡，過洞庭，登匡廬五老之峯，探武夷九曲之勝，尋無諸之故墟，訪尉佗之遺跡。江山神助，詩益富而且奇。癸未成進士，簡翰林，即受特達之知，召入内庭供奉。比歲西巡，賡歌載筆。凡幽岨之區，甌脱之境，爲從古詩人所未歷者，盪胸駭目，悉于五、七言發之。每奏一篇，上未嘗不動色，咨嗟稱善者再也。顧常懷引退志，年未及懸車，已決計賦《遂初》。家食二十餘年，肅歌自適。忽遭門户之難，全家赴詔獄。而先生坐家長失教罪，且不測。世宗皇帝稔識其端謹無他腸，放歸田里。蓋歸田未兩月而卒。先生繼長水、新城後而稱詩伯，一時壇坫於斯爲盛。嘗教人作詩，謂詩之厚在意不在詞，詩之雄在氣不在貌，詩之靈在空不在巧，詩之淡在脱不在易，誠詞苑之良規、學海之寶筏也。嘗有句云：座中放論歸長悔，醉裏題詩醒自嫌。又一：人來絶域原拚命，事到傷心每怕真。俯仰情深，殆與玉局無二。所注蘇詩，抉摘穿穴，得未曾有，實能爲髯公道出胸臆間事，惜未開雕問世。世有流傳秘寶，嘉惠後學，如宋開府、徐尚書其人者乎，將且暮遇之矣。

清（同治）《武陵縣志》卷四一　查慎行，字初白，海寧人。康熙己未，副都御史楊雍建撫黔，聘入幕，寓武陵最久。再遊德山，爲雪所阻，留乾明寺，有《次周必大石刻詩韻》、《登朗州城詩》。

清（同治）《新淦縣志》卷八　查慎行，直南書房，瀛臺召對，賞花釣魚，進呈有兩檐風笠平生夢，臣本煙波一釣徒之句，稱旨。轉侍讀學士，丙申，致仕。丁酉，赴嶺南開府佟公法海之招，道出新淦，夜宿泥江，口賦《枕上聞薦詩》。

清（同治）《萍鄉縣志》卷一〇　查慎行，海寧人。賦異才，性癖山水，後入詞垣。亟告歸，遂厥初志。康熙五十七年春三月，游西粤，反道經湘東市，信宿其間，覽黄花渡，悠然想朱子遺風。既而，籃輿山行，歷城抵蘆溪市，所過花村柳岸，概繪之於詩。明日買舟東下，回視萍鄉風土，猶爲悵然。

著録

清・黄文暘、佚名《重訂曲海總目・國朝傳奇》　他山老人：《陰陽判》。

清・支豐宜《曲目新編・著録八・國朝傳奇》　《陰陽判》，他山老人作。

清・王國維《曲録》卷五　《陰陽判》一种，國朝查慎行撰。

藝文

清・王檟薹《題郻城朱孝子名翊〈陰陽判〉》　千秋朱孝子，仗義情殊岌。英氣肘腋生，孤憤風雷泣。父仇伏冥誅，子道真補葺。我披《陰陽判》，細將遺事拾。本屬郻人事，巧寄毘陵邑。此中有難言，承審多偏執。天道難罔欺，王法無出入。老夫若當時，豈受千金揖。長兒枕中戈，蘊生餘血汁。渺兹一海邦，忠孝不相襲。傳奇醉竹翁，作記悔菴什。抒寫畫圖間，陰風長習習。慷慨復悲鳴，頑廉與懦立。千秋朱孝子，遐哉不可及。

清・鄒元斗《俚言奉贈栩士朱孝子》　言忠與言孝，事到一時休。孰肯捐微命，偏能復大仇。禍深天亦怒，冤極鬼應愁。堪歎衣冠子，忘親直忍羞。

清・楊鳳來《題陰陽判傳奇》　物换時移只愴神，大讎還仗筆鋒伸。生前俠節酬知己，死後奇蹤足快人。直道詎能容末世，沉冤誰肯達楓宸。昭然果報陰陽判，試向高僧叩往因。

清・釋明戒《題陰陽判傳奇》　誰憐不共戴天仇，隱忍偷生四十秋。白骨成灰魂未化，黄金鬻獄恨難酬。聖朝誅殛從寬宥，草土呼號敢怨尤。萬死莫償恩萬一，祇憑血淚灑松楸。

清・彩霞《題陰陽判傳奇》　浩氣凌空大復仇，誓將生斷佞人頭。天條有律冤堪雪，暮夜多金志莫酬。深感彼蒼誅萬惡，故拈劇戲播千秋。自慚巾幗無才思，承命塗鴉實可羞。從來報復最難能，况遇薰天勢焰腥。嘗膽卧薪抛産業，捐軀碎首哭公庭。天憐大孝施誅殛，官懼王章正典刑。今日後人咸服禮，吾宗則傚有先型。

林以寧

論説

清・焦循《劇説》卷四　錢塘女史梁夷素，字孟昭，工詩畫，嘗作《相思硯》傳奇行世。錢御史石城《芙蓉峽》傳奇，亦其夫人林亞清作。婦人填曲，前代未有。林名以寧，有集，詩極工。

著録

清・黄文暘、佚名《重訂曲海總目・國朝傳奇》　林亞清：錢夫人。《芙蓉峽》。

清・梁廷枏《曲話》卷一　以傳奇言之，其人各一種者，國朝如：錢夫人林亞清作《芙蓉峽》。

又　閨秀撰曲：國朝吴江女史葉小紈作《鴛鴦夢》，錢塘女史梁夷素作《相思硯》，錢夫人林亞青作《芙蓉峽》。長安女史王筠作《繁華夢》。

清・支豐宜《曲目新編・國朝雜劇・補遺》　《芙蓉峽》，錢夫人林亞清作。

清・姚燮《今樂考證・著録九・國朝院本》　錢石臣一種：《芙蓉峽》，《曲考》署錢夫人林亞青作，不知何據。

清・王國維《曲録》卷五《傳奇部下》　《芙蓉峽》一本，同上。國朝女史林亞青撰。

周稚廉

論説

清・愚谷老人《珊瑚玦序》　湯若士先生作《四夢》，最後作《牡丹亭》，稱今古絶唱。然于字句間，其增減處，多未諧于譜，時伶難之。遂有起而删之者，臨川乃興不是王維舊雪圖之嘆。因思天下才子，能有幾人。雲間自大樽而後，□不數見。當我世而有周子，真奇才也。周子年弱冠耳，才雄天賦，加之讀書嗜古，靡不宏覽。製藝以逮雜著，沈博絶麗，迥非濟輩所及，予每見輒心折之。間出爲詞餘，異采紛披，機穎能發，匪可思議。且人情物態，纖髮凌雜之事，咸能曲折縷析，無所不能。予見周子于廣座中，衆或喧呶，一人獨静默如面壁者，知其生前于蒲團趺坐之力深也。其得之家學淵源者，竿頭更進矣。至論其詞餘，向以臨川之《牡丹亭》比之少陵之詩，近梅村先生之《秣陵春》，則若古樂府，周子兼而有之，且所作已有數十種。即如《珊瑚玦》之卜生，其遇合有時，人能覷破，身無悲憤，世無誚讓，一信之于天，我知周子胸中浩浩落落，無一染也。雖然，才不易得，□不虚生，周子勉乎哉。

清・瞿天潢《雙忠廟序》　人無賢愚，聞忠義之名，莫不感慕思奮。然而爲之者甚少，何也。慮事不成而想禍，畏死之心勝也。夫君子之爲忠義也，如魚之赴淵，如鳥之入林，如飢者之遇芻豢，寒者之得狐貉，悦而就焉，其心安焉。雖由是而蹈禍觸死不避也。然使爲其事者，必有禍而無福之死不得生，則天之報施，善人果不可信，而庸夫愚婦將有頸縮股慄，而不敢復言忠義者矣。此《雙忠廟》所爲作也。夫忠義之至，可以貫金石，可以格異數，而不能以惑鬼神之靈，天下無此理也。鬼神之用，變化不測，人特無以感之。能感之矣，則何求不得，何欲不遂。雖事至窮奇極怪，亦若固然，況區區面目形骸之變乎。然則，男子之乳，寺人之鬚，其不足異也。審吴忠義所感，而神力格之，必於時勢萬難，人力不至之處而爲之，委曲以成就焉。考於書傳，不可勝載。然庸夫愚婦鮮所覩紀，概不能知，間有知者，又以爲此士大夫之行，而非吾之所宜勉也。今此書所傳忠義之事，乃出於奴僕婦寺之流，其容貌言語，宛轉生動，恍乎可接。至於鬼神之情狀，報應之佳優，燎若日星，捷若桴鼓，事雖疑於誕，理實道其常，觀此而所動於中者，則非人類也。古者，列國有風，多出於幽閨婦女，草野小人之作，而聖人垂之爲經，與典謨雅頌相表裏，蓋取其言足以勸戒，雖至俚淺，亦不棄也，況文人學士之寓言也乎。周子冰持是書之作，所以激人忠義之氣，而去其想禍畏死之心，其憂深思遠，蓋有出於不得以焉爾。觀者識其意，庶弗没其詞也。

清·范纘《元寶媒序》 周郎與余同硯席者幾二十年，余差長於周，今年已三十，拓落不偶，時以詩歌相唱和，間有非常可喜之論，或譜之胣板么絃，非有所指而作也。周郎所著傳奇數十種，如《元寶媒》，尤膾炙人口。考之元寶之稱，晉高祖詔鑄錢，以天福元寶爲文。宋太宗又御書淳化元寶，作真行草三體行世。此錢之以元寶名也。至元世祖時，從楊湜言，乃以庫銀爲元寶，每銀五十兩，易綵鈔千兩。則銀之以元寶名，元時始也。余嘗笑謂周郎：吾輩讀書取友，即不能廣交豪傑，博覽古今，而所見所聞，亦未爲淺隘，于天下文人墨士往往有合，獨厭惡棄絶者，惟元寶一物耳。窮士持三寸弱管，當枵薪瓊粒時，求免首陽餓殍，且不可得。總有博施利物心，猶足不能行而賣璧藥，誰能信之。今傳中所載乞兒，其至窮無告，更甚窮士，乃能哀多益寡，援人於草莽之中，濟人於顛危之際。還金而受誣，賑金而受辱。盜其名而不怒，處舛途而無怨。尤雖古俠烈大夫不過如是。彼挂金鑰、持牙籌、錙銖自守者，又何能與之頡頏哉。卒因此獲高爵、匹佳偶、貲盈巨萬，其一生富貴，賴元寶爲之斡旋。命名曰《元寶媒》，知元寶仍非薄倖物。吾輩老女不嫁，將來自有蹇脩，正不必對此青蚨朱提，興摽梅其七之嘆也。雖然乞兒豪俠事，皆未獲窖金時所爲，獨不傳既富後舉動如何，得無不事生産，原屬貧人常態，一擁高貲，便不能復歌渭城耶。請以質之周郎。

清·張憲漢《元寶媒序》 張司空於陸士衡，歎其才多。余於冰持周子亦然。天授既已卓絶，復窮魏寢禹穴之藏，發爲雄藻，直可使秦無文、楚無騷。且所撰著懸之國門，小儒咋舌不能讀，間爲金荃綺語，則又穠纖合度，香艷絶倫。至帖括一道，每爲才人所鄙。彝復研細心，克臻上乘。諸名流奉爲矜式，傳寫紙貴。昔人謂婁筆谷口，樂旨潘辭，事有難兼。抑何周子之左宜右有，既流綜乎百支，更峯登於千仞乎。大抵負才之士，氣常動而不能静，心常縱而不能斂。故未覩周子眉宇，必謂其豪情一往，叫笑跳躍，豈意冲懷邃養，澹然欲然，一似諸子之所爲木雞者。而且爛熳天真，纏綿至性，纔一把臂，便已傾心。人獲挹其蘭芬，探其武庫，未有能舍之而即去者。蓋述祖德讀父書，其所由來尚矣。醴源芝本，豈不信然。然天之所以賦之者，有獨厚也。近醉其齋，得觀伶人所演新譜諸劇，文心幻出，俗情艷詞，巧填俚語，真是當行老手。至析律陽吕，陰南柔北，勁處足奪關馬貫高之席。即如《元寶媒》一種，似乎憤世，實切救世。一貧乞兒，決英雄膽，建聖賢業。即貞姬俠妓，矢志靡他，已勝似齊人妻妾。請先以《東郭記》覆瓿，然後熟讀斯集可也。

傳記

清·佚名《曲海總目提要》卷二二 稺廉，字冰持，順治己丑進士。茂源之孫。少時穎悟絶倫，自負才情，以不得科第爲恨。

清（乾隆）《江南通志》卷一六六 周稚廉，字冰持，華亭人。茂源孫。幼穎異，日讀書以寸許，才名藉甚。嘗游浙中，倡文會于西湖，合千餘人，題爲《錢塘江賦》。稚廉先成，索紙急書，一座愕貽。明日，衆物色之，已揚帆歸矣。爲國子生，屢試被放，牢騷以死。所著詩古文詞，藻麗精妙，人謂夏完淳後身云。

清（光緒）《重修華亭縣志》卷一六　時論偉之孫稺廉，字冰持。負奇才，讀書日盈寸，爲文信筆千言。游浙中，值諸名士會西湖，醵集千人題爲《錢塘觀潮賦》。稺廉頃刻成篇，衆皆愕，眙明日争物色之，揚帆歸矣。爲國子生，應試不遇，憤懣以死，年二十九。

又卷二四　周上舍冰持，才傾一時，而不勝杯杓，不精翰墨。嘗自贊云：假使能書善飲，便鰣魚無骨，金橘不酸。殆實録也。一日作書與友，滿紙狂草，書畢自視，不能通一語，乃大笑乃止。

又　周冰持，少年以《錢塘觀潮賦》知名。下筆千言，而迹類清狂，傲睨一切。嘗除夕自署門聯云：論家世如閣帖官窑，可稱舊矣；問文章似談箋顧繡，換得錢無。詩詞外，別著傳奇四種行世，一寫抑鬱無聊之況。案冰持舅王文恭公嘗携之入京，一夕臺省諸公畢集，欲識周郎，冰持出踞高座，引刀割肉，旁若無人，衆目爲狂士。與同郡范武功纘齊名，時稱周范。其傳奇則《元寶媒》、《雙忠廟》、《珊瑚玦》也。

紀事

清·佚名《曲海總目提要》卷二二《珊瑚玦》　松江人周稺廉作。記中極嘆秀才之苦，以爲在乞丐下。養老兵得遇親父，乃用唐姜太師事，餘多附會。然其所記乃明末事，似實有其人，而姓氏則皆改换，非本名也。略云：陝西安定人卜青，字又衛，爲諸生，訓蒙自給。妻祁氏，方懷妊，遭一隻虎秦曦之難。夫婦奔逃，中途遇官兵，祁氏被奪，取所佩珊瑚玦各分其半以爲識。總兵晏竽者，山東人，淫虐不能戢。士年長矣，尚無子，部卒得祁氏，獻於竽，竽將納之。祁氏以節自矢，而詭云：請待分娩。竽方勦賊，不便攜于軍中，密令人送至家宅。竽妻單氏，有賢德，恩恤備至。祁氏方産子，而竽陣亡之訃聞於家。單遂育祁子爲己子，而以弟單宋之女字焉。卜青念其妻，遍之各營訪覓，無所遇，而又往往受折辱。一日自恨，變姓名曰韋行，投入行伍。困躓憔悴，無生人之趣。而祁氏所生之子，單爲取名繼光，年未弱冠，應募勦賊。單宋初以千總被執，久在賊中。繼光僞降賊，合宋爲中詷，竟殲秦曦。班師，膺賞拜爵，賜第。奏明前後情節，給假歸里訪父。而韋行牧馬山隈，爲賊所掠。賊首既殲，隨衆投順。撥入晏宅爲廄卒。繼光憫其年老，令歸家看管花園。祁氏已封太夫人，偶與繼光妻至園中，見老卒卧簷下，所佩乃珊瑚玦也。俟繼光歸，語之，詳細詰問，果係卜青。祁氏復與爲夫婦，而繼光改名卜繼晏。兩家祖父，並荷封爵云。《太平廣記》：蜀有姜太師者，失其名，許田人也。幼年爲黄巾所掠，亡失父母，從先主征伐，屢立功勳。後領數鎮節鉞，官至極品。有掌廄夫姜者，事芻秣數十年。姜每入廄，見其小過，必笞之，如是積年，計其數將及數百。後老不任鞭箠，因泣告夫人，乞放歸鄉里。夫人曰：汝何許人。對曰：許田人。復問有何骨肉，對曰：當被掠之時，一妻一男，迄今不知去處。又問其兒小字、及妻姓氏、行第、并房眷近親，皆言之。及姜歸宅，夫人具言姜老欲乞假歸鄉，因問得所失男女親屬姓名。姜大驚，疑其父也。使人細問之，其男身有何記驗。曰：我兒脚心上有一黑子，餘不記之。姜大哭，密遣人送出劍門之外，奏先主曰：臣父近自關東來。遂將金帛車馬迎入宅，父子如初。姜報撻父之過，齋僧數萬，終身不撻從者。又《北夢瑣言》：姜誌，許昌人，自小亂離，失其父母。爾後仕蜀至武信軍節度使。先是廄中圉人姜春者，事之多年，頻罹鞭扑，一旦告老於國夫人請免馬廄之役，而丐食於道路。夫人愍之，詰其鄉貫姻親，兼云有一子隨軍入川，莫知存亡，并其小字身上記驗，一一述之，果誌之父也。洎父子相認，悲號殞絶。誌乃授父杖，俾笞其背，以償昔日所誤之事。舉國嗟嘆之。此事川蜀皆知。又《奇聞類記》：遼東遊擊驍軀幹雄偉，智力過人，臨陣輒捷，常獲功賞，且孝于母。一日視事回，省其母。母尚寢，問故不答。王侍不去。久之，其母乃曰：吾幼與汝父在軍中，爲王父掠來。吾娠汝八月矣。時王父爲帥遼陽，置吾後室。已而生汝，王父無子，因以汝爲己子。王父亡後，遂襲其官，得至今日。汝實趙某子也。汝父離散幾四十年。吾昨出廳見牧馬老卒，識其形容，仿佛汝父也。汝其訪其端的。王出廳，即呼老卒，詰其原戍姓名及妻子姓氏，今何居此。卒言歷歷相合。王退告其母。其母復詢得實，乃相持慟哭仆地，王亦悲切不勝，疏陳其故，乞辭位歸於王氏，自補趙氏卒伍。朝廷嘉其孝義，俾仍原職，復姓趙氏。

又《元寶媒》　周稺廉撰。見小説。有乞兒張尚禮還人遺金，因此得妻立業，故曰《元寶媒》也。略云：明萬曆中年，山東旱荒，流移載道。臨清州新城有橋曰天橋，在新舊兩城間。有乞者逃荒至州，夜宿橋上。曉起行乞。嘗至閘口，見大户家童僕簇擁一少年出門，儀觀英偉，知其不凡。詢之則張御史之孫尚仁，見爲諸生，有聲庠序。未幾閘口被回禄，乞者過其地，則張宅已燬，且延燒四五十家。乞者方嘆息，而張生爲兵備道所録，以火起其家，燬倉房糧米數千，杖責送囹圄，令賠千金以蓋倉。張生勢危甚，自書田券千畝，鬻于其伯念渠。伯故抑田價，僅予六百金，尚少十之四。復書宅基券以鬻，而伯靳不應。伯母周氏憫其姪，私典簪珥，得百五十金贈之，尚須二百五十金，無可控貸。其家僮僕，盡皆散去，惟一老僕夫婦留事其妻。乞者知之，每竊竊憤歎。一日五更，見數十騎并護數十車，由北門入，曰布賈發標赴鄭州會者，正紛攘時，遺一大包于地。乞者俟人馬盡過，俯而拾之。包上有汪亮布行記號，蓋徽商也。乞者計包内之物可五六百金，得此横財，永不虞凍餒。但已命貧薄，如此暴富，恐非福，且失布之家，彼此冤賴害人不淺，乃直詣汪宅，送還其銀。汪展閲之，則元寶十二枚也。問欲分幾何，乞者曰：欲得此銀，則勿還矣。已無所欲，但有一事，須爲代行之。汪問何事，曰：張秀才賠銀千，已償四分之三，尚少其一。親伯父不相顧，世僕家童，盡棄而去，心實憤之。且覩其品非長貧賤者也，公以二百五十金爲彼輸官，令得脱犴狴，應鄉舉，我願足矣。汪且驚且喜曰：君此舉，富貴人所難也。即取衣飾爲乞者易敝服，與偕詣州官，爲張生賠償，而以五十金贈乞者。乞者不欲，僅留十五金爲資。汪問乞者有何姓名，曰：我故章丘人，姓張名尚禮。本衣冠士族，以逃荒故，遂爲下流然未嘗爲盜賊及他不肖事。雖辱祖宗，于心無大慚耳。汪心惻然，且大義之。及詣州，州守詰得其故，大驚曰：此義士，不可以常例拘也。自起揖之，具文申兵道，親送兩人抵道署。兵使者詢之州守，州守一一具陳之，兵使者召立東階上，屈己下拜曰：此義士，吾輩負愧多多矣。當爲申奏，請給冠帶以示旌。乃呼張生至，告以始末，釋令歸家，與尚禮結爲兄弟，且以花紅鼓樂導之。張生歸語其妻，相見如嫂叔。念渠聞姪已出獄，心不自安，亦急來視，而周氏尤甚喜，謂其夫曰：此人必有後福。吾夫婦無子，盍立爲嗣，同姓無嫌也。念渠亦欣然從之。周氏兄久祚，州庠生，有女孝姑。年將及笄矣。周爲尚禮聘之，以九月之朔成婚。而張生是日聞獲雋之報，兵使者奏亦允行，給尚禮府經歷冠帶。其後張生成進士，而尚禮子孫漸貴顯，以科第世其家。

又《雙忠廟》 周穉廉作。演舒真、廉國寶罹禍，其孤兒幼女，賴義僕王保、中官駱善撫養於雙忠廟中，後得報冤爲夫婦。廟神則程嬰、公孫杵臼也，事雖不實，有關風化之作。略云：御史舒模之子真，妻江氏，子珍哥，甫一歲。模以抗疏劾劉瑾罷官，抑鬱而亡，以未得去瑾爲憾，囑真必成其志。真雖爲諸生，効忠之念甚迫。左都御史廉國寶，模同年友。真嘗以書勸國寶翦除元惡。國寶生一女而妻亡，以女付乳母石氏，令遠避，而草疏劾瑾二十四大罪，并及焦芳。芳，瑾合謀捏造毁謗歌謡，誣爲真作，使人出首，詞連國寶，俱逮問鍛煉成獄。真棄市，國寶發配。真僕王保奔告主母，江氏以珍哥囑保，自縊而死。真定府有雙忠廟，公孫杵臼、程嬰之廟也。千年血食，肸蠁畢通。保攜珍哥改女裝亡命至廟，瑾捕甚急。珍哥乏乳，保以情哭訴於神，夜夢神謂云：感汝忠義，請之上帝賜以雙乳。及覺，胸果墳起，乳汁流溢。遂栖廟中。焦芳恐遺禍，陰遣刺客屠寬搜珍哥。王保時乞食于市，寬疑之，踪跡將近廟。遇一相士呼寬名，告以不應爲奸黨殺忠臣後。寬驚悔，入廟問保，保吐其實，寬知神默佑。而向所遇相士，亦即神也。遂助保以資，使賃屋廟旁，而身願刺芳爲舒洩冤。國寶遠配，石氏抱女投其姪石秃兒，居數年。上聽瑾語，勅選民間繡女。司禮監駱善奉命而出。民間聞命，婚嫁紛紛。官乃出示匿女者無赦，出首者予賞。時廉女年十三，秃兒希賞，首于官，官取女去，石氏憤懣撞死。女入駱監署，與同選女號泣不止。而選女之父母，向善哀求釋放者踵至。善本慈祥，惻然動念，悉縱使歸，已則改裝而軼。石氏既死，廉女獨無家屬，倀倀無之。日暮，行近雙忠廟，與善遇，俱入廟中。夢神嘉善功，賜以髭鬚，使免一時之禍，又以廉女囑之，使換男裝，同避迹。醒而長髯滿面，廉女驚懼。善以詳告。善工寫真，乃僦居廟側，以廉女爲子，同居寫真。珍哥年漸長，保雖教以讀書，而常使女裝。珍哥自疑，向保叩故，保于是泣叙始末。珍哥慟絶，始知其祖若父母之冤也。聞鄰有寫真者，保使就學畫，居久之。廉女猜珍狀非女子，珍亦覺廉非男人，互相詰問，各訴苦衷。善與保亦不能諱，乃結婚姻，使舒、廉成夫婦。焦芳果爲寬刺殺。瑾惡日甚，練内營兵謀不軌。會皇后欲寫真，命召女畫師，珍哥應召入宫寫容。稱旨，后令其追寫已故太君像呈后，后憶母大慟。珍哥亦不覺哭失聲。后問故，乃以其祖父冤及母盡節狀詳奏，后怒收瑾，籍其家，聞於帝，正法。珍哥并以義僕生乳，駱監出鬚，其妻父廉國寶忠節上聞。于是贈國寶爲大學士，模爲大理卿，真爲寺丞，江氏貞烈夫人，授珍檢討。駱善召入宫重用，并授王保錦衣千户，勅修雙忠廟，郡縣以時致祭。舒廉及保始易裝分男女云。《宋史》：宣和六年，都城豐樂樓酒保朱氏子之妻，年四十餘，忽生髭，長六七寸，疏秀而美，宛然一男子。特詔度爲女道士。據此，則中官生鬚，亦或有之。李善，本李元蒼頭。元家疫死，惟孤兒續生數旬，貲財千萬。奴婢欲殺續分財，善潛負續逃，親自哺養，乳爲生湩。續生十歲，善與脩理舊業，告奴婢，悉殺之。後官至太守，續亦至河間相。事見漢史。劇中王保生乳，本此影借。又元德秀自乳兄子，數日湩流能食。

著録

清・無名氏《傳奇彙考標目》卷下　周穉廉：字冰持，松江人。《珊瑚玦》。

清・黄文暘、佚名《重訂曲海總目・國朝傳奇》　周冰持：《雙忠廟》。

清・梁廷枏《曲話》卷一　周冰持作《雙忠廟》。

清・支豐宜《曲目新編・著録八・國朝傳奇》　《雙忠廟》。周冰持作。

清・姚燮《今樂考證・著録九・國朝院本》　周稚廉三種：《珊瑚玦》、《元寶媒》、《雙忠廟》。

嵇永仁

論説

清・竹崖樵叟《續離騷序》　天高地迥，無處可寄愁埋憂；古往今來，何日能焚書廢筆。弔沉石之屈子，祇宜飲酒讀《騷》；念顧曲之周郎，亦可逢場作戲。茲《續離騷》一集者，歌同郢里，哭比長沙，笑固似稷下滑稽，罵亦類漁陽悲壯。濡毫遣興，何殊七澤之行吟；感事鳴憂，奚啻三閭之獨醒。無語不入情，真使人笑啼俱至；有言皆寓意，頓令我塊磊能消。斯可謂歷憂患而盱衡千古，因發憤而遊戲三昧者也。噫。在獄才子，再傳四聲之猿；搦管文人，已窺一斑之豹。所當亟懸國門，廣布海内，庶知有江左新音，何必非楚詞别調。在作者，不妨託諸意中；在讀者，尤當索之言外云爾。竹崖樵叟謹識。

綜述

清・范承謨《書〈續離騷〉後》　慷慨激烈，氣暢理該，真是元曲。而其毁譽含蓄，又與《四聲猿》争雄矣。捧讀之際，具感友誼忠懷，不禁涕泗滂沱，一見不忍再見，想伯約信國覩此，必有餘哀也。意謂猩猩、鸚鵡、梟獍、獅蟲等類，雖屬怪種，亦當痛快一擊，使後世知有底止，畏懼少存，人性所廣功德，不可稱、不可量，非特爲麟鳳、龜龍，吐氣生色已也。東田先生以爲然否。瀋陽范承謨炭筆識。又口拈一絶：業鏡塵蒙業海遥，勞人空染泣鮫綃。却聽三棒漁陽鼓，勝似焚香讀楚騷。

清・嵇永仁《續離騷・自引》　填詞者，文之餘也。歌哭笑罵者，情所鍾也。文生於情，始爲真文；情生於文，始爲真情。《離騷》迺千古繪情之書，故其文一唱三嘆，往復流連，纏綿而不可解。所以，飲酒讀《離騷》，便成名士，緣情之所鍾，正在我輩忠孝節義，非情深者莫能解耳。屈大夫行吟澤畔，憂愁幽思而《騷》作。《語》曰：歌哭笑罵，皆是文章。僕輩遘此陸沉，天昏日慘，性命既輕，真情於是乎發，真文於是乎生。雖填詞不可抗《騷》，而續其牢騷之遺意，未始非楚些别調云。

傳記

清（康熙）《無錫縣志》卷二四　嵇永仁。字匡侯，江寧人。蘇州府學廩生。居無錫，能詩文，福建總督范忠襄承謨延之幕府。耿精忠反，永仁從承謨，被羈三載，始終不屈，遂同遇害。

清·楊鍾義《雪橋詩話》卷三 嵇永仁，字匡侯。先世常熟人，父廷用，宏光時官中書舍人，居金陵。匡侯游無錫，樂其山水，留家焉，乃更字留山，別號抱犢山農。補吳郡諸生。工詞及北曲，有《游戲三昧》、《珊瑚鞭》、《布袋禪》、《揚州夢》諸劇。中書君與范文肅有舊觀，公撫浙，羅之幕下。吳留村時知錫山，置酒祖餞，爲賦《踏莎行》一闋，有云：孤城殘角，夢家山亂，帆影裏人憔悴。匡侯心動，不欲往，中書君促之行。夫人楊氏抱二子曾筠、右丹送至吳門，止外家之紅橋莊。佇立河干，淚涔涔下。匡侯曰：汝歸，善事堂上，撫吾子，無爲我戚戚也。鼓櫂而去，至署輒病，賦詩云：不知何事春三月，剛到清明又憶還。觀公和前調以廣其意，有停驂暫緩入山期，哀鴻待爾離憔悴之句。時浙中洊饑，方請蠲振也。癸丑總制七閩邀與俱。耿精忠以甲寅三月叛，被幽縶者，三年著《吉吉吟》、《百苦吟》、《和淚譜》及《續離騷》、《雙報應》樂府，晝炭於壁。日與觀公相倡和，屬友人林能任詩曰：此身若遂沈淪死，留與寒家子弟看。能任，潘博士宗祉婦翁也。潘轉以授曾筠，刻爲《抱犢山房集》。曾筠以孤童崛起，直南內任河防。雍正癸丑，曾筠拜大學士，給予一品封典，距先生殉節五十有八年矣。楊夫人尚健，飯無恙。是年冬，始卒，年八十四。賜忠節流芳及人倫坊表額。曾筠謚文敏，孫璜謚文恭，兩世宰輔，重宴恩榮。曾孫承謙，亦以進士官侍讀。武康高東井孝廉《嵇公祠》詩云：弓刀一跨便從軍，草檄才高入幕賓。豈爲黑頭公輔器，翻成碧血侍中身。臧洪赴死原同日，許遠圖勳合並論。咫尺靈旗風雨集，年年廟食配張巡。

清（乾隆）《江南通志》卷一五三 稽永仁，字留山，無錫人。爲吳郡廩生，尚氣節，以經濟自負。閩督范承謨知其賢，遂延於幕。時康熙十三年，逆藩耿精忠將煽亂，永仁勸承謨早爲備，乃條上撥餉、補兵、安插逃弁、屯田等議，并請提精兵駐上游以應變。賊尤啣之。既叛，幽承謨，別室隨驅，迫永仁至逆邸，脅之降。不屈，誘以官爵，益忿詈不從。乃錮永仁於獄，重困辱之。永仁氣彌厲，以炭畫壁，作詩與承謨，遙倡和，凡在獄踰三年。聞承謨被害，遂自經事死，聞卹鏹歸葬。贈國子監助教。雍正七年，世宗憲皇帝贈吏部尚書，特予建祠，賜御書忠節流芳匾額。十一年，晉贈光禄大夫、文華殿大學士。

紀事

清·佚名《曲海總目提要》卷二二《泥神廟》 嵇永仁撰。標曰《杜秀才痛哭泥神廟》。大指與沈自徵《霸亭秋》彷彿。但沈劇所提掇者，項王鉅鹿之戰及七十餘戰未嘗敗北，以喻文陣之雄，虞美人身殉，以反映文人失志有如季子買臣之妻者，專爲下第人牢騷。此劇所提掇者，以不用韓信，誤信項伯，似別有所感慨而作。其叙范承謨《和淚集》云：閩難之作，或者議之，謂公粉飾太平則有餘，勘定禍亂則不足。此語似是而非。然則當時固有議承謨者，永仁或有籌策，傷承謨不能用。借此寓意，未可知也。其事則總用杜默，無異同。

又《憤司馬》 嵇永仁撰。標曰《憤司馬夢裏罵閻羅》。大略云：西川人司馬貌，竊途落魄，醉後憤罵閻羅，被攝至陰府欲治其謗訕之罪。貌直吐胸中所不平，牢騷激烈，閻羅王悚然動聽，留貌決大案數件，送還人間。小説家有《鬧陰司司馬貌斷獄》一卷，此劇所本，即其事也。

又《扯淡歌》 嵇永仁撰。標曰：《劉國師教習扯淡歌》。即用劉基歌演唱，謂其與張三丰對酌，令子弟歌以侑觴，乃增飾也。劉基《扯淡歌》：老漢閒時無事幹，胡謅幾句將人勸。作了一篇《扯淡歌》，遺下留與後人看。自從三王五帝起，算來都是精扯淡。堯舜禹湯并桀紂，文王武王周公旦。渭水河邊請太公，垂釣只用七尺線。扶立周朝八百年，算來也是精扯淡。聖人三千徒弟子，陳國絶糧遭饑險。臨潼會上説子胥，舉鼎千斤救主難。鞭伏展雄來皮豹，一十八國都走徧。厥後鞭尸楚平王，吳門曾把頭來獻。看了春秋這夥人，算來都是真扯淡。吳國孫子作兵書，十二國出鍾無鹽。李牧廉頗共白起，每日南征與北戰。孫臏龐涓拜兄弟，刖足爲仇結成怨。蘇秦張儀并王翦，三人撥得天關轉。范雎遠交近攻謀，天下六國都侵遍。至此一統屬始皇，天下人民纔不亂。南修五嶺北長城，鮑魚混雜精扯淡。霸王會上起雄兵，范增早把計來亂。先到咸陽爲皇帝，鴻門會上排筵宴。子房席間共陳平，二人定計扶劉漢。項莊項伯舞劍鋒，樊噲軍中救主難。漢王貶上褒州城，張良燒了連雲棧。蕭何苦將韓信保，築壇拜將定民亂。明修棧道度陳倉，席捲三秦真好漢。九里山前只一陣，霸王自刎烏江岸。英雄彭越也遭誅，蕭何又將韓信賺。十大功勞化爲塵，未央宫裏吃一劍。看了西漢這夥人，算來也是真扯淡。王莽酒鴆漢平帝，二十八宿昆陽亂。光武七歲走南陽，後趕賊臣是蘇現。暗走河北王郎子，赤龍銅馬都殺遍。子陵垂鉤釣錦鱗，李廣開弓能射雁。看了東漢這夥人，算來也是精扯淡。再説三國許多般，董卓專權天下亂。虎牢關上吕布能，又有三人能慣戰。先主孫權共曹操，諸葛周瑜有神算。趙雲軍中抱太子，翼德一聲喊橋斷。赤壁鏖兵用火攻，破了曹兵一百萬。吕蒙定計取荆州，龐統川中曾射箭。六出祁山弔伐勤，七擒孟獲真罕見。姜維九次伐中原，算來也是精扯淡。鍾會鄧艾取西川，司馬又將天下佔。東晉西晉與齊梁，立破苻堅兵百萬。隋朝楊素韓擒虎，一陣又把江南陷。再説神堯唐太宗，世民立政龍虎殿。李密絶糧錦容城，世充洛陽城池獻。茂公敬請秦叔寶，美凉川上曾跳澗。仁貴征東他道能，黄巢殺人八百萬。存孝力大能打虎，朱温三犯蕉蘭殿。敬瑭彦威劉智遠，五代殘唐又反亂。看了晉唐前後代，算來也是精扯淡。世宗坐在汴梁城，希夷康節能會算。一汴二杭三閩廣，宋朝太祖真命現。先有趙普共曹彬，扶持太祖平江漢。真宗神主作帝王，寇準韓琦定主難。外有宋江與方臘，内有蔡京與童貫。徽宗遭貶五國城，金兵又把東京陷。岳飛父子統雄兵，只爲黎民遭塗炭。秦檜朝中定計謀，三邊害了忠良漢。看了南北兩宋人，算來也是精扯淡。大元太祖領雄兵，世宗興兵也不善。一趕金人至北塞，太祖遺業君臣散。止有忠臣文天祥，忠不屈膝死不怨。後來大明取大元，天下豐登兵不亂。我見世間《扯淡歌》，我也跟著去扯淡。早辰扯淡直到晚，天明起來又扯淡。冷了問我要衣穿，饑了問我要吃飯。有人識破《扯淡歌》，每日拍手笑呵呵。遇着作樂且作樂，得高歌處且高歌。古今興廢及奔波，一總編成《扯淡歌》。

著録

清・嵇璜、劉墉等《清朝文獻通考》卷二三二《經籍二二》　《抱犢山房集》六卷，嵇永仁撰，永仁字留山，別號抱犢山農，無錫人。以諸生佐總督范承謨幕，殉耿逆之難。康熙四十七年，追贈國子監助教。

清・嵇璜、劉墉等《清朝通志》卷一〇三《藝文略七》　《抱犢山房集》六卷嵇永仁撰。

清・永瑢《四庫全書總目》卷一七三《集部・別集類二六》　《抱犢山房集》六卷，江蘇巡撫採進本。國朝嵇永仁撰。永仁字留山，別號抱犢山農，無錫人。康熙十三年耿精忠作亂，永仁在總督范承謨幕，同被拘繫。承謨遇害，永仁亦死難。四十七年，追贈國子監助教。是集前三卷，曰《吉吉吟》，曰《百苦吟》，皆其陷獄時與承謨及同難諸人唱和詩。曰《和淚譜》，則爲同難諸人所作小傳也。第四卷曰《葭秋集》，第五卷曰《竹林集》乃其舊刻。第六卷附録同難會稽王龍光，華亭沈天成二人之詩文。雍正中，其子曾筠編次付梓，竝以誥敕及諭祭文等弁於卷首。永仁以諸生佐幕，尚未授官。而抗節殞身，義不從逆，可以愧劉秉政等於九泉。其所爲詩文，皆縷述當時實事。獄中不得筆墨，以炭屑畫於四壁。閩人重其人品，録而傳之，得存於世。今誦其詞，奕奕然猶有生氣。與承謨畫壁諸詩，同爲忠臣孝子之言，爭光日月，不但以文章論矣。

清・黄文暘、佚名《重訂曲海總目・國朝雜劇》　嵇留山：又號抱犢山農。《揚州夢》、《讀離魂》。

又《國朝傳奇》　嵇留山：號抱犢山農。《雙報應》。

清・梁廷枏《曲話》卷一　嵇留山作《雙報應》。

清・支豐宜《曲目新編・著録八・國朝傳奇》　《雙報應》，抱犢山農嵇留山作。

又《國朝雜劇》　《揚州夢》、《讀離騷》。右二種，抱犢山農作。

清・姚燮《今樂考證・著録四・國朝雜劇》　稽留山一種：《讀離騷》。

又《著録九・國朝院本》　稽留山二種：《雙報應》、《揚州夢》。《曲考》

以《揚州夢》編入雜劇，誤。

藝文

清·王龍光《讀續離騷》 緣情舒憤道心生，舌底青蓮金石鳴。鬼佛仙儒渾作戲，哭歌笑駡漫成聲。騷壇即席逢中散，警世當場快屈平。此去吴門紙價重，周郎不數舊聞名。

清·林可棟《次韻讀續離騷》 往事關情豪氣生，懸崖激水自爲鳴。歌來喧寂皆空相，哭到凄凉總失聲。古佛拈花惟有笑，書生憤世意難平。流傳詞話描摹筆，杯酒消磨千載名。

清·沈韻雲《次韻讀續離騷》 未盡顛危已達生，午鐘晨角夜猿鳴。牢騷不灑黄金淚，慷慨猶歌白雪聲。賦比《三都》才獨重，詞雄《七發》病堪平。憐君夙有如椽筆，浪擲旗亭酒社名。

雜録

清（乾隆）《江南通志》卷一七六 贈吏部尚書嵇永仁妻楊氏，無錫人。永仁以諸生客閩，殉耿逆難。楊辛勤守志，孝養尊嫜，撫七歲孤曾筠，親爲督課，詔旌其門。曾筠由翰林歷官大學士，特恩封一品太夫人，賚予珍饈藥物，便蕃絡繹。卒年八十有四。特諭賜祭給帑治喪。

岳端

論說

清·尤侗《揚州夢序》 天地一梨園，半是勾欄子弟；古今幾院本誰爲曲子相公。狐狚參軍，逢場作戲；商山仙侶，出口成章。爰自金元以來，類分南北之劇，然而行家生活，不乏奇才；樂府原題，間多雜體。攷中原之音韻，莫識務頭；進四方之老人，罕陳致語。忽遇紅蘭之主，争傳白雪之詞。銅雀台邊，演陳思之妙舞；金梁橋畔，唱周憲之新歌。秦箏趙瑟，如吹出塞之聲；楚些吴歈，即和渡江之調。關漢卿瓊筵醉客，箇是劉伶；王實甫花間美人，此爲鄭旦。且也移腔换拍，分刌皆工；打諢插科，波瀾獨老。可謂善哉復善，真乃聞所未聞。若將函穀之遊，幻作揚州之夢，事雖恍惚，意實深長。蓋聚人世之酒色財氣之業，造成生死輪迴；亦舉吾身喜怒哀樂之緣，變出悲歡離合。笑炎凉之醜態，險同牛鬼蛇神；指利慾之迷途，酷似刀山劍樹。田園妻子，總落虚空；口舌形骸，終歸魔障。惟能知白守黑，方可抱素。還丹一杯，收袖裏之，乾坤半局，了壺中之日月。此固神仙文字，豈止優孟衣冠。嗟乎。滄海揚塵三遷，頃刻邯鄲伏枕，一覺何時，作者其有憂乎。讀之可以悟矣。譜自宫中，不數《春江花月》；傳來天上，無異《霓裳羽衣》。聆斯法曲，堪續湘水之《九歌》；跋以蕪詞，聊助漁陽之三弄。康熙己卯冬十月，長洲鶴栖老人尤侗謹序。

清·洪昇《揚州夢傳奇序》 昔涵虚子論元人曲有十二種，一曰神仙道化，故臧晉叔《元曲選》此科居十之三。馬東籬《黄粱》、《岳陽》諸劇尤佳。而臨川《邯鄲》亦臻其妙。豈非命意高，用筆神，爲詞家逸品與。前歲，門人沈用濟自都下歸，盛稱玉池生所撰《揚州夢》院本，詞工律細，擅長旗亭。今年庚辰夏五月，吴中顧卓來，持此本見示，昇披繙窮日夕，其寫杜子春豪蕩窮愁，各極佳致，老聃兩番贈金，與三藏以酒色化三車事相類。蓋人生快意一過，即興味索然，惟未得者想慕之焉耳。老聃煆煉子春，備極幻境，末云六情已忘，愛根難割。嗟乎，浮生天地間，微杪牽纏，爲入道之障礙，愛河流浪，難涉仙都，職此故也。撰此者，殆即子晉後身，吹笙跨鶴，遊戲人間，現神仙身，以填詞爲説法，昇安得旦暮過之。錢唐稗畦洪昇拜題。

清·朱襄《揚州夢傳奇跋》 《揚州夢》者，紅蘭主人談道之作也。夫道之出口，談乎其無味，視之不足見，聽之不足聞，用之不可既，此老聃之言也。主人有見乎此，故假《太平廣記》杜子春三上長安故事，以爲所遇老人即老聃，乃作爲樂府，名曰《揚州夢》。命諸伶播以筦弦，一時名士之在京師者，或相與咏歌其盛。後三年，吾友顧硯山攜其稿歸吴門，將鏤板行世，而新安俞君瑶章欣然爲董其役。自此而後，人之見之聞之者，宜莫不有味乎其言：謂之樂府可也，謂之喻志亦可也。何也，道故在於有名無名之際者也。康熙辛巳春三月既望，無錫朱襄拜跋。

紀事

清·佚名《曲海總目提要》卷四〇《揚州夢》 近時人所撰，與《太平廣記》所載杜子春事，及《醒世恒言》中杜子春三入長安，皆合。杜子春，長安人，爲揚州巨商，後遇老君得道，故采杜牧之十年一覺揚州夢爲名也。此載杜子春事，又一，《揚州夢》乃元人雜劇，所載則杜牧之事也。杜子春娶妻韋氏，韋、杜皆長安大族，而子春世爲揚州巨商。生長富室，性慷慨，喜豪奢，廣召賓客，與輕薄少年，爲狹邪博塞，逞快一時。及家破，賓客少年皆散去，子春無以自存，因歸長安，求親戚資助，而親戚皆以子春爲敗家子，無肯顧者。一日雪後，方悵嘆道旁，遇一老者，道貌偉然，問子春何嘆，子春遂詳告之。老者曰：明日午時至波斯館會我。明日往，則老者已先至，出銀三萬贈之，不道姓名，而子春亦不問。甫至揚，賓客少年復集，子春揮霍如故，不兩年，罄盡無餘矣。子春再至長安，復遇老者，贈以十萬，子春輦金而歸，又不問老者姓名。未幾，復盡，因念長安有祖居屋，棄之可得萬金，遂三入長安，居久之，屋不得售，復遇老者，子春慚謝，老者曰：我當再助爾。明日至館，出三十萬以助，于是子春感極，願以身報，而敬問姓名，老者終不言，但約三年後至華山雲臺峯老君祠相見。子春得銀，長安親戚知之，置酒相餞，子春益嘆世情冷暖，銀錢之不可忽視也。至揚，謝絶舊游，恢復故業，廣行善事，遠近皆以子春爲豪傑。三年，子春如約赴華山，老者出見，引至一室，室有藥竈，命子春坐竈旁，戒之曰：子但安坐，即有所見，皆非實境，不可出聲。子春應諾。頃之，有甲兵數千，及毒蛇、猛獸、霹靂諸幻境，簸撼子春，子春不動。移時，六甲神攝韋氏至，捶數百，瀕死哀呼，子春若不聞。因並殺子春，子春遊魂地獄，託生於宋州王家爲女，啞而色美，長適進士盧珪，生一子。盧抱子强王氏語，不答，盧怒，提子向石上捽之，子春不覺失聲曰：噫。而藥竈火驟發，室幾燬，老者出，嘆曰：惜哉，子六情皆盡，愛情未斷，稍忍須臾，則我丹成，子亦同上昇矣。子春悔恨，願隨老者薰脩，不許。及歸，重自脩省，越三年，復至雲臺，訪老者不見。子春亦不歸，住祠内，草衣木食三年。作文祈告于老君前，忽見老者從祠後出，子春驚喜，注視之，與神像無異，乃知向所遇即老君也。伏地求傳道，老君笑曰：我以七情試子，今幸已清净，又何言哉。與丹三丸，囑以一付韋氏，時韋氏亦奉道齋居久矣。子春回，與韋俱至長安，募親族出黄金鑄老君像，改造祖居供奉之，人皆笑其癡。數日，忽徧約諸親，奉像升座，至則屋宇巍焕，金像丈六，相好莊嚴，親族皆驚嘆。頃之，像頂出白雲三朵，中坐老君，左子春，右韋氏，子春抗手辭衆，告以勿惜錢財，須知大道，冉冉上昇而去。

著録

清·王國維《曲録》卷五 《揚州夢》一本，全集本譜老子尹喜事。國朝慎郡王撰。王諱岳端，字兼山，號紅蘭主人，安和親王第三子。

黄兆森

論説

清・陳元龍《忠孝福序》 《史記》叙《世家》，連絡代系，詳簡各肖。叙人物，激壯憂患，愉樂之事，心形俱活。讀者不自知其欲歌而欲泣也，故曰文章如面。黄子石牧，以子長遺法，降格爲樂府，抑何淋漓刻酷、窮極子墨之能事至於斯也。余時署督兩廣，内兄宋觀察澄溪適至，愛其所撰王維、杜牧事，誦先芬以求新樂，意甚勤。蓋祖孫三世，前後八十年，人積緒紛，頗難串括。黄子一日而構局，一月而脱稿，題曰《忠孝福》，以該其世。付梨園演唱，一登場則欲歌欲泣，傾座客。澄溪攜歸吴閶，大合樂於虎邱，觀者如堵墻，至壓橋斷墮水。或繡板爲畫幅，餙丹青以鬻諸市，其傾動一時如此。唯其排場花簇，關目緊湊，音調諧暢，爲雅俗頑豔所共賞。而識者尤服其文心之酣嬉排奡，情辭之動人，如讀《史記》，非與文長、義仍同日而語矣。所填《四才子》詞，憤激牢騷，寓言於聲音、酒色、神仙之域。太倉相國每讌會，必奏之，浹辰不厭。而此本描摹忠孝勸善，錫福人倫，天道之攸繫其流傳，不更宜哉。夫其才學識咸備，使操史管，無媿稱良。而淪落未遇，徒遊戲於文章，爲可惜也。康熙戊戌冬月，陳元龍題於京邸之宜休堂。

傳記

清（乾隆）《福州府志》卷四六《名宦一》 黄之雋，字石牧，松江華亭人。康熙辛丑進士。雍正甲辰，督學閩中，鑒裁精審，謝絶請託，以興起古學自任。每郡試事畢，輒合才雋士校其詩古文詞，口講指畫，聞者悦服。後以左袒士子，被論解官，諸生醵金爲贐，不受。去之日，送者相屬于路，車爲不行。

清（道光）《休寧縣志》卷一二《人物・文苑》 黄之雋，字石牧，號唐堂，高倉人，隨父文遠寓松江。幼能文，夙解四聲，讀書一過，而背録不爽一字。六歲就傅，客指席上蛤蜊曰：蛤字平作何讀。應聲曰：甘。未解，曰：甘感紺蛤。他日有舉古語天子聖哲者，之雋因舉經書數語，如康子饋藥，何以報德，妻子好合，於女信宿，鐘鼓既設，充耳琇實等句，時有神童之目。康熙辛丑成進士，選庶常，歷官春坊中允，福建學政。冰蘗矢心，擯詭異，敦行誼，閩之士皆争自濯厲。之雋文辭高邁，凡大禮鉅典，所製文，每稱旨。所著有《唐堂集》六十卷集《唐香屑集》十八卷，雋嘗作《鬱輪袍》、《忠孝福》等樂府，曾進呈御覽云。

清（光緒）《重修華亭縣志》卷一二《人物一・選舉上》 康熙五十九年庚子科，王嘉賓榜。黄之雋。順天中式。

又 康熙六十年辛丑科，鄧鍾岳榜。黄之雋。《宋府志》本傳。字石牧，選庶吉士。雍正元年，授編修，充日講起居注官，纂修《明史》。視學福建，人不敢干以私。二年，陞右中允，轉左。巡撫毛文銓奏之雋庇護生員，召回，令仍在編修行走。五年，以試閩時浮開廪額革職。乾隆元年，舉博學鴻詞，以老疾報罷。歸著《香屑集》、《唐堂詩》。

案：之雋居陶宅，爲今奉賢境，後遷婁境。

紀事

清・佚名《曲海總目提要》卷一二《鬱輪袍記》 明王衡有雜劇，此爲全本。自稱西湖居士編，不著姓名，錯舉王維事實，而仍以《鬱輪袍》爲名，亦多所綴飾。略云：王維寓居河東，十九擢省元，結禪社，卜築輞川，與友裴迪同居。弟綵，性狡猾，夤緣先中進士，甚輕維。尚書蘇頲妻韋氏孀居，爲女蕙芳擇壻，令文士投詩，維獨不可。樂師段媪，於韋處彈維所制《鬱輪袍》曲，蕙芳慕其才，贈金箋及琵琶，求其他稿。維答以近作數首，并自畫《輞川圖》，以達求婚之意。值綵過蘇樓下，其婢誤以爲維，鄙其貌陋，姻事作罷論。迪維會試，綵亦候選，仝詣京師。岐王賞維才，欲飾爲樂工，謁長公主，以《鬱輪袍》進，求奪狀頭，維不願往。豪家子王推與綵索舊負，緑上岐王書，令推冒維名以往。公主爲屬考官温履真，擢推第一，主司張九齡秉公黜之，擢維狀元，李林甫争不得，而岐王令查落卷，見王推名，知其僞，甚悔之。時值禄山之叛，欲署維僞職，維服瘖藥以拒，被拘。緑推前後冒維名，以求蕙芳，韋詢得實，面斥辱，蕙芳亦被掠至京，李光弼破禄山，獲於軍中，知爲頲女，留養署中。林甫指維降賊，岐王爲辯奏，授維中允。光弼以蕙芳爲己女，迎韋至家，段媪亦之京師。光弼知維未娶，欲以女妻之，維云已聘蘇女。適段媪詣女，與光弼述其始末，遂以女嫁維。按：王推僞作王維，公主屬趙履温擢第，此本王衡關目，而張九齡秉公黜推，則與衡異。維居輞川，裴迪唱和，是實事，亦與衡同。而自畫《輞川圖》以送蘇女，則又與衡異。衡引曹崑崙，此則引段師，亦似與角勝。維弟縉與維極友愛，維被污於禄山，縉請解官以贖其罪，而劇云王緑種種作惡，與維爲難，似彼時弟兄不睦，而弟先兄舉，乃借此以寓意也。詐瘖被拘，及凝碧池之詩，皆是實事。彼時李林甫久没，安得陷之，救維者縉。而肅宗亦自以百官何日更朝天之句，諒其本心，故由給事中左遷中允耳，若初登進士，則中允之授，乃爲殊擢，豈辯奏所能得乎。維並無蘇頲壻之説，《奪解記》又以爲李林甫壻，皆不知何據。

著録

清・笠閣漁翁《笠閣批評舊戲目》 《鬱輪袍》，西湖居士作，中中。

清・佚名《傳奇彙考標目》 黄兆森號石牧，上海人。《忠孝福》。

清・黄文暘、佚名《重訂曲海總目・國朝雜劇》 石牧：《張旭觀公孫大娘舞劍》、《裴航遇仙》、《鬱輪袍》。

又《國朝傳奇》 石牧：《忠孝福》。

又 無名氏：《藍橋驛》、《飲中仙》。

清・梁廷枏《曲話》卷一 以傳奇言之，其人各一種者，國朝如：石牧作《忠孝福》。

又 作曲人自一種至數十種，有姓氏可考及或隱其本名而寓以他稱者，以雜劇言之，其人各三種者，國朝如：黄石牧之《裴航遇仙》、《張旭觀公孫大娘舞劍》、《鬱輪袍》。

又 其餘無名氏可考，亦無别寓他名，而其曲仍行於世者，以雜劇言，國朝有：《王維》、《裴航》、《飲中八仙》、《杜牧》。以傳奇言，國朝有《藍橋驛》、《飲中仙》。

又 古今曲本有命名相同者。王衡雜劇有《鬱輪袍》，而國朝黄石牧亦有《鬱輪袍》。

清・支豐宜《曲目新編・著録八・國朝傳奇》 《藍橋驛》、《飲中仙》、《忠孝福》，石牧作。

又《國朝雜劇》 《裴航遇仙》、《張旭觀公孫大娘舞劍》、《鬱輪袍》。

又 《王維》、《裴航》、《飲中八仙》、《杜牧》、《四才子》，無名氏作。右三種，石牧作。

清・姚燮《今樂考證・著録四・國朝雜劇》 黄石牧：《鬱輪袍》、《夢揚州》、《飲中仙》、《藍橋驛》。陳元龍云：石牧《四才子》劇，憤激牢騷，寓言於聲音、酒色、神仙之域。太倉相國每宴會，必奏之。案：石牧名之雋，號唐堂，松江人，著有《香屑集》。又案：右四目乃刻本所署。今查《曲考》列《裴航遇仙》、《張旭觀公孫大娘舞劍》、《鬱輪袍》三種爲石牧作，又列《王維》、《裴航》、《飲中八仙》、《杜牧》四種爲無名氏《四才子》劇，殊未深考。

又《著録八・國朝院本》 黄之雋一種：《忠孝福》。

清・王國維《曲録》卷三 《裴航遇仙》一本，《張旭觀公孫大娘舞劍》一本，《鬱輪袍》一本。右見《曲海目》，題石牧撰。石牧，黄兆森字也。右三種國朝黄兆森撰。兆森字石牧，上海人。

又 《王維》一本，《裴航》一本，《杜牧》一本，《飲中八仙》一本。上四本名《四才子》。【略】國朝無名氏撰。

又 《忠孝福》一本，同上。國朝黄兆森撰。字里見卷三。

又 《藍橋驛》一本，《飲中仙》一本。《曲海目》云右二十七種原有姓名，失記。

胡云壑

論説

清·任弘業《後一捧雪序》 西泠胡友蘅洲，讀書嗜古，敦尚氣節，不屑以雕蟲見長，而天分過人，觸筆成采。大中丞峩村李公，羅而致之幕下，以國士目之。蘅洲亦激昂自負，遇酒酣耳熱，論古人軼事，有背恩負德者，輒拊膺切齒，作不平鳴。一日西園宴集，伶人演《一捧雪》，席既闌，中丞公曰：莫懷古以玩好賈禍，事雖影附，取足警世。顧貞姬義僕，捐軀救主，南塘爲金石交，權門炎炎，脱之萬死之地，幾蹈不測。而曲舞三終，不志所報，是亦作者之踈也。時蘅洲已醉矣，躍然起曰：微公言，吾固爲之氣咽。不敏請作後記，一補其闕可乎。據座伸紙，摇筆數十言，撮舉大綱，以次定目。中丞公擊節歎賞，以爲非吾蘅洲不能譜此也。命中廚日給良醖三升，飲而趣之，乘興疾書，文不加點。每草一闋，中丞公選梨園之雋者，按拍奏之。引商刻羽，則有吴趨金子子復、周子楠發、奚子玉衡，共相考訂。未浹旬而告成。乃大會賓客，演于珠泉之鏡心堂。列坐注觀，攬新領異。每至撫今追昔，入地登天，贈良友以藥石之言，報明主以腹心之誼，莫不痛極欲泣，快極欲歌，眉宇之间，軒軒自動。中丞公素剛制酒，是夕引巨觥與蘅洲對酌，雖倒接□不惜也。以視夫蕭寺會真，南安入夢，呢呢作兒女態者，相去何如哉。傳奇即小技，亦足以見蘅洲之磊落不羣，無忝國士之目。而中丞公誘之使言，一吐胸中之所藴，賔主投契之情，卓卓高千古矣。余乃不辭弇鄙而爲之序。古越州任弘業拜題。

著録

清·笠閣漁翁《笠閣批評舊戲目》《後一捧雪》，胡士瞻作，中上。

清·黄文暘、佚名《重訂曲海總目·國朝傳奇》 無名氏：《後一捧雪》。

清·梁廷枏《曲話》卷一 其餘無名氏可考，亦無別寓他名，而其曲仍行于世者，以傳奇言，國朝有《後一捧雪》。

清·支豐宜《曲目新編·著録八·國朝傳奇》《後一捧雪》。

清·王國維《曲録》卷五 《後一捧雪》一本。右二百零六本，均見黄文暘《曲海目》，皆注無名氏。可考其中名目有與上文複出者，《曲海目》兩載之，必有二本也。

夏綸

論説

清·徐夢元《惺齋五種總序》 詩之變爲詞，詞之變爲曲，似曲之道，屢變愈下，較易於詞與詩，而不知其擅場爲獨難。詩詞自唐宋以後，鮮有按板而歌之者，故其繩墨不甚嚴密。曲則句之長短，字之多寡，聲之平上去入，韻之清濁陰陽，皆有一定不移之格。李笠翁云：調得平仄成文，又慮陰陽反覆。分得陰陽清楚，又與聲韻乖張。令人攪斷肺腸，煩苦欲絶。誠哉，是言也。曲始於元，濫觴於明，俱遠不具論。論其近者，本朝百年來，傳奇之見諸坊刻者，僅得孔東塘之《桃花扇》、洪昉思之《長生殿》二種而已。余讀《桃花扇》題詞有云：兩家樂府盛康熙，進御均叨天子知。縱使元人多院本，勾欄争唱孔洪詞。其註云：吾友洪君昉思，有《長生殿》傳奇，與

《桃花扇》先後入内廷，並行於時。比曲之際遇不可謂不奇，獨恨優師不諳文義，憚於開演，致黄絹佳詞，不得奏之氍毹，以鳴國家之盛，良可浩歎。夏丈惺齋先生以名諸生入試□闈，佹得復失，值西陲用兵，罄所有循例得授邑宰，旋阻於壓班。浮沉里門者，幾二十年。今上龍飛詔許開選，先生名在單目首列，扶疾捧檄入都。長途況瘁，興已索然，抵部復有意外尼之者，因決志舍去，歸隱湖山，日以著述自娱。先生既不急急求人知，而人亦罕有知先生者，且身處不窮不達之境，爲流俗所猜忌，耳食者從而附和之。致先生之身隱，而名亦隨之俱隱。今屆衰暮，年已七十矣。匡時淑世之學，無所抒洩，一一寄諸詩歌，而更以其餘事托之傳奇，以効移風易俗之一助。嗚呼。文人有才無命，借三寸管以自表見，可哀也已。其傳奇定爲五種：曰《無瑕璧》，所以表忠也；曰《杏花村》，所以教孝也；曰《瑞筠圖》、曰《廣寒梯》，所以勸節、勸義也。至《南陽樂》一編，顛倒兩大游戲之昧，爲千古仁人志士補厥缺陷，固忠、孝、節、義之賅而有者也。書成，尚思爲名山之藏。余綜攬全稿，見其詞之慷慨悲凉者，若易水之歌、雍門之瑟；詞之嫵媚娟秀者，若河陽之花、靈和之柳；詞之瀟洒清越者，若蘇門之嘯、緱山之笙；詞之典貴富麗者，若赤水之珠、蜀江之錦；詞之矯拔雄壯者，若廬峰之瀑、廣陵之濤，敷華掞采，洵無美之不備矣。乃證之律吕，又累黍不失，付之伶倫，復盡人能歌。是他人觸手皆成荆棘者，先生獨掉臂游行，綽綽乎其有餘地也。豈僅駕昉思、跨東塘、將玉茗瓣香，亦且至今未墜。奈何猶爲良賈之深藏，而不使耽奇者一識其實耶。爰不揣譾陋，謬加評點，請剞劂以公海内。先生從予言，自春徂冬，幾匝歲，工始告竣。嗟夫，慧業文人，動以偎紅倚翠爲美談，此固人心之蟊賊也。即好作詼諧以解人頤，務窮幽異以駭人目，於世亦有何裨。昔名宿馮山公《與吴荆山太史書》，論《五人墓》戲劇事云：傳奇必演此等可興、可觀，可以廉頑立懦，與淫詞艷曲之蕩人心者，相去萬也。又云：洪昉思善詞曲，顧不爲此而爲彼，惜哉，惜哉。然則命意之嘉，孰有如先生之五種者。夫言爲心聲，根心而達者，亦肖心而出。讀先生之文，不可以見先生之心乎。一時紙貴，有必然者矣。特恐猜忌者流，於是編之出，欲抑其美者，則刻意吹毛索瘢；即不設其佳者，亦騰口嫁衣代製，方呶呶其不休，斯誠莫如之何。然文章千古，得失寸心，寧以若輩之毀譽爲欣戚。昔浣花贈太白句曰：世人皆欲殺，吾意獨憐才。則當日知白者第子美耳。太冲《三都賦》未就，韓翃《寒食詩》未顯，皆不免爲時所譏，而事後論定，自來有識之賞。況聖天子在上，大雅振興，舉世不乏解人。猜忌者之寡，吾知必不敵珍貴者之衆。蚍蜉縱不自量，亦何損於大樹。則又奚足芥先生之胸也耶。

清·查昌甡《惺齋五種總跋》 傳奇之作，義取勸懲，事關風雅。前則文人借之以發揮其才調，後則庸流遵之以勉效其笑顰。雖所結撰不必盡皆有裨世道，然於忠、孝、節、義，猶未至相背而馳也。江河日下，凡無知下走，競創彈詞穢劇，紛紛開演，千奇百怪，不可名狀。在此輩不過爲糊口計，而愚夫婦恒樂得而觀之。耳濡目染，已陰受其害。惺齋先生，獨具一片救世婆心，忘廢寢食，成此五種，可以代警夢之鐘，可以當灸病之艾，可以作徇路之木鐸，可以等覺世之金經。而且人其人，事其事，莫不名載國史，顯有依據，絶非烏有子虚之比。奏之筵上，洵足動高明之賞，而挽蕩佚之心矣。獨恐黄鐘不能與瓦缶爭勝，《高山流水》知音有幾。詞成而不開演，徒飽蠹腹。昔毛序始論《琵琶記》有曰：古之孝子、義夫、貞婦、淑女，其人與骨俱朽矣。而能肖其面目，傳其謦欬，描其神情，令人如覩古人於今日者，獨賴有梨園一技之存耳。奈之何今日作傳奇之人，但好寫神仙幽怪、男女風流之事，而不好寫孝子、義夫、貞婦、淑女之事耶。故傳奇必如《琵琶》，始可謂之不負梨園。千古碩論，真堪與先生可稱不謀面之知己。甡等竊謂物極則返，遇窮必通，填詞雖小技，其華藻也似乎《詩》，其變化也似乎《易》，其典重也似乎《書》，其謹恪也似乎《禮》，其予奪進退也似乎《春秋》。有元一代人文，皆從此而造物，寧忍竟聽，爲流俗所敗壞，而不之救。波靡中忽得此五種，亦冥冥中有以默相之也。方今聖天子武功赫濯，文治光昌，翠華所臨，歡騰童叟，正亟需此等稟經酌雅，有裨忠孝節義之作，以點綴昇平，敷揚美盛。五種告竣，適當其時，此殆有天意焉。放《鄭》聲、崇《雅》樂，在位名公卿，豈無有起而力任其事，以代効康衢之獻者。先生五種行，且踵《桃花扇》後塵，上邀睿覽，又添填詞家一段佳話矣。甡等謹拭目竢之。

清·龔淇《撚髭圖記》 惺齋先生自製新曲六種，合刻將竣，以《撚髭圖》冠集首，而屬淇作文記之。淇懼違先生命，不敢辭。噫，世之見斯圖者，鮮不以盧延讓撚斷吟髭句，謂先生撚髭索句，以爭一日之長者也。嘗側聞父老言矣，先生十四歲即應康熙癸酉鄉試，監臨大中丞遂寧張公，奇其幼賜以果餌，命吏護送入號。爾時，先生鱗張鬣舞，意興飛揚。豈料今日以山澤之曜，肖形紙上哉。顧四十歲前，以科目奮而厄于冬烘；四十歲後，以貲郎進而撓于銓吏，非不知終南尚有捷徑，狗監可作良媒。先生又岸然不屑，踽踽涼涼，枯槁憔悴，歲不我與，倏逾七十，天乎，人耶。不得已從課兒餘暇，借悲歡離合，撚霜髭以畧傾底藴，亦大違用世初心矣。雖然，六種佳劇，明大倫，補大恨，經經緯史，絶非荒誕傳奇可比，流播遠邇，先生之文與貌，定並垂不朽。較庸庸輩忝竊名器，享彈指浮榮者，所得孰多。先生亦可以無憾。圖爲安布沈君所繪，頗稱神似，其大致仿佛坡公《笠屐圖》。淇謂先生高風逸韻，足與古人並驅者。所繫全不在此，閲者當于圖外得之可也，是爲記。

清·東湖樵《惺齋五種曲序》 吾友惺齋先生，少具異才，甫舞勺即補博士弟子員。後不得志於有司，遂棄括帖，閉户著書。年六十餘，轉舉二雛，自爲訓課，以娱朝夕。此六種，蓋其督課餘所成也。顧其才足大用，而使抑鬱以老，姑借不律以舒所抱負，是誰之過歟。敢爲贊曰：勿傷髮短，勿訶面埆。君才過豐，君遇合嗇。雲盪錦胸，何傾彩兼。成此六種，光炳星日。名既共仰，類亦共識。書卷長留，呼之欲出。

清·壺天隱叟《無瑕璧題辭》 古今傳奇，多以風月事移人情。否則，蛇鬼牛神，以駭人耳目。再不然，則以詼諧戲謔爲擅長。抑思不朽之業，立言與功德並重，顧可苟焉已哉。夏叟惺齋，抱濟世才，未爲世用，爰寄其才於傳奇，以爲濟世之具。凡無裨世教者，非惟不敢作，亦不屑作，而惟於忠孝節義之事有取焉。是編《無瑕璧》，乃五種之一。所以教忠也。特是依古來忠臣多矣，而獨惓惓於鐵尚書者何。蓋士可殺不可辱，忠藎之彦數丁陽九，或從容就義，或慷慨赴死，甚且戮一門、殺三族，皆人意中事，無足怪。要未有如尚書之死之慘，而辱子女有如此者。推燕藩之心，若以爲鉉不屈於我，而我污其子女，俾之不齒於人類，不更愈於屈鉉乎。嗚呼，幸而鐵之後有瑶英有福安矣。萬一不肖，而苟賤不廉，甘即下流，誠有如燕藩之所期者，則尚書之蒙羞地下爲何如。吾嘗論燕藩之惡，浮於新莽，而鐵鉉之死，慘於正學。良以死非仁人志士所難，而後昆不保，淪於微賤，痛莫大焉。此誠不可不亟爲白者也。然則不舉尚書之所重者以直言，而名之爲《無瑕璧》者又何説也。曰：雙璧錫自高皇。公當危急存亡之際，他非所及而念茲勿釋者，祇此二璧，豈謂其寶貴哉。不忍忘先皇也。異日者廷見不屈，鼎鑊如飴，總由此一念之所固結而然。故不知者，視爲璧焉耳。其知者則曰：君之恩也，孝陵靈爽之所式憑也。公之所重，無有過於是者矣，此《無瑕璧》之所由名與。雖然猶有説，昔蒯通説淮陰反，事敗身幾受烹，其後雖以桀犬數語解嘲倖免，終於君臣大義有虧。彼瑶英、福安，痛父之死，矯矯不辱，固其宜也。若林春田、高賢寧，止知有鐵，不知有君，已屬不可。矧馬千里，感一己之私恩，而身爲戎首，指戈向闕，必欲滅此而甘心，其又何爲天下後世訓。曰：不然，通爲漢臣，自不得以背漢爲信，勸之三子者，胥建父之臣，其於燕藩，固仇讐也。鐵存，則傍鐵以報君；鐵亡，則衛鐵之子女，而致以報鐵者，報其君仁之至、義之盡，豈通可同日語哉。是故，尚書之忠，有不待言者，即瑶英、福安處易辱之地，而女不虧節，男不受禄，克保厥身，無玷先澤，孝也，亦忠也。至林君之匿孤，高生之哭屍，馬將軍之始終效命，率使完璧以歸，其高情千古，究亦同一忠而已。而揆之非鐵公之忠有以相感，亦何能使諸賢興起若是。則甚矣，公之忠爲不可及也。至於關目之周密，詞藻之激昂，令閲者忿極怒生，悲極淚出，斯又非予一人私好也。昔人謂：讀武侯《出師表》而不墮淚者，其人不忠。吾於讀《無瑕璧》亦然。未識惺齋許我爲知音否。

清·壺天隱叟《杏花村題辭》 法其可廢乎哉。曰：不可。法不可廢，則殺人者死，雖以天子之貴，且不能庇其父，而况下此者乎。曰：非所論於孝子也。孝子爲父復讐，其情似有可原，烏得以常法律之。曰：朝廷之得以整齊而畫一者，法而已矣。苟廢法而言情，將凡有殺人之兄，殺人之弟，殺人之妻與子者，設其所親，皆起而自報之，其情亦未有不可原者，何獨孝子爲然耶。曰：父母之讐，不共戴天，要非兄、弟、妻、子之可同日語也。曰：古來操殺人之權者惟君，代君而行殺人之事者唯士師，外此皆不得擅殺人也。今以爲父復讐，而許其自殺，則我有父，人亦有父，萬一爲我所殺之仇，其子亦孝子焉，不曰吾父曾殺其父，此固所以報携李也。而曰彼何人斯，顧敢奪天子士師之柄耶。遂亦視爲不共戴天之仇，而復以刃相向，是輾轉相殺無已時也。概赦之，則爲無法，有赦有不赦，則爲無理。無理無法，其何以爲天下後世訓。曰：審是，天下將竟無原情之説耶。曰：有人殺爾父，罪果當死，必也。訴之官，官不爲理，又訴之，再四訴之，終無有理焉者，然後從而殺之，始爲可原耳。若無故而私加之刃，則目無朝廷矣。無朝廷者，殺無赦。而亦欲執情有可原之説以廢法，夫豈通論乎。然則《杏花村》一編，惺齋老人獨許王世名爲孝子者何。曰斯蓋有説在。世名之父，爲族人王俊所毆，因而致死。論俊之情，誠不容誅，而據俊之事，若可無死何則。鬥毆殺人者，罪本止於監，候絞注注，矜疑從緩。老於犴狴者有之，甚且覃恩遇赦，得從末減者有之，矧俊之才力，更有出尋常於意計之外者，則其死、不死，誠未可知也。世名而非聰明練達之人，容或念不及此；世名而爲聰明練達之人，當亦籌之熟矣，而忍令殺父之讐，聽其漏網已乎。故單興邦以免撿求和，輒佯許之，良以鳴之官，未足死俊，不如姑遲之，以待吾之便而手刃之之爲愈是。則世名之殺俊也，雖不同於屈不得伸，而含愁飲恨幾歷年所有，不啻一訴再訴之不克白而爲之者，且明知殺人當死，乃奮不顧身，甘即刑戮，並未冀人之一憐，其隱而其後，卒受大受之題，褒象賢之奔救，是特天之巧於報孝子、全孝子，原世名之初念，因萬不及是也，斯其所以爲孝歟。嗚呼，孝子之心最苦，孝子而值倫常之變，則其心爲尤苦。想彼六年隱忍，寸衷如結，而摩厲以須飲泣中想，惟恐不得一當其意者，豈特俊不知、興邦不知，即其妻若子亦有所不盡知。獨惺齋尚友論世，以心逆心爲能知之，知之而不爲傳之，是没孝子之苦心矣，惺齋何忍哉。故《杏花村》一編，不爲觀者計，第爲孝子計。知其爲孝子計，則世名之心見，而惺齋教孝之心亦見矣。總而論之，世名之孝，孝之變者也。惟變故奇，惟奇故可傳。若興邦、若王彪一死於貪，一死於詐，胥天道所必然。至馬青之敗，即錢瑛之退賊；鍾祖之降，即董永之遇仙，初非蛇鬼牛神，無非孝之所感焉耳。其間報應分明，經緯繡錯，可謂極古今傳奇之能事。則惺齋雖爲孝子計，又何嘗不爲觀者計耶。敢以質之世之善讀傳奇者。

清·壺天隱叟《瑞筠圖題辭》 《瑞筠圖》何爲而作也。《瑞筠圖》之作，乃惺齋老人爲有明禮部右侍郎章綸之嫡母，金太夫人未婚守志，有衛於姜風，特抒椽筆，以表揚之，所以勸節者也。與《無瑕璧》之教忠、《杏花村》之教孝，同一維持世道之意，夫豈無故而漫作哉。然吾綜其全局，以觀其間寫金太夫人者，不過十之二三。而其於章侍郎也，不負慈訓，則寫其孝；不憚廷諍，則寫其忠；不失廖莊之約，不背有貞之盟，則寫其義。至廷訊不屈，西市不殺，囹圄之牆傾不死，則又統半生之艱虞危險，而無不一一與爲寫之，略其母而詳厥子，不幾枝大於本乎。曰：否。不然，《易·家人》之二爻，曰在中饋無攸，遂《舜典》不載英皇之節，《周書》不紀邑姜之功，《詩》亦云無非無儀，唯酒食是議。是知婦人不當以才見也。婦人而以才見，倘所謂牝鷄司晨，惟家之索歟。古之賢母莫過于倪與陸，而其傳也，皆以其子顯，故是編之叙金太夫人，非敢過從其略。凡寫章侍郎之忠肝義膽，薄虹霓，貫金石，不爲利疚，不爲威愓，轟轟烈烈，泣風雨而動鬼神者，無非太夫人紡織之餘，篝燈之下，耳提面命，涵濡教育之所自來。篇中《教忠》一齣，其明徵矣。蓋專寫太夫人，不足以顯章侍郎，而反於三從之義有虧，細寫章侍郎，即所以表太夫人，而并使義方之訓亦見。此惺齋老人善於構局，立言得體之所在也，又何枝大於本之有耶。不寧惟是有賢母斯有令子，有令子斯有慈孫。彼章公子之赴父難，急王母病，搶地呼天，克殫孝思者，雖曰至性使然，亦皆太夫人之淵源一脉，實有以啟之。且周自姜嫄履武而還，賢妃聖后，代不乏人，説者謂皆嫄之肇興。然則，徐婉娥之能守前約，不爲父奪，身出污泥而亭亭獨立，皭然不滓者，果遵何訓哉。亦遥遥沐浴於太夫人之餘芳遺澤中，而淪浹之深，不復自知也。由是言之，編内雖寫太夫人不過十之二三，而要之旁見側出，無在不爲太夫人而設。即推之也，先之犯順郕王之易儲，陳循興安之奸諂，凡所以顯侍郎之忠者，即所以顯太夫人之節也。古言作文難，讀文亦不易，是誠貴乎善讀者矣。至其命名之妙，更有可言者焉。兩間草木之屬，其足深人愛惜者孰如竹。韻之冷也有似乎梅，幹之通也有似乎蓮，歷歲寒而不改柯易葉也，有似乎松與柏。若夫堅乃操，勁乃節，瀟洒塵外而不屑以花媚人，則固有超出於梅蓮松柏之上者。昔人曾以之比君子矣，而吾謂以之况貞婦爲尤切。且教衰於上則俗流，夫教隆於上則民興。行世有貞女，由於祖宗郅隆之化者非一日矣，豈獨宗族之榮哉。亦邦國之祥也。故借廖公一圖，並誌其詩以相附於不朽，始之終之以爲全部關鍵，而特名之曰：《瑞筠圖》云。

清·壺天隱叟《廣寒梯題辭》 惺齋老人所作忠、孝、節三傳奇，予已一一序之矣。是劇則勸義者也。集成，名之曰：《廣寒梯》。予既閲其文，復繹其旨，竊歎老人之用心良苦。而讀之者，不可不深諒其心也。蓋臣之於君，子之於父，婦之於夫，三綱所繫，有莫可逃於天地間者。苟非大奸逆、大無恥，猶知自勉。若夫戚不屬於宗黨，交未訂夫金蘭，彼與我本陌路也。

雖使其身處患難、極流離顛覆之慘，而我以塗人視之漠然。肥瘠之不相關，當亦於我乎何尤。而必曰此義之所在，不可不力爲拯救之。非痌瘝在抱，吉凶與民同患之，至人不能而謂可，概望諸儕俗哉。是以君子之勸義也，與勸忠、勸孝、勸節不同。忠、孝、節，人人知所當盡，故第舉古人之可歌可泣者，爲前事之師，以勸其不容自已之心，如是焉則已足矣。至其勸義也，必先之以美名，繼之以科第，終之以厚福，猶恐人之不加勵也。而於相背而馳者，且重以厚罰焉。要非不憚煩也，夫亦所以爲鼓舞作興之計焉耳。然則，同一勸人爲善，而《廣寒梯》之示勸爲尤殷；同一戒人爲惡，而《廣寒梯》之示戒尤顯。試以其事言之。王香谷本貧賤之相，而因完人夫婦，遂致高擢巍科；解敏中本富貴中人，而因唆人爭訟，遂致一生淹蹇。吴仲達受恩知報，而始陷坎壈者，卒獲顯榮；閻宏宇爲富不仁，而初履豐亨者，終歸困苦。且香谷全仲達之妻，而己之妻旋爲仲達所救；敏中毁香谷之名，而己之名即爲香谷所奪。爲善若此其昌；爲不善若彼其殃。是利人無非利己，而害人適以害自，其效如桴鼓之疾，其報若形影之肖，孰得孰失，何去何從。不待智者而後知也。斯誠覺世之晨鐘、救病之良藥。而所謂相士其人者，豈必求諸方壺圓嶠哉。殆即惺齋老人之謂也夫。嗟乎，無所慕於前，而自能爲善；無所懲於後，而自不爲惡者，近世未易數數覯然。聞一善人之躬膺天賞，則咨嗟欣羡；見一惡人之身受冥罰，則恐懼惟省者，又人情之所同也。是集一出，將見强者因奮然而興，即弱者亦蹶然以赴。而天下之紛紛趨義也，一若忠孝節之當自盡，而有不敢不勉焉者。雲谷了凡有知，當必與惺齋把臂入林，相視而嘆。今而後，有畏功過，格爲瑣屑難行者，請觀惺齋之《廣寒梯》也可。

清・壺天隱叟《花萼吟題辭》　己巳歲，余讀惺齋老人忠、孝、節、義四傳奇，各爲之序而歸之，忽忽四載。今年春，老人復過余山居，曰：忠，則君臣；孝，則父子；節、義，則夫婦、朋友。五倫已備其四，若之何獨闕昆弟耶。用爲之補。幸已告竣，請先生爲我序其首。嗟乎，昆弟至今日尚忍言哉。其在君子，則文貌是飾，而牛羊行葦之風無有也。其在小人，則乾餱以愆，而式好無猶之風罕聞也。甚且不相往來，視如行路者有之；甚且一室操戈，等於寇仇者有之，此非同父之人乎哉。而相殘一至於此，則其忍於所生也可知矣。且友于薄，何有於刑，于同氣儕，何有於同術。父子、夫婦、朋友，胥即于乖，而君臣之間，亦有不可問者。然則昆弟一倫，固與四者相爲表裏，而世人曹不知省，無故而抱斧斯之，痛者幾徧于天下。斯誠不可不有以勸之也。雖然人當無事之秋，其於二三昆季交相友愛，猶恒情之所能勉，即君子怡怡愉愉，不過與流俗等，亦無自顯其真摯，以表異于千古，則又何足以爲天下勸。惺齋知其然，爰舉姚氏昆季以爲標準，始之以敦勉兄弟也而師生焉，繼之以囹圄手足也而湯公焉，終之以顯榮鶺鴒也而鶴鷺焉。患難與同，富貴與共，極生人之苦者，復極生人之樂。命之曰：《花萼吟》。居仁固不愧爲難兄，利仁亦無忝于難弟。較之田荆姜被殊饒新致，庶幾可以令觀者油然而興矣。或謂妯娌和、兄弟斯和，蓋必有劉氏之賢，而後有居仁之友。噫嘻，是則是矣，而特不可爲君子訓。君子之於昆弟，根于性、發乎情，不藏不宿，要有固結莫解之致，豈僅不聽婦言而已。老人之兼及此者，殆與江公茹僕同一義焉。若曰彼居停臧獲，猶能雪友之冤、急主之難，矧屬在骨肉至戚，而顧小婦人之不若耶。其用意抑何婉而多風也。且吾聞之：漫藏誨盗，冶容誨淫。利仁夢蘭，初非漫藏冶容者比。而賈氏風波，突如其來，亦足見秋壑父子無惡不爲，而平日之誣害忠耿，大率類是矣。天其能默默宥之已乎。故先以真虎翦其爪牙，卒以假虎屠其肝腦，則所以爲奸雄警者，又何鉥目劌心而深切著明也。惺齋竭一載精力，慘淡經營，成此佳構，洵可與前四種並壽世而不朽，予亦樂觀其成，泚筆而爲之序云。

清・壺天隱叟《南陽樂題辭》　三代而後，奸雄竊國，而最足深人之恨者，莫如漢賊操；純臣報國，而最足深人之惯者，莫如漢丞相亮。操之僭稱魏武有年矣，然自文公作《綱目》列之于賊，而操罪已與新莽等。獨武侯一生忠藎，不避艱險，不辭嫌怨，鞠躬盡瘁，相業之純有，非蕭曹兩魏之所得同者。卒之秋風五丈，死而後已，所謂有志竟成者安在。且未幾，鄧吃偷川，天水不保，而譙周以勸降，進而北地以哭廟死，致老臣數十年經營圖度之所有，一旦啣璧束手而獻之於人，此仁人義士莫不掩卷流涕也。夏叟惺齋運珠玉之思，舒風雲之筆，爲之悉反其事，而死者不難令生，敗者不難令勝，亡者不難令存，顛之倒之，以與造物平其憾，題曰《南陽樂》，所以遂卧龍之願而慰天下之心也。然則有《綱目》而千古之流緒明，有《南陽樂》而千古之悲憤雪。其事非《綱目》之事，其志即《綱目》之志。而其暢人之情，則更有過之者。予昔讀《明史》，每恨燕藩稱兵犯上，而悲建文帝業之不終。竊欲如《綱目》之待操，削除永樂年號，若帝在房州之例，而恒苦無其權。今讀《南陽樂》，爽然若失矣。嗟夫，安得惺齋達而在上，躬操筆削，而爲天地一一補其缺陷也耶。是爲序。

清·鬊道人《南陽樂後序》 自古天下莫不以有德爲歸。無其德而有天下者，有非其有，則其有也，亦必不久。漢末，羣雄蠭起，各據一方，遂分鼎足。間嘗綜而論之，孫權有得天下之勢，曹操有得天下之才，先帝有得天下之度，至於德，皆無足觀。是則三國之天下，將誰歸乎。曰：三國之主，雖皆無其德，而先帝固漢裔也。與其漫無所歸，不若歸之于帝，猶不失爲漢之後。雖然，曹操之子，是爲曹丕，丕雖不及操，而知人善任，猶不失爲中主。先帝之子，是爲劉禪。禪之不才，非惟不及帝，而昏庸柔懦，幾與昌包等。是人欲存之，天欲亡之矣。其將何術以挽之哉。曰：知天之可爲，而因利乘便，以求萬全而無失者，能臣之事也。知天之不可爲，而惟殫吾之心，付成敗於不計者，純臣之心也。能臣之事，風虎雲龍之彦，皆能爲之，未足以爲異也。若夫純臣之心，不計功、不邀名，明知事之無益，而鞠躬盡瘁，祇求無忝於故主，殷三仁而後，則諸葛君一人而已，寧不深人之痛耶。痛之將何如。曰：嬴政本非周族，而又暴虐日甚。扶蘇之亡也，後人尚且惜之。先帝理宜有天下，而英偉卓犖，直可上比光武。劉諶之死也，後人誰不憐之。是故以劉諶之賢，不爲帝之子，而爲帝之孫。諸葛之忠，不能六出，而死於五丈，所謂天定勝人，人固無能與天争者也。然以諶之賢、諸葛之忠，天欲置之亡，而我不使之亡；天欲置之死，而我不令之死，又所謂人定勝天，天亦不能與人争者也。若惺齋之《南陽樂》可徵矣。南陽者何。武侯所居之地也。何樂乎爾。樂其漢賊殄滅，長揖歸田，得遂其素願也。嗚呼，宇宙不平之憾，得文人一轉移間，莫不釋然解去，其權顧不偉歟，其功顧不大歟。昔曾參行孝，爰傳《孝經》；馬融忠漢，遂作《忠經》。言者，心之聲。《南陽樂》一編，亦此物此志也。然則，惺齋之爲人，吾得而知之矣。

清·符月亭《南陽樂評》 甲子冬仲，寄興湖山，偶逢西浙名流，得讀《南陽》新劇。清辭若綺，能傳忠武之神；椽筆如鋒，早奪奸雄之魄。爲漢室重開日月，造化無權；使皇孫得主河山，文章有力。長歌當哭，非類者莫不鋤而去之；破涕爲歡，有志者果然事竟成也。想當年，漁陽撾鼓未敵其豪；即他日，婺水編年尚輸其快。豈但差强人意，實爲先得我心。將梓氏開來，士君子固皆欣賞；而梨園演出，愚夫婦亦所樂觀。敢贈片言，請浮大白。雲垂海立，非同精衛之填；石破天驚，足代女媧之補。

清·張欠夫《南陽樂評》 夏叟惺齋，手握靈蛇，目欺繡虎。長吟短咏，豈矜月露之華；遠矚高瞻，不盡古今之感。間興懷於漢代，每致憾於曹家。因憐北地之亡，遂譜《南陽》之曲。吴降魏滅，慰白帝之魂於九京；祖創孫承，回赤龍之緒於一綫。諸葛君宛其死矣，偏能起朽骨而肉之；司馬氏洵可恨哉，烏得以脅從而寬也。嗟夫，人心未死，固應作如是之觀；天道有知，合自悔當時之錯。

清·陳彙芳《花萼吟贈言》 填詞之家，率多嘲風月、拈花草，敘奇逢、訂好會，賦景言情，非不誇多逞豔，要無關於倫常之大義，不足以勸善而阻邪也。顧五倫之中，獨兄弟間更有難言之隱。無論咏燃其傷，縫布懼選，而出走奔共而不還，以及篡奪參商，日尋干戈者，比比皆是。即以聖賢，處此而傷心謨，蓋抱恨斧斨。降及末流，求所謂遇盜而争先者，有幾人哉。此《花萼吟》一劇，惺齋所爲補前數編所未備而作也。《花萼吟》爲宋末姚居仁、利仁昆季事，載於逸史。其中如半閒堂之悞國，江樞密之持正，鄭虎臣之除奸，亦史有其文，非同臆造。至其搏控結搆，忽合忽離，接湊則天衣無縫，關照則灰線無痕，吐辭則濃纖中度。時而沉雄絶麗，宏我漢京；時而慘淡經營，直抒本事。足兼東嘉、實甫之美。演諸氍毹之上，令聽之者忘疲，觀之者擊節，而鴒原之感，不覺油然而生焉。是大有功於名教也。豈僅組織工巧，善于言情賦景而已哉。夫惺齋填詞數種，刊以問世，已不脛而走矣。《無瑕璧》勸忠也，《杏花村》教孝也，《瑞筠圖》砥節也，《廣寒梯》尚義也。君臣、父子、夫婦、朋友之倫，已悉具焉。今得是編，而天下之達道於是乎全矣。且不特此也。江公謀國睦鄰，而宋室之祚延，虎臣手刃巨奸，而不共之讐復。劉氏之勉夫以義，林茂之脱友于危，則又合忠、孝、節、俠，胥於是編備之，正不獨姚氏弟昆，敦一本之誼已也。閲者試身體而力行焉，不必作傳奇觀可也。

清·章日譽《花萼吟贈言》 太史尤悔菴先生，一代作手。其《西堂餘集》有曰：吾吴張伯起作《紅拂記》，風流自許。乃其命意遣詞，委薾殊甚。即如《私奔》一齣，夜深誰箇叩柴扉，齊微韻也，顛倒衣裳試覷渠，魚模韻也，紫衣年少俊龐兒，支思韻也，以一曲而韻雜如此，他可知矣。其嚴于論韻如此。又曰：填詞家務令陰陽開闔，字字合拍，方無聱拗之病。其嚴于論音律又如此。李笠翁《閒情偶寄》亦曰：詞家繩墨，只在譜、韻二書。合譜合韻，方可言才。曲譜如畫譜，一毫走樣不得；曲韻同詩韻，一字出入不得。兩人所言，如出一口。噫，必如此始可填詞，則填詞一道，洵爲束縛千古才人之具。彼夫不知妄作者，詞雖工，亦與打油釘鉸齊供覆瓿耳。其不佳者，又何論哉。先生六種，今告竣矣。《陽春白雪》和者定寡，安得起尤、李兩周郎，並坐桐華書屋中，爇名香瀹苦茗，展卷快讀，爲先生作隔世知己也。

清·姚鈞《花萼吟贈言》 才人製譜，每多偎紅倚翠之辭；文士摛華，強半摘粉搓酥之句。縱自標其香豔，寔無補于彝倫。惺齋夏叟，胸藴智珠，偏不喜者淫詞浪曲；手操妙管，獨志存夫飭紀敦倫。此忠、孝諸編，昨早馳聲于藝圃，而友恭一劇，今更煥彩于騷壇也。嗟乎，孔懷罔念，誰爲灑淚之人；禦侮胥忘，孰是推田之侣。欲使葛藟之有庇，盍觀《花萼》之聯吟。影動氍毹，可以廉頑立懦；韻諧金石，何殊暮鼓晨鐘。寔足增詞苑之輝，豈但長旗亭之價。

清·夏璣《花萼吟贈言》 余縱觀傳奇，見爲君臣而作者絶少。大都夫婦朋友離合恩怨之間，各有寄託。即或事涉天合，亦不免褒譏互用。或孝矣而戾于慈，或恭矣而難爲友。縱筆抒寫，不顧倒行逆施。竊厥隱衷者覩之，有餘怒焉。我惺齋大兄夙擅風雅，而行誼一軌于正。每見演傷敗倫紀之劇，輒推案起，不忍卒視。嘗語余曰：曲爲詞餘，詞爲詩餘，詩始于《三百篇》。其言温厚和平，顧可摹人骨肉，而令若薰蕕之，不同器乎。余韙其言。比年，余承乏樂至，與兄天各一方。聞兄平日詩古而外，尋宫數調，所著傳奇裒然成集。五種分配五倫，補恨則本紫陽削魏正統遺意。以是六種奏綺筵，娱嘉客，想見登場者，無非敦倫飭紀，不愧子臣弟友之人。彬彬鬱鬱，何其盛也。嗟乎，麗士元非百里才，即畀花封以稍展驥足，君子猶悲其寡遇，乃并此多所棖觸。司銓衡者夾袋中所收何人哉，以彼天賦異才，鬱鬱不得志。何難奪他人之酒盃，澆自己之磈壘。兄獨怡然浩然，絶不作隱言諷世。興會所至，止將一片牖民覺世之弘願，默寄諸清歌妙舞中。其音律和以諧，其詞藻醇且肆。嗚呼，可謂加于人一等矣。余幼蒙提訓，得識舉子業。近從簿書餘暇，捧讀全集，如獲異寶。恨邑鮮佳伶，有辜《白雪》。行當攜示僚友，聽知音者傳鈔開演。羽便敬跋數語，寄歸，希綴名簡末，藉以不朽。第兄年七十三，余亦頹然老矣。一官匏繫，浮光駒隙，未審何日得高坐世光堂，觀此六種次第登場，手一巵爲大兄稱快也。興言及此，能無憮然。

紀事

清·焦循《劇説》卷四 夏惺齋取忠、孝、節、義事爲六種曲：《無瑕璧》寫鐵氏二女事。《杏花村》寫王世名報父仇事，見《明史》。《瑞筠圖》寫章綸母守節及綸直諫事。《南陽樂》言武侯相北地王諶，滅魏、吴，復興漢祚，蓋寓言也。《花萼吟》寫鄭虎臣殺賈似道，亦本《宋史》。《廣寒梯》則言科場事，謂：一生行善，一生行不善。善者夢中五名，語不善者，不善者訴於監臨。發榜時，監臨以所訴，令抽去五名，而別以一卷補之。抽者正不善生，補者則行善生也。此事亦有所本。然章綸母金節婦誰云妾無夫一詩，或謂爲高季迪作。鐵司馬二女入教坊，其長女詩，乃吴人范昌期《題老伎卷》作。同時杜瓊用嘉亦有次韻詩。

又《齊東野語》云：三山蘇大璋，治《易》有聲。戊午鄉舉，夢爲第十一人，數爲人言之，以爲必如夢告。既試，將揭榜，同經人訴於郡，謂其自許之確如此，必將與試官有成約。萬一果然，乞究治之。及申號，至十一名，果《易》也。帥攜此狀入院，遍示考官，謂：設如此言，諸公將何以自解。不若以待補首卷易之。衆皆以爲然。既折號，則自待補爲正解者，大璋也；由正解而易爲待補者，乃投牒之人也。夏惺齋作《廣寒梯》本此。

著録

清·黄文暘、佚名《重訂曲海總目·國朝傳奇》 夏綸，字惺齋：《花萼吟》、《杏花村》、《南陽樂》、《無瑕璧》、《廣寒梯》、《瑞筠圖》。

清·支豐宜《曲目新編·著録八·國朝傳奇》《花萼吟》、《杏花村》、

《南陽樂》、《無瑕璧》、《廣寒梯》、《瑞筠圖》。右六種，夏惺齋作。

清・姚燮《今樂考證・著録九・國朝院本》 夏綸六種：《花萼吟》、《杏花村》、《無瑕璧》、《廣寒梯》、《瑞筠圖》、《南陽樂》。

清・王國維《曲録》卷五 《無瑕璧》一本，《杏花村》一本，《瑞筠圖》一本，《廣寒梯》一本，《南陽樂》一本，《花萼吟》一本。右六種，國朝夏綸撰。

藝文

清・壺天隱叟《無瑕璧題詞》 尚書奇節鬼神驚，垂死還將大義爭。主易忍教吾面轉，君亡何惜此身烹。絶無長物遺兒女，豈有深謀託友生。幸得羣公敦古誼，依然雙璧照人清。

西泠詞客老清狂，敢許周郎獨擅場。赤手未能誅大逆，綵毫却解發幽光。匿孤收骨恩情重，焚驛興師智勇彰。直與秦庭漸離筑，遥遥千古並留芳。

清・壺天隱叟《〈杏花村〉題詞》 大讎未復痛難禁，六載含容意轉深。不共戴天常飲泣，直教塗地始甘心。刀凝霜白寒春日，血灑猩紅茜杏林。試向風前讀佳什，一時都作楚歌音。

晨鐘擊處夢醒無，天道昭昭信不誣。孝子自應生孝子，兇徒還使遇兇徒。螳蟬雀彈嗟難料，狗苟蠅營笑强圖。漫説神仙能救世，茫茫苦海怎教枯。

清・壺天隱叟《瑞筠圖題詞》 風拂花枝痛早摧，紅樓力足挽衰頽。一絲既定終無改，百折從他總不回。節比緑松還勁拔，歌同黄鵠更悲哀。他時榮寵非僥倖，多自茹荼集蓼來。

忍抱琵琶負所天，淚痕如雨過年年。須知妾在猶夫在，更識兒賢即母賢。丹穴鳳鸞應産鷟，楚江蘭茝豈成茎。一門忠孝誰爲啟，翠竹森森老愈堅。

清・壺天隱叟《〈廣寒梯〉題詞》 何處堪求换骨丹，王郎軼事請君看。窮能濟世真非易，貧肯捐金倍覺難。殘刻吉星都化惡，慈和危地亦成安。從今點醒迷途客，義路原來達廣寒。

蓬山仙客發菩提，傳得真詮覺世迷。此外别無修命學，箇中自有上天梯。休誇妙計縱横巧，只把良田仔細犂。多感老人抒彩筆，篇端一一爲留題。

清・壺天隱叟《〈花萼吟〉題詞》 不緣鬼蜮弄風波，誰識家庭聚太和。黑獄縱由紅粉起，青天豈害白雲過。江公鯁介殊堪式，茹僕忠勤亦足多。漫説田真當日事，荆花未見譜新歌。

棣花韡韡葉田田，彩筆光芒欲射天。四海始知同氣貴，一編已慶五倫全。榮哉昆季遊金闕，慘矣奸雄死木棉。演罷直令人感泣，豆萁何忍自相煎。

清・壺天隱叟《南陽樂題詞》 不忿奸雄據漢宫，老人妙手善翻空。文心默奪天心轉，筆陣强勝八陣雄。旗展龍蛇平鄴下，兵屯戊巳定江東。梨園若問音和律，字字真鐃玉茗風。

如此才華世罕逢，能教平地幻奇峰。曹家莫漫誇司馬，漢室依然有卧龍。收取風雷歸筆墨，吞將雲夢作心胸。遥知他日詞壇上，象板鵾絃共仰宗。

清・陸猷《南陽樂贈言》 武穆功垂成，三字死檜手。武侯志未竟，五丈骨已朽。千古同不平，忿氣欲冲斗。惺齋具異才，獨契南陽叟。智珠運錦心，雄詞吐繡口。顛倒當日事，不使丁陽九。鬼神爲效靈，將士倍抖擻。一戰東吴平，載戰魏賊走。恢復兩漢業，劉諶得世守。急流奮身還，退與黄石友。上可謝先君，下可慰黎首。誰人不快心，愁城變歡藪。願作如是觀，詎曰夫何有。燈前展卷讀，大白浮緑酒。爛醉興轉狂，擊賞破銅缶。

清・李學韓《南陽樂贈言》 赤龍奮起海水立，千古乾坤另開闢。潢池兒戲視奸雄，鸚鵡文人恨俱洩。南陽真不慚王佐，絶勝鴟夷浮釣舸。吁嗟典午倘有知，此日猶應深懡㦬。石泓秋水無纖埃，奇思天外横飛來。快如高登單于臺壯若大擊豐隆靁。何當痛飲三百杯，氍毹坐看梨園開。

清・許中《南陽樂贈言》 我欲馭氣排天閶，問帝胡遽摧武鄉。鞠躬盡瘁俾即死，遂令賊勢成披猖。銅駝久已委荆棘，蠶叢旋復走降王。有志竟成屬虚語，至今士女咸悲傷。惺齋老翁心不忿，彩毫五夜騰寒芒。鑿空搆造鬼欲哭，乾旋坤轉星重光。綸巾羽扇倍矍爍，六師再整誰能當。漳河倒流曹丕戮，湘水忽竭孫郎亡。七十二塚盡翻掘，元兇尸骨塵飛揚。劉禪退處劉諶嗣，老臣長揖歸南陽。普天同聲稱大快，庶幾又見留侯良。天乎夢夢何不爾，空勞譜曲傳詞場。開時要須三沐手，藏處應薰百和香。尚當焚燒百千本，徧告萬靈呈穹蒼。

清·邵適《南陽樂贈言》 我愛惺齋叟，雄才莫與爭。不教諸葛死，却把魏吳平。筆落天爲泣，書成鬼欲驚。紅泉三百斛，一讀一回傾。滿卷非庸語，披吟實快哉。高文從古少，異想自天來。豈惜漢家鼎，爲憐梁父才。南陽如有覺，應亦笑顔開。

清·葉立先《題南陽樂》 深痛南陽叟，憂勞不久存。中原居漢賊，九廟刎皇孫。莫雪街亭忿，誰招錦里魂。何期千載後，別創乾坤。

清·湯盤《題南陽樂》 秋原星不墜，萬馬趣神臯。談笑無荆楚，從容滅魏曹。筆鋒摧五嶽，墨浪舞潛蛟。恍見當年樂，雲霄羽毛。

清·聶鳳翔《題南陽樂》 曲體人心欲，千年忿盡舒。將星原照地，漢社豈爲墟。絶勝關張在，旋教吳魏除。功成不受禄，還我舊茅廬。

清·錢時敏《題南陽樂》 三國開生面，乾坤已倒翻。何須兵六出，早定漢中原。詞藻清還麗，文心静不喧。夜窗開讀處，光燄燭薇垣。

清·王錦《題南陽樂》 天地有大憾，才人能補之。全憑文字力，盡寫武侯奇。鐵甕俄灰燼，銅臺倏剗夷。從今知不律，勝過萬雄師。

清·范松齡《題南陽樂》 諸葛真名士，非君莫表揚。不徒淩管樂，直足慰高光。選律誰同調，移宮獨擅場。氍毹競開演，千古仰南陽。

清·周雲紫《題南陽樂》 茫茫大造杳難知，幾閲興亡欲涕洟。恨殺阿瞞偏有子，忍教諸葛竟無兒。烏填海闕原爲妄，媧補天穿未是奇。獨喜老翁能締造，一編重覩漢威儀。

清·蔣繡《題南陽樂》 頓轉星躔病骨瘳，綸巾羽扇倍風流。鷹揚早爲平銅雀，虎旅無勞運木牛。一戰已銷白帝忿，餘生應作赤松遊。天荒地老離奇事，祇用才人筆底求。

清·汪文麟《題南陽樂》 底事朝來忽雨金，東吳西魏盡消沉。文章有力愁都破，造化無權快不禁。豈獨九天酬赤帝，并教千古見丹心。重吟梁父歸田去，羞殺當年老華歆。

清·袁澄《題南陽樂》 始曉忘憂不待萲，文光高射動星垣。一枝筆撼三分鼎，萬古愁消五丈原。荆棘翦除蘭自馥，陰霾吹盡日重暄。南陽老屋依然在，長嘯登車返故園。

清·張書紳《題南陽樂》 盈盈蠟炬倚風斜，異想奇情四座誇。攙奪青天歸赤帝，詞翻黄絹入紅牙。死來漢賊仍無塚，老去臯姬復有家。鸚鵡才人争及此，一歌已抵鼓三撾。

清·駱廣譽《題南陽樂》 無端王氣發漳河，擊碎銅壺恨若何。幾向南陽雙雪涕，每爲北地一悲歌。原頭衰草先秋變，劍外寒雲入夕多。今日高窗讀佳什，龍泉三尺吼滄波。

清·黄琰《題南陽樂》 何物文人善解愁，才情奇肆壯高秋。皇天不肯重扶漢，彩筆偏能再造劉。議論千軍齊辟易，詞華三峽倒奔流。從今典午休誇智，一笑隆中志已酬。

清·湯原《題南陽樂》 奇功已遂南陽老，大位終歸北地王。喜向新編瞻載造，懶從舊史歎消亡。雄詞暗挾風雷氣，綵筆高騰日月光。玉茗才華空擅美，輸君忠孝發文章。

清·釋慧雨《題南陽樂》 掃却欃槍靖戰塵，草廬依舊樂閒身。不須更説天原錯，但願羣將假作真。陳壽詎堪稱信史，譙周枉自號名臣。良工心苦誰能識，九曲河流未許倫。

清·方淳《題南陽樂》 諸葛不復作，堪悲漢室傾。惺齋真傑士，偏欲與天争。

漫説曹瞞巧，漳濱流血多。一抔猶不保，妄想漢山河。其三：臯姬老歸國，節烈壯千秋。爲語生兒者，何須似仲謀。其四：别把兩儀鑄，全非當日模。始知紅豆客，胸自有鉗鑪。

清·卜豐年《題南陽樂》 纔識文章有用，天心宛轉隨吾。猶是南陽北地，已吞西魏東吳。

魚水君恩已報，柴桑舊宅重回。誰繪卧龍高蹈，多虧繡虎奇才。

清·彭樹本《題南陽樂》 諸葛一日不死，漢家九鼎誰移。安得天能如是，何妨我竟爲之。

打破三分硬局，變成一統神京。仍作南陽高士，豈同烏有先生。

清·廖詠《題南陽樂》 一自降王款魏廷，卧龍雖死目難瞑。當年天道真堪笑，只借東風不借星。

祁連山下草蓬蓬，每憶南陽淚欲紅。今向桐華見此本，不須更爲哭秋風。

清・唐紹組《題南陽樂》 朝來何事髮衝冠，秖爲劉家恨阿瞞。却喜惺齋同我意，早尋疑塚破桐棺。

清・王步青《題南陽樂》 何須衣紫與腰金，歸去重爲《梁父吟》。豈是武鄉當日事，老人自爲寫胸襟。

清・繆二酉《題南陽樂》 昔年錦里謁清塵，日暗雲昏痛老臣。今日得瞻紅豆曲，悔教當日枉傷神。

筆花燦爛墨痕酣，已變當年鼎足三。此曲莫教凡子唱，直須珍重付何戡。

清・成廷楷《題南陽樂》 豈是才人好事多，臣忠子孝痛如何。毫端洩盡千秋忿，功在倫常定不磨。

不將正統付曹家，已慰皇孫怨氣賒。又看絳紗燈影下，照他宮扇兩行斜。

三顧難酬敢愛身，事煩食少讖成真。憑君爲返南陽駕，重理絲桐拂案塵。

休將此劇作空觀，漢室江山盡補完。只有一人看不得，癡魂未泯是曹瞞。

望蜀臺高枉插天，梟姬無力挽孫權。一篇翻案思真巧，人鬼同欣舊恨捐。

才可經邦困莫施，偶欹倦枕譜新詞。人間恨事知多少，安得如椽盡補之。

旗亭誰唱《桃花扇》，冷落《長生殿》亦同。剩得藝林人共賞，與君鼎峙各稱雄。

風流文采羨惺齋，紅豆新聲愜素懷。今日偷閒重過訪，清樽銀燭醉同儕。

清・倪國璉《題南陽樂》 簞食壺漿志未酬，卧龍雖死恨難休。先生獨具鑪錘手，別鑄山河再姓劉。

轉眼浮光迹已陳，何妨假事認爲真。劉諶縱不膺符璽，紙上嵩呼倍有神。

爲感君恩矢報奢，星沉五丈豈深嗟。翻空要是文人意，不忿天心棄漢家。

臨風曾記探宮商，撚斷吟髭總面牆。羨殺彈丸纔脱手，旗亭早有唱《南陽》。

清・釋慈印《題南陽樂》 恢復何消恃戰功，一時吴魏盡成空。關公水滸周郎火，不敵文人筆陣雄。

綸巾羽扇意蘧蘧，兩孽何難竟翦除。不用功成覓黄石，南陽自有舊茅廬。

風雲爲思海爲才，蕞爾西川帝業開。豈獨卧龍舒不忿，乾坤缺陷盡平來。

清・柴世傑《題南陽樂》 彩筆如杠，竟把那、赤帝河山奪轉。説甚的、東吴北魏，總歸豚犬。錦里已銷梁父恨，陰平那用將軍戰。霎時間、重覩漢威儀，天長眷。　早遂却，梟姬願。早洗却，皇孫怨。笑華歆無耻，譙周無斷。秉鉞未曾辭鞠瘁，揚鞭豈待終絃管。望南陽，長揖賦歸來，風何遠。調寄《滿江紅》。

清・辛景雲《題南陽樂》 移星换斗思真巧，不教五丈悲秋草。王業屬蠶叢，便宜安樂公。　功成歸故土，任意吟《梁父》。何必説南金，文人一片心。調寄《菩薩蠻》。

清・孔傳禮《題南陽樂》 探文河，窮藝藪，陸海潘江，不是尋常有。黄卷生涯終不偶。白髮催人，已負匡時手。　借毛公，兼石友，破涕爲歡，下慰南陽叟。莫道雕蟲非不朽。試看臨川，永播詞場口。調寄《蘇幕遮》。

清・席珍《題南陽樂》 一夜庬頭曜掩光，天也淒涼，人也淒涼。魂歸應返舊茆堂，生也南陽，死也南陽。　補恨纔聞喜欲狂。朝也思量，暮也思量。披吟果見挾風霜，吴也消亡，魏也消亡。調寄《一翦梅》。

雜録

清・夏綸《惺齋五種・自序》 余五種曲，上年既不揣淺陋，開雕質世矣。近有客謂予曰：傳奇，傳奇也。文工而事弗奇不傳，事奇而文弗工，亦不傳。叟是集忠、孝、節、義五種，庸行耳，何奇之有。事既弗奇矣，文雖工，烏乎傳。余曰：不然。子以反常背道爲奇，欲其奇之傳也難矣。天下惟事本極庸，而衆人避焉，一人趨焉，是爲庸中之奇。庸中之奇，斯其奇可傳，而其傳可久。元明佳曲林立，獨高則誠之《琵琶記》賢愚競推無異辭。余統觀全劇：其事則綱常倫紀，其文則布帛菽粟，絶無纖毫驚世駭俗之處，而識者謂南曲冠冕，不能舍此別有他屬，詎非不奇而奇，莫與京之明徵耶。余才雖遠不逮東嘉，然胸無城府，獨從扶掖正氣起見，認題既真，覺拈毫構思之際，似有鬼神効靈於其間。故自丙寅迄己巳，不四載，成此五種，其速且易如此，自揣災梨問世，知我者或不忍付之糊壁。客曰：叟之命意美矣、善矣。第傳奇爲登場而設，叟既無力畜梨園，而近日擁聲技者，又鮮得風雅主人，奈何。余曰：余初不願若輩之愛之也，違乎俗，斯進乎古；詘於前，乃伸於後。譬之豐城之劍，非其時則勿顯，嶧陽之桐，非其人則爲薪。值其時、遇其人，定有見此五種而咨嗟歎賞，以爲事不越庸行，而其奇可傳，其傳可久者，命伶倫奏綺席摩娑，老眼猶或見之，未可知也，子何過爲我慮耶。客唯唯退，遂次其語於簡端。

清・夏綸《花萼吟・自跋》 拙刻五種，初以忠、孝、節、義分爲四，而《補恨》附之。今續以《花萼吟》，則君臣、父子、夫婦、昆弟、朋友分爲五，而《補恨》仍附之。剞劂既竣，適金陵張漱石先生示余《芝龕記》，是劇不知昨歲何人刻，洋洋六十齣，氣魄大而結構嚴，括盡明末三朝舊案。其尤佳者，自始至終，無一綺語。卷分忠、孝、節、義，與余不謀而合。篇首冠此三則，悉理學名賢偉論，有裨風化，閱之狂喜，亟補入鄙集，以見太平盛世，崇《雅》黜《鄭》，宇内具有同志云。

清・夏綸《南陽樂・自跋》 拙刻忠、孝、節、義四種，乃近年所搆，惟此《補恨》一編，係採毛序。始之論創于丁未。以前曾爲制府彭城李公所欣賞，後攜遊四方，凡萍水所遇風雅士，輒出相正，頗蒙許可，賜贈得詩如干首，今悉登梨棗，以志不忘。拙作本不足觀，或因白雪之投，得挂青雲之口，未可知也。

張堅

論説

清・張龍輔《玉獅墜序》 辛未孟冬，余遊浙，與吾宗漱石先生同寓湖上，交甚歡。是時也，余衣裘不足於體，肉食不充於腸，亦良苦矣。而不自苦也，則以得見先生故，則以得見先生而盡讀其生平著作故。先生金陵人，博學多才，遊於四方，文章詩賦，膾炙人口，以餘閒瞻爲詞曲。余始讀《夢中緣》歎鍾生早負其才，不見賞於冠裳鬚髯，乃求知於閨帷之秀，摸索於黑甜之鄉。若舍是而外，絶無可自通，其姓名傷矣。及讀《玉獅墜》，又歎黃生落魄窮途，囊空如洗。玉娥一悮落風塵弱女子耳，獨能不污流俗，委身寒儒，具一雙俊眼，矢一片冰心。餌以富貴不歆，臨以威武不屈。與元戎之虚懷下士，爲國舉賢，同一有知人之哲，斯亦奇矣。即賤如老鴇，卑如癡僕，愚若丹師，輕如狎友，皆各露一種至性，有逈出於尋常萬萬者。借筆墨之游戲，廻狂瀾於既倒。而使人可興而可觀，其用意不更深也哉。黄生、玉娥之名，雖見於唐人詩中，然當時記載，已傳疑而不一其説。鳳州《情史》爲撰《玉馬墜記》，亦未詳著其時代。後人因演爲《天馬緣》傳奇，考之《唐書》，則不見其軼事。今先生復從而變易之。傳奇者，非奇莫傳。其人奇，其事奇，斯其文亦奇。然文既奇矣，又何必實有其人與其事哉。茫茫宇宙，皆幻境也。潛見之用，其猶龍乎。先幾之智，其猶仙乎。觀於此，吾知所以處世矣。

清・王汝衡《玉獅墜序》 庚辰春，余於漢中對南兄署，晤金陵張漱石先生，時年八十，鬚白如銀，而體嚴重矍鑠，精氣流露眉宇。與之談，宏通博雅君子也。詩古文詞，無不臻妙。更諳音律。每花晨月夕，過余齋，同坐古漢王臺上，酒酣耳熱，放歌吴騷。余以北人而操南音，先生不余嗤，而謂爲可教也。曰：吾《夢》、《梅》、《懷》、《玉》四種填詞，俱付剞劂，板留南省。

今搜檢客笥，他無存者。獨《玉獅墜》稿本一卷，請質諸吾子。余觀其故事，與稗乘所載不同，波瀾串合，別一機杼。若黄生蘊藉經綸，風流倜儻，俯視一切，想見當年執筆寫生，原不作第二人。想裴玉娥妓女守貞，以情相結，以俠相成，一見投合，寵辱不加，驚變故無少懼。此等俊眼選識英雄，求之卿相友朋中，百不得一。而乃出之青樓弱女，此千古有心人所爲觸之而心動也。至安帥之憐才，瘸僕之愛主，鴇母能仗義，狎客知報恩，舟子何知，而一種至性，皆可以風。讀至篇終結語，願花面亦變好顔，不可知先生用意之忠厚哉。抑余且重有感矣。黄生固英傑士，然使後此不遇獅墜，無靈狐鼠糾紛，玉人何處，則雖有豪情奇氣，亦終躑躅於窮途。作合之巧，信有天焉。彼夫士人欲有所圖，而不爲天所玉成者，何異珠光劍氣，龐雜於風塵而不獲，邀世人之一盼，又豈其少也乎。

清·柴次山《梅花簪序》 工於賦物者必妙於言情。物情無定，視其時之所遭有常變。故文人之筆，轉折變化，莫可端倪。譬諸層波疊嶂，忽起忽伏，窮盡處別開洞天，則使人目蕩神移，失聲叫絶。傳奇者，因奇而傳。若張子漱石《梅花簪》乃極盡文章奇事矣。本非夫也，竟嫁；謂之夫矣，竟殺。本非妻，呼而求其近；既見妻，讐而迫之遠。展拔地神手，運補天匠心。意外飛來，眼前拾得。畫工乎。化工也。夫簪以梅名，即以梅喻孤芳，嚼雪而彌烈。杜之苦情，似之鐵幹扶花而直上，解之豪情，似之身且沉香片矣。而柔條欲媚，似巫女之情痴，時當月昏黄矣。而冷眼難回，似徐生之情幻，迷離惝怳中，心雖愈酸，神乃愈王。言情之妙，又奚可方物乎。漱石，金陵名士。懷其才不遇，乃隱於蓮幕。前年來越，余與相遇於吴山十二峯道院，恨訂交之晚。壬申上元，踏雪尋訪，擁爐聯韻。亭前冰花堆樹，梅萼舒妍。見案頭此種，余笑指謂曰：梅花冰雪，冠絶羣芳，詎不信夫。漱石曰：子不棄是編，曷序之。余欣然攜歸。閉幃坐讀，不能成寐。評點竟，閣筆，燭焰將殘，爐灰漸冷，啟牕而望，則雪霽雲開，明星在户簷，梅花正大放。

清·吴禹洛《梅花簪序》 余幼受詩學於胡致果先生，即知里中有張子漱石。因陳子樂愚納交焉。時相倡和，無間昕夕。竊幸生當盛世，烈聖相承文明，大啟廟堂之上，君歌臣賡，黼黻羽儀。草野韋布之士，一吟一咏，亦足以鼓吹昇平。金陵六代舊地，夙稱風雅。我朝自杜茶村、吴梅村諸先輩，軼宋追唐，流風未泯。迄今百年，後賢繼起，名作如林。是時南北兩社，南有姚子玉亭、朱子草衣、屈子思齊，常執牛耳盛集，名流交相唱和；北則古林樂愚、香山大川十餘士，旗鼓相望。余亦竊附其次。漱石遊於四方，知名益廣。歸來掉臂兩社間，衆共推服。囊中著作尤富。而填詞四種，特其餘事耳。《梅花簪》爲第二種。稿甫脱，即爲名優購去，被諸管絃。漱石諏吉列筵，召僚友，登場搬演，遠邇競觀，靡不愕然稱奇，黯然欲絶。先是，其家有香櫞萌芽自發，二十年成樹而不花。是夕，花忽大吐，滿室皆香，氤氲飄緲，若偕歌聲，彩色飛舞，席前衆賓咸異。自是，結實纍纍如金，盛至千顆。昔高東嘉初演《琵琶記》，座上蠟炬光忽交互成彩，因名其地曰：瑞烟樓。此亦殆其瑞徵與。樂能宣和導鬱，聖王與禮經並垂諸書，豈偶然哉。曹子桓曰：人而不知音樂，則謂之通而蔽。既云通矣，又何以蔽。蓋惡空談禮義，而矯乎情者也。夫情不變則不奇，不奇則不至。奇不失其正，變若履乎常，故凜如秋霜，明如皎日，轟轟烈烈如雷霆，雖婦人牧豎，無不涕泣唏噓，勃然興起，斯情之至，而無不知所感矣。獸聞《韶》而舞，魚聽琴而躍，凡天下有情之物，孰不知所感乎。讀漱石玆編而不知感，則亦通而蔽者也。因爲之序。

清·唐英《夢中緣序》 余陶榷西江二十年矣，往來珠山湓浦間，無民社之責、案牘之勞，所樂與文人學士相晋接詠。則静處一室，唯優游從事於筆墨。知我者或目爲老秀才。余則夙聞有江南一秀才之稱，固張子漱石先生也。喜爲同調，思以禮羅致之，先生挾其經蕩遊四方，久之不得見以來。己巳，聞其在浙，遣使往迎，乃欣然來得。公餘之下，分韻聯吟，殆無虚日。余性嗜音樂，嘗戲編《笳騷》、《轉天心》、《賈前夢》傳奇數十部，每張燈設飲，所諸院本置席上，聽伶兒歌之。先生爲擊節歎賞，亦自出其填詞《夢》、《梅》、《懷》、《玉》四種，屬予觀。則結構新奇，文辭雅艷，被諸弦管，悦耳驚眸，風流絶世。其《夢中緣》一種，抹煞竪淡，寄情深遠。所謂好色不淫，怨懟不怒，誠堪與《莊》、《列》並傳，非蘇辛所得而匹偶也。先生著作頗富，而不自收拾，攜以出遊，時人得其片語只字，遂襲而珍之，曰：江南一秀才稿。而《夢中緣》尤膾炙人口。余懼展轉抄録，未能廣遍，欲代爲開雕，公諸同好，以垂不朽。而會有調任，粤海之先生以道遠憚於偕往，復應接任九江惠公聘。余匆匆就道，遂不及竪棃，然知其書將不久於韞匵，而青萍結緣之藏，終必騰輝於文明之世也。

清・楊濟川《夢中緣序》 臨川云：師言性，予言情。是知情不能已，則發爲詠歌。勞人思婦之詞，皆意有所托。詩有六義，而比物起興，更深以摯也。漱石青年，負雋才，多奇氣，乃扼於時命之不偶，閑居無事，宜其情之抑鬱而不伸者，必有所托以自鳴。故詩古文藝之外，嘗戲編填詞四種，而以《夢中緣》爲第一種。漱石昔受知於西林相公。古作樂府，選入《南邦黎獻集》，由是知名。然爲文立意孤而取神遠，不趨時好。舉於鄉，屢薦不售，因作《江南一秀才歌》以自嘲。既乃窮困出遊，隱而爲人捉刀，以試行其志學。然落落終無所大遇。庚午秋暮，自潯陽歸，執余手歎曰：秀才老矣。余與漱石髫齡交，齒相若也。聞言亦黯然。索觀其著作益富。而填詞四種，名流頗多題贈，因勸其梓以問世。漱石以卷帙繁重，一時不能盡刊。爰取《夢中緣》一編，囑余點定，以先付剞劂。夫臨川《四夢》，評者謂：《牡丹》，情也；《紫釵》，俠也；《邯鄲》，仙也；《南柯》，佛也。今漱石四種，則合女烈臣忠，配以義俠，參之仙佛，而總基於一情。觀其夢寐可以感通死生莫肯踰，忒履患難而不驚，處污賤而不辱，雖天龍神鬼，物類無知，而情之所在，莫不效靈，咸爲我用。嗚呼，異矣。然他種皆極情之變。而《夢中緣》祇道其常。則情之正而根於性者也。余謂識得《夢中緣》旨，而他種之情，皆可以此一種推之。即天下萬世之凡有情者，無不可以此一種盡之矣。

清・徐孝常《夢中緣序》 憶昔庚寅歲，余與漱石同受知督學使者、海寧楊先生。訂交，始見其所著填詞《夢中緣》，凄清哀怨，思致纏綿，淚點血痕，瑩瑩紙上。怪問之曰：子豈真夢耶，非耶。果真夢而以爲非夢耶。抑非夢而乃自以爲夢耶。漱石笑曰：吾烏知其是夢非夢也。如謂是夢，緣於何生。謂爲非夢，緣於何滅。天地茫茫，不知何以有此一日，不知何以此日有我，不知我何忽而伸紙搖筆，成此滔滔四十六齣填詞留之天地。則謂我夢中作之，子夢中讀之，亦奚不可。因相與暱笑不止。漱石富於才華，磊落不可羈紲，爲文不阿時趨尚。試於鄉，幾得復失者屢屢。乃窮困出遊，中間不相聞者十餘年。己未，余倖舉進士，以庶常散館居稼部，值漱石亦由汴入都。一見相驚愕，各蒜髮種種矣。是時，好友如芮子仙洲、伍子紹南、龔子茹千，咸客京師。暇則歡飲聚談，共道兒時事。痛曦光如過隙，或唏噓泣下。詢及漱石《夢中緣》，則猶珍笥底也。長安梨園稱盛，管絃相應，遠近不絶。子弟裝飾，備極靡麗。臺榭輝煌，觀者疊股倚肩，飲食若吸鯨填壑。而所好惟秦聲囉弋，厭聽吳騷，聞歌崑曲，輒鬨然散去。故漱石嘗謂：吾雅奏不見賞時也。或有人購去，將以弋腔演出之。漱石則大恐，急索其原本歸，曰：吾寧糊瓿。會天子方重典樂，念清廟明堂、祭饗朝會諸樂章，務盡美善，以悦神人聽，而舊辭多不可用，欲重製新聲，設樂部、開音律館，命大臣爲總裁，募海内知音者勸其事。有思薦漱石者，余亦勸其往應召。漱石歎曰：吾幼讀先人遺書，不能以科第顯。今老矣，顧乃以伶瞽之事進而希榮利，竊恥爲之。余亦慨然。甲子秋暮，余以病將告假旋里門，漱石來餞余，飲酣，余亦勸漱石謀歸計，漱石曰：吾歸，恐無以自遣，行將取《夢中緣》傳奇付諸梓人，售書賈，取其值以供杖頭野飲資，亦可與二三子優游娱歲矣。子曷爲我叙之。余曰：可。乃就席取其書筆之，以弁其端。遂黯然而别。

清・陳震伯《夢中緣序》 夢，幻境也。然古者占夢有官。湯臨川云：理之所無，安知非情之所有。是故情不一而夢多怪。昔余讀漱石《夢中緣》傳奇及其自爲序，頗怪之。漱石笑曰：屈子求虙妃，宋玉賦神女，文人固多寓言，子何惑焉。歲戊戌，予計偕入都，與太史嚴東聚、學博譚天球讌集，偶話及唐牛僧孺方爲秀才，宿薄太后廟，會見明妃、玉環，及石家緑珠，相與歌樂。明妃以太后命薦秀才寢，羡其冥緣奇合。予曰：鬼神雖渺茫，然明妃必無失身此獠事。或曰：載在傳記，君能没其文乎。予曰：明妃不從小單于，而吞藥以死，塚草猶青。少陵詩史可証也。齗齗久之而散。是夜，夢遊雁門中一廢祠，有女侍胡妝，引見明妃，謝曰：文人孽筆可畏。嚮非君言，妾冤幾不白矣。爲指示前後因甚晰：會當有權貴相招，誡勿應。既寤，異之。俄而，果有以余籍通某府，欲禮羅入幕者。予悚然。憶夢所謂權貴，此殆其是邪，遂遁跡南歸。未幾，某事敗。同行者咸配遣，余獲免，明妃德也。余與漱石齒相若，各以饑驅未由聚首數十年。今年歸，相見已老。漱石案頭《夢中緣》詞猶存，覆讀之曰：君夢不如吾夢之有徵也。語以前事，漱石亦愕然。夫漱石憫浮生之如夢，假仙鬼以覺世人。蓋以幻筆寫空境，而終無姓氏之可指。讀其《自叙》一篇，則與傳僧孺事者，其用心固已别矣。吾恐後人誤認漱石之夢，且感余夢脱禍於機先，懷之數十年未敢告人者微，此書無以發吾之覆也。

清・吴定璋《夢中緣序》 太上無情，非無情也，能不墮於情之魔境耳。夫千古至人，莫非情種。周公《東山》之詩曰：其新孔嘉，其舊如之。何非深於情者，能作此語乎。彌勒佛不立文字，開口便笑，必大有情根，乃得作如是歡喜。故情者，聖人之所不禁。惟貴人善用其情，而不爲情所用。蓋情之苗起於毫，忽而放之，可彌六合；熱於星，火而熾之，勢堪燎原。苟無把握，即入癡迷，如墮夢境。慧心人解此，則真境可視爲幻域，囈語可轉爲法言。色空，空色，一片虛明，絶無障礙，情亦何足爲累哉。漱石先生負絶代之才華，居金陵之勝地，所著詩古文詞，無一不臻其妙。《夢中緣》傳奇一種，則其少時作。以發乎情者止乎禮義，借兒女之幽懷，寓《莊》、《列》之妙理，無異鵝籠書生，搬弄吐納，層層奇變，莫可端倪。真耶，幻耶。正自索解人不得，請於風清月白、酒緑燈紅時候，一按板歌之。倘至人不死，當必擊節歎賞，曰：是吾輩語，醒人也。

清·韓縉紳《夢中緣序》 昔寶卿家兄自天中歸，語予曰：金陵有名士張漱石先生，吾得晤於汝寧郡守費榆香署中。讀其著作甚富。即填詞《夢中緣》一種，亦絶唱也。余心識之。思見其人不得也。趙子丹五亦嘗爲余言，並道先生長君晉九兄，博學多才，余心識之。思見其人不得也。歲戊申，余以諸生膺保薦，歷任四川龍安、彰明縣令。晉九兄偕其同里羅江令坦齋王寅兄入蜀，一見如故交。晉九兄蕭疎豪放，負磊落不可一世之概。見晉九兄如見先生矣。晉九兄尋爲郡守李公延入幕。時龍屬四邑參謀皆乏人，晉九兄兼理之裕如也，與余尤親暱。每至彰明，必流連多日。暇則論文分韻雄談，動輒達旦。余索讀先生之詩文，則盡出其奚囊中隨帶者。如西林相公爲蘇藩時《觀風拔取》全卷，詩、賦、文策，共六十三篇。海鹽俞太史提學江南月課時《古二十四藝》，皇皇大文，洵一代巨筆。及讀《夢中緣》，則清新雋逸，跌宕風流，恍聽緱嶺瑶笙，湘靈仙瑟，絶非凡響。蓋十餘年懷之不置者，一旦如獲珍寶。既而歎曰：使先生少壯得遇於時，則出其經濟以大展其猷爲，當不僅以文詞顯，而今老矣。雖然，蓄之極者發必奇。晉九兄以幹濟之長才，值有爲之歲月，學問淵源，俱堪共信。先生既自以文詞顯，而凡志有未竟者，必將有所寄。因狂呼大叫，執晉九兄之手而拊其背曰：是子之責也夫，是子之責也夫。

清·朱奕曾《夢中緣序》 蓋聞大地皆緣，浮生若夢。或因緣而成夢，夢本非真；或以夢而生緣，緣終是假。驢鳴飯熟，寤枕上之遊仙；鹿隱蕉亡，作隍中之囈語。描來妓女，下自屏間；望去書生，變呈籠内。若彼鈍根年少，甘墮孽不醒迷途；是以慧業文人，借譚空而爲解脱。如金陵漱石先生者，烏衣白下，地占草堂；紅板青溪，居隣桃葉。雄文特起，悉鑄史而鎔經；逸興遄飛，每坐花而醉月。乏龍虎風雲之遇，才雖富而韓窮；爲東西南北之人，經未傳而伏老。傷美人之遲暮，不諱言情；怨公子之輕離，慣能譜恨。五花轉鑾，託優孟以詼諧；一韻偷聲，假詞章爲游戲。易莊語而姑綺語，幾嘔李賀之心；非畫工而實化工，疑見揚雄之臟。歌凝雲遏，競觀則四國如狂；物换星移，傳誦定千年不朽。即使臨川《四夢》放出一頭，直令湖上《十編》投來五體。吁嗟乎，蠶雖老而絲存，鵑欲啼而血盡。花魂月魄，無地相招；雨約雲期，何堪中斷。驅五丁而鑿穿情窟，吐辭若霏玉噴珠；持一管以掃盡愁魔，琢句則驚天泣鬼。要識枝非連理，何關羅刹罡風。但願花是並頭，自有菩提甘露。幻亦真而真亦幻，勿徒歌《白雪》三終；空即色而色即空，已勝讀《南華》一部。錢江弟朱奕曾桂亭氏拜題。

清·金門詔《夢中緣序》 先生一代作手，即《夢中緣》傳奇一部，已足空前超後。覺若士四編，猶是一知半解，安能通古今、徹上下，打透夢覺關頭。如是耶，總由風流道學，坐破蒲團，生此智慧。故借談空包羅萬有，使須彌世界，萬想千情，一齊收入錦囊，供其游戲。此才人之極筆，佛子之妙諦，勿僅作塵凡演劇觀也。由此以推十部百部，皆在箇中，識者自能賞之，何事老人更從饒舌乎。

清·沈大成《懷沙記序》 古來憤懣沸鬱，慷慨悲歌，惟才人；而世人紬繹遺編，咨嗟慨惜者，亦才人。蓋天不欲顯其身，而未始不令傳其文。《離騷》曰經，是殆不可僅以文目之。屈子爲楚同姓，憂讒畏譏，本忠君愛國之心，非當時游談利禄之士比，且與後世歎老嗟卑者不侔也。余每誦其辭，輒捲卷太息。太史公謂：讀《離騷》，悲其志。今讀漱石《懷沙記》，而屈子之志，乃益皎然於日星雲漢之中矣，悲夫。余家茸城，去金陵五百里，耳張君漱石之名久，以時各客遊異地不得見。甲戌春，薄遊武林，假館吴山之天開圖畫閣。傳玉笢、金江聲兩先生過訪，爲道漱石亦寓兹院之北隣。乘夜叩其扉，執手歡若生平，坐達旦。自是，昕夕風雨無間，題襟倒笥，都忘逆旅。漱石詩古藝文，諸體悉臻其妙。磓砿磅礴，並駕馬枚。雖填詞小道，而清新藻麗，余閲之心醉。每種各有題詠。及讀《懷沙記》，淋漓凄惋，則三問千載英靈，復生楮葉。此宇宙至文，豈直詞曲小令耶。反覆吟哦，逐加評點。俄漱石往禾中，余亦旋之廣陵，不及爲之序。茲聞漱石遊關內，適太倉，王公古巖爲同郡守。見其寫本，歎爲奇絶。慫付開雕，而來促余敘。昔班孟堅志藝文，凡詩賦百六家，而屈原賦二十五篇爲之首。傳曰：不歌而誦，謂之賦。漱石今不惟誦而歌，歌而觴，絃之矣。竽笙狂會，二八接舞，其善得大、小《招》之意乎。夫璜臺瑶圃，非咫尺可求；佚女虙妃，豈丹青能寫。茲則低廻顧盼，若即乎其人；周浹房皇，若親履其境。舉當日之闇主賢臣，忠貞讒佞；與夫神靈儵佹，奇怪怳惚；祭祀之禮，歌舞之樂，咸假放逐，竄伏苦毒，懷思舒寫，無少遺漏。使觀者搤掔，聞者擊節，莫不傷其時，感其事，哀其不遇，而愍其志。其屈子之功臣，而劉賈之益友乎。漱石方客於秦，即昭王使張儀詐楚懷王見脅之地。今取二十五篇之文，獵豔辭，擥華藻，發激楚，被文服，搬演於廣場氍毹之上，則秦楚之風，感於哀樂，緣事而發。若隋有僧道：騫者讀楚辭，能爲楚聲，音韻親切。至唐猶豔之。而況播諸樂府，其感人尤易入乎。吾知曲江口社之間，必有聽漱石此曲，而紊欷失聲者，俟歸而問之。

清・王俊古《懷沙記跋》 《騷》可歌，而不能爲今之歌。古之文人從事於《騷》者，其著述不一，從未有組織其文，叶之聲律，播之管絃，著之形容者。傳奇昉自元人濫觴，至黄石牧之《鬱輪袍》四種，莫不令觀者可歌可泣。詞之豪者，銅喉鐵板，艷者，月地花天，從未有咀《騷經》之菁華，供檀奴之唱歎者。漱石此作，前無古後無今，殆三閭之後身歟。《天問》等篇，則天雨粟，鬼夜哭矣。安得六朝名士以生香口，遏行雲而抑揚盡致之。《點絳脣》、《畫眉序》，説者謂作者自題，其詞知音鮮矣。知之而付之默契神傷，如是而遂謂之知音乎。吁可慨已。安得諸同好能共解餘橐，亟爲登梨庶，俾世有知音。聽今人之歌，亦無異古騷歌，想當掀髯而一快。

綜述

清・張堅《玉獅墜・自叙》 余少攻時藝，鄉舉屢薦不售。焚稿出遊，轉徙齊、魯、燕、豫間。有憐我者，有愛我、敬我者，有利誘我、禮虛拘我、權術機詐而役我者，即又有忌我、病我、嫉我、訕我，思擠排驅逐我者，蓋知我者率無力，而力能舉我者，又苦於不知我。且知我而不盡，則不如無知。故交遊日益廣，而窮困如故也。無事則嘿坐，或强弄絲竹，已而寂寥益甚。愁來思驅以酒，飲少輒醉，醉輒醒，而愁復來。乃思一排遣法：借稗官遺事，譜入宫商，代古人開生面。操管凝神，則愁魔遠避而去。得一佳句，便自愉悦。憶昔從父師受業時，偷看《西厢》、《拜月》諸傳奇，偶一游戲，背作《夢中緣》填詞，懼見嗔責，藏之篋底，十餘年後始出以示人。繼作《梅花簪》、《懷沙記》。今又成《玉獅墜》一種，故事藍本《情史・玉馬墜》而稍變易之。嘗考《月下閑談》所載黄損詩，云爲其妻裴玉娥見奪於吕，用而有作。唐人《本事詩》則謂：劉禹錫妓爲李逢吉所悦，作此詩投獻。或又以爲李益事。余不敢重誣古人，故仍其姓氏，而不拘其時代，以仙易佛，變馬爲獅，靈異雖同，情文各别。要皆涉筆成趣，爲氍毹場上渲染生動，非有深意也。傳述者或訛謂失真，曷思桃源何洞，槐安何國。彼黄生夫婦，原生長無何有之鄉。獅固非真，馬亦何嘗非幻。吾請爲斯墜下一轉語曰：呼我爲馬，則應之以馬也亦可。白下漱石張堅齊元氏自叙。

清・張堅《梅花簪・自序》 天地以情生萬物，情主於感，故可以風。采蘭贈芍，人謂之情，而卒不可以言情，以感非其正也。夫玉不磨，安知其不磷。素不涅，安見其不淄。世途之坎壈，人心之嶮巇，造化弄人之巧毒，惟不失其正。乃履艱蒙難，百折而其情不移。《三百篇》後，遞降爲填詞。然子輿氏有云：今樂猶古樂。其興、觀、羣、怨之道，正維風化俗之機。孰謂傳奇可苟作者哉。余《夢中緣》一編，固已撇却形骸，發情真諦，猶恐世人不會立言之旨，徒羨其才香色艷，贈答相思之迹，故復成此種《梅》，取其香而不淫，艷而不妖，處冰霜凜冽之地，而不與衆卉逞芳妍。此貞女之所以自况耳。若徐如山本有情而似無情，巫素媛於無情中而自有情，郭宗解爲貞情所感觸而忽動其俠情，是皆能不失其正而可以風矣。漱石自序。

清・張堅《夢中緣・自叙》 《夢中緣》，感於夢而作者也。己卯仲春，予遊南郊，歸憩嘯月齋，隱几假寐，倏若置身巒岫間。藍瀋浸睫，雲氣盪胸，下瞭塵人，蠕蠕而動。旁一道士告余曰：此華山也。水鳴於澗。循石磴東行數百步，至一洞府，絶壁千仞，芝芷蔓蘅，豉蔓嵒谷，室樓豐室，盤鬱霄漢，雙闕闓啟，一童子來迎曰：仙子待君久，奚暮也。前導余排朱闥數重，歷玉階，直抵殿上。天樂三闋，珠簾徐啟，金碧煥然，異香自流蘇噴出，氤氳若烟雲。衛士持戟鉞雁羅墀下，諸女侍嫈嫈窔窔，各司其物。二仙子上坐，戴金鳳芙蓉珠冠，服卷龍金縷絳綃氅，腰繫積翠五彩暈花八寶錦裙，耳垂明月璫，胷前金鑲纓絡寶璐珮環，足趿雲霞履。神姿妖麗，光可鑒物。予將下拜，二仙子齊起立笑曰：此禮豈爲郎君設。左右攜余手，偏遊諸宮。飛閣翬翔，長廊虹亘，富麗清幽，絶非凡境。供設儀仗，儼如王者。俄聞空中輕雷隱隱，一甲士奇形麻鑼，盼首輪目，而前曰：此小崆峒山鼓聲闉豁也。聞令客在此，將毋劫之而去耶。余問：小崆峒山爲誰。曰：茲山之鄰，請討之。予欣然承命。作檄千言，付甲士持去，都不能記。少焉，雲雷如墨，大雨霳霳，砯硑霧霈，如金戈鐵馬之聲。前甲士自雲端下曰：崆峒破矣。雨霽，宴於蕊珠殿，二仙子翼予並坐泥金七寶牀。案設龍文鼎百餘具，璠璵環列，琥璜交錯。果脯怪異，不識其名。諸女侍近前爲壽，歌《霓裳羽衣》之曲以侑觴。仙漿甘洌，沁人心骨。予初悚敬，不敢仰視。須臾，欵洽謔諧，情頗腆昵。其長者修容綽汋，季者則豐膩端妍。而娷姘靚妝，星眸曼睩，玉顔鮮潔，神采欲飛。皆非人世所見也。詢其姓氏，不答。惟言：予異姓姊娣。元時，同避亂入山，遇異人，得授長生術。明時，上帝勑封於此。師言：星輪屠維單閼斗指東方卯，當有桂籍仙官來會。此君其是耶。予愕然問挑以微詞。二仙子䩄然久之，淚數行下，曰：郎君，非仙緣安至是。雖然，此清虚之境，豈得如人間樂事。君自有佳婦，妾與君緣盡於此矣。乃作歌曰：雲霐寥兮天階，迥塵埃兮洞府。目既成兮情不終，女静好兮空房處。又歌曰：恨漫漫兮沉愛河，魚兩兩兮隔清波。右羅浮兮左巫峽，惜流光兮樂只多。安得此情兮與天無極，可憐無極兮奈此情何。歌竟，二仙子泣，予亦泣，遂罷宴，命童子送予還。行數步，悉失所在。第見雙鶴翔空，巉磯頂溶，天光雲影，瀲灩射人。蘧然驚起，日方正午，心甚駭異。因思天地之大，何所蔑有。人仙神鬼，變幻非常。一切怪誕鄙穢之事，至於夢而安可窮極乎。語云：太上無情，故至人無夢。其下不及情，故愚人亦無夢。然則夢之所結，情之所鍾也。欲賦其事，則恐張皇幽渺，蠛瀆仙靈，乃另托人世悲欣離合之故，游戲於碧簫紅牙隊間。以想造情，以情造境。自春徂秋，計填詞四十六齣。一夢始，亦一夢終，惟情之所在，一往而深耳。雖然情真也、夢幻也，情真則無夢非真，夢幻則無情不幻。夫固烏知情與夢之孰爲真，而孰爲幻耶。金陵漱石張堅齊元氏叙。

清・張堅《懷沙記・自叙》 《三百篇》後有《離騷》，騷一變爲詞，再變爲曲。騷固風雅之變體，而詞曲之始基也。唐時，梨園子弟，惟清歌妙舞而已。自元人傳奇作，則賓白具。而搬演其故事，凡古來忠臣烈士，才人淑女，其行義奇傑者，無不藉是以膾炙於人口，而其名益顯。乃屈子獨不見於傳奇。我朝尤西堂有《讀離騷》一折，而未盡其致。然其時君貪而愚，臣佞而倖，才不見容，忠而被放，皆足激發人心之不平，以垂戒於後世，烏可以無傳也。屈子《懷沙》，乃《九章》之一。而太史公曰：屈子作《懷沙》之賦，乃自投於汨羅。蓋其憂讒畏譏，憤不欲生之志，已決於《懷沙》一賦之中矣。余幼喜讀《騷》，後出遊，携之客笥。或雨窗月夜挑燈讀之，輒唏嘘泣下。每歎千古才人之文，莫奇於屈子；而蒙冤被抑，亦莫悲於屈子。若宋玉、王褒、東方、劉向之徒，哀其志，爲擬騷以吊之。茲余變《九哀》、《七諫》之章，爲引商刻羽之句，成《懷沙記》填詞一種。借優孟而識衣冠，聆管絃而生憑吊，仿佛遇三閭忠魂，時飄渺於瀟湘雲夢、月明烟水之中，諒亦懷古情深者之所不棄也。如以山雞無足飾鳳羽，烏語安得效鸞音。屈子有靈，將毋取其意而恕其文可乎。是爲晉咸安中，有吴人顔珏者泊汨羅，夜深月明，聞有人行吟，曰：曾不知憂之爲邱兮，孰兩東門之可蕪。珏異之，前曰：子三閭大夫耶。忽不見其所之。《江陵志》又載：原故宅在秭歸鄉。有女嬃廟，至今擣衣石尚存。時當秋風夜雨之際，砧聲隱隱可聽也。嘻，異哉。原以忠直死。古龍比者流，何以没後多不經事。特千古騷魂鬱而未散，故鬻熊雖久不祀，三閭之迹猶時仿佛占斷於江潭澤畔，蒹葭白露中耳。

又《凡例》 一、是編本《史記》及《外傳》。當楚受秦詐，陳軫諫不聽，則見於《國策》。時原尚仕楚，斷無知而不諫者。《疎原》一齣，亦爲史傳補闕耳。以孟嘗爲齊、楚離合作穿插，蓋因田文入秦，有勸歸懷王之請。雞鳴狗盜，咸得其用，正可反照生情，而爲遭讒被逐增嘅也。懷王被擄入武關，朝於章臺宫，令執藩臣禮。後亡走入趙，不納，又欲之魏，追兵至，遂入秦而病死。今悉删去。豈謂傳奇幅短，不能備載乎。抑是作本痛哭騷魂，並不予秦人以狡獪得計，使過於醜詆楚懷，非所以慰屈子在天之靈也。故寫懷王受詐，雖不若勾踐忍恥吞吴，而憤怒捐生，差勝於纍囚被辱。景缺陣亡之士，借作從死沙場，頓增無限悲凉，足爲南荆生色。

一、《著騷》一齣，填寫本經固也。其《卜居》、《漁父》諸齣，亦多遺用原文。要皆體製宜然，非以摭拾成語就易，亦非以適中音節見難也。《天問》、《山鬼》，辭雖仍舊，而機杼獨別。不知者或以畔經誣古見罪，知者則謂旁通奧義，另闢奇思，適足抒寫騷魂之抑鬱，應自得於語言文字之外耳。

一、詞貴清真，雅俗共賞。余數種填詞，雖穠艷典麗，而顯豁明暢。此種代屈抒懷，勢不得不點綴《騷》詞以入曲調。然其文義淵深，字句古奥，文人學士寢食於《騷》，自展卷而如逢故物。但三閭孤忠，斯世共憫。無論智愚，傳奇一出，或咸欲售觀。恐一時索取註解不及，未免鶻突迷悶，非快目娱心之境也。喜小兒輩私抄讀本，凡曲中引用《騷》詞，悉依原經，詳加註釋。或歷來舊註未明，聚訟不一，另有會心，間爲表出。而不失吾立言之旨，亦取其説與註並存之。其餘非屈子正文，則《騷經》毋庸牽入。語不勾深，詞惟本色，識者鑒之。

一、商於之詐，係秦惠王事。武關之約，則在秦昭八年。傳中渾而不分者，蓋此爲屈子寫怨，非爲秦楚編年。頭緒一紛，則觀者反致目眩，而情文亦欠警拔。況傀儡場中，不乏借言。即楚懷被擄，何與儀事。而君子惡居下流，不妨以惡歸之也。

一、《戰國策》：楚索秦地不與，曰：爾以爲我未絶齊耶。乃遣人東罵齊王。又張儀械繫楚，令寺人通於楚王之寵姬鄭袖，言秦得美女二人，將入楚贖儀罪。袖恐奪其寵，乃使止秦女，而勸王釋歸儀。傳中《罵齊》及《通袖》，悉本此。

一、或疑因果始自釋氏，似非儒者之言。原時，佛未入中國，何得有地獄輪迴之説。余謂不然。儒者不曰因果，而未始不曰報施感應；不曰輪迴，而未始不曰循還反覆。如以爲無，不應以佛入而忽有；如以爲有，亦不應以佛未入而遂無也。傳説爲箕宿降生惠子，生而有文在手，曰：爲魯夫人冥冥之際，誰實司之。伯有之鬼，彭生之怪。左氏所傳，即多誕妄。夫君子不重當前之榮貴，而借没世之聲名。志士仁人，流芳不朽。即千秋之富壽康寧，佞倖讒邪自謂快意。不知一經文筆，即劍樹刀山，一入信史，即無間地獄。《示果》一齣，伸正直之氣，褫奸雄之魄，又奚可少乎。

一、小説傳奇，雖云游戲，亦有文章。然妍媸不一，而好惡亦殊。此編賢愚忠佞，離合悲歡，悉依史傳，不敢更易其人其事。即以屈子文詞，重寫屈子生面，而已無與焉。觀者固可不計其工拙，又何所施其愛憎乎。雖有名人題句，猶然憑吊騷魂，此詞自覺形穢。倘籍以掠美沽譽，則予又奚敢。

又《江南一秀才歌》 原是江南一秀才，十年壯志幾曾灰。任來天下無難事，祇道黄金復有臺。霜堆兩鬢漸堪哀，原是江南一秀才。目到闈中迷五色，筆花何自向人開。致君堯舜匡時策，誰道不從書裏得。原是江南一秀才，奈何長作諸侯客。柳發新條梅有苔，邵園陶徑許重開。歸來課子燈窗下，原是江南一秀才。

清・王魯川《玉燕堂四種曲跋》 一、先生傳奇四種，《夢中緣》、《梅花簪》、《懷沙記》、《玉獅墜》，曰夢、梅、懷、玉，蓋寓意深遠矣。《梅花簪》久爲優伶購去，易名《賽荆釵》，登場搬演，一時風動，嘖嘖稱奇。《夢中緣》編成最早。優伶絶少佳者，故不肯輕售，攜以出遊。四方名流索觀，原本揉躪數易。吾黨屢請付剞劂，先生以小技不足以問世。庚午春，同學復固請，九江督榷唐公分清俸助之。乃囑余校魯魚，刊爲上、下本四册，並輯諸名士所錫佳評，分列首末。越次年工竣。信知佳文不易顯，固自有時耳。

一、序跋題詠而外，其綫批細註，尚不一人，苦幅狹未能備載。然先生以偶爾筆墨游戲，一時多獲賞音，不勝感歎。每對余屈指，若西林相公爲蘇藩時，先生曾受知於其門，即見是編而善之。厥後，桐城張晴嵐少宗伯暨其弟鏡壑供奉、錢塘陸賓子拾遺、邗江程午橋、武進湯藥崗常熟邵馮菴諸太史，及天長韓君爾調、毘陵陳君長卿、金壇劉君子彦、溧陽潘君南河、石棣蘇君爾怡，皆愛其詞章，吟哦贊賞，爲先生極不能忘者，不以顯晦存亡而異也。因囑余悉記篇終，蓋以誌人生知己之感云爾。

一、先君子醉心是編，嘗欲爲之序。會各有四方，志未及爲。己未夏，兩賢相遇於都門，先生居宛署，先君子授經於和邸。詩酒過從，五年餘不虞。先君子之驟逝也，先生以不得其一言爲憾。先君子諱嶼，字仙洲，與先生幼同學交好，老而彌篤云。

一、先生嫻於音律。詞調本吴江沈伯英《南九宫譜》，陰陽悉叶，去上必諧。即偶有變通，而蟬聯伸縮，自然成聲。按板固無劣調，口誦亦極鏗鏘。惟善審音者心領而神會焉。

一、元曲音韻，講求最細，然膾炙人口者，莫若《琵琶》，而不免借用太雜之譏。是編韻脚，嚴而且穩。若遇險韻，尤無一字旁出者。昔歐陽永叔謂：退之古詩工於用韻。得寬韻則波瀾橫逸，泛入旁韻；得窄韻則不復旁出，因難見巧。是編凡用險韻，亦於難見其巧。若不在韻者，皆譜註不必用韻處，非故旁出也。

一、作者意中，止寫一生二美，並帶寫一解事小鬟之數人者，又皆斡空鑿虛。而姓氏里居，悉成烏有。況其餘乎。至於臚列賢奸，以寓勸懲，不過鏡花水月，涉筆成文。作者既自謂非真，讀者亦當視爲幻。若定索影尋聲，折白道字，勢必訛以傳訛，何啻夢中說夢。

一、始幻緣，終後夢，全篇結構，已自燎然。《戲圓》一齣，特爲舞席歌筵而設，原非正文。然其異想天開，迴環顧映，恰與正文相綰合，似亦不可無此一齣者。如女媧煉石補天，宛然是天，不見爲石，豈非至文。

一、子弟添設科諢，多有逆情悖理者。愚俗鼓掌喧笑，而知者輒欲掩耳閉目以避之。即如《西厢》絶世妙文，近時惡伶搬演，村俗至令人嘔唾髮指。是編自饒雅趣，足解人頤。若使風人之致混以市井之談，則作者之讐也。

一、是編詞曲之妙，乃案頭文章，非塲中劇本。然其排塲生動，變幻新奇，錦簇花團，雅俗共賞。優伶善是，何患不聲價倍增。而先生珍之笥底，未嘗輕令紅兒一試者，蓋以《陽春白雪》，原難語諸下里巴人也。雖然宇宙大矣，梨園之中，豈乏聰穎少俊。富貴之室，每多教習歌童，語云：詞出佳人口。昔旗亭賭歌，千古傳爲盛事。吾惟爲此書拭目待之。

一、填詞太長，本難全演。作者非故費筆墨，乃文章行乎不得不行耳。但恐舞榭歌樓，曲未終而夕陽已下；瓊筵綺席，劇方半而雞唱忽聞。則此滔滔汩汩之文，終非到處常行之技，未免爲優伶所難。兹先生另有删就演本，以待同好自可就而抄録。免致優伶任意剪裁，情文或多不貫，若美錦不能成章，殊爲憾事。然而真正賞音，必不惜多贈纏頭，務令展其全技，或分演於連臺，或卜夜以繼晝。則洋洋洒洒，盡態極妍，豈非氍毹塲上一大觀也哉。從遊江寧芮賓王魯川氏謹跋。

傳記

清（同治）《上江兩縣志》卷一六　張堅，字齊元，上元人。少有才名，受知於鄂西林相國，晚年自號江南秀才。

著録

清・支豐宜《曲目新編・著録八・國朝傳奇》　《玉獅墜》、《懷沙記》。

右二種，玉燕堂張漱石作。

清・姚燮《今樂考證・著録九・國朝院本》　張堅四種：《玉獅墜》、《夢中緣》、《懷沙》、《梅花簪》。

清・王國維《曲録》卷五　《夢中緣》一本，《梅花簪》一本，《懷沙記》一本，《玉獅墜》一本。右二種，國朝張堅撰。

藝文

清・張廷樂《夢中緣題詞》　今古浮生一夢中，良緣何在恨無窮。新詞製就傳千古，直使狂奴拜下風。

清・姚瑩《題夢中緣》　遊仙一枕夢初酣，采鳳文鴛得指南。若使菩提真好事，從今彌勒願同龕。

兩姓婚姻一夢通，隍中蕉鹿雪中鴻。無端漏卻春消息，清茗香羅意總同。

陡起風波易姓名，此中離合費經營。分明一幅天孫錦，幾許心思織得成。

水中見月原非月，鏡裏看花不是花。識得浮生皆屬夢，終篇只似讀《南華》。

清・劉紹亭《題夢中緣》　此生生自憐，鍾情曷有極。西方彼美二，可望不可即。

緣幻因情現，須知同夢奇。自今紅板下，不數杜娘癡。

一念憐才重，花間誓並頭。無瑕情更永，名教自風流。

狡獪真可兒，義俠更誰伍。莫以美婢輕，繪入無雙譜。

崆峒何有山，彌勒本無相。非色亦非空，一笑清魔障。

清・白德馨《題夢中緣》 我友江南一秀才，浩氣凌雲才玩世。勘破乾坤一劇中，古今人物俳優戲。真真假假是耶非，蒼狗須臾變白衣。筆可鏤空花幻彩，慣從黠語洩禪機。洞庭才子情癡極，化蝶雙雙春有跡。巫山境渺苦追尋，別岫野雲迷不得。依稀風景似秦淮，彼美同夢還相識。鵶鬟巧舌傳心事，一片絞綃柔情織。當前絶色忽有雙，一是傾城一傾國。玉鏡無媒私自憐，茗香夜半浮甌碧。未諧並蒂旋別離，秋宵暗誓兩心期。難將好夢輕説與，婉轉教猜帕上題。東床偷卧胡爲者，一擒一縱如同耍。惟恐悞來假混真，誰知反悞真爲假。良媒易絶可奈何，人事天心反覆多。真從假姓登龍榜，假冒真名陷雉羅。更苦嬌姿悲失路，一身落泊如飄絮。賺入朱門憂變喜，二美相憐不相妬。堪嗟禍福常倚伏，轉换都非真面目。奴全主義險如夷，女代男婚看不出。將假配假亦何尤，真還作假逞風流。少時讀此銷魂久，今尚頤閒忘白頭。幻中生幻緣未了，崆峒本是無人道。情至何須問假真，夢長夢短和天老。

清・焦逢源《題夢中緣》 此恨憑誰説。倩霞箋綵筆，代他喉舌。二美祗今何處也，淚滴幾番成血。讀未竟、衷腸寸裂。我亦愁人癡未了，打不透一縷情千疊。翻覆此，添淒切。 風流自古多磨滅。總不如、天涯雲水，消閒歲月。慾海愛河明有岸，接引道人心熱。燕子忽來春又去，任一般詡詡穿花蝶。漆園境，誰絫迭。《金縷曲》。

清・鄒升恒《題夢中緣》 多情天賦，彩筆空題腸斷句。宋艷班香，一種新聲繞畫梁。 知音何在，玉茗堂前剛一派。色色空空，勘破塵緣一夢中。《減字木蘭花》。

清・姚孔鈵《題夢中緣》 詞人老去奈春何，醉拍紅牙自按歌。奪得文通夢中管，意花開處比江多。

幻處歡然幻處愁，全憑慧劍破温柔。便當玉茗筵前奏，未必推他作趙州。

滴粉搓酥二十年，蘇辛姜柳辨嗤妍。興闌拋卻諧聲譜，歸去山中片石眠。

見獵如何喜又生，推敲坐見月三更。簷筝風鬬宮商叶，似代鸞笙象管聲。

清・王洛《題夢中緣》 秋滿蕭齋葉嘯風，一天霜氣壓征鴻。調聲忽撇寒窗懶，對此如譚釋氏空。風月方佳漏點催，無憑好夢亦懷開。一雙漢浦仙人珮，解爲狂生纔眷來。潦倒詩書士價輕，可憐閨閣獨馳聲。不知何事干天忌，遣入羊腸坂上行。

桃葉空勞打槳迴，簫聲雅負不凡才。官兩商部憑揮麈，抵得維摩一笑來。

清・曹涵《題夢中緣》 仙骨珊珊異，風流興自豪。窗前研月露，座上響雲璈。句艷渾如宋，情深宛似騷。浮生都勘破，塵夢亦奚勞。

清・凌鎬《題夢中緣》 月白霜寒更漏遲，挑燈閒讀柳郎詞。分明一枕遊仙夢，休更揚州妬牧之。

玉茗風流詎足誇，酒闌燭跋按紅牙。想君長嘯揮毫日，定夢江郎五色花。

萬事勞形一夢中，盼來依舊夕陽紅。涅槃妙諦無多語。勘破方知色是空。

清・張管叙《題夢中緣》 大夢誰從未覺窺，茫茫夢裏足歡悲。今時月冷孤懸影，何處蓮開並蒂枝。緣到空時方識幻，情於真處便成癡。風流老子偏常醒，多少人間覺後疑。

清・管霈《題夢中緣》 悲歡離合百年身，夢裏偏能學笑顰。鍊去睡魔成醒眼，説來妙語類癡人。紐空作結絞綃案，湧地生花菡萏因。莫與世間兒子讀，尚疑蟻穴醉眠姻。

清・張霖《題夢中緣》 白雪音中寄渺茫，纏綿曲意九迴腸。夢來夢去情深淺，緣少緣多恨短長。鵁鶄樓頭春正暖，鳳凰枕上月初涼。筆同慧劍魔先退，讀罷還教滿頰香。

清・王彭《題夢中緣》 遠皋木落澹寒谿，試倚新聲寶瑟齊。多少幽懷多少恨，畫眉卷髻付雙棲。

岷峨江上有啼鵑，誰念西陵松柏緣。眷此清風殊静好，渾疑龍駕與鸞驂。

黛青粉白迴超塵，流水胡麻天一津。些子關心年少事，卷中人是夢中身。

清・王嘉會《題夢中緣》 月窟還憑玉斧修，誰言道學不風流。羨君一曲《江南好》，消盡千秋萬古愁。

閒親筆墨爇名香，悟得緣空夢亦涼。曠代逸才人不識，翻從歌袖顯文章。

清・夏綸《題夢中緣》　一笑相逢齊白首。數調尋宫，十種平分久。自愧巴詞徒獻醜。輸君戛玉敲金手。

説夢譚空真諦剖，更羨懷沙古艷誰其偶。請付開雕貽不朽。休教丁甲潛偷走。《蝶戀花》。

清・顧弘鎬《題夢中緣》　如梭駒隙老蒼顔，悟得浮生若夢間。幾許悲歡眼底事，最難打破是情關。

心似摩尼不染塵，無端幻出色中身。古今大夢誰先覺，惟賴先生筆有神。

清・馬德和《題夢中緣》　一部新詞一夢鄉，五雲燦處筆花香。倩誰細按紅牙拍，十八輕盈小女娘。世事幾多悲缺陷，媧皇煉石豈虚傳。筆尖能奪天工巧，補得人間夢裏緣。

清・張沂《題夢中緣》　一樣宫商出玉金，彩毫今信錦成林。自來才美情偏重，那識緣慳恨自深。白雪無知羞韞匵，紅兒有分抵鳴琴。狂心擬約靈槎近，會向雲端學弄音。

清・鄭衮《題夢中緣》　一幅天孫鬭色絲，井邊爭唱柳郎詞。吴儂自有《江南好》，不數巴山歌《竹枝》。衡門紙語落花多，花底聲聲唤奈何。一曲銷魂建業水，風情恰受雪兒歌。

譜入秦淮玉篴聲，桃根桃葉總關情。銷魂更有西泠女，不許人間説姓名。

清・潘□□《題夢中緣》　古往今來，千情萬態，化工游戲文章。任妍媸老少，次第登場。雲霞幻彩霓裳。變天籟、鳴一種新腔。雷霆鼓板，雨敲絲竹，風弄笙簧。　才人些子踈狂。甚生來緣短，若箇愁長。似蜃樓海市，起滅何嘗。置身傀儡逢場戲，逞風流、自點宫商。此情誰見。紅兒按節，素女施妝。《金菊對芙蓉》。

清・柴才《題夢中緣》　願作鴛鴦不羡仙盧照隣，於今重説恨綿綿張籍。鸞春雁夜長如此鄭谷，碧樹紅樓自宛然温庭筠。想到恩情卻是夢趙承祐，積來孤憤合長眠黄滔生。千迴赴節填詞處李太玄，留與工師播管絃湯悦。

清・傅玉露《懷沙記題辭》　《玉宇瓊樓》依第一齣《述原》元韻　見説雍門繞梁，響遏行雲逐。華筵絲管日紛紛，快意何曾足。六鑿塵根先闢倏，新聲動摇山谷。江南花發紅豆，珍瓏重翻法曲。　莫訝湘纍吟，只咏夔同巫。祝蓀荃盡譜入紅牙，一洗官衙辱。大似青蓮作計爲身謀，遣人快讀。儘容名士，痛飲淋漓，長謌當哭。李白詩：平生不解爲身謀，虚作《離騷》遣人讀。

唐英

論説

清・董榕《轉天心樂府序》　蒼蒼大圜，一轉輪也。元運無一息之停，樞機無一毫之滯，橐籥無一絲之螯，杓衡無一髮之差。轉斯爲天，不轉則非天也。顧談天者率言天體與天氣耳，而言天心者，則見之《易》。《易》曰：復其見天地之心乎。蓋天以生物爲心。人得是生生之心以爲心，所謂善也；反是爲惡，猶陽之反爲陰也。陰盛爲《剥》，《剥》極而《復》。陰之轉爲陽，猶人心之惡轉爲善。惟有此轉而天心見，惟有此轉而人心始合於天心。張燕公詩曰：講《易》見天心。易即轉也。有變易以爲轉者，有移易以爲轉者，有互易以爲轉者，更有不易以爲轉者。轉之時義大矣哉。蝸寄先生《轉天心》樂府之作，其精於《易》者乎。觀吴明之題壁傲慢，是亢龍之有悔也。亢極則變，故换其胎，純陰之際，一陽復生，吴定即碩果之僅存也。所謂卦無定象，爻無定位者，斯其見端歟。當困於幽谷之時，而指點循環消息者，爲注生之南斗，坎陷互離明矣。丐而孝母，以需郊之樂，爲頤養之貞，孝篤天經，幹蠱之高風也。得金矢而堅貞，不使旅人喪其資斧；遇少女之蒙難，返厥歸妹脱於寇弧。合之代孝、代償，老老幼幼，廣及於人。善不積不足以成名，猶彼惡不積不足以滅身。積不善，必有餘殃。如此積善，得不有餘慶乎。自此人心轉而天心亦轉矣。剛健粹精，得天之健，即得劍之説也。待時而動，時尚潛也。一旦乘時利見，炳爲虎變，剛中而應，行險而順。師出以律，立執三禽。開國承家，極錫命之榮焉。由大困轉而爲大亨，此非天轉之也。實有所以轉有乎天者，則在此改過遷善之心轉之而已矣。而此能轉者誰也。即剥極復生之人爲之。《易》所以取象於碩果也，則豆因豆果之義，不更彰明較著也哉。吾不知作者拈毫時如何落想，而第見其文與事無之而非《易》也。固知其生平閱歷，究心於盈虚消長之機，悔吝憂虞之故者甚深，是以有取於改過之義，而爲此書也。若徒曰筆如轉環，轉法華不爲法華轉，是猶操觚家及釋氏之膚譚也。或曰邵子詩云冬至子之半，天心無改移，移者，轉也。果爾不又有無轉之説乎。夫轉而無轉，即易有不易之義。所謂種豆得豆，萬古此豆者似之乎。或又曰：善《易》者不言《易》。作者學精象數，姑現化於詞場。實能移風易俗，使人回心而向道，允希聲之太音也。而子顧沾沾擬議耶。余聞之爽然無以應。時南山吐雲，天宇清穆。豆餮薦節，玉杓北指。

清·董榕《傭中人傳奇序》 論世於勝國之季，朝中可謂無人矣。自熹宗時，刑餘擅弄國柄，附之者以宰執列卿之尊，甘爲其門生義子，甚至斯養僕隸，而不以爲羞，人理幾於滅絶。莊烈帝手剪貂璫，奮然思治，而所用者率皆亡國之臣。其責臣罪己詔曰：張官設吏，原爲治國安民。今出仕專爲身謀，居官有同貿易。貿易者，傭保之所爲也。莊烈此言，如漢楊音罵盆子諸臣曰：卿等皆老傭耳。其唯唯諾諾，旅進旅退者，伴食之傭也；其耽耽逐逐，竊據要津，擯排異己者，壟斷之傭也；其餙大言以干進，視國事如兒戲，卒至一敗塗地者，畫墁之傭也；其支頤袖手觀殘局之乘除，緑浪紅塵付餘樽於夢幻者，寓賃之傭也；其蠡賊於中而受問輸情，蒙蔽於外而納贜豢盜，欲保身家之富貴，等君國於奇貨者，賣販之傭也。嗚呼。彼諸人者，曷嘗不戴髮含齒，頂弁拖紳，儼然自號爲人。而識者視之，直傭等耳。然猶勿以傭擬之也。以傭擬之，仍不啻尊之貴之，而彼固傭之所不齒也。何者。傭中固大有人在也。余嘗觀甲申殉難中，有菜傭其人，爲之肅然起敬，愴然流涕，念其人與范吴橋以下諸公一同殉節而更見其難。蓋吴橋諸公，大人也；菜傭，小人也。以小人而立大人之節，斯乃不愧爲人。每思歌之咏之，播之管絃，奏之邦國鄉社，以告世人。而自慚拙陋，詞不達意。今讀古柏先生《傭中人》傳奇，乃爲之拍案叫絶，暢然而無遺憾也。其文筆之妙，抑揚頓挫，慷慨激昂，愈跌愈醒，愈宕愈快，使明季頂弁拖紳，累累若若之輩，無地可容。誠足以誅奸腴於既死，發潛德之幽光，與六一居士《馮道傳》後舉一嫠婦以愧之者正同。文如太史公叙高漸離事，如聞悲哀擊筑之音。夫高漸離固爲人傭保者，今此傭得此文，堪與擊筑者并傳不朽矣。傭之姓名，篇中從谷氏《紀事本末》作湯之瓊，而横雲山人《史稿》則載湯文瓊事，未知爲一人否。要如左氏稱介之推，龍門則稱子推。其人之奇，與文之奇，固皆同也。吾於斯人斯文亦云。

綜述

清·唐英《笳騷·題詞》 文姬事載諸漢史。弔中郎予魏武也。姬歸國後，感傷離，追懷悲憤，作詩二章。其《胡笳十八拍》相傳非其自著，乃後之好事者爲之。攷無可據，存而不論可耳。然玩其詞調，亦斷非晉唐以下所能爲役。予悲姬之遭際，喜其能逼肖當年之形神心事，非凡手也。憶予十年前，曾寫《歸夏圖》，兼綴七律二章。客有以買古人愁見嘲者。予曰：嘻。子不聞悲歌慷慨，古燕趙之風耶。予真燕趙間人也。斯愁之買，舍我其誰。爰更擬其當年之形神心事，鎔鑄其《十八拍》之節調遺音，不枝不蔓，敷衍引伸，笳吹騷動，騷譜笳傳，使文姬有知，未必不笑啼首肯於筆尖腕下也。時壬戌上元後二夜，予僑寓於古江州之溢浦邸署，時凝雲蠻雨，月暗更殘。新辭授之阿雪，輕吹合以洞簫，歌聲嗚咽，四壁凄清。予則掀髯而聽，聽然而笑，拍案大叫，賡予舊句曰：偕老那期歸董祀，可人畢竟是曹瞞。歌竟雨歇，江風大作，濤聲澎湃，響震几筵，若助予之悲歌慷慨者。

傳記

清·李桓《國朝耆獻類徵初編》卷一四五《唐英》 唐英，字俊公，一字叔子，晚號蝸寄老人，漢軍人。官粤海關監督。《八旗通志》、《陶人心語》五卷、《續選》十四卷、《補遺》一卷，唐英撰。其曰《陶人心語》者，以久司官扶於江西，而吟詠則直舒胸臆，故立是名云。李紱序云：俊公榷兩淮，復榷九江、珠山、昌水，見之筆墨者爲多。讀《起蛟行》，見愛國愛民之心。

清（同治）《九江府志》卷二七　唐英，字俊公，號蝸寄，瀋陽人。以乾隆己未歲擢關九江，歷今八十餘年，雖婦孺咸嘖嘖稱道，蓋不獨利賴在商估而已。匡山自陶、謝後，名流遊咏，代不乏人。公遠慕高風，凡邃谷幽崖所在蘭若，紀述既富，捐建亦夥。尤喜培文教，時延名山長課士烟水亭上。又於古承天寺右建書院，後人因以祠焉。晚年，少君東賓太史，奉命贊關政，公獨寄情山水，四方往來唱酬無虚日。書畫亦居然名家，著有《陶人心語》。流風遺澤，足致思之。

著録

清・黄文暘、佚名《重訂曲海總目・國朝傳奇》　蝸寄居士：《英雄報》。

清・姚燮《今樂考證・著録四・國朝雜劇》　唐雋公五種：《笳騷》、《蘆花絮》、《長生殿補闕》、《轉天心》、《虞兮夢》。《轉天心》一本。

清・王國維《曲録》卷五　《清忠譜正案》一本，《雙釘案》一本，《巧換緣》一本，《三元報》一本，四齣。《蘆花絮》一本，四齣。《梅龍鎮》一本，四齣。《麪缸笑》一本，四齣。《虞兮夢》一本，四齣。《英雄報》一本，一齣，改舊曲。《女彈詞》一本，一齣，改舊曲。《長生殿補闕》一本二齣，《十字坡》一本一齣，《笳騷》一本。右十四種，國朝唐英撰。

藝文

清・董榕《古柏堂樂府題詞》　曠世才留焦尾琴，胡笳哀怨有遺音。新騷隱括興平歎，譜出當年續史心。

拂軫生傳幼婦辭，外孫真見語兜離。聽歌共有霑襟痛，不待羊家墮淚碑。

演到牽衣更斷魂，也同屬國有遺昆。當年若侍賓庭事，好去看碑太學門。

洛水銅盤露已零，多情金璧贖娉婷。彩毫細譜千秋調，永付騷壇作典型。

清・董榕《巧換緣題詞》　筆補媧天缺。似陶公、匠心廣運，竹頭木屑。萸巧文章那在遠，野景化成仙闕。赤繩換、寫來奇絶。更看蓬茅髽髻子，信心盟、井水標貞潔。墨花舞，噴秋雪。拈教珠玉雙歸篋。感無端、緣從此起，還從此結。不獨論文兼説法，遺憾不留毫髮。昨夜星河明月下，誦新詞，湛湛星和月。江聲似，廣長舌。調寄《賀新凉》。

清・董榕《天緣債題辭》　古來何債無還，多情况出常情表。盈寰假借，思量未有，簇新紵縞。事本街談，詞經宗匠，比柯山好。把荆州索取，螟磯阻絶，興亡恨，消多少。解道前緣定蚤，此生恩、更須償了。不比尋常，詩逋酒責，匆匆草草。慨嘆人間，中山非乏，拈毫揮掃。羨使君，探盡秦風楚俗，作天星巧。調寄《水龍吟》。

清・董榕《女彈詞題辭》　執耳騷壇，妙七襄在手相題肖物。拈取陳鴻天寶事，不數偷聲宫壁。水碧山青，鳥啼花落，宫女頭如雪。譜來宛合，幟新壓倒詞傑。眼底白傅遺踪，琵琶亭畔，正黄蘆花發。刻羽移商聲泛處，流水夕陽明滅。一種風情，千秋霞契，并童顔鶴髮。晚凉歌罷，蓮衣還舞香月。調寄《念奴嬌》。

清・董榕《清忠譜正案題詞》　在昔赤伏盡鈎黨，腐□蠹政宗厨幽。王甫猶解愍孟博，司隸終快來陽球。異哉萸啓獨魏大，羅織忠亮恣虔劉。隕虹墮月割箕斗，慘虐那管神人愁。天下男子故吏部，憤嘆遠送吴江舟。百叩御史媚頤指，李瓚繼劾行捕收。緹騎至吴縣令泣，雲棲笑灑甘拘囚。萬人執香爲乞命，五人奮臂稱同仇。匿厠中丞飛告變，掌刑鍛煉爲首彪。忠臣血噀見高帝，義士掌□歸山丘。未幾人與國俱滅，百年事辽餘沙鷗。當時誅賞未快意，鸞梟同盡天悠悠。吴閶社賽演歌舞，榮僇亦未傳真諏。徒令觀者氣填臆，酸鼻灑涕枯雙眸。琵琶亭主擅雄藻，等身著作皆陽秋。静夜澄心通帝座，彷佛玉詔來瓊樓。忠介蓀宜爲民正，翠旌孔蓋驂蒼虬。五人前驅作遊奕，被犀撫彗操兵鈎。伍胥潮邊看弭節，要離墓畔聽鳴騶。此方是非惟侯主，北司舊案先校讎。唤起窮奇與檮杌，牢石累累均囊頭。窮治極勘莫辭瘁，職本帝命同爽鳩。東華仙人語亭主，授君丹篆紀幾周。筆花開綻老愈横，秋霜鈇鉞寒光遒。笙簧典籍闡心性，鼓吹史傳宣鴻猷。此事不以屬郊島，恐彼寒瘦思難抽。君其體此作正案，以告萬世爲國謀。亭主笑頷譜宫徵，下筆神助燈花稠。是皆實語非幻設，判堅山嶽垂鐫鏤。草罷授歌歌已遍，聽觀舞蹈誰能休。賢者快心頑者懼，不覺忠孝生油油。余埋案牘塵眼暗，對此開朗聞琅球。《漢書黨錮傳》可删，幾番浮白千番謳。大江東去吴練白，惟聞風雨聲飅飅。

厲鶚

傳記

清・張雲錦《厲鶚墓表》 余幼寡交，雍正庚戌年，寓於西湖昭慶山房，長老嘖嘖稱錢塘孝廉厲君太鴻不置口，因從長老訪君於無盡意焉。古心古貌，無塵俗氣，遂定交。辛亥歲，君以有司薦入通志館，余亦廁其中。一時名士彙聚於南榷署。諸君負意氣，皆以風華相尚，君獨褐衣布履行稠人中。時與余把臂談詩文，原原本本，悉有依据。暇或訴其家事，乃知君上有老母，凡脩脯所入，輒以供甘旨。蓋好學篤行之君子也。壬子秋，志事告竣，余返里，君適授經揚州馬氏，遂契闊。甲寅九月，君與余各以縣令薦應試鴻博，復遇於湖上，詩酒流連凡匝月。庚申，君復館馬氏，余就金衛嚴道葉公幕，相別又數年。辛未三月，皇上南巡，余以學使薦，召試行在，寓湖上。君適家居，每肩輿過昭慶寺樓，信宿流連而後去。忽聚忽離，忽離忽聚，未有如吾兩人者。君富於學問，善考覈，所著《宋詩紀事》一百卷、《樊榭山房正、續集》二十卷，俱已梓行。未刻者《南史纂》、《遼史注》、《宋詩紀事補遺》、《東園雜志》若干卷，藏於家。他年數書若出，學者宜知爲君作。君康熙庚子舉於鄉，乾隆戊辰謁選至京師，無所遇而歸。復顔東園之書屋，曰兩無塵齋，將奉母以終老焉。近歲復以馬氏故，挈眷至揚州。而竟於揚州遘疾，歸卒，知君未免抱恨於九原也。君名鶚，字太鴻，别號樊榭，以乾隆壬申年九月卒，得年六十有一。嗣子黼，將葬於某鄉之某原，相契如余義不能默默也，謹銓次而爲表。

清・李桓《國朝耆獻類徵初編》卷四三四《墓碣銘》 余自束髮，出交天下之士。凡所謂工於語言者，蓋未嘗不識之。而有韻之文，莫如樊榭。樊榭少孤家貧，其兄賣淡巴菰葉爲業以養之。將寄之僧寮，樊榭不可。讀書數年，即學爲詩，有佳句。是後遂於書無所不窺，所得皆用之於詩。故其詩多有異聞軼事，爲人所不及知。而最長於游山之什，冥搜象物，流連光景，清妙軼羣。又深於言情，故其擅長尤在詞，深入南宋諸家之勝。然其人孤瘦枯寒，於世事絶不諳，又卞急，不能隨人曲折，率意而行。畢生以覓句爲自得。其爲諸生也，李穆堂閣學主試事闈中，見其謝表而異之，曰：是必詩人也。因録之。計車北上，湯侍郎西崖大賞其詩。會報罷，侍郎遣人致意，欲授館焉。樊榭襆被潛出京，翌日侍郎迎之，已去矣。自是不復入長安。及以詞科薦，同人强之，始出。穆堂閣學欲爲道地，又報罷，而樊榭亦且老矣。乃忽有宦情，會選部之期近，遂赴之。同人皆謂君非有簿書之才，何孟浪思一擲。樊榭曰：吾思以薄禄養母也。然樊榭竟至津門，興盡而返。予譜之曰：是不上竿之魚也。嗚呼。以樊榭爲吏，固非所宜；而以其清才，使其行吟於荒江寂寞之間以死，則不可謂非天矣。予交樊榭三十年，祁門馬嶰谷兄弟延樊榭于館，予每數年必過之。嶰谷詩社以樊榭爲職志，連牀刻燭，未嘗不相唱和。已而錢塘踵爲詩社，予亦豫焉。數年以來，二社之人死亡相繼，樊榭每與予太息。今年予有粤遊，槐塘以書告樊榭之病，不意其遽不起也。嗚呼。風雅道散，方賴樊榭以主持之，今而後江淮之吟事衰矣。樊榭姓厲氏，諱鶚，字太鴻，本吾鄉之慈谿縣人，今爲錢唐縣人。康熙庚子舉人。生於某年月日，卒於某年月日，享年六十有一。曾祖某，祖某，父某，娶某氏。無子，以弟之子爲之後。葬於湖上之某峰。所著有《宋詩紀事》一百卷、《樊榭山房集》二十卷，已行於世。又有《遼史拾遺》十卷。樊榭以求子故，累買妾，而卒不育。最後得一妾，頗昵之，乃不安其室而去，遂以怏怏失志死。是則詞人不聞道之過也，且王適不難謾婦翁以博一妻，而樊榭至不能安其妾，則其才之短又可歎也。嗚呼，樊榭屬予序其宋詩、遼史二種，忽忽十年，息壤在彼，而今隕涕而表其墓，悲夫，是爲銘。其詞曰：

沖恬如白傅兮，尚有不能忘情之吟。人情所不能割兮，賢哲固亦難禁。祇應尋碧湖之故槳兮，與握手以援琹。

清（乾隆）《杭州府志》卷九四　厲鶚，字太鴻，錢塘人。康熙五十九年舉人。少孤貧，其兄將寄之僧寮，鶚不可。讀書數年即學爲詩，僦居東園敝屋一椽，於書無所不窺，所得皆用之於詩，故多異聞佚事，爲人所不及者，而最長於遊山之什。乾隆元年舉鴻博，被放歸奉老親，與鄉閭諸老酬唱。客遊揚州，主馬氏小玲瓏館，盡讀其藏書，發爲詩文，益削膚存液。詞必己出。於漁洋、竹垞外，獨闢蹊徑，用意既超，徵材尤博，樂府爲海内第一人。深入南宋諸家之勝，數十年大江南北，所至爭設壇坫，奉爲盟主。爲人孤瘦枯寒，絶不諳世事，又卞急，不能隨人曲折，率意徑行，而深於言情。所撰《宋詩紀事》、《遼史拾遺》，援據精博，尤生平精力之所萃。無子，以從子志黼爲嗣，志黼字繡周，諸生，亦工詩。

清·鄭方坤《清朝名家詩鈔小傳》卷四　厲鶚，字太鴻，錢塘人。康熙庚子舉於鄉，再上公車不第。既以博學鴻詞徵應試，又不遇。遂絶意功名，不復作春明夢矣。家故貧，以詩古文詞教授鄉里。老屋三楹，牙籤插架，蓬蒿不翦，門無雜賓。法書名畫而外，無儲藏也。瀹茗焚香而外，無功課也。冒雨尋菊、踏雪探梅而外，無往還應接也。生平諸體皆工，而詩學尤邃。【略】昔虞伯生語袁伯長公文章之妙，惟浙中庖者知之。凡水陸之産，皆擇柔甘，調其湆齊，澄之有方，而潔之不已，視之泠然水也。而五味之和，各得所求。羽毛鱗甲之珍，不易故性。爲文之妙，亦猶是耳。太鴻固浙産，今品題其詩，竊援左氏大官羊之例。即以浙庖相方，遠道寄聞，當爲一噴飯也。所著有《宋詩紀事》百卷。天水華英，網羅殆徧，較諸孟棨、計有功，應高出一頭地。知其解者，固當不易吾言。

清·吴修《昭代名人尺牘小傳》卷二〇　厲鶚，字太鴻，號樊榭，錢塘人。康熙庚子舉人，乾隆丙辰薦試鴻博。熟於宋元以來叢書、稗史，撰《宋詩紀事》、《遼史拾遺》及《院畫録》、《玉臺書史》，詩幽雋孤澹，成一家。詞泠峭獨絶。有《樊榭山房集》。

藝　文

清·金志章《迎鑾新曲題詞》　法部云韶雅樂傳，清詞字字貫珠圓。粲花才子生花筆，合譜仙音各鬥妍。

笙鶴瑶天夐出塵，湖山春麗日華新。百靈擁衛羣真集，齊捧三漿壽一人。

詞源三峽湧波濤，刻羽移宫調最高。鼂藻一時歌燕喜，九重天上響雲璈。

樂府新聲妙抑揚，南推高史北喬王。鈞天試聽迎鑾曲，未許前人獨擅長。

清·吴廷華《題迎鑾新曲》　譜得迎鑾法曲新，廣場二月播陽春。西方壽佛西王母，都作瞻雲就日人。

詞客毫端雅奏多，十平大樂協中和。賡颺他日金華殿，還進康衢擊壤歌。

清·蔣德《題迎鑾新曲》　重見神人啓玉函，帝車南指五雲銜。誰翻絶調迎鑾曲，法鼓仙璈總不凡。

現來天女將花散，幻作羣仙駕鶴迎。不是一時雙綵筆，紫雲何處寫遺聲。

清·丁敬《題迎鑾新曲》　孝治真看邁百王，慈宫親奉九霞觴。新聲擬作無疆壽，才子迎鑾各擅場。羣仙争集百靈趨，龍笛鵝笙調自殊。碧落空歌誰敢和，笑他郢雪祇區區。析角分宫未易才，共將藻思瀉瓊瑰。一時駒豹争聲價，曾唱鈞天法曲來。詞筆湯徐信老成，同時對壘合争衡。南湖花隱甌亭長，他日應傳供奉名。

清·汪沆《題迎鑾新曲》　仙音兩部協宫商，疊玉駢珠各擅場。此曲自從天上奏，不須樂府數康王。

萬國歡心奉一人，親扶紫闥駐湖濱。山呼不是虚無事，帝德懷柔及百神。

山海仙靈絳節朝，花明行殿競雲韶。欣知聖母西方佛，聽慣瑶房鳳唳簫。

新詞譜出合笙鏞，雙管真堪崎兩峰。　却笑粗才晁協律，祇歌並蒂有芙蓉。

清・馬日璐《題迎鑾新曲》　東都詞筆柳秦妍，北地新聲關馬傳。　西京樂府康王擅，迓鸞旂奏御筵，太和音、雙管齊宣。　價重雲韶部，名高黄絹篇，鈔遍霞箋。調《水仙子》。

清・陳章《題迎鑾新曲》　譜梨園兩部詞章。　味合酸甜，響應宫商。　不演參軍，不編待制，不唱中郎。　百靈走烟排隊仗，羣仙會雲翦衣裳。　宋艷班香，玉輦南巡，供奉君王。調《折桂令》。

清・舒瞻《題迎鑾新曲》　升平雅奏，付與雕龍手。　二妙一時真罕有，紀曲費他紅豆。　譜成山渌湖光，傳來刻羽吟商。　五色雲中扇筤，九重天上絲簧。調《清平樂》。

清・張雲錦《題迎鑾新曲》　八神弭節，七聖隨車，翠華南幸重覩，熊館花明，鵠池柳細，一時行幄同扈。　粉箋銀管，話多少迎鑾詞賦。　雙成妙曲，誰似仙韶，舜瞳曾顧。　付他關馬名流，周秦好手，也難翻譜。　移宫換徵，錦心繡口，繪出升平春宇。　六橋三竺，儘贏得鍚簫茶鼓。　魚龍争演，壓倒東嘉，瑞光交處。調《慶春宫》。

清・張湄《題迎鑾新曲》　私聲雙鳳穿雲叫，天上雲間都滿。　調協黄鍾，韻飄白雪，壓盡錦城絲管。　幔亭何遠，儼三島羣真，驂鸞陪輦。　王母蓬池小，桃紅映水清淺。　漫論馬枚遲速，翩翩詞賦手，總輸歌板。　絳樹千聲，驪珠一串，好趁花飛鸎囀。　重瞳迴眷，正湖鑑澄空，山屏翠展。　雅樂流傳，補省方盛典。調《齊天樂》。

清・周宣猷《題迎鑾新曲》　一代酸甜詩並轡，香茎齊按金徽。　蘸來湖渌點山霏。　虞廷雙玉琯，漢院五銖衣。　福洞仙真都活現，九天鸞鳳争飛。　至尊含笑駐雲旂。　漪風聆鞠部，曳綵看支機。調《臨江仙》。

著録

清（乾隆）《杭州府志》卷九五　厲鶚：《樊榭山房正集》十卷、《宋詩紀事》一百卷、《雲謡詞》、《秋林琴雅》四卷、《南宋書院録》八卷、《城東雜記》二卷。

清・王國維《曲録》卷五　《群仙祝壽》一本，《百靈效瑞》一本。

右二種，國朝吴城、厲鶚同撰。

吴震生

論説

清・佚名《地行仙總評》　古今字文不同，南北語音或異，故古歌無定韻。　平固未始常爲平，仄亦未始常爲仄，清固未始不叶爲濁，濁固未始不叶爲清。　然自王元長、沈休文定爲八病，新安吴棫補音補韻之後，則雖嘷呶縱肆，輕儇剽殺之，俗樂亦罕用叶，足見古今之變，斷不相復，事事皆然。　至於作者學識，全寓彦先談佛一段，足掩宋祁《唐書》。　贊又勝元僧圓至説矣。

著録

清・姚燮《今樂考證・著録十・國朝院本》　吴可亭一種：《地行仙》一名《後曇花》。

又　吴又翁一種：《换身榮》。

又　《天降福》、《世外懽》、《秦州樂》、《成雙譜》、《樂安春》、《生平足》、《萬年希》、《鬧華州》、《臨濠喜》、《人難賽》、《三多全》。　笠閣評目無名氏院本。

黃圖珌

論說

清·黃文煇《百寶箱序》 夫崇巖百仞，盤而爲阿，則一隅之地，嶔巒可觀；洪流千里，瀠而爲渚，則半畝之澤，淪漪可玩。何則，所藏納者深，故所融溢者異也。先紀堂世父，研精六籍，殫志百家，凡其爲文，根柢深而枝葉茂。文煇夙侍丹鉛，罔窺堂奧。頃以賦閑居暇，披循往帙，裒輯遺編，盈尺之寶櫝啓其輝，徑寸之珍襲承其祕。若夫偶爾倚聲，慨焉寄興，惜幽草之淪污，感芳華之滌垢。棄爨之才，採其葑菲；委灰之香，發其郁烈。是用罄厥沈思，擒其縟藻，搴荑芍之英，駕蜃虹之彩，傾墨沼之餘瀾，振筆穎之纖秀。釀百花爲蜜，幾費絪緼；窺一管之斑，足徵炳蔚。握玩之餘，付諸簡槧，非謂私其靈珠，實以公其片璧云。

綜述

清·黃圖珌《百寶箱·自序》 小説家傳杜十娘怒沉百寶箱故事，其説娼也，贖身從李甲，李窮困京師，得柳生輸金，挾杜歸江南。至揚州，江上有孫富者，艷其色，鬮以千金，李竟委杜歸之。十娘方以百寶囊箱知李甲，迫於嚴命，畏不敢歸，以是爲貨，恣情山水。而孫故迫之，竟致投江而死。其後，柳生至溺所，夜夢杜凌波贈箱，爲前日助金之報，如是而已。予閲其傳而心竊憐之。杜以樂籍從良，其來雖不臧，而激情憤志，居然節烈可風。其視石氏綠珠又何如也。操行冰玉，凜不可污，乃汩没江流，銷沉終古，曾不得如文姬有冢，真娘有墓，騷人詞客尚得過而弔之，亦可悲矣。雁坵歌闋，纍軸盈編，至今傳載誌典，凡物有情，尚足感人如此，而況於杜耶。燕子樓詩，吾欲與諸君子徵歌而傳詠之矣。儒者不追既往，從善則善。釋氏以當下解脱爲清，証三途六道，一日涅槃，九蓮花中，稱無尚菩提。今杜孅以風月之姿，厲冰霜之節，不得復以娼論，有心者爲之原其情而悲其遇，所欲極極救其人榮寵之，以美其報，不當衆聽其死，而當委曲求全，以設言其生也，豈不是歟。辛丑秋八月，予方夜坐，漏下燈殘，百蟲絮語，憶十娘事，淒惋不能釋，影響恍惚之間，冉冉如欲出者，吾亦不知當日者，果有此人，亦果有此事，抑或説者虹影蜃樓，作此燦花之論也。而吾以一朝幻想，構成幻境，書成幻筆，爲之譜入傳奇，使得按拍而歌之，殆所謂無情而有情者耶。

著録

清·黃圖珌《温柔鄉傳奇·綱領》 以上四部每部八人，連綱領二人，統計三十四人，四部正主不時登場外，其餘或一見、再見，更有數見不已者，總以有名字姓氏，有關本劇者分派四部。然其中或以字行，或以名傳，有定而又若無定也。因併附識於此。星堂主人漫筆。

清·黃文暘、佚名《重訂曲海總目·國朝傳奇》 無名氏：《雷峰塔》。

清·姚燮《今樂考證·著録十·國朝院本》 無名氏：《雷峰塔》。

藝文

清·江瑶圃《百寶箱題詞》 一種情癡太認真，綠珠遺韻是前身。李郎空有分香女，慚愧當年石季倫。

翠羽明璫委逝波，扁舟相對淚傾河。夜深應有潛蛟泣，直欲同聲唤奈何。

多情誰似柳屯田，夢斷鴛衾賴瓦全。從此騷壇傳韻事，共推高誼薄雲天。

獵獵西風冷絳筵，氍毹新唱麗娘箋。若非玉茗堂前筆，千古傷心竟不傳。

清·張琴川《百寶箱題詞》 偶拈毫素托深情，好惡姻緣組織成。要使青樓存志節，不妨薄倖屬書生。

千里歸帆擁艷粧，月明瓜步夜相羊。眼前樂事翻成恨，檀板紅牙總斷腸。

大江東去海門賒，玉碎珠沉萬口嗟。譜入詞人新樂府，不須重爲聽琵琶。

飄泊空門心已枯，那堪隱泣忍秋胡。不知棒喝樺燈下，多少恩讐悔也無。

終始成全仗友生，柳郎也爲惜傾城。笑他濁世佳公子，浪得人間好色名。

血染《桃花扇》底春，勾欄儘有守貞人。雲亭老去憑誰繼，聽取江南曲調新。

清·張東巖《百寶箱題詞》 牙板新歌杜十娘，梨園譜就炳琳琅。藍田玉碎空憑弔，合浦珠還妙闡揚。一點靈犀情脉脉，千重磨蝎恨茫茫。可憐揚子江頭月，猶照騷壇刺史狂。

清·劉清江《百寶箱題詞》 是誰歌館作班頭，珠箔銀箏夜未收。看取揚州江上事，怎教人不怨風流。

北望江流疊浪高，邗山邗水路迢迢。多憐一日蛾眉恨，未許風前咽暮潮。

六時鐘磬一龕紗，洗盡脂鉛入釋家。唯有畫眉人不舍，務教並蒂作蓮花。

淮南木落洞庭波，譜得新詞入調歌。紅粉到今無覓處，算來騷客自情多。

清·劉牧人《百寶箱題詞》 一種傳奇假共真，莫教魚葬美人身。是誰收拾風流意，唱遍江南一水濱。

懷沙沉江事不平，一時玉碎使人驚。無情翻作多情説，究是黄生是李生。

青樓□逸可堪憐，一點負心百載傳。爲道相思無斷處，生生死死作姻緣。

緑珠烈性較何如，俠氣今傳女校書。一自詞人揮彩翰，牡丹亭外又披圖。

清·方笠塘《百寶箱題詞》 説到姻緣有折磨，一尊談笑起風波。空餘賈客千金在，奈失香奩百寶何。妾命料應如紙薄，人生不合是情多。判教萬頃長江水，解脱愁魔與恨魔。

遮莫前生種佛田，紅繩百尺斷還連。歡從盡後都成幻，悔到真時即是緣。五夜鞭箠當棒喝，百年歌哭證情禪。煩君一管生花筆，補盡人間離恨天。

清·汪對琴《百寶箱題詞》 情濃意曲好斟量，金石同堅自得方。猶豫郎心成忍刻，盈箱也惜久深藏。

生平難信是他心，痛絶粧臺盟誓深。嘉偶忽然嗟怨偶，怎教重誘見夫金。

堪傾私願逢名士，可託微軀識鉅公。若在彼原萍絮視，徒矜豪貴野鴛同。

煉石由來巧補天，詞妍才贍總留傳。名門復出箱重獻，始慰人間恨可蠲。

清·鄭溶《題詞》 稗野何須問假真，不堪遺恨溯江濱。多情最是生花筆，一曲翻成按調新。

玉碎香銷不可留，柔情都付水東流。補天若少媧皇石，誰遣鸞凰續舊遊。

風月冰霜並一身，貞心不減墜樓人。偶拈毫彩傳芳烈，演向氍毹總入神。

歷歷傳奇數輩行，悲歡離合遞登場。從今譜出青樓節，檀板新歌百寶箱。

清·沈在秀《百寶箱題詞》 烟暖花飛欲暮春，鳳儀門外草如茵。初驚邂逅多情侣，一抹遥山瑣翠顰。

着意尋芳步碧堤，美人訪得畫樓西。笙歌達曙垂朱箔，那管花驄柳外嘶。

繫帛遥傳達帝畿，銷魂遊子淚霑衣。深沉未識儂心苦，只爲情牽悵别離。

數載沈淪只自憐，一朝幸爲托良緣。何期江上西風急，催折幽芳並蒂蓮。

芙蓉如面鐵如心，棄寶損軀衆所欽。洗脱風塵秋水碧，冰清玉潔叩禪林。

義重金蘭柳遇春，幾番鏡破喜重輪。瓊瑶難答綈袍贈，又效鍾馗送妹頻。

紅絲遥係是前因，迎得新粧即舊人。棒喝良宵渾似夢，傷心往事未堪論。

瓊林賦罷省庭闈，更挾湘娥彩翼歸。天憫冰霜還百寶，遥空稽首謝神威。

新閲傳奇杜十娘，風塵薄命總堪傷。若非百折詩人意，千載芳魂恨怎忘。

世間幾許最多情，薄倖何云獨李生。記否悽悽吟白首，璇璣錦字寄邊城。

清・蕭雲槎《百寶箱題詞》 夜叉棚底淚河傾，割背輕從月下盟。如此美人應薄命，何來蕩子復多情。

買絲欲繡黄衫客，按拍難尋白石生。一曲琵琶翻舊譜，始知快士是公衡。

玉茗花枯結夢思，遊仙幾續晚唐時。余舊有《金鳳緣》、《寫韻軒》等劇。寓言難得莊生旨，脱手都非幻婦詞。

情至如君應爾爾，愁多似我益痴痴。聽花軒下挑燈讀，露濕寒梅一兩枝。

清・田丹崖《百寶箱題詞》 小鳥啼時泣血，江花落處魂銷。北來南去可憐人，誰遣珠沉玉爐。 修月團圞自滿，補天缺陷能平，筆參造化爍文心，填就情坑恨阱。調《西江月》。

清・卞振千《百寶箱題詞》 欣看淑女伴仙郎，一種傳奇杜十娘。續就良姻還一對，生生世世永難忘。

華堂開處倚雙肩，春去人間四月天。看取娉婷渾似畫，憐香惜玉夜無眠。

柳院春深夜燭花，東風時候好年華。銷魂雁字家書至，難把鄉心訴館娃。

爲愛琵琶按調新，欲同紅拂學私奔。平原有客還堪助，成就良姻感故人。

曉粧鏡裏嘆春嬌，叱撥牽來换翠翹。從此多情都抹盡，寒沙冷葬小蠻腰。

那是輸金意氣高，分明舌劍與唇刀。空教玉樹臨江卸，血染湘川紅半高。

飄蓬斷梗委荒邱，幸值南歸處士舟。聞道芳名人是舊，窮途携上緑珠樓。

積得相思債已賒，閒來意緒總如麻。閨中拉住傷情淚，連理重開並蒂花。

功名猶未愧中年，紫棘丹株御苑仙。欲把多情還細講，鸞臺故使鏡重圓。

雨困雲驕損翠眉，重教薄命咏于歸。從今了却相思賬，夜夜朝朝比翼飛。

崔應階

論説

清・朱繡《烟花債贈言》 叨附金蘭，獲窺管豹，登高作賦，甘拜下風久矣。兹覩《烟花債》一劇，舊事翻新，創草於梁苑培風之日。知此中純是英雄牢騷氣概，借兒女子口頭發洩之耳。篝燈卒業，不覺撫掌狂叫曰：滑稽哉。崔使君也，是真龔黄元白，合而爲一人者也。於是，賓客傳觀，人人作擊碎唾壺之態。或云：是宜彈懷風吹居巢佐之，以索丞之箏、桓子野之笛，可使飛鳥迴翔，淵魚出聽。或又曰：不然。元人以傳奇爲取士程式。置此本於百種曲中，當與關漢卿輩争魁奪元，豈得以紅氍毹褻之。或又曰：不然。作者寓意深遠，直將與子虚亡是公諸篇，並駕千古，視爲元人試卷，是猶卑之，無甚高論也。異義雜陳，幾同聚訟，然膾炙服膺之情，則滿堂賓客與區區謭陋主人，皆不約而同。是知妙腔靈心，雅俗共賞，洵乎龔黄元白，合而爲一人者也。亦欲勉製一言，庶幾附鴻才於不朽。奈筆墨久荒，中書絳人輩，大率皆如强項令，不任驅使，即欲借寶丹山，而時乏鄒枚之士，正未可漫應以褻吾知己，爰書數語以誌欣賞云。

清・任應烈《烟花債序》 藐姑綽約，覽莊叟之寓言；湘浦嬋媛，慨靈均之幽思。蓋和倪鳴律，則曼衍以何傷；志潔稱芳，亦怨誹而不亂。况夫繡簾緑雨，譜出歐陽；紗幌朱顔，唱傳司馬。希文先幽後樂，亦有眉間心上之歌；稚圭出召入周，更聞病起花前之調。可見清詞嫵媚，自無妨鐵石心腸；誰謂雅韻風流，不益裨弦歌政事也哉。妍露樓主人，五龍世胄，三戟名家。幼詩對日之聰，燦若金沙見寶；少秉掞天之藻，皎如玉樹卧風。屏紈綺以操觚，掩翠於鳳凰山畔；弄縹緗而染翰，流丹於鸚鵡洲涯。筆架珊瑚，争誦洞庭新詠；書裝瑇瑁，久傳嶽麓名篇。隨虎節而馳鞚雲，屯閩海競呼才子；襲龍韜而彎弧月，落邊關羣識英流。未幾，奮迹南州，承恩北闕。吟蘆溝之曉月，緋魚聲動鑾坡；握汾水之清風，紫馬名喧雁塞。既已家絃元白，户頌龔黄矣。及其敷政，天中澤深，巷舞行春。鴻郄化美，農歌廬陵之守拙；循常真從，遜耳寇恂之崇經。修學何多，讓焉無何。離懸瓠池邊，暫效匏瓜之不食；別平輿城畔，頓令熊軾之停輪。桂何寂寂兮梁園，竹何蕭蕭兮艮岳。侯嬴門側，誰與執鞭；倉頡臺前，惟堪造字。學優而仕，仕優而閒，天假文章九命；詩餘爲詞，詞餘爲曲，人傳樂府一編。此《烟花債》傳奇，牛馬走所以得讀也。原夫借艷異以成題，譜宫商而吹活。描香刻黛，排成關鄭新聲；琢月搜煙，填作高施妙劇。南音香麗，既驚玉潤珠圓；北調砰礴，可使雲飛石裂。冷若竹敲幽澗，細如絲裊晴空。悲則楊柳嘘煙，歡遂芙蓉笑日。苟非得夫九宫三昧，烏能爲此《白雪陽春》。至若宋玉微詞，舉堪醒目；東方諧語，盡可解頤。則嘻笑皆文，差勝妄言蘇子，牢騷成趣，聊磨壯志於楊生者也。偶逢佳辰，遠來名部，演耆卿之曉風殘月，入河陽之檀板銀箏。聲繞梁間，不殊下王涣旗亭之拜；曲來天上，奚啻邀吴蘭羅帕之求。雖有他音，不敢請已；從前院本，尚可存歟。僕交附飲醇，敢效周郎之顧；心忘食味，竊擬齊國之聞。洵兀際之奇逢，亦塵餘之佳話。於虖冷風清思，治淮陽者，久賡雅奏於西園；介節恤民，繼瑗挺者，更焕奎光於東壁。聖賢豪傑，皆情種情至，處可登萬姓於春臺；事業功名，舉戲場戲成，時竚調入風於嶰谷。

清・龔松林《烟花債序》 在心爲志，悲愉各有性情；發言爲詩，歌詠用諧金石。溯絺衣之姚帝，肇正八音；追衮繡之姬公，首開六義。以彼稟神靈之哲，操君相之權，得志於時，大行其道。猶且工於賦物，賡卿雲復旦之華，善於言情，繪思婦勞人之隱。用以導揚悦豫，宣洩幽微。矧是才高八斗，收百世之闕文；學富五車，採千篇之遺韻。能無課虚，無以責有，演藻聯翩，叩寂寞而求音，摛辭怫悦也哉。且夫屈伸異致，離合無常。李廣數奇長才，或傷於短馭；馮唐恥盛脩翎，每困於卑棲。恨塊壘之難澆，曷禁雅琴變調；維幽芳之在抱，何嫌流徵揚聲。所以，思公子而難言，寄閒情以染翰，長歌當哭，短曲度愁。夢曰南柯，緊感遇之續也；記稱東郭，亦不平之鳴歟。若夫時際晏清，遇欣梧鳳，圭璋特達，卞和弗泣於秦庭；騏驥高騰，伯樂一空夫冀野。方且人歌《擊壤》，士賦卷阿，又何事過湘水而吊娙娌，經舊羅而悲屈子。然而空亭問寂，旅館蕭森，次公之蓋，欲迎司馬之車未駕，夜曼曼其若歲，懷鬱鬱其未更，因而翻藝文，蒐艷異，借殘編之韻事，擬樂府之新聲，亦足以鼓吹休明，拓開胸臆爾。敬披緗帙，載誦瑶章，儗人於倫，比物象志。肌如素雪，迺混跡於師曹；志若青霜，仍守貞於樂籍。處空樓而歛恨，固知盼盼多情；舉翠袖以操弦，非類鸞鸞嫵媚。逮至鵲橋既遇，始賦三星；亦惟風侶重逢，方諧二姓。則紅綃之鏡，崔生不得窺；紫雲之名，杜牧不能識也。亦明矣，孰謂秦樓妹子，猶是水性揚花；而郢客高詞，非即美人香草也哉。迺者樗蒲成質，抱愧識丁，安牘勞形，未遑度曲。撫《幽蘭》之操，不免心盲；聆《白雪》之聲，何殊耳食。惟是流連短韻，雅類綠情；諷詠長言，工同體物。亦未嘗不興懷於觀海，幸列於下風也。爰屬小言，恭呈大雅，敢云同調，自託知音。

清・硯林居士《情中幻序》 班《書》、馬《史》，亦載五行，《博異》、《搜神》，恒言二氣。興之偶到，何妨續彼《齊諧》；事苟可傳，于以宣諸樂府。則有青邱九尾，遊乎紫陌三春。綽約花魂，少女風前爛熳；褊褼蝶影，王孫草上悠揚。遇谷口之檀郎，贈湘江之蘭佩。伊其相謔，適我願兮，携手同車，惟君在矣。紅樓遥指，妾家楊柳堤邊；白馬閒嘶，郎到桃花門下。洞中臺榭，金碧輝煌；壺裏乾坤，麝蘭芬鬱。遂握巫峯暮雨，爰行洛浦晴雲。乍諧秦晉之歡，永締朱陳之好。至若讌開鈴閣，聯舊雨於酒杯；畫敞銀屏，出新聲之歌板。雲和一曲，腸斷蘇州；緱嶺數聲，魂銷子晉。翠黛骨幾化石，錦筵心醉如泥。欲發狂言，慚非杜牧；徒穿望眼，凄絶韋皋。葉法善之已亡，桂輪難入；古押衙兮不作，蕙質空思。於是友訪鄭玄，姝逢阿紫，論嫌疑之當別，竟兄妹以相呼。暢叙衷腸，倍申欵洽。酒波摇舞袖，臘花齊放；山香燈影爍，仙裳隋苑。迴旋剪綵，正幽賞之未已，更妙術之宏施。飛燕身輕仙掌，月明蟬鬢冷；春鶯夢醒蘭房，燈炧鳳幃寒。絶技拂青萍，宵柝驚迷虎。旅梯空挾紅粉，曉籌未報雞人。天上金光，杜蘭香去；雲中笑語，萼緑華來。莊嚴則座擁猊貅，出牆頭之紅杏；威重則門高棨戟，探頷下之明珠。迨夫挈眷之官，驅車載道，關心越而邈邈，煙水望以茫茫。夫倡婦隨，謂可天長地久；雷轟電掣，詎期興盡悲來。一年之鐘鼓瑟琴，蜃消海市；半路之風霜雨露，蟻散槐柯。慘來甲馬天兵，脱去蜕蟬塵殼，繞林戀而奔走，避鋒鏑以崎嶇。螓首蛾眉，化作靈君藍面；珠顔玉腕，變成黨尉金晴。當灰劫之難逃，幸黎瓊之莅止。指揮如意，屏退遊神；俯伏皈依，留陪妃子。亦云幻矣，其奈情何。此絳蠟填詞，紅牙按拍所由來也。將梨園學香艷之歌，不減玉臺雅韻；藝苑播鏗鏘之調，爭傳金縷風流。秋雨滴芙蓉，馬東籬真當失步；春風薰荳蔻，王實甫應與扶輪矣。

清·午橋居士《情中幻序》　夫詩之餘爲詞，詞之餘爲曲。議者曰：是不過藝苑騷壇餘事之餘者也。雖然，豈易言哉。傳奇之道，實通樂府，故全美最難。工於詞調者，每率於賓白科介；而精於科白者，又絀于詞曲，甚至按譜填詞，不便當場度曲。元人以詞取士，舉凡宋艷班香，莫不托之吴歈越調，彬彬乎一代風雅，宜其文采可觀，自必音韻諧合。乃百種流傳至今，紅氍毹上絶少音容，何也。蓋彼盡北調，假借爲多。而其楔子，即南曲之引子，與定場白、吊場詩，均誦而不歌，稍不合拍，猶可藏拙。若過曲啓口，動是務頭，一有違拗，則不入歌矣。《九宫譜》法律甚嚴，平有陰陽之别，仄有上去入也。殊填詞家得一佳句，遇有失拈，往往不肯割愛，以致音韻參差，不可入調，職此故也。若《情中幻》，則不然。其事固奇而可傳，而其句語香艷，字法清新，若玉茗、石巢則無論矣。賓白科介，則似雲亭山人，而湖上笠翁又不足道矣。是其義可以觀感而適情，幻而真、真而逸，洵人間之妙部，不獨爲案上之奇觀，直可上溯樂府，而旁及詩詞之微妙矣。且聞之主人每一齣成，輒付之月下牙簫，花前檀板，故詞甫填而歌已演，惟句句斟酌，斯字字鏗鏘，不數日間，而雲鬟子弟，脆管繁弦，早已登之場面。予雖懵於此，而既快讀其書，又喜暢聆其曲，主人索序，戲爲詞曲之源流如此，請還質諸主人。

清·岳夢淵《情中幻序》　蓋聞二氣絪緼，原自情中幻出；五行交互，無非幻裏情生。微笑拈花，釋帝示有因之覺；咸亨成象，聖人垂應物之文。凡屬含知，奚逃是理。況彈璈天女，煙鬟曾降於人間；鼓瑟靈妃，羅袜亦遊乎江上。彼任氏者，賦青邱之異骨，得紫府之真詮。態比花妍，韞就媚珠弄色；面嫌粉涴，生成美玉堪憐。三德克修，役日月而陰陽洞達；千年已邁，覩鸞鳳而風月纏綿。乘白鵠之晴雲，覓彩鴛之佳偶。正曲江景麗，綺羅間桃柳以蹁躚；東陸風和，鶯燕雜笙歌而旖旎。行春微步，相逢採藥仙郎；嘶草驕驄，邂逅爲雲神女。卿何乃爾，遽伸君子之逑；我見猶憐，無勞吉士之誘。於是，春濃荳蔻，温柔鄉裏魂消；蒂並芙蓉，玉鏡臺前心醉。此所謂情之感而情之合也。乃劍童語洩，驚聞萼緑華來；袁子神摇，欲捧杜蘭香去。而芳心如石，甘玉碎以貞全；蘭欬如金，使蝶狂而夢醒。感君致愛，泛緑蟻以舞瓊葩；爲子周旋，盜紅綃而探虎穴。綉裙錦衲，飛來翠水真人；良夜好風，擁出瑶池艷質。女崑崙卓矣，於今古押衙瞠乎其後。此文情之貞而情之俠也。至於彩雲易散，秋風慣碎琉璃；璧月常虧，夜雨偏摧芍藥。金鞍珠勒，方揮之任絲鞭；怒電奔雷，驟值降魔鐵杵。旌旗獵獵，往時之花柳成虚；戈戟層層，昔日之恩情如幻。感黎山之化，俯首皈依；悟槐國之迷，洗心証果。此即情之終而情之覺也。雖然，唯情難訴，玉茗曾言：觀色知空。貝多有偈：若非掀翻幻海，打破情關，安能换羽移宫，以成筆歌墨舞。可知雲霄皓露，凝華於研露樓中；鸚鵡新詞，弄古於填詞座畔。紅杏枝頭春意鬧，宋尚書退舍應三；拾翠洲邊得羽毛，趙少卿奪標如一。鵾絃鐵板，豪雄高並眉山；鳳噦鸞吟，瀏亮駕乎實甫。且也發造化之機，作傳奇之事，使有情人劈開幻境，無懷氏逃出情禪。假此鉗椎，度衆生於氍毹上；代乎喝棒，縮大千於簫管場中。洵紺宇之青霞，豈紅兒之白雪也哉。

清·王昇《情中幻跋》　蓋聞性發爲情，情防燕詡，真逸而幻，幻或譺張。落□紫閣，□闢青邱。素頰幽姿善媚，時聽響於冬冰；婉質多疑，忽結懷于啬怨。不納藏嫗之諫，清課爲捐；輕從芃婢之詞，芳心益動。御冷蛋於列子，羽化其身；逅溫玉于潘車，蓮如其面。隨波騰驤驕馬，度柳穿花；授余綽約絲鞭，盟山誓海。時有曲江公子，閥閱畸人，侍新宴於戟轅，情縈有美；傳舊戚之別墅，屋貯多嬌。假君十年樓臺，久已解囊以贈；抹我三千粉黛，勢將載艷而歸。爾迺魂則堪銷，烈真難犯。而梁門以齊案，卿埒伯鸞；共張妹而焚香，余同仲儉。溶溶夜月，攝來艷骨繽紛；寂寂空亭，舞出名花爛熳。于爲獲完，白璧思報紅妝，無借銅符，劍□而退戍卒；未開金鑰，霞舉以度崇垣。綵線飛于空中，暗笑崑崙鹵莽；赤繩牽于月下，還嗤紅拂伶仃。芳期中恚，相依永週甲子；夫何莫人，交迫歲值庚辛。劍閣初臨，嘆虎威之莫假；馬嵬不遠，望御座以難昇。蛻去當揷衣粧，徒傳琴外；還出本來面目，深悔化人。然而貞可弭凶，術或窮于灌口；義能格遠，業自鑒於黎山。仍懋穴居之修，待朝金闕；更深濡尾之戒，靜俟玉環。我公天上，□望人間武庫。慈航渡世，不妨四道同登；花筦宜人，聊借一車垂訓。蓋天地無可更出之匹，物且有然；而古今有必報之恩，姝猶知此。敲金戛玉，振木鐸于道人；刻羽引商，流曉鐘於法界。從此移風易俗，言性者不必廢情；抑日返樸還淳，傳真者無庸畧幻矣。

清・聚芳亭主人《情中幻跋》 春之日，秋之月，山之容，水之態，花之笑，鳥之歌，天地之物之胥於人有情也。顧未幾而風馳雨驟，柳急花忙，迎繁送謝，翠減紅衰，夫乃嘆向之所欣，固亦未始非幻焉。然而春秋佳日，自昔品題，江山勝跡，茲復登臨，而自顧百年，忽如榮華之飄風，好音之過耳，則又以嘆我身之爲幻，而天地之情之固未有終極也。研露樓主人，今之鍾情者也。念天地之情無終極，而此生爲幻，故寄情傳奇。使後人覩瓊筵之醉客，而如遇漢卿；覩花間之美人，而如遇實甫。則主人幻身之將自爲春之麗，秋之輝，山之潑黛，水之擁媚，且生花活鳳之長相映於其間也。嗚呼，余亦安知主人之情之所終極也哉。

清・藴畫溪居士《情中幻跋》 情者，色也；幻者，空也。顧人但解色是空，則枯木寒烟矣。故曰色即是空，空即是色，而闡揚《華嚴》宗旨，亦曰真空得之而不空。然則艷色歸空之爲任，幻娘乎。爲寵奴乎。世亦知研露主人以粲花之舌，拈花之手，傳奇千古，而不知有句無句，千花萬朵，然而彼之談胭脂，禪者又烏足與解之。

清・來鶴軒主人《情中幻跋》 夫幻何以傳。傳其情也。情有何奇。奇其幻也。太上忘情，其次不及情。忠孝節義之不可奪者，其情堅也，古今來一大情境也。情之天，女媧氏莫補；情之地，費長房難縮。情也者，可以之生而之死，《舟樓相對》是也；亦可以之死而之生，《人面桃花》是也。蓋鍾此情必欲遂此情，藉非然者，鮮不爲情累。故長吉云：天若有情天亦老也。然發乎情又須止乎禮義，于是托之花月之妖可也，歌舞之妓可也，而金屋蘭房不與也。雖然，正唯妖甫克神其術，正唯妓方免誚其奔也。既以遂其情之真，而實傳其情之幻也。幻由情出，情以幻通，情乎，幻乎，吾不禁一往情深也已。

清・胡德琳《雙仙記跋》 粵自風詩道廢，遞變新詞，宫調譜傳，互流艷曲。黄驄烏夜，率皆移宫換羽之音；白苧紅鹽，大都刻徵引商之韻。是以齊梁之樂府，即爲唐宋之歌吟。迨乎元季，傳奇始托古今故事；迄于明人，演劇更分南北新腔。然而虢國麗人，争誇羅綺；石家豪士，競斗珊瑚。剗襪香堦，半是胭脂染色；庭花玉樹，無非粉黛銷魂。倩曉風殘月之温柔，寫傾國名花之濃艷。即使將軍鐵板，間有雄風；復嫌鄰女銀箏，不兼韻事。海中樓市，且多托虛無縹緲之形，世外神仙，究悉循離合悲歡之態。何如讀無雙之傳，逸事千秋；溯押衙之風，奇觀一代。閨中兒女，同堅花月之盟；竈下婢奴，共勵風塵之節。訪隱於巖穴，俠骨猶香；問功烈于朝端，威光宛在。特以未逢卓識，莫寓興觀；致令雖有雄才，難爲潤色。維我鄂渚老夫子，胸羅星斗，雅擅文章，思入風雲，尤精音律。庾公逢月，情每寄于詩歌；謝傅登山，興輒徵諸絲竹。《情中幻》述鄭郎之遇，户誦家弦；《烟花債》傳邢女之貞，筆歌墨舞。爰借雙仙之遺事，補昭李段之奇忠。非徒才子佳人，情文曲盡；直使忠臣義士，歌泣交生。海外鷄林，重購白公之稿；洛中童稚，盡聞司馬之名。琳章句書生，風塵俗吏，《高山流水》，素不習于知音；《白雪陽春》，實有慚于顧曲。幸承訓廸，按歌略辨于宫商；謬托校讐，別字猶嫌于豕亥。擲金聲而細繹，莫贊片詞；附驥尾以求彰，敬成短跋。試聽《琵琶》按拍，遍唱青衫太傅之行；請看梨棗流傳，何如紅杏尚書之句。

綜述

清・崔應階《雷峯塔・自引》 余作《雷峯塔》傳奇凡三十二齣，自《慈音》至《塔圓》乃已。方脱稿，伶人即堅請以搬演之。遂有好事者，續《白娘生子得》第一節。落戲場之窠臼，悦觀聽之耳目，盛行吴越，直達燕、趙。嗟乎。戲場非狀元不團圓，世之常情，偶一効而爲之，我亦未能免俗。獨於此劇斷不可者維何。白娘，妖蛇也，而入衣冠之列，將置己身於何地邪。我謂觀者必掩鼻而避其蕪穢之氣。不期一時酒社歌壇，纏頭增價，實有所不可解也。昔關漢卿續《西厢記・草橋驚夢》後之諸劇，以爲狗尾續貂。余雖未敢以王實甫自居，在續《雷峯塔》者，猶東村捧心，不知自形其醜也。然姑蘇仍有照原本演習，無一字點竄者，惜乎與世稍有未合，謂無狀元團圓故耳。

清・崔應階《烟花債・小引》 汝海投閒，繁臺僑寓，雪飛梁苑，疇爲授簡。才人草設夷門，孰問鼓刀。遊俠尚華之喻，斥鷃十步；俾翔茂先之賦，鷦鷯一枝。安惜屠龍，莫學失馬，何嗟。摯藁桂以淹留，據槁梧而偃息。於是青春白日，喜無案牘勞形；小巷閒門，幸有琴書寄傲。《廿一史》、《十三經》，久作聖賢糟粕，何能軀我牢騷；《千家詩》、《十種曲》，翻成藝美精華，竟可供人笑語。爰搜艷異，日對塗朱傅粉之人；欲逞新奇，試填換徵移宫之曲。則《符郎傳》一劇，實奪他人之酒杯；而《烟花債》數番，乃澆自己之塊壘者也。若夫春娘窈窕，早賡君子之逑；單子風流，舊是淑姬之匹。佳人薄命，偏遭風雨摧花；公子多情，未效樂昌破鏡。烽煙忽起，鴛鴦分飛，隔斷紅絲，莫傳鸞鳥。章臺落籍，依然柳色青青；綺席徵歌，宛是蘇家小小。蕭娘臉際，許多淚滴相思；卓女眉邊，無限怨含離別。春風夜月，何曾握雨攜雲；舞榭歌臺，詎肯乞憐獻媚。丁香結恨，恨隔蓬山；芳草牽愁，愁深洛浦。爾乃天人作合，月老繩牽。日暖藍田，仍種舊時白璧；月明合浦，猶還此夜驪珠。采采蘼蕪，會見故夫之面；團團紈扇，無勞白髮之歌。迎盼盼於燕子樓中，放瓊瓊於砑羅裙上。行雲流水，固何害于春娘；野草閒花，亦無妨於單子。盟香未冷，負心不似王魁；緑葉成蔭，失約豈同麗玉。藍橋上聲聲玉杵，裴航已見雲英；秦樓中咽瓊簫，弄玉還歸蕭史。嗟乎，僕本恨人，久居散地，睹斯情種，寧不生憐。况杏靨桃腮，春色惱人如醉；鶯啼燕語，歌聲入耳羞簧。對此韶華，何能消遣。傷春杜牧，空贏薄倖之名；恨别江淹，未有銷魂之句。因翻南部，竊效西崑。風雪旗亭，豈稱雙鬟之唱；華燈夜宴，難教紅粉之廻。刻畫無鹽，自蹈泥犁之戒；唐突西子，任來狹斜之試。原以自遣閒情，安敢質之大雅。

清・崔應階《雙仙記・自序》 夫傳奇者，所以傳其奇也。必其人其事，或有忠孝節義之奇行，且實有其人，有其事，而後傳之，庶愚夫愚婦，藉以觀感而興起，其於世道人心，不無小補，所謂今樂猶古樂也。如湯若士之《還魂記》，不過裁雲剪月，麗句艷詞，架空中之樓閣，藉花妖木客以肆其譏，誣耳於詞，義何取哉。即高則誠之《琵琶記》，寫趙五娘之苦孝，似亦奇矣，然孜其實，亦無其人，無其事。若夫洪昉思之《長生殿》，孔東塘之《桃花扇》，其事實矣，則又無與於觀感。余閒嘗閲稗官野史，每愛邢春娘之守舊盟，鄭六郎之遇貞狐，及無雙、古押衙之節義。邢春娘、鄭六郎之事，予已譜之聲律矣。而無雙、古押衙之奇人奇事，雖有《明珠記》傳演，究之未暢其情。竊思無雙、古押衙與段張掖、李西平同時，其奇忠奇烈，讀史者人人擊節，而愚夫愚婦則未之聞也。夫段司農之忠烈，甚於顔常山，而李令公之勳業，更不減郭汾陽。然而一晦一彰，豈亦有數存乎其間哉。特恨傳其奇者不并及之耳。因於退食之暇，欲增其事以公天下之同好。用錯綜其同異，敷衍三十六齣，已填六齣，而政務倥偬，遂束高閣。荏苒四十餘年，原目與填詞，俱已等之煙雲矣，而胸中時徘徊而不能去。丁亥春，邂逅來旬吴子，知其長於音律，余與之商榷，來旬隨擬三十六齣之目，適與前題吻合而更周密焉，遂煩其捉筆，余亦以餘暇分填數闋，不逾月而稿成。雖音律詞藻未敢謂與前人分道揚鑣，然付之梨園，亦未見有聱牙佶屈之累。既可以著段司農、李令公之遺芳，亦可以表古押衙、無雙等之逸事。人非木石，雖愚夫愚婦未有不感動而興起者。其與海市蜃樓、淫詞艷曲，不稍愈乎。

傳記

清（乾隆）《汾州府志》卷一一　崔應階，江夏人。以廕生雍正九年知汾州府。遇事明而果斷。初蒞任，前守理治陽鹽政商銷病民案，未結。以法治之，不少貸，豪滑無所施其技。

清（同治）《江夏縣志》卷六　崔應階，字吉升，號拙圃，以父相國武功廕，補順天通判，歷西路同知，山西、河南知府。乾隆十五年，駕幸中嶽，嘉其幹練，擢本省鹽道，旋陞安徽按察使。壬申，隨兩江制府尹會同湖廣制府永，按察使明審理羅田、馬朝柱逆案，事竣，丁母憂，服闋，補官，累擢山東巡撫。乾隆乙酉春，聖駕南巡，道經山左，見河決後地静民安，欽賜績懋東邦匾額，併御製詩一首以褒之。丁亥，調福建巡撫。戊子，陞閩浙總督，進太子太保，刑部尚書，轉左都御史。戊戌冬，年八十，欽賜柏臺耆瑞匾額。庚子，解組歸，歿於途次。著有《拙圃詩草》、《黔遊紀程》、《研露樓琴譜》、《官鏡録》行世。

著録

清・黄文暘、佚名《重訂曲海總目・國朝傳奇》　崔應階：《煙花債》、《情中幻》。

清・梁廷枏《曲話》卷一　崔應階：《煙花債》、《情中幻》。

清・支豐宜《曲目新編・著録八・國朝傳奇》　崔應堦：《烟花債》、《情中幻》。

清・姚燮《今樂考證・著録九・國朝院本》　崔應堦二種《煙花債》、《情中幻》。

清・王國維《曲録》卷五　《烟花債》一本，《情中幻》一本。右見《曲海目》。右二種，國朝崔應階撰。應階字拙圃，江夏人。

藝文

清・小須彌山頭陀和南《情中幻題詞》　嘗閲《廣記》，至《任氏偶鄭六郎》一則，未嘗不廢書三嘆焉。聞之狐百歲則化爲美女，冶容之誨人盡可。夫乃任氏之拒韋生也，貞操卓然，有藺相如抱璧倚柱之概。且狐性多疑，乃周旋韋生、寵奴之間，直與張一妹、崑崙、押衙俠烈者抗衡千古，是殆所謂狗子亦有佛性者歟。洎乎馬首載途，虞人斯斃，竊怪貞操俠烈如任氏者，曾不若端谿袁氏長嘯歸山，豈又所謂以殺身爲解脱者歟。今讀《情中幻》填詞，花爛映發，簇簇皆新，幾令六郎諸人三毫添頰。至黎山指點，皈我覺途，何異太真宫裏雪衣誦佛，幸脱危機，知其拈管按牙之下，直欲以大慈悲施大解脱矣。雖然，有情皆幻，色色空空，兔角無形，龜毛不實，此又六如境界，呈露當場，即以爲普天下有情人當頭一棒可耳。春水一波，秋風一葉，梭柳啼鶯，抱花寒蝶。觀造物之遷流，若轉丸於眉睫，惟達者之鑑虚，乃悠然而理愜。當其玉麈揮殘，超超元箸，雪兒歌罷，嚦嚦清圓。王夷甫之談無，興來如答；江文通之賦别，情往無邊。遂令愁盡烟波，頓生眉上，香聞薝蔔，入我毫顛爾。其弄色欲仙，埋愁無地，時而隔紗私語，紫燕雙棲；時而窄□凌虚，蒼鷹萬里；時而阿難弟子，原解拈花；時而羅刹前身，居常挾上。或乍合而乍離，或之生而之死；返魂香烈，珠有摩尼，續命絲還，木無連理。莫不茹嘆含酸，心驚骨毁，彼積愛以成迷，孰觀空而悟止，原夫千燈入鏡，九劫皆塵。芝洞閒房，鳥名共命；檀林邃宇，花號長春。未免有情，不過鏡花水月；此中皆幻，何殊墜溷飄茵。是以忝石火之微明，浮生若夢；借筌歌以説法，舊面重新。於是屑玉提斤，剪雲秉鋸。車乘鸚鵡，魚山之梵唄初傳；舌吐珊瑚，天際之法蠡斯布。宋廣平之作賦，别有會心；陶靖節之閑情，偏多綺慕。漆園寓旨，直窮罔象之形；《貝葉》真詮，翻託秦優之悞。樂莫樂於新知，悲莫悲于岐路。翳縱縱與莘莘，奚朝朝而暮暮。乃爲之歌曰：蘭受露兮楸離霜，望美人兮天一方。悟一無于三幡兮，補離恨兮媧皇。

清・東園居士《奉題情中幻後》　無端流涕各鍾情，片語停驂意倍傾。

鶯囀花明歸正好，聽冰未泮百年盟。

天臺咫尺隔凡塵，狂直偏教驀地親。揚袂滿堂花散處，素娥引恨曲江濱。

飛身玉帳劫明珠，緩步尋香夜月孤。兩地相思牽合得，夢中疑信認歡娛。

巫山雲散色成空，零落桃花頃刻風。從此仙踪難再覓，蓬萊遥隔意何窮。

清・得樹樓主人《**奉題情中幻後**》　紅袖青衫邂逅緣，殷勤下馬讓絲鞭。雲英何必藍橋遇，祗在東風桃柳邊。

聯成棣萼頓相親，莫認天臺訪玉真。羅袂動香花萬種，幻娘原是散花人。

宵驚虎旅劍花痕，紅線輕敲紅拂門。十萬貔貅環玉帳，青天飛下女崑崙。

一年琴瑟恰和諧，頃刻穠華化劫灰。不是黎仙留阿紫，玉環誰伴到蓬萊。

清・熊之復《**奉題情中幻後**》　玉洞桃花本是秦，無端飄落到寰塵。風流着意尋佳侶，雨跡偏能締夙姻。寶馬翩翩方問柳，黄鸝兩兩正懷春。多情恰有鍾情遇，又結人間未了因。

偕將國色近東家，青鳥歸時訪麗華。幻女尚然貞有志，韋生從此愧無涯。杯添繞席三巡酒，袖舞當筵幾樹花。一霎瑶池仙子歇，教人翹首玉鈎斜。

金屋朱扉掩寂寥，紅妝燭影暗魂銷。情殷歌席人空遠，身在侯門路已遥。裊裊飛來心上使，雙雙歡會可憐宵。就中不是偷香枝，誰向情根架鵲橋。

鴛行偏使遇辛年，須識紅顔運每慳。一載穠華遺綉履，半天風雨折朱絃。雖逢劍甲勞雙袖，幸有慈航接上緣。回首馬嵬春寂寂，深情都付鏡中懸。

清・唫崗夔《**情中幻題辭**》　雅韻翻宫譜，奇情幻裏傳。仙期應不遠，塵慮每難捐。興惹韶光動，神緣麗景綿。輕盈辭玉洞，縹緲步瓊巔。柳絮沾雲鬢，梅風拂翠鈿。尋芳三月艷，訪賢六郎賢。仿佛巫峰裏，依稀洛水邊。劇憐塵外地，莫是鏡中天。帶綰同心結，花開並蒂蓮。鶯林推月駟，柳陌奉瑶鞭。携手珠簾外，盟心繡幕前。藍橋人意滿，紅粉客心懸。幻女情何慕，韋生意獨憐。堅貞懷皎潔，悔恨鬥嬋娟。謝過聯華萼，感恩列綺筵。稱觴光爛熳，獻技舞蹁躚。萬點花盈座，三巡月照淵。早知鴛侶在，願教鵲橋連。劍拂霜花麗，妝成彩色鮮。金吾威莫禁，玉女意方堅。桂閣風烟裊，蘭閨密緒牽。忽來心上使，巧構意中緣。白璧凌雲獻，明珠繞霧穿。移來承寵妓，飛去步虚仙。雅意共明月，貞心託逝川。無端逢卯歲，有數遇辛年。誰識調鸚鵡，惟聞泣杜鵑。百年期未了，一載恨難填。黎母開先路，楊妃待共旋。元神歸正果，妙悟契真詮。景幻情非幻，詞妍意更妍。風流高格調，落紙盡雲煙。

清・鄭位《**奉題情中幻後**》　窈窕多姿善媚人，脩真未了又懷春。偏來吉士尋芳騎，柳陌花間遘夙姻。

守貞正色拒狂生，何事招仙動容情。想爲聯盟多意氣，名花侑酒舞傾城。

本來面目慣飛身，夜入侯門劫麗人。撮合巫山雲共雨，方知月老術通神。

無端情劫幾銷形，奉遇黎山作解星。從此色空空是色，曲終何處數峯青。

清・挹華齋主人《**奉題情中幻後**》　花下相逢窈窕娘，嫣然一笑效鸞凰。漢皋環珮三生幸，溢浦琵琶半面妝。步步金蓮穿蔓草，蕭蕭白馬傍垂陽。天臺祇在人間世，洞口桃開逗阮郎。

遮莫投梭拒謝鯤，仲堅兄妹締佳人。霓裳綽約花千朵，翠袖殷勤酒數巡。銀漢爲憐勞望眼，蓬山不遠指迷津。許將紅豆相思子，如意珠穿一串勻。

窄袖輕裝結束行，飛身幕府攝芳卿。茜裙露濕牆頭草，寶劍霜警帳下兵。排闥藐他欒五利，吹笙還汝董雙成。月明萬户天街裏，空有朱門擊柝聲。

等閒歡喜幻成愁，狼藉飛花逐水流。畫轂綉簾同坐處，珠顔玉腕霎時收。今生緣解成人美，無妄災翻不自由。聖母慈悲開覺路，留隨妃子到瀛洲。

清・佚名《奉題情中幻詞後》 梨花堂掩春如雪，香囊錦襪人輕訣。此恨當時無絶期，杜鵑早染枝頭血。長安三月天氣晴，金鞍百寶殷車聲。雄蜂雌蝶盡無賴，引動元邱一種情。碧鈔紅樹家何處，三生重覓他生侶。邂逅江皋日易成，流連陌上心相許。借得名囤貯阿嬌，玉笙低和夜吹簫。櫻桃未妬專房寵，鸚鵡偏騰放譽謠。顛狂罔識前頭忌，醉眠誰信無他意。主父雖忘覆酒疑，美人頓釋牽衣戲。舞遍山香落帽多，□□一妹共三哥。藏形不籍坤靈扇，執斧寧辭月下柯。纏綿異族癡生愛，新緣夙業千金債。空解名姬劫贈人，天荒地老誰相貸。槐里官如夢裏遊，二郎催起六郎愁。雲開突騎搜何急，宴罷瑶池駕暫留。解紛投體身歸主，巨靈爲惜摧花斧。執買犀株鎮膽驚，碧桃滿樹啼朝雨。破驛凄涼幾度中，芙蓉帳暖尚春風。袁家從此抛衣履，嬌妾徒煩辨吉凶。珠寒玉瘦非難判，鶴書鴛牒成哀怨。好向瞿曇悟六如，電光泡影情原幻。新聞此段合傳奇，彈出烏絲絶妙詞。兩部清聲排少隊，千林胡語咒禪枕。十年我已青袍濕，百端感此茫茫集。石黛初翻烏夜歌，淋鈴如聽驟網泣。昧盡□□舊日因，無聊一□尚生嗔。蓬萊山返鴻都客，□□□門玉面人。

清・梁翥鴻《雙仙記題詞》 富平山中饒泉石，月窟龍泉徑深僻。烟霞蒼翠鎖幽巖，代有高人時托迹。逸史曾傳古押衙，匹夫任俠聲稱赫。當年本意入山深，絶巘層巒未可尋。衡門自許抒懷抱，空谷何須有足音。情根不斷青山杳，義氣還隨白雲繞。直排禁闥出蛾眉，幾同枯骨回春草。青萍一試須眉橫，都爲兒女酬恩情。御溝流水憐幽怨，孤館殘燈續舊盟。一時鼓舞爭攘臂，肝膽全傾盡血氣。小婢猶知報主恩，阿奴亦自懷真意。吁嗟感應本相通，當時朝野同英風。因思奪笏擊叛賊，千秋節烈惟司農。西平咸寧著忠義，重扶社稷推奇功。麟閣昭昭屬元老，兔罝肅肅留英雄。惜乎史策失傳贊，誰爲奇男染詞翰。姓字終隨没草萊，英光祇自凌霄漢。

研露主人摛藻思，搜羅秘笈成新詞。非徒士民得觀感，將令婦稚咸聞知。悲歡離合多繾綣，曲折閨中情畢見。壯士如聞《易水》歌，忠臣並寫凌煙面。我家近接頻山陽，頻山煙樹含蒼茫。惟從稗史窺遺事，莫向空巖問草堂，細按宫商入絲竹，百折文情聽未足。他時歸訪富平人，應有雙仙傍林麓。

清・徐績《雙仙記題辭》 禽鳥有摯性，比翼飛雲衢。草木含真情，連理枝扶疏。動植尚若此，人生胡不如。所以兒女情，生死良不渝。誰謂事瑣瑣，王化由關雎。藉非摛藻才，何以流歌歈。昔有王家郎，抱負美且都。零丁隨孀母，依彼舅氏閭。舅女字無雙，静婉神仙姝。髫齓其嬉戲，誦讀同步趨。亭亭雙玉樹，堂前問起居。阿母顧相笑，愛若掌中珠。願以金閨彦，配此千里駒。無何兩成立，猶未聯葭莩。花下締盟約，密托千金軀。風波一朝變，涇卒起狂呼。頓驚下殿走，宫闕且坵墟。鴛鴦忽分散，搔首悲城隅。尚書奮忠義，匹馬走躊躇。欲從司農死，身已去京都。欲效西平功，空拳無兵符。貝錦肆頑譏，縲絏拘囹圄。可惜如花貌，長門供掃除。碎我青銅鏡，收我錦裌褕。長裙事箕帚，廣袖奉盤盂。迢迢悲永夜，宫漏催銅壺。御溝斷消息，明月增欷歔。郎君敦密誓，異地兩情俱。顧念青衣婢，侯門甘曳裙。將軍篤譜誼，仗義還相扶。慷慨贈侍妾，力薦宰名區。凄涼富平驛，邂逅逢宫輿。紅葉杳無跡，青鳥誰傳書。女奴充驛役，尺素遺雙魚。開緘不忍視，淚落雙眼枯。蒼頭爲我言，偕訪山中廬。磊□古押衙，攘臂横眉須。茅山訪靈藥，矯詔傳刑誅。□以金蟬脱，載歸七香車。卸我宫中衣，脱我莖時襦。荆釵與裙布，膏沐新粧梳。長揖辭公廨，扁舟歸五湖。方期隱名姓，無復戀華膴。月吐蝕後彩，松挺霜前株。金吾一辨雪，廊廟申冤誣。遂令同貴顯，骨肉重歡娱。我昔披逸史，百讀情有餘。惜無生花筆，千載爲揚揄。研露有主人，錦繡胸中攄。新詞按敲拍，字字珍璠璵。借彼閨中事，直將節義敷。悲歡與離合，結構非虚無。豈徒播藝苑，且以興頑愚。浣露日三復，齒頰清芬濡。

清・吴恒宜《雙仙記題辭》 一曲新詞付管絃，尚書才筆大如椽。分明兒女恩情事，忠義鬚眉個個傳。

花下姻緣締死生，多情端不負初盟。千秋逸史流佳話，唯有雙仙最著名。

平頭奴子走風塵，竈下青衣意氣真。多少悲歡離合事，相逢俱是有心人。

押衙義俠古今傳，幻術重聯已斷緣。不似崑崙稱猛劣，祇從金屋盗嬋娟。

西平重建造唐功，張掖孤標擊賊雄。絶勝明珠空點綴，獨將事實表雙忠。

親承指點按宮商，花底分題續瓣香。今日梨園新譜出，龍門何幸附詞場。

清·許佩璜《煙花債題辭》　名家列宅，晴川鸚鵡之洲；才子題詩，驚代鴛鴦之號。乞一麾而出守，歷四郡以頒條。地是淮陽，何妨卧理；人如張詠，遥接風流。偶採稗官，演作元人雜劇；爰抽繭緒，撰成樂府新聲，則《煙花債》一編是已。原夫單生玉潤，爲邢大令之賢甥；邢媛茗姿，即單夫人之女姪。絲蘿締結，本推自出之恩；襁褓提攜，各有指婚之約。夫何邢官宛葉，遇寇身殲；單宦臨女，征蓬梗斷。死生契闊，音驛浮沉。嗟邢女之遭俘，失身樂籍；惟單男之受蔭，隨牒州僚。迴遡舊盟，已同隔世。豈知定婚店内，赤繩一繫而不移；冤孽海中，白浪千層而終息。則有州堂公宴，綺席徵歌，覩一麗人，翩其獨立。紅蓮入幕，艷稱司户風華；翠袖持觴，驟得彼姝顧盼。于斯時也，盈盈桃李，嘆薄命以誰憐；采采蘼蕪，逢故夫而詎識。幸值同僚之作合，偶就曲室以言懽。詢及家門，遂弗及于亂；知爲伉儷，乃默識于心。此則單子以禮自持，欲明其配，而在邢女，願身有屬，翻媿自媒者也。是以寓書若翁，陳其顛末，乞咨太守爲救沉淪，並有邢氏諸昆，曾爲承務。豈與單族，亦屬通家，疑語纏綿，從中慫慂，親賫符牒，遠歷間關，以州將垂慈，竟爲邢娃脱籍。通守請爲作伐，承務倚以主婚，遂賦結縭，並稱嘉偶。伶倫雙琯，韻仍叶夫鳳凰；大夏兩環，形復蟠夫龍雀。詎非定數，夫豈偶然。嗟乎，宣和之間，璇璣失政；靖康之難，板蕩興悲。慨九廟之鼓鐘，都隨電掃；痛七陵之鳧雁，忍逐灰飛。戰血殷川，積尸平塹。公之所譜，固爲兒女私情；事之流傳，亦是水天閒話。惟是鍾情特甚，歷劫難銷；宿願忽諧，匪臆可測。女媧氏石煉五色，補完離恨之天；費長房身隱一壺，縮盡相思之地。益信文心之妙，足奪造化之權。技至此乎，觀其止已。蔡文姬配入笳拍，歌成出塞之聲；鄭中丞按以檀槽，迸作忽雷之響。走爲擊節，請付剞人；公謂知言，遂傳槧本。

清·嚴遂成《奉題煙花債後》　單符郎，邢春娘，同住東京孝感坊。美人脂盝調鸚鵡，公子華坊門鳳凰。兩家本是内兄弟，玉鏡一枚盟伉儷。草短蘼蕪金埒開，花新荳蔻珠房閉。待年牛女水盈盈，雀屏絲緑心空繫。一夕烽烟驚汴梁，莽伏草竊紛豺狼。圖書燒殘平樂觀，珠幣捆載牟駝岡。金枝玉葉路隅泣，何況蓮絮隨風狂。鐵口鎖連生翡翠，竹籠囚折睡鴛鴦。春娘流落秋娘妬，縷月裁雲等閒度。眉挑彩筆畫啼粧，背剔銀燈給窮稡。誓此泥蓮不染身，一枝連理韓憑墓。符郎天遣到全州，司户曹閒夜暗遊。問柳依依馱細馬，采蘋究究蕩扁舟。香車油壁無消息，缺月難圓水不收。誰知目送楊家女，望夫山前風雨語。寶鏡重歸徐德言，繡鞋早餉程鵬舉。風流此段合傳奇，宛邱太守有情癡。醮將紅粉沓卿淚，彈出黄沙毛嬙絲。我飲一杯歌一曲，顧影悽遑喉斷續。任其所之王可兒，未能遣此張光禄。柳花不死死朝雲，雲落花邱念華屋。琵琶按譜不成聲，空灘孤雁蘆梢宿。

清·吴爚文《煙花債題詞》　南都石黛寫魂消，一種煙花百種嬌。何處有臺堪避債，彩鸞畢竟嫁文蕭。

小别東京孝感坊，蠻雲瘴雨墮荒唐。紫釵不斷長條玉，忍作無情李十郎。

凝粧薄怒啓朱唇，愧汗交流滿座賓。枉煞岑牟單絞客，鼓鼙聲動阿瞞嗔。

薔薇與手鼎焚香，潔雪寒燈按羽商。妙悟自含絃外意，不須親看舞《霓裳》。

石子斐

紀事

清·佚名《曲海總目提要》卷二五《鎮靈山》　一名《楞伽塔》。蓉江石子斐作。演蘇州巡撫毁上方山五聖祠事。《姑蘇志》：楞伽山在吴山東北，一名上方山。其北爲吴王郊臺，其東北爲茶磨嶼。據云：秀士李其兼，字聞人，松陵人也。妻席氏，小字淑貞，妹曰慧姑，其兼赴試金陵，妻與小姑同居一室。蘇州上方山有五聖行宫者，兄弟五人，並封侯爵，母曰聖母娘娘，血食一方，香火最盛。師巫邪術，往往託言禍福以取利，吴俗尚鬼，男女爭趨若騖。其侯之長，奉玉帝命，將赴天門承值，瀕行，告其母及其弟曰：上界有一斗宿降生，必爲吴中巡撫，當與吾曹爲難。宜以眷屬入楞伽塔，諸弟則雲遊四方以避之。衆皆如其言。四安山中有老狐，善幻，所往來多山魈木客，思有所憑藉，以恣其慾。聞上方五聖各散，遂假其名色，示夢於糧艘旗丁，令於嘉興鰻鯬堰，募衆起廟宇，而盤踞焉。瞯席氏色美，又知其夫之出，竟入其室。欲污之。席氏守貞堅拒，而爲妖氣所傷，昏暈成疾。慧姑爲求醫，得藥一劑，服之稍瘥。醫即五聖之一也。其兼赴試，途中遭拐，遇陸任巡撫余國棟周之，得至省秋試。榜發被斥，落魄無聊。與江甯俠士鳳朝陽結爲兄弟。行市中，託日者推命，其言良驗，且謂道家中方有災疾，宜亟歸，其日者亦即五聖之一也。朝陽爲具裝送至中途，而老狐已先知之，邀於道，欲殺其兼，以絶席氏望。朝陽與鬬，將敗，旁一人發矢中狐，狐乃逸去。射狐者又即五聖之一也。其兼抵家，方有師娘在座，盛稱五聖之威靈以恐慧姑。師娘者，吴中女巫之稱也。其兼呵之而去，詳詢得席氏致病狀，憤甚。馳至上方山，指神位而痛詈之。時新任巡撫商尹將蒞任，其兼素聞其正直，具詞往控。商尹至蘇，微行至上方，見酒船簫鼓，男婦雜遝，紛紛至山，繼而金錢牲醴載道。登山中，舁一尼，衆共擁之而上。尹乃憩酒家細訪，知吴俗之概，而尼居蓮花菴中，名静真也。歸途遇雨，宿關廟，廟傾圮，香火寂寥，夜夢一人與尼扶一醉漢至，跳躍久之。其人以水一盂飲醉漢，遂倒，俄稱冤枉而去。又夢神語曰，蓮花庵中一女尼，欲覓錢財起殺機。欲知上方山上何神道，袁墓林間五色魚。尹醒而疑之。及蒞任，至聖廟行香，本學生甄子才亦以上方山五聖控告。子才有妻，未婚而抱病，卜之，謂五聖見責。其母命子才乞靈于蓮花庵静真，以静真向稱見寵于聖母娘娘也。子才往見，静真爲危言以撼之，索詐百金，子才不服，故有是控。尹乃密遣能吏往訪静真蹤跡，則有匡大者，夜叩庵，帶醉而出。吏作鬼聲，匡大懼曰：得非彭酒鬼乎。殺汝者静真，非我也。吏縛之，并收静真。尹一鞫而皆伏。蓋静真與匡大謀，令所謂彭酒鬼者僞爲五聖託體，言禍福以惑衆，又恐其或洩，旋以藥飲之。彭中毒而斃，無親屬伸理，故其冤至是始洩。静真、匡大俱伏法。尹乃檄蘇守，毁五聖像，沉之太湖中，永禁吴民，不得尚淫祠。其兼、子才兩家之室疾亦旋愈，害其兼之妻者老狐，害子才之妻者，五色魚精也。後皆爲神所誅。其兼、子才後並得第，而慧姑則適鳳朝陽爲夫婦云。按所演巡撫曰商尹，實指湯斌也。緣湯字與商相連，而斌係睢陽人，故以相影射。劇中陸任巡撫余國棟，則指余國柱也。其餘姓名皆非真。

又《正朝陽》 演宋劉皇后李宸妃事。仁宗實宸妃所生，劉后以爲己子。仁宗即位，奉劉后爲皇太后，後謚明肅，不知宸妃生己也。宸妃没後，仁宗始知爲妃所生，有言妃不得其死者，仁宗哀慟，急發梓宫視之，則以水銀殮，容貌如生，且用皇后被服。仁宗乃益親劉氏，蓋劉后妒宸妃之有子，冒認爲己所生，而於宸妃生前，鉗制隱諱，不容母子相見。此劇之作，不爲無因。但劉后初未嘗有害宸妃之心，仁宗母子之恩，亦未嘗少替。劇中極力發揮劉后之險毒，言用内監郭淮爲腹心，以所生女，易宸妃所生之男。郭淮捽殺女，后即誣宸妃所殺，貶入冷宫。又誑真宗，謫宸妃看守皇陵，又令人縱火欲焚宸妃，又令内監雷先春謀刺仁宗，種種情事畢露，遂至飲鴆。此皆誣揑，非實迹也。宸妃没後，始贈太后，生前未嘗正位中宫。所云正朝陽，亦非實迹也。吕端、寇準雖皆係真宗時賢相，然端曾受太宗顧命，真宗之初，有扶危濟變之功。真宗末年，蓋已無端所云保奏宸妃，貶謫黄州，復起宰相，與仁宗講學，皆飾説也。準爲樞密，勸真宗親征契丹，澶淵之役，厥功最巨，本無隨駕征蠻之説。後拜宰相，爲丁謂所阻，貶竄雷州。仁宗之初，亦無準在朝也。包拯雖真宗時進士，至仁宗始漸擢用，與吕端相去較遠，不得并時爲大寮。其陳州平糶及根究宸妃積冤，皆本《龍圖公案》相承謬論也。捽殺己女，乃唐武則天事，郭淮奸謀，犟折天、蒯飛雲忠義，皆憑空造出，楊六郎、孟良征蠻，則本《楊家將演義》而緣飾之也。《邵氏聞見録》：章獻明肅劉太后，成都華陽人，正位宫闈，聲滿天下。仁宗即位，以太皇后垂簾聽政。又云：章獻太后垂簾，李宸妃薨。章獻秘之，欲以宫人禮治喪於外。宰相吕夷簡奏曰：聞宫中貴人暴薨，禮宜從厚。章獻挽仁宗入内，少頃，獨坐簾下，召文靖曰：一宫人死，相公何與。公曰：臣待罪宰相，内外無不當預。陛下不以劉氏爲念，臣不敢言；尚念劉氏，喪禮宜從厚。章獻悟曰：李宸妃也，奈何。文靖乃治喪皇儀殿，用一品禮，葬洪福寺。公又謂入内都知羅崇勳曰：宸妃當以后服斂，用水銀實棺，異時莫道夷簡不曾説來。章獻皆從之。後燕王謂仁宗曰：陛下李宸妃所生，死以非命。仁宗號慟，尊宸妃爲太后，謚章懿，幸洪福寺易梓宫。后玉色如生，冠服如皇太后。帝太息曰：人言其可信哉。待劉氏加厚。

著録

清·黄文暘、佚名《重訂曲海總目·國朝傳奇》　雪齋道人：《五倫鏡》。

清·姚燮《今樂考證·著録八·國朝院本》　雪齋道人一種：《五倫鏡》。

清·王國維《曲録》卷五　《正昭陽》一本，《龍鳳山》一本，《鎮仙靈》一本。右三種，國朝石子斐撰。子斐字成章，紹興人。

張瀾

論説

清·昝霨林《萬花臺叙》　夫作文而不關世道人心，不作可也，故傳奇小道勸懲寓焉。雖然，竟有導淫誨盜、污筆累墨以取悦乎時者，吾正不知其何心也。雖然，此其人原無世道人心之慮，更何有於勸懲，而又儼然授剞劂災梨棗。此其人恨不以吕政之大坑坑之，此其書恨不以烈火之拉雜燒之也。故始皇帝衛翼經書，廓清宇宙，其息邪説□□□□□，不在禹下，而三十六年之德政，亦僅此一舉耳。後世著述林起，子、史、百家，以及山農藝政之書，里巷謳吟，稗官小説之類，汗牛充棟，不可枚舉。而要之有關世道人心，得勸懲之遺意者，即爲不朽之書。外此，其人可坑，其書可燒也。予承乏鄘邑簿書，鞅掌著述未遑，自愧德薄才疎，不克起衰救弊，揚扢風雅，每欲與邑中之賢士大夫講明而興起之。而觀翁張父母適以《萬花臺》院本相授，命余叙之。余讀竟，不覺喟然而嘆，曰：有是哉。張父母之爲是書也，其通於政矣。夫古之爲政者，民之疾痛如己之疾痛焉，民之陷溺如己之陷溺焉。疾痛之方當思何以藥之，陷溺之方當思何以拯之。而藥之拯之之道，竟有不必布之文告、施之政刑而家喻焉，而户曉焉，是遵何德歟。昔者，一伶人演秦檜陷武穆事，忽見皮匠握手中刀，從人隙中跳躍登場，怒目裂眦，截取伶頭以去。嗟乎。彼豈不知扮秦者之非秦檜耶，而一激於義憤，又止知扮秦檜者之即秦檜耶，而何暇爲伶人計乎。由此觀之，其感人檜之深、入之切，未有過於傳奇者也。如是本之立志如秦氏也，從一如尹兒也，報德如聞人也，立功如于楚也，以至李之俠也、武之奸也，昌宗之淫也，徵以古跡，參以新文，錯綜而變化之，寓風流於貞淑之中，矜香艷於淫褻之外。殛奸邪，拯善類，演之當場，共爲觀聽，使賢者益知務其向上之心，愚不肖者亦可懲其匪僻之念。豈非助爲政者之不及歟。《詩》曰：民之秉彝，好是懿德。子輿氏曰：是非之心人皆有之。故聞秦氏之風者可以起懦也，聞尹兒之風者可以立廉也，聞聞人之風者可以敦本也，聞于楚之風者可以晚蓋也。以至鄙吝見消于多祚，而奸淫懲創於武張。則是本之有關於世道人心，堪與子史等書並垂不朽。傳奇云乎哉，由一邑而播之鄉國，由鄉國而播之天下。民將不賞而勸，不怒而懲。風俗其庶幾矣乎是本也，亦可知父母昔日之爲政矣。時康熙五十年歲次辛卯桂月上浣，隣治年家弟昝霨林頓首拜題於會稽官舍。

綜述

清·張瀾《巧十三傳奇·識後》　竊見世人忘饑渴、涸寒暑，役役於名利兩途，且欲厚積以爲子孫計，即倖得之矣，猶以爲事未畢而願未酬。若此輩者，則誠入世甚深，而巧以自處矣。吾亦非不羨之，第以人各有志，不能强爲一轍。余也天賦獃質。由性而獃，因獃成僻。自童時失業，制義愛博不專，長遊輦轂下，名利之心澹如也。迨年屆服政甫任曲陽，梗僻之性，不諧於俗。爲官所累，屢請乞休歸里，克遂素志，以泉石爲娱，與雲山作伴，披襟林下，將自督其獃。長爲獃人，没世而已。反欲藉戲臺爲棒喝，唤醒世人之夢，不亦獃己以獃人乎。且更以數立名，依次而編。所有：《一笑緣》、《二筆媒》、《三世因》、《四才子》、《五色旗》、《六國終》、《七寶釵》、《八洞天》、《九華山》、《十錠金》、《百歲坊》、《千里駒》、《萬花臺》等劇，似此適興之具，纍至一十三種，試爲記。若則可寓之以巧，又必欲以一至十，十而佰，佰而千，千而萬，毋乃弄巧成拙，誰復諒余一片醒世之苦衷耶。嗟嗟。百年强半，空白頭顱，終不克争名逐利，遺金逞慾，難免人指爲獃，余亦無辭以畣。若夫搆詞之際，脱或筆機稍滯，燕坐寂炤，瞑目數息，甚至費寢忘餐，雖摹擬旬日之下，撚鬚嘔血，未得隻字之艱，又何異忘饑渴，溷寒暑與。世之巧於取名利者相埒，究自成其獃而已矣。故曰由性而獃，因獃成僻，莫謂因僻而獃，由獃成性也。自稱張獃，實曰幸。時在康熙辛卯仲夏中浣，張獃書於凝馥齋。

又《筆意》《一笑緣》偶筆、《二篋媒》腐筆、《三世因》鐵筆、《四才子》俗筆，《五色旗》夢筆，以上一套；《六國終》憤筆、《七寶釵》宦筆、《八洞天》幻筆、《九華山》悟筆、《十錠金》拙筆，以上二套；《百歲坊》寓筆、《千里駒》旅筆、《萬花臺》秃筆，以上三套。張獃自記。

清・張瀾《萬花臺・自識》 屈平湘潭，絶唱《離騷》一經，求宓妃見逸女，雖别有所托，大抵皆言男女之際也。予填《花臺》一詞，或謂好色而淫，有乖國風大義，不知以才遇才未有不愛且篤者，情之所鍾正在吾輩。登徒子非好色者耶。且聞張旭善草書，觀公孫大娘舞劍器而益進。予之所作何必不然。故非情之不可，情而無才之不可也。彼浪逐東風尋花問柳者，竊謂才子佳人，風流韻事，不幾等東施之捧腹乎。然亦夢裡邯鄲，枕邊蝴蝶，金石雖堅，何有於我。康熙歲在辛卯，耶溪散人張獃自識。

紀事

清・佚名《曲海總目提要》卷三九《千里駒》 近時人所作，關目頗新，未免頭緒繁多，亦太奇幻。言揚州劉廷鶴，吏部尚書劉俊子也，家有千里驌驦馬，廷鶴入京探父乘之。旅店中遇李夢熊，與妹桂金，打花鼓覓食。夢熊善飛刀，百步取人首級，如探囊取物。桂金袖箭二十四枝，百發百中。皆暗藏兵器於鼓，人不知也。廷鶴獨偉其貌，贈之金。又有張大奇者，廷鶴亦醉以酒。潛龍寺僧性空，盗黨也，母張氏，其舅即大奇。大奇女曰曉煙，依張氏以居。張氏爲性空耳目，設飯店以誘行旅。廷鶴投寺宿，性空欲殺之，扃空室中，令自盡，大奇適見，教廷鶴越牆走。奔二里餘，入張氏宅，張氏即往報性空。曉煙告廷鶴主僕，令疾走，贈之金，且令縛己於柱。比性空至，則廷鶴去遠矣。大奇父女既兩釋廷鶴，念性空必害己，乃入京投廷鶴。廷鶴父俊，數上疏攻劉瑾，瑾恨入骨，潛以書予性空，令糾黨於道劫駕，而箭上書吏部劉三字。武宗方危急，李夢熊兄妹突出救駕，武宗獲安，立封夢熊鎮國大將軍，桂金鎮國侯。而視箭上有吏部劉字，回鑾即下俊獄，盡捕其家屬。廷鶴入京，甫謁父，張曉煙改妝男子，持刺拜廷鶴，廷鶴方延見，留居後花園，而捕者已至，曉煙竟代廷鶴入獄，而令父隨廷鶴潛逃。武宗令錦衣押俊戮於市，夢熊知爲廷鶴之父，自縛詣闕，請暫寬俊死，而已與廷鶴同緝賊，然不知廷鶴之爲曉煙也。抵家知之，桂金遂代曉煙緝賊，兄妹投僧母張氏店中。張誘夢熊出追賊，而用蒙汗藥麻倒桂金，負至破廟中，將獻於潛龍寺。大奇、廷鶴晚至破廟，聞張氏語大奇謂己女被縛，負桂金還家，天明見非己女，問知爲桂金，廷鶴與認兄妹，同入京。黑風山萬人敵者，賊魁也。張誘夢熊出追，取其批文予性空。入京投劉瑾，乘千里駒，萬人敵以爲夢熊也，誘至山入夥，而懸榜云夢熊投賊，以絶其歸路。朝廷見榜大怒，命抄夢熊家，曉煙遂被擒入獄。萬人敵殺解差，救曉煙入黑風山，曉煙自認爲桂金，性空自認爲夢熊，萬人敵不知其非兄妹，兩人亦不敢道真姓名也，彼此認爲兄妹。曉煙乘間賺得劉瑾所約性空劫駕書，誑性空令箭，騎千里駒入京見廷鶴。廷鶴與大奇、桂金入京，往獄中探俊，知夢熊入黑風山。桂金仍扮打花鼓者，與大奇入黑風山，探聽夢熊蹤跡。時瑾方矯旨，發諭單示獄吏，令殺俊，爲廷鶴所知。廷鶴、曉煙並叩閽，奏其事，上立拏瑾下獄，拜俊大將軍，廷鶴參謀曉煙封夫人，同討萬人敵。夢熊爲萬人敵所污，遁跡久之，聞俊爲將，入轅門謁見。俊署夢熊先鋒，改姓爲熊。大奇與桂金入黑風山，性空欲桂金壓寨，桂金僞允，花燭時，用袖箭射傷萬人敵，與戰相當，暫留山寨。俊父子討賊，夢熊力戰，萬人敵窘促，用桂金出戰。夢熊兄妹設計禽敵，萬人敵以投降免罪，而劉瑾、性空俱讞出真情。令俊正法誅之。

著録

清・黄文暘、佚名《重訂曲海總目・國朝傳奇》 無名氏下：《千里駒》。

清・梁廷枏《曲話》卷一 其餘無名氏可考，亦無別寓他名，而其曲仍行于世者，以傳奇言，國朝有《千里駒》。

清・支豐宜《曲目新編・著録八・國朝傳奇》《千里駒》。

清・姚燮《今樂考證・著録十・國朝院本》 焦氏《曲考》所載無名氏若干種，《千里駒》即《二奇緣》改本。

楊潮觀

論説

清・楊懋《吟風閣雜劇序》 詞曲之名起於宋，盛於元。勝國以後，文人學士，相繼而作，其膾炙人口，傳之優孟衣冠者，大抵言情居多，或致有傷風化，求其激昂慷慨，使人感動興起，以羽翼名教，殆不可得。吟風閣者，懋伯祖笠湖公著書之室也。公嚴氣正性，學道愛人，從宦豫蜀，郡邑俎豆，爲學人，爲循吏，著作甚富。公餘之暇，復取古人忠孝節義足以動天地泣鬼神者，傳之金石，播之笙歌，假伶倫之聲容，闡聖賢之風教，因事立義，不主故常，務使聞者動心，觀者泣下，鏗鏘鼓舞，凄入心脾，立懦頑廉，而不自覺。刻成，因以吟風閣名之。以是知公之用心良苦，公之勸世良切也。往歲，先君子宦蜀，同僚索觀甚衆，舊板在梁溪，郵寄非易。先君子乃出家藏之本而重鐫之，手自讎校，用力甚勤。丁亥秋，先君子没，此板謹藏於家，一二三同志，求者益多，乃爲刷印傳布。懋生也晚。不獲親承訓誨，以爲立身行己之準。又少遭孤露，父書懼不能讀，勉承先志，幸無墜失。尤願觀者觸目警心，以爲作忠作孝之助，庶無負公化俗之盛心與先君子重刊之意也夫。

清・陳俠君《吟風閣雜劇序》 傳奇行世者不及章回説部至繁，社會所歡迎，除普通之《西厢記》、《桃花扇》，次則《牡丹亭》、《長生殿》、《琵琶記》、《燕子箋》等，諸書傳播人口，風行一時。如李笠翁十種曲，蔣心餘九種曲，無新本印行，故知者亦尠。此外著者或拙詞藻，或乖音律，厭人觀聽，隨出隨滅，無著作之價值，不得長留於世界矣。間有一二佳文傑構，雖年久湮没，斷簡殘編，好事者珍而藏之，親友展轉借鈔，文字顯晦有數，優勝劣敗，豈無定評者。江蘇楊君笠湖，名潮觀，無錫人，以名進士宦蜀，初任邛州刺史，有政聲，善詞曲，於官廨廳事之西，築吟風閣，公餘聚賓僚觴詠賡歌其中，揮毫著書，以爲娱樂，志乘猶誌其事。嘗與袁隨園文字詰難，隨園視爲畏友。先生譜《吟風閣傳奇》三十二回，將朝野隔閡，國富民貧，重重積弊，生生道破，心摹神追，寄託遥深，別具一副手眼。文情豔麗，科白滑稽，光怪陸離，獨標新義，掃盡浮詞，不落前人窠臼，似非尋常隨腔按譜填曲編白可比也。頻遭兵火，是書傳本甚稀，余先得殘本無叙跋，無作者姓氏，後見友人藏有袖珍小本，亦佚遺下半二册，是爲渠縣令楊文泉明府得資重刻，卷首文泉小序，以笠湖先伯稱作者。考閲《邛州志》所誌，益悟吟風閣爲先生按譜之所，而《却金》思祖德，《大江西》之自爲寫照，皆有寓意，愈了然於心目間矣。

清・王昶《湖海詩傳》卷六《蒲褐山房詩話》 笠湖性情倜儻，工畫竹，詩亦多傑句。尤工度曲，所著《吟風閣傳奇》，如《諸葛公夜渡瀘江》、《寇萊公思親罷宴》諸劇，聲情磊落，思致纏綿，雖高則誠、王實甫無以過也。

清・焦循《劇説》卷五《吟風閣雜劇》 中有《寇萊公罷宴》一折，淋漓慷慨，音能感人。阮大中丞巡撫浙江，偶演此劇，中丞痛哭，時亦爲之罷宴。蓋中丞亦幼貧，太夫人實教之。阮貴，太夫人久已下世，故觸之生悲耳。

綜述

清・楊潮觀《吟風閣雜劇・自序》 《吟風》之曲，往年行役公餘遺興爲之，其天籟耶，人籟耶，殊不自知。年來與知音商榷次第，被諸管絃，至茲始獲刊定。夫哀樂相感，聲中有詩，此亦人事得失之林也。士大夫詩而不歌久矣，風月無邊，江山如畫，能不以之興懷。惟是香山樂府，止期老嫗皆知；安石陶情，不免兒輩亦覺矣。時乾隆甲午之秋。

又**《小序・新豐店馬周獨酌》** 《新豐店》，思行可也。命世無人，而馬周巷遇，爲世美談，敷陳其事，聊慰夫懷才未試者。

又**《大江西小姑送風》** 《大江西》，思任運也。江行萬里，消受無邊風月，懷古之餘，倚帆清嘯，忘其于役之遥。

又**《李衛公替龍行雨》** 《行雨》，思濟世之非易也。以學養才，斂才歸道，非大賢以上，其孰能之。

又**《黄石婆授計逃關》** 《黄石婆》，思柔節也。《易》用剛，黄老用柔，光武言：吾治天下，亦欲以柔道行之。柔勝剛，弱勝强，柔之時義大矣哉。

又**《快活山樵歌九轉》** 《快活山》，思分定也。即榮啓期之意而長言之。至樂性餘，至静性廉，雖異伐木之旨，其亦神聽和平者乎。

又**《窮阮籍醉罵財神》** 《錢神廟》，思狂狷之士也。豐嗇由天，狂者胸中無物。若狂而不狷，君子奚取焉。

又**《温太真晉陽分别》** 《晉陽城》，思雪譏也。温郎固英物，在當時國士無雙，而有絶裾之謗，求忠臣、孝子門，吾决其必不然，而事物有因如茲之所云云爾。或者曰：近世征衣之製，多缺一襟，非獨便鞍馬，蓋即温遺事，以儆夫遊子忘歸者。

又**《邯鄲郡錯嫁才人》** 《邯鄲郡》，思失職也。譬之鹽車駿馬，能無仰首一鳴。然知命者怨而不怒，有風人之義。

又**《賀蘭山謫仙贈帶》** 《賀蘭山》，思知己之難遇，而賢者忠愛之至也。汾陽偉人，太白奇士，思其事，想見其爲人，慨當以慷，庶幾乎登場遇之。

又**《開金榜朱衣點頭》** 《朱衣神》，思賢路也。文章一小技，而名器歸之，九品中正以後，舍此則其道無由。及其權重，而取精用宏，進退予奪之際，可勝慨哉。

又**《衣香臺持齋訓子》** 《夜香臺》，思慎罰也。武宣之際，吏事刻深不疑，亦快吏也，史稱其嚴而不殘，訓由賢母，獲以功名終。若夫嚴延年母雖賢，曾莫救其子之惡，悲夫。

又**《汲長孺矯詔發倉》** 《發倉》，思可權也。爲國家者，患莫甚乎棄民。大荒召亂，方其在難，君子饑不及餐，而曰待救西江，不索我於枯魚之肆乎。《詩》曰：載馳載驅，周爰咨度。汲長孺有焉。

又**《魯仲連單鞭蹈海》** 《魯連台》，思達節也。戰國策士縱横，干秦貨楚，惟魯連於世無求，獨申大義於天下，其賢於人遠矣。世稱魯連不死。嘗讀《太史公書》，子房東見滄海君，求力士，而不著其姓氏，誰爲滄海君，其即魯連子非耶。

又**《荷花蕩將種逃生》** 《荷花蕩》，思託孤寄命之難也。自昔衣冠多賢智，而愚不可及，每於廝養中得之。

又**《灌口二郎初顯聖》** 《二郎神》，思德馨也。禮有功德於民者則祀之，能捍大災禦大患者則祀之，灑沉澹菑，禹之明德遠矣。三代以降，遠績禹功而大庇民者，其惟蜀之二郎乎。香火千年，蜀人尊爲川主，思其德而歌舞之宜矣。惟是神之姓氏，傳聞異辭，在正史爲李氏子，在虞初家皆以爲楊，豈灌口有兩二郎耶。

又**《魏徵破笏再朝天》** 《笏諫》，思遺直也。唐人有《相笏經》，當時吉凶頗驗，而不知美惡之在人。若夫萬笏朝天，而魏鄭公用以諫君顯，段太尉用以擊賊聞，此真笏之美者也。物以人重，信矣。

又**《動文昌狀元配瞽》** 《配瞽》，思重匹也。孝子順孫，義夫節婦，天性淳篤，可維風化者，輶軒所及，代有旌揚，而連類及之，從無特奬義夫者。近事可徵，是用隱其名，顯其事，以備激揚之缺典云爾。

又**《華表柱延陵掛劍》** 《掛劍》，思古交也。一劍何足道，而死生然諾之際，情見乎詞。

又**《東萊郡暮夜却金》** 《却金》，思祖德也。家藏有四知圖像並被諸絃歌，亦白圭三復之義。

又**《下江南曹彬誓衆》** 《下江南》，思武德也。夫武，禁暴戢兵，安民和衆。宋初，李煜出降，錢氏納土，皆以全取勝，東南之民晏然。孰知百年而後，東南即其子孫獲以偏安處也。曹彬之後當昌，又其小焉者爾。

又《韓文公雪擁藍關》《藍關》，思正直之不撓也。道之在天者日，其在人者心，心君氣母，內不受邪，則光耀直達，通徹三界，吾於昌黎發之。

又《荀灌娘圍城救父》《荀灌娘》，思奇節也。至性所動，無須眉巾幗，無總角成人，臨事激昂，則智勇俱出。如當日灌娘之救父，豈非動天地而泣鬼神者乎。

又《信陵君義葬金釵》《葬金釵》，思補遺也。當日信陵破秦歸魏，封侯生之墓，弔晉鄙之魂，而爲如姬發哀，蓋情事之所必有，而史不及載，輒用悲歌以補之。

又《偷桃捉住東方朔》《偷桃》，思譎諫也。遊方之外，飾智驚愚，愚實易驚，非仙實智，知之者其滑稽之雄乎。

又《換扇巧逢春夢婆》《換扇》，思攖寧也。攖寧者，攖而後寧。若夫得全於天，胸無滯礙，非夢亦非覺，何入而不自得乎。

又《西塞山漁翁封拜》《西塞山》，思物外觀也。風雨晦明，安危憂喜，頃刻萬端，用參物變。

又《凝碧池忠魂再表》《凝碧池》，思忠義之士也。妻子具則孝衰矣，爵禄具則忠衰矣，上失而求諸士，士失而求諸伶工賤人焉。昔晏子有言：非其私暱，誰敢任之。若雷海青者，其可同類而共薄之耶。

又《大葱嶺隻履西歸》《大葱嶺》，思返本也。是儒是釋，誰見道真，求諸語言文字之間，抑亦末矣。

又《寇萊公思親罷宴》《罷宴》，思罔極也。長言不足而嗟嘆之，不自知其淚痕漬紙，哀絲急管，風木增聲，恐聽者與蓼莪俱廢耳。

又《翠微亭卸甲閒遊》《翠微亭》，思英特也。蘄王忠智，出則夫婦同獎王室，退則闔門養威重，不出家而得泉石之友，似此唱隨，亦賢矣哉。

又《感天後神女露筋》《露筋》，思勵俗也。煙花三月，歲歲揚州。距二十四橋月色簫聲之外，有自苦如露筋娘者，來往邗江，敬瞻祠宇。輒借絲哀竹，濫寫其幽怨焉。

又《諸葛亮夜祭瀘江》《忙牙姑》，思死封疆之臣也。周有遺戍及勞旋帥之詩，所以慰其心者至矣，而於死事者缺焉。孔明瀘江酹酒，哀動三軍，僉曰：吾帥待死者如此，況其生者乎。

傳記

清・袁枚《鄧州知州楊君笠湖傳》 雍正間，西林鄂文端公作蘇州布政使，設春風亭，招致四方賢俊，如沈歸愚、華希閔皆以耆舊見重。而以十四齡童子與會者，惟楊君一人。君名潮觀，字宏度，號笠湖，常州無錫人。生而沈默寡言，秩秩見於面目。以乾隆元年舉人，歷宰晉、豫、滇南三省，遷知四川簡、邛二州，再調瀘州，年八十終。君在官凡三十餘年，正署一十六任，蘉勉頷頷，一以䘏躬澤物爲務。在文水，值五年編審之期，歷年徭役不均，君親加區別，除鰥寡孤獨者千餘人。嘗過杞縣，有尪羸男婦百餘，焚香跪道旁，鄉保指曰：此公所活氓也。君愕然。鄉保曰：公不記某年聞賑歸來一案乎。大府不許報銷，此輩皆公捐俸所活氓也。亡何，長子掄舉進士，而公奉調瀘州。年逾七十，初志不欲往，旋聞瀘大饑，道殣相望，慨然曰：見義不爲，無勇也。即到官，碾穀，檢校一切在官閒款，分設三粥廠，令男婦各隨地坐，給籌以起之，換票以出之。在瀘不滿百日，凡活五十九萬七千人。笑曰：吾事畢矣。即以老乞歸。其孳孳爲善，皆此類也。然君亦非偏於寬慈者。固縣獄訟僨興，君預示審期立限，拘集赴訊者晨到午回，民間號揚半升。言案結無需再食也。瀘州散賑，有嘓匪率百餘人夜破廠門攫食，君追擒之，斬爲首者一人，衆遂帖然。河南布政使蘇崇阿查賑，問：有濫否。曰：有。有遺否。曰：有。蘇怒，厲聲曰：又遺又濫，何以爲賑。君曰：口稱無遺濫，而心不自信，故不敢欺公。蘇曰：然。則汝有可信者乎。曰：有。官無侵，吏無蝕，是可信也。蘇嘉君言之誠，慰勞而去。君以古賢自期，與今之從政者格格不入。河南災，奉檄辦河料二百萬，君頻蹙曰：野無青草，何能辦料。即牒民疾苦，求免。俄而有省會來者，曰：君癡矣。此是上游知君，杞縣有累，故特多其數爲君生財計，君不解，乃固辭耶。君笑曰：吾誠不解。亦卒不問其作何解也。君嘗自言：居官信心而行，投艱不辭，理繁不亂。然往往有未慊者。在杞縣回署，求賑者麻集，有一人裸而攀車，隸人逐去。次日早出，已死深雪中。瀘州營兵借穀所送册，漏造防汛者姓名，續請，而君病，竟忘補給。以此二事，時時抱憾。嗚呼，今士大夫乘堅策肥，知有己而已，視民若秦、越人之不相關，君能仁其民，而過後猶欲然若不足，此其行事居心，豈凡所及耶。性無嗜好，惟耽音律、愛花竹。在邛州，得卓文君妝樓舊址，構吟風閣數椽。吏民上壽者，令各種花木一株。取古今可觀感事，製樂府數十劇，付梨園歌舞，以落其成。七十生辰，與夫人重行合卺之儀，兒孫捧觴上壽，撒帳坐牀，號白頭花燭偕老，新聞古無有也。所著□□若干種，□□若干卷。夫人孔氏。子掄，官太平縣令；次子揩，歲貢生。贊曰：君與余爲總角交，性情絶不相似。余狂君狷；余疏俊，君篤誠；余厭聞二氏之説，而君酷嗜禪學，晚年戒律益嚴，故議論每多牴牾。然君居家，聞余至必喜。在邛州特寄金三百，屬置宅金陵，將傍余以終老。殁後，其子掄以狀乞傳。莊子曰：仁義之人，貴際際者。大德不踰之謂也。古之人游夏，交相譏管、晏，乃合傳。雖異猶同，其即君與余之謂耶。

清（乾隆）《固始縣志》卷一九　楊潮觀，號笠湖，江蘇金匱人。丙辰順天舉人，初授山西文縣令，後補河南彰德府林縣令。乾隆癸酉，調任固始。下車後，留心民瘼，以興利除弊爲己任，尤勤於□斷，日坐堂皇理案牘，刻無寧晷，遇有疑獄，必細心□鞫曲，得其情，俾無枉，縱而後即安。邑自楊平公□任後，諸務漸就廢弛。公至，修黌學，建奎閣，創立臨□書院，俾生童業有所□，其貧而無資者濟以衣食，刻徵秀録□勵之，一時文風蒸蒸丕變。又嘗設□養局以撫流民，置育嬰堂以收遺孩，買義地以瘞□骨，施丹藥以救病苦，遇隆冬則施粥給綿衣以濟□民之無告者。莅任四載，閭閻足，學校興，諸務畢□。□行兩河第一，以卓異陞四川邛州知府。

清（嘉慶）《無錫金匱縣志》卷二二　楊潮觀，字宏度。父孝元，諸生，殖學砥行，出後世父希曾。希曾工詩文楷法。康熙中獻詩行在，蒙録用。供奉武英殿，補諸生，遽殁。潮觀乾隆元年舉人，除桂縣知縣，移固始。性和易，而爲政廉敏有聲，人稱爲楊固始。擢邛州知州，調簡州、瀘州，告歸。潮觀幼擅才華，兼工書法。平生雅好著述，以餘技爲《吟風閣傳奇》，錢塘袁枚演之金陵隨園，一座傾倒。

清（嘉慶）《四川通志》卷一一六　楊潮觀，江南金匱縣舉人，知邛州。隆重學校，政事寬平。著有《吟風閣》詞稿。

清（嘉慶）《邛州直隸州志》卷三三　號笠湖。江蘇金匱縣舉人，初授山西知縣。乾隆四十四年攝瀘州，時方大飢，因發倉廩，設粥廠，曲爲調護，活人無算。其餘廣學田，置義渡，修養濟院，士民至今稱道不衰。著述甚富，有《易隅春秋》、《左鑑》諸書行世。

清·顧光旭《梁溪詩鈔》　楊刺史潮觀，【略】年十五，鄂西林中堂開藩于吴，試吴中多士，笠湖以總角冠軍，名藉甚。既登賢書，上實録館，期滿，出爲令，於晉、於豫、於滇，皆有惠政。今豫省志載焉。擢簡州，再擢邛州、瀘州，以老乞歸。笠湖晚好禪悦，著有《心經指月》、《金剛寶箴》，皆蜀幕府中作也。時制軍文公謂余友沈滄園曰：《金剛寶箴》，人人稱許，聞顧臯司獨不然，何也。沈對曰：顧臯司謂彌近理而大亂真。亦各言其志耳。笠湖所著，尚有《左鑑易隅》、《家語貫珠》，未刊。而所膾炙人口者，莫如《吟風閣》。年七十九，卒於其子掄太平縣署中。

藝文

清·王昶《春融堂集》卷一三《滎經道中閲楊笠湖刺史潮觀所貽·吟風閣雜曲偶題七絶》　博浪沙中未報仇，西行借箸佐炎劉。赤松黄石辭仙侣，獨上河潼第一樓。

雲車風馬萬靈趨，不怨炎天竟渡瀘。緣識七擒還七縱，旋師北伐掃當塗。

輒宴思親涕淚多，盤堆紅蠟罷笙歌。憑君更寫澶淵會，萬隊黄旗唱渡河。

清·張誠《祝英台近·荀灌娘圍城救父》　女英雄年總角，奇節世間少。殘日孤城，急難向誰告。笑他鎮守將軍，坐愁無策，卻生得閨娃純孝。救兵到，翠翹殺入重圍，膝前共持抱。誰辨雌雄，更比木蘭好。小喬合嫁周郎，春風馬上，早相並丹山雙鳥。

清·張誠《十二時·寇萊公思親罷宴》　感親恩天地高厚，寸草春暉難報。樹欲靜淒風驚擾，慘殺私情烏鳥。玉碗瑶觴，鐘鳴鼎食，逮養人偏少。君請看，昔日萊公，蠟淚滿前，悵觸孤兒懷抱。

憶往時，慈闈訓子，夜夜寒窗燈悄。指望成名，寵榮褒大，苦奈黄泉早。

痛哭複痛哭，人間幾許無告。書錦堂擎天赤手，緬想相州忠孝。自歎餘生，空懷孺慕，淚血憂心搗。又顯揚莫卜，何堪誦，瀧崗表。

董榕

論說

清・黄叔琳《芝龕記・序》 昔賢謂：文章一小技。則詞曲樂府，又莫不以爲文章末藝也。余謂學者立言，不拘一格。苟文辭有關乎世教人心，則播諸管絃，陳諸聲容，其感懲創，視韶鐸象魏，入人較深，而鼓舞愈速。則是警動沈迷，不異羽翼經傳。而開聾啟聵，與正誼明道者，固殊途而同歸。夫作史者必具三長，惟詞人亦然。是故有學識而無才者，不可爲詞人，恐其泥於腐也。有才學而無識，與夫有才識而無學者，皆不可爲詞人。一恐蔽於固陋，一恐溺於俚俗也。董君恒嵓，工文章，具卓識，爲政之餘，以高才博學，著作自娱。壬申秋，郵近製《芝龕記》院本，屬余序。余受而讀之，蓋以一寸餘紙，括明季萬曆、天啟、崇禎三朝史事。雜採羣書野乘，墓誌文詞，聯貫補綴爲之。翕闢張弛，褒貶予奪，詞嚴義正，慘澹經營，洵乎以曲爲史矣。其中以石砫女官秦良玉、道州遊擊沈雲英爲綱，以東林君子及疆埸死事諸賢，與殉烈羣貞爲之紀，而以彭、曇兩仙經緯其間。至排場，正變遞見，奇險莫測。狀戎旅，則風雲變色；寫戰鬬，則草木皆兵。灑嫠婦孤臣之淚，滿座沾巾；幻鬼神仙佛之觀，一堂擊節。若夫詞令之工，組繡編珠，鏤肝鉥腎，雄傑微婉，譎辯諧謔，無不各肖其人。能使賢奸善惡，一啟口而肺肝畢露；邊荒軍國，一指掌而光景悉陳。汪洋縱恣，行間海立山飛；細膩幽微，字裏月明花浄。至其穿插迴暎之巧，比屬裁剪之精，又如亂絲就理，萬派尋源，妙緒環生，匠心獨運。要其旨趣本於忠孝，紀載根諸史册，析疑補闕，闡微表幽，作者激昂感慨，設施藴蓄，又可想見也。近代詞人，以洪昉思、孔東塘爲巨擘。第《長生殿》終始明皇，《桃花扇》包羅南渡，宜其跋扈詞壇，比肩絶唱。斯編事該三世，什伯其人。欲令一丈紅毹，歷歷皆現，無論披風抹月之輩，閣筆不下。即使具良史才者傳之，恐亦殫心戟手。而恒嵓操三寸不律，獨爲其難。所謂現大千於指輪，納須彌於芥子，知音者固不當以詞曲觀之也。余老矣，既無東山絲竹，令家伶衍此大觀，又不能從太守顧曲芳筵，賞音浮白。惟願讀是編者，求作者苦心所在。則感發懲創之下，固凜然有關世道人心之文，又何得不服其三長，而漫以凡響忽之耶。

清・邵大業《芝龕記序》 風琴雅管，和平要眇之音；嗔目衝冠，慷慨悲歌之調。惟發至情於忠孝，斯稱樂府元音；苟宣正氣於坤乾，甯似香奩豔曲。名都才子，記演芝龕；綺席詞人，神遊蓮座。笙歌入耳，恍五夜之清鐘；傀儡登場，儼三朝之實録。慨自深宫静攝，内監凶張，熾門户以陷封疆，戮忠良以啟流寇。大憝伏法，仍驅虎而入狼；小醜跳梁，竟鯨波而豕突。義兵苦戰，慘甚爲魚；飢卒羣犇，怨同使鷸。然而恩深棫樸，節義獨盛於他朝；瑞表芝蓮，貞烈尤奇於往代。拔夫而披萬衆，驍果邁劉氏之妻；救父而透重圍，孝勇等荀家之女。岷江飜血浪，夫人城上不豎降旗；楚澤徹狼煙，娘子軍中對開幕府。兄及弟後先死事，盡室勤王；父與夫彼此衝鋒，滿門殉難。麒麟象服，隨宸翰以齊輝；龍虎分符，偕卹典而並渥。曹娥濟美，重刊幼婦之碑；花蘂含羞，誰解男兒之甲。天子預開麟閣，將軍願借明駞。心跡雙清，更冰霜之共凜；圭璋聯耀，兼詞翰之如神。爾乃董子窺園，周郎顧曲。雕龍繡虎，寫來英氣如生；檀板金樽，看去儀型宛在。新亭淚灑，偏令氣壯山河；故壘煙消，未許浪淘人物。彤管光浮青簡，全忠盡孝大倫，何分於巾幗鬚眉；白蓮瑞靄黄芝，敵愾鉏奸正氣，常在乎星辰河嶽。煉就補天之石，健筆獨摛；試作擲地之聲，清詞誰敵。詩史詞史，與正史以參稽；事奇人奇，並傳奇而不朽。豈止秦淮舟次，煙花悲亡國之音；玉茗堂前，朝暮琢斷腸之句也哉。

清・路朝霖《芝龕記序》 光緒丁亥冬，得貴筑高怡樓直刺書，擬約同人醵貲，重刊《芝龕記》。先是同里石曉南司馬、權石砫同知，篆獲舊本，乃乾隆辛未雕板，距今將及百四十年矣。怡樓見之，以原板久歸湮没，非重刊無以傳世久遠，將於戊子春開雕。郵寄原書，屬余叙其緣起。余維怡樓以諸生仕蜀，歷宰赤緊，承其大父青書先生，暨太翁秀東府君，兩代治譜。所到之處，首以忠孝節義倡導斯民，民胥化之，風俗丕變。宜其覩《芝龕記》

亟欲刊刻，以警醒愚蒙，不僅賞其詞曲之工，爲士大夫宴遊娱悦耳目之觀已也。賈生有言：俗吏所務，在刀筆筐篋，而不知大體。如怡樓之識見卓卓如是，可以一雪斯語矣。至《芝龕記》隱括明末史事，描寫秦、沈兩女子奇節，則乾隆時諸老輩言之綦詳，故不具論云。

清・石光熙《芝龕記序》 曲昉於元，盛於明，而歸墟於本朝。玉茗、稗畦而外，率皆短齣雜劇。隸事較詳者，惟《桃花扇》一種。然僅擅勝乎俳優，而無當於激勸也。《芝龕記》一書，規依正史，博采遺聞，以秦、沈忠孝爲綱，而當時之朝政繫焉。山林之孤棲，閭閻之瑣事，亦罔不備焉。光熙往官石砫，復治忠州。剖符賜錦之鄉，秉牧誕珠之地，綜論良玉忠績，實非冼太君、柴氏婦之屬，所可等量而齊觀也。公餘，瀏覽是編，覺英颯往來，動乎闗目。比擬重鐫廣傳，而量移悤悤，未暇及此。今春需次成都，出示高君怡樓。怡樓故嗜古重義者，亟慫恿之，因遴告同志。若路君訪巖、胡君星石、劉君仁齋、羅君濟川、陳君幼芝、徐君輔廷、周君少傳、唐君直夫，咸各輸資，以付剞劂。任校讐者，許君捷三、張君南湖、孫君鷗舫、胡君延仲之力爲多。此書舊版已湮。據本影刊，流播必廣。而矇絃里唱，俾愚夫愚婦亦曉然於大義之歸，是光熙之志也。至於鈎乙宫商，界乎分刌，精諳《大成宫譜》者，自能辨之，茲不具論。若云徵文考獻，有《明史・列傳》，及諸家之著録。在今之所傳者，傳《芝龕記》云爾。

清・范泰恒《芝龕記跋》 人性之善也，忠孝節義之事，儒生有之，武夫亦有之；大丈夫有之，婦人小女亦有之；中華士女有之，蠻荒巾幗亦有之。沈雲英報讎保土，秦良玉仗節勤王，烈烈轟轟，奇之著、庸之謹也。嗚呼，此豈徒氣爲之乎。抑余觀故明末造，口談道學鬚眉如戟輩，或俯首降賊，中原陸沉，辦賊者又多束手無策，何儒生不如武夫，丈夫不如婦女，而處中華不如生蠻荒也。然武夫、婦女、蠻荒中且能有此，則性之善，益信而有徵。其不忠孝不節義者，氣爲之而無疑於性矣。噫，古樂云：亡民行不興。傳奇導俗，事半功倍。觀察公意念深矣，豈曰小補之哉。

清・佚名《芝龕記跋》 《芝龕記》，蓋因《桃花扇》擴充而作，非不包羅全史，獨惜其用意太拙耳。《桃花扇》事本韻雅，貫串南朝事本不多，所以易於着筆。又值孔東塘詞筆勝人，遂爾盛傳一代。竊尋此記首末，可咏詞闋，指不多屈。惟有賓白，頗有剪叙穿搭之才。竟能將秦良玉數十歲一婦人扯長，作二百七十年閱歷，《明史》事蹟，無不具備，用意故是新奇，特恨其不曾有《訪翠》、《眠香》諸麗句。不如編一部貧話，當足稍醒三更時垂頭搕睡耳。此用意之謬也。呵呵，僕嘗笑石、李偏正欲鬥富，忽遇早田乞兒，搬出土竈繩牀，堆滿金谷；桓宣武正欲清談，却遇王景略捫蚤擲地，緣入塵尾。僕正欲讀麗句以會美人，却不料此君命我看《芝龕記》，偏見無頭冤鬼也。長夏無聊，强勉閱畢，病其拉雜糾纏，聊評數語，願以質之世間好事者讀此書者。

清・姚重光《芝龕記跋》 誰云巾幗無奇節，巾幗如斯節更奇。只有《芝龕》善摩擬，鬚眉媿殺幾男兒。漫題軼事沈兼秦，如此詞尤絶等倫。信有一腔忠孝淚，不徒家學貫天人。韓文舊本劫餘煙，猶是當年手自編。我亦家傳書萬卷，不如魯殿獨巍然。簿書叢裏理青箱，遺篋光芒萬丈長。一字一珠重檢校，幾人繼述似營陽。辨譌敢謂識魚虛，藉讀人間有數書。慙愧姓名繫篇末，也如郭象注莊初。□□如林久冠英，豈勞蟲鳥亂爭鳴。譬猶韶樂鈞天奏，不廢陶宣瓦贊聲。

董丈厚齋，於治道州之明年，重刊其先世定巖公所爲《芝龕記》，屬余襄校讎，而綴以序跋。余不敏，且少失學，況於公又數葉後輩，何敢以一詞贊公箸。無已，謹口占六截句，聊以塞責。明知珠玉滿幅，亦東施適忘其醜也，方家鑒之。

清・劉受爵《芝龕記跋》 光緒戊子，董厚齋刺史來治春陵。不期年而春陵治，州人士爭頌其德。爵敬異之，知其治之必有本也。歲臘過從，見鳩集手民，重刊定巖觀察所著《芝龕記》，乃知觀察刺史之高祖，刺史之治本於觀察也。觀察爲熙朝名宦，著作宏富，類皆有益身心性命之書。是篇以忠孝之經，吐爲醲鬱之詞。使人讀之，興感流慨，性地油油然而不自知。至描寫弋神，穿度盡巧，其餘事耳。當湖陸子曰：天之風雷，聖人之筆削，無非致教。爵於是篇亦云。

清・郭世欽《重刊芝龕記書後》 右董定巖先生《芝龕記》凡六卷，分六十齣，爲石砫女帥秦良玉而作也。戊寅春，先生元孫厚齋刺史權吾邑，篆出是書，示余曰：此先人之遺也，今當重鐫，請書數言於簡。余觀是編，於良玉忠勇，表揚備至，而明之所由亡者，亦在焉。流傳百餘年，樂部尚能奏其曲，令人感發而興起。此世道人心之所繫，安得以傳奇之類而少之。

當明之末世，未嘗無才也。雖貂璫之禍，一時賢士大夫略盡。而熹宗以還，崇禎之初，可用者不少。其間忠義奮發，不忍其國之顛危，經百戰而不少屈，不但鬚眉男子爲然，下及婦人女子，如良玉其人者，尤爲難得而可貴。是豈造物者之生才，會逢其適耶，抑世亂而才始見耶。蓋高皇帝尊賢禮士，開國之規模宏遠，一代人才輩出，至是益發其奇，何其盛也。然而卒無救於亡者，何哉。古之亡國多矣。或以敵國，或以强臣，而明特以流賊。非流賊之果能亡明也，有救亡之臣而不知用之也。救亡之臣不用，則速亡之臣進。賊之初起，不過延綏一隅，非無可勦之勢。乃禍始於楊鶴，成於陳奇瑜，而熾於熊文燦、丁啟睿。其始也惑於撫，而機屢失；其終也專於勦，而術已窮。雖有盧象昇、孫傳庭蓋世之才，卒不免以身殉，則其他可知。然則明之無救於亡，非無才之故，有才而不能盡其用之故也。試以良玉論之，史稱良玉爲人饒膽智，善騎射，兼通詞翰，儀度嫻雅。而馭下嚴峻，每行軍發令，戎伍肅然。所部號白桿兵，爲遠近所憚。其爲當時所重如此。及綜其前後戰功謀畫，又非諸將所得而比。方永平四城失守，奉詔勤王，傾家財濟軍。召見平臺，賜詩四章，綵幣羊酒，寵命渥焉。莊烈帝蓋已知其賢矣。吾想此時爲良玉者，自以一巾幗婦人躬膺知遇，上急公家之難，下顧私門之仇，聞鷄起舞，枕戈待旦，出萬死不顧。一生之計，惟上所用。若畀以秦晉豫楚之任，不從中制奮其智勇，必能芟夷大難，與古名臣爭烈。乃四城甫復遽命之歸。既歸蜀矣，又不付以封疆之重，捍禦鄉土，徒令與張令等比列。及督師以蜀爲壑，前後三巡撫，皆不能用其謀，賊遂入川。所部三萬人，折衄殆盡，令蜀之民死者六百。萬萬有奇，惟石砫之境，賊不敢犯。此天下奇女子，竟不能盡其才，俾齎恨以死。此先生《芝龕記》之所爲作也歟。張獻忠攻道州，守備沈至緒戰没。其女再戰，奪父尸還城獲全。即記中沈雲英者也。先生諱某，字某，定巖其號也，又自號繁露樓居士。博綜羣書，明於治亂。此外著有《周易觀象》、《湮陽詩集》行世。仕至南贛觀察，有惠政，生有至性。其在江西也，聞太夫人訃，倉皇奔喪，過南昌，没於水。惟忠孝之人而後，喜道忠孝之事，吾觀於《芝龕記》益信。今刺史恐是書久而就湮，重爲刊布，以廣其傳，則又繼述之義也。爰攄所見，附於卷末。

綜述

清·董榕《芝龕記·凡例》 一、記中惟闡揚忠孝節義，並無影射譏彈。所有事蹟，皆本《明史》及諸名家文集、志傳，旁採説部，一一根據，並無杜撰。雖詞場餘技，而存心必矢虚公，命意必歸忠厚。深知刻薄譏刺，無益世風，徒傷心術。一言造孽，三世成瘖，誠戒之也。至於姓名官爵，古今最易相重。閱覽君子，諒不以此致疑。

一、此記大意，爲秦忠州、沈道州二奇女衍傳。而二女者，非尋常閨閣之人。乃心乎國事，有功名教之人也。《明史·秦良玉本傳》起於神宗中葉，卒於鼎革之初。三朝戰功，一門殉節。初平播州，功第一而不言功，有介子推之風，是其德與量之不可及也。歷平奢安，敗流賊，百戰不挫，有趙順平之風，是其勇略勞勩之不可及也。洎乎按壘談兵，歎息於武陵之以蜀爲壑，捷春之坐以設防，後圖全蜀形勢而不見用，請益兵守十三隘而無兵可發，痛哭而歸。以兄弟皆死王事，不肯以餘年事逆賊。事事俱見英風，言言皆有生氣。他人有其一節，即已可傳。兼綜衆美，歷久不渝。屈指明季，鬚眉有幾。而沈雲英道州，救父破賊，全城奉敕，褒授遊擊將軍，實與秦總兵可稱雙美。毛西河《沈誌》曰：將軍於父爲孝，於國爲忠，於夫爲節，於身爲貞。既擅女德，又兼婦訓，文能傳經，武足戡亂。嗚呼，人能如此，抑又何求。謂之神女聖女，非過量也。今以此二奇女爲題，較之《虎口》之任邱，《桃花扇》底之商邱，頗有實事大節，可以貫叙。

一、記中既以二女爲題，則所叙無非關合二女之事。欲叙女功，先推女禍。蓋明季一純陰之世界也。自神宗静攝，鄭妃擅寵，爲陰之始凝。嗣即閹宦四出，案獄迭興，至熹廟之客、魏亂政，陰盛極矣。內有璫禍，故外釀兵禍。始有播州田鸞鳳，繼有水藺之奢社輝安氏等流寇之起也。既由閹黨之婪虐，又因毛夫人之馳驛，激裁驛遞。闖賊之韓、牛、紅娘子，獻賊之敖、高，皆本題之反面。二女戮力於此，不得不叙。記中璫禍兵禍夾寫，皆陰中陰，且有陽變爲陰者。獨二女爲陰中陽，以陽勝陰，在才德而不在體質，實以勉乎陽也。至《圓圓》一曲，剥極而復，否極而泰。天開聖朝，始爲純陽世界。

篇中一意到底，精易君子，定鑒苦心。

一、記中叙事雖多，實一意貫串。且較原傳原文，已多用翦裁隳括之法。如秦之東援，及邦屏之戰死渾河，用影叙追叙。良玉先後克紅崖墩、觀音寺、青山墩諸大巢，蜀中底定，復援貴州等事，用串叙。天啟三年上書，兼劾李維新一節，用代叙。秦翼明豫楚戰功，用議論撮叙。崇禎十三年，良玉盛兵雒門，百子溪扼渡一節，亦用追叙。秦拱明殉普名聲之亂，沈雲祚殉成都之變，皆用帶叙。不知者謂其繁，知者當許其簡。且文字原不在長短皮相，惟以達意爲主。達而不已，固不可不達而竟已，亦不可一意孤行。意盡而止，前人名論也。況叙事之文，尤必窮源竟委，非敢故爲冗長。

一、記中人物脚色，以秦、沈、馬、賈爲主。二旦二生，扮演到底。其餘或其骨肉，或其恩讐，或其使令，皆不得不現於場上。其人物裝扮，原各不同。如秦邦屏與其子翼明，爲良玉胞兄、兄子。前後各有事蹟，場上俱用末脚。前扮邦屏應帶鬚，後扮翼明不帶鬚，便有分別。又如净脚扮李闖用粉墨，扮彭仙則洗去粉墨，餘倣此。

一、善善欲長，惡惡欲短。傳奇有生旦，不能無净丑。此記中净丑，不過閹人閹黨，或誤國之人，及蠻寇流賊而已。然皆一秉虛公。如叙閹黨之亂，而於追叙門監張敏，結叙王承恩兩監忠節，未嘗不三致意焉。又如論楊武陵處秦沈，議論不同，而其爲國惜才之意，則一記中曲爲傳出，餘可類推。

一、是非著則勸懲明，原不必談因果。然彭生大豕、趙王蒼犬等事，見之《左》、《史》。漢唐以後，紀載尤多。有明之末，人鬼混雜，《五行志》已不勝書。九蓮菩薩著靈等事，見之《列傳》。毛西河《彤史拾遺》、張白雲《玉光劍氣》所載，歷歷不爽。舞榭歌場，亦可稍爲烘託。記中前後兩層，上下果報昭彰，皆有依据，未敢偏枯。但亦不過偶一點染，以爲文章伏應，或如司馬相如傳中，子虛烏有之倫，無不可也。

一、朱竹垞《明詩綜》選莊烈帝賜秦良玉詩，註載：良玉忠勇，多大略。野紀謂：良玉有男妾數十人。而夔州李吉士長祥力辯其誣。謂川撫嘗遣陸縣州逐之按行諸營，良玉冠帶飾佩刀出見，設饗禮，論兵事。逐之誤曳其袖，良玉引佩刀自斷之。其嚴肅如此。又有一鉅公，偶忘其姓氏，集中辯男妾，猶言男婦也。橫雲山人《史藁》並新頒《明史·良玉傳》內，於此等處，並皆删净。夫歷代史傳所載，取大義而略小節者甚多。即有此事，原無傷其忠勇。但前人既已代爲辯寃，事關名節，不可不附記於此。

一、記中極小人物，皆無虛造姓名。如小丑脚色中，石砫、小奚、來狩，見褚稼軒《堅瓠集》。顧崑山青衣馬錦，取侯朝宗《壯悔堂集》，餘倣此。

清·吴家枏《芝龕記跋》 凡著書以傳奇者，必其所著之書有裨於世，而後其書傳，其人傳，並其可傳之奇，與之俱傳。若僅借人之事，渲染結撰，逞其詞華，譜爲香匳艷曲，是徒悦人一時之目耳。彼自謂傳奇，而於風世勵俗之道無有焉，烏乎傳。《芝龕記》樂府，董厚齋刺史先德定巖公所著。公由拔貢爲令尹，洊至江西南贛觀察使。孝友篤於家庭，忠愛見諸政蹟，詳載桑弢甫立政所撰《墓誌》。其著作，則有《周易觀象》，探姤復之奥；《涇陽詩集》，登韓杜之堂。人品學問，固均足不朽。是記，其餘緒耳。然即是書以觀，以秦、沈兩奇女性情功業爲經，以明季三朝事蹟爲緯，詞麗而正，音雅而諧，令人讀之，忠孝之心，勃然油然感發而興起，所以扶翼綱常，而有裨於世道人心者不淺。蓋本可傳之事，遇能傳之人，抒必傳之文，以是傳奇誠足傳矣。余因假館刺史署，得讀公之書，而知公之爲傳人。刺史重鐫是記，請余爲校讎。爰不揣固陋，謹綴數語於簡末，以誌景仰云。

傳記

清（乾隆）《新野縣志》卷三 董榕，豐潤拔貢。乾隆七年任。是歲蟲食秋禾，潔誠虔禱，蟲患頓息。次年春，民食維艱，有茹樹葉、水草者，涕泣不忍目視，遂竭力捐濟，又委員募賑，所活甚衆。其惠愛百姓，有古循良之風。

清（同治）《贛州府志》卷四一 董榕，字念青，直隸豐潤人。選貢，以九江知府擢分巡道，嚴禁贛俗弱女錮婢。革除榷關弊竇，商旅稱便。瑞金民聚衆倡亂，榕聞，疾馳去，諭以禍福，遂解散。性謙和，好培植士類。濂溪書院規模未壯，且有僧廬踞其巔，榕損俸買其地，擴建周子、二程子及啟賢、蘇陽二子祠，改建太極閣，並祀文昌。章江爲江右巨浸，榕親至崇義聶都山相宅，捐建神廟，葺署東甓園廢池，搆豐臺，與文士觴詠。以母憂歸，至南昌偶墮水死。生平著述甚富，在贛刊《禁風俗八事》，緝《光儒恤刑格言》、

《名從政》、《體仁録》。

清（同治）《九江府志》卷二七　董榕，慈惠愛民，而百廢亦類多且舉。濂溪書院，向在夏家河側，公以地窪，涇遷蓮花洞山麓，鳩工庀材不遺餘力。德化無邑乘，縣尹高植始襄集成書，質之公，而多所更正。人咸服其精博。著有《芝龕記》行世。直隸豐潤縣人，拔貢。

清（光緒）《豐潤縣志》卷六　董榕，字恒巖，乾隆丙辰拔貢生，廷試第一，以知縣用，任河南濟邑令，有政聲。繼遷新野令，適雨災，民乏食，鬻産捐貲，施粥數月，民賴以蘇。移夏邑令，勘辦水災，蒙恩蠲賑，逐户計口，按月分給，恐不足，復捐俸買穀繼之，全治甚衆。戊辰，擢鄭州牧。庚午，恭逢翠華中巡，承辦三十七處大差，恩賜貂緞、荷包等物，陞許州直隸州。自鄭之許，父老婦孺攀轅者塞路。值許有水決之患，巡行查勘，詳細規畫，恤患拯災。辛未，晉金華府知府，婺俗多不舉女，爲嚴禁之，令生女者以聞，與穀三石。繼調九江，捐貲創修濂溪書院。復擢陞吉南贛甯道。贛俗亦多溺女事，固刊《廣生録》，禁薄俗事八條，諭示勸化，違者入蓍民册，澆風頓易。所屬上游縣數十村被水衝没田廬，爲之開河引水入江，居民安堵。後丁太夫人艱，去官。士民感德，立祠肖像祀之。以下事蹟見袁子才先生《新齊諧集》。公自丁艱後，哀毁過度，欲以身殉，扶櫬返里，至滕王閣下，維舟受唁，大吏親來撫慰，觀者無不謂董公真孝子。次早，方欲解纜，忽家僮等驚覓觀察不得，急報守土官，沿江打撈，俱無蹤迹。經一晝夜，尸竟逆流至豐城縣沙岸上，驗視之，白衣麻帶，面目如生，乃具殮送至舟中。月餘，公舊僕某，偶至上游縣，見士人爲公立廟，欣然至廟中拜瞻，神像儼然生時。詢立像之日，與公墮水之夕脗合。噫。亦奇矣。著有《周子全書》、《芝龕記》、《庚洋集》、《溟陽詩集》、《繁露樓詩》等書。

著録

清・黄文暘、佚名《重訂曲海總目・國朝傳奇》　董恒岩：《芝龕記》。

清・姚燮《今樂考證・著録十・國朝院本》　董榕一種：《芝龕》《曲考》入無名氏。

清・王國維《曲録》卷五　《芝龕記》一本，共六卷，見傳刻本。國朝董榕撰。榕字恒岩，號謙山，豐潤人。官九江府知府。

藝文

清・陳士璠《芝龕記題辭》　宦官宫妾禍前朝，四海干戈民不聊。畊鑿百年忘帝力，衣冠且演女中驍。

邂逅交懽有夙因，蜀江越水乍相親。若非繡虎雕龍手，難寫當年綺閣春。

戡亂從來武備難，男兒報主未全丹。閨房毓秀標彤管，祖述天人補治安。

蠻兵坐擁女將軍，帕首鞾刀迥出羣。忠孝神仙非兩事，乾坤正氣可凌雲。

無瑕白璧誓歸貞，再世姻緣續舊情。寄語須麋慚媿客，人間節義莫違行。

芝蓮到處自呈祥，仙佛神工兆瑞長。試看勝朝三百盡，卜年卜世祚無疆。

經經緯史語非迂，庶子春華不愛敷。笑殺譚元揮麈尾，曾聞頑石點頭無。

李益詞成圖畫傳，君平麗句進華筵。旗亭試唱誰家曲，此日《芝龕》徹九天。

清・柏超《芝龕記題辭》　昭忠表孝繪興亡，逸史幽光特筆揚。譜出詞壇新樂府，梅花細嚼和宫商。

金聲玉律韻清和，麟閣前朝女節多。大雅傳來光史册，香魂千載未消磨。

受職分曹各有班，時艱報國剩紅顔。酒闌讀罷清秋夜，血淚空彈月一灣。

蛾眉忠義動乾坤，劣馬輕裝率虎賁。金鼓令申雲陣列，奇兵白梃敵驚魂。

簫聲縹渺入雲天，描寫當年弄玉仙。不有裙釵擐甲胄，播州猖獗入西川。

秦媛義勇九天聞，忠孝誰將漢士分。養士國恩三百載，凜然名節女將軍。

勤王粉面覲天顔，不事雲鬟列將班。奏答新詩和淚著，幾回頻感御書頒。

風流義俠沈雲英，夙世良緣續舊情。只爲當年頗牧少，軍中娘子荷長纓。

匹馬提戈入萬軍，桃花濺滿白羅裙。曹娥救父三生約，巾幗雄風動地聞。

本是藍橋謫世仙，道州今日一嬋娟。退身分袂江還日，南渡衣冠更可憐。

女將洪都最勇驍，揮刀拔劍氣冲霄。而今蓮舫歸何處。澆酒江心慰寂寥。

滕王閣下怒波濤，秋月寒潭想大刀。世胄英風猶在耳，清江珠淚水滔滔。

哭罷荆民哭代民，沙場戰骨夜爲燐。可憐節烈雄關上，飛焰紅雲火化身。

外無援救内無兵，血染霜鋒獨力争。往事銷沈遺恨在，雁門飛鴈叫哀情。

插貂閹宦禍前朝，幼婦軍資亦莫饒。不向滎陽尋舊策，繡旗兩兩各天遥。

芝龕九品現蓮花，天眷忠良意未賒。砥礪倫常光化日，百年事業自仙家。

清・秦黌《芝龕記題辭》 重圍救父孤城守，萬里勤王數世勳。養賊中原成一慟，誓師空賸女將軍。

南朝無地哭唐衢，燕子風流尚極娱。一曲微詞攄大義，人間惟有董江都。

樂府新題久擅名，鬱孤臺下按商聲。果然海雨山風逼，不是搓酥膩粉情。

九莖蓮花面面圓，歸真同到閬風巔。信知碧落無成格，一點丹臺證上仙。

清・曹秀先《芝龕記題辭》 艱難一飯憐汪母，蠱惑中朝恨鄭妃。明室興亡全局定，雄哉二女起戎衣。

塵世非男非是謫，門楣有女有何悲。子規啼向蛾眉月，采葛歌聞越水湄。

陰疑陽戰數逾多，禍水釀成九派波。轂淡致憐忠義事，爲誰哭也爲誰謌。

芝草如雲石作根，蓮花似玉月侵魂。盡知天上神仙事，織女人間有子孫。

清・章甫《芝龕記題辭》 院本年來最濫觴，忠貞顛倒溷興亡。誰能搜括三朝史，學富江都自擅場。

新詞讀罷汗通身，如此英雄是美人。可怪當時無史筆，女將軍略沈兼秦。

世間忠孝總堪師，莫厚男兒薄女兒。讀到貞媛心苦處，《芝龕》真不愧傳奇。

清・馮渠《芝龕記題辭》 勤王師出動明君，士舍家財盡犒軍。肉食男兒滿方鎮，平臺御墨賜釵裙。

當筵論戰最知兵，孱婦拳拳披血誠。好仗玉杯繁露手，霓裳譜出女長城。

千秋忠孝著麻灘，神勇當年過木蘭。玉臂鏖兵金甲冷，單騎退賊女兒難。

陰符抛卻便傭書，一卷麟經教授廬。紗幔竟同蓮舫隱，英風寂寞弔菰蘆。

秦淮半壁更誰支，馬阮争工樂府詞。多少衣冠門户盡，綱常大節屬蛾眉。

清・蔣衡《芝龕記題辭》 西方曾送女如來，三百鴻基后德開。一瓣香留慈聖續，白頭宫監禮蓮臺。

巾幗標名恥左侯，直須快劍斬綿州。錦袍名馬留遺恨，不負思陵寵錫優。

辟易千軍救父還，不堪重唱念家山。明馳歸里傳經日，衛媛曹娥伯仲間。

扇上桃花燕嘴箋，徒將綺語鬭鮮妍。譜忠直溯春秋筆，彤史傳芳勝紀年。

清·蔣士銓《芝龕記題辭》　西河特筆志蠻司，更得才人絶妙詞。不用千金教歌舞，明朝傳徧郢中兒。

降旗獵獵走蟲沙，不見宗爺與岳爺。畫取美人名馬像，寶刀如雪滚桃花。

督師袞袞少長城，養賊甯南死負君。可惜官家相見晚，中原誰及女將軍。

豈有摩崖片石傳，讓人開國畫凌煙。紅顔不具封侯骨，合向蓮花證上仙。

玉貌花驄勇絶倫，木蘭原是女兒身。三生歸與曹娥證，不向沙場弔鬼燐。

仙佛荒唐信有之，因緣響應是微詞。百端動我茫茫感，安得人間有導師。

滕王閣下騎如雲，巾幗真宜贈領軍。曾向空江弔蓮舫，怒濤嗚咽不堪聞。

監軍都插侍中貂，破碎山河誤勝朝。忍看殘棋如此結，黨人冤魄可曾消。

蘇豪柳膩半龕才，礧塊填胸眼倦開。行遍曉風殘月路，江南我亦賀方回。

空勞詞賦動江關，下第仍從塞鴈還。棖觸平生忠孝淚，一聲牙板一潺湲。

文章無處哭秋風，歲月驚心歎轉蓬。贏得雙鬢垂手拜，不須買劍事猿公。

年年彈燭譜烏絲，抹煞孫郎帳下兒。非我佳人應莫解，細商宫徵訂他時。

清·吴世賢《芝龕記題辭》　萬里烽煙落日驚，蠶叢愁聽亂蛙鳴。繡襦甲帳桃花馬，知是秦家白梧兵。

降書昨夜出漁陽，寶劍平提卸靚粧。愁説沙蟲與風鶴，薛濤牋上報勤王。

青犢黄巾匝漢陰，將軍百戰陣雲深。悲涼洗氏成城意，慷慨曹娥救父心。

忠孝神仙不二門，玉芝苕秀佛龕温。竹林蕃露春秋筆，莫共香匳一例論。

清·沈廷芳《芝龕記題辭》　事關忠孝始通神，古調新翻樂府真。南董自操良史筆，况承三策貫天人。

芝閣芝山顯豫章，《芝龕記》又冠詞場。粉紜多少前朝事，表盡忠魂斥孽璫。

石砫奇媛重良玉，吾家烈女數貞英。不妨巾幗傳風雅，别署夫人更有城。

英豪馬賈是良夫，蕭史裴航事有無。若與道州共開濟，也如褒鄂繪成圖。

作難驅除有此曹，卅年氛祲一時消。中原逐鹿龍方見，勝國君臣戴聖朝。

《長生殿》與《桃花扇》，洪孔才名動百年。何似此編能索隱，横雲遺稿可同傳。

我昔曾參朶殿班，校紬明史感時艱。從來叔季偏多故，三案傳疑板蕩間。

僑札初逢縞紵投，清詞盥讀記虔州。幾時把酒論遺事，章貢臺前水合流。

清·湯聘《芝龕記題辭》　一曲《芝龕》夢已醒，隔簾好鳥尚修翎。秋風幾度芙蓉菂，脈脈浮光散緑萍。

烏烏金石度商音，千古才人報國心。事業兩朝歸女子，莫將檀板更相尋。

清·丁敬《芝龕記題辭》　昭華玉琯紫檀槽，刻羽移商調最高。絶掃狂花與輕綺，摘他前史張風騷。

跳跋詞壇久冠軍，淋漓彩筆矯如雲。閒將惜孝憐忠意，譜出峥嶸兩茜裙。

雲鬟大義壓雲臺，曾掃乾坤黑眚開。不有《芝龕》新樂府，東蘭焚玉可勝哀。

事到南朝重可嗟，賊氛瑠禍痛紛拏。廣川別有如霜筆，不向蘭臺借齒牙。

清・張香《芝龕記題辭》 風流太守舊東坡，嚼徵含宮按節歌。小部紅牙譜忠孝，肯教椽筆讓西河。

蜀山螺碧越江清，孕出蛾眉總善兵。卻笑明妃並西子，千秋徒擅美人名。

鸞刀帕首躍花驄，爭避蠻中女總戎。玉鈿金釵作梁棟，鬚眉幾輩愧英雄。

粉面朝天擁節旄，九重珠玉對含毫。欃槍未掃思陵逝，淚濕從征蜀錦袍。

蠻姬都戴鐵兜鍪，佩劍懸弧玉貌柔。解甲纔歌紅袖落，當筵魂斷陸綿州。

鳴玉溪頭打槳迴，蛾江春浪痛珠摧。情根自種瓊漿約，生死堅持杵臼媒。

陣前阿父得生還，匹馬橫戈頳玉顏。青犢萬人齊破膽，解圍年少彈雲鬟。

黃鵠歌餘孝女碑，將軍羣識木蘭雌。兒家註有麟經解，歸作山陰老塾師。

獄底黃芝漸啟萌，清宵解脱萬緣輕。騎凰不約吹簫侶，應爲勤王績未成。

報國孤忠死未休，恥隨養賊擅通侯。君恩俎豆麻灘驛，配食元陽兩道州。

荊南小捷散征塵，夢醒潛驚露布新。欲向藍橋尋舊侶，蓮花先化火中身。

北寺纔銷黨錮冤，觀軍容又遺朝恩。插貂爭拜潢池馬，誰解攀髯哭寢園。

鼎湖龍去北雲高，灑血南昌女大刀。滕閣詩成蓮舫閉，秋江殘月咽寒濤。

宮中鈿合情緣重，扇底桃花恨未消。爭似江都老才子，《芝龕》史筆貫三朝。

清・姚汭《芝龕記題辭》 散亂楸枰一局殘，傷心斷錦並零紈。誰知玉瑄瓊簫裏，都作前朝信史看。

滿天風雨繫人愁，釀作沈陰一片秋。自是中朝多禍水，還教厄運到清流。

岷山重疊翠螺稠，鳴玉春深碧水流。一種可憐名字好，貔貅虛擁漢江秋。

墮馬粧成舞柘枝，人人傅粉競塗脂。中華枉笑空如許，剩有英雄女土司。

風凄日黯捲蜺旌，鐵礮聲中萬馬鳴。不愧曹娥江上住，英姿更自過緹縈。

拋殘血淚染湘雲，保障孤城娘子軍。父骨痛還憐母在，紗帷重啟學宣文。

俠氣空留屬玳簪，靈葩雲影現優曇。當階蘭蕙芟除盡，卻遣神芝聚石龕。

紛紛雲鳥化蟲沙，繞膝兒孫笑語譁。回首銅駝荊棘滿，西風腸斷九蓮花。

人哭殘春拜杜鵑，南朝歌舞劇流連。不須悵歎齊梁主，六代宮庭鎖暮煙。

碧血長凝蔓草芊，忠魂貞魄自年年。驂鸞跨鶴歸瑤島，天上原無懜懵仙。

才人奮筆勝干將，弔盡山川浩劫場。今日當筵齊演出，緑章底用乞巫陽。

繁露樓中家有師，評章風月信無私。神仙忠孝原非兩，便是千秋絕妙詞。

清・沈剛中《芝龕記題辭》 趙嬈曹節羅鈎黨，黃八朱三亂蜀秦。標牓羣賢一網盡，朔西連歲起邊塵。

桃花馬上耀紅粧，娘子威名震遠方。瓦解漸看移鎮後，偏教一女繫興亡。

長城失守勢難支，腸斷君王掩面時。朝野臣民争盡難，哀鴻何限感流離。

板蕩南天半壁存，荒淫縱酒繼東昏。笙歌未歇雲龍破，聽樂渾忘俘馘身。

雲英良玉是兵神，從古兵書顯婦人。大業未成天意去，青蓮花底懺他生。

寬大深仁數本朝，乾坤氛祲一時消。萬年基業隆千古，勑葬思陵禮數超。

譜成麗句付何戡，樂府新翻三秀龕。今日不堪論舊事，落花五度唱江南。

清·張九鉞《芝龕記題辭》 三朝疆場壞何人，黔蜀蠻司盡犬猘。不是秦家女豪傑，誰知大義有君臣。

手戮鯨鯢轉戰孤，勤王萬里奮長殳。可憐不上凌煙閣，繪出金鍪繡鎧圖。

天子題詩策戰勳，錦衣親賜女將軍。四川營裡宵風雨，晝角金鐃髣髴聞。

單鞭怒奪父屍還，黄虎奔逃血灑殷。九品蓮花天證果，又看奇媛出人間。

夫檝親扶海上歸，麻衣如雪换戎衣。人從斑竹巖前望，猶見蟠空鐵騎飛。康熙年間，沈女帥以陰兵驅道州山賊。見《道州志》。

何須生恨不爲男，遁帥降藩見此慚。璧合珠聯一時事，香風先繞石芝龕。

滅賊誅姦志未償，啣哀飲恨事堪傷。何如直奮書生筆，斧鑕淋漓快劇場。

錦車錦繖紀封崇，娘子軍曾立大功。可有銅琶和鐵笛，新詞撰合兩英雄。

草野偏多奮義聲，紅粧報國快捐生。銜戈亦有長沙女，可惜恩恩失姓名。余嘗擬撰《雙虹碧》傳奇，中有長沙女子殺賊事一齣，記中先述及之。

滋蘭堂上月流波，紅燭當筵簇綺羅。老去何戡雖散盡，重繙舊譜欲徵歌。甲戌，曾於外舅梁氏滋蘭堂，觀演兹記十二齣。

清·黄爲兆《芝龕記題辭》 銅馬神州歎陸沈，繡旗捲出陣雲深。蛾眉各抱勤王志，馬革偏存救父心。三案釀成金鼓禍，五溪愁聽玉簫音。祇今舞罷氍毹夜，多少鬚眉愧玳簪。

玉杵瓊簫有宿緣，前生同謫月輪天。魂銷劍閣提戈壘，淚滴娥江競渡船。萬國兵戎悲望帝，九歌忠孝證飛仙。笑他宮裏無愁曲，只進風流《燕子箋》。

蛇豕長貽九廟憂，衣冠肉食笑無謀。丹青一代傳賢媛，縞素三軍殉國讐。蠻僰有心能破敵，釵笄誰道不封侯。還分繁露春秋筆，繪出英風錦水頭。

岷江水碧越山青，鏡閣都堪勒石銘。九品蓮花成眷屬，一龕芝草聚英靈。吴鉤寶劍鋒猶鋭，蜀錦征袍血尚腥。寫盡銅駝荆棘恨，清歌緩緩酒闌聽。

青犢黄巾戰氣驕，愁雲玉壘最蕭條。牙旗義旅初嘶馬，繡甲蠻姬慣射雕。養寇空多雄節鎮，酬功獨讓女驃姚。娉婷誰與圖麟閣，御墨前朝尚未銷。

螺浦蠶叢兩渺茫，木蘭舟上結英皇。仙書已約秦簫史，劍術應傳聶隱娘。紅粉女兵誇義烈，白頭宫監話興亡。留將樂府梨園在，文彩江都自擅場。

清·宋啓傳《芝龕記題辭》 史册賢奸少定評，滿朝蹲沓歎前明。獨持褒貶春秋筆，譜就琳瑯樂府聲。製錦巧裁千貉腋，調羹細合五侯鯖。表彰奇節歸忠孝，不比尋常説豔情。

讀罷新詞嘯也歌，滿腔熱血灑如河。貂璫釀禍同胠篋，螗蟻貪生孰執戈。一代英風歸浙秀，千秋浩氣屬秦娥。可憐養士經多載，退食委蛇不類他。

名同實異最堪嗔，枉作皇家食禄臣。良玉不良真是左，土司有土應歸秦。兵稱白梃軍威壯，詩賜黄綾御墨新。不有寫生繁露手，忠魂千載歎沉淪。

雲英再世號仙姬，矯矯香閨拔俗姿。匹馬潰圍匡父難，孤軍赴壘急夫危。歸來閒抱蘭亭寫，老至還將絳帳垂。武緯文經誰得似，絃歌譜出愧鬚眉。

白馬青絲劇擾攘，紛紛調禦計非良。金堤漸潰蟻穿穴，玉粒空耗鼠嚙倉。幸有將軍妻赴焰，驚傳宮掖女揮鋋。搜羅巾幗無遺漏，次第都將節烈揚。

辟易英風想大刀，提戈又見女兒曹。滕王閣下投醪飲，蓮舫庵中繡佛逃。南渡何人堪屈指，北征無計且垂橐。扁舟曾向章門過，嗚咽猶聞哭怒濤。

神仙恍惚是耶非，旋轉乾坤用意微。欲把忠良聯眷屬，先教節烈聚巾衣。刀圭續命危能救，馬革封屍死若歸。一片婆心培善類，巧翻舊案變新機。

最是神州大運移，虞淵日墜寐無知。馨香尚祀麻灘驛，壁壘空留石砫司。荆棘銅駝都有恨，黍苗膏雨復誰施。聖朝德澤真巍蕩，勅葬歸婚事事奇。

清・張炳昌《題重刊芝龕記後》　巾幗居然有范韓，銘忠誓孝各登壇。英雄實録名人筆，莫作尋常小説看。

本來至性邁羣倫，忠孝書原箸等身。此日遺編重付梓，後先輝映有傳人。

又　滿幅琳瑯，點染處、都非虚設。曾記得，前明舊事，女中英傑。良玉報君何鄭重。雲英救父真夐絶。似者般，懿行演傳奇，殊難得。　具隻眼，褒忠烈。抒妙手，寫貞潔。是忠臣孝子，披肝瀝血。一曲永偕金石潤，千秋足補輶軒闕。願從頭、字字細吟哦，欽前哲。調寄《滿江紅》。

清・吴省欽《芝龕記題辭》　錦水添春，紗溪浣月，冰匳慣畫眉嫵。那知翠羽明璫，便是碧油幕府。黄金斗大許，齊佩平羌降鹵。算古今如此江山，能幾女媧來補。　擁廿萬左軍遁去，開四鎮永嘉飛渡。繡幡願供珠龕，綵管好填金縷。神仙忠孝，莫鈔付梨園鞠部。但手炷睡鴨香沈，坐對玉杯新著。《東風第一枝》。

雜録

清・董象堯《芝龕記跋》　先觀察公《芝龕樂府》，板存家鄉數十年。嘉慶己卯，豐亭伯兄託友人載來鄂省。仲兄復初檢收，板片逐細點查，無大遺失。惟歷年既久，間有朽蠹，及字畫漫滅者。垚敬照初刷繕寫，倩工補刊，以成善本。

清・董耀焜《芝龕記跋》　先高祖中憲公所著《芝龕記》樂府，行世久矣。板由原籍豐潤縣，載至江夏，間有朽蠹。道光壬午，先伯祖芸臺公補刊完善。咸豐壬子，賊陷鄂城，版與家藏圖書，悉成灰燼。耀焜冀得善本重刊，訪覓歷十餘年，始得諸書肆僅一部，如獲珠貝，亟予善價購歸。而字多漫漶，且有殘缺，苦無從校補。尋堂弟治服官江右，偶於差次續獲一部。光緒戊子，耀焜權篆道州，由子堅從叔攜之來署，出而相眎，較爲明備。遂分簿書之暇，篝鐙審閲，並請戚友劉君仲山、張君壽亭、吴君梓庭、周君頌堯、姚君石牧，暨鄭登先蔭，相與審校，倩工鐫刻。因原本於秦忠州，僅載嚴氏雜詠二首，檢《明史・本傳》增之，以與沈誌並證原起。三閲月板既竣，誌歲月於後。不敢乞序言於當代名公卿，有違沿舊存真之旨，謹以桑弢甫先生所作墓誌銘冠之簡端，庶幾讀其書，知先高祖之學行有如如此。至先世手澤，失而復存，得垂久遠，則又不可謂非吾族之幸事也。

周書

論説

清・王永熙《魚水緣序》　周君澹廬，曠逸士也。淞渟印銓、曹宰臨允時常爲余言，心竊慕之。第君家六泉，余家袁浦，雖同籍江左，而相距千餘里。余又少遊燕冀，壯官嶺南，居鄉日少，未嘗不歎會晤之無由也。庚辰歲，雲間凌公移守端州，余以屬吏晉謁。君爲凌公一好友，遂得親芝宇於蓮幕間。恂恂儒雅，善氣迎人。則又恨相見之晚，而幸相見之奇。嘗叙其譜誼，君與余同見知於桐城張少宗伯，因把臂定交，相得歡甚，各出所製，互討論焉。君抱才不遇，放浪天涯。而妙解聲律，閒情逸興，往往托之傳奇，《魚水緣》其一也。讀之，幽雅韻折，博大沉雄。元明諸前輩而外，目前之士，蓋鮮有能頡頏者。古人云：詩有別才。此豈無別才者能之耶。余不善歌曲，間一究心，而知選詞命調，較詩文爲倍難。蓋情不真，則病在枯寂，老僧槁木之禪也；語不俊，則失在庸腐，迂儒章句之學也；調不分，則宫商錯亂而和者膠絃，緑林烏合之衆也；音不審，則陰陽倒置而歌者抑嗓，南蠻鴃舌之響也。是之弗講而欲掚寸管以馳驟於歌塲曲部之中，其不爲老伶所竊笑者。我來之前，聞澹廬斯劇，其有是乎，其無是乎。世必有知之者，又奚假予言爲輕重哉。澹廬囑余言，遂書以遺之，亦以記我兩人作合之緣。言之無文，弗深論也。乾隆庚辰歲小春之月，袁浦愚弟王永熙拜書。

清·李淳凌《魚水緣序》 庚辰之秋，余自五羊返端江，澹廬居士出所著《魚水緣》傳奇，屬余評點。公餘清暇，手披目覽，覺胡沈諸人，恍然在眉睫間。余既喜澹廬之名之得以傳，而尤惜澹廬之名僅以是傳也。澹廬爲寶山名諸生，工詩文，性落拓，不修邊幅，試於有司，弗獲售。遂益放廢，哀哉。戊辰，余方守凌江，澹廬從家鄉來，相見握手，歡若平生。自是南北往還，晨夕爲俱，迄今十有三年矣。每當花朝月夕，分韻聯吟，驛路旗亭，托歌誌慨。澹廬濡毫揮灑，若不經意，而性情所發，絶不猶人。然公隨手散失，篋無賸稿。故當世不知有澹廬，而澹廬亦不求當世知。夫元代之士，以帖括取功名，鮮通聲韻，能究以於陰陽清濁之分者，蓋百不獲一焉。以澹廬之才，苟能鋭志科名，置方通顯，當必有清廟明堂之作，黄鍾大吕之音，以鼓吹休明，頌揚風雅。即不然，舉平昔詩文，裒而成集，亦乞馳譽於騷壇雞社之間。乃公不出此，而僅僅以傳奇傳，豈不惜哉。雖然，司馬之名，孺子咸知，香山之詩，老嫗亦解，世間侈爲美談。是編一出，付之梨園，燕賓客於華堂，□兒童於村社，上之名公鉅卿，下之販夫牧豎，莫不知有《魚水緣》。澹廬之名，亦遂因以不朽。傳奇雖小技，其所傳不更廣且遠。余既爲之評，復序數言於簡端，以復澹廬。澹廬其以余爲知音否。庚辰九秋重陽前四日，竹軒主人書於端江郡寓。

清·陳世熙《魚水緣跋》 自唐復樂府四十八調爲二十四調，而後，詩餘、套曲，由大晟以迄金元，其所爲九宮十三調，皆二十四之遺也。何良俊謂：詩亡而後有樂府，樂府闕而後有詩餘，詩餘廢而後有歌曲。蓋歌曲者，古詩樂府之流亞，減字偷聲之濫觴也。文人游戲所及，藉爲陶寫哀樂之具，寄託諷諭之義者也。顧歌者知希，曲高和寡，挾邪蕩檢，淫佚居多。抑嗓聱牙，村沙莫耐。好音之嗣，戛乎難之。澹廬先生，以淹雅通才，妙解聲律，借香奩之逸史，寓懲感之深情。偶一染指，栩栩欲活。正如鄭德輝之九天珠玉，費唐臣之三峽波濤，高文秀之金盤牡丹，沈和甫之翠屏孔雀。標新領雋，追魄繪神，要不失古樂府遺意，而與元人諸院本相頡頏焉。宫窗孤悶，作曼聲讀之，漏下三鼓，忽忽忘寢。先生之移我情，抑何深耶。

清·曾萼《袖珍魚水緣傳奇序》 寶山澹廬居士客端州，著《魚水緣傳奇》。端守上洋淩竹軒先生爲之評，吴興沈君爲之鐫版。書出，人争賞之。時庚辰秋九月也。明年辛巳，余蒞南平，得諸鴛湖陶君。陶君雅善居士，亟稱其才。余亦傾慕，願一見顔色，而居士束裝歸矣。居士既歸，坊人見其書者，以爲奇貨可居也。謀諸沈君，售其版，還檇李，自是粤中無《魚水緣》。人之求而未獲者，輒咨嗟太息，有鄭公子不及嘗元魚之歎。歲甲申，居士重遊東粤，余介陶君要致之，因得盡窺其著作，如崑崙元圃，珠玉珍琳，目不暇接。《魚水緣》特全豹之一斑耳，以是爲居士重，亦輕量居士。其曾修邑志，屬居士綜其成，筆削謹嚴，得《春秋》遺意。而筆墨高古，議論正大，與傳奇若出二手。夫乃歎史家、詞家各擅□門者，非全才也。志成，友人耳居士名者，知余爲居停主，郵書索《魚水緣》。脛走翼飛，日三四至，詢之居士，篋中無存者，版已入他人手，不可復得。余乃出嚮時藏本，命吏繕寫，幅僅如掌，付之梓，以就求者。序言書端，俾讀是編者知居士之才不僅以傳奇見。一鐫不足，以至於再，大版不復，易以小帙，皆他人爲之，非居士意也。若夫構局之縝密，修詞之妍麗，選調之精純，竹軒先生評之甚詳，久爲有目所共賞。余生長僻鄉，未諳聲律，不敢强作解事以貽識者哂。時乾隆歲在丁亥春三月清明日，九和曾萼書。

清·古愚學者《袖珍魚水緣傳奇序》 知澹廬久矣。澹廬含英咀華，署之旗亭畫壁間者耳，而目之矣，而未見其人也。己丑春，澹廬自塌來高，余見之。神閒以静，言實而文，誠哉邃養士也。名著騷壇，人推風雅，誰曰不宜。越數月，余因公次五藍塘，遇澹廬於館。剪燭劇談，至漏下三鼓乃散。政體宦情，澹廬亹亹言之，深中機要，余聆而嘆曰：賢哉。澹廬獨學也乎哉。澹廬才也，夫人生遇合之，故人爲之，天寔主之。充澹廬之才之學，内而鼓吹休明，外而理煩治劇，何所不可。而一編長守，擬賦登樓，澹廬之

傳記

清（光緒）《寶山縣志》卷一〇　周書字天一，居月浦，相國尹繼善門下士也。年十六，補諸生，曠達不羈。同邑淩存湣出宰粤東，招與偕往，將開硯山，作《採硯歌》以諷之，人争傳頌。時修《恩平縣志》，書任總纂。會粤撫與淩存湣議不合，陷以大案，幾置大辟，書白其冤，獲免。或勸之仕，曰：吾行吾素，何受人束縛。爲循例入貢。

著録

清・黄文暘、佚名《重訂曲海總目・國朝傳奇》　無名氏上：《魚水緣》。

清・梁廷枏《曲話》卷一　其餘無名氏可考，亦無别寓他名，而其曲仍行於世者，以傳奇言，國朝有《魚水緣》。

清・支豐宜《曲目新編・著録八・國朝傳奇》　《魚水緣》。

清・姚燮《今樂考證・著録十・國朝院本》　周書一種：《魚水緣》。《曲考》入無名氏。書字澹圃，乾隆間寶山人。

清・王國維《曲録》卷五　《魚水緣》一本。

藝文

清・周書《祈男石》　石在石神山之麓，邑人於此祈嗣，輒應。明萬歷間邑宰李立廟祀之，後毁於兵，今石尚存，爲譜《桂枝香》闋。奇奇怪怪，向石丈祈嗣，望塵羅拜。草也宜男物理，從來難解，年年慣度人間種。玉麒麟、送來天界。銅川履後，馬湖乞子，異形同派。問當日、雕甍烟靄，付荒榛斷梗，一聲長慨。雨洗風磨，點點精靈常在。東家已協熊羆夢，更西舍、村醪爭酹。憑將

遇艱矣。豈非天哉。豈非天哉。雖然，白雲蒼狗，變態無常，幻影空花，情形何定，此中通塞之故，愚者迷之，智者悟焉。譬之煙波浩渺高下，萬帆當其乘風鼓盪，迅駛如雲，幾於神助，一轉瞬間，風廻浪轉。此安其順即彼值其逆，升沉起落，異狀殊觀。局中人欣戚異情，各狃所遇，而登高而望者，早已覽其全勢，辨之於其先，處之乎其外。無他，其自爲位置者得也。然則澹廬雖不遇，澹廬得其天矣，何憾焉。《魚水緣傳奇》以文人之妙筆，寫才子之幽思，入情出理，蘊籍風流。授之梓人，衒售市井。或持之以交酒茗者，幾等香山詩句，郵候之壁無不書，牛童馬走之口無不道也。茲復取便行囊，改爲袖珍，則又不啻雞林賈人之百金一换矣。余愛澹廬之才之學，而重其人也，乃舉遇合之故，設爲一解，書之簡端，與知澹廬者質之。乾隆歲庚寅夏月，古愚學者書於高州道署之瑞芝軒。

清・平步青《小棲霞説稗》　《魚水緣》傳奇二卷，三十二齣，不署作者姓名。演鹿邑胡楚卿、沈若素事。越中有《雙魚墜》戲劇，關目略同，惟以喜新爲新喜，又婢先配合，無嫁吴生事，殆即本此而芟去枝葉耳。曲文流逸可玩。如只爲他俊龐兒忒煞嬌，非是我饞眼兒容易飽。送便應該，賣字聽來韻不諧。但願因緣將來似你，首和尾没點差池。抱愁幾度把愁袪，只愁未審愁來處。我一向聰明到此愚。皆白描入神，不減東嘉也。

綜述

清・周書《魚水緣自叙》　書長人静，兀坐無聊，閲安陽酒民所著《情夢柝》，選詞搆局，差可人意。遂節取其事，參以鄙見，作傳奇三十二劇，踰月告竣。以胡沈之緣，實於寶魚之换晶珮，始易其名曰《魚水緣》。付伶倫歌之，頗合節。客有以梓請者，余笑應之曰：樂府不作，降而傳奇，風斯下矣。然而，其人奇、其事奇、其文奇，必有可傳者存，是以傳焉。傳奇者，傳其奇也。不奇，何能傳。襲他人之舊本，譜以新詞，而遂攘爲己有，其異於曹阿瞞者幾希。客曰：焦尾之琴，爨下之桐也，而卒以琴傳。今子所作，何以異是。況《夢詫》、《借騎》諸劇，豈猶是安陽氏之舊乎。余未及答，客攜以去。庚辰陽月，澹廬居士記。

心許，底須頭點，弄璋堪待。

清・周書《碧雞》 恩平山中多有之，俗呼爲金錢雞。時有□以獻者，且作是。調寄《金縷曲》。金馬神同祀。《漢書》益州有金馬、碧雞之神，可祭祀致也。忽飛來，茉莉田中，木棉村裏。先顧數聲天欲曙，日上羅浮空際。把抱樹、幽禽驚起。《六帖》云羅浮有碧雞，羣飛絶巘，或獨鳴空林，曰：先顧。先顧。《廣東新語》：日出時碧雞先鳴，則紅翠山鷓鵡以次相應。誤桃兒童張網得，向花間池上間翻翅。暈深碧、漾微翠。　瓊崖孔雀誇長尾。怎如他、偏體連錢，勻圓工細。《羅浮山志》：碧雞似孔雀而小，足重距，背□錢文，一名越王山雞。對鏡長鳴憨耐舞，記取越王名字。總只是、山雞兄弟。夔峽珍珠嫌太淡。珍珠雞生夔峽山中，羽毛有白圓點。便施州、金線何堪擬。陋文鷸，薄翬雉。

清・周書《紫霞洞》 遶城皆高山，巀嶪枕原野。我登大人山，衆山乃在下。披榛探古洞，軒曠若廣厦。一澗懸空流，因風自飄灑。澗半巨石橫，水從石間瀉。細若機上絲，握之不盈把。有巖復有池，池青石如赭。修木枯藤縈，峭壁蒼煙惹。久坐生微寒，衣袷忘盛夏。勝遊不在遠，此景頗幽雅。只在郊圻間，到者何乃寡。日暮未言歸，流連愛難捨。何能窮丹青，一一爲描寫。

清・周書《重修鼈山洪聖古廟記》 鼈山之陽有古廟焉，榜曰洪聖，不知其所自始。明崇禎十四年，鄉人修之，迄於今百二十有六年矣。榱崩桷折，鄉人懼夫神之弗妥也，復葺而新之介。鄭君嵩京屬余爲之記，余曰：是洪聖者，非古南海神之封號耶。抑别有神耶。如海神焉，位在四瀆。上憲皇帝雍正三年崇神，封號曰南海昭明龍王。不應仍以洪聖名。今天子歲遣官祭之。季氏旅泰山，孔子譏焉，此非鄉人所得而祭也，别有神焉，是淫祀也，狄仁傑、韋正貫而在，且毁之，惟恐不速，奚以記爲。鄭君曰：不然，吾聞之，祭法能爲民禦災，捍患者則祀之，神蓋有大有造於恩者，請舉其一二可乎。祖仁皇帝御極之初，有賊夜犯南郊，郊民震恐，俄有甲士數百自北來，賊驚遁，躡其後，賊且戰且走，會月黑，咫尺莫能辨，自相擊刺，所殺傷甚夥。天將明，賊乃知其悞，視向所謂甲士者，則無有矣。仰望天際，但見黑雲冉冉從鼈山下，雲中隱隱見甲士狀，驚以爲神，嗣後，不敢復犯。恩歲丙寅，邑多虎傷人，及郊禱於神，虎遂絶，民以是益德神廟而祀之，不亦宜乎。余乃瞿然作色曰：有是哉，神之爲靈，昭昭也，我過矣，我過矣。因援筆而爲之記。

清・項又斯《魚水緣題詞》 鶯管笙囊韻自悠，水紋簾外雨聲秋。誰將桂序新翻曲，付與江南鞠部頭。中秋後一日，過陳蓮塘先生寓，聽歌《魚水緣》新曲。

雅調真堪追玉茗，麗詞直欲壓金荃。人間簫管恐難和，乞借飛瓊廿五絃。

清・應際泰《魚水緣題詞》 春風玉笛，按清歌而樹葉皆揺；明月芳尊，發奇響而梁塵欲墮。溯風流於畫壁，神往旗亭；追雅韻於懸瓠，情移禁苑。其如世無才子，孰譜烏絲；座有佳人，空拈紅豆。澹廬周君，家本長貧，才偏獨富。早蜚聲於藝圃，芹水芬流；久蠖屈於黌宫，蓬池路隔。爾乃梅關遠度，蓮幕高棲。珠海濤飛，是處則俗原慷慨；花田春盎，此時則人尚冶遊。依小令以成聲，援微詞而通志。楚三閭之《騷》賦，寄興蛾眉；晉五柳之閒吟，託言鴛枕。是情是夢，移來面目自稗官；如水如魚，嘔出心肝成雅調。是則花生犀管，麗句雖多；繡得鸞箋，愁懷不少矣。然而飄零何恨，汗漫奚憂。離合悲懽，便是當塲説法；窮通得喪，無非借景傳情。不信予言，請觀斯劇。

清・王恩浹《魚水緣題詞》 吞吐珠璣，換移宫羽，翻出鮮新樂句。魚水爲緣，神明做美，作合世間仙侶。無限歌容舞態，著手皆生趣。應顧取，是周郎重開面目，親譜就，淑女才人奇遇。更俠氣丹心，都付與銀簧璚柱。裊裊清音，試搬塲深沉院宇。看梁間簷外，自有白雲來去。《法曲獻仙音》。

清・胡德林《魚水緣題詞》 周郎老去倍多情，自按宫黄作曼聲。好付雪兒歌宛轉，畫簾風細坐調鶯。

衍波膩滑浄于脂，譜出新翻樂府詞。楊柳曉風汾水鴈，不須腸斷聽龜茲。

閒塗金粉寫香奩，緑意紅情信手拈。自此旗亭多韻事，舊人應不唱烏鹽。

鐵板紅牙兩擅塲，吐花妙筆更生香。靜聽絲肉中宵發，玉潤珠圓繞畫樑。

清・湯璘《魚水緣題詞》 一讀新編失舊編，析聲重向曲中傳。情當覺後原無夢，局更翻新别有緣。三疊清歌催象板，十年客思寄蠻箋。才人自古誇江左，畢竟風流許練川。

清・馬學禮《魚水緣題詞》 練川周子文苑豪，摩空健筆翻秋濤。閒情忽忽託宫羽，審詞譜出雲林璈。元音入手汰繁響，紅鹽白苧皆風騷。忽如深柳鶯百囀，悠揚嘽緩無喧嘈。忽如萬籟夜闃寂，戛然一鶴唳九皋。或如列陣班馬肅，微風颯颯吹旌旄。或似海水驟澎湃，魚龍角觝鳴蒲牢。麗於蜀錦潤於玉，爽若哀梨快并刀。予亦風塵羈行役，作詩大似寒蛩號。讀君歌曲輒慷慨，背癢却得麻姑搔。試調六引遲清唱。花臺布席漱松醪。鈿箏錦瑟互搏拊，玉簫金管相由敖。鴛鴦起舞芙蓉笑，但見碧雲不動霜天高。

清・陶思沂《魚水緣題詞》 烟凝紫岫，適逢青女司辰；菊綻黄華，誰遣白衣送酒。嗟旅懷之闃寂，取樂無方；喜艷曲之喧傳，消愁有物。若其係自盤龍，人如洗馬，偶餘篆蠧，旁涉雕蟲。花飛鈿笛，譜成緩緩之詞；雲遏玳梁，度出紅紅之曲。妍思妙發，抽鳳紙以爲書；逸響孤吹，調鸞笙而作韻。搓酥滴粉，聊抒羈客之閒情；刻羽移宫，遥託騷人之雅興。沽緑醑而按樂句，僕亦解人；拈斑管而縷冰紋，君真名士。

清・沈維圻《魚水緣題詞》 舊事拈來，頓教情夢翻新局。鑄金鎔玉，更韻諧絲竹。 顧悞周郎，自譜烏絲曲。倩誰讀雪兒牙馥，判取珠論斛。《點絳唇》。

清・徐廷僑《魚水緣題詞》 不相因處若相因，畫裡廬山面目真。唱到擅場還顧影，何妨我即是他人。

我作吾詞自有因，琵琶拜月亦非真。文章豈必追前代，不信今人讓古人。

清・金如龍《魚水緣題詞》 籍甚周公瑾，名將樂府傳。調高翻《白雪》，詞艷失青蓮。不盡江湖思，都成筆墨緣。宵來歌一曲，魂夢鎮相牽。

清・王棟《魚水緣題詞》 才高鸚鵡少人知，聊借笙簧譜艷詞。楊柳曉風誰唱出，好將金屋貯紅兒。

秦樓簫咽一燈青，惆悵巫山夢易醒。今夜讀君魚水傳，不須更唱《雨淋鈴》。時予甫斷絃。

清・陶滌《魚水緣題詞》 君臣以義合，男女以情聯。物情千萬變，惟正乃能傳。情至物自感，忻戚豈徒然。蠢爾木。石人，安知魚水緣。

清・范江《魚水緣題詞》 聞君懷古曲孫萬壽，頓足託幽深張輪。舉世無知者陶潛，孰爲勞寸心謝朓。風雲能變色庾信，簫管有遺音阮籍。殊響俱清越謝靈運，遶枝驚夜禽孔紹德。

清・沈德麟《魚水緣題詞》 花箋好作斷腸文皮日休，把酒相看日又曛韋莊。風格只因天上有李羣玉，人間能得幾回聞杜甫。莫奏開元舊樂章薛逢，衆仙同日咏《霓裳》李商隱。夜來省得曾聞處許渾，猶是微塵繞畫梁崔珏。

清・凌存濟《魚水緣題詞》 古調久不作，新聲聽忘疲。少年强解事，侈口工填詞。工詞不工調，歌者咸苦之。周君妙聲律，放浪才不羈。拈題搆新劇，情至文益奇。心花發江管，藻彩紛離披。佳人親按板，座客互調絲。乍令壯夫感，忽動羈人悲。選詞復選調，盡善無瑕疵。一讀一擊節，使我神爲移。

清・朱璋《題詞》 緣從魚水生，不從魚水滅。願以此因緣，廣爲衆生説。現彼魚水身，即得魚水度。是名魚水緣，本無魚水故。

清・沈基《魚水緣題詞》 天遣多情不自持韓偓，瑩然冰玉見清詞盧綸。等閒遊戲孫光憲，又白幾莖髭方干。且飲清樽消磈壘孫氏，細聽金石怕低迷曹唐。儘黄昏也元宗，不醉莫言歸宋之問。 中秋後一日，過陳蓮塘先生容頭聽伶人歌《魚水緣》新曲，偶集唐句成琴調《相思引》。

清・范嘉璧《魚水緣題詞》 居士天生真率，不會人前修飾。張著口説地談天，信著手塗牆抹壁。四海空囊也不愁，説到功名便不答。世人指作狂夫，自己稱爲廢物。忽然示我傳奇，前後三十二折。配脚色或莊或諧，肖聲情忽歌忽泣。南詞與玉茗争衡，北調使漢卿避席。余乃拍案大呼曰：必傳。必傳。居士摇頭徐應道：未必。未必。

清・王榮鑑《魚水緣題詞》 故人千里外，貽我新翻曲。平生無限情，展卷便相觸。蘇蕙機中錦，徐熙畫裏花。豈知相賞處，顔色不堪誇。

清・顧鴻志《魚水緣題詞》 大雅淪胥久，宫黄已漸訛。繁音淆木笪，艷體失金簧。詎有周郎曲，偏宜郢客歌。謝箋鏤月細，江管吐花多。調逸諧絲竹，詞妍薄綺羅。意珠縈翠羽，心錦織龍梭。笛倩桓伊合，笙招子晉和。韻應追穆護，節自勝陽阿。才富如君少，知希愧我何。興來攜酒讀，醉眼幾經摩。

清・徐元鼎《魚水緣題詞》 綠波畫舫，易觸離愁；紫陌花驄，每增塵夢。誰憑寸楮，遄聞躅忿之思；難遣迴腸，不作有情之累。則有文苑仙才，騷壇名宿，偶托喁喁之細響，聊抒寂寂之羈懷。譜成拾翠之詞，艷胎孕麝；翻出吟紅之曲，秀骨含葩。象外傳神，迥異人間粉澤；情中寓景，倏生筆底烟雲。引以曼聲，能無擊節。銀箏按罷，更浮鸚鵡之杯；彩筆投來，須贈珊瑚之架。

清・馬學講《魚水緣題詞》 逸致高懷迴出塵，更從詞曲見精神。雪兒按拍宫商穩，鮑老當場面目新。縱使無情觀亦感，分明是戲認須真。風流公瑾依然在，莫問前身與後身。

清・周玉《魚水緣題詞》 記室千年翰墨孤陸龜蒙，桉頭筠管長蒲蘆韓偓。綵衣才子多吟嘯方千，一字新聲一顆珠薛能。

撚玉搓酥軟復圓趙光遠，不煩良匠更雕鐫陸龜蒙。陽和本是烟霄曲楊巨源，留與工師播管絃湯悦。

清・凌格心《魚水緣題詞》 夫子茂遠猷陸機，蕙風入懷抱謝朓。篇翰靡不通鮑照，詩書敦夙好陶潛。羽翼自摧藏阮籍，悠悠涉長道古詩。奇唱發幽情廬山諸道人，清辭灑蘭藻謝靈運。奐若春華敷張華，萬頃陂色縹梁武帝。變故在斯須曹植，憂喜相紛擾孫楚。寓目理自陳王羲之，懷情徒草草范雲。文章不經國應璩，榮名以爲寶古詩。

清・周學易《魚水緣題詞》 緊維金元，厥有歌曲。自北而南，各成杼柚。猗歟斯編，十法具足。一字一音，分清辨濁。鑄古鎔今，儷紅配緑。俚而能文，雅亦通俗。其圓如珠，其潤如玉。有色有聲，宜絲宜竹。譬若寫真，各肖面目。譬若行兵，此應彼伏。綺席慢歌，芸窗細讀。志士怒呼，旅人夜哭。實甫之遺，東嘉之續。《拜》、《殺》、《荆》、《劉》，不堪作僕。誰實爲之，吾家痴叔。

韓錫胙

論説

清・秦錫淳《漁村記序》 人昏昏醉生夢死，而忽思超出其外，鮮不以畸士目之矣。乃超出其外，而復混入乎其中，則其爲畸士也，非惟不能知之，抑且以僞士斥之。然彼亦未嘗不僞也。不知順逆之竅而侈語陰陽，不知進退之則而飾詞交媾，夫安得不謂之僞。且彼亦未嘗不知也。其粗者，習九一濁亂之法，以喪其軀而不悔。其精者，天門開闔，白首而無所成，飛龜舞蛇，千岐萬舛。《參同契》早已辭而闢之，而彼猶口誦心維，自矜爲太上不傳之秘。五穀不熟，不如荑稗。是又不如兀坐無爲者，猶爲謹身寡過也。妙有山人，學博文富。偶舉慕孝子事，按九宫樂句，度以新聲，爲《漁村記》雜劇。俾山童謳歌，以供聖朝擊壤之謡。既脱稿，或有譏其託體傳奇，諧謔傷雅者。余曰：《參同》全篇韻語，《黄庭》體類栢梁，《悟真》以詩而兼詞，純陽紫清，亦詩歌詞賦互用。何時之人，用何時之調，藥物取其所便，聲音從其所習。夫固與《陰符》、《道德》諸經，燦然並列紫府也。語道者每況愈下，爲兑爲春，夫安見傳奇之不足寄興者。敲《爻歌》有云：行動唱咏脂粉詞，其書可觀，亦不必託名鄒訢矣。乾隆丙戌冬至，臨海秦錫淳。

清・吴鉞《漁村記序》 戊子秋，青田韓湘巖明府，寄余批點《漁村記》，謂其發明攝生家宗旨。余覽之終篇，曰：譽之過當。傳奇傳古來之奇，大抵略有所據依，以鋪張其辭，艷人觀聽，非盡實事也。《漁村記》稱慕蒙孝感飛昇，因引道家語徵信，徒供伶工歌舞歡笑耳，與攝生何與哉。然原曲要眇微婉，有非諸詞曲可及者。慕蒙，孺慕終天，不毁性真，一也；配偶麗人，無媟褻兒女子態，二也；得志多財，周卹貧乏，令人生歡喜心，三也。其他寫物情情僞，如鑄奸鼎，如照妖鑑，尤譎幻變化，不可方物。慕蒙善矣，慕善次之，慕名又次之，慕才惡矣。慕來亦惡，又非慕才一類。赫連絡之惡，又遠駕慕來而上。狠詐貪欺，算無遺策，顧反爲慕來所愚。末流薄俗，互相傾軋。楮墨之間，不啻合《左傳》、《國策》、《史》、《漢》諸恠奇之文與事，而施以韻語，協諸管絃，可歌可誦，夫亦極文章瑰偉之觀矣，奚必道法。《楞嚴》、《禪悦》，或指爲絶頂妙文，《西遊記》小説家言，或謂是金丹作用，皆過也。妙有山人，家清溪廟右山下。廟右音同妙有，故以妙有顔其書舍。河干二合音，其氏族也，附志於此。全椒姻弟吴鉞書於奉天治中官署。

清・劉泰《漁村記・序》 《漁村記》傳奇者，傳神佑慕蒙事。慕蒙，愚騃兒童，安所得天神而佑之。吾謂人患不能如慕蒙耳。如慕蒙，則未有不佑者。積善之家，必有餘慶，非必之於天，必之於身也。傳奇院本，元時爲盛。今《點鬼録》中所載，已十亡八九。計在當時，皆一代才人之作也。其僅存者，又恨其改竄姓名，錯亂事實。如以小蠻爲白行簡之妻，連環爲蔡中郎所授之類。醜惡庸劣，幾不可耐。而《金錢記》、《牆頭馬上》諸雜劇，誨淫導邪，頗爲風俗人心之蠹。何者。文章自有體裁，所託非正，故其傳不韻也。南曲，不詳套數，不分賓主。輿臺奴隸，羣歌迭奏，其體視北曲尤卑，第於歌者爲便，故前明諸名家輒樂爲之。然揆諸曲終奏雅之道，亦蕩然無遺矣。《漁村記》傳慕孝子事。守墓，則天性之真。義莊，則解推之篤。纏綿悱惻，一唱三嘆。觀於此，而孝弟之心，有不油然生乎。其他旁見側出，魑魅著形，麗句新詞，芳葩煥彩，瀉有源之水，而傾無盡之藏。傳奇雖曰小道，夫亦足以成一家之言也已。若夫神女賚婚，天星作伐。不過使優孟登場，不致寂寞耳。而湘巖道人，乃謂進退卯酉，與《參同》相發明，豈其然歟。濟南劉泰。

清・姚大源《漁村記後序》 緱氏笙中，吹出篇篇真誥；岳陽笛裡，弄成句句元詮。一闋《沁園春》，可抵七籤雲笈；數章《西江月》，能傳三疊琴心。然則別調欲彈，何必問樓頭黄鶴；偉辭自鑄，奚須訪關外青牛。苟發妙旨於傳奇，儘堪証道；即殫精思於小説，亦足談元。况乎洞府微言，逗輕敲之魚鼓；仙都妙諦，付細撥之鵾絃。雅俗共欣，聖凡俱悟。豈獨江邊柳樹，變奇鬼而貌尚猙獰；溪口桃花，化美人而態多妖冶。妙有山人，考其姓氏，鄰於烏有先生；詳厥里居，言自武陵漁父。瑶臺散吏，密語授於瓊牕；蓬島奇才，雲篆觀於香案。闡薪傳以度世，梯可登天；洩寶訣以拯人，筏能渡海。非詩非賦，洋洋灑灑之詞；不箴不銘，怪怪奇奇之事。夫其築基鑄劍，採藥守丹。素練郎君，擷新苗於琋砌；青衣女子，掛初月於珠簾。總之言語難宣，姑藉伶倫絲管；畫圖欲活，聊憑優孟衣冠。於是雲母屏前，珊珊姹女；芙蓉毯上，躍躍嬰兒。繡襖銖衣，個個玉爐金鼎；緑么紅拍，聲聲虎嘯龍吟。粉面招摇，魔神變幻，鬼門出入，火記抽添。煞尾前腔，五千言真緘盡露；插科打諢，四百字秘鑰全開。始知天上霓裳，不過夢遊艷曲；從此人間舞袖，轉成修錬清壇。嗟乎。嵇叔夜奇岸魁梧，大是仙靈之器；李德裕依違眷戀，竟淹富貴之鳩。雨咽風蕭，夜夜泣隴頭松栢；草青苔紫，年年埋塚上麒麟。由是共羡長生，卒之莫聞大道。旁門瓦合，終爲窰外之坯；邪術機張，誰識壺中之箭。欲鼓琴而招鳳，試聽清音；將敲竹以唤龜，請看新齣。當場傀儡，暫借充枕畔黄粱；繞座朋儕，莫認作江南紅豆。己丑天中節，山陰姚大源書。

清・周鳳岐《與韓湘巖明府書》 昨登寶山，竟不空回。仰賴上士慈悲接引，爲我説法，度一切苦厄，愚亦含生負性之儔，惟有合什讚歎而已。承示《漁村記》，以古今無僞善根，成人天第一善果。其間入世出世，千態萬狀，無所不有。而妙諦真詮，旁見側出，則又時隱躍於讀者心坎間，而莫名其妙。竊謂此等奧詣，與《孝經》、《大易》、《參同契》實相表裏。而被之樂府，詠歌舞蹈以出之，感人尤真且速，孟子不云乎：樂斯二者，樂則生矣。然則此書，又爲古《樂經》補亡，而欲一大著其功用也。至若情致之沉鬱清麗，宫調之應弦赴節，此特才人餘事。蓋不如是之盡善盡美，則又何以斯愛斯傳。乃知名儒仙佛，合讓真才子爲之。其游戲三昧，正其真切婆心，而或以稗官輕之，或以院本賞之。則皆門外漢，癡人説夢矣。弟前夕擕此本至舟中，快讀竟夜卒業，因繫足下秘本，不敢久留，次日至婁水，輒緘封紀綱持歸繳上，料已檢入。獨自恨盲人問道，於喫緊關頭，畧無證悟。入手處，爲可浩嘆耳。因思世上醉夢生死如弟者，殊復不少。惟願急付梓人，早爲流播。如靈臺山上，放大毫光，照見一切變相。庶餓夫窮子，人人得寶，功德無量。幸甚幸甚。弟早晚粗了身事，便當取道疁城，欲立雪湘巖先生座隅，一一爲我解説。倘能領悟一二，或不虛此一生。諒不訶爲慕再來而麾而遠之也。溯洄從之，道阻且長，溯游從之，宛在水中央。彼妙有山人者，伊何人哉。別後重晤太倉刺史公，盛稱足下政事折獄，交融水乳，鎮嘉兩明府，各皆見面，握手言別，未免黯然銷魂。至蘇後，與舍弟談及《漁村記》始末，偶舉記中一二妙句，舍弟眉目飛舞，急思趨琴堂快覽，一傾渴慕之忱，諒不見拒。弟即於二十日買舟，布帆返海州矣。交代事竣，仍擬來省領文赴都。或得再圖良覿，約在春杪時。率此佈候，伏惟起居安善，依溯不備。湘巖明府大兄親家閣下，愚弟周鳳岐頓首。

清・金昌世《南山法曲跋》 乾隆己卯，全椒吴愛棠，以刺史攝無錫篆，寬慈愷悌。每聽訟，集兩造階前，温詞絮語，羣皆悦服，黄童白叟，靡不頌爲仁人也。明年，青田韓湘巖，補官金匱，與無錫同城，則侃直剛峻，遇事必辨是非，不少假借，人畏憚之。由是有吴和韓冷之稱，謂二公不相能。今觀韓爲吴作壽序，且製《南山法曲》以侑觴，其傾倒於吴，可謂至矣。二公學問淹博，文筆高迴，如東岱西華，爭奇競秀。吴題無錫縣門聯云：有吴地肇江南大，無錫人歌天下清。沈歸愚宗伯，常稱爲沉雄博大，壓倒一時文人。韓自書花廳聯云：鳥語花香衙散後，天心道味夢回初。常州太守潘蘭谷見之，歎賞終日，謂有味外味，攜之以去。如塤如篪，更唱迭和。每一韻出，好事者取爲畫本。斯亦一時之盛也。戊子九秋，山陰八十老人金昌世跋。

清・韓震東《砭真記序》 吾族祖湘巖公，嘗遊少微山，愛其山川幽曠，自號爲少微山人。《砭真記》，乃吾公游戲之筆爾。

綜　述

清・韓錫胙《漁村記・原序》 《漁村記》傳奇者，妙有山人游戲之筆也。其書，傳慕孝子廬墓思親，感動神祇，遣淑女爲配，教以黄白丹竈之術，卒能脱胎遐舉。其事，爲寓言，未可知。其意，以爲天上無不忠不孝之神仙。故鋪張揚厲，備陳天人感應之理。欲人知反本追遠，無愧人子耳。然其大要指歸，又若爲攝生者，掃陳言而軌於正，於進退刑德三致意焉。揆諸《金碧》、《參同》，《敲爻》、《悟真》，往往有發所未發者。是則《孝經》之緒餘，抑亦仙壇之鼓吹也。夫丹經萬卷，假借譬喻，各持一説，以是其所非，而非其所是，求其何爲陰陽，何爲《離》、《坎》，尚無一明文可見，而况其在符火之際乎。填詞賓白，如燃燈以照暗；打諢插科，俱立竿以見影。播諸樂府，傳步虚聲；弆自丹房，即入藥鏡。非静探天根者，其孰能與於此歟。世傳宋范文正公，遇異人授漁莊記爐火，以廣置義田而仁其三族。玆山人所稱漁村，豈范漁莊遺法。今《范集》具在，無神仙修煉之事。而山人記中，義莊贍族，踪跡偶相類，不必强爲附會也。或曰外者内之證也，又安得知者而叩之。乾隆三十二年小春朔，湘巖韓錫胙書於楓橋舟次。

又《自序》 語云：畫鬼物易，畫狗馬難。又云：寫神仙幽怪之文易，寫布帛菽粟之文難。余竊禄天家，政治民安。書齋多暇，偶憶元慕蒙事，而譜以新聲，名曰《漁村記》。夫亦擇其易者而爲之，則以腹笥空虚，少所考據，隨意敷衍，易於成篇，一；馳思溟涬，於世無譏，毁譽非真，易於寡怨，二；點綴神天，光輝雜遝，洞洞屬屬，易於感人，三；優孟俳諧，妍媸並進，多多益辨，易於獻能，四；前作今受，非有非無，善念惟堅，易於留後，五也。攷文章一道，自史傳記載無韻之文外，《雅》、《頌》、《離騷》，以及漢魏樂府，無不可叶管絃。唐之五七言詩，宋之詩餘，皆當時樂章也。詩餘變而爲曲，街衢嘲笑，悉入聲歌，姑婦勃谿，胥諧絲竹。其爲體益俚，而其爲文益易。然猶是樂章遺響也，風水之相遭也，音聲之相盪也，節奏之相屬也，機趣之相形也。意寓乎言中，而神周於象外。余之爲此記也，夫亦取諸其易者而爲之已矣。雖然以文而論，難易其有定者也，不以文而論，難易又無定者也。六經並言人事，而《易》明天道，於諸經爲難知。宋諸儒訓詁格物，而濂溪獨圖太極，於諸儒爲難解。醫家張仲景、孫思邈以下，皆詳方藥，而《素問》考索天人五運六氣，懸壺者不知所云。《道藏》三一房中，黄庭、靈寶諸家，各有符籙真言可佩。而《老子》五千言，坦夷冲澹，學道者視如嚼蠟。又安知向時所謂易者之非難，難者之非易耶。流水歇而琴無聲，飛鳥逝而鑑無影，亦何有難易足論矣。乾隆癸酉上元夜，河干妙有山人自序。

又《凡例》 一、生旦兩種色目，乃屬梨園屹然兩柱。今以生扮慕蒙，則旦宜扮梅影；因西王母雲容霞服，不便以老旦枯朽之質輕爲唐突。故以旦扮西王母，而以小旦扮梅影。且小旦類皆少年娟秀，期與自在天身相稱也。

一、近今梨園遇觀世音、西王母，皆以老旦扮之。夫觀世音，面如滿月；西王母，靈姿絶世。而扮以老旦，則是村嫗老婢乞兒之相，不復有毫光四發矣。故西王母斷宜扮以旦而不宜扮以老旦也。

一、梨園之有生旦，猶人家冢子冢婦，不宜被以醜惡不潔之名。昔人譏《鴛鴦棒》之生，《爛柯山》之旦，全是净丑面目。今則江南雜劇，凡用生唱者，俱屬小生，而風雅之意蕩然矣。茲《漁村記》以生扮慕蒙，小旦扮梅影之後，即不復派其更扮雜色人等，再使登場。一以清觀者之目，一以正傳奇之體也。

一、梨園子弟，進退上下，須使之梳粧易服，稍有餘閒，方免喘急之病。茲《漁村記》所派各色目，俱屬匀稱，清歌妙舞，合之兩美矣。

一、北曲例用一人獨唱，然皆一折一韻，惟《李春郎九轉貨郎兒》則用九韻，聽者未免逆耳。今《漁村記·竊藥》一折，亦用《貨郎担》原宫，改形换貌，分爲九人；易影變聲，釐爲九韻。千百億化身，仍歸水月圓相，心思獨闢，耳目一新，可補古人未逮也。

一、《竊藥》一折，以一人變爲九人，上下接續處，用對語一聯，上句結上文，爲去者餘音；下句起下文，爲來者接調。細針密線，藕斷絲連。妙理清詞，水窮雲起。或者欲删去一段，恐九連環正難措手耳。

一、場上歌曲，場後管弦，須令勞逸適均，方見春容大雅。今南人演劇，類以長曲大套，令其相續不斷。如《單刀赴會》未畢，即接以《月下追賢》；《趙女梳粧》纔完，即接以《英臺自歎》。此古人所云：不惜歌者苦也。場後樂工，豈皆簡兮碩人，有力如虎乎。度曲科白，疎密相間，升歌間歌，自有繞梁之韻。

一、各宫各調，不宜相犯。自《琵琶》作俑以後，而填詞家，皆以不尋宫數調爲口實矣。茲《漁村記》各章，雖亦有兼犯别宫别調者，然皆世人習歌之曲。取其便於扮演，仍載明本宫本調，庶免數典忘祖之譏。

一、寫忠孝者，易於激烈；寫風花者，易於輕佻。二者不相能也。茲《漁村記》，寫忠孝處，可歌可泣，無非絶艷風花；寫風花處，不即不離，愈見透宗忠孝。擷經籍之精英，作騷壇之鼓吹，聊以消磨歲月，流連景光而已。若以仙經佛偈比之，贅矣，過矣。

一、肉以歌字，竹以隨聲，絲以正竹，鼓以定眼，板以截句，此不易之理也。今執板者，不用檀板，而用啞板，則板隱於鼓。擊鼓者，不用三眼，而用花調，則鼓雜於絲。八音不從律而奸矣。茲《漁村記》，用藍筆將板點出，以存其舊。北曲多詳套數，南曲每疊前腔。其所以用前腔者，乃流連往復，重言以申明之。《三百篇》、《桃夭》、《樛木》之遺也。則凡歌前腔者，止用二字接調，餘皆仍依前板，所謂一唱三嘆也。今歌前腔者，類用急聲促拍，如行人避雨，如市人救火。無論登臨譙樂，無此倉皇。即士女笑言，亦豈有此急遽乎。况摹寫急促情狀，在南北詞譜中，又俱有急板，令諸小曲可用。附書於此，以爲對酒高歌者戒。元首明哉，肇自虞廷。五子之歌，沿於夏世。雅頌騷賦，皆有韻可歌也，况詞曲乎。今人盛推《琵琶》爲南曲之祖，然《逼試》一折，支思、齊微、魚模，三韻並用；《兩賢相遘》一折，歌戈、家麻、車遮，三韻並用。歌者聱牙，聽者能盈耳乎。蓋高則誠，東甌人，目未見《中州音韻》，衹就甌人方言爲之。沙爲梭、家爲過；嗟爲朱窩切，爹爲低窩切；書爲詩，樹爲事，隨筆襍湊，本無聲調。其字句之錯亂，又難枚舉。如（解三酲）其中自有黄金屋，有字宜平，金字宜仄，今竟作成平平仄仄平平仄一句律詩。（太師引）這其間就裡自知，知字宜仄而平，歌者能知其紕繆處，以梭歌沙，以事歌樹，或可勉强叶韻也。必使反之而後和之，雖孔子聲入心通，律度聲身，亦不敢自以爲是也，况他人乎。妙有山人再書。

清·韓錫胙《砭真記凡例》

一、元微之載張之於崔，始亂終棄，千古同恨。《西厢》雖極意斡旋，然脱胎《會真》，文辭妙麗，長亭哭宴之後，益復泥牛入海矣。山人觀書得間，辨駁《會真》之妄，詳諸自序，遂復芳魂入夢，幽恨重申，以踰墻之前，定爲以張易元，踰墻之後，定爲將没作有，非徒翻新出奇，長人眼力不小。

一、張生即微之，前人語之詳矣。西厢詭名張珙，一無來歷，故是册置諸不論。

一、張生賦會真三十韻未完，以授紅娘，天下豈有詩未賦完，而可舉以與人者，蓋即微之所續之三十韻，心猿意馬，幻想結成者也。山人茲編，斷無疑義。

一、成德隱元，十大洞天之號也，靈光自闢，洞見真源，謂爲崔氏雪恨也可，謂爲學人指迷也可。

一、神仙鬼怪，詞家惡道，山人意在傲世，寫來真是臨上質旁，凜凜可畏。

一、插科打諢，調笑成趣，一則言外有言，包羅一切，一則歌舞場中，可免寂寞。

一、古劇中移宮换調，類皆別自用韻。如《琵琶》之《陳情》、《千金》之《追賢》是也。是本移宮换調，首尾俱用本韻，庶使聽者不至逆耳。

一、仙人侍從，神鬼差使，惟當場度曲者，派定脚色。其餘如功曹鬼卒之類，即以本名命之，不必派定某脚色，扮某項人，反使梨園束縛也。

一、末二齣，關節頗長，二可分而爲四，聽人自便。

一、人不覽《會真記》原文，强聒以是篇，如嚼蠟耳。茲録會真原文於前，使人兩相比勘，始知山人非有意翻新也。

一、是集南北二曲並用，俱擇梨園所習者填詞。宮商平仄，聲調陰陽，字洗刷，使之合板。庶免他手妄行增改，反使文理不貫。

一、是集閒話頗多，然俱有關名教，或指點道法，或摹寫俗情，幸毋忽焉。

傳記

清（嘉慶）《禹城縣志》卷七《官守志》 韓錫胙字湘巖，青田人。舉人，知縣事。起家寒素，周知民間艱苦，聽斷曲直，無不恊衆情。邑多污下地，少雨輒積水，疏六渠利導之，至今賴焉。渠道見《藝文志》。建具邱書院，按日課諸生，文風駸駸有興機。既以憂釋任，貧不能歸羈，寓城東祝莊李姓家。服滿，赴選無資斧，監生張柏公賣地得二百金資以行，補金匱知縣。柏公自有傳。初，錫胙少時，讀書僧寺中，僧人某衣食之。赴試，病于旅邸，店主人夫婦扶養病愈，贈路費二十金。任禹城時，僧及店主人夫婦，皆迎致署中，倍極奉養。及其任金匱也，待張亦如之。蓋一飯之德不忘，則其不忘君恩，不忘民隱也，可知矣。錫胙天姿穎異，有才子目。

清（光緒）《青田縣志》卷一〇《人物・宦蹟》 韓錫胙字介屏，號湘巖。遠祖武，補宋紹興進士，後中博學宏詞科，仕至集賢院學士。祖涓，康熙辛卯歲貢，爲邑宿儒，家徒四壁，而交遊多名賢。父棨先，邑庠生。事親奉甘旨，竭力不懈，以孝聞。錫胙生而穎異，襁褓中，口授《孝經》即成誦。至性過人，祖母病，自塾歸，必先候問，拊摩抑搔，呼飯猶不即去，最得祖母歡心。讀書常達旦不寐。既長，博極羣書，自經史、天文、樂律、方技、道書、釋典，無不通曉。乾隆辛酉拔貢，補八旗教習。中順天丁卯舉人。戊辰，教習期滿，揀發山東知縣。歷知平陰、禹城、平原、齊河、萊陽等縣。平陰有金牛窪，地卑下，積水不可耕。前令于公欲渠其下流，買民田二里許，未浚去官。錫胙至，刻日集民夫浚之，遂成沃壤。禹城地多窪，常苦潦，然徒駭河自西遶城而東，而南鄉又有漯河，皆可洩水。乃相度形勢，北自窪王莊至張虎莊，浚溝一十八里；西鑿韓家砦河，溝七里；東鑿祝家莊至二郎廟，凡里許；其南則一自苗家林至五家橋，爲溝二十三里；一自鐵枕莊至雷家莊，爲溝一十八里；或入徒駭，或入漯河，禹城水患遂息。壬申，東省蝗，乃創捕蝗法，分區畫界，立竿綴布以爲識，每方一里，用夫四百人，每五十人設一夫頭督之以甲辰。每百人設水甑十副運水，以解其渴。官與胥役爲鄉夫裝，往來課勤惰，無不人人盡力，計日而蝗盡滅，上官刊示其法。是歲，蝗不爲害。甲戌，連丁外内艱，留主濼源、繁露雨書院講席，服闋，赴補。庚辰冬，授金匱令。邑多無賴子，爲市井患，至則盡拘而痛懲之，皆斂跡。支貞女者，羊尖朱氏婦，撫從兄文耀子爲嗣，尋死。文耀失望，欲以計逐貞女，訟於庭。訊得實，遂杖文耀，而旌貞女，邑中稱神明。丁亥秋，調寶山，有商船擱淺，爲姦民劫奪，焚燬，悉捕繫之，置之法。己丑冬，陞同知，旋擢安慶知府。皖省多滯獄，大府常檄令，會鞫平反者衆。嘗語其子曰：治獄之道，見事貴明，立心貴恕，設身處地，再四沈思，自能洞見端委，其稍有可原者，則宥之，庶無枉縱之弊。是夏旱，郡屬蝗，以禹城捕法授之，皆應手滅。郡西三里有漳葭河，舊爲帆檣避風之所，歲久淤淺，巡撫裴公定議疏濬，令錫胙董其役。時方嚴冬，日夕策馬風雪中，督率勸勉，無少懈，閱四月而工竣。壬辰，調守松江，整飭鹽政，刊松所鹽務成案以示後。郡境黄浦有高頭大綱，能害人，密捕獲之，乃繪圖出示嚴禁，以絶後患。復浚河道，以通舟楫。十月，調守蘇州。明年，檄署松太道，尋陞蘇松督糧道，命未下而卒，年六十一。錫胙性恬淡，不問生産。既貴，儉約刻苦如平時，親舊貧乏，割俸相周，不少吝。工書畫，論者謂可肩隨趙吴興。詩、古文尤俊拔絶俗。著有《滑疑集》十八卷行世。

又卷一七《雜志・遺聞・韓錫胙行狀》 補八旗教習，登順天丁卯科賢書。時有朝鮮使者恃其博辨，欲屈中朝文士，假求詩，遍謁院監，所至之處，論難風起。大司成鄂公命先生應之，縱横往復，對語終日，其人遂屈。鄂公上其事，恩賜賞《四子書》、《盛京賦》各一部，以小臣得邀御賜，誠異數也。

著録

清（光緒）《青田縣志》卷一二《藝文》 《滑疑集》十八卷，存。國朝韓錫胙撰。凡文八卷，詩十卷。同治甲戌，處州知府潘紹詒爲之重梓，并爲之序。《古貌》一卷，存。國朝韓錫胙撰。皆其摹倣古人之文，今編入《滑疑集》中。

藝文

清・周鳳岐《跋漁村記六首》 妙有山人何處人，青蓮手腕赤松身。偶然按譜諧聲調，亦洗詞家萬斛塵。

《漁村》法曲甫攤書，歌不成聲淚滿裾。試問青原廬墓者，古來曾有幾人如。

星珮雲鬟明月璫，翩翩來下事荒唐。化身若作瑤天女，遣嫁將歸何郡郎。

豈有丹方可駐顔，飄蕭王母鬢毛斑。樽前聽唱《漁村記》，早使神遊八極間。

哀樂仙凡總幻形，清商閒奏緑莎廳。山人習静真多事，添出蓬壺一卷經。

通儒循吏事難兼，敢問仙才續七籤。只有滄江貧太守，品評天樂上毫尖。

徐昆

論説

清・崔燕山《雨花臺序》 徐君後山，至情人也。其胸中有包納萬有之才，筆底有牢籠萬物之態。與余朝夕居，時道盧子清宜之爲人。無何，清宜嘔血，殆。徐君哭盡哀，情未盡，復借優孟衣冠，補清宜素志，按曲協調，作爲是劇。每一折出，先示余，余把玩數四，有時泣數行下，有時笑不自持。蓋惟從至情流出，故感人如此其深耳。於戲，清宜從此復生矣。清宜之福澤禄位，亦復綿延龍益矣。孔公緒嘘枯吹生，非謬譽也。至其詞調之精工，章法之細密，神情之宛肖，科白之攸宜，如景星卿雲，千人皆見。又如橄欖佳味，紉咀方出。願與有情者把酒潛心而觀之。

清・楊維棟《雨花臺叙》 才貫催人死，情每令人生。死而才名蓋代，則死猶未死；生而情可通幽，則生如真生。清班仙職，增紀重胎，生死者起滅之小刧，才情者亦造化之微權也。嗟哉，盧生才而竟夭其天年，徐子情無可愬，作《雨花臺》傳奇，以當《大招》，異香押蒲，彩箋蓉鏡，擬諸倩女之生而離魂，名士之死而賜第。是耶。非耶。楚相衣冠，玉步珊珊其來前，將邯鄲一夢，定當屬之君家者乃爾。爾邸近康熙年間，臨汾張蒿，陸太史殚其才子方杲之早死，親演《哭西河》一劇，老伶人及今尚有能歌之者。第不解雪翁太史才高，蒿陸情深甚，方杲亦嘗自椎心狂走，噤口不能作一語，而他人者代爲之一哭再哭，假斑管紅牙以寄怨也，何居。憶余年十七八，見雪翁駢語一聯，亦豈其淹留片石，特爲索笑於三生，抑以痛哭青山，終當爲情而一死。時余心氣舒暢，絶無絲毫可悲可嘆之處，不知何以涕淚酸辛，若點刺余心者，迄今四十餘年矣。今以翻着韈法讀之，用題斯册誌雪翁，今次之感，兼發余亡兒之痛也。豈其痛哭青山，終當爲情而一死，以淹留片石，特爲索笑於三生。

清・王棚鰲《碧天霞序》　徐君後山，向作《雨花臺》傳奇，未付剞劂，時已爭相傳誦，優人求之，幾如唐教坊之購太白、昌齡詩。丙戌夏，《碧天霞》又續出，余吟哦數過，其波折之奇、關目之巧、科白曲調之高雅，靡不各臻其善，又俱新裁別出，不拾曲家唾餘。往見論傳奇者謂，金元後，音律腔調寖失其舊，且宮調亦不備，惟就十一調中填湊。余謂，調之缺也，固無從爲補亡，至音律之因時異，宜不足以區優劣，如近世玉茗等製，雖破舊體，何嘗不妙絶一時。徐君此譜，眉紋頰彩，生面獨開，以之嗣響金元，《廣陵散》故自在人間耳。亟當與《雨花臺》舊作併付樂府，爲歌筵舞席添幾段佳話也。

清・常庚辛《碧天霞序》　章蔀紀元，皇極經世，吾不知事有幾千萬變也；鳳麟名洲，河嶽區地，吾不知人有幾千萬狀也。然得兩言以括之曰：經之以義，緯之以情而已。情之所發，義以閑之，義之所迫，情以助之。此古先聖王所以義爲種，而情爲田也。竊嘗讀唐史，覽睢陽之陷，不覺爲之哀，安史之肆，不覺爲之怒。浸假而禄山將去，撓借一人，睢陽未亡，救先之日，則必爲之喜極而生樂，吾之情如是。揆之當世之情，以及千百世之情，無不如是。而天寶之遺跡，竟不如是，安能不悵望千秋，空喚奈何耶。丙戌夏，徐子後山僑寓歷下，因《錦書亭》小説，作《碧天霞》傳奇，其詞藻如春雪，其脉絡如貫珠；其義例之森嚴，如縷金而刻玉；其波瀾之宏闊，如懸河而倒海；托諸咏吟，可歌可泣，被諸絃管，諧律同音。且斟酌盡善，損益得宜，如鍾葛之過也，碧霞之散也，雷郭之聯絡其間也，此全依粉本者也；如紅于之刺緒也，汾陽之救睢也，鍾生之不染于虢也，此金變粉本者也。於戲，盛矣。余於杪冬圍爐時，始獲按譜而吟之，猶恐觀者貪看鴛鴦，忘其金針之度，加以瑣語，梳其眉目。益覺五花團簇，肖物堪同造物；六義觀興，感人不減風人。然則，吾烏乎贊之，亦括之以兩言，曰：情至義盡之作，經緯史之文而已。

藝文

清・安清翰《雨花臺題詞》　春風一曲《雨花臺》，賦就招魂宋玉材。我亦人琴常抱痛，無情湅水自潆洄。感懷亡友梁希孟。

人間那得返魂香，九月桃源惹恨長。亡室設於桃源舟次。早是珊瑚君有筆，幾時爲續九迴腸。

清・馮鄄《雨花臺題詞》　清腴不讓《桃花扇》，幽艷全分玉茗堂。檀板牙簫腸斷處，千秋彩筆屬徐郎。

盧子丰儀迥絶倫，雨花臺畔認前身。寫來法曲凄涼甚，緑酒紅燈涕淚新。

鴛塚但栽連理樹，雀巢誰識返魂香。生生死死須臾事，莫謂人天境渺茫。

讀罷新詞萬感侵，幾回掩卷幾沈吟。分明一枕遊仙夢，贏得情鍾我輩深。

清・張允中《雨花臺題詞》　襄陵多名士，我識一盧生。夙抱不覊才，盛世卜元英。所恨命不修，應昭上玉京。知心惟後山，生死見交情。曲度雨花臺，纏綿莫能名。高山共流水，千聲復萬聲。胡爲鵑之啼，不爲鳳之鳴。胡爲鵑之飛，不爲魚之烹。空庭吟夜月，誰同露三更。焉得雨天花，返魂賦蓬瀛。

清・張允中《碧天霞題詞》　客歲見君《雨花臺》，剪燭長歌每終夜。今歲譜君《碧天霞》，吟板又敲北窗下。忠孝節烈作波瀾，詞源滾滾驚倒瀉。刻羽引宫度新聲，絶是稗畦之流亞。天寶遺事重尚論，錦香樵本亦何借。令公援兵移三日，聊爲睢陽口魂謝。風虎雲龍須臾事，長安北平皆客舍。碧天紅霞色色空，漫説世味甘如蔗。問彼跋扈赫赫者，大夢醒後怕不怕。婢耶伶耶奪其魄，漫曰身後由人罵。

清・張錦龍《雨花臺題詞》　高山流水詎成灰，無可如何賦七哀。起死術從江筆得，返魂香自雨花來。但祈王國多佳士，不願人間有軼才。果使盧生能悟却，黄粱醒未漫相猜。

清・吴克成《碧天霞題詞》　城北徐公意不羣，錦心織就色絲文。仙娥態遠傳秋水，豪士才高見暮雲。裂齒老臣生弗憾，伯牙知己没還聞。牡丹亭畔香仍在，王茗前身恐是君。

清・半醒園夫《碧天霞題詞》　碧天一縷繞紅霞，果趁幽人意興賒。異想宏開文起浪，奇情疊出筆生花。中興猶是唐皇運，佳偶別傳越士家。

更補睢陽千載恨，填胸浩氣撰心華。

清・杜元勛《碧天霞題詞》 到底忠奸另結胎，當年何故錯安排。讓人有恨銷不得，故借紅牙演錦裁。

玉骨冰魂舌似泉，靈心撰結藐飛仙。六朝金粉全無色，獨抒明霞上碧天。

清・樊墉《碧天霞題詞》 踈嬾性成恒閉户，把君法曲欲銷魂。從今霞際塵寰外，夢繞高天碧落園。

常有點鐵即成金，錦繡文章出妙心。千古才人同一轍，直教後世遇知音。

清・白澍《碧天霞題詞》 誰兼秋實與春華，往事更新琢舊瑕。抽秘冷凝梁苑雪，傳奇影落碧天霞。癡人那解緣情死，狂態從知爲恨加。可惜於中今少我，《雨花臺》以予入演，故云。江頭何處問琵琶。

永恩

論説

清・程蔭棟《五虎記引》 思夫聲音莫變，昉在昔之淵源；詞曲多門，有遞更之製作。齊梁樂府，羣稱俊逸之才；唐宋倚歌，共美綺羅之什。然而烟雲滿紙，悉烏有之鋪張；青紫盈篇，半巵言之藴蓄。清狂豔曲，考之盡屬子虛；輕薄新聲，按去都非實語。未有討論前史，班班之引據；非夸採摭遺文，奕奕之聲情並茂如《五虎記》者也。惟我主人，體高世之才華，賦殊人之資禀。文成珠玉，筆奮嵩華。韓潮既汩汩而來，蘇海亦滔滔並注。溢兹餘墨，姑作譜于梨園；證厥曩時，實仿情于正史。事則當五德之年，紀則括興唐之代。嗟呼，耳聞絲竹，豈必在妖豔新聲；目窺氍毹，快然睹英雄舊態。雲書高綰，經綸八斗之長才；野服竊臨，慷慨一時之壯志。太原遺事，憑健筆以填來；穀洛奇踪，命鸞笙而譜出。源源泳泳，悉噌𠴲轄之聲；正正堂堂，鮮曆落嶔崎之語。詞非寄託，原有所本而然；義比興觀，豈是無因而作。是則掃人間之麗句，不同清淡閒淡；訂流俗之訛傳，非比夢華軼事。所以紅牙初按，捧來讀媿于玉筠；檀板輕敲，吟去文高于宋玉。惟是聊爲爾爾，假暇日以舒懷；我亦云云，借餘情而遊戲。譬綵雲之麗，碧落卷舒，本出于無心；若銀海之生，紫瀾浩蕩，仍歸于何有。良非末學，得仰高深；愧是褊才，難窺大雅。敬弁鄙語，殊非記室之文華；請綴俚言，用識新編之風雅云爾。乾隆四十一年歲次丙申六月中澣，門下士程蔭棟拜手敬撰並書。

紀事

清・佚名《曲海總目提要》卷四三《三世記》 未知誰作，演王桂香三世脩行前因後果，故曰《三世記》也。有刻釋家因果事蹟，名曰《寶卷》，詳載其事。略云：泗州雲河寺中老衲道人，自幼出家，專心念佛，年近七十，晨夕禮拜《金剛經》。里民王進達者，富而好善，妻胡氏，四十無子。觀音大士化身，導令廣種福田。夫婦詣寺中祈嗣，老衲爲言：嘗許禮拜《金剛經》五年，未得圓滿。進達請延僧代拜，以月易年，衲感其意，云：君能了吾之願，吾當繼君之後。進達如言禮經，功德圓滿，胡氏得孕。及期生女，異香滿室，而衲于是日坐化。宋仁宗時，駙馬錢景臻尚主。太后令夫婦入佛院求嗣，有老道者見其富貴願爲主子。已而主果有娠，生子之日，道者化去，其事與此相類。同邑趙耆祥，與進達交好，生子令芳，遂與進達聯姻。久之胡氏去世，進達繼娶馬氏，挈其子侯七同居。母子濟惡，欲吞進達之産。乘進達行視莊田，索租徵債。馬氏逼桂香庫房鑰匙，桂香不肯與，乃恣意毒捶，罰令擔水推磨，奪取鑰匙。桂香受苦不堪，赴母墳自縊，進達適過，救還家。問馬氏母子，抵云：女有私情，與所歡逃去。進達出女與視，遂逐馬，不容入己房，馬頗自愧。而侯七頓起惡心，乘闇持刀欲殺進達，竟誤弑其母。明晨，進達見妻被殺，不知所因。方大驚駭，侯七脅持進達，進達予之金。七遂持金詣官，告進達父女，以行金爲證。女恐父不任受刑，自認殺母。問官憫其幼，減等擬絞。押赴市曹，忽焉天地昏慘，雷轟電掣，失去桂香，雷神攝置石崖之上，而擊殺侯七。進達與耆祥父子，根躡桂香，得之崖畔，乃以歸于令芳。桂香自七歲持誦《金剛經》。及歸令芳，生一男一女。已而功德圓滿，天曹召赴陰司講經，事畢當還陽，而棺閉難返。會有張門王氏妙元，樂施好善，乃以桂香轉女成男，爲其遺腹之子。稍長，讀書報國寺中，名曰：善慶。大士於夢中示現，指明三世因緣，又于其左脇下刺寫：王進達之女王桂香八字。善慶一舉成名，選得縣令。值清明節，王、趙皆上墳掃墓，善慶直詣其處。與父進達、夫令芳，説明轉身三世，更啟脇字示之，且呼男女共見，同歸極樂，參見如來。中有《三教赴會》一齣，演文昌、達摩、洞賓，用格致誠正修、苦空禪戒定，清虚元妙覺，盡心知性、明心見性、修心煉性相配，亦頗工切。然降龍羅漢非達摩弟子。又達摩隻履西歸，遇見宋雲于葱嶺。劇云：柳樹精偷去禪鞋一隻，達摩遂隻履西歸。降龍爲師追柳，水淹石崖，未免太幻。

藝文

清・姚鼐《五虎記題辭》 虬鬚武帳挂雕弓，擐甲環來虎將雄。髣髴淩煙生面出，秦箏花底按東風。

三千殿脚昔人曾，玉貌雖多看不勝。若使秦王宫女在，只添垂涕望昭陵。 桐城姚鼐夢穀。

徐爔

論説

清・顧詒燕《鏡光緣敘》 情與情之相遇，豈偶然哉。在吾儒謂之因，在釋氏謂之緣。因緣投契，萬變不喻，而精神所結，竟成不朽之異聞。第天之生人，賦性各殊，用情亦異。一入於情，能使古來未有之幻境，未有之奇逢，莫不隨遇而生，應念而起。愈久愈深，愈深愈透。上而爲聖爲賢，爲仙爲佛；下而爲魔爲鬼，爲夢爲癡。祇此一情之貫注，而影逐形來，旛隨風動，亦可恍然於情之所起必有因，情之所繫必有緣。如水生波，割之不斷；如花吐香，揮之不去。一注纏綿，有莫能自主者耳。楓江，余鏡緣情種也。一遇李秋蓉，則情與情相感焉。燈光相引，情之因也；鏡光相照，情之緣也。更有錢凝香原情於閨中，沈世雄寄情于塞外。由是文生於情，而傳奇可作；情歸於道，而仙籍可登。雖屢遭磨折，終始不移，異地流離，死生無貳，其欲歌欲泣之神，有筆墨所不能達者。迨乎天樂一鳴，情關自闢，正如秋空月落，萬籟寂然，而天下言情之士，幾欲擊碎唾壺矣。余讀《鏡光緣》，不敢以詞曲視之，直舉人生變幻百出之情，彙而成帙，與三教因緣之旨相契合，又能操之縱之，抑之揚之，咀而味之，超而脱之，其殆情之如意珠也夫。是爲序。乾隆戊戌仲秋三日，菡亭顧詒燕拜撰。

清・袁枚《寫心雜劇題詞》 昨奉致一函，係早寫就，想托李世兄奉致者，竟得面投。此中便有鬼神，非偶然也。晚間讀世兄自製樂府，一片靈機，蟠天際地，使衰朽之人蹲蹲欲舞。詞曲感人乃至是哉。

綜述

清・徐爔《鏡光緣・自序》 蓋千百年來，古人所作歌行詞曲，或抒忿鬱，或達衷情，或伸悲怨，或寄壯懷，此歌行詞曲之所由作也。余幼時，質鈍多疾，至弱冠，知與功名遠矣。遂涉獵羣書，而獨於詞曲最爲心喜，寓目者不下數百家，自填者亦有數種，如《雙環記》、《聯芳樓》，皆以自己筆端代古人口吻，摹寫成劇，非有寄托。兹之所謂《鏡光緣》者，乃余達衷情、伸悲怨之曲也。事實情真，不加粉飾，兩人情義都宣洩於鏤聲繪句之間，留於天下後世，或有同心者能默鑒其情否。嗟乎。太史公謂：屈大夫作《離騷》，皆從怨生。余之作《鏡光緣》，雖人異而文殊，而其怨則同也。此詞生於怨，怨生於情，情生於鏡中畫裏。鏡中畫裏，我亦不知其有何物，能使我若是之情深哉。呈諸知己，能示我以情中三昧，幸矣。時乾隆四十有三年，歲在戊戌杏月，鏡緣子徐爔自書於楓江之夢生草堂。

又《凡例》 一、傳奇十六齣，比諸小傳一篇，紀其始末，故字字實情實事，不加裝飾，若其登塲就演，另填三十二齣，已付梨園矣。

一、此十六齣，俱止生、旦、貼三脚色所演，其餘或一偶見，則不成戲矣。此本原繫案頭劇，非登塲劇也。只視其事之磨折，情之悲楚，乃余高歌當哭之旨也。

一、宮調平仄，從《九宮譜》或依舊院本所填，其中有變格，亦考諸《嘯餘》、《曲律》等書。

一、此劇初成，蒙各大人先生所賜題詞，不下數十首，將欲另刊一册行世，兹不具録。

清・徐爔《寫心雜劇・自序》 或有笑而問予曰：元明詞曲演劇，皆托於古人以發已懷。而子昔填《鏡光緣》尚隱射姓氏，乃意直呼自名，登塲歌泣，豈非自褻耶。余應之曰：寫心劇者，原以寫我心也。心有所觸則有所感，有所感則必有所言，言之不足，則手之舞之足之蹈之而不能自已者，此予劇之所由作也。且子以爲是真耶。是劇耶。是劇者皆真耶。是真者皆劇耶。即余一身觀之，椿萱茂而荆樹榮者，少時之劇也；琹瑟和而瓜瓞緜者，壯歲之劇也；精力衰而鬢髮蒼者，目前之劇也。而今而後，亦不自知其更演何劇已也。蓋予日處乎劇中，而未嘗片刻超乎劇之外，則何妨更登塲而演之。世君子以爲僻乎前人者可也，以爲不襲前人而獨開生面者亦可也。嗟乎。我豈樂此劇而故爲劇中之劇耶。然欲逃之而必不可得者，恐子亦未必能也，請三糸之。問者深悟而退，予即爲斯序。時乾隆五十四年，歲次己酉六月二日，種緣子徐爔鼎和書於楓江之夢生草堂。

又《自記》 獨處荒山，隨心所觸，自寫鄙懷，非敢鐫之梨棗以貽識者笑。而四方名士，索無虚日，是以刻成十六齣，以補填詞之一體云。

傳記

清（光緒）《吴江縣續志》卷二〇 徐爔，字鼎和，靈胎奉召時，爔從。靈胎卒京師，爔居喪盡哀禮。文成公阿桂與布衣交。爔不屑爲科舉之學，亦以醫名，然爔亦非醫者之流也。

紀事

清・余集《秋蓉傳》 秋蓉，吴人也，姓李氏，幼孤貧，棲尼庵中，性聰慧，通詩書，解畫，及笄有殊色。尼利之鬻狹斜間，抑鬱恒不自得，著《浣塵草》以見志。吴江徐生者訪之，時秋蓉方攬鏡理髮，徐顧謂：此鏡中花也。秋蓉笑曰：或是鏡中緣耳。流連竟日，出所爲詩共讀之，悽怨殊不自勝，且言失身事甚悉。徐沈思曰：當爲若謀之。事遽泄，攖狂且怒，匿使不復與徐通。於時，扃鑰泥緘，棲禽驚客，如汧國夫人故事。而秋蓉矢志頗堅，繪玉釵銀燭小影，題三斷句以緘徐，徐爲之白其狀於有司，有司密教邏卒偵焉，猝無所獲。秋蓉意必出，徐生倉皇擲詩草，授偵者曰：此慘淡數行，可定厥辜矣。遂定落秋蓉籍，而狺狺者怒未息，昌言於色曰：秋蓉若歸徐，必將甘心焉。會有浙人潘某者高姬志，贖之北游以俟徐。徐至自京，姬已没，遂收骨，瘞五湖之旁，從其志也。徐填《鏡光緣》傳奇，並製小嗆麋，縮刻其所繪玉釵銀燭照於上，而徵詩焉。戊戌冬，徐生至京，爲余譚姬事，索余傳。余因撮其崖略如此。徐生名爔，字鼎和，以姬故，自號鏡緣子云。

著録

清・姚燮《今樂考證・著録四・國朝雜劇》 吴江徐爔榆村一種：《寫心劇》。

又《著録十・國朝院本》 徐榆村一種：《鏡光緣》。

藝文

清・沈德潛《鏡光緣題詞》 戊子孟秋，徐子鏡緣，訪我維摩社。忽開緘示我玉臺詞，訴當年紅樓佳話。癸未春，探花吴門之下，李姬小字秋蓉者，正鏡裏花深，鬢邊玉冷，全身欲委司馬。奈崔護重來訪天涯，盼不見門前小桃花。有限簾衣，遮斷當年歌臺舞榭。　噫如畫崔徽，而今真寄崔徽畫，畫裏真真唤，有心人非是假。道燭不妨寒，釵休任折，羅生莫認雲英嫁。果花遠終香，月高仍照，相視已而相訝。念求凰調絶冷窗紗，重飽看文君髩雲斜。這情懷真堪描寫，予乃輾然笑也。佛火蒲團上且須留此，聽儂説法，勘破脂嬌粉姹。髩絲不是舊樊川，嬾賦佗秋孃聲價。調寄《哨遍》，用蘇髯體。

清·蔣士銓《鏡光緣題詞》　人生不幸無過此，才子美人爲最。在孝女者般狼狽，真不解箇中意。柳絮霑泥，楊花落溷，竟作蘇臺妓。抱浣塵一卷新詩，小小銀鈎，泣寫秋蓉名字。　洽待得掃眉人至，翠竹碧梧相對。鏡裏紅粧，月中素影，笑問非耶是。料三生石上，因緣豈但今世。　險做出香銷玉碎，自題小照憔悴。釵脚頻敲，燭灰將爐，揔是傷心淚。把斷腸花葉，教郎一一私記。調寄《十二時》。

又　怨海茫茫，將此情填作《鏡光緣》。本無可如何，淚濕青衫紅粉。更製元壁徵詩，乞海内恨人憐憫。斷腸詞何補摧殘，但屬有情都肯。　風流自古無凴準。是前因許多傷損。脉脉思量當懺悔，莫怨老天殘忍。試想今世今生，即便今年今日，似卿卿兩箇一般，多少悲忿。調寄《玲瓏四犯》。

清·栢栢謙《鏡光緣題詞》　柔情别恨最難描，譜出新聲寄阿嬌。畫棟歌塵閒燕子，湘簾舞影冷鮫綃。

江南紅豆相思苦，塞北飛鴻泣路遥。一字一珠還一淚，憐余魂小不禁銷。

清·蔣泰來《鏡光緣題詞》　寂寂重關晝掩紅，名花一瓣鑄青銅。澄奩底事塵應浣，腸斷清秋泣塞鴻。

露草青青宿草乾，新詞歌罷月闌干。殘香剩粉知何處。零落霜風一鏡寒。

清·馮應榴《鏡光緣題詞》　石帆竹嶼舊經過，廿載重逢奈老何。鏡裏秋蓉殘墨漬，夢中春隖落花多。

客囊不少丹砂訣，旅館頻添白苧歌。畢竟輸君先掛席，金堤成後渺關河。

清·沈步垣《鏡光緣題詞》　誤佔花叢第一籌，可憐風雨掩空樓。玉環有約簫聲斷，淒絶韋郎欲白頭。

塞北江南恩未涯，紅顔薄命等蟬紗。尋思一語先徵讖，色色空空是鏡花。

無限思君望遠愁，吴關不見雪浮浮。紅銷句訴琵琶恨，爲感騷人弔一抔。

清·王曾翼《鏡光緣題詞》　鏡影匆匆悵别離，玉釵銀燭寄相思。芙蓉憔悴秋江冷，付與徐郎腸斷詞。

多少情緣是孽緣，不教破鏡得重圓。特留一段傷心事，譜作千秋佳話傳。

清·錢與點《鏡光緣題詞》　半卷新詞結念長，鍾情千古説徐郎。劇憐兒女温柔事，軟盡英雄鐵石腸。

鏡破釵分鴛夢殘，胥江嗚咽水聲寒。怎知無限傷心話，空博人間墮淚看。

清·余集《鏡光緣題詞》　繡裙斜立向東風，楚閏相看總未工。可惜初逢成惡讖，鏡中花相自來空。

幽恨當筵苦未伸，淚沿紅粉濕羅巾。斷腸詞好無人續，一卷新詩有浣塵。

清·潘奕雋《鏡光緣題詞》　碧柳深藏小玉家，桃花塢畔夕陽斜。傷心鸚鵡空傳語，那得當年古押衙。

一曲琵琶聽未終，天荒地老恨無窮。征車迢遞關山遠，尺素鶯傳塞北鴻。

殘編遺墨裏重重，想見妝臺手自封。他日搜神餘韻在，不知誰復弔昭容。

樂昌安得鏡重圓，聽罷新聲淚泫然。香土一抔秋草滿，至今風雨怨啼鵑。

清·汪啟淑《鏡光緣題詞》　繡户風來逗冷烟，空題荳蔻擘蠻牋。蓬萊難覓青禽使，寥落芳心又一年。

宵分凝怨坐江樓，卷盡蝦鬚玩玉鈎。料得嫦娥同此恨，青天碧海兩悠悠。

清·孟亭馮浩《鏡光緣題詞》　一寸靈心絶妙才，家貽舊業出新裁。

超然偏采名山藥，不避紅塵不染埃。

城北徐公美且都，後房窈窕選名姝。而今老去情緣淡，却借酣歌自寫圖。

本事詩編播藝林，令曾祖虹亭先生纂《本事詩》行世，聲傳樂府費研尋。尊甫洄溪先生有《樂府傳聲》。江城檀板敲清夜，代有周郎善賞音。

塊壘消餘耐逞狂，閒中儀態樂無方。良醫功足儕良相，況復名場亦戲場。

清・金學詩《鏡光緣題詞》 雲鬟玉鏡日横陳，聽唱名姝一曲新。千載風流追白傳，湖山管領屬詞人。

琪花瑶草枕中方，謫向紅塵度世忙。喚醒温柔鄉裏夢，回頭便是白雲鄉。

幼同嬉戲長同吟，殁後遺文抵笥金。揮盡鶺鴒原上淚，未聞終闋已傷心。予弟竹塢亦能文，早殁。

誤嬰世網負平生，一笑聲華片羽輕。放眼楞伽舊風月，幾人堪訂白鷗盟。

多少珠樓夜宴酣，幽閨無復駐華驂。偶因風雪來相訪，不害禪心學魯男。

清・王鳴盛《寫心雜劇題詞》 門第才名望若仙，黄河遠上句争傳。清詞解脱機何猛，緑鬢朱顔尚壯年。

曾經滄海與巫山，莫怪觀空只等閒。笑我情癡今尚在，未甘七十守窮鰥。

咒雨俄遭妓破之，燒菴婆子事尤奇。倘容法喜同叅證，願拜維摩作道師。

清・胡世銓《寫心雜劇題詞》 種緣徐君，吴江懷才高士也。風雅多情，亦復澄心味道。常作《鏡光緣》傳奇，固已文詞婉媚，一往情深。今讀《寫心劇》，寓意超妙，音節高遠，殆將夢幻泡影中，指點斯世迷津，益以徵其夙慧。然則磨頂授記，證無上果者，無用求諸經典，讀斯詞可悟矣。復作斷句政之。情魔方寸起靈臺，那使靈樞化作灰。纓璐牛車都付與，待將空色問如來。難陀自昔號多情，緣底繁華一洗清。可是近從天上見，八千宫麗珮環輕。

清・張曾太《寫心雜劇題詞》 海茫茫，山渺渺，聽説尋仙仙路杳。縱有仙機孰與談。蘧廬之外瀛寰少。種緣先生仙緣通，心清萬慮塵埃空。游戲玩世亦濟世，直同水火敷元功。携童采靈藥，直上高峰東。是時寒梅爛熳空山雪，朱門繡户垂簾煖酒春融融。此山岑寂少人跡，何意拊髀雀躍來洪濛。瀾翻舌底辨不息，遊心合氣將焉窮。若隱若見不可及，似遠似近吾誰從。神消蔽光不知處，嘯風曳履歸吟筇。歸來外人不足道，心知他日終相逢。譜之絲竹同變幻，寓言追躡南華蹤。我來乞瑶草，恰遇花開早。清詞歌出神仙好，舉頭何處蓬萊島。藕如船，瓜是棗，逍遥遊衍人難老。粗服殘軀世所嗤，看來豈是形枯槁。一曲新歌縹緲中，教我服食還精與補腦。酒將闌，光正皎，滿堂滿室仙音繞。鳴鶴九天聞一聲，拂袖烟雲猶褭褭。又

湖山到處醉顔酡，簫鼓聲聲遠近多。紅袖金尊渾常事，輸君自譜竹枝歌。

謳聲圓轉舞風香，收得山光並水光。豈必壺蘆載清翠，已分佳勝入霓裳。

山花如繡水如煙，最好風光二月天。何事畫船歸去早，要將新曲上家筵。

又落花風雨損荆枝，哭罷殘燈歎數奇。棠鄂霣時餘獨木，人琴亡後只單絲。長離有恨還能寫，短夢無憑未可期。我亦同情今卅載，至今音斷謝家池。

又昔讀石湖詩，即知石湖好。今來石湖遊，思向石湖老。君家近石湖，開門接行潦。胡復想結隣，笙歌寄懷抱。要知思入神，明於月出皎。一旦見古人，千秋共搜討。許我並衡茅，招予望滄灝。田園紀四時，家室依三島。盪舶來雲霞，攖心去煩惱。攜手入山林，並肩挹鳧藻。既欲結同心，猶恐移中道。昂昂冬嶺松，馥馥春坡草。寓意苟浮沈，即境胥顛倒。雅奏時一聞，斯懷信長保。

清・王昶《寫心雜劇題詞》 隨身竿木儘登場，短夢前塵雜色裝。不寫昔人剛自寫，果然樂府妙康王。悼花述夢更酬魂，歸向談禪意趣存。我亦曾經金屋裏，被渠牽率到梨園。

清・馮應榴《寫心雜劇題詞》 逢場聊作斯文戲，説法都爲現在身。莫漫等閒看過了，好糸筏喻渡迷津。濟人只有一丸藥，傲世應同三朵花。更問玉桃偷幾度，口中餘沫盡流霞。

清・方維祺《寫心雜劇題詞》 曾見滄波三變田，言言入妙句鈎連。當場説法身須現，莫作衣冠優孟傳。

由來心地本空明，采藥談經總性情。唱到一聲河滿子，抵他漏盡聽

鐘鳴。

清・劉墉《寫心雜劇題詞》　知君家世本詞宗，諧俗多方老更工。慣託俠遊欺髩雪，偶來人海看塵紅。

枕中鴻寶丹能轉，坐上春風酒不空。禮佛求仙應適願，長桒書驗足陰功。

清・那彦成《寫心雜劇題詞》　花柳叢中自在身，曇雲優鉢現前因。無情更是多情極，枉説維摩跡已陳。

檀板金尊鬧裏催，是真是幻謾疑猜。而今又踏東華路，一笑逢場作戲來。

清・王祖武《寫心雜劇題詞》　風月娱情六十年，詩人老去欲逃禪。憑將一管徐陵筆，勾却三生未了緣。

空空色色都成悟，燕燕鶯鶯底事忙。閨裏應添懊惱曲，風流不似舊時郎。

名韁利鎖皆虚幻，轉眼原同如是觀。識得當場醒世意，儘教演與世人看。

清・張經邦《寫心雜劇題詞》　遠山圍黛水增波，三月春光湖上多。解唱竹枝知不少，輸他花影倚青娥。遊湖。

霓裳序奏玉輪秋，瓊闕瑶宫逐夢遊。愛捉謫仙閒對簿，閻羅老子也風流。述夢。

漫山香雪白皚皚，騎鶴仙人去不回。我亦前身跛道士，休嫌頻溷乃公來。遊梅遇仙。

因地聲中悔已遲，説醒説夢總成痴。煙花滿眼和塵滚，趁着黄粱未熟時。痴祝。

珊瑚鞭逐白銅鞮，曾到巫陽路不迷。今日黄金非買笑，錯教痴妬滿紅閨。青樓濟困。

蕙折蘭摧最可傷，玉京搔首路茫茫。蘇家詩句那堪讀，風雨年年泣對床。哭弟。

爲戀幽栖清福多，釣竿裊裊狎烟波。石湖尚友真成計，争席還防張志和。湖山小隱。

怪底江郎是恨人，飛英清怨抱芳辰。他生便作木居士，滿樹青錢詎買春。悼花。

苦海紛紛透網鱗，倩誰楚些與重陳。多君辨口懸河似，字字從頭棒喝真。酬魂。

朝妍暮醜髩毛催，悮向菱花認本來。勘徹空空真面目，方知無鏡亦無臺。醒鏡。

脱葉何曾戀故荄，尚存舌本任恢諧。只餘一事他時恨，難摘梅花細嚼來。祭牙。

瀾翻慧舌説根塵，眷屬齊來證净因。他日維摩方丈室，合教禮徧散花人。月夜談禪。

清・袁枚《寫心雜劇題詞》　太史聲名海外傳，菊莊詞譜意纏綿。留將一管生花筆，付與文孫補舊緣。

從古情多易斷腸，徐郎法祖更清狂。雁行飛去鴛鴦死，都付清平調幾章。

自笑袁絲兩髩星，夢生堂好記曾經。乞將八十年來事，譜入東山絲竹聽。

清・王和行《寫心雜劇題詞》　淋漓濡染墨池開，具大心胸絶妙才。現世人身爲説法，當場悟徹幾人來。

清音按拍繞棼梁，玉作齒牙錦作腸。道是填詞渾未得，狠心辣手著文章。

清・奇豐額《寫心雜劇題詞》　設法何嫌自現身，筆花大放見前因。詞壇獨闢開生面，譜出人心一段真。

花開鏡裏笑秋娘，情比恒河沙數量。綺語忽除空色相，一輪明月萬重光。

清・汪啓叔《寫心雜劇題詞》　二月金牛景物妍，尋芳稱泛總宜船。西陵松柏欣無恙，好結生前攜手緣。

也知臧穀等亡羊，隨分追歡愛景光。百歲年華都是幻，何妨竿木且逢場。

休笑珠圍翠繞非，色空已悟久忘機。能於當境心澄定，任墮天花不染衣。

清・謝鳴篁《寫心雜劇題詞》　虹亭太史洄溪叟，世有文章濟鳳毛。

白雪寫心尤和寡，須知此調本來高。

畫眉泉好自潺湲，高枕蓬廬静閉關。他日梅林相問訊，神仙只住在人間。

清·顧汝敬《寫心雜劇題詞》 少年意興未全摧，譜出宫商是雅才。傳語歌姬停奏樂，且看此老上場來。

辛苦填詞意最深，不妨游戲寓規箴。現身説法君休訝，一片婆心是佛心。

清·徐喬林《寫心雜劇題詞》 詞場風月出新裁，字字心花結撰來。色相都從空際現，如看蜃氣幻樓臺。

三生悟徹鏡中緣，賭唱旗亭句早傳。自懺情根歸解脱，何妨丈室貯天仙。

清·潘奕雋《寫心雜劇題詞》 過西泠萬條烟柳，晴絲摇漾明鏡。總宜船小柔波闊，緩蕩玻瓈千頃。風乍定，裊一縷、歌聲驚起眠鷗醒。鸞釵相並，看一抹遥峰，飛來翠色，鬥取修眉影。浮家好，况是蘇堤絶勝。蒲帆一任斜整。楓江漁父家風在，(虹亭先生有《楓江漁父圖》，諸名公俱有題詞。)只戀湖光澄景。重記省，笑我亦、年年春漲浮煙艇。輸君清興。少桃葉桃根，中流打槳，醉唱六朝暝。《摸魚子·遊西湖》

又 驂鸞又懶，黄鶴高樓遠。蘿洞口，松陰畔。披襟容笑傲，赤足真蕭散。君知否。邯鄲道上行人倦。看過蓬萊淺，細嚼胡麻飯。花插髻，脂匀面。垂虹烟景好，才子清狂慣。非癡也，珊珊仙骨金丹换。《千秋歲·癡祝》

又 寒山百疊長安遠，欲寄廻文無雁。一翦西風簾卷，此際柔魂斷。青青子結枝頭滿，隻影自憐誰管。客比黄衫堪羡，佳話爭傳遍。《桃源憶故人·青樓濟困》

又 翠禽枝上，唤花魂夢醒。鄧尉山頭凍雲冷。看無邊香雪，千樹高低；明月上，第一人間清景。先生真達者，鵶嘴鋤雲，收拾清香貯丹鼎。料把玉龍吹。縹緲三山，又惹却素鸞飛近。莫便趁，天風到蓬瀛。且看過梅花，想伊還肯。《洞仙歌·遊梅遇仙》

又 昨夜東風吹已遍。客去高樓，樓外飛花片。恰恰流鶯啼不斷，傷心春在誰家院。顧曲周郎情緒懶，可惜金鈴，不把芳魂綰。一種閒愁難自遣，新聲付與銀箏按。《蝶戀花·悼花》

又《三松堂集·題徐榆村鏡光緣傳奇》 碧柳深藏小玉家，桃花隖畔夕陽斜。傷心鸚鵡空傳語，那得當年古押衙。一曲琵琶聽未終，天荒地老恨無窮。征車迢遞關山遠，尺素驚傳塞北鴻。殘編零墨裹重重，想見妝臺手自封。他日《搜神》餘韻在，不知誰復弔昭容。樂昌安得鏡重圓，聽罷新聲淚泫然。香土一坏秋草滿，至今風雨怨啼鵑。

清·徐爔《拂塵十二絶》 己亥桂月，予南北奔馳，倦遊而返，姬妾輩置宴夢生堂，爲予拂塵。詠歌之餘，予示以令：每占我《鏡光緣》曲一句，合我意者免飲。否則，酌以巨觴。一姬曰：把兩人心打合濃香一片，一姬曰：待把那酣漿兒淹没你巫山岫，一姬曰：多情幻夢誰先覺。其餘，或有飲酒者。予至半酣，見有慧心者，因取《楞嚴》、《道德》諸經，與之翻覆講參，彼亦頗多心得。余遂口占十二絶以示之，倘有以爲當者，與我共參可耳。

天空海闊水悠悠，大覺須從幻夢求。轉眼浮生同泡影，取將紅粉作勾留。

煉性何須更煉形，金釵叢裏一函經。李翱入道無多喝，雲在青天水在瓶。

端爲靈虚煉未真，恒河沙刼到紅塵。菩提莫笑予貪色，花鏡禪心一樣因。

曲罷樽空奈若何，清虚一點鏡新磨。傷心卅載花間事，好付蒲團當睡魔。

温香輭玉戀無窮，迷處偏能究色空。試問庭前花萬朵，芳英還得幾時紅。

何用勞勞羡佛仙，空嗟蝶夢悮青年。一從參破《楞嚴》後，始信仙緣即愛緣。

行是春風心似灰，拈花一笑任含開。圓機豈是無情種，孽海波從愛海來。

莫論多情與薄情，巫雲一片任縱横。玄心已向春風悟，異草奇葩到處生。

曉粧争唤畫蛾眉，愛極生憐憐極悲。悲到無如雙鬢雪，鏡中謂影是心知。

綉閣含酸細入微，生憎顰笑盡禪機。鵾鵷棲託無多日，我涅槃時各自飛。

自憐素性愛癡頑，敲斷雙扉月下環。一逐孤飛雲外鶴，肯教重認故鄉山。

幻境崎嶇揔不平，玄門有道勸同行。玉人慢把無情咎，正爲多情極處生。

清・徐嵩《寫心雜劇題詞》臣叔由來不是癡，慣拈紅豆寫烏絲。近年六十還游戲，笑補吾家本事詩。譜得新詞續玉臺，黄金捍撥鬱金盃。等閒休説維摩法，恐有散花天女來。

和睦州

論説

清・陳鵬程《一江風序》往歲家居，留連觴詠，好爲填詞。取晉公子重耳故事穿而合之，始於蒲城，終於踐土，幾數十齣，而未成帙。今且蓿盤潦倒，少年意興概付烟雲矣。然而賸思餘響，未嘗不往來胸中。和子蓄之，多才博學，每與縱談文藝，由詩而詞而曲，酒酣耳熱，感慨及之。丙子冬，和子裘馬過予，快談終日，欣然曰：世兄公車至都，幸將晉文傳奇攜來一新耳目也。予笑而諾之。食頃，出所著《湘山月》、《一江風》示予。予驚覽之下，心爲之折。和子冰雪聰明，逸才曠世。其於古今名人書畫，心追手橅，識者莫辨。是編也，直進玉茗、稗畦而伯仲之，百子山樵品掩其才，近代笠翁淺而近市，老贊禮雖刻意雕鏤，恐未若此之渟雅而精當也。和子其欲萃文章之能事而畢之一手乎。何文心之奇而肆，肆而貪也若此。此而遭際，賞音俾之，頌揚朝廟，歌詠昇平，直易易事。豈如摩詰之《欝輪袍》，徒爲王門伶人而已。然而晉文傳奇幸未成帙也，即成矣，亦沉之于石頭城邊，爲魏公藏拙也夫。

清・郭焌昆《一江風傳奇序》甲戌客原京師，於友人處見《一江風》曲閲之，知爲和子睦州之作。見其叙事則明暢典核，言情則莊雅纏綿。方之元人，彌覺詞旨兩盡，而填詞之能事畢矣。睦州初不以填詞傳，而填詞之可傳乃爾。予因述百餘年來，填詞之存亡如彼。后之知音者，讀和睦州之《一江風》，填詞於是乎不亡矣。乾隆十九年歲次甲戌秋八月四日，長沙郭焌昆甫氏題於成均學署。

清・宋弼《一江風序》凡物之精氣光怪，不容泯滅者，晦于蹔必顯于久。況傳奇之作，必讀萬卷書，行萬里路，自諸子百家以迄街談巷語，無所不備，詎止無久而不顯之理，亦且不可于蹔也。和子霽園多材多藝，偶以所著《一江風》問序於余。余思文筆之事，非作之難而知之難，知之而能傳之爲尤難。《一江風》之作，自非孔、洪以后諸家所可擬。顧霽園以弱冠之年爲之，不知者方以爲學邯鄲之步，即有一二閲者，亦不以悉詞曲中三昧。矧文人相嫉，異乎尋常。《一江風》必蹔晦矣。后有知音，久而必顯，然而未可卜也，可勝慨哉。乾隆壬午夏五月望日蒙泉宋弼題。

清・葉河恩《一江風後序》嘗見金聲羽振，譬如調于元人；檀板輕敲，啓南音于勝國。梨園絲竹，度人間哀樂之歌；文士珠璣，寫往古真亡之恨。同里雅人之深致，各申寄託之微詞。於是□祖會真，實甫展化工之筆；言譏王四，則成作珍錯之文。四夢並玉茗之堂，臨川壽老十錯認。東林之罪，圓老虧心。大□才媿，仙才未許。業分非□，力非神力。句輕華架，珊瑚其感片語稱工。新機偶□，□足驚小巫之座。放云登大雅之堂，落乃有語。耇超無思不曲，字争奇豔。體尚温柔，□□擅夫專家，必兼綜夫衆美。有如吾友和愉，適在其人如玉，應事如珠。昔也□□，學已深于□帳；今兹弱冠，名遂噪乎雞林。和雅温恭，精明渾厚。出超孟□；得正法想鐘王。畫擬元章，□真傳于□巨。振衆聲于韶濩，没心志于詩。出時而如調綺語。則寓言不少，終非桑濮之聲謔，謔言而讔。□□多大得江山之助，填詞，韻事纏綿□□。托柔情于識，撥銀箏頓挫淋漓。發勁響于金笳，玉留□，翻譜金筌于極七。□者江東高唱，按識板于蘇髯。偶因絃誦，餘閒戲及起夫天真，定屬神來筆，多□粉搓酥，譜入梅花引。□一□曉風殘月，吟成□□□時里皮裏之陽秋。則胸中之涇渭，豈直籓菴錯夢。播聲譽于興□，未如聲鴻；污衣於優孟，也載是知。響敲金石，□落珠璣。調極題中玉雪之齊，問盡江公青□之警。□□聲而協律，洵□後而□□。技至此載觀真，口無普對，奇文而□肯，潘鬢將□□□□惶□□春□和。聊申數語，用屬諸公□□綺語之多致，作□□之玷。

金兆燕

論說

清·盧見曾《旗亭記序》 揚州繁華甲天下，竹西歌吹之盛，自唐以至於今，梨園之多名部宜矣。顧人情厭故，得坊間一新劇本，則争相購演，以致時下操觚，多出射利之徒。導淫者既流蕩而忘返，述恠者又荒誕而不經。愚夫愚婦及小兒女輩，且艶稱之，將流而爲人心風俗之害，心甚非之而無以易也。全椒蘭皋生，矜尚風雅，假館真州，問詩於余。分韻之餘，論及唐《集異記》旗亭畫壁一事，謂：古今來貞奇俠烈，逸於正史而收之説部者，不一而足，類皆譜入傳奇，雙鬟、信可兒，能令吾黨生色，被之管絃，當不失雅奏。而惜乎元明以來，詞人均未之及也。蘭皋唯唯去。經年，復遊於揚，出所爲《旗亭記》全本於篋中，余愛其詞之清雋，而病其頭緒之繁，按以宫商，亦有未盡協者。乃欵之於西園。與共商略，又引梨園老教師，爲點版排場，稍變易其機杼，俾兼宜於俗雅，間出醉筆，揮灑胸臆，雖素不諳工尺，而意到筆隨，自然合拍，亦有不自解其故者。記成，沈長洲先生適至，爲奏終曲，先生嘉賞之，曰：是導淫述恠兩家對症之良藥也。題六絶句於册，而勸授梓焉。乾隆己卯，山東僋父書於揚州之官梅亭。

清·盧端臣《旗亭記跋》 珍逾照乘，價重連城。珠潤盈盤，光沁清宵月冷；金聲擲地，響催碧落雲移。織英思而錦燦天孫，抽妙緒而絲纏帝女。調則聽風聽水，能乎櫪馬游魚；白則爲球爲琳，直駕曇花鳴鳳。擬蘭成江南之賦，勝耆卿錢塘之詞。足使則誠扶輪，蓋卿却步。登之琬琰，無煩皇甫之一言；盛以縑緗，堪令東陽之三復。所謂咽三危之瑞露，美動七情；咀五色之靈芝，香生九竅。移此香奩之贊，贈茲畫壁之奇。

清·李調元《雨村曲話》卷下 金椒蘭皋所撰《旗亭記》，爲詩人争聲價。詞雖欠老，亦樂府中之一大楔子也。

清·梁廷枏《曲話》卷三 《旗亭記》作王之渙狀元及第，語雖荒唐，亦快人心之論也。沈歸愚尚書題詞，云：特爲才人吐奇氣，鵾鶵卑伏忽飛騫。科名一準方千例，地下何妨中狀元。按：《琵琶記》以蔡邕爲狀元，彼時原無此名，故令閲者爲之絶倒。唐時雖已有狀元之名，其實授官始於宋代，初階不過僉判、廷評，歷俸既深，然後入館承制，馴至宰執，非若今之狀元，甫經釋褐，即踐清華如登仙，爲科名之冠也。然則唐之狀元，於之渙何關輕重。作是曲者，亦如尤西堂之扮李白登科，徒爲多事矣。顧青蓮不必登科，而以玉環考試，則不妨作第一人想；若黄河遠上之詞，雙鬟久具隻眼，又何論之渙之狀元不狀元乎。

綜述

清·金兆燕《旗亭記》 一、填詞雖云末技，實能爲古人重開生面，闡揚忠孝義，寓勸懲，乃爲可貴。若夫以廬墓之中郎，而蒙以棄親之罪，是謂重誣古人。至於金閨弱女，年未摽梅而懷春，以至於死既葬又還魂焉，雖有黄絹幼婦之詞，其能免於君子之譏乎。

一、有奇可傳乃爲填詞，雖不妨於傅會，最忌出情理之外。《西樓記》於撮合不來之時，突出一鬚長公殺無罪之妾，以刼人之妾，而贈萍水之友以爲妻。結搆至此，不謂之苦海得乎。

一、傳奇之難，不難於填詞，而難於結搆。生旦必無雙之選，波瀾有自然之妙，串插要無痕迹，前後須有照應，脚色並令擅長，塲面毋過冷淡，將圓更生文情，收煞毫無剩義。具茲數美，乃克雅俗共賞。若夫清詞麗句，宛轉關生，當世固不乏雋才。而别裁僞體，以親風雅，亦未易數數覯也。

一、曲譜苦無善本，蓋填詞必有襯字，往往訛爲正文；又轉將正文訛爲襯字，以致宫商舛誤者不可枚舉。近惟《九宫大成譜》一書刊校最工，坊譜之訛悉依改正。

一、近日詞曲，往往但標牌名不載宫調。不知有同一牌名，而移置别宫即迴不相同者。如〔夜遊宫〕在〔仙吕〕爲一曲，在〔羽調〕則另爲一曲。

又有一宫調之曲，而分引子、過曲。如〔仙吕〕之〔風入松慢〕，在引子爲一曲，在過曲則另爲一曲，均難混淆。至引子下各詞，舊名爲過曲者，《大成譜》改爲正曲；於北調則稱隻曲，今並從之。

一、舊譜有未詳宫調，《大成譜》始爲分收者。如〔急急令〕之入〔羽調〕，〔柳穿魚〕之入〔正宫〕是也。又有更易舊譜者，如〔仙吕〕入〔雙調〕各曲，《大成譜》謂〔仙吕〕、〔雙調〕聲音迴别，無由可合，以〔仙吕〕歸〔仙吕〕，〔雙調〕歸〔雙調〕是也。至其另定之〔仙吕〕入〔雙角〕，乃以南曲之〔仙吕〕，北曲之〔雙角〕相間迭奏，即各宫南北曲合套之例，音節殊妙，今皆從之。若〔針線箱〕舊入〔南吕〕，《嘯餘譜》、《九宫譜定》皆然。近代填詞家李漁稱爲善歌。其《奈何天·媒欺》齣内之〔針線箱〕，亦入〔南吕〕。按之音節，並無不協。《大成譜》之改〔仙吕〕，未解於心，今仍其舊。

一、詩韻之變爲詞韻，以詩韻中有不協於歌之字故耳。詞韻無不可歌而又改爲曲韻者，以戲曲盛於元時，其始但有北調，而南音非北人所習，故另爲譜，今之《中原音韻》是也。如車遮、家麻之分爲二韻，緣北人讀車遮字，但有從車遮韻之一音，而無從家麻韻之一音，是以不可以入六麻之調。若南曲則兼用南音。南音之車遮，即與家麻相叶，詞韻本合，有何應分之處。是以填北曲必用中原韻，填南曲則參用詞韻。《琵琶》、《拜月》以及各名本，莫不皆然；《大成譜》别之曰叶，亦如詩有叶字。其實詩中叶字，亦即古韻之正音耳。至於真不雜寒，佳收入麻，詞韻與詩韻已有不同，何況于曲。若先不雜覃，庚不雜侵，有開口閉口之分。即詩韻亦所不通，時流混訛，乖字義矣。

一、曲韻雖三聲互用，而應仄者不可平，應平者不可仄；又有應句而韻，或應韻而句者，更爲失格。兹本校對無訛，其不應韻處，雖嫌韻亦避之。至於曲中原有可平可仄，如詩中三平三仄之上一字，原所不拘；又有以入作平者，舊譜旁註甚明，《大成譜》悉易以工尺字，然義本一貫也。

一、全本三十六齣，起伏迴環，一線串成。每齣内科白曲文，各有穿插照應。名部度曲，腔版必遲。而時派奢華，如《遊春》、《女衛》等齣，無不極力鋪張。照《琵琶》、《荆釵》之例，分二日扮演爲宜，若隨意節删，則血脈不貫。梨園教師，貴在通人，其共體之。

一、經傳子史，以及方言俚語，入曲各有所宜。而字面或非所常見、平仄習於舛混者，另爲註釋於後。

一、《黄河遠上》一詩，康熙間曾聽友人之歌，高唱入雲，極抗墜抑揚之妙。今按〔仙吕〕、〔天下樂引〕度腔，意致索然。而原譜已失，俟更於我輩中能歌者求之。

綜述

清·金兆燕《嬰兒幻·自序》 佛門以童貞出家易修易証。《性命圭旨》亦謂：童子學仙，事半功倍。《老子》云：嬰兒終日號而不嗄，嬰兒不知牝牡之合而朘作。古今來能爲嬰兒者，方能爲聖爲賢，爲忠爲孝，爲佛爲仙。三教雖殊，保嬰則一。《孟子》曰：大人者，不失其赤子之心者也。雖然處胎之時，安浮陀時異，歌羅邏時異，至於嬰兒已非混沌無竅時比矣。讀聖《嬰兒傳奇》者，其勿以爲泥車瓦狗之戲也可。辛丑冬日，棕亭金兆燕書。

傳記

清（嘉慶）《重修揚州府志》卷三八《秩官志四》 揚州府教授金兆燕。全椒人，進士。

清（光緒）《重修安徽通志》卷一五七《選舉志》 乾隆丙戌張書勳榜金兆燕。全椒人，有傳。

又卷二二九《人物志·文苑》 金兆燕字鍾樾，全椒人。幼有神童之譽，工詩、古文辭，盧運使見曾延之入署，一切文詞，多出其手。後成乾隆丙戌進士，官揚州教授，遷國子博士，分校《四庫全書》。著有《國子先生文集》、《瞻雲軒詩集》。

著録

清・黄文暘、佚名《重訂曲海總目・國朝傳奇》　盧見曾，德州人。《旗亭記》，《玉尺樓》。

清・梁廷枏《曲話》卷一　作曲人自一種至數十種，有姓氏可考，及或隱其本名而寓以他稱者，以傳奇言之，其人各二種者，國朝如：盧見曾之《旗亭》、《玉尺樓》。

又　古今曲本有命名相同者。明鄭之文傳奇有《旗亭記》，而國朝盧見曾亦有《旗亭記》。

清・支豐宜《曲目新編・著録八・國朝傳奇》　《旗亭記》，《玉尺樓》，右二種，德州盧見曾作。

清・姚燮《今樂考證・著録十・國朝院本》　金兆燕一種：《旗亭記》。一作《旗亭畫壁記》。

清・王國維《曲録》卷五　《旗亭記》一本，見李調元《曲話》。國朝金椒撰，椒字蘭皋，□□人。

藝文

清・沈歸愚《旗亭記題詞》　畫壁旗亭溯往時，品詩高下屬名姬。而今樂府飜新調，重唱黄河遠上詞。

才士由來送五窮，飄零南北似飛蓬。惟餘浩氣凌霄漢，不入權姦籠絡中。

漁陽鼙鼓震天關，天子無能庇玉環。獨有雙鬟兼智勇，虎狼窟裏竟生還。

特爲才人吐奇氣，鵷雛卑伏忽飛騫。科名一準方干例，地下何妨中狀元。

長安零落李龜年，兒女傳譌代剖宣。不獨情深情更正，爲情離散爲情圓。

鏡花水月俱空幻，官閣填辭韻最清。已許新聲追玉茗，風流還接柳耆卿。

張九鉞

論説

清・譚光祜《六如亭序》　小珣明府既以從祖度西先生《陶園詩文集》，屬余挍訂，復出先生《六如亭填詞》見示。以沈鬱豪宕之筆，著引商刻羽之辭，組織羣言，核實信史，觀空於佛，結穴於仙，使放逐之臣、離魂之女，仗金剛忍辱波羅蜜，同解脱於夢幻泡影露電，而證無上菩提，洵衛道之奇文、參禪之豔曲矣。昔人爲坡公傳奇者，必摭拾瑣事以附會之，又顛倒出處之歲月，以牽合之。讀此曲，當知作者有自然之文章，無庸矯揉造作也。香山《琵琶行》不過自寫其淪落耳。而《青衫記》以琵琶妓素悦香山，於江州送客時仍歸司馬，命意、遣詞，齷齪可鄙。蔣清容太史非之，乃別填一本，曰《四絃秋》，一洗院本之陋。今先生《陶園詩集》中，有《四聲絃題詞》二首，即《四絃秋》之初名也，其與清容太史，可謂異苔同岑矣。此曲於坡公及諸賢事蹟，考據詳確，年譜、詩集，信而有徵。中閒變化神通，無非爲仙佛生色。即朝雲、超超二女子，必如此曲之忠、順、俠、烈；而其人始高，其人高，而坡公之氣節、文章，益高出尋常萬萬。先生以夢入羅浮，自署羅浮花農。此曲之末，以梅花仙樂爲坡公壽，或亦有所託而云然歟。道光丁亥清和之月，吹鐵簫人譚光祜序。

清・雲門山樵《六如亭序》　羅浮花農以芳芷騷人作紅梅主，吏青鞵白袷時，過遺履軒前畫舫筠籃，小住釣魚磯畔。拜德隣堂之祀像，榕榦扶疏，訪大聖墖之孤墳。松濤寂歷，半湖春水，夕照猶香。滿逕落花，白雲不掃。客何爲者，偶然憑弔興歌；僕本恨人，聊以銷愁度曲。原夫五戒尊老，再世轉輪；七宿奎星，前生修果。華嚴法界，揮來浩瀚雄文；忍辱劫身，錬出嶙峋大節。值權姦之攻擊，遂謫宦以遷流，灑落爲懷，怨尤不作。黄仙驅虎，句漏翁迎彼翺游；靈雀銜花，香獄女導其延眺。倣六橋之舊事，堤引長虹；築一畝之栖宫，峯高白鶴。倉皇鯨海，書菴民建桄榔；放浪蛇鄉，圖畫士尊笠屐。固一場之春夢，實千古之奇蹤。則有西湖秀媛，蓬洞夙真，二十年巾屨親持，五千里瘴霾共苦。吟時捧硯，墨灑羅衫；醉後憑肩，香翻藍袖。栽茶行菜，相夫子於貧窮；歌扇舞裠，洗侍兒之粉黛。遂以早齡通慧，宿器儲真，授一册之經函，示十年之準的。繡龕誦典，口出蓮華；綺閣薰檀，身堅貝樹。打蒲團而静，看玉犬升梯，抛魚磬以逍遥。泥牛轉磨，一乘禪贈，立教撒手懸崖。五跡靈扶，即是騰身。覺路因之感，臨行誦偈亭，額六如合，贈句悼文，口傳全集。况乃題梅花之壁，璇錦襄機；挑牡丹之燈，元璠躡舃。僊遊貽跡，知歸第七洞天；詞客有靈，悟徹大千世界。所當選聲樂府，用以增韻藝林。此《六如亭記》所由作也。時則吴門寄旅，邗水浮蹤，悲宋玉之秋心，凋安仁之華髩。蕭蕭風雨，水閣孤燈；渺渺夢魂，青山紅粉。觸英雄兒女之事，爲勞人遷客之音，套成南北宫詞，意證摩訶釋典。醉後拓殘金戟，狂來擊碎唾壺，固久豔吐笙唇，芬流箏手矣。復以《女紅餘志》、《釣客叢譚》，述龍嶠之奇貞，紀鵝城之逸傳。眼空當代，獨傾西蜀，文人志守孤閨，願作扶風侍婢。骨有三分俠，許壻光明；情餘一片，癡聽吟贊歎。梨花命薄，痛圍箋撰杖之難諧；卷艸心堅，棄斷粉零脂而不惜。情鍾我輩，何妨江上哀詞；身殉才郎，又獲人間知己。豈止芙蓉城主收此瑶英，定教金碧壇儔從他妙想，真可合成全璧，譜作聯珠者也。於是組織隨心，淋漓合拍，排比三十六齣，出入一十七家。跌宕於白、王、關、馬之閒，含咀於周、柳、史、姜之外。寓深忱爲綺語，事有勸懲；了公案於禪門，累求解脱。爨演既整齊變化，賓白亦華藻鏗鏘。繡服騎麟，望茫茫而下降；花冠跨蝶，翩姗姗其來遲。極妍詞麗句之長，掃孽豔惡魔之陋，直欲趾趨玉茗、肩拍稗畦矣。不佞緣交瓔珞，講奉犍椎。尋杖履於夷門，仍許論文對雪；訪山河於魏國，相隨把酒臨風。偶繙篋衍，旁儲獲覩，金荃妙製，怡然心醉，黯矣魂銷。書之玳瑁之箋，浣以菩提之汁。粗加評騭，畧發指歸，庶知騷雅緒餘，無施不可；詩詞降格，異調同工。老鶴長鳴，百喧俱寂；天龍一指，萬籟皆喑。嗟乎。恨地誰移，漏天難補。杯蛇弓壁，悉是迷離。巾兔艸車，原非泡漚。以文章爲游戲，化筆墨爲煙雲。菩薩開拳，立撥虚靈之境；金剛努目，頓歸歡喜之園。情生文，文生情，傷心人別有懷抱；色即空，空即色，參偈者作如是觀。雲門山樵書於大梁空香妙喜之室。

清・蜨園居士《六如亭序》 《六如亭記》，吾楚張紫峴先生所作也。先生諱九鉞，字度西，以詩、古文辭，負海内重望五十年，兼工小令、長調，晚年旅食四方，哀感棖觸，輒作南、北宫詞以排悶。曾游惠陽，訪白鶴居六如亭，因取坡公嶺南海外舊聞，及侍妾朝雲誦經栽茶、偈化建亭事；復於宋人小志中，得惠陽温女超超，許壻聽吟、殉志遺話，合爲三十六齣，總名曰《六如亭記》，以了禪門一段公案。對酒當歌，豪宕自適，雅不欲以示人。先生嘗論：詞曲之源，出自樂府。雖世代升降，體格趍下，亦是天地閒一種文字。曲譜中大石調之〔念奴嬌・長空萬里〕、〔般涉調〕之〔哨遍・睡起華堂〕，皆宋詞，可見是時已開元曲先聲。如青蓮《憶秦娥》爲詞祖，妍麗流美，而聲之變隨之有，莫知其然而然者。然如實甫、東籬、漢卿，猶存宋人體格。自院本雜劇出，多至百餘種，歌紅拍緑變爲牛鬼蛇神，淫哇俚俗，遂遭大雅所憎惡。明之邱文莊《十孝記》，何嘗不以宫商爨演、寓垂世立教之意。在文人學士，勿爲男女媟褻之辭，掃其蕪雜，歸於正音，庶見綺語真面目耳。余叨世講，在洛汴時，每以詩文質正問，聞先生緒論心蹤之後，知有《六如亭記》，乞觀焉。所傳事皆正人君子、賢媛俠女，閒及士民緇羽，要皆可歌可誦之事，其詞新雋而不傷渾厚，豔麗而不落狎昵，奇崛而不染諺鄙，闡發金剛妙諦，觸手靈通，旨味深長，不獨音律叶調、藻采繽紛，爲羅浮現出香洞天也。雪夜與雲門山樵擊節歎賞，把玩不置，勸先生播之剞氏。先生以生平著述尚未開雕，不肯以綺語作乘韋，因爲述其大旨於末。先生宰梅嶠時，自署紅梅花長，量移嶺東，又署羅浮花農。嘗寓吴門，爲歌師製《虎邱四時景》、《新水令》，南、北宫詞一套，至今盛傳吴下，附記於此。蜨園居士跋於轉運使廨之東齋。

清・湯元珪《六如亭後序》 余出紫峴夫子門下，受知四十餘年矣。嘉慶戊辰，抵都門，遇劉蜨園比部，出夫子《六如亭記》。余捧而讀之，曰：豪而婉，豔而哀，夫子其亦有感而言之耶。余於音律非解人，然心欽其寶，輒摩挲不置。憶己未，余客粵西，夫子寄余以詩，諄諄期許，至今懸之蓬蓽。壬戌，隨先君應春闈，抵京，復得夫子書，猶殷殷冀余。至湘潭一晤，余以先君檢討公，棄養大事，羈身不克赴，未幾，而夫子歸道山矣。嗚呼。生事葬祭，弟子之職，余志之而未克遂之悲可知也。夫子所著《陶園文集》八卷、《詩集》二十四卷，膾炙人口，此記填詞三十六首，吴下人争豔之。蜨園手鈔示余，余烏能已於言哉。夫子自署羅浮花農，借物攄懷，長言之、詠歎之，非無所感而言之也。至其詞之淹雅縱横、色正芒寒，其有關於士女風俗者，蜨園言之備矣。是爲跋。

清・楊恩壽《詞餘叢話》卷二 張度西先生由舉人官知縣，工詩、古文辭，宏博浩瀚。縱筆所之，一軌於正。七歲游南嶽毘盧寺，寺僧以心通白藕命對，先生應聲曰：舌湧青蓮。僧大駭，言：其師示寂時，留此偶語，云：有對與相符者，即其後身。因鳴鐘集衆膜拜焉。先生種此夙因，精通内典。取東坡與朝雲軼事，譜《六如亭》傳奇，叙次悉本正史、年譜，無顛倒附會之處。觀空於佛，結穴於仙，使放逐之臣、離魂之女，仗金剛忍辱波羅蜜，同解脱於夢幻、泡影、電露而證無上菩提，洵衛道之奇文，參禪之妙曲也。

綜述

清・張九鉞《六如亭・題詞》 濯足釣魚磯，直上東坡祠，木棉掃城白日匿，凉風欲度蟬聲垂。不知身騎白鶴出城表，惟見羅浮羣拱揖，横捲四百七十二幅蒼龍旗。雙江從東去，浩浩争赴之。是時六月瀑漲下，逼海不得逞，怒作萬馬鏗鎗馳。白雲飛湧豐湖起，倒翻墨海青頗黎。元祐罪人文章伯，世人欲殺皇天惜。羅浮遣出老胎仙，指點虚無作幽宅。思無邪，德有鄰，築齋鑿井光鮮新。誰知明月清風地，盡付栽茶行菜人。東鄰翟夫子，循州周太守，各各爲奔走。兒和玉糁羹，妾進真一酒，荔支頳虯杞蒼狗，掀髯大叫吸一斗。醉卧危臺蛟不吼，咫尺蓬萊第七天。空濛長嘯應回首，鷓鴣哀啼猿啾啾。鵞城象嶺不可留，君王不怒相公怒。先生萬死行儋州，借問庵桄榔，何如亭松風。浣花瀼西聾老翁，挈妻攜子奔西東。能將忠信通天地，那惜艱虞困鬼雄。醉且賦定風波，醒不待春夢婆，如塵如泡一瞬耳。蚊蝨鸛雀何其多，祠前寥寥一放歌。孰使予吞聲，躑躅涕滂沱。湘潭張九鉞度西自題。

傳記

清（嘉慶）《重修大清一統志》卷三五七《長沙府四》 張九鉞，湘潭人，乾隆壬午舉人。知峽江縣，旋調南豐、南昌，俱有政聲，後因公降職。游嵩、洛間，詩文益雄奇渾古。總督畢沅雅重之，主昭潭講席，游其門者多所成就。著有《陶園文集》、詩集等書行世。

清（光緒）《湖南通志》卷一三六《選舉四》 乾隆二十八年癸未科秦大成榜張九鉞。湘潭人，海陽縣知縣。

又卷一七九《國朝人物五》 張九鉞，字度西，垣子。七歲隨父遊衡嶽毘盧洞寺，寺僧異之，曰：郎君貌何類吾師。出句屬對，曰：心通白藕。九鉞應聲曰：舌湧青蓮。僧大駭，言其師圓寂時留此偶句，云：後有脗合者，即其後身。因鳴鍾聚徒，膜拜。年十二，爲諸生，稱神童。十三，登采石太白樓賦詩，人稱太白再世。乾隆辛酉，拔貢，充教習，名動公卿間。壬午，舉順天鄉試，歷知峽江、南豐、南昌，俱有聲。母憂，服闋再補海陽縣，以詿誤去職。遊嵩、梁、鞏、洛間，詩益雄奇。總督畢沅重其名，迎至節署，集名流爲宋蘇軾作生日。□再巡，九鉞援筆爲長歌，四座驚歎。主昭潭書院凡十餘年，年八十三卒。舊志。

清（光緒）《南昌縣志》卷一九《官師志表下》 張九鉞，乾隆三十二年知縣，湘潭人。舉人，由峽江調署。

著録

清・姚燮《今樂考證・著録十・國朝院本》 張九鉞二種：《六如亭》、《雙虹碧》。九鉞字度西，號陶園，一號紫峴，湘潭人，著有《陶園集》。《六如亭》紀東坡、朝雲事。《雙虹碧》紀長沙女子殺賊事，其自署曰羅浮花農。

清（光緒）《湘潭縣志》卷一〇《藝文一八》 《峽山縣志》、《東鹿縣志》、《偃師縣志》、《永甯縣志》、《鞏縣志》、《禘祫詳説》、《晉南隨筆》一卷、《得瓠軒隨筆》、《南窖筆記》、《歷代詩話》、《苕華雜説》、《紫峴山人賦》一卷、《紫峴山人詩集》二十六卷、文集十二卷、外集八卷、《秋蓬詞》二卷、《三川考略》一卷。張九鉞撰，九鉞有傳。

清・王國維《曲録》卷五 《六如亭》一本，全集本。國朝張九鉞撰。九鉞字度西，湘潭人，官廣東知縣。

藝文

清・蔡銈《六如亭題詞》 海内騷壇舊主盟，當年鉅筆掣天鯨。世無李杜公何讓，位隔蓬瀛我不平。一卷棗梨傳後起，千秋姓字祝長生。辦香愧負師門約，在耳言猶記憶清。

辛酉冬，師屬及門鐫稿，俱以貧乏負之，今小阮、小蒼、小珣兩明府代爲刻成，愧我及門多矣。

清・宋鳴琦《六如亭題詞》 羅浮幽夢鷓鴣悲，腸斷朝雲一卷詩。余仲兄澹思先生曾譜《羅浮夢傳奇》八齣，亦爲朝雲而作。誰料廿年前老宿，已將離恨譜相思。

骨骾心期放逐身，楊枝撒手倍酸辛。六如一偈亭千古，誰與先生作替人。

温家玉鏡本無瑕，牽惹維摩病後花。記得栽茶行菜地，生天成佛共根芽。

新愁舊恨署花農，絶命詞來合惱公。見小珣題跋。老淚青衫客盡，更無人唱大江東。

清・劉衡《六如亭題詞》 羅浮山下證前因，説法如來偶現身。瘴海蠻鄉都歷盡，千秋猶自泣孤臣。

勘破金剛般若經，梅花香裏夢魂醒。只今剩有西湖月，照徹琳宫一墖青。

閨中才女更憐才，不數温家玉鏡臺。明月有因花有種，香魂長合伴蓬萊。

爲譜新詞舊恨濃，傷心人已署花農。三生共是粂禪侶，占盡名山幾萬重。

清・李調元《六如亭題詞》 憶昔論交金臺中，一時牛耳皆豪雄。酒酣拔劍各起舞，顛狂往往驚兒童。當時意氣不輕許，餘子碌碌非吾侶。可憐萬事竟無成，白髮而今吾與汝。君向青冥翅偶垂，我雖得意旋乖違。彼此無能更相笑，十年不調同嘲譏。今年奉命過梅嶺，行李往還擾君境。時甲午初秋，公官始興令。萬里南來遇故人，此行細想真儌倖。氍毹堂上聞雲和，銅龍照吸金叵羅。相逢百斗不成醉，人間離別何其多。君方在南我在北，均如繫匏不堪食。殷勤相屬惟一言，揚帆此去看風色。度西先生楚南名士，爲人皙白如玉，眉目如畫。癸未，卷亦在夢樓先生房中，已中第三名矣。秦味經先生摘其疵，遂以予卷易之，選江西峽江令。予過臨江，有和先生《江上短歌》。

清・張九鍵《六如亭題詞》 吾家詩賦遞登壇，自笑年來意頗闌。三徑菊松清鶴夢，一溪風月飽漁竿。神仙搜索囊時詫，造化鐫劖幾日完。近接遊編動新興，海潮人坐石園看。編近集成，喜接弟詩，即題卷首。

清・張九鐔《六如亭題詞》 南海離蹤二十秋，春風重送木蘭舟。壬辰，予田南海，别兄北上，赴中書省，今又送之澧州。對牀舊約吟紅燭，分手生涯笑白頭。豈有聲名誇伯仲，更無車騎結公侯。相逢斗酒何辭醉，消盡沅湘萬古愁。

清・張九錝《六如亭題詞》 兩載洪都載鶴回，北窗此夜一樽開。清詞似挾好風至，佳句如隨時雨來。遠道關情依桂水，十伯父司鐸桂陽，有潭上州堂詩州。春池牽夢繞燕臺。布帆又向羊城去，五嶺新詩著意裁。時兄將有兩粤之行。

清・程恩澤《六如亭題詞》 氣節文章外，更柔情，東風一束，帶將南海。死不珠焦生又慕，心被才名挫碎。覓此老、丰容絶代。枝上好雲吹已盡，小傾城，偎暖桐么背。空盼斷，月牕内。坡仙薑桂何能改，笑紛紛，權奸欲殺，嬋娟苦愛。到了都無脂粉跡，贏得兩腔紅灑、殉知己。天涯愁憊，白鶴北飛馱不去。姊桃花，夜訂秋墳妹。奎宿底，一雙拜。

奇絶王關筆，一鑪錘，銅弦鐵撥，粉雲脉月。曾戴坡翁衝雨笠，醉倒梅花香窟。紫峴先生曾至粤東，何小夫人侍焉。有絶豔、清娱侍側，洲冷墖頹無限憾。倚紅鸞，笑向紅兒説。華首蜨，記雙掇。歸來瘦損真珠骨，老詞仙，拓肝成楮，滴心爲墨。拚作惠州真秀士，勾起春娵慧舌。字字是、楚騷哀切，一副亡姬情急淚。古今才，同歃相思血。鶯管禿，玉簫裂。右金縷曲二闋。

清・張家樾《六如亭題詞》 不見儋州禿鬢翁，香墳長在落花中。栖禪寺畔蘇隄路，認取松林一墖紅。

羡道裊腰緑艸生，薰風爲掃白雲晴。孤亭一握碑三尺，珍重東坡侍妾名。

舞扇歌裊散夙緣，臨行特贈一乘禪。好攜行菜栽茶侶，同上蓬萊第七天。

將軍好事一椽增，亭聞爲黄海澄公修。女子憐才百感仍。西補梅花三萬樹，夜吟看導牡丹燈。梅花亭中夜挑緑牡丹燈題壁，野史中傳朝雲逸事。

清・張家栻《六如亭題詞》 萬壑松濤兩墖齊，香墳人指夕陽西。東風一夜廉纖雨，花落空山水漲隄。

牡礪牆欹石徑殘，芳碑三尺碧琅玕。誰能侍妾鐫名姓，常伴風流學士看。

維摩天女伴飄零，煩惱應銷般若經。贈得一乘禪去後，傷心還懺六如亭。

生長錢塘記得無，夢魂猶是葬西湖。誰將白鶴山居景，添箇西泠墓道圖。

行菜栽茶是夙緣，前身老宿後身仙。芳蹤若逐丹成去，只在蓬萊第七天。

隔牖春宵聽講回，貞魂長伴一枝梅。誰知放逐餘生日，猶有深閨解愛才。

瘴海蠻鄉徙未休，桄榔庵裏暫淹留。美人死後先生去，惟有西江繞惠州。

腸斷孤鴻卜算裁，夷門一夜雪飛來。花農何必羅浮署，瓔珞階前花已開。從祖姬人，何姓，善音律，亦解吟詩，嘗隨從祖由江右而海南，巾屨親持貞操不改。從祖一吟一詠、一動一静，賴以安焉。乾隆癸卯，從祖以解組，薄遊太行、嵩、洛間。未逾年，姬人以疾卒於里，瀕行，猶口占七言、十絶，請人郵寄河南，以慰老年岑寂。《六如亭》之記，蓋始如此。

黄振

論説

清・蔣宗海《石榴記序》 自劉孝標著《廣絶文論》，後世遂有《葛衣記》。其實，任彦升四子，東星西華，南客北叟，並貧落不振，到茂灌亦未嘗以女妻西華也。馬季長諂事粱異，戕害諸矣，誠不得比於人。數漁家樂事，則客屬子虚。且人之才具有限，心惡其人，力加詆斥，非不可以經世厲俗，而其精神力量，亦遂止於是。才子佳人吟風弄月之雅，氣不暇及焉。吾友黄子瘦石，具沉博絶麗之才，詩古文詞冠絶一世。出其餘技，俯就音律，辨晰於毫釐分寸之間，元人如王實甫、高東嘉公更其進退。即其所著《石榴記》觀之，大抵有感於世俗初終反覆、炎凉勢利之徒而出之。渾然讀者，但知其爲鍾情善怨之詞，抱雅揚風之作，如是而已。其才則不有大過人者哉。昔湯玉茗撰《還魂記》，頗得言《弔打》一折，夫出諸平章府而得狀元，何如置身囹圄方生死之不可，必而忽中狀元之尤爲奇特乎。乃盡歎瘦石之才，有不可以古今人相擬者也。辛卯春三月，余客雉夆，瘦石屬余弁數言於首。余素不知音律，懼無以當瘦石言。然余又得附瘦石以傳，是又余之所深願者也。瘦石風流豪宕，闢池館，畜女樂，倚聲度曲，登之紅氍毹，以宿賓客有日矣，惜余歸促，不獲謬託於顧曲之末，是又不能無遺憾也夫。七月既望，丹徒愚弟春農蔣宗海。

清・顧雲《石榴記序》 余素不善音律而酷嗜音律，私計人世間適性陶情之具，莫此若也。矧在老病日，手間嘗博搜元明及國朝諸名家傳奇縱觀之，其最愜心者，急摘付家伶演歌以爲樂。惜未遑親叶宫商，譜製新詞，用自憾焉。瘦石先生詩古文詞，各詣精妙，誠世所稱：上駕三唐，下軼兩宋者。其所梓《斜陽館詩文全集》，久已讀而心醉之。今寄示所譜《石榴記》法曲，雒誦一過，忽不覺性爲之洽、情爲之移也。且夫人之情性，各不相謀者也。乃揣他人之性情，適以脗合一己之性情，而遂使天下後世讀吾書者，無不各自得其性情。要之，性情者，一己如是，推之他人，達之天下後世，無不如是，斯爲得也。瘦石性天肫摯而深情一往，任天籟之吹噓，極太和之洋溢，又何難適斯陶陶斯詠哉。至摩寫世俗，盡態極妍，引刻羽商，緬規合節，以視玉茗堂、栢子山樵諸篇，殆有過之無不及焉。此又其性之獨得其正，而情之無微不入者爾。昨歲入城，曾觀君家女伶矣，所見小紅、月香輩，歌喉圓囀，舞態輕翩，誠爲色技雙絶。請即將是記命按拍歌之，其流播於茜板銀箏，宛轉於蠻腰素口間者，當不知於性若何，於情更若何也。顧余老矣，雖不敢自附於聽曲識真之列，有此竊不禁心嚮往云。年姻家同學弟顧雲北墅氏撰。

清・黄晙《石榴記跋》 晙垂髫，大學長而夢夢然，每見家大人及諸同社，分題□韻，擊缽拈鬚，未嘗不瓢然心喜。數年來，趨庭之暇，學爲聲偶，尚未能成家，遑及音律哉。庚寅長夏，奉家大人避暑柴灣。大人揮汗填詞，搆病中輟，隔年始克補成。搦管時，頗授以移宮换羽之法，而晙終茫然。信才分有限，不容勉强。今年夏，書將付梓，大人畀以較訂之任，晙受命，維謹三閲月而畢。晙惟古人詩文，若《長慶集》之編簒于族弟當塗令，《昌黎集》之編簒于厥壻李氏，而出自一家嗣續間者甚少。析薪負荷，若是其難。晙何人敢當斯任。然丙戌之歲，既校家君詩集，今又校此，坐孤館之斜陽，幸春暉之方爛，蓋又愧極而終之以喜也已。男晙謹跋。

清・焦循《劇説》卷四 如皋黄振，字瘦石，自號柴灣村農，以張幼謙图圄報捷事演爲《石榴記》。

清・梁廷枏《曲話》卷三 《石榴記》，如皋黄瘦石振作也，詞白都有可觀。《神感》諸折，暗以《牡丹亭》作譜子，至《夢圓》折，則明白落玉茗窠臼。顧其自然情韻，即未必青出於藍，而模山範水，庶幾亦步亦趨也。

綜　述

清・黄振《石榴記・小引》 余性懶僻，少時從師讀四子書，及場屋制藝，輒攢眉俯首，不能終篇。至讀《左》、《國》、《莊》、《騷》，子史、詩、古文詞，稗官野史，及唐宋人説部，皆愛不釋手。食簞枕函之旁，常置一册以破幽寂。否則，嗒然自喪。記昔年見《情史・艷異編》，載張幼謙図圄報捷事，驚爲新奇，思必得孔東塘、洪昉思疎爽綿邈之筆，演爲傳奇，付吴兒於紅氍毹上，刻摹其大起大落，頃刻千里之生死寵辱，世態人情，當不知其胡然而籲天搶地，胡然而軒渠捧腹也。此志久而未就，耿耿于心者三十年矣。庚寅春，牡丹盛開，集同社諸子于柴灣村舍，酒盌詩筒，極一時韻事。西賓戴脩亭，于籬根石罅摘小草花數種，插短瓶中，顔色鮮嫩，香味甜永。問其名，皆以不知對。余曰：此逸事，奇而可傳者也。因戲填樂府小令一套，倩王子菊田擫笛，宗子杏原按拍，歌之鏗鏘合節，圓轉怡人。遂相與盡醉爲歡。閲數日，集雪聲堂看家女伶小紅、月香演梨園雜劇。宗子葭漁、范子雙桐曰：佳人演舊劇，殊覺耳目不新。子工於音律，曷作新傳奇教之。余雖唯唯，懼不副斯任。然又私計三十年來欲行之事，而竟不行。顧余老矣，他日縱有同余之志者不及見，猶不行也。于是，不揣謬妄，自四月至六月，勉成十數齣，因病中止。中冬始呵凍筆續成。就正江子樵所、蔣子星巖，相與指摘紕繆，較正舛訛。最後顧子茨山，又令增入《神感》一折，至今年春，方竣厥事。嗟乎。事之奇與不奇，與文之傳與不傳，皆不可得而知。特念東塘、昉思之後，名家繼起，作者如林。求如《桃花扇》之筆意疎爽，《長生殿》之文情綿邈者，果有其人否也。余學謭陋，詎足步驟前民。但以三十年欲行之事，而一日克遂其志而成之，少時之心，醉于《左》、《國》、《莊》、《騷》、子、史者，雖茫乎未有所得，而得力于稗官野史，唐宋人説部，于此畧見一斑焉。余之能事止已，如謂能刻摹其大起大落，頃刻千里之生死寵辱，世態人情，余敢乎哉。乾隆壬辰夏五月，柴灣村農自題。

又《凡例》 一、《琵琶》爲南曲之祖，然用韻太雜。支思、齊微通用，音調已自不協，乃更濫入魚模。寒山、桓歡、先天混用，固已牽强，乃更濫入閉口之廉纖。白璧之瑕，遂成千秋遺憾。故清遠道人、栢子山樵等繼起，非不翻新鬬巧，炫異争奇，直造元人上座。而拗腔劣韻，每不順歌者、讀者之口。則皆《琵琶》誤之也。余才學疎劣，寧守成規，間有借用，亦百無一二。

一、襯字，北曲視南曲較多。蓋北曲以氣行腔，稍多數字，與歌喉無礙。若南曲過多，不免促腔趕板，與本調音節大有關礙。然曲中抑揚頓挫，偷聲换氣，全在襯字。果多寡中節，自疾徐合拍。箏琶之外，别有餘韻縈人矣。余素昧音律，每問途已經頗不畫依樣葫蘆。至若湯臨川之才大于法旁，幾掩正則，斷不敢效。

一、入聲借作平聲，理甚足也。試聽歌者歌，入聲字原與平聲無二。吴人唱法，以入聲字出口畧斷，以分别之，此亦權宜立法。究之平與入聲行腔，果何所異同乎。至上聲作平，雖萬紅友言之鑿鑿，終屬未安，故詞人鮮有遵者。

一、每曲中有上去字，有去上字，斷不可移易者。遍查古本，無不吻合，乃發調最妙處。前人每于此加意取合務頭，余惟恪守陳規，不敢稍有師心。

一、元人如用顛不剌、没揣的、赤緊的之類，以彼時方言、土語插入詞曲，行以北人腔調，則誠妙矣。若南曲，則宗崑腔，吴兒無此科白也。且文義語氣，并無明注，不過以意默會，久久漸失本來。與其疑似，何如少用。不可以唐詩之遮莫、揭來相比例也。

一、北詞套數，前人編載明白。南詞套數，譜皆未載。余則準之《琵琶》、《殺狗》、《牧羊》、《白兔》諸記，庶幾取法于古，免譏于今。

一、牌名雖多，今入解唱者，不過俗所謂江湖十八本與摘錦諸雜劇也。就中删汰不唱者，正復不少。稍涉新異，皆瞪目束手，無從置喙矣。余惟取時曲熟牌，處處通習上口。即唱者用之，期于文妙可存，何必曲高寡和。

一、詞曲，譬畫家之顔色，科白，則勾染處也。勾染不清，不幾將花之瓣，鳥之翎，混而爲一乎。故折中如彼此應答，前後線索，轉灣承接處，必挑剔得如鬚眉畢露，不敢稍有模稜，致多沉晦。

一、上下塲詩，前人多集唐句，文氣本不貫串，不過拈一兩句與本齣稍有沾染者入之，餘皆閒文，且濫套可厭。今皆出己意，按前後章法血脉，作新詩該括之。或花面已吻，不妨插入常言俗語，倒覺新人耳目，親切有味。

一、依本傳考核，南宋端平時事，絶非臆撰。

一、圈點批評，則同社諸子，於花前小飲，月下偶吟時，隨興着筆，都無倫次，久久不辨誰氏之手。

一、南徐顔毓齋最工音律。余甫脱稿，即與手譜工尺，擫笛調之，稍有不協，即行改正，故通部無生澀詰屈之病。柴灣村農偶拈。

傳記

清（嘉慶）《如皋縣志》卷一五《名宦傳》 黄振號海漁，吴江籍，崇明人。乾隆四十九年，任掘港營都閫，嘗語將弁曰：兵以衛民，不以法度約束，何以見朝廷衛民之至意。越一載，歲旱，米價騰踴，有司嚴禁出境。振日飭各營戍兵，獲有運米出洋，即加超擢，由是價平。未幾，陞福山營遊擊。去之日，軍民餞送，攀轅擁號，至不能行。

又卷一七《文苑》 黄振字瘦石，負奇氣。所爲文，宗工大匠莫不珍賞之。築斜陽館，集賓客，放情詩酒，慷慨悲歌似燕趙間士。

清（光緒）《通州直隸州志》卷一三《人物下・文苑傳》 黄振字瘦石，父元燦，高致絶俗。振負奇氣，築斜陽館，集賓客，放情詩酒，慷慨悲歌似燕趙問士。

著録

清・黄文暘《重訂曲海總目・國朝傳奇》 無名氏上：《石榴記》。

清・梁廷枏《曲話》卷一 其餘無名氏可考，亦無别寓他名，而其曲仍行於世者，以傳奇言，國朝有《石榴記》。

清・支豐宜《曲目新編・著録八・國朝傳奇》《石榴記》。

清・姚燮《今樂考證・著録十・國朝院本》 黄振一種：《石榴記》。《曲考》入無名氏。序略云：振字瘦石，號紫灣村農，著有《斜陽館詩文集》。其所蓄女伶，有名小紅、月香者。其所居有雪聲堂。其所撰《石榴記》、《神感》一折，爲顧茨山增入。

藝文

清・黃振《雨船止宿斜陽館》 破艇乘風獨向南，黃沙白浪日西銜。遠如天上來飛鳥，近到門前落布帆。 曠野冰蟾清可愛，紙窗小屋冷非凡。田家剩有牀頭酒，暫暖蘆花舊客衫。

清・謝家梁《石榴記題詞》 西堂學富冠三吴，雜俎傳奇字字珠。今日柴灣村社裏，蠻牋譜出《石榴》圖。 富貴窮酸別一門，新翻院本《石榴》繁。老夫只愛收場好，直向圜扉報狀元。

清・仲鶴慶《石榴記題詞》 夜窗無月逕無花，天海茫茫何處家。萬斛牢騷消不得，酒尊拋却撥琵琶。 附熱驅涼世盡迷，誰能塵海識牟尼。寒酸落拓豪華貴，莫怪丈人峰太低。

清・徐麟趾《石榴記題詞》 錦軸牙籤擁百城，斜陽館老舊書生。閒將著史青霜管，寫出人間兒女情。 雨窗雲檻讀書堂，紅綻榴花襯靚妝。一自畫眉人接席，箇儂懶不繡鴛鴦。 酸寒夫壻福偏齊，怪底花陰墮竹梯。畢竟才郎能吐氣，圜牆深處報金泥。 半灣春水月遲遲，彩筆填成絶妙詞。一笑掀盃消磈磊，青燈點板教紅兒。

清・顧人驥《石榴記題詞》 浪笑狂花不及春，也從月下作冰人。肯教飛上韓憑蝶，暮暮朝朝説苦辛。 世間何事不炎凉，月證花盟總斷腸。只有庭前石醋醋，精魂不着野鴛鴦。 四堂樂府九重知，南内秋風度曲時。他日石榴開上苑，菊夫人又唱新詞。 新聲欲壓《桃花扇》，好事空傳玉茗堂。付與櫻桃樊素口，一時歌吹滿斜陽。

清・江大鋭《石榴記題詞》 北雙調落梅風老病吟都懶，香詞砌不工。掩蓬扉冥心無用，任南枝北枝花放紅，也不管春風吹動。 前腔花嶼斜陽好，柴灣淑景融。有心人吟肩時聳，向人情反覆波浪中，繪出個端平南宋。 前腔綵縷同心結，榴花隔院紅。蠢蟲兒就中調弄，甚仙童繡娥來闕宫，險化作鴛鴦雙塚。 前腔借得菖蒲酒，思澆塊壘胸。寄柔情一腔幽悃，怕炎涼儘能欺固窮，没得箇魁星跳動。

清・史鳴皋《石榴記題詞》 用盡功夫意味長，芳名千載播詞場。多情一本石榴記，笑下愁人淚萬行。集本曲中句。

清・王灝《石榴記題詞》 月落長生殿下場，人間何處論宫商。髯公樂府新翻遍，題到榴花五月香。 彩鳳烏鵶逐隊鳴，白頭含涕怨三生。虧他最小嬌兒女，會向花前説誓盟。 倚伏亨屯判一宵，圜牆枷鎖也風騷。誰人少箇青雲志，冷署秋風恨未消。

清・高謨《石榴記題詞》 無端嘻笑，無端怒罵，無端悲惋。文章固如此，儘吾儕消遣。 愛煞先生騷雅慣，選新聲、傳奇親撰。垂髫兩兒女，有風流公案。調《憶少年》。 時而書舍，時而旅店，時而囚繫。形容逼真處，有龍門佳致。 信道著書懷抱事，不徒寫、閨情而已。温柔復何似，得風人之旨。調《憶少年》。

清・陳松《石榴記題詞》 柴灣居士黄瘦石，小築斜陽館傍溪。跂脚西窗翻樂府，新聲拈到《石榴》題。 憶昨當筵月似鈎，小紅出閣囀珠喉。郎君新曲應教唱，莫遣傷春想狀頭。小紅、月香、翠竹，皆瘦石女伶。

清・何承燕《石榴記題詞》 芸窗有志，誰無箇、鴈塔題名之日。綵筆開花，書滿腹、不中狀元疇識。冷落蓬門，悽涼短褐，面帶寒酸色。自然不比，豪家氣象炎赫。 休怪俗子庸夫，閒言冷笑，驀地輕相測。湖海茫茫，君試問、幾箇羅家惜惜。心有靈犀，鴛鴦死守，肯被風波拆。一雙青眼，翻教紅粉生得。調《念奴嬌》。 韓香非竊，渾不解、爲底風流罪及。昨日東牀，今夜盜，反覆人情難測。萬仞圜牆，出時衣錦，何礙披枷入。笑他獄老，機謀徒壞心術。遥想花燭良宵，紅絲綰處，各把芳心述。不是泥金，郎報捷、恨殺蓬山重隔。酹了花神，還須念到，暗裡魁星力。不然榴火，窗前開落如昔。調《念奴嬌》。

清・施承烈《石榴記題詞》 天半金庭插九峰，天台山有九峰名金庭洞天。傳聞采藥有仙蹤。誰家嬌小紅榴下，也似桃花洞口逢。

荆襄凋弊苦元兵，誰出茆廬一扇平。十萬健兒齊卸甲，帳中跪拜老儒生。

笑他一女兩東牀，擇配嚴君失主張。自古窮酸多富貴，人情底事有炎凉。

三載東家宋玉鄰，相窺未許一相親。如何便入牢籠計，畢竟風流太認真。

無端婚媾强相求，總是紅閨起禍由。省却傷心多少事，當年不上媚春樓。

森森犴狴赭衣人，瞬息紅袍馬上新。轉怪殷勤一巵酒，魁星不謝謝花神。

清・吴廷燮《石榴記題詞》 芒鞋人踏萬山秋，風雨歸來半白頭。閒煞兔毫無所事，借他詞曲寫風流。

不報泥金太不堪，千金盟誓託空談。當時豈少梁山伯，寧第傷心碧蘚庵。碧蘚庵，梁祝讀書處。

雪聲堂上帽簷斜，小部新粧學内家。消得人間多少恨，曉風殘月按紅牙。

《桃花扇》子《長生殿》，得此殊堪鼎足三。不道柴灣老詩客，新聲傳唱滿江南。

清・徐錫爵《石榴記題詞》 青衫未是動人時，莫訝紅羅判合遲。塊壘三杯消不得，燒燈且唱《石榴》詞。

紅粉黄金樂不違，天教庸俗早因依。丈夫苦被塵纓縛，逼取青天萬里飛。

清・范光奎《石榴記題詞》 一曲紅牙唤奈何，雪聲堂上我頻過。吴娘未老風情在，好付新詞踏臂歌。

兩字多情苦未休，學堂兒女解温柔。人間一本韓馮樹，支得寒風耐得秋。

一自花前密誓成，春殘樓上怕啼鶯。掌中一粒相思子，數載寒窗風雨情。

冤海愁雲鎖不開，忽聞恩詔出蓬萊。書生不用消魂死，及早名成天下才。

樂府新編絶妙辭，仙才淪謫已多時。可憐歷盡繁華夢，一館斜陽兩鬢絲。

月香絃索小紅簫，一曲新歌別様嬌。廡下賃春人已老，不堪良夜漏迢迢。時予授學雪聲堂。

清・徐觀政《石榴記題詞》 閨中兒女忒多情，紅豆何妨記昔盟。狡獪天心上弄巧，先教新婦作門生。

門掩斜陽客放顛，柴灣風月自年年。佳詞應選佳人唱，除却紅兒莫浪傳。

清・管濤《石榴記題詞》 合付當筵菊部頭，偷聲減字擅風流。桃花翻盡天臺案，一種閒情寄石榴。

清絲細裊棗花簾，腸斷尊前昔昔鹽。寄語世人嚴勗子，休將兩小信無嫌。

只解情癡不解愁，誓花初願竟能酧。紅閨多少憨兒女，從此深深學拜榴。

不是鄒枚太史公，也從獄底受磨礱。當時若少泥金捷，並蒂蓮花死守紅。

嫁與春風不用媒李賀，豈知平地是天臺方干。碧沙洞裏乾坤別曹唐，一樹山榴依舊開劉禹錫。

清・冒椿《石榴記題詞》 誰無心思託琵琶，争及文通筆有花。按定九宫翻樂府，西廳吟到日西斜。

驚煞當時皮相人，禁中迎出狀元身。區區兒女悲歡事，未覺詞人感慨真。

離奇難測是穹蒼，予福先何予禍殃。不是文光沉獄底，鰲頭占得亦尋常。

歌管華堂歲歲同，曾無妙筆寫春風。閒時譜就霓裳曲，月下鐙前付小紅。

清・王燦《石榴記題詞》 老向朱門作校書，青鐙夜雨讀陰符。縱然有箇治安策，兒女消磨亦漸無。

密意幽情願自賒，三生誓畢隔天涯。聲聲杜宇啼紅血，染出庭前一樹花。

文星受謫降中天，掩彩埋光亦可憐。不是嫦娥舒玉腕，誰開雕籠出飛仙。

月明人度苑邊牆，貪盡歡娛死未妨。好是蓮花原並蒂，五湖何限野鴛鴦。

櫻桃紅破柳青青，家樂當年艷女伶。潦倒名場誰在眼，與君閒坐舊旗亭。

清・李岐《石榴記題詞》 妾折花枝，郎騎竹馬，天然燕侶鶯儔。書牕厮守，眉眼幾春秋。證得三生密誓，小亭外、一樹紅榴。誰知道，文鴦未嫁，風浪起河洲。 天公，緣底事，關山戎馬，做盡恩讐。使一家骨肉、散若萍浮。逼向茫茫黑海，無路處、現出圓邱。真奇絶，雙鳴彩鳳，飛舞出秦樓。調《滿庭芳》。

清・宗孔思《石榴記題詞》 始信人間有謫仙羅虬，裁霞曳繡一篇篇方干。愁腸斷處春何限温庭筠，留與工師播管絃。湯悦舊。

窗風月更誰親趙嘏，蛺蝶雙雙護粉塵李商隱。盡日後廳無一事白居易，海榴紅綻錦窠勻。元稹。

慵紅悶翠掩青鸞韓偓，相見時難別亦難李商隱。此日與君除萬恨薛能，禮闈新榜動長安。劉禹錫。

清・郭健《石榴記題詞》 讀書胡不早成名，反覆無端世上情。寧止石榴多感慨，秋清萬木有悲聲。

長夏江村逸事多，水亭涼處放高歌。新聲譜與紅兒唱，皤腹掀髯偃碧柯。

清・石峯《石榴記題詞》 折花騎竹早留情，一對書窗學語鶯。不向牡丹亭畔去，紅榴樹下印三生。

休推白下金鵝館，不數西江玉茗堂。冷落才人猶氣概，銅琶鐵板送斜陽。

清・喬林《石榴記題詞》 萬里歸來兩鬢華，薰風池館夕陽斜。閒居只有情難遣，惆悵紅榴一樹花。

同窗又喜是同庚，兒女無知亦有情。院宇沉沉人寂寂，剩他一對小書生。

難將否泰測蒼穹，瞬息風雲態不同。多少金錢占玉闕，狀元出在赭衣中。

斜陽館裏樂如何。尊不曾空客轉多。填就《石榴》新樂府，月香吹笛小紅歌。

清・江干《石榴記題詞》 落落山村，閒閒日月，先生儘勾銷磨。數莖華髮，萬里憶關河。也覺逢人不少，終輸與、兒女情多。又何怪，香山白傅，樊素一聲歌。 舊詞，塵土棄，新翻繡譜，花樣猗儺。爲風流世界、買斷愁魔。不顧金釵十二，多因爾、蹙損雙蛾。簫吹咽，紅燈將暗，今夜夜如何。調《滿庭芳》。

富貴何難，神仙自有，人間萬事尋常。奇才絶色，天也妒成雙。一哭斜陽廢塚，能多少、地下鴛鴦。銷魂劇、梁生祝氏，風雨舊書堂。 而今，同學異，聰明兒女，懵懂爺娘。只榴花笑煞、就裏行藏。莫怪經書懶記，多情字、過目無忘。誰知道，別離滋味，還要斷人腸。同前。

罪業如山，恩情似海，秀才難死難生。匆匆一別，人斷小樓深。道是牆高賈午，阻不得、韓壽三更。誰曾料，一篝燈火，鈴柝響千聲。 老親，知得否。煢煢弱子，受此磨凌。縱邊鴻飛去，訴與悽清。難把千軍萬馬，能爲爾、力解圍城。真奇絶、飛書報捷，姓字寫泥金。同前。

柳汁衣新，桃花馬疾，家家卷盡珠簾。昨朝前夜，貧賤有人嫌。只得羅娘心思，堪昭告、后土皇天。春無恙、從容相見，一對蘂宮仙。 少年，休眼熱，如無厚福，未有奇緣。是先生憤筆，極寫纏綿。萬古離魂怨魄，招來看、美滿團圓。斜陽館、梨園小部，日日有悲歡。同前。

清・徐攀龍《石榴記題詞》 黄泥岡子槿籬笆，舊是柴灣處士家。風雨青燈無箇事，新詞譜出石榴花。

快人心目斷人腸，情理多乖罪不妨。莫謂良緣偏蹭蹬，不成歌哭豈文章。

跳躍文星下紫宸，功名提出難中身。前人事與才人筆，合有靈奇動鬼神。

百年詞賦愛斜陽，慚愧先生鬢欲霜。何日重逢尊酒夜，畫堂絃管看登場。

清・陳模《石榴記題詞》　休因離別怨干戈，名士文章託興多。借一子虛兒女事，當筵擊筑放悲歌。

愛我丹青結撰奇，教圖離合與歡悲。衣冠優孟吾能寫，跌宕風流不易爲。《石榴記》全圖十六幅，命予寫意。

清・黄巖《石榴記題詞》　坐老窮鄉。看年光如駛，没箇商量。歎古怪穹蒼，太狡猾捉拏不定，就多變幻，花鳥恁匆忙。將往事，細推詳。若非反覆無常底，後來歡笑，先有悲傷。問誰不偃蹇，何我獨荒唐。高莫測，恨茫茫，寫幾套文章。牧笛兒兄歌弟和，度了凄涼。調《意難忘》。

蔣士銓

論説

清・張三禮《空谷香序》　文字無關風教者，雖炳耀藝林，膾炙人口，皆爲苟作。填詞，其一體也。史家傳志之文，學士大夫或艱涉獵。及播諸管絃，托于優孟，轉令天下後世觀場者，若古來忠孝賢奸，凜然在目。則填詞足資勸懲、感發者亦重。元人雜劇限于篇幅，故事曲繁白贅，節目殊多牽混。南曲既興，名作亦鮮。《琵琶》詞意深摯，質樸高華，無有倫比。雖以《幽閨》、《祝髮》專工本色，且難追步。其他淺俚癡肥者，固不足道。而妖艷靡曼之音，誨淫倡亂，甘以詞章得罪名教。遂使毛穎、陳元失身溷廁。楚炬秦灰，不能廓清摧陷。豈非詞塲冤山苦海歟。或有迂儒解談忠孝，又苦筆陣庸腐，麻木不仁。而輪囷滯拙，使人讀之不快，亦恨事也。余守越州，獲交苕生太史，最稱契洽。太史歷落嶔崎名山友教，跌宕于文章，氣誼間有不可一世之概。酒闌燈灺，意有所觸，輒縱筆取古今事作金元院本，以發揮其志趣。此《空谷香》傳奇，其一種也。余謂海内如顧姚之事者，不知凡幾，不遇苕生，莫傳姓氏。今觀三十首，菀結纏綿，淋漓透豁，意則草蛇灰線，文則疊矩重規，語則白日青天，聲則晨鐘暮鼓。吾不知出于仙佛之炎炎皇皇耶，出于兒女子之喁喁于于、凄凄楚楚耶。抑出于苕生之諄諄懇懇，借存提命耶。問之苕生，不知也。苕生曰：吾甫搦管時，若有不能遏抑者，洋洋浩浩，奔注筆端，乃一決而出焉。吾固不知孰爲仙佛，孰爲兒女子，而遂成吾《空谷香》之三十首矣。予曰：此有關風教之文也。亟授梓氏，使讀其曲者，共思其人云。

清・張三禮《桂林霜序》　史册忠貞義烈之臣，或異或同，後先輝映，即學士大夫不能僂指其幸。而傳播天壤，雖愚賤皆知姓名者，則托于詞客，演于伶人之故。然則一丈氍毹，兩牀絲竹，關乎名教風化也，亦大矣哉。國初，三孽鼎沸其間。殉保障而死職守，與夫合門同盡者，如繁星閃爍霄漢。汗簡昭垂，藏諸册府，海内閭閻之人弗知也。若似茫茫古今，只此岳鵬舉、楊椒山輩數公撐持宇宙而已，不亦隘乎。苕生太史，氣和而性烈。每與談史事，目光射人，唏嘘壯激，聲錚錚不可遏，齷齪之士輒避去，予弗敢厭也。今夏太史病瘧兩旬，既愈，出新詞一帙，笑謂曰：此痁語也。盍覽之。予讀于乙夜，乃知爲馬文毅合家殉廣西之難而作。揆勢揣聲，如見其人，如聞其語。以至性寫奇人，故宜如是。予咏嘆之餘，嗚咽不能卒讀。而家人僮婢，咸倚壁拭涕，不勝悲哽。其所感又何摯歟。然特觀之紙上，誦之燈前耳。假使優孟寫生，聲容曲肖，其感發懲創之有裨于風教也，又可知矣。因勸亟付剞劂。俾文毅合門靈光浩氣，由斯普現大千也。豈非忠烈之所甚願乎。

清・江春《四絃秋序》　白太傅文章風節，載在正史。余讀其詩，每心儀其人，將重編《長慶集》付諸梓。適鉛山蔣太史心餘過我秋聲館，因出所創《凡例》就質焉。太史拊掌曰：善。遂相與上下其議論。偶及《琵琶行》，舊人撰有《青衫記》院本，命意遣詞，俱傷雅道。太史工填詞，請别撰一劇湔雪之，太史欣然諾從。閲五日即脱稿，題曰《四絃秋》，示余，余讀之而嘆。嘆夫太史之才之大，徵引不出本事，而閨房婉轉，遷客羈愁，描摹鏤刻，一一曲盡其妙，乃益笑昔人之拙。其增添新意，正苦才窘耳。亟付家伶，使登塲按拍，延客共賞。則觀者輒欷歔太息，悲不自勝，殆人人如司馬青衫矣。夫文之至者能感人。太傅之詩，與太史之詞，皆千秋絶調，合而爲一，其尤足以感人也，不亦宜乎。太史既收入《外集》，余復爲之序其顛末如此。

清・張景宗《四絃秋序》 蝦蟇陵下，兒家門户重開；翡翠函中，史院詩詞雙絶。遡青衫之歌泣，事以感生；揮彩筆之雲煙，興從境起。美人香草，雲山助詞客謳吟；戍婦飛蓬，霜雪乃征夫寄託。總緣千古情同，遂致一時紙貴。若乃碧雞坊裏，少小知名；金馬堂前，詞華獨擅。佳人才子，同推名噪當時；怨婦逋臣，忽漫相逢異地。泉流鶯語，悽清發子夜之謌；鐵騎銀瓶，慷慨解商人之襪。石銜精衛，潯陽苦海難填；血染杜鵑，京洛旅魂如結。薔薇盥手，清芬現五色之絲；芍藥爲心，嬌豔出四絃之響。借酒澆重重磈磊，君其然乎；搓酥成字字珠璣，我真醉矣。請付紅兒菊部，悲涼共看沾襟；試起白傅蓬山，今古應稱同調。

清・陳守詒《香祖樓後序》 予情渺渺，引自無端；此境依依，因而有着。剪柔絲而不斷，亂緒偏多；遏逝水以難停，驚波靡定。都無起止，心花發向誰邊；忽有勾留，意蕋粘于空際。蓋從因示現，遂繾綣之非常；以相生緣，竟纏綿而莫解。聯寸衷于脉脉，此之謂情；生百感于茫茫，轉成爲恨。情能終局，歡娱皆係前塵；恨少收場，苦惱多由宿業。嗟乎，補情天之缺，采石焉求；填恨海之坑，冤禽罔訴。乃有文章大手，挽恨水之奔濤，肯將詞賦餘波，潤情田之槁壤。婆心隱躍，假風月以寓雷霆；苦口瀾翻，藉褒彈而爲棒喝。寄詼諧于莊論，無非指點迷津；寫名理于清言，不異商量正學。此《香祖樓》一編之所由作也。原夫花生上界，三枝偶作低徊；因之刼墮閻浮，一室來成眷屬。天關共轉，巍巍手握樞機；世網争投，赫赫途分靈蠢。六般成就，旗邊字字分明；各種無常，簿上紛紛領受。爾乃協紫綏黄裳之吉，現宰官仕女之身。户列三星，圖成二美。桐陰比翼，翔阿閣之鸞皇；銀漢交翎，戲仙橋之鳷鵲。情之正者，福用歸焉。別有孤根屈曲，秀出卑枝；弱羽襹褷，生爲窮鳥。造化不加憐惜，鬼神安肯護持。是雨露之所遺，任風霜之交妒。偶登鷲領，便稱弟子陀羅；纔近蓮臺，許作慈航龍女。于是緑珠堆米，換取璧人；寶帳垂烟，遮藏金屋。南園鬭草，花底隨肩；碧沼觀荷，尊前聯詠。極倡隨之樂，邊旁倚此娟娟；訂燕婉之盟，固結期于世世。不料貪狼無饜，中山之毒肆流；黠鼠多謀，半夜之奸叵測。雖鋤凶有律，堂縣燭恠之犀；而縛鬼無憑，符少辟邪之咒。嗟乎，草難獨活，花作將離。斷寸寸之猿腸，洒行行之鵑血。零丁賦命，孑爾小星；揖遜廿心，賢哉大婦。春光九十，便算一生；恩愛萬千，難留半晌。空抱重圓之鏡，徒悲已缺之甌。休言笛授花奴，枉説樓名香祖。從此魂銷海畔，頻延屢死之生；目斷天涯，再穌雙聲之韻。帛書寄去，盼穿河北關山；油壁推來，笑煞黨家風味。且向銷金帳下，凜凜數言；試看刁斗聲中，錚錚一命。于是，桑扈絶交飛之想，高吟求友鶺鴒；芄蘭釋紉佩之憂，不唱换巢鸞鳳。同仝趙璧，謀從間道而歸；誰失楚弓，暗買曲張而得。入雄狐盜藪，依然不染亭亭；假雌虎獅威，猶是無瑕皎皎。無何王師自天而下，蟻賊據險以迎。九重授鉞，誇渠横海將軍；三十登壇，是妾封侯夫壻。郎真羆虎，僕亦崑崙。沙吒利函顱有匣，敢將柳氏潛藏；古押衙救死無丹，空把王孃偷出。嗚虖，半庵落葉，掩此哀蟬；滿馬征旗，難招別鶴。徒使殘魂一縷，化爲幕上之烏；雖餘細柳千絲，莫返樓中之燕。情之恨者，人也天乎。若乃將仲子兮，其癡難及，猶夫人也，厥愛惟均。衾裯陳列鼎之圖，枕簟結同功之繭。他生未卜，此生先説休休；小别如何，永别居然草草。捧遥緘而隕涕，高樓拍徧闌干；坐冷月以懷人，破驛聽殘鼓角。獨尋蕭寺，可憐少婦離魂；晝寢空堂，還續香樓前夢。莫不以癡償恨，以愛生魔，敢云本德爲功，恃緣成福。夫奉行惟善，曹司有紀録之神；食報不虚，戰壘集酬恩之鬼。雖恒理之可信，實寓言之有加也。至于蟻穿蚓蝕，皆爲芳烈所招；即教幡護架擎，亦係馨香宜有。魔寧任過，義敢稱功。若非帝釋前後諄諄，將使衆生來回瞢瞢。此又情關之妙于其轉者也。嗟乎，舞衫歌扇，大半宣淫；檀板金樽，無非行樂。説理者落于腐障，掩耳思逃；醒世者墮入狐禪，遊談惹厭。惟本忠孝節義之旨趣，發爲布帛菽粟之詞章。質非傖父之敷陳，雅異俗流之掉弄。雲霞結綺，目眩者方知五色成文；琴瑟和聲，傾聽者始識八音吹律。試問俳優陋語，可能感動至情；若無筆墨化工，不足維持名教。借酒盃而歌哭，自君出矣。奚殊三疊清商，觸恨壘以咨嗟。惟我聽之，不啻一聲《河滿》。

清・羅聘《論文一則》 甚矣，《香祖樓》之難于下筆也。前有《空谷香》之夢蘭，而若蘭何以異焉。夢蘭、若蘭同一淑女也，孫虎、李蚓同一繼父也，吴公子、扈將軍同一樊籠也，紅絲、高駕同一介紹也，成君美、裴畹同一故人也，小婦同一短命也，大婦同一賢媛也。使各爲小傳，且難免宮禾麥之悲恍，繚繞於波濤浩渺間。有令人慷慨唏嘘，不知涕之何從焉。因嘆文章之能移我情也。正使子長復起爲之寫生，恐不能傳神至此。即以此補《新建縣志》祠墓之缺焉可耳。

清・阮龍光《第二碑序》 鴻文補闕，曾志貞妃；彤管分編，仍歸史筆。幸舟藏之未泯，葜葬堪悲；嘆墓禁之誰申，堂封將隘。殘碑數尺，忍没如斯；破屋幾家，實偪處此。何幸重來方伯，擴清一薦香芩；不圖舊日詞壇，傳播再翻新調。碣刊第二，依然一片韓陵；拍按無雙，怕聽三更鬼唱。洵千秋之佳話，慰十載之遐思。賡韻於西子樓邊，顰愧東鄰之效；尋詩在隆興觀側，車同下澤之遊。嗟乎，曳明璫翠羽，以來香籠夜魄；訪金盌玉魚，而至□滿靈旗。偕仙令以扶持，伍松滋有兹後裔；藉史官而紀載，蔡陳留應是前身。凡此移宮换徵之清音，要皆揚烈表忠之健筆。是以飲香浴露，韻分中秘之馨；因而横錦粲花，鮮濯西江之水。聲流簡外，都緣文以情生；艷發毫端，甯等老而才盡。宿雲花榭，十手争傳；牖日芸窗，六么頻按。播雅音於豪竹哀絲之會，誰知我亦登場；開清讌於蟹肥橙熟之秋，共羡君能顧曲。

清・張塤石《冬青樹序》 文章爛漫易，老境難。老而乾瘠，非老也，老而健，老而腴。刊去枝葉，言無餘賸，此爲老境。非少年學人才人所可幾及也。心餘先生所撰院本，如《空谷香》、《桂林霜》、《臨川夢》若干種，流播藝苑，家黦其書。而《冬青樹》一種，最後出。其時落葉打牕，風雨蕭寂，三日而成此書。以文山、疊山爲經，以趙王孫、汪水雲幕府諸參軍，及一切遺民爲緯，采掇既廣，感激亦切。振筆而書，襃貶各見。此良史之三長，略具於此。而韻如鐵鑄，文成花粲。此先生老境之文如此。子由序東坡和陶，謂無老人衰憊之氣者，有如是也。予交先生時，年未及三十。其後爲翰林，名益高，文益奇。而諸子皆能讀父書，取科目，俾先生淡泊榮利，爲風雅中之巨擘焉。烏虖。天之待先生不爲薄也。此書成，首以眎予。予考文山坐卧一小樓三年足不履地，此見正史，而有不足信者。《指南後録》有《五月十七夜大雨歌》、《築房子歌》、《七月二日大雨歌》諸詩，咸道狴犴之苦，沮洳溼毒。自兵馬司移宮籍監，稍爽塏，旋還所司，械項縶足麥述丁，并收公棋奕，筆墨書卷。則所謂小樓者，絶無其地。先生填詞曰：天涯静度如年日，樓中頻和少陵詩。此蓋沿於正史也。此書除《勘獄》一劇，餘皆實録。雷同，瓜李之嫌。况又别撰三十二篇洋洋灑灑之文，必將襲馬爲班，本晌成祁，安能别貢于邕判，優于敖也乎。作者曰不然。夢蘭之吴公子、成君美，實有其人。若蘭之外，皆不可深考。吾以蘭爲獅之球，龍之珠，馗之鬼睛，布之戟支焉。按《蘭譜》，蘭之紫者、黄者、白者，皆有姓名也。害蘭者蚓與蟻也，架高則免焉。而又護之以風幡，培之于九畹，自能展其媚而揚其芬也。于是布子分罫，立經陳緯，製局謀篇，穿插掩映。將複轉離，欲粘反脱。試合兩劇而參觀之，微特不相侵犯，且各極其變化推移之妙。嗚呼，神矣哉。予謂不善爲文者，如拙工之寫生，秦人越人，無不相似者，善爲文者不然。伯喈必非仲喈，家臣斷非至聖也。玉茗先生，寫杜女離魂若彼矣。作者偏不畏其難，而一再攖其鋒，犯其壘，弗以爲苦。寫夢蘭之死，則達也；寫俞娃之死，則戀也；寫若蘭之死，則恨也；皆非若麗娘之死于情欲之感。而立言之旨，動關風化，較彼導欲宣淫之作，又何其婉而多風，嚴而有體也耶。至首尾二篇，以情關爲轉捩，發出徹地通天之論。造語神奇，説理平實，括三乘于半偈，韜萬派于一源。又何其解悟神通若是歟。昔人以填詞爲俳優之文，不復經意。作者獨以古文法律行之，搏兔用全力，君子于其言，無所苟而已矣，不信然乎。

清・王均《第二碑叙》 義烈之顯載邑乘者，不待傳也。惟志乘所畧，而又事涉嫌疑，不得文人之筆宣播之，則其跡不彰，而其義且終晦。明甯庶人之妃婁氏，紙結沉江之事，洵足嘉矣。或有以叛臣之妻少之者，以故二百年來，僅一青原方伯表識其墓。而數弓塋址，襍遝民居，欲求一欣爲擴清者不可復得。蓋狃於斯議耳。不知宸濠雖叛，妃則始以歌諷，繼以泣諫，終以死殉。其忠也、義也、烈也，不相掩也。今讀苕生太史《後一片石》填詞，乃知署方伯蕭堂觀察吴公，不惑羣議，毅然爲培其墓，表其坊，遷其民舍，而新建伍明府復襄其事，爲泐碑以誌焉。噫，是何精於辨義，而勇於旌善乎。昔青原方伯之表妃墓也，太史實啟之。聞時尚未通籍，兹《第二碑》傳奇，以方伯擬向日之錢公，見亭爲今日之薛生，是不惟兩方伯後先媲美，而兩君之力爲先容。擬以范文正爲秀才時，即以天下事爲己任亦何多。讓予諸子向師見亭，特與予契，因郵是編囑予序之。嗚呼，方伯之闡揚義烈，兩君之扶植人倫，心心相印。所謂文章有神交，有道者歟。予退食之餘，庾樓憑眺，輒携此帙臨江諷之，尤愛〔醉花陰〕數闋，怨慕情深，低徊欲絶。而故

清・楊恩壽《詞餘叢話》卷二 《藏園》九種，爲乾隆時一大著作，專以性靈爲宗。具史官才、學、識之長，兼畫家皺、瘦、透之妙，洋洋灑灑，筆無停機。乍讀之，幾疑發洩無餘，似少餘味，究竟無語不鍊，無意不新，無調不諧，無韻不響。虎步龍驤，仍復周規折矩，非凫西、笠翁所敢望其肩背。其詩之盛唐乎。《空谷香》、《香祖樓》兩種，夢蘭、若蘭同一淑女也，孫虎、李蚓同一繼父也，吴公子、扈將軍同一樊籠也，紅絲、高駕同一介紹也，成君美、裴畹同一故人也，姚、李兩小婦同一短命也，王、曾兩大婦同一賢媛也，各爲小傳，尚且難免雷同，作者偏從同處見異，夢蘭啓口便烈，若蘭啓口便恨，孫虎之愚，李蚓之狡，吴公子之戇，扈將軍之俠，紅絲之忠，高駕之智，王夫人則以賢御下，曾夫人則因愛生憐。此外如成、裴諸君，各有性情，各分口吻。無他，由於審題真，措辭確也。兩種均有《混江龍》長調：一則就情字生議，經史皆成注脚，引商刻羽，居然蘇海韓潮；一則醜詆鹺商，即《牡丹亭》所謂紙銅錢夜市揚州界也。【略】香山《琵琶行》，不過自寫其淪落耳。《青衫記》以香山曾昵此伎，送客時始得重見，納爲篷室，命意遺辭，齷齪可鄙。苕生先生嘗客揚州，偶見是劇，遂別填《四絃秋》院本，七日而成。就本詩布局，組織香山本傳、憲宗時事，絶無添設，自具波瀾，洵足洗《青衫記》之陋。《送客》一齣，老伎口吻宛然。近日旗亭，惟此齣傳唱更夥。

清・梁廷枏《曲話》卷三 蔣心餘太史九種曲，吐屬清婉，自是詩人本色。不以矜才、使氣爲能，故近數十年作者，亦無以尚之。其至離奇變幻者，莫如《臨川夢》，竟使若士先生身入夢境，與四夢中人一一相見。請君入甕，想入非非；娓娓清言，猶餘技也。《桂林霜》、《一片石》、《第二碑》、《冬青樹》四種，皆有功名教之言。忠魂烈魄，一入腕中，覺滿紙颯颯，尚餘生氣。《香祖樓》、《空谷香》兩種，於同中見異，最難下筆。蓋夢蘭與淑蘭皆淑女也，孫虎與李蚓皆繼父也，吴公子與扈將軍皆樊籠也，紅絲、高駕皆介紹也，成君、裴畹皆故人也，且小婦皆薄命而大婦皆賢淑也，使出自俗筆，難免雷同，乃合觀兩劇，非惟不犯重複，且各極其錯綜變化之妙，故稱神技。《四絃秋》因《青衫記》之陋，特創新編，順次成章，不加渲染，而情詞悽切，言足感人，幾令讀者盡如江州司馬之淚濕青衫也。《雪中人》一劇，寫吴六奇，頰上添毫，栩栩欲活。以《花交》折結束通部，更見匠心獨巧。心餘强袁子才觀其所撰曲，曰：先生只當小病一場，寵賜披覽。袁不得已，觀之。次日問：可有得意處否。袁曰：任爾忒聰明，猜不出天情性，惟兩語極佳耳。心餘笑曰：畢竟先生是詩人，非曲客。造物豈憑翻覆手，窺天難用揣摩心。此商寶意《聞雷詩》，爲予曲之藍本也。乾隆十六年，恭逢皇太后萬壽，江西紳民遠祝純嘏雜劇四種，亦心餘手編。第一種曰《康衢樂》，第二種曰《忉利天》，第三種曰《長生籙》，第四種曰《昇平瑞》。徵引宏富，巧切絶倫，倘使登之明堂，定爲承平雅奏，不僅里巷風謡已也。

綜述

清・蔣士銓《一片石・自序》 前明甯庶人婁妃沉江後，爲南昌人私葬。二百年來，無有志者。乾隆辛未春夜，南昌蔡書存先生謂余曰：昔聞朱赤谷老人言，婁妃有墓，在城外隆興觀側，今廢矣。碑趺尚存。惜無能復之者。余頷之。明日，告青原方伯，意怏怏。急遣吏訪得其處，遂立碑表識之。越三日，有鍾某來謁方伯，伏地拜不起，曰：某本上饒婁氏裔，妃即某先世祖姑。因避逆藩禍，易姓鍾。旋徙居隔江沙井。崇禎末，宗室子弟鬻妃墓，爲郡守陳公建生祠，守憫焉。索地券，益官牒一紙，給某家世守，戒勿更售。鼎革時，塚漸傾廢。後建上饒新建兩漕倉，以有妃墓故，虚其間隙地數丈，今市兒各搆屋實之。乃探懷中牒以獻，則硃墨符篆，居然前代物。方伯喜慰，信益篤。或疑妃沉樵舍，有順流西下皖江耳，安得逆溯城闉。是獨不聞曹孝娥叔先雄之故事乎。夫義烈之鬼，皮骨苟存，且有應聲逐人者矣，有反側鼎鑊中者矣，精氣不泯，可動天日。區區河伯，敢不迴既倒狂瀾，成賢妃首邱之志。然則好爲議論者，固未可執方隅固陋之見，以斷其爲必無也。妃之窆也，余固未見勝國官牒，則既見之，豈鍾氏于百歲前，逆知有彭公其人，而預爲此贋物相待，是不辨而自明矣。余時撰《南昌縣志》，乃紀其事，參雜志中。以地屬新建，故，《祠墓篇》中，例不得載。尚竊懼其弗播人口，霪雨溜簷，新蘚上四壁，硯中塵薄若蒙縠，一燈熒熒然。乃起濡殘墨，衍其事爲《一片石》雜劇，其間稍設神道附會。精誠所感，又何必不爾耶。若詼笑點染，以鄉人言鄉事，曼聲拉雜，謂之捺土音可也。山川落落，客有渡章江者，或向此石作寒山語，即非方囘，是亦解人矣。

清・蔣士銓《空谷香傳奇・自序》 海甯姚氏，爲南昌令尹。顧君瓚園賢姬，事令尹十有四載。乾隆庚午冬，誕一子，甫及晬而姬死，時年二十有九。予往弔之，令尹痛而慟，同人竊有笑之者。令尹獨留予飲繐帳側，語姬生平事最詳，凡三易燭，而令尹色沮聲咽，予亦泫然不能去。夫姬以弱女子未嘗學問一絲，既聘，能爲令尹數數死之，其志卒不見奪，雖烈丈夫可也。方欲爲姬作小傳。越日，晤方伯王宗之先生，語及之。先生曰：吁。姬其可傳也已，天下事有可風者與。爲俗儒潦倒傳誦，曷若播之愚賤耳目間，尚足觀感勸懲，冀裨風教。予唯唯。既而兩赴春宮，轉徙燕齊間且三載。當風霆雨雪，空齋几坐時，釐念夙諾，心口間輒汩汩然欲有所吐，而究未能踐。甲戌乞假還，寒舟孑然，行迴颷洄渚中，歷碌如旋牀。疏櫺四閉，一榻自欹。乃度事勢，揣聲容，譜爲《空谷香》傳奇，凡三十篇。日有所得，即就隙光中縱筆書之。脱稿後，擊唾壺而歌。聲情颯颯，與風濤相蕩激，此身若有所憑者。回視同舟之客，皆唏噓泣數行下。噫嘻。姬之貞魂，烈性感人，遂至如此。夫他若刻畫小人，摹寫世態，又二十載飄零閲歷所助，知我者何罪焉。因念斯世之大，飲刃投繯之婦何日無之。其埋没泥塗骼胔中者，安能一一在人耳目間，寄百端于茫茫，存什一于千百，亦可長歌當哭矣。明日歸質方伯，或令伶工演習之，未審酒緑燈紅之際，令尹當何如。觀場者又當何如也。

清・蔣士銓《桂林霜傳奇・自序》 西興，古驛也。驛有丞，狹隘迫蹙，蹴躇隨牛馬走。官斯者猥俗自厭，過客弗顧焉。予棲越州六載，涉羅刹一江如履閾。馬君宏壎來爲丞，予輒止行李驛門，數與語。初以爲馴謹儒士也，及君出《扶風譜系》相示，始詳其家世。於戲，忠義之門，顧亦官此耶。君曰：某家以文毅公難，廕世叨恩襲，某兄今列佐領，固如舊。惟某久困一衿，鰥居二十年，家壁立。乞升斗微禄，養子女耳，豈得已耶。予聞而悲之。按譜，馬氏顯列仕籍者。自別駕公起家，生廣文公，至總督，公門乃大。而文毅公挺然繼起，殉厥封疆，合門靖難，年纔四十有四。嗚呼，偉矣哉。先是天啓辛酉，遼左兵變，廣文公晝夜守城，力頓瘁。夫人趙氏聞訛言，倉卒驅女孫入井，率家人死者四十餘口。去康熙丁巳未六十年，而廣西難作，何其慘也。國初，三孽跳梁，諸臣死者纍纍。然目炬脣鋒，赫然史册，即釵笄角丱，同任國殤者，亦難歷數，顧皆慷慨捐生，雖難而未極其至也。若文毅半載空衙，四年土室，凍骸餓殍，縱横陼阢間。虎倀雉媒，魃沙魚餌，日陳左右，而屹然不動。卒至噀血常山，旋飈柴市，偕四十口槁葬尸陀。嗚呼，可謂極其難者矣。長夏病瘧，百事俱廢。瘧止，輒採其事填詞一篇，積兩旬，成《桂林霜》院本。酷暑如熾，攜枕簟就裸樹下，卧而讀之。侍疾者愀然而悲，听然而笑，予且不知其故也。他日，客有過予者，曰：讀君《空谷香》，如飲吾越醖，雖極清洌，猶醇醴也。此文則北地燒春，其辣逾甚。豈五齊之法未辨耶。抑秫稻麴蘖，湛饎水泉之異性，陶器火齊之殊用耶。願聞其旨。予韆然曰：枚皋飛書，相如典册，辛毗寒木，劉逖春華，夫固各有其筆也。冬日飲湯，夏日飲水，甘酒母痰，燒春宰凍，所宜有間焉。子酒家南董也，予痁語耳。若砭予文，當求之和與緩。遂召馬君而貽之，君不能出一詞。淚浪浪溢卷端，再拜而去。

又《書後》 人臣死厥職，婦死其夫，子死其父，奴死其主。同一食禄忠事之義，敢希褒卹之施，俎豆之祀乎。然國家教忠之典至隆，所以激揚風節，俾事人者洗革二心，益惇恭棐，知雖死若生，雖亡若存。其榮顯於身後，更能保世而滋大。馬氏世篤忠貞，備邀恩禮。惟同殉之子女奴婢等三十五人，未叨矜卹。想國初功令，例未及此，或以慎重勳勞，隄防冒濫，未可知也。伏見我皇上宣威闢土，賞罰嚴明，雖至微極賤之人，苟能盡力捐軀，則綸綍涣汗之必及，而録其姓名，矜其妻子，使枯骸剩魄，淪浹仁恩于九原者，咸思結草仰報，以効犬馬未終之志。嗚呼，彼三十五人者，時命事會之遭耳，奚敢稍存遺憾歟。此篇以神道結之，人天感應，都無二致。因申論之，使愚賤者，咸知所勵焉。

清・蔣士銓《四絃秋・自序》 壬辰晚秋，鶴亭主人邀袁春圃觀察、金棕亭教授及予宴於秋聲之館，竹石蕭瑟。酒半，鶴亭偶舉白傅《琵琶行》，謂向有《青衫記》院本，以香山素狎此妓，乃於江州送客時，仍歸於司馬，踐成前約，命意敷詞，庸劣可鄙。同人以予粗知聲韻，相屬別撰一劇，當付伶人演習，用洗前陋。予唯唯。明日，乃翦劃詩中本義，分篇列目，更雜引《唐書》元和九年、十年時政，及《香山年譜・自序》，排組成章，每夕挑燈填詞一齣，五日而畢。嗚呼，憲宗英斷之主，雖强藩不靖，而將相得人。斥奸納諫，柄不下移，可云盛矣。矧居易受特達之知，列在近侍，且使擇官以濟其貧，明良之會，豈衰世君臣猜忌者所及乎。乃《捕賊》一疏甫上，竟遭讒謫，固政府好惡之偏，而得旨施行，又何爲者。豈以殿中論事、抗直干怒時，雖暫解于裴度一言，而憲宗厭薄之心，究不能釋，因而借以出之耶。嗚呼，此青衫之淚所難抑制者也。人生仕宦升沉，固由數命。若劉夢得、柳子厚、元微之輩，戾由自取，豈得與江州貶謫同日而語哉。填詞雖小道，偶連類而論次之，俾知引商刻羽時，不僅因此琵琶老妓浪費筆墨也。

清・蔣士銓《雪中人填詞・自序》 癸巳臘日，與錢百泉孝廉，圍爐飲護春堂中，檐雪如毳，百泉偶舉鐵丐事，談笑甚樂，慫予填新詞寫其狀。百泉既去，除夜兀坐，意有所觸，遂構局成篇，竟夕成一首。天已達曙，人事雜遝，小暇即書之，越八日而稿脱矣。嗚呼，一取與求索間，皆丐也。得其所與者，輒忘其丐。丐其所與者，旋爭艷其得。丐也，與也，得也，有相圜而見，相勝以成者焉。蓬垢藍縷，特丐之外著者耳。然丐而能鐵，較之韋而丐者，不差勝乎。於是作《鐵丐傳》，使凡丐者以鐵自勉焉。雪且失其寒也已。附：《鐵丐傳》。鐵丐，姓吴，名六奇，觀察道夫之孫也，世居潮州。六奇生具勇力，畧涉書史，好飲博，蕩産結交，多無賴子弟。明末大亂，六奇寄身郵卒。於關河險隘，輒心識之。既而捨去，行乞吴越間。每僵卧雪中，以杖畫字，作判牒狀，無寒餓之色，人皆稱爲鐵丐。海寧孝廉查培繼，字伊璜，性通脱，才華豐艷，目空流俗。歲暮苦雪，獨酌濾甚。步至門，見丐，心異之，呼入，飲以酒，丐立盡數觥，查益喜。乃發醅對飲，丐盡三十餘盌，查解衣贈之去。明年，查遊武林，遇丐於放鶴亭，袒跣如昔。問所贈衣，曰：春暮無用此，已付酒家矣。查奇其言。問讀書識字否。曰：不爾，何丐。查心動，熏沐而衣履之。叩姓氏里居，復痛飲日夕。歷月餘，贈貲斧遣歸。會兩粵寇氛爭熾，南征之師，相望於道。六奇於途次投見帥幕，備陳嶺外形勢，傳檄可定，並請假遊劄三十道，招徠其黨，踰月兩廣悉平。六奇由此任征討，屢立奇功，官至水陸提督。先是，湖州富人莊廷鉞，結三吴名士，修飾朱相國《史概》一書，以培繼名重，借刊參校姓氏中。未幾禍發，查亦在所逮，六奇力爲奏辯得免。乃以數千金存問其家，迎查至粵。由是義取之資，不下鉅萬。幕府園中，有英石峯高二丈許，查酷愛之，題曰縐雲。閲旬往視，忽失此石。則已命巨艦由海運，送達海寧矣。查夫人妙解音律，爲孝廉市麗人十二。教之歌舞，浙中論聲伎之盛者，咸以查氏女樂爲名部云。

清・蔣士銓《香祖樓・自序》 或謂藏園主人曰：子題《憨烈記》云：安肯輕提南董筆，替人兒女寫相思。今乃成《轉情關》一編，豈非破綺語之戒，涉欲海之波，踐情塵之跡耶。主人听然而笑曰：否，否。風雅首於《二南》，其閨房式好之詞，巾幗懷人之什，長言而嗟嘆之何爲者。蓋得乎性情之正者也。惟然故冠於三百之篇。或曰：敢問《香祖樓》，情何以正。主人曰：曾氏得《螽斯》之正者也，李氏得《小星》之正者也，仲子得《關雎》之正者也。發乎情，止乎禮義，聖人弗以爲非焉。豈兒女相思之謂耶。或曰：敢問兒女相思則何若。主人曰：才色所觸，情欲相維，不待父母媒妁之言，意耦神搆，自行其志，是淫奔之萌蘖也，君子惡焉。或曰：然則兹編仍南董之筆歟。主人曰：知言哉。于是，以情關正，其疆界使言情者弗敢私越焉。

清・蔣士銓《臨川夢・自序》 客謂予曰：湯臨川，詞人也歟。予曰：何以知之。曰：讀《四夢》之曲故知之。予听然而笑曰：然則子固歌者也，何足知臨川。客愠曰：非詞人，豈學人乎。予曰：《明史》及《玉茗堂全集》，非僻書，子曾見之歟。曰：未也。予曰：然則子固歌者也，又烏知學人。乃取《明史・列傳》及《玉茗堂集》，約畧示之，客慙而退。嗚呼，臨川一生大節，不邇權貴，遞爲執政所抑，一官潦倒，里居二十年。白首事親，哀毁而卒。是忠孝完人也。觀其《星變》一疏，使爲臺諫，則朱雲、陽城矣。徐聞之講學明道，遂昌之滅虎縱囚，爲經師，爲循吏。又文翁、韓延壽、劉平、趙瑶、鍾離意、吕元膺、唐臨之流也。詞人云乎哉。然則何以作此《四夢》也。曷觀臨川之言乎。題《牡丹亭》曰：夢中之情，何必非真。題《紫釵》曰：人生榮困，生死何常。爲歡苦不足，奈何。題《邯鄲》曰：岸谷滄桑，亦豈常醒之物耶。概云如夢，醒復何存。題《南柯》曰：人處六道中，嚬笑不可失也。夢了爲覺，情了爲佛，境有廣狹，力有强劣而已。嗚呼，其視古今四海，一枕窾蟻穴耳。在夢言夢，他何計焉。予恐天下如客者多矣，乃雜採各書，及《玉茗集》中所載種種情事，譜爲《臨川夢》一劇，摹繪先生人品，現身場上，庶幾痴人不以先生爲詞人也歟。嗟乎，先生以生爲夢，以死爲醒。予則以生爲死，以醒爲夢。於是引先生既醒之身，復入于既死之夢，且令《四夢》中人，與先生周旋於夢外之身，不亦荒唐可樂乎。獨惜婁江女子，爲公而死，其識力過於當時執政遠矣。特兼寫之，以爲醉夢者愧焉。然而予但爲夢中人説夢而已，固無與於醒者。客果以臨川爲詞人，又何不可之有哉。

清・蔣士銓《第二碑・自序》 婁妃墓在新建、上饒兩倉間，埋没貧家竈側有年矣。乾隆辛未春，予訪得之，告青原方伯。時移藩滇南，且戒裝，不得廓清塋域，僅立碑表識而去，歷今二十六載。予每寓書有司，乞擇官地一區，徙此破屋以妥妃靈，無有應者。乙未冬，漢陽阮見亭茂才過訪，執手如平生。叩以故，則於傳抄中，乃析予所撰《一片石》舊詞，蓋十餘稔，每以不及訂交爲憾。予乃傾倒見亭者不能已。見亭時往虔南省舅氏太守翥堂吴公，匆遽特甚。明年，上特擢太守江西鹽道。即權方佑篆，見亭從焉。予心怦然動，遂舉妃墓事，屬告方伯，亦姑妄語之云耳。明日，聞方伯偕令尹伍君往視，即賞墓户遷屋之貲，又給金屬令尹，修葺如式。伍君亦捐俸，購墓門外民居俾圻去。於是兆域夷曠，馬鬣窿起，新坊翼然以崇。嗚呼，妃之幽宅，至兹而奠矣，不亦快乎。或謂事之廢興，良由期會。予獨歎美方伯樂善之宏，而行義之勇也。世無墓大矣，柳下之禁缺焉弗講，官之汲汲者奚恤於斯。方伯聞一善言，沛然若決江河，則於官守民生，擔荷維持之意，實可概見。富鄭公、韓魏公、范忠宣輩，每莅官司，必以掩骼埋胔爲務，方伯有焉。予自銜恤後，捐棄筆研閲月二十矣。今以夙願得申，始一破涕。乃援祥琴，禮例作《後一片石》藉紀其嬂，比事屬詞，弗依絲竹，見亭或不以爲非禮歟。爰摭顛末，以爲序。

清・蔣士銓《冬青樹・自序》 竊觀往代孤忠，當國步已移，尚間關忍死于萬無可爲之時。志存恢復，耿耿丹衷，卒完大節，以結國家數百年養士之局，如吾鄉文謝兩公者。嗚呼，難矣哉。秋夜蕭然，不能成寐。剪燈譜《冬青樹》院本三十八首，三日而畢。摭拾附會，連綴成文。慷慨歌呼，不自能已。庾信之賦《哀江南》，曰惟以悲哀爲主。殆或似之。經曰：歲寒，然後知松柏。若兩公者，即以爲冬青之樹，誰曰不宜。

清・蔣士銓《採樵圖・自序》 吾郡上饒婁一齋先生，理學名儒。誕育賢女，結配非人，含恨而卒，其墓在江西省德勝門外，河干湮没已久。予於辛未訪得碑址，先後作《一片石》、《第二碑》院本以表之，今復爲《採樵圖》十二齣傳演本事。蓋題畫以諫阻其夫之亂，故妃之隱志也，終以陽明立功遭忌，學道名山，一唱三嘆，惟解人知之耳。

清・蔣士銓《采石磯・自序》 才高識短，豎儒耳。太白才傾人主，氣淩宦官，薦郭汾陽再造唐室，知人之功，雖姚宋何讓焉。後世誦其文者，皆以詩人目之，淺之乎丈夫矣。予表文謝兩公忠義後，尚餘墨瀋。乃盡一日，填《采石磯》雜劇八齣，以見青蓮一生遭逢志節，同聲而哭者，或又破涕爲笑矣。

傳記

清・王昶《翰林院編修蔣君士銓墓誌銘》 乾隆十九年，余會試在京師，以通家子，得謁總憲金檜門先生，時鉛山蔣君士銓，先生門下士也，以能詩鳴，故詩酒之會無不共之。迄今忽忽三十餘年，其間離合無定，而郢石之知罕有逾於君者。自先生下世二十餘年，君又繼之，所謂臣之質死久矣。於是，其子知廉等以狀來乞爲幽竁之銘，余其忍辭。按狀：君字心餘，一字苕生，號清容。祖承榮、父堅，皆不仕。君生四歲，母鍾宜人授以四子書及唐人詩，一過不忘。清江楊勤恪公巽之，待以國士。從父至山西，讀鳳臺王氏藏書，學益富。年二十二，檜門先生督江西學政，拔補縣學生，以孤鳳凰稱之。十二年，中丁卯科鄉試。十九年，考授内閣中書舍人。二十二年，成進士，改庶吉士。時余亦召試爲中書舍人，故與君之交益密。二十五年，授編修，充武英殿纂修官。二十七年，又偕余充順天鄉試同考官。二十八年，充《續文獻通考》館纂修官。明年，奉母南歸，居金陵久之。浙江巡撫請主紹興蕺山書院，凡五載。兩淮鹽運使復請主揚州安定講席，奉母以行。四十年，鍾宜人殁。服終入京，充國史館纂修官。尋患風痺，時淹卧牀第間。四十四年，余請假還朝，往候之，君笑曰：已作習鑿齒矣。談笑間，目光猶炯炯也。四十六年，復病歸南昌，至五十年二月二十二日卒，年六十有一。君生、殁之日皆無雨而雷風，故世以爲異云。子七：長知廉，拔貢生，充四庫館謄録；次知節，舉人；次知讓，召試賜舉人；次知白、知重、知簡、知約，皆幼。生平著《藏園詩文集》若干卷，存於家。君風神散朗，如魏、晉間人。從容譚笑，繼以詼諧，而甄録寒畯，激揚忠義，有古烈士之風。博通淹雅，自古文辭及填詞、度曲無所不工。而最擅場者莫如詩。當其摇毫擲簡，意緒觸發，如雷奮地，如風抉土，如熊咆虎嗥，鯨呿鼇擲，山負海涵，莫可窮詰。故論詩，於當代以君爲首。而論君之詩，以五七言古詩爲極則。君與禮部尚書彭君元瑞生同鄉，成進士同年，又同官翰林，上賜詩嘗有江右兩名士之目。今彭君置身華要，而君官不過七品，往蹇來反，卒纏綿于惡疾。歐陽子曰：士患不逢時，時逢矣，患人主之不知，知矣，而不用者，命也。如君洵可謂之命矣。五十二年某月日，知廉等葬君於某縣之某鄉，乃作銘曰：維遇之嗇，緊才之豐。非惟才豐，志行攸崇。抉幽發潛，扶孝植忠。何登朝著，疢疾乃叢。有山崇崇，有水淙淙。曰歸斯邱，馬鬣以封。凌雲之氣，閟于幽宮。發爲詩歌，翻蜺走虹。如有不信，驗此雷風。

清·吴修《昭代名人尺牘小傳》卷二二　蔣士銓，字心餘，一字苕生，號清容。江西鉛山人。乾隆丁丑進士，官編修，與彭尚書同鄉、同官，上賜詩有江右兩名士之目。風神散朗，如魏、晉間人。博通淹雅，善詩古文辭。詩與袁簡齋、趙甌北稱袁蔣趙，有《忠雅堂集》。兼工南北曲，有《雪中人》等傳奇九種。

清（乾隆）《南昌縣志》卷二五　蔣士銓，字心餘，鉛山人。父客遊南昌，贅於鍾氏，後復挈眷遊楚晉。士銓有夙慧，七歲能詩，所至傾倒。《隨父自晉歸南昌》詩有一雁先秋別玉門之句，傳誦江城，人呼爲玉門才子。與南昌楊垕、武寧江軔、南豐趙由儀文酒唱酬，時稱四傑。學使金德瑛試廣□，閱其試古卷，亟拔之。評曰：啾喧百鳥羣，見此孤鳳凰。老夫得此，喜而不寐。乾隆丁卯舉人，授内閣中書。丁丑進士，改翰林院庶吉士，散館取第一，授編修。海内知名士以詩文請者，殆無虚日。士銓學行純粹，家無餘儲，而急人患苦若身受然。耿介自守，雖權貴不能干以私。奉母假旋，構宅進賢門外，未至而聘主講，序者踵接於門。歷主揚州安定書院、紹興蕺山書院院長，受學者多爲通儒。母没，奉葬鉛山。服闋，補原官，保御史，未擢，而得風痹症，旋養疴歸南昌，卒。士銓於詩文外，填詞十種，皆激於義，被之聲歌，不作淫褻語。其《題愍烈記》詩曰：安肯輕提南董筆，替人兒女寫相思。識者謂可與玉茗相頡頏。

清（同治）《續纂揚州府志》卷一五　蔣士銓，主講安定書院。工南北曲。馬曰琯延士銓于玲瓏山館。所填院本，朝綴筆翰，夕登氍毹。揚人盛傳其風流文采云。

清（同治）《鉛山縣志》卷一五　蔣士銓，字心餘，一字苕生，號定甫。西關石磐渡人。家故貧，生有異徵。甫四歲，母鍾氏斷竹片爲波磔，攢簇成字教之。授四子書及唐賢詩，過目輒不忘。稍長爲文，嗜吟詠。父固豪士，喜幕遊。十一歲，父縛之馬上遊太行，遍歷齊、魯、燕、趙間。至鳳台，讀王氏藏書，學益淵博。詩文操筆立就，洋洋灑灑，濤湧雲驅，待以國士。既而殿撰金德瑛視學江右，得其卷，奇之，拔補弟子員，稱爲孤鳳凰。明年，食餼舉於鄉。自是屢從使車遊，得遍交海内知名士。甲戌，考授内閣中書。丁丑，成進士，改庶吉。庚辰，散館授編修，充武英殿纂修。壬午，充順天鄉試同考官，尋充《續文獻通考》纂修官。當是時，士銓名震京師，各公卿爭以識面爲快，有顯宦某欲羅致之，士銓意不屑，自以方枘入圓鑿，恐不合，且得禍。鍾太安人亦不樂俯仰黄塵中，遂奉命南旋，繪《泊舟安穩圖》，遍徵題詠焉。士銓既已撥棹而南，至白下，僦屋以居。未幾，應浙撫之聘，主講蕺山書院有年。應運使之聘，主講安定書院者有年。暇則窮探奇勝，憑弔古今，凡遇可駭、可愕、可泣、可歌之情狀，一一皆筆之於詩，以發其抑塞磊落之蘊蓄，而南昌、鉛山爲先人廬墓所在，間輒一來，來則必視其地，所有事竭力爲之。如表婁賢妃墓，瘞北蘭寺久厝棺，修鉛山凌雲塔，建試院，築蕉溪壩，請移官湖坊，以資彈壓，其爲功桑梓甚鉅，留墨亦最多。久之，遂移歸南昌，築藏園，奉母居其中。母尋卒。先是，裘文達公曰修以士銓與彭公元瑞之才薦於朝，故純皇帝賜詩有江右兩名士之目。時士銓在籍也。服闋，感上知，入京供職，充國史纂修，記名御史。尋患風痹，乃乞歸。自是不復出。生平志節懔懔，與人交，肝膽披露，趨急闡微如不及。其論詩大旨，首戒蹈襲，分門户，講聲病，以王、李、鍾、譚爲惡趣。至新城則優孟視之。錢塘袁枚、陽湖趙翼先後與士銓同館，彼此心相契，名亦相埒。時袁、趙之稱然云，崧自謂第三人，子才固籠罩一切。而文章出氣節，至今猶景仰藏園。其寫忠節事，運龍門紀傳體於古樂府，音節中詳明賅洽，仍自伸縮變化，則尤爲獨開生面，前無古人。所著古文十二卷，亦潔練老横，勁氣直達，如其詩。間以其餘力填詞度曲，促節曼聲，悉關風化，國史稱爲天授，洵不虚也。惜才豐遇嗇，以病歸，歸三年遽卒，年六十有一。是日亦雲而雷，與生時同，異矣。子七人，其最著者另有傳。孫曾繼，簪纓勿替，益信明德之後必有人云。

清（同治）《餘干縣志》卷一三　蔣士銓，字心餘，鉛山人。父遊幕，僑居餘干、瑞洪，生士銓。少負詩名，與段澹湖、汪虛谷友善，著《忠雅堂集》，有《汪孝子》詩。始籍餘干，後歸鉛山。乾隆朝登進士第，内閣撰文中書。

紀事

清・焦循《劇説》卷四 鈕玉樵記吴六奇將軍事云：海寧查孝廉培繼，字伊璜，家居，歲暮命酒獨酌。一丐者避雪廡下，强直而立，孝廉異之，呼入坐而問曰：我聞街市間有手不曳杖，口若銜枚，敝衣枵腹而無寒餓之色，□人皆稱爲鐵丐者，是汝耶。曰：是也。能飲乎。曰：能。傾甌與飲，立盡。又盡三十餘甌，無醉容。查醉，丐出仍宿廡下。孝廉酒醒，謂家人曰：鐵丐衣藍縷，何以禦寒。亟以我絮袍與之。丐披袍去，亦不求見致謝。明年，孝廉寄寓杭之長明寺，遇前丐於放鶴亭側，露肘跣足，昂首獨行。詢以舊袍，曰：已質付酒家矣。孝廉奇其言。問：曾讀書識字否。曰：不讀書識字，不至爲丐也。孝廉悚然心動，薰沐而衣履之。詰其姓氏里居，丐曰：僕系出延陵，心儀曲逆，家居粤海，名曰六奇。祇以早失父兄，性好博進，遂到落拓江湖，流轉至此。因念叩門乞食，昔賢不免，僕何人斯，敢以爲污。不謂獲遘明公，賞於風塵之外。僕雖非淮陰少年，然一飯之惠，其敢忘乎。孝廉亟起而捉其臂曰：吴生海内奇傑。以酒友目吴生，失吴生矣。盤桓累月，贈以資，遣歸粤東。六奇世居潮州，爲吴觀察道夫之後。略涉詩書。寄身郵卒，於關河形勝，無不諳熟。維時天下初定，王師由浙入廣，六奇請見主帥，備陳：粤中形勢，傳檄可定。奇有義結兄弟三十人，擁衆據土。請假游劄三十道，先往馳諭。近降遠應，不踰月而破竹之形成矣。如其言行之，粤地悉平。由是征閩、討蜀，屢立奇功，數年之間位至通省水陸提督。康熙初，開府循州，即遣牙將持三千金存孝廉家，奉書幣致孝廉來粤。供帳舟輿，俱極腆備。將度梅嶺，吴公子已迎候道左，執禮甚恭。樓船簫鼓，由胥江順流而南。凡轄下文武僚屬，無不願見查先生。去州城二十里，吴躬自出迎。至府，則蒲伏泥首，自稱：昔年賤丐，非遇先生，何有今日。居一載。軍事傍午，凡得查先生一言，無不立應。義取之貲，幾至鉅萬。先是，苕中富人莊廷鉞購得朱相國《史概》，博求三吴名士增益修飾，刊行於世。前列參閲姓氏十餘人，以孝廉夙負重名，亦借列焉。未幾，私史禍發，凡有事於是書者，俱置極典。吴力爲孝廉奏辨，得免。孝廉嗣後益放情詩酒，盡出橐中金，買美鬟十二，教之歌舞。夫人亦妙解音律，親爲家伎拍板，正其曲誤。以此查氏女樂，遂爲浙中名部。孝廉之在幕府也，園林極勝。中有英石峯一座，高可二丈許，嵌空玲瓏，若出鬼製，孝廉極所心賞，題曰綯雲。閲旬往視，忽失此石，則已命載巨艦送至孝廉家矣。鉛山蔣清容太史本此作《雪中人》傳奇。江都張山來云：聞將軍乞食時，好以荻莖於地上判某日及草封字。《雪中人》第二齣，吴云：幾日不曾演習判字，待我在雪地上試寫一回。本此。蔣太史又有《桂林霜》、《空谷香》、《香祖樓》、《四弦秋》、《一片石》、《第二碑》、《冬青樹》、《臨川夢》諸劇。

著録

清・黄文暘、佚名《重訂曲海總目・國朝雜劇》 蔣士銓：《四絃秋》、《一片石》、《忉利天》。

清・支豐宜《曲目新編・著録八・國朝傳奇》 《香祖樓》、《雪中人》、《臨川夢》、《桂林霜》、《冬青樹》、《空谷香》。右六種，蔣士銓作。

又《國朝雜劇》 《四絃秋》、《一片石》、《忉利天》。右三種，蔣士銓作。

清・姚燮《今樂考證・著録四・國朝雜劇》 蔣士銓九種：《四絃秋》、《一片石》、《采樵圖》、《采石磯》、《第二碑》，又名《後一片石》。《康衢樂》、《忉利天》、《長生籙》、《昇平瑞》。

又《著録十・國朝院本》 蔣士銓六種：《香祖樓》、《空谷香》、《臨川夢》、《桂林霜》、《冬青樹》、《雪中人》。

清・王國維《曲録》卷三 《四弦秋》一本，《一片石》一本，《忉利天》一本。右三種，國朝蔣士銓撰。

又 《雪中人》一本，《香祖樓》一本，《臨川夢》一本，《桂林霜》一本，《冬青樹》一本。右六種，國朝蔣士銓撰。

藝文

清・蔣士銓《一片石・自題》 蝶是莊生化，絕纓冠、□□而笑，閒愁休掛。自古人生行樂耳，檀板何妨輕打。窮□□漫漫長夜，騃女癡兒歡喜煞。歎何戡已老秋娘嫁。須富貴，何時也。 十年騎瘦連錢馬。經幾多浮雲變態，悲歌嫚罵。南郭東方游戲慣，場上誰真誰假。吊華屋、荒邱聊且。不見古人何足恨，笑文詞伎倆斯其下。我本是，傷心者。右調《賀新涼》。

清・蔣士銓《空谷香傳奇・自題》 灤水南流折不回，此心當日亦堪哀。一絲紅線三生石，不信千金換得來。

兩度輕離倩女魂，笑談惟覺此身尊。不知轉徙朱門妾，舞扇歌裙幾輩存。

桃李無言亦自芳，當門紉佩漫商量。秋來縱被西風敗，終向花叢號國香。

憐他香令悼亡詩，疊在空箱淚點滋。不道五年成往復，有人偷譜斷腸詞。

低唱黃河古岸頭，引商刻羽訴窮秋。寒風浩氣同蕭颯，愁絕歸人上水舟。

磁枕荒唐夢不成，烏闌錦硯坐三更。方回亦是傷心者，直得因人寫哭聲。

廿載旁觀笑與顰，凡情世態寫來真。誰知燈下填詞客，原是詼諧郭舍人。

白骨青燐付可憐，芳魂何必果生天。流傳恨事知多少，不到詩人耳目前。

海内輶軒孰往還，紛紛黃土誤朱顏。安能遍攝啼鵑魄，盡現紅氍燭淚間。

癡絕錢唐顧愷之，化身還爲後人疑。新詞定許憑肩看，官閣煩他玉笛吹。瓚園新納小姚君，善長笛，字曰又蘭，池凰其小名也。

又 十載填詞，悔俱被粉粘脂涴。纔悟出，文之至者，不煩堆垛。謔諫旁嘲惟自哂，真情本色憑誰和。待招他、天下恨人魂，歸來些。 夢中語，真無那。意外事，何堪唾。談笑把賢愚，肝肺毫端穿過。誤處憑君張眼顧，悲哉讓我横肱卧。料知音、各有淚痕雙，誰先墮。《滿江紅》。

又 女子如斯也。自低回，一聲檀板，泣數行下。幾許花叢懶回顧，儘着流鶯輕罵。只聽說文君新寡。明鏡無情春又老，歎紅顏、一例愆期嫁。三五艷，易凋謝。 倦摹潘陸抄揚馬。澳汲說、文章華國，何關風化。呼吸商聲秋氣滿，節義幾人肩者。渴睡漢酒、闌燈灺。三十功名塵與土，古之人，先我將愁寫。公等語，大都詐。《賀新涼》。

清・蔣士銓《康山草堂觀劇》 綺筵重聽《四弦秋》，一夜尊前盡白頭。何必官人皆失意，歡場各有淚難收。

清・蔣士銓《臨川夢・自題》 夢中言夢亦荒唐，難覓龍宮醒睡方。萬物有知形答影，百花無語色憐香。鷄蟲得喪成恩怨，鳥鼠因緣見短長。三十年來雙冷眼，去來今裏怕思量。

腐儒談理俗難醫，下士言情格苦卑。苟合皆無持正想，流連争賞誨淫詞。

人間世布珊瑚網，造化兒牽傀儡絲。脱屣榮枯生死外，老夫叉手看多時。

清・徐爔《一片石題詞》 下筆關風化。譜宮商、分明指點，芳踪遺挂。二百年來堪恨事，盡把疑團翻打。瘞土處片時清罷，大字碑陰真痛煞。問何如出塞昭君嫁。青塚怨，茫茫也。 知音只許王關馬。看幾多插科打諢，旁敲刺罵。免俗未能聊爾爾，説鬼東坡非假。表節烈難容聊且。握管自摹還自審，况低徊召伯甘棠下。用不着，空空者。調寄《賀新涼》。

清・彭家屏《一片石題詞》 曾向黃陵弔二妃，又尋荒塚與扶持。期將悵望千秋淚，灑向荒涼數尺碑。

鎮石消沉馬鬣封，一抔黃土二厥中。遺邱不若秦樗里，渭水邊旁夾兩宮。

標識匆匆去此都，那知好事有吾徒。何因乞得傳神手，粧點風流到老夫。

多謝挑燈譜赫蹏，一時傳唱大江西。他年小泊隆興觀，來聽秋娘按拍低。

清・王興吾《一片石題詞》 醸窖將同殖業坊，却勞重寫十三行。尋常來騐臙脂土，半是泥香半酒香。

孫許還應拜九原，同時忠烈各銜冤。笑他一丈降王纛，不及江神兩樹旛。

一齋家學騐閨門，大節分明死自尊。地下若逢莊烈后，故應攜手各寒温。

兩行銀燭舞衫齊，悲壯纏綿入耳凄。不看新碑看法曲，卷端消得蔡邕題。

清・黄叔琳《一片石題詞》　白幟書名獻逆俘，南昌冷落一魂孤。滄桑變後遺坵在，留畫詩人展墓圖。

更拓紅毹現宰官，墓門澆酒發長歎。莫將裂石崩雲響，滴粉搓酥一例看。

蔣捷才名酒様濃，江湖聽遍雨惺忪。少年曾否歌樓上，紅燭周圍幔一重。

不作喁喁兒女詞，愛將名節譜烏絲。胸頭義烈肩頭事，每藉柯亭笛一吹。

清・錢陳羣《一片石題詞》　四年兩度過樵舍，每向斜陽一弔之。難得廬陵老居士，江頭題出淑人碑。

翬服沉江志可哀，殘軀真賴土人埋。插秧時候農歌好，可有金蠶出墓來。

詞人題滿碧油幢，院本傳來果擅場。不道老夫門下士，竟能分壘敵高王。

清・蔣溥《一片石題詞》　刻意流傳見苦心，梨花寒食共探尋。才人妙筆神仙志，不要嬋娟諛墓金。

樵採雖難近墓封，民居攢簇竈煙蒙。可能別蓋杉皮屋，讓出遺墟地十弓。

指點斜陽碧水隈，煩他過客與低徊。一聲牙板無人和，合召湘靈鼓瑟來。

清・程尚贇《一片石題詞》　不放廬山頂上雲，自噓餘氣作妖氛。從教茅土隨風捲，三尺孤墳遺細君。

想見貞魂獨立時，哀蟬落葉不勝悲。水邊沙際淒然唱，定有靈風捲畫旗。

清・宋樹穀《一片石題詞》　節義偏教巾幗持，城南藁葬有誰知。暫將才子生花筆，寫作貞妃表墓辭。

一時新曲艷西江，小部徵來盡擅場。聞道淺斟低唱夜，翠簾爭認緑衣郎。

清・趙大經《一片石題詞》　黄石磯邊霸業休，夕陽江上動人愁。銷沉戰骨餘多少，只有香魂占一坵。

些只何勞遣越巫，新詞譜就一燈孤。他時笛裂歌聲咽，卿是人間鬼董狐。

清・饒學曙《一片石題詞》　廢壠消磨罷掃除，留將方伯表幽居。綿津也建西江纛，却向蘇州禮六如。

飲恨何殊周郁妻，自憐不及衛樊姬。當時已分難同穴，應悔登船聽鼓鼙。

席上填詞掌上謳，纔離兔穎入鶯喉。哀絲苦竹愁人劇，博得靈妃破涕不。

清・裘麟《一片石題詞》　曾勸狂夫莫渡河，鮫人淚冷較誰多。生平怕讀劉英傳，無奈彭城俯首何。

尚書端坐中樞省，宣撫頻班討賊師。莫嗟國傳無何敞，不敵妖人卞忌詞。

變盡連厢亡國音，招魂交付米嘉榮。當時舞殯而歌墓，不及秋墳鬼唱聲。

清・陳淮《一片石題詞》　冰肌懼濁喜清流，失節餘生若死休。一代紅顔亡國婦，古來留得幾人邱。

雨滴簷蕉助客哀，衍波牋上斷魂回。可知竹屋填詞夜，暗有啼粧襝袵來。

清・盧明楷《一片石題詞》　捷書底用太匆匆，天子纔封鎮國公。不信君王能殺賊，受降城在石城東。

難挽西江凈洗兵，知來語騐鐵冠靈。還他護衛真無識，愁煞監司胡世甯。

荒草斜陽自訴愁，檻車低咏足包羞。降王臭骨無埋處，讓與婁妃土一坵。

珊珊環珮是耶非，唱得香魂冉冉歸。各有心頭忠孝淚，一時賓客盡沾衣。

清・汪軔《一片石題詞》 有客登樓讀楚騷，黄沙吹面烈風高。酒酣題壁江神見，忽聽空中奏八璈。

宴罷麻姑别彩鸞，山君海鶴出江干。賢妃淚滴豐碑字，還倚炊烟仔細看。

才人片石托傳奇，欲破黄溪渡口疑。驅逐青蠅全白璧，解嘲弭謗應如斯。

西山已醒雲烟夢，南浦無勞杜宇聲。料得水仙開口笑，一縑一字謝苕生。

清・楊垕《一片石題詞》 一片苔痕是淚痕，年年杜宇哭黄昏。千巖萬壑信州路，生長婁妃何處村。

紅板輕翻幼婦詞，個儂心事幾人知。可憐跛足稱皇后，那及降王墮淚時。

清・徐曇《一片石題詞》 過江飛蓋下天師，銜石孤踪後代疑。不似景陽宮内井，斑痕猶涴舊胭脂。

風雨何須問武林，念家山破劇沉吟。按辭忍唱黄金縷，字字離騷屈宋心。

靈支翠羽大顛狂，可識水仙舊有王。珍重官奴更爇燭，搨碑另寫十三行。

彤管吟成絶妙詞，龜趺先立最高碑。詞中有句分明説，長乞天龍好護持。

清・龔起《一片石題詞》 漆燈雖滅寸心明，誰向秋墳種女貞。等出筆頭花一朵，烏絲闌上寫銘旌。

豈無絶世佳人塚，博得消魂過客詩。不許江頭留綺語，者堆香土亦男兒。

清・汪汝淮《一片石題詞》 官牒猶存表墓詞，茆簷三面護荒基。不然一片埋香地，换作南昌大守祠。

遲遲一死素心違，覆體何曾盼寶衣。福命不如成祖后，殘碑題作庶人妃。

清・謝逢泰《一片石題詞》 紀葬難尋墓大夫，百年流恨遍江隅。新詞傳得千秋信，一洗鄉人穢語污。

碑字分明贔屭知，魚扉當建水仙祠。從今不怕秋濤卷，定有江神與護持。

淚痕多少注春江，小部徵來韻繞梁。冷月照人聲慷慨，一時秋氣滿西堂。

清・鍾瑗《一片石題詞》 題碑纔表桓伊墓，又與婁妃志廢坵。能爲古人存朽骨，不相關處獨風流。

避禍何年易姓鍾，前朝官牒篆書紅。争墩莫漫分王謝，守土還須學仲翁。

文章節義重千鈞，此意原堪泣鬼神。扶植風騷本忠孝，不知誰是賞音人。

清・戴涵元《一片石題詞》 章門破浪下樓船，聲撼長江震遠天。一自虔南風雨後，埋香鬱鬱獨凄然。

花影曾無上錦庭，杜鵑猶帶血痕腥。豐碑雨過蒼苔蝕，不待樵人始再經。

清・于發祥《一片石題詞》 勾闌雜戲蓄深謀，大命何堪以暴求。天子氣纔明漢水，美人簪又過蘆溝。

從夫枉自效丁甯，滑路擔柴肯暫停。却被商辛妃子笑，不曾呼得轉頭聽。

城陰屋角爨烟昏，小院中間覓墓門。驀唱一聲《河滿子》，燈前招出水邊魂。

清・陳守誠《一片石題詞》 王匹都輸烈婦薨，漆燈金盌可無徵。家人小占江南土，只有斯邱伴孝陵。

明月空江響珮環，終風低咏恨難删。臨河試種娙娟竹，定有當時血淚斑。

清・熊爲霖《一片石題詞》 紖結沉江事可憐，貞妃殉國慘風煙。誰人酹酒冬青樹。冷落湘娥證水仙。

苔花一片夢沉沉，聞説殘碑鬼氣深。方伯風流能好事，重澆麥飯薦青芩。

麻姑仙醖蔗漿寒，招向吴峰約采鸞。樓上月明秋似水，雲吹烈魄下珠冠。

酒樓謌扇近清明，爲弔婁妃悶聽鶯。小揢檀痕記天寶，仙才襍褷蔣苕生。

清·蔣婉貞《一片石題詞》 百計思量淚眼空，戰船催逼向江東。酒樓夢裏分明聽，斷碣猶存矮屋中。

數尺殘碑濕淚痕，江邊人静哭黄昏。梨花二月城西路，似有靈旗掩墓門。

豐碑四尺倚江濱，細雨斜風墓草新。謗語傳訛今始雪，受他貞魄拜詞人。

清·錢世錫《四絃秋題詞》 過眼繁華一霎空，歡娱憔悴任天公。才人例作邯鄲婦，燃燭看他臉暈紅。

棼尾穠花細細謳，也如小杜醉揚州。春風十里珠簾捲，不似潯陽兩岸秋。

清·江春《四絃秋題詞》 嚼徵含宫夙擅奇，新翻曲譜更淋漓。難銷一段秋情處，多在江州送客時。

販茶重利輕離别，每到春來不在家。漫道此身如柳絮，可憐彩鳳暗隨鴉。

豪華忽忽現前情，往事多因想内成。霹靂一聲金鼓震，人間秋夢忒分明。

凉館挑燈讀未終，銜杯愛賞百分空。玉堂風月元無價，擡舉一枝花退紅。

清·江春《桂林霜題詞》 錯節盤根萬變嘗，從容忍死四星霜。可憐親見雙雛慘，含笑歸泉鐵石腸。

遺屍顛倒桂林秋，冠劍裒釵共一邱。三載暫稽淮蔡戮，寒泉誰與薦松楸。

彙草重開筆陣圖，彩鸞精楷細箋橅。不知玉帶生何處，曾伴文山禁室無。

炎午曾傳生祭文，西臺竹石碎難分。間關九死全遺育，污簡青標讓四君。

祇園殯啓骨猶香，螭首豐碑賜廟堂。却笑疑棺三十六，曹瞞故智最荒唐。

四座青衫有淚痕，堂堂史筆仰龍門。孤忠畫壁傳閩海，擬借宫商更品論。

清·王宸《四絃秋題詞》 讀罷新詞覺酒香，故人相接在他鄉。浮生出處渾閒事，適楚還吴客夢長。

辛苦十年才乞郡，不將别淚向人彈。琵琶亭下秋風冷，老却朱顔且自看。

清·秦黌《四絃秋題詞》 覆水難收感舊遊，夢醒江上楚天秋。直將九曲腸迴淚，洒向潯陽九派流。

青溪白水蔣三妹，緑酒紅粧段七娘。一曲銷魂人聽去，笙歌徹曉是維揚。

清·盧謨《四絃秋題詞》 騒情史筆擅風流，舊曲新翻付妙謳。一丈紅毹多少恨，美人學士兩分頭。

得意時歡失意傷，難從兒女較收場。天涯怨婦孤臣淚，榮落升沈各斷腸。

清·張棟《四絃秋題詞》 老大何須更自傷，蝦蟇陵下舊家鄉。從來遷客元多感，不必琵琶始斷腸。

不須更説錦纏頭，淚濕青衫水自流。此日登場誰按拍，荻花楓葉滿江秋。

清·金兆燕《四絃秋題詞》 司馬住江州，青衫淚自流。祇今江上月，腸斷《四絃》秋。

九派空留寒浪，千秋誰訴幽襟。才子原多軼事，詞人最肯傷心。

笙歌鼎沸夜遲遲，白髮當筵醉一巵。解得琵琶深夜語，不須鷟駱遺楊枝。

清·王文治《夢樓詩集》卷一二《題蔣苕生前輩四絃秋·新樂府》 古樂秦漢已淪佚，中聲在人今不没。審音易而作樂難，此語吾服西泠逸。堂堂蔣侯起豫章，奇句驚天卓天骨。余技能爲樂府辭，宫徵咀含發古質。空谷蘭揚幽闐芬，霜林桂傲陰岩茁。協律今見夷夔才，傳奇卻借范班筆。挑燈偶誦《琵琶行》，潯陽遺事從頭述。名倡遠嫁辭青樓，才子南遷望紅日。元和戡亂時尚隆，樂天敢言道非屈。誰教白壁被蠅點，始信朱顔入宮嫉。茫茫荻花江浸月，船舫無聲四弦歇。莫怪江州泣下多，多情原自忘情出。休官余亦卧江幹，四十四年霜鬢殘。臨風聽徹銷魂曲，那免青衫淚暗彈。

清·高文照《四絃秋題詞》 常怪彼蒼，忍把江河，都成淚凝。算無古無今，兩條玉筯，爲官爲賈，一塊紅冰。長慶詩人，善才弟子，嗚咽相逢。別舫燈，鯤絃絶，惹一場痛哭，月湧濤崩。　孤亭記我曾憑。認千里波連下馬陵。怪如許秋光，幾人吟弔，者般傀儡，若個翻騰。偌大才情，淋漓史筆，重寫青衫老白丞。休多訝，看當歌鉛水，誰減誰增。《沁園春》。

清·江昉、江立《四絃秋題詞》 夜舫琵琶婦昉。訴衷情，忍把嬌嬈，頓教孱僽立。男子浮梁買茶去昉，落得空幃獨守立。只抱却鵾絃消受昉，切切嘈嘈珠淚洒立，揾難乾司馬青衫舊昉。江月白，荻花瘦立。　新翻一曲當筵奏昉。有玉堂仙客，金源妙手立。剪劃長歌徵本事昉，雜列史書排紬立。看腕下雨行風驟昉。好句成，時剛按拍立，影芭蕉紅燭摇窗牖昉。聽九派，秋濤吼立。《金縷曲》。

清·陳文煜《四絃秋題詞》 世間能幾歡娱者，相逢便彈珠淚。遠謫官人，孤棲蕩婦，都是者般憔悴。空勞隕涕，任濕透青衫，有誰憐未。瑟瑟霜蘆，晚風吹盡月西墜。　知音忽來千載，聽翻絃上曲，頓教心醉。身在江湖，志存廊廟，脉脉此情遥寄。倫聲減字，早筆奪龍門，補成唐史。一部新歌，令英雄短氣。《齊天樂》。

清·俞禔《四絃秋題詞》 燈影停紅，酒杯凝緑，聽按琵琶調別。舊曲翻新，更繁音凄切。宛然見、當日荻花楓樹，西舫東船明月。淪落相逢，將舊情追説。　歎主知如此標臣節。誰道是一疏江州謫。回首龍池鶴禁，竟風流消歇。只數聲漁笛蕭條絶。可憐生淚洒青衫血。算今古一等才人，有天公磨折。《拜星月慢》。

清·凌應曾《四絃秋題詞》 刻羽函宫，兩行官燭。翻新譜，往懷今緒，都付琵琶語。　戀闕丹心，史筆淋漓補。天涯暮，悲凉如訴，一夕成千古。《點絳唇》。

清·舒位《瓶水齋詩集》卷二《書四絃秋樂府後》 其一：送客茫茫月浸波，江州司馬恨如何。烏絲紅袖丁年集，檀板金尊子夜歌。漫向玉皇誇案吏，愁隨織女渡天河。當年《哨遍》無知己，此是潯陽春夢婆。

其二：玉茗才華勝《竹枝》，一聲宛轉迴含思。未忘江岸玲瓏唱，又遣天涯淪落知。烏帽春塵三館夢，青衫秋淚四絃絲。恨無十五雙鬟手，彈到燈凉月白時。

清·王堂《第二碑題詞》 久佩銅弦絶妙詞，春華秋實信兼之。何曾老退江郎筆，試讀新翻《第二碑》。

蕭蕭颯颯復啾啾，風外猿聲最惹愁。如此命騷歌永漏，恐驚山鬼泣遺邱。

氤氲芳骨暗流香，誰道仙靈事渺茫。記否神乩寫名字，第三神女玉卮娘。

清·吴山鳳《第二碑題詞》 史筆騷才兩絶倫，一腔幽怨倩傳神。墳邊共下蛾眉拜，巾幗何嫌屬庶人。

題碑敢謂繼青原，扶植人倫事可存。不道無鹽煩刻畫，登場慚我鶴乘軒。

昔仰松滋獻馘功，後賢書碣表幽忠。誅邪反正存公道，守土心情異代同。

清·伍魁孝《第二碑題詞》 又讀騷壇《第二碑》，傷心往事涕還垂。當年泣諫能回主，不使才人數費詞。

一縷幽香烈女魂，感人精魄動乾坤。廿餘年後重封鬣，明月清風鎖墓門。

玉骨塵埋蹟未湮，關懷自有總持人。續成一部旌忠傳，舊曲新腔細討論。

憑弔曾經塚上來，天教取次護殘堆。劇憐一片西江月，流入河聲萬古哀。

清·阮龍光《第二碑題詞》 醉和江樓吊古吟，十年神契卷中深。重勞刻羽移宫手，寫盡依韓慕藺心。

多君史筆譜綱常，《第二碑》成水一方。不等降王遺臭骨，幽馨留得墓門香。香出墓碑下細竇中，月夜尤烈。土人來告，伍大令親得之。兩賢相識畫中顔，寄語煩予代往還。清容與翥堂公，未識面時各以小像訂交，遂屬余商榷廓清妃塚。片石因緣總前定，五人同洒涕潺湲。事始于彭、蔣兩公，而予與吴伍兩公繼成之。

行省門留妙格書，藩司門榜屏翰二字，乃妃手書。延陵人爲表幽居。真教別蓋杉皮屋，豚柵鷄栖頓掃除。蔣虞山相國題前《一片石》，有可能別蓋杉皮屋，讓出遺墟地十弓之句。

見説靈乩信有神，第三天女是前身。誰知再譜魚山曲，仍屬操觚舊舍人。太史昔官中書時，妃曾降乩書，謝填詞，自稱天帝第三女。其事甚奇。

清・張汝弼《第二碑題詞》 文成捷後故宫非，寂寞妝臺澹夕暉。憑眺荒郊餘片碣，新詞和淚一沾衣。

方伯冰銜大令題，新坊舊碣護香泥。王孫尺土今何在，腸斷田歌雨一犁。

曾於青史弔芳踪，不道來瞻馬鬣封。補入江鄉邱墓志，尚煩明府墨花濃。

清・蘇遇龍《第二碑題詞》 礪畢王田數七兮，庾詞笑破外孫題。何如江漢題襟手，月斧修成日未西。

貞妃遮莫賦歸來，共詫霏煙出墓臺。一窖神香三尺土，可憐千刼不成灰。

如此情文絶等倫，八風五色一何神。誰人解賦湘靈瑟，只恐先生是後身。

唾海瀾翻舌本蓮，不全忠孝不游仙。堂防忽變風陵相，拔地人驚又補天。

清・羅聘《第二碑題詞》 寒濤嗚咽向東流，詞客相逢賣酒樓。一片新碑如玉滑，如椽筆健抵松楸。

前度詩人有二毛，肩頭事讓與人挑。神絃再譜魚山唱，不死貞魂命我曹。集本詞句。

清・鍾錫圭《第二碑題詞》 表貞阡換表貞閭，二十年來事再書。一樣釵痕寫泥壁，朱顔華髮兩相如。

舊句曾傾阮步兵，新詞還續蔣山卿。哀江頭曲湘靈唱，不是商聲是羽聲。

仙人旌節駐雲中，下界聲聞盡掃空。一片靈風度江去，大王無復較雌雄。

鶴歸華表證前身，世事升沈信有因。誰剪茅茨換松柏，浮圖端藉合尖人。

清・張舟《第二碑題詞》 六合茫茫索解難，百年遺事感無端。重題一片韓陵石，七品歸田老史官。

好德千秋自不孤，能酬夙志賴吾徒。怪他阮籍懸青眼，不爲西山展畫圖。

廿載流光劇指彈，滇南人去海生瀾。摩挲舊碣翻新唱，大似三生石上看。

酷日篷窗不憚勞，湘靈鼓瑟助蕭騷。神仙忠孝原無二，巾幗居然愧我曹。

清・于發祥《第二碑題詞》 鴉巢蝸舍竟遷移，一桁新坊兩石碑。能改蕭條變清肅，何妨異代不同時。聽唱哀詞廿五年，怕經殘竈拂炊烟。誰將陸老丹青手，畫出江頭好墓田。方伯風儀吴季子，令君家世伍忠襄。表貞心事靈妃鑒，江水真同此意長。

清・于發祥《桂林霜題詞》 六十年來慘刼身，生同慷慨死同瞑。司農一擊平生了，可及全家兩代人。

山河殘破得圓圓，心事南來一笑捐。已娶麗華吾願足，又從天水下樓船。

公子艱難赴帝都，兩賓辛苦護雙雛。西臺更有同聲哭，親繪文山死節圖。

繼中丞者傅將軍，雙見靈旗下彩雲。張許南雷先後事，詞人特筆史公文。

山卿時爲老彭哀，天遺風流小阮來。掃净氛霾現香塚，安危端仗出羣才。

清・謝逢泰《第二碑題詞》 二十年前上塚詞，西堂曾聽唱哀絲。遺邱再挂延陵劍，老眼重看第二碑。

薛生未老阮生來，同向孤墳酹酒杯。一對詩人兩名宦，後先分管刼餘灰。

地志圖經待補遺，又將史筆譜新詞。意中言外傷懷極，一語能堪十日思。

分明有穴未能同，却拜貞妃罵狡童。千里長江一抔土，偷彈老淚向西風。

清・新立猷《第二碑題詞》　韓陵片石寫閒愁，二十年前舊酒樓。重賦大招煩楚客，仙官名士兩千秋。

雞犬驅除釜竈移，還他三尺舊墳基。風流例與賢方伯，一桁坊題兩墓碑。

唐計詩墳且再新，況留貞骨守江神。主持名教存風義，畢竟揚芬賴顯人。

凄涼法曲譜雙聲，兩串驪珠一手擎。自有如椽遷固筆，不煩香艷擬昭明。

清・李友棠《第二碑題詞》　憶昔狂童犯順年，南昌城郭枕江煙。計疎狡兔無三窟，舉國繁華委逝川。温庭筠、韋莊、羅隱、吴融。

綵雲天遠鳳樓空，亡國離宫蔓草中。多難始應彰勁節，不將顔色託春風。楊巨原、胡曾、韓偓、白居易。

白楊別屋鬼迷人，數尺墳頭柏樹新。何者爲泥何者玉，浮生共是北邙塵。李商隱、張籍、顧况、歐陽詹。

三徑初開見蔣卿，歌詞自作別生情。陽春欲奏誰相和，珍重多才阮步兵。楊萬里、劉禹錫、李白、曹唐。

江間亭下悵淹留，二十年前向此游。拾得寶釵金未化，新篇寫出畔牢愁。李商隱、李涉、王建、劉禹錫。

飽看西山插翠霞，吴公政事副詞華。紫薇今日煙霄地，一字千金未足誇。耶律楚材、劉禹錫、白居易、郭翼。

莫計恩仇浪苦辛，景陽宫井又何人。雲衢不要吹簫伴，試瀝椒漿合有神。白居易、鄭畋、劉禹錫、羅隱。

海山兜率兩茫然，記取紅羊换刧年。近得麻姑音信否，仙人曾此話桑田。蘇軾、殷文圭、顧况、沈彬。

名帖雙鈎搨硬黄，蓬萊才子即蕭郎。文章聲價從來重，留得當年翰墨香。陸游、李羣玉、姚鵠、仇遠。

江畔誰人唱竹枝，蒼苔滿字土埋龜。飢烏啄碎琅玕石，欲爲君刊《第二碑》。白居易、王建、杜瑛、劉禹錫。

清・李傳燮《第二碑題詞》　誰種紅梨覆瓦棺，青原故碣墨纔乾。飛香久作生天證，歷刧今方得地安。

貞魂招得勝蟂磯，頭白詞宗此日歸。翁仲共看斜照泣，神鴉解傍舊人飛。

坊表巍峩署達官，九區能吏好名難。江樓此夜瀟瀟雨，破壁何人剪燭看。

筆散幽花護殯宫，關心興廢一抔中。玉魚舊地傷重到，黄絹新詞比更工。

天水含愁霧不開，蕭郎哀艶表休裁。清江魂魄生前節，望苑文章死後才。

拔山休唤奈虞何，曾止癡人逐日戈。花蕋有詩傷蜀主，一般哀感夜潮多。

清・阮龍光《第二碑題詞》　吟肩漫勞醉聳，怕擔愁萬古。北邙裡遺恨如山，就中心緒誰語。記當日洪州畫壁，烏絲傳寫新詞苦。歎重游，拍遍紅牙，一抔黄土。蔣捷歸歟，阮生至矣，忽相投臼杵。向前墓剪紙招魂，解人惟我偕汝。看墳頭柴扉冷竈，渾不是兒家陵户。料無人再掃殘邱，但憑侵侮。籛鏗久逝，季札重來，漏天應待補。笑我亦因人成事，謝舅羊甥，竭好携他湘源明府。方伯題門，令君書碣，人家雞犬纔移掉，表幽貞墨淚彈秋雨。可憐詞客，者番白了吟髭，又煩重按新譜。繁音拉襍，逸響刁騷，把舊愁細數。算往事黄金教伎，胡粉登場，一往情深，風流如許。豪哉太史，桂林蘭谷。傳神自寫人天怨，奮霜豪撾破燈筵鼓。樽前相對掀髯，君試長歌，我爲起舞。《鶯啼序》。

清・程嶸《題詞》　江頭墓。問是誰家占住。何曾見金盌玉魚，只有神香裊烟霧。閱滄桑幾度。朝暮無人却顧。思前次方伯去時，但志賢妃瘞斯處。　傷哉好詞句，唱冷雨酸風，殘破如故。延陵仙吏旌旗駐。把舊屋遷徙，新坊圍護。再磨碑碣傍墳樹。寫年月鐫註。　如慕。更如訴，聽法曲聯珠，聲韻雙互。曉風殘月江南路。讓箇儂腸斷，緑腰偷賦。何戡已老，弔書客，剩賀鑄。《蘭陵王》。

清・石韞《空谷香題詞》　苦海無風日起波，鍾情人更折磨多。偶然譜入桓伊笛，齊向蒼天喚奈何。

才子幽懷寄國香，生花筆筆斷人腸。空中缺陷何從補，不怨共工怨女皇。

飛花縹緲落塵寰，薄命難留衵席間。千古才人齊一哭，傷心不獨是紅顔。

風雅扶輪仗謫仙，前生原住大羅天。若非一曲猗蘭操，空谷香從何處傳。

清・戴永植《空谷香題詞》 謂他人父走天涯，鋤必當門禍有芽。地水火風磨鍊出，人天一朵劫中花。

生來絶不似紅顔，膽識朱家劇孟間。慚愧樓前身一死，斷魂三到鬼門關。

離魂也有合懽時，玉果金錢又洗兒。若使永諧官閣裏，可憐天意不如斯。

國香國色自相因，謫墮何煩歎不辰。芳草美人原合并，《離騷》心事賦靈均。

清・錢世錫《空谷香題詞》 桃李昌丰得意開，春風艷冶傍樓臺。國香偏受冰霜苦，留得芳名絶可哀。

鉛華洗盡見天成，一片吹來變羽聲。斑管只工兒女語，風流玉茗枉多情。

百般磨折在風塵，保得無瑕白玉身。無限世間獅子吼，殷勤難得護蘭人。

熱酒難澆磊塊胸，文章空自哭秋風。人間節行須傳述，合付周南太史公。

清・錢世錫《戲題一首》 無限凄風苦雨吹，投繯飲刃管絃悲。生時季路焉知死。可怪工填絶命詞。

清・陳夢説《空谷香題詞》 曾表賢妃片石芳，更傳幼婦谷蘭香。不圖才子凌雲筆，慣寫人間節烈腸。

貽我《西江祝嘏》詞，汪洋如海細如絲。無端更讀幽蘭傳，眼淚潸潸不可支。

投繯飲刃爲誰來，百折剛腸總不回。常怪牡丹花下骨，精魂獨愛柳和梅。

巾幗綱常事可風，筆花淚染杜鵑紅。偶然讀到詼諧處，天籟嘘嘘入耳中。

清・平聖臺《空谷香題詞》 意蕋情絲細品量，青衣節俠有餘香。頭廳門袖三長手，却與娥眉作主張。

貝齒東方善滑稽，深文慣借判花題。衣冠魑魅千般態，牛渚愁逢照水犀。

薝蔔林中並命禽，升天入地准須尋。如何後死南柯守，愛聽枇杷水上音。

僊緣鬼趣兩糢糊，倩女魂從筆底呼。他日蓉城公是主，不應官籍註酆都。

清・馮廷丞《香祖樓題詞》 又向人天任別離，三才穿貫總無遺。上天下地無閒土，百事思量總不宜。

涼風容易自西來，並蒂花宜一處開。只有鴛鴦同卧起，鴛鴦池上醒方才。

落葉罷隨飛燕還，畫中人不似從前。憐他去我三千里，望帝春心托杜鵑。

當時一着子兒差，説到生離淚似麻。鬼使神差胡撮弄，酸甜苦辣更加些。

郎官何遜最風流，不及盧家有莫愁。曾記年時攜手處，水晶簾下看梳頭。

腸斷魂銷若個知，黄泉不唱比紅兒。將軍海上新傳箭，臺上平明大將旗。

但生歡喜莫生愁，地下傷春也白頭。匿枕低帷成隔世，繡檀迴枕玉雕鎪。

楊柳迎霜倍可憐，雕闌同靠態嫣然。紅鸞兩次花星動，肯向洪厓又拍肩。

不許癡兒憶故夫，滿身花影倩人扶。今生不死難消受，燕子樓中淚眼枯。

穿着宮衣騎駿馬，身留一劒報郎恩。滿腮藥氣雙愁淚，清磬一聲人叩門。

幽蘭花放無人賞，哭倒青蓮九品臺。光景無多送花萎，緑衣娘墜下樓來。

鐵甲將軍戰馬駄，征袍一樣淚痕多。念他烈自根苗具，無定河邊夢若何。

何年再上埋香墓，落葉聲催小命亡。落葉聲聲心上打，修羅注死恁倉皇。

高樓上與浮雲並，短夢淒迷放不長。領取和鳴好情況，又歸他館伴鴛鴦。集本詞句。

清・張九鉞《香祖樓題詞》　乾坤萬古大情癡，舊恨新愁欲問誰。豎出情關第一義，煩他天眼與禪眉。

萬刧莊嚴帝釋身，茫茫欲界證緣因。羣花管領今何在，可是蓉城舊主人。

識得情芽即禍胎，仙城四扇爲誰開。可憐天上癡兒女，也作浮漚幻影來。

香祖樓中一刹那，烏紗紅袖任婆娑。自從天洒澆愁後，不唱人間長恨歌。

天宫無地種相思，却有名花管别離。情到纏綿黄殿講，爲他憔悴也應宜。

了無根蒂與萌芽，刧裏沙蟲莫怨嗟。倩女離魂回首處，空香仍是斷腸花。

白刃光中現寶鬘，黄沙堆起望夫山。臨行一滴人天淚，不贈羊家碧指環。

無色無邊無盡情，最迷離處更分明。牡丹亭上三生路，猶是拖泥帶水行。

二南遺教溯風詩，掃盡才人旖旎辭。絶大文章在遊戲，談天説法寫相思。

蒲團紙帳自觀身，又爲幽蘭觸恨因。拈起妙蓮華一瓣，銷他八萬刧風輪。先生所居軒曰妙蓮華。

清・吴起濂《香祖樓題詞》　新得佳人字莫愁，不風流處轉風流。樓中執手花前坐，斜倚紅鸞笑不休。

花要人憐却又羞，鴛鴦眠穩仲家樓。冰壺小佔清涼界，似惹閒愁不是愁。

三人結就同心帶，且約花前飲玉杯。比似山陰亭子上，一家終日住樓臺。

樓上花枝笑獨眠，讓他華髮寫淩烟。三生留下相思債，死做鴛鴦不羨仙。

莫厭當杯酒入唇，鏡中雙照比肩人。多情慣惹無情罰，射影含沙計最神。

節序榮枯有變遷，等閒輸却賣花錢。世人那得知其故，錦瑟無端五十絃。

蒼鷹拏攫過籓籬，自己酸辛自己知。遥想伊人應念我，香蘭聚影勝新知。

都是生前墮刧人，豺狼反面易生嗔。權棲惡木相迤逗，不愧孫郎帳下身。

魔星降世難征討，壘土爲巢踞海疆。持鉞請纓將有待，龍蛇升降法陰陽。

怪底窮鱗起怒渦，寶船翻起葬鯨波。森嚴虎帳陳兵衛，野宿貔貅萬竈多。

手按龍泉搔白髮，欲飛長劒斬黿鼉。營前細柳藏飛鳥，三月楊花撲面多。

女蘿今作寄生枝，累我思他十二時。此夜孤鴻支漏苦，一般夫婦歎仳離。

莫笑么麿難抗敵，驅除元武避勾陳。河清海晏兵戈洗，白刃叢中訪麗人。

前身今世兩茫茫，各有臨岐淚兩行。酒醒今宵何處也，烏雲低接陣雲香。

纔待歡娛病來矣，三人小别一人歸。情場福分誰能並，却羨黄衣配紫衣。

愛戀因由自忖量，胎中曾帶女兒香。天涯把做梅花贈，蟻蝨秦宫去採芳。

未卜他生合便休，眼穿腸斷爲牽牛。一枝花影將奴殢，重轉仙人白玉樓。

饗士筵傾分袂酒，昇平聊且賦閒居。誰題落葉碑三尺，一縷香魂付使車。

樓上徘徊樓下立，數行家信萬金來。菴中短了桃花命，一寸眉窩展未開。

三生石上睡瞢騰，錦繖夫人别有城。淡月東升日西矬，與君今世説前生。集本詞句。

清·萬仕英《香祖樓題詞》 誰云草木無情物，偏是情多恨轉深。試看香樓終始局，悲歡離合繫人心。

漫言仲子是情癡，更有夫人惜玉奇。參透箇中消息理，恨端已兆見憐時。

戕蘭蚓蟻原無意，裴扈周旋若有懷。盤錯全他金石性，故教恩怨兩安排。

正變貞淫法戒陳，詞人妙旨本風人。果然帝釋司情柄，須信藏園是後身。

清·王亶望《桂林霜題詞》 將軍曾説伏波孫，捍賊孤忠正氣存。六十年來家運厄，一般詩史愴精魂。

紅旗耀日鎮南荒，忠義人人自激昂。肘腋變生軍跋扈，空憐腹内甲兵强。

大義從容談笑餘，圜城土室好樓居。可憐淑女簪花格，併作孤臣泣血書。

銀章埋處土花黏，肯把恩榮與賊覘。早辦黄衫堪報國，不教紫綺拜孫炎。

竈下養皆成國士，馬牛走亦樹功名。更將特筆書嬰臼，千古鬚眉盡欲生。

表章潛德擅鴻詞，演向氍毹事更奇。踴躍梨園摹節義，羞將笑貌學分宜。

清·邊連寶《桂林霜題詞》 長蛇封豕起南滇，破鏡鴟鴞競附羶。賴有伏波好孫子，一條銅柱拄青天。

凌兢難度三冬冷，顑頷常聞五夜啼。點檢賤良男共女，後先凡十九夷齊。

南冠四載鎮幽囚，生死真同大海漚。萬馬圍中衍筆陣，佳人名士兩風流。

二子髑髏血染衣，頭顱擊賊手親提。忠臣血嗣饒精爽，豈遜吴鴻與扈稽。

精忠浩氣有潛移，下格豚魚不自知。豈獨霽雲能授命，羊頭羊胃盡男兒。

屍骸横野野烏飛，馬革包纏願亦違。收殮由來是賊黨，請君於此驗幾希。

茶毗都作腦臍香，柩櫬舁歸選佛場。夜半冲天燐火耀，人疑舍利吐奇光。

《桃花》樂府數東塘，仍滯南朝金粉香。何似淋漓濡大筆，直教鶻鵲衍綱常。

清·薛寧廷《桂林霜題詞》 伏波銅柱屹千尋，瘴雨蠻烟捧日心。忍把勳名埋土室，不須重唱武溪深。

六詔風腥到八閩，淋漓畫壁亦酸辛。節毛落盡惟存舌，張許同時社稷臣。

囚比文山多一年，橘奴橙婢命同捐。失身可似圓圓妓，舞扇包羞破貌前。

三世重遭慘異常，宗支零落姓名香。彦回多壽瀛王樂，史筆窮搜没地藏。

是滑稽文亦典型，閒調鳳管續麟經。勸忠真有廣長舌，寫向烏絲教老伶。

酒闌讀曲燭花紅，字字驚人午夜鐘。兒女英雄恨都雪，幾人慷慨幾從容。

清·紀復亨《桂林霜題詞》 烏金月落路昏黄，雁影驚寒草着行。千古英魂招未得，人間唱徹《桂林霜》。

豫章樂府會傳神，墓上尚書恨又新。舊院争誇新誥重，當時一種顧夫人。

清·秦鐶《桂林霜題詞》 珍重天恩付賜衣，闔門視死竟如歸。多君一管含丹筆，挾得霜稜帶血飛。

不枉西陵渡口行，歸來力疾鬭心兵。忠肝義膽精靈聚，早把人間瘧鬼驚。

清·顧元揆《桂林霜題詞》 寫來生氣戟髯張，蠻口分明是桂薑。吹度炎荒清似洗，河山新落一天霜。

愁中兒女也情深，臺妙親教纖手臨。到得香殘拋玉骨，斷腸總是廣平心。

受恩深重報恩難，合演忠良作例看。豈有負薪孫叔子，故教優孟肖衣冠。

藏孤匿跡劇堪哀，幕府當年盡異才。感我臨風欲長慟，千秋心事付西臺。

清·吴賢《桂林霜題詞》 一夕霜飛古桂林，艱危九死藎臣心。直將頑豔同哀感，譜出新詞淚滿襟。

全家碧血委芳叢，彷彿鵑啼夜月中。遼海灕江同一轍，漢京名第重扶風。

窈窕幽閨玉雪清，邯鄲厮養亦峥嶸。烏金舖下人重過，似向田横島上行。

軼事流傳秉史裁，特將生面爲重開。馬班書法秦黄調，併入先生腕底來。

清·江昱《桂林霜題詞》 掐徧新紅碧血深，千秋風雨泣烏金。封狼既死貙羆殪，未快當年駡賊心。

三十八人俱死殉，風操凛凛激清商。龍門變格傳神作，漫比風流玉茗堂。

清·張棟《桂林霜題詞》 鴻飛猝遇桂林霜，毅魄忠魂姓字香。自古傳奇無此筆，銅琵鐵板壓當場。

土室當年文信國，全家殉難似忠宣。賀蘭不救終非計，漫恃雄關四壁堅。

清·吴錫麒《有正味齋詞·金縷曲·題蔣心畬先生臨川夢院本》 萬事飄如絮。驀吹來、先生筆底，夢都堪據。不怕殘鐘輕打破，機上穿成縷縷。莫認作荒唐雲雨。一段因緣文字起，續《離騷》、半部精魂語。真共幻，論千古。宛然玉茗花前句。試唤起、臨川點拍，也應心許。三十種眠全解脱，才識菩提覺路。引蝴蝶、翩翩而舞。世上盡饒鼾睡漢，問何人，許入梨園譜。才談罷，夜三鼓。

蔡廷弼

論説

清·蔣士銓《晉春秋序》 銓啓伻來辱賜書，獲讀《晉春秋》院本，字擿屈、宋之艷，句熏班、馬之香，滴露研詞，音節瀏亮，其間虚實反正，離合淺深之法，各極其妙。晉重耳得此寫照，光景常新，即唤起左盲而問之，亦必首肯乎。是編乃以余爲老馬識道，謬諉訂訛，按拍倚聲，毫髮無憾。余雖有傳奇九種，視此大筆淋漓，不免有積薪之嘆。蓋作者固難，而知音者亦復不易。余固知君於此道已三折肱，故能清辭麗句，如驪珠一串，迸落筆端，直欲合東籬、稗畦爲一手，又何李老十種之足云。讀既訖，復加評定，將關目起伏，勾勒照應之處標出之，以俟他時剞劂焉，庶不負作者之苦心矣。

綜述

清·蔡廷弼《晉春秋·凡例》 《春秋》，魯史名。晉不云乘乎。乘者，載事之編也。《春秋》者，紀年月之號也。載事不外乎紀年月也，則以春秋名晉亦可也，此看雲主人所以有《晉春秋》傳奇之作也。列國之名春秋者，若趙景之《吴越》、陸賈之《楚漢》、孔衍之《漢魏》、習鑿齒之《漢晉》、孫盛之《晉陽秋》、司馬彪之《九州》、崔鴻之《十六國》、蕭方之《二十國》、武敏之《三十國》，豈獨《繁露》、《竹書》、《虞》八篇、《吕》六論已哉。兹獨以爲傳奇，即史之例也，豈非賢否得失之林，成敗興亡之鑒，而勸戒之感人尤捷哉。五霸首稱齊桓，大聖人取之。然桓不過倚仲父爲功，仲父而外，其臣無一能敵狐趙者。且桓晚年衰颯，等諸落葉西風。六夫人争寵，五公子争立，有開場，無結局，迨至蟲出於尸，不能不廢書三嘆矣。此是編之所以不取齊桓，而取晋文也。獻公烝夷姜，生伯姬申生，兹不曰夷姜生者，非爲獻諱，爲伯姬申生之賢諱也。夷姜既不可以爲母，則非母狐姬而誰。曰嫡母，則無論自我所生，與非自我所生，皆可以嫡母母之。狐姬生重耳，其父狐突，兄若弟狐毛、狐偃，皆賢，則姬之徽音淑德，概可知也，故死後特表其爲神。伯姬，姊也，胡列之爲妹。曰：姊則當領隊而難以位置，妹則肩隨而提挈較順也。考伯姬嫁秦，在滅虞虢之後，則與三公子年殆相若，雁翼參差，正不必以伯姬伯字爲拘也。即如子糾兄也，桓公弟也，諸書鑿鑿可據，獨程子一翻舊説，謂糾爲桓弟，其意以爲，必如是而後桓之殺糾始當，自註之于《論語》，而老學究村夫子，莫不以糾爲桓弟矣，糾之爲弟，非桓弟之，程子弟之耳。伯姬之不爲姊而爲妹，亦竊取程子之意云爾。梨園始自唐代，《戲矍》一齣，緣優施優字起見耳。二五之朋比爲奸，即從此立案。《左傳》載新城之縊，爲胙肉事，曰賊由太子。然使果由胙毒而殺，則殺之甚驟，何以前呼此者，又有夜半之泣也。故特分爲兩案，以撲蜂爲申生之死，以進胙爲兩公子之逃，死在逃先，而後《哭墓》、《魂護》等齣，可以隨手生波。此移屋就樹之法也。然則史事可以意爲删削增造歟。曰：此非史也，而傳奇也。《魂護》、《焚宫》、《冥鎖》、《女判》、《死妬》、《渡津》等齣，毋乃好言鬼怪乎。曰：此左氏家法也。左不云乎新鬼大，故鬼小，石言於晋，神降於莘。果孰聞之而孰覩之。而且形容已臭之官骸，既枯之胥殖：頭可築防，眉可憑軾，身可横九畝。甚矣。左氏好言鬼怪也。况是編妖夢是踐，皆實有之鬼怪，顯示以天道禍福之報，默挽夫人心善惡之機，奚待觀雷電、拜閻羅，而始森然惕然也哉。則以是爲暮鼓晨鐘之助也可。輪迴轉世之説，見于書者不一。張平子轉世爲蔡中郎，李家兒轉世爲羊叔子，李青蓮轉世爲郭祥正，玉童轉世爲王慶之。他如胡沙門、赤脚仙轉世爲相爲君，指不勝僂，則又何疑于是編。惠公轉世爲楚平，里克轉世爲子胥，鞭尸報復當矣。若驪姬轉世爲伯嚭，女而忽男，毋乃不倫，然而傳奇家往往有之。《四聲猿》中，月通轉世爲柳翠，是男而女者也。男而可女，則女亦可男矣。《大輪迴》中，項王轉世爲漢壽亭侯，虞姬轉世爲周倉，非女而男者乎，美人可以爲將軍，寵妃亦可以爲侫宰，總不外乎以讒諂見長也，是男女雖有異身，後先總歸一轍，是亦釋氏輪迴之大凡也。楚距晋遠，子玉何以到晋陽。蓋子玉素有吞晋之志。曰今日必無晋矣，此以其志演之也，何必規規焉以道里郵亭計哉。吾故曰：此非史也，而傳奇也。伯姬打鼓而子玉逃，少姜打鼓而子玉死，是子玉赳赳桓桓，特爲兩巾幗增氣焰耳。十九歲鞍馬風霜，不可不傳，園謀殺婢傳矣，何以不傳觀脇乎。曰：浴與觀脅難演也，非不傳也。少姜賢智有俠氣，今以勤王第一着，屬諸閨閫之謀，而少姜之賢智且俠益，見僖負羈之婦，賢智次于少姜，不與并傳者，恩未償而戮及全家，此亡人之慚德也，故略之。左氏《傳》獨詳晋事，或謂是晋史官之書，第于世子妖夢，亡人十九年，過楚過齊過曹宋，過秦過鄭衛，亦既瑣瑣言之，而獨於謡涿牝鷄，傾覆宗社之妖姬，不言其如何而死，豈天鑒可逃與。且里克手刃幼君，是時姬尚年少，克何以處姬，姬又何以處克。種種疑竇，從此而生，兹憑空撰出追亡借師，因而有一札之託，因而有一拜之助，始知令尹與亡人爲難，蓋亦有因，且令一妖姬、兩狐女，紅粉英雄，照耀于車馬河山之外，而後以鬼道收拾之，則姬之始終巔末具見矣。此烘雲托月，畫家渲染法也。削惠懷之年而予姬，惡惠懷也。然則惡惠懷又何以予姬。曰：非予姬也，所以甚姬也。甚姬何也。曰：所以爲鎖姬判姬地也。驪姬赫奕，無過垂簾，然而寡婦一堂，無非愁苦嗟嘆之聲，天已奪其魄矣。焚宫亦移之惠懷，惡惠懷也。據狐姬之言，大無道者六，不成君者三，其子益發昏騃，是以付之一炬之燼，以當一筆之勾。然則史事可以意爲删削增造歟。曰：此非史也，而傳奇也。驪姬狠，伯姬慧，少姜賢而俠，狐氏姊妹順而武，荀氏兩夫人正而和，里夫人剛，皆奇女也。然皆不若之推之妹之癖爲尤奇。妬女祠，與妬婦津有異。婦已嫁而女未嫁也。妬婦津，在臨濟，劉伯玉妻段氏事。妬女祠在平定州，則介之推之妹事也。婦之妬者十有八九，妬而死者亦十有二三。若未嫁而妬，妬且死，自古迄今，之推之妹一人而已。其自沉于水爲神，女子渡河者必毁妝，不則風濤大作。介與段事以同。唐武后過平定河，畏介女之神欲避之。夫以春秋至女主時，幾及千年，而猶烜赫若此，在當日更何如哉。此子玉之矢，所以不及錢王之弩也。添出子玉射濤一節，亦空中樓闊耳，而於前後却有關鍵。傳奇者，傳其事之奇者也，實傳其事之奇而正者也。申生死孝，孝也；荀息死忠，忠也；之推死隱，廉也；石姑死妬，貞也。以死隱死妬，配死孝死忠，而是編遂以忠孝廉貞特著，此一書之綱領，非一代之綱常哉。吾故曰：傳奇者，傳其事之奇者也，實傳其事之奇而正者也。

著録

清・姚燮《今樂考證・著録九・國朝院本》　看雲主人一種：《晉春秋》。

夏秉衡

綜述

清・夏秉衡《雙翠園・自序》　《虞初新志》載王翠翹遇徐海事甚奇，惜其傳略而不詳。丁亥秋，養疴官署之鏡齋，偶閲稗史，知翠娘之適徐郎，乃境遇之一端耳。其間遇人不淑，獅吼河東，若錫麓之束生，亦如花之枝葉，水之波瀾，作翠娘一生結束，惟金釵盟証，生死不渝，方其情之所鍾，醉心刻骨，所謂千里來龍，結穴在此。因掇其本末，略爲改竄，譜之詞曲，播之管絃，然後小傳之略、稗官之誣，或可補救萬一，不至使艷心俠骨泯滅無聞，則千百載後，余又翠娘一知己也。至傳中寫憂愁之遇，則如江上哀猿，凄然欲絶；歡欣之境，則如佛前妙諦，微笑拈花。甚至詼諧嫚駡，又如穿花蛺蝶，點水蜻蜓，略黏即脱，不着色相，可謂鏤心嘔血，窮此筆力矣。而其間工拙，不敢自計。世有周郎，定能識賞於清尊紅燭間也。時乾隆丁亥季秋，雲間夏秉衡谷香氏書於盩厔官舍之挹翠軒。

清・夏秉衡《詩中聖・自叙》　少陵不獨爲一代之詩人，實亦一代之忠臣耳。余撮其生平顛末，播爲歌詞。其中略有潤色，以合傳奇家關目，而姓名事實，悉從本傳脱胎，非類俗本一味駕空，竟作海市蜃樓觀也。

傳記

清（乾隆）《蒲城縣志》卷六　夏秉衡，江蘇華亭縣人。癸酉舉人。乾隆二十八年任知縣。

清（光緒）《蒲城新志》卷八　夏秉衡，江蘇華亭舉人。二十八年任。重修書院，培植有力。

著録

清・黄文暘、佚名《重訂曲海總目・國朝傳奇》　《雙翠園》。

清・姚燮《今樂考證・著録九・國朝院本》　夏秉衡二種：《八寶箱》、《詩中聖》。秉衡字平千，一字谷香。乾隆间華亭人。《八寶箱》一種，《曲攷》入無名氏。

又《著録十・國朝院本》　《翠翹記》。

清・王国維《曲録》卷五　《雙翠圓》一本，《翠翹記》一本。右二種，國朝夏秉衡撰。

曹錫黼

論説

清・葉承《桃花吟序》　海倘能填，何處得尋精衛；天如可補，不妨重問女媧。思破涕以何時，茫茫今古；歎埋愁兮無地，浩浩山川。蓋夫地缺天傾，誰平遺恨；風流雲散，徒剩虚名。無聊幾碎唾壺，有激欲斟大斗。則若門羅雀網，戲場即在名場；面暎桃花，薄命可能續命。春憐三月雨，猶羨雙鴛合鏡之緣；神助一帆風，徒驚孤鶩落霞之句。歌傳同谷，悲拾橡之少陵；會記蘭亭，仰流觴之内史。名猶不幸之幸，事皆無奇之奇。嗚呼。大造愚人，化工侮世。凡波逝者，雪真見晛而消；苟有情人，劍且倚天而叩。此菽圃曹太常《桃花吟》、《四色石》傳奇所由作也。憶往日，脱稿殷勤，袖焕珠璣之彩；詎而今，披書太息，坐熸筆墨之光。匏繫一官，輸杜陵之老大；菌凋廿載，同王勃之伶俜。命也如何，湯湯逝水；天胡不佑，黯黯秋雲。尚忍言哉，誰能遺此。雖然，歎孤桐之摇落，天本忌才；撫文杏之芬菲，名原自我。若其才非蓋世，徒嗤紫色哇聲；縱令壽過古稀，終等電光泡影。今且半生佳製，唱遍旗亭；即此一闋新聲，歌傾菊部。引商刻徵，鑾牋增墨苑之光；换羽移宫，彤管奪蒼旻之巧。從此遺書能讀，望屬孤兒幼弟。君真不朽，留佳話于人間；我爲解嘲，報故人於地下。

清・葉鳳毛《桃花吟序》 竊觀多文才藝之士，用之不盡，則溢爲小説、詞曲。自元代創傳奇，四百年來，其書汗牛充棟，然優人習而歌之者，僅百餘種。蓋不必其詞之工，第視其聲容之足以動人，歌演得盡其技者而已。求其三者兼美，百餘種中又僅得一二。小小文字傳不傳，亦有數與。曹太常誕文多文才藝，生平所著詩文，俱流播人間。嘗於酒酣談笑之傾，輒爲傳奇曰《桃花吟》、《四色石》，雖短篇小構，亦足見其才氣之奔逸，辭采之淵茂，寄興之微遠，殆老手專家無以過之。其詞既工，其聲既諧。有爲付之管弦，傳粉墨，登氍毹，當必能動人，而盡優人之技者矣。何疑於不傳乎。今誕文逝矣，風流文采，日在人口。其弟北樞、循南，梓此曲行之。吾知其壎篪之誼，人琴之感，有餘悲焉。

清・施潤《桃花吟序》 曹員外菽圃，生僅二十九年，而著作已富。詩古文，及説部雜識，卷帙盈尺，各有根柢，存乎其間。至按律吕爲南北曲，固才人能事之餘，而士林亦深賞之。憶癸酉、甲戌間，同居日下。余二人賞奇析疑，意極相得。誼本中表親，菽圃以兄事余，如余以兄事容圃太史切切。匪形跡合也，顧容圃時官中書，頻入直，大約晨夕之數，緊菽圃爲多。故所撰述，余見什之九。《桃花吟》、《四色石》，亦曾屬余爲周郎之顧，而余謝不敏者。嗚呼，今菽圃墓草宿矣。難弟北樞、循南，率令子匡來輩，孝友之思，不忘手澤，將輯其詩、古文、説部、雜識以行世。余方幸菽圃懷才好學，不能天假之年者，將藉翰墨以垂不朽名。而不意此詞餘二種，已先鐫之棗梨，並且演之傀儡也。兹余久客倦歸，得逢妙舞清歌，爲移情者久，乃取原藁一再吟諷，見《桃花吟》一折，與玉茗堂《四夢》同工，而《四色石》慷慨淋漓，各盡其致，則徐文長之《四聲猿》可以頡頏。由此鼓吹詞林，流傳藝苑，洵亦慧業中不朽者。菽圃非藉此以傳，而此足以傳菽圃矣。海内知菽圃名者，即不求諸詩、古文、説部、雜識，而求諸《桃花吟》、《四色石》，亦足見才人之才，無所不至也。

傳記

清（乾隆）《上海縣志》卷一〇 曹錫黼，字誕文，號菽圃。藏書甚富，晨夕披覽，博而能該。手著《碧鮮齋詩鈔》、《無町詞餘》、《四色石》、《桃花吟》傳奇。任太常寺所牧，年二十九卒於官。

著録

清（嘉慶）《上海縣志》卷一八 曹錫黼：《石倉世纂》、《碧鮮齋詩集》、《桃花吟》、《四色石》。《四焉齋詩文全集》，給事中曹一士著，從子錫黼輯。按《石倉世纂》輯其族人所作，《文淵閣書目》，作曹錫寶輯。

又 曹錫黼：《桃花吟》傳奇，舊附于《碧鮮齋詩集》下，今芟。

顧森

論説

清·王元常《回春夢序》　江洲司馬，曾寫怨於琵琶；楚國大夫，亦寄情於蘭芷。觀隆中之蕉鹿，真假何常；憶枕上之邯鄲，情形可繪。況夫神駒伏櫪，志尚在於騰驤；寶劍藏山，光難掩夫焜燿。胸蟠錦繡，江淹之彩筆猶存；滿架縹緗，李泌之牙籤無恙。雕龍繡虎，才華爭日月之光；旋乾轉坤，筆毫補造化之缺。雲菴先生，聲在吴苑，派衍武林，興嘆擬乎白廷，凱之植乎嘉樹。校書閣下，輝煌劉向之藜；展卷窗前，皎潔孫康之雪。王太原之黄河遠上，韓員外之寒食東風，自古多才，於今再見。無如鍾期不遇，楊意難逢。溢浦雨翻，空灑劉蕡之淚；秦關裘□，屢擯季子之志。因而絶迹省闈，厠身下吏。南昌梅福，尚存賣藥之廬；鄂邑程公，猶有蔭街之樹。夫何代人受過，竟來三褫之占；問心無愁，不必九閽之叩。辭樓桑而長往，渺矣關河；指秦樹以卜居，傷哉羈旅。長安道上，無非説項之人；甘亭幕中，且作依劉之客。南山蒼翠，倚仗頻看；澧水清漪，刺船屢泛。鏡中白髮，因夜雨而新添；匣裏青萍，吐長虹而時吼。三十載功名事業，盡付空花；一百年離合悲歡，都歸噩夢。於是，冥搜靈府，密運藻思。海市蜃樓，幻出奇情種種；鏡花水月，描成異字般般。换羽移宫，不讓黄粱舊記；傳神寫照，争誇白雪新詞。方知人可回天，始信文能扨命。斯誠天池之後勁，而玉茗之比肩矣。余與先生，情聯肺腑，誼添葭莩。趙北燕南，曾同舟而共濟；盧前王後，被並駕以齊驅。乍聆雲《韶》，擬焚筆研。有才如海，即遷謫亦何悲；知我其天，□阨窮而無怨。播□林而馳譽，允叶鐘鏞；居蚓竅以發聲，偶慚糠粃。

清·張寶樹《題回春夢並序》　雲菴顧先生，江左名族，爲直隸涿州尉，未幾，以事去官，之秦中同官，遂家焉，詩酒自娱，耕讀爲業。往時，陝大吏有裁省同官之信，欲分其地，與上下相連之耀州、宜君割治之。同民惶無措，先生與大吏有親誼，乃以裁縣不便之處立陳之，且辨論再四，始得仍其舊。先生之有裨於同邑者，大矣。余以嘉慶戊午冬，應同邑朱明府之聘延，主潁陽書院講席，與先生訂交。先生因出所作《回春夢》一帙示余，余雒誦循環，慨然興嘆，世之同入於夢而不自悟爲夢者，讀先生之作，當亦知所感也，富貴功名，轉瞬間事耳。先生老矣，兩耳重聽，風骨稜稜，令人愛而敬之。余固無文，勉成百韻，以弁簡端，時嘉慶己未七月望日。

丈夫在天下，縱横任所之。窮達誠有命，富貴知何時。瞬息爲千古，百年若朝曦。至人當無夢，黄粱竟有詞。一夢轉豁然，撫掌笑自怡。不必薄軒冕，不必羡膏脂，不必驚得失，不必嘆合離。茫茫四海客，位置自如斯。今日有美酒，且當醉一巵。明朝何必計，彈琴更賦詩。祇求悟大道，俯仰與時隨。奔波胡爲者。山巔與水湄。先生生江左，爲官不厭卑。繁難州第一，衝要不辭疲。事出自偶然，關西車且馳。藉非先生至，同邑已改移。即此傳不朽，世人那個知。先生嚴道貌，先生壽白眉。迴憶往日事，談吐自解頤。褋録久盈案，日記不停披。上下羅墳典，朝夕守藩籬。世態原屬幻，人心各蓄疑。回春夢似杳，回春事却奇。風花誰作主，雪月有餘思。倏忽三十載，榮枯造物持。我欲問原因，先生曰唯唯。呼童煑仙茗，因端更竟委。少壯喜詩書，老大嗟運否。飄蓬景獨憐，英雄願未已。慷慨發悲歌，龍蛇書滿紙。禪者乃吾師，指示糸終始。馳馬出天關，帶劍過下里。遇合信有緣，名媛兼二美。功名不可量，文武任厥指。或爲二千石，或爲方面使。乃復盪妖氛，乃復誅奸宄。特達膺主知，勳名惟吾紀。帳下一書生，功成報天子。氣概吐虹霓，王侯安所止。祇此一寐間，終身奚可比。其事本所無，其願乃如此。須臾夢裡醒，髣髴衣金紫。但願意所適，千里即尺咫。快哉仕宦場，霜露究奚恃。今日始返真，覺得從前理。與君抵掌談，願君會厥旨。八十有三春，尚堪健步履。茶罷酒一觴，肴饌奚必侈。羲皇以上人，何憂復何喜。一醉一陶然，昔非而今是。我聽爽然驚，置身竟無地。與君一夜談，十年書何異。先生向余言，盍各言爾志。余昔宦刑曹，屈指九齡棄。少小入文壇，亦嘗妄希冀。潦倒已終身，浮游何所寄。即此駐潁陽，斤斤殊多事。是天假之緣，交遊原匪易。灼灼園中花，鬱鬱含晚翠。先生美丰骨，洵稱人中驥。余也嘆不才，詎云敢隨轡。先生曰不然，行藏原殊致。同是箇中人，有寤亦有寐。余乃悟前因，依稀曾春睡。有時登天門，層級高累累。余兄正操刀，幸得厥弟至。有時入帝廷，宮闕遊多次。祇任吾翺翔，殊不自爲揣。京華寓十年，想係緣已遂。秋官首領微，得者亦鼓翅。余興尚未闌，余情猶滋熾。運蹇與時違，籌畫還再四。天心竟何如，人事復何自。今得晤先生，彼此情非僞。相質且相憐，覺迷夫何忌。世事騐盈虛，碌碌人自作。水中月且明，鏡裏花亦蕚。邯鄲陌上塵，長安馬中駱。今古理同然，賢愚事復若。先生達者流，洒洒還落落。閱歴幾春秋，松栢林不薄。甬露業曾沾，霜雪何爲惡。豁然識解卓，多文學且博。發揮胸所懷，指示掌中畧。珠璣風自生，廟堂筆可約。南轅已無心，北轍胡不樂。種我山之田，瀹我園之芍。有子採泮芹，有女出蘭閣。親朋話孔長，琴書趣獨攫。有時高卧興，笑取流霞酌。不必慕高官，奚必希顯爵。殺翮有佳名，翩翩海中鶴。我慕先生風，我愛先生謔。且勸世間人，莫教忙裡錯。貪泉飲不窮，保終在立脚。須臾是平生，片刻已如昨。伏枕仔細參，可驚亦可愕。同此七尺軀，安得視隔膜。先生壽無垠，先生夢豈噩。名公題詠多，我竟不自度。

清·戴紱《回春夢傳奇跋》 細讀《回春夢傳奇》，有奇文、妙文、快文、真文四種。入夢獵遇，奇文也；驚艷閨戲，妙文也；奸敗功封，快文也；祭掃入道，真文也。令人讀去，不覺痛哭，不覺拔劍起舞，不覺欲盡吸西江之水，而吐之於壁立萬仞之峯，筆墨至此，可以奪化工矣。

清·楊坊《回春夢傳奇跋》 先生姓顧，諱森，字廷培，一字錦栢，别號雲菴，余外祖公也。原籍姑蘇長洲，爲吴下大族，書香聯絡，簪纓世胄，其服伯諱汧者，以傳臚仕至河南撫軍。其祖小謝公，爲江東名士，詩名襲襲，選有《消夏録》、《唐詩》行世。父鶴澗公，詩酒自娱，隱居不仕。時雲菴公趨庭受訓，穎悟非常，閭里咸以大器期許，奈歲甫成童，因貧廢學。同胞兄大外祖公諱彬，胞弟三外祖公諱林，北遊京華，從事館閣，咸恩叨一命。公授北直涿鹿尉，猷襄棠治品重梅仙，六年考滿制，君特列薦章引見，奉温旨候升，時與州牧周公極相得也。越明年，里民爲借馬一事，鬨訟州牧，遂波及於公，竄謫西安，安置殺翮。先時，涿之士民，知公爲人代過，無故受累，咸欲爲公訟冤，公固止之，視富貴如浮雲，泰然也。來秦時，途中猶著《西行録》，一路之風土、古蹟，盡付奚囊，其胸襟豁潤，於兹益見。入關後，歴爲幕賓，咸知公爲博物君子，薰幣相迓，倒屣争迎，有如山陰道上，應接不暇。況當時陝之上臺、公卿、大夫，半屬親朋，每遇人事之大小，一有懇求，無不盡心竭力以成就之，或挽回之。即於乾隆四十四年秋，畢中丞裁汰同官縣，分屬耀宜，得公一言而止，六里士民，至今猶稱頌，弗替焉。六里送有匾聯，懸掛中庭。製有萬民衣一領，堅辭不受，衆等寄存質庫多年。及公將殁時，環跪榻前，强將前製衣衫披服公身，點頷而謝，越一日仙逝。是在他人必誇功得意，而公乃卑以自牧，不倚勢，不務名，公之聞望，爲當途之鄭重又如此迨。後壽逾古稀，杜門謝客，足不出閭門，手不釋書卷。著有《雲菴雜録》數十本，自天文地理、山川人物，以及鬼神、鳥獸、可駭可愕之事，皆公手筆親抄，確有可據。惟分類浩繁，無力編訂。先將《回春夢傳奇》一書，勉强付梓，知公之一生心血精力，備集於斯。竊憶先慈嘗有言曰：吾不克使爾外祖父之手澤，表彰於世，是一憾事。先慈雖見背，言猶在耳。每閒暇時，繙閱《回春夢》一書，讀之，覺其中裁雲製霞、薰香摘艷、一種忠孝之詞，悲壯淋漓，誠娓娓動人，潛然涕下也。余因念先慈之遺命，並閱公之譜序，備述事實，顛末以誌，不忘自出之意，附於簡編云爾。時道光三十年歲次庚戌冬月，同官縣廩貢生、試用訓導、愚外孫楊坊謹跋。

綜述

清·顧森《回春夢·自序》 《回春夢》何由而作也。傷余生平之命塞也。余生自名邦，係出舊族，不幸纔開知識，家務多艱，未弱冠而孤，無片瓦立錐之業，人間辛苦，靡不備嘗。及長，爲稻粱謀奔走四方，三入京華，後從事館閣議叙，授涿鹿尉，地屬天下繁難首區，日事於車塵馬足，刻無寧晷，然藉得微禄以養親，亦不之苦，兢兢業業，黽勉供職。大吏厠之，薦剡，方以爲轉否爲泰矣，忽爲周牧事波及削職，遠竄關中，煢煢孤旅，苦莫勝言。繼之，眷屬來依，耕瘠地數畝，爲糊口計，育一男一女，喁喁相向，稍慰寂寥。又以爲轉否爲泰矣。無何，男四歲而夭，今膝下惟一弱女。攷余一生之遭際，不知者必以爲短行險毒，故報應之若此也。然余自問生平，實無纖芥之惡，此無他，天也命也。天命既定，既有蓋世才拔山力，奚能挽回。今老矣，髩毛如雪，齒牙摇落，心如槁木，無能爲矣。然悒鬱之氣，猶耿胸次。因思天意既不可回，好夢或可得乎。夢者，意也。意之所及，即屬夢矣，夢之所成，即爲真矣。此《回春夢》之所由作也。藉此一消胸中之塊壘，其工拙不及計也。又嘗讀諸家傳奇，談忠孝者必涉于迂濶，談藴藉者必涉放蕩。文者無武，攻武者不能明吏治，余故兼而收之，以悦觀者之目，非敢自矜也。閲者諒之。雲庵老人自序。

藝文

清・張鳳詔《回春夢傳奇題詞》 易水歌成起白虹，非關楚帳怨江東。榮枯得喪歸春夢，合與蓮池七筆同。

雲飜雨覆態炎凉，苦海沉淪惹恨長。滿酌醁醽開卷讀，恍疑寶劍吐光芒。

卜居漁父盡閑吟，耻説傳奇寄託深。悟徹無生真妙諦，西方彼美是知音。

人心世道古難平，豪傑敢同造化争。好共終南登絶頂，蒲團夜月話平生。

清・王承曾《回春夢傳奇題詞》 彩筆吟成五色虹，回春心事寓窗東。人生遇合原如夢，假假真真大畧同。

梧桐露下午清凉，撫卷流連意味長。李杜文章君踵武，行間字字胥光芒。

風流盡付短長吟，教孝教忠寄興深。自愧奔馳蕪筆墨，敢將尾續托知音。

老成閲歷氣和平，肯把牢騷與命争。慧劍禪燈空一切，聊將寸管寫莊生。

清・唐階《回春夢傳奇題詞》 才子胸襟萬丈虹，縱横筆勢任西東。功名富貴歸春夢，善武能文孰與同。

凌烟畫閣盡荒凉，獨有文章耐久長。指點浮生空即色，毫端字字現光芒。

不作牢騷澤畔吟，興酣落筆寄懷深。當窗莫把傳奇讀，風雅於今有嗣音。

蒼穹報應思難平，不與天争與夢争。我亦衷腸潦倒者，願將證果悟餘生。

清・王兆榮《回春夢傳奇題詞》 筆吐雲烟氣吐虹，閒將經濟寫窗東。由來才大難爲用，惟有雄心莫與同。

爲憐霜鬢惹秋凉，愛國忠君意倍長。聊假塵氛舒壯志，方知龍劍有光芒。

料得《蓼莪》久廢吟，明裡姒續寄懷深。仙緣欲種藍田玉，不是焦桐浪譜音。

波瀾閲過意常平，悟徹春光夢裡争。這大文章垂後世，精神千載總長生。

清・浦銑《回春夢傳奇題詞》 白髮朱顔氣吐虹，先生才調擅江東。偶將筆墨傳心事，合與西堂樂府同。長洲尤悔庵，早歲作《讀離騷傳奇》流聞禁中，播之管絃。

梅花廳子已荒凉，小謝詩名獨擅長。最愛文孫能繼起，筆鋒夜夜吐光芒。

紅燭高燒徹夜吟，淚痕直與墨痕深。狂來不覺傾浮白，屈宋《離騷》韶濩音。

底事人間最不平，百年難與命相争。忽然破涕爲嬉笑，春夢流傳千載生。

清・佚名《回春夢傳奇題詞》 詞餘百種各分鑣，玉茗仙才故自超。愛煞顧家新樂府，櫻桃紅破一聲簫。

麗詞堪與雪兒歌，成句歌罷應知唤奈何。富貴一場春夢醒，西崦端不讓東坡。

清・鮑標《回春夢傳奇題詞》 黄粱一夢已如烟，又見回春被夢牽。怪我頻年潦倒甚，晝長無事不曾眠。

茫茫恩怨逐塵埃，一到南柯境忽開。願把天涯流落客，同時拉入夢中來。

閒情如許是耶非，醒眼纔開便息機。漫説禪門空色相，天花何處不沾衣。

清・李承范《回春夢傳奇題詞》　元愷才奇夢亦奇，晚年心事托新詞。問名盡付浮羅境，筆底回春若箇知。

戲把情緣作夢緣，陡教造物漫無權。人間魄礌消難盡，掃去全憑筆似椽。

笑他蕉鹿認偏真，誰是南華解問津。道得蒙莊言外趣，老禪多事説前因。

醫俗何須讀訂頑，短歌清唱也能删。縱饒炙手掀天勢，難换華胥一晌閒。

清・吴球《回春夢傳奇題詞》　製錦宏才金玉姿，退居泉石譜新詞。現身説法皆成調，想見經營慘淡時。

先生才思細於毛，獺史漁經不憚勞。今夜書窗休説夢，縱然有夢亦清高。

拍案揮毫興若狂，天乎人也費評章。生平不作牢騷體，回首春雲恨夜長。

清・李炎《回春夢傳奇題詞》　江南才子富辭華，繡虎雕龍争艷誇。詞源倒流三峡水，筆陣雄邁古作家。髯蘇稼軒家家諷，實甫漢卿亦伯仲。一拳搥碎黄鶴樓，人間又見《回春夢》。入夢依稀蕉鹿真，出夢髣髴栩栩動。窮通富貴皆幻境，榮辱得失無欣痛。漫道波瀾陳思美，且符誌公契宗旨。眼前景致誰不知，中乎經首惟有子。嗟余少壯少磨琢，風雅荒踈愧揚摧。承命欲獻雕蟲技，汗顔頰赤覺齷齪。吁嗟乎前無古人、後無與同，凡今誰是出羣雄。君不見，東吴顧文學，杜句麗藻繽紛稱宗工。

清・丁鳴玉《滿江紅回春夢傳奇題詞》　名士風流，飄零處、堪爲搔首。似謫仙當日，夜郎遠走。豪達苦爲時命困，英才欲把天心扭。借夢中説法譜繁華，凌雲手。　案頭筆，文空秀。懷中錦，才宏茂。即一斑流露，已窺抱負。識破浮名同幻影，讀來雅調欽山斗。看雄文，不脛自能行，充宇宙。

清・王延照《回春夢傳奇題詞》　坐擁牙籤三萬軸，綺繡盈篇，字裏生珠玉。調協雲韶文郁郁，比將燕子桃花讀。　始信奇文能造福，潘、陸才華，奪轉天成局。漱齒焚香歌一曲，天池玉茗遥相續。

清・王筠《回春夢傳奇題詞》　才調凌雲氣貫虹，顧家元歎冠江東。拈毫試譜霓裳曲，玉茗才華未許同。

青雲事業已荒凉，蓮幕填詞遣晝長。千種牢騷描不盡，筆花焕彩動星芒。

燕語呢喃偶一吟，閨中塗抹愧還深。典型在望求繩削，敢傍詞壇説賞音。王小姐亦有《繁華夢》、《全福記傳奇》刊行于世，故云雲菴註。

塊壘填胸鬱未平，故將寸管與天争。夢回悟得邯鄲趣，佛火禪燈了此生。

清・楊生芃《回春夢傳奇題詞》　一枕黄粱夢自驚，歸來聊寫不平鳴。恰同司馬江洲白，曾借琵琶説宦情。

揮毫摛藻艷春華，調合西堂老作家。指點窮神都似夢，水中明月鏡中花。

一場大夢好驚奇，種種牢騷祇自知。説與旁人渾不解，聊將風月寫新詞。

空裏浮花夢裏身，滿腔心緒寄回春。分明幻境皆真境，留得先生萬古新。

清・王元常《回春夢傳奇題詞》　新詞編就付紅牙，夢裡姻緣記不差。借得禪燈開覺路，歷來幻境現空花。回天有力成虚話，拗命無能祇自嗟。恰似潯陽江上客，青衫淚濕聽琵琶。

吴江遷客氣如虹，筆底煙雲奪化工。自昔循聲傳趙北，於今文藻振秦中。新編譜出人争賞，舊雨情深喜再逢。好借酒杯澆塊壘，長歌當哭恨無窮。

王文治

論説

清・梁廷柟《迎鑾樂府跋》　族父掞庭先生，副鹺兩浙，恭遇南巡盛典，承辦戲差，時丹徒王夢樓太守文治自臨安罷歸，延入幕中。撰新曲九齣，皆用浙中故事。音節和平，頌揚有體。太守少精音律，其友葉君懷庭，作《納書楹曲譜》，多資商榷。

清·梁廷枏《曲話》 乾隆中，高宗純皇帝第五次南巡，族父森時服官浙中，奉檄恭辦梨園雅樂。先期命下，即以重幣聘王夢樓編修文治填造新劇九折，皆即地即景爲之：曰《三農得澍》，曰《龍井茶歌》，曰《祥徵冰繭》，曰《海宇歌恩》，曰《燈燃法界》，曰《葛嶺丹爐》，曰《仙醞延齡》，曰《瑞獻天台》，曰《瀛波清宴》。選諸伶藝最佳者充之，在西湖行宫供奉。每演一折，先寫黄綾底本，恭呈御覽，輒蒙褒賞，賜予頻仍。今日重披法曲，猶仰見當年海宇乂安，民康物阜。古稀天子省方問俗，桑麻阡陌間與百姓同樂，一種雍熙氣象，爲千古所希有，真盛典也。

清·楊恩壽《詞餘叢話》卷二 王夢樓先生以書法名海内。性喜詞曲，行無遠近，必以歌伶一部自隨。客至，張樂共聽，窮朝暮不倦。其辨論音律，窮極要眇。長洲葉氏纂《納書楹》，偏取元、明以來院本，審定宫商，世所講《葉譜》也，其中多先生所糾正，論者謂葉譜功臣云。先生斥《燕子箋》：以尖刻爲能。自謂學玉茗堂，全未窺其毫髮。笠翁惡札，從此濫觴。是説余不以爲然。圓海詞筆，靈妙無匹，不得以人廢言，雖不能上抗臨川，何至下同湖上。《寫像》一齣，膾炙人口。余尤愛霍秀夫與華行雲畫小照後，行雲索秀夫自貌於側，秀夫云：畫眉郎怎自把眉兒畫。死典活用，字字靈通，此豈芥子園所能夢見。第二十八齣《閨憶》，寫行雲在酈府時，離情如繪，香吻宛然：《山坡羊》：澹慘慘芙蓉霜悴，冷蕭蕭芭蕉風碎，聒刺刺疏櫺紙鳴，一陣陣天外飛鴻至。憶嬌癡，當年正授衣。物在人亡，疊在空箱裏。那禁月上梧桐，又砧聲敲起。悽其。掃不盡香閨落燕泥；傷悲。挽不斷雕窗掛網絲。前腔亂轟轟笳聲如沸，虚飄飄楊花無蒂。迫忙忙萍水相逢，親切切闌干相依倚。最慘悽，霜寒烏夜啼。紅啖雙花，怎照著孤衾睡。怕熱鑪香也，嬾描眉翠。腰圍，黄花瘦一枝。皈依，曇花禮六時。

傳記

清·姚鼐《中憲大夫雲南臨安府知府丹徒王君墓誌銘》 君諱文治，字禹卿，丹徒人。自少以文章書法稱於天下。中乾隆三十五年一甲三名進士，授編修。爲壬午科順天鄉試同考官，癸未科會試同考官，其年御試翰林第一，擢侍讀，署日講官。旋命爲雲南臨安府知府數年，以屬吏事鐫級去任。其後當復職矣，而君厭吏事，遂不復就官。高宗南巡至錢塘僧寺，見君書碑，大賞愛之。内廷臣有告君、招君出者，君亦不應。君之歸也，買僮教之度曲，行無遠近，必以歌伶一部自隨。其辨論音樂，窮極幽眇。客至君家，張樂共聽，窮朝暮不倦。海内求君書者，歲有餽遺，率費於聲伎。人或諫之，不聽，其自喜顧彌甚也。然至客去樂散，默然禪定，夜坐脅未嘗至席。持佛戒，日食蔬果而已。如是數十年，其用意不易測如此。【略】余與君相知既久，嘉慶三年秋過丹徒訪君，君邀之涉江。風雨中，登焦山東昇閣，臨望滄海邈然，言蟬蜕萬物無生之理。自是不復見君。今君家來訃，以嘉慶七年四月二十六日趺坐室中逝矣。妻女子孫來訣，不爲動容。問身後事，不答。然則君殆莊生所謂遊方之外與。造物爲人者耶。【略】君年七十三。

清·王昶《湖海詩傳》卷二二 王文治，字禹卿，號夢樓，丹徒人。乾隆二十五年殿試第三人及第，官至臨安知府。有《夢樓詩集》。

清（嘉慶）《丹徒縣志》卷一四 乾隆二十五年庚辰科進士，畢沅榜。一甲三名，大考第一。由編修陞侍讀，知雲南臨安知府。

清·吴修《昭代名人尺牘小傳》卷二三 王文治，字禹卿，號夢樓，丹徒人。乾隆庚辰第三人及第。官翰林侍讀。出爲雲南知府。書秀逸天成，得董華亭神髓，與錢塘梁學士齊名，世稱梁王。學士每自謂不如，蓋天分不可及也。詩宗唐人，有《夢樓詩集》。

清·張維屏《國朝詩人徵略》卷三七 王文治，字禹卿，號夢樓。江南丹徒人。乾隆二十五年賜進士第三人。官臨安府知府。有《夢樓詩集》。

清·李元度《清朝先正事略·袁簡齋先生事略》 同時王先生文治，

字禹卿，號夢樓。江蘇丹徒人。自少以文章書法稱天下，全侍講魁、周編修煌嘗奉使琉球，邀與俱往。琉球人傳寶其翰墨。歸，舉乾隆三十五年進士。以一甲第三人授編修。壬午分校順天試。癸未分校會試，其年御試翰詹第一，擢侍讀，充日講官。旋出爲臨安知府。數年以屬吏事鐫級去任。其後當復職矣，而先生厭吏事，遂不復就官。時袁簡齋壯年引退，以詩鳴江浙間。先生應之，聲華與相上下。高宗南巡，幸錢塘僧寺，見先生所書碑，大賞愛之。内廷臣有告之先生，招使出者，亦不應。自滇歸，買僮，教之度曲。行無遠近，必以歌伶一部自隨。其辨論音律，窮極要眇。客至，張樂共聽，窮朝暮不倦。海内求書者，歲有餽遺，率費於聲伎。人或諫之，不聽，其自喜顧彌甚也。然至客去樂散，默然禪定夜坐，膂未嘗至席。持佛戒，日食蔬果而已，如是數十年。其用意不易測如此。爲文尚瑰麗，至老一歸平淡。其詩與書，尤能盡古今之變，而自成體。嘗自言：吾詩與字，皆禪理也。嘉慶七年四月，趺坐室中逝，妻女子孫來訣，不爲動容。問身後事，不答。所著曰《夢樓詩集》。

清（光緒）《丹徒縣志》卷三三　王文治，字禹卿，號夢樓。生有夙慧，十二歲能詩。生平吟詠之工，入唐人之室，與分席而處。書法則如米元章、董香光，嗣統二王，天下士共推無異論者。乾隆癸酉拔貢，廷試入都，與諸名士唱和無虚日，公卿皆延禮之。翰林侍讀全魁册封琉球，同渡海，颶風破舟，遇救不死，作《海天遊集》。己卯，舉順天鄉試。庚辰，會試中式，殿試一甲第三人，成進士，授編修。癸未，大考第一，擢侍讀，充國史館纂修。壬午順天鄉試同考官。癸未會試同考官，出爲臨安知府。王師征緬，督運糧餉，受煙瘴，引疾歸。主講浙江敷文書院，一時名宿，盡出其門。既而薄游陝洛，所至悉以名師尊禮之。又至性過人，弟宦楚，視之者再，友愛如孩提時。見之者無不感服。噓植寒畯，必得其所而後已。晚年悟道，發揮微妙，旁及禪悦，年七十有三，端坐而卒。蔣宗海續修志稿未成而歿，文治續成之。【略】文治晚年雅嗜聲曲，與吴門葉廣明有同好，葉訂《納書楹曲譜》，文治爲之詳審音節，點定後盛行海内。著《夢樓詩集》二十四卷及制藝文賦，皆膾炙人口。又著有《快雪時晴法帖》。道光中纂修國史，館臣奏請編入《文苑》。

清（光緒）《潛江縣志續》卷一八　號夢樓，江南丹徒人。由編修官侍講，省親來潛。五弟文明，河簿署樂，與邑人士唱和流連二載餘，尤善法雲社僧拂雲，與結方外交，以故履跡流傳法雲社爲多。今兵燹頻仍，後亦僅存矣。

著録

清·姚燮《今樂考證·著録四·國朝雜劇》　王夢樓《迎鑾新曲》九種：《三農得澍》、《龍井茶歌》、《祥徵冰繭》、《海宇歌恩》、《燈燃法界》、《葛嶺丹爐》、《仙醞延齡》、《瑞獻天臺》、《瀛波清宴》。

桂馥

論説

清·王定柱《後四聲猿序》　徐青藤以不世才，侘傺不偶，作《四聲猿》雜劇，寓哀聲也。禰正平三撾，沈痛不待言。其紅蓮、木蘭及女狀元，皆以猿名，何哉。論者謂：青藤佐胡梅林平徐海，功由海妾王翠翹。海平，翠翹矢志死。又青藤以憤使梅林戮寺僧，後頗爲厲。青藤繼室張，美而才，以狂疾手殺之。既寤，痛悔，爲作《羅鞋四鈎》詞。故紅蓮，懺僧冤也；木蘭，弔翹也；女狀元，悼張也。此皆以猿名固宜。同年桂朱谷先生，以不世才擢甲科，名震天下，與青藤殊矣。然而遠宦天末，簿書蘊項背。又文法束縛，無由徜徉自快。意山城如斗，蒲僰雜庭牖間。先生才如長吉，望如東坡，齒髮衰白如香山，意落落不自得，乃取三君軼事，引宫按節，吐臆抒感，與青藤争霸風雅。獨《題園壁》一折，意於戚串交游間，當有所感，而先生曰：無之。要其爲猿聲一也。噫，世固少不世才，即有之，率多不遇。即遇矣，又不使鼓吹黼黻，徒令於紅牙鐵板間，凌轢風景，耗裂壯心，亦可惜也已。巫山三峽巫峽長，猿啼三聲淚沾裳。況四聲耶，況又後四聲耶。

清・憐芳居士《後四聲猿跋》 己酉春，晝讀法華山人所著《偶憶編》，知桂未谷先生有《後四聲猿》抄本，山人藏而待梓。題有翠翹已死青藤老，恨海茫茫又四聲之句，心竊異之。異乎青藤以大才不偶，借古衣冠發抒塊磊，作《四聲猿》雜劇，詞則激昂慷慨，痛快淋漓，各盡其妙。而其事其人，如漁陽三弄而外，花黄柳翠三君，則未盡若猿聲之令人腸斷也。未谷復作《後四聲猿》，得毋賈長沙續《騷》之意耶。因請於山人，受而讀之。詞曲之妙，一如王序之嘉許，毋庸贊矣。事則白香山之遺姬賣駱，蘇髯公之卑官受屈，陸放翁之抱恨沈園，李長吉之見毒溷中。在四君，物感之遭，莫可如何，久已付之天空海闊。而稽軼事者，爲之引商刻羽，侔色揣聲，寫萬不得已之情，悽然紙上，令讀者如過巴東三峽，聽啼雲嘯月之聲，無往而不見其哀也。是宜於青藤之後，增以四聲，抑宜於青藤之上，置此四聲。惜乎未谷生青藤後，不能親較四聲之高下。余又生未谷後，不識未谷之四聲，抑有感於青藤之不偶，而故爲此先後之同聲一哭焉否耶。余不敏，不敢定。商之山人亟付諸梓，以公同好，俟知音者之賞鑒焉。是爲跋。

綜述

清・桂馥《放楊枝・小引》 余年及七十，孤宦天末。日夕顧影，滿引獨醉。友人有勸余納姬者，余拊掌大笑曰：白傅遣素之年，吾乃爲卻扇之日耶。吾非不及情者，抑其情，情所以長有餘也。白傅《楊柳枝》詞云：永豐西角荒園裏，盡日無人屬阿誰。此爲樊素作也。其不能忘情吟，蓋欲遣素而未能。又有《别柳枝》絶句，是素終去矣。又《春盡日》詩云：春隨樊素一時歸。又云：思逐楊花觸處飛。此素初去，而猶繫念也。又有《答夢得》詩云：柳老春深日又斜，任他飛向别人家。誰能更學兒童戲，尋逐春風捉柳花。又《咏懷》詩云：院静留僧宿，樓空放妓歸。衰殘强歡宴，此事久知非。此素去後，不得已之決絶也。想白傅此時，亦深悔當年多此一素，惹出一番凄凉景色，攪亂老懷也。余既裁詩以報友人，又成《放楊枝》一套。嗟乎，余豈不及情者哉。老苕書於永平縣齋。

清・桂馥《題園壁・小引》 古今倫常之際，遇有難處事，此家庭之大不幸也。陸放翁妻不得於其母，能不出之。然阿婆喜怒何常，兒女輩或有吞聲不能自白者耶。後乃相遇沈園，愍嘿題壁而已。余感其事，爲成散套，所以弔出婦而傷倫常之變也。老苕記。放翁有《姑惡》詩云：君聽姑惡聲，無乃遺婦魂。或謂其爲唐氏作。果爾，則難辭失言之責矣。又記。

清・桂馥《謁府帥・小引》 蘇子瞻爲鳳翔判官，陳希亮爲府帥，以屬禮待之。入謁，或不得見。子瞻《客位假寐》詩云：同僚不解事，愠色見髯鬚。雖無性命憂，且復忍須臾。又有《東湖詩》，皆爲希亮作。其屈沉下僚，抑鬱不平之氣，微露于游覽觴咏之際。今讀其詩，覺胸中塊磊竟日不消，只可付之銕綽板耳。老苕記。

清・桂馥《投溷中・小引》 有才人每爲無才者忌。其忌之也，或誣之、或譖之、或擠排之、或欲陷而殺之。未有毒於李長吉之中表者，竟賺其詩，於溷中投之，錦囊心血，一滴無存。此輩忌才人，若免神譴，成何世界。投之鬼窟，烈於溷中。老苕記。

傳記

清・蔣祥墀《桂君馥傳》 曲阜桂君未谷，與余同舉乾隆庚戌進士，出宰滇南，卒於官。其孫顯訦以其行略來屬爲傳以傳。君諱馥，字冬卉，未谷其號也。其先貴溪人，以明初從征功世襲尼山衛百户，遂家焉。曾祖存正，邑庠生。祖枝茂，歲貢生，考授州别駕。父公瑞，恩貢生，候選教諭。未谷承其家學，於書無不覽，尤邃於金石、六書之學。戊子，以優行貢成均，得交北平翁覃溪先生，所學益精。其相與考訂之功，具載先生《復初齋集》中。已而以教習期滿，補長山司訓。復與濟南周書昌先生振興文教，出兩家所藏書，置借書園，以資來學，并祠漢經師其中，其誘掖後進甚篤。己酉，舉於鄉，越明年，成進士，時年五十有五。後爲永平令。永平，故滇之邊邑。未谷卧閣以治，政簡刑清，境宇帖然。因以其餘爲經生業。嘗謂：士不通經，不足致用。而訓詁不明，不足以通經。故自諸生以至通籍四十年間，日取許氏《説文》與諸經之義相疏證，爲《説文義證》五十卷。又繪許祭酒以下至二徐、張有、吾邱衍之屬，爲《説文統系圖》，因題其書室曰十二篆師精舍，蓋未谷之精力萃於是矣。其他有《札璞》十卷、《繆篆分韻》五卷、《晚學集》八卷、《詩集》四卷。以嘉慶十年卒，年七十。其子常豐扶柩歸葬，未抵家，亦卒於途。嗚呼。未谷以宿儒積學，晚而僅得一仕。仕僅十年，未竟其用。而名滿天下，識與不識，聞未谷之卒，而痛之哀之。余何能，何足以傳未谷。未谷固自有其必傳者，余滋愧焉。

清・吴修《昭代名人尺牘小傳》卷二四　桂馥，字未谷。曲阜人。乾隆庚戌進士。官雲南永平知縣。以分隸篆刻擅名。精於考證碑版。有《説文正義》、《札樸》、《晚學集》等書。

清・李元度《清朝先正事略・周書昌先生事略》　未谷名馥，字冬卉，曲阜人。於書無不窺，尤邃於金石、六書之學。少以優行貢成均。交翁覃溪學士，詣益進。又與濟南周書昌友。誘接後進甚篤。乾隆五十五年進士。知永平縣。卒官，年七十。永平，故滇之邊邑，君卧閣以治，政簡甚，因以其餘爲經生業。嘗謂訓詁不明，不足以通經。日取《説文》與諸經之義相疏證，爲《説文義證》五十卷。又繪許祭酒以下至二徐、吾邱衍之屬爲《説文統系圖》，題書室曰十二篆師精舍。著《札樸》十卷、《繆篆分韻》五卷、《晚學集》八卷、《詩集》四卷。

著録

清・支豐宜《曲目新編・國朝雜劇・續補遺》　《續四聲猿》，曲阜桂馥。

清・姚燮《今樂考證・著録四・國朝雜劇》　桂未谷《續四聲猿》四種：《李昌谷》、《白香山》、《蘇東坡》、《陸放翁》。

清・王國維《曲録》卷三　《後四聲猿》一本，國朝桂馥撰。

藝文

清・李元滬《後四聲猿題詞》　一自青藤翻院本，直令三峡罷猿鳴。古今賸有沾衣淚，争忍重聞《後四聲》。

恨事才人配廝養，升庵爲雪淚痕斑。流傳樂府南中徧，更見新詞小出山。

飛絮隨春仍戀主，驚鴻照影劇傷情。美人遲暮天涯感，付與旗亭玉笛聲。

蛾眉妬極見猶憐，投圂端知後必傳。轉勝高衙空坐大，漫將屬禮待名賢。

清・吴詒澧《後四聲猿題詞》　未谷作宰人盡嗤，天驎俯受黄金羈。昆明池水照顔色，兩鬢日夕添銀絲。未谷聲名早入手，八分小篆嘲何有。詩成清氣滿乾坤，二者不憂人覆瓿。近來放筆仿大癡，好水名山驚户牖。忽然壘塊胸中作，北羽南宫展新謔。風流老去足天憐，卑賤自傷忍姑惡。愁詩恨賦不可删，淚痕恰共青藤落。憶君葉榆花滿封，遶池更植秋芙蓉。牀頭洱海三千里，屋角蒼山十九峯。我時金碧堆萬里，嘉慶己未，未谷爲太和令，余值銅差。君爲潑墨走籜龍。勗哉盤根怨勿庸，未谷《題畫竹》曰：有翁有孫，錯節盤根。哀絲豪竹情何攻。白李蘇陸吾誰從，文章巨擘愁無悰，不如酩酊倒載傾千鍾。

清・蔡振中《後四聲猿題詞》　别淚宜從戀主生，香山未必老無情。當年素素無多語，演出離歌千百聲。長吉奇冤地府伸，詩存牛鬼與蛇神。才名自古原遭妬，欲殺青蓮更有人。放浪江湖懣憤消，須臾雖忍轉無聊。晚年詩和陶彭澤，此事寧甘忘折腰。天隨子亦偶情癡，樂府新添去婦詞。忍聽采茶山下曲，苔泥涴盡壁間詩。

清・錢杜《後四聲猿題詞》　萬里忽相識，憐君心鬱陶。老惟傾白墮，貧慣典青袍。柳絮旗亭晚，猿聲夜峡高。女蘿山鬼怨，一半是牢騷。

清・賈杰《後四聲猿題詞》　老去天涯淡宦情，羞將名譽動公卿。古今多少傷心事，聽碎檀槽綽板聲。

駱馬楊枝伴一生，如何撒手不留行。琵琶江上應同感，濕盡青衫調始成。

自古奇才遭鬼妬，何論市井斗筲兒。九幽真有泥犁獄，赴愬紛紛無盡時。

居然大纛與高牙，際會遭時漫自誇。誰識衙官埋屈宋，從來名位半相差。

忍見驚鴻照影來，沈園往事劇堪哀。鳥名姑惡何人喚，曲折愁腸日幾回。

譜將新曲上歌筵，意氣公然壓世賢。太白佯狂人欲殺，四明仙客見應憐。

清·吴桓《後四聲猿題詞》 是何聲最爲凄楚，哀猿巫峽唤侶。聽來寔是三聲淚，何況四聲重譜。君且住，君豈有青藤侘傺傷心處。無端離緒，説長物難留，文章遭侮，耐性趨衙鼓。大都歎，壯志消磨誰付。鐵驅還戀尺組。天涯寂寞空山冷，翠袖佳人日暮。君試數，君不見玉環飛燕皆塵土，多情最苦，且收拾閒愁，折腰束帶，手版應官去。右調《摸魚兒》。

清·沈謙《後四聲猿題詞》 挂壁寒芒吐。問青萍，有誰讎怨，有誰慢侮。爲讀君家南北曲，夜静猿聲太苦，遂惹出劍花恣怒。運去時乖騅不逝，歎黄金費盡教歌舞。只此意，已凄楚。　忌才況有呼豨豎，任錦囊心肝嘔出，歸於黄土。皮相衣冠何赫奕，不過嚇人腐鼠，偏做就爪牙似虎。剩有牛衣堪對泣，又無端斷送紅塵路。多少淚，傷心譜。右調《金縷曲》。

劉暈

論説

清·方廷熹《楊狀元進諫謫滇南序》 將取千古第一等風流人物，刻劃其性情，摹擬其神彩，並以發其忠孝悱惻之思，俾千載而下，可興可觀。可以廉頑而立，懦者自非，沉思大力，足與其人其事相副，蓋戛戛乎難哉。此余於藹堂劉先生《議大禮》北劇，不能不爲之擊節三歎也。劇爲有明楊升庵先生作。升庵以高明伉爽之胸，宏博艷麗之學，卓然爲一代才人。而議禮一節，忠孝斐然。觀其永昌諸詩，惓惓君父，遭困頓而意彌篤，是其性情神彩，豈哀詹詹瑣瑣者所可得而彷彿。不謂二百餘年後有爲之刻劃、摹擬，發其隱幽，攄其懷抱，時而激昂慷慨，奮不顧身，時而感喟欷歔，憂來磊結，時而雅髻蠻粧，頹唐適志，時而美人香草，婉孌寄情。使於燈紅酒緑之餘，鐵撥銀筝之會，向鬼門而呼之以出，不真令人一時同唤奈何也哉。每慨世之傳奇者，不過規倩盼之令姿，寫閨襜之纖致，朶情膩理，騁其研心，翠帳翡衾，送其美睇，敷藻雖工，誨淫不少。以視斯作，其於雅俗之間，相懸奚翅萬萬。藹堂先生才氣閎放，既足與其人其事相副，又殫究於音律之學，嘗見酒酣興發，按拍長謡，句必動魄而驚心，韻則投袂而赴節。凡所點綴，皆屬意到筆隨，而施之當場，適如頰上添毫，使當日風流宛然可見，洵辭壇之極觀而歌筵之快覩也。世有名優，當亟開演，爲梨園添一段佳話。至如前輩尤展成、孔東塘、洪昉思諸樂府出，學士大夫争相購讀。以是編之徵詞協律，無妙不臻，方將與諸賢後先輝映，宇内名流，均屬同調，猶應什襲藏之，以供嘯詠，又不僅付之旗亭，登諸曲部，取悦於庸耳俗目，爲隋珠卞璧增價矣。是爲序。

綜述

清·劉暈《楊狀元進諫謫滇南·自序》 昔人謂，有明一代才人，惟升庵與義仍兩先生而已。義仍先生，慷慨達言，爲當軸所抑，仕弗達，故功名亦弗顯。升庵先生，則以新都名閥弱冠登朝，心地光明，學問淹博，極其才智，其功名正未可量。乃以泣諫大禮，遠戍滇南。投荒之餘，肆力古學，於書無所不窺。嗣因長流不反，益復韜光晦跡，縱酒自放。間於春秋佳日，插花丫髻，轝行市中，蠻童僰婦，舞拜道路，酒榼歌扇，墨瀋淋漓。嗟乎，天既生才，不使展其宿負於九閽之上，乃極之竄謫遐方淪落，以老終其身，不能復進，是可哀也已。先生著述最富，近於詩文集外，單行者甚尠，惟《藝林伐山》、《丹鉛録》、《廿一史彈詞數種》而已。余以三餘之暇，採綴成劇，非謂能傳先生謇謇之大節，聊以見先生當日蒙難艱貞其流風餘韻，付之優孟衣冠，或可爲教孝教忠者勸。至於换羽移宫，諧聲赴節，余既素非所長，且行笥蕭然，樂府諸譜未經隨攜。惟就胸中記憶熟調，約畧填詞，謬誤甚多，尚望當代周郎正其得失也。詞成，因題其首。

傳記

清・張學仁《京江耆舊集》卷九　乾隆朝：劉翬，字靄堂，號夢華，丹徒人。官蘭谿知縣，著《再甦吟》。

清（光緒）《蘭谿縣志》卷四《官師表》　乾隆朝：劉翬，江南人，三十三年任。

著録

清・姚燮《今樂考燈・著録四・國朝雜劇》　劉漢翔一種：《楊狀元進諫謫滇南》。一名《議大禮》。漢翔名翬，號藹堂，南徐人。

錢維喬

論說

清・楊夢符《乞食圖・序》　夫騷客傳經，香草志美人之恨。國風好色，河洲賦君子之逑。情之所鍾，身或與殉。生非不惜，貧則可傷。與其遭白眼於窮途，曷若託紅顔以終老。故資郎四壁游倦而有琴心，憤王重圍泣下而顧姬舞。宋玉傷秋之士，爰擬登牆。曹植才子之尤，獨懷解佩。固皆不得志於時者之所爲歟。此《乞食圖》之所出作也。則有衡門儒貴，陋巷素身。氣欲空羣，交不諧俗。世無阮籍，自是狂人。生比劉伶，輒思埋骨。吹篪而過吴市，逐祭而乞燔間。夫固贅疣以等，厥躬木石以視儕偶者矣。於時俗眼驚其奇才，人知其戲，留爲佳話。爰補殷倩之圖，似有前因。遂作蹇修之寄假，令江皋之珮甫。接元霜之杵，可求天臺之楫。既通秦樓之簫早引，雖王陽黃金，未能自作張詠。白士空負不羣，而衡陽可耕，自伴空山之結髮。霸陵偕隱不隨濁世以低頭，亦何不可永畢烟霞，怡然隨唱。迺淩波半面，方驚映水之鴻。別浦重來，已作遥天之鶴。飄飄乎輕雲流風之無似，縣縣乎長吟永慕以難堪。下上膏肓，二豎無可攻之藥。陰陽離合，一縷延未絶之魂。丹鱗或其來游，碧城故猶可盼。至於慟哭青楓之秏，飄零紅葉之詞，既歎不辰，復傷知己。宮門萬里，相望惟有目穿。元塗九重，到此乃真心死。情至是乎，傷哉命也。若夫令暉爲鮑氏名媛，武軍有盧家博士。未窺玉鏡，何有温郎自歛長眉。非關京兆，豈知阿承之識葛早。屬意於黃頭宓靈之感，東阿惟託□於翠羽。憐才之念，既至捐軀之節，靡他始也。冀渭涘之定，祥造舟爲禮繼也。痛秦庭之出險，抱璧無歸。宜乎執徐悱之詩，傷心末路。拜仲卿之墓，獨挂南枝也。嗟乎，横笛怨而梅花落，樵柯發而秋草號。三尺之中，魂魄或因依此而後，松楸莫識其鄉。生我何遲，哭君無地。古之人抑鬱無聊，而湮没若此者，尚可言哉。作者既惜其才，復嗟其志。文如煉石，將補恨於蒼穹。筆可追風，早迴輪於灰刼。訂天上鴛鴦之籍，詎患鳩媒。收人間雞犬之場，不關鼠惡。庶几望牛眠之地，莫禁樵侵。入蟻垤而觀，猶聞鬼笑乎。夫聲音之道至微，宮商之感不一。必諸諸以語神怪，娓娓而談兒女。則亦徒增謿瑣，何與興觀。夢符少無神解，長具牢愁。讀此一終，心爲百折。聽雍門之瑟，淚且滂沱。起蜀魄而呼，聲何哀怨。誰當借面，公豈恨人。因就所命之者，爰述以爲序焉。

清・楊芳燦《鸚鵡媒傳奇・序》　粵自翠翎紅味，《六么》傳瑞鳥之聲，珠佩雲璈，《三疊》奏素娥之譜。由來法曲，半出仙靈，從此塵寰，盡嫻音律。一闋鸞吟，唱安公子，數聲魚沫，聽念家山。麗華巧囀，瓊枝璧月之前，静婉嬌歌，銀燭金花之下。莫不拊紅絃而彈雅調，翻《白紵》以擅佳名。洎乎院本争傳，新聲代變，宮分南北，事雜悲懽。含商嚼徵，才士填詞，傅粉塗丹，伶官借面。笑陳王之細碎，只校妃豨，薄江令之妖浮，空歌宛轉。則有紅豆齋主人者，青琴妙譽，湘瑟家風。高琳出而玉磬浮波，任昉生而金鈴墮地。宜乎髫齡顧曲，綺歲安歌。僧孺論樂，早知檀拍之名，摩詰按圖，便識《霓裳》之製。出畫羽繡鞶之餘技，爲哀絲流管之新音。雲箋細擘，墨浮蚌研以成烟，鈿笛孤吹，塵繞虹梁而若夢。洵足令雙鬟垂手，合坐傾心矣。重以奉倩傷神，安仁歎逝，香桃骨瘦，玉豆心寒。鬻檀參佛，光凝七寶之龕，刻石招魂，燭閃千花之帳。每當篆銷卧獸，月上明螺，銀蒜簾垂，冰荷燈灺。影跉娉而無主，思結縎以誰知。翠管頻抽，紅牙小掐，一聲初下，萬縷争迴。真珠密字，和淚點以俱圓，疊雪輕綃，寫愁絲而不斷。人之情也，能無歎乎。所以辭緣苦而彌工，言因悲而轉幻。非因非想，疑佛疑仙。鸞膠再續，嬌女魂飛，蝶夢新翻，書生羽化。黄姑助聘，完信誓于三生，綵翼爲媒，傳好音於一水。寫鳳靡鸞吡之恨，寄天青海碧之愁。慧業難忘，情根永懺。風輪劫轉，大衆離欲界三千，綺語障空，隨地設寓言十九。豈僅歌院雛伶，争敲紫玉，旗亭妙伎，競寫烏絲，豔一時之口耳已耶。嗟乎。有懷難語，暫寄托于俳歌，獨處含愁，唯留連於短翰。擊節而珠跳玉裂，發唱而紙醉金迷。偶墮青琳宇下，未换仙心，曾參金粟臺前，兼通禪悟。試看江管，應放西天稱意之花，倘問蕭齋，好尋南國相思之樹。

清・錢惟城《鸚鵡媒傳奇・序》 神仙之術，儒者勿道。然其精者，曰存心，曰静與，吾道有相合者焉。夫心不存則放，不静則動，動與放則失其心。其有學焉而至，求焉而得者，吾未之聞也。凝神於若存若亡之間，久之而無所有，此静之極也，神仙以之成真；凝神於若存若亡之間，久之而無所不有，此静之極也，吾儒以之成物。其爲用不同，而致功則同，一而已矣。一者純而不雜，久而無間之謂也。《易》曰：夫乾，其静也專，不專不成，其爲静也。專則一，不一不成，其爲乾也。用志不紛，乃凝于神。乾道變化，皆由於此。在人何獨不然。凡物始於一，終於萬。非一無以生萬，非萬無以成一。故極之于一，所以占變化也；極之於變化，所以占一也。一而不變化，其所謂一者，非也；變化而不一，其所謂變化者，非也。三弟學於儒，而好言神仙，餘事復長於音律。茲以計偕來，出所著《碧落緣》、《鸚鵡媒》傳奇二種示予。其有所感而云然耶。吾不知其何以生而死，死而生，人而物，物而人也。將生死人物，皆心之專一者，爲之其合儒與神仙而言之耶。其將去儒而歸於神仙者耶。神仙吾不知，誠如是，其專且一，其學焉而至，求焉而得者，斷可必也。於其歸，書以勉之。

清・童梁《鸚鵡媒傳奇・序》 禽貪共命，總爲情深，果戀合歡，多緣愛篤。争慧花於古本，物亦人言，結恨種於心苗，人還物化。一枝瓊豔，杏花竊擬作媒，半幅春酣，芍藥果誰爲婿。愛美人如月寶蓮心，不嫁東風，笑公子之雲癡柳思，只婚夜雨。生香活色，那禁紫燕傳將。餓態饞情，早被彩鸞惱着。故已置星郎於雪地，付月老於冰天矣。詎知入骨相思，斷足之高風，繼將割指；離魂覓信，結襪之韻事，續以銜鞋。翡翠屏前飛來嫩鵡，芙蓉帳畔攫去輕凫。妾今似子聰明，甘陪翠袱，郎已被儂束縛，願作錦絇。嗟嗟，緣合百年，寧辭骨碎，感深一氣，那不心疼。任教死去都雙，蛺蝶幾曾單化。縱或再來必對，鴛鴦亦復偕棲。僕本恨人，此日已歸禪界，君真慧業，他年同入靈山。

清・梁廷枏《曲話》卷三 錢竹初明府，亦工音律，所著《鸚鵡媒》、《乞食圖》二種，不及心餘之爽豁，心餘亦不及其清麗也。曲中佳句，如：只恐半腔愁，都被春風吹破。又：若不是嫦娥流彩，怎牽將對月顔開。難比説書生稔色，他往常間眼不輕擡。又：則這簾外幽禽，還唤的俺俏書生夢兒遠。又：這羞態能禁架，玉容淺霞，早則是消盡温存憐煞他。又：你人前只管嬌眠罷，休問俺雲踪那答，則這一幅花枝可也障的咱。以上《鸚鵡媒》。婚姻簿料來夢幻，骨肉恩如何割忍，除非是歸來環珮，認我夜深魂。又：怎知他水邊梅影窺愁破，還有俺門畔桃花望眼多，些兒箇，一樣的毫端知己，嵌入心窩。以上《乞食圖》。

綜述

清・錢維喬《鸚鵡媒・自序》 竹初居士既成《碧落緣》傳奇之逾月，愀然而悲，喟然而歎曰：嗟乎，情之不可以已也如是。夫天地，吾不知其於何闢也；人類，吾不知其於何生也；飛走鳴逐、跂行喙息之屬，吾不知其于何延延而不絶也。夫有運動，即有知覺。知覺者，其情之端乎。情之大，在忠義孝烈，可以格天地，泣鬼神，回風雨，薄日月；而小之，在閨房燕昵離合欣戚之間。用不同，而其專於情，一也。武昌之石，何以凝然而化。華山之棺，何以欻然而開。韓朋之冢上，何以木連枝而鳥並棲。是故情之至也，可以生而死之，可以死而生之；可以人而物之，可以物而人之，此《鸚鵡媒》一劇所以捉管而續吟也。《鸚鵡媒》者，其事本諸般陽生《聊齋志異》，而益以渲染成之。或有疑其幻者，則夫蜀魄楚魂，至今不絶，又況千年化鶴，七日爲虎，漆園蝶栩，槐安蟻封，天下境之屬于幻者多矣，何不可作如是觀耶。臨川曰：第云理之所必無，安知情之所必有。信已。時戊子十一月，竹初居士識於如皋之露香草堂。

清・錢維喬《乞食圖・自序》 曩於都門見張夢晉美人花鳥各一幀，筆墨秀潤，髣髴六如題欵規橅松雪，翁亦頗與唐類，乃歎兩人同裏友善，才藝頡頏。今販夫牧豎咸知有唐解元，而靈則舉其名字，士林有茫然者。嗟乎，文人之傳亦有幸有不幸歟。考《明史》靈之名，僅附見於唐寅傳外，此有閻起山一科狂簡，志以靈居，桑悦之次。又王穉登《丹青志》載之。間又閲黄周星《張靈崔瑩合傳》，則其事尤足悲也。夫靈一狂生耳，於瑩未嘗問名，納采有蹇修片言之訂。揆諸禮，瑩均可死，然語有之女爲悦已者容，瑩以憐才慷慨一念之誠，至流離挫折，歷存亡而不改其志，亦人所難能者。昔文君心悦長卿，蹈鶉奔之行，史遷特津津述其事。蔡琰三適之婦，徒以家風淹雅，蔚宗登之《列女傳》中。豈不以女而才，才而失所偶，其殷憂感憤，與士不遇略同。若必繩以婚姻之常，拘拘禮節，則摽梅求吉、尨吠懷春、静女城隅，狂且溱洧，聖人當早删而不存，何以爲風雅濫觴哉。又况瑩之死，雖非禮而不病於貞也。堆桉餘閒，偶填傳奇一種。倘他日播之優孟，則人以知唐者知張，或亦闡幽之一道。至於易死爲生，謬加完合，則筆端幻境，夫亦詞人常技。妄言而妄聽之，聽者當不予哂。時乙巳清和月中澣竹初居士識於堇江官舍之小林棲。

傳記

清（乾隆）《陽湖縣志》卷七 錢維喬，武進籍，人麟子。乾隆二十七年壬午科舉人。

清（光緒）《遂昌縣志》卷六 錢維喬，號竹初，江蘇武進人。文敏公之季弟也，由舉人署縣事。世家貴介，絶無紈袴氣。明敏儒雅，淹貫古今。工各體詩文詞，善書畫，精音律。長於吏治，談笑剖决，破奸發隱，即積蠹亦不能欺。而宅心純厚，政不繁苛，故人憚其精明，而亦樂其和易。喜與文人學士遊，講經義，校課程，琴書觴詠，備極雅趣，儒生咸親暱之。每仿宋元人筆意，寫林巒泉石，幽情逸韻，時流露於楮墨間。暇以歌曲自娱。嘗著《碧落緣》、《鸚鵡媒》、《乞食圖》傳奇樂部競相演習。惜未踰年，即以才績調任□山。鄞爲劇邑，得展其才，纂修鄞《縣邑乘》亦可爲作志者則。

清（光緒）《武陽志餘》卷七 《竹初詩鈔》、《竹初文鈔》六卷，並存。國朝知縣錢維喬竹初撰。大令爲文敏季弟，少具異稟，以詩文書畫相劘。初，一門之内，自爲師友。所爲文與文敏略相似，尤好詩。之官未久，即賦遂初，益肆志吟詠。趙懷玉序其詩，謂出入少陵、眉山之間，摹繪景物而不病其纖，抒寫胸臆而不傷於直，隸事精切而無襞績之蹟，託興高遠而有醖釀之致。《乞食圖》二卷，國朝錢維喬譔，一名《虎阜緣》，傳姑蘇張靈事，以崔瑩之死雖非禮，而不病於貞。《鸚鵡媒》二卷，錢維喬撰。其事本諸《聊齋誌異》，益以渲染成之。

清（光緒）《武進陽湖縣志》卷二二 錢維喬，字竹初，贈尚書維城弟。乾隆二十七年舉人，官浙江鄞縣，有政聲。爲文博贍，書畫之名亞於其兄。

著録

清・姚燮《今樂考證・著録十・國朝院本》 錢維喬二種：《乞食圖》一名《虎阜緣》。《鸚鵡媒》；維喬字竹初，一字林楠居士。其署《乞食圖》云竹初樂府第三種，則所著不止此二種矣。竹初，常州人。

藝文

清・趙彬《傳奇・題詞》 碧海青天路渺茫，宓妃原不炫明妝。祇緣錯寫凌波影，斷盡陳思宛轉腸。

精誠只願感蒼穹，几上淋漓血指紅。博得男兒心肯死，底須南八説英雄。

十五盈盈掌上嬌，秦臺多是可憐宵。韓憑拚作雙蝴蝶，容易香魂一樣銷。

靈犀一點印模糊，對影聞聲泣小姑。我有盤龍雙慧劍，直須先斬越神巫。

奮飛真個學鉤輈，身逐仙禽不自由。始信魂嘑精衛鳥，一生銜恨海東頭。

抽盡春蠶一縷絲，蘭閨香口證心期。本來除却雙飛翼，説與人間定莫知。

鏡裏春人萼緑華，桃源生世住仙家。如何一夜瀟瀟雨，又向天臺葬落花。

返魂香裏夢初恬，合註長生到筆尖。鳩鳥不來鸚鵡去，春風何處覓鶼鶼。

清·陳蘭策《傳奇·題詞》　身化雙飛翼，心縈一縷絲。畫中真有個人兒，笑煞銜箋燕子欲依誰。　慧業文人事，靈山古佛期。算來都是負情癡，只合倩他鸚鵡證相思。〔南柯子〕。

清·許寶善《傳奇·題詞》　無端添却閒心緒，碧落仙人貽好句。鮮妍秋水出芙蕖，縹緲春風吹柳絮。　燈殘酒醒香初炷，一縷柔情無着處。瀟瀟細雨打芭蕉，清夢已隨鸚鵡去。〔玉樓春〕。

清·章晌《傳奇·題詞》　雞談初罷，正鵝經墨潤，鴨爐香積。袖裏藏來青鳥字，五色鸞箋新襞。塚疊鴛鴦，橋通烏鵲，血淚嘑鵑魄。求凰有路，恨無丹鳳雙翼。　聞道大曆才人，峯青江上，原是文章伯。一種風流攄不盡，寫出柔情千尺。鶯舌全調，丫鬟半彈，聽徹紅牙拍。笑他能賦正平，空號狂客。〔念奴嬌〕。

清·洪亮吉《傳奇·題詞》　爲多情，青衫血淚，生生判向愁老。冰絃誰把傷心譜，又早别懷縈擾。幽期巧，君不見茫茫碧落相思鳥，芳心寸拗。待密約重圓，愁盟暗續，一一淚珠繳。　銷魂處，我亦青鸞信杳。年來暗損懷抱，江南江北傷春恨，付與斷腸衰草。辜負了，是舊日金釵鈿盒情多少。閑愁待掃，又一兩三聲，無端逗起，清夢隔簾悄。〔買陂塘〕。

清·顧澍《傳奇·題詞》　絶大慈悲，一情字認真做起。休錯比色界空花，抛却菩提種子。血性從來堪證道，情根捏定輕生死。有宰官説法，振筆因而填此。　金管湘東，玉臺江左，文采都餘技。逗機關一片婆心，不是尋常宫徵。灑人間無限清涼，須借他楊枝春水。更開成並蒂芙蕖，小青知己。西湖狂客，曾向慈雲稽首，繞靈峯隨喜。疎磬落曇花紅日，依然白雲如洗。畫裏前游，詞中舊夢，三生有石應常在，奈萍梗天涯空自擬。虎頭癡絶，争似柳七消魂，酒乍醒人千里。無端新製，挑燈重讀，字字通禪理。任爾青天欲老，一往情深，牡丹亭畔，桃花扇底。橫空結撰，風流活見，情生情滅無今古，但認取本來而已。何須遠覓知音，説與珍禽，點頭能解。〔鶯啼序〕。

沈起鳳

論説

清·獨學老人《紅心詞客傳奇·序》　《紅心詞客傳奇》四種，亡友沈蕡漁先生之所作也。先生名起鳳，字桐威，别號蕡漁。工於詞，故自號紅心詞客。少以名家子博學，工文章。乾隆戊子，科舉於鄉，年纔二十有八。累赴春官不第，抑鬱無聊，輒以感憤牢愁之思，寄諸詞曲。所製不下三四十種。當其時風行於大江南北，梨園子弟登其門而求者踵相接。歲在庚子甲辰，高廟南巡。凡揚州鹽政，蘇杭織造所備迎鑾供御大戲，皆出自先生手筆。顧生平著作，不自收拾。晚年，以選人客死都門。叢殘遺草，悉化灰燼。予歸田後，追念古歡。訪求數十年，僅得其《紅心詞》一卷，業已壽諸梓人矣。頃復得此傳奇《四種》，歡喜無量。夫傳奇雖小道，其所由來者遠矣。蓋古詩、《三百》，皆可被之管絃。乃一變而爲楚人之騷，再變而爲漢人之樂府，三變而爲唐人之詩，四變而爲宋人之詞，五變而爲金元人之曲。其體屢變而不窮，其實皆古詩之流也。先生博極羣書，若出其胸中所蘊蓄，作爲文章，自可成一家之言。既不遇於時，則所有芬芳悱惻之言，一切寓諸樂府，俾世之觀者，可以感發善心，懲創逸志。雖謂其詞有合乎興觀羣怨之旨可也。予故登諸梨棗，與當世好事者共賞之。譬諸管中之豹，窺見一斑而已。

清·石韞玉《報恩緣解題》　《報恩緣》，戒負心也。白猿受謝生無心之庇，即一心報德，成就其料名，聯合其婚姻。以視夫世間受恩不報者，真禽獸之不若哉。此劇可與《中山狼傳》對勘。

清・石韞玉《才人福題解》 《才人福》，慰窮士也。識字如祝希哲，工詩如張幼輿，一沉於卑位，一困於諸生。特著此劇，以爲才人吐氣。若唐時方干等十五人，死後始成進士，奚不可者。

清・石韞玉《文星榜題解》 《文星榜》，懲隱慝也。楊生命本大魁，以淫行被黜，王生士行無玷，又因其父居官嚴酷，幾以冤獄喪身。士大夫觀此，皆當自省。

清・石韞玉《伏虎韜題解》 《伏虎韜》，警惡俗也。婦人以順爲正，乃有淩虐其夫者，此陰盛陽衰之象，有關世道人心。此劇寓扶陽抑陰之意，亦以明婦人，妬者必淫，淫者必悍，丈夫溺愛，甚無謂也。真喚醒癡人不少。花韻菴主人識。

傳記

清・錢思元《吴門補乘》卷七 沈起鳳，字桐翽，吴縣人。乾隆三十三年舉人，詩餘窺秦、柳、辛、蘇之祕。

清（光緒）《吴江縣續志》卷一四 沈起鳳，乾隆三十年戊子舉人。祁門全椒教諭。

著録

《續文獻通考・經籍考一八・諧鐸》 一卷，沈起鳳撰。起鳳，字桐威，江蘇吴縣人。乾隆戊子舉人。安徽全椒縣訓導。

清・支豐宜《曲目新編・國朝雜劇・續補遺》 《報恩猿》、《才人福》，右二種長洲沈起鳳作。【略】《文星榜》、《伏虎韜》，此二種亦沈起鳳作。

清・姚燮《今樂考證・著録十・國朝院本》 沈起鳳五種《報恩緣》、《才人福》、《文星榜》、《伏虎韜》、《桐桂緣》。

張應楸

論説

清・董光熺《鴛鴦帕・序》 古來子、史、離騷、樂府諸作，皆所謂自見其心者也。自樂府變爲近體，近體變爲詩餘，識者有江河日下之歎。而魯直謂晏叔原爲高唐神女之流，文潛謂賀方回之詞如屈宋蘇李，此豈無所見而漫云然耶。玉田松岩先生久以詩名，近有所著《鴛鴦帕》一劇，讀之真如萬頃澄湖，千重岩嶂，上下千古，一往情深。至其珠圓玉潤，哀怨迷離於纏綿，欸至中自有瀟灑出塵之致。洵乎此宗之大家，不但於蘇辛秦李分其一席而已也。先生命世長才，無心遊藝，即文章之高妙，不足以概生平，况於製曲之小技乎。將見得時而乘轉。凄婉纖豔之情，爲風雨雲雷之用。海内之士，因詞見其心，則斯劇之作不朽之先聲矣。時辛未中秋日，古燕姻晚董光熺鶴林拜手敬書。

清・董光熺《金陵秋日展鴛鴦帕傳奇贈松岩先生作》 聞向寒窗用意深，與君相見即相親。無端寫出鴛鴦帕，更比春燈曲調新。《春燈謎》，阮大鋮傳奇也。檢點表編慰寂寥，一生心事付漁樵。不回樂府傳千古，兒女濃情何處消。從來好事盡文章，才女佳人總擅場。一種癡情分兩地，還須帕裡覓餘香。曲中傳點早知名，宿粉殘粧鬪畫屏。不是紅於情種在，凄其風雨錦香亭。武陵有意戀香娥，自是詩人好事多。寫就烏絲傳妙楷，帕中聯語更如何。隔絶山河路幾重，悠悠萍水必相逢。天空不礙團圞月，獨羡汾陽老郭公。新詞宛轉甚清妍，可與《長生殿》並傳。今日逢君重有約，莫愁湖上住年年。時余與松岩先生同寓金陵家嚴署中。歲歲無如老去何，興來把酒一聞歌。浮生若夢歡無幾，千百年來一瞬過。豐潤鶴林董光熺再題。

傳記

清（光緒）《玉田縣志》卷一八　張應楸壬子科，履謙次子，四川筠連知縣，有傳。

又卷二二　張應楸字松崖，履謙仲子。博通羣籍，贍詞華。既舉孝廉，屢上春官不第，除四川筠連令，勸農折獄，數月民知禮讓，囹圄空虛。兼攝高縣，調屏山，所至興情愛戴。筠民生祀之，頌曰貞惠仁廉。膺卓異，告歸，課諸孫，寄情詩賦，壽八十。刊有《佩蘭堂詩集》。

孔廣林

論說

清·孔廣平《東城老父鬬雞懺傳奇·敘》　敘曰：乾隆四十一年，妹夫梁處素客曲阜，作《東城老父歌》示予，且曰：老父《傳》與《長恨傳》並傳。《長恨傳》奇，作者不一，此《傳》無聞。吾謂老父事大可勸戒，譜之宫商，又一大戲文矣。予然其言，感乎其意，花月之夕，風雨之晨，興因境發，筆與思隨，搆局布詞，强作解事，後遭家多故，束置高閣。而處素以去冬殁矣。今年春往弔，讀遺藁至《老父歌》，惻然悲處素未得見我傳奇也，更悔予不早與相商榷也。藁幾欲毁。既而思處素之言不可負，處素之意尤不可没。歸檢舊藁，改竄補綴，成四十二折，名曰《東城老父鬬雞懺》。以懺名，善補過也。以馬北平事駕之賈子，明人家子弟，皆可顯新揚名也。終之《懺圓》，以凡夫悟道得仙，喻庸人勉行可希聖也。事不皆徵實，傳奇固多亡是子虛也。予不知音，敢曰可歌，聊作寓言觀云爾。處素有知，然乎，否乎。乾隆五十九年焉逢攝提格中秋日幼髯自敘。

清·孔昭虔《東城老父行伯父命題門雞懺傳奇後》　雲龍門外春如水，小兒生長宜陽裏。弄雞遊戲禁街前，一朝熏沐朝天子。天子雞坊五百人，小兒慧點最承恩。生男何用致卿相，不及天家一弄臣。春暖東郊芳草地，紅綾纏項千餘隊。金距長鳴響入雲，花冠怒舞風生翅。賈勇何愁犀角驚，擅場不假狸膏勢。羽林慓悍佽飛雄，指揮一一都如意。殺氣由來兆寇端，一朝鼙鼓滿長安。雌雄莫問陳倉寶，金碧翻愁蜀道難。勤政樓前舞馬死，延秋門上嘑烏起。離宫蕭瑟寂無人，腷膊羣雞聲未已。争雄空解占先鳴，不爲君王却敵兵。惟有雞坊賈隊長，天梯雲棧逐君行。亂山匹馬陰雲黑，折足崩崖萬里程。行在未能依故主，招提聊許寄餘生。烽煙慘淡荒村夜，風雨凄涼佛殿燈。夜永燈昏重夢見，簽名内勑呼同伴。官家已幸望仙樓，進雞直入宜春院。正值臣民賜大酺，天長節起千秋宴。百戲分筵曼衍陳，六州按拍涼州遍。報道韝籠出廣場，一時萬目齊回盼。執鐸鳴鞭意氣豪，綉衫雕佩風流擅。天顔有喜嘗頻頒，勝彩纏頭賜無算。月斜猶未出宫門，宫門曉漏催銀箭。一聲清磬夢回時，獨坐蒲團淚如霰。回頭往事記依稀，自悟當年事事非。人勝業緣須懺悔，佛憑定力好皈依。即令南内新供奉，誰識東城老衲衣。五夜桑陰閒唱曉，一龕花雨静忘機。盡言玩物關君德，逢君遺恨知何報。未識姚崇作相公，門雞可便傾人國。君不見，鄭公奏事殿前遲，鷄死懷中人不知；格君自是大臣事，莫責區區賈小兒。

綜述

清·孔廣林《東城老父鬬雞懺傳奇·自叙》　憶予自舞勺之歲，見臧晉叔元百種曲，心竊愛之。攻舉業無餘力也。既冠，讀先十五世祖《葉兒樂府》，吟誦不倦，時遊戲效爲之，頗爲竹厂夫子所許可。然猶鋭志淹中經，閒有吟詠，歲亦不過一二曲耳。嗣後家既多故，興亦頽然，迨《東城老父傳奇》成，年已五十矣。運途多舛，親故凋零，以羸病殘軀，涉窮愁之歲月。惟藉此南北十七宫調消遣居諸，譬之老友，晨夕相依，一吟一詠，悉不忍棄，而弃之篋。自焉逢困敦以來，每歲必手録清藁，一度勘校改删，寒暑不輟。笑我諒我，聽之而已。今年春，通録前後所作，編爲二十卷，題曰《温經樓遊戲翰墨》，非敢問世也，非故蹈敝帚千金之誚也，徒惜其心之耗，力之勞，不忍瓿之覆云爾。噫。予今六十有七，憊則憊矣，老猶未也。如其天假之年，否而終泰，使側商之調轉而爲嘽緩之音，優哉遊哉，佚我以老，則予之大幸也矣。嘉慶十七年元默涒灘春三月戊子闕黨贅翁漫筆。

清·孔廣林《鬬雞懺·跋》　右《東城老父鬬雞懺》傳奇，自焉逢攝提格至今，藁凡十有四易。從前諸藁，紕繆太甚，惜深藏，愧良賈，多爲戚友攜去，每礫然於心。雖未敢以此爲定本，然前藁瑕疵，似已去十之八九。智盡能索窮乎技矣。愛我者幸將前所携去悉付丙丁，爲我藏拙云。嘉慶十六年重光協洽長至日闕黨贅翁識。

陳烺

論説

清·林賓白《花月痕·序》　有德涵臨去秋波句，頓悟禪機。余謂《西厢》一書，實西來第一義諦，若影裏見郎，畫中愛寵等語，知其解者往往過之。而末折草橋一夢，尤爲大解脱之禪。兹吾友東村《花月痕》傳奇，其踵《西厢》而超者乎。東村以靈山老宿現文人身，其粲花之舌，指月之手，蓋自三生石上已種净根矣。所爲詩古文詞，出非非想天，入無無名地，信所謂天花亂墜，明月前身者，間以其餘爲元人樂，富言情説性，玉茗風流。前刻《紫霞巾》，久已膾炙人口。而《花月痕》三十折，則尤入不二法門者也。夫花者月之魄；月者，花之魂。月不與花期，而花自浸月，花不與月期，而月自移花。此不獨蕭、霍二人，隨緣起滅，凡古今一切有情眷屬，都作如是觀矣。余與東村結曹洛之社，歡若弟昆，每月夕花晨，見東村撥胡床，撫髀彩，自製詞，抑揚抗墜，旁若無人，仿佛若昨日事。今則海山兜率，頓隔平山，把玩遺篇，不勝月缺花殘之愴耳。東村已逝，其子婿丁君學海，暨諸及門，謀以是編，付之剞劂而問序於余。屬余將有金陵之行，總總未暇，聊出此編以遺之。嗚呼，花月因緣，非空非色，雪泥鴻爪，亦幻亦真。知東村者，可相見於語言文字外，彼實甫之《西厢》，猶未拖泥帶水也。

綜述

清·陳秋坪《花月痕·序》　《花月痕》傳奇者，家東村大兄之所作也。思夫秋風漢苑，覩蘭秀而懷佳人，春水江南，見柳色而思夫婿。名花傾國，艷供奉之才華，金縷提鞋，翻重光之藻調。高唱，則銅絃鐵板，亂石警濤；淺斟，則玉管銀箏，曉風殘月。莫不畫從郵壁，歌出雙鬟，譜向羅裙，吹諧兩部。倚聲度處，探原都付風詩，品令裁來，濫觴即成院本。蓋樂府之傳已失，而梨園之幟方張。元人則雜劇先驅，近世亦羣才接踵。引商刻羽，人握靈虵之珠，鏤玉雕金，代吐夢花之筆。描忠寫孝，歌泣淋漓，激濁揚清，情容婞直。隕貞夫之涕，鼓操漁陽，驚庶女之魂，琴鳴漆室。望闕山而極目，抒彼離憂，仿靖節之閒情，伸其郁結者也。然而文緣義起，聲以心生，惟其敦厚温柔，庶可感頑驚艷。若乃西厢月下，曲摹《濮上》、《桑間》，長板橋頭，粧點倡條冶叶，撰《荆釵》以洩私怨，誣至人倫，託《琵琶》以駡傖夫，波及蓋士。縱擅千秋之絶唱，豈能無憾於輿評。兹則文筆清新，天情開朗。篁篌與篳篥交宣；坐閨闥以談心，捉搦合懊儂並奏。是皆托左徒之香草，醮麝煤於筠管，揮去行行；灑鮫淚於濤牋，招來串串。是以聞孤相於海上，每至情移，擫短笛於牆邊，都由神悟。爰出減字偷聲之巧，爲傳子虛烏有之奇，命意則水月鏡花，填詞則金荃蘭畹。紅芙鏡畔，膩搓粉以鑄麗人，白玉樓前，買新絲而繡才子。羨彦先之贈婦，容色及時，擬徐淑之荅夫，光儀未奉。始期兩美之必合，無如好事之多磨。地老天荒，上界乏銀潢之渡，花殘月缺，九原嗟金盌之埋。顧霜草之未封，亦胡香之可返，技交連理，豈同韓塚鴛鴦。影對姮娥，仍合徐家寶鏡。惟是夫夫婦婦，已欣携手同歸，何以死死生生，乃至游魂爲變。木接花而花接木，儼如桃李代僵；男成女而女成男，却笑雌雄難辨。變丈夫爲巾幗，堉可呼妃，化兒女爲塗泥，汝中有我。恍兮惚兮，是耶非耶。嗟夫。天青海碧，行雲之斷夢難尋，鶴别鴻離，换骨之遺方誰授。而乃煉媧皇之石，補缺憾於蒼穹，移愚公之山，劚幽憂於黃壤。《桃花扇》底，枝枝都作並頭，《燕子箋》中，對對皆成比翼。豈不使如花美眷、聯眷屬者盡是有情，巧剪合歡、入歡場者同歸無恨也哉。然而借香草以言懷，豈真求女。盼秋波而悟道，正可參禪。結習全空，花散維摩之室，橫陳無欲，魂登變化之天。斯又爲醒睡金鐘，驚聾木鐸者矣。僕夙負多情，今尤善怨，嘆坐身適纏磨蝎，致半生常作鰥魚。玉葬珠埋，泉下已歌三婦艷，冰清繩直，人間誰寄白頭吟。碧落空懸，難望玉簫再世，紅塵徒絆，惟求倩女離魂。桓子野輒喚奈何，情懷黯若；王右軍恐傷遲暮，興致蕭然。況逢驚心動魄之文，偏作痛腹迴腸之語，挑燈細咏，不覺白髮霜加，擊案長歌，遂至青衫淚濕。安得仗君軟語，撥我迷途，藉此真詮，歸於覺路。用是摘駢言以資識疏，豈徒拈紅杏而寫烏絲。雖復賞心，何知顧曲。識《陽春》之難和，敢希驥尾之蠅，期月旦之可評，擬作佛頭之鴿。嘉慶戊辰中秋，秋坪宗弟登龍。

清·吴斯勃《紫霞巾·序》 同鄉東村先生，篤學清修，以名孝廉選邑令，改授德化學博，旋告病歸。向嘗授徒講學，多所成就，幾若文中子之在河汾矣。【略】製《紫霞巾》傳奇三十折。【略】或云：閩語不諧中州韻，難被管絃，僅填詞而已。余嘗以質諸善謳者，亦謂按譜填詞，自能抗聲合調。

清·佚名《花月痕評辭》 傳奇雖小道，要是作者有許多文法，借此發洩。不理會他文法，但作詞曲看，便是買櫝還珠。今略舉數則，可窺意匠處。

又 作文先要認題。題是《花月痕》。痕者，有影無形之謂也。男曰步月，女曰映花，明男女之緣，全是鏡花水月，認真不得。故開手着一影字，影即痕也。中間照水窺鏡，皆影邊事，夢遇畫會，皆影中緣，甚至離魂魂會，影字迷離極矣。到末則曰：影在何處，連影字也掃去，更爲超無上乘，試看洋洋三十二折，有一字不是痕否。

又 因説是痕。故男女二人，始終不令見面，此是作者立定主意處。於水中見、鏡中見、夢中見、畫中見、冥會中見、鏡中自照見，見亦屢矣，究竟不曾覿面相見。到杵擊後，實實相見一面，然已解脱，不是蕭霍色身矣。一部男女傳奇，却始終不曾見面，煞是奇絶。説是見面，却不曾見面；説不見面，又不曾不見面，妙絶。

又 男女之歡，至《重夢》、《畫會》兩折，爛漫極矣。然《重夢》折，是夢中事，又是夢中聽出，又是聽不見，憑空想出。《畫會》折，是畫中事，又是畫中夢見事，又是醒後追想出來，真虚之又虚，幻之又幻，文心直在縹緲峰頭矣。始終無一毫沾染，亦是作者主意處。不如此，便完不得痕字。《魂會》折可以暢叙幽歡，却一執手便撒開，此是避俗處，且《重夢》、《畫會》折已寫，此若又寫，便恐多嚼口臭也。

又 事是鏡花水月，文亦純是鏡花水月。或從縫中窺出、或從背後聽出、或用追思、或用逆探、或用遥想、或用凌空揣度，總無一筆呆寫，蓋古來文章妙處，全不是呆寫得也。惟《試奩》折，總束上文，用大排調，似乎拈實，然意在反激下文，句句實處，正是句句虚處。

又 羊腸九折，武彝九曲，大而黄河，小而蟻珠，無不以曲勝者，文亦然。曲故妙，曲絶故妙絶也。一部三十二折，折折關生，折折兜鎖，合來是大曲折；一折一折，又各有無限迴環處；分開又各具小曲折，即一闋中，亦必三回四轉，絶無一句直致處，直旋磨轉輪，不足爲喻也。要曲折，莫妙於愈轉則愈靈，故篇中有轉必勝。

又 文字要有大頭腦，以慧觀色界，唤醒迷途，此是作者立身分處。

又 文莫妙於本地風光。李卓吾云：凡人爲文，皆從外邊攻進裏去。我爲文章只就裏面攻打出來。只自各人自有個人之事，各人題目不同，各人只就題目裏滚出去無不妙者。作者深得此法，故替一個人説話，即用他本色語，無一字可以移掇，又前後回環入妙。

又 文字有小處生波法，此正得《史記》妙處。閒中拈一杏花，生出無數波折。須知不是寫杏花，正是寫人。蓋寫人須寫不盡，寫得杏花出色，則人自加倍出色。所謂冷處傳神也。

又 文字有整齊處、有變化處，不整齊則散，不變化則板。然整齊易變化難。傳中《重夢》與《畫會》對，《畫夢》與《題畫》對，《試奩》與《狂娶》對，《牆怨》與《憶霍》對，二離二錯，更顯然相對，皆一彼一此，相準而立，整齊極矣。然命意製局，脱換殆盡，求一毫相犯不可得，其變化又復何似。閲者須兩兩對勘，方識其妙。

又 文妙在絶處逢生，令人猜測不出。傳中離而合，合而又離，至《釋鸞》折，則前此葛藤盡斷，只須生旦一會，便完局矣。忽轉出男離女離，舟行若窮，忽又無際，此豈復意想所及。

又 作文託之魂夢鬼神，是力量不濟處。虛幻無憑，易於遮掩也。乃不善寫者，即實寫人事，全無真意。此則繪水欲波，畫風有聲，令人欲泣欲歌。其精實轉無以過。蓋筆不入，則真處亦幻；筆入，則幻處皆真耳。文不能動情，便是死文字；能動情，方是活文字。傳中悲痛淋漓處，不知是筆、是墨、是血、是淚。

又 作文有專攻一路法。全部有全部題目，一折有一折題目，一闋有一闋題目，當其寫此折，不復知有下折；寫此闋，不復知有下闋。所以，章無累句，句無累字，可謂精能之至。若可分而不可合，可合而不可分，皆非好文字。

又 文最難是起、結。起須疾雷驟雨，結須流水桃花。傳中起處尚工拙半，結則峯青江上矣。

又 線索是傳奇筋節，須要逼清，一處逗漏，全局皆散矣。傳中千奇百變，不可端倪，而線索一一分明。蓋將三十二折，打算周疊，然後下筆，非隨時斗湊得來。

又 傳奇最怕中間弄不來，忽生個人來扭合，令看者驀然眼生。傳於下半應用的人，早於起手伏下一筆，到應用時，便令看者皆厮熟了。至乞婆、蘇氏二人，前半借作波折，到下半却是得力的人。不知是因下半方有前半，因前半方有下半，但覺回環入妙。

又 《梅洩》、《釋鸞》二折，另是一種筆意。他折如江如河，如花如綉，此則如繁絃急管，輕脆絶倫。《男錯》折多用本色語，雅近元人。

又 傳奇最易是末折，亦最難是末折。到此波浪已平，無可播弄，即收拾兜裹得好，亦令人可想而知。此則翻空出奇，臨了又生出峰巒無數，末着更出人意外矣。只男女互換處，舌本瀾翻，抽出無窮妙緒，虧得題目好，方有此好文字，然無此好文字，亦辜負了好題目也。

又 末折一合即離，閱者謂是脱胎《桃花扇》，誠然。但《桃花扇》原無定要離的根原，只是一時看破。此則與《談因》折相應，不離不完，故題曰《圓影》。非圓蕭、霍二人，乃圓龍華會上二人之影也。因離得合，與《桃花扇》同床異夢。

又 真意子曰：傳奇全部可讀者，惟《西厢》，《琵琶》僅得半，《牡丹亭》僅數折，餘則聚精會神，不過一二折而已，率多耐看不耐讀也。此傳可全讀者，竟有十餘折，誠洋洋大觀矣。林補山曰：愈看愈妙，余連看五遍不能釋手。蓋文之深者自足耐人尋味也。淡茹子曰：氣味穠鬱。林長川曰：是我輩文人筆墨。林希五曰：文貴切題，此當得一切字。吴秋士曰：芊麗纏綿，截截皆到。倪名端曰：思路深曲，不□究極。林孺庭曰：空中樓閣，結構獨奇。謝樗翁曰：中有數篇，竟是絶好□□。董慶標曰：何處得來，凡大排調處尤好。陳召亭曰：才氣極大，筆力極透，末數折更出神入化。陳丕敞曰：明知是筆墨游戲，讀到悲切處，幾欲淚淋。

藝文

清·林芳《花月痕·題辭》 一瞬龍華燭影摇，蘭因絮果會水消。翻嫌我佛先多事，不斷情根種恨苗。

名士傾城本夙因，鏡光花影畫中身。有情世界無情劫，孰是當機解脱人。

驚夢離魂顛倒緣，愛河前路即西天。生生死死癡兒女，莫待桃花始悟禪。

腸斷清歌唤奈何。春風痕跡幾消磨。露華泡影儂都曉，公案三生畢竟多。

清·謝春蘭《花月痕·題辭》 燭光閃處結根芽，一杵旋教色界賒。寄語人天諸眷屬，都從鏡裏覓空花。萬有由來是刧灰，誰將妙諦掃塵埃。看君不但蒙莊筆，親自華嚴法界來。

清·沈又田《花月痕·題辭》 悲歡無限夢中緣，一旦相逢便是仙。畢竟霍蕭情未至，情深何忍更生天。無端幻境染柔情，滌筆冰甌一洗清。我是癡人難説夢，翻教愁恨一時空。

清·杜子蘭《花月痕·題辭》 誰言夢寐竟荒唐，句句含春字字香。安得寫生皆似此，前身君合是蕭郎。

細把濤箋取次裁，宵深幾度落殘煤。紗窗風起紅燈亂，定有散花天女來。

清・崔渾《花月痕・題辭》 蒼顏白髮寫烏絲，跌宕春風筆一枝。此曲莫傳江外去，誤他兒女費相思。

清・蘇紫臣《花月痕・題辭》 高吟聲欲起棲鴉，片片天風落彩霞。認取先生一枝筆，水中月色鏡中花。

清・卞玉懷《花月痕・題辭》 死死生生夢亦靈，何人不慕《牡丹亭》。馮君撥轉空中影，多少春眠尚未醒。吟餘賸欲細評論，標額猶非解脱門。若見虚空皆粉碎，應知花月了無痕。

清・盧再植《花月痕・題辭》 憑空幻寫影樓臺，綉作心腸玉作胎。何處生花傳此筆。知君亦是夢中來。

靜聽寒更鼓漸敲，空庭落月上梅梢。由來不作春風夢，恐是前生影未交。

清・林英《花月痕・題辭》 鏡裏人原影裏人，畫中身即夢中身。休言諸相皆非相，參透虚空便是真。聖果由來屬佛家，無端脉脉長情芽。根株總向蓮臺種，莫問曇花與杏花。男偏化女女成男，消息誰從箇裏參。多謝慈悲指真性，還他面目見瞿曇。法曲應同梵唄宣，不將空色落言詮。何須更倩周郎顧。持向深山問老禪。

周昂

論説

清・朱麐《玉環緣・跋》 同里周君少霞《玉環緣》傳奇成，將付梨園演唱，中間《簫怨》、《獻策》二齣，遍召老曲工，俱斂手謝不敏。少霞邀余寓齋頭，爲譜其全本，遂依律點定宫商，無不按拍上口。少霞學問淹博，不以詞曲名，然偶一拈弄，輒能領異標新。《簫怨》曲情凄切纏綿，大似玉茗。《獻策》不受出入破範圍，語語敷陳經論，脱去詞曲套子，更非作家不能□。庚子二月愛閒老人朱麐跋。

清・陸景鎬《玉環緣・跋》 古之論文者最貴翻空而見奇，奇固多生於空也，緣空見奇。而班之香、範之豔，乃如五色雲之麗天，變化莫測，此《西厢》、《牡丹亭》諸名本所以成絶唱也。少霞舅氏才識超曠，而又淹通於經史百家，故其生平著述，脱盡恒蹊。偶因齋居寥寂，拾韋臯、玉簫遺事，譜爲詞曲，名之曰《玉環緣》。其意盖謂未能免俗，聊復爾爾，以是爲寓言云爾。世傳臯之别玉簫也，約以七年來取，後愆期，玉簫即賫志而殞。而乃幻出再世重圓一段，此事之至奇者。舅氏感奇事，□奇情。春華秋實，觸緒紛披。其幽思則《離騷》也，其盛藻則風詩也，其裝演如畫，絶妙傀儡，則又左氏也。噫。一幻境也，而寫生若是，不几執幻以爲真歟。然余謂寓言之妙，於是乎在玉簫事爲空幻，自序已經道破，而達人隨感言情，因其空也，即托諸空以窮以變。觀書中《魂悟》幾段，絶處逢生，萬恠惶惑，乍覽之則惟妙惟肖，細求之仍半假半真。是風騷也，左氏也，又參以蒙莊矣，豈非奇文哉。余展玩其書，竊歎空中構奇，雖諸名本不是過也。爰綴數行於簡末，陸景鎬澗亭氏謹識。

綜述

清・周昂《西江瑞傳奇・序》 天吴斗浪如山壓，踏翻貝闕魚龍泣。颶母呼風駕怒濤，樓船疾卷輕于葉。焚香左籥右欠天天如醉，一聲泪下珊瑚碎。老婦戀此未死身，只爲趙家肉一塊。此少時所作《匡山行》也。其全首已不復記憶。因思王炎午生祭，謝枋得哭時，皆千古不可磨滅者。丁未冬，杜門養痾，錯舉其事，譜爲傳奇。雖其中稍有附會，然激昂慷慨，亦正氣之余也，豈特比淫詞豔曲爲此善于彼哉。嘉平五日少霞氏病筆。

清・周昂《玉環緣・小引》 人於天地間，寓形也，其言寓言也。寓言莫深於情，聖經賢傳每言理而略情，而删詩録鄭衛淫奔諸什，以其言情也。不必有是事而确乎有是情，則其言可以寓矣。傳奇言情者之所寓也。語有之情生文，文生性，盖自古文人學士不能外情以立言。言情之作男女媟嫚居其半，其事爲迂愚所不道。而自風詩删定以後，《左》、《史》記事之書皆及之。左氏之傳夏姬也，述其一生淫行，而並載其君臣相戲之詞。史公之傳長卿文君也，始則挑以琴心，既則雞壚貰酒。古之人其然邪，抑否邪。吾以爲皆寓言也。援此起例，而傳奇家所作《西厢》、《牡丹亭》諸名本，以理言則迂愚者引爲詬病，以情言則無非《左》、《史》之遺風也。唐人小説記韋南康玉簫逸事，頗近荒誕，即其與婦翁不合，以及易名代鎮，亦不見于正史。豈亦當時深于情者之寓言歟。昔有此寓言，而吾更以言寓之，使人知情之所寓，不可以方。不可以方，此其所以爲寓而已。乙未重陽日少霞氏自題緣起于據梧軒。

傳記

清・（光緒）《常昭合志稿》卷二〇　周昂乾隆乙酉科，昭拔。

又卷三〇　周昂字少霞，蔡涇人。以拔貢官甯國訓導，旋舉於鄉。負雋才，尤長韻學。中年移疾歸里，著述自娱。有《校正十國春秋》、《古韻通叶》、《通韻叶音》、《入韻備叶》、《小學卮言》、《韻學集成》、《此宜閣説經賸稿》、《視蔭筆記》、詩文集、增輯《支溪小志》支溪詩録。

清・楊英彝《海虞藝文目録》卷九　周昂由司訓中舉人，旌義。著《經義雜著》、《古韻通叶》、《中州全韻》廿三卷、《十國春秋拾遺》、《備考》、《增訂支溪小志》三卷、《鷗夢館消夏小鈔》、《少霞詩鈔》、《春蠶□題》等集、《兕觥記傳奇》、《玉環緣傳奇》、《兩孝記傳奇》記邑華德如及其姊華大家孝蹟，兩孝將湮，德如嗣孫指揮元春努力請旌。《次韻和蔣清容先生香祖樓》、《臨川夢傳奇》。

藝文

清・錢大昕《潛研堂詩續集》卷一〇《挽周少霞廣文》　古湫衣鉢付周郎，卅載聲明翰墨場。十國遺文補歐薛，中州新韻按宮商。秋菘春韭山資足，霽月光風教澤長。耆舊衹今零落盡，尚湖回首路茫茫。

清・佚名《玉環緣・代序》（南吕・滿江紅）末牢落名場，幾時脱金枷玉杻。徒守着芸編蠹簡，青袍依舊。少日諸生文譽起，壯年學博天恩覆。赴南宫鹿鹿已三番，將成叟。痛萱背，摧鸞友，旋喪朋，再失耦，撫嬌兒穉女，令人搔首。春雨無情蝶夢短，秋堦不履苔。文厚悼亡，詩一再，恨悠悠，眉愁瘦。（中吕・沁園春）唐室藩屏，韋臯西蜀武功。莫衡想，霓旌虎節，威名共震。龍門鴈塔，貢舉無成。舊史流傳，孤懷忳悶。借作傳奇，譜我情緣。消夏北窓，醒夢下筆縱横。空閨珠綱，疏櫺念。再世姻緣，那可憑記，連環一串。昔曾留别玉簫，十四後，乃重生。逐婿平章，拯冤僕射，代鎮韓翺。實事明詞，添幻張家兒女，全是虚名。張相國空號知人，韋南康不慚名將。鳳簫氏賢德可風，玉簫女貞魂須獎。

清・陳士林（金縷曲）《題玉環緣傳奇後》　最是情難歇。黯銷魂，紅牙按遍，曉風殘月。豈有嬌姿能再世，所望雖蹤復合。且借説，三生牧篴。措大居然膺重鎮，引笛聲却喜妻妾。佯姤處，願尋覓。氤氲使仗生色筆。更巫峽，數重完，無雙藥裹，杜孃憤幻。洛浦靈妃趨命駕，幾與東阿作匹。荒唐衾席。姑妄言之奇且幻，而攕攕認取聯環結。填不盡，柘枝闋。

清・姚齋宋《題周少霞傳奇》　江南詞客最知名，手拍紅牙譜《兕觥》。本是周郎能顧曲，也因趙氏返連城。梨園老輩談天寶，鈎黨清流記漢宗。史筆不銷千載恨，哀絲豪竹奏新聲。龍門巀嶭仰宗工，指點流傳到魯東。曾與簞瓢珍守器，特將船舋乞亡弓。墨緣牽合真風馬，才子編排亦雪鴻。院本别開新格局，兩朝盛事一堂中。彈指滄桑二百春，也應驚倒聽歌人。雞窠叟拜前朝杖，鶴髮孫求歷劫珍。忠孝夢圓今續古，宮商换調舊翻新。休將優孟衣冠比，認取氍毹現在身。刊落浮華至性璃，筆酣墨飽興恢奇。青衫濕透王孫淚，白雪填成幼婦辭。燕趙悲歌從古有，金元遺調無人知。旗亭慣下雙寰拜，莫便呼他老曲師。

方成培

綜　述

清・方成培《雷峯塔・自叙》　《雷峯塔》傳奇從來已久，不知何人所撰。其事散見吴從先《小窗自紀》、《西湖志》等書，好事者從而摭拾之，下里巴人無足道者。歲辛卯，朝廷逢璇闈之慶，普天同忭，淮商得以恭襄盛典。大學士大中丞高公語銀臺李公，令商人於祝嘏新劇外，開演斯劇，祗候承應。余于觀察徐環谷先生家屢經寓目，惜其按節氍毹之上，非不洋洋盈耳，而在知音繙閱不免攢眉，辭鄙調譌，未暇更僕數也，因重爲更定。遣詞命意，頗極經營，務使有裨世道，以歸于雅正。較原本，曲改其十之九，賓白改十之七。《求草》、《煉塔》、《祭塔》等折，皆點竄終篇，僅存其目。中間芟去八齣。《夜話》及首尾兩折，與集唐下埸詩，悉余所增入者。時就商酌，則徐子有山將伯之力居多。既成，同人繆相許可，欲付開雕。余笑曰：不能獨出機杼，徒爾拾人牙慧，世有周郎必不顧之矣。吴子鳳山曰：吾家粲花撰《畫中人》，本于范駕部之《夢花酣》，《療妬羹》取諸《風流院》，實擅出藍之譽。夫臭腐可化神奇，黄金點於瓦礫，而何蹈襲之嫌。且原本所在多有，識者自能辨也。遂爲點校行之。是塔，實吴越王妃所建，又名黄妃塔，旁有白蓮寺。嘉靖時燬于火，宋禪師鎮壓白蛇事其有無，葢不足論云。乾隆辛卯冬月，新安方成培仰松甫識。

傳　記

清（道光）《徽州府志》卷一一　方成培，字仰松，號岫雲，歙寒山人。父自華，以副貢任來安縣教諭，學者稱實君先生。成培幼病瘵，勤學輒劇，父禁毋入塾，請事醫通靈樞素問，解道家養生術。年二十餘，授徒於外，始盡《十三經》讀之，學爲經義。應郡邑試，病復作，其父怒止之，自是不習舉子業。博覽聖賢經傳及諸子史百家，下至諸家文集，無不通曉，而尤精於樂。嘗謂：後人言樂，多失之太深。又謂：言樂須習其器，今世工尺即古之律吕。著《詞麈》一書，栞以行世。又彙諸家詞曲，爲書二十六卷，名曰《詞榘》凡，手三易藁。有得瑟譜者，中多譌脱，爲準律次第先後，補完殘闕，不一日而畢。爲人和易坦率，望表知裏，敦內行，不汲汲於富貴，不戚戚於貧賤。客游漢皋，卒於其地。所爲詩歌、雜文多散、佚，存者有《誦詩記疑》、《鏡古續録》、《薌硯居隨筆》、《薌硯居談咫》、《金華金石文字記》、《後巖學詩》、《聽奕軒》、《夢拙草堂》、《静勝山房》諸藁。在漢皋畬嘉定錢岳原《言樂書》一卷，《楚中紀游詩》一卷，見汪龍《方成培行述》。

著　録

清・黄文暘《重訂曲海總目・國朝傳奇》　方成培：《雙泉記》。

清・姚燮《今樂考證・著録十・國朝院本》　《雷峰塔》　案：此本有岫雲詞逸改本。

清・王國維《曲録》卷五　《雷峰塔》一本。

又　《雙泉記》一本國朝方成培撰。成培字仰松，歙縣人。

《皖志稿・集部考》　《雷峰塔傳奇》四卷，清方成培撰。是曲原本不知何人所撰，其事散見吴從先《小窗紀》、《西湖志》等書。乾隆三十六年淮商祝嘏開演，成培以其詞鄙調譌，爲改其曲十之九，賓白十之七，《求草》、《煉塔》、《祭塔》等折，則終篇點竄，僅存其目。中又芟去八齣。至《夜話》及首尾兩折與集唐下埸詩乃成培所增。前有三十八年自序，吴鳳山爲點校行之。成培自言：遣詞命意，頗多經營，務使有裨世道，而歸于雅正。《聽弈軒小稿》：清方成培撰。成培字仰松，號岫雲，歙人，自華子。乾隆布衣。事蹟具《縣志・士林傳》。是集三卷，分二子目，卷一曰《岫雲長短句》上卷，二曰《岫雲長短句》下卷，三曰《後巖簫雅》。有乾隆二十七年同縣程壎序，蓋即刻于其時，道光、光緒通志皆未著録。成培幼病瘵，不能以舉業自奮，遂大肆力于倚聲。程壎謂其較一字于杪悉之間，辨一律于點拍之際，分毫邈然，得詞家委蛇之妙。

藝文

清・隱簃汪宗溷《題詞》 回峯陳迹付斜陽，情緒遊絲百尺長。但使曲終能奏雅，巵言何害近荒唐。紛紛樂部沸淫鼃，舊譜聊將筆削加。壁壘一新精采異，知君握内有靈蛇。

清・有山徐德達《題詞》 不共金元鬭色絲，偶然拈出亦成奇。未知誰是知音者，竿木逢塲老古椎。曾向西泠幾度過，蓮披岳聳剩嵯峩。今宵自把紅牙按，莫向樽前唤奈何。

清・吴士岐《題詞》 紅豆傳來，近記取，烏絲幾疊。權放下孤山鶴夢，斷橋殘雪。幻跡有如湯問棘，妍詞應比雲穿月。認斜陽無語，晚峯前，疎鐘歇。情與怨，旃檀塔，迷和悟，優曇鉢。便夷堅志怪，不妨重說。舞袖乍低新節族，筆鋒斬盡陳籐葛。喜筵前一曲起梁塵，幽悰豁。右調〔滿江紅〕。

胡業宏

論說

清・蔣士銓《珊瑚鞭・序》 我友芑塘居士宿飲香名，夢分彩筆江東耳。少頻登大將之壇，雒下書生屢奪經師之席。慨才高而運蹇，悵親老以家貧。詠衮衮之諸公，歎梅又其獨往，脚下行萬里路，天邊或可寄愁。眼中看一輩人，夢裡如聞痛哭。誦法律於蓮花幕底，活者千人。貯經猷於古錦囊中，傳之衆口。茂才異等，久呼賓客於諸侯。國子先生，暫館孝廉於太學。何取稗官之舊事，衍成遊戲之妙文，此《珊瑚鞭傳奇》所由作也。蓋蘇卿玉女，本文字乃能因緣，而新柳紅梨，並鴻燕皆成媒妁。淑女則芳蘭競體，才人斯國士無雙。苟歷刼而不磨，信兩美之終合。蒼俍月笑，一往情深，鳳泊鸞飄，三生分定。逗我生香，不斷沁骨皆甜。留君春水，緑波銷魂倍苦。聽如來妙諦，參慧業於無言。讀宋玉微詞，索解人真難得。噫嘻，水流雲在，無非出於自然。石破天驚，豈足當其神勇。至於摹傳義俠，本爲烈性丈夫。表著忠貞，故是剛腸男子。或繪小人，不善如見肺肝。借描俗骨，難砭奚殊鬼魆。現地獄變相，吴道子啞爾。其生照水怪形容，温太真悽然閉目。□得江山之助，儘讓發揮。寔因貧賤之功，良深閱歷也。若夫芟夷補綴，直疑鬼斧神工。變化彌縫，摠屬智珠天巧。點竄唐詩宋句，墨暈全銷。裁縫蜀錦吴綾，針痕盡滅。誇説事增文，減宋子京别成一手新書。改移列傳編年，歐永叔不襲十家前史。蓋納須彌於芥子，隱露三長。澆磊塊於酒杯，久空四大矣。嗚呼，五花爨事，浮生原是戲場。《七發》醫人，何處能蘇病骨。當傳畫壁，莫悲身後。楊雲倘覓知音，我是江南賀鑄。乾隆戊戌十月望夕鉛山同學弟蔣士銓拜題於京邸之離垢方丈中。

清・多陶武《珊瑚鞭・序》 詩之餘曰詞，詞之餘曰曲，元時曾以取士。傳者不下數千種，求其可以播之管絃，演諸梨園者不過數十種，何則。《九宫之譜》，其理甚細。文人才士或偶得奇句，不能與音律和諧，聽其失調而不肯改易，或音律諧矣，而賓白科介未能雅俗咸宜，便非完璧。吾友桐城胡子學問淵深，才情焕爕，於汲古之暇，寄情音律。在津門書舍以兩旬之功，撰成《珊瑚鞭》弌部。戊戌春，携以示予。開卷披讀，蓋用《玉嬌梨》情事譜成。詢其易名之繇，胡子告予曰：傳奇非奇不傳，《玉嬌梨》取三人之名雜湊，毫無奇趣，而此書之關鍵全在弌鞭，舍此不名，奇者轉失其奇矣。予深服其説，重披其帙，見其布格遺聲，不減玉茗堂、白雪樓風致，較芬子園數種，駕而上之。試之歌童笛師，無不合拍，真得高東嘉《琵琶》精髓，非若王實甫《西厢記》爲伶人改易失真也。著雍閹茂之中秋精汎園主人多陶武漫題。

清・吴人驥《珊瑚鞭・序》 今年春，友人以《玉嬌梨》命余作傳奇，積懶未捉筆。既而胡子芑塘慨然任之，未兩月而稿成，出以質余曰：予不善歌，曷爲我一顧其誤。余受而讀焉，不禁憮然曰：夫聲音之道微矣。自劉昺宴樂，新書失傳，雖歌師、板師総不識八十四調之圖譜。近世所守，不惟其序既紊，其調不全，即所謂曰引、曰序、曰令、曰慢、曰近、曰犯、曰賺、曰歌頭，曰促拍，曰攤破，曰大小遍，曰轉踏，曰轉調，曰偷聲，曰增減，大抵皆傳其名而未悉其義，又安能綴其文而盡譜其聲哉。然而舊譜具在，疾徐高下可以吾意揣度分寸而得之。約其旨趣，不過律由調變，音由字轉而已。向見填詞家平側失宜，增減任意，排之硬語，動與調乖，竄之以新腔，復與譜隔，是不爲拗侷，即病聱牙耳。其取韻也，或陰陽不分，開閉不辨，以致爲一二潦倒。樂工斟酌，吾輩不亦大可慨耶。今芑塘以曉風殘月之才，協黄鐘大吕之奏，製曲必按舊譜，下字必準舊曲，余嘗取其詞擊節歌之，字櫛句比，吁至矣，技至此，又何間然。然而歌以永言，詩以言志，作者之意，固又在秦箏趙瑟之外，吾猶願讀是書者之即其詞，以善求其志也夫。乾隆乙未嘉平月念湖愚弟吴人驥拜題於銅研山房。

清·王嵩齡《珊瑚鞭·序》　吾友胡君芑塘以文章鳴於世，著作等身，間亦寄情音韻。客津門時，製《珊瑚鞭傳奇》一種，一時争相傳寫，各有弁言。余亦嘉其命意之精，已反覆評隲之矣，兹不具論。第以是書之作，芑塘蓋應張君静安之請，而余寔慫恿之。芑塘與余爲文字交，自其壬辰寄居天津，傾蓋如故。嗣是，昕夕與共，閲七年之久，無寒暑間。余宅浚有隙地許，先君子性喜貯書，與唐宋以來諸名人書畫尤好，客故拓其地而新之，堆石瀹泉，褋植竹木，建老屋數椽爲書室，名穿柳亭，旁有軒曰朗眺。曩者吴蓮洋、萬太鴻、鄭板橋、楊已軍諸前輩，皆觴詠其中。芑塘之成是書也，亦於此間置筆研焉。猶記甲午冬，張君静安於吴門集老伶十餘人，來沽水欲製新曲，因以是題屬芑塘填詞，芑塘難之。時則積雪盈堦，朔風凜冽，余乃下帷拂榻，以壯其興。芑塘不飲酒，室置一罏，燒松木炭，短童汲活水迭互煮茶。芑塘搦管微吟咿咿唔唔，與簾外折竹聲相酧答。夜則一燈如豆，霜柝銅街，歷四五度而不知倦。每一齣成，必與予謳歌再四，而稿始脱。芑塘讀書專一，雖遊戲之筆，其不肯苟於卒業，類如此。丙申秋，芑塘挈家累返江左。丁酉，復入都。今春，與余同應春官試，方謂日常聚處，猶得如向者穿柳亭中，奇疑賞析時也。而予旋有出宰永安之役，不獨離緒如蠶蔟蝟集，手把是書，且情不能割。又以長安索觀是書者甚夥，爰將付梓人，以公同好，並綴數言以誌其緣起，庶以知余與芑塘之交親，固又在趙瑟秦箏外也。時乾隆四十三年歲次戊戌小陽上浣津門王嵩齡仲山氏序並書。

清·富森布《跋珊瑚鞭傳奇卷後》　披遺文於太史，不少質疑，訂殘簡於蘭臺，儘多補什。惟善讀求其間，斯懿美臻乎醇。余讀芑塘先生《珊瑚鞭傳奇》，閲終三致意焉。是編也，題標新旨，事仍舊聞，胸具煙錘，非調脚翻鸚鵡，氣吞滄海。咸推手探驪，龍下里調一。變易春聲，聲遏□□軍忽移，細柳處處，推搴且也。吐骯髒，標中雅，擅風人諧謔，寄牢騷腕底，何嫌優孟衣冠。描來忠佞賢奸，若涇若渭。譜出悲歡離合，如火如荼。完無當之玉卮，功侔鐵點。挽易衰之强弩，巧致楊穿，奚翅技□同工，真羡筆開生面，鑠腸彌口，怵目劇心。嗟嗟，流水高山，牙琴未遇。朱絃疏越，高瑟空投。撫唱歎之遺音，亘古今而同調。覽兹編也，見乎詞矣。此日旂亭畫壁，争吟黄河遠上之章。他時東觀校書，請更聆大吕黄鐘之韻。長酉富森布拜手。

清·焦循《劇説》卷六　吾里中徐坦菴作《珊瑚鞭》傳奇成，邀袁籜菴觀觀，作《拂霓裳》詞云：儘商量，人生萬事熟黄粱，收拾在春風錦繡一奚囊。英雄啼有淚，兒女笑生香。杜韋娘，趂當筵歌舞拂霓裳。風流況，是客座上有周郎。擢拍了，不教絃筦誤宫商。調高人語静，燭短□杯長。謾端相，繡簾開，明月遶歌梁。

綜　述

清·胡業宏《珊瑚鞭·自序》　人生直以爲才非才也，人謂我才斷才矣。人謂我才亦非才也，才人謂我才則真才矣。然吾嘗上下數千百年，往返幾千萬里，求一才子而不得，是今欲得一才子，而又得一知才子之才子，以竝生接踵於其間，豈可得哉。此明珠泣暗投之所以爲多事也。小説傳奇，類爲才子□□□作，雖其事半屬子虚烏有之論，而愛才則津津不置，使人生際遇得盡如是，不亦才子之厚幸耶。然其愛才也，往往出於深閨繡户，以不可一世之偉人，僅受知於無能爲役之女子，知何濟乎。雖知猷弗知也。直浮雲視之可耳。甲午冬日，狥友人請改《玉嬌梨》小説作《珊瑚鞭傳奇》，因有感於才子之生與知才子之人，爰書數語以揭其旨□。新豐山人胡業宏芑塘氏書於天津燕幕小巢。

傳記

清（道光）《趙城縣志》卷二一　胡業宏，安徽桐城舉人，乾隆四十六年任。

又卷三〇　曩聞江津陳君萬里，治邑有練才，訪之，薦紳鮮能道其遺事，予心悵焉。及採藝文，得邑人所爲邑侯胡芑塘德政頌，蓋亦萬里匹也。頌云：何曰申禁約，使民無犯法；嚴稽察，使吏無作奸。誠如是，足以傳芑塘矣。夫士大夫所争者，没世名耳，而傳不傳不必盡同，殆有數存其間歟。嘗讀薛文清公送楊太守廷實序，稱廷實初令趙城，有善政，今考往志，並其名軼焉。若芑塘，猶不幸中之幸者哉。芑塘名業宏，安徽舉人，乾隆時令。

清（道光）《續修桐城縣志》卷一三　胡業宏字屺堂，號芑唐。乾隆戊子舉人，充咸安宫教習，授山西趙城知縣。敏而有才，讀書過目不忘。令趙城時，民有訟者，即時訊斷之，日決數十案，人無不服其明察。旋以病歸，既没，同里有過趙城者，父老聞聲，喜曰：此吾神君之鄉人也。相與具壺餐以餉之。聞其死，皆哭失聲，其爲民愛戴如此。著有《芑唐文集》、《詩鈔》。

著録

清·佚名《傳奇彙考標目》卷下　徐長公，名善，江都人。《大轉輪》、《珊瑚鞭》。

清·黄文暘《重訂曲海總目·國朝傳奇》　徐又陵：《珊瑚鞭》、《九奇逢》。

清·支豐宜《曲目新編·著録八·國朝傳奇》　《珊瑚鞭》、《九奇逢》，右二種江都徐又陵作。

清·王國維《曲録》卷五　《珊瑚鞭》一本同上國朝徐善撰。善里字見前卷三，此本《曲海》作徐石麟撰，善与石麟疑一人説亦見前。

藝文

清·姚興㲺《題詞》　銀潢左界注滄溟，才子乘槎應客星。兄作此曲時正客天津。高坐紅裀催拍板，墨華灑上紫雲屏。

珊瑚不羡季倫家，三尺鞭絲掣影斜。爲引玉驄芳草路，春風處處惹桃花。

一枝柔柳綰芳年，七字香詞引和箋。飛絮天涯吹恨去，梨雲驚夢壓春眠。

岐路蒼茫眺夕暉，十年塵土素心違。感君畫出窮途影，吹縐西風上葛衣。《質鞭》齣中奇句也。

笑他艸質楦麒麟，晛見冰消莫認真。盡把形容付優孟，當場可有汗顔人。

心無真賞何勞愛，情果憐才怒亦公。多謝延陵賢太史，肯將霜雪易春風。

文鴛雙引座吹笙，休訝詞人太過情。祇有温柔鄉裏福，世間端合讓書生。

我來燕地怯春寒，手把烏絲忍凍看。多少歡愁消不得，雪花如掌撲朱闌。

花龕姚興㲺題。

清·張裕犖《題詞》　燕吴千里幻姻緣，馬策珊瑚仗一鞭。嘗盡辛鹹諳世味，曲師今在孝廉船。

紫陌楊枝又柳枝，香閨旖旎門腰支。何當紅豆生南國，蹴起相思爲和詩。

憐才誰識爨餘琴，女俠能揮纏臂金。轉恨禮防因藉口，不援嫂溺到於今。

綬帶紅銜鳳一雙，曲終秋月墮寒窗。老來倦倚旗亭壁，聽唱春詞遍曲江。

築澗張裕犖題。

張衢

論説

清・倪元璐《玉節傳奇・序》 韻人管風絃月，莊士矩倫矱理，兩氏遇於塗必捽頂交唾而去。今使兩手者左執檀口，右執鐵肝，兼寫並獻，所不能矣。夫文章之柔若媚狐、比於巧令者，莫甚元之曲子，而以爲繇其道之可以教忠，世培則有取爾也。世培心恫於時，起蘇衛稿壤，爲當場之弄，其豔蘇意微，其醜衛恨切。岳氏之祠，泥範武穆，金鑄檜卨，人之欲不朽檜卨甚於存武穆也。宫商鑄之，不愈於金乎。故是記則祁氏之刑書也，名音曰律，名法亦曰律，故世培之能于司刑，於此可知也。然世培之於古之爲詞者，則有異歸焉。宋廣平則腸，而哦梅花則媚，歸于姿；世培妍面而敷勁旨，協於銅琶鐵綽，歸于骨；王右丞秦《鬱輪袍》領解登第，歸於藝；世培既登第，而聲忠影叛，發其思存，歸於道；柳耆卿調桂子荷香，致金亮躍馬，歸於皐；世培拈一禿節子，近晶漢日，遠遏胡雲，歸于功。且夫譜事爲詞，使可歌舞，其中有靈也已。以世培氏之詞爲鸞，亨於諸氏，聰氏亨諧，瞭氏亨態，藻氏亨華，俠氏亨義。而用物以配之，逢花則豔，着酒則豪，當經則法，伍史則綆，是固英怪，非其才莫能爲之也。

清・姚權《芙蓉樓・序》 《芙蓉樓》詞傳誦久矣。情齋少年時，落拓燕市，慕佳人之信修，登高邱而求配，蓋悲不偶而作也。詞中或白描，或設色，集元明人之大成，才子風流，名不虛得。壬戌之歲，余以琴畫訂交，遂得見其《玉節記》傳奇，其於技能術數，無不該博，摛揚之口，具見經濟，豈可僅以書生目之。《芙蓉樓》詞，早付剞氏，傳播于時，《玉節記》尚未問世，余故先贅數言，敢自附於識者，情齋當許我矣。嘉慶八年仲春，虎林蕁樓生姚權識。

綜述

清・張衢《芙蓉樓・自叙》 情不癡不深，不癡不奇，不癡不艷。文嫵孃始以畫自媒，尋而隨人奔波，困於逆旅而不悔，深也；馬妙娘鍾情於余，生不如所願而病，病而死，死而借尸，奇也，皆癡也。嫵娘、妙娘易地，則皆然。使二女者，其情不癡，或倉皇道途，始從而終背焉，或生而不能死，死而不能復生焉，爲之者不鮮，傳之者不艷矣。雖然，此未必有之事也，齲齒折腰，金夫是媚，酒肉之側，脂粉皆腥。何物書生，敢作倚翠偎紅想耶。是以折齒誰憐，誦歌不廢，登牆人杳，摇落深知。殆將焚長卿之緑綺，烹阿母之青鸞，舍彼色香，投之空苦，但能離恨，即是生天。故曰：嫵娘，此女無也；妙娘，此女少也。越鄂君，今無其人；大中大夫江都相，今無其官，借子虛之事，寫獨至之情。謂才子必配佳人，寒士必當奮發，離散必有團圓。嗚呼。此豈事之所必然耶。夫以事之所不必然而寫其必然，余亦癡矣。癡之所至，不覺其寫之深、寫之奇、寫之艷，名士盡其態，傾城極其妍，靡致艷情揮灑盡致，蓋急欲爲書生吐氣，故不畏爲大方笑也。乾隆辛亥暮春，蕭山病痱道人張衢，題於艮心軒。

清・張衢《芙蓉樓偶言》 往余與來七在郊，在王門填詞，時以絲竹相娱樂，因謀制《芙蓉樓》傳奇，草創大概，約爲五十齣，在郊曰：恐轉折太繁，不能遂成之。余笑曰：不能遂成。試爲之。日間酬應不暇，每夜挑燈獨坐，必度數曲，凡積成二十餘齣。後以旋南急切，未竟此事。而在郊已死矣。歸來又 作頭巾故態，咿唔牖下，不暇從事於聲律。前歲己酉之秋，文戰既北，意敗力歇，偶閲元人傳奇數種，因憶及前詞，遂鋭意續成之，至去冬而脱稿。乃知在郊不能遂成之語，洵不誣也。

又 金人董解元始作北曲，名《西厢記》。《西厢記》，言情之書也。其後，元人多效之，故作傳奇者多主艷體詞。他如《荆釵》、《琵琶》，獨傳節孝之事，其言粹然，於勸世爲正，於詞例爲變風。夫《二南》歌詠文王后妃之德，《摽梅》、《死麕》二詩，其末章曰：迨其謂之，舒而脱脱，不可謂非情矣。而適以成聖人之化，老僧四壁，盡畫《西厢》，禪理即在箇中，可知情者，雖大聖高僧所不廢。一傳奇而必諱言之，大覺冬烘矣。

又 湯玉茗作《紫釵記》，其友人帥惟審云：此案頭之書，非臺上之曲。然既作填詞家，不得不尋宮數調，供優孟衣冠也。茲卷中曲雖浩繁，皆取伶工素所演習者，其餘艱詞僻調，概不填入。

又 元人北曲多襯字，概用大書。後吴江沈伯英輩，始細書襯字以别之，俾歌者易於持循，觀者便於取準，亦快事也。茲曲中限字用大書，襯字用細書，正從沈例，非敢背元人也。

又 《牡丹亭》集唐詩多通韻，如齊微、真文、寒删、庚青皆互叶。茲獨一韻自爲一韻，不致出入蒙混。

又 賓白最忌煩雜瑣碎。茲獨出之簡括。至插科打諢，伶工臨時自能補湊，必將碎屑語刺刺紙上，反傷雅道矣。

又 是書成，譏我者謂余不習舉子業，竟效俳優者之所爲，此真井蛙之見。夫文章莫大於傳奇，悲歡必盡其情，賢奸各呈其態，非熟於人情世故，不足以與此。且其中或技能、或術語，咄嗟立辨；或典故、或方言，觸緒紛來。既非枵腹人所能襲取。既南人不能北語，北人不能操南音者，其於聲律，終未許其置喙焉。況數十齣中，迴環照應，打成一片，是真一大八股也。故善讀書者不必定此書，善作文者不必定此文一以貫之。吾於傳奇，蓋有得焉，奚必沾沾於舉子業哉。

又 是書成，同志者皆樂成余志，各借資以助梓，兼爲之分校正之任。曲中起伏呼應處，間有批註，皆與余意相吻合。乃知品評貴當，不必滿紙標題也。

清·張衢《玉節記·自序》 神仙，在天地之中者也。天地元施，黄色以相交接，而神仙以孤陰孤陽，假吐納以矯之。《參同契》云：物無陰陽，違天背元；神仙，天地之罪人也。昔人傳雲英吴彩鸞之事，荒唐不經，然驅仙道以入人道，即入人道以入天道，補其偏而扶其弊，語無稽而至理寓焉。然烏知元霜之搗唐韻之書，神仙不真有此事乎。唐人撰《魏夫人傳》，清虚真人命飛元玉女鮮于虚拊九合玉節。鮮于虚者，虚也。余假其名以爲戲，亦猶司馬相如之賦，以子虚稱也。人思出世，明通未足，則魔來乘之神仙，思八世感激過深，亦有魔間之。宋人《青溪寇軌》有魔王魔母之名，故假方臘之事附會焉。夫自媒非德，自衒非才，浮沉塵世，别白者鮮，則有知其才而不惜終身事之者，非人也，仙也；即非仙，而吾亦以爲仙也。且有知其才而不惜終身依之者，非人也，佛也。即爲佛，而吾亦援引之以爲仙也。淳于悦、東方歡，市井人也。目不知書，其愛聞人諧，也不遺餘力，世間無此人也。世間有此人，不妨使之同昇諸天而仙也。夫偶不偶之，數在造化，而筆墨之權則在我。我欲偶而偶之，我欲仙而仙之，造化其能與我争哉。然非我敢創爲之，古之人如雲英吴彩鸞之事，先有傳之者；然非我敢與造化争之，我亦欲補其偏而扶其弊，使神仙不爲天地之罪人也。時嘉慶庚申臘月下浣，情齋張衢叙。

清·張衢《自題填詞呈錢塘蔣秀才書兼誌謝》 繡文不鬻羞倚市，書腸梗澀劍心死。趾離屬意壯莫灰，濃制新聲春滿紙。

峨髻低鬟金步摇，仙貌長芳弱不驕。香流艷發輕雲熱，春屏夜哭紅燭嬌。

陰深野曠天入墨，老蛟健舞北風北。天吴移海海倒行，霹靂捷來電五色。

凉館澆愁傾鴟夷，諧客艷朋紛履綦。情伸理絀談言中，滿堂笑口張如箕。

丹經不諱淫辭麗，陰陽含吐仙真諦。神光素面對朝暾，我爲玉女親簪髻。

黄塵踉蹌廿載餘，秋雨春燈讀此書。書奴拾材滿青眼，鐫木不共委庸槁。

文章知己宜久待，當時預兆情緣在。《芙蓉樓》刻歷年多，君生之歲在辛亥。《芙蓉樓》刻在辛亥。是年，書奴生。則《玉節記》之刻已兆於刻《芙蓉樓》時矣。

紀事

清·佚名《曲海總目提要》卷二六 《芙蓉樓》近時人所作，其自號曰雙溪廌山，不知姓氏。據所演云：大元皇太后趙氏，劇云昔本帝室之宗潢，今作天朝之母后。按《元史》歷朝后妃無姓趙者，宋曹勛所記，有宗女爲大金皇帝之后。然《金史》亦不載，未知的否。親政之餘，頗耽詞賦。芙蓉花開，命光禄寺排宴芙蓉樓，賦詩紀勝云：筵開烏鵲渚，駕發鳳凰城。路向華峯近，人從僊掌行。紅衣隔浦艷，翠影入池輕。寄語涉江者，能忘結珮情。乃命内官尚忠，宣西臺御史鄭鴻、昭文館脩撰杜兆祥，諭禮部刊刻，頒行天下。仍傳示十二行省等官，凡有女子和詩者，呈覽選定。山陰女子杜弱蘭、李蒨華，素有詩名，人稱閨中李杜。弱蘭即兆祥女。兩人依韻成章，先後呈進。時進詩者共三百餘篇，太后獨賞二女之作。命司禮監尚忠、尚衣監宋萬化，召入宫，設坐賜茶，賜號女學士。居百尺樓，俾掌四庫藏書。以新狀元孟珩配弱蘭，姚若采配蒨華。孟珩，字楚臣，山陰人也。與表妹蒨華同居，索逋維揚，遇高郵姚若采，訂文字交。若采延至家，朝夕同課誦。元時高郵是縣，劇云高郵上州，失考。比鄰鄭英者，御史鴻子也。鴻與兆祥同年，幼聘弱蘭爲英室。英弇鄙不文，弱蘭聞之，心竊怨恨，不敢言也。英偶出，珩亦醉歸，誤入英書室卧。英歸與詬，執送于官。知州卞廷元素愛士，以若采爲才，字以女。若采聞珩被拘，趨入州署辨白。改珩名爲孟玉，言是己胞弟。廷元面試，甚嘉賞之，録送學使者。遂以姚孟玉名入秋闈，與若采同雋，且并出廷元之門。鄭英之執珩，欲廷元罪懲之，見廷元力庇，則大愠。尋見二人皆出廷元門，益愠，入京訴於父鴻，言廷元有私，鴻即劾廷元及若采、孟玉。時廷元已遷御史，皇太后下旨，言廷元私二人，無有實跡，令自行回奏。姚若采、孟玉暫停會試，候旨定奪。廷元抗辨，且言鴻以子英故挾私誣陷，廷臣覆奏如廷元言。太后命召若采、孟玉同赴闕下，親御芙蓉樓試之。令弱蘭出三題，擬倭寇蕩平、聖駕親御武成殿獻捷、羣臣賀表一道，箋注《山海經序》一篇，《宫中行樂詞》十首，以試孟玉。令蒨華出三題，《辨真論》一篇，《聖帝擊壤歌》四十聲，司馬《文園賦》一篇，以試若采。即令二女閲二人之文，閲畢呈覽，皆薦爲第一。太后以爲然，並賜狀元及第，令二女嫁之。弱蘭奏先字鄭英，若采亦奏曾聘卞女。太后召英及卞女入謁，見其貌皆陋，乃令二女嫁二姚，如前旨，而以卞女嫁英，並賜英爲光禄寺署正。初兆祥入京，改官山東肅政廉訪司。尋以倭亂，拜江浙行省樞密院使。討倭屢捷，倭窮請降，乘機殺其長，奏功于朝。于是並開兩宴，頒示欽定賜宴圖式，一曰布昭武功，一曰誕敷文治。兆祥父女恩榮光寵，冠絶一時。而孟玉改名孟珩，仍與若采如親兄弟。珩見蒨華，知即表妹，二女皆以原授女學士晉封夫人。

著録

清·佚名《傳奇彙考標目》卷下 雙溪鷹山：《芙蓉樓》。

清·黄文暘《重訂曲海總目·國朝傳奇》 無名氏上《芙蓉樓》，焦氏里堂《曲考》以爲雙溪鷹山作。

清·焦循《劇説》卷五 熙朝名劇三種：《芙蓉樓》、《廣寒香》、《易水歌》。《芙蓉樓》題雙溪鷹山填詞，《廣寒香》題蒼山子編。

清·支豐宜《曲目新編·著録八·國朝傳奇》 《夫容樓》：焦里堂《曲考》以《夫容樓》爲雙溪鷹山作。

清·姚燮《今樂考證·著録十·國朝院本》 張衢二種《芙蓉樓》、《玉節記》衢字情齋，蕭山人。

又 焦氏《曲考》所載無名氏若干種：《夫容樓》或云雙溪鷹山作。

清·王國維《曲録》卷五 傳奇部下《廣寒香》一本，《易水歌》一本，《芙蓉樓》一本右見《曲考》。右三種，鷹山撰。

藝文

清·王昶《玉節記·題詞》 情文並美，蹊逕亦新，里人度曲魏良輔，高士填詞梁伯龍，可於是中獨踞上座。

清·俞興瑞《玉節記·題詞》 梅根守月鶴毛冷，幽夢飛踏蓬萊頂。老魔眼光射海紅，玉女人烟避青影。古愁宛轉張平子，夜讀《參同》魚食紙。心香一縷篆神仙，倒瀉銀河添硯水。瓊扉開鑰聲冬丁，天風萬里吹娉婷。媧皇石補文劫平，芙蓉片鐵魔血腥。金槽琵琶紫玉笛，穿破秋空换春色。聞曲才人齊斷腸，茫茫真宰無消息。

清·莊鼎《玉節記·題詞》 新詞滿紙有奇芬，妙入《參同》迥不羣。若到飛昇高舉日，真靈位業又添君。青溪寇軌事堪參，魔母魔王怪且憨。君有兵防如許法，孫吴紙上不虚談。

清・關維基《玉節記・題詞》落魄無聊語激昂，唾壺擊碎豈荒唐。鮮于至竟非虚語，當日蘭香也降張。技術紛紛解緒來，詼諧談笑盈仙才。狀元宰相渾閒事，絶世神人罕遇纔。

清・鮑茝芬《玉節記・題詞》鴻天□水路悠悠，誤讀黄庭春復秋。夢聽《霓裳》歌一曲，梅花清露不勝愁。

阿誰雅按宫商譜，幻境迷離雜歡苦。才子真蒙仙子憐，天心巧倩文心補。

文人漂泊在西湖，壁立相如影更孤。傲骨有時遭笑罵，熱腸乃爾出屠沽。

監車空下孫陽泣，命運懸知磨蝎□。珠斗晴遮黯黮雲，玉蛾夜嘆蓬萊月。

夜月蓬萊無限情，愛河拍岸惡濤生。竟緣宛轉蠶絲裏，廿到槎牙虎口行。

畫圖省識春風面，畫裏如花花裏見。人哭人歌幾度圓，魔生魔滅須臾變。

滄海桑田淺復深，堅牢誰似兩人心。驂鸞却向塵中謫，策馬還從天上尋。

君不見英英城郭桃花洞，寂寞千秋苔逕凍。未怕飛瓊惱姓名，似聞神女牽魂夢。

鐵板紅牙各灑然，古香撩亂十三絃。步虚聲逐天風墮，簾外銀雲欲化煙。

李斗

論説

清・芊樵山長《奇酸記・跋》從來入地有難言之痛，遂至戴天銜不共之悲。昔人鑒孝之性真，極共難而名以苦。今人體含酸之況味，嘗之備而該以奇，筆陣縱横，思抽一一，文心變幻，想入非非。前賢應畏後生，休誇藍本舊事。忽翻新曲，最喜白描。君方出此書以析疑，僕且贅以言而徵信。原夫《金瓶梅》之作也，韻哀傷風，拔舌已追難四馬，威權蔽日，炙手之勢挾六龍。頸血模糊，意同梗斷。心機險阻，終屬株連。舉朝共倚冰山，此獄堪然雪窖。於是以孝子之曲筆，誅賊臣之深心。易潯江爲清河，南蠻居然北語。視重臣如市儈，東樓忽作西門。留一字之小名，著萬年之遺臭。試觀醜場中靑，無非狐媚之妖，可知釁啟外藩，翻性狼貪之罪。詞則萬言難盡，意亦百出不窮。然祇遺孽之初生，點睛而命名曰孝，實乃沈冤之莫白，刺骨而未釋其酸，此《奇酸記》傳奇所由作也。是書也，采張竹坡之批評，補王鳳洲之野史。孝爲陰德，恒伏於無字句之中。酸視春時，盡發於有色聲之地。高僧古佛皆知味之人，狗黨狐朋盡乞隣之輩。世上誰非酸甕，人中悉是醯雞。總擵羅以供駈策，且打叠而入排場。鼎沸笙歌，悲由樂起。雲屯冠蓋，凉自炎生。酸隨過而即呈奇，因酸而畢露。試爲設身以處，有心人能不攢眉。何殊染指而嘗入口者，因之擁鼻。極内相達官之富貴，都是酸丁。終道君教主之江山，總歸酸子。爰以心源之印合，極此意匠之經營。看四折之平分，每六齣之遞演。現身則法從此説，賈毒則禍寶自招。英雄興蓮落之悲，脊令歎而仇人未得。蕩子昧瓶羸之耻，鴛鴦分而死期不知。晏安自詡齊眉，集王女以共烹雪水。瞑眩何曾反目，豔金夫而空得風聲。神是邪魔，罏以陰陽爲炭。方雖秘製，鍊從杵臼之間。祇此似豆紅丸，伏干戈于牀第，何用如霜白刃，膏斧鉞於市朝哉。然而作當頭之棒喝，復分背以蟬聯。苟非内侍盡解垂涎，縱是中涓，難消忘想。十二峯雨雲重疊，夢來紙上襄王。廿四橋花柳迷離，樂死圖中煬帝。笑彼奴顔婢膝，柔情不減。淫狐許多義子乾兒，妙曲再歌。鳴鳳時當春半，戲有秋千。落花亂衣衩之香，芳草映裙腰之色。鶉奔而歡娱，一刻果然價值千金。鳩居忽邂逅，三人不枉名呼小玉。詎意昨朝倜儻此身，如飛燕之輕。忽悲今夕凄凉，一死效太真之縊。摹擬横陳之態，舞類迴風。顛狂秘戲之圖，勢同湍水。洵淋漓之盡致，亦變動之不居。然而極樂固多生趣，縱欲即蹈死機。母子本屬夫妻，孽種求從信女。符藥以培精血，鬼胎授自優婆。訝弓挂之無因，塞上折將軍之樹。知梅開之有信，閨中陳娘子之兵。他如夢亦成妖，終屬鬼能爲崇。久恨兄遭鴆毒，借蘗餌以喪其生。誰云嫂不蛇行，警箝寐而褫其魄，憐報施之不爽，彌留尚屬。原夫笑顧復之，難厍恍惚。如係小子纔亡哲婦，旋殞狡童，漁色而侮同官，洵哉士也。罔極游（左元右鬼）而變旱魃，居厲然之不如君。豈奸雄無賣履分香之命，妾皆倡婦，賦貿絲抱布之詩，於是痛鬼境之荒唐，開佛門之廣大。蓋棺已久，誰復憐我憐卿。飛錫何從，頓悟即空即色。抱琵琶而彈舊調，洵有情兮。擁翟茀而結新歡，不可説也。城啓金魚之鑰，人揮鐵騎之鞭。忽斷雲根，空留月魄。伊誰寡婦之利，金女久荒，幸及公子，同歸玉樓。人遠祭亡魂於方餒，土濕一坏。殲元惡於既盈，劍寒三尺。死盡淫昏之鬼，生多漂泊之人。特指迷途，現前生以度即世。普開覺路，舍慈母而遇導師。從此義士忠臣解脱生天之樂，總令狂夫怨女，消除下地之冤苦。孝之孝於兹，成奇酸之酸，因之釋矣。嗟夫，此恨綿綿，長言娓娓。紙上洒桃花之淚，那知赤子初心。席間舞楊柳之腰，且付紅兒低唱。僕素耽音律，願學詞章。愛君筆自生花，結撰祇憑妙手。笑我胸無成行，餖飣空費文心。托奇想以成關目，思入風雲。採俚語以譜宫商，韻諧金石。實隱維乎世道，非僅悦乎閑情。愧非繡虎之才，敢誇駢儷。難免續貂之誚，妄事稱揚云爾。

清・玄堂老人《歲星記・序》　玄堂老人曰：集中無一處提綱過脉，不從經營意匠而成；無一齣琢句鍊字，不從刻骨鏤心而出。故令讀者怵目驚心，不可思議。作者蓋於此道三折肱矣，當與東方生一讚并傳不朽。

綜述

清・李斗《奇酸記緣起》　《金瓶梅》一書，或曰鳳洲門人作，或曰即鳳洲手。張竹坡作《苦孝説》，謂人子之於親死，是真痛而非奇冤，至其親爲仇所算，是冤而有真痛，真痛而又奇酸，奇冤奇酸，終于幻化。嗚呼，《金瓶梅》何以其親爲仇所算哉。《小説》載鳳洲同諸翰林官，以《琵琶記》公讌嚴世蕃，世蕃後至，諸官趨相候問。世蕃曰適來傷風。鳳洲戲之曰：爹居相位，爭説出傷風。世蕃怒。又載王民應西市之害，鳳洲撰《金瓶梅》百回，呈一貴客，閲未竟，暴卒。又載鳳洲作《金瓶梅》，傳毒簡端，故一檢閲而受其毒。戲謔曖昧，競相傳述，正不可攷而知也。《明史・王忬傳》云：忬子世貞，用口語，積失歡于嚴世蕃。倘即所引《琵琶記》之誚與。又云：嚴氏客數以世貞家瑣事搆于嵩父子，椒山之死，世貞經紀其喪，故欒何變聞，遂行其計。即《奇酸記》之所由來與。嚴氏客相傳爲湯裱背，或以爲唐襄文云。畫舫中人記。

傳記

清・李斗《歲星記自題》　主人開名園，氍毹張前軒。一啓樊素口，歌我春雪篇。緩聲時急絶，疾響故紆延。遂使齊心願，真聽通高言。蘭炧爛委地，桂薪高燭天。嗟余素業人，何事吹藜烟。輟翰几席上，揚聲粉黛間。握牘不斯須，教坊咸流傳。畫壁驚時髦，顧曲嗟前賢。庸音豈家法，雜體不足詮。此非布衣利，亦損有德言。漫盡終夜樂，曙色移新鮮。自壬子以來，吴人恒市予詞曲爲院本。癸亥冬，東園主人倩予製燈戲，《歲星記》傳奇之所由作也。次年春，演於園中，周郎顧曲，累德滋深，偶繫之詩，自爲雅諷。嘉慶九年春正月癸卯，畫舫中人識。

清・（同治）《續纂揚州府志》卷一三　李斗，字艾塘，諸生。博學工詩，通數學、音律。著有《永報堂詩集》八卷《艾塘樂府》一卷。晚年以疾食防風而愈，名所居曰防風館。所作《揚州畫舫録》十八卷，於名勝、園亭、寺觀、風土、人物，蒐採詳贍，阮文達公爲序其集。思古編。

著録

清・（道光）《重修儀徵縣志》卷四五　《永報堂集》八卷，李斗撰。

清・（同治）《續纂揚州府志》卷二二　《艾塘樂府》一卷、《防風館詩》二卷。李斗撰。

王訢

論説

清·王祁《寬大詔·序》 人之相善而相念也，則千里命駕，以溯晨夕之歡。若其人已邈，則多識其前言性行，而思有以傳之。非傳之於其書也，傳之於其人也。然藉此一編而時相晤對，則如見其人焉。而其書亦因之傳矣。吾友王嘯岩先生，性聰敏，弱冠游庠，名噪一時。先君子宰檜次，始識之。翼以文章名世，乃屢困塲屋，鬱鬱不得志。遂置舉業，作川岳遊。晚年悟道，修身養性。然時以其平生抱負寓之筆墨，以抒其抑鬱無聊之意。余筮仕中州，與嘯岩相同數載。於商確古今之暇，多所□誡，裨益身心。其負病時，猶復以持身律己，諄諄勸勉。嗟乎，言猶在耳，而良友不再。覩怦怦於心，不能自已。覓其遺稿，得《寬大詔》一書，知吾嘯岩以陸賈自喻，其抱負正是不凡。惜乎其不得志也。遂爲校核，以付剞劂，非敢云必傳也，亦聊以誌不忘吾良友云爾。

清·陳孝寬《寬大詔·跋》 詞瀾曲譜，騷人寄陶寫之章。酒地花天，才子振恒春之管。是其情移今日，蹟借古人。托箇裡之聲容，描眼前之憐愛，且欲現身説法，則位置原自清高，况能出手争先斯品，識允宜莊重。若我嘯岩先生《寬大詔傳奇》，所謂寓抱負於文章，隱風情於正大者矣。今夫雕香鏤玉，不少題詞。寫翠傳紅，尤多雜劇。試拈簫管撩撥，知音慣學琵琶。剛纔對客，固歡塲之極樂，亦雅賞之同情。使即繪此温柔，被之宫羽，非不南音旖旎，北字惺鬆。而兒女纏綿，僅屬房中之樂。即才情傾吐，祇供塲上之觀，何如漢使選賢，雄藩慴服。既懷柔而惠遠，亦詞洽而理該。脱悲歡離合之常談，允推此曲合道學、才華爲一致。所謂伊人先生，籍甚聲華，過人慧業，有情是佛，著句皆仙，舊管領夫明湖。待持衡於法鑒，桃花舞扇，院中競識，求詩楊柳，旗亭都下，争傳劃壁。偶因四美，戲譜九宫。致身在歡喜塲中，觸悟入清凉境裏。翛成圓覺，免墮綺語之魔。心領真如，翼入華嚴之界。寬鱣堂近，授崔範欣陪，每當塵静亭閒，香微齋罷，談真娓娓，示誨諄諄。許元方爲入道之人，引摩詰爲多才之累。固已詞章自禁，著作彌珍。夫何別等三秋，離經兩夏。松喬忽折，鶴馭旋賓。嗟乎，傳世丹鉛，自作名山之寶。半生筆墨，誰收舊篋之藏。乃有敦誼棣華，得遺音于斷簡。多情蓮侶，緍大作之殘編。披手帙而夷猶，棖心旌其馳溯。聊陳葵藿，竊附棗梨。所願賞心不遠，想見高山流水之餘音。都應妙口争傳，競譜白雪陽春之雅奏。

許鴻磐

綜述

清·許鴻磐《三釵夢北曲·小序》 《紅樓夢》小説，膾炙人口，續之者似畫蛇足，其筆墨亦遠不逮也。近有傖父合兩書爲傳奇，曲文庸劣無足觀者。臨桂朱藴山別爲《十二釵》十六折，思有以勝之；脱稿示余，未見其能勝也。（藴山後刻其《十二釵》，將此四折中之《斷夢》、《醒夢》借刻其甲内，意亦不相入也。）余謂讀《紅樓夢》以爲悲且恨者，莫如晴雯之逐、黛玉之死、寶釵之寡，乃別出機柚，以三人爲經，以寶玉爲緯，倣《元人百種》體，爲北調四折，曰《勘夢》、曰《悼夢》、曰《斷夢》、曰《醒夢》，因謂之《三釵夢》。夫晴雯之逐，夢也；黛玉之死，亦夢也。寶釵之先溷塵而後證果，則夢之中又演夢焉。嗟乎，人生如夢耳，余亦在夢中。乃爲不知誰何之人，攄其悲、平其恨，囈語耶。抑癡人之説夢耶。六觀樓主人自題。

清·許鴻磐《儒吏完城北曲弁言》 吾友臨桂朱韞山著《守濬日記》，述其拒滑賊事。既囑余爲序，又 囑余爲之製曲。夫韞山一書生耳乃能據危城抗强寇，凡十餘日。援至，而城完。既保其境，而西南隣邑皆資屏障，是亦可歌而可咏矣。時余養疴夷門。困頓無聊，且以文辭爲破愁之具。歲云暮矣，風雨淒然。乃以病腕握凍筆，爲北曲四套，以示韞山。韞山喜，附其日記刻之。但讐校稍稍疏，間有訛字、遺句，今皆添正。又 有余續行修改處，故此本與彼本少有不同。道光元年冬十二月上浣，任人許鴻磐雲嶠識於大梁之藝蘭寄舍。

清・許鴻磐《孝女存孤北曲弁言》 孝女者，臨桂張氏所稱之義姑也。孝女之父兄，俱死吳逆之難，所剩止一呱呱兒，乃以孱然不字之身，捨拄於巢碼卵破之日，無依無與，且二十年。卒使生者立，死者續，故張氏立祠祀之曰：義姑祠。然夷考其行，推原其心，當時之所以飲血茹恨而爲此者，非若朋友、主僕之間感知己受付託，激於義憤之行，徒稱之曰：義。恐九京且有遺憾。余既本張氏之意，作《義姑傳》。茲改義曰孝者，核其行原其心也。動於人固不若動於天者之爲尤至哉。壬午九日，許鴻磐識於望雲軒。

清・許鴻磐《女雲臺北曲弁言》 明末多故矣。其時奮不顧身，出死力報國家者，概不乏人，而以秦夫人爲獨絶。夫人，一土舍寡婦耳，乃能統部勤王，裹糧殺賊，郊命疆埸者二十年。迨至無可如何，復能仗節以終，爲一代之完人，實千古之奇人也。因倣《元人百種》之體，以歌咏其事。其間有與《明史・本傳》相出入者，如召見平臺，實在崇禎三年。夔門之役、瑪瑙山之捷，均在其後。今撮叙戰功，不能不少爲易置。其刻諸將一疏，在天啟時。亦彙見叙功之後，乃行文鎔鑄結搆之法，非故亂正史也。再，瑪瑙山之戰，按《明史》：石砫兵未在行間。然向見《秦夫人别傳》謂其獨當一面。且夫人受命，專辦蜀賊。豈有不與戰之理。故並及之。道光二年歲次壬午七月望日，任人許鴻磐識於鈞陽官署。

清・許鴻磐《雁帛書北曲弁言・自序》 元人有《蘇武告雁曲》，以雁書事繫之子卿，人多艷稱之。然《漢書・本傳》具在，非實事也。惟元郝伯常經使宋，爲賈似道拘留真州者一十五年，乃真有雁足寄書之事。宋濂《元史》、陶九成《輟畊録》俱載之。嗚呼，伯常文章氣節，冠絶一時，而雁書一事，尤足千古。故據本傳，參之《宋史》，爲北曲四套以傳其奇，表伯常之節，即以斥似道之罪，誅奸諛於既死，發潛德之幽光，亦庶幾昌黎之意歟。道光二年八月望後一日，山左許鴻磐識。

清・許鴻磐《西遼記北曲・序》 余讀《遼史・天祚紀》而重有感也。遼自太祖開基，傳九世，至天祚爲金人所執。《續綱目廣義》即注曰：遼亡。然遼實未嘗亡也。西遼耶律大石，乃太祖八代之孫。奔走西域，臣服諸國。迨天祚被執，即於起兒漫稱帝，以續遼統。寡婦孤兒，維持不墜。八九十年間未嘗少屈於人，視北漢劉氏，實爲過之。《遼史》略記其事，於天祚紀之末，而又 與耶律淳雅里視同一例，並肆譏評，使一線遺緒湮没不章，亦可悲矣。乃依《元人百種》之體，爲北曲四折，以歌詠其事。題曰《西遼記》，亦放翁《南唐書》之意云爾。耶律淳雅里，皆自立於天祚之世。大石則非也 道光三年重陽前四日，山左任人許鴻磐自記於清江浦鄭槎亭，家墅之柿葉山房。

清・許鴻磐《六觀樓北曲六種弁言》 右六種多經友人評點，今皆不載。非敢委瓊瑤之贈於草莽也，誠以文章之美惡有識者自能辨之，必盡舉過情之譽列諸上方，是借人之譽己而自譽也，餘竊愧焉，故評本則什襲藏之，此則僅分句讀以便觀覽。

傳記

清（光緒）《鳳臺縣志》卷八 許鴻磐，山東濟寧人，進士。壽州知州，嘉慶二十一年兼理鳳臺知縣。

清（道光）《濟寧直隸州志》卷八 許鴻磐，字漸逵，號雲嶠。事親以孝聞。乾隆己亥中鄉榜，辛丑成進士。補授江蘇安東縣知縣，擢西城兵馬司正指揮，遷安徽潁州同知，改泗州直隸州知州，所至有循聲。緣事落職，嘉慶二十一年，捐復知州，補河南禹州知州。平生博極羣書，不事生産。初好爲駢體文，既寢饋於《史》、《漢》、唐宋諸家，盡讀《三通》、《廿四史》，往復十四過，强半成誦。因史書地志難辨，又以顧祖禹《方輿紀要》雖能剔《明統志》之誤，而尚多沿其陋，遂精究各史，旁參百家，歷考古今圖籍，於省府州縣各志，搜採無遺，博取精擇，足補顧書之漏而訂其訛。南北奔走，未嘗暫舍，數十年精力畢注於是。其書以形勝爲主，爲總部以發其凡。其目首歷代分合形勢，次山，次大川，次邊防，次都邑。盛京、畿輔及各布政司，分帙詳載。天山南北附甘肅，前後藏附四川縣。統於府首沿革。次形勢，山川、關阨、古蹟。外域則朝貢諸國亦備著，而極遠如泰西等國則略焉。於阨要據險之區，援據證明，曲折詳盡，使歷古來戰克守固之所以然，瞭如指掌。並及水利、農田及有關實用者。書成名曰《考證》，考古證今也。罷官後，貧無立錐，教讀爲事。嘗教及門人，以多讀書，見古今大概規模，然後專用力於一家之言。泗州去官時，以母珍膳偶闕，遂自首甘茹淡止酒十餘年，其内行敦篤類如此。文學昌黎，詩皆正聲，兼通醫，工調曲。年逾八十，卒。以弟之子爲子，早逝，孫一。女適石氏，爲烈婦。所著書二十種。

著録

清（道光）《濟寧直隸州志》卷九 許鴻磐：《尚書劄記》、《吴逆始末》、《方輿考證》一百二十卷、《河源述》一卷、《金川考略》一卷、《泗州考古録》一卷、《參伍類存》十六卷、《考古異夷庚》十二卷、《影月潭》、《穎尾集》、《炳燭雜識》、《六觀樓詩文集》、《六觀樓古文選前集》、《六觀樓古文選後集》、《六觀樓古文選外集》、《唐宋八家文鈔》、《唐文鈔》、《五代兩宋文鈔》、詞曲七種。

清（光緒）《山東通志》卷一三九 《炳燭雜識》許鴻磐撰，見《州志》《參伍類存》十六卷，許鴻磐撰。鴻磐有《尚書札記》見經部書類，《州志》載是編。鴻磐原有《夜窗隨筆》、《穎尾別集》、《條記録》三書，汰而存其五，以成此本。

汪應培

論説

清・趙曰佩《催生帖・跋》 按《内則》篇云：婦事舅姑，如事父母，其委曲承順，昕夕不離左右，與子職同。今人於子父母，尚能養體養志，力追古風。若子婦之於舅氏，往往以迹避嫌疑，遂至情同吴越，晨昏一謁，絶跡寢門，風俗之浮僞澆漓，寔從此起，不可不亟講也。作者借占夢之虚詞，寫宜家之實範。其《蘭徵》一齣，曲折摹繪，使賢婦之笑貌聲容，躍躍紙上，真可爲閨幃之良箴。永矢勿諼者，至其軫念民依，傷心前度。尋常語非無鍼砭，平淡處益露丰裁。蓋視詩人温厚之教，已駸駸乎近之矣，詞曲云乎哉。

綜述

清・汪應培《南枝鶯囀・跋》 二曲本名《驛亭槐影》，係歸途遣意之作。草草巴巴，詞殊無足採。迺蒙兩峰、玉亭兩大君子指授伶工，播之絃管，於音樽雅集時，曼聲低度，頗傾座客之耳。所謂一經品題，價增十倍也。感德陳情，用誌數語。香谷自註。

清・汪應培《催生帖・小序》 金閨馳譽，不少名媛。詞客揮毫，狂搜粉譜。潑戲鴻之妙墨，非無灑灑全書。窺文豹之一斑，不廢戔戔小劇。特是元人製曲，盡屬子虚。宰相填詞，都無指實。豈以香奩之體，專尚微辭，牀第之言，終譏踰閾也乎。兹則挹璇幃之襟抱，付樂部之宫商。事本家常，名非僞託。蓋以奉羹湯而思賢婦之子，于歸安莞簟以引新雛。先生如達，老夫耄矣。藉含飴可遣公餘，静女其孌。即哺轂亦消永晝，而乃慕燕山之五桂，未染瓣香，攀荀氏之八龍，難分片甲。鶼鶼者並棲嬌鳥，比翼能飛。簇簇者上箔吴蠶，同功無繭。於是推上帝錫齡之義，何妨恩乞天庭，引太人占夢之文豫，擬蘭徵香閣，此《催生帖》四齣之所由作也。然而屬辭比事，未盡荒唐。旨遠詞文，雅多寄託。莊漆園之蝶魂栩栩，豈真摹鳳子于花間。屈靈均之香草離離，不僅寫幽蘭於澤畔。僕也西浙凡材，黌門下士，問姓則桃花潭水，難尋巷口烏衣。宦遊則汴月嵩雲，幸綰河東墨綬。其余濫竽半職，伏櫪頻年。守一勺之蹄涔，幾同鮒涸。望千章之喬木，未許鶯遷。雖單父鳴琴，滿眼無非赤子，而邯鄲授枕，前塵大概黄粱。此其借杯酒以澆愁，託催花而擊鼓者矣。所幸旨近温柔，詞非激越。無劍拔弩張之態，星眼貪觀。值笙清簧煖之筵，歌喉易轉。此日掌箋紅線，已珍之玳瑁函中，何時顧曲周郎，再書到芙蓉屏上。昭陽作噩應鍾之月，香谷散人自序。

傳記

清（嘉慶）《南陽府志》卷四上《官師志》 內鄉縣知縣：國朝：汪應培，錢塘人，舉人，嘉慶八年任。

清（道光）《徽州府志》卷九 汪應培，字厚田，宏村人，商籍，內鄉知縣。

以上見《道光續縣志》。

藝文

清・盧元錦《南枝鶯囀・跋》 畫手何能敵化工，琵琶一曲自清空。從知正味酸鹹外，祇在尋常菽粟中。瑰奇警邁口雌黃，變幻煙雲捻擅長。都向蜃樓尋七寶，更無人識桂枝香。久厠鵷行鬢髮斑，風情還露酒盃間。筆鋒會奪天工巧，不用丹砂再駐顏。閩山閩水憶征輪，早見嬌兒鳳羽振。爲仿昔年重舉案，署名翻避太夫人。風衣愚弟盧元錦識。

清・姜志望《催生帖・題辭》 東風昨夜回暘谷，萬朵庭梅白如玉。探梅正喜故人來，殷勤示我催生曲。故人詞曲舊知名，流水桃花認後身。分將玉署仙人句，寫出璇閨少婦情。少婦于歸年十七，德容言工都第一。春水油油比目魚，秋風欵欵雙飛翼。繡閣紗窻事事幽，花籌數遍又詩籌。問字暫停脩史筆，畫眉還上梳粧樓。十年蔭茈慈恩重，可惜態羆遲入夢。七日豈無贏負螟，九苞要有桐棲鳳。低廻感此百無聊，不信蘭徵久寂寥。但願生兒逢地臈，敢辭禮佛趁花朝。德門福慶真無量，果有神靈錫嘉貺。未剖珠胎出蚌中，先看麟種來天上。一枕蘧蘧好夢催，是耶非耶醒尚猜。金光一瞥蛇蟠笥，玉翦雙抛燕入懷。阿婆房前低聲問，阿翁堂上含飴等。莫辭今夕倒樽罍，預爲來年慶湯餅。來年湯餅廠華筵，滿堂珠履客三千。共傳墮地胞衣紫，便識封侯骨相賢。一言擬向世人告，自家堂構自家造。醴泉萬斛本無源，難得心田似翁好。金華姜志望芝圃。

石韞玉

論說

清・蘋庵退叟《紅樓夢・序》 《紅樓夢》一書，稗史之妖也。不知所自起。當《四庫書》告成時，稍稍流布，率皆抄寫無完帙。已而高蘭墅偕陳某足成之，間多點竄原文，不免續貂之誚。本事出曹使君家，大抵主於言情，顰卿爲主腦，餘皆枝葉耳。花韻庵主人衍爲傳奇，淘汰淫哇，雅俗共賞。《幻圓》一齣，挽情瀾而歸諸性海，可云頂上圓光。而主人之深於禪理，於斯可見矣。往在京師，譚七子受偶成數曲，絃索登場，經一冬烘先生呵禁而罷。設今日旗亭大會，令唱是本，不知此公逃席去否。附及以資一粲。清・馮汝玠《紅樓夢傳奇跋》 丁巳冬，攝江蘇海門。篤十月，奉浙督檄調來杭，委董紹興、七屬菸酒，朔二十有六日，買舟渡江來紹。越日，散出街頭，於書肆見此，因與補侍兒小名録，同時購置案頭，聊以自遣。

傳記

清・陶澍《石韞玉墓誌銘》 公諱韞玉，字執如，號琢堂。祖籍丹陽，系出宋曼卿先生後。國初自丹陽遷吴縣，至公已四世。曾祖政，祖邦楨，字介庵，考熙載，字韶山，三世俱以公貴，贈通議大夫。妣皆贈淑人。韶山公三子皆殤，妣徐太淑人夢介庵公授以白璧而公生。穎敏過人，讀書卓犖有特識。年十八補吴縣學博士弟子員。乾隆己亥恩科舉於鄉，庚戌恩科成進士，殿試進呈卷第二甲一名，純皇帝特拔置第一甲一名，授翰林院修撰。壬子充福建正考官，旋視學湖南。未散館而簡放學政，前此未有，真異數也。任滿還京，正值楚苗不靖，覆命時，高廟詢及軍務，奏對稱旨。丙辰充日講起居注官。戊午入上書房行走。是年冬，京察一等，授四川知府。時蜀中方用兵，公補重慶府兼護川東道，經略勒威勤公知公才，川以東軍事悉屬焉。嘉慶庚申，賊過嘉陵江將犯重慶，公與總兵許文謨防守周密，賊不敢窺。嘗率精兵擊賊於土沱，獲賊渠甘某誅之。又立團練法，習技勇三班，分班訓練，更番休息，有警一呼畢至，渝城遂得晏然。勒公重莅蜀，調公赴營，專司章奏事。時賊方議聚川、陝、楚三省間，賊渠樊人傑別爲十號，分路肆掠，廷議用兵殲一股盡，再勦他賊。公謂勒公曰：今官兵僅經略參贊及公三路耳。而賊至數十股，若專勦一股，餘無兵掩捕，勢且益熾。爲今計，莫若分兵，有一股賊即有一路官兵迎捕，使賊無暇劫掠，賊不得食，當自潰。勒公曰：善。即屬草一疏陳之。壬戌三月始定分兵策，兼用堅壁清野法，分作守砦方略十二則檄行，川東北從此賊漸解，賊首次第就僇，是冬即戡定大局，至癸亥秋而三省廓清矣。守渝時，副將趙某統兵勇各千過渝，已給口糧矣。而鄉勇不行，公廉知有隊長者最黠桀，召而責之，嗣是兵過渝無敢留者。勒公有探事兵十七人道出梁達砦，砦民疑爲賊也，執之送官，中途聞賊警，恐被劫，遂殺之。勒公大怒曰：兵爲民殺賊，民乃敢殺兵。窮治之，獲十四人，將實其罪行誅。公言於勒公曰：民乃疑賊而殺兵，罪固重，然係誤殺也。今以此駢誅十四人，不近於專僇乎。請先僇主謀者二人，餘論斬請旨，然後行。勒公從之。仁廟果以疑賊而殺與故殺者有閒，十二人皆免死。大兵凱旋，有難婦數千無所歸，衆議欲分給兵丁，公力持不可。徧詢原籍有父母兄弟及夫若子者，檄各州縣盡令來省相認，識以歸之，咸感泣膜拜而去。公在雲陽道中，舟敗，幾溺大江中，遇他舟救免。又嘗在川北老山墜馬傷，力疾隨營。先後奉旨加道銜，賞戴花翎。蓋公之盡心兵事，久蒙睿鑒矣。公之治重慶也，寬而明，敏而斷，循績美政有不勝書者。乙丑膺計典入覲，尋擢潼商道。值歲洊饑，晉中荒歉尤劇，米石值白金十七兩，或請禁陝米出關。公曰：晉人亦朝廷赤子，吾不能爲陝遏糴，坐令飢餒縱之。晉省得食，而關中人亦獲厚利。在任四月，擢山東按察使。瀕行辭，方葆巖中丞，訪以治陝何者爲亟，對曰：往者，長制府以州縣采買倉穀累民，奏請永禁，然所謂累民者，不過年豐有穀之家不得善價耳。其患猶淺。今禁之，則倉廩空虛，遇儉歲及軍需，倉無儲，州縣何以應命。中丞以爲然。是秋請弛前禁，報可。公赴熱河行在，謝恩請訓，適甯、陝新兵滋事，及召見，三次言必及軍務，公多所陳奏。事蕆，皆一一如公言。抵山東臬使任，兩攝藩篆。以夏旱，運河糧艘淺阻，議雇民船，撥運費大，且擾。請於中丞，長公檄二郡丞，按籍疏通，四百餘泉河水驟長五尺，漕運以通。無何，而公緣事被劾，部議革職。仁宗念川省軍營勞績，賞給編修，國史館行走。而公因從軍時受山巒瘴溼之氣，得輭脚疾，至是復作，遂引疾乞歸。公仕宦三十年，歸鄉時無田可耕。時長子同福以知縣需次浙江，公遂就養焉。浙中當事知公至，延主紫陽書院。辛未，勒公開府兩江，招公佐幕，又主金陵尊經講席，復入揚州書局校勘《全唐文》及丙子歲歸主蘇州紫陽講席，並修《蘇州府志》。里居又二十二年。公閎覽遠識，所爲文貫串古今，尤長於經世之學。詩則破除唐、宋門户，風發泉涌，援筆立成。譔述甚富，所刊《獨學廬詩文稿》若干卷爲海内所稱。書院肄業士，二十年來多得公陶淑成就。公和易近人，不立厓岸，而持論正大，侍其坐者，能使人鄙吝都消。即所居建滄波閣，貯書四萬餘卷。集里中耆舊，結問梅詩社。凡鄉中有善舉，公必出爲領袖，始終無倦。公以乾隆丙子閏九月生，至道光壬辰，年七十有七。又逢九月置閏，親串故舊及書院諸生舉觴介壽，公賦詩紀事，和者甚衆。癸巳重遊泮宫，一時士大夫皆有詩歌樂章紀之。道光十七年五月五日，無疾卒於經史巷里第，年八十有二。銘曰：公持文枋，惟閩與楚。既采南琛，亦攬湘杜。公奮武功，惟渝及蜀。手書露布，躬冒矢鏃。觀風潼關，陳臬山左。用將大展，而乃小挫。角巾扁舟，五湖夷猶。爲鄉祭酒，又三十秋。榮枯兩忘，夷險一致。味道餐風，以樂其志。西磧之西，有芙蓉城。山花磵水，幽宅環馨。

清·吴修《昭代名人尺牘續集小傳》卷四　石韞玉，字執如，號琢堂。江蘇丹陽人。吴縣籍。乾隆庚戌進士，以第一人及第。官至山東按察使署布政使。罷，賞編修。陶澍撰墓誌：公閎覽遠識，所爲文貫串古今，尤長於經世之學。詩則破除唐、宋門户，風發泉涌，援筆立成。譔述甚富。所刊《獨學廬詩文稿》爲海内所稱。

清（道光）《濟南府志》卷二九　石韞玉，號琢堂。江蘇吴縣人。進士。嘉慶十一年十一月署任。又十二年三月再署任、十二年五月三署任。

清（同治）《蘇州府志》卷八二　石韞玉，字執玉。乾隆庚戌一甲一名進士，授修撰。未散館，特命典試福建，視學湖南。戊午，入直上書房，充日講起居注官。出知四川重慶知府，時川楚用兵，從勒文襄辦軍務，倡築長壽城，民賴以安，賞戴花翎。兵撤，韞玉收養被難婦女數千口，妥爲安置。遷陝西潼商道，禁遏糴，陞山東按察使，兩署布政使。以公去官，賞編修。引疾歸，主講紫陽書院二十餘年，聘修郡志。道光癸未，吴中大水洊饑，請免米税，通商販。辛卯，力勸當事留養淮北流民，資送其歸，年八十二卒。

藝文

清・佚名《題詞・伏生授經》 百篇典誥化秦灰，幸有通儒在草萊。留得帝王經世術，至今傳信在蘭臺。

又《羅敷采桑》 蛾眉自昔産邯鄲，使者旌旗過澗槃。富貴嚇人真一笑，兒夫早著侍中冠。

又《桃葉渡江》 紅顔在世易摧殘，好處相逢自古難。誰似渡江人計穩，一生魚水見真歡。

又《桃源漁父》 避秦人去不知年，漁父重來亦惘然。獨有淵明能著録，由來隱逸近神仙。

又《梅妃作賦》 開元天子本多情，看到驚鴻百媚生。誰料一朝輕决絶，都緣讒諂蔽王明。

又《樂天開閣》 聲色娱心慾界中，達人覷破總成空。樊姬偕老蠻姬去，各有因緣事不同。

又《賈島祭詩》 新詩一字費推敲，邂逅相逢即締交。如此憐才人不易，鑄成瘦島配寒郊。

又《琴操參禪》 文章太守玉堂仙，接引迷人到佛前。知道箇儂根器好，片言參透老婆禪。

又《對山救友》 友生急難爲同方，覆雨翻雲事亦常。試看中山狼一曲，崆峒畢竟負康郎。

清・懺摩居士《樂府・題辭》 露電浮生亦等閒，紛紛兒女轉情關；人間大好坤靈牒，不值金仙一破顔。曼卿詞筆幔亭僊，閒譜霓裳色界天。要聽緊那羅一曲，釧花光裏試枯禪。

清・了一山人《題詞》 花間寫韻當談禪，癡女騃牛未了緣；一自《紅樓》傳豔曲，不教《四夢》擅臨川。木石無情恁有情，淚珠錯落可憐生。茜紗窗外紅鸚鵡，恩怨呢呢話不明。一縷情絲繞碧欄，葬花人忍看花殘；憑伊煉石天能補，離恨天邊措手難。舊譜傳鈔事太繁，芟除枝葉付梨園，蔦蘿締好殊坊本，弦索《西厢》董解元。劇耽此秩歎奇書，《三百》、《虞初》盡不如，待到定場重卻顧，玉人何處覓瓊琚。氍毹一曲管弦權，魂礧誰教借酒杯。萬事到頭都是夢，甄真賈假任人猜。

清・清聞居士《題詞》 人天起滅判三生，腕底靈光悟妙明，兒女纏綿春繭縛，神仙荒誕夏蟲驚。夢中説夢能圓夢，情外言情實寄情。漫説借杯澆魂礧，得閒風月即蓉城。

著録

清・姚燮《今樂考證・著録四・國朝雜劇》 花韻庵《花間九奏》九種《伏生授經》、《羅敷采桑》、《桃葉渡江》、《桃源漁父》、《梅妃作賦》、《樂天開閣》、《賈島祭詩》、《琴操參禪》、《對山救友》。

陳鍾麟

論説

清・楊恩壽《詞餘叢話》卷三 《原事》、《紅樓夢》爲小説中無上上品。向見張船山贈高蘭墅，有艷情人自説《紅樓》之句。自注：蘭墅著有《紅樓夢》傳奇。余數訪其書，未得。所見者，僅陳厚甫先生所著院本耳。先生工制藝，試帖爲十名家之一。度曲乃其餘事，儘多藴藉風流、悱惻纏綿之作，惜排場未盡善也。原書斷而不斷、連而不連，起伏照應，自具草蛇灰綫之妙。先生强爲牽連，每齣正文後另插賓白，引起下齣；下齣開場，又用賓白遥應上齣，始及正文。頗似時文家作割截題，用意鉤聯，究非正軌。且以柳湘蓮爲紅净、尤三姐爲小丑，未免唐突；後成男女劍仙，更嫌蛇足。近日梨園多演之者，似非先生得意筆也。

清・韓薻《紅樓夢傳奇・序》 莊生放達，秋水高蹄。屈子離憂，女蘿山鬼。雖屬寓言之義，終非垂教之書。至若干寶《搜神》、《齊諧》志恠，更馳情乎幻渺，競涉筆於荒唐。漁大兄，夙負異才，近耽净業，發菩提心而度世運，廣長舌以指迷言，則向傳談詩老嫗，亦參妙解。事則道元畫壁，漁罟盡樂皈依，有裨人心，無慚名教。薻初遊宦海，崖托名山，匏既繫乎同方，葭共班於一室，偶雖案牘咲啓，巾箱開詣，經帷偷翻，枕篋得預元亭之秘，盡窺鄴架之奇。嗟乎。段成式之明經，諸臯垂記。董仲舒之嗜學，繁露名篇。惟得綆於真源，始扶輪乎大雅。文非妄作，事豈無稽。僕鞅掌於薄書，乘五夜翻兔園之册。君主持夫講席，借六經織魚網之詞。

綜述

清・陳鍾麟《紅樓夢傳奇・凡例》 一、詩《三百篇》，皆可被諸絃管，發乎情，止乎義理而已。一變而爲樂府，再變而爲詞曲，皆不失風人宗旨。《紅樓》曲本，時以佛法提醒世人，一歸懲勸之意云。一、古今曲本，皆取一時一事一線穿成。《紅樓夢》全書，頭緒較繁，且係家常瑣事，不能不每人摹寫一二闋，殊難於照應。偶於起訖處稍爲聯絡，蓋原書體例如此。一、原書以寶、黛作主，其餘皆是附傳。然如湘雲、惜春、寶琴、妙玉、香菱皆聰明過人者，摹其性靈，使千古活現。一、晴雯是黛玉影子，襲人是寶釵影子，所謂身外身也。今摹擬黛玉、晴雯，極爲蒼凉，摹擬寶釵、襲人，極爲勢利，可以見人心之變。一、柳湘蓮、尤三姐俱有俠氣，與各人旖旎者不同，難以安頓，且净脚頗少。今借柳尤二人，以代一僧一道，不特避熟，而净脚亦可登塲。一、有原本所無曲中添出者，一有原本在前曲中在後者，取其情文相生，隨手變化，無庸拘泥。一、余素不諳協律，此本皆用《四夢》聲調，有《納書楹》可查檢對。引子以下，大約相仿，惟工尺頗有不諧，度曲時再行斟酌。

傳記

清（同治）《蘇州府志》卷九〇 陳鍾麟，字肇嘉，號厚甫。嘉慶己未進士，歷官至杭嘉湖道。博通經史，尤工制藝，嘉定錢大昕主紫陽講席，亟賞其文。有《就正草》，人習誦之，即錢爲之序。

清（同治）《番禺縣志》卷二六 陳鍾麟字厚甫。江蘇元和人，嘉慶四年進士，官至浙江杭嘉湖道。道光初，掌教粤秀書院。每説《四書新義》示諸生。謂《論語・子張問善人之道》章：是言善人之道，當踐跡，乃能入聖人之室，如不踐跡，亦不能入室，言質美未可恃也。又云：興滅國，謂諸侯；繼絶世，謂大夫；舉逸民，謂士。尤精確。楊榮緒、陳澧及南海桂文燿、順德盧同伯肄業院中，並賞譽之，嘗謂門生曰：廣東城無米，一旦有事，當奈何。歸寓杭州，陳澧謁，聞廣東有夷寇，鍾麟曰：此事今人不能辦，今人能辦有舊案之事，此事無舊案也。當知諸史即舊案，爲官不可不讀。此深識遠慮，所謂瞻言百里者矣。工書，所書楹帖、箑幅，嶺南士大家多寶貴之。

著録

清・姚燮《今樂考證・著録十・國朝院本》 陳鍾麟一種：《紅樓夢》 鍾麟字厚甫，官觀察。吴門人，寓居武林所。着《紅樓夢》傳奇，有六十折。構局森嚴，運詞綿麗，而能不襲三家一字，亦足樹幟詞場。

清・王國維《曲録》卷五 《紅樓夢》一本，國朝陳鍾麟撰。鍾麟字厚甫，元和人。

藝文

清·俞謙思《題詞》

金陵自昔擅繁華，況是通侯閥閱家。畫戟東南開甲第，朱輪朝暮過香車。賈生早佩郎官綬，粉署含香趨禁右。北李南廬結近親，五侯七貴同杯酒。起居入座太夫人，鍾郝偕來笑語親。新婦才華尤出衆，侍兒明慧亦殊倫。王郎再索徵佳夢，聞説釋迦親抱送。司大中郎倶不如，門前客到休題鳳。却因家襲富平侯，公子髫年未識愁。懶接雞談勤夜讀，愛攜鴛侶作春遊。紅樓四面珠簾繞，簾外花枝方裊裊。帳裏依稀如有人，歡悰未盡鶯聲曉。金釵十二自分編，夢境迷離恍遇仙。夢醒思量夢中事，襲人花氣薄於煙。外家姊妹多才思，少小無嫌共嬉戲。道是無情却有情，銀河不隔蓬萊地。珮聲釵色出幽齋，羣羡清才三妹佳。不信靈芝今再世，侍書仍許阿甄偕。春花秋月園中好，秋夜眠遲春起早。待月時來問水亭，看花齊上臨湖島。怡紅院裏錦屏舒，凹碧堂前玉洞虚。結社聯吟貪晝永，分曹賭酒趁宵餘。佳人别自倚林竹，料得也應憐宋玉。脈脈春風邐酒情，盈盈秋水横波目。兩心相照兩相疑，兩處緘愁兩不知。難借鮫綃傳密意，空將鳳紙寫相思。癡兒騃女同時病，不道黄姑偏誤聘。喜結同心七寶釵，悲分照影雙鸞鏡。紅樓縹緲倚雲開，前度劉郎今又來。只爲含愁獨不見，淚珠乾盡蠟成灰。覺來悔被迷津誤，波岸思尋仙筏渡。行到源頭見落花，傷心依舊悲崔護。自憐老去漸娑婆，閒借填詞寫翠蛾。勘破繁華歸寂寞，紅樓一夢等南柯。桃花亂落如紅雨，燕子歸來相共語。風景依稀似往年，樓中不見當時侶。

周大榜

綜述

清·周大榜《十出奇·自序》 傳奇有開場，有結局，大抵夫婦爲終始，此夫婦之所以一乾坤，而乾坤之所以不外男女也。竊嘗謂男女搆精，理之至正，寔亦事之大奇。其始於睽，終於合，則蒼蒼嘿嘿主之，似非人力可與。乃若赤繩之繫，紅葉之題，鳥羊之約，碧鸛之迎，竟欲以人勝天，遂纏采缸，自我而主其睽，復定昏店，自我而主其合。任彼以力，以謀以權勢。求者不必應，應者不必求。即几席談笑間，而輸攻墨守，用兵之道寓焉，豈非奇之可傳者歟。然且制奇握勝，不屬之丈夫，而屬之女子。又此女子者，不過位居副室，分列小星，緑珠碧玉之流，桃葉攀枝之亞，一旦保護主家，彌縫敵釁，能爲紅線侍兒之所爲。凡天下以力以謀以權勢，鬚髯如戟之丈夫，皆俯首爲娥眉所屈，覺古人雄飛雌伏之言，有相反爲用者，而於是乎不得不以奇歸之。嗚呼，古來女子，擅奇媧皇寔爲之祖，而劍俠若越女、車中女、大娘、隱娘、十三娘輩不與焉，他若蘭英粉黛，居然奮博士之登朝，王導衮裯赫矣。雷尚書之預政，論者或以僭竊爲嫌，彼之與此，兩兩較奇，應歎服後來居上，抑更有進此者，一奇之不已，而層見迭出，以至乎十者。數之全，由十而拓之。奇復生奇，雖謂有千百奇可也。十者，又數之轉，由十而藏之，奇適孕奇，雖謂無一奇可也，此之謂善用其奇。然則倫常日用之内，創見創聞之擘畫，可驚可愕之規爲，何所蔑有。有開場，有結局。夫婦一乾坤，而奇之道大備。傳奇者，取其奇而傳之，寔取其奇本於正而傳之。無奇非正，即無正非奇，不此之傳而托諸蜃樓海市、牛鬼蛇神之怪誕。是其好奇，亦猶葉公好龍，好其似夫龍者，及真龍降而駴而卻走。且彼亦烏知煉石補天後，尚有一段公案在耶。昔陳孺子奇計六出，勝於用十萬甲兵，高祖因之以得天下，奇之爲用大矣哉。今之視昔，何如也。是編演自梨園，又爲巾幗中樹一漢赤幟矣。瓜田半子珠士書。

傳記

清（嘉慶）《重修山陰縣志》卷一〇　周大榜，乾隆五十九年甲寅優貢。

又卷一六　周大榜，字虎木，後馬村人，優貢生。博聞强記，乾隆間兩湖制府重其名，延爲上賓，嘗即席。成《晴川閣》、《黄鶴樓》、《快哉亭》三賦，一時傳誦。有《半半稿文集》。

瞿頡

論説

清・周少霞《總評》　首齣發端，末齣收場，從來院本所無，菊亭特創爲之。其意匠似倣《桃花扇》，而義較正大。其發端叙友朋，收場叙子姓，又一番結構苦心。不知視邱瓊山《五倫全備》傳奇，優劣何如也。《賜謚》一節，何等嚴重，寫來卻自灑落。名手之筆墨遊戲，我直欲鑄金事之。少霞。

清・胡鳴謙《鶴歸來・跋》　粵稽遏雲振木，薛譚反轍於荒郊，裂石穨山，李謩泛舟於寒渚。臨易水而歌變徵，揮涕千秋，過雕門而發清商，繞梁三日。聲爲之感，聞者欷歔。情有所鍾，形諸詠歎。而况事關忠孝，補國史之遺文，志篤君親，編家書之實録乎。菊亭夫子，懷鏤玉雕瓊之思，抒驅濤駕浪之才，弱冠飛鵬，遊來月窟，振衣題雁，滯向雲衢。迺因蕭散之餘閒，借此筆牀硯匣，爰吐激昂之奇氣，寄將象管鵾絃。天際真人謝仁祖，情移捍撥，府中文士王摩詰，曲製琵琶。哭借長歌，藏魚何處。名從紀實，化鶴歸來。不無慷慨之詞，惟以性情爲主。快先覩也，竊有感焉。原夫鼎沸中原，海飛山走，戈揮上闕，火激飈馳。鳳閣鸞臺，玉碎徒傷袁粲，熊旗虎帳，金輪早謁劉淵。晉獻之子九人，誰爲重耳。齊桓之存三國，須有夷吾。時則神器無歸，北帳燕京之宗社，爾乃王師既下，南收建業之版圖。馬貴陽棄主於金陵，許定國快讎於睢水，史閣部隕身於江滸，左寧南絶命於坂磯。爰徇江淮，直臨漢沔，拋戈棄甲，驚風鶴以張皇。獻土開城，附雲龍而踴躍。難擎天之手，孰懷捧日之心。太息久之，大事去矣。偉人繼起一箇，臣迺有忠宣，遺緒苟延《三百》，祀僅存永歷。少康之一成一旅，刻意中興，墨翟之九距九攻，鞠躬外禦。始也靖藩搆亂，消蜃市於須臾，繼之王弁懷奸，埽蜮沙於倉猝。橫戈躍馬，焦宣國之英鋒，艸檄籌糧，楊儀曹之秘計。非無哲嗣，承親命以居鄉，爰有孝孫，覲祖顔而航海，秋屋文華之義士，同涉波濤，寺僧舶賈之高情，並資囊橐。神明庇佑，颶風頓息於東瀛，卦策占推，指日相逢於西粵。喜一朝之乍見，聽孫兒細訴行踪。傷半月之遲來，痛祖母早經即世。綸音下賁，特邀賜奠之榮，懿旨傳宣，更荷降婚之典。異數兼優於存没，孤忠願任此安危。事尚可爲，身何足惜。無何將軍跋扈，遽操同室之戈，士卒跳梁，盡釋公徒之甲。竇臣玩寇，魏博營開，王翊犒師，涇原兵譟。登壇宣誓，三軍聞慟哭之聲，間道投降，四境見分崩之局。歎卧龍之拜表，利鈍難知，勞召虎之專征，經營不就。人心已去，蒼黄壞萬里長城，臣志靡他，清白思一隅淨土。點點中宵之雨，血淚偕零，淒淒昧旦之風，哨聲忽至。蒙我友相依不舍，或起或泣從之，計此時何待多言，吾戴吾頭來矣。嗟乎，四十日之餘生，到頭不變，百千年之定案，立脚原牢。風洞山前，雪飛掌大，鶴岩嶺上，雷轉心摇；嚼指題詩，碧血沁磋硪之石，叩頭謝主，丹心攖銛鍔之刀。迨乎視殮寒林，目猶含怒。自此歸魂故里，骨亦留香，斯固天地鑒誠，鬼神欽烈者也。至今恩戴天朝，不替褒忠之祀，名光人紀，用頒錫謚之文。追信國以齊芳，公何恨也。託梨園而演劇，世共知之。於是樂府編成，才調久推玉茗，傳奇譜就，豔詞不數煙花。揚先世之清芬，應羞圓海，作他年之勝本，還過雲亭。劇目嘔心，暫假伶工之笑貌，徵聲選色，詎同優孟之衣冠。定知價重雞林，一時紙貴，若使奏諧鶯院，四座聲消。白太傅淚溼青衫，應當燈灺酒闌之會，馬季常經傳絳帳，曾侍琴調笛韻之旁。

綜述

清・瞿頡《鶴歸來・自序》 《鶴歸來》者，爲族祖留守稼軒公、檢討壽明公祖孫二人作也。留守殉節粵西，檢討負骸歸里，一門忠孝，古今罕覯。婁東王懌民先生，曾作傳奇以演其事，而其本不傳。先兄廣平，嘗於賣餳擔頭，買得斷爛曲文一本，題曰《浩氣吟》。其中更姓改名。以瞿爲虞，以焦爲姚，以張爲江，如此類者不一而足。前後俱已殘缺，未知即婁東舊本否也。洪惟我太上皇帝，聖度如天，於勝國殉節諸臣，概予易名之典。留守公久邀異數，專謚忠宣。此時復何所嫌疑，而必諱其名姓耶。如以爲優孟衣冠，恐多褻越，則古來忠臣孝子，何嘗不粉墨登場耶。余乃爲之更正姓名，其中情事，悉按《明史》及《粤行紀事》所載，以歸核實。庶使觀者知祖孫二人，扶綱植常，爲不朽盛事，初非稗官小説子虛烏有之比。而聖朝賜謚褒忠，過於式閭封墓，於世道人心，亦未始不大有裨益也。且《浩氣吟》者，乃留守公羈囚時，與張忠烈公唱和之作，不當以爲院本之名。而檢討負骸歸里時，曾有兩大鶴翔集於會元坊上。其事載諸邑乘，彰彰可考，因更其名曰《鶴歸來》。又嘗聞諸故老留守公殁後，示夢於郡人，爲蘇郡城隍，郡人至虞迎神。曇谷公以事屬不經拒之。嗚呼。公之浩氣，生而爲英，死而爲靈，其爲正神也固宜，此《封神》一折之所自來也。至於舊曲僅有存者，余必表而出之云。

又《自題》 世德衰微孰象賢，慙無椽筆述忠宣。貫穿史乘題歌扇，點綴家門播管絃。勝國老臣能抗節，聖皇大度直如天。獨憐孝行猶湮没，未沐恩波到九泉。檢討公猶待旌哀怨應多變徵聲，觀場莫惜淚縱橫。寫來至孝千秋獨，演出雙忠四座驚。耕石齋空秋月冷，春暉園廢野花明。阿誰攜得新翻曲，斗酒雙柑當聽鶯。

清・瞿頡《次和周少霞讀鶴歸來・傳奇感賦韻》 一木難支厦，孤臣漫補天。宣威憑虎將謂焦宣國，授策賴松仙。魂化雙棲鶴，心傷萬户煙。表忠逢聖代，大節自昭然。半壁西南地，真成角上蠻。師生雙信國，出處兩虞山公生於虞山，而桂林亦有虞山。故以虞山自名其集。浩氣遺詩在，孤孫負骨還。至今岩石上，狼藉血痕斑。卧榻難容睡，鷹揚式九圍。成仁先授命，視死只如歸。異矣雷聲殷，哀哉雪刃揮。招魂吟楚些，悽愴咽琴徽。將帥驅銅馬李赤心、郝永忠，皆闖賊餘黨，故以銅馬賊爲比，儲胥運木牛公轉餉從未缺乏。老臣力已竭，養士報全收《明史・公傳贊》云：明代二百七十餘年，養士之報其在斯乎。效死真留守，偷生恥比邱定南勸公爲僧，不從。望風誰早遁。廝養盡通侯。度曲翻新譜，多君費翦裁。悲歌慙郢雪，正氣激霆雷。共訝雲中鶴，誰憐刧後灰。易名光萬古，銀漢並回昭。

又《傳奇韻》 滄海横流白日昏，數聲鶴唳認忠魂。別山殉國并無子，臨桂歸骸剩有孫。聲調雍門今古淚，衣冠優孟雪泥痕。自慙門第偏衰落，不敢仍誇虞魏昆。《吴都賦》虞魏之昆。

傳記

清（同治）《同治蘇州府志》卷一〇三 瞿頡，字孚若，乾隆三十三年舉人。官酆都知縣，撰《酆都縣志》。性通敏，以《四書注疏》有與朱注異者標出，參以己見，著《四書質疑》四卷。喜爲詩、古文，兼善詞曲。

清（光緒）《酆都縣志》卷一 瞿頡，江蘇昭文人，戊子舉人，嘉慶十一年任，修學志。

著録

清・姚燮《今樂考證・著録十・國朝院本》 瞿頡二種：《鶴歸來》、《雁門秋》，頡字菊亭，琴川人。

清（光緒）《常昭合志稿》卷四四 《秋水閣古文》一卷、《秋水吟》二卷，瞿頡撰。

藝文

清・言朝楫《和菊亭韻・有序》 瞿忠宣，爲有明忠臣之後勁，爲吾虞數百年中之一人。其族孫菊亭，掇其故事，演爲傳奇，名曰《鶴歸來》，激楚悲凉，聲聲入破。可直接趙秋谷、洪昉思諸手，而事之正大過之。又其事皆核實，並可作逸史讀。因即菊亭原題之韻，率和二首，附於卷末。却將劇本寫名賢，要令前朝忠節宣。從此兒童傳口耳，永教故實寄絲絃。孤臣足壯千秋史，隻手空撑半壁天。筆墨通靈真可怪，悲凉使我淚如泉。深更萬籟寂無聲，讀罷推窗北斗横。諸葛有知應亦歎，文山相見定須驚。昔年浩氣吟曾讀，今日遺經額尚明。四十年前，余借窗於忠宣舊宅。宅尚有忠宣故友宋比玉書耕石齋、遺經堂各扁大鼓洪鐘成此調，非同林妙囀新鶯。

清・言朝楫《再和菊亭韻》 菊亭著《鶴歸來》傳奇，余已和其自題之韻矣。尋見周少霞屢疊原韻，余興至再和之，蓋余於松仙有不能釋然者。又菊亭富文才，弱冠舉於鄉。今將謁選，更欲其再赴禮部試也。自古難分姦與賢，蓋棺論定品斯宣。三藩事去灰如燼，一個臣亡聲絶絃。臨死寸心依北闕，成仁大節壯南天。松仙何竟窮無術。靜坐深山聽澗泉。當年浩氣有遺聲，名裔傳奇筆陣横。殘局有棋難下著，破巢護子不教驚。增光吾邑千秋乘，好殿前朝一代明。大製更當成雅頌，緣何懶和上林鶯。

清・周昂《讀傳奇感賦瞿忠宣事》 一角山河剩，西南半壁天。幕中有俠客楊碩甫，方外契神仙玉松子。血染千峯雪臨刑日雪大如堂，魂飄萬里烟。遺編吟浩氣，雒誦爲潸然。靖逆先戡定，威名振百蠻。三藩憐桂邸明季餘孽桂邸較勝福唐，大節繼文山。白首惟拚擲，黄冠豈必還。地尋仙鶴嶺，碧血土花斑仙鶴碞忠宣畢命處。困獸誰能鬬。王師未合圍。將軍先辦走師未至，桂林諸鎮俱逃，窮徼竟安歸永曆走緬甸，爲吴三桂所縊。故土魂應戀，新詞涕尚揮。昆湖傳一脉，忠藎景遺徽。地故遺銅馬，軍難用火牛。孤城安足恃。王氣已全收。犬爲堯非主，狐還首正邱。投荒甘效死，可是覓封侯桂王封公爲臨桂伯。相與從容死指張別山，幽囚肯自裁。老臣惟剩髮定南謾公爲僧，公曰：爲僧者，薙髮之漸也不允，冬月乍驚雷臨刑雷大震。仗節無生理，褒忠已死灰。當年華表鶴，翔舞百千回。

清・周昂《題傳奇》 躍馬横戈殺氣昏，蠻烟瘴雨杜鵑魂。兩間大節惟忠孝，一代名賢是祖孫。殘局西南雲作陣，新詞宮羽墨添痕。鄉閭尚記遼東鶴，何況騷壇屬後昆。

清・周昂《和菊亭韻二首》 後生景仰在前賢，大義慙無大筆宣。忠悃何曾思鶴唳。哀音只合寄鵾絃。蟲沙當日同遭刼，箕尾千秋自在天。樂府編來述祖德，羨他文思湧如泉。移宫换羽唱新聲，變徵悲凉涕淚横。國破家亡天地閉，雷轟電閃鬼神驚。固知螳禦微難濟，喜荷鸞封晦用明。愧我小巫早氣索，風雲月露比流鶯。

清・周昂《疊前次和》 少日才名數汝賢，老成義問更昭宣。卅年友誼推同譜，一片騷場悵獨絃。弔古人文未墜地，表忠帝治正光天。當年莫怪無成事，阨運方丁是下泉。唱和無非求友聲，披吟那禁淚交横。猶餘浩氣歸魂壯，未泯丹心破膽驚謂殮時目忽開也。骸骨首邱仍得正，精靈終古未忘明。擕將劇本同咨賞，敢附嚶鳴出谷鶯。

清・周昂《再疊前韻》 慕義成仁重昔賢，一腔熱血口能宣。招魂調叶楚人些，寫怨聲傳蜀國絃。弟子同心麋踵頂，幕僚高誼薄雲天。降臣多少貪新寵，此日何顔遇九泉。啼遍空山杜宇聲，勝朝公亦一田横。遺骸自有靈蛇護，舉槥都因大鳥驚。黨附東林原卓犖，節留西粵最光明。繁絃急管尤凄絶，不用紅牙囀似鶯。

清・陸在元《和菊亭韻》 北斗而南此一賢，孤忠好藉弱毫宣。鼓鼙空整三千騎，破瑟休彈廿五絃。志節從容甘負地，精魂亘古自擎天。成仁取義知前定，大海端歸法髴泉。山隅豈漫振天聲，要卜庚庚應大横。自昔鯨騎紛鬼哭，即今鶴唳尚神驚。千秋浩氣奔雷殷，萬代恩光慰雪明。我拜忠宣歌仰止，敢將渴驥贊繁鶯。

清・周杏芳《題和菊亭原韻》 桂邸諸臣孰最賢，粤西留守效旬宣。身投萬里膏斧鉞，事隔百年流管絃。談往鶴歸虞嶺樹，觀場人識桂林天。試聽宰木悲風起，凄咽聲如拂水泉公墓在拂水碞。特將舊事播新聲，忠孝流傳意氣横。莫道當場空目眩，何人聽曲不心驚。大綱共仰興朝紀，軼事全憑後裔明菊亭爲公六世從孫。絶勝少陵蜀相詠，好音隔葉祇黄鶯。

清・趙翼《題戲本》 化鶴歸從瘴海濱，興亡如夢愴前塵。河山戰敗無餘地，文武逃空剩隻身。青史一編留押卷，朱衣雙引去成神。覆巢之下猶完卵，想見興朝祝網仁公在桂林拒戰時，江南久入我朝。其家在常熟，眷屬俱無恙，足見是時法網之疎闊。《明史》以公爲列傳終卷。公死後爲蘇州城隍，見錢遵王詩注。江陵孫子亦英風，來共殘棋一局終。不死則降無兩法，倡予和汝有雙忠。青山何處呼臯復。白首同歸作鬼雄。楊震自能招大鳥，豈須鎩羽比遼東張居正曾孫與公同被執，幽之民舍。兩人日賦詩倡和，四十餘日，同就戮。風洞山前土尚香二公就戮處，從容就義耿剛腸。久拼白刄爲歸路，肯乞黄冠返故鄉。宗澤心期河速渡，福興身殉國垂亡。易名真荷如天度，偏爲殷頑特表彰高宗純皇帝表彰明末忠臣，特賜公謚忠宣。

清·蔣攸銛《題詞》天設名場困此人，文章磊落性情真。游經關塞詩兼史，曲譜忠徽妙入神。一片宫商含鐵石，半生琴酒雜風塵。詞壇久擅扶輪手，富貴何須早致身。

清·李錫恭《題詞》舊德清芬劇可傳，家聲磊落溯忠宣。如椽筆寫文山節，無敵詩成供奉篇。經濟自饒理縣譜，風流雅稱孝廉船。他時五袴聞歌後，定見龔黄奏最先。

清·書雲《題詞》慷慨赴死易，死得其所難。古語傳至今，念之每長歎。有明瞿留守，力欲迴狂瀾。虞淵日已薄，喑喑家國殘。自甘飛碧血，不學戴黄冠。騎箕歸何處。大節壯河山。菊亭其從孫，胸羅萬卷寬。一門萃忠孝，述德託毫端。清詞付優孟，榜樣萬古看。今豈無作家，世豈無稗官。徒令談不根，篇帙空浩漫。乍聽老鶴鳴，衆鳥聲已闌。

清·韓是升《題詞》一聲清唳鶴歸來，絃管聲中見史才。着意教忠還教孝，天驚石破瘴雲開。一聲清唳鶴歸來，破碎河山化刦灰。到得殘棋無着處，相公血染杜鵑哀。一聲清唳鶴歸來，萬里孤孫負骨回。拂水岩頭高塚在，溪毛曾擷拜蒿萊。一聲清唳鶴歸來，白髮諸孫譜曲哀。錫白粥香同旅泊，旗亭和我醉金臺。

清·詹應甲《題詞》老淚真堪惜。悔年來花前燭底，無端偷滴。力掃風華標至性，寫出一腔熱血，方不負才人之筆。難得忠魂邀曠典，許白頭孫子傳奇節。千載下，皎如日。軟紅塵裡持鞭揖，譜新聲行間密字，穿雲裂石。見説雁門秋色老，吹向關山長笛。看到處旗亭畫壁先生著《雁門秋》傳奇，甫脱稿已流傳日下矣。此曲雙鬟休付與，怕臨風，飛去寥天一。鶴能和，也嗚咽。〔金縷曲〕。

清·趙懷玉《題詞》建業降幡豎。問誰將桂林殘局，隻身措柱。留守原知難獨守，成敗付之天數。好接踵揚州閣部。况有睢陽能共死，看從容柴市同歸去。天亦感，降雷雨。汗青歷久丹心著，喜忠宣易名異代，特邀恩許。精衛空留填海恨，且化鶴還故土。却贏得文孫述祖。鐵板銅琶才一唱，惹當場，客淚青衫注。人與曲，共千古。前調。

清·戴璐《題詞》國步多艱始用賢，高牙嶺嶠賴蕃宣。孤忠名已垂方策，《浩氣吟》先被管絃。碧血一腔真入地，黄門幾疏屢回天。草堂抛却忘家久，憑弔空懷百頃泉吳梅村《東臯草堂歌》：百頃流泉浸花竹。輶軒曾到想英聲甲午使粵，公宴風洞，洞口遥瞻玉笋横。西粵鵑啼軍早潰，東臯鶴唳里方驚。易名已荷奎章焕，植節原同皎日明。譜出宫商争擊節，皇州那復聽春鶯。

清·蒯嘉珍《題詞》新詞讀罷識英賢，大節常教奕世宣。樂府教忠傳信史，杜鵑啼血託哀絃。偏隅已竭孤臣力，空手難扶一線天。純孝文孫真不忝，汗青相繼耀黄泉。曉烏聲裡鬼車聲，風影凄凉月影横。洪相歸來骸骨冷，蘇卿别去夢魂驚。兩間浩氣留西粵，一寸丹心報故明。阿鵲鹽翻華表鶴，寧同携酒聽黄鶯。

舒位

綜述

清·汪適孫《樊姬擁髻·跋》後漢伶元作《趙飛燕外傳》，吳栮侯斥爲誨淫之書。然觀伶元《自序》云：哀帝時，子于老休買妾樊通德。通德，嫕之弟子，不周之子也，有才色，知書。慕司馬遷《史記》，頗能言趙飛燕姊弟故事。子于閒居，命言厭厭不倦。子于語通德曰：斯人俱灰滅矣。當時疲精力馳，鶩嗜慾蠱惑之事，豈知終歸荒田野草乎。通德占袖顧眎燭影，以手擁髻，悽然泣下，不勝其悲。子于亦然。通德奏子于曰：夫淫于色，非慧男子不至也。慧則通，通則流。流而不得其防，則百物變態。爲溝爲壑，無所不往焉。禮義成敗之説，不能止其流。惟感之以盛衰奄忽之變，可以防其壞。今婢子所道趙后姊弟事，盛之至也。主君悵然有荒田野艸之悲，衰之至也。婢子拊形屬影，識夫盛之不可留，衰之不可推。俄然相緣奄忽，雖婕好聞此，不少遺乎。幸主君著其傳，使婢子執研削通所記，於是撰《趙后别傳》。由此觀之，則元之作傳，其旨當别有在，非雜事秘辛之可僞作也。鐵雲先生即本序意，點竄其詞，撰爲雜劇，可謂善體子于之意矣。

清・吴梅《瓶笙館修簫譜・跋》 大興舒鐵雲撰。舒事略見石琢堂《舒孝廉傳》、《畿輔通志》及陳雲伯《舒位傳》。著有《缾水齋詩集》。所著曲共六種，舍此外，尚有《聞雞起舞》、《琵琶賺》疑爲《吴剛修月》之誤，見王仲瞿《烟柀萬古樓集》。汪允莊《自然好學齋集》：太倉畢子筠曾譜《當壚》、《擁髻》二折，被之聲歌，都下盛稱之。顧《擁髻》折，似指和珅。《可異集》中《冰山曲》，及王集《貴姬傳》參觀。《修月》折似爲修《明史》而發，所謂越修越壞也。劇中賓白科介，遠出元、明之上。仲瞿曾約舒以暮年娛詞曲，今舒曲猶在，而王曲則難求矣，惜哉。

傳記

清（光緒）《烏程縣志》卷二三 舒位，字立人，又字鐵雲。祖大成，康熙壬辰進士，官檢討。父翼，廣西河池州知州。陳文述撰傳。位豐神散朗，如魏晉間人。《紅豆館詩話》生之夕，母沈夢一僧折桂花自峨嵋山來，故小字犀禪。十歲能文章，年十四隨父之官，與安南使賦詩相贈答，使者奇之。陳文述撰傳適冠，舉乾隆五十三年鄉試，禮部不第，客黔西王朝梧觀察所。會狆苗反，威勤侯勒保檄朝梧從征。位爲治文書，勒保見之大賞導，數召至軍中，與計事。狆苗平，勒保移督四川，邀同行，以母老辭。既歸，貧無以養，仍幕遊近地。歲歸省，母壽至八十八而終，位已五十，以毁卒，距母喪兩月餘耳。《國朝先正事略》生平好學不倦，於經史古文無不讀，尤善觀仙佛、怪誕、九流、稗官之書，尤工詩。陳文述撰傳當乾嘉之際，海内詩人相望，沈氏守宗法，袁氏主性靈，而位以奇博閎恣之才，横絶一世。祭酒法式善，嘗以位及王曇、孫源湘並稱爲三君，作《三君詠》云。龍么妹者，貴州土司龍躍妹也。勒保征狆苗檄調土兵，適躍病，命么妹帥兵馳抵軍門。妹年十八，長身白皙，結束上馬，出入矢石間，所戰必捷，秦良玉不是過矣。事平，勒保爲么妹執柯，將以歸位，位婉辭辭之，復爲詩紀其事，時傳爲佳話。著有《瓶水齋詩集》行於世。

清（光緒）《嘉興府志》六一 舒位，號鐵雲，大興人。十歲即下筆成章，乾隆戊申舉於鄉。甲寅奉母居邑之鄉恩橋。【略】沈青齋見之，即以南花橋老屋借居。居十九年，春官不第，絶意進取。詩名噪甚，著《瓶水齋》、《皋橋》、《今雨》等集。

清（光緒）《江浦埤乘》卷四〇 舒位，乾隆五十九年大興舉人舒位，號鐵雲，通兵家言，慷慨悲歌，不可一世。嘗撰《西楚霸王碑》，竇東皋侍御評之曰：二千年來無此手筆矣。

清（光緒）《桐鄉縣志》卷一五 舒位，字立人，號鐵雲，大興人。乾隆戊甲舉人，於書無所不讀，尤喜泛覽九流、稗官之言，詩名震海内。父官廣西永福丞，以事免，貧不能歸，歿於江西之弋陽。公間關數千里，自粤迎母，並奉父柩以南，僑寓桐邑之青鎮者十年，貧益甚。遂負米湖、湘間，既乃從軍黔西，積功可得官，以母老辭歸。移居嘉興，復遷蘇州。九上春官不第，遂絶意進取。乙亥十月，遭母喪，不納勺飲者彌月，以哀毁卒。

著録

清・姚燮《今樂考證・著録四・國朝雜劇》 舒鐵雲缾笙館修簫譜四種《卓女當壚》、《樊姬擁髻》、《酉陽脩月》、《博望訪星》。

清（光緒）《蘇州府志》卷一二九 舒位：《瓶齋詩集》十六卷、别集二卷、《乙亥年詩》、樂府雜劇四卷、《乾嘉詩壇點將録》、《瓶水齋詩集》十七卷、别集二卷、《瓶水齋論詩絶句》一卷、《瓶水齋雜俎文》、《瓶水齋詩話》、《琴尾詞》。

清（光緒）《畿輔通志》卷一三六 舒位：《瓶水齋集》，舒位撰。《畿輔詩傳》：字立人，號鐵雲，大興人，乾隆五十三年舉人。

藝文

清·汪適孫《卓女當壚題詞》 釀得春無價，是才人偶然遊戲，流傳佳話。妻自當盧身滌器，忒煞行藏瀟灑。臏四壁無家歸也。牧豕牧羊非所願，向糟邱高把青簾挂。傭保雜，我今且。奇材豈是長貧者。衹區區家僮八百，何堪憑藉。詞賦聲名邀主眷，衣繡鄉隣驚詫。笑牛酒交歡門下。漫道遭逢由狗監，算蛾眉真個憐風雅。翻一曲，意傾瀉。（貂裘换酒）。

清·汪適孫《樊姬擁髻題詞》 燕子飛來，倉琅啄斷俄塵土。遠條別館，接含風，姊妹雙眉嫵。記得艷歌穠舞，算當時、雕籠翠羽。畱僊裙縐曲。宴春深，凄然何許。往迹荒凉，人生揔爲多情誤。一回豔煽一回衰，轉眼成今古。綺夢風中蠟炬，問底事、迷雲戀雨。閒翻別傳，紅袖魂銷，白頭心苦。（燭影摇紅）。

清·汪適孫《西陽脩月題詞》 衹道情天無缺陷，澄輝萬古圓。金銀宮闕，琉璃世界，穩住嬋娟。幾番經浩刧，漸闌珊。七寶莊嚴清虛府，悵丸泥難補，鍊石誰填。神仙風斤運處，玉盤瑩潔，憶從前纖阿還軫，邀來月匠，八萬三千。展散花妙手，更瓏瓏透徹，中邊占高寒。早兔華澄澈，蟾影團圞。（瑶臺第一層）。

清·汪適孫《博望訪星題詞》 銀河如帶，引枯槎、安穩乘流而上上。不是神仙誰到此。四顧絶無風浪。有女支機，何人叱犢，一水盈盈望。烟雲脚底，紅塵隔、幾千丈。頻年持節，月平氏平軺車萬里，要算茲遊壯。試問源頭何處是。始信落從天上。去斤石攜來，一帆歸去，問卜成都，向孟堅蠡測，昆侖空自凝想。用《漢書·張騫傳》贊意。（大江西上曲）。

孔昭虔

綜述

清·孔昭虔《蕩婦秋思自題》 臨別殷勤醉玉甌，一行烟柳織離愁。倩將清淚添潮水，直送郎船過隴頭。

白草黄沙玉帳秋，朔霜滿蹟月如鈎。縱教血戰終何益，只有將軍解拜侯。

秋高風急雁來賓，燈下裁衣寄遠人。記取一行離別淚，是從妾眼滴君身。

人去秋來可奈何。夜窗風雨別情多。三更少婦多閨夢，譜就伊川一曲歌。

清·孔昭薰《葬花·跋》 此鏡虹吟室主人舊著，擬易作《秋寒夢》爲傳奇名，然此本未曾奏之氍毹，他日必有與扇底桃花共傳者。琴南記。

藝文

清·片雲悟道人《題詞》 結褵無奈遠從戎，雲雨巫山似夢中。事有生離同死別，人能兒女定英雄。

也知投筆心原壯，只覺牽衣語未終。此去天涯須努力，玉門關外老秋風。

西來霜雪滿弓刀，臏有擒王意氣豪。大將尸猶拚馬革，三軍命敢惜鴻毛。

旌旗影瘦秋風急，刁斗聲長夜月高。待看封侯錦旋日，泥他纖手解征袍。

新詞讀罷可憐生，贏得秋思兩字名。僕本恨人羞作賦，君今文士喜談兵。

歌成白雪應無價，拍按紅牙更有情。欲奏臨歧腸斷句，當場眉語向卿卿。

繪就窮荒八月秋，仙鄉早自忘温柔。未從天上來長吉，已向湖邊住莫愁。

欲借梨園翻舊案，難憑彩筆奏新謳。轉疑薄倖情先盡，忍淚空拋蕩婦樓。

嚴保庸

清・孔昭薰《題詞》　朔風吹隴水，箭落雁行稀。且盡今宵酒，秦兵半不歸。玉帳三更月，氣比凌雲壯。月似舊時園，不堪回首望。塵生馬影滅，春暮歸來否。猶自寄征衣，惱殺長亭柳。有個人兒瘦，金閨百尺樓。爲傳閨內信，萬里玉關頭。兩情一樣添幽怨，夢裏歡娛訴與聽。門外驪駒聲早驟，心隨秋雁過長汀。行到關山第幾程。連天鼓角一聲聲。洗兵魚海雲迎陣，直守長城千里城。也應淚脱珍珠綫，及早行人赴朔邊。一葉梧桐和恨剪，眉梢兩朵惹春烟。落木西風吹滿院，奩前明鏡不須明。今宵酒醒燈殘後，好夢長時閨幾更。

論説

清・周恩綬《孟蘭夢・序》　天下事之不即不離、可真可幻者，其惟夢境乎。則有春迷蝴蝶，感莊叟之寓言，雨送鴛鴦，哦虞生之佳句。非關因想，無事瘦疏。若夫望斷行雲，長簟空牀之客，魂飛墮月，輕煙薄霧之天。是也非耶，何處之鬟鬟隱隱。忽焉没矣，經年之魂魄悠悠。大都由愛生魔，借癡償恨，文鴛綵鳳，生平之消受已多，寡鵠單鳧，來日之悲涼曷盡。從未有捧心情緒，彈指韶華，繩繫足而未牢，釵上頭而已折。以曇花之一現，了絮果之三生，如斯之紅豆相思，黃粱易醒者也。吾鄉嚴問樵前輩，拍浮酒甕，睥睨詞場，金粟前身，玉堂傳舍，雙鬟唱出《黃河遠上》之詞，信手拈來《白雪陽春》之曲；數佳麗於燕南趙北，教歌舞於燭底尊前，久已心醉軟紅，神遊甜黑矣。既乃擲視草之筆，攜種花之鋤，謫類微之，尚蓬萊之得住，情深交甫，偏洛浦之遲逢。則有張佩珊女史者，生長江南，羈棲山左。養晦於銷金窠裏，待年在漱玉湖邊；天上張星，問姓則宿先翼軫，海中琪樹，命名而珍比珊瑚。學寫韻之彩鸞，珠能記事，謝迷香于史鳳，羹早閉門。但使小家女不遇汝南王，輒恐邯鄲人終爲廝養婦，何期一願即遂三挑。白璧連環，訂韋皋之姻眷，紫衣執拂，識李靖之英雄。佳耦終諧，初心未負，爰挈粲者，載賦歸與。催登油壁之車，妾非蘇小，嬾聽蘭臺之鼓，郎本嚴光。甫近鄉音，舊愁都豁，忽商別語，新恨旋添。祇緣久宦初歸，先去慰白雲之望，誰料遭家多故，重來愆紅雨之期。六日不占，三春虛度。斯時也，佩珊待黃金鑄屋，依烏榜爲家，本以善病之身，又值多愁之會。生怕閨情婉孌，誓白首以同歸，更虞庭誥尊嚴，庇紅顏而無術。曲推桃葉遲迎之故，直至榴花將放之初，握手相看，傷心欲絶。於是凄凉就道，別明月二分，倉卒諏醫，泝長淮千丈。八公已杳，斷無續命之方，二豎何知，大有銷魂之語。彼蒼者天，吁其酷矣。嗟乎，中年樂少，孤客哀多，營齋乏十萬之錢，埋玉賃一坏之土；白楊蕭瑟，孤飛夜雨之燐，彤管輝煌，親表朝雲之碣。鬱鬱誰語，茫茫此愁。縱摹苕琬之圖，難識芙蓉之面。今夕何夕。邂逅中元，天開不夜之城，佛説無遮之會。燦四圍之蓮焰，放大光明，灑一滴之楊枝，具真解脱。乍皈淨域，恍入華胥。豈粉誓香盟，尚留後約，即靈談鬼笑，亦是前因。然而縞袂重逢，錦鞋安在。鐘鳴漏盡，月落參橫，銀缸墜花，玉樓起粟。當斯境者，能無清淚如鉛，柔腸若割乎。問樵乃蘸墨酸吟，然脂冥寫，藁砧啜泣，虀臼含辛；粉怨珠啼，安得古而無死，海枯石爛，乃知情有所鍾。一聲《河滿》之歌，六拍《霓裳》之譜。視橫陳如嚼蠟，即色即空，偕傀儡以登場，可歌可哭。此《孟蘭夢》之所由作也。烏絲渲染，傳近事于吳中，鴻爪迷離，駐遊踪于邗上。宛如夢寐，各話浮生。不須絳樹歌殘，已自青衫濕透。懺君綺語，參我情禪。玩鞠部之刹那，叙蓉城之顛末。莫問來因去果，大聲呼春夢婆醒，好憑豪竹哀絲，中夜聽秋墳鬼唱。

清・張祥河《于蘭夢・跋》　傳奇家工於言情，迷離惝怳，莫如《四夢》，得此，則成五夢矣。必傳，必傳。

清·彭宗岱《于蘭夢·跋》 此題首尾難於整密，布置難於空靈，排場難於熱鬧，之三難者，有一於此，皆傳奇家之所忌也。問樵現才子身，説菩薩法，擺脱三難，一空挂礙。而又能使夢中人與夢外人，無不暢然意滿，尤爲大難。僕尋繹再三，謬加評點，俾讀者藉知作者苦心，非敢云顧曲也。至其情文之妙，有目者自能賞之。

清·夏世堂《于蘭夢·跋》 今之言傳奇者，必曰《四夢》。然説夢難，夢中説夢尤難。余爲藏園壻，嘗見清容居士作九種曲。《香祖樓》、《空谷香》皆本離魂而作。竊謂臨川以生爲夢，以死爲醒；清容又以生爲死，以醒爲夢。是於脱胎中换形也。第選事製局，不限篇幅，可以消納，則安頓不難。可以粧點，則呼應不難。且以閒人爲他人證夢，後人爲前人譜夢，則可以憑空結撰，而排場局面皆不難。僕恨人也，雅愛説夢。生平所見，至《孟蘭夢》而止矣。夫以經年累月之事，悲歡離合，他人爲之，三十二齣所不能了者，乃欲盡之於尺幅之中。其中事實之繁雜，境況之迷離，正不知其設想時如何下手。今觀其由孟蘭而入夢，夢裏相逢，忽生忽死，不獨生者死者絶肖夢中，使觀者亦恍然若夢。尤奇於自山左而揚州，只借一葉輕舟，半霎工夫，忽變世界，無情無理，恰是夢中之境，豈俗手所能夢見。更以饑民一節現身説法，以復官一節到岸回頭。赴任，則以虚演交代，上粧，則以補筆收科。即中間一歌一唱，悉有關會。圓夢時，更不冷落夢中之人，不徒爲觀者之耳目計也。人之結想，以爲至難得之情，庶幾於夢中遇之。至情之所鍾，稱心而予如願以償，則雖生者可以死矣。何況其爲夢中之人乎。噫，如是而死者，乃真可死矣；如是而死者，乃真不死矣。此《孟蘭夢》所以能以既醒之身，復入既死之夢，斯夢中之化境也，吾故歎觀止也。戊戌冬十二月朔，問樵四兄過訪雲間，留榻荒衙，銜杯相對，反覆原稿，時漏已四下；窗風如吼，尖寒殢人。燈星熒熒中，侍飲者猶見吾兩人喃喃説夢不休，或笑以爲癡，普天下安得癡如我輩者，與之日夕尋夢耶。讀竟，走筆記其後。

清·汪雲任《孟蘭夢·跋》 歌載《續識》中僕耳問樵先生名久矣。己亥正月，吴門杜顧，始識荆州。出示《孟蘭夢》傳奇，讀之，纏綿悽惻。一往情深。僕側聽新聲，觸撥舊事，誰能遣此。是用作歌。

清·顧夔《孟蘭夢·跋》 聞聲相思，已逾十載。不圖良晤，乃在有意無意之中。幸甚，快甚。伏讀大箸，此偶然寄興之作耳。然逸情綺思，直駕關漢卿、王實甫而上之。波間一鱗，雲間一爪，固足以知其全體之所在矣。曷勝佩服之至。

清·徐渭仁《孟蘭夢·跋》 問翁傳奇，迷離恍惚。能於極繁雜瑣細中，自在游行，除埽一切。大奇，大奇。

清·黄爵滋《孟蘭夢·跋》 佛家説因，夢幻泡影，無非因也。讀此，悟因之一字，非忘情人不能喝破，非至情人不能道出。

清·鈕福保《孟蘭夢·跋》 人之有至性至情者，不必觀其大也，即一端而已見矣。嚴君伯常前輩，方己卯發解時，保已讀其文而愛之。繼又聞君之爲人，敦名節、重氣誼，益傾心焉。歲己亥，保爲江南考校試官。既蒇事訪其地之名勝，因識君於雞鳴山。即留飲於山閣，而始大慰乎二十年嚮往之忱。君又出其亡姬《背面圖》及所作傳奇見示。讀竟，喟然嘆曰：君之至性至情，其流露於此乎。夫豈猶人之燕暱之私而已哉。姬亦可含笑於地下矣。因書其後，而並誌吾兩人遇合之緣起如此。

清·江瀚《孟蘭夢·跋》 問樵太史仁弟，曠代逸才，夙精音律，二十年前名噪京師。其所製如《同心言》、《奇花鑑》、《紅樓新曲》各種，每一曲成，部中爭購之，紙爲貴。然皆空中結撰，不難舒卷自由。兹以絶傷心之事，而爲極費手之文，乃能運實于虚，化板爲活，使閲者驚疑悲喜，恍入夢中，尤爲極才人之能事。

清·曾文顥《孟蘭夢·跋》 人皆言性，我獨言情。湯臨川語也。夫情不摯，則性不真。讀《孟蘭夢》傳奇，纚纚幻變，非想非因，畢竟文生情耶，情生文耶。昔冒巢民爲董宛作憶語，毛西河爲曼殊作小傳，雖事殊境異，而揆情則同。至於按拍填詞，足兼玉茗、藏園能事。而離奇光怪，又可與尤悔菴《鈞天樂》合奏，同音鴻筆，信傳圖中人千古矣。

清·柳詒徵《孟蘭夢·跋》 吾鄉嚴氏多才人，麗生先生《海雲堂詩文》，足與舒鐵雲、陳雲伯抗行，世已鮮知之者。問樵先生文采風流，著稱當時，惜遺稿散佚，近人尤尠道及。按《丹徒縣志·文苑傳》，嚴保庸，字伯常，號問樵，嘉慶己卯舉江南第一，己丑成進士，改庶吉士散館，發山東，任棲霞縣知縣。天才高曠，於書畫、詩詞、聲曲、絃管，靡不工細。久客京師，好作狹斜遊，視金錢如土芥。既之山東，以官署爲詞場、歌榭，坐是罷官。尤善畫蘭，著《蘭譜》；感舊作《蘭花步》傳奇。又嘗著《同心言》、《奇花鑑》、《紅樓新曲》諸院本，風行都下。唐陶山方伯集句贈之云：孺子亦知名下士，樂人争唱禁中詩。紀實也。其楹聯之工，與茅三峯埒兩人聯語，多載梁中丞章鉅《楹聯叢話》中。最可傳者，如《揚州史公祠聯》云：生有自來文信國，死而後已武鄉侯。《焦山夕陽樓聯》云：夕陽無限好，高處不勝寒。皆天然入妙。晚年，客袁浦，咸豐間卒。著《問樵各集》，未梓。是光緒間，邑人修志時，已不獲。睹先生撰著，而其嵚嵜跌宕之致，猶可想見。詒徵流轉南北，甄訪志目所載傳奇院本，訖未一覯，僅從晨風閣叢書甲集獲讀是編，則志傳所未載也。驥毛豹斑，雖未足概生平傑搆，要亦可稍窺其才藻，重爲寫印，藉補里乘之闕云。

傳記

清·黄燮清《國朝詞綜續編》 太史保庸丹徒人。道光九年庶常，改知縣。太史負才瑰異，兼擅畫，能自度所製曲。改官後鬱鬱不稱意，耻爲斗米折腰，以病去。放浪江湖間，雖抑塞窮愁，而豪氣不減。壬子三月，道出廣陵，太史招錢筱南作踐春之會，自江上有警，不知所往，而筱南亦下世矣，思之黯然。

清（光緒）《丹徒縣志》卷三二 嚴保庸，字伯常，號問樵。嘉慶己卯舉江南第一，己丑成進士，改庶吉士。散館發山東任棲霞知縣。天才高曠，於書畫、詩詞、絃管、靡不工細。久客京師，好作狹斜游，視金錢如土芥。既之山東，以官署爲詞場歌榭，坐是罷官。尤善畫蘭，著《蘭譜》。感舊作《蘭花步傳奇》，又嘗著《同心言》、《奇花鑑》、《紅樓新曲》諸院本，風行都下。唐陶山方伯集句贈之云：孺子亦知名下士，樂人争唱禁中詩。紀實也。其楹聯之工，與茅三峯埒，兩人聯語，多載梁中丞章鉅《楹聯叢話》中，最可傳者，如《揚州史公祠聯》云：生有自來文信國，死而後已武鄉侯。《焦山多陽樓聯》云：夕陽無限好，高處不勝寒。皆天然入妙。晚年客袁浦，咸豐間卒。著《問樵》各集，未梓。

又 畫蘭竹有逸致，旁及寫意花卉，嘗舉吴梅村似能不能得花意也八字爲寫蘭度世金鍼，識者韙之。其弟保康，諸生。得其蘭竹法。

又 嚴問樵曰：嘗習見書春聯者云：槐爲棄世承恩樹，杏是春風及第花。不知此乃王夢樓先生自署門聯也，原句作槐爲王氏家傳樹，杏是唐人及第花。先生又搆一樓曰夢樓，爲演家樂之所，集句聯云：人世難逢開口笑，老夫聊發少年狂。前輩風流，發人遐想。

著録

清·支豐宜《曲目新編·國朝雜劇》《紅樓新曲》、《同心言》、《奇花鑑》、《香氍報》、《雙煙記》、《盂蘭夢》。右六種，丹徒嚴保庸作。

清·王國維《曲録》卷五 《盂蘭夢》一本，國朝嚴保庸撰。

湯貽汾

論説

清·黄憲臣《逍遥巾·跋》 塵海浮沉，詞場游戲。豁胸中之丘壑，下筆通靈，吐海外之煙霞，着壁成繪。何須輕裘緩帶，見名士之風流，即此破衲幅巾，傳散仙之韻度。予友湯雨生者，倜儻高標，太平儒將。翩翩蝴蝶，唧香飛度羅浮，策策驊騮，放眼羣空冀野。昔傾蓋於紅塵隊裏，知我多年戊辰秋，予在并州，一見如舊相識，旋尋春於白草關邊，憑渠越境。莫怪行踪奇異，爲然照魅之犀，遂令倒屣投拳，儼迓驂雲之鶴。魚躍身於畫裏，任彼逍遥，俄遊神於詩中，證兹因果。方寸五嶽，摩若士之壘，而别具神奇；咫尺三山，拍洪厓之肩，而不傳圭旨。於是主賓都忘言象，神仙竟在風塵，或於市，或於朝，大隱儘多曼倩；可以車，可以笠，游仙不讓景純誰歟。内熱結而難寒，空勞蔗汁；外獲弛而不固，請看巾盟。

清・湯滌《逍遥巾・跋》 先曾祖貞愍公，生平著作詩詞以外，尚有雜劇若干種。就滌所知者，有《劍人緣》傳奇，《逍遥巾》雜劇。《劍人緣》舊有刻本，兵燹後散失，三十年求之不可得。壬戌夏，客北平，於友人處見抄本《逍遥巾》，因以重價購之，久藏篋衍。今春在滬瀆，獲交江甯盧冀野先生。先生研精詞曲，有聲於時。偶與談及，諄屬録本彙刊，以廣其傳，意致可感。《逍遥巾》爲先曾祖官靈邱時，訪盗至蔚州，遇徐子容州尉而作，其詳已見於《自叙》中。是册眉評旁批，朱墨爛然。評語註明雲字者，即聽雲居士徐州尉。其餘諸公，皆一時名流。賞奇析異，各抒所見。書中但標別號，其姓氏本末，小子生晚，莫得而詳焉。

綜述

清・湯貽汾《逍遥巾・自叙》 予嘗在嶺南奉檄捕逆，黄冠破衲，攜一琴一麈，深入羅浮。折予姓名之半，爲易貝水，從者呼予爲師。名藍古刹，齋焉宿焉，雲水遇之，莫予疑也。有道士詰余曰：師無名乎。貝水必字耳。余即妄應之，曰：然。余固名易一仙也。道士乃伏地稽首曰：吾山惟吾師最尊，而吾師且後君四世。蓋道家字行曰：一、元、來、復、本，其師則本字行，而余固未嘗知也。酥醪洞主江瀛濤者，與余有舊，留居稍久。瀕別，以梅花衲、逍遥巾贈焉。明年，遂遷靈邱，距雁門外數百里。戴氈擁羯，腥塵滿身。顔彦度雖有山澤容，而白草黄沙，無處着縠皮巾矣。會頃以事之蔚州。蔚尉徐子容，與余相慕而未識者。欲造之，而懼煩東道，乃仍羅浮姓名，巾衲往訪，以詩代刺，一見甚歡。即坐，互貽詩畫，留飲甚堅，抵暮迺別。方余對子容搦管時，數客聞聲踵至，亦環乞筆跡。刺史亦數遣人探余，又和韻來窗側屏窺，嘖嘖咄咄，更不知凡幾。有纍奴靈邱人，私識余，密白子容，迺遣人跡，得余所居。余第疑童子所洩，急持詩示別，而子容已大笑入門。因復爲城南之游，痛飲蘭若，成兄弟交，又贈之長歌，以逍遥巾爲別，是道光壬午三月廿七日事。是游也，兒子祐名從焉。祐名亦羽衣，託爲弟子。歸而請余填詞記之。以余游羅浮時，嘗有作雜劇意耳。掃雲子自叙。

清・藜乙《逍遥巾・跋》 此一頂巾，名由人製，道自天生，鴻濛未闢之先，組織何來花樣。情性既耽之後，投贈奚别形骸。借文字以廣機，因物情而寄慨。曰變曰幻曰化，亦儒亦佛亦仙。信道則有名有難名，養真則無可無不可。願一切翰墨因緣，氣息意味，共指此巾，咸爲撮合。

傳記

清・顧壽楨《湯將軍傳》 湯貽汾，字雨生，武進人。大父曰大奎，爲臺灣鳳山令，林爽文之難，守死不去，於是雨生父荀業從焉。曰：父死忠，子死孝，皆門而死。母楊氏孀居，有節操，世所傳斷釵吟節母者也。雨生少以廕積官至樂清副將軍，不得於上官。歸，寄家江甯。故廣文先生周濟悦之而假館焉。將軍雖位武人乎，然其爲人彬彬有文，君子也。其所自憙雅，歌詩書法皆絶人。至於小詞曲藝，靡有不工。其所遊，必盡與其文學士相結。其居金陵，士之所凑，尤獨名，好客，客未嘗不滿座也。時則有若侯雲松、秦耀曾、梅曾亮之屬，皆以能文章負當世名，相過從無虚日。於時海濱稍稍多事矣，江甯未深創，猶殷賑豐澹，民摩肩相接，張袂相觸，百貨闐委，百族奔鶩，燈火灼爍，夜以繼晝。富商大賈、薦紳達官之所遨遊，笙鼓鍠聒，謳唱沓赴，紛紛入雲際。山樓水榭之勝，甲於天下。承平積阜，乘華炫麗，十步相望，歌詠之聲相聞。將軍亦以時稍修葺池館，水木莊靚，蕭瑟人外，春秋之朝以爲虞樂也。顧獨自深念家世效忠，又以羽林孤兒荷天子厚恩，不數年閒致位分閫，膺人臣之大榮矣。負不世之材，獨抑塞不得逞。運泰道昌，物極則衰。逆節萌生，風塵隱然。又未嘗不涕下沾襟也。癸丑之歲，大盗薄江滸，喟然歎曰：吾得死所矣。然且爲保衛之計，往來城中屏營者久之。及城陷，聚其家人而告之曰：先人有言矣，父死忠，子死孝，奈何乎每生於是。皆自殺。侯雲松者，字青甫，上元人。嘗官歙訓導，城陷自經，年八十矣。秦耀曾，字遠亭，故尚書秦承業子壻，于畢氏先寇難卒，而其妻死節，别有傳。論曰：旌德譚生爲余言，方江甯盛時，嘗以挾策試，數至將軍園亭，與文酒之燕。抑何其恂恂也。將軍婦若子女無不能文，外人異之，殆若仙然自生。以下第歸數月，而江甯破，將軍死忠矣。乃者有人自寇中來言，街衢遷易，舉目豺豕，人民凋矣。諸池臺第宅大率殘燬，鞠爲茂草。

嗚呼，彼黍離離胡獨西周也。

清・蔣敦復《湯將軍行略》 惟湯氏以忠孝世其家。乾隆閒福建林爽文之亂，知鳳山縣事湯公大奎禦賊死，子荀業以衛父故同日，并命公之祖若父也。公以難廕起家，服官三十年，家居二十年，既請老不忘事君之義，繾綣從戎，卒以身殉，弗墜前烈。嗚呼。非古之忠孝人與。敦復前者辱與公游，聞變駭歎，望風隕涕。又樂書故人之大節炳天壤也，爰就公族子成烈所爲狀及平生譚燕時所得於公者，補綴成篇，聊志後死者之痛云。公諱貽汾，字雨生，江蘇武進人。襲雲騎尉，授揚州三江營守備，改補廣東撫標右營，升山西大同鎮、靈邱路都司撫標左營游擊，調中營浙江撫標、中營參將，樂清協副將。病告歸，喜金陵山水，築室居之。名其園曰琴隱，若將終身焉。癸丑二月，粵逆洪秀全等由大江東下，入夾江，攻儀鳳門甚急。公杜門養疴，聞之投袂而起，集義勇，令家出一丁助戰，身率家人爲之殿，前驅至鼓樓北菜市，賊已大入城，遇與格鬥，殺傷頗相當。公家孫世佺，中六創絶而甦，遂相失。公猶奮身前，家人見憊甚，扶入李氏空宅。俄聞賊退，公乘夜巡城，馳書上元令發倉粟，收潰散。夜二鼓，衆洶洶言總督死，公斥爲妄，送書人返言局署虚無人，縣令劉亦死矣。問將軍提督安在。皆莫對。衆散去，公仰天太息，亦無戚容。仍入李宅，家人窺公意不測，環而泣。公好語之曰：勿亂人意，且休矣。卒守弗去。質明，犬四吠，紅巾一片，自北而南。公急拔佩刀自刎，左右起持之，環而泣者，聲愈悲，莫能仰視。公怒叱之曰：吾不能爲國滅賊，不孝不忠，死有遺憾，若曹欲更陷我耶。度不可奈何，乃聽命，請以夜勿兵死。公笑曰：吾將從靈均之遺則，即稍徘徊，何妨夜過半。家人跪送出門，趨池旁，北面望闕謝。復東向叩首，祖塋在常故也。扶杖從容赴水而歿。實咸豐三年二月十二日子時也，生年七十有七。

清・李元度《清朝先正事略・惲子居先生事略》 湯君貽汾，字雨生。亦武進人。祖若父殉節臺灣，襲雲騎尉，官至樂清副將。工詩善畫。視曹景堂、李思訓有其過之。居金陵，葺精舍，焚香鼓琴，翛然出塵外。海内名宿，皆從其游。著有《畫梅樓詩集》。咸豐三年，粵逆陷江甯，作絶命詞死之。事聞，賜祭葬，謚貞愍。

清（同治）《上江兩縣志》卷一九 湯貽汾，字雨生。常州府武進縣人。祖大奎，福建鳳山知縣，殉林爽文之難；父荀業，隨侍任，亦死焉。貽汾少受母教，世所傳湯夫人《斷釵詩》，海内和者數千人。貽汾以難廕之存，陞浙江樂清協副將。罷官後，僑寓金陵，營別業於小倉山，曰獅窟，倘徉其中，以詩畫倚聲自娱。書法近董香光，爲世推重，與邑人侯雲松、梅曾亮、許宗衡、王金洛、金鰲爲金石交。所居琴隱園，水木明瑟，峯巒積翠，掩映户間。每當春秋佳日，招邀勝侣，結詩社，觴詠無虚日。名士渡江來者必詣其廬，隱然負時望。癸丑春，金陵戒嚴，當事延入籌防局。凡所建畫，皆格不行。友人勸以避地。貽汾笑指廬曰：吾將守是，此先人木主之所在也。城陷，作《絶命詩》一章。其詩曰：死生輕一瞬，節義重千秋。骨肉非甘棄，兒孫好自謀。故鄉魂可到，絶筆淚難收。稿葬毋予慟，平生積罪尤。從容投池中死，女王氏從焉。將就義時，遣女去，女曰：焉有親死而避其難者。曰：然則女盍先爲計。女曰：未葬親，不敢先也。貽汾諾之。視含殮畢，自縊死。事聞，奉上諭，有三世殉難之哀，謚貞愍。建專祠。

又 湯貽汾，字雨生。官浙東副使。將解組，築琴隱園於城西北山中，偕其配董夫人，以琴書相友。貽汾工山水，董夫人嘗爲屈子祠今妙相庵畫《九歌》，極儵忽窈窕離憂之態，不徒侈孔蓋翠旍之旖旎也。粵匪之亂，賦絶命以殉，謚貞愍。

清（光緒）《平望縣續志》卷一一 名貽汾，武進人。襲雲騎尉，任浙江樂清協副將，洊陞總兵。官浙時，時常往來吾里，與諸名士相唱和。咸豐癸丑，督辦金陵團練。

著録

清・支豐宜《曲目新編・國朝雜劇・續補遺》 《劍人緣》、《雙補恨》、《逍遥巾》。右三種，武進湯貽汾作。

清・姚燮《今樂考證・著録十・國朝傳奇》 湯貽汾一種《劍人緣》。

清（光緒）《武陽志餘》卷七 《畫梅樓倚聲》四卷，存。國朝湯貞愍貽汾撰。止道光丙午，非全稿也。《琴隱園詩集》三十六卷，存。國朝樂清協副將湯貞愍貽汾雨生撰。公起家難蔭，歷官都督，足蹟逾萬里。生平雅擅三絶。及交王夢樓、洪稚存諸老，尤好詩。戎政之暇，與騷人墨客觴詠爲樂。罷官後，僑金陵，築琴隱園居之。迨粵賊之難，上《金湯十二策》，不用。城陷，巷戰不敵，賦《絶命詩》一章，赴水死。公子禄各自賊中藏遺稿，間道出，付其戚曹士虎，士虎蒐訪散佚刻之。起乾隆辛亥公年十四，至咸豐癸丑年七十六止，卷自爲集。公大節昭著，事詳國史及《懷忠録》。詩體格不高，而詞旨和平，至憂國閔時，尤纏綿忠厚。

藝文

清・黄憲臣《題詞》 羅浮來處現前身，一具焦琴一道巾。不待曲終都叫絶，神仙原只在風塵。

奇情驀上筆尖來，若士家風生面開。須識尋春深意在，半緣摘伏半憐才。

清・張煒《題詞》 發姦摘伏託尋春，道服蕭然物外身。名士行蹤無不可，天涯同調更何人。尋春 好夢懵騰酒一杯，孤懸薄秩敢言才。同心只有湯都尉，羈絆官身不便來。卜夢 闖然入座爲投詩，暢領元談字字奇。須信釋儒原一理，衣冠奇異莫猜疑。衲訪 相逢大笑快平生，兩字逍遥好弟兄。御怪疏狂張水屋，未來蘭若證同盟。巾盟。

清・桂青《題詞》 詩境飄然已屬仙，詞塲鼓次復銘燕。才人都是羅浮客，情任逍遥性任天。

清・潘葆《題詞》 仙風道骨戲談禪，作畫投詩笑拍肩。誰謂相逢未相識，原來才子即神仙。

兩地惺惺夢幻真，奇文一段局翻新。高吟莫向湖簾下，須避當年咏絮人。

周樂清

論説

清・陳階平《補天石傳奇・叙》 文泉明府，以樞曹功蔭，作宰錦江。三月政成，一時輿誦。適余偶覯其《補天石傳奇》一册，爲奏擢赴都途中近作。擴前人所未發，補前人所未逮。而乃秘不示人，則以寄情詞齣，於文學政事，均非所宜爲慮。而余則曰：否否。夫文生於情，情根於性。古者教忠教孝，有不得已而託爲歌詠，或播諸管絃，甚有補其缺陷，從離恨天上，極意形容，使人觀感。此後世樂府院本所由肇始。而乃歧其類者，則以造意選詞之深淺爲區別。如此集中之《宴臺》、《歸廬》、《求盟》、《醉凱》諸齣，其忠愛懇摯、百折不回之忱，皆能於關目扼要處立案翻新，令閲者擊節稱快，歎未曾有。至於歸璧合絃之情得其正，墓封鼓圓之事動以誠，此亦技持倫常，何在非秉彝之所同好者。明府以淛西名家子，屢膺鶚薦。一行作吏，知必有學道愛人，而以弦歌敷爲雅化者矣。夫何鐍置清詞，使都人士不先聆其至和而鼓舞精神耶。是以代付剞劂，爲鼓吹休明一助。若夫響成金石，調叶宫商，錸簫太守已引爲知己，而余以粗聽邊笳之聲，又安能於紅豆紫雲强作解事人乎。

清・譚光祜《補天石傳奇・序》 余初識文泉明府於邵陵，讀其古今詩及咏史樂府，鏗鏗然有絲竹之聲。因赴尊人從軍旅沅，未竟其志。既而君浮洞庭，涉湘嶺，抱西河之戚。又有錦瑟之傷，發爲詩歌，慷慨激昂，纏綿悱惻，謬引余爲同調，訂金石之交者有年矣。頃自金臺歸，以途中所撰《補天石傳奇》詞屬余正譜，蓋毛聲山《琵琶記》序中所擬之目也。省博浪沙於燕太子宴金臺之中，增岳鵬舉痛飲黄龍府，爲碎金牌，而删南霽雲殺賀蘭、趙海昭刼趙普二事，餘則如聲山之舊。得傳奇八種，自署曰：鍊情子撰。誠足以填東南之陷，扶西北之傾矣。前人院本，如《易水寒》、《大轉輪》、《弔離騷》、《琵琶怨》尤侗雜劇，傳本稱：《讀離騷》、《弔琵琶》、《南陽樂》諸作，各有短長。要其借歌作證，補恨甘心，慰古人叫閶之靈，恣後人破荒之想，終不若此本之淋漓痛快也。其曲終之語曰：把轉輪王大權奪轉。曰：誰肯畫依樣葫蘆。曰：例變春秋太史公。曰：鐵鑄奸人頸帶傷。曰：是民是子能平等，作者之胸臆，於是乎見。而殿之以荀奉倩之《波弋香》，卒章之《亂》曰：塊壘難消借酒卮。錬情子之情，可謂一往而深矣。余既正其譜，又以鐵簫度其曲，雅合九宫，因揭其意旨所在。視君所爲古今詩及咏史樂府，蓋誠有異曲同工者。

清·邱開來《補天石傳奇·序》 庚寅仲夏，文泉明府自都旋任錦江，寄示途中懷古各咏，並所製《補天石》傳奇。時天久不雨，當空火傘，如坐甑中。余方病瘧伏枕，忽接嘉訊，驚喜至再，亟取讀之，神甦魄爽，如張北風圖畫，不知身之所苦，擊節高吟，家人呼晚餐勿應也。友某館宅之東廂，異而問曰：久不聞君書聲，今而琅琅若此，豈驟獲生平未見書耶。予作而應曰：然。此文之奇而新，新而至者也。吾讀之，而二豎避焉。檄愈頭風，果非虚語焉。友求閲，未及半，謂予：此特傳奇耳。舊事翻新，實者虚之，虚者實之，殆亦文人狡獪。子特傾倒之甚，可得聞厥旨乎。應之曰：自兩儀既判以後，無陳陳相因之世界。山川民物，飛潛動植，無刻不新。盛平之世，民氣敦龐，物無夭札，舊矣無奇焉，迨運數否。而刑賞失中，殘賊起而忠孝不明，其於善惡，有報應全爽者，天亦若莫可如何。如後人讀史，每爲之扼腕流涕，思欲於舊事之判乎常者，務反之正而後即安，此非人心自然感發之新機乎。《羲經》卦象，特名曰《易》，解者謂交易變易，而卒歸於不易；非交不奇，非變不新，非卒歸不易不可言至。夫忠臣孝子，離人怨婦，感時傷事，不平之鳴釀成缺陷，宇宙當時已莫之救而聽之矣。若使慘魄幽魂賚憾泉臺者，千載永戴覆盆，揆諸民彝物則之衷，究屬百世未定之案。嗚呼，士無上下千古之識，不克爲古人擔憂則已矣。如其不然，天生才人，必能重開生面，補苴罅漏於舊史之傳熟者，一朝忽易其局，雖爲異樣翻案文章，却是生大歡喜故事。蓋理之不易，而協乎人心之所同然故也。被絃管而登歌場，令觀者無不悦目快心，觸發天良，則誅奸慝於既死，發潛德之幽光，不是過矣，戲也云乎哉。傳奇多矣，若此文之奇而新，新而至者，得未曾有。友曰：如君言，信非强作解事者。明府此書，所關在倫常，非同小補，苦心終當不没。曷不以此意跋其後。友退，乃叙次所論如此。

清·吕恩湛《補天石傳奇·跋》 天道無親常與善人，豈非古今通論乎哉。顧有時愚夫愚婦，慷慨發憤，徑行己志，其精誠所感，通天亦若或默相之至。舊聞所傳忠臣孝子，仁人義士，扶綱常而輔世教，慨然欲有所爲於天下，而天若阻塞摧抑之，使不克竟其志，如李廣之不侯，李陵之降虜不反；諸葛武侯之志决身殲，而漢祚終不可復；岳忠武之恥和金虜，而痛飲黄龍之願不克副。讀史者未嘗不廢書三歎，終歸於天道之不可知。此天之缺也，抑造物者故爲此狡獪，使後人代爲之不平耶。周子文泉，秉異才經術，飾治以上計。入都途中，雜取古人事蹟，可爲扼腕太息，無可如何者，譜傳奇八種，名曰《補天石》。構思於車座馬足之間，擲筆於土竈篝鐙之側，翻新出奇，代伸其志，而平其憾，使不得於天者，而皆償於人。今讀者眉飛色舞，若真有其事者，信所謂筆補造化，天無功也。信乎。天不可知於前，若天缺而摶土爲石以補之，豈非補天之手乎。

綜述

清·周樂清《補天石傳奇八種·自序》 天居高而聽卑，何以楚騷有《天問》而無天對。蓋幢幢來往，萬殊不均，或氣運之偶乖，若造化之力絀，天亦有難言之者，雖村夫牧豎，祁寒暑雨，指而憾之。故爲懵懂不顧，此所以成天之大也。然使竭人事以彌縫之，天又未嘗不爲許可，亦足以見六合蒼蒼，初無成見矣。余曩閲毛聲山評序《琵琶傳奇》，云：欲撰一書，名《補天石》，歷舉其事，皆千古之遺恨，天欲完之而不能，人欲求之而未得者。雖未見其書，而覽其條目，已爽心快膈，如食哀梨，使人之意也消。三十年來，遍訪其書，杳不可得。豈聲山當時本無是書，但標其目，使後人過屠門而大嚼，以虚饗快意耶。嘗竊訝之。己丑冬，北上，雨雪載途，征車無事。偶憶及此，輒假聲山舊鼎，補錬五色雲根。時颸輪硌碌，鈴語郎當，若代爲按腔應節者。越宿輒成一劇，抵都而八劇就焉。寄情抒恨，人有同然。如《離騷》和親等事，前輩坦菴、西堂諸公，及明人雜劇，往往及之。不揣固陋，別創規模，非好與古人爭勝也，正如共此一副洪鑪，所以銷鎔塊壘者，用各不同耳。至其間參差信史，不協宮商，余既非太史公，世掌典章；亦非柳屯田，善謳風月，知我者定有以諒之。倘必欲事事考其正僞，則有《通鑑》、《二十一史》在，無庸較此戲場面目也。余僅爲補聲山有志未逮，又何嘗欲以區區頑石，塞東南缺陷，聲聞於天耶。鍊情子題於别有罏軒。

清·周樂清《補天石傳奇·凡例》 一、各劇中，有與史鑑背謬者，勢處不得不然。所謂戲者，戲也。然亦有借正史發揮者，如樊於期因成嶠事逃燕，李陵爲當户遺腹子降胡族誅，爲管敢公孫敖所誤。其他任立政李禹等，皆列傳所有。至陳湯甘延壽功高賞薄，呼韓牙后妒，均可借以敷演。他如趙武靈王英偉，足爲秦敵；岳忠武遺梁興招集太行豪傑；李若虛因班師致書，微及檜事，亦皆傳中實事。至叩馬書生，雖不知名姓，而秦檜航海而歸，有王姓者爲之邏應，因牽合之。鄧伯道與周伯仁相契，循良爲南渡冠，因焚廐事，胡人報以牛馬。荀奉倩好談黃老，皆傳志中班班可考者。餘散見於他書，更難指屈。苟可引証，亦牽類及之，毋謂《子虛賦》一概烏有先生焉。一、明人有《易水寒》一劇，作爲荆軻生刼秦王，繞殿追逐，幾如村夫毆撲，令人齒冷。且一經秦政虛諾，即隨王子喬仙去。作如此不了事，漢何苦以田樊性命爲兒戲。尤令人抱悶。又，徐坦庵《大轉輪》則以三國爲韓彭黥後身，以亡漢興晉爲關目。然六出祁山者，何以慰厥躬盡瘁。余以爲葫蘆谷之火，及拜斗等劇，已梨園熟演，童稚皆知，又何妨就題變幻，較之另創排場者，似更快心悦目。一、尤西堂太史《弔離騷》、《琵琶怨》宜爲《讀離騷》、《弔琵琶》兩劇，見於本集。時人又有《懷沙》、《和番》兩記焉，若作屈子乘龍仙去，懷王終死於秦，恐未足以暢忠魂。至昭君，本係掖庭之女，何以竟作后妃遠嫁。夫一介小民，亦未肯輕分伉儷，豈萬乘和親，如是喪氣，怨則寫矣，如漢帝何。至《懷沙記》組織《離騷》語句入曲，備極苦心，竊恐知音難得。《和番》則曲白鄙俚已極，關目亦毫無情理，自宜另出心裁，不敢輕拾牙慧，非好與前人辯難也。一、聲山所列名目，尚有博浪沙始皇中擊一條。余以爲事類燕丹，未便複見，故於科白中表出。即荆軻刺刃，漸離擊筑，亦以片語及之。蓋文熟求生，事詳宜畧，相題所應爾也。此外又摭古人遺憾之事，添列數種，以補聲山所未及。魚魚鹿鹿，未克竣功。然未敢如聲山之先標名目，使閱者作望梅畫餅想也。一、此卷歌詞，填於途次。隨手而録，信口而歌。祇求達意快心，不能律以南北套數。解鞍之後，繙閱院本，填注九宮，聊以分别牌名而已。移宮换羽，亦行樂之一端。顧曲者幸勿拘拘以格譜繩之也。

傳記

清（道光）《永州府志》卷一一 周樂清，海寧蔭生，嘉慶二十四年代理祁陽知縣。《同治祁陽縣志》九。按同年被蘇益□代之。

清（道光）《永明縣志》卷五 周樂清，海寧人，蔭生。嘉慶二十五年任知縣。按道光三年被張汝説代之。道光十年任知縣。《同治麻城縣志》六。按道光間被海齡代之。

清（同治）《黔陽縣志》卷二八 周樂清，浙江海寧人，恩蔭佐襍，道光八年任知縣。按同年蕭越揚代之。

清（同治）《新化縣志》卷一四 周樂清，字文泉，浙江海寧蔭生，道光六年任知縣。按道光七年被王德謙代之。

清（同治）《即墨縣志》卷六 周樂清，咸豐三年任知縣。按同年被何阜接任。

清（光緒）《道州志》卷四 周樂清，海寧蔭生，嘉慶十九年任州判，協修州志。

清（光緒）《三續掖縣志》卷一 周樂清，字文泉，浙江海寧人。廕生，道光三十年由武城縣調補，聽斷明敏，案無留牘。尤好善、重儒。【略】士民感戴，奉祀遺愛祠。

藝文

清·歐陽紹洛《題詞》 往事誰能叩九閽。茫茫天意總難論。憑將旋轉乾坤手，一洗人間萬斛冤。文章舊價數瓊蕤，贏得清詞付雪兒。試遣老笛龍鐵吹，不應新調犯龜茲。

清·張家榘《題詞》 大塊蒼蒼恨可穿，鄖陽鍊石總徒然。多君五色生花管，盡補媧皇萬古天。快事奇文似此無，宮商况可叶吴歈。銅琶鐵綽當筵上，處仲應防碎唾壺。

清・危焕臺《題詞》　千秋缺陷事如林，精衛難填北海深。入破應輪公識曲，驚飛殊愧我知音。剪裁經史翻疑案，旋斡乾坤費匠心。莫向癡人前説夢，高山流水伯牙琴。

著録

清・王國維《曲録》卷五　《宴金臺》一本，《定中原》一本，《河梁歸》一本，《琵琶語》一本，《紉蘭佩》一本，《碎金牌》一本，《紞如鼓》一本，《波弋香》一本。右八種，國朝周文泉撰。

彭劍南

論説

清・馮調鼎《香畹樓・序》　夫清皐扇芳，有地皆秀，空谷掞采，無人亦香。顧搴都荔之芬，今昔均感，而紉采葛之怨，才情難兼。若論同心，匪詩燕姞，由來嘉耦，定屬騷人。萱有難忘之憂，蕙多莫解之戚；英雄好色，青眼對其啼粧，女子善懷，紅心弔夫怨冢。未有玉臺續詠，芬琰萃於一門，金爐挹香，椒絮吟於片席。擬女師之德象，寫艷瓜年，誦大婦之周南，聯芳芝室者也。夫其跗承楚畹，華斐秦淮，柏樹門前，芙蓉江上；小姑獨處，鴛機開姊妹之花，公子多情，玳瑁夢夫妻之燕。珠量十斛，絃譜雙聲，賦繁欽之定情，學彩鸞之寫韻固已。條桑在陌，芳風自流，擢蓮於泥，濁水不染者已。既而畫船桃葉，雙槳渡江；官閣梅花，一枝艷雪；窗窺朱鳥，黛試蒼螺；秦女乘鸞，鄭姬儆雁。芳原竟體，羣推王者之香，高不勝寒，儼有仙人之好。作夫人之弟子，慧擅工書，歸小婦之高堂，勤逾織素。歌金縷曲，面贖桃紅，經玉鈎斜，魂消草碧。奚止廿四橋邊，芳留步履，十二樓外，艷紀妝臺而已哉。又如折梅西洲，藉草南浦，憐卿小謫，贈子將離，親裁寄婦之詩，不少望夫之什。美人天末，遠緘雙璫，夫壻東方，貴擁千騎。短衣躍馬征南，則武庫兼資，沈璧搴茭都水，則河防奏績。馳驅王事，儕英俊於周郎，婉娩閨儀，結殷憂於衛女。長齋繡佛，懺悔燈前，竊藥奔仙，寄愁天上。匪爲郎而消瘦，已斷塵緣，倘憶母而傷離，勉支病骨。白門再返，猶認莫愁之家，青溪重遊，不見蔣侯之妹。抑亦鰈鶼共命，偶現優曇，蕭艾懷人，誰憐獨活者與。於是曹氏大家，廣爲銘誄，左思嬌女，痛憶音容。乞珠佩於漢皋，夢墮三湘之月，遺錦衾於洛浦，淚灑九嶷之雲。桐樹心孤，桃花夢短，念彼美其已逝，眷清芬而告誰。叔德勝於曼姝，芳名擬之小宛。書竹素而無慚色，被梨園而多賞音。望西北之高樓，儻存遺挂，飛東南之孔雀，罷拊哀絃。僕亦恨人，君真佳士。中年絲竹，頗奈情多，寒雪旗亭，偶逢客至。是則山木是説，難擲黄金而買春，井水能歌，合翻白雪以儷曲云爾。

清・李蟠根《影梅菴・叙》　昔蔡邕倒屣，識王仲宣之雋才，劉棻擔簦，問揚子雲之奇字。快覩丹鉛玉映，獲聆咳唾珠生。乃若嘘谷之琯，以氣相感；滋畹之蘭，以神相交。雖遥隔雲山，而邇踰几研。溧陽彭君小陸，余庚午分校所薦士也，才高繡虎，技學屠龍，以終賈之齡，擅盧駱之體。熊熊之光，上燭乎星垣，渾渾之源，旁汩乎宿海。良由琅函藻笈，讀破萬卷，遂爾赫蹏栗尾，立就千言。頃以所撰《影梅菴》院本，遣使索叙。發緘香滿，展卷光溢。黎緑耀廡，而珩璜掩其斑駁，珧華登俎，而軒膾失其甘腴，緣情綺靡，淵乎麗矣。夫笛步佳人，傾城難再，雉皐公子，名士無雙；白隄尋到，雪映梅花，黄海歸來，雲生蓮步。赴司馬臨邛之約，締彩鸞鍾陵之緣；角枕午夜，尚擁緗帙，瓊臺甲帳，自有綵襦。不櫛進士，咀江花謝草之菁英，掌案書仙，萃蘇錦班紈之淵藪。每當蟬翼烟細，魚鱗乳沸，如木蘭之墜露，泛瑶草以臨波；間有梅英半舒，鷓斑宿花，桃花薄醉，蛤脯沃湯；即或時丁坎坷，數厄迍邅，累夫婿以多愁，念家山而已破。而危瀕九死，智保萬全，茹蘖若飴，履險如坦，其人不没，一日斯事，洵足千秋。君迺鏤香作心，粲花於吻，狀悽惋拂鬱之情，寫惚怳婉孌之致；烏絲摛藻，則銅管流芬，紅牙按歌，則白雲儷響。若報雙成，擊雲璈而屬和，定邀一顧，付協律以倚聲。縱令水繪園廢，影梅菴蕪，而鯨唔鰲擲，魚瞰鷄睨，有不留湘水之仙，艷漢皋之遇者歟。嗟乎，吉光之裘，片羽亦貴，蒲陶之錦，升縷可珍。君能繞梁激塵，尋節中雅，固宜賡磬濩冒，英莖律吕，星雲祓飾河漢，而徒含敏嚼經，鞭闢荅白，銅弦鐵琵，匹斯壯浪；曉風殘月，嗣兹綿邈，祖楚騷之麗則，循子夜之變聲，涣揚雅頌，其猶有待，不揣膚受，聊爲喤引。穆灑清風，如聽古樂，高晞流水，伊懷好音；蕊珠宮裏，得非辟疆後身。羣玉山頭，自是宛君知己。方將貰酒旗亭，奏伎下雙鬟之拜，所望分曹雲陛，揚葩擷六藝之芳。彭君勉乎哉。余惟旰夕以冀矣。

清・楊文蓀《影梅菴・叙》　《影梅菴》傳奇者，瀨上彭君梅垞，摭取冒公子辟疆與董姬小宛軼事，倚聲而成者也。嗟乎，《春燈》、《燕子》，共誰抒弔古之悲；紈扇《桃花》，何處寄相思之淚。謂天荒地老，恨不解於河山；將歷劫窮塵，情自鍾於兒女。則有西園公子，南國佳人，遡崔倰之雋望，雉皋久著香名；趁蘇小之閒情，鶴市偶羈芳躅。盈盈一水微波，通兩好之詞，脈脈半塘皦日，證三生之矢。是時也，趙庭在念，逐狼烽於七澤三湘；解珮無期，遲鳳約於六張五角。當行李倉皇之會，正大椿竭蹷之秋。伏丹陛以陳書，感深顛覆；就梓鄉而貸粟，慟極流離。慨自桐橋判襼，一杭揚京口之帆；蘆溆探丸，三日乏矛頭之米。郎既遭家不造，沈芳訊而久斷文鱗；妾亦與病爲緣，失慈蔭而幾同涸鮒。蓋姬自别公子後，無恃而聊爲獨活，幽憂而莫寄當歸。且於揚子迴舟，猝逢剽刦，絶粒者數日，亦瀕危矣。嗟乎，歷諸艱險，判之死而靡它，揆厥纏綿，定此生之不易。乃天上之霓裳甫詠，人間之鴛社旋開。長洲牧着意栽花，旛遮鈴護，虞山叟關心贈藕，鈿合釵圜。方幸三星可賦，宏農翻得寶之歌，不圖一網無餘，元祐興樹碑之黨。金絲夜奏，羣奸歌舞之場，鐵壘晨摩，悍帥飛揚之地。遂使田單閤室載籠潛逃，庾冰孑身覆船暗遁。姬乃揄袂而前，不惜一身保障，易裝而出，爰得八口安恬；拋羅綺而長征，心堅苦竹，痛藁砧之罹患，骨瘦香桃。涉世之緣既深，出世之心已迫。嗟乎，自然名士解悦傾城，豈有才人終歸廝養。藉毫端之繾綣，寫泊上之氤氳。不比斜陽古柳，作場而妄説是非，略如香草美人，伸紙而曲摹哀怨，真真欲喚，負負難忘。此日銀尊畫燭，登筵招倩女之魂，當年緑鬢黄花，欹枕賦遊仙之夢。

清・馮調鼎《影梅菴・叙》　曇花一現，證明月之前身，萼緑重來，認春風之小影。生自衆香國裏，移當羣玉峰頭，即色即空，亦莊亦雅。詢烟花于北里，罷説眉樓，掇金粉于南朝，慵談桃扇。若《影梅菴》樂府者，殆爲板橋故事，寫艷箏琶，水繪名園，傳神羅綺也乎。則有膺滂黨魁，金張貴胄，薰香入坐，擲果盈車；過大道之朱樓，訪小家之碧玉；名符蘇小，易結同心，姓氏雙成，兼工法曲。靡顔膩理，分顧兔之圓輝，婳服倪裝，指牽牛之靈匹。此固纔通欵語，定許目成，未賦定情，劇憐魂與者已。夫何梁燕移巢，檣烏泊岸。枇杷花下，皂夾橋邊，窈窕藴其善心，擗標結其幽怨。病餘骨瘦，竟爲蕭郎，愁入眉濃，忽逢衛女。春江花影，緑珠汲井之泉，秋雨苔紋，西施浣紗之石。參媒氏妁，那解閒情。浩水育魚，能傳隱語。既而半臂忍凍，一舸載春，染杏子之單衫，門蛾兒之新樣。江皋競渡，疑招洛渚之仙，水榭移尊，競餞青谿之妹。寵緋桃于媵李，嗤彩鳳之隨鴉，倚玉何心，貯金此夕。銷文人之艷福，閨房甚於畫眉，羡大夫之多才，笑語因於射雉。博山一氣，翠幄分香，凍雪千株，紅窗佇月。婦真不妬，我見猶憐，任荔子之側生，笑倉庚之不食。流黄麗織，共寫花箋，朱墨兼書，同裁奩史。重以敦槃遠集，纂牘紛來，讌侈郇公之庖，罰餘石尉之酒。夷門公子，倚馬成文，罨畫詞人，取金買賦；極南皮之盛事，紀西園之雅遊。無何海水羣飛，天星散落，黄旗紫蓋，王氣潛銷，白馬青袍，寇氛漸逼。燃中涓之逆燄，收太學之清流，左鎮樓船，潰圍皖水；高家兵馬，争據揚州，鐵騎南來，帆車北去。金蓮失步，玉樹無花，通德則擁髻悲啼，杜秋則縷衣罷唱。爰乃漂泊江關，崎嶇戎馬，叱利雄稱番將，平陵慣劫義公。鶴唳空山，鵑啼故國。顧善持之燈屏繡帳，回首猶新，黄皆令之斷水殘山，傷心不少。錦衾負此粲者，膏沐念我伯兮，卒之保護全家，免窮途之慟哭，浮遊近縣，知佳俠之含光。不分鏡於樂昌，終還珠於合浦，黄花共瘦，骨出飛龍，白雲是乘，絃彈别鵠。枉覓延齡之藥，空懸續命之絲。天道難知，美人不壽，此則婉容絶世，兼覈于才德者難，行樂芳年，葆貞於患難者寡已。嗟乎，記續粧樓，枉多怨女，名填樂籍，大有奇人。卞玉京遁迹空門，柳河東委身遺老。未若此鶼翼早儷，備挹蘭馨，鴻迹偶乘，劇嘗荼苦。指鴛鴦之卅六，洵有前緣，飛孔雀於東南，原非怨耦。信嬋媛之麗則，亦稗史之清芬也。梅垞夙賦三影，能諧四聲，鈞遊漂女之鄉，嘯歌仙尉之里；借梅菴而説法，因雉水作情波。憑弔滄桑，干卿甚事。流連風月，忍俊不禁。熟諳荆楚之土風，愛續金元之小説，惜彩雲之易散，看蠟淚以成堆。水調重歌，君是解音之坡老，花蔭敷坐，我慚顧曲之周郎。

清・陳裴之《影梅菴書後》 冒董之事，雅矣艷矣，始終之際，不無遺憾。梅垞仁山此作，消納斡旋，筆補造化。至其立言得體，驅使典核，忽而沉雄激楚，忽而悱惻纏緜，忽而月滿花芳，忽而啼烟泣露，正如黃山雲海，俯仰變幻：有一會飛眉舞色，有一會驚心動魄者，詞境詞筆，仿佛似之，蒙新抱梨雲之感，有《香畹樓憶語》之作。閏湘女史撰叙謂：世有牙曠，譜入宮商，烏紗鈿鬢，登場學步之時，不知賺人清淚，又將幾許。如梅垞者，當世之牙曠也。含宮嚼徵，梅兄其有意乎。余家紫君，自十九歲歸余，其年與宛君同，而彩雲易散，晾宛君尚少五年。稽其生平行事大略，詳於太夫人所撰傳中。余之《憶語》，自問於《影梅菴》所作，似亦未肯多讓。猶憶蔻香閣聞姬歸余，輒曰：奇緣仙偶，鄭重分明。見者皆以爲確論。因讀此作，棖觸紛來，既題三絶，又於雜書之如此。冒董有知，當必不以爲妄，相菲薄也。時在龍江關舟次，阻風夜泊，漏已四下，繐帷遺挂，伴我如生。長簟餘香，臨風未歇，燈影人影，仿佛夢中；墨痕淚痕，迷離紙上。今宵耿耿，此恨緜緜，梅兄個中人，得無訝其過情否。

綜述

清・彭劍南《香畹樓・自序》 《香畹樓》傳奇，爲陳朗玉司馬作也。余友兄宋北臺明經僑居白門，每旋里，稱當世奇材異能之士，無有出朗玉右者。余固心識之，未暇謀面也。客秋，北臺招余爲平山之遊，始識朗玉於揚州，傾蓋如故，余稍長於朗玉，以弟畜焉。時朗玉新喪姬紫湘，貌甚戚，每向余縷述紫君賢孝事，輒淚下如連珠。因携《湘煙小録》一册示余，且曰：刻羽引商，非梅兄不能鑒余哀情，亦非梅兄不能寫余側宜爲惻感，梅兄其有意乎。余方據案讀龔太夫人所作《紫姬小傳》，讀畢，北臺從旁慫慂，余應之曰：唯唯。烏虖。姬可傳已。三人放舟桃花菴，煙絲吹暝，霜葉如畫，緑意紅情，闌珊盡矣。一山一水，一樓一閣，一草一木，一花一石，一蟲一鳥，無非助朗玉傷懷，余亦悄然悲也。會日晡，至平山堂下，不登堂興盡而返遊之。明日，北臺束裝歸白下，而朗玉將以謁選北發，余亦買櫂歸。今歲夏初，方破釜沈舟，爲背城借一之計，而命途多舛，遽攖張太常之疾甚劇，幾以盲廢，趺坐蒲團三閱月，甫獲小愈。余壬午以是疾罷省試，至是者再。天生我材，殆將以樗櫟終耶。息壤在彼，按譜尋聲，朋從既寡，同調亦罕。日成一齣，不輕示人，經月餘而脱稿。友兄史默齋明府見之，撫案於邑曰：嗟呼。梅垞，余一不知夫情之生於文，文之生於情也，録寄朗玉，當令司馬青衫濕也。爰識默齋語於簡末，鐵研冰消，竹鑪火活，投筆而起，爲之黯然。道光乙酉長至前三日，稚觀道人彭劍安自叙於茗雪山房。

清・彭劍南《影梅菴・自跋》 清明節後，扶病歸館，調攝浹旬，神氣始復。偶檢《虞初新志》養疴消遣，讀冒姬《董小宛傳》，心緒悵然，爲於邑者久之，以彼其才其遇，勞瘁以死，天年不永傷已。明季士大夫敦尚氣節，乃至教坊樂籍時時産奇女子，如柳如是之於錢牧齋，顧眉生之於龔芝麓，李香君之於侯朝宗，皆艷情奇遇，嘖嘖人口。而宛君於辟疆，則尤歷之風波疾厄之際，而終始不渝者也。夫顧眉有《白眉柳》、李香有《桃花扇》傳奇行世，獨柳、董二姬無之，因爲小宛戲填此劇。每日午後輒成一齣，經三旬而脱稿。以《影梅菴憶語》、張公亮《本傳》爲經，旁取吴梅村《題董白小像詩》、范質公《壬午救荒記》、韓慕廬潛孝先生《冒徵君墓誌》爲之證佐。未學膚受，何敢與芝麓、雲亭諸前輩抗行。而以稿質之友兄元甫大令、雲巖孝廉，均以爲不乖於騷人麗則之旨，爰命仲弟書而藏之，俟子墨有暇，尚將爲柳夫人了此重翰墨緣也。嘉慶十有九年，歲在甲戌清和月上澣，稚觀山人彭劍南自題於小嫏環館。余始撰《影梅菴》止六折，雲巖水部見之，笑曰：此《桃花扇》筆墨也。但如食江瑶柱，以過少爲憾耳。因與雲巖製題分譜，余填詞什之七，雲巖填詞亦什之三，故京本用雲巖疑，附筆於此，用誌不敢掠美之意云。稚觀又記。

清・冒襄《憶語》 壬午清和晦日，姬送余至北固山下，堅欲從渡江歸里，余辭之力益哀，切不肯行。舟泊江邊，時西先生畢今梁，寄余夏西洋布一端，薄如蟬紗，潔比雪艷，以退紅爲裏，爲姬製輕衫，不減張麗華桂宮霓裳也。偕登金山時，四五龍舟衝波激蕩而上，山中遊人數千，尾余兩人，指爲神仙。遶山而行，凡我兩人所止，則龍舟爭赴，迴環數匝不去。呼詢之，則駕舟者皆余去秋淛回官舫長年也。勞以鵝酒，竟日返舟。舟中宣磁大白盂，盛櫻珠數升，共啖之，不辨其爲櫻□□也。江山人物之盛，映照一時，至今談者侈美。秦淮中秋日，四方同社諸友，感姬爲余不辭盜賊風波之險，間關相從，因置酒桃葉水閣，時在坐爲眉樓顧夫人、寒秀齋李夫人，皆與姬爲至戚，美其屬余，咸來相慶。是日，新演《燕子箋》，曲盡情艷，至霍、華離合處，姬泣下，顧、李亦泣下。一時才子佳人，樓臺烟水，新聲明月，俱足千古。至今思之，不異遊仙枕上夢幻也。余數年來，欲裒集四唐詩，購全，集類逸事，集衆評，列人與年爲次第，付姬收貯。至編年論人，準之《唐書》，姬終日佐余稽查抄寫，細心商訂，永日終夜，相對忘言，閱詩無所不解，而又出慧解以解之。尤好熟讀《楚詞》、少陵、義山，王建、花蕊夫人、王珪三家宫詞，等身之書，周旋座右。午夜，衾枕間猶擁數十家唐詩而卧。今秘閣塵封，余不忍啓。將來，此志誰克與終。付之一嘆而已。乙酉客鹽官，嘗向諸友借書讀之，凡有奇僻，命姬手抄。姬于事涉閨閣者，則另録一帙。歸來，與姬遍搜諸書，續成之，名曰《奩艷》。其書之瑰異精秘，凡古今女子，自頂至踵，以及服食器具，亭臺歌舞，針神才藻，下及禽魚鳥獸，即草之無情者，稍涉有情，皆歸香麗。今細字紅箋，類分條析，俱在奩中。客春，顧夫人遠向姬借閱此書，與龔奉常極讚其妙，促繡梓之。余即當忍痛爲之校讐，鳩工以終姬志。姬於吴門，曾學畫未成，能作小叢寒樹，筆墨楚楚，時於几研上輒自圖寫，故於古今繪事，別有殊好。偶得長卷小軸，與笥中舊珍，時時展玩不置。流離時宁委奩具，而以書畫捆載自隨。末後，盡裁裝潢，獨存紙絹。猶不得免焉，則書畫之厄；而姬之嗜好，真且至矣。姬能飲。自入吾門，見余量不勝蕉葉，遂罷飲。每晚侍荆人數杯而已。而嗜茶，與余同。性又同嗜片岕。每歲，半塘顧子兼擇最精者緘寄，具有片甲蟬翼之異，文火細烟，小鼎長泉，必手自炊滌。余每誦左思《嬌女詩》吹噓對鼎鑠之句，姬爲解頤。至沸乳看蟹目，魚鱗傳瓷選，月魂雲魄，尤爲精絶。每花前月下静試對，嘗碧沈香泛，真如木蘭霑露，瑶草臨波，備極盧陸之致。東坡云：分無玉椀捧蛾眉。余一生清麗，九年占盡，九年折盡矣。

傳記

清（光緒）《溧陽縣續志》卷九 彭劍南，廪生，以子君穀加級，贈中議大夫。

著録

清・姚燮《今樂考證・著録十・國朝院本》 彭劍南二種《香畹樓》、《影梅菴》。

藝文

清・孫如金《浣紗溪・奉題梅垞仁弟傳奇戲效蕃錦集體》 王母新開一樹桃薛能，佳人屢出董嬌嬈杜甫，魂隨暮雨此中銷劉商。檀的慢調銀字管徐鉉，簾鈎纖挂玉葱條花蕊夫人，自書自勘不辭勞白居易。

清・史載熙《賀新凉・用東坡韻奉題梅垞仁弟樂府》 大婦營金屋，駕香車、六萌迎到，鴛鴦窺浴。秋水盈盈山淡淡，難得可人如玉。正思那、洞房眠熟。入破霓裳驚鴻起，月三分、記得珠簾曲。紅牆隔，吹横竹。如何似水流年蹙。衹檀郎倚樓望月，天涯影獨。好續影梅新樂府，鈿鬟烏紗粧束。寫一片、怨紅愁緑。我亦中年潦倒甚，聽哀絲急管多棖觸。如鉛淚，傾簌簌。

清・彭劍光《虞美人・題小陸大弟傳奇爲陳小雲司馬作》 紉秋水榭延秋館，大婦營香畹。雲和縹嶺並吹笙，香界司花又見董雙成。阿連年少多才思，寫盡纏綿致。塵心已凈俗緣抛，一片仙音齊奏紫雲璈。

清・彭劍虹《題伯兄院本兼呈朗玉别駕》 雙成小影現優曇，手把芙蓉鶴馭驂。奉倩神傷最相憶，哀詞又續《影梅菴》。少小詞場愧未工，憑將兒女寫英雄。輕攏慢撚霓裳譜，此事應須讓長公。

清・彭劍彩《陳小雲司馬追悼亡姬婉君作伯兄倚聲填詞爲題詩餘一闋寄調（菩薩蠻）》 蓬山一夜罡風急，蘭香吹去渾無迹。司馬即巢民，影梅菴棲身。紅牙新樂府，續寫雙成譜伯兄曾爲冒姬董小宛撰《影梅菴》傳奇。急管並哀絃，傾城真可憐。

清・于月卿《朝天子・題稚觀夫子傳奇》巢民後身，金粟如來影美人。畢竟下雙成，無那紅顏盡。水繪園陳，香畹樓新。衹傾城同一瞬。流鶯比鄰，又替寫文簫韻。

清・史静《題梅垞兄公傳奇得兩截句》香畹樓中是後身，影梅菴裏悟前因。雲和笙和緱山月，相伴仙壇兩壁人。伯氏吹壎仲氏篪，紅閨慣與寫烏絲。封胡過爲多才俊，頫首黄河遠上詞。

清・彭劍華《浪淘沙・題小陸大兄》名士悦傾城，畫鷁相迎。香桃骨瘦可憐生，九點齊烟歸路杳，鶴返瑶京。緱嶺罷吹笙，不見卿卿。詼諧曼倩筆縱横，寫出神仙離別恨，哭煞雙成。

清・馮調鼎《奉題梅垞兄即次見贈元韻》八詠兼工譜四聲，梅菴梅垞稱才名。翦秋那用金篦刮，巖下徐看紫電生。壬午乙酉，君以目疾不與秋試。二分照遍揚州月，愁絶花間按拍時。楚畹幽蘭賸幾枝，神仙天上亦傷離。幼讀奇書號等身，鴛機不信慣翻新。移名未抵詩名貴，風雪旗亭畫壁人。

清・宋鑅《奉題梅垞弟樂府》渡江詩思片雲催，誰似彭郎絶妙才。萬卷嫏環一樓月，有人高詠待君來。甲申十月，梅垞自金沙來邗，朗玉屬爲《香畹樓》傳奇，時朗玉寓芸臺宫保嫏環仙館。雷塘煙柳尚青青，曲按紅牙酒乍醒。十斛珠沉孤月上，夜烏啼過竹西亭。

清・于選《讀樂府賦題兩絶》苦覓吟仙替寫真，優曇彈指現前因。不教紅粉埋黄土，夫壻秦嘉信可人。姓氏雙成艷若耶，柳邊曾與按紅牙。君曾撰《影梅菴》傳奇。撫絃重續幽蘭操，慣品人間第一花。

清・冉淑瑛《臨江仙・集唐奉題一笑》怨入清塵愁錦瑟曹唐，世間惟有君知白居易。杜蘭香去未移時李商隱，玉花珍簟上徐彦伯，萬片寄相思李洞。衹爲從來偏護惜司空圖，花開葉落堪悲李中。傾城消息杳無期韓偓，傷心潘騎省韋莊，閒捻紫簫吹杜牧。

清・史麟《家元甫大令招飲喜晤梅垞以見示即席口占應屬》迴風一曲舞將闌，漫寫韋郎痛玉環。獨怪歲星能好事，賺他簫史到人間。比翼連枝意已灰，快隨青鳥夜飛回。從今背着情天去，莫爲蘭因絮果來。

清・馮照《題梅垞尊兄樂府》湘煙翻雨黯絲絲，司馬青衫淚濕時。腸斷玉鈎芳草地，落花心事杜鵑知。樂府新翻續影梅，生花妙筆謫仙才。竹西一片凄涼月，猶認珊珊倩影來。

清・孫原湘《題香畹樓・傳奇》緩緩歸來走鈿車，破瓜碧玉好年華。情田不解相思果，霜裏幽蘭短命花。聘下何須玉鏡臺，詩媒一紙早傳來。江東俊艷羅昭諫，絶代蛾眉識此才。揚子湖生畫鷁飛，渡江桃葉夢依稀。隔簾防有紅鸚鵡，聽唤琵琶淚滿衣。夢裏曇花現霎時，秋墳榕暗雨如絲。閨房恰有賢蘇蕙，翦錦親書誄玉辭。隴西才子劇清狂，樂府填詞舊擅場。繪出春風琴客影，粲花舌是返魂香。風絮因緣一霎休，人天好夢付東流。虧佗曼倩工饒舌，留與詞場作話頭。天意分明妒國香，空山何限夢凄涼。悲秋自有青衫淚，漫借名花慟一場。綵牋曾譜《影梅菴》，曲按紅牙唱慣諳。一管藏園好詞筆，才名贏得滿江南。

清・史炳《影梅菴・題詞》水繪園荒久寂寥，紅牙新按董嬌嬈。彭郎年少多才思，擬更章臺畫柳條。自跋云：欲補撰河東君事。少日狂歌解遏雲，烏絲寫曲倚微醺。于今頭白荒山去，賭唱黄河合讓君。

清・孫如金《影梅菴・題詞》引商刻羽譜新詞，名士風流信有之。怪底傷心渾不解，一簾煙雨送春時。三月晦日，得讀此作。水繪名園跡已荒，雉皋風景劇難忘。庚午游雉皋，曾訪水繪園故址。從今似把遊蹤續，輕按紅牙錦瑟傍。蒙委余正拍。

清・彭虎文《影梅菴・題詞》秦淮水榭駐郎驂，入骨相思死亦甘。水繪園中花事盡，倩魂長傍影梅菴。仲容妙筆寫深情，憔悴腰肢續舊盟。天下有情盡才子，人間不少董雙成。

清・史載熙《影梅菴・題詞》玉樹歌殘王氣終許渾，向陵鴉亂夕陽中温庭筠。長籌未必輸孫皓李商隱，乞火無人作蒯通杜牧。金庫夜間龍甲冷張蠙，彩雲天遠鳳樓空楊巨源。於今四海爲家日劉禹錫，將相多收薊北功殷堯藩。柳帶東風一向斜李山甫，十年兵踐海西涯張蠙。香燈悵望飛瓊鬢温庭筠，繡轂璁瓏走鈿車杜牧。閨閤不知戎馬事薛濤，管絃長奏綺羅家薛逢。高歌一曲掩明鏡許渾，落盡溪頭白葛花曹唐。武牢關下護龍旗許渾，楊柳千條拂面絲温庭筠。相勸早移丹鳳闕韓翃，昭陽歌唱碧雲詞白居易。曾從建業城邊路吴融，休話如皋一笑時羅虬。今昔兩成惆悵事無名氏，他生緣會更難期元稹。鈿暈羅衫色似烟白居易，秋風疏柳白門前韓翃。相思相見知何日李白，傾國傾城併可憐萬齊融。歸去定知還向月李商隱，坐來雖近遠如天吴融。不眠特地重相憶馮延巳，憑着朱欄思浩然鄭準。秦淮有水水無情温庭筠，第宅今來亦變更韓偓。戚里舊知何駙馬楊巨源，人間因識董雙成曹唐。風波不信菱枝弱李商隱，世事方看木槿榮皇甫曾。十八鬟多無氣力李賀，各調絃管對聞聲王涯。竹樹閒園偶辟彊張南史，秣陵烟樹在何鄉韋莊。江妃玉佩留爲念王翰，荀令熏爐更換香李商隱。一自紛爭驚宇宙吴融，初聞涕淚滿衣裳杜甫。雍門琴感徒爲爾李紳，細細歌聲遶畫梁章孝標。

清·許會昌《影梅菴·題詞》 姓董人原女謫仙，河東猶自讓嬋娟。鉛華不御真匳艷，肯向秦淮水閣傳。江北江南九死身，昇平自合號巢民。疑君恐是重來者，水繪園墟爲寫神。

清·周玉瓚《影梅菴·題詞》 水繪園空景色移，名流佳話幾人知。艷情傳共《桃花扇》，深感文人幼婦詞。競渡江干畫檝迎，金鼇背上并肩行。無端耀殺遊人眼，疑是神仙下玉京。才人心事最無聊，金屋何因見阿嬌。可是玉溪惆悵甚，門中借得酒杯澆。芙蓉好向遠山芳，豈必金釵列幾行。他日小紅低唱處，可應顧曲倩周郎。

清·狄子奇《影梅菴·題詞》 秦淮韻事擅江南，六代風流歌舞酣。菊部梨園舊繁盛，羽衣一曲調能諳。董家有女饒才色，小字青蓮名曰白。豐容盛鬋冠平康，曲聖鍼神傾座客。何人最少年。雉皋公子度翩翩。羣推國士無雙品，揀取姮娥第一仙。姮娥會合非容易，半塘一見驚神異。曲闌無語笑凝眸，色授魂挑真得意。黄山峨峨黄海深，雲霞萬變儘搜尋。擬將絶頂登高意，寄得深閨望遠心。彈指三秋繫離夢，桐橋再見常陪奉。立馬江山最上頭，疑是江妃爭步擁。從此杜門解珮璫，爲郎顛頓益思郎。賴有多情老名宿，明珠十斛爲催妝。油壁車來得所適，卅六鴛鴦共羅列。臨書學畫太痴生，門茗評香劇清絶。朝朝暮暮樂無虞，那知陵谷變邱墟。稱兵曾説高無賴，置獄先聞阮佃夫。盡室倉皇謀遠避，關山飄泊腰肢細。幸得從軍有木蘭，能使軍中皆作氣。維持調護賦歸來，太平世界喜追陪。無如道韞愁常積，怎奈文君骨易灰。病不禁秋淚沾臆，黄花相對空相惜。讀遍影梅記憶詞，泉臺有識悲何極。羨門才思鬱芊綿，妙筆生來似謫仙。填詞不數《桃花扇》，度曲能翻《燕子箋》。拾得殘編閒點綴，含宫嚼徵多凄切。曉風楊柳换新聲，夜雨梧桐移促節。我愧周郎曲未工，倚聲曾不解絲桐。快把霓裳擊節讀，十指拂拂生清風。《皇荂》屬和良堪笑，載名其上有榮耀。何當置酒會高堂，與君慷慨歌同調。

清·朱澧《影梅菴·題詞》 《桃花扇》與《影梅菴》，先後詞人韻事探。都是一般才子筆，擬教合唱聽何戡。鑱起黄巾僭莫懲，蜀民慘酷最難勝。開械棖觸傷心事，灑盡唐衢淚數升。

清·楊正源《影梅菴·題詞》 金粉人何處。煙花跡已銷。新聲傾北里，餘恨譜南朝。曾是風塵誤，空憐才色嬌。曲終還按拍，我亦感漂搖。

清·聯璧《影梅菴·題詞》 佳人屢出董嬌嬈杜甫，瑟瑟羅裙金縷腰和凝。萱花發艷無人識李德裕，見之令人魂魄銷薛馧。欲托清香傳遠信王初，忽枉情人吐芳訊王起。蓮帳無因見女郎張綺。緑樹碧簾相掩映李建勳。再到天臺訪玉真曹唐，和嬌扶起濃睡人崔珏。春興酒香熏肺腑釋齊己，醉煙輕罩一團春李山甫。此時花下逢仙侣秦韜玉，情多最恨花無語鄭谷。留情深處駐橫波許渾，百年恩愛兩相許李涉。伯勞東去燕西飛薛濤，夢見雖多相見稀馮延巳。飛雲閣上春應至上官儀，桐柏山頭去不歸宋之問。碧海之波浩漫漫孟郊，惟留皎月當銀漢唐彦謙。自從消瘦減容光崔鶯鶯，離腸恐逐金刀斷裴説。繡屏愁背一燈斜張泌，病來簾外即天涯裴夷直。長門盡日無梳洗江采蘋，莫怨東風當自嗟李氏。洛陽行子空嘆息李頎，高堂明鏡悲白髮李白。更堪江上鼓鼙聲盧綸，沙場烽火侵胡月祖詠。一封朝奏九重天韓愈，馬邑龍堆路幾千皇甫冉。今日龍鍾人共老劉長卿，可能無礙最團圓張籍。只緣存想歸蘭室周繇，花開可折直須折杜秋娘。青山何用隔同心錢起。驀上心來消未得殷堯藩。雙成膩臉偎雲屏李咸用，長釵墜髮雙蜻蜓温庭筠。忽喜叩門傳語至魚元機，玉容驚覺濃睡醒張碧。別恨轉深何處寫李端，安得千金遺侍者文茂。憔悴支離爲憶君武曌，玉骨瘦來無一把李商隱。也知心許恐無成牛希濟，夜來潛已告精誠盧嗣立。垂死病中驚坐起元微之，定爲連理相並生王建。遥夜獨棲還有夢陸龜蒙，今朝何事偏情重鄭據。一臂初交又解攜胡宿，映花避月遥相送李珣。約開蓮葉上蘭舟曹松，無限神仙在上頭顧況。問道似龍剛不信盧肇，更疑神女弄珠遊孟浩然。同心攜手今如此徐鉉，怎忍抛奴深院裏歐陽炯。錦書其奈隔年光劉兼，身多疾病思田里韋應物。此心難舍意難論韋洵美，花滿中庭月滿樽令狐楚。爲惜紅芳今夜裏來鵠，梨花滿地不開門劉方平。兒家門户重重閉蔡爲翰，直爲相思腰轉細蔡瓌。郎心如妾妾如郎無名氏，珊瑚枕上千行淚劉阜。若能相伴入仙壇吴彩鸞，鼓子花開也喜歡唐末朝士。殷勤遺下輕綃意李節度姬，十斛明珠亦易拚司空圖。纖腰舞盡春楊柳薛能，也應攀折他人手韓翃。列卿御史尚書郎岑參，麗詞珍貺難雙有楊巨源。青鸞飛入合歡宮王昌齡，解寄繚綾小字封韓偓。膩粉暗銷銀縷臺女威，殘香猶煖繡熏籠孫光憲。喜字漫書三十六孫元晏，縱態迷歡心不足毛熙震。干戈未定欲何之王中，月不長圓花易落吳融。羽檄交馳日夕聞王維，柳暗朱樓多夢雲杜牧。日暮鄉關何處是崔顥。架上塵生翡翠裙胡曾。丹鳳城南秋葉長沈佺期，青楓江上秋帆遠高適。骨肉流離道路中白居易，鳳釵翠翹同宛轉徐凝。一片孤城萬仞山王之涣，朝朝馬策與刀鐶柳中庸。于今四海爲家日劉禹錫，羅袂紅巾復往還王勃。最是五更留不住韓熙載客，會須携手乘鸞去趙嘏。魂隨暮雨此中銷劉商，人面不知何處去崔護。竹樹閑園偶辟疆張南史，桃花歷亂李花香賈至。經過此地無窮事劉滄，二月春風最斷腸羅隱。月照花林皆如霰張若虚，蒼苔古道行應遍郎士元。石上青苔思煞人樓穎，年年花落無人見司馬禮。花妬紅腮柳妬眉段成式，休話如皐一笑時羅虬。四面雲山誰作主朱灣。爲君起唱長相思李賀。陽春唱後應無曲黄滔，風動玲瓏水晶箔邵楚長。願隨仙女董雙成項斯，如在廣寒宫裏宿鮑溶。裁霞曳繡一篇篇方干，傾國傾城併可憐萬齊融。聲中唱出纏綿意李羣玉，留與工師播管絃湯悦。

清・姚長煦《影梅菴・題詞》　蕭瑟寒窗愛日晴，紅牙紫玉按新聲。半塘風月仙凡別，相見無言是定情。水繪園林繫客思，綺羅都入最妍詞。東風不管閒花草，竹外横吹自一枝。

清・周銘鼎《影梅菴・題詞》　白門柳色半含煙，詩句蘼蕪亦可憐。不及幽居名士好，影梅長憶董青蓮。摘艷新詞擬楚《騷》，須知清絶本滔滔。才多別有愁多處，不僅多情染玉毫。伏虎潛蛟結禍胎，議降議撫盡庸才。讀君半部傷心史，可抵當年《蜀碧》來。《蜀碧》四卷，彭遵泗作。

清・宋鑛《影梅菴・題詞》　一様人間小玉名，生來薄命總多情。影梅留得香魂在，要補陽關第四聲。顧曲彭郎舊恨牽，新詞寫出《衍波》箋。琴心合有雙文識，妬煞同時白樂天。

清・潘桐鳴《影梅菴・題詞》　一樹梅花是後身，暗香疏影弔遺民。何當譜作《離騷》讀，樂府西堂有替人。《白門柳》共《桃花扇》，久付登場菊部頭。年少彭郎能按曲，傾城名士又千秋。

清・史丙肩《影梅菴・題詞》　秀影横交碧玉枝，才多祇合伴微之。聰明比福難消受，風月如人易別離。細寫烏絲空惜惜，浪傳紅粉亦師師。雙成仙去情無限，赢得彭郎絶妙辭。

清・潘際雲《影梅菴・題詞》　疑是江妃降水濱，淩波瑶踏動芳塵。如何雅雨金焦志，不爲名山寫美人。芝麓詞壇舊擅名，《影梅憶語》太關情。可憐風定聲聲雨，誰記横波月旦評。

清・吴象嶸《影梅菴・題詞》　樓臺花木尚依然，水繪名園憶昔年。奇遇奇緣奇女子，至今猶話董青蓮。生花妙筆譜新歌，遺事風流感慨多。寫到玉人離合處，情懷渺渺問如何。

清・吴憲澂《影梅菴・題詞》　園荒水繪幾經年，香粉飄零劇可憐。奉倩最爲相憶處，神傷當日女青蓮。座上迦陵冠一時，東堂未譜影梅詞。於今二百餘年久，讓我才人杜牧之。歌扇桃花久擅名，何人按拍繼新聲。羡君腕有生花筆，寫出千秋絶艷情。

清・陳裴之《影梅菴・題詞》　水繪名園跡未荒，玉梅如雪隕寒香。零膏冷翠無窮恨，可獨南朝冒辟疆。戎馬風波賸此身，家山重到已離塵。秦淮一片傷心水，月滿花芳有幾人。我近中年鬢欲華，怕燒銀燭拍紅牙。青衫兩袖龍鍾淚，訴向秋風哭落花。

清・史静《影梅菴・題詞》　北方矜獨立，南國見雙成。韻事修奩史，韶年主月盟。黨人魁復社，名士儷傾城。無限滄桑感，都歸鐵笛聲。

清・于月卿《影梅菴・題詞》　秋盡江南草木彫杜牧，佳人屢出董嬌嬈杜甫。紅樓翠幕知多少羅隱。羅襪金蓮何寂寥韓偓。自嘆馬卿常帶疾崔峒，偶逢神女學吹簫陸暢。傷心欲問前朝事竇鞏，二十年前舊板橋周德華。良人的的有奇才杜羔妻趙氏，醉後仍將笑口開白居易。珠玉會應成欬唾牛僧孺，綺羅長擁亂書堆魚元機。誰言瓊樹朝朝見李商隱。莫學遊蜂日日來方干。花下偶然吹一曲曹唐，却思金馬笑鄒枚李紳。柳樹迎風一向斜元稹，七雄戈戟亂如麻胡曾。可憐芳草成衰草楊凝，不覺楊家是李家李山甫。持贈敢齊青玉案陸龜蒙，弄兒閒望白羊車李紳。江山不管興亡事句佶，惟有斑斑滿地花張籍。願隨仙女董雙成項斯，狎客紅筵奪眼明皮日休。天外鳳凰誰得髓杜牧。來時鸚鵡亦知名張蠙。清風明月長相憶徐鉉，湘瑟秦簫自有情李商隱。一束宫商裂寒玉玉轂，碧雲猶戀艷歌聲曹唐。玉鈎簾下影沉沉元稹，斜影彤雲盡日吟曹唐。誰許風流添興詠韓溉。無愁當路少知音李中。歡筵每恕嬌娥醉張蠙，悦耳寧如鄭衛淫李山甫。蕚緑華來無定所李商隱，十洲仙路彩雲深韋莊。

清・狄圻《影梅菴・題詞》 垂楊垂柳舊樓臺，冶叶倡條斗剪裁。南國佳人奩史續，東村公子黨人魁。 忽聞玉局江東去，曾立程門雪下來。但道辟疆園似昔，影梅菴剩幾枝梅。

清・史𣊬《影梅菴・題詞》 女蘿篇賦曉珠迎，扣扣青衣識小名。蔡女蘿、金曉珠、吴扣扣，皆辟疆姬人。扣扣名湄蘭，字竹逸，本宛君婢也。羅列鴛鴦三十六，幾人得以董雙成。 染香亭子影梅菴，五色紛披彩筆探。井水能歌新樂府，詞壇壓倒大江南。

清・史圜《影梅菴・題詞》 飛花飛絮送南朝，丁字簾前舊板橋。一笑山頭工射雉，美人畢竟讓嬌嬈。

隨風欬唾暗生珠，牙板屯田鐵板蘇。我侍彭宣問奇字，許聽絲竹後堂無。

清・余自伸《影梅菴・題詞》 爐香茗椀列參差，盥手閒吟絶妙詞。猶恨優曇花一現，九年彈指不多時。

傾城名士本如膠，奩艷塵封未忍抛。一粒返魂無覓處，費君才思苦推敲。

清・劉汝楫《影梅菴・題詞》 瓜字春纔十六餘，半牀鼎鏗半牀書。樸巢偕隱風流壻，多少紅顔愧不如。

自是憐才更惜花，新詞曲曲付琵琶。秦淮水榭還如舊，何處相逢古押衙。

清・席振起《影梅菴・題詞》 分明《憶語》感優曇，何處梅花舊影菴。猶有相思消不得，化爲紅豆滿江南。 事關兒女易銷魂，曲裏嬌嬈舊淚痕。解與女蘿爲字説，當年君是杜茶村。

清・席振逵《影梅菴・題詞》 水繪園亭亦已陳，春風吹夢易如塵。嫏嬛才子鍾情甚，特綴銀毫寫美人。

南朝風月可憐生，黨錮紛紛閱變更。頭白江南老詞客，梅花影裏哭雙成。

韻事新翻《燕子箋》，一箱紅豆記歌筵。尊前多少興亡憾，豈獨嬌嬈是可憐。

浪有才名小宋呼，填詞何處寄蘼蕪。知君合受雙鬟拜，許共旗亭貰酒無。

清・吴慶增《影梅菴・題詞》 水繪園亭舊迹蕪，新詞重與按吴歈。香閨當日編奩艷，比得彭宣樂府無。

雙成姓氏憶翩翩，摭拾閒情付管絃。羨煞生花一枝筆，真從舌本粲青蓮。

清・葉紹棻《影梅菴・題詞》 畫舫乘潮看競渡，凌波羅襪生塵，龍舟圍繞靚裝新。掃眉才子，金粟是前身。 如此風波行不得，虧他歷盡艱辛，好留黄絹與詞人。梅邊倩影，若個唤真真。臨江仙。

清・郭麐《影梅菴・題詞》 倡條露苗，姓字雙成好。輕烟淡粉話南朝，可惜朝廷小。 梅影疏寮，飄影江潮。問名園都廢了，《離騷》濁醪，又一輩才人高。朝天子。

清・歐陽長海《影梅菴・題詞》 樂府翻新曲。怪量來、影梅菴裏，舊愁盈斛。春好難禁風雨妬，況彼傾城如玉。況消受、參軍如鵠。本事分明悲憶語，又食單、奩史茶經續。甘折盡，聰明福。 挑燈不忍從頭讀。比當年、桃花扇子，更添根觸。紅豆蘼蕪同作合，一樣神仙眷屬。也一樣、怨香零緑。千載秦淮嗚咽水，儘秦娥、歌後唐衢哭。莫重寫，小名録。金縷曲。

清・彭氏中《影梅菴・題詞》 繡虎雄才，揮灑處天垂海立。肯多讓，牙歌柳岸，銅彈赤壁。梅影簾前雲共雨，桃葉渡口風和月。笑蒼茫、舊事付洪濤，情淒切。 珊瑚架，琉璃筆。琅玕紙，珠璣墨。譜雲璈聲振，蓬萊宫闕。璀璨朝驂鸞鳳舞，悲凉夜起蛟龍泣。遇知音流水倩同彈，魚銜沫。滿江紅。

清・彭劍光《影梅菴・題詞》 凌雲絶調，喜阿連年少，多情如此。南國佳人遺世，立聽汝含宫嚼徵笛。步風情雉皋景物，迷炫雲藍紙。凄凉法曲，祇應天上相似。 但道曲聖鍼神，茶經食品，都讓青蓮美。三九韶華剛一瞬，不信流年似水。一片紅氍，兩行銀燭，譜入璈笙裏。旗亭畫壁，雙鬟合拜才子。壺中天。

清・狄沅《影梅菴・題詞》 雉皋公子青蓮女，石城打槳來迎汝。江北又江南，影梅空結庵。 章臺春日柳，作合憐垂手。遺恨孔都官，風波行路難。

又 兒家夫婿多才思，紅牙拍按當年事。丁字畫簾前，傷心《燕子箋》。 喁喁兒女語，寫盡相思苦。低唱念家山，淚痕斑復斑。菩薩蠻。

清・**彭劍采**《影梅菴・題詞》 橫波姓顧香君李，青蓮名冠平康里。辛苦五流連，黨碑元祐年。鸞飄和風泊，一樣人如玉。金粉話南朝，東風啼伯勞。

又《白門柳》共《桃花扇》，掃眉才子時相見。末若《影梅菴》，相思死亦甘。流離何太苦。不敢圖眉嫵。唱到定風波，其如人瘦何。菩薩蠻。

清・**汪度**《影梅菴・題詞》 香夢落誰家。疏影橫斜，醉來融墨寫紋紗。十載情根偏有恨，笑問梅花。夫壻説秦嘉，底許韶華，相思無盡是天涯。黃土青山同一哭，付與紅牙。浪淘沙。

黃治

論説

清・**李鉶**《蝶歸樓傳奇・跋》 今樵師出塞，遺故篋於椿陰之室。鉶偶檢《春燈新曲》一卷，寘之案頭，以時躭玩。舅氏秀楚翹先生見之，曰：此佳構也，二百年無此手矣。携之去，誇諸士大夫，且出藏鍰，屬伶人某，令砌末登場，即以此本畀之近燈宵。或見《雁書記》之首折，而他無聞，則某伶之爲也。洎今樵師至，因極請原本以付梓氏，師笑曰：此予十年前遊戲之作，五日而成者，其中音節，慮或疎畧，頗記〔繡帶兒〕以下係正宫，即不用隔尾，亦宜標以過宫名目。兹閩海之行迫矣，無暇此爲，吾子有意，其審定之。鉶自惟譾陋，於聲音之道茫無所知，未敢稍事修飾，仍就原本藏事而識其言於此。嗚呼，焉得起吾舅氏於九原而同爲欣賞也哉。

清・**天虛我生**《蝶歸樓傳奇・跋》 《蝶歸樓》傳奇，不知誰氏手筆。由老友董晳香君見示，屬爲點定。細讀一過，覺其結構藴藉，逼近藏園，而措詞造句，尤兼《四夢》之長，似非近人所能。晚近填詞家，類皆强作解人，好爲傳奇。或則襯逗不明，任意增損；或則過贈無序，雜凑成章。句法舛誤，等於自度，不復能明之爲曲者，蓋比比也。得此一篇，實强人意，其間雖不無瑕疵，然盛名如玉茗，尚有極不可通之句。即世所稱四大傳奇，亦多生硬牽附，不可索解之語。蓋院本非比散曲，所貴一氣呵成。因事屬詞，用等科白，非復能字字推敲，致礙文思。及脱稿後，則易一字且不能矣。是蓋作者苦衷，不得不爲曲諒。故圈點時，但於格調不合，或出韻失叶處，略爲改正；其辭意不明顯者，則仍其舊，蓋不足爲全書病也。其間惟《閨謔》、《病圓》二齣，頗涉猥褻，且復辭不達意，語病百出。故將《閨謔》中〔金絡索〕第二闋，八、九兩句，第三闋，第三、第六兩句；第四闋，第二、第三及第九句，均爲换去。《病圓》中〔後庭花〕、〔青歌兒〕、〔浪裏來煞〕三闋，則竟抹去原文，即就排場，另填三闋。雖非道學語，然視原作，似較温存得體。作者倘在今世，及見此書，諒不以續貂爲嫌也。至《借寓》一齣，則通體流走自然，洵爲全書之冠，視《香祖樓》且有過無不及矣。第二十八齣《緣盡》中，〔下山虎〕後兩闋，原著爲〔小桃紅〕，但其體格不合，當是〔山桃紅〕之誤。又〔包子令〕後一闋，原著爲〔黑麻令〕，亦不合。〔黑麻令〕或〔黑麻序〕，均無此格。爰就原句分爲兩闋，庶與本宫〔金蕉葉〕相合，不審作者以爲然否。又〔尾聲〕後復綴〔哭相思〕半闋，且换别宫下場，亦無此例，因辭句均□，故仍之。《題樓》齣中，〔步步嬌〕原著止七句，至前字韻便止，後即换接〔醉扶歸〕，亦於體例不合，爰補一句，以成完璧。又第二十齣，皆來韻中，有誤犯支微韻者，亦經改正。蓋灰韻實分兩部，開來等韻，則隸於佳韻，杯而回等韻，則隸於支微，與歸爲等叶。周德清《中原音韻》，固與沈約《韻書》不可同日語也。近人輒以詩韻填詞，自謂謹守規律，殊不知識者方且笑之，斥爲謬戾，不可訓也。痛元音之不作，嘅知者之愈稀，徒令村謳俚唱塞破宇宙，砌韻綴辭，欺人耳目。而盲詞瞎弄，猶以高雅自矜，禍棗災梨，實乃貽誤後學。視此一篇，能不慚汗無地哉。故吾以爲此書一出，可爲填詞家當鍼砭，可爲傳奇家作圭臬，正不徒作小説觀也。

綜述

清・**黃治**《蝶歸樓傳奇・自序》 歲庚寅六月，余以事寓雩陽。時久旱炎酷，室湫溢瓦不蔽椽，日光逼射，几榻皆焦灼。余日皇皇於中，譬魚之在炙也，爲消遣計，取少日所聞王女化蝶事，譜而傳之。初躁甚，久乃安焉。不以爲苦，且不知有暑。比卒業，已及秋矣。嘻。惜哉，以有用之精神，付之無用之筆墨，大雅奚取。王荆公選唐詩，猶謂費日於此爲可惜，况此之爲哉。山鬼、雲中君，《騷》之詭也；周與蝶與，蘧蘧栩栩，《莊》之誕也。古人於不得意之時，每借此荒忽無稽之譚以自攄寫，今人業已亮之矣。然則余之實有其事，而非詭且誕者，以寄其無聊之思於無可奈何之日，古人顧不我亮與。今且四寒暑矣，每覽舊編，勝情如昨。客邸無事，爰録存之。其費日力，又何暇恤。至復有以言情見規者，則將應之曰：玉茗我導師，君其問焉可也。癸巳重陽日，今樵居士自識於豫章之天光禪院。

清・黄治《春燈新曲・自序》 此編乃予於乙未歲暮，偕伯兄壺舟旅泊維揚時所作也。客中無冗，各拈二事，爲燈劇八折。兄得蕭史、柳毅事，予得蘇子卿、明武宗事，既成，彼此欣賞過，即棄諸故篋中，不復省覽矣。兹由塞外回都，就椿陰軒故榻，與梅修、湘雨、兩阮論曲學，因出此稿相示，梅修喜甚，且以爲可傳，即付剞劂。嘻，其真可傳耶。一時狡獪之作，將勿令知音者齒冷耶。時方溽暑，梅修與湘雨據案校録，揮汗不輟，其勤又如此。予蓋善緣其意而莫之能止也，因書其起云。道光二十七年六月朔日，今樵居士自識。

傳記

清（光緒）《台州府志》卷一二〇 黄治，字台人，别字琴曹，又稱今樵。廩貢生。性豪爽，工詩畫，兼通醫理。隨濬遠遊，遍交當世士大夫，壎篪唱和詩句，流傳江右，人比之蘇氏軾、轍，篤於友愛。濬獲譴戍邊，治在都聞之，即馳赴江西，萬里從行，冰天雪窖與同苦辛。居塞外七年，爲達官記室，以所入俸饋佐兄資斧。林則徐重其行誼。東歸補應歲試，學使吴鍾駿嘉之，以義之實從兄是也命題。著有《伊涧録》一卷、《孔懷録》一卷、《圖南録》三卷、《荆舫隨筆》、《亦遊詩草》、《竊餘賸草》各一卷、《卍雲齋詩鈔》若干卷。《光緒太平續志卷五》 黄治，字台人，號琴曹，改今樵。濬之弟也。性豪爽，詩與畫與兄埒。

著録

清（光緒）《台州府志》卷八四 《今樵詞》一卷，國朝黄治撰。治有《荆舫隨筆》，已著録。是編凡一百五闋，末附曲二十九闋，今存。

藝文

清・蔣鳳翿《題辭》 香夢沉羅綺。種相思、幾番聚散，幾番悲喜。千古青陵魂化後，閲却繁華過矣。算只有芳心不死。到底春蠶絲未斷，續鴛盟依舊朱樓倚。情至者，類如此。東風那管閑桃李。幻羅浮是花是蝶，仙踪奇詭。聽到旗亭歌艷曲，我欲狂招鳳子。怎喚得青蛾重起。璧玉團圞金鈿合，比肩人、更有雲英娣。圓好事，占雙美。寄調（金縷曲）。

清・蔣森榮《題辭》 塵劫難消，俗緣難斷，再世市恩承寵。鏡約釵盟，無限纏綿吹夢，惡風堪恐。影幻羅浮魂化青陵。惹得玉郎淚湧。續情絲待結來生，依舊枕衾相擁。算薄命總是紅顔，歡娱有幾，葬送一坏香塚。同阿姊許訂鸞交，一樣比肩情重。我本多愁，聽到冰絲檀板，怎禁心動。嘆茫茫今古，牡丹亭後，又添情種。右調（蘇武慢）。

清・蔣尚清《題辭》 庚戌夏日，少琴表兄出此示觀，時舅氏已謝世矣。讀竟不勝感慨。樓上相逢緣最巧。妬煞天公，好事難長保。羽化登仙香夢杳。斜陽荒塚□秋草。再世姻緣何足道。姊續新婚，轉被多情惱。此恨綿綿何日了。挑燈忍讀傷心稿。右調（蝶戀花）。

清・張鳳翿《題辭》 横空迴雁，正孤臣、遼海嚙氊餐雪。踏遍平沙，衰草地，猶抱漢家殘節。紫塞千山，金門萬里，只翼飛難越。南天遥望，長安一片明月。且喜十五胡姬，穹廬對酒，心事寒宵説。裂碎弓衣題血字，好借西風催發。馬上刀環，圖中虣珮，也許金釵列。美人奇士，可稱千古雙絕。《調寄（念奴嬌）》丁酉。

又 佳人難得，任六宮、花好看來都遍。聞説邊關，春色麗，儘費君王宵旰。笑指珊瑚鞭，悄尋綺陌，省識卿卿面。玉釵盟定，乘龍真許如願。幾日鼙鼓臨江，旌旗南下，暫隔迎鸞便。待掃風煙天闕淨，望斷樓頭歸燕。錦幛香塵，瑶台璧月，携手重相見。昭陽宵永，恩情莫似秋扇。同前。

又　揚州騎鶴，愛紅橋、月夜春燈新試。詞客閑翻金縷曲，也算風流遊戲。冰窖餘生，蘭閨殘夢，有甚干卿事。借他杯酒，胸中一吐豪氣。自笑浪迹天涯，重逢黄九，旅館聯吟袂。落日燕台屠狗侣，不盡悲歌長慨。末路江關，中年絲竹，都化青衫淚。爲君高唱，唾壺真把敲碎。同前。

清・章啟昆《題辭》　元夕揚州好。鬧紅橋銀花火樹，春燈圍繞。詞客却嫌無意趣，特地試翻新稿。借韻事寄情綿渺。絶塞覊臣聯美眷，更烟花奇遇從來少。都譜入，風流調。當年祗把閒愁掃，又誰知，玉關西去，竟同先兆。塞雁南征空寄恨，漫擁金釵醉倒。燈影裏、分明寫照。何日新詞傳鞠部，好春宵、一聽歌聲裊。同按拍，掀髯笑。調寄（賀新郎）。

清・裕貴《題辭》　客到江南，鶯花宛約，何事放懷絶塞。孤臣萬里，伏節荒天，便是助人悲慨。杯酒消愁，夜闌拍碎，紅牙描他風概。算前因注定，十年磨盾，玉門關外。念古人、亮節清風，齧氈吞雪，日與羝羊逐隊。商飈緊急，雁信無憑，同是千秋淚灑。俗眼誰青胡姬，還肯相憐，英雄粉黛。羡先生，冠劍歸來，争奇漢代。調寄（蘇武慢）。

又　千古揚州，二分明月，伊人幽獨。懶看春燈，閒舒繭紙，寫出搔頭玉。風流天子，雲和仙史，又　結三生眷屬。最銷魂，秋凉紈扇，膩語誓藏金屋。乘龍緣在，求凰琴冷，未見瑶簪來復。密約幽期，芳心自驚，蹙損蛾眉緑。青樓軼韻，君何多事，當作女英修竹。是借他、湘蘭沅芷，寄愁萬斛。調寄（永遇樂）。

清・李鏞《題辭》　偏是元冬，星低霜緊，半空旅雁嗚咽。氈幕燈寒，荒城雲冷，玉關人老風雪。故鄉回首，正千里、胡天慘裂。餐冰大漠，走馬窮邊，都城奇節。隴頭竟夕長歌，鐵笛悲傷，寒笳淒切。茫茫瀚海，黄河無際，想見漢家明月。子卿休矣，又重讀、千秋豪傑。河山迢遞，仗劍從戎，古今雙絶。

又　今昔邊頭，繁華幾許，亂烟冷絮芳草。金勒尋嬌，銀瓶沽酒，紫雲新曲飄渺。塞春何限，把風月淮南抹倒。無愁天子，重色官家，翠圍珠繞。旅人也有閒情，寶鏡星明，緑鬟雲攏。鶯鶯燕燕，烟花三月，肯任等閒過了。畫樓簫管，敢誇那、凉州娟好。平康留艷，北里傳奇，想同懷抱。師著有《塞春小品》一卷。

又　歌到揚州，三分明月，二分夜景如洗。珠樹生輝，銀花摇影，助他春色妍媚。旅愁無限，都傳入風流筆底。名高鞠部，譜艷梨園，恁般游戲。許時夢返鈞天，斷雁沈簪，落花流水。紅兒在否。瓊簫檀板，唱遍合離悲喜。唾壺敲缺，管招得、英雄垂淚。冰霜餘刼，粉黛前塵，付將醒醉。寄調（慶春宫）。

清・李亨普《題辭》　萬古詩人恨，偏荷戈從戎，荒塞栖息。老矣鬚眉，爲鴒原情重，敢辭鞭策。身世都虚擲，便行盡伊凉西北。又怎知雪窖冰天，還有一番春色。絶域名花堪惜，似品艷虹橋，重念疇昔。師著《塞春小品》，蓋《北里志》之屬。走馬輪台，倩紅兒度曲，玉兒横笛。洒洒邊風急，更愁甚，沙黄雲黑。不道十載詞場，夢華有迹。調寄（曲遊春）。

又　旅泊維揚日，剛滿城燈月，轟飲香夜。消受繁華，奈一瞥罡風，玉關星駕。弔古傷心也，嘆遺事淚珠盈把。記那時落拓襟懷，曾付醉歌陶寫。客舍偏多風雅，任箋擘烏絲，名士揮灑。别樣傳神，看松筠氣節，鶯花聲價。誰是知音者。且留做千秋佳話。更擬輕撥檀槽，淺斟翠斝。同前。

嚴廷中

論説

清・周樂清《秋聲譜・序》　嗟乎，局翻狡獪，劇傷地老天荒，使錯氤氲，每慨花殘月缺。夢醒三生石上，舊約難忘，情牽一縷絲中，春風無賴。此駱賓王詩悲奇舛，桓子野歌唤奈何也已。秋槎二兄，地毓昆明，家承屏翰，盟堅一諾，手擲千金。廣不封侯，且入哦松之廨，民原若子，歡迎騎竹之童。屈宋衙官，漫感鸞飄鳳泊，蘇辛樂府，咸誇冰叩珠排。偶登黄鶴樓頭，氣吞雲夢，小泊桃源洞口，伴結漁樵。心妙通仙，句靈呈佛，愴人間之風月，變世外之烟雲。却扇交禖，婚殊草草，黄泉碧落，恨則綿綿。配新婦於參軍，斯言莫踐，嫁才人於厮養，實命不猶。紫臺飛一去之魂，紅玉灑千行之淚，但教蝴蝶紛逐幽香，可惜鴛鴦動遭非匹。玉版少迴生之術，銀丸乏消怨之方，未免有情，彼美瘦同黄菊，似曾相識，使君淚濕青衫。此皆莫可名言，總是不如意事。君以爲解人難得，妙處當傳。每嫌蟻夢之非真，奚若梨園之可假。鸞牋五色，宛開躑躅之花，斑管一枝，特種忘憂之草。郊寒島瘦，顰嗤西子之隣，宋艷班香，嫁必東宫之妹。不待朱衣，使者刮顯，金鎞遠驅白蠟，明經量將玉尺。飲風餐露，别傳姑射之神，暮雨朝雲，肯附高唐之跡。一唱三嘆，妙有餘音，萬紫千紅，遍留春色。擲金聲而應地，君其冠幟一軍，煉卷石以補天，我願退師三舍。時索余《補天石》拙著。

清·朱蔭培《秋聲譜·跋》 僕與秋槎神交五年矣，歲甲寅始相見於歷下。與趙夢山朝夕過從，時復旗亭呼酒，使雙鬟歌以侑觴，秋槎擫篴和之，致足樂也。秋槎才名馳海内，知之者莫不愛之、慕之。顧令其淪落天涯，與二三慷慨悲歌之士，吞花卧酒，消耗壯心，良足慨矣。聚未十日，將返萊陽，以所著《秋聲譜》傳奇示僕曰：忍把浮名，换了淺斟低唱。非賞音如文泉，余寧與古樹、秋風、空山、明月，相和答耳。僕曰：解道江南斷腸句，祇今惟有賀方回。安得普天下盡如文泉之知秋槎者。因書數語于卷末，并寄文泉。

综述

清·嚴廷中《秋聲譜自記》 故山歸後，忽忽寡歡。斜月在門，遠風生水。秋聲從落葉中來，如怨竹哀絲，助人凄惻。秋以聲爲譜，吾且以秋爲譜。若賞音無人，則歌與寒蟲古樹聽之。道光己亥八月，秋槎居士記於今是園之梅月三生室。

又 昔里居，偶製《秋聲譜》傳奇，羽謬宫乖，未敢出以問世。壬子冬，在萊陽寄正於周文泉刺史。甲寅秋，以事赴萊州，則文翁已付之手民矣。紅牙拍板，愧柳七之諧聲，素手鳴箏，感周郎之顧曲。爰書梗概，聊誌因緣。時咸豐甲寅重九，秋槎嚴廷中再記。

傳記

清（道光）《文登縣志》卷三 雲南宜良人，附監，道光十二年六月署任。

又 宜良附監，由萊陽縣丞，道光十二年署任。

清（光緒）《蓬萊縣續志》卷六 雲南宜良附生，道光十三年二月由萊陽縣丞署任。

藝文

清·陸葇《題詞》 渺渺烟波，茫茫塵海，埋香何許。絮果蘭、因託根無定，誰是同心侶。慧業三生，深情一往，休怨曉風暮雨。怨東君花開花落，此恨遂成千古。枕倚游、仙臺經靈夢，彈指聲中説與。篆冷香銷庭空月上，欲住渾難住。萬疊霞牋，紅牙拍徧，可奈曉雲飛去。惆悵處，非空非色，懺摩綺語。調寄（消息）。

清·嚴廷玨《題詞》 昌谷惱公無鐵註，玉谿錦瑟有微辭。才人狡獪何妨爾。幻出生花筆一枝。懺除綺語祝空王，不炷情天一瓣香。祇有名心銷未盡，百花隊裏咏霓裳。

清·謝瓊《題詞》 請出鶯花主。把千秋、情天恨海，一齊填補。入地難償風月債，重點鴛鴦舊譜。收拾了愁雲淚雨。瑣骨現身來説法，把三生唤醒癡兒女。休銜怨，在黄土。蛾眉老去憑誰顧。驀相逢、翩翩公子，琵琶重訴。得上珠宫登蘂榜，畢竟姻緣不誤。這豔福、幾人能具。疑鬼疑仙才子筆，唤紅兒花下低聲度。又觸起，傷春緒。（金縷曲）。

清·許士杰《題詞》 舞柘敲檀，任陶寫曲牌詞派。翻樂府蛾眉狐媚，别開色界。入地主張風月譜，補天懺悔烟花債。返香魂六道轉金輪，乾坤大。秋娘怨，花娘艾。福第一，緑難再。更仙郎仙子，霓裳齊會。舊恨琵琶月在舫，新恩簫鼓春如海。遣雙鬟低度向旗亭，雲霄外。（滿江紅）。

清・葉觀儀《**題詞**》 拂衣一笑謝風塵，紅葉詩題錦字新君以《紅葉》詩與予訂交。底事宫商翻樂府，弦歌曾現宰官身。種種風魔種種緣，世間難補是情天。臨川絶唱成千古，又譜秋聲一黯然。別酒微醒畫燭紅，十年遲暮感西風。野花含笑江芙怨，都付秋娘一曲中。三年輶傳偏東西予時視學滇南任滿，舊曲新聲聽易迷。洗耳忽聆仙樂奏，爲君拚飲醉如泥。

清・盛熙瑞《**題詞**》 後果前因幾輩知。世間好事半離奇。文章司命花千樹，造化微權筆一枝。畢竟有情多眷屬，最難無夢不相思。科名簿與鴛鴦譜，祇有先生合主持。

清・程蓮《**題詞**》 迢遞蓬萊水自流，幾人福慧定雙修。鶯花刧重僊應避，風月情多我亦愁。落落深知空一世，非非奇想足千秋。美人香草天難問，笛譜新翻菊部頭。恨澥能填色界開，要知明鏡本非臺。此生慣作有情語，曠代難求無對才。罵鬼鐙昏文是淚，遊仙枕熟夢堪哀。廿年壘塊多銷盡，大白狂呼濁酒來。

清・凌泰磐《**題詞**》 咫尺相思太有情，何時把袂話生平。挑燈快讀《秋聲譜》，要我留題小姓名。不厭粗才眼獨青，新聲遥寄竟忘形。賞音真箇無知己，只有寒蟲古樹聽。余素不留心音律，先生自叙云：賞音無人，則歌與寒蟲、古樹聽之。

梁廷枏

論說

清・龔沅《**圓香夢・序**》 無端好夢，得此名香。夢起夙因，不聞香而亦夢；圓通至覺，得了局之爲圓。雖云夢以香生，香由夢結，要亦情殊，足感事所罕聞矣。若夫石火光中，仙塵物外，離離合合，死死生生，示幻迹於曇花，參妙香於證果。分明有影，依然圓處非圓，隱約聞香，尚爾夢中同夢。卿須憐我，今吾猶屬故吾；色即是空，一誤何堪再誤。寫淡懷於秋水，非我非魚，結妙想於漆園，爲周爲蝶。所以眼空昨夢，跡寄莊生也。然而性賦自天，孽生於慧，大徹者至道，多情者佛心。手注甘霖，即願流蘇並蒂，身饒豔骨，方能領護羣芳。直欲删人間長恨之歌，補寓内有情之傳，燻蘅蕪於漢帳，扇氤氳於賈簾夫。然而香盡返生，夢俱圓覺也已。至若其人其事，久供杯燭之談，此境此情，忽入檀牙之選。聽紅腔之一曲，咽碧玉之雙聲。記豆蔻未終，唾壺欲碎。君且緩歌漫舞，用道其詳，僕將竟委窮原，先容此事。爰鄴下之雄才，首分八斗。榜花簪上，英年則桂贈秋娥，制草焚餘，曲苑則杏遲春讌。幾經玉筍，偷得智珠，前度瑶臺，册爲花史。謂是粤多名士，間出斯人者矣。爾迺種字林間，畫眉窗下，動香草美人之慕，發榆林壯士之嗟；坐秋影於青棠，花無蠲忿，長春心於紅豆，樹有相思。曲製柳卿，金粉擅南朝之體；家連花埭，素馨結東里之鄰。嗣由藝苑開身，喜遇香君後輩。華如穠李，表得姓之梅妃，弱比含煙，補小名於實録。薛校書牋多妙墨，崔録事巷有幽居。賦香洞之九迷，都除俗客，買畫欄之一笑，煞費金錢。眼底檀郎，得此深心有幾。鏡中香伴，較他瘦影仍多。迺博得卿憐，適逢我輩風人，易感遇知，已而情親女子。善懷匪吉，士其誰誘。似曾相識，恍訂隔宿之緣，自矢靡他，又破杜門之戒。將期韓郎以富貴，甘從趙子爲存亡。自此花下雙棲，人行暮雨，湖邊兩槳，妾帶朝雲，疑巾幗之虞翻，願酬素好，作閨房之阮籍。自累奇窮，事匪偶然，誰能遣此。其奈春明北上，花對將離，人在南中，草存獨活；六篷催送，韓江之帆雨輕吹，半鏡分持，綺陌之蹄塵暗動。鶯鸎兒於蝶夢，阻妾深心，替鴇母於鸚哥，憎他巧舌。越巢胡馬，況會面其安知，啼鳥落花，欲分飛而且止。當時韋布，敢謀贖價三千，薄命緋桃，致損年華二九。一身無主，百折難回。計惟生守粧樓，常棲燕子，死歸法苑，空伴獅王。聽珠江之舊雨寒潮，已負生涯居處，問香浦之花天酒舫，徒傷眷屬流年。此蘇小西陵，悵同心於綰帶，崔徽南浦，寫別淚於生綃者耳。既而黄鵠哀鳴，紫騮遠去，擲鞋空下，聽鏡無期；望烏角以時移，惟存宛轉，比蠶僵而絲盡，頓絶纏緜。自分生離，那堪死別。來其莫矣，逝者仙乎。及夫庾亮歸田，感江關之蕭瑟，劉蕡下第，悲時運之艱危，訪舊侶於花間，失鶯魂於意外。嗟嗟，歸來公子，燕燕空呼，覺覓玉人，鶯鶯何處。鏤金一篋，歐陽子腸斷香鬟，軟玉四圍，河東生心傷血淚。此則封百花於塚上，應屬同情，對九檠於宵闌，不禁獨宿。已令香埋碧鮮，枉教夢繞青樓。究之往事，雖非前因未泯，歷百千萬劫化身，合拜如來；升一十八層度厄，唯稱目在。遂乃皈依我佛，超度卿靈，出小佈施，莫怪老僧饒舌，皆大歡喜，能令居士點頭。此日瞿曇，法說無遮會上，當年浄秀，躬修兜率天邊。許飛瓊即以登仙，秦弄玉因而引鳳。邇復時逢巧夕，尚有三郎壇降，雲英已除百媚，瞥見新粧，霓羽現過來身；雯辭舊迹，煙花得悟後境。鏡花水月，窺色相以俱空；智果情關，歷金剛而胥破。是以心超靈鷲，跡等閒鷗，憶取十年，真成一夢。適有梁園畸士，淪水詞人，夢入游仙，曾與阮、劉接跡，交傳傾蓋，有如李郭同舟。借杯酒以澆香，儂稱好事，倚琴絃而説夢，生屬多情。取本事之巔涯，譜離思之悲怨。於是毫抽雙管，濯向冰壺，調按九宫，吐成玉唾。或縱談仙佛，或曲摹精誠，或生笑謔於齒牙，或狀悲歡於兒女。聞之可感，將欲歌而欲泣，作者有懷，不言性而言情。爭看被以梨園，直奪金荃之席、傳諸花國，遍生玉樹之香。此《圓香夢》一劇之所由撰也。僕本楚騷，來爲遷客。荷觀是帙，流嘆連朝。方猿客之四聲，沾脣是血；比鮫人之一泣，著眼成珠。誰爲弔場。王伯輿良有以也；人爭拜座田舍奴我豈妄哉。意觀者於瑶尊錦瑟之旁，恍親其澤，當紫玉緑珠而後，復見斯人。知軼事之可傳，揣子言之不謬。按紅牙而低唱，歡區憐婉約之喉，曳翠拍而輕敲，情客墮凄凉之淚。

清·藕香水榭《圓香夢·跋》 曲絢燦極矣。而聲律復諧《四夢》外，別張一幟。第一二折賓白，鎔鑄莊生所作《李姬傳》，可稱天衣無縫。餘間以粵管方言，傳粵人口吻，於例無譏。至洋灑萬言，兩日而藁脱，敏捷之才，所未聞也。周氏《中原音韻》，止爲北曲而設。故主人初稿，南詞用韻於不可通者多爲叶音。既乃自嫌參差，更歸一律云。

清·畸農《圓香夢·跋》 橘談二叟，石註三生。湟鹿芭蕉，彼夢我夢，湘江玉佩，有情無情。寂以感而遂通，境以真而覺幻，是知情者夢之餘也，夢者情之正也。情有生而有滅，夢且復而且醒。未熟黄粱，難欹警枕，惟沉魂於覆水，乃抗筏於迷津，如藤花主人之《圓香夢》是也。彼固墨卿遊戲，漆吏寓言，寄優孟以寫衣冠，借酒杯而澆塊壘。暮雨巫山，説無稽矣，朝霞洛水，理亦宜之。然而三宿空桑，千年華刼，今也若此，逝者如斯。既大道之亡羊，誰仙源之問渡。以故塚必飛夫蝴蝶，樹必結於鴛鴦；寶鈿盒封，尚徵盟誓，潛英帳冷，猶想丰神。則後悟前身，須當頭之明月，十年一覺，即五夜之殘鐘矣。至於竟作達觀，早超上乘，脱塵寰之小謫，還真宰於太虛，從天女之繞圍，入香城而不染。如木居士作石吴儂，至矣美哉。固所謂太上忘情，至人無夢者乎。

綜述

清·梁廷枏《江梅夢·自序》 雜劇之《梧桐雨》，院本之《綵毫記》，皆演開、天遺事。然全以楊太真爲主，不及江妃。惟《長生殿》、《絮閣》折偶一出場，亦嘿然不作一語，未免寂寥。向與同好論之，無不異口同聲，歎爲缺事也。冬暖漏長，戲成此劇，一取裁於《兩唐書》及唐人所撰《江妃傳》。《傳》稱妃死亂兵之手，今以爲罵賊致死，固非盡空中樓閣。獨獻賦、賜珠兩事，在閣召前稍更置而已。梓成，漫綴數語於首，并繫以詩。藤花主人。開元天子全盛日，四瀛無波九重逸。廣選娥眉置後宫，詔使貂璫相靈匹。問柳評春海國來，一枝花向八閩開。生成艷骨無雙品，冰作根苗雪作胎。愛格烏絲工禁體，閒摹繭紙試宫才。少慕蘋蘩名字稱，果然翔步上璇臺。爾時嬪御空員備，武惠既薨王后棄。君王初見笑開顔，尋常脂粉都驚避。淡妝素面乍承恩，玉秀亭亭傍至尊。皓月照來微有態，情波捲盡渺無痕。離宫夜賜諸王讌，舞罷驚鴻人不見。疊旨傳宣去復回，徘徊戀住梅亭院。幾生修到唤梅精，妾面梅花一樣清。昨夜黄封新捧出，御筆親題緑萼名。雲階只管春魁占，那識垂楊較芳艷。韶華陡轉春心移，見慣幽葩天眼厭。自從柳葉嫁東風，巧織鶯簧蔽聖聰。頓使相依連理影，無端遷種上陽宫。上陽宫裏流年促，離鸞慣卧鴛鴦褥。夢迴漏永一燈孤，生把傾城埋地獄。隔院朱絃風送秋，恍惚猶聞《羽衣曲》。嶺南梅使貢離支，世事炎凉如轉轂。外家勢弱訟寃難，勸慰惟憑賈佩蘭。到底君王能念舊，潛開別岫放雲還。爲雲祇許暮經朝，忽洩春光到柳條。可奈東皇不作主，落花返樹又塵飄。青鸞此後空消息，鎖斷愁眉未肯描。漫勞翠鈿私封賜，辜負珍珠慰寂寥。千金買賦終何用，長門永絶羊車夢。萬騎胡羣蕩帝居，血污紅顔茲斷送。塵蒙蜀道駐龍旗，斷送紅顔那得知。馬嵬已自傷埋玉，回首都門更棖觸。轉疑流落在人間，鳳絲斷借鸞膠續。彈指儲皇收兩京，六轡匆匆返禁城。下詔殷勤求故劍，可憐井底覓銀瓶。梅亭無恙花消索，夜夜朝朝慘不樂。内官奏進舊春容，逗到宸衷十日惡。悲思哀怨恨嗔癡，百感環生十二時。情魄是耶真夢兒，宛轉嬌啼前致辭。辭中煩絮多難記，記訴兵荒殉死事。温泉東畔古梅邊，是妾當年棲骨地。醒來方信没黄沙，剔遍梅根露髻鬟。死後生前同冷絶，寒株還伴玉鈎斜。墨蘸丹毫誄娵儀，盛張簫鼓葬西施。官家自賦哀蟬句，宫女重歌《薤露》詩。肥環在昔逢春煦，荔霞壓倒羅浮樹。誰解中間值亂離，釵盒縱横遺驛路。隅向昭容爲賊亡，貞聲留沁齒牙香。西巡若得隨清蹕，南内何從弔便房。自古恩深盟白水，玉兒能爲東昏死。怪煞長羈永巷人，就義從容竟如此。此回纔算恨綿綿，便合哀喉譜短絃。聽殘秋雨梧桐曲，猶是唐賢寫恨篇。我作新詞尚於邑，曷笑情皇淚抛粒。寄語泉臺白江洲，有人按拍青衫濕。

清・梁廷枏《曇華夢・自序》 往閲《毛西河先生集》，文字之及其妾曼殊者，曰葬銘，曰别誌、書磚，曰回生記，知先生於死生離别之際，尚有餘情。每欲演爲雜劇，被之管絃，恐褻先生，不果。既念先生之作《别誌》也，以同人所贈詩文，分注各段下。又自注稱，曼殊之死，京朝争作弔輓。同館生有託碧虚仙史作《盎中花》雜劇，皆彙載别集。然則當時已有爲先生登場搬演者，先生固不怪也。秋風鈍甚，病逐愁來，枯坐風旬，無可驅遣，輒取其本事曲折，略爲陶鑄，撰成此劇。情真事當，可免鑿空添演之弊。末折南北合套。南詞向不押入，今純用入韻者，噍殺之音，非此不達。且南詞本無正韻，故古人於合套之曲，欲聲奏之畫一，必以周氏北韻通之。至劇中諸人，各有本品服色，今惟以便服上場，誌謹也。藤花主人記。

清・梁廷枏《斷緣夢・自序》 古今皆夢境也，普天下皆夢中人也。達者於所歷之悲歡離合，盡作夢觀。人在夢中，不知是夢。其歡合悲離之致，了不與真異，惟既醒之後，則别之曰：夢而已。人死其情狀不可知，若猶一一記憶生平，則視生平所作，直醒後之夢耳。古人所謂處世若大夢，佛氏所云六如，又 未免多一罕譬矣。夫舉真與夢兩者而齊之，即真即夢，緣何自生。無所謂緣，更何所謂斷。當其真也尚如此，況其夢耶。語緣於夢虚矣，悲夢中之緣之斷，虚之虚矣。然則子虚之言，胡爲乎作也。曰：有人焉。所合，所離，所歡，所悲，一如斯夢也者，於永訣之久，廻想從前蹤跡，自以爲夢。既以爲夢，因遂夢之。寫其離合悲歡之致，一如其真，所遇悉夢人，所言悉夢事，所往來悉夢地，不雜以醒後一語，則居然真境矣。先是，借他人酒杯，撰《江梅》、《圓香》、《曇花》三雜劇，皆以夢名。業師李太史謂宜更添其一爲小四夢。諾焉，未即作。秋賦返客履，絶希枯坐，短檠有所感憶，輒爲斯劇。師命彙附於所著書後。迨此劇刻成，而師之凶問適至，竟不復一見，亦文字之緣斷也。是又一夢也。然而爲此序時，傷逝傷離，百端交集，不能以夢境自慰，抑獨何哉。藤花主人記。

傳記

清（咸豐）《順德縣志》卷二七 梁廷枏，字章冉，倫教人。道光甲午副貢，澄海縣教諭。學問淵博，於書無所不讀。大吏耳其名，咸禮聘。歷充越華、越秀書院監院，學海堂學長，廣東海防書局總纂、粵海關志局總纂。道光二十九年勷辦夷務，奏奬内閣中書，附國史文苑傳。歷修《廣東海防匯覽》、《粵海關志》、《順德縣志》。著有《南漢書》十八卷、《南漢考異》十八卷、《南漢文字》四卷、《南漢叢録》二卷、《南越五主傳》二卷、《南越叢録》二卷、《耶穌難入中土説》一卷、《蘭崙偶説》四卷、《合省國説》三卷、《粵東貢國説》六卷、《論語古解》十卷、《東坡、事匯》二十二卷、《金石稱例》四卷、《續金石稱例》一卷、《書餘》一卷、《藤花亭書畫跋》五卷、《惠濟倉建置略》一卷、《經辦祀典》一卷、《藤花亭散文》十卷、《藤花亭駢體文》四卷、《藤花亭詩集》四卷、《藤花亭曲譜》五卷、《江南春詞補傳》梓行於世。孫用弧，光緒癸巳舉人，乙未進士，由庶常改户部主事郵傳部郎中。

紀事

清・毛奇齡《西河集・曼殊葬銘》 曼殊小妻，張姓，京師豐臺人，十八歸予。能食貧，人謂之糟糠之妾。既而大婦至，徙居右安門墳園，累病不可解。嘗夢鄰廟阿母喚之去，牽予衣不忍，醒而惡之，飾桃梗，貇已送廟間，若代已者。乃復圖其影於障，而自題之名《留視圖》，觀者哀焉。先是，曼殊將歸時相國。馮公，予師也，爲予擇娶之。而憐其慧，視若己女。至是，公將致政歸，謂曼殊曰：本以毛生無子故娶汝，今三年不身，而大婦忽南至，汝自料能安其身邪抑否乎。且毛生年大、家故貧也。蕭山去此遠貧，曷不請去，而貿貿爲。蓋公愛是人，并愛予，以爲爲予兩人計，無過是也。汝不汝鞠。家去此遠，則叵測年大棄汝。早黄鵠口噤，則其摧挫有難言者，汝曼殊聞其言，大驚，反覆泣謝，執不可。且曰：本謂公教以禮義，不謂其出此也。獨不聞女不嫁二夫邪。當斯時，有婦辮而坐於旁者，笑而曰：有是哉。誰則以妻汝，而夸謾若是。顧曼殊曰：毛先生非汝夫也。曼殊乃大恚號咷，呼曰：天乎，人不以我爲妻斯。已耳，乃謂：我無夫不如死。攙身擲於地，公急止之，曰：賢哉。嘆而起。曼殊歸，謂予，予曰：然。惟公亦爲予言之。汝試思，予豈欲去汝者。特爲予汝計。無出此，便獨需汝自決耳。曰：吾決之矣。君果遺予，則予請先死君前。不然，尚憐予而終收之。言訖，詘雙膝箸地曰：以乞君。既而，有戚媪居京師者，假予言遺之，初不信，重强之，以爲果然，哭踊氣絶。一婢持抱之，不得死三日，高郵葛先生力救得活。然嗣是氣匱血上，壅涎液結，輴不可下。嘗泣曰：吾死固分，獨不能爲君生一兒。指婢曰：俟此子長可當夕，吾無憾矣。又曰：吾病不可耐，病小間，吾當從阿潘居尼寺中。雖然君南行時，其能掩面一揮手邪。君無嫌予，他日願以尼從行。康熙二十四年五月二日病發，卒年二十四。初曼殊有二婢，一名金絨兒，即予師馮公所遺媵也；一名來子，光禄王君買贈者。後以乏食賣來子，惟金絨兒存。至是金絨兒年十七。曼殊所稱俟此子長者是也。前一月金絨兒亦病。及聞主母死，不能起，匍匐出，伏苓牀下叩頭哭，越七日亦死。初予將葬曼殊於豐臺張氏之阡。黄門任君謂予曰：生不忍相離，而死棄之。予曰：然。遂攜櫝歸蕭山，將附於藏予之地，而系以銘。銘曰：生矢相隨，豈既死而魂無不之歸哉。歸哉，汝在斯。《金絨兒從葬銘》金絨兒者，曼殊婢也。十一從曼殊，如花藹之有枝葉越六年。金絨兒病，初以月事閟，腹下小痛，醫者誤下之，遂中死法。曼殊在病中聞之，泣曰：是婢死，吾無生矣。既而，曼殊死。金絨兒驚起，以手據地行，哭七日，口血漉漉隨死，哀哉。因攜其櫝，偕曼殊同歸，而葬於其側。曰：魂乎來乎，從之者金絨兒乎。

著録

清·姚燮《今樂考證·著録四·國朝雜劇》 梁子章二種《圓香夢》、《江梅夢》。

又《著録十·國朝院本》 梁廷枏一種《了緣記》。自記云：予幼時戲作《了緣記》。

藝文

清·李夫子《題詞》 若論北里繪相思，一代懷寧絶妙詞。别有蹇修緯繣恨，更尋殘夢譜參差。墜鞭迎得紫騮來，邐迆檀痕咽幾回。訴與瑶姬原是客，可能朝暮住陽臺。迴憶清歌送别辰，牽衣款款話泥塵。重來坊巷都依舊，不見櫻桃樹下人。花易彫蓋月易沉，夜凉環佩有遺音。生天自荷師王力，未抵迦陵共命禽。家門初立看收場，仙會須臾墮杳茫。誰信有情成眷屬。桃花遺恨孔東塘。一色伊凉坐仗圍，人間樂府進天扉。而今莫唱新翻曲，供奉宜春已放歸。

清·袁獻祚《題詞》 離合無端恨有涯，風雲兒女絆情懷。智珠一顆靈臺徹，暫締花緣亦復佳。

想入非非色界空，一場香夢散東風。如來也是多情者，肯渡榴裙慾海中。

説到前身事杳茫，瑶臺迢路海天長。衆香國裏愁根在，莫訝仙娥鬢有霜。

誰證菩提問慧能，生天成佛本無憑。才人舌本蓮花粲，笑殺昆明話刼僧。

清·吴應逵《題詞》 小謫塵寰惱絳裙，離筵剛醉不重醺。蓮香寫就崔徽卷，地老天荒一霎分。

七千里路促征鞭，兩字相思怯可憐。愁債料應前世定，桃花薄命不禁年。

綵筆情多偏婉戀，靈魂不曾認兒家。生天好把嬋娟賀，白玉蘭干掃落霞。

秋館書閑添日課，蓮花妙法示前因。柔絲借取剛刀勁，聊試熬霜耐雪人。俱集本詞句。

清・李少漁《題詞》　轉眼曇花委翠鈿，浮名作孽誤嬋娟。欲拚名士生天業，懺向梁王繡佛前。

珠簾悴憔倚東風，泥絮空慚杏子紅。愁煞禺山東畔月，一枝柔櫓太匆匆。

情生情滅竟無情，惹亂黃鶯別後聲。手把蒙莊齊物論，一窓蝴蝶夢難成。

碧落黃泉杳夢思，散花禪悟着花癡。旗亭付與雙鬟唱，聽取尊前絕妙詞。

清・謝培元《題詞》　巫山雲雨事荒唐，境入槐柯更渺茫。情滅情生情不盡，生香還勝返魂香。

一幅崔徽小影真，枉將玉兒委泥塵。洛濱不遇陳王賦，知在龍天第幾人。

邯鄲走馬問歸程，悔把浮名負了卿。夢醒呼人人不見，懷中香墜認分明。

花變將離頃刻緣，竟符紫玉讖成烟。如何護艷東皇手，不管人間並蒂蓮。

已成眷屬未還家，春事無端怨落花。遺恨海門秋夜月，當頭猶照繡簾斜。

年時七夕拜雙星，癡絕梨雲喚不醒。花樣從翻新樂府，心香虔奉乞湘靈。

清・李瀛賓《題詞》　洞入迷香意亦傾，絮飛湖柳怨啼鶯。青衫紅袖歸何許。贏得新翻曲子名。

不斷珠江水帶温，花開花落摠銷魂。一從譜入桃花扇，十斛明珠未感恩。

蜻蜓篷底雨瀟瀟，曾捲珠簾倚玉嬌。今日霓裳聽按譜，鈞天舊夢已全銷。

清・劉步蟾《題詞》　甚情緣人天障裡，抛將一副清淚。離鸞別鵠終難偶，都覺死生同例。長已矣，只有結、果因勘破銷愁易。華年逝水，問錦瑟佳人，玉臺詞客，上界總仙史。前盟在，一晌目成心契。平康猶記居里。羅幃偏惹春風度，無奈酒闌燈炧。雞喚起，催隔斷，關山眼底人何似。絮花飛墜。任百種香温，千絲牽縛，瞥過夢中耳。調（摸魚子）。

陳森

論說

清・劉承寵《梅花夢・序》　原夫霜飛鐵笛，水部填詞，繡錯金刀，河間儷曲。傳妙靡於橫吹，本出江淹，引激楚於箜篌，聞之曹植。越人大去，淒其山木之歌，郢客曼聲，競發陽河之響。靈均則幽蘭贈遠，小山之叢挂貽人，致各不同，情均合揆。迺有藝林才子，江左通華，曾蜚武庫之聲，特擅文園之號。瑶琴重撥，抱明月以當筵，長鋏一彈，夒衆芳而都歇。齊珠無以泫其彩，魯酒不足蕩其憂。知己誰何，辱王孫於袴下，埋愁無地，泣傭保於堂前。驚心朔管之灰，結客屠簫之內；況復燕烏北集，海燕東迴，蓮勺下滷，五侯冠蓋之區，蘭錡高門，七相風雲之第。梧臺遷客，爭來燕石之譏，長安貴人，詎解中衣之涕。怨之來也，抑又叢焉。寒蓬頹鬢，無所假於頹飈，晢柳空心，豈足煩乎爝火。爾正平之感遇，鸚鵡能言，蒙莊子之生平，蝴蝶同夢。遂乃思緣情綺，藻雜香生，不無兒女之悲，大短英雄之氣。蕙心紈質，抱玉樹之一叢，藥室蘭房，疊金釭之二等。江南弱檝，桃根宛轉之辭，蜀國迷魂，杜宇傷心之句。漫有潁川俠客，三河少年，藉此牢愁，工爲戲謔，雖無參于樂府，彌有激夫閑情。是知因兔守株，非能會意，求魚緣木，不識旁通者也。於是被以金徽，諧之玉琯，鳳凰臺上，妙得新聲，青雀舫中，重安逸韻。漢庭都尉，慙無妙麗之容，吳國周郎，空有風流之號。固勝素娥挾瑟，鈞天之樂不成，麗玉調箏，渡河之引難習。而或者謂華説非經，巵言貴當，高唐行雨，定有神仙，洛浦凌波，要之玉佩；則凝情色相，難參祇樹之禪，弄姿帷房，雅負梅花之夢。

清・江少泉《梅花夢・跋》 道光四年嘉平，少逸大兄大人以《梅花夢》院本屬題，勉以應命，少泉江□臣拜草。春意催人詩意濃，深紅淺白影重重。問他蝴蝶憐香客，引入桃源第幾峰。

清・張盛藻《梅花夢・跋》 同治三年冬十二月二十一日，從琉璃廠肆破書攤上得此携歸，擁罏挑燈，快讀一過，麗情思，奔赴筆端，如泉湧花發，以此傳奇，此奇可傳矣。

又 此《梅花夢》傳奇稿本，道光四年間，京朝諸名公有題詠，未見行世。同治三年，予得於書肆，棄藏久之。今爲光緒十二年，里中無事，再覽一過，他日當付梓也。

綜述

清・陳森《梅花夢事説》 道光癸未，余游京師，有同郡錫山張生，名若水，温然玉立，願執弟子禮以學詩，年差少余，抑抑自下，謙而彌光也。業丹青，爲花鳥人物山水，皆有姿致。偕其弟游京師，士大夫多契重之。其詩詞，亦斐然多雋永之句。曾有記《梅花夢》七律十二首，請余改正，并爲序。予以旅况窮愁，久置筆硯，未應也。今春授徒於故大司馬汪宅，日長炎炎，無以消夏，因制此曲，即名曰《梅花夢》，繹其詩中之意而衍之，得十八段。有妓曰梅小玉，姑蘇人也，本良家女，誤入平康，常自愛重，不輕許人。而獨于張多惓惓意。時張年甚小，尚不甚解事，懼嚴父之教而不敢背也。梅心益切，而張形跡益疏。年餘，梅病，毁容自誓，忤其鴇。鴇大恨，不以女畜之，并拒張，使梅不得一見顔色，病危。梅自知必死，乃嘆曰：冤哉，冤哉。誦清如玉壺冰，直如朱絲繩句者再三，乃勉力起，略櫛沐。時四月下旬，即所穿衣加綿，半臂扶小婢，僱扁舟詣張。張門臨水，舟人叩户，述其事，張父甚怒，大撲張而縛其足，張楚萬狀，而小婢復庭外窺，翁益詈，隣里譁然，問所以而勸之，曰：翁勿詈，且詈無益，彼病至死，尚何蔑焉。弗如令子出慰之，或可去。翁從之，解張出，至舟中，梅起立，握手無一言，而淚落如綆縻矣。張茫然無措，亦相抱而哭。舟人懼翁之復詈也，急移舟返，梅徐曰：非君負我，我負我也。我已自悞，君勿學我，恐亦自誤。張曰：爲今之計，若何。梅曰：死耳。妾之來也，祈一見君耳，今見矣，即死亦不憾。再生緣，或可邀也。張大慟。已抵家，值鴇外出，張爲之拂床席，使卧，延醫服藥。出十數金爲鴇壽，而鴇心稍轉，遂不遣張出。是夕，梅覺稍安，而張亦冀其得瘳也。明日，面暈微紅，色若秋花之競媚，而冷艷可憐，眠不成寐。再明日，而色轉黄，氣噎不通，越宿而無聲。張起視之，唯血淚斑斑，於枕上澁然逝矣。張號呼者三，曰：命也夫病也，病也夫情也。情之速人死也如是乎。遂勉力措禅衾，視歛而去，并直告翁，翁亦太息，而責生之損陰隲也。張意索然，鬱鬱居鄉者數年，娶即喪偶，父又死，囑其季弟事母，遂束裝遊清江者復數年，於道光壬午至都門，與英濟庭同居。時太湖沈愚山、休寧海東川，皆相聚於都，極一時交遊之樂。一日，小飲薄醉，卧梅樹下，而夢入異境，見有黄石短垣，園扉半掩，遂信步入，而閑花野草不知名者無算，有假山巋然當面，迤而東，池水溶溶，環帶左右，過赤欄小橋，則梅花修竹，相間成林，亭榭位置，俱極雅稱，都中真不易覯也。徘徊久之，聞女郎笑聲，睇之，則一青衣婢，高鬟大袖，雲行而來。至張前，作驚訝狀，曰：君非張若水耶。吾主正思君，君適來，何遇之巧也。張不敢答，婢笑曰：君猶前十年之故態也。張因問曰：爾主爲誰。婢指梅花曰：此其姓，指身上所佩玉曰：此其名。時隔十二稔，何遽忘之耶。張忽悟，欲再詰，聞東南隅樓上筠簾內，隱隱有人呼曰：玉奴速來，毋妄言。婢驚去，張如有失。忽履聲自後猝至，則一偉道士，金冠鶴氅朱履，執珊瑚樹一枝，擊其頂曰：真耶幻耶，可勿究也。張驚仆，遂醒，耳中恍惚聞道士姓名，爲言希立，遂隱其夢而弗言，意簾內人必梅小玉。及識余，而始以此事告余。余亦姑勿究其顛末，以謂此奇也，奇而不傳負此奇也，傳而不奇負此傳也。以子傳奇之事而試我傳奇之手可乎。余素不解音律，亦不好聞歌吹聲，率爾爲之，未半月而就。脱稿後，亦不再閲，游戲爲文，隨所欲言，不必深爲研究，于歌喉之末叶，節目之不合，更不加意，如真美人名士，亦非優人之所能摹擬也。是曲也，因一時之情興而有，則亦因一時之情興而無；其事夢，則其文亦夢；其文夢，則其人更無不夢。即笑之曰：是癡人説夢也亦宜。時八月十二日，采玉山人陳森少逸甫書于都門汪氏之退逸居。

傳記

清・張惟驤《清代毗陵名人小傳稿》卷六　森字少逸，武進人。詩兼韓、孟、温、李之勝，集中《咏橐駝三十韻》，酷似石鼎聯句。

藝文

清・吴企寬《題辭》　凍折寒梅嚼瓊雪，沁入花香作詩骨。神仙杳渺付詞章，羅浮夢冷芳魂寂。蕚緑華來翠袖單，丁東戛玉漏聲殘。曲中一唱梅花落，十二巫峰墮地寒。詩人粧點名花譜，美人香草吟湘浦。爲賦離憂百斛愁，新聲合奏梨園部。

清・莊縉度《奉題院本即請吟政》　羅浮夜雪梅花落，中有仙山舊樓閣。黄鶴飛來聞玉京，紅羅誰肯貽金錯。海上巫雲更渺茫，梅花不作返魂香。投壺玉女絜絲重，夜漏初開碧瓦房。仙人曉起燒銀燭，雙眼鳳釵敲新玉。晶奩蠹粉鏡梁空，隱約脩眉貼寒竹。曾經簫史泣青門，縞袂風鬟挹露痕。藥店衹餘龍骨在，舞衣重覓鴨罏温。一曲梅花携院本，閒情不斷銀缾綆。緑蘿石屋古苔封，殘月暗藏蝙蝠影。紅牙檀板懂嬋娟，刻有烏絲界錦箋。才子名傳河水部，女郎歌愛柳屯田。

清・劉沅《奉題院本即希少逸尊兄詞壇吟正》　芳學盈堦晝掩門，離憂心事向誰診。人間縱有林和靖，難寫梅花一縷魂。十死香魂意不禁，琵琶掩抑畫堂深。偶然譜入凉州曲，不是琴心是道心。玉立亭亭曠世才，瑤宫已自築樓臺。非關誤入桃源路，難得梅花紙帳開。柳絮紛飛逐暮香，焚香早擬誓花神。全憑一滴楊枝水，離恨天邊悟夙因。返魂香里最鍾情，玉茗堂前舊結盟。煉石補天非易事，可憐幽怨不分明。才子文章擅色絲，梨園郵解譜新詞。殷勤手盥薔薇露，庾嶺寒梅折一枝。

清・魏憙音《奉題少逸大兄先生院本祈正》　雲水心期，烟花幻境，風流儘力擔當。天涯芳草，何處認仙鄉。妬殺羅浮，雙蝶影去，覓翠尋香。人間世，聯絲斷藕，曲盡九迴腸。參商，枉做了畫圖愛寵，影裏情郎。仗靈犀相印，巧合元霜。休比紅兒百絶，問桃李，賣弄韶光。酬清況梅花演夢，艷譜賽霓裳。（調寄滿庭芳）。

清・孫昭《奉題少逸大兄大人院本即請吟政》　幾世修成絶艷才，前身想是住蓬萊。詼諧笑啓談天口，引得神仙連袂來。

吟魂一縷入梅花，閬苑仙人臉似霞。可引香山作詩友，瓊樓後日便爲家。

三疊新聲奏綺筵，女郎能唱柳屯田。已將木石填青海，從此應無離恨天。

積年聞恨與聞愁，并作瀟湘一幅秋。漫把詞章露小影，不教王粲擅登樓。

百尺樓中人本狂，每從筆下見行藏。自誇書劍無知己，獨拜南豐一瓣香。

辨才八面氣峻嶒，心是牟尼大智燈。龍女有情貽潤筆，珊瑚一架贈徐陵。

清・冒廣生《題辭》　一卷欷歔夢裏因，百年鼎鼎易成塵。舊時明月梅邊藏，瘦損春人又幾分。五年飽看永嘉山，太守風流王謝間。擬喚奚奴鈔副本，尊前紅豆權雙鬟。温州崑腔盛行，春陔太守官温州日有才名，飛露洞壁有其墨跡，余屬吕仲模刻上版，親爲題跋，附記以告斯安。丙辰，從永嘉入都，獲讀此卷因題。

吴藻

論説

清·葛慶曾《喬影·跋》 此吾杭女士吴蘋香自製《飲酒讀騷圖》曲。女士少工詩，既喜作詞，清微婉妙，慧心獨出。兹以侘傺懊咿之情，一發之於歌，不自知其涕之何從也。余與其兄夢蕉游，得讀此本。恍如湘江千頃，澄波無際，君山縹緲，煙鬟霧鬢，相對出没，蘭橈桂櫂。容與乎中流，復如山鬼晨吟，林猨暮嘯，夜郎遷謫，長沙被放，才人淪落，古今同慨。余也羈棲海上，迹類蓬飄，秋士能悲，中年多感。爰誌傷心之曲，聊書綴尾之詞。

清·吴載功《喬影·跋》 乙酉秋，余客滬上。友人出眎此册，讀之，覺靈均香草之思，猶在人間。而得之閨閣，尤爲千古絶調。適有吴門顧郎蘭洲，善奏纏綿激楚之曲。爰以是齣授之廣場演劇。曼聲徐引，或歌或泣，靡不曲盡意態。見者擊節，聞者傳鈔，一時紙貴；爰付梓人，播諸樂府，以代鈔胥云爾。

傳記

清·施淑儀《清代閨閣詩人徵略》卷八 藻字蘋香，號玉岑子。仁和人。有《花簾詞》、《香南雪北廬集》。

清·盛淑清《清代畫史增編》卷五 吴藻，字蘋香，自號玉岑子。錢塘人。精繪事，工詞翰，善鼓琴。每飲酒讀《離騷》。小影作男子裝。自填南北調樂府，極感慨淋漓之致。託名謝絮才，殆不無天壤王郎之感耶。著有《花簾影詞》。

著録

清·支豐宜《曲目新編·國朝雜劇·續補遺》 《飲酒讀騷圖》，錢塘女史吴蘋香作，僅有《喬影》一齣。

清·姚燮《今樂考證·著録四·國朝雜劇》 吴蘋香一種《飲酒讀騷》。

藝文

清·許乃穀《題詞》 我欲散髮淩九州，狂吟一寫三閭憂。我欲長江變春酒，六合人人杯在手。世人大笑謂我癡，不信閨中先得之。埽眉才子吴蘋香，放眼直欲空八荒。彈琴未盡紓激越女士善鼓琴，新詞每覺多蒼凉著有《花簾書屋詞》。一昨示我變相圖，珊珊仙骨人間無。湘花湘草楚天碧，一歌再歌碎唾壺。傳觀盡道奇女子，亟付雛伶爲奏技。雛伶亦解聲淚俱，不屑情柔態綺靡。一卷難銷塊磊胸，斗酒吸盡飛酒龍。酒龍不得乘雲去，悲歌聲澈重雲重。滿堂主客皆嘘嚱，甒生自顧慙無地。須眉未免兒女腸，巾幗翻多丈夫氣。黄土摶人天無情，青鳥填海波難平。人生缺陷古來有，不合識字憂患生。吾儕落落人間世，彈指華年流水逝。不如學作楚宫人，倘許千秋結神契。

清·齊彦槐《題詞》 一卷離騷酒百杯，自調商徵寫繁哀。紅妝抛却渾閒事，正恐鬚眉少此才。詞客愁深託美人，美人翻恨女兒身。安知蕙質蘭心者，不是當年楚放臣。鴨頭春水緑於醽，長醉誰知是獨醒。畢竟小青無俠氣，挑燈閒看《牡丹亭》。

清·陳文述《題詞》 玉情遥怨渺無儔，曠世嬋娟第一流。金粉難消才子氣，湖山易動美人愁。酒邊疎雨凉生夢，畫裏停雲冷帶秋。惆悵青琴絃上語，花簾影澹水明樓。

清·葛慶曾《觀演傳奇作》 江草江花慘澹餘，譜將幽怨比三閭。全消塊壘惟澆酒，小劫年華且讀書。翠袖青衫形自幻，通眉長爪認何如。聞歌合下雙鬟拜，絶勝旗亭畫壁初。薜荔爲衣芰作裳，鉛華洗盡舊時妝。懺除弱絮三生果，供養幽蘭九畹香。襟抱自然成灑落，才名原不礙清狂。吾儕亦有沈淪感，何止紅閨黯斷腸。本來名媛似名流，荷鍤相隨酒作邱。合對畫中人一慟，漫論身後事千秋。笙歌偶爾翻新調，山水依然契俊游。我負西湖風景好，還憑曲裏憶杭州。仙才傲骨兩相宜，瘦格簪花昔見之。早識大家矜絶調，每從小謝讀清詞。謂夢蕉。憐渠滴露拈豪潤，愧我臨風屬句遲。嘗索題《花簾書屋填詞圖》，未就。贏得丹青傳妙筆，不教遺恨到蛾眉。傾倒靈均絶代才，自哀争似後人哀。譜將别鶴新聲引，幻出驚鴻小影來。蘭芷江濱迎水笑，芙蓉木末報花開。秋風我正悲蕭瑟，客裏聞歌一舉杯。檀板輕攜出畫欄，衹疑翠袖倚天寒。花間優孟千場劇，海上成連一曲彈。色相偶然今夕换，笑啼欲似此時難。美人幽恨才人淚，莫作尋常詠絮看。

清·郭麐《題詞》　女中有靈均，感憤寫胸臆。紛紛妄男子，我欲與巾幗。天壤何知王謝，人間偶墮藩茵。試問六朝名士，可能似此風神。鉛華寫盡妙明圓，色相空時恩怨捐。他日定知超欲界，不勞執手問諸天。色界天上無男女相。

清·許乃濟《題詞》　柔情豪氣合并難，我願焚香再拜看。書味都成花馥鬱，酒痕疑化淚汍瀾。若教應舉真崇嘏，儻許從軍定木蘭。一曲知音問誰是，冰絃珍重莫輕彈。

清·李筠嘉《題詞》　不能庸福祇能仙，日暮天寒倚竹邊。縱使鬚眉换君骨，可能圖畫上凌烟。水哉軒畔按紅牙，尤西堂有《讀離騷樂府》。流出西谿又浣紗。倘許婉兒持玉尺，蒲輪應駐七香車。

清·胡敬《題詞》　書生裝换健兒裝，但解從軍笑女郎。芳字采蘋詞寫怨，高才詠絮韻生香。美人從此休稱屈，名士前生合姓黄。一種愁懷消不得，笛聲嗚咽暮雲長。

清·沈希轍《題詞》　巾袍灑落，看臨風亭立。依然珠樹。粉盝脂奩都不理，笑煞等閒兒女。酒一中之。騷還百讀，氣峻蛾眉宇。影形相對，鏡邊聊自描取。　堪儘或嘯或吟，或時説劍，或坐禪談虎。三萬六千朋輩少，今日瑣窗風雨。血淚空彈，心香獨奉，只有靈均許。側身天地，繡闈誰是儔侣。（百字令）

清·汪端《題詞》　蜀國黄崇嘏，唐宫宋若莘。美人何灑落。詞客最酸辛。修竹難醫俗，芳蘭不媚春。江潭寫秋怨，憔悴楚靈均。

清·張襄《題詞》　昨夜釭花墮。喜朝來一風吹落，赤城雲朵。瘦菊含嚬幽蘭笑，不負楚騷勤課。悵甚日詩賡道左。如此才華閨中少，勝書生十載親燈火。錦機畔，繡絨唾。　衙齋自笑長閒坐。羨風流新聲乍譜，管絃争播。試拍紅牙歌殘月，縷圓珠穿過。怪底事淚痕衫涴，太上忘情談何易。但情多，自懺差爲可。聽郢曲，愧難和。（金縷曲）

清·嶽蓮《題詞》　偶從曲裏結心知，沅芷靈芬想見之。似此襟懷雲海闊，願教丁卯寄相思。**清·歸懋儀**《喬影·題詞》　離騷一卷寄幽情，樽酒難澆傀儡平。烏帽青衫鐙影裏，争看不櫛一書生。换卻紅妝生面開，銜杯把卷獨登臺。借他一曲湘江水，描出三生小影來。

清·徐鈺《題詞》　一種牢愁本性真，致身千古想靈均。忽歌忽笑忽悲泣，不信紅閨有此人。翩翩烏帽壓雲鬟，直欲天風御往還。愧我多情豪氣少，但調螺子畫春山。

金連凱

綜　述

清·金連凱《業海扁舟·自序》　若夫戲之一業，大都舞衫歌扇之流，離合悲歡之技，或神鬼妖仙，或文忠武勇，或麗女才郎，或邪淫奸盜，或鑾争很鬥，或謔浪詼諧，千態萬狀，怪異百出，無非供人遣興陶情，以博筵前一笑耳。此誠如悟，夢子所撰之《靈台小補·序》中所載：是劇也，無非供我賞心娱目，樂則樂矣，任彼拚命勞傷，苦太苦耳。試三思之，絲毫不謬。倘遇貴家公子富麗青春，血氣未定之時，能不被此姦聲亂色，引誘蠱惑，謹身自潔，不至蕩産傾家，可保一生品行有幾人哉。且好觀演劇者，另有一番議論，必曰歌詠太平，使愚夫愚婦見聞，咸知善者可法，惡者當戒。余獨患未必能如是也，深恐大相反背者居多，必至善者不足法，惡者毫無戒耳。此亦悟夢子所作《梨園鬣論》中説的透徹：夫盗弄潢池，未有不以此爲可法。天王元帥，大都伏蠢動之機。更有平天冠、赭黄袍教匪，窺竊流涎；又是瓦岡寨、四盟山盗賊，争誇得志。專心留意，無非掃北；熟讀牢記，盡是征西。《封神榜》刻刻追求，《平妖傳》時時讚羡，《三國志》上慢忠義，《水滸傳》下誘强梁。實起禍之端倪，招邪之領袖，其害曷勝言哉。此觀劇之患也。余每閲至此，必三復致意，再四細玩，不忍釋手。實可慮難彰善果，易長淫風，所關甚巨，豈淺論耶。若果能於喧闐鑼鼓中，敲得風調雨順，悠揚笙管内，吹來物阜民安，大有豐登，西成萬寶，果如是願，方可謂之歌詠太平；億兆蒼生，寰區樂業，遐邇康年，熙熙皞皞，不識不知。到那時間，可已算得梨園有益，明效大驗，余再不敢濫翻强辯矣。今之梨園優伶，動曰無傷，亦謀生之一業耳，獨不思污人品行，敗人身家，爲人所賤。考其尊卑，實擔夫販竪之不若矣。尚洋洋得意，動曰無傷，實自欺也。以余觀之，所傷大矣。今詳觀是編所載，真可謂别有洞天，另開佳境一般。細按宫商，緩調輕弄，此中曲白，有莊語、有逸語、有清語、有趣語、有淺近語，更有苦語、有悲語、有感慨語、有嘗試語、有忿恨語、有譏誚語、有狂妄語，種種不一，描寫如畫，曲盡人情。至再至三，苦口慇勤，唇焦舌疲。余料居士一腔心血，殆將竭矣。惻隱悲憐，有加無已，出乎天性自然，豈人力可能强也。此所謂如保赤子心誠求之，信哉斯言，果不誣也。後之好事者，如能依此曲白作法，付諸管弦，開場搬演，台上台下，局内局外，定可相觀而善，必能化導多人，必有揮淚大慟者，翻然頓悟，猛醒回頭，自新悔過，急急抽身。憶昔，曾聞搬演《歸元鏡》之傳奇，合班優伶，均剃度出家。今之《業海扁舟》，紀實若能如是，搬演亦定能感動合班優伶，均□業四散，各尋門路，另謀生理，居士之功德無量，可謂之高比須彌山，深入大海水，等恒河沙數，誠不可思議云耳。今承惠贈是書，并命作序，冠諸簡端。深愧粗淺俗談，毫無文義，自哂班門弄斧，恬不知羞，有玷瑶編，汗顔跼蹐，此所謂芝蘭與荆榛共種，魚鳥伴龍鳳爲羣，瑚璉碔砆，皓月流螢，上智下愚，霄壤迥異，負咎彌深，勉爲是序，尚乞教誨，幸甚多矣。道光十有三年歲在昭陽大荒落月建塞壯中秋節，樂齋金連凱謹識。

清·惇順《業海扁舟識語》 余本草野庸夫，未嘗學問，適莊誦樂齋先生所著《業海扁舟》之序文，言辭明爽而激烈，意味剴切而深長，兼且發明是編之義趣，評究諸傳奇及好觀劇者之損益，深切時病，誠苦口之妙藥也。此序文足可抵是編之全部云耳。竊謂無邊之業海，彼青年子弟沉溺其中者，不可勝數，豈一葉之扁舟而能盡渡之耶。故是編名之曰《業海扁舟》者，其義要在回頭自悟耳。此所謂苦海無邊，回頭是岸，扁舟雖小，向善揚帆。其中，或有敏悟超羣者，藉此扁舟可以濟登彼岸；迷謬自棄者，即金身示現，施廣長舌，誠恐莫能救度，此即冥頑不靈之輩，若飛蛾之投火，似遊魚之吞鈎，自取禍殃，雖死不悟，是其病入膏肓，雖盧醫再世，亦無可投之良劑矣。展轉熟思，真堪浩嘆。因不揣愚陋，勉識數語於後，尚當工楷録此序文，書紳互勸，永爲身寶可也。

藝文

清·惇順《題詞》 假忠假孝假才郎，文武兼之何太忙。打虎探莊同大戰羅通蟠陽大戰，長坂坡子龍大戰，渾臹渭橋大戰，一作周遇吉、岳武穆、秦瓊、楊景，夜奔疑讖反西凉一作蜈蚣嶺上露鋒鋩，一作羅成托夢倍悽惶。右詠生。假嬌假媚假梳粧，金定梨花孫二娘一作無艷三春胡小香。鬼辯私奔同盗令一作蝴蝶夢，一作刺虎藏舟同水門，懷春痴訴并搬場一作楊妃西子并王嫱，一作查關陣座鎖雲囊。右詠旦。假忠假佞假豪强，塗面勾鬚鬥幾場一作猛勇雄威，一作紮靠背旗，一作勢焰薰天莫可當。鬥莊救青慶成同北餞一作冥判訪賢同北渡，一作問探山門同指路，激良闖帳汗如漿一作惠明義鬼并劉唐，一作五台三乞鬧昆陽，一作送京闖宴反西凉，一作争功嫁妹并妖王，一作李逵項羽共閻王，一作冥勘河套并商王，即紂王也，再如閔王、曹操、董卓、秦檜、屠岸賈、朱泚、朱温、王莽、楊國忠、安禄山、李希烈、盧杞、田希監、賈似道、嚴嵩、劉瑾、魏忠賢等輩，窮兇極惡，并一切嘯聚山林大盗，及所有奇形怪狀，鬼魅妖魔，老翁醜婦，劊子中軍，不可枚舉，曷勝詳載。此其大略云耳。右詠净。假誠假義假循良，揭諦蒼頭定改裝一作令尹禪僧，一作院子門公一樣裝。闖界求燈同借債一作反狂送盃同看狀，一作解子黄門同道士，換監真個慟人腸一作盗孤。右詠末。假奸假惡假豺狼，醜態離奇滿面狂。蔴地茶坊同串戲，掃秦奸遁并招商。右詠丑。

清·五中憤懣嘆斛斗人《題詞》 爾碁齡，何孽愆。徒學卑賤技，實受惡魔纏。折骨傷筋無可訴，呼天搶地憑誰憐。

清・五中憤懑嘆斛斗人《慘覩扮獅鹿馬虎熊狗等形賦長短句》 人心獸面，傴僂將倦。汗如雨下，賤中又 賤。悲憐落難青年，孰個肯行方便。唉，諄諄苦勸衆優伶，很很猛跳卑田院。余嘗聞梨園中分三院，生翰林院，旦勾欄院，净卑田院也。

清・白山悟夢子《題詞》 自哂梨園矗論，《靈台小補》名標，拖泥帶水話勞叨，不免大方貽笑。所幸抛磚引玉，妍詞麗句清高。殷勤苦勸衆兒曹，認準扁舟快跳。

又 浩嘆人生朝露，將來怎見閻羅。心慈何用念彌陀，切記善福惡禍。莫侮優伶卑賤，須知前世魔多。難猜難料自取科，速救密羅之雀。

清・友月居士《題詞》 由來人被利名牽，致使天君不泰然。勞苦浮生堪浩嘆，回頭如意信安全。由來萬事在人謀，因甚奔波作馬牛。漏盡鐘鳴誠轉瞬，江心返棹恐難收。貧不能移威豈屈。蠅營狗苟有如無。風波萬丈安然度，彼丈夫兮我丈夫。人生大地若蜉蝣，自古英雄付東流。何況傀儡幻中幻。須臾弄罷一齊休。輔漢功高張子房，急流勇□水雲鄉。韓侯反被聰明誤，一點幽魂滯未央。霍六財官并虎張，馬年唐套大頭郎。洋洋得意真堪笑，跳耍猴猻鬧一場。一般畫影也圖形，大小泥花塑像精。更有紙鳶標姓氏，茅房高攪倍光榮。利鎖名韁因此身，解除何用覓他人。全憑自主休疑慮，猛省迷開一念真。

雜録

清・金連凱《甲午清明前六日自題曲譜》 調〔西江月〕二首是作也，偶憶去歲余撰《業海扁舟》甫就，有客言：空費精神，恐人笑罵，因戲答之笑罵由他笑罵，新詞我已編之。勸君且莫再狐疑，領畧此中妙趣。不是一番諷刺，焉能追悔當時。靈台方寸樂怡怡，休得苦争閑氣。堪嘆人心不古，朝朝似醉如痴。非貪既妬亂成【略】。

沈筠

論説

清・沈筠《千金壽填辭小識》 癸巳伏日，與朱釋㒸消夏，飲守經堂中，桃笙出火，赤日流金，釋㒸偶舉魯連事，恣談樂甚，屬余填辭，寫其狀。釋㒸既去，山窗無俚，遂爲構局，依譜添辭，成一十八篇，書和蟬韻，夕偷蟲聲，不一月而稿脱矣。嘗聞傳奇者，傳其事之新奇者也。事不新奇則不傳。《千金壽》何奇乎。《國策》悉載之，《史記》詳述之，里巷鄙儒能談之，皆事之陳腐焉者也；游客之空言、公子之豪華、屠沽之下交、美人之私恩，亦事之尋常焉者也。爲公子死，不知有王盗竊兵符於卧内，椎殺宿將於閫外，又事之悖逆而不足道者也。《千金壽》何奇乎。其不新奇而奇者，千金之爲壽也。千金者，酬奇功而不屑受封者也。酬功者，建議不帝虎狼之强秦者也。强秦者，方將肆其蠶食鯨吞，隳滅周家八百年之帝業者也。帝業淪亡，七雄安在。惟高人之寧蹈東海不顧千金，閲千百載，猶嘖嘖口碑，歷歷眼界則事之。不新奇而新奇，不待人傳而自傳者矣。又何必教歌學儛，演出一場兒戲。吾過矣，吾過矣。今日有是傳奇，作當年之無是傳奇觀可也。道光一十三年夏六月既望，浪仙沈筠漫書。

清・劉東藩《千金壽・序》 夫士之得遇於世者何。曰學，曰才。無學不能裕其才，非才不足以行其學。當戰國時，約縱連横。人才迭起。而儀、秦輩無學以裕之，其才不足重也。若魯仲連，可謂才學兼優矣。雖然，平日讀書談道，即期富貴於將來，則有學有才而無品，夫亦烏乎足重。乃以仲連之拒秦，爲天下非爲邯鄲，千金豈屑受哉。乃或者又疑之謂，亦既不受千金，奚蹈海爲不知世之遁迹山林者，皆無所建樹之人也。惟功業爛然而視富貴若浮雲，其品不尤足尊與。我友浪仙沈君，乍川布衣也，苟得一如趙平原者信任之，其經濟當必有大過人者，乃具仲連之學之才之品而嗇於遇，固宜其拔劍斫地，悲歌慷慨也。歲癸巳，閒窓無事，作《千金壽》傳奇，爲消夏計，其心源有千載若接者矣。余不嫻詞調，尤不諳音律，倘異日登龍湫絶頂，極目烟波浩淼，朗誦一闋，不識九京有知，其將引爲知己否。道光十有四年仲春之月上澣，同里劉東藩頓首拜譔。

傳記

清（光緒）《平湖縣志》卷一七 沈筠，字實甫，號浪仙。食貧勵節，少嗜學，以母教，遂研索古籍，自六經、三傳、莊、屈、馬、班而下，莫不漁獵菁英，以發抒其文藻。晚歲敦重名教，凡忠義節烈之事及耆舊詩文，殫心採輯，今賴以存者，皆筠表揚之力也。著有《乳水流芳録》一卷、《瑶池冰雪編》一卷、《壬寅乍浦殉難録》一卷、《龍湫嗣音集》十二卷、《守經堂詩集》十六卷，俱刊行於世。《蜻蛉州外史》十二卷、《日本紀畧》一卷、《海上文徵》八卷、《滄海珠編》二十四卷、《守經堂困學録》八卷，未梓。

著録

清·姚燮《今樂考證·著録十·國朝院本》 沈筠一種 《千金壽》 筠字實甫，上海人。

藝文

清·朱樽《千金壽·題詞》 八詠才人揮綵筆，戲拈逸事譜新聞。笑他舌辯三千士，肉眼紛紛豈識君。落日西風過大梁，雲龍身世兩相忘。不教市上逢公子，終遣屠沽老醉鄉。引商刻羽寫愁心，自賞朱絃獨撫琴。一曲高風激東海，寂寥千載感知音。

清·周國楨《千金壽·題詞》 戰國干戈日日尋，邯鄲往事久消沉。却憑一管淋漓筆，寫出千秋國士心。千金一擲等浮埃，長嘯風前歸去來。他日與君訪高躅，振衣直上魯連台。

清·宋登書《千金壽·題詞》 兵困誰能解倒懸，先生玉貌果飄然。一言竟撤重圍去，不但千金事足傳。奪軍壁鄰成功易，執轡夷門下士難。交到賣漿屠狗輩，英雄原不在衣冠。

清·陸鎔《千金壽·題詞》 邯鄲陳迹復追尋，特揭功成逃賞心。始信自來天下士，解排原不爲千金。樽灑難澆壘塊平，銅琶鐵板譜新聲。如何絶調《西厢》曲，只解描摹兒女情。

清·楊璉《千金壽·題詞》 顧義兼排難，邯鄲獨魯連，一言城自固，勝守卒三千。家學淵源古，交情貧賤深，争傳八詠句，敢憶四知金。銷夏日填詞，庭花刻紅瘦，願言付棗梨，正聲世堪壽。

清·潘仁錫《千金壽·題詞》 吾讀《千金壽》，浩氣爲一吐。壯哉魯仲連，視秦如視鼠。千金渺不顧，超超慎出處。欲使千載下，傳奇寡儔侶。吾友良史才，得閒填新譜。信手一揮毫，良工心不苦。嬉笑怒駡中，音節俱入古。不獨悦耳目，大義藉小補。奇才有奇文，花月何足數。

清·許增《千金壽·題詞》 寫出邯鄲舊日春，唾壺擊缺豈無因。秋笳曉角音何壯，鐵板銅琶調更新。漫説兵權歸婦女，須知危論得高人。即看笑拂千金際，演向氍毹定絶塵。珠玉都成腕下春，追蹤若士信前因。吐辭畢竟奇而法，數典居然腐化新。海内論才輸此客，眼中識曲定何人。移情久企成連調，擬挈青琴步後塵右題大著，用去冬奉懷原韻。

清·袁文杏《千金壽·題詞》 八詠家風辨四聲，填詞消夏有深情。高人往事才人筆，不比空談紙上兵。

清·顔懷宸《千金壽·題詞》 特出於天地之間，而成奇人者曰國士，不欲使其事業淹没，而筆之於書者有才子。嗚呼，魯連事，浪仙才，大義赫赫不可滅，逼入沈郎胸中來。嗚呼，魯連心，浪仙筆，描寫千秋慷慨情，兩人宛似生同日。一編讀罷令我意氣多，拍案起舞臨風歌。歌成仰天嘆庭前，瑟瑟葉落空霜柯。

清·許洪喬《千金壽·題詞》 功成身退不遲迴，一笑飄然歸去來。却看千金如敝屣，高風壓倒郭隗臺。嶺南五字登臺句謂屈翁山魯連臺詩，二百年來少嗣音。輸與先生才力健，筆端寫出魯連心。

清·陳熺《千金壽·題詞》　陳言務去翻新曲，遺迹難尋藉舊聞。恩怨不關任排難，千秋高義薄霄雲。

清·沈夔臺《千金壽·題詞》　帝尊嬴氏難阿附，將據耶城易破除。義激不同家國事，解圍肯射勸降書。

舊事翻新播管絃，曲傳玉貌儼神仙。轉憐趙女能歌舞，未解拈絲繡魯連。

清·陶思敬《千金壽·題詞》　未許强秦帝妄尊，獨將大義座中論。功成擲却千金去，博得高臺萬古存。

旗亭歌舞足陶情，曾記邯鄲道上行。時值太平鼙鼓歇，不教驚破管絃聲。

清·譚文炳《千金壽·題詞》　一言壓住尊秦帝，排難解紛息戰爭。不爲邯鄲爲天下，魯連心地最光明。

筆底含宮復嚼商，摛辭高妙勝《西厢》。笑他玉茗堂中客，只把風情寫麗娘。

清·金大登《千金壽·題詞》　景純一管生花筆，何日飄然入君室。手揮錯落盡珠璣，詩思清新文雋逸。奇文須藉奇事傳，上下千秋廣究研。淫哇久薄《會真記》，古調猶師《國策》篇。玉貌先生遺世者，洞識名義迹瀟灑。片言不許帝强秦，一木何慚支大厦。邯鄲歲月堂堂馳，憑誰往事爲傳奇。詠樓有客坐懷古，特開生面抽精思。三代以後論良史，龍門子長一人耳。自讀君家絕妙辭，才筆信堪推繼起。

清·廖維楨《千金壽·題詞》　一代才無敵，千秋事可稽。高風蹈東海，明月詠雙谿。賞定逢知者，歌應續簡兮。從茲大隄女，羞唱白銅鞮。

清·查維熊《千金壽·題詞》　憑誰談筆破愁城，去矣千金一擲輕。片言解紛存大義，高風獨慕魯先生。

竊符妙計出夷門，一舉方能兩國存。唇喪齒寒從古慮，美人原不爲私恩。

戰國文奇事亦奇，郊居有客坐填詞。九山風雨孤燈夜，想見愁窓詠史時。

清·查夢熊《千金壽·題詞》　無求偶識平原君，大義讋服客將軍。玉貌先生天下士，富貴於我如浮雲。邯鄲事往閒憑吊，市義轉爲孟嘗笑。國有高人不自知，但愛鷄鳴與狗盗。

清·陳文藻《千金壽·題詞》　誓死圍城不帝秦，先生高義獨超倫。拂衣笑擲千金去，排難從今少此人。

欲銷塊壘奈君何，且把微詞托嘯歌。吴市簫聲燕市筑，不知感慨較誰多。

拂絃自向樽前顧，擫笛人來月下聽。記得酒酣歌竟後，一天暮雨數青峯。

清·劉東藩《千金壽·題詞》　礧磈長澆酒一卮，立身天地竟何爲。江湖落魄垂垂老，欲繡平原未買絲。

排解奇謀膽破秦，功成全不爲榮身。高才合在毛生上，何况鷄鳴狗盗人。

明月年年照詠樓，狂歌唱徹海天秋。英雄氣概才人筆，未許偷聲菊部頭。

清·鍾步崧《千金壽·題詞》　羣議紛時識獨超，魯連高義薄雲霄。功成笑拂黄金去，此事人間久寂寥。

乍服黄郎筆一枝，海鹽黄韻珊新刊《帝女花》樂府，指前明長平公主事，詞極頑艷，爲新城陳碩士先生所賞。又看沈約譜傳奇。他時賭唱旗亭處，不數《春燈》、《燕子》辭。

清·邱承芳《千金壽·題詞》　秦書十上黑貂寒，荆璞三遭白眼看。何似先生淡名利，黄金笑擲海漫漫。

纖簾居士擅詞場，細寫高風意慨慷。鐵板銅琶傳唱處，不須顧曲倩周郎。

清·沈圻《千金壽·題詞》　兵壓邯鄲境，安危勢未分。誰能臨大難，談笑策奇勳。誓不尊秦帝，援終藉魏軍。却金應有意，義激信陵君。

清·沈筠《千金壽·題詞》　拙作《千金壽》承閩中陳逸舟、海昌楊琢亭、谷水宋南嶠、金閶查瀛山諸君助梓，事竣，賦詩報謝。時甲午中秋。遠道殷勤寄赤鱗，替謀剞劂諒余貧。不圖顧曲傾心契，敢却貽資付手民。刀被筆驅栽及木，花因葉助艷成春。一編視作金蘭譜，傳唱高風東海濱。

張聲玠

綜述

清・張聲玠《安市・自跋》 薛幽州白衣破賊，其事自可被之管弦，乃小説家穿鑿附會，粗鄙可笑，歌場亦因而演之，加張士貴能彎弓百五十斤，卒謚曰忠，亦人豪也，誣之何心。戲填此折，以洗弋陽腔之陋。

傳記

清（光緒）《湘潭縣志》卷七九 張聲玠，字玉夫。容貌佚麗，才華美贍，甚有時名。同縣羅汝懷，湘陰左宗棠同婿周氏，汝懷迂遲；宗棠豪夸，俱引聲玠自助。其後並爲名人，衆多其人倫之鑒。以舉試令直隸一署。元氏母喪，歸，未幾卒。

著録

清（光緒）《湘潭縣志・藝文志》 張聲玠：《蘅芷莊人隨筆》五卷、《中山麀古録》一卷、《蘅芷莊詩集》十八卷、文集四卷、《集唐詩》一卷。

藝文

清・胡湘《題詞》 狴犴飛霜獄本冤，孤兒全父並身全。驚看鐵券琅擲，只有懷光子可憐。訊翂畫舫風情酒肆歌，非關天子鬬山河。江湖尚滯陳同甫，詩酒遭逢奈爾何。題肆腸斷崖山借曲鳴，梨園天寶最關情。彈琴一樣江南恨，更譜宮人十玉京。琴別浮雲變態畫中看，湖上西風半局殘。請把交柯雙入畫，南枝向暖北枝寒。畫隱鼓瑟吹竽亦可嘲，碎琴不顧衆啾啾。黃金臺上遲丹詔，且把千金自己抛。碎胡琴三箭奇勳壯士歌，遼東馳驟駭么麽。白衣不畫凌烟閣，惆悵將軍馬伏波。安市奇骨原來畫不成，皮毛何與世人爭。將軍莫點黃金目，青眼留看李北平。看真縋幽鑿險破山慳，崖壑風雲杖履間。讀罷韓亡秦帝句，如何又看永嘉山。遊山不到皇州與益州，騎箕高會醉鄉侯。箇中更有詞人壽，能了先生一代愁。壽甫謹題玉夫表兄年丈大人《玉田春水褉劇》，即請教正。

清・凌玉垣《題詞》 覆巢但有冤禽哭，伏鑕真令死者生。一樣迴天兩純孝，願君更譜女緹縈。訊翂烏舫題春宿酒濃，新詞博得紫泥封。湖山康樂才人貴，莫有人窺第一峯。題肆龍沙畱滯玉徽零，塞北江南揔斷萍。忍抱燕山絃上雪，歲朝重與哭冬青。琴別白雁飛來大地秋，殘山何處寄扁舟。一般天水紅泥印，押角偏令學士愁。畫隱箏琶俗耳耐敖嘈，誰識文章一代豪。莫笑千金輕一擲，有人新奏《鬱輪袍》。碎胡琴白衣持戟氣淩雲，飛箭天山舊榮勛。自古男兒甘百戰，封矦不見李將軍。安市屢貌尋常技未窮，斯人骨相定三公。可憐小宋清寒甚，學醉銷金羨乃翁。看真伐木開山想絶倫，風流零落近千春。我嗟靈運稱山賊，不似圍棊賭墅人。游山酒國恒春仙壽長，高歌天寶感蒼茫。莫吟飦顆相嘲句，且與先生入醉鄉。壽甫玉夫先生仁兄，暇日爲雜曲若干首，貞雅俶詭，事不一致，類情揣稱，各極傑麗。清容先生之續也。爲題後副，即希政之。

李文瀚

論説

清·許麗京《胭脂舄傳奇·序》 世所貴乎守牧令者，非謂奉事上官，徵收正賦，籌災賑於水旱，嚴保甲於城鄉，爲足難也，聽訟最難。聽訟之難者，非謂田土婚姻之互控，鼠牙雀角之紛爭，一訊可得其情，片言足服其志。之爲難也，人命最難。其在衅起立談争毆以致禍者無論已。如或因謀財而殺，或因洩忿而殺，或因姦淫而殺；鬼蜮之伎倆既蓄於平時，走險之陰謀復生於事後。甚至變白爲黑，李代桃僵，不可以一端竟者。此雖明察、慈惠之吏，猶恐差以毫釐，謬以千里。而况濟之以貪，乘之以酷，又深以予智自雄之心，葢不至草菅人命不止耳。歷稽史籍，良吏之聽訟者夥矣，下至稗官野乘，雖所載每涉於奇，中皆足爲考鏡之資。嘗閲山左蒲留仙《聊齋志異》，記讞獄者凡數事，惟施愚山先生提學山左，平反胭脂一獄最爲奇確。雖削瓜之聖，何以加兹。夫先生起家京職，未嘗一日親有司之任也，且提學亦無問刑責也，而乃慎重若此，明决若此。此由慈祥愷惻之念積於中，格物致知之學裕於素，於以體皇帝哀矜庶獄之懷，垂牧令摘伏懲奸之法。使海内恒河沙數善男信女，萬萬世尸而祝之，頂而戴之，不足以酬其功德也。第以憐才若渴之意稱之，淺矣。予友李君雲生，以名孝廉出宰關内，所至有聲。兹權篆鄠杜暇日，製《胭脂舄》傳奇十六齣示予。予惟雲生大才槃槃，於書無所不讀，於藝無所不精，固非徒以倚聲見長者。乃其立身接物，於愚山先生有獨契焉。以愚山之心爲心，即以愚山之政爲政。將見邑無冤民，案無留牘。頌父母，戴神君，與古循良媲美。用副聖天子特達之知，其端具見於是。若夫裁雲製霞，薰香摘豔，讀其曲者，想見玉茗風流；播諸梨園，自可傳之永久焉。而予所重乎雲生者，則在彼，而不在此也。因書所見以附於簡端。龍集道光二十二年，歲次壬寅孟秋月下浣，綺漢愚弟許麗京拜譔。

清·周賡盛《胭脂舄傳奇·序》 夫銅君燭賸，澄波不澈於碧紐，蔓畦納繶，素李每代夫絳桃。犀雖燃而水宫莫開，弧既張而鬼車忽至。刼沈黑海，寃化青燐，夥矣，酷矣。山左蒲留仙作《燕脂傳》，活萇宏之碧血，補靈芸之唾壺。薏不混珠，鹿豈指馬。迺宣城施愚山先生督學時公判也。其鄉後學李雲生大令，作爲傳奇，竹肉既翕，情文益永。疊芳軌於宿學，鑒細行於士林。桑落喜其未耽，璧全尚爾可返。揆厥風旨，大有政心。僕同櫼簿書，聯蘷鐺竈，絲竹感於中年，歌篇悔其少作。南天迢迢，簉師且老，北里寂寂，箏人不來。欲顧而舊譜半忘，移情而結習尚在，姑付殺青，緩俟諢白。太倉周賡盛雨蕉甫拜序。

清·張錢《胭脂舄傳奇·末評》 此折生旦團圓之劇，寫得委婉曲折，牽丑貼爲陪客，引太尊爲嘉賓，捧聖旨、出判語，還繡鞋種種奇觀，令人叫絶。又繡鞋是緊要物件，却順便帶過，何等省事。何等着眼。良工苦工，識者鑑之。又通讀全部筆墨，陶鎔毫無斧鑿之痕。選詞布格，脱盡恒蹊。説白插科，皆臻妙境。何止壓倒笠翁，直欲追步尤、夏、湯、蔣諸公也。又作者沁般民社，斷非因絲竹中年之感發而爲奇文者。殆欲普天下賢令尹借鑑於柳城縣耳。費煞苦心，何止逢場作劇耶。

清·金寶樹《紫荆花·序》 大江秋老，懷帝子於蒼梧，空谷春寒，盼佳人於翠竹；訪赤松而未遇，鶴駕龍驂，尋緑萼以偏遥，蛾眉蟬鬢。湖中碧藕，絲可牽情，市上黄槐，柯能入夢。種白榆於天上，難償待聘之錢，攀丹桂於雲中，不作療饑之粟。一腔熱血，生來紅豆相思，九曲柔腸，幻出青蓮妙諦。此吾友《紫荆花》樂府所以慨乎言之也。夫其跌盪名場，縱横古趣，早赴吹笙之宴，頻爲負笈之遊。杜牧三生，評花論酒，劉琨五夜，説劍談兵。八千年蠹簡叢殘，曾勞映雪，九萬里鵬程浩渺，未遂搏風。司馬題橋，人海總艱於蜀道，伯鸞賃廡，埓鄉聊托於梁溪。宜其鐵鋏常彈，銅壺屢唾矣。况復情聯鴈序，誼結鴛盟，思嘉耦之堪求，諒蹇脩之可信。詎意人情翻覆，爲雨爲雲，世態炎凉，忽冰忽炭。銀屏乍射，俄成反目之占，錦幔初牽，驟作違心之語。托鳩媒而繾綣，别選嬌賓，呼魚婢以叮嚀，恐驚幼婦。捐來蘭佩，難招隔水之船，望斷藁砧，誤拜他山之石。只道三間老屋，未鑄黄金，那知一點情由，早生白璧。鄭子晳争徐吾之妹，遑恤人倫，季孫肥奪施氏之妻，竟忘天理。遂使鰥魚寡鵠，天涯少琴瑟之緣，從教劣虎優龍，地底絶壎篪之和。吁其甚矣，誰實爲之。於是北海羈人，衝冠色怒，南都壯士，拍案聲高。換羽移宫，鬱青霞之異想，引商刻羽，霏白雪之新詞。休言鳩占鵲巢，昏狂可恃，詎料鴛更雞膳，造化尤工。俠客何來，刼紅綃於密室，情人宛在，逢碧玉於香車。骨雖死而未銷，丹砂可駐，魂試招而已返，素旐先飛。寶鏡團圞，恰合徐生半面，金環隱約，還留叔子前身。迎鵲渚之星娥，離時復合，佇蟾宫之月姊，缺處仍圓。豈曰才人竟歸厮養。須知新婦原配參軍。至於乙乙頻抽，心如織錦，申申欲詈，舌可摧鋒。摹駔儈之庸才，百端姍笑，寫荒□之故態，一味詆訶。牽得鹽車，臭併慚乎馬糞，煮成煙竈，爛尤甚於羊頭。生此寧馨兒，老嫗將毋賤婢，聚來阿堵物，方兄竟作尊神。一般筍妾菌奴，無非心子，幾輩販夫賈豎，還是耳孫。斯則撾鼓直前，何異□□之嫚罵。脱冠長笑，豈殊曼倩之詼諧也哉。若夫蜃氣吹噓，樓臺成市，鴻文結撰，草木皆兵；蠻女彎弓，整花鬟而按隊，獠奴拓戟，穿繡襖以摩營。策勳於鸛鶴軍中，不負男兒事業，圖像在麒麟□上，依然儒雅風流。此蓋以王郎抑塞之才，因而爲莊叟荒唐之論。真無聊賴，孰爲可與言人。倘有機緣，胡弗作如是想。絶似公孫醉舞，極瀏灕頓挫之姿，還同燕客悲歌，多慷慨激昂之致。嗚呼。情天浩浩，媧皇鍊石難填，恨海茫茫，博望乘槎不到。感萍蹤之漂泊，思絮果以纏緜，迷離紫袖之人，風迴漢殿，嘹喨紫簫之韻，月落秦臺。紫錦香囊，腸斷謝安羣從，紫絲步障，心驚王愷家園。呼得紫雲，猶疑似夢，抱將紫玉，只恐成煙。紫姑神之不來，玉釵敲折，紫微郎之已去，銀燭燒殘。譜出宫詞，瓊樹與文心並麗，翻來院本，絳株偕笑靨爭妍。此時曲奏雙聲，合教籠中之鸚鵡，他日花開五色，定成塚上之鴛鴦。道光十有八年，歲在戊戌七月六日，蘋花仙吏吴門金寶樹題於武城縣境之褚官屯舟次。

清·周騰虎《銀漢槎·序》 蓋聞鼓雲和之瑟，凡響皆靡，抗繞梁之音，元塵自墜。而況劉越石行吟慷慨，寄託非常，阮步兵縱酒詼諧，推襟窈眇者乎。李君雲生豪奇自喜，沈頓多風。姜白石善製新詞，湯玉茗妙諳度曲，乃以班、揚之藻翰，爲《莊》、《列》之寓言。所製《銀漢槎》院本者，大抵以之發攄感慨者也。嗚呼。鼓元濤於渤澥，赤岸皆頽，泝駭浪於沃焦，浮槎莫問。天綱渤潏，凋瘵萬靈，地絡摧殘，淪胥九野。誰摶黄土。澹此沈菑，空竭蘆灰，難迴浩刧。豈是歷陽湖陷，巫支祁竟欲肆狂，遂使神州陸沈，王夷甫安能辭責。君乃别翻水調，妙動筆端。危言譏論，悉賈傳之隱憂，密詠恬吟，雜鄴侯之風刺。抑揚盡致，如聞瓠子之歌，蹀躞而前，直是漁陽之操。聞之者固已怵目劌心，動魂蕩魄者已。至其引商刻羽，摛豔舒文，春花十部，遜此芳華，秋月千樓，方其明麗。長刀大戟，集縱横馳驟之觀，暗雨秋蛩，極蕭瑟牢愁之感。上薄關、董，下驅洪、蔣，百年以來，罕見其匹焉。騰虎審音才謝，悵對横琴，顧曲心闌，驚聞入破。乍見曼延之舞，如聞迦陵之音。方今榮光告瑞，河伯效靈，壯水安流，馮夷應鼓。織女支機之石，長傍昆明，洛濱龍魚之圖，即登軒室。則此曲也，豈非清晏之先聲，承平之雅奏也歟。道光二十有五年，旃蒙大荒落之歲，季春丁亥，毗陵周騰虎序。

清·小隱《銀漢槎傳奇·序》 余前濫竽京曹時，即耳李雲生先生之名。有謂其博雅者，有稱其經濟者，余心儀者久之，惜未獲登元禮堂、識荆州面也。咸豐甲寅，先生以嘉定太守權篆夔州。適余乞假在里，得讀其《味塵軒詩詞》、《建文年譜》，李氏先賢諸集，及與林文忠公倡和各榻本，余曰：先生真博雅君子也。又讀其《治岐撮要》、《守漢嘉紀要》、《鄠縣修城記》，並見其官夔時，修武備、崇文教、重建書院、整頓官學、設救生船、鑿利民池、施散綿衣、褒揚節孝諸德政，余曰：此非當世之經濟偉人乎。乃先生不棄鄙俗，時以詩詞書畫見教，並以重刻《紫荆花》、《臙脂舄》、《鳳飛樓》樂府屬校對於余。余俱拜誦三復，謹誌數語於卷末。乙卯春，余將北上。瀕行，復以重刊《銀漢槎》樂府示贈。余攜入途中，且行且吟，不禁喟然歎曰：此先生博雅之尤彰，經濟之尤著者也。天上列宿，海中異類，奇奇怪怪，無所不有。非博極羣書，並熟於《星經》、《爾雅》、《山海經》、《水經》者，所能道其隻字哉。己溺己饑，憂國憂民，寫得十分真摯，十分刻露，非有治海防河之大略，以天下爲己任者，其能與於斯乎。先生名登薦牘，績書御屏，行見晉秩，河帥總制海疆，大展其救災恤民之經綸，以奏海晏河清之偉績。俾普天之下，男耕女織，共樂昇平，此先生之初願，亦余心之所厚望者也。或曰：是作製於甲辰，成於乙巳。揆厥時事，其有所感而發乎。余曰：此義先生未嘗言之。在讀者深思而自得之耳。至其布局之精，數典之雅，排場之妙，聲調之諧，則原序諸君子已詳言之，不待余之贅詞矣。咸豐乙卯仲春上浣，雲安小隱謹序於漢中途次。

清·武澄《銀漢槎·序》 昔鄭虔有三絶，我師雲生有四絶。詩、詞、書、畫，而詞則爲四絶中之尤絶者也。澄於癸卯幸列門牆，曾披讀《紫荆花》、《胭脂舄》兩種。迄乙巳春，又出《銀漢槎》傳奇，命澄校對。其中奇奇怪怪，如大海之無所不有，如黄河自天上來，忽直忽曲，忽伏忽見。如犀然數計，衡平盡燭，其形而無一之。或爽一時，争先快覩者，皆詫爲奇才，而不知其用心之所在也。吁。士大夫居官，有不愛古人，而愛今人者乎。我師博極羣書，猶且手不釋卷。其卓卓見於政治者，行當詳載邑乘，無容縷述。第即此傳奇觀之，仁人之言藹如，其無時不心乎民可知矣。文辭特其緒餘耳。然則我師之過乎人者，詞與、詩與、書與、畫與。抑古之龔黄與。道光乙巳夏四月，岐山弟子武澄謹序。

清・李錫淳《鳳飛樓傳奇・序》 丁未之秋，淳侍養西安恊鎮署。苦雨市積潦盈尺，危坐不敢出門户。愁雲墨垂，時動瓦溜。正怏怏寡歡，忽有步兵冒雨入，以岐山李侯雲生《鳳飛樓》樂府授予。讀未竟，覺慷慨激昂之氣，一一自毛髮間出。輒投袂起立，欲急就雲生，執手太息，談明季故事。而雨適大作，不果行。嘗與友人論思陵殉難諸人，以爲五千年來史傳所未有。衣冠者勿論，宫女輩死御河且盈三百人，而予尤奇費宫人，以公主紿賊，不能得自成首，猶刺其愛將羅某而從容以死。毋亦天地奇烈之氣，至於明季，尤多鍾於婦人女子耶。《鳳飛樓》者，《岐山邑乘》所載：崇禎十六年梁氏女殉節事。而李侯以其能以智全貞，而爲之演之，以名其曲者也。嗚呼，李侯亦悲之矣。方李闖入關，肅州、山丹、永昌以次降，獨鳳翔不下。意其中必有奇男子者，建義旗，起一隅偏師，痛哭六軍以圖恢復。惜乎天不悔禍，馴至屠滅。至今觀烈女之死，未嘗不悄然以悲也。嗚呼。甲申之變，海内烈婦女，其卓節見傳記者，以數百計。其他湮没不彰，亦不知凡幾。彼梁烈女，又惡知二百年後，有李侯雲生者，爲寫其悲憤悽慘俠烈之狀，曲盡其哀痛之懷，以彰其求死惟恐不得之意，而傳之千古而不朽耶。噫，奇矣。予嘗述邵長蘅之言，謂有明二百八十年無恙之金甌，盡破碎於千百庸進士之手。夫所謂庸進士者，亦何必不以身殉，要以千萬人之頭顱，曾不足償烈皇一坏土。而婦人女子反能體朝廷養士之意，朝野内外，閨閣義烈之氣，縈紆鬱積，固於金湯。脱令當時習孫武子美人戰法，召募天下娘子軍，若秦良玉、沈雲英輩，更得數十百人假之事權，不難翦滅流寇而朝食也。而豈其泣青燐、唬宵露，經溝瀆而無傳也哉。然而事必不至此。予既綜其大概而論之，因思異日召樂府伎兒，按譜度曲，李侯坐華堂之上，燒紅燭數椽，賓客喧聚，吾知永新撩鬢舉袂，曼聲嗚咽，賓若客必且掩面流涕，仰視檐際星月，廣場寂寂無一言，而李侯且浮大白，且哭且笑，亦不自知其何以然也。嗚呼，其能感人也與。道光丁未秋九月幹難愚姪錫淳拜序。

清・李錫淳《鳳飛樓傳奇評》 《桃花扇・餘韻》一折，結場之妙，爲詞曲獨步，此折是真能效顰者。妙在是我朝實事。築墓立碑，表揚奇烈，此折乃必不可少之曲，正不必以摹倣舊式爲嫌。至李侯昌期，恰是爲自己説法，又恰好反襯單明府，一虚一實，兩兩對待。甘棠至今猶存，亦是岐下實景。又恰好迴應周邦，首尾一線。此等奇妙，雲亭見之，當浮大白也。

清・馬國翰《鳳飛樓傳奇・序》 《鳳飛樓》者，李子傳奇也。樓喻其高，鳳之飛喻烈女也。烈女者，梁氏珊如，浙江石門人，父大業，幕岐。逆闖之禍，父死主，女殉父，紿賊全節，故以烈女稱也。烈女而喻鳳飛奈何。鳳鍾兩間之瑞氣。不世出烈女，維兩間之正氣，亦不世出德輝同也。鳳篤生爲烈女，受命於太王姜妃者，何徵岐事也。《緜》之詩詠古公及姜女，而曰：民之初生，則岐之山。作于天岐之室家，立于王及妃，鳳羽翽翽天命之，即王及妃命之也。鳳喻烈女，鳳其女而不鳳其父，何也。唯龍生龍，唯鳳生鳳。鳳其女，即以鳳其父也。且不唯鳳其女，即以鳳其父。凡古今天下，能扶綱常而輔名教者，皆鳳也。於何知之。讀《春秋》而知之也。《春秋》之法，微而顯，志而晦，婉而成章，鳳史之特筆，即麟經之達例也。李子説鳳不以傳紀垂之，而以歌曲出之者何。樂部登場，演忠孝節義之事，侔色揣稱，窮神盡相，一倡三歎，感人尤深也。感人之深若何。人目中有此鳳，則人心中有此鳳，則人倫人紀中多有此鳳。風以此化，俗以此成，此作者之微旨也。愚弟馬國翰竹吾甫拜撰。

綜述

清・李文瀚《胭脂舄・自序》 施愚山先生，吾鄉前輩也。文章經濟，一代傳人。《聊齋志異》載胭脂一案，藝林尤膾炙焉，蓋服其才而誦其判也。余獨以爲不然。審勘人命，固不恃其才，而在用心之細與不細耳。濟南吴太守平反已極其細，而先生官學使，憐宿介爲名士，再從而根究之，如剥繭然，抑又細矣。第拘某甲、某乙並毛大，置諸神前，以氊障殿，以灰塗壁，以煤水濯手，一一命自盥訖，繫諸壁下，戒勿動，詭以殺人者神當書其背，意殺牛醫者必在此三人中，而不拘拘於毛大，而吾竊爲先生危矣。人各有手有背，適痛癢而搔，匿之皆黑也，將如之何。且也提學非刑名之官，何以越俎定讞。胭脂固啓衅之首，何以宥罪判婚。種種疑竇，翻謂傳先生者，未必真。而《聊齋》筆墨，幾等三家村説官話耶。留仙才大如海，溢貫古今，其奇，不嫌附會。而因人紀事，寫平反冤獄之苦心，成惜玉憐才之韻事。讀其文者，傳爲風月美談而已，其他何計焉。余揣先生治獄之意，與《聊齋》作傳之心，有感于中，假胭脂之名，假胭脂之舄，以爲名，譜傳奇十六齣，補《聊齋》所未圓之説。非與《志異》操戈，正欲爲愚山左臂云爾。道光壬寅秋七月，訊鏡詞人自叙於杜亭官廨之竹平安館。

清·李文瀚《紫荆花·自序》《紫荆花》樂府，何爲而作哉。爲兄弟也。爲兄弟之死而不能復生，而又不忍其死，於是作樂府以生之。而或者曰：生之術亦廣矣。或還魂而生，或投胎而生，或借人之屍而生，皆無不可。必借其妻之義兄之屍而生之，又從而再造之，使其兄與妹爲夫婦，似傷忠厚矣。余起而對曰：固知兄與妹不可以夫婦，故假造化之大權改頭換面，易之以古人之心，使其形跡俱化耳。或又轉嗔爲笑曰：唯唯，否否。子殆欲天下人盡如理生之改頭換面，易之以古人之心耶。誠如子願，則凌戌之夫婦，不致有嫌貧愛富之心。而其子若壻若女，即不致有死生離别之悲，顛倒是非之事，人亦無從嘻笑而怒駡之。豈非各安其心而無所事事哉。無如不悟何子誤矣，子以達人之道望愚夫婦矣。余廼喟然歎曰：明知愚夫婦之不達，而不能不望其悟，故設一螟蛉子之屍，還其壻之生，完其女之婚，併設一花神愛主之深心，俠客爲友之熱心，吴若葉死生患難，始終與共之心，以及匪人之不懷好心者，卒不能葆其所終，條分縷析，從而襯托之，使其知所借鑒，庶幾化爲善人也。亦何傷於忠厚耶。或始憬然悟曰：有是哉。吾初不知，激之，正所以勸之耳。今而後謂其女不字可也，謂其子不死可也，謂廼弟死而復生亦可也。即謂天下之能改頭換面，易之以古人之心者，雖死而不死，亦無不可也。何止爲兄弟云爾哉。道光壬寅六月既望，訊鏡詞人自叙於杜亭官廨之米家遺舫。

又《凡例》一、劇名《紫荆花》，取紫荆花下宜兄弟之意。借花神爲樞紐，聯絡夫婦，夫婦合而兄弟自全，毋庸泥也。一、是劇蓄意於道光丙申，漕帥舟中，因作嫁匆忙，未遑援筆。至戊戌，通籍關中。六月買舟，偕金吟香明府出都。篷牕對月，談及悔親一段故事，始擬稿爲之。未及一半，吟香即預序之，故以其序冠首。一、卷上十六齣，皆舟中所作。比時，《九宫譜》無查處，止就手邊老院本依樣填之。恐於襯字誤作正文，匆匆付梓，未遑細核，内家諒之。一、卷下十六齣，大半作於欒城，少半作於杜亭。按譜諧聲，不增減一字。韻亦的確較上卷差堪自信。一、名姓地名，虚實參半。虎兒並無其人，設言爲回生地步耳。李大麻子，無足輕重之人，借來點綴場面，不問其有無可也。至於鹽梟三人，更屬烏有子虚，循傳奇之俗套耳。一、高頭評註，係張咏仙、李式齋、劉符階、馬鶴船、潘樹人、周雨蕉、趙蘭坡、賀笠雲、張雨香、顧喈軒、方鑑之諸友之賞鑑，録之以存故人之手澤耳。一、校對係俞桂軒、張雷峯兩弟子。附録於此，以誌相契云爾。

清·李文瀚《銀漢槎·自序》客有讀《銀漢槎》院本，持而難予者曰：子有禦海之韜與，有防河之略與。予曰：否，否。然則子能窺天象，而有以測河海之災所由致與。予曰：否否。客曰：子既無禦海之韜，又無防河之略，并無窺天之術，胡然而天也，胡然而河與海也。予翻然解，曰：信如子言，必有河海之責者，廼克盡心河海，力挽天災。而凡厥小臣，皆可袖手旁觀，而無所事事矣。客曰：子固好事者。而顧爲此離奇光怪之文，以駭俗耶。予曰：亦非也。予特有望於天心默轉，胥百世而享海晏河清之福。吾儕小臣，得以優游於堯天舜日中，弄筆墨以當歌舞，藉絲竹以奏昇平。是則予譜傳奇之初意，而他何計焉。子如不釋，可以覽《凡例》而忖度予心。道光乙巳三月，望前二日，訊鏡詞人脱稿於岐山官廨之風笛樓。

又《凡例》一、是曲製於甲辰冬，成於乙巳春。公餘之暇，陸續爲之。多頌揚而無諷刺，閱者勿視爲感時之作。一、是劇虚實參半，並非盡屬荒唐。唯穿插附會，不能不循科臼，未免貽笑方家耳。一、是編以河災爲主，海怪爲賓，孛星爲經，牛女爲緯。故叙主叙緯處多，而叙賓叙經，概作順帶文章。一、起於《星渡》，結於《贊石》者，取農桑爲本，亦以占化災爲瑞之兆耳。一、《郎耕》、《女織》二折，雖近附會，實爲政本。望普天下男女，盡如牛女之勤動耳。一、場中脚色，以張騫爲主，汲黯爲賓。故敘張詳，而敘汲畧。至東方朔、嚴君平，迺張騫之陪客，卜式迺汲黯之陪客。一則證疑，一則助餉，皆湊趣於張、汲，而有功於河海斯民者，故爲牽涉之。一、場中人物，並無所託。如張騫、汲黯，正色也。故實敘之，並録《傳》於篇首。以爲有功於河海生民者勸。至《策使》一折，張、李、霍、衛四文武，引武帝登場者，不過循傳奇之故套，借袍笏以炫觀者之目，並非故藏褒貶，至於各人口吻，不得不還其分耳。一、豎亥能知天地數，精衛能填海，天然對偶，奇而不失於正。借來以充場面，亦見異類中尚有人心者。一、雌鼉爲帥，固暗有所指。然亦因小旦無戲，不得不暫令若輩揚眉吐氣也。其實，不值一笑耳。一、天地間怪物最多，描寫難盡。畧取《山海經》中人面而鳥獸者十種登場，取十惡不赦之意耳。一、水怪者，生民之仇也。水怪靖，而生民自安。天然對待，故汲黯賑難，即接以張騫叱怪，不謀而合者，自然之理也。一、編中摭拾典故，習見者多，隱諱者亦復不少。恐宜於雅而不解於俗，悉列於後《考據》卷中，以便稽核。一、《犯斗》一折（耍三台）一曲，引用《水經注》並《禹貢・錐指》，礙於故實，音韻字句，間有不調，識者諒之。

清・李文瀚《鳳飛樓傳奇・自序》 予既譜《紫荆花》、《胭脂舄》、《銀漢槎》傳奇數種，内弟周子弢甫笑曰：妄爾贅爾，虚以幻爾。夫文不徵諸實行，不可謂至。立言不關乎忠孝節義奇烈之事，不可謂學。予曰：莊生《南華經》其妄也，其説之贅也，幻也，其文之至、言之邃也，子識之乎。雖然，不可以負子。於是取《岐山舊志》，前明梁烈女殉節事，以其父大業，及名宦梁建廷、孝子蹇逢吉緯之，又得《鳳飛樓》傳奇。以示周子，周子曰：異哉，文之至也，其變矣乎，言之邃也，其奇矣乎。明季之敗亡，士大夫重利而輕義，一二有廉恥畸行之士，又以無補朝廷之忠孝。輕投於凶暴，一爐俠義之氣，無所洩發而鍾於閨閫，勝國以故多烈婦女也。其變也，草之偃也風之，苗之興也雨之，子之賢也父母心之，民之良也宰官身之。忠孝節義，奇烈岐之。民於是乎全而爲之。令者乃及其亂，而不知所終也。嗚呼，其奇矣乎。周子又曰：鳳鳴岐山，盛時也。明季衰甚，奚取焉。予曰：西狩獲麟，衰世之祥也，毋乃類是。周子曰：是則春秋之意也夫。於是取周子之言，而自爲序。時道光二十七年，丁未秋七月，訊鏡詞人書於岐山官廨之米家遺舫。

清・李文瀚《鳳飛樓・凡例》 一、是劇譜於道光乙巳重九後三日。歷三夕成二齣，嗣因鞅掌輟筆，疎懶隨之迄今。孟夏，晝永庭閒，攤卷復填。或一夕一齣，或三兩日一齣，逾三月而稾成。按譜尋聲，大概尚無佶屈聱牙。爲友人催付剞劂，科白未遑脩飾，幸大雅諒之。一、事關忠孝節義，類多變徵之音。純用北譜，取其慷慨悲歌，暢所欲言。末折用南曲，以別其爲局外人，黄鐘大吕，盛世之音也。一、是本以梁大業父女爲主，而珊如又主中主。故寫珊如處著意，寫梁大業次之。至義紳孝子，皆梁氏之陪客，概從其略。一、單世賞，縣主也，似應登場。而考《邑乘》載：單世賞崇禎十六年任下，無他及。直接國朝。李茂陽，直隸人，順治二年任罷去。則單公當鼎革之會，尚在岐山。而事蹟不詳，不敢妄塗粉面，令其當場獻醜。然篇中具有微詞，文人慧孽，其能免耶。一、篇中引用孫傳庭、鄭崇儉、楊嗣昌、邵捷春、賀人龍、左良玉、秦良玉、萬元吉、黄澍、李光壂、高迎祥、張獻忠諸人事蹟，以及福鹿酒、上方劍、御賜詩、捐輸新餉、間架各名目，悉本《明史》及李光壂《守汴日志》、彭遵泗《蜀碧》諸書，以事關名節，不敢誣也。一、搬演鬼神，傳奇家之故套。《遺鳳》、《鳳醒》諸齣，固屬子虚。而神燈一事，在嘉慶年間。雖時代不同，要皆爲神明保護，不妨附會於篇，以表忠武之靈。一、生旦無合唱之曲，兩不相涉，似乎不情。然情莫大於貞孝，生旦各盡其情，可以並告，無媿於天地，不必以俗例拘也。一、是劇爲幕友揚眉，主人不見，吾儕未免減色。然易地以觀，幕且如是，官當如何。區區父女，未始非勵俗之楷模也。一、末齣，於隔代忽演一漠不相關之李昌期，似乎畫蛇添足，而不知僧繇畫龍點睛飛去，正在此中。識者見之，當相視而笑也。

傳記

清（同治）《重修嘉定府志》卷二三 李文瀚宣城縣舉人，三年任。

清（光緒）《宣城縣志》卷一五 李文瀚字雲生，舉人。陝西知縣，署郿縣，有聲。補岐山，倡捐濟饑，又借社倉粟，行工賑法，浚池築堡十餘年。後回匪之擾岐下，得以無恐。調長安，廉知煤井久傭，蜀人甚愁苦，盡出之，而置領工於法。升鄜州巡撫，張祥河以賢員薦，升四川嘉定府知府，剿撫我邊一帶猓夷。當粵逆竄巖，關中震動，文瀚陳戰守二十八策於當事。及抵蜀，募鄉勇，旬日得十餘萬。旋署夔州府，以道員留川卒。

清（光緒）《岐山縣志》卷五　李文瀚，字雲生，安徽宣城舉人，二十三年實任。賦性躁急，辨事勤敏。工書畫，善詞章，著《岐邑須知》，頗有益於政治。邑之石頭河空塔寺，地僻人稀，突來匪徒數十，盤踞刧掠。公聞，即赴高店鎮，集鄉團，知鄉約李發志素有膽識，令率團偕往，擒獲十二人，中有鄰境要犯三人，餘以嚴法處之，境内乂安。公亦受懋賞，送部引見。二十六年，天旱，稟請發倉，勸捐賑濟，活民無算。石頭河東，舊有梅公、孔公堰，已據上流，利盡歸郿。乃郿民復稟郿令陳君，欲於雞冠石新開渠口，陳以其水利也，遂通詳。將興工，岐民阻之不允。稟公，公亦通詳。郡守白公奉憲委查勘，公與陳持議，民情洶洶，幾成大獄。公謂郡守曰：所謂水利者，因其勢而利導之也。今鑿石開山，以截水流，不惟□之沿河二十餘村不得水利，即郿民梅公、孔公之堰，其涸可立而待。且岐、郿之民一耳。今陳令欲專利於郿，太尊不爲之主，如大體何。於是白公據實詳稟，奉批禁止。岐民樹碑書勒，永守不易。至今沿河地畝，得以及時灌溉者，公之賜也。

著録

清・姚燮《今樂考證・著録十・國朝院本》　李文瀚四種　《胭脂舄》、《紫荆花》、《鳳飛樓》、《銀漢槎》。文瀚字雲生，青陽人。

清・王國維《曲録》卷五　《紫荆花》一本，《胭脂舄》一本，《鳳飛樓》一本，《銀漢槎》一本，右見傳刻本。右四種國朝李文瀚撰。文瀚字雲生，宣城人。

清・趙之煇《胭脂舄・題詞》　花落庭間室有琴，偶將案牘寄謳吟。謫仙曲譜留仙傳，兩様文章一様心。何來如玉過蓬門。一線絲牽倩女魂。引得蜂狂迷蝶路，胭脂紅映血腥痕。牆花路草舊風流，有客何嫌一宿留。隔院春光輕逗洩，賺他織女認牽牛。欲託婚姻作寇讐，寇讐祇認此蓮鈎。文宗得定臯陶獄，兩美終當詠好逑。網開秋隼脱風塵，人頌延陵太守神。一悮豈知成再悮，覆盆寃又倩誰伸。戛玉聲金韻繞梁，非誇風月擅詞場。衣冠自昔傳優孟，願與愚山祝瓣香。

清・錢文偉《胭脂舄・題詞》　廿載詞場閲斲輪，笑顰强半效西鄰。藏園逝後風流歇，祇有先生繼去塵。留仙筆妙語堪思，法眼神通兩有之。演説三車添寫照，畫圖競欲妬胭脂。牽絲漫説付春蠶，碧玉如能嫁汝南。牒給氤氲費波磔，森羅懸鏡屢開函。誰將慧劍斬情魔，孽海沉沉再起波。貫索文昌相映射，宰官無郵誤蕭何。延陵牘背費推求，秋隼拚飛已脱鞲。蕉鹿分明真境現，那知迷夢到仙洲。花柳風魔也索償，桃僵李代太披猖。不從蓮瓣探消息，赤水元珠揔渺茫。愚山智數絶籬藩，㩦燭高擎照覆盆。灰線草蛇無別旨，不將護法頌沙門。縛繭膠纏孽再重，匡廬面目已真逢。靈談鬼笑翻多事，畫頰添毫別托蹤。風定情波結絮因，者番真箇比肩人。燭幽智炬坤靈扇，齊付金仙爲渡津。選錬詞聲結構遒，華嚴樓閣幻浮漚。《遠山》、《梅嶼》巴人曲，僕舊有《遠山眉》，傳卓文君。《薄命花》，改《療妒羹》傳小青，一名《梅嶼記》。屈指輪君一百籌。

清・凌樹棠《胭脂舄・題詞》　壬寅孟秋月既望，楊君宴我華堂上。謂篠園二尹嬾攜絲竹競清謳，風流未肯東山讓。座中李子清且癯，手執一卷索我題。道是《聊齋・胭脂傳》，新詞譜出爲傳奇。胭脂本是寒家女，綿綿春恨向誰語。門前驚見野鴛鴦，無限春情動眉宇。深情脉脉心難密，門前女伴俏相識。識破春閨宛轉心，風波驀地成寃獄。聊齋先生筆如椽，層層寫出成奇觀。令尹一悮太守笑，太守鐵案誰能翻。鄂生雖免宿生死，一寃未了一寃起。不遇施公仁且明，美人名士兩已矣。我讀《聊齋》心已折，更讀君詞爲擊節。世態炎凉兒女情，筆鋒補出《聊齋》缺。譜入銅琶鐵板塲，歌喉轉處應飛雪。吁嗟乎，東南烽火光何烈，歌舞繁華一時歇。黄絹雖成絶妙辭，歌聲欲按增嗚咽。會當生啗夷虜血，更復何心事聲色。先生譜此別有説，且作循良勵清白。讀君辭句見君心，咫尺花封共明月。

清・張籛《胭脂舄・題詞》　折獄才休負。也須知、鏡縱能清，判還防誤。勘破驚厖爲李代，不道錯猶堪鑄。怎舄不究、舄飛何處。翻案文宗偏解事，更簿書轉作氤氲簿。披判牒，多風趣。何如演入梨園部。便奪取、留仙妙筆，謫仙製譜。玉茗詞華應不讓，宛聽訟庭怨訴。足警動、癡邪婦竪。莫按紅牙空點拍，要追維平反心思苦。示我輩，金針度。（金縷曲）

清・張訓銘《胭脂舄・題詞》 檀板輕敲唱竹枝，樽前紅粉妬胭脂。愚山判合留仙記，三絶誰填白苧詞。盟刧蓮鈎種禍胎，此中關鍵耐詳猜。看他一管生花筆，兒女癡情老吏才。宗工難得苦尋根，太守多情妾感恩。相見無言雙眼淚，宿郎無賴鄂郎冤。請商半□酒盃殘，説法登場現宰官。幾個得情能勿喜，諸公切莫等閒看。

清・陳僅《胭脂舄・題詞》 色障重重孽海深，苦教佻達刺青襟。黄金合鑄□城像，千古憐才一片心。

冤獄奇中更有奇，直從明鏡判毫釐。驚人漫托神靈告，誰識虚心讞牘時。

畫餅虚名不可餐，詩才兼得吏才難。瓣香敬爲鄉先輩，政事文章一樣看。

清・馬國翰《胭脂舄・題詞》 誰使門前送眼波。無端殺刧起情魔。佛心演出胭脂舄，一下晨鐘一句歌。

清・張籛《胭脂舄・題詞》 雛鳳有殊姿，雲鶚卻未顧。淫鴇固多匹，鷙鳥尤凶妒。穿屋成冤獄，飛舄無覓處。太守明鏡懸，覆盆照沉錮。辨得李代桃，轉以鴟爲鷲。幸有大宗師，明察掃昏霧。慎哉折獄難，一誤復再誤。此事載《聊齋》，我輩讀滋懼。君譜入新詞，鞠部爭傳布。結撰兼勸懲，點拍有理趣。情癡與奸宄，意態各逞露。莫作院本看，宛聽公堂訴。詞華漫驚奇，治理要領悟。五聽或易窮，一錯真堪鑄。願常置案頭，用作聽訟助。

清・沈廷貴《胭脂舄・題詞》 一念憐才起禍根，幾罹陷井訴無門。勞他秦鏡平反再，始得奇冤雪覆盆。孽海沉淪莫問津，突來魔障似無因。要知門第原難稱，撮合天公故弄人。春光漏洩動奸謀，一瓣蓮香暗裏收。墮地變雖來意外，書生佻達合成因。太守猜疑亦有由，只憑一扇費窮搜。那知誤入迷香洞，別有鴉將彩鳳求。借名冒託假成真，怨耦翻爲嘉耦因。苦盡回甘看結局，公堂花燭一番新。冤外生冤歧又歧，天然一本好傳奇。填來五色才人筆，壓倒臨川《四夢》詞。付與梨園奏管絃，燕支顔色忒新鮮。愚山讞語聊齋誌，好共雲生絶調傳。已定爰書更改移，世間疑獄貴存疑。諸君請讀《胭脂舄》，莫逞才高任意爲。

清・張籛《銀漢槎・題詞》 瀚海波久恬，水族滋變怪。天吴一鼓浪，馮夷助澎湃。頓嗟民爲魚，更虞毒肆蠆。謫仙大手筆，巨識洞中外。謂非塞其源，曷能祛其害。緬懷漢武時，域外起塵壒。匈奴與月氏，蠶食互興敗。通使選名臣，河源窮九派。吾家博望侯，乘槎到天界。銀漢遇雙星，贈石意有在。惜哉問君平，僅以支機對。維時多水旱，生民歎凋瘵。矯制賑哀鴻，長孺功實大。卜式牧羊兒，輸緡拯顛沛。莫笑爲貲郎，酬庸爵應拜。協力捍災患，奇勳非附會。海孽煽雌風，興波驅鱗介。形窮温犀照，名欸山經載。何由奠洪流，砥柱石是賴。精衛填海勤，豎亥步算快。精誠之所通，役使固無礙。平成有偉抱，豈徒作狡獪。經濟發奇文，點拍叶靈籟。治宇久廓清，功業邁前代。好付鞠部頭，歌舞樂時泰。

清・馬國翰《銀漢槎・題詞》 雲生才幹恢鴻龐，列仙謫下蓮花蹕。太白聲譽馳大江，牽絲來宰周岐邦。

鳴琴治化孚誠悾，編氓安□静吠尨。訟庭闃寂滋苔茳，金石娱戲日擊撞。

瓶笙繞竹聲琤瑽，層樓暇憩開軒窗。芳田布野農耘耬，芒擢穮麥莢成雙。

連村桑柘垂旌幢，蠶孃采采過平矼。夐懷耕織牛女雙，恨不身泛天河艭。

維時徐豫苦洪洚，淼漫澤國生黿蛖。黿鼉贔屭翻濤瀧，水怪跳擲都盧橦。

沈陰毒霧冥且黮，孽龍作虐淩崆峣。廬舍漂没輕帆艭，流人號哭多昏咙。

哀雁嗷嗷失哺鐘，九重憂軫發封樁。小臣得無心懼愯，巫支祁勇誰能降。

唯憑淋漓筆似杠，龍文百斛巨鼎扛。雷霆精鋭走砰䂫，天孫默助俞神姽。

支機石化干矛摐，天馬行空奔驥駹。百發百中誇甘逢，腕力頓挽狂瀾漎。

探源星宿底碣硿，博望豐功衆所腔。曼倩詼嘲長孺戇，合譜鐵笛銅琵琶腔。

情思夭矯氣勢龐，韓潮蘇海争飛淙。嵌色小令嗤紅豇，山虛水深空谷跫。太華夜碧霜鐘撤，受而奉讀驚奇喨。珍寶如獲益壽坶，何以賞之紫泉缸。朗朗雒誦酬更梆，深宵披玩剔銀釭。

清・許欽樫《銀漢槎・題詞》 謫仙才富今絶倫，揮毫落紙如有神。上薄漢唐下齊陳，光怪離奇渺無垠。憶昔武帝御極辰，匈奴月氏互相瞋。西南有事起征塵，通使揭來應召人。張騫銜命賦駪駪，道經宛夏各城闉。窮源直到天河津，牽牛織女前含嚬。支機解贈星使身，持向君平細咨詢。更有汲黯社稷臣，心傷河内被災民。矯制發倉賑饑貧，遷守東海何忠純。卜式樂輸億萬緡，牧羊氣誼一時伸。不軌奚爲啓厥脣，東方曼倩突斷斷。詼諧那惜笑談頻，稽諸載籍未全泯。搜羅組織費勤辛，而今宇内慶平均。黄流效順絶湮淪，鯨鯢浪息海之濱。干戈已矣風俗淳，鳳儀獸舞百靈臻。萬國車書達帝宸，覆被咸沾雨露仁。多君便便積學醇，胸羅經史工繡紉。政成恰好鶴來馴，公餘譜出筆墨匀。酣暢淋漓科臼新，一字一珠一玉珉。從兹絲竹答韶鈞，時維道光乙巳春。

清・沈廷貴《銀漢槎・題詞》 憑將史筆作傳奇，異彩繽紛五色披。銜石恨填精衛日，乘槎星犯斗牛時。陸離光怪《搜神記》，酣暢淋漓幼婦詞。海晏河清遭聖世，太平歌舞獻龍墀。

清・邊浴禮《銀漢槎・題詞》 湯湯洪水怒滔天，誰斬長鯨奠海堧。譜出生平忠愛意，生花彩筆本家傳。陸離斑駁蘭臺史，誕幻譸張柏翳經。腕底紛紛聽驅使，祆神社鬼盡通靈。清淺銀潢尺五流，支機片石贈通侯。好將女織男耕法，傳與人間大九州。已饑已溺闢天下，民樂民憂係寸衷。净洗尋常脂粉氣，不須塗抹鬬青紅。稗畦仙去藏園殁，海内中聲一綫微。試起前賢同展讀，定驚咳唾落珠璣。古事新詞託意深，宫商要眇奏元音。世人但作傳奇看，負卻先生一片心。

清・陳僅《銀漢槎・題詞》 用吏由來似積薪，淮揚卧治棄才臣。回思矯制開倉日，濟世終須戇直臣。區區資格限貲郎，牧豕聽經志豈常。爲問武皇朝將相，敢誰廷議斬宏羊。窮溟萬里舞妖鼉，天地包涵赦網羅。亦有微禽能敵愾，西山木石盡干戈。井里桑麻偏海陬，清時到處樂耕耰。甲兵不待天河洗，閒煞乘槎博望侯。

清・徐元潤《銀漢槎・題詞》 女織男耕兩瑞星，桂陽仙籍早知名。絳河逸事誰親見，合問侍兒梁玉清。蓮葉浮空海一杯，堯時貫月漢時迴。不逢太乙資舟楫，天上銀河那得來。胡婦城頭夕照昏，河源星使一抔存。茂陵金盌無消息，石虎居然守墓門。予令城固，嘗修博望侯墓，墓前石虎尚存。胡婦城，在城固。侯娶胡婦居之。錦繡詞人賦子虚，荒唐怪變演龍魚。廋詞笑煞東方朔，竟有流傳罵鬼書。强項方頭一秃翁，河陽萬井起哀鴻。世人欲識循良吏，合在將軍揖客中。輪邊莫解破慳囊，齊相堂堂起牧羊。從此漢廷諸侍從，文園黄霸盡資郎。鯨甲秋風帳殿開，漢家樓艦在靈臺。蕭條天寶憂時客，曾訪昆明古刧灰。掃除蜃氣海無塵，重奠宣房歲月新。破費琴堂螢一點，太平歌唱太平人。

清・姚詩雅《銀漢槎・題詞》 銀漢迢迢，幾曾見，客星犯斗。想當日乘槎博望，事皆烏有。地老天荒誰解脱，海枯石爛空回首。有心人、幻出好樓臺，填虀臼。攀不動，挽河手，説不盡，懸河口。看詞華韜略，奇才堪負。自昔曾經滄海變，從今不使蛟龍吼。待何時，相約上蓬山，傾杯酒。調寄〔滿江紅〕。

清・梅曾亮《鳳飛樓・題詞》 父梁大業女珊如，石門來客岐山居。甲申之年爲賊俘，父死女執要爲孥。九死不得紿若徒，得間撞壁碎其軀。邑志不載或私書，豈非貞烈神所扶。李侯作歌要我俱，詳姓名事不敢誣。

清・周騰虎《鳳飛樓・題詞》 猰貐當途有鳳鳴，岐陽回首感西京。多君椽筆淋漓甚，净掃箏琶譜正聲。女子捐軀酬大義，農夫横草答君恩。中原諸將紛降走，可有心肝奉至尊。百戰山河變市朝，蘭焚蕙歎恨難銷。夕陽何處尋荒塚，白日青春賦大招。君屬騰虎爲貞君墓碑 環珮魂歸月下遲，樽前吹裂玉參差。無端塵刧真如夢，賺得曹江幼婦辭。法曲當筵宛轉歌，凄凉入破涕痕多。分明奪得支機石，擲去應平衛海波。君新譜《銀漢槎》傳奇，衍博望乘槎事 草滿閒庭静理琴，一簾花氣晝愔愔。願君卧治絃歌俗，手種梧桐待鳳吟。

清・武澄《鳳飛樓・題詞》 明季流賊如蜂起，臨難諸公氣何靡。辜負祖宗養士恩，丈夫偷生女兒死。女兒死者知爲誰，珊如其名梁其氏。乾坤正氣得來難，山川靈秀萃於是。可憐年甫及笄餘，百折不回志如矢。回首忽摧堂上椿，憎他强寇逼無已。幾回雉經恨未能，况復又失徐娘七。欲語不語費商量，雙頰暈紅羞唯唯。守卒争先報賊知，不知皆在牢籠裏。捧心祇要自分明，處變何妨應以詭。造物爲之發不平，風雲叱咤横千里。苦衷委曲鬼神驚，破壁一聲人逝矣。古今但愁死節艱，誰料求死艱如此。非術非智胡克全，蒼茫宇宙孰堪比。九泉若遇費宫人，定當把臂稱知己。迄今人來鶩鶩邦，欷歔淚染梧桐紫。欲呼父老訪遺蹤，邑乘簡略墓傾圮。爰有我師李雲翁，胸如明鏡澄秋水。生花筆傳奇外奇，貞女榮於登國史。幽光忽見道旁碑，高薄雲天羣仰止。師爲珊如崇封建立墓表志士慕之庸夫慙，長安市貴洛陽紙。良吏爲政重本原，教民必先顧廉恥。吁嗟乎，君不見堂堂胡尚書，節義終爲一豚累；又不見赫赫吴將軍，君父不如一妾美。

雜録

清・李文瀚《銀漢槎考據》

《通鑑綱目》：漢孝武皇帝元狩辛酉三年春，有星孛於東方。山東大水，徙其貧民於關西朔方山東被水，民饑乏，遣使虚倉廪以賑，猶不足，又募富人假貸，尚不能相救。乃徙貧民關西朔方、新秦中七十餘萬口，皆仰給縣官。數歲，貸與産業使者分護，費以億計。作昆明池。在西安府城内上林苑中，漢武帝欲伐昆明，穿此池以習水戰。中有豫章臺，刻石爲鯨魚，每至雷雨常鳴吼，鬐尾皆動，旁有二石人像，牽牛織女立於河東西。壬戌四年，以卜式爲中郎，賜爵左庶長。《漢書・卜式傳節略》：卜式，河南人也，以田畜爲事。會渾邪等降，縣官費衆倉府空，貧民大徙，皆仰給縣官，無以盡贍，式復持錢二十萬，與河南太守，以給徙民。是時，富豪皆爭匿財，唯式尤欲助費。上於是以式終長者，乃召拜式爲中郎，賜爵左庶長，後賜爵關内侯。《淮南子》：七夕，烏鵲填河成橋，而渡織女。《博物志》：舊説天河與海通。漢武帝使張騫尋河源，乘槎經月，而至一處，有城郭、屋舍，遥望室内，見一女織；又見一丈夫牽牛渚次飲之，驚問：何由至此。騫具説來意，拜問：此是何處。答曰：君還，訪嚴君平則知之。織女取支機石與騫。騫還，至蜀，問君平，君平曰：某年月日，有客星犯牛女。計其年月，正騫到天河時也。支機石，爲東方朔所識。《星經》：牛六星，天之關梁，日月五星之中道，又主牛織女三星，在河西北，天女也，主果蓏絲棉寶玉也。三星明，女紅善。《考要》：織女在女宿之北，一名天女，亦名天孫。《皇會通考》：牛農，丈人所耕之具。織女，即周禮典婦功后妃夫人，無不勤於絲麻也。《荆楚歲時記》：牽牛娶織女，借天帝二萬錢下聘，久不還，天帝怒，驅在營室中，每年祇一見。《山海經・西山經》：又西七十里，曰□次之山，漆水出焉，北注於渭，有鳥焉，其狀如梟，人面，而一足，曰橐音肥，服之不畏雷。西南三百六十里，曰崦嵫之山，苕水出焉，而西流注於海，有獸焉，其狀馬身而鳥翼，人面蛇尾，是好舉人，名曰孰湖。《北山經》：□北二百里，曰少咸之山，敦水出焉，東流注於雁門之水，有獸焉，其狀如牛，而赤身，人面馬足，名曰：□窳。《爾雅》：□窳，似貙虎爪，與此錯軋。愈二音。其音如嬰兒，是食人。又北三百□十里，曰鉤吾之山，有獸焉，其狀如羊身，人面，其目在腋下，虎齒，人爪，其音如嬰兒，名曰狍鴞，是食人。爲物貪婪，食人未盡，還害其身。像在《夏鼎》、《左傳》所謂饕餮是也。狍，音咆。又北二百里，曰獄法之山，瀤澤之水出焉，而東北流注於泰澤，有獸焉，其狀如犬，而人面，善投，見人則笑，其名山獋，其行如風，見則天下大風。又東北二百里，曰龍侯之山，決決之水出焉音訣。而東流注於河，其中多人魚，其狀如鯑魚，四足，其音如嬰兒。見《中山經》□曰人魚，即鯢也。似鮎，而四足，聲如小兒啼，今亦呼鮎爲鯑，音蹄。食之，無癡疾。又北二百里曰發鳩之山，漳水出焉，東流注於河，有鳥焉，其狀如烏，文首白喙，赤足，名精衛，其鳴自詨是炎帝之少女，名曰女娃炎帝，神農也。娃，惡佳反，語誤，或作階。女娃遊於東海，溺而不返，故爲精衛，常御西山之木石，以湮於東海。《中山經》：又西三百里，曰陽山，陽水出焉，而北流注於伊水，其中多化蛇，其狀如人面而豺身，鳥翼而蛇行，其音如叱呼，見，則其邑大水。又西二百里，曰蔓渠之山，伊水出焉，而東流注於洛，有獸焉，其名曰馬腹，其狀如人面虎身，其音如嬰兒，是食人。《東山經》：又東北二百里，曰剡山，有獸焉，其狀如彘，而人面，黄身而赤尾，其名曰合窳，其音如嬰兒，是獸也，食人，亦食蟲蛇，見，則天下大水。《大荒東經》：有蓋余之國，有神人，八首，人面虎身，十尾，名曰天吴水伯。《海内南經》：蒼梧之山，汜林，方三百里，有獸焉，名曰狌狌，知人名，其狀如豕，而人面《周書》曰：鄭郭狌狌者，狀如黄狗而人面，頭如雄雞，食之不味。今交趾封溪出狌狌，土俗人説云：狀如豚，而復似狗，聲如小兒啼也。《海外東經》：帝命豎亥步自東極，至於西極，五億十選豎亥，健行人。選，萬也。九千八百步。豎亥右手把算，左手指青邱北。一曰禹令豎亥，一曰五億十萬九千八百步。《神仙綱鑑》：張騫自元光元年奉使月氏，持節往通西域，欲渡安息黑海，苦無舟揖，忽一枯槎自上流來，遂試乘之，復泝流而上，片時到一處，朱檻緑窗，晶臺玉岸，有二三婦人機織，皆停梭問曰：此上界斗牛宫，凡夫何得誤入。一女持釣竿撑開，頃刻，還流至初處，舍槎而起，重由諸國而回。帝聞之欣然。復欲事西南夷，問羣臣以浮槎之故，衆莫能對。詔募博聞之士，有中條張果入對曰：堯時，有臣槎浮於西海，槎上有光若星月，浮遊四海凡二十年，一周於天，復還西海，名貫月槎，又名掛星槎，羽仙多乘之遊戲。帝訝曰：此言不見載籍，客將妄對耶。果曰：臣實堯時丙子歲生，故知其事。嚴君平，名遵，臨卬人，賣卜成都，與人子言，依於孝；與人弟言，依於順；與人臣言，依於忠。日閲數人，得百錢，足以自養，則閉肆垂簾，讀《易》，詳究《老子》微旨，著《道德指歸》行世。有人居海上，每年八月，見浮槎來不違時，乃齎一年糧，乘之到一處，見婦人織，丈夫牽牛飲渚次，問：此何處。婦以一石遺之曰：爾持歸問嚴君平。其人復乘槎歸。至肆問之，君平訝曰：此織女支機石也。曩觀天象，客星犯斗牛，非汝耶。

清·李文瀚《鳳飛樓考據》《岐山縣志·人物》：國初烈女，見舊志者一人梁珊如，浙江石門縣人，父大業，明季隨友人來秦學幕，遭甲申之變，不得南歸。時士寇焚掠岐山，珊如年十六，寇瞰其美，掠之。珊如早蓄利刃以自衛。寇百端威逼，不從，因之樓中，令兩小卒守之。夜出所藏利刃就頸，卒覺之，奪去，絶飲食三日，亦無恙。珊如此時既求死不得，益急，因紿以願從。伺兩卒去報，即觸壁而死。死之日，天地晦霾。其父先爲寇所殺。國家定鼎伊始，地方大吏剿捕倥偬，未及闡此幽光，爲記其事略，以待來者。《志末》：道光十八年夏，余宰岐山，偶檢舊志，得《梁珊如貞女事畧》一紙，字迹漶漫，不可卒讀。余既憫貞女之奇節，又感記者有發微闡幽之德，因繼其志，亟泐諸石，并刊入前志，《節烈門》以永其傳。道光壬寅，陝甘學政沈採風過境，題《七律》一章，以彰幽德，余續成《七古》一首，并官紳邑士題詠均附《志末》，以俟後之博雅君子重修時採擇焉。道光二十二年，知岐山縣事鎮洋周賡盛識。《人物》：梁建廷，萬曆乙卯第三鄉魁，登丙辰進士，官大理寺寺正，多所平反。出守河南，廉明仁恕。嘗請旨賜程、邵二賢後裔爲博士，俾供祭祀，士論歸美。歷川南兵巡道，引疾歸。值流賊猖獗，養義兵以保護岐城。邑人立祠以報今祀鄉賢。蹇逢吉，五星堡人，父被賊虜入南山，勒以有金贖還，無金則殺。逢吉多方紿賊，其父得脱，然逢吉以欺賊遂遇害。國朝順治十四年，知縣王轂以殉孝奇芳匾其門。《官帥節録》：單世賞，崇正禎十六年任。國朝李茂陽，直隸人，順治二年任罷去。李昌期，浙江縉雲人，拔貢，康熙四年任昌期易樓於治之北，高七仞，曰凝紫，有記，載《縣志》。賡盛泐貞女事畧於石，今嵌樓之西壁。《祠祀》：周太王廟，在縣東北五十里舊岐陽鎮，創建無考。武侯祠，在縣南五十里五丈原，元至元初建按廟内段典謨碑文，嘉慶十一年，寧陝逆匪滋事，出斜口欲西，忽見原上燈光無數，疑駐大兵，遂東竄，原之民咸以爲侯之靈云。《明史·流賊李自成傳節録》：十六年，自成陷潼關，孫傳庭死之，遂連破華陰、渭南、華商、臨潼，進攻西安，守將王根子開東門納賊，巡撫馮師孔以下死者十餘人，自成大掠三日，下令禁止，改西安曰長安，稱西京。所至風靡，鳳翔不下，屠之。於是，肅州、山丹、永昌皆降，陝西地悉歸自成。十七年正月庚寅朔，自成稱王於西安，僭國號曰大順，改元永昌，改名自晟。

黃燮清

論說

清·陳用光《鴛鴦鏡傳奇·序》 詞曲，古詩之流亞也。而世之作者，每多綺麗淫佚之語。雖曰體製類然，亦必合乎風人之旨爲佳。黄生韻珊，年少美詩文，出其餘技，間作元人樂府，尤工言情，一往而深，渺無邊際。予賞其豔而慮其流也。因採《池北偶談·碎鏡》一則，命爲院本。稿竣來謁，覽其詞，華而不靡，新而不鑿，發乎情止乎禮義。洵足懲創逸志，而感發善心者。則是編之作，曲而進於詩矣。吾得以一言蔽之曰：思無邪。

清·陳用光《脊令原傳奇·序》 曲之感人捷於詩書。今有至無良者，氣質乖謬，師友弗能化焉。試與之入梨園，觀古人之賢奸，與往事之得失，其喜怒哀樂，無不發而中者。則曲雖小道，固亦風俗人心之所寄也。予視學浙江，悅黃生韻珊文而賞之，繼覽其所製《帝女花》曲，蒼鬱詭麗，益歎其才之美。爰取《聊齋》所載曾友于事命作劇本，帀月而詞成。情文樸摯，類皆布帛菽粟之談，元人中與《琵琶》爲近。可想見其至性之厚，非徒側豔爲工者。異日譜之管弦，形之歌舞，使普天下孝悌之心油然以生，則感人之捷，雖詩書奚加焉。

清・陳其泰《凌波影傳奇・序》 善乎，惲子居先生之説詩也。其説《桑中》曰：吾于《桑中》，見所謂發乎情，止乎禮義者焉。云誰之思。思也，期我乎《桑中》，思乎期焉。要我乎上宫，思乎要焉。送我乎淇之上矣，思乎送焉。古人之爲詩也，以思言之。若曰若是其越也，抑之可也。後人之言詩也，以事言之。若曰若是其亂也，絶之可也。以思者比乎情，以事者比乎欲。比乎情，禮義之所能制也；比乎欲，非禮義之所能制也。《國風》言情之書，非紀欲之書也。其説《蝃蝀》曰：淫者，人之所能知也。懷者，人之所不能知也。詩之言曰：大無信也，不知命也。爲女子之懷昏姻者戒之。辭止于此而已。言詩者曰淫，又重之曰淫奔，豈詩人意耶。雖然，懷昏姻者不必淫，而可以至于淫。是故刑禁之于已然，禮制之于將然，詩防之于未然。得是説而通之，而後可與讀一切言情之作矣。夫思之越也，其溺在人心；事之亂也，其壞在人品。君子欲正人品，先正人心。顧心不能盡出於正，于是即思之越者正之。所謂防之於未然也。心正則品自正。言情之書，雖謂之防淫之書可矣。且騷人文士，動言情之所鍾，正在吾輩。今且正容莊論，敷陳禮義，曰吾將以防淫也。其不以爲老生常談而惟恐卧者幾希。善于立説者，通乎詩之教，以言禮而後，《桑間》、《濮上》之篇，可合乎《關雎》、《卷耳》之義焉。故曰：情欲之界，人禽判焉。非服習乎風人之旨者，不知制情以遏欲也。吾友黄子韻珊，詩人也。《凌波影》樂府之作，其諸風人之風乎。曩者韻珊嘗譜《鴛鴦鏡》樂府矣，狀幽冥之鑒察，明悔過之獲佑，豈不足以針砭情癡，激揚人品歟。不知中人以下欲勝情，動于鬼神禍福，而後知所返；中人以上情勝欲，明于嫌疑是非，而自知所止。故《鴛鴦鏡》所以警愚蒙，防淫之書也，禮之制于將然也。《凌波影》所以牖賢智，言情之書也，詩之防于未然也。弼直主敬近乎《頌》，規諷主和近乎《風》，詩人之義，固有並行而不悖者。昭明太子商搉古今，自附于立言不朽。而言情之作，顧亦存之。好色不淫，必有當於聖人删詩，存《鄭》、《衛》之微意也。不然，陳思一賦，不幾爲越禮者所藉口，縱恣于欲而假託于情，以文過而遂孽哉。然則鍾情者，可以知所止矣。

清・陳其泰《帝女花傳奇・序》 余友黄子韻珊，天才俊麗，逸藻雕華，墮地金鈴。人知任昉浮波玉磬，世有高琳，能顧曲於髫年，遂安絃於綺歲。僧孺論樂，早知檀拍之名，摩詰按圖，便識霓裳之製。出畫羽繡鞶之餘技，爲哀絲流管之新聲。洵足令四座傾心，雙鬟垂手已。余嘗過拙宜園，韻珊出所製傳奇數種示余。悲凉白紵，宛轉紅絃。璧月瓊枝，虹梁繞夢。金花銀燭，錐硯浮煙。傾倒既深，意趣彌洽。因與論列體製，俯仰古今，謂夫含咀宫商，則盛美因之流播，驅馳翰墨，則孝義藉以激揚。雖云小道可觀，亦足立言不朽。談次適及明季長公主事。公主謹肅母儀，矜莊家法，磨鍊冰霜之質，躑躅烽火之年，卒能鸞續餘膏，鳳諧前侶。自天作合，真破格之殊恩，曠古未聞。洵非常之奇遇，所宜形爲歌舞，播諸管絃者也。夫晉陵矢志，詔適琅琊，臨海遇艱，請婚譙國。帝姬柔福，飄零五國之城，同母平安，流轉兩河之界。莫不悲飛蓬而雪涕，望故國而摧心。安有九死餘生，一絲復合，金人辭漢，尚拜鄉亭湯沐之頒，玉馬朝周，重有第宅土田之錫者哉。今使按雲璈之譜，調瑞鳥之聲，可以附熙朝之雅頌焉，可以傳貴主之孝貞焉。韻珊於是翠管頻抽，紅牙小掐，譜興亡之舊事，寫離合之情悰。一月而成新詞二十折，緘以示余。余受而讀之，擊節則珠跳玉裂，發唱則肉奮絲飛。緣梅村長律之敷陳，爲檀板繁音之節奏；彤闈顛沛，關山潰蟻之辰，玉質摧殘，荆棘銅駝之際。洎乎應天兵集，雪原廟之深讐，望帝魂歸，啟山陵而禮葬。夢中家國，參破空王，雲際絲綸，竟全佳偶。螭璋魚笏，定情改朔之朝，掌瑞司輿，賜禮故侯之第。雖扶桑控鶴，金枝旋化夫曇雲，而穠李乘鸞，玉册永流夫湛露。凡茲橫簫直笛，樂府標新，足使月朗星輝，鴻名垂遠，夜光鼂彩，非寸璧小璣所可希也；承雲六英，非搓酥滴粉所能擬也。從此瓣香詩史，又添輝煌汗簡之章，軒舞皇仁，樂聽鼓吹錦毹之奏。

清・許麗京《帝女花傳奇・序》 情天有恨，媧皇之術誰傳。冤海難填，精衛之誠徒抱。然而明妃月冷，猶歸環珮之魂，紫玉煙沈，尚想衣裳之色。貍毫魚網，奇情畢宣，鳳管鵾絃，豔響斯發。何況地老天荒以後，破鏡重圓，珠聯璧合而還，芳華頓歇者乎。維昔有明之季，魔騰阿犖，玉弩雷轟，運盡鍾離，金甌瓦裂。戚畹擁陶朱之富，貂璫盡恭顯之餘。力戰將軍，虎皮安在。迎降豎子，狗尾爭搖。遂至豕突三關，鴟鳴九殿，邦國殄瘁，傷矣君哉。假令七鬯不驚，鐘簴無恙，王姬下嫁，早賦穠華；快壻封侯，偕居貳室，將見乘凰仙史，並吹天上之簫，奚煩鼓瑟湘靈，更譜人間之曲。無如遍地橫流，飄零玉杵，燒空劫火，隔斷銀河。家國之故難言，兒女之私誰託。怒散衝冠之髮，走訴高皇，狂揮指日之戈，摧傷貴主。非思陵之忍也，蓋情有不得已焉。斯時也，海棠雙樹，杜宇哀號，仙杏一枝，嬋娟宛轉。春蠶命薄，誰延續命之絲。倩女魂離，安問返魂之術。所幸多生公案，赤繩已牽，萬縷塵緣，青萍未斷。回天無力，可憐曙後星光，搗藥有方，特返雲邊月魄。痛一代金枝玉葉，竟隨瓊樹花凋，問九重鳳閣鸞臺，忍見銅仙淚下。三千里龍驤軍至，刁斗森然，五百年麟脯筵開，滄桑變矣。俄焉黄巾電掃，碧落氛清，人民半非，城郭猶是，宫人未老，已談天寶當年，燕子不來，莫認王侯故宅。匪無家蔡女，猶思故劍可尋，匪織錦蘇孃，應念藁砧安在。龍蛇潛於野外，蘼蕪滿於山頭，銜石闕以無言，悵瑶琴之弗御。此則形單影隻，願禮空王，雨苦風凄，徒傷先帝者也。我國家宏慈幼之仁，廣推恩之義，據陳情之表，循旁求之招。詔許完姻，備其田宅，典至盛也，禮亦宜之。雖然，身非金石，感極山河，道異神仙，攖茲疢疾；粧臺春到，凄涼賦合卺之詩，故國悲來，慷慨泣畫眉之筆。三更噩夢，鐵騎憑陵，九死餘哀，鮫珠迸落。萱草無忘憂之用，金屋豈貯愁之區。宜其一病懨懨，雙星脈脈，參苓投於水火，精炁汩於陰陽。白露既零，黄腸永閉。啜其泣矣，命實爲之。嗟乎。結璘有悔，不聞游戲塵寰，寶婺鍾靈，何事托生帝室，聽笙歌於緱嶺，振觸蓉城，邀媒妁於仙鄉，留連桃洞。巫峽感瑶姬之夢，宋玉荒唐，雲輧降蔡經之家，麻姑狡獪。拈花微笑，大有因緣，墮劫諸天，還多煩惱。韻珊黄君，獨參妙旨，鬱爲宏詞，覺情文之相生，悟空色之即是。鋤奸攄憤，鐵筆森嚴，對酒當歌，唾壺碎缺。借前朝之幽怨，刻羽引商，仗我佛之慈悲，驚神泣鬼。此《帝女花》傳奇之所由作也。古直蒼凉，則曹公樂府，哀感頑豔，則玉茗風流。事以信而可徵，言以婉而多諷。收二百餘年之全局，才學識應許兼長，喚大千世界之浮生，戒定慧將無一貫。昌黎云：假善鳴者而使之鳴，亶其然乎。讀是曲者，當不以鄙言爲阿諛也。

清・黄際清《帝女花傳奇・跋》 余兄弟幼就外傅，昕夕悉由庭授。各量其資之所近，與其筆所能逮，而進退之、附益之。韻珊垂髫解四聲，課餘私淑唐人詩，辨核體製，無復齟齬。以故文藝皆從詩入。比年泛濫宋元詞曲，乃所著類纖穠幽邃之作。歲壬辰，秋闈報罷，益放浪詞酒。陳子琴齋，將發其鬱以觀其才，請傳坤興故事。謂吾朝之恩禮勝國，與貴主之纏綿死生，皆前古希覯。當不似《還魂》等記，托賦子虚。且亦我輩未得志時，論古表微所必及也。韻珊韙之，彌月而稿出。哀感頑豔，聲情俱繪，一時傳覽無虚日。查子竹洲，復爲校訂宫譜，遂梓以行。夫小道可觀，學士不廢。自來傳奇，寄其所寄，雖亦濫觴比興，顧必窮極詭麗，以罄其鬱勃。俄而山魈愁，俄而湘女泣，靈均其鼻祖也。若茲册者，毋亦詞中之史，而樂府之中聲與。從此規撫雅騷，彀覈古義，當更有進於此者。譬之卉木，先華後實，於韻珊有厚望焉。

清・朱泰修《帝女花傳奇・跋》 秋風蒲柳，最深榮落之悲，殘照山陵，易動盛衰之感。空空色色，幻影頻開，死死生生，情根難剪。埋憂無地，離恨有天。此非緣由情生，愁因境召者乎。況乃天家貴主，生長宫中，綺歲盈盈，一輪明月，新粧楚楚，五出梅花。方謂玉樹受鍾，粉田恩錫，好逑君子，妙選良家。胡圖鼙鼓，忽驚嬋娟就斃。雖湯能續命，香可返魂，而燭淚難乾，蠶絲空縛。照銀缸兮夜永，倩影珊珊，擁錦被兮春寒，靈犀脈脈。銷沈王氣，樹老諸陵，黯淡荒煙，烏啼故院。宜其心空萬境，不啻棒喝一聲也。幸荷熙朝厚恩，卒成大禮。琴絃不斷，鏡影重圓。無如水淺萍枯，霜深蘭悴。《玉臺》之咏未絶，《蒿里》之歌已聞。抱紅而枯，不黄先隕。人生到此，能不凄然。韻珊以抑鬱之懷，寫蒼豔之思，江郎善恨，平子工愁。語必驚人，字能泣鬼。鐵如意空山敲碎，如聽《河滿》數聲，金珮環夜月歸來，不減《湘靈》一曲。癸巳立秋日，同里朱泰修跋後。

清・錢人麐《帝女花・跋》 此編乃海鹽黄韻珊先生《倚晴樓七種曲》之一。實一代興亡之野史，非僅傳兒女離合生死之奇已也。蓋先生有絶大感慨，鬱於胸中，乃借兒女之離合生死以抒寫之。夫離合生死，可悲也。推其所以離合生死，則悲之尤可悲矣。深文曲筆，皮裏陽秋。讀者自能詳辯而深味之。至其筆墨之哀豔，早爲海内詞人所共賞，又何必再贅一辭。先生倚晴樓原版，已徧覓不可得。數年前，友人曾以七種中《桃溪雪》石印行世者，一時大爲紙貴。余於今春在浙東竟覓得七種全本，與社友挑燈快讀，感喜欲狂。社長談小蓮君謂：先以此編刊行，餘再次第出版，藉以發幽光而公同好云。

清・曾菊人《茂陵絃・序》 蓋聞鼓以郊天，而後知賁音之大，鐵必躍水，而後識蕤賓之良。以故負薪之鄉，稀解牙奏，乞食之市，不賞員簫。難平梁鴻之噫，致動唐衢之哭。雖觭數之不偶，實知音之鮮逢。則讀家弟韻珊《茂陵絃》一譜，允足以慰巾褐之素心，洗風塵之白眼焉。夫以相如居蜀，漢武同時，已駕才乎楊雄，竟坐困於阮籍，落莫一賦，何處博金。荒涼半椽，居然空壁。乃屈王孫之草，呼爲貴賓，牽寡女之絲，引作知己。娥月奔夜，郎星摇天，逸雲上淩要之題柱之手，病雨秋集療以横山之眉。凰絃未終，鳳詔已拜。流才譽於宫掖，樹偉勳於蠻夷，洗鷫鷞之舊寒，思媚有婦，幻蟚蜞之小夢，横行讓卿，斯固極文人墨士之奇逢，洵未罄記史謌詩之豔慕。然而畫舉世之炎涼，舍爨弄而不盡其態，窮一生之起畢，託瓠梁而益流其聲。於是組以詞章，調之水尺，酣筆醉墨，魂招酒壚。角旦商生，緣締琴柱，掩私行於多露，心如絃清，繪熱場於下風，手可簧炙。調協硍散，遏歌雲於漢梁，字鏘玉聲，蓈芳雪於嵋巘。竈羽閉而錦水齊涌，蠟板鳴而橦花亂飛。則是譜也，借人志感，因地絃詞，信足卑滁西歈之音，而上掩東屋之製者矣。嗟乎。閨中師，曠競説蛾眉，門外觽俞，竟屬狗監。昔年犢鼻甘心，而同處於褌，今朝馬頭回首，則有推其轂。讀曲起舞，聆音展愁，知君別寓琴心，豈抱緑綺以老。感我漸催絲鬢，怕聽白頭之吟。

清・瞿世瑛《茂陵絃・序》 落葉如潮，斜陽似夢。聽茂陵之秋雨，依舊蕭疏，問漢代之白雲，幾曾翻覆。七絃彈出依稀流水之聲，五字吟成縹渺凌雲之氣。黄子韻珊清襟浣月，豔骨裁花，燈前叢笑，惜青史之傳誣，酒後按歌，顧紅牙而多誤。乃吮生花之筆，援記事之珠，巧借琴心，重翻笛譜。爾乃雪深梁苑，正停驂恨別之年，花發都亭，是寡鵠愁單之日。故人畫策，侍者通名。一彈緑綺，便結知心。四壁芙蓉，都饒遠致。眉黛則山光欲妒，酒壚之春色平分。無何犢鼻，長辭狗監。促召磊落題橋之字，熒煌買賦之金，使節南馳，雲棧之縈紆未改，夷琛遠獻，星軺之建樹非凡。牛酒争來，蛾眉無恙。況乃蜺旌翠葆，朝裁諫獵之書，玉簡金泥，暮草登封之表。文章華國，給斑管而何慚。眷屬疑仙，賦白頭而非偶，可謂清才絶世，豔福雙修爾。其嚼徵含商，鏤金錯采，神傳阿堵，燭光與虹采交飛，體仿瘦金，詩格共梅花俱淡。替他遮掩姮娥奔月之羞，故爾迷離紈扇捐秋之恨，尤覺秀分山緑，幻雜仙心。僕本恨人，頗同渴病，愧蒹葭之質，無分攀嵇，覽冰雪之文。有懷慕藺，矜茲鴻藻，亟付蟲雕。吟當静夜，恍寄三生紅豆之思，歌徧旗亭，待濕幾輩青衫之淚。

清・吴德旋《茂陵絃・序》 昔人謂井丹高潔，不如長卿慢世。雖曰有激之談，然長卿實東方曼倩一流人物。當其未遇時，賣酒滌器，與待詔金馬門不報者，奚優劣哉。韻珊年少才美，借《琴心記》譜《茂陵絃》樂府，即可作韻珊感士不遇賦觀。韻珊《自序》：以曲爲長卿作，非爲文君作。余則更有説焉。文君富家女，以一念憐才，不避夜奔之辱。柔情俠骨，非鄭衛詩人所刺者可比。予固亦好爲梁陳綺語者，若禮法之士以波蕩後生責之，不敢辭其罪矣。

清・汪仲洋《評語》 嘗讀《琴心記》，恨其曲詞白口不與題稱，而又抹卻諫獵一節，添出唐蒙設陷、文君信誑、相如受紲諸事，可謂癡人説夢，了無理緒。讀韻珊此本，不覺夙心爲之一快。惟才人乃能爲才人寫照，信然。

清・許謹身《評語》 積雨新霽，緑陰如幄。焚香小坐，出此本讀之。香豔在骨，消人魂魄。後與吾友黄韜庵以笛度《閨顰》一折，音拍悉中宫譜，視笠翁、惺齋直如腐耳。

清・弢庵輝《評語》 初讀此本，深愛其填詞之妙。因以一笛度《閨顰》齣中〔商調〕、〔仙吕〕兩曲，宫譜悉應，極怡悵纏綿之致，亟付樂部，《牡丹》、《紫釵》之亞也。時將有江南之行，不及題詞以贈，爲書數語，以誌心折。

清・胡珵《桃谿雪・序》 茹痛千秋，誠感隕圮城之淚，解紛一諾，高蹤齊蹈海之風。委荃蕙於荆榛，國殤哀怨，庇枌榆以松柏，里社生全。其精靈，如清楓嶺之題壁留名，其貞毅，如皋亭山之撒沙退敵；其沈幾觀變，如王凝妻陷賊而不污，其臨難無辭，如趙高婦懷刀而自衛。具斯義俠，足媿鬚眉，不謂英奇，乃鍾巾幗。爰有步摇插舌，柔翰濡毫，以銅琵鐵撥之音，寫石爛海枯之志。四聲腸斷，恍聆逸調於青藤，一串喉圓，歌出無瑕之白璧。任天上拈花帝女，聞亦傷心，《帝女花》傳奇，亦韻珊所作有殿前喋血宫娥，引爲同譜。《鐵冠圖》傳奇，終於費宫人《刺虎》一齣。此《桃谿雪》傳奇之所由作也。烈婦姓吴名宗，愛字絳雪，浙之永康人。彩鸞仙子，偶謫塵寰，香茗詩才，偏傳綺閣。秉姿穠粹，藉望清華，平陽擎掌内之珠，雍伯聘懷中之玉。問唐家閨秀，光威裒序恰聯三，比宋氏女䇲，英昭憲齒居最稚。方其擁燭成吟，吹簫得侶。倣璿璣於蘇蕙，寄粉鏡於秦嘉；丹青描没骨之圖，房闥有掃眉之友，可謂容華絶世，福慧雙脩矣。無何毁容當盛鬋之年，獨活對卷葹之草，方抱終天之冰蘗，遽來滿地之風烟。登臺者指索羅敷，圍宅者交連孫秀。觸棺長慟，死别難逢，縮地無方，生還未卜。棄孱軀於鯨餌，磨黷質於猰牙。躑躅而行，伶俜何倚。人生若此，慘忍言歟。然而經不通權，家國無兩全之理，聖能達節，剛柔有互用之時。使烈婦矢泛柏誓，言守下堂，傳訓靡笄自矢，握玦難開；身屬乎夏侯，尸還乎陰氏，詎不輝如皦日，皭比秋霜。而乃投袂請行，據鞍自若，效木蘭之代戍，佐魏絳以和戎。窺其意，蓋有不得已者三，論其才，洵有不可及者二。撥時度勢，請略言之。當夫懷光凶狡，僕固梟雄，甌江既撤夫藩籬，婺郡遂遭其蹂躪。菀彈丸之小邑，乘破竹之長風。維時閫外將軍，尚堅壁壘，浙西弩手，未叩船舷；即欲籌細柳之防，乞賀蘭之旅，蠟丸奚達。燕幕堪危。恐骸析孤城，烹及睢陽之妾，亦烽沈列堡，衝艱荀灌之圍。於焉效少伯之行成，致先施而紓難。執箴人往，陽橋暫緩師期，賂磬謀成，淄水漸收餘燼。苟燃眉之可拯，雖粉骨以何傷。此其不得已者一也。况乎居近鄰鄉，孰非桑梓，文成展誄，未妥楸楸；憐在褓之孤雛，螟蛉甫負，仗牽蘿之弱婢，卭蟨相依。倘寇氛相逼於近圻，民勢竟成其内潰。則覆巢之下，翼恐難完，焦土之餘，刼何可算。縱異日魂歸環珮，碧月當空，奈此時膏染郊原，青燐遍地，欲救滿城之化鶴，莫如孤注以旋廬。豈似文姬，尚貪金贖，已離合浦，何望珠還。此其不得已者二也。更有慮者，華元之刼質已成，鄭忽之師昏潛約，欲葳蕤之自保，恐肘腋之難防。若墨崑崙預伏於重垣，沙叱利竟馳於内寢，則輕騎欻段，馱出佳人，雌兔迷離，隨行火伴。指白水而沈淵莫及，託朱絲而畢命何由。與其倉猝以捐軀，不若從容而定計。一抔碧葬，裹革皮留，萬片紅飛，飄茵果悟。不賴笙媧之補恨，悔成精衛之銜冤。此其不得已者三也。今夫芊氏享軍，而荆師退舍，齊侯歸女，而吴子弭兵；曲逆畫謀，而平城解甲，太和遣嫁，而回鶻來庭。胥隱忍以就功名，含容而存姑息。兹則師皆鷹奮，海佚螢澆，苟不突夫圈熊，遂足殲夫柙虎。惟烈婦胸操成算，膝等僞降，饜之以所求，要之以出境。然後指殽函而收骨，淨土猶香，甘崖石之捨身，佛光恒滿。祔合韓憑之塚，歸尋杜宇之家。譬司農倒印，追兵暫濟奉天之急；儷紀信乘車，誑楚□援隆準於危。借箸工籌，握旄匪屈，忠臣策士，合軌同符。此智之不可及也。若夫閉目而拒默啜，賢明者助高叡成仁，裂眥而罵姚萇，激烈者使苻登雪恥；或斷髮以明志，或匿刃而剸讎。類爲史乘之所稱，究與民功而無補。而烈婦嫠忘恤緯，愾敵同袍，身是飛仙，衆呼活佛。玩黄祖如傀儡，以紅粉執干戈。莒紡單絇，終纓請代，娥臺隻柱，禹砥能平。何物老奴，久已目無宣武，漂零晚嫁，傷哉忍負明誠。覩負風欲仆之身，具叱馭長驅之力。萬家保障，恃彼蛾眉。九拒勳勞，完其雉堞。伊誰所賜。父老能言。此勇之不可及也。嗟乎，顧愷圖中，詎無賢媛。班昭傳裏，不乏名姝。求其危事而能安，詭遇而得正，曠觀前史，罕與比倫。始知從父從夫，尚爲庸德，謀軍謀國，乃是奇才。宜乎香火祠堂，玉顔永奉，笙匏絲竹，璈奏偕宣。安到神絃，聽步虚之法曲，唱來村媪，任搬演於歌場。吴君康甫，暨黄子韻珊，志在闡幽，義存導俗。大雅之才兼小雅，繙成絶妙新詞，文人之筆肖天人，都是霏空麗藻。試讀珠璣滿帙，東南行摹樂府之篇，如棐金石成書，六一翁表婦人之集。

清·佚名《桃谿雪·叙》 耿逆之亂，浙民之罹，寇虐者連數郡，蔓及永康。邑女子吴絳雪者，以智計欵賊，永康之難以紓，絳雪死之。事具黄太守霽青所爲傳中。其宗人韻珊孝廉，復取而演爲《桃谿雪》傳奇，於以慰貞魂而揚芬烈。既脱稿，持以示余，且屬爲之序。余維傳奇者詞之餘，于文章爲小道，士之游戲筆墨者。往往因寄所託，假優孟之衣冠，以陶寫其性靈，而激發其志氣。指端樓閣，幻化無端，未可據爲典要。其大旨，要以正人心，而扶世教爲本。然而載記所述事，多可風轉，非賢愚所共喻。間有一二見諸雜劇者，則鄉曲婦孺，莫不口耳習熟，而與爲悲涕，與爲歡愉，感嘆流連，有不知其然而然者。無他，貞孝義烈之性，人心所同具。無以感之則不動，觸其機則勃發，而不能以自己。百聞不如一見，詩書之陳説，固不若優伶抵掌之收效爲倍捷也。夷考南北曲雜劇創自元人，由明迄今，代有作者。其始古意猶存，未嘗不一軌于正。迨其後新聲日競，妖冶之態登諸氍毹，靡曼之音叶諸簫管。蓋自《會真》、《還魂》諸劇出，而燕溺淫僻之風，遍于海宇。人心幾何其不熄，世教焉得而不衰。此迂曲之儒所由發。

清·關瑛《桃谿雪·後序》 參天黛色，木號女貞，滿地紅心，草名獨活。摹神肖物，女子易工，殺身成仁，深閨罕覯。謝道韞詩名太盛，奇節不傳，曹大家國史能修，俠腸未著。濺蛾眉之碧血，補麟史於金閨。兩間未有之奇，千古全歸之局。雖摩尼易失，寶在人心，而太璞終完，灰珍浩劫已。國家康熙初，有絳雪女史吳宗愛者，永康閨彥，姑射仙姿，岐鳳遺祥，彩鸞舊族。碧玉初分之字，清溪最小之行；媛玉生芽，三雙種成雍伯，明珠在櫝，十五未嫁王昌。盛鬋豐容，中郎有女，傳經問字，伏生無兒。樓住六宜，蚪簷月上，人驚三豔，雁影風來。分調《白苧》之歌，集補《緑華》之草。當其隨行携李，小住稠桑，蛾術家傳，鱣堂春永；結伴泛傾脂之水，尋芳問禦兒之橋，往來羅刹江中，應接山陰道上。南國多言情之作，東征有紀遊之章。一肩秦月燕雲，千里吳頭越尾。關睢鐘鼓，樂在房中，我馬玄黃，憂深塞外。鴛鴦錯采，自舒善色善心，蜾蠃書香，且結空花空果。況復琴參賀若，管協伶倫，北苑丹青，南朝金碧；豔奪雙花錦地，神摹萬歲通天，左蕙芳繡遜其嬌，蘇若蘭手輸其巧。美人玉貌，同貽七出菱花，閨侶瑤情，巧結同心梔子。不數淑貞，紅粉集有斷腸，羞吟清照，黃花身慚晚節。然而獨傳韻事，恒悔幽光，生義難兼，古今同慨。當徐尚朝之入寇，正濟道山之殉身。黑白探丸，東西搜堡，鼓鼙動地，戈甲連天。幫源逞方臘之强，會稽集孫恩之衆。時有枌榆詭計，桑梓庸謀：謂紅顏尚可和戎，非白戰所能殺賊，計定美人之局，懺成出塞之詩。而女則慷慨從行，從容赴義。共姜但以死誓，文姬焉望生還。旋於疎網之時，遂作墜淵之隕。迄今年逾二百，已失傳聞，界滿三千，不彰勝跡。佳人黃土，小劫紅羊，永没孤芳，胡可勝道。所幸吳君康甫，攝篆是邦。乘軺式廬，披荆拾豔。得遺珠兩卷，滄海迴波，有彩筆五花，中天復旦。傳搜列女，星燃劉向之藜，序補新詩，夜起徐陵之草。從此海内争傳三絶，閨中自有千秋矣。間嘗攷寶鑑之圖，披燃脂之録，搜香摘豔，戛玉鏘金。繪聲繪影之奇，一字一珠之秀，不過網羅散佚，收拾芳華。詎知樓臺本七寶莊嚴，錦繡皆萬花散落；芙蓉承露，圓收珠影千重，瓔珞垂雲，奇現金身丈六。況乎神仙眷屬，家近藍橋，山水清華，地連寶婺。奇葩現瑞，不争秋白春紅，仙籟鳴空，何有巴歈越唱也哉。

清・吳廷康《桃谿雪傳奇・跋》 嗟乎，伊古以來，深山幽谷，窮巷窟門，舍生取義之人，名湮没而不稱者，可勝道哉。或喪亂之際，覩誌無人，或歲月既深，記載尠據；又或流傳失實，所聞異辭，則且疑其迹而諱其事。然而義烈之操，堅貞之志，其精靈常自存於天地之間，終使後之人得以諮訪故老搜採逸文，爲之表章稱述，傳信千秋。則名之因湮没而愈顯者，非偶然也。余生平游跡所經，輒訪求古今忠孝義烈遺蹟，爲之題墓立石，以補志乘之所未及。道光二十三年官永康丞，喜其俗樸民醇，敦尚志節。曾采訪苦節窮嫠，未邀褒奬者，請於大府彙而旌之。嗣聞康熙間，有徐烈婦吳絳雪事，邑志家乘皆未之載，心竊傷焉。因訪得其殉難始末，屬海鹽黄韻珊孝廉譜《桃谿雪》樂府，既梓行矣。後復廣諮博詢，知縣城西由義巷，爲徐氏故宅；縣東北四十五里後塘街，爲烈婦母家。至今吳氏聚族而居。余皆親歷其地，父老尚有能言烈婦事者。項聖模明經家傳其先世所紀云：烈婦初聞邑人之議，急趨母家謀所以自全。而賊兵自縉雲踵至，索烈婦勢洶洶。闔族具雞黍啖賊，先詭諾以緩其虐。時當六月，衆方冒暑屬集，亦暫寢息。五更復具供張，索益力。族不能匿，乃出烈婦。賊遽喜以偕行。至義烏縣界三十里坑，椒川谿口路亭下，始以智計捐軀，即葬其地。此殆所謂傳聞異辭者耶。要之烈婦死志早決。其稍緩須臾者，徒欲使賊兵不蹂躪鄉里耳。而無識者，乃從而疑之，遂從而諱之。嗚呼。此邑志所以無徵，而家乘所以失傳也。余過三十里坑，求烈婦墓不可得，俯仰憑弔，感慨繫之。於是郵乞海昌許辛木農部爲之傳，弁諸樂府之首，再付梓人。跋廣其傳，而烈婦之名益彰。豈非正氣不可磨滅，有以自存於天地間哉。

清・丁文蔚《桃谿雪・跋》 吳康甫貳尹見示陳琴齋孝廉手訂永康《徐烈婦詩鈔》，余亟以付梓人，陳君復爲校勘，俾成善本。因謂吳君曰：子嘗屬黄韻珊孝廉傳烈女事爲《桃谿雪》樂府，武林雖有刊本，而刷印無多，流傳未廣，若與《詩鈔》並出行世，俾好事者播諸管絃，演諸通都大邑，則人人心目中皆有墜崖遺烈，不止零篇賸句爲藝林寶貴而已，豈非維持世教之助乎。余聞而韙之，乃與王君歡篁合貲重刊，以復於二君而識其緣起如此。

清・許奉恩《補桃谿雪傳奇下場詩・跋》 海鹽黄韻珊孝廉所撰《桃谿雪》院本，筆墨精妙，竟欲與孔雲亭《桃花扇》抗衡。大抵奇文，非奇人奇事，難臻其極。《桃花扇》一書，實因時際艱屯，事多盤錯，雲亭偶然得之，用以抽秘騁妍，一暢發其名士美人，離合悲歡，牢落無聊之氣。諺云：作文必得好題。誠哉，是言也。今《桃谿雪》既得好題，而文實能雅與題稱。然非康甫二尹表揚幽隱，幾使奇節湮没不彰。於以歎天下古今，奇人奇事，正復不少。特恐無好義如二尹者留意採訪，亦徒聽其與庸夫村豎，同歸澌滅而已耳，不亦重可痛惜乎哉。余讀此書，既欽二尹之善於能表揚，又喜得黄君奇文以傳於世。詞句科白，直無毫髮遺憾。而見者往往多以齣末缺下場詩爲嗛。爰不揣譾陋，爲補足之。每齣一遵詞之原韻，蓋壹種《桃花扇》例也。續貂之誚，在識者諒之。

清・馮肇曾《居官鑑・跋》 先外舅黄韻珊先生，以緜麗之才，負經緯之志，發而爲文，蓋自抒其所得非苟焉已也。所箸《倚晴樓集》、《續詞綜》及《帝女花》、《桃谿雪》傳奇，僚壻錢唐宗子城太守官鄂時，重爲鏤板行世。《茂陵絃》、《鴛鴦鏡》、《凌波影》舊附外集，爲五種。晚年自悔少作，懺其綺語，燬板不存。然要皆防情之作，不失乎禮義之正，海内通人亟稱之。肇曾自維陬質，學殖無成，不足以表彰先生之盛業。幽居無那，常取數種讀之，實足以啓發善心，而懲創逸志。商諸子城，請任刻貲。子城守正學，又夙聆先生之言，未之許也。去歲，子城卸蘄陽篆，養疴鵠垣。又屢致書，以是編爲言。子城鑒余之誠也，屬其門人武昌柯孝廉蓀安、錢唐翁茂才式如校讎附梓，甫開雕而子城遽謝世，柯、翁二君爲促成之，以竟厥志。先生工駢偶，文稾多散佚，存者僅十數篇，容續刻焉。

綜述

清・黄燮清《茂陵絃・自序》 客謂余曰：《茂陵絃》何爲而作也。余曰：爲相如作也。曰：相如生平惟諫獵一事差足傳，餘碌碌無奇節，特詞章士耳，惡乎取。余曰：否，否。相如非詞章士也。使其才得大用於時，必更有所施爲，詞章烏足盡相如。於何見之。即於相如之詞章見之。凡人心乎天下，而所值之時與勢，或不足罄其志量，則其嶔崎磊落之氣，與夫平昔所孕之抱負鬱積至久，必磅礴傾瀉於詩古文字之間，而不能自掩。相如雖事業不概見，其所著《子虚》、《上林》等賦，皆有關世道者也。當武帝時，窮兵荒遠，中外騷擾，四海之民，疲於征輸，文景富庶之業，蕩然一洗，皆帝侈勤遠略，不務生息之所致。《子虚賦》極形齊楚君臣之驕態，即爲帝寫照也。《上林賦》歸本節儉，蓋將藥帝之病，俾知所悔悟，爲天下復已傷之元氣也。相如之賦，名臣奏疏變格也。故讀相如之詞章，正可見相如之才之不盡於詞章也。而卒以詞章顯其才者，則以武帝僅能識其詞章之才，而終不能盡其詞章以外之才也。抑亦相如之不幸也，遇使之然也。曰：子既薄相如之遇，何曲中又若深豔其遇者。余曰：相如之遇曷足豔。以天下正有才如相如，而其遇並不能如相如者，則相如之遇，未始不可爲才人吐氣也。曰：子之傳相如是矣。若文君者，固失節女子也。發乎情不能止乎禮義，而子必曲折寫之，無乃犯綺語之戒，非《國風》之正乎。余曰：欲寫相如，不能不兼寫文君。非因寫文君而始寫相如也，閲者不以辭害志可也。故曰《茂陵絃》爲相如作也。庚寅長至日，吟香詩舫主人書。

清・黄燮清《帝女花・自序》 嗟乎，循環生死，神仙無了結之期，俯仰興亡，宇宙皆貯悲之境。大江東去，挽不住恨水波濤，小海西流，問不出冤禽消息。況乃帝王骨肉，鬱痛千年，兒女江山，同聲一哭，如明季長平公主者，尤足動廢書之長歎，愴思古之幽懷者也。當夫仙李蟠雲，穠桃承露，瓊樓金屋，聲叶珩璜，翠水瑶池，豔傾菡萏；體裁玉琢，香生鸞鳳之胎，掌上珠珍，出自驪龍之頷。眉猶待畫，肩問誰齊。宜遵受册之儀，賜封大國，遂詔司禮之監，妙選良家。則有周君世顯者，平叔風標，鴻圖氣節，以閥閲之華裔，締潙汭之良姻，合璧有期，射屏適中；一絲綵縷，煩月老之牽來，兩鬢宫花，待日兄之賜插。豈意惡氛徒熾，好事多磨，鴛偶未諧，狗嚙將及。當紅葉塞修之會，正赤眉潑焰之秋。敗報星馳，警函雨集，魯陽老去，誰揮指日之戈。后羿飛行，竟發射天之箭。謂神器可以力取，虎豹磨牙，恨肉食未能遠謀，牛羊崩角；强藩縱敵，仍膺侯伯之封，貴戚守財，尚作子孫之計。六師皆墨，九廟齊灰，朝内可謂無人，國事至於此極。青蛇墮殿，知東漢之垂亡，白燕渡江，慨南宋之不振。殘棋絶援，餘燼難收，戰血模糊，冷浸中原之草，鬼燐黯澹，青燒半夜之雲。撥兒馬卷地而來，誰爲泥封函谷。孩子軍梯城而上，竟使靴踢神京。烈皇於是淚濺重袍，手提銛劜，六宫矢節，一日捐軀；國母既誓以摩笄，貴主亦因之掩魄。三百餘年社稷，付之地老天荒，一十五歲嬋娟，同此風酸雨苦。既乃載歸椒里，温以蘭衾，斷骨重連，餘絲猶裹。活雙鬟之冷翠，蟬翅蓬鬆，認半臂之殘膏，猩痕斑剥。前身青女，帶來冰雪之災，小影麻姑，閲此滄桑之變。銅人泣露，悲哉九月涼秋，石馬嘶風，消盡五陵佳氣。涸鼎湖之龍穴，無計攀髯，傾阿閣之鳳巢，僅存完卵。華陽多病，嬌小可憐，臨海無家，飄流何底。半生歷劫，已空玉鏡之塵，一表陳情，乞下金仙之髮。恭逢我聖朝蕩平寇黨，撫馭寰瀛，闓澤溢於普天，隆恩推於勝國。太息蘭魂楚楚，亦王者香之根苗，豈宜曇影空空，爲波斯匿之舉動。詔合故劍，膏續離絃，館擬平陽，禮從優異，宅方沁水，春自繁華。車犢三千，爭看騎奴之送，金錢百萬，無須牛女之償。旛護餘芳，鏡圓前影，目憐魚比，翼稱鶼飛。然而夙痛未捐，煩冤常鬱，亂離如夢，愁談天寶年間，金粉成煙，莫問上陽院落。回思往事，憂來無方，陡撫殘創，魂消欲絶。阿嬌新貯，漫誇眷屬同仙，望帝不歸，無復爺娘喚女。盡掃洛陽之紙，莫罄悲腸，便傾滄海之波，難完恨淚。楝花太苦，桐葉先零，三尺瓊簫，吹落秦樓之月，半床錦被，寒沈楚岫之雲。遂使奉倩銜哀，安仁茹戚，檢箱中之紈綺，依然餘唾猶存。燒帳外之蘅蕪，難望香魂再返。一年顰笑，了此塵緣，孤塚淒涼，埋茲豔骨。飛來蝴蝶，還疑舊日羅裙，啼煞杜鵑，斷送春風錦襪。浪説大時憐壻，甘隨諸妹於黄泉，倘從地下尋親，定問烈皇於紅閣。吁其戚矣，命也如何。僕本恨人，史傳遺事。撫青編而流覽，愁寄天邊，憐紫玉之銷沈，心傷局外。援少陵詠懷之例，寫太傅絲竹之情。敘作四萬言，臚分二十闋。聲揖靡曼，不同《燕子》吟箋，事涉盛衰，竊比《桃花》畫扇。彰義門收場淒測，渺渺兮予懷，衆香國説法荒唐，非非有之想。弔靈絃於湘江水上，權爲楚客招魂，按檀板於梨園部中，尚待周郎顧誤。時道光壬辰閏重陽，韻珊黄燮清題於海上嘯篁池館。

又《鴛鴦鏡・自跋》 《鴛鴦鏡》者，吾師陳石士宗伯命憲清作也。師視學浙江，憲清初以文字受知。進謁時，出所撰《帝女花》樂府質之師，師益擊賞，因命搆是劇，意蓋爲維風俗、正人心發也。稿出，師擊賞如前，謂好色不淫，合乎詩人之旨，詞至此可以風矣。稍加點定，促付剞劂。乃災木未竟，而師已歸道山。嗚呼，悲夫。古之人碎琴塚上，掛劍墳頭，徒以爲知己。故今師之神明，方嬉遊於青冥碧落間，聆《鈞天》之奏，觀《霓裳羽衣》之舞，區區俗藻凡響，曾何足以問世。而師所以維風俗、正人心之苦衷，又懼其泯而弗彰也。爰畢梓事，以存師意於不忘云。時道光乙未小春中浣，韻珊黄憲清識於吳興舟次。

又《桃谿雪・自序》 予友吳康甫貳尹，至誠君子也。嗜善好古，久而不衰。嘗與邑人士稽考名勝，及前賢遺蹟之所在。凡忠孝義烈之未經表著者，必闡揚其隱，以爲世風。廉俸所入，恒以是罄。初未嘗介於懷，且甚以爲樂焉。道光丙午春，予遇諸湖上。詢其近，概曰：貧而已。語甚略。而語烈婦吳絳雪事甚詳，且囑予製曲以傳之。閲兩月，康甫以檄委至吾鹽，復手録絳雪始末以示予。嗣後，凡三至鹽，至必及絳雪事。絳雪者，永康才媛也。耿藩之亂，僞總兵徐尚朝犯浙道永康。邑之人以絳雪有美名，謀以之餌敵，且抒難焉。絳雪知不免，而迫於衆，不得死，遂慷慨行。既紿敵出境，而投崖以殉。康甫丞永康，爲梓其遺集《緑華草》及《六宜樓詩》若干卷，并廉得死烈事。懼其久而泯焉，故亟爲予言。予既感康甫之誠，而塵勞役役，難於搆思。殘冬短晷，朔風號林，予適病癰，偃卧一室，文離委頓，衆緣不交。由定生静，由静生感，意常鬱勃若怦怦有所動。而康甫復寓書相敦促，遂縱筆爲之。日成一闋，不一月而稿成。時方嚴寒，冰雪之氣流注紙墨，蒼激哀亮亦不知涕之何從也。名之曰《桃谿雪》。桃谿其地，雪其名也。雪喻其潔，桃則傷其薄命也。而予竊有異者，絳雪去今百餘年，予與康甫亦別且八載矣。胡然有西湖之遇，胡然而康甫一歲四至鹽，又胡然而予忽癰之病焉。回憶百餘年來，何時何地何人不可以傳絳雪。而必於一歲之中，回旋曲折，以迫成吾《桃谿雪》之一書也。其康甫至誠之所動與，抑山川正氣久鬱必彰。而烈女之靈實有以左右之與。是皆不可知矣。嗟嗟。從容盡節，士大夫所難也。而顧得之弱女子乎。闡發奇偉以維持氣運，縉紳先生之事也。而顧得之一丞乎。然則，予之文不足傳。而絳雪赴難之烈，與康甫嗜善好古之誠，則固足以傳吾文矣。道光丁未季春，韻仲黄憲清序於拙宜園之倚晴樓。

又《玉臺秋・自序》 吳君康甫，情種也。篤於伉儷，得《國風》之正。宜人張氏，或謂陸氏，温雅柔順，善侍君子。康甫病疫，常二十晝夜目不交睫，侍湯藥不稍懈。夜静，輒焚香禱佛，願以身代。宜人固善病，以病者侍病者，及康甫病愈，而宜人遂至不起，其亦以身殉情者歟。康甫既痛其逝，而又憫其代己也。囑爲樂府以傳之。

傳記

清（同治）《宜都縣志》卷三下《政教职官題名第六》 黄燮清，海鹽人。乙未舉人，同治元年任。

清（同治）《松滋縣志》卷七 黄燮清，海鹽舉人，同治二年代理知縣。

清（光緒）《海鹽縣志》卷一六 黄燮清，字韻甫。少負奇才，博通書史，工詞翰，審音律，善繪事。道光乙未舉人。屢上春官不第。充實録館謄録，用湖北縣令，病不之官。自是怡情山水，著述益富。遊屐所至，當世名流，争以識面爲幸。家居拙宜園，爲楊晚妍太史别業。燮清改葺晴雲閣爲倚晴樓。繼又得硯園廢址，栽花種竹，自號兩園主人。時與知交觴詠其間，有終焉之志。咸豐辛酉，賊陷縣城，乃間關之楚就官。大府耳其名，器重之。壬戌分校鄉闈，權宜都令。邑有虎患，捕不獲，爲文牒，虎遂滅。夏旱，又以文牘，翌日雨。旋調任松滋，有政聲，未幾卒。著有《倚晴樓詩集》十六卷、詩餘四卷、樂府七種，選刻《詞綜續編》二十四卷。

著録

清・姚燮《今樂考證・著録十・國朝院本》 黄憲清：四種《帝女花》、《鴛鴦鏡》、《茂陵絃》、《桃谿雪》。

清（光緒）《嘉興府志》卷八一 黄燮清：《國朝詞綜續編》二十四卷、《倚晴樓詩集》十二卷、續集四卷、《黄安濤緑箋詞鈔》（未刊）二卷。案是編爲黄燮清手定稿本，已佚。《詩娱室詩話》、（未刊）《吴諺集》。

清・王國維《曲録》卷五 《茂陵絃》一本，《帝女花》一本，《脊令原》一本，《鴛鴦鏡》一本，《淩波影》一本，《桃谿雪》一本，《居官鑑》一本。右七種，國朝黄憲清撰。

藝文

清・陸畿《題辭》 五十三參參未真，癡魂易墮障中塵。情場全靠仙才筆，唤醒鴛鴦鏡裏人。 富貴單身識已遲，神仙無偶也憐伊。算來還是情天缺，再譜來生合鏡詞。

清・萬立銜《題辭》 么鳳棲琳宮，丹彩鮮霞日。罡風忽搏霄，摧卻紫文翼。所託非不高，中道滄桑易。莫生帝王家，千古同太息。伊昔崇禎年，鍾山王氣畢。絳頭與毛面，鴟張恣狂獝。推轂將相臣，囚首競銜璧。丹烽艷龍池，白燈懸鳳闕。投璽呼蒼蒼，血淚衮袍溢。太陽將沈輝，若木枝先折。昭仁委玉蕤，娥臺一朝坼。娉娉坤興主，銀潢分玉葉。蕙性含芳葩，蘭儀掩瑶月。上鬟制寶釵，方選秦晉匹。穠華未棻敷，山陵已崩裂。當其倉皇時，梅糒正繞膝。一揮青芙蓉，頓殘懸黎覓。帝欲彰幽貞，呵護遺神物。寶瑟雖暫僵，鵾弦竟不絶。獺髓留珊痕，鸞膠續鞶結。上書獻闕下，長齋願繡佛。皇恩渥慈幼，一物不使失。故劍茂陵求，破鏡樂昌合。都尉公侯子，金貂美承業。喈喈鳳凰鳴，相攸頌韓姞。卷葹已拔心，茹苦常戚戚。家國痛流離，玉筯停紅頰。愁碎鴛鴦心，啼殘杜鵑血。紫玉竟成煙，香魂返無術。鶴飛吴市遠，鳳去秦臺闃。南山有悲歌，露草空隋什。猗歟蘜情生，遐思闡幽闃。綺情衷窈窕，摛以粲花筆。示我黄絹詞，維誦幾擊節。阮家固佻達，玉茗終淫佚。詎如《帝女花》，風人麗以則。仰視空天雲，長喟廢瓊帙。

清・汪适孫《題辭》 天荒地老日月昏，傾巢之下遺天孫。我皇盛德比覆載，重圓破鏡邀殊恩。有明帝女長平主，周皇后生年十五。掌珠孕彩自驪源，懷玉分輝出瑶圃。雲髻新更扒角鬟，九翬盤帔上笄冠。賜封已受嘉名策，選尚旋催司禮官。周家壤子朱幡族，玉帶銀鞍齊屬目。百疋紅羅爲繫親，甲門外館如期築。五雲佇降金根車，鳳管鸞弦禮孔嘉。拂臉待調天母粉，插頭預賜日兄花。忽傳烽火神京偪，兒女江山同一擲。九廟看飛貴戚灰，六宮不染朝臣血。此時良玉盡成煙，此際貞蕤盡化鵑。豈意芳魂離倩女，翻因臂斷得身全。天戈指處妖氛掃，清時留得殘生保。落彩甘爲練行尼，瀝忱特上陳情表。滄桑歷盡斷□蹤，宴坐端宜聽佛鐘。望鄉笑築平城館，示履嗤留太華峯。九重動色垂隆眷，一時翔泳仁風扇。豈有金枝玉葉身，淪歸紙襖田衣伴。詔下同時禁臠求，國家禮數曲從優。當年平地生公府，應詔依然號粉侯。賜錢大啟同昌宅，輦致還教富金麥。桃李穠開故國華，粉脂豔沐新朝澤。撫膺聞樂感何如。不御臨觴坐向隅。卷施拔盡柔心早，杜宇啼殘血淚枯。回思國破家何在。不分良緣留一載。蓮子雖含得溝心，銜冤敢忘填東海。了卻前生未了因，歸從地下見君親。更賜一抔乾淨土，可憐生死感皇仁。無雙才子生花筆，天花法借瞿曇説。寵遇非彈蜀國弦，悲涼爲鼓湘靈瑟。銅琶鐵撥按當筵，媧石終難補恨天。卻有留都巢幕者，閒將燕子劈吟箋。

清・陳作敬《題辭》 神仙小謫芙蓉闕，恨海茫茫填寶筏。險阻才看破鏡圓，淒涼又弔蘆溝月。蘆溝纖月照京城，帝女如花待館甥。妙選已聞開沁水，賫糍共説降長平。漢家運盡黄巾起，走卒羣思作天子。中朝節相可憐蟲，專閫將軍自鬬蠐。賊騎星馳夜據鞍，夢中伸脚過長安。倉皇帝后傷心別，破碎山河掩淚看。天潢肯污淩霄節，引脰干將相訣絶。半臂先腥白刃芒，全家竟啑彤闈血。攀髯無計獨銜哀，私第移歸萬慮灰。棣萼同時逢浩劫，松楸無路哭泉臺。此生回首俱塵夢，願祝空王棲法棟。青門蕭史擬乘鸞，華表令威還跨鳳。鳳帔鸞釵瑟瑟垂，餘生猶畫遠山眉。夢回宮闕牽衣訴，話到滄桑掩袖悲。郵知善感華年蹙，香桃骨瘦慵膏沐。龍馭追隨殉已遲，鹿車遲挽嗟何速。殯玉埋香劇慘淒，葳蕤長自閉春閨。可憐冷月無人夜，照見空梁落燕泥。衆香國裏旋來去，此身不作黏泥絮。天雨曼陀證辟支，靈修杳杳知何處。何處宫商叶管絃，詞人補恨寫紅箋。興亡故事傳新唱，感慨悲歌記夙緣。簾旌愁絶悲風送，吾生亦抱黄門痛。杳冥重泉哭不聞，淒清遺挂懸尤慟。針綫雖存寶瑟僵，無聊空自拊繩牀。縱營齋奠人何在。不信神仙路渺茫。渺茫罷鼓湘靈曲，燈火青熒夜深讀。根觸予懷子緡笙，悲涼往事漸離筑。悼死悲生一愴神，嫏嬛仙侣認前身。他年貼地紅氍舞，定有含悽墮淚人。

清・吴廷燮《題辭》 萬歲山前鼙鼓震，黄沙漠漠雲低陣。帝女空填碧海魂，媧皇不補蒼天恨。憶昔深宮啟未央，皇枝托體重天潢。花開上苑穠桃李，翼舞瑤池小鳳凰。册就儀容咨保母，選來才地擅周郎。沁園好賜千金築，寶轂還傳百兩將。一朝鐵騎趨京闕，君后倉皇成永訣。百子樓頭劫火飛，九龍池畔流泉咽。牽衣慟哭入彤闈，碧濺桃花千片血。未跨秦臺彩鳳翔，遽驚漢苑芳蘭折。半體先從母后歸，餘生忍見諸王別。紫玉歸來異代魂，遭殘浩劫此身存。陳情漫自悲柔福，入道何堪共玉真。有詔鸞臺求寶鏡，重教翟茀嫁天孫。賜第新開脂粉磑，空箱剩壘鬱金裙。傷心苦歷兵戈變，異數終邀聖主恩。江山回首浮雲改，舊時宫闕人誰在。鶯啼花落自三春，粉瘞香埋驚一載。薤歌寂寞葬同昌，彰義門邊冷夕陽。幸向窮泉歡笑語，不須故國怨興亡。自古繁華如轉轂，銅駝又見南都覆。可憐龍種豈尋常，黄衣莫問泉鳩獄。還傳故劍落人間，西風獨向空江哭。滄桑已變荷生成，恩義翻看殘骨肉。若使飄零棄道旁，庸知玉碎非爲福。往事銷沉已百年，憑君幽怨譜吟牋。乾坤有恨隨流水，興廢何常剩管絃。扇底何郎還傅粉，曲中秦女已登仙。惟餘天上瓊樓月，猶傍銀河幾處圓。

清・沈彦曾《題辭》 上界多情下界愁，金戈鐵馬滿荒邱。神仙也墮紅羊劫，石火光中一轉頭。投生錯入帝王家，語極酸辛淚似麻。一霎罡風吹過處，鴛鴦劍落兒女花。滄桑閱盡百無歡，一疏書成淚點寒。錦繡江山餘隙地，可容臣妾借蒲團。一現曇華豔影消，黄門清淚湧如潮。今生比翼難同命，再世何因問玉簫。

清・王本仁《題辭》 劫灰飛盡亂離年，天上誰償十萬錢。秦女已悲亡國恨，鳳臺如夢月如煙。綵絲續命悟前緣，破鏡淒涼影再圓。一曲興亡天寶恨，詞成須付李龜年。

清・何岳齡《題辭》 仙子真從歷劫來，飄零故劍出塵埃。傷心一片宮簾月，依舊流光照鳳臺。不須顧曲待周郎，江夏才高最擅長。數點梅花笛中落，人間猶見壽陽粧。

清・查仲誥《題辭》 妖星焰奪紅鸞影，淒淒上陽春老。王氣沈山，邊愁入苑，燐火一天寒照。嬋娟瘦小，便再世因緣，收場偏早。擬賦招魂，五更殘月珮聲杳。滄桑彈指已换，悵鴛鴦舊塚，青斷芳草。傳粉樓荒，吹簫館廢，剩有夕陽閒弔。花煩絮惱，都付與才人傷心詞稿。冷和哀絲，杜鵑啼到曉。（臺城路）

清・李光溥《題辭》 一霎歌場，有無限纏綿悱惻。渾閲盡綺羅蓬葆，鐘魚琴瑟。並蒂蓮開心自苦，殘枝藕斷絲難劈。問畫眉深淺入時無，無言泣。塵劫換，紅羊厄，星度朗，紅鸞吉。怪鵑啼鵲噪，恁般幽寂。完璧一雙存國寶，聘錢十萬邀天錫。大排場，了結再生緣，才人筆。（滿江紅）。

清・張泰初《題辭》　戎馬收全局。渺無端瓊枝一樹，黯摧香國，已缺金甌誰補得。不是紅顔薄福。小兒女同聲一哭。有限流光無限夢，斷芳魂再把情絲續。花有淚，也盈掬。移商换羽音何促。數文心前湯後蔣，與君鼎足。滿腹牢騷隨意洩，都付哀絃豪竹。看優孟如何裝束。此是當年《河滿子》，韻凄凉，更勝山陽曲。浮大白，又重讀。（金縷曲）。

清・楊尚觀《題辭》　劫後餘灰燼。掩荆榛寂寞銅駝，待呼天問。衰草斜陽隨處是，醖釀許多遺恨。算冷月魂歸難準。七尺珊瑚容架筆，耿良宵寫出黄姑韻。腸斷了，淚偷揾。穠桃豔李都銷損。殉東皇三月飛花，杜鵑紅噴。杯酒誰澆墳上土，一例雨酥煙潤。可認得舊時啼暈。只有燕雲青不改，看御溝流盡閒金粉。傷往事，漫評論。同前。

清・吴承勳《題辭》　寫出傷心稿。恁收場繁華世界，夢兒潦草。憑着蕊珠留幻影，倏忽墓門斜照。有賸水殘山相弔。坎坎箜篌聲斷絶，似宫人白髮談天寶。焚碎玉，鳳凰叫。風情總被填詞惱。莽銷魂池邊横笛，花邊側帽。汗減懷中銀字譜，化卻柄檀煙裊。一樣是承平年少。不識悲從何處起，作神仙、痛哭瞿曇笑。歌未闋，月輪小。同前。

又　索我題新句。十旬來塵箋絲硯，鎮無一語。酒後森森芒角展，擊箸敲甌而舞。漫棖觸英雄兒女。金粉春秋誰解讀。杜鵑紅，繪黯啼螿苦。天有缺，煉情補。自憐錦瑟華年誤。感離弦蘅蕪香斷，芙蓉路阻。哀樂未經陶寫盡，秪許么絃低訴。更莫問畫闌叢樹。縱使罡風容舉袂，冷瑶宫能幾埋愁處。燈暈裏，淚如雨。同前。

清・查慧《題辭》　逐鹿光陰走電車，銅駝没水戟沉沙。祇餘蕭史悲明月，空説劉郎問落花。上塚漫留新畫本，昇天可認舊鉛華。塵緣仙意都凄絶，歲歲春風怨琵琶。弔古終須仗史才，劫灰消盡亦堪哀。烏闌寫就傳歌院，杜宇啼時冷嘯臺。麥秀黍離增激楚，霞裳雲珮莫驚猜。錦氍毹上紅牙急，定有秋魂掩泣來。

清・許延礽《題辭》　精衛難填恨海波，青衫涕淚弔仙娥。不因歷盡塵寰劫，那識人間苦趣多。荒凉陵谷暮煙收，生死因緣話粉侯。休怪神仙好游戲，樂昌圓鏡幾生修。閬苑東風雨露新，零花斷草總回春。傳奇儘有蘭臺筆，荃蕙何心託美人。刻翠裁紅字字香，宫幃兒女數興亡。嗤他《燕子》、《春燈》曲，江總才華恨轉長。

清・沈金蕊《題辭》　鑾箋新擘譜笙簧，唱遍江南齒頰香。千古悲歡無限恨，且從勝國説天潢。玉葉金枝彩鳳羣，鴛鴦小牒掌氤氲。天孫未嫁秋風緊，一道銀河隔陣雲。鼙鼓聲聲逼鳳臺，六宫粉黛盡塵埃。可憐半臂零星血，冷濺昭陽砌下苔。椒里迎歸玉漸温，藕絲斷續最銷魂。自傷嬌小飄流甚，惟願禪參般若門。小謫人間十五年，瀟湘哀怨託冰絃。舊時宫闕重回首，落日西風哭杜鵑。興亡感慨付滄桑，故劍求來總斷腸。一歲芳菲花事了，春風憔悴泣周郎。優曇色相本來空，夢醒瑶臺玉漏終。此夜香魂隨落月，劫塵期滿返花宫。燕鶯啼盡故宫思，回首從前感黍離。江夏風流一枝筆，君恩併入女兒詞。

清・徐宗淑《題辭》　垂頭不忍看京華，殺氣蒼茫黯暮霞。一朵嬌花殉宗社，投生錯入帝王家。笑看將軍天上來，煙消日出現蓬萊。斷絲珠顆重成串，並蒂花兒一處開。紫燕黄鸝泣上陽，繡帷憔悴病紅粧。五更殘魄歸消歇，素女秋寒不耐霜。玉碎香消佛亦憐，香風引到大羅天。紅顔命逐河山盡，涕泣誰談天寶年。集本詞句。

清・席慧文《題辭》　露咽秦簫，雲沉蜀鏡，青門路斷無人識。孰將舊事繁華，舊夢凄清，一齊付與寒螿泣。依稀豪竹問哀絲，當筵細譜龜茲律。寫出多少王康調逸，淚痕和墨如鉛瀉。回想禁苑烏啼，鼎湖龍化，落葉添蕭瑟。千秋遺恨怕重題，休言共月隨圓缺。（鵲踏花翻）。

清・萬鈿《題辭》　殘照西風，渾不見漢家陵闕。更堪傷瓊蕤珠蕊，一般摧折。家國空悲田换海，親庭不奈金寒玦。痛餘生、何處認離宫，娥臺塀。春繭恨，絲難絶。銀燭淚，啼乾血。歎吴門鶴去，秦樓簫咽。眼底新歡人倚玉，心頭舊怨禽銜石。比樂昌破鏡强重圓，圓還缺。（滿江紅）。

清・錢寶珩《題辭》　巧奪霓裳譜。寫不盡兒女江山，離詞恨語。生小瑶池瓊闕種，兩字因緣天付。正羅綺年華三五。猛底寒笳深夜警，莽天涯兵氣銷歌舞。燐影裏，落花暮。芳魂誰遣瞿曇護。仗慈悲幾番質證，因蘭果絮。故國粧臺圓舊鏡，一霎美人黄土。又一霎斜陽今古。畢竟情天多缺陷，問笙娥可有癡雲補。凄斷了，成樓鼓。（金縷曲）。

清・吴藻《題辭》　法曲冷霓裳，重譜紅腔，修簫人愛月華涼。吹得秦

臺仙夢暖，小鳳雛凰。家國感滄桑，滿地斜陽。瑤天笙鶴散花忙。江管一枝春易着，不斷生香。（浪淘沙）

清・錢人麐《題辭》 倉皇車馬已西遷，舊曲霓裳付斷絃。滿地落花春不管，江南又見李龜年。 燕王臺歷幾興亡，往事傷心話樂昌。昨日有人都下至，道他破鏡失鴛鴦。 畫角嗚嗚渡海來，邊聲吹到斷鴻哀。北風多少胡笳恨，輸盡黃金買不回。 臺閣高官安樂窩，累他兒女亂離多。侯門盡日調絲竹，知否人間避難歌。

清・康葉封《題詞》 兒女私情且漫論，題橋心事劇酸辛。梨花釀熟蛾眉翠，但擁文君亦可人。 空齋寂静理瑤琴君善琴，鸞鳳卑棲感客心。等是凌雲才子筆，可能狗監託知音。

清・俞興瑞《題詞》 氣鬱凌雲四壁寒，窮途狗監遇來難。分明一掬才人淚，莫作閒情綺語看。 長安風雨一鞭遥，紅豆新詞別恨撩。駟馬期君同努力，試將題曲當題橋。

清・石之英《題詞》 半簾花影逗琴聲，閒借文園寄素情。莫歎風塵青眼少，年來才譽滿公卿。 磊落才華迴出羣，一枝健筆擬凌雲。詞人遊戲參褒貶，不載當年《封禪文》。

清・孫恩保《題詞》 一谿春水洗鉛華，流恨茫茫未有涯。自是仙源塵不到，東風開遍白桃花。 雪魄凄凉散碧燐，化爲明月照紅塵。不知烽火流離日，赴難從容有幾人。 絲竹中年感慨多，冰池滌筆畫霜娥。文章悲喜關風教，此是人間正氣歌。 黃九詞名海外傳韻珊前製《帝女花》曲，日本人咸購誦之。更看雅樂奏《鈞天》。分明一掬《離騷》淚，付與湘妃廿五絃。

清・吴承勳《題詞》 寄與傷心譜，難辭淚萬行。煩冤屬宗衮，憑弔付詞場。夜半火珠色，秋深銅劍鉎。可憐緯餘恨，舉世已全忘。

清・南嶽山樵《題詞》 一雙佳偶荷天成，女貌郎才遂此生。著有《緑華》詩稿在，春花秋月最怡情。絳雪著有《六宜樓稿》並《緑華草》等集。

生就容華畫不如，鶼鶼比翼最憐徐。我家藏有梅花在，押角圖章愛讀書。予家藏有絳雪《畫梅》一幅，有小印曰：懶於針綫因貪畫，不惜精神愛讀書。可想見其丰采矣。

底事蕭郎愛遠遊，杏花春雨感離愁。傷心暫別成長別，深鎖香閨燕子樓。

仙郎赴召杏花枯，血淚頻教染繡襦。鼙鼓攖城軍事急，退兵無策倩羅敷。

從容慷慨保全城，一女能當十萬兵。卅里坑前看撒手，是何清潔与英明。

鏡箔迴文詩繡來，鮑家小妹最憐才。祇今烟雨江南夢，杜宇聲聲喚不回。絳雪鏽有迴文詩帕，不亞蘇蕙《璇璣圖》。與族妹素聞最相憐愛，題素聞山水，有滿窗烟雨夢江南之句。

絶代才華正妙年，好從錦瑟數芳絃。傷心玉碎珠沈處，夜夜山頭泣杜鵑。俞蔭甫太史編《絳雪年譜》，至殉烈時年二十五。

天道茫茫問不真，難將孽障證前因。桃花谿水今嗚咽，總爲和戎獻美人。

斷緣風箏語可哀，堅操節烈赴泉臺。徐郎塚似韓憑塚，應有鴛鴦共化來。

黃九詞壇最擅名，玉簫細按譜新聲。杏花亂落飛紅雨，無限凄凉離別情。

天遣龍眠老叟來，《六宜樓稿》未湮埋。許多緑慘紅愁句，寫出班香宋艷才。

一曲《桃谿雪》又新，《桃花》舊扇已成陳。怪他造化渾無賴，慣把紅顔誤美人。

清・秦緗業《題傳奇》 兒夫何苦遠離鄉，孤負同心歌一章。枯到庭前紅杏樹，人間那有返魂香。 漢家失計在和親，欲把蛾眉靖戰塵。此去懸崖真撒手，桃花慚愧號夫人。 黃九才名動一時，譜成豪竹閒哀絲。表揚賴有龍眠叟，頭白重栞《幼婦詞》。是書爲海鹽黃韻甫作。而實自桐城吴康甫發之。今板已毁，康甫將謀重刻。 鏡箔猶留織錦文，遺編未付劫灰焚。煙嵐一幅江南景，絹素何由覓素聞。絳雪題素聞山水，有滿窗煙雨夢江南句。今絳雪畫幅猶有存者，而素聞不可得矣。

清・俞樾《題黃韻珊孝廉傳奇後》 曾向秦臺泣鳳凰，孝廉曾作《帝女花》傳奇。紅顔碧葬更凄凉。春風寫入黃荃筆，卅里坑邊土尚香。 綺年才調女相如，翰墨留題徧國初。一擲危崖千古事，眉樓羞殺老尚書。龔芝麓尚書，有《題絳雪畫册》詩。 記昔看山到永嘉，永康城外屢停車。來遲未遇哦松客，誰與城西訪杏花。吴康甫大令作永康丞，訪知城西由義巷，即絳雪故居。余兩至永嘉，距康甫作丞時二十餘年矣。離合悲歡任意編，傳奇體例想當然。我今更定瑶華譜，續得佳人命一年。傳奇事實，與本集不甚合，院本體裁也。余編次《絳雪年譜》，寄康甫大令刻之本集之前，較陳琴齋考定絳雪死年二十四者，又多一年也。

清·孫瑛《題黄韻珊孝廉傳奇後》 昔傳《帝女花》，海外才名重黄九。今見《桃谿雪》，詞壇讋服齊俛首。冰甌滌筆寫霜娥，知是君身才八斗。忠義感激扶綱常，離合悲歡嘆童叟。巴人不識《陽春》曲，盡道此曲天上有。頹然醉夢聽《鈞樂》，八琅之璈帝左右。《霓裳羽衣》舞瓊筵，九重春色仙桃酒。凄如激鶤絃蟪蛄，鳴林皋圓如隋侯。珍大小珠盤，走幽如《離騷》。抒哀怨瀟湘，帝子驂虯螺。又如秦女鳳凰臺，吹參差兮佼人懰。紅顔碧葬弔忠魂，丈夫鬚眉亦可醜。珮環空歸夜月明，杜鵑啼血春光久。世事變眩影須臾，惟有忠孝名堪壽。君才掞天表節烈，立言如是真不朽。卅里坑前桃花潭，潭水千尺深而黝。片片飛雪舞桃花，落英繽紛水清瀏。

清·陳偉《題詞》 石霞山色連雲起，間氣獨鍾奇女子。清才絶貌世無雙，兼聞軼事傳鄉里。家住桃谿第幾橋，饘堂隨宦正垂髫。劉氏一門皆穎慧，鮑家小妹最妍嬌。自小璇閨擅三絶，按曲霓裳識初拍。一篇巧製代庭闈，萬口喧稱滿吴越。吴宗有女名素聞，相親相愛惜離羣。到眼梅花添別恨，同心梔子衍迴文。天上石麟締嘉耦，食貧巧試羹湯手。鴻案雖齊德曜眉，鹿車不共少君走。薄命紅顔自古多，望夫山下奈愁何。可憐宛轉青鸞舞，變作凄涼黄鵠歌。纔見秦嘉别徐淑，忽過高樓聞朝哭。嫠室蘭燈獨自明，墓門麥飯無人續。難得宜男姊妹花，榮分玉樹養瓊芽。盛會依然作湯餅，芳年從此屏鉛華。文姬才調文君豔，天爲蛾眉開生面。茹蘗飲冰未始奇，斷臂焚身亦何怨。由來失計是和親，漫説傾城屬美人。忍將哀感鳳凰調，去逐縱横豺虎塵。蛾眉一騎向何處，三十里坑芳草暮。下視寒潭徹底清，撒手懸崖是歸路。桃花流水自悠悠，明月清風幾度秋。碧玉難尋他日井，緑珠曾墜舊時樓。珠沈玉碎總如此，千古傷心同一死。如何峻節貫冰霜，更有奇功庇桑梓。此事銷沉二百年，翻令篇什早流傳。不是好奇搜志乘，争知遺烈照江天。我今但讀《桃谿》曲，憑弔不見桃谿屋。碧血春山化杜鵑，年年啼上女貞木。

清·張蘭《題詞》 蕣華容貌栢舟哀，鼙鼓聲聲馬上催。欲弔驚鴻何處是，空留翩影在瑶臺。去國和戎讖已成，冰心一片最分明。祇今惟有霜天月，照見寒潭分外清。桃花豔麗雪精神，綵筆争題當寫真。一代傾城好顔色，論才猶勝墜樓人。一曲新詞唱落暉，人間豔説五銖衣。誰知碧血羅襟上，化作秋螢夜夜飛。

清·陳鍾英《題詞》 咸豐己未，鍾英承乏故鄣。吴康甫參軍以事見過，出示《絳雪詩集》及《桃谿雪》傳奇。時庭闈就養在鄣，皆有題。次年即遭兵燹，零落十餘年。今爲鮮民再晤吴君武林，道將重梓是編，仍徵題詠。並言絳雪父隨宦滬上，生絳雪，母出應氏芝英。莊窗間有絳雪畫《杏林春燕圖》，猶及見之。屬爲入詩，棖觸往事，揮涕不已。因録先親遺墨致吴君，並附數詩於後。同治甲戌十一月下浣書。

蓼莪雖廢亦徒然，往事何堪憶昔年。爲有先親遺墨在，更教和淚寫新篇。絶世容華絶世才，一吟黄鵠不勝哀。滬川亦有明妃井，不逐琵琶過紫臺。卅里坑前花似雪，六宜樓外月如霜。須臾忍死全桑梓，玉碎珠沉倍斷腸。環珮何年化鶴歸，春風二月自芳菲。杏林圖畫飄零盡，應氏堂前燕尚飛。

清·王逢辰《念奴嬌題》 冰壺注水寫凄涼，眉黛楚絃哀裂。小影素娥，憐獨處、想像前生明月。心上秋生，耳邊火發，慘澹琵琶別。家山回首，杜鵑花外啼血。堪笑袞袞羣公，談兵兒戲，應變真無策。卻借紅顔銷白刃，不管緑珠飛屑。化石魂歸，成煙夢杳，鸞舞蓬山雪。長歌當哭，大江同此嗚咽。

清·錢國珍《吴康甫先生屬題樂府》 按《桃谿雪》，爲永康烈婦吴絳雪作也。康甫昔佐治永康，詢悉生員徐明英之妻吴氏，於康熙十三年六月耿藩叛時，賊兵逼永康，官紳議以吴氏獻賊將徐尚朝，爲緩兵計。吴氏新寡，迫於衆議，慨然就道。行至三十里坑，乘間墜崖死，既保鄉里，又全志節。非才智兼備者不能，洵足傳矣，惜志乘未載，康甫特丐黄韻珊孝廉譜是册以表之，又刊其《六宜樓》、《緑華草》遺詩，以廣其傳，甚盛舉焉。因屬珍分題記事。

《閨叙》：紅杏倚雲栽，並坐玩春色。願作護花仙，芳菲常愛惜。手製同心歌，情戀雙飛翼。恐遭風雨狂，合歡難再得。《防釁》：浪激海濤飛，氛起南風惡。偉哉李西平，坐鎮芙蓉幕。虎旅練雄師，龍韜運方略。未雨先綢繆，營門夜吹角。《别素》：朝朝驚烽火，去去送行雲。淚眼難爲别，驪歌不忍聞。臨行何所贈。錦字織迴文。同心如此鏡，清光兩地分。《旅病》：方嗟行路難，况是新婚别。愁雨復愁風，中途病疲茶。離亂聞鄉音，家室悔輕擎。誰乞續命湯。哀哉旅魂絶。《慟訃》：子規聲已斷，鴻雁信已沈。昨宵驚噩夢，今日聞哀音。破鏡難再圓，斷釵難再尋。空上磨笄山，凄凄哭藁砧。《寇逼》：昨據栝蒼城，今度縉雲嶺。戰馬紛縱横，時聽軍聲警。紛紛永康民，逋逃各馳騁。哀此嫠婦居，獨立弔形影。《紳閧》：强敵肆憑陵，退師苦無策。誰爲獻計人。搜羅到巾幗。婏嫿如王嬙，共羨傾城色。藉爲餌敵謀，可以安反側。《迫和》：昔日杏花盛，杯酒歌團圞。今日杏花枯，手值傷凋殘。寡鵠守孤幃，欲飛無羽翰。豈獨不能飛。迫之嫁呼韓。《墜崖》：捨身救梓里，靦面登雕鞍。矢志終不移，撒手懸崖間。清流鳴澗底，白日燭雲端。堂堂奇女子，節烈永不刊。《收骨》：青青溪上柏，皎皎溪中月。烈烈美人魂，瑩瑩美人骨。玉貌遺人間，驂鸞赴仙闕。一坏香塚青，芳草年年發。《霧捷》：天兵有神助，忽罥蚩尤霧。元黄龍戰野，鱗甲若飛絮。鼓振驅奔猿，網密獲狡兔。大將慶功成，詰朝馳露布。《玩圖》：惜别意纏緜，贈我迴文句。字字和淚珠，絲絲織愁縷。何時明鏡圓。並影鏡中顧。永懷素心人，莫訴相思苦。《弔烈》：舊徑尋芳蹤，花落無人問。身拚珠玉傾，命爲干戈殉。凄凉燕子樓，一例歌長恨。洗盞弔幽魂，無計消愁悶。《仙證》：前身翠水仙，暫墮人間世。笑摘杏花枝，因緣證端委。留得一編詩，遺句珍若綺。豔雪明桃谿，芳名著彤史。《延素》：生成姊妹花，種就相思草。纏緜情不斷，離愁怒如擣。既怨别時多，又恐會時少。作伴在深閨，時續吟花稿。《閩變》：强藩太鴟張，降將甘受餌。如虎猛添翼，如犬馴帖耳。烏合效前驅，豕突拔堅壘。頓使風鶴驚，流民偏鄉里。《送外》：丈夫志四方，匪必爲封侯。臨歧重惜别，欲留不能留。陌上折楊柳，腸斷送行舟。但願早歸來，毋令怨白頭。《約降》：巖巖栝州城，山高灘亦險。虎豹能當關，專閫職無忝。奈何漏戎機，納欵效卑諂。坐失桃花隘，貽禍誠非淺。《題箏》：明妃昔和戎，萬里嫁單于。忍死終辱國，青塚草已枯。春風翦紙飛，出塞題新圖。自顧憐紅顔，薄命將何如。《遺援》：匼匝陣雲屯，桴鼓軍威振。迅馳霹靂車，大展魚龍陣。小醜敢跳梁，火急援師進。一戰遏兇鋒，不辱將軍令。

余治

論説

綜論

清・俞樾《庶幾堂今樂・序》 天下之物，最易動人耳目者，最易入人之心。是故老師鉅儒，坐臯比而講學，不如里巷歌謡之感人深也；官府教令，張布於通衢，不如院本平話之移人速也。君子觀於此，可以得化民成俗之道矣。《管子》曰：論卑易行。此余君蓮村所以有善戲之作也。今之戲，古之優也。《左傳》有觀優魚里之事，《樂記》有優侏儒之語，其從來遠矣。弄參軍之戲始於漢和帝，梨園子弟始於唐明皇，他如《踏摇娘》、《蘇中郎》之類，無非今戲劇之權輿。而唐咸通以來，有范傳康、上官唐卿、吕敬遷等弄假婦人爲戲，見於段安節《樂府雜録》。然則俳優不已，至於淫媟，亦勢使然乎。夫□第之言不踰閾，而今人每喜於賓明高會，衣冠盛集，演諸穢褻之戲，是猶《伯有之賦》：鶉之賁賁也。余君既深惡此習，毅然以放淫辭自任，而又思因勢而利導之，即戲劇之中寓勸懲之旨。爰搜輯近事，被之新聲，所著凡數十種，梓而行之，問序於予。予受而讀之，曰：是可以代遒人之鐸矣。《樂記》云：人不能無樂，樂不能無形，形而不爲道，不能無亂。先王恥其亂，故制雅頌之聲以道之，使足以感動人之善心，不使放心邪氣得接焉，是先王立樂之方也。夫制《雅》、《頌》以道之，誠善矣，而魏文侯曰：吾聽古樂則惟恐卧，聽《鄭》、《衛》之音則不知倦。是人情多喜《鄭》、《衛》而厭《雅》、《頌》也。今以《鄭》、《衛》之聲律，而寓《雅》、《頌》之意，所謂其感人深，其移風易俗易者必於此乎在矣。予願世之君子有世道之責者，廣爲傳播，使此戲通行於海内。誰謂周郎顧曲之場，非即生公説法之地乎。同治十二年，德清俞樾序於吴下寓廬春在堂。

清・鄭官應《庶幾堂今樂・跋》 金匱余蓮村先生，敦行善事，垂五十年，大江南北無賢愚、疏戚，目之曰：余善人。其徒數十人，承其師説，凡濟物利人之事，靡弗爲。而先生晚年獨取近世足爲勸戒事，演爲雜劇，收童豎之無告者，令梨園老優教以歌歈，而自爲之行列節奏，攜以出游，資用屢困，謗議間作，先生力經營之不少衰。至病作，不能自强，乃散諸僮各爲之所，而以所演雜劇編訂，付梓，將俟有力者終成其事工，未竟而先生歸道山，故世未盡見也。余求之有年，光緒己卯，望炊樓主人爲轉輾搜輯，得先刻小板九種，近刻六種，稿草十餘種，參互釐定，得二十八種，盡付梓人。凡孝弟節義，可戒可勸之事，約略備具刻成，將約同志牘呈當路，頒諸梨園，令日演一二折，而嚴禁媱媟諸戲，猶先生志也。先生嘗謂：人紀之壞，亂獄之豐，其始無不起於耳目濡染之微，自懸象讀法教化不行。常人耳目所傾注，而易於感動者，惟觀劇時尚有其機，其聲容、情事入於人心而不能忘；而不識字愚、無知人，其感尤至。通都大邑，鞠部盛鳴，男女雜遝，每爲靡聲妖態以供謔浪，鄉村賽社尤而效之。則淫僻之罪，寖不可制，以其習於惡而惡之易，則知習於善而善之無難也。君子於此宜爲之防而導於正，不當相與縱任，如見溺而不爲援，見焚而不之撲滅也。嗟乎。以先生閲世之深、用心之切，而窮老盡氣所自任者，惟是之爲亟，則非闊疏、迂淺而無效，可知也。苟推行而無廢，使世人聞見所及，油然以興，怵然以戒，罪罟消於無形，善良薰而成俗，斯豈惟先生之幸，抑亦凡有耳目者所共幸者矣。先生殁之日，出所著《袪邪崇正條議》、《教化兩大敵論》貽廉訪使應公寶時，謂：淫書宜燬，淫戲宜禁。又嘗自撰楹帖云：自晉頭銜，木鐸老人村學究；群誇手段，淫書劈板戲翻腔。其惓惓如此今。淫書之禁且十數年，而演戲如故，未有以改革之。余故於是刻之成中，敘其説，以要同志，大雅君子或不以爲小道末務而鄙忽之也夫。光緒庚辰春，香山鄭官應書後。

清・望炊樓主人《庶幾堂今樂・跋》 《庶幾堂今樂》四十種，梁溪余孝惠先生撰。原刊備優伶肄習，匆遽付雕，字句脱誤甚夥。同治甲戌春，重加編勘，并擬補撰六種，分爲三集，精刊行世。旋歸道山，未竟厥志，及門薛君景清、李君金鏞、繆君啟譜、方君仁堅，搜羅遺稿，得原刊本九種、鈔本十一種、殘稿十四種，訂正弁言一卷。因先取《後勸農》、《活佛圖》、《文星現》、《刦海圖》、《緑林鐸》、《同科報》鈔本六種，募貲付刊，卷帙整齊，校勘精當，足稱定本。越五年，光緒己卯，香山鄭君陶齋謀以全稿付剞劂，予因就殘稿十數種，删存黏合，得成《義民記》、《海烈婦記》、《屠牛報》義《牛塚》并入此本。《回頭岸》《鐵蓮花》、《滾釘板》并入此本。《風流鑑》係《義俠傳》末卷。《燒香案》係《義俠傳》首卷。《陰陽獄》（《靖逆記》、《狂吠記》、《刦海圖》後并成此本。《福善圖》《賣老記》并入此本。八種。又取原刊本《同胞案》亦名《式好圖》、《英雄譜》亦名《窮極圖》、《延壽籙》亦名《脩心改相記》、《育怪圖》亦名《紅蛇記》、《老年福》亦名《惜穀記》、《齋僧記》、《前出刦》、《後出刦》、《公平判》、《硃砂痣》，及鈔本《岳訓》、《掃螺記》、《義犬記》、《推磨記》、《酒樓記》十四種、弁言一卷，詳加校正，俾付梓人，合之薛君諸人募刊者，凡得二十八種。考之余君重編目録，初集凡十六種，今已全璧；餘十二種，因即編爲二集，各繫小序，仍初集例。惟閲原刊目録及《劄記》所載，尚有《苦節記》、《狀元匾》、《巧還報》、《人獸記》、《五雷報》、《孝友圖》六種，今未及見，搜羅有得，當編成三集，勉副先生之志。若云：戲者，敬之敵。三代上無戲而人心厚，三代下有戲而人心薄。與其勸善而失之於戲，不如禁戲以反之於敬，則請俟禁絶梨園之後，斧此板火此書，以歸於三代之治，不然此書豈無裨哉。光緒庚辰春日，望炊樓主人識於桃花塢之廢園。

綜　述

清・余治《庶幾堂今樂・自序》 古樂衰而後梨園教習之典興，原以傳忠孝節義之奇，使人觀感激發於不自覺，善以勸，惡以懲，殆與《詩》之美刺、《春秋》之筆削無以異，故君子有取焉。賢士大夫主持風教者，固宜默握其權，時與釐定，以爲警瞶覺聾之助，初非徒娱心適志已也。無如沿習既久，本旨漸失，賢士大夫既不暇留心及此，一任優伶子弟顛倒錯雜於其間，所演者遂多，不甚切於懲勸。近世輕狂佻達之徒，又作爲誨淫誨盗諸劇，以悦時流之耳目。演《水滸傳》，則以盗賊爲英雄，而奸民共生豔羨；

演《西廂記》，則以狹邪爲韻事，而少年羣效風流。其他一切導欲增悲、不可爲訓者，且紛然雜出，使觀之者蕩心失魄，以假爲真。而古人立教之意遂蕩焉無存，風教亦因以大壞，甚矣。樂章之興廢，實人心風化轉移向背之機，亦國家治亂安危之所係也。《周子通書》有云：移風易俗，莫善於樂。又云：不復古禮，不變今樂，而欲至於治者，遠矣。竊以爲周子名世大儒，所見必非細故。古禮之復，誠非易易，若變今樂，則祇在賢士大夫一反手之間耳。當有宋之初，樂章之敗壞，未有甚於今日也，誨淫誨盗之風，亦未有如今日之極也，周子已重慮及此，則今日今樂之當變，更何可緩耶。余不揣淺陋，擬善惡果報新戲數十種，一以王法天理爲主，而通之以俗情，意取勸懲，無當聲律，事期徵信，不涉荒唐，以之化導鄉愚，頗覺親切有味。自知下里巴人，不足當周郎一顧，而彰善癉惡，歷歷分明，觸目驚心，此爲最捷。於以佐聖天子維新之化，賢有司教育之窮，當亦不無小補也。孟子云：王之好樂甚，則齊其庶幾乎。天下之禍亟矣。師儒之化導，既不見爲功，鄉約之奉行，又歷久生厭。惟兹新戲最洽人情，易俗移風，於是乎在，即以是爲蕩平之左券焉，亦何不可也。名曰《庶幾堂今樂》，庶幾哉，一唱百和，大聲疾呼，其於治也，殆庶幾乎。咸豐十年春正月，梁溪晦齋氏余治自序。

又《庶幾堂今樂・例言》 一坊本《綴白裘》，所選多係崑曲，久已風行海内，惟陽春白雪賞雅，而不能賞俗。兹刻原爲勸喻愚蒙起見，皆係皮簧俗調，習之既易，聽者亦入耳便明，詞白粗鄙，明知不足以登大雅，識者當能諒之。

又 一傳奇全部太長，若摘取一二齣，又覺没頭没腦，觀者毫不知其源委，有何意味。兹所刻，皆就其事之始末演成一回，不分段落，不能摘取，庶觀者一望而知。

又 一傳奇往往憑恐結撰，未免海市蜃樓，兹刻所選，均屬眼前實事，庶可徵可信，不落荒唐。

又 一古曲本多有非情非理、不可爲訓者，《西廂》、《水滸》各種，足爲風俗大害者，無論矣。即如《三國志・關侯訓子》一齣，不過對小孩子説一篇誇張大話，全不像聖人訓子口吻，何足言訓。又《單刀會》不過把關侯做成一个恃蠻倨傲之人，與當時一心爲漢、權詞回謝情節，大有不合。至《清風亭》、《善寶莊》等曲，更出於情理之外，世上斷無此人，不足以爲懲戒。兹刻所取，均準情酌理，不敢矯誣古人，庶足以悚觀聽。

又 一古人不作無益事，況演戲一檯，破費多少錢鈔，鬨動多少男女，躭誤多少工夫，而不於其中略寓些些懲勸，便是玩物喪志，與流蕩忘返者無異。兹所選，處處在風化人心上着眼，讀法耶。振鐸耶。鄉評月旦耶。吾不敢言。然而其義，則竊取一二矣。

又 一舊劇中間有遺漏其事節，有足爲悚動之具者，即擬添補一二，均屬事所必有，一經補插，更覺耳目一新，質諸古人，當亦心許也。

又《題辭》 蒿目首頻搔，嘆人生大劫，遭老蒼，架起無情炮。天老爺本來好生，忽然大變面孔。大戲場啖騰霄，赤緊的摇山震谷，崑岡烈火一齊燒，何等光景。風蕭蕭，雨飄飄，鬼哭神號，羽書絡繹心如擣，岌岌乎殆哉。豈尚能苦中作樂，效山人伎倆，持簡板把漁鼓輕敲，那有如許閒情。不過是草野臣一片心，半生來杞憂竊抱，原是愚公之見。到今朝不忍瞧，平白地自尋煩惱，把今古閒愁一擔挑。吹皺一池春水，干卿底事。獨無奈，樗散材不合時宜，頗不耐趨，投熱鬧，薄福書生，天生窮骨。只合與二三父老話桑麻，吹豳擊壤私念感皇朝，天良未昧。想我朝開國來，舜日堯天，那一代不是聖明有道。想想看，二百年承平日月，吾宗吾祖那一箇不同被恩膏。享了多少平安日子，不見恩德，直到今朝方見。即如今，我皇上待爾曹也算得如天浩浩同怙冒，到底不會待差你，爲甚的跳梁小醜奮螳臂，忘恩負義，反面做長毛，可惜都是大清朝好百姓，不過念頭一錯，便反轉面孔。最可憐愚俗人被招謡，誤歸邪教，痴心都想天門跳，上了圈套，个个做夢，誰知他説天話父多半是胡言亂道，送命殺人刀，到頸方知悔不及了，可恨他自命高，滅像欺神，不管你三教門頭都弄得七顛八倒，惟我獨尊，夜郎王由他自大。聽呼號，淚暗拋，霎時間城門失火，池魚一例受煎熬，醜人帶累好人，莫甚於此。到此時，鐵石人也動心，誰無父母，誰無妻小，身家一樣，也應該戴天不共，怎讓他殺人如草、到處肆咆哮。急煞，想世間受他人一飯恩尚且思感激圖報，良心人人皆有，爲師友出身犯難，方不愧氣誼投膠，道理固應如此，況且是君父恩地厚天高，尤不可尋常計較，君恩與親恩同一罔極。只如今國家有難，還望我小百姓竭誠報効，敵愾奮同袍，望眼將穿，義旂誰起，想皇上爲我們籌餉招兵，那一日不愁腸似攪。苟有人心也應感泣，即如那各將帥、各當道，那一箇不卧薪嘗膽、忠義薄雲霄。誰人體及。只恐怕費用煩度支空，兵糧缺少糧臺吵，千難萬難，不得已勸我們勤王助餉，章服待勛勞，如能捐餉，在國家原未嘗虧負一點。有肝膽、有天良，極應的樹義旂，爲國分憂、毁家紓難伸天討，現在遭劫地方多是毁家濟賊，並無一个肯毁家紓難，方見得百姓們報君父、同心戮力，熱血一腔包，必如此方爲可敬。最可憐守錢奴緊握雙拳，生平度量胡椒小，比芥菜子畧大些兒，兀自的醉酕醄，盤樂怠傲，幾人花底正吹簫。好心緒，真適意，勸捐餉、勸完漕，做啞裝聾，爲兒孫多作千年料，方自以爲傳家秘訣，豈知道米爛陳倉、金藏地窖，只落得天災到，子撇妻拋，一聲河滿子。路迢迢，背一个衣包走三徑蓬蒿，遇强梁，赤條條性命依然要，不比聖朝寬典，由你推三阻四、多方規避呢。幸而逃，顛連無告沿門抄，光景苦難描，還是聖王宇下可以謀生苦度。急忙忙走西東，鶴唳風聲，魂靈兒早已飛天表，如畫，悔當初惜財如命、昧大義自把禍殃招，原來自取，提起來髮沖冠、刀出鞘，恨不得一口氣把那賊兵掃，耳後風生，心頭火出，方出我胸中氣，虹霓萬丈，赤手搏靈鰲，過屠門而大嚼，雖不得肉，行且快意。苦無奈七尺軀學劍未遑，縛雞力少，奮空拳只把蒼天叫，奈何。即欲效涓埃報，又無奈半生來不事生産，家徒四壁剩簞瓢，更奈何。只有那舌三寸、筆一枝，不厭勞叨，苦衷一點天堪告，自分迂疎，只求天鑒，庶藉以貢芻蕘、宣聖教化鴟鴞，略拄急流篙，惟恐篙短力綿、吃他不住，只指望化一人做良民，幸得他南柯夢覺，所期化莠爲良、同歸善道。即爲我國家少一敵，薪抽釜底、内患暗中消，區區之心，竊慕此耳。况今朝亂嘈嘈、劫共遭强，半是天下人心腸不好，無奈自己總不肯認錯。因此上天心震怒，森羅鐵網未肯寬饒，知戒懼否，若不是回天怒、挽人心、勸忠勸孝，恐以後災殃未了，正恐後患方深，但願得人心轉即天心轉，太和感召，賽過他虎略龍韜，願爲小助。嘆人生數十年石火電光，今朝未識明朝保，人命在呼吸間，誰能説得嘴響。糊塗塗把一生錯過了，豈不是入寶山空走一遭。白做了一世人，不曾做一點好事，豈不大可惜耶。舌如劍、筆如刀，錦繡才華到頭來難與閻王拗，閻王老子那管你才華好歹，力拔山、氣蓋世，石崇豪富惟有那臭皮囊難把光叨，看你有本領保得此身常在否。一寸陰、一寸金，看日月如梭、不住的東西繞，看慣了不覺其快。猛回頭把手招，同舟共濟、劫海浪滔滔，公無渡河，嘆世人積習深、非一朝問狂瀾孰廻既倒，那个問及。古文詞汗牛充棟，半多覆瓿蠹魚銷，可惜。學時髦自詡風流，見幾多豔曲淫辭、災梨禍棗，文章之厄，莫甚於此。美年少習輕佻，傷風敗俗、人心蠱毒此中包，真堪痛恨。所以俺近年來編幾本勸世文，帶病醫人，也不過是管中窺豹，老實話，只求他愚蒙易曉，初何敢效文人結習感憤更牢騷，光天化日之下，何用牢騷感憤。兎園册、訓蒙童、信手揮毫，猢猻王頭腦冬烘自吟自嘯咦。化愚民、作歌唱、聊自比候虫時鳥，無暇細推敲，方家見諒。又嘗在鄉約檯話曉曉，舌敝唇焦，群嗤木鐸人稱老，掀髯一笑，反唇誚、白眼遭，總由我周身病痛，莫怪世風刁，惟有反躬内疚。再四想没路跑，百折千廻，而今只得翻新調，窮極計生，老着臉、粗着話，竊自願從梨園子弟一例混漁樵，子向有句云：老我面皮三寸厚，願他聾聵一齊開。今日做戲班頭，頗爲確切。遂演出新戲文，矢口成吟、把許多白雪陽春都變做常言道，但求屬和者多，何敢自矜高調。試看他善有報、惡有報，只認定昭昭天道，姑學那詼諧曼倩試偷桃，笑罵由他笑罵，演一回、唱一回，一任他顧曲周郎批評我南腔北調，試看班門弄斧。忽而啼、忽而笑，更自笑獃頭獃腦，聊靠着衣冠優孟，權做一時豪，以窮措大、雄據梨園，萬户侯不願封也。悔當初瞎奔跑經幾度秋風，毷氉科名，何物催人老。半生上當，把有限光陰、把有用精神消磨多少。喜沾沾小技虫雕，不值一笑，舊面目不堪描，故紙蠅鑽，幾上他兩个圈兒套，幾乎套住。幸而今夢醒早，硬頭皮把名韁利鎖一筆句銷，快哉。遇着那素心人把臂邀，浮大白開顔一笑，笑什麽。笑年來獨脚登場，生涯迂拙，越做越蹊蹺，什麽蹊蹺。話蹊蹺，古樂淪亾、鞠部新腔多半是誨淫、誨盗，習慣己極。致愚民觀而感，教升猱防閑，潰裂作奸，悖亂此根苗。着眼○咸豐七年，山東東平州知州吴公獲盗，供稱結義兄弟已有一百零五人，照梁山水滸天罡地煞之數，各有混名，尚少三名，待一百零八人數滿，即將起事云云。始知此夥謀反，都是爲《水滸》所誤，幸早破案，得免大患。又有揚州某，好點淫戲，一日看戲回，其女已隨厨夫逃逸，中途被獲解官，某立時氣死。干天怒、壞人心、流毒貽殃，釀成大劫何人曉，召亂之階，大半由此。如洪水、如猛獸、亂紛紛，誰司樂正。尼山不料有今朝，不意老夫子反魯正樂之後，流極至此。竊自撫舊頭顱，把窮措大的老頭巾一朝撇了，偏撇不了的七寸三分帽，所謂天下事，各樣穿破，惟有高帽子尚不破也。初何敢靦然人面，向當場多方弄巧，妄誇欲挽世風澆，更不自量。况我生動得咎是非招，説不盡怪怪奇奇，捫心清夜千般懊，不堪自問。説什麽屈、宋風騷，説什麽應、劉才調，不堪回首嘆無聊。通身汗下。忙碌碌、急煎煎，主人翁東扯西牽，開場應識收場早，下不來三字，誤盡了多少英雄。其實真正英雄，最能自己收場，斷無下不來事。願終身杜門思過菜根咬，回光照眼睜睜自求至寶，何心再斬水中蛟，再不敢學馮婦。失人身萬劫難，帶水拖泥，神龍尾大將難掉，幾幾乎矣。生何來。死何去。黑漫漫半生昏眊，此中容易失釐毫，死生事大，安得不自己細細打算。且放下萬慮消，一任他六賊縱横，我只是照管宫中，静觀妙竅，不足爲外人道。一杯水，一爐香安排鼎竈，一腔心事托歌謡，妙哧。安得遇有心人題倡登高、主張風教，領袖我潤色隆平長言舞蹈，倘得有仔肩世道大，君子分布梨園，登高提倡，吾願瓣香以奉。並願得憂悄悄，樂陶陶，上下千秋，風行四海，無人不識貶和褒，所願惟此。播絃管叶笙匏，轉瞬閒默化潛移，同風一道，此班頭第一痴想。即是我區區志與人同善，書生報國此勤勞，野人獻曝，原是一點愚誠。每日裡禱祀求，願亂民聾聵齊開，卜得他悔過投誠、改頭換貌，聞此中大半悔恨，無奈欲罷不能，可見得從賊的到底各有天良，都是好好百姓，所恐招撫不得其人，致此輩投誠無路。幾回新戲，權當楚歌，作者固有微權，觀者亦應心動。庶幾乎化暴爲良，風移俗易，依舊是清平世界，普天率土頌簫韶，説到此，不自覺鼓之、舞之，奮袂而起。獨自念傷孤露，感君親大恩未報，畢生恨事真難了，千古罪人，不堪自問。思手澤、愧頭銜，虚聲純盜，予懷渺渺碧天寥，每懷靡及。更孤負舊師友，眼垂青，樂育熏陶，生平知遇逢多少。知己感深，屈指可數。只有把新院本當凱歌斡旋，小補寸心，聊當報瓊瑶，别無他物。我本是田舍翁伏泥塗，想當年，荷笠荷蓑護良苗，學得箇誅茅鋤草，想見本來面目。到於今芸人田何時得了歸來，好閒雲野鶴，青山有路任飄飄，到此方認清路頭。從此後意囂囂、竿木隨身，任呼牛馬，浮名不上香鈎釣。向又有句云：纔有貪心便上鈎。此中久已識破。且同來試觀場閒，憑眺，放開雙眼，北望九天遥，深情無限。

又《庶幾堂今樂引古》 陶石梁曰：今之院本，即古之樂章也。每演戲時見有孝子悌弟、忠臣義士，激烈悲苦，流離患難，雖婦人牧豎，往往涕泗横流，不能自已。此其動人最懇切，最神速，較之老生擁臯比講經義、老衲登上座説法，功效百倍。至於《渡蟻》、《還帶》等劇，更能使人知因果報應，秋毫不爽，殺盜淫妄不覺自化，而好善樂生之念油然生矣，此則雖戲而有益者也。近時所撰院本，多是男女私媟之事，深可痛恨，而世人喜爲搬演，聚父子、兄弟，并幃其婦女而觀之，見其淫謔，褻穢，備極醜態，恬不知愧，曾不思男女之慾如水浸灌，即日事防閑，猶恐有潰倫犯義之事，而况乎宣淫以導之。試思此時觀者，其心皆作何狀，不特少年不檢之人情意飛蕩，即生平禮義自持者，到此亦不覺津津有動，稍不自制，便入禽獸之門，可不深戒哉。

又 王陽明先生曰：古樂不作久矣。今之戲子，尚與古樂意思相近，今若要民俗反樸還真，取今之戲子，將妖淫詞調俱去了，只取忠臣孝子故事，使愚俗百姓人人易曉，無意中感激他良知起來，卻於風化有益。

又 邱嘉穗訂音律，文云：今之演劇，即古樂之遺也；今之詞曲，即古詩之遺也。然古之詩樂，粹然一出於正，而今之劇場，詞曲皆流於淫僻，而不可訓。蓋不獨中聲之亡以至如此，抑亦劇場詞曲中所譜之事，悉屬增悲長欲之具，而人無所視，以爲法戒故也。自漢以來，儒者類欲復古詩樂，而徒較其音節於聲律、字句之末，至使議論紛紛，而未有以決，而古樂古聲卒不可復；即幸而復之，而不以其事見之舞蹈，則亦使斯人無所感、觀、興、起，如爰居之聽鐘鼓，而卻走耳。竊謂居今之世，而欲追求古樂之聲，以復於先王之舊，勢必不能。何如倣古樂詩遺意，召集名儒，取今之所謂劇場詞曲者，一一較而訂之，其淫豔而傷風教，與其善之不足以爲法、惡之不足以爲戒者，概從禁絶。而其所編撰成曲、頒行天下者，必皆古今忠孝節義，可歌可泣、可法可傳之事。至其器與聲，亦不妨從今之優伶，稍取其明白正大，抑揚有節者可也，安在今之樂，不猶古之樂也。如曰演劇不足以當古樂，詞曲不足以當古詩，而欲離、而二之，以聽其自止自行於天下，則古之詩樂既不可以卒復，而劇場詞曲之流於今者，將日入於鄭衛之淫靡，而未知其所止，雅與俗兩失之矣。草莽私憂，願與司風教者商之。竊嘗謂是非者，天下之定理。是非存而人心於以不死，自《水滸》戲文出而是非顛倒，定理亾矣。夫英雄好漢，義士美名也，以之加於盜賊，顛倒孰甚焉。即如《辰州會》一齣，其主將陳元擺列擂擡招集義勇，其意固欲團練一方，殺盡梁山大盜，爲國滅賊者，豈非真英雄、真好漢耶。顧竟至爲逆賊所敗，敗矣。而看戲諸人，或尚能爲之惋惜，爲之不平，是是非尚未盡泯，人心猶然不死也。乃徧察今日看戲之人，則異口同聲，無一人不笑陳元之敗績，而快梁山之得勝者。嗚呼。人心死矣。無怪乎結黨争雄者，效尤日甚。舉凡貪財亾命之徒，均以水滸落草爲逋逃藪也，有世道之責者，可不急爲之加意也哉。又見《秦叔寶三擋》一齣，末有程咬金勸叔寶數語云：兄弟，還□甚麽官。不如隨我到瓦岡山上做强盜的好。試思此數語，雖一時憤激之詞，竊恐觀場萬衆，不盡，有議，必有聞之而動心起念者矣。尚可令其再播梨園，流毒無盡耶。

又 張横渠先生曰：鄭衛之音悲哀，令人意思流連，又生怠惰之氣，從而啟驕淫之心，雖珍玩奇貨，其始惑人也，亦不如是之切。故聖人必放鄭聲，亦是聖人經歷過，但聖人不爲物所移耳。《孝經》曰：移風易俗，莫善於樂。有以夫。

又 李文貞公奏定樂章，劄子有云：《孝經》曰：移風易俗，莫善於樂。故樂無分於朝野也。後世雖有議及樂章者，典之有司，不過施之宗廟、朝會而已。而教坊詞曲，儒者每鄙其淫褻、荒唐，不之道。孟子曰：今之樂，猶古之樂也。古之田夫歌曲，即如今之優伶所演也。故皆足有所感、發、興、諷。云云。臣兒時見所演，凡忠臣孝子、貞女義士，雖宿儒端士靡不沾襟；惟近時所唱，則皆流爲淫靡、荒亂，而俗樂亦亾。宋時太常雅樂及教坊俗樂，皆以有司領之，猶存古意，倘取今之坊曲，删其荒淫悖謬，但存其忠孝節義之事，其底本則采之史傳、志説，其姓名與事不全無徵者，以演唱化導，未必非轉移風俗、鼓吹休明之一助也。

又 李文貞公榕村《語録》有云：某看禮樂亦不是難事，如今把禮斟酌，令至易簡，人不難行，自然樂從樂，便把如今的戲整頓起來，就是樂。孟子斷得直截：今之樂，猶古之樂。人多在律管上講究，即使得了虞舜的律管，作起韶樂，亦不必一時便鳳儀獸舞。安上治民，莫善於禮；移風易俗，莫善於樂。若只郊廟中作樂，就是《雲門》、《咸池》、《韶護》、《大武》，亦只天地、鬼神聞之，如何天下風俗就會移易。自然是人人見聞，纔能移風易俗。如今人看戲，到那忠孝苦難時，便涕泗交流，移風易俗，可見不難。又云：朝廟之樂，實能歌詠祖宗功德，字字確實，明創業之艱難，道君臣之一德，憫將士之憔悴，咨黎庶之勤劬，便好。然古之作樂者，非徒以朝廟爲重也，移風易俗，全以用之鄉黨、用之閭巷者爲要，蓋朝廷郊廟之樂，臣民得與聞者有幾。惟家家户户皆得見之，方能興感。又云：至於詞，漢即用樂府，唐即用詩，宋以後即用詩餘、曲子，無不可者編纂，皆要設一局，禮局、樂局、天文局，書算局，講求在這裏，便有舉而用之之時。又云：各省大吏，多以優伶爲性命，無怪其然，即吾輩之幾本書也不爾，政事之暇，如何度日。古人暇時，便有琴瑟歌舞，先王知道人身心必有所寄，因其勢而利導之，以歸於正，樣樣都動得手，故有用不是全靠讀書。如今禮樂久廢，只得守幾本書檢束身心、開廣知識，若移而之他，則放僻邪侈，不可言已。古時必有民間之樂，《韶武》豈士庶可用。宵雅、肄三亦不可用於燕閒，使徒九廟、明堂之間，作韶護，而天下即風移俗易，恐無此事。又云：如今即將古書中忠孝、廉節之書，製爲詞曲，去其聲容之無情理者，令人歌舞之，便足以移易風俗、感動人心，不妨粗處做起。又云：連日因讌藍總兵，演戲做到入情時，未有不感動者，以此見得樂之效速。若就元人百種中，選其忠孝節義、有事實者，改其義理不通處，每事四齣；此外誨淫導欲者，禁之，亦粗足以感人心而成風俗矣。

又《後勸農·自序》 勸孝弟力田也。院本《勸農》一齣，想見循吏風流，與民同樂，近世梨園競演之，田夫野老樂觀之，誠佳劇哉。顧力田而不知孝弟，厚其生未有以正其德，亦長吏之缺事也，省春耕更應省秋斂。作《後勸農》。

又《活佛圖·自序》 勸孝也。孝道之衰久矣。燒香不遠千里，奉親缺於一堂，俗情顛倒，比比皆是。不知佛法首重報恩，未有不孝其親而可以求生西方者。此披衾倒屣之説，所以自古傳聞，足爲忘親求道者，作當頭棒喝也。作《活佛圖》。

又《同胞案·自序》 勸悌也。手足同胞，誼關一體，至情至性，本乎彝良。奈何變起天倫，情傷同氣，區區財産，輒肇争端。噫，蔽也甚矣。良知自具，非動以至誠，則蔽不能開，此當湖先生斷案，所以妙絶千古也。作《同胞案》。

又《義民記·自序》 勸助餉也。世教久衰，民皆忘本，食毛踐土，帝力渾忘。既尊君親上之不知，竟作奸犯科而無忌，一旦有變，非但不能同仇敵愾，甚至抗霸錢糧。噫，風俗至此，岌乎殆哉。尚可以教化爲迂遠事耶。作《義民記》。

又《海烈婦記·自序》 表節烈，懲奸惡也。奸徒狹邪，往往乘人之急，貧寒難婦，於風塵漂泊中依人作計，而欲保全白璧難矣。毗陵道上，穹碑卓立，廟貌煥然，過往士民，瓣香展拜，引領欷歔，無不羡烈婦之完貞，快奸徒之授首，百世而下，可以風矣。作《海烈婦記》。

又《岳侯訓子·自序》 教忠教孝也。院本有《關侯訓子》一齣，命題極好，而按其曲白，滿紙都是誇張威武，詡詡自矜，全不似以父教子口氣，蓋傳家庭訓貴有義，方以教忠教孝爲大旨，庶觀感激發於風化人心，大有裨也。作《岳侯訓子》。

又《英雄譜·自序》 懲誨盜也。英雄好漢，爲千古義士美名，自《水滸》一書出，而大奸巨猾公然冒其名以相誇耀，近世更演成戲文，則無識愚民多從而艷羡之、附和之，及至效尤無忌，法網弱罹，始悟戲文之誤我，爲世人笑。此趙文雄除暴鋤奸，所以正名定義也。作《英雄譜》。

又《風流鑑·自序》 懲誨淫也。導淫一端，莫甚於戲，亦莫捷於戲。而近世士大夫觀劇，每喜點演，以博風趣。少年子女，情竇初開，環觀群聽之下，有不蕩心失志者罕矣。取樂祇在一堂，流禍且及海内，奸拐之案，層見疊出，職此故耳。不知天道好還，害人終當自害，請君入甕，蓋有不旋踵而自及者，勿疑造物者之巧而毒也。作《風流鑑》。

又《延壽籙·自序》 記修心改相也。人之修短本乎天，定數也。而相即應之，有不爽累黍者。然相由心造，心一改而相亦應之，理之所在，數自可回。救人即以自救，其予奪之權天主之，而亦未始非人心主之也。作《延壽籙》。

又《育怪圖·自序》 懲溺女也。近世惡俗，至溺女一端，忍極矣，亦慘極矣。呱呱墮地，即遭戕害，蔑倫傷化，言之痛心。訪問各鄉，往往而是。在官長既不遑訪求而嚴禁，紳士復不爲設法而救援，輾轉效尤，無人唤醒，卒之草菅人命。相習成風，積此殺機，上干天怒，久之必釀成大劫，此世道之大可憂者。作《育怪圖》。

又《屠牛報·自序》 儆私宰也。私宰耕牛，本干例禁，而匪徒藐法，毫不顧忌。官長既視爲不急之務而不加禁，即或循例出示，而役吏復從而賄庇，地棍因得以逞。奸宄之殺氣血光，上昏天日，亦造劫之一端也。作《屠牛報》。

又《老年福·自序》 勸惜穀也。天生五穀，所以活人，其恩等於父母；不惜者，其罪即等於逆父母。雷霆之震，半爲此輩，非無故也。世人習焉不察，任意狼藉。於修齋供佛，則不惜千金，獨於惜穀一事，不肯歲費數十金，另雇一二貧老專司其任，莫大功德，眼前錯過，此天台老僧所以不免饒舌也。作《老年福》。

又《文星現·自序》 勸惜字也。聖賢垂教，首重文字。師無此即無以爲教。百世之師，受恩何似。故不敬字即爲背師。蚩蚩之民固不足責，而身列士林者亦且憚舉手之勞，高視闊步，以爲瑣屑而忽之，禮失而求諸野，所以猶望之田夫野老也。作《文星現》。

又《掃螺記·自序》 勸放生也。放生之説本於佛氏，儒者或非之，不知聖人萬物一體，仁民必兼愛物，蓋天心好生，物情畏死，即螺螄魚鳥，莫不皆然。故能放生者，即上合天心，下盡物性，彼法中一念慈悲，即吾儒胞與全量也。作《掃螺記》。

又《前出劫圖·自序》 勸孝也。語云：在數者難逃。數之所在，理不可知，而實不知數仍以理爲斷，往往有本。在劫中，而一念之誠感動天地，因之頓超大劫者，百行之原莫先乎孝，至性所發，自足動天地而泣鬼神，豈有不默爲護佑耶。作《前出劫圖》。

又《後出劫圖·自序》 勸救濟也。急難遇救，關係性命，最爲天心所喜。張焕文以十五金救難民於垂死，而在劫之人竟能留於刀下，無他，救人心切，其心本有生機也。救人即以救己，此好生之天，一定之理。理之所在，數自可回，祇在本人轉念間耳。作《後出劫圖》。

又《義犬記·自序》 懲負恩也。生人食禄受恩，便有報主之誼，不獨臣之於君也。東賓主僕之間，無不各有所當盡，然趨炎避禍，相習成風。樂人之樂者，幾不知憂人之憂。嗚呼，犬馬戀主之爲何而顧舊巢却走也。先生以是作《義犬記》。

又《回頭岸·自序》 嘉賢妻、孝女也。糟糠之妻，貧賤求去；犁牛之子，幹蠱自豪，世風凉薄久矣。如張大年者，嗜賭濫交，受誣論死，妻女宜何怨恫，乃間關求雪，死訴冥廷，誠之所至，鬼泣神驚。謂不足厲薄俗而爲獄吏敗子作棒喝乎。先生以是作《回頭岸》。

又《推磨記·自序》 儆虐童媳也。視親生骨血罔不慈，然孝子卒鮮，况責隔膜之媳以孝哉。至於貧家養媳，適遇悍姑，上既不慈，下豈能孝。然惟孝不慈之父母，斯爲純孝。夔夔齊慄，瞽瞍允若，竟於弱女子中見之，盍舉錢秀貞爲逆媳，風逆子愧耶。先生以是作《推磨記》。

又《公平判·自序》 懲不悌也。錢財重而骨肉輕，弟兄姑嫂之間，每如陌路，甚以愛博不專，怨望父母，漸而腹誹，漸而犯顔，無復人子之禮，不知毆駡親長，律有明條，國典倖逃，冥刑不赦。朱福郎、周大郎兩案，足爲龜鑒也。先生以是作《公平判》。

又《陰陽獄·自序》 懲邪逆也。禍亂之興，必有藉口處，至仁至聖之朝，忽無端而思逞，苟無一説，焉陷其心於禽獸，何至喪心謀逆至此。雖然，曾幾何時血肉糜爛，誰爲戎首。宜各寒心。神道設教，或補刑政之窮乎，懲逆以作忠，黜邪以崇正。先生以是作《陰陽獄》。

又《硃砂痣·自序》 勸全人骨肉也。世有不孝父母，未有不愛妻子者，至不得已而生離，肝腸寸裂矣。兵荒之後，子女流離，不仁者或賤畜之，或利市之，但聞息嬀不言，不見文姬歸漢。嗚呼。天道好還，韓氏還妻可慕也。先生以是作《硃砂痣》。

又《同科報·自序》 勸濟急救嬰也。報應之理豈無憑。然曷可有爲而爲哉。誠使見義所在，不計利害以爲之，斯不求報而報，自神觀於畢君恤嬰，林公救急，幾置榮辱於不問，然無不於十六年後獲報，意外是尚，可刻舟求劍也耶。先生以是作《同科報》。

又《福善圖·自序》 儆輕生圖詐也。諺云：三場人命一場火，絶大人家也要破。是人心中甚不願有人命也。恕道日衰，動欲加人所不欲，或以死恫喝，或藉屍要求。自害害人，事外生事，不舉李承紀冥罰以告世案，獄日滋繁矣。先生以是作《福善圖》。

又《酒樓記·自序》 戒爭毆也。禮讓之風寖衰，眦睚小故，動至角口揮拳，視身命如兒戲。甚者蓄怨而施暗箭，假端以圖賈禍，此心尚堪問哉。不知問官，即難發覆冤鬼，豈肯相饒。狄三之成事可鑒也。先生以是作《酒樓記》。

又《緑林鐸·自序》 儆盜也。盜賊不無漏網，國憲若有窮時。不知官吏訪拿，可避冥司勾攝，難逃事主追捕，可寬冤鬼相隨，不脱計將兩盜，足爲謀財害命者殷鑒矣。至於禁賭以靖盜源，又 望賢有司作先事謀也。先生以是作《緑林鐸》。

又《劫海圖·自序》 分善惡、勸投誠也。兵戈既作，死喪無算，一若玉石之俱焚，不知死忠死節，與惡貫滿盈者，先各有一不避死之心，天故不必其不死。外此者，天無不遂其所志，救生得生，冥冥中自有微權也。疑團不破，懲勸無權。先生以是作《劫海圖》。

又《燒香案·自序》 戒婦女入廟也。男女狎邪，衆人側目。婦女入廟，習爲固然。不知天下之害，每在不及防檢之中。三姑六婆，無非淫盜之媒，名門閨媛，被誘自盡，且不敢舉發者，所在多有。雖曰果報相循，冥冥中樞機默握，然亦風教之大害也。先生以是作《燒香案》。

傳記

清·俞樾《例授承德郎候選訓導、加光禄寺署正銜余君墓志銘》 同治十有三年，冬十月丁丑，蓮村余君卒於蘇州，蘇之人，無識不識，咸太息曰：善人亡矣。越二月，其門下大生薛君景清，以《余孝惠先生年譜》來乞銘其墓，孝惠先生蓋其門弟子所私謚也。謹按謚法：慈惠愛親曰孝，勤施無私曰惠，君之行，允副此二者矣。余初不識君，辱君見訪於吴下寓廬，屬纊之際，猶手一册，屬其弟子轉以示余，期於昌明正學、廓清異端，所責望者甚厚，然則銘幽之文，余安得而辭。謹按年譜，君姓余氏，諱治，字翼廷，蓮村其號也。先世居武威，元淮南宣尉副使忠宣公守安慶，死之。其次子德旺，避居梁溪青城鄉浮舟村，遂爲今常州府無錫縣人。十四傳至維樛，維樛生昭燎，昭燎生茲恬，茲恬生來貢，是爲蕙田君，則君之考也。君生時，母孫宜人夢五色雲墮其室，及生，以叔父書田君無子，爲之後；季父藍田君亦無子，兼祧焉。九歲讀書於塾，或授以俗本酒詩，君曰：酒乃誤人之物。辭弗習。其後，從李申耆先生游，先生甚重之，爲書田、蕙田兩君作家傳，曰：二公篤行碩德，雖未獲自顯，令子治克自振拔，爲吾黨重。其益勵所學、立身行道，上慰先人乎。君感其言，始有濟世之志。當是時，江南方承平，風俗浮靡，市井之子，徵逐酒食，士大夫亦徒以文藝相尚，君獨慨然，以人心、世道爲憂，思有以維持補救、挽回劫運，以爲聖賢經傳，非愚蒙所能通曉，宜以淺近之言發明之。鄉塾舊有《神童》、《千家詩》諸書，蓋宋時村書之支流，詞意卑陋，君仿其體例，別撰五七言詩，以課童蒙。又以功令重四書文，乃從先正文稾中，擇其可以感發、懲創者，都爲一編，俾求名之士知，以積德爲本，蓋君之爲教，皆在因勢而利導之。其後，遂有勸善襍劇之作，大意以俳優、侏儒最害風俗，然由來久遠，既不能廢，則莫如因而用之。乃仿元人襍劇，采取近事，被之管絃，使善者可以爲法，惡者可以爲戒。烏乎。君之用心，可謂曲而至矣。生平善事不勝書，其規條，詳所著《得一録》中，而戒溺女、禁淫書，則其尤用意者。東南大吏頗采其説，下所屬施行焉。當江浙陷賊時，君著《劫海迴瀾文》，又繪《江南鐵淚圖》，見者無不感泣，鄉愚、婦豎咸切齒腐心，願與賊俱亡。東南之底定，固由師武臣力，而君之書，未始無功也。余嘗寓書合肥相國，言及君，相國復書曰：蓮村余君，吳中善士，久耳其名。然則君之善聲，固藉藉公卿閒矣。君爲金匱縣學生，五應鄉試不中，式遂絶意進取，大吏録君勸導之功，由附生保舉訓導，加光禄寺署正銜。妻顧宜人無子，以兄子蔭培兼祧。女子子三，長適陶育，二三未行。光緒元年十二月壬申，蔭培奉君之喪，葬於縣北萬安鄉青蓮墩，余爲之銘，書而刻之石，以納諸壙。其辭曰：古三不朽，曰：德、言、功。言之可貴，功德與同。如何後人，鞶帨求工。無益於世，或興厥戎。君獨不然，意在發蒙。其説彌淺，其效彌崇。惟將忠孝，化彼愚惷。海外景教，流行域中。不端其本，言乃愈哤。詒我一編，其理平庸。未培營衞，勿去其癰。欲清奸宄，先崇其墉。君言孔嘉，我衰且窮。愧無以報，有恧予衷。敬將此意，銘君幽宫。

清・彭慰高《梁溪余君墓表》 梁溪余君蓮村，以同治十三年甲戌十月八日歿于蘇州客舍，年六十有六。嗣子蔭培，奉柩歸里，越明年，光緒紀元十二月壬申，葬縣北萬安鄉青蓮墩。德清俞太史既銘之矣，其門人李金鏞郵示《年譜》，復徵表墓之文。慰高與君同出元和張詠仙先生之門，知君最詳，誼不得辭。君行修于身，名聞于公卿，以捍災任卹。予銓學官，加光禄寺署正、銜晉五品秩，賞戴藍翎。君諱治，字翼廷，自號蓮村，爲元淮南宣尉副使忠宣公後，著籍于吳。早歲入學，孝友夙著，師薛君卒，心喪三年。復從武進李申耆大令游，嘗歎民窮俗敝，思有以濟之，棲皇南北，欲以身殉。咸豐甲寅，奉當事檄，赴江陰沙洲，定劇盜王錦標之亂。先是，洲有莠民抗糧，官將興師，君往諭化，詗知對江壽興洲爲王窟穴，久必生變，乃出不意擒之，竝獲南岸夥賊薛嘉禾，不煩一兵，全沙謐靖。論者謂金陵陷後，四郊蹂躪，而腹裏得數年之安者，君之力爲多。迨同治初元，東南肅清，而殘破之後，華夏襍處，人心日趨穢下，君益爲近俗之論，著説懲勸；又本桴亭陸氏論樂之説，撰忠孝詞曲，授樂部演之，覽者爲之感動。嘗客西湖，疾作，僕人陸慶，斷指和藥以進，即以此見君之德入於人深也。平生所志甚大，而局於下位，所表見者止此，慰高之。先南昀公輯儒門法語，意取喻俗，君遭時益降，不得已而託于因果報施之言，較墨氏而更下推其惻隱之衷，固非其始願之所及。然則世之以兼愛目君者，殆未觀君所值之時，爲何如也。余故表而出之，以爲知人論世者法焉。君配顧宜人有賢德，以兄之子兼祧，即蔭培也，女三人。君歿，門人私謚曰：孝惠。君所纂甚富，世多有之，故不書，書其大者，抑兩漢篤行之士卒祀於鄉。君遺愛在人，死而不朽，昔蔡中郎多爲碑志謂：惟于郭，有道爲無愧。余述君之事，蓋庶幾焉。

清・薛景清《先師梁溪余蓮村先生私謚孝惠議》 同治甲戌十一月，先師蓮村先生之喪歸自蘇州，景清等會哭畢，伏念先生德、功、言三者卓然，皆足自致於不朽，而以無位於朝，不獲上邀，易名之典無以，則請援古門人私謚例，引列實行，昭示有終，及門諸子皆應曰：諾。於是考核久之，謹謚之，曰：孝惠先生。按《孟子》：分人以財謂之惠。又論溱洧濟人以爲惠。而不知爲政若是，其煦煦孑孑也。是惠果可市也。夫言各有當，君相與儒生，同其心之無窮，而分則有異；君相仁天下，其量不容自隘下，此則程子言之矣。一命之士，苟存心利物於人，必有所濟。然則分人財、教人善，二者其得以善小而勿爲乎哉。先生生平勇於爲善，其犖犖大者，實足補君相施濟之窮忠之屬也。仁之發也，以是言惠，惠之至也，雖然是有本焉。墨氏惟二本，故其弊也，爲兼愛。先生少遭孤露，嘗自痛養不逮親，非力善著書，終無以酬報大德。遥望白雲，孝思鬱結，一篇之中，輒三致意焉。詩曰：夙興夜寐，無忝爾所生。孝經曰：立身行道，揚名於後世，以顯父母。先生殆庶幾焉，惠用也，孝體此用者也，謚以孝惠無愧大名。惟是草野私議，既不敢妄援禮部大法，而景清婞陋無文，又不能如蔡中郎忠文之議，參稽經典，僅得從諸子後，僭爲窺測，梗概如此，謹議。

《光緒無錫金匱縣志》卷二五 余治字蓮村，諸生。以勸善爲己任，每謁當道及諸富室，晝卹災、保嬰等事，多得行。江陰長興沙有劇盜王錦標，咸豐四年，大府密札福山總兵將往勦，以治習沙民。檄令先往，治至，集眾諭以禍福，皆聽命，共縛錦標，餘黨悉解。治晚年，益廣刊善書。或集優人，俾演古今果報事，冀感發鄉愚，一時有余善人之目。嘗病劇，其僕陸慶斷一指，療之既愈，數年而卒。

雜録

清·應寶時《余孝惠先生年譜·序》　余君蓮村以好義積善，聞於江南北，知與不知稱之曰：余善人。既殁之兩月，其門弟子撰次生平事狀爲年譜一編，以序言屬余。余識君始滬上，嘗延君董廣方言館事，數得相見。及來吴中，君寓居城北，踪跡乃甚疎。殁之日，寓書諄諄，以淫詞、小説厲禁不能盡去爲憾。又以近著《教化兩大敵論》示余，余既感君意，讀年譜，重有慨焉。君以貧士，無所憑藉，自少壯以利濟爲心，凡教人善，俗之事無大小，皆宿爲規畫。至賑貸興作，諸大舉，則慷慨奔告於富人之門，動之以至誠，而示之以明效。積行既久，翕然信之，其後名益彰，事稍易集。有非笑之者甚，且從而議。其後君知之，置弗校，皇皇汲汲自若也。君所設施，大都具於年譜，其志而未逮者，則采取古今善舉、章程爲《得一録》若干卷，蓋其所得爲者止。此其心誠無窮也。所至，宣講鄉約辭氣，誠款反復懇到，雖至愚蒙，必使開解。其勸戒人，務爲卑近，不敢稍爲高論，若惟恐人之不樂聞，而舍去也者。其用心久而愈苦，顧不滿於君者，猶時或尤之。夫以君閱世之深，憂世之切，豈不能要鄉愿之譽，避薄俗之譏謗。於時俗然，卒不稍悔而自沮者，是譜具在。其行誼本末，是非得失，必有能辨之者矣。考君始出任事，在道光中葉，其時公私物力尚未衰極，人心近古，猶足相與爲善然且勤身苦口不恤，叢訴集尤斸而爲，其所得爲者如是。自今以往，世之需善人也愈亟，人之爲善也愈難，有聞君之風而興起者，困於寡助，挫於浮言，即欲幾君之所爲，恐亦未可必得也。此編所載，君縱嗛焉未竟其志，觀世變之所趨，益使人致慨於無窮也已。光緒元年歲在乙亥春暮永康應寶時序。

清·沈秉成《余孝惠先生年譜·序》　《小學》一書，朱子輯以養蒙。大旨取材《三禮》，爲《大學》、張本《三禮》所陳，睦婣任恤之道，積散安遷之義，姦聲淫樂之辨，《内篇》一一引之。復廣其證於《外篇》，補化善俗之良規，略具，殆所謂闢開基、廣開址者，非歟。梁溪孝惠余君，幼事親以孝聞。九歲就塾，畢小學，三十四歲發願纂訓蒙書，四十四歲次第刊竣，題曰《尊小學齋》。五十八歲充上海廣方言館監院，定館規數十條，壹以《小學》爲本，《小學外篇》所紀，嘉言善行，身體力行，垂七十，不少衰。世之從事《小學》，能推行盡利馴致乎。補化善俗之盛者，未有能過余君者也。予耳君名二十年壬申，備兵上海，創辦救生保嬰，屬君分董其事，得讀所著《得一録》、《鄉約新編》、《兩鐵淚圖》、《劫海迴瀾》三文，《庶幾堂善劇》。譜諸書，即所行以證所言。舉凡睦婣任恤之道，積散安遷之義，姦聲淫樂之辨，莫不兼綜條貫，開譬警切，犂然有當於人心。烏乎。儒生秉禮之效，抑至是乎。余君殁甲戌冬，年六十有六。當四十六歲時，嘗奉學，使者急檄單舸之江陰壽興洲，平盜匪王錦標之亂，論者比之鄭，鄉通德黄巾羅拜。夫紛爭辨訟，非禮不决，虞芮罷、質歸讓，《内篇》嘗一及焉，甚矣。《小學》一書，固如是之，無不賅備也。予奉命陳臬中州，將入都，展覲，客持余君年譜，乞序。君生平言行已隱括於譜，不更置論。論其得力《小學》，與所以推行盡利者，俾士子讀朱子之書愈增敬信焉。是亦余君與人爲善之本意也。光緒元年布政使銜河南按察使歸安沈秉成拜序。

清·吴師澄《余孝惠先生年譜》　先生姓余氏，諱治。字翼廷，號蓮村，一號晦齋、又號寄雲山人，常州府無錫縣人。先世居武威，元淮南宣尉副使忠宣公守安慶，城陷，闔門殉節。時次子成緒公，諱德旺，就學合肥，奉師命避居梁溪青城鄉浮舟村，遂家焉。十四傳至文興公，諱維樛是爲先生高祖。曾祖漢章公，諱昭燎，曾祖母氏梅。祖洪昇公，諱兹恬，祖母氏胡。父蕙田公，諱來貢，母氏孫。世有隱德，勤耕讀，敦孝友。蕙田公生二子，先生居次，出爲叔父書田公，後以季父藍田公無子，又兼祧焉。先生既再，得保舉，爲考妣、祖考妣請封，竝以己身應得封典，貤封本生及兼祧，如其階。嘉慶十四年己巳十一月十九日先生生。時蕙田公兄弟三人，族居浮舟村祖宅，孫太宜人震先生時，夢有五色雲飛墮，及誕，異香滿室，蕙田公異之。嘉慶十五年庚午二歲。孫太宜人有疾，時叔母胡太宜人未舉子，大母胡太君命撫先生爲嗣。嘉慶十六年辛未三歲。二月，本生母孫太宜人卒。先生方在襁褓，家貧甚，胡太宜人視如己出，日抱先生就鄰母乞乳，夜則餌以糕粉，繼又就乳於從姒，而胡太宜人代之，操作勞瘁備至。孫太宜人本邑處士世臣公次女，力勤紡織，奉姑著有孝行。嘉慶十七年壬申四歲。嘉慶十八年癸酉五歲。嘉慶十九年甲戌六歲。是歲，本生父蕙田公客蘇州。嘉慶二十年乙亥七歲。先生幼有至性，至是見胡太宜人操勞，輒有力不能代之憾。嘉慶二十一年丙子八歲。是歲八月，大母胡太君卒，隨父兄哭踊盡禮如成人。嘉慶二十二年丁丑九歲始就外，傅受業於張嘉賓師。大本一日，師他出，攝館政者授以俗本酒詩，先生以酒爲誤人物，不可訓。歸告書田公，公笑曰：小子能知此理乎。因出《二十四孝》故事爲之講解，先生喜而捧誦不輟。是歲，畢小學。嘉慶二十三年戊寅十歲。從顧瀛洲師，登鰲受《學庸》、《論語》。嘉慶二十四年己卯十一歲。受《孟子》。嘉慶二十五年庚辰十二歲。從周承益師，守謙受《毛詩》。先生在塾，出入必告，舉止不苟，諸書一經講授，輒充然有會於心。每歸自塾，灑埽提挈，凡可以代父母勞者，無弗躬親焉。道光元年辛巳十三歲。是歲八月，書田公卒，家益困不能具脩脯。先生耕作之暇，時理舊業不輟。書田公諱來朝，字興賢，卒年四十有四。爲人孝友誠樸，尤喜與里中子弟談前言往行之可師法者，事詳武進李申耆太史兆洛撰《傳》。道光二年壬午十四歲。胡太宜人紡織撫孤，朝夕恒苦不給，或風先生徙業爲手民，太宜人不許。道光三年癸未十五歲。是歲，江南大水，先生訓蒙里中，每出佩一囊，拾道路間遺棄字紙，後率以爲常。道光四年甲申十六歲。道光五年乙酉十七歲。道光六年丙戌十八歲。先生藉館穀養親，與蒙童講論，必依於孝弟。從人借書，一見輒能別白是非。嘗曰：爲學，非性理洞達，終不足爲人師也。至是，益自奮勉，里黨翕然敬之。道光七年丁亥十九歲。是歲春，江陰薛晴巖師，城起館同里顧氏，先生從之遊。晝則訓蒙，夜則侍學，六經既卒業，即於是夏習制舉藝。後晴巖師卒於同治癸亥，先生以受恩獨深，爲服心喪三年。道光八年戊子二十歲。受《史》、《漢》八家，日課數百行。道光九年己丑二十一歲。始出應童試，未售。冬，顧宜人來歸。宜人同里處士鳳瑞公鳴岐女。道光十年庚寅二十二歲。道光十一年辛卯二十三歲。八月，母胡太宜人卒。太宜人病暑，先生親侍湯藥，目不交睫者兼旬。比居喪，哀毀幾絶。時本生父蕙田公春秋高，而兄勖堂公齊貧，無恒産，先生力謀色養，又爲考妣營喪葬，心力爲瘁。太宜人同里處士聖宗公長女，闡德詳先生《蓼莪恨述》中。道光十二年壬辰二十四歲。道光十三年癸巳二十五歲。館於北七房鎮華氏。是歲，從華雲蓴師介福游，文社、課藝，先生輒冠其曹。道光十四年甲午二十六歲。偕顧君偉屏、族兄文耀等，舉里中惜字會，後更推廣惜穀有雙惜規條，載《得一録》中。道光十五年乙未二十七歲。服闋，受知學憲龔公，補金匱學附生。道光十六年丙申二十八歲。從元和張詠仙孝廉肇辰游，秋七月丁，本生父蕙田公憂，先生自是恨抱終天。著《蓼莪餘恨述》，又作《匪莪感詩》以誌痛。蕙田公字繼賢，卒年六十有六，家譜有傳。道光十七年丁酉二十九歲。從李申耆太史兆洛遊。道光十八年戊戌三十歲。狀蕙田公、書田公事實，乞申耆太史爲家傳，太史爲撰合傳。謂：二公篤行碩德，雖未獲自顯，而令子治克自振拔，爲吾黨重。其益勵所學，立身行道，上慰先人，顯親揚名於是乎在。先生感師訓，謹佩之終身。道光十九年己亥三十一歲。肄業江陰縣暨陽書院。道光二十年庚子三十二歲。夏，大水，無錫芙蓉楊家等圩被災尤甚，先生上書白當事，請賑卹。道光二十一年辛丑三十三歲。是歲春，偕華氏羣從倡設粥店以賑饑者，著有《勸開粥店説》、《粥店十便説》，又刻《林文忠公擔粥説》，徧籲於人，人咸稱善。葢粥店擔粥，較官爲煮賑事易行而施博，其章程詳載《得一録》中。先生之説既行，各鄉饑民全活無算，由是遠邇慕先生名：蘇州潘功甫曾沂、謝蕙庭元慶、同邑杜少京紹祁、顧儀卿鴻逵、諸紳士水渠里秦氏、石塘灣孫氏、禮社薛氏、葑莊楊氏咸樂與訂交，後遇飢荒，辦賑必咨於先生焉。道光二十二年壬寅三十四歲。應江陰縣少尹歐亭姚君聘，就署教讀。先是，先生謂善書可以羽翼經傳，嘗有推廣撰述之志，而力有未逮。及來澄江，思鄉塾童蒙往往讀書二三載即廢業，所讀《神童》、《千家》等詩無補身心，遂仿其例，別撰五言詩，名曰：《發蒙必讀》不署姓氏，刻印分送，竊驗其行，否以自鏡。越數日，見各塾爭相傳寫，因喜樂善有同心，而撰述之志益堅。道光二十三年癸卯三十五歲。仿子瞻蘇氏法，集本鄉保嬰會。道光二十四年甲辰三十六歲。撰輯《續神童詩》、《續千家詩》。道光二十五年乙巳三十七歲。撰輯《學堂講語》、《訓學良規》、《竝繪圖》，增訂日記、故事，先生至是爲蒙養計者周矣；又念貧家子弟無力讀書，鳩資爲設義塾數處。未幾，而常熟、昭文諸邑爭起仿行，造就日廣。先生更以淫書、小説之爲人心害也，稟請當道示禁收燬。是歲，有自題《望雲圖辭》以誌風樹之悲，文具集中。道光二十六年丙午三十八歲。輯《古文觀止》、《約選》成，先生以《舊選》、《觀止》不盡切於日用，爰增損其文，成《約選》若干卷，綴以發明篇，末附載古今格言俾讀者，知勸知懲，默化氣質，人皆以爲善本。又輯制藝之有關世道人心者若干篇，題曰：名場必得技。末亦附以格言，俾求名者知以種德爲本。六月，丁兼祧季父藍田公憂。是歲，大吏檄取先生所定保嬰章程，通飭各屬竝移知，安徽照辦。次年，浙省大吏亦檄，取飭辦而通行於閩。藍田公諱來聘，字紹賢，卒年五十有八。道光二十七年丁未三十九歲。仍館江邑，辦收燬淫書事。道光二十八年戊申四十歲。江陰縣壽興沙各圍被大潮淹潰，飢民載道。先生募資數萬緡，爲之賑恤築堤。有《沙洲勘災記畧》。竝以其地多溺女，倡立恤産保嬰會。時長興金石林司馬，品三方謀建育嬰堂於邑之下源渡，見先生章程而善之。先生遂往下源，諸善士皆來會定議，合邑分爲十局，而保嬰善舉益廣。道光二十九年己酉四十一歲。長興保嬰局之設也，先生謀之甚力。是春，再往下源，會鄉民演劇，先生登臺叩首，且泣且勸，觀者皆爲心動。時霖雨久，是日忽晴，人以爲善氣所感。夏，江南大水，蘇、常圩田被淹，先生所居浮舟圩，地勢略高，以力籌戽救得全。而哀鴻徧野，呼號日聞，先生蒿目慘心，著《水淹鐵淚圖》二十四幀，日泐數十函，乞救於遠近富人，每發一函，輒於神前拜禱，情辭迫切，見者動心。是秋，負病往來蘇、常各屬，雖病不能食，未嘗敢息肩焉。道光三十年庚戌四十二歲。先生募資助賑，至是全活無算，中丞傅公聞之，贈善行克敦額；而郡守仙舫嚴公正基又親書俠義堪風四字以贈，綴以序。云：起千萬溝瘠瀕危之命，之死而致生之，劑君相施濟之窮，彌天地生成之憾，惟俠而義者優爲之。先生具書爲謝，推美富人，不自有其勞，嚴公曰：吾乃今知然明之心矣。是春，稟請興修楊家圩堤岸，改六三啚之永濟橋爲永濟閘，以資宣洩，自是，桑梓閒水不爲災。咸豐元年辛亥四十三歲。陽湖縣朱家渡橋，界太平、從政兩鄉，爲往來孔道，橋圮二十年。其里人張君壽德，有志重建，而工鉅未集，來謁先生，先生遂偕趙伯厚宫贊振祚，同往勸捐興辦，歷三載，告成。厥後，庚申之變，避難人賴此橋以濟。咸豐二年壬子四十四歲。先生五赴棘闈，兩薦不售，至是幡然曰：昔人捧檄而喜，爲親在也。今而知科名自有命焉，徒使歲月銷磨，而吾父母在天之靈畧無所慰，罪何可逭。乃絶意進取，專以挽回風俗、救正人心爲汲汲。遂彙，資將所輯訓蒙各書，次第刊布，同人題曰《尊小學齋》。咸豐三年癸丑四十五歲。時粵逆竄踞，金陵人心浮動，先生稟請當道宣講鄉約，竝著《劫海迴瀾説》上勉人恐懼，修省冀回天，怒不啻，垂涕而道焉。咸豐四年甲寅四十六歲。三月，赴江陰沙洲，定王錦標之亂。先是，江邑各鄉抗完漕糧，先生奉郡守侯公世顯札，赴鄉勸諭。比至楊厙鎮，見民情震動，詢知對江之壽興沙，有劇盜王錦標，嘯聚肆掠，軍械悉備，官捕莫敢正視。時福山鎮葉總戎奉制軍密札，將會江常各營，刻期進勦。先生思此沙四面臨江，向多私販，民俗强悍，宜使散不可使聚。若遽加勦辦，各盜必鋌而走險，既恐貽害沿江各邑，而本沙良善，反致玉石不分；萬一勦辦不能盡善，則莠民得志，害更無窮。正焦慮間，江陰令翟讓溪鏶觀，忽捧學憲何公檄至，令先生先往協捕。先生奉諭，即行，同人力阻不聽，遂與朱朗夫上舍門下徐子濟茂才，渡江。抵沙之日，集沙民宣講鄉約，曉以天理，惕以王法，沙民夙感先生賑濟築堤舊恩，所到處爭先迎候，老幼環聽，且有感泣者，先生見其心動，即傳學憲令：速縛盜魁以獻，衆皆免。越日，衆果擒錦標至，餘黨悉解散。未幾，又擒南岸盜首薛嘉禾至，不煩一兵而全沙悉平。先生乃爲立保甲局，設法編查沿江一帶，化暴爲良，歷年安堵，沙民至今德之。咸豐五年乙卯四十七歲。先生既著助餉，説勸富人毁家紓難，而同邑孝子孫仰晦先生希朱，嘗抵書，極論敵愾同仇之義。時軍中時疫大作，先生遂冒暑捐製丹藥，親解向忠武公孝陵大營，又偕葛君葆之瑗，創設太湖救生局於邑之吴塘門，是歲，學使者奎公贈先生額曰：與人爲善。咸豐六年丙辰四十八歲。夏，大旱，沿江各鄉爭潮械鬭。先生奉喬鶴儕觀察松年諭往解，乘間擒獲楊厙北潞盜首王和尚等四名，分別解案。復會蘇常諸紳士，設廠招撫流亡，竝赴各處宣講鄉約，著《鄉約新編》行世。秋七月，丁兼祧徐太宜人憂。咸豐七年丁巳四十九歲。先生念鄉約爲救時要務，而終患鄉愚之不能家喻户曉，遂用俚語別撰詩歌各種勸世，冀以潛移默化，爲收禁淫書一案作釜底抽薪之計，蓋先生著書之恉，至是託體愈卑，而用心亦良苦矣。咸豐八年戊午五十歲。奉吴平齋觀察雲手書，赴鎮江撫卹難民，竝商辦江南北團防事，著《劫海迴瀾説中》行世竝。輯史傳故事，成《公侯鑒》若干卷，分送各營，冀從事戎行者以不嗜殺人爲本。是歲，大吏以先生宣講功，由附生保舉訓導，竝加光禄寺署正銜。咸豐九年己未五十一歲。集《庶幾堂新戲》試演於江陰、常熟等處。先生謂：梨園之作，原以激發忠孝沿習。既久寖失古意，如演《水滸傳》，則以盜賊爲英雄；演《西厢記》則以狎邪爲韻事，此風俗之大害也。於是，即借梨園曲白，宣布訓言。著《後勸農》、《同胞案》、《英雄譜》、《緑林鐸》等劇十餘種，教習試演。其正樂微意，救世苦心竝，詳先生所著《庶幾堂引言》及題詞中。咸豐十年庚申五十二歲。著《皇恩歌》、《親恩歌》

等若干種。夏四月，粵賊下竄，兄勖堂公齊赴水死。勖堂公遇難，時年六十有三，後奉旌表，入祀惠山忠節祠。先生避地常陰沙，痛念書生不能殺賊，因著《解散賊黨歌》，分送各營，又歷寫脅從思鄉之情，作《解散歌》四十八首，使人流布，以孤賊勢。未幾，各沙民團四起，先生隱爲之部署，上書幫辦軍務，前巡撫許願提一旅，渡江助勦，中丞歎爲佛心俠骨。又具書上團練大臣龐，乞師，竝陳解散脅從之議，侍郎歎爲仁人，經濟高出羣倫，即據以入，奏施行焉。咸豐十一年辛酉五十三歲。避難靖江縣馬洲。時江南難民，呼號蟻集，遂會江北諸善士，設粥局於如皋縣之石莊永樂橋、靖江縣之斜橋生祠堂四墩子、泰興縣之口岸、新鎮市竝壽興沙、常陰沙太平洲等處，全活甚衆。同治元年壬戌五十四歲。航海赴滬瀆，偕蘇紳士設保息局，撫卹難民。同治二年癸亥五十五歲。時沿江通州、泰興等處，警信日聞，先生勸之設團防局，嚴巡江口。又以江南難民流離益衆，於粥賑外設爲男傭女織之法，悉心安插，航海往來，刻無暇晷。是歲，大吏以先生團防功，賞戴藍翎，即於鎮營餉票局捐加二級，爲考妣請封，竝請貤封本生考妣。同治三年甲子五十六歲。著《江南鐵淚圖》四十二幀，赴江北勸捐，其勸捐啟以江南之被劫，惕以前鑒，即以江北之免劫，聳以救災，驚心動魄，見者感涕。又著《劫海迴瀾説下》即人心之易明者，痛切指陳其要歸於克己，視前兩説，鞭辟近裏，論者以爲經世大文焉。同治四年乙丑五十七歲。仍留滬襄辦善後撫卹事。同治五年丙寅五十八歲。二月，奉蘇松太道應敏齋觀察寶時檄，充廣方言館監院，所定教規，一以小學爲本，嘗爲其門人薛景清題一額曰：反躬克己之居。方言館爲課西學而設，先生蓋恐人忘本也。五月，董撫教局事。初，先生嘗偕諸紳士募建恤孤局，留養難民中十六歲以下之幼童。事平，訪其父母歸之，其無歸者令習藝，自食其力。至是，見其中或有流爲丐者，觀察復捐廉設撫教局，仍命先生主之。是夏，移眷居蘇。同治六年丁卯五十九歲。奉應觀察札，設立普育堂於上海縣城西。是歲，大吏以先生善後功，奏加五品頂戴，遂爲祖考妣請封，兼祧藍田公，竝請貤封焉。同治七年戊辰六十歲。春，奉倪載軒觀察寶璜諭，赴江陰沙洲清釐地界。冬十一月，值先生周甲誕辰，門下士請稱觴，不許，遂醵資爲刻善書數種。青浦純叔熊君其英，祝以序。略云：先生生古人後，慨然以世道人心爲己任。念吾儒正誼明道之學不可概，語於今之世，惟此禍福感應中於人獨深，故其爲説亦最易入，不得已借之，以因勢利導，苟有人焉。口不道功罪之説，而欲立欲達惻隱之發，常充滿於其心，此尤先生所願與把臂入林者，惜乎。舉目寥寥，而先生亦遂窮以老也。此則深知先生苦心者。是歲，江蘇巡撫部院丁奏請嚴禁淫書檄，板焚燬滬城，又增設口懷局、扶顛局，其規約大抵皆先生所條陳也。同治八年己巳六十一歲。先生嘗於道光己酉歲，采取古今各種善舉章程，成《得一録》若干卷，大旨以親親、仁民、愛物爲綱，條目甚具，遭亂燬板。至是，粵東吴紫石明府宗瑛等，復爲捐資付梓。是年春，先生以宣講赴杭，得病甚劇，傭僕陸慶斷手指，煎湯以進，病尋愈。時應敏齋廉訪方署蘇藩司事，聞給慶義行堪嘉，額奬之。同治九年庚午六十二歲。先生患近世女誡不修，輯《孝女圖説》二十四幀行世。是夏，應宗湘文太守源瀚之招，赴湖州籌辦恤産保嬰，各局竝請示禁厚奩，以清溺女之源。同治十年辛未六十三歲。修族譜，手定家訓，示後又偕鳳山蘇君募建節孝祠於邑之北新橋，采訪各鄉節孝。是春，先生從弟余步雲，有斷指療父之事。同治十一年壬申六十四歲。始出新意，製造惜字穀鑪、擔篩箱等器，遠近各局多仿行焉。又嘗獨自往來茅山天竺香市，人衆之會，苦口宣講。木鐸老人先生嘗以之自署頭銜，人以爲無愧云。同治十二年癸酉六十五歲。時海上民俗日新，先生隱憂之，條陳當道，大旨在扶翼聖教，冀息邪淫而已未。所集《庶幾堂新戲》，桐鄉嚴緇生比部辰曾招之重演於嘉湖等處。至是，復挈以赴杭，進於楊石泉中丞昌濬，中丞極爲嘉許，謂：可通行各省，以裨風化。秋，奉蘇松太道沈仲復觀察秉成札，委辦救生保嬰各善舉，先生馳赴各屬會商，汲汲惟恐不及，然精神亦自此衰矣。同治十三年甲戌六十六歲。先生精力雖日衰，然往來各堂局，整飭規約竝，隨地化導，舌敝脣焦，勞不自恤，暇即徵引故事，抒寫新樂，計自丙寅，而後又續撰，得二十餘齣，其迫於救世之心，即病中亦不略釋。夏五月，歸自海上。保嬰局患泄瀉，初不爲意，或冒雨徒步，或駕舟遠涉；晝則集議，夜則著書，要不使此身稍有一刻之暇，蓋數十年如一日也。八月初，因公渡江，北回蘇，痢疾大作，氣益虧，遂於十月八日考終於蘇城温家岸之寓宅。屬纊前三日，命門人手條呈一冊，過德清俞蔭甫太史樾。是夕，猶以淫詞、小説根株未絶，留書致應方伯，嚴示飭禁竝，以所著《教化兩大敵論》一篇相質。正時，門人李金鏞、薛景清、方仁堅等俱侍，先生詔之曰：區區之心無所戀，惟此《庶幾堂新戲》足以轉移風俗，激發人心，爲極不忘耳。二三子爲我轉告諸同人，倘得有大力者登高提倡，頒入梨園，則生平之願也。言訖，援筆自題《別世詩》四絶而逝。嗚呼。所謂吉人爲善，惟日不足者，先生殆庶幾歟。先生兄勖堂公既死難，遺一子蔭培，甫四歲，先生以長以教，至是，遂遵例，以蔭培兼祧。女子子三：長適江庠生陶育，次適蘇城盛日新，三適同邑秦世銓。蔭培即於本年十一月二十日，恭奉霛柩歸里。越明年，光緒紀元十二月壬申，葬於縣北萬安鄉青蓮墩之原，德清俞樾爲銘。先生所著書，除已行世各種外，有《新劇三十種》、詩、文、語録、書、牘共若干卷、《得一續録》若干卷，編輯待刊。先生卒後，門人私謚曰：孝惠先生。

清·葉裕仁《尊八學齋集跋》 吴江袁黄氏生明之季，以禍淫福善之説化人，人從而化之。郡中彭氏生重熙累洽之世，衍其緒論於時，民物滋豐，風俗敦朴，故其設施猶未廣及。道光中，人心日壞，民生日蹙，在位者惟粉飾太平以因循爲静。鎮功甫潘先生惄然憂之，得汪君石心爲之助，宗净土之教，以之修已而勸人。於是刊布善書，廣行施濟，計資之不時給也；石心上説下教，以禍福之説大聲疾呼，聞者無不感動，無不傾資以助，所救濟者不啻以億萬計。功甫先生歸道山，石心繼之不衰。於是，蓮村余君亦行其道於澄江梁溪之間。迨至咸豐之世，生民之禍亟矣，故蓮村之爲術愈廣、立説愈卑，而用心亦愈苦。未幾，遭庚申之難，石心尋去世，惟蓮村爲之張皇補苴。是時，創夷滿目，盗賊縱横，待命者愈殷而輸財者愈鮮，於是奔走勸募，如拯溺、救焚，不遺餘力，所救濟者亦不啻以億萬計，故余善人之名，徧於吴越閒。嗚呼。世道之隆污，民生之休戚，有權勢者犖然不一動其心，蓮村一布衣起而拯之，至濡手足、焦毛髮而不顧，其亦可悲也。已昔，滔于髡譏孟子不援天下，而孟子守道弗應。若夫蓮村，則既欲援之矣，叩其所以爲援者，固袁氏之學也，疑於墨氏之教也。夫墨氏兼愛尚同，而二本流禍至於滅絶倫理，故孟子辭而闢之。袁氏屑屑於銖兩、功過以邀福利，使人昧於天命之本，然故儒者屏而弗道。吾謂世無孟子，援戰國之天下者必墨氏也；世無真儒，援衰世之天下者必袁氏也。今蓮村之力，既不足以及天下，導人以尊君；上畏王法，不至如墨氏之爲害；施濟於烽塵、兵燹之餘，惠尤當厄，又袁氏之所未逮。蓮村之爲墨、爲袁，特時勢之所趨焉。耳然亦可以觀世變矣，爰書之卷末，以識子無窮之慨云。光緒元年孟夏之月鎮洋葉裕仁拜書。

陳烺

論説

綜論

清·俞樾《玉獅堂傳奇·總序》 潛翁陳君負幹濟之才，筮仕吾浙，浮沈下僚，温温無所試，乃以聲律自娱。所著傳奇五種，曰《仙緣記》、曰《蜀錦袍》、曰《燕子樓》、曰《海虬記》、曰《梅喜緣》，雖詞曲小道，而於世道人心，皆有關係。可歌可泣，卓然可傳。余尤喜其《蜀錦》、《海虬》二種，音節蒼凉，情詞宛轉。視尤西堂《黑白衛》等四種，吴石渠《緑牡丹》等四種，可以頡頏其間矣。乾隆四十六年，巡鹽御史伊公伊齡阿，奉敕於揚州設局，修改曲劇，四年而事竣。從事局中者，有淮北分司張輔、經歷查建珮、大使湯維鏡諸人。使君生其時，與其役得以釐正音節之得失，考訂事蹟之異同，豈出張、查諸人下哉。何至一官落托，徒以引商刻羽，一唱三歎，自鳴其得意也。然詞曲之工，則人所共賞矣，《陽春白雪》必有知音，勿如陳子昂之碎琴於市上也。

清·譚廷獻《玉獅堂傳奇·總序》 夫以太史輪摧里巷，則徒詩并椒，伶官翟冷樂府，則法曲亡傳。堂上逡鼓應之宫，田閒歇喁于之唱。聲音通於政事，絶續待於文人。玉茗飄蕭，不逢若士，稗畦蕉萃，疇識昉思。至若東嘉菽帛之言，鉛山忠孝之志，蓋爲其難，庶幾一遇而已。陳叔明先生驥德已老，鶴鳴在陰，蝨處一官，冶胸中之冰炭；蟫餘千卷，數眼底之滄桑。跌蕩陽秋，揮斥儒墨，藉梨園之塗面，引椽笛以寫心。玉師堂前五種曲，旗亭傳唱，一片城孤，酒所舊聞，雙淚《河滿》。已而獨居，深念老去填詞。新釀初熟，澆壘塊以一杯，舊事重提，數贏文於五指。俄而，後五種曲又成，其一曰《同亭宴》。躍人壺中，費長房之日月，飛來城上，丁令威之人民。若乃采藥年徂，避秦人語，下方華落，仙府酒香。虹飛天際之橋，鳳脆雲中之管。須麋亡恙，世間有此，曾孫歌舞，方張上界。未妨行樂，然而西風山水，朝露興亡，惟人間兮可哀，豈神僊爲妖妄。山亭一醉，岐路千年，亦可慨已。其二曰《迴流記》。咽殘精衛之波，長銜片石，寒澈孝娥之水，來賽叢祠。若乃諷諫田歌，銷沈劫火，瞑九淵而一往，挽東逝以西流。孰弔餒王，不洗降旛之辱，好歌妃子，長流在山之清。曲弄神弦，江通帝子。然而彼君子女，爲百世師，忠愛不愧儒門，精氣始回造化。平章逸事，箋注史家不可廢已。其三曰《海雪吟》。七弦調古，五體書工，畸人未死之年，鼓吹從軍之樂。時也蠻烟蜑雨，客子畏人，矛淅劍炊，行謌互答。土司世系，古諸侯之附庸，女子知兵，大布衣爲上客。卒之迹違俗吏，節抗遺民，泠泠海雪之琴，犖犖夜泉之研，依相思砦之知己，謝《燕子箋》之生徒，可以興矣。其四曰《負薪記》。譜蒲留仙《張誠傳》也。煎同根之豆萁，天潢涕淚，歌隔谷之横吹，兵閒弟兄。何圖隴畔之氓，長同薪采之役；跕危虎口，慬此餘生，急難鴒原，幻成奇遇。至於存九死之皮骨，集一時之笑嚬。孝廉許武讀書，祗以噉名，夷齊首陽誓死，乃由天性。昆弟之奇而正也。其五曰《錯姻緣》。又譜《志異》姊妹易嫁事也。諸侯嫁娶，從一姓之姪姑，學士詼諧，弄兩姨之大小。未有早定鴛鴦之牒，換開姊妹之華。士豈長貧，水幾成覆，大不憐壻，嫁乃先兄。一撾回疊鼓之帆，落子變爛柯之局。至於幾年井臼，將父命以從夫，一旦稾碪，識郎君之官貴。吉符墓兆，女作門楣。婚姻之變而正也。先生按拍傳聲，得言忘象，一唱三歎，旨在風騷。五角六張，感兼身世，未絶廣陵之散，重題黄鶴之樓。以視前五種曲，稱心而言我聞，如是可歌可泣。直到古人，愈唱愈高，別有懷抱，令衆山之皆響，遏輕塵而不飛；作金石聲，擲孫興公之賦，有井水處，歌柳耆卿之詞。

清・劉炳照《玉獅堂傳奇・後序》 《玉獅堂傳奇》，前後凡十種，吾師叔明陳先生所作也。嗟乎。天高地下，搬演傀儡之場，古往今來，曼衍魚龍之戲。人非情移絲竹，那堪消遣中年，詞不律協宫商，曷克流傳大雅。原夫襍劇之作，創自元人，傳奇之名，盛於昭代。黄文暘之《曲海》，博採兼收，葉廣平之《書楹》，尋聲按譜。然而中郎爭唱，每多假託之詞，曇陽寓言，厥有《離魂》之記。大抵懽愉境少，愁苦詞多，抑或兒女情長，英雄氣短。疇陳言之務去，羌古調之獨彈。先生人海鳳麟，詞林《韶》《濩》，《高山流水》，賞音未遇鍾期，鐵板銅琶，豪情不減蘇子。於是採稗官之軼事，譜樂府之正聲。猿證仙緣，悟玉環之解脱，袍輪蜀錦，表巾幗之忠勤。廿年節殉樓中，獨宿空憐燕子，百萬雄誇海上，歸誠共服虬髯。前生結梅喜之緣，閨閣無慙孝義，異代叙同亭之宴，神仙亦樂兒孫。貞烈爲神，腸斷迴流之記，畸才不遇，恨填海雪之唫。讀《負薪記》，使人兄弟之愛生；譜《錯姻緣》，使人夫婦之倫篤。胸羅錦繡，筆挾風霜，挽既倒之狂瀾，闡未光之潛德。振聾發聵，竊取勸懲。立懦廉頑，足資觀感。洵才軼王關，識超袁李矣。井水能歌，隨風落九天之唾，氍毹試演，繞梁餘三日之音。

清・徐光鎣《玉獅堂傳奇・後序》 歲之菊秋月，爲陳叔明太先生七秩誕辰。同人擬製屏幛，爲我先生壽凂。光鎣以請先生曰：壽文非古也，近世士大夫亦或爲之。然必名位顯達，功業有足傳於世者，庶幾無愧。僕少孤露，中歲遭兵革，流離播越至五十，始以鹺官需次浙中。二十年來，宦海浮沈，一無成立，今耄矣，用以自赧，奚足稱慶。子其爲我辭焉。光鎣退，竊與同人計議：先生詞意堅決，未便相强，盍思有以慰先生者。先生生平著述甚夥，文詩半皆散失。已刻者惟《玉獅堂五種傳奇》，爲當時所稱賞。而《續譜五種》，脱稿年餘，每以無力付梓爲憾。今若集資校刊，壽之文字，以炫目前，何如壽諸梨棗，以垂久遠。請以是爲先生祝，先生必樂從焉。光鎣復以此意告先生，先生怡然曰：子其得我心也，僕敢復有辭乎。爰集同志三十餘人，鳩貲開雕，閲兩月而告成，從先生志也。

分論

清・吴唐林《仙緣記・序》 天下之事，必有所因。因也者，自無而生有者也。自無而生有謂之因，則有一因必有一象，有一象必有一形。形者，物之固有者也。然有形之物，不能常有，仍視其物爲有無。而何以物之無形者，竟有赫然常在人心目間者，則究何恃而得此。曰：以有形肖有形，恃乎畫工之手；以有形狀無形，恃乎文人之心。同里陳叔明詞丈，高才不遇，以鹽官需次浙江，絶韋脂，杜奔競，公餘惟以吟嘯自適。紘詩讀畫以外，撰成傳奇四種，《仙猿記》其一也。其事胚胎於唐人説部，而比辭屬事，續句緯文，灑灑成篇，聲聲入破，使精靈光怪之物，長留影事於人間。蓋以有形狀無形，至此而極工矣。又聞叔明脱稿之後，夢一白衣女子珊珊而來，斂衽再拜，是蓋鏤心豖肝，描撫盡態，結撰於心竅，脱活於筆簡，遂與晤對於寤寐，頓使無形之物，不啻凝結而有形，此有因之一念之所致之也。而況夢中所見之形，一瞬而即逝。卷中所繪之形，千刧而常存。作者與仙猨，其殆有夙因與。夫佛家言因，必繼之以果；道家言因，必通之以緣。此皆吾道所不取。而因之一説，則儒者固常言之，此固其確然可信者也。叔明問序於予，因本斯意書之於眉，以與同志共証之。

又《迴流記・序》 行吟帶荔，弔流放於湘纍，距躍斫衣，託揚狂於漆厲。孤臣報國，烈士酬知，甘三黜而不辭，歷九死其靡悔。然而北走胡而南走越，或挺險以行，朝游楚而暮游秦，每拂衣而去。獨至仳離淑女，憔悴姬姜，暴遇終風，棄嗟陰雨。性含貞固，甯傳累德之詞，身已分明，終守一齊之義。以故緑衣隕涕，厘寤寐於碩人，紈扇成吟，守箴規於婕妤。伊古有之，然又有甚者。《迴流》一書，以才人之妙筆，譜軼事於前朝。百折心悽，三升淚下。彼婁妃生於冑族，長嬪驕王。江汜知恩，差免娥眉見嫉，潢池竊弄，早知螳臂無功。屢諫不從，空託良言於畫本，徒死無益，猶期悔禍於强藩。而乃彼昏，不知夜郎自大，王失機地，真成讖熾火焚。巢婦出走，歸已無家。清流畢命，望夫先化。匪崩杞嫠之城，殉主無名，近愧梟姬之石，事有難言。吁嗟闊矣。然而忠貞獨抱，德惠旁流。袒服嚴縫，縱沈淵而逾潔，并刀未斷，儼喝水使倒流。卒逢篝火於宵漁，云是賣珠之舊嫗。深深埋玉，泣貽香火於黄陵，赫赫題碑，渥賁絲綸於元壤。夫而後明夷蒙難，人天共鑒，艱貞處變得仁，溝瀆匪同小諒矣。迄今柏社已屋，椒録同焚。商女之唱不傳，水仙之謡誰續。而詞家選韻，委悉爲之傳神，法曲登場，英靈亦當頫首。余習聞本事，謬託賞音，魂招青塚而常留，殯比緑珠而更慘。一聲《河滿子》，每聞歌輒唤奈何，千古傷心人，或借酒以澆魄壘乎。

清・宗山《蜀錦袍・序》 山己巳入川，下榻石砫官署，聽演董芝㟷太史所譜《芝龕記》傳奇。帝王仙佛，雜沓登場，觀者目眩。亟索原本讀之，以秦良玉、馬千乘爲經，以客魏擅權迄闖獻授首，二十餘年可驚可愕之事爲緯，搜采極博，惜遺詞命意，不足動人歌泣之懷。每以文與題不稱，爲之欷然。壬午需次杭州，與陳叔明先生結文字交。一日，出《蜀錦袍》傳奇，示山讀之。嘆夫先生之才之大，其徵引一踵正史，褒貶凜然，無小説詼詭之習。《播州克敵》、《平臺奏勳》等齣，忠義憤激之氣，騰躍紙上。起結淡處著墨，餘絃外音。良史三長，略具於此。視昔人之恣意妝點，正苦才短耳。天生奇女子，得奇文以傳，幸矣。昔蔣苕生譜《四絃秋》，洪昉思製《長生殿》，一洗元人《青衫記》、《梧桐雨》之陋。先生命意，得無類是。此編出，不獨壓倒芝㟷，即謂之媲美蔣、洪，非妄語也。

又《海虬記・序》 客有問於余曰：玉獅堂院本四種，僕已得窺其崖略，然不能無疑焉。《仙緣記》證夙因也，《燕子樓》哀苦節也，《蜀錦袍》刺邊將也。被諸管絃，皆足爲世教人心之助。若夫海寇嘯聚，彊臣招撫，史册所載，代不勝書。既無奇可傳，亦無徵不信，不幾令楮墨笑人乎。余曰：君所謂知二五，未知一十也。燕藩入承大統，外患未平，深山大澤之間，龍蛇潛匿。乃神機燭照，如魑魅鑄鼎，物無遁形。不煩一旅之師，一紙畫圖，渠魁授首，雖劉季梟雄，貞觀神武，無以過之。此奇之可傳者也。海杰一亡命男子，跳身海上，巢窟數十，悍卒數萬人，虎視神州，相時而動，其才誠有大過人者。雖識天命攸歸，幡然改圖，亦不失一扶餘國主，竟束身來歸，飲刃以死，不作螳臂之拒，識時務者爲俊傑。此又 奇之可傳者也。且夫瀛海之大，茫無涯涘，在物色之者，不免望洋興歎。幸天覆其舟，使之展轉牽引，得藉手以告成功，匪寇之中，占婚媾焉。此則奇而又 奇者也。以視夫仙佛鬼魅，荒誕支離，徒悦人耳目者，相去不綦遠哉。考之《明史》，永樂七年，命總兵李珪平海盜於欽州。相傳即此事所祖。特史筆謹嚴，不能如稗官之纖悉備舉。君乃曰：無徵不信，得毋有膠柱之見存乎。客唯唯而退。因叙次其問答之詞，質之玉獅老人，即以爲序何如。

清・俞廷瑛《燕子樓・序》 僕嘗客遊汴水，道出彭城，緬西楚之故都，溯東坡之舊治，馬不戲而臺冷，鶴已去而亭空。則且訪列戟之官衙，訊賜鞭之節度，亦復琴尊久闃，劍舄長韜，珠箔烟飛，金釵雲散；認取牆邊苔礎，空想鴛棲墮來梁上芹泥，如聞燕歎。此所以紀遊有作，而懷古獨深也。毘陵陳君叔明，品重琳琅，才羅錦繡，倚新聲於玉樹，白首能狂，摹豔體於金荃，紅牙頻拍。所著有傳奇四種，《燕子樓》其一也。弔凄涼之碧血，易冷空山，傷窈窕之紅顔，難填巨海。腸斷舍人短句，儘帶拋衫棄，莫諒苦衷；心銜故主深恩，倘粉殉脂埋，恐妨清範。抽毫寫怨，爲傳夜狖之吟，擁髻含顰，曲繪春蠶之死。樓無百尺，筆有千秋。嗟乎，鸞鏡塵封，烏衣夢斷，話鰈鶼身世，居然操凜霜筠，數鵜鴂光陰，久矣命輕風絮。試摭姬姜軼事，何慚名教完人。固宜證彼蘭因，付諸菊部。么鳳之妍詞乍按，元龍之豪氣都除。銀燭光中，君成晚翠寒香之傳，銅絃聲裏，我服漢卿、仁甫之才。

又《負薪記・序》 淄川蒲留仙先生著《聊齋志異》，凡四百餘則，漁洋山人獨於《張誠》一則評曰：一本絶妙傳奇。豈非以其悲歡離合，有足以譜諸詞曲，被諸管絃者耶。然漁洋雖有是語，而作爲傳奇者曾無其人。不意遲遲至今，始得之叔明陳君也。君以才人官鹺尹，從公之暇，惟以著述自娱。先後作傳奇十種，其《負薪記》一種，即采《聊齋・張誠》事。以文章之波瀾，爲戲劇之關目，翦裁有法，翰采爛然，以視《聊齋》，殆所謂異曲同工者。吾知此劇一出，梨園小部必且競相肄習。而一唱三歎，使人友于之愛，油然而生。其於風俗人心，所裨匪細，雖作《孝友傳》觀可也，傳奇云乎哉。

清・汪學瀚《燕子樓・序》 潛翁既感仙猨之異，辨蜀錦之誣，載闡幽芬，三疊雅奏。稽唐代之軼事，衍長慶之清詞，復成《燕子樓》院本十六折，以授學瀚綴辭卷端。學瀚未能識曲，敢附知音。方《陽春》之寡和，幾游夏之莫贊。第夙覽唐賢所述，久軫於懷。真想斯欽，誦言曷已。夫質抱金石，非託響於拂羽懸黎，樂播管絃，必選材於龍門孤竹。是以飲冰茹蘗，節操盟其素心，結蘅愛荃，詠歌寄之彤史。豈女德之不爽，亮閨怨之易工。至閒情宛轉，流爲倚聲，綺語纏綿，極於倖色。雖有作者，可無論已。乃或悲哀爲主，徒留離恨之天，或寂寞求音，莫識埋憂之地。商羽流徵，鞶帨揚華，從未有驚才絶豔，藴志含貞。曠禮之戒，媲於敬姜，秉心之勗，同於仲氏，如盼盼其人者。潛翁詩徵本事，劇合定場。締品豔於夢因，結憐香於感舊。雙飛覩燕，十載殉樓。固不待抽祕騁妍，可信其識高意遠也。嗟乎，玉帳建牙，控上游而作鎮，金臺買骨，開東閣以延賓。月冷星沉，風流雲散。銀刀跋扈，幾覆司徒之宗，華屋淒凉，空到洛陽之墓。未廣孝標絶交之論，翻來魏武分香之嘲。豈知黄金不惜，賸有蛾眉，紅粉未灰，啼成鵑血。詩人老去，詎同飄泊之楊枝。公子安歸，不比倉琅之燕尾。須臾忍死，恐累平生。老嫗猶能解詩，舍人竟難會意。情深兒女，識過鬚眉。始信小家碧玉報主身輕，足令司馬青衫聞聲淚溼矣。獨是空樓望斷，已成化石之形，寡燕聲銷，幾等銜碑之口。不藉文人之筆，誰傳名媛之才。非特紅豆譜成，表微足稱知己，即白楊和寄，作歌亦以告哀。貞魄有靈，珊影如見，其有不激楚於生前，欣慰於身後也乎。然而填海之禽長恨，未解呼名，在爨之桐半焦，何心入聽。況玉簫蛛網，不冀再生之緣，錦瑟蠶絲，豈有華年之憶。清名無玷，信史報以千秋，素志既伸，泉臺隨於旬日。遺詩三絶，長留天地之間，奇烈孤蹤，足壯閨幃之色。是則詩吟太傅，教成歌舞，唐突應媿失言；曲記中郎，演向氍毹，揣摹尚嫌多事。質諸潛翁，當亦拊掌掀髯，其謂惠子之知言，抑笑豐干之饒舌也。

清・俞樾《同亭宴・序》 神仙富貴，二者難兼。兼而有之，惟幔亭一宴。清歌妙舞，鳳脯麟肝，饜飫徧乎雲仍，音響傳於後世。余從前作《廣樂志論》有云：仿幔亭之例，定緱嶺之期；召異代之兒孫，聚同時之父老。霓旌虹旆，備天上之威儀，霞褥雲裀，見仙家之富麗，葢心豔之矣。今得潛老爲作傳奇，使仙跡靈蹤表襮於天下，不亦美乎。尤妙者，借秦皇求仙，作石壁之返照，使人知祖龍之力，可以滅六雄，不可以致羣仙。滄海之舟未回，驪山之冢已就。函谷一炬，阿房成灰。其子若孫，曾不得爲咸陽之布衣，何如武夷君之子孫，猶得與山中盛會也。讀此一過，殊令人輕軒冕，傲王侯，有超然高舉之思矣。

又《錯姻緣・序》 蒲留仙《聊齋誌異・姊妹易嫁》一節，相傳實有其事。潛翁吏隱西湖，雅善度曲，乃取其事，譜成傳奇，名曰《錯姻緣》。余讀而歎曰：此一事有可以警世者二：夫婦人女子初無巨眼，欲其於貧賤中識英雄，良非易易。買臣之妻，既嫁之後，尚以不耐貧賤，下堂求去，況張氏長女尚未于歸乎。然以一念之差，成終身之誤。鳳誥鸞章，讓之小妹，晨鐘暮鼓，了此餘生。清夜自思，能不悽然淚下。是可爲婦女鑒者一。至於男子，當食貧居賤，與其妻牛衣對泣，孰不曰苟富貴，無相忘，乃一朝得志，便有貴易交，富易妻之意。秋風紈扇，無故棄捐，讀上山采蘼蕪，下山逢故夫之句，能勿爲之酸鼻哉。若毛生者，偶萌此念，尚無此事，似亦無足深咎。然已黄榜勾消，青雲蹭蹬。使非神明示夢，有不潦倒一生乎。是可爲男子鑒者一。潛翁此作，不獨詞曲精工，用意亦復深厚。異日紅氍毹上，小作排當，聚而觀者，丈夫女子咸有所警醒。夫夫婦婦，家室和平，則於聖世雎麟雅化，或亦有小補也夫。

清・查亮采《梅喜緣・序》 從來才子，必生孝笱之鄉，非有傾城，誰唱夫蓉之曲。是故孟郊寸草，白社長貧，卒令韓起雙環，紅絲並締。就茅檐而先辭華屋，甯維月老持柯，歷萍蹤而同證蘭因，信矣天公旌善。章皇風世，新聲合按紅牙，粉墨登場，明發常懷白首。今之作者意在斯乎。且夫俗薄雲羅，塵昏月旦，嬌藏么鳳，唯求一斛明珠，士笑寒蟲，敢問連城白璧。縱或厠揄宵滌，詡萬石爲完人，雞黍晨供，知茅容是孝子。方且銅山障目，紗帽薰心。陸厥懷鉛，焉信此郎似玉，殷芸吮墨，但愁貯屋無金。雉豈敢於爲媒，尨且肆其狂吠。是誠昭昭巨眼，鬚眉媿此青琴，落落知心，巾幗推茲紅拂也已。雖然，藥號寄奴，胡緣向日。花開近侍，只好隨風。心非石而能堅，緣如璧其奚合。不道梅香一曲，鸞簫先奏秦臺，居然蔬食平生，鴻案甘承梁廡。羊叔子不如銅雀妓，是誠何言。小家女得嫁汝南王，乃有今日。然而種花得果，酌水知源。貽青案於中郎，文姬誰贖。擲朱提於瀨水，漂女難酬。喋買鴛鴦，曾撤閨中之翠珥，踪分鶼鰈，空尋舊主於烏衣。何期藺竟同功，珠能如意。曹娥齏臼，遭挫折於酸風，大士蓮臺，導因緣於法雨。諷殘貝葉，忽聯紅葉之緣，散罷天花，同受金花之誥。斯則畀雙珠於京兆，碧翁早有安排，留全璧於緹縈，彤管所當表式者也。嗟乎，鵝笙象版，户習倚聲，苔網花牋，家精點拍。度銀箏之曲，徒詡風流，傳紅蠟之歌，不根天性。十年豔製，坐收輕薄之名，一卷新詞，横受俳優之目。茲則筆删綺語，義取白華，陶令清高，託言夫翠簟鴛幬之事，屈原忠孝，寄興於虙妃玉女之間。《廣陵散》不入塵寰，此曲祇應天上，有情人都成眷屬，幾生修到梅花。

清・楊葆光《海雪吟・序》 嗟乎，抑塞磊落，王郎有斫地之歌，搔首問天，謝朓多驚人之句。而况姿由神授，數遇時艱。演秋駕於故鄉，遂遭白眼，值冬烘之學使，幾黜青衿。四壁無歸，惟聞琴嘯，三河十上，祇歎囊空。卒之舊日師資，猶廣絶交之論，盈年城守，不虚授命之心。以古方今，會心不遠。而此猶非我叔明先生意所慊然也。先生胸抱驪珠，手披鴻寶，登高能賦，皆六代之文章，吐詞爲經，述先士之盛藻。而乃乍探秘府，遽就卑官；能如柳下之和，不嫌裎裼，善讀花間之集，悉協宫商。然必推本性情，激揚孝義；蒼凉恣其遐矚，胸目偏孤，山川觸其沖襟，琴尊妙合。此玉獅堂諸曲，俱有遥情，而《海雪》一唫，凄凉獨絶已。方其摩挲柔翰，趺宕清流；季女斯飢，守貞不字齷齪隸，何知愛士。空作塞脩守財虜，竟辱斯文。遂圖下石，乃使白雲贈客，青山招人，映被靈巖，潛蹤嶺嶠。歷峻阪而足藺，懷故國兮神傷，靈均放而作《離騷》，賈生窮而賦《鵩鳥》。豈復有過於此乎。昔人遨遊洛汭，邂逅陽臺，半屬寓言，非真奇遇。然而宋玉工愁，必藉東鄰自慰，相如作賦，不以長門爲嫌。借閫内之風流，瀹胸中之磊磈。於是席尊上客，禮備士司，出愛女以弦詩，重才人而進爵。平羌樂奏，信麗質之知兵，竹引詞工，聽雲裳而顧曲。闡魚腰鯛鱅之秘，證子規王母之篇。將以解其牢愁，足可消其阨塞矣。無何，而時逢鼎革，室盡暌離。父子争願爲國殤，夷齊義不食周粟。而詞中既全，令嗣復假神威。此則先生覺世之苦心，憐才之盛意。葆光生平綺語，自信天真；羅袖拂衣，難負香閨之知己，氈包嚙雪，親嘗亂日之景光。聞此清歌，能無隕涕。美人香草，四紘傳猺洞之音，羌笛孤城，一曲賭旗亭之酒。光緒庚寅閏花朝後五日。

清・陳瀚丞《悲鳳曲・跋》 《悲鳳曲》係先君晚年著作。詞成，俞曲園太史慫恿付梓，留以儆世。惟頁數不多，難於裝訂。茲敬坿於十種曲後，俾免散失。

綜述

清・陳烺《仙緣記・自序》 噫，宇宙大矣，品類繁矣。凡有生知血氣者，其精靈凝結，寓形於人間，俾好奇之士搜羅採摭，著於篇章；令讀者心駭目眩，如《齊諧》、《堅瓠》之類，何可勝道。然事或涉於怪誕不經，於世道人心無所繫，不足動人歌泣之懷，斯其事不彰，其言亦不足重。辛巳冬，寓武林劉氏齋中，朔雲灑牖，短檠對影，庭前枯木聲簌簌。夜半，寢不成寐，挑燈，撿《袁氏傳》讀之。嘆夫情之至，義之正，雖異類同歸，其至誠所感，激厲所成，卒能懸崖撒手，不爲情欲利名所牽累。是其胸襟知識，夐絶高遠，以視世之宴安酖毒，留戀於綺麗之場，終身惑溺而不知返者，相去不綦遠哉。此余《仙緣記》傳奇之所由作也。書成，夢白衣女子冉冉而來，申詞致謝，並求將猿字易去。醒而異之，因改今名，又名《碧玉環》云。壬午立春後三日，玉獅老人自序。

著録

清・王國維《曲録》卷五　《仙緣記》一本，《海虬記》一本，《蜀錦袍》一本，《燕子樓》一本，《梅喜緣》一本。右五種，國朝陳烺撰。

藝文

清・錢元涪《仙緣記・題詞》　洪蔣當年曲調新，紅牙彈遍大江濱。陽阿房露今何在。罨畫溪邊尚有人。

清・周舫《仙緣記題詞》　名士窮途喚奈何，青衫憔悴淚痕多。仙人何意成嘉耦。千尺情波溢愛河。　塵世姻緣轉眼空，歸真仍返舊山中。琳宫梵宇今何處。剩有猿啼答晚風。

清・宗山《仙緣記題詞》　解脱根塵撒手還，四聲猶嘯望夫山。累他一墮天魔界，都爲羊家碧指環。　戀葉迷根苦奈何，怱怱春夢出南柯。可憐一掬相思淚，若比窮途恐更多。　無端舌本現青蓮，爲有癡蟲世外緣。底事于卿煩撮合，禪心未到四禪天。　名士中年悲骯髒，神仙結局悔鍾情。多君併入桓伊笛，半作商聲半羽聲。

又《題詞》　圖畫迷離煞費猜，强藩的是帝王才。金陵燕子高飛後，那許鯨鯢跋浪來。　百八銅鈴激怒濤，横行滄海亦人豪。東南一劫輸全局，不惜頭顱飲孟勞。　地接三韓島嶼浮，鰲鬣出没海天秋。雁門褌將風狂甚，白浪堆中拜粉侯。　銅琶唱徹大江東，楊僕樓船第一功。妙絶生花雙管下，半歸兒女半英雄。

清・邊保樞《仙緣記・題詞》　才子青衫，仙姝縞袂，偶來忉利情天。一點靈犀，偏教繫住心猿。維摩丈室嬉游地，問誰貽碧玉彎環。惹迴腸哀嘯聲聲，悟徹浮緣。　從今逐伴歸山去，任水流花放，春色年年。隔斷紅塵人間，無限悲歡。髯翁慣説生公法，演虚空舌本青蓮。展氍毹十八天魔，膜拜尊前。調寄（高陽臺）。

又《蜀錦袍・題詞》　犵鳥蠻花擁畫旂，美人小隊簇燕支。西川多少閒冠蓋，肯爲天家再出師。　夔府城高百雉雄，擒渠一戰得元功。征衣自是無顔色，不及宫袍蜀錦紅。　武陵失律雁門死，猿鶴沙蟲亦可哀。莫笑兒家是巾幗，蠻韃親踏陣雲來。　脅月穿雲筆一枝，英雄兒女寫淋漓。曲中無限興亡感，併入紅牙小拍時。

又《燕子樓・題詞》　畫樓高高傷獨處，燕睇珠簾學人語。不訴繁華祇訴愁，悽絶當年浣紗女。　朱門冷落海様深，翠蛾蟬鬢俱銷沉。樓空皎月白於練，照見冰霜一寸心。　寸心甘爲主恩死，十載單棲守孤壘。憑他對乳話呢喃，從今豔福拋羅綺。　尚書墓上風雨哀，紙錢罥樹飛寒灰。黄金不惜買紅粉，玉骨自合埋蒼苔。　香魂一去絶消息，紫乢歸來尚相憶。梨園爭唱《燕子箋》，疇爲貞姬寫顔色。　陳髯健筆天賦成，含宫咀徵别有情。紅牙拍到斷腸處，猶帶樓中嗚咽聲。　江左風流盛歌舞，烏絲院本從頭譜。王謝堂前幾度聞，香巢繡幕皆新主。　勞燕分飛春復秋，忍教烈性付東流。憑將寡鵠孤鸞曲，演出彭城第一樓。

清・劉枏《仙緣記・題詞》　一線紅牽，盼千里奇緣相共。暢好事漫驚翡翠，定交鸞鳳。富貴原非真偈諦，神仙本是多情種。最難堪、名士嘆窮途，愁懷動。　雲漠漠，林煙籠。山寂寂，梵音送。記前游如昨，歲華倥傯。休問桃花源裏事，偏成雲雨山頭夢。但空留、夜月聽猿啼，聲聲痛。調寄（滿江紅）。

又《燕子樓・題詞》　花落東風卷。忍教他歸來燕子，更無人管。賸粉遺香留得在，舊恨新愁欲翦。誰擘破同心珍繭。好待詞壇和淚織，一絲絲譜出情深淺。千古恨，幾時展。　美人塵土空名顯。記樓頭蛾眉峯蹙，翠鬟雲扁。欲挂簾鈎，人怕倚，夜月休教照遍。恩與怨從來未免。濺得江州衫上淚，訴相思不盡心難轉。多薄命，韋腸斷。調寄（金縷曲）。

清・吴彬華《仙緣記・題詞》　來因去果，不信真如此，二十華年一彈指。算重重仙劫，了了塵緣，料有箇、碧玉雙環終始。　悵幾番春夢，無限癡情，泡影浮漚到頭是。儘翠管芸楡，譜就陽春，亦游戲文章之旨。祇想像當時怪老僧，打破者迷團，劇憐此豸。調寄（洞仙歌）。

又《燕子樓・題詞》　東洛星芒大幕寒，幾回腸斷淚汍瀾。劇憐夜月空堂燕，無復書傳郭紹蘭。　十年幽獨伴樓居，釵股分將玉匣儲。紅杏花時春寂寂，不堪回憶老尚書。彭城遺蹟尚依然，賴有文人彩筆傳。讀罷衍波三十幅，好憑往事勘情禪。

清・劉炳照《仙緣記・題詞》 無端墮落，向紅塵顛倒。底事天生玉環巧。縱同心結就，説甚僊緣，都只爲、一縷情絲纏繞。阿誰揮慧劍，恩怨難分，人世情緣甚時了。驀地悟禪機，逐伴歸山，翻自悔、鴛盟草草。悵一枕游仙總成空，仗棒喝當頭，讓伊先覺。調寄（洞仙歌）。

又《蜀錦袍・題詞》 烽煙擾攘，正中原多事，楊邵諸軍待兒戲。賴天生石砫，巾幗英雄，洵不愧、萬里長城堪倚。蠶叢支半壁，破敵勤王，女子居然勝男子。血濺錦袍紅，蜀道鵑啼，真箇是回天無計。只賸得芳名著千秋，覷世上鬚眉，也應羞死。調寄（洞仙歌）。

又《燕子樓・題詞》 繁華夢醒，悵今生緣短，玳瑁粱空悄誰喚。賸愁儂獨自，樓鎖春深，拌不惜、顑頷當年人面。畫簾閒半捲，燕子歸來，雙宿雙飛怕儂見。紅縷尚依然，軟語呢喃，依稀是憐儂無伴。算只有詞人識儂心，好譜入歌絃，替儂傳怨。調寄（洞仙歌）。

又《海虬記・題詞》 何來宫殿，在窮巖幽嶼，破流乘風倏來去。笑虬髯海外，竊據東南，偏僥倖、容作扶餘國主。猛然塵夢醒，粉黛盈前，撒手長辭莫迴顧。一死謝君王，血濺龍泉，休更問玉人何處。羨一管如椽筆生花，卻半寫英雄，半描兒女。調寄（洞仙歌）。

又《梅喜緣・題詞》 誰是知音者。古今來、孝子賢媛，鍾情非假。貧賤識人垂青眼，如此裙釵更寡。真愧殺鬚眉流亞。料得聘錢無十萬，盼星期偏阻天孫駕。庸俗見，大都也。良謀先遣雲英嫁，賴天公牢繫紅絲，別離休訝。挫折更番成嘉耦，兩美同心忍捨。借妙筆、流傳佳話。不墮尋常兒女淚，讀新詞熱淚無端瀉。忙掩卷，燭將灺。調寄（金縷曲）。

又《迴流記・題詞》 玉骨沈江浪不腥，當年曾此弔芳靈。逆藩不聽賢妃諫，讓與紅顔照汗青。《片石》碑文次第開，清容居士不凡才。而今重補《迴流記》，應有靈風繞筆來。

又《海雪吟・題詞》 庭垂甘露，堂開海雪，罡風吹墮蠻方。才大數奇，曲高和寡，一身人海難藏。熱淚灑灘江，有天涯知己，雲殫岑孃。赤雅書成，桂林三嶠壓歸裝。半生潦倒名場。只夜泉硯守，君有《天風吹夜泉硯銘》。八分書下小行楷鄺湛若三字，並明福洞主印，爲王蘭泉先生所得。緣綺琴張。有二琴：一曰南風，宋理宗宫中物；一曰緑綺臺，明康陵御前所彈也。緑綺歸某錦衣子。書遺去絶交，少嘗師事阮大鋮。洎阮羅織東林，乃貽書絶交，侃侃千言。名傳死節，父子均殉國難，《南疆繹史》失載。休教認作去詩狂。遺事軼《南疆》。有詞人憑弔，譜入伊涼。試鼓鵾絃，潮聲終古咽斜陽。調寄（望海潮）。

又《負薪記・題詞》《脊令原》上調翻新，黄九才名迴絶倫。海鹽黄韻珊大令，譜《脊令原》傳奇，即《志異・曾友于》事。更譜《負薪》傳至性，當筵誰不淚霑巾。姜被同温我獨無，新詞讀罷更欷歔。休言四海皆兄弟，一任庭前荆樹枯。

又《錯姻緣・題詞》 巧將鴛牒試庸奴，悔嫁無端淚暗枯。卻笑癡人還説夢，大姨夫作小姨夫。漫道無神卻有神，姻緣顛倒爲何因。從今寄語癡兒女，莫羨當年富貴人。

清・宗得福《蜀錦袍・題詞》 社稷倉皇已不支，九州何處乞援師。絶憐勝代淪亡日，賴有勤王女土司。連營石砫鎮叢蠶，劍佩花迎曉露涵。畢竟英雄遜兒女，芳名應愧左甯南。孱軀耿耿抱孤忠，二百餘年王氣終。留得錦袍顔色好，脂花紅暈血花紅。板蕩中原一瞬過，《冬青》樂府近如何。傷心更有《桃花扇》，合付紅兒取次歌。

清・朱文玉《蜀錦袍・題詞》 須知奇女勝奇男，報國捐軀死亦甘。秦左兩人分兩姓，同名莫訝是甯南。侯封難得覓紅裙，天子平臺喜策勳。扇底桃花輪蜀錦，英雄愧煞李香君。莫挽狂瀾實可憐，獨留孱婦抱孤堅。杜鵑啼血滄桑變，遺恨媧皇未補天。樂府新編妙入神，蜀江花繡錦袍春。論功若賜麒麟閣，好倩丹青寫美人。

清・俞廷瑛《蜀錦袍・題詞》 英雄豈料出裙釵，一騎桃花轉戰來。流寇披猖疆吏懦，愧無尺寸報平臺。錦袍五色陣雲迷，太息夔巫尚鼓鼙。譜入紅牙聽不得，一聲聲是蜀鵑啼。

又《燕子樓・題詞》 旌節花寒夜隕霜，霓裳舞罷泣空牀。可憐一片彭城月，流照繁華影不長。宛轉愁腸日九回，舍人偏又寄詩來。蛾眉一死尚書玷，不是春心不肯灰。小樓一角賸荒烟，燕子飛來亦黯然。賴有紅牙收拾得，牡丹春色似當年。用香山詩原韻。

又《海虬記・題詞》 睥睨中原氣不馴，英雄會見起風塵。豈知一變虬髯局，正恐田横客笑人。悽絶銅鈴咽海風，横刀人醉畫堂中。詞場別與開生面，染出胭脂一點紅。

又《梅喜緣・題詞》 燒尾遲遲且食貧，儒冠容易誤風塵。居然識得青雲士，慧睛如卿有幾人。賦罷青衣賦感婚，驪歌一曲最銷魂。他年風雨重相見，天意分明爲報恩。畫堂合巹喜團圞，猶作當年主婢看。喚到芳名儂欲笑，怕他還帶一分酸。才似留仙入擅名，而今製譜有先生。登場我欲稱三絶，贏得吴兒口齒清。

又《迴流記・題詞》 八駿方揮逐日鞭，忽看滕閣起烽煙。後宫枉抱靈均怨，玉碎珠沈絶可憐。休疑西子逐鴟夷，休認湘妃殉九嶷。一縷冰魂招不得，滿江風雨黯靈旗。白髮元龍六十餘，《雍熙樂府》早成書。揮毫更作《賢妃傳》，特與清容補闕如。

清・黄裳吉《蜀錦袍・題詞》 樞臣邊將嘆庸庸，幸有巴夔間氣鐘。巾幗無雙誰敵手。甲兵數萬盡羅胸。劇憐夫壻遭金虎，仍豎功名壓石龍。弔古倍傷前代事，茫茫何處覓遺蹤。三百年來骨已寒，遥遥石砫鎮江干。欲尋軼事添花樣，更譜新腔續稗官。青史尚嫌生氣少，黄沙終憶戰場寬。奇男不數數奇女，才子文章是大觀。

清・江順詒《蜀錦袍・題詞》 錦江春水桃花濃，女將軍馬桃花紅。雕鞍簇擁蛾眉出，殺賊曾經百戰雄。女兒生長苗疆僻，不誇傾城誇無敵。同袍兄弟共馳驅，閨中粉黛無顔色。第一功先説播州，沉埋獄底不封侯。兒夫屈死君恩重，白梃縱横據上游。援遼遠赴勤王詔，平臺奏對天顔笑。特賜新詩寵大功，沙場拜倒男兒纛。長驅直解成都圍，壯志豈爲黄金灰。諸將閉門不肯見，鬚眉亦懾巾幗威。歸來專辦蜀中寇，寇避雄鋒不敢鬬。驅賊入川楊嗣昌，地利已失那可救。督師大帥皆庸材，一木難支天傾覆。果然鐵騎如建瓴，三萬人已同日傾。餘燼搜合雖可得，吾謀不用終無成。二十年來傷孱婦，一隅石砫猶堪守。江山錦繡屬他人，斑斑血漬征袍透。樂府空傳嗚咽聲，人民已换滄桑後。蠻花犵鳥陣雲摧，一代紅顔終不朽。

又《燕子樓・題詞》 玳瑁梁空，鴛鴦夢醒，廿年人老樓中。閉了閒門，任他蛛網塵封。捲簾肯放雙飛入，有一襟憔悴孤紅。算繫來縷縷長繩，歲歲相逢。夭桃不短今生命，比緑珠慘墜，特恁從容。有甚商量怕聽，軟語惺忪。氍毹三尺淒涼色，最難傳冷雨淒風。怕新詞唱到秋宵，欲遣玲瓏。調寄（高陽臺）。

清・許慶霄《蜀錦袍・題詞》 何必英雄，共惆悵、前朝遺迹。縱西望幾餘灰燼，銅駝荆棘。蜀錦長留紅粉淚，峨眉深鎖青山色。漫高歌、歷歷數滄桑，同霑臆。錦江水，長安日。增骯髒，悲今昔。恁男兒豪氣，不如巾幗。蒿目空餘城上草，傷心幾化山頭石。怕一聲、樵唱獨歸來，吟秋笛。調寄（滿江紅）。

清・束永泰《燕子樓・題詞》 尚書門第慘斜暉，賸有斯樓燕獨歸。無數花間舊蜂蝶，春來何處不雙飛。紅線重來意倍親，當年汝亦此嬉春。祇今同病相憐甚，不話傷心與別人。一死非難獨處難，十年耐盡舞衣寒。如何杜宇催歸急，不信樓中燕子單。彩筆才人替寫生，孤棲心事更分明。《四絃秋》裡琵琶語，尚是空牀蕩婦情。

清・左運昌《燕子樓・題詞》 尚書舊宅美人樓，燕子芳名自昔留。忠節從來爭一死，幾人到此猛回頭。願作鴛鴦不羨仙成句，追思往事淚潸然。春來燕子秋來月，伴妾空閨十一年。多情感舊復憐香，淚溼青衫白傅狂。譜出梨園新樂府，風流玉茗擅詞場。

清・李寶章《燕子樓・題詞》 烏衣門巷弔斜陽，寂寂幽魂千載芳。蝶夢至今尋廢苑，燕泥終古落空梁。青衫應溼離筵淚，紅豆初拈記曲娘。多少英雄兒女事，但憑長笛譜伊涼。

清・吴唐林《海虬記・題詞》 黑水洋中浪撲天，仙山樓閣莽雲烟。十洲萬里平如鏡，海外甯容張仲堅。從古英雄大度恢，倚牀平視兩無猜。衛公兵法虬髯授，未許庸材乞得來。天與生花筆一枝，清奇濃淡總相宜。羨他表海雄風裏，偏有西廂待月詞。蜃市蛟宫蒼茫開，眼前蠻觸正喧豗。洗兵誰挽東瀛水，横海歌風想霸才。

清・李維翰《同亭宴・題詞》 至性孩提篤弟昆，神仙也復樂兒孫。闡幽述異潛翁筆，莫作尋常院本論。品絲評竹日相過，説到臨歧别緒多。君子役獅江，瓜代在即。安得紅兒按檀板。尊前一唱當驪歌。獅江傳播玉獅詞，玉茗風流今見之。我亦湘中舊吟侣，豹斑猶惜未全窺。

清・劉鼎《同亭宴・題詞》 鳳琯鸞笙樂未停，羣真同日降雲軿。下方不聽賓雲曲，爭識僊居有幔亭。樓閣空中結撰新，寓言十九亦微塵。書生或在孫曾列，我亦更生再劫人。

清・劉鼎《梅喜緣・題詞》 寥落青衣感命宫，飄零人海幾英雄。風塵獨具知人鑒，紅拂終歸李衛公。浮萍斷梗嘆無家，墮溷飄茵悵落花。不有蘭閨佳女伴，險教彩鳳也隨鴉。一笑重逢玉鏡臺，王孫末路幾人哀。當年莫訝張延賞，誰識韋郎是異才。玉茗風流四百年，玉獅詞譜壓前賢。不須粉白登場奏，也觸雄心一惘然。

又《海雪吟・題詞》　五嶺孤忠獨抱琴，女蘿山鬼託知音。中年哀樂黄門感，亂世蕭騷《海雪吟》。秋老骷髏同入甕，帳前裙釵亦推襟。名山一卷留嶠雅，悽斷投荒萬里心。牂牁西溯客心憂，才美誰貽紫鳳裘。幾見蟲魚分五體，可無杵臼共千秋。殊方草木因時變，頹俗文章與鬼謀。我爲畸流向天泣，莫將甘露降南州。譜入平羌絶妙詞，青袍紅粉不勝悲。戲編《爾雅》箋王母，更摺殘碑訪藥師。碧軫磨穿琴教授，鑾韡飛出女軍諮。英雄至竟輸兒女，石砫當年亦土司。蕭蕭白髮滯閒曹，老去看花首重搔。銀燭夜填《金縷曲》，玉簫春唱《鬱輪袍》。紫裘腰笛江東去，紅袖翻歌席上豪。獨惜《陽春》嗟和少，衹憑朱格寫霜毫。

清・馬慶蓉《同亭宴・題詞》　塵寰游戲亦偶爾，忽忽日月兩輪駛。忠奸賢醜判幾希，非其所非是其是。寶劍在匣琴在囊，九垓八埏聊翱翔。榮枯境界各勘破，猛斫利鎖紓名韁。

清・鄧嘉純《梅喜緣・題詞》　詩婢何勞説鄭家，新辭譜就按紅牙。移將梵宇菩提樹，開作深閨並蒂花。水有源頭木有根，出身何敢忘朱門。黄花飼雀銜環外，尚有青衣解報恩。焚香薦士競相高，沙裏黄金子細淘。多少英才誤皮相，裙釵真是九方臯。虬髯高唱海山秋，石砫勳名記蜀州。寫徧英雄寫兒女，哀絲豪竹一般愁。

清・王綜《梅喜緣・題詞》　一曲求凰譜管絃，儒酸何幸得閨賢。不知別具人倫鑑，純孝端推百行先。終風陰雨古今嗟，補恨無從乞女媧。若使人如卿巨眼，何愁彩鳳誤隨鴉。貴交富娶俗情多，況復攀援託女蘿。不信聘錢無十萬，雙星終古隔銀河。纔出侯門入佛門，無端認父暗移根。天教異姓英皇合，如願何嫌舊分存。

清・朱澐《迴流記・題詞》　往迹荒凉費討論，事關宫壼最銷魂。東風細雨江城路，如雪梨花擁墓門。精靈不泯自迴流，故國難忘正首邱。椽筆撰成《貞烈傳》，藏園《片石》竝千秋。

又《海雪吟・題詞》　書記翩翩信軼倫，美人巨眼識風塵。一編赤雅搜羅盡，不負征途歷苦辛。短衣匹馬歷幽燕，羞澀囊空劇可憐。典到南風與緑綺，行厨連日斷炊煙。東林異己盡誅鋤，植黨營私憤莫攄。要使乾坤存正氣，絶交早寄大鍼書。

清・陳祖昭《海雪吟傳奇・題詞》　絲桐自賞高音，天涯奚屑求知己。瘴江綿邈，蠻酋清雅，暫投棲止。地主雖嘉，鄉心難割，言旋故里。歎中途梗阻，身琴合命，只同付，東流水。借著這般奇氣，好消磨，冷官閒吏。輕敲鐵板，低吹玉管，澆開塊壘。多少精神，咀宫嚼羽。偷聲減字。要移情、渢渢揚清激濁，挽人世。調寄（水龍吟）。

清・馬湘《負薪記傳奇・題詞》　手足相憐出至誠，從知友愛性天成。斧薪自欲同勞苦，誼篤無分異母生。離合人難自主持，折磨歷盡鬼神知。譜成歌曲傳奇事，羨煞先生筆一枝。

清・祝良《錯姻緣傳奇・題詞》　瑶想瓊思運不窮，一經妙手翦裁工。幾多離合悲歡事，併入先生十卷中。似此仙才有夙因，銅琶鐵板邁前人。梨園他日爭相演，花樣翻來分外新。

黄璞

論説

清・布星符《天上有傳奇・序》　黄同石子所訂《天上有傳奇》，妙想天開，巧思綺合，以才人之幻筆，爲曲子之新腔，洵世所未有者也。是書久已膾炙人口，而坊間向無刻本，藏之者秘若家珍，借之者恨無瓻酒。今春適於友人黄君文閣處，得見原稿，知其先人素與同石爲族親，朝夕過從，酒酣耳熱間，作此以資諧噱，故遺帙特正。因慫慂其亟付梨棗，公諸同好，毋令是書之秘而弗傳也。雖然同石之傳，固不在乎是書。時道光歲在乙未二月花朝日，南海布星符泰階序。

著録

清·姚燮《今樂考證·著録十·國朝院本》 無名氏補：《天上有》。

張錦

論説

清·范建杲《新西厢記·跋》 余齠齔喜觀劇，一見輒了了，再演便不寓目。先大人曰：是兒之意不在戲。因廣購傳奇詞曲俾講授之。彼姑言，我姑聽，亦不過離合悲歡，愛其熱鬧而已。究不知何者爲詞，何者爲曲。年十三，文思苦澁，滯禹門。金夫子命讀《西厢記》，筆意超脱，情事風流。心以爲真才子書，真才子事，誦之羡之，如獲奇寶。次年，即入泮。省先大人於比曹，趨庭時欣欣然，問余讀西厢之妙，乃婉言曰：是書筆誠才子，而事豈才子之所爲，此王實甫見黜於衡文，故作此以洩忿，與高則誠《琵琶》爲王四作者同。若輩居心鄙刻，何以云才。汝古嗜詞章，《長生殿》、《牡丹亭》、《鈞天樂》、《四聲猿》四種，其風韻殆不減此，盍觀諸余聆訓細思，恍然如失。自此知《西厢》非才子事，而書亦不足云才子書。然妙筆奇文，終不能忘於心目，退而誦四傑所撰，畢竟不如。閒或商之同人，又率以爲迂見。因心非之，而不復道者，於今垂三十年。塞上風光消磨大半，雪盧雨轡，南北分馳。少年情懷百無一二，不但填詞一道久矣不談，即童時爛熟《西厢》，亦都懵然忘卻。已西秋，訪菊知舊尹於埜齋，會八景初成，留余小飲。飲次，同閱高青疇所評《西厢記》，見其指摘崔張淫蕩之行，與公與余有同意與。快心人對快心景，遇快心事，一時玉山雙倒，公倚醉而言曰：青疇固能評，評之猶未盡，吾行將翻之，爲世道人心救。余頷之，殊不深信。

蓋知公纂曹事冗，雖熟於九宮，長於詞調，弗暇耳。乃未匝月，而《新西厢》脱藁矣。急詣讀之，則椿椿仍舊，色色翻新，相國家風，才人經濟，端莊大雅，奇妙絶倫。吁。何公之才之捷聖是耶。飽讀狂呼，甕醅已涸，覺快心快事十倍於前。無何余卧病山莊，心緒惡劣，半年未親筆硯。今夏公馳車視余，索之再讀，則中間色香滋味如剥蕉心，如餤諫果，方悟去秋之讀此書，猶爲囫圇吞嚥，不曾細細嚼得汁漿也。荒墅晝長，雲峯縹緲，泉聲樹影，空翠撲人。人手此一編，讀而評，評而序，序之不已，而又爲之跋。嗟乎，心乎愛矣，何日忘之。秋塘范建杲謹識於伊江之白雲深處。

清·范建杲《新西厢記·跋》 寫鶯鶯易，寫鶯鶯難。鶯鶯於色，鶯鶯於空。空即是色，色即是空，色色空空，大費手筆。文如麻姑撒豆，天女散花，霹靂一聲，空空大界。作者精空禪子耶。慧業文人耶。莊誦以還，五體投地。杲再拜讀。

傳記

《同治陽城縣志》卷八 乾隆戊子科舉人張錦任直隸清豐知縣。

又卷一一 張錦號菊知，化源里人。學問淵博，性情古奥，以舉人任清豐知縣。爲民興利除害，素强項，屢忤上官，以事謫戍。尋赦歸，詩酒自娱。時邑多積弊，民力不堪，錦請于邑令宋本敬，請革其弊，鄉民德之，以骨肉鄉間額其門。著有《蜃樓集》、《塞外詞》、《迴文賦》、梅花菊花各百一吟、擬古雜體諸詩行世。

李本宣

論説

清・田倬《玉劍緣傳奇・序》　久知李蘧門先生爲稽陸後身、屈宋畏友，予雖浪跡江湖，未獲把握而已，仰二十八峰，在芙蓉天際矣。辛未夏，予自塞外歸來，晤蘧門於廣陵城東之益思堂中，時明月在天，凉風入户，兩人促膝，若稽阮一面氣洽金蘭，語次携所著詩古文詞見示，其品則峨嵋天半，氣則霞舉雲蒸，致則落花流水，情則春愁秋怨，骨則梅花冰雪。蓋蘧門素本家學，肆力稽古，有崙岡先生以爲之祖，其爲清源岱脈，率非諸才人所能及者。宜其超前踔後，有如此也。蘧門年來，客遊江寧，考古之江寧流寓者，陸機、孫楚、沈約、江淹、李白、孟郊才之擅場者也，蘧門步其後矣。壬申冬，同寓真州客樓，篝燈夜話，出《玉劍緣傳奇》，讀之秀神高朗，餘唾成花，别有一種光馥居聲調外，而杜生、李娘婉孌之情，纏綿之致，騰隱於錦胸繡口，間併張鐵漢之肝膽鬚眉，亦於筆歌墨舞時，勃勃生動。予欣賞不已，蘧門遜謝曰：此少時之作，恐士林譏笑。予曰：不然，張敞不愧於畫眉，韓偓何妨於咏手，謂兹傳奇爲才人遊戲之筆，可爲無聊寄託之音亦可。夫李太白坐七寶牀，御手調羹，寵禮之隆，幾千古一時矣。使蘧門處此，當不止沉香亭畔，咏（清平調）三章，爲後人傳頌耳。

清・甯楷《玉劍緣傳奇・叙》　樂府之傳至於唐而倏變，唐人新樂府之製，後世多病之，謂其音不類於古也。自宋元以來，又變爲詞曲，其體日卑，其思日靡，雖志古之士，亦往往抽毫濡墨，假婚媾離合之故，以自寫其幽沉抑鬱之情。而君子不盡病之者，謂其文苟可觀，或亦美人芳草之所託也。吾友李君蘧門，志古之士也。研經窮史，糾舛訂誤。所著詩古文辭，既皆卓然可傳于後，足以成一家之言。金閶坊友請刻其少作《玉劍緣》一編，乞余點次以行於世，豈謂其音之有類於古耶。不然，胡置其大而急其小也。夫泰山之雲，少布之亦遍數國，豐山之鐘，小叩之亦鳴百里。吾友於古人之書無所不讀，故其流露於性情之間，與發揮於顰笑之際，渾脱瀏離，頓挫備焉。初未嘗拘拘規畫於古，而其宫還徵應漸近自然，已不在宋元人下，又不得薄其小而忽之也。雖然陶五柳以閒情一賦見詘于梁昭明，李青蓮又謂《文選》一書，可存者惟《文通》、《别恨》兩賦。後之君子持此編而論之，又不知視吾友爲何如也。江寧同學弟甯楷端文氏書。

清・吴敬梓《玉劍緣傳奇・叙》　君子當悒鬱無聊之會，托之于檀板金樽以消其塊磊。而南北曲多方男女之私，必雕鏤劖刻，暢所欲言，而後絲奮肉飛，令觀者驚心駭目。且或因發于一時，感于一事，非可因玉釵掛冠、羅袖拂衣，遂疑宋玉之好色也。吾友蘧門所編《玉劍緣》，述杜生、李氏一笑之緣，其間多所間阻，復有鐵漢之俠，鮑母之摯，雲娘之放，盡態極妍。至《私盟》一齣，幾于鄭人之音矣。讀其詞者沁入心脾，不將疑作者爲子矜佻達之風乎。然吾友二十年來勤治諸經，羽翼聖學，穿穴百家，方立言以垂于後，豈區區于此劇哉。子雲悔其少作，而吾友尚未即悔者，或以偶發于一時，感于一事，勞我精神，不忍散失。若以此想見李子之風流，則不然不然也。全椒吴敬梓敏軒氏。

著録

清・黄文暘、佚名《重訂曲海總目・國朝傳奇》　李本宣，江都人。《玉劍緣》。

清・梁廷枏《曲話》卷一　李本宣作《玉劍緣》。

清・支豐宜《曲目新編・著録八・國朝傳奇》　《玉劍緣》江都李本宣作。

清・姚燮《今樂考證・著録九・國朝院本》　李本宣一種《玉劍緣》。本宣，江都人。

清・王國維《曲録》卷五傳奇部下　《玉劍緣》一本。國朝李本宣撰。本宣字蘧門，江都人。

吳鎬

論說

清·梁廷枏《曲話》卷三　近日荆石山民亦填有《紅樓夢》散套，題止《歸省》、《葬花》、《警曲》、《擬題》、《聽秋》、《劍會》、《聯句》、《癡誄》、《顰誕》、《寄情》、《走魔》、《禪訂》、《焚稿》、《冥昇》、《訴愁》、《覺夢》十六折而已，其實此書中亦究惟此十餘事言之有味耳。其曲情亦淒婉動人，非深於《四夢》者不能也。

著錄

清·姚燮《今樂考證·著錄十·國朝院本》　吳鎬一種：《紅樓夢》散套【略】鎬鎮洋人，監生。著有《荆石山房詩文集》、《漢魏六朝志墓金石例》，自署曰荆石山民。

楊恩壽

論說

清·王先謙《桂枝香·序》　夫黃河引吭，揚旗亭之芬，青童念世，入廣陵之夢。知音苟存，風塵非污，情感所結，因緣斯會。從來韻事，都在歌場，詞人豔稱，亶其然矣。況乃三生石上，別有精魂，萬人海中，特標奇賞。此君小異，不撫掌而即知仙，君子何嫌，願交魂而羞送抱。泥憶雲而香遠，木擇鳥以枝榮。方雅爲之解頤，鄙薄聞而短氣。遂使玉堂金室，王夷甫借作清談，兼之月扇雲衣，劉夢得録爲嘉話，其爲傳播，夫豈尋常。若夫千紅萬緑之郊，小袖禿衿之客，僊步紆鬱，花貌參差；飛上九天，鳳皇叫矣，坐觀千古，丹青杳然。惹戲蜨之娟娟，繞飛螢之箇箇。騁將素練，少陵還有纏頭，解卻羅襦，于髡願聞薌澤。顧乃摧折自守，飄颻獨立，冰霜扶其弱質，雲水洗其清矑。尋杜牧於維揚渡頭，識馬周在新豐逆旅。替舒華幔，宵張有味之燈，密界烏絲，朝課深情之帖。果使王唱第一，郗策無雙，喚作夫人，揩溧陽公之老眼，論伊内助，發隨園叟之清歌。嗟乎。江山憔悴，尚有文人，絲管流連，都非樂地。方其蕭辰偃蹇，塵鞅淒涼，鬱鬱剛腸，茫茫俗物；輭裘快馬，擁他赤縣官曹，妍迹丹脣，送出綺窗歌笑。窮巷生魚之地，不立王商，古原詠草之章，罕逢顧況。子真褦襶，鬼亦揶揄。遂乃良游寫懷，哀弄睦耳，安石寄情於吹竹，子野叫絶於聞歌。寸心欷傾，兩美適合。奪羅虬之秀句，紅兒百篇，埽白傅之閒愁，陽陶一曲。然而高歌望子，對青眼以增悲，酒杯借人，照朱顔而自惜。實途窮之隱痛，非情累之不遺。此吾蓬海所爲擲簡，哀來搖毫涕下者矣。是則情以雙奇，義以獨貴。塵夢那知鶴夢，桃花肯逐楊花。啓夕秀於長安道旁，占春色於少男風裏。嚼爲宮徵，含雞舌以生芬，肖就榮華，向蟾宮而證果。一掬英雄之淚，灑徧當場千秋。風月之詞，助誰下酒。客有彈成豔曲，還應想入雲花，惹得名香，從此不知蘭麝。同治九年歲次庚午十二月既望，長沙王先謙序。

又《婉嫕封序》　在昔，繡幰油絡，高凉建百越之麾，氊甲裳旗，沙里樹黃龍之柵。完顔運矢石於城下，命婦一軍，紅玉執桴鼓於江中，樓船百里；灌能督戰，陸亦先登，類皆彪炳旗常，發皇簡册。然而鴛鴦隊裏，曾無速化之陰燐，鸛鶴陣中，豈有不揚之兵氣。若乃欃槍芒大，留劍答君，金鼓聲淫，引刀效死。貞心炳如日月，亮節固於山河。則趙姊含反斗之悲，磨笄以報襄子，毛后奮空壁之勇，彎弧而拒姚萇，前美彰焉，嗣徽闃矣。乃有續宋稗之閒談，記明藩之遺事，林外留其仙眷，黃家號以四娘。丁女神光，胡芳將種，結淑儀於青社，驚真氣於白亭。秉含靈握文之英，洞圜居方正之妙。習騎射以教侍妾，劉后知兵，嚴部署而令美人，吳姬斂笑。時則卧邊亭之鼓，滅幽障之烽。海嶠笙歌，遥連午夜。岱宗鸞鳳，齊舞清暉。恒王則油戟停驅，雕屏坐列，呼寵妃爲隊長，擬壯女是新軍。六院皆奇，布花鬘而作陣，十旋俱建，施錦障以成圍。舞出宫腰，營真細柳，移來仙步，軍盡淩波。縱聞鼓而止聞金，前視心而後視背，叱咤輕則蘭麝生於口角，威容熾則雲霞爛於亭臺。立號將軍，肇嘉媇嫿；醉月坐花之候，僮婢三撾，刀光燭影之旁，君王一笑。捷將菸竹，争誇處女神奇，敕到錦袍，不賞平陽歌舞。宫惟講武，館不忘憂，武鄉侯肯用巾幗相遺，李光顔豈以女色爲樂。洵磬宗之盛事，枝昵之美談也已。無何，動漁陽之鼓，驚破《霓裳》，灌西谷之堤，壅來鎌幔。蚰蜒塹塞，龍武軍孤，書白士於洛陽，封徐内應，鑄金枷於梨樹，結贊陰權。報國納光弼之短刀，受降按蕭王之輕轡。師將授孑，楚鄧曼見而長歎，送不出門，越夫人立而飲泣。蓋不待三軍紛雨，一囊愁雲，而早已毁此娥媌，厲填土去笄之節，思君陛側，作挾弓帶劍之辭。俄而，松柏哀於國人，福禄斟於凶虜，金甌破碎，花淚驚濺，錦瑟凄凉，刀頭罷唱；既不能引篪度曲，如朝雲之吹散生羌，復不能持節登車，似馮嫽之説降外域。黄泉碧血，妾身願得同歸，素甲白犢，姊妹因而合隊。信蛾眉之肯讓，嫪面尋仇，餌虎口以横挑，張拳冒刃。陣皆設牝，鬼豈忘雄。卒之百騎，奮而猶孱；兩甄鳴而更敗，精士垂盡，夜將仍飛，游魂不歸，皓齒何在。君子人也，臨大節而棱然，丈夫女哉，蹈危機而不顧。以視吕將軍買刀賒酒，但報私讐，潘將軍同坐齊鑣，罕傳戰績。此尤一時之冠絶，隻千古而無倫。嗟夫。皇覺一飛，國維四立。然而二十五宗之屬，騰笑桐山，三百餘歲之閒，銷聲珪社。燕王畫炭，徐姬但解續鬚，國主稱戈，斐妃空聞製曲。若兹之焕焕蕭纖，增重宗英，揚揚繡旗，流輝女史。始則飛蟲同夢，軌秀天嬪，終則寡鵠悲鳴，義成地道。實足式蕃闈以引訓，峻徽音而永歎，所由高陽傳渌水之歌，杜老詠青州之血者矣。夫蒙莊《秋水》之篇，不談忠義，宋玉《高唐》之賦，祇説風流，猶且馨逸來今，蜚騰衆目。况乃立女之重，陳人之綱，寫出宫詞，彷彿風飄神雨，吹來急管，恐教鬼哭天陰。娘子稱兵，不復張鄂司小隊，夫人崇義，恨未奪佡地佩刀。能無興百世之風，聞泣數行而感動也哉。客有寄懷荒忽，引興無端，蜀國搜奇，樊梨花不妨有墓在松潘廳界，秦州覽古，王寶釧何必無窑在長安城外。蒼狗白衣，空諸事變，金聲玉色，視此精神。東坡姑聽妄言，班固漫稽世典；試看褰裙逐馬，不愧雍容小妹之名，笑他開府置官，空負貞烈將軍之號。同治九年，歲在上章敦牂嘉平月，王先謙益吾甫序於雲安驛館。

清・楊彝珍《理靈坡・叙》 世之降也，舉天下習於詭，隨走聲利，其變將無所底。厥賴提槧握鉛之，縫掖有以轉移之。其立説纘言，無不有裨於世，匪徒騁其筆墨之能，與古人較工拙而已也。長沙蓬道人，少負有偉，既蹇不遇於時，其心究不能忘情斯世，乃爲著《理靈坡》傳奇一篇。蓋謂世俗不可與莊語，若欲正襟而談，則聽之匪欲卧，即掩耳而走。不如取往事之可歌可泣者，以南北曲譜之，一唱三歎，有遺音焉。直與律吕，應其宫徵，足令讀者渢渢乎心動而情移極。與夫子論詩，謂可以興觀之旨有合。在平日，心切欲救世之弊，嘗不惜爲危苦之言，雜嗚咽涕洟而出之，以警憒憒者。至於是編，則以古準今，一宣洩其無端憤鬱，意氣悲遠，舉見情辭，俾邦人士有以激發其忠烈之忱，而維持夫氣數之變。則他日成仁取義之風節，實出於此。而冒訾忍詢之徒，亦聞之而有惕心焉。更足以補懲創之所不及，其磨世厲鈍之功，匪淺鮮也。蓬道人闢古無鋭，以其所蓄發爲詩歌，其思沈而採鮮，直足與千百世以上之作者，分席而處。所著有《坦園叢稿》等編，予不及爲之序，而惟序此編，以其有補於世道，至宏且遠耳。武陵移芝老人楊彝珍。

綜述

清・楊恩壽《再來人・自叙》 見讀書澤古之士，窮愁潦倒，困於場屋，以至老且死，有不憐之者乎。見少年英鋭，飛黄雲路，取科第如拾芥，生平不遭拂逆之境，有不羨之者乎。夫憐之羨之者，鈞人情也。然烏知今之所憐，不爲後之所羨；今之所羨，不爲昔之所憐邪。又烏知憐者不受其憐，吾自有可羨者在；羨者不樂其羨，吾自有可憐者在邪。更烏知憂患則生，大任斯降，第見其可羨，不見其可憐；世網牽人，相尋無已，第見其可憐，不見其可羨邪。此余所由譜《再來人》傳奇，合生死窮通於彈指，頃願憐者不必憐，羨者不必羨也。福建老儒，自傷不遇。瀕死自緘其文，係以詩云：拙守窮廬七十春，重來不復老儒身。煩君盡展生平志，還向遺編悟夙因。踰二十稔，其後身典試入閩，重見其妻。啟其緘，則獲雋之文，皆老儒宿搆，遂昌其前生之門而去。語見沙氏《再來詩讖記》、葉氏《閩事紀》、張氏《感應篇廣注》，雖傳述各異，而其詩則同，習聞之有年矣。于役南詔，自桃源解纜，溯流而上，歷辰龍關、清浪灘諸險隘，舟行危瀨中，水激石嘯，如雷霆風雨、兵戈戰鬥之聲，四圍峭壁叢篝，天寬一線，伏坐篷窗，晴晝輒瞑，懼鄉愁之成瘏也，爰取老儒事，衍爲十六折。猶是老儒寫其前生，如是之困；寫其後身，如是之亨。境遇既殊，選聲頓異，時而悽風苦雨，時而燕語鶯歌。同舟人雖飲博叫呶之不暇，偶聆其音，亦未嘗不忽焉悲，忽焉笑也。嗟乎。老儒特三家村學究耳。非有匡時濟世之略，亦非有卓絶千古不可磨滅之文。其嘖嘖者，不過制科應舉，猥瑣帖括已耳。平日，徒苦於衣食，溺於妻子。時有妻妾宮室，車馬衣服之見攖於中，亟求科第以饜其欲，求之不得，則固求之，挾百折不回之志。生可以死，死可以生。券署其易世而後之富與貴，一若余取余求，應念而獲者，豈如彼教之了然去來哉。心爲之也，向令超於科第之外，以進於道。則爲忠爲孝，爲名臣，爲碩儒，雖百易其身，而不一死其心，非吾道之幸哉。惜老儒所求如彼，所得如此，適成爲老儒耳。人苟從而憐之、羨之，亦老儒而已。光緒乙亥季秋月下澣之五日，蓬道人自叙於龍標芙蓉樓下舟次。

又《桂枝香・自序》 秋日新晴，閒窗遣興。偶閲《品花寶鑑》，摘取桂伶往事，填南北曲如干，閲十日而成。持以示客，客滋疑焉。以爲填詞院本，類多闡揚忠孝節烈，寓激勸之意，使閲者有所觀感，此奇之所由傳也。子獨多夫伶人，特爲傳之，厥旨安在。余曰：否，否。桂伶操微賤業，能辨天下士。一言偶合，萬金可捐，雖俠丈夫可也。是烏可不傳，且田君以偉男子乞食長安，當時所謂負人倫鑑者，未嘗過而問焉。卒令乞憐鞠部，成豪俠一日之名，斯亦足以羞當世矣。感憤所積，發而爲文，豈僅爲梨園子弟浪費筆墨哉。客唯而退。爰記於簡端。蓬道人識。

又《桃花源・自叙》 光緒新元，雲貴制府劉公，述職南歸，調余往滇，襄籌善後。五月之杪，隨之而西。道經武陵，適制府病暑，爰止旅館而休焉。長晝炎蒸，塊居無俚。同人有賦《桃花源詩》者，余謂前有靖節，後有輞川，我輩自當閣筆。顧亦忍俊不禁，輒填南北曲六折，藉以消夏，非敢出偏師，與晉唐人爭勝也。昔靖節之記之詩，原是寓言八九。後人就縣治之西，穴山爲洞，竝植桃花以實之，已覺無謂。余又從而衍之，逐一登場，幾若確有其人其事，豈非無謂之尤邪。顧就世外人，説興亡，淡榮利，舉人間世無足攖吾心者，或亦熱腸中清涼散也。閲者其不愚我乎。中秋夕，楊恩壽自叙於武陵行館。

又《麻灘驛・自叙》 曩見《芝龕記》傳奇，以前明秦良玉、沈雲英二女帥爲經，以明季事之有涉閨閣者爲緯。秦、沈雖同時，未嘗共事，作者必欲綰之使合，支離牽附，已失不經，且隸事太繁，幾如散錢失弗。論者謂其軼《桃花扇》而上，則非蒙所知也。嘗欲析秦、沈爲二，各爲院本，匆匆未果。今夏寓武陵，譜《桃花源》雜劇畢，猶未成行，旅館秋寂，無以自娱。乃伸前願，以沈將軍事在道州，遂先及之。藉張吾楚，每夕翦鐙，輒成一折。悽風打窗，落葉如雨，若懍懍有生氣也。編中第取毛西河《本傳》，循序而衍，未敢汎涉它事。惟瓊枝、曼仙二女伎，以其與賈萬策同死荊州，牽連而及，俾附沈將軍以傳，其亦費宮人哉。咸豐庚申，游幕武陵。客有談周將軍雲耀者，勇敢善戰，其婦亦知兵。乙卯，守新田，以輕出受降而死，婦亦戰以殉之。當即演成雜劇，詭其名，於説部之林四娘，即所謂婉嫿將軍也。事頗與沈將軍相類。顧彼則徒託子虚，不若此之徵實。詞筆雖不必强與相避，亦未嘗相犯，豈或有片語雷同哉。惟庚申距今十有六年矣，兩傳其事，均在武陵。其事同，其地同。而余則顛倒風塵中，無所建樹，依然操不律，作無益事，以悦有涯生。嘻。志雖荒而遇可知已。光緒乙亥九月朔，蓬道人自叙於武陵行館。

又《婉嫿封・自序》 庚申仲夏，薄遊武陵。公餘兀坐，無以排遣。偶記婉嫿將軍已事，衍爲填詞。每成一折，即郵寄回家，索六兄爲余正譜。鈔寫成帙，置篋中且十年，幾忘之矣。頃因刊《桂枝香》，搜得原本，並以付梓。時六兄遠官邕管，余亦將理裝北上，每檢斯編，不勝風雨對牀之感。顧安得弟與兄偕歸田里，展紅氍一丈，命伶人歌此曲以娱親，儻亦萊衣之樂哉。至婉嫿事，雖見《紅樓夢》，全是子虚烏有。閲者第賞其奇，弗徵其實也可。長沙蓬道人自序於坦園花韻軒。

又《理靈坡・自叙》 前明崇禎末，張獻忠陷長沙，司理蔡忠烈公死事最烈，迄今邦人士類能言之。同治戊辰冬，重修《省志》，余濫充校録，讀公傳略焉弗詳，考《明史・本傳》，亦多譌脱。亟求公《年譜》參益之未得。

越明年，從舊書肆購得新化鄧氏所定《遺集》，附刻《行狀》，紀軼事較詳，多《本傳》所未載，喜甚，如獲珙璧。至是，於公生平十悉八九矣。庚午夏，以余不任事，爲總纂所屏，遂辭志局。家居多暇，輒取公事，譜南北曲爲院本，以廣其傳。敘次悉本《行狀》暨各傳記，不敢意爲增損，懼失實也。夫以公之才、之識，與治兵之能，得民之深，使得徑行其志，無敗乃事者，雖百獻賊烏能爲，乃王聚奎以附璫任封疆，醉飽昏庸，視公蔑如也。公陳萬全策，瞀不能用。賊至，遽挾藩以去，棄土地人民，陷公於凶燄而不顧。嗟乎。聚奎非儼然自命爲重臣哉。胡喪心若斯之甚也。雖然，聚奎往矣，吾恐建高牙、樹大纛者，當志得意滿時，非無老成，瞻言百里於治，忽得喪所在，痛哭陳辭，其不姍笑而訶詆者亦罕。彼之意若曰：吾朝廷重臣也，智豈出末吏下哉。舉軍國大計，糜爛決裂而不可收拾，至於死生之際，大節攸關，彼所謂重臣者，微獨有愧於末吏，曾隸卒之不若。此余所爲喟然歎，悄然悲，急援聚奎以奪其恃也。長沙楊恩壽自叙。

無名氏

紀事

清・毛奇齡《沈雲英傳》 沈雲英者，長巷里沈氏女也。父至緒，中崇禎四年武科進士。雲英生時，隨父出入京。騎馬，能馬射。九歲，見《論語》有省，請受學。期年，徧誦四子書，及《孝經》、《女誡》，唐詩宋詞，略涉目即記憶不忘。於是向塾師請受一經，兼請受其難者。乃受《春秋・胡氏傳》，明令甲春秋取士以胡氏傳爲題，雜而無理曰：傳題，傳題。雖强記。朝夕研辨，十鮮不失五。以故學者多難之。雲英一指授無不通曉，雖老師宿儒無過者。崇禎十六年，隨父任道州守備。流賊寇道州。父出戰，已敗賊於麻灘驛，斬其渠陣前，賊懼。將徙去，會大雨，左體被創，韡鞫壅流血，足僵墜鐙，爲援賊所殺，掠其屍去。雲英年二十，自率十騎，束髮被革，直趨賊砦。乘賊未集伍，連殺三十餘級，負父屍而還。賊大駴，將復之。值惠桂吉三王竄永州，賊將追三王。而以此叵測未易，復頓舍之去。時湖撫王君聚奎睹其事，奏請降敕，贈至緒昭武將軍，祠之麻灘驛，蔭一子入監，以雲英爲游擊將軍，使仍領父衆。會其夫賈萬策爲故閣部督師標大勦營都司，守荆州南門。流賊陷荆州，萬策被殺。雲英赴水死，母王氏力救之免。因哭辭詔命，扶父柩回籍。清師渡西陵，雲英號呼曰：吾命絶矣。貧無食，開塾於家祠之左，訓其族中兒。族中諸生有習胡氏傳者，悉師之。順治十七年，白洋觀潮歸，歎曰：吾不能久居此矣。散遣塾中兒沐浴，卧而卒。嘉興俞汝言作有明《三述補》，以雲英烈女而授將軍異典也，載其事《三述補》中。退士曰：文能通經，武能殺賊，得之女子已屬奇事。若其奪還父屍，孝也；夫死辭爵，節也；國亡赴水，忠且烈也。忠孝節烈萃於一女子之身，此亘古所未有也。特授將軍職而始爲異典哉。

清・徐岳《瓊枝曼仙記》 張獻忠破荆州，召惠府樂户數十行酒。內有瓊枝者色藝出羣，獻忠命之歌。曰：我雖賤，豈肯以歌侑賊觴。毅然弗從。以刃挾之，曰：汝技止此耳。我不畏死，柰我何哉。獻忠拳之喂犬。同時有曼仙者，獻忠亦召至，極逞技能，刻意逢迎，獻忠大悦，寵倖無比。獻忠每夜將寢必豪飲，曼仙侍。是夕，曼仙置毒於酒，滿斟以奉獻忠。妮（宜爲昵）之，手挽其頸曰：汝先飲此。卻之不得，立飲而斃。獻忠始，覺碎磔其屍。噫。當獻忠猖獗時，守土諸臣皆望風逃潰，納款稱臣。峩冠世儒，效力奔走於指揮之下。瓊枝曼仙一倡耳，奮不顧身，視死如飴，不更賢於忠臣義士之所爲邪。若瓊枝之死，曼仙之毒賊，成亦死，不成亦死。成則爲國殺賊，而身死於賊衆之手，其如天佑賊人。先飲而斃，事雖不成，其俠烈之氣，不令千載憤歎邪。乃既不得如英烈夫人來朝廷褒贈之典，又不若徐氏獲名人詞翰之光以風世。惜哉。

清・佚名《曲海總目提要》卷二九《義貞緣》 此亦近時人筆。據《醒世恒言》而作，雖非出正史，然義夫節婦，終成佳偶，故名《義貞緣》。可以垂訓，非無因也。《情史》載其事，可見實有其人。略云：江西分宜縣民陳青，與朱世遠爲比鄰，嘗以弈棋相契善。鄰有王三老，往來觀弈，三人最稱莫逆。青子名多壽，年九歲，與世遠女多福，同庚而美。一日，世遠於青家對弈，王老亦在焉。時届端陽，青子放學回，世遠見其丰姿俊偉，且嫺禮度，與王老譽不絕口。王老即爲執柯，陳即以銀十二兩、釵二股，結爲絲蘿，二姓情好愈篤。青子學業日進，越六載，忽患癩疾。青與世遠延醫治之，卒不能療。世遠妻柳氏，怨夫將女誤許，日相詬詈。青以比鄰，悉知其詳，度子疾痼難愈，願還庚帖。世遠心不忍，而柳氏甚喜，向女索原聘釵。女默然不肯與，復以大義告母氏。母知女志不可奪，世遠即欣然，以庚復送於陳。一年後，多壽愈沉重，世遠探慰之，多壽援筆賦詩，面呈世遠，內寓身染痼疾不妨另適意。多福悲泣，賦詩以答，即自經。父母急救醒，恐復有不虞，擇吉過門。青夫婦甚悅。多福侍舅姑克盡孝道，事多壽不憚勞苦。多壽知疾不起，不與共衾枕。青曾卜籤於城隍，有雲開見日，福壽完成之句，日望子瘳，而疾漸篤。一日，多壽私以己年庚，囑術者推算。術者言不能逾二十四。多壽自恨命蹇，贖砒歸，語多福欲飲醇醪。先以言慰其父母，紿多福出取下酒物，即投砒於酒飲之。多福見酒色變，詢其故。多壽云：我命不久，恐誤汝，故服毒矣。多福言：汝既斃，我豈生爲。亦取酒飲。二人同斃於卧室。母聞，急促青救，世遠夫婦亦至，急以活羊血灌之。二人大嘔得生。多壽癩疾遇砒攻發其毒，體膚坼裂，毒氣流盡，不一月，體復潤澤，宛然一美少年矣。兩家父母不勝喜。多壽復埋頭經史，不數載登進士，官僉憲，與多福偕白頭，子孫盡科甲云。

又《蝴蝶夢》 此近時人據小説《莊子休鼓盆思大道》而作。又有元人《蝴蝶夢》，則記包拯事。另載。《齊物論》：昔者莊周夢爲蝴蝶，栩栩然蝴蝶也，自喻適志歟，不知周也。俄而覺，則蘧蘧然周也。不知周之夢爲蝴蝶歟。蝴蝶之夢爲周歟。周與蝴蝶則必有分矣。此之謂物化。唐人詩蝴蝶夢中家萬里，劇以取名，因云莊周前生乃混沌初生時一白蝴蝶，採百花之精，奪日月之光，長生不死，以偷瑤池蟠桃花，爲王母青鸞啄死，托生爲周，此謬説也。宋賈善翊《高道傳》云：唐明皇問葉法善曰：張果何時人。曰：混沌初分時白蝙蝠也。蓋借此爲周耳。《夷門廣牘》：赤鳳髓，有莊周蝴蝶夢圖，仰卧，右手枕頭，左手用功，左腿直舒，右腿拳縮，存想運氣二十四口。略云：莊周，字子休，《史記》、《莊子》皆不載其字。爲老子弟子。按周宗法老子耳，非能受業於老子也。第三妻曰田氏。《莊子》不載妻姓，無可考。楚王聞周賢，欲聘爲相。周辭之，挈妻隱南華山。按《史記》，楚威王聞莊周賢，使使厚幣迎之，許以爲相。莊周笑謂楚使者，引郊祭犧牛以自喻，且曰：我寧遊戲污瀆中自快，無爲有國者所羈。《南華經》則云：莊子釣於濮水之上，楚王使大夫往曰：願以境內累。莊子持竿不顧，引神龜藏巾笥爲喻，曰：吾將曳尾於塗中。此欲聘爲相而辭之實迹也。挈妻乃懸揣語，是楚狂接輿事。又按《史記》云：莊子，蒙人，名周，嘗爲蒙漆園吏。《地里志》曰：蒙縣屬梁國。《括地志》云：漆園故城，在曹州冤句縣北十七里，莊周爲漆園吏即此，其城古屬蒙縣。又按《廣輿記》，山東兗州府流寓人物內，莊周蒙人，楚威王遣使聘以爲相。周嘆曰：子不見犧牛乎。衣以文繡，食以芻牧，及其入太廟，欲爲孤豚而不可得。遂隱曹州之南華山，因名其經曰《南華》。一日，遊山下，過一新冢，有少婦縞素扇墳，曰：受夫約，墳土乾乃嫁，故扇之欲其早乾耳。周用術揮扇，其墳立乾。少婦以扇爲謝。持歸語田氏，田正色詈之。周曰：人心不可測，何詈爲。田益大詬，奪其扇而碎之。越數日，周僞病，已而甚篤。田涕泣相誓。未幾，周僞死，附身附棺，盡禮極哀。忽一少年閒雅甚都，叩門請見，自稱楚王孫，言向日願爲弟子，今來訪，雖不獲見，願假館讀所著書。田氏悅王孫之美，浼其從者强王孫贅於家，悉鬻家資以辦婚禮，移周柩於別屋，盛裝置酒，以宴王孫。禮成，欲就寢，王孫心痛欲絕。其僕曰：此疾得生人腦食之立愈。田以周乍沒，尚如生人，持斧劈棺，欲取其腦，則周蹶然復生。田大窘，懼周睹王孫，强扶入卧室。而王孫主僕皆無有。田乃大喜。周見室有酒饌，且飲且詰之，并詰其易服移柩之故。田飾辭以應曰：卜夫當生，故用吉禮。周作詩刺之。田恍惚見王孫在外，已又不見，乃知即周所幻化，慚懼自縊。周乃鼓盆而歌。《莊子至樂篇》：莊子妻死，惠子吊之。莊子則方箕踞鼓盆而歌。惠子曰：與人居，長子老身，死不哭亦足矣，又鼓盆而歌，不亦甚乎。莊子曰：其始死也，我獨何能無概然。察其始而本無生，非徒無生也，而本無形，非徒無形也，而本無氣，氣變而有形，形變而有生，今又變而之死，是相與爲春秋冬夏四時行也。人且偃然寢於巨室，而我噭噭然隨而哭之，自以爲不通乎命，故止也。按莊子云不能無概然，是與妻好合無間，特忘情委順而鼓盆耳，安得有劈棺破腦之説。作者以警世之侈談節烈，心口不應者，不知其獲罪於高賢也。歌罷盆碎，火焚其居，遨遊四方。遇老子於函谷關，相隨而去。按函谷遇老子，相隨而西，乃關尹喜事。

又《慈悲願》 不知何人所作。大概以《西遊記》數節翻換成劇，然詞曲與《江流記》不同，佛所説大藏金經，使流行東土，解脱群迷，以成就如來慈悲弘願，故名《慈悲願》也。觀世音大士頒佛旨，令毗羅尊者降凡，托生陳光蕊家。此與《西遊記》不同。光蕊名萼，海州弘農人，妻殷氏，大將開山女。貞觀間，光蕊擢大魁，選江州州主，攜家之任。《西遊記》載母張氏，劇內無有。顧劉洪舟。洪素凶惡，慣於水面行劫，覘殷美麗，刃其僕，縛光蕊投江中。初，光蕊曾買一金色鯉魚放生，鯉魚，龍神子也。神知光蕊厄，拯入龍宮，俟復仇時送歸人世。洪欲犯殷氏，拒以懷孕。及分娩，生一子，貌甚岐嶷。洪欲害之。殷刺血書生年月日及父母姓名，嚙其足小指，盛木匣中，浮之江。金山寺僧丹霞，有道僧也。《西遊記》曰法明。伽藍命霞撈救，遂撫育之。殷屢覓自盡，洪不敢犯。劇內不失節，并無洪冒光蕊名江州赴任事，與《西遊記》不同。丹霞所取光蕊子，名曰江流，稍長取法名元奘。年十八，告以父母名，出血書以示，令踪迹其母。奘大慟，遂沿江行脚。賊洪恚殷氏逆己，折磨備至，嘗令汲水江邊。適遇奘，睹其貌，肖己夫，詢出家始末。奘出血書，殷乃認其子，此關目與《江流記》認子不同。相抱痛哭。令奘毋泄漏，速詣外祖殷開山訴冤，毋使賊遁。奘赴長安謁開山，開山遂擒賊，斬其首以祭光蕊。而龍神已知，送光蕊出，僵卧江畔。殷見撈起，復蘇，端然無恙。開山奏其事。唐太宗嘉奘篤孝，且有道行，賜經、論、律各一藏，號三藏法師，令詣西印度取大藏經典。公卿祖餞，師以松枝植寺中。公卿云：松無根，焉得活乎。師偈云：無根要有根，有相若無相。我若取經回，松枝往東向。遂長往。後去十四年，取經回，其松枝果東向云。劇中前串入孫行者上壽并鬧天宫二節，後半惟得龍馬，五行山收悟空，及收沙僧、八戒，遇紅孩兒，過女國數節，即叩釋迦，付經而回，白黿渡通天河，於《西遊記》撮大略耳。按唐僧、悟空、龍馬、沙僧、八戒，以喻金木水火土五行，唐僧金也，悟空火也，龍馬木也，沙僧土也，八戒水也。悟空爲心猿，龍馬爲意馬，金須火煉，故必得悟空。其用緊箍咒以制悟空，所以降伏其心也。心大則萬物皆通，故悟空能無所不到，成正果，登彼岸，皆此心也。八戒屬水腎，故有高老莊等幻化之迹。《釋氏通鑑奘法師本傳》：貞觀三年冬，往西域取未至佛經，詣闕陳表。帝不許。師私遁，自原州出玉關，抵高昌、葉護等國而去。貞觀七年，至中印度，遇大乘居士，受瑜珈師地，入王舍城，止那蘭陀寺，從上方戒賢論師，受瑜珈唯識宗旨。留十年，歸自王舍城。貞觀十九年正月丙子，至京師。長安留守房元齡表聞。壬辰，法師如洛陽。二月己亥，見於儀鸞殿。帝曰：師能委命求法，惠利蒼生，朕甚嘉焉。師因奏西域所獲梵本經論六百五十七部。帝曰：朕爲穆太后創弘福寺，可就彼翻譯。敕平章房元齡專知監護。貞觀二十二年，帝製法師新譯經《大唐三藏聖教序》。按本傳係節略，未載俗家父母，不能訂其是非也。

又《爛柯山》 不知誰撰。取樵子逢仙爛柯以記朱買臣事。按史，買臣貧時，好讀書，常艾薪樵賣以給食。其妻亦負戴相隨，數止買臣，毋歌謳道中。買臣愈益疾歌。妻羞之，求去。買臣曰：我五十當富貴，今四十九矣，女苦日久，待我富貴，報女功。妻恚怒曰：如公等，終餓死溝中耳，何能富貴。買臣不能留，即聽去。其後買臣獨行歌道中，負薪墓間。故妻與夫家俱上冢，見買臣飢寒，呼飯飲之。後數歲，買臣詣闕上書，書久不報。待詔公車，糧用乏，上計吏卒，更乞丐之。會邑子嚴助貴幸，薦買臣召見，説《春秋》，言《楚詞》。帝甚説之，拜買臣爲中大夫，與嚴助俱侍中。後坐事免。久之，召待詔，拜會稽太守。上謂買臣曰：富貴不歸故鄉，如衣繡夜行。今子何如。買臣頓首辭謝。詔買臣到郡。初，買臣免待詔，常從會稽守邸者寄居飯食，拜爲太守，買臣衣故衣，懷其印綬，步歸郡邸。直上計時，會稽吏方相與群飲，不視買臣。買臣入室中，守邸與共食，食且飽。少見其綬，守邸怪之。前引其綬，視其印，會稽太守章也。守邸驚出，語上計掾吏，皆醉，大呼曰：妄誕耳。守邸曰：試來視之。其故人素輕買臣者，入視之，還走疾呼曰：實然。坐中驚駭，白守丞相，推排陳列中庭拜謁。買臣徐出户。有頃，長安厩吏乘駟馬車來迎，買臣遂乘傳去。會稽聞太守且至，發民除道。縣吏并送迎車百餘乘。入吳界，見其故妻，妻夫治道，買臣駐車，呼令後車載其夫妻，到太守舍，置園中，給食之。居一月，妻自經死。買臣乞其夫錢令葬。其馬前潑水，乃作者之波瀾，未有其事也。按史，但云買臣會稽人，劇云住爛柯山下讀書，蓋因艾薪樵賣落想也。其妻及後夫本無姓名，劇云妻崔氏，後夫張石匠，亦是添出。又添唐道姑種種挑唆崔氏，至於兩次逼休，張石匠、唐道姑後皆爲買臣所戮。漢時無所謂道姑也。崔氏嫁張，而張跌損一足，崔因自悔忿，不與爲婚，寄居鄰媪家，逮聞買臣富貴，以此出謁自訴，仍求復還。《痴夢》、《潑水》二折。此殆稍爲其妻文飾，實則已久嫁也。買臣未出妻時，夢見竇夫人之女，醒而遇諸寺中。後爲妻棄，大雪中，在竇門外，夫人見而憐之，贈之以金，令入京應試，後娶竇女爲妻。此因既失崔氏，不可不作團圓也。吾丘、壽王、嚴助等皆同時人，點綴着色。買臣本由助薦，今改在張騫名下。買臣請伐越，公孫弘不可，帝使難弘。然買臣未嘗率兵，今云兵越仙霞，亦係點綴生色。羞墓題詩，亦非實事。羞墓在嘉興，後人頗多題咏。又有死亭灣，在蘇州，高啓有詩，皆買臣妻故迹。

又《壽爲先》 近時人所作。事太荒唐，而最宜祝壽，亦《滿床笏》、《百順》之意也。揚州郭魚，字任公，年七十七，貧而未遇，且無家室。翰林戴席珍，徐州人也，遊揚州，其姊夫秦，爲採訪使，有女瑤枝，又有幼子。戴恐招摇，改姓爲席，薦魚爲秦西賓。魚入京赴試，薄暮不能至逆旅，投空宅中宿。空宅有鬼，嘗殺人，見魚，以爲土地神也。魚責以殺人狀，鬼言某等皆藏神，遇宿者輒欲告以窖金，人自怖而死，非有意殺人也。魚使鬼去，而發窖，得金數萬。魚既富，思買妾。戴寓揚州時，買一小妾，曰纖纖，令待年於家。戴入京，遷學士，夫人竇氏欲挈纖纖入京。纖纖嫌戴老，不願往。竇怒，令媒氏覓最老者賣之。魚因買得。纖纖不知戴之爲席也，及試，戴爲考官，魚中會元。唐肅宗朝，上皇語及南宮所取士，肅宗言試官誤中老人。上皇大怒，謂借以譏己。肅宗恐，因取魚爲狀元，以娱上皇意。戴知魚娶纖纖，心大不平。會暹羅伐高麗，高麗請救。戴即薦魚爲將，副秦採訪往征之。暹羅遣諜訪唐將，其副元帥曰郭，問其名曰魚，誤以爲儀也，問其號曰任公，誤以爲令公也。歸報其王，王已大恐，比交戰，見魚鬚鬢如雪，審爲令公無疑，大懼，棄甲而遁。高麗王感魚恩，以女多壽嫁魚。秦元帥出征時，以女托戴爲主婚，纖纖挾竇氏責己之忿，以魚年庚往議親，言係魚弟。竇不知其年，以爲甫十七也，送年庚與瑤枝，瑤枝歲月日時皆四乙酉，其格曰天元一氣，術者言須得男命相同者爲配。魚子平適同，瑤枝以爲異，親書己年庚與定婚，及成婚，則魚也。秦、戴皆大怒，奏於朝。肅宗令欽天監推算，乃前六十年干支，相合無謬。肅宗亦大奇之，特旨賜婚。於是魚極富貴，且得三女，人間之樂，無有逾焉。作者之意，蓋謂人雖遲暮，及其得志，則如乘風順流，有未可量者，不當以年老而忽之也。

又《盤陀山》 不知何人所作。演澹臺勉進香盤陀山事，本無所出，然盤陀山爲彌勒道場，實本《内典》，非無因也。澹臺勉者，晉陽龍山人，年五十餘無子，以遠房侄宗利爲嗣，破産濟貧，廣施大惠，鄉里稱澹臺長者。有故總兵李屠兒，兵敗軍覆，入山爲盜魁，劫掠晉陽一帶，駐兵於來仙道院，以所掠女子實其中。獨聞長者名，約束部卒，有犯澹臺家者斬。長者乃持黄金，入賊營犒師，贖所掠諸女，各還其家。中有雷氏蘭珠，未字，其兄即以歸長者爲繼室。長者有夙願，往盤陀山進香，山在寨外，相去七千里，有盤陀窟，彌勒佛道場也。蘭珠勸勿往，而宗利慫恿其去。長者遂挈老僕往，中途見樵夫搏虎，長者出囊金，買虎放生。樵夫留長者至家，劫以爲質，逼令老僕抵家，取五百金贖長者。宗利吝不予，老僕與一醉太保成祥謀，共詒樵夫，僞許納金，令釋長者主僕，先縱之去。成祥用計斫斷樵夫臂，脱身歸。長者於路喪老僕，隻身跋涉，備歷艱苦。將至盤陀，墮崖落深澗中，所贖之虎負而上，乃得至所謂盤陀窟者。及至，則去家絶遠，不能還。又念無子嗣，遂留山中爲道人。蘭珠適長者，即有身，將産，宗利恐其有子，誘入破廟中縊之。爲成祥所覺，遁去。成祥引蘭珠至其家，俄生一子。宗利聞之益妒甚，以金購童代，僞爲乞者，詐蘭珠子，用蒲裹而投於河。童代不忍殺，路逢痴道人化吉，以蒲包予之。道人啓視，則一男子也，不敢留於家，昏黑送置蒙山驛館，而以己所係小牌曰逢凶化吉者，繫其胸襟。會有鎮將安世業者，江右人也，奉命還京。晚宿驛中，聞小兒啼聲，覓得之，不知誰氏子也。安無子，遂令夫人抱爲子。蘭珠既失子，知必宗利所爲也，控之官，適遇世業，世業謝無守土責，蘭珠泣拜不已。世業乃挈蘭珠入都，爲養子之乳母，而許爲蘭珠報冤。移文晉陽，欲治宗利罪，則宗利蕩盡田産，且焚死於娼家矣。蘭珠遂居世業家，凡十七年。而世業子長，名曰繼祖，中武科。時，遼耶律休哥兵入犯，世業爲大將，用其子爲先鋒，出塞與遼將戰，繼祖被擒。李屠兒者，自與長者相見，即不爲盜，入海外襲破鄯善國，自立爲王。其女名霏雪，美而勇，善使兩錘，嘗夢遊盤陀窟，乃辭其父往盤陀進香，道見番兵禽一小將軍，心竊憐之，錘殺番將，救繼祖，即往盤陀。遼將休哥聞女子殺其部將，引兵圍盤陀山，必得女子而後已。時，長者居盤陀窟，霏雪男妝往投之。長者心疑詰問，果殺遼將之女子，會繼祖亦從遼軍中間行訪霏雪，遂令山中衆僧鳴鼓相助，而兩人潰圍直出。休哥方與接戰，世業兵至，屠兒亦引鄯善兵至，共破遼兵。屠兒故世業部將也，遂以女歸繼祖。霏雪念長者實庇己，偕世業夫婦及其夫復往盤陀進香。而龍山里民進香者甚衆，成祥、化吉、童代皆在其中，與長者相遇，各人具述前事。世業知繼祖即長者蘭珠之子，遂令認父母，相團聚焉。彌勒道場，見《佛國記》，附載於後。晉釋法顯《佛國記》：度葱嶺已到北天竺，始入其境，有一小國，名陀歷，亦有衆僧，皆小乘學。其國昔有羅漢，以神足力，將一巧匠上兜術天，觀彌勒菩薩長短色貌，還下，刻木作像。前後三上觀，然後乃成。像長八丈，足趺八尺，齋日常有光明。諸國王競興供養。今故現在於此。順嶺西南行十五日，其道艱阻，崖岸險絶。其山唯石，壁立千仞，臨之眩目，欲進則投足無所。下有水名新頭河，昔人有鑿石通路，施傍梯者，凡度七百度梯，已躡縣絙過河，河兩岸相去減八十步，九驛。所記漢之張騫、甘英皆不至。衆僧問法顯：佛法東過，其始可知耶。顯云：訪問彼土人，皆云古老相傳，自立彌勒菩薩像後，便有天竺沙門，賫經律過此河者。像立在佛泥洹後三百許年，計於周氏平王時。由兹而言，大教宣流，始自此像，非夫彌勒大士，繼軌釋迦，孰能令三寶宣通，邊人識法。據此則彌勒道場，果絶遠難至，在張騫、甘英所未到之地，且度梯躡磴，險阻如是。此劇非無本也。國名陀歷，今假借作盤陀窟云，澹臺事則係生造。

後漁家樂未知何人所作。記李固、杜喬之子。固、喬見《漁家樂》中，此乃名《後漁家樂》也。又以喬子年妻林氏投入漁舟作關目，因此爲名。張陵、李燮，雖真姓名，其中情節，全係造出。劇中事迹，皆接《漁家樂》來。漁人女鄔氏，既刺梁冀，入宫爲后。冀姑順帝梁太后不知刺者主名，以屬冀弟不疑。不疑由河南尹爲殿前都尉，疑必李固、杜喬家所爲，乃矯旨遣校尉捕固子燮、喬子年於路，即殺。劇中用東西二廠校尉，此明朝制度，前代所無。尚書張陵詣固家，報固已亡，挈其子燮遁去。校尉抵固家，固妻錢氏自刎。劇言三更討固，喬氣絶，又云即有騎尉南下云云，蓋明天啓間，錦衣衛殺楊漣、左光斗等，往往乘夜潛斃之。又云緹騎逮其家屬，作者疑爲此發也。喬子年知喬斃獄，遣妻林氏偕媼先避，己在家中，遂被擒。抵炳靈公廟，解役兩人方欲殺年，突遇相士萬家春衝破。廟神復放紅光，解役一時昏悶，家春遂挈年遁去。按史本無所謂萬家春者，劇亦自《漁家樂》接下，言家春以相法通神，授鴻臚寺冠帶也。抵潯陽江，衆漁人方舉《漁家樂》故事，聚舟會飲。家春與年避於舟側，追者迹至其處，爲衆漁人所殺。劇言端陽令節，衆漁人因鄔老被射，兩年不舉漁家樂之會，此歲復修故事。捕者適至，衆漁望見，以爲即向年射殺鄔老者，遂群譟擊殺之。蓋亦頂《漁家樂》接下，而標名《後漁家樂》以此。家春復挈年走避，適過趙圖酒肆，遂令年以名爲姓，投圖爲酒家傭趙圖亦自《漁家樂》接下，按酒家傭本李燮事，劇又移作杜喬子也，皆妄撰。張陵挈燮行過大樹鎮，陵憶舊僕花少山於鎮開茶肆，乃偕燮往投之。少山有女碧英，美而且慧，遂請於陵，贅燮爲婿。未幾，少山死，燮爲茶博士。陵道裝賣卜安陽橋，陰相往來。時，梁太后與不疑謀立質帝子，貶鄔后於冷宫，遣校尉捕殺萬家春，梟首厦門亭上。鄔飛霞爲后之説，亦接《漁家樂》而來。劇言萬家春被偷，其偷得其卜課之錢及相士招牌，僞充術士，校尉所殺，乃偷兒，非家春也。家春實未死，遇密羅國提婆達哆尊者，度爲弟子而去，改名柏翠。按漢明帝時，佛法雖已入中國，然漢時僧徒甚少，此又幻中之幻也。杜年妻林氏偕媼同行，至潯陽江，欲投水自盡。漁翁杜某救入舟中，以同姓撫爲侄女。已而杜翁妻與林所偕媼皆死，林氏不得已，亦入市賣魚爲生。至趙圖酒肆前，與年忽遇，方共絮語，而圖自外至，詆年與漁婦私。林氏避去，圖乃逐年出外，不復留。年見妻作漁裝，亟往漁舟泊處覓婦。其時有梁太后旨，因漁人兩次殺校尉，遣兵欲盡戮漁人。會河東節度使簡章，糾三鎮兵共伐梁氏，按簡章，史無其人，亦自《漁家樂》接出。節度使乃唐時官，漢時無有也。又以張綱、楊震并爲節度，而加以魏西成者，共稱四鎮云。約合兵於厦門亭。陵挈燮往投，至江口待渡。年訪漁舟，漁舟已殺捕者。聯二百艘，投簡麾下爲水師營。年徒倚問信，爲陵所見，遂相挈投簡。簡以年、燮并參軍事。燮妻自夫行，閉館静守。梁氏子名穀者，少年擢郡牧，見而逼之。花氏逃入林氏舟中，俱投水師營。梁太后聞變，曜鄔飛霞，棄之郊外，中常侍畢超送入簡營。未幾，梁氏兵敗，一門被戮。飛霞迎入宫中。張陵、簡章并膺封爵，年、燮俱授要職。年訪林氏於舟中，先遇花氏，繼而見其妻，與燮迎婦歸。奏聞於朝，各封夫人。按梁后雖庇梁氏，然聽厦門亭長，葬李固、杜喬，且和平二年謚爲順烈皇后。劇中貶駁過當，又謂因兵敗自刎，荒唐太甚。不疑好經書，喜待士，爲冀所疾。劇以惡迹盡歸不疑，亦謬。張陵爲尚書，有叱梁冀帶劍入朝事，其他亦無所見。李燮爲酒傭，固門人王成賣卜於市，陰相往來，非張陵也，事具《酒家傭記》中。杜喬之後無聞，其他皆詭幻無據。

又《鬧花燈》所演羅成事，本《隋唐演義》，大略與《麒麟閣記》相仿佛。中間有隋將楊令公收士激變，及花花公主、王婉兒等事，盡屬不根之談。羅成、秦瓊以元宵觀燈大鬧，遇李靖救之，得出，率皆憑空撮撰，非實事也。作者亦未知何人。《麒麟閣》以秦瓊爲主，此劇以羅成爲主，言成乃隋幽州大將羅藝子也，與瓊爲表弟兄，群盗王伯當、程咬金、李如珪、齊國遠等皆爲結契。時，長安大放花燈，瓊在濟南大將麾下，奉命至京師，送禮物於越公楊素。文書内止一人，成等適探瓊，皆欲隨往長安看燈。瓊初不許，成等竊改文書一字爲六字，瓊不得已，偕之入關。李靖爲素中軍，占天文有警，視瓊文書，疑六字之謬，詰瓊。瓊大窘。靖曰：吾視若等皆非凡人，但恐得禍，倘有變，避我園中可也。元宵，燈大放，瓊戒成等毋出，而成等皆竊行。有王婉兒者，色甚美，與母居。宇文化及之子曰花花太歲，乘其看燈，劫入宅中。成等聞其母沿路訴冤，共突入太歲家，搏殺太歲，而奪婉兒還其母。成等夜竄，抵靖園中，藏於地窖。捕不能得。帝叔楊陵設謀，赦諸人罪，而開武科以招勇士。侯諸人應募，則用三策以坑殺之。瓊等應募赴試，咬金、瓊、成皆冠場，陵方欲用計殺三人，爲所覺，瓊用飛空鐧，成用墜馬鞭，皆祖傳絶技，殺追者而去。成歸，藝怒其作亂，欲殺之。母爭不能得。藝持弓射成。有花花公主方入援隋，經其地，惜成年少英勇，以金鐃隔矢鏃，不能入，遂救成以免。成乃與瓊等投唐李靖，已爲大將。瓊等各建武績，并受封爵。成於對陣降伏金鐃公主，遂娶婉兒及金鐃公主，并爲夫人。

又《九錫記》 近時人作。其事實載《君臣福》傳奇内，演范雍父子祖孫事，而取名互異，《開道家門》一齣，各不相同。謂之爲九錫者，言范雍父子討平趙元昊，建立奇功，翰林承旨馮子光屢加譭謗，每謗一次，朝廷輒加一次恩典，初次雍進禮部尚書端明殿學士，琦進翰林院學士，坦進秘書院正字，每人一錫，爲三錫；二次雍進吏部尚書同平章事，琦進禮部尚書，坦進御史中丞，每人一錫，爲六錫；三次雍進太師位，琦進吏部尚書，坦進端明殿學士，每人一錫，是爲九錫也。按九錫之名，非所宜施於人臣者。作者於古未諳，妄取標目耳。又按花有九錫，此劇首齣，即是賞花，蓋假借生情，不足以爲典要也。禱夢於嵩山廟中，云啓母石最靈。啓母石，唐楊炯有文記其事，劇蓋本此。而謂有主夢使者曰九思神女，則不根無據。《觀音送子》一齣云：布袋和尚本彌勒祖師，布袋中皆是羅漢尊者，使觀世音以金斗世尊送范琦爲子，亦屬荒誕。彌勒乃未來佛，安可云祖師。世尊安得有降生爲范氏子之事。然布袋稱彌勒，則非無因，且應化在五代，其引入范雍時事，亦不甚遠也。撤金蓮寶炬送范琦歸第，則影借王珪、蘇軾事。熙王郡主范坦亦無此事，敕建相府，雖係緣飾，然明代時，張璁、徐階等里居第宅，皆係敕建，宏麗無比，不爲無因也。張時徹《寧波仙釋志》：五代布袋和尚，名契此，形裁腲脮，蹙額皤腹。常以杖荷一布袋，凡供身之具，盡貯袋中。入市，見物則乞，時號長汀子。雪中體不濡，示人禍福輒應。天將雨，即着濕草履，途中驟行。遇亢陽，即曳高齒木屐，市橋上竪膝而眠。梁貞明三年丙子三月，於岳林寺東廊石上，端坐而逝。岳林遂爲布袋道場。後有二僧至寺云：從天台見之。衆不敢信，發家視之，乃空龕也。得青瓷净瓶六環錫杖。縣令莆田王仁佶先遇於江南天興寺，宛若舊識，後於福州官舍復見之，懷中出一圓封授王曰：七日不至，則開。逾期發之，乃偈也，曰：彌勒真彌勒，化身千百億。時時示世人，世人俱不識。王令至縣，乃記其事，并刻其偈於碑。崇寧中，賜號定應大師，閣曰崇寧，令黄特銘其龕。時又有蔣宗霸者，號曰蔣摩訶，與岳林布袋和尚處，一日同浴，長汀摩訶視布袋背有目，布袋曰：吾爲汝所窺，當去矣。吾以布袋贈汝，俾子代代爲衣冠家。按劇云范氏三世大貴，而以布袋和尚送與貴子，蓋與代代衣冠語相隱合。布袋歸岳林，坐逝，葬封山。後越帥遣介過蜀，遇布袋道中，卒舊遊四明識之，乃曰：爲我謝摩訶，願自愛。

又《三殿元》 近時人作。演竇禹鈞積德累行，五男皆貴，儀、儼俱狀元，儼妻趙氏得異術，破西番，授武狀元。事雖有真有僞，然皆勸人爲善也。《狀元圖考》云：禹鈞爲人素仁厚，年四十無子，然好修陰德，往往濟人之急，憫人之孤。劇中賑濟本此。偶春日往延慶寺拈香，拾人遺金二百餘兩，舉以還之，一無所受。劇中指爲竇儀事。其僕盜用房錢，賣女償貸，公嫁其女，俾得所歸。劇中趙瑚璉爲父賣身，儀助銀，瑚璉得還，本此。貧人婚喪，由公而舉者，數十餘家。故舊相知，有貧窘者，委財子弟，俾自興販賴以全活。每歲量其所入，伏臘供給外，皆以救濟施捨。而家惟儉素，器無金玉之飾，室無衣帛之妾。十餘年來，陰德無量。後連生五子，俱登科第，爲美官。馮道贈詩曰：燕山竇十郎，教子以義方。靈椿一株老，丹桂五枝芳。《地志》：竇氏莊在薊州城東，即禹鈞故居，禹鈞建義塾數十楹，聚書萬卷，延名儒，置師席，凡四方遊學者，聽其自至，貧無供者，咸衣食之。《宋史》：翰林學士王著以酒失貶官，太祖謂宰相曰：深嚴之地，當使宿儒處之。范質等對曰：竇儀清介重厚，然已自翰林遷端明矣。太祖曰：非斯人不可當，諭以朕意，勉令就職。即日復入翰林，太祖嘗召儀草制。至苑門，儀見太祖岸幘跣足而坐，却立不肯進。太祖遽索冠帶，而後召入。儀曰：陛下創業垂統，宜以禮示天下，恐豪傑聞而解體。太祖斂容謝之，自是對近臣，未嘗不冠帶。又周顯德中，竇儼與盧多遜、楊徽之同爲諫官，儼善步星曆，嘗謂徽之等曰：丁卯歲五星聚奎。至乾德五年三月，果如其言。略云：竇禹鈞，字天光，年老家居。史及他書皆云薊州人，劇稱洛州，誤。五子，長倫，次信，三仁，皆得第，居朝爲翰林，四曰儀，五曰儼，俱登鄉薦。按五竇乃儀、儼、侃、偁、僖，此則名既不符，序亦不合。禹鈞積善好施，至老不倦。一夕夢神授以桂花三枝，知其二子必售，然未解三枝之義。太平人錢姓，以作客，漂流求乞，資以金，使還鄉。同里諸生趙星負官糧追呼急，其女瑚璉願鬻身以償。父女方哭別，遇儀於途，解囊給之，還其女，且助以膏火。年饑，買米賑濟，全活無算。丁夫許東橋以役困賣兒，禹鈞給銀五兩，飲以酒，其子遺還。東橋被酒，遺銀於道，爲儀拾得，立道旁不去。東橋尋至，還之。儀、儼辭親赴公車，至移山，口渴，爲水一泓，欲汲飲，旁一人遽止之，謂此水有毒，不知者飲輒死，視此人即許東橋，得銀還役歸鄉，移山其故居也。經太平州，復與錢姓遇，留宿，有金精化爲奔女試儀，儀堅拒而去。入都殿試，儀爲榜眼，儼擢狀元。趙星亦與試，爲探花。儼以弟不先兄，請朝命，并擢儀爲狀元。星之女瑚璉，以孝感天，夢神授以天書及劍術，遂知兵。時，西番都哈唳入寇，軍書旁午，朝方選將禦敵，星以女聞，徵爲元帥，統兵討番。儼念身爲丈夫，而使巾幗敵愾，甚耻之。會秦州告急，遂請兵數千往，稍得勝，而彼衆此寡，被圍秦州城中。儼乃突圍求救於瑚璉，瑚璉方調兵四伏，命儀與羌戰，佯敗，誘入重地，擒其渠帥。羌平奏凱，朝以瑚璉爲武狀元，賜儼爲夫婦。於是儀、儼皆請假省親，錦衣萊綵，極一時之盛，禹鈞夢兆始應。後儼復舉二子，俱至三公，皆積善之報也。按此與《全德記》皆演竇禹鈞事，而關目情節絶不相同。

又《彩燕詩》 近時人作，不知姓名。演劉奇事，本明初小説家載在《情史》諸書，其女名劉方，示不没本姓，蓋姓方也，作者改爲周芳姿，籍貫詩句俱改。又添出張夜來《燕》詩，既係另撰，謂以《彩燕》詩訂婚，散而復合，則尤未免誣貞女矣。略云：劉奇，字平叔，燕山人。父禹錫，本傳：明宣德時人，劇謂禹錫子，可笑，又言高祖劉向，益可怪也。早失怙恃，與進士歸榮字萬雲者交契。榮中式後，因病歸家，未廷試，同奇郊外尋春。見妓女張夜來，丰姿艷冶，贈幣十端，白金百兩。置酒將飲，公子管風適至，與奇相爭。奇痛捶之，傷重殞命。其父管成位官總制，鎮守燕山，遣節級帶弓兵二十名拿之。奇勸夜來先遁而歸。榮作書與故人劉世簡字節甫者，使避難於其所居瀛海村。按河間曰瀛海，劉翁居河西務，此説不甚遠。奇父係世簡從兄，即認叔侄。世簡螟蛉之子，乃楚水人，瓦橋關周守備之女周芳姿也，幼孤伶仃，與老僕周全相依。西下王李勇汗，乃文殊座下獅子所變，倡亂侵擾。芳姿男裝逃難，爲所衝散，世簡留作義子，與奇爲昆弟，同讀書。奇疑其女子，偶見彩燕，賦詩曰：燕彩雙飛奈若雄，參差掠水撲花叢。呢喃空有千般語，誰似鶼鶼兩意同。芳姿和詩曰：雙棲仿佛有雌雄，銜得飛花入錦叢。顧影幾回成獨笑，羽毛雖一質非同。奇詢之，芳姿以實告，遂私結婚姻，各持《彩燕》詩訂終身焉。有匪人真會抄者，素與奇相識，冒奇友賈學聖名，首奇於管成位。奇避難至天津河，會抄并舟而泊，夜聽奇自語，作書緘寄芳姿，約來相晤，内有《彩燕》詩。乘其睡熟，過舟竊書而去。奇明晨覓書不見，不得已，鼓棹至隆平，爲縣役所拿。時，潞州節度使薛平，奉命討李勇汗，勇汗劫營大敗，中箭而逃。文殊大士騰雲至，爲去其箭，復獅子形，挈往西天。薛平凱旋，途遇縣役解奇，即釋之，留爲上賓，因素慕其才品也。會抄既竊書，詭世簡家。芳姿見書及《彩燕》詩，信以爲實，隨會抄至并州，乃私賣於張鴇母，得銀二百兩。其女夜來勸母勿逼，與結爲姊妹，共守劉奇。而賈學聖忽來，二女避之。學聖竊《彩燕》詩於袖，復以人命恫詐母銀而去。會薛平欽召回京，授兵部尚書。學聖往謁，即以《彩燕》詩爲己作，獻之。平方稱賞留飲，而奇赴酌醉歸。平屬奇代作《平西表》，一揮而就，文不加點。平以《彩燕》詩示之，奇讀罷泪下。詰問，得竊詩之故。學聖大慚。未幾，奇大魁天下，授翰林院承旨而歸，榮授并州僉判。奇爲詳述夜來、芳姿訂婚及《彩燕》詩始末，托榮訪之。學聖復往張鴇處，詭云管成位欲娶芳姿，會抄亦來，與鴇大鬧，并控於榮。榮責會抄賣良爲娼，學聖嚇詐人財，追贓定罪。拘夜來、芳姿細鞫，即備舟送至京師。奇亦遣人接世簡，并送誥封冠帶歸榮。又因糧務進京，爲世簡述芳姿男裝事。奇遂與夜來及芳姿完婚云。《情史》：宣德間，河西務劉翁夫婦業沽酒，家亦少康，年俱六十餘，無子。俱雪天，有童子少俊隨父投宿，及明，父病寒，不能興，數日竟死。劉爲殯於屋後，此童遂留爲兒，不没本姓，命名劉方，克盡子道。居二載，復值大風，有少年舟覆遇救，堅持一竹籠，哭泣不止。叩之，則山東劉奇，父以三考聽選，舉家在京，遭時疫，父母俱喪，無力扶柩，此籠中乃火化遺骨也。既被溺，行李蕩然，無復歸計。劉翁憫然，爲助資斧。奇去月餘，復負籠而來，云：故鄉遭河決，已漂盡矣，願乞片地埋骨，而身爲僕役以報。劉翁許之。奇與方遂爲兄弟，同眠共食，情愛甚篤。奇頗通文理，因教方讀書，方亦日進。久之，劉翁夫婦俱殁，二人喪之如嫡。方復往京，移母柩至，與父合葬，三家之墳如鼎峙焉。事畢，停沽酒而開市肆，家事日起。鎮富民有來議姻者，劉奇欲之，而方執意不可。奇不能强。一日，見梁燕營巢，奇題一詞於壁云：營巢燕，雙雙雄，朝暮銜泥辛苦同。若不尋雌繼殼卵，巢成畢竟巢還空。方見之，笑誦數次，亦援筆和詞云：營巢燕，雙雙飛，天設雌雄事久期。雌兮得雄願已足，雄兮將雌胡不知。奇覽和大驚曰：吾弟殆木蘭乎。自同卧以來，即酷暑未嘗赤體，合之題詞，情可知也。乃佯爲不悟，使方再和一詞。方復書云：營巢燕，聲聲叶，莫使青春空歲月。可憐和氏璧無瑕，何事楚君終不納。奇笑曰：吾弟果女子也。方聞言，面發赤，未及對。奇復云：爾我情同骨肉，何必隱諱。但不識何故作此裝束。方蹙額告曰：妾家向寓京師，因母喪，隨父還鄉，恐途中不便，故爲男扮。後因父歿，尚埋淺土，未得與母同穴，故不敢改形，求一安身之地，以厝先靈。幸葬已畢，即欲自明。思家事尚微，兄獨力難成，故復遲遲耳。奇云：爾我同榻數年，愛逾嫡血。弟詞中已有俯就之意，我亦決無更娶之理。昔爲兄弟，今爲夫婦，恩義兩全，不亦可乎。方曰：妾籌之熟矣，三宗墳墓，俱在於斯，棄此而去，亦難恝然。兄若不棄陋質，使侍箕帚，共奉三姓香火，妾之願也。是夜，兩人遂分席而卧。次日，奇請鎮中年老者爲媒，擇吉告於三墓，遂成花燭。里中傳爲異事，因名其地曰三義村。

又《彩霞幡》 近時人作。演柳春與歌妓李蓮生事，與《鬧烏江》相仿佛，而關目用九天玄女以彩霞幡導生旦還魂，故以爲名。《鬧烏江》則言西楚霸王之神爲之判斷也，内附桃生孫女配合事，其真僞無考。略云：維揚諸生柳春，字南坡，父潛，御史，居鄉課子。臨清孫啓祥與潛同年友，挈家避亂揚州，有子曰空，女曰菜柔，子甚頑而女極美，兩家共延師曰丘鵝。有桃鴻字葉倩者，亦與柳、孫爲友。孫故豪族，家伶中女旦李蓮生，名蕙姑，武陵人，名噪一時。春閱《牡丹亭》，感柳、杜事，空因極道蓮生之艷，演《牡丹亭》不啻麗娘也。會潛内召啓祥赴淮送别，空拉春及鴻串戲，令蓮生義父一團糟教曲，夢神告蓮生曰：維揚柳生，爾夫也。蓮生結念成病。春未及知，一團糟呼蓮生會串，病不能至。春問其由，乃因夢得病。春愕然曰：某即維揚柳生也，思蓮生久矣。一團糟亦許作合。春急欲訪蓮生，爲保母所阻。而桃鴻留榻柳家，與菜柔遇，私訂盟而出。一團糟以春想慕之情告女，女囑父往邀之，爲丘師所叱。會啓祥自淮歸，丘以實告。啓祥怒，欲責一團糟，春曲爲解，且力請蓮生爲室。啓祥不應，探知故鄉稍寧，挈家歸，并延丘師，亦挈蓮生去。春追不及，抱病長途，斃於曠野。父潛以招撫山東無功，謫徙龍江，途次，見春屍，大慟，掩之淺土而去。桃鴻知菜、蓮隨父東歸，乃假覓春爲名北上。時有征討江西兵馬還京，由淮陽水道。菜、蓮二女在舟，衝突失散。孫空被捉，充縴夫。菜柔倚一團糟入京，蓮生遇丘鵝，冒爲菜柔，依以同行，病不能前，棲淮上之長竹尼庵，溘然而逝。鵝爲殯殮，題其柩曰山東孫氏女，乃去。九天玄女召柳生與蓮生魂冥會，賜以彩霞幡引之回生。會鴻抵庵，睹所書柩，慟哭，聞有聲，開視之，非菜柔也。詢得其詳，乃給資於尼，以膳蓮生，而入都應試。丘鵝赴京覓館，見沙土中有物蠕動，視之，乃柳春復活也。偕赴京，過黄河驛，孫空得主將歡，引補驛丞。見鵝，知妹亡，囑其赴庵取柩。春遂獨至京，獲高第。遇一團糟，亟問蓮生所在。糟因紿菜柔以充蓮生，云：送還父處。遂送春邸，桃鴻亦得第。詣春寓，新人方入門，鴻避耳房，堂中大嘩，鴻出視之，新人乃菜柔也。春即邀鴻與菜柔合巹。語以孫空爲黄河驛官，鴻亦以蓮生返魂告，遂同出京往訪。啓祥内召過驛，暫留空署，以待女喪。柳潛至埋春處，欲爲改葬，覓屍不得，遇啓祥於驛。方各傷子女之變，而春及鴻、菜前後俱至。丘鵝往庵，亦挈蓮生至，乃各道生死離合始末。丘鵝執柯，兩生兩女，各諧伉儷。按《西王母傳》載黄帝討蚩尤之暴，蚩尤幻變多方，徵風召雨，吹烟噴霧，師衆大迷。帝歸息太山之阿，王母遣使者以符授帝曰：太一在前，天一在後，得之者勝，戰則克矣。佩符既畢，王母乃命一婦人，人首鳥身，謂帝曰：我九天玄女也。授帝以三宫五意陰陽之略，太一遁甲六壬步斗之術，陰符之機，靈寶五符五勝之文，遂克蚩尤於中冀。據此則九天玄女，乃王母位下之女仙。劇中本此。彩霞幡者，即靈寶五符之意也。

又《想世情》 近時人作，未知誰筆。演劉關、張桃、袁三結義，仿三國時劉、關、張桃園三結義也。劉關乘明末變亂之時，潛入皇城，拾得元寶數個，因以致富。有張桃者，於内院效勞，注選佐貳，欠缺使費。而棍徒袁三賭博輸資，乃相約同詣劉關，候其挾妓花四娘時，與結拜爲異姓兄弟，告以需錢之故。關出元寶，分給二人，二人各遂所欲。乃關竟以元寶事發，拘禁獄中。及至釋歸，一貧如洗。走謁張、袁，張選得縣丞，袁與甚密，兩人見劉，皆若不相識者。關不得已，姑詣花四娘，告之以故。四娘以舊情難却，出篋中金及首飾以濟之，關因此得入巡按衙門爲差役。未幾，張桃受盜賄，袁三過贓，并奉巡按憲票提問，即遣劉關往拿。二人以結義舊情爲言，關亦不顧，鎖頸而去。按此必其人爲相善之友所欺，借此泄憤，非有事實也。謂世情應爾，故曰《想世情》云。

又《百子圖》 近時人作。演晉鄧攸事，攸棄子全侄，後竟無子，時人以伯道無兒，爲天道之憾。劇故翻换其事，言攸子雖棄，爲他人所得，其後復歸於攸，子孫衆多。元帝至爲作《百子圖》之繪，故曰《百子圖》也。略云：平陽鄧攸，字伯道，弟恒，字仲仁。攸娶鎮武將軍賈混女，生子名賓甫，三歲。晉元帝時，王導薦攸爲中庶子，與内官不合，辭職歸，復起爲平江太守。弟恒生子，甫一周，以己多疾，嘗諄諄托攸撫育。攸任平江，恒故，蒼頭抱其子，送攸撫之。平江有小民强思萱，以按摩糊口，性好賭博，土豪黨其凡，内監黨惡之侄，覘其妻美，與門客莘不足謀，誘思萱博，勒其以妻償欠，劫歸家，欲占爲妾。妻矢不從，自投於井。强亦知中計，挾刃黑夜殺黨。黨僕擒控於官，抵大辟，禁獄中。攸細鞫門客，得刺黨之故，遂釋思萱罪，遣成遠方。黨監遣人諷攸必殺行凶者，見攸出之，公堂争辯。攸怒，責其人，觸黨監怒，貶封丘令。時，石虎擾河南，思萱投軍中按摩，虎甚愛之。攸之河南，被虎擒，逼降不從，拘營中。黨監與虎通，嗾虎殺攸。思萱竊知之，潛以護身批授攸，令充己名逃出關。虎知之，追攸甚急。攸妻以二幼子爲累，必棄其一，始可行。攸念弟乏嗣，乃存侄而棄己子，以所繫辟邪鏡挂胸前，置於路旁，歸寓於蘇。思萱亦紿爲軍人，亡出關，於路旁拾攸子，歸平江，改姓爲鄧，娶妻成家。子稍長，讀書甚聰明，取名鄧金。攸侄年長完婚，攸分家産與之。及攸夫婦年邁乏嗣，侄甚富厚，不盡孝養。攸妻怨夫棄其子，嘗反目。時，鄧金爲王導賞識，爲秘閣校書，以女妻之，歷官司徒，陞太傅，生四子，長曰瑛，仲曰礪，叔曰硫，季曰砥，皆貴顯。孫二十人，曾孫七十五人，共盈百數。元帝命繪《百子圖》進呈，以紀其盛。思萱亦力行善事。一日，於青石山草庵，聽鳩摩羅什講經。攸年九十，因受侄侮慢，於佛前哀嘆。思萱問其姓字，知即前守鄧攸，乃邀歸家，欲奉養以報德。攸於佛前見辟邪鏡，詢萱何自得此，萱道其始末。攸即告以棄子事，言鏡乃攸舊物也。萱悟鄧金乃攸子，適金六十乞假歸，思萱與金述往事，使認親父母。於是攸一門并聚，子孫蕃衍，夫婦皆享全福。蓋上天不負善人之報云。按《晉書》：鄧攸，字伯道，平陽襄陵人。少孤，與弟同居。史無名，劇云名恒。嘗詣鎮軍賈混，混以人訟事示攸，使决之。攸不視曰：孔子稱聽訟，吾猶人也，必也使無訟乎。混奇之，以女妻焉。劇與史合。累官河東太守。永嘉末，没於石勒。勒過泗水，攸乃斫壞車，以牛馬負妻子而逃。又遇賊掠其牛馬，步走，擔其兒及其弟子綏，度不能兩全，乃謂其妻曰：吾弟早亡，惟有一息，理不可絶，止應自棄我兒耳。幸而得存，我後當有子。妻泣而從之，乃棄之。其子朝棄而暮及。明日，攸繫之於樹而去。元帝時，以攸爲太子中庶子。時，吴郡闕守，人多欲之。帝以授攸。攸載米之郡，俸禄無所受，惟飲吴水而已。去職，拜侍中，累遷尚書右僕射。按攸爲中庶子吴郡守，在棄子撫侄之後，是時稱吴郡，不稱平江也。攸爲石勒所得，非石虎，爲郡守後，即拜侍中，未嘗貶封丘令也。攸官至僕射，劇云年老受侮，亦誤。强思萱、鄧金皆無其人，黨惡言與惡爲黨，莘不足言心不足，皆非真姓名。攸棄子之後，妻不復孕。過江納妾，甚寵之。訊其家屬，説是北人遭亂，憶父母姓名，乃攸之甥。攸素有德行，聞之感恨，遂不復畜妾，卒以無嗣。時人義而哀之，爲之語曰：天道無知，使鄧伯道無兒。弟子綏，服攸喪三年。

又《倒銅旗》 近時人作。於《隋唐演義》中抽出倒銅旗一節，與《鬧花燈》大略相仿，關目稍異。略云：藝爲隋將羅，鎮幽州。秦瓊、程知節皆依王世充，犯泗水關。楊琳設八門金鎖陣以阻之，内設銅旗，斗中藏神箭手，執幡指揮三軍，倒則陣勢錯亂。勇將東方旺守之。琳請助於藝，藝遣子成領兵往護。秦瓊係成表兄，入陣倒旗。旺與戰，瓊不能支。成助瓊刺旺，遂倒銅旗，破其陣。藝知欲斬成，妻及衆將求免，縛成於高竿，以亂箭射之。初，成長安玩燈，有女子王婉兒，被宇文化及子持勢劫之，成救出。母感其恩，携婉之幽州，欲爲成侍妾以報之。聞射成，力不能救。沙陀國王女静璇妃亦因琳檄入關助戰，璇善用飛刀，屬羅藝轄下，兵過幽州，婉母子懇璇救成。璇叱退弓箭手，救成遠遁，自引兵詣琳。成母念婉救其子，收育之。成與瓊會在一處，琳又　設調虎離山計，赦諸罪人，俱會武場，欲一網害之。己與化及爲考官。成以箭中金錢爲狀元，知節以舉鐵卧龍爲榜眼，瓊欲奪探花。錮斃琳將左杰。琳怒與戰，瓊不能敵，成用落馬槍刺琳。衆知琳與化及計，皆出武場。至千斤閘，璇據守，成求出之。璇憐成，啓閘，衆乘機擁出。璇欲下閘，瓊以手拒閘，令衆遁。時追兵潮涌，太原李元霸與戰，皆辟易。藝妻日念其子，婉畫乳虎顧子圖，以感其父，復題以詩。藝詢誰筆，妻告以婉情迹。藝亦憐憫，俟成歸，欲以婉妻之。及唐高祖即位，成、瓊等皆歸唐授職。李靖奏璇有救羅成功，詔賜爲成配，令成歸幽州侍父母。靖賚敕授藝靖邊侯。藝初不拜命，靖曉以天運歸唐，始受爵，以婉爲成次室。

又《金蘭誼》 不知何人所作。演羊角哀與左伯桃交誼事，本傳志而雜以小説家言，不足盡信。《易》云：二人同心，其利斷金。同心之言，其臭如蘭。世以友誼之篤者曰金蘭，故題此劇爲《金蘭誼》也。《關中流寓志》云：羊角哀與左伯桃聞楚王賢，往歸之，道經郃陽，遇雪，度不能俱生，乃并衣與角哀。伯桃入樹死。角哀至楚爲上大夫。王備禮葬伯桃，角哀自殺以徇。《廣輿記》云：左伯桃、羊角哀，俱燕人，流寓西安。《列士傳》：羊角哀、左伯桃相與爲死友，欲仕於楚，遇雨雪不得行，飢寒無計，度不俱生，乃并衣糧與角哀。伯桃入樹中而死。楚平王愛角哀之賢，嘉伯桃之義，以公卿禮葬之。略云：春秋時，羊角哀，本楚人，避亂居雍丘。按《地志》本燕人，流寓關中。早喪偶，有女年十四，名淑姜。角哀耿介寡合，惟與同里左伯桃相契。時，楚元王以西羌爲患，以禮招賢，二人相約赴楚。伯桃有繼母陸氏，妻吴氏，子繼鄚。陸氏義妹鄚氏，無子，欲以伯桃子爲子，故曰繼鄚。陸又有前夫所出之女湛小英，嫁酒徒宿聶。伯桃瀕行，以子幼無人奉母爲憂，而陸已招宿聶夫婦同居。角哀則以其母托其内兄凌柏臺。二人遂行，未至中途，伯桃抱病，留店中，角哀侍疾甚殷。據醫家言，疾由思鄉所致，必得親人血和藥中，始可愈。角哀念鄉里遥闊，己雖與伯桃異姓，而情誼如手足，遂嚙指出血，調藥以進，一服而愈。伯桃念病久資斧必竭，檢其囊則分毫不動，訪之店家，知向所費皆出角哀，金盡復爲典衣，并悉其嚙血狀。伯桃大感慟。二人復行，遇大雪，去楚尚千餘里，山險難行，伯桃又病後支離。欲盡以衣資付角哀，使獨往，而己則歸里。角哀不從。行至一空桑側，伯桃不復前，給角哀使往前村乞漿，乃盡解其衣裝，作血書，以母妻及子相囑，自投雪窖而死。角哀返，驚見之，慟哭，掩之而去。宿聶嗜酒好賭，其妻與惡少習下流通奸，陸氏曲庇之。聶醉歸，見吴氏，戲言挑之。吴怒駡而退。聶妻小英反以爲怨，一夕，小英方招下流入卧室，聶從外來，下流懼，而小英竟殺其夫，使下流逸，携屍於吴氏户前，僞呼有賊。吴氏出户，絆仆沾血，小英遂與其母首於官，誣吴殺其夫，下獄。繼鄚方就外塾，奔見其母，欲救無從。旋又見逐於祖母，乞食市中，送飯獄中。鄚氏聞之，往見陸氏母女，爲吴辯冤。而陸不納。角哀至楚，楚方爲西羌所侵，有妖僧自稱陀羅尊者，練成赤髮僧徒八千人，能作百里霧，中見虎豹傷人。西羌構爲羽翼，破楚數郡，所向無敵。角哀爲楚建策，用真師所傳正法，布五方陣以破之。楚以爲上將軍，獲妖僧斬之，走西羌，楚境悉平。角哀以伯桃之義，聞之楚王。王封伯桃上大夫，以禮葬於荆軻墓旁。角哀往祭，宿墓上，夢伯桃告以妻子含冤，被禍甚急，促角哀歸救。又見上帝使命至，以兩人交誼，千古所無，伯桃授職天曹，角哀壽終後，當歸金闕。角哀醒，遂挂冠歸。時，陸氏已殁，鄚氏憐繼鄚行乞，欲向湛氏借貸。至則聞其在室與男子私語，叙前殺聶事，鄚氏急往首之官。翌日，官遣役同鄚往捕，則已逃去。官以鄚誣首，反收之，責配邊遠。而吴獄已成，將赴市曹處決。適本國秦王遣蒙恬巡察諸郡冤獄，繼鄚奔控，恬遣人至法場中提吴氏至，并提鄚氏親鞫。顧未得下流、小英。下流、小英之逃，與角哀遇於店。角哀覺其形迹可疑，縛而訊之，盡得其實。送至官，又解送恬所，按法伏誅。吴氏、鄚氏皆得釋。恬以吴氏、繼鄚節孝，鄚氏仗義，奏聞秦王，封吴氏爲夫人，授繼鄚爲大夫，奬鄚氏而厚賚之。秦以角哀秦人，而爲楚用，方招之，而角哀適歸，遂以爲上卿。角哀使凌柏臺、鄚氏爲媒，贅繼鄚爲婿，迎吴氏同居，并養鄚氏，終老於羊。秦王旌其門曰金蘭誼譜云。按傳記，二人乃楚平王時人，劇以爲與蒙恬同時，非是。其妻妾等姓名事迹，俱係造出。

又《重重喜》 不知何人作。演長孫貴事，本無根據，以喜慶爲主，一門將相公侯，母壽百歲，故曰《重重喜》也。號國夫人、楊國忠、安禄山、李豬兒等，隨意點入，俱非事實。略云：唐長孫貴，字元宗，洛陽人，太宗朝宰相無忌之後。父某，官僕射，早見背。母吴國夫人，年逾花甲。貴性純孝，日夕敬禮斗姥，願以己壽益母長生不老。夢中感示十全大喜牌坊，現種種禎祥。郡舉孝廉，詣長安應試，中會元。廷試日，明皇命賦《上林春燕》詩，稱旨，擢大魁，授翰林學士，兼宫門監察。號國夫人乘車行御道，貴叱下車。號銜之，與楊國忠謀陷。值洞蠻擾蜀，蜀中薛島者，仁貴之後，祖與張士貴不睦，避居西蜀，有女瑶仙，美姿容，頗通文墨，婢飛奴，多膂力，擅武藝。其洞蠻故薛丁山部下，土司兼懼飛奴勇，不敢正視。國忠薦貴撫蜀，本欲害貴。貴修書辭母，與僕凌利就道。及入蜀境，行李詔書悉被蠻丁所劫，道遇飛奴，述其故。飛奴奪還之。洞蠻獨留詔書，堅不肯與。飛奴邀貴詣島宅，島視貴氣宇不凡，許爲索還詔書，且招諸蠻納款，以女許貴，貴從之。又以飛奴

配貴之僕。瑤仙乃修書諭諸蠻，遂皆納款。時，安禄山叛，明皇幸蜀，貴辭
島，率諸蠻迎駕。調護功多，特擢太師，賜婚皇姨張氏。以其母年高，賜龍
頭杖，免拜跪。瑤仙有妊，斗姥降司香童爲嗣。稍長，兼資文武，取名世藩。
禄山軍師有號半節孔明者，以妖術取勝。肅宗與李泌議，命貴西征，被困盤
龍谷。斗姥運神力收妖，遂解其圍。世藩與飛奴詣洛陽謁祖母，請往省父
助戰。父子屢奏捷。禄山遣李猪兒刺貴，斗姥顯聖執之。貴解其縛，釋歸。
猪兒感其德，刺禄山以報貴，自愧受僞職，遂剃髮爲僧。貴父子班師歸，薛
島亦攜女詣洛陽，詔封貴定國公兼太師，世藩武功侯，尚主，貴母百歲，封福
壽夫人，瑤仙蜀國夫人，張氏越國夫人。薛島以招土司功，授關中都宣慰
司。飛奴屢伏洞蠻，亦封恭人。凌利從征有功，賜以冠帶。值貴母百齡壽
誕，世藩尚主，公卿往賀，南極壽星化老叟持蟠桃祝壽。貴母食之，精神强
健，宛若壯年。人皆以貴孝親奉斗所感云。按摩利支天姥，四頭八臂，其身
杏黄色，每面具天目，正面微笑，同觀音相。左猪首，右鬼臉，後獅子相。中
兩手結印，上兩手托日月，左第二手執戟，戟上有黄幡，上書中天雷祖大帝，
右第二手持經，左第三手持杵，右第三手秉弓矢。或坐蓮華，或乘寶輦，雙
麟引駕，七猪拖輦，金光閃爍。旁有二將，狀如金剛，左曰玉梵尊天嘍囉王，
右曰妙梵尊天咖嘍王，左踏火輪，右踏水輪，各執鐘杵。前又一將，形如波
斯，號天乙直符林使者，手捧幢節引駕。後有七元玉女隨駕，存己身一如天
姥身，即默奏所求事。斗姥大法：稽首中天大自在，日月天前摩利支，威
光妙契不思議，能令念者福德備，拔度群迷解冤結，行藏救護受持人，必令
三世業消除，增益壽年延不退。但能依真修正理，菩薩常隨逐加護，不令
惡事到其門，不使諸魔得其便，不染饑饉兼疾疫，不逢水火并刀兵，永脱沉
淪六趣身，定入槃涅真性海。按作者因增益壽年延不退語，長孫奉斗姥延母壽，所
由本也。又斗姥延壽咒：三没多伐折羅喻薩襪賀。又朝斗科：長生保命天
尊一炁，七遍，或四十九遍。又按《李白集》有《侍從宜春苑奉詔賦》：
龍池柳色初青，聽新鶯百囀歌。劇中明皇命賦《上林春燕》詩本此。又按
明皇使鮮于仲通征蜀，本楊國忠意。劇中長孫貴伐蜀本此。又按宋元祐七
年，蘇軾以兵部尚書爲鹵簿使，太廟宿齋，有某國太夫人國婆婆、某國大長
公主犢車衝突儀衛，軾於青城上疏劾之。劇中長孫貴論號國乘車，影借此
事。《唐書長孫無忌傳》：上元元年，以其孫元翼襲封。文宗開成中，以其
裔孫均爲猗氏令。無所謂長孫貴也。

又《反三關》 作者不知何人。記石敬瑭叛唐事，故云《反三關》。敬
瑭鎮河東太原，其地有偏頭、雁門、寧武三關，故云《反三關》。然五代時，
史未載此三關，所言三關者，多係瓦橋、益津、高陽，不可無辨。據云：唐
明宗之婿石敬瑭，廢帝妹夫也，尚永寧公主，劇云公主名秀英，無據。拜河東
節度，鎮守三關。按史，石敬瑭，洛州刺史臬捩鷄之子，沉厚寡言，明宗愛之，妻以女，
是爲永寧公主，拜河東節度使。大同、彰國、振武、威塞等軍蕃漢馬步軍總管。愍帝初，
徙鎮成德，清泰元年，復鎮太原。劉皐、柴榮、趙瑩等皆在麾下。柴榮即周世宗，此
時尚早，誤引。廢帝清泰間，上元令節，又當壽日，永寧公主入賀，因請往三
關。帝醉後戲言，疑敬瑭反。公主謁張后，后待之不以禮，語言相觸。帝聽
后言，幽主於冷宫。後又令伊内監以藥酒毒公主。宫人韓月娥報知公主，
逼伊監食之而斃。按史，廢帝即位，疑敬瑭必反。天福元年，徙鎮天平，敬瑭不受命，
曰：無故而遷，是疑吾反也。乃上表論廢帝不當立。又云公主自太原入朝，千秋節，辭
歸，留之不得。廢帝醉語公主曰：爾歸何速。欲與石郎反耶。既醒，左右告之，廢帝大
悔。公主歸，以語高祖，高祖由是益不自安。劇言因公主而激變是實，廢帝之后劉氏，劇
言妓女張燕，且云公主與相詬罵，被幽冷宫。宫人李玉英，本出丞相馮道家，以聞於道，
道爲力請於帝，乃釋之出，皆荒謬之談也，史亦無所謂伊内監。既而帝允丞相馮道之
奏，釋公主出外。敬瑭部將秦涉爲公主畫計，僞請於東嶽還願，遂往河東。
帝遣將追之，不及。按《馮道傳》，廢帝出道爲同州節度使，逾年拜司空。晉滅唐，道
不事晉，無他事迹。劇所載不實。秦涉者，史無其人。劇又言劉皐過泰山，隻身打殺野
熊。永寧公主之去，廢帝遣將梁剛、慕容遷追之。公主幾危，遇皐接應而去。史無所謂劉
皐者，皐自叙稱智遠可哂。梁剛、慕容遷亦無其人，所云奉廢帝命，若公主不肯回，竟於路
殺之，此則套《三國演義》孫權遣將追妹之説也。公主既歸，敬瑭遂反，以桑維翰
爲謀臣，劉皐、慕容韜、趙瑩、秦涉等爲將，請遼主重兵以攻唐。按晉天福元
年，敬瑭求援於契丹。耶律德光入自雁門，與唐兵戰。唐將張敬達大敗，敬瑭夜出北門，
見德光，約爲父子。十一月，敬瑭自立國號晉，掌書記桑維翰爲翰林學士、尚書、禮部侍郎
知樞密使事，尋爲中書侍郎。翰林學士趙瑩爲門下侍郎，維翰實爲謀臣，而趙瑩則非武將
也。瑩與維翰并掌書記，獨勸敬瑭毋反。高祖雖不用其言，心甚愛之。即位，首拜學士承
旨，同中書門下平章事。劇云領北面軍，謬。劉皐當即指智遠。敬瑭將舉兵，智遠與維翰
密爲謀畫，贊成之。高祖即位於太原，以智遠爲侍衛親軍都虞候，領保義軍節度使。開運

二年四月，封北平王。劇末叙諸將封爵云，封阜北平王，蓋本於此。然初無名阜之説。慕容韜、秦涉不的。廢帝遣高行周、史建瑭禦之。行周戰没，建瑭兵敗。按高行周父思繼，爲李匡威戍將，被誅於李克用。劇作思紀，而所叙亦謬。行周在唐明宗時，歷振武、彰武、昭義節度使，晋高祖時西京留守，徙鎮天雄。唐、晋之間，未嘗特將。卒於周太祖時，未嘗戰没。史建瑭爲唐將，卒於天祐十八年。其子匡翰，尚晋高祖女，未聞建瑭與敬瑭交鋒也。且行周、建瑭皆係宿將，劇形容其少年，更謬。敬瑭遂引兵入，廢帝自焚。敬瑭奉遼主命，立爲晋帝。劇言執殺張后，按后本非張氏，廢帝自焚，劉后亦俱死，蓋皆自焚，非見殺於敬瑭也。

又《後白兔》 一名《五龍祚》，未知何人所作。演劉智遠事，謂智遠攻賊於鐵籠山，其子承祐遇白兔引入賊巢，得以除亂。前劇因白兔見母，此因白兔成功，故名《後白兔》云。事迹牽率附會，考之正史，多不合。按《五代史漢隱帝本紀》不載軍功，家人傳亦無王氏，皆係捏造。劉智遠事已載《白兔記》，其曰《五龍祚》者，因小説有五龍逼死王彦章之説，而又以加附會也。略云：劉智遠一名暠，徐州沛縣沙陀村人，初充同臺節度岳彦真牙將，史無岳節度。得其歡心，公子存訓雅愛之。與《白兔》異。暠與郭彦威、史弘肇、石敬瑭素相友善，此説見《白兔》。敬瑭鎮河東，彦威、弘肇爲部將。彦威訪暠，聞朱温欲劫滄州節度王鐸女如翠，與其子朱景隆爲妻。石敬瑭鎮河東，在唐潞王時，無朱温矣，王鐸更在前，甚不合。如翠曾字存訓，鐸以事聞彦真。彦真命暠同存訓往救之，彦威亦從行。遇景隆於道，割其兩耳，縱之去，奪如翠歸。皆係鑿空。暠負劍卧岳府中，彦真見火光，同夫人卓氏女秀英倉卒赴救，至暠卧所，火光漸隱，見赤龍盤於暠身，知爲異人，欲以女妻暠。此段《白兔》作李太公事。逸彦威作伐。知暠已娶李氏，生子咬臍，即名曰承祐。彦真願以女居次，遂命存訓、暠同日完姻。此因《白兔》有李、岳二妻，而扭合之也。時，朱温篡位，稱梁，并州晋王李克用檄藩鎮兵討之。温將王彦章驍勇無敵，暠與彦威赴克用軍，同李嗣源、石敬瑭、李存勗列五龍出水争珠陣，殺王彦章，此即《演義》五龍逼死王彦章之説也。遂滅温。興唐潞王從珂妹永寧公主下嫁敬瑭，敬瑭鎮晋陽，公主欲往，爲后張瓊玉讒阻。后故妓女，素與公主不合，勸上幽殺之。内官李應、宫人韓月娥乘間賺公主出宫，送往晋陽。敬瑭遣將迎歸。應與月娥各自刎。公主欲歸晋陽，因潞王有歸與石郎反之謔，以告於敬瑭，遂舉兵反。其張瓊玉、韓月娥等，皆係增飾。於是敬瑭率兵入潼關，從珂遁走。群臣勸進，敬瑭乃即位，自稱大晋，授暠爲河東節度，天下兵馬大元帥，郭、史俱爲節度。暠迎妻李、岳二氏及子承祐赴任。會鐵籠山寇蕭飛虎作亂，朝命封暠爲北平王，率彦威、弘肇等擊之。飛虎敗走入山中，山勢險絶，兵不得入。暠無策。適遣使歸鎮，承祐聞信馳至軍，暠以其不奉命而來，欲斬之。郭、史二將求免。承祐獻破賊策，願單身覓路，用火攻其巢穴，俟其内變，而外以兵圍之。暠喜，給以火箭，密行上山。鐵籠山之神陰現白兔，引承祐至賊窟，乃出火箭，射其齊雲樓。火發，賊衆驚竄。暠兵四起，一鼓盡殲之。奏凱將歸，此段皆鑿空。敬瑭已逝，石重貴爲耶律德光所執，衆將謂石氏已絶，共推暠爲主，黄旗加身。暠乃受之，册李、岳爲后妃，諸將并加封賞。

又《蟠桃會》 不知誰作。大旨取富貴神仙福禄壽考之意，喜筵吉席，隨地相宜，可供演唱，借陳摶生日，東方朔偷桃祝壽爲名，所云摶子秉忠爲司諫，孫一鳳爲狀元，夫人鄭氏，秉忠妻歐陽氏，一鳳妻趙氏，皆增出。《本傳》云：陳摶，字圖南，亳州真源人。服氣辟穀，居華山雲臺觀。周世宗顯德三年，召爲諫議大夫，固辭不受，放還所止。見第二折摶自白語。《本傳》云：太平興國中，常再來朝，上令宰相宋琪等問修養之道。對曰：摶山野之人，於時無用，亦不知神仙黄白之事，吐納養生之理，非有方術可傳。假令白日冲天，亦何益於世。今上龍顔秀異，有天人之表，博達古今，深究治亂，真有道仁聖之主也。正君臣協修同德，興化致治之秋，勤行修煉，無出於此。琪等以其語白上，上益重之，賜號希夷先生，仍賜紫衣一襲。上與屬和詩賦，數月，放還山。見第七、第八折，乃摶實迹，但係太宗時事，而此《記》以爲太祖，且在雪夜訪趙普之前，未免顛倒，封禪是真宗時事，今亦以爲太祖，又借嵩呼萬歲事點綴，又借王喬、彭祖與摶相映射。《邵氏聞見録》：太祖即位之初，數出微行，以偵伺人情，或過功臣家，不可測。普每退朝，不敢脱衣冠。一日大雪，向夜，普謂帝不復出矣，久之聞叩門聲，普亟出，帝立風雪中。普惶懼迎拜，帝曰：已約晋王矣。已而太宗至，共於普堂中設重裀，地坐，熾炭燒肉。普妻行酒，帝以嫂呼之。普從容問曰：夜久寒甚，陛下何以出。帝曰：吾睡不能着，一榻之外，皆他人家也，故來見卿。普曰：陛下小天下耶。南征北伐，今其時也，願聞成算所向。帝曰：吾欲下太原。普默然久之曰：非臣所知也。帝問其故，普曰：太原當西北二邊，使一舉而下，則二邊之患，我獨當之，何不姑留。以俟削平諸國，則彈丸黑志之地，將無所逃。帝笑曰：

吾意正如此，特試卿耳。遂定下江南之議。帝曰：王全斌平蜀，多殺人，吾今思之猶耿耿，不可用也。普於是薦曹彬爲將，以潘美副之。此即雪夜訪趙普也，《宋史》普本傳亦載其事，而不若《聞見録》之詳。《記》中云命曹彬下江南，石守信取吴越，王全斌收西川，潘文美定兩廣，此誤也。《趙普傳》：普既薨，家人發篋視之，則《論語》二十篇也。又普嘗言以半部《論語》佐太平。今與訪普事俱見十二折。摶用丹藥化金，助餉買山，以致各處成功。其孫一鳳登第，爲趙普之婿。秉忠、一鳳同時乞假，爲摶祝壽，方朔偷桃，群仙并會。諸折皆係綴飾。《列仙傳》：太祖、太宗與趙普遊長安市，希夷先生同入酒肆。普坐太祖、太宗之右，先生曰：汝紫微垣一小星耳，輒處上次可乎。是摶故與普相識，此《記》因加點綴，謂普薦摶，且嘗頒詔至摶家，又以女嫁其孫也。考《普傳》，普既卒，二女皆笄，普妻和氏言願爲尼。太宗再三諭之，不能奪。賜長女名志願，號智果大師，次女名志英，號智圓大師，安得有嫁摶孫事。

又《萬倍利》 此據田汝成《阿寄傳》而作也。《浙江通志》、《嚴州府志》亦載其事。汝成，錢塘人，明嘉靖中進士，官廣東副使。《傳》云：阿寄者，淳安徐氏僕也。徐氏昆弟，別産而居。《今古奇觀》云：嘉靖年間，淳安縣離城數里，錦沙村莊家，弟兄三人，長徐言，次徐召，次徐哲，哲妻顔氏，子福兒、壽兒，女三人。汝成《傳》中名氏俱未載，不如小説之詳。伯得一馬，仲得一牛，季寡婦得阿寄，阿寄年五十餘矣。寡婦泣曰：馬則乘，牛則耕，踉蹌老僕乃費我藜羹。阿寄嘆曰：噫。主謂我力不若牛馬耶。乃畫策營生，示可用狀。寡婦悉簪珥之屬，得銀一十二兩畀寄。寄則入山販漆。小説云入慶雲山。期年而三其息，謂寡婦曰：主無憂，富可立至矣。又二十年而致産數萬金。小説載其販漆販米，買田積穀，頗爲詳備，大抵皆實事也。惟所云賣田之敗子，曰晏世保，則似脱空撰出，以譏鬻産者耳。作劇者皆據以成編，而中間多所點綴，取有委折波瀾，動人觀聽也。爲寡婦嫁三女，婚兩郎，賫聘皆千金，又延師教兩郎，既皆輸粟爲大學生，而寡婦則阜然財雄一邑矣。小説兩郎長名寬，次名宏。頃之，阿寄病且死，謂寡婦曰：老奴馬牛之報盡矣。出枕中二楮，則家計巨細，悉均分之，曰：以此遺兩郎君，可世守也。言訖而終。徐氏諸孫或疑寄私蓄者，竊啓其篋，無寸絲粒粟之儲，一嫗一兒，僅敝緼掩體而已。阿寄之事，予蓋聞之俞鳴和云，鳴和又曰：阿寄老矣，見徐氏之族，雖幼必拜，騎而遇諸途，必控勒將數百武，以爲常。見主母不睇視，女使雖幼，非傳言不離立也。與小説盡同。劇中又據小説兒孫棄骸骨、奴僕奔喪事，點綴前半截，云哲父没於外，長子、次子皆不顧，哲庶出而幼。阿寄抵哲父處，扶其柩歸云云。此《奇觀》及汝成《傳》所無，乃紐合而成，并非實事。劇中哲不曾死，因取團圓之意，不得不然。汝成《傳》中不言哲兄之過，《奇觀》雖譏言召，亦未嘗言其有大過。作劇者蓋甚言之，以作波瀾耳。朝廷旌阿寄之間，理所應有，汝成《傳》未及，是其時尚未舉行。劇稱阿寄授官，亦是必當點染。

又《芙蓉屏》 不知何人所作。演崔英、王氏夫婦重合事，其重合之故，以芙蓉屏上題詩，故名。至正辛卯，真州有崔生名英者，家極富，以父蔭補浙江温州永嘉尉，携妻王氏赴任，道經蘇州之圌山，泊舟少憩，買紙錢牲酒賽於神。既畢，與妻小飲舟中，舟人見其飲器皆金銀，遽起惡念。是夜沉英水中，并婢僕殺之。謂王氏曰：爾知所以不死者乎。我次子尚未有室，今與人撐船往杭州，一兩月歸來，與汝成親。汝即吾家人，第安心無恐。言訖，席捲其所有，而以新婦呼王氏。氏佯應之，勉爲經理，曲盡殷勤。舟人私喜得婦，漸稔熟，不復防閑。將月餘，值中秋節，舟人盛設酒餚，雄飲痛醉。王氏伺其睡沉，輕身上岸，走二三里，忽迷路，四面皆水鄉，惟蘆葦菰蒲，一望無際。且生自良家，雙弓纖細，不任跋涉之苦，又恐追尋者至，乃盡力而奔。久之，東方漸白，遥望林木中有屋宇，急往投之，至則門猶未啓，鐘梵之聲隱然。少頃，開關，乃一尼院。王氏徑入。院主問所以來故。王氏未敢以實對，紿之曰：妾真州人，阿舅宦遊江浙，挈家皆行，抵任而良人没矣，孀居數年，舅以嫁永嘉崔尉爲次妻。正室悍戾難事，棰辱萬端。近日解官，舟次於此。因中秋賞月，命妾取酒杯，不料失手，墜金杯於江，必欲置之死地，遂逃生至此。尼曰：娘子既不敢歸舟，家鄉又遠，欲別求正偶，卒乏良媒，孤苦一身，將何所托。王惟涕泣而已。尼又曰：老身一言相勸，未審尊意如何。王曰：若吾師有以見處，即死無憾。尼曰：此間僻在荒濱，人迹不到，菱葑之與鄰，鷗鷺之與友，幸得一二同袍，皆五十以上，侍者數人，又皆淳謹。娘子雖年芳貌美，奈運蹇時乖，盍若捨愛離痴，悟身爲幻，披緇削髮，就此出家，禪榻佛燈，晨餐暮粥，聊隨緣以度歲月，豈不勝於爲人寵妾，受今世之苦惱，而結來世之冤仇乎。王拜謝曰：是所志也。遂落髮於佛前，立法名慧圓。王讀書識字，寫染俱通，不期月間，悉究《内典》，大爲院主所禮待，凡事之巨細，悉王主張，莫敢輒自行者。每日於白衣大士前禮百餘拜，隆冬盛暑弗替。既罷，即身居奧室，人罕見面。有一人至院隨喜，留齋而去。明日持畫芙蓉一幅來施。老尼張於素屏，王過見之，識爲英筆，因詢所自。院主曰：近日檀越布施。王問檀越姓名，今住甚處，以何爲生。曰：同縣顧阿秀兄弟以操舟爲生，年來如意，人頗道其劫掠江河間，未知誠然否。王又問亦嘗往來此中乎，曰：少到耳。即默識之，乃援筆題於屏上，其詞爲〔臨江仙〕也。尼皆不曉其所謂。一日，忽有郭慶春者，以他事至院，見畫與題，悦其精緻，買歸爲清玩。適御史大夫高公納麟退居姑蘇，多募書畫，慶春以屏獻之。公置於内館，而未暇問其詳。偶外間忽有人賣草書四幅，公取觀之，字格類懷素，而清勁不俗。公問誰寫，其人對是某學書，公視其貌非庸碌人，即詢其鄉里姓名，則蹙額對曰：英，姓崔，字俊臣，世居真州，以父蔭補永嘉尉，挈眷赴官，不自慎重，爲舟人所圖，沉英水中，家財妻妾不復顧矣。幸幼時習水，潛泅波間。度既遠，遂登岸投民家，而舉體沾濕，了無一錢在身。賴主人善良，易以衣裳，待以酒食，贈以盤纏，遣之曰：既遭寇劫，理合聞官，不敢奉留，恐相連累。英遂問路出城，陳告於平江路，今聽候一年，杳無消耗，惟賣字以度日，非敢謂善書也。不意惡札，上徹鈞覽。公聞其語，深憫之曰：子既如斯，付之無奈，且留吾西塾，訓諸孫寫字，不亦可乎。英曰：幸甚。公延入内館，與飯。英忽見屏間芙蓉，泫然垂泪。公怪問之，曰：此舟中失物之一，英手筆也，何得在此。又誦其詞，復曰：英妻所作。公曰：何以辨之。曰：識其字畫，且其詞意有在，拙婦所作無疑。公曰：若然，當爲子任捕盗之責，子姑秘之。乃館英於門下，明日密召慶春問之，慶春云：買自尼院。公即使宛轉詰尼：得於何人。誰所題咏。數日報云：同縣顧阿秀捨，院尼慧圓題。公遣人説院主曰：夫人喜誦佛經，無人作伴，聞慧圓了悟，今禮爲師，願勿却也。院主不許，而慧圓聞之，深欲一出，或者可以藉此復仇。尼不能拒。公舁至，俾夫人與之同寢處，暇日問其家世之詳。王飲泣，以實告，且白題芙蓉屏事，曰：盗不遠矣，惟夫人轉以告公，脱得罪人，洗刷前耻，以下報夫君，則公之賜大矣。而未知其夫之故在也。夫人以語公，且云：其讀書貞淑，决非小家女。公知爲英妻無疑，屬夫人善視之，略不與英言。公訪得顧居址出没之迹，然未敢輕動，惟使夫人陰勸王蓄髮，返初服。又半年，溥化爲監察御史，按郡。溥化，高公舊日屬吏，知其敏手也，且語溥化掩捕之，敕牒及家財尚在，惟不見王氏下落。窮詰之，則曰：誠欲留以配次男，不復防備。不期當年八月中秋逃去，莫知所往矣。溥化遂置之極典，而以原贓給英。英將辭公赴任，公曰：待與足下作媒，娶而後去，非晚也。英謝曰：糟糠之妻同貧賤久矣，今不幸留落他方，存亡未卜，且單身到彼，遲以歲月，萬一天地垂憐，若其尚在，或冀伉儷之重諧耳。感公隆德，至死不忘，别娶之言，非所願也。公凄然曰：足下高誼如此，天必有以相祐，吾安敢苦逼。但容奉餞，然後起程。翌日開宴，路官及今日名進士畢集。公舉杯告衆曰：老夫今日爲崔縣尉了今生緣。客莫諭。公使呼慧圓出，則英故妻也，夫婦相持大慟，不意復得相見於此。公備道其始末，且出芙蓉屏以示客，方知公所云了今生緣，乃英妻詞中句，而慧圓則英妻改字也。滿座爲掩泣。嘆公之盛德爲不可及。公贈奴婢各一，津遣就道。英任滿驅過吴門，而公薨矣。夫婦號哭如喪其親，就墓下建水陸齋三晝夜以報，而後去。王氏因此長齋念佛不輟。真之才士陸仲暘作《芙蓉屏歌》以紀其事。接引載爲仙，以載曾有詩云：恨不身生鬱越洲。吕祖謂非成仙了道之處，乃引載一至其地，即使入崑崙。未幾，拔宅飛昇，全家皆住崑崙頂將就園云。乃乾案：此劇，黄周星撰，周星，字景明，後改字九烟，上元人。幼育於湘潭周氏。劇中情節，皆其自述。拔宅飛昇，乃其意想云耳。

又《萬仙録》 不知何人所作。演吕祖洞賓事。洞賓登真，衆仙俱會，故曰《萬仙録》也。中引黄龍禪師一段，本之《指月録》。而小説尤詳悉，其他書所雜引洞賓事甚多，與此《記》無涉者不採。略言：吕巖，字洞賓，唐京川人也。八洞神仙共會，因洞賓有仙分，相携渡海，雲房先生訪而度之。洞賓本儒家子，父母在堂，兄弟二人并習舉子業。一日，洞賓入酒肆，城南柳樹精化爲酒、色、財、氣諸魔遞相擾惑。雲房至肆點化，洞賓未悟，不肯從遊，乃先化柳精而去。洞賓偕弟赴京應試，弟一舉成名，而洞賓下第。雲房復與相遇，示現夢中境象，以點化之。既而醒，黄粱甫熟，遂從雲房出世。久之道成，然嗔心猶未能斷。嘗過杭州，參黄龍禪師，酬對不契，夜半飛劍入禪室中，劍被黄龍收攝，卓地不動。洞賓百計取劍，終不能得，乃拜服，願歸佛法。後遇白尚言之女，復度此女成仙。而其弟則享人間富貴，奉其父母，受朝廷寵誥之榮。《靈笑經》云：吕巖，字洞賓，唐咸通中舉進士不第。值巢賊亂，携家隱終南山，絶世辟穀，變易形體，尤精劍術。《吕純陽集》曰：洞賓隨雲房同憩一肆中，雲房自起執炊。洞賓忽昏睡，夢中以舉子赴京狀元及第，歷官清要，前後兩娶貴家女，婚嫁早畢，簪笏滿門。如此幾四十年，最後獨相十年，權勢薰炙。忽被重罪，籍没家資，分散妻孥，流嶺表。路值風雪，僕馬俱瘁，一身無聊。方興浩嘆，恍然夢覺。雲房在旁，炊尚未熟，笑曰：黄粱猶未熟，一夢到華胥。洞賓驚曰：君知我夢耶。雲房曰：子適來之夢，昇沉萬態，榮悴多端，五十年間一頃耳。得不足喜，喪不足憂，且有大覺，而後知此人間世真大夢也。洞賓感悟，遂拜雲房，求度世術。按《太平廣記》云：八仙者，李己、容成、董仲舒、張道陵、嚴君平、李八百、長壽、葛永璝。元人所載，則如今所傳，但無曹國舅，而有徐神翁。《續仙傳》曰：世傳八仙，鍾離、李、吕、張、藍、韓、曹、何也，不知其所由始。鍾離，諱權，字雲房。嘗以裨將從周孝侯處，敗於齊萬年，逃終南山，遇東華王真人得道。至唐始一出，度純陽，自稱天下都散漢。吕諱巖，字洞賓，嘗舉進士不第，遇正陽真人，得道在五季及宋時，化迹最著，而又與正陽度劉海蟾、王重陽及自度何仙姑、張珍奴之屬。張諱果，隱恒州中條山，見召於唐開元中，與葉静能輩比，而公最爲長者。自言隋時官侍中。葉公密識之曰：混沌初分，白蝙蝠精也。授銀青光禄大夫，放歸，天寶時屍解。曹國舅者，苗善時傳不能舉其名，第言丞相彬子，皇后弟。少而美姿容，上及皇后重之。一旦求出家雲水，上以金牌賜之。抵黄河，爲篙工索渡直急，用金牌相抵。純陽見而警之，遂拜而得道。按皇后乃侍中彬孫女，金牌云云，大約俚巷委談也。審爾所謂曹公者，當作青巾少年，不當作髯而翼善冠也。何仙姑，零陵市人女也。純陽以一桃與之，僅食其半，自是不飢。頗能談休咎，老而屍解，亦苗善時云。又趙道一《仙鑑》云：純陽所度者，趙姑名何者也。有仙姑何姓者，開元中羽化去，合在純陽前。李公者，諸方外稗官皆不載，獨聞之乩云：諱元中，開元、大曆間人也。於終南山學道四十年，陽神出舍，爲虎所殘，得一跛丐乍亡者而居之。不可知也。藍即采和，韓即湘。鐵拐姓李，質本魁梧，早歲聞道，修真巖穴。一日，將赴老君華山之約，囑其徒曰：有魄在此，倘遊魂七日不返，若可化吾魄也。徒以母疾迅歸，六日化之，至七日果歸。失魄無依，乃附一餓莩之屍而起，故形跛惡，非其質矣。《指月録》：吕巖真人，字洞賓，京川人也。唐末三舉不第，偶於長安酒肆遇鍾離權，授以延命術，自爾人莫之究。嘗遊廬山歸宗，書鐘樓壁曰：一日清閒自在身，六神和合報平安。丹田有寶休尋道，對鏡無心莫問禪。未幾，道經黄龍山，睹紫雲成蓋，疑有異人，乃入謁。值龍擊鼓昇堂，龍見，意必吕公也，欲誘而進，厲聲曰：座旁有竊法者。吕毅然出問：一粒粟中藏世界，半升鐺内煮山川，且道此意如何。龍指曰：這守屍鬼。吕曰：争奈囊有長生不死藥。龍曰：饒經八萬劫，終是落空亡。吕薄訝，飛劍脅之，劍不能入，遂再拜求指歸。龍詰曰：半升鐺内煮山川即不問，如何是一粒粟中藏世界。吕於言下頓契，作偈曰：棄却瓢囊摵碎琴，如今不戀汞中金。自從一見黄龍後，始覺從前錯用心。龍囑令加護。

又《耳鳴冤》 近時人作。演侯野龍爲喬子虚構陷，欲奪其妻趙秀兒，秀兒割子虚耳以鳴夫冤，縣令吴繼善爲之昭雪。繼善徇難，野龍夫婦脱其孤以報德。略云：吴繼善，蘇州太倉人，以進士授成都令。妻周氏，以川中屢遭流賊，勸使引退。繼善弟述善嗜酒，好山川，欲同赴蜀，其妻王氏亦阻之，兄弟皆不聽。成都府按摩人趙伯蘭，有女秀兒，贅營兵侯野龍爲婿。時，張獻忠亂，逼近成都。主兵者令兵妻造旗幟，旗牌官喬子虚見秀兒，戲之。秀兒方罵拒，野龍偕友金容自外至，容毒毆子虚，狼狽而去。容本蜀舟，受獻忠僞職，私歸訪野龍。子虚識之，乃與符良謀，首野龍窩藏大盗。伯蘭在子虚家，聞其語，急使容逸。官捕容不得，逮伯蘭、野龍，按致其死罪。子虚使符良説秀兒，秀兒賺子虚入室，以刀割其一耳，欲爲伯蘭、野龍聲冤，謂子虚圖奸不遂，誣陷兩人，以耳爲證。然不識官衙，誤入城隍廟。繼善弟述善醉遊廟中，憐其冤，取狀及耳去，見繼善。繼善方欲赴法場監斬，二人聞之，提子虚就法場鞫。子虚被割耳還，聽庸醫語，須生人耳補之，遂誘符良割其耳，而終不得補。到官驗耳，知奸陷是實，辭引符良，并加刑入獄，釋伯蘭、野龍歸。獻賊陷成都，繼善妻周氏投井死，以子名孫慈者付僕吴泰，使出走。繼善上馬殺賊，刀屈被擒。賊使降，罵不止，囚僧寺中。述善奔，與伯蘭遇，聞其兄在寺，欲往一訣。伯蘭認爲師徒，以櫛髮入寺，哭别而行。獻忠欲僭號，使人强繼善作郊天文。繼善索筆，大書黄巾黑山以詈之，卒不爲屈。野龍夫婦逃亡，與伯蘭相失，而遇金容爲僞將，依之以居。吴泰扶孫慈走，爲邏卒所獲，泰撞死，以孫慈解獻忠。獻忠方飲，暫寄容營。野龍知爲吴公子，與秀兒謀脱之。秀兒以孫慈貌與己相似，願改男裝代死，而使野龍率之逃。明日，解秀兒至轅門就戮。獻忠以爲真繼善子，使勸其父降。繼善不認，而罵賊如故。獻忠殺之。按繼善，崇禎庚午舉人，丁丑進士，授成都知縣，死於張獻忠之難。劇中未免增飾，不能盡的也。將殺秀兒，其父伯蘭從南來，慟哭聲冤。降賊僞官田國臣引入署，欲奸秀兒。金容聞，連夜至田署，遇伯蘭逾墻逃出，容即逾墻殺國臣，救出秀兒，走報獻忠，以爲擅殺。杖之，勒令入滇以功贖罪。子虛、符良乘亂出獄，落草爲寇。野龍率孫慈走，路逢二人，爲所襲。會貴州宣慰司曹友珍率兵剿賊，見野龍、孫慈爲盜所追，問之，知孫慈爲忠臣子，勒兵捕盜。子虛、符良皆爲野龍所殺。述善走山中，亦被盜劫，僵卧於地，遇一道士，留入玉皇閣中。友珍率兵過此，述善出見，與野龍及侄孫慈相見。友珍使野龍爲參謀，説金容降。而伯蘭、秀兒亦皆來歸降。野龍僞降獻賊，獻滇南圖，圖中藏匕首，手刃獻賊，盡降其衆。謬妄。恭遇皇朝定鼎，蜀中平静，述善獲偕侄南歸。初，述善妻王氏聞蜀破，使尼圓光，以爲全家殉難矣，方設位哭其夫，而述善至。按獻忠爲王師所誅，彼時剿賊者，無所謂曹友珍。至謂侯野龍獻圖刺賊，更屬捏造。子虛、符良俱非真名，不過言其本虛，言其無良耳。《綏寇紀略》：四川省城陷，兩令成都吴繼善、華陽沈雲祚皆先後死。吴偉業與繼善同年同宗，最相善，然未言其激烈駡賊也。駡賊者，巡按劉之渤。

又《桃林賺》 近時人作。與《俠彈緣》仿佛，俱載李祐事，以祐被賺於桃林，故名，關目互有同異。所引王叔文、王伾、李忠言、李愬等，雖出正史，事迹則全不相合也。裴璣應即裴垍，其叙李愬功成奏凱，陪宴內監曰瞿文忠，按史，憲宗時有俱文珍，無所謂瞿文忠，改俱文珍爲當。據云：李祐，家河南。《俠彈緣》言江右，各異。父澹菴，官拾遺，時嘗劾裴延齡，忤旨落職，遂隱洛陽南里。按劾延齡者，陸贄、陽城等，無所謂李澹菴。夫婦皆没。祐因河朔變亂，乃棄文就武，熟練弓馬，更擅連珠神彈，百發百中。幼聘中書舍人裴璣女蘭芳，璣以直言謫夏州，挈家而去，約祐就親，道遠未赴。順宗復璣職，還京師，祐乃入京相訪。天雨，阻華陰道上，遇中州蔡天口。吴元濟之妹素芳，男裝改名。江南賈元虛同宿逆旅。劇云祐在華陰道上遇盜，以其地爲桃林，又言此去崤山、函谷、熊耳、臨潼皆響馬之窟，誤也。桃林在今河南府陝州，非華山之陰，作者因歸馬華山之陽，放牛桃林之野，二句相聯，誤認爲一處耳。明日，三人先後行，蔡先而李稍後。中道，蔡請李試彈，祐一發中澗邊樹，蔡復發一彈擊山中大石，并出火光，蓋銅丸也，回馬襲祐，盡劫行李去。《俠彈緣》云店中先閱李彈，此叙在路上。《俠彈緣》云吴本不欲取行李，姑以試之，見賈隨來，不及還而去。此《記》不言賈來，亦各異耳。蔡歸，與其兄元濟遇，而祐不得已，取舊路而回。元虛出三十金與之，祐乃復取道往京師。元虛贈銀，《俠彈緣》在祐入京後。會裴璣上疏，傷王叔文、李忠言等，被謫桃林令。《俠彈緣》云劾皇甫鎛被貶，此云傷王叔文等，互異。王叔文，順宗時翰林學士、户部侍郎，劇云大學士，又呼爲老丞相，誤也。李忠言，順宗時內官，劇又及牛貴妃，乃牛昭容也，托名點染，俱不實。唐時無桃林縣，陝州有桃林，乃古迹，彼時爲一州大村鎮之名耳。祐至，不相值，亦出京，往桃林。有僧鐵性成與賈元虛同宿逆旅，其行李爲元虛所誑。性成乃在道邀截響馬，以分其資。璣率女赴任，至澠池遇賊，方窘甚，性成突出，揮刀殺賊。祐亦適至，引弓彈賊。璣父女獲免。璣見祐，即令隨至任所，舍於城南佛寺中。初，元虛在道誑性成金。未幾，元濟妹素芳自關中歸，仍改女妝，欲以詭計取魏博。元虛遇諸途，不能識，挾之以行，賣於妓家。素芳即殺妓，充其名，令元虛隨己，誑入城中，與元濟應，取魏博城。此段與《俠彈緣》亦異。又使元虛訪祐消息。璣已贅祐，元虛入見，邀祐令同詣舟中，即放舟行。抵半路，元濟出見，以妹强婚焉，乃知即所遇僞蔡生也。此段兩劇相仿。河南節度使王伾，叔文之黨，受其指偵璣。聞祐爲吴元濟之妹婿，乃誣璣爲黨叛，執送獄中。女蘭芳訴冤，不聽，欲詣闕叩閽。伾知璣與西平侯李愬善，恐其事上聞，密使家將二人邀殺蘭芳於道。鐵僧既救璣，即謝去，及是時，復突出殺家將，暫令蘭芳避之趙寡婦店中，而代入陝州偵伾動静。按王伾未嘗爲節度使，《俠彈緣》云皇甫鎛之黨，與此亦異。伾取旨，將殺璣，元虛僞充李愬差官，誑一乞者爲家丁，入獄見璣，以酒醉乞者，挾璣遁去。獄卒不敢言，即以乞者行刑。鐵僧劫之去。蘭芳見之，覺其非是。鐵僧使乞者隨蘭芳之京，而己爲蘭芳隻身訪璣。此段與劇相似。元虛挾璣而逃，欲投元濟。璣必不從，欲赴盤谷李氏莊避禍。以韓愈有《送李愿歸盤谷序》，故借此生情也。遂過崤山太公廟。蘭芳亦至廟，父女相見。李愬奉憲宗命出征淮蔡，亦入廟燒香，見璣大喜，告以伾、叔文并誅，乃挈璣同往淮蔡，爲滅賊計。《俠彈緣》云元虛誑裴垍至淮蔡，與此全異。伾、叔文貶竄，非虛也，其事在憲宗初，而愬討元濟，在十年後，紐合不倫也。署璣與元虛爲參謀，素芳與祐已爲元濟取唐鄧。元濟以其少所掠，詰而詬之，引兵日與愬戰。元濟敗走，愬追蹙之，賴素芳救免。兩軍交戰時，鐵僧突出，素芳乃敗走。而元濟又責素芳不力戰。愬知其有隙，即遣元虛以璣書招祐。元虛又入元濟營爲反間。元濟召祐欲殺，祐與素芳力鬭而出，而愬兵亦至，遂擒元濟。於是愬等奏凱班師，朝命內監俱文珍陪宴，并加封爵。璣召入中書，祐拜節度使，二女并爲祐妻。此段關目亦各異。

又**《天樞賦》** 近時人作。以武后鑄天樞，李俊臣撰賦謗訕，陷房一夔，後得昭雪，故名。《資治通鑑》：則天延載元年，武三思請鑄銅鐵爲天樞，立於端門之外，銘紀功德，黜唐頌周。銅鐵不足，賦民間農器以足之。天冊萬歲元年夏四月，天樞成，高一百五尺，徑十二尺。武三思爲文，太后自書其榜曰：大周萬國頌德天樞。《大唐新語》：李嶠少負才華，長壽三年，則天徵天下銅五十餘萬斤，鐵一百三十餘萬斤，錢二百七十貫，於定鼎門外，鑄八棱銅柱，高九十尺，徑一丈二尺，題曰大周萬國頌德天樞。下置鐵山鐵柱負戴，獅子麒麟圍繞，上有雲蓋，蓋上施盤龍，以托火珠。珠高一丈，圍三丈，金彩熒煌，光侔日月。武三思爲文。朝士獻詩者不可勝紀，惟李嶠詩冠絶當時。後憲司發嶠附會韋庶人，左授滁州別駕。後至開元中，詔毀天樞，發卒鑱鑠，彌月不盡。洛陽尉李休烈乃賦詩以咏曰：天門街東倒天樞，火急先須卸火珠。既合一條絲綫挽，何勞兩縣索人推。先有謡云：一條絲綫挽天樞。言其不久也，故休烈詩引之。劇云天樞成，朝野遍作詩賦，非無據也。劇中房遺愛、李義府、韓瑗、柳奭、許敬宗等，皆出正史，然先後事迹不符。中間關目，皆係僞撰。劇云：房遺愛之子一夔，母李氏，太宗公主，遺愛死於法，一夔母子相依，曾聘英公李敬業之女元姬而未娶。按史，遺愛妻太宗女，高陽公主也，未聞有子一夔。京城外有玄天上帝廟，爲房氏香火，一夔偕其友柳奭赴廟進香。按史，柳奭當高宗初已作中書令，此言武后之世，尚爲諸生，大謬。值帝誕勝會，紛然登樓觀會。右丞相李義府之侄俊臣亦至。劇言義府與狄仁傑并爲左右丞相，謬。義府之相在高宗時，龍朔三年，已流巂州，仁傑之相在武后易姓後，相去二十九年。有唱秧歌者，俊臣挑之，爲其父所毆，呼僕縛送官。一夔、奭與俊臣相識，勸之不聽，竟釋唱者使去，俊臣銜之。按唱秧歌者皆鳳陽人，始於明洪武時，唐、宋前未聞也。武后建天樞，廷臣頌德，義府使子弟作賦。按是時義府已死二十九年矣。俊臣往浼一夔改飾，一夔不應，且譏其無耻。奭至，助一夔。俊臣益憾，譏於叔，僞撰一賦，中皆訕后語，叙一夔名，達后覽。后怒，命逮問。會敬業遣一夔友韓瑗，按是時，瑗死已三十六年矣，大謬。持金詔一夔成婚，已辭母就道。奭聞俊臣陷一夔，恐陷其母，奔告使佚。元天上帝以房氏累世奉道，陰令神將救之。一夔在道遇一貧嫗，給丹一丸，謂有急服之，可療飢止痛。至揚，敬業使畢姻後，以妻女托携入都，而傳檄起兵，自稱匡復朝命。許敬宗率兵往禦。按敬宗死於咸亨三年，李敬業反，在中宗嗣聖元年，相去已十二年。敬宗縱兵抄掠。一夔母遇亂兵，度不免，投道旁井中。元天上帝所遣神化爲老嫗救出，幻屋留養。義府捕一夔不得，遣緹騎追之。一夔挈外母及妻北行，宿旅店，店中夫婦即唱秧歌者。方叙舊恩，而緹騎至，逮一夔去。唱者之夫隨之而行，訪其信。敬宗兵至店，敬業妻母女隨唱秧歌者潛逃，中途相失。敬業妻值一夔母，遂同居李氏。元姬與唱者俱入都，探一夔生死。秋官周興，以嚴刑鞫一夔，誣服，將就刑，禁空屋中。偷兒穿墻入屋，神引一夔從竇出，而封其竇。天未明，周興以偷兒赴法場，梟其首，謂一夔也。一夔得脱，與柳奭遇，潛逃。將赴其外父軍，而唱者之夫以一夔爲真死，奔歸，遇其婦與元姬。元姬聞夫凶問，慟絶而蘇，隨唱者夫婦至京，寓元帝廟，將收其夫屍。李俊臣私視一夔首非真，謂周興與李敬業通，枉殺無辜，縱一夔，使其叔劾興發配。而謂柳奭必知一夔踪迹，俊臣親率緹騎逮奭。亦止元帝廟，遇唱者夫婦及元姬，以婦及元姬禁廟中，而傳唱者去。會狄仁傑妻以神警，至廟酬神，率元姬及唱者之婦歸，藏於家。周興配崖州，中途爲冤鬼所纏。時，韓瑗爲敬業參謀，率前部至此，詢興，知一夔事，斬興於道。按武后垂拱二年，用周興、來俊臣，天授二年，流興於嶺南，爲仇家所殺。劇言配崖州，被殺於道，不爲無因，然是時未建天樞也。而以夔事報敬業，瑗與許敬宗戰，擒殺敬宗。會諸鎮兵迎中宗，值俊臣追一夔及唱者，乃縛俊臣，解敬業軍。夔與唱者俱至大軍，而奭先脱去，遇敬業妻、一夔母相率來會。敬業軍將至京，狄仁傑勸后召中宗，奏義府奸狀，義府、俊臣俱伏法。按所謂俊臣，疑即指來俊臣，謂不啻如義府之子耳，甚謬，不實也。晋敬業爵爲英王，柳奭、韓瑗俱授官。他書有言敬業遁走者，亦未嘗言封爵也。奭、瑗至此，已相去四十七年矣。以一夔爲諫議大夫。狄公亦送其妻歸第，酬唱秧歌夫婦以金。一夔母子夫妻同入廟酬神。按《唐史》：高宗永徽六年，中書舍人李義府爲長孫無忌所惡，左遷壁州司馬。義府問計於王德儉，德儉曰：上欲立武昭儀，恐宰臣異議。君能建策立，則轉禍爲福矣。義府然之，叩閤表情。上悦留之，超拜中書侍郎。於是衛尉卿、許敬宗等皆潛布腹心於昭儀矣。至上召長孫無忌等入内殿，欲立昭儀爲后，褚遂良固爭以爲不可，敬宗宣言於朝曰：田舍翁多收十斛粟，輒欲易婦，况天子立一后，何與諸人事，而妄生異議。昭儀令左右以聞，貶遂良爲潭州都督。其後韓瑗上疏爲遂良訟冤，上不納。劇中據此以義府、敬宗皆黨武氏，故牽連及之，然義府之□隽州，在龍翔三年，卒在朝封元年，敬宗之卒在咸亨三年，柳奭、韓瑗亦皆先死，中宗、武后時，安得復有諸人。至謂后命敬宗率兵禦李敬業，尤謬，實可笑。又按《房元齡傳》：遺愛尚高陽公主，爲右衛將軍，高宗時出爲房州刺史，并收無忌，鞫得主與遺愛反狀，遺愛伏誅，主賜死。武后時，安得復有高陽公主。據《傳》亦不言遺愛有子。又按《資治通鑑》：中書令柳奭，王皇后之舅，永徽六年，武昭儀誣王后厭勝，貶奭爲遂州刺史，行至扶風，復貶榮州刺史。顯慶二年，又貶象州刺史。四年，許敬宗誣奏長孫無忌謀逆，由褚遂良、柳奭、韓瑗構扇而成。奭仍潛通宫掖，謀行鴆毒。於是除奭、瑗名。秋七月，使者殺柳奭於象州。永徽六年，以韓瑗爲侍中，上欲立武昭儀，褚遂良力諫。上大怒，韓瑗涕泣極諫，又上疏争。不納。顯慶二年，許敬宗誣奏韓瑗潛謀不軌，貶撫州刺史，四年除名。尋有詔，韓瑗所至斬決，瑗已死，發驗而還。按顯慶中，奭、瑗并死，劇所記皆謬。則天光宅元年，英公李敬業以匡復爲辭，移檄州縣，詔以李孝逸將兵三十萬討敬業。敬業至海陵界遇風，其將王那相斬敬業來降。劇言敬業不死，及狄仁傑尚在，俱謬。

又《三孝記》 近時人所作。演謝琦、劉保及琦妻李氏，皆爭認殺人之罪，以仰慰母心，故曰一門三孝，其事真僞未可定。所引府尹趙清憲，似指趙抃，而以謚爲名，又結束獎授官銜，村陋不典。略云：河南鞏縣人謝琦，家世耕讀，繼母張氏，携子劉保同居。琦娶李氏，保猶未娶。父臨没時，盡家資爲三分，俾妻與琦、保各分其一。三人各各推讓，仍合産不分。有韓林虎者，仗義好施，嘗至河南府城，憫張媪孤貧，持金往濟。夜經琦門，見賊穴墻挾物而出，直前殺賊，投其首於十字路井中，埋物墻脚之下，持刀而去。琦、保方至莊家督租，張氏姑媳晨起，見門前有屍，大懼，求比鄰董大爲之埋掩。大索詐百金，不遂，出首於官，謂其姑媳殺人。縣令安太平拘訊，姑媳各認爲己殺。其案未定。琦自莊先歸，亟投縣認罪，以出其母。母子各爭認爲己殺，令不能决，而以琦男子自出認罪，不當坐女人，遂釋張李姑媳。保挺身詣縣，自認殺人，持一帶血之刀，以證成己罪。令遂釋琦，以保解河南府。府尹趙清憲夢城隍神告以保冤，而韓林虎自府歸，復過琦門，知其家受冤，因己而起，乃亟投府，具述殺賊真情，其首在井，刀臟并有着落。於是治董大誣陷平人之罪，釋保還家。上其事於朝，旌琦、保及琦妻爲一門三孝。煬帝時代父戍邊，歸拜尚書郎。煬帝後知爲女子，欲徵入宫，木蘭曰：臣不可以儷君。乃自盡。煬帝封爲孝烈將軍。劇引此句，又叙婉娘於大業時，蓋因木蘭有代父事，影借作婉娘代夫耳。

又《松筠操》 一名《高士記》不知何人所作。演田、王兩生交好，繪雙像琴操於松筠之下，因以名劇。姓氏事實無考，俱係鑿空。略云：四明田璋，字嗣玉，與同里王瑜字希亮相友善，讀書山中，以經濟爲己任。有劍仙化爲道者，授兩生寶劍各一，語以能驅邪定亂。兩生益勵志，親如手足。瑜母張氏居村中，思歸省，璋與同行，不忍言别，乃繪二人像於圖，名曰松筠操，各携其一。别後披圖，如相見也。隱士謝宇，有女蘋青，極美艷。宇遊杭，有妖狐自稱狐媚神，遣妹媚娘詣謝家，聘蘋青爲妻。蘋青驚憂遘疾。宇歸，媚娘又至。宇知爲妖，欲刃之。媚娘作妖法爲祟，宇求禳不得，遇璋、瑜於道，告之以故。璋、瑜許爲除妖，以神力伏劍擒之。妖乞命，璋、瑜命其自新，感泣矢報而去。宇德璋，願以女奉箕帚。璋覆以有妻芳氏，因爲瑜執柯，出圖劍爲聘。瑜歸報母，甚喜。璋欲與瑜入京求官，慮母失養，芳氏勸迎瑜母同居。會四明山賊劉成劫王家村，瑜被獲上山，脅降不從，被禁。璋野外哭奠，宿亂屍中。神感其義，告瑜不死。有東里茂者，囑侯百友委禽謝女。宇以字王瑜絶之。茂友合謀，詐爲山寇劫女。狐媚神化爲樵夫以告於璋，璋往救，擒茂友。樵夫又告瑜現羈賊營，璋乃不殺茂友，命隨樵夫入山救瑜歸。時，宇送女至璋處，依其姑以居。璋、瑜遂别母妻，獻策於兩浙巡撫杜若水，授璋爲先鋒，瑜爲參謀，率師平賊。劉成銜璋救瑜，欲掠其家，聞兩生繪形，欲索圖以識其貌，乃僞撰璋書遺芳氏。蘋青謂芳曰：二人繪圖，以代面也，今朝夕聚首，須此何爲。必山賊借此探虚實耳。芳以爲然，出圖并回書，附一利刃，詭云：新受仙女劍術，埒紅綫、隱娘，利刃皆飛符所成，可助夫殲賊。賊見書大駭，又聞璋、瑜兵至，乃駕舟遁入海中，遺書於璋，具道誠悃，并還圖書。璋、瑜班師奏凱，撫臣聞於朝。璋、瑜并拜將軍。瑜歸，乃婚謝女。

又《紫珍鼎》 不知何人作。演魏錦事，本無證據，以紫珍鼎爲關目，即以爲名。略云：開封諸生魏錦，字琳瓊，妻洪氏，賢淑。錦失兩親，貧無以葬，貸鄧客銀二十兩。歲終，客索之急，洪願鬻身以償。夫婦不忍離，痛哭聞户外。鄰居周二橋，皮匠爲業，頗仗義，以平日所積銀代償之，復稍資薪水，使其夫婦完聚。又薦錦爲塾師。時屆元宵，翰林唐介由毗陵守遷侍御，方抵家，結鰲山燈，與妻女慶賀。祖遺寶鼎名曰紫珍，鐫三字於上，爇香其中，輒奏音樂。有賊魯仲珍者，諢名東風，劫得寶鼎以爲銅爐，棄於路旁。錦拾得，意謂往來人所遺，欲留俟其人以還之。介報官緝賊，遊徼者見錦持鼎，鎖解於官，拷掠誣服。洪氏探錦，二橋亦往視。錦念己必不能存，惟銜二橋恩，無以報，欲令妻嫁之，以酬其德。二橋正言拒之。妻悲不能答。奸僧陳有聞其言，黑夜冒二橋名入洪室，洪驚駭詬詈，僧竟殺洪而遁。二橋探錦歸，復信於洪。僧出撞，仆於地，起視，則洪已殺死，踐血污衣，急走歸家。鄰里察血迹，疑二橋，首於縣，亦拷掠誣服。洪氏魂遊入獄，訴二橋冤於錦。值包拯爲開封尹，道經錦門，風折其傘。拯問風起何方，吏云：東風。拯令捕東風。隸無如何，大呼東風二字。賊於酒肆應之，遂擒解。拯令供往日所爲，初尚支吾，詰以行劫事，不能抵飾，供盜唐御史物，贓皆現存。乃釋錦獄，復其衣巾。洪魂又詣拯云：殺己者係僧陳有。拯令妓充洪氏，向僧索命。僧盡吐真情，遂擒僧，釋二橋。未幾，東風、陳有皆正法。介以錦受冤，欲以女妻之。錦憐妻守節，矢不再娶。拯奏立節婦坊，且以二橋仗義，授巡捕廳之職。錦擢第，拯力勸娶介女，乃勉從之。按唐介爲御史，以疏論文彦博，得重名，後官至參知政事，生平以清節著。劇甚言其富，頗謬。事之有無，更不必論也。

又《龍鳳圖》 作者不知何人。言劉域以龍鳳釧得禍，遂名《龍鳳圖》，事迹皆不實。略云：姑蘇劉域，字少仙，與同郡祝循、周全結爲異姓兄弟。全家有祖傳金飾，名曰龍鳳釧者，爲賊所竊，并殺其老僕蔡懋。及覺而追之。域曉行還愿，與賊相遇，撞仆於地，賊之包裹與斧一柄皆墜域旁。懋子壽遂執域控縣，以爲殺其父之賊。全心知不可，而全妻高氏阻全，使勿救。任壽證成其罪，縣宰用嚴刑拷訊，域竟坐重辟，羈獄待决。祝循聞之，時時賙恤域母及域妻姜氏，而面責全以陷友於死，欲拳毆之。全自訴爲妻所鉗，實非本心，乃相挈遍訪竊賊。倏忽數月，偶經無錫縣前，見一人持釧賣於兑换首飾店中范志誠，迫而視之，即龍鳳釧也。遂執二人，鳴於縣。檄送本處，原審官提前案研鞫，賊贓既得，遂釋域歸。域深感循，而恨全切骨。是時，契丹内侵，真宗起畢士安爲兵部尚書，命以禦敵。劇言士安與丁謂相失，家居不出，真宗命内監陳林往召，使禦契丹。按澶淵之盟，功由寇準，非士安事，作者不過牽入附會耳，陳林本無其人。挂榜招賢，域特往應募，士安擢爲武狀元，使將兵出戰。爲契丹暗藏地雷，生擒羈禁。祝循本欲從軍，助域一臂，及抵黄河界口，聞域被擒，乃手持雙錘，隻身赴敵。正當兩軍交鋒，喊聲鼎沸，士安兵敗，爲敵所追。循勇往直前，亦生擒契丹，責令送出劉域。士安爲循所救，問其姓名，知爲劉域義弟，回京奏捷，并叙域、循，皆獲加官進爵。朝旨令士安之女嫁循，域、循同日旋里。周全極悔前事，且其妻已死，乃詣域門求見。域初欲治其罪，循力勸解，乃復歡好如初。按作此者，蓋因朋友中有聽妻唆使，以致凶終，故作此示意。仍取其友名曰周全，以見此友尚肯周全，非其本意也。

又《龍鳳合》 不知何人所作。演周平王事，雖本之史傳，而謬妄甚多，俚俗不文，絶無足取。謂之《龍鳳合》者，指平王娶申伯女而言也。按《國語》云：宣王之時，有童謡曰：檿弧箕服，實亡周國。於是宣王聞之，有夫婦鬻是器者，王使執而戮之。府之小妾生女，而非王子也，懼而棄之，此人也，收以奔褒。褒人有獄而以爲入。又云：府之童妾，既笄而孕，當宣王而生，不夫而育，故懼而棄之。爲弧服者方戮，在路，夫婦哀其夜號也，而取之，以逸逃於褒。褒人褒姁有獄而以爲入於王，王遂置之而嬖。是女也，使至於爲后，而生伯服。史記童謡作童女謡。又云：夫婦賣是器者，宣王使執而戮之，逃於道，而見鄉者後宫童妾所棄妖子出於路者，聞其夜啼，哀而收之。夫婦遂亡奔於褒。褒人有罪，請入童妾所棄女子者於王，以贖罪。棄女子出於褒，是爲褒姒。當幽王三年，王之後宫，見而愛之，生子伯服。劇云謝宫娥五十餘歲，懷孕二十餘年，産下女嬰，與童妾字義背謬。又云有都在我者，諢名郁有成，賣弓矢爲業，拾得清水河邊棄子，獻諫議大夫褒晌爲妾，晌撫以爲義女，取太姒，爲女中堯舜之意，名爲褒姒，褒乃國名，姒乃其姓，劇中穿鑿可笑。《史記》：褒姒不好笑，幽王欲其笑，萬方，故不笑。幽王爲烽燧大鼓，有寇至，則舉烽火，諸侯悉至，至而無寇。褒姒乃大笑。幽王説之，爲數舉烽火，其後不信，諸侯益亦不至。《通鑑纂要》：幽王十一年，申侯召西夷犬戎伐王，王舉燧火徵兵，兵莫至，犬戎遂殺王於驪山下，擄褒姒。鄭伯死於戰。秦襄公力戰破戎，衛侯和從晉侯仇合諸侯師逐戎，黜伯服。鄭世子掘突收父散兵，從諸侯東迎宜臼，是爲平王。劇載烽火戲諸侯及秦襄公、晉文侯、鄭武公、衛文侯等事頗合，誤衛文侯作武侯，姜戎擄褒姒亦與《鑑》合。言秦襄公活捉姜戎，平王燒殺褒姒，則妄也。中間叙鄫有成救平王，往投申侯，後又面詰褒姒，更屬謬妄。《國語》云：虢石父，讒諂巧從之人也，而立以爲卿士。《史記》云：幽王以虢石父爲卿，用事，國人皆怨。石父爲人佞巧善諛好利，王用之。劇中痛詆虢石父之奸佞本此。又《國語》載：幽王三年，西周三川皆震，伯陽父論地震之害，言山奔川竭，亡之徵也。十一年，幽王乃滅，周乃東遷。《史記》亦載此事。又載幽王以褒姒爲后，周太史伯陽父讀《史記》曰：周亡矣。又曰：禍成矣。無可奈何。劇中極言伯陽父之忠，本此，但既稱太史，乃云位寄保衡，則誤也。陽父嘗論山川，劇以童謡爲熒惑所化，不爲無本，因以陽父爲論及檿弧一事，則屬傅會，後言陽父碎首金階，則更史傳所無。《通鑑纂要》：杜伯爲大夫，王將殺之，而非其罪。伯之友左儒爭之，九復之而王不許，曰：汝别君而異友。儒曰：君道友逆，則順君以誅友；友道君逆，則帥友以違君。遂死之。劇言王遣左儒禁民間不許造賣弓箭，并訪女嬰下落，亦屬傅會。又按叔帶乃周襄王後母惠后之子，與戎翟謀伐襄王。襄王欲誅叔帶，叔帶奔齊。久之，復歸周。翟人入周，襄王出奔鄭，叔帶立爲王。晉文公納王而誅叔帶，年代既遠在後，又係襄王之弟，又其事悖逆。劇以叔帶爲虢石父之婿，盡忠王室，不顧私親，不根無據。《帝王世紀》：妹喜好聞裂繒之聲。劇引爲褒姒之事。按《唐類函》，以妹喜好繒聲，褒姒舉烽火作對句，故此劇并引爲褒姒也。唐羅虬《比紅兒》詩云：戲水源頭指舊踪，當時一笑也難逢。紅兒若爲迴桃臉，豈比連催舉五烽。又世事悠悠未足稱，懶將閒事更爭能。自從命向紅兒斷，不欲留心在裂繒。

又《雙龍墜》 未知何人所作。演吴友與武女玉如離合事，離而復合，全以玉墜爲緣，故標作《記》名。其事當有根據，而不免稍加緣飾也。略云：浙西吴友，字斯仁，父在時，爲聘廣東都司武邦憲女玉如，其後家事蕭索，未能成婚。邦憲六旬生日，友作（西江月）詞一首，書之於扇，佐以所遺雙龍玉墜一枚，琢刻精良，父執胡都督國所贈也。邦憲妻秦氏，子緯，方設家宴，見友禮物太微，心甚不悦。而緯尤輕薄無行，郊遊相遇，友向前趨揖，緯岸然不認，兩人遂至攘臂。歸嗾其父，言本籍粤東，不如且遷豫章，與吴漸遠，久之可以妹别字也。玉如知之，遣婢青鬟約友，乘晚於後園相見，對天立誓，必不他適，贈以金釵二股，白金百兩，令至粤東尋覓。陝西王德仁總兵江西，協金聲桓鎮守，而潛與六安山寨侯應龍相結，謀爲不軌。家丁王安自寨回，陰承德仁指，遍訪美姬，趁邦憲歸舟抵鄱陽湖，緯挈妹入廟賽神，爲所窺見，遂誘緯獻妹於德仁。德仁遂委緯權署分守道職，及詎妹入帥府，而玉如誓死不從。德仁使女教師押充女樂，會巡按董成學到任，德仁置酒，并請巡撫章于天總兵金聲桓，作女樂以誋客，强玉如出。當筵啼哭，成學知係德仁所逼取，面斥德仁，欲上彈章。德仁遂嗾聲桓舉兵同反，殺成學及湖東道成大業，與吴淞、吴勝兆、廣東李成棟等互相聲援，江西大擾。初，友欲赴粤訪親，其相知任傑者，字士先，江寧人也，慷慨有俠氣，願與偕往。友先行，傑遲半日而發，遭亂不相值。時，朝命大將軍南討王、金二叛，國已起原官，分轄部將。傑於道被執，疑其奸細。國問而知爲傑，白於大將軍，留麾下效用。友亦於水路遭兵，使爲縴夫。間關抵南昌，則大兵破城，聲桓、德仁皆就戮。玉如偕婢青鬟走出逃難，被執入營。傑已立功，受偏將之職，分得青鬟，細加詰問，知係友妻之婢，而不知玉如所在。會國相晤，言邦憲夫婦分在國處，其子緯則没於兵矣。傑與國具言如玉守貞，有雙龍墜可憑，今不知所在。相約物色之，兩路尋訪。玉如爲别將所得，見其美而逼之。玉如不從，遂加磨折。友遍訪不得，一日，見汲水女子酷似玉如，試詰其踪，果是，出玉墜於懷中，相與啜泣。别將聞而大怒，執友欲殺，使語玉如云：順己則生，否則同死。玉如抵死不從，將乃益怒，并欲殺玉如，押而行，不令同一處死也。國與傑分路訪玉如，國行前路，見友被縛，急取金贖之。傑行後路，值軍士將殺玉如，搜奪其所携龍墜，傑心疑之，取銀買墜，且爲玉如請命，願出千金贖之。軍士以告其將，將意傑愛此女，即以贈之，索其好馬二匹而已，傑携女歸，以示青鬟，果玉如也。傑方告以爲友遍覓之故，而玉如言友已被殺，不願獨生，請覓其屍安葬。傑乃挈玉如、青鬟同往祭奠。而國已薦友於大將軍，委爲康山守備，又調傑守鄱陽。友亦泣訴於國，言妻被殺，請往祭奠。而國命服朝服以往，且令邦憲夫婦隨行。友與玉如各於郊外向空拜奠，祭畢之後，傑令從人詢問，始知國偕一少年同祭，趨往候國，則友儼然在焉。乃告玉如未死，出玉墜以示。於是彼此相見慟哭，玉如復暫歸傑寓，國爲友備禮，迎至友寓成婚。按劇中金聲桓、王德仁俱係實迹，吴友之事，未審的否。

又《錦繡圖》 一名《西川圖》，演劉先主及諸葛亮謀取西川事。昔人以川中山水佳麗，物産富饒，侔於錦繡，故以爲名也。有據正史者，亦有採《演義》者，又有自作波瀾者，與《古城》、《草廬》諸記皆先主時事，可參觀也。《劉先主傳》：建安十六年，益州牧劉璋遥聞曹公將遣鍾繇等向漢中討張魯，内懷恐懼。別駕從事蜀郡張松説璋，遣法正將四千人迎先主，前後賂遺以巨億計，正因陳益州可取之策。先主留諸葛亮、關羽等據荆州，將部卒數萬人入益州，至涪，璋自出迎，相見甚歡。張松令法正白先主，及謀臣龐統進説，便可於會所襲璋。先主曰：此大事也，不可倉卒。璋推先主行大司馬，領司隸校尉。先主亦推璋持鎮西大將軍，領益州牧。璋增先主兵，使擊張魯，又令督白水軍。先主并軍三萬餘人，車甲器械資貨甚盛，厚樹恩德，以收衆心。明年，曹公征孫權，權呼先主自救。先主從璋求萬兵及資寶，欲以東行。璋但許兵四千，餘皆給半。張松書與先主及法正曰：今大事垂可成，如何釋此去乎。松兄廣漢太守肅，懼禍及己，白璋發其謀。於是璋收斬松，嫌隙始構矣。璋敕關戍諸將，文書勿復關通先主。先主大怒，召璋白水軍督楊懷，責以無禮，斬之，乃使黄忠、卓膺勒兵向璋。先主徑至關中，質諸將，并士卒妻子，引兵與忠、膺等進到涪，據其城。璋遣劉璝、冷苞、張任、鄧賢等拒先主於涪，皆破敗，退保綿竹。璋復遣李嚴督綿竹諸軍，嚴率衆降先主。先主軍益强，分遣諸將，平下屬縣。諸葛亮、張飛、趙雲等將兵溯流，定白帝、江州、江陽，惟關羽留鎮荆州。先主進軍圍雒，時，璋子循守城被攻，且一年。十九年夏，雒城破，進圍成都數十日，璋出降。《諸葛亮傳》：亮，字孔明，瑯琊陽都人，漢司隸校尉諸葛豐後也。父珪，字君貢，漢末爲泰山郡丞。亮早孤，從父元與荆州牧劉表有舊，往依之。元卒，亮躬耕隴畝，好爲梁父吟。身長八尺，每自比管仲、樂毅，時人莫之許也。惟博陵崔州平、潁川徐庶元直與亮友善，謂爲信然。時，先主屯新野，徐庶見先主，先主器之，謂先主曰：諸葛孔明者，卧龍也，將軍豈願見之乎。先主曰：君與俱來。庶曰：此人可就見，不可屈致也，將軍宜枉駕顧之。由是先主遂詣亮，凡三往乃見，因屏人曰：漢室傾頹，姦臣竊命，孤不度德量力，欲信大義於天下，而智術淺短，計將安出。亮答曰：自董卓以來，豪傑并起，曹操比於袁紹，則名微而衆寡，然操遂能克紹，以弱爲强者，非惟天時，抑亦人謀也。今操已擁百萬之衆，挾天子以令諸侯，此誠不可與争鋒。孫權據有江東，已歷三世，國險而民附，賢能爲之用，此可以爲援而不可圖也。荆州北據漢沔，利盡南海，東連吴會，西通巴蜀，此用武之國，而其主不能守，此殆天所以資將軍，將軍豈有意乎。益州險塞，沃野千里，天府之土，高祖因之以成帝業。劉璋闇弱，張魯在北，民殷國富，而不知存恤，智能之士，思得明君。將軍既帝室之胄，信義著於四海，總攬英雄，思賢如渴。若跨有荆、益，保其巖阻，西和諸戎，南撫夷越，結好孫權，内修政理，天下有變，則命一上將，將荆州之軍以向宛洛，將軍身率益州之衆，以出秦川，百姓孰敢不簞食壺漿，以迎將軍者乎。誠如是，則霸業可成，漢室可興矣。先主曰：善。於是與亮情好日密。關羽、張飛等不悦，先主解之曰：孤之有孔明，猶魚之有水也，願諸君勿復言。羽、飛乃止。劉表卒，琮聞曹公來征，遣使請降。先主在樊聞之，率其衆南行，亮與徐庶并從，爲曹公所追破，獲庶母。庶辭先主而指其心曰：本欲與將軍共圖王霸之業者，以此方寸之地也。今已失老母，方寸亂矣，無益於事，請從此别。遂詣曹公。又建安十六年，益州牧劉璋遣法正迎先主，使擊張魯。亮與關羽鎮荆州，先主自葭萌還攻璋。亮與張飛、趙雲等率衆溯江，分定郡縣，與先主共圍成都。成都平，以亮爲軍師將軍，署左將軍府事。先主外出，亮常鎮守成都，足食足兵。二十六年，群下勸先主稱尊號，先主未許，亮説即帝位，策亮爲丞相。《魏略》曰：亮在荆州，以建安初，與潁川石廣元、徐元直、汝南孟公威等俱遊學，三人務於精熟，而亮獨觀其大略。每晨夜從容，常抱膝長嘯，而謂三人曰：卿三人仕進，可至刺史郡守也。三人問其所至，亮但笑而不言。後公威思鄉里，欲北歸，亮謂之曰：中國饒士大夫，遨遊何必故鄉耶。《襄陽記》曰：劉備訪世事於司馬德操，德操曰：儒生俗士，豈識時務。識時務者，在乎俊傑。此間自有伏龍鳳雛。備問爲誰，曰：諸葛孔明、龐士元也。《魏略》曰：庶先名福，本單家子，少好任俠擊劍。中平末，嘗爲人報仇，白堊突面，被髮而走。爲吏所得，問其姓名，閉口不言。吏乃於車上立柱維磔之，擊鼓以令於市鄽，莫敢識者。而其黨伍共篡解之，得脱，於是感激，棄其刀戟，更疏巾單衣，折節學問，始詣精舍。諸生聞其前作賊，不肯與共止。福乃卑躬早起，常獨掃除，動静先意，聽習經業，義禮精熟，遂與同郡石韜相親愛。初平中，中州兵起，乃與韜南客荆州，到又與諸葛亮特相善。及荆州内附，孔明與劉備相隨去，福與韜俱來北。至黄初中，韜仕歷郡守，典農校尉，福至右中郎將，御史中丞。逮大和中，諸葛亮出隴右，聞元直、廣元仕財如此，嘆曰：魏殊多士耶。何彼二人不見用乎。庶後數年病卒，有碑在彭城，今猶存焉。

此《記》與《草廬記》相仿佛，因先主三顧草廬，則曰《草廬記》；因張松獻西川圖，則曰《西川圖》也。其事皆接在《古城》以後，本於《演義》者居多，如張飛、夏侯惇事，及三氣周瑜等，皆與正史不合，茲不具載。

又《報恩亭》 未知何人所作。言吴脩救陸企，企後代脩死於驛亭，故曰《報恩亭》。其事不實，中間情迹，有審問醫官一事，似爲明萬曆、天啓間挺擊、紅丸二案，及隆、萬間諸獄而發，陸企服暗藥，似指王大臣及張差詰問進何藥劑，又似指王金、崔文昇、李可灼，吴脩似指王之寀，陸夢龍，梁冀似指張居正、馮保，李固、杜喬似指葛守禮、張問達，未可定也。據云：後漢吴脩，字正倫，明經起家，歷任臺諫。五旬無子，其妻衛氏欲爲納妾，脩輒不可。梁冀擅權，質帝中毒，倉卒立蠡吾侯。小黄門賀執以報於脩，脩任西臺御史，拘太醫陸企送鎮撫司獄，必欲讞得真情。鎮撫司明朝始有。梁冀、李固、杜喬同時會審，冀恐事露，使獄卒以喑藥飲企，遂不能言。脩根究奸人主謀。冀即欲斬企以滅口，企口既喑，手復拶傷，不能書，僅作手勢示意。脩、冀相争不決，冀怒而去，遣人至獄殺企，適脩視獄，見之，擒其役付吏。問獄卒以解喑之法，用水飲企，企因得具述中毒情形。脩語企及獄卒，俾作證見，當即具本奏明。而冀乘夜矯旨縛脩、企，立斬於市。時，梁太后召杜喬議軍國大政，出朝回署，見縛脩、企，云奉太后懿旨誅之，喬遂止勿殺，帶二人至朝門，入奏太后。太后驚駭，立命釋脩，以爲淮陽太守，企亦僅削職爲民。脩單騎赴任，而使夫人衛氏從水道南下。有牛姓者，本雁門人，世以打鐵爲業，秉性粗直，號爲鐵牛，飲博無賴，流落淮揚間，困卧土地祠。南潯人王佛老僑淮賣腐，見而憐之，留以爲傭。梁冀子勸分居淮郡，其家人因賭博與鐵牛鬨，見佛老之女瓊兒，姿色嬌麗，譽之於主，乃設計棄箱佛老之家，誣以爲盗，捕送縣監，而遣衆劫女歸，逼以爲妾。其女知父被陷，詬罵不從。乃鎖置密室，使媪日日説誘。鐵牛逃竄於外。脩將抵任，私行訪緝民間事，遇之客店，備悉梁勸陷良爲盗，并奪其女。脩賞鐵牛之俠，薦於關中節度使簡章。脩乃僞充道士，言有異術，能使人回嗔作喜，化梗爲順。梁氏之媪以聞於勸，遂使入室勸化瓊兒。脩密語瓊：己即郡牧，特來救汝。瓊出瑞雲釵一隻，使來人持以取信。恐梁府詭謀相誑也，脩到官，立遣吏圍勸宅，取瓊兒，呼勸對簿，釋佛老出獄，以女還之，而抗疏劾勸，欲抵重辟。冀力庇勸，改調脩於漢中。脩甫離淮任，夫人舟已近淮。佛老慮勸報怨，挈女潛竄，無所依泊，徬徨岸上。夫人望見，召問何等人。具以實告。夫人欲留此女爲妾，恐夫以部民子女爲嫌，又念已改漢中，非復所部，乃買置舟中，禁其婢僕毋與脩言。乘脩入舟，以酒醉之，命瓊侍寢。脩不知而御之，及明，見女，問其所自，不勝悔恨，忿而登岸，從陸赴任。脩已爲冀中傷，中道貶崖州司户。此則唐、宋之制，漢時無有。及聞此事，復取旨緝捕，命即所在斬之。陸企有戚事漢陽鎮將爲吏，企往探之，鎮將即鐵牛也，以平蠻功，由簡章薦拔至此。企從吏所見文書，言崖州司户參軍吴縱釋大盗，又娶盗女爲妾，部文到處立斬。企疑是脩，而脩適已至驛。企見之驛亭中，與相慰勞。因與妻計，竊其文憑，往投鎮將。鐵牛醉，立遵旨殺之，函首付尉。脩聞而挺身出争，言己即脩。鐵牛大驚駭，其事既不敢以聞，脩又恩重，遂力勸藏匿。未幾，冀敗，脩冤亦白，召入京師，夫婦復聚。瓊已生子，遂聘企女爲媳，以報其代己之義云。按梁冀時，無所謂吴脩者，長垣吴祐爲冀長史，冀誣奏太尉李固，祐争之，不聽。扶風馬融在坐，爲冀章草。祐謂融曰：李公之罪，成於卿手。李公即誅，卿何面目見天下之人乎。冀怒，起入室。祐徑去，因自免歸家，不復仕。又下邳吴樹爲宛令，之官，辭冀。冀賓客布在縣界，以情托樹。樹曰：自侍坐以來，未聞稱一長者，而多托非人，誠非敢聞。冀嘿然不悦。樹到縣，誅殺冀客爲人害者數十人，冀深怒之。樹後爲荆州刺史，臨去，辭冀。冀爲設酒，因鴆殺之。二人事迹頗有近似者，約略借此。

又《雪香園》 不知何人作。其事仿佛《龍圖公案》，演劉思進妻孫氏被埋雪香園中，包拯爲伸冤，還魂完聚，故命《雪香園》。按史：曹后甚賢，聽政之時，多援經史決事，未嘗出己意。檢柅曹氏及左右臣僕，毫分不以假借，宫省肅然，必無所親壞法。至此劇與小説皆僞撰，不足信也。又按仁宗嘉祐二年，以包拯知開封府。《綱目》云：拯立朝剛毅，貴戚宦官爲之斂手。聞者皆憚之，以其笑比黄河清。童稚婦女亦知其名，呼曰包待制。小説蓋因貴戚一語，幻出附會，實無其事。據云：待制包拯，居官清正，日理國事，夜斷陰獄。奉朝命將往陳州賑濟，夜夢文昌帝君降玉帝旨，使拯按地獄冤枉，枉死者使復生。洛陽書生劉思進貧甚，時逢清明節，至不能辦紙錢麥飯。妻孫氏賢能，夫婦商所以謀生之道。孫氏典衣，買絨綫作花，獨往西京鬻之，以博微利。有國戚曹鼎者，曹后之父，官太師，身都富貴，藉勢恣行，年邁益好色，姬妾滿前，皆不稱意。醫生伊思仁、費效泉奔走於其門，探鼎旨，知欲得美妾二人，許爲媒。路遇孫氏，有殊色，以買花爲名，誘致曹氏宅。鼎遂欲强逼爲妾。孫氏痛罵不從。鼎怒，擊之至死，密瘞之雪香園中芭蕉下，陰令思仁、效泉訪其夫，欲并殺之，以絶後患。孫氏冤魂不散，至地府呼控。冥司閱籍，知其陽壽未終，授以定魂丹一丸，使守屍不化，又使人分其魂爲三，一守屍，一歸報其夫，一往索命。思進訝其妻之久不歸，方思之，而見諸夢，具道冤死狀，述姓名踪迹甚詳。醒而赴西京訪問，與思仁、效泉遇，以賣花婦人詢，而思仁不覺吐露，思進念與夢符，乃具詞欲控於包待制。時，包在陳州未返，思仁與效泉謀，通知曹鼎，使鼎僞爲包待制，出行於道，而賺思進聲冤。思進竟爲鼎所收，拷掠瀕死，且私禁之，令絶其食。守者哀其冤，稍寬之，得不死。孫氏之魂夜覓飯，送使食。包待制賑濟事畢，還開封，有鬼呼冤於道，則孫氏也。雖心知其詳，無由發覺，乃置酒召鼎飲。鼎亦置酒邀拯。酒酣，欲觀其雪香園，鼎稱有鬼，鎖閉甚固。强啓而入，掘芭蕉，得屍，携歸，而上其事於朝。仁宗以爲鬼神陰昧，謂拯凌辱國戚，欺侮大臣，將置之法。思仁、效泉陰相慶，且作詩嘲拯。拯將就戮，仁宗忽悔悟，釋之。拯論前事益力，且聞朝有異國所進温凉帽、回生杖二物，可使死者復生，請之以救孫氏。上如其請，命理前事，乃出思進於鼎之私獄，以二物加孫氏屍，復活。鼎伏法，并收伊、費兩醫，棒殺之。朝廷嘉拯能，晋階三級，授思進官，封孫氏爲勇烈夫人。夫婦感拯恩，思進刻沉香爲像，孫氏繡其容，終身頂禮之。據《龍圖公案》，則云潮州秀才袁文正應試東京，挈妻張氏同行，投寓黄婆店。曹二國舅馬上見張之美，邀其夫婦入府中，醉袁以酒，用繩絞殺，并絶其三歲之子，棄屍後花園井中，逼張爲妾。張不肯從，監禁密室。包拯賞軍還朝，路遭怪風，旋繞曹宅。拯乃打開鎖門，使吏勾冤魂問狀，掘井果得。時，大國舅移居獅兒巷，二國舅移居鄭州，挈張氏去。拯往晤大國舅。大國舅以書囑弟，令殺張以滅口。院子張老勸令投入井中，因密救張出宅，抵京控告於拯。拯先後拘兩國舅俱問，抵大辟。仁宗駕幸拯第救之，乃誅弟而釋兄。於是大國舅入山修行，遇真人點化，竟入仙班，即八仙中曹國舅也。其説與此劇各異，而荒誕則同。然八仙中曹國舅，云是宋時人，自仁宗曹后外，更無曹姓后族者，姑存疑以俟考。

又《小天台》 未知何人所作。演馮珏、陸韜遇霍氏二女事，與雙鴛佩相同，而情節曲白，往往互異。園名《小天台》，故名。略云：馮珏，字比玉，金陵人，吏部侍郎朝卿之子。《雙鴛佩》云家宰。與年家子陸韜友善。時奉朝旨，文生考試，必兼騎射，乃同往郊外演習。陝西俠客楊義忠善射，三人結爲兄弟。《雙鴛佩》有義忠糾衆劾賈似道公田事，此劇無有。太湖賊花譜芳，素與義忠結契，招置寨中。義忠屢勸納款，譜芳不從，義忠不得已，暫留。《雙鴛佩》云花譜芳之孫花再芳，此劇云譜芳，互異。龍圖學士霍匡無子，妻李，生二女，長素娥，次青霞，皆國色也。《雙鴛佩》云大司馬霍匡。皆匡年侄，館其園小天台。《雙鴛佩》云梅花書屋，無小天台之名。以聞簫爲題，限開字韻，命三人賦詩。珏詩云：花下湘簾風自開，玉簫低送暗聲來。朱唇淺破櫻桃蕚，丹鳳忽從雲際回。韜詩云：東風吹入鳳凰臺，暗渡新聲窗外來。腸斷碧雲思弄玉，無言脉脉對花開。匡俱嘆賞，惟杜成詩蕪陋不堪，匡笑而置之。《雙鴛佩》中即賦雙鴛佩詩，以鴛字爲韻脚，且先令杜作，嗣後馮、陸二生至，命之續作，此劇則三人同作，且以聞簫爲題，開字爲韻，亦皆互異。匡携三人遊湖，乳媪引二女遊小天台，得珏、韜詩，諷誦不已，意各有屬。頃之，三人歸，驀然相遇。杜成欲謀委禽，二女私言心曲，恐誤配匪人。乳媪乃勸二女各出夫人所賜雙鴛佩，密遺兩生，爲終身之訂。素娥屬珏，青霞屬韜。媪詣韜，爲杜成所覺，乘韜夜卧，盗其佩去，首之於匡。此段大同小異。時，花譜芳入寇，賈似道置之不問，方與門客鬬蟋蟀於半閒堂中。《雙鴛佩》有廖瑩中，此劇另有數門客姓名，《雙鴛佩》有群妾，此劇無有。勝者簪花披紅。匡聞賊警，造商兵機，突入見似道，誚而責之，入朝劾其罪過，回家候旨。適成以佩首，匡見而震怒。即向妻索佩，隨呼兩女窮究。會上以似道慫恿，趣匡提兵剿賊。匡乃逐馮、陸兩生，而留成經紀其家。此段大略相同。率兵赴戰，爲譜芳所擒，義忠力救，羈留寨中。譜芳與義忠不合，乃與分營而居。此段大略相似。杜成自匡出征後，潛入後園，希圖鑽穴。乳媪喊獲送於夫人，夫人釋而逐之。《雙鴛佩》云乳媪及家人叱辱，此云白於夫人。成銜恨，投似道門下，極稱兩女之美。似道出十二樓中女使觀，云皆不如。《雙鴛佩》云復美投廖瑩中，此劇無有；此劇觀十二樓美人，《雙鴛佩》無有。乃矯旨以霍匡降賊，抄没家屬，欲娶兩女爲妾。時，素娥抱病，家僕有與似道家人相合者，密泄成謀。僕歸告夫人，舉家逃避。舟至太湖，夫人及青霞爲賊卒所掠，素娥以病脱。於是舟婦送素娥及乳媪至吴興女貞觀避迹。義忠聞花卒掠得婦女二人，詢知爲霍氏眷屬，送居西山橘園，命女奴膳養之，而遺聞於匡。此段大略相同。珏回金陵，聞匡被擒，復來臨安探望。緹騎卒至，擒送似道，備受搒掠，發大理獄，命獄官斃之。獄官朱恩嘗受珏父恩，縱使逃去，而自經死。此段亦相同。時將大比，陸韜赴臨安，過女貞觀，遇乳媪，知素娥避難於此。此段亦相同。珏自出獄渡太湖，亦被掠，見義忠，爲言霍氏母女見在，惟長女不知所之。珏大悲感，義忠勸變姓名爲馬雙玉。《雙鴛佩》云馬珏遇霍匡，此劇無有。應試，遇韜於闈中，互言素娥、青霞所在，彼此慰藉。此段略相同。杜成聞女貞觀流寓女甚美，往偵得實，統僕劫素娥歸。適成父在任病篤，遣將召成。成幽素娥別室而去。《雙鴛佩》無成父召成事。是時，文闈撤棘，上親試騎射，擢馬雙玉第一，陸韜第二。似道主宴，見雙玉，識爲馮珏，陰欲陷之。密奏雙玉有文武才，請命討花賊。旨授雙玉、陸韜并爲監軍。雙玉乃寓書義忠，使爲内應。義忠射殺譜芳，詣軍降。雙玉迎見霍匡，寄置霍氏母女。義忠親往女貞觀取素娥，見乳媪，知娥被劫，此段略相同。令媪引入成家。成方探父而歸，遇於門。義忠脅成出素娥，送還其父，而沉成於水。此段互異。又爲馮、陸兩生執柯。雙玉等振旅還京，共奏似道諸罪。上親鞫之，命謁者監董宋成傳旨復匡舊職，雙玉復名珏，授翰林，賜配素娥，陸韜晉級，賜配青霞，楊義忠授太尉，賈似道配循州，殿前校尉鄭虎臣監押。霍匡歸，乳媪訴明二女以雙鴛佩於小天台訂姻事，義忠奉敕送兩生入贅匡家。此段亦大同小異。

又《雙鳳環》 不知何人作。以唐令狐琨侄女霜筠及駱氏女艷，皆以雙鳳環作合，歸白衷爲室，故名。其關目姓氏，皆空中樓閣，所引武后時事，悉與正史錯謬。據云：吴人白衷，字素懷，故宦侃之子，孤貧無以自存。侃嘗有恩於來俊臣，衷聞俊臣顯，欲往求助。唤船至潤州，負病囊竭，欲以樸被償船家，而乞食至京。船户駱姓，有女名艷，哀其窮，出資助之。抵京謁俊臣，拒不納。衷憤，將投道旁井，遇其父同年補闕令狐琨救免，留至家。琨性剛果，其弟鏞，天姿柔懦，以都督鎮黔中。鏞之女霜筠，有才貌，兼通武略，琨愛之，隨父赴黔。時，琨出家傳雙鳳玉環二，一以付筠，一留爲筠擇配，謂當以此爲驗也。武后臨朝，貶中宗於房州。琨哭諫忤后，下獄論死，以狄仁傑、張柬之等疏救，杖謫廣南，家没入官，童僕盡散。衷請俱行，至涪，借宿普濟寺。琨高衷義，以侄女許字，出鳳環贈焉。武三思矯后旨，遣人追殺琨。衷爭之不得，琨竟遇害。衷募資葬琨於寺旁。三思復遣人追衷，至江瀆，遇駱舟，甫入艙，而追者踵至。艷藏衷於舵底。追者悦艷，欲私之，被艷賺入後艙，爲衷所殺，衷乃得脱去。令狐鏞之鎮黔也，以符節付其女霜筠，權攝兵事，而養疾於小庵。武后改國號曰周，欲嗣三思，頒詔四方。使者至黔，筠置之館驛，大召官屬，起兵匡復唐室，檄諸鎮剋期進發，召使者毁武后易姓之詔，而搒逐之。鏞窘甚，莫知所爲，不得已，率前部兵進。周遣將翟杉蓬統兵討筠，與鏞遇，擒而釋之，使誘致其女，許以復官。鏞果賺縛霜筠解京。時，衷歸江東，得故舊資助，欲投中宗。唤渡，復遇駱舟。三思、俊臣等方假后旨，遣使以鴆酒害中宗。駱艷聞其語，告衷。衷奔赴房州，説諸生，毆斃使者，率衆護中宗。而衷之鳳環遺舟中，爲艷所得。周將從水道解霜筠，筠得與艷遇見環，詢知其詳，艷以環還筠，筠自分且死，出己所藏環贈艷，爲衷聘艷爲妻。艷欲謀脱筠，筠不可，而囑艷改男裝，以己行樂圖持至三思門賣之。艷如言。三思見圖，果悦，留艷爲僕，召俊臣商，以俊臣家啞婢易筠，斬之。而輿筠入其第，欲逼爲姬。筠爲大言曰：日者嘗言我命當爲后，請俟異日。三思久懷篡逆，聞其言，志遂决。會太后命三思調藥，三思使俊臣以毒置藥中，進入宫。筠陰令艷奔赴狄仁傑首其事。仁傑密啓后，俊臣進藥，后分其半飲俊臣，流血死。后遂大怒，磔三思，命捕其家老幼，悉斬之，而以首人爲内廷執戟郎。艷知筠亦在所捕，急投老中官裴姓，冒爲侄。裴喜甚，留飲極酣。裴室有九龍牌者，持以傳旨，可以生殺人。艷改中官裝，竊牌夜赴法場，救霜筠，賺出關。將奔中宗，會后遣使迎廬陵。而白衷以救護功，爲長史，先行至旅店中，見一人持鳳環而泣，一人繼至，貌如熟識者，訝而詰問，則艷及霜筠也。艷父以失女傭工，先在衷所，於是皆得會一處，各道踪迹，隨至京。詔贈琨官，恩蔭其族一子，賜金改葬，舍筠不問，并宥其父，筠與艷皆歸衷爲室，雙鳳環乃復合云。按史，武后將革命，王公百官皆上表勸進。右將軍李安静獨正色拒之，及下制獄，來俊臣詰其反狀。安静曰：以我唐家老臣，須殺即殺，若問謀反，實無可對。俊臣竟殺之。劇中令狐琨疑即指安静。又彭州長史劉易從，爲徐敬真所引，就州誅之。易從爲人仁孝忠謹，將刑於市，吏民憐其無辜，遠近奔赴，競解衣投地曰：爲長史求冥福。有司平準，直十餘萬。劇中父老助白衷葬令狐琨，借此影射。武三思非太后所殺，來俊臣伏誅，人爭啖其肉，無賜毒藥流血事。三思、俊臣亦無兩次行鴆事，種種皆謬。又越王貞舉兵匡復，遣使告壽州刺史趙瓌。

瓌妻常樂長公主謂使者曰：李氏危若朝露，諸王先帝之子，不捨生取義，欲何須耶。大丈夫當爲忠義鬼，無爲徒死也。劇中令狐、霜筠激諸將起兵匡復，借此語增飾。

又《雙飛石》 未知誰作。演張清遇瓊英事，全據《水滸傳》，兩人皆善於陣前飛石，故云《雙飛石》也。略云：張清，彰德府磁州人，《水滸傳》但云彰德，劇添磁州，又云清字淳之，亦《傳》所無也。爲東昌守將。飛石打人，百發百中，時稱没羽箭。副將二員，一曰花項虎龔旺，一曰中箭虎丁得孫。是時，梁山泊宋江等横行州郡，江僞讓盧俊義爲魁。按《傳》晁蓋爲曾頭市射殺，遺言爲殺仇者，奉爲渠魁。俊義活捉史文恭，故江不得不讓也。俊義不從，而其部下頭領亦皆不服俊義。江乃令吴用設鬮，拈得東昌、東平二郡，江與俊義分兵攻打，先下者即爲山寨之主。江拈得東平，俊義拈得東昌。俊義兵至，府尹陳秉忠趣清禦賊，固守待援。《水滸傳》爲戴秉忠。俊義力攻不下，而江已破東平，降董平，與俊義合。交鋒之際，徐寧、楊志、劉唐、林冲、李逵等皆被擊傷。按《傳》，徐寧、楊志、劉唐外，尚有燕順、韓滔、彭玘、宣贊、呼延灼、朱仝、雷横、關勝、索超、董平及前打郝思文，故云十五員大將，却無李逵、林冲也。董平入陣，説清降江。清駡平，且發石擊之。平初避不受擊，既而近前，馬上相捽，俱墮於地，清遂爲江衆所執。按《傳》，平與清戰，連擊二石子，後於馬上相攬，林冲等救平，平復被擊一石子，其後宋江棄糧於道，以誘擒清，非清與平互捽時，爲江所執也。旺、得孫亦被執，俱降於江。清在水滸寨中，嘗夢教一女子瓊英，使槍飛石之法，與訂盟爲夫婦。清贈瓊英石子二枚，瓊英贈清金鳳釵一隻。醒而釵在手中，遂相思得病。此段本之《水滸》，然《傳》無得石及鳳釵之説。河北田虎作亂稱王，連破汾陽、介休等邑，鎮守官蔣韜請救。太尉宿元景建議招安宋江，按《傳》，宿元景招安宋江等進京，即使征遼，非即征田虎也。以江爲招討使，俊義爲正印先鋒，率兵征剿。給以空頭札付百張，部下諸將量才擢用。先是介休人仇申，與妻宋氏，女瓊英，探其岳喪，虎將鄔梨稱爲國舅者，殺申而劫其妻女，以宋氏獻於虎。宋氏大駡。《傳》申非梨所殺，小異。虎令築墳西郊，鐫碑以表其墓。瓊英爲梨取歸。梨妻倪氏恐梨納以爲妾，收作義女，撫如親生。迨年十六，力舉五百斤石，武藝絶倫。夢中得清傳授飛石之法，試之百中。及宋江等奉命征虎，梨每戰輒敗，虎軍師喬道清又爲公孫勝所敗，遁而歸山。梨乃舉其女瓊英爲將，虎遂授以都督之職，盡將其兵，用石擊江部將。董平、楊志、李逵等莫不傷敗。清以病留寨中，稍愈，則急詣軍前效力。對陣見瓊英，即夢中之女，兩心相許。瓊英教清僞作表兄，詣其軍營，説梨殺虎。梨從其計，入虎帳。瓊英以梨爲叛，并縛梨、虎，殺之，籍其士卒軍資以降。江奏於朝，乃擢江、俊義及清職，賜瓊英以夫人之號，又封贈其父母，亦授葉清千總。清與瓊英遂成夫婦，養梨妻倪氏終其身。按《水滸傳》，田虎者，威勝州沁源縣獵户，萬山環列，哨聚其間，侵州奪縣，官兵不敢當其鋒。威勝即汾州，汾陽即汾州，昭德即潞州，晋寧即平陽，蓋州即澤州五州五十六縣，皆爲所據。張官置吏，自稱晋王。宿元景奏令宋江爲平北正先鋒，盧俊義爲副先鋒，盡挈正偏將佐，協同征虎，恢復陵川、高平、蓋州、陽城、沁水、壺關。《傳》中有宋江置酒宜春圃中雨香亭，李逵醉後，夢登天池嶺。又夢入文德殿，爲值殿將軍，殺蔡京、童貫、楊戩、高俅。又回天池嶺，見秀士告以十字云：要夷田虎族，須諧瓊矢鏃。又夢見其母，且爲虎所撲，揮斧砍之，用力太猛，及醒，掀翻碗。瓊矢鏃，蓋張清遇瓊英之兆也。劇中李逵夢境一折，本此。又用公孫勝攻破虎所用國師喬道清，恢復晋寧、昭德。《傳》云道清名冽，陝西涇原人，遊崆峒山，得異術，能呼風喚雨，駕霧騰雲。曾往九宫縣二仙山，訪道於羅真人，真人以其外道，令道童傳語，俟其遇德魔降，然後相見。後果爲田虎所用，呼爲國師。時，殿帥孫安援晋寧，道清援壺關，宋江等屢爲道清所敗。樊瑞與鬬術，亦敗。直待公孫勝至，蹙之五龍山，圍之百谷嶺，孫安已降於江，而道清遁入古廟，安往説之，乃降，拜公孫勝爲弟子。其降處，即昭德羅真人所云遇德魔降也。劇言道清遁去，小異。虎乃封僞國舅鄔梨爲樞密，其女瓊英爲郡主，梨統大衆，瓊英爲前部先鋒。瓊英者，本非梨所生，其父仇申，居介休綿上，娶平遥宋有烈女，生瓊英。至十歲時，有烈身故，宋氏隨夫往奔父喪，留女在家，令主管葉清看管。中途遇盗，殺申，掠宋氏去。清與妻安氏奉瓊英以居。田虎作亂，遣梨徇介休。瓊英及清夫婦皆被掠。梨引瓊英見其妻倪氏，撫以爲女。劇言梨欲以爲妾，倪氏妒之，故撫爲女，以絶其望，與《傳》異。清從梨戰有功，虎授清爲總管，奉梨命往石室山，採取木石。部卒云：此處有一美石，白如霜雪，土人欲取之，却被雷擊，不敢近。清率軍士往，則變爲婦人屍。清近前視之，則其主母宋氏，頭面破損，蓋被賊逼不從，墜岡撞死也。其馬圉因言虎得此婦，欲以壓寨，婦詒虎釋縛，攛身岡下。虎使馬圉剥其衣服而去。劇言虎重其烈，爲覆蓋，與《傳》小異。清還，令卒用土掩之。回至威勝，以虎殺申掠宋，及宋守節撞死，使妻備告於瓊英。瓊欲報父母之仇，時刻不忘，每夜輒夢神人言：欲報父母仇，待我教汝武藝。自此演習槍棒以爲常。宣和四年冬，夢一秀士引緑袍年少將軍教瓊英飛石，且言：此位將軍是汝宿世姻緣也。覺而記飛石之法，取鵝卵石試之，應手擊碎鴟尾。倪氏問故，瓊英詭云：夢神與言，汝父有王侯之分，特教汝異術，以助成功。梨聞而試之，則武藝精熟，飛石如神，名聞内外，衆呼曰瓊矢鏃，欲爲擇婿。瓊英告母，必得能打石如己始與爲婚。年長十六，未字。梨既保爲先鋒，餘兵五千，與宋江諸將相角。劇言瓊英盡將梨兵，小異。王英、扈三娘、顧大嫂、林冲、李逵、解珍等皆被擊傷，而葉清夜探宋江營，告以鄔梨中藥箭，求訪醫人，具述瓊英欲報父母仇之意。安道全又向江言，張清曾夢教一女子飛石，云是宿緣。清思憶至病。江乃令道全改名全靈，清改名全羽，入梨營中。靈以醫瘡立愈，遂薦羽武藝，用以爲將。入陣時，江令諸將詐敗數次，梨愈信之，益委以兵，納爲婿。劇無先爲婿事。於是裏應外合，鴆梨擒虎。標題中張清緣配瓊英，及張清、瓊英雙建功，乃其事迹也。劇中大同小異。

又《醉西湖》 不知何人所作。所演時可比、吴雲衣事，與雙俠賺小天台俱有相仿佛處，又各不相合。用《賈似道醉遊西湖》以爲名，可比遊園，突遇雲衣，即湖畔也。略云：臨安諸生時可比，字虎文，與書童文鹿踏青湖上，偶入樞密使史以忠花園，遇其甥女吴雲衣，彼此留意。賈似道日與衆姬遊讌西湖，猶恨無絶色者。廖瑩中譽以忠甥女之美，似道欲得之，遂遣以忠守淮揚，以禦元兵，而托名採繡女，以雲衣備選。雲衣臨行，題（長相思）一闋，令婢淡娟付可比，以爲憶念。可比見詞，不勝憤怒，遂攔駕奏劾似道。似道執送瑩中酷拷，罪至大辟。有任俠者，南粤人，爲似道虞候，弟傑，哨聚海中，自稱中山王，遣人駕舟至臨安，欲請俠去。俠知雲衣舅忠耿，而可比緣其甥女得罪，乃竊令箭賺出候潮門，使入弟所遣舟，以書囑弟，泛海至傑處。可比方付市曹處决亟，相府幹辦鄭虎臣僞傳似道令，言奉詔停刑，遂救可比。抵平湖，始告以相救之故，贈以資斧，俾遠行以避禍。虎臣遂潛隱山中。任傑接俠書，留雲衣寨中。俠初救雲衣出，欲并救可比，及聞可比已被賺而免，乃詣海探弟，且慰雲衣。時，元兵破淮揚，以忠自刎靖節，詔似道與瑩中出守潤州。俠令弟傑分兵護駕，自領兵復淮揚。可比已易姓名曰文虎，投俠獻策。元兵破潤州，瑩中歿於亂軍。似道遠遁。俠用可比謀，敗元兵，復淮、潤。俠兄弟偕可比并受朝命，拜顯爵，以忠賜祭建祠。俠疑文虎似可比，細詰其情，始以實告，遂奏復姓名，接雲衣至臨安，與爲配偶。文虎避難他竄，遇淡娟於途，結爲夫婦。復挈投舊主人。而似道遁至木棉庵，虎臣爲道人，居庵中，譏諷似道，責以當死。以忠已成城隍之神，半夜入庵，率鬼卒索命。似道遂自經。又按劇言廖瑩中死於亂軍，非也，瑩中以似道之敗，懼禍及己，且不忍負其恩，飲藥酒而自盡耳。瑩中有文名，當時不合爲似道之用人，身名俱敗。劇言似道逼人妻女等事，皆瑩中所爲，則失實過當也。

又《樓外樓》 未知何人所作。以姚女曼殊所居妝樓，與準提庵中半雲樓相望，曼殊夢見隔樓人贈詩，後與楊立勳爲夫婦，如夢中所見，故名《樓外樓》。夢中有駕鵲梁詩句，楊生又題墻曰鵲梁，故又名《鵲梁記》。按劇中稱金大定十三年癸巳歲至乙未三年間事，考之《金史》，無楊立勳姓名，其事迹闕目，亦皆空中樓閣。略云：河南臨漳人姚景崇，大金朝侍御史，有女年十五，小字曼殊，春日與婢紡琴，登妝樓曉望。樓前準提庵中，有樓曰半雲，與妝樓相對。曼殊春困，憑几而卧，夢見隔樓中有貴人，貌甚美，遥與相見，贈以詩曰：緑楊隔岸映姚黄，欲渡銀河駕鵲梁。三載飄揚垂竹史，一春富貴伴花王。醒而語紡琴識之，後南園池蓮盛開，與紡琴往觀，遇一生翩然渡橋而來，與夢中所見無異。目成久之，生題二字於墻曰鵲梁而去。曼殊心異，使紡琴問園丁，此生爲誰。則云同里楊公子。楊公子者，故縣令子，負文武才，好遊俠，不樂仕進，故亦不立名號，獨與本縣都頭董超以劍術相知，故人但稱爲楊公子。準提庵中東西二房，東房僧曰月印，西房僧曰悟聰。諸生張雲程向月印借半雲樓爲書室，月印以樓與姚宅相望，禁毋得開窗。辭不允，雲程銜之，乘月印他出，私上樓開窗，易戴僧帽，向姚宅樓，以褻語挑曼殊。曼殊怒，告其父，遣人逐月印。其樓屬悟聰，聰以假雲程，雲程勾匪類縱飲賭博。悟聰不能堪，夜以白衣冠作無常鬼驚之。雲程得疾歸，其妻陶一娘醫禱不效，乃獨往庵中拈香。悟聰瞯其美，即以雲程所遺衣巾，僞爲秀才，誘一娘入，欲奸之。一娘號呼，遇鄰人來取火，得脱歸，慚忿自縊死。雲程告於官，刺配悟聰於汴。申憲，表陶氏貞。監押聰者都頭董超也，有他事不得行，又無人可代，商之楊公子，公子慨然代行。至祥符，聰以酒灌公子醉，夜半持刀剃公子髮而逃。公子醒，店主勸使軼，不從，竟以己爲聰，而使店主爲監押赴汴。聰逃至一村，遇邏卒，失足墮井而死。公子至汴，宣撫使蕭良弼與悟聰之父有舊，詢知履歷，且奇其貌，欲薦之征南大將軍璟廣陵軍前效用。公子以實告，良弼益奇之，乃命名曰楊立勳，給書使赴廣陵。時，巨寇林豹陷荆襄，僭號。璟方需才，得之大喜，即命爲兩湖招討使，率兵進剿，屢戰得勝。董超亦從軍爲裨將。會重陽節，豹至净林寺登塔，立勳遣兵四伏，而已則爲僧人隨豹登塔，梟其首級歸，賊遂平。曼殊自與楊遇，與其父母遊園，見鵲營巢上梁，其父以爲瑞。曼殊乃以夢中詩及所遇楊公子以告。其後求婚者數至，皆不應。立勳凱還，封楚國公。歸里，至庵行香。庵復爲月印住持，登樓憑眺，遥見曼殊，訪知未字，乃使月印爲媒。景崇許之。合巹之夕，曼殊語前事，屈指三年，始知婚姻仕宦，皆有定數，莫可强也。按金大定二十九年，世宗孫璟立。初，允恭卒，以孫源王麻達葛判大興尹，又以爲右丞相，更名璟，使親見朝廷議論，習知政事之體，至是即位。劇此則無鎮廣陵爲大將軍事，林豹陷荆襄，亦係捏造。又按《水滸》諸書，解役之名，大率曰董超、薛霸，非事實也。《智囊》：吴中有石鞋子者，善譃多智，嘗困倦，步至一邸舍，欲少憩。有一小樓頗潔，先爲僧所據矣。石登樓窺之，僧方掩窗晝寢，窗隙中見兩樓相向，一少婦臨窗刺繡。石乃襲僧衣帽，微啓窗，向婦而戲。婦怒以告其夫，夫因與僧鬧，僧茫然莫辨，亟移去，而石安處焉。

又《鐵冠圖》 不知何人所作。影掠明末崇禎事迹，真僞錯雜，淆惑視聽。如范景文之忠烈，而痛加詆毁，李國楨甚平平，而極口贊揚，非村夫妄談，即邪黨謬論。演唱相沿，幾惑正史，亟當駁正者也。據云：崇禎以流賊逼近，召見諸大臣魏藻德、范景文、朱純臣、李國楨等，措置軍餉。劇言大學士魏藻德奏鳳陽陵震響，旨令鳳督馬士英祭奠。按崇禎十五年，雷震孝陵樹，帝使成國公朱純臣行視山陵。此引朱純臣看過云云，不爲無本。劇又言兵部尚書范景文請推督臣，旨云已遣大學士曹春督剿，景文奏督臣駐真定府抱病，而撫臣遠避平陽，旨遂令太監杜勳往鎮三關。按范景文初爲南京兵部尚書，以論楊嗣昌罷歸，後起工部尚書，由工部入閣，未嘗爲兵部，彼時兵部尚書乃張縉彦也，劇大誤。大學士曲沃李建泰自請督師，聞曲沃已破，托疾駐保定，後竟降於李賊。曹春之名，乃改换，非實也。范景文，二十忠臣之首，劇扮丑脚，最可痛恨。劇又言成國公朱純臣奏借助軍餉事，旨令臣民紳士家捐資助餉，此事有之，而未必發於朱純臣也。劇又言李國楨奏流賊將近薊州，居庸、昌平，皆京師門户，隄備當急，遂命太監杜秩亨同國楨提督九門，按秩亨不與國楨同事，此《記》未知是否。劇於崇禎自叙云：楊嗣昌喪於荆楚，孫曠敗於陝西。按陝西督師孫傳庭，誤爲孫曠。李自成攻寧武關，總兵周遇吉力戰，關破自刎。按賊破榆林，由忻代趨寧武。總兵官周遇吉悉力拒守，數日間，殺賊一二萬。及兵敗，遇吉闔室自焚，見執，猶大罵，被賊磔死，遂屠寧武，引兵趨大同。巡撫衛景瑗死節，賊又趨宣府。總兵姜瓖約降，巡撫朱之馮欲戰，無應者，拔刀自刎。諸書所載，大略相仿，今云杜勳督寧武軍，出戰被禽，回入關内，逼遇吉出戰，潛引李巖、李牟兵入關，遇吉戰敗，回至關下，巖等令遇吉妻白氏招其夫降。白氏激遇吉死戰，爲賊所殺，遇吉亦自刎，此所記甚顛倒失實。杜勳監視宣府，諸書多言降於宣府，并非寧武也。遇吉妻劉氏忠勇，與夫同殉，乃是實事。劇内李自成説白云：近在南陽，自號永昌。自成僭號永昌，乃在西安，非南陽也。劉宗敏直稱汝侯，不言其名。宋獻策改其名爲宋計較，未知何意。自成遂由居庸關入，直犯各門。崇禎知城已破，遂有煤山之變。劇言杜勳與自成言：李國楨現任戎政，同杜秩亨督守九門。國楨忠勇出衆，獨守實難攻打，幸秩亨分任其事，修書結爲内應。自成攻平則門，秩亨張燈爲號，賊兵遂得登城。按諸書有言唐通、杜之秩在居庸降自成者，無之秩守城之説也。國楨庸材，賊至不能發一矢，且國楨所守，乃西直門，劇云齊化門，亦誤。守齊化門者，朱純臣也。自成之兵由彰義門、東直門兩路而入，亦非平則門也。鐵冠道人留下畫圖三幅，崇禎得之通濟庫中，彼時稗乘中有此等語，亦是齊東謬妄之談。蓋鐵冠是洪武時人，成祖遷都北京，果見此圖，亦當毁滅，豈有移藏庫中之理。劇據以爲標題曰《鐵冠圖》，已鄙陋不足論。鐵冠乃張三丰，此捏一名曰張净，何也。白猿傳語，庫神現形，引崇禎視庫之説，更屬荒誕。所造五言絶句一首，尤妄。劇又屢言兵部尚書范景文，景文時在内閣，本兵張縉彦，縉彦前則張國維、馮元飈等，劇硬坐景文，何也。述景文語云：杜勳失陷寧武，唐通失陷居庸。半虚半實。劇又云十八日周奎宴客，請田皇親及公侯大臣，朱純臣、李國楨、范景文及四内閣等皆與。國楨見勢危，慷慨罵座而去。景文等嘲笑國楨，酣飲自如。按稗乘中有言其時國戚大臣等無憂國之心，槃樂如故者，亦是懸空揣摩，非實據也。純臣雖亦平庸，彼時不掌兵，後死國難，蓋相較則優於國楨。至景文生平以忠義自許，崇禎十七年二月，由工部尚書入閣，三月中浣八日，召對，已不食三日矣。今乃云赴周奎之席，與之暢飲，國楨詆爲衣冠禽獸，名教罪人，何其肆無忌憚。誣衊忠臣，至於如此。其殉難，則竟略不言及也。四内閣者，蓋指陳演、魏藻德、丘瑜、方岳貢，然獨以景文爲尚書，又以周奎作周魁，田弘遇作田景福，皆誤。言以東宫托周奎，此似有因，然謂崇禎至奎家，公侯大臣皆在内燕飲作樂，命王承恩傳諭。管門者拒絶不傳。周奎即非忠良，安有門者敢拒承恩傳諭之理。此三家村陋夫所言也。稗乘有言朱純臣守齊化門，崇禎至其第，閽人辭焉，上太息而去。然則辭者以其主人守城，不在家中，無人迎接也，豈燕飲之謂乎。且稗乘既云太息去，則悵悵純臣不足恃矣，又云回宫以硃書諭内閣，命純臣提督内外諸軍事云云，則又專任純臣也。硃諭是真，則至其第之言，亦未的也。劇更捏造云純臣飲周奎家，則愈謬矣。按純臣，朱能之後，封成國公，當崇禎時，屢掌營府，爲帝所倚任。城陷，爲賊所殺。劇又言擊鐘，無一人應，惟國楨與杜秩亨見駕，命秩亨於城上懸燈三盞云云。按鳴鐘集百官，無一人至，是實，無國楨獨至之説。劇又言周后先殉，崇禎旋入煤山，王承恩從縊，皆是實事，但周后自經，作自刎，誤。王承恩命提督内外京營，與李國楨共事者，劇移其事於杜秩亨，亦誤。劇又言李岩爲自成搜宫，得韓宫人，誑云公主，岩携以獻自成，自成即使配岩。韓乘岩醉，殺之，因即自盡，此因費氏而誤也。李岩兄弟爲牛金星所殺，於費無與。劇又言自成搭篷殯崇禎，李國楨要以三事云云，稗乘有之而未的也。劇又言國楨請於自成，得杜勳、杜秩亨，殺之，此無異醉人説夢，可怪可哂。劇又言流賊見國楨激烈殉難，極相欽服，此亦未的，附辨於後。劇又言自成以借餉爲名，拷打百官，至有夾腦袋者，諸書往往相同，蓋是實迹。所云四閣老者，即陳演、魏藻德、丘瑜、方岳貢也。内有十三科道一句，村陋不識官制，可哂。其時總兵吴三桂出關迎清，討逐自成。自成大敗，裝載金銀財寶，逃往陝西。此段實事，但未詳載自成之死。末後，以鐵冠道人與誠意伯劉基説明畫圖三幅之故，以作收束云。此亦無中生有，憑空捏造。按李濬，和州人，從成祖靖難，封襄城伯。傳子隆孫珍，珍没於土木，無子。傳弟瑾，成化中平四川都掌蠻，進侯，卒贈芮國公。子黼嗣伯，黼卒無子，以瑾兄璉子瑭嗣。又四傳至守錡，崇禎初，總督京營，坐營卒爲盜，落職，憂憤卒。子國楨嗣，國楨性輕佻，好戲媟，然便佞有口才。帝嘗召對，國楨指陳兵勢，灑灑可聽，帝信以爲才。十六年，命總督京營倚任之。國楨益以口舌取寵，於訓練戰守之策懵如也。時尺籍雖虚，然尚可得十餘萬人，國楨雅不以爲意。明年三月，流賊長驅薄城下，始遣兵登陴，再宿而城陷。國楨欲突崇文門，不得出，復奔朝陽門。守將孫如龍已迎賊張能於城上，勒國楨降。國楨解甲聽命。能羈守之，責其賄，不足，請還家斂資，而家已爲他賊據，不得入，被拷折踝，以荆筐曳還。能置酒觴之，戲曰：大將軍狼狽乃爾耶。是夕，國楨以所繫絛自縊死。按此國楨實迹也。國楨才本庸下，自十六年受事，若果忠勇，豈無秋毫可效。野乘訛傳，未得其實。云李自成舁崇禎、周后梓宫，於東華門外設廠，百官過者莫進視。國楨泥首去幘，踉蹌奔赴，跪而大哭。賊執以見自成，國楨復大哭，以頭觸階，血流被面。自成以好語誘降，國楨要以三事，自成悉諾之。扶出，賊以天子禮藥葬崇禎於田貴妃墓，惟國楨一人斬衰，徒步往葬，至陵襄事畢，慟哭作詩數章，遂於帝后寢前自縊。按國楨本世爵，又總京營兵大臣也。自成犯闕，京官四品以下者留用，三品以上皆不用，大率拘禁拷掠，以取其資。二十一日，牛金星檄取百官朝見，是時非降即死，無有兩途，官小者亦無中立之理。國楨握兵大臣，安得優遊無恙。十九日丁未至二十四日辛亥，賊舁崇禎梓宫，國楨製衰而往，自成始以好語誘國楨降，其前數日當在何處。未聞自成有此寬政，獨不究一握兵重將也。於時左庶子、周鳳翔赴東華門哭崇禎梓宫，歸而自盡，然亦恐已在二十一日之後，未得如馬世奇、劉理順等。況國楨大臣，乃能自去自來，待至此而脅降乎。劇之無稽，至謂國楨手殺二杜，不足與辨，而《紀事》等書，閲者每信爲實，不知當時妄傳甚多，偶信一説而筆之書，久而事實漸明，其誤自見也。然世俗易惑，不容不辨。彼時大臣惟大學士蔣德璟已予告出城，權住會館，故雖被賊傷，而得完節南奔。大學士陳演雖已乞罷，而戀資未行，遂爲賊執，拷掠致死，其餘無得免者。國楨爲賊執，取絛自縊，猶勝刑拷而死，然盡掩飾以爲大忠，則謬甚矣。《紀事》又有云：崇禎十二年，以内官監太監杜秩亨提督九門。然則秩亨提督九門，乃從前事，而杜之秩又自一人，不當扭合爲一也。又按宫人費氏年甫十六，投於眢井。賊鈎出之，見其姿容，争相奪。費氏紿曰：我長公主也，若不得無禮，必告汝主。群賊擁見自成，自成令内官察之，非是，以賞部校羅賊。羅携出，費氏復紿曰：我實天潢，義難苟合，將軍擇吉成禮，生死惟命。賊喜，置酒極歡。費氏懷利刃，俟賊醉，斷其喉，因自刎。自成大驚，令收葬之。劇誤爲韓氏，又言其殺李岩。按李岩，杞縣舉人，尚書李精白之子也，爲自成制將軍，創爲迎闖王，不納糧之説。自成所過輒下，岩力居多。在京居嘉定伯周奎第中，於士大夫獨無所拷掠。河南全境皆不服自成，岩請將兵收之。牛金星譖於自成，金星邀飲，殺之座，自成軍士解體，於費氏無涉。又按范景文，崇禎十七年入内閣，其殉節在龍泉巷古井中，清賜謚文忠。王承恩，司禮監秉筆太監，殉難亭下，清賜謚忠節，清世祖御製碑文刻石，以旌其忠。按范景文，直隸吴橋人，字夢章，别號質公，萬曆癸丑進士，由東昌府推官，遷吏部主事，進郎中。崇禎二年，巡撫河南，七年，陞南京右都御史，明年，轉參贊兵部尚書。十一年，偕户部尚書錢春及南九卿，合疏參楊嗣昌，而救黄道周、成勇、劉同升、趙士春等。明年，與春并罷。十六年，起刑部尚書，尋改工部。十七年二月，晉東閣大學士。賊兵已入，趨朝房自縊，左右解之，乃至五顯廟中，繕遺疏，復作札與宗族親戚，賦絶命辭三章，乃投雙塔寺旁古井。其從容就義如此，而劇反加醜詆，可怪也。又按王承恩，順天大興人，崇禎十七年，總督天下各鎮援兵，提督内外京城，督察京營戎政勇衛軍門，兼掌御馬監、司設監、巾帽局、保和等店大庖厨印務，司禮監秉筆太監，隨崇禎入中宫，視周后殉節，復隨崇禎，痛哭叩頭，跪縊於側。劇所記不爲謬，而未詳叙其官銜，謂承恩侍崇禎至嘉定伯周奎家，周奎譏飲不納，則必無之理也。至李國楨偕承恩總督京營，十八日始列營登陴，束手無策。十九日早，至朝陽門，遇守將孫如龍，正迎賊帥僞後營果毅將軍張能於城上。能脅國楨降，遂羈守之。及後數日，奔赴蓬廠，泥首大哭，殆猶存本心耳。又數日後，自成令張能督輸數萬金，國楨已無金，遂受拷掠。不堪困辱，乃用緑絲縧自縊。說者謂提督京營王承恩從死，協理京營王家彦城上死，而國楨遲至月盡方死，共詆諆之。福王時未察真迹，贈侯予謚。作劇者絶無考據，乃誇辱范景文，而極贊國楨，若以爲彼時第一等人物者，揺惑觀聽，不可不辨正也。又按周遇吉事，《忠節録》載之甚詳，今略述其概。遇吉，字萃菴，錦州人，世襲錦衣衛指揮，歷官鎮守山西等處，兼提督代州、寧武等關總兵官。十七年二月初七日，李自成攻陷太原，巡撫蔡懋德死節。懋德，崑山人，巡撫山西副都御史，時以書遺遇吉，勸其死守寧武，而己死守太原，以牽制流賊。及自成兵至，城陷殉節。劇中說白，力詆山西巡撫，言其遁往平陽，亦誤。遇吉方守代州，自成來攻，遇吉奮擊，殺賊萬人，食盡兵少，退守寧武。自成統衆薄關，遇吉且守且戰，殺賊甚衆。至三月初八日，矢石已窮，猶率兵巷戰，躍馬大呼，殺賊百十人。流矢攢甲，如猬毛，力竭傷重，乃被執。自成陳兵脅降，奮髯大駡，不絶口。乃縛教場杆上，亂箭射殺，臠分其肉。妻劉夫人，蒙古人，率婦女數十人及男子之僅存者，登屋射賊，賊多應弦落馬。置火藥，環其室而焚之。劉復從屋下，跨馬彎弓，率家丁巷戰竟日，殺賊近千人，矢盡赴火，闔家自焚，其家丁健婦無一降者。劇稱遇吉妻爲白氏，誤。其言賊誑入城，令遇吉妻上城招降，妻抗言被殺，遇吉戰死城外，節節皆誤。

又《漁樵記》 按朱買臣之妻，本無姓可考，其居貧求去，去而他從，詳載《漢書》。後買臣爲會稽太守時，與其後夫并載歸舍，居一月，其妻自經，不聞有後收歸一節。今雜劇中謂棄夫非其本意，用此激勵以成功名，似乎有意翻案。所謂王安道、楊孝先者，雖不必實有其人，要亦謳歌樵採時天然伴侣，至買臣用嚴助薦，始得召見。前後本末，具見本傳。又考元人别本，朱買臣本作王鼎臣，或是後人見其情節悉與買臣相類，故改從之。今搬演者取其易曉，遂復相仍爾。玉天仙者，第甚言其美，未必是真名。東村劉二公，亦係鑿空撰出。玉天仙與夫喧嚷，竟至離婚，曲盡貧家反目光景。玉天仙未曾别嫁王安道，楊孝先力勸復合，亦是善爲説辭。按今嘉興有羞墓，蘇州有死亭灣，皆云是買臣妻故迹。

又《玉帶鈎》 作者不知何人。所演亦李燮事，與《酒家傭》大同小異。燮變姓名爲酒家傭，酒家以女妻燮，俱係實事，而贈帶鈎情迹，乃係憑空結撰。又酒家本姓滕，今以爲朱，亦不合。夏門亭長略見《李固傳》，然未嘗縱李燮及收酒家女。又劇中單超尤詳，但超預誅梁冀，而於李燮無涉。甄邵諂附梁冀，亦他事扭合。《李燮傳》云：潁川甄邵，諂附梁冀，爲鄴令，同歲生得罪於冀，亡奔邵。邵僞納，而陰以告冀。冀即捕殺之。邵當遷爲郡守，會母亡，邵且埋屍於馬屋，先受封，然後發喪。邵還至洛陽，燮途遇之，使卒投車於溝中，笞捶亂下，大署帛於其背曰：諂貴賣友，貪官埋母。乃具表其狀，邵遂廢痼終身。

又《合歡圖》 不知何人所作。以寒山、拾得與金仙、玉真犯律被謫，男則降生於名醫堯典家爲弟兄，女則降生安南國爲姊妹。劉海蟾示以合歡圖，使各成夫婦，行滿歸真，故曰《合歡圖》。按寒山、拾得見《天台志》，豐干謂寒山文殊，拾得普賢，則二人乃菩薩化身，安得有犯律謫降之事。蓋齊東語也。《平定交南録》云：安南國王陳日焜，爲其臣黎季犛所殺。季犛詭姓名爲胡一元，子蒼爲胡奆，矯稱陳氏絶嗣，奆其甥，請署國事。逾年，陳氏孫添平從老撾遁至京，訴其實。明太宗命朱能、沐晟、張輔等率師討平之，以其地爲郡縣。後交人叛服不常，輔凡三擒僞王，而犁利爲最劇。據云：堯典，字舜臣，天台人。以醫爲業，採萬山中仙授秘方，活人無算。中年孿生二子，啼哭不止。有賣歡喜圖者，不言姓名，云能止兒啼。典抱子見之，果不復啼。遂呼其人爲歡喜兒，留爲二子伴。二子稍長，長名鼎，次名鼐。鼎嗜書，鼐好武，典命各習其所好。元宵節，歡喜兒隨二子出看燈，引之一處，山水奇麗，鸞鶴紛然，非人間境也。俄有二仙以龍章鳳篆一册、辟麟符一道，分授鼎、鼐而歸。歡喜兒身騎蝦蟇，騰空而去。遺下一柬，視之，始知爲劉海蟾也。時，安南國王黎利有二女，曰瓊琳、瓊瑛。琳知書，瑛善武藝。姊妹獵於山，見劉海蟾貽以合歡圖一幅，又遇麒麟出，爲瑛收服，百獸見者輒倒。黎利以二女才，坐大一方。不通朝貢，海外諸國入貢者，輒爲邀截。明成祖數遣使詰責，利令瓊琳草蠻表，作蝌蚪字，云中國有人能辨者，即願率諸國通貢。會鼎擢狀元，能辨其字。按此借用李白醉草嚇蠻書事，謂白能辨番書，亦本稗乘，非出正書。劇又云：主考梁棟，按永樂間梁潛嘗作主考。遂受命使安南。海外諸國大集，各以其國珍寶炫鼎。鼎皆以辯折服之。琳窺見鼎，悦其貌，且與合歡圖中人相類，告其父，願委身焉。利使人語鼎，鼎不從。乃閉置之宫中，不放歸。太宗聞，命朱能、張輔率師征討，皆爲瑛所敗。按永樂四年秋，以成國公朱能爲大將軍，統兵征安南，凡二十五將，能卒於龍州，未嘗戰敗。且所征者胡查非黎利也。能卒，遂以新城侯張輔代將。輔凡三下交南，從未一敗。輔歸，黎利始反。方政、陳智等數敗績，與輔無涉。劇所載失實。而鼎弟鼐又擢武狀元，憤其兄被拘，請往討之。至則恐麒麟衝突，令馬首各懸鏡一面，畫符於馬尾而進，屢戰皆捷。瑛乃設計，誘之入險狹，而斷其路。亦遣人語鼐，欲鼐允姻，乃釋兵。會鼎在宫中，得見所謂合歡圖，上有男子二人，一持節，一執戈，酷似其兄弟。女子二人，則宛然琳、瑛也。知有宿緣，乃見鼐，與利約，必皈命本朝，始可相從。利如其言。成婚後，鼎、鼐班師，率諸蠻朝貢，兄弟皆封拜，琳、瑛爲夫人。復遇劉海蟾，告以鼎、鼐本寒山、拾得，琳、瑛乃金仙、玉真，暫謫塵寰。宜各修省，歸真去。《東軒筆録》云：李觀遇劉海蟾曰：奉煩寄語養素先生藍方，十月懷胎，如何得出。觀至南嶽語方，方驚曰：吾養聖胎已成，患無術以出之。念非海蟾，不足以成吾道。是年方卒。《紀事》云：永樂十六年春正月，交趾清化府俄縣土官巡檢黎利反。利初從陳季擴，充僞金吾將軍。後降，以爲巡檢，然中懷反側。張輔還京，僭稱平定王，以弟黎石爲相國，段莽爲都督，聚黨肆出剽掠。仁宗洪熙元年春二月，以榮昌伯陳智爲征彝副將軍，討黎利。宣德元年春三月，總兵陳智、方政討黎利，進至茶龍川，敗績。上御文華殿，謂蹇義、夏原吉、楊士奇、楊榮曰：太宗因黎氏弒主虐民，有吊伐之師，蓋欲興滅繼絶也。而陳氏子孫已盡，不得已，徇土人之請，建郡縣，置官守，自是以來，交趾無歲不用兵。皇考念之，深爲惻然。昨反覆思之，欲如洪武中使自爲一國，歲奉常貢，以全一方民命，卿等以爲何如。義、原吉曰：太宗平定此方，勞費多矣。二十年之功，棄於一旦，臣等以爲非是。上顧士奇、榮曰：卿兩人云何。對曰：交趾，唐虞三代皆在荒服之外，漢唐以來，雖爲郡縣，叛服不常。漢元帝時，珠崖反，發兵擊之。賈捐之議罷珠崖郡，前史稱之。夫元帝中主，猶能布行仁義，况陛下父母天地，豈與豺豕較得失耶。上頷之。十二月，參將馬瑛大破賊於清威，尚書陳洽入賊陣，死之，失亡二三萬人。以安遠侯柳升爲征彝副將軍。二年，上御文華殿，召大學士楊士奇、楊榮諭曰：太宗初得黎賊，定交趾，即欲爲陳氏立後。今欲承先志，使中國之人皆安無事。卿等爲朕再思。士奇、榮對曰：此盛德事，惟陛下斷自聖心。上曰：朕志已定，無復疑者。九月，柳升等師至交趾，升輕敵急發，遇伏敗歿。冬十月，黎利遣人奉表及方物至，乞以陳日煃三世孫暠爲主。上出表示群臣，且諭以養兵息民意，群臣頓首稱善。於是遣使封暠，即遣使受封朝貢。又敕即日班師，内外鎮守三司衛所府州縣文武吏士携家來歸。利閉留不遣者無算。先是太宗時，用兵交趾，侍讀解縉力言交趾古羈縻國，通正朔時賓貢而已，得其地，不足郡縣。文皇不悦，至是言始驗云。又按漢建武中，南越女子徵則、徵貳反，馬援討平之。劇中琳、瑛姊妹，借此影射也。又按永樂二年，永豐曾棨擢狀元，應制賦《天馬海青歌》於上前。棨先成，賜寶帶名馬。劇言吐蕃貢千里馬，春闈以馬爲題，蓋指此也。又按洪武中，貴州土司奢香，馳驛入謁馬皇后。劇内琳、瑛姊妹亦借此事。又按永樂中，有蘇州盛啓東，治弘熙張妃疾事。東宫妃張氏十月經不通，衆醫以爲胎也，而脹愈甚。一日，上謂曰：東宫妃有病，汝往視之。東宫以上命醫也，導之惟謹。既診，出復曰：使長痛狀，早若何，晚若何，一一如見。妃遥聞之曰：朝廷有此醫，不早令視我也。出而疏方，皆破血之劑。東宫視之，大怒曰：好御醫，早晚當誕皇孫，乃爲此方何也。遂不用。數日，病益急，乃復召診之，曰：再後三日，臣不敢用藥矣。仍疏前方，乃鎖之禁中。家人惶怖，或曰死矣，或曰將籍家矣。既三日，紅棍前呼，賞賜甚盛。蓋妃服藥，下血數斗，疾遂平也。既而上亦賜之，曰：非謝醫，乃壓驚也。劇内云：皇后欠安，太醫院官皆不諳病源，以堯典名醫，欽命特召，蓋影借此事也。又按永樂中，遣太監鄭和下西洋，收録各國珍寶無算，時人謂之三寶太監。劇内馬三保口中叙出下西洋事，本此，但其時無所謂堯鼐也。又按朱勇乃朱能之子，劇内先演出朱勇，其後乃云朱能爲安南殺敗，甚謬。又既以黎利爲安南國王，而於利口中又云南降交趾，東破無餘，亦謬。解縉、夏元吉、薛彪皆隨意竄入，薛彪云陽武侯不誤，謂其應武舉則非。然明時公侯之子，以入學坐監爲榮，應舉之説，非無因也。

又《馬陵道》 演孫臏殺龐涓於馬陵道事，未詳誰作。《史記》云：孫臏常與龐涓俱學兵法，龐涓既事魏，得爲惠王將軍，而自以爲能不及孫臏，乃陰使召孫臏。臏至，龐涓恐其賢於己，疾之，則以法刑斷其兩足而黥之，欲隱勿見。齊使者如梁，孫臏以刑徒陰見，說齊使。齊使以爲奇，竊載與之齊，齊將田忌善而客待之。忌數與齊諸公子馳逐重射，孫子見其馬足不甚相遠。馬有上、中、下輩，於是孫子謂田忌曰：君第重射，臣能令君勝。田忌信然之。與王及諸公子逐射千金，及臨質，孫子曰：今以君之下駟，與彼上駟；取君上駟，與彼中駟；取君中駟，與彼下駟。既馳，三輩畢，而田忌一不勝而再勝，卒得王千金。於是忌進孫子於威王，威王問兵法，遂以爲師。其後魏伐趙，趙急，請救於齊。齊威王欲將孫臏，臏辭謝曰：刑餘之人，不可。於是乃以田忌爲將，而孫子爲師，居輜車中，坐爲計謀。田忌欲引兵之趙，孫子曰：夫解雜亂紛糾者不控捲，救鬬者不搏撠，批亢擣虛，形格勢禁，則自爲解耳。今梁、趙相攻，輕兵鋭卒必竭於外，老弱罷於內。君不若引兵疾走大梁，據其街路，衝其方虛，彼必釋趙而自救。是我一舉解趙之圍，而收弊於魏也。田忌從之。魏果去邯鄲，與齊戰於桂陵，大破梁軍。後十五年，魏與趙攻韓，韓告急於齊。齊使田忌將而往，直走大梁。魏將龐涓聞之，去韓而歸。齊軍既已過而西矣，孫子謂田忌曰：彼三晉之兵，素悍勇而輕齊，齊號爲怯。善戰者因其勢而利導之。兵法，百里而趣利者蹶上將，五十里而趣利者軍半至。使齊軍入魏地，爲十萬竈，明日爲五萬竈，又明日爲三萬竈。龐涓行三日，大喜曰：我固知齊軍怯，入吾地三日，士卒亡者過半矣。乃棄其步軍，與其輕鋭倍日并行逐之。孫子度其行，暮當至馬陵。馬陵道狹，而旁多阻隘，可伏兵。乃斫大樹，白而書之曰：龐涓死於此樹之下。於是令齊軍善射者萬弩，夾道而伏，期曰：暮見火舉而俱發。龐涓果夜至斫木下，見白書，乃鑽火燭之。讀其書未畢，齊軍萬弩俱發，魏軍大亂相失。龐涓自知智窮兵敗，乃自剄曰：遂成豎子之名。齊因乘勝盡破其軍。按今人所演全本，大抵據元劇。元劇標曰：孫臏晚下雲夢山，應涓夜走馬陵道。云孫、龐同學於鬼谷。鬼谷名曰王蟾，是添出。龐先入魏爲大將，以兵威服六國，皆每年進貢。龐薦孫於公子申，召令演陣。龐不能識，孫於陣上擒龐。龐因大恨，紿孫云：熒惑失位，令三更三點領兵宮門外，連射三箭，鳴鑼擊鼓，鎮壓火星。遂譖於申，言孫反叛，縛赴法場。龐欲得其天書，復僞作爲求救於申，免死刖足，使抄天書。孫詐瘋，卧羊圈中。齊大夫卜商入魏貢茶，私載至齊。劇云：卜商，字子夏，故取名賢，戲弄。宣王使田忌爲先鋒，以孫臏爲軍師，率諸國之將，同時伐魏。趙將李牧，楚將吴起，秦將王翦、韓將馬服子，燕將樂毅，隨意點入，皆非事實。蹙之馬陵山，擒龐，殺之。按涓乃射死，劇則云生擒，又云涓刖臏足時，曾誓云：若非真心救孫，身隨燈滅。故臏擒涓時，挂一燈於樹上，以應其誓，皆飾說也。

又《豹凌岡》 不知誰作。謂文彦博禽王則於豹凌岡。按貝州王則反，明鎬討之，久不克。彦博請行，命爲宣撫使。旬日賊潰，檻則送至京師。《明鎬傳》：鎬知開封府，王則叛，命鎬爲體量安撫使；則未下，又命參知政事文彦博爲宣撫使，以鎬副之。王則者，本涿州人，歲饑，流至恩州。自賣爲人牧羊，後隸宣毅軍爲小校。恩冀俗妖幻，相與習《五龍》、《滴淚》等經，及圖讖諸書。言釋迦佛衰謝，彌勒佛當持世。初，則去涿，母與之訣別，刺福字於其背，以爲記。妖人因妄傳字隱起，争信事之。而州吏張巒、卜吉主其謀，黨連德、齊諸州。約以慶曆八年正旦，斷澶州浮梁，亂河北。會其黨潘方净以書謁北京留守賈昌朝，事覺被執，故不待期，亟以七年冬至叛。則僭號東平郡王，以張巒爲宰相，卜吉爲樞密使，建國曰安陽，榜所居門曰中京。居室廄庫，皆立名號。改年曰得聖，以十二月爲正月。百姓年十二以上，七十以下，皆涅其面，曰宜軍。破趙得勝，旗幟號令，率以佛爲稱。城以一樓爲一州，每面置一總管。則期正月十四日出要劫。契丹使諜者以告鎬，遣殿侍安素伏兵西門。賊果以數百人夜出，伏發，皆就獲。城峻不可攻，乃爲距闉。將成，爲賊所焚，遂即南城爲地道，日攻其北牽制之。及文彦博至，穴通城中，選壯士中夜由地道入，衆登城。賊縱火牛，官軍以槍中牛鼻。牛還攻之，賊大潰，開東門遁。總管王信捕得則，其餘衆保村舍，皆焚死。檻送則京師，支解以徇。則叛凡六十六日。按劇中所演本此，至聖姑姑、胡永兒、左黜等關目，則悉本《平妖傳》小說，非實事也。聖姑姑等事迹，詳載《井中天》劇内。

又《天賜福》 與《三元記》事實頗同，皆記馮京父力行善事，子中三元，而曲白各殊，關目亦不全相合。《三元記》載臧晋叔《六十種》内，本不知出誰手，此劇亦未知何人翻改標題。蓋取力行善事天錫之福而名也。《三元記》云：姓馮，名商，表字民末，别號海舟，鄂州江夏縣人。此云姓馮，名善，江夏鄂州人。以其少商賈，因此盡稱馮商。中間情節，如賑濟貧人，《三元記》云大雪，此《記》云上年大雨。《三元記》中受濟者陳筆畊、褚種杏、衛冰月，此《記》中改爲施有緣、禄有功、命必靈。贖還難婦。《三元記》中胡大才謀王以德之妻，陷之入獄，以德賣妻以償贓。馮商予金而却婦，後至中都驛道，過其家，以德令婦夜侍，商書四句於紙，終不與亂。此《記》相同，而鋪叙點染，則各不相侔。偷墳樹者，宛轉以避之；失腰纏者，停留以俟之；認失馬者，嬉笑以與之。《三元記》云宿祥符飯店者趙乙、孫與之、曾福壽，此云趙甲、孫丙、錢乙、李丁，亦皆互異。而其妻金氏令挾資娶妾，以百金買得張氏，見其慘悴，詰而問之。云係運使張祖之女，賠累官糧，不得已而賣女。遂令媒氏即晚送還，不索聘資。其父母以嫁丞相富弼爲繼妻。兩《記》相同，中間亦有微異，《三元記》云李都憲爲富丞相説親，此云樞密爲媒，又云李指揮來説。按宋時無都憲之稱，此《記》爲是。後生一女，與商子京爲室。兩《記》相同，而渲染各異。星者衛冰月算富女之命云：辛卯年，辛卯月，甲子日，甲子時。冰月因云：江夏馮商之子京，八字無異。張夫人聞之，因告於弼，必欲得京爲婿。京果一舉成名，連中三元，遂娶張夫人之女。按京實中三元，且係富弼之婿，兩《記》俱與相合。但京庚戌參政，非辛卯生。富弼爲晏殊之婿，今云繼娶張氏，亦未的。按李卓吾《因果録》云：馮商有陰德，將生子，里人皆夢鼓吹喧闐，送狀元至馮家。果生京，三舉皆第一，拜太子少師。劇因此遂以種種陰德事，皆歸於商，不盡實也。按楊式傳《果報聞見録》：明慈谿縣王福徵爲諸生時，偶赴館，過溪，得遺金一袋，計十七封，因不至館，坐而俟之。至晚，見一人惶遽而來。王問之曰：汝有所失乎。有曰：我揭債作本，得銀一百七十兩，欲過江買米，脱襪渡溪，遺失於此。若拾得者，願分半相酬。王問其銀數物色相符，曰：幸我得之，舉以還汝。若欲其半，勿如不還矣。其人叩謝而去。是年，即發鄉榜，中萬曆己未進士，由部屬歷官蘇州太守。致仕歸，享大壽。劇中所記趙乙失金，馮商拾得，守六七日而還之，其數百七十金，乙亦願分其半。然則此《記》殆爲王福徵作無疑也。《宋史袁韶傳》：韶父爲郡小吏，五十無子。之臨安，妻勸之，置一妾，察有憂色，問之。泣曰：妾故趙知府女也，家四川，父歿家貧，故鬻妾以爲歸葬計耳。即送還之，其母泣曰：計女聘財，猶未足以給歸費，且用破矣，將何以酬。徐曰：賤吏不敢辱娘子，聘財盡以相奉。且出囊中物以益之，遂獨歸，告妻以故，且曰：無子，命也。若有子，汝豈不育，必待他人哉。妻曰：君心如此，必有子。明年生韶。劇中送還張氏事，本此。《列卿記》：尚書徐晞初爲郡吏，有富家謀鄰産，陷以殺人罪。其人誣服。晞導其家訴監史，下府。晞爲知府言，得釋。其人德晞甚，邀至家，飲之酒，避去。其妻曰：吾夫感君恩，無所報，欲使妾侍君。晞大驚曰：是何言。聲色皆厲。妻乃呼夫還，相與感泣。劇中王以德使妻侍商，商力却之，本此。

文犀帶不知何人作。演李林甫之女雲容，救蘇彦璋於難，以文犀帶贈之，約爲夫婦，後終獲遂所約，故名。其事不實。唐《開元天寶遺事》：李林甫有女六人，各有姿色。林甫於廳事壁間開一横窗，飾以雜寶，縵以絳紗，於常日使六女戲於窗下。每有貴族子弟入謁，林甫即使女於窗中自選可意者婿之，謂之選婿窗。劇中寶窗選婿本此。但小説不載其女名，亦不載其婿姓氏，所謂月容、雲容、彦璋，俱僞撰。中間以猿公爲關目，尤荒唐無據。略云：蘇彦璋，字廷實，會稽人。讀書山中，步屧巖下，遇一黄衣老人，自稱猿公，邀飲酒酣，忽不知所往。遺一錦囊，中有句云：十八孩兒雜寶窗，草頭季子作東床。雲容離合文犀帶，禾換刀旁笑十郎。不知所謂。未幾，遊學京師，寓於宰相李林甫宅後尼庵中。林甫有女數人，設寶窗於廳事，有貴介來謁者，使女自從窗間擇配。第四女雲容不肯窺窗，謂富貴子弟必無當意者。其姊月容，貌醜早寡，遊庵，見彦璋而悦之，陰使尼通辭，欲來奔。彦璋正色以拒，尼慚而退。時，彦璋上書林甫，登其堂，面陳時事得失。林甫怒，揮使去。而爲雲容所見，頗屬意焉。月容候尼信，尼至，讒彦璋不置。月容羞忿，使尼灌彦璋醉，扶入園中醉春亭，將命力士黑彪兒撾殺之。雲容之婢墨娥聞其謀，以告雲容，與墨娥夜至亭前，果見彦璋醉卧，扶入密室中，呼醒，使脱衣井旁。黑彪兒至，則以打死投屍井中報月容。而彦璋在密室不得出，室與月容卧房近，聞月容有懼心，乃僞作鬼聲，露其形，向月容索命。月容驚怖發癲。雲容恐事泄，乃助彦璋銀，出其父文犀帶贈之，訂終身之約，乘間使逸去。月容癲日甚，林甫邀道士禳解。家人泄其隱，道士托神語以示林甫。林甫疑之。會月容死，呼婢拷問。求彦璋屍不得，窮追及墨娥。墨娥不勝榜掠，盡吐其實。林甫怒，幽雲容於別室，遣人捕彦璋。彦璋至京口，值迎春，出旅舍往觀，其帶爲偷兒竊去。渡江至揚州，捕役見帶，以爲即彦璋也，縛送羅希奭，斃之杖下，而以帶歸報彦璋已死。林甫信之，雲容聞，亦以爲真死矣。彦璋被盗，窮途無措，復遇猿公，授以金丹療飢，囑其改姓名應試。乃改名薊奇，附同鄉官上任者入都，一舉狀元。明皇知其未娶，命娶林甫女。林甫不得已，輒館之園内。墨娥偶出見之，驚以爲鬼，彦璋乃備告以遇盗改姓名始末。墨娥轉報雲容，乃成夫婦之禮。於是錦囊中語，至是一一皆驗云。劇中云：文犀帶乃安禄山之物，林甫與禄山鬬蟋蟀，以身上紫袍相賭，勝而得之。此借用狄梁公與張昌宗賭集翠裘事，鬬蟋蟀則用賈似道事也。又按蘇頲，字廷碩，劇云蘇彦璋，字廷實，盡附合影借，非真有其人也。又按《江西志》：盧山有相辭澗，初，李騰空事女冠蔡尋真，入盧山，學三洞法，以丹藥符籙救世。道成告歸，别於此澗，故名。其延真觀，即女真李騰空所居，李白《贈李騰空》詩云：多君相門女，學道愛神仙。素手掬青靄，羅衣躡紫烟。一往屏風疊，乘鸞着玉鞭。又贈内云：君尋騰空去，應到碧山家。水春雲母碓，風拂石楠花。若戀山居好，相邀弄紫霞。騰空，宰相林甫女，所居乃昭德皇后施建，又名昭德里。據此，林甫之女，賢否不一，不可因選婿窗一事，盡行抹摋。此《記》所載雲容，不爲無因也。

又《聳皇圖》 不知何人所作。演漢耿弇父子祖孫事，帝命二十八宿降生，輔光武，滅王莽。蓋以雲臺二十八將附會爲二十八宿也。按《玉匣記》等書以二十八將配二十八宿，蓋出於道家。明成祖永樂二年，選庶吉士二十八人，以配二十八宿，周忱自請欲與，增惟二十九宿，時謂忱爲挨宿。事與正史多舛錯，而中間耿弇子秉與卓茂女素娥成婚，及秦廣初從光武，因劫素娥，乃降賊，則係作者僞撰爲關目。至謂姜太公爲火德星君，命太歲殷郊以兵書寳劍授秉，尤荒誕無據。按《漢書》：明帝永平三年，帝思中興功臣，乃圖二十八將於南宫雲臺，以鄧禹爲首，次馬成、吳漢、王梁、賈復、陳俊、耿弇、杜茂、寇恂、傅俊、岑彭、堅鐔、馮異、王霸、朱祐、任光、祭遵、李忠、景丹、萬修、蓋延、邳彤、銚期、劉植、耿純、臧宫、馬武、劉隆爲二十八將，益以王常、李通、竇融、卓茂合三十二人，馬援以椒房之親，獨不與焉。據云：耿弇，字伯昭，扶風茂陵人，累官浙東都尉，加鎮海將軍。父況，以上谷郡守告假，母周氏，妻鄭氏，俱同居署中。弇方爲父上壽，東郡太守翟義移文，以王莽篡逆，誅殺劉氏宗黨，會同起兵討賊。況痛憤，擲杯而起，率弇發兵進討。時，徐鄉侯劉快，東郡太守翟義，皆起兵討莽。此皆實事。莽心腹劉歆爲莽謀，遣將嚴尤統兵二十萬拒況父子。況兵少被圍，弇突圍單騎馳歸，爲其母切責。弇計無所出，聞潁川馮異隱於陽山，潛往求助。異占星象，見一將星爲妖氣所掩，一星光射其室，預知弇來，告弇云：帝星已現中央，但時尚未至，當積糗糧，招豪傑以待之。周、鄭姑媳以況被圍，弇無消息，幽居思念。周遂得疾，醫藥弗效。鄭割股以進，疾得平。弇出時，鄭懷孕，至是舉一子，周名之曰秉。未幾，漢宗室長沙定王之後劉秀起兵，卓茂、李通、吳漢、秦廣皆從之。秀以茂爲褒德侯，茂置酒招諸人商勸進。席竟，茂之女素娥爲廣窺見，會光武即位，親率師與茂拒賊劉歆、陳茂，而命秦光進兵葉縣，與王尋戰。廣潛至茂室，劫素娥欲强爲妻。素娥以死拒之。其乳母奔告茂，茂移軍討廣，奪其女歸。廣敗降賊，借兵劫營，圍光武。茂急救得脱。北至滹沱，三面皆賊，無船可渡，河冰適合，乃渡。茂勸光武赴信都，與太守任光、邳彤會，以圖再舉。時，耿弇集兵三萬，恢復洛陽，鐵騎三千，馳渡滹沱，迎駕還洛陽。而馮異亦募兵來會，受命討王郎。況自被圍兵潰，爲嚴尤所擒，下獄。莽使尤説況降，況怒斥之，莽亦不敢加害。弇既迎還帝，練兵討逆，復中尤計，被圍。其子秉年十四，而勇略，夜夢姜太公告以天目山之麓，有寳劍一口，兵書一册，藏地中，取此可以得功名。明日獵於山中，遇白鹿引之，果得書劍，遂辭其祖母及母，募兵三千人，馳往救父。破圍斬尤，父子始得相識。光武以馮異爲帥，遣將祭遵、蓋延、邳彤、馬武、朱祐、陳俊、任光、劉隆分兵討王郎。卓茂亦以兵入長安，誅莽，縛劉歆、秦廣，出況於獄。弇、秉至長安，與況會。茂奏之光武，以歆、廣發弇勘問，伏誅。天下既定，大封功臣。況晋國公，弇、秉爲侯伯，其妻三代皆爲一品夫人云。《綱目》：新莽地皇三年，漢宗室劉縯及弟秀起兵春陵，興復帝室。新市平林兵皆附之。《目》云：長沙定王發之後南頓令欽，生三男，縯、仲、秀。秀隆準日角，嘗受尚書，性勤稼穡，宛人李守好星曆讖記，嘗謂其子通曰：劉氏當興，李氏爲輔。及新市平林兵起，通從弟軼謂通曰：今四方擾亂，漢當復興。南陽宗室，獨劉伯升兄弟泛愛容衆，可謀大事。通笑曰：吾意也。會秀賣穀於宛，通遣軼往迎。秀與相約結定謀。按此則從光武初起兵者，惟李通，餘皆牽合。又更始元年，莽遣其司徒王尋、司空王邑大發兵，會嚴尤、陳茂圍昆陽。秀使王鳳、王常守昆陽，夜與李軼等十三騎出城外收兵。無耿況被圍事。六月，秀大破莽兵於昆陽下，殺王尋。秀徇潁川，馮異以五城降。《目》云：秀復徇潁川，屯兵巾車鄉。郡掾馮異監五城，爲漢兵所獲，異曰：異有老母在父城，願歸據五城，效功報德。秀許之。異歸，謂父城長苗萌曰：諸將多暴横，獨劉將軍所到不虜掠，觀其言語舉止，非庸人也。遂與萌率五縣以降。按此無隱陽山及募兵會滹沱事。秋，莽將軍王涉、國師劉秀自殺。按此劉秀即劉歆，成帝綏和二年，莽薦歆爲侍中，貴幸，改名秀。莽腹心與甄豐王舜唱導在廷褒揚功德，及莽簒位，爲國師，至是道士西門君惠謂涉曰：讖文，劉氏當復興，國師姓名是也。涉遂與秀及大司馬董忠等謀劫莽降漢，謀泄，皆自殺。據此則歆死在莽前。劇中與此皆不合。更始遣王匡攻洛陽，申屠建攻武關。建入關，衆共誅莽，傳首詣宛。按此則莽誅在更始元年，光武未即位之前。十月，分遣使者徇郡國，曰：先降者復爵位。至上谷，太守耿况迎，上印綬，使者納之，一宿無還意。功曹寇恂勒兵入見使者，曰：天下初定，使君建節銜命，郡國莫不延頸傾耳。今使至上谷，而先墮大信，將復何以號令他郡乎。使者不應，恂叱左右以使者命召况，取印綬帶之。使者不得已，乃承制詔之。按此則况未嘗請假。以劉秀行大司馬事，遣徇河北。十二月，王郎稱帝於邯鄲，徇下幽冀。更始二年春正月，大司馬秀北徇薊。大司馬秀以耿弇爲長史，耿况遣其子弇詣長安。弇時年二十一，至宋子會王郎起，從吏曰：子輿成帝正統，捨此不歸。遠行安之。弇按劍曰：子輿弊賊，卒爲降虜耳。我至長安，陳漁陽、上谷兵馬，歸發突騎，以轔烏合之衆，如摧枯折腐耳。公等不識去就，滅族不久也。弇聞大司馬秀在盧奴，乃馳北上謁。秀留署長史，與俱北至薊，令功曹王霸募人擊王郎。市人皆大笑，霸慚而返。秀將南歸，弇曰：今兵從南方來，不可南行。漁陽太守彭寵，公邑人，上谷太守，即弇父也，發此兩郡，控弦萬騎，邯鄲不足定也。秀官屬皆曰：死尚南首，奈何北行入囊中。秀指弇曰：是我北道主人也。按此則無父子同起兵被圍事。薊城反，應王郎，大司馬秀走信都，和戎發兵擊邯鄲。秀趣駕出城，晨夜南馳，至蕪蔞亭，時天寒，馮異上豆粥。至饒陽，官屬皆乏食。晨夜兼行，至下曲陽，傳聞王郎兵在後。至滹沱河，候吏還曰：河水流澌，無船不可濟。秀使王霸往視，霸恐驚衆，還即詭曰：冰堅可渡。遂前至河，冰亦合，乃渡。未畢數騎，而冰解。今深澤縣危渡口，即光武渡滹沱處。至南宮，遇風雨，入道傍空舍。馮異抱薪，鄧禹爇火，秀對竈燎衣，異復進麥飯。無以兵來會事。至下博城西，惶恐不知所之。有白衣父老指曰：努力信都，爲長安城守，去此八十里。秀即馳赴之。劇中以白衣爲茂也。耿弇以上谷、漁陽兵行定郡縣，會大司馬秀於廣阿，以其將寇恂、吴漢等爲將軍。夏四月，進拔邯鄲，斬王郎。劇中弇以兵來會，指此也。秀部分吏卒，皆言願屬大樹將軍。大樹將軍者，馮異也，爲人謙退不伐，敕吏士非交戰受敵，常行諸營之後，每所止舍，諸將并坐論功，異常獨屏樹下，故軍中號曰大樹將軍。劇中以異爲元帥，分兵討王郎，本此。更始立，大司馬秀爲蕭王。乙酉六月，蕭王即皇帝位，改元大赦。九月，以卓茂爲太傅褒德侯。宛人卓茂，寬仁恭愛，恬蕩樂道，雅實不爲華貌，行己在清濁之間。哀平間爲密令，愛民如子。及王莽居攝，以病免歸。上即位，先訪求茂。茂時年七十餘。詔曰：夫名冠天下，當受天下重賞，今以茂爲太傅，封褒德侯。按此光武即位以後，始訪求茂，封侯，不同諸人佐命起南陽也。考茂本傳，無所謂女名素娥者。耿秉在明帝時立功，亦不在佐命中興之列。

又《呼雷駮》不知何人所作。演唐將段志玄事，姓名雖真，事迹全假。其所引隋唐英雄，及唐初將相事，與正史合者少，得之《隋唐演義》爲多。而所揑造志玄事，又《演義》所不載也。呼雷駮者，馬名，劇謂志玄歸唐，其根因此馬而起，故以爲名也。略言：隋末時，臨淄段志賢、志玄兄弟武藝出衆，志賢濟州當軍，按史《段志玄傳》無有兄志賢，係揑出。志玄至太原，汾陰柴紹薦入唐公之幕。唐公即高祖也。其二公子善待之。二公子，即太宗也。志玄憶其兄，回家省視。時，歷城羅士信大鬧山東，與秦叔寶、程咬金等同上瓦岡寨聚義。煬帝遣閿鄉張須陀爲山東黜陟討捕大使，叔寶令士信下山探信，與志玄相遇酒肆中，意氣投合。志玄告以李公子招賢納士，俟探兄後，當至寨，招叔寶等同往。及過熊耳山，山寨齊國遠、李如珪久據落草，如珪妹韞珠，善用九絨縧，使喪門劍，百萬軍中，取上將首級如戲。如珪吐番市馬，得龍駒一匹，曰呼雷駮，遣卒牽送叔寶，以結聲援。其寨下頭目設伏擒志玄上山。韞珠見其所佩寶劍，問所從來。志玄即怒叱韞珠，韞珠亦自負其勇，釋縛還劍，俾與交鋒。勝負未分。如珪、國遠勸解，留入山寨，以韞珠許嫁焉。及歸家，則志賢已娶妻白氏玉英與婢倩雲，皆美麗自喜。志賢奉其將高統制之命，差往江都，因留志玄掌家政。叔寶方與咬金等賞雪，如珪所遣卒至，言送馬中途，爲行臺總管張須陀詰問，奪馬而截卒之耳，使報其魁，令喪膽也。士信探須陀信，還告叔寶等，亦與相同，且甚言須陀之武勇。因請間行至齊州，與志玄計，盗呼雷駮以歸，共投唐公。志玄嫂婢嘗誘志玄，爲所叱，而二女皆有淫行，懼志玄管束。士信來訪志玄，語盗駮事，倩雲竊聽知之，私告淫夫，首志玄於官。士信去，志玄歸家，被官捕入獄中。是時，國遠及如珪兄妹皆已投唐公。公取長安，稱帝，用國遠等爲將帥，如珪兄妹爲平陽公主左右先鋒，率兵攻齊州。煬帝遣蕭懷静爲山東道監軍總督，以轄須陀。須陀方遣高統制援聊城，而己守齊州。懷静面加叱辱，掣其兵於己麾下。志賢由江都還，遭李密、杜伏威之亂，展轉至瓦岡寨。叔寶、士信等邀入，與言其家事。因率衆偕志賢至齊州，伏卒於大華雲寺，舉火爲號，劫獄以救志玄。懷静兵尚未發，而其步將已縛。懷静投降於平陽公主。志賢引士信、咬金等於中秋夜劫獄，大牢節級殷開山導之，士信等焚燬齊州，志賢殺妻與婢及其奸夫。須陀聞變走避，爲士信等夾攻，自刎於陣。群英遂相挈歸唐，爲佐命功臣。而平陽公主奏聞高祖，令秦叔寶、齊國遠爲媒，以韞珠配志玄爲妻。按《段志玄傳》：志玄，齊州人，父偃師，隋郢州刺史。《傳》無志賢，且其父固刺史也，劇言兄弟以勇力當軍，誤。志玄姿質偉岸，少無賴，數犯法。大業末，從父客太原，以票果，諸惡少年畏之。爲秦王所識。高祖興，以千人從，授右領大都督府軍頭，從文静拒屈突通，後從討王世充，破竇建德，遷秦王府護軍，累遷左驍衛大將軍，封褒國公。劇言其先從高祖，不謬，其餘皆非事實。《秦瓊傳》：瓊，字叔寶，以字顯，齊州歷城人，始爲隋將來護兒帳内，俄從通守張須陀擊賊。盧明月下邳，賊衆十餘萬，須陀所統纔十之一。叔寶與羅士信奮行，乃分勁兵千人伏莽間。須陀委營遁，明月悉兵追躡。叔寶等馳叩賊營，門閉不得入，乃陞樓拔賊旗幟，殺數十人。營中亂，即斬關納外兵，縱火焚三十餘屯。明月奔還，須陀回擊，大破之。以功擢建節尉，從須陀擊李密滎陽。須陀死，率殘兵附裴仁基。仁基降密，密得叔寶，大喜，以爲帳内驃騎。後歸王世充，與程齩金計，來降高祖，俾事秦王府，後封胡國公。按叔寶、士信未嘗作賊，且係須陀部將也，劇誤。士信，《唐書》無傳。《程知節傳》：本名齩金，濟州東阿人，善馬矟。隋末，所在盜起，知節聚衆數百，保鄉里。後事李密，號内軍。密敗，爲王世充所獲，惡其爲人，與秦叔寶來奔，授秦王府統軍。從破宋金剛、竇建德、王世充，後封宿國公。按史無瓦岡寨等事，劇妄引也。《隋書張須陀傳》：須陀，弘農閿鄉人，勇决善戰，又長於撫馭，得士卒心。論者號爲名將。討平諸賊，威震東夏，以功遷齊郡通守，領河南道十二郡，黜陟討捕大使。賊盧明月衆十餘萬將寇河北，次祝阿。須陀邀擊，殺數千人。尋將兵拒東郡賊翟讓，前後三十餘戰，每破走之。讓與李密逼滎陽，伏兵邀擊，須陀戰死。按須陀事迹如此，劇稍得仿佛，記爲士信、志玄等所逼，則謬。《資治通鑑》：大業十年，涿郡賊帥盧明月衆十餘萬軍祝阿，須陀將萬人邀之，相持十餘日。須陀委柵而遁，使羅士信、秦叔寶二人分將千兵，伏葭葦中。明月悉衆追之，士信、叔寶馳至其柵，柵門閉，二人超陞其樓，各殺數人，營中大亂。二人斬關以納外兵，因縱火焚其三十餘柵，烟焰張天。明月奔還，須陀回軍奮擊，大破之，俘斬無算。按此乃叔寶、士信火燒敵營事，而劇以爲反燒須陀之營，大謬。又大業十一年，宇文述誘李敏妻宇文氏，爲表誣告李渾謀逆，劇云段志賢妻令人首夫謀反，影借此事也。又翟讓亡命於瓦岡，爲群盜，同郡單雄信聚少年往從之。李密因王伯當見讓，爲讓畫策，往説諸小盜，皆下之，破金堤關，攻滎陽。帝徙張須陀爲滎陽通守，引兵擊讓。讓驟數爲須陀所敗，聞其來，大懼，將避之。密曰：須陀勇而無謀，兵又驟勝，既驕且狠，可一戰擒也。密分兵伏於大海寺北林間，須陀素輕讓，方陳而前，讓與戰不利，須陀乘之，逐北十里。密發伏掩之，須陀兵敗。密與讓及徐世勣、王伯當合軍圍之。須陀潰圍出，左右不能盡出，須陀躍馬復入救之，來往數四，遂戰死。按注云：瓦岡在東郡界。據此，其地當在今東昌、大名間，據爲盜者翟讓，非秦瓊輩也。其時小盜甚多，頗有姓名載在《通鑑》，而無齊國遠、李如珪之名，且熊耳山在洛陽，今河南府地，與瓦岡亦遠，且劇云段志賢自江都還齊州，安得由瓦岡乎。圍須陀者，李密、徐世勣等，非羅士信等也。又恭帝義寧元年，裴仁基每破賊，得軍資，悉以賞士卒，監軍御史蕭懷静不許，士卒怨之，懷静屢求仁基長短，劾奏之。仁基恐獲罪於朝，李密使人説之，啖以厚利，賈閏甫勸仁基降密，仁基請降。懷静密表其事，仁基遂殺懷静，帥其衆，以虎牢降密。密得秦叔寶及東阿程咬金，皆用爲驃騎，選軍中尤驍勇者八千人分隸之，號曰内軍，曰：此八千人足當百萬。咬金後更名知節。據此，懷静乃監裴仁基軍，爲仁基所殺，仁基乃須陀死後，代領其部衆，懷静亦止監軍御史，非總督也。叔寶、咬金於此時爲密得，其初當尚在仁基部下，且從李密，非遽歸唐也，劇俱妄牽不合。柴紹、平陽公主，《唐書》皆有傳。平陽公主兵，即所稱娘子軍也，然無所謂李韞珠者，劇揣摩附會耳。

又《雄精劍》不知何人所作。演唐張巡、許遠、雷萬春、南霽雲討賊，及守睢陽城陷殉義，多與史傳合。惟云巡命子鎬走靈武乞師，殺賊報仇，則添出扭合。其事迹互見《雙忠記》。略云：許遠，字令威，右丞相敬宗之孫，杭州鹽官人也。舉進士，歷任睢陽刺史。聞貴妃以安禄山爲養子，欲離任入京廷諫，會朝命爲太守，不果行。明皇賜貴妃洗兒錢，又以妃言授禄山范陽節度使。之鎮，舉兵反。鄧州張巡，時任譙郡真源縣令，譙郡太守楊萬石欲降賊，使雍丘令令狐潮説巡俱降。巡罵拒之，集父老哭廟，募召義師討賊。魏州南霽雲、涿郡雷萬春皆歸之。萬石、潮既降賊，巡斬潮妻子以徇。潮引賊攻城，巡與霽雲、萬春屢擊敗之，斬潮，乘勝逐北，擄獲甚衆。萬春守北門時，面中六矢，屹立不動。巡憤其子鎬臨戰不前，欲收斬之，諸將爲哀懇得免。潼關失守，明皇幸蜀。禄山僭位，百官降者甚衆。明皇有馬能銜杯獻酒，有象能舞。禄山設宴，使馬銜杯，馬不動，作嗁嚙狀。使象舞，象欲以鼻捲禄山。復召伶人供奉，樂官雷海青痛哭罵賊而死。明皇西行至馬嵬，六軍不進，殺楊國忠，賜楊妃縊，始得入蜀。賊將尹子奇以兵圍睢陽，許遠告急於巡，巡與霽雲、萬春統兵破賊，與遠合。賊復引兵至，圍城數重。遠等守禦百端，而孤城無援，乃遣霽雲突圍往河南臨淮，請兵救援。許叔冀及賀蘭進明皆不肯發兵，叔冀以布千匹贈霽雲，霽雲麾之而去。進明設席款霽雲，雲謂睢陽危在旦夕，食不下咽，斷一指以示賀蘭。賀蘭終無出師意。霽雲歸。時，肅宗已即位靈武。巡之子鎬，乞巡血疏，僞爲丐者，赴靈武求救。子奇圍城，爲霽雲射中一目，賊稍退。禄山病瞽，内侍李猪兒刺殺之。其子慶緒復益子奇兵，圍睢陽。睢陽困守數月，糧盡，人相食。然感巡、遠威德，守城，卒不破。巡有愛妾吴氏，見事急，請先死，遂自盡。巡烹以享士。遠有義僕慶童，聞風亦自頸，遠從其志，亦以享士。士死守，惟餘三百六十人。城陷，巡、遠、萬春、霽雲皆罵賊死。以下皆史所無。鎬至靈武，肅宗嘉其忠孝，授河南節度使，賜錦衣戰馬，命督龍驤軍十萬討賊。鎬星馳至睢陽，而城已陷，巡與遠等皆徇難。鎬發喪縞素，奮勇殺賊，手擒尹子奇斬首，以祭其父及遠等。賊平，李、郭復兩京，肅宗迎上皇還轅。上皇聞巡等忠烈，繞道至睢陽，設祭祭諸忠魂，立廟曰雙忠祠，賜鎬爵忠烈侯，平章軍國事，遠等子孫皆加恩優恤云。按史，天寶十四載十一月，安禄山反。十五載，以許遠爲睢陽太守。二月，真源令張巡起兵雍丘討賊。劇中事實皆同，而前後互異。史無巡斬令狐潮妻子及斬潮事，遠僕亦未載慶童名，遠非同時罵賊死。韓文《書張中丞傳後敘》云：愈嘗從事於汴、徐二府，親祭於其所謂雙廟者，其老人往往説巡、遠時事云：南霽雲之乞救於賀蘭也，賀蘭嫉巡、遠之聲威功績出己上，不肯出師救，愛霽雲之勇且壯，不聽其語，强留之，具食與樂，延霽雲坐。霽雲慷慨語曰：雲來時，睢陽之人不食月餘日矣，雲雖欲獨食，義不忍，雖食，且不下咽。因拔所佩刀，斷一指，血淋漓以示賀蘭。一座大驚，皆感激，爲雲泣下。雲知賀蘭終無出師意，即馳去。將出城，抽矢射佛寺浮圖，矢着其上磚半箭，曰：吾歸破賊，必滅賀蘭，此矢所以志也。愈貞元中過泗州，船上人猶指以相語。又云：巡於書，讀不過三遍，終身不忘。初守睢陽時，士卒僅萬人，城中居人户亦且數萬，巡因一見問姓名，其後無不識者。肅宗至德二載，上皇遣中使祭始興文獻公張九齡，思其先見也。劇中繞道祭巡、遠，影借此事。又房琯罷，以張鎬同平章事。秋七月，以張鎬兼河南節度使。又張鎬聞睢陽圍急，倍道亟進，且檄譙郡太守閭丘曉救之，曉不受命。鎬至睢陽，城已陷三日矣。鎬召曉，杖殺之。杜甫《洗兵馬》詩：關中既留蕭丞相，幕下復用張子房。張公一身江海客，身長九尺鬚眉蒼。徵起適遇風雲會，扶顛始知籌策良。指張鎬也。按鎬非巡子，其爲河南節度使及救睢陽，則有之，劇中牽合爲父子，大謬。又楊萬里誤作萬石，亦非是。《摭青雜説》云：紹興辛巳冬，有小校何兼資者，領兵至六合縣西，夜與鬼兵遇，叩其主帥，則張、許及南、雷也。兼資少亦讀書，頗記張、許事，因再拜頂禮，曰：二大王忠義之節，史書所載，其皆實乎。巡曰：史有何疑。資曰：史言大王城守，凡食三萬餘人，不知果否。巡曰：有之，而實不然也，其所食者，皆已死之人，非殺生人也。資又曰：史言張大王殺愛妾，許大王殺愛奴，果否。巡曰：非殺也，妾見孤城危逼，勢不能保，欲學虞姬、緑珠之效死於吾前，故自刎。許大王奴亦以憂悸暴死，遂烹以享士，蓋用術以堅士卒之心耳。兼資顧見雷萬春面上止有一疤，因再拜問曰：史言將軍面着大箭有六，而一疤，何也。萬春曰：當時實着六箭，而五着兜鍪，人人相傳，謂吾面着六箭不動，吾亦當之，庶揚聲以威之也。兼資後以功至正使，在西京多與士大夫言之。《嘉話録》云：張巡之守睢陽，城孤勢蹙，人食竭，以絺布切煮而食之。時以茶汁和之，而意自如。其《謝加金吾表》曰：想峨眉之碧峰，豫遊西蜀；追緑耳於元圃，保壽南山。逆賊禄山，迷逆天地，戮辱黎獻。臣被圍七旬，親經百戰，主辱臣死，當臣致命之時，惡稔罪盈，是賊滅亡之日。又激勵將士賦詩曰：接戰春來苦，孤城日漸危。合圍占月暈，分守若魚麗。屢厭黄塵起，時將白羽揮。裹瘡猶出陣，飲血更登陴。忠信應難敵，艱貞諒不移。無人報天地，心計欲何施。

又《十大快》 不知何人作。演余孝克事，書生爲駙馬，一大快也；金榜三元，二大快也；天仙送子，雙産麟兒，三大快也；剿滅猩猩，班師奏凱，四大快也；立非常之業，兼兩王之封，五大快也；二子文武高魁，六大快也；女寇入境，不動干戈，反成秦晉，七大快也；兩女聯姻，贈無限金珠，得無窮至寶，八大快也；壽登七十，金玉滿堂，窮奢極慾，九大快也；長生不老，與天地同休，十大快也。劇以是名。殆如莊生寓言，遊戲筆墨耳，其事荒誕無據。略云：余孝克，字振先，山東東昌府人。父爲大司馬，母一品夫人，俱早棄世。桃花山中一老人，善風鑑，孝克往詢之。老人云：富貴之相，必至王侯，更有奇緣配合。遺一錦囊，囑其榮顯已極，子孫滿堂，壽登古稀之日，方可開看。是時大晉天子雍熙二十二年，公主瓊霄年十五歲，才貌無雙。值春景融和，御園萬卉芳妍，帝同公主賞玩，命宮娥舞花。公主賦舞花詩二絶句云：春風次第到瑤臺，萬紫千紅一夜開。鸞鳳半空翔彩翼，盡銜花片自天來。祥雲靄靄護蓬萊，玉樹瓊林紫禁開。無數仙姬爭窈窕，散花飛下九霄來。帝大喜，命司禮監將舞花詩挂於午門外，遍選天下才人依韻和詩，佳者即爲駙馬。赴選者三千二百人，獨取中於孝克，即賜配瓊霄。浙江地界，海外之國，有猩猩三千，入境侵犯。禮部尚書賈仁奏秋闈暫停，以此一項錢糧充兵餉。待春闈應試，解元即爲會元。帝允之，命兵部出師。孝克與瓊霄靜好無間，已及一年，適遇春闈，孝克辭公主，仍以書生赴試。監臨爲左都御史孫秀，主考則翰林院侍讀劉卞編修王國也。取孝克以解元爲會元，殿試又擢狀元及第，榜眼曰楊廷文，探花曰顧松。帝知即駙馬，大喜。而玉帝以孝克累世積德，陰功浩大，命張仙同送生仙女，送和合二仙爲嗣，遂於中秋日雙生二子。周歲時，大兒取書，因名廣文，次兒取劍，因名廣武。適浙江報猩猩猖獗，請兵助剿，孝克疏奏願往，即賜上方劍便宜行事，加封兵部尚書，太子太保，總制浙江地方，都督大元帥，統轄文武，率兵五千。至浙江，駐紮瓦鹿上，探得猩猩好飲酒，以酒三千罎，木屐三千隻，列於三叉路口，猩猩果中計被擒，奏凱班師，晉封二王，兼攝文武朝政，賜御宴，黄金萬兩。華蓋殿大學士黄廷用、兵部尚書周昌陪宴。孝克與瓊霄諧姻已十六年，兩兒俱十五歲，同時赴試。主考禮部尚書文宗，兼文武兩場，廣文文狀元，廣武武狀元，俱大魁天下。廷用遣媒議親，兩兒以其女貌陋，遂婉辭之。廷用大怒，值西洋女國侵犯，遂奏余廣文、余廣武，文武全材，命之出師，率兵五千，與女將戰。而女將見二人美貌，即輸情云：非敢侵犯，實求姻緣。具表奏聞。帝心喜悦，賜西洋女黄金千兩，彩緞千端爲聘，即於金鑾殿結婚，花花配廣文，哈哈配廣武云。孝克與瓊霄備享福禄，年俱七旬，帝賜百歲坊扁額，侑以黄金千兩，壽星圖一軸，賀夫妻雙壽。奉旨大宴三日，文武官祝壽者概不接見。西洋女國送五色明珠二百顆，犀牛八寶四十對，扶餘玉、水倉珠一盤，琥珀杯二十隻，靈草長生果四盒。東方朔變道人，手執漁鼓，以蟠桃一盤進獻，道情勸其出世修行，不可久戀迷途，困述九大快事，所欠者長生不老耳。孝克與瓊霄俱恍然覺悟，約於十二月二十四日相晤。孝克憶桃花山風鑑老叟言，開錦囊視之，有詩曰：君今欲覓無窮樂，須仗東翁指示迷。二子二媳亦願同謝職歸山，因齋戒沐浴。群仙東方朔、漢鍾離、吕巖果於是日降臨，指示仙機，同詣洞天福地。玉帝敕封孝克爲大羅天仙，瓊霄封麻姑仙，廣文、廣武仍歸和合二仙位。西洋女屬，係喜慶子、瑞鶴仙謫凡，封地形仙女，并受長生不老之方，與天地同休焉。按《蜀志》曰：封溪縣有獸曰猩猩，體似猪，面似人，音作小兒啼聲，既能人語，又知人名。人以酒取之，猩猩初暫嘗之，得其味，甘而飲之，終見羈纓也。裴炎序曰：阮汧曾使封溪，見邑人云，猩猩在山谷間，嘗有數百爲群，里人以酒并糟，設於略側，又愛着屐，里人織草爲屐，更相連結。猩猩見酒及屐，則知設者祖先姓字，及呼名云：汝欲殺我，捨爾而去。復自再三相謂曰：試共嘗酒。及飲甘味，逮乎醉，因取屐而着之，乃皆獲，輒無遺者。劇中計擒猩猩本此。據《蜀志》、《獨異志》皆云猩猩出封溪，《廣志》亦云出交阯封溪，《華陽國志》云出永昌郡，《南方草方狀》云出交阯武平興古，唐蒙《博物志》云出日南，周密《齊東野語》云出南丹州，《雲嶠類要》云出嶺南，皆與浙江相遠。劇中取荒唐，故隨意點入地名耳。

又《河燈賺》 記雷横、朱仝事也。大段本《雷横枷打白秀英》及《朱仝誤失小衙内》兩回，其前後事迹，亦俱與《水滸傳》相合。以朱仝抱高衙内看河燈被賺，故曰《河燈賺》也。其與《水滸傳》不合者，蜈蚣嶺殺賊道，乃武松事，今移入雷横名下。且《傳》無張太公女嫁雷横之説，劇中張端娘許嫁雷横，後來孤身往投，至朱仝宅，與仝妻共居。縣令拿朱仝家屬，并執兩人。李逵直入縣堂，救出雷横，接應入山。俱是爲團圓地步，非《傳》中事。李逵嘗於壽張縣坐衙審事，今作鄆城縣坐衙，因此救出朱仝之妻。又李逵負母至沂嶺，母爲虎食，逵怒，連殺四虎。今云雷横母爲猩猩負去，解珍、解寶射中猩猩，猩猩遁去，横母得生，亦係移花接木。李逵在顧大嫂酒店中漏泄殺小衙内語，公人白於官，遂拿仝妻，亦與《傳》不合。

又《通天犀》 近時人所作，年代亦近時事，然俱是憑空結撰，地名、官名皆無照應，作者亦未知何人。莫遇奇，世居天木，因稱天木十一郎。少遇異人，收養雲夢山中，傳授武藝。及長，往雲中覓食，傭工於學究程老學家。探叔汝寧，至彝陵白水灘，大將劉子明之子仁傑，方與賊將交戰，勢垂危，遇奇救出之。仁傑感其恩，贈通天犀玦一枚，佩之赴水不没，相與結爲兄弟。仁傑者，劉挺孫也。其父子明，爲雲貴總兵。蒙化苗蠻許起英，號青面虎，據豹兒崖爲亂，有妹飛珠，美而且勇。青面虎醉卧酒肆，軍士縛送子明，遣副將夏之來解京師。飛珠至白水灘劫去，之來被殺，仁傑幾斃，遇奇救之，脱回父所。右軍督僉柏達者，當朝繆太師賢之婿也，欲得雲貴總兵，構之於賢，謂子明私通反賊，擅殺部將。賢奏遣柏達，馳拿子明父子，解京讞問。時遇奇至汝寧，叔以公事他出，不能相值，將歸依老學，道逢檻車，乃子明父子也，遇奇與仁傑語，爲軍士所叱，拳毆叱者而去。柏達遂訴於賢，言有賊黨十一郎者，途中欲劫囚，以激賢怒。賢即令達捕遇奇於老學家。老學妻曹氏，女珍奴，珍奴美艷，有山賊假集成，知飛珠欲得美女爲部將，遂掠珍奴，欲以獻飛珠。會遇奇抵老學家，聞其事，急奪珍奴歸。而柏達欲捕遇奇不得，縛老學夫婦去。遇奇與珍奴至，則已不相及，遂與珍奴訂姻盟，用通天犀爲聘物，而身詣京師投到。柏達聞遇奇還，即回捕遇奇，遇奇已出，乃捉珍奴去。暮抵驛中，迫奸不從，自投於井，以佩犀不死，驛夫救出之，誑而鬻於渭南之倡家。繆賢之鞫子明也，并鞫老學，指爲同謀，羈老學妻曹於大理，押老學赴雲南，責令必獲遇奇，而戍子明於嶺南窩角寨，戍仁傑於關西慶陽衛，即以柏達代子明之職。遇奇赴京，至大盤關，解子受繆賢囑，欲於松林中殺子明，被遇奇見，乃不敢害。子明告遇奇云：老學已押赴雲南。遇奇遂奔往雲南。老學甫解至，遇奇亦投至。柏達定遇奇斬罪，而仍戍老學於關中。飛珠居山寨，頗動懷春之心，常念交戰時少將，可相配偶，乃獨身下山訪之。抵高平廟中，適遇仁傑，詢知其父子被害，并知前救仁傑者乃莫遇奇也。飛珠詭姓名曰午言，以妹與仁傑訂婚約，實即以身許也。兩人語次，解子具悉仁傑之冤，縱仁傑去，而以中途身故報於官。仁傑行訪親，抵渭南，爲珍奴贖身，令别居以待遇奇。而飛珠還山，道遇老學，引入起英寨中，令抄寫文册。詢知遇奇之豪俠，起英遽爲劫法場，奪之歸山，使爲偏將。吏部尚書懷其清者，子明之妻弟也，問解差，得繆賢謀害子明父子狀，而柏達又失機陷地，乃具疏劾賢，且恤子明冤。奏上，革賢職，復子明官，拜平蠻將軍，星馳討賊。并出老學妻曹氏於獄。曹至渭南，獲遇其女。子明知遇奇在賊中，發令箭取程女於渭南，以爲招安之地，而令子仁傑爲先鋒。及戰，仁傑爲飛珠所擒，逼使成婚，堅拒不可，乃告遇奇以代爲贖妻之故，令老學、遇奇共説起英投降。乃奏聞於朝，晋加官爵。而遇奇與珍奴、仁傑與飛珠，各相婚配焉。按劉綎，明萬曆間大將也，父劉顯，南昌人，官總兵，征蜀有功。綎更驍勇，累著勛績，而討楊應龍時，直入水龍囷，擣其巢穴，播州遂平，論功第一。劇中江右人名傳蜀粤，其後又云劉大刀，皆不謬也。綎子招孫亦甚驍勇，今所云子明，當即指招孫也。萬曆四十六年，四路出兵，楊鎬爲經略，劉綎、杜松、馬林、李如柏爲總兵，綎、松、林皆爲大兵所殺，鎬、如柏論斬。是時，招孫爲先鋒，亦陣亡，未聞綎復有子爲總兵也，蓋或别有所指，借以立名目云。

又《鐵弓緣》 未知何人所撰。中間名姓，俱屬子虚，惟關白是日本大頭目，名曰平秀吉，於萬曆中，與高麗構兵，神宗命總兵劉綎、李如松、陳璘、麻貴等，分路征討。文臣督兵者，則顧養謙、楊鎬等。連兵甚久，不能服，廷臣紛紛議剿議撫，且議封貢。勛衛李宗城奉命撫倭，委曲順從，遁歸繫獄。劇中祁飛龍賄倭獲罪，似指李宗城。後關白自斃。彼時推功諸將，謂白被殺，其實關白自斃。劇云熊祥兵至，其帳下内應殺之。熊祥二字，翻切楊字，蓋暗指楊鎬也。鎬於征倭不爲無功，然關白非其所殺。袁黄爲贊畫主事，劇云贊畫匡鎮，當亦以袁黄二字翻匡字也。又顧養謙，揚州通州人，劇云匡鎮維揚人，亦暗相影射。其左右頭目行長清正不睦，諸將乃獲奏功，班師。大略言揚人匡鎮，以鄉科授别駕遷潞安同知，一女瑞香，及笄未嫁，家丁匡忠，勇健無敵，令護女赴任，道遇冀州總兵祁飛龍之子啓新，爲盗皇甫剛所困。忠射傷剛，救啓新之厄，而啓新窺見瑞香於車中，遣旗牌席都，求婚匡氏。鎮見啓新陋劣，拒不允。元彩霞者，酒媪蕭氏女也，美而勇，力敵萬夫。其父故緑林之魁，遺一鐵胎弓，强力者皆不能引，惟彩霞引之。媪夢夫告云：女姻在此弓。乃懸肆中，索重價，以陰求引弓者。會匡忠入肆沽酒，引滿有餘力，媪即以女許之。啓新方與匡議親，其僮譽酒家女之美，謂可先占爲妾，直入其肆，喻令侍酒。媪怒，毆啓新之僮，而女以是日嫁忠。啓新圖兩女俱不得，大恚，與父謀，欲陷構鎮之主僕，會關白兵亂。劇中有山西冀北字面，大謬，關白兵但在高麗，李如松輩戰於平壤風月樓等處耳。飛龍乃檄鎮解兵餉於軍前，而屬席都勾通關白，中道劫糧，因殺於路，即不死，失糧罪亦重，席引白兵遇糧車，果劫去。忠方與戰，不能支，鎮已爲所縛，勢危甚。一男子衝殺甚力，忠乃得與救鎮回，男子即皇甫剛。初，被忠傷，幸不死，悔過徙業，欲訪忠投鎮，遇忠困，故力救之。鎮、忠既脱，剛遂投督府熊祥幕效用。飛龍聞失糧，席都没於兵，則遣人捕鎮與忠，鍛其罪。鎮抗辯，且指飛龍遣都勾白。飛龍益怒，擬鎮大辟。忠充軍雍州，彩霞與忠別，忠爲言荆州皇甫剛之義俠，令心識之。初，彩霞嫁忠，其母即往雍州投其兄，兄從軍他往，母乃復爲酒媪。彩霞與忠言，母在雍州，忠至，果遇媪。彩霞奉瑞香寄居茅舍中，啓新益視爲籠檻中物，誘瑞香嫁己，則爲薄其父罪。彩霞與瑞香計，謬許之，至期啓新至，彩霞誘啓新，令其左右皆引避，閉門殺啓新，負瑞香遁走。恐二女同行被詰問，彩霞改男裝，自稱皇甫剛，詭云夫婦。道遇關白兵與戰，稍得利，白好詞招之。彩霞方慮無避仇處，即入白軍爲先鋒。剛既投祥爲軍校，即力薦匡忠之材武，并爲鎮訟冤。祥素知飛龍惡，具疏劾之，發令箭，提鎮與忠親審問。剛奉命，提鎮送往祥所，欲一探鎮女消息，而行至其處，則啓新已被殺，從者方喧鬧，不知主名，遂擒剛見飛龍，指爲殺啓新者。飛龍拷致剛罪，申文於祥，祥即令提剛并審。祥審鎮，察其冤，釋使爲贊畫，審忠亦無罪，會飛龍與倭將交鋒，爲所殺，諜報殺飛龍者曰皇甫剛，而剛適解至，祥細詰其情，亦察剛無罪，乃使忠與剛爲左右先鋒。元媪自雍欲還訪女，道中遇倭被獲，見一將，乃其女也，遂留軍中。剛初率兵與彩霞戰，敗走，忠繼進，彩霞引退，謂其母曰：交鋒者，吾夫也。令母男裝入忠軍，以鐵胎弓爲據，相約内應，斬關白以降。於是諸人并受封爵，而鎮以女嫁剛。其關鍵在匡忠、彩霞，其緣起結束俱在鐵胎弓，故曰《鐵弓緣》也。按韓琦經略西夏，用神臂弓，即鐵胎弓也。小説云起於鄭信，未知的否。

又《順天時》 係近時人作。内演《封神傳》鄧九公、土行孫一節，稍加删改。九公本殷將，後順天歸周，故名《順天時》也。略云：鄧九公守三山關，妻趙氏，子鄧秀，女嬋玉，秀、玉皆善戰。九公素忠勇，奉命率師拒岐周。值炎暑，子牙令軍士挾棉衣，憑高結壘，時果降雪。九公紮平坡，被擊敗績。此與《封神傳》不同。初，子牙詣崑崙，謁其師元始天尊。師付封神榜，令滅紂興周。有黠徒申公豹，忌子牙，必欲滅周興紂，唆使諸截教與子牙抗敵。遂之飛龍洞，説懼留孫門人土行孫，盗師法寶與薦書，令投九公，當富貴，兼得佳偶。行孫善地行術，倏詣商營，遞所薦書。九公見孫貌不揚，令充催糧使。時，周將搦九公戰，公與女嬋玉皆被周將楊戩神犬所傷，苦不能勝。行孫運糧歸，即敷以金丹，立愈，且言可計刻擒子牙等。九公喜，授以先鋒，令出戰。用捆仙繩，遂擒哪吒、黄天化。九公設席賀，欲其委心效力，紿以女妻行孫。行孫急欲婚，夜劫周營，子牙預令楊戩，用變化法擒行孫，縛者纔易手，行孫即用術遁歸。戩知捆仙繩係懼留孫法寶，遂詣請所由。懼留孫即至周營，使引行孫出，立擒之。詢其故，知爲申公豹所誘也。責以逆天背師，欲誅之。行孫告以九公許婚事，師知夙有前緣，與子牙議，遣散宜生往説鄧。鄧僞諾，紿子牙親納綵，欲伏兵擒子牙。懼留孫知其計，預令埋伏，使行孫擒嬋玉歸。迨入鄧營，伏兵起，周將與戰，鄧復敗績，嬋玉被擒，或勸以婚，玉以無父命寧殞。子牙益重其節，令之商營招其父。嬋玉知天命歸周，至營見父，適其母趙氏聞九公困，亦至營欲同殉國。嬋玉具以人心天命曉之，九公遂悟天不可違，棄殷歸周，以嬋玉妻行孫云。按《封神傳》係元時道士陸長庚所作，未知的否。觀《傳》内燃燈、慈航、接引、準提皆稱道人，文殊、普賢、拘留孫，皆稱元始弟子，其崇尚道家，疑必道家之作。但封神事屬荒唐，而商、周臣宰，内中半實半虚，大略扭合妝點，以伐紂爲題目，蔓引釋老，以封神作演義耳。商臣無鄧九公之名。《封神傳》：子牙即九良星，鄧九公青龍星，鄧嬋玉六合星，土行孫土府星，黄天化即炳靈公，俱屬子虚。元始天尊門人曰闡教，通天教主門人曰截教，申公豹本闡教，因與姜子牙交惡，故遍糾截教以害子牙，且每誘闡教弟子，往投截教云。

又《同昇記》 冶城老人序云：海内梵刹，間設三教之堂，龕三師於上。有儒者進曰：吾孔氏之尊，豈居二氏之下。奉而中移。衲道者進曰：孔子，吾師之弟子也，而位師上耶。又奉而中移。主僧更復其故位，嗣是屢屢更移，而像旋壞。三師因相謂曰：吾三人本相忘，乃各爲劣徒搬壞。嗚呼。達三聖相忘之旨者，幾何人哉。達者閔之，思借人間之戲劇，以寓省悟之微機。此雖循人間讌樂之習，而究其不得已之心，則良苦矣。如余之傳柳翠，亦遇賞音，第余專明佛乘，未及三教。兹有東海一衲，與無無居士、赤肚子、了悟禪師三數人，初遇各持門户，若相矛盾，而卒乃相忘於無言。於是東海一衲，耳既有覺，便思覺人，演六賊之竊發，歸一將之擒獲，卓爾三家，渾同一事。不廢譏笑而直啓元扃，不離聲色而竟收太乙，兹《同昇》之所爲作也。《記》內有潘太史，則東海一衲所自寓也。按余之傳柳翠一語，似爲徐渭序。序中無無居士，即汪廷訥，第六折所謂全一真人，亦即廷訥別號。廷訥有劇數種，大都留心佛乘，假托神仙。此劇爲東海一衲所撰，中多演廷訥事，其意不過紐合三教，儒則潘凌雲，釋則了悟禪師，道則全一真人，皆即當時所交而改易姓名，現身説法。後三十一折，又有僧圓通、道士張胄，亦同此意。六賊亦借用釋家語。至穎二陽、留尚志等，皆憑空撮撰。中間有妓白玉蘭，與穎生設誓，後復叛盟，蓋借他事點入者。其餘博濟、贅婿、送子等折，則皆世俗所樂道，故點染作關目，非實事也。

又《鈎弋宫》不知誰作。漢武帝事，雜見諸書，作者又取西王母、東方朔、宛若等紐合，以鈎弋夫人爲主。《漢書外戚傳》云：李夫人本以倡進，初，夫人兄延年，性知音，善歌舞。武帝愛之。每爲新聲變曲，聞者莫不感動。延年侍上起舞，歌曰：北方有佳人，絶世而獨立。一顧傾人城，再顧傾人國。寧不知傾城與傾國，佳人難再得。上嘆息曰：善，世豈有此人乎。平陽主因言延年有女弟，上乃召見之，實妙善舞，由是得幸。李夫人少而蚤卒，上憐憫焉，圖畫其形於甘泉宫。李夫人病篤，上自臨候之。夫人蒙被謝曰：妾久寢病，形色毁壞，不可以見帝，願以王及兄弟爲托。上曰：夫人病甚，殆將不起，一見我屬托王及兄弟，豈不快哉。夫人曰：婦人貌不修飾，不見君父，妾不敢以燕媠見。上曰：夫人第一見我，將加賜千金，而予兄弟尊官。夫人曰：尊官在帝，不在一見。上復言欲必見之，夫人遂轉鄉歔欷，而不復言，於是不悦而起。夫人姊妹讓之曰：貴人獨不可一見上，屬托兄弟耶。何爲恨上如此。夫人曰：所以不欲見帝者，乃欲以深托兄弟也。我以容貌之好，得從微賤愛幸於上。夫以色事人者，色衰而愛弛，愛弛則恩絶。上所以拳拳顧念我者，乃以平生容貌也。今見毁壞，顔色非故，必畏惡吐棄我，意尚肯復追思，閔録其兄弟哉。及夫人卒，上以厚禮葬焉。其後，上以夫人兄李廣利爲貳師將軍，封海西侯，延年爲協律都尉。上思念李夫人不已，方士齊人少翁，言能致其神，乃夜張燈燭，設帷帳，陳酒肉，而令上居他帳，遥望見好女如李夫人之貌，還幄坐而步，又不得就視。上愈益相思悲感，爲作詩曰：是邪非耶，立而望之，偏何姍姍其來遲。上又自爲作賦，以傷悼夫人。又云：孝武鈎弋趙倢伃，昭帝母也。家在河間，武帝巡狩過河間，望氣者言此有奇女，天子亟使使召之。既至，女兩手皆拳，上自披之，手即時伸，由是得幸，號曰拳夫人，進爲倢伃，居鈎弋宫。按劇中以鈎弋夫人爲李夫人再世，蓋據明人《李夫人傳》也。傳云：夫人母娠時，夢仙官以玉鈎見贈，寤而生夫人，志夢之異，遂以玉鈎名之。時，武帝希心神仙，西王母嘗降而與帝談道，解所佩玉鈎贈帝，且囑帝當有宛轉情緣，會夫人兄延年侍上歌云云。帝嘆息曰：世豈有此人乎。延年因言有女弟李玉鈎。帝愕，憶名與王母贈鈎適符，遂召見之，由是得幸。定情之夕，賜佩玉鈎，寵冠六宫。後病卒，帝思念不已。方士齊人少翁致其魂，令上居他帳，遥對，果見夫人生動如平時。悲叙款訴，且語及再生數定，十五年後，訪民間女子有拳手者即是。帝頷之。太始元年，帝巡狩河間，望氣者以爲其下有奇女。帝使求之，得陳氏女，一手屈拳。帝起自披手，手即伸，玉鈎鏗然，宛然李夫人進御定情之物也。帝大感悼，始信再生之數非妄。此傳出自後人傅會，不可盡信。鈎弋本趙氏，今改作陳，劇中據此敷演。又曰河間陳守之女，皆屬撮撰。《拾遺記》云：帝息於延涼室，卧夢李夫人授帝蘅蕪之香，帝驚起而香氣猶着衣枕，歷月不歇。帝彌思求，終不復見，涕泣浹席，遂改延涼室爲遺芳夢室。帝貌憔悴，嬪御不寧，詔李少君與之語曰：朕思李夫人，其可得乎。少君曰：可遥見，不可同於帷幄。得暗海石刻作夫人形，置於輕紗幕裏，宛若平生。帝大悦，問少君曰：可得近乎。少君曰：譬如中宵忽夢，而晝可得近觀乎。按劇中方士作李少翁，蓋合《漢書》及《拾遺記》而名之也。《漢武故事》云：漢武帝起柏梁臺，以處神君。神君者，長陵女，嫁爲人妻，生一男，數歲死，女悼痛之，歲中亦死，死而有靈。其姒宛若祠之，遂聞言。宛若爲主，民人多往請福。説人家小事，頗有騐。平原君亦事之，其後子孫尊顯，以爲神君，力益尊貴。武帝即位，太后迎於宫中祭之，聞其言不見其人。至是神君求出，乃營柏梁臺舍之。後神君去，東方朔娶宛若爲小妻，生子三人。《漢書東方朔傳》云：上以朔爲常侍郎，伏日，詔賜從官肉。大官丞日晏不來，朔獨拔劍割肉，謂其同官曰：伏日當蚤歸，請受賜。即懷肉去。大官奏之。朔入。上曰：昨賜肉不待詔，以劍割肉而去之，何也。朔免冠謝。上曰：先生起自責也。朔再拜曰：朔來朔來，受賜不待詔，何無禮也。拔劍割肉，壹何壯也。割之不多，又何廉也。歸遺細君，又何仁也。上笑曰：使先生自責，乃反自譽。復賜酒一石，肉百斤，歸遺細君。劇中第三十四折用此事，又插入侏儒作關目。《趙飛燕外傳》云：婕妤接帝於太液池，作千人舟，號合宫之舟。后歌舞《歸風》、《送遠》之曲，帝以文犀簪擊玉甌，令后所愛侍郎馮無方，吹笙以倚后歌。中流歌酣，風大起。后順風揚音，無方長噏細嫋與相屬。后揚袖曰：仙乎仙乎。去故而就新，寧忘懷乎。帝曰：無方爲我持后。無方捨吹，持后履。久之風霽。后泣曰：帝恩我，使我仙去不得。劇中第九折借用此事。又曰：昭儀夜入浴蘭室，膚體光發占燈燭，帝從幃中竊望之。侍兒以白昭儀，昭儀覽巾使徹燭。他日帝約賜侍兒黄金，使無得言。劇中第十一折借用此事。

又《慶有餘》 係近時人作。內述吕夷簡、魯宗道，并譏丁謂女巫事，雖與正史有異同，但言吕氏累世積善，而子孫科第聯綿，所謂積善之家，必有餘慶，故名《慶有餘》也。略云：吕夷簡，字坦夫，江南壽州人。妻馬氏，父蒙亭，任大理寺丞，乞老林下。母王氏，子公著，尚幼。夷簡别父母任絳州軍事推官，有異政，民咸頌德。魯宗道，字貫之，原籍亳州，遷洛邑，官參知政事，鰥居，止一女，名叔貞，美姿容，性愷悌。夷簡父家居雖清苦，力行諸善事。丁謂復起用，過絳州，召女巫於舟中問禍福，值夷簡往謁見巫，以正言詆謂，謂銜之，至京欲奪其職。而宗道特舉夷簡入政府，謂力詆譭，帝從宗道議召夷簡，絳民遮道焚香以送，時，李元昊跳梁，謂方結壇祈神，以决勝負，夷簡與宗道覘破。謂大慚，宗道即請命自往招元昊，説以利害。元昊素聞宗道魚頭參政之名，遂納款。前蒙亭頤養時，聞擊壤村楊遐舉一門多壽，往訪之，見其五代期頤皆矍鑠，又有九世祖，莫知壽算幾何，不言語，惟食蔬果。蒙亭嘆羡，以爲太平之上瑞也。此借用《列仙傳》鷄窠小兒事。夷簡在政府，子公著擢大魁，謂復嫉忌。帝知之，黜謂，即以宗道女賜婚公著。蒙亭壽百歲，一門榮顯，皆沐寵眷云。按《宋史丁謂傳》，女道士劉德妙者，嘗以巫師出入謂家，謂敗，逮德妙鞫之，語涉妖誕，遂貶崖州司户參軍。劇中女巫事本此。《魯宗道傳》：拜參知政事，貴戚用事者皆憚之，目爲魚頭參政，因其姓，且言骨鯁如魚頭也。又云：雷允恭擅易山陵，詔與吕夷簡等按視。丁謂之罪，本因允恭。宗道、夷簡皆勘允恭事，是果與丁謂不合也。劇亦有據，然宗道無招降元昊事。《吕夷簡傳》：進士及第，補絳州軍事推官，是其初任官也。其後與魯宗道驗治雷允恭，始以給事中參知政事，蓋數十年矣。劇中徑由推官召執政，太遼闊矣。本傳但言祖龜祥，未載其父名。公著其第三子，此云長子，亦誤。《吕蒙正傳》：上謂蒙正曰：卿諸子孰可用。對曰：諸子皆不足用，有侄夷簡，任潁川推官，宰相才也。夷簡由是見知於上。又云：蒙正父龜圖，起居郎。龜圖弟龜祥，殿中丞，知壽州。子蒙亭舉進士第高等，官至大理寺丞。子即夷簡也，夷簡本傳未詳，附考於此。

又《錦蒲團》 一名《金不换》，係近時人作。本之張孝基事，而又據所撰小説情節，更易姓名，牽引明胡宗憲征倭，以軍功貴顯結束，蒲團愧責，復得錦簇花攢，故曰《錦蒲團》，諺云敗子回頭金不换，故曰《金不换》也。略云：富紳姚指揮者晚失偶，家甚饒裕，惟一子名英，聘同里巨室上官氏女。英才品頗佳，能騎射，顧性豪侈，放縱不羈，日與無賴子賈親甫、趙能武爲伍，呼盧博弈，問柳尋花。父嘗痛責，英愈不悛。蒼頭姚勤勸爲完婚，復不改，父恚成疾，邀姻家上官，以英托之。上官撫慰，令勿憂，父没，英益無忌憚，與賈、趙恣遊蕩，千金一擲，習以爲常。妻日勸諫，英迷不能改。上官乃接女歸，聽英自由。英家資漸索，大售田産，上官浼人潛買之。後復困乏，以祖房售，上官亦潛買，戒毋泄，故英不知之。後以父游擊札副出售，賈、趙議同買，更迭爲官。趙先冒英姓名，投總督胡宗憲。時，倭婦胡孫擾江浙間，宗憲以姚英名授稗將，令出剿。趙素懦怯，逃歸。宗憲坐名捕英，英力辯不聽，繫獄中。姚勤以賣札情仰控，憲亦未信，篤炮擊勤，以試真僞。勤抱炮願速燃之，宗憲度必有冤，詢諸軍卒，辨逃將之狀貌，知其果贋。英得釋歸，而貧苦愈甚矣。初，英以金聘賣腐查女，未篚而英家大敗，其父令改適，女不從。父知英妻甚賢，遂送女歸於姚，依正室以居。上官撫之甚厚。英不能糊口，故宅皆鬻。上官僞令女索英休書，詐以改嫁，使查女易男裝，入英大宅與女居，令姚勤報英。英欲投河，勤力沮止。英夜宿古廟，日中無食，投賈、趙寄食，皆棄不恤。雪中飢甚，見丐者席地飲，涎流佇立。丐醜言辱之，慚汗無地。上官乃令勤引英至富人查宅傭工鋪中，鋪中人故折磨之，以煉其性。英受耻辱，屢欲自盡。值歲暮，上官復令僕勸使投女處爲守後户，英不得已從之。歲除抵故宅，凄然感愧。上官以其父像置壁間，設蒲團竹篦於地。英瞻仰父像，不禁大哭，恨己不肖，落魄至此。上官遣童賞錢一貫，以菜二碗，酒一壺，度歲。童挾骰子紿與博，英憤憤言此物誤我，童辭去，英以酒菜置父像前哭拜，願痛改而無由，坐蒲團上，以竹篦自擊。僕呼英使上廳侍酒，英不能拒，以帽覆其半面，見其妻與一少年對飲，令之斟酒，愧且恨，失手傾杯。妻使僕呵叱之。席散，英歸卧痛責己罪。上官知其果悔，告二女知之。值宗憲屢征倭女不能捷，聞謡云：孫胡怕鷂鷹。遂思及姚英名，遣人邀之。使者訪英，遇諸塗，即赴軍前贊畫，臨敵拒戰，大破倭女，以軍功奏捷，授世襲總兵，仍衣藍縷歸覘。上官具禮迎入，英責其不相贍給，且令女改嫁。上官言其實，英殊不以爲然，乃令婿出。英見之，即查女也，向所賣田宅皆在，於是妻妾共諧伉儷，而感上官之德終其身。《厚德録》：張孝基，許昌士人，娶同里富人女，富人祇一子，不肖，斥逐去。富人病且死，盡以家財付孝基，孝基事之如禮。久之，其子丐於塗，孝基見之惻然，謂曰：汝能灌園乎。答曰：若得灌園就食，亦幸矣。其灌園稍自力。孝基復謂曰：汝能管庫乎。曰：得管庫，又何幸也。孝基使管庫，覺馴謹無他過，知其能自新，遂以其父所委財産悉歸之，其子自此勵操。小説因此曲折摹寫，淋漓盡致，此劇皆本之。小説名過遷，此名姚英，小説係郎舅，此作翁婿，小説無查女爲妾一節，其互異也。孝基没後爲神，可補劇所未載。

又《賺青衫》 不知何人作。言舟人賺王生所贈吕醫青衫，囮詐人命，故曰《賺青衫》。本之小説，而改换事迹，其關目緊簇，頗中情理，可爲讞獄之助。淮安諸生王人杰，字文豪，遠館宿遷李學士宅。其妻劉氏，以稚兒患病，使家僮胡虎兒至館，趣令回家。道遇涿州人任英者，因遭兵火，同妻張氏流落宿遷。有地棍李二毆賣雜貨老人，傾其貨物於河。英性粗直，路見不平，突毆李二，力重致斃。地方擒送於官，斷誤傷贖徒，無錢以贖，遂斷其妻官賣。夫婦號哭甚慘，人杰惻然，以館穀三十金俾贖罪完官。任英未及問姓名，而人杰已去，其妻但記爲淮安秀才而已。人杰抵家，劉氏問其館金，言予任英。劉頗詬誶。鄰居强中巧者，爲之勸解，拉人杰至家，小酌排悶。人杰遣虎兒迎醫，而已輒赴飲。杭醫吕慕陽，久僑淮郡，虎兒請至投劑，兒病已篤，服藥旋斃。虎兒與慕陽語次，嘗露背主之意。慕陽以正義相責，虎兒恨之。人杰歸，見婦哭子，虎兒謂爲醫所殺，人杰乘醉揮拳毆之。劉氏亟語夫云：兒已垂危，何與醫事。命留慕陽宿於書館。人杰曉起慚謝，且以青衫贈之。慕陽持衫，負藥箱而去，念此事必敗聲名，有同業之友居寶應，不如往彼，乃賃舟南下。船户周四者，黠人也，與慕陽語，慕陽悉以真情告之。會有失水之舟，流一屍於岸，與慕陽貌頗相似，慕陽令四撈取，使以衫掩而瘞之。四因生心，細問其姓名居址，及欲往寶應云云。即勸慕陽還杭，言客中倘有意外虞，不如歸家過臘也。慕陽果聽其言，四送至柴家潭而止，予舟金不受，索得其藥箱，言有弟行醫可用。乃回故處，載浮屍，夜抵人杰家，出衫箱以示，嚇以殺醫。人杰夫婦大恐，急與簪珥等，約三十金，令虎兒偕四埋之祖墳側隙地。虎兒回，欲挾取主人十金。人杰方怒其挑毆醫者，又不堪其背逆，忿而責之。虎兒遂走，與中巧商，欲首於官。中巧即爲寫狀，趣令出首。郡守石萬程，讞問人杰，以爲實事，從直供。守斷醉毆誤傷，徒配山西榆次驛五年。夫婦於觀音庵分別，以禍從青衫而起，即取青衫兩分之，各執其一，他日會面，則衫合也。任英既歸里，以打獵爲生，方出外覓獐兔，人杰與解差行近涿州，借宿其宅。英婦見而駭之，因其罪人，疑非秀士，不敢認。而虎兒見人杰僅斷徒罪，恐他日翻冤，與中巧謀，潛尾人杰後，將至涿州，侵曉相遇荒僻地，先殺解差，次欲殺人杰。任英獵回，見之，以棍擊虎兒。虎兒遁走。人杰怖絶而蘇，救己者乃英也。挈歸其家，令妻出見，與結兄弟，改姓名爲任杰，藏身於涿。虎兒歸，告中巧以實。中巧云：解差既殺，人杰當以殺解差得罪，即不啻殺人杰也。使其妻朱氏往告劉氏，言解差久不回，府官行文往查，知解差及犯人皆中途被殺。劉氏大號慟，而心疑其詐，久之，查無消耗，以其信爲的矣。清明之日，素服往祖墳拜哭，擬於是晚自盡。巴陵監生勞鐸者，尚書之子，揚州覓妾，不稱意，適抵淮安，見劉於郊外，方欲調戲。中巧見之，詢知爲貴家子，即紿云：此我外甥女，心不願嫁，我當力主之。予我多金，乘夜至其家，見戴素髻者，挾之而去可也。鐸從其計。中巧持金歸，付其妻朱，即令朱往王宅賺出劉氏。劉氏方懸梁，人杰父魂潛至，語劉云：汝夫應客死，因救任英夫婦，壽延五紀，禄食千鍾，今未死，現居涿州任英家。强中巧逼汝改節，汝速逃去，前路有恩人相救也。朱氏入覓劉氏，見其懸梁，爲解而救之，墜髻於地，急拾戴之，則已誤戴劉氏孝髻矣。勞鐸家人蜂擁而入，見朱髻，即挾而去。朱本貴家婢，見勞富貴，甘心爲之妾，認作人杰妻。鐸喜其色美，亦不復問也。中巧伺之久，不見妻歸，至王宅，獨劉氏在，問其若何，云不知名姓多人，搶若妻去矣。中巧急覓勞公子之舟，則已遠去，而所得聘物黄金數十金，歸與朱氏。朱未及藏篋，尚在懷中，仍爲所挈，徒手無所得，空失其妻，忿恨之至。歸欲與劉大閧，强占爲妻。而劉氏知其必至，且聞翁告以夫在涿州，遂急竄於路。徐抵山東，倦坐亭上。人杰念妻遠離，不敢回家相探。任英慨然願爲杰取妻至涿，而勸杰用己涿籍，入京取功名。人杰付以青衫，俾用爲證。英至山東，亦憩亭畔，懸樹衫上，乘凉片時。劉氏見衫，疑爲夫物，與相問訊，始知夫使迎己，乃隨往涿州。人杰入闈就試，第三場與勞鐸同號，鐸因憶妾，潦草欲出，人杰試詰之，則言己之愛妾，乃在淮安所買，已故生員王人杰之妻，强中巧爲媒。人杰聞妻改適，亦草草交卷而出，奔還涿州，則任英已偕劉氏來涿，夫婦相晤，大喜過望。報捷者至，獲中房魁，入京殿試，三甲，擢授御史，刷卷南京，以己原姓名有命案，恐負累，不便封贈祖父，欲翻易讞詞，入境先提此案，則郡守已改招矣。蓋是時吕慕陽復來淮郡，趨訪人杰，聞其家破人亡，禍因己而起，乃詣府控訴，言己南還，船户誑詐人杰之故。石守懺原審之誤，立提周四、胡虎兒、强中巧與慕陽對質，三人辭屈，斷周四、虎兒充軍，中巧徒配。人杰見案已翻，且有慕陽口供，即使中軍提慕陽等面訊，并得虎兒中途殺解差之情，且供中巧主謀，於是改中巧、虎兒大辟，周四充軍。而心感慕陽，贈之千金，奏請復還原籍姓名，且題授任英冠帶，以報其德云。據小説，王生名杰，劇增作人杰。温州永嘉人，劇改作淮安人。小説董客吕大湖州人，劇改醫生吕慕陽杭州人。家童胡阿虎，劇云胡虎兒。董客竹籃，劇改醫生藥箱。王生贈吕白絹，劇改青衫。王生初誤傷吕客，其後因女出痘，使阿虎請醫生，阿虎酒醉失帖，誤期一日。其女痘殤，王生痛責阿虎，乃被出首。劇合兩段事爲一節。問官永嘉令明時佐，劇作淮安守石萬程。阿虎、周四俱斃杖下，劇云虎兒大辟，周四充軍，此其異同處。其任英、强中巧夫婦情節，俱係添出；虎兒中途殺人，亦係添出。

又《滿床笏》 近時人所作。合肥龔鼎孳，文章翰墨，藝林宗仰。康熙九年，以禮部尚書總裁會試。十二年，復以户部尚書爲總裁，門下多知名士。其繼室顧氏名湄，有才藻，善治家政。鼎孳賓客甚衆，有求於鼎孳，顧輒爲賙給，無少吝，門下皆感激。而鼎孳亦頗從顧言，鼎孳他姬有子，顧無所出。門下士作此劇，於顧生日演之。摹寫節度使龔敬懼内情形，至於跪門請罪，以悦其意。揑名龔敬者，取姓同也。節度使者，鼎孳時爲兵部尚書，齣中所言上馬管兵也。妻生子、妾生女者，祝其妻之本旨也。唐時節使無龔敬，若以領朔方又能薦郭子儀者當之，則惟王忠嗣庶幾近之。史傳初無懼内事，知其隨意假托也。略言：郭子儀未遇時，於郊外射獵，翰林學士李白見而奇之，遂與訂交。齣中白自述有竹溪六逸，詳於後。以書薦於朔方節度使龔敬，力言其材武可以大用。子儀中武舉還家，其子周晬，歡讌之頃，聞安禄山節度范陽，知其懷不軌志，遂往朔方投敬。敬妻嚴且妒，能箝制其夫。敬四十無子，私買部民蕭然女爲妾，未告其妻，屬左右置之密室中。敬行部演武，妻偵知之，呼蕭至，立還其女，不與索值。既而敬還，妻責以大義曰：若取部民女子，不虞獲罪天子乎。敬唯唯不能詰也。既而蕭然復堅請於敬，未得指揮，不敢嫁其女。敬妻知之，即納蕭女，和好無間。妻生一子，妾生一女云。敬妻雖妒，然明達解事，才勝於敬。禄山之鎮范陽，妻料其必叛。郭子儀至，敬猶以稠人遇之，妻謂敬曰：李學士目空天下，所薦必英傑，不可忽也。敬乃拭目子儀。未幾禄山果叛，敬奏子儀爲大將，竟平賊，收復兩京。初，禄山嘗假糧於朔方，妻勸敬少與以塞其意，及叛，遣兵來攻，妻令敬毋出，使蒼頭代敬乘城，爲賊炮所斃，而敬幸脱免。子儀既累勝，禄山被李猪兒刺殺，餘黨破散，奏功於朝。推原其故，由敬所薦，乃召敬入相，封子儀爲汾陽王。抵國門，天子置酒望春樓，欲親爲子儀解甲。子儀力辭。乃令敬與李白代。時，魚朝恩亦爲子儀置酒，邀龔、李爲客。元載告子儀云：朝恩伏甲，宜謹備之。子儀不聽，率數騎往，座間出所得朝恩與禄山書，納其袖中。朝恩大感泣。會子儀六十大壽，七子八婿并通顯，孫復登第，王公卿士，畢聚祝筵。子孫次第入侍，奉觴上壽，堆笏滿床，極富貴之盛，故以《滿床笏》名焉。《唐書郭子儀傳》：郭子儀，字子儀，華州鄭人，以武舉異等，補左衛長史，劇中稱武舉相合。累遷九原太守。安禄山反，詔子儀爲衛尉卿靈武郡太守，充朔方節度使，率本軍東討。劇云龔敬所薦，無出。其戰功甚多，不能詳載。功成，封汾陽郡王。本傳無唐皇欲爲子儀解甲事，然云令百官往慶，敕射生五百騎執戟寵衛，蓋相近似。朝恩嘗約子儀修具，元載使人告以軍容將不利公，其下衷甲願從。子儀不聽，但以家僮十數往。朝恩曰：何車騎之寡。告以所聞，朝恩泣曰：非公長者，得無致疑乎。劇所載但增飾還禄山書札事。子儀校中書令考二十四，八子七婿，皆貴顯朝廷，諸孫數十，不能盡識。俗傳七子八婿，誤，然相沿已久。按《王忠嗣傳》：節度朔方，安禄山城雄武，扼飛狐塞，謀亂，請忠嗣助役，因欲留其兵。忠嗣先期至，不見禄山而還，數上言禄山且亂。劇中禄山借糧襲敬，敬亦料其必叛，似暗用忠嗣事。《李白傳》：客任城，與孔巢父、韓準、裴政、張叔明、陶沔居徂徠山，號竹溪六逸。又云：白遊并州，見郭子儀奇之。子儀嘗犯法，白爲救免。按此白與子儀舊交，今增飾薦子儀事。

又《墜樓記》 未知撰人姓名。演王素貞事，在康熙二十八年，南城御史奏明恩準完配，蓋事實也。有刻《烈女尋夫墜樓傳》，雖係鼓詞俚俗，其事迹首尾，詳晰可據。但巡城御史載姓失名，未免脱漏。金龍顯聖，恐是捏造。兄嫂毒計，似亦摹寫過情。李範同、王邁遷、吴伯從、周全義姓名，亦似有心結撰。李範同，言李犯通賊之罪也；王邁遷，言王志在賣錢也；吴伯從，言其無不從也；周全義，言代李當差，有周旋之義也。大抵本非的名姓而增飾之耳。傳略云：江南鳳陽亳州，有宦族李範同，布政之孫，知府之子。俱未載其名。妻張氏，生子殿機，妾趙氏，生子殿樑，住本州南門内，家計豐裕。殿樑居長，殿機其次也。富户王廷才，住本州東關，生子一人，女五人，子曰邁遷，第五女生三月，有道人募緣，言此女容貌端莊，婚姻遲滯，未過周歲，當先剋母，三十以外，始可議親，名當取爲素貞，俟其長成，教以《列女傳》諸書可也。廷才念己素封，安有令女三十議婚之理，乃遵道人之言，取名素貞，而屬媒與李宅訂婚約，蓋王、李本舊交，而殿機，素貞同丁酉年正月初十日生。殿機辰時生，素貞寅時生，是年初十卯時立春，素貞以丙申推算，殿機以丁酉推算。廷才以此决意。爲媒者吴伯從，及範同母舅薛乾來，席間彼此割襟訂定。至中秋，廷才妻去世，範同雇南鄉范一魁妻，至王宅爲素貞乳母，未幾，範同以海賊奸細，引爲通謀，逮捕正法，妻子皆没官，給發象房。張氏配校尉王福，福本姓鄢，殿機隨母改姓，名曰鄢承亮，趙氏配校尉吴某，殿樑隨母改姓，名曰吴黑子。殿機解京纔三歲，自此後王氏不相聞問。倏逾十四五年，廷才見素貞已長，與子商酌，欲送女入都，以踐舊盟。邁遷言李發象房，不可復合。薛乾來已没，而吴伯從向在門下，無不順從，不如使妹别嫁。廷才以子欲悔親，大怒呵叱。適第三女婿李寧儉之妻産亡，邁遷與叔中凡計，欲使寧儉續娶素貞。中凡遇寧儉與言，寧儉大喜，厚出聘資。俾中凡携奉廷才父子，又私賄中凡，中凡持聘金示邁遷。邁遷使妻郎氏，巧説其姑。素貞言幼讀《列女傳》，義無改適，堅謝不可。中凡乃與邁遷力勸廷才，俾許寧儉，廷才亦不可。邁遷令中凡强納聘金，廷才氣憤痰擁，遽成瘋疾。叔侄無計，仍以聘金還寧儉，其事遂止。既而殿機年逾四十，鄢校尉已没，殿機頂名當差。有媒議親，母張氏始告以曾割襟訂王素貞之事，殿機欲得消息而無由。適范一魁之兄一倫，在京推車，爲殿機言王女守節未嫁，弟一魁乃其乳母之夫，知之最確。乃作家信付殿機，令至亳覓其弟，以訪素貞。殿機乞假於馴象所，不能得。其友周全義勸令潛往，而己爲覓人應差。殿機遂往亳州，抵北關，憩茶館中，欲問范家村路，以覓一魁，不意中凡亦在坐，爲叙親情，誑至己宅，密令邁遷出首，言殿機私自逃回。州官懼逃人累己，急令肘解還京。本管惡其私往，革差不用。殿機大困，邁遷既用官法逐殿機，諱不令妹知，令人僞作殿樑書，言殿機母子皆没。素貞意兄所爲，疑信參半，於所居志貞樓，爲姑張氏、夫殿機設靈座，供於九蓮菩薩之前，日夜縞素，焚香誦觀世音咒，擬終其身。鄰女楊氏，一魁之甥，偶過素貞，見所設座，大駭，言母舅處初不聞信，今方入京。素貞乃取銀幣，屬一魁寄李母，言己爲夫守節狀。一魁至京見張氏，張氏感慟，作書付一魁，令寄素貞。逾年始達。素貞聞殿機果存，處樓中堅守。久之，張氏病没，殿機困愈甚，賣身厢紅旗擺牙喇厄爾庫爲奴。邁遷援例入太學，進京考職。聞殿機已入旗，大喜，留滯五六年歸家，素貞已三十四歲。叔中凡語邁遷，有臧典史，欲以五百金聘素貞爲繼室，當使伯從爲媒。邁遷夫婦同至樓説素貞，且告殿機入旗，今已絶望，必須改嫁。素貞堅執不從。兄嫂竟執素貞毒毆，繼母梁氏奔救始解。又斷素貞飲食，令餓七日，將以毒藥和飯飼之，絶其命而後止。梁氏生子孟遷，年已十八，娶孫氏，婦姑皆賢，且敬素貞之節，其小婢聞郎氏計，告於主母。孫與梁設計，使鄰女楊告其舅一魁，伺於後園墻外，密掘園内陰溝，半夜啓樓門之鑰，以白綾繫素貞腰，於樓窗墜下，穴溝而出，令小童喜兒隨之入京。明晨，邁遷知之，與中凡往追。數日，抵黄河岸，則素貞已在舟中。二人急覓舟渡，至中流，兩船相近。金龍四大王默諭水族，起狂風，覆邁遷舟，二人溺河中幾斃，賴救以免，狼狽還家。而素貞舟無恙，過河，乘騾轎入都，時己巳年閏三月初十日。抵順成門，有朱四美者，引至象房橋吴黑子宅，先見趙氏母子。趙言殿機已投旗，且配大同女子蕭氏爲妻，生子三歲。素貞志不可移，言甘爲婢僕，必無後悔。趙乃呼殿機相見，痛哭交訴，觀者皆泣下。殿機以有妻，無可爲計，哭别還家。其主厄爾庫本姓李，爲人謙和，有好人之稱，見殿機慘狀，細詢其故，夫婦二人反爲畫策，令素貞、殿機各具情實，控於南城御史，己亦具呈，願使爲民南去，并蕭氏及子皆與之。御史審問，衆口如一。令媪驗素貞，實係處女，乃具疏直陳始末，蒙恩俞允，脱籍爲民，同歸亳州完聚。

又《新節孝記》 一名《截髪記》，近時人作。舊有《節孝記》，已經別見，與此不同。中編謝萬程、李氏節孝處，皆足使人感泣。然歷來狀元無謝萬程，所謂馮國珍者，亦假借以立名目，當別有所指耳。謝萬程，河南唐縣人，娶李氏，夫婦皆賢孝。萬程爲諸生，讀書至王凝之妻事，與婦相嘆美。父儀年老，有田在拐河，令萬程同往取租，指視疆界。同里王全夫婦者，刻苦治家，中年無子，全繼母前夫之子曰甄伯仁，闞賭無賴，妻姜媚兒，尤妖邪。全父分産與伯仁，令其歸宗。伯仁蕩盡，奔走於總兵馮國珍之門。一日，向全假貸，全拒之，乃挾媚兒爲國珍壽，令勾國珍，欲借其勢以奪全産也。國珍竟與伯仁易内朋淫，共爲奸利。國珍使人僞逋餉，數人毆於塗，倏有勸者，則潛釋逋者使逃，而以劫奪陷勸者，責令償逋。儀父子從拐河歸，適陷其計，縛獻國珍，勒賠千金，繫儀而釋萬程，限三日贖。萬程盡鬻其産及李氏裝，獻六百金，乃許贖父。逼儀立賣身契，并及子媳。儀不肯，伯仁代書之。儀歸，憤恨，未幾病没，無以爲殮。萬程願鬻身以殮之，無售者，李氏奮然，願鬻身以殯翁。適王全欲娶妾，媒以告李。李親書賣契易銀，儀始得殮。至全家，則甘爲婢役，而誓死不失節，屢自縊，救而蘇。全夫婦畏禍不敢逼。萬程負土葬親，飢欲死。鄉人感其孝，共助之。李氏復截髪寄書與萬程，使勵志復仇。萬程亦喜其妻之能砥節也。未幾，全妻劉氏舉一子，伯仁至全家，窺見李氏於機中，戲之。李氏以梭擲伯仁，伯仁怒，知爲萬程妻，潛與媚兒謀，以全窩逃軍婦，誣首於國珍。國珍抄全家，擒全及李氏去。而劉幸得脱，鳴冤於兵道卓異。異有直節，方惡國珍驕恣，理全冤，并及前事，知萬程孝，李氏節，深敬禮之，出俸贖李氏歸萬程，并助其膏火，而痛懲伯仁，劾國珍於朝。萬程於是得勤學，一舉登第，以仇上聞。國珍、伯仁、媚兒皆伏誅，而旌表萬程、李氏節孝，以風示天下云。

又《廬夜雨》 近時人所撰。用王有道棄妻事，而變其姓名曰宋介，又添出柳生春之名曰柳鼎，以情迹因避雨而起，故名《廬夜雨》云。據小説，錢塘王有道，娶妻孟月華，其父鳴時，武林門外湖市新河壩邊居住，而有道居門内之一畝田頭。清明時，鳴時接有道夫婦祭掃玉泉墳塋，月華之母張氏，遂留女於家，住十餘日。時已季春之望，天氣煩熱，月華念有道春衣皆鎖箱中，欲歸檢視。其母苦留不從，倉卒覓輿不能得，月華輒趁船而行。將抵城門，忽遇大雨，不得已，避於空園之小亭。頃之，一男子亦避雨而至，覿面相對，無可迴避。雨初止而門已閉，兩人乃俱止亭中。月華念暮夜與男子遇，懼爲所污，而男子以禮自防，勿及於亂。天明，送月華至家。月華與姑淑英言其事，且賦詩以紀曰：前宵雲雨正掀天，拚赴陽臺了宿緣。深感重生柳下惠，此身幸比玉貞堅。蓋言非此男子，則己當不免也。不意有道知之，疑其妻有私，竟作書與鳴時，休月華於母家。月華自悔恨，已無及矣。其秋大比，房考湖廣推官申高，閲一卷，甚平平，棄之落卷中，已而其卷忽在所取之列，如是者三，疑其有陰騭，乃易去一卷而薦是卷，以獲雋。榜發，房首則王有道，而七十一名柳生春，則所欲棄卷也。新雋者同謁房師，高語柳生以棄卷復取之故，問何德以致之。柳生乃具述亭中遇雨不起邪念之事，於是有道悉其妻之無他，而房師及同門生，皆勸有道迎還月華。有道詢柳斷絃未續，乃以淑英嫁焉。按小説載月華詩數首，情迹委婉，其事當實。而鄉試主考用京官，則是明萬曆以後事也，已前惟直隷用京官，各省則巡按主之而已。劇中避雨之故，緣白蛇精駕霧興雲，故得大雨。白蛇精者，嘗幻女子以惑人，曰白娘子，妖迹甚多，後爲法海禪師所攝伏，造雷峰塔以壓之。雷峰不倒，西湖不枯，則白蛇不出。《杭州府志》、《西湖志》諸書頗載其事，今借以作關目，謂白蛇爲木吒所收，後在闈中監試，易去他人之卷而中柳生，即其神通也。劇云：月華趁尼舟而行，柳鼎與苗天振、賈文學亦另一舟同行，天振私窺月華，愛其美艷。月華爲夫所休，父予藥酒令自斃。木吒救之，留四字曰月明如水。母知女冤，送尼庵中，即前趁其舟之尼也。天振與文學謀，屬尼圖月華。尼不可。天振遂謀月華，欲劫之。尼令月華避之母家。天振至而月華已去，竟揰尼立斃。闈中天振文已雋，白蛇精暗中易柳生卷。下第之後，復被尼索命，而賈文學亦終身轗軻云。萬曆壬子科，武進諸生惲道生、徐瑋同寓江寧，居停有女甚美，語挑二生。瑋却避不可，而道生登樓就其約。瑋復力阻之，道生不聽。夜半，道生夢文昌定天榜，己名第一，左右云：道已作失行事，不可。文昌以倉卒之際，無人可易。左右云：其同寓張瑋，見色不亂，即其人也。遂易瑋爲第一。道生向瑋言之，甚悔恨，但訝徐何故稱張，而瑋實張姓，嗣於徐者也。瑋是年解首，旋成進士，官至副都御史，以清節著。而道生終身不第，改名曰向，文章書畫，知名一時。柳生之事，與瑋相近。

又《混元盒》 近時人作。荒誕不根，大約仿《封神演義》、《西遊記》等書，憑空結撰，以悦一時之耳目也。略云：明嘉靖時，世宗好長生之術。有陶謙者，本民間皮匠，以妖言獲罪當誅。世宗聞其能點石成金，召見，惑其説，用童女燒煉，怨氣干九霄。玉帝怒，命凶神降罰，收取惡人。大孤山下有水神，曰金花聖母娘娘，與張真人世仇，欲乘此機，興妖滅法，出聚妖幡以集群妖。擇其尤者，曰白氏夫人、紅衣道人、洪氏夫人、吴公長老、白衣娘子、黄衣娘子、蛙子妹妹、獨角大王、華石精、黑石精、蝎子精、大毛、二毛、狐仙七怪等，分授法術。令云：洪教真人張節，吾世仇也，其祖傳九宫八卦五雷神印，爲世異寶。爾等用吾法，先破其印，俟其出，邀截於路誅滅之。群妖受教，散處民間爲害，以伺真人。真人祖道陵知之，降於昇仙臺，授節太乙圖、九龍神帕、琢妖金簪、信香盒、如意金盒。信香盒者，有急以盒中香焚之，老真人即至；如意金盒者，即所謂混元盒也，降妖伏怪，乃取用之。時有趙國盛者，將門之子，以蔭入監，嘗登奎星閣，閣舊有妖，國盛負氣，按劍坐閣中。至夜分，見一美婦人，國盛知爲妖，飲以酒。妖飲而醉，口中吐一物如珠，國盛吸之，五臟如焚。須臾，身體輕健欲飛。妖醒，恚且哭曰：吾必有以報汝。國盛就試稱旨，擢御史，巡按江西。抵任，忽失印，托疾不理事。俄有兩道者，自言能治奇疾，見國盛，則已知失印事。爲求得於江中厚酬之，謝不取，以素紙一幅，浼國盛求真人印。真人召火德星君，以真火炙之，化一婦人，云本良家子，爲二怪攝去，剥皮爲紙，求真人泄冤。真人作法收妖，則華花、黑花二石，并收其黨獨角大王，則白脛大虎也。國盛慚，反誣真人不法。世宗遣廷臣陸炳、薛保，召真人赴京。時，洪氏夫人化作美女，蠱村民富氏子，召龍貯桶中，欲灌江邊民而害真人。真人用符授富氏子壓之，乃大白蟒蛇也。吴公長老等亦來害真人，趙天君以鞭揮之，縛付真人，俱收入混元盒内。而紅衣、白衣、黄衣三怪，奔告金花，金花出，與真人戰。諸神將俱不能勝，真人法寶皆爲金花所收，遂被獲。以真人乃水官星君化身，不敢傷，困之水府。老真人奏玉帝，命諸天王將天兵十萬討之。而金花以寒光冷氣護其居，天王兵將無能入者，乃請西方鬬戰勝佛孫大聖與二郎神以神通破其寒光冷氣。金花乃敗走，求救於其師老母元君。元君至，大聖亦如束手無策者。玉帝甚怒。查閲仙籍，知元君是女媧弟子，乃告女媧。女媧責元君而貶金花，收三怪還其主。三怪者，普門白鸚鵡、南極山中猴精及南極老人所乘鹿也。真人得出，行至張家灣，收白氏夫人貯盒中。白氏夫人者，千年老狐，神通廣大，真人訪求四依山中散仙陸壓道人，始得收之。一路擒怪無算，至崇文門，遇火德星君，真人與語，知奉玉旨，將焚張志家。真人以親故泄天機，後真人邸第亦焚。真人入朝質辨，世宗知其冤，立置國盛於法。國盛臨刑脱去，不知所終。時，蝎子精盛行，世宗命陶謙治之。謙懼而逃，死於道。廷臣共舉真人，真人治蝎精，世宗嘉之。真人於是奏謙妖妄，前以誤聽觸天帝怒，以致妖氣盛行，勸世宗宜崇正法，勿信妖誣。世宗聞其有混元盒，令出盒現諸妖元神。真人一一使現而復收之，辭歸龍虎山，作羅天大醮，酬諸天神。未幾，玉帝召真人歸水官星君位，真人遂沐浴上昇云。按陶謙即陶仲文，明世宗篤信道教，尊禮仲文，備極優渥。欲去張真人而以仲文代之，後知真人所傳，的係正法，乃止。真人符籙能劾治妖魅，其家牒中多有事迹，非無因也。又聞真人祖遺玉印、信香、指甲三種，有急則燒信香、指甲，而以玉印印所奏章，則道陵立至。其他實物，未知果否。陸炳，平湖人，時爲錦衣衛指揮使。薛保，陽武侯薛禄之後，以勛臣掌都督印者也。

又《合歡殿》 係近時人作。其姓名事迹，皆屬子虚。代父從軍，影借木蘭女事。劇内以陳國籌尚河陽公主，於合歡殿成婚，故以是名。略云：樊鼎，字象九，江左人，漢舞陽侯噲裔。美才貌，幼與母舅陳天祥女雙娘議婚，失怙恃，惟與老僕居。天祥，梁溪人也，妻劉氏，女即雙娘，子名國籌，并優才品。女年及笄，祥嘗致書於鼎，令往梁谿與國籌同肄業，兼諧鳳卜。英宗時，占城國擾邊，鎮天關守將鄭龍失利告急，詔以民丁充伍。吏知天祥富，欲漁利，遂以名報。祥方窘急，適九天玄女請女媧氏於瑞雲峰議宋國運綿遠，孰與退蠻兵。玉帝降旨，以武曲星附於雙娘，命女媧授天書兵法，代祥詣塞立功。女媧攝雙娘元神，食以九龍膏，助其力，贈寶劍曰芙容霜，且教兵法，授天書，令如意道人送歸。既醒，乞代父行。弟國籌爭往，雙以籌宗祀所係，遂易妝冒弟名，充隊長。詣邊，屢克捷。鄭龍見其勇，改姓名曰鄭虎臣，蓄爲繼子，授先鋒職。占城復借安南兵助戰，虎臣率師衝擊，皆敗走。龍上表奏功，以虎臣代己，乃乞老歸。初，天祥訛聞邊將失利，謂女斃軍中，日夜哀泣。適樊鼎來就婚，知其故，必欲詣邊訊虚實。國籌亦願同往，其老母勸且會試，倘得第，以雙代父事明奏，詔必嘉獎。迨試畢，國籌擢大魁，鼎擢探花。值占城復邀賓童龍國王助敵，用幻術及象陣，詔加虎臣神策將軍、九邊都招討使。鼎請爲虎臣參謀，意欲借是訪雙娘也。敵兵搦戰，鼎輕視虎臣，自往迎敵，被困幾危。虎臣力救得還，欲誅之。鼎言書生本不知兵，因妹從軍，爲敵所斃，故恚恨欲復仇耳。虎臣詢知爲結婚之表兄，遂令戴罪共平賊。奏凱還都，虎臣封太原公，鼎遷兵部尚書，而國籌亦已遷端明殿學士。英宗設功成宴，詔丞相富弼、靖邊侯呼延贊、學士國籌，皆主宴。國籌與虎臣相視驚駭，不敢言。英宗欲令虎臣尚河陽公主，虎臣力辭不允。召拜花燭，虎臣紿以心痛，出走國籌家，具言本末。國籌與鼎各疏奏明。太后召虎臣入謁，英宗潛聽之，果通兵略，試以劍器，變動若神，力舉金獅，繞殿三匝。英宗大悅，令復女裝，撫作公主，封之太原，以嫁於鼎，而以河陽公主下嫁國籌，同拜花燭於合歡殿。按安南，古南越地，漢武帝時取南越，設九郡，置交阯，刺史領之。唐時改安南都護府，至宋復名交阯。劇云安南，誤。叛服不常。占城在中國西南，西與雲南，北與驩州界，陸行至賓陀羅國一月程。宋時交阯叛服不常，占城數入貢，賓陀羅未通。《夷門廣牘》：賓童龍國，占城之屬郡，出則騎象或馬，打紅傘，從者百人，佛書言王舍城，即此地也。又《夷門廣牘》：黄帝授三子玄女經，有論兵法孤虛六壬遁甲之訣。呼延贊，太宗時邊將。鄭虎臣，宋末人，殺賈似道者，隨意借用。

又《錦上花》 抄本云：雪川樵者編，西泠釣徒校。不著姓名，蓋湖州人所作，杭州人所校也。事無可考，其關目以屈志隆訪仙，得寶藏，既富，復建軍功，一門皆貴，又得餌丹上昇，譬如錦上添花，故謂之《錦上花》也。屈志隆，字道卿，楚三閭大夫之後，僑居燕市，有妻孫氏，長子升，娶媳王氏，幼子亨，未聘，一門和順，而家甚蕭條。志隆與劉耀先、何秉忠兩人相友善，耀先富，常周之，然終不足以自給。武林人趙罡，自號天涯散人，負俠氣，好神仙，亦流寓燕都，郊遊入西山，遇張、周二仙，求度。授以陰符寶劍，且云：尚有屈某，亦有夙緣，當約同至九泉山石室中相訪。翌日，志隆與三人遇，遂訂罡入山之期，妻子阻之，不聽。如期軼出，與罡偕行。迷道，逢漁樵二人指引，即張、周所化也。自春徂夏，閱歷萬山。又得山神指其處，見有篆刻九泉山石室，雲鶴翛然，無門可入。兩人拱候於石壁下，夜有魔化爲女子來試，皆不爲動。質明，得見二仙，引至室中，修煉久之，謂兩人塵緣未斷，當爲世立功，請之九天玄女娘娘，傳授奇門遁甲。又有萬山寶藏神，謂藏數當出，屬之志隆。仙令神隨志隆，隆拜受，與罡俱下山歸家。令其子升主藏，遂巨富。時有巫雲洞女獠慕容氏，色美而驍勇，諸獠中無可與偶，出兵騷擾，意在擇配。罡雲遊遇之，召天丁神將與戰，慕容氏屢敗，拜罡爲叔父，使主兵。罡勸其斂兵以聽招撫，而朝命方招集義勇進討，志隆約其友耀先、秉忠及次子亨俱應募。朝授志隆爲行軍總管，耀先督糧僉判，秉忠前鋒驍騎，亨爲後軍校尉，同率兵征討。罡聞之，單騎見志隆請撫。又見其次子亨英雋，亞於慕容，遂爲媒，使爲夫婦。班師復命，罡與志隆皆拜宣撫使，亨晋安遠將軍，慕容爲郡君，耀先、秉忠皆晋將軍，衣錦還鄉。張、周二仙復來授罡丹，罡早謝事，登仙，赴蟠桃會，王母授爲冲虛闡教仙卿。未幾，志隆亦入山仙去。劇中屈志隆貧困，遇仙，得寶藏，暗用杜子春事。其傳授奇門，役使六丁，則借張殖師姜元辨事。杜子春已別見。《仙傳拾遺》云：至德中，張殖之師姜元辨，於九龍觀捨力焚香，數歲，因拾得殘缺經四五紙，是太上役使六丁法，咒術備足，乃選深山幽谷無人之處，依法作壇，持咒晝夜精勤。九日而應，忽有黑風暴雨驚駭於人，視之，雨下而壇場不濕，又有雷電霹靂，亦不爲驚懼。良久，見奇形異狀鬼神繞之，亦不爲畏。須臾，有鐵甲兵士數千喧噪而下，亦不驚怖。久之，神兵行列，如有所候，即有天女着繡履繡衣大冠佩劍，立問元辨曰：既有呼召，有何所求。元辨亦以術數爲請。六丁兵仗，一時引去。自此每日有一丁侍之，凡所徵求，無不立應。其所謂慕容公主，則既稱洞獠，又稱倭寇，捏撰無疑。張三丰，見鄭曉《今言》等書，三丰，遼東懿州人，名君實，字全一，別號保和容忍三丰子，不飾邊幅，人號張儠傝，日行千里，静則瞑目旬日，一啖斗升輒盡，又或辟穀數月。洪武初，至太和山，往來長安、隴西、岷州、甘肅，又至揚州。成祖遣禮科都給事中胡濙指名求儠傝，或曰三丰死於元末，斂矣，臨窆復生，入蜀遊行襄陽間。周顛，見《洪武御製文集周仙人傳》，他書所載相同。顛名周姓，南昌屬郡建昌人也，年十四，患癲疾，入武昌乞食，凡新官到任，必謁見，訴之曰：告太平。時，元末天下無事，不數年亂，太祖起兵取南昌，見於道旁，隨至謁見，每見，必曰告太平。後顛日甚。太祖命蒸之，以巨缸覆之，圍蘆薪，緣缸燃火，薪盡火消，揭缸而視，儼然如故。如是者三，卒無恙。命寄食於蔣山寺，與沙彌爭飯，不食半月。太祖命禁其食，至二十三日不飲膳，於是知其出凡人也。太祖及諸將士共以酒餚餉顛，盡納之。百姓聞者爭供養。常以手畫地成圈，謂太祖曰：你打破個筒，做一個筒。後征九江，問顛曰：此行可乎。應聲曰：可。曰：彼已稱帝，與戰豈不難乎。顛故作顛態，仰面視上，久之曰：上面無他。與俱往，至湖口，有十七八人將顛去，久而復歸，整頓衣服，若遠行狀，鞠躬舒項，謂太祖曰：你殺之。太祖曰：且縱你去。後莫知所在。洪武癸亥，有赤脚僧，云來自匡廬，見一老人，使之奏云：國祚殿廷儀禮司。又四年，太祖患熱症，赤脚僧復至，言天眼尊者及周顛仙人遣某送藥至，如法服之，果驗。太祖常以詩寄之，赤脚僧言見其和作。太祖命録出，則粗俗無韻無聯，似乎非詩也。遣使者詣匡廬踪迹之，則杳然矣。

又《兩榮歸》 係近時人作。演劉天生激弟天成登第事，兄弟俱擢大魁，同日晝錦，故名《兩榮歸》，其事無所據。略云：江西金谿縣庠生劉天生，字子俊，其弟天成，字子英，後母余氏所出也。天生娶張氏，天成幼未聘，弟兄於祖塋别墅讀書，天生遵父遺訓，嚴課其弟。母舅余見波，拉天成觀劇，冒雨得恙。天生諫母，勿使弟曠逸。見波在座有愧色，嗾姊拒天生言，復勸爲天成援例南雝，而伴之入監，厚索資斧以行，蓋欲漁其利也。天生謂金陵繁華花柳之場，弟年少，恐蕩心志。母謂生妒忌，天生遂不敢言，向父塋前泣訴。遇錢塘人石攻玉字他山者，詢其故，天生告以先人遺命教弟，今母誤聽舅言，納監金陵，必廢業放蕩，失足無籍。予負不孝不悌罪，是以泣訴先人耳。石慨然云：弟若落魄，予當拯之。生問何策，石言：予早失偶，有女七歲被拐，遍覓數載，茫無踪迹，故托風鑑遊都會。今欲至金陵，潛窺若弟舉止，當爲指點迷途也。生告石云：弟少不省人事，待其稍嘗苦味，始能發憤成名耳。天成果與徽州劣生江有才嬉遊放逸。妓平採蓮，即石所失女也，雖入烟花，憶父姓名，念名門女，不與客接。假母無計，紿令自擇配，利相見者輸金也。慕蓮才貌者日至，無可意者。江邀天成往，蓮喜成俊雅，獨留茶飲，意甚款洽，欲以終身許之。攻玉至金陵，詣天成談相，言當富貴，若戀花酒，必致落魄。天成恚而遣之，與見波謀，欲聘採蓮。波允爲納采，費三百金，始得與蓮居，揮金悦鴇無所惜。見波又令黠友誘令賭博，輸則共分之，資斧漸乏，乃遣童筆蛟歸家，向母索金。母詢童云：若主何所費，所携資頓盡，何也。童以實告。母悔不勝，適天生中鄉榜歸，母言其事，天生慰母勿憂，如從兒謀，當使弟成功名。母問何策。天生勸母：勿與盤費，童亦勿復往，隨兒詣京會試，弟有緩急，兒當使人照拂耳。母從其言。天成日翹首以望，而家書杳然，愧憤成疾。蓮殷勤奉湯藥，其母即欲逐成。江有才瞷知之，予鴇金，謀娶蓮爲妾，紿天成就醫，棄於途，報蓮云天成已斃，肩輿往殮，遂挾以登舟，發金陵，往湖廣。天成疾不能行，遇博友詢採蓮所向，云嫁商人遠遁矣。窮途悲泣，計無所出。攻玉忽至，謂曰：昔日言驗否。天成慚謝之。攻玉扶歸寓中，詢所愛妓姓氏。生具言本末。攻玉大駭云：此吾女也，相失數載，孰知落風塵中。辱君憐愛，今雖遠遁，當踪迹之。二人遂稱翁婿。時得會試録，天生已擢大魁。攻玉俟天成疾瘳，偕詣京師，俾謁其兄。有才載採蓮入楚，舟中欲與成婚，拒不從，屢欲自經。抵洞庭湖，遇水寇與獠合，劫蓮見洞主，殺鴇與有才。獠酋欲污蓮，其妻不容，留以作伴，遂得全節。天生授翰林，詔問剿蠻策，奏答稱旨，命撫湖廣。將行，值天成往見，故慢不理。天成愧無地，兄復逐使去。成憤歸，以告攻玉。天生密授玉資斧藥餌，令調養天成，復以奇書秘本，令勸勤讀，爲改入北監，囑攻玉使毋言己所贈，成名之後方可泄也。至楚招撫，獠感其德化，悉皆納款。其所劫子女，按籍釋歸。採蓮具言父名，且云已嫁劉天成，天生知爲攻玉女也，告以天成即其弟，復命帶歸金谿，先入謁母。天成連捷，亦中狀元，乞假省親。感攻玉恩，與同舟歸。母不勝喜，令謁天生。天成泣訴其母，兄無手足情，身被耻辱，賴攻玉提挈，始得有此。母亦信其言，甚銜天生，而邀攻玉叩謝。攻玉一一剖明，始悟皆天生暗助，得以成名，流涕謝罪。天生紿云：我已爲弟聘婦矣。天成守採蓮約，堅不肯從。攻玉亦勸毋念己女。天生知弟守義，令採蓮出認。攻玉見之，父女相抱悲慟。天生乃告其母，擇吉復結花燭云。

又《財星現》 近時人作，不知誰筆。所演秦子西事，謂子西乃天上財星，閲歷艱苦之餘，不意中獲資百萬也。情迹鑿空，無所原本。其名曰秦金，明嘉靖中有此人，官至南京吏部尚書，不過姓名偶同，非謂即其人也。惟田爾耕是真姓名，而官階履歷不符，亦不過影借云耳。略云：秦金，字子西，祖籍關中，僑居白下，抛書業賈，囊空乏資。時有巨富楊叟，名立，字伯信，别號覺菴道人，風鑑通神，素性偏執，人所輕賤者必愛敬之，人所尊奉者必棄絶之，衆因指目爲偏員外，又目曰偏不信。金陵桃葉渡有吴蘭者，素善經商，向叟貸五百金，往江西販米。子西亦向叟貸五百金爲資。叟細察其面貌，又爲起數，謂必大富，遂立付之，且導往江西商販。時有邢子璣，亦金陵人，家道小裕，同時向伯信貸銀，貌與子西酷似。叟見其氣色昏滯，堅不肯借。子璣不忿，棄産得金二千，欲買川廣藥材。抵南昌界，大盜赫連霸劫其金去。子璣無所歸，遂從霸入山，在寨書寫。揚州別駕田爾耕，解餉雁門關，道經香草鎮。按揚州赴雁門，安得入南昌界。劇誤。田爾耕亦非進士，未嘗爲揚州通判。餉銀爲霸所劫，子璣請殺爾耕。霸不從而止。爾耕詢得子璣姓字，恨之入骨，竟以失餉擬辟，起解進京，惟得千金饋東廠魏忠賢，禍可立解。其妻馮氏，生女玉娟，美而且孝，插標賣身，願得千金以贖父罪。子西之往江西也，途間與吳蘭遇，以蘭年長，事之如兄，同赴江西，寓於南昌城外糧食牙行甄老實家。初，蘭出外時，使妻張氏料理行囊，張父贈錢二貫，包裹篋中，而金未挈去。蘭行，妻始知誤，以爲必返，蘭竟去不顧，且不知金之在家也。蘭與子西同寓於甄，子西先行糴米，蘭檢其囊，僅錢二貫，心甚驚駭。店主輩皆謂必同行人所竊，急追子西還。子西云：若果失銀，物色錠件相對，即認是吳物。蘭開數目，衆檢子西之囊一一符合，衆遂以銀付蘭，而欲執子西拐銀之罪。蘭頗忠厚，勸止衆人。子西遂素手而歸，見叟羞慚滿面。而叟相子西必富，復以千金貸之。子西携金以行，適遇玉娟賣身不得售，玉投井自盡，子西沮止，問故。玉娟俱告其實。子西憐其孝女，願以所携付之。田氏之僕至，乃携金同往，付其母馮夫人。爾耕用以結交於忠賢，不惟免罪，且擢青徐道副使。馮氏以全家并子西所救留贅於家，許以同抵任所。還叟本銀，及爾耕相見，其貌似邢子璣，問姓氏籍貫，則云金陵秦子西也。爾耕誤聽，以爲即子璣，是從前劫銀者，立命擒之，欲斃於杖下。垂絶而巡按至，爾耕出接。老僕以己衣衣子西，縱令逋去，撞死階前，以絶其迹。爾耕歸，知子西走，告其女云已死，欲令改嫁。玉娟不從，既而生子三歲，爾耕必欲嫁女，將棄其外孫。玉娟乃以金陵秦子西子六字，刺兒背上，送養於育嬰堂。會楊叟廣行善事，給育嬰堂乳母一年工食，見兒喜之，收以爲子，遂改姓名曰楊秦。初，子西垂斃而走，逃至江濱，復遇叟。叟方以通洋利重，買得藥材、絲絹等物，計直萬金，欲附海舶往日本貨賣，而未得其人。見子西則大喜，悉以付之。海舶將開，子西用姓名圖記以識，遂與叟別。赫連霸聞有貨舶出洋，入海劫之，盡投舟中人於海。子西幸附一板，漂至普陀山岸。樵夫引至大士行宫，曰大悲禪院，其僧普濟，收作香火，取名曰來道人。時，日本方患瘟疫，遍染國中，會奪赫連霸之舟，盡得藥材，療治立愈，國主亦因此獲瘳。檢得秦子西圖記，知是其物，估價值二十萬，封貯庫中，俟覓得子西以還之。赫連霸之入海也，邢子璣乘間席捲金珠而去，易名納監，媒聘爾耕之女，選吉入贅。玉娟聞之，盡剪鬢髮。爾耕使妻伴女，而己出慰婿。見其貌，以爲子西已死而魂出索命也，大怖而走。子璣又見爾耕即失餉之官，懼其縛己，奔竄而去。玉娟遂擇園中空屋，爲靜室以居，書亡夫秦子西牌位，日供奉焉。久之，楊秦入都應試，道過山左，抵靜室中，見所書牌，與己背上之字相合，細問始知是生身之母，哭認而去。登科入詞林，還家告於叟。方欲遣使迎母，會奉命封王日本。叟告以生父未亡，飄洋海外。比至日本訪之，國主言舟人盡没於海，久訪無迹，度不復存，因以所貯庫銀，令盡挈歸，又贈珍寶無算。舟還，泊普陀，入寺禮佛，獲與父見，迎歸金陵。而吳蘭居外久，獲利至二十萬，歸家見妻，始知從前之誤，欲訪子西，以金盡還之。子璣流落娼家爲僕，蘭見而呼之，與言其故。子璣遂冒認子西，借蘭抵楊宅。時，子西父子同歸，爾耕亦以璫敗貶官，自悔殺婿，聞外孫已貴，婿亦未死，挈家至金陵，求楊叟爲之解説。而蘭與子璣同至，子西、子璣皆自以爲子西，面貌相同，一時莫辨。叟記子西泛海時，其物有秦子西圖記，語兩人云：有此記者是真，否則是假。子西出圖記於袖中，叟乃記從前有貌相肖者，即子璣也，送官究治，而官即爾耕，被貶爲應天府經歷。子璣知事敗，撞階下死。吳蘭遂以女嫁楊秦，楊秦具疏復姓名曰秦楊，擢陞學士，其父秦金，欽天監奏財星降世，正與相應，授爲常盈庫大使。楊伯信、吳蘭，并授七品冠帶。田爾耕以原官致仕，伯信、蘭及爾耕皆無子，三家所蓄，盡歸於秦。按田爾耕，兵部尚書田樂之孫，以軍功襲錦衣，遷至指揮，附璫獲罪，非文職也。劇中借用其姓名，非實事。

又《求如願》 近時人作。劇以歐陽名三代清白，虔誦《法華經》，青湖龍王女如願，亦誦《法華經》，感呂純陽真人指示結姻，廣行善事，飛昇仙去，故曰《求如願》也。事皆有所影借，但非歐陽修孫耳。略云：歐陽名，字紹充，廬陵人，歐陽修之孫，妻胥氏，累世清廉積德。值青苗法爲害，貧愈甚，惟祖遺玉麈尾、古端硯、黄庭堅詩扇、李廷珪墨、定武蘭亭法帖、蘇軾文集，寶愛不忍釋。夫妻同誦《大乘妙法蓮華經》，於人日備香楮，祈錢神送窮。典賣田園，學爲貨殖。舟行過彭蠡湖，風浪驟起，投以玉麈尾、古端硯，未息；復投黄庭堅書扇并自書《法華經》，風浪忽止。行至湖廣，遇呂洞賓，知名本金童，龍王女如願，本玉女，偶謫塵凡，數當配合，因語之曰：

龍王獲汝經、扇，欲酬汝德。凡珍珠寶玩，决不可受，惟説求如願三字足矣。龍王果遣青衣童子邀至宮中，設宴款之。贈一丈珊瑚樹、明月珠二顆、通天犀，俱不受，但曰求如願。龍王大驚，詢之，名以純陽之言對，即命與如願，諧伉儷於龍宮。三日後，水部送歸家。時，蔡京深嫉元祐正人君子，親書黨人三百九十人名，立碑於端禮門，禁行三蘇文集。名藏之石壁中。值江右亢旱，斗米千錢，名以數千金糴米煮粥，廣救飢民三百餘萬。是時，徽宗寵信林靈素，正登壇作法，擒李師師，以其爲野狐精也。適童貫捧詔至壇，師師遂得逸去。封靈素通真達靈先生，於上清寶籙宮上表章，册徽宗爲教主道君皇帝，上玉帝徽號曰太上開元執符御歷含真體道昊天玉皇上帝。未幾，大金南侵，復命靈素具奏玉帝，以劫運之故，不能上達。蘇軾爲天上奎宿，代之轉奏。玉旨云：天數已定，不必再奏。靈素伏陰回，不敢泄漏天機，但奏蘇軾是天上奎星，豈可稱爲黨人。即於半夜毁黨人碑，召購蘇軾文集。而歐陽名所藏軾文集已十年。生一子，取名曰攀狗，亦已十齡，因以蘇軾文集上獻，即拜翰林學士，命草詔罪己，更革弊端。俾人心悦，天意回，則備禦之事，將帥可以任之。李綱復奏，當整飭軍馬，固結民心，相與堅守，以待勤王之師。蔡京請遷移襄鄧。李綱復奏：六軍父子妻孥，皆在都城，萬一中道散歸，誰爲護衛。敵兵逼近，知乘輿未遠，以健馬來追，何以禦之。蔡京之言，切不可聽。因命李綱兼親征行營使，种師道爲大將軍，歐陽名爲參謀。大金粘没喝以六萬師據牟駝崗，勤王之師集城下者，已二十餘萬，遂出封丘門大戰，粘没喝退去。李綱、种師道、歐陽名各加二級。玉帝以歐陽名正直無私，虔誦妙法蓮華經，救濟飢民三百餘萬，陰功浩大，敕吕洞賓及諸仙官天將，以幢幡寶蓋接之。妻胥氏，龍女如願，俱白晝飛昇，先列仙班，後歸佛刹，以彰爲善之報云。按搜神記：歐明經彭澤湖，有數吏來候明，云是青洪君使要。明甚怖。吏曰：青洪君必有重遺君者，君勿取，獨求如願耳。明既見青洪君，求如願。如願者，青洪君婢也。明將歸，所願輒得，數年大富。搜神記，干寶所撰，事在晉前。劇以歐明爲永叔之孫，可哂。宋稗類鈔：載宣和間林靈素希世寵倖，數召入禁中，賜坐便殿。時，露臺妓李師師者，出入宮禁。靈素見之，怒目攘袂，亟起取御爐火箸逐而擊之。内侍救護得免。靈素曰：若殺此人，其屍無狐尾者，臣甘罔上之誅。上笑而不從。又李廷珪爲江南李國主父子作墨，彭門寇鈞國家，其先世所藏李廷珪下至潘谷十二家墨，斷珪殘璧，粲然滿目。東坡先生臨郡取試之，爲書杜詩十三篇，各於篇下書墨工姓名，因第其品次云。又王榮老嘗官於觀州，欲渡觀江，七日風作不得濟。父老曰：公篋中必蓄寶物，此江神極靈，當獻之得濟。榮老自顧無所有，唯一玉麈尾，即以獻之，風如故；又以端硯獻之，風愈作；又以宣州包鼎畫虎障子獻之，皆不驗。夜卧念曰：猶有黄魯直草書扇頭，題韋應物詩。即取視之，儻恍之際，曰：我猶不識，鬼寧識之乎。試持獻之，香火未收，天水相照，如兩鏡展對，南風徐來，張帆一餉而濟。按范成大臘月村田樂府叙：余歸石湖，往來田家，得歲暮十事，採其語各賦一詩以識土風，號《村田樂府》，其十曰打灰堆詞，除夜將曉，鷄且鳴，婢獲持杖擊糞壤，致詞以致利市，謂之打灰堆。此本彭蠡清洪君廟中如願故事，惟吴下至今不廢。詞曰：除夜將闌曉星爛，糞掃堆頭打如願。杖敲灰起飛撲籬，不嫌灰涴新節衣。老媪當前再三祝，祇要我家長富足。輕舟作商重船歸，大牸引犢鷄哺兒。野繭可繅麥兩歧，短衲换着長衫衣。當年婢子挽不住，有耳猶能聞我語。但如我願不汝呼，一任汝歸彭蠡湖。

又《兩卷雲》 不知何人所作。演錢月遇氤氳使者，撮合璧雲、珠雲，共諧伉儷，是以名兩卷雲，蓋取珠聯璧合之義也，其事無所本。略云：金陵諸生錢月，字朗生，父官浙江中丞，早殁，愛吴中山水，與母魏氏，僑居蘇州。有李秀字文長者，原籍襄陽，亦寓蘇州，父曾官兩廣提督，殁於任，秀蔭游擊，命未下。在蘇與月相友善，期遊虎丘，秀有事爽約，月獨閒步過酒肆，遇老叟乘醉與肆主爭酒價，月代償之。叟邀回寓，設異品佳餚款月，復奏霓裳羽衣。詢其姓名，云姓申屠，人皆稱申屠丈。感君高誼，待有緩急，當相拯也。遂别。叟蓋氤氳使，月本文星下降，與璧雲、珠雲有夙緣，故奉玄女命臨凡，濟月危困，令配二雲。璧雲者，姓宗氏，名家女也，幼失怙恃，族叔賣入烟花，善琴棋詞翰，名傾吴郡，欲嫁才子，不輕會客。黠僧寂如，拉秀月往訪，欲從中漁利。璧與月款洽，遂訂終身。宰相裴倫，字梅川，居金陵，其子元詣蘇謁巡撫，過錫山遇虎，會秀較獵救之。元致書與父，實授秀游擊，鎮守采石磯。初，元慕璧美，欲娶爲妾，璧拒不從。元銜之，誣月通李闖，逮繫獄。秀白其冤釋之，母令出避金陵。元强璧爲妾，母利其財，誘璧乘輿入元寓，璧堅不從，幽於密室。申屠丈遣神誅佞兒，救投鎮江尼庵，以俟姑息相逢，重續舊盟。有兵科給事范裴字闇然者，與倫不合，奪職歸，乃月父執也。

月往謁，裴有女，以夫人蘇氏夢吞珠而孕，故名珠雲，裴甚鍾愛，謹於擇婿，必欲明珠爲聘。月寓於范，適遇珠園中，彼此留意，裴亦欲以女妻月。時，倫乞假歸葬，於裴園飲，月亦在坐，見其才品，亦有女未字，使門客執柯，欲以字月，月拒之。倫度裴必以己女配月，故梗之，且欲聘其女爲媳，裴以聘必明珠爲辭。申屠丈乃攝倫家珠以聘范女，倫恚裴逆己意，誣其與流寇通，陷裴，逮赴京師。裴先令月歸，囑夫人携女詣蘇州就親。月過丹陽，海慧庵僧寂如行劫，殺其僕。申屠丈遣神負月至采石，與秀叙始末。秀助資斧，令入京會試。珠母女詢月母錢夫人，夫人云月未歸，母女驚異。夫人知珠與月締姻，因留同居。適珠詣寺進香，裴元遣僕爲盜，劫珠入舟中，珠急投水。寂如方爲水寇，拯起獻於頭目。秀引兵巡江討水寇，獲珠，知月所聘妻，奉以居別室。初，裴被逮，鞫問無罪，詔釋出獄，即命剿撫流寇。秀往協助，屢奏捷，會月成進士，劾倫父子奸惡，詔逮倫，赴法司勘問，而授月監軍道，解糧助裴。及賊平，奏凱，遣人接家眷入京。月母與范夫人路過尼庵，遇璧，知其爲月守志，携載赴京。氤氳使者申屠丈又運神通，令其母子夫婦舟皆泊江口，適裴元探父，過揚子江，覆舟波中。裴妻月母既各會合，李秀載珠雲擒寂如亦至，月以寂如正法，裴與錢夫人擇吉，即於舟次，令月與二雲諧花燭焉。按劇中有潛通李闖語，則所指乃明末事也。明末宰相無所謂裴倫者，劇云金陵人，崇禎中，上元程國祥，由户部尚書入閣，疑其所影射，然國祥未聞有過失，或有惡之者，亦未可定。

又《瓦崗寨》 不知何人作。演裴元慶與華氏締姻，以程皎金聚瓦崗寨串合關目，事本野乘，與正史不符。略云：程皎金，字知節，濟州東阿人，家貧，樵採爲生，有勇力。時當隋末，與賈潤甫、秦瓊、尤俊達、王伯當、徐茂公、齊國遠等二十六人結納。七月晦日，地藏大士誕辰，皎金閒遊，遇潼關總管裴天柱夫人華氏及女蘭英，亦至地藏庵酬願。皎金見蘭英美麗，忽前揖華氏，遽稱岳母。華氏大怒，遣僕呼子元慶來，皎金與鬭，仆於地，幸尤俊達勸釋。探知濟州起解錢糧，路由長葉林，乃同往劫之。隨被歷城縣擒獲，將二人解至皇叔楊林軍前。林赴京慶賀，暫繫歷城獄中，潤甫等設計救出，各散去。濟州刺史劉文靖於潤甫處搜得三十六人册籍，啓知楊林。是時，秦瓊在楊林麾下，爲十三太保，與上官儀交契，賀方嫉之，譖瓊，林召瓊，方復遣人詭作儀使，於中途阻瓊云：林將害之，須介冑往。瓊惑其説，果甲而詣營，方并譖儀與瓊交私，儀被殺，瓊與方戰，斬之，以令箭賺出潼關。林追不及，以罪裴天柱，將斬之，天柱子元慶來省親，願擒瓊以贖父罪。林乃許之。元慶於鄧家堡與瓊大戰，瓊力竭被獲。徐茂公遣王伯當於榆柳村救回，因攻金提關。守將華公義年老，楊林命元慶協守，元慶即公義之甥，與公義女中表聯姻已久。茂公知元慶勇敵萬人，不可力擒，因誘之離關，急攻破關，斬公義。秦瓊母收華氏爲義女，命瓊禮葬其父。遂占瓦崗寨，推程皎金爲混世魔王。裴元慶戰敗，往龍井關見父。而楊林差官賫公文至，責元慶封疆失守，并亡大將，罪及天柱，氣噎身死。元慶逃至陝右萬雉巖，巖中有嗣漢天師十代孫赤松子，悟太上真詮，乘千里夜光犀，兩腋有光，夜則如晝，又煉一降魔鐵杵。牧犀仙童牽犀下山飲水，遇元慶，引見赤松子，傳以秘書，且授犀、杵。楊林合四路節度使剿瓦崗寨，徐茂公擺蚩尤布霧陣，以秦瓊守左營，齊國遠守右營，程皎金守中軍。林所部河東節度滕蛟、陝右節度潘陶俱戰敗。林親攻中軍，爲霧所迷，大敗。元慶乘犀持杵，救林以免。皎金被杵擊，昏暈三晝夜方蘇。茂公復擺五虎陣，元慶大破之。時，其母及妹蘭英避兵來訪元慶，經過查樹村，茂公劫留營中，命軍士僞作龍井關卒，賺元慶母親筆書，誘元慶劫營擒之。其母勸之降，因以華女配元慶，裴女配皎金。按隋書列傳：惟楊子崇爲高祖族弟，無所謂皇叔楊林也。演義、鼓詞、小説又稱楊龄，皆無據。唐書：秦瓊，字叔寶，始爲隋將來護兒帳内，俄隨通守張須陀擊賊，大破之。又與孫宣雅戰海曲，先登，以前後功，擢建節尉。從須陀擊李密滎陽，須陀死，率殘兵附裴仁基。仁基降密，密得叔寶大喜，以爲帳内驃騎，後歸王世充，署龍驤大將軍。與程齩金計曰：世充多詐，非撥亂主也。因約俱西走，策馬謝世充曰：自顧不能奉事，請從此辭。賊不敢逼，於是來降。高祖俾事秦王，拜馬軍總管，戰美良川，破尉遲敬德，功多，授秦王右三統軍。走宋金剛於介休，拜上柱國，從討世充、建德、黑闥三盜，未嘗不身先鋒鏖陣，前無堅對，進封翼國公。及平隱巢功，拜左武衛大將軍，實封七百户，卒贈徐州都督，陪葬昭陵。貞觀十三年，改封胡國公。後四年，詔叔寶及諸功臣，并圖形凌烟閣。高宗永徽六年，遣使致祭，名臣圖於凌烟閣者凡九人，叔寶與焉。按此，無在楊林麾下事。程知節，本名齩金，劇云皎金，誤。濟州東阿人，善馬矟，常聚衆數百，保鄉里。後事李密，爲驃騎內軍。王世充與密戰，襲單雄信營。密遣知節及裴行儼助之，行儼中流矢墮馬，知節抱行儼重騎馳，追兵以槊撞之，知節折其槊，斬追者，乃免。後密敗，爲世充所獲，惡其爲人，與秦叔寶來奔，授秦王府左三統軍，從破宋金剛、竇建德、王世充，并領左一馬軍總管，搴旗先登者不一，以功封宿國公，尋遷右武衛大將軍，實封七百户。貞觀中，歷瀘州都督、左領軍大將軍，改封盧國公。顯慶二年，授葱山道行軍大總管。致仕卒，贈驃騎大將軍，益州大都督，陪葬昭陵。按此，無在瓦崗寨爲混世魔王及娶裴氏女蘭英爲妻事。唐書上官儀傳：儀，字遊韶，陝州陝人。父弘，爲隋江都宫副監，大業末爲陳稜所殺，時儀幼，左右匿免，冒爲沙門服。寖工文詞，涉貫墳典，貞觀初，擢進士第，召授弘文館直學士，遷秘書郎。按此，無與秦瓊交契事。隋唐列傳内無裴天柱及元慶名，亦無所謂華公義，劇不過添設點綴耳。

又《晉陽宫》 不知何人作。演唐高祖、太宗起兵晉陽，而關鍵則在高士廉，其名曰晉陽宫者，歸重於高祖之意，實則鋪叙士廉爲主也，與正史多謬戾。言高士廉，山西太原仗義村人，父官兵部尚書，雙親已亡，妻秦氏，字冰姑。河南朱粲曾誤傷人命，發配充軍，士廉父活之，收爲家將。劉文静者，士廉父之門生也，由吏部侍郎謫官陽曲縣令。唐高祖封唐國公，鎮守山西，群方告變。高祖承制，遣馬三寶討王世充於洛陽，段志元討孟宣於曹州，殷開山討唐弼於山東，劉洪基討劉武周於三關。按劇中平陽總兵、山東軍門、三關總兵等，皆明時制度，與隋唐時異。李靖與文静舊交，來謁高祖，識高祖、太宗爲真主，相訂而別。餞之次，宇文化及奉煬帝命，使高祖建造晉陽宫，且抽撥民夫，開掘便河，工程止限一月。高祖以錢糧無出爲憂，劉文静因言：士廉父曾許建泰安州神州娘娘宫殿一所，尚未酬願，若往借用，異日補還，可應一時之急。士廉適謁文静，高祖遂邀二人共計。士廉聽命，出其資以給之。時，曹州孟宣，號慨公，有二妻，曰藍、白二夫人，皆受異人秘術，能呼風喚雨，撒豆成兵，宣藉其助，取定陶、濟寧、鄆城、東平附近之地，自立爲曹王，出兵犯山西界，爲志元所敗。其友許靈鏡者，薦士廉於宣，宣欲聘爲元帥，遣人奉黄金白璧、明珠綵緞，致書敦請，士廉怒而叱去。宣欲引兵攻士廉，其妻力勸不可。宣復率衆親往，請士廉爲謀主，至則士廉已赴高祖，方共議造殿開河。宣不見士廉，而睹其妻之美，竟令從者挾秦氏登車而去。士廉於途次遇百姓紛紛不寧，皆怨宇文化及誘煬帝爲不道，多方擾民。而河南劉黑闥方以路見不平，縱化及所拘里長，爲化及部役所毆，且搶去白金二百。士廉問其故，以語侵化及。令放黑闥，役不肯從，士廉令朱粲放黑闥，役遂奔控化及，云士廉擊碎聖諭牌，化及立遣卒捕士廉，酷刑拷之，奏其與李淵謀爲變，使劉文静點兵押解入京，候旨裁奪。朱粲隨行在路，百姓從者成群，俱欲救士廉者。黑闥亦以士廉因己被禍，邀之於路，與衆相合。士廉堅守大節，叱衆無妄爲。衆心喧忿，共殺解卒，擁粲與黑闥而去，奉粲至河南，爲南陽王。士廉與文静無如何，文静思李藥師臨別時，嘗留記云：途中禍起莫回程，開津越渡尋幽徑。遂與士廉倉卒共遁，投奔李靖。化及已建晉陽宫，且開河數百里，遂引煬帝乘舟看瓊花。至四屏山，各路叛寇共謀劫駕，隋將韓擒虎被殺，竇建德敗回。高祖、太宗父子引兵勤王，諸寇始解去。煬帝遂撫太宗以爲子，已而入揚界，以瓊花爲觀名。將往看之，其花一夕爲風霆攝去。煬帝謂居民所詐，欲遣兵抄城，太宗力勸而止。化及又謂非民詐，乃守土者之罪。煬帝信其言，誅留守楊道靈，又逼其女墜樓而斃。太宗目擊煬帝所行，潛逃欲歸。化及知之，遣將引兵捕高祖父子，言其背叛。太宗至泗水，化及所遣將追及，欲擒之。李靖以錦囊計授士廉，令之往救，一面令文静救高祖於晉陽。士廉救出太宗，偕靖同赴高祖，則高祖方爲化及將所擒，送禁獄中。晉陽百姓皆欲爲變，文静與衆共救高祖，奉以爲主，高祖堅執不從。而太宗與士廉已至，衆心并合。又聞化及謀逆事成，自立僞號。高祖乃建義旗，居尊位，以李靖、劉文静爲左右丞相，士廉爲大將軍，即遣士廉率先鋒馬三寶討孟宣、朱粲等。初，士廉妻秦氏爲宣所得，欲污辱之，方將自刎，黑、白二氏聞之，叱罵宣而引秦侍己，秦得無污。其後宣、粲共獵，宣留粲至己帳，粲見秦氏，乃與黑闥共議，以蒙汗藥醉宣酒而擒之，并殺黑、白二氏，遂與黑闥歸唐，士廉夫婦復合。按唐書：高儉，字士廉，以字顯，齊清河王岳之孫。父勱，樂安王，入隋爲洮州刺史。劇言爲隋兵部尚書，誤。士廉敏惠有度量，狀貌若畫，觀書一見輒誦，敏於占對。自以齊宗室，不欲廣交，屏居終南山下。吏部侍郎高孝基勸之仕，仁壽中，舉文才甲科，補治禮郎。劇言居太原仗義村，誤。又以爲從高祖起兵，亦誤。貶朱鳶主簿，以母老不可居瘴癘地，劇言雙親已亡，亦誤。乃留妻鮮于奉養而行。劇言妻秦氏，亦誤。會世大亂，京師阻絶，交趾太守丘和署司法書佐，因爲行軍司馬，高祖遣使徇嶺南，武德五年與和來降。秦王爲雍州牧，薦士廉爲治中，親重之。按武德中，士廉始爲唐臣，劇言與高祖同起兵，誤；言挺身救太宗，亦誤。太宗時，官尚書僕射同中書門下三品，知政事，卒贈司徒，謚文獻，配享太宗廟廷。士廉少識太宗非常人，以所出女歸之，是爲文德皇后。按士廉本文臣，非武將也。長孫后是其甥女，則與高祖、太宗故當有交，但不如劇所言耳。劉文静，字肇仁，世居京兆武功，父韶，仕隋戰死，贈上儀同三司。文静以死難子，襲儀同，倜儻有器略。大業末，爲晉陽令。按彼時止稱晉陽，劇改名陽曲，非也。云以吏部侍郎貶官，亦繆。高祖爲唐公，鎮太原，文静深自結，既又見秦王，曰：公子非常人也，豁達神武，漢高祖、魏太祖之徒歟，殆天啓之也。俄坐李密姻屬，繫獄。秦王私入視之，文静挑言曰：喪亂方剡，非湯武高光不能定。王曰：安知無其人哉。欲共大計，試爲我言之。文静曰：上南幸，兵填河洛，盜賊蜉結，大連州縣，小阻山澤，以數萬，劇中言各路之兵，本此。須真主取而用之，誠能投天會機，奮欑大呼，則四海不足定也。今汾晉避盜者皆在，文静素知其豪傑，一朝號召，十萬衆可得也。加公府兵數萬，一下令，誰不願從。鼓而入關，以震天下，王業成矣。王笑曰：君言正與我意合。乃陰部署賓客。將發，恐唐公不從，文静謀因裴寂開説，於是介寂以交王，遂得進議。及突厥敗高君雅兵，唐公被劾，王遣文静、寂共説曰：公據嫌疑之地，勢不圖全。今部將敗，方以罪見收，事急矣，尚不爲計乎。晉陽兵精馬强，宫庫豐饒，大事可舉也。願公引兵西誅暴亂，乃受單使囚乎。唐公私可，會得釋而止，既而人心愁擾，益思亂。文静、寂乃勸起兵，唐公開大將軍府，以文静爲司馬，唐公踐天子位，擢納言。按文静本與高祖同起兵，然非因宇文化及。文静亦未嘗有押送高士廉事，高祖亦未嘗被禁，太宗與文静同謀，亦未嘗入隋，爲煬帝撫以爲子，自隋逃歸，李靖乃後來所用，初起時未嘗與，文静與靖，非舊交。馬三寶，柴紹家僮。紹，尚平陽公主，高祖兵起，紹間道走太原，三寶奉公主遁司竹園，撫接群盜，兵至數萬。唐公濟河，授三寶左光禄大夫。秦王至竹林宫，三寶以兵詣軍門謁，遂從平京師。按傳中未嘗有討王世充、孟海公事。段志元、殷開山、劉弘基，皆高祖功臣。《段志元傳》無討孟海公事。《殷開山傳》無討唐弼事。《劉弘基傳》：劉武周犯太原，弘基屯平陽，陷賊，俄自拔歸，授左一總管，從秦王屯柏壁，以勁卒二千，由隰州趨西河，躡賊歸路，賊鋭甚。弘基堅壁儲勇，及宋金剛遁走，率騎尾之介休，與王合擊，大破之。劇言弘基討武周，本此。明時乃有三關軍門，三關者，偏頭、寧武、雁門，傳中由隰州趨西河，隱相合也。朱粲傳：粲，亳州城父人。初爲縣史，大業中，從軍伐長白山，亡命去爲盜，號可達寒賊，自稱迦樓羅王，衆十萬，度淮，屠景陵、沔陽，轉剽山南，僭號楚帝，攻拔南陽。顯州首領楊士林、田瓚起兵攻粲，粲大敗，遣使乞降。高祖使段確勞之，粲收殺確，奔王世充。東都平，斬洛水。按粲非高士廉家將，劇中事迹皆不實。竇建德傳：濟陰賊孟海公，兵三萬，據周橋城，以掠河南。建德自擊之，克周橋，擄海公。《高祖本紀》：孟海公據曹州，號録事。武德四年二月，竇建德陷曹州，執孟海公。按海公，劇誤作慨公，又言其名曰宣，據史，海公即其名，未嘗名宣也，事迹亦添出。又按隋末，韓擒虎已不存矣，竇建德亦非隋將，劇言擒虎被殺，建德敗回，皆繆。

又《鴛鴦箋》 不知何人所作。演《水滸傳》王英、扈三娘事，謂兩人各以鴛鴦箋賦詩，時遷於暗中互换，使兩相思慕，後成伉儷，因用是名，與《水滸》情節大異。略云：淮北人王英，字子千，僑寓蘇州，短小多勇力，粗知書，號矮脚虎。避亂逃生，至鄆州境上，聞祝家莊祝龍、祝虎兄弟豪邁，欲往投之。時，雲龍山公孫勝往投宋江，英與遇於酒肆，二人暢飲，結義而别。祝家莊者，土豪祝太公之家，太公二子，長龍，次虎，皆勇悍絶倫。莊東曰李家莊，莊主李應，號撲天雕，與妻杜瓊英，并驍勇，善使飛刀。莊西曰扈家莊，莊主扈成，其父道隆，祝氏之婿也。道隆已殁，子成爲祝太公甥。其妹三娘，長大姣好，號一丈青，善使日月雙刀，馬上慣用紅綿套索。李、扈兩莊皆奉祝爲主而羽翼之。時，祝莊教師欒廷玉死，龍、虎方欲别聘一人，而英適至，兄弟皆待之甚厚。然英謂龍、虎佻達，其心顧傾於宋江。龍與英射獵，扈三娘亦率女侍出獵，猛虎突出，英手搏殺之，三娘見而羡其勇。龍呼英與三娘相見。英窺三娘之美，特鍾情焉。時遷於翠屏山睹楊雄、石秀殺潘巧雲事，聞秀欲因戴宗投梁山，遂與結伴而行，嗾雄、秀先往。遷抵李應酒肆，偷食其鷄黍酒食，醉卧庭中。應覺欲擒之，遷乃縱火焚其室，自詑云：我梁山泊好漢時遷也。應莊失火，乃走訴於祝，而瓊英往投三娘，祝太公欲使人追捕時遷，英欲藉遷以通江，遂自請行。途遇鄭天壽，英故交也，方偕遷行，問英何往，英不識遷，告欲追賊之故。天壽邀英入己莊，問其行止。英言本意欲投宋江，天壽言非時遷不可，因以遷告，三人共相結。遷見英情狀恍惚，假寐竊聽之。英念扈三娘不置，中夜出鴛鴦箋一幅，書絶句云：秦國佳人映彩霞，懸山隔水路途賒。有時邀請飛仙至，定折嫦娥鏡裏花。遷俟英熟寐，竊其箋，潛詣三娘卧室。三娘亦思英，書一絶於鴛鴦箋云：花影移階夜已深，空庭寂寞且回身。低頭懶上妝臺望，人在吴宫月在秦。詩成，三娘隱几而臥。遷潛以英詩換之，兩人見所易箋，各驚駭，以爲神異。時，宋江已招公孫勝入山，欲與祝家莊結爲唇齒。勝言王英正投祝氏，可令説祝。江即遣秦明下山覓英。而高俅授祝太公父子爲武寨都總，豎大言牌於寨口，曰：填平水泊擒晁蓋，踏破梁山捉宋江。秦明見之，怒而擊碎。祝虎率衆追明，天壽、英、遷衝出，虎乃退去。明出公孫勝書，致江請英之意，三人遂偕明共投梁山。宋江聞大言牌，怒遣頭領石秀、花榮、劉唐、張順等，共攻祝家莊。榮、唐、順皆被擒捉。英請自往，招三娘入寨。及戰，各相認識。英自述姓名及詩箋事，三娘心甚留戀，而一時莫爲計，遂擒歸，禁置空屋，令老僕守之，且戒勿令祝氏兄弟知，蓋意欲納爲夫也。祝虎於元宵燈節，見李應妻瓊英觀燈於扈氏，欲誘奸之。會宋江兵至，應夫妻出戰，與三娘并得勝，置酒宴之。虎於筵上捉瓊英手，瓊英怒詬，爲虎母柴氏所知，責罵其子。瓊英不復言。虎復用計遣應擊燕順，燕順者，鄭天壽所招清風寨之盜魁，歸於宋江者也。虎遣應出，欲潛圖瓊英。瓊英與應謀，詭言家出怪，請虎來護。虎謂得計，亟至李莊。瓊英醉之以酒，潛塗其面，令入帳中，喚云妖至。虎家丁入內，虎聞喧攘而出，家丁以爲妖，共擊殺之。應夫婦同上馬去。祝龍聞而追之，瓊英飛刀殺龍，遂往投江。江方以榮、唐等被擒，使時遷密往，屬爲內應，且遣武松、林冲等率兵亟攻之。祝太公無計，使英作書致江，進金銀請降。會三娘於陣上爲林冲所追，落馬陷坑中，被擒入寨。江使李應夫婦守之，其兄成又殁於陣。英致江書，并附鴛鴦箋於內。江遂納祝太公降，使英與三娘結夫婦，共受招安，隨征方臘云。按《水滸傳》：王英與燕順、鄭天壽共據清風山，宋江過之，爲順所擒。及聞江名，起拜置酒，留飲山中。英聞有女轎在山下過，即往劫之，乃文知寨劉高之妻，欲占爲室。江力勸送還，英未從。而順立遣擡轎下山，英甚忿悒。江力任後當覓好女以妻英。及江下山投武知寨花榮，榮留署中，元宵出市看燈，爲高妻所見，指以爲盜，擒送獄中。花榮引兵奪回，遣江潛避青風山，復爲高所擒，中文青州守慕容彦達。彦達遣都監黄信并擒榮、江，用囚車解送，道上爲燕順等劫去。守復遣統制秦明往討，復爲誘敗。明既被擒，并誘信降江。王英得劉高妻，復欲納之，爲燕順所殺。英怒，欲與順并命。江勸英勿傷舊好，必得好女配之。其後攻祝家莊，擒扈三娘，乃以配英，英未嘗先與三娘有情也。傳云英形貌崢嶸，性粗鹵，安得有貌爲三娘所喜。且安能作詩。三娘亦村莊之女，但言其善戰，未言其能詩也。王英隨打祝家莊，爲三娘所擒，三娘旋被李逵追趕，林冲擒捉，未曾擒榮、唐等也。李應本巨富之家，劇言受祝家莊約束，若其所管轄者，亦謬。應僕杜興，楊雄嘗救其死，故興爲雄與石秀求應書救時遷，祝彪裂書大罵，且射中應，應遂歸心宋江。劇言以妻杜瓊英受侮之故，亦謬也。時遷偷祝莊之鷄，石秀縱火而去，天壽、燕順先與江共赴梁山，祝龍、祝虎兄弟尚有祝彪最勇，即聘扈三娘爲妻者，宋江攻祝家莊，欒廷玉未死，種種情節皆不合。大言牌所書填平水泊二句，是《水滸傳》中實事，在宋江勒馬獨龍岡時叙出。

又《狀元堂》 亦名《月華緣》，劇内用宋朝御史中丞、平章軍國重事等官名，然又 用登萊督府、經略、總鎮其婦人乳者，自喜曰：你愛我。若有私意，即出刃刺殺之。劇中叙婆羅女主之雄，蓋本於此。但誤娑羅爲婆羅耳，若婆羅門則在大西，今云近高麗，不相涉也。明成化初，有一舉人忘其名會試，夢中費宏榜進士，醒而遍訪公車者，無其人。至二十三年丁未，鉛山費宏狀元，其人始隽。洪甫二十，當其夢時，宏未生也。又 上元焦竑，嘉靖己酉登鄉榜，讀書金山，夢明日有同年之父至，比曉出寺門候之，未幾一縉紳入，揖問，則華亭陸樹聲也。樹聲辛丑會元，官翰林。竑大喜，既而細詢，則樹聲未有子也，竑乃大戚。其後樹聲得子曰彦章，竑往視之，彦章微笑，竑乃歲歲往視。迨萬曆十七年己丑，彦章登第，而竑爲是科狀元。竑會試十四科，與劇中石浩相仿佛。夢祖謙狀元，則又 與費宏仿佛。

又《西遊記》 相傳《西遊記》小説乃元丘處機所作。處機，道家北宗七真人之一。所記乃唐僧取經事，蓋緣修煉之説，以釋氏極樂國，實産金丹，宗旨相通，欲合爲一。其説見於《悟真篇》，處機作記本此。而此劇則就小説中提出數節以成編，未嘗別構爐錘也。《悟真篇》云：釋氏教人修極樂，祇緣極樂是金方。大都色相唯茲實，餘二非真謾度量。注曰：極樂净土在西方，西者金之方，此中唯産金丹，一粒如黍，其重一斤。釋氏餌之，故有丈六金身。妙色身相，蓋亦由金丹而産化也。丈六，亦按二八之數。西方，即金也。世人莫能曉此。古仙明有歌曰：借問瞿曇是阿誰。住在西方極樂國。其中二八産金精，丈六金身從此得。若人空此幻化身，親授聖師真軌則。霎時咽罷一黍珠，立化金剛身頃刻。斯言盡之矣。外此議論，謾爾度量。王褘《青巖叢録》：唐貞觀三年，三藏元奘往西域諸國，會戒賢於那蘭陀寺，因授唯識宗旨以歸，授慈恩基，乃網羅舊説，廣製疏論，是爲慈恩之宗。《太平廣記》：沙門元奘，俗姓陳，偃師縣人也。幼聰慧，有操行。唐武德初，往西域取經，行至罽賓國，道險虎豹不可過。奘不知爲計，乃鎖房門而坐。至夕開門，見一老僧，頭面瘡痍，身體膿血，床上獨坐，莫知來由。奘乃禮拜勤求。僧口授《多心經》一卷，令奘誦之。遂得山川平易，道路開闢，虎豹藏形，魔鬼潛迹，遂至佛國，取經六百餘部而歸，其《多心經》至今誦之。初，奘將往西域，於靈巖寺見有松一樹，奘立於庭，以手摩其枝曰：吾西去求佛教，汝可西長。若吾歸，即却東迴，使吾弟子知之。及去，其枝年年西指，約長數丈。一年忽東迴，門人弟子曰：教主歸矣。乃西迎之。奘果還。至今謂此松爲摩頂松。《釋氏稽古略》：三藏元奘法師，貞觀三年冬，往西域取未至佛經，詣闕陳表。帝不許。師私遁，自原州出玉關，抵高昌、葉護等國而去。貞觀七年，至中印度，遇大乘居士，受瑜珈師地，入王舍城，止那蘭陀寺，從上方戒賢論師，受瑜珈唯識宗旨。留十年，歸自王舍城。貞觀十九年正月丙子至京師。長安留守房玄齡表聞。壬辰，法師如洛陽。二月己亥，見於儀鸞殿，帝曰：師去何不相報。曰：當去時表三上，不蒙諒許，乃輒私行。帝曰：師能委命求法，惠利蒼生，朕甚嘉焉。師因奏西域所獲梵本經論六百五十七部，乞就洛陽嵩山少林寺，爲國宣譯。帝曰：朕頃爲穆太后創弘福寺，可就彼翻譯。敕平章房玄齡專知監護，資備所須，一從天府。貞觀二十二年六月，帝製《法師新譯經大唐三藏聖教序》時，皇太子睹聖序，遂撰述聖記，詔皇太子撰《菩薩藏經後序》。八月，帝賜法師百金磨衲并寶剃刀。法師奉表謝，略曰：忍辱之服，彩合流霞，智慧之刀，銛逾切玉，謹當衣以降煩惱之魔，佩以斷塵勞之網。高宗永徽三年，法師於慈恩寺將建大塔，奉安西取經論梵本。表奏，敕賜大内及東宮掖庭等七宮亡人衣物，助師營辦。法師授以西域制度。塔成，高二百尺。顯慶四年十月，制以玉華宮爲寺，追崇先帝，詔法師居之。次年，師於玉華譯《般若經》。麟德元年二月，法師命弟子大乘光抄録所譯經論，凡七十五部，一千二百三十五卷，又召門人造像設齋，與衆辭訣，令左右念彌勒如來。初五日中夜，右脅安卧而逝，壽六十五。帝輟朝三日，敕斂以金棺銀槨。四月，塔於滻東原，弟子神泰、棲元、會隱、慧立、明濬、義褒、大乘光，皆法門龍象。法師以西域戒賢論師處所得瑜珈師地唯識宗旨，授窺基。相傳夏均政撰，今此刻曰陳龍光撰，或當有二本。《演義》諸妖，已具大略，可謂簡而該矣。

又《錦雲裘》係近時人作，不知誰筆。衛化龍以錦雲裘覆韓舞霓，後成夫婦，指爲戰國時人，荒誕無所據。燕上大夫韓仲，女舞霓，仲使魏，下大夫卜成輔行，以女托其舅田允。仲至魏，爲成所賣，魏相趙秘留仲，獨遣成歸。成譖仲降於魏，燕王信之，捕仲家屬，舞霓懼而逃。有衛化龍者，奉母曾氏有孝行，貧不能自存，居仲園草屋一間。舞霓聞其孝，心憐之，與金，令出外尋立身之地，而留其母爲伴。捕者將至，曾氏偕舞霓出走。化龍至魏，無所遇，乞於路。荼媪李氏，有女青青，收化龍，使爲傭保。趙秘之婿花有容，强納青青爲妾，青青不從，化龍毆有容從者。有容訴之官，枷化龍於市。青青往探，而有容方命僕毆化龍，化龍用枷觸有容，立死。比到官，青青供係己殺，縣令釋化龍，而拘青青於後堂。令妻見令有狎侮心，潛縱青青去。秘欲殺青青不得，而舞霓適逃入魏，捕者竟執送秘，以爲青青。將斬於市，化龍劫之不能脱。秘欲并斬二人。化龍言女非青青，乃燕大夫韓仲女也。秘念仲方抗己，留其女爲姬，可以辱仲，乃釋女，而用化龍爲家將，以錦雲裘賞之。迫逼舞霓不從，怒而擊死，令化龍投諸河。化龍覆以裘，暫去，將覓地埋之。舞霓復活。有飛天母夜叉令狐氏者，嘯聚五龍山，遍掠女子爲裨將。青青、曾氏皆爲所得，又掠舞霓，悉用爲將。秘念已殺舞霓，他日仲還國，必報怨，不如并殺之，乃使化龍刺仲。化龍反以秘謀告仲，回身殺秘，而隨仲還燕。因田允奏使魏曲折，燕王乃治卜成罪，復仲官，使允率化龍討五龍山賊。賊誘化龍入，擒之，欲用爲將，使曾氏與語，以舞霓、青青配之。四人合謀，殺夜叉以降，舞霓、青青并歸化龍。母夜叉事與母大蟲相類，作者當是萬曆以後人也。《野獲編》：萬曆乙未、丙申間，畿南霸州文安之間，忽有一健婦剽掠，諱名母大蟲，其人約年三十，貌亦不陋，雙趺甚纖，能於馬上用大槍，置一足於地，馳騎過之，下一槍則剖爲二，再馳再下，則劈爲四，其精如此。遇之者不知其能，或與格鬥，必爲所殺。横行者三四年，前後有夫數人，稍不當意，手即刃之。有一徽人王了塵者，善用鐵鞭，聞此婦絶藝，棄死與角，半日未解。此婦即放仗講解，留以爲夫。王有嫪毒之能，恨相見晚。王尋見此婦所殺甚多，官兵漸謀取之，恐并入網，遂潛逃入京。此婦恨極，挈精卒數騎，入京城踪迹之。都下見其異，亟集選鋒輩往捕。此婦馳出城，追騎及之郊外，内一人敗，爲所殺。然諸軍愈盛，其從騎俱逃散，就陣生擒之，磔於市。

又《水滸青樓記》 不知何人作。全據羅貫中《水滸傳》，叙宋江逃竄戰鬭之事甚多，詞意粗鄙，不逮梅花墅所編遠矣。第二齣宋江自叙，至認宋玉爲遠祖，宋庠爲從兄，尤可噴飯。《續通鑑綱目》：宋徽宗宣和三年，淮南盜宋江掠京東諸郡，知海州張叔夜擊降之。宋江起爲盜，以三十六人横行河朔，轉掠十郡，官軍莫敢攖其鋒。知亳州侯蒙上書，言江才必有過人者，不若赦之，使討方臘以自贖。帝命蒙知東平府，未赴而卒。又命張叔夜知海州。江將至海州，叔夜使間者覘所向，江徑趨海濱，劫巨舟十餘載鹵獲。叔夜募死士得千人，設伏近城，而出輕兵拒海，誘之戰。先匿壯卒海旁，伺兵合，舉火焚其舟。賊聞之，皆無鬭志。伏兵乘之，擒其副賊，江乃降。《演義》全本皆宋江事迹，據劇所演，亦皆江事。凡作四卷，卷一第三折議取生辰，四折衆劫生辰，晁蓋、吴用、公孫勝、劉唐、阮小二、阮小五、阮小七、白勝皆見。六折晁蓋上山，宋江因何濤下文書緝晁蓋，走馬通信於蓋，從前七盜俱見，添出朱仝、雷横兩都頭，又添黄團練、安緝捕。八折劉唐送書，單叙送金與江，口中帶出林冲火并王倫，讓位晁蓋，以吴用爲軍師。五折始交婆惜，七折文達詞情，十折江殺婆惜，叙出青樓正面。十一折宋江逃罪；叙出朱、雷縱江。卷二第一折清風相遇，叙宋江於清風山遇燕順、王英、鄭天壽，口中帶説避柴進、孔明、孔亮莊中，住過多時。二折江投花榮，口中叙出在清風山勸釋劉知寨妻。三折劉高觀燈，四折榮救宋江，五折智捉花榮，七折秦明中計，八折黄信入火，皆叙清風寨事首尾。九折郭、吕鬭戟，叙於對影山遇吕方、郭盛事。六折家書寄江，十折石勇遇江，十一折宋江回家，十二折受配江州；叙江父令宋清作書寄江，誑其回家，趙能、趙得捕江，刺配江州一段。卷三第一折義别梁山，叙晁蓋留江，江不肯住事。二折揭陽相遇，叙遇李俊，帶出李立、童威、童猛。三折薛永賣武，四折穆莊聚會，叙江賫助薛永，激怒穆春，逃至江邊，幾爲張横所害，李俊救之，復至穆莊，與穆弘兄弟等相聚，張横寄書與弟張順，令交宋江事。五折管營厚江，六折戴宗初識，七折李逵賭博，八折張、李相争，十折潯陽誤題，十一折文焕抄詩；卷四一折戴宗授計，二折鞫審宋江，三折戴宗拜别，四折信至梁山，五折僞書救友，六折通判辨訛，七折衆劫法場，八折無爲報仇，皆叙宋江江州事。張、李相争者，張順、李逵水陸互搏也。潯陽誤題者，題反詩也。文焕，黄文焕也。抄反詩，以示蔡九知府也。授計，令妝瘋也。拜别，往京投知府家書也，信至梁山，帶出朱貴、晁蓋、吴用等，蓋戴宗至梁山，報江被擒之信也。僞書，吴用誘蕭讓、金大堅，作蔡京假書也。通判辨訛，黄文焕指明僞書也。報仇，殺黄文焕也。九折衆英上山，添出歐鵬、蔣敬、馬麟、陶宗旺。十折私奔回家，十一折宋江受難，十二折玄女賜書，叙宋江回家，爲趙能、趙得所追，躲入九天玄女廚中，夢神賜書事。十三折父子團圓，叙宋江迎父入山事。十四折反邪歸正。叙宋江招安事。

又《善惡報》 近時人作。演《禪真逸史》林太空、鍾守静事，以林修善而成正覺，鍾行邪而變猛虎，因果分明，故云《善惡報》也。按史無此二人，係空中撰出。略云：魏將林時茂，與高歡子澄不合，懼禍，遂出家爲僧，法名太空，道號澹然，持一銅禪杖，萬夫莫當。聞梁武帝好善，去魏投梁，道殺人熊以除害。初，武帝造妙相寺，請僧鍾守静住持，有司奏林義勇，詔林爲副。帝幸寺聆鍾講經，甚致敬禮。七寶莊嚴，金爐珠珞，爲諸寺冠。有盜乘夜入劫，縛鍾欲殺。林逐盜去，鍾賴以全。鍾談論鋒起，若有道者，持戒不篤。鄰居沈全妻黎賽玉，入寺禮佛，鍾忽情牽，賄趙媪勾與淫蕩。林知，恐其敗露，邀鍾茶話，具論律中色慾之戒，最宜毖慎，以隱諷之。鍾面發赤，抵云：地獄當自受耳，何與他人事。林屢諫不悛，鍾銜甚，譖於武帝云：林本魏人，潛與魏通，恐謀不軌。帝遣逮林，林覺先遁。初，林逐盜不殺，頗給以金，盜感泣而去。林遁走，夜過一山，盜知是林，留數日。林抵汴，爲捕者所獲，送都督杜成治所。成治父悦，嘗受林恩，乃取囚類林者殺之，函首京師。鍾奏非是，激帝怒，遣校尉逮成治。成治自裁，其妾馮，有遺腹，生子伏威。成治既釋林，林即入魏，而諸盜聞鍾害林狀，沈全亦在盜中，遂相率之金陵，焚妙相寺，殺鍾與黎而去。帝聞，遣將討賊，賊首薛志義被戮，其黨沈全等匿其子舉入魏。林之入魏也，投張太公莊，張有子爲狐所魅，林爲執狐，狐引林入山，獲天書符籙。太公之子生子善相，與薛舉、杜伏威同入鄉塾讀書，皆事林如父。舉、伏威皆有神力，童稚時，共搏猛虎溪澗中，殺之。林因授三人以兵法，其後三人者，皆建功業於隋唐之世，而沈全遂爲薛部將。一日，林趺坐，有白犬、黑猪，吐人言乞救，及訊之，犬乃趙媪，猪即賽玉也，且言鍾破禁戒，已變爲虎矣。嗔黎、趙等壞其清修，欲噬殺之，乞林解救。林許諾。未幾，一虎咆哮而至，林爲説因果，使居石洞中，與猪犬蹲伏聽法，林後成正覺云。《唐書》：薛舉，蘭州金城人，容貌魁岸，武敢善射，殖産巨萬，好結納邊豪，爲長雄。隋大業末，任金城府校尉。隴西盜起，與子仁杲，劫金城令郝瑗於坐，即起兵，自號西秦霸王，所徇皆下，盡有隴西地。嘗攻扶風，秦王擊破之，逐北至隴，舉逾隴走。武德元年，屯兵析墌，以遊軍掠岐、豳。秦王禦之。次高墌，大敗劉文静、殷開山兵，欲乘勝趨長安。方行而病卒，子仁杲代立，旋滅。杜伏威，齊州章丘人，少豪蕩，不治生資，與里人輔公祏約刎頸交。公祏數盗姑家牧羊，以饋伏威。縣迹捕急，乃相與亡命爲盗，時年十六。伏威狡譎多算，每剽劫，衆用其策皆效。嘗營護諸盗，出爲導，入爲殿，故其黨愛服。隋大業九年，入長白山，依賊左君行，渡淮，攻歷陽據之。徙丹陽，自稱大行臺。越王侗以爲東南道大總管，封楚王。是時，秦王方討王世充，遣使招懷。伏威乃獻款，高祖授以東南道行臺尚書令、江淮安撫大使，上柱國，吴王，賜姓，豫屬籍，入朝，留京師，位在齊王元吉上。武德七年卒。張善相，襄城人，大業末爲里長，督兵迹盗，爲衆附賴，乃據許州奉李密。密敗，挈州以來，詔即授伊州總管。王世充攻之，屢困賊，遣使三輩請救。朝廷未暇也，城陷被執，罵賊見殺。高祖嘆曰：吾負善相，善相不負我。乃封其子襄城郡公。按三人傳皆未言其父何人，想無可考。舉父爲盗，揣摩近是。伏威父爲都督，則無是理。善相祖曰張太公，則因爲里長而推原之也。薛舉驁悍，伏威年十六而作賊，皆與史合，但人地各異，未必曾相識。

又《不了緣》 未詳誰作。所載鶯鶯事，據《會真記》後段。崔已委身於人，張生以外兄求見，崔賦詩與張云：棄置今何道，當時且自親。還將舊來意，憐取眼前人。由是張生志絶。作者以爲此不了之緣也，故名曰《不了緣》云。劇中崔所嫁即鄭恒，是據《西厢記》中姓名，非《會真》所有。《鄭恒墓志》娶崔氏，應即是鶯。《西厢》各種皆取與鶯完配，蓋據《會真》前半，而翻易其後半也。作者以後半乃實迹，而《西厢》面目全改，遂成此數折，以鶯歸鄭恒，而崔、張爲不了之緣。觀棄置一詩，有憐取眼前人之句，則是元稹已娶韋氏之後。白居易《和稹夢遊春》詩：韋門女清貴，裴氏甥賢淑。稹妻韋氏，字柔之，能詩，善音律，其亡也，稹悼之云：犀梳鈿朵香膠解，盡日風吹瑇瑁箏。又爲求志文於昌黎韓愈，其門第品流，視崔不相上下。稹詩云：謝公最小偏憐女。然則稹妻或係相國之女，而作《西厢》者牽合爲崔歟。其詞雖怨，而相戀之意，殆猶有之。不了緣之名，蓋佛法所謂招因帶果，又 添一重公案也。

又《俠彈緣》 一名《桃林賺》。所演李祐事，祐爲吴元濟僞將，李愬得之以平賊。劇中惟此是實，其與裴、吴二女爲夫婦，及前後關目，皆係增飾。賈元虚、鐵性成，則子虚烏有也。作者不知何人。略言：李祐，江右人，父母在時，曾約婚裴垍之女，名蘭芳。垍任中書舍人，祐欲入京謁之。至崤函逆旅中，與賈元虚、吴素芳相遇。元虚者，貧而無行，以誆誘財物爲生涯。素芳則吴元濟之妹，美艷雄猛，服男子服，爲其兄詗事關陝。元虚見祐挾彈，語之曰：此地多緑林，當戒懼。祐逞其能曰：我彈百發百中，彈丸雜鉛鐵，盗賊如我何。素芳出己彈示之。祐輕其年少，殊不爲意。素芳曰：幸同行，當護我。祐應曰：諾。明日，素芳先行，祐未幾及之。素芳曰：請試君彈。祐一發而樹枝拉然折其半，素芳微哂馳去，忽彈聲自祐耳過，打山嘴片石於地。祐大驚，騎已至。視之乃素芳也。祐曰：君欲何爲。素芳曰：我即緑林之豪也，欲得君資，更何説。祐度終不能與敵，乃傾囊畀之。素芳特與戲，無取資心。會元虚至，不可以實告，乃馳去，而心已屬祐，孑身往長安。比至，而裴垍劾奸相皇甫鎛，爲所中傷，貶桃林令，即日携女去。祐方大窘，而朝廷以淮蔡之變，暫停選舉，益徬徨無所依。元虚雖小人，頗有智計，念祐豪傑，終當得其力，乃解己囊以資祐，令訪垍於桃林。又念淮蔡方亂，不如往唐鄧，可乘機以取利，乃出關南行。而素芳在道改女裝，復遇元虚於逆旅。元虚不知爲素芳也，見其貌美獨行，將紿而鬻之，極言道梗多險，令認己爲父，可同行。素芳念惟元虚識祐踪迹，僞從其計，已而拔劍欲斬元虚，曰：若識我耶。我即前與若遇，緑林之豪也。元虚大怖。素芳則告之以實，曰：予若一令箭，俟我於鄧州。素芳歸，與兄元濟誆取鄧州，元虚持箭入謁。素芳語其兄以遇李祐始末，欲令元虚訪之。元濟亦夙聞祐名，曰：是可婿也。謂元虚：若能致祐，畀若官。元虚遂趨桃林。時，祐已謁垍，垍大喜，館之神廟中，卜日以鼓樂輿馬迎入贅。元虚訪知其事，先以輿待，令健卒亟舁而行入舟中。祐覺非是，而元虚在焉，曰：君第從我，花燭俄頃耳。挾至鄧州，元濟欲嫁以妹，祐不肯從。元濟曰：吾妹君舊識，何堅却也。祐茫然不解。素芳出相見，祐睨視之，即向時挾彈者也。祐默計不能脱，而此女天下英雄，與之締婚，他日圖事殊易，遂與成親。皇甫鎛偵知曰：垍婿從賊，垍反矣。奏捕垍入詔獄。蘭芳大慟，訴之安撫使。而使即鎛黨，抑不爲理。蘭芳欲叩閽，使恐且怒，密遣健卒，令要殺諸途。頭陀鐵性成途遇健卒，卒使避道，方争言，見卒意不善，稍稍避去，潛伺之。卒候蘭芳與乳母至，引刀欲殺兩人。頭陀突出，揮禪杖擊殺卒，送蘭芳至長安。祐聞垍入獄，夫婦密計，遣元虛入京圖取垍。元虛僞稱西平王李愬所使，入獄與垍見，置酒相對，而以毒酒遍飲獄中人，獄中人盡昏卧，元虛挾一丐者爲家人自隨，乃醉丐者毒酒，易垍衣衣之，遂偕垍出獄，星奔鄧州。獄卒醒，知已失垍，聞朝命即决垍，乃以木塞丐者口，送西市。丐者不能言。頭陀聞垍將誅，覓城外幽僻地以居蘭芳，而劫垍於法場以歸。蘭芳趨哭，則非垍，去其口中之木而問之，曰丐者也。頭陀問丐者，知元虛所爲，乃令丐者爲蘭芳之役，而訪元虛於鄧。元虛之挾垍出也，垍深感其德，及將抵鄧，告以李祐事，及元濟兄妹欲垍相羽翼之故。垍大驚曰：我世爲朝官，可從賊乎。必欲强我，有死而已。元虛不敢逼，令寄僧寺中。是時，皇甫鎛元虛料元濟無成，自拔歸愬，以軍情告垍，乃射書城中，風曉李祐。祐心固不能無動，而素芳與愬戰，愬已大敗，將追及之，鐵頭陀適至，力戰素芳，愬得走免，而素芳無功。元濟聞垍在愬軍，已疑祐，及素芳戰，忽進忽退，遂大疑，懼其夫婦合於愬而圖己，召祐切責之。素芳趨辨，并詬素芳，兩人大懼。祐乃射書答垍，許爲内應。於有愬以垍及元虛爲謀主，鐵頭陀爲先鋒，引兵入，蔡祐夫婦内變，遂擒元濟送京師。垍遷中書令，愬益封，祐擢隴右節度使，素芳封夫人，元虛、頭陀皆授職。祐與蘭芳成婚，蘭芳受夫封，而素芳自以功得封。因祐與素芳以挾彈相遇，祐俠而素芳更俠，故名曰《俠彈緣》也。祐在桃林，將婚而被賺，故曰《桃林賺》也。按《唐書》：憲宗時，裴垍爲中書舍人，其後爲平章政事，未嘗貶官縣令，更無得禍之事。垍之入相，在李吉甫後，是時未征淮蔡。而皇甫鎛之用，乃在末年，前後不相值。李祐本吴元濟之將，未嘗應舉，亦不得爲裴垍之婿。李愬之節度也，實兼唐鄧，其破元濟，祐之力居多，後祐亦官至節度，此數節與正史合。賊將董重質，則吴少誠之婿，於元濟當爲姊妹之夫，從賊中歸正，亦累官節度，然其妻亦無事實也。六朝時有李波之妹，從其兄作賊，褰裙逐馬，左射右射，中必叠雙，時人爲作《李波小妹歌》。劇中素芳善彈，有似於此。

又《雙忠俠》 未知何人所作。演雲霄、平公謹二人，救李宗勉、孟珙，以其爲國爲忠，排難爲俠也。宗勉、珙俱名將相，然所演皆捏造，非實事。雲霄，字瓊卿，常山人，與燕山平公謹爲莫逆交，偕謁坤元道母，授霄兵書，授公謹劍法。霄欲入京求功名，公謹欲往楚投孟珙，時，珙爲荆湖制置使。元將口温不花與珙相角，每苦不勝，遣人以寶貨、番女送右丞相史嵩之，欲其專主和議，撤回孟珙之師。諫議大夫劉晋之爲之交關。嵩之受不花之賄，廷議時，言珙虐兵殃民，不如撤回，專與元將通和爲便，晋之等皆附會其說。左丞相李宗勉以其言爲謬，面斥嵩之。嵩之遂與晋之謀，令朝臣共奏珙有叛心，恃宗勉爲黨。奉旨下二人獄，且捕其家屬拘囚。珙至中途，嵩之又遣家將於途中殺以滅口。公謹方欲投珙，旅次中，微聞家將語及殺珙事，明日遇諸道，家將拔刀行凶，公謹立殺家將，救珙使潛逃，而已入京訪霄。霄初抵京，寓靈隱寺，甚困。宗勉偶入寺，見而奇之，贈以資斧。霄感其德，嘗圖報之。嵩之既構陷宗勉、珙，怒猶未已。晋之復設計，以珙女秋紅、宗勉女玉華，送與口温不花以辱之。坤元道母知其事，遣桃、柳二妖，變作二女而往，而留二女於左右，以待嵩之之敗。不花得二妖，方欲與昵，忽變奇鬼，怖而避走，乃遣卒持書責嵩之。時，霄欲救宗勉而無策，會嵩之欲覓一幕客，以掌書札，霄謀得之，與嵩之甚昵。不花之卒持書至，嵩之以示霄，令作回札。霄乃備悉從前不花通賄事，持其書首於朝。理宗詰嵩之與晋之，皆辭屈，乃治二人罪，出宗勉及珙妻韓氏於獄，復宗勉官，赦珙私遁之過，授以前職，并授霄官。公謹投珙爲前鋒，用道母所授迷魂陣，手擒不花。珙與班師，道母送二女與珙，挈回京師。黄門内官奏於理宗，以玉華嫁霄，秋紅嫁公謹。《宋史》：李宗勉，字彊父，富陽人，開禧元年進士，爲殿中侍御史。時，淮西制置使兼沿江制置副使史嵩之兼知鄂州，就鄂建牙。宗勉言：荆蠻殘破，淮西正當南北之交，嵩之當制置淮西，則脉絡相連，可以應援。邈在鄂渚，豈無鞭不及腹之慮。當别選鄂守。徑令嵩之移師齊安。又云：進同僉書樞密院事，史嵩之開督府，力主和議。宗勉言使者可疑者三：嵩之職在督戰，如收復襄光，控扼施澧，招集山砦，保固江流，皆今所當爲。若所主在和，則凡有機會可乘，不無退縮之意，必至虛損歲月，坐失事功。進參知政事，及拜左丞相，兼樞密使，卒謚文清。孟珙，字璞玉，隨州棗陽人。嘉熙元年，授鄂州諸軍都統制。大元大將忒没解入漢陽境，大將口温不花入淮甸。珙入城，駐帳城樓，指畫戰守，卒全其城。御筆以戰功賞將士，特賜珙金碗，珙益以白金五十兩賜之。二年春，授鄂州江陵府諸軍都統制，未幾陞制置使，兼知岳州，屢以捷聞。久之珙没，封吉國公，謚忠襄。《史嵩之傳》：嵩之常言江陵非孟珙不可守，史論以嵩之爲將才。《續通鑑綱目》：

宋理宗嘉熙二年春二月，以史嵩之參知政事，督視京湖、江西軍馬，置司鄂州。夏四月，李宗勉參知政事。秋九月，以孟珙爲京湖制置使。冬十月，珙復郢州荆門軍。三年春正月，李宗勉爲左丞相，兼樞密使，史嵩之爲右丞相，督視江淮、四川、京湖軍馬。三月，孟珙復襄陽。十二月，孟珙復夔州。四年二月，以孟珙爲四川宣撫使。夏四月，召史嵩之還。冬閏十二月，李宗勉卒。淳祐四年秋九月，詔起復史嵩之。按宗勉、嵩之，同時爲左右丞相，劇中所記相合。本傳宗勉所議，雖與嵩之微有不同，然未有隙，且俱非并相時事。珙本在嵩之部下，其後同將兵，亦未嘗有隙，且嵩之尚薦珙守江陵，何嘗害珙。宗勉、珙皆未嘗受禍，嵩之亦未嘗被收也。至兩家女子事，係添出，不見史傳。

又《忠義烈》 不知何人作。自嚴嵩父子及海瑞外，姓名悉詭托。劇內有杜憲盡忠，周仁仗義，仁妻激烈，故以是名也。略云：杜憲與嚴嵩不合，洞蠻擾滇，嵩奏憲往征。有貧士周仁者，逋官糧，貸於憲子文學，助資還券。仁感其恩，欲爲僕以報。學與結爲弟兄，學妻與仁妻稱姊妹，留與同居。勇士張武烈應試，嵩爲考官，嫌烈貌陋，責逐之。烈憤投河，爲文學所拯，憐其勇，作書寄父，令持往效力。烈詣滇，馬蹈蠻陷坑，被擒，用爲將，使搦戰，烈佯敗不與憲敵。而嵩素銜憲，遂劾憲按兵不進，私與蠻通。詔令賜鴆，嵩并逮憲子文學繫獄。時，海瑞爲都御史，劾嵩誣憲。以譭謗大臣論辟，令嵩監赴市曹。瑞曾爲世宗皇子傅，皇子親往送，延過午時三刻，令宦官罵嵩，拔其鬚。嵩以手掩，互觸皇子。皇子自裂袍袖，奏於世宗，罰嵩月俸，赦瑞復其職，令招撫洞蠻。文學妻被寇，入寺祈安，適嚴世蕃至，覘其美，欲圖之，使門客鳳承東往説。承東以世蕃勢壓周仁，令主其事。仁無可爲計，謀於其妻。妻云：不從必罹禍，可佯諾之，當挾刃代往，誅此賊泄恨，報杜氏恩。仁乃給世蕃毋害文學，當如命。蕃喜不勝，囑部與承東及仁經歷冠帶，以酬其意，出文學於獄，出之滇南。及花燭，仁妻手刃蕃，怯弱不能斃，遂自刎。里中父老皆恨周仁負恩義，仁不與辯。文學戍滇遇瑞軍，往投謁，瑞令贊畫立功。瑞以大義曉洞蠻。武烈首倡納款班師，論功文學、武烈皆授職。學奏妻被蕃逼勒，周仁負義。詔瑞與學研審，仁具言始末，學始知仁夫婦仗義，而妻故無恙。於是世蕃與承東皆伏罪，文學夫婦復得團聚云。按明世宗時，滇南苗蠻雖有梗化，其時委之巡撫吕光洵，光洵與嚴嵩無仇怨，未嘗得重禍。據劇云被鴆而殺，疑暗指張經，翟鵬、王忬、楊選輩也。經禦倭寇，劇云洞蠻，疑指經事。嵩居相位，海瑞未爲朝官，安得爲都御史。瑞於萬曆十一年以吏部侍郎召，逾二年，始遷右都御史，與嵩相去二三十年，太遼闊也。瑞由舉人得官，未嘗爲皇子傅。世宗時，高拱乃裕王之傅也。瑞嘗撫蘇松，又常爲操江，無撫洞蠻事，其他盡屬空中樓閣。

又《莽書生》 未知何人所作。紀高賢寧、鐵鉉事，實迹頗多，而增換亦不少。就所敷演，略加辨證，以其中間關係明代史事，恐真僞混淆也。賢寧以諸生上書成祖，勸其罷兵，故名之曰《莽書生》。劇中大略：言鐵鉉字鼎石，爲濟南布政，燕王起兵，與盛庸并力同抗，庸初戰勝，既而被殺。姚廣孝爲燕王畫策，引兵南下，直抵金陵，但令張玉圍濟南。濟陽諸生高賢寧上燕王《周公輔成王論》，玉爲送進。燕王答以謁陵清宫之後，始議罷兵，賜賢寧令箭一支，聽其自便。按鐵鉉以山東參政，督餉濟南。李景隆兵既敗，單騎入城，燕王列陣圍之，鉉悉力捍禦，即擢布政使。而召景隆還朝，以都督盛庸代。景隆總兵事，燕兵圍濟南，久乃堰水灌城，鉉撤守具，出居民，詐降，迎王入城。王下令退軍，率數騎渡橋，直至城下。城門開，守者皆伏堵間。王入門，鐵板急下，傷馬首，王驚，易馬而馳。濟南人挽橋，橋堅，燕王竟從橋逸。復合圍，以炮擊城。鉉書高皇帝神牌，懸於城下，燕兵不敢擊。鉉每出不意，令壯士突擊燕兵，皆破之。燕王撤圍還北平，鉉、庸復德州，兵勢大振。上即軍中擢鉉兵部尚書，贊理軍事，封庸歷城侯。劇內挂軸溝城詐降等，正其事也。但盛庸以守濟南功封侯，又與鉉同守東昌，大敗燕兵，殺張玉於陣，其後猶數有戰功。建文四年，浦口戰敗，乃降燕。永樂元年，都御史陳瑛奏以怨望，下獄死，今云陣亡，謬也。東昌之守，鉉功最大，至告捷於太廟。劇既以鉉爲綱，而不叙守東昌事，亦太疏漏。張玉戰没於陣，劇云燕兵南下，而命玉圍濟，亦謬也。燕王射書濟南城內，招降，高賢寧在圍城中，作《周公輔成王論》答射，請罷兵，不報，劇所演是實。賢寧乃教諭王省之門人，省已於濟陽殉節。劇云鐵鉉門人蓋射書答燕，當屬鉉所指授，不爲紐合。其云身造張玉營，又云燕王授以令箭，則涉妄矣。劇又云金川不守之後，鐵司馬殉節，成祖捕其家屬。賢寧用令箭，於驛中誆出一子壽安，寄養於天界寺宗泐禪師處，聞鐵司馬見法，往哭其屍。旨問何人，賢寧奏師生誼篤。成祖知是射書之人，使紀綱傳旨，准令收葬，授賢寧給事中之職，賢寧不受而去。成祖以鐵夫人予高麗使臣，其二女發教坊。賢寧復持令箭至船中，詐以追回鐵夫人，潛挈逃竄，夜投姚廣孝姊之家，素知廣孝姊負俠名，告以實情，遂留鐵夫人同住。賢寧又入京訪鐵二女，時有張太宰沃之子欲犯二女，爲所斫傷。太宰控於錦衣指揮使紀綱，欲重罪二女。綱訊得二女守節狀，又得其所題箋，乃爲奏聞於朝，恩許選士人以配。綱又奏賢寧摯誼俠骨，請以二女配之，詔依所奏，且授賢寧爲建文榜進士，令綱主婚。賢寧接鐵夫人至京，乃畢姻事，而壽安亦隨母至京，詔旨授爲監生。初，姚廣孝佐成祖殺戮建文諸臣，探宗泐於天界寺，宗泐以壽安予廣孝爲子，而雲遊遠方。廣孝携歸蘇州，探其姊於村中，爲姊所痛詈。廣孝乃遺姊書，付之以子。姊固知有因果，留居於家，俾與其母相會，故得偕至京師也。按成祖初，賢寧被執，成祖曰：是作論秀才耶。好人也。欲官之。賢寧固辭。其友紀綱爲錦衣指揮，勸令就職。賢寧曰：子以軍旅出身，予書生也，食廪有年，於義不可。綱言於成祖，遣歸，年至九十有七。劇中授職固辭，乃係實迹，而稍文飾之。其救鐵司馬一家，則無此事。成祖縛鐵司馬入見，不肯一顧，遽令族之，無發姚廣孝審鞫事。鉉妻楊氏，劇云秦，亦誤。妻與二女發教坊，楊即病死，楊無給高麗使臣之説。二女誓不受辱，成祖曰：彼竟不屈耶，赦出皆適士人。未嘗云適賢寧也。相傳有鐵女二詩，末句云：春來雨露深如海，嫁得劉郎勝阮郎。然此本元時妓女詩，亦不似鐵女所作。其子福安、寧安，一發河池編伍，一發鞍轡局充匠，卒皆被殺，無獨存一子之説。廣孝謁姊，姊罵曰：做和尚不了，豈有好人。劇中痛罵廣孝，本此。廣孝晚年收得一子，取名曰繼，故劇中借此以爲鐵壽安也。宗泐，明初名僧，頗多著述。廣孝未遇時，嘗題詩僧寺，語多不順。宗泐呼其字曰：斯道，斯道，汝薄南朝矣。是二人本相厚，而意見不相同也。張太宰沃，亦無其人。紀綱於成祖時大市威福，劇中未免全然做好。賢寧哭鐵司馬，成祖褒嘉其義，本係添飾，蓋影借漢高賞欒布哭彭越事也。

又《錦囊記》 未知何人所作。以諸葛亮用錦囊三策，授之趙雲，故以爲名。其説本於《三國演義》，正史所無，中間不合處甚多，緣《演義》相傳已久，習見共聞，據爲實事，所作傳奇者凡有數種，此其一也。據《演義》，赤壁鏖兵，曹操敗走，劉備掠得四郡，據有荆州。周瑜與孫權畫策，聞備喪甘夫人，權僞以妹許備，紿至南徐，幽禁於獄，即遣將取荆州。諸葛亮勸備因計就計，使瑜墮其計中。密授趙雲三錦囊，内藏三計，危急之際，即開一囊。其一，孫權非實嫁妹，特欲計取荆州。雲展亮策，先語大喬之父，令告權母吴太夫人。太夫人盛怒叱權，力主婚事。權遂不得不嫁妹於備。其二，周瑜勸權以金玉玩好，豢養劉備。備在東府燕樂，不復思歸。雲展亮策，使備詐孫夫人以荆州危急，欲自回荆。夫人願與同往，乃共設計，托江邊祭祖爲辭，出南徐而去。其三，權聞備去，遣諸將急追，至封刀與蔣欽、周泰，令殺備，且并殺妹。雲展亮策，令備以情力懇夫人，追者四將，皆被夫人叱罵而去。及欽、泰追至柴桑江口，則亮先以船二十，候於江邊，接備與夫人，絶江而去。瑜令水軍追至黄州，關羽、黄忠、魏延拒戰，亮令軍士誚瑜云：周郎妙計高天下，賠了夫人又折軍。初，瑜欲取南郡，親攻曹仁，而亮已遣趙雲入南郡，是爲一氣周瑜。瑜以美人計詐備，而孫夫人竟從備去，是爲二氣周瑜。其後瑜托言親往西川伐劉璋，道由荆州，使備供應，實爲假途滅虢之計，規取荆州。亮令備僞許瑜，待其抵荆，四面以兵相拒。瑜爲所詐，箭瘡迸裂，行至巴丘而卒，是爲三氣周瑜。既而備取西川，權令人紿報孫夫人云：吴太夫人薨逝，迎取回家。夫人抱阿斗入船，趙雲截江奪得幼主。劇皆據此成編，全本關目在亮與雲，而尤以雲爲主，插入當陽長坂事，爲雲前後兩大勛績。其間真僞相錯，不可不爲辨别也。《蜀志穆后傳》：先主穆皇后，陳留人也，劉焉爲子瑁納后，後寡居。先主既定益州，而孫夫人還吴，群下勸先主娉后。注《漢晋春秋》曰：先主入益州，吴遣迎孫夫人，夫人欲將太子歸吴，諸葛亮使趙雲勒兵斷江留太子，乃得止。劇與此合。

又《甘後傳》 先主甘皇后，沛人也。先主臨豫，居小沛，納以爲妾。先主數喪嫡室，常攝内事。隨先主於荆州，産後主。值曹公軍至，追及先主於當陽長坂，於時困逼，棄后及後主，賴趙雲保護，得免於難。后卒，葬於南郡。章武二年，追謚皇思夫人。丞相亮上言：皇思夫人履仁修行，淑慎其身，嬪配作合，載育聖躬。春秋之義，母以子貴。宜有尊號，以慰寒泉之思。劇載當陽長坂事亦合，《演義》云先主以喪甘夫人，續孫夫人，正史雖無確據，然甘隨至荆州，又葬南郡，則喪甘娶孫，實與史合，且可點明陳壽所未備。《劉先主傳》：建安十二年，與曹公戰於赤壁，大破之。先主表琦爲荆州刺史。琦病死，群下推先主爲荆州牧，治公安。權稍畏之，進妹固好。先主至京見權，綢繆恩紀。注《江表傳》曰：備立營於油口，改名公安縣。又注《山陽公載記》曰：

備還，謂左右曰：孫軍騎長上短下，其難爲下，吾不可以再見之。乃晝夜兼行。按正史云京，今之京口，《演義》所云南徐也。南徐州乃六朝時僑置，此時不宜先有此名。晝夜兼行，《演義》與夫人同歸之説也，然據正史，似孫權以妹嫁於公安，劉備至京相結，居亦不久，無流連歲月之事。《後主傳》：後主諱禪，字公嗣，先主子也。裴松之曰：按二主妃子傳曰：後主生於荊州。《後主傳》云：初即帝位，年十七。則建安十二年生也。十三年敗於長坂，備棄妻子走，趙雲抱以免。魚豢《魏略》曰：備在小沛，曹公卒至，遽棄家屬，後奔荊州。禪時年數歲，竄匿，隨人西入漢中，爲人所賣。及建安十六年，關中破亂，扶風人劉括避亂入漢中，買得禪，問知其良家子，遂養爲子。初，禪與備相失時，識其父字元德，及備得益州，張魯爲洗沐，遂詣益州。松之曰：備敗於小沛，建安五年也。《魏略》妄説。按劇據《演義》云阿斗年數歲，與正史合，此亦可闢魚豢之謬。《趙雲傳》：雲，字子龍，常山真定人也。本屬公孫瓚，瓚遣先主爲田楷拒袁紹，雲遂隨從，爲先主主騎。及先主爲曹公所追於當陽長坂，棄妻子南走，雲身抱弱子，即後主也，保護甘夫人，即後主母也，皆得免難。遷爲牙門將軍，先主入蜀，雲留荊州。劇與史合。又按《趙雲别傳》：雲身長八尺，姿顏雄偉，從公孫瓚征討，辭歸。先主就袁紹，雲見於鄴。先主與雲同床眠卧，遂隨至荊州，從平江南，以爲偏將軍，領桂陽太守，代趙範。範寡嫂樊氏有國色，範欲以配雲，雲固辭。其後爲翊軍將軍。夏侯淵敗，曹公争漢中。雲被圍，大開營門，偃旗息鼓。公軍疑有伏兵，引去。雲以戎弩射公軍。先主至雲營，視昨戰處，曰：子龍一身都是膽也。軍中號雲爲虎威將軍。又《别傳》曰：先主入益州，雲領留營司馬。留營在公安。此時先主孫夫人以權妹驕豪，多將吴吏兵，縱横不法。先主以雲嚴重，必能整齊，特任掌内事。權聞備西征，大遣舟船迎妹，而夫人内欲將後主還吴。雲與張飛勒兵截江，乃得後主還。劇與《傳》合，但先主取益州而孫夫人尚多將吴吏兵，安得初嫁時，有孫權遣將欲要殺其妹於路之理。《演義》妄説也。《吴志吴夫人傳》：夫人吴主權母也，本吴人，徙錢塘，生四男一女。《傳》不言女何人，當即是嫁先主者。權少年統業，夫人助治軍國，甚有裨益。建安七年薨。《會稽典録》言夫人有智略權譎。又《志林》按《會稽貢舉簿》，言吴后以建安十二年薨。據此，吴夫人已逝，而權妹始嫁於備，劇據《演義》言將婚時，吴夫人於甘露寺觀婿，既婚得以無患，皆夫人之力。又云權迎妹歸，托言吴夫人隕逝，皆妄説也。又按孫策攻皖，得喬公二女，策納大喬，喬公即後漢司空橋元也。建安之初，已無橋公，安得有喬國老在建安十四年救劉先主事乎。亦妄説也。《通鑑綱目》：建安十四年十二月，孫權表劉備領荊州牧。《目》云：權以周瑜領南郡太守，屯江陵，會劉琦卒，權以備領荊州牧。周瑜分南郡地以給備，備立營於油口，改名公安。權以妹妻備，妹才捷剛猛，有諸兄風，侍婢百餘人，皆執刀侍立。備每入，心常凛凛。《集覽》：地名油口，今屬江陵府。蘇軾詩：披扇當年笑温嶠，握刀晚歲戰劉郎。又《綱目》：十六年冬，法正至荊州，陰説備取益州。乃留諸葛亮、關羽等守荊州，自將步卒數萬而西。孫權聞備西上，遣船迎妹，而夫人欲將備子禪去。張飛、趙雲勒兵截江，乃得禪還。又《綱目》：或謂諸葛亮曰：法正太横，宜稍抑之。亮曰：主公之在公安也，北畏曹操，東憚孫權，近則懼孫夫人生變於肘腋，法孝直爲之輔翼，令翻然翱翔，不可復制，今奈何禁止孝直，使不得稍行其意耶。按孫夫人歸吴以後，正史及《演義》俱不載其結局。《太平府志》：蟂磯上有孫夫人廟，香火極盛，序記詩文，不下百十，俱云旁考傳記。孫夫人以孫、劉不睦，互相攻擊爲仇，痛自憤恨，投水於蟂磯之下，以故後人祠之。此説必有所據。又按周瑜以建安十五年卒，是時適權嫁妹於備之時，《演義》因造爲三氣周瑜之説。又按備自詣權，求都督荊州。瑜請徙備置吴，權不從。備還乃聞之，曰：天下智謀之士，所見略同。前時孔明諫孤莫行，其意亦慮此也。既生瑜又生亮之説本此，正史無有。又周瑜與權箋云：曹操在北，疆埸未静，劉備寄寓，有似養虎。按《演義》本此，作周瑜百計謀備之説，多屬妄揣。

又《三星照》 所演皆非事實，蓋近時人所作。取福禄壽三星拱照之意，借陳摶、曹彬點綴生色耳。全璧字趙珍，湖廣麻城人，後周時嘗爲别駕。夫人安氏孿生二子，長天佐，次天佑，天佐讀書，天佑經商。陳摶嘗過其門，言福禄壽三星拱照本家。是時，趙太祖陳橋即位，命曹彬伐南唐。彬有二女，亦係孿生，長女喜讀書弄筆，次女喜説劍談兵。彬往江南，次女以男妝相從，軍中皆呼爲小將軍。天佑至蘇州，買得蟬蜕八包，會宋與南唐交兵，唐軍患痘，非蟬蜕不能治，天佑獲金錢無算，遂成巨富。時，彬用其女之策，江南得平，而女亦患痘，李後主薦天佑以蟬蜕治之，立愈。彬遂以女嫁天佑焉。天佐入汴，中狀元，彬因以長女嫁天佐。漢兵方强，募人出使，天佐應募往。而漢主以大將歐鵬爲陳摶所説，出家修道，無人可將，竟飄然棄國而去，天佐因此成功。所云福禄壽三星者，全璧夫婦高年，應星之壽；天佐魏科顯爵，應星之禄；天佑田園萬頃，富敵侯王，應星之福也。中間關目，有湯白嚼者，教天佑買蟬蜕，因此致富，以策題詸天佐，果合闈題，二事俱有影響。明時有程姓者，遇海神女教以製貨，凡當時所最以爲無用者，立得數倍之價，此蟬蜕事之假借也。又有一舉子於場前日夜禱神，求得闈中題目，有一友與相戲，書數題置爐灰内，舉子得之，以爲神賜，默作此題，場中一一相符，遂爾登第，此策題事之假借也。劇云天佐狀元，宋準第二，王嗣宗第三，按狀元無所謂全天佐，而準與嗣宗争元，太宗令二人手搏，嗣宗獲勝，遂爲狀元，二人皆太祖時鼎甲也。《言行録》：王嗣宗知長安，种放至，通判以下群拜謁，放小俯垂首接之而已。嗣宗内不平。放召其侄出拜嗣宗，嗣宗坐受之，放怒。嗣宗曰：向者通判以下拜君，君扶之而已，此白丁耳。嗣宗狀元及第，名位不輕，胡爲不得坐受其拜。放曰：君以手搏得狀元耳，何足道也。

又《杏花山》 未知何人所作。劇中姓名皆是生造，以吉世芳逃入杏花山莊，遇祥景之女，故以爲名。吉祥樂之姓，及吉郡殷州，但取美名，非實事也。黨傑則指桓温，或借温以另刺他人，未可知也。吉世芳，字公珩，吉郡殷州人，州郡皆生造。在大將軍黨傑麾下，爲前軍校尉。傑字元子，蘄城人，都督荆襄全楚諸軍。當東晋時，謀略蓋世，平蜀以後，大震威名。按東晋無此人。桓温，字元子，而此人云字元子，自稱平蜀之功，温嘗平蜀李勢，又自述云：殷浩吊譽沽名，應辟督師，擁兵壽陽，今北伐無功。按温極詆殷浩，此蓋指桓温也。奉敕北伐，欲自圖大事，按兵不動。先鋒柳成龍，其心腹也。記室參軍安文俊，年少奇才，立心忠直，議事之際，見其恧縮，面譏切之。劇中文俊責備黨傑之詞，有云不能流芳百世，當遺臭萬年矣兩句，本桓温語，益知指桓温也。傑不能聽，檄示府縣，協濟軍需，稍有缺供，縱兵搶掠。有樂天民者，居内鄉菊潭，一女雲生，年弱未字，聞兵至不戢，欲挈女遠避山東，途遇成龍，逐父而掠其女。天民見文俊軍後至，以爲主帥，號呼求救。文俊告以己乃參軍，非元帥也。及詢奪女狀，心爲不平，馳見成龍，切加誚讓，奪女以還其父。女已釋而父猶未至，兵馬倥偬，女恐難脱，由小道投一村家。村媪楊氏子曰上官毅，勇力絶人，用鐵扁擔一條，萬夫莫敵，人呼鐵閻羅，專好兜不平事，然孝以事親，恪遵母教，斫柴爲生，不營分外。楊媪見樂女無所倚，姑留之，俟子歸，與言女情，俾訪樂父。毅出覓，與樂父遇，未及抵家，而安文俊忽急竄入楊宅。蓋成龍因文俊釋女，恨甚，必欲殺之。知其押餉在城，欲遣兵縱火殺之以滅口。世芳適奉帥令，送密札於成龍，使無進兵。成龍以爲此人乃元帥腹心，與己必無相左，竟委以焚安之事。世芳僞應之，而私告文俊，即與俱走。用成龍令箭，詸出南城。北火起，索文俊不得，成龍乃率兵急追。兩人見追急，分道而走，世芳入一山莊中，而文俊至楊媪家。女出見之，感其救己，與媪共議，取布衣氈笠，换其戎裝，使若鄉村人者。女又流涕述感恩之深，文俊心亦憐之，與訂姻盟而去。成龍遠見文俊入此村中，及至不得，入門窺之，見有戎衣在内，且見前所掠女，遂令兵士擁女及楊媪而去。毅偕樂天生歸，則母與樂女皆不見矣。鄰居告曰：已被先鋒掠去。毅失母，憤怒甚，持鐵械追之。世芳所入山莊，曹郡刺史祥景之園居也，家在杏花山旁。景之任所，惟女瓊英在家，見世芳忽遽跳入園中，疑以爲賊，使婢覘之，恍惚見一虎。女親視之，貌偉而氣爽。莊居兩山間，園西廳後，直通山路，左右無踪迹。女乃取父衣冠使衣之，贈以金，啓角門縱之，俾謁父於濟陽。成龍率兵追世芳，見其入園，遍索無有，欲搜内室，瓊易男裝出見，以理諭之。成龍卒不聽，而挾使偕行。會毅趨搏成龍，里民亦皆被兵擾，洶洶并集，共助毅出力，立擊殺成龍。衆已殺官，知事大裂，即擁毅爲寨主。毅見瓊英改裝，不知其爲女，問以姓氏，瓊英恐直言未便，謬稱諸生吉本祥。毅乃用爲參謀，令與樂天民結爲父子。朝廷以成龍激變，歸罪主帥，罷黨傑官究治，而拜祥景爲大將，都督荆襄，使討上官毅。楊媪脱成龍之禍，聽樂女言，投山東之親戚。道遇景軍，付爲義女，命楊權作乳母，以待迎己女來，結爲姊妹。時，賊勢猖獗，世芳、文俊同投景麾下爲偏將，世芳出戰被禽，毅欲殺之，本祥救免，夜與相見，使從中取事。而楊媪以賊即己子，告景知之，遣文俊招降。毅得母書，即刻卸甲。奏聞於朝，景進爵秩，世芳、文俊皆擢顯職，毅免罪授官，本祥改原姓，爲世芳妻，雲生爲文俊妻。

又《玉蜻蜓》 蘇州人所撰。演申時行事也。時行狀元宰相，謝政以後，優遊林下，富貴壽考，一時獨擅，子孫科甲蟬聯，爲吴門望族。然起家頗微，有云其母實某庵尼者，輕薄之士，遂作此劇以實之。言其父與尼通，而生時行，父死於庵中，其母守節撫之，遂至鼎貴。大率不根之談也，小説有赫大卿遺恨鴛鴦縧事，言大卿誤入尼庵，爲群尼所昵，委頓而斃。其所佩帶曰鴛鴦縧，爲匠氏所拾，以視其妻，妻往驗得實，鳴於官，正尼之罪。此劇採其說而附會之。又小說有陳大郎者，吳江人，嘗至蘇州，見一人髭鬚滿面，欲觀其餔餟何狀，乃市酒肴與飲食。而其人以爲知己，心甚銜感。後大郎舟中遇盜，則盜魁乃其人也，厚贈金帛，護舟還家。今劇內亦點人。申時行，字汝默，長洲人。嘉靖四十一年壬戌，廷試第一，授修撰。榜姓徐，後復本姓，歷諭德，充經筵講官，進左庶子，掌翰林院事。萬曆五年，由禮部右侍郎改吏部。六年三月，以左侍郎兼東閣大學士，入預機務，已進禮部尚書，兼文淵閣，累進少師兼太子太傅、吏部尚書、中極殿大學士，爲元輔九年而歸。歸二十有三年，壽八十，考終於里第。主眷優渥，三詔存問。太平宰相，風流弘長，吳人以爲盛事。據言：申時行之父名曰桂生，與友沈君卿嘗同至尼庵遊玩，見尼志貞之美，桂生心愛之。一日孑身造庵，志貞與其師弟輩共留庵中，不使歸家。久之，桂生以怯症斃，而志貞生一子，即時行也。初，桂生以玉蜻蜓贈志貞，志貞生時行，庵中不可育，乃書生年月日，以玉蜻蜓繫臂，送置道旁，又密書桂生牌位供之，自誓終身潔守。蘇州郡守徐姓，道聞兒啼，拾以爲子，取名時行。時行嫡母張氏，尚書之女，有才而剛，見夫不歸，謂沈君卿當知其情，率僕詬辱，然終不得其踪迹。志貞亦與張氏善，常至其家，而張氏不知根由。歲月已久，惟辛勤作家，廣營家業而已。時行年長，頗聞己非徐氏子，一日喚婢至密室，委曲問之。婢乃告以玉蜻蜓之故。既而擢大魁還蘇，偶至尼庵禮佛。志貞見其貌酷似桂生，心甚驚訝。時行見所書牌位，亦疑而問志貞。志貞不能隱，乃具述始末。時行知即生母，出玉蜻蜓於袖中，因與志貞共還家，認其嫡母張氏。按此蘇人相傳之說，其來已久，然恐未的。申登第時榜姓徐，然是本籍，若蘇守則非蘇人矣，雖云蘇守老而僑居，恐未可即用蘇籍也。明時蘇人張姓爲尚書者，止一太倉張輔之，今云申母張尚書女，未知是否。又劇中沈君卿遇李鬍，其事載小說，乃陳大郎事，亦未知確否。

又《百鳳裙》 未知何人所撰。演魯翔、魯會離合聚散事，似無所據，但中引《平妖傳》，此《傳》雖有舊本，而明末馮夢龍增半刊行，始流傳於世，則作者亦近時人也。內以楚娘百鳳裙爲關目，故名。略云：宋仁宗時，貝州魯翔，妻石氏，子會，年弱冠，有美才，秉性敦厚。翔在京會試，娶妾咸楚娘，迨成進士，選授廣西上林知縣，携至家。石氏頗妒，心害其寵。翔將赴任，聞儂智高作亂，欲孑身携兩僕行。時，楚娘有數月妊，石念夫第緣楚娘故，恐道中不便，并已不挈，益恨楚娘。俟夫登程後，即托媒媼鬻楚娘，會力勸母俟其產。產子未幾，即出痘，驟驚隕絶，謂已不育。楚娘檢奩中有百鳳裙一事，前後兩幅，每幅繡鳳五十，精巧絶倫。楚娘痛兒，取裙一幅包裹，付之家人，覓一郊外空地，同居民劉二埋之。未卒事，家人先回，兒得土氣復活。劉二抱回其家，不數日，痘如期愈，蘭芽玉茁，眉目如畫。柳州團練使昌期，本貝人也，有女月仙，美且能詩。顧未得子，昌有世職，使僕季某覓一兒撫之，他日可承襲也。季還貝，見劉二所抱子，肌膚玉瑩，出重價買歸，以奉於期。期夫婦亦大喜，謂天所賜，育以爲子，名曰賜兒。石氏見楚娘失兒，益迫令嫁。楚娘誓不肯。適僕何某從翔抵廣回，報翔有凶信，石愈促楚娘嫁。會爲畫策，俾出家，乃從何僕之姊女爲尼。初，翔赴廣西，抵界上，聞智高甚猖獗，得一官，輒索厚價以贖，與相梗者殺之。乃以文憑付僕李忠，與之易服偕前，而令僕何還家。前則果遇賊，忠被殺，賊欲殺翔，翔言是某令方赴官，賊遂羈營，俟其家賄贖。安撫使狄青令昌期視賊，且檢察諸被害者，見李忠衣內有文憑，告於青。棺而瘞之，標曰上林令魯翔以爲識。昌使僕季還貝，道遇何，與之語，何往視不謬，故亟歸以報於主人也。會聞父信，即星夜奔赴粵中，以昌期瘞父，趨謁致感謝，因詢所標在何處。期言：道梗難行，盍留我署，俟賊平無梗，當使人往覓之。會不得已，下榻於期署。狄青逐賊，智高敗走，以己衣衣死賊，去其首。青軍得之，謂已獲智高，屬期作露布，期轉以屬會。文成送青覽，青大悅，邀會至幕，欲宣露布。會言露布不可宣，恐其中有詐。青大然之，使諜者細察，果僞也。乃大發兵，入崑崙關擣巢，遂擒智高。會在期署中，期愛其才，欲妻以女。索所爲詩，令女代己和以示會。會嘆服，不知女作也。期面語會，以女許之。會以無母命，不敢遽承。而是時期所撫子賜兒已七歲，姊月仙愛之甚，勝於同懷，且時取百鳳裙，描其樣置於奩具。月仙聞父母欲以己許魯生，與婢竊窺，見與弟賜兒貌相似，默自驚訝，私作詩以紀。其母見詩，亦知女已屬意於會，決以女字之。狄青既獲智高，録其簿籍，有上林令魯翔名，乃拘繫不降者，知翔尚在，爲魯語之。魯訪得，迎至期署。父子相聚，始就姻。且知前所標者即翔僕忠也。青命魯復作露布，并具疏奏捷，而叙翔被執不屈。魯參謀有功，忠代主受難，詔旨召青爲樞密，以昌代其職，翔遷郡守，魯授州牧，令期等皆還里，稍治家事，然後赴官。蓋貝州方遭王則之亂，故恩旨相體恤也。王則事，具見《豹淩岡》、《井中天》二劇內，此劇竟稱彈子，不言改名諸葛遂智，與《井中天》異。又言彈子張鸞，皆返邪歸正，佐彥博滅賊，亦小異。則叛時，遍掠男婦，而以聖姑姑與約，不許擾寺院庵觀。翔妻石氏事亟無所措，乃反投楚娘庵中，又恐形迹易露，亦改道裝。時，何至觀已逝，惟楚娘在，不念前忿，竭心力事之。石氏甚悔且感。及翔、會歸，已無家，暫借庵寓，見石與楚娘，急買宅迎歸，爲子畢姻。楚娘見月仙奩中有百鳳裙，心甚感動。適昌期已自生一子，其家婢僕每竊言賜兒爲假子，賜兒亦自疑，及來姊家戲，其貌與魯大相似，家人盡以爲訝。而楚娘以裙故，不能默，密詢月仙，月仙以弟非父出，及李僕買得根由以告。於是翔呼李問狀，李云劉二所賣。又呼劉，劉初不肯言，變色詰之，欲加拷問，劉始吐實，且云初見兒復生，不相聞者，知石夫人之妒，恐不能容也。翔恕劉不究，賜兒復歸宗。按《狄青傳》：廣源州蠻儂智高反，陷邕州，又破沿江九州，圍廣州。嶺外騷動。除青宣撫湖南北路經制廣南盜賊事，置酒垂拱殿以遣之。智高還據邕州，青合孫沔、余靖兵，次賓州，一晝夜絶崑崙關，出歸仁鋪爲陣。青執白旗麾兵，出賊不意，大敗之，追奔五十里。智高夜縱火燒城遁去。時，賊屍有衣金龍衣者，衆謂智高已死，欲以上聞。青曰：安知非詐也。寧失智高，不敢誣朝廷以貪功也。還至京師，帝嘉其功，拜樞密使。劇中所載俱實，但以不認智高爲魯會所諫，是增飾語，傳記多言智高未獲，即《青傳》亦未能指實，言擒智高不的，青將有張玉、孫節，無昌期，上林縣屬賓州，與史合。

又《傑終禪》 近時人作。演夏言、曾銑子事，皆屬子虛。結局時以相扶翼者三人，從僧修道，名曰悟傑、悟終、悟禪，故曰《傑終禪》也。略曰：曾銑以仇鸞忌功，及嚴嵩誣陷，與夏言皆棄市。言妻孥徙廣西，復逮銑家屬。有舊部中軍參將李珍，匿其子士天小字寄郎者，遁歸湖廣。銑妻莫氏投繯。嵩遣緹騎往追。珍之德州，撞倒修傘人尤若虛，執其裾大鬧。僧雲行見而問之，得其情，爲匿士天於庵中。珍即受逮。尤亦仗義尾至京，探珍狀。初，徐學詩亦以劾嵩受害，妻亦隨殞，有女文華，遇許飛瓊妹許仙姑，救入山，授以劍術五行之法，以其未了塵緣，使幻入茶肆，居汴梁道上，以俟英才。會僧雲行慮匿士天不密，携出同朝名山。士天染恙，途中過茶肆。文華見其品不凡，留肆養疾。僧飄然獨往。及病瘳，各述家世，乃年家也，遂與訂盟。仙姑云汴當有盜，令文華授士天兵法。兵部丁汝夔以酷刑拷珍，令供士天。珍不吐一詞。尤若虛至京，獄卒孫自矜帶入獄中修傘，乘間易衣帽，令珍以擔遮面，混出獄。孫知窘甚，詢尤以故，尤述珍仗義，故欲代之。孫亦憐尤，歸告其女英娥。娥素習槍棒，性任俠，乞父救尤命。孫以他囚代棄市，父女與尤俱遠遁。值白蓮妖賊王汝賢以妖女蓮岸爲軍師，擾山東一帶，詔胡宗憲剿捕。自矜等過山東，被劫入寨。士天出探賊信，亦被劫。蓮岸覘士天美，用爲參謀，以英娥爲近侍，令娥説士天與蓮爲夫婦。士天細詢娥，知其父爲己事貽累，邀叙始末，定計擒賊，密遣尤訪文華，同詣宗憲，使娥謬諾蓮姻。及尤之茶肆，見許姑書於墻，有往廣西尋我之字，遂入粤訪之。遇李珍、夏經於途，夏經即相國言子也，有膂力，能扼猛獸。珍於粤中遇之，授以武藝，及長，母易氏故，聞憲招賢，共往投之。珍改姓名曰陶春，詢尤何往。尤云：訪許仙姑。經識其處，遂同詣姑。姑授文華破邪正法。及見宗憲，乃授兵符令箭，與珍并爲將，與妖賊戰。賊大敗，復用霧迷官軍。適雲行於泰安得神咒，抵戰處持咒，霧立開霽。蓮遁入營，士天與英娥紿以結花燭，醉之酒而刺之，復紿汝賢議事，亦殺之，拔營歸宗憲。奏功疏上，詔賜士天翰林，夏經龍驤將軍，文華配士天，英娥配經。夏經告妻以父仇未雪，文華乘鸞於宫中，奏嵩奸惡，逮入養濟院，世蕃、仇鸞皆伏誅。李珍、孫自矜、尤若虛不受職，從雲行修道。雲行取名珍曰悟傑，孫曰悟終，尤曰悟禪。按夏言有一子，年將冠，幾得官而夭。曾銑子孫不乏，崇禎時有中舉人者，嘗與嚴嵩後裔同席，席間大鬨，主人甚窘。徐學詩有兩人，此則劾嵩者，刑部郎也，其疏不列嵩款，而摹寫情狀曲盡，革職回籍。隆慶元年，奉旨召擢，不至，夫婦皆殞，亦未聞其女何若也。時，蘇州徐學詩爲禮部郎，恐嵩以同名誤害己，乃改名學謨，後至禮部尚書。乘鸞奏嵩奸之説，蓋因藍道行以扶鸞揭嵩短，故影借也。仇鸞身後伏誅，相去已久。王汝賢以白蓮教擾山東，乃天啓年間事。酒醉蓮岸而殺之，乃借唐賽兒事。然亦非正史，乃小説所編也。餘并幻出。又按嘉靖時有常熟人楊儀，作《保孤記》一篇。夏言子，蘇夫人所出，儀爲保全之，故作此《記》。儀彼時部郎也。劇中李珍，影借此事。其後未得官而夭，無所爲破賊拜將軍之説也。

又《君臣福》 未知何人撰，係近時人手筆。演范雍父子祖孫事，謂其生宋仁宗之世，賴朝廷之福，一門三代，盡被恩榮，是以標曰《君臣福》也。事迹多係增飾。略言：范雍，河中人，官知制誥，乞假里居。妻閔氏，子奇，奇妻鄭氏，按奇係雍孫。雙名子奇。皆力行善事。朝旨擢雍樞密使，毀里民貸券而後入京。是時天下太平，兖州民家有産麟之瑞，雍子奇已登會榜，殿試之日，試《麒麟賦》一篇，稱旨，擢狀元及第。雍由樞使改官大學士，子奇又生一兒，一日内三喜畢集。趙元昊窺延州，命雍父子率兵往剿。交鋒之際，大敗元昊兵。奏凱班師，雍拜丞相，奇掌制誥。坦八歲以神童薦，曹皇后召見宫中，試詩被獎。仁宗賜爲小狀元，官以秘書正字，其後三世重加恩錫，遣官爲雍治第。又以王家之女，下嫁於坦。榮寵貴盛，冠絶一時。雍夫婦年躋百齡，特賜錦袍玉帶，御書燕喜堂扁額。開筵之日，南極老人星暨長眉大仙使青衣童子送金丹一粒，東方朔亦捧蟠桃，爲雍夫婦祝壽云。《宋史范雍傳》：雍，字伯純，家世太原，後爲河南人。雍中進士第，歷河北、陝西轉運使，以尚書工部郎中爲龍圖閣待制，遷右諫議大夫，加龍圖閣直學士，拜樞密副使。趙元昊反，拜振武軍節度使，知延州。元昊遣人通款於雍，雍信之，不設備。一日，引兵數萬破金明砦，乘勝至城下。會大將石元孫領兵出境，守城者纔數百人，雍召劉平於慶州。平帥師來援。元孫兵與賊夜戰三川口，大敗，平、元孫皆爲賊所執。雄閉門堅守，會夜大雪，賊解去，城得不陷。左遷户部侍郎，又爲資政殿大學士，知永興軍，遷尚書左丞，加大學士，後贈太子太師，謚忠獻。子宗傑，陝西轉運使，宗傑子子奇，字中濟，階祖雍蔭，簽書并州判官，以唐介薦，神宗賜對，提舉修在京倉。元祐初，爲集賢殿修撰，累遷吏部侍郎，以待制致仕。子坦，字伯履，以父任爲開封府推官，金部員外郎，大理少卿，改左司員外郎，押伴夏國使，應對合旨，賜進士第，擢起居舍人，嘗官集賢殿修撰，歷户部侍郎。按雍及孫子奇與曾孫坦本傳官序如此，劇云祖貫襄陽，誤。祖從龜爲右屯衛將軍，葬河南，遂家河南。劇云祖爲河南廉訪，亦誤。子奇本雍孫，劇云雍子，又單名奇，亦誤。雍爲龍圖閣待制，又嘗加龍圖閣直學士，又嘗爲資政殿大學士，贈官宫師，然未嘗拜宰相也。作者見大學士之稱，以爲宰相，遂云拜龍圖閣學士，已進中堂，又云陞禮部尚書，兼左丞相，又云進吏部尚書同平章事，又云進太師極品，不知宋時殿閣學士固非宰相之職也。雍在延州，嘗爲元昊所欺，夏人曰：小范老子胸中有數萬甲兵，不似大范老子可欺也。小范指仲淹，大范指雍。劇中鋪詡雍功，以爲大敗元昊，非實迹也。子奇與坦皆嘗爲集賢殿修撰，自明迄今，狀元皆授修撰，作者以其父子爲狀元，蓋因此耳。其中關目，多係添飾點綴。《選舉志》：真宗景德二年，撫州晏殊、大名府姜蓋始以童子召試詩賦，賜殊進士出身，蓋同學究出身。尋復召殊試賦論，帝嘉其敏贍，授秘書正字，後或罷或復。自仁宗即位，至大觀末，賜出身者二十人。建炎二年，用舊制親試童子，召見朱虎臣，授官賜金帶以寵之。後至者或誦經史子集，或誦御製詩文，或誦兵書習步射，其命官免舉，皆臨期取旨，無常格。淳熙中，王克勤始以程文求試，内殿引見。孝宗嘉其警敏，補承事郎，令秘閣讀書。會禮部言：本朝童子以文稱者，楊億、宋綬、晏殊、李淑，後皆爲賢宰相，名侍從。今郡國舉貢，問其所能，不過記誦，宜稍艱其選。理宗後罷此科。劇中范坦以神童召見，試深宫春麗之題，坦無此事，而亦非無因也。仁宗、曹后召令朝見之説，是因内殿引見語，加之文飾耳。小狀元三字，見《王禹偁集》，禹偁《送孫僅》詩：明年再就堯階試，應被人呼小狀元。蓋其兄孫何已作狀元也，是年僅果復爲狀元。范坦授秘書正字之説，則借用晏殊事也。

又《繡衣郎》 不知何人所作。大略與《胭脂雪》相仿，而稍有同異，以白回贖授巡按御史，取《漢書》暴勝之繡衣持斧之義，名之曰《繡衣郎》也，其事無所本。明隆慶年間，河南洛陽縣皂役白施，字心懷，妻黄早没，子名回贖。施天性仁厚，在公門四十年，力行善事，奉公守法，排難解紛，合縣中皆呼白佛子。其子好讀書，因功令，倡優、隸卒子弟不得應舉，乃屬内侄黄一庭爲子，援例入監，改籍更姓，但名回贖，趣令赴京到監，使老僕安泰隨行。時有窮民冷若水者，妻柴氏，女青蓮，一家三口，女色甚艷，其父小橋，嘗負仇宦二十金，先後償息數倍，而未獲折券。比鄰倪愛秋，以淘沙爲業，挈與同伴，抵城外五十里地曰梁店者，淘沙於市河中。仇宦名亮，咸寧侯鸞之侄，世襲百户，爲富不仁，雙目并瞽，而谿刻滋甚。其僕刁鑽、房恩，相助爲惡。至冷宅索逋，見若水遠出，即拽其女青蓮以歸。柴氏隨往哭求，亮堅不肯放，反令僕毆柴氏。亮有祖傳玉簪，名曰玉蟠龍，《胭脂雪》云木亮，此云仇亮，《胭脂雪》云比明鏡，此云玉蟠龍，皆互異處。雌雄兩隻，馬伏波征珠崖所得，亮曾祖成爲將時得之，此俱飾説，非事實。傳爲世寶。持簪而飲，玉龍能吸杯中之酒，又能自舞，且酒盡輒滿。亮邀縣令黑有天飲，嘗出以侑觴。時有荆楚大盜賽虬髯，雖居緑林，豪俠尚義。聞亮富而多非，使其黨執亮別館中，挾至亮家，令大叫速取財物，劫其資甚厚，中有玉蟠龍。其黨又并冷氏擒去，至舟中，虬髯見擒女，心大不悅，置之岸上，玉蟠龍亦誤失水中。劇云賽虬髯有令，不許掠婦女，甚言仇亮盤債之惡，謂不如盜賊也。回贖舟行，見女號呼求救，使舟人與僕共扶入船，欲送回家，恐爲盜累。安泰有妹，嫁於張而寡，住梁店鎮，其子張小舍，孟津縣捕役也，泰與主謀，載冷氏往，謂是己女，俾依妹以居。而小舍已徙二十里之新橋鎮，回贖停於路以俟之。倪、冷二人方淘沙歸，出所淘二簪以示贖，贖以五星買得愛秋之一。若水欲持歸以爲女飾，獨不肯售。及歸家，遇亮僕刁鑽，始知女入亮宅，偕往謁亮，欲以所淘金若干爲息，贖女還家。而銀包內玉蟠龍一簪，爲亮僕所見，指爲盜贓，執送縣令，拷打誣服，并拶其妻柴氏，使白施押保。令又紿若水云：兩簪并得，便可釋放。愛秋不知其紿，謂果得簪則可救若水，乃縛黄紙於背，述若水被難始末，冀遇從前買簪人也。令將若水三日一比，白施心憫，每每潛照拂之，周給飲食。其妻或至，亦導與夫相見。夫婦皆深感其德。按令云姓黑，而皂隸云姓白，言令不明，斷此事如黑獄，不若其役之能分皂白也，皆非真姓名。他贓既不得，而簪亦未全。若水雖擬辟，其案未結也，回贖至京，大雪中沽飲於酒肆，穆宗微行，先在肆中，自稱大學生，與論時事，心大嘉賞。天方甚寒，脱一御袍賜之。明旦，令司禮監宣入陛見，授爲御史，巡按河南。緣贖冒籍，不知爲本省人也。按明太祖微行，遇監生，其詩云：他年若得臺端任，敢向人間擊不平。立授爲御史，隆慶時無此事也，穆宗亦未嘗微行。贖入河南境，即易服私行，道遇愛秋，見其唱叫若水事，欲取玉簪與之。簪與印同裹，人叢中爲翦綹者竊取，急與老僕安泰相商。泰言己甥張小舍最善捕賊，可以此事委之。方與僕偕往，翦綹者皮子衿素畏小舍，得簪、印即叩其宅，以送小舍。而小舍他出，子衿呼其内室云：有物置桌上。即去。冷青蓮出見得之，會暮汲井，愛秋倉皇與相遇，爲言若水監禁，須得玉簪可免。青蓮即取出與之。愛秋匆遽，并携印去，比贖與泰至，則無及矣，亟至縣門追之。愛秋獻簪并露其印，縣令以爲大盜，監禁獄中，而視巡按之印，知其已失，謂奇貨可居也。贖失印甚急，適遇其父施，共相計議，立赴察院到任。各屬晋謁俱不見，獨召洛令，語次報云：內署失火。親捧印匣付令，旋報火滅，令與施計，欲無還印，施以利害怵之，不得已，乃置印於匣。贖既得印，乃出檄招賽虬髯降，出冷若水、倪愛秋於獄，治仇亮豪惡之罪，大著廉明之譽，乃奏明原籍原姓。穆宗以其招降有功，擢授侍郎，其父貤封脱隸籍，娶冷女爲媳，不以其賤爲嫌也。《胭脂雪》劇云所賜御衣，名曰胭脂雪，此劇無衣名，故以繡衣爲名。成婚之時，儐相贊禮云：聲聲慢唱皂羅袍。又云：聲聲慢唱浪淘沙。以示諧謔云。

又《滕王閣》 明季有鄭瑜撰《滕王閣》雜劇，此敷作全劇也，不知何人所作。內演王勃、駱賓王事，半屬牽引。劇內以王勃省父，舟至馬當山，之南昌，程七百里，遇神，以順風送勃，一夜即抵昌，詣閻都督，作《滕王閣序》，故以是名。略云：王勃，字子安，絳州龍門人。自幼英絶異敏，有神童之目。父福時，作宰嶺表，勃往省，舟至馬當山，時，都督閻公於九月九日大宴滕王閣，宿命其婿吴子章作序以誇客。勃至馬當山，謁神致禱，山神以順風送勃舟，夜行七百里，抵南昌，獲與重陽之宴。勃居末坐，染翰如飛，立就《滕王閣序》。閻大嘆服，厚贈遺勃。時，天后潛圖改物，徐敬業貶柳州司馬，駱賓王貶臨海丞，俱客揚州。敬業令賓王作檄，起兵數月，敬業走死，賓王亡命，不知所之。賓王即福時甥也。勃登第，授官，被譖削籍。福時官雍州司功參軍，亦坐勃故，左遷交趾令。中宗時，詔購賓王文，復勃原職，召福時詣京。過杭州，遊靈隱寺，遇賓王，與共作靈隱寺詩。賓王訴遇僧剃染免患之故，福時言已赦免，勸令歸俗，賓王不從。福時乃與勃還京，一門并得榮顯云。按馬當神事，傳記中頗及之，郡志亦載，而《醒世恒言》最詳，雖加點綴，而實迹爲多。云高宗時，王勃十三歲，從金陵欲往九江，路經馬當山下，乃九江第一險處。陸龜蒙《馬當山銘》：山之險莫過於太行，水之險莫過於呂梁，合二險而爲一，吾又聞乎馬當。勃舟至山下，風波亂捲，碧波際天，水向翻空，舟將傾覆。勃吟詩一首，書擲水中云：唐聖非狂楚，江淵異汨羅。平生仗忠節，今日任風波。須臾，雲散霧收，風浪俱息。舟泊馬當，勃行至一古廟，額云：敕賜中元水府行宫。勃至神前，焚香祝告，見一老叟，坐塊石之上，神清氣爽，貌若神仙，曰：子非王勃乎。來日重陽佳節，洪都閻府君欲作《滕王閣序》子往獻賦，可獲資財數千。勃問路程，叟曰：水道共七百餘里。勃云：今已晚矣，止有一夕，焉能得達。叟曰：子但登舟，當助清風一帆，使子明日早達洪都。吾即中元府君也。須臾，舟至，勃辭别上船，解纜張帆，頓失故地，天明已到洪都。勃乃入城，直詣帥府。閻都督方開宴，遍請名儒秀士，俱會堂上。坐有儂州牧學士宇文鈞、進士劉神道、張禹錫等，其他抱玉懷珠者百餘。勃年幼，坐於座末。閻公使人捧筆硯，請坐客作序。諸人悉固讓，至勃獨不辭。閻公起身更衣，入小廳內，使吏覷其所作，即來報知。至落霞與孤鶩齊飛，秋水共長天一色，不覺以手拍几曰：若子落筆，若有神助，真天才也。須臾，文成，閻公大喜，遍示諸儒，莫不愧服。閻公之婿吴子章，有冠世才，初，閻公欲俟諸人并讓，則令婿作文以誇座客，及勃文成，子章離席而起曰：此舊作也。遂對客朗誦，一字不錯。衆賓并驚曰：子安之作性。子章之記性，皆天下罕有，可稱雙璧。子章與勃遂成厚契。次日，勃辭去，閻公贈五百縑及黄白酒器，共值千金。勃至馬當，備牲醴酬謝。復見老叟云：其後有水厄。勃後果溺於海，乃叟迎去云云。此段大半有據，以後來事牽合耳。

又《慶豐年》 一名《三多記》，作者大指，以運值太平，世躋極盛，明良際會，河海澄清，玉燭常調，金甌永固。取豐年爲瑞，和氣致祥，以申華祝三多之意。郭子儀最有福澤，用作通本關鍵。和英、韋遠、桂金元者，取義於和爲貴也。鋪張瑋麗，攢簇鮮新，具見雍熙氣象。老子一氣化三清，白鶴翔空，四仙童隨侍，天將環列。太白金星捧玉旨，遇治世人王佛萬壽之期，命衆仙修合長生丹藥，正須九葉靈芝。白鹿自西王母瑶池銜芝來獻，乃命二十八宿向靈寶仙界，同護八卦丹爐。五采騰霄，結成金牌，上現悠久無疆四字。靈丹既就，仙童捧丹隨侍老子獻祝，而八羅漢隨侍釋迦文佛，捧鉢西來。善財、龍女捧甘露瓶，隨侍觀音大士。諸天星宰，并十洲三島仙子，絡繹後先。二仙童隨侍南極壽星，執五色瑞芝。二仙女隨侍西池王母，執千葉蟠桃，一時并集。佛鉢内現出白雀金蓮壽山，各種靈異。老子進仙丹，大士進甘露，王母進蟠桃，壽星進靈芝，仙鶴自雲端飛舞筵前，銜圖以獻，赤文金字，書曰：乾坤不老，天地同春。郭子儀出鎮朔方，夫人趙氏一胎三女，皆已長成，長曰淑娟，次曰愛娟，三曰蕊娟。長眉仙捧旨示快活仙云：此王母駕前法瀛、雙成、飛瓊三仙女也，有文昌座下兩侍者及武曲星俱已久謫人間，令快活仙下界，巧合婚配。子儀巡邊回，快活仙化爲道者，云從蓬島而來，贈以小畫一軸，曰：此中有三多湊合之兆，且不日封王。又贈以一枕，名曰通仙。展畫視之，一羽士赤足蓬頭，飄然不俗。玩賞之次，道人已去。未幾，歲暮雪晴，子儀晝卧書室，快活仙引入枕中，身遊閬苑，一生折荷花，一生折桂花，一生金甲戎裝，相繼而至。仙告子儀曰：此皆公東床妙選也，多福之徵，當應於此。又見五老執杖，皆童顔鶴髮，曰：此公多壽之徵也。又見七小兒争入懷中，嘻笑環繞，曰：此公多男子之徵也。子儀旋醒，已而衆妾各生子女，子得七人，女得八人。按世俗相傳如此，子儀實八子七婿也。時有和英者，成都人，桂金元者，朔方人，韋遠者，淮郡人，和、韋并遊朔方，與桂結異姓兄弟。和、桂習文，韋習武。邊地有金銀八礦，礦神化黄白二熊當道，能制伏者，金銀即歸之。子儀出示募擒熊者。韋應募，執鋼叉入深山，見二小兒舞崗上，疑爲妖物，急追之，滚入地中，二熊突至，與戰，熊敗走，亦入地中，用叉掘地，得金銀窖，乃以土掩之，而馳告於節度之轅門，盡以金獻。内有叉尖一錠，予韋壓驚。會歲晚，子儀召桂生，代作《元旦昇平朝賀表》。遣使於進朝，并以金進，奏明金係韋所獻，表係桂所作。韋見和貧窘，遂以叉痕之錠送和。時春正朝賀已畢，將及上元，有旨命李白品定各鎮表章，取桂所作爲第一。元宵之日，子儀設宴，蕊娟忽沉睡，其二姊以通仙枕枕之，又以子儀鎮魔寶劍壓之。頃之遽醒，則寶劍已失，手持一叉痕之錠，蓋快活仙引入月宫，使以劍與和英，易其金也。子儀出示覓劍，和英乃持以獻。李白方奉詔，授韋、桂官，封子儀爲王，且目擊劍與金互易之異，遂爲三人作伐，同贅於郭。淑娟嫁於桂，愛娟嫁於韋，蕊娟嫁於和。還奏於朝，并授和官。久之，子儀八十，七子八婿，俱膺顯爵。諸孫進酒，同展仙畫。快活仙復雲端示現云：當是之時，四海朝宗，八蠻修貢，年豐人樂，率土之濱，伏臘宴飲。而永豐鄉安樂村富仁忠爲社長，首倡耆老，祀神報賽，億衆歡呼，拜舞雀躍，百戲畢陳，以答豐年之慶，是以名曰《慶豐年》也。

又《全家慶》 不知何人所作。演富錦章積善感天，父子同膺顯爵，夫婦齊眉，闔門元吉，故名《全家慶》，然事迹荒唐無據。略云：富錦章，字雄文，雲間人，少失怙恃，年二十，讀書入泮，尚未有室。慨然慕陶朱公、郭汾陽之爲人，聞廬山紫雲道人善卜，往決行藏。於中途遇桂榮留宿，榮有女青娥，年方及笄，而喑啞，乞錦章代卜。錦章行至淮水，倦甚，小憩財神廟，見一女子跣足蓬頭，抱孩童欲投黄河。錦章急救之。女云黄氏，夫錢德周，畜家數口，將貨以納糧，不意夫入城，一人以假銀十兩售之，畏夫詰責，故投水耳。錦章以行笈中銀十兩贈之，勸令速歸。而財神鑒察錦章捐金救女陰鷺，奏聞上帝，即以天寶庫藏金銀各十窖，賜爲積善報。錦章行至小湖山，山中勾簾洞有青松一株，二千餘年矣，受天地精華，雨露培養，能幻成人形，與長江驪龍俱有志修仙，而青松忽患癱症，驪龍又患懶病，遣卒邀錦章至洞，囑其往廬山代占，并饋赤金三百兩。錦章遂詣廬山。紫雲道人者，即王子喬也。托云賣卜，實度群迷，已知錦章是天富星，來問卜，命僮迎之。錦章大驚，因入叩謁，先代桂榮、驪龍、青松子占三事。紫雲斷云：桂榮之事，乃天風姤卦，主啞女見夫能言，婚姻成就。驪龍乃否卦，主否極泰來，飛騰之象，但須摘去項下一珠耳。青松子則泰卦，欲病愈，必須陰陽配合仙丹。因以二粒贈之。錦章復自占終身，紫雲言：汝一生事業，盡在前三卦中，不必再問矣。因留飲桃源洞口萬花叢中。錦章大醉而別，歸至小湖山，見青松子、驪龍，備述始末。驪吞丹，即吐出一明珠，胸中清爽。青松子吞丹，步履如舊。深感錦章，驪贈以明珠，青松子贈以如意火煉成寶劍，能避刀兵護體。龍與青松俱飛昇去。錦章至桂榮家，述仙師斷語云：來占女啞，藏珠待價，一見丈夫，能言能話。即以珠贈榮女。青娥見珠與錦章，即能言。榮喜甚，即以女配之。未幾懷孕，青娥於花園祈禱，見百道火光，白鼠旋繞庭階，錦章掘之，有金銀十窖，俱鐫錦章名。青娥旋生一子。是時，正統土木之變，倭寇侵犯。錦章應試闈中，誤落燈煤，燒第三篇題目中二字。朱衣使者暗取印卷官處餘卷，同奎宿密置錦章號房，且警覺之，另謄交卷，遂獲狀元及第。而司禮監王振以錦章策論中譏刺時事，深憾之，與其黨大理寺卿聞可思謀，奏請督師，授錦章兵部尚書，賜上方劍，率兵五萬征剿倭寇。青松子來晤云：但禦敵，不可戰，待十五載後自定。錦章子昌宗，年已十七，淹通經史，應試亦狀元及第，景泰帝賜碧雲公主爲配。昌宗奏父出師海上未歸，願助父剿寇，功成乃婚。景帝念其忠孝，即授都統制，率兵十萬往。昌宗途遇難民千餘，即捐萬金救濟，各歸田里。父子相逢，同心征剿。倭寇大敗，追至北海岸，賊急登戰艦。而驪龍已爲金龍總管，暗助錦章父子，陡起風濤，倭寇悉沉没，遂班師奏凱還朝。景帝大喜，授錦章建極殿大學士，昌宗武英殿大學士，婚配公主，闔家歡慶。值錦章五十誕辰，青松子獻蟠桃、長生果，驪獻靈芝瑞草，景帝賜以壽詩，恩寵無比。五福堂前，霞光忽現，掘得金銀二十窖，皆鐫富錦章名。福禄壽考，共享厚德之報焉。按正統、景泰時，無富錦章、富昌宗二人，亦無公主婚配之事。青松子、驪龍俱作者添設。正統十四年有土木之變，景泰在位七年，安得倭寇侵犯十四年之久。且景泰時王振已殁，其害富錦章事，尤屬子虛。作者借此紐合關目，而不知其荒謬可哂也。劇又云富錦章爲建極殿大學士，按明初三殿，曰奉天、華蓋、謹身，至嘉靖四十二年，始改皇極、中極、建極，建極殿即謹身殿也。景泰、天順時，未有建極殿。此明代故事，不可不核。

又《雙玉人》 近時人撰。演張善相事，而夾入杜伏威、薛舉，撮取《禪真逸史》内一節。善相避段韶園中，段女琳瑛以雙玉人訂約，故名。略云：廣寧縣張完淳子杙，被狐所媚，值僧林澹然借寓，以力降狐，獲其天書。張感澹然恩，留居石樓山莊。時，杜伏威、薛舉少遭家難，顛沛流離。林與二人先世有舊，撫育爲弟子，令習弓馬及天書符籙，伏威幼時嘗竊書試之。天神忽降，驚避厠中，神乃退。杙妻令狐氏生子善相，與二人同業，皆通文武，結金蘭契，杜居長，薛次之，善相又次之。及長，杜、薛辭林出建功業。時，隋氏之季，杜與薛據有隴右，張猶居家，郊外馳劣馬，誤觸人斃，棄馬遁入花園，園係齊都督段韶宅。韶二女，長球瑛，字翰林張雕，次琳瑛，未納采。張入園中，匿於靈應王神厨之下，其神乃漢將馬騰，托夢示功名婚媾事，及覺，拾得羅帕，上有〔卜算子〕詞一闋，書琳瑛題字於後。張袖而藏之，晚即宿神前。明日，琳使婢春香覓帕，見張酣卧，告琳，共出視之，呼問其入園之故。具以實對，言出恐被擒。琳見其英俊，亦心憐之。春香即畫策，令張佯病風，而走白於琳母曹夫人。夫人出視之，見其年少清奇，亦頗心賞，因係園中突入，恐人聽聞，妄生談論，令留宿園之東軒以養病，而誡諸婢不許人知。及春香饋食，張遂告以曾拾羅帕，欲使通誠於琳。春香已心慕張，張亦愛春香風韻，遂留與狎，竟導張入琳室，與月下訂盟。張口吟所和琳〔卜算子〕詞，琳使張書於帕，後各分半幅，且出所佩玉美人二枚，以一贈之。玉美人者，異國所貢，其國去占城三萬里，奇香撲鼻，希世珍也。男一女一，琳以己書之帕，裹女美人以付張。曹夫人稍疑之，張乃辭去，遂詣隴西投伏威。時，伏威已徇岐陽，令善相爲將，累戰皆捷，齊師大敗。詔遣段韶往討，韶過其家，知女以失玉美人病，不知其贈張也。善相聞韶至，則以韶女訂盟事告伏威。威設計困韶於枯株灣，而縱所縛副將齊穆等使風韶，若以女許善相，圍即解。韶令伏威等歸降乃議婚，且索玉美人爲聘。伏威等悉如其言，遂解甲。韶爲奏聞，率之詣闕。伏威等皆授節鎮，以韶女妻善相。及婚，始知先曾訂盟，而春香已委身於張，乃并以春香爲妾。張挈歸省親，攜家之任，與伏威并躋榮顯云。劇又帶演杜伏威事，伏威至成州，曾過傅司農宅，其侄女舜華被魅，伏威作法驅邪，其女始痊。初，伏威遇姚真卿、褚一如二仙，引見天主，言伏威本仙童，看守丹爐，有罪貶謫。琴中有慢商調《廣陵散》曲，嵇叔夜後，無能知者，命二仙傳與伏威，特留後序八段不傳，留以待姻緣配合。獨舜華善此，感伏威拯其命，欲傳此八段與之。伏威遂告於師澹然，娶爲正室。按《北齊書》：段韶，僕射段榮之子，字孝先，顯祖時爲六州大都督，世祖時除左丞相，累立大功，謚曰忠武。然皆與宇文護相角，於杜伏威、張善相等時世甚懸，不得攻戰，亦不得以善相爲婿也。張雕亦北齊人，世祖時，嘗官國子祭酒，後至開府侍中。其爲韶婿與否，蓋未可知。然韓長鸞、穆提婆專政時，雕被難，已年五十，亦不得與善相爲婭也。杜伏威自稱吴王，後歸於唐。薛舉自立爲西秦王，其子仁杲爲唐太宗所滅。張善相初據許州，以奉李密，密敗投唐，授伊州總管，爲王世充所攻，城陷不屈，罵賊見殺，載《唐史忠義傳》中。傳云襄城人，非廣寧也。大業末爲里長，督兵迹盜，爲衆附賴，乃據許州。蓋本善良，非自投賊黨者。又杜伏威、薛舉、張善相并起隋末，唐初各在一方，未嘗共事，逸史不足信也。

又《天錫貴》 不知何人作。演梅芬事。本屬子虚，以芬安貧守道，神錫之以富貴，因用是名。擢大魁，獲藏金，得佳偶，故又名《喜重重》。略云：梅芬，字芳英，世居建業，爲諸生，偃蹇不遇，人以窮酸目之，遇者皆掩面而唾。一日，得金簪於途，拾視之，變爲麥，及擲於地，復爲金，入手又成草，心覺其異，乃俟於旁。芬自愧薄福而已。同學諸生黄尤孔者，富而不仁，沉醉過此，見金簪於地，令僕拾歸。秦儀，字鳳羽，亦芬同學，所聘東方氏女，隨父官荆楚，被寇劫歸，教以武藝。寇歿，衆推爲寨主，儀不知也。儀孀姑河北總兵盛德妻，有二女，長曰檀梅，麗而多才，兼通文武，許字尤孔，即儀作伐；次曰玉梅，陋而拙，未字人。秋闈届期，尤孔欲娶而後試。偶與儀入祠山神廟，相者袁如綱言儀必貴，而尤孔當作狀元，且極富貴。芬亦旋至，如綱相之云：當極貧苦。芬訴於神，神爲之不平，命功曹查二人功過。尤孔祖曾積善，其前生亦樹德，是以享富貴。今則狂暴多過，嘗發藏金一窖，埋於厠底，殺壙者以滅口，又逼其女爲婢。芬祖積惡，其生前無德，當貧窮。今則守分，多陰德，鄰有婦女奔之，芬力却而去。神乃命以二人姓名更换，示善惡果報。芬得之夢中，尤孔不知也。檀梅在家，聞尤孔狡黠，意殊怏怏，忽夢皂袍神人披髮仗劍云：汝無憂，速詣我，還汝佳配。及醒，告於母。母言必真武也，曾許武當山香願，亟往進香。及往，遇賊劫檀梅上山，東方氏令充記室，與結姊妹，拜爲軍師，練女兵甚精熟。其母與玉梅歸，尤孔婚期已迫，姑與儀計，以玉梅嫁之。尤孔見婦陋，欲鳴之官。其僕勸云：得第後多娶美妾，可也，何怒爲。及抵京，聞宰相丁謂爲考官，可賄以進。尤孔必欲得狀元，揮數萬金，爲人所紿。而芬以秦儀助，獲計偕入京。尤孔夢中觀榜，榜首非其名，急詢送榜官，官使自爲計。及醒，遂使僕遍貼無名子云：今科狀元有弊。闈卷進呈，朝命宰相寇準重加檢閱。準聞狀元有弊之謡，乃以他卷與之互易，尤孔遂落第。而芬擢大魁，授翰林院承旨。儀亦成進士，授荆州清軍同知。芬給假葬親，儀以孀姑托其照拂。尤孔下第，又失金，厠底埋金，又變石塊，漸至貧窮。乃以産售芬，童僕亦皆投芬。芬見金光起厠中，問之尤孔舊僕，言昔日埋金事。啓視，皆金磚，乃以其一贈儀孀姑，常往周恤，以其一濟貧者。時，東方氏猶踞山寨，儀奉命往討。檀梅知即東方之夫，嘿而不言，與戰，儀兵敗，告急於朝。丁謂銜寇準拔芬，遂薦芬討賊。芬往楚，會儀同剿，皆被困，三軍大飢。檀梅乃饋以羊酒，約芬射書招安，乃偕東方氏解甲納款，班師奏捷。東方氏賜婚秦儀，詢之，即原聘妻也。檀梅賜芬爲婚。芬念尤孔貧，且爲僚婿，乃以所得金還之，割宅分居。尤孔遂力行善事，卒成進士。

著録

清·佚名《傳奇彙考標目》卷下 本朝，無名氏：《錦香亭》、《劉盼盼》、《陳光蕊》、《賈雲華》、《鄭孔目》、《林招得》、《陳巡檢》、《十二紅》、《瓊花女》、《同庚會》、《章臺柳》、《風流亭》、《翡翠園》、《一夜閙》、《鴛鴦燈》、《琵琶怨》、《韓玉箏》、《風流合》、《長生樂》、《小春秋》、《慶龍歸》、《通天犀》、《文武闈》、《月華圓》、《滿床笏》、《慶有餘》、《金魚佩》、《博浪沙》、《霄光劍》、《雄晶劍》、《旌陽劍》、《錦蒲團》、《狀元香》、《燕子樓》、《左飛龍》、《西川圖》、《鴛鴦笑》、《醉將軍》、《節義先》、《奪崑崙》、《續情燈》、《鐵弓緣》、《天下樂》、《義中尤》、《石榴花》、《出師表》、《丹晶墜》、《海潮音》、《道情緣》、《櫻桃詩》、《順天時》、《鷹揚會》、《于門譜》、《金鈿盒》、《賣花聲》、《續春秋》、《珊瑚柳》、《銅雀台》、《綉佛閣》、《喜聯登》、《鴛鴦縧》、《碧玉串》、《薄情種》、《尺素書》、《合薇鏡》、《白玉蟾》、《翻千金》、《昇平樂》、《凡仙禄》、《精忠旂》、《寶林崗》、《天緣夢》、《芙蓉讖》、《東塔院》、《鬬鏤樹》、《飛熊兆》、《碧文犀》、《鬥寶蟾》、《文章用》、《再生緣》、《十奇緣》、《千忠録》、《天緣會》、《風月仙》、《千鍾粟》、《赤松遊》、《靈犀鏡》、《犀鏡緣》、《賺青衫》、《褒忠譜》、《天緣箭》、《曇花風》、《洪都賦》、《英雄譜》、《洞庭秋》、《漢宫春》、《梧桐雨》、《雪裏梅》、《摘纓會》、《高唐夢》、《扶龍位》、《寶粧亭》、《紅綉鞋》、《錦香囊》、《翫江樓》、《靈寶刀》、《馬嵬山》、《盤陀山》、《鐵冠圖》、《琉璃塔》、《錦上花》、《爛柯山》、《龍虎嘯》、《鬧花燈》、《楊枝露》、《歸元鏡》、《百寶箱》、《一捧花》、《五龍祚》、《二奇緣》、《五色蓮》、《五侯封》、《兩堅心》、《雙魁元》、《雙金環》、《八陣圖》、《十眉圖》、《杏花山》、《賣相思》、《綰春園》、《玉蜻蜓》。

清・黃文暘《曲海總目提要・國朝傳奇》 無名氏（上）《芙蓉樓》焦里堂《曲考》以爲雙溪鷹山作。《精忠旗》、《女狀元春桃記》、《妝盒記》太監黃錦保輔孝宗最有功，及登極，賜賚甚厚。世傳《陳琳妝盒記》，即其事也。《麒麟罽》、《鋼常記》、《鐵冠記》、《北孝烈》、《義貞記》、《四大癡》、《蝴蝶夢》、《鳳求凰》非李漁所作。《納履記》、《丹忠記》、《十義記》、《赤壁遊》、《魚水緣》、《藍橋驛》、《飲中仙》、《夢中緣》、《石榴記》、《化人遊》、《財神濟》、《雙翠園》、《翠翹記》、《續牡丹亭》、《慈悲願》、《千忠禄》、《雷峯塔》。以上原有姓名，失記，俟考。《典春衣》、《爛柯山》、《浮邱傲》、《落花風》、《埋輪亭》、《籌邊樓》《曲考》作王賓尹。《隋唐記》、《壽爲先》、《盤陀山》、《十錯記》《曲考》：即《滿床笏》，龔司寇門客所作。《後漁家樂》、《十美圖》、《鬧花燈》、《倭袍記》、《長生樂》以上俱鈔本。《大吉慶》、《杜陵花》、《陀羅尼》、《百福帶》、《兩情合》、《螭虎釧》、《情中岸》、《七才子》、《東塔院》、《一枝梅》、《三奇緣》、《百子圖》、《鴛鴦結》、《錦繡旗》、《黃鶴樓》、《倒銅旗》、《燕臺筑》、《上林春》、《瑶池宴》、《金蘭誼》、《逍遥樂》、《文星玥》、《錦衣歸》、《蟠桃會》、《合虎符》。以上詞曲佳，而姓名不可考。

又 無名氏（中）《人生樂》、《霄光劍》《曲考》作徐復祚作，即陽初子。《安天會》、《萬倍利》、《元寶湯》、《江天雪》、《沈香亭》、《花石綱》、《四平山》平，原本作屏。《翻浣紗》、《藍關曲》皆《耍孩兒》小調。一作《藍關道曲》。《平妖傳》、《西川圖》、《黎筐雪》、《續尋親》、《狀元香》、《昭君傳》、《風流格》、《紫金魚》、《贅人龍》、《報恩亭》、《平頂山》、《翻七國》、《玉燕釵》、《三異緣》、《鸞鳳釵》、《快活仙》、《八寶箱》、《補天記》、《祥麟見》、《珍珠塔》、《姊妹緣》、《奉仙緣》、《醉西湖》、《三鼎爵》、《英雄概》、《遍地錦》、《雙瑞記》、《梅花簪》、《玉杵記》、《後一捧雪》、《定天山》、《長生樂》、《南樓月》、《雄精劍》、《還帶記》、《山堂詞餘》。以上詞曲平，無姓名者，皆鈔本。

又 無名氏（下）《後西厢》、《飛熊兆》、《紫瓊瑶》、《賜繡旗》、《齊天樂》、《翡翠園》、《玉麟符》、《粉紅蘭》、《喜聯登》、《狀元旗》另一本，非薛既揚作。《雙和合》非朱良卿所作。《三笑姻緣》、《碧玉燕》、《九曲珠》、《四奇觀》、《後繡襦》、《折桂傳》、《飛熊鏡》、《白鶴圖》、《白羅衫》又一本，名同而記事各異，亦無作者姓名。《乾坤鏡》、《玉龍珮》亦名《還魂記》。《後珠球》、《好逑傳》、《四大慶》、《青蛇傳》、《四安山》、《天然福》、《摘星樓》、《雲合奇蹤》、《萬花樓》、《醉將軍》、《描金鳳》、《吉祥兆》、《續千金記》、《劉成美》、《青缸嘯》、《軟藍橋》、《天緣配》、《桃花寨》、《雙錯卺》、《沉香帶》、《鴛鴦幻》、《三世修》、《文章用》、《造化圖》、《祝家莊》、《綵樓記》與明人作另一本。《鳳鸞裳》、《陰功報》、《福鳳緣》、《觀星臺》、《督亢圖》、《征東傳》、《北海記》、《三俠劍》、《千秋鑑》、《千里駒》、《雙珠鳳》、《十大快》、《鸞釵記》、《禪真逸史》、《春富貴》、《翻天印》、《黃河陣》、《古城記》、《月華緣》、《五虎寨》、《五福傳》非古本。《昇平樂》、《賜錦袍》、《百花臺》、《爲善最樂》、《雙螭璧》、《遍地錦》、《雙姻緣》、《鬧金釵》、《三鼎甲》、《鴛鴦被》、《天貴圖》、《鋸鋼俠》、《一疋布》、《封神榜》、《滄浪亭》、《二龍山》、《天平山》、《河燈賺》、《玉麒麟》、《通天犀》、《碧玉串》、《鐵弓緣》、《二十四孝》、《千祥記》、《佐飛龍》、《順天時》、《混元盒》、《彩衣堂》、《珍珠旗》、《元都觀》、《金花記》、《金瓶梅》、《後岳傳》、《合歡慶》、《三鳳緣》、《合歡圖》、《太平錢》另一俗本，非李元玉所作。《鴛鴦孩》、《漁簡記》、《開口笑》。以上詞曲庸劣，而無姓名者，亦半鈔本。清嘯生《喜逢春》海來道人《鴛鴦絛》三吴居士《廣爰書》鷹山《易水歌》梁夸素錢唐女史。《相思硯》林亞清錢夫人。《芙蓉峽》無名氏《紫雲歌》左，葉廣平《納書楹曲譜》中，亦有前考所未備者，附存於末：喬孟符元人。《兩世因緣》王伯成元人。《天寶遺事》。

又 缺名：《單刀會》、《唐三藏》、《蘇武還朝》、《蓮花寶筏》、《珍珠衫》、《葛衣記》、《翠屏山》、《雍熙樂府》、《金不换》、《東窗事犯》、《俗西遊記》、《江天雪》、《五香毬》、《小妹子》、《僧尼相會》。

清・梁廷枏《曲話》卷一　其餘無名氏可考，亦無別寓他名，而其曲仍行於世者，以雜劇言，【略】國朝有《勘鬼獄》、《瑶池會》、《翠微亭》、《補天夢》、《可破夢》、《王維》、《裴航》、《飲中八仙》、《杜牧》。以傳奇言，國朝有《精忠旗》、《麒麟罽》、《綱常記》、《芝龕記》、《鐵面圖》、《北孝烈》、《義貞記》、《四大癡》、《蝴蝶夢》、《鳳求凰》、《納履記》、《丹忠記》、《十義記》、《赤壁游》、《魚水緣》、《藍橋驛》、《飲中仙》、《夢中緣》、《石榴記》、《化人游》、《財神濟》、《雙翠圓》、《翠翹記》、《續牡丹亭》、《慈悲願》、《芙容樓》、《千忠禄》、《雷峯塔》、《典春衣》、《爛柯山》、《浮邱傲》、《落花風》、《埋輪亭》、《籌邊樓》、《隋唐》、《壽爲先》、《盤陀山》、《十錯記》、《後漁家樂》、《十美圖》、《鬧花燈》、《倭袍》、《長生樂》、《大吉慶》、《杜陵花》、《清風寨》、《陀羅尼》、《百福帶》、《兩情合》、《螭虎釧》、《情中岸》、《七才子》、《東塔院》、《一枝梅》、《三奇緣》、《百子圖》、《鴛鴦結》、《錦繡旗》、《黄鶴樓》、《倒銅旗》、《燕臺筑》、《上林春》、《瑶池宴》、《金蘭誼》、《逍遥樂》、《文星刼》、《錦衣歸》、《合虎符》、《蟠桃會》、《長生樂》、《安天會》、《萬倍利》、《元寶湯》、《江天雪》、《沉香亭》、《花石綱》、《四屏山》、《翻浣紗》、《平妖傳》、《西川圖》、《黎匡雪》、《續尋親》、《狀元香》、《昭君傳》、《風流烙》、《紫金魚》、《贅人龍》、《報恩亭》、《平頂山》、《翻七國》、《玉燕釵》、《三異緣》、《歲寒松》、《鸞鳳釵》、《快活仙》、《八寶箱》、《補天記》、《祥麟現》、《珍珠塔》、《姊妹緣》、《奉仙緣》、《醉西湖》、《三鼎爵》、《英雄概》、《遍地錦》、《雙瑞記》、《梅花簪》、《玉杵記》、《後一捧雪》、《定天山》、《南樓月》、《山堂詞餘》、《雄精劍》、《還帶記》、《後西厢》、《飛熊兆》、《紫瓊瑶》、《賜繡旗》、《齊天樂》、《翡翠園》、《玉麟符》、《粉紅闌》、《喜聯登》、《狀元旗》、《雙和合》、《三笑姻緣》、《碧玉燕》、《九曲珠》、《四奇觀》、《後繡襦》、《折桂傳》、《飛熊鏡》、《白鶴圖》、《白羅衫》、《乾坤鏡》、《還魂記》、《後珠球》、《好逑傳》、《四大慶》、《青蛇傳》、《四安山》、《天然福》、《摘星樓》、《雲合奇踪》、《萬花樓》、《醉將軍》、《描金鳳》、《吉祥兆》、《續千金》、《劉成美》、《青缸嘯》、《軟藍橋》、《天緣配》、《桃花寨》、《雙錯巹》、《沉香帶》、《鴛鴦幻》、《三世修》、《文章用》、《造化圖》、《祝家莊》、《綵樓記》、《鳳鸞裳》、《陰功報》、《福鳳緣》、《觀星臺》、《督亢圖》、《征東傳》、《北海記》、《三俠劍》、《千秋鑑》、《千里駒》、《雙珠鳳》、《十大快》、《鸞釵記》、《禪真逸史》、《春富貴》、《翻天印》、《黄河陣》、《古城記》、《月華緣》、《五虎寨》、《五福傳》、《昇平樂》、《賜錦袍》、《百花臺》、《爲善最樂》、《雙螭璧》、《遍地錦》、《雙姻緣》、《鬧金釵》、《三鼎甲》、《鴛鴦被》、《天貴圖》、《錕鋼俠》、《一疋布》、《封神榜》、《滄浪亭》、《二龍山》、《天平山》、《河燈賺》、《玉麒麟》、《通天犀》、《碧玉串》、《錢弓鞋》、《未央天》、《二十四孝》、《千祥》、《佐龍飛》、《順天時》、《混元盒》、《彩衣堂》、《珍珠旗》、《元都觀》、《金花記》、《金瓶梅》、《後嶽傳》、《合歡慶》、《三鳳緣》、《太平錢》、《合歡圖》、《鴛鴦孩》、《開口笑》。

清・支豐宜《曲目新編・著録八・國朝傳奇》　《西川圖》、《黎筐雪》、《續尋親》、《狀元香》、《昭君傳》、《風流烙》、《紫金魚》、《贅人龍》、《報恩亭》、《平頂山》、《翻七國》、《玉燕釵》、《三異緣》、《歲寒松》、《鸞鳳釵》、《快活仙》、《八寶箱》、《補天記》、《祥麟見》、《珍珠塔》、《姊妹緣》、《奉仙緣》、《醉西湖》、《三鼎爵》、《英雄概》、《遍地錦》、《雙瑞記》、《梅花簪》、《玉杵記》、《後一捧雪》、《定天山》、《長生樂》、《南樓月》、《山堂詞餘》、《雄精劍》、《還帶記》。右三十七種詞曲平，無姓名者，皆抄本。《雙和合》、《三笑姻緣》、《碧玉燕》、《九曲珠》、《四奇觀》、《後繡襦》、《折桂傳》、《飛熊鏡》、《白鶴圖》、《白羅衫》、《乾坤鏡》、《還魂記》一名《玉龍珮》。《後珠球》、《好逑傳》、《四大慶》、《青蛇傳》、《四安山》、《天然福》、《摘星樓》、《雲合奇踪》、《萬花樓》、《醉將軍》、《描金鳳》、《吉祥兆》、《續千金》、《劉成美》、《青缸嘯》、《軟藍橋》、《天緣配》、《桃花賽》、《雙錯巹》、《沈香帶》、《鴛鴦幻》、《三世修》、《文章用》、《造化圖》、《祝家莊》、《綵樓記》、《鳳鸞裳》、《陰功報》、《福鳳緣》、《觀星臺》、《督亢圖》、《征東傳》、《北海記》、《三俠劍》、《千秋鑑》、《千里駒》、《雙珠鳳》、《十大快》、《鸞釵記》、《禪真逸史》、《春富貴》、《翻天印》、《黄河陣》、《古城記》、《月華緣》、《五虎寨》、《五福傳》非古本。《昇平樂》、《賜錦袍》、《百花臺》、《爲善最樂》、《雙螭璧》、《遍地錦》、《雙姻緣》、《鬧金釵》、《三鼎甲》、《鴛鴦被》、《天貴圖》、《錕鋼俠》、《一疋布》、《封神榜》、《滄浪亭》、《二龍山》、《天平山》、《河燈賺》、《玉麒麟》、《通天犀》、《碧玉串》、《鐵弓緣》、《未央天》、《二十四孝》、《千祥記》、《佐龍飛》、《順天時》、《混元盒》、《彩衣堂》、《珍珠旗》、《元都觀》、《金花記》、《金瓶梅》、《後岳傳》、《合歡慶》、《三鳳緣》、《太平錢》另一俗本，非李元玉作。《合歡圖》、《珍珠旗》、《元都觀》、《鴛鴦孩》、《開口笑》。右九十九種，詞曲劣,無姓名者。皆鈔本。

清・姚燮《今樂考證・著録十・國朝院本》　焦氏曲考所載無名氏若干種《綱常記》、《鐵面圖》、《義貞記》、《四大癡》、《蝴蝶夢》、《鳳求皇》、《納履記》、《丹忠記》、《十義記》、《赤壁游》、《財神濟》、《雙翠圓》、《翠翹記》、《慈悲願》、《大容樓》或云雙溪鷹山作。《千鍾禄》一名《千忠戮》。《雷峯塔》按此本有岫雲詞逸改本。《曲春衣》、《爛柯山》、《浮邱傲》、《落花風》、《埋輪亭》、《隋唐》、《壽爲先》、《盤陀山》、《後漁家樂》、《十美圖》、《鬧花燈》、《倭袍》、《長生樂》、《大吉慶》、《杜陵花》、《清風寨》、《陀羅尼》、《百福帶》、《兩情合》、《螭虎釧》、《情中岸》、《七才子》即《七子圓》。《東塔院》、《一枝梅》、《三奇緣》一名《桃花茂》,一名《奇緣配》。《百子圖》、《鴛鴦結》、《錦繡旗》、《黄鶴樓》、《倒銅旗》、《燕臺筑》、《上林春》、《瑶池燕》、《金蘭誼》、《逍遥樂》、《文星刼》、《合虎符》、《蟠桃會》。《曲考》云:右自《大吉慶》以下,詞曲佳。《人生樂》、《安天會》、《元寶湯》、《江天雪》、《沈香亭》、《花石綱》、《四屏山》、《翻浣紗》、《西川圖》、《黎筐雪》、《續尋親》、《狀元香》、《昭君傳》、《風流烙》、《紫金魚》、《報恩亭》、《平頂山》、《翻七國》、《玉燕釵》、《三異緣》、《歲寒松》、《鸞鳳釵》、《快活仙》、《祥麟兒》、《珍珠塔》、《姊妹緣》、《奉仙緣》、《醉西湖》、《三鼎爵》、《遍地錦》、《雙瑞記》、《玉杵記》、《定天山》、《南樓月》、《雄精劍》、《還帶記》。右自《西川圖》以下,《曲考》云詞曲平,皆抄本。並附入《山堂詞餘》一種,誤。《山堂詞餘》乃套曲,非院本也。《雙和合》、《三笑姻緣》、《碧玉燕》、《九曲珠》、《四奇觀》、《後繡襦》、《折桂傳》、《飛熊鏡》、《白鶴圖》、《白羅衫》、《乾坤鏡》、《還魂記》一名《玉龍珮》。《後珠球》、《好逑傳》、《四大慶》、《青蛇傳》、《四安山》、《天然福》、《摘星樓》、《雲合奇蹤》、《萬花樓》、《醉將軍》、《描金鳳》、《吉祥兆》、《劉成美》、《續千金》、《青缸嘯》、《軟藍橋》、《天緣配》、《桃花寨》、《沈香帶》、《三世修》、《文章用》、《造化圖》、《祝家莊》、《綵樓記》非古《破窰》本。《鳳鸞裳》、《陰功報》、《福鳳緣》、《觀星臺》、《督亢圖》、《征東傳》、《北海記》、《三俠劍》、《千秋鑑》、《千里駒》即《二奇緣》改本。《雙珠鳳》、《十大快》與郎潛長作異。《翻天印》、《黄河陣》、《古城記》非古本,並異田九峯作。《月華緣》一名《齊天福》。《五虎寨》、《五福傳》非古本。《昇平樂》、《賜錦袍》、《百花臺》、《爲善最樂》、《雙螭璧》、《遍地錦》、《雙姻緣》、《鬧金釵》、《三鼎甲》、《天貴圖》、《錕鋼俠》、《一疋布》、《封神榜》、《滄浪亭》、《二龍山》、《天平山》、《河燈賺》、《玉麒麟》、《通天犀》、《碧玉串》、《銕弓緣》、《二十四孝》、《佐龍飛》、《順天時》、《混元盒》、《彩衣堂》、《珍珠旗》、《元都觀》、《金花記》、《金瓶梅》一云玉句斜客作。《後岳傳》、《合歡慶》、《三鳳緣》,太平錢俗本,非李元玉作。《合歡圖》、《鴛鴦孩》。曲考云:自《雙和合》以下,詞曲劣,無姓名可考者,皆抄本。案:右列諸本,至今花部多有演者。《笠閤評目》無名氏院本:《人天慶》、《齊天福》一云即《月華緣》,須删。《杏花山》、《趕山鞭》、《報珠緣》、《錦蒲團》一云即《金不换》。《玉堂春》、《錦上花》、《天然合》、《醋葫蘆》、《獸錦袍》、《美人計》、《古美人計》、《人中記》、《龍圖賺》、《情不斷》、《鬧虎邱》、《通仙枕》、《弓鞋記》、《易鞵記》、《海市現》、《財星現》、《葡萄架》、《大造化》、《虎狼緣》、《天降福》、《世外懽》、《秦州樂》、《成雙譜》、《樂安春》、《生平足》、《萬年希》、《鬧華州》、《臨濠喜》、《人難賽》、《三多全》、《翻琵琶》、《一片雲》、《一柱天》、《一藏金》、《雙玉人》、《續西樓》、《一篇錦》或云即抱影子《合家懽》。《五全記》托明楊升庵名。《七奇俠》、《百和香》、《稱人心》即《巧移花》。右曲與《曲考》複者不録。無名氏補:《銀餅牡丹》、《花神報》、《玉蜻蜓》、《琉璃塔》、《定心猿》、《鳳雛圓》、《三雋圖》、《龍圖案》、《天宫寶》、《接引庵》、《遇仙記》、《情中義》、《丹鳳忠》一名《朝陽鳳》,與《鳴鳳》同事異辭。《樊樹記》、《豹翎綱》、《雙榮貴》、《震山關》、《天上有》。

清・王國維《曲録》卷三　《蓬島瓊瑶》一本,《花木題名》一本右見《曲考》。《萬家春》一本,《萬古情》一本,《豆棚閒話》一本上三本名《三幻集》。《勘鬼獄》一本,《瑶池會》一本,《翠微亭》一本,《補天夢》一本,《可破夢》一本,《王維》一本,《裴航》一本,《杜牧》一本,《飲中八仙》一本上四本名《四才子》。右十二本均見《曲海》。目右十四種,國朝無名氏撰。

又　《精忠旗》一本,《麒麟罽》一本,《綱常記》一本,《鐵面圖》一本,《北孝烈》一本,《義貞記》一本,《蝴蝶夢》一本,《納履記》一本,《丹忠記》一本,《十義記》一本,《赤壁遊》一本,《魚水緣》一本,《藍橋驛》一本,《飲中仙》一本,《夢中緣》一本,《石榴記》一本,《化人遊》一本,《財神濟》一本,《雙翠圓》一本,《翠翹記》一本,《續牡丹亭》一本,《慈悲願》一本,《千忠禄》一本一作《千鍾禄》。《雷峰塔》一本《曲海目》云:右二十七種,原有姓名失記。案：《夢中緣》疑即張堅作也。《曲春衣》一本，《爛柯山》一本，《籌邊樓》一本，《隋唐》一本，《壽爲先》一本，《盤陀山》一本，《十錯記》一本《曲考》云：即《滿牀笏》。龔司寇門客作。《後漁家樂》一本，《十美圖》一本，《鬧花燈》一本，《倭袍記》一本，《長生樂》一本，《大吉慶》一本，《杜陵花》一本，《清風寨》一本，《陀羅尼》一本，《百福帶》一本，《兩情合》一本，《螭虎釧》一本，《情中岸》一本，《七才子》一本，《東塔院》一本，《一枝梅》一本，《三奇緣》一本，《百子圖》一本，《鴛鴦結》一本，《錦繡旗》一本，《黄鶴樓》一本，《倒銅旗》一本，《燕臺筑》一本，《上林春》一本，《瑶池宴》一本，《金蘭誼》一本，《逍遥樂》一本，《文星刼》一本，《錦衣歸》一本，《合虎符》一本，《蟠桃會》一本，《人生樂》一本，《安天會》一本，《萬倍利》一本，《元寶湯》一本，《江天雪》一本，《沈香亭》一本，《花石綱》一本，《四屏山》一本，《翻浣紗》一本，《藍關道曲》一本皆（耍孩兒）小調。《平妖傳》一本，《西川圖》一本，《黎筐雪》一本，《續尋親一本，《狀元香》一本，《昭君傳》一本，《風流烙》一本，《紫金魚》一本，《贅人龍》一本，《報恩亭》一本，《平頂山》一本，《翻七國》一本，《玉燕釵》一本，《三異緣》一本，《歲寒松》一本，《鸞鳳釵》一本，《快活仙》一本，《八寶箱》一本，《補天記》一本，《珍珠塔》一本，《姊妹緣》一本，《奉仙緣》一本，《醉西湖》一本，《三鼎爵》一本，《英雄概》一本，《雙瑞記》一本，《玉杵記》一本，《後一捧雪》一本，《定天山》一本《長生樂》一本，《南樓月》一本，《山堂詞餘》一本，《雄精劍》一本，《還帶記》一本，《後西廂》一本，《飛熊兆》一本，《賜繡旗》一本，《齊天樂》一本，《玉麟符》一本，《粉紅蘭》一本，《喜聯登》一本，《狀元旗》一本另一本，非薛旦撰。《雙和合》一本非朱佐朝撰。《三笑姻緣》一本，《碧玉燕》一本，《九曲珠》一本，《後繡襦》一本，《折桂傳》一本，《飛熊鏡》一本，《白鶴圖》一本，《白羅衫》一本，《乾坤鏡》一本，《還魂記》一本一名《玉龍佩》。《後珠毬》一本，《好逑傳》一本，《四大慶》一本，《青蛇傳》一本，《四安山》一本，《摘星樓》一本，《雲合奇踪》一本，《萬花樓》一本，《醉將軍一本，《描金鳳》一本，《吉祥兆》一本，《續千金》一本，《劉成美》一本，《天緣配》一本，《桃花寨》一本，《沈香帶》一本，《鴛鴦幻》一本，《三世修》一本，《文章用》一本，《造化圖》一本，《祝家莊》一本，《綵樓記》一本，《鳳鸞裳》一本，《陰功報》一本，《福鳳緣》一本，《觀星臺》一本，《督亢圖》一本，《征東傳》一本，《北海記》一本，《三俠劍》一本，《千秋鑑》一本，《千里駒》一本，《雙珠鳳》一本，《十大快》一本，《鸞釵記》一本，《禪真逸史》一本，《春富貴》一本，《翻天印》一本，《黄河陣》一本，《古城記》一本，《月華緣》一本，《五虎寨》一本，《五福傳》一本非古本。《賜錦袍》一本，《百花臺》一本，《爲善最樂》一本，《遍地錦》一本又一本。《雙姻緣》一本，《鬧金釵》一本，《三鼎甲》一本，《鴛鴦被》一本，《天貴圖》一本，《鋸鋼俠》一本，《一匹布》一本，《封神榜》一本，《滄浪亭》一本，《二龍山》一本，《天平山》一本，《河燈賺》一本，《玉麒麟》一本，《通天犀》一本，《碧玉串》一本，《鐵弓緣》一本，《未央天》一本，《二十四孝》一本，《千祥記》一本，《佐龍飛》一本，《順天時》一本，《彩衣堂》一本，《珍珠旗》一本，《元都觀》一本，《金花記》一本，《後岳傳》一本，《合歡慶》一本，《三鳳緣》一本，《太平錢》一本另一俗本，非李玉撰。《合歡圖》一本，《鴛鴦孩》一本，《開口笑》一本右二百零六本均見黄文暘《曲海目》，皆注無名氏可考。其中名目有與上文複出者，曲海目兩載之，必有二本也。《十二紅》一本《風月亭》一本，《慶龍歸》一本，《文武圍》一本，《月華圓》一本，《慶有餘》一本，《雄晶劍》一本，《旌陽劍》一本，《錦蒲團》一本，《狀元香》一本，《鴛鴦笑》一本，《再生緣》一本，《十奇緣》一本，《天緣會》一本，《風月仙》一本，《千鍾粟》一本，《赤松遊》一本，《犀鏡緣》一本，《賺青衫》一本，《褒忠譜》一本，《天緣箭》一本，《曇花鳳》一本，《洪都賦》一本，《洞庭秋》一本，《雪裏梅》一本，《摘纓會》一本，《高唐夢》一本，《扶龍位》一本，《紅繡鞋》一本，《馬嵬坡》一本，《盤蛇山》一本疑即《曲海目》之《盤陀山蛇陀》，必有一誤。《琉璃塔》一本，《錦上花》一本，《龍虎嘯》一本，《楊枝露》一本，《節義先》一本，《奪崑崙》一本，《續情燈》一本，《義中尤》一本，《石榴花》一本，《出師表》一本，《道情緣》一本，《櫻桃詩》一本，《鷹揚會》一本，《千門譜》一本，《金鈿盒》一本，《賣花聲》一本，《續春秋》一本，《珊瑚柳》一本，《銅雀臺》一本，《繡佛閣》一本，《鴛鴦絛》一本，《薄情種》一本，《尺素書》一本，《合薇鏡》一本，《白玉蟾》一本，《翻千金》一本，《凡仙禄》一本，《寳林岡》一本，《天緣夢》一本，《芙蓉讖》一本，《鬭鏤樹》一本，《碧文犀》一本，《鬭寳蟾》一本，

《千秋節》一本，《三星照》一本，《片片錦》一本，《忠義堂》一本，《江南春》一本，《三跨鳳》一本，《五龍祚》一本，《二奇緣》一本，《五色蓮》一本，《五侯封》一本，《兩堅心》一本，《雙魁元》一本，《雙金環》一本，《八陣圖》一本，《十眉圖》一本，《杏花山》一本，《玉蜻蜓》一本，《紫金鞍》一本，《照膽鏡》一本，《百鳳裙》一本，《射鹿記》一本，《赤壁記》一本，《百花記》一本，《三多記》一本一名《慶豐年》。《七紅寶釧記》一本，《八黑劍丹記》一本，《易鞋記》一本，《壽鄉記》一本，《雙熊夢》一本，《情生文》一本，《登樓記》一本右九十五本見《傳奇彙考》，均無作者名氏。《太平圖》一本，《崑崙索》一本，《一諾媒》一本，《没名花》一本，《雙蝴蝶》一本，《玩嬋娟》一本，《雙沓緣》一本，《綵衣歡》一本，《女媧氏》一本，《丹晶墜》一本，《夢天臺》一本，《虎口餘生》一本，《羅惜惜》一本，《織錦回文》一本，《聚英雄》一本，《何推官》一本，《忠孝録》一本，《英雄譜》一本，《百鍊金》一本，《勸善記》一本，《摩勒傳》一本，《金串記》一本，《風流院》一本，《賽金蓮》一本，《犨皇圖》一本，《王妃仙》一本，《紫霞觴》一本，《全家慶》一本，《緑牡丹》一本，《雙玉人》一本，《木棉庵》一本，《紙扇記》一本，《晬盤記》一本，《磨水記》一本，《雙金榜》一本，《梅映蟾》一本，《忠良鑑》一本，《幻奇緣》一本，《磨塵鑑》一本，《廣寒法曲》一本，《柳永傳奇》一本右四十二本見莊親王《九宫大成南北詞宫譜》。《風流配》一本，《情緣記》一本，《全節記》一本，《耿文逺》一本，《蘇小卿》一本，《名花榜》一本，《檢書記》一本，《全德記》一本，《麒麟記》一本，《書中玉》一本，《玉馬緣》一本，《鬼法師》一本，《元永和》一本，《史洪肇》一本，《詩扇緣》一本，《減竈記》一本，《崔懷寶》一本，《胭脂記》一本，《洞庭紅》一本，《張金花》一本，《雙漸記》一本，《白紗記》一本，《雙福壽》一本，《李婉》一本，《鸞刀記》一本，《認氈笠》一本，《鬧烏江》一本，《萬壽圖》一本右二十八本見《南詞定律》，中有明人作在内。《玉連環》一本見劉獻廷《廣陽雜記》。《五香毬》一本見《揚州畫舫録》，云蘇州顧以恭與教師張仲芳同譜。蓋譜工尺，非其所作也。《風雲記》一本見《詞餘叢話》。《財星照》一本見傳鈔本。右三百七十一種，無名氏撰。

演習總部

體類部

俳優

題解

明·于慎行《穀山筆麈》卷一四《雜解》 《樂記》：獶雜子女。鄭注曰：獶，當爲優。孔穎達曰：獶雜，謂獼猴也。謂舞戲之時，狀如獼猴，間雜男子婦人無别也。倡優之優，當作獶字。

論說

《史記》卷二四《樂書》 今夫新樂，進俯退俯，姦聲以淫，溺而不止，及優侏儒，獶雜子女，不知父子。

漢·桓寬《鹽鐵論》卷七《崇禮第三七》 大夫曰：飾几杖，修樽俎，爲賓非爲主也。炫燿奇怪，所以陳四夷，非爲民也。夫家人有客，尚有倡優奇變之樂，而況縣官乎。

宋·郭茂倩《樂府詩集》卷五六《舞曲歌辭五》 一曰《侏儒導》，自古有之，蓋倡優戲也。《説文》曰：俳，戲也。《穀梁》曰：魯定公會齊侯于夾谷，罷會，齊人使優施舞於魯君之幕下。范甯云：優，俳。施，其名也。《樂記》：子夏對魏文侯問曰：新樂進俯退俯，俳優侏儒獶雜子女。王肅云：俳優，短人也。則其所從來亦遠矣。《南齊書·樂志》曰：《侏儒導》，舞人自歌之。古辭俳歌八曲，前一篇二十二句，今侏儒所歌，摘取之也。《古今樂録》曰：梁三朝樂第十六，設俳技，技兒以青布囊盛竹篋，貯兩踒子，負束寫地歌舞。小兒二人，提沓踒子頭，讀俳云：見俳不語言，俳嗡所俳作一起。四坐敬止。馬無懸蹄，牛無上齒。駱駝無角，奮迅兩耳。半拆薦博，四角恭時。《隋書·樂志》曰：魏、晉故事，有《侏儒導》引，隋文帝以非正典，罷之。俳不言不語，呼俳嗡所。俳適一起，狼率不止。生拔牛角，摩斷肩耳。馬無懸蹄，牛無上齒。駱駝無角，奮迅兩耳。

宋·高承《事物紀原》卷九 《列女傳》曰：夏桀既棄禮義，求倡優侏儒，而爲奇偉之戲。則優戲已見於夏后之末世。晉獻公時，有優施。魯定公會齊侯於夾谷，齊宫中之樂，有俳優戲於前。此蓋優戲之始也。

宋·洪邁《夷堅志》乙卷第四之《優伶箴戲》 俳優侏儒，固伎之最下且賤者，然亦能因戲語而箴諷時政，有合於古矇誦工諫之義，世目爲雜劇者是已。崇寧初，斥遠元祐忠賢，禁錮學術，凡偶涉其時所爲所行，無論大小，一切不得志。伶者對御爲戲，推一參軍作宰相據坐，宣揚朝政之美。一僧乞給公憑遊方，視其戒牒，則元祐三年者，立塗毀之，而加以冠巾。一道士失亡度牒，問其披戴時，亦元祐也，剥其羽衣，使爲民。一士人以元祐五年獲薦，當免舉，禮部不爲引用，來自言，即押送所屬屏斥，已而主管宅庫者附耳語曰：今日於左藏庫請得相公料錢一千貫，盡是元祐錢，合取鈞旨。其人俯首久之，曰：從後門搬入去。副者舉所持挺扶其背曰：你做到宰相，元來也衹好葉本作要。錢。是時至尊亦解顔。蔡京作相，弟卞爲元樞，卞乃王安石壻，尊崇婦翁，當孔廟釋奠時，躋于配享而封舒王。優人設孔子正坐，顔、孟與安石侍坐側。孔子命之坐，安石揖孟子居上，孟辭曰：天下達尊，爵居其一。軻僅蒙公爵，相公貴爲真王，何必謙光如此。遂揖顔子，顔曰：回也陋巷匹夫，平生無分毫事業，公爲名世真儒，位號有間，辭之過矣。安石遂處其上。夫子不能安席，亦避位，安石皇懼拱手葉本多一云字。不敢，往復未決。子路在外，憤憤不能安，葉本作堪。徑趨從祀堂挽公冶長臂而出，公冶長爲窘迫之狀謝曰：長何罪。乃責數之曰：汝全不救護丈人，看取别人家女壻。其意以譏卞也。時方議欲升安石於孟子之右，爲此而止。又嘗設三輩爲儒、道、釋，各稱誦其教。儒曰：吾之所學，仁義禮智信，曰五常。遂演暢其旨，皆採引經書，不涉媟語。次至道士，曰：吾之所學，金木水火土，曰五行。亦説大意。末至僧，僧抵掌曰：二子腐生常談，不足聽。吾之所學，生老病死苦，曰五化。藏經淵奧，非汝等所得聞，當以現世佛菩薩法理之妙爲汝陳之。盍以次問我。曰：敢問生。曰：内自太學辟雍，外至下州偏縣，凡秀才讀書，盡爲三舍生。華屋美饌，月書季考，三歲大比，脱白掛緑，上可以爲卿相。國家之於生也如此。曰：敢問老。

曰：老而孤獨貧困，必淪溝壑。今所在立孤老院，養之終身。國家之於老也如此。曰：敢問病。曰：不幸而有病，家貧不能拯療，于是有安濟坊，使之存處，差醫付藥，責以十全之效。其於病也如此。曰：敢問死。曰：死者人所不免，唯窮民無所歸，則擇空隙地爲漏澤園，無以殮，則與之棺，使得葬埋，春秋享祀，恩及泉壤。其於死也如此。曰：敢問苦。其人瞑目不應，陽若惻悚然。促之再三，方（葉本作乃）。蹙額答曰：祇是百姓一般受無量苦。徽宗爲惻然長思，弗以爲罪。紹興中，李椿年行經界量田法，方事之初，郡邑奉命嚴急，當其職者頗困苦之。優者爲先聖、先師鼎足而坐，有弟子從末席起，咨叩所疑。孟子奮曰：仁政必自經界始。吾下世千五百年，其言乃爲聖世所施用。三千之徒，皆不如我。顔子默默無語。或於傍笑曰：使汝在世非（上三字明鈔本作不是）。短命而死，也須做出一場害人事。時秦主李議，（葉本作時秦檜主張李議）。聞者畏獲罪，不待此段之畢，即以謗褻聖賢，叱執送獄，明日杖而逐出境。壬戌省試，秦檜之子熺、姪昌時、昌齡皆奏名，公議籍籍而無敢輒語。至乙丑春首，優者即戲場設爲士子赴南宮，相與推論知舉官爲誰，或指侍從某尚書某侍郎當主文柄，優長曰：非也，（上二句葉本作優長者非之曰）。今年必差彭越。問者曰：朝廷之上，不聞有此官員。曰：漢梁王也。曰：彼是古人，死已千年，如何來得。曰：前舉是楚王韓信，信、越一等人，所以知今爲彭王。問者嗤其妄，且扣厥指，笑曰：若不是韓信，如何取得他三秦。四座不敢領略，一閧而出。秦亦不敢明行譴罰云。

元·楊維楨《東維子文集》卷一一　侏儒奇偉之戲，出於古亡國之君。春秋之世，陵轢大諸侯。後代離析文義，至侮聖人之言爲劇，蓋在誅絶之法。而太史公爲滑稽者作傳，取其譚言微中，則感世道者深矣。錢塘王曄集歷代之優辭有關於世道者，自楚國優孟而下，至金人玳瑁頭，凡若干條。太史公之旨，其有概於中者乎。予聞仲尼論諫之義有五：始曰譎諫，終曰諷諫，且曰：吾從者諷乎。蓋一諷之效，從容一言之中，而龍逢、比干不獲稱良臣者之所不及也。觀優之寓於諷者，如漆城、瓦衣、雨税之類，皆一言之微，有回天倒日之力，而勿煩乎牽裾、伏蒲之勃也。則優戲之伎，雖在誅絶，而優諫之功，豈可少乎。他如安金藏之剖腸，申漸高之飲鴆，敬新磨之勉戮疲令，楊花之飛易亂主於治，君子之論，且有謂臺官不如伶官。至其錫教及於獮猴、解愁具死也，足以愧北面二君者，則憂世君子不能不唶唶於此矣。故吾於曄之編爲叙之如此，使覽者不徒爲軒渠一噱之助，則知曄之感，太史氏之感也歟。

又　百戲有魚龍、角觝、高絙、鳳皇、都盧、尋幢、戲車、走丸、吞刀、吐火、扛鼎、象人、怪獸、舍利、潑寒、蘇木等伎，而皆不如俳優、侏儒之戲或有關於諷諫，而非徒爲一時耳目之玩也。

明·羅鶴《應庵隨録》　古之優人，於御前嘲笑，不但不避貴戚大臣，雖天子后妃亦無所諱，如唐中宗時内宴唱《回波詞》是也。

清·焦循《劇説》卷一　楊用修云：《漢郊社志》優人爲假飾伎女，蓋後世裝旦之始也，然未必如後世雜劇、戲文之爲，緣其時郊祀皆奏樂章，未有歌曲耳。

紀事

《春秋左氏傳·襄公五年》　陳氏、鮑氏之圉人爲優。慶氏之馬善驚，士皆釋甲束馬而飲酒，且觀優，至于魚里。

又《左傳·哀公二十五年》　公使優狡盟拳彌。（優狡，俳優也。拳彌，衛大夫。使俳優盟之，欲恥辱也。）

《國語》卷六《齊語》　比至，三釁、三浴之。桓公親逆之于郊，而與之坐而問焉，曰：昔吾先君襄公築臺以爲高位，田、狩、畢、弋，不聽國政，卑聖侮士，而唯女是崇。九妃、六嬪，陳妾數百，食必粱肉，衣必文繡。戎士凍餒，戎車待遊車之裹，戎士待陳妾之餘。優笑在前，賢材在後。是以國家不日引，不月長恐宗廟之不掃除，社稷之不血食，敢問爲此若何。

又《鄭語》　侏儒戚施，實御在側，近頑童也。

《穀梁傳》卷一九《定公十年》　罷會，齊人使優施舞於魯君之幕下。（優俳施，其名也。幕帳欲嗤笑魯君。）孔子曰：笑君者罪當死。使司馬行法焉。

三國魏·王肅《孔子家語》卷一《相魯》　有頃，齊奏宫中之樂，俳優侏儒戲於前。孔子趨進，歷階而上，不盡一等，曰：匹夫熒侮諸侯者，罪應誅，請右司馬速刑焉。於是斬侏儒，手足異處，齊侯懼，有慚色。

《史記》卷七九《范雎傳》　昭王臨朝歎息，應侯進曰：臣聞主憂臣辱，主辱臣死。今大王中朝而憂，臣敢請其罪。昭王曰：吾聞楚之鐵劍利而倡優拙。夫鐵劍利則士勇，倡優拙則思慮遠。夫以遠思慮而御勇士，吾恐楚之圖秦也。夫物不素具，不可以應卒，今武安君既死，而鄭安平等畔，內無良將而外多敵國，吾是以憂。欲以激勵應侯。應侯懼，不知所出。蔡澤聞之，往入秦也。

又卷八七《李斯列傳》 是時二世在甘泉，方作觳抵優俳之觀。

又卷一二六《滑稽列傳》 其後百餘年，楚有優孟。優孟，故楚之樂人也。長八尺，多辯，常以談笑諷諫。楚莊王之時，有所愛馬，衣以文繡，置之華屋之下，席以露牀，啗以棗脯。馬病肥死，使羣臣喪之，欲以棺槨大夫禮葬之。左右爭之，以爲不可。王下令曰：有敢以馬諫者，罪至死。優孟聞之，入殿門，仰天大哭。王驚而問其故。優孟曰：馬者王之所愛也，以楚國堂堂之大，何求不得，而以大夫禮葬之，薄，請以人君禮葬之。王曰：何如。對曰：臣請以彫玉爲棺，文梓爲椁，楩楓豫章爲題湊，發甲卒爲穿壙，老弱負土，齊趙陪位於前，韓魏翼衛其後，廟食太牢，奉以萬户之邑。諸侯聞之，皆知大王賤人而貴馬也。王曰：寡人之過一至此乎。爲之柰何。優孟曰：請爲大王六畜葬之。以壠竈爲椁，銅歷爲棺，齎以薑棗，薦以木蘭，祭以糧稻，衣以火光，葬之於人腹腸。於是王乃使以馬屬太官，無令天下久聞也。楚相孫叔敖知其賢人也，善待之。病且死，屬其子曰：我死，汝必貧困。若往見優孟，言我孫叔敖之子也。居數年，其子窮困負薪，逢優孟，與言曰：我，孫叔敖子也。父且死時，屬我貧困往見優孟。優孟曰：若無遠有所之。即爲孫叔敖衣冠，抵掌談語。歲餘，像孫叔敖，楚王及左右不能别也。莊王置酒，優孟前爲壽。莊王大驚，以爲孫叔敖復生也，欲以爲相。優孟曰：請歸與婦計之，三日而爲相。莊王許之。三日後，優孟復來。王曰：婦言謂何。孟曰：婦言愼無爲，楚相不足爲也。如孫叔敖之爲楚相，盡忠爲廉以治楚，楚王得以霸。今死，其子無立錐之地，貧困負薪以自飲食。必如孫叔敖，不如自殺。因歌曰：山居耕田苦，難以得食。起而爲吏，身貪鄙者餘財，不顧恥辱。身死家室富，又恐受賕枉法，爲姦觸大罪，身死而家滅。貪吏安可爲也。念爲廉吏，奉法守職，竟死不敢爲非。廉吏安可爲也。楚相孫叔敖持廉至死，方今妻子窮困負薪而食，不足爲也。於是莊王謝優孟，乃召孫叔敖子，封之寢丘四百户，以奉其祀。後十世不絶。此知可以言時矣。其後二百餘年，秦有優旃。優旃者，秦倡侏儒也。善爲笑言，然合於大道。秦始皇時，置酒而天雨，陛楯者皆沾寒。優旃見而哀之，謂之曰：汝欲休乎。陛楯者皆曰：幸甚。優旃曰：我即呼汝，汝疾應曰諾。居有頃，殿上上壽呼萬歲。優旃臨檻大呼曰：陛楯郎。郎曰：諾。優旃曰：汝雖長，何益，幸雨立。我雖短也，幸休居。於是始皇使陛楯者得半相代。始皇□議欲大苑囿，東至函谷關，西至雍、陳倉。優旃曰：善。多縱禽獸於其中，寇從東方來，令麋鹿觸之足矣。始皇以故輟止。二世立，又欲漆其城。優旃曰：善。主上雖無言，臣固將請之。漆城雖於百姓愁費，然佳哉。漆城蕩蕩，寇來不能上。即欲就之，易爲漆耳，顧難爲蔭室。於是二世笑之，以其故止。居無何，二世殺死，優旃歸漢，數年而卒。太史公曰：淳于髡仰天大笑，齊威王横行。優孟摇頭而歌，負薪者以封。優旃臨檻疾呼，陛楯得以半更。豈不亦偉哉。褚先生曰：臣幸得以經術爲郎，而好讀外家傳語。竊不遜讓，復作故事滑稽之語六章，編之於左。可以覽觀揚意，以示後世好事者讀之，以游心駭耳，以附益上方太史公之三章。武帝時有所幸倡郭舍人者，發言陳辭雖不合大道，然令人主和説。武帝少時，東武侯母常養帝，帝壯時，號之曰大乳母。率一月再朝。朝奏入，有詔使幸臣馬游卿以帛五十匹賜乳母，又奉飲糒飧養乳母。乳母上書曰：某所有公田，願得假倩之。帝曰：乳母欲得之乎。以賜乳母。乳母所言，未嘗不聽。有詔得令乳母乘車行馳道中。當此之時，公卿大臣皆敬重乳母。乳母家子孫奴從者横暴長安中，當道掣頓人車馬，奪人衣服。聞於中，不忍致之法。有司請徙乳母家室，處之於邊。奏可。乳母當入至前，面見辭。乳母先見郭舍人，爲下泣。舍人曰：即入見辭去，疾步數還顧。乳母如其言，謝去，疾步數還顧。郭舍人疾言罵之曰：咄。老女子。何不疾行。陛下已壯矣，寧尚須汝乳而活邪。尚何還顧。於是人主憐焉悲之，乃下詔止無徙乳母，罰謫譖之者。

《漢書》卷二二《禮樂志》 是時，鄭聲尤甚黄門名倡丙彊、景武之屬富顯於世，貴戚五侯定陵、富平外戚之家淫侈過度，至與人主争女樂。哀帝自爲定陶王時疾之，又性不好音，及即位，下詔曰：惟世俗奢泰文巧，而鄭衛之聲興。夫奢泰則下不孫而國貧，文巧則趨末背本者衆，鄭衛之聲興則淫辟之化流，而欲黎庶敦樸家給，猶濁其源而求其清流，豈不難哉。孔子不云乎。放鄭聲，鄭聲淫。其罷樂府官。郊祭樂及古兵法武樂，在經非鄭衛之樂者，條奏，別屬他官。丞相孔光、大司空何武奏：郊祭樂人員六十二人，給祠南北郊。大樂鼓員六人，《嘉至》鼓員十人，邯鄲鼓員二人，騎吹鼓員三人，江南鼓員二人，淮南鼓員四人，巴俞鼓員三十六人，歌鼓員二十四人，楚嚴鼓員一人，梁皇鼓員四人，臨淮鼓員三十五人，茲邡鼓員三人，凡鼓十二，員百二十八人，朝賀置酒陳殿下，應古兵法。外郊祭員十三人，諸族樂人兼《雲招》給祠南郊用六十七人，兼給事雅樂用四人，夜誦員五人，剛、別柎員二人，給《盛德》主調篪員二人，聽工以律知日冬夏至一人，鍾工、磬工、簫工員各一人，僕射二人主領諸樂人，皆不可罷。竽工員三人，一人可罷。琴工員五人，三人可罷。柱工員二人，一人可罷。繩弦工員六人，四人可罷。鄭四會員六十二人，一人給事雅樂，六十一人可罷。張瑟員八人，七人可罷。安世樂鼓員二十人，十九人可罷。沛吹鼓員十二人，族歌鼓員二十七人，陳吹鼓員十三人，商樂鼓員十四人，東海鼓員十六人，長樂鼓員十三人，縵樂鼓員十三人，凡鼓八，員百二十八人，朝賀置酒，陳前殿房中，不應經法。治竽員五人，楚鼓員六人，常從倡三十人，常從象人四人，詔隨常從倡十六人，秦倡員二十九人，秦倡象人員三人，詔隨秦倡一人，雅大人員九人，朝賀置酒爲樂。楚四會員十七人，巴四會員十二人，銚四會員十二人，齊四會員十九人，蔡謳員三人，齊謳員六人，竽瑟鍾磬員五人，皆鄭聲，可罷。師學百四十二人，其七十二人給大官挏馬酒，其七十人可罷。大凡八百二十九人，其三百八十八人不可罷，可領屬大樂，其四百四十一人不應經法，或鄭衛之聲，皆可罷。奏可。然百姓漸漬日久，又不制雅樂有以相變，豪富吏民湛沔自若，陵夷壞于王莽。

又卷五二《灌夫傳》 嬰東朝，盛推夫善，言其醉飽得過，乃丞相以它事誣罪之。蚡盛毀夫所爲橫恣，罪逆不道。嬰度無可奈何，因言蚡短。蚡曰：天下幸而安樂無事，蚡得爲胏（肺）附，所好音樂狗馬田宅，所愛倡優巧匠之屬，不如魏其、灌夫日夜招聚天下豪桀壯士與論議，腹誹而心謗，卬視天，俛畫地，辟睨兩宮間，幸天下有變，而欲有大功。臣乃不如魏其等所爲。

又卷五三《廣川惠王劉越傳》 後數月，下詔曰：廣川惠王於朕爲兄，朕不忍絶其宗廟，其以惠王孫去爲廣川王。去即繆王齊太子也，師受易、論語、孝經皆通，好文辭、方技、博弈、倡優。

又 後去數置酒，令倡俳羸戲坐中以爲樂。相彊劾繫倡，闌入殿門，奏狀。事下考案，倡辭，本爲王教修靡夫人望卿弟都歌舞。使者召望卿、都，去對皆淫亂自殺。會赦不治。

又卷六五《東方朔傳》 久之，朔紿騶朱儒，曰：上以若曹無益於縣官，耕田力作固不及人，臨衆處官不能治民，從軍擊虜不任兵事，無益於國用，徒索衣食，今欲盡殺若曹。朱儒大恐，啼泣。朔教曰：上即過，叩頭請罪。居有頃，聞上過，朱儒皆號泣頓首。上問：何爲。對曰：東方朔言上欲盡誅臣等。上知朔多端，召問朔：何恐朱儒爲。對曰：臣朔生亦言，死亦言。朱儒長三尺餘，奉一囊粟，錢二百四十。臣朔長九尺餘，亦奉一囊粟，錢二百四十。朱儒飽欲死，臣朔飢欲死。臣言可用，幸異其禮；不可用，罷之，無令但索長安米。上大笑，因使待詔金馬門，稍得親近。

又卷六八《霍光傳》 自之符璽取節十六，朝暮臨，令從官更持節從。爲書曰皇帝問侍中君卿：使中御府令高昌奉黄金千斤，賜君卿取十妻。大行在前殿，發樂府樂器，引内昌邑樂人，擊鼓歌吹作俳倡。

又卷七二《貢禹傳》 陛下誠深念高祖之苦，醇法太宗之治，正己以先下，選賢以自輔，開進忠正，致誅姦臣，遠放諂佞，放出園陵之女，罷倡樂，絶鄭聲，去甲乙之帳，退僞薄之物，修節儉之化，驅天下之民皆歸於農，如此不解，則三王可侔，五帝可及。唯陛下留意省察，天下幸甚。

又卷八一《張禹傳》 禹成就弟子尤著者，淮陽彭宣至大司空，沛郡戴崇至少府九卿。宣爲人恭儉有法度，而崇愷弟多智，二人異行。禹心親愛崇，敬宣而疏之。崇每候禹，常責師宜置酒設樂與弟子相娱。禹將崇入後堂飲食，婦女相對，優人筦弦鏗鏘極樂，昏夜乃罷。而宣之來也，禹見之於便坐，講論經義，日晏賜食，不過一肉卮酒相對。宣未嘗得至後堂。及兩人皆聞知，各自得也。

又卷九八《元后傳》 自是公卿見鳳，側目而視，郡國守相刺史皆出其門。**又** 以侍中太僕音爲御史大夫，列于三公。而五侯羣弟，爭爲奢侈，賂遺珍寶，四面而至；後庭姬妾，各數十人，僮奴以千百數，羅鍾磬，舞鄭女，作倡優，狗馬馳逐。

《三國志》卷四《魏書·三少帝紀》 甲戌，太后令曰：皇帝芳春秋已

長，不親萬機，耽淫內寵，沈漫女德，日延倡優，縱其醜謔；迎六宮家人留止內房，毀人倫之叙，亂男女之節

《隋書》卷一三《音樂志》 煬帝矜奢，頗玩淫曲，御史大夫裴蘊，揣知帝情，奏括周、齊、梁、陳樂工子弟，及人間善聲調者，凡三百餘人，並付太樂。倡優獶雜，咸來萃止。其哀管新聲，淫弦巧奏，皆出鄴城之下，高齊之舊曲云。

唐·崔令欽《教坊記·序》 翌日詔曰：太常禮司，不宜典俳優雜伎。乃置教坊，分爲左右而隸焉。

《舊唐書》卷四《高宗本紀》 是日，皇后請禁天下婦人爲俳優之戲，詔從之。

又《音樂志》 散樂者，歷代有之，非部伍之聲，俳優歌舞雜奏。漢天子臨軒設樂，舍利獸從西方來，戲於殿前，激水成比目魚，跳躍嗽水，作霧翳日，化成黄龍，修八丈，出水遊戲，輝耀日光。繩繫兩柱，相去數丈，二倡女對舞繩上，切肩而不傾。

又 劉仁恭微時，曾夢佛旛於手指飛出，或占之曰：君年四十九，必有旌幢之貴。後如其説，果爲幽帥。自破太原軍於安塞城後，士兵精强，孩視鄰道。發管內丁壯，號三十萬，南取鄴中，圖袁、曹之霸。先下甘陵，無少長悉坑之。初治甘陵，城下有鵂鶹數頭，飛下幄帳內，逐之復來。仁恭惡之。竟爲魏軍、汴軍夾攻，大敗之，殺其名將單可及，仁恭單馬而遁。于時軍敗於內黄，爾後汴帥攻燕，亦敗於唐河。他日命使聘汴，汴帥開宴，俳優戲醫病人以譏之，且問病狀內黄以何藥可瘥。其聘使謂汴帥曰：內黄可以唐河水浸之必愈。賓主大笑，賞使乎之美也。

《新唐書》卷二二《禮樂志一二》 置內教坊於蓬萊宮側，居新聲、散樂、倡優之伎，有誚謔而賜金帛朱紫者，酸棗縣尉袁楚客上疏極諫。

又《劉瑑傳》 繇河南尹進宣武軍節度使。先時，大饗雜進倡舞，瑑曰：豈軍中樂邪。取壯士千人，被鎧擁矛盾，習擊刺，與吏士臨觀。又下令不何止夜行，使民自便，境內以安。徙河東節度使。

《新五代史》卷三七《伶官傳》 莊宗既好俳優，又知音，能度曲，至今汾、晉之俗，往往能歌其聲，謂之御製者皆是也。其小字亞子，當時人或謂之亞次。又別爲優名以自目，曰李天下。自其爲王，至於爲天子，常身與俳優雜戲于庭，伶人由此用事，遂至於亡。

皇后劉氏素微，其父劉叟，賣藥善卜，號劉山人。劉氏性悍，方與諸姬争寵，常自恥其世家，而特諱其事。莊宗乃爲劉叟衣服，自負蓍囊藥笈，使其子繼岌提破帽而隨之，造其卧內，曰：劉山人來省女。劉氏大怒，笞繼岌而逐之。宮中以爲笑樂。

其戰於胡柳也，嬖伶周匝爲梁人所得。其後滅梁入汴，周匝謁於馬前，莊宗得之喜甚，賜以金帛，勞其良苦。周匝對曰：身陷仇人，而得不死以生者，教坊使陳俊、內園栽接使儲德源之力也。願乞二州以報此兩人。莊宗皆許以爲刺史。郭崇韜諫曰：陛下所與共取天下者，皆英豪忠勇之士。今大功始就，封賞未及於一人，而先以伶人爲刺史，恐失天下心。不可。因格其命。踰年，而伶人屢以爲言，莊宗謂崇韜曰：吾已許周匝矣，使吾慚見此三人。公言雖正，然當爲我屈意行之。卒以俊爲景州刺史、德源爲憲州刺史。

莊宗好畋獵，獵于中牟，踐民田。中牟縣令當馬切諫，爲民請，莊宗怒，叱縣令去，將殺之。伶人敬新磨知其不可，乃率諸伶走追縣令，擒至馬前責之曰：汝爲縣令，獨不知吾天子好獵邪。奈何縱民稼穡以供税賦。何不饑汝縣民而空此地，以備吾天子之馳騁。汝罪當死。因前請亟行刑，諸伶共唱和之，莊宗大笑，縣令乃得免去。莊宗嘗與羣優戲于庭，四顧而呼曰：李天下，李天下何在。新磨遽前以手批其頰。莊宗失色，左右皆恐，羣伶亦大驚駭，共持新磨詰曰：汝奈何批天子頰。新磨對曰：李天下者，一人而已，復誰呼邪。於是左右皆笑，莊宗大喜，賜與新磨甚厚。新磨嘗奏事殿中，殿中多惡犬，新磨去，一犬起逐之，新磨倚柱而呼曰：陛下毋縱兒女嚙人。莊宗家世夷狄，夷狄之人諱狗，故新磨以此譏之。莊宗大怒，彎弓注矢將射之，新磨急呼曰：陛下無殺臣。臣與陛下爲一體，殺之不祥。莊宗大驚，問其故，對曰：陛下開國，改元同光，天下皆謂陛下同光帝。且同，銅也，若殺敬新磨，則同無光矣。莊宗大笑，乃釋之。

然時諸伶，獨新磨尤善俳，其語最著，而不聞其佗過惡。其敗政亂國者，有景進、史彥瓊、郭門高三人爲最。

是時，諸伶人出入宮掖，侮弄縉紳，羣臣憤嫉，莫敢出氣，或反相附託，以希恩倖，四方藩鎮，貨賂交行，而景進最居中用事。莊宗遣進等出訪民

間，事無大小皆以聞。每進奏事殿中，左右皆屏退，軍機國政皆與參決，三司使孔謙兄事之，呼爲八哥。莊宗初入洛，居唐故宮室，而嬪御未備。閹宦希旨，多言宮中夜見鬼物，相驚恐，莊宗問所以禳之者，因曰：故唐時，後宮萬人，今空宮多怪，當實以人乃息。莊宗欣然。其後幸鄴，乃遣進等採鄴美女千人，以充後宮。而進等緣以爲姦，軍士妻女因而逃逸者數千人。莊宗還洛，進載鄴女千人以從，道路相屬，男女無別。魏王繼岌已破蜀，劉皇后聽宦者讒言，遣繼岌賊殺郭崇韜。崇韜素嫉伶人，常裁抑之，伶人由此皆樂其死。皇弟存乂，崇韜之壻也，進讒於莊宗曰：存乂且反，爲婦翁報仇。乃囚而殺之。朱友謙，以梁河中降晉者，及莊宗入洛，伶人皆求賂於友謙，友謙不能給而辭焉。進乃讒友謙曰：崇韜且誅，友謙不自安，必反，宜並誅之。於是及其將五六人皆族滅之，天下不勝其冤。進，官至銀青光禄大夫、檢校左散騎常侍兼御史大夫，上柱國。

史彥瓊者，爲武德使，居鄴都，而魏博六州之政皆決彥瓊，自留守王正言而下，皆俛首承事之。是時，郭崇韜以無罪見殺于蜀，天下未知其死也，第見京師殺其諸子，因相傳曰：崇韜殺魏王繼岌而自王於蜀矣，以故族其家。鄴人聞之，方疑惑。已而，朱友謙又見殺。友謙子廷徽爲澶州刺史，有詔彥瓊使殺之，彥瓊祕其事，夜半馳出城。鄴人見彥瓊無故夜馳出，因驚傳曰：劉皇后怒崇韜之殺繼岌也，已弑帝而自立，急召彥瓊計事。鄴都大恐。貝州人有來鄴者，傳此語以歸。戍卒皇甫暉聞之，由此劫趙在禮作亂。在禮已至館陶，鄴都巡檢使孫鐸，見彥瓊求兵禦賊，彥瓊不肯與，曰：賊未至，至而給兵豈晚邪。已而賊至，彥瓊以兵登北門，聞賊呼聲，大恐，棄其兵而走，單騎歸于京師。在禮由是得入于鄴以成其叛亂者，由彥瓊啓而縱之也。

郭門高者，名從謙，門高其優名也。雖以優進，而嘗有軍功，故以爲從馬直指揮使。從馬直，蓋親軍也。從謙以姓郭，拜崇韜爲叔父，而皇弟存乂又以從謙爲養子。崇韜死，存乂見囚，從謙置酒軍中，憤然流涕，稱此二人之冤。是時，從馬直軍士王溫宿衛禁中，夜謀亂，事覺被誅。莊宗戲從謙曰：汝黨存乂、崇韜負我，又教王溫反。復欲何爲乎。從謙恐，退而激其軍士曰：罄爾之貲，食肉而飲酒，無爲後日計也。軍士問其故，從謙因曰：上以王溫故，俟破鄴，盡阬爾曹。軍士信之，皆欲爲亂。李嗣源兵反，嚮京師，莊宗東幸汴州，而嗣源先入。莊宗至萬勝，不得進而還，軍士離散，尚有二萬餘人。居數日，莊宗復東幸汜水，謀扼關以爲拒。四月丁亥朔，朝羣臣於中興殿，宰相對三刻罷。從駕黄甲馬軍陣於宣仁門、步軍陣於五鳳門以俟。莊宗入食内殿，從謙自營中露刃注矢，馳攻興教門，與黄甲軍相射。莊宗聞亂，率諸王衛士擊亂兵出門。亂兵縱火焚門，緣城而入，莊宗擊殺數十百人。亂兵從樓上射帝，帝傷重，踣于絳霄殿廊下，自皇后、諸王、左右皆奔走。至午時，帝崩，五坊人善友，聚樂器而焚之。嗣源入洛，得其骨，葬新安之雍陵。以從謙爲景州刺史，已而殺之。

《傳曰》：君以此始，必以此終。莊宗好伶，而弑於門高，焚以樂器。可不信哉。可不戒哉。

宋·岳珂《桯史》卷一〇《萬春伶語》　胡給事既新貢院，嗣歲庚子適大比，乃侈其事，命供帳考校者，悉倍前規。鵠袍入試，茗卒饋漿，公庖繼肉，坐案寬潔，執事恪敬，誾誾于于，以邑於文，士論大愜。會初場賦題出《孟子》，舜聞善若決江河，而以聞善而行沛然莫禦爲韻。士既就案矣，蜀俗敬長而尚先達，每在廣場，不廢請益焉。晡後，忽一老儒擿禮部韻示諸生，謂沛字惟十四泰有之，一爲顛沛，一爲沛邑，注無沛決之義，惟它有霈字，乃從雨爲可疑。衆曰：是。鬨然扣簾請。出題者偶假寐，有少年出酬之，漫不經意，亶云：禮部韻注義既非，增一雨頭無害也。揖而退，如言以登于卷，坐遠于簾者，或不聞知，乃仍用前字。

於是試者用霈沛各半。明日，將試《論語》，籍籍傳，凡用沛字者皆窘。復扣簾，出題者初不知昨夕之對，應曰：如字。廷中大諠，浸不可制，譟而入，曰：試官誤我三年利害不細。簾前閨木如拱，皆折，或入于房，執考校者一人毆之。考校者惶遽，急曰：有雨頭也得，無雨頭也得。或又咎其誤，曰：第二場更不敢也。蓋一時祈脱之辭。

移時稍定，試司申鼓譟場屋，胡以不稱于禮遇也，怒，物色爲首者，盡繫獄，韋布益不平。既拆號，例宴主司以勞還，畢三爵，優伶序進。有儒服立于前者一人，旁揖之，相與詫博洽，辨古今，岸然不相下。因各求挑試所誦，憶其一，問漢四百載，名宰相凡幾，儒服以蕭曹而下枚數之，無遺，羣優咸贊其能。乃曰：漢相吾言之矣，敢問唐三百載名將帥何人也。

旁揖者亦詘指英、衛，以及季葉，曰：張巡、許遠、田萬春。儒服奮起爭曰：巡、遠是也，萬春之姓雷，歷攷史諜，未有以雷爲田者。揖者不服，撑拒滕口，俄一緑衣參軍，自稱教授，前據几，二人敬質疑，曰：是故雷姓。揖者大詬，袒裼奮拳，教授遽作恐懼狀，曰：有雨頭也得，無雨頭也得。

坐中方失色，知其風己也。忽優有黄衣者，持令旗躍出稠人中，曰：制置大學給事臺旨，試官在坐，爾輩安得無禮。羣優亟斂容，趨下，喏曰：第二場更不敢也。俠㐌皆笑，席客大慙，明日遁去。遂釋繫者。胡意其爲郡士所使，録優而詰之，杖而出諸境，然其語盛傳迄今。

宋・周密《齊東野語》卷二〇《温公重望》 宣和間，徽宗與蔡攸輩在禁中自爲優戲，上作參軍趨出。攸戲上曰：陛下好箇神宗皇帝。上以杖鞭之云：你也好箇司馬丞相。是知公論在人心，有不容泯者如此。

《宋史》卷二三七《南唐李氏世家》 建隆元年，太祖受命，即遣使以書諭景。初，顯德中，江南將校相繼來降，周成等三十四人皆在京師，至是遣歸。三月，景遣使貢絹二萬匹、銀萬兩，賀登極。及澤、潞平，景又貢銀五千兩爲賀，七月還京，又貢金器五百兩、銀器三千兩、羅紈千匹、絹五千匹，又遣其禮部郎中龔慎儀貢乘輿服御物。每歲冬、正、端午、長春節皆以土産珍異、金銀器用、繒帛、片茶爲貢。每景及錢俶遣親屬入貢，皆御前殿曲宴以寵之。景生日，遣使賜以金幣及賜羊萬口、馬三百疋、橐駝三十，以爲常制。是年，親征李重進，駐蹕廣陵，遣其左僕射嚴續來犒師。俶遣其子蔣國公從鎰朝行在所，又遣其户部尚書馮延魯貢金買宴，並伶官五十人作樂上壽，又貢金銀器、金玉鞍勒、銀裝兵器及錢銀，綾絹，皆有加常數，太祖亦厚賜之。

明・鎦績《霏雪録》 宋高宗時，饔人瀹餛不熟，下大理寺。優人扮兩士人相貌，各問其年。一曰：甲子生。一曰：丙子生。優人曰：此二人皆合下大理。高宗問故，對曰：餜子、餅子皆生，與餛飩不熟者同罪耳。上大笑，赦原饔人。

明・王元徵《説圃識餘》卷二 一伶人作不識字官，稱：難做。吏曰：官不過判耳。每判日，當先書案上，但依畫判之。從一日至三日，皆依畫判去；至四日，不能；至五六日，擲筆下走，曰：做不成。一日難似一日矣。

清・焦循《劇説》卷一 陸務觀云：嘗記先人説：紅鞋飾帶，紅鞋飾帶，始唐莊宗施之優人。

雜録

《周禮・春官宗伯》 旄人掌教舞散樂舞夷樂。散樂野人爲樂之善者，若今黄門倡矣。目有舞夷樂四夷之樂，亦皆有聲歌及舞。

《國語》卷八《晉語二》 驪姬告優施曰：君既許我殺太子而立奚齊矣，吾難里克，奈何。優施曰：吾難里克，一日而已。子爲我具特羊之饗，吾以從之飲酒。我優也，言無郵。驪姬許諾，乃具，使優施飲里克酒。中飲，優施起舞，謂里克妻曰：主孟啗我，我教茲暇豫事君。乃歌曰：暇豫之吾吾，不如烏烏。人皆集於苑，己獨集於枯。里克笑曰：何謂苑。何謂枯。優施曰：其母爲夫人，其子爲君，可不謂苑乎。其母既死，其子又有謗，可不謂枯乎。枯且有傷。

《左傳・哀公二十五年》 公使優狡盟拳彌，《杜注》：優狡，俳優也，拳彌，衛大夫；使俳優盟之，欲恥辱也。使三匠久。三匠，蓋三種匠人。公使優狡盟拳彌，《杜注》：優狡，俳優也。拳彌，衛大夫；使俳優盟之，欲恥辱也。《會□》云：優狡以優施例之，優人名狡。以狡爲名者，□十二年楚有唐狡。而甚近信之。故褚師比、《杜注》：□登席者。公孫彌牟、《杜注》：□邑者。公文要、《杜注》：失車者。司寇亥、被奪官者。司徒期因三匠與拳彌以作亂，三匠與拳彌猶在公宫，故因之。皆執利兵，無者執斤。《説文》：斤，斫木斧。匠人所執。使拳彌入于公宫，《杜注》：信近之，故得入。而自大子疾之宫譟以攻公。褚師比等自太子疾之宫呼喊以攻衛侯。太子疾死于十七年，其宫猶在。鄄子士請禦之，《杜注》：鄄子士，衛大夫。彌援其手，曰：子則勇矣，將若君何。言子禦敵而死，君將無保衛者矣。不見先君乎。《杜注》先君，□□也。亂不速奔，故爲戎州所殺，欲令早去。君何所不逞欲。君謂出公輒，言其出奔，亦可快意也。且君嘗在外矣，豈必不反。當今不可，不可敵作亂者。衆怒難犯。休而易間也。休，定也。言亂定則易于離間。乃出。將適蒲，蒲，今河南長垣縣稍東，參桓三年《經注》。彌曰：晉無信，不可。將適鄄，鄄，今山東鄄城縣西北，亦見莊十四年《經注》。彌曰：齊、晉爭我，不可。鄄，此時蓋屬衛，鄄近齊，又近於晉，彌又阻之。將適泠，《杜注》：泠，近□邑。彌曰：魯不足與。國小力弱，不足爲助。請適城鉏，城鉏在今河南滑縣東，亦見十一年《傳注》。城鉏近宋。沈欽□《地名補注》謂滑縣之鉏城去越遠矣，疑□十年會吴于柤者也，然柤地屬楚，沈説誤。以鉤越。越有君。《杜注》：宋南近越，轉相鉤□。乃適城鉏。彌曰：衛盜不可知也，請速，自我始。乃載寶以歸。《杜注》：欺衛君。言君以寶自隨，將致衛盜，請□行，己爲先發，而因載寶歸衛也。

又《襄公二十八年》 陳氏、鮑氏之圉人爲優。圉人，養馬者。優即俳優，演戲以及表演曲藝者。慶氏之馬善驚，善，《荀子·解蔽篇》楊倞《注》：猶喜也。驚則跳躍奔馳。士皆釋甲、束馬，《杜注》：束，絆之也。蓋不使馬驚跳奔逸。而飲酒，且觀優，至於魚里。杜《注》：魚里，里名。□在魚里，就觀之。

《列子·説符》 宋有蘭子者，以技干宋元。宋元召而使見其技。以雙枝長倍其身，屬其脛，並趨並馳。弄七劍，迭而躍之，五劍常在空中。元君大驚，立賜金帛又有蘭子又能燕戲者，聞之，復以干元君。元君大怒，曰：昔有異技干寡人者，技無庸，適值寡人有歡心，故賜金帛。彼必聞此而進，復望吾賞拘而戮之，經月乃放。

漢·賈誼《新書》卷六 衛懿公喜鶴，鶴有飾以文繡而乘軒者。建，潭本脱下四字，别本有。賦斂繁多，而不顧其民。貴優而輕大臣，羣臣或諫則面叱之。及翟伐衛，寇挾城堞矣。挾，猶薄也。音子協反。衛君垂泣而拜其臣民曰：寇迫矣，士民其勉之。士民曰：君亦使君之貴優，將君之愛鶴，以爲君戰矣。我儕棄人也，安能守戰。乃潰門而出走。翟寇遂入，衛君奔死，遂喪其國。故賢主者，不以草木禽獸妨害人民，進忠正而遠邪僞，故民順附而臣下爲用。今釋人民而愛鳥獸，遠忠道而貴優，笑反甚矣。人主之爲人主也，舉錯而不僨者，杖賢也。今背其所主，而棄其所杖，其僨仆也，不亦宜乎。語曰：禍出者禍反，惡人者人亦惡之。管子曰：不行其野，不違其馬，此違其馬者也。

又《貨殖列傳》 中山地薄人衆，猶有沙丘紂淫地餘民，民俗懁急，仰機利而食。丈夫相聚游戲，悲歌忼慨，起則相隨椎剽，休則掘冢作巧姦冶，多美物，爲倡優。女子則鼓鳴瑟，跕屣，游媚貴富，入後宮，徧諸侯。

漢·劉向《新序·刺奢·第六》 趙襄子飲酒，五日五夜不廢酒，謂侍者曰：我誠邦士也，夫飲酒五日五夜矣，而殊不病。優莫曰：君勉之不及紂二日耳，紂七日七夜，今君五日。襄子懼謂優莫曰：然則吾亡乎。優莫曰：不亡。襄子曰：不及紂二日耳，不亡何待。優莫曰：桀紂之亡也，遇湯武。今天下盡桀也，而君紂也。桀紂並世，焉能相亡。然亦殆矣。

又《説苑·反質》 紂爲鹿臺、糟丘、酒池、肉林，宫牆文畫，彫琢刻鏤，錦繡被堂，金玉珍瑋，婦女優倡，鍾鼓管絃，流漫不禁，而天下愈竭。

又 侯生至，仰臺而言曰：臣聞知死必勇。陛下肯聽臣一言乎。始皇曰：若欲何言。言之。侯生曰：臣聞禹立誹謗之木，欲以知過也。今陛下奢侈失本，淫泆趨末。泆，《羣書治要》及《御覽》四百五十五引皆作佚。宫室臺閣，連屬增累；珠玉重寶，積襲成山；錦繡文綵，滿府有餘；婦女倡優，數巨萬人；鐘鼓之樂，流漫無窮；酒食珍味，盤錯於前；衣服輕暖，輿馬文飾，所以自奉，麗靡爛漫，不可勝極。黔首匱竭，民力單盡。

又《古列女傳·孽嬖傳·夏桀末喜》 桀既棄禮義，淫于婦人，求美女積之於後宫，收倡優侏儒狎徒能爲奇偉戲者，聚之于旁，造爛漫之樂。

又《管子·四稱第三三》 管子對曰：夷吾聞之於徐伯曰：昔者無道之君，大其宫室，高其臺榭。良臣不使，讒賊是舍。舍，止也。謂止讒賊於其旁與之近也。有家不治，借人爲圖。言自不能理其家，借他人圖也政令不善，墨墨若夜言其昏闇之甚也辟若野獸，無所朝處。野獸各恣意爲生，不相統屬，故無朝處也。不修天道，不鑒四方。有家不治，辟若生狂。狂惑者失其性，不分善惡也。衆所怨詛，詛，祝之也。希不滅亡。進其諛優，繁其鍾鼓。流於博塞，戲其工瞽。誅其良臣，敖其婦女唯與婦女爲教從也。獠獵畢弋，暴遇諸父。其所接遇諸父，惟以凶暴。馳騁無度，戲樂笑語。式政既□，刑罰則烈。言其法式之政既已鞣曲，至於刑罰惟益酷烈。内削其民，以爲攻伐。反以削生爲伐功也。辟猶漏釜，豈能無竭。漏釜則江海不能滿，故必有竭也。此亦可謂昔者無道之君矣。

又《立政九敗解第六五》 然則國適有患，則優倡侏儒起而議國事矣，是敺國而捐之也。

又《晏子春秋·内篇問下第四·景公問欲逮桓公之後晏子對以任非其人第三》 景公問晏子曰：昔吾先君桓公，從車三百乘，九合諸侯，一匡天下。今吾從車千乘，可以逮先君桓公之後乎。晏子對曰：桓公從車三百乘，九合諸侯，一匡天下者，左有鮑叔，右有仲父。今君左爲倡，右爲優，讒人在前，諛人在後，又 焉可逮桓公之後者乎。

《漢書》卷五一《枚皋傳》 皋賦辭中自言爲賦不如相如，又言爲賦乃俳，見視如倡，自悔類倡也。

又卷六二《司馬遷傳》 僕之先人非有剖符丹書之功，文史星曆近乎卜祝之間，固主上所戲弄，倡優畜之，流俗之所輕也。

五代・王仁裕《王氏見聞録》 朱梁封舜卿文詞特異，才地兼優。恃其聰俊，率多輕薄。梁祖使聘于蜀。時岐、梁眦睚，關路不通，遂泝漢江而上，路出全明鈔本全作金，下同。州。士人全宗朝明鈔本朝作朗，下同。爲帥。封至州，宗朝致筵于公署。封素輕其山州，多所傲睨，全之人莫敢不奉之。及執斝，索令曰：《麥秀兩岐》。伶人愕然相顧，未嘗聞之。且以他曲相同者代之，封擺頭曰：不可。又又原作文，據明鈔本改。曰：《麥秀兩岐》。復無以措手，主人恥而復惡，杖其樂將，停盞移時。逡巡，盞在手，又曰：《麥秀兩岐》。既不獲之，呼伶人前曰：汝雖是山民，亦合聞聞原作門，據明鈔本改。大朝音律乎，全人大以爲耻。次至漢中，伶人已知全州事，憂之。及飲會，又曰《麥秀兩岐》，亦如全之筵，三呼不能應。有樂將王新殿前曰：略乞侍郎唱一遍。封唱之未遍，已入樂工之指下矣。由是大喜，吹此曲，訖席不易之。其樂工白帥曰：此是大梁新翻，西蜀亦未嘗有之，請寫譜一本，急遞入蜀，具言經過二州事。洎封至蜀，置設，弄參參原作三，據明鈔本改。軍後，長吹《麥秀兩岐》於殿前，施芟麥之具，引數十輩貧兒，□褸衣裳，携男抱女，挈筐籠而拾麥，仍合聲唱。其詞凄楚，及其貧苦之意，不喜人聞。封顧之，面如土色，卒無一詞，慙恨而返。乃復命，歷梁、漢、安康等道，不敢更言兩岐字，蜀人嗤之。

宋・錢易《南部新書》卷丙 咸通中，俳優恃恩，咸爲都知。一日鬧諠譁，上召都知止之，三十人並進。上曰：止召都知，何爲畢至。梨園使奏曰：三十人皆都知。乃命李可及爲都都知。後王鐸爲都都統，襲此也。吁哉。故事，三館學士不避行臺，謂三院連鑣也。

又 卷癸十宅諸王，多解音聲，倡優百戲皆有之，以備上幸其院，迎駕作樂，禁中呼爲樂音郎君。

宋・陳暘《樂書》卷一八七《俳倡上》 《春秋元命苞》：曰翼星主南宮之羽儀，爲樂庫，爲天倡，先王以賓于四門而列火庭之衞，主俳倡，近太微而爲尊。然則俳倡之樂上應列星，蓋主樂府以爲羽儀，非所以導人主於流淫也。故秦侏儒優旃以一笑言之，故休陛楯之士，豈曰小補之哉。唐開元中，有黄幡綽，亦優旃之亞匹也。臣嘗觀先王作樂，通天下之情，御羣生流放，故上自天子，下達士庶，未嘗去樂，而無非僻之心。及周道衰微，日失其序，亂俗先之，以怨怒亡國，從之以哀思，擾雜子女，蕩悦淫心。充庭萬奏，則以魚龍靡漫爲瓌瑋；會同饗覲，則以吴趨楚舞爲妖妍。纖羅霧縠，移其衣疎，金鏤玉砥其器。在上班賜寵臣，羣下亦從風而靡。王侯將相，歌伎填室；鴻商富賈，舞女成羣。競相誇大，互爲爭奪，如恐不及，莫之禁令，傷物敗俗莫不在此。可不戒謹之哉。彼張野抓安不閙。雖爲俳優之善，亦不足道也。昔衞侯喜鶴，貴優而輕大臣，羣臣或諫，則面而叱之。及翟伐衞，寇挾城堞矣，衞君泣拜臣民曰：寇迫矣，士民其勉之。士民曰：亦使君之貴優愛鶴以守戰矣。我儕，棄人也，安能守戰。及潰門而出走。翟入衞，君奔死，遂喪其國。然則貴優之害有至於此，爲人君者不可不察也。昔商仲文勸宋武帝畜伎，帝答曰：不解聲。仲文曰：但畜。自解答曰：畏解。故不畜。由是觀之，宋武帝可謂賢君矣。然則商仲文豈不爲逢君之惡之臣邪。又《俳倡下》 優倡之伎，自古有之。若齊奏宮中之樂，倡優侏儒戲於前。漢惠帝世安陵喟之類。武帝時幸倡，郭舍人滑稽不窮。魏武好倡優，每至歡笑，頭没杯案中。梁三朝樂有俳伎，小兒讀俳，寺子予導。安息孔雀、鳳凰、文鹿、胡舞登連，《上雲樂》歌舞伎。魏邯鄲淳誼曹植，必傅粉科頭，拍袒胡舞，誦俳優。小説則傅粉塗墨，更衣易貌，以資戲笑。蓋優倡常態也。故唐時謂優人辭捷者爲斫撥，今謂之雜劇也。有所敷叙，曰作語；有誦辭篇，曰口號。凡皆巧爲言笑，令人主和悦□之，未有不敗政傷俗者矣，可不戒哉。

宋・周密《齊東野語》卷一〇《史記多誤》 至若《管仲傳》云後百餘年有晏子，《孫武傳》云後百餘歲有孫臏，《屈原傳》云後百餘年有賈生，皆以其近似類推之耳。至於《優孟傳》云其後二百餘年秦有優旃，而《淳于髡傳》亦云其後百餘年楚有優孟，何邪。殊不思優孟在楚莊王時，淳于髡在齊威王時。楚莊乃春秋之世，齊威乃戰國之時，謂前百餘年楚有優孟可也，今乃錯謬若此。且先傳髡而後叙孟，其次序曉然，謂之非誤，可乎。

又《優語》 宣和中，童貫用兵燕薊，敗而竄。一日内宴，教坊進伎爲三四婢，首飾皆不同。其一當額爲髻，曰蔡太師家人也；其二髻偏墜，曰鄭太宰家人也；又一人滿頭爲髻如小兒，曰童大王家人也。問其故，蔡氏者曰：太師觀清光，此名朝天髻。鄭氏者曰：吾太宰奉祠就第，此嬾梳髻。至童氏者曰：大王方用兵，此三十六髻也。近者己亥歲，史之爲京尹，其弟以參政督兵於淮。一日内宴，伶人衣金紫，而幞頭忽脱，乃紅巾也。或驚問曰：賊裹紅巾，何爲官亦如此。傍一人答云：如今做官底，都是如此。於是褫其衣冠，則有萬回佛自懷中墜地。其旁者云：他雖做賊，且看他哥哥面。又女官吴知古用事，人皆側目。内宴日，參軍四筵張樂，胥輩請僉文書，參軍怒曰：我方聽觱栗，可少緩。請至三四，其答如前。胥擊其首曰：甚事不被觱栗壞了。蓋是俗呼黄冠爲觱栗也。王叔知吴門日，名其酒曰徹底清。錫宴日，伶人持一樽誇於衆曰：此酒名徹底清。既而開樽，則濁醪也。旁誚之云：汝既爲徹底清，却如何如此。答云：本是徹底清，被錢打得渾了。此類甚多，而蜀優尤能涉獵古今，援引經史，以佐口吻資笑談。當史丞相彌遠用事，選人改官，多出其門。制閫大宴，有優爲衣冠者數輩，皆稱爲孔門弟子。相與言，吾儕皆選人，遂各言其姓曰：吾爲常從事，吾爲於從政，吾爲吾將仕，吾爲路文學。别有二人出曰：吾宰予也。夫子曰：於予與改。可謂僥倖。其一曰：吾顔回也。夫子曰：回也不改。吾爲四科之首而不改，汝何爲獨改。曰：吾鑚故改，汝何不鑚。回曰：吾非不鑚，而鑚彌堅耳。曰：汝之不改宜也，何不鑚彌遠乎。其離析文義，可謂侮聖言，而巧發微中，有足稱言者焉。有袁三者，名尤著。有從官姓袁者，制蜀，頗乏廉聲。羣優四人，分主酒色財氣，各誇張其好尚之樂，而餘者互譏誚之。至袁優，則曰：吾所好者財也。因極言財之美利，衆亦譏誚之不已。徐以手自指曰：任你譏笑，其如袁丈好此何。

《宋史》卷四七九《西蜀孟氏世家》 玄喆離成都，但攜姬妾、樂器及伶人數十輩，晨夜嬉戲，不恤軍政。

明·王錡《寓圃雜記》卷九《優語》 南京癸卯科頗有漏泄，方鹿鳴宴，有一老優負凈猪一口而至，羣優曰：此猪何爲。老優曰：要賣。又問曰：價幾何。曰：要銀四百一兩。衆撲之，老優曰：不須打，且聽我分豁。猪的身重半百，時價一兩。因縮口不言。羣優復擊曰：餘將何賣。老優忍疼低説曰：那四箇蹄兒要賣四百兩。遂□而去，主司皆愕然。

明·胡侍《真珠船》卷六《黄州傳奇》 元費唐臣有《蘇子瞻貶黄州》傳奇。先友謝憲使朝宣，正德初。以御史陞浙之憲副。始上任，開宴，優人以前傳奇呈。未幾，謝入覲，以遺徹宴蔬謫黄州判。

明·于慎行《穀山筆麈》卷六《閹伶》 莊宗入梁，以伶人陳俊爲景州刺史；王衍在蜀，以樂工嚴旭爲蓬州刺史。當時勳臣禁旅有從軍百戰未得典州者，亂世之政，何所不有。敬新磨者，唐莊之優孟也，莊宗田於中牟，踐民禾稼，中牟令當馬前力諫，叱去，將殺之，新磨追禽至馬前，數之曰：汝爲縣令，獨不知吾天子好獵，奈何縱民耕稼以妨馳騁。汝罪當死，請行刑。帝笑而釋之。後世伶官多因戲劇時有諷諫，其智蓋本於此。南唐徐知誥召知詢飲，以金鍾酌酒賜之，曰：愿弟壽千歲。知詢知其有毒，引他器均之，跪獻知誥，曰：愿與兄各享五百歲。知誥變色，不肯受，左右莫知所爲，伶人申漸高徑前爲恢諧語，掠二酒合飲之，懷金鍾趨出，知誥密遣人以良藥解之，已腦潰死矣。此伶人可謂有功於徐氏者，然不知齊客之妾佯僵而覆酒能自全也。各享五百歲，語亦有味。正德中，樂長臧賢甚被寵遇，曾給一品服色，然官名體秩則不易也。相傳本司門曾改方向，形家相之曰：此當出玉帶數條。聞者愕而笑之。未幾，上有所幸，伶兒入内不便，詔盡官之，使入爲鐘鼓司官，後皆賜玉，至今内中諸署，指鐘鼓司爲東衙門，賤而不居，當以此故耳。嘗考《元史》，玉宸樂院，秩正三品，與六部同階，其長有加銜平章者，則愈可笑矣。灤樂有呼鷹臺，元至大間所築也，元人以鷹坊爲仁虞院，秩正二品，使首相領之，夷俗之可笑如此。

又《雜考》 優人爲優，以一人幞頭衣緑，謂之參軍，以一人髽角敝衣如童僕狀，謂之蒼鶻。徐知訓與吴王爲優，自爲參軍，使王爲蒼鶻，總角敝衣，執帽以從，其狎侮媟嫚無君臣之禮如此。參軍之法，至宋猶然，似院本及戲文裝净之狀，第不知其節奏耳。

清·梁章鉅《浪跡續談》卷六《生旦净末》 生、旦、净、末之名，自宋有之，然《武林舊事》所載，亦多不可解，惟《莊岳委談》云：傳奇以戲爲稱，謂其顛倒而無實耳，故曲欲熟而命以生也，婦宜夜而命以旦也，開場始事而命以末也，塗污不潔而命以净也。枝山《猥談》則云：生、净、旦、末等名，有謂反稱，又或託之唐莊宗者，皆謬也。此本金、元闤闠談吐，所謂鶻伶聲嗽，今云市語者也。生即男子，旦曰裝旦色，净曰净兒，末乃末泥，孤乃官人，即其土音，何義理之有。至《堅瓠集》謂《樂記》注，言優俳雜戲如獮猴之狀，乃知生狌也，旦狚也，莊子：猨原作援，據《莊子》改，猵狚《莊子》

作狙以爲雌。浄狰也，《廣韻》：似豹，一角五尾。丑狃也，《廣韻》：犬性驕。謂俳優如獸，所謂獶雜子女也。此近穿鑿，恐非事實。

優戲

論説

清·徐應秋《玉芝堂談薈》卷三〇《唐人戲劇》 唐人詩中，往往有紀。當時戲劇，如《弄鉢頭》。張祐詩曰：兩邊角子羊門裏，猶學容兒弄鉢頭。《長竿》，張祐詩曰：傾城人看長竿出，一技初成趙解愁。劉晏詩：惟有長竿妙入神。《椀舞》，張祐詩曰：□手便拈金椀舞，上皇驚笑悖拏兒。《熱戲》，祐詩：熱戲争心劇火燒，銅槌暗執不相饒。《弄老人》，顧況詩：此生不復爲年少，今日從他弄老人。《弄卻翁》，伯盧綸詩：何須更看卻翁伯，即我此身如此人。《簸錢》，王建詩：暫向玉花階上坐，簸錢贏得兩三籌。宫棊建詩：宫棊布局不依經，黑白分明子數停。《巡收》，張籍詩：趁行移手巡收盡，數數看誰得最多。《弄參軍》，薛能詩：此日楊花初似雪，女兒弦管弄參軍。《弄化生》：能詩：芙蓉殿上中元日，水拍銀盆弄化生。《弄猢猻》，羅隱詩：何如買取猢猻弄，一笑君王便著緋。

紀事

《左傳·襄公二十八年》 陳氏、鮑氏、之圉人爲優。慶氏之馬善驚，士皆釋甲束馬，而飲酒，且觀優，至於魚里。

《春秋穀梁傳注疏》卷一九《定公十年》 十年春，王三月，及齊平。夏，公會齊侯于頰谷。【略】罷會，齊人使優施舞於魯君之幕下，優，俳。施，其名也。幕，帳。欲嗤笑魯君。【略】孔子曰：笑君者罪當死。使司馬行法焉，首足異門而出。

《史記》卷一二六《滑稽列傳》 楚相孫叔敖知其賢人也，善待之。病且死，屬其子曰：我死，汝必貧困。若往見優孟，言我孫叔敖之子也。居數年，其子窮困負薪，逢優孟，與言曰：我，孫叔敖子也。父且死時，屬我貧困往見優孟。優孟曰：若無遠有所之。即爲孫叔敖衣冠，抵掌談語。歲餘，像孫叔敖，楚王及左右不能别也。莊王置酒，優孟前爲壽。莊王大驚，以爲孫叔敖復生也，欲以爲相。優孟曰：請歸與婦計之，三日而爲相。莊王許之。三日後，優孟復來。王曰：婦言謂何。孟曰：婦言慎無爲，楚相不足爲也。如孫叔敖之爲楚相，盡忠爲廉以治楚，楚王得以霸。今死，其子無立錐之地，貧困負薪以自飲食。必如孫叔敖，不如自殺。因歌曰：山居耕田苦，難以得食。起而爲吏，身貪鄙者餘財，不顧恥辱。身死家室富，又恐受賕枉法，爲姦觸大罪，身死而家滅。貪吏安可爲也。念爲廉吏，奉法守職，竟死不敢爲非。廉吏安可爲也。楚相孫叔敖持廉至死，方今妻子窮困負薪而食，不足爲也。於是莊王謝優孟，乃召孫叔敖子，封之寢丘四百户，以奉其祀。後十世不絶。此知可以言時矣。

《漢書》卷五三《廣川惠王劉越傳》 後去數置酒，令倡俳贏戲坐中以爲樂。

又卷六八《霍光傳》 大行在前殿，發樂府樂器，引内昌邑樂人，擊鼓歌吹作俳倡。

又卷八一《張禹傳》 禹將崇入後堂飲食，婦女相對，優人筦弦鏗鏘極樂，昏夜乃罷。

《三國志》卷四《魏書·齊王芳紀》 裴注引《魏書》皇帝即位，纂繼洪業，春秋已長，未親萬機，耽淫内寵，沈漫女色，廢捐講學，棄辱儒士，日延小優郭懷、袁信等於建始芙蓉殿前裸袒遊戲，使與保林女尚等爲亂，親將後宫瞻觀。又於廣望觀上，使懷、信等於觀上作遼東妖婦，嬉褻過度，道路行人掩目，帝於觀上以爲讌笑。

又卷二一《魏書·王粲傳》 質黄初五年朝京師，詔上將軍及特進以下皆會質所，大官給供具。酒酣，質欲盡歡。時上將軍曹真性肥，中領軍朱鑠性瘦，質召優，使説肥瘦。真負貴，恥見戲，怒謂質曰：卿欲以部曲將遇我邪。驃騎將軍曹洪、輕車將軍王忠言：將軍必欲使上將軍服肥，即自宜爲瘦。真愈恚，拔刀瞋目，言：俳敢輕脱，吾斬爾。遂罵坐。質案劍曰：曹子丹，汝非屠几上肉，吴質吞爾不摇喉，咀爾不摇牙，何敢恃勢驕邪。鑠因起曰：陛下使吾等來樂卿耳，乃至此邪。質□叱之曰：朱鑠，敢壞坐。諸將軍皆還坐。鑠性急，愈恚，還拔劍斬地。遂便罷也。

又卷四二《蜀書·許慈傳》 先主定蜀，承喪亂歷紀，學業衰廢，乃鳩合典籍，沙汰衆學，慈、潛並爲學士，與孟光、來敏等典掌舊文。值庶事草創，動多疑議，慈、潛更相克伐，謗讟忿爭，形於聲色；書籍有無，不相通借，時尋楚撻，以相震攇。攇，虚晚反。其矜己妒彼，乃至於此。先主愍其若斯，羣僚大會，使倡家假爲二子之容，傚其訟鬩之狀，酒酣樂作，以爲嬉戲，初以辭義相難，終以刀杖相屈，用感切之。

唐·段安節《樂府雜録》 弄假婦人，大中以來有孫乾、劉璃瓶，近有郭外春、孫有熊。僖宗幸蜀時，戲中有劉真者，尤能，後乃隨駕入京，籍于教坊。

又 弄婆羅，案：婆羅下疑當有門字。大中初有康迺、李百魁、石寶山。

《舊唐書》卷一七下《文宗紀》 己丑，寒食節，上宴羣臣於麟德殿。是日，雜戲人弄孔子，帝曰：孔子，古今之師，安得侮瀆。亟命驅出。

宋·李昉《太平御覽》卷四八八引《語林》 董昭爲魏武帝重臣，後失勢，文明世入爲衛尉。昭乃厚加意於侏儒。正朝大會，侏儒作董衛尉，啼而言昔太祖時事，舉坐大笑。明帝悵然不怡，月中爲司徒。

《新五代史》卷三七《伶官傳》 皇后劉氏素微，其父劉叟，賣藥善卜，號劉山人。劉氏性悍，方與諸姬爭寵，常自恥其世家，而特諱其事。莊宗乃爲劉叟衣服，自負蓍囊藥笈，使其子繼岌提破帽而隨之，造其卧内，曰：劉山人來省女。劉氏大怒，笞繼岌而逐之。宫中以爲笑樂。

宋·王讜《唐語林》卷一《政事》 俳優請爲《劉闢責買》戲。崇文曰：闢是大臣謀反，非鼠竊狗盗，國家自有刑法，安得下人輒爲戲弄。杖優者，皆令戍邊。

《宋史》卷二九七《孔道輔傳》 奉使契丹，道除右司諫、龍圖閣待制。契丹宴使者，優人以文宣王爲戲，道輔艴然徑出。契丹使主客者邀道輔還坐，且令謝之。道輔正色曰：中國與北朝通好，以禮文相接。今俳優之徒，慢侮先聖而不之禁，北朝之過也。道輔何謝。

雜録

唐·崔令欽《教坊記》 大面，出北齊。蘭陵王長恭，性膽勇，而貌婦人，自嫌不足以威敵，乃刻木爲假面，臨陣著之，因爲此戲，亦入歌曲。

又 大面出於北齊。北齊蘭陵王長恭，才武而面美，常著假面以對敵。嘗擊周師金墉城下，勇冠三軍，齊人壯之，爲此舞以效其指麾擊刺之容，謂之蘭陵王入陣曲。

又 撥頭出西域。胡人爲猛獸所噬，其子求獸殺之，爲此舞以像之也。

又 踏摇娘，生於隋末。隋末河内有人貌惡而嗜酒，常自號郎中，醉歸必毆其妻。其妻美色善歌，爲怨苦之辭。河朔演其曲而被之絃管，因寫其妻之容。妻悲訴，每摇頓其身，故號踏摇娘。近代優人頗改其制度，非舊旨也。

又 窟礧子，亦云魁礧子，作偶人以戲。善歌舞，本喪家樂也。漢末始用之於嘉會。齊後主高緯尤所好。高麗國亦有之。

宋·李昉《太平御覽》卷五六九《倡優》 《趙書》曰：石勒參軍周延爲館陶令，斷官絹數百疋，下獄，以八議宥之。後每大會，使俳優着介□黄絹單衣，優問：汝爲何官，在我輩中。曰：我本爲館陶令，□數單衣，曰政坐取，是故入汝輩中。以爲笑。

《新唐書》卷一三六《李光弼傳》 政和公主，肅宗第三女也，降柳潭。肅宗宴于宫中，女優有弄假官戲，其緑衣秉簡者，謂之參軍樁。天寶末，蕃將阿布思伏法，其妻配掖庭，善爲優，因使隸樂工。是日，遂爲假官之長，所爲樁者，上及侍宴者笑樂。公主獨俛首，嚬眉不視。上問其故，公主遂諫曰：禁中侍女不少，何必須得此人。使阿布思真逆人也，其妻亦同刑人，不合近至尊之座；若果冤横，又豈忍使其妻與羣優雜處爲笑謔之具哉。妾雖至愚，深以爲不可。上亦憫惻，遂罷戲，而免阿布思之妻。由是賢重公主。

宋·陳暘《樂書》卷一八七《假婦戲》 唐大中以來，孫乾飯、劉璃瓶、郭外春、孫有態善爲此戲。僖宗幸蜀時，戲中有劉真者尤能之，後隨車駕入都，籍于教坊矣。

又《弄婆羅門》　《婆羅門樂》，與四夷同列。其樂用漆篳篥二，齊鼓一。其餘雜戲，變態多端，皆不足稱。唐太和初，有康迺、米禾稼、米萬搥，近年有李百媚、曹觸新、石寶山焉。

又《蘇葩戲》　後周士人蘇葩嗜酒落魄，自號郎中。每有歌場，輒自入歌舞，故爲是戲者，衣緋袍，戴席帽，其面赤色，蓋象醉狀也，何其辱士類邪。唐鼓架部非特有《蘇郎中》之戲，至於代面、鉢頭、踏姚娘、羊頭、渾脱、九頭師子、弄白馬、益錢、尋橦、跳丸、吞刀、吐火、旋盤、筋斗，悉在其中矣。

宋・曾慥《類説》卷一六《樂府雜録》　弄參軍始自漢館陶令石躭。有贓犯，和帝惜其才，免罪。每宴樂，令衣白夾衫，令優伶戲弄辱之，經年乃放，後爲參軍。大中以來，弄假婦人，又弄婆羅門。

宋・周密《齊東野語》卷一〇《楊太后》　慈明楊太后養母張夫人善聲伎。隨夫出蜀，至儀真長蘆寺前僦居。主僧善相，適出見之，知其女當貴。因招其父母飯，語之故，且勉之往行都，當有所遇。以無資告，僧以二千楮假之，遂如杭。或導之入慈福宫，爲樂部頭。后方十歲，以爲則劇孩兒。憲聖尤愛之，舉動無不當后意。有嫉之者，適太皇入浴，儕輩俾服后衣冠爲戲，因譖之后。后笑曰：汝輩休驚，他將來會到我地位上在。其後茂陵每至后所必目之，后知其意。一日内宴，因以爲賜，且曰：看我面，好好看他。傅伯壽草《立后制》有云：洪惟太母，念我文孫。美其冠於後庭，俾之見於内殿。蓋紀實也。

明・劉若愚《酌中志》卷一六《内府衙門職掌》　自天啟六年以後，凡御前插科打諢，本有鐘鼓司僉書王進朝，綽號王瘸子，抹臉詼諧，公然稱贊惜薪司怎樣軫恤商人，内府庫怎樣米積天堆，東廠怎樣釐奸剔弊，寶和店怎樣裕國通商，内修朝政，外鎮邊疆，或稱好箇魏公公，或誇好箇魏太監，逆賢居之不疑，自以爲美，先帝聖顔亦爲喜悦。回想憲廟時，汪直擅權，尚有懷恩之流居帝左右，所以阿丑敢譎諫也。今王體乾既熟軟巧媚，在王瘸子不過俳優賤役，自然因而化之，可嘆也。己想稱功頌德，是又寧止縉紳輩章疏間哉。

角觝戲

題解

宋・陳暘《樂書》卷一八六《角觝戲・蚩尤戲》　角觝戲，本六國時所造，秦因而廣之。漢興雖罷，至武帝復采用之。元封中，既廣開上林，穿昆明池，營千門萬户之宫，設酒池、肉林，以饗四夷之客。作《巴渝》都盧、海中《碭極》季奇曰：碭、極樂名。漫衍魚龍、角觝，以觀示之。角者，角其伎也。兩兩相當，角及伎藝射御也。蓋雜伎之揔稱云。或曰蚩尤氏頭有角，與黄帝鬭，以角觝人。今冀州有樂名蚩尤，手而脚自加頸，何其妙邪。

論説

《後漢書》卷七九《仲長統傳》　諫陳靈公曰：公卿宣淫人無效焉。杜預注云：宣示也。目極角觝之觀，耳窮鄭衛之聲。武帝元封三年，作角觝戲。音義云兩兩相當。角力、角伎、藝、射、御，故名角觝，蓋雜技樂以巴俞戲魚龍蔓延之屬也。後更名《平樂觀禮記》曰鄭音好濫淫志，宋音宴安溺志也。

南朝梁・任昉《述異記》卷上　軒轅之初立也，有蚩尤氏，兄弟七十二人，銅頭鐵額，食鐵石，軒轅誅之於涿鹿之野。蚩尤能作雲霧。涿鹿今在冀州。有蚩尤神，俗云：人身牛蹄，四目六手。今冀州人掘地得髑髏如銅鐵者，即蚩尤之骨也。今有蚩尤齒，長二寸，堅不可碎。秦漢間，説蚩尤氏耳鬢如劍戟，頭有角，與軒轅鬭，以角觝人，人不能向。今冀州有樂名蚩尤戲，其民兩兩三三，頭戴牛角而相觝。漢造角觝戲，蓋其遺製也。

宋・高承《事物紀原》卷九《角觝》　今相撲也。《漢武故事》曰：角觝，昔六國時所造。《史記》：秦二世在甘泉宫作樂角觝。注云：戰國時，增講武以爲戲樂，相誇角其材力以相觝鬬，兩兩相當也。漢武帝好之。白居易《六帖》曰：角觝之戲，漢武始作，相當角力也。誤矣。

宋·吳自牧《夢粱録》卷二〇《角觝》 角觝者，相撲之異名也，又謂之爭交。且朝廷大朝會，聖節，御宴第九盞，例用左右軍相撲，非市井之徒，名曰内等子，隸御前忠佐軍頭引見司所管，元於殿步諸軍選膂力者充應名額，即虎賁郎將耳。每遇拜郊，明堂大禮，四孟車駕親饗，駕前有頂帽，鬢髮鬔鬆，握拳左右行者是也。遇聖節御宴大朝會，用左右軍相撲，即此内等子承應。但内等子設額一百二十名，内有管押人員十將各二名，上中等各五對，下等八對，劍棒手五對，餘皆額裏額外，準備祇應。三年一次，就本司事揀上名下次入額。其管押以下，至額内等子，亦三年一次，當殿呈試相撲，謝恩賞賜銀絹外，出職管押人員，本司牒發諸州道郡軍府，充管營軍頭也。前輩朝官，曾赴御宴，有詩詠曰：虎賁三百總威獰，急颭旗催疊鼓聲。疑是嘯風吟雨處，怒龍彪虎角虧盈。蓋爲渠發也。瓦市相撲者，乃路岐人聚集一等伴侣，以圖摽手之資。先以女颭數對打套子，令人觀覩，然後以膂力者爭交。若論護國寺南高峰露臺爭交，須擇諸道州郡膂力高强，天下無對者，方可奪其賞。如頭賞者，旗帳、銀盆、綵段、錦襖、官會、馬疋而已。頃於景定年間，賈秋壑秉政時，曾有温州子韓福者，勝得頭賞，曾補軍佐之職。杭城有周急快、董急快、王急快、賽關索、赤毛、朱超、周忙憧、鄭伯犬、鍥稍工、韓通住、楊長脚等，及女占賽關索、囂三娘、黑四姐女衆，俱瓦市諸郡爭勝，以爲雄偉耳。

紀事

《史記》卷一二三《大宛列傳》 是時上方數巡狩海上，乃悉從外國客，大都多人則過之，散財帛以賞賜，厚具以饒給之，以覽示漢富厚焉。於是大觳抵，出奇戲諸怪物，多聚觀者，行賞賜，酒池肉林，令外國客徧觀名（各）倉庫府藏之積，見漢之廣大，傾駭之。及加其眩者之工，而觳抵奇戲歲增變，甚盛益興，自此始。

《漢書》卷六《武帝紀》 三年春，作角抵戲，三百里内皆（來）觀。

又卷七二《貢禹傳》 天子納善其忠，乃下詔令太僕減食穀馬，水衡減食肉獸，省宜春下苑以與貧民，又罷角抵諸戲及齊三服官。遷禹爲光禄大夫。

又卷九六下《西域傳下》 於是廣開上林，穿昆明池，營千門萬户之宫，立神明通天之臺，興造甲乙之帳，落以隨珠和璧，天子負黼依，襲翠被，馮玉几，而處其中。設酒池肉林以饗四夷之客，作《巴俞》都盧、海中《碭極》漫衍魚龍、角抵之戲以觀視之。及賂遺贈送，萬里相奉，師旅之費，不可勝計。

《魏書》卷一〇九《樂志》 六年冬，詔太樂、總章、鼓吹增修雜伎，造五兵、角觝、麒麟、鳳皇、仙人、長蛇、白象、白虎及諸畏獸、魚龍、辟邪、鹿馬仙車、高絙百尺、長趫、緣橦、跳丸、五案以備百戲。大饗設之於殿庭，如漢晉之舊也。太宗初，又增修之，撰合大曲，更爲鍾鼓之節。

《元史》卷一〇五《刑法志四》 諸棄本逐末習用角觝之戲、學攻刺之術者，師、弟子並杖七十七。

藝文

漢·張衡《二京賦》 既定且寧，焉知傾陁。大駕幸乎平樂，張甲乙而襲翠被。攢珍寶之玩好，紛瑰麗以奓靡。臨迥望之廣場，程角觝之妙戲。烏獲扛鼎，都盧尋橦。衝狹鷰濯，胸突銛鋒。跳丸劍之揮霍，走索上而相逢。華嶽峩峩，岡巒參差。神木靈草，朱實離離。總會僊倡，戲豹舞羆。白虎鼓瑟，蒼龍吹篪。女娥坐而長歌，聲清暢而蜲蛇。洪涯立而指麾，被毛羽之襳襹。度曲未終，雲起雪飛。初若飄飄，後遂霏霏。複陸重閣，轉石成雷。礔礰激而增響，磅磕象乎天威。巨獸百尋，是爲曼延。神山崔巍，欻從背見。熊虎升而挐攫，猨狖超而高援。怪獸陸梁，大雀踆踆。白象行孕，垂鼻轔囷。海鱗變而成龍，狀蜿蜿以蝹蝹。含利颬颬，化爲仙車。驪駕四鹿，芝蓋九葩。蟾蜍與龜，水人弄蛇。奇幻儵忽，易貌分形。吞刀吐火，雲霧杳冥。畫地成川，流渭通涇。東海黄公，赤刀粵祝。冀厭白虎，卒不能救。挾邪作蠱，於是不售。爾乃建戲車，樹修旃。侲僮程材，上下翩翻。突倒投而跟絓，譬隕絶而復聯。百馬同轡，騁足並馳。橦末之伎，態不可彌。彎弓射乎西羌，又顧發乎鮮卑。

清・李聲振《百戲竹枝詞》 角觝：即格鬬戲。有南拳北脚之稱，亦名短打。無賴者見事風生，謂之打抱不平，近少斂戢。 北脚南拳兩擅名，健兒格鬥敢横行。年來短打空無敵，亡命何人抱不平。

雜録

《史記》卷八七《李斯列傳》 是時二世在甘泉，方作觳抵優俳之觀。

《漢書》卷二三《刑法志》 春秋之後，滅弱吞小，並爲戰國，稍增講武之禮，以爲戲樂，用相夸視。而秦更名角抵，先王之禮没於淫樂中矣。

漢・桓寬《鹽鐵論》卷七《崇禮第三七》 而欲觀中國之禮儀。故設明堂辟雍以示之。揚干戚昭雅頌以風之。今乃玩好不用之器，奇蟲不畜之獸，角抵諸戲炫燿之物，陳夸之，殆與周公之待遠方殊。

晉・葛洪《西京雜記》卷三 有東海人黄公，少時爲術，能制蛇御虎，佩赤金刀，以絳繒束髮。立興雲霧，坐成山河。及衰老，氣力羸憊，飲酒過度，不能復行其術。秦末，有白虎見於東海，黄公乃以赤刀往厭之，術既不行，遂爲虎所殺。三輔人俗，用以爲戲，漢帝亦取以爲角抵之戲焉。

宋・楊億《楊文公談苑・宣徽角抵士》 徐鉉所居，逼五龍堂，宣徽角抵士將内宴，必先肄習於其中，觀者雲集。鉉方蔬食，坐道齋中誦《黄庭》，聞外喧甚，立遣小童視之。還白云：許、趙二常侍與諸常侍習角抵。鉉笑曰：此諸同寮，難可接其歡也。京師呼宣徽角抵士皆爲常侍故。

清・章太炎《國故論衡》下卷《原學》 次有圍棊、柔道，其巧疑神，孰與木杠之窳、織成之拙、牛截之噪、象戲之鄙、角抵之鈍。

百戲

題解

明・于慎行《穀山筆麈》卷一四《雜考》 漢有魚龍百戲，齊、梁以來，謂之散樂，有舞盤伎、舞倫伎、長蹻伎、跳鈴伎、擲倒伎、跳劍伎、吞劍伎，今教坊百戲大率有之。惟擲倒不知何法，疑即翻金斗也。翻金斗，字義起於趙簡子之殺中山王，後之工人以頭委地而翻身跳過，謂之金斗，想其形類爲名耳。

論説

宋・高承《事物紀原》卷九 百戲：梁元帝《纂要》曰：百戲起於秦、漢曼衍之戲，後乃有高絙、吞刀、履火、尋橦等也。一云都盧尋橦。都盧，山名，其人善緣竿百戲。

又 水戲：《典略》曰：魏明帝使博士馬鈞作水轉百戲，巨獸魚龍曼延，弄馬列騎備，如漢西京故事，今世皆傳其法。蓋其始自馬鈞也。

《舊唐書》卷二九《音樂志》 散樂者，歷代有之，非部伍之聲，俳優歌舞雜奏。漢天子臨軒設樂，舍利獸從西方來，戲於殿前，激水成比目魚，跳躍嗽水，作霧翳日，化成黄龍，修八丈，出水遊戲，輝耀日光。繩繫兩柱，相去數丈，二倡女對舞繩上，切肩而不傾。如是雜變，總名百戲。江左猶有高絙紫鹿、跂行鼈食、齊王捲衣、笮鼠、夏育扛鼎、巨象行乳、神龜抃戲背負靈嶽、桂樹白雪、畫地成川之伎。晉成帝咸康七年，散騎侍郎顧臻表曰：末世之樂，設外方之觀，逆行連倒。四海朝覲帝庭，而足以蹈天，頭以履地，反天地之順，傷彝倫之大。乃命太常悉罷之。其後復高絙紫鹿。後魏、北齊，亦有魚龍辟邪、鹿馬仙車、吞刀吐火、剝車剝驢、種瓜拔井之戲。周宣帝徵齊樂並會關中。開皇初，散遣之。大業二年，突厥單于來朝洛陽宫，煬帝爲之大合樂，盡通漢、晉、周、齊之術，胡人大駭。帝命樂署肄習，常以歲首縱觀端門内。大抵散樂雜戲多幻術，幻術皆出西域，天竺尤甚。漢武帝通西域，始以善幻人至中國。安帝時，天竺獻伎，能自斷手足，刳剔腸胃，自是歷代有之。我高宗惡其驚俗，敕西域關令不令入中國。苻堅嘗得西域倒舞伎。睿宗時，婆羅門獻樂，舞人倒行，而以足舞於極銛刀鋒，倒植於地，低目就刃，以歷臉中，又植於背下，吹篳篥者立其腹上，終曲而亦無傷。又伏伸其手，兩人躡之，旋身遶手，百轉無已。漢世有橦木伎，又有盤舞。晉世加之以杯，謂之杯盤舞。樂府詩云，妍袖陵七盤，言舞用盤七枚也。梁謂之舞盤伎。梁有長蹻伎、擲倒伎、跳劍伎、吞劍伎，今並存。又有舞輪伎，蓋今戲車輪者。透三峽伎，蓋今透飛梯之類也。高絙伎，蓋今之戲繩者是也。梁有獼猴幢伎，今有緣竿，又有獼猴緣竿，未審何者爲是。又有弄椀珠伎、丹珠伎。

紀事

《後漢書》卷五《孝安帝紀》　十二月甲子，清河王薨，使司空持節弔祭，車騎將軍鄧騭護喪事。乙酉，罷魚龍曼延百戲。

《魏書》卷一〇九《樂志》　六年冬，詔太樂、總章、鼓吹增修雜伎，造五兵、角觝、麒麟、鳳皇、仙人、長蛇、白象、白虎及諸畏獸、魚龍、辟邪、鹿馬仙車、高絙百尺、長趫、緣橦、跳丸、五案以備百戲。大饗設之於殿庭，如漢晉之舊也。太宗初，又增修之，撰合大曲，更爲鍾鼓之節。

《隋書》卷一五《音樂志》　始齊武平中，有魚龍爛漫、俳優、朱儒、山車、巨象、拔井、種瓜、殺馬、剝驢等，奇怪異端，百有餘物，名爲百戲。周時，鄭譯有寵於宣帝，奏徵齊散樂人，並會京師爲之。蓋秦角抵之流者也。開皇初，並放遣之。及大業二年，突厥染干來朝，煬帝欲誇之，總追四方散樂，大集東都。初於芳華苑積翠池側，帝帷宫女觀之。有舍利先來，戲於場内，須臾跳躍，激水滿衢，黿鼉龜鼇，水人蟲魚，徧覆于地。又有大鯨魚，噴霧翳日，倏忽化成黄龍，長七八丈，聳踊而出，名曰黄龍變。又以繩繫兩柱，相去十丈，遣二倡女，對舞繩上，相逢切肩而過，歌舞不輟。又爲夏育扛鼎，取車輪石臼大甕器等，各於掌上而跳弄之。並二人戴竿，其上有舞，忽然騰透而換易之。又有神鼇負山，幻人吐火，千變萬化，曠古莫儔。染干大駭之。自是皆於太常教習。每歲正月，萬國來朝，留至十五日，於端門外，建國門内，綿亘八里，列爲戲場。百官起棚夾路，從昏達旦，以縱觀之。至晦而罷。伎人皆衣錦繡繒綵。其歌舞者，多爲婦人服，鳴環佩，飾以花毦者，殆三萬人。初課京兆、河南製此衣服，而兩京繒錦，爲之中虚。三年，駕幸榆林，突厥啓民，朝于行宫，帝又設以示之。六年，諸夷大獻方物。突厥啓民以下，皆國主親來朝賀。乃於天津街盛陳百戲，自海内凡有奇伎，無不總萃。崇侈器玩，盛飾衣服，皆用珠翠金銀，錦罽絺繡。其營費鉅億萬。關西以安德王雄總之，東都以齊王暕總之，金石匏革之聲，聞數十里外。彈弦擫管以上，一萬八千人。大列炬火，光燭天地，百戲之盛，振古無比。自是每年以爲常焉。

《晉書》卷二三《樂志》　後漢正旦，天子臨德陽殿受朝賀，舍利從西方來，戲於殿前，激水化成比目魚，跳躍嗽水，作霧翳日。畢，又化成龍，長八九丈，出水遊戲，炫燿日光。以兩大絲繩繫兩柱頭，相去數丈，兩倡女對舞，行於繩上，相逢切肩而不傾。魏晉訖江左，猶有夏育扛鼎、巨象行乳、神龜抃舞、背負靈嶽、桂樹白雪、畫地成川之樂。

《舊唐書》卷八四《郝處俊傳》　尋而官名復舊，處俊授黄門侍郎。三年，加銀青光禄大夫，轉中書侍郎。四年，監修國史。上元元年，高宗御含元殿東翔鸞閣觀大酺。時京城四縣及太常音樂分爲東西兩朋，帝令雍王賢爲東朋，周王諱爲西朋，務以角勝爲樂。處俊諫曰：臣聞禮所以示童子無誑者，恐其欺詐之心生也。伏以二王春秋尚少，意趣未定，當須推多讓美，相敬如一。今忽分爲二朋，遞相誇競。且俳優小人，言辭無度，酣樂之後，難爲禁止，恐其交爭勝負，譏誚失禮。非所以導仁義，示和睦也。高宗瞿然曰：卿之遠識，非衆人所及也。遽令止之。尋代閻立本爲中書令。歲餘，兼太子賓客、檢校兵部尚書。

《新唐書》卷一九四《元德秀傳》　玄宗在東都，酺五鳳樓下，命三百里縣令、刺史各以聲樂集。是時頗言帝且第勝負，加賞黜。河内太守輦優伎數百，被錦繡，或作犀象，瓌譎光麗。德秀惟樂工數十人，聯袂歌于蔿于。于蔿于者，德秀所爲歌也。帝聞，異之，歎曰：賢人之言哉。謂宰相曰：河内人其塗炭乎。乃黜太守，德秀益知名。

藝文

宋·王讜《唐語林》卷一《政事上》 玄宗御勤政樓大酺，縱士庶觀看百戲，人物嗔咽，金吾衛士指遏不得。上謂力士曰：吾以海内豐稔，四方無事，故盛爲宴樂，與萬姓同歡。不謂衆人喧鬧若此，汝有何計止之。力士曰：臣不能止也。請召嚴安之處分打塲，以臣所見，必有可觀。上從之。安之周行廣場，以手板畫地，示衆曰：踰此者必死。是以終日酺宴，咸指其畫曰：嚴公界境。無人敢犯者。

明·田汝城《西湖遊覽志餘》 其時，優人百戲，擊毬關撲，魚鼓彈詞，聲音鼎沸，蓋人但藉看潮爲名，往往隨意酣樂耳。

唐·劉晏《詠王大娘戴竿》 樓前百戲競争新，唯有長竿妙入神。誰謂綺羅翻有力，猶自嫌輕更著人。

雜録

《三國志》卷三《魏書·明帝紀》 引穀水過九龍殿前，爲玉井綺欄，蟾蜍含受，神龍吐水，使博士馬均作司南車，水轉百戲。歲首，建巨獸，魚龍曼延，弄馬倒騎，備如漢西京之制。

宋·李昉《太平御覽》卷五六九《倡優》 《梁元帝纂要》曰：古艷曲有北里、靡靡、激楚、結風、陽阿之曲。又有百戲，起於秦漢，有魚龍蔓延，假作獸以□高絙鳳皇，安息五案，並石季龍所作，見《□中記》都盧尋橦，今之緣竿，見《西京賦》九劍，九一名鈴見《西京賦》戲車、山車、興雲、動雷見李尤平《樂觀賦》跟挂、腹旋，注緣竿所作，見傅玄《西都賦》吞刀，見《西京賦》吐火，見《西京賦》激水、轉石、漱霧、扛鼎，並見李尤長《□□》及傅玄《西都賦》象人、見《漢書》韋□曰：今之假面。怪獸含利之戲並見《西京賦》

又《倡優》 《後魏書》：太武既平河西，得西凉樂。至魏、周之際，遂謂之國伎。魏代至隋，咸重之。其曲項琵琶、竪箜篌之徒，並出自西域，非華夏舊器。楊澤新聲、神白馬之類，生於故歌，非漢魏、遺曲。故其樂聲調，悉與書史不同。其歌曲有《永代國諱改焉樂》，解曲有《萬代豐曲》，有《于寘佛曲》。工人平上幘緋褶，白舞一人，方舞四人。白舞令□，方舞四人。假髻，玉支釵，紫絲布褶，白大口褲，五彩接袖，烏皮靴。後魏道武帝天興六年冬，詔太樂摠章鼓吹，增修雜戲，造五兵角抵、麒麟、鳳凰、仙人、長蛇、白象、武及諸畏獸、魚龍、辟邪、鹿馬、仙車，高絙百尺長，趫幢跳丸，以備百戲。大饗，設之於殿前。明元帝初，又增修之，撰合大曲，更爲鍾鼓之節。北齊神武平中山，有魚龍爛熳、俳優、侏儒、山車、巨象、拔井、種瓜、殺馬剥驢等奇怪異端，百有餘物，名爲百戲。

宋·郭茂倩《樂府詩集》卷五六 秦漢已來，又有雜伎，其變非一，名爲百戲，亦總謂之散樂。自是歷代相承有之。

宋·高承《事物紀原》卷九《水戲》 《典略》曰：魏明帝使博士馬鈞作水轉百戲，巨獸魚龍曼延，弄馬列騎備，如漢西京故事，今世皆傳其法。蓋其始自馬鈞也。

宋·陳暘《樂書》卷一八六《百戲上》 象人之戲，始於周之偃師；而百戲之作，見於後漢。故《大予樂》少府屬官承華令典，黄門鼓吹、百戲師二十七人。北齊清商令丞掌百戲及鼓吹樂。大業中，諸夷來貢方物，乃於天津街盛陳百戲，動以萬餘人。唐宣宗每幸《十六宅》，諸王無少長，悉命預坐，必大合樂，列百戲。則百戲之樂，其所從來久矣。然隋皇陳之天津街，以詫夷人，唐帝用之内殿，以宴百辟，非所以正百官而風天下也，君子無取焉。聖朝雜樂有踏毬、蹵毬、踏蹻、藏挾、雜旋、弄槍鋺瓶、齪劍、踏索、尋橦、筋斗、拗腰、透劍門、飛彈丸、女伎、百戲之屬，皆隸左右軍而散居焉。每大饗燕，宣徽院按籍召之，亦宜去隋唐之失也。

又《百戲下》 隋煬帝大業中，突厥單于來朝。帝欲誇之，摠追四方散樂，大集東都華林苑，積翠池側，帝帷宮女觀之。有舍利繩柱等，如漢故事；又爲夏育扛鼎，取車輪、石臼、大盆器等，各於掌上，跳弄之；並二人戴竿，其上有虎，忽然而换易之；又有神鼇騰透負山，幻人吐火，千變萬化，曠古莫儔。單于大駭之。自是令太常教習。每歲正月，萬國來朝，留至十五日，於端門外，建國門内，綿亘八里，列爲戲場，百官起棚夾路，縱觀之。伎人皆衣錦繡繒綵，歌者多爲婦服，鳴環珮，飾以花毦者，殆三萬人。初，課京兆、河南製此服，而兩京繒帛爲之中虚。三年，駕幸榆林，突厥啓民朝于行宫。及六年，諸夷大獻方物，突厥啓民以下，皆國主親來朝賀，乃於天津街盛陳百戲，海内凡有伎藝，無不摠萃。崇侈器翫，盛飾衣服，皆用珠翠金銀、錦罽絺繡，其營費鉅億萬。關西以安、德王雄摠之，東都以齊王暕摠之，金石匏革之聲，聞數十里外。彈弦擫管以上，萬八千人。大列炬火，光燭天地，百戲之盛，振古無比。自是每年以爲常焉。大抵散樂雜戲多幻術，皆出西域，始以善幻人至中國漢。安帝時，天竺獻伎能，自斷手足，刳剔腸胃，自是歷代有之。然夷人待以淫樂，習俗導以巫風，是□夷變夏，用邪干正，聖王不貴也。唐高宗嘗惡其驚俗，勑西域關津不令入中國，亦甚盛之舉歟。

宋・孟元老《東京夢華録》卷六《元宵》 正月十五日元宵，大内前自歲前冬至後，開封府絞縛山棚，立木正對宣德樓，遊人已集御街，兩廊下奇術異能，歌舞百戲，鱗鱗相切，樂聲嘈雜十餘里，擊丸、蹴踘、踏索、上竿、趙野人倒喫冷淘、張九哥吞鐵劍、李外寧藥法傀儡、小健兒吐五色水、旋燒泥丸子、大特落灰藥榾柮兒雜劇、温大頭、小曹嵇琴、党千簫管、孫四燒煉藥方、王十二作劇術、鄒遇、田地廣雜扮、蘇十、孟宣築毬、尹常賣五代史、劉百禽蟲蟻、楊文秀鼓笛。更有猴呈百戲、魚跳刀門、使唤蜂蝶、追呼螻蟻。其餘賣藥、賣卦、沙書地謎，奇巧百端，日新耳目。至正月七日，人使朝辭出門，燈山上綵，金碧相射，錦繡交輝。面北悉以綵結山沓，上皆畫神仙故事。或坊市賣藥賣卦之人，横列三門，各有綵結、金書大牌，中曰都門道，左右曰左右禁衛之門，上有大牌曰宣和與民同樂。綵山左右以綵結文殊、普賢，跨獅子、白象，各於手指出水五道，其手摇動。用轆轤絞水上燈山尖高處，用木櫃貯之，逐時放下，如瀑布狀。又於左右門上，各以草把縛成戲龍之狀，用青幕遮籠，草上密置燈燭數萬盞，望之蜿蜒如雙龍飛走。自燈山至宣德門樓横大街，約百餘丈，用棘刺圍遶，謂之棘盆，内設兩長竿，高數十丈，以繒綵結束，紙糊百戲人物，懸於竿上，風動宛若飛仙。内設樂棚，差衙前樂人作樂雜戲，並左右軍百戲在其中，駕坐一時呈拽。

宋・吴自牧《夢粱録》卷二〇《百戲伎藝》 百戲踢弄家，每於明堂郊祀年分，麗正門宣赦時，用此等人，立金鷄竿，承應上竿搶金鷄。兼之百戲，能打筋斗、踢人、踏蹺、上索、打交輥、脱索、索上擔水、索上走裝神鬼、舞判官、斫刀蠻牌、過刀門、過圈子等。理廟時，有路岐人，名十將宋喜、常旺兩家。有踢弄人，如謝恩、張旺、宋寶哥、沈家强、自來强、宋達、楊家會、宋賽歌、宋國昌、沈喜、張寶哥、常家喜、小娘兒、李顯、沈喜、湯家會、湯鐵柱、莊德、劉家會、小來强、鮑老兒、宋定哥、李成、莊寶、潘貴、宋慶哥、湯家俊等。遇朝家大朝會、聖節，宣押殿庭承應。則官府公筵，府第筵會，點唤供筵，俱有大犒。又有村落百戲之人，拖兒帶女，就街坊橋巷，呈百戲使藝，求覓鋪席宅舍錢酒之貲。且雜手藝，即使藝也，如踢瓶、弄碗、踢磬、踢缸、踢鐘、弄花錢、花鼓、槌踢、筆墨壁上睡、虚空掛香爐、弄花毬兒、椶築毬、弄斗、打硬、教虫蟻、弄熊、藏人、燒火、藏劍、喫針、射弩端、親背、攢壺瓶等，綫包兒撮米酒。撮放生等藝。淳祐以後，藝術高者有包喜、陸壽、施半仙、金寶、金時好、宋德、徐彦、沈興、趙安、陸勝、包壽、范春、吴順、金勝等。此藝施呈，委是奇特，藏去之術，則手法疾而已。

宋・周密《武林舊事》卷六《諸色藝人等》 舞綰百戲：張遇喜、劉仁貴、宋十將陳刻宋作朱常十將、錯安頭、歡喜頭　柴小昇哥　林賽哥、張名貴、花念一郎、花中寶。

元・佚名《兩軍師隔江鬥智》 净扮劉封上，詩云：我做將軍慣對壘，又調百戲又調鬼。

明・胡侍《真珠船》卷八《奇器不傳》 魏明帝時，有上百戲者，能設而不能動。帝以問馬鈞：可動否。對曰：可動。帝曰：其巧可益否。曰：可益。受詔作之。以大木雕構，構使其形若輪，平地施之，潛以水發焉。設爲女樂舞象，至令木人擊鼓吹簫；作山嶽，使木人跳丸擲劍，緣繩倒立，出入自在；百官行署，春磨鬭雞，變巧百端。

參軍戲

題　解

唐·段安節《樂府雜録》 開元中，黄幡綽、張野狐弄參軍始自後漢館陶令石躭。躭有贓犯，和帝惜其才，免罪。每宴樂，即令衣白夾衫，命優伶戲弄辱之，經年乃放。後爲參軍，誤也。開元中有李仙鶴善此戲，明皇特授，韶州同正參軍，以食其禄，是以陸鴻漸撰詞云韶州參軍，蓋由此也。

宋·陳暘《樂書》卷一八七《參軍戲》 《樂府雜録》述弄條軍之戲，自後漢館陶令石聘有贓犯始也。蓋和帝惜其才，特免其罪，每遇宴樂，即令衣白夾衫，命優伶戲弄辱之，經年乃釋。謂之後爲條軍者，誡也。唐開元中，有李仙鶴善爲此戲，明皇特授韶州同正条軍，是以陸鴻漸撰詞云韶州条軍，蓋由此矣。武宗朝有曹叔度、劉泉水。咸通以來，有范傳康、上官唐卿、吕敬倫、馮季皋，亦其次也。《趙書》謂石勒条軍周延爲館陶令，如此豈傳聞之誤邪。

論　説

宋·姚寬《西溪叢語》卷下 李義山《嬌兒》詩云：忽復學參軍，按聲喚蒼鶻。按，《吴史》云：徐知訓怙威，嬌淫調謔，王無敬畏之心。嘗登樓狎戲，荷衣木簡，自號參軍，令王髽髻鶉衣爲蒼頭以從。歐公《五代史·吴世家》云：知訓爲參軍，隆演鶉衣髽髻爲蒼鶻。前云蒼頭，非也。

宋·趙彦衛《雲麓漫鈔》卷五 優人雜劇，必裝官人，號爲參軍色。按《西京雜記》：京兆有古生嘗學縱横，揣摩弄矢摇丸摴蒲之術，爲都掾史四十餘年，善訑謾二千石，隨以諧謔，皆握其權要而得其歡心。趙廣漢爲京兆，下車而黜之，終於家。至今排戲猶稱古掾曹。又《樂府雜録》：漢館陶令石眈有贓犯，和帝惜其才，免罪；每宴，令衣白衫，命優伶戲弄辱之，經年乃放，後爲參軍。本朝景德三年，張景以交通曹人趙諫，斥爲房州參軍。景爲《屋壁記》，曰：近到州，知參軍無員數，無職守，悉以曠官敗事違戾政教者爲之。凡朔望饗宴，使預焉。人一見必指曰參軍也，倡優爲戲，亦假爲之，以資玩戲。今人多裝狀元進士，失之遠矣。

又 優人爲優，以一人幞頭衣緑，謂之參軍，以一人髽角敝衣如童僕狀，謂之蒼鶻。徐知訓與吴王爲優，自爲參軍，使王爲蒼鶻，總角敝衣，執帽以從，其狎侮媟嫚無君臣之禮如此。參軍之法，至宋猶然，似院本及戲文裝净之狀，第不知其節奏耳。

明·胡應麟《莊嶽委談》 優伶戲文，自優孟抵掌孫叔實，始濫觴。漢宦者傳脂粉侍中，亦後世裝旦之漸也。魏陳思傅粉墨椎髻，胡舞誦俳優小説，雖假以逞其豪俊爽邁之氣，然當時優家者流，糚束因可概見。而後世所爲副净等色，有自來矣。唐制如《霓裳》等舞度，數至多而名號，糚束不可深攷。《樂府雜録》。開元中，黄幡綽張野狐善弄參軍，參軍即後世副净也。

清·褚人獲《堅瓠六集》卷四 《復齋漫録》：薛能《贈吴姬詩》：樓臺重疊滿天雲，殷殷鳴鼉世上聞。此日楊花初一作飛似雪，女兒弦管弄条軍。又本朝張景，景德三年，以交通曹人趙諫升爲房州參軍，景爲《屋壁記》畧曰：近制州縣条軍，無員數，無職守，悉以曠官敗事違戾政教者爲之，凡朔望饗宴使與焉，若人見之，必指曰：条軍也，嘗爲其罪矣。至於倡優爲戲，亦假爲之，以資翫笑，况真爲者乎：宜爲人之輕視而狎侮也。按段安節《樂府雜録》：戲弄条軍，始自後漢館陶令石耽，有贓犯，和帝惜其才，免罪，每宴樂，令衣白夾衫，命優伶戲弄辱之。經年乃放，後爲条軍。掾唐開元中，有李仙鶴善此戲。明年，特授韶州司正条軍。又五代王建時，王宗侃謫維州司户条軍，曰：要我頭時，斷去。誰能作此措大官，俳優弄条軍。《戲瑕》：唐肅宗讌於宫中，女優弄假戲，有緑衣秉簡爲条軍者。天寳末，蕃將阿布思伏法，其妻配入掖庭，因隸樂工，令爲条軍之戲。公主諫以爲不可，遂罷戲，而免阿布思之妻。《因話録》所載甚詳。薛能詩，可證女優妝束矣。《輟耕録》直以条軍爲後世副净，云：開元中，黄幡綽張野狐善弄条軍。然則戲中孤酸，皆可名叅軍也，豈必副净爲之哉。

紀事

《三國志》卷二一《魏書・王粲傳》裴注引《吴質别傳》質黄初五年朝京師，詔上將軍及特進以下皆會質所，大官給供具。酒酣，質欲盡歡。時上將軍曹真性肥，中領軍朱鑠性瘦，質召優，使説肥瘦。真負貴，恥見戲，怒謂質曰：卿欲以部曲將遇我邪。驃騎將軍曹洪、輕車將軍王忠言：將軍必欲使上將軍服肥，即自宜爲瘦。真愈恚，拔刀瞋目，言：俳敢輕説，吾斬爾。遂罵坐。質案劍曰：曹子丹，汝非屠几上肉，吴質吞爾不摇喉，咀爾不摇牙，何敢恃勢驕邪。鑠因起曰：陛下使吾等來樂卿耳，乃至此邪。質顧叱之曰：朱鑠，敢壞坐。諸將軍皆還坐。鑠性急，愈恚，還拔劍斬地。遂便罷也。

又卷四二《蜀書・許慈傳》許慈字仁篤，南陽人也。師事劉熙，善鄭氏學，治易、尚書、三禮、毛詩、論語。建安中，與許靖等俱自交州入蜀。時又有魏郡胡潛，字公興，不知其所以在益土。潛雖學不沾洽，然卓犖彊識，祖宗制度之儀，喪紀五服之數，皆指掌畫地，舉手可采。先主定蜀，承喪亂歷紀，學業衰廢，乃鳩合典籍，沙汰衆學，慈、潛並爲學士，與孟光、來敏等典掌舊文。值庶事草創，動多疑議，慈、潛更相克伐，謗讟忿争，形於聲色；書籍有無，不相通借，時尋楚撻，以相震攇。攇，虚晚反。其矜己妒彼，乃至於此。先主愍其若斯，羣僚大會，使倡家假爲二子之容，傚其訟鬩之狀，酒酣樂作，以爲嬉戲，初以辭義相難，終以刀杖相屈，用感切之。潛先没，慈後主世稍遷至大長秋，卒。子勛傳其業，復爲博士。

《北齊書》卷一五《尉景傳》轉冀州刺史，又大納賄，發夫獵，死者三百人。厙狄干與景在神武坐，請作御史中尉。神武曰：何意下求卑官。干曰：欲捉尉景。神武大笑，令優者石董桶戲之。董桶剥景衣，曰：公剥百姓，董桶何爲不剥公。神武誡景曰：可以無貪也。景曰：與爾計生活孰多，我止人上取，爾割天子調。神武笑不答。

唐・温庭筠《乾𦠆子》馮翊之東寘谷，有隱士趙存者，元和十四年，壽逾九十，服精術之藥，體甚輕健。自云：父諱君乘，亦享遐壽。嘗事兖公陸象先，言兖公之量，固非凡可以測度。兖公崇信内典，弟景融竊非曰：家兄溺此教，何利乎。象先曰：若果無冥道津梁，百歲之後，吾固當與汝等。萬一有罪福，吾則分數勝汝。及爲馮翊太守，叅軍等多名族子弟，以象先性仁厚，於是與府寮共約戲賭。一人曰：我能旋笏于廳前，硬努眼眶，衡揖使君，唱喏而出，可乎。衆皆曰：誠如是，甘輸酒食一席。其人便爲之，象先視之如不見。又一叅軍曰：爾所爲全易，吾能于使君廳前，墨塗其面，着碧衫子，作神舞一曲，慢趨而出。羣寮皆曰：不可，誠敢如此，吾輩當斂俸錢五千，爲所輸之費。其二叅軍便爲之，象先亦如不見。皆賽所賭，以爲戲笑。其第三叅軍又曰：爾之所爲絶易，吾能于使君廳前，作女人梳妝，學新嫁女拜舅姑四拜。則如之何。衆曰：如此不可，仁者一怒，必遭叱辱。倘敢爲之，吾輩願出俸錢十千，充所輸之費。其第三叅軍，遂施粉黛，高髻笄釵，女人衣，疾入，深拜四拜。象先又不以爲怪。景融大怒曰：家兄爲三輔刺史，今乃成天下笑具。象先徐語景融曰：是渠叅軍兒等笑具，我豈爲笑哉。初，房琯嘗尉馮翊，象先下孔目官黨芬，于廣衢相遇，避馬遲，琯拽芬下，决脊數十下。芬訴之，象先曰：汝何處人。芬曰：馮翊人。又問：房琯何處官人。芬曰：馮翊尉。象先曰：馮翊尉决馮翊百姓，告我何也。琯又入見，訴其事，請去官。象先曰：如黨芬所犯，打亦得，不打亦得。官人打打原作官，據明鈔本改了，去亦得，不去亦得。後數年，琯爲弘農湖城令，移攝閿鄉。值象先自江東徵入，次閿鄉，日中遇琯，留迨至昏黑，琯不敢言。忽謂琯曰：携衾裯來，可以宵宵原作賓，據明鈔本改話。琯從之，竟不交一言。到闕日，薦琯爲監察御史。景融又曰：比年房琯在馮翊，兄全不知之。今别四五年，因途次會，不交一詞。到闕薦爲監察御史，何哉。公曰：汝不自解。房琯爲人，百事不欠，祇欠不言。今則不言矣，是以爲用之。班行間大伏其量矣。

《北史》卷五四《尉景傳》景妻常山君，神武之姊也。以勳戚，每有軍事，與厙狄干常被委重。而不能忘懷財利，神武每嫌責之。轉冀州刺史，又大納賄，發夫獵，死者三百人。厙狄干與景在神武坐，請作御史中尉。神武曰：何意下求卑官。干曰：欲捉尉景。神武大笑，令優者石董桶戲之。董桶剥景衣曰：公剥百姓，董桶何爲不剥公。神武誡景曰：可以無貪也。

景曰：與爾計生活孰多，我止人上取，爾割天子調。神武笑不答。

《資治通鑑》卷二一二《唐紀二八》　侍中宋璟疾負罪而妄訴不已者，悉付御史臺治之。謂中丞李謹度曰：服不更訴者出之，尚訴未已者且繫。由是人多怨者。會天旱有魃，優人作魃狀戲於上前，問魃：何爲出。對曰：奉相公處分。又問：何故。魃曰：負冤者三百餘人，相公悉以繫獄抑之，故魃不得不出。上心以爲然。

《新五代史》卷三七《伶官傳》　莊宗嘗與羣優戲于庭，四顧而呼曰：李天下，李天下何在。新磨遽前以手批其頰。莊宗失色，左右皆恐，羣伶亦大驚駭，共持新磨詰曰：汝奈何批天子頰。新磨對曰：李天下者，一人而已，復誰呼邪。於是左右皆笑，莊宗大喜，賜與新磨甚厚。

藝文

唐·李商隱《嬌兒詩》　截得青篔簹，騎走恣唐突。忽復學參軍，按聲喚蒼鶻。

唐·路延德《小兒詩》　頭依蒼鶻裹，袖學柘枝揎。

唐·薛能《吴姬》　此日楊花初似雪，女兒弦管弄參軍。

雜録

唐·趙璘《因話録》卷一《宫部》　政和公主，肅宗第三女也，降柳潭。肅宗宴于宫中，女優有弄假官戲，其緑衣秉簡者，謂之參軍樁。天寶末，蕃將阿布思伏法，其妻配掖庭，善爲優，因使隸樂工。是日，遂爲假官之長，所爲樁者。上及侍宴者笑樂，公主獨俛首，嚬眉不視。上問其故，公主遂諫曰：禁中侍女不少，何必須得此。人使阿布思真逆人也，其妻亦同刑人，不合近至尊之座。若果冤橫，又豈忍使其妻與羣優雜處爲笑謔之具哉。妾雖至愚，深以爲不可。上亦憫惻，遂罷戲，而免阿布思之妻，由是賢重公主。

唐·范攄《雲溪友議》卷九　安人元相國，應制科之選，歷天禄畿尉，則聞西蜀樂籍有薛濤者，能篇詠，饒詞辯，常悄悒於懷抱也。及爲監察，求使劍門，以御史推鞫，難得見焉。及就除拾遺，府公嚴司空綬知微之之欲，每遣薛氏往焉。臨途訣別，不敢挈行。洎登翰林，以詩寄曰：錦江滑膩蛾嵋秀，化出文君與薛濤。言語巧偷鸚鵡話，文章分得鳳凰毛。紛紛詞客皆停筆，箇箇君侯欲夢刀。別後相思隔煙水，菖蒲花發五雲高。元公既在中書，論《與裴晉公度子弟譔及第議》，出同州。詔云：裴度有立蔡之功，元稹有□塞之過也。乃廉問浙東，別濤已逾十載，方擬馳使往蜀取濤。乃有俳優周季南，季崇及妻劉採春自淮甸而來，善弄陸參軍，歌聲徹雲，篇詠雖不及濤，而華容莫之比也。元公似忘薛濤，而贈採春曰：新妝巧樣畫雙蛾，慢裹恒州透額羅。正面偷輪光滑笏，緩行輕踏皺紋靴。言辭雅措風流足，舉止低回秀媚多。更有惱人腸斷處，選詞能唱《望夫歌》。《望夫歌》者，即《羅嗊之曲》也。金陵有□□樓，乃陳後主所□。採春所唱一百二十首，皆當代才子所作五、六、七言，皆可和者。其詞曰：不喜秦淮水，生憎江上船。載兒夫壻去，經歲又經年。借問東園柳，枯來得幾年。自無枝葉分，莫怨太陽偏。莫作商人婦，金釵當卜錢。朝朝江口望，錯認幾人船。那年離別日，祇道往桐廬。桐廬人不見，今得廣州書。昨日勝今日，今年老去年。黄河清有日，白髮黑無緣。悶向江頭採白蘋，常隨女伴賽江神。衆中不敢分明語，暗擲金錢卜遠人。昨夜黑風寒，牽船浦裏安。潮來打纜斷，搖櫓始知難。採春一唱是曲，閨婦行人莫不漣洏。

五代·王仁裕《王氏見聞録》　朱梁封舜卿文詞特異，才地兼優，恃其聰俊，率多輕薄。梁祖使聘于蜀，時岐、梁眦睚，關路不通，遂泝漢江而上，路出全明鈔本全作金。下同。州。土人全宗朝明鈔本朝作朗，下同。爲帥。封至州，宗朝致筵于公署。封素輕其山州，多所傲睨，全之人莫敢不奉之。及執斝索令，曰：《麥秀兩歧》。伶人愕然相顧，未嘗聞之，且以他曲相同者代之。封擺頭曰：不可。又又原作文，據明鈔本改。曰：《麥秀兩歧》。復無以措手。主人恥而復惡，杖其樂將。停盞移時，逡巡，盞在手，又曰：《麥秀兩歧》。既不獲之，呼伶人前曰：汝雖是山民，亦合聞聞原作門。據明鈔本改。大朝音律乎，全人大以爲耻。次至漢中，伶人已知全州事，憂之。及飲會，又曰：《麥秀兩歧》。亦如全之筵，三呼不能應。有樂將王新殿前曰：

略乞侍郎唱一遍。封唱之未遍，已入樂工之指下矣。由是大喜，吹此曲，訖席不易之。其樂工白帥曰：此是大梁新翻，西蜀亦未嘗有之，請寫譜一本。急遞入蜀，具言經過二州事。洎封至蜀，置設。弄參參原作三。據明鈔本改。軍後，長吹《麥秀兩歧》於殿前，施芟麥之具，引數十輩貧兒，襤褸衣裳，携男抱女，挈筐籠而拾麥，仍合聲唱。其詞凄楚，及其貧苦之意。不喜人聞。封顧之，面如土色，卒無一詞。慙恨而返，乃復命。歷梁、漢、安、康等道，不敢更言兩歧字。蜀人嗤之。

《新五代史》卷六一《吴世家》 徐氏之專政也，隆演幼懦，不能自持，而知訓尤凌侮之。嘗飲酒樓上，命優人高貴卿侍酒，知訓爲參軍，隆演鶉衣髽髻爲蒼鶻。

宋・曾慥《類説》卷一六《樂府雜録》 弄參軍始自漢館陶令石躭。有贓犯，和帝惜其才，免罪。每宴樂，令衣白夾衫，令優伶戲弄辱之，經年乃放，後爲參軍。

《資治通鑑》卷二七〇《後梁紀五》 知訓狎侮吴王，無復君臣之禮。嘗與王爲優，自爲參軍，使王爲蒼鶻，總角弊衣執帽以從。

宋・張師正《倦遊雜録・軍府雜劇》 景祐末，詔以鄭州爲奉寧軍，蔡州爲淮康軍。范雍自侍郎領淮康節鉞，鎮延安。時羌人旅拒戍邊之卒，延安爲盛。有内臣盧押班者鈐轄，心嘗輕范，一日軍府開宴，有軍伶人雜劇，稱參軍夢得一黄瓜，長丈餘，是何祥也。一伶賀曰：黄瓜上有刺，必作黄州刺史。一伶批其頰曰：若夢見鎮府蘿蔔，須作蔡州節度使。范疑盧所教，即取二伶杖背，黥爲城旦。

宋・胡仔《苕溪漁隱叢話》後集卷一六《唐人雜紀上》 《復齋漫録》云：薛能《吴姬詩》：樓臺重疊滿天雲，殷殷鳴鼉世上聞。此日楊花初似雪，女兒絲管弄參軍。本朝張景，景德三年，以交通曹人趙諫斥爲房州參軍，景爲《屋壁記》，略曰：近置州縣參軍，無員數，無職守，悉以曠官敗事違戾政教者爲之，凡朔望饗宴使與焉，若處人一見之，若字原無，今據宋本校補。必指曰參軍也，嘗爲某罪矣。至於倡優爲戲，亦假而爲之，以資玩戲，况真爲者乎。宜爲人之輕視，又將狎而侮之。大略如此。余按《樂府雜録》云：戲弄參軍，自漢館陶令石耽，有贓犯，和帝惜其才，免罪，每宴樂，令衣白衫，命優伶戲弄辱之，經年，乃放爲參軍。然則戲弄參軍，自漢已然矣，不始於唐世也。又五代王建時，王宗侃責受維州司户參軍，曰：要我頭時斷去，誰能作此措大官，使俳優弄爲參軍邪。

歌舞戲

題解

唐・崔令欽《教坊記》 《踏謡娘》，北齊有人姓蘇，鮑鼻，實不仕，而自號爲郎中，嗜飲酗酒，每醉輒毆其妻。妻銜悲，訴於鄰里。時人弄之。丈夫著婦人衣，徐行入場。行歌，每一疊，傍人齊聲和之云：踏謡和來，踏謡娘苦和來。以其且步且歌，故謂之踏謡；以其稱冤，故言苦。及其夫至，則作毆鬬之狀，以爲笑樂。今則婦人爲之，遂不呼郎中，但云阿叔子。調弄又加典庫，全失舊旨。或呼爲談容娘，又非。

唐・杜佑《通典》卷一四六《踏揺娘》 生於隋末。河内有人醜貌而好酒，常自號郎中，醉歸必毆其妻。妻美色善自歌，乃歌爲怨苦之詞。河朔演其曲而被之管絃，因寫其妻之容。妻悲訴，每摇其身，故號《踏揺》云。近代優人頗改其制度，非舊旨也。

論説

《晉書》卷二三《樂志下》 《公莫舞》，今之《巾舞》也。相傳云項莊劍舞，項伯以袖隔之，使不得害漢高祖，且語項莊云公莫。古人相呼曰公，言公莫害漢王也。今之用巾蓋像項伯衣袖之遺式。然案《琴操》有《公莫渡河曲》，然則其聲所從來已久，俗云項伯，非也。

紀事

《舊唐書》卷一八九下《郭山惲傳》　時中宗數引近臣及修文學士，與之宴集，嘗令各効伎藝，以爲笑樂。工部尚書張錫爲《談容娘舞》，將作大匠宗晉卿舞《渾脱》，左衛將軍張洽舞《黄麞》，左金吾衛將軍杜元琰誦《婆羅門呪》，給事中李行言唱《駕車西河》，中書舍人盧藏用効道士上章。

藝文

《宋書》卷二二《樂志四・巾舞歌詩一篇》　吾不見公莫時吾何嬰公來嬰姥時吾哺聲何爲茂時爲來嬰當思吾明月之土轉起吾何嬰土來嬰轉去吾哺聲何爲土轉南來嬰當去吾城上羊下食草吾何嬰下來吾食草吾哺聲汝何三年針縮何來嬰吾亦老吾平平門淫涕下吾何嬰何來嬰涕下吾哺聲昔結吾馬客來嬰吾當行吾度四州洛四海吾何嬰海何來嬰海何來嬰四海吾哺聲熇西馬頭香來嬰吾洛道吾治五丈度汲水吾噫邪哺誰當求兒母何意零邪錢健步哺誰當吾求兒母何吾哺聲三針一發交時還弩心意何零意弩心遥來嬰弩心哺聲復相頭巾意何零何邪相哺頭巾相吾來嬰頭巾母何何吾復來推排意何零相哺推相來嬰推非母何吾復車輪意何零子以邪相哺轉輪吾來嬰轉母何吾使君去時意何零子以邪使君去時使來嬰去時母何吾思君去時意何零子以邪思君去時思來嬰吾去時母何何吾吾

唐・常非月《詠談容娘》　舉手整花鈿，翻身舞錦筵。馬圍行處匝，人壓看場圓。歌要齊聲和，情教細語傳。不知心大小，容得許多憐。

雜録

唐・段安節《樂府雜録・鼓架部》　戲有《代面》，始自北齊神武弟，有膽勇，善鬭戰，以其顔貌無威，每入陣即著面具，後乃百戰百勝。戲者衣紫，腰金，執鞭也。

宋・陳暘《樂書》卷一七九《公莫舞》　古琴操有《公莫渡河》曲，觀《公莫舞》歌詩有云：吾不見公莫時吾何嬰，公來姥時吾哺聲。吾治五丈度汲水，吾噫邪哺誰當求。是知《公莫舞》、《公莫渡河曲》之舞也。陳智匠曰：尋霍里子高晨朝刺舡而濟，有白首狂夫被髮提壺，亂流而度，其妻追之不及，遂溺而死。於是鼓箜篌而歌曰：公無渡河，公竟渡河，將奈公何。曲終，赴河而殁。子高聞其歌悲，援琴而哀切，以象其聲是也。宋沈約文致之，以爲公莫害漢，今之巾舞是也。不知奚據而云。

又　沈約曰：項莊劍舞，項伯以袖隔之，使不得害漢高祖。今之用巾，蓋像項伯衣袖之遺式也。

又卷一八六《代面戲》　北齊蘭陵王長恭，才武而貌美，常被假面以對敵，擊周師金鏞下，勇冠三軍，齊人壯之，故爲此舞，以象其指麾擊刺之容，俗謂之《蘭陵王入陣曲》，然亦非雅頌之聲也。《樂府雜録》謂代面，迺北齊神武之弟有膽勇，善鬭戰，以其貌雌，無威於敵者，非矣。

又卷一八八《鼓架部》　唐鼓架部樂有笛、拍板、搭鼓、腰鼓也兩杖鼓，戲有代面、撥頭、蘇郎中、踏摇娘、羊頭、渾脱、九頭師子、弄白馬、益錢、尋橦、跳瓦、吞刀、吐火、旋盤筋斗之屬。

宋・曾慥《類説》卷七引《教坊記》　蘇五奴，妻善歌舞，亦姿色，能弄《踏謡娘》。有邀迓者，五奴輒隨之前，人欲其速醉，多勸其酒，五奴曰：但多與我錢，雖吃饞子亦醉，不煩酒也。今呼鬻妻者爲五奴，自蘇始。《踏謡娘》：北齊有人姓蘇，鮑鼻，實不仕，而自號郎中，每醉輒毆其妻。妻啣悲，訴於隣里。時人弄之，丈夫著婦人衣，徐步入場行歌，每一疊，旁人齊和之云：踏謡娘苦。和來以其且步且歌，故謂之踏謡娘；以其稱冤，故言苦。及其夫至，即闘鬧之狀，以爲笑樂。今則有婦人爲之。

又《樂府雜録》　樂有搭鼓，即腰鼓也。昔有人，父爲虎傷，上山尋屍，山有八折，故曲八疊。戲者被髮喪衣，面作悲啼，蓋遭喪之狀也。蘇中郎葩，嗜酒落拓，每有歌場，輒入獨舞。今爲戲者，着緋，戴帽，狀其醉也。又有《踏謡娘》、《羊頭渾脱》、《九頭獅子》，跳丸、吐火、吞刀、旋槃、斤斗，悉屬此部。

合生

論說

宋・高承《事物紀原》卷九《合生》《唐書・武平一傳》曰：中宗宴兩儀殿，胡人襪子、何懿倡合生，歌言淺穢。平一上書：比來妖伎胡人，於御座之前，或言妃主情貌，或列王公名質，詠歌舞蹈，號曰合生，始自王公，稍及閭巷。即是合生之原，起自唐中宗時也。今人亦謂之唱題目。

紀事

《新唐書》卷一一九《武平一傳》 後宴兩儀殿，帝命后兄光禄少卿嬰監酒，嬰滑稽敏給，詔學士嘲之，嬰能抗數人。酒酣，胡人襪子、何懿等唱合生，歌言淺穢，因倨肆，欲奪司農少卿宋廷瑜賜魚。平一上書諫曰：樂，天之和，禮，地之序；禮配地，樂應天。故音動於心，聲形于物，因心哀樂，感物應變。樂正則風化正，樂邪則政教邪，先王所以達廢興也。伏見胡樂施于聲律，本備四夷之數，比來日益流宕，異曲新聲，哀思淫溺。始自王公，稍及閭巷，妖伎胡人、街童市子，或言妃主情貌，或列王公名質，詠歌蹈舞，號曰合生。昔齊衰，有《行伴侶》，陳滅，有《玉樹後庭花》，趨數驁僻，皆亡國之音。夫禮慊而不進即銷，樂流而不反則放。臣願屏流僻，崇肅雍，凡胡樂，備四夷外，一皆罷遣。況兩儀、承慶殿者，陛下受朝聽訟之所，比大饗羣臣，不容以倡優媟狎虧污邦典。若聽政之暇，苟玩耳目，自當奏之後廷可也。不納。

儺戲

論說

宋・高承《事物紀原》卷八《驅儺》《禮緯》曰：高陽有三子，生而亡去爲疫鬼，一居江水中爲瘧，一居人宫室區隅中，善驚小兒。於是以正歲十二月，命祀官持儺以索室中而驅疫鬼。《軒轅本紀》曰：東海渡朔山有神荼、鬱壘之神，以禦凶鬼，爲民除害，因制驅儺之神。子遊島問於雄黄曰：今人逐疫出魅，擊鼓呼噪何也。雄黄曰：黔首多疾，黄帝氏立巫咸，使黔首鳴鼓振鐸，以動心勞形，發陰陽之氣，擊鼓呼噪，遂以出魅。黔首不知以爲祟魅也。或記以爲驅儺之事。按《周禮》有大儺，《漢儀》有侲子，要之雖原始於黄帝，而大抵周之舊制也。《周官》歲終命方相氏率百隸索室驅疫以逐之，則驅儺之始也。

清・褚人獲《堅瓠續集》卷二 儺係古禮，夫子見之，猶致敬焉。後漢季冬，先臘一日大儺，謂之逐疫。其儀：選中黄門子弟，年十歲以上，十二歲以下，百二十人爲侲子；又二人爲儺公儺母，皆赤幘皂服，黄金四目，蒙熊虎皮，執戈揚盾，中黄門行之，僕射將之，以逐惡鬼於禁中。寢殿前燃蠟燭，燎沉檀，熒煌如晝。上與后妃觀之，賞賜甚多。《東都賦》：卒歲大儺，敺除羣厲。《吕覽》註曰：大儺逐盡陰氣，爲陽導也。《建康記》：歲除行儺，結黨連群，通夜達曉，家至户到。責其迎送。孫興公嘗戲爲儺，至桓宣武家，乞酒食以爲戲。宣武見其應對不凡，推問之，知是興公，衆爲絶倒。《梁書》。儺謂之野雩，曹景宗嘗爲野雩戲。今吴中以臘月一日行儺，至二十四止，丐者爲之，謂之跳竈王。

紀事

南朝梁・蕭統《文選》卷三 爾乃卒歲大儺，毆除羣厲。卒，終，謂一歲之終。儺，逐疫鬼。善曰：漢舊儀曰：昔顓頊氏之有三子，已而爲疫鬼，一居江水爲瘧鬼；一居若水爲罔兩蜮鬼，一居人宮室區隅，善驚人，爲小鬼。於是以歲十二月，使方相氏蒙虎皮，黄金四目，玄衣丹裳，執戈持盾，帥百隷及童子而時儺，以索室中，而毆疫鬼也。

南朝梁・宗懍《荆楚歲時記》 十二月八日爲臘日，諺語：臘鼓鳴，春草生。村人竝擊細腰鼓，戴胡頭，及作金剛力士以逐疫，按：《禮記》云：儺人，所以逐厲鬼也。《吕氏春秋・季冬紀》注云：今人臘前一日，擊鼓驅疫，謂之逐除。《晋陽秋》：王平子在荆州，以軍圍逐除，以鬬故也。《玄中記》：顓頊氏三子俱亡，處人宮室，善驚小兒。漢世以五營千騎自端門傳炬送疫，棄洛水中。故《東京賦》云：卒歲大儺，毆除羣厲。方相秉鉞，巫覡操茢。侲子萬童，丹首玄製。桃弧棘矢，所發無臬。《宣城記》云：洪矩，吴時作廬陵郡，載土船頭。逐除人就矩乞，矩指船頭云：無所載，土耳。《小説》：孫興公常着戲頭，與逐除人共至恒宣武家，宣武覺其應對不凡，推問乃驗也。金剛力士，世謂佛家之神。按：《河圖玉版》云：天立四極，有金剛力士，兵長三十丈。此則其義。

雜録

宋・曾慥《類説》卷一六《樂府雜録》 用方相四，戴冠及面具，黄金爲四目，衣熊裘，執戈揚盾，口作儺、儺之聲，似除也。侲子五百，小兒爲之，朱褶青襦，戴面具，晦日於紫宸殿前儺，張宮懸樂。

清・羅經畬《保靖志稿輯要》（十二月）凡酬願、追魂，不論四季，擇日（廷）（延）巫，祭賽儺神。祭時必設儺王男女二像於庭中，旁列滿堂畫軸神像，願大者搭臺演儺神戲。

清（雍正）《陝西通志》 秦中歲除日儺，皆作鬼神狀，二老人各爲儺翁、儺母。《秦中歲時記》除夕，是日更桃符，設歲宴。《興平縣誌》除日，具酒群飲，曰守歲。《臨潼縣誌》除夕，優人扮鍾馗遍詣人家，鳴鑼擊鼓，曰驅鬼。《渭南縣誌》

清（嘉慶）《雷州府志》 上元前數日，作燈市，剪綵爲花，各懸燈於堂門。自十二日起，曰開燈，連至十五夜，每夜彩燈或三四百爲一隊，或五六百爲一隊，放爆竹，燒煙火，妝鬼判諸色雜劇，絲竹鑼鼓迭奏，遊人達曙。城中爲最，各鄉墟間有之。是日儺，謂之遣災，亦有至二十八日，或二月十二日乃儺者。元夜更深，童男女以小石投井，曰祛忘神。謂人之善忘者，有神主之，故祛之也。

清（嘉慶）《澄海縣誌》（正月）十六日收燈，各鄉社演戲，扮臺閣，鳴鉦擊鼓以娱神，極諸靡態，所聚不下千人，或數百人不等。其有身首裹紅，執刀兵舞踏於神明之前者，俗名乩童。至夜競賽花燈，稱不夜天。好事者或爲藏頭詩句令猜者，什伯爲群，曰燈謎。延至三月乃止，諺云：正月燈，二月戲。又，喜演影戲，鑼鼓徹夜。

清・姚元之《竹葉亭雜記》卷一 慶隆舞，每歲除夕用之。以竹作馬頭，馬尾綵繒飾之，如戲中假馬者。一人躧高趫騎假馬，一人塗面身著黑皮作野獸狀，奮力跳躍，高趫者彎弓射。旁有持紅油簸箕者一人，箸刮箕而歌。高趫者逐此獸而射之，獸應弦斃，人謂之射媽狐子。此象功之舞也。有謂此即古大儺之意，非也。聞之盛京尹泰云：達呼爾居黑龍江之地，從古未歸王化。彼地有一種獸，不知何名，喜齧馬腿，達呼爾畏之倍於虎，不敢安居。國初時，曾至彼地，因著高趫騎假馬，竟射殺此獸。達呼爾以爲神也，乃歸誠焉。因作是舞。

清（道光）《重修電白縣誌》（正月）元旦恭賀，曰拜年。家設糕果祀神，曰供養，或懸先像，設糕果禮拜。是日不殺牲，多素食。三日内不市。各鄉行春儺禮演戲，曰做年例。

清（光緒）《靖邊志稿》（正月）上元燈節前後數夜，街市遍張燈火，村民亦各鼓樂爲儺，裝扮歌舞，俗名社火，義取逐瘟。

清（光緒）《洮州廳志》（正月）初五、六日，各鄉行儺禮，扮演故事。

清（宣統）《永綏廳志》（屈）（屆）三五年，延巫設壇，宰牲牢祀之，或三四日不等，名曰還儺願。唱《孟薑女》戲文，親友來觀者以錢擲賞，名曰歌錢，其曲最爲鄙俚。每一會費至百余金，親友所擲亦積至數十金，巫人以爲利藪。近來查禁綦嚴，漸知悛改矣。

傀儡戲

題解

宋·陳暘《樂書》卷一八五《偶人戲》 窟礧子，亦謂之魁礧子，又謂之傀儡子。蓋偶人以戲，喜歌舞，本喪家樂也。蓋出於偃師獻穆王之伎，高麗國亦有之，至漢末用之於嘉會。齊後主高緯尤好之，真失其所樂矣。說沛公在平城爲突厥圍，突厥閼氏素妒忌，陳平設木偶美人舞於城上，閼氏望見而退兵。史書但言陳平以秘計免圍，蓋鄙其策下爾。後樂家翻爲歌舞之戲。後魏有郭郎至，合爲俳優之首，時人戲爲之語曰：東家郭公九十九，伎肆盡入滕口。史家以此語妖也，今民間多有之也。

明·于慎行《穀山筆塵》卷一四《雜解》 傀儡，杜佑曰：窟儡子，亦曰傀磊子，本喪樂也。漢末始用之於嘉會，北齊高緯尤好之。俗懸絲而戲，謂之偶人，亦傀儡之屬也。又有以手持其末，出之幃上，則正謂之窟儡子矣。

清·富察敦崇《燕京歲時記·耍耗子、耍猴兒、耍苟利子、跑旱船》 苟利子即傀儡子，乃一人在布帷之中，頭頂小臺，演唱打虎跑馬諸雜劇。跑旱船者，乃村童扮成女子，手駕布船，口唱俚歌，意在學□湖而採蓮者，抑何不自醜也。凡諸雜技皆京南人爲之，正月最多。至農忙時則舍藝而歸耕矣。

又《燕京歲時記·封臺》 封印之後，梨園戲館擇日封臺，八班合演，至來歲元旦則賜福開戲矣。亦所以歌詠昇平也。按京師戲劇，風尚不同。咸豐以前，最重崑腔、高腔即弋腔，高腔者，有金鼓而無絲竹，慷慨悲歌，乃燕土之舊俗也。咸豐以後，專重二簧，近則並重秦腔。秦腔者，即俗所謂梆子腔也。內城無戲園，外城乃有。蓋恐八旗兵丁習於逸樂也。戲劇之外，又有托偶讀作吼、影戲、八角鼓、什不閑、子弟書、雜耍把式、像聲、大鼓、評書之類。托偶即傀儡子，又名大臺宮戲。影戲借燈取影，哀怨異常，老嫗聽之多能下淚。八角鼓乃青衣數輩，或弄絃索，或歌唱打諢，最足解頤。什不閑有旦有丑而無生，所唱歌詞別有腔調，低徊婉轉，冶蕩不堪，咸同以前頗重之，近亦如廣陵散矣。子弟書音調沉穆，詞亦高雅。雜耍把式即變戲法兒武技之類。像聲即口技，能學百鳥音，並能作南腔北調，嬉笑怒駡，以一人而兼之，聽之歷歷也。大鼓、評書最能壞人心術。蓋大鼓多采蘭贈芍之事，□閣演唱，已爲不宜；評書抵掌而談，别無幫襯，而豪俠亡命，躍躍如生，市兒聽之，適易啓其作亂爲非之念。有心世道者，其思有以禁之也。

論說

宋·高承《事物紀原》卷九《傀儡》 世傳傀儡起於漢高祖平城之圍，用陳平計，刻木爲美人，立之城上，以詐冒頓閼氏。後人因此爲傀儡。按《前漢高紀》七年注，應劭曰：平使畫工圖美女，遣遺閼氏。而無刻木事。今按《列子》記周穆王時，巧人有偃師者，爲木人，能歌舞。王與盛姬觀之，舞既終，木人瞬目，以手招王左右。王怒，欲殺偃師，偃師懼，壞之，皆丹墨膠漆之所爲也。此疑傀儡之始矣。秦、漢有魚龍曼衍之戲，其事亦粗見。唐李商隱《宮辭》曰：不須看畫魚龍戲，發遣君王怒偃師。是以《通典》曰：窟礧子亦曰魁礧，作偶人以戲，善歌舞。審此，知其偃師之遺事也。一云本喪樂，漢末始設之嘉會，不知何以爲喪樂。《風俗通》曰：漢靈帝時，京師賓昏嘉會皆作魁礧。梁散樂亦有之，北齊後主高緯尤所好也。《顔氏家訓》云：古有秃人姓郭，好諧謔，今傀儡郭郎子是也。

宋·吴自牧《夢粱録》卷二〇《百戲伎藝》 凡傀儡，敷演烟粉、靈怪、鐵騎、公案、史書歷代君臣將相故事話本，或講史，或作雜劇，或如崖詞。如懸線傀儡者，起於陳平六奇解圍故事也，今有金線盧大夫、陳中喜等，弄得如真無二，兼之走線者尤佳。更有杖頭傀儡，最是劉小僕射家數果奇，大抵弄此多虛少實，如巨靈、神姬、大仙等也。其水傀儡者，有姚遇仙、賽寶哥、王吉、金時好等，弄得百憐百悼。兼之水百戲，往來出入之勢，規模舞走，魚龍變化奪真，功藝如神。

清・顧禄《清嘉録》卷一　圍布作房，支以一木，五指運三寸傀儡，金鼓喧嗔，詞白則用叫顙子，均一人爲之，俗呼木人頭戲。牽絲戲。彷彿傀儡，手足皆以絲牽運動，故名。

清・富察敦崇《燕京舊時記・封臺》　戲劇之外，又有托偶（讀作吼）、影戲、八角鼓、什不閑、子弟書、雜耍把式、像聲、大鼓、評書之類。托偶即傀儡子，又名大臺宫戲。影戲借燈取影，哀怨異常，老嫗聽之，多能下淚。八角鼓乃青衣數輩，或弄絃索，或歌唱打諢，最足解頤。什不閑有旦有丑，而無生，所唱歌詞，別有腔調，低徊婉轉，冶蕩不堪；咸同以前頗重之，近亦如《廣陵散》矣。

紀事

《三國志》卷二九《魏書・方技傳》　裴注引傅玄語其後人有上百戲者，能設而不能動也。帝以問先生：可動否。對曰：可動。帝曰：其巧可益否。對曰：可益。受詔作之。以大木彫構，使其形若輪，平地施之，潛以水發焉。設爲女樂舞象，至令木人擊鼓吹簫；作山嶽，使木人跳丸擲劍，緣絙倒立，出入自在；百官行署，舂磨鬬雞，變巧百端。

唐・封演《封氏聞見記》卷六《道祭》　大曆中，太原節度辛雲京葬日，諸道節度使使人修祭，范陽祭盤最爲高大。刻木爲尉遲鄂公與突厥鬬將之戲，機關動作，不異於生。祭訖，靈車欲過。使者請曰：對數未盡。又停車設項羽與漢高祖會鴻門之象，良久乃畢。縗絰者皆手擘布幕，收哭觀戲。事畢，孝子陳語與使人，祭盤大好，賞馬兩匹。

宋・王讜《唐語林》卷七　崔侍郎安潛，崇奉釋氏，鮮茹葷血。唯於刑辟，常自躬親。僧人犯罪，未嘗屈法。於廳前慮囚，必卹惻以盡其情。有大辟者，俾先示以判語，賜以酒食而付去。鎮西川三年，唯多蔬食。宴諸司，以麫及蒟蒻之類，染作顔色，用象豚肩羊臑膾炙之屬，皆逼真也。時人比於梁武。而頻於使宅堂前弄傀儡子，軍人百姓穿宅觀看，一無禁止。而中壺預政，以玷盛德。

宋・周密《齊東野語》卷三《紹熙内禪》　汝愚覺之，以朱熹有重名，遂自長沙召入爲待制，侍經筵，及收召李祥、楊簡、吕祖儉等道學諸君子以自壯。然宫中及一時之議，皆歸功於侂胄，自是出入宫掖，居中用事。且嗾伶人刻木爲熹等像，峩冠大袖，講説性理，爲戲於禁中。

《元史》卷一〇五《刑法志四》　諸弄禽蛇、傀儡、藏擫、撇鈸、倒花錢、擊魚鼓、惑人集衆以賣僞藥者禁之，違者重罪之。

明・柯維騏《宋史新編》　《宋史新編》云：理宗在位久，董宋臣、盧允升作夫容閣、蘭香亭，宫中進倡優、傀儡，以奉帝遊宴。

明・田汝成《西湖遊覽志餘》　傀儡裝成出教坊，綵旗前引兩三行，郭郎鮑老休相笑，畢竟何人舞袖長。

又　歌童舞女，已非本色，而閭巷鄙人，以戲子傀儡雜之，溷聒眺聽，誠所謂花上曬裩，松下喝道者也。

明・鄭瑄《昨非庵日纂》卷八　嗚騶呵殿，歌兒挈傀儡於場中；揭地掀天，童子弄形影於燈下。

清・李斗《揚州畫舫録》卷一一《虹橋録下》　鳳陽人蓄猴令其自爲冠帶演劇，謂之猴戲。又圍布作房，支以一木，以五指運三寸傀儡，金鼓喧嗔，詞白則用叫顙子，均一人爲之，謂之肩擔戲。二者正月城内極多，皆預於臘月抵郡城，寓文峯塔壼蘆門客舍。至元旦進城，上元後，城中已遍，出郭求鬻于堤上。二者至此，湖山春色闌矣。

藝文

唐・唐玄宗《傀儡吟》　刻木牽絲作老翁，雞皮鶴髮與真同。須臾弄罷寂無事，還似人生一夢中。

宋・楊大年《傀儡詩》　鮑老當筵笑郭郎，笑他舞袖太郎當。若教鮑老當筵舞，轉更郎當舞袖長。

宋・范成大《石湖詩集》卷二三《上元紀吴中節物俳諧體三十二韻》　輕薄行歌過，顛狂社舞成。村田蓑笠野，街市管絃清。里巷分題句，官曹別扁名。旱船遥似泛，水儡近如生。

宋・周密《齊東野語》卷一七 張良借箸前籌，恨不食食其之肉；陳平刻木爲女，果能冒冒頓之圍。

元・喬吉《回省》 身離丹鳳闕，夢入黄鷄社。桔槔地面寬，傀儡排場熱。名利酒吞蛇，富貴夢迷蝶。蟻陣攻城破，蜂衙報日斜。豪傑幾度花開謝，癡呆三分春去也。

明・王九思《六十六自壽》 花兒又可憎，月兒又弄影。唱一曲（合歡令），花前春酒滿銀缾。借纖手，殷勤奉傀儡，棚頭從他搬弄老。先生須自省，陳設在小亭，擺列着玉筝，受用煞誰争競。

清・李聲振《百戲竹枝詞》 宮戲：象人而用木偶戲也。其生動者，幾於驅遣草木矣。不止偃師魚龍技巧也。古名傀儡。

用盡機心待若何，幾曾艸木解聲歌。被人指撥休相笑，世上而今傀儡多。

雜録

《後漢書》志第一三《五行志一》 《風俗通》曰：時京師賓婚嘉會，皆作《魁櫑》，酒酣之後，續以挽歌。《魁櫑》，喪家之樂。挽歌，執紼相偶和之者。天戒若曰：國家當急殄悴，諸貴樂皆死亡也。自靈帝崩後，京師壞滅，户有兼屍，蟲而相食，《魁櫑》、挽歌，斯之効乎。

唐・段安節《樂府雜録》 自昔傳云：起於漢祖，在平城，爲冒頓所圍，其城一面即冒頓妻閼氏，兵强於三面。壘中絶食。陳平訪知閼氏妬忌，即造木偶人，運機關，舞於陴間。閼氏望見，謂是生人，慮下其城，冒頓必納妓女，遂退軍。史家但云陳平以祕計免，蓋鄙其策下爾。後樂家翻爲戲。其引歌舞有郭郎者，髮正秃，善優笑，閭里呼爲郭郎，凡戲場必在俳兒之首也。

唐・韋絢《劉賓客嘉話録》 大司徒杜公在維揚也，嘗召賓幕閒語：我致政之後，必買一小駟八九千者，飽食訖而跨之，著一麤布襴衫，入市看盤鈴傀儡，足矣。又曰：郭令公位極之際，常慮禍及，此大臣之危事也。司徒深旨，不在傀儡，蓋自污耳。司徒公後致仕，果行前志。諫官上疏言：王公不合入市。公曰：吾計中計者，即自污耳。

北齊・顔之推《顔氏家訓》卷六《書證》 或問：俗名傀儡子爲郭秃，有故實乎。答曰：《風俗通》云：諸郭皆諱秃。當是前代人有姓郭而病秃者，滑稽戲調，故後人爲其象，呼爲郭秃，猶《文康》象庾亮耳。

《舊唐書》卷二九《音樂志》 歌舞戲，有大面、撥頭、踏摇娘、窟礧子等戲。玄宗以其非正聲，置教坊於禁中以處之。又窟礧子，亦云魁礧子，作偶人以戲。善歌舞，本喪家樂也。漢末始用之於嘉會。齊後主高緯尤所好。高麗國亦有之。

宋・孟元老《東京夢華録》卷五《京瓦伎藝》 崇、觀以來，在京瓦肆伎藝，張廷叟、孟子書主張。小唱李師師、徐婆惜、封宜奴、孫三四等，誠其角者。嘌唱弟子張七七、王京奴、左小四、安娘、毛團等。教坊減罷並温習。張翠蓋、張成、弟子薛子大、薛子小、俏枝兒、楊總惜、周壽奴、稱心等。般雜劇，枝頭傀儡任小三，每日五更頭回小雜劇，差晚看不及矣。懸絲傀儡張金線，李外寧。藥發傀儡。

又《駕幸臨水殿觀争標錫宴》 駕先幸池之臨水殿，錫燕群臣。殿前出水棚，排立儀衛，近殿水中横列四綵舟，上有諸軍百戲，如大旗獅豹，棹刀蠻牌，神鬼雜劇之類。又列兩船皆樂部，又有一小船，上結小綵樓，下有三小門，如傀儡棚，正對水中樂船，上參軍色進致語，樂作，綵棚中門開，出小木偶人，小船子上，有一白衣人垂釣，後有小童舉棹划船，遼繞數回，作語樂作，釣出活小魚一枚，又作樂，小船入棚。繼有木偶築毬、舞旋之類，亦各念致語唱和樂作而已，謂之水傀儡。又有兩畫船，上立鞦韆，船尾百戲人上竿，左右軍院虞候監教，鼓笛相和。又一人上蹴鞦韆，將平架，筋斗擲身入水，謂之水鞦韆，水戲呈畢，百戲樂船並各鳴鑼鼓，動樂舞旗，與水傀儡船分兩壁退去。

宋・周密《武林舊事》卷一《聖節》 其日候宰執奏事訖，追班，上坐垂拱殿，先引樞密院並管軍官上壽（東京分爲二日今衹併爲一日），禮畢，再坐紫宸殿，上公已下分立，候奏班齊，上公詣御茶牀前，躬進御酒，跪致詞云：文武百僚臣某等稽首言：天基令節（聖節名逐朝换），臣等不勝大慶謹上千萬歲壽下殿再拜。樞密宣答云：得公等壽酒，與公等内外同慶。又再拜，教坊樂作，接盞訖，跪起舞蹈如儀。閤門官喝：不該赴坐官先退。樞密喝羣臣升殿，閤門分引上公已下合赴坐官升殿。第一盞宣視盞，送御酒，歌板色，唱祝堯齡，賜百官酒，觱篥起，舞三臺後竝準此，供進內鹹豉。第二盞賜御酒，歌板起中腔，供進雜爆。第三盞歌板唱踏歌，供進肉鮓，候內官起茶牀，樞密跪奏禮畢，羣臣降階，舞蹈拜退。此上壽儀大略也。若錫宴節次，大率如夢華所載，兹不贅書。今偶得理宗朝禁中壽筵樂次，因列於此，庶可想見承平之盛觀也。

天基聖節排當樂次正月五日樂奏夾鍾宮，觱篥起（萬壽永無疆）引子，王恩。上壽第一盞觱篥起（聖壽齊天樂慢）周潤。【略】再坐，第一盞，觱篥起（慶芳春慢）【略】第七盞，鼓笛曲，拜舞（六幺）。弄傀儡，踢架兒，盧逢春。【略】第十三盞，方響獨打，高宮（惜春）。傀儡舞鮑老。【略】第十九盞，笙獨吹，正平調（壽長春）。傀儡（羣仙會）盧逢春。

宋·金盈之《醉翁談録》卷四 衆僧環列，既定，乃出。金盤廣四尺餘，置於佛殿之前，仍以漫天紫幙覆之於上。其紫幙皆銷金，爲龍鳳花木之形；又置小方座，前陳經案，次設香盤，四隅立金頻伽磴道闌檻，無不悉具。盛陳錦繡襜褥，精巧奇絶冠於一時。良久，吹螺擊鼓，鐙燭相映，羅列香花，迎擁一佛子，外飾以金，一手指天，一手指地。其中不知何物爲之，唯高二尺許，置於金盤中，衆僧舉揚佛事，其聲振地。士女瞻敬，以祁恩福。或見佛子於金盤中周行七步，觀者愕然。今之藥傀儡者，蓋得其遺意。

宋·曾慥《類説》卷一六《樂府雜録》 傀儡子起漢祖平城之圍。其城一面即冒頓妻閼氏，兵强於三面。陳平訪知閼氏妒，乃造木偶人，運機關舞埤間。閼氏望見，謂是生人，慮下城，冒頓必納，遂退軍。史家但云秘計，鄙其策下，耳後翻爲戲。其引歌舞有郭郎者，髡髮善優笑，凡戲場必在排兒之首。

明·胡侍《真珠船》卷八《奇器不傳》 魏明帝時，有上百戲者，能設而不能動。帝以問馬鈞：可動否。對曰：可動。帝曰：其巧可益否。對曰：可益。受詔作之。以大木雕構，構使其形若輪，平地施之，潛以水發焉。設爲女樂舞象，至令木人擊鼓吹簫；作山嶽，使木人跳丸擲劍，緣繩倒立，出入自在；百官行署，春磨鬭雞，變巧百端。

明·陳與郊《鸚鵡洲》第六出 （外上）謝家子弟每到了。（衆扮梨園子弟上）元相公磕頭。（副元末）少禮，那一箇是引戲。取戲目上來。（遞目科）（副元末）有這些本數，都是謝阿蠻傳授的麼，（衆應科）（副元末）這傀儡夢新聞。（小□旦）就將那傀儡先做一做，如何（副元末）最妙。（引戲開衆喝采科）叵奈天公，搬弄曉夜，没些閒空臨到，欲眠時又遺夢。兒歡哄小宋，小宋唤醒荆王懵懂，這詞是（如夢令）單道《楚襄王巫山雲雨夢》一節，（衆問科）這故事出在那里。（引戲）出在雲夢之臺、高唐之觀，楚襄王與大夫宋玉同遊，望見輕雲須臾變化，襄王便開言道：大夫此何氣也。宋玉躬身屈膝回奏道：大王，此朝雲也。襄王又問：何謂朝雲。宋玉上言道：昔我先王曾遊此地，倦而晝寢，夢一絶色女人口稱妾乃巫山之女，願薦枕席。先王幸之。那婦人臨去時道：妾朝爲行雲，暮爲行【略】雨，朝朝暮暮陽臺之下。先王便命工師蓋了這所廟宇，曰朝雲廟。襄王聽罷欣然，欲遇其人。這一夜，宋玉在帳房中却夢與神女相遇，姿容絶世，貞静難干。次早奏與襄王，歎羡不已，命玉作賦兩篇：一篇《高唐賦》，一篇《神女賦》。其賦現今編入《梁太子選》中，不知者以宋玉爲導慾宣淫，竟不記他賦中道長吏隳官賢豪失志。明明説女色迷人，又道思萬方、憂國害，開聖賢，輔不逮，明明諷國主親賢遠色，那時節襄王何曾夢見朝雲暮雨。宋大夫何曾導慾宣淫。傀儡來了。

明·劉若愚《酌中志》卷一六《内府衙門職掌》 又木傀儡戲，其製用輕木雕成海外四夷蠻王及仙聖、將軍、士卒之像，男女不一，約高二尺餘，止有臀以上，無腿足，五色油漆彩畫如生。每人之下，平底安一榫卯，用三寸長竹板承之。用長丈餘、濶數尺、深二尺餘方木池一箇，錫鑲不漏，添水七分滿，下用櫈支起，又用紗圍屏隔之，經手動機之人，皆在圍屏之內，自屏下游移動轉。水内用活魚、蝦、蟹、螺、蛙、鰍、鱔、萍、藻之類浮水上。聖駕陞殿，座向南，則鐘鼓司官在圍屏之南，將節次人物各以竹片托浮水上，遊鬪頑耍，鼓樂喧哄。另有一人執鑼在旁宣白題目，贊傀儡登答，道揚喝采。或英國公三敗黎王故事，或孔明七擒七縱，或三寶太監下西洋，八仙過海，孫行者大鬧龍宫之類，惟暑天白晝作之，如耍把戲耳。其人物器具，御用監也；水池魚蝦，内官監也；圍屏帳帷，司設監也；大鑼大鼓，兵仗局也。乍觀之，似可喜。如頻作之，亦覺煩費無餘矣。

清·石成金《新示雜抄》 江蘇布政司楊爲歲暮勸樂昇事。照得歲時豐稔，民物阜安，值年序之更新，正履端之伊始，乃共遊熙皡，咸樂昇平之候；但分不可踰，欲不可縱，惜財用，循禮法，保身家，敦風俗，防邪僻，戒匪彝，一切保泰持盈之道，願爾縉紳商民，共相勉勵，本司實有厚望焉。去經臘後，曾頒切切之文，今復春初，不憚諄諄之告，其胥聽之，毋忽。【略】一、游惰之宜懲也：無恒常之業，不知守分謀生，習游戲之場，但思設騙餬口，時逢歲旦，節慶元宵，唱秧歌，舞把戲，沿門索賞；跳傀儡，駕龍燈，逐户尋貲；遇事生風，借端插步，倡神筵佛會之名，作科歛分資之首，需求不遂，毆詈交加，闖將惡風，打降邪氣，亟須查究，以靖地方。【略】已上各條：除習俗之積弊，消地方之隱憂，皆民間切膚之要務，在年終歲首，尤爲吃緊，更宜隨時而警惕，隨事以提撕，庶期行有成效，以無負本司再三勸諭之一片婆心也。特示。康熙五十七年十二月十二日示

清（乾隆）《臨潼縣志》卷九 舊有傀儡懸絲、燈影巧線等戲。其大戲原系秦聲，所謂擊甕拊缶而歌呼嗚嗚者。至後旗亭歌詩，陽關送酒，三疊之遺，亦自可聽。今則亂彈盛行，腔調數易，靡靡之音，雜以笙簫，鄙俚穢褻，半夜空堡而出，舉國若狂，斯爲下矣。

清（嘉慶）《沅江縣志》 元宵剪綵爲燈，有龍燈、獅燈、馬燈之别。或扮傀儡於庭前，鼓吹歌舞以慶，至其家者，款以酒席。

清（同治）《筠連縣志》 村莊於是月作秧苗會，演唱傀儡神戲。

清（光緒）《興寧縣志》 六月六，農人祀田神，陳酒脯於壟畔田塍，以祈豐穰，俗謂之供鄒官。又，五六月間，鄉壇里社各自醵錢扮演傀儡神戲，香花科儀，以賽田祖，俗名禾苗戲。

影戲

題解

宋·高承《事物紀原》卷九《影戲》 故老相承，言影戲之原，出於漢武帝李夫人之亡，齊人少翁言能致其魂，上念夫人無已，迺使致之。少翁夜爲方帷，張燈燭，帝坐他帳，自帷中望見之，彷彿夫人像也，蓋不得就視之。由是世間有影戲。歷代無所見。宋朝仁宗時，市人有能談三國事者，或採其說，加緣飾作影人，始爲魏、吴、蜀三分戰爭之像。

論說

宋·周密《武林舊事·元夕》 或戲於小樓，以人爲大影戲，兒童諠呼，終夕不絶。

宋·灌圃耐得翁《都城紀勝》《瓦舍衆伎》 凡影戲乃京師人初以素紙雕鏃，後用彩色裝皮爲之。

紀事

宋·佚名《百寶總珍集》卷一〇 大小影戲分數等，水晶羊皮五彩裝。自古史記十七代，注語之中子細看影戲頭樣並皮脚，並長五小尺。中樣，小樣，大小身兒一百六十個。小將三十二替，駕前二替。雜使公二，茶酒、着馬馬軍，共計一百二十個。單馬、□石、水、城、船、門、大虫、果、卓、椅兒共二百四件。鎗、刀四十件。亡國十八國，《唐書》、《三國志》、《五代史》、《前後漢》，並雜使頭，一千二百頭。

《大清宣宗成皇帝聖訓》卷六〇《嚴法紀一》 道光二年閏三月甲辰，上論内閣：此案已革密雲副都統阿隆阿以二品大員【略】於國服之内，在署演唱影戲，辜恩負職，已極，部議發往烏嚕木齊效力贖罪，實屬咎所應得。【略】佐領富昇以職官在市觀看影戲，並與兵丁揪扭，有玷官箴，著即革職。

藝文

明·瞿佑《影戲》 燈火光中夜漏遲，風輪旋轉競奔馳。過來有跡人爭覩，散去無聲鬼不知。月地花階頻出没，雲窗霧閣暫追隨。一場變幻如春夢，線索重看傀儡嬉。

明·謝遷《影戲》 日轉畫堂樹影偏，謝家庭院簇神僊。綵繩斜引纖

纖筍，畫板輕乘步步蓮。弄玉未升雲漢上，綠珠先墮綺樓前。不知小徑殘紅裏，明日何人拾翠鈿。

明・田汝成《西湖遊覽志餘》　南瓦新開影戲場，滿堂明燭照興亡。看看弄到烏江渡，猶把英雄説霸王。

銷金小傘揭高標，紅藕青梅滿擔挑。依舊承平風景在，街頭吹徹賣餳簫。

雜録

宋・孟元老《東京夢華録》卷五《京瓦伎藝》　崇、觀以來，在京瓦肆伎藝，【略】董十五、趙七、曹保義、朱婆兒、没困駝、風僧哥、俎六姐，影戲；丁儀，瘦吉等弄喬影戲。

宋・吴自牧《夢粱録》卷二〇《百戲伎藝》　更有弄影戲者，元汴京初以素紙雕簇，自後人巧工精，以羊皮雕形，用以綵色妝飾，不致損壞。杭城有賈四郎、王昇、王閏卿等，熟於擺布，立講無差。其話本與講史書者頗同，大抵真假相半，公忠者雕以正貌，姦邪者刻以醜形，蓋亦寓褒貶於其間耳。

清（乾隆）《潮州府志》（集會）　夜尚影戲，價廉工省，而人樂從，通宵聚觀，至曉方散，惟官長嚴禁，囂風斯息。

清・畹香留夢室主人《淞南夢影録》卷一　臺上張極薄布幔，内燃地火燈，映出各種技巧，西人名曰影戲。滬上曾演數次。嘗詢諸友人之往觀者，云初時海潤天空，波濤洶湧，有輪船一艘，飛駛而下，驀被狂風吹轉，横撞山脚下，截成兩橛。正在惶急之際，又有一船，自銀濤雪浪中駛至，放小艇救起多人。一瞬間，又變成夕陽衰草，秀竹幽花景象，竹中露危樓一角，髣髴是西國園囿。繼而雪練平鋪，銀盤蕩漾，叢蘆瑟瑟。中有漁人，臨流撒網。末後幻成濃春光景，日麗風和，花明柳暗。西方士女，聯襼踏春，約畧似元人清明上河圖。戲遂止。按戲皆畫於紙，上向燈前映照成形。而人物之豐昌，烟雲之變滅，以及山光水色。異獸珍禽，奇花茂草，無不惟妙惟肖，宛轉如生。技至乎此，恐不讓偃師獨步矣。

北曲

論説

明・王驥德《曲律》卷三《雜論第三九上》　古之優人，第以諧謔滑稽供人主喜笑，未有並曲與白而歌舞登場如今之戲子者；又皆優人自造科套，非如今日習現成本子，俟主人揀擇，而日日此伎倆也。如優孟、優旃、後唐莊宗，以迨宋之靖康、紹興，史籍所記，不過葬馬、漆城、李天下、公冶長、二聖環等諧語而已。即金章宗時，董解元所爲《西厢記》，亦第是一人倚絃索以唱，而間以説白。至元而始有劇戲，如今之所搬演者是。此竅由天地開闢以來，不知越幾百千萬年，俟夷狄主中華，而於是諸詞人一時林立，始稱作者之聖，嗚呼異哉。

明・王世貞《曲藻序》　曲者，詞之變。自金、元入主中國，所用胡樂，嘈雜凄緊，緩急之間，詞不能按，乃更爲新聲以媚之。而諸君如貫酸齋、馬東籬、王實甫、關漢卿、張可久、喬夢符、鄭德輝、宫大用、白仁甫輩，咸富有才情，兼喜聲律，以故遂擅一代之長。所謂宋詞、元曲，殆不虚也。但大江以北，漸染胡語，時時採入，而沈約四聲遂闕其一。

明・張琦《衡曲麈談》　自金元入中國，所用胡樂嘈襍緩急之間詞不能按，乃更爲新聲以媚之。作家如貫酸齊、馬東籬輩，咸富于學兼喜聲律，擅一代之長。昔稱宋詞元曲，非虚語也，大江以北漸染胡語，而東南之士稍稍變體，别爲南曲。高則成氏赤幟一時以後，南詞漸廣，二家鼎峙。大抵北主勁切雄壯，南主清峭柔脆。北字多而調促，促處見筋；南字少而調緩，緩處見眼。各有三昧，難以淺窺。譬之同一師承，而頓漸分受，不可同日語也。

又《吴騷合編》　北詞名作雖多，而强半不能合譜，即集中所收，亦未敢盡稱可法。其曲中板眼緣北調向無確載，而時俗臆爲增減緩急虚實，頗堪反唇。今攷之嘯餘諸譜，止載名詞而無板法，寧弗杜撰，不敢臆增，此則闕疑之意，良有以也。

清・李漁《閑情偶寄》卷二《音律第三》 詞曲中音律之壞，壞於《南西廂》。凡有作者，當以之爲戒，不當取之爲法。非止音律，文藝亦然。請詳言之。填詞除雜劇不論，止論全本，其文字之佳、音律之妙，未有過於《北西廂》者。自南本一出，遂變極佳者爲極不佳，極妙者爲極不妙。推其初意，亦有可原，不過因北本爲詞曲之豪，人人贊羨，但可被之管絃，不便奏諸場上，但宜於弋陽、四平等俗優，不便强施於崑調，以係北曲而非南曲也。茲請先言其故。北曲一折，止隸一人。雖有數人在場，其曲止出一口，從無互歌、迭詠之事。弋陽、四平等腔，字多音少，一洩而盡。又有一人啓口，數人接腔者，名爲一人，實出衆口。故演《北西廂》甚易。崑調悠長，一字可抵數字。每唱一曲，又必一人始之，一人終之，無可助一臂者。以長江、大河之全曲，而專責一人，即有銅喉、鐵齒，其能勝此重任乎。此北本雖佳，吴音不能奏也。

清・周祥鈺《新定九宮大成北詞宮譜・凡例》 北詞隻曲猶如南詞正曲，亦可隨分接調，不必拘於成套也。若概欲規仿前人，則向來未收入套之牌名，將棄置不復用乎。此亦其顯而易見者也。故譜中先列隻曲在前，便於填詞；審用成套者，另彙爲卷，以示矩範。

套曲諸譜止列其名目，今將每宮調套式各舉數套，始得體備。內中或有用別宮調者，前人已定之規範，聲以類從，惟其變化生心，益覺宮商在手，細溯其流，自可洞鑒其源也。

南北合套，元人舊體各宮調俱有套格。今通行者不過〔新水令〕、〔步步嬌〕套，〔粉蝶兒〕、〔好事近〕套，〔醉花陰〕、〔畫眉序〕套，餘體失傳。今於各宮調之後各列二套，且南曲俱可接調，本無專用一宮，今合套內以北曲爲主，其南曲或有移商换羽之處，閲者審之。

北曲字音與南音稍異。元周德清《中原音韻》入聲分隸平、上、去三聲之內，可謂得其梗概，但止於平聲分陰陽，而上、去不分，尚欠精析。今譜以工尺，陰陽自分，知音者宜辨諸舌唇齒齶之間，用以輔《中原音韻》之所未逮也。

北曲落板與南曲不同。一起三四調俱作底板，其落板之曲，或有於第三四句方落實板，或一兩曲已。落實板而忽又捜板不落，或煞尾前半闋已落實板，後半闋作收煞，每句用一底板，此皆度曲之跌賺處。總之北曲貴乎跌宕閃賺，故板之緩急亦變動不拘，常有一字而下三四板者。至襯字多處，亦不妨增一二底板以就之。聲初出即下者曰迎頭板，亦曰實板，則用、字；半而下者曰掣板，亦曰腰板，則用乚聲；盡而下曰底板，亦曰截板，則用一。板之細節曰眼，一板原有七眼，連板爲八數，細節不能盡列，止將正眼註出，口爲一板一眼。凡腔之緊慢，眼之遲疾，知音識譜者自能會意，或云襯字，不加正板原屬正理，但元人曲中多用方言俚語，每冠於正文之上，此即落板歎下之處，如百字〔折桂令〕、百字〔堯民歌〕、百字〔知秋令〕、〔增字鴈兒落〕襯字倍於正文。諸如此類，拘之以理，難以合度，即勉增一二板度之，使其文句清楚，不致躲閃不迭，良爲方便。見者勿謂其正襯不分，然亦不可爲例。今衹取備體合格襯字，雖繁不能一一淘汰。

清・徐大椿《樂府傳聲・源流》 曲之變，上古不可考。自唐虞之賡歌擊壤以降，凡朝廷草野之間，其歌詩謡諺不可勝窮，茲不盡述。若今日之聲存而可考者，南曲北曲二端而已。北曲之始，金之董解元《西廂記》，元之馬致遠《岳陽樓》之類。南曲之傳，如元人高則誠《琵琶記》，施君美《拜月亭》之類。宮調既殊，排場亦異，然當時之唱法，非今日之唱法也。北曲如董之《西廂記》，僅可以入弦索，而不可以協簫管。其曲以頓挫節奏勝，詞疾而板促。至王實甫之《西廂記》及元人諸雜劇，方可協之簫管，近世之所宗者是也。若北曲之西腔、高腔、梆子、亂彈等腔，此乃其別派，不在北曲之列。

又《元曲家門》 元曲爲曲之一變。自元以前，歌已有南北之分，其法不傳，而聲調大略亦可想見。至元曲則分宮別調，獨成一家，清濁陰陽，以別其聲，長短徐疾，以定其節，宏細幽顯，以分其調。其體例如出一手，其音節如出一口，雖文之高下各殊，而音調無有不合者，歌法至此而大備，亦至此而盡顯。能審其節，隨口歌之，無不合格調，可播管弦者，今人特不知深思耳。若其體則全與詩詞各別，取直而不取曲，取俚而不取文，取顯而不取隱，蓋此乃述古人之言語，使愚夫愚婦共見共聞，非文人學士自吟自咏之作也。若必鋪叙故事，點染詞華，何不竟作詩文，而立此體耶。譬之朝服遊山，艷妝玩月，不但不雅，反傷俗矣。但直必有至味，俚必有深義，隨聽者之智愚高下，而各與其所能知，斯爲至境。又必觀其所演何事，如演朝廷文墨之輩，則詞語仍不妨稍近藻繪，乃不失口氣；若演街巷村野之事，則口述竟作方言可也。總之，因人而施，口吻極似，正所謂本色之至也。此元人作曲之家門也。知此，則元曲用筆之法曉然矣。

又《去聲唱法》　今北曲之最失傳者，其唱去聲盡若平聲。蓋北曲本無入聲，若併去聲而無之，則祇有兩聲矣。夫兩聲豈能成調耶。况北曲之所以別於南者，全在去聲。南之唱去，以揭高爲主，北之唱去，不必盡高，惟還其字面十分透足而已。笛中出一凡字合曲者，惟去聲爲多。如唱凍字，則曰凍紅翁，唱問字，則曰問恒恩，唱秀字，則曰秀喉□，長腔則如此三腔，短腔則去第三腔，再短則念完本字即收，總不可先帶平腔。蓋去聲本從上聲轉來，一著平腔，便不能復振，始終如平聲矣。非若上聲之本從平聲轉出，可以先似平聲，轉到上聲也。譬如四時從春轉夏則可，從春轉秋則不可，此自然之理也。况去聲最有力，北音尚勁，去聲真確，則曲聲亦勁而有力，此最大關係也。今之所以唱去聲似平聲者，何也。自南曲盛行，曲尚柔靡，聲口已慣，不能轉勁，又去聲唱法，頗須用力，不若平讀之可以隨口念過，一則循習使然，一則偷氣就易，又久無審音者爲之整頓，遂使去聲盡亡，北音絶響，最可慨也。

清・王正祥《新定宗北歸音・凡例》　論以北曲分爲五音，蓋有至理存焉也。夫聲音之道，至精至微，而宮、商、角、徵、羽五音備焉。在天配乎金、木、水、火、土，在人配乎君、臣、民、事、物，其義大矣。若夫古樂一道通鬼神驗興衰，是以言樂者斷不能舍五音之稱謂焉。至于詞曲之音，不過娱情適志之小技，雖與古樂天淵，然亦音樂之餘，不得不謂之音也。夫北曲在南曲之前，惜乎無譜，相傳此其故，何也。蓋因隋唐之際，始立北曲之本原，迨後事遠年湮，故老無有存者，縱有定譜，保無淪没乎。所以不傳也。迨乎有元以填詞舉第，騷人學士户誦家絃，無非競耀才華，以北曲爲仕路梯階，所以詞藻雖傳而曲譜未定。予今欲定北曲之譜，何從而定乎。予則屏去北曲宮調之名，而以五音爲之條目，其舊時某宮某調之曲，其音彼此彷佛者，合爲一音；舊時雖在一宮一調，其音各有不同者，或分爲二音、三音，夫必欲去宮調之名，何也。蓋因未有牌名。以前院本絃索之來派，故有宮調之名，無涉于劇場之詞曲也。况今牌名久定，豈可以院本等類與當世盛行之傳奇同日而語哉。予今定此譜曰《宗北歸音》。夫曰《宗北》者何。蓋元人著作乃北曲源流，自當宗之。予閲及百種諸曲美不勝録，所以不選詞華，專取其句頭、平仄相宜于通行傳奇之曲可以比對者，録其一曲，摘明元曲襯字，小字書之，是爲曲體，存之于前，此不忘本原之意也。即以通行傳奇之曲連其襯字，俱作正文點定其板以副元人著作，是爲曲格，存之于後，此今純從衆之意也，故曰宗北也。歸音者何。歸于宮、角、徵、商、羽之五音也。宮音屬土，分旺于四時之季月，其音典雅沉重，將〔點絳唇〕、〔端正好〕、〔粉蝶兒〕三套歸之；角音屬木，合于春月，其音富貴纏綿，將〔新水令〕一套歸之；徵音屬火，合于夏月，其音雄壯激昂，將〔一枝花〕、〔貨郎兒〕二套歸之；商音屬金，合于秋月，其音嗚咽悽愴，將〔集賢賓〕一套歸之；羽音屬水，合于冬月，其音輕清隱逸，將〔鬬鵪鶉〕、〔醉花陰〕二套歸之，故曰歸音也。此則定譜命名之大意也。曲體不可不辨也。元人填詞，既不專付伶人協絲竹而演于劇場，所以句頭不一，平仄皆岐，允爲曲體者甚少。而後之填詞者，既不按元曲之準繩，尚重詞華，而又字句多寡，平仄不叶，則宜另立紀綱，爲北曲定一模範，乃計不出此徒爾。因循舊習，凡遇填及北曲，不過視其劇場局勢，或用于文，或用于武，皆按時行舊套而填之，所以句頭襯字皆失曲體之真。而今時伶人又惟知遵奉師傳，唱頭、板數不啻如世傳異寶，豈不知其師亦係庸流，安敢損益其詞。止視曲中句數，長者板數多，句短者板亦少，而其腔之巧者，乃唱純之故耳。以此之故，每有句頭失準，板數出入莫知其非，甚至猶是一曲，各人唱頭腔板迴異，紛紛自以爲門類，訛以傳悮，豈非詞人之咎。在于前伶人之過承于後，所以北曲一道爲不可問也。予今既取通行中之一曲以配元曲，則體格俱備，使將來之詞人按體而用襯，以去舊襯，按格而填詞，點定準板，以此爲垂後北曲之典章可也。若夫通行傳奇、北曲甚多，若欲徹底較正，勢難收録無遺，故不能是曲皆較正之。惟願將來填詞之士悟及已往曲體之愆，凡遇用及舊套之曲，按予所定體格，添減其句頭，又摘清其襯字，使伶人去舊從新，較定其不一之腔板。其有功于詞壇者，正所謂先聖有云：擇善而從，擇不善而改也。夫謀道修業之大端，亦以改之爲貴，而况詞曲乎。然予亦非偏執已見而强立詞曲之章程也，實因北曲混淆已甚，故爲另輯全書以寓迴瀾返正之意。至于所録元曲，原未嘗損益其詞，而通行之曲，則不妨稍爲添減字句，彼此合度，試付伶人按予所定之曲而唱純之，亦成爲巧腔矣。若夫所録之曲止取元曲中之一體，但元人雜劇中註云〔混江龍〕、〔後庭花〕、〔青哥兒〕等曲句頭原可增損，今宗元派將〔混江龍〕取其通行可用者選其三體，雖係名同曲異，以其俱在一音，故不另別其名也。其〔後庭花〕亦有三體，亦係名同曲異，其同在一音者，仍名又一體；另歸一音者，則謂之〔河西後庭花〕，蓋元本原有此名，以辨〔後庭花〕句頭不同之處。予亦從其舊也。其〔青哥兒〕共有四體，同在一音者，仍名又一體；另歸一音者，則改名爲〔小青哥〕，註明目録牌名以及本曲牌名之下，所以標其異也。又計北曲之有〔么篇〕，即如南曲無換頭之前腔也，句頭平仄並無不同，故不重載。各套曲中用及么篇者，予則去其院本俗套么篇之名，更其名曰其二，列于次序之中，以俟詞人量度而用。

又　一論次序目録，所宜定也。次序者，所以叙明聯套也。元人劇場所用牌名，雖云列次分明，然而用曲甚繁且多怪誕牌名，考其句頭，度其腔板，不甚通行，且劇場用及，焉能廣收。予故于中删除若干，止將必需之曲凡有一音歸及幾套，即爲挨列次序按套全載，標目云聯套牌名次序。次序中所列之曲，詞人于中酌量，尚可減損一二也。至于每套皆係時行對子，填詞歌曲之人自能知之。一套牌名列次既畢，又列一套，則標目云又聯套牌名次序，凡有幾套俱倣此可也。蓋次序者，以便查某音之中有此幾套也。若夫目録所以便于查較各曲也，次序之詳明也，所以爲聯套而設也，所以常有同名同體之曲，此套亦有彼套亦載者。若夫目録耑爲曲體而設，故無同名同體之曲。今于次序之後定準目録，使人知有某音，而某音之中知有幾曲也。凡在一音，諸曲牌名一一羅列，使人查其前後，殊爲一目瞭然。

一論較定板數，所以便于歌唱也。現今通行京腔北曲從來無有定板，予既因其曲腔以分五音，故即點定畫一之板，以定各曲範圍，使知音者知所以歸音之妥切也。但京腔不比崑腔止有頭、腰、底三種之板，如曲中之字遇及上、去二聲，或者稍緊之，曲板數在三板以外者，即點一頭板，下註豎劃有如丶丨式，以見板數甚多，隨腔而下不能盡載也。至于京腔，並無絲竹相助，故其腔調各有不同。予爲一一定之有行腔焉。字句至此，行所當行也；有急轉腔緩轉腔焉，字句至此，轉所當轉也。行腔則以‖爲辨，急轉腔則以□爲辨，緩轉腔則以●爲辨。各有體裁者，也有翻高調焉，由低唱而漸即于高也；有落下調焉，由高唱而漸即于低也；有平高調焉，全句皆高唱也。翻高調則以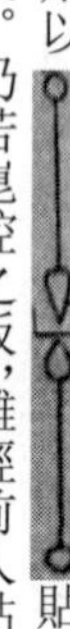貼切者，也如此詳載而定，京腔板之規模始立矣。乃若崑腔之板，雖經前人點定，似乎不必紛更，殊不知曲體句頭紊雜不一，則其所點之板，豈可爲法乎。予既先正曲體後配曲格，擇其元曲之允當者宗之，則其字句之間與以前通行之曲不無大同小異，所以重較其舊板而另爲點明一定不易之板也。然以其有絲竹相助，故亦止有頭、腰、底三種之板，惟删其過多補其不足而已。更計崑唱北曲，是曲皆係有板，後世伶人重在劇場搬演，故將各套首篇一二曲皆去其頭、腰之板，如〔端正好〕、〔點絳唇〕、〔一枝花〕、〔醉花陰〕之類，原係皆有板數相沿至此，皆作無板唱，猶之南曲之有引也。殊不知北非南比，並無無板之曲。予今考核精明，凡有一曲皆有新定點板如以其不相宜于劇場之故，則于演唱之際，視其傳奇局勢若何，而將予所添板等曲或者仍作無板唱亦無不可。予蓋寧載其全，以俟知音共證，如是探索而較，崑板之紀綱始備矣。論單用之曲，不可不知也。北曲用在劇場，大抵聯套爲多，間或有可以單用之曲，亦即在聯套之内，如〔混江龍〕套内之有〔寄生草〕，〔新水令〕套内之有〔沽美酒〕是也。諸如此類，可以單用之曲即于目録中，並本曲牌名之下註明亦可單用四字，所以分別。其餘之曲，斷乎不可單用也。論元曲與通行之曲兩不相合，則另爲選曲也。予今選曲，惟元人著作則宗之，但《百種全集》内有馬。《陵道漁樵記》、《抱妝盒》、《昊天塔》等劇，聯套佳篇現今膾炙人口，通行于世，但逐一較對。原本與今時尚大有不同之句頭，蓋因後人任意筆削，以合現行腔板，所以不同也。諸如此類之齣，予亦不録元人原曲，亦不録今人筆削之曲，惟視此套一樣牌名，另行遴選取其可宗者，以爲標榜，而以通行之曲一例比對，而載之可也。

一論北曲中罕見之牌名，不能盡載也。予按元人六宫十一調内之曲計其牌名，共有四百六十一，其所用及套數之中者止有二百三十四。以此觀之，元人著作如此之富，猶取之不盡，用之不及，以故有其名而無其曲者甚多也。今時劇場所用又安能遍及乎。況予所定者皆通行必需之牌名，故不載及隱僻罕見之牌名。然而好事者偏見探索，每有用及此等怪誕之牌名者，即如《邯鄲夢》傳奇之有〔絳都〕，《春定天山》傳奇之有〔錦上煞拍〕，以及《哈嘍叱》之類元人曲本並無此等牌名，此曲中之邪魔外道也。諸如此類，雖或見于排場，予以其無本之曲，且京崑兩腔俱不能發妙音，故概行擯棄之。論選曲有法，存者當存而去者當去也。即如與南〔普天樂〕間用之，〔朝天子〕較之，與〔端正好〕套内之〔朝天紫〕體格不同，而元本亦不載。予以其劇場所必需，故止存其格于附録餘音之内，而于目録牌名以及曲格牌名之下註明之，以見與宫音一體不同也。若論〔端正好〕套内之〔朝天紫〕，元本相傳亦稱爲〔朝天子〕，殊不知唐時牡丹花乃有朝天紫之名，想因偶見此花定此牌名，蓋紫也，非子也。予恐失其命名本意，故改正之，而併註明目録牌名以及曲體牌名之下。又如《番竹》、《馬道合》、《玉劄子》三曲，元本亦未載，以致九宫誤作南曲。予今亦存于北譜，但因此等之曲與五音各曲俱不相似，故亦止録其格于附録餘音。至于〔耍孩兒〕有五煞，以至一煞稍有不同，其腔不雅，與五音亦不相似，無論京腔、崑腔與。夫各方俗尚下至乞丐，其腔大都相彷，詞家竟可不用，奈元本所有而且頗行，故亦録其格于附録餘音，末簡此删詩存鄭衛意也。其〔賞花時〕句數短促不入聯套，元人用于楔子中。蓋楔子者，即如古傳奇中開場，唱及囉哩嗹之類，院本俗套故去之。又如〔黄龍衮〕即〔鵪鶉兒〕，〔下小樓〕即〔上小樓〕，不必異其名而重載其曲也。〔撲燈蛾〕即〔叠字犯〕，非南非北，未見成其妙音，且元人曲中所無，故並去之而不存耳。論煞尾，另有體裁者也。全曲收聲端在煞尾務期簡潔峭拔，乃爲得勢。北曲者，原係院本源流，不比傳奇所用，故其煞尾冗長，爲不可宗玆，故不宗元體之煞。至于通行傳奇之煞，較之元人之煞稍短，用于劇場猶覺其長也。玆故于各音中揆及本音音調若何，另作一煞，句頭短勁，其格各有不同，以便詞人按此而用。惟有〔端正好〕爲首，而以〔朝天紫〕收者，原可不用煞尾。

一論曲中收音之字，所當分晰也。北曲並無入聲字，故但凡遇及入聲，皆作平、上、去三聲用也。蓋惟視及本句文理若何而收作某聲，自得其音之正。然世之昧于辨别者，每致悮認，故每遇入聲字，應當借作某聲用者，即以小圈附于字隅，亦有益于愚蠢者也。至于鼻音、閉口音等字，其字各歸一韻，按韻常閲似亦易，知原可不必贅及，但世俗淺學猶致不辨，况乎四方音韻不等。如在優伶，不無自悮，更以悮人者。玆故凡遇曲中口圈之字，即鼻音也。〇圈之字，即閉口音也。似此區别頗謂詳明，優伶之輩不學無術得此書者，大長其學問云爾。

明・魏良輔《南詞引正》 北曲與南曲大相懸絶，無南腔南字者佳，要頓挫。有數等，五方言語不一，有中州調、冀州調；有磨調、弦索調，乃東坡所仿，偏于楚腔。唱北曲宗中州調佳。伎人將南曲配弦索，直爲方底圓蓋也。關漢卿：以小冀州調按拍傳弦，最妙。

明・胡侍《真珠船》卷三《北曲》 北曲不但《擊壤》等歌及《詩三百》爲是，後魏樂府有《北歌》，隋有《北庭伊州》；唐開元中，歌工長孫元忠之祖嘗授北歌於侯將軍貴昌；至若隋煬帝《望江南》，李太白、温庭筠《菩薩蠻》，蘇子瞻《念奴嬌》、《行香子》、《南鄉子》，秦少游《憶王孫》，俞國寶《風入松》，並是北曲，固可按而歌也。世謂始於金之董解元，非是。北曲音調大都舒雅宏壯，真能令人手舞足蹈，一唱三歎。若南曲則悽婉嫵媚，令人不歡，直顧長康所謂老婢聲耳。故今奏之朝廷郊廟者，純用北曲，不用南曲。

明・何良俊《曲論》 祖宗開國，尊崇儒術，士大夫恥留心辭曲，雜劇與舊戲文本皆不傳，世人不得盡見，雖教坊有能搬演者，然古調既不諧於俗耳，南人又不知北音，聽者即不喜，則習者亦漸少，而《西廂》、《琵琶記》傳刻偶多，世皆快覩，故其所知者，獨此二家。

又 楊升菴曰：南史蔡仲熊云：五音本在中土，故氣韻調平；東南土氣偏詖，故不能感動木石。斯誠公言也。近世北曲，雖《鄭》、《衛》之音，然猶古者總章，北里之韻，梨園、教坊之調，是可證也。

又 胡部自來高於漢音。在唐，龜茲樂譜已出開元梨園之上。今日北曲，宜其高於南曲。有人酷信北曲，至以伎女南歌爲犯禁，愚哉是子。北曲豈誠唐、宋名家之遺。不過出於邊鄙裔夷之僞造耳。夷、狄之音可唱，中國村坊之音獨不可唱。原其意，欲强與知音之列，而不探其本，故大言以欺人也。

又 中原自金、元二虜猾亂之後，胡曲盛行，今惟琴譜僅存古曲。餘若琵琶、箏、笛、阮咸、響䤬之屬，其曲但有〔迎仙客〕、〔朝天子〕之類，無一器能存其舊者。至於喇叭、嗩吶之流，併其器皆金、元遺物矣。樂之不講至是哉。

明・王世貞《匯苑詳注》 曲者，詞之變。金、元所用北樂，緩急之間，詞不能按，乃更爲新聲以媚之。而諸君如貫酸齋、馬東籬輩，咸富有才情，兼善音律，遂擅一代之長。但大江以北，漸染北語，時時採入，而沈約四聲，遂闕其一。東南之士，未盡顧曲之周郎，逢掖之間，又稀辨撾之王應，稍稍復變新體，號爲南曲，高拭則誠，遂掩前後。大抵北主勁切、雄麗，南主清峭、柔遠，雖本才華，務諧音律。譬之同一師承，頓、漸分教；俱爲國臣，文、武異科。今談曲者往往合而舉之，良可笑也。

明・茅一相《題詞評後》　夫一代之興，必生妙才；一代之才，必有絶藝：春秋之辭命，戰國之縱横，以至漢之文，晉之字，唐之詩，宋之詞，元之曲，是皆獨擅其美而不得相兼，垂之千古而不可泯滅者。雖然，即是數者，惟詞曲之品稍劣，而風月烟花之間，一語一調，能令人酸鼻而刺心，神飛而魄絶，亦惟詞曲爲然耳。

明・王驥德《曲律》卷一《論曲源第一》　而金章宗時，漸更爲北詞，如世所傳董解元《西廂記》者，其聲猶未純也。入元而益漫衍其製。櫛調比聲，北曲遂擅盛一代；顧未免滯於絃索，且多染胡語，其聲近噍以殺，南人不習也。

又《論訛字第三八》　唐之絶句，唐之曲也，而其法宋人不傳。宋之詞，宋之曲也，而其法元人不傳。以至金、元人之北詞也，而其法今復不能悉傳。是何以故哉。國家經一番變遷，則兵燹流離，性命之不保，遑習此太平娱樂事哉。今日之南曲，他日其法之傳否，又不知作何底止也。爲嘅，且懼。

明・凌濛初《譚曲雜劄》　元曲源流古樂府之體，故方言、常語，沓而成章，着不得一毫故實；即有用者，亦其本色事，如藍橋、祆廟、陽臺、巫山之類。以拗出之爲警俊之句，決不直用詩句，非他典故填實者也。一變而爲詩餘集句，非當行矣，而未可厭也。再變而爲詩學大成、羣書摘錦，可厭矣，而未村煞也。忽又變而文詞説唱、胡謅蓮花落，村婦惡聲、俗夫褻謔無一不備矣。今之時行曲，求一語如唱本《山坡羊》、《刮地風》、《打棗竿》、《吴歌》等中一妙句，所必無也。故以藻績爲曲，譬如以排律諸聯入《陌上桑》、《董妖嬈》樂府諸題下，多見其不類；以鄙俚爲曲，譬如以三家村學究口號、歪詩，擬《康衢》、《擊壤》，謂自我作祖，出口成章，豈不可笑。而又攘臂自命，日新不已，直是有靦面目。尾聲，元人尤加之意。而末句最緊要。北曲尚矣，南曲如《拜月》，可見一斑。大都以詞意俱若不盡者爲上，詞盡而意不盡者次之，若詞意俱盡，則平平耳，猶未舛也；而今時度曲者，詞未盡而意先盡，亦有詞既盡而句未盡，則復强綴一語以完腔，未必貂不足，真所謂狗尾續也。

明・沈寵綏《度曲須知》卷上《字釐南北》　北曲肇自金人，盛於勝國。

明・程羽文《程氏曲藻》　曲者，詞之變。自金、元入中國，所用胡樂，嘈雜淒緊，緩急之間，詞不能按，乃更爲新聲以媚之。設有十二科，懸爲令甲，以此取士。而諸名宿亦躬傅粉墨，身踐排場，遂擅一代之譽。碧簫紅牙，增韻幾許矣。

清・張彝宣《寒山堂新定九宫十三攝南曲譜・凡例》　尾聲定格，本是三句、二十一字、十二拍，不分宫調，皆是如此。金董解元《西廂記》及元人北劇皆然。其由來之久可知。後世遂有三字兒煞、凝行雲煞、收好曰煞等等名字，實皆由正格變來。

清・姚之駰《元明事類鈔》卷二七　全賓全白：明單宇《叢語》：北曲中有全賓全白兩人對説曰賓，一人自説曰白。

清・周祥鈺鄒金生《新定九宫大成北詞宫譜・凡例》　北調煞尾最爲緊要，所以收拾一套之音節，結束一篇之文情，宫調既分，體裁各别：在仙吕調曰賺煞，在中吕調曰賣花聲煞，在大石角曰催拍煞，在越角曰收尾。諸如此類，皆秩然不紊。今譜中之慶餘，乃諸調煞尾之别名，用者尋其本而自得之。

清・徐大椿《樂府傳聲・定板》　板之設，所以節字句，排腔調，齊人聲也。南曲之板，分毫不可假借，惟北曲之板，竟有不相同者。蓋南曲惟引子無板，餘皆有板，北曲則衹有底板，無實板之曲極多。又南曲之字句，無一調無定格，而北曲則不拘字句之調極多。又南曲襯字極少，少則一字幾腔，板在何字何腔，千首一律；若北曲則襯字極多，板必有不能承接之處，中間不能不增出一板，此南之所以有定，北之所以無定也。且元人之曲，不但以虚字爲襯，且有以實字爲襯者，如本調當用天地人三實字爲句，若衹襯一二虚字在三字上，仍是三字句，乃竟用春夏秋冬四實字爲句，則將以何字作襯字耶。則不但襯多難簇，且正襯不分，此板之所以尤無定也。然無定之中，又有一定者，蓋板殊則腔殊，腔殊則調殊，板一失，則宫調將不可考矣。故惟過文轉接之間，板可略爲增損，所以便歌也。至緊要之處，板不可少有移易，所以存調也。此北曲之板雖寬而實未嘗不嚴也。

清・焦循《劇説》卷一　《武林舊事》所列《官本雜劇段數》，曰《六么》，曰《瀛府》，曰《梁州》，曰《伊州》，曰《新水》，曰《薄媚》，曰《大明樂》，曰《降黄龍》，曰《胡渭州》，曰《逍遥樂》，曰《石州》，曰《大聖樂》，曰《中和樂》，曰《萬年歡》，曰《熙州》，曰《道人歡》，曰《長壽仙》，曰《法曲》，曰《延壽樂》，曰《賀皇恩》，曰《採蓮》。採蓮隊見《宋史・樂志》，其餘可類推矣。又有所謂爨者，如《鍾馗爨》、《天下太平爨》之類；有所謂孤者，如《思鄉早行孤》、《迓鼓孤》之類；有所謂妲者，如《襤哮店休妲》、《老姑遺妲》之類；有所謂酸者，如《襤哮負酸》、《眼藥酸》之類。《輟耕録》所列院本名目，所謂《法曲》、《伊州》、《新水》、《瀛府》、《逍遥樂》、《萬年歡》、《降黄龍》，屬和曲院本；所謂孤酸旦等，目爲諸雜大小院本。考元人劇中，其題目、正名有云還牢末者，則正末當場也；有云貨郎旦者，則正旦當場也。《録鬼簿》關漢卿有《擔水澆花旦》、《中秋切鱠旦》，吴昌齡有《貨郎末泥》，尚仲賢有《没興花前秉燭旦》，楊顯之有《跳神師婆旦》，其義亦同。孤，謂官；酸，謂秀士。凡稱酸，謂正末扮秀士當場也。至有云酸孤旦者，則三色當場；有云雙旦降黄龍者，則兩旦當場；云旦判孤，云老孤遺旦，皆可類推。

紀事

明・張誼《宦游紀聞・伶人眩騙》　嘉靖乙丑，有遊食樂工乘騎者七人至綿州，未詳何省人，其所持舞襴衫服整潔鮮明，拋戈擲甕，歌喉宛轉，腔調琅然，咸稱有遏雲之態。適余憲副至，舉城士夫商賈無不忻悦，以爲奇遇。搬作雜劇，連宵達旦者數日夕而情洽。一日凂衆曰今夕改作雜劇，手服以新視聽，遍索士夫富室，陳列珍玩器具，衣著織金彩服，乃令綿城樂工代司鼓樂。至夜闌，俟人酣倦矣，忽隱几者大半，乘機催迫，鼓樂喧震，作雞鳴，渡關七人以次入甕，久之寂然，破甕索之，了無所得，所騙銀不止數百兩，惟司鼓樂者枉受刑罰而已。嗚呼。此即遁身掩形之法，苟非識者堅弗之信，難免墮其術中矣。

明・顧起元《客座贅語》卷九　南都萬曆以前，公侯與縉紳及富家，凡有讌會，小集多用散樂，或三四人，或多人，唱大套北曲，樂器用箏、蓁、琵琶、三絃子、拍板。若大席，則用教坊打院本，乃北曲大四套者，中間錯以撮墊圈、舞觀音，或百丈旗，或跳隊子。

明・蔣一葵《堯山堂曲紀》　周憲王者，定王子也。好臨摹古書帖，曉音律，所作雜劇凡三十餘種，散曲百餘。雖才情未至而音調頗諧，至今中原絃索多用之。李獻吉《汴中元宵》絶句云：齊唱燕王新樂府，金梁橋上月如霜。蓋實録也。

雜録

明・張雄飛《古本序》　《西廂記》者，金董解元所著也。辭最古雅，爲後世北曲之祖。迨元關漢卿王實甫諸名家作者莫不宗焉，蓋金元立國並在幽燕之區，去河洛不遥而音韻近之故。當此之時，北曲大行於世，猶唐之有詩，宋之有詞，各擅一時之聖，其勢使然也。

又　國初詞人仍尚北曲，累朝習用，無所改更，至正德之間，特盛。

明・楊慎《丹鉛總録・北曲》　近世北曲，雖鄭衛之音，然猶古者總章北里之韻，梨園教坊之調，是可證也。近日多尚海鹽南曲，士夫稟心房之精，從婉孌之習者，風靡如一，甚者北土亦移而耽之。更數世後，北曲亦失傳矣。

明・沈德符《顧曲雜言・北調傳授》　自吴人重南曲，皆祖崑山魏良輔，而北詞幾廢，今惟金陵尚存此調。然北派亦不同，有金陵，有汴梁，有雲中。而吴中以此曲擅場者，僅見張野塘一人。故壽州産也，亦與金陵小有異同處。頃甲辰年，馬四娘以生平不識金閶爲恨，因挈其家女郎十五六人來吴中，唱《北西廂》全本。其中有巧孫者，故馬氏粗婢，貌甚醜而聲遏雲，於北詞關捩竅妙處，極得真傳，爲一時獨步。他姬曾不得其十一也。四娘還曲中，即病亡。諸妓星散。巧孫亦去爲市嫗，不理歌譜矣。今南教坊有傅壽者，字靈修，工北曲，其親生父家傳，誓不教一人。壽亦豪爽，談笑傾坐。若壽復嫁去，北曲真同《廣陵散》矣。

清·吴寧《榕園詞韻》 顧中原韻，元爲北曲，而作誠一偏之音，四聲闕一，其他可無。論正韻欲爲同文之書，尤而效之，殊不可解，真見在人心。目當時館閣應制之外，罕有曲從，或借爲南曲用。庶幾近之，詞近於曲。

清·小鐵笛道人《日下看花記》卷三 福兒，姓馬，名鳳順天人，年二十三歲，和成部，姿容清秀。演《拷紅》、《狐女思春》俱北曲，而藝已極妍盡致。

又卷四 七官，姓李，順天人，年二十五歲。舊在安慶部，今不知何往矣。演《崔華逼退婚》一回，濃花繞鬢，文綺縈身，語吐聯珠，音清滴翠。如燕趙佳人，灑落中自饒俊爽，迥異南國妖姬，柔姿婉娩。客夏復見其演北曲《拷紅》，聲音如篆煙，裊裊而上，予習聞其妙矣。

清·梁紹壬《兩般秋雨盦隨筆》卷三 相傳元人以詞曲取士，而考選舉志及典章，皆無之。或另設一門，如今考天文算學一律，特以備梨園供奉耳。惟試録中一條云：軍民、僧尼、道客、官儒、回回、醫匠、陰陽、寫算、門厨、典僱、未完等户，願試者以本户籍貫赴試。僧道應試，已屬可笑，尼亦赴考，更怪誕矣，此不可解。

清·劉禧延《中州切音譜贅論》 北音與吴音輕重不同。北音呼陰平，如吴音陰上聲，陽平如吴音陰平聲；上聲陰陽無别，概如吴音陰去聲；去聲亦陰陽無别，概如吴音陽去聲；入音則陰陽概叶三聲之陰聲。今即唱北曲者，亦不從此，蓋已别爲崑腔之北音，而非真北音。

雜劇

題解

宋·陳暘《樂書》卷一八七 故唐時謂優人辭捷者爲斫撥，今謂之雜劇也。

明·徐充《暖姝由筆》 有白有唱者，名雜劇；用弦索者，名套數；扮演戲文，跳而不唱，名院本。

清·王棠《知新録》 《知新録》云：合生，即院本、雜劇也。《唐書·武平一傳》云：中宗宴殿上，胡人襪子、何懿唱合生，而歌言淺穢。平一上書曰：比來妖伎、胡人、街童、市子，或言妃主情貌，或列王公名賢，歌詠舞踏，號曰合生。始自王公，稍及閭巷。按此，則知唐明皇梨園之戲，又本於此。又《懷鉛録》云：古梨園傳粉墨者，謂之參軍，亦謂之艷。艷，《廣韻》云：妝飾也。今傅粉墨謂之净，蓋艷之僞也。扮婦人者謂之狚，又與獺通。《莊子》云：猨，猵狚以爲雌。束廣微云：猨以獺爲婦。蓋喻婦人意，遂省作旦也。蒼鶻謂之末者，《周禮》：四夷之樂有《韎》。《東都賦》云：《傑》、《侏》、《兜離》，罔不畢集。蓋優人作外國裝束者也。一曰末泥，蓋倡家隱語，如爆炭、崖公之類，省作末。又云末泥色主張，引戲分付，副末色打諢。又《都城紀勝》：雜扮，或名雜旺，又名鈕元子，又名拔和，乃雜劇之散段，多是借裝爲山東、河北村人以資笑，今之打和鼓、撚梢子、散耍，皆是也。今之丑脚，蓋鈕元子之省文。《古杭夢遊録》作雜班、扭元子、拔和。又云：演戲而以班名，自宋雲韶班起。考宋教坊外，又有鈞容直、雲韶班二樂。宋太祖平嶺表，得劉氏閹官聰慧者八十人，使學於教坊，初賜名簫韶部，後改名雲韶班。鈞容直，軍樂也，在軍中善樂者，初名引龍直，以備行幸騎導，淳化中改爲鈞容直。後世總稱爲班也。

論説

宋·灌圃耐得翁《都城紀勝·瓦舍衆伎》 散樂傳學教坊十三部，唯以雜劇爲正色。舊教坊有篳篥部、大鼓部、杖鼓部、拍板色、笛色、琵琶色、箏色、方響色、笙色、舞旋色、歌板色、雜劇色、參軍色，色有色長，部有部頭，上有教坊使，副鈐轄都管掌儀範者皆是。命官其諸部分紫、緋、緑三等寬衫，兩下各垂黄義襴。雜劇部又戴諢裹，其餘祇是帽子幞頭。以次又有小兒隊，並女童採蓮隊，又别有鈞客班，今四孟隨在駕後乘馬動樂者是其故事也。

明·惠康野叟《識餘》卷二 今世俗搬演戲文，蓋元人雜劇之變。而元人雜劇之類戲文者，又金人詞説之變也。雜劇自唐宋金元迄明，皆有之。獨戲文《西厢》作祖，《西厢》出金董解元，然實絃唱小説之類。至元王關所撰，乃可登場搬演。高氏一變而爲南曲，承平日久，作者迭興。古昔所謂雜劇院本，幾於盡廢，僅教坊中存什二三耳。諸野史稗官紀載，率不能詳，薦紳先生，置而弗論。暇嘗綜核諸家，頗得其概，漫識于後，好事雅流。或亡譏焉。

又 優伶戲文，自優孟抵掌孫叔實始濫觴。漢宦者傅脂粉侍中，亦後世裝旦之漸也。魏陳思傅粉墨，椎髻胡舞，誦俳優小説，雖假以逞其豪俊爽邁之氣，然當時優家者流，妝束因可概見。而後世所謂副凈等色，有自來矣。唐制如《霓裳》等舞，度數至多，而名號妝束不可深考。《樂府雜録》：開元中黄幡綽張野狐善弄衆軍。衆軍，即後世副凈也。范傳康上官、唐卿、呂敬遷三人，弄假婦人。假婦人，即後世裝旦也。至後唐莊宗自傅粉墨稱李天下，大率與近世同，特此搬演，多是雜劇短套，非必如近日戲文也。古教坊有雜劇而無戲文者，每公家開宴，則百樂具陳。兩京六代，不可備知。唐宋小説，如《樂府雜録》、《教坊記》、《東京夢華》、《武林舊事》等，編録頗詳。唐制自歌人之外，特重舞隊。歌舞之外，又有精樂器者，若琵琶、羯鼓之屬。此外俳優雜劇，不過以供一笑，其用蓋與傀儡不甚相遠，非雅士所留意也。宋世亦然。南度稍見凈、旦之目，其用無以大異。前朝浸淫，勝國崔、蔡二傳奇迭出，才情既富，節奏彌工，演習梨園，幾半天下。上距都邑，下迄閭閻，污奏一劇，窮夕徹旦。雖有衆樂，亡暇雜陳，亦古今一大變革，人不深考耳。又凡傳奇以戲文爲稱也，亡往而非戲也。故其事欲謬悠而亡根也，其名欲顛倒而亡□也，反是而求其當焉，非戲也。故曲欲熟而命以生也，婦宜夜而命以旦也，開場始事而命以末也，塗污不潔而命以凈也，凡此咸以顛倒其名也。中郎之耳順而壻卓也，相國之絶交而娶崔也，荆釵之詭而夫也，香囊之幻而弟也，凡此皆以謬悠其事也。繇勝國而迄國初一轍也。近爲傳奇者，若良史焉，古意微矣。古無外與丑，蓋丑即副凈，外即副末也。今優伶輩呼子弟大率八人爲朋，生、旦、凈、丑、副亦如之。元院本止五人，故有五花之目：一曰副凈，即古之衆軍也；一曰副末，又名蒼鶻，蒼鶻可擊羣鳥，猶副末可打副凈；一曰末泥；一曰孤裝。見陶氏《輟耕録》。而無所謂生、旦者，蓋院本與雜劇不同也。元雜劇旦有數色，所謂裝旦，即今正旦也；小旦，即今副旦也；以墨點破其面謂之花旦，今惟凈、丑爲之，而元時名妓咸以此取稱；又妓李嬌兒爲温柔旦，張奔兒爲風流旦，蓋勝國雜劇，裝旦多婦人爲之也。

又 宋世雜劇名號，惟《武林舊事》足徵。每一甲有八人者，有五人者。八人者，有戲頭，有引戲，有次凈，有副末，有裝旦。五人者，第有前四色而無裝旦，蓋旦之色目，自宋已有之而未盛，至元雜劇多用妓樂，而變態紛紛矣，以今億之。所謂戲頭，即生也。引戲，即末也。副末，即外也。副凈裝旦，即與今凈旦同。蓋雜劇即傳奇具體，但短局未舒耳。元院本無生、旦者，院本僅供調笑，如唐弄衆軍之類，與歌曲無大相關也。

又 《樂府雜録》云：蘇中郎，後周士人。蘇葩嗜酒落魄，自號中郎，每有歌場，輒入獨舞，今爲戲者。着緋戴帽面正赤，蓋狀其醉也。又有踏摇娘，羊頭渾脱、九頭獅子，弄白馬益錢以至尋撞跳丸、吐火吞刀、旋槃筋斗，悉屬此部。又《教坊記》云：《踏摇娘》者，北齊有人姓蘇，鮑鼻實不仕，而自號爲郎中，嗜飲酗酒，每醉輒毆其妻，妻銜悲訴於鄰里。時人弄之，丈夫著婦人衣，徐步入場行歌，每一疊，旁人齊聲和之，云：踏摇和來，踏摇娘苦和來。以其且步且歌，故謂之《踏摇》，以其稱冤。故言苦，及其夫至，則作毆鬭之狀，以爲笑樂。今則婦人爲之，按此二事絶類，豈本一事耶。然《雜録》又有《踏摇娘》等，不可深曉。觀此，唐世所謂優伶雜劇，妝服節套，大畧可見。宋之雜劇，蓋亦若斯。元院本，但有詞無曲，故詞第屬之歌人，此類以供戲弄而已。至元人曲調大興，凡諸雜劇，皆名曲寓焉。而教坊名妓，亦多習之，清歌妙舞，悉隸是中，唐宋諸詞殆於盡廢。又一變而贍縟，遂爲南之戲文。而唐宋所謂雜劇，至元而流爲院本。今教坊尚遺習，僅足一笑云。楊用修云：漢郊祀志，優人爲假飾妓女，蓋後世裝旦之始也。然未必如後世雜劇戲文之爲，緣其時郊祀皆奏樂章，未有歌曲耳。

又 元雜劇末即戲文中生也。考鄭德輝《倩女》、關漢卿《竇娥》，皆以末爲生。此外又有冲末，蓋即今之外耳。然則《青樓集》所稱末泥即生。無疑今《西厢記》以張珙爲生，當是國初所改，或元末《琵琶》等南戲出而易此名。觀關氏所撰諸雜劇，《緋衣夢》等悉不立生名，他可例矣。《青樓集》又有駕頭，恐即引戲之稱，俟考。世謂秀才爲措大，元人以秀才爲細酸。《倩女離魂》首摺末扮細酸爲王文舉是也。細酸字面僅見此，今俗尚有此稱。

又《武林舊事》所記社會甚夥，以雜劇爲緋緑社，唱賺爲遏雲社，要詞爲同文社，清樂爲清□社，小説爲雄辯社，影戲爲繪革社，撮弄爲雲機社，吟咀爲律華社，右八種皆駢集一處也。然當時唱賺之外，又有吟叫；要詞之外，又有小説。不知何以别之。撮弄蓋元人院本所從出也。今自戲文外，惟小説、影戲社會尚有之。

清・姚思《南曲九宫正始序》 蓋自宋始有院本，金元從而廣之。雜劇之行，人懷蒼璧，家蓄玄珠。及明猶備。作者輩出，相望若林。

清・翟灝《通俗編》卷三一 雜録開元中，黄幡綽、張野狐善弄參軍，即後世副净矣。又范傳康、上官唐卿、吕敬遷三人弄假婦人即裝旦矣。至後唐莊宗，自傅粉墨稱李天下，而盛其搬演，大率與近世同。特所演多是雜劇，非如近日戲文也。雜劇自唐宋、金、元迄明，皆有之。唐所謂優伶、雜劇、妝服、套數，觀《蘇中郎》、《踏摇娘》二事可見。宋雜劇亦然。元世曲調大興，凡諸雜劇皆名曲寓焉。

雜録

唐・李德裕《李文饒文集》卷一二《第二狀奉宣令更商量奏來者》 蠻退後，京城傳説，驅掠五萬餘人，音樂伎巧，無不蕩盡，緣郭釗無政都不勘尋。臣德裕到鎮後，差官於蠻經歷州縣，一一勘尋，皆得來名，具在案牘。蠻共掠九千人，成都郭下成都、華陽兩縣祇有八十人，其中一人是子女錦錦，雜劇丈夫兩人，醫眼太秦僧一人，餘並是尋常百姓，並非工巧。

明・朱權《太和正音譜》卷上 雜劇，俳優所扮者，謂之娼戲，故曰勾欄。子昂趙先生曰：良家子弟所扮雜劇，謂之行家生活，娼優所扮者，謂之戾家把戲。良人貴其恥，故扮者寡，今少矣，反以娼優扮者謂之行家，失之遠也。或問其何故哉。則應之曰：雜劇出于鴻儒碩士、騷人墨客所作，皆良人也。若非我輩所作，娼優豈能扮乎。推其本而明其理，故以爲戾家也。關漢卿曰：非是他當行本事，我家生活，他不過爲奴隸之役，供笑獻勤，以奉我輩耳。子弟所扮，是我一家風月。雖是戲言，亦合于理，故取之。良家之子，有通於音律者，又生當太平之盛，樂雍熙之治，欲返古感今，以飾太平。所扮者，隋謂之康衢戲，唐謂之梨園樂，宋謂之華林戲，元謂之昇平樂。

明・史玄《舊京遺事》 院本雜劇肇於金、元全盛之時，然今京師所尚戲曲，一以崑腔爲貴。

宋雜劇

論説

宋・吴自牧《夢粱録》卷二〇《妓樂》 散樂傳學教坊十三部，唯以雜劇爲正色。【略】且謂雜劇中末泥爲長，每一場四人或五人。先做尋常熟事一段，名曰豔段。次做正雜劇，通名兩段。末泥色主張，引戲色分付，副净色發喬，副末色打諢。或添一人，名曰裝孤。先吹曲，破斷送，謂之把色。大抵全以故事，務在滑稽唱念，應對通遍。此本是鑒戒，又隱於諫諍，故從便跣露，謂之無過蟲耳。若欲駕前承應，亦無責罰。一時取聖顔笑。凡有諫諍，或諫官陳事，上不從，則此輩粧做故事，隱其情而諫之，於上顔亦無怒也。又有雜扮，或曰雜班，又名經元子，又謂之拔和，即雜劇之後散段也。頃在汴京時，村落野夫，罕得入城，遂撰此端。多是借裝爲山東、河北村叟，以資笑端。今士庶多以從省，筵會或社會，皆用融和坊、新街及下瓦子等處散樂家，女童裝末，加以弦索賺曲，祇應而已。太凡動細樂，比之大樂，則不用大鼓、杖鼓、羯鼓、頭管、琵琶等，每祇以簫、笙、篳篥、稽琴、方響，其音韻清且美也。若合動小樂器，祇三二人合動尤佳，如雙韻合阮咸，嵇琴合簫管，鍫琴合葫蘆琴，或彈撥下四弦，獨打方響，吹賺動鼓《渤海樂》一拍子至十拍子。又有拍番鼓兒、敲水盞、打鑼板、和鼓兒，皆是也。街市有樂人三五爲隊，擎一二女童舞旋，唱小詞，專沿街趕趁。元夕放燈、三春園館賞玩及遊湖看潮之時，或于酒樓，或花衢柳巷妓館家祇應，但犒錢亦不多，謂之荒鼓板。若論動清音，比馬後樂加方響、笙與龍笛，用小提鼓，其聲音亦清細輕雅，殊可人聽。

宋・灌圃耐得翁《都城紀勝》 散樂，傳學教坊十三部，唯以雜劇爲正色。【略】紹興三十一年，省廢教坊之後，每遇大宴，則撥差臨安府衙前樂等人充應，屬修内司教樂所掌管。教坊大使，在京師時，有孟角毬，曾撰雜劇本子；又有葛守成，撰四十大曲詞；又有丁仙現捷才知音。紹興間，亦有丁漢弼、楊國祥。雜劇中，末泥爲長，每四人或五人爲一場，先做尋常熟事一段，名曰艷段；次做正雜劇，通名爲兩段。末泥色主張，引戲色分付，副净色發喬，副末色打諢，又或添一人裝孤。其吹曲破斷送者，謂之把色。大抵全以故事，世務爲滑稽，本是鑒戒，或隱爲諫諍也，故從便跣露，謂之無過蟲。【略】

又 雜扮或名雜旺，又名紐元子，又名技和，乃雜劇之散段。在京師時，村人罕得入城，遂撰此端，多是借裝爲山東、河北村人，以資笑。今之打和鼓、撚梢子、散耍皆是也。【略】

宋・趙彦衛《雲麓漫鈔》卷一〇 近日優人作雜班，似雜劇而簡略。金虜官制，有文班、武班；若醫、卜、倡優，謂之雜班。每宴集，伶人進，曰：雜班上。故流傳及此。

紀　事

宋・孟元老《東京夢華録》卷八《六月六日崔府君生日二十四日神保觀神生日》 六月六日，州北崔府君生日。多有獻送，無盛如此。二十四日，州西灌口二郎生日，最爲繁盛。廟在萬勝門外一里許，勑賜神保觀。二十三日，御前獻送後苑作與書藝局等處製造戲翫，如毬杖、彈弓、弋射之具，鞍轡、銜勒、樊籠之類，悉皆精巧。作樂迎引至廟，於殿前露臺上設樂棚，教坊、鈞容直作樂，更互雜劇舞旋。太官局供食，連夜二十四盞，各有節次。至二十四日，夜五更争燒頭爐香，有在廟止宿，夜半起以争先者。天曉，諸司及諸行百姓獻送甚多。其社火呈於露臺之上，所獻之物，動以萬數。自早呈拽百戲，如上竿、趯弄、跳索、相撲、鼓板、小唱、鬬雞、説諢話、雜扮、商謎、合笙、喬筋骨、喬相撲、浪子雜劇、叫果子、學像生、倬刀、裝鬼、研鼓、牌棒、道術之類，色色有之，至暮呈拽不盡。殿前兩幡竿，高數十丈，左則京城所，右則修内司，搭材分占，上竿呈藝解，或竿尖立横木，列於其上，裝神鬼，吐煙火，甚危險駭人，至夕而罷。

又《中元節》 構肆樂人自過七夕，便般目連救母雜劇，直至十五日止，觀者增倍。

宋・彭承《續墨客揮犀》卷七《教軍士爲訝鼓》 王子醇初平熙河，邊陲寧静，講武之暇，因教軍爲訝鼓戲，數年間遂盛行于世。其舉動舞按之節與優人之詞，皆子醇初製也。或云：子醇嘗與西人對陣，兵未交，子醇命軍士百餘人，裝爲訝鼓隊，繞出軍前，虜見皆愕眙，進兵奮擊，大破之。

宋・吴自牧《夢粱録》卷三《宰執親王南班百官入内上壽賜宴》 初八日，宰執親王南班百官入内起居，邀駕過皇太后殿上壽起居，舞蹈嵩呼畢，回詣紫宸殿宴。樂未作，殿前山棚綵結飛龍舞鳳之形，教樂所人員等傚學百禽鳴，内外肅然，止聞半空和鳴，鸞鳳翔集，閤門東班引平章、宰執、親王已下起居，上殿賜坐，謝恩坐訖，賜平章、宰執、侍從、親王、南班、武臣、觀察使以上坐于殿上，餘卿監郎丞及武臣防禦使以下，坐于殿廡間，軍校排在山棲之後，殿上坐杌，依品位高低坐，第三四行黑漆矮偏攬坐物。每位列環餅、油餅、棗塔爲看盤。若向者高宗朝，有外國賀生辰使副朝賀赴筵，于殿上坐使副，餘三節人在殿廡坐。看盤如用猪、羊、雞、鵝、連骨熟肉，並葱、韭、蒜、醋各一碟，三五人共漿水飯一桶而已。所有知閤門事官與御帶環衛等官，及閤門職事官，俱坐殿陛之下也。上公稱壽，率以尚書執注碗斟酒進上，其教樂所色長二人，上殿于闌干邊立，皆諢裹紫寬袍、金帶、黄義襴，謂之看盞。如斟御酒，看盞者舉其袖引白綏，御酒進畢，拂雙袖於闌干而立。主上以寶卮先從東後西，宣示宰執、親王以下及外國使副，閤門宣贊，分班躬身齊傳宣飲，盡酒者三，羣臣拜于坐次，後捧卮飲而再拜坐。宰臣酒色長則白綏酒如前，教樂所樂部例于山樓上綵棚中，皆裹長脚幞頭，隨樂部色服紫、緋、緑三色寬衫，黄義襴，鍍金凹面腰帶，前列拍板，次畫面琵琶，又列箜篌兩座，高三尺許，形如半邊木梳，黑漆鏤花金裝畫臺座，張二十五絃，一人跪而交手擘之。次高架畫花地金龍大鼓二面，擊鼓人皆結寬袖，别套黄窄袖，垂結帶，金裹鼓棒兩條，高低互擊，宛若流星。後有羯鼓，如尋常番鼓子，置之小桌上，兩手皆執杖擊之。次中間列鐵石方響，用明金彩畫架子，雙垂流蘇。次列簫、笙、壎、箎、觱篥、龍笛之類，兩旁對列，杖鼓皆長脚幞頭、紫□抹額，皆繫紫寬袍、黃窄袖、結帶、黃義襴。諸雜劇色皆諢裹，各服本色紫、緋、緑寬衫，義襴，鍍金帶。自殿陛對立，直至樂柵。每遇供舞戲，則排立叉手，舉左右肩動足應拍，一齊羣舞，謂之挼曲子。第一盞進御酒，歌板色一名唱中腔一遍訖，先笙與簫笛各一管和之，又一遍，衆樂齊和，獨聞歌者之聲。宰臣酒，樂部起傾盃。百官酒，三臺舞旋，多是諢裹寬衫，舞曲破擷，前一遍，舞者入，至歇拍，續一人入，對舞數拍，前舞者退，獨後舞者終其曲謂之舞末。第二盞進御酒，歌板色唱和如前式。宰臣慢曲子，百官舞三臺。第三盞進御酒，宰執百官酒如前儀。進御膳，御厨以綉籠袱蓋合上進御前珍羞，內侍進前供上食，雙手奉托直過頭。凡御宴至第三盞，方進下酒鹹豉雙下駝峯角子。宰執百官以殿侍側身跪傳酒饌，即茶酒班仗役也，蓋謂殿侍高高捧盞行，天厨分臠極恩榮。傍筵拜起嘗君賜，不請微聞匙筯聲。百戲呈洩，乃上竿、跳索、倒立、折腰、弄碗、踢磬瓶、筋斗之類，藝人皆紅巾綵服。第四盞進御酒，宰臣百官各送酒，歌舞並同前。教樂所伶人，以龍笛腰鼓發諢子。參軍色執竹竿拂子，奏俳語口號，祝君壽。雜劇色打和畢，且謂：奏罷今年新口號，樂聲驚裂一天雲。參軍色再作俳語，勾合大曲舞。下酒杯，禽子骨頭、索粉、白肉、胡餅。第五盞進御酒，琵琶色長上殿奏喏，獨彈玉琵琶。前輩有詩詠曰：寶軸琵琶奏上歡，玉鈎珠結響珊珊。羣臣傾聽天朝樂，却笑烏孫馬上彈。宰臣酒，方響色長上殿奏喏，獨打玉方響，亦有詩詠之：垂珠寶架玉牌方，催送黃金萬壽觴。疑是飛仙朝帝闕，玲瓏環珮互宮商。凡色長獨奏玉樂器，例有宣賜，其彈玉琵琶者賜五兩五疋；打玉方響者，賜三兩三疋，樂伶當殿謝恩祇受訖。百官酒，樂部起三臺舞，參軍色執竿奏數語，勾雜劇入場，一場兩段。是時教樂所雜劇色何鴈喜、王見喜、金寶、趙道明、王吉等，俱御前人員，謂之無過虫。再下酒，羣仙禽、天仙餅、太平畢羅、乾飯、縷肉羹、蓮花肉餅。前筵畢，駕興，少歇，宰臣以下退出殿門幕次伺候，須臾傳旨追班，再坐後筵，賜宰臣百官及衛士殿侍伶人等花，各依品位簪花。上易黃袍小帽兒，駕出再坐，亦簪數朵小羅帛花帽上。宰臣以下起居坐。有詩詠曰：玉帶黃袍坐正衙，再頒花宴侈恩華。近臣拜舞瞻龍表，絳蓝高籠壓帽紗。樂伶色長看盞。第六盞再坐斟御酒，笙起慢曲子。宰臣酒，龍笛起慢曲子。百官酒，舞三臺，蹴毬人争勝負。且謂：樂送流星度彩門，東西勝負各分番。勝賜銀碗並綵段，負擊麻鞭又抹鎗。下酒供假元魚密浮酥捺花。第七盞進御酒，箏色長上殿奏喏，七寶箏獨彈，宣賜謝恩。有詩詠曰：鴈行飛入玉琮琤，滿殿齊看七寶箏。彈到急催花片處，春聲依約上林鶯。宰臣酒，慢曲子。百官酒，舞三臺。參軍色作語，勾雜劇入場三段。下酒供排炊羊、胡餅、炙金腸，御前宣勸殿上宰執、親王、使相、侍從、外國使副畢，中使二員至御座前奏過，分東西殿廡，傳宣臺官卿監郎丞簿飲，盡酒者三，拜而飲之。並傳宣外國使副下三節官屬，皆厲聲喏三聲，拜而飲。有詩咏曰：內臣拱立近天光，奏罷傳宣下御廊。來聽番官三節喏，不須重譯盡來王。第八盞進御酒，歌板色長唱踏歌。宰臣酒，慢曲子。百官酒，舞三臺。衆樂作合曲破舞旋。下酒供假沙魚、獨下饅頭、肚羹。第九盞進御酒，宰臣酒，並慢曲子。百官酒，舞三臺。左右軍即內等子相撲。下酒供水飯、簇飣，下飯。宴罷，羣臣下殿謝恩退。前輩有詩云：宴罷隨班下謝恩，依然騎馬出宮門。歸來要侈需雲瑑，留得天香袖尚存。

宋·劉攽《中山詩話》　祥符天禧中，楊大年、錢文僖、晏元獻、劉子儀以文章立朝，爲詩皆宗尚李義山，號西崑體，後進多竊義山語句。賜宴，優人有爲義山者，衣服敗敝，告人曰：我爲諸館職撏撦至此。聞者懽笑。

《宋史》卷一四二《樂志》　宋初循舊制，置教坊，凡四部。其後平荆南，得樂工三十二人；平西川，得一百三十九人；平江南，得十六人；平太原，得十九人；餘藩臣所貢者八十三人；又太宗藩邸有七十一人。由是，四方執藝之精者皆在籍中。每春秋聖節三大宴：其第一、皇帝升坐，宰相進酒，庭中吹觱栗，以衆樂和之；賜羣臣酒，皆就坐，宰相飲，作《傾盃樂》；百官飲，作《三臺》。第二、皇帝再舉酒，羣臣立於席後，樂以歌起。第三、皇帝舉酒，如第二之制，以次進食。第四、百戲皆作。第五、皇帝舉酒，如第二之制。第六、樂工致辭，繼以詩一章，謂之口號，皆述德美及中外蹈詠之情。初致辭，羣臣皆起，聽辭畢，再拜。第七、合奏大曲。第八、皇帝舉酒，殿上獨彈琵琶。第九、小兒隊舞，亦致辭以述德美。第十、雜劇罷，皇帝起更衣。第十一、皇帝再坐，舉酒，殿上獨吹笙。第十二、蹴踘。第十三、皇帝舉酒，殿上獨彈箏。第十四、女弟子隊舞，亦致辭如小兒隊。第十五、雜劇。第十六、皇帝舉酒，如第二之制。第十七、奏鼓吹曲，或用法曲，或用《龜茲》。

第十八，皇帝舉酒，如第二之制，食罷。第十九，用角觝，宴畢。

又《遼史·牛温舒傳》 乾統初，復參知政事，知南院樞密使事。五年，夏爲宋所攻，來請和解。温舒與蕭得里底使宋。方大燕，優人爲道士裝，索土泥藥爐。優曰：土少不能和。温舒遽起，以手藉土懷之。宋主問其故，温舒對曰：臣奉天子威命來和，若不從，則當卷土收去。宋人大驚，遂許夏和。還，加中書令，卒。

藝文

宋·王安石《王文公文集》卷四六《相國寺啓同天道場行香院觀戲者》 侏優戲場中，一貴復一賤。心知本自同，所以無欣怨。

明·湯舜民《新建勾欄教坊求贊》 捷劇每善滑稽能戲設，引戲每叶宮商解禮儀，妝孤的貌堂堂雄糾糾口吐虹霓氣。付末色説前朝論後代演長篇歌短句江河口頰隨機變，付净色腆囂龐張怪臉發喬科晤冷諢立木形骸與世違。要探每未東風先報花消息，妝旦色舞態裊三眠楊柳，末泥色歌喉撒一串珍珠。

雜録

宋·朱彧《萍洲可談》卷三 崇寧鑄九鼎，帝鼎居中，八鼎各鎮一隅。是時行當十錢，蘇州無賴子弟冒法盜鑄。會浙中大水，伶人對御作俳：今歲東南大水，乞遣彤鼎往鎮蘇州。或作鼎神附奏云：不願前去，恐一例鑄作當十錢。朝廷因治章綖之獄。伶人丁先現者，在教坊數十年，每對御作俳，頗議正時事，嘗在朝門與士大夫語曰：先現衰老，無補朝廷也。聞者哂之。王德用爲使相，黑色，俗號黑相。嘗與北使伴射，使已中的，黑相取箭鍔頭，一發破前矢，俗號劈筈箭。姚麟亦善射，爲殿帥十年，伴射常蒙獎賜。崇寧初，王恩以遭遇處位殿帥，不習弓矢，歲歲以伴射爲窘。伶人對御作俳，先一人持一矢入，曰：黑相劈筈箭，售錢三百萬。又一人持大矢八，曰：老姚射不輸箭，售錢三百萬。後二人挽箭一車入，曰：車箭，都賣一錢。或問：是何人家箭，價賤如此。答曰：王恩不及垛箭。楊鼎臣大夫嘗爲余言，紹聖間在成都，見提舉茶馬官，以課羨賜五品衣魚。府中開宴，俳優口號有茶牙人賜緋之句，當時頗怒其妄發，亦笞之。小人中有冷眼，最不可欺。元符末，廣帥柯述除直龍圖閣，移知福州，訓詞有云：延閣以待該博之士，儻踐歷中外，厥有成績者，亦以命之。柯無文采，頗不堪此亦字。熙寧間，王介甫行新法，欲用人材，或以選人爲監司。趙濟、劉誼皆雄州防禦推官，提舉常平等事，薦所部官改官，而舉將自未改官。蓋用才不限資格，又不欲便授品秩，且惜名器也。其時多引人上殿，伶人對上作俳，跨驢直登軒陛，左右止之，其人曰：將謂有脚者盡上得。薦者少沮。

又《京瓦伎藝》 崇、觀以來，在京瓦肆伎藝，張廷叟、孟子書主張。小唱李師師、徐婆惜、封宜奴、孫三四等，誠其角者。嘌唱弟子張七七、王京奴、左小四、安娘、毛團等。教坊減罷並温習。張翠蓋、張成、弟子薛子大、薛子小、俏枝兒、楊總惜、周壽奴、稱心等。般雜劇，枝頭傀儡任小三，每日五更頭回小雜劇，差晚看不及矣。懸絲傀儡張金線、李外寧。藥發傀儡張臻妙、温奴哥、真箇强、没勃臍、小掉刀、筋骨、上索、雜手伎、渾身眼。李宗正、張哥，毬杖、踢弄。孫寛、孫十五、曾無黨、高恕、李孝詳，講史。李慥、楊中立、張十一、徐明、趙世亨、賈九，小説。王顔喜、蓋中寶、劉名廣，散樂。張真奴，舞旋。楊望京，小兒相撲。雜劇、掉刀、蠻牌董十五、趙七、曹保義、朱婆兒、没困駝、風僧哥、俎六姐。影戲丁儀、瘦吉等弄喬影戲。劉百禽弄蟲蟻，孔三傳耍秀才諸宫調，毛詳、霍伯醜商迷。吴八兒合生。張山人説諢話。劉喬、河北子、帛遂、胡牛兒、達眼五重明、喬駱駝兒、李敦等雜班外入。孫三神鬼，霍四究説三分，尹常賣五代史，文八娘叫果子，其餘不可勝數。不以風雨寒暑，諸棚看人，日日如是。教坊，鈞容直，每遇旬休按樂，亦許人觀看。每遇内宴，前一月，教坊内勾集弟子小兒，習隊舞作樂，雜劇節次。

宋·朱弁《曲洧舊聞》卷六《宋子京修唐書大雪與諸姬擁爐》 宋子京修《唐書》，嘗一日，逢大雪，添帟幕，燃椽燭一，秉燭二，左右熾炭兩巨鑪，諸姬環侍。方磨墨濡毫，以澄心堂紙草某人傳，未成，顧諸姬曰：汝輩俱曾在人家，曾見主人如此否。可謂清矣。皆曰：實無有也。其間一人來自宗子家，子京曰：汝太尉遇此天氣，亦復何如。對曰：祇是擁爐命歌舞，間以雜劇，引滿大醉而已，如何比得內翰。子京點頭，曰：也自不惡。乃閣筆掩卷起，索酒飲之，幾達晨。明日，對賓客自言其事。後每燕集，屢舉以爲笑。

宋・張師正《倦遊雜録・教坊雜劇》 熙寧九年，太皇生辰，教坊例有獻香雜劇。時判都水監侯叔獻新卒。伶人丁仙現假爲一道士，善出神，一僧善入定。或詰其出神何所見。道士云：近曾至大羅，見玉皇殿上有一人，披金紫，熟視之，乃本朝韓侍中也。手捧一物。竊問傍立者，云：韓侍中獻國家金枝玉葉萬世不絶圖。僧曰：近入定到地獄，見閻羅殿側有一人，衣緋垂魚，細視之，乃判都水監侯工部也。手中亦擎一物。竊問左右，云：爲奈何水淺，獻圖，欲別開河道耳。時叔獻興水利，以圖恩賞，百姓苦之，故伶人乃有此語。

又《軍府雜劇》 景祐末，詔以鄭州爲奉寧軍，蔡州爲淮康軍。范雍自侍郎領淮康節鉞，鎮延安。時羌人旅拒戍邊之卒，延安爲盛。有内臣盧押班者鈐轄，心嘗輕范，一日軍府開宴，有軍伶人雜劇，稱參軍夢得一黃瓜，長丈餘，是何祥也。一伶賀曰：黃瓜上有刺，必作黃州刺史。一伶批其頰曰：若夢見鎮府蘿蔔，須作蔡州節度使。范疑盧所教，即取二伶杖背，黥爲城旦。

宋・陳善《捫虱新話》卷二《山谷言詩》 山谷嘗言作詩正如作雜劇，初如布置，臨了須打諢，方是出場。予謂雜劇出場，誰不打諢，祇難得切題可笑耳。山谷蓋是讀秦少章詩，惡其終篇無所歸，故有此語。然東坡嘗有對賜御書詩曰：小臣願對紫微花，試草尺書招贊晉。秦少章一見便曰：如何一説到這裏。少章之意蓋謂東坡不當合鬧。然亦是不會講雜劇也。據坡自註云：時熙河秋獲鬼，是日涇源復奏夏賊數十萬人皆遁去。故其詩云：莫言美墨數行書，須信時平由主聖。大羊散盡沙漠空，捷鋒夜到甘泉宮。似聞指揮築上郡，已覺談笑無西戎。乃知坡詩意自有在。

宋・周密《武林舊事》卷三《社會》 二月八日爲桐川張王生辰，霍山行宮朝拜極盛，百戲競集，如緋綠社雜劇、【略】雲機社撮弄。

又卷四《乾淳教坊樂部》 雜劇色：德壽宮：劉景長。使臣。王喜。保義郎頭。名都管使臣，又名公謹，號玩隱老人。茆山重。節牙頭〇節宋作茅。蓋門貴、蓋門慶。末。侯諒。侯大頭次末。張順、曹辛、宋興。燕子頭。李泉現。引兼舞（三臺）。

衙前：龔士美。使臣都管。劉恩深。都管。陳嘉祥。節級。吴興祐。德壽宮引兼舞三臺。吴斌。宋刻賦。金彦昇。管幹教頭。王青、孫子貴。引。潘浪賢。引兼末部頭。王賜恩。引。胡慶全。蠟燭頭。周泰。次。郭名顯。引。宋定。次，德壽宮蚌蛤頭。劉信。副部頭。成貴。副。陳烟息。副大口。王侯喜。副。孫子昌。副末節級。焦色金、楊名高。末。宋昌榮。副，歡喜頭。

前教坊：伊朝新。王道昌。

前鈞容直：杵穀豐。五味粥。李外善。

和顧：劉慶。次，劉衮。梁師孟、朱和。次，貼衙前鱔魚頭。宵貴。宵鑊。蔣寧。次貼，衙前利市頭。司進。絲瓜兒。郝成。次，貼衙前小鍬。高門興、高門顯。羔兒頭。高明。燈塔兒。劉貴、段世昌。段子貴。司政。仙鶴兒。張舜朝、趙民歡、龔安節、嚴父訓、宋朝清、宋昌榮。二名守衙前。周旺。丈八頭。下疇、宋吉、伊俊、汪泰、王原全。次，貼衙前。王景、鄭喬、王來宣、張顯。守闕祇應黑俏。焦喜。焦梅頭。

又 雜劇三甲：劉景長一甲八人：戲頭李泉現，引戲吴興祐，次淨茆山重、侯諒、周泰，副末王喜，裝旦孫子貴。蓋門慶進香一甲五人：戲頭孫子貴，引戲吴興祐，次淨侯諒，副末王喜。內中祇應一甲五人：戲頭孫子貴，引戲潘浪賢，次淨劉衮，副末劉信。潘浪賢一甲五人：戲頭孫子貴，引戲郭名顯，次淨周泰，副末成貴。【略】雜班：雙頭侯諒，散耍劉衮、劉信。

又《瓦子勾欄（城内隸修内司，城外隸殿前司）》 南瓦。清泠橋、熙春橋。中瓦。三元樓。大瓦。三橋街，亦名上瓦。北瓦。衆安橋，亦名下瓦。蒲橋瓦。亦名東瓦。便門瓦。便門外。候潮門瓦。候潮門外。小堰門瓦。小堰門前，宋刻門外。新門瓦。亦名四通館瓦。薦橋門瓦。薦橋門前，宋刻門外。菜市門瓦。菜市門外。錢湖門瓦。省馬院前。赤山瓦。後軍寨前。行春橋瓦、北郭瓦。又名大通店。米市橋瓦、舊瓦。石板頭。嘉會門瓦。嘉會門外。北關門瓦。又名新瓦。艮山門瓦。艮山門外。羊坊橋瓦、王家橋瓦、龍山瓦。如北瓦羊棚樓等，謂之遊棚宋刻邀棚外，又有勾欄甚多，北瓦内勾欄十三座最盛。或有路岐不入勾欄，祇在耍鬧寬闊之處宋刻耍作要做場者，謂之打野呵，此又藝之次者。

院本

題解

明・沈德符《顧曲雜言》 若所謂院本者，本北宋徽宗時五花爨弄之遺，有散説，有道念，有筋斗，有科汎。初與雜劇本一種，至元始分爲兩，迨本朝，則院本不傳久矣；今尚稱院本，猶沿宋、金之舊也。金章宗時，董解元《西厢》，尚是院本模範，在元末已無人能按譜唱演者，况後世乎。

論説

元・陶宗儀《南村輟耕録》卷二五 唐有傳奇，宋有戲曲、唱諢、詞説，金有院本、雜劇、諸宮調。院本、雜劇，其實一也。國朝，院本、雜劇，始釐而二之。院本則五人：一曰副浄，古謂之參軍；一曰副末，古謂之蒼鶻，鶻能擊禽鳥，末可打副浄，故云；一曰引戲；一曰末泥；一曰孤裝。又謂之五花爨弄。或曰：宋徽宗見爨國人來朝，衣裝鞵履巾裹，傅粉墨，舉動如此，使優人效之以爲戲。又有焰段，亦院本之意，但差簡耳。取其如火焰，易明而易滅也。其間副浄有散説，有道念，有筋斗，有科汎。教坊色長魏、武、劉三人，鼎新編輯。魏長於念誦，武長於筋斗，劉長於科汎，至今樂人皆宗之。

明・陶爽齡《喃喃録》卷上 近時所撰院本，多是男女私媟之事，千篇一律，深可痛恨。而人家又往往於家庭搬演，聚父子兄弟併幃其婦人而共觀之，見其淫謔褻穢，備諸醜態，恬不知愧。此與昔人使婦人裸逐何異。一堂之人，幾同行禽，豈不可悲。

清・李調元《劇話》卷上 劉念臺《人譜類記》：今之院本，即古之樂章。每演戲時，見有孝子、悌弟、忠臣、義士，雖婦人牧豎，往往涕泗横流。此其動人最切，較之老生擁皋比、講經義，老衲登上座、説佛法，功効百倍。近時所□院本，多是男女私媟之事，深可痛恨，而世人喜爲搬演，聚父子兄弟，並幃其婦人而觀之。稍不自制，便入禽獸之門，可不深戒。

雜録

明・蘭陵笑笑生《金瓶梅詞話》第二回 樂人撮弄雜耍回數，就是笑樂院本。

明・史玄《舊京遺事》 院本雜劇肇於金、元全盛之時，然今京師所尚戲曲，一以崑腔爲貴。

清（康熙）《西寧縣志》 春祈秋報，皆有祭賽，或優人演院本，或樂户辦雜劇。

清・錢枝桂《警心録》 陳淳祖爲賈似道之客，守正爲諸客所疾，内人亦惡之。一日，諸姬争寵，密竊一姬鞋，藏淳祖牀下，意欲並中二人。賈入齋，見之，心疑；夜驅此姬至齋門誘之，淳祖不答，繼以大怒，賈乃知其無他，遂勘諸姬，得其情。由是極契淳祖，後遂有知南安軍之命。金、元院本演其事。

元雜劇

論說

總論

元・胡祗遹《紫山大全集》卷八　百物之中，莫靈莫貴於人，然莫愁苦於人。鷄鳴而興，夜分而寐，十二時中，紛紛擾擾。役筋骸，勞志慮，口體之外，仰事俯畜。吉凶慶吊乎鄉黨閭里，輸税應役於官府邊戍。十室而九不足，眉顰心結，鬱抑而不得舒，七情之發，不中節而乖戾者，又十常八九。得一二時安身於枕席，而夢寐驚惶，亦不少安朝夕。晝夜起居，寤寐一心，百骸常不得其和平。所以無疾而呻吟，未半百而衰。於斯時也，不有解塵網，消世慮，熙熙皞皞，暢然怡然，少導歡適者，一去其苦，則亦難乎其爲人矣。此聖人所以作樂以宣其抑鬱，樂工伶人之亦可愛也。樂音與政通，而伎劇亦隨時所尚而變。近代教坊，院本之外，再變而爲雜劇。既謂之雜，上則朝廷君臣，政治之得失，下則閭里市井，父子、兄弟、夫婦、朋友之厚薄，以至醫藥、卜筮、釋道、商賈之人情物理殊方，異域風俗語言之不同，無一物不得其情，不窮其態。以一女子而兼萬人之所爲，尤可以悦耳目而舒心思，豈前古女樂之所擬倫也。全此義者，吾於宋氏見之矣。

明・何良俊《曲論》　元人樂府稱馬東籬、鄭德輝、關漢卿、白仁甫爲四大家。馬之詞老健而乏姿媚，關之詞激厲而少□藉，白頗簡淡，所欠者俊語，當以鄭爲第一。鄭德輝雜劇，《太和正音譜》所載總十八本，然入絃索者惟《㑇梅香》、《倩女離魂》、《王粲登樓》三本。今教坊所唱，率多時曲，此等雜劇古詞，皆不傳習，三本中獨《㑇梅香》頭一折《點絳唇》尚有人會唱，至第二折驚飛幽鳥，與《倩女離魂》内人去陽臺、《王粲登樓》内塵滿征衣，人久不聞，不知絃索中有此曲矣。

明・沈德符《顧曲雜言》　涵盧子所記雜劇名家凡五百餘本，通行人間者，不及百種。然更不止此。今教坊雜劇約有千本，然率多俚淺，其可閲者十之三耳。元人未滅南宋時，以此定士子優劣，每出一題，任人填曲，如宋宣和畫學，出唐詩一句，恣其渲染，選其能得畫外趣者登高第，以故宋畫、元曲，千古無匹。元曲有一題而傳至四五本者，余皆見之。總祇四折。蓋才情有限，北調又無多，且登場雖數人而唱曲祇一人，作者與扮者力量俱盡現矣。自北有《西厢》，南有《拜月》，雜劇變爲戲文，以至《琵琶》遂演爲四十餘折，幾十倍雜劇。然《西厢》到底不過描寫情感。余觀北劇，儘有高出其上者，世人未曾遍觀，逐隊吠聲，咤爲絶唱，真井蛙之見耳。本朝能雜劇者不數人，自周憲王以至關中康、王諸公，稍稱當行。其後則山東馮、李亦近之，然如《小尼下山》、《園林午夢》、《皮匠參禪》等劇，俱太單薄，僅可供笑謔，亦教坊耍樂院本之類耳。雜劇如《王粲登樓》、《韓信胯下》、《關大王單刀會》、《趙太祖風雲會》之屬，不特命詞之高秀，而意象悲壯，自足籠蓋一時；至若《㑇梅香》、《倩女離魂》、《牆頭馬上》等曲，非不輕俊，然不出房幃窠臼，以《西厢例》之可也；他如《千里送荆娘》、《元夜鬧東京》之屬，則近粗莽；《華光顯聖》、《目蓮入冥》、《大聖收魔》之屬，則太妖誕；以至《三星下界》、《天官賜福》種種喜慶傳奇，皆係供奉御前，呼嵩獻壽，但宜教坊及鐘鼓司肄習之，並勛戚、貴璫輩贊賞之耳。

清・吴偉業《北詞廣正譜序》　今之傳奇，即古者歌舞之變也。然其感動人心較昔之歌舞更顯而暢矣。蓋士之不遇者，鬱積其無聊不平之概於胸中，無所發抒，因借古人之歌呼笑駡，以陶寫我之抑鬱牢騷；而我之性情，爰借古人之性情，而盤旋於紙上，宛轉於當場，於是乎熱腔駡世，冷板敲人，令閲者不自覺其喜怒悲歡之隨所觸而生，而亦於是乎歌呼笑駡之不自已，則感人之深與樂之歌舞，所以陶淑斯人而歸於中正和平者，其致一也。而元人傳奇，又其最善者也。蓋當時固嘗以此取士，士皆傅粉墨而踐排場，一代之人文皆從此，描眉畫頰，詼諧調笑而出之，固宜其擅絶千古。而士之困窮不得志，無以奮發於事業功名者，往往遁於山巔水湄，亦恒借他人之酒杯，澆自己之塊壘。其馳騁千古，才情跌宕，幾不減屈子《離憂》、子長《感憤》，真可與漢文、唐詩、宋詞連鑣竝轡。而其中屬辭比事，引宮刻羽，不爽尺寸，渾然天成。仍自雕劃衆形，細若毫髮，而意象豪邁不爲法律拘縛者，又多以北調擅場。第所傳諸劇，人握隋珠，家操卞璧，美等碎金，罕窺全豹。

分論

明・王驥德《曲律》卷三《論部色第三七》 按：丹丘先生謂雜劇、院本有正末、副末、狚、狐、靚、鴇、猱、捷譏、引戲九色之名，又謂唐爲傳奇，宋爲戲文，金時院本、雜劇合而爲一，元分爲二。雜劇者，雜戲也。院本者，行院之本也。又按：元雜劇中，名色不同，末則有正末、副末、冲末即副末、砌末、小末，旦則有正旦、副旦、貼旦即副旦、茶旦、外旦、小旦、旦兒即小旦、卜旦一一亦曰卜兒即老旦。又有外，有孤裝官者，有細酸亦裝生者，有孛老即老雜。小斯曰徠，從人曰祗從，雜脚曰雜當，裝賊曰邦老。凡斯役，皆曰張千；有二人，則曰李萬。凡婢皆曰梅香。凡酒保皆曰店小二。【略】古孤以裝官，《夢遊録》所謂裝孤即旦，非也。又丹丘以狚、狐、鴇、猱並列，即孤當亦是狐字之誤耳。嘗見元劇本，有於卷首列所用部色名目，並署其冠服，器械，曰某人冠某冠，服某衣，執某器，最詳；然其所謂冠服、器械名色，今皆不可復識矣。

又《雜論第三九上》 元人諸劇，爲曲皆佳，而白則猥鄙俚褻，不似文人口吻。蓋由當時皆教坊樂工先撰成間架説白，却命供奉詞臣作曲，謂之填詞。凡樂工所撰，士流恥爲更改，故事款多悖理，辭句多不通。不似今作南曲者盡出一手，要不得爲諸君子疵也。

又 胡鴻臚言：元時，臺省元臣、郡邑正官，皆其國人爲之；中州人每沈抑下僚，志不獲展，如關漢卿乃太醫院尹，馬致遠江浙行省務官，宫大用釣臺山長，鄭德輝杭州路吏，張小山首領官，於是多以有用之才，寓於聲歌，以紓其拂鬱感慨之懷，所謂不得其平而鳴也。然其時如貫酸齋、白無咎、楊西菴、胡紫山、盧疎齋、趙松雪、虞邵菴輩，皆昔之宰執貴人也，而未嘗不工於詞。以今之宰執貴人，與酸齋諸公角而不勝；以今之文人墨士，與漢卿諸君角而又不勝也。蓋勝國時，上下成風，皆以詞爲尚，於是業有專門；今吾輩操管爲時文，既無暇染指，迨起家爲大官，則不勝功名之念，致仕居鄉，又不勝田宅子孫之念，何怪其不能角而勝之也。

清・毛奇齡《西河詞話》 《西河詞話》云：古歌舞不相合，歌者不舞，舞者不歌；即舞曲中詞，亦不必與舞者搬演照應。自唐人作《柘枝詞》、《蓮花鏇歌》，則舞者所執，與歌者所措詞，稍稍相應，然無事實也。宋末有安定郡王趙令畤者，始作商調鼓子詞，譜《西厢傳奇》，則純以事實譜詞曲間，然猶無演白也。至金章宗朝，董解元不知何人，實作《西厢》搊彈詞，則有白有曲，專以一人搊彈並念唱之。嗣後金作清樂，仿遼時大樂之製，有所謂連厢詞者，則帶唱帶演，以司唱一人、琵琶一人、笙一人、笛一人，列坐唱詞，而復以男名末泥，女名旦兒者，並雜色人等，入勾欄扮演，隨唱詞作舉止，如參了菩薩，則末泥祗揖，祗將花笑撚則旦兒撚花類。北人至今謂之連厢，曰打連厢，唱連厢，又曰連厢搬演。大抵連四厢舞人而演其曲，故云；然猶舞者不唱，唱者不舞，與古人舞法無以異也。至元人造曲，則歌舞合作一人，使勾欄舞者自司歌唱，而第設笙、笛、琵琶以和其曲，每入場，以四折爲度，謂之雜劇。其有連數雜劇而通譜一事，或一劇，或二劇，或三、四、五劇，名爲院本。《西厢》者，合五劇而譜一事者也，然其時司唱猶屬一人，仿連厢之法，不能遽變。往先司馬從寧庶人處得《連厢詞例》，謂：司唱一人，代勾欄舞人執唱。其曰代唱，即已逗句欄舞人自唱之意；但唱者止二人，末泥主男唱，旦兒主女唱也。若雜色入場，第有白無唱，謂之賓白。賓與主對，以説白在賓，而唱者自有主也。至元末明初，改北曲爲南曲，則雜色人皆唱，不分賓主矣。少時觀《西厢記》，見一劇末必有〔絡絲娘〕煞尾一曲，於演扮人下場後復唱，且復念正名四句，此是誰唱，誰念。至末劇扮演人唱〔清江引〕曲齊下場後，復有〔隨煞〕一曲，正名四句，總目四句，俱不能解唱者、念者之人。及得《連厢詞例》，則司唱者在坐間，不在場上，故雖變雜劇，猶存坐間代唱之意。

清・唐紹祖《樂府傳聲序》 曩侍安溪李文貞公，每論聲清之元，與移風移俗之本，謂教化莫先於樂，樂以人聲爲重。又論元曲衹四齣，猶有古者升歌笙入，間歌合樂之遺意。

清・焦循《劇説》卷一 生、旦、净、丑，考元曲無生之稱，末即生也。有正末，又有冲末、副末、小末，《任風子》劇中冲末扮馬丹陽，正末扮任屠，《碧桃花》冲末扮張珪，副末扮張道南，《貨郎兒》冲末扮李彦和、小末扮李春郎是也。小末亦稱小末尼，《東堂老》正末同小末尼上是也，冲末又稱二末，《神奴兒》冲末扮李德義，後稱李德義爲二末是也。今人名刺，或稱晚生，或稱晚末、眷末，或稱眷生，然則生與末通稱，尚爲元人之遺歟。旦有正旦、老旦、大旦、小旦、貼旦、色旦、搽旦、外旦、旦兒諸名。《中秋切鱠》正旦扮譚記兒，旦兒扮白姑姑，《碧桃花》老旦扮張珪夫人，正旦扮碧桃，貼旦扮徐端夫人，《張天師夜斷辰鈎月》搽旦扮封姨，旦兒扮桃花仙，正旦扮桂花仙，《救風塵》外旦扮宋引章，《貨郎旦》外旦扮張玉娥，《玉壺春》貼旦扮陳玉英，《神奴兒》大旦扮陳氏，《陳摶高卧》鄭恩引色旦上，《悮入桃源》小旦上云：小妾是桃源仙子侍從的是也。有單稱旦者，《抱妝盒》正旦扮李美人，旦扮劉皇后，旦兒扮寇承御，《倩女離魂》旦扮夫人，正旦扮倩女是也。丑、净、外三色，名與今同，乃《碧桃花》外扮薩真人，外又扮馬、趙、温、關天將，是同場有五外，《陳州糶米》外扮韓魏公、吕夷簡，《争報恩》外扮趙通判，外又扮孤，《楚昭王疎者下船》外扮孫武子、伍子胥，《小尉遲認父歸朝》外扮徐茂公、房元齡，皆同場有二外；《謝金吾詐拆清風府》外扮焦贊、孟良、岳勝，是同場有三外。《百花亭》二净扮雙解元、柳殿試鬧上，《舉案齊眉》二净扮張小員外、馬舍上，《殺狗勸夫》、《東堂老》並二净扮柳隆卿、胡子傳，《合汗衫》净扮卜兒、净扮陳虎，《陳州糶米》净扮劉衙内、净扮小衙内，皆同場有二净。副净之名，見《竇娥冤》之張驢兒。《墻頭馬上》冲末扮裴尚書引老旦扮夫人上，第二折夫人同老旦嬷嬷上，是當場有二老旦；《蝴蝶夢》外引冲末扮王大、王二，《范張雞黍》正末扮范巨卿同冲末扮孔仲仙、張元伯，是當場有二冲末；《桃花女》小末扮石留住，又小末扮增福，第四折石留住、增福同場，是當場有二小末；《陳州糶米》丑扮楊金吾，又二丑扮二斗子，是同場有三丑。末、旦、净、丑之外，又有孤、徠兒、孛老、邦老、卜兒等目。《貨郎旦》冲末扮孤，《殺狗勸夫》外扮孤，《勘頭巾》净扮孤，扮孤者無一定也；《金線池》搽旦扮卜兒，《秋胡戲妻》、《王粲登樓》並老旦扮卜兒，《合汗衫》净扮卜兒，是扮卜兒者無一定也；《貨郎旦》净扮孛老，《瀟湘雨》外扮孛老，《薛仁貴榮歸故里》正末扮孛老，《硃砂擔》冲末扮孛老，是扮孛老者無一定也。蓋孤者，官也；卜兒者，婦人之老者也；孛老者，男子之老者也。徠兒多不言以何色扮之，惟《貨郎旦》李春郎前稱徠兒，後稱小末，則前以小末扮徠兒。蓋徠兒者，扮爲兒童狀也；春郎前幼，當扮爲兒童，故稱徠兒；後已作官，則稱小末耳。邦老之稱，一爲《合汗衫》之陳虎，一爲《盆兒鬼》之盆罐趙，一爲《硃砂擔》之鐵旛竿白正，皆殺人賊，皆以净扮之，然則邦老者，蓋惡人之目也。

又　元曲止正旦、正末唱，餘不唱。其爲正旦、正末者，必取義夫、貞婦、忠臣、孝子，他宵小市井，不得而於之。余謂：時文入口氣，代其人論説，實同於曲劇。而如陽貨王驩等口氣之題，宜斷作，不宜代其口氣。吾見近人作此種題文，竟不啻身爲孤裝、邦老，甚至助爲訕謗、口角，以佁肖爲能，是當以元曲之格度爲法。

紀事

《金史》卷九《章宗本紀》　甲寅，禁伶人不得以歷代帝王爲戲。

藝文

元·睢玄明〔般涉調·耍孩兒〕《詠鼓》　樂官行徑咱參破，全仗着聲名過活。且圖時下養皮囊，隱居在安樂之窩。鼕鼕的打得我難存濟，緊緊的棚扒的我没奈何。習下這等喬功課，搬得人賞心樂事，我正是鼓腹謳歌。〔五煞〕開山時挂些紙錢，慶棚時得些賞賀，争构闌把我來妝標垛。有我時滿棚和氣登時起，一分提錢分外多。若有閑些兒箇了，除是撲煞點砌，按住開呵。〔四〕專覷着古弄的説出了，村末的收外科，但有些決撒我早隨聲和。做院本把我拾掇盡，赴村戲將咱來擂一和。五音内咱須大，我教人人喜悦，箇箇脾和。〔三〕迎宣詔將我身上掩，接高官回把我背上馱，棚角頭軟索是我隨身禍。一聲聲怨氣都言盡，一棒棒冤讎即漸多。肚皮裏常飢餓，論着您腔新譜舊，顯我恨滿言多。〔二〕這厮則嫌樂器低，卻不道本事捋。曾聽的子弟每街頭上有幾篇新曲相攛，不是兩片頑皮喫甚麽。但唆着招子都趄過。排場上表子偷睛望，恨不得街上行人將手拖。但場户闌珊了些兒箇，恨不得添五千串拍板，一萬面銅鑼。〔尾〕把我似救月般響起來打蝗蟲似鬨不合，不信那看官每不耳喧鄰家每不惱聒。從早晨間直點到齋時剉，子被這淡斯全家擂煞我。

元・高安道（般涉調・哨遍）《嗓談行院》 暖日和風清晝，茶餘飯飽齋時候。自嘆抱官囚，被名韁撻挽無休。尋故友，出來的衣冠濟楚，像兒端嚴，一箇箇特清秀，都向門前等候。待去歌樓作樂，散悶消愁。倦遊柳陌戀煙花，且向棚闌翫俳優。賞一會妙舞清歌，瞅一會皓齒明眸，趓一會閑茶浪酒。（耍孩兒）跎跂的單脚實村紂，呼喝的擔俫每叫吼。瞅粘的綠老更昏花，把棚的莽壯真牛。吹笛的把瑟歪着尖嘴，擂鼓的撅丁瘤着左手。撩打的腔腔嗽，靠棚頭的先蝦着脊背，賣薄荷的自腫了咽喉。（七煞）坐排場衆女流，樂床上似獸頭，樂睃來報是些十分醜。一箇箇青布裙緊緊的兜着奄老，皂紗片深深的裹着額樓。棚上下把郎君溜，喝破子把腔兒莽誕，打訛的將納老胡彪。（六）擸斷的昏撒多，主張的自吸嗗，幾曾見雙撮泥金袖。可憐虱蟣沿肩甲，猶道珍珠絡臂韝。四翩兒喬彎紐，甚實曾宮梅點額，誰肯將蜀錦纏頭。（五）撲紅旗裹着慣老，拖白練纏着𦚾脷，兔毛大伯難中瞅。踏蹻的險不樁的頭破，番跳的争些兒跌的迸流。登踏判軀老瘦，調隊子全無些骨巧，疙瘩鬼不見些搊搜。（四）捎掠是淡破頭，喑俫是餓破口，末泥引戲的衡勞嗽。做不得古本酸孤旦，辱末煞馳名魏武劉。剛道子世才紅粉高樓酒，没一箇生斜格打到二百箇斤斗。（三）妝旦不抹彪，蠢身軀似水牛，嗓暴如恰啞了孤莊狗。帶冠梳硬挺着麄脖項，恰掌記光舒着黑指頭。肋額的相迤逗。寫着道翩躚舞態，宛轉歌喉。（二）供過的散嗽生，嗟頂老撇朗兜，老保兒强把身軀紐。切罵的波浪上堆着霜雪，把關子的椁門上似告油。外旦臊腥臭，都是些唵嚌砌末，猥瑣行頭。（一）打散的隊子排，待將回數收，搽灰抹土胡僝僽。淡番東瓦來西瓦，卻甚放走南州共北州。凹了也難收救，四邊厢土糝，八下裏磚彪。（尾）梁園中可慣經，桑園裏串的熟。似兀的武光頭、劉色長、曹娥秀，則索趕科地沿村轉疃走。

元・趙半閑《勾欄曲》 街頭群兒畫聚嬉，吹簫擂鼓懸錦旗。粉面少年金縷衣，青鬢擁出雙蛾眉。駭翁前□囂母誚，醜姬妬嗔狂客笑。虬髯奮戟武略雄，蜂腰束翠歌唇小。眼前勾作名利場，東馳西鶩何蒼惶。栖栖猶是蓬蒿客，須臾喚作薇垣郎。新歡未成愁已作，危塗隋馬千尋壑。□山万里客心□，妻子衰燈雙淚落。紛然四座莫浪悲，是醒是夢俱堪疑。紅鉛洗盡歌管歇，認渠元是街頭兒。

元・佚名（般涉調・耍孩兒）《拘刷行院》 昨朝有客來相訪，是幾箇知音故友。道我數載不疎狂，特地來邀請閑遊。自開寶匣擡烏帽，遂掇彫鞍轡紫騮。聯轡兒相馳驟。人人濟楚，箇箇風流。（十三煞）穿長街驀短衢，上歌臺入酒樓。忙呼樂探差祗候。衆人暇日邀官舍，與你幾貫青蚨唤粉頭。休辭生受。請箇有聲名旦色，迭標垜嬌羞。（十二）雲兒間羊辛翻，不移時雁煮熟。安排就。玉天仙般作念到三千句，救命水似連吞了五六甌。盼得他來到，早涎涎澄澄，抹抹彪彪。（十一）待呼小卿不姓蘇，待喚月仙不姓周。你桂英性子實村紂。施施所事皆無禮，似盼盼多應也姓劉。滿飲闌門酒。似線牽傀儡，粉做骷髏。（十）黑鼻凹掃得下粉，歪髻子扭得出油。胭脂抹就鮮紅口。摸魚爪老麄如扒齒，擔水腰肢膖似碌軸。早難道躭消瘦。不會投壺打馬，則慣撥麥看牛。（九）有玉簫不會品，有銀箏不會搊。查沙着一對生薑手。眼剉間準備鉗肴饌，酩子里安排搠按酒。立不住腔腔嗽。新清來的板齒，恰刷起黄頭。（八）青哥兒怎地彈，白鶴子怎地謳。燥軀老第四如何紐。恣胸懷休想我一縷兒頑涎退，白珠玉别得他渾身拙汗流。倒敢是十分醜。匾撲沙拐孤撇尺，光篤鹿瓠子髑髏。（七）家中養着後生，船上伴着水手。一番唱幾般偷量酒。對郎君劃地無和氣，背板凳天生忒慣熟。把馬的都能勾。子宫久冷，月水長流。（六）行嚯作不轉睛，行交談不住手。顛倒酒淹了他衫袖。狐朋狗黨過如打擄，虎燕狼飡勝似趁熟。嚯得十分透。鵝脯兒砌末包裹，羊腿子花簍裏忙收。（五）張解元皺定眉，李秀才低了頭。不隄防這樣唵僝僽。他做女娘儘世兒誇着㸑，俺做子弟今番出盡醜。則索甘心受。落得些短吁長嘆，怎能勾交錯觥籌。（四）忍不得腹内飢，揩不得臉上羞。休猜做飽諳世事慵開口。俺座間雖無百寶妝腰帶，您席上怎能勾真珠絡臂□。聞不得腥臊臭。半年兩番小産，一日九遍昏兜。（三）江兒里水唱得生，小姑兒聽記得熟。入席來把不到三巡酒。索怯薛側脚安排趄，要賞錢連聲不住口。没一盞茶時候。道有教坊散樂，拘刷煙月班頭。（二）提控有小朱，權司是老劉。更有那些隨從村禽獸。謊得煙迷了蘇小小夜月鶯花市，驚得雲瑣了許盼盼春風燕子樓。慌煞俺曹娥秀。擡樂器眩了眼腦，覷幅子叫破咽喉。（一）上瓦里封了門，下瓦里覓了舟。他道眼睁睁見死無人救。比怕閻羅王罪惡多些人氣，似征李志甫巡軍少箇犯由。恰便似遭遺漏。小王抗着氈縷，小李不放泥頭。〔尾〕老卜兒藉不得板一味地趄，狠撅丁夾着鑼則顧得走。也不是沿村串疃鑽山獸，則是暗氣吞聲喪家狗。

元・李伯瑜《磕瓜》 木胎氈襯要柔和，用最軟的皮兒裹。手内無他煞難過。得來呵。普天下好净也應難趓。兀的般砌末，守着箇粉臉兒色末，諢廣笑聲多。

雜録

陳元靚《纂圖增新圖書類要事林廣記》戊集上卷《諸條格・聚衆祈賽》 立集場唱淫詞犯人四十七下，社長、主首、隣佑人等二十七下。

《元通制條格》卷二七《雜令》 至元十一年十一月，中書省。大司農司呈：河北河南道巡行勸農官申：順天路束鹿縣鎮頭店，聚約伯人，般唱詞話，社長田秀等約量斷罪外，本司看詳，除係籍正色樂人外，其餘農民、市户良家子弟，若有不務本業，習學散樂，般唱詞話，並行禁約。都省準呈。

元・李天禄《靈惠齊聖廣祐王新建外門記・奉元路醴泉縣儒學教諭上黨賈志道書》 夫郡縣之良吏，血食一方者多矣，卓茂之於密魯，仲康之於中牟，朱邑之於桐鄉，召信臣之於南陽，未能有達之天下四方者，如王之祠，何其盛歟，嗚呼。祀典之廢久矣，人心所存口逃禍徼福在耳。其事神也，封羊豕，具酒食，巫覡優樂雜然而前，禱謝日豐，乖禮越分，鄙俗相傳，不以爲過，豈事神之道

《大元聖政國朝典章》卷五七《刑部一九・雜禁》 禁孛散樂詞傳。至元十一年十月，中書兵刑部承奉中書省劄付據大司農司呈河北河南道巡行勸農官申順天路東鹿縣頭店見人家内聚約百人，自搬詞傳，動樂飲酒。爲此，本縣官司取訖社長田秀並田拗驢等各人招伏，不合縱令姪男等攢錢置面戲等物，量情斷罪外，本司看詳，除係籍正色樂人外，其餘農民市户良家子弟，若有不務本業，習孛散樂般説詞話人等，並行禁約，是爲長便。乞照詳事都省準呈，除已劄付大司農司禁約外，仰依上施行。

又 禁治妝扮四天王等。至元十八年十一月，御史臺承奉中書省劄付據宣徽院呈提點教坊司申閏八月廿五日，有八哥奉御禿烈奉御傳奉聖旨，道與小李，今後不揀甚麽人，十六天魔休唱者，雜劇裏休做者，休吹彈者，四天王休妝扮者，骷髏頭休穿戴者，如有違犯，要罪過者，欽此。

元・宋翼《有元澤州高平縣米山宣聖廟記》 明道先生歿幾三百年，澤潞里館歲昵淫祀而嬉優伶，才乏俗澆，識者興歎。

元・夏庭芝《青樓集》 龍樓景、丹墀秀，皆金門高之女也，俱有姿色，專工南戲。龍則梁塵暗簌，丹則驪珠宛轉。後有芙蓉秀者，婺州人，戲曲小令，不在二美之下，且能雜劇，尤爲出類拔萃云。

《元史》卷一〇五《刑法志四》 諸民間子弟，不務生業，輒於城市坊鎮演唱詞話，教習雜戲，聚衆淫謔，並禁治之。諸弄禽蛇、傀儡，藏擫撇鈸、倒花錢、擊魚鼓，惑人集衆以賣僞藥者禁之，違者重罪之。諸棄本逐末習用角觝之戲，學攻刺之術者，師弟子並杖七十七。諸亂製詞曲爲譏議者流。

明・胡侍《真珠船》卷四《元曲》 元曲如《中原音韻》、《陽春白雪》、《太平樂府》、《天機餘錦》等集，《范張雞黍》、《王粲登樓》、《三氣張飛》、《趙禮讓肥》、《單刀會》、《敬德不伏老》、《蘇子瞻貶黄州》等傳奇，率音調悠圓，氣魄宏壯。後雖有作，鮮之與京矣。蓋當時臺省元臣、郡邑正官及雄要之職，盡其國人爲之。中州人每每沉抑下僚，志不獲展，如關漢卿入太醫院尹，馬致遠江浙行省務官，宫大用釣臺山長，鄭德輝杭州路吏，張小山首領官。其他屈在簿書老於布素者，尚多有之。於是以其有用之才，而一寓之乎聲歌之末，以舒其怫鬱感慨之懷，蓋所謂不得其平而鳴焉者也。

明雜劇

論説

明・沈德符《萬曆野獲編》卷二五《戲旦》 自北劇興，名男爲正末，女曰旦兒。相傳入於南劇，雖稍有更易，而旦之名不改，竟不曉何義。今

觀《遼史・樂志》：大樂有七聲，謂之七旦。凡一旦，管一調，如正宮、越調、人食、中吕之屬。此外又有四旦二十八調，不用黍律，以琵琶叶之。按此即今九宫譜之始。所謂旦，乃司樂之總名，以故金、元相傳，遂命歌妓領之，因以作雜劇。流傳至今，旦皆以娼女充之，無則以優之少者假扮，漸遠而失其真耳。大食，今曲譜中訛作大石，因有小石調配之，非其初矣。元人云：雜劇中用四人：曰末泥色，主引戲，分付；曰副净色，發喬；曰副末色，主打諢；又或一人裝孤老。而旦獨無管色，益知旦爲管調，如教坊之部頭、色長矣。

紀事

《明史》卷六一《樂志一》　弘治之初，孝宗親耕耤田，教坊司以雜劇承應，間出狎語。都御史馬文升厲色斥去。

雜録

明・劉若愚《酌中志》卷一六《内府衙門職掌》　又如：雜劇故事之類，各有引旗一對，鑼鼓送上所扮者，備極世間騙局醜態，並閨壼拙婦騃男，及市井商匠刁賴詞訟，雜耍把戲等項，皆可承應。

清雜劇

紀事

《明史》卷六一《樂志一》　殿中韶樂，其詞出於教坊俳優，多乖雅道。十二月樂歌，按月律以奏，及進膳、迎膳等曲，皆用樂府、小令、雜劇爲娱戲。流俗諠譊，淫哇不逞。太祖所欲屏者，顧反設之殿陛間不爲怪也。

雜録

《大清高宗純皇帝聖訓》卷二六一《厚風俗》　雍正十三年十一月丁酉，上諭總理事務王大臣，朕聞外省百姓，有生計稍裕之家，每遇喪葬之事，多務虚文，侈靡過費。其甚者，至於招集親朋鄰族，開筵劇飲，謂之鬧喪。且有於停喪處所，連日演戲，而舉殯之時，又復在途扮演雜劇戲具者。從來事親之道，生事死祭，皆必以禮，得爲而不爲，與不得爲而爲之者，均爲非孝；是知各循其分，乃能各盡其孝，初不在以奢靡相尚也。况當哀痛迫切之時，而顧聚集親朋，飲酒演劇，相習成風，恬不知怪，非惟於禮不合抑亦於情何忍。此甚有關於風俗人心，不可不嚴行禁止。著各省督撫等，通行明切曉諭，嗣後民間遇有喪葬之事，不許仍習陋風，聚飲演戲，以及扮演雜劇等類，違者按律究處。務在實力奉行，毋得姑爲寬縱。

清・昭槤《嘯亭續録》卷一　乾隆初，純皇帝以海内昇平，命張文敏製諸院本進呈，以備樂部演習，凡各節令皆奏演。其時典故如屈子競渡，子安題閣諸事，無不譜入，謂之《月令承應》。其於内庭諸喜慶事，奏演祥徵瑞應者，謂之《法宫雅奏》。其於萬壽令節前後奏演羣仙神道添籌錫禧，以及黄童白叟含哺鼓腹者，謂之《九九大慶》。又演目犍連尊者救母事，析爲十本，謂之《勸善金科》，於歲暮奏之，以其鬼魅雜出，以代古人儺祓之意。演唐玄奘西域取經事，謂之《昇平寶筏》，於上元前後日奏之。其曲文皆文敏親製，詞藻奇麗，引用内典經卷，大爲超妙。其後又命莊恪親王譜蜀、漢《三國志》典故，謂之《鼎峙春秋》。又譜宋政和間梁山諸盜及宋、金交兵，徽、欽北狩諸事，謂之《忠義璇圖》。其詞皆出日華遊客之手，惟能敷衍成章，又抄襲元、明《水滸義俠》、《西川圖》諸院本曲文，遠不逮文敏多矣。嘉慶癸酉，上以教匪事，特命罷演諸連臺，上元日惟以《月令承應》代之，其放除聲色至矣。

《大清律例按語》卷二六《刑律雜犯・雍正三年禁止搬做雜劇》

律例》 原律搬做雜劇凡樂人搬做雜劇戲文,不許妝扮歷代帝王后妃及忠臣烈士先聖先賢神像,違者杖一百,官民之家,容令妝扮者與同罪。其神仙道扮及義夫節婦孝子順孫勸人爲善者,不在禁限。原擬,先聖先賢字應移寫於忠臣烈士上。臣等謹按,此言褻慢神象神罪也,歷代帝王后妃及先聖先賢忠臣烈士之神像,皆官民所當敬奉瞻仰者,皆搬做雜劇用以爲戲,則不敬甚矣,故違者樂人滿杖,官民容妝扮者同罪。其神仙道扮及義夫節婦孝子順孫,事關風化,可以興起激勸人爲善之念者,聽其妝扮,不在應禁之限。原擬,現行例內一條,類於此律,應增入。現行例一、凡有狂妄之徒,因事造言,捏成歌曲,沿街唱和,及以鄙俚褻慢之詞刊刻傳播者,內外各地方官及時察拏,坐以不應重罪。若係妖言惑衆,仍照律科斷。

南戲

論説

綜論

明・祝允明《猥談》 南戲出於宣和之後,南渡之際,謂之温州雜劇【略】愚人蠢工,狗意更變,妄名餘姚腔、海鹽腔、弋陽腔、崑山腔之類,變易喉舌,趁逐抑揚,杜撰百端, 真胡説耳。若以被之管絃,必至失笑,而昧士傾喜之,互爲自謾爾。

明・魏良輔《南詞引正》五 腔有數樣,紛紜不類。各方風氣所限,有昆山、海鹽、余姚、杭州、弋陽。自徽州、江西福建俱作弋陽腔。永樂間,雲、貴二省皆作之。會唱者頗入耳。惟昆山爲正聲,乃唐玄宗時黄旛綽所傳。元朝有顧堅者,雖離昆山三十里,居千墩,精於南辭,善於古賦。擴廓帖木兒聞其善歌,屢招不屈。與楊鐵笛、顧阿瑛、倪元鎮爲友,自號風月散人。其著作有《陶真野集》十卷、《風月散人樂府》八卷行於世,善發南曲之奥,故國初有昆山腔之稱。

明・徐渭《南詞叙録》 南戲始於宋光宗朝,永嘉人所作《趙貞女》、《王魁》二種實首之,故劉后村有死後是非誰管得,滿村聽唱蔡中郎之句。或云:宣和間已濫觴,其盛行則自南渡,號曰永嘉雜劇,又曰鶻伶聲嗽。其曲,則宋人詞而益以里巷歌謡,不叶宫調,故士夫罕有留意者。元初,北方雜劇流入南徼,一時靡然向風,宋詞遂絶(一),而南戲亦衰。順帝朝,忽又親南而疎北,作者蝟興,語多鄙下,不若北之有名人題詠也。永嘉高經歷明,避亂四明之櫟社,惜伯喈之被謗,乃作《琵琶記》雪之,用清麗之詞,一洗作者之陋,於是村坊小伎,進與古法部相參,卓乎不可及已。相傳:則誠坐卧一小樓,三年而後成。其足按拍處,板皆爲穿。嘗夜坐自歌,二燭忽合而爲一,交輝久之乃解。好事者以其妙感鬼神,爲剏瑞光樓旌之。我高皇帝即位,聞其名,使使徵之,則誠佯狂不出,高皇不復强。亡何,卒。時有以《琵琶記》進呈者,高皇笑曰:五經、四書,布、帛、菽、粟也,家家皆有;高明《琵琶記》,如山珍、海錯,貴富家不可無。既而曰:惜哉,以宫錦而製鞵也。由是日令優人進演。尋患其不可入絃索,命教坊奉鑾史忠計之。色長劉杲者,遂撰腔以獻,南曲北調,可於箏琵被之;然終柔緩散戾,不若北之鏗鏘入耳也。

又 今之北曲,蓋遼、金北鄙殺伐之音,壯偉很戾,武夫馬上之歌,流入中原,遂爲民間之日用。宋詞既不可被絃管,南人亦遂尚此,上下風靡,淺俗可嗤。然其間九宫、二十一調,猶唐、宋之遺也,特其止於三聲,而四聲亡滅耳。至南曲,又出北曲下一等,彼以宫調限之,吾不知其何取也。或以則誠也不尋宫數調之句爲不知律,非也,此正見高公之識。夫南曲本市里之談,即如今吴下(山歌)、北方(山坡羊),何處求取宫調。必欲宫調,則當取宋之《絶妙詞選》,逐一按出宫商,乃是高見。彼既不能,盍亦姑安於淺近。大家胡説可也,奚必南九宫爲。

又 南曲固無宫調,然曲之次第,須用聲相隣以爲一套,其間亦自有類輩,不可亂也,如(黄鶯兒)則繼之以(簇御林),(畫眉序)則繼之以(滴溜子)之類,自有一定之序,作者觀於舊曲而遵之可也。南之不如北有宫調,固也;然南有高處,四聲是也。北雖合律,而止於三聲,非復中原先代之正，周德清區區詳訂，不過爲胡人傳譜，乃曰《中原音韻》，夏蟲、井蛙之見耳。

又 今崑山以笛、管、笙、琵按節而唱南曲者，字雖不應，頗相諧和，殊爲可聽，亦吴俗敏妙之事。或者非之，以爲妄作，請問〔點絳唇〕、〔新水令〕，是何聖人著作。

又 今唱家稱弋陽腔〔三〕，則出於江西，兩京、湖南、閩、廣用之；稱餘姚腔者，出於會稽，常、潤、池、太、揚、徐用之；稱海鹽腔者，嘉、湖、温、臺用之。惟崑山腔止行於吴中，流麗悠遠，出乎三腔之上，聽之最足蕩人，妓女尤妙此，如宋之嘌唱，即舊聲而加以泛豔〔四〕者也。今宿倡曰嘌，宜用此字。隋、唐正雅樂，詔取吴人充弟子習之，則知吴之善謳，其來久矣。詞調兩半篇乃合一闋，今南曲健便，多用前半篇，故曰一隻，猶物之雙者，止其一半，不全舉也。如〔梁州序〕，四字起乃上篇也，第三隻七字起是後半篇，雖曰四隻，實爲兩闋。如〔八聲甘州〕亦然，故頭隻四字，次隻七字起也。南九宫全不解此意，兩隻不同處，便下過篇二字，或妄加一么字，可鄙。么字，非么字也。大抵古人作事不苟，唱前篇了，恐人不知，聯牽唱去，故加一空字別之。么乃空字之省文，如今點書，E乃非字之省，又乃更書一字之省。《漢書》元二之民，本元元也，後世不知，口作元二之民，亦是此類。

又 南易製，罕妙曲；北難製，乃有佳者。何也。宋時，名家未肯留心；入元又尚北，如馬、貫、王、白、虞、宋諸公，皆北詞手；國朝雖尚南，而學者方陋一一是以南不逮北。然南戲要是國初得體。南曲固是末技，然作者未易臻其妙。《琵琶》尚矣，其次則《翫江樓》、《江流兒》、《鶯燕争春》、《荆釵》、《拜月》數種，稍有可觀，其餘皆俚俗語也；然有一高處：句句是本色語，無今人時文氣。

又 以時文爲南曲，元末、國初未有也，其弊起於《香囊記》。《香囊》乃宜興老生員邵文明作，習《詩經》，專學杜詩，遂以二書語句匀入曲中，賓白亦是文語，又好用故事作對子，最爲害事。夫曲本取於感發人心，歌之使奴、童、婦、女皆喻，乃爲得體；經、子之談，以之爲詩且不可，况此等耶。直以才情欠少，未免輳補成篇。吾意：與其文而晦，曷若俗而鄙之易曉也。

〔四邊静〕是也；其他平韻不可作入者甚多。

又 聽北曲使人神氣鷹揚，毛髮洒淅，足以作人勇往之志，信胡人之善於鼓怒也，所謂其聲噍殺以立怨是已；南曲則紆徐綿眇，流麗婉轉，使人飄飄然喪其所守而不自覺，信南方之柔媚也，所謂亡國之音哀以思是已。夫二音鄙俚之極，尚足感人如此，不知正音之感何如也。

又 生：即男子之稱。史有董生、魯生，樂府有劉生之屬。旦：宋伎上場，皆以樂器之類置籃中，擔之以出，號曰花擔。今陝西猶然。後省文爲旦。或曰：小獸能殺虎，如伎以小物害人也。未必然。外：生之外又一生也，或謂之小生。外旦、小外，後人益之。貼：旦之外貼一旦也。丑：以墨粉塗面，其形甚醜。今省文作丑。净：此字不可解。或曰：其面不净，故反言之。予意：即古參軍二字，合而訛之耳。優中最尊。其手皮帽，有兩手形，因明皇奉黄旛綽首而起。末：優中之少者爲之，故居其末。手執搕爪。起於後唐莊宗。古謂之蒼鶻，言能擊物也〔七〕。北劇不然：生曰末泥，亦曰正末；外曰孛老；末曰外；净曰俫律蛇切，小兒也亦曰净，亦曰邦老；老旦曰卜兒；外兒也，省文作卜。其他或直稱名。傳奇：裴鉶乃吕用之之客。用之以道術愚弄高駢，鉶作傳奇，多言仙鬼事諂之，詞多對偶。借以爲戲文之號，非唐之舊矣。題目：開場下白詩四句，以總一故事之大綱。今人内房念誦以應副末，非也。賓白：唱爲主，白爲賓，故曰賓、白，言其明白易曉也。科：相見、作揖、進拜、舞蹈、坐跪之類，身之所行，皆謂之科。今人不知，以諢爲科，非也。介：今戲文於科處皆作介，蓋書坊省文，以科字作介字，非科、介有異也。諢：於唱白之際，出一可笑之語以誘坐客，如水之渾渾也。切忌鄉音。打箱：以别技求賞也。開場：宋人凡勾欄未出，一老者先出，夸説大意，以求賞，謂之開呵。今戲文首一出，謂之開場，亦遺意也。曲中常用方言字義，今解於此，庶作者不誤用。員外：宋富翁皆買郎外散官，如朝散、朝議、將仕之類。謝娘：本謂文女，如謝道藴是也。今以指妓。勤兒：言其勤於悦色，不憚煩也。亦曰刷子，言其亂也。行首：妓之貴稱。居班行之首也。小玉：霍小玉，妓女也。今以指女妓。薄暮：母也。薄音博，磨上聲。薄民綿母，以切脚言。九百：風魔也。宋人云：九百尚在，六十猶癡。相公：唐、宋謂執政曰相公。最古。今人改曰大人，已俗矣。下官：六朝以來，仕者見上，皆稱下官，或曰小官。最古。奴家：婦人自稱。今閩人猶然。使長：金、元謂主曰使長，今世已呼公侯子、王姬。包彈：包拯爲中丞，善彈劾，故世謂物有可議者曰包彈。虚脾：虚情也。五臟爲脾最虛。捭擺：把持也。今人云捭擺不下，即此二字。動使：什物器皿也。見《東京夢華録》。嗹嗻：能而大也。或作鑫轟，皆俗字。傻角：上温假切，下急了切。癡人也，吴謂獃子。評跋：以言論人曰評，以文論人曰跋。波查：猶言口舌。北音凡語畢必以波查助詞，故云。入跋：入門也。倡家謂門曰跋限。妝么：猶做模樣也。古云作態。妝局：宋有吉慶事，則聚人治之，謂之結局。誆人者，亦曰騙局。忐忑：上卯口切，下吞勒切。心不定貌。俗字也。遮莫：儘教也。亦曰折莫。杜詩：遮莫鄰雞下五更。行徑：門牆也。猶言家風也。摟羅：矯絶也。唐人語曰：欺客打客當摟羅。今以目緑林之從卒。魑魀：難進難退也。一作閒架。端相：細看也。唐人曰：端相良久。作端詳者，非。若爲：怎麽也。李太白：桃李今若爲。打脊：古人鞭背，故詈人曰打脊。唐之遺言也。恁的：猶言如此也。吴人曰更箇。交加：紛亂也。唐人云：交交加加，誰能得會。餺飥：唐人以麪爲湯餅之名，今謂整治酒肴。胡柴：亂説也。今人云：被我柴倒，即此字。畢竟：到底也。唐人云：畢竟不成眠，鴉啼金井寒。争得：怎得也。唐無怎字，借争爲怎。支吾：一作枝梧，猶言遮欄也。或云：鼯鼠五枝。技之淺也。恁：你每二字，合呼爲恁。掌事：今之主管。頂老：伎之諱名。俏俏：美俊也。辣浪：風流爽快也。入馬：進步也。倡家語。傒倖：憂懷也。世不：誓不也。喒：咱們二字，合呼爲喒。解庫：今之典鋪。龐兒：貌也。喬才：狙詐也，狡獪也。奚落：遺棄也。當作遺唧溜：精細也。技倆：本事也。篝兒：根株也。

明·王世貞《匯苑詳注》　《彙苑詳注》云：曲者，詞之變。金、元所用北樂，緩急之間，詞不能按，乃更爲新聲以媚之。而諸君如貫酸齋、馬東籬輩，咸富有才情，兼善音律，遂擅一代之長。但大江以北，漸染北語，時時採入，而沈約四聲，遂闕其一。東南之士，未盡顧曲之周郎，逢掖之間，又稀辨撾之王應，稍稍復變新體，號爲南曲，高拭則誠，遂掩前後。大抵北主勁切、雄麗，南主清峭、柔遠，雖本才華，務諧音律。譬之同一師承，頓、漸分教；俱爲國臣，文、武異科。今談曲者往往合而舉之，良可笑也。

分　論

明·魏良輔《曲律》　清唱，俗語謂之冷板櫈，不比戲場藉鑼鼓之勢。全要閒雅整肅，清俊温潤。其有專于磨擬腔調，而不顧板眼；又有專主板眼而不審腔調，二者病則一般。惟腔與板兩工者，乃爲上乘。至如面上發紅，喉間筋露，摇頭擺足，起立不常，此自關人器品，雖無與于曲之工拙，然能成此，方爲盡善。

明·王驥德《曲律·自序》　粤自北詞變爲南曲，易忼慨爲風流，更雄勁爲柔曼，所謂地氣自北而南，亦云人聲繇健而順。【略】至於南曲，鶗鴂之陳久廢，刁斗之設不閑。綵筆如林，盡是嗚嗚之調；紅牙迭響，秖爲靡靡之音。

又《雜論第三九上》　南戲曲，從來每人各唱一隻。自《拜月》以兩三人合唱，而詞隱諸戲遂多用此格。畢竟是變體，偶一爲之可耳。

又《論劇戲第三〇》　劇之與戲，南北故自異體。北劇僅一人唱，南戲則各唱。一人唱則意可舒展，而有才者得盡其春容之致；各人唱則格有所拘，律有所限，即有才者，不能恣肆於三尺之外也。

清·胡彦穎《樂府傳聲序》　自元以來，有北曲，有南曲，而善歌者首推三吴，南曲習於南耳，故視北曲尤爲盛行，然明之中葉以後，於南曲刻意求工，别爲清曲，漸非元人之舊。又作傳奇之人，喜集數曲爲一，以致宫調難分，音拍盡失，訛且傳訛，盲復引盲，幾何而不盡變元人之歌法哉。

清·徐大椿《樂府傳聲》　曲之變，上古不可考。自唐虞之賡歌擊壤以降，凡朝廷草野之間，其歌詩謡諺不可勝窮，兹不盡述。若今日之聲存而可考者，南曲北曲二端而已。北曲之始，金之董解元《西厢記》，元之馬致遠《岳陽樓》之類。南曲之傳，如元人高則《誠琵琶記》，施君美《拜月亭》之類。宫調既殊，排場亦異，然當時之唱法，非今日之唱法也。北曲如董之《西厢記》僅可以入弦索，而不可以協簫管。其曲以頓挫節奏勝，詞疾而板促。至王實甫之《西厢記》，及元人諸雜劇，方可協之簫管，近世之所宗者是也。若北曲之西腔，高腔，梆子，亂彈等腔，此乃其别派，不在北曲之列。南曲之異，則有海鹽、義烏、弋陽、四平、樂平、太平等腔。至明之中葉，崑腔盛行，至今守之不失。其偶唱北曲一二調，亦改爲崑腔之北曲，非當時之北曲矣。此乃風氣自然之變，不可勉强者也。

又 今之所以唱去聲似平聲者，何也。自南曲盛行，曲尚柔靡，聲口已慣，不能轉勁，又去聲唱法，頗須用力，不若平讀之可以隨口念過，一則循習使然，一則偷氣就易，又久無審音者爲之整頓，遂使去聲盡亡，北音絶響，最可慨也。

又 南曲之唱，以連爲主。北曲之唱，以斷爲主，不特句斷字斷，即一字之中，亦有斷腔，且一腔之中，又有幾斷者；惟能斷，則神情方顯，此北曲第一喫緊之處也。而其法則非一端：有另起之斷，有連上之斷，有一輕一重之斷，有一收一放之斷，有一陰一陽之斷，有一口氣而忽然一斷，有一連幾斷，有斷而換聲吐字，有斷而寂然頓住。以上諸法，南曲亦間有之，然不若北曲之多。《禮記》所云：曲如折，止如槁木；正此之謂也。近時南曲盛行，不但字法皆南，即有斷法，亦是南曲之斷，與北曲迥別。蓋南曲之斷，乃連中之斷，不以斷爲重，北曲未嘗不連，乃斷中之連，愈斷則愈連，一應神情，皆在斷中頓出。故知斷法之精微，則北曲之神理，思過半矣。然斷與頓挫不同。頓挫者，曲中之起倒節奏；斷者，聲音之轉折機關也。

清・戈載《詞林正韻》 南曲即本乎詞，其于宋詞之用韻，信乎。殊流而同源。

紀事

明・周暉《周氏曲品》 一極品貴人，目不識丁，又不諳練。一日家讌，扮演《鄭元和》戲文，有丑脚劉淮者，最能發笑，感動人。演至殺五花馬，賣來興保兒，來興保哭泣戀主。貴人呼至席前，滿斟酒一金盃賞之，且勸曰：你主人既要賣你，不必苦苦戀他了。來興保喏喏而退。此乃戲中之戲，夢中之夢也，貴人所以爲貴人乎。

明・侯甸《西樵野記》卷一《鬼觀戲》 弘治癸丑，湖州俞氏敷演梨園。隨飯客酒罷，夜有二青衣持燈至，曰：吾乃嚴尚書府中，召汝今夕演戲。隨以白金半錠授之諸優。如召從至一大廈，雕梁畫棟，席間章縫畢集，惟飲食殊不可啖。主公命云：夕宜演趙盾故事，直未許鳴金。諸優演罷，久之未曉，復睡壹覺，乃一古廟，試以白金視之，冥錠也。或曰：國初嚴尚書舊遊地也。

藝文

明・陳鐸《秋碧軒稿・嘲南戲》 （北耍孩兒） 教坊一色爲南戲，幾輩兒流傳到你。新腔舊譜欠攻習，打幇兒四散求食。聽的文人墨客膺來謁，富室豪民跑的來疾。這等人何足計。胎胞兒輕賤，骨格兒低微。 （十煞） 一個是聽便的吴信臣，一個停喪的戴秉彝，一個成頭作㪚歸君德，去那東鄰西舍商量着幹，打夥成羣砌輳着爲，拚一夜都不睡。歸君德心忙似箭，吴信臣步走如飛。 （九煞） 喬粉兒家去了兩遭，朱聰兒家轉了一回。把定銀錢半先交遞，這一個幇閑子弟生來好，那幾個貪鏝厮兒不肯推。那想東道主番嫌貴，把話頭兒改悔日子兒那移。 （八煞） 說川子每辦得來標，樂人每不甚喜。劉文斌可不强似《荆釵記》，一時間宅院喧譁起，半霎兒街坊聚會的齊。銀兩兒都花費，還魂錢再難科斂，隔手帳誰肯貼陪。 （七煞） 樂人每再不邀，戲箱兒就當回。一個吴郎急早先隄備，一壁廂省錢糧番誇蜀戲妝的來巧，一壁廂趕衣飯，却恨官身散得來遲。急巴到黄昏際，當不的街長路遠，禁不得雨趕風催。 （六煞） 問着的佯不知，道着的全不理，指張說李胡支對。那裡也熱烘烘四座銀燈點，則落的静悄悄中堂繐帳垂。唧噥着都商議，妝生的說，忍耐着再探動静。付净的道，竅撒了倒是便宜。 （五煞） 一個兒說熬不得脚底疼，一個說捱不得肚裏饑，一個說討些茶飯添筋力，一箇死挨着格扇叫行不動，一箇斜倚定門枋道站不的，一個望屋梁不住長吁氣，一個說無燈籠尋。一個兒火把，一個說少鋪蓋借兩領兒蘆蓆。 （四煞） 望着天月色無，覷着地街道黑。赤緊的鼓樓上發過初更擂，故官營時有迷人鬼。虎踞關長多截路賊，也衹索尋歸計，經過了這塲兇險，折準了一運災疾。 （三煞） 連丢了四五交，剛行到三二里。把頭髮再挽腰重勒，指不迭酸臭渾身汗，挣不動扒叉兩腿泥。行走着行尋覓。則見那熱酒店門關户閉，巡更鋪梆響鈴提。 （二煞） 怕上岡又上岡，怕過水又過水，正是路當險處難迴避。先行的大叫休失伴，後趕的連聲待等齊，險些把殘生棄。忽聽得清涼寺數聲鐘響，石城門幾處雞啼。（一煞）這等人衹可踈不可親，衹可嗔不可喜。他十中八九無恩義，他着虧處儘是甘心兒忍，受好處何曾暫口兒提，衹除是財和勢。一頓打添多少呈歡奉喜，幾錢銀買多少做小服低。（尾聲）他那個遭魔的理正當，你這箇吝錢的名不美。伴丧犯夜都該問個不應罪，犯出來呵律有名條放不過你。

明·陳鐸《滑稽餘韻·川戲》　頑皮臉不羞，一落腔强扭，散言語胡厮轉，描眉補鬢逞風流，要好不能勾。躲重投，輕尋争覓，鬭使閑錢咪冷酒，生成的骨頭學成的嘴口，至死也難醫救。

又《秋碧軒稿》之《嘲川戲》（北耍孩兒）身長力壯無生意，辦砂的誰人似你，三三五五厮追陪，不着家四散求食。生來一種骨頭賤，磨搶多遭臉腦皮，攘動了妝南戲，把張打油篇章記念花桑樹腔調攻習。（八煞）則説道靳廣兒那一班，韓五兒這一起，樁樁脚色都標致。一個妝興等地梳斜了鬓，一個愛晃平空絞細了眉。一個快刀兒常把髭髯剃。又不是官司差□，又不是刑法臨逼。（七煞）黄昏頭唱到明，早辰間叫到黑。窮言雜語諸般記，把那骨牌名儘數説一遍，生藥名從頭數一回。有會家又把花名對，稱呼也稱呼的改樣，禮數也禮數的蹺蹊。（六煞）劉文斌改了頭，辛文秀换了尾。劉電光攙和着崔君瑞，一聲巒了一聲奋，一句高來一句低。異樣的丧聲氣。妝生的道將身去長街上看黄宣張掛，妝旦的説手打着馬房門，叫保子跟隨。（五煞）提起東忘了西，説着張謅到李。是箇不南不北喬雜劇。一聲唱聒的耳挣重敷演，一句話纏的頭紅不捕移，一會家夾着聲施展喉嚨細。草字兒念了又念，正關目提也休提。（四煞）士夫人見了羞，村濁人看了喜，正是村裏鼓兒村裏擂，這等人專供市井歪衣飯，罕見官員大酒席。也弄的些歪樂器，箏纂兒亂彈亂斫，笙笛兒胡捏胡吹。（三煞）任從憎與嫌，不知羞共恥。去那千人叢裡誇精細，□門掠户何曾住，擦背挨肩不肯離。覓得些微利。把那賭場上覩爲家當，酒店裏認做相識。（二煞）遠去有十數程，近行有七八里。破窑古廟是安身地，賽神賽社處咪一個飽。無鈔無錢時忍一會饑，夜裏熬日裏睡。一纏一個鐘響，一弄一個雞啼。（一煞）這厮每則顧嘴不顧身，不挣柴不挣米，都是些二十以上三十歲，常遭打駡常拖債，不養爺娘不贍妻。我不解其中意，且是的好模好樣，且是也不蠢不癡。（尾聲）好言語過耳風，歹念頭入骨髓。尋常禁約都不濟，衹除是割了舌頭卸了腿。

雜録

元·張炎《滿江紅》　韞玉傳奇惟吴中子弟爲第一流，所謂識拍道字正聲清韻不狂俱得之矣，作平聲滿江紅贈之傅粉何郎，比玉樹、瓊枝謾誇。看生子、東塗西抹，笑語浮華。蝴蝶一生花裏活，似花還卻似非花。最可人、嬌豔正芳年，如破瓜。離别恨，生歎嗟。歡情事，起喧譁。聽歌喉清潤，片玉無瑕。洗盡人間笙笛耳，賞音多向五侯家。好思量、都在步蓮中，裙翠遮。

宋·周密《癸辛雜識》别集上《祖傑》　温州樂清縣僧祖傑，自號斗崖，楊髡之黨也。無義之財極豐，遂結托北人，住永嘉之江心寺，大刹也。爲退居號春雨庵，華麗之甚。有寓民俞生，充里正，不堪科役，投之爲僧，名如思。有三子，其二亦爲僧於雁蕩。本州總管者與之至密，托其訪尋美人，傑既得之，以其有色，遂留而蓄之。未幾有孕，衆口藉藉，遂令如思之長子在家者娶之爲妻，然亦時往尋盟。俞生者不堪隣人嘲誚，遂挈其妻往玉環地名以避之。傑聞之大怒，遂俾人伐其墳木以尋釁。俞訟於官，反受杖。遂訴之行省，傑復行賂，押下本縣，遂得甘心焉，復受杖。意將往北求直，傑知之，遣悍僕數十，擒其一家以來，二子爲僧者亦不免。用舟載之僻處，盡溺之，至刳婦人之孕以觀男女，於是其家無遺焉。雁蕩主首真藏叟者不平，越境擒二僧殺之，遂發其事於官，州縣皆受其賂，莫敢誰何。有印僧録者，素與傑有隙，詳知其事，遂挺身出，告官司。則以不干己却之。既而遺印鈔二十錠，令寢其事，而印遂以賂首於是官，始疑焉。忽平江録事司移文至永嘉，云據俞如思一家七人經本司陳告事官司，益疑以爲其人未嘗死矣。然平江與永嘉無相干，而録事司無牒他州之理，益疑之。及遣人會問於平江，則元無此牒，此傑所爲，欲覆而彰耳，姑移文巡檢司追捕一行人。巡檢乃色目人也，夜夢數十人皆帶血訴泣，及曉而移文已至，爲之悚然。即欲出門，而傑之黨已至，把盞而賂之，甫開樽而瓶忽有聲如裂帛，巡檢恐而却之。及至地所，寂無一人，鄰里恐累而皆逃去，獨有一犬在焉。諸卒擬烹之而犬無驚懼之狀，遂共逐之，至一破屋，嗥吠不止。屋山有草數束，試探之，則三子在焉，皆惡黨也。擒問不待捶楚，皆一招即伏辜，始設計招傑。凡兩月餘始到官，悍然不伏供對，蓋其中有僧普通及陳輻番者未出官。普已賚重貨入燕求援，以此未能成獄。凡數月，印僧日夕號訴不已，方自縣中取上州獄，是日解囚上州之際，陳輻番出覘，於是成擒，問之即承。及引出對，則尚悍拒，及呼陳證之，傑面色如土，陳曰：此事我已供了，奈何推托。於是始伏，自書供招，極其詳悉，若有附而書者。其事雖得其情，已行申省，而受其賂者，尚玩視不忍行。旁觀不平，惟恐其漏網也，乃撰爲戲文，以廣其事。後衆言難掩，遂斃之於獄，越五日而赦至。

宋・古杭才人《宦門子弟錯立身》（虔上唱）【紫蘇丸】伶倫門户曾經歷，早不覺鬢髮霜侵。孩兒一個幹家門，算來總是前生定。（白）老身幼習伶倫，生居散樂。曲按宮商知格調，詞通大道入禪機。老身趙茜梅，如今年紀老大，祇靠一女王金榜，作場爲活。本是東平府人氏，如今將孩兒到河南府作場多日。今早掛了招子，不免叫出孩兒來，商量明日雜劇。

元・劉一清《錢塘遺事》卷六《戲文誨淫》 湖山歌舞，沈酣百年。賈似道少時，挑㒓尤甚。自入相後，猶微服閒或飲于妓家。至戊辰、己巳間，《王焕》戲文盛行于都下，始自太學有黄可道者爲之。一倉官諸妾見之，至于群奔，遂以言去。

元・劉塤《水雲村稿》 吴用章，名康，南豐人。生宋紹興間。敏博逸群，課舉子業擅能名而試不利，乃留情樂府，以舒憤鬱。當是時，去南渡未遠，汴都正音、教坊遺曲猶流播江南。用章博採精探，悟徹音律，單詞短韻，字徵協諧。性愛梅，爲賦詞，自訪梅至結實，凡十有二闋，自紅梅至蠟梅，凡六闋；又取古人梅咏可命題者，自南枝先暖至粉薄香殘，凡四十四闋，總爲六十有二。鄉寓公仙源趙學士師有爲名之曰雪香絕唱，且亟稱其《紅梅》之句曰：試問海棠健否。海棠雖似減清香。又稱其《蠟梅》之句曰：凌空蜂翼遞香來，驚破蜜房幽夢。聞者以趙爲知言。乾道丁亥歲，用章携以見劉季高侍郎、岑侍郎，負重名，靳許可特爲之序，而稱其意密詞清，上達古人用心未到處。夷陵尉胡舜良夢賡，文士也，又序其詞爲有所感而發，蓋亦見用章浮沉困厄，托之詞咏，往往借梅自況爾。其賦此也，年逾强仕矣，不知又逾幾年而終，子孫無述焉，悲哉。用章殁，詞盛行於時，不惟伶工歌妓以爲首唱，士大夫風流文雅者酒酣興發輒歌之。由是與姜堯章之《暗香》、《疏影》，李漢老之《漢宫春》，劉行簡之《夜行船》並喧競麗者殆百十年。至咸淳，永嘉戲曲出，潑少年化之，而後淫哇盛，正音歇，然州里遺老猶歌用章詞不置也。其苦心蓋無負矣。用章善謔，嘗坐繫，得釋，或詢以獄中風景。用章憮然曰：種種不便。聞者絕倒。因是里人祖以爲俚語至今云。詞集久磨滅，惟余手鈔一本幸存。

明・葉子奇《草木子》 俳優戲文始於王魁，永嘉人作之。識者曰：若見永嘉人作相，宋當亡。及宋將亡，乃永嘉陳宜中作相。其後元朝南戲尚盛行，及當亂。北院本特盛，南戲遂絕。

明・張雄飛《古本西廂記序》 近時吴越間士人乃棄古格翻改新聲，若南《西廂記》及《公餘漫興》等作，鄙俚特甚，而作者之意微矣。悲夫豈惟作之者難，而知之者尤不易耳。是故子期既没，而伯牙輟弦，痛知音者之難也。

又 且今之縉紳先生既多南士，漸染流俗。異哉。所聞故率喜南調，而吴越之音靡靡乎不可止已。間聞北調，縱不爲厭，怪然非心知其趣，亦莫能鑒賞其間。故信而好者不多有之，大抵新聲之易悦而古調之難知，所從來遠矣。

明・姜南《抱璞簡記・以法律治妖神》 漳州龍溪縣赤嶺寺旁有祠，每有毒氣中人，鄉人以爲瘴厲，往往搬戲賽神，男女喧閧。時永豐徐恭知府事諗知其事，乃令人赴府言狀。恭率吏振金鼓集祠下，縶塑像詣前令跽于地，責以殃民。狀問，杖一百，流三千里。罪令奉香火者代承款，舉像擲之江。翌日雷震祠，所有巨蟒死焉，其害遂絕。恭字克敬，時洪武十三年也。

明・王世貞《曲藻》 東南之士未盡顧曲之周郎，逢掖之間，又稀辨撾之王應。稍稍復變新體，號爲南曲。高拭則成，遂掩前後。

明・顧起元《客座贅語》卷九 南都萬曆以前，公侯與縉紳及富家，凡有讌會，小集多用散樂，或三四人，或多人，唱大套北曲，樂器用箏、纂、琵琶、三絃子、拍板。若大席，則用教坊打院本，乃北曲大四套者，中間錯以撮墊圈、舞觀音，或百丈旗，或跳隊子。後乃變而盡用南唱，歌者祇用一小拍板，或以扇子代之，間有用鼓板者。

明・蔣一葵《堯山堂曲紀》 高拭，字則成，作《琵琶記》者。或謂方谷珍據慶元時，有高明者，避地鄞之櫟社，以詞曲自娱，因感劉後村詩。死後是非誰管得，滿村争唱蔡中郎之句，乃作此記。按：高明，温州瑞安人，以春秋中至正乙酉第，其字則誠，非則成也。或因二人同時、同郡，字又同音，遂誤耳。張小山有《蘇堤漁唱》詞，一時膾炙人口，高則成題其後曰：小奚奴，錦囊無日不西湖。才華壓盡香奩句。字字清殊。光生照殿珠，價等連城玉，名重長門賦。好將如意，擊碎珊瑚。

又 偶見歌伯喈者云：浪暖桃香欲化魚，期逼春闈，詔赴春闈。郡中空有辟賢書，心戀親闈，難捨親闈。頗疑兩下句意各重，而不知其故。又曰詔，曰書，都無輕重。後得一善本，其下句乃浪暖桃香欲化魚，期逼春闈，難捨親闈。郡中空有辟賢書，心戀親闈，難赴春闈。意既不重，而期逼與上欲化魚字應，難赴與空有字應。益見東嘉之工。東嘉此記，爲其友王四而作。王四初績學不仕，東嘉與之友善，勸其赴舉，後遂登第，棄其妻而贅於不花太師家。東嘉欲挽之不可得，故作此記以切諷之。記名琵琶者，取其二字上各有二王字，並得四王字，爲王四也。牛太師者，蓋元人呼牛爲不花，故謂之牛。而托名於伯喈者，以伯喈嘗從董卓之辟，而卓亦稱太師故也。其初以蔡中郎爲不忠不孝，《記》成，夢伯喈謂之曰：子能寘我於善行，當有以報汝。覺而有感，以全忠全孝易之，東嘉後果發解。高皇帝微時，常見此記而奇之，比即帝位，詢得其實，遂捕王四，寘之於法，因遣使徵拭，東嘉辭以心恙不就。使者復命，帝曰：朕素聞其名，欲用之，原來無福。又語近臣曰：《五經四書》如五穀，家家不可缺。《琵琶記》如珍羞百味，富貴家其可缺耶。

明・劉若愚《酌中志》卷一六《内府衙門職掌》 先帝最好武戲，于懋勤殿陞座，多點岳武穆戲文，至瘋和尚罵秦檜處，逆賢常避而不視，左右多笑之。

清・戈載《詞林正韻》 唯毛先舒所撰曲韻似有與詞合者，如一屋單用，二質、七陌、八緝通用，五屑、十葉通用，亦可單用，此爲南曲而設。南曲即本乎詞，其于宋詞之用韻，信乎。殊流而同源。

南北曲

論說

明・陸深《溪山餘話》 歌辭代各不同，而聲亦易亡。元人變爲曲子，今世踵襲，大抵分爲二調：曰南曲，曰北曲。胡致堂所謂綺羅香澤之態，綢繆宛轉之度，正今日之南詞也。登高望遠，舉首高歌，而逸懷浩氣，使人超乎塵垢之表者，近乎今日之北詞也。

明・魏良輔《曲律》 北曲以遒勁爲主，南曲以宛轉爲主，各有不同。至於北曲之絃索，南曲之鼓板，猶方圓之必資於規矩，其歸重一也。故唱北曲而精於［呆骨朵］、［村里迓鼓］、［胡十八］，南曲而精于［二郎神］、［香偏滿］、［集賢賓］、［鶯啼序］。如打破兩重禪關，餘皆迎刃而解矣。

又 北曲與南曲，大相懸絶，有磨調、絃索調之分。北曲字多而調促，促處見筋，故詞情多而聲情少。南曲字少而調緩，緩處見眼，故詞情少而聲情多。北力在絃索，宜和歌，故氣易粗。南力在磨調，宜獨奏，故氣易弱。近有絃索唱作磨調，又有南曲配入絃索，誠爲方底圓蓋，亦以坐中無周郎耳。

又 北曲以遒勁爲主，南曲以宛轉爲主，各有不同。至於北曲之絃索，南曲之鼓板，猶方圓之必資於規矩，其歸重一也。故唱北曲而精于《呆骨朵》、《村里迓鼓》、《胡十八》，南曲而精于《二郎神》、《香偏滿》、《集賢賓》、《鶯啼序》；如打破兩重禪關，餘皆迎刃而解矣。

明・胡侍《真珠船》卷三《南北音》 周官鞮鞻氏掌四夷之樂與其聲歌，東方曰韎，南方曰任，西方曰株離，北方曰禁。《文心雕龍》云：塗山歌於候人，始爲南音；有娀謠乎飛燕，始爲北聲；夏甲歎於東陽，東音以發；殷整思於西河，西音以興，是四方皆有音也。今歌曲但統爲南北二音，如伊州、涼州、甘州、渭州，本是西音，今並以爲北曲。由是觀之，則《擊壤》、

《康衢》、《卿雲》、《南風》、《白雲》、《黄澤》之類，詩之篇什，漢之樂府，下逮關鄭白馬之撰，雖嗣有雅鄭，並北音也。若南音則《孺子接輿》、《越人紫玉》、《吴歈楚艷》以及今之戲文皆是。然《三百篇》無南音，《周南》、《召南》，皆北方也。

明・徐渭《南詞叙録》 南之不如北有宫調，固也；然南有高處，四聲是也。北雖合律，而止於三聲，非復中原先代之正，周德清區區詳訂，不過爲胡人傳譜，乃曰中原音韻，夏蟲、井蛙之見耳。

明・王世貞《曲藻序》 大抵北主勁切雄麗，南主清峭柔遠，雖本才情，務諧俚俗。譬之同一師承，而頓、漸分教；俱爲國臣，而文、武異科。今談曲者往往合而舉之，良可笑也。

又 凡曲：北字多而調促，促處見筋；南字少而調緩，緩處見眼。北則辭情多而聲情少，南則辭情少而聲情多。北力在絃，南力在板。北宜和歌，南宜獨奏。北氣易粗，南氣易弱。此吾論曲三昧語。

明・王驥德《曲律》卷一《總論南北曲第二》 曲之有南、北，非始今日也。關西胡鴻臚侍《珍珠船》其所著書名引劉勰《文心雕龍》謂：塗山歌於候人，始爲南音；《有娀》謡於飛燕，始爲北聲。及夏甲爲東，殷整爲西。古四方皆有音，而今歌曲但統爲南、北。如《擊壤》、《康衢》、《卿雲》、《南風》，《詩》之二《南》，漢之樂府，下逮關、鄭、白、馬之撰，詞有《雅》、《鄭》，皆北音也；《孺子》、《接輿》、《越人》、《紫玉》，吴歈、楚豔，以及今之戲文，皆南音也。豫章左克明《古樂府》載：晉馬南渡，音樂散亡，僅存江南吴歌，荆、楚西聲。自陳及隋，皆以《子夜》、《歡聞》、《前溪》、《阿子》等曲屬吴，以《石城》、《烏棲》、《估客》、《莫愁》等曲屬西。蓋吴音故統東南；而西曲則後之，人概目爲北音矣。以辭而論，則宋胡翰所謂：晉之東，其辭變爲南、北；南音多豔曲，北俗雜胡戎。以地而論，則吴萊氏所謂：晉、宋、六代以降，南朝之樂，多用吴音；北國之樂，僅襲夷虜。以聲而論，則關中康德涵所謂：南詞主激越，其變也爲流麗；北曲主忼慨，其變也爲朴實。惟朴實故聲有矩度而難借，惟流麗故唱得宛轉而易調。吴郡王元美謂：南、北二曲，譬之同一師承，而頓、漸分教；俱爲國臣，而文、武異科。北主勁切雄麗，南主清峭柔遠。北字多而調促，促處見筋；南字少而調緩，緩處見眼。北辭情少而聲情多，南聲情少而辭情多。北力在絃，南力在板。北宜和歌，南宜獨奏。北氣易粗，南氣易弱。此其大較。康北人，故差易南調，似不如王論爲確；然陰陽、平仄之用，南、北故絶不同，詳見後説。北曲，《中原音韻》論最詳備。此後多論南曲。

又《雜論第三九上》 南、北二調，天若限之。北之沉雄，南之柔婉，可畫地而知也。北人工篇章，南人工句字。工篇章，故以氣骨勝；工句字，故以色澤勝。

又《雜論第三九下》 至金、元之南北曲，而極之長套，歛之小令，能令聽者色飛，觸者腸靡，洋洋纚纚，聲蔑以加矣。此豈人事，抑天運之使然哉。

又 北劇之於南戲，故自不同。北詞連篇，南詞獨限。北詞如沙場走馬，馳騁自由；南詞如揖遜賓筵，折旋有度。連篇而蕪蔓，獨限而跼蹐，均非高手。韓淮陰之多多益善，岳武穆之五百騎破兀朮十萬衆，存乎其人而已。

明・吕天成《曲品》卷上 自昔伶人傳習，樂府遞興。爨段初翻，院本繼出；金、元創名雜劇，國初演作傳奇。雜劇北音，傳奇南調。雜劇折惟四，唱止一人；傳奇折數多，唱必匀派。雜劇但摭一事顛末，其境促；傳奇備述一人始終，其味長。無雜劇則孰開傳奇之門，非傳奇則未暢雜劇之趣也。傳奇既盛，雜劇寖衰，北里之管絃播而不遠，南方之鼓吹簇而彌喧。國初名流，曲識甚高，作手獨異，造曲腔之名目，不下數百；定曲板之長短，不淆二三。乍見寧不駭疑，習久自當遵服。所謂規矩設矣，方員因之。數其人，有大家、名家之别；按其帙，有極老、半舊之分。賞其絶技，則描畫世情，或悲或笑；存其古風，則湊拍常語，易曉易聞。有意駕虚，不必與實事合；有意近俗，不必作綺麗觀。不尋宫數調，而自解其弢；不就拍選聲，而自鳴其籟。質樸而不以爲俚，膚淺而不以爲疎。商彝、周鼎，古色照人；玄酒、太羹，真味沁齒。先輩鉅公，多能諷詠；吴下俳優，尤喜掇串。

明・張琦《吴騷合編・曲律》 北曲與南曲大相懸絶，有磨調絃索調之分。北曲字多而調，促促處見筋，故詞情多而聲情少；南曲字少而調緩，緩處見眼，故詞情少而聲情多。北力在絃索，宜和歌，故氣易粗；南力在磨調，宜獨奏，故氣易弱。近有絃索唱作磨調，又有南曲配入絃索，誠爲方底圓蓋，亦坐中無周郎耳。曲有三絶：字清爲一絶，腔純爲二絶，板正爲三絶。曲有兩不雜：南曲不可雜北腔，北曲不可雜南腔。

又《衡曲麈談·作家偶評》 自金、元入中國，所用胡樂，嘈雜緩急之間，詞不能按，乃更爲新聲以媚之，作家如貫酸齋、馬東籬輩，咸富於學，兼喜聲律，擅一代之長，昔稱宋詞、元曲，非虚語也。大江以北，漸染胡語；而東南之士，稍稍變體，別爲南曲，高則誠氏赤幟一時，以後南詞漸廣，二家鼎峙。大抵北主勁切雄壯，南主清峭柔脆。北字多而調促，促處見筋；南字少而調緩，緩處見眼。各有三昧，難以淺窺，譬之同一師承，而頓、漸分受，不可同日語也，乃製曲者往往南襲北辭，殊爲可笑。

明·凌濛初《譚曲雜劄》 曲始於胡元，大略貴當行不貴藻麗。其當行者曰本色。蓋自有此一番材料，其修飾詞章，填塞學問，了無干涉也。故《荆》、《劉》、《拜》、《殺》爲四大家，而長材如《琵琶》猶不得與，以《琵琶》間有刻意求工之境，亦開琢句修詞之端，雖曲家本色故饒，而詩餘弩末亦不少耳。國朝如湯菊莊、馮海浮、陳秋碧輩，直闖其籓，雖無嵩本戲曲，而製作亦富，元派不絶也。自梁伯龍出，而始爲工麗之濫觴，一時詞名赫然。蓋其生嘉、隆間，正七子雄長之會，崇尚華靡；弇州公以維桑之誼，盛爲吹噓，且其實於此道不深，以爲詞如是觀止矣，而不知其非當行也。以故吴音一派，競爲勦襲。靡詞如綉閣羅幃、銅壺銀箭、黄鶯紫燕、浪蝶狂蜂之類，啓口即是，千篇一律。甚者使僻事，繪隱語，詞須累詮，意如商謎，不惟曲家一種本色語抹盡無餘，即人間一種真情話，埋没不露已。至今胡元之竅，塞而未開，間以語人，如錮疾不解，亦此道之一大劫哉。

明·沈寵綏《度曲須知》卷上《弦律存亡》 昔王元美評曲，謂北筋在弦，南力在板。而吴興臧晉叔譏爲不知曲理，且謂北之被弦索，猶南之合簫管，不過隨聲附和，非有成律可憑，若云北筋在弦，將謂南力在管可乎。至板以節曲，則北亦有力，奚獨稱南。此論出而元美要當齒冷矣。粤稽北曲，肇自完顔，於時董解元《西厢記》，亦但一人倚弦索以唱，故何元朗謂北詞有大和花和之弦，王伯良謂邇年燕趙歌童舞女，咸棄桿撥，盡效南聲，又謂南詞無問宫調，衹按一拍，故作者多孟浪其詞，北必和入弦索，曲文少不協律，則與弦音相左，故詞人凜凜遵其型範。然則當時北曲，固非弦弗度，而當時曲律實賴弦以存也。請得而詳言之：古之被弦應索者，於今較異。今非有協應之宫商，與抑揚之定譜，惟是歌高則彈者亦以高和，曲低則指下亦以低承，真如簫管合南詞，初無主張於其際，故晉叔以今泥古，遂訾爲曲之別調耳。若乃古之弦索，則但以曲配弦，絶不以弦和曲。凡種種牌名，皆從未有曲文之先，預定工尺之譜，夫其以工尺譜詞曲，即如琴之以鈎剔度詩歌，又如唱家簫譜，所爲《浪淘沙》、《沽美酒》之類，則皆有音無文，立爲譜式者也。而其間宫調不等，則分屬牌名亦不等，抑揚高下之彈情亦不等，如仙吕牌名，則彈得新清綿邈；商調牌名，則彈得悽愴悲慕；派調釐宫，涇渭楚楚，指下彈頭既定，然後文人按式填詞，歌者準徽度曲，口中聲響，必傚弦上彈音。每一牌名，製曲不知凡幾，而曲文雖有不一，手中彈法，自來無兩，即如今之以吴歌配弦索，非不叠换歌章，而千篇一律，總此四句指法概之。又如簫管之孔，數僅五六，而百千其曲，且合和無有遺聲，豈非曲文雖夥，而曲音無幾，曲文雖改，而曲音不變也哉。惟是弦徽位置，其近鼓者，亦猶上半截簫孔，音皆漸揭而高，近軫者，亦猶下半截簫孔，音並轉低而下，而欲以作者之平仄陰陽，叶彈者之抑揚高下，則高徽須配去聲字眼，平亦間用，至上聲固枘鑿不投者也。低徽宜配上聲字眼，平亦間用，至去聲又枘鑿不投者也。且平聲中仍有涇渭，陽平則徽必低乃叶，陰平則徽必微高乃應，倘陰陽奸用，將陽唱陰而陰唱陽，上去錯排，必去肖上而上肖去，以故作者歌者，兢兢共稟三尺，而口必應手，詞必諧弦。凡夫字櫛句比，安腔布調，一準所爲仙吕之清新綿邈，商調之悽愴悲慕者，以分叶之，而格律部署之嚴，總此彈徽把定，平仄所以恒調，陰陽用是無慝，則筋之一字，元美良有深情，乃區區簫管例之，豈不謬哉。慨自南調繁興，以清謳廢彈撥，不異匠氏之棄準繩，况詞人率意揮毫，曲文非盡合矩，唱家又不按譜相稽，反就平仄例填之曲，刻意推敲，不知關頭錯認，曲詞先已離軌，則字雖正而律且失矣。故同此字面，昔正之而仍合譜，今則夢中認醒而惟格是叛；同此弦索，昔彈之確有成式，今則依聲附和而爲曲子之奴；總是牌名，此套唱法，不施彼套；總是前腔，首曲腔規，非同後曲，以變化爲新奇，以合掌爲卑拙，符者不及二三，異者十常八九，即使以今式今，且毫無把捉，欲一一古律繩之，不逕庭哉。雖然，古律湮矣，而還按詞譜之仄仄平平，原即是彈格之高高下下，亦即是歌法之宜抑宜揚。今優子當場，何以合譜之曲，演唱非難，而平仄稍乖，便覺沾唇拗嗓，且板寬曲慢，聲格尚有游移，至收板緊套，何以一牌名，止一唱法，初無走樣腔情，豈非優伶之口，猶留古意哉。至其間有得力關捩子，則全在一板之牢束，蓋曲音高下，本無涉於板，而曲候緊舒，實腔定於拍，板拍相延，初無今古，謂原來曲候，雖至今存可也。又况緩促業經準量，則高下聲情，亦不至浸淫無紀，而古腔古調，庶猶有合，故元美謂南力在板，即晉叔亦未嘗不以爲然，惟是晉叔之評北曲，謂力不在弦，則於弦索曲理，尚有一班未睹。夫北詞弦索，何異南詞鼓板，板則其正，鼓則其贈，若弦索則兼正贈合鼓板而備之者也。姑以今時弦索喻，彼歌聲每度一板，而指法之最清者，彈數約之凡四，雖其間或彈密而爲滚，又或滚密而爲促，似乎簡煩懸異，然總之節節排匀，彈彈有準，稍着乘除，拍不入眼矣。試觀南詞之板，緊曲則正一而贈亦一，慢曲則正一而贈乃三，斯即一板四彈之榜樣也。更加以滚促之多彈，隱然常拍之外，倍添贈拍，豈非贈且復贈，較之鼓板，尤密尤均乎。故魏良輔有北弦索南鼓板之喻；何元朗有慢板大和弦，與緊板花和弦之評。弦板相提而較，正元美之深於知曲，乃晉叔反致譏彈。不能不爲洗冤矣。嘗思疾徐高下之節，曲理大凡也，而南有拍，北有弦，非不可因板眼慢緊以逆求古調疾舒之候，北有《太和正音》，南有《九宫曲譜》，又非不可因譜上平仄以逆考古音高下之宜。奈何哉，今之獨步聲場者，但正目前字眼，不審詞譜爲何事；徒喜淫聲聒聽，不知宫調爲何物，踵舛承訛，音理消敗，則良輔者流，固時調功魁，亦叛古戎首矣。按良輔水磨調，其排腔配拍，榷字釐音，皆屬上乘，即予編中諸作，亦就良輔來派，聊一描繪，無能跳出圈子。惟是向來衣鉢相傳，止從喉間舌底度來，鮮有筆之紙上者，姑特拈出耳。偶因推原古律，覺梨園脣吻，彷彿一二，而時調則以翻新盡變之故，廢却當年聲口，故篇中偶齒及之，要以引商刻羽，居然絶調，况生今不能反古，夫亦氣運使然乎。覽者謂予卑磨腔而賞優調，則失之矣。

明・沈寵綏《弦索辨訛序》　南曲向多坊譜，已略發覆；其北詞之被弦索者，無譜可稽，惟師牙後餘慧。

清・徐又陵《蝸亭雜訂》　嘉、隆間，【略】吴下以三弦合南曲，而又以簫管叶之，此唐人所云錦襖上著簑衣也。簫管可入北詞，而弦索不入南詞，蓋南曲不仗弦節奏也。北詞中亦有不叶弦索者，如鄭德輝、王實甫，間亦不免。元人多嫻北調，而不及南音。成、弘間，沈青門、陳大聲輩，南詞宗匠；同時康對山、王渼陂，俱以北擅場。王初學填詞，先延名師，學唱三年而後出手。章邱李太常中麓，亦以填詞名，與康、王交，而不嫻度曲，如所作《寶劍記》，生硬不諧，且不知南曲之有入聲，自以《中原音韻》叶之，以致見誚吴儂。同時惟馮海粟差爲當行。此外吴中詞人，如唐伯虎、祝枝山、梁伯龍、張伯起輩，縱有才情，俱非本色矣。今傳誦南曲，如《東風轉歲華》，云是元人高則誠，不知乃陳大聲與徐髯翁聯句也。陳名鐸，號秋碧，大聲其字也，金陵人，官指揮使。

清・劉廷璣《在園雜誌》　元北曲每本不過四五折，曲皆一人始終獨唱，衆以白間之。若南曲則不獨人可一齣，甚有一齣幾人分唱者。至後龍子猶輩出，以南北間錯。

清・徐大椿《樂府傳聲》　南曲之唱，以連爲主。北曲之唱，以斷爲主，不特句斷字斷，即一字之中，亦有斷腔，且一腔之中，又有幾斷者；惟能斷，則神情方顯，此北曲第一喫緊之處也。而其法則非一端：有另起之斷，有連上之斷，有一輕一重之斷，有一收一放之斷，有一陰一陽之斷，有一口氣而忽然一斷，有一連幾斷，有斷而換聲吐字，有斷而寂然頓住。以上諸法，南曲亦間有之，然不若北曲之多。《禮記》所云：曲如折，止如槁木；正此之謂也。近時南曲盛行，不但字法皆南，即有斷法，亦是南曲之斷，與北曲迥别。蓋南曲之斷，乃連中之斷，不以斷爲重，北曲未嘗不連，乃斷中之連，愈斷則愈連，一應神情，皆在斷中頓出。故知斷法之精微，則北曲之神理，思過半矣。然斷與頓挫不同。頓挫者，曲中之起倒節奏；斷者，聲音之轉折機關也。

又　板之設，所以節字句，排腔調，齊人聲也。南曲之板，分毫不可假借，惟北曲之板，竟有不相同者。蓋南曲惟引子無板，餘皆有板，北曲則祇有底板，無實板之曲極多。又南曲之字句，無一調無定格，而北曲則不拘字句之調極多。又南曲襯字極少，少則一字幾腔，板在何字何腔，千首一律；若北曲則襯字極多，板必有不能承接之處，中間不能不增出一板，此南之所以有定，北之所以無定也。且元人之曲，不但以虚字爲襯，且有以實字爲襯者，如本調當用天地人三實字爲句，若祇襯一二虚字在三字上，仍是三字句，乃竟用春夏秋冬四實字爲句，則將以何字作襯字耶。則不但襯多難簇，且正襯不分，此板之所以尤無定也。然無定之中，又有一定者，蓋板殊則腔殊，腔殊則調殊，板一失，則宫調將不可考矣。故惟過文轉接之間，板可略爲增損，所以便歌也。至緊要之處，板不可少有移易，所以存調也。此北曲之板雖寬而實未嘗不嚴也。

清・黄圖珌《看山閣集閒筆・文學部》　南有南調，北有北音，不可混雜。如四聲中上作去，去作上，入作去，上又作平，去上作平更作入等類，借音叶調，元爲北曲地步，南曲斷乎不宜。若南曲仿此，則聲不清圓，音無閃賺，其腔裏字、字矯腔、肉多骨勝之處，又何從得而知也。所以南、北宜別。北曲妙在雄勁悲激，南曲工於秀婉芳妍，不出詞壇老手。

清・王德暉《顧誤録・南北曲總説》　曲源肇自三百篇，《國風》《雅頌》，變爲五言七言，詩詞樂章，化爲南歌北劇。自元以填詞制科，詞章既夥，演唱尤工，往代未之踰也。迨至世換聲移，風氣所變，北化爲南。蓋詞章既南，則凡腔調與字面皆南，韻則遵《洪武》，而兼祖《中州》。腔則有海鹽、義烏、弋陽、青陽、四平、樂平、太平之分派。嘉隆間，有豫章魏良輔，憤南曲之陋，别開堂奥，謂之水磨腔，冷板曲，絶非戲場聲口；腔名崑腔，曲名時曲，歌者宗之，於今爲烈。至北曲之被絃索，始於金人完顏，勝於婁東，然巧於彈頭，未免疎於字面，而又弦繁調促，向來絶鮮名家。邇來詞人頗懲紕謬，釐聲析調，務本《中原》各韻，於是絃索之曲，始得於南曲並稱盛軌。於今爲初學淺言之：南曲務遵《洪武正韻》，北曲須遵《中原音韻》，字面庶無遺憾。唱法：北曲以遒勁爲主，南曲以圓湛爲主。北曲字多而調促，促處見筋，詞情多而聲情少；南曲字少而調緩，緩處見眼，詞情少而聲情多，故有磨腔絃索之分焉。至於南曲用五音，北曲多變宫變徵；南曲多連，北曲多斷；南曲有定板，北曲多底板；南曲多於正字落板，而襯字亦少，北曲襯字甚多，皆可一望而知者也。

雜録

明・葉盛《水東日記》卷二一《小説戲文》　今書坊相傳射利之徒僞爲小説雜書，南人喜談如漢小王光武、蔡伯喈邕、楊六使文廣，北人喜談如繼母大賢等事甚多。農工商販，鈔寫繪畫，家畜而人有之；癡騃女婦，尤所酷好，好事者因目爲《女通鑑》，有以也。甚者晉王休徵、宋吕文穆、王龜齡諸名賢，至百態誣飾，作爲戲劇，以爲佐酒樂客之具。有官者不以爲禁，士大夫不以爲非；或者以爲警世之爲，而忍爲推波助瀾者，亦有之矣。意者其亦出於輕薄子一時好惡之爲，如《西廂記》、《碧雲騢》之類，流傳之久，遂以汎濫而莫之救歟。嘗考之吕文穆公微時渴睡漢饐瓜亭寒爐撥灰事，頗見傳記，今從而飾之曰：他日相府退衙，片雪沾衣，欲斬執役人，其妻因反撥灰詩諷之，云云。又嘗有《鴟吻詩》諷之曰：獸頭元是一團泥，做盡辛勤誰不知；如今擡在青雲裏，忘却當初窰内時。噫，豈其然乎。

清・蘂珠舊史《夢華瑣薄》　吴中舊有集秀班。其中皆梨園父老，切究南北曲，字字精審。識者歎其聲容之妙，以爲魏良輔、梁伯龍之傳未墜，不屑與後生子弟争朝華夕秀。而過集秀班之門者，但覺夭桃郁李，鬭妍競豔，蒹葭倚玉，惟慚形穢矣。道光初，京師有仿此例者，合諸名輩爲一部，曰集芳班。皆一時教師、故老，大半四喜部中舊人，約非南北曲不得登塲般演。庶幾力返雅聲，復追正始。先期遍張帖子，告都人士。都人士亦莫不延頸翹首，争先聽覩爲快。登塲之日，座上客常以千計。聽者凝神攝慮，雖池中育育羣魚，寂然無敢譁者。蓋有訂約，四五日不得與坐者矣。於時名譽聲價，無過集芳班。不半載，集芳班子弟散盡。張樂於洞庭，鳥高翔，魚深藏，又曰西子駭麋，豈誣語哉。《燕蘭小譜》記有伶人自京師歸，謀入集秀班，納重賄始收之。論者或謂有志之士，或謂是監生捐孔目，居然翰林老先生矣。集秀班名重一時，即此可見。聞常熟蔣聽松言：吴中集秀班，道光年間亦已散去云。

目連戲

紀事

明・張岱《陶庵夢憶》卷六　余蕴叔演武場搭一大臺，選徽州旌陽戲子，剽輕精悍，能相撲跌打者三四十人，搬演目蓮，凡三日三夜。四圍女臺百什座。戲子獻技臺上，如度索舞絙、翻桌翻梯、筋斗蜻蜓、蹬罈蹬臼、跳索跳圈。

清・程庭《春帆紀程》 初八日，微陰。蔣明府枉顧，設酌岑山相款，未刻別去。是夜，村内召優人演目連救母，院本俚俗，堪爲捧腹。其事雖本之梵經，然白香山碧落黄泉句遂蒙目連覓母之譏，可見在唐時已盛稱其事已。

清・王端履《重論文齋筆録》卷一 吾郡暑月，歲演《目連救母記》，跳舞神鬼，窮形盡相。鐵嶺李西園太守，聞而惡之，勒石示禁通衢。迄今幾六十年，風仍未革。偶閲章苧白楹《謬崖脞説》載：江南風俗，信巫覡，尚禱祀；至禳蝗之法，惟設臺倩優伶搬演《目連救母傳奇》，列紙馬齋供賽之，蝗輒不爲害。又自言：康熙壬寅，在建平，蝗大至，自城市及諸村堡，競賽禳之，親見伶人作劇時，蝗集梁楣甚衆，村氓言神來看戲，半本後去矣。已而果然。如是者匝月，傳食於四境殆遍，然田禾無損者，或賽之稍遲，即轟然入隴，不可制矣。噫。演劇果可禦災，亦當權宜開禁。然吾郡素無蟲孽，有驗與否，固不可得而知，是在良有司因時制宜，不可舉一而廢百也。

清・佚名《示諭集録》 爲嚴飭查禁事。照得演唱《目蓮》，久奉例禁；蓋以裝神扮鬼，舞弄刀槍，以此酬神，未能邀福，以此辟祟，適致不祥。今聞該地演唱此戲，合亟出示嚴禁。爲此示仰該地保甲里民人等知悉：爾等酬神演戲，不拘演唱何本，總不許扮演《目蓮》，倘敢故違，立拏保甲戲頭，責懲不恕。特示。

藝文

清・李静山《增補都門雜詠・彩戲》 堂會雖然有綵錢，朝朝俗劇不新鮮。而今都愛觀燈晚，四喜新排戲目蓮。

雜録

清・昭槤《嘯亭雜録》卷一 乾隆初，純皇帝以海内昇平，命張文敏製諸院本進呈，以備樂部演習，凡各節令皆奏演。【略】又演目犍連尊者救母事，析爲十本，謂之《勸善金科》，於歲暮奏之，以其鬼魅雜出，以代古人儺祓之意。

清（同治）《直隸綿州志》 又，碧水岩、西山觀亦各有戲會，距城密邇，士女如雲。奉督憲常飭禁民間不許演目連戲，惡其爲日既久，易至聚賭藏奸爲害。地方又示禁酬神廟戲不得過三日，意亦云然。

清・孫汝梅《梨園聚議廟會碑》 國朝乾隆初，命張文敏製院本進呈，各依節令奏演，如《屈子競渡》、《子安題閣》之屬，謂之月令承應。其於内廷諸慶事奏演祥徵瑞應者，謂之法宫雅奏。其於萬壽令節奏演群仙諸佛添籌錫禧，以及黄童白叟含哺鼓腹者，諸如九九大慶。又演目蓮救母事，析爲十本，謂之勸善金科，於歲暮奏之，以代古人儺祓之意。

雅部

題解

清・李斗《揚州畫舫録》卷五《新城北録下》 兩淮鹽務例蓄花、雅兩部，以備大戲。雅部即崑山腔；花部爲京腔、秦腔、弋陽腔、梆子腔、羅羅腔、二簧調，統謂之亂彈。

論説

清・吳長元《燕蘭小譜・例言》 元時院本，凡旦色之塗抹、科諢、取妍者爲花，不傅粉而工歌唱者爲正，即唐雅樂部之意也。今以弋腔、梆子等曰花部，崑腔曰雅部，使彼此擅長，各不相掩。

清・錢泳《履園叢話・叢話十二・藝能・演戲》 梨園演戲，高宗南巡時爲最盛，而兩淮鹽務中尤爲絶出。例蓄花雅兩部，以備演唱，雅部即崑腔，花部爲京腔、秦腔、弋陽腔、梆子腔、羅羅腔、二簧調，統謂之亂彈班。余七八歲時，蘇州有集秀、合秀、擷芳諸班，爲崑腔中第一部，今絶響久矣。

花部

題解

清·李斗《揚州畫舫録》卷五《新城北録下》 天寧寺本官商士民祝釐之地，殿上敬設經壇，殿前蓋松棚爲戲臺，演《仙佛》、《麟鳳》、《太平擊壤》之劇，謂之大戲。事竣拆卸。迨重寧寺構大戲臺，遂移大戲于此。兩淮鹽務例蓄花、雅兩部，以備大戲。雅部即崑山腔；花部爲京腔、秦腔、弋陽腔、梆子腔、羅羅腔、二簧調，統謂之亂彈。崑腔之勝，始于商人徐尚志徵蘇州名優爲老徐班；而黄元德、張大安、汪啓源、程謙德各有班。洪充實爲大洪班，江廣達爲德音班，復徵花部爲春臺班；自是德音爲內江班，春臺爲外江班。今內江班歸洪箴遠，外江班隸于羅榮泰。此皆謂之內班，所以備演大戲也。

論説

清·李斗《揚州畫舫録》卷五《新城北録下》 兩淮鹽務例蓄花、雅兩部以備大戲。雅部即崑山腔，花部爲京腔、秦腔、弋陽腔、梆子腔、羅羅腔、二簧調，統謂之亂彈。崑腔之勝，始于商人徐尚志徵蘇州名優爲老徐班。而黄元德、張大安、汪啓源、程謙德各有班。洪充實爲大洪班，江廣達爲德音班，復徵花部爲春臺班。自是德音爲內江班，春臺爲外江班。今內江班歸洪箴遠，外江班隸于羅榮泰。此皆謂之內班，所以備演大戲也。

又 城內蘇唱街老郎堂，梨園總局也。每一班入城，先於老郎堂禱祀，謂之掛牌；次于司徒廟演唱，謂之掛衣。每團班在中元節，散班在竹醉日。團班之人，蘇州呼爲戲螞蟻，吾鄉呼爲班攬頭。吾鄉地卑濕，易患癬疥，吴人至此，易于沾染，班中人謂之老郎瘡。梨園以副末開場，爲領班；副末以下老生、正生、老外、大面、二面、三面七人，謂之男脚色；老旦、正旦、小旦、貼旦四人，謂之女脚色；打諢一人，謂之雜。此江湖十二脚色，元院本舊制也。蘇州脚色優劣，以戲錢多寡爲差，有七兩三錢、六兩四錢、五兩二錢、四兩八錢、三兩六錢之分，內班脚色皆七兩三錢。人數之多，至百數十人，此一時之勝也。

又 後場一曰場面，以鼓爲首。一面謂之單皮鼓，兩面則謂之葧薺鼓，名其技曰鼓板。鼓板之座在上鬼門，椅前有小搭脚仔櫈，椅後屏上繫鼓架。鼓架高二尺二寸七分，四脚，方一寸二分，上雕净瓶頭，高三寸五分。上層穿枋仔四八根，下層八根。上層雕花板，下層下緣環柱子横櫎仔尺寸同。單皮鼓例在椅右下枋，葧薺鼓與板例在椅屏間。大鼓箭二，小鼓箭一，在椅墊下。此技徐班朱念一爲最，聲如撒米，如白雨點，如裂帛破竹。一日登場時鼓箭爲人竊去，將以困之也。念一曰：何不竊我手去。後入洪班。其徒季保官左手擊鼓，右手按板，技如其師，而南曲熨貼處不逮遠甚。後自京病廢，歸江班。張班陸松山亦左手擊鼓。江班又有孫順龍，洪班有王念芳、戴秋朗，皆以鼓板著名。弦子之座後於鼓板，弦子亦鼓類，故以面稱。弦子之職，兼司雲鑼、鎖哪、大鐃。此技有二絶：其一在做頭斷頭，曲到字出音存時謂之腔，弦子高下急徐謂之點子，點子隨腔爲做頭，至曲之句讀處如崑吾切玉爲斷頭；其一在弦子讓鼓板，板有没板、贈板、撤贈、撤板之分。鼓隨板以呈其技，若弦子復隨鼓板以呈其技。于鼓板空處下點子謂之讓，惟能讓鼓板乃可以蓋鼓板，即俗之所謂清點子也。此技徐班唐九州爲最。九州本蘇州祝獻出身，無曲不熟，時人呼爲曲海。同時薛貝琛，曲文不能記半句，登場時無不合拍，時人呼爲仙手。今洪班則楊升聞爲最。升聞小名通匾頭，九州之徒，盡得其傳。其次則陸其亮、璩萬資二人。笛子之人在下鬼門，例用雌雄二笛，故古者笛床二枕，笛托二柱。若備用之笛，多繫椅屏上。笛子之職，兼司小鈸。此技有二絶：一曰熟，一曰軟。熟則諸家唱法，無一不合；軟則細緻縝密，無處不入。此技徐班許松如爲最。松如口無一齒，以銀代之，吹時鑲于齗齶上，工尺寸黍不爽。次之戴秋閬最著。莊有齡以細膩勝，郁起英以雄渾勝，皆入江班。有齡指離笛門不過半黍。今洪班則陳聚章、黃文奎二人。笙之座後于笛，笙之職亦兼鎖哪。笙爲笛之輔，無所表見。故多于吹鎖哪時，較弦子上鎖哪先出一頭。其實用單小鎖哪若《大江東去》之類，仍爲弦子掌之。戲場棹二椅四，棹陳列若丁字，椅分上下兩鬼門八字列。場面，之立而不坐者二：一曰小鑼，一曰大鑼。小鑼司戲中棹椅床櫈，亦曰走場，兼司叫顙子。大鑼例在上鬼門，爲鼓板上支鼓架子，是其職也。至于號筒、啞叭、木魚、湯鑼，則戲房中人代之，不在場面之數。

又 郡城花部，皆係土人，謂之本地亂彈，此土班也。至城外邵伯、宜陵、馬家橋、僧道橋、月來集、陳家集人，自集成班，戲文亦間用元人百種，而音節服飾極俚，謂之草臺戲。此又土班之甚者也。若郡城演唱，皆重崑腔，謂之堂戲。本地亂彈祇行之禱祀，謂之臺戲。迨五月崑腔散班，亂彈不散，謂之火班。後句容有以梆子腔來者，安慶有以二簧調來者，弋陽有以高腔來者，湖廣有以羅羅腔來者，始行之城外四鄉，繼或于暑月入城，謂之趕火班。而安慶色藝最優，葢于本地亂彈，故本地亂彈間有聘之入班者。京腔用湯鑼不用金鑼，秦腔用月琴不用琵琶，京腔本以宜慶、萃慶、集慶爲上。自四川魏長生以秦腔入京師，色藝葢于宜慶、萃慶、集慶之上，于是京腔效之，京秦不分。迨長生還四川，高朗亭入京師，以安慶花部，合京秦兩腔，名其班曰三慶，而曩之宜慶萃慶集慶遂湮没不彰。郡城自江鶴亭徵本地亂彈，名春臺，爲外江班。不能自立門户，乃徵聘四方名旦如蘇州楊八官、安慶郝天秀之類；而楊、郝復採長生之秦腔，並京腔中之尤者如《滚樓》、《抱孩子》、《賣餑餑》、《送枕頭》之類，于是春臺班合京秦二腔矣。熊肥子演《大夫小妻打門吃醋》，曲盡閨房兒女之態。

又 凡花部脚色，以旦丑、跳蟲爲重，武小生、大花面次之。若外末不分門，統謂之男脚色。老旦、正旦不分門，統謂之女脚色。丑以科諢見長，所扮備極局騙俗態，拙婦騃男，商賈刁賴，楚咻齊語，聞者絶倒。然各囿于土音鄉談，故亂彈致遠不及崑腔。惟京師科諢皆官話，故丑以京腔爲最。如凌雲浦本世家子，工詩善書。而一經傅粉登場，喝采不絶。廣東劉八，工文詞，好馳馬，因赴京兆試，流落京師，成小丑絶技。此皆余親見其極盛，而非土班花面之流亞也。吾鄉本地亂彈小丑，始于吴朝、萬打岔，其後張破頭、張三綱、痘張二、鄭七倫輩皆效之。然終止于土音鄉談，取悦于鄉人而已，終不能通官話。近今春臺聘劉八入班，本班小丑效之，風氣漸改。劉八之妙，如演《廣舉》一齣，嶺外舉子赴禮部試，中途遇一腐儒，同宿旅店，爲羣妓所誘。始則演論理學，以舉人自負；繼則爲聲色所惑，衣巾盡爲騙去，曲盡迂態。又有《毛把總到任》一齣，爲把總以守汛之功，開府作副將。當其見經畧，爲畏縮狀；臨兵丁，作傲倨狀；見屬兵陞總兵，作欣羡狀、妬狀、愧恥狀；自得開府，作謝恩感激狀；歸晤同僚，作滿足狀；述前事，作勞苦狀；教兵丁鎗箭，作發怒狀；揖讓時，作失儀狀；聞經呼，作驚愕錯落狀，曲曲如繪。惟勝春班某丑效之能仿彿其五六，至《廣舉》一齣，竟成《廣陵散》矣。

又 本地亂彈以旦爲正色，丑爲間色。正色必聯間色爲侣，謂之搭夥。跳蟲又丑中最貴者也，以頭委地，翹首跳道及鎚鐗之屬。張天奇、岑賡峽、郝天、郝三皆其最也。賡峽名仙，磊落不受鄉里睚眦。年四十，厚積數萬，施之梵覺禪寺造萬佛樓，建坐韋馱殿，闢羣芳圃，護火焚晉樹二株。鑄大鐵鑊，飯行脚僧。趺坐念佛，不拘僧相，自稱曰岑道人。郝三曾隨福貝子康安征臺灣，半年而返。劉歪毛本春臺班二面，後爲僧，赤足被袈裟，敲雲板，高聲念南無藥師琉璃光如來佛，得錢則轉施丐者，或放生，數年坐化于高旻寺。

清・吴長元《燕蘭小譜・例言》 元時院本，凡旦色之塗抹、科諢、取妍者爲花，不傅粉而工歌唱者爲正，即唐雅樂部之意也。今以弋腔、梆子等曰花部，崑腔曰雅部，使彼此擅長，各不相掩。

清・柴桑《燕京雜記》 京師優童，甲於天下，一部中多者近百，少者亦數十。其色藝甚絶者名噪一時，歲入十萬，王公大人至有御李之喜。優童大半是蘇、揚小民，從糧艘至天津，老優買之，教歌舞以媚人者也，妖態豔妝，逾於秦樓楚館。初入都者，鮮不魂喪神奪，挾資營幹，至有罄其囊而不得旋歸者。

又 達官大賈及豪門公子挾優童以赴酒樓，一筵之費，動至數百金，傾家蕩産，敗名喪節，莫此爲甚。都中恬不爲怪，風氣使然也，良可慨夫。

又 南省優童，梨園部用錢雇之。京師不然，與錢部中方得掛名，常有掛名兩三部者。衣服裝飾等物俱是自置，至有演劇一齣，衣裝值千金者。

又 老優畜童，視之如子，畜有數人，則命名成派，視如兄弟。中有享盛名者，其餘亦易動人，咸謂某優之徒、某童之兄弟便增聲價，有如父兄爲達官子弟易得科名者然。世情一轍，良可浩嘆。

又　優童成名，享之不過數年，大約十三、四歲始，十七、八歲止，俟二十歲，已作潯陽婦，而門前冷落，鞍馬稀矣。竭力修飾，殫力奉承，菁華既消，憔悴立至。寓京都數年，多有目擊其盛衰者矣。

又　優童之居，擬於豪門貴宅，其廳事陳設光耀奪目，錦幕紗厨，瓊筵玉几，周彝漢鼎，衣鏡壁鐘，半是豪貴所未有者。至寢室一區，結翠凝珠，如臨春閣，如結綺樓，神仙至此，當亦迷矣。嚶然一聲，側足侍，掩口問者，不知幾輩。出門則雕車映日，健馬嘶風，裘服翩翩，綉衣楚楚，濁世佳公子固不若也。

又　優童有盛名者日陪數筵，酒一巡即登車馳去，人不得留之也。每陪一筵，或酬十金，或酬數金，至賞賜之物，金玉珠翠，貂袍罽錦，莫知其數。優童自稱其居曰下處，到下處者謂之打茶圍，置酒其中，歌舞達旦，酣嬉淋漓，其耗費不知伊于胡底。

又　風流好事者撰日下名花册，詳其里居姓字，品其色藝性情，各繫以詩詞，如史體之傳贊，尋香問玉者，一覽已得之矣。間歲一登，可擬於縉紳便覽一書。

又　優童外又有剃頭仔，名曰遠蓬。又有頓子房，惑人者不一而足。常言男盜女娼，今則男娼女盜。

清・錢泳《履園叢話・叢話一二・藝能・演戲》　梨園演戲，高宗南巡時爲最盛，而兩淮鹽務中尤爲絶出。例蓄花雅兩部，以備演唱，雅部即崑腔，花部爲京腔、秦腔、弋陽腔、梆子腔、羅羅腔、二簧調，統謂之亂彈班。余七八歲時，蘇州有集秀、合秀、擷芳諸班，爲崑腔中第一部，今絶響久矣。

又　演戲如作時文，無一定格局，祇須酷肖古聖賢人口氣，假如項水心之何必讀書，要象子路口氣，蔣辰生之愬子路於季孫，要象公伯寮口氣，形容得象，寫得出，便爲絶搆，便是名班。近則不然，視《金釵》、《琵琶》諸本爲老戲，以亂彈、灘王、小調爲新腔，多搭小旦，雜以插科，多置行頭，再添面具，方稱新奇，而觀者益衆；如老戲一上場，人人星散矣，豈風氣使然耶。

清・楊静亭《都門紀略・詞場序》　近閲《綴白裘》一書採列古今崑弋諸劇至備，然未嘗追溯詞場始於何代，創自何人。古之歌於朝者喜起明良，歌於野者叩缶擊壤。歌之作也，蓋自唐虞已有然矣。又嘗考《周禮》方相氏所掌之儺焉。儺行於鄉人，聖人爲之朝服阼階，故《魯論集註》内稱儺近於戲，蓋以塗面狂歌藉以驅疫，雖非演戲而戲即兆端於儺與歌。斯二者及秦二世子胡亥演爲詞場，譜以管絃，歌舞之風由兹益盛，後世遂號爲秦腔（俗名梆子腔）。逮秦以下歷千有餘年至於唐世，明皇癖好歌聲，遂闢梨園之地爲教坊，命李龜年、雷海青、賀懷智、馬仙期、黄旛綽諸輩掌之，按絲竹之宫商演以詞曲，是爲崑腔，而梨園子弟由此名焉。故後世秦腔皆祀胡亥，崑劇皆祀明皇爲詞場衍派之祖。至元世以填詞取士，崑曲冠絶一時，壓倒盛唐。明季邊大綬《虎口餘生》及《鐵冠圖》等劇，崑弋並演，或者高腔之名由此漸興與。我朝開國伊始都人盡尚高腔，延及乾隆年六大名班九門輪轉，稱極盛焉。其各班各種脚色亦復會萃一時，故誠一齋繪十三絶圖像懸於門額（註：見前翰墨門）。至嘉慶年盛尚秦腔，盡係桑間濮上之音，而隨唱胡琴，善於傳情，是足動人傾聽。曾經奏明禁止，漸革此風。近日又尚黄腔（黄腔始於湖北黄陂縣，一始於黄岡縣，故曰二黄腔），鐃歌妙舞，響遏行雲，洵屬鼓吹休明，藉以鳴國家之盛，故京都及外省之人無不歡然附和，争傳部曲新奇。不獨崑腔閴寂，即高腔亦漸同廣陵散矣，雖内城尚有學步高腔者，然亦碩果之僅存也。兹集所註詞場，諸人多係黄腔著名者，至崑弋出色諸人不難按名臚舉，第以風會所趨，未免有先後進之分，惟恐違衆戾時，惹人倦聽，用是崑弋諸賢概不贅入。

藝文

清・佚名《都門竹枝詞》　園中官座列西東，坐褥平鋪一片紅。雙表對時交未正，到來恰已過三通。

坐時雙脚一齊盤，紅紙開來窄戲單。左右並肩人似玉，滿園不向戲臺看。

簾子纔掀未出臺，齊聲喝采震如雷。樓頭飛上迷離眼，訂下今宵晚飯來。

軸子剛開便套車，車中裝得幾枝花。前門一帶都該賬，恒德堂中尚可賒。

義興天德厭喧嘩，小有餘芳問酒家。不是春光解領略，南西門外跑飛車。

乾爹愛吃南邊菜，請到兒家仔細嘗。每味上來誇不絶，那知依舊慶雲堂。

席錢戲價不嫌多，分子原來衹爲他。循例一盃空爾爾，連聲猶説費張羅。

各種秋風不可當，揚州新到戴家香。春茶冬筍尋常事，更有年糕票幾張。

典到無衣興未衰，三分九扣借將來。可憐短票都花盡，暫向今宵漂一回。

洩底依然不下臺，一回漂慣兩三回。明朝説補何曾補，包管從今叫不來。

清・梁紹壬《兩般秋雨盦隨筆》卷六《燕臺小樂府》　京師奢靡，甲于天下，而詐僞亦甲于天下。余嘗作燕臺小樂府五首，《梨園伶》云：軟紅十丈春風酣，不重美女重美男。宛轉歌喉裊金縷，美男妝成如美女。樓臺十二醉春風，過午花梢日影紅。此際香車來巷陌，此時脆管出簾櫳。簾櫳掩映嬌妝束，場屋頻頻滚弦索。須臾花枝照眼明，飛上九天歌一聲。歌聲未罷歡聲滿，就中誰得秋波轉。曲罷翩然下坐旁，猶留粉暈與脂香。憑將眉語通心語，好把歌場换酒場。酒樓攜得人如玉，自占藏春最高閣。閒泛鵝兒弄斝尊，不容鸚母窺簾幙。承顔伺色最聰明，射覆藏鈎靡不精。欲即偏離拋又近，情無情處動人情。情多不及黄金貴，幾束吴綾謀一醉。夢裏温柔鏡裏人，甘心竟爲他憔悴。憔悴青衫興已闌，一鞭又跨别人鞍。試看花底秦宫活，誰念車傍范叔寒。

雜録

清・顧禄《清嘉録》卷六《雷齋》　□月二十四日爲雷尊誕。城中玄妙觀，閶門外四圖觀，各有神像。蠟炬山堆，香煙霧噴，殿前宇下，袂雲而汗雨者，不可勝計。廟祝點燭之貲，何止萬錢。有爲首者，集衆爲醮會，伶人舁老郎神象入觀，監齊、鹵簿、儀從，皆梨園子弟所充。羽流吟咏洞章，拜表焚疏，嚴肅整齊，不敢觸犯天神，謂報應速也。

又《青龍戲》　老郎廟，梨園總局也。凡隸樂籍者，必先署名於老郎廟。廟屬織造府所轄，以南府供奉需人，必由織造府選取故也。每歲竹醉日後，炎暑逼人，宴會漸稀，園館暫停烹炙，不復歌演，謂之散班。散而復聚，曰團班。團班之人，俗稱戲螞蟻。中元前後，擇日祀神演劇，謂之青龍戲。迤邐秋深，增演燈戲。燈戲出場，先有坐燈，彩畫臺閣人物故事，駕山倒海而出，鑼鼓敲動，魚龍曼衍，煇煌燈燭，一片琉璃。蓋金閶戲園不下十餘處，居人有宴會，皆入戲園，爲待客之便。擊牲烹鮮，賓朋滿座。闌外觀者，亦累足駢肩，俗目之爲看閒戲。有無名氏《新樂府》云：金閶市裏戲館開，門前車馬雜遝來。烹羊擊鯉互主客，更命梨園演新劇。四圍都設木闌干，闌外容人子細看。看殺人間無限戲，知否歸場在何地。繁華祇作如是觀，收拾□中。

傳奇

題　解

明・徐渭《南詞叙録》　傳奇：裴鉶乃吕用之之客。用之以道術愚弄高駢，鉶作傳奇，多言仙鬼事諂之，詞多對偶。借以爲戲文之號，非唐之舊矣。

紀事

明・張瀚《松窗夢語》卷七　東坡謂：其民老死不識兵革，四時嬉遊歌舞之聲至今不衰。夫古稱吳歌，所從來久遠，至今遊惰之人樂爲優俳。二、三十年間，富貴家出金帛，制服飾、器具，列笙歌鼓吹，招至十餘人爲隊，搬演傳奇。好事者競爲淫麗之詞，轉相唱和，一郡城之内衣食於此者，不知幾千人矣。人情以放蕩爲快，世風以侈靡相高，雖踰制犯禁，不知忌也。余遵祖訓不敢違。

雜録

《大清宣宗成皇帝實録》卷二四九　道光十四年二月庚申，諭内閣，御史俞焜奏，請申明例禁，以培風俗一摺。自來民俗之淳漓，由於平時之漸染，國家型方訓俗，必將孝弟忠信禮義廉耻大爲之防，方可正人心而維風俗。如該御史所奏，近來傳奇演義等書，踵事翻新，詞多俚鄙，其始不過市井之徒，樂於觀覽，甚至兒童婦女，莫不飫聞而習見之，以蕩佚爲風流，以强梁爲雄傑，以佻薄爲能事，以穢褻爲常談；復有假託誣妄，創爲符呪禳厭等術，蠢愚無識，易爲簧鼓，刑訟之日繁，奸盜之日熾，未必不由於此。嗣後各直省督撫及府尹等，嚴飭地方官實力稽查，如有坊肆刊刻，及租賃各鋪一切淫書小説，務須搜取板書，盡行銷燬，庶幾經正民興，奇衺胥靖，朕實有厚望焉。將此通諭知之。

亂彈

題解

清・李斗《揚州畫舫録》卷五《新城北録下》　兩淮鹽務例蓄花、雅兩部，以備大戲。雅部即崑山腔；花部爲京腔、秦腔、弋陽腔、梆子腔、羅羅腔、二簧調，統謂之亂彈。

清・金連凱《靈臺小補》　姦聲以濫，即前所謂滌濫之音，謂姦邪之聲，侵濫不正也。今之亂彈腔者是也。

論説

清・焦循《花部農譚・序》　梨園共尚吳音。花部者，其曲文俚質，共稱爲亂彈者也，乃余獨好之。蓋吳音繁縟，其曲雖極諧於律，而聽者使未覩本文，無不茫然不知所謂。其《琵琶》、《殺狗》、《邯鄲夢》、《一捧雪》十數本外，多男女猥褻，如《西樓》、《紅梨》之類，殊無足觀。花部原本於元劇，其事多忠、孝、節、義，足以動人；其詞直質，雖婦孺亦能解；其音慷慨，血氣爲之動盪。郭外各村，於二、八月間，遞相演唱，農叟、漁父，聚以爲歡，由來久矣。自西蜀魏三兒倡爲淫哇鄙謔之詞，市井中如樊八、郝天秀之輩，轉相效法，染及鄉隅。近年漸反於舊。

紀事

清・李光庭《鄉言解頤》卷三　時則有若宜慶、翠慶，崑、弋間以亂彈；言府言官，京班半隸王府，謂之官腔，又曰高腔。節奏異乎淫曼。無奈曲高和寡，六十年漸少知音；人往風微，尋常輩難爲嗣響。

藝文

清・陳於王《燕九竹枝詞》 鑼鼓喧闐滿鉢堂，鸞彈花旦學邊妝。三絃不數江南曲，唯有囉囉獨擅場。內有鉢堂，向爲羽士鬧鉢之地，今爲戲揚矣，故及之。

清・董偉業《揚州竹枝詞》 豐樂朝元又永和，亂彈班戲看人多。就中花面孫獃子，一齣傳神借老婆。

又 小老媽懷抱小官，小朝奉大小爺歡。揚州時道當羣小，戲子燈籠小亂彈。

又 一聲盤古分天地，五字開門進萬金。何異東塗西，抹者，不驚人句也高吟。

又 茅屋花籬牡蠣牆，自然清韻叶宮商。我將譜得新詞唱，日日來過李又唐。

雜録

清・沈起鳳《諧鐸》卷一二《南部》 吴中樂部，色藝兼優者，若肥張瘦許，豔絶當時。後起之秀，目不見前輩典型，挾其片長，亦足傾動四座。如金德輝之《尋夢》。孫栢齡之《別祠》。髣髴江采蘋樓東獨步，冷淡處別饒一種哀豔。朱曉春之《嘆月》，馬奇玉之《題曲》，正如孟德曜練裳椎髻，不失大家風範。張聯芳之《思凡》，曹遠亭之《佳期》，又似孫荆玉舉止放誕，而反腰貼地，要是天然態度。王阿長之《理玉》，周二官之《劈棺》，如徐月華臨青陽門彈箜篌，一時聲情俱裂。戴雲從之《偷碁》，沈天瑞之《盜令》，未免稍軼範圍，卻似趙飛燕跋扈昭陽。而掌中一舞，頗能竄易耳目。至如張修來《思春》一齣，雖秋孃老去，猶似十三四女郎堂上簸錢光景。一片歌場，得此數人提倡，稍可維持菊部。自西蜀韋三兒來吴，淫聲妖態，闌入歌臺。亂彈部靡然效之，而崑班子弟，亦有倍師而學者。以至漸染骨髓，幾如康崑崙學琵琶，本領既雜，兼帶邪聲，必十年不近樂器，然後可教。因嘆文人信道不篤，背正學而入岐趨，雖復邀譽目前，亦見笑而自點耳。觀於樂部，能無爽然。

清（乾隆）《臨潼縣志》 舊有傀儡懸絲、燈影巧線等戲。其大戲原系秦聲，所謂擊甕拊缶而歌呼嗚嗚者。至後旗亭歌詩，陽關送酒，三疊之遺，亦自可聽。今則亂彈盛行，腔調數易，靡靡之音，雜以笙簫，鄙俚穢褻，半夜空堡而出，舉國若狂，斯爲下矣。

過錦戲

題解

明・沈德符《萬曆野獲編》補遺卷一 又有所謂過錦之戲，聞之中官，必須濃淡相間，雅俗並陳，全在結局有趣，如人説笑話，祇要末語令人解頤。蓋即教坊所稱耍樂院本意也。今《實録》中謂武宗好武，遇內操時，組練成羣，五色眩目，亦謂之過錦。似又是八虎及許泰、江彬輩營伍中事，即王恭襄瓚亦在其中，非劇也。

明・劉若愚《酌中志》卷一六《內府衙門職掌》 又過錦之戲，約有百回，每回十餘人不拘，濃淡相間，雅俗並陳，全在結局有趣，如説笑話之類。

論説

明・史玄《舊京遺事》 內臣鐘鼓司，專一統領俳優，如古梨園伶官之職。成化中，阿丑以譎諫，知名於後。舊止有打稻、過錦諸宮戲。按：宮中西內秋成之時，設打稻之戲，聖駕幸旋磨臺、無逸殿，親賜觀覽。鐘鼓司飾農夫販婦及田官吏徵租交納諸艱苦民瘼事以寓獻替，祖宗示稼穡艱難於其子孫也。又有過錦之戲百回，每回百餘人，有引旗一對，鑼鼓送上，百姓情僞之態備焉。蓋祖宗恐子孫生長深宮，以上當諷諭，啟其知外事，慮至深遠已。神廟時，始特設玉熙宮，近侍三百餘員，兼學外戲。外戲，吳歈曲本戲也。光廟喜看曲本戲，於宮中教習戲曲者有近侍何明、鐘鼓司官鄭隱山等。

清·姚之駰《元明事類鈔》卷二七 水嬉過錦：《蕪史》御前雜戲有水嬉過錦，皆鐘鼓司承應。《吳偉業集·思陵》：在玉熙宮中，梨園子弟奏水嬉過錦諸戲，內才人於煖閣齎縷金曲柄琵琶彈清商雜調，自河南寇亂，天顏常慘然，無復有此樂矣。

紀事

明·劉若愚《酌中志》卷一六《內府衙門職掌》 西內秋收之時，有打稻之戲，聖駕幸旋磨臺、無逸殿等處，鐘鼓司扮農夫饁婦及田畯官吏，徵租交納詞訟等事，內官監衙門伺候合用器具，亦祖宗使知稼穡艱難之美意也。

打連廂

論說

清·藝蘭生《側帽餘譚》 範銅爲幹約二尺許，空其中，綴以環。雜劇有打連廂者，即此。蓋一二雛伶喬扮好女郎，執檀板且歌且拍。先置幹于指尖，旋轉自如，錚錚作響。繼移置眉宇間，仰面注目，不稍欹側。復作勢一聳，跳至鼻端。技至此爲入神。於時翹足望凝神睨者，不知凡幾。稍不謹細，即鏗然擲地而惡聲隨之矣。方在眉宇間旋轉時，左手敲板石，手旋扇，口唱紅繡鞋曲，五官並用，汗出如漿。熟此技者，向推崑賓豔儂，今則多雲亦雲也。

聲腔部·南曲系統分部